Wörterbuch für Schule und Studium

Deutsch
Englisch

Neubearbeitung 2012

PONS GmbH
Stuttgart

PONS Wörterbuch für Schule und Studium
Deutsch–Englisch

Bearbeitet von: Anette Dralle

Bearbeitet auf Basis des
PONS Wörterbuchs für Schule und Studium Deutsch-Englisch,
ISBN 978-3-12-517588-4

Einige der Beispiele in diesem Wörterbuch basieren auf Beispielen aus dem Korpus
des Cambridge International Dictionary of English (Cambridge University Press, 1995)
(www.cambridge.org/elt/cide).
Dies ist mit Einwilligung von Cambridge University Press erfolgt.

Warenzeichen, Marken und gewerbliche Schutzrechte
Wörter, die unseres Wissens eingetragene Warenzeichen oder Marken
oder sonstige gewerbliche Schutzrechte darstellen, sind als solche –
soweit bekannt – gekennzeichnet. Die jeweiligen Berechtigten sind und
bleiben Eigentümer dieser Rechte. Es ist jedoch zu beachten, dass weder
das Vorhandensein noch das Fehlen derartiger Kennzeichnungen die
Rechtslage hinsichtlich dieser gewerblichen Schutzrechte berührt.

1. Auflage 2012 (1,02 – 2013)

© PONS GmbH, Stuttgart 2012
Alle Rechte vorbehalten

PONS Produktinfos und Shop: www.pons.de
E-Mail: info@pons.de
PONS Online-Wörterbuch: www.pons.eu

Projektleitung: Ursula Martini
Sprachdatenverarbeitung: Andreas Lang, conTEXT AG
für Informatik und Kommunikation, Zürich
Einbandgestaltung: Tanja Haller, Petra Schnur, Stuttgart
Logoentwurf: Erwin Poell, Heidelberg
Logoüberarbeitung: Sabine Redlin, Ludwigsburg
Satz: Dörr + Schiller GmbH, Stuttgart
Druck: Druckerei C.H. Beck, Nördlingen
Printed in Germany

ISBN 978-3-12-517593-8

i·nu·ti·ös, mi·nu·zi·ös |minut'sjø:s| **I.** *adj (geh)* meti-
:ulously exact |*or* detailed| …

Verschiedene Schreibweisen eines Stichwortes

a·ram·bo·la·ge <-, -n> |karambo'la:ʒə| *f* AUTO *(fam)*
ɔile-up *fam*

Angabe der Aussprache in internationaler
Lautschrift

e·xi·ko·lo·gie <-> |lɛksikolo'gi:| *f kein pl* LING lexico-
ogy *no pl, no indef art*

Angabe der Silbentrennung für alle Stichwörter

a·bi·nett¹ <-s, -e> |kabi'nɛt| *nt* ❶ POL *(Kollegium der*
Minister) cabinet ❷ KUNST *(kleiner Raum im Museum)*
ɡallery
a·bi·nett² <-s, -e> *m* KOCHK *special quality German*
wine

Kennzeichnung gleich geschriebener Wörter
mit unterschiedlichen Bedeutungen

än·gelᴿᴿ <-s, -> |'ʃtɛŋl| *m* stalk, stem; ▸ WENDUNGEN:
|jdm| **vom ~ fallen** to collapse |*or fam* pass out| |on
.b|; …

Kennzeichnung der neuen deutschen Schreibung

en·gelᴬᴸᵀ <-s, -> |'ʃtɛŋl| *m s.* **Stängel**

Kennzeichnung der alten deutschen Schreibung
und Verweis auf die neue

urch·aus |'dʊrç?aus, dʊrç'?aus| *adv* ❶ *(unbedingt)*
ɖefinitely; **hat er sich anständig benommen? – ja ~**
ɖid he behave himself |properly|? – yes, perfectly |*or*
ɑbsolutely|; …

Verschiedene Betonungsmöglichkeiten
werden hintereinander angegeben

urch|bli·cken |'dʊrçblɪkn̩| *vi* ❶ *(hindurchsehen)*
▪ |**durch etw**| **~** to look through |sth| ❷ *(geh: zum*
Vorschein kommen) to show |*or* peep through| …

Der feine Strich kennzeichnet den ersten Teil
bei trennbaren Verben

r·kraf·ten |fɛɐ̯'kraftn̩| *vt* ▪ **etw ~** ❶ *(innerlich*
bewältigen) to cope with sth ❷ *(aushalten)* to cope
with |*or* stand| sth; …

Das hochgestellte Sternchen zeigt an, dass das
Partizip Perfekt des Verbs ohne *ge-* gebildet wird

n·gen <fängt, fing, gefangen> |'faŋən| **I.** *vt* ❶ *(fest-*
nehmen) ▪ **jdn ~** to catch |*or* apprehend| sb; **einen**
Dieb ~ to catch a thief ❷ *(erjagen)* …

Unregelmäßige Pluralformen, Verb- und
Steigerungsformen werden in spitzen Klammern
angegeben

oß·zü·gig I. *adj* ❶ *(generös)* generous; **ein ~es**
Trinkgeld a generous |*or* handsome| tip ❷ *(nachsich-*
tig) lenient ❸ *(in großem Stil)* grand; **ein ~er Plan** a
ɭarge-scale plan **II.** *adv* ❶ *(generös)* generously …

Wiederholungszeichen (Tilde) für das Stichwort
in seiner unveränderten Form

äh·rend |'vɛːrənt| **I.** *präp* +gen during **II.** *konj* ❶ *(zur*
elben Zeit) while ❷ *(wohingegen)* whereas; …

Grammatische Gliederung des Eintrags durch
römische Ziffern

·be <-, -n> |'ɡa:bə| *f* ❶ *(geh: Geschenk)* gift, pre-
ɕent; REL offering; **eine milde ~** alms *pl*, a small dona
ʇion *hum* ❷ *(Begabung)* gift; **die ~ haben, etw zu**
·un to have a |natural| gift for doing sth ❸ *kein pl* MED
das Verabreichen) administering *no indef art, no pl*
▸ SCHWEIZ *(Preis, Gewinn)* prize

Arabische Ziffern kennzeichnen die
unterschiedlichen Bedeutungen des Stichworts

·sen |'japsn̩| *vi (fam)* ▪ |**nach etw**| **~** to gasp |for
ʇh|; **er tauchte aus dem Wasser und japste nach**
uft he surfaced gasping for air

Kennzeichnung von grammatischen
Konstruktionen mit Kästchensymbol

und <-[e]s, Münder> |'mʊnt, *pl:* 'mʏndɐ| *m* …
▸ WENDUNGEN: **~ und Nase aufsperren** *(fam)* to gape
ɩn astonishment; **aus berufenem ~e** from an authori-
ʇative source; **sich** *dat* **den ~ fusselig reden** to talk
ɭl one is blue in the face; …

Einleitung eines Abschnitts mit den idiomatischen
Wendungen, den Redensarten und Sprichwörtern

r·schlei·ßen <verschliss, verschlissen> **I.** *vi sein* to
ʷear out **II.** *vt* ❶ *(abnutzen)* ▪ **etw ~** to wear out sth
ɭp …

Angabe des Hilfsverbs, mit dem die
zusammengesetzten Zeiten gebildet werden

A B C D E F G H I J K L M N O P Q R S T U V W X Y Z

Contents

Inhaltsverzeichnis

Info-boxes *Land* und *Leute*
Übersicht über die Infokästen *Land* und *Leute*

Info-boxes with useful phrases
Übersicht über die Infokästen mit Formulierungshilfen

Using this dictionary

Benutzerhinweise

1. Headwords

In addition to words this dictionary lists letters of the alphabet, abbreviations, clippings, acronyms, multi-word units and proper nouns.

1. Die Stichwörter

Das Wörterbuch führt nicht nur Wörter, sondern auch einzelne Buchstaben und Abkürzungen als Stichwörter auf, ebenso Kurzwörter, Akronyme, Mehrwortausdrücke und Eigennamen.

B, b <-, - *o fam* -s, -s> [be:] *nt* ● *(Buchstabe)* B [*or* b];
~ **wie Berta** B for Benjamin BRIT, B as in Baker AM
● MUS B flat; ■ **b** *(Erniedrigungszeichen)* flat
ABM <-, -s> [a:be:'ɛm] *f Abk von* **Arbeitsbeschaf-
fungsmaßnahme** job creation scheme [*or* AM plan]
Re·ha <-> ['re:ha] *f kein pl* MED *kurz für* **Rehabilita-
tion** rehab
AStA <-[s], -[s] *o* Asten> ['asta] *m* SCH *Akr von* **Allge-
meiner Studentenausschuss** Student Union, NUS
BRIT
Fa·ta Mor·ga·na <- -, - Morganen *o* -s> ['fa:ta
mɔr'ga:na, *pl:* -'ga:nən] *f* ● *(Luftspiegelung)* mirage
● *(Wahnvorstellung)* fata morgana, hallucination
Bo·den·see ['bo:dn̩ze:] *m* ■ **der** ~ Lake Constance

2. Organization of the dictionary

Dictionaries, telephone directories and libraries follow differing systems for alphabetical organization. This dictionary uses the following principles:

When the spelling of two headwords is otherwise the same, lower case letters precede upper case letters.

2. Die alphabetische Anordnung

Da es kein einheitliches Alphabetisierungsprinzip gibt – Wörterbücher, Telefonbücher und Bibliothekskataloge sind alphabetisch unterschiedlich angeordnet –, ist es notwendig, das in diesem Wörterbuch gültige Alphabetisierungsprinzip zu erläutern:

Unterscheiden sich zwei Wörter nur durch Klein- und Großschreibung, so steht das kleingeschriebene Wort vor dem großgeschriebenen.

ver·mö·gen[*] [fɛɐ̯'mø:gn̩] *vt irreg (geh)* ■ **etw** ~ to be
capable of [doing] [*or* be able to do] sth; ■ ~, **etw zu
tun** to be capable of doing [*or* be able to do] sth
Ver·mö·gen <-s, -> [fɛɐ̯'mø:gn̩] *nt* ● FIN assets *pl;*
(Geld) capital *no art, no pl; (Eigentum)* property *no
art, no pl* ● *kein pl (geh)* ■ **jds** ~ sb's ability [*or* capa-
bility]; **jds** ~ **übersteigen/über jds** ~ **gehen** to be/
go beyond sb's abilities

ä, **ö** and **ü** are treated like their counterparts without umlaut. When two words have the same spelling except for the umlaut, the simple vowel comes first.

Die Umlaute **ä**, **ö** und **ü** werden wie Varianten der Vokale **a**, **o** und **u** behandelt und stehen bei diesen. Der einfache Vokal (ohne Trema) steht jeweils vor demjenigen mit Trema.

zah·len ['tsa:lən] **I.** *vt* ● *(be~)* ■ |jdm| **etw** |**für etw**
akk| ~ to pay [sb] sth [for sth]; **seine Miete/Schul-
den** ~ to pay one's rent/debts; **das Hotelzimmer/
Taxi** ~ *(fam)* to pay for a hotel room/taxi ● *(Gehalt
auszahlen)* ■ |jdm| **etw** ~ to pay [sb] sth **II.** *vi* ...
zäh·len ['tsɛ:lən] **I.** *vt* ● *(addieren)* ■ **etw** ~ to count
sth; **das Geld auf den Tisch** ~ to count the money
on the table ● *(geh: Anzahl aufweisen)* ■ **etw** ~ to
number sth *form*, to have sth; **der Verein zählt 59
Mitglieder** the club has [*or* numbers] 59 members ...

The letter **ß** is treated like **ss** and words spelled with **ß** come after words spelled with **ss**.

Der Buchstabe **ß** wird wie **ss** behandelt und steht nach dem Doppel-s.

> **floss**RR**, floß**ALT ['flɔs] *imp von* **fließen**
> **Floß** <-es, Flöße> [floːs, *pl:* 'fløːsə] *nt* raft

Hyphens, slashes, full stops, commas and spaces between words are ignored in alphabetic organization.

Bindestriche, Schrägstriche, Punkte, Kommas und Wortzwischenräume zählen nicht als Buchstaben; sie werden bei der alphabetischen Einordnung ignoriert.

> **Eck** <-[e]s, -e> ['ɛk] *nt* ❶ ÖSTERR, SÜDD *(Ecke)* corner ❷ SPORT corner [of the goal]; **das kurze/lange ~** the near/far corner [of the goal] ▸ WENDUNGEN: **über ~** diagonally
> **EC-Kar·te** *f* ❶ *(Debitkarte)* cash card, cash-point card ❷ HIST Eurocheque card
> **Eck·ball** *m* SPORT corner; **einen ~ geben/schießen** to award [*or* give] /take a corner; **einen ~ verwandeln** to score from a corner **Eck·bank** *f* corner bench **Eck·da·ten** *pl s.* **Eckwert**

> **Adop·tiv·kind** *nt* adopted [*or* adoptive] child
> **Adr.** *f Abk von* **Adresse** addr.
> **Ad·re·na·lin** <-s> [adrena'liːn] *nt kein pl* adrenalin

> **Bil·li·on** <-, -en> [bɪ'lɪ̯oːn] *f* trillion
> **bim, bam!** ['bɪm 'bam] *interj* ding, dong!
> **Bim·bam** ['bɪmbam] *m* ▸ WENDUNGEN: **ach du heili·ger ~!** *(fam)* good grief! *fam*

> **in·op·por·tun** ['ɪnʔɔpɔrtuːn, ɪnʔɔpɔr'tuːn] *adj (geh)* inopportune, ill-timed; **es für ~ halten, etw zu tun** to consider it inappropriate to do sth
> **in pet·to** [ɪn 'pɛto] *adv* **etw [gegen jdn] ~ haben** *(fam)* to have sth up one's sleeve [for sb] *fam*
> **in punc·to** [ɪn 'pʊŋkto] *adv (fam)* concerning, with regard to; ▪ **~ einer S.** *gen* concerning [*or* with regard to] sth, in so far as sth is concerned
> **In·put** <-s, -s> ['ɪnpʊt] *m* ❶ INFORM *(eingegebenes Material)* input ❷ *(Anregung)* stimulus; *(Einsatz)* commitment; **in unserer Beziehung ist mein ~ wesentlich größer als der seine** I bring considerably more to the relationship than he does

If spelling is otherwise the same, the form with a full stop, hyphen or space is listed after the one without.

Bei gleicher Schreibung wird die Form mit Punkt, Bindestrich oder Leerschlag nach der Form ohne eingeordnet.

> **Ab·szis·se** <-, -n> [aps'tsɪsə] *f* MATH abscissa
> **Abt, Äb·tis·sin** <-[e]s, Äbte> [apt, ɛp'tɪsɪn, *pl:* 'ɛptə] *m, f* abbot *masc,* abbess *fem*
> **Abt.** *f Abk von* **Abteilung** dept.
> **ab|ta·keln** *vt* ❶ NAUT ▪ **etw ~** to unrig sth ❷ *(heruntergekommen)* ▪ **abgetakelt** seedy

Parentheses in headwords show that the word also occurs without the letters in parentheses. These headwords are organized as though the parentheses were not printed.

Eingeklammerte Buchstaben werden bei der alphabetischen Einordnung berücksichtigt. Die Klammern zeigen an, dass das Wort auch in einer Variante ohne den betreffenden Buchstaben existiert.

> **Es·sen(s)·aus·ga·be** *f* ❶ *(Schalter)* serving counter ❷ *kein pl (Verteilung einer Mahlzeit)* serving of meals; **die ~ ist morgens um 7** meals are served every morning at 7 **Es·sen(s)·mar·ke** *f* meal voucher [*or* AM ticket] **Es·sens·zeit** *f* mealtime

Arabic numerals within headwords are organized as they would be spelled out.

Kommt in einem Stichwort eine arabische Zahl vor, wird sie so angeordnet wie ihre ausgeschriebene Form.

> **drei·eckig, 3-eckig**[RR] [ˈdraiʔɛkɪç] *adj* triangular
> **Drei·ecks·tuch** *nt* ❶ MODE triangular shawl ❷ MED triangular bandage

Many nouns that designate occupations or particular characteristics have a masculine and feminine form. In the German-English part of the dictionary both forms are generally given in one entry. This is one instance in which strict alphabetic order may be interrupted.

Viele Substantive, die Tätigkeiten oder – im weitesten Sinne – Verhaltensweisen bezeichnen, existieren in männlicher und weiblicher Form; dasselbe gilt für Berufsbezeichnungen. Im deutsch-englischen Teil werden beide Formen in der Regel in einem gemeinsamen Eintrag aufgeführt und übersetzt. Hierbei steht die weibliche Form mitunter nicht an ihrer alphabetisch korrekten Stelle.

> **Fach** <-[e]s, Fächer> [fax, *pl:* fɛçe] *nt* ❶ *(Unterteilung)* Tasche, Brieftasche, Portmonee pocket; Schrank, Regal shelf; *(Ablegefach)* pigeonhole; Automat drawer ❷ *(Wissens-, Sachgebiet)* subject; **vom ~ sein** to be a specialist; **sein ~ verstehen** to understand one's subject, to know one's stuff [*or* BRIT onions] *fam;* **das ist nicht mein ~/ich bin nicht vom ~** that's not my line
> **Fach·ar·bei·ter(in)** *m(f)* skilled worker **Fach·ar·bei·ter·brief** *m* certificate of proficiency

Compound headwords with the same first component are nested.

Zusammengesetzte Stichwörter, deren erster Wortteil gleich ist und die alphabetisch aufeinanderfolgen, werden in Gruppen zusammengefasst.

> **Duft·mar·ke** *f* JAGD scent mark **Duft·no·te** *f* ❶ *(Duft von besonderer Prägung)* [a particular type of] scent [*or* fragrance]; **eine schwere/etwas herbe/süßliche ~** a strong/slightly acrid/sweet scent [*or* fragrance] ❷ *(pej: Ausdünstung)* smell, odour [*or* AM -or] **Duft·reis** *m* basmati rice **Duft·sen·sa·ti·on** *f* fragrant sensation **Duft·stoff** *m* ❶ CHEM aromatic substance ❷ BIOL scent, odour [*or* AM -or] **Duft·was·ser** *nt (hum)* perfume, scent, BRIT toilet water **Duft·wol·ke** *f* cloud of perfume

Spelling variants are generally given in correct alphabetical order. When there is no other form between them in the alphabet, they are listed on the same line and separated by a comma.

Verschiedene Schreibweisen eines Wortes werden an alphabetisch korrekter Stelle angegeben und erscheinen nur dann gemeinsam, wenn im Alphabet kein anderes Stichwort dazwischenkommt.

> **Mi·nu·ten·zei·ger** *m* minute hand
> **mi·nu·ti·ös, mi·nu·zi·ös** [minuˈtsi̯øːs] **I.** *adj (geh)* meticulously exact [*or* detailed] **II.** *adv (geh)* meticulously
> **Min·ze** <-, -n> [ˈmɪntsə] *f* BOT mint *no pl*

Less common spelling variants are cross-referred to more common ones.

Andernfalls wird von der selteneren Variante auf die frequentere verwiesen.

> **bäu·e·risch** [ˈbɔyərɪʃ] *adj s.* **bäurisch**
> **bäu·risch** [ˈbɔyrɪʃ] *adj (pej)* boorish, oafish

3. Symbols and markings

3.1 German spelling reform

This dictionary follows the German spelling reform as revised by the Interstate Commission for German Spelling. The changes as set down in the revision come into force on 1 August 2006 in Germany, Austria, Switzerland and all German-speaking regions of Europe. Until the spelling reform is firmly established, old and new spellings will both occur. This dictionary covers both old and new spellings so that users can always find the form they look up, be it old or new.

In order to save space, a cross-reference system refers you from the old to the new spelling (when old and new forms do not occur next to each other in the alphabet). Full headword treatment can be found under the new spelling.

Old spellings are marked with a superscript **ALT** and new spellings are marked with a superscript **RR** symbol.

3. Besondere Zeichen in und an den Stichwörtern

3.1. Die Rechtschreibreform

Dieses Wörterbuch berücksichtigt die Neuregelung der deutschen Rechtschreibung mit den vom Rat für deutsche Rechtschreibung vorgeschlagenen Änderungen. Diese Neuregelungen treten am 1. August 2006 in Deutschland, Österreich und der Schweiz sowie in allen deutschsprachigen Teilen Europas in Kraft.

In den nächsten Jahren werden die alten und die neuen Schreibweisen weiterhin nebeneinander existieren, denn die Buch- und Zeitungsverlage stellen sich unterschiedlich schnell um. Aus diesem Grund führt das Wörterbuch die von der Rechtschreibreform betroffenen Wörter sowohl in der alten als auch in der neuen Schreibung auf. Die Benutzer haben somit die Möglichkeit, die ihnen jeweils vorliegende Form eines Worts nachzuschlagen. Um zu vermeiden, dass sich das Wörterbuch durch diese notwendigen doppelten Nennungen zu sehr aufbläht, wurde ein umfassendes Verweissystem eingearbeitet, das die Benutzer von der alten zur neuen Schreibung führt (sofern alt und neu alphabetisch nicht unmittelbar aufeinanderfolgen). Bei der neuen Schreibung finden Sie dann die gesuchte Übersetzung.

Die alte Schreibung wird durch das hochgestellte Symbol **ALT** kenntlich gemacht, die neue durch das hochgestellte Zeichen **RR** für Rechtschreibreform.

> **be·läm·mert**[RR] [bə'lɛmet] *adj (sl)* ❶ *(betreten)* sheepish, embarrassed ❷ *(scheußlich)* lousy; **dieses ~e Wetter!** the stupid [*or fam* lousy] [*or sl* shitty] weather!
> **be·lem·mert**[ALT] *adj (sl) s.* **belämmert**

Old spellings are given only in simple entries, not in compounds. E.g. the old spelling 'Fluß' is a headword. But 'Flußkrebs' and 'Flußpferd' are not headwords. Only 'Flusspferd' and 'Flusskrebs' appear as headwords.

Alte Schreibungen werden nur bei einfachen, nicht bei zusammengesetzten Wörtern (Komposita) gekennzeichnet. Die „alten" Komposita „Flußkrebs" und „Flußpferd" werden nicht mehr als Stichwörter aufgeführt, sondern nur die neuen Schreibungen „Flusskrebs" und „Flusspferd".

> **Fluss·krebs**[RR] *m* crayfish **Fluss·pferd**[RR] *nt* hippopotamus

If you cannot find a compound because of a spelling change, search for the old spelling of its first component, e.g. Fluß. There you will find a cross-reference to the new spelling.

Wenn die Benutzer Schwierigkeiten haben, ein zusammengesetztes Wort in seiner neuen Schreibung aufzufinden, können sie auf das Grundwort in seiner alten Schreibung (also „Fluß") zurückgehen; dort finden sie den Verweis auf die neue Schreibung.

> **Fluss**[RR] <-es, Flüsse> *m*, **Fluß**[ALT] <-sses, Flüsse> [flʊs, *pl:* 'flʏsə] *m* ❶ *(Wasserlauf)* river; **den ~ aufwärts-/abwärtsfahren** to travel upriver/downriver [*or* upstream/downstream]; ...

One of the most important changes that the German spelling reform has brought about concerns spelling as one or two words. In many cases a word that used to be written together is now written as two words. As a result, it loses its headword status and becomes a phrase within an entry. To simplify finding such elements a cross-reference system has been developed which directs you to the exact part of the entry in which the item is listed.

Eine der wichtigsten Veränderungen, die die Rechtschreibreform im Hinblick auf ein Wörterbuch bringt, betrifft die Zusammen- und Getrenntschreibung. In zahlreichen Fällen wird aus einem bisher zusammengeschriebenen Wort ein kleines Stichwort. d.h. eine Fügung aus mehreren Wörtern, die kein Stichwort mehr ist, sondern nun innerhalb des Eintrags steht. Das Auffinden solch einer Fügung wird dadurch erleichtert, dass bei dem Stichwort alter Schreibung ein präziser Verweis die genaue Position der Fügung angibt.

> **flö·ten|ge·hen**^{ALT} *vi irreg sein (sl) s.* **flöten I. 4**
> **all·ge·mein** ['algə'main] **I.** *adj* ... **II.** *adv* ... ❷ *(nicht spezifisch)* generally; **der Vortrag war leider sehr ~ gehalten** unfortunately the lecture was rather general [*or* lacked focus]; **eine ~ bildende Schule** *a school providing a general rather than specialized education;* **~ medizinisch** general medical *attr*

Similarly, some words that used to be written separately are now written together, and thus become new headwords. The 'old' phrase is not highlighted because this marking is only applied to headwords.

Umgekehrt werden durch die Rechtschreibreform bisherige Syntagmen, also getrennt geschriebene Fügungen, in neue Stichwörter umgewandelt. Hier findet eine Verschmelzung statt. Die „alte" Fügung wird nicht durch ^{ALT} gekennzeichnet, weil diese Markierung, wie bereits gesagt, nur auf der Ebene der Stichwörter verwendet wird.

> **Diens·tag·abend**^{RR} [di:nsta:g'?a:bn̩t] *m* Tuesday evening

3.2 Syllabification

Syllabification is given where relevant. The small dots in headwords indicate the points at which the word may be separated by a hyphen.

3.2 Silbentrennung

Die Silbentrennung wird im Stichwort angegeben. Die Worttrennung wird jeweils durch einen Trennungspunkt markiert.

> **Kau·der·welsch** <-[s]> ['kaudɐvɛlʃ] *nt kein pl (pej)*
> ❶ *(Sprachgemisch)* a hotchpotch [*or* AM *usu* hodgepodge] *(of different languages)* ❷ *(Fachsprache)* jargon
> **pri·ckeln** ['prɪkl̩n] *vi* ❶ *(kribbeln)* to tingle, to prickle;
> ...

3.3 Grammatical symbols

A vertical line shows where a separable verb can be separated.

3.3. Grammatische Zeichen

Der feine Strich kennzeichnet den ersten Teil bei trennbaren Verben.

> **durch|bli·cken** ['dʊrçblɪkn̩] *vi* ❶ *(hindurchsehen)*
> ▪ [**durch etw**] ~ to look through [sth] ...

A superscript star (*) shows that the perfect participle is formed without *ge*-

Das hochgestellte Sternchen (*) zeigt an, dass das Partizip Perfekt des Verbs ohne *ge*- gebildet wird.

> **ver·kraf·ten**[*] [fɛɐ̯'kraftn̩] *vt* ▪ **etw** ~ ❶ *(innerlich bewältigen)* to cope with sth ❷ *(aushalten)* to cope with [*or* stand] sth; **ich könnte ein Bier ~** *(hum)* I could do with a beer

Words with the same spelling but with significantly different meanings are distinguished from each other by a superscript Arabic numeral.

Hochgestellte arabische Ziffern machen gleich geschriebene Wörter mit unterschiedlichen Bedeutungen (Homographe) kenntlich.

Ka·bi·nett[1] <-s, -e> [kabi'nɛt] *nt* ● POL *(Kollegium der Minister)* cabinet ● KUNST *(kleiner Raum im Museum)* gallery
Ka·bi·nett[2] <-s, -e> *m* KOCHK *special quality German wine*

3.4. Other symbols within an entry

3.4. Besondere Zeichen im Eintrag

Irregular inflections of nouns, verbs and adjectives are given in angle brackets.

Unregelmäßige Pluralformen, Verb- und Steigerungsformen werden in spitzen Klammern angegeben.

ver·schlei·ßen <verschliss, verschlissen> I. *vi sein* to wear out ...

Grammatical constructions are marked with a box.

Grammatische Konstruktionen sind mit einem Kästchensymbol markiert.

jap·sen ['japsn̩] *vi (fam)* ■ [nach etw] ~ to gasp [for sth]; **er tauchte aus dem Wasser und japste nach Luft** he surfaced gasping for air

Where German constructions are translated by phrasal verbs, the label *sep* indicates that the position of object and complement can be reversed. For instance 'to wear sth out' and to 'to wear out sth' are both possible.

Bei Phrasal Verbs in der Zielsprache wird eine Angabe über die Trennbarkeit der Konstruktion gemacht: bei *„to wear out sth"* zeigt die Angabe *sep* an, das auch *„to wear sth out"* möglich ist.

ver·schlei·ßen <verschliss, verschlissen> I. *vi sein* to wear out II. *vt* ● *(abnutzen)* ■ etw ~ to wear out sth *sep* ● *(jds Kräfte verzehren)* ■ **sich** ~ to wear oneself out, to get worn out; ■ **jdn** ~ to wear out sb *sep*, to go through sb

A number of keyword entries have a special layout to help you find your way around the entry.

Einige außerordentlich umfangreiche Einträge sind zur leichteren Orientierung besonders benutzerfreundlich dargestellt.

zie·hen ['tsiːən]

I.	TRANSITIVES VERB	II.	INTRANSITIVES VERB
III.	UNPERSÖNLICHES INTRANSITIVES VERB	IV.	UNPERSÖNLICHES TRANSITIVES VERB
V.	REFLEXIVES VERB		

I. TRANSITIVES VERB <zog, gezogen> +*haben*
● *(hinter sich her schleppen)* to pull; **die Kutsche wurde von vier Pferden gezogen** the coach was drawn by four horses
● *(bewegen)* **den Hut** ~ to raise [*or* to take off] one's hat; **den Choke/Starter** ~ to pull out the choke/starter; **die Handbremse** ~ to put on the handbrake; ■ **jdn/etw irgendwohin** ~ to pull sb/sth somewhere; **sie zog das Kind an sich** she pulled the child to[wards] her; **die Knie in die Höhe** ~ to raise one's knees; **die Stirn kraus/in Falten ziehen** to knit one's brow
● *(Richtung ändern)* **er zog das Auto in letzter Minute nach rechts** at the last moment he pulled the car to the right; **der Pilot zog das Flugzeug nach oben** the pilot put the plane into a climb; **etw ins Komische** ~ to ridicule sth ...

4. Entry structure

4.1 Roman numerals

Parts of speech sections are divided by Roman numerals, e.g. prepositions and conjunctions.

4. Aufbau der Einträge

4.1. Römische Ziffern

Mit Hilfe der römischen Ziffern wird ein Eintrag unter grammatischen Gesichtspunkten gegliedert. Die Ziffern zeigen also verschiedene grammatische Funktionen des Stichworts an:

Unterschiedliche Wortarten wie z. B. Präposition und Konjunktion werden mit römischen Ziffern voneinander unterschieden.

wäh·rend ['vɛːrənt] **I.** *präp* +*gen* during **II.** *konj* ❶ *(zur selben Zeit)* while ❷ *(wohingegen)* whereas; **er trainiert gerne im Fitnessstudio, ~ ich lieber laufen gehe** he likes to work out in the gym, whereas I prefer to go for a run

In verb entries Roman numerals separate transitive, intransitive and reflexive use.

Bei Verben wird zwischen transitiv, intransitiv und reflexiv unterschieden.

er·schre·cken I. *vt* <erschreckte, erschreckt> *haben* ❶ *(in Schrecken versetzen)* ▪ **jdn** ~ to give sb a fright ❷ *(bestürzen)* ▪ **jdn** ~ to alarm sb, to shock sb **II.** *vi* <erschrickt, erschreckte *o* erschrak, erschreckt *o* erschrocken> *sein* ▪ |**vor jdm/etw**| ~ to get a fright [from sb/sth|; ~ **Sie nicht, ich bin's nur!** don't get a fright, it's only me! **III.** *vr* <erschrickt, erschreckte, erschreckt *o* erschrocken> *haben (fam: einen Schrecken bekommen)* ▪ **sich** |**über etw** *akk*| ~ to be shocked [by sth]

In German-English entries Roman numerals separate adjectival use from adverbial use.

Bei den Adjektiven wird der adverbiale Gebrauch kenntlich gemacht.

groß·zü·gig I. *adj* ❶ *(generös)* generous; **ein ~es Trinkgeld** a generous [*or* handsome] tip ❷ *(nachsichtig)* lenient ❸ *(in großem Stil)* grand; **ein ~er Plan** a large-scale plan **II.** *adv* ❶ *(generös)* generously ❷ *(nachsichtig)* leniently ❸ *(weiträumig)* spaciously

4.2 Arabic numerals

Arabic numerals indicate different meanings of the headword within a part of speech category. The elements in parentheses or subject labels show which sense is being dealt with in each category.

4.2. Arabische Ziffern

Die arabischen Ziffern kennzeichnen die unterschiedlichen Bedeutungen des Stichworts innerhalb einer Wortart. Die eingeklammerten Angaben in kursiver Schrift (oder – in anderen Fällen – die abgekürzten Sachgebietshinweise) erläutern, welche Bedeutung jeweils vorliegt.

Ga·be <-, -n> ['gaːbə] *f* ❶ *(geh: Geschenk)* gift, present; REL offering; **eine milde ~** alms *pl,* a small donation *hum* ❷ *(Begabung)* gift; **die ~ haben, etw zu tun** to have a [natural] gift of doing sth ❸ *kein pl* MED *(das Verabreichen)* administering *no indef art, no pl* ❹ SCHWEIZ *(Preis, Gewinn)* prize

4.3 Idiom block

Idiom blocks are introduced by a black triangle. They consist of set idioms that cannot be attributed to a particular sense of the headword.

4.3. Phraseologischer Block

Ein schwarzes Dreieck leitet den Block der festen Wendungen ein. Dies sind in der Regel bildhafte Redewendungen, die sich nur schwer oder gar nicht auf die Grundbedeutung (oder -bedeutungen) des Stichworts zurückführen lassen.

Mund <-[e]s, Münder> ['mʊnt, pl: 'mʏnde] m ❶ ANAT mouth; **etw in den ~ nehmen** to put sth in one's mouth; **ein Glas an den ~ setzen** to put a glass to one's mouth; **mit vollem ~e** with one's mouth full ❷ ZOOL *(Maul)* mouth ▸ WENDUNGEN: **~ und Nase aufsperren** *(fam)* to gape in astonishment; **aus berufenem ~e** from an authoritative source; **sich** *dat* **den ~ fusselig reden** to talk till one is blue in the face; **einen großen ~ haben** to have a big mouth, to be all talk [*or* mouth] [*or* BRIT *fam* all mouth and trousers]; **den ~ [zu] voll nehmen** *(fam)* to talk [too] big; **den ~ aufmachen** [*o* auftun] to speak up; **den ~ aufreißen** *(sl)* to talk big; **jdm über den ~ fahren** *(fam)* to cut sb short; **[jd ist] nicht auf den ~ gefallen** *(fam)* [sb is] never at a loss for words; ...

5. Guides to the correct translation: meaning differentiation
5. Wegweiser zur richtigen Übersetzung

Equivalents that are separated from each other only by commas are interchangeable.

Übersetzungen, die, nur durch Kommas getrennt, nebeneinanderstehen, sind gleichbedeutend und somit austauschbar.

Ka·raf·fe <-, -n> [ka'rafə] f decanter, carafe

5.1 Field labels

Field labels indicate the field in which a particular usage is common.

5.1. Sachgebietsangaben

Sachgebietsangaben zeigen an, auf welchen Wissensbereich sich die vorliegende Wortbedeutung und ihre Übersetzung beziehen.

Kin·der·sitz m ❶ AUTO *(Rücksitzaufsatz)* child safety seat

5.2 Sense glosses

When a headword has more than one sense, meaning discrimination is given. This information is given in parentheses and shows which sense of the headword is being treated.

5.2. Bedeutungshinweise

Bedeutungshinweise sind notwendig bei Stichwörtern, die mehr als eine Bedeutung – mit jeweils unterschiedlichen Übersetzungen – haben. Die Hinweise stehen hinter den arabischen Ziffern in runden Klammern. Sie geben an, für welche Bedeutung des Stichworts die Übersetzung gilt.

keck [kɛk] adj ❶ *(vorlaut)* cheeky, saucy ❷ *(provokant)* bold

5.3 Elements in italics

Context elements, also called collocates, are given in italics. The following examples show how different types of collocate guide you to the sense you are looking for.

5.3. Kursive Angaben

Mitunter ist es nicht möglich, für das Stichwort eine einzige, allgemein gültige Übersetzung anzugeben, weil es je nach Kontext anders übersetzt werden muss. In diesem Fall werden die verschiedenen Übersetzungen des Stichworts aufgeführt, wobei kursive Wörter den jeweiligen Kontext angeben, von dem die einzelne Übersetzung abhängt. Diese kursiven, nicht übersetzten Wörter nennt man Kollokatoren; darunter versteht man Wörter, die mit dem Stichwort eine enge, typische Verbindung eingehen und oft mit ihm zusammen vorkommen. Folgende Typen von Kollokatoren führen in diesem Werk zur richtigen Übersetzung.

5.3.1 In verb entries: typical subjects of the verb

5.3.1. In Verbeinträgen: Typische Subjekte des Verbs oder des verbalen Ausdrucks

sprit·zen [ˈʃprɪtsn̩] **I.** *vi* ❶ *haben (in Tropfen auseinanderstieben) Regen, Schlamm* to spray; *Fett* to spit ❷ *sein (im Strahl gelangen) Wasser* to spurt; ...

5.3.2 In verb entries: typical objects of the verb

5.3.2. In Verbeinträgen: Typische direkte Objekte des Verbs

gra·ben <grub, gegraben> [ˈgraːbn̩] **I.** *vi* ❶ *(Erde ausheben)* to dig ❷ *(durch Graben suchen)* ▪ **nach etw** *dat* ~ to dig for sth ...

5.3.3 In adjective entries: nouns that are typically modified by the adjective

5.3.3. In Adjektiveinträgen: Substantive, die typischerweise zusammen mit dem Adjektiv vorkommen

sta·che·lig [ˈʃtaxəlɪç] *adj Rosen* thorny; *Kakteen, Tier* spiny, spinous *spec; (mit kleineren Stacheln)* prickly

5.3.4 In noun entries: typical 'of'-complements

5.3.4. In Substantiveinträgen: Typische Genitivanschlüsse

Stor·no <-s, Storni> [ˈʃtɔrno, *pl:* ˈʃtɔrni] *m o nt Reise, Auftrag* cancellation; *einer Buchung* reversal

6. Source and target language labels

6.1 Usage labels

If a headword or a translation deviates from neutral style then it is marked. Usage labels given at the beginning of an entry or of a Roman or Arabic numeral section apply to the entire entry or section.

6. Beschreibende Angaben zu Quell- und Zielsprache

6.1. Stilangaben

Weicht ein Stichwort von der neutralen Standardsprache ab, so wird dies grundsätzlich angegeben. Die Angaben erfolgen sowohl in der Quell- als auch in der Zielsprache. Stilangaben zu Beginn eines Eintrags oder einer Kategorie (d. h. eines römisch oder arabisch bezifferten Absatzes) beziehen sich auf den gesamten Eintrag oder auf den gesamten Absatz.

ver·knal·len *(fam)* **I.** *vt (verschwenden)* ■ **etw** ~ to squander sth **II.** *vr (sich verlieben)* ■ **sich |in jdn|** ~ to fall head over heels in love [with sb]; ■ **|in jdn| verknallt sein** to be head over heels in love [with sb], to be crazy [*or fam* nuts] about sb

in German, designates very informal language that is generally only used by young people amongst themselves. This style can appear flippant and can cause offence, e.g. *Fresse, krepieren*	*derb*	bezeichnet im Deutschen einen sehr saloppen Sprachgebrauch, der nur von meist jüngeren Sprechern untereinander verwendet wird. Dieser Stil wirkt leicht flapsig und kann daher Anstoß erregen, z. B. *Fresse, krepieren*
refers to informal language as it is used between family members and friends in a relaxed atmosphere and in private letters, e.g. *doof, jdn übers Ohr hauen, total*	*fam*	bezeichnet umgangssprachlichen Sprachgebrauch, wie er zwischen Familienmitgliedern und Freunden in zwangloser Unterhaltung und in privaten Briefen verwendet wird, z. B. *doof, jdn übers Ohr hauen, total*
designates English language that is very informal but not vulgar, e.g. *to take the piss out of sb*	*fam!*	bezeichnet im Englischen stark umgangssprachlichen, saloppen Sprachgebrauch, z. B. *take the piss out of sb*
designates spoken and written formal English usage, e.g. *peruse, mordacity;* in German, designates official language as used in official correspondence, in forms or in official statements, e.g. *Bewirtung, Postwertzeichen, wohnhaft sein*	*form*	bezeichnet im Englischen gehobenen Sprachgebrauch, wie er bei gewählter Ausdrucksweise üblich ist, z. B. *peruse, mordacity;* bezeichnet im Deutschen förmlichen Sprachgebrauch, wie er im amtlichen Schriftverkehr, auf Formularen oder in formellen Ansprachen üblich ist, z. B. *Bewirtung, Postwertzeichen, wohnhaft sein*
designates spoken and written formal German language, e.g. *eruieren, Diskrepanz*	*geh*	bezeichnet im Deutschen gehobenen Sprachgebrauch, sowohl in der gesprochenen wie der geschriebenen Sprache, wie er bei gewählter Ausdrucksweise üblich ist, z. B. *eruieren, Diskrepanz*
refers to literary language, e.g. *Blendung, Eiland*	*liter*	bezeichnet literarischen Sprachgebrauch, wie er nur in Romanen zu finden ist, z. B. *Blendung, Eiland*
indicates poetic usage, e.g. *Antlitz, Odem*	*poet*	bezeichnet poetischen Sprachgebrauch, wie er nur in der Lyrik vorkommt, z. B. *Antlitz, Odem*
in English, designates slang or jargon, e.g. *to sock sb one*; in German, designates usage that is very informal but not vulgar as well as language of certain social groups, e.g. young people: *flennen; jdm eine ballern, Bruchbude*	*sl*	bezeichnet im Englischen Slang oder Jargon, z. B. *to sock sb one*; bezeichnet im Deutschen stark umgangssprachlichen, saloppen Sprachgebrauch oder die Ausdrucksweise bestimmter Gruppen, z. B. Jugendliche: *flennen, jdm eine ballern, Bruchbude*
designates taboo language that is generally considered vulgar and that causes offence.	*vulg*	bezeichnet Wörter, die allgemein als vulgär gelten und daher tabu sind. Ihr Gebrauch erregt meist Anstoß.

6.2 Age labels

6.2. Altersangaben

When a word no longer belongs to contemporary language this is indicated in both languages.

Es wird in beiden Sprachen grundsätzlich angegeben, wenn ein Wort oder Ausdruck nicht mehr dem heutigen Sprachgebrauch entspricht.

> **EG** <-> [eːˈgeː] *f* ❶ *(hist) Abk von* **Europäische Gemeinschaft** EC ❷ ÖKON *Abk von* **eingetragene Genossenschaft** registered cooperative society

designates language as it might be used by 50–65 year-olds, e.g. a *brick* (for a *helpful person)*. These are words that are still in use, but which sound old-fashioned. German e. g.: *Biene (nice girl)*, *Leibesübungen (physical education)*	*dated* *veraltend*	bezeichnet ein Wort oder einen Ausdruck, wie er von der Altersgruppe der 50- bis 65-Jährigen benutzt wird, z. B. a *brick* (als Bezeichnung für eine *hilfreiche Person)*. Es handelt sich um Wörter, die noch im Gebrauch sind, die aber etwas altmodisch klingen. Deutsch z. B.: *Biene (nettes Mädchen)*, *Leibesübungen (Sportunterricht)*
designates a word or expression that is no longer in current use, but which is still understood, e.g. *brigand (bandit)*, *to wait on sb (to visit sb)*. German e.g.: *Abort (toilet)*, *Backfisch (teenage girl)*	*old* *veraltet*	bezeichnet ein Wort oder einen Ausdruck, der heutzutage nicht benutzt, aber durchaus noch verstanden wird, z. B. *brigand (Bandit)*, *to wait on sb (jdn besuchen)*. Deutsch z. B.: *Abort (Toilette)*, *Backfisch (Teenager)*
for words that have completely disappeared from current usage. These often desginate things that are now referred to by a different name, e.g. *Ceylon, Ecu, Dienstleistungsabend*	*hist*	für Wörter, die gar nicht mehr im Gebrauch sind. Oft sind es Bezeichnungen für Dinge, die heute einen anderen Namen tragen, z. B. *Ceylon, Ecu, Dienstleistungsabend*

6.3 Rhetoric labels

6.3. Rhetorische Angaben

Many words and phrases carry a particular connotation. This is indicated in both source and target language. Rhetoric labels also indicate figurative usage and proverbs.

Viele Wörter und Wendungen können in einer bestimmten Sprechabsicht verwendet werden. In diesen Fällen wird bei der Quellsprache ein entsprechender Vermerk gemacht. Rhetorische Absichten in der Zielsprache werden ebenfalls kenntlich gemacht.

> **gaf·fen** [ˈgafn̩] *vi (pej)* ▬ **[nach jdm/etw]** ~ *(fam)* to gape [*or* BRIT *pej fam* gawp] [at sb/sth], to stare [at sb/ sth]; **was gaffst du so?** what are you gawping [*or* gaping] at!

designates emphatic usage, e. g. *niemals* (for *never)*	*emph*	bezeichnet emphatischen Sprachgebrauch, z. B. *niemals* (für *nie!)*
designates euphemistic usage, i.e. words or expressions that are used to describe a word that the speaker wishes to avoid, e.g. *das stille Örtchen* (for *toilet)*	*euph*	bezeichnet verhüllenden Sprachgebrauch; statt des eigentlichen Worts wird stellvertretend dieser beschönigende Ausdruck gebraucht, z. B. *das stille Örtchen* (für *Toilette)*.
designates figurative usage, e.g *Kinderkrankheiten* (for *problems at the beginning of something)*	*fig*	bezeichnet übertragenen Sprachgebrauch; das Wort oder die Wendung dient – im übertragenen Sinn – als Bild für das, was man ausdrücken will, z. B. *Kinderkrankheiten* (übertragen für *Anfangsprobleme)*
designates humorous usage, e.g. *Gerstensaft* (beer)	*hum*	bezeichnet scherzhaften Sprachgebrauch, z. B. *Gerstensaft*
designates ironic usage; the speaker really means the opposite of what he/she is saying, e.g. *sehr witzig! (very funny!)*	*iron*	bezeichnet ironischen Sprachgebrauch; der Sprecher meint eigentlich das Gegenteil dessen, was er sagt, z. B. *sehr witzig!*
designates pejorative usage; the speaker expresses contempt or disapproval, e.g. *Gequassel (gab)*	*pej*	bezeichnet einen abwertenden Sprachgebrauch; der Sprecher drückt damit seine abschätzige Haltung aus, z. B. *Gequassel*
designates a proverb, e.g. *aus den Augen, aus dem Sinn (out of sight, out of mind)*	*prov*	bezeichnet ein Sprichwort, z. B. *aus den Augen, aus dem Sinn*

6.4 Regional labels

6.4. Regionale Angaben

The German of Germany, Austria and Switzerland are included.

Außer dem Deutschen Deutschlands werden das Deutsche von Österreich und der Schweiz besonders berücksichtigt.

> **Jän·ner** <-s, -> ['jɛnɐ] *m* ÖSTERR January
> **Natel®** <-s, -s> *nt* SCHWEIZ *(Handy)* mobile [phone] BRIT, cellphone AM

Expressions used exclusively in Northern or Southern Germany are also supplied.

Deutsche Wörter und Wendungen, die ausschließlich regional Verwendung finden, werden entsprechend markiert.

> **Dös·kopp** <-s, -köppe> [-kɔp] *m* NORDD *(fam)* dozy nit BRIT *fam*, dope
> **Fa·sching** <-s, -e *o* -s> ['faʃɪŋ] *m* SÜDD *(Fastnacht)* carnival

Cultural aspects of all regions are featured in special boxes.

Zusätzlich werden kulturelle Phänomene aller Regionen in Infofenstern berücksichtigt.

> **Fast·nacht** ['fastnaxt] *f kein pl* DIAL carnival
>
> **Kultur**
>
> The Swabian-Allemannic carnival begins on January 6, on *Heilige Dreikönige – Three Kings Day* and is known as **Fastnacht** or *Fasnet*. It is characterized by the reversal of the usual rules and dressing up in masks and costumes. **Fastnacht** is held in Baden Württemberg, parts of Bavaria, Northern Switzerland and Alsace. The festival starts on *Shrovetide*, the Thursday before Ash Wednesday, known in these regions as *Schmutziger Donnerstag* or *Fettdonnerstag*. Elsewhere the day is called *Weiberfastnacht – Women's Carnival*, being the day when tradition says that women take control. In many towns women take over the town halls and, according to an old tradition, cut off the ties of male politicians, colleagues – whoever comes along, is male, and wears a tie.

American spellings, words and phrases are always given in equivalents.

Amerikanisches Englisch wird in der Zielsprache sowohl in der Schreibung als auch für Wörter und Wendungen systematisch angegeben.

> **Hu·mor¹** <-s, <selten -e> [hu'moːɐ̯] *m* ❶ *(Laune)* good humour [*or* AM -or], cheerfulness; **einen goldenen ~ haben** to be irrepressibly good-humoured ❷ *(Witz, Wesensart)* [sense of] humour [*or* AM -or]; ...
> **Ein·kaufs·zen·trum** *nt* [out-of-town] shopping centre [*or* AM -er] [*or* mall]
> **ein|bre·chen** *irreg* I. *vi* ❶ *sein o haben (Einbruch verüben)* ▥ [**bei jdm/in etw**] ~ *dat o akk* to break in[to sb's home/sth]; ... ❷ *sein (Misserfolg haben)* to come a cropper BRIT *sl,* to suffer a setback AM II. *vt haben* ▥ **etw ~** to break down sth *sep*

6.4.1 Table of regional labels used in the dictionary

6.4.1 Übersicht über die verwendeten regionalen Abkürzungen

item used only in the USA, e.g. *charley horse (muscle cramp)*	AM	nur in USA gebrauchter Ausdruck, z. B. *charley horse (Muskelkrampf)*
item used only in Great Britain, e.g. *counterfoil*	BRIT	nur in Großbritannien gebrauchter Ausdruck, z. B. *counterfoil (abtrennbarer Teil)*
regional item, e.g. *Bütte (tub)*	DIAL	regional begrenzt gebrauchter Ausdruck, z. B. *Bütte (wannenartiges Gefäß)*
cultural item specific to Germany, e.g. *Bundesgrenzschutz, Bundestag*	BRD	v. a. typisch bundesrepublikanische Phänomene wie z. B. *Bundesgrenzschutz, Bundestag*
item used especially in Central Germany, e.g. *Karneval (carnival)*	MITTELD	besonders im mitteldeutschen Raum gebrauchter Ausdruck, z. B. *Karneval*
item used only in Northern Germany, e.g. *Aufnehmer (cloth)*	NORDD	nur im Norden Deutschlands gebrauchter Ausdruck, z. B. *Aufnehmer (Wischlappen)*
item used only in Austria, e.g. *Marille (apricot), Jänner (January)*	ÖSTERR	nur in Österreich gebrauchter Ausdruck, z. B. *Marille (Aprikose), Jänner (Januar)*
item used only in Switzerland, e.g. *Natel (mobile phone)*	SCHWEIZ	Ausdruck, der nur in der Schweiz gebraucht wird, z. B. *Natel (Handy)*
word or expression used only in Southern Germany, e.g. *Bub (boy)*	SÜDD	nur im Süden Deutschlands gebrauchter Ausdruck, z. B. *Bub (Junge)*

6.5 Other labels

6.5. Sonstige Angaben

Further markers are used in both languages to indicate restriction of an item to a certain age-group, situation or frequency of use.

Weitere Angaben werden zu beiden Sprachen gemacht, wenn der Gebrauch eines Wortes auf eine bestimmte Altersgruppe, Sprechsituation oder Zeit beschränkt ist.

designates specialist language that lay people would generally not use, e.g. *Korrelat (correlate)*	*fachspr*	*spec*	bezeichnet einen von Laien nicht benutzten Fachausdruck. z. B. *Korrelat (ergänzende Entsprechung)*
designates a word or expression used mainly when speaking to children, e.g.. *„wau wau" machen (to go 'woof woof')*	*Kindersprache*	*childspeak*	bezeichnet einen Ausdruck, der nur im Gespräch mit kleinen Kindern benutzt wird, z. B. *„wau wau" machen*
designates language that is only rarely used, e.g. *malade (unwell)*	*selten*	*rare*	bezeichnet selten gebrauchte Sprache, z. B. *malade (krank)*

7. German phonetics

7. Deutsche Phonetik

Phonetics are given in IPA (International Phonetic Alphabet).

Zur Bezeichnung der Aussprache wurden die phonetischen Zeichen des IPA (International Phonetic Alphabet) verwendet.

The reference used for German phonetics was *DUDEN Aussprachewörterbuch*, 4th fully revised and updated edition (2000).

Für das Deutsche diente *DUDEN Aussprachewörterbuch*. 4. neu bearbeitete und aktualisierte Auflage (2000) als Hilfsmittel.

German phonetic symbols

Lautschriftzeichen für Deutsch

[a]	matt		[õ]	Fondue
[aː]	Bahn		[õː]	Fonds
[ɐ]	bitter, Mutter		[ø]	Ökonomie
[ɐ̯]	Uhr		[øː]	Öl
[ã]	Chanson		[œ]	Götter
[ãː]	Gourmand		[œː]	Server
[ai]	heiß		[ɔy]	Mäuse
[au]	Haus		[p]	Papst
[b]	Ball		[pf]	Pfeffer
[ç]	ich		[r]	Rad
[d]	dicht		[s]	Rast, besser, heiß
[dʒ]	Gin, Job		[ʃ]	Schaum, sprechen, Chef
[e]	Etage		[t]	Test, treu
[eː]	Beet, Mehl		[ts]	Zaun
[ɛ]	Nest, Wäsche		[tʃ]	Matsch, tschüss
[ɛː]	wählen		[u]	zunächst
[ɛ̃]	Bohemien		[uː]	Hut
[ɛ̃ː]	Teint		[ɥ]	aktuell
[ə]	bohren		[ʊ]	Mutter
[f]	Fett, viel		[ui]	pfui
[g]	Geld		[v]	wann
[h]	Hut		[x]	Schlauch
[ɪ]	Bitte		[ks]	fix, Axt, Lachs
[i]	Vitamin		[y]	Mykene
[iː]	Bier		[yː]	Typ
[i̯]	Studie		[ÿ]	Etui
[j]	ja		[ʏ]	füllen
[k]	Kohl, Computer		[z]	Hase, sauer
[kv]	Quadrat		[ʒ]	Genie
[l]	Last		ˈ	Hauptbetonung **Primary stress**
[l̩]	Nebel			
[m]	Meister		ˌ	Nebenbetonung **Secondary stress**
[n]	nett			
[n̩]	sprechen		[ʔ]	Knacklaut
[ŋ]	Ring, blinken			Glottal stop
[o]	Oase		ː	Längenzeichen
[oː]	Boot, drohen			Length symbol
[o̞]	loyal		˜	Nasalierte Aussprache
[ɔ]	Post			Indicates nazalization

A

A, a <-, - *o fam* -s, -s> [aː] *nt* ❶ *(Buchstabe)* A, a; **ein großes A/ein kleines a** a capital A/a small a; **~ wie Anton** A for Andrew BRIT, A as in Abel AM ❷ MUS A, a; **A-Dur/a-Moll** A major/A minor; **das ~ anschlagen** to hit a ▸ WENDUNGEN: **von ~ nach B [kommen]** [to get] from A to B; **wer ~ sagt, muss auch B sagen** *(prov)* if you make your bed, you've got to lie in it, BRIT *a.* in for a penny, in for a pound *prov;* **das ~ und [das] O** the be-all and end-all, the most important thing; **von ~ bis Z** *(fam: von Anfang bis Ende)* from beginning to end; *(in- und auswendig)* inside out

à [a] *präp* at; **200 Flaschen Mouton ~ 135 Euro** 200 bottles of Mouton at 135 euros each

Ä, ä <-, - *o fam* -s> [ɛː] *nt* a umlaut

Aa <-> [aˈʔa] *nt kein pl (Kindersprache)* poo[h] BRIT *childspeak,* poop AM *childspeak;* **~ machen** to do a poo[h] [*or* AM poop]

AA <-> *nt kein pl* ❶ *Abk von* **Auswärtiges Amt** ≈ FCO BRIT, ≈ State Department AM ❷ *ohne Art Abk von* **Anonyme Alkoholiker** AA

Aa·chen <-s> [ˈaːxn̩] *nt* Aachen

Aal <-[e]s, -e> [aːl] *m* eel; ▸ WENDUNGEN: **glatt wie ein ~** as slippery as an eel; **sich [drehen und] winden wie ein ~** *(aus Unaufrichtigkeit)* to wriggle like a worm; *(aus Verlegenheit)* to squirm

aa·len [ˈaːlən] *vr (fam)* ■ **sich ~** to stretch out; ■ **sich in der Sonne ~** to bask in the sun

aal·glatt [ˈaːlˈɡlat] **I.** *adj (pej)* slippery **II.** *adv (pej)* artfully **Aal·quap·pe** *f* KOCHK burbot, eelpout **Aal·sup·pe** *f* eel soup

AAM <-s, -s> *m Abk von* **angeborener Auslösemechanismus** IRM

a. a .O. *Abk von* **am angegebenen Ort** loc. cit.

Aar·gau <-s> [ˈaːɐ̯ɡau] *m* ■ **der ~** Aargau

Aas <-es> [aːs] *nt* ❶ *pl* **Aase** *(Tierleiche)* carrion ❷ *pl* **Äser** *(fam: männliche Person)* bastard *fam!,* AM *a.* jerk *fam!; (weibliche Person)* bitch *fam!* ▸ WENDUNGEN: **kein ~** *(fam)* not a soul

aa·sen [ˈaːzn̩] *vi (fam)* ■ **mit etw** *dat* **~** to fritter away sth *sep;* **mit Energie/Rohstoffen ~** to squander energy/resources; **mit seiner Gesundheit ~** to neglect one's health

Aas·fres·ser <-s, -> *m* carrion-eating animal **Aas·gei·er** *m* vulture *a. pej;* **ihr seid wie die ~!** you're vultures! **Aas·kä·fer** *m* carrion-beetle

ab [ap] **I.** *adv* ❶ *(weg, entfernt)* off; **zur Post geht es an der Kreuzung links ~** the post office is off to the left at the crossroads; **~** to be out in the sticks; **weit ~ sein** [*o* liegen] to be far away; **das Lokal ist mir zu weit ab** the pub is too far away; **das liegt zu weit ~ vom Weg** that's too far off the beaten track ❷ *(abgetrennt)* off; **~ sein** *(fam)* to be broken [off]; **mein Knopf ist ab** I've lost a button; **erst muss die alte Farbe ~** first you have to remove the old paint ❸ *(in Befehlen)* off; **~ ins Bett!** off to bed!; **~, ihr beiden, Hände waschen!** off you two go, and wash your hands!; **~ nach Hause!** off home with you!; **~ in/auf dein Zimmer!** go to your room!; **~ nach oben/unten!** up/down we/you etc. go!; **~ sofort** as of now; **~ und zu** [*o* NORDD **an**] now and then ❹ *(abgehend)* from; **der Zug fährt ~ Köln** the train departs from Cologne; **Frankfurt ~ 19 Uhr, New York an 8 Uhr** departing Frankfurt [at] 19.00, arriving New York [at] 8.00 **II.** *präp* +*dat* ❶ *(räumlich)* from ❷ *(zeitlich)* from; **~ wann …?** from when …? ❸ *(von … aufwärts)* from; **Kinder ~ 14 Jahren** children from the age of 14 up ❹ ÖKON ex; **Preis ~**

Fabrik/Werk price ex factory/works ❺ SCHWEIZ *(nach der Uhrzeit)* past; **Viertel ~ 8** quarter past eight ❻ SCHWEIZ *(von)* on; **~ Kassette** on cassette

Aba·kus <-, -> [ˈaːbakʊs] *m* abacus

ab|än·dern *vt* ■ **etw [in etw** *akk*] **~** to amend [to sth]; **ein Gesetz/einen Text/eine Verfassung ~** to amend a law/text/constitution; **ein Programm ~** to change a schedule; **eine Strafe ~** to revise a punishment

Ab·än·de·rung *f* amendment; *einer Strafe* revision; **~en [an etw** *dat*] **vornehmen** to make amendments [to sth]; **in ~ des Programms** as a change to the schedule

Ab·än·de·rungs·an·trag *m* POL amendment; **einen ~ einbringen** to propose an amendment

ab|ar·bei·ten I. *vt* ■ **etw ~** ❶ *(durch Arbeit tilgen)* to work off sth *sep;* **die Überfahrt ~** to work one's passage ❷ *(der Reihe nach erledigen)* to work through sth ❸ *(hinter sich bringen)* to finish sth **II.** *vr* ■ **sich ~** *(fam)* to work like a madman [*or fam* dog], to work oneself into the ground [*or* to death]; *s. a.* **abgearbeitet**

Ab·art [ˈapʔaːɐ̯t] *f* ❶ BIOL mutation *spec* ❷ BOT variety

ab·ar·tig I. *adj* ❶ *(abnorm)* deviant, abnormal; *(pervers a.)* perverted; **eine ~e Neigung haben** to have abnormal [*or* deviant] tendencies ❷ *(sl: verrückt)* crazy, mad **II.** *adv* ❶ *(abnorm)* abnormally; **auf etw** *akk* **~ reagieren** to react abnormally to sth ❷ *(sl)* really; **mein Kopf tut ~ weh** I've got a splitting headache; **das hat ~ lang gedauert** that took absolute ages ❸ *(pervers)* pervertedly

Ab·ar·tig·keit <-, -en> *f* deviance, perversity; **von einer besonderen/seltenen ~ sein** to be peculiarly/particularly deviant

ab|äschern *vt* KOCHK **einen Fisch ~** to rub a fish with wooden ashes to remove slime

ab|ba·cken *vt* KOCHK *s.* **ausbacken**

ab|bal·gen *vt* KOCHK, JAGD **Wild ~** to skin game

ab|bal·lern *vt (sl)* ■ **jdn ~** to blow away sb *sep;* ■ **ein Tier ~** to pot an animal *fam*

Ab·bau <-s> *m kein pl* ❶ *(Förderung)* mining; **der ~ von Braunkohle/Schiefer/Steinkohle** brown coal/slate/hard coal mining; **der ~ von Bodenschätzen** mining for mineral resources ❷ *(Verringerung)* cut; **ein ~ der Produktion** a cutback in production ❸ *(allmähliche Beseitigung)* revocation, withdrawal; **der ~ von Vorurteilen** the breaking down [*or* elimination] of prejudices ❹ MED *(Verfall)* deterioration *spec* ❺ CHEM breakdown

ab·bau·bar *adj* ❶ BERGB *(sich fördern lassend)* workable ❷ CHEM, MED degradable; **biologisch ~** biodegradable

ab|bau·en I. *vt* ■ **etw ~** ❶ BERGB *(fördern)* to mine sth ❷ *(demontieren)* to dismantle sth ❸ *(verringern)* to reduce [*or* decrease] sth ❹ *(schrittweise beseitigen)* to cut sth; **Vorrechte ~** to reduce [*or* cut] privileges ❺ CHEM, MED to break down sth *sep* **II.** *vi (fam: allmählich weniger leisten)* Kräfte, Konzentration to flag, to wilt; *(geistig/körperlich nachlassen)* to deteriorate

Ab·bau·pro·dukt *nt* break down product

ab|bee·ren *vt* ■ **etw ~** to strip the berries off sth

ab|bei·ßen *irreg* **I.** *vt* ■ **[jdm] etw ~** to bite [off] [sb's] sth; ■ **etw von etw** *dat* **~** to bite sth off [of] sth; **er biss ein Stück von der Schokolade ab** he bit off a piece of the chocolate **II.** *vi (fam:* allmähl...); **möchtest du mal ~?** would you like [to have] a bite?

ab|bei·zen *vt* ■ **etw [von etw** *dat*] **~** to strip sth [off [*or*

AM a. off of] sth]

Ab·beiz·mit·tel nt stripper

ab|be·kom·men *vt irreg* ① *(seinen Anteil erhalten)* ■ etw [von etw *dat*] ~ to get [*or* receive] one's share [of sth]; **ich habe noch nichts vom Gewinn ~** I still haven't had my share of the winnings; **die Hälfte von etw ~** to receive [*or* get] half of sth ② *(durch etw getroffen werden)* ■ etw ~ to get sth; **Prügel ~** to get a beating ③ *(fam: beschädigt werden)* ■ etwas/nichts ~ to get/not get damaged; **das Auto hat bei dem Unfall eine ganze Menge ~** the car got quite a bashing in the accident ④ *(fam: verletzt werden)* ■ etwas/nichts ~ to be/not be injured ⑤ *(entfernen können)* ■ etw [von etw *dat*] ~ to get sth off [of sth]

ab|be·ru·fen *vt irreg (zurückbeordern)* ■ jdn ~ to recall sb ▶ WENDUNGEN: [von Gott] ~ werden *(euph)* to pass away, to be called Home to one's Lord *euph*

Ab·be·ru·fung *f* recall; **die Regierung erwog die ~ des Botschafters** the government considered recalling the ambassador

ab|be·stel·len *vt* ① *(eine Bestellung widerrufen)* ■ etw ~ to cancel sth ② *(einen Besuch widerrufen)* ■ jdn ~ to cancel sb's visit/appointment; **du kannst den Klempner wieder ~** you can tell the plumber he needn't come anymore

Ab·be·stel·lung *f* cancellation

ab|be·zah·len I. *vt* ■ etw ~ to pay off sth *sep* II. *vi* to pay in instalments [*or* AM *usu* installments]; **an dem Auto muss ich noch 16 Monate lang ~** I have another 16 month's instalments to make on the car

ab|bie·gen *irreg* I. *vt haben (fam)* ■ etw ~ to get out of sth *fam;* **ich sollte eine Rede halten, aber zum Glück konnte ich das ~** I was supposed to give a speech but luckily I managed to get out of it; **einen Plan ~** to forestall a plan II. *vi sein* ① *(nach links/rechts fahren)* to turn [off]; [nach] **links/rechts ~** to turn [off to the] left/right; **von einer Straße ~** to turn off [*or* AM *a*. off of] a road ② *(eine Biegung machen)* to bend; **die Straße biegt [scharf] ab** there's a [sharp] bend in the road

Ab·bie·ge·spur *f* turn-off [*or* AM turning] lane

Ab·bild nt image; *(im Spiegel)* reflection

ab|bil·den *vt* ① *(fotografisch wiedergeben)* **einen Gegenstand ~** to copy [*or* reproduce] an object; ■ jdn ~ to portray [*or* depict] sb; **eine Landschaft ~** to depict a landscape; **auf dem Foto war der Tatort abgebildet** the photo showed the place of the crime ② *(geh: wiedergeben)* ■ etw ~ to portray [*or* depict] sth; **der Bericht bildet die Verhältnisse in Litauen ab** the report portrays the conditions in Lithuania

Ab·bil·dung <-, -en> *f* ① *(Illustration)* illustration ② *(bildliche Wiedergabe)* image, diagram; **siehe ~ 3.1 auf Seite 5** see figure 3.1 on page 5 ③ *(das Abbilden)* reproduction, depiction; **diese Statistik eignet sich nicht zur ~** these figures are not suitable for depicting in a diagram

ab|bin·den *irreg* I. *vt* ① MED *(abschnüren)* **die Hauptschlagader/ein Körperglied ~** to put a tourniquet on the main artery/on a limb ② KOCHK *(verdicken)* **eine Soße/Suppe [mit etw *dat*] ~** to thicken [*or* bind] a sauce/soup [with sth]; **zum A~ nehme ich immer Stärkemehl** I always use cornflour to thicken ③ *(losbinden)* ■ sich *dat* etw ~ to untie [*or* undo] one's sth; **eine Krawatte ~** to undo a tie; **eine Schürze ~** to untie an apron II. *vi* ① BAU to bind ② KOCHK to thicken

Ab·bit·te *f (geh)* apology; [bei jdm] **~ leisten** [*o* tun] to offer one's apologies [to sb]

ab|bla·sen *vt irreg* ① *(fam: absagen)* ■ etw ~ to call sth off ② *(durch Blasen entfernen)* ■ etw [von etw *dat*] ~ to blow sth away [from sth] ③ *(durch Blasen von Belag reinigen)* ■ etw ~ to blow the dust off [*or* AM *a*. off of] sth

ab|blät·tern *vi sein* ■ [von etw *dat*] ~ to peel [off [*or* AM *a*. off of] sth]

ab|blei·ben *vi irreg sein (fam)* **wo ist sie nur schon wieder abgeblieben?** where has she got to this time?; **irgendwo muss es abgeblieben sein** it has got to be somewhere

ab·blend·bar *adj* ■ ein ~er Rückspiegel a dipping rear mirror

ab|blen·den I. *vi* ① AUTO to dip [*or* AM dim] the [*or* one's] lights ② FILM to fade out II. *vt* **die Scheinwerfer ~** to dip [*or* AM dim] the headlights; **das Fenster ~** to black out the window

Ab·blend·licht nt AUTO dipped [*or* AM dimmed] headlights

ab|blit·zen *vi sein (fam)* ■ bei jdm [mit etw *dat*] ~ to not get anywhere with sb [with sth] *fam;* **mit diesem Vorschlag werden Sie beim Chef ~** you won't get anywhere with the boss with that proposal; **jdn ~ lassen** to give sb the brush-off *fam*, to turn sb down

ab|blo·cken I. *vt* ■ jdn/etw [mit etw *dat*] ~ to block sb/sth [with sth] II. *vi* to refuse to talk about sth

Ab·brand *m* ① NUKL burn-up *spec* ② *(metal)* melting loss

ab|brau·sen I. *vi sein (fam)* to race [*or fam* zoom] off II. *vt haben* ■ etw ~ to rinse sth off [under the shower]; ■ jdn ~ to put sb under the shower

ab|bre·chen *irreg* I. *vt haben* ■ etw ~ ① *(von etw lösen)* to break off sth *sep* ② *(abbauen)* to dismantle sth; **ein Lager ~** to break [*or* strike] camp; **ein Zelt ~** to take down [*or* strike] a tent; *s. a.* **Zelt** ③ *(niederreißen)* to pull down sth *sep*, to demolish sth ④ *(vorzeitig beenden)* to stop sth; **eine Beziehung ~** to break off a relationship; **die Behandlung/Therapie ~** to stop [*or* quit] the course of treatment/therapy; **einen Streik ~** to call off a strike; **das Studium ~** to drop out of college [*or* BRIT *a*. university]; **den Urlaub ~** to cut short one's holidays; **eine Übertragung ~** to interrupt a broadcast; *s. a.* **abgebrochen** II. *vi* ① *sein (sich durch Brechen lösen)* to break off ② *(aufhören)* to stop ③ *(beendet werden)* to cease; **Beziehung ~** to end, to break off; **etw ~ lassen** to break off sth; **den Kontakt ~** to lose contact [*or* touch] ⑤ *vi haben* ▶ WENDUNGEN: **sich** *dat* [bei etw *dat*] [k]einen ~ *(sl)* to [not] bust a gut [doing sth] *sl;* [nun] **brich dir [mal] keinen ab!** don't put yourself out!; **brich dir bloß keinen ab bei deinen Gratulationen!** don't go overboard with the congratulations!

ab|brem·sen I. *vt* ① *(langsamer werden lassen)* ■ etw ~ to slow down sth *sep;* **den Motor ~** to brake the engine ② *(fig: langsamer verlaufen lassen)* ■ etw ~ to curb [*or sep* slow down] sth; **einen Fall ~** to break a fall; **die Inflation ~** to curb inflation II. *vi* to brake, to slow down; **hier solltest du auf 50 km/h abbremsen** you should slow down to 50 km/h here

ab|bren·nen *irreg* I. *vt haben* ■ etw ~ ① *(durch Verbrennen beseitigen)* to burn off sth *sep* ② *(niederbrennen)* to burn down sth *sep*, to burn sth to the ground ③ *(brennen lassen)* to burn sth; **ein Feuerwerk/eine Rakete ~** to let off fireworks/rockets *sep* ④ KOCHK *(absengen)* to singe [*or* burn] off sth *sep*, to distil [*or* AM distill] sth ⑤ KOCHK ÖSTERR *(mit brauner Butter übergießen)* to pour black butter over sth II. *vi sein* ① *(niederbrennen)* to burn down [*or* to the ground] ② *(sein Haus durch Brand verlieren)* to be burnt [*or* burned] out ③ *(sich durch Brennen aufbrauchen)* to burn out

ab|brin·gen *vt irreg* ■ jdn von etw *dat* ~ get sb to give up sth; *(abraten)* to change sb's mind about sth; ■ jdn davon ~, etw zu tun to prevent sb [from] doing sth; *(abraten)* to dissuade sb from doing sth; **jdn vom Kurs ~** to throw sb off course; **jdn vom**

Thema ~ to get sb away from the subject; ■ **sich von etw** *dat* **nicht** ~ **lassen** to not let oneself be made [*or* persuaded] to give up sth; **sich nicht von seiner Meinung** ~ **lassen** to not let anyone/anything change one's mind [*or* opinion]; **sich nicht von seinen Gewohnheiten** ~ **lassen** to not be made to give up one's habits; **er ließ sich von seinem Vorhaben nicht** ~ he won't be persuaded to drop his plan; **jdn/einen Hund von der Spur** ~ to throw [*or* put] sb/a dog off the scent

ab·brö·ckeln *vi* *sein* ❶ *(sich bröckelnd lösen)* ■ **[von etw** *dat*] ~ to crumble [away from sth] ❷ FIN *(an Wert verlieren)* to ease off

Ab·bruch *m* ❶ *kein pl (das Niederreißen)* demolition; **der** ~ **eines verwahrlosten Gebäudes** to pull down [*or* demolish] a neglected building; **etw auf** ~ **verkaufen** to sell sth at demolition value ❷ *kein pl (Beendigung)* breaking off; *einer Therapie a.* ceasing; *des Studiums* dropping out; **mit dem** ~ **der diplomatischen Beziehungen drohen** to threaten to break off diplomatic relations; **es kam zum** ~ **der Veranstaltung** the event had to be called off ❸ *(fam: Schwangerschafts~)* abortion ▸ WENDUNGEN: **einer S.** *dat* **keinen** ~ **tun** to not spoil sth; **jds Fröhlichkeit** [*o* **guten Laune**] **keinen** ~ **tun** to not dampen sb's spirits; **das tut der Liebe keinen Abbruch** never mind!

Ab·bruch·ar·bei·ten *pl* demolition work *no pl* **ab·bruch·reif** *adj* ❶ *(baufällig)* dilapidated ❷ SCHWEIZ *(schrottreif)* ready for the scrap heap *pred* **Ab·bruch·un·ter·neh·mer** *m* demolition firm

ab·brü·hen *vt* KOCHK ■ **etw** ~ to scald sth

ab·brum·men *vt (fam)* ■ **etw** ~ to sit out sth *sep;* **die zehn Monate Knast brumme ich doch im Handumdrehen ab!** I'll have the 10 months inside behind me in no time at all!

ab·bu·chen *vt* ❶ FIN ■ **etw [von etw** *dat*] ~ to debit sth [from sth]; ■ **etw [von etw** *dat*] ~ **lassen** to have sth debited [from sth]; **für das A~ erhebt die Bank Gebühren** the bank charges for debits ❷ ÖKON *(abschreiben)* ■ **etw [unter etw** *dat*] ~ to write sth off [as sth] ❸ *(verzeichnen)* ■ **etw als** *nom* [*o* **unter** *dat*] **etw** ~ to write sth off as sth

Ab·bu·chung *f* direct debit; *(abgebuchter Betrag)* debit; **durch** ~ by direct debit

Ab·bu·chungs·auf·trag *m* [direct] debit order

ab·bü·geln *vt (fig sl)* ■ **etw** ~ to stonewall sth

ab·bürs·ten *vt* ❶ *(durch Bürsten reinigen)* ■ **etw** ~ to brush off sth *sep;* **einen Anzug/einen Mantel** ~ to brush down a suit/coat; ■ **sich** ~ to brush oneself down ❷ *(durch Bürsten entfernen)* ■ [**sich** *dat*] **etw von etw** *dat* ~ to brush sth off [of] [one's] sth; **dieser Dreck lässt sich nicht sehr gut** ~ this muck is not very easy to brush off ❸ *(fam: zurechtweisen)* ■ **jdn** ~ to give sb a dressing down

ab·bü·ßen *vt* ■ **etw** ~ to serve sth

Ab·bü·ßung <-, -en> *f* JUR serving; **sie wurde vor** ~ **ihrer Strafe entlassen** she was released before she'd finished serving her sentence

Abc <-, -> [a:be:'tse:] *nt* ❶ *(Alphabet)* abc, ABC; **etw nach dem** ~ **ordnen** to put sth in alphabetical order ❷ *(Grundwissen)* ■ **das** ~ **einer S.** *gen* the ABC of sth; **„** ~ **der Astronomie für Anfänger"** 'Basic Astronomy for Beginners'

ab·che·cken [-tʃɛkn] *vt (fam)* ❶ *(kontrollieren)* ■ **etw** ~ to check out sth *sep;* ■ **~, ob** to check out whether ❷ *(prüfen)* ■ **jdn** ~ to give sb the once-over *fam,* to check out sb *sep* ❸ *(abhaken)* ■ **etw** ~ to tick off sth *sep* ❹ *(absprechen)* ■ **etw mit jdm** ~ to confirm sth with sb

ABC-Pflas·ter [a:be:'tse:-] *nt* PHARM deep-heat plaster [*or* poultice]

Abc-Schüt·ze, -Schüt·zin [a:be:'tse:-] *m, f* SCH *(hum: Schulanfänger)* school starter

ABC-Waf·fen [a:be:'tse:-] *pl* MIL nuclear, biological and chemical [*or* NBC] weapons *pl*

ab·damp·fen *vi* to evaporate, to vaporize

ab·dan·ken *vi* ❶ *(fam: zurücktreten)* to resign, to step down ❷ *(auf den Thron verzichten)* to abdicate ❸ ■ **abgedankt** *(veraltet)* retired

Ab·dan·kung <-, -en> *f* ❶ *(fam: Rücktritt)* resignation ❷ *(Thronverzicht)* abdication ❸ SCHWEIZ *(Trauerfeier)* funeral service

ab·de·cken *vt* ❶ *(abnehmen)* ■ **etw** ~ to take off sth *sep;* **das Bett** ~ to strip the bed; **den Tisch** ~ to clear the table ❷ *(aufmachen)* ■ **etw** ~ to uncover [*or sep* open up] sth; *(den Deckel abnehmen)* to remove the lid/cover from sth ❸ *(die Dachpfannen wegnehmen)* ■ **etw** ~ to lift the roof off [*or* AM a. off of] sth ❹ *(bedecken)* ■ **etw** ~ to cover [over] sth ❺ FIN *(ausgleichen)* ■ **etw [mit etw** *dat*] ~ to cover sth with sth; **die Kosten der Feier werden von der Firma abgedeckt** the cost of the celebration will be met by the company

Ab·de·cker(in) <-s, -> *m(f)* knacker BRIT, renderer AM

Ab·de·cke·rei <-, -en> *f* knacker's [yard] BRIT, rendering works AM

Ab·de·ckung *f* ❶ *(Material zum Abdecken)* cover ❷ *kein pl (das Bedecken)* covering

ab·dich·ten *vt* ❶ *(dicht machen)* ■ **etw** ~ to seal sth; **ein Leck** ~ to plug [*or* stop] a leak; **ein Loch/Ritzen** ~ to fill [in] [*or* seal] a hole/cracks ❷ *(isolieren)* ■ **etw gegen etw** *akk* ~ to proof sth against sth; **etw gegen Feuchtigkeit/Lärm/Zugluft** ~ to damp proof/soundproof/draught [*or* AM draft] proof sth

Ab·dich·tung *f* ❶ *(Dichtung)* seal ❷ *(Isolierung)* proofing ❸ *kein pl (das Abdichten)* sealing; **die** ~ **eines Lecks** the plugging [*or* stopping] of a leak; **die** ~ **eines Lochs/einer Ritze** the filling [in] of a hole/crack

Ab·do·men <-s, Abdomina> [ap'do:mən, pl: -mina] *nt* MED, ZOOL abdomen

ab·drän·gen *vt* ❶ *(beiseitedrängen)* ■ **jdn** ~ to push sb away ❷ SPORT ■ **jdn [von etw** *dat*] ~ to keep sb away [from sth]; **jdn vom Ball/Tor** ~ to push sb off the ball/to block sb's path to the goal ❸ NAUT ■ **etw [von etw** *dat*] ~ to drive [*or* force] sth off [of] sth; **von Wind abgedrängt werden** to be blown off course by the wind

ab·dre·hen I. *vt* *haben* ❶ *(abstellen)* ■ **etw** ~ to turn off sth *sep* ❷ *(abtrennen)* ■ **etw [von etw** *dat*] ~ to twist sth [off sth] ❸ *(zudrücken)* ■ **jdm die Gurgel** [*o* **den Hals**] ~ to strangle [*or* throttle] sb; *(fig)* to send [*or* force] sb to the wall ❹ FILM *(zu Ende drehen)* ■ **etw** ~ to finish [filming] sth **II.** *vi sein o haben* ❶ *(Richtung ändern)* to turn [off]; **Backbord/Steuerbord** ~ to turn to port/starboard; **nach Norden/Osten/Süden/Westen** ~ to turn to the north/east/south/west ❷ PSYCH *(fam)* to go crazy

ab·drif·ten *vi sein* ❶ *(abgetrieben werden)* ■ [**irgendwohin**] ~ to drift [off] [somewhere]; ■ **von etw** *dat* ~ to drift [away] from sth ❷ *(sl: abgleiten)* ■ **irgendwohin** ~ to drift somewhere; **ins Abseits** ~ to disappear into obscurity

Ab·druck¹ <-drücke> *m* ❶ *(abgedrückte Spur)* print; MED impression; **einen** ~ **machen** [*o* **nehmen**] to make [*or* take] a print ❷ *(Umriss)* impression

Ab·druck² <-drucke> *m* ❶ *(Veröffentlichung)* printing, publication; **wir planen den** ~ **dieses Artikels für den nächsten Monat** we plan to print [*or* publish] this article next month ❷ *kein pl (das Nachdrucken)* reprint

ab·dru·cken *vt* ■ **etw** ~ to print sth

ab·drü·cken I. *vt* ❶ *(fam: umarmen)* ■ **jdn** ~ to hug sb ❷ MED *(unterbinden)* ■ **etw** ~ to clamp sth ❸ *(abfeu-*

ern) ■ **etw** ~ to fire sth **II.** *vi (feuern)* to shoot

ab|du·cken *vi* to duck

ab|dun·keln *vt* ■ **etw** ~ ① *(abschirmen)* to dim sth ② *(dunkler machen)* to darken sth; **ein Fenster** ~ to black out a window ③ *(dunkler werden lassen)* to tone down sth

ab|du·schen *vt* ■ **jdn** ~ to give sb a shower; ■ **sich** ~ to [take a] shower; ■ **sich** [**von jdm**] ~ **lassen** to be given a shower [by sb]; ■ **jdm etw** ~ to shower sb's sth, to rinse sb's sth in the shower

ab|eb·ben *vi sein* to subside; **selbst nachts ebbt der Straßenlärm nur vorübergehend etwas ab** even at night the noise from the street only dies down for a while

abendᴬᴸᵀ ['a:bn̩t] *adv s.* **Abend 1**

Abend <-s, -e> ['a:bn̩t] *m* ① *(Tageszeit)* evening; **'n** ~! *(fam)* evening!; **gestern/morgen** ~ yesterday/tomorrow evening; **guten** ~! good evening!; **jdm guten** ~ **sagen** [*o* **wünschen**) to wish sb good evening, to say good evening to sb; **heute** ~ tonight, this evening; **übermorgen** ~ the evening after next; **vorgestern** ~ the evening before last; **jeden** ~ every evening; **letzten** ~ yesterday evening, last night; **am** [*o* **den**] **nächsten** ~ tomorrow evening; ~ **sein/werden** to be/get dark; **um 20 Uhr ist es ja schon** ~! it's already dark at 8 o'clock!; **es wird so langsam** ~ the evening's beginning to draw in; **zu** ~ **essen** to eat dinner; **am** ~ in the evening; **der Unfall geschah am** ~ **des 13.** the accident occurred on the evening of the 13th; ~ **für** [*o* **um**] ~ every night, night after night; **gegen** ~ towards evening; **den ganzen** ~ **über** the whole evening, all evening; **des** ~**s** *(geh: abends)* in the evening; **eines** ~**s** [on] one evening; *(abendliche Freizeit)* **ein bunter** ~ an entertainment evening; *s. a.* **Dienstagabend** ② *(Vor~)* evening before, eve *liter*; **der** ~ **des Geschehens/der Hochzeit** the eve of [*or* the evening before] the events/the wedding ③ *(abendliche Freizeit)* evening; **ein bunter** ~ *(Unterhaltungsveranstaltung)* an entertainment evening ▶WENDUNGEN: **je später der** ~, **desto schöner die Gäste** *(prov, hum)* some guests are worth waiting for! *hum;* **am** ~ **des Lebens** *(geh)* at the end of one's life; **du kannst mich am** ~ **besuchen!** *(euph)* you know where you can go! *fam, vulg*

Abend·an·dacht *f* evening service **Abend·an·zug** *m* dinner dress *no pl*, black tie; **im** ~ **erscheinen** [*o* **kommen**] to wear [*or* come in] evening dress [*or* black tie] **Abend·blatt** *nt* evening [news]paper **Abend·brot** *nt* supper; ~ **essen** to eat [*or* have] supper **Abend·däm·me·rung** *f* dusk, twilight

aben·de·lang ['a:bn̩də-] **I.** *adj attr* night after night **II.** *adv* for evenings on end, night after night

Abend·es·sen *nt* dinner; **wann gibt es denn endlich** ~? when will dinner finally be ready? **abend·füllend** *adj* all-night *attr*, lasting the whole evening [*or* night] *pred;* **das ist ja ein** ~**es Programm, was ihr euch da ausgedacht habt!** you've got the whole evening planned out! **Abend·ge·sell·schaft** *f* ① *(Abendgäste)* evening guests *pl* ② *(abendliche Feier)* dinner party, soirée *form* **Abend·gym·na·si·um** *nt* evening [*or* night] school **Abend·kas·se** *f* evening box-office **Abend·kleid** *nt* evening dress; **im** ~ **erscheinen** [*o* **kommen**] to wear [*or* come in] an evening dress **Abend·klei·dung** *f* evening dress *no art* **Abend·kurs** *m* evening [*or* night] class **Abend·land** *nt kein pl (geh)* the West, the Occident *form;* **das christliche** ~ the Christian Occident **abend·län·disch I.** *adj (geh)* western, occidental *form* **II.** *adv (geh)* in a western style, occidentally *form*

abend·lich ['a:bn̩tlɪç] **I.** *adj* evening **II.** *adv* for the evening; **es war schon um drei Uhr** ~ **kühl** there

was already an evening chill at three o'clock

Abend·mahl *nt* [Holy] Communion; **das Letzte** ~ the Last Supper; **zum** ~ **gehen** to attend [Holy] Communion; **das** ~ **empfangen** [*o* **nehmen**] *(geh)* to receive [*or* take] [Holy] Communion; **jdm das** ~ **erteilen** [*o* **reichen**] [*o* **spenden**] to give sb [Holy] Communion, to administer [Holy] Communion to sb *form* **Abend·mahl·zeit** *f (geh)* dinner **Abend·programm** *nt* evening programme [*or* AM -am] **Abend·ro·be** *f (geh)* evening dress **Abend·rot** ['a:bn̩troːt] *nt (geh)* [red] sunset; **im** ~ in the evening glow, in the last glow of the evening sunset

abends ['a:bn̩ts] *adv* in the evening; *(jeden Abend)* in the evening[s]; ~ **um acht** at eight in the evening

Abend·schu·le *f* evening [*or* night] school **Abend·schü·ler(in)** *m(f)* evening [*or* night] school student **Abend·son·ne** *f kein pl* sunset **Abend·stern** *m kein pl* ASTRON *(geh)* **der** ~ the evening star **Abend·stil·le** *f* the evening stillness **Abend·stun·de** *f meist pl* evening [hour]; **wer schellt denn noch zu dieser späten** ~? who's that ringing at this [late] hour?; **bis in die** ~**n** until late into the evening; **in den frühen/späten** ~**n** in the early/late hours of the evening **Abend·ver·kauf** *m* SCHWEIZ late-night opening **Abend·vor·stel·lung** *f* FILM evening showing; THEAT evening performance **Abend·zeit** *f* **zur** ~ *(geh: abends)* in the evening, at eventide *poet*

Aben·teu·er <-s, -> ['a:bn̩tɔyɐ] *nt* ① *(aufregendes Erlebnis)* adventure ② *(Liebes~)* fling; **auf** ~ **aus sein** to be looking for a fling *fam;* **ein** ~ **mit jdm haben** to have a fling with sb *fam* ③ *(risikoreiches Unternehmen)* venture

Aben·teu·er·fe·ri·en *pl* adventure holiday

aben·teu·er·lich ['a:bn̩tɔyɐlɪç] **I.** *adj* ① *(wie ein Abenteuer gestaltet)* exciting, adventurous; ■ **A~es** exciting things, adventurous experience ② *(fantastisch)* fantastic[al] ③ *(wild romantisch)* exotic ④ *(unglaublich)* preposterous **II.** *adv* ① *(fantastisch)* fantastic[al], far-fetched ② *(wild romantisch)* exotically

Aben·teu·er·lich·keit <-, -en> *f* ① *kein pl (abenteuerliche Art)* adventure ② *(Unwahrscheinlichkeit)* preposterousness

Aben·teu·er·lust *f* thirst for adventure **aben·teu·er·lus·tig** *adj* adventurous **Aben·teu·er·ro·man** *m* adventure novel **Aben·teu·er·spiel·platz** *m* adventure playground

Aben·teu·rer, Aben·teu·(re)·rin <-s, -> ['a:bn̩tɔyrɐ, 'a:bn̩tɔy(r)ərɪn] *m, f (pej)* adventurer

aber ['a:be] ① *konj (jedoch)* but; ~ **dennoch** [*o* **trotzdem**] ... but in spite of this ...; **oder** ~ or else; **geben Sie mir drei Kilo Orangen, oder** ~ **doch lieber Bananen** I'd like three kilos of oranges, or, no, I'd rather have bananas **II.** *part* ① *(jedoch, dagegen)* but; **komm doch mit!** – **ich habe** ~ **keine Zeit!** come with me/us! But I haven't got any time!; **ein Pils,** ~ **'n bisschen plötzlich!** a Pils and a bit quick about it!; **das mach' ich** ~ **nicht!** I will not do that! ② *(wirklich)* really; **das ist** ~ **schön!** that really is wonderful!; **das ist** ~ **nicht gerade nett von dir!** that's really not very nice of you, is it! ③ *(empört)* oh; ~ **Hannelore, reiß dich doch endlich zusammen!** [oh] Hannelore, pull yourself together!; ~ **hallo!** Excuse me! *emph* ▶WENDUNGEN: ~ **selbstverständlich** [*o* **gewiss** [**doch**]] but of course; ~ **ja!** yes [of course]!, BRIT *a.* rather! *form;* **magst du auch ein Stück Sahnetorte?** – ~ ~ **ja!** would you like another piece of cream cake? Yes please!; **gefällt dir der Weihnachtsbaum?** – ~ ~ **ja!** do you like the Christmas tree! – Yes I do!; ~ **nein!** no, no!, goodness, no!; **das war doch so, oder?** – ~ **nein!** that's what happened, isn't it? – goodness, no!; ~, ~! now, now! **III.** *adv (geh)* ▶WENDUNGEN: ~ **und abermals** time and again

Aber <-s, - *o fam* -s> ['a:bɐ] *nt* but *fam;* **da ist nur noch ein ~ ...** there's only one problem ...; **ein ~ haben** to have a catch [*or fam* snag]; **kein ~!** no buts!

Aber·glau·be *m* ❶ *(falscher Glaube)* superstition ❷ *(fam: Unsinn)* rubbish BRIT, nonsense AM

aber·gläu·bisch ['a:bɐɡlɔybɪʃ] *adj* superstitious

aber·hun·dert, Aber·hun·dert^{RR} *adj (geh)* hundreds upon hundreds of

Aber·hun·der·te *pl (geh)* hundreds upon hundreds of

ab|er·ken·nen ['apʔɛɐknɛnən] *vt irreg* ■ **jdm etw ~** to divest sb of sth *form*

Ab·er·ken·nung <-, -en> *f* divestiture *form*

aber·ma·lig *adj attr* repeated; *(nochmalig)* renewed

aber·mals ['a:bɐma:ls] *adv* once again

ab|ern·ten *vt* ■ **etw ~** to harvest sth; ■ **etw [von jdm] ~ lassen** to have sth harvested [by sb]

aber·tau·send, Aber·tau·send^{RR} *adj (geh)* thousands upon thousands; **Tausend und A~tausend** [*o* **tausend und ~tausend**] thousands upon thousands

Aber·tau·sen·de *pl (geh)* thousands upon thousands; **die Zuschauer waren zu ~n zusammengeströmt** the onlookers came in their thousands

aber·wit·zig *adj (geh)* ludicrous

ab|fa·ckeln *vt* ❶ *(abbrennen lassen)* ■ **etw ~** to burn sth; **Erdgas ~** to flare off gas *spec* ❷ *(niederbrennen)* ■ **etw ~** to torch [*or sep* burn down] sth

ab·fahr·be·reit *adj s.* **abfahrtbereit**

ab|fah·ren *irreg* **I.** *vi sein* ❶ *(losfahren)* to depart, to leave, drive off *fam* ❷ SKI *(zu Tal fahren)* to ski down ❸ *(fam: abgewiesen werden)* ■ **bei jdm ~** to not get anywhere with sb *fam;* **mit der Bitte um eine Gehaltserhöhung ist er beim Chef aber abgefahren!** he wasn't very successful asking the boss for a payrise; ■ **jdn ~ lassen** to turn sb down ❹ *(fam: besonders beeindruckt sein)* ■ **auf jdn/etw ~** to be crazy [*or fam* mad] about sb/sth **II.** *vt* ❶ *haben (wegfahren)* ■ **etw ~** to collect sth ❷ *sein o haben (bereisen)* ■ **etw ~** to travel throughout sth ❸ *sein o haben (befahren und inspizieren)* ■ **etw ~** to [drive along and] check sth ❹ *haben (abnutzen)* ■ **etw ~** to wear down sth *sep* ❺ *haben (durch Anfahren abtrennen)* ■ **etw ~** to [drive into and] break off sth *sep;* **jdm ein Arm/Bein ~** to run over sb and sever his/her arm/ leg **III.** *vr haben* ■ **sich ~** to wear down

Ab·fahrt *f* ❶ *(Wegfahren)* departure ❷ *(fam: Autobahnabfahrt)* exit ❸ SKI *(Talfahrt)* run; *(Abfahrtsstrecke)* slope

ab·fahrt·be·reit I. *adj* ready to depart [*or* leave] *pred;* **im letzten Moment sprang er noch auf den ~en Bus** at the last moment he leapt onto the waiting bus **II.** *adv* ready to depart [*or* leave]; **der Zug stand ~ auf Gleis 14** the train was standing at platform 14, ready for departure

Ab·fahrts·lauf *m* SKI downhill [event] **Ab·fahrts·zeit** *f* departure time

Ab·fall[1] *m* rubbish *esp* BRIT, garbage AM, trash *esp* AM, refuse *form*

Ab·fall[2] *m kein pl* renunciation

Ab·fall·auf·be·rei·tung <-> *f kein pl* waste processing, waste recovery/treatment/recycling **Ab·fall·be·hälter** *m* waste container; *(kleiner)* waste bin **Ab·fallbe·sei·ti·gung** *f* ❶ *(Beseitigung von Müll)* refuse disposal ❷ *(fam: städtisches Reinigungsamt)* town refuse collection service BRIT, municipal waste collection AM **Ab·fall·de·po·nie** *f* waste disposal site **Abfall·ei·mer** *m* [rubbish] bin BRIT, garbage [*or* AM trash] can

ab|fal·len[1] *vi irreg sein* ❶ *(herunterfallen)* ■ **von etw** *dat* ~ to fall off [*or* AM *a.* off of] sth ❷ *(schlechter sein)* ■ **[gegenüber jdm/gegen etw** *dat]* ~ to fall behind [sb/sth] ❸ *(beim Wettlauf)* to fall [*or* lag] behind, to drop back ❹ *(übrig bleiben)* to be left over ❺ *(schwin-*

den) ■ **von jdm ~** to vanish from sb; **alle Furcht fiel plötzlich von ihm ab** suddenly all his fear vanished ❻ *(sich senken)* ■ **gegen** [*o* **zu**] **etw ~** to slope towards sth; **zum Wald hin fällt der Weg leicht ab** the path slopes gently towards the wood; ■ **~d** declining, sloping ❼ *(sich vermindern)* to decrease; **Temperatur** to drop ❽ *(fam: herausspringen)* ■ **|bei etw** *dat]* **fällt für jdn etw ab** sb gets sth [out of sth] *fam*

ab|fal·len[2] *vi irreg sein* |**von etw** *dat]* ~ to renounce [sth]; **von einer Partei** ~ to turn renegade on a party

Ab·fall·hau·fen *m* rubbish [*or* AM garbage] heap

ab·fäl·lig I. *adj* derogatory, disparaging, snide; **ein ~es Lächeln** a derisive smile **II.** *adv (in ~er Weise)* disparagingly; **sich ~ über jdn/etw äußern** to make disparaging remarks about sb/sth

Ab·fall·pro·dukt *nt* ❶ CHEM waste product ❷ *(Nebenprodukt)* by-product **Ab·fall·sor·tie·rung** *f kein pl* sifting of refuse **Ab·fall·ver·mei·dung** *f* waste [*or* refuse] reduction **Ab·fall·ver·wer·tung** *f* recycling of waste **Ab·fall·wirt·schaft** *f kein pl* waste management **Ab·fall·zer·klei·ne·rer** *m* waste chopper

ab|fan·gen *vt irreg* ❶ *(vor dem Ziel einfangen)* ■ **jdn/ etw ~** to intercept sb/sth ❷ *(wieder unter Kontrolle bringen)* ■ **etw ~** to bring sth back under control ❸ *(abwehren)* ■ **etw ~** to ward off sth *sep* ❹ *(mildernd auffangen)* ■ **etw ~** to cushion sth

Ab·fang·jä·ger *m* MIL interceptor

ab|fär·ben *vi* ❶ *(die Farbe übertragen)* ■ |**auf etw** *akk]* ~ to run [into sth] ❷ *(fig: sich übertragen)* ■ **auf jdn** ~ to rub off on sb

ab|fas·sen *vt* ■ **etw ~** to write sth; ■ **etw von jdm ~ lassen** to have sth written by sb, to have sb write sth

Ab·fas·sung *f* writing; *eines Textes* wording

ab|fe·dern I. *vt haben* ❶ *(durch Federn dämpfen)* ■ **etw ~** to cushion sth ❷ *(abmildern)* ■ **etw ~** to mitigate sth **II.** *vi sein o haben* SPORT ❶ *(hoch federn)* to bounce ❷ *(zurückfedern)* to land

ab|fei·ern **I.** *vt (fam)* **Überstunden** ~ to take time off by using up hours worked overtime **II.** *vi (tanzen)* to dance the night away; *(trinken)* to drink the night away

ab|fei·len *vt* ■ **etw ~** to file off sth *sep*

ab|fer·ti·gen I. *vt* ❶ *(versandfertig machen)* ■ **etw ~** to prepare sth for dispatch, to process sth; **Gepäck ~** to handle [*or* process] luggage; ■ **etw ~ lassen** to have sth processed ❷ *(be- und entladen)* **ein Flugzeug ~** to prepare an aircraft for take-off; **einen Lastwagen ~** to clear a lorry for departure; **ein Schiff ~** to prepare a ship to sail ❸ *(bedienen)* ■ **jdn ~** to serve [*or* deal with] sb; **Passagiere ~** to handle [*or* deal with] passengers ❹ *(kontrollieren und passieren lassen)* ■ **jdn ~** to clear sb, to check sb through ❺ *(fam: abspeisen)* ■ **jdn mit etw** *dat ~ (fam)* to fob sb off with sth ❻ *(behandeln)* ■ **jdn irgendwie ~** to treat sb in a particular way; **jdn kurz** [*o* **schroff**] ~ to snub sb, to be curt [*or* brusque] with sb **II.** *vi* to conduct clearance; **der Zoll hat heute sehr langsam abgefertigt** customs clearance was very slow today

Ab·fer·ti·gung *f* ❶ *(Bearbeitung für den Versand)* dispatching, processing; **die ~ der Pakete erfolgt an Schalter 5** packages are processed at counter 5 ❷ *(Abfertigungsstelle)* check-in counter [*or* desk] ❸ *(Bedienung)* service ❹ *(Kontrolle)* check

Ab·fer·ti·gungs·hal·le *f* check-in hall **Ab·fer·tigungs·schal·ter** *m* check-in counter [*or* desk]

ab|fet·ten *vt* KOCHK ■ **etw ~** to remove the fat

ab|feu·ern *vt* ■ **etw ~** to fire sth; **einen Flugkörper/ eine Granate ~** to launch a spacecraft/grenade

ab|fin·den *irreg* **I.** *vt* ❶ *(entschädigen)* ■ **jdn** |**mit etw** *dat]* ~ to compensate sb [with sth] ❷ *(zufrieden stellen)* ■ **jdn mit etw** *dat* ~ to palm sb off with sth *fam* **II.** *vr* ■ **sich mit jdm/etw** ~ *(fam)* to put up with sb/

sth; ■ **sich damit ~, dass** to put up with the fact [*or* resign oneself to the fact] that; **damit wirst du dich wohl oder übel ~ müssen!** you'll just have to like it or lump it! *fam*

Ab·fin·dung <-, -en> *f* ❶ *(das Abfinden)* compensation, indemnity payments *pl spec* ❷ *(zur Abfindung gezahlter Betrag)* compensation; *(bei Entlassung)* severance pay; *(wegen Rationalisierungsmaßnahmen)* redundancy [*or* AM severance] payment

Ab·fin·dungs·sum·me *f* s. **Abfindung 2**

ab|fla·chen I. *vi sein (pej: sinken)* to drop II. *vt haben* ■ **etw ~** to flatten sth III. *vr haben* ■ **sich ~** to level off

Ab·fla·chung <-, -en> *f* ❶ *(abgeflachte Form)* flatness ❷ *(das Abflachen)* flattening ❸ *(Sinken)* drop

ab|fläm·men *vt* KOCHK ■ **etw ~** to brown sth in a hot oven, to flame sth *spec*

ab|flau·en *vi sein* ❶ *(schwächer werden)* to subside; *(zurückgehen)* to decrease; *Interesse* to wane, to flag; *(nachgeben)* to drop; **~der Wind** light wind ❷ *(sich legen)* to abate

ab|flie·gen *vi irreg sein* ❶ *(losfliegen)* to depart [*or* leave] [by plane]; **sie sind gestern nach München abgeflogen** they flew to Munich yesterday; **wir fliegen mit der nächsten Maschine ab** we're leaving on the next plane ❷ ORN *(wegfliegen)* to migrate

ab|flie·ßen *vi irreg sein* ❶ *(wegfließen)* to flow away; ■ **von etw** *dat* ~ to run off [of] sth; ■ **aus etw** *dat* ~ to drain away from sth ❷ *(sich entleeren)* to empty ❸ *(sich durch Weiterfahren auflösen)* *Stau* to flow ❹ FIN to migrate, to siphon off

Ab·flug *m* ❶ *(das Losfliegen)* departure; **mein ~ nach Jamaika ist am 17.** my flight to Jamaica is on the 17th ❷ *(fam: Abflugstelle)* departure gate ❸ ORN *(das Wegfliegen)* migration

ab·flug·be·reit I. *adj* ready for departure *pred;* **der Pilot machte die Maschine ~** the pilot prepared the plane for departure II. *adv* ready for departure; **das Flugzeug steht ~ auf der Piste** the plane is standing on the runway, ready for departure **Ab·flug·ha·fen** *m* departure terminal **Ab·flug·hal·le** *f* departure lounge

Ab·flussᴿᴿ <-es, -flüsse> *m*, **Ab·fluß**ᴬᴸᵀ <-sses, -flüsse> *m* ❶ *(Abflussstelle)* drain; *eines Flusses* outlet; *(Rohr)* drain pipe ❷ *kein pl (das Abfließen)* drainage, draining away ❸ *kein pl* FIN outflow

Ab·fluss·gra·benᴿᴿ *m* drainage ditch **Ab·fluss·rei·ni·ger**ᴿᴿ *m* drain cleaner **Ab·fluss·rin·ne**ᴿᴿ *f* drainage channel **Ab·fluss·rohr**ᴿᴿ *nt* ❶ *(Kanalrohr)* drain pipe ❷ *(Einleitungsrohr)* outlet pipe

Ab·fol·ge *f (geh)* sequence; **in ununterbrochener ~** one after the other

ab|for·dern *vt (geh)* ❶ *(einfordern)* ■ **jdm etw ~** to demand sth from sb; **jds Ausweis/Papiere ~** to ask for sb's identity card/papers ❷ *(anfordern)* ■ **etw bei jdm ~** to request sth from sb ❸ *(verlangen)* ■ **jdm etw ~** to demand sth of sb

ab|fra·gen *vt* ❶ *(nach etw befragen)* ■ **jdn ~** to test sb; ■ **jdn** [*o* **bei jdm**] **etw ~** to test sb on sth ❷ INFORM ■ **etw ~** to call up sth

ab|fres·sen *vt irreg* ❶ *(herunterfressen)* **die Blätter** [**von etw** *dat*] ~ to eat [*or* strip] the leaves off sth; **das Gras ~** to crop the grass ❷ *(abnagen)* ■ **etw ~** to gnaw away at sth

ab|frie·ren *irreg* I. *vi sein* to suffer frostbite, to freeze off II. *vr haben* ■ **sich** *dat* **etw ~** to lose sth due to frostbite; **die Bergsteiger froren sich Finger und Zehen ab** the mountain climbers' fingers and toes froze off; **sich** *dat* **einen ~** *(sl)* to freeze to death, to freeze one's balls off *vulg*

Ab·fuhr <-, -en> *f* ❶ *(Zurückweisung)* snub; **jdm eine ~ erteilen** to snub sb; **sich** *dat* [**bei jdm**] **eine ~ holen** *(fam)* to not get anywhere with sb; **mit seiner**

Bemerkung holte er sich bei den Kollegen eine ~ his remark was met with a snub [*or* rebuff] from his colleagues ❷ SPORT crushing defeat; **sich** *dat* [**gegen jdn**] **eine ~ holen** to suffer a crushing defeat [from sb] ❸ *kein pl (geh: Abtransport von Müll)* collection; **wann ist hier ~?** what day is the rubbish collected here?

ab|füh·ren I. *vt* ❶ *(wegführen)* ■ **jdn ~** to lead sb away; **~!** take him/her away! ❷ FIN *(abgeben)* ■ **etw** [**an jdn/etw**] ~ to pay sth [to sb/sth] ❸ *(ableiten)* ■ **etw ~** to expel sth ❹ *(entfernen)* ■ **jdn von etw ~** to divert sb from sth II. *vi* ❶ MED to loosen the bowels ❷ *(wegführen)* ■ **[von etw]** ~ to turn off [of sth] ❸ *(entfernen)* ■ **[von etw]** ~ to be a diversion [from sth]; **jdn vom Thema ~** to divert sb [*or* take sb away] from the subject

ab·füh·rend *adj* MED laxative; **ein leicht** [*o* **mild**]**/ stark ~es Mittel** a mild/strong laxative II. *adv* ~ **wirken** to have a laxative effect

Ab·führ·mit·tel *nt* laxative

Ab·füh·rung *f* FIN payment

Ab·füll·be·trieb *m* bottling plant

ab|fül·len *vt* ❶ *(abziehen)* ■ **etw** [**in etw** *akk*] ~ to fill sth [into sth]; **etw in Flaschen ~** to bottle sth ❷ *(sl: betrunken machen)* ■ **jdn ~** to get sb drunk [*or* sl sloshed]

Ab·fül·lung <-, -en> *f* ❶ *(das Abfüllen)* bottling ❷ *(abgefüllte Flüssigkeit)* bottled liquid

ab|füt·tern *vt* **jdn/ein Tier ~** to feed sb/an animal, to feed sb; *(hum. a.)* to get sb fed *fam*

Ab·ga·be¹ *f kein pl* ❶ *(Tätigkeit)* giving, making; *einer Erklärung* issuing, making; *eines Urteils* passing, pronouncing; **der Minister wurde zur ~ einer Erklärung aufgefordert** the minister was called on to issue a statement ❷ *(Einreichung)* handing in, submission ❸ *(das Abgeben) von Stimmen* casting ❹ *(Verkauf)* sale; **~ von Broschüren kostenlos** please take a brochure ❺ *(das Abliefern)* giving [*or* handing] in; **die ~ der Mäntel kann an der Garderobe erfolgen** coats may be handed in to [*or* left at] the cloakroom ❻ *(Abstrahlung)* emission ❼ *(Abfeuerung)* firing of; **die ~ des Schusses geschah versehentlich** the shot was fired accidentally ❽ SPORT *(Abspiel)* pass; *(Verlust)* loss; **nach ~ von weiteren Punkten** after conceding [*or* losing] more points

Ab·ga·be² *f* ❶ *(Gebühr)* [additional] charge ❷ *(Steuer)* tax

ab·ga·be(n)·frei I. *adj (geh)* non-taxable, tax-free II. *adv (geh)* tax-free **ab·ga·be(n)·pflich·tig** *adj (geh)* taxable

Ab·ga·be·ter·min *m* deadline for submission

Ab·gang <-gänge> *m* ❶ *kein pl (Schul~)* leaving; **man legte ihm den ~ von der Schule nahe** they suggested that he leave school; *(Ausscheiden aus einem Amt)* retirement from office ❷ *kein pl (das Verlassen der Bühne)* exit; **sich** *dat* **einen guten/glänzenden ~ verschaffen** *(a. fig)* to make a good/triumphant exit ❸ *kein pl (Versand)* dispatch, despatch ❹ SPORT *(Absprung)* dismount, jump down ❺ MED *(geh: Absonderung)* discharge; *eines Embryos* miscarriage ❻ ÖSTERR *(Fehlbetrag)* deficit ❼ *(geh: Gestorbene(r))* death, fatality; **den ~ machen** *(sl)* to kick the bucket ❽ *(geh: Ausscheidende(r))* departure

Ab·gän·ger(in) <-s, -> *m(f)* SCH school leaver BRIT, high school graduate AM

ab·gän·gig *adj* ÖSTERR *(geh: vermisst)* missing

Ab·gän·gi·ge(r) *f(m) dekl wie adj* ÖSTERR missing person

Ab·gän·gig·keits·an·zei·ge *f* ÖSTERR *(Vermisstenanzeige)* missing persons report; **eine ~ aufgeben** to report sb [*or* a person] [as] missing

Ab·gangs·zeug·nis *nt* [school-]leaving certificate BRIT,

diploma AM

Ab·gas nt exhaust no pl, exhaust fumes pl

ab·gas·arm adj low-emission; **ein Gasmotor ist abgasärmer als ein Benzinmotor** a gas engine has a lower emission level than a petrol engine **ab·gas·frei** I. adj emission-free II. adv ~ **fahren** to not produce exhaust fumes **Ab·gas·grenz·wert** m meist pl exhaust fumes limits pl **Ab·gas·son·der·un·ter·su·chung** f exhaust emission check **Ab·gas·wol·ke** f cloud of exhaust

ab|gau·nern vt (fam) ▪ **jdm etw** ~ to con sb out of sth fam; ▪ **sich** dat [**von jdm**] **etw** ~ **lassen** to be conned out of sth [by sb]

ab·ge·ar·bei·tet adj worn out

ab|ge·ben irreg I. vt ➊ (übergeben) ▪ **etw an jdn** ~ to give sth to sb; (einreichen) to submit sth [or sep hand in sth] to sb ➋ (hinterlassen) ▪ **etw** [**bei jdm**] ~ to leave sth [with sb]; **das Gepäck** ~ to check in one's luggage; **einen Koffer an der Gepäckaufbewahrung** ~ to leave a case in the left luggage office [or AM checkroom]; **den Mantel an der Garderobe** ~ to leave one's coat in the cloakroom ➌ (verschenken) ▪ **etw** [**an jdn**] ~ to give sth away [to sb]; **gebrauchter Kinderwagen kostenlos abzugeben** second-hand pram to give away ➍ (überlassen) ▪ **jdm etw** ~ to give sb sth [or sth to sb]; ▪ **etw** [**an jdn**] ~ to hand over [or pass on] sth [to sb] ➎ (verkaufen) ▪ **etw** [**an jdn**] ~ to sell off sth [to sb]; **gebrauchter Fernseher billig abzugeben** second-hand television for cheap sale ➏ (teilen) ▪ **jdm etw** [**von etw** dat] ~ to give sb [a piece [or share] of] sth, to share sth [with sb]; **jdm die Hälfte** [**von etw**] ~ to go halves [on sth] with sb; **jdm nichts** ~ to not share with sb ➐ (erteilen) ▪ **etw** [**zu etw** dat] ~ to give sth [on sth]; **eine Erklärung** ~ to make [or issue] [or deliver] a statement; **ein Gutachten** ~ to submit a report; **seine Stimme** ~ to cast one's vote; **ein Urteil** ~ to make a judgement ➑ (fam: für etw brauchbar sein) ▪ **etw** [**für jdn**] ~ to be useful for sth [for sb]; **der alte Stoff könnte noch ein Kleid für dich** ~ you might get a dress out of the old material ➒ (fam: darstellen) ▪ **etw** ~ to be sth; **die perfekte Hausfrau/den perfekten Familienvater** ~ to be the perfect wife/father; **eine komische Figur** ~ to create a strange impression; **eine traurige Figur** ~ to cut a sorry figure ➓ (abfeuern) **einen Schuss** [**auf jdn**] ~ to fire a shot [at sb] ⑪ CHEM (ausströmen lassen) ▪ **etw** ~ to emit [or give off] sth ⑫ SPORT (weitergeben) **den Ball** [**an jdn**] ~ to pass the ball [to sb]; **einen Punkt/eine Runde** [**an jdn**] ~ to concede a point/round [to sb] II. vr ➊ (sich beschäftigen) ▪ **sich mit jdm** ~ to look after sb; **mit dem Kind solltest du dich viel intensiver** ~ you should spend much more time with the child; ▪ **sich mit etw** dat ~ to spend [one's] time on [or doing] sth ➋ (sich einlassen) ▪ **sich mit jdm** ~ to associate [or get involved] with sb; **mit solchen Leuten gebe ich mich nicht ab** I won't have anything to do with people like that III. vi SPORT to pass

ab·ge·brannt adj (fam) broke fam, BRIT a. skint sl

ab·ge·bro·chen adj ➊ (fam) **ein** ~er Jurist/Mediziner law school/medical school dropout ➋ s. **abbrechen**

ab·ge·brüht adj (fam) unscrupulous

ab·ge·dreht adj (fam: verrückt) round the bend fam, out to lunch fam

ab·ge·dro·schen adj (pej fam) hackneyed; **ein** ~**er Witz** a old [or ancient] joke

ab·ge·fe·dert adj AUTO (stoßgedämpft) shock-absorbing

ab·ge·feimt ['apgəfaimt] adj (pej) low

Ab·ge·feimt·heit <-, -en> f (pej) lowness; **er war ein Ausbund von** ~ he was the lowest of the low

ab·ge·fuckt ['apgəfakt] adj (sl) fucked-up attr sl, fucked up pred sl

ab·ge·grif·fen adj ➊ (abgenutzt) worn; **ein** ~**es Buch** a dog-eared book ➋ (pej: sinnentleert) hackneyed

ab·ge·hackt I. adj broken; **eine** ~**e Sprechweise** a clipped manner of speech; ~**e Worte** clipped words II. adv ~ **sprechen** to speak in a clipped manner

ab·ge·han·gen adj KOCHK hung

ab·ge·härmt adj haggard

ab·ge·här·tet adj ▪ [**gegen etw** akk] ~ **sein** to be hardened [to sth]

ab|ge·hen[1] irreg I. vi sein ➊ (sich lösen) ▪ [**von etw** dat] ~ to come off [of] sth ➋ (abgezogen werden) ▪ **von etw** dat ~ to be deducted from sth ➌ (abgeschickt werden) to be sent [off]; ▪ ~**d** outgoing ➍ (abzweigen) ▪ [**von etw** dat] ~ to branch off [from sth] ➎ (abfahren) ▪ [**von irgendwo**] ~ to leave [or depart] [from somewhere] ➏ (abweichen) ▪ **von etw** dat ~ to deviate from sth; **von einem Vorhaben** ~ to drop a plan; **von seiner Meinung nicht** ~ to stick [or hold fast] to one's opinion ➐ (fam: fehlen) ▪ **jdm** ~ to be lacking in sb; **dir geht ja jegliches Taktgefühl ab** you have absolutely no tact whatsoever; **die Fähigkeit, sich in andere hineinzudenken, geht ihr völlig ab** she is completely unable to put herself in sb else's position ➑ (ausscheiden) **von einem Amt** ~ to leave [or retire from] an office; **von der Schule** ~ to leave [or pej drop out of] school ➒ MED (abgesondert werden) to be discharged; Embryo to be miscarried ➓ SPORT (abspringen) ▪ [**von etw** dat] ~ to dismount [sth] ⑪ (sl: sterben) to kick the bucket sl II. vt sein ➊ (entlanggehen und abmessen) ▪ **etw** ~ to pace sth out ➋ MIL (passieren) ▪ **etw** ~ to inspect sth

ab|ge·hen[2] vi irreg sein ➊ (verlaufen) to go; **glatt/gut** ~ to go smoothly/well; **wenn die zwei aufeinandertreffen, geht es nie ohne Ärger ab** there's always trouble when those two meet ➋ impers to be happening; **auf der Party ist irre 'was abgegangen** (sl) the party was really happening

ab·ge·hetzt adj worn-out

ab·ge·ho·ben adj ➊ (weltfremd) far from reality pred ➋ (verstiegen) fanciful; **eine** ~**e Vorstellung** a high-flown [or an unrealistic] idea

ab·ge·kämpft adj tired [or worn] out

ab·ge·kar·tet adj inv (fam) rigged fam; **eine** ~ **Sache sein** to be a put-up job fam; **ein** ~**es Spiel treiben** to play a double game; **mit jdm ein** ~**es Spiel treiben** to try to set sb up

ab·ge·klärt I. adj prudent II. adv prudently

Ab·ge·klärt·heit <-> f kein pl serenity, calmness

ab·ge·la·gert adj Tabak, Zigarren seasoned; KOCHK matured

ab·ge·lau·fen adj inv ➊ (nicht mehr gültig) expired; ~ **sein** to have expired ➋ (verschlissen) worn-down attr, worn down pred

ab·ge·le·gen adj remote

Ab·ge·le·gen·heit f kein pl remoteness

ab|gel·ten vt irreg ➊ (durch Zahlung erledigen) ▪ **etw** ~ to settle sth ➋ (ausgleichen) ▪ **etw** [**bei jdm**] ~ to settle sth [with sb]

ab·ge·macht adj inv ➊ **es ist** ~, **dass** it was arranged, that; ~! ok, that's settled then!, it's [or that's] a deal!

ab·ge·neigt adj (ablehnend) ▪ **jdm** ~ **sein** to be ill-disposed towards sb; ▪ **einer S.** dat ~ **sein** to be opposed to sth; ▪ **einer S.** dat **nicht** ~ **sein** to not be averse to sth; ▪ **nicht** ~ **sein**[**, etw zu tun**] to not be averse [to doing sth]

ab·ge·nutzt adj worn

Ab·ge·ord·ne·te(r) ['apgəʔɔrdnətə, -tə] f(m) dekl wie adj Member of Parliament

Ab·ge·ord·ne·ten·bank <-bänke> f bench [in the parliament] **Ab·ge·ord·ne·ten·haus** nt POL ≈ House of

Commons BRIT, ≈ House of Representatives AM

ab·ge·ris·sen adj ❶ (zerlumpt) tattered ❷ (herunter-gekommen) scruffy ❸ (unzusammenhängend) incoherent

ab·ge·run·det adj KOCHK balanced, rounded, mellow

ab·ge·sagt adj inv (geh) ▷ WENDUNGEN: **ein ~er Feind von etw** dat **sein** to be a hostile critic [or opponent] of sth

Ab·ge·sand·te(r) f(m) dekl wie adj envoy

Ab·ge·sang m ❶ (im Minnesang) the third and final verse of a minnesinger's song ❷ (geh: Ende) end

ab·ge·schie·den I. adj (geh) isolated II. adv in isolation; **das Grundstück am Wald liegt sehr ~** the plot near the forest is very isolated

Ab·ge·schie·den·heit <-> f kein pl isolation

ab·ge·schla·gen¹ adj ❶ SPORT (abgedrängt) lagging behind after n ❷ POL, ÖKON outstripped

ab·ge·schla·gen² adj (ermüdet) drained

Ab·ge·schla·gen·heit <-> f kein pl lethargy

ab·ge·schlos·sen I. adj ❶ (isoliert) secluded ❷ attr (separat) separate ❸ (umgeben) enclosed II. adv (isoliert) in seclusion III. pp von **abschließen**

Ab·ge·schlos·sen·heit <-> f kein pl ❶ (Isoliertheit) seclusion ❷ (Weltabgeschiedenheit) reclusion

ab·ge·schmackt ['apgəʃmakt] I. adj tasteless; **etwas A~s** tasteless remark [or comment] II. adv tastelessly

Ab·ge·schmackt·heit <-, -en> f ❶ kein pl (Geistlosigkeit) senselessness ❷ (abgeschmackte Äußerung) tasteless remark

ab·ge·schnit·ten I. adj inv isolated; **ein völlig von der Welt ~es Bergdorf** a mountain village cut off from the rest of civilization II. adv inv in isolation; **irgendwo ~ leben** to live cut off [from the rest of civilization] somewhere

ab·ge·seh·en I. adj **es auf jdn ~ haben** (jdn schikanieren wollen) to have it in for sb; (an jdm interessiert sein) to have a thing for sb; **es auf etw** akk **~ haben** to have one's eye on sth; **es darauf ~ haben, etw zu tun** to be out to do sth; **du hast es nur darauf ~, mich zu ärgern** you're just out to annoy me II. adv **~ davon, dass** apart from the fact that; ■ **~ von jdm/etw** apart from sb/sth, sb/sth apart, except for [or form aside from] sb/sth

ab·ge·spannt I. adj weary, tired II. adv weary; **~ aussehen** to look weary [or tired]

Ab·ge·spannt·heit <-> f kein pl weariness, fatigue

ab·ge·stan·den I. adj stale; Limonade flat II. adv stale; **die Limonade schmeckt ziemlich ~** the lemonade tastes quite flat

ab·ge·stor·ben adj inv MED numb

ab·ge·stumpft adj ❶ (gefühllos) unfeeling, numb ❷ (unempfindlich geworden) insensitive, apathetic

Ab·ge·stumpft·heit <-> f kein pl ❶ (Gefühllosigkeit) coldness ❷ (Unempfindlichkeit) insensitivity, apathy

ab·ge·ta·kelt I. adj (pej fam) worn out, haggard II. adv worn out, haggard

ab·ge·tra·gen adj worn, worn-out attr, worn out pred

ab·ge·tre·ten adj worn, worn-down attr, worn down pred

ab·ge·wetzt adj worn

ab|ge·win·nen* vt irreg ❶ (als Gewinn abnehmen) ■ **[jdm] etw abgewinnen** to win sth [off [of] sb] ❷ (etwas Positives finden) ■ **einer S.** dat **etw/nichts abgewinnen** to get sth/not get anything out of sth

ab·ge·wo·gen adj well-considered

Ab·ge·wo·gen·heit <-> f kein pl carefully weighed nature, balance

ab|ge·wöh·nen* vt ■ **jdm etw ~** to break sb of sth; **wir konnten ihr das Trinken nicht ~** we couldn't break her of her drinking habit; **wir werden Ihrem**

Sohn seine schlechten Manieren schon ~! we will soon cure your son of his bad manners!; **diese Frechheiten werde ich dir schon noch ~!** I'll teach you to be cheeky!; ■ **sich** dat **etw ~** to give up sth; ■ **zum A~ sein** (sl) to be enough to put anyone [or you] off; **noch einen letzten Schnaps zum A~!** (hum) one for the road hum

ab·ge·zehrt adj emaciated

ab|gie·ßen vt irreg ■ **etw ~** to pour off sth sep

Ab·glanz m kein pl reflection

Ab·gleich <-[e]s, -e> m comparison

ab|glei·chen vt irreg ❶ (aufeinander abstimmen) ■ **etw [mit etw] ~** to compare sth [with sth] ❷ (in der Höhe gleichmachen) ■ **etw [mit etw] ~** to level off sth [with sth] ❸ TECH ■ **etw ~** to match sth ❹ ELEK ■ **etw ~** to tune

ab|glei·ten vi irreg ■ **etw sein** (geh) ❶ (abrutschen) ■ **[von etw] ~** to slip [off sth]; (fig) to decline; Person to go downhill ❷ (abschweifen) ■ **von etw/in etw** akk **~** to stray from sth/into sth ❸ (absinken) ■ **[in etw** akk**] ~** to slide [or sink] [into sth]; (an Wert verlieren) to slide ❹ (abprallen) ■ **an** [o von] **jdm ~** to bounce off sb; ■ **etw an** [o von] **sich ~ lassen** to let sth bounce off oneself

Ab·gott, -göt·tin m, f idol

ab·göt·tisch adj inordinate

ab|gra·sen vt ■ **etw ~** ❶ (abfressen) to graze on sth ❷ (fam: absuchen) to scour [or comb] sth; **wir haben die ganze Stadt nach einem Geschenk für ihn abgegrast** we combed the entire town looking for a present for him ❸ (fam: erschöpfend bearbeiten) to exhaust sth

ab|grei·fen vt irreg ■ **etw ~** ❶ MED (abtasten) to feel sth ❷ (sl: einstreichen) to pocket sth

ab|gren·zen I. vt ■ **etw ~** ❶ (einfrieden) to enclose sth; ■ **etw [gegen etw] ~** to close sth off [from sth] ❷ (eingrenzen) to differentiate sth; **diese Begriffe lassen sich schwer gegeneinander ~** it is difficult to differentiate between these terms II. vr ■ **sich [gegen jdn/etw] ~** to distinguish [or distance] oneself [from sb/sth]

Ab·gren·zung <-, -en> f ❶ kein pl (das Einfrieden) enclosing, fencing-off ❷ (Einfriedung) boundary; (Zaun) enclosure ❸ (fig: Eingrenzung) definition ❹ (das Abgrenzen) disassociation

Ab·grund m ❶ (steil abfallender Hang) precipice; (Schlucht) abyss, chasm ❷ (Verderben) abyss; **jdn in den ~ treiben** to force sb to ruin; **am Rande des ~s stehen** to be on the brink of disaster [or ruin]; ■ **ein ~ von etw** an abyss of sth; **ein ~ tat sich auf** an abyss is opened up

ab·grund·häss·lich^RR adj ugly as sin pred

ab·grün·dig ['apgrʏndɪç] adj inscrutable

ab·grund·tief ['apgrʊntˈtiːf] adj ❶ (äußerst groß) profound ❷ (äußerst tief) bottomless

ab|grup·pie·ren vt ■ **jdn ~** to bring sb down a grade

ab|gu·cken I. vt ❶ (von jdm kopieren) ■ **etw [von jdm]** [o [jdm] etw **~**] to copy sth [from sb]; **bei ihm kann man sich so manchen Trick ~** you can learn lots of tricks from him ❷ (fig fam: sich beim Ausgezogensein genieren) ■ **jdm etwas ~** to make sb feel selfconscious about being naked; **ich guck dir schon nichts ab!** no need to feel embarrassed getting undressed! II. vi ■ **[bei jdm] ~** to copy [from sb]

Ab·guss^RR <-es, Abgüsse> m, **Ab·guß**^ALT <-sses, Abgüsse> m ❶ (Nachbildung) cast ❷ (fam: Ausguss) drain[pipe]; **kipp die alte Brühe doch einfach in den ~** just tip the old broth down the drain

ab|ha·ben vt irreg (fam) **etw [von etw] ~ wollen** to want to have some [of sth]; **Mami, darf ich von dem Kuchen etwas ~?** mummy, may I have some of that cake?; **möchtest du etwas davon ~?** would you like to have some?; **jdn etw** |**von etw**| **~ lassen** to let sb have sth |of sth|

ab|ha·cken vt ■ **etw ~** to chop down sth; **jdm/sich den Finger/die Hand etc. ~** to chop sb's/one's finger/hand etc. off; s. a. **abgehackt**

ab|ha·ken vt ❶ (mit einem Häkchen markieren) ■ **etw ~** to tick sth off ❷ (fam: den Schlussstrich darunter machen) ■ **jdm/etw ~** to forget sb/sth; **die Affäre ist abgehakt** the affair is over and done with

ab|half·tern vt ❶ (fam: entlassen) ■ **jdn ~** to give sb the push |or shove| ❷ (fam: heruntergekommen) **ein abgehalfterter Schauspieler** a down-and-out actor ❸ (vom Halfter befreien) **ein Pferd ~** to remove the halter from a horse

ab|hal·ten¹ vt irreg ❶ (hindern) ■ **jdn von etw ~** to keep sb from sth; **wenn du unbedingt gehen willst, werde ich dich nicht** |**davon**| **~** if you really want to go, I won't stop you; ■ **jdn davon ~, etw zu tun** to prevent |or keep| sb from doing sth; ■ **sich** |**von jdm/ etw**| **~ lassen** to be deterred |by sb/sth|; **lass dich nicht ~!** don't let anyone/anything stop you! ❷ (fern-halten) **die Hitze/die Kälte/den Wind ~** to protect from the heat/the cold/the wind; **Insekten/ Mücken ~** to deter |or keep away| |the| insects/ mosquito|e|s ❸ (über der Toilette halten) **ein** |**Klein**|**kind ~** to hold a child on the toilet

ab|hal·ten² vt irreg (veranstalten) ■ **etw ~** to hold sth; **eine Demonstration ~** to stage a demonstration

Ab·hal·tung f kein pl holding; **nach ~ der ersten freien Wahlen** after the first free elections |were held|

ab|han·deln vt ❶ (nach Handeln abkaufen) ■ **jdm etw ~** to buy sth from sb |having haggled over it|; ■ **sich** dat **etw ~ lassen** to sell sth off, to let sth go ❷ (herunterhandeln) ■ **etw** |**von jdm**| **~** to get sth knocked off |sth|; **sie handelte noch fünf Euro von der Vase ab** she got another five euros knocked off the vase; ■ **jdm etw** |**von etw**| **~** to get sb to knock sth off |sth|; **er konnte ihm noch 20 %** vom ursprünglichen Preis **~** he finally managed to get him to knock 20% off the original price; ■ **sich** dat **etw** |**von etw**| **~ lassen** to knock sth off |sth|; ■ **sich nichts** |**von etw**| **~ lassen** to not be talked into parting with sth

ab|han·deln² vt ■ **etw ~** to deal with sth

ab·han·den|kommenᴿᴿ |apˈhandn̩-| vi irreg sein to get lost, to go missing; **mir ist meine Geldbörse abhandengekommen** I've lost my purse

Ab·han·den·kom·men <-s> nt kein pl disappearance

Ab·hand·lung f ❶ (gelehrte Veröffentlichung) paper ❷ (das Abhandeln) dealing

Ab·hang m inclination

ab|hän·gen¹ I. vt haben ❶ (abnehmen) ■ **etw** |**von etw**| **~** to take down sth |from sth| ❷ (abkoppeln) ■ **etw** |**von etw**| **~** to uncouple sth |from sth| ❸ (fam: hinter sich lassen) ■ **jdn ~** to lose sb ❹ KOCHK ■ **etw ~** to hang |or age| sth II. vi (meist pej sl) ■ **etw ~** to laze about |or around|; **den Tag ~** to laze away the day sep

ab|hän·gen² vi irreg ❶ haben (abhängig sein) ■ **von jdm/etw ~** to depend on sb/sth; **davon ~, ob** to depend whether; **das hängt davon ab** that |or it| |all| depends ❷ haben (auf jdn angewiesen sein) ■ **von jdm ~** to be dependent on sb

ab·hän·gig adj ❶ (bedingt) ■ **von etw ~ sein** to depend on sth ❷ (angewiesen) ■ **von jdm ~ sein** to be dependent on sb ❸ (süchtig) addicted; ■ |**von etw**| **~ sein** to be addicted |to sth|, to be dependent |on sth| ❹ LING (untergeordnet) subordinate; **ein ~er Nebensatz** a subordinate clause; **der Kasus ist ~ von der Präposition** the case depends on the preposition

Ab·hän·gi·ge(r) f(m) dekl wie adj ❶ (Süchtige(r))

addict ❷ (abhängiger Mensch) dependant

Ab·hän·gig·keit <-, -en> f ❶ kein pl (Bedingtheit) dependence; **gegenseitige ~** mutual dependence, interdependence ❷ (Sucht) dependence, addiction ❸ (Angewiesensein) dependence; ■ **jds ~ von jdm/ voneinander** sb's dependence on sb/one another

Ab·hän·gig·keits·ver·hält·nis nt ❶ (Verhältnis des Angewiesenseins) relationship of dependence ❷ (emotionale Bindung) relationship of dependence

ab|här·ten I. vt ■ **jdn** |**gegen etw**| **~** to harden sb |to sth|; ■ **sich** |**gegen etw**| **~** to harden oneself |to sth| II. vi |**gegen etw**| **~** to harden |to sth|

Ab·här·tung <-> f kein pl ❶ (das Abhärten) hardening ❷ (Widerstandsfähigkeit) resistance

ab|hau·en¹ vt ❶ <hieb ab o fam haute ab, abgehauen> (abschlagen) ■ **etw ~** to chop sth down; ■ |**jdm**| **etw ~** to chop |sb's| sth off ❷ <haute ab, abgehauen> (durch Schlagen entfernen) ■ **etw** |**mit etw**| **~** to break off sth sep |with sth|

ab|hau·en² <haute ab, abgehauen> vi sein (fam: sich davonmachen) ■ |**aus etw**| **~** to do a runner |from somewhere| BRIT, to skip out of town AM; **hau ab!** get lost!, scram!, buzz off!, get out of here!

Ab·häu·te·mes·ser nt KOCHK skinning knife

ab|he·ben irreg I. vi ❶ LUFT |**von etw**| **~** to take off |from sth| ❷ (den Hörer abnehmen) to answer |the phone|; **ich heb' ab!** I'll get it! ❸ KARTEN to pick |up|; **du bist mit A~ dran!** it's your turn to pick up! ❹ (geh: auf etw hinweisen) ■ **auf etw** akk **~** to refer to sth form; ■ **darauf ~, dass ...** to concentrate |or focus| on the fact that ... ❺ (sl: spinnen) to go crazy; **ein Rolls Royce?! jetzt hebst du aber ab!** a Rolls Royce?! you must be joking! ❻ (sl: ins Träumen kommen) to go all dreamy II. vt irreg ❶ FIN **Geld** |**von seinem Konto**| **~** to withdraw money |from one's account| ❷ KARTEN **eine Karte vom Stapel ~** to take |or pick| a card from the pack ❸ (beim Stricken) **eine Masche ~** to cast off a stitch III. vr ■ **sich von jdm/ etw** |o gegen jdn/etw| **~** to stand out from |or in| |or against| sb/sth

ab|hef·ten vt ■ **etw ~** to file |away sep| sth; **etw in einen Ordner ~** to place |or put| sth in a file

ab|hel·fen vi irreg **einer S.** dat **~** to remedy sth; **allen Beschwerden soll möglichst umgehend abgeholfen werden** all complaints should be dealt with immediately

ab|het·zen I. vr ■ **sich ~** to stress oneself out, to rush around; s. a. **abgehetzt** II. vt ■ **jdn/etw ~** to push sb/sth

Ab·hil·fe f kein pl remedy; **~ schaffen** to find a remedy, to do something about it; **in etw** dat **~ schaffen** to resolve sth; **in einer S. schnelle ~ leisten** to resolve a matter swiftly

ab|ho·beln vt ■ **etw ~** ❶ (durch Hobeln entfernen) to plane off sth sep ❷ (glatt hobeln) to plane sth smooth

ab|ho·len vt ❶ (kommen und mitnehmen) to fetch |**bei jdm**| **~** to collect sth |from sb|; ■ **etw ~ lassen** to have sth collected ❷ (treffen und mitnehmen) ■ **jdn** |**bei jdm/irgendwo**| **~** to pick up sep |or collect| sb |from sb's |place|/from somewhere|; ■ **sich** |**von jdm**| **~ lassen** to be picked up |or collected| |by somebody| ❸ (euph: verhaften) ■ **jdn ~** to take sb away

Ab·hol·markt m furniture superstore (where customers transport goods themselves)

Ab·ho·lung <-, -en> f collection

ab|hol·zen vt ■ **etw ~** to chop down sth sep; **einen Baum ~** to fell a tree; **einen Wald ~** to clear a forest

Ab·hol·zung <-, -en> f FORST deforestation

Ab·hör·ak·ti·on f bugging campaign **Ab·hör·an·la·ge** f bugging system

ab|hor·chen vt MED ■ **etw ~** to listen to sth |or spec auscultate|; ■ **jdn ~** to auscultate sb

ab·hö·ren vt ❶ (belauschen) **ein Gespräch/ein Telefonat** ~ to bug [or listen into] a conversation/telephone conversation ❷ (überwachen) ▪ **jdn/etw** ~ to observe sb/sth; ▪ **jds Telefon** ~ to monitor [or tap] sb's telephone [line] ❸ SCH ▪ **jdn** ~ to test sb ❹ MED ▪ **jdn/etw** ~ to auscultate sb/sth spec ❺ (anhören) **einen Sender/ein Tonband** ~ to listen to a station/a tape

Ab·hör·ge·rät nt ❶ (Gerät zum Belauschen) bugging device ❷ (bei Anrufbeantwortern) listening device

ab·hun·gern vr ❶ (fam: durch Hungern verlieren) ▪ **sich** ~ to starve oneself; **sich 10 Kilo** ~ to lose 10 kilos [by not eating] ❷ (sich mühselig absparen) ▪ **sich** dat **etw** ~ to scrape together sth sep

Abi <-s, -s> [ˈabi] nt (fam) kurz für **Abitur: sein Abi bauen** (fam) to do one's Abitur

abi·o·tisch [aˈbi̯oːtɪʃ] adj inv ÖKOL (nicht lebend) Umweltfaktor abiotic

ab·ir·ren vi sein (geh) ❶ (abschweifen) **vom Thema** ~ to digress, to deviate from the subject ❷ (von der Richtung abkommen) **vom Weg** ~ to stray

Abi·tur <-s, <selten -e> [abiˈtuːɐ̯] nt Abitur (school examination usually taken at the end of the 13th year and approximately equivalent to the British A level/American SAT exam); **das/sein** ~ **ablegen** (geh) to sit the/one's Abitur; [das] ~ **haben** to have [one's] Abitur; [das] ~ **machen** to do [one's] Abitur

The **Abitur**, the school leaving examination needed for entry to higher education, is taken in most German grammar schools in Year 13. As this is relatively late in comparison to other countries, there are some schools in which the **Abitur** can be taken in Year 12. In Austria and Switzerland the **Abitur** is known as the Matura or Maturität and can be taken as early as Year 9.

Abi·tur·fei·er f leaving party for pupils who have passed their Abitur

Abi·tu·ri·ent(in) <-en, -en> [abituˈri̯ɛnt] m(f) Abitur student (student who has passed the Abitur)

Abi·tur·klas·se f Abitur class **Abi·tur·tref·fen** nt class reunion (of Abitur students) **Abi·tur·zeug·nis** nt Abitur certificate

ab·ja·gen vt (fam) ❶ (durch eine Verfolgung entreißen) ▪ **jdm etw** ~ to snatch sth from sb ❷ (listig erwerben) ▪ **jdm jdn/etw** ~ to poach sb/sth from sb

Abk. f Abk von **Abkürzung** abbr.

ab·käm·men vt ▪ **etw** [nach jdm/etw] ~ to comb sth [for sb/sth]

ab·kämp·fen vr ❶ (übermäßig anstrengen) ▪ **sich** ~ to exert oneself; s.a. **abgekämpft** ❷ (fam: abmühen) ▪ **sich mit etw** ~ to struggle with sth

ab·kan·zeln [ˈapkantsl̩n] vt (fam) ▪ **jdn** [für etw] ~ to give sb a tongue-lashing [for sth] fam; ▪ **sich von jdm** ~ **lassen** to be given a tongue-lashing by sb

ab·kap·seln vr ❶ (sich ganz isolieren) ▪ **sich** [von jdm/etw] ~ to cut oneself off [from sb/sth] ❷ MED ▪ **sich** ~ to become encapsulated

Ab·kap·se·lung <-, -en> f, **Ab·kaps·lung** <-, -en> f ❶ (völlige Isolierung) complete isolation no pl, no art ❷ MED encapsulation

ab·kar·ren vt ❶ (auf Karren wegschaffen) ▪ **etw** ~ to cart sth away ❷ (wegschaffen) ▪ **jdn** ~ to cart sb off

ab·kar·ten vt (fam) ▪ **abgekartet sein** to be set up; **die Sache war von vornherein abgekartet** the whole thing was a fix [or set-up]; **ein abgekartetes Spiel** a rigged match

ab·kas·sie·ren I. vt ❶ (fam: schnell, leicht verdienen) ▪ **etw** ~ to receive [or get] sth ❷ (abrechnen) **das Essen** ~ to ask sb to settle the bill for a meal II. vi

❶ (fam: finanziell profitieren) ▪ [bei etw] ~ to clean up [in sth]; **ganz schön** [o kräftig] ~ to make a tidy sum [or quite a profit] ❷ (abrechnen) ▪ **bei jdm** ~ to hand sb the bill, to settle up with sb; **darf ich bei Ihnen** ~? could I ask you to settle up?

ab·kau·fen vt ❶ (von jdm kaufen) ▪ **jdm etw** ~ to buy sth off sb ❷ (fam: glauben) ▪ **jdm etw** ~ to buy sth off sb, to believe sb; **das kaufe ich dir nicht ab!** I don't buy that!

Ab·kehr <-> f kein pl rejection; vom Glauben renunciation; von der Familie estrangement

ab·keh·ren¹ vt ▪ **etw** ~ to sweep [or brush] sth away

ab·keh·ren² I. vt (geh) **den Blick/das Gesicht** [von etw] ~ to avert one's gaze/eyes [from sth], to look away [from sth] II. vr (geh) ▪ **sich** [von jdm/etw] ~ to turn away [from sb/sth]; **sich vom Glauben/von Gott** ~ to renounce one's faith/God

ab·kip·pen vt ▪ **etw irgendwo** ~ to dump sth somewhere

ab·klap·pern vt (fam) ▪ **jdn/etw** [nach etw/jdm] ~ to go round sb/sth [looking for sth/sb]; **ich habe die ganze Gegend nach dir abgeklappert** I've been looking for you everywhere

ab·klä·ren vt ▪ **etw** [mit jdm] ~ to clear sth up [or sort sth out] [or check sth] [with sb]; [mit jdm] ~, **ob/wer/wo ...** to check [with someone] whether/who/where ...

Ab·klä·rung <-> f kein pl **sich mit der** ~ **eines Problems befassen** to [attempt to] clear up a problem

Ab·klatsch <-[e]s, -e> m (pej) pale [or poor] imitation, cheap copy

ab·klem·men vt ❶ (abquetschen) ▪ [jdm] **etw** ~ to crush [sb's] sth; **er hat sich den Finger abgeklemmt** he crushed his finger ❷ MED ▪ **etw** ~ **Nabelschnur** to clamp sth ❸ ELEK ▪ **etw** ~ **Kabel** to disconnect, to switch [or turn] off

ab·klin·gen vi irreg sein ❶ (leiser werden) to become quieter, to die [or fade] away ❷ (schwinden) to subside

ab·klop·fen vt ❶ (durch Klopfen abschlagen) ▪ **etw** ~ to knock sth off ❷ (durch Klopfen vom Staub reinigen) ▪ **etw** ~ to beat the dust out of sth; **den Schmutz von einer Jacke** ~ to tap off the dust from a jacket ❸ MED ▪ **jdn/etw** ~ to tap [or spec percuss] sb/sth ❹ (fam: untersuchen) ▪ **etw auf etw** akk ~ to check sth [out] for sth ❺ (sl: befragen) ▪ **jdn auf etw** akk ~ to quiz sb about sth

ab·knab·bern vt (fam) ▪ **etw** ~ to nibble [or gnaw] [at] sth; **sich** dat **die Fingernägel** ~ to bite [or chew] one's [finger]nails

ab·knal·len vt (sl) ▪ **jdn** ~ to blast sb fam, to shoot sb down sep

ab·knap·pen, **ab·knap·sen** vt (fam) ▪ **sich** dat **etw** ~ [o **abknapsen**] to scrape together sth sep; ▪ [jdm] **etw** ~ to sponge [or scrounge] sth [off sb]

ab·knei·fen vt irreg ❶ ▪ **etw** [mit etw] ~ to pinch sth off [with sth] ❷ (fam) ▪ **sich einen** ~ to make a meal of sth

ab·kni·cken I. vt haben ▪ **etw** ~ ❶ (durch Knicken abbrechen) to break sth off ❷ (umknicken) to fold sth over [or back]; **eine Blume** ~ to bend a flower stem, to knock a flower over II. vi sein ❶ (umknicken und abbrechen) to break off ❷ (abzweigen) ▪ [von etw] ~ to branch off [from sth]

ab·knöp·fen vt ❶ (durch Knöpfen entfernen) ▪ **etw** [von etw] ~ to unbutton sth [from sth] ❷ (fam: listig abwerben) ▪ **jdm etw** ~ to [manage to] get sth off [or out of] sb; **ich konnte ihm 50 Euro** ~ I managed to get 50 euros out of him

ab·knut·schen vt ▪ **jdn** ~ to snog sb BRIT fam; ▪ **sich** [o **einander**] ~ to neck, to snog BRIT

ab·ko·chen vt ▪ **etw** ~ to boil sth

ab|kom·man·die·ren vt ❶ MIL *(versetzen)* ■ jdn irgendwohin ~ to post [*or* send] sb somewhere; **er wurde nach Afrika/an die Front abkommandiert** he was posted to Africa/to the Front ❷ *(befehlen)* ■ jdn [zu etw] ~ to order sb [to do sth]; MIL a. to detail [*or* assign] sb to sth

ab|kom·men vi irreg sein ❶ *(versehentlich abweichen)* to go off; **vom Kurs** ~ to go off course; **von der Straße** ~ to veer off the road; **vom Weg** ~ to stray from the path, to lose one's way ❷ *(aufgeben)* to give up; **von einer Angewohnheit** ~ to break a habit; **von einer Meinung** ~ to change one's mind, to revise an opinion; **vom Rauchen/Trinken** ~ to give up [*or* stop] smoking/drinking; **davon** ~, **etw zu tun** to stop [*or* give up] doing sth ❸ *(sich vom Eigentlichen entfernen)* ■ [von etw] ~ to digress [from sth]; **jetzt bin ich ganz abgekommen!** now I've completely forgotten where I was [*or* what I was talking about]

Ab·kom·men <-s, -> nt agreement, treaty; **das Münchner** ~ HIST the Treaty of Munich; **ein** ~ **abschließen** to conclude an agreement, to sign a treaty

ab·kömm·lich adj available; ■ nicht ~ sein to be unavailable

Ab·kömm·ling <-s, -e> m ❶ *(geh: Nachkomme)* descendant ❷ *(hum fam: Sprössling)* offspring no pl ❸ CHEM derivative

ab|kön·nen vt irreg *(fam)* ❶ *(leiden können)* ■ jdn/etw nicht ~ to not be able to stand sb/sth ❷ *(vertragen)* nicht viel/nichts ~ to not [be able to] take a lot/anything; **er kann ganz schön was ab!** he can knock back quite a bit!

ab|kop·peln I. vt ❶ *(abhängen)* ■ etw [von etw] ~ to uncouple sth [from sth] ❷ RAUM ■ etw [von etw] ~ to undock [from sth] II. vr *(fam)* ■ sich von etw ~ to sever one's ties with sth

ab|krat·zen I. vt haben ■ [sich dat] etw ~ to scratch off sth sep; ■ etw [von etw] ~ to scrape sth off [sth]; [sich dat] den Schorf ~ to pull [*or* pick] off a scab sep II. vi sein *(sl)* to kick the bucket sl

ab|krie·gen vt *(fam)* s. abbekommen

ab|küh·len I. vi sein ❶ *(kühl werden)* to cool [down] ❷ *(an Intensität verlieren)* to cool [off]; Begeisterung to wane II. vt haben ■ etw ~ ❶ *(kühler werden lassen)* to leave sth to cool ❷ *(vermindern)* to cool sth; jds Leidenschaft ~ to dampen sb's passion; jds Zorn ~ to appease [*or* allay] sb's anger III. vr impers haben ■ sich ~ to cool off; Wetter to become cooler IV. vi impers haben to become cooler [*or* colder]

Ab·küh·lung f ❶ *(Verminderung der Wärme)* cooling ❷ *(kühlende Erfrischung)* sich eine ~ verschaffen to cool oneself down ❸ *(Verringerung der Intensität)* cooling off

Ab·kunft <-> f kein pl *(geh)* einer bestimmten ~ sein to be of [a] particular origin; sie ist asiatischer ~ she is of Asian descent

ab|kup·fern I. vt *(fam)* ■ etw [von jdm] ~ to copy sth [from sb] II. vi *(fam)* ■ [aus etw] ~ to quote [from sth]; ■ voneinander ~ to copy from one another

ab|kür·zen I. vt ❶ *(eine Kurzform benützen)* ■ etw [durch etw/mit etw] ~ to abbreviate sth [to sth] ❷ *(etw kürzer machen)* ■ etw [um etw] ~ to cut sth short [by sth] II. vi ❶ *(einen kürzeren Weg nehmen)* to take a shorter route ❷ *(mit Abkürzungen schreiben)* to abbreviate

Ab·kür·zung f ❶ *(abgekürzter Begriff)* abbreviation ❷ *(abgekürzter Weg)* short cut; eine ~ nehmen to take a short cut ❸ *(Verkürzung)* cutting short

Ab·kür·zungs·ver·zeich·nis nt list of abbreviations

ab|küs·sen vt ■ jdn ~ to smother sb in [*or* with] kisses; ■ sich ~ to kiss [one another] passionately

Ab·lad <-[e]s> m kein pl SCHWEIZ *(geh: Abladen)* unloading

ab|la·den vt irreg ❶ *(deponieren)* ■ etw irgendwo ~ to dump [*or* put] sth somewhere ❷ *(entladen)* ■ etw ~ to unload sth ❸ *(absetzen)* ■ jdn [irgendwo] ~ to set sb down [*or* drop sb off] [somewhere] ❹ *(fam: abreagieren)* seinen Ärger/Frust bei jdm ~ to take out [*or* vent] one's anger/frustration on sb ❺ *(fam: abwälzen)* ■ etw auf jdn ~ to shift sth on to sb

Ab·la·ge f ❶ *(Möglichkeit zum Deponieren)* storage place; ich brauche eine ~ für meine Disketten I need somewhere to put my diskettes ❷ *(Akten~)* filing cabinet; bitte heften Sie diese Briefe in der ~ ab please file away these letters ❸ SCHWEIZ *(Annahmestelle)* delivery point; *(Zweigstelle)* branch [office]

Ab·la·ge·korb m letter tray

ab|la·gern I. vt haben ■ etw ~ ❶ *(deponieren)* to dump sth ❷ *(durch Lagern ausreifen lassen)* to let sth mature II. vi sein o haben ❶ *(durch Lagern ausreifen lassen)* ■ etw ~ lassen to let sth mature ❷ *(durch Lagern trocknen)* Holz ~ to season wood; Tabak ~ to cure tobacco III. vr haben ■ sich [auf/in etw dat] ~ to be deposited [on sth/in sth]; im Wasserkocher hat sich viel Kalk abgelagert a large chalk deposit has formed in the kettle

Ab·la·ge·rung f ❶ *(Sedimentbildung)* sedimentation, deposition ❷ *(Sediment)* sediment, deposit ❸ *(Inkrustierung)* incrustation BRIT, encrustation AM ❹ kein pl *(das Ablagern zum Reifen)* maturing; für diesen Wein ist eine ~ von 2 Jahren empfehlenswert this wine should be matured for 2 years

Ab·lass^{RR} <-es, Ablässe> m, **Ab·laß**^{ALT} <-sses, Ablässe> ['aplas, pl: 'aplɛsə] m ❶ REL *(Nachlass von Fegefeuerstrafe)* indulgence; *(Urkunde)* letter of indulgence ❷ *(fam)* outlet valve

ab|las·sen irreg I. vt ❶ *(abfließen lassen)* ■ etw ~ to let out sth sep; Dampf [aus etw] ~ to let off steam [from sth]; Urin ~ to pass urine; Öl/Wasser [aus etw] ~ to drain oil/water [out of sth] ❷ *(leerlaufen lassen)* könntest du bitte das Wasser aus dem Pool ~ could you please drain the water from the pool ❸ *(ermäßigen)* ■ jdm etw [von etw] ~ to give sb a discount; ich lasse Ihnen 5% [vom Preis] ab I'll give you a 5% discount ❹ KOCHK ein Ei ~ to separate the eggwhite from the yolk II. vi ❶ *(geh: mit etw aufhören)* ■ [von etw] ~ to give up [sth sep] ❷ *(in Ruhe lassen)* ■ von jdm ~ to let sb be

Ab·lass·ven·til^{RR} nt outlet valve

Ab·la·tiv <-, -e> ['ablati:f, pl: -ti:və] m LING ablative

Ab·lauf¹ m ❶ *(Verlauf)* course; von Verbrechen, Unfall sequence of events; alle hofften auf einen reibungslosen ~ des Besuches everybody hoped that the visit would pass off smoothly ❷ *(das Verstreichen)* passing; der ~ des Ultimatums erfolgt in 10 Stunden the deadline for the ultimatum runs out in 10 hours; nach ~ von etw after sth, once sth has passed; nach ~ von 10 Tagen after 10 days

Ab·lauf² m ❶ *(geh: das Ablaufen)* draining ❷ *(Abflussrohr)* outlet pipe

Ab·lauf·di·a·gramm nt work schedule

ab|lau·fen¹ vi irreg sein ❶ *(abfließen)* ■ [aus etw] ~ to run [out of sth], to drain [from sth]; das Badewasser ~ lassen to let the bath water out ❷ *(sich leeren)* to empty; das Becken läuft nicht ab the water won't drain out of the sink ❸ *(trocken werden)* to stand [to dry]; nach dem Spülen lässt sie das Geschirr erst auf dem Trockengestell ~ after washing up, she lets the dishes stand on the drainer ❹ *(ungültig werden, auslaufen)* to expire, to run out; ■ abgelaufen expired ❺ *(verstreichen, zu Ende gehen)* to run out; das Ultimatum läuft nächste Woche ab the ultimatum will run out [or expire] [or end] next week; **das Verfallsdatum dieses Produkts ist abgelaufen** this product has passed its sell-by date ➏ *(vonstattengehen, verlaufen)* to proceed, to run, to go [off]; **mische dich da nicht ein, die Sache könnte sonst ungut für dich ~!** don't interfere; otherwise, it could bring you trouble!; **das Programm läuft ab wie geplant** the programme ran as planned [or scheduled] ➐ *(sich abwickeln)* ▪ **|von etw| ~** to run out [from sth]; **das Kabel läuft von einer Rolle ab** the reel pays out the cable ➑ *(fam: unbeeindruckt lassen)* ▪ **an jdm ~** to wash over sb; **an ihm läuft alles ab** it's like water off a duck's back [with him]

ab|lau·fen² *vt irreg* ➊ *haben (durch Gehen abnützen)* ▪ **etw ~** to wear down [or out] sth *sep* ➋ *sein o haben (abgehen)* ▪ **etw ~** to walk sth ➌ *sein o haben (absuchen)* ▪ **etw ~** to go everywhere [looking for sth]; **ich habe den ganzen Marktplatz nach Avocados abgelaufen** I've been all over the market looking for avocados; **sich die Beine [o Hacken| [o Schuhsohlen| nach etw ~** *(fam)* to hunt high and low [for sth]

Ab·laut *m pl selten* ablaut

Ab·le·ben *nt kein pl (geh)* death, demise *form*

ab|le·cken *vt* ➊ *(durch Lecken entfernen)* ▪ **etw ~** *Blut, Marmelade* to lick sth off; **sich** *dat* **etw von der Hand ~** to lick sth off one's hand ➋ *(durch Lecken säubern)* ▪ **etw ~** *Finger, Löffel, Teller* to lick sth [clean]; **der Hund leckte mir die Finger ab** the dog licked my fingers

ab|le·dern *vt* ▪ **etw ~** to polish with [chamois] leather

ab|le·gen I. *vt* ➊ *(deponieren, an einen Ort legen)* to put, to place ➋ *(archivieren)* ▪ **etw ~** to file sth [away] ➌ *(ausziehen und weglegen)* ▪ **etw ~** to take off sth *sep* [and put it somewhere]; **Sie können Ihren Mantel dort drüben ~** you can put your coat over there ➍ *(aufgeben)* ▪ **etw ~** to drop sth, to give up sth *sep* ➎ *(ausrangieren)* ▪ **etw ~** to throw sth out, to cast sth aside *form* ➏ *(absolvieren, vollziehen, leisten)* to take; **die Beichte [o ein Geständnis| ~** to confess, to make a confession; **einen Eid ~** to take an oath, to swear [an oath]; **eine Prüfung ~** to pass an exam ➐ KARTEN ▪ **etw ~** to discard ➑ ZOOL ▪ **etw ~** to lay sth; **Frösche legen ihren Laich im Wasser ab** frogs like to spawn in water **II.** *vi* ➊ NAUT, RAUM to [set] sail, to cast off; **die Fähre legt gleich ab** the ferry's just leaving [or departing]; ▪ **das A~** departure ➋ *(ausziehen)* to take off sth *sep*

Ab·le·ger *<-s, -> m* ➊ BOT shoot; **einen ~ ziehen** to take a cutting ➋ *(fam: Filiale)* branch ➌ *(hum fam: Sprössling)* kid *fam,* offspring *hum*

ab|leh·nen I. *vt* ➊ *(zurückweisen)* to turn down, to refuse, to reject; **einen Antrag ~** to reject [or defeat] a proposal; ▪ **jdn ~** to reject sb ➋ *(sich weigern)* ▪ **es ~, etw zu tun** to refuse to do sth ➌ *(missbilligen)* ▪ **etw ~** to disapprove of sth, to object to sth; *s. a.* **dankend II.** *vi (nein sagen)* to refuse

ab·leh·nend I. *adj (negativ)* negative **II.** *adv (geh)* negatively; ▪ **jdm/etw ~ gegenüberstehen** to oppose sb/sth, to disapprove of sb/sth; **diesen Vorschlägen stehe ich eindeutig ~ gegenüber** I clearly cannot accept these proposals

Ab·leh·nung *<-, -en> f* ➊ *(Zurückweisung)* refusal, rejection; **die ~ eines Antrags** rejection [or defeat] of a proposal; **die ~ eines Bewerbers** rejection of an applicant ➋ *(ablehnendes Schreiben)* [written] rejection ➌ *(Missbilligung)* disapproval, objection; **auf ~ stoßen** *(geh: wird abgelehnt)* to be rejected [or refused]; *(wird missbilligt)* to meet with disapproval

ab|leis·ten *vt (geh: absolvieren)* to serve, to do; **eine Probezeit ~** to complete a probationary period; **den Wehrdienst ~** to do one's military service

ab|lei·ten I. *vt* ➊ *(umleiten)* ▪ **etw ~** to divert sth; *(ablenken) Blitz* to conduct; **der Verkehr musste abgeleitet werden** the traffic had to be rerouted ➋ LING *(herleiten, entwickeln)* ▪ **etw ~** to trace sth back [to], to derive sth [from] ➌ MATH **eine Funktion ~** to differentiate a function; **eine Gleichung ~** to develop an equation ➍ *(logisch folgern)* ▪ **etw ~** to deduce [or infer] sth [from sth] **II.** *vr* ➊ LING ▪ **sich ~** to stem [or be derived] [from] ➋ *(logisch folgen)* ▪ **sich ~** to be derived [or derive] [from]; **sich** *dat* **sein Recht von etw ~** to derive one's privilege from sth

Ab·lei·tung *f* ➊ *(Umleitung) Rauch, Flüssigkeit* diversion ➋ LING, SCI derivation; *(abgeleitetes Wort)* derivative ➌ MATH *von Formeln* differentiation ➍ *(Folgerung)* deduction; **~ eines Vorrechts aus einer Stellung** derivation of a privilege from a position

ab|len·ken I. *vt* ➊ *(zerstreuen)* ▪ **jdn ~** to divert [or distract] sb; **wenn er Sorgen hat, lenkt ihn Gartenarbeit immer ab** if he's worried, working in the garden diverts his thoughts; ▪ **sich [mit etw] ~** to relax [with sth/by doing sth] ➋ *(abbringen)* ▪ **jdn |von etw| ~** to distract sb [from sth]; ▪ **sich von etw ~ lassen** to be distracted by sth ➌ *(eine andere Richtung geben)* ▪ **etw |von etw| ~** to divert sth [from sth] ➍ PHYS *Licht ~* to refract light; *Strahlen ~* to deflect rays **II.** *vi* ➊ *(ausweichen)* ▪ **|von etw| ~** to change the subject ➋ ▪ **|von etw| ~** to distract [from sth]

Ab·len·kung *f* ➊ *(Zerstreuung)* diversion, distraction; **sich [mit etw] ~ verschaffen** to relax [with sth] [by doing sth]; **zur ~** in order to relax ➋ *(Störung)* distraction, interruption ➌ PHYS *(das Ablenken)* **die ~ von Licht** the refraction of light; **die ~ von Strahlen** the deflection of rays

Ab·len·kungs·ma·nö·ver *nt* diversion, diversionary tactic

ab|le·sen *irreg* **I.** *vt* ➊ *(den Stand feststellen)* ▪ **etw ~** *Messgeräte, Strom* to read ➋ *(nach der Vorlage vortragen)* ▪ **etw |von etw| ~** to read sth [from sth] ➌ *(folgern)* ▪ **etw |aus etw| ~** to read [or form construe] sth [from sth]; **aus seinem Verhalten konnte sie ungeteilte Zustimmung ~** from his behaviour she gathered that he was completely in agreement **II.** *vi* ➊ *(den Zählerstand feststellen)* to read the meter ➋ *(mit Hilfe einer Vorlage sprechen)* to read [from sth]

ab|leuch·ten *vt (mit Hilfe einer Lichtquelle untersuchen)* ▪ **etw ~** to inspect sth with light

ab|leug·nen I. *vt (bestreiten)* ▪ **etw ~** *Schuld, Tat* to deny sth **II.** *vi (leugnen)* to deny; ▪ **das A~** denial

ab|lich·ten *vt* ➊ *(fam: fotografieren)* ▪ **etw/jdn ~** to take a photo [or picture] of sb/sth ➋ *(fotokopieren)* ▪ **etw ~** to photocopy sth

Ab·lich·tung *<-, -en> f* ➊ *kein pl (das Fotokopieren)* photocopying ➋ *(Fotokopie)* photocopy, copy *fam*

ab|lie·fern *vt* ➊ *(abgeben)* ▪ **etw ~** to hand over sth *sep,* to turn in sth *sep* ➋ *(fam: einreichen)* ▪ **etw ~** to hand in sth *sep,* to turn in sth *sep* ➌ *(liefern)* ▪ **etw [bei jdm]** ~ to deliver sth [to sb] ➍ *(hum fam: nach Hause bringen)* ▪ **jdn [bei jdm]** ~ to hand sb over [to sb]

ab|lie·gen *irreg* **I.** *vi haben (entfernt sein)* to be a long way [from], to be distant *form;* **die Mühle liegt sehr weit ab** the mill is a long way away; **zu weit [vom Weg| ~** to be too far [out of the way], to be too much of a detour **II.** *vt haben* SÜDD, ÖSTERR *(durch Lagern mürbe werden) Fleisch ~* to hang meat to tenderize it

ab|lis·ten *vt (abgaunern)* ▪ **jdm etw ~** to trick sb out of sth

ab|lo·cken *vt (abnehmen)* ▪ **jdm etw ~** to wangle [or coax] sth out of sb; **er hat mir 50 Euro abgelockt** he

managed to get 50 euros out of me

ab|lö·schen *vt* ➊ *(mit einem Löschblatt trocknen)* ■ etw |mit etw| ~ *Tinte* to blot sth |with sth| ➋ *(das Ablöschen)* ■ etw |mit etw| ~ *Tafel* to wipe sth |with sth| ➌ KOCHK ■ etw |mit etw| ~ to pour sth |on sth|; **den Braten mit einem Schuss Wein** ~ to add a little wine to the roast

Ab·lö·se <-, -n> *f (fam)* s. **Ablösesumme**

ab|lö·sen I. *vt* ➊ *(abmachen)* ■ etw |von etw| ~ to remove |or take off *sep*| sth |from sth|; *Pflaster* to peel off ➋ *(abwechseln)* ■ sich |o einander| |bei etw| ~ to take turns |at sth|, to relieve one another |at sth|; **die beiden Fahrer lösten sich am Steuer ab** both drivers took turns at the wheel; **sich bei der Arbeit** ~ to work in shifts; **einen Kollegen** ~ to take over from |or form relieve| a colleague; **die Wache** ~ to change the guard ➌ *(fig: an die Stelle von etw treten)* ■ jdn/etw |durch jdn/etw| ~ to supersede |or replace| sb/sth |by/with sb/sth|; **neue Methoden werden die alten** ~ new methods will take the place of old ones ➍ *(tilgen)* ■ etw ~ to pay off sth *sep*, to redeem sth **II.** *vr (abgehen)* ■ sich |von etw| ~ to peel off |sth|; **das Etikett löst sich nur schwer ab** the label doesn't peel off easily

Ab·lö·se·sum·me *f* transfer fee

Ab·lö·sung *f* ➊ *(Auswechslung)* relief; **die ~ der Schichtarbeiter** change of shift; **die ~ der Wache** the changing of the guard ➋ *(Ersatzmann)* replacement ➌ *(Entlassung)* dismissal; **die Opposition forderte die ~ des Ministers** the opposition demanded that the minister be removed from office ➍ *(das Ablösen)* removal, loosening; *Farbe, Lack* peeling off; *(Abtrennung)* separation; **die ~ der Netzhaut** the detachment of the retina ➎ *(Tilgung)* redemption *no pl*; **die ~ einer Schuld** the discharge of a debt; **die vorzeitige ~ der Hypothek** to pay off the mortgage prematurely

Ab·lö·sungs·sum·me *f* s. **Ablösesumme**

ab|lot·sen *vt*, **ab|luch·sen** [-lʊksn̩] *vt (fam)* ■ jdm etw ~ |o luchsen| to wangle |or coax| sth out of sb

Ab·luft *f kein pl* TECH outgoing air

ABM <-, -s> [aːbeːˈʔɛm] *f Abk von* **Arbeitsbeschaffungsmaßnahme** job creation scheme |or AM plan|

ab|ma·chen *vt* ➊ *(entfernen)* ■ etw ~ to take off sth; ■ jdm etw ~ to take off *sep* sb's sth; **er machte dem Hund das Halsband ab** he took the dog's collar off ➋ *(vereinbaren)* ■ etw |mit jdm| ~ to arrange sth |with sb|, to make an arrangement to do sth; ■ **abgemacht** arranged, fixed; **abgemacht!** agreed!, OK!, you're on! ➌ *(klären)* ■ etw ~ to sort out *sep* sth, to settle sth; **wir sollten das lieber unter uns** ~ we should better settle this between ourselves ➍ *(ableisten)* ■ etw ~ *Zeit* to do sth

Ab·ma·chung <-, -en> *f (Vereinbarung)* agreement; **sich |nicht| an eine ~ halten** to |not| carry out an agreement

ab|ma·gern *vi sein* to grow |or get| thin; ■ **abgemagert** very thin; **die Flüchtlinge waren völlig abgemagert** the refugees were emaciated

Ab·ma·ge·rung <-> *f kein pl* weight loss, emaciation

Ab·ma·ge·rungs·kur *f (Schlankheitskur)* diet; **eine ~ machen** to be on a diet

ab|mä·hen *vt* ■ etw ~ to mow sth

ab|mah·nen *vt* ■ jdn ~ to warn |or form caution| |or form admonish| sb

Ab·mah·nung *f* warning, BRIT a. caution *form*

ab|ma·len I. *vt (abzeichnen)* ■ etw |von etw| ~ to paint |or portray| sth |from sth|; |von anderen Bildern| ~ to copy |other pictures| **II.** *vr (sich zeigen)* to show; **ihre Bluse war so eng, dass sich alles abmalte** her blouse was so tight that you could see everything

Ab·marsch *m* march off, start of a march; **fertig machen zum ~!** ready to |or quick| march!

ab·marsch·be·reit I. *adj* ready to march **II.** *adv* ready to march

ab|mar·schie·ren *vi sein* to march off, to start marching; **los, ~ |zum Schießstand|!** forward, march |to the rifle range|!

ab|meh·ren *vi* SCHWEIZ *(abstimmen)* to vote |on sth| |by a show of hands|

ab·mei·ern [ˈapmaiɐn] *vt (vom Dienst entfernen)* ■ jdn ~ to dismiss sb

Ab·mel·de·for·mu·lar *nt* **ein ~ für einen Umzug** a change of address form; **ein ~ für Personen und Pkws** a cancellation of registration form

ab|mel·den I. *vt* ➊ *(den Austritt anzeigen)* ■ jdn |von etw| ~ to cancel sb's membership |of sth| |or AM |in sth||; **jdn von einer Schule** ~ to withdraw sb from a school ➋ *(die Außerbetriebnahme von etw anzeigen)* **ein Fernsehgerät/Radio** ~ to cancel a TV/radio licence |or AM -se|; **ein Auto** ~ to cancel a car's registration; **das Telefon** ~ to request the disconnection of the phone ➋ *(fam)* ■ **bei jdm abgemeldet sein** no longer be of interest to sb; **er ist endgültig bei mir abgemeldet** I've had it with him, I wash my hands of him **II.** *vr* ➊ *(seinen Umzug anzeigen)* ■ sich ~ to give |official| notification of a change of address ➋ *(um Erlaubnis bitten, weggehen zu dürfen)* ■ sich |bei jdm| ~ to report to sb that one/sb is leaving ➌ MIL ■ sich |bei jdm/zu etw| ~ to report to sb/for sth; **melde mich zum Waffenreinigen ab, Herr Feldwebel!** reporting for weapon cleaning duty, Sergeant!

Ab·mel·dung *f* ➊ *(das Abmelden) vom Auto* request to deregister a car; *vom Fernsehgerät/Radio* cancellation; *vom Telefon* disconnection ➋ *(Anzeige des Umzugs)* |official| notification of a change of address ➌ *(fam)* s. **Abmeldeformular**

ab|mes·sen *vt irreg* ➊ *(ausmessen)* ■ etw ~ to measure sth ➋ *eine Länge* ~ to measure |off| a length |from sth|; **eine Menge** ~ to measure |out| an amount |from sth| ➌ *(abschätzen)* **etw ~ können** to be able to assess |or BRIT gauge| |or AM gage| sth

Ab·mes·sung *f meist pl* measurements, size; *(von dreidimensionalen Objekten a.)* dimensions

ab|mil·dern *vt* ➊ *(abschwächen)* ■ etw ~ to moderate sth; **eine Äußerung** ~ to temper one's words ➋ *(mildern)* ■ etw ~ to lessen |or reduce| sth; **einen Sturz** ~ to cushion a fall

ab|mon·tie·ren *vt (mit einem Werkzeug entfernen)* ■ etw |von etw| ~ to remove sth |from sth|; **die Einbauküche musste abmontiert werden** the built-in kitchen had to be dismantled

ABM-Stel·le [aːbeːˈʔɛm-] *f* position assisted by job creation scheme |or AM plan|

ab|mü·hen *vr (sich große Mühe geben)* ■ sich ~ to work |or try| hard, to take a lot of trouble |or pl pains|; ■ **sich mit etw** ~ to work |or try| hard at sth; ■ sich **mit jdm** ~ to take a lot of trouble |or pl pains| with sb; ■ sich ~, etw zu tun to try hard to do sth

ab|murk·sen *vt (sl: umbringen)* ■ jdn ~ to bump off sb *sep sl*, to do in sb *sep sl*, to kill

ab|mus·tern I. *vt* NAUT ■ jdn ~ to discharge sb **II.** *vi* NAUT to go ashore, to leave ship

ab|na·beln I. *vt (jds Nabelschnur durchtrennen)* ■ jdn |von jdm| ~ to cut the umbilical cord |between sb and sb| **II.** *vr (Bindungen kappen)* ■ sich |von jdm/etw| ~ to become independent |of sb/sth|, to become self-reliant

ab|na·gen *vt* ➊ *(blank nagen)* ■ etw ~ to gnaw sth clean ➋ *(durch Nagen abessen)* ■ etw |von etw| ~ to gnaw sth |off sth|

Ab·nä·her <-s, -> *m* MODE dart, tuck

Ab·nah·me[1] <-, <selten -n> [ˈapnaːmə] *f* ➊ *(Verringe-*

Abneigung

Antipathie ausdrücken	expressing antipathy
Ich **mag** ihn **nicht** (**besonders**).	I **don't like** him (**very much**).
Ich **finde** diesen Typ **unmöglich**.	I **think** that bloke **is just impossible**.
Das **ist ein** (**richtiges**) **Arschloch**. *(vulg)*	He's an (**a real**) **arsehole**. *(vulg)*
Ich **kann** ihn **nicht leiden/ausstehen/riechen**. *(fam)*	I **cannot stand/bear** him.
Diese Frau **geht mir auf den Geist/Wecker/Keks**. *(fam)*	That woman **gets on my nerves**. *(fam)*

Langeweile ausdrücken	expressing boredom
Wie langweilig!/So was von langweilig!	**How boring!/Talk about boring!**
Ich **schlaf gleich ein!** *(fam)*/**Das ist ja zum Einschlafen!**	I'll **fall asleep/nod off in a minute!**/It's **enough to send you to sleep!**
Der Film **ist ja zum Gähnen**. *(fam)*	The film **is** (**just**) **one big yawn**.
Diese Disco **ist total öde**.	This disco **is dead boring**.

Abscheu ausdrücken	expressing disgust
Igitt!	**Yuk!**
Du **widerst mich an!**	You **make me sick!**
Das **ist geradezu widerlich!**	That **is absolutely revolting!**
Das **ist** (**ja**) **ekelhaft!**	That is (**quite**) **disgusting!**
Das **ekelt mich an**.	That **makes me sick**.
Ich **finde das zum Kotzen**. *(sl)*	That **makes me puke**.

rung) reduction [of], drop [*or* fall] [in] ❹ *(das Nachlassen)* loss; ~ **der Kräfte** weakening

Ab·nah·me² <-, -n> ['apna:mə] *f* ❶ ÖKON *(Übernahme)* Ware acceptance ❷ ADMIN *Neubau, Fahrzeug* inspection and approval ❸ *(geh: Herunternahme)* removal, taking down

ab|neh·men¹ *vi irreg* ❶ *(Gewicht verlieren)* to lose weight; **stark ~** to lose a lot of weight ❷ *(sich verringern)* to drop, to fall, to decrease ❸ *(nachlassen)* to diminish; **durch die Krankheit nahmen ihre Kräfte immer mehr ab** her strength continued to decrease due to her illness; **bei zu hohen Preisen nimmt das Interesse der Kunden deutlich ab** when the price is too high, customers lose interest; **die Nachfrage nach diesem Automodell hat stark abgenommen** demand for this car model has dropped dramatically

ab|neh·men² *irreg* I. *vt* ❶ *(wegnehmen)* ■ **jdm etw ~** to take sth [away] from sb *sep,* to relieve sb of sth *hum;* **dem betrunkenen Autofahrer wurde von der Polizei der Führerschein abgenommen** the police took the drunk driver's licence; **er nahm seinem Gegenüber beim Poker große Summen ab** he won a lot of money from his opponent at poker ❷ *(herunternehmen)* ■ **etw ~** to take down *sep;* **nimm bitte draußen die Wäsche ab!** can you get the washing in, please?; **nehmen Sie bitte den Hut ab!** please take your hat off! ❸ *(aufnehmen)* ■ **etw ~** to pick up sth *sep;* **nimmst du bitte den Hörer/das Telefon ab?** can you answer [*or* pick up] the phone, please? ❹ *(tragen helfen)* ■ **jdm etw ~** to take sth [from sb] ❺ *(a. fig: abkaufen)* ■ **jdm etw ~** to buy sth [from sb], to accept sth [from sb]; **niemand wollte ihm die Ladenhüter ~** no one wanted to buy the line that was being sold from him; **das nehme ich dir nicht ab** I don't buy that; **dieses Märchen nimmt dir keiner ab!** nobody will buy that fairy tale!

❻ *(übernehmen)* ■ **jdm etw ~** to take on sth for sb, to take sth off sb's shoulders; **deine Arbeit kann ich dir nicht ~** I can't do your work for you ❼ KARTEN to take ❽ MED *(amputieren)* ■ **jdm] etw ~** to take off sb's sth, to amputate; **das zerquetschte Bein musste ihm abgenommen werden** they had to take off his crushed leg ❾ *(begutachten und genehmigen)* ■ **etw ~** to approve sth; **nach drei Jahren muss man zum TÜV, um seinen Wagen ~ zu lassen** after three years you have to take your car for an MOT test; **der Wagen konnte nicht abgenommen werden** the car failed its MOT ❿ *(prüfen)* **eine Prüfung ~** to examine sb II. *vi* to answer the phone, to pick up [the phone] *sep;* **ich habe es gestern öfter bei ihr versucht, aber niemand nahm ab** I tried to reach her many times yesterday, but no one answered [the phone]

Ab·neh·mer(in) <-s, -> *m(f)* *(Käufer)* customer; **für dieses Produkt gibt es sicher viele ~** there'll be a lot of people wanting to buy this product

Ab·nei·gung *f* ❶ *(Widerwillen)* ■ ~ **gegen jdn/etw** dislike [*or* of] [*or* aversion to] sb/sth; **sie ließ ihn ihre ~ deutlich spüren** she didn't hide her dislike of him; **eine ~ gegen jdn/etw haben** to have a dislike of [*or* an aversion to] sb/sth; **sie hatte schon immer eine starke ~ gegen Thunfisch** she never did like tuna ❷ *(Widerstreben)* ■ ~, **etw zu tun** reluctance [*or* disinclination] to do sth; **eine ~ haben, etw zu tun** to be [*or* feel] reluctant [*or* disinclined] to do sth

ab·norm [ap'nɔrm], **ab·nor·mal** ['apnɔrma:l] *adj bes* ÖSTERR, SCHWEIZ abnormal

Ab·nor·mi·tät <-, -en> [apnɔrmi'tɛ:t] *f* abnormality

ab|nö·ti·gen *vt (geh)* ■ **jdm etw ~** to wring sth out of [*or* from] sb; **das nötigt einem Respekt ab** you have to respect it

ab|nut·zen, **ab|nüt·zen** SÜDD, ÖSTERR I. *vt* ■ **etw ~** [*o* **abnützen**] to wear out; ■ **abgenutzt** worn-down;

der Teppich ist an manchen Stellen ziemlich **abgenutzt** the carpet is fairly worn in places **II.** *vr* ❶ *(im Gebrauch verschleißen)* ▪ **sich ~** [*o* **abnützen**] to wear; **Textilbezüge nutzen sich meist schneller ab als Lederbezüge** cloth covers tend to wear thin quicker than leather ❷ *(an Wirksamkeit verlieren)* ▪ **sich ~** to lose effect; **zu häufig gebrauchte Phrasen nutzen sich bald ab** phrases which are used too often soon lose their effect; ▪ **abgenutzt** worn-out; **abgenutzte Phrasen** hackneyed phrases

Ab·nut·zung *f*, **Ab·nüt·zung** *f* <-, -en> SÜDD, ÖSTERR *(Verschleiß durch Gebrauch)* wear and tear; **Absetzung für ~** depreciation for wear and tear

Abo <-s, -s> ['abo] *nt* MEDIA *(fam) kurz für* **Abonnement** subscription; **ein ~ für eine Zeitung haben** to subscribe to a newspaper; *(Theater~)* season ticket [*or* AM tickets]

Abon·ne·ment <-s, -s> [abɔnə'mã:] *nt* subscription; ▪ **im ~: bei Theatervorstellungen sind die meisten Karten im ~ vergeben** most tickets for the theatre are given to subscribers; **etw im ~ beziehen** to subscribe to sth

Abon·nent(in) <-en, -en> [abɔ'nɛnt] *m(f)* subscriber

abon·nie·ren· [abɔ'ni:rən] *vt haben* ▪ **etw ~** to subscribe to sth; ▪ [**auf etw** *akk*] **abonniert sein** to be a subscriber [to sth]; **sie ist wirklich auf Einser abonniert** *(hum)* she always gets A's

ab|ord·nen *vt (dienstlich hinbefehlen)* ▪ **jdn** [**zu etw**] **~** to delegate sb [to sth]; *(abkommandieren)* to detail sb [for sth]; **er wurde nach Berlin abgeordnet** he was posted to Berlin

Ab·ord·nung *f* delegation

Ab·ort¹ <-s, -e> [a'bɔrt, 'ap?ɔrt] *m (veraltet) s.* **Toilette**

Abort² <-s, -e> [a'bɔrt] *m* MED *(Fehlgeburt)* miscarriage

ab|pa·cken *vt a.* ÖKON *(einpacken)* ▪ **etw ~** to pack sth; **packen Sie mir bitte drei Kilo Hackfleisch ab!** could you wrap up three kilos of minced meat for me, please?; ▪ **sich** *dat* **etw** [**von jdm**] **~ lassen** to have [sb] wrap sth up; ▪ **sich** *dat* **etw ~ lassen** to have sth wrapped up; **abgepackte Lebensmittel** pre-packaged food

ab|pas·sen *vt* ❶ *(abwarten)* ▪ **etw ~** to wait [*or* watch] for sth; **die passende Gelegenheit ~** to bide one's time ❷ *(timen)* **etw gut** [*o* **richtig**] **~** to time sth well ❸ *(abfangen, jdm auflauern)* ▪ **jdn ~** to waylay sb; **der Taschendieb passte sie an der Ecke ab** the pickpocket lay in wait for her at the corner

ab|pau·sen *vt* ▪ **etw** [**auf etw** *akk*] **~** to trace sth [onto sth]; ▪ **etw von etw ~** to trace sth [from sth]; **hast du das selbst gezeichnet oder nur von einer Vorlage abgepaust?** did you draw it yourself or did you just trace it?

ab|per·len *vi sein* [**von etw**] **~** to run off sth in drops; **der Tau perlte von den Blättern ab** the dewdrops fell from the leaves

ab|pfei·fen *irreg* **I.** *vt* ▪ **etw ~** to stop sth by blowing a whistle; **nach 45 Minuten wurde die erste Halbzeit abgepfiffen** after 45 minutes the whistle for the end of the first half was blown; **das Spielende ~** to blow the final whistle **II.** *vi* to blow the whistle

Ab·pfiff *m* the [final] whistle

ab|pflü·cken *vt (pflücken)* ▪ **etw ~** to pick sth; **im Park darf man keine Rosen ~** picking roses is not allowed in the park

ab|pla·cken *vr (fam) s.* **abplagen**

ab|pla·gen *vr* ▪ **sich** [**mit etw**] **~** *dat* to struggle [with sth]; **er hat sich sein ganzes Leben lang abgeplagt** he slaved away his whole life; **sie plagt sich immer sehr ab mit den schweren Einkaufstaschen** she always struggles with her heavy shopping bags; **er**

plagte sich jahrelang mit den Manuskripten ab he worked himself to death on the manuscripts

ab|plat·ten *vt (flacher machen)* ▪ **etw ~** to flatten sth, to level sth off; ▪ **abgeplattet** flattened

Ab·prall <-[e]s, <*selten* -e> *m* rebound, ricochet

ab|pral·len *vi sein* ❶ *(zurückprallen)* ▪ [**von etw/an etw** *dat*] **~** to rebound [from/off/against sth], to ricochet [off sth], to bounce [off sth] ❷ *(nicht treffen)* ▪ **an jdm ~** to bounce off sb

ab|pres·sen *vt* ❶ *(durch Druck abnehmen)* ▪ **jdm etw ~** to extort sth from sb, to squeeze sth out of sb *fam;* **jdm ein Geständnis ~** to force a confession from [*or* beat a confession out of] sb ❷ *(abschnüren)* **jdm den Atmen ~** to take sb's breath away ❸ *(herauspressen, unter Druck absondern)* ▪ **etw ~** to force sth; **Blutwasser wird ins Bindegewebe abgepresst** serum is forced into the connective tissue

ab|pum·pen *vt (durch Pumpen entfernen)* ▪ **etw** [**aus etw/von etw**] **~** to pump sth [out of/from sth]

ab|put·zen *vt* ❶ *(durch Putzen reinigen)* ▪ **etw ~** to clean sth; ▪ **jdm etw ~** to clean sb's sth; **soll ich dir etwa noch den Hintern ~?** you don't want me to wipe your backside for you, do you?; ▪ [**sich** *dat*] **etw ~** to clean sth; **putz dir die Schuhe ab!** wipe your shoes! ❷ *(durch Putzen entfernen)* ▪ **etw** [**von etw**] **~** to wipe sth [off sth], to clean sth [from/off sth] ❸ *(mit neuem Putz versehen)* ▪ **etw ~** to plaster [*or* replaster] sth

ab|quä·len *vr* ❶ *(sich abmühen)* ▪ **sich** [**mit etw**] **~** to struggle [*or* battle] [with sth]; **was quälst du dich so ab?** why are you making things so difficult for yourself? ❷ *(sich mühsam abringen)* ▪ **sich** *dat* **etw ~** to force sth; **er quälte sich ein Grinsen ab** he managed to force a grin; **diese Entschuldigung hast du dir ja förmlich abgequält!** you really had to force yourself to make that apology!

ab|qua·li·fi·zie·ren *vt* ▪ **jdn/etw ~** to scorn sb/sth, to treat sb/sth with contempt, to put sb/sth down *fam;* ▪ **etw ~** to dismiss sth [out of hand]

ab|ra·ckern *vr (fam: sich abmühen)* ▪ **sich** [**mit etw** *dat*] **~** to slave [over/away at sth] *fam hum;* **was rackerst du dich so mit der Handsäge ab? nimm doch die Motorsäge!** why on earth are you bothering with the hand saw? use the power saw!; ▪ **sich für jdn/etw ~** to work one's fingers to the bone for sb/sth, to work oneself to a shadow; **sie hat sich Tag für Tag für diese Firma abgerackert** she sweated blood for that company day after day

Ab·ra·ham <-s> ['a:braham] *m kein pl* Abraham; ▸ WENDUNGEN: [**sicher**] **wie in ~s Schoß** as safe as houses BRIT, in safe hands AM

Abra·ka·dab·ra <-s> [a:braka'da:bra] *nt kein pl* abracadabra

ab|ra·sie·ren· *vt* ❶ *(durch Rasieren entfernen)* ▪ [**jdm/sich**] **etw ~** to shave [off] sth [*or* sb's/one's sth] *sep;* **jdm/sich den Bart ~** to shave [off] sb's/one's beard [off] ❷ *(fam: abtrennen)* ▪ **etw ~** to shave off sth *sep;* **der Düsenjäger rasierte das Dach des Gebäudes ab** the jet shaved off the roof of the house ❸ *(fam: dem Erdboden gleichmachen)* ▪ **etw ~** to raze sth to the ground

ab|ra·ten *vi irreg* ▪ **jdm** [**von etw**] **~** to advise [*or* warn] sb [against sth]; ▪ **jdm davon ~, etw zu tun** to advise [*or* warn] sb not to do [*or* against doing] sth; **von diesem Arzt kann ich Ihnen nur ~** I really can't recommend that doctor

ab|räu·men *vt* ▪ **etw** [**von etw**] **~** to clear [sth] of sth, to clear sth [from sth]; ▪ **das A~** clearing away; ▪ **etw ~** to clear sth; **nach dem Essen räumte sie das Geschirr ab** after the meal she cleared the table; **beim Kegelturnier räumte sie kräftig ab** at the skittles tournament she really cleaned up *fam*

Ab·raum·hal·de f slag-heap

ab|rau·schen vi sein ➊ (fam: fortfahren) to rush off [in a vehicle] ➋ (sich demonstrativ entfernen) to rush off in protest; **gestern ist er beleidigt abgerauscht** yesterday he felt offended and rushed off

ab|re·a·gie·ren⁺ ['apreagiːrən] I. vt ➊ (negative Emotionen herauslassen) ■**etw ~** to work off sth ➋ (auslassen) ■**etw an jdm ~** to take out sth on sb II. vr (fam: sich durch einen Ausbruch beruhigen) ■**sich ~** to calm down; **er war ziemlich wütend, aber jetzt hat er sich abreagiert** he was furious but he's cooled off now

ab|rech·nen I. vi ➊ (abkassieren) to settle up; **am Ende der Woche rechnet der Chef ab** the boss does the accounts at the end of the week; **Sie haben sich beim A~ um 4,65 Euro vertan!** you've miscalculated the bill by 4.65 euros!; ■**mit jdm ~** to settle up with sb; **mit den Vertretern wird monatlich abgerechnet** the agents are paid monthly ➋ (zur Rechenschaft ziehen) ■**mit jdm ~** to call sb to account, to get even [or settle an account] with sb; ■**[miteinander] ~** to settle the score [with each other] II. vt (abziehen) ■**etw [von etw] ~** to deduct sth [from sth]; **[jdm] einen Rabatt vom Preis ~** to give [sb] a discount on the price

Ab·rech·nung f ➊ (Erstellung der Rechnung) calculation [or preparation] of a bill [or an invoice]; **ich bin gerade bei der ~ für den Kunden** I'm just adding up the bill for the customer; **die ~ machen** [o **vornehmen**] to prepare [or calculate] [or add up] the bill [or invoice]; **wie viel mussten Sie ausgeben? – ich bin gerade dabei, die ~ zu machen** how much did you have to spend? – I'm just working it out ➋ (Aufstellung) list, itemized bill ➌ (Rache) revenge, pay off; **der Tag der ~** the day of reckoning; **endlich war der Stunde der ~ gekommen** the time for revenge had finally come ➍ (Abzug) ■**die ~ von etw** the deduction of sth; **~ von Skonto** discount; **etw in ~ bringen** (geh: etw abziehen) to deduct sth from sth

Ab·re·de f agreement; **eine mündliche ~** a verbal agreement; **etw in ~ stellen** (geh) to deny sth

ab|re·gen vr (fam) ■**sich ~** to calm down; **rog dich ab!** keep your shirt [or BRIT hair] on!, chill out! sl

ab|rei·ben vt irreg ➊ (durch Reiben entfernen, abwischen) ■**[jdm] etw [von etw] ~** to rub sth off [sth] [for sb]; ■**[sich dat] etw [an etw dat] ~** to wipe [or clean] sth [on sth]; **bitte reib dir doch nicht immer die Hände an der Hose ab!** please don't always wipe your hands on your trousers! ➋ (durch Reiben säubern) ■**etw ~** to rub sth down; **Autolack/Fenster ~** polish the paintwork/window ➌ (trocknen) ■**jdn/ein Tier/etw ~** to rub sb/an animal/sth down; **er badete das Baby und rieb es dann mit einem Frotteehandtuch ab** he bathed the baby and then dried him/her with a terry towel

Ab·rei·bung f (fam) ➊ (Prügel) beating, a good thump fam; **dafür hast du eine ~ verdient!** you deserve to get clobbered! fam ➋ (Tadel) censure, criticism

Ab·rei·se f kein pl departure; **die ~ naht** it's nearly time to leave; **bei ihrer ~** when she left, on her departure

ab|rei·sen vi sein to leave, to depart; ■**[irgendwohin] ~** to leave [or depart] [or start] [for somewhere]

ab|rei·ßen irreg I. vt haben ➊ (durch Reißen abtrennen) ■**etw [von etw] ~** to tear [or rip] sth [off sth]; **Tapete von der Wand ~** to tear down wallpaper from the wall; **Blumen ~** to pull off the flowers; ■**sich** dat **etw ~** to tear off sth sep; **er blieb an der Türklinke hängen und riss sich dabei einen Knopf ab** he got caught on the doorknob and tore a button off ➋ (niederreißen) ■**etw ~** ein baufälliges

Bauwerk to tear sth down ➌ (sl: hinter sich bringen) ■**etw ~** to get through sth; **er hat gerade die 2 Jahre Gefängnis abgerissen** he's just finished sitting out his 2-year prison sentence II. vi sein ➊ (von etw losreißen) to tear off ➋ (aufhören) to break off; **einen Kontakt nicht ~ lassen** to not lose contact ➌ (kontinuierlich anhalten) ■**nicht ~** to go on and on, to not stop; **der Strom der Flüchtlinge riss nicht ab** the stream of refugees did not end

Ab·reiß·ka·len·der m tear-off calendar

ab|rich·ten vt (dressieren) ■**ein Tier ~** to train an animal; ■**ein Tier darauf ~, etw zu tun** to train an animal to do sth

Ab·rich·tung f (Dressur) training

ab|rie·geln vt ➊ (absperren) ■**etw ~** to cordon [or seal] off sth sep ➋ (versperren) **die Tür ~** to bolt the door

Ab·rie·ge·lung f, **Ab·rieg·lung** <-, -en> f (Absperrung) cordoning [or sealing] off; **der Einsatzleiter ordnete die ~ des Gebietes an** the troop leader ordered the area to be cordoned off

ab|rin·gen irreg I. vt ➊ (abzwingen) ■**jdm etw ~** to force sth out of sb ➋ (geh: durch mühseligen Einsatz abzwingen) ■**einer S.** dat **etw ~** to wrest sth from sth from II. vr (sich abquälen) ■**sich** dat **etw ~** to force [oneself to do sth]; **er rang sich ein Grinsen ab** he forced a grin; **sie rang sich eine Entschuldigung ab** she forced herself to apologize

Ab·riss^RR1 <-e, -e> m, **Ab·riß**^ALT <-sses, -sse> m kein pl (Abbruch) demolition; **die Planierraupe begann mit dem ~ des Gebäudes** the bulldozer began to tear down the building

Abriss^RR2 <-es, -e> m, **Abriß**^ALT <-sses, -sse> m (Übersicht) summary, survey; ■**ein ~ einer S.** gen an outline of sth

ab·riss·reif^RR adj in ruins, ready for demolition

ab|ro·cken vi MUS (sl) to rock [till one drops] sl

ab|rol·len I. vi sein ➊ (sich abwickeln) ■**[von etw] ~** Kabel, Tau to unroll [from sth], to roll [off sth] ➋ (fam: vonstattengehen) to go [off], to run; **reibungslos ~** to go off without a hitch; **die Show rollte reibungslos ab** the show ran smoothly ➌ (sich im Geist abspielen) ■**vor jdm ~** to unfold [in front of sb [or sb's eyes]]; ■**etw [vor sich] ~ lassen** to let sth unfold [in one's mind's eye] ➍ (eine Rollbewegung machen) **und den Fuß schön ~** and gently roll your foot; **sie ließ sich geschickt ~** she rolled over skillfully ➎ (sich rollend entfernen) to roll off; **das Flugzeug rollt zum Start ab** the plane taxied off for take-off II. vt haben ■**etw [von etw] ~** to unroll [or unreel] sth [from sth]

ab|rü·cken I. vi sein ➊ (sich distanzieren) ■**von etw/jdm ~** to distance oneself from sth/sb, to back off from sth/sb ➋ MIL (abmarschieren) ■**[irgendwohin] ~** to march off [to somewhere] ➌ (hum: weggehen) to go away ➍ (wegrücken) ■**[von etw/jdm] ~** to move away [or back] [from sth/sb] II. vt haben ■**etw [von etw] ~** to move sth away [from sth]; **ein Möbelstück von der Wand ~** to push a piece of furniture away from the wall

Ab·ruf m ➊ (Bereitschaft) **auf ~** on call; **er hielt sich auf ~ bereit** he was on alert ➋ INFORM recall, recovery ➌ ÖKON **auf ~** on call purchase

ab·ruf·bar adj INFORM retrievable

ab·ruf·be·reit I. adj ➊ (einsatzbereit) on alert ➋ (abholbereit) ready for collection ➌ (verfügbar) disposable, approved; **ein ~er Kredit** an approved overdraft limit II. adv ➊ (einsatzbereit) on alert ➋ (abholbereit) ready for collection

ab|ru·fen vt irreg ➊ (wegrufen) ■**jdn [von etw] ~** to call sb away [from sth] ➋ (liefern lassen) ■**etw [bei jdm] ~** to have sth delivered [by sb]; **die Barren lagern im Safe der Bank, bis sie abgerufen wer-**

den the ingots are stored in the safe at the bank until they are collected ❷ *(abheben)* ■ **etw ~** to withdraw sth; **wir werden die Summe von Ihrem Konto ~** we will debit your account by this amount ❹ INFORM ■ **etw [aus etw] ~** to retrieve [*or* recover] sth [from sth]

ab|run·den *vt* ❶ *(auf einen vollen Betrag kürzen)* ■ **etw [auf etw** *akk***] ~** to round sth down [to sth]; ■ **abgerundet** rounded down ❷ *(perfektionieren)* ■ **etw ~** to round sth off

ab|rup·fen *vt (fam: abreißen)* ■ **etw ~** to pull off sth *sep*

ab·rupt [ap'rʊpt] **I.** *adj (plötzlich)* abrupt **II.** *adv (unvermittelt)* abruptly, without warning

ab|rüs·ten I. *vi* ❶ *(die Arsenale verringern)* ■ **[um etw/auf etw** *akk***] ~** to disarm [by sth/to sth] ❷ BAU to remove [*or* take down] the scaffolding **II.** *vt* ❶ *(Waffen reduzieren)* ■ **etw [um etw/auf etw** *akk***] ~** to disarm [by sth/to sth]; **es wurde gefordert, die Bundeswehr abzurüsten** the Federal Armed Forces were ordered to disarm ❷ *(das Gerüst entfernen von)* ■ **etw ~** to remove the scaffolding from sth

Ab·rüs·tung *f kein pl (das Abrüsten)* disarmament

Ab·rüs·tungs·ge·sprä·che *pl* POL disarmament talks *pl* **Ab·rüs·tungs·kon·fe·renz** *f* POL disarmament conference **Ab·rüs·tungs·ver·hand·lun·gen** *pl* POL disarmament negotiations

ab|rut·schen *vi sein* ❶ *(abgleiten)* ■ **[an etw** *dat***/ von etw] ~** to slip [on sth/from sth]; **seine Finger rutschten am glatten Fels immer wieder ab** his fingers kept slipping from the smooth rocks ❷ *(fig: sich verschlechtern)* ■ **auf etw** *akk* **~** to drop to sth ❸ *(fig: herunterkommen)* to go downhill; **sie muss aufpassen, dass sie nicht völlig abrutscht** she has to watch out that she does not completely go downhill

ABS <-> [a:be:'ɛs] *nt Abk von* **Antiblockiersystem** ABS

Abs. *m Abk von* **Absatz** par. [*or* para.]

ab|sa·cken *vi sein* ❶ *(einsinken)* to subside, to sink ❷ LUFT to drop, to lose altitude ❸ *(fam: sich verschlechtern)* ■ **[auf etw** *akk***] ~** to drop [*or* deteriorate] [to sth]; **sie ist in ihren Leistungen sehr abgesackt** her performance has deteriorated considerably ❹ MED *(fam)* ■ **[auf etw** *akk***] ~** to sink [*or* drop] [to sth]

Ab·sa·ge *f* ❶ *(negativer Bescheid)* refusal; **eine ~ auf eine Bewerbung** a rejection to a job application; **jdm eine ~ erteilen** *(geh)* to refuse sb ❷ *(Ablehnung)* ■ **eine ~ an etw** *akk* a rejection of sth

ab|sa·gen I. *vt (rückgängig machen)* ■ **etw ~** to cancel [*or* call off] sth; **die Teilnahme an etw ~** to cry off [*or* cancel] **II.** *vi (informieren, dass man nicht teilnimmt)* **eine Einladung ~** to decline sb's invitation; **ich muss leider ~** I'm afraid I'll have to cry off; **hast du schon bei ihr abgesagt?** have you told her you're not coming?

ab|sä·gen *vt* ❶ *(abtrennen)* ■ **etw ~** to saw off sth *sep;* **einen Baum ~** to saw down a tree *sep,* to fell a tree ❷ *(fam: um seine Stellung bringen)* ■ **jdn ~** to give sb the chop [*or* AM ax]; *s. a.* **Ast**

ab|sah·nen I. *vt* ❶ *(fam: sich verschaffen)* ■ **etw ~** to cream off sth *sep fam* ❷ KOCHK **Milch ~** to skim milk **II.** *vi* ❶ *(fam: Geld raffen)* ■ **[bei jdm] ~** to cream off [from sb] ❷ KOCHK to skim

Ab·satz¹ *m* ❶ *(Schuh~)* heel ❷ *(Abschnitt)* paragraph; **einen ~ machen** to begin a paragraph ❸ *(Treppen~)* landing ▶WENDUNGEN: **auf dem ~ kehrtmachen** to turn on one's heel

Ab·satz² *m* sales *pl;* **~ finden** to find a market; **die neue Kollektion fand reißenden ~** the new collection sold like hot cakes

ab·satz·fä·hig *adj* saleable BRIT, salable AM **Ab·satz·**

flau·te *f* ÖKON period of slack sales **Ab·satz·för·de·rung** *f* ÖKON sales promotion **Ab·satz·ge·biet** *nt* sales area **Ab·satz·markt** *m* market **Ab·satz·schwie·rig·kei·ten** *pl* sales problem **Ab·satz·stei·ge·rung** *f* ÖKON increase in sales **Ab·satz·vo·lu·men** *nt* ÖKON sales volume [*or* volume in sales]

ab·satz·wei·se *adv (Absatz für Absatz)* paragraph by paragraph

ab|sau·fen *vi irreg sein* ❶ *(sl: ertrinken)* ■ **[in etw** *dat***] ~** to drown [in sth] ❷ *(unter Wasser gesetzt werden)* to be flooded ❸ NAUT *(fam)* to sink ❹ AUTO *(fam)* to flood; **na, will er nicht anspringen? ist dir wohl abgesoffen?** it won't start, will it? you've flooded it!

ab|sau·gen *vt* ❶ *(durch Saugen entfernen)* ■ **etw [aus etw/von etw] ~** to suck [*or* suck] off sth [out of [*or* from] sth] ❷ *(mit dem Staubsauger reinigen)* ■ **etw ~** to vacuum sth; ■ **etw von etw ~** to use the vacuum cleaner to remove sth from sth

ab|scha·ben *vt* ❶ ■ **etw [von etw] ~** to scrape sth [off sth] ❷ *(verschleißen)* to wear through [*or* thin]; **ein abgeschabter Mantel** a tattered coat

ab|schaf·fen *vt* ❶ *(außer Kraft setzen)* ■ **etw ~** to do away with sth, to abolish sth; **ein Gesetz ~** to repeal a law ❷ *(weggeben)* ■ **etw/ein Tier ~** to get rid of sth/an animal, to dispose of [*or* dispense with] sth

Ab·schaf·fung *f* ❶ *(das Abschaffen)* abolition; **die ~ eines Gesetzes** the repeal of a law ❷ *(Weggabe)* disposal

ab|schä·len I. *vt* ■ **etw [von etw] ~** to peel sth off [sth], to remove sth [from sth]; **die Rinde von einem Baum ~** to bark a tree **II.** *vr* ■ **sich ~** to peel off; **nach dem Sonnenbad begann sich ihre Haut abzuschälen** after lying in the sun she began to peel

ab|schal·ten I. *vt (abstellen)* ■ **etw ~** to turn off sep [*or* sep turn out] [*or* sep switch off]; **ein Kernkraftwerk ~** to turn a nuclear power plant off **II.** *vi (fam: nicht mehr aufmerksam sein)* to switch off *fam* **III.** *vr* ■ **sich ~** to disconnect, to cut out, to switch itself off

Ab·schal·tung *f* switching off; *Kontakt* disconnection

ab|schät·zen *vt* ❶ *(einschätzen)* to assess; **ich kann ihre Reaktion schlecht ~** I can't even guess at her reaction; **es ist nicht abzuschätzen ...** it's not possible to say ... ❷ *(ungefähr schätzen)* to estimate

ab·schät·zend I. *adj* speculative, thoughtful; **ein ~er Blick** an appraising look **II.** *adv* speculatively, thoughtfully

ab·schät·zig ['apʃɛtsɪç] **I.** *adj* disparaging, scornful, contemptuous **II.** *adv* disparagingly, scornfully, contemptuously; **sich ~ über jdn/etw** *akk* **äußern** to make disparaging remarks about sb/sth

Ab·schaum *m kein pl (pej)* scum *no pl,* dregs *npl*

ab|schei·den *irreg* **I.** *vt haben* ❶ MED ■ **etw ~** to secrete [*or* discharge] sth ❷ *(separieren)* ■ **etw von etw ~** to separate sth from sth **II.** *vr* ❶ MED ■ **sich ~** to be secreted [*or* discharged] ❷ *(sich abtrennen)* ■ **sich von etw ~** to separate from sth; **Öl und Wasser scheiden sich voneinander ab** oil and water separate

ab|sche·ren *vt* to cut; ■ **[jdm/einem Tier] etw ~** to cut [sb's/an animal's] sth; **einem Schaf die Wolle ~** to shear a sheep [of its wool]; **dir haben sie die Haare ziemlich abgeschoren!** they've really cropped your hair short!

Ab·scheu <-[e]s> ['apʃɔy] *m kein pl (Ekel)* revulsion, disgust, loathing; ■ **jds ~ vor einer S.** *dat* sb's revulsion against/at/towards sth, sb's disgust at/with, sb's loathing for sth; **sie konnte ihren ~ vor Spinnen kaum verbergen** she could hardly conceal her loathing for spiders; **~ vor jdm/etw empfinden** to feel revulsion towards [*or* be revolted by] [*or* be disgusted at/with] sb/sth

ab·scheu·ern I. vt ① *(durch Scheuern reinigen/ent-fernen)* ■ etw |mit etw] ~ to scrub [or scour] sth [with sth] ② *(an der Kleidung abwetzen)* ■ |sich *dat*] etw ~ to wear sth through [or out]; ■ **abgescheuert** worn through [or out] ③ *(abschürfen)* ■ etw ~ to rub [or chafe] sth II. vr *(sich abwetzen)* ■ sich ~ to wear thin [or through] [or out]

ab·scheu·lich [apˈʃɔylɪç] adj ① *(entsetzlich)* revolting, horrible, dreadful; **ein ~es Verbrechen** a horrifying [or heinous] crime, an atrocious crime ② *(fam: uner-träglich)* dreadful, terrible; **das Essen schmeckt mal wieder** ~ the food tastes revolting [or disgusting] again

Ab·scheu·lich·keit <-, -en> f ① *(Scheußlich-keit)* atrociousness, dreadfulness ② *(schreckliche Sache)* atrocity; **kriegerische ~en** atrocities of war

ab·schi·cken vt ■ etw ~ to send sth [off], to dispatch sth; **einen Brief** ~ to post [or AM mail] a letter

Ab·schie·be·haft f JUR remand pending deportation; **sich in ~ befinden** to be held on remand pending deportation; **jdn in ~ nehmen** to remand sb pending deportation

ab·schie·ben irreg I. vt haben ① *(ausweisen)* ■ jdn ~ to deport sb ② *(abwälzen)* ■ etw auf jdn ~ to pass sth on to sb; **die Schuld auf jdn** ~ to shift the blame onto sb; **er versucht immer, die Verantwortung auf andere abzuschieben** he's always trying to pass the buck *fam* ③ *(abrücken)* ■ etw von etw ~ to push [or move] [or fam shove] sth away from sth II. vi sein *(sl)* to push off; **komm, schieb jetzt ab!** push off, will you!, go on, get lost [or out of here] ! *fam*

Ab·schie·be·stopp m POL deportation prevention

Ab·schie·bung f deportation

Ab·schie·bungs·haft <-> f kein pl JUR remand pend-ing deportation

Ab·schied <-[e]s, -e> [ˈapʃiːt] m ① *(Trennung)* fare-well, parting; **der ~ fiel ihr nicht leicht** she found it difficult to say goodbye; **es ist ja kein ~ für immer** we're not saying goodbye forever; ■ ~ **von jdm/etw** parting from sb/sth; **von jdm ~ nehmen** to say good-bye [or farewell] to sb; **von etw ~ nehmen** to part with sth; **ich hasse ~e** I hate farewells [or goodbyes]; **zum ~** as a token of farewell liter; **sie gab ihm zum ~ einen Kuss** she gave him a goodbye [or farewell] kiss ② *(geh: das Aufgeben)* ■ ~ **von etw** to take leave from sth; **der ~ von alten Gewohnheiten fiel ihm nicht leicht** it was hard for him to break his old habits ③ *(Entlassung)* **jdm den ~ geben** to dismiss sb; **sei-nen ~ nehmen** to resign

Ab·schieds·be·such m farewell visit; **er machte bei seinen Freunden noch einen** ~ he visited his friends one last time **Ab·schieds·brief** m farewell let-ter **Ab·schieds·fei·er** f farewell [or going-away] party **Ab·schieds·ge·such** nt resignation; **sein ~ einrei-chen** to tender one's resignation **Ab·schieds·gruß** m goodbye, farewell **Ab·schieds·kuss**^RR m parting [or goodbye] [or farewell] kiss **Ab·schieds·re·de** f fare-well speech **Ab·schieds·schmerz** m *(geh)* pain of separation [or parting] **Ab·schieds·sze·ne** f farewell scene **Ab·schieds·trä·ne** f tears of farewell pl

ab·schie·ßen vt irreg ① *(durch Schüsse zerstören)* ■ jdn/etw ~ to shoot sb/sth [down]; **ein Flugzeug/einen Piloten** ~ to shoot down a plane/pilot; **einen Panzer** ~ to disable a tank ② *(abfeuern)* ■ **ein Tier** ~ to shoot an animal; s. a. **Vogel** ③ *(abfeuern)* ■ etw [auf etw akk/jdn] ~ to fire sth [off] [at sth/sb]; **einen**

Böller ~ to let off a banger BRIT, to shoot off a firework AM; **eine Rakete/einen Torpedo** ~ to launch a mis-sile/torpedo ④ *(sl: erschießen)* **jdn** ~ to shoot sb ⑤ *(fam: beruflich absägen)* **jdn** ~ to put the skids under sb *fam*, to dump sb *fam*, to get rid of sb

ab·schil·fern vi sein DIAL *(sich schuppen)* ■ |von etw] ~ to peel off [from sth]

ab·schin·den vr irreg *(fam)* ■ **sich |an etw *dat*]** ~ to sweat blood [or fam your guts out], to work one's fin-gers to the bone *fam*, to slog away |at sth] *fam*, to work one's socks off |at sth] *fam*; ■ **sich mit jdm** ~ to sweat blood to help sb; ■ **sich mit etw** ~ to slog away [or work one's socks off] at sth *fam*; **sich mit der Arbeit** ~ to sweat away at one's work *fam*

Ab·schirm·dienst m MIL counter-intelligence

ab·schir·men vt ① *(isolieren, schützen)* ■ **jdn/sich** |von jdm/etw] ~ to isolate [or protect] [or shield] sb/oneself [from sb/sth]; ■ **abgeschirmt** isolated ② *(ver-decken, dämpfen)* ■ etw ~ to shield sth; **ein Licht** ~ to shade a light

Ab·schir·mung <-, -en> f ① *(Schutz)* isolation ② *(Dämpfen, Zurückhalten)* shield, screen, pro-tection; *von Licht* shading; **eine ~ aus Blei** a lead screen

ab·schlach·ten vt ■ **jdn/ein Tier** ~ to butcher [or slaughter] sb/an animal; ■ **sich |gegenseitig] ~** to slaughter [or butcher] each other

ab·schlaf·fen vi sein *(fam)* to droop [or flag]; ■ **abge-schlafft** dog-tired *fam*, frazzled *fam*, [dead] beat *sl*; **abgeschlaffte Typen** dead beats; **sie wirkt in letz-ter Zeit ziemlich abgeschlafft** she's been looking quite frazzled recently

Ab·schlag m ① *(Preisnachlass)* discount, [price] reduction; **einen ~ von den Listenpreisen machen** to give a discount on the list prices ② *(Vorschuss)* ■ **ein ~ auf etw** akk an advance payment on sth; **sie erhielten einen ~ von 5.000 Euro** they received a payment of 5,000 euros in advance ③ FBALL kickout, punt; *(beim Golf)* tee-off; *(~fläche)* tee; *(in Hockey)* bully[-off]

ab·schla·gen irreg I. vt ① *(durch Schlagen abtren-nen)* ■ etw |von etw] ~ to knock sth [off sth]; **einen Ast** ~ to knock down [or break off] a branch; **jdm den Kopf** ~ to cut [or chop] off sb's head ② *(fällen)* ■ etw ~ to cut [or chop] sth down ③ *(ablehnen)* ■ **jdm etw** ~ to deny [or refuse] sb sth; **eine Einla-dung/einen Vorschlag/einen Wunsch** ~ to turn down an invitation/a suggestion/a request; **er kann keinem etwas** ~ he can't refuse anybody anything ④ MIL *(zurückschlagen)* ■ **jdn/etw** ~ to beat [or drive] sb/sth off ⑤ SPORT *(abwehren)* **der Torwart schlug den Ball ab** the goalkeeper took a goal kick ⑥ SPORT *(fig: im Hintertreffen sein)* **abgeschlagen sein** to have fallen behind; **die Konkurrenz war weit abgeschlagen** the competition were totally wiped out II. vr *(kondensieren)* ■ **sich an etw** *dat* ~ to form as condensation on sth

ab·schlä·gig [ˈapʃlɛːgɪç] adj negative; **ein ~er Bescheid** a refusal, a negative reply; **jdn/etw ~ bescheiden** *(geh)* to refuse [or reject] sb/sth; **einen Antrag/ein Gesuch ~ bescheiden** to turn down a proposal/request

Ab·schlag(s)·zah·lung f *(Vorschusszahlung)* part [or partial] payment

ab·schlei·fen irreg I. vt ■ etw ~ to sand sth [down] II. vr ① *(sich beim Schleifen abnutzen)* ■ sich ~ to grind down ② *(fig: verschwinden)* ■ sich ~ to wear off; **das schleift sich (noch) ab** that'll wear off

Ab·schlepp·dienst m breakdown [or AM towing] ser-vice

ab·schlep·pen I. vt ① *(wegziehen)* ■ **jdn/etw** ~ *Fahrzeug, Schiff* to tow sb/sth [away]; **unbefugt Par-**

kende werden kostenpflichtig abgeschleppt unauthorized cars will be towed away at the owner's expense ② *(fam: mitnehmen)* ■ **jdn** ~ to pick sb up *fam;* **jede Woche schleppt er eine andere ab** he comes home with a different girl every week **II.** *vr (fam: sich beim Tragen abmühen)* ■ **sich [mit etw]** ~ to struggle [with sth], to haul [*or fam* lug] sth [somewhere]

Ab·schlepp·fahr·zeug *nt* breakdown [*or* AM tow] truck **Ab·schlepp·seil** *nt* tow rope **Ab·schlepp·stan·ge** *f* AUTO tow bar **Ab·schlepp·wa·gen** *m* AUTO recovery vehicle BRIT, tow truck AM

ab|schlie·ßen *irreg* **I.** *vt* ❶ *(verschließen)* ■ **etw** ~ to lock sth; **ein Auto/einen Schrank/eine Tür** ~ to lock a car/cupboard/door ② *(isolieren)* ■ **etw** ~ to seal sth; **ein Einmachglas/einen Raum** ~ to seal a jar/room; **hermetisch abgeschlossen** hermetically sealed; **luftdicht** ~ to put an airtight seal on sth ③ *(beenden)* ■ **etw [mit etw]** ~ to finish [*or* complete] sth [with sth]; **mit einer Diplomprüfung** ~ to graduate; **ein abgeschlossenes Studium** completed studies; **eine Diskussion** ~ to end a discussion ④ *(vereinbaren)* ■ **etw [mit jdm]** ~ to agree to sth [with sb]; **ein Geschäft** ~ to close a deal, seal an agreement; **eine Versicherung** ~ to take out insurance [*or* an insurance policy]; **einen Vertrag** ~ to sign [*or* conclude] a contract; **ein abgeschlossener Vertrag** a signed contract; **eine Wette** ~ to place a bet ❺ ÖKON ■ **etw** ~ to settle sth; **ein Geschäftsbuch** ~ to close the accounts **II.** *vi* ❶ *(zuschließen)* to lock up; **vergiss das A~ nicht!** don't forget to lock up! ② *(einen Vertrag schließen)* ■ **[mit jdm]** ~ to agree a contract [*or* [the] terms] [with sb] ③ *(mit etw enden)* ■ **mit etw** ~ to end [*or* conclude] with sth; **der Kurs schließt mit einer schriftlichen Prüfung** the course is a written exam at the end of the course ④ FIN, ÖKON ■ **etw** ~ to close [*or* conclude] with sth ⑤ *(Schluss machen)* ■ **mit etw/jdm** ~ to finish [*or* be through] with sb/sth, to put sb/sth behind oneself; **er hatte mit dem Leben abgeschlossen** he no longer wanted to live; **mit der Schauspielerei habe ich endgültig abgeschlossen** I will never act again ⑥ *(zum Schluss kommen)* to close, end; **sie schloss ihre Rede mit einem Zitat von Morgenstern ab** she ended [*or* concluded] her speech with a quotation from Morgenstern **III.** *vr (sich isolieren)* ■ **sich [von jdm/etw]** ~ to shut oneself off [*or* away] [from sb/sth]

ab·schlie·ßend I. *adj (den Abschluss bildend)* closing; **einige ~e Bemerkungen machen** to make a few closing remarks **II.** *adv (zum Abschluss)* in conclusion, finally; ~ **möchte ich noch etwas anmerken** finally I would like to point something out

Ab·schlussRR <-es, Abschlüsse> *m*, **Ab·schluß**ALT <-sses, Abschlüsse> *m* ❶ *kein pl (Ende)* conclusion; ■ **etw zum** ~ **bringen** to bring sth to a conclusion [*or* close]; **seinen** ~ **finden** *(geh)* to conclude; **zum** ~ **kommen** to draw to a conclusion; **kurz vor dem** ~ **stehen** to be shortly before the end; **zum** ~ **von etw** as a conclusion to sth; **zum** ~ **möchte ich Ihnen allen danken** finally [*or* in conclusion], I would like to thank you all ② *(abschließendes Zeugnis) final certificate from educational establishment;* **ohne** ~ **haben Bewerber keine Chance** applicants without a certificate don't stand a chance; **viele Schüler verlassen die Schule ohne** ~ a lot of pupils leave school without taking their final exams; **welchen** ~ **haben Sie? Magisterexamen?** what is your final qualification? a master's? ③ *(das Abschließen, Vereinbarung)* settlement; *einer Versicherung* taking out; *eines Vertrags* signing ④ *(Geschäft)* deal; **ich habe den** ~ **so gut wie in der Tasche!** I've got the deal just about sewn up!; **einen** ~ **tätigen** to conclude [*or*

make] a deal ❺ FIN *(Jahresabrechnung)* accounts, books; **der jährliche** ~ the annual closing of accounts ⑥ *kein pl* ÖKON *(Ende des Finanzjahres)* [end of the] financial [*or* fiscal] year; **der** ~ **der Inventur** the completion of the inventory

Ab·schluss·ar·beitRR *f* SCH final assignment [*or* project] **Ab·schluss·ball**RR *m* graduation ball **Ab·schluss·er·klä·rung**RR *f* POL final declaration **Ab·schluss·fei·er**RR *f (Feier zur Schulentlassung)* graduation party [*or* ball] **Ab·schluss·klas·se**RR *f* SCH graduating class **Ab·schluss·prü·fung**RR *f* ① SCH final exam[s], finals ② ÖKON statutory balance sheet audit, audit of annual accounts BRIT **Ab·schluss·zeugnis**RR *nt* leaving certificate BRIT, diploma AM

ab|schme·cken I. *vt* ① *(würzen)* ■ **etw [mit etw]** ~ to season sth [with sth] ② *(versuchen)* ■ **etw** ~ to taste sth **II.** *vi* ① *(würzen)* to season ② *(versuchen)* to taste [*or* try]; **schmeckst du bitte mal ab?** could we please taste [*or* try] it?

ab|schmel·zen *irreg* **I.** *vt haben* ■ **etw** ~ to melt [off] sth *sep* **II.** *vi sein (schmelzen)* to melt

ab|schmet·tern *vt (fam)* ■ **etw** ~ to shoot sth down *fam;* **einen Angriff** ~ to beat off an attack; **einen Antrag** ~ to throw out a proposal; **eine Berufung** ~ to refuse an appeal; **die Klage wurde abgeschmettert** the case was thrown out

ab|schmie·ren I. *vt haben* ① *(mit Schmierfett versehen)* ■ **etw** ~ to lubricate [*or* grease] sth ② *(fam: unsauber abschreiben)* ■ **etw [von jdm/ irgendwo]** ~ to pinch [*or* crib] sth [from sb/somewhere] *fam* **II.** *vi sein (abstürzen)* to crash

ab·schmin·ken *vt* ① *(Schminke entfernen)* ■ **sich/ jdn** ~ to take off [*or* remove] one's/sb's make-up; ■ **abgeschminkt** without make-up ② *(fam: aufgeben)* ■ **sich** *dat* **etw** ~ to give sth up; **das könnien Sie sich** ~**!** you can forget about that!; **das habe ich mir schon längst abgeschminkt** I gave that idea up ages ago

ab|schmir·geln *vt* to sand [down], to rub down

ab|schnal·len I. *vt (losschnallen)* ■ **etw** ~ to unbuckle sth; ■ **sich** ~ to unbuckle; **nach der Landung schnallte ich mich ab** after the landing I undid the seat belt **II.** *vi (sl)* ① *(nicht verstehen können)* to be lost; **bei seinen Erklärungen schnalle ich jedes Mal ab** he always looses me when he explains things ② *(fassungslos sein)* to be thunderstruck [*or* staggered]; **da schnallst du ab!** it's incredible [*or* amazing] !

ab|schnei·den *irreg* **I.** *vt* ① *(durch Schneiden abtrennen)* ■ **etw** ~ to cut sth [off]; **könntest du mir ein Stück Brot** ~**?** could you slice me a piece of bread?; **jdm die Haare** ~ to cut sb's hair ② *(unterbrechen, absperren)* **jdm den Fluchtweg** ~ to cut off sb's escape route; **jdm den Weg** ~ to intercept sb; **jdm das Wort** ~ to cut sb short ③ *(isolieren)* ■ **jdn/etw von jdm/etw** ~ to cut sb/sth off from sb/sth; **jdn von der Außenwelt/der Menschheit** ~ to cut sb off from the outside world/humanity **II.** *vi (fam)* to perform; **bei etw gut/schlecht** ~ to do [*or* dated fare] well/badly at sth; **wie hast du bei der Prüfung abgeschnitten?** how did you do in the exam?; **sie schnitt bei der Prüfung als Beste ab** she got the best mark in the exam

ab|schnip·peln *vt (fam: abschneiden)* ■ **etw [von etw]** ~ to snip [*or* cut] sth off [from sth]

Ab·schnitt *m* ① *(abtrennbarer Teil)* counterfoil BRIT, stub AM; **der** ~ **einer Eintrittskarte** ticket stub ② *(Zeit-)* phase, period; **ein neuer** ~ **der Geschichte** a new era in history; **es begann ein neuer** ~ **in seinem Leben** a new chapter of his life began ③ *(Unterteilung)* part, section; *einer Autobahn, Rennstrecke* section ④ MIL sector ⑤ MATH segment

ab|schnü·ren vt jdm den Arm ~ to put a tourniquet around sb's arm; jdm das Blut ~ to cut off sb's blood circulation; jdm die Luft ~ to choke sb; (fig a.) to ruin sb

ab|schöp·fen vt ➊ (herunternehmen) ▪ etw [von etw] ~ to skim sth off [from sth]; die Sahne ~ to skim the cream ➋ ÖKON (dem Geldverkehr entnehmen) ▪ etw ~ to absorb sth; Gewinne ~ to cream [or siphon] off profits; die Kaufkraft ~ to reduce spending power

ab|schot·ten ['apʃɔtn̩] vt ➊ NAUT ▪ etw ~ to build in watertight doors and hatches ➋ (isolieren) ▪ jdn/etw ~ to cut sb/sth off, to isolate sb/sth; der Präsident wurde durch seine Leibwächter abgeschottet the president was guarded by his bodyguards; ▪ sich ~ to cut oneself off, to isolate oneself; die Mönche führen ein abgeschottetes Leben the monks lead a secluded [or cloistered] life

Ab·schot·tung <-, -en> f shield

ab|schrä·gen vt ▪ etw ~ to slope sth; ein Brett ~ to bevel a plank; ▪ abgeschrägt sloping

Ab·schrä·gung <-, -en> f slope, slant, bevel

ab|schrau·ben vt ▪ etw [von etw] ~ to unscrew sth [from sth]; der Deckel lässt sich nicht ~ I can't unscrew the lid

ab|schre·cken I. vt ➊ (abhalten) ▪ jdn [von etw] ~ to frighten [or scare] [or put] sb off [sth], to deter sb [from doing sth]; er ließ sich nicht von seinem Plan ~ he wasn't put off from carrying out his plan ➋ KOCHK ▪ etw ~ to rinse with cold water; ein Ei ~ to dip an egg in cold water II. vi (abschreckend sein) to deter, to act as a deterrent

ab·schre·ckend I. adj ➊ (abhaltend, warnend) deterrent; ein ~es Beispiel a warning; die hohen Geldstrafen sollen ~ wirken the high fines are designed to be a powerful deterrent ➋ (abstoßend) abhorrent; ein ~es Aussehen [o Äußeres] forbidding appearance; ein ~er Eindruck a [very] unfavourable [or AM -orable] impression II. adv (abhaltend) ~ wirken to act as a deterrent

Ab·schre·ckung <-, -en> f deterrent; als ~ dienen to act as a deterrent

Ab·schre·ckungs·mit·tel nt deterrent measure **Ab·schre·ckungs·waf·fe** f deterrent weapon, weapon of deterrence

ab|schrei·ben irreg I. vt ➊ (handschriftlich kopieren) ▪ etw ~ to copy sth; Mönche haben die alten Handschriften abgeschrieben monks transcribed the old scripts ➋ (plagiieren) ▪ etw [bei [o von] jdm] ~ to copy [or crib] sth [from sb]; das hast du doch aus dem Buch abgeschrieben! you copied that from the book! ➌ FIN (abziehen) ▪ etw ~ to write sth off ➍ (verloren geben) ▪ jdn/etw ~ to write sb/sth off; bei jdm abgeschrieben sein (fam) to be out of favour [or AM -or] with sb; ich bin bei ihr endgültig abgeschrieben she's washed her hands of me; du bist abgeschrieben! you're all washed up! II. vi ➊ (plagiieren) ▪ [von jdm/etw] ~ to copy [from sb/ sth]; er hatte seitenweise abgeschrieben he plagiarized entire pages; wo hat sie das abgeschrieben? where did she get that from? ➋ (schriftlich absagen) ▪ jdm ~ to cancel in writing; du solltest ihm ~, wenn du seine Einladung nicht annehmen kannst you should decline his invitation in writing if you can't accept III. vr (von Stiften) ▪ sich ~ to wear out

Ab·schrei·ber(in) m(f) (fam) cribber fam, plagiarist

Ab·schrei·bung f ➊ (steuerliche Geltendmachung) deduction, tax write-off; bei manchen Gütern ist eine sofortige ~ zulässig some goods can be deducted immediately ➋ (Wertminderung) depreciation

Ab·schrift f (Doppel) copy, duplicate; eine beglaubigte ~ erteilen to furnish [or deliver] a certified [or AM exemplified] copy; ▪ in ~ in duplicate

ab|schrub·ben vt (fam) ➊ (reinigen) ▪ etw ~ to scrub sth; ▪ sich ~ to scrub oneself ➋ (entfernen) ▪ etw [von etw] ~ to scrub sth [off sth]; sich den Dreck ~ to scrub off the dirt

ab|schuf·ten vr (fam) ▪ sich [an etw dat [o mit etw]] ~ to slave [away] [at sth]

ab|schup·pen I. vr ▪ sich ~ to flake off II. vt ▪ etw ~ to scale sth; einen Fisch ~ to scale a fish

ab|schür·fen vt (sich durch Schürfen verletzen) ▪ sich dat etw ~ Haut to graze sth

Ab·schür·fung <-, -en> f (Schürfwunde) graze, abrasion

Ab·schussᴿᴿ <-es, Abschüsse> m, **Ab·schuß**ᴬᴸᵀ <-sses, Abschüsse> m ➊ (das Abfeuern) firing; einer Rakete launch; fertig machen zum ~! stand by to fire! ➋ (das Abschießen) shooting down; eines Panzers knocking out [or destruction] ➌ JAGD shooting; Fasane sind zum ~ freigegeben it's open season for pheasants ➍ SPORT [goal] kick

Ab·schuss·ba·sisᴿᴿ f launch[ing] pad

ab·schüs·sig ['apʃʏsɪç] adj steep

Ab·schuss·lis·teᴿᴿ f hit list; bei jdm auf der ~ stehen (fam) to be on sb's hit list; auf der ~ stehen to be marked out **Ab·schuss·ram·pe**ᴿᴿ f launch[ing] pad [or platform]

ab|schüt·teln vt ➊ (loswerden) ▪ jdn/etw ~ to shake sb/sth off; es gelang ihm, seine Verfolger abzuschütteln he succeeded in shaking off his pursuers; sie versuchte, ihre Müdigkeit abzuschütteln she tried to ward off sleep; die Knechtschaft ~ to deliver oneself from bondage ➋ (durch Schütteln säubern) ▪ etw [von etw] ~ to shake sth [off sth]

ab|schüt·ten vt ➊ (abgießen) to pour off ➋ (teilweise abgießen) ▪ etw ~ to pour off some liquid ➌ (Kochwasser wegschütten) ▪ etw ~ to drain sth; die Kartoffeln ~ to strain the potatoes

ab|schwä·chen I. vt ▪ etw ~ ➊ (weniger drastisch machen) to tone sth down, to moderate sth ➋ (vermindern) to reduce II. vr ▪ sich ~ ➊ (leiser werden) to diminish, to quieten [or AM quiet] down ➋ (an Intensität verlieren) to get weaker [or diminish] [or decrease] ➌ (sich vermindern) to diminish; die Inflation hat sich deutlich abgeschwächt inflation has decreased markedly

Ab·schwä·chung <-, -en> f ➊ (das Abschwächen) toning-down, moderation ➋ (Verminderung) lessening, weakening; METEO eines Hochs moving on ➌ (Verringerung) decrease; von Inflation drop, fall, decrease

ab|schwat·zen vt (fam), **ab|schwät·zen** vt SÜDD (fam) ▪ jdm etw ~ to talk sb into parting with sth; diesen Tisch habe ich meiner Oma abgeschwatzt I talked my grandmother into giving me this table

ab|schwei·fen vi sein (abweichen) ▪ [von etw] ~ to deviate [from sth]; vom Thema ~ to digress [from a topic]; bitte schweifen Sie nicht ab! please stick [or keep] to the point

Ab·schwei·fung <-, -en> f deviation; von einem Thema digression; das ist eine ~ vom Thema! that's beside the point!

ab|schwel·len vi irreg sein ➊ (sich zurückbilden) to subside, to go down; sein Knöchel ist abgeschwollen the swelling has gone down in his ankle; etw zum A~ bringen to reduce the swelling of sth ➋ (geh: leiser werden) to fade [or ebb] away liter;

langsam schwoll der Beifall ab the applause slowly faded away

ab|schwen·ken I. *vi sein* ❶ *(durch eine Schwenkung die Richtung ändern)* ■ [von etw] ~ to change direction [from sth]; **die Kamera schwenkte nach rechts ab** the camera panned away to the right; **von einer Straße** ~ to turn off [*or* leave] a road; **plötzlich** ~ to veer [*or* swerve] away; **plötzlich von einer Straße** ~ to swerve off a road ❷ *(Ansichten, Vorgehensweise ändern)* ■ [von etw] ~ to move [away from sth]; **vom bisherigen Kurs** ~ to change one's course **II.** *vt haben (Wasser abschütteln)* ■ **etw** ~ to shake sth dry

ab|schwin·deln *vt (pej)* ■ **jdm etw** ~ to swindle sth out of [*or* fam pinch sth from] sb

ab|schwir·ren *vi sein* ❶ *(mit einem schwirrenden Geräusch wegfliegen)* to buzz [*or* whirr] off ❷ *(fam: verschwinden)* to buzz off

ab|schwö·ren *vi irreg* ■ **einer S.** *dat* ~ *(etw aufgeben)* to give up [*or* abstain from] sth; **dem Alkohol** ~ to abstain from alcohol ❷ *(sich durch Schwur von etw lossagen)* to renounce sth; **einem Glauben** ~ to recant a belief

Ab·schwung *m* downswing; *von Wirtschaftswachstum* downward trend; SPORT *vom Barren* dismount

ab|se·geln I. *vi sein (lossegeln)* to [set] sail; **aus dem Hafen/von der Küste** ~ to sail from the port/leave the coast; **die ~den Jachten boten einen prächtigen Anblick** the departing yachts made a beautiful sight **II.** *vt haben (eine Strecke segelnd zurücklegen)* ■ **etw** ~ to sail sth

ab|seg·nen *vt (fam: genehmigen)* ■ **etw** ~ to bless sth *hum*, to give sth one's blessing *hum;* **einen Vorschlag von jdm** ~ **lassen** to get sb's blessing on sth

ab·seh·bar ['apze:baːɐ̯] *adj* foreseeable; **das Ende ist nicht** ~ the end is not in sight; **in** ~**er Zeit** in the foreseeable future

ab|se·hen *irreg* **I.** *vt* ❶ *(voraussehen)* ■ **etw** ~ to foresee [*or* predict] sth; **ist die Dauer des Verfahrens jetzt bereits abzusehen?** can you say how long the trial will last?; ■ **es ist abzusehen, dass/wie …** it is clear that/how …; **etw** ~ **können** to be able to say [*or* foresee] sth ❷ SCH *(unerlaubt abschreiben)* ■ **etw** [**bei jdm**] ~ to copy sth [from sb] ❸ *(fam: abgucken)* ■ **jdm etw** ~ to imitate [*or* copy] sb/sth; **dieses Verhalten haben die Kinder ihrem Vater abgesehen** the children are imitating their father; **sich** *dat* [**bei jdm**] **etw** ~: **diesen Tanzschritt habe ich mir bei meiner Schwester abgesehen** I got this dance step from my sister **II.** *vi (übergehen)* ■ **von etw** ~ to ignore [*or* disregard] sth; ■ **davon** ~, **etw zu tun** to refrain from doing [*or* not do] sth; *s. a.* **abgesehen**

ab|sei·fen *vt* ■ **jdn** ~ to soap sb; ■ **jdm etw** ~ to soap sth for sb

ab|sei·len I. *vr (fam: verschwinden)* ■ **sich** ~ to clear off **II.** *vt* ■ **jdn/etw** ~ to let sb/sth down on a rope; ■ **sich** [**von etw/aus etw**] ~ to abseil [*or* AM rappel] [down from sth]

ab|sein^ALT *vi irreg s.* **ab**

ab·seits ['apzaɪts] **I.** *adv* ❶ *(entlegen)* off the beaten track, remote ❷ SPORT ~ **sein** to be offside **II.** *präp* +*gen (entfernt von etw)* ■ ~ **einer S.** *gen* at a distance from sth; **das Haus liegt ein wenig** ~ **der Straße** the house isn't far from the road [*or* is just off the road]

Ab·seits <-, -> ['apzaɪts] *nt* ❶ SPORT offside; **im** ~ **stehen** to be offside ❷ *(ausweglose Situation)* end of the line [*or* road]; **sie haben sich selbst ins politische** ~ **manövriert** they've manoeuvred themselves onto the political sidelines; **im** ~ **stehen** to be on the edge; **im beruflichen/sozialen** ~ **stehen** to be on the edge [*or pl* fringes] of working life/society; **Langzeitar**

beitslose geraten oft ins soziale ~ the long-term unemployed are often marginalized

ab·seits|blei·ben^RR *vi irreg sein* to remain on the sidelines

ab·seits|hal·ten^RR *vr irreg* ■ **sich** ~ to be aloof; **ich halte mich lieber abseits, da mir keine Partei recht ist** I prefer to sit on the fence since I don't like any of the parties

ab·seits|ste·hen^RR *vi irreg* to stand on the sidelines; SPORT to be offside; **warum standest du auf dem Fest so abseits?** why did you stand around like a spare part at the party?

ab|sen·den *vt reg o irreg* ❶ *(abschicken)* ■ **etw** [**an jdn/etw**] ~ to send [*or* dispatch] [*or* BRIT post] [*or* AM mail] sth [to sb/sth] ❷ *(losschicken)* ■ **jdn** ~ to send sb; **einen Boten** ~ to send a courier

Ab·sen·der(in) <-s, -> *m(f)* sender, sender's return address

ab|sen·gen *vt* ■ **etw** ~ to scorch [*or* singe] sth off

ab|sen·ken I. *vt* ■ **etw** ~ ❶ *(tiefer platzieren)* to lower sth; **Fundamente** ~ to lay the foundations deeper, to lower the foundations ❷ AGR to layer sth; **eine Pflanze** ~ to propagate a plant by layering **II.** *vr* ■ **sich** ~ ❶ *(sich nach unten bewegen)* to sink ❷ *(sich neigen)* to slope; **der hintere Teil des Gartens senkt sich stark ab** the rear part of the garden has a steep slope [*or* slopes steeply]

Ab·senz <-, -en> [apˈzɛnts] *f* ÖSTERR, SCHWEIZ *(Abwesenheit)* absence; **bei** ~ **muss eine Entschuldigung der Eltern vorgelegt werden** when a pupil is absent parents must provide a written excuse; **wie viele** ~**en haben wir heute?** how many absentees have we got today?, how many people are absent today?

ab|ser·vie·ren*^ I. *vi (Geschirr abräumen)* to clear the table, to clear the dirty dishes away **II.** *vt* ❶ *(abräumen)* ■ **etw** [von etw] ~ to clear sth [away from sth]; **den Tisch** ~ to clear the table ❷ *(fam: loswerden)* ■ **jdn** ~ to get rid of sb; **jdn eiskalt** ~ to get rid of sb in a cold and calculating manner; **sich von jdm** ~ **lassen** to let oneself be pushed around ❸ *(sl: umbringen)* ■ **jdn** ~ to bump sb off *fam*, to do away with sb

ab·setz·bar *adj* ❶ *(verkäuflich)* saleable; **kaum/ schwer** ~ **sein** to be almost impossible/difficult to sell; **nicht** ~ **sein** to be unsaleable ❷ *(steuerlich zu berücksichtigen)* tax-deductible ❸ *(des Amtes zu entheben)* removable [from office]

ab|set·zen I. *vt* ❶ *(des Amtes entheben)* ■ **jdn** ~ to remove sb [from office], to relieve sb of their duties *euph;* **einen Herrscher** ~ to depose a ruler; **einen König/eine Königin** ~ to dethrone a king/ queen ❷ *(abnehmen)* ■ **etw** ~ to take sth off, to remove sth; **seine Brille/seinen Hut** ~ to take one's glasses/hat off ❸ *(hinstellen)* to put [*or* set] sth down ❹ *(aussteigen lassen)* ■ **jdn** [**irgendwo**] ~ to drop sb [off somewhere]; **wo kann ich dich** ~? where shall I drop you off? ❺ *(verkaufen)* ■ **etw** ~ to sell sth; **bisher haben wir schon viel abgesetzt** up till now our sales figures are good ❻ FIN ■ **etw** [**von etw**] ~ to deduct sth [from sth] ❼ *(nicht mehr stattfinden lassen)* ■ **etw** ~ to cancel sth; **etw von etw** ~ to withdraw sth from sth; **ein Theaterstück** ~ to cancel a play ❽ MED ■ **etw** ~ to stop taking sth; **ein Medikament** ~ to stop taking [*or* to come off] a medicine ❾ *(unterbrechen)* ■ **etw** ~ to take sth off sth; **die Feder** ~ to take [*or* lift] the pen off the paper; **die Flöte/das Glas** ~ to take [*or* lower] the flute/glass from one's lips; **den Geigenbogen** ~ to lift the bow [from the violin] ❿ *(kontrastieren)* ■ **Dinge/Menschen voneinander** ~ to define things/people [*or* pick things/people out] [from one another] **II.** *vr* ❶ *(sich festsetzen)* ■ **sich** [**auf/unter etw** *dat*] ~ *Dreck, Staub* to be [*or* settle] [on/under sth]

Absicht

nach Absicht fragen	asking about intention
Was bezwecken Sie damit?	What are you trying to achieve by that?
Was hat das alles für einen Zweck?	What's the point of all this?
Was wollen Sie damit behaupten/sagen?	What are you trying to say?

Absicht ausdrücken	expressing intent
Ich **werde** diesen Monat noch das Wohnzimmer tapezieren.	I'm **going** to wallpaper the living room this month.
Ich habe für nächstes Jahr eine Reise nach Italien **vor/geplant.**	I'm **planning** a trip to Italy next year.
Ich beabsichtige, eine Klage gegen die Firma zu erheben.	I **intend** to institute proceedings against the company.
Die Mousse au Chocolat **macht mich ganz schön an.**	The mousse au chocolat **has rather caught my eye.**
Ich habe mir in den Kopf gesetzt, den Pilotenschein zu machen.	I've **set my mind on** getting a pilot's licence.

Absichtslosigkeit ausdrücken	expressing lack of intention
Das war nicht von mir beabsichtigt.	I didn't intend that.
Das liegt mir fern.	That's the last thing I want to do.
Ich habe nicht die Absicht, dir irgendwelche Vorschriften zu machen.	I **don't intend** to tell you what you should or should not do.
Ich habe es nicht auf Ihr Geld **abgesehen.**	I'm **not after** your money.

❷ CHEM, GEOL ■ **sich [irgendwo]** ~ to be deposited [somewhere] ❸ *(fam: verschwinden)* ■ **sich** ~ to abscond, to clear out *fam;* **sich ins Ausland** ~ to clear out [*or* leave] the country ❹ *(Abstand vergrößern)* ■ **sich [von jdm/etw]** ~ to get away [from sb/sth], to put a distance between oneself and sb/sth ❺ *(sich unterscheiden)* ■ **sich gegen jdn/etw** [*o* **von jdm/etw]** ~ to stand out against [*or* from] sb/sth; **die Silhouette des Doms setzte sich gegen den roten Abendhimmel ab** the silhouette of the cathedral contrasted with the red evening sky **III.** *vi (innehalten)* to pause [for breath], to take a breather *fam;* **er trank das Glas aus, ohne abzusetzen** he drank the contents of the glass without pausing for breath
Ab·set·zung <-, -en> *f* ❶ *(Amtsenthebung)* removal [from office], dismissal; **die Massen verlangten die ~ des Diktators** the masses called for the dictator to be deposed ❷ *(das Absetzen)* cancellation; *von Theaterstück* removal, withdrawal
ab|si·chern I. *vr* ■ **sich [gegen etw]** ~ to cover oneself [*or* guard] [against sth]; **sich vertraglich** ~ to cover oneself by signing a contract; **ich muss mich für den Fall des Falles** ~ I have to be ready for all eventualities; **sich durch eine Versicherung gegen etw** ~ to insure oneself [*or* be insured] against sth **II.** *vt* ❶ *(garantieren)* to secure [*or* guarantee] [*or* underwrite] sth; **du musst mir den Betrag durch deine Unterschrift** ~ you'll have to provide me with security for the amount by signing this ❷ *(sicher machen)* ■ **etw** ~ to secure [*or* safeguard] sth; **du solltest das Fahrrad am besten mit einem Schloss** ~ it is best to secure the bicycle with a lock ❸ POL *(ein sicheres Mandat garantieren)* **jdn über die Landesliste** ~ to give sb a safe seat, to secure a seat for sb
Ab·sicht <-, -en> *f* intention; **das war bestimmt nicht meine ~!** it was an accident!, I didn't mean to do it!; **es war schon immer seine ~, reich zu werden** it has always been his goal to be rich; **das lag**

nicht in meiner ~ that was definitely not what I intended; **mit den besten ~en** with the best of intentions; **ernste ~en haben** to have honourable [*or* AM -orable] intentions; **verborgene ~en** hidden intentions; **die ~ haben, etw zu tun** to have the intention of doing sth; **in selbstmörderischer ~** with the intention of killing herself/himself; **~ sein** to be intentional; **in der ~, etw zu tun** with a view to [*or* the intention of] doing sth; **er folgte ihr in der ~, sie zu berauben** he followed her with intent to rob her; **eine ~ verfolgen** to pursue a goal; **mit/ohne ~** intentionally/unintentionally
ab·sicht·lich ['apzɪçtlɪç] **I.** *adj* deliberate, intended, intentional **II.** *adv* deliberately, intentionally, on purpose
Ab·sichts·er·klä·rung *f* declaration of intent
ab|sin·gen *vt irreg* ❶ *(von Anfang bis Ende singen)* ■ **etw** ~ to sing the entire piece ❷ *(vom Blatt singen)* ■ **etw [von etw]** ~ to sight read; **vom Blatt** ~ to sing from the sheet
ab|sin·ken *vi irreg sein* ❶ *(sich verringern)* ■ **[auf etw** *akk*] ~ to drop [to sth] ❷ *(sich verschlechtern)* to deteriorate; **das Niveau ist abgesunken** the standard has fallen [*or* dropped] off ❸ *(tiefer sinken)* to sink; **auf den Grund** ~ to sink to the bottom ❹ *(sich senken)* ■ **[um etw]** ~ to subside [by sth]
Ab·sinth <-[e]s, -e> ['ap'zɪnt] *m* absinth[e]
ab|sit·zen *irreg* **I.** *vt haben (verbringen)* ■ **etw** ~ to sit out sth; **sie sitzt jeden Tag ihre 8 Stunden im Büro ab** she sits out her 8 hours each day at the office; **eine Haftstrafe** ~ to serve time [*or* a sentence] **II.** *vi sein* ■ **[vom Pferd]** ~ to dismount [from a horse]
ab·so·lut [apzo'lu:t] **I.** *adj* ❶ *(uneingeschränkt)* absolute; **~e Glaubensfreiheit** complete religious freedom; **ein ~er Monarch** an absolute monarch; **~e Ruhe** complete calm [*or* quietness] ❷ *(nicht relativ)* absolute; **~e Mehrheit** absolute majority; **~er Nullpunkt** absolute zero ❸ *(völlig)* absolute, complete; **ein ~es Missverständnis** a complete misunderstanding **II.** *adv* ❶ *(fam: völlig)* absolutely, completely;

~ **unmöglich** absolutely impossible; **es ist mir ~ unerfindlich** it's a complete mystery to me ❷ *(in Verneinungen: überhaupt)* ~ **nicht** positively [*or* absolutely] not; **ich sehe ~ nicht ein, warum es so ist** I can't for the life of me see why it's like that, it is inconceivable to me why it's like that *form;* **das ist ~ nicht so, wie du es darstellst!** it is positively not the way you describe it!; ~ **nichts** absolutely nothing ❸ *(für sich)* ~ **genommen** [*o* betrachtet] seen as a separate issue

Ab·so·lut·heit <-> *f kein pl* ❶ *(Entschiedenheit)* determination; **auf seinem Standpunkt mit ~ beharren** to maintain one's position with sovereignty ❷ *(Unbedingtheit)* absoluteness

Ab·so·lut·heits·an·spruch *m* claim to be the absolute, claim to the absolute truth; **einen ~ vertreten** to claim absoluteness; **ohne ~** without claiming the absolute truth

Ab·so·lu·ti·on <-, -en> [apzolu'tsi̯oːn] *f* REL absolution; [jdm] **die ~ erteilen** to grant [sb] [*or* pronounce] absolution; **jdm keine ~ erteilen können** *(fig)* not to be in the position to declare sb blameless

Ab·so·lu·tis·mus <-> [apzolu'tɪsmʊs] *m kein pl* absolutism

ab·so·lu·tis·tisch **I.** *adj* absolutist **II.** *adv* in an absolutist manner; ~ **regieren** to rule absolutely

Ab·sol·vent(in) <-en, -en> [apzɔl'vɛnt] *m(f)* graduate

absolvieren [apzɔl'viːrən] *vt* ❶ SCH **etw ~** to [successfully] complete sth; **eine Prüfung ~** to pass an exam; **welche Schule haben Sie absolviert?** which school did you go to? ❷ REL **jdn** [von etw] ~ to absolve sb [from sth] ❸ *(ableisten)* **etw ~** to do sth, to get sth behind one

Ab·sol·vie·rung <-> [apzɔl'viːrʊŋ] *f kein pl* ❶ *(das Durchlaufen)* [successful] completion; *einer Prüfung* passing ❷ *(das Ableisten)* completion

ab·son·der·lich [ap'zɔndɐlɪç] **I.** *adj* peculiar, strange, bizarre *fam* **II.** *adv* peculiarly, strangely, oddly; ~ **aussehen/fühlen/klingen/riechen/schmecken** to look/feel/sound/smell/taste peculiar [*or* strange] [*or* odd]

Ab·son·der·lich·keit <-, -en> *f* ❶ *kein pl (Merkwürdigkeit)* strangeness, peculiarity; *von Verhalten* oddness ❷ *(merkwürdige Eigenart)* oddity, peculiarity

ab|son·dern **I.** *vt* ❶ *(ausscheiden)* **etw ~** to secrete [*or* discharge] [*or* excrete] sth ❷ *(isolieren)* **jdn/ein Tier ~** to isolate sb/an animal; **jdn von jdm ~** to separate sb from sb ❸ *(fam: von sich geben)* **etw ~** to produce sth *pej;* **wer hat denn diesen Schwachsinn abgesondert?** who came up with this nonsense? **II.** *vr* ❶ *(sich isolieren)* **sich** [von jdm] ~ to keep oneself apart [*or* aloof] ❷ *(ausgeschieden werden)* **sich** [aus etw] ~ to be secreted [*or* discharged] [from [*or* out of] sth]

Ab·son·de·rung <-, -en> *f* ❶ *kein pl (Isolierung)* isolation ❷ *kein pl (Vorgang des Absonderns)* secretion, discharge; **bei fehlender ~ von Insulin kommt es zu Diabetes** diabetes occurs when insulin is not produced ❸ *(abgeschiedener Stoff)* secretion, discharge

ab·sor·bie·ren* [apzɔr'biːrən] *vt* ❶ *(aufnehmen)* **etw ~** to absorb sth ❷ *(geh: in Anspruch nehmen)* **jdn/etw ~** to absorb sb/sth

Ab·sorp·ti·on <-, -en> [apzɔrp'tsi̯oːn] *f* TECH absorption

ab|spal·ten **I.** *vr* ❶ *(sich trennen)* **sich** [von etw] ~ to split away/off [from sth]; **viele Gebiete der ehemaligen Sowjetunion haben sich abgespalten** many areas have split away from the former Soviet Union ❷ CHEM **sich** [von etw] ~ to separate [from sth] **II.** *vt* ❶ *(etw durch Spalten trennen)* **etw ~** to chop off sth; **ein Stück Holz ~** to chop a piece of wood ❷ CHEM **etw** [von etw] ~ to separate sth [from

sth]

Ab·spann <-[e]s, -e> *m* FILM, TV credits *pl*

ab|span·nen *vt* **ein Tier** [von etw] ~ to unyoke an animal [from sth]

ab|spa·ren *vr* **sich** *dat* **etw von etw ~** to pinch and scrape *dated,* to scrimp and save; **sie hat sich die Stereoanlage vom Taschengeld abgespart** she saved up her pocket money and bought a stereo system; **sich etw vom Munde ~** to scrimp and save

ab|spe·cken ['apʃpɛkn] **I.** *vi (fam)* ❶ *(abnehmen)* to slim down, to lose weight ❷ *(den Gürtel enger schnallen)* to reduce, to cut back; **da hilft nur ~** reduction [*or* cutting back] is the only answer **II.** *vt (fam: reduzieren)* **etw ~** to reduce the size of sth

ab|spei·chern *vt* **etw** [auf etw *akk o dat*] ~ to store sth; **eine Datei auf eine Diskette ~** to save a file onto [a] disk

ab|spei·sen *vt* **jdn** [mit etw] ~ to fob [*or* palm] off sb *sep* [with sth]; **sich von jdm ~ lassen** to be fobbed [*or* palmed] off by sb

ab·spens·tig ['apʃpɛnstɪç] *adj* **jdm jdn/etw ~ machen** to take [*or* entice] [*or* lure] sb/sth away from sb, to steal sb/sth from sb *fam;* **er hat mir meine Verlobte abspenstig gemacht** he has stolen my fiancée from me

ab|sper·ren **I.** *vt* ❶ *(versperren)* **etw** [mit etw] ~ to cordon [*or* seal] sth off [with sth]; **die Unfallstelle wurde von der Polizei abgesperrt** the police cordoned off the scene of the accident ❷ *(abstellen)* **[jdm] etw ~** to cut off [sb's] sth; **jdm Strom/Wasser ~** to cut off sb's electricity/water supply ❸ SÜDD *(zuschließen)* **etw ~** to lock sth **II.** *vi* SÜDD *(die Tür verschließen)* to lock up

Ab·sperr·git·ter *nt* fencing **Ab·sperr·hahn** *m* stopcock **Ab·sperr·ket·te** *f* chain

Ab·sper·rung *f* ❶ *(das Absperren)* cordoning [*or* sealing] off; *(durch Absperrgitter)* fencing-off ❷ *(Sperre)* cordon, barricade; *durch Polizei* police cordon; **Baugruben müssen durch ~en gesichert sein** trenches must be cordoned off

ab|spie·len **I.** *vr (ablaufen)* **sich ~** to happen [*or* occur] [*or* liter unfold]; **wie hat sich die Sache abgespielt?** what happened here?; **da spielt sich** [bei mir] **nichts ab!** *(fam)* nothing doing! *fam,* forget it! *fam* **II.** *vt* ❶ *(laufen lassen)* [für jdn] **etw ~** to play sth [for sb]; **das A~ einer Schallplatte** the playing of a record ❷ SPORT *(abgeben)* **etw ~** *Ball* to pass sth; **das A~ von etw** passing sth

ab|split·tern **I.** *vi sein* **etw** [von etw] ~ to chip off [from sth]; **ein Stück Holz splitterte ab** a piece of wood splintered off; **ein abgesplittertes Holzstückchen** a splinter; **ein Stückchen von der Tasse war abgesplittert** the cup was chipped **II.** *vt* **haben sich** [von etw] ~ to split off [of sth], to separate

Ab·spra·che *f* agreement; **eine ~ treffen** to come to an agreement; **nach ~** as agreed, according to the agreement

ab·spra·che·ge·mäß *adv* as agreed, according to the agreement

ab|spre·chen *irreg* **I.** *vt* ❶ *(verabreden)* **etw** [mit jdm] ~ to arrange sth [with sb]; **einen Termin ~** to make an appointment ❷ *(vorher vereinbaren)* **etw ~** to agree on sth ❸ *(streitig machen)* **jdm etw ~** to deny sb sth; **eine gewisses Bemühen kann man ihm nicht ~** one can't deny his effort ❹ JUR *(aberkennen)* **jdm etw ~** to deny sb [*or* strip sb of] sth **II.** *vr (sich einigen)* **sich mit jdm** [über etw *akk*] ~ to discuss [sth] with sb, to come to an agreement with sb [about sth]

ab|sprin·gen *vi irreg sein* ❶ *(fam: sich zurückziehen)* **[von etw]** ~ to bale out [of sth] *fam,* to extricate oneself [from sth] *form* ❷ *(hinunterspringen)* **aus**

etw/von etw| ~ to jump [or leap] from sth; **mit dem Fallschirm** ~ to parachute ❸ *(von etw hoch springen)* **mit dem rechten Fuß** ~ to take off on the right foot ❹ *(sich lösen)* ▪ |an etw/von etw *dat*| ~ to come away [from sth], to come off [sth] ❺ *(abprallen)* ▪ |an etw *dat*/von etw| ~ to rebound [from sth], to bounce [off sth]; **von einer Mauer** ~ to bounce back from a wall

ab|sprit·zen I. *vt* ❶ *(mit einem Wasserstrahl entfernen)* ▪ etw |von etw| ~ to hose sth off [sth] ❷ *(mit einem Wasserstrahl reinigen)* ▪ jdn/etw |mit etw| ~ to hose sb/sth off [with sth]; ▪ sich |mit etw| ~ to hose oneself down [or off] ❸ *(sl: durch Injektion töten)* ▪ jdn |mit etw| ~ to give sb a lethal injection [of sth] II. *vi* ❶ *(vulg: ejakulieren)* to ejaculate, to come [or cum] *fam* ❷ *(von etw spritzend abprallen)* ▪ von etw ~ to spray off sth

Ab·sprung *m* ❶ *(fam: Ausstieg)* getting out; **den ~ schaffen** to make a getaway; **den ~ verpassen** to miss the boat ❷ LUFT take-off ❸ SKI jump ❹ *(Abgang vom Gerät)* jump; **beim ~ vom Barren fiel er um** as he jumped from the bars, he fell over

ab|spu·len I. *vt* ❶ *(abwickeln)* ▪ etw |von etw| ~ to unwind sth [from sth] ❷ *(fam: von einer Spule)* ▪ etw ~ *Garn, Film* to reel off sth ❸ *(fam: in immer gleicher Weise tun)* ▪ etw ~ to go through sth mechanically; **das gleiche Programm** ~ to go through the same routine II. *vi (fam: in immer gleicher Weise ablaufen)* ▪ sich ~ to repeat itself over and over again; **bei jedem Streit spult sich bei den beiden immer wieder dasselbe ab** every time they have an argument, it's the same old pattern [or *fam* thing]

ab|spü·len I. *vt* ❶ *(unter fließendem Wasser reinigen)* ▪ etw ~ to wash [or rinse] sth; **das Geschirr** ~ to do the dishes, BRIT *a.* to wash up ❷ *(durch einen Wasserstrahl entfernen)* ▪ etw |von etw| ~ to wash [or rinse] sth off [sth] II. *vi (spülen)* to do the dishes, BRIT *a.* to wash up

ab|stam·men *vi kein pp* ❶ *(jds Nachfahre sein)* ▪ von jdm ~ to descend [or be descended] from sb ❷ LING ▪ von etw ~ to stem [or derive] from sth

Ab·stam·mung <-, -en> *f (Abkunft)* origins *pl*, descent, extraction; **adeliger ~ sein** to be of noble birth; **sie muss französischer ~ sein** she must be of French extraction; **ehelicher/nichtehelicher ~ sein** JUR to be legitimate/illegitimate

Ab·stand[1] *m* ❶ *(räumliche Distanz)* distance; **ein ~ von 20 Metern** a distance of 20 metres [or AM -ers]; ▪ der ~ von etw zu etw the distance between sth and sth; **der Wagen näherte sich dem vorausfahrenden Fahrzeug bis auf einen ~ von einem Meter** the car came to within a metre of the car in front; **mit knappem/weitem ~** at a short/great [or considerable] distance; **in einigem ~** at some distance; **einen ~ einhalten** to keep a distance; **~ |von jdm/etw| halten** to maintain a distance [from sb/sth]; **fahr nicht so dicht auf, halte ~!** don't drive so close, leave a space!; **mit ~** by a long way, far and away ❷ *(zeitliche Distanz)* interval; **in kurzen/regelmäßigen Abständen** at short/regular intervals ❸ *(innere Distanz)* aloofness; **die Dinge mit ~ sehen** [o ~ |von etw| gewinnen] to distance oneself from sth ❹ SPORT margin; **mit zwei Punkten ~** a two-point margin; **mit weitem ~ folgten die anderen Mannschaften** there was a big gap between the leaders and the other teams; **mit |großem| ~ führen** to lead by a [wide] margin, to be [way] ahead *fam* ❺ *(geh: Verzicht)* **von etw ~ nehmen** to decide against sth; **davon ~ nehmen, etw zu tun** to refrain from [or decide against] doing sth

Ab·stand[2] *m* FIN *(fam) s.* **Abstandssumme**

Ab·stands·sum·me *f* FIN *(geh)* compensation; **der**

Spieler wechselte für eine ~ von drei Millionen zu dem anderen Verein the player changed teams for a transfer fee of three million

ab|stat·ten ['apʃtatn] *vt (geh)* ▪ jdm etw ~ *to do sth dutifully or officially;* **jdm einen Bericht über etw** ~ to give a report on sth to sb; **jdm einen Besuch** ~ to pay sb a visit; **jdm einen Staatsbesuch** ~ to pay an official visit on sb, to call on sb officially; **ich muss mal meiner Tante einen Besuch** ~ I must call in on [or AM visit] my aunt

ab|stau·ben I. *vt* ❶ *(fam: ergattern)* ▪ etw |von [o bei] jdm| ~ to rip sth off [from sb] *sl,* to liberate sth [from sb] *fam,* to get hold of sth [from sb]; **Sie wollen wohl nur bei anderen Leuten ~, wie?** you just want to rip other people off, don't you?; **das alte Gemälde habe ich bei meinen Großeltern abgestaubt** I liberated that painting from my grandparents *hum* ❷ *(vom Staub befreien)* ▪ etw ~ to dust sth II. *vi* to dust

ab|ste·chen *irreg* I. *vt* ❶ *(schlachten)* ▪ ein Tier ~ to slit [or cut] an animal's throat ❷ *(sl: erstechen)* ▪ jdn ~ to stab sb to death ❸ HORT ▪ etw |mit etw| ~ to cut sth [with sth]; **die Grasnarbe** ~ to cut the turf ❹ *(etw abfließen lassen)* ▪ etw ~ to run off sth; **einen Hochofen** ~ to tap a furnace II. *vi (sich abheben, unterscheiden)* ▪ von jdm/etw ~, ~ gegen etw ~ to stand out from [or against] sb/sth; **stark von jdm/etw** ~ to be in [stark] contrast to sb/against sth; **gegen den Hintergrund** ~ to stand out against the background

Ab·ste·cher <-s, -> *m* ❶ TOURIST *(fam: Ausflug)* trip, excursion ❷ *(Umweg)* detour ❸ *(geh: Exkurs)* ▪ ein ~ in etw *akk* to sidestep [or digress] into sth

ab|ste·cken *vt* ❶ *(markieren)* ▪ etw |mit etw| ~ to mark sth out [with sth]; **etw mit Pfosten** ~ to stake out sth ❷ *(umreißen)* ▪ etw ~ to sketch [or map] sth out ❸ MODE ▪ etw |mit etw| ~ to pin sth; **bei der Anprobe wurde der Anzug von der Schneiderin abgesteckt** at the fitting the suit was fitted by the tailor

ab|ste·hen *vi irreg* ❶ *(nicht anliegen)* ▪ |von etw| ~ to stick out [from sth]; **vom Kopf** ~ to stick up; **er hat abstehende Ohren** his ears stick out ❷ *(entfernt stehen)* ▪ |von etw| ~ to be at a distance [from sth]; **das Bücherregal sollte etwas von der Wand** ~ the bookshelf should not touch the wall

Ab·stei·ge *f (pej fam: schäbiges Hotel)* cheap hotel, dive *fam,* dosshouse BRIT, flophouse AM *fam*

ab|stei·gen *vi irreg sein* ❶ *(heruntersteigen)* ▪ |von etw/einem Tier| ~ to dismount [from sth/an animal], to get off [of sth/an animal]; **von einer Leiter** ~ to get down off [or from] the ladder, to climb down from a ladder ❷ *(fam: sich einquartieren)* ▪ |in etw *dat*| ~ to stay [somewhere], to put up at sth; **in einem Hotel** ~ to stay in a hotel ❸ *(seinen Status verschlechtern)* **irgendwie** ~ to go downhill; **beruflich/gesellschaftlich** ~ to slide down the job/social ladder ❹ SPORT ▪ |aus etw/in etw *akk*| ~ to be relegated [from sth/to sth]; **sie sind auf den letzten Platz abgestiegen** they've been relegated to the last position ❺ *(im Gebirge)* to descend, to climb down

Ab·stei·ger(in) <-s, -> *m(f)* SPORT relegated team

ab|stel·len I. *vt* ❶ ELEK *(ausschalten)* ▪ etw ~ to switch [or turn] off *sep* ❷ *(Zufuhr unterbrechen, abdrehen)* ▪ jdm| etw ~ to cut sth off [of sb] *sep,* to disconnect sth; **den Haupthahn** ~ to turn off *sep [or* BRIT *a.* disconnect] the mains [or main tap] ❸ *(absetzen)* ▪ etw ~ to put sth down; **Vorsicht beim A~ des Schreibtisches!** be careful how you put the desk down! ❹ *(aufbewahren)* ▪ etw |bei jdm| ~ to leave sth [with sb]; **Gepäckstücke können in den Schließfächern abgestellt werden** luggage can be deposited in the lockers ❺ *(parken)* ▪ etw ~ to park [sth]; **wo stellst du dein Auto immer ab?** where do you park? ❻ *(unterbinden)* ▪ **etw** ~ to stop sth, to put an end [*or* a stop] to sth ❼ *(abrücken)* ▪ **etw von etw** ~ to move sth away from sth; **der Kühlschrank muss etwas von der Wand abgestellt werden** the fridge should not be right up against the wall ❽ *(abordnen, abkommandieren)* ▪ **jdn für etw/zu etw** ~ to send [*or* detail] sb for sth/to sth ❾ *(einstellen, anpassen)* ▪ **etw auf etw/jdn** ~ to adjust sth to sth/sb; **die Rolle ist sehr gut auf den Schauspieler abgestellt** the part was written with the actor in mind **II.** *vi (berücksichtigen)* ▪ [mit etw] **auf etw** *akk* ~ to take sth into consideration [when doing sth/ with sth], to focus on sth [with sth]; **die Produktion auf die Erfordernisse des Umweltschutzes** ~ to take the environment into consideration when planning the production

Ab·stell·gleis *nt* BAHN siding; ▸ WENDUNGEN: **jdn aufs ~ schieben** *(fam)* to throw sb on the scrap heap; **auf dem ~ sein** [*o* **stehen**] *(fam)* to be on the scrap heap **Ab·stell·kam·mer** *f* broom closet, cubbyhole, BRIT *a.* boxroom **Ab·stell·raum** *m* storeroom, BRIT *a.* boxroom

ab|stem·peln *vt* ❶ *(mit einem Stempel versehen)* ▪ [jdm] **etw** ~ to frank [*or* stamp] [*or* post mark] sth [for sb] ❷ *(pej)* ▪ **jdn** [als [*o* zu] etw] ~ to brand sb [as sth]; **sich von jdm als** [*o* zu] **etw** ~ **lassen** to let oneself be branded as sth; **ich lasse mich von dir nicht als Miesmacher ~!** I'm not going to let you get away with calling me a killjoy!

ab|step·pen *vt* ▪ **etw** ~ to stitch [*or* quilt] sth; **Daunenjacken** ~ to quilt down jackets

ab|ster·ben *vi irreg sein* ❶ *(eingehen)* Pflanzen, Bäume to die ❷ MED *(leblos werden)* Glieder to die ❸ *(gefühllos werden)* ▪ [jdm] ~ to go numb [*or* dead] [on sb]; ▪ **abgestorben** to go [*or* grow] numb, to be benumbed; **wie abgestorben sein** as if dead; **von der Kälte waren meine Finger wie abgestorben** my fingers were numb [*or* benumbed] with cold

Ab·stieg <-[e]s, -e> *m* ❶ *(das Hinabklettern)* descent ❷ *(Niedergang)* decline; **der berufliche/gesellschaftliche** ~ descent down the job/social ladder ❸ SPORT relegation

ab|stil·len I. *vt* ▪ **jdn** ~ to wean sb, to stop breast-feeding; **ein Kind/einen Säugling** ~ to wean a child/baby **II.** *vi* to stop breast-feeding

ab|stim·men I. *vi (die Stimme abgeben)* ▪ [über jdn/ etw] ~ to vote for sb/on sth; [über etw *akk*] ~ **lassen** to have [*or* take] a vote [on sth], to put sth to the vote **II.** *vt* ❶ *(in Einklang bringen, anpassen)* ▪ **Dinge aufeinander/etw auf etw** *akk* ~ to coordinate things [with each other]; Farben, Kleidung to match ❷ RADIO ▪ **etw** [auf etw *akk*] ~ to tune [to/in to sth] ❸ *(mechanisch einstellen)* ▪ **etw** [auf etw *akk*] ~ to adjust sth [to sth]; **die Sitze sind genau auf seine Größe abgestimmt** the seats are adjusted to fit his size **III.** *vr (eine Übereinstimmung erzielen)* ▪ **sich** [mit jdm] ~ to coordinate [with sb]; ▪ **sich** [miteinander] ~ to adjust with one another; **die Zeugen hatten sich offensichtlich in ihren Aussagen miteinander abgestimmt** the witnesses had obviously worked together on their statements

Ab·stim·mung *f* ❶ *(Stimmabgabe)* vote; **etw zur ~ bringen** to put sth to the vote; **geheime ~** secret ballot; **eine ~** [über etw *akk*] **durchführen** [*o* **vornehmen**] to take a vote on sth; **zur ~ schreiten** *(geh)* to vote ❷ *(harmonische Kombination)* coordination; **die ~ der Farben ist sehr gelungen** the colours are well-matched ❸ RADIO tuning ❹ *(Anpassung durch mechanische Einstellung)* adjustment

Ab·stim·mungs·er·geb·nis *nt* result of the vote **Ab·**

stim·mungs·nie·der·la·ge *f* defeat [in the vote] **Ab·stim·mungs·sieg** *m* victory [in the vote]

ab·stinent [apsti'nɛnt] **I.** *adj* ❶ *(enthaltsam)* teetotal, abstinent; ▪ **~ sein** to be teetotal, to be a teetotaller [*or* AM teetotaler] ❷ *(sexuell enthaltsam)* celibate **II.** *adv* ❶ *(enthaltsam)* abstinently ❷ *(sexuell enthaltsam)* in celibacy, as a celibate

Ab·sti·nenz <-> [apsti'nɛnts] *f kein pl* ❶ *(das Abstinentsein)* abstinence; **strenge ~** strict abstinence ❷ *(sexuelle Enthaltsamkeit)* [sexual] abstinence, celibacy

Ab·sti·nenz·ler(in) <-s, -> *m(f) (pej)* teetotaller BRIT, teetotaler AM

ab|stop·pen I. *vt* ❶ *(zum Stillstand bringen)* ▪ **etw** ~ to stop sth, to bring sth to a halt; **den Verkehr** ~ to stop the traffic ❷ *(mit der Stoppuhr messen)* ▪ **jdn/ etw** ~ to time sb/sth **II.** *vi* to stop

Ab·stoß *m* ❶ *(das Abstoßen)* shove, push ❷ FBALL goal kick

ab|sto·ßen *irreg* **I.** *vt* ❶ MED ▪ **etw** ~ to reject sth ❷ *(nicht eindringen lassen)* ▪ **etw** ~ to repel sth; **Wasser ~d** to be waterproof [*or* water-repellent] ❸ *(anwidern)* ▪ **jdn** ~ to repel sb ❹ *(durch einen Stoß abschlagen)* ▪ **etw** ~ *dat* to chip off sth ❺ *(verkaufen)* ▪ **etw** ~ to get rid of [*or* offload] sth ❻ *(durch Stöße beschädigen, abnutzen)* ▪ **etw** ~ to damage sth; **an älteren Büchern sind oft die Ecken abgestoßen** the corners of old books are often bent and damaged ❼ *(wegstoßen)* ▪ **etw** [von etw] ~ to push sth away [from sth]; **mit dem Ruder stieß er das Boot vom Ufer ab** using the rudder he shoved [*or* pushed] off from the bank ❽ *(abwerfen)* ▪ **etw** ~ *a.*: **die Schlange stieß die Haut ab** the snake shed its skin **II.** *vr* ❶ *(abfedern und hochspringen)* ▪ **sich** [von etw] ~ to jump [*or* leap] [from sth] ❷ *(durch Stöße ramponiert werden)* ▪ **sich** ~ to become [*or* get] damaged **III.** *vi (anwidern)* **sich von etw abgestoßen fühlen** to be repelled by sth

ab·sto·ßend *adj* ❶ *(widerlich)* repulsive, sickening, revolting, disgusting; **ein ~es Aussehen** a repulsive appearance ❷ *(für Flüssigkeiten undurchlässig)* repellent **II.** *adv (widerlich)* in a repulsive [*or* revolting] [*or* disgusting] way; ~ **aussehen** to look repulsive; ~ **riechen** to smell disgusting

Ab·sto·ßung <-, -en> *f* MED rejection; PHYS repulsion **Ab·sto·ßungs·re·ak·ti·on** *f* MED rejection

ab|stot·tern *vt (fam: nach und nach bezahlen)* ▪ **etw** [mit [*o* durch] etw] ~ to pay by [*or* in] instalments [*or* AM installments], BRIT *a.* to buy sth on the never-never *fam*

ab·stra·hie·ren [apstra'hi:rən] **I.** *vi (geh: auf ein Prinzip zurückführen)* to abstract **II.** *vt (geh: verallgemeinern)* ▪ **etw** [aus etw] ~ to abstract sth [from sth]

ab|strah·len *vt* ❶ PHYS *(ausstrahlen)* ▪ **etw** ~ to radiate sth ❷ *(sandstrahlen)* ▪ **etw** ~ to sandblast sth

ab·strakt [ap'strakt] **I.** *adj* abstract **II.** *adv* in the abstract; **etw zu ~ darstellen** to present [*or* deal with] sth too much in the abstract

Ab·strak·ti·on <-, -en> *f (abstraktes Denken)* abstraction

Ab·strak·ti·ons·ver·mö·gen *nt (geh)* ability to think in the abstract [*or* use abstract notions]

ab|stram·peln *vr (fam)* ❶ *(mühsam strampeln)* ▪ **sich** ~ to pedal hard ❷ *(fam: sich abrackern)* ▪ **sich** ~ to struggle, to sweat, to work oneself half to death

ab|strei·chen *vt irreg* ❶ *(streichend entfernen)* ▪ **etw** [an etw *dat*] ~ to wipe off the excess; **du musst die überschüssige Farbe am Rand des Farbeimers ~** you have to wipe off the drips on the rim of the tin ❷ *(abziehen)* ▪ **etw von etw** ~ *Betrag* to deduct sth from sth, to knock sth off sth; **von dem, was sie**

A

sagt, muss man die Hälfte ~ you can take everything she says with a pinch [or grain] of salt

ab|strei·fen vt ❶ (abziehen) ■ etw [von etw] ~ to take off sep [or remove] sth [from sth] ❷ (säubern) ■ etw [an etw dat] ~ to wipe sth [on sth]; **die Füße ~** to wipe one's feet ❸ (geh: entfernen) **den Dreck** [o **Schmutz**] [von etw] ~ to wipe off the dirt [from sth] sep, to wipe the dirt [from sth] ❹ (geh: aufgeben) ■ etw ~ to rid oneself of sth, to throw sth off; **eine schlechte Gewohnheit ~** to shake off a bad habit ❺ (absuchen) ■ etw ~ to search [or fam scour] [or fam comb] sth; **er streifte das Gelände nach seinem Hund ab** he scoured [or combed] the area for his dog

ab|strei·ten vt irreg ❶ (leugnen) ■ etw ~ to deny sth; **er stritt ab, sie zu kennen** he denied knowing her [or that he knew her] ❷ (absprechen) ■ jdm etw ~ to deny sb sth; **das kann man ihr nicht ~** you can't deny her that

Ab·strich m ❶ pl (Kürzungen) cuts; [an etw dat] ~e **machen** to make cuts [in sth]; (Zugeständnisse, Kompromisse) to lower one's sights [in sth]; **man muss im Leben oft ~e machen** you can't always have everything in life ❷ MED swab; **einen ~ [von etw] machen** to take a swab [or smear] [of sth]; **vom Gebärmutterhals** to conduct [or carry out] a smear test [or cervical smear]

ab·strus [apˈstruːs] adj (geh) abstruse

ab|stu·fen I. vt ■ etw ~ ❶ (nach Intensität staffeln) to shade sth; ■ abgestuft shaded, graded; **eine fein abgestufte Farbpalette** a finely shaded [or graded] range of colours [or am -ors] ❷ (terrassieren) to terrace sth ❸ (nach der Höhe staffeln) to grade sth II. vr ■ sich ~ to be terraced; **die Hänge stufen sich zum Tal hin ab** the slopes go down in terraces into the valley

Ab·stu·fung <-, -en> f ❶ (Staffelung) grading; **die ~ der Gehälter** the grading of salaries ❷ (Stufe) grade ❸ (Schattierung) shading ❹ (Nuance) shade ❺ kein pl (das Gliedern in Terrassen) terracing; **durch ~ wurde der Hang für die Landwirtschaft nutzbar gemacht** the slope was terraced for agricultural use

ab|stumpf·fen I. vt haben ❶ (stumpf machen) ■ etw ~ to blunt sth ❷ (gleichgültig machen) ■ jdn [gegenüber einer S. dat] ~ to inure sb [to sth]; **der ständige Reizüberfluss stumpft die Menschen immer mehr ab** constant stimulation is blunting people's senses II. vi sein ■ [gegen etw] ~ to become inured [to sth]

Ab·sturz m ❶ (Sturz in die Tiefe) fall; **von Flugzeug** crash ❷ (fam: Misserfolg) fall from grace, flop ❸ (Zusammenbruch) collapse; **der Firma droht der ~** the company is in danger of folding [or fam! going bust]; **einen Computer/ein Programm/ein System zum ~ bringen** to cause a computer/program/system to crash ❹ (sehr steiler Abhang) sharp drop

ab|stür·zen vi sein ❶ (in die Tiefe stürzen) ■ [von etw] ~ to fall [from sth]; **Flugzeug** to crash ❷ INFORM to crash ❸ (fam: Misserfolg haben) to fall from grace ❹ (fam: zusammenbrechen) to collapse; **wer hätte geahnt, dass eine so solide Firma je ~ würde?** who would have thought that such a secure company would fold [or am! fam! go bust] ❺ (fam: betrunken sein) to get blind drunk [or dated sl completely blotto] ❻ (den inneren Halt verlieren) to lose control ❼ (steil abfallen) to fall away [steeply]; **die Klippen stürzen steil ins Meer ab** there's a sharp drop from the cliffs to the sea [or the cliffs fall away steeply into the sea]

Ab·sturz·stel·le f ❶ LUFT, RAUM crash site, scene [or site] of the/a crash ❷ (Stelle eines Bergsteigerunfalls) location of the fall [or accident]

ab|stüt·zen vt ■ etw [durch [o mit] etw] ~ to support

[or sep prop up] sth [with sth]; ■ sich [mit etw] ~ to support oneself [with sth]; **sich durch Krücken ~** to support oneself on crutches

ab|su·chen vt ❶ (durchstreifen) ■ etw [nach jdm/etw] ~ to search [or fam scour] [or fam comb] sth [for sb/sth] ❷ (untersuchen) ■ etw [nach etw] ~ to examine sth [for sth]; **wir haben den Baum nach Schädlingen abgesucht** we've examined [or checked] the tree for pests ❸ (suchend absammeln) ■ etw [von etw] ~ to pick sth [off sth]

Ab·sud [ˈapzuːt] m decoction

ab·surd [apˈzʊrt] adj absurd; **~es Theater** theatre [or am -er] of the absurd

Ab·sur·di·tät <-, -en> f absurdity

Ab·szess^RR <-es, -sse> m, **Ab·szeß**^ALT <-sses, -sse> [apsˈtsɛs] m MED abscess

Ab·szis·se <-, -n> [apsˈtsɪsə] f MATH abscissa

Abt, Äb·tis·sin <-[e]s, Äbte> [apt, ɛpˈtɪsɪn, pl: ˈɛptə] m, f abbot masc, abbess fem

Abt. f Abk von **Abteilung** dept.

ab|ta·keln vt ❶ NAUT ■ etw ~ to unrig sth ❷ (heruntergekommen) ■ abgetakelt seedy

ab|tan·zen vi (sl) boogie fam, get down [on the dance floor] fam

ab|tas·ten vt ❶ (tastend untersuchen) ■ jdn/etw [auf etw akk [o nach etw]] ~ to search sb/sth [for sth]; ■ sich [auf etw akk] ~ to search oneself; **jdn nach Knoten ~** to palpate sb for [lymph] nodes; **jdn nach Waffen ~** to frisk sb for weapons ❷ (durch Strahlen untersuchen) ■ jdn/etw [nach etw] ~ to screen sb/sth [for sth] ❸ INFORM ■ etw ~ to scan sth ❹ (sondieren) ■ etw [auf etw akk] ~ to sound sb out [for sth]; ■ sich [auf etw akk] ~ to size one another up [for sth]; **den Feind/einen sportlichen Gegner ~** to size up the enemy/a sporting opponent, to suss out the enemy/opposition sl

ab|tau·chen vi sein (sl) to go underground

ab|tau·en I. vt haben ■ etw ~ to thaw sth [out], to defrost sth; **einen Kühlschrank ~** to defrost a refrigerator II. vi sein ❶ (sich tauend auflösen) to thaw [or melt] ❷ (eisfrei werden) to become free of ice, to defrost

Ab·tei <-, -en> f abbey

Ab·teil nt compartment; **~ für Mutter und Kind** compartment for mothers with young children; **ein ~ erster/zweiter Klasse** a first-/second-class compartment; **in verschiedene ~e aufgeteilt** divided into various sections

ab|tei·len vt ■ etw [von etw] ~ to divide [or partition] sth off [from sth]

Ab·tei·lung¹ f ❶ (Teil einer Organisation) department; **eines Krankenhauses** ward [or section] ❷ MIL section, unit

Ab·tei·lung² f kein pl (Abtrennung) dividing [or partitioning] off

Ab·tei·lungs·lei·ter(in) m(f) **einer Verkaufsabteilung** department[al] manager; **einer Firma, Universität, Krankenhaus** head of department

ab|te·le·fo·nie·ren¹ I. vi (fam) ■ [jdm] ~ to [tele]phone [or call] [sb] to say one can't come II. vt (fam) ■ jdn/etw ~ to [tele]phone [a]round sth fam; **ich habe die ganze Firma nach ihm abtelefoniert** I've phoned [a]round the whole company in search of him

ab|tip·pen vt (fam) ■ etw ~ to type [up [or out] sep] sth

Äb·tis·sin <-, -nen> [ɛpˈtɪsɪn] f fem form von **Abt** abbess

ab|tö·nen vt **eine Farbe ~** to tone [down sep] a colour [or am -or]; **zwei Farben ~** to tone two colours in [with each other]

Ab·tö·nung f ❶ (das Abtönen) toning down ❷ (Farbnuance) tone, shade

ab|tö·ten *vt* ❶ *(zum Absterben bringen)* ■ etw ~ to kill off sth *sep*, to destroy sth ❷ *(zum Erlöschen bringen)* ■ etw [in [*o* bei] jdm] ~ to deaden sth [in sb]

ab|tra·gen *irreg* I. *vt* ❶ *(abnutzen)* ■ etw ~ to wear sth out; **abgetragene Kleidung** worn [out] clothes; ■ etwas Abgetragenes sth worn out ❷ *(geh: abbezahlen)* ■ etw ~ to pay off *sep* [*or* discharge] sth ❸ *(geh: abräumen)* das Geschirr ~ to clear away the dishes *sep* ❹ *(entfernen)* ■ etw [bis auf etw *akk*] ~ to clear sth away [down to sth]; der verseuchte Boden soll bis auf eine Tiefe von 15 Metern abgetragen werden the contaminated soil is to be cleared away down to a depth of 15 metres ❺ *(geh: abbauen)* ein Gebäude/ein Haus/eine Mauer ~ to take [*or* tear] down sep; *(geh)* to dismantle a building/house/wall ❻ GEOG ■ etw ~ to wash away sth *sep* II. *vi (geh: Teller, Speisen etc. vom Tisch wegtragen)* to clear away *sep*

ab·träg·lich ['aptrɛːklɪç] *adj (geh)*, **ab·trä·gig** ['aptrɛːgɪç] *adj* SCHWEIZ ■ [jdm/einer S.] ~ sein to be detrimental [to sb/sth]

Ab·tra·gung <-, -en> *f* ❶ FIN *(geh)* discharge, paying off ❷ GEOG washing away ❸ *(geh: Abbau)* dismantling, taking down

Ab·trans·port *m* removal; *von Verwundeten* evacuation

ab|trans·por·tie·ren* *vt* ■ etw ~ to remove sth, to transport sth [away]; ■ jdn ~ to transport sb; die Überlebenden wurden aus dem Erdbebengebiet abtransportiert the survivors were evacuated from the earthquake zone

ab|trei·ben *irreg* I. *vt* haben ❶ MED ein Kind ~ to abort a pregnancy, to have an abortion ❷ *(in eine andere Richtung treiben lassen)* ■ jdn/etw [von etw] ~ to carry [*or* drive] sb/sth [from sth] [*or* away from sth]; ein Schiff vom Kurs ~ to drive [*or* carry] a ship off course ❸ *(zu Tal treiben)* das Vieh ~ to bring down the animals II. *vi* ❶ haben MED to perform [*or* carry out] an abortion; ■ lassen to have an abortion ❷ sein *(in eine andere Richtung treiben)* ■ [von etw] ~ to be carried [*or* driven] [[away] from sth]; das Boot trieb weit vom Kurs ab the boat was driven a long way off course

Ab·trei·bung <-, -en> *f* MED abortion; eine ~ [an jdm] vornehmen *(geh)* to perform [*or* carry out] an abortion [on sb]; eine ~ vornehmen lassen *(geh)* to have an abortion

Ab·trei·bungs·pa·ra·graph *m* JUR abortion law **Ab·trei·bungs·pil·le** *f* morning-after pill **Ab·trei·bungs·ver·such** *m* MED attempted abortion; einen ~ [an sich *dat*] vornehmen *(geh)* to attempt to carry out an abortion [on oneself]

ab|tren·nen *vt* ❶ *(ablösen)* ■ etw [von etw] ~ to detach [*or* remove] sth [from sth]; hier ~ detach [*or* tear off] here ❷ *(abteilen)* ■ etw [von etw] ~ to divide [*or* partition] off sth [from sth] *sep* ❸ *(geh: gewaltsam vom Körper trennen)* ■ [jdm] etw ~ to cut [sb's] sth off *sep;* der Mähdrescher trennte ihm einen Arm ab the combine harvester severed his arm [from his body]

Ab·tren·nung *f* ❶ *(das Lostrennen von Festgenähtem)* removal, detachment ❷ *(das Abteilen)* dividing [*or* partitioning] off ❸ *(trennende Vorrichtung)* partition ❹ MED *(das Abschneiden)* cutting off; *von Tumor* excision, removal

ab|tre·ten *irreg* I. *vt* haben ❶ *(übertragen)* ■ [jdm] etw ~ , ■ etw [an jdn] ~ to sign over sth [to sb] *sep;* Ansprüche/Rechte ~ to transfer [*or* cede] claims/rights; ein Gebiet/Land ~ to cede a territory/land; ■ abgetreten ceded ❷ *(fam: überlassen)* ■ jdm etw ~ to give sth to sb; er hat ihr seinen Platz abgetreten he gave up his seat to her, he offered her his

seat ❸ *(durch Betreten abnutzen)* ■ etw ~ to wear sth out ❹ *(durch Treten entfernen, reinigen)* den Dreck/Schnee [von etw] ~ to stamp off the dirt/snow [from sth] *sep* II. *vi* sein ❶ *(zurücktreten)* ■ [von etw] ~ to step down [from sth]; von der politischen Bühne ~ to retire from the political stage; *Monarch* to abdicate; *Politiker* to resign ❷ THEAT [von der Bühne] ~ to leave [*or* exit] [the stage] ❸ *(fam: sterben)* to make one's [last] exit ❹ MIL to stand down; ■ ~ lassen to dismiss; ~! dismissed! III. *vr* haben ❶ *(sich durch Treten säubern)* ■ sich etw ~ to wipe one's sth; sich *dat* seine Schuhe/Stiefel [an etw *dat*] ~ to wipe off one's shoes/boots [on sth] *sep* ❷ *(sich durch Betreten abnutzen)* ■ sich ~ to wear out

Ab·tre·ter <-s, -> *m (fam)* doormat

Ab·tre·tung <-, -en> *f* signing over; *von Anspruch, Rechten* transferring [*or* ceding]; *von Gebiet* ceding

Ab·trieb *m* AGR *Vieh von der Alm* to bring down the cattle from the mountain pastures

Ab·tritt¹ *m* ❶ *(Rücktritt)* resignation; *von Monarch* abdication; jds ~ von der politischen Bühne sb's withdrawal from the political stage ❷ THEAT exit

Ab·tritt² *m (veraltend)* s. **Toilette**

ab|trock·nen I. *vt* ■ jdn/etw ~ to dry sb/sth; ■ sich ~ to dry oneself; das Geschirr ~ to dry [up [*or* AM off] *sep*] the dishes [*or* BRIT a. to do the drying up]; ■ jdm etw ~ to dry sth for sb; ■ sich *dat* etw ~ to dry one's sth; liebevoll trocknete er ihr die Tränen ab lovingly he wiped away [*or* dried] her tears II. *vi* to dry the dishes, BRIT a. to dry up, BRIT a. to do the drying up

ab|trop·fen *vi* sein to drain; ■ etw ~ lassen to leave sth to drain; die Wäsche ~ lassen to leave the washing to drip-dry

Ab·tropf·sieb *nt* colander

ab|trot·zen *vt (geh)* ■ jdm etw ~ to wring sth out of sb

ab·trün·nig ['aptrʏnɪç] *adj* renegade; ~er Ketzer apostate heretic; ~er Lehnsmann renegade [*or* disloyal] vassal; ~e Provinz/~er Staat rebel region/state; ■ jdm/einer S. *dat* ~ werden to be disloyal to sb/sth; seinem Glauben/der Kirche ~ werden to renounce one's [*or* desert the] faith/the church

Ab·trün·ni·ge(r) *f(m) dekl wie adj* renegade; RFL. apostate

Ab·trün·nig·keit <-> *f kein pl* disloyalty; *eines Glaubens* apostasy

ab|tun *vt irreg* ❶ *(keine Wichtigkeit beimessen)* ■ etw [mit etw] ~ to dismiss sth [with sth]; etw mit einem Achselzucken/Lächeln ~ to dismiss sth with a shrug/laugh, to shrug/laugh sth off; ■ etw als etw ~ to dismiss sth as sth; als jugendlichen Übermut kann man diese Gewalttaten nicht ~ these acts of violence cannot be dismissed as youthful high spirits ❷ *(selten: erledigen)* ■ [mit etw] abgetan sein to be settled [by sth]; lassen wir es damit abgetan sein let that be an end to it; eine Sache so schnell wie möglich ~ to deal [*or* have done] with sth as quickly as possible

ab|tup·fen *vt* ❶ *(durch Tupfen entfernen)* ■ [jdm] etw ~ to dab sth away [of sb]; die Tränen von jds Wange ~ to wipe the tears from sb's cheek; ■ sich *dat* etw ~ to wipe one's sth; sich den Schweiß von der Stirn ~ to mop [*or* dab] the sweat from one's brow ❷ *(durch Tupfen reinigen)* ■ etw [mit etw] ~ to swab sth [with sth]; eine Wunde ~ to clean a wound

ab|tur·nen [-tøːɐ̯nən] *vi (sl)* to be a pain in the neck *fam*

Abun·danz <-> [abʊnˈdants] *f kein pl* abundance

ab|ur·tei·len *vt* ❶ JUR ■ jdn ~ to [pass] sentence [*or* judgement| [on] sb; ■**abgeurteilt** convicted ❷ *(pej: verdammen)* ■**jdn ~** to condemn sb

Ab·ur·tei·lung <-, -en> *f* ❶ JUR sentencing, passing of a sentence ❷ *(pej: Verdammung)* condemnation

Ab·ver·kauf *m* ÖSTERR *(Ausverkauf)* sale

ab|ver·lan·gen *vt s.* **abfordern**

ab|wä·gen *vt irreg* ■**etw** |gegeneinander| **~** to weigh sth up |against sth else|; **seine Worte gut ~** to choose |*or* weigh| one's words carefully; **beide Möglichkeiten** |gegeneinander| **~** to weigh up the two possibilities |against one another|; **Vor- und Nachteile** |gegeneinander| **~** to weigh |up| the disadvantages and advantages |*or* pros and cons|; *s. a.* **abgewogen**

Ab·wä·gung <-, -en> *f* weighing up, consideration; **so eine Situation bedarf der ~ eines jeden Wortes** a situation like this calls for every single word to be carefully considered

Ab·wahl *f kein pl* voting out; **es kam zur ~ des Vorstands** the board was voted out of office

ab·wähl·bar *adj* sth that can be cancelled by vote or choice; **der Vorsitzende ist jederzeit ~** the chairman can be voted out |of office| at any time; **ein ~es Schulfach** an optional subject

ab|wäh·len *vt* ■**jdn ~** to vote sb out |of office|; **ein** |Schul|fach **~** to drop |*or sep* give up| a subject

ab|wäl·len *vt s.* **abbrühen**

ab|wäl·zen *vt* ■**etw** |auf jdn| **~** to unload sth |on to sb|; **die Kosten auf jdn ~** to pass on the costs to sb; **die Schuld/Verantwortung** |auf jdn| **~** to shift the blame/responsibility |on to sb|

ab|wan·deln *vt* ■**etw ~** to adapt sth; **ein Musikstück ~** to adapt a piece of music; **ein Thema/einen Vertrag ~** to modify a subject/contract

ab|wan·dern **I.** *vi sein* ❶ *(sich von einem Ort entfernen)* to go away ❷ *(auswandern)* ■|**aus etw**| **~** to migrate |from somewhere|; **die ländliche Bevölkerung wanderte in die Städte ab** the rural population moved |*or* migrated| to the towns ❸ *(fam: überwechseln)* ■**zu jdm ~** to move to sb; **die besten Spieler wandern immer zu den größten Vereinen ab** the best players always move |*or* transfer| to the biggest clubs ❹ FIN *(fam: andernorts angelegt werden)* ■|**aus etw**| |**irgendwohin**| **~** to be transferred |from |*or* out of| sth| |to somewhere| **II.** *vt* **ein Gebiet ~** to walk all over an area

Ab·wan·de·rung *f* ❶ *(an einen anderen Ort ziehen)* migration ❷ FIN exodus |*or* flight| of capital ❸ *(gründliche Begehung eines Gebietes)* walking all over

Ab·wan·de·rungs·ver·lust *m* population drain

Ab·wand·lung *f* adaptation; MUS variation

Ab·wär·me *f* waste heat

Ab·wart(in) <-s, -e> *m(f)* SCHWEIZ *(Hausmeister)* caretaker

ab|war·ten **I.** *vt* ■**etw/jdn ~** to wait for sth/sb; **wir müssen erst den Regen ~** we must wait until it stops raining |*or* the rain stops| |*or* for the rain to stop|; **das bleibt abzuwarten** that remains to be seen, only time will tell; **sie konnte es einfach nicht mehr ~** she simply |*or* just| couldn't wait any longer **II.** *vi* to wait; **wart' mal ab!** |just| |you| wait and see!

ab·war·tend **I.** *adj* expectant; **eine ~e Haltung einnehmen** to adopt a policy of wait and see **II.** *adv* expectantly; **sich ~ verhalten** to behave cautiously

Ab·war·tin <-, -nen> *f fem form von* **Abwart**

ab·wärts |'apvɛrts| *adv* downhill; **vom Chef ~ sind alle anwesend** from the boss down everyone is present

ab·wärts|ge·hen[RR] *vi irreg sein* to go down; **hinter der Kurve geht es abwärts** it's all downhill after the bend; **es geht mit jdm/etw abwärts** sb/sth is going downhill; **es geht mit ihr gesundheitlich abwärts**

her health is deteriorating **Ab·wärts·trend** *m* downhill trend, recession

Ab·wasch[1] <-[e]s> *m kein pl* ❶ *(Spülgut)* dirty dishes *pl*, BRIT *a.* washing-up ❷ *(das Spülen)* washing the dishes, washing-up BRIT; **den ~ machen** to do the dishes, BRIT *a.* to wash up, BRIT *a.* to do the washing-up ▸ WENDUNGEN: **das geht in einem ~** |*o* **das ist ein ~**| *(fam)* you can kill two birds with one stone *prov*

Ab·wasch[2] <-, -en> *f* ÖSTERR *(Spülbecken)* sink

ab·wasch·bar *adj* washable

Ab·wasch·be·cken *nt* sink

ab|wa·schen *irreg* **I.** *vt* ❶ *(spülen)* ■**etw ~** to wash sth up; **das Geschirr ~** to do the dishes |*or* BRIT *a.* washing-up| ❷ *(durch Waschen entfernen)* ■**etw** |**von etw**| **~** to wash sth |off sth|; ■**sich** *dat* **etw** |**von etw**| **~** to wash sth |from one's sth|; **sie wusch ihrer Tochter den Schmutz vom Gesicht ab** she washed the dirt off her daughter's face ❸ *(reinigen)* ■**sich ~** to wash oneself **II.** *vi* to do the dishes, BRIT *a.* to wash up, BRIT *a.* to do the washing-up; **hilfst du mir mal beim A~?** will you help me do the washing-up?

Ab·wasch·lap·pen *m* dishcloth **Ab·wasch·wasser** *nt* ❶ *(Spülwasser)* dishwater, BRIT *a.* washing-up water ❷ *(pej fam: dünne Flüssigkeit)* dishwater

Ab·was·ser <-, -wässer> *nt* waste water, sewage; *von Industrieanlagen* effluent, waste water

Ab·was·ser·auf·be·rei·tung *f* sewage treatment **Ab·was·ser·ent·sor·gung** *f* ÖKOL sewage disposal **Ab·was·ser·ka·nal** *m* sewer **Ab·was·ser·lei·tung** *f* waste pipe **Ab·was·ser·rei·ni·gung** *f* purification of effluent|s|

ab|wech·seln *vi/vr* ■**sich ~** ❶ *(im Wechsel handeln)* to take turns ❷ *(im Wechsel erfolgen)* to alternate; **Sonne und Regen wechselten sich ab** it alternated between sun and rain

ab·wech·selnd *adv* alternately; **in der Nacht hielten die vier ~ Wache** the four took turns to stand guard during the night

Ab·wech·se·lung <-, -en> *f*, **Ab·wechs·lung** <-, -en> *f* change; **eine willkommene ~ sein** to be a welcome change; **die ~ lieben** to like a bit of variety; **zur ~** for a change

ab·wechs·lungs·hal·ber *adv* for a change, for variety's sake **ab·wechs·lungs·los** *adj* unchanging, monotonous **ab·wechs·lungs·reich** *adj* varied

Ab·weg *m meist pl* **jdn auf ~e führen** |*o* **bringen**| to lead sb astray; **auf ~e geraten** to go astray; *(moralisch)* to stray from the straight and narrow

ab·we·gig |'apve:gɪç| *adj* ❶ *(unsinnig)* absurd; **ein ~er Gedanke ~e Idee** a far-fetched thought/idea; **ein ~er Verdacht** an unfounded |*or* a groundless| suspicion ❷ *(merkwürdig)* strange, bizarre, weird

Ab·we·gig·keit <-, <selten -en> *f* erroneousness; *von Verdacht* groundlessness; *von Idee* strangeness, farfetchedness

Ab·wehr *f kein pl* ❶ *(inneres Widerstreben)* resistance; **seine Pläne stießen auf starke ~** his plans met |with| strong |*or* stiff| resistance ❷ MIL repelling, repulse ❸ *(Spionage~)* counterespionage, counterintelligence ❹ SPORT *(Verteidigung)* defence |*or* AM -se|; **die ~ gegnerischer Angriffe** to ward off the opponent's attacks; *(die Abwehrspieler)* defenders ❺ *(Widerstand gegen Krankheit)* protection; *von Infektion* protection, resistance

ab·wehr·be·reit *adj* ready for defence |*or* AM -se| **Ab·wehr·dienst** *m* MIL counter-intelligence service

ab|weh·ren **I.** *vt* ❶ MIL ■**jdn/etw ~** to repel |*or* repulse| sb/sth ❷ SPORT ■**etw ~** to fend sth off; **den Ball ~** to clear the ball; **mit dem Kopf den Ball ~** to head the ball clear; **einen Schlag ~** to fend off |*or* parry| a blow ❸ *(abwenden, fernhalten)* ■**etw** |**von sich**| **~** to turn sth away |from oneself|; **eine Gefahr/**

Unheil ~ to avert [a] danger/[a] disaster; **einen Verdacht [von sich]** ~ to avert suspicion [from oneself]; **einen Vorwurf** ~ to fend off [or deny] [or form refute] an accusation **II.** vi ❶ *(ablehnen)* to refuse ❷ SPORT to clear

ab·weh·rend adj defensive

Ab·wehr·kampf m defensive action **Ab·wehr·kräf·te** pl the body's defences **Ab·wehr·maß·nah·me** f defence reaction **Ab·wehr·me·cha·nis·mus** m PSYCH, MED defence mechanism **Ab·wehr·re·ak·ti·on** f defensive reaction **Ab·wehr·stof·fe** pl MED antibodies pl **Ab·wehr·sys·tem** nt MED immune system

ab|wei·chen vi irreg sein ❶ *(sich entfernen, abkommen)* ■ **von etw** ~ to deviate from sth ❷ *(sich unterscheiden)* ■ **[in etw** dat**] von jdm/etw** ~ to differ from sb/sth [in sth]

ab·wei·chend adj different

Ab·weich·ler(in) <-s, -> m(f) *(pej)* deviant

Ab·wei·chung <-, -en> f ❶ *(Unterschiedlichkeit)* difference; *einer Auffassung* deviation [or divergence] ❷ *(das Abkommen)* deviation ❸ TECH **zulässige** ~ tolerance

ab|wei·sen vt irreg ❶ *(wegschicken)* ■ **jdn** ~ to turn sb away; **sich [von jdm] nicht** ~ **lassen** to not take no for an answer [from sb] ❷ *(ablehnen)* ■ **etw** ~ to turn down sth *sep;* **einen Antrag** ~ to refuse [or turn down] [or reject] an application; **eine Bitte** ~ to deny [or reject] a request; ■ **jdn** ~ to reject sb ❸ JUR **eine Klage** ~ to dismiss [or throw out] a complaint

ab·wei·send adj cold

Ab·wei·sung f ❶ *(das Wegschicken)* turning away ❷ *(das Ablehnen)* turning down, rejection ❸ JUR dismissal

ab·wend·bar adj avoidable, preventable

ab|wen·den reg o irreg **I.** vr *(geh)* ■ **sich [von jdm/ etw]** ~ to turn away [from sb/sth] **II.** vt ❶ *(verhindern)* ■ **etw [von jdm/etw]** ~ to protect [sb/sth] from sth; **eine Katastrophe/ein Unheil** ~ to avert a catastrophe/disaster ❷ *(zur Seite wenden)* ■ **etw [von jdm/etw]** ~ to turn sth away [from sb/sth]; **die Augen [o den Blick]** ~ to look away, to avert one's gaze [or eyes]; **mit abgewandtem [o abgewende·tem] Blick** with one's eyes averted

ab|wer·ben vt irreg ■ **[jdm] jdn** ~ to entice [or lure] sb away [from sb]

Ab·wer·bung f enticement, luring [away]

ab|wer·fen irreg **I.** vt ❶ *(aus der Luft herunterfallen lassen)* ■ **etw** ~ to drop sth; **Ballast** ~ to drop [or shed] [or discharge] ballast; **Blätter [o Laub]/ Nadeln** ~ to shed leaves/needles; **das Geweih** ~ to shed antlers ❷ *(von sich werfen)* **einen Reiter** ~ to throw [or unseat] a rider ❸ FIN, ÖKON ■ **etw** ~ to yield sth; **einen Gewinn** ~ to yield [or make] [or show] a profit; **Zinsen** ~ to yield [or bear] [or earn] interest ❹ *(geh: abschütteln)* ■ **etw** ~ to throw [or cast] off sth *sep;* **die Fesseln/das Joch der Sklaverei** ~ *(fig)* to cast [or throw] off the yoke of slavery *fig* ❺ *(ablegen)* **eine Karte** ~ to discard a card **II.** vi ❶ SPORT *(beim Hochsprung)* to knock down [or knock off] [or dislodge] the bar ❷ FBALL *(Abwurf vom Tor machen)* to throw the ball out

ab|wer·ten I. vt ❶ *(Kaufwert vermindern)* ■ **etw [um etw]** ~ to devalue sth [by sth]; ■ **abgewertet** devalued ❷ *(Bedeutung mindern)* ■ **etw** ~ to debase [or cheapen] sth **II.** vi ■ **[um etw]** ~ to devalue [by sth]

ab·wer·tend I. adj pejorative, derogatory **II.** adv derogatorily; **ein Wort** ~ **gebrauchen** to use a word in a derogatory way

Ab·wer·tung f ❶ *(Minderung der Kaufkraft)* devaluation ❷ *(Wertminderung)* debasement

ab·we·send ['apveːznt] adj ❶ *(geh: nicht anwesend)* absent; **Herr Frank ist momentan** ~ Mr Frank is not

here [or out of the office] at the moment ❷ *(geistes~)* absent-minded; **sie hatte einen ganz ~en Gesichtsausdruck** she looked completely lost in thought; **du siehst so** ~ **aus!** you look as though you're somewhere else [altogether]!

Ab·we·sen·de(r) f/m) dekl wie adj absentee

Ab·we·sen·heit <-, <selten -en> f ❶ *(Fehlen)* absence; **durch** ~ **glänzen** *(iron fam)* to be conspicuous by one's absence *esp hum;* **in** ~ **von jdm** in sb's absence ❷ *(Geistes~)* absent-mindedness

ab|wi·ckeln I. vt ❶ *(von etw wickeln)* ■ **etw [von etw]** ~ to unwind sth [from sth]; ■ **sich [von etw]** ~ to unwind [itself] [from sth] ❷ *(erledigen)* ■ **etw** ~ to deal with sth; **einen Auftrag** ~ to process an order; **Aufträge** ~ to transact business; **ein Geschäft** ~ to carry out a transaction ❸ *(als politische Altlast abschaffen)* ■ **jdn/etw** ~ *Firma, Arbeitskräfte* to deal with sb/sth **II.** vr *(glatt vonstattengehen)* ■ **sich** ~ to run smoothly

Ab·wick·lung <-, -en> f ❶ *(Erledigung)* conducting; *von Auftrag* processing; **er war für die reibungslose** ~ **der Veranstaltung verantwortlich** he was responsible for making sure that the event ran smoothly ❷ *(Abschaffung)* getting rid of; **hunderte von Staatsdienern befürchten die** ~ hundreds of civil servants fear they will be dismissed [or are living in fear of dismissal]

ab|wie·geln I. vi to play it down; **jetzt wieg[e]le mal nicht ab, die Situation ist sehr ernst!** don't [try and] play it down, the situation is very serious! **II.** vt *(beschwichtigen)* ■ **jdn/etw** ~ to calm down [or pacify] sb/sth *sep;* **die Menge ließ sich nicht** ~ the crowd would not be calmed; **sich nicht** ~ **lassen** to not take no for an answer

ab|wie·gen vt irreg ■ **[jdm] etw** ~ to weigh sth [out] [for sb]; **Argumente [sorgfältig]** ~ *(fig)* to [carefully] weigh up the arguments *fig*

ab|wim·meln vt *(fam)* ■ **jdn** ~ to get rid of sb; ■ **etw** ~ to get out of [doing] sth

ab|win·keln vt ■ **etw** ~ to bend sth; ■ **abgewinkelt** bent; **mit abgewinkelten Armen** with arms akimbo

ab|win·ken vi *(fam)* to signal one's refusal

ab|wirt·schaf·ten vi *(fam)* to go downhill; **die Firma hat jetzt endgültig abgewirtschaftet** the company now finally has been run-down; ■ **abgewirtschaftet** run-down; **eine abgewirtschaftete Regierung** a discredited government

ab|wi·schen vt ❶ *(durch Wischen entfernen)* ■ **[sich** dat**] etw [von etw]** ~ to wipe sth [from sth]; **sich die Tränen** ~ to dry one's tears; **liebevoll wischte er ihr die Augen ab** he lovingly dried her eyes; **sich den Schweiß von der Stirn** ~ to mop the sweat from one's brow ❷ *(durch Wischen säubern)* ■ **[jdm] etw** ~ to wipe sth [for sb]; **bitte die Hände an diesem Handtuch ~!** please dry your hands on this towel!; ■ **[sich** dat**] etw** ~ to wipe sth; **wisch dir die Hände bitte am Handtuch ab!** dry your hands on the towel!

ab|wra·cken vt ❶ *(verschrotten)* ■ **etw** ~ to break up sep [or scrap] sth ❷ *(herunterkommen)* ■ **abge·wrackt** clapped-out *fam*

Ab·wurf m ❶ *(das Hinunterwerfen)* dropping; *von Ballast* shedding, jettisoning ❷ *(das Abgeworfenwerden)* throwing; **bei dem** ~ **von dem Pferd brach er sich den Arm** he broke his arm when he was thrown from the horse ❸ SPORT *(Abwerfen der Latte beim Hochsprung)* knocking down [or off], dislodging; *(Speerwerfen)* throwing; *(beim Fußball)* throw-out

ab|wür·gen vt *(fam)* ❶ *(ungewollt ausschalten)* **den Motor** ~ to stall the engine ❷ *(im Keim ersticken)* ■ **etw** ~ to nip sth in the bud; ■ **jdn** ~ *(unterbrechen)* to cut sb short [or off], to interrupt sb; **jdn [einfach]**

mitten im Satz ~ to cut sb off right in the middle of a sentence

ab|zah·len vt ❶ *(zurückzahlen)* ■ etw ~ to pay sth off; **ein Darlehen** [*or* **einen Kredit**] **/seine Schulden** ~ to pay off [*or* repay] a loan/one's debts ❷ *(in Raten bezahlen)* ■ etw ~ to pay for sth in instalments [*or* AM installments]; ■ **abgezahlt** paid for *pred;* **unser Haus ist endlich abbezahlt** we've finally paid off [*or* for] the house, we've finally paid all the instalments on the house

ab|zäh·len I. vt ■ etw ~ to count sth [out]; ■ **abge·zählt** exact; **bitte das Fahrgeld abgezählt bereit·halten** please tender [the] exact [*or* correct] fare **II.** vi to count; **der Kassierer hat sich beim A~ vertan** the cashier made a mistake counting

Ab·zähl·reim m counting-out rhyme

Ab·zah·lung f ❶ *(Rückzahlung)* paying off ❷ *(Bezah·lung auf Raten)* repayment; **[etw] auf ~ kaufen** to buy sth in instalments [*or* AM installments] [*or* BRIT a. on hire purchase] [*or* fam BRIT a. on the never-never]

Ab·zähl·vers m s. **Abzählreim**

ab|zap·fen vt ■ etw [aus etw] ~ to pour [*or* tap] sth [from sth]; **Bier** ~ to tap beer; **jdm Geld** ~ *(fam)* to get [*or* scrounge] money from [*or* off] sb

Ab·zäu·nung <-, -en> f fencing

Ab·zei·chen nt ❶ *(ansteckbare Plakette)* badge ❷ SPORT badge ❸ MIL insignia [*or* badge] of rank

ab|zeich·nen I. vt ❶ *(durch Zeichnen wiedergeben)* ■ etw [von etw] ~ to copy [*or* reproduce] sth [from sth] ❷ *(signieren)* ■ etw ~ to initial sth; **einen Scheck** ~ to initial a check **II.** vr *(erkennbar wer·den)* ■ sich ~ to become apparent; **der Ausbruch eines Bürgerkrieges beginnt sich immer deutli·cher abzuzeichnen** the outbreak of civil war is beginning to loom ever larger [on the horizon] ❷ *(Um·risse erkennen lassen)* ■ sich [durch/auf etw] ~ to show [through/on sth]

Ab·zieh·bild nt TECH transfer

ab|zie·hen irreg **I.** vi ❶ sein MIL ■ [aus etw] ~ to with·draw [from sth] ❷ sein *(fam: weggehen)* to go away; **zieh ab!** go away!, clear off!, get lost! sl ❸ sein *(durch Luftzug entfernen)* ■ [aus etw] ~ to clear [*or* escape] [from sth] ❹ sein METEO ■ [irgendwohin] ~ to move away [*or* off] [somewhere] [*or* on] ❺ haben *(den Abzug einer Waffe drücken)* to fire, to pull the trigger **II.** vt haben ❶ *(einbehalten)* ■ etw [von etw] ~ to deduct sth [from sth]; **Steuern und Sozialabgaben werden direkt vom Gehalt abgezogen** tax and national insurance are deducted directly from the wages ❷ *(nachlassen)* ■ etw [von etw] ~ to take [*or* knock] sth off [sth] *sep;* **ich kann Ihnen 5 % Rabatt [vom Preis]** ~ I can knock 5% [off the price] for you, I can give [*or* offer] you a discount of 5% [on the price] ❸ MATH ■ etw [von etw] ~ to subtract sth [from sth] ❹ FIN **Kapital [aus einer Firma/einem Land]** ~ to withdraw capital [from a company/country]; **jdm eine Summe vom Konto** ~ to debit a sum [of money] from sb's account ❺ MIL ■ etw [aus etw] ~ to withdraw sth [from sth]; **Truppen aus einem Gebiet** ~ to withdraw [*or* draw back] troops from an area ❻ *(etw durch Ziehen entfernen)* ■ etw ~ to pull off sth *sep;* **das Bett** ~ to strip the bed; **ein Laken** ~ to remove [*or sep* take off] a sheet; **einen Ring** ~ to take [*or* pull] off a ring *sep;* **einen Schlüssel [von etw]** ~ to take [*or* pull] out a key [from sth]; **[jdm/einem Tier] das Fell/die Haut** ~ to skin sb/an ani·mal ❼ *(vervielfältigen)* ■ etw ~ to run sth off; **bitte ziehen Sie das Manuskript 20-mal ab** please make [*or* run off] 20 copies of the manuscript ❽ SCHWEIZ *(ausziehen)* ■ etw ~ to take sth off **III.** vr SCHWEIZ *(sich ausziehen)* ■ sich ~ to undress

ab|zie·len vi ❶ *(anspielen)* ■ [mit etw] auf etw *akk* ~

to get at sth [with sth] *fam* ❷ *(im Visier haben)* ■ auf jdn/etw ~ to aim [*or* direct] at sb/sth

Ab·zo·cke <-> f kein pl *(pej fam)* profiteering, price gouging AM

ab|zo·cken I. vt *(sl)* ■ jdn ~ to fleece sb fam **II.** vi *(sl)* to clean up fam

Ab·zo·cke·rei <-, -en> f *(pej sl)* rip-off fam

Ab·zug m ❶ *(das Einbehalten)* deduction; **ohne Abzüge verdient sie 3.000 Euro** she earns 3,000 euros before deductions ❷ *(das Abziehen)* deduction; **nach ~ des Rabattes musste er nur noch 200 Euro zahlen** after deducting the discount he was left with only 200 euros to pay; **etw [von etw] in ~ brin·gen** *(geh)* to deduct sth [from sth]; **ohne ~** without [any] deductions, net ❸ TYPO proof ❹ FOTO print ❺ MIL withdrawal; **jdm freien ~ gewähren** to grant sb safe passage ❻ FIN **der ~ von Kapital** withdrawal of capi·tal ❼ METEO moving away; **mit einem ~ der Kalt·front ist vorläufig noch nicht zu rechnen** we don' t expect the cold front to move on yet ❽ *(Luft~)* vent; *(Dunst~)* extractor [fan]; *(über einem Herd)* extractor hood ❾ *(Vorrichtung an einer Waffe)* trigger; **den Finger am ~ haben** to have one's finger on the trig·ger

ab·züg·lich ['aptsy:klɪç] *präp* +*gen;* ■ ~ **einer S.** *gen* less [*or* minus] sth

ab·zugs·fä·hig *adj* tax-deductible

Ab·zugs·fä·hig·keit f ÖKON **steuerliche ~** tax deduct·ibility **ab·zugs·frei** *adj* tax-free **Ab·zugs·hau·be** f extractor hood **Ab·zugs·rohr** nt flue [pipe]

Ab·zweig m ❶ *(geh: Weggabelung)* turning, turn-off ❷ TECH couple

ab|zwei·gen I. vi sein ■ [von etw] [irgendwohin] ~ to branch off [from sth] [to somewhere]; **hinter der Kurve zweigt die Goethestraße nach links ab** Goethestraße turns [*or* goes] off to the left after the bend **II.** vt haben *(fam)* ■ etw [von etw] ~ to set [*or* put] aside sth [from sth] *sep*

Ab·zwei·gung <-, -en> f ❶ *(Straßengabelung)* turn·ing, turn-off; **wir müssen an der ~ links [abbiegen]** we must turn left at the junction ❷ *(Nebenlinie einer Strecke)* branch line

ab|zwi·cken vt ■ [jdm/einer S.] etw ~ to nip [*or* pinch] off sth [sb/sth] *sep*

Ac·ces·soire <-s, -s> [aksɛ'sɔa:ɐ̯] nt meist pl acces·sory

Ace·ro·la·kir·sche [atse'ro:lakɪrʃə] f BOT West Indian Cherry

Ace·tat <-s, -e> [atse'ta:t] nt acetate

Ace·ton <-s, -e> [atse'to:n] nt acetone

Ace·tyl·cho·lin <-s> [atsety:lço'li:n] nt kein pl BIOL *(Überträgerstoff an Nervenzellen)* acetylcholine

Ace·ty·len <-s> [atsety'le:n] nt acetylene

ach [ax] **I.** interj ❶ *(jammernd, ärgerlich)* oh no!; ~, **das sollte doch schon lange erledigt sein!** oh no! that was supposed to have been done ages ago!; ~ je! oh dear [me]!; ~, **rutsch mir doch den Buckel run·ter!** oh, go [and] take a running jump!; ~ **nein, du schon wieder?** oh no! not you again?; ~ **und weh schreien** *(veraltend alt)* to scream blue murder ❷ *(also)* oh!; ~, **so ist das also ...** oh, so that's how it is ... ❸ *(aha)* [oh,] I see!; ~ **ne** [*o* nein] ! *(fam)* I say!; ~ **so, ich verstehe!** oh, I see!; ~ **wirklich?** really?; ~ **so! na, dann versuchen wir es eben noch mal!** well, all right then, let's try it one more time! ❹ *(ganz und gar nicht)* ~ **was** [*o* wo] ! come on! **II.** *adv (geh)* **sie glaubt von sich, sie sei ~ wie schön** she thinks she's oh so beautiful

Ach <-s, -[s]> [ax] nt *(Ächzen)* groan; ▸ WENDUNGEN: **mit ~ und Krach** *(fam)* by the skin of one's teeth; **er bestand die Prüfung nur mit ~ und Krach** he only [just] scraped through the exam [*or* passed the exam by the skin of his teeth]; **mit ~ und Weh** *(fam)* with great lamentations; **mit ~ und Weh stimmte sie zu** she agreed through gritted teeth

Achat <-[e]s, -e> [aˈxaːt] *m* agate

Achil·les·fer·se [aˈxɪlɛs-] *f* Achilles' heel **Achil·les·seh·ne** [aˈxɪlɛs-] *f* Achilles tendon

Ach·se <-, -n> [ˈaksə] *f* ➊ AUTO axle ➋ *(Schwerpunkt)* axis ➌ POL, HIST axis ▶ WENDUNGEN: [ständig] **auf ~ sein** *(fam)* to be [always] on the move

Ach·sel <-, -n> [ˈaksl] *f* ➊ ANAT armpit ➋ *(fam: Schulter)* shoulder; **die** [*o* **mit den**] **~n zucken** to shrug one's shoulders

Ach·sel·haa·re *pl* armpit [*or* underarm] hair **Ach·sel·höh·le** *f* armpit **Ach·sel·klap·pe** *f* epaulette **Ach·sel·pols·ter** *nt* shoulder padding **Ach·sel·stück** *nt* MIL epaulette **Ach·sel·zu·cken** <-> *nt kein pl* shrug [of the shoulders] **ach·sel·zu·ckend** **I.** *adj* shrugging **II.** *adv* with a shrug [of the shoulders]

Ach·sen·bruch *m* broken axle **Ach·sen·kreuz** *nt* MATH axes of coordinates, coordinate axes **Ach·sen·mäch·te** *pl* HIST ▪ **die ~** the Axis Powers

Achs·last *f* AUTO axle weight **Achs·stand** *m* AUTO wheelbase

acht[1] [axt] *adj* eight; **~ mal drei sind gleich 24** eight times three is 24; **das kostet ~ Euro** that costs eight euros; **die Linie ~ fährt zum Bahnhof** the No. 8 goes to the station; **es steht ~ zu drei** the score is eight three [*or* 8-3]; **~** [*o* **Jahre alt**] **sein/werden** to be/turn eight [years old]; **mit ~** [**Jahren**] at the age of eight, at eight [years old], as an eight-year-old; **~ Uhr sein** to be eight o'clock; **gegen ~** [**Uhr**] [at] about [*or* around] eight [o'clock]; **um ~** at eight [o'clock]; **…** [**Minuten**] **nach/vor ~** … [minutes] past/to eight [o'clock]; **kurz nach/vor ~** [**Uhr**] just [*or* shortly] after/before eight [o'clock]; **alle ~ Tage** [regularly] every week; **heute/Freitag in ~ Tagen** a week today/on Friday; **heute/Freitag vor ~ Tagen** a week ago today/on Friday

acht[2] [axt] *adv* **zu ~ sein: wir waren zu ~** there were eight of us

Acht[1] <-, -en> [axt] *f* ➊ *(Zahl)* eight ➋ *(etw von der Form einer 8)* **ich habe eine ~ im Vorderrad** my front wheel is buckled; **auf dem Eis eine ~ laufen** to skate a figure of eight on the ice ➌ *(hum fam: Handschellen)* handcuffs ➍ KARTEN ▪ **die/eine ~** the/an eight; **die Herz-/Kreuz-~** the eight of hearts/clubs ➎ *(Verkehrslinie)* ▪ **die ~** the [number] eight

Acht[RR2] [axt] *f* **~ geben** [*o* **haben**] to be careful; **sie gab genau ~, was der Professor sagte** she paid careful attention to what the professor said; **auf jdn/etw ~ geben** [*o* **haben**] to look after [*or fam* keep an eye on] sb/sth; **~ geben** [*o* **haben**] **, dass …** to be careful that …; **gib ~, dass dir niemand das Fahrrad klaut!** watch out that nobody pinches your bike!; **etw außer ~ lassen** to not take sth into account [*or* consideration]; **wir haben ja ganz außer ~ gelassen, dass der Friseur geschlossen hat!** we completely forgot that the hairdresser is closed!; **sich in ~ nehmen** to be careful, to take care; **nimm dich bloß in ~, Bürschchen!** just you watch it, mate *fam*!; **sich** [**vor jdm/etw**] **in ~ nehmen** to be wary [of sb/sth]; **vielen Dank für die Warnung, ich werde mich in ~ nehmen** thank you for the warning, I'll be on my guard; **nimm dich in ~ vor dieser gefährlichen Kurve!** please take care on this dangerous bend!

Acht[3] <-> [axt] *f* ➊ HIST *(Entzug der bürgerlichen Rechte)* ▪ **die ~** outlawry; **in ~ und Bann sein** to be outlawed ➋ *(Ausschluss aus christlicher Gemeinschaft)* **jdn in ~ und Bann tun** to excommunicate sb; *(verdammen)* to ostracize sb

acht·bar *adj (geh)* respectable

Acht·bar·keit <-> *f (geh)* respectability

ach·te(r, s) [ˈaxtə, -tɐ, -təs] *adj* ➊ *(nach dem siebten kommend)* eighth; **an ~r Stelle** [in] eighth [place]; **die ~ Klasse** third year of senior school BRIT, eighth grade AM ➋ *(Datum)* eighth; **heute ist der ~** it's the eighth of May today; **am ~n September** on the eighth of September

Ach·te(r) [ˈaxtə, -tɐ] *f(m) dekl wie adj* ➊ *(Person)* ▪ **der/die/das ~** the eighth; **du bist jetzt der ~, der fragt** you're the eighth person to ask; **als ~ an der Reihe** [*o* **dran**] **sein** to be the eighth [in line]; **~**[**r**] **sein/werden** to be/finish [in] eighth [place]; **als ~r durchs Ziel gehen** he finished eighth, he crossed the line in eighth place; **jeder ~** every eighth person, one in eight [people] ➋ *(bei Datumsangabe)* ▪ **der ~** [*o* **geschrieben: der 8.**] the eighth *spoken,* the 8th *written;* ▪ **am ~n** on the eighth ➌ *(Namenszusatz)* **Karl der ~** [*o* **geschrieben: Karl VIII.**] Karl the Eighth *spoken or written* Karl VIII]

Acht·eck [ˈaxtʔɛk] *nt* octagon **acht·eckig** *adj* octagonal, eight-sided *attr* **acht·ein·halb** [ˈaxtʔaɪnˈhalp] *adj* eight and a half; *s. a.* **anderthalb**

ach·tel [ˈaxtl] *adj* eighth

Ach·tel <-s, -> [ˈaxtl] *nt o* SCHWEIZ *m* eighth; **zwei/drei ~** two/three eighths; **ein ~ Rotwein** a small glass of red wine *(measuring 125 ml)*

Ach·tel·fi·na·le *nt* round of the last sixteen, eighth-finals *rare;* **die Sieger des ~s** the winners from the last sixteen **Ach·tel·no·te** *f* MUS quaver **Ach·tel·pau·se** *f* MUS quaver rest

ach·ten [ˈaxtn] **I.** *vt (schätzen)* ▪ **jdn ~** to respect sb; ▪ **jdn als etw ~** to respect sb as sth **II.** *vi* ➊ *(aufpassen)* ▪ **auf jdn/etw ~** to look after [*or fam* keep an eye on] sb/sth ➋ *(be~)* ▪ **auf jdn/etw ~** to pay attention to sb/sth; **auf das Kleingedruckte ~** to pay attention to the small print ➌ *(darauf sehen)* ▪ **darauf ~, etw zu tun** to remember to do sth; **achtet aber darauf, dass ihr nichts umwerft!** be careful [*or* take care] not to knock anything over!

äch·ten [ˈɛçtn] *vt* ➊ *(verdammen)* ▪ **jdn ~** to ostracize sb ➋ HIST *(proskribieren)* ▪ **jdn** [**für etw**] **~** to outlaw sb [for sth]

ach·tens [ˈaxtns] *adv* eighthly

ach·tens·wert *adj* **ein ~er Erfolg** a commendable success, commendable efforts; **eine ~e Person** a worthy person

Ach·ter <-s, -> [ˈaxtɐ] *m (Ruderboot)* ▪ **ein ~** an eight **Ach·ter·bahn** *f* roller-coaster **Ach·ter·deck** *nt* after deck

ach·ter·lei [ˈaxtɐlaɪ] *adj inv* eight [different]; **~ Brot/Käse** eight [different] kinds of bread/cheese; **in ~ Farben/Größen** in eight [different] colours [*or* AM -ors] / sizes

ach·tern [ˈaxtɐn] *adv* NAUT aft, astern; **nach/von ~** aft/from aft, astern/from astern

acht·fach, 8fach [ˈaxtfax] **I.** *adj* eightfold; **die ~e Menge** eight times the amount; **bei ~er Vergrößerung** enlarged eight times; **in ~er Ausfertigung** eight copies of **II.** *adv* eightfold, eight times over

Acht·fa·che, 8·fa·che *nt dekl wie adj* the eightfold *rare;* ▪ **das ~ an etw** *dat* eight times as much of sth; **um das ~ größer/höher sein** to be eight times bigger [*or* as big] /higher [*or* as high]; **um das ~ erhöhen** to increase eightfold [*or* eight times]

acht|ge·ben *vi irreg s.* Acht[2]

acht·ge·schos·sig *adj* eight-storey [*or* AM -story] *attr;* **das Haus ist ~** the house has eight storeys

acht|ha·ben *vi irreg (geh) s.* Acht[2]

acht·hun·dert [ˈaxtˈhʊndɐt] *adj* eight hundred; *s. a.* **hundert** **acht·hun·dert·jäh·rig** *adj* eight hundred-year-old *attr;* **das ~e Bestehen von etw feiern** to celebrate the octocentenary [*or* octocentennial] of sth

acht·jäh·rig, 8-jäh·rig[RR] [ˈaxtjɛːrɪç] *adj* ➊ *(Alter)* eight-year-old *attr*; eight years old *pred*; **ein ~er Junge** an eight-year-old boy, a boy of eight; **das ~e Jubiläum einer S.** *gen* the eighth anniversary of sth ❷ *(Zeitspanne)* eight-year *attr*; **eine ~e Amtszeit** an eight-year tenure, a tenure [of] eight years **Acht·jäh·ri·ge(r)**, **8-Jäh·ri·ge(r)**ᴿᴿ ['axtjɛːrɪgə, -gə] *f(m) dekl wie adj* eight-year-old **acht·köp·fig** *adj* eight-headed *attr*; **eine ~e Familie** a family of eight

acht·los I. *adj* careless, thoughtless; ■ **~ von jdm sein, etw zu tun** to be thoughtless of sb to do sth **II.** *adv* without noticing; **~ ging er an ihr vorbei** he went past her without noticing

Acht·lo·sig·keit <-> *f* ❶ *(Unachtsamkeit)* carelessness ❷ *(unachtsames Verhalten)* thoughtlessness

acht·mal, **8-mal**ᴿᴿ ['axtmaːl] *adv* eight times; **~ so viel/so viele** eight times as much/as many

acht·ma·lig, **8-ma·lig**ᴿᴿ ['axtmaːlɪç] *adj* eight times over; **nach ~em Klingeln** after ringing [the bell] eight times [*or* for the eighth time], after eight rings of the bell

acht·sam ['axtzaːm] **I.** *adj (geh)* careful; ■ **~ sein [mit etw]** to be careful [with sth] **II.** *adv (geh)* carefully; **bitte gehen Sie sehr ~ damit um!** please take great care with this!

Acht·sam·keit <-> *f kein pl (geh)* care

Acht·sit·zer <-s, -> *m* eight-seater **Acht·spur·tech·nik** *f* MUS, TV eight-track technology **acht·stö·ckig**, **8-stö·ckig**ᴿᴿ *adj inv* eight-storey [*or* AM -story] *attr*; with eight storeys *pred* **Acht·stun·den·tag** [axt'ʃtʊndn̩taːk] *m* eight-hour day **acht·stün·dig**, **8-stün·dig**ᴿᴿ ['axtʃtʏndɪç] *adj* eight-hour *attr*; lasting eight hours *pred*; **~er Arbeitstag** eight-hour day **acht·tä·gig**, **8-tä·gig**ᴿᴿ ['axtɛːgɪç] *adj* eight-day *attr*; lasting eight days *pred* **acht·tau·send** ['axt'tauznt] *adj* ❶ *(Zahl)* eight thousand; *s. a.* **tausend 1** ❷ *(fam: 8.000 Euro)* eight grand *no pl*, eight thou *no pl sl*, eight G's [*or* K's] *no pl* AM *sl* **Acht·tau·sen·der** <-s, -> ['axt'tauzndɐ] *m* mountain over 8,000 metres [*or* AM meters] **acht·tei·lig**, **8-tei·lig**ᴿᴿ *adj* eight-part; *Besteck* eight-piece **Acht·und·sech·zi·ger(in)** <-s, -> *m(f)* sb who took an active part in the demonstrations and student revolts of 1968

Ach·tung¹ ['axtʊŋ] *interj* **~!** ❶ *(Vorsicht)* watch [*or* look] out!; „**~ Hochspannung!**" 'danger, high voltage!'; „**~ Lebensgefahr!**" 'danger [to life]!'; „**~ Stufe!**" 'mind the step' ❷ *(Aufmerksamkeit)* [your] attention please!; **~, ~, eine wichtige Durchsage!** [your] attention please, this is an important message! ❸ MIL attention!; **~, präsentiert das Gewehr!** present arms! ▸ WENDUNGEN: **~, fertig, los!** ready, steady, go!; **~, auf die Plätze, fertig, los!** on your marks, [get] set, go!

Ach·tung² <-> ['axtʊŋ] *f kein pl* ❶ *(Beachtung)* ■ **die ~ einer S.** *gen* respect for sth ❷ *(Wertschätzung)* ■ **~ [vor jdm/etw]** respect [for sb/sth]; **[keine] ~ vor jdm/etw haben** to have [no] respect for sb/sth; *sth dat* **[bei jdm] ~ verschaffen** to earn [sb's] respect; **alle ~!** well done!; **bei aller ~ [vor jdm/etw]** with all due respect [for sb/sth]

Äch·tung <-, -en> *f* ❶ *(Verfemung)* ostracism ❷ *(Verdammung)* condemnation ❸ HIST *(Erklärung der Acht)* outlawing

ach·tung·ge·bie·tend *adj (geh)* awe-inspiring **Ach·tungs·ap·plaus** *m* polite applause **Ach·tungs·er·folg** *m* reasonable success

acht·zehn ['axtseːn] *adj* eighteen; **ab ~ frei[gegeben] sein** *Film* for eighteen and over; ■ **~ Uhr** 6pm, 1800hrs *written*, eighteen hundred hours *spoken*; *s. a.* **acht¹**

acht·zehn·te(r, s) *adj* eighteenth; *s. a.* **achte(r, s)**

acht·zig ['axtsɪç] *adj* ❶ *(Zahl)* eighty; **die Linie ~ fährt zum Bahnhof** the No. 80 goes to the station;

~ [Jahre alt] sein to be eighty [years old]; **mit ~ [Jahren]** at the age of eighty, at eighty [years old], as an eighty-year-old; **über ~ sein** to be over eighty; **Mitte ~ sein** to be in one's mid-eighties ❷ *(fam: Stundenkilometer)* eighty [kilometres [*or* AM -ers] an hour]; **[mit] ~ fahren** to do [*or* drive at] eighty [kilometres an hour] ▸ WENDUNGEN: **jdn auf ~ bringen** *(fam)* to make sb's blood boil, to make sb flip his/her lid; **auf ~ sein** *(fam)* to be hopping mad *fam*; *s. a.* **Sache**

acht·zi·ger, **80er** ['axtsɪgɐ] *adj attr, inv* ❶ *(das Jahrzehnt von 80 bis 90)* **die ~ Jahre** the eighties, the '80s ❷ *(Wein aus dem Jahre '80)* [from] '80; **ein ~ Jahrgang** an '80 vintage

Acht·zi·ger¹, **80er** ['axtsɪgɐ] *m (Wein aus dem Jahrgang '80)* '80 vintage

Acht·zi·ger² ['axtsɪgɐ] *pl* **in den ~n sein** to be in one's eighties

Acht·zi·ger(in) <-s, -> ['axtsɪgɐ] *m(f)* octogenarian; **meine Mutter ist schon eine ~in** my mother's already in her eighties

Acht·zi·ger·jah·re ['axtsɪgɐjaːrə] *pl* ■ **die ~** the eighties [*or* '80s]

acht·zig·jäh·rig, **80-jährig**ᴿᴿ ['axtsɪçjɛːrɪç] *adj* ❶ *(Alter)* eighty-year-old *attr*; eighty years old *pred* ❷ *(Zeitspanne)* eighty-year *attr*

Acht·zig·jäh·ri·ge(r), **80-Jährige(r)**ᴿᴿ ['axtsɪçjɛːrɪgə, -gə] *f(m) dekl wie adj* eighty-year-old

acht·zig·ste(r, s) ['axtsɪçstə, -tə, -təs] *adj* eightieth; *s. a.* **achte(r, s)**

Acht·zy·lin·der ['axttsilɪndɐ] *m (fam)* ❶ *(Wagen)* eight-cylinder car ❷ *(Motor)* eight-cylinder engine **Acht·zy·lin·der·mo·tor** *m* eight-cylinder engine **acht·zy·lind·rig** ['axttsilɪndrɪç] *adj* eight-cylinder; ■ **~ sein** to have eight cylinders

äch·zen ['ɛçtsn̩] *vi* ❶ *(stöhnen)* to groan; **~ und stöh·nen** *(fam)* to moan and groan *fam* ❷ *(knarren)* to creak

Äch·zer <-s, -> *m (schwerer Seufzer)* groan; ▸ WENDUNGEN: **seinen letzten ~ tun** *(fam)* to draw one's last breath

Acker <-s, Äcker> ['akɐ, *pl*: 'ɛkɐ] *m* field; **den ~/die Äcker bestellen** to plough the field[s], to till the soil

Acker·bau *m kein pl* [arable] farming; **~ betreiben** to farm [the land], to till the soil **acker·bau·trei·bend** *adj attr* farming **Acker·bee·re** *f* dewberry **Acker·boh·ne** *f* broad bean **Acker·flä·che** *f* area of arable land **Acker·gaul** *m (pej: Pferd)* cart-horse, old nag *pej*; ▸ WENDUNGEN: **aus einem ~ kann man kein Rennpferd machen** *(prov)* you can't make a silk purse out of a sow's ear *prov* **Acker·ge·rät** *nt* farm[ing] implement **Acker·knob·lauch** *nt* wild leek **Acker·kru·me** *f* topsoil **Acker·land** *nt kein pl* arable [farm]land

ackern ['akɐn] *vi* ❶ *(fam: hart arbeiten)* to slog away *fam* ❷ *(das Feld bestellen, pflügen)* to till the soil

Acker·sa·lat *m* DIAL lamb's lettuce **Acker·schne·cke** *f* ZOOL field slug **Acker·win·de** *f* BOT field bindweed

a con·to [a 'kɔnto] *adv* on account

Acryl <-s> [a'kryːl] *nt* acrylic

Acryl·far·be *f* acrylic paint **Acryl·glas** *nt* acrylic glass

Ac·ti·ni·um <-s> [ak'tiːnjʊm] *nt* actinium

Ac·tion <-> ['ɛkʃn̩] *f (fam)* action *fam*; **jede Menge ~** loads of action; *(bei Veranstaltung a.)* lots going on; **~ geladen** action packed

Ac·tion·film *m* action film

a. D. [aːˈdeː] *Abk von* **außer Dienst** retd.

A. D. [aːˈdeː] *Abk von* **Anno Domini** AD

ad ab·sur·dum [at apˈzʊrdʊm] *adv* [etw] **~ führen** *(geh)* to make nonsense of [sth]

ADAC <-> [aːdeːʔaːˈtseː] *m kein pl Abk von* **Allgemei-**

ner **Deutscher Automobil-Club** *German automobile club,* ≈ AA BRIT, ≈ RAC BRIT, ≈ AAA AM

ad ac·ta [at 'akta] *adv* **etw ~ legen** *(geh)* to consider sth [as] finished [or closed]

Adam <-s, -s> ['a:dam] *m* ❶ *(Name)* Adam ❷ *(hum: Mann)* man ▸ WENDUNGEN: **bei ~ und Eva anfangen** *(fam)* to start from scratch [*or* the very beginning]; **noch von ~ und Eva stammen** *(fam)* to be out of the ark, fam; **nach ~ Riese** *(fam)* according to my calculations; **seit ~s Zeiten** *(fam)* for God knows how long *fam*

Adams·ap·fel *m* *(fam)* Adam's apple **Adams·kos·tüm** *nt* ▸ WENDUNGEN: **im ~** *(hum fam)* in one's birthday suit

Adap·ta·ti·on <-, -en> [adapta'tsi̯o:n] *f (fachspr)* s. **Adaption**

Adap·ter <-s, -> [a'dapte] *m* adapter, adaptor

adap·tie·ren' [adap'ti:rən] **I.** *vt* ❶ *(umarbeiten)* **etw [für etw] ~** to adapt sth [for sth] ❷ ÖSTERR *(herrichten)* **etw ~** to renovate sth; **der neue Mieter muss die Wohnung noch mit Tapeten und Fußbodenbelägen ~** the new tenant still has to fit the flat out with wallpaper and floor coverings **II.** *vr* **sich an etw** *akk* **~** to adapt to sth

Adap·ti·on <-, -en> [adap'tsi̯o:n] *f* ❶ *kein pl (Einfügung)* **jds ~ an etw** *akk* sb's adaptation to sth; **die ~ an seine neue Umgebung fiel ihm nicht leicht** it wasn't easy for him to adapt to his new surroundings ❷ LIT adaptation

adä·quat [adɛ'kva:t] *adj* adequate; **~e Position/Stellung/~es Verhalten** suitable position/job/behaviour [*or* AM -or]; **~e Kritik** valid criticism; **einer S.** *dat* **~ sein** to be appropriate [*or* in proportion] to sth

Adä·quat·heit <-> *f kein pl (geh)* adequacy; *Kritik* validity

ad·die·ren' [a'di:rən] **I.** *vt* **etw ~** to add up sth *sep;* **etw zu etw ~** to add sth to sth **II.** *vi* to add; **ich habe mich beim A~ vertan** I've made a mistake counting

Ad·dis Abe·ba <-s> ['adɪs 'a(:)beba] *nt* Addis Ababa

Ad·di·ti·on <-, -en> [adi'tsi̯o:n] *f* addition

ade [a'de:] *interj* SÜDD goodbye; **jdm] ~ sagen** to say goodbye [to sb], **jdm/einer S.** *dat* **~ sagen** to bid sb/sth farewell

Adel <-s> ['a:dl] *m kein pl* ❶ *(Gesellschaftsschicht)* nobility, aristocracy ❷ *(Zugehörigkeit zum ~)* [membership of the] nobility [*or* aristocracy]; **~ verpflichtet** noblesse oblige; **jdm den ~ verleihen** to bestow a title on sb, to raise sb to the peerage BRIT; **alter ~** ancient nobility, ancienne noblesse; **aus altem ~ stammen** to be a member of the ancient nobility [*or* from an old aristocratic family] [*or* aristocratic lineage]; **erblicher ~** hereditary title [*or* peerage]; **der hohe ~** the higher nobility, the aristocracy; **der niedere ~** the lesser nobility; **persönlicher ~** non-hereditary title, life peerage; **verarmter ~** impoverished nobility; **von ~** of noble birth; **von ~ sein** to be [a] noble [*or* of noble birth] [*or* a member of the nobility] ❸ *(geh: edle Gesinnung)* nobility; **der ~ einer S.** *gen* the nobility of sth

ade·lig ['a:dəlɪç] *adj* s. **adlig**

Ade·li·ge(r) ['a:dəlɪgə, -gə] *f(m) dekl wie adj* s. **Adlige(r)**

adeln ['a:dln] *vt* **jdn ~** ❶ *(den Adel verleihen)* to bestow a title on sb, to raise sb to the peerage ❷ *(geh: auszeichnen)* to ennoble sb; **deine Großmut adelt dich sehr** your magnanimity does you credit

Adels·ti·tel *m* title [of nobility]

Ade·no·sin·tri·phos·phat *nt* BIOL adenosine triphosphate

Ader <-, -n> ['a:de] *f* ❶ *(Vene)* vein; *(Schlagader)* artery; **sich** *dat* **die ~n aufschneiden** to slash one's

wrists; **jdn zur ~ lassen** *(veraltet)* to bleed sb; *(fig)* to milk sb ❷ *(Erzgang)* vein ❸ *(einzelner Draht)* core ❹ BOT vein ❺ *(Begabung)* **eine ~ für etw haben** to have a talent for sth; **jds ~ sein** to be sb's forte; **eine künstlerische/musikalische/poetische ~ haben** to have an artistic/musical/poetic bent

Äder·chen <-s, -> ['ɛ:dɐçən] *nt dim von* **Ader** small vein

Ader·haut *f* ANAT *(Blutgefäßschicht des Auges)* choroid coat

Ader·lassᴿᴿ <-es, -lässe> *m,* **Ader·laß**ᴬᴸᵀ <-lasses, -lässe> *m* ❶ *(geh: fühlbarer Verlust)* drain ❷ MED *(veraltet)* bleeding

Äde·rung <-, -en> *f* ❶ ANAT veining ❷ BOT venation

ADFC [a:de:?ɛf'tse:] *m Akr von* **Allgemeiner Deutscher Fahrrad-Club**

Ad·hä·si·ons·ver·schlussᴿᴿ [athɛ'zi̯o:ns-] *m* [reusable] adhesive seal

ad hoc [at 'hɔk] *adv (geh)* ad hoc

Ad-hoc-Maß·nah·me *f (geh)* ad hoc measure **Ad-hoc-Mit·tei·lung** [at 'hɔk-, at 'ho:k-] *f* BÖRSE ad hoc report *(as required by the German Securities Trade Act)*

adi·eu [a'di̯ø:] *interj (geh) s.* **ade**

adi·pös [adi'pø:s] *adj* adipose

Ad·jek·tiv <-s, -e> ['atjɛkti:f, *pl:* -i:və] *nt* adjective

Ad·junkt(in) <-en, -en> [at'jʊŋkt] *m(f)* ÖSTERR, SCHWEIZ *(unterer Beamter)* low-ranking civil servant

ad·jus·tie·ren' [atjʊs'ti:rən] *vt* **etw ~** to adjust sth; **ein Messgerät/die Waage ~** to set a gauge/the scales; **ein Zielfernrohr ~** to collimate a telescope

Ad·ju·tant(in) <-en, -en> [atju'tant] *m(f)* adjutant, aide-de-camp

Ad·ler <-s, -> ['a:dle] *m* eagle

Ad·ler·au·ge *nt* eagle eye; **~n haben** *(fig)* to be eagle-eyed, to have eagle eyes; *(alles sehen)* to be hawk-eyed, to have eyes like a hawk **Ad·ler·farn** *m* bracken **Ad·ler·horst** *m* eyrie **Ad·ler·lachs** *m* coraker, shadefish **Ad·ler·na·se** *f* aquiline nose **Ad·ler·ro·chen** *m* eagle ray

ad·lig ['a:dlɪç] *adj* aristocratic, noble; **er kann eine lange Reihe ~er Vorfahren vorweisen** he comes from a long line of aristocrats; **~ sein** to have a title, to be titled

Ad·li·ge(r) ['a:dlɪgə, -gə] *f(m) dekl wie adj* aristocrat, nobleman *masc,* noblewoman *fem*

Ad·mi·nis·tra·ti·on <-, -en> [atminɪstra'tsi̯o:n] *f* ❶ *(Verwaltung)* administration ❷ POL *(Regierung)* administration, government

ad·mi·nis·tra·tiv [atminɪstra'ti:f] **I.** *adj* administrative **II.** *adv* administratively

Ad·mi·ral¹ <-s, -e> [atmi'ra:l] *m (Schmetterlingsart)* red admiral

Ad·mi·ral(in)² <-s, -e *o* Admiräle> [atmi'ra:l, *pl:* -rɛ:lə] *m(f)* admiral

Ad·mi·ra·li·tät <-, -en> [atmirali'tɛ:t] *f* admirals *pl,* admiralty *no pl,* Admiralty [Board] BRIT, Navy Department AM

Ad·mi·rals·rang *m* rank of admiral; **im ~** holding the rank of admiral

Ado·nis <-, -se> [a'do:nɪs] *m (geh)* Adonis; **du bist auch nicht gerade ein ~!** you're no oil-painting yourself! *fam*

adop·tie·ren' [adɔp'ti:rən] *vt* **jdn ~** to adopt sb; **adoptiert sein/werden** to be adopted

Adop·ti·on <-, -en> [adɔp'tsi̯o:n] *f* adoption; **ein Kind zur ~ freigeben** to put a child up for adoption

Adop·tiv·el·tern [adɔp'ti:f-] *pl* adoptive parents **Adop·tiv·kind** *nt* adopted [*or* adoptive] child

Adr. *f Abk von* **Adresse** adr.

Ad·re·na·lin <-s> [adrena'li:n] *nt kein pl* adrenalin

Ad·re·na·lin·spie·gel *m* adrenalin level **Ad·re·na·lin-**

stoß *m* rush [*or* surge] of adrenalin

Ad·res·sat(in) <-en, -en> [adrɛ'saːt] *m(f)* ❶ *(geh: Empfänger)* addressee ❷ *(geh: der, an den jd sich zu richten hat)* person, *to whom sb should direct themselves;* **unser Abteilungsleiter ist Ihr ~** our head of department is the person you should go [*or* turn] to ❸ *pl* ÖKON *(Zielgruppe)* target group[s]

Ad·res·sa·ten·grup·pe *f* target group

Ad·res·sa·tin <-, -nen> *f fem form von* **Adressat**

Ad·ress·buch[RR] *nt* ❶ *(amtliches Adressverzeichnis)* directory ❷ *(Notizbuch für Adressen)* address book

Ad·res·se <-, -n> [a'drɛsə] *f* ❶ *(Anschrift)* address ❷ INFORM *(Kennzeichen für einen Speicherplatz einer Datei)* address ❸ *(Name)* address ▸ WENDUNGEN: **an jds eigene ~ gehen** [*o* **sich an jds eigene ~ richten**] *(geh: an jdn selbst)* to be addressed [*or* directed] at sb [personally]; **bei jdm [mit etw] an der falschen/richtigen ~ sein** to have addressed [*or* come to] the wrong/right person [*or* knocked at the wrong door] [with sth]; **bei jdm [mit etw] an die falsche/richtige** [*o* **verkehrte**] **~ kommen** [*o* **geraten**] *(fam)* to address the wrong/right person [with sth], to knock at [*or* come to] the wrong door; **sich an die falsche/richtige ~ wenden** *(fam)* to come [*or* go] to the wrong/right place [*or* person], to knock at the wrong/right door; **etw an jds ~ richten** *(geh)* to address sth to sb; **eine Warnung an jds ~ richten** to issue [*or* address] a warning to sb, to warn sb

ad·res·sie·ren* [adrɛ'siːrən] *vt* ◼ etw [an jdn/etw] ~ to address sth to sb/sth

Ad·res·sier·ma·schi·ne *f* addressing machine, Addressograph®

ad·rett [ad'rɛt] **I.** *adj (hübsch, gepflegt)* smart; **ein ~es Äußeres** a smart [*or* well-groomed] appearance **II.** *adv* neatly, smartly; **sie ist immer ~ gekleidet** she's always neatly turned out [*or* smartly dressed]

Ad·ria <-> ['aːdria] *f* ◼ **die ~** the Adriatic [Sea]

Ad·vent <-s, -e> [at'vɛnt] *m* Advent [season]; ◼ **im ~** during [the] Advent [season]; **erster/zweiter/dritter/vierter ~** first/second/third/fourth Sunday in Advent

Ad·vents·ka·len·der *m* Advent calendar **Ad·vents·kranz** *m* Advent wreath **Ad·vents·sonn·tag** *m* Advent Sunday **Ad·vents·zeit** *f* Advent [season]

Ad·verb <-s, -ien> [at'vɛrp, *pl:* -bi̯ən] *nt* adverb

ad·ver·bi·al [atvɛr'bi̯aːl] **I.** *adj* adverbial **II.** *adv* adverbially

Ad·ver·bi·al·be·stim·mung *f* adverbial qualification

Ad·ver·bi·al·satz *m* adverbial clause

Ad·vo·kat(in) <-en, -en> [atvo'kaːt] *m(f)* ❶ ÖSTERR, SCHWEIZ *(Rechtsanwalt)* lawyer, solicitor BRIT, attorney AM ❷ *(geh: Fürsprecher)* advocate

Ad·vo·ka·tur <-, -en> [atvoka'tuːɐ̯] *f* SCHWEIZ ❶ *(Amt eines Advokaten)* legal profession ❷ *(Kanzlei eines Advokaten)* lawyer's office

Ad·vo·ka·tur·bü·ro *nt* SCHWEIZ lawyer's office

Ad·vo·ka·turs·kanz·lei *f* ÖSTERR *(Anwaltskanzlei)* lawyer's [*or* AM *a.* law] office

Ad·zu·ki·boh·ne *f* adzuki bean

Ae·ro·bic <-s> [ɛ'roːbɪk] *nt kein pl* aerobics + *sing/pl vb*

Ae·ro·bi·er <-s, -> [ae'roːbi̯ɐ] *m* BIOL, MED aerobe

Ae·ro·dy·na·mik [aerody'naːmɪk] *f* aerodynamics + *sing/pl vb*

ae·ro·dy·na·misch [aerody'naːmɪʃ] **I.** *adj* aerodynamic **II.** *adv* aerodynamically

Af·fä·re <-, -n> [a'fɛːrə] *f* ❶ *(Angelegenheit)* affair, business *no pl* ❷ *(Liebesabenteuer)* [love] affair; **eine ~ haben** to have an affair ❸ *(unangenehmer Vorfall)* affair; *(Skandal)* scandal; **in eine ~ verwickelt sein** to be involved [*or* mixed up] in an affair ▸ WENDUNGEN:

keine [große] ~ sein to be no big deal *fam;* **sich aus der ~ ziehen** *(fam)* to wriggle out of a sticky situation *fam*

Äff·chen <-s, -> ['ɛfçən] *nt dim von* **Affe** little monkey [*or* ape]

Af·fe <-n, -n> ['afə] *m* ❶ *(Tier)* ape, monkey ❷ *(sl: blöder Kerl)* fool, idiot, clown, twit *sl;* **ein eingebildeter ~** *(fam)* a conceited ass *fam* ▸ WENDUNGEN: [dasitzen] **wie der ~ auf dem Schleifstein** *(sl)* [to sit there] looking like a right berk [*or* AM real fool]; **die drei ~n** see no evil, hear no evil, speak no evil; **flink wie ein ~** agile as a cat; **ich glaub' [*o* denk'] , mich laust der ~!** *(fam)* I think my eyes are deceiving me!

Af·fekt <-[e]s, -e> [a'fɛkt] *m bes* JUR affect *form,* emotion; **im ~ handeln** to act in the heat of the moment

Af·fekt·hand·lung *f* act committed in the heat of the moment

af·fek·tiert [afɛk'tiːɐ̯t] **I.** *adj (pej geh)* affected, artificial **II.** *adv (pej geh)* affectedly, artificially

af·fen·ar·tig *adj (den Affen ähnlich)* apelike, like a monkey *pred,* simian *form* **Af·fen·brot·baum** *m* baobab **Af·fen·brot·baum·frucht** *f* monkey bread **af·fen·geil** ['afn̩ɡail] *adj (sl)* really cool *sl,* wicked *sl* **Af·fen·haus** *nt* monkey house **Af·fen·hit·ze** ['afn̩hɪtsə] *f (fam)* scorching heat; **heute ist mal wieder eine ~!** it's another scorching hot day! *fam,* it's another scorcher! *fam* **Af·fen·kä·fig** *m* monkey cage; ▸ WENDUNGEN: **zugehen wie im** [*o* **in einem**] **~** *(fam)* to be like bedlam *fam;* **hier geht es ja zu wie in einem ~!** it's like bedlam in here!; **stinken wie im** [*o* **in einem**] **~** *(sl)* to smell like a pig sty, to stink to high heaven **Af·fen·mensch** *m* ape-man **Af·fen·schande** *f (fam)* it's a sin *fam* **Af·fen·tem·po** *nt (fam)* breakneck speed; **in** [*o* **mit**] **einem ~** at breakneck speed **Af·fen·the·a·ter** *nt (fam: furchtbare Umstände)* [sheer] farce; ▸ WENDUNGEN: [wegen etw] **ein ~ machen** to make a right [*or* AM real] song and dance [*or* fuss] [about sth] **Af·fen·zahn** *m (sl)* breakneck speed

Af·fi·che <-, -n> [a'fiʃə] *f* SCHWEIZ *(Plakat)* poster, bill

af·fig ['afɪç] **I.** *adj (pej fam)* affected; **einen ~en Eindruck machen** to make a ridiculous impression **II.** *adv (pej fam)* affectedly

Äf·fin <-, -nen> ['ɛfɪn] *f fem form von* **Affe** female monkey, she-monkey; *(Menschen~)* female ape, she-ape

Af·fi·ni·tät <-, -en> [afini'tɛːt] *f (geh)* affinity

Af·front <-s, -s> [a'frõː] *m (geh)* affront; ◼ **ein ~ gegen jdn/etw** an affront [*or* insult] to sb/sth

Af·gha·ne, Af·gha·nin <-n, -n> [afˈɡaːnə, afˈɡaːnɪn] *m, f* Afghan; *s. a.* **Deutsche(r)**

Af·gha·nisch [afˈɡaːnɪʃ] *nt dekl wie adj* Afghan; *s. a.* **Deutsch**

af·gha·nisch [afˈɡaːnɪʃ] *adj* Afghan; *s. a.* **deutsch**

Af·gha·ni·sche <-n> *nt* ◼ **das ~** Afghan, the Afghan language; *s. a.* **Deutsch**

Af·gha·nis·tan <-s> [afˈɡaːnɪstaːn] *nt* Afghanistan; *s. a.* **Deutschland**

Af·ri·ka <-s> ['aːfrika] *nt* Africa

Afri·kaans <-> [afri'kaːns] *nt* Afrikaans

Afri·ka·ner(in) <-s, -> [afri'kaːnɐ] *m(f)* African; ◼ **~ sein** to be [an] African

afri·ka·nisch [afri'kaːnɪʃ] *adj* African

Afro·ame·ri·ka·ner(in) ['aːfro-] *m(f)* Afro-American

afro·ame·ri·ka·nisch ['aːfro-] *adj inv* Afro-American

Afro·look[RR], **Afro Look**[ALT] <-s, -s> ['aːfroluk] *m* Afro[-look]; ◼ **im ~** with [*or* in] an Afro[-look]; **sie trug ihre Haare früher im ~** she used to have an Afro [*or* her hair in an Afro]

Af·ter <-s, -> ['aftɐ] *m (geh)* anus

Af·ter·shave[RR], **Af·ter·shave**[ALT] <-[s], -s> ['aːftɐʃeːf] *nt* aftershave

AG <-, -s> [a:'ge:] *f Abk von* **Aktiengesellschaft** plc, public limited company BRIT, |stock| corporation AM

Ägä·is <-> [ɛ'gɛːɪs] *f* the Aegean [Sea]

Agar <-s> ['a:gar] *nt kein pl* BIOL agar

Aga·ve <-, -n> [a'ga:və] *f* agave

Agent(in) <-en, -en> [a'gɛnt] *m(f)* ❶ *(Spion)* [secret] agent, spy ❷ *(Generalvertreter)* agent, representative

Agen·ten·ring *m* spy ring **Agen·ten·tä·tig·keit** *f* espionage

Agen·tin <-, -nen> *f fem form von* **Agent**

Agen·tur <-, -en> [agɛɛn'tu:ɐ̯] *f* agency

Agen·tur·be·richt *m* [news] agency report **Agen·tur·mel·dung** *f* agency report

Ag·glo·me·rat <-[e]s, -e> [aglome'ra:t] *f* ❶ *(geh: Anhäufung)* agglomeration *form,* agglomerate *form* ❷ CHEM agglomerate ❸ GEOL conglomerate

Ag·glo·me·ra·ti·on <-, -en> [aglomera'tsi̯o:n] *f* SCHWEIZ *(Ballungsraum)* conurbation

Ag·glu·ti·na·ti·on <-, -en> [aglutina'tsi̯o:n] *f* MED *(Verklumpung von Blutbestandteilen)* agglutination

ag|glu·ti·nie·ren* [agluti'ni:rən] *vi sein* MED agglutinate

Ag·gre·gat <-[e]s, -e> [agre'ga:t] *nt* unit, set [of machines]; *(Stromaggregat)* power unit

Ag·gre·gat·zu·stand *m* CHEM state

Ag·gres·si·on <-, -en> [agrɛ'si̯o:n] *f* ❶ *(aggressive Gefühle)* aggression; **~en gegen jdn/etw empfinden** to feel aggressive [*or* aggression] towards sb/sth ❷ MIL *(Angriff)* aggression

Ag·gres·si·ons·stau *m* pent-up aggression **Ag·gres·si·ons·ver·hal·ten** *nt* BIOL aggressive behaviour [*or* AM -or]

ag·gres·siv [agrɛ'si:f] I. *adj* aggressive II. *adv* aggressively

Ag·gres·si·vi·tät <-, -en> [agrɛsivi'tɛ:t] *f* aggressiveness

Ag·gres·sor <-s, -ssoren> [a'grɛso:ɐ̯, *pl:* -'so:rən] *m (geh)* aggressor

agie·ren* [a'gi:rən] *vi (geh)* ▪ [als etw] ~ to act [*or* operate] [as sth]

agil [a'gi:l] *adj (geh)* ❶ *(beweglich)* agile ❷ *(geistig regsam)* mentally agile [*or* alert]

Agio <-s, -s> ['a:dʒi̯o] *nt* FIN, BÖRSE agio, premium

Agi·ta·ti·on <-, -en> [aguta'tsi̯o:n] *f* agitation; ▪ ~ **treiben** [*o* betreiben] to agitate

Agi·ta·tor, Agi·ta·to·rin <-en, -toren> [agi'ta:to:ɐ̯, agita'to:rɪn, *pl:* -'to:rən] *m, f* agitator

agi·tie·ren* [agi'ti:rən] *vi (geh)* ▪ [für jdn/etw] ~ to agitate [for sb/sth]

Ag·nos·ti·ker(in) <-s, -> [ag'nɔstikɐ] *m(f)* PHILOS agnostic

Ag·nos·ti·zis·mus <-> [agnɔsti'tsɪsmʊs] *m kein pl* PHILOS agnosticism

Ago·nie <-, -n> [ago'ni:, *pl:* -'ni:ən] *f (geh)* death throes *npl;* **in ~ liegen** [to be] in the throes of death; **in [letzter/tiefer] ~ liegen** *(geh)* to be in the [last] throes of death

Agrar·flä·che *f* agrarian land **Agrar·ge·sell·schaft** *f* agrarian [*or* agricultural] society **Agrar·land** *nt* agricultural country **Agrar·markt** *m* agricultural market **Agrar·mi·nis·ter(in)** *m(f)* Minister for Agriculture BRIT, Agriculture Secretary AM, Secretary of Agriculture AM **Agrar·po·li·tik** *f* agricultural policy **Agrar·re·form** *f* agricultural reform **Agrar·staat** *m* agrarian state **Agrar·wirt·schaft** *f* agricultural economy

Agro·bak·te·ri·um <-s, -bakterien> ['agro-] *nt* BIOL agrobacterium

Agro·che·mie ['agro-] *f* agrochemistry, agricultural chemistry

Ägyp·ten <-s> [ɛ'gʏptn̩] *nt* Egypt

Ägyp·ter(in) <-s, -> [ɛ'gʏptɐ] *m(f)* Egyptian; ▪ ~ **sein** to be [an] Egyptian

ägyp·tisch [ɛ'gʏptɪʃ] *adj* Egyptian

ah [a:] *interj* ❶ *(sieh an)* ah, oh; ~, **jetzt verstehe ich** ah, now I understand; ~, **da kommt ja unser Essen!** oh look, here comes our food ❷ *(Ausdruck von Wohlbehagen)* mmm; ~, **das schmeckt lecker!** mmm, that tastes lovely!

äh [ɛː] *interj* ❶ *(Pausenfüller)* er; ~, **lass mich mal nachdenken** er, just let me think ❷ *(Ausdruck von Ekel)* ugh; ~, **was stinkt das denn hier so widerlich!** ugh, what's the disgusting smell in here?

aha [a'ha:] *interj* ❶ *(ach so)* aha, [ah,] I see; ~, **ich verstehe!** aha, I understand [*or* see] ❷ *(sieh da)* look!

Aha-Er·leb·nis [a'ha:-] *nt* PSYCH aha experience [*or* moment], moment of sudden insight

Ah·le <-, -n> ['a:lə] *f* bodkin

Ahn <-[e]s *o* -en, -en> ['a:n] *m (geh: Vorfahre)* ancestor

ahn·den ['a:ndn̩] *vt (geh)* ▪ etw [mit etw] ~ to punish sth [with sth]

Ah·ne¹ <-n, -n> ['a:nə] *m s.* **Ahn**

Ah·ne² <-n, -n> ['a:nə] *f (geh) fem form von* **Ahn** ancestress

äh·neln ['ɛ:n|n̩] *vt* ▪ jdm/etw ~ to resemble sb/sth; **du ähnelst meiner Frau** you remind me of my wife; ▪ jdm [in etw *dat*] ~ to resemble sb [in sth]; **die Schwestern ~ sich in ihrem Aussehen** the sisters resemble each other [*or* one another] in appearance

ah·nen ['a:nən] I. *vt* ❶ *(vermuten)* ▪ etw ~ to suspect sth; ~, **dass/was/weshalb …** to suspect, that/what/why …; **na, ahnst du jetzt, wohin wir fahren?** well, have you guessed where we're going yet? ❷ *(voraussehen)* ▪ etw ~ to have a premonition of sth ❸ *(er~)* ▪ etw ~ to guess [at] sth; **das kann/konnte ich doch nicht ~!** how can/could I know that?; **ohne es zu ~** without suspecting, unsuspectingly; **ohne zu ~, dass/was** without suspecting, that/what; **etwas/nichts [von etw] ~** to know something/nothing [about sth], to have an/no idea [about sth] *fam;* [ach,] **du ahnst es nicht!** *(fam)* [oh,] you'll never guess! *fam* II. *vi (geh: schwanen)* ▪ jdm etw ~ to have misgivings [*or* forebodings]; **mir ahnt Schreckliches** I have misgivings; **mir ahnt da nichts Gutes** I fear the worst

Ah·nen·for·schung *f* genealogy **Ah·nen·ga·le·rie** *f* gallery of ancestral [*or* family] portraits **Ah·nen·ge·mäl·de** *nt* ancestral painting **Ah·nen·rei·he** *f* ancestral line **Ah·nen·ta·fel** *f* genealogical table, family tree

Ahn·frau *f (veraltend) fem form von* **Ahne** ancestress **Ahn·herr** *m (veraltend)* ancestor, forefather

Ah·nin <-, -nen> *f (geh selten) fem form von* **Ahne²** ancestress

ähn·lich ['ɛ:nlɪç] I. *adj* similar; ▪ ~ **wie jd/etw sein** to be similar to [*or* like] sb/sth; ▪ [etwas] **Ähnliches** [something] similar; **Ähnliches habe ich vorher noch nie gesehen** I've never seen anything like it II. *adv (vergleichbar)* similarly; ▪ jdm ~ **sehen** to look like [*or* resemble] sb ▸ WENDUNGEN: **das sieht ihm/ihr [ganz] ~!** *(fam)* that's just like him/her *fam,* that's him/her all over *fam* III. *präp +dat;* ▪ ~ **jdm/einer S.** like [*or* similar to] sb/sth

Ähn·lich·keit <-, -en> *f* ❶ *(ähnliches Aussehen)* resemblance, similarity; **man konnte eine gewisse ~ feststellen** there was a certain similarity; ▪ ~ **mit jdm/etw** similarity [*or* resemblance] to sb/sth; **sie hat eine große ~ mit ihrem Vater** she bears a great resemblance to her father ❷ *(Vergleichbarkeit)* similarity ❸ **mit jdm/etw ~ haben** *(ähnliche Züge)* to resemble sb/sth; **du hast ~ mit ihr** you resemble her; *(mit etw vergleichbar sein)* similar to sth

Ah·nung <-, -en> *f* ❶ *(Vorgefühl)* foreboding, premonition; **~en haben** to have premonitions ❷ *(Vermutung)* suspicion, hunch *fam;* **es ist eher so eine ~** it's more of a hunch [than anything] *fam* ❸ *(Idee)* idea; **keine ~ haben** to have no idea; **keine blasse** [*o* **nicht die geringste**] **~ haben** *(fam)* to not have the faintest idea [*or* clue] *fam;* **hast du/haben Sie eine ~, warum/was/wohin …?** *(fam)* do you know why/what/where …?; **hast du eine ~!** *(iron fam)* that's what you think! *fam;* **eine ~** [**davon**] **haben, was** to have an idea what; **~/keine ~** [**von etw**] **haben** to understand/to not understand [sth]; **man merkt gleich, dass sie ~ hat** you can see straight away that she knows what she's talking about; **keine ~ haben, wie …** to not have an idea how …; **keine ~!** *(fam)* [I've] no idea! *fam,* [I] haven't [got] a clue *fam*

ah·nungs·los I. *adj* ❶ *(etw nicht ahnend)* unsuspecting ❷ *(unwissend)* ignorant, clueless **II.** *adv* unsuspectingly

Ah·nungs·lo·se(r) *f(m) dekl wie adj* unsuspecting [person]; **spiel nicht die ~** don't play [*or* come] the innocent [with me] *fam*

Ah·nungs·lo·sig·keit <-> *f* ❶ *(Arglosigkeit)* innocence, naivety ❷ *(Unwissenheit)* ignorance

ahoi [a'hɔy] *interj* ■ **Boot ~!** ship ahoy!

Ahorn <-s, -e> ['a:hɔrn] *m* ❶ *(Baum)* maple [tree] ❷ *(Holz)* maple [wood]

Ahorn·blatt *nt* maple leaf **Ahorn·press·saft^{RR}** *m* maple sap

Äh·re <-, -n> ['ɛːrə] *f* ❶ *(Samenstand)* ear, head ❷ *(Blütenstand)* spike ▶ WENDUNGEN: **~n lesen** to glean

Äh·ren·ach·se *f* BOT rachilla **Äh·ren·feld** *nt* field [of corn] in the ear **Äh·ren·fisch** *m* sand smelt, smelt, silverside

Aids <-> [eːts] *nt Akr von* **Acquired Immune Deficiency Syndrom** Aids

Aids·er·re·ger *m* Aids virus **Aids·hil·fe** *f* Aids relief **aids·in·fi·ziert** *adj* infected with Aids *pred* **Aids·infi·zier·te(r)** *f(m) dekl wie adj* person infected with Aids **aids·krank** *adj* suffering from Aids *pred* **Aids·kran·ke(r)** *f(m) dekl wie adj* person suffering from Aids, Aids sufferer **Aids·test** *m* Aids test **Aids·über·tra·gung** *f* Aids transmission **Aids·vi·rus** *nt* Aids virus

Ai·ma·ra [ajma'ra] *nt* Aymara; *s. a.* **Deutsch**

Air·bag <-s, -s> ['ɛːɐbɛk] *m* airbag **Air·bus** ['ɛːɐbʊs] *m* airbus

Aja·tol·lah <-s, -s> [aja'tɔla] *m* Ayatollah

Aka·de·mie <-, -en> [akade'miː, *pl:* -'miːən] *f* ❶ *(Fachhochschule)* college ❷ *(wissenschaftliche Vereinigung)* academy; **~ der Wissenschaften** academy of sciences

Aka·de·mi·ker(in) <-s, -> [aka'deːmike] *m(f)* ❶ *(Hochschulabsolvent)* college [*or* university] | graduate ❷ *(Hochschullehrkraft)* academic

aka·de·misch [aka'deːmɪʃ] **I.** *adj* ❶ *(von der Universität verliehen)* academic ❷ *(studentisch)* scholarly; **~es Proletariat** academic proletariat ❸ *(abstrakt)* theoretical, academic **II.** *adv* ■ **gebildet sein** to be academically [*or* university] educated

Aka·zie <-, -n> [a'kaːtsi̯ə] *f* ❶ *(Acacia)* acacia ❷ *(fam: Robinie)* robinia, false acacia

Ake·lei <-, -en> [akə'lai] *f* BOT columbine

Aki·pflau·me ['aːki-] *f* ackee

Ak·kla·ma·ti·on <-, -en> [aklama'tsi̯oːn] *f* acclamation; **jdn per** [*o* **durch**] [*o* **mit**] **~ wählen** ÖSTERR, SCHWEIZ to elect sb by acclamation

ak·kli·ma·ti·sie·ren* [aklimati'ziːrən] *vr* ❶ *(sich gewöhnen)* ■ **sich** [**an etw** *dat*] **~** to become acclimatized [to sth] ❷ *(sich einleben)* ■ **sich** [**an etw** *akk*] **~** to become [*or* get] used to sth; ■ **sich** [**bei jdm**] **~** to settle in [somewhere]

Ak·kli·ma·ti·sie·rung <-, -en> *f* acclimatization

Ak·kom·mo·da·ti·on <-, -en> [akɔmoda'tsi̯oːn] *f* BIOL accommodation

Ak·kord¹ <-[e]s, -e> [a'kɔrt, *pl:* -kɔrdə] *m* chord

Ak·kord² <-[e]s, -e> [a'kɔrt, *pl:* -kɔrdə] *m* piece-work; ■ **im** [*o* **in**] [*o* **auf**] **~ arbeiten** to be on piece-work

Ak·kord·ar·beit *f* piece-work **Ak·kord·ar·bei·ter(in)** *m(f)* piece-worker

Ak·kor·de·on <-s, -s> [a'kɔrdeɔn] *nt* accordion

Ak·kord·lohn *m* piece-work pay **Ak·kord·zu·schlag** *m* piece-work bonus

ak·kre·di·tie·ren* [akredi'tiːrən] *vt* ■ **jdn** [**bei etw**] [**als etw**] **~** to accredit sb [to sth] [as sth]; ■ **akkreditiert** accredited; ■ [**bei etw**] **~ sein** to be accredited [to sth]; **sie ist beim Handelsministerium akkreditiert** she is accredited to the ministry of trade

Ak·kre·di·tie·rung <-, -en> *f* accreditation; ■ **jds ~** [**bei etw**] sb's accreditation [to sth]

Ak·ku <-s, -s> ['aku] *m (fam) kurz für* **Akkumulator**

Ak·ku·mu·la·tor <-s, -toren> [akumu'laːtoːɐ, *pl:* -'toːrən] *m* accumulator, [storage] battery

ak·ku·rat [aku'raːt] **I.** *adj* ❶ *(sorgfältig)* meticulous; **~er Mensch** meticulous person ❷ *(exakt)* accurate, precise **II.** *adv* ❶ *(sorgfältig)* meticulously ❷ *(exakt)* accurately ❸ DIAL *(genau)* exactly

Ak·ku·sa·tiv <-s, -e> ['akuzatiːf, *pl:* -tiːvə] *m* accusative [case]

Ak·ku·sa·tiv·ob·jekt *nt* direct [*or* accusative] object

Ak·ne <-, -n> ['aknə] *f* acne

Akon·to·zah·lung [a'kɔnto-] *f* payment on account; **eine ~ von 30% auf den Kaufpreis** a 30% deposit on the asking price, a deposit [*or* down payment] of 30% of the asking price

Akri·bie <-> [akri'biː] *f kein pl (geh)* [extreme] precision

akri·bisch [a'kriːbɪʃ] **I.** *adj (geh)* [extremely] precise, meticulous; ■ **etwas Akribisches** something [extremely] precise [*or* meticulous] **II.** *adv (geh)* [extremely] precisely, meticulously

Akro·bat(in) <-en, -en> [akro'baːt] *m(f)* acrobat

Akro·ba·tik <-> [akro'baːtɪk] *f kein pl* ❶ *(Körperbeherrschung und Geschicklichkeit)* acrobatic skill ❷ SPORT *(Disziplin)* acrobatics + *sing vb*

akro·ba·tisch *adj* acrobatic

Akro·nym <-s, -e> [akro'nyːm] *nt* acronym

Akt¹ <-[e]s, -e> [akt] *m* ❶ *(Darstellung eines nackten Menschen)* nude [painting] ❷ *(geh: Geschlechts~)* sexual act ❸ *(Handlung)* act; **ein ~ der Rache** an act of revenge ❹ *(Zeremonie)* [ceremonial] act, ceremony ❺ *(Aufzug eines Theaterstücks)* act ❻ *(Zirkusnummer)* act ▶ WENDUNGEN: **das ist doch kein ~!** *(fam)* that's not much to ask *fam*

Akt² <-[e]s, -e> [akt] *m* ÖSTERR *(Akte)* file

Akt·auf·nah·me *f* nude photograph **Akt·bild** *nt* nude picture [*or* painting]

Ak·te <-, -n> ['aktə] *f* ❶ *(Unterlagen zu einem Vorgang)* file; **die ~ Borgfeld** the Borgfeld file ❷ *(Personalakte)* file, records ❸ **in die ~ kommen** to be entered into the/a [personal] file, to go on record [*or* file]; **zu den ~n kommen** to be filed away; *(etw ablegen)* to file sth away; *(etw als erledigt betrachten)* to lay sth to rest

Ak·ten·berg *m (fam)* mountain of files **Ak·ten·ein·sicht** *f (geh)* inspection of the files [*or* records] **Ak·ten·kof·fer** *m* attaché [*or* executive] case, briefcase **ak·ten·kun·dig** *adj* ❶ *(mit dem Inhalt der Akte vertraut sein)* familiar with the records *pred* ❷ *(in Akten vermerkt)* on record ▶ WENDUNGEN: **sich ~ machen** to make oneself familiar with the records **Ak·ten·la·ge** *f* **nach ~** according to the files **Ak·ten·map·pe** *f* ❶ *(Hefter für Akten)* folder ❷ *(schmale Aktentasche)* portfolio **Ak·ten·no·tiz** *f* memorandum **Ak·ten·ord·ner** *m* file **Ak·ten·schrank** *m* filing cabinet **Ak·ten·ta·sche** *f* briefcase **Ak·ten·ver·merk** *m*

memo, memorandum **Ak·ten·ver·nich·ter** *m* shredder **Ak·ten·ver·nich·tung** *f (Zerreißen)* document [*or* file] shredding; *(Verbrennen)* document [*or* file] incineration **Ak·ten·zei·chen** *nt* file reference [number]
Akt·fo·to *nt* nude photograph **Akt·fo·to·gra·fie** *f* nude photography
Ak·tie <-, -n> ['akts̩ə] *f* BÖRSE share, stock *esp* AM; **die ~n stehen gut/schlecht** *(einen guten Kurs haben)* the shares are doing well/badly; *(fig: die Umstände sind vorteilhaft)* things are/aren't looking good ▶ WENDUNGEN: **wie stehen die ~n?** *(hum fam: wie geht's?)* how's it going?, BRIT *a.* how's tricks? *fam; (wie sind die Aussichten?)* what are the prospects?
Ak·ti·en·be·sitz *m* BÖRSE shareholdings, AM *a.* stockholdings **Ak·ti·en·fonds** *m* share fund **Ak·ti·en·ge·sell·schaft** *f* ÖKON public limited company BRIT, [stock] corporation AM **Ak·ti·en·in·dex** *m* share index **Ak·ti·en·kurs** *m* share [*or* AM *a.* stock] price **Ak·ti·en·markt** *m* stock market **Ak·ti·en·mehr·heit** *f* majority shareholding **Ak·ti·en·op·ti·on** *f* stock option **Ak·ti·en·pa·ket** *nt* parcel of shares
Ak·tin <-s, -e> [ak'ti:n] *nt* BIOL actin
Ak·ti·on <-, -en> [ak'tsi̯o:n] *f* ❶ *(Handlung)* act, action ❷ *(Sonderverkauf)* sale ❸ *(Militär-, Werbeaktion)* campaign ❹ **in ~ sein** to be [constantly] in action; **in ~ treten** to act, to go [*or* come] into action **Ak·ti·o·när(in)** <-s, -e> [aktsi̯o'nɛːɐ̯] *m(f)* FIN shareholder, AM *a.* stockholder
Ak·ti·o·närs·ver·samm·lung *f* ÖKON shareholders' [*or* AM *a.* stockholders'] meeting
Ak·ti·o·nis·mus <-> [aktsi̯o'nɪsmʊs] *m (pej: übertriebener Tätigkeitsdrang)* excessive desire for action
ak·ti·ons·fä·hig *adj* ❶ *(fam: in der Lage, zu agieren)* capable of action *pred* ❷ MIL *(kampffähig)* ready [*or* fit] for action *pred* **Ak·ti·ons·ko·mi·tee** *nt* action committee **Ak·ti·ons·preis** *m* special offer **Ak·ti·ons·ra·di·us** *m* ❶ *(Reichweite)* radius [*or* range] of action ❷ *(Wirkungsbereich)* sphere of activity; **diese Abteilung ist ab heute Ihr neuer ~** this department is your new domain from today **ak·ti·ons·un·fä·hig** *adj* ❶ *(nicht in der Lage, zu agieren)* incapable of action *pred* ❷ MIL *(nicht kampffähig)* not ready [*or* fit] for action *pred;* **etw ~ machen** to render sth unfit for action, to stand sth down
ak·tiv [ak'ti:f] **I.** *adj* ❶ *(rührig, praktizierend)* active; **in etw** *dat* **~ sein** to be active in sth ❷ *(im Militärdienst befindlich)* serving; **~e Laufbahn** [professional] career ❸ *(berufstätig)* working **II.** *adv* ❶ *(tatkräftig)* actively ❷ *(als ~er Soldat)* **~ dienen** to serve
Ak·tiv <-s, *<selten* -e> [ak'ti:f, *pl:* -ti:və] *nt* LING active [voice]
Ak·ti·va [ak'ti:va] *pl* ÖKON assets; **~ und Passiva** assets and liabilities
Ak·ti·ve(r) [ak'ti:və, -ve] *f(m) dekl wie adj* active participant
ak·ti·vie·ren [akti'vi:rən] *vt* ❶ *(anspornen)* **jdn ~** to stimulate sb, to get sb moving [*or fam* going] ❷ *(aktiver gestalten)* **etw ~** to intensify sth, to step sth up ❸ MED *(stimulieren)* **etw ~** to stimulate sth ❹ *(in Gang setzen)* **etw ~** to activate sth; **einen Prozess ~** to set a process in motion
Ak·ti·vie·rung <-, -en> *f* ❶ *(Anregen zu vermehrter Tätigkeit)* activation; **dieses Mittel dient zur ~ der körpereigenen Abwehrkräfte** this preparation serves to activate the body's defences ❷ CHEM, PHYS activation ❸ ÖKON activation, improvement; **von Bilanz** carrying as assets; **die ~ des Außenhandels** achievement of an export surplus
Ak·ti·vist(in) <-en, -en> [akti'vɪst] *m(f) (aktiver Mensch)* active person; *(politisch aktiver Mensch)* politically active person, activist
Ak·ti·vi·tät <-, -en> [aktivi'tɛːt] *f* ❶ *(Tätigkeit)* activity

❷ BIOL *(Funktion)* function ❸ *(Strahlung)* [radio]activity ❹ **~/-~en entfalten** to be active
Akt·tiv·pos·ten *m* ÖKON asset
Akt·tiv·ur·laub *m* activity holiday
Akt·ma·le·rei *f* nude painting **Akt·mo·dell** *nt* nude model
ak·tu·a·li·sie·ren *vt* **etw ~** to bring sth up-to-date, to update sth; **aktualisiert** up-to-date, updated
Ak·tu·a·li·sie·rung <-, -en> [aktu̯ali'zi:rʊŋ] *f* update
Ak·tu·a·li·tät <-, -en> [aktu̯ali'tɛːt] *f* ❶ *(Gegenwartsinteresse)* topicality ❷ *pl (geh: aktuelle Ereignisse)* current events
Ak·tu·ar(in) <-s, -e> [ak'tu̯a:ɐ̯] *m(f)* SCHWEIZ *(Schriftführer)* secretary
ak·tu·ell [ak'tu̯ɛl] *adj* ❶ *(gegenwärtig)* topical; **die ~sten Nachrichten** the latest news; **~e Vorgänge** current events; **Aktuelles** topicalities, news; **Aktuelles findet man nur in der Tageszeitung** it is only possible to find the latest [*or* most up-to-date] news in a daily newspaper ❷ *(gegenwärtig)* current; **~e Kaufkraft** real purchasing power ❸ *(modern)* latest; **solche Schuhe sind schon lange nicht mehr ~** shoes like that haven't been in fashion for ages
Akt·zeich·nung *f* nude drawing
Aku·pres·sur <-, -en> [akuprɛ'su:ɐ̯] *f* acupressure
Aku·punk·teur(in) <-s, -e> [akupʊŋk'tøːɐ̯] *m(f)* acupuncturist
aku·punk·tie·ren [akupʊŋk'ti:rən] **I.** *vt* **jdn ~** to perform acupuncture on sb **II.** *vi* to [perform] acupuncture
Aku·punk·tur <-, -en> [akupʊŋktu:ɐ̯] *f* acupuncture
Akus·tik <-> [a'kʊstɪk] *f kein pl (akustische Verhältnisse)* acoustics + *pl vb;* **der Raum hat eine gute ~** the room has good acoustics ❷ *(Lehre vom Schall)* acoustics + *sing vb*
Akus·tik·kopp·ler *m* TECH, INFORM acoustic coupler
akus·tisch [a'kʊstɪʃ] **I.** *adj* acoustic **II.** *adv* acoustically; **ich habe dich rein ~ nicht verstanden** I just didn't hear [*or* catch] what you said
akut [a'ku:t] *adj* ❶ MED *(plötzlich auftretend)* acute ❷ *(dringend)* pressing, urgent; **~er Mangel** acute shortage [*or* lack]; **etwas Akutes** something pressing [*or* urgent]
Akut <-[e]s, -e> [a'ku:t] *m* LING acute [accent]
AKW <-s, -s> [a:ka:'ve:] *nt Abk von* **Atomkraftwerk**
Ak·zent <-[e]s, -e> [ak'tsɛnt] *m* ❶ *(Aussprache)* accent; **einen bestimmten ~ haben** to have a certain [type of] accent; **mit ~ sprechen** to speak with an accent ❷ LING *(Zeichen)* accent ❸ *(Betonung)* stress ❹ *(Schwerpunkt)* accent, emphasis; **den ~ auf etw legen** *akk* to emphasize [*or* accentuate] sth; **~e setzen** *(Vorbilder schaffen)* to set [new] trends; *(akzentuiert in bestimmter Weise)* to emphasize [*or* stress] sth
ak·zent·frei **I.** *adj* without an [*or* any] accent *pred;* **~ sein** to have no accent **II.** *adv* without an [*or* any] accent
ak·zen·tu·ie·ren [aktsɛntu'i:rən] *vt (geh)* ❶ *(betonen)* **etw ~** to emphasize sth ❷ *(hervorheben)* **etw ~** to accentuate sth
ak·zep·ta·bel [aktsɛp'ta:bl] *adj* acceptable; **[für jdn] ~ sein** to be acceptable [to sb]; **etwas Akzeptables** something acceptable
Ak·zep·tanz <-> [aktsɛp'tants] *f* acceptance
ak·zep·tie·ren [aktsɛp'ti:rən] **I.** *vt* **etw ~** to accept sth **II.** *vi* to accept
AL <-, -s> *f Abk von* **Alternative Liste** electoral pact of alternative political groups
à la [a la] *adv* ❶ KOCHK *(nach Art von)* à la, after the manner of ❷ LIT *(nach jds Art)* in the manner [*or* style] of sb
Ala·bas·ter <-s, -> [ala'bastɐ] *m* alabaster
Alarm <-[e]s, -e> [a'larm] *m* ❶ *(Warnsignal)* alarm;

■ **~ schlagen** [*o* **geben**] to sound [*or* raise] the alarm ② MIL *(Alarmzustand)* alert; ■ **~ sein** to be on alert; ■ **bei ~** during an alert; ■ **~!** alert!, action stations!
Alarm·an·la·ge *f* alarm [system] **alarm·be·reit** *adj* on stand-by *pred* **Alarm·be·reit·schaft** *f* stand-by; ■ **~ haben** to be on stand-by; ■ **in ~ sein** [*o* **stehen**] to be on stand-by; **jdn/etw in ~ versetzen** to put sb/sth on stand-by **Alarm·glo·cke** *f* alarm bell; ▶ WENDUNGEN: **bei jdm geht die ~** *(fam)* sb sees the warning signs
alar·mie·ren [alar'mi:rən] *vt* ① *(zum Einsatz rufen)* ■ **jdn ~** to call sb out ② *(aufschrecken)* ■ **jdn ~** to alarm sb
alar·mie·rend *adj* alarming
Alarm·sig·nal *nt* alarm signal; **bei jdm/etw ein ~ auslösen** to alert sb/sth **Alarm·stu·fe** *f* state of alert **Alarm·übung** *f* practice alert **Alarm·vor·rich·tung** *f* alarm [device] **Alarm·zu·stand** *m* alert; ■ **im ~ sein** to be on the alert [*or* stand-by]; **jdn in den ~ versetzen** to put sb on the alert, stand-by
Alb¹ <-s> |alp, *pl:* -bə| *f kein pl* **die** [Schwäbische] **~** the Swabian Alps
Alb^RR2 <-[e]s, -e> *m meist pl* ① *(veraltend geh: Albtraum)* nightmare ② *(veraltet: Nachtmahr)* spectre [*or* AM -er]
Al·ba·ner(in) <-s, -> |al'ba:nɐ| *m(f)* Albanian; *s. a.* **Deutsche(r)**
Al·ba·ni·en <-s> |al'ba:nĭən| *nt* Albania; *s. a.* **Deutschland**
al·ba·nisch |al'ba:nɪʃ| *adj* Albanian; *s. a.* **deutsch**
Al·ba·nisch |al'ba:nɪʃ| *nt dekl wie adj* Albanian; *s. a.* **Deutsch**
Al·ba·ni·sche *nt* ■ **das ~** Albanian; *s. a.* **Deutsche**
Al·ba·tros <-, -se> |'albatrɔs| *m* albatross
Alb·druck^RR *(selten -drücke)* -e *m (schwere seelische Bedrückung)* nightmare; ▶ WENDUNGEN: **wie ein ~ auf jdm lasten** to weigh heavily on sb [*or* sb's mind]
Al·ben |alben| *pl von* **Album**
al·bern¹ |'albɐn| **I.** *adj* ① *(kindisch)* childish, puerile ② *(lächerlich, unbedeutend)* laughable, trivial **II.** *adv* childishly
al·bern² |'albɐn| *vi* to fool around
Al·bern·heit <-, -en> *f* ① *(kindisches Wesen)* childishness ② *(Lächerlichkeit, Unbedeutsamkeit)* triviality ③ *(kindische Handlung)* tomfoolery ④ *(lächerliche Bemerkung)* silly remark
Al·bi·nis·mus <-> |albi'nɪsmʊs| *m kein pl* BIOL, MED albinism
Al·bi·no <-s, -s> |al'bi:no| *m* albino
Alb·traum^RR *m* nightmare
Al·bum <-s, Alben> |'albʊm, *pl:* 'albən| *nt* album
Al·bu·min <-s, -e> |albu'mi:n| *nt* BIOL, MED albumin
Al·chi·mie <-> |alçi'mi:| *f,* **Al·che·mie** <-> |alçə'mi:| *f bes* ÖSTERR alchemy
Al·chi·mist(in) <-en, -en> *m(f),* **Al·che·mist(in)** <-en, -en> *m(f) bes* ÖSTERR alchemist
Al·de·hyd <-s, -e> |alde'hy:t| *nt* CHEM *(Verbindung von Alkoholen mit Sauerstoff)* aldehyde
al den·te |al'dɛntə| *adj* [*of pasta*] tender but still firm when bitten, al dente
ale·man·nisch |ale'manɪʃ| *adj* LING Alemannic
Ale·vit(in) <-en, -en> |ale'vi:t, -tɪn| *m(f)* REL Alevite
Al·fal·fa·spros·sen |al'falfa-| *pl* alfalfa sprouts
Al·ge <-, -n> |'algə| *f* alga
Al·ge·bra <-> |'algebra| *f* algebra
al·ge·bra·isch |alge'bra:ɪʃ| *adj* algebraic
Al·gen·blü·te *f* algal bloom **Al·gen·pest** *f* ÖKOL plague of algae
Al·ge·ri·en <-s> |al'ge:rĭən| *nt* Algeria; *s. a.* **Deutschland**
Al·ge·ri·er(in) <-s, -> *m(f)* Algerian; *s. a.* **Deutsche(r)**
al·ge·risch |al'ge:rɪʃ| *adj* Algerian; *s. a.* **deutsch**

Al·gier <-s> |'alʒi:ɐ| *nt* Algiers
Al·go·rith·mus <-, -men> |algo'rɪtmʊs| *m* algorithm
ali·as |'a:lĭas| *adv* alias, otherwise known as
Ali·bi <-s, -s> |'a:libi| *nt* ① *(Aufenthaltsnachweis zur Tatzeit)* alibi ② *(Vorwand)* excuse
Ali·bi·frau *f* token woman **Ali·bi·funk·ti·on** *f* use as an alibi [*or* excuse]; ■ [**nur**] **~ haben** to [only] serve as an alibi [*or* excuse] **Ali·bi·po·li·tik** *f* token policy
Ali·men·te |ali'mɛntə| *pl* maintenance *no pl,* alimony *no pl* AM
Alk¹ <-s> |alk| *m kein pl (pej sl)* alcohol
Alk² <-en, -en> |alk| *m* ORN auk
Al·ka·li <-s, -lien> |al'ka:li, *pl:* -lĭən| *nt* alkali
al·ka·lisch |al'ka:lɪʃ| *adj* alkaline
Al·ka·lo·id <-[e]s, -e> |alkalo'i:t, *pl:* -i:də| *nt* alkaloid
Al·ko·hol <-s, -e> |'alkohoːl| *m* alcohol; **jdn unter ~ setzen** *(sl)* to get sb drunk [*or vulg* BRIT *a.* pissed]; **unter ~ stehen** *(geh)* to be under the influence [of alcohol]
al·ko·hol·arm *adj* low alcohol, low in alcohol *pred* **Al·ko·hol·de·li·ri·um** *nt* alcoholic delirium **Al·ko·hol·ein·fluss^RR** *m (geh)* influence of alcohol; **unter ~ stehen** to be under the influence of alcohol [*or* BRIT *a.* drink] **Al·ko·hol·ein·wir·kung** *f* influence of alcohol **Al·ko·hol·ex·zess^RR** *m* excessive drinking **Al·ko·hol·fah·ne** *f (fam)* alcohol breath; ■ **eine ~ haben** to smell of alcohol [*or* drink], to have alcohol breath **al·ko·hol·frei** *adj* non-alcoholic, alcohol-free **Al·ko·hol·geg·ner(in)** *m(f)* teetotaler BRIT, teetotaller AM, *esp* AM prohibitionist **Al·ko·hol·ge·halt** *m* alcohol[ic] content **Al·ko·hol·ge·nuss^RR** *m (geh)* consumption of alcohol **al·ko·hol·hal·tig** *adj* alcoholic
Al·ko·ho·li·ka |alko'ho:lika| *pl* alcoholic drinks
Al·ko·ho·li·ker(in) <-s, -> |alko'ho:likɐ| *m(f)* alcoholic; ■ **~ sein** to be [an] alcoholic; **Anonyme ~** Alcoholics Anonymous
al·ko·ho·lisch |alko'ho:lɪʃ| *adj* alcoholic
al·ko·ho·li·siert |alkoholi'zi:rən| **I.** *adj (geh)* inebriated **II.** *adv (geh)* inebriatedly; **wer ~ Auto fährt, macht sich strafbar** anyone who drives in an inebriated state is open to prosecution, drunk drivers are liable to prosecution *fam*
Al·ko·ho·lis·mus <-> |alkoho'lɪsmʊs| *m* alcoholism
Al·ko·hol·kon·sum *m* consumption of alcohol **al·ko·hol·krank** *adj inv* alcoholic **Al·ko·hol·mess·ge·rät^RR** *nt* alcoholometer, breathalyser BRIT *fam,* Breathalyzer® AM **Al·ko·hol·miss·brauch^RR** *m kein pl* alcohol abuse **Al·ko·hol·pe·gel** *m (hum),* **Al·ko·hol·spie·gel** *m* level of alcohol in one's blood, Blood-alcohol level **Al·ko·hol·steu·er** *f* duty [*or* tax] on alcohol **al·ko·hol·süch·tig** *adj* MED alcoholic, addicted to alcohol **Al·ko·hol·süch·ti·ge(r)** *f(m) dekl wie adj* alcoholic **Al·ko·hol·sün·der(in)** *m(f) (fam)* [convicted] drunk driver *fam* **Al·ko·hol·test** *m* breath test *fam* **Al·ko·hol·ver·bot** *nt* ban on alcohol, *esp* AM prohibition **Al·ko·hol·ver·gif·tung** *f* alcohol[ic] poisoning
all |al| *pron indef* all; ■ **~ jds ...** all sb's ....; **sie gab ihnen ~ ihr Geld** she gave them all her money; ■ **~ der/die/das/dies ...** all the/this ...; **~ die Zeit** all the time; **~ dies soll umsonst gewesen sein?** all this was for nothing?
All <-s> |al| *nt kein pl* space
all·abend·lich |al'ʔa:bṇtlɪç| **I.** *adj* regular evening *attr;* **der ~e Spaziergang** the regular evening walk **II.** *adv* every evening
Al·lah |'ala:| *m* REL Allah
all·be·kannt |'albəkant| *adj* universally known
all·dem |al'de:m| *pron s.* **alledem**
al·le |'alə| *adj pred (fam) (gegessen)* ■ **~ sein** to be all gone [*or* finished]; **der Kuchen ist ~!** the cake is all gone [*or* finished]; **etw ~ machen** to finish sth off *sep* ▶ WENDUNGEN: **jdn ~ machen** *(sl)* to do sb in *sl;* **ich**

bin ganz ~ I'm exhausted [*or* finished]
al·le(r, s) [ˈalə, -lɐ, -ləs] *pron indef* ❶ *attr (mit Singular)* all; **er hat ~s Geld verloren** he's lost all his money; [**ich wünsche dir**] **~s Gute** [I wish you] all the best; *(mit Plural)* all, all the; **ich bitte ~e Anwesenden** I call on all those present ❷ *substantivisch* ■ **~ all of** you, everyone, all of them; **und damit sind ~ gemeint** and that means everyone; **das sind aber viele Bücher, hast du sie ~ gelesen?** that's a lot of books, have you read them all?; **von den Röcken haben mir ~ nicht gefallen** I didn't like any of the dresses; **ihr seid ~ beide Schlitzohren!** you're both a couple of crafty devils!; **wir haben ~ kein Geld mehr** none of us have any money left; **zum Kampf ~r gegen ~ kommen** to turn into a free for all; ■ **~ die[jenigen], die** all of those, who, everyone, who ❸ *substantivisch (~ Dinge)* ■ **alles** everything; **ist das schon ~s?** is that everything [*or fam* it] ? ❹ *substantivisch (insgesamt)* ■ **alles** all [that]; **das ist doch ~s Unsinn** that's all nonsense; **das geht dich doch ~s nichts an!** that's nothing at all to do with you! ❺ *substantivisch (fam: ~)* ■ **alles** everyone; **so, nun aber ~s ab ins Bett!** right, everyone [*or* all [of you]] off to bed now!; **bitte ~s aussteigen!** all change, please! ❻ *(bei Zeit und Maßangaben)* every; **~ fünf Minuten** every five minutes; **das ist ~s** that's everything [*or* all]; **das kann doch nicht ~s sein** that can't be everything [*or fam* it]; **soll das schon ~s gewesen sein?** was that everything [*or fam* it] ?; **~ auf einmal** [everyone] all at once; **redet nicht ~ auf einmal** don't all speak at once; **~ auf einmal passen nicht durch die Tür** everyone won't fit through the door [all] at the same time; **in ~m** in everything; **~s in ~m** *(insgesamt betrachtet)* all in all; *(zusammengerechnet)* in all; **trotz ~m** in spite of everything; **über ~s** above all else; **vor ~m** *(insbesondere)* above all; *(hauptsächlich)* primarily; **was ... ~s** *(fam)* **was habt ihr im Urlaub so ~s gemacht?** what did you get up to on holiday?; **was er ~s so weiß** the things he knows; **was sie ~s nicht kann** the things she can do; **~s, was** *(~ Dinge)* everything that; *(das Einzige)* **~s** all [that]; **~s, was jetzt noch zählt, ist Einigkeit** all that matters now is unity; **~s, was ich weiß, ist ...** all I know is that ...; **wer war ~s da?** who was there? ▶ WENDUNGEN: [**wohl**] **nicht mehr ~ haben** *(fam)* to be mad; **hast du/hat er/sie noch ~?** *(fam)* are you/is he/she mad?; **~ für einen und einer für ~** all for one and one for all; **~s und jedes** anything and everything
al·le·dem [aləˈdeːm] *pron* all that; **bei/trotz ~** even so, in spite of that; **zu ~** on top of [all] that; **nichts von ~** none of it
Al·lee <-, -n> [aˈleː, *pl:* -ˈleːən] *f* avenue, tree-lined walk
Al·le·go·rie <-, -n> [alegoˈriː, *pl:* -ˈriːən] *f* allegory
al·le·go·risch [aleˈɡoːrɪʃ] *adj inv* allegorical
Al·le·gro <-s, -s *o* Allegri> [aˈleːɡro, *pl:* -gri] *nt* allegro
al·lein [aˈlain], **al·lei·ne** [aˈlainə] *(fam)* **I.** *adj pred* ❶ *(ohne andere)* alone; **jdn ~ lassen** to leave sb alone; **wir sind jetzt endlich ~** we're on our own at last; **sind Sie ~ oder in Begleitung?** are you by yourself or with someone? ❷ *(einsam)* lonely ❸ *(ohne Hilfe)* on one's own; **auf sich** *akk* **~ angewiesen** [*o* **gestellt**] **sein** to be on one's own, to be left to one's own resources; **für sich ~** by oneself, on one's own; **er arbeitet lieber für sich ~** he prefers to work alone ▶ WENDUNGEN: **für sich ~** [**genommen**] in itself; **dieser Vorfall ist, für sich ~ genommen, schon schwerwiegend genug** this incident is in itself serious enough **II.** *adv* ❶ *(bereits)* just; **~ das Ausmaß der Schäden war schon schlimm genug** the extent of the damage alone was bad enough; **~ der Gedanke daran** the mere [*or* very] thought of it

❷ *(ausschließlich)* exclusively; **das ist ganz ~ dein Bier!** that's up to you!; **das ist ~ deine Entscheidung** it's your decision [and yours alone]; **die ~ selig machende Kirche/Lehre** the only true church/ teaching ❸ *(ohne Hilfe)* single-handedly, on one's own, by oneself; **unser Jüngster kann sich schon ~ anziehen** our youngest can already dress himself [*or* get dressed by himself]; **eine ~ erziehende Mutter/ ein ~ erziehender Vater** a single mother-/a single father; **~ erziehend sein** to be a single parent; **von ~** by itself/oneself; **ich wäre auch von ~ darauf gekommen** I would have thought of it myself ❹ *(unbegleitet)* unaccompanied; *(isoliert)* alone; **das Haus liegt ganz für sich ~** the house is completely isolated; **~ gelassen** left on one's own; **sich** [**sehr/ganz**] **~ gelassen fühlen** to feel abandoned; **~ stehend** single, unmarried ▶ WENDUNGEN: **nicht ~ ..., sondern auch ...** not only [*or* just] ..., but also ...
Al·lein·er·be, -er·bin *m, f* sole heir *masc* [*or fem* heiress]; **er war ~** he was the sole heir **al·lein·er·zie·hend** *adj s.* **allein II. 3 Al·lein·er·zie·hen·de(r)** *f(m) dekl wie adj* single parent **Al·lein·gang** <-gänge> *m (fam)* solo effort; **etw im ~ machen** to do sth on one's own **Al·lein·herr·schaft** *f* POL absolute power **Al·lein·herr·scher(in)** *m(f) (geh)* absolute ruler, autocrat, dictator
al·lei·nig [aˈlainɪç] **I.** *adj attr* sole **II.** *adv (geh)* solely
Al·lein·le·ben·de(r) *f(m) dekl wie adj* single person **Al·lein·sein** *nt kein pl* solitariness; *(Einsamkeit)* loneliness; **manchen Menschen macht das ~ nichts aus** some people don't mind being alone **al·lein·se·lig·ma·chend** *adj s.* **allein II. 2 al·lein·ste·hend** *adj s.* **allein II. 4 Al·lein·ste·hen·de(r)** *f(m) dekl wie adj* unmarried person **Al·lein·stel·lungs·merk·mal** *nt* ÖKON unique selling point, USP **Al·lein·un·ter·hal·ter(in)** *m(f)* solo entertainer **Al·lein·ver·tre·tung** *f* ÖKON sole and exclusive agency [*or* representation]; **die ~ einer Firma haben** to be the sole representative of a firm **Al·lein·ver·trieb** *m* ÖKON exclusive marketing; **in diesem Bezirk hat er den ~ von Mercedes** he's the sole distributor of Mercedes in this area
al·lel [aˈleːl] *adj inv, attr* BIOL allele
Al·lel <-s, -e> [aˈleːl] *nt* BIOL allele
al·le·mal [ˈaləˈmaːl] *adv* ❶ *(ohne Schwierigkeit)* without any trouble; **was er kann, kann ich ~** whatever he can do, I can do, too; **~!** definitely ❷ *(in jedem Fall)* always; **ein für ~** once and for all
al·len·falls [ˈalənˈfals] *adv* at [the] most, at best
al·lent·hal·ben [ˈaləntˈhalbn] *adv (geh)* everywhere
al·ler- [ˈalɐ-] *in Komposita mit superl* ... of all; **die A~schönste .../der A~größte ...** the most beautiful/the biggest of all **al·ler·al·ler-** [ˈalɐˈ?alɐ-] *in Komposita mit superl (fam)* **der/die/das A~schnellste/ A~größte ...** the very fastest/biggest ... *childspeak*
al·ler·bes·te(r, s) [ˈalɐˈbɛstə, -tə, -təs] *adj* very best; **ich wünsche Dir das Allerbeste** I wish you all the best; ■ **es ist das A~** [*o* **am ~n**] **, etw zu tun** it's best to do sth; **es ist das A~, in diesem Fall zu schweigen** it's best to keep quiet in this case
al·ler·dings [ˈalɐˈdɪŋs] *adv* ❶ *(jedoch)* although, but; **ich rufe dich an, ~ erst morgen** I'll call you, although [*or* but] not till tomorrow ❷ *(in der Tat)* definitely, indeed *form;* **~!** indeed!, AM *a.* you bet! *fam;* **hast du mit ihm gesprochen? – ~!** did you speak to him? – I certainly did!
al·ler·ers·te(r, s) [ˈalɐˈ?eːɐstə, -tə, -təs] *adj* the [very] first; **Zähneputzen ist morgens das A~, was er tut** the first thing he does in the morning is clean his teeth; ■ **als A~r** the first; ■ **als A~s** first of all **al·ler·frü·hes·tens** *adv* at the [very] earliest
al·ler·gen [alɐˈɡeːn] **I.** *adj* MED allergenic **II.** *adv* as an allergen; **~ wirken** to have an allergenic effect

Al·ler·gen <-s, -e> |alɛr'ge:n| *nt* MED allergen
Al·ler·gie <-, -n> |alɛr'gi:, *pl:* -gi:ən| *f* allergy; **~ auslö·send** allergenic; **eine ~ [gegen etw] haben** to have an allergy [to sth]
Al·ler·gie·test *m* allergy test
Al·ler·gi·ker(in) <-s, -> |a'lɛrgike| *m(f)* person suffering from an allergy
al·ler·gisch |a'lɛrgɪʃ| **I.** *adj* allergic; ■ **~ gegen etw sein** to be allergic to sth **II.** *adv* ❶ MED **~ bedingt** caused by an allergy; **~ [auf etw *akk*] reagieren** to have an allergic reaction [to sth] ❷ *(abweisend)* **~ auf etw *akk* reagieren** to get hot under the collar about sth
Al·ler·go·lo·ge, **Al·ler·go·lo·gin** <-n, -n> |alɛr-go'lo:gə, -'lo:gɪn| *m, f* allergist
Al·ler·go·lo·gie <-> |alɛrgolo'gi:| *f kein pl* allergology
Al·ler·go·lo·gin <-, -nen> *f fem form von* **Allergologe**
al·ler·hand |'alɐ'hant| *adj inv (fam)* all sorts of; **~ Aus·wahl** enormous choice; *(ziemlich viel)* a great deal [*or fam* masses] of; **ich habe noch ~ zu tun** I've still got so much [*or fam* masses] [*or fam* tons] to do ▸ WENDUNGEN: **das ist ja [*o* doch] ~!** that's a bit rich! [*or* much]; |**das ist**] **~!** Oh my God!, Good heavens! [*or dated* Lord]
Al·ler·hei·li·gen <-s> |'alɐ'hailɪgn| *nt* All Saints' Day
Al·ler·hei·ligs·te(s) |'alɐ'hailɪçsta(s)| *nt dekl wie adj* REL ❶ *(jüdisch)* Holy of Holies ❷ *(katholisch)* Blessed Sacrament **al·ler·höchs·te(r, s)** |'alɐ'høːçstə, -tɐ, -təs| *adj* highest; **die ~ Belastung** the maximum load; **der ~ Betrag** the highest sum ever; **die ~ Geschwindig·keit** the maximum speed; **die ~ Instanz** the supreme authority **al·ler·höchs·tens** *adv* ❶ *(allenfalls)* at the most ❷ *(spätestens)* at the latest; **in ~ 4 Minuten explodiert hier alles!** in no later than 4 minutes everything here will explode!
al·ler·lei |'alɐ'lai| *adj inv* ❶ *substantivisch (viel)* a lot, loads *fam;* **ich muss noch ~ erledigen** I still have a lot [*or fam* loads] to do ❷ *attr (viele Sorten)* all sorts of
Al·ler·lei <-s, <*selten* -s> |'alɐ'lai| *nt* all sorts [*or* kinds] of things; **ein ~ an etw** all sorts of sth; **Leipziger ~** *mixed vegetables comprising of peas, carrots and asparagus*
al·ler·letz·te(r, s) |'alɐ'lɛtstə, -tɐ, -təs| *adj* ❶ *(ganz letzte)* [very] last; ■ **der/die A~** the [very] last [person]; ■ **das A~** the [very] last thing ❷ *(allerneueste)* latest ❸ *(allerjüngste)* recently; **in ~r Zeit** very recently; **in den ~n Wochen** in the last few weeks ▸ WENDUNGEN: |**ja/wirklich**| **das Allerletzte sein** *(fam)* to be beyond the pale! *fam;* **er ist das Aller·letzte!** he's just vile! **al·ler·liebs·te(r, s)** |'alɐ'liːpstə, -tɐ, -təs| *adj* ❶ *(Lieblings-)* favourite BRIT, favorite AM ❷ *(meistgeliebt)* dearest; ■ **am ~n** best [*or* best] [of all]; **mir wäre es am ~n wenn …** I would prefer it if … **Al·ler·liebs·te(r)** |'alɐ'liːpstə, -tɐ| *f(m) dekl wie adj* darling; **sie ist seine ~** she's his favourite **al·ler·meis·te(r, s)** |'alɐ'maistə, -tɐ, -təs| *adj most generali·zation*, the most *comparison;* **im Urlaub verbringt er die ~ Zeit mit Angeln** on holiday he spends most of his time fishing; **er bekommt in der Firma das ~ Geld** he earns the most money in the company; ■ **das A~** most, the lion's share; **das A~ habe ich schon fertig** I've done most of it already; ■ **die A~n** most people; ■ **am ~n** most of all **al·ler·nächs·te(r, s)** |'alɐ'nɛːçstə, -tɐ, -təs| *adj* ❶ *(unmittelbar folgend)* next; **in ~r Zeit** [*o* Zukunft] in the very near future; ■ **als ~s/am ~n** next ❷ *(unmittelbar benachbart)* nearest ❸ *(kürzeste)* shortest ❹ *(emotional nahe)* ■ **am ~n: ihre Tante steht ihr am ~n** her aunt is closest to her **al·ler·neu·es·te(r, s)** |'alɐ'nɔyəstə, -tɐ, -təs|, **al·ler·neus·te(r, s)** |'alɐ'nɔystə, -tɐ, -təs| *adj* latest; **auf dem ~n Stand** state-of-the-art, up-to-the-minute; ■ **das Allerneueste** the latest; ■ **am ~n** the

newest
Al·ler·see·len <-s> |'alɐ'ze:lən| *nt* All Souls' Day
al·ler·seits |'alɐ'zaits| *adv* ❶ *(bei allen)* on all sides; **sie war ~ ein gerne gesehener Gast** she was a welcome guest everywhere ❷ *(an alle)* everyone; **„Abend, ~!"** "evening, everyone!"
al·ler·spä·tes·tens *adv* at the latest
Al·ler·welts·aus·druck *m (pej)* trite [*or* meaningless] [*or* hackneyed] phrase
al·ler·we·nigs·te(r, s) *adj* ❶ *(wenigste: zählbar)* fewest; *(unzählbar)* least; **in den ~n Fällen** in only a very few cases; **das ~ Geld** the least money; **die ~n Menschen** very few people; ■ **am ~n** the least; **die ~** [*o* am ~n] **Zeit haben** to have the least amount of time ❷ *(mindeste)* least; **das ~ wäre noch gewe·sen, sich zu entschuldigen** the least he could have done was to apologize ▸ WENDUNGEN: **das am ~n!** that's the last thing I want to do/hear! **al·ler·we·nigs·tens** |'alɐ'we:nɪçstns| *adv* at [the very] least **Al·ler·wer·tes·te** |'alɐ've:ɐ̯təstə| *m dekl wie adj (hum)* behind, posterior
al·les |'aləs| *pron indef s.* **alle(r, s)**
al·le·samt |'alə'zamt| *adv* all [of them/you/us]; **die Politiker sind doch ~ korrupt** politicians are corrupt to a man; **ihr seid doch ~ verrückt!** you're mad, the lot [*or* all] of you!, you're all mad!
Al·les·fres·ser <-s, -> *m* BIOL omnivore, omnivorous animal **Al·les·kle·ber** *m* general purpose adhesive [*or* glue] **Al·les·schnei·der** *m* slicing machine **Al·les·wis·ser(in)** <-s, -> *m(f)* smart-alec *fam*, know-all BRIT *fam*, know-it-all AM *fam*
all·fäl·lig |'alfɛlɪç| *adj* SCHWEIZ *(eventuell)* necessary
allg. *adj Abk von* **allgemein**
All·gäu <-s> |'algɔy| *nt* ■ **das ~** the Allgäu
all·ge·gen·wär·tig *adj* ❶ REL *(geh)* omnipresent; ■ **der Allgegenwärtige** the omnipresent One, God ❷ *(überall gegenwärtig)* ubiquitous *form*
all·ge·mein |'algə'main| **I.** *adj* ❶ *attr (alle betreffend)* general; **~e Feiertage** national holidays; **im ~en Interesse liegen** [*o* sein] to be in everyone's interests [*or* in the common interest]; **von ~em Interesse sein** to be of interest to everyone; **~e Vorschrif·ten** universal regulations, regulations applying to everyone; **das ~e Wahlrecht** universal suffrage; **die ~e Wehrpflicht** military service ❷ *attr (allen gemein·sam)* general, public; **zur ~en Überraschung** to everyone's surprise; **das ~e Wohl** the common good; **~e Zustimmung finden/auf ~e Ablehnung sto·ßen** to meet with general approval/disapproval ❸ *(nicht spezifisch)* general; **die Frage war ~er Natur** the question was of a rather general nature ▸ WENDUNGEN: **im A~en** *(normalerweise)* generally speaking; *(insgesamt)* on the whole **II.** *adv* ❶ *(aller·seits, überall)* generally; **~ bekannt/üblich sein** to be common knowledge/practice; **~ gültig** general, universally applicable; **~ verständlich** intelligible to everybody; **~ zugänglich sein** to be open to the general public; **~ verbreitet** widespread ❷ *(nicht spe·zifisch)* generally; **der Vortrag war leider sehr ~ gehalten** unfortunately the lecture was rather general [*or* lacked focus]; **eine ~ bildende Schule** *a school providing a general rather than specialized educa·tion;* **~ medizinisch** general medical *attr*
All·ge·mein·arzt, -ärz·tin *m, f* general practitioner **All·ge·mein·be·fin·den** *nt* general health; **danke, mein ~ ist recht gut** generally speaking, I'm very well, thanks **all·ge·mein·bil·dend** *adj* SCH *s.* allge·mein **II. 2 All·ge·mein·bil·dung** *f kein pl* general education **all·ge·mein·gül·tig** *adj attr s.* allgemein **II. 1 All·ge·mein·gül·tig·keit** *f* [universal] validity **All·ge·mein·gut** *nt* common knowledge **All·ge·mein·heit** <-> |'algə'mainhait| *f kein pl* ❶ *(Öf-*

fentlichkeit) general public ❷ *(Undifferenziertheit)* generality, universality; **seine Erklärungen waren von viel zu großer ~** his explanations were far too general

All·ge·mein·me·di·zin *f* general medicine **All·ge·mein·me·di·zi·ner(in)** *m(f)* general practitioner, GP **all·ge·mein·ver·ständ·lich** *adj s.* **allgemein II. 1 All·ge·mein·wis·sen** *nt* general knowledge **All·ge·mein·wohl** *nt* welfare of the general public **All·ge·mein·zu·stand** *m* general health

All·heil·mit·tel *nt* cure-all, panacea *bes pej*

Al·li·anz <-, -en> |a'li̯ants| *f* alliance

Al·li·ga·tor <-s, -toren> |ali'ga:to:ɐ̯| *m* alligator

al·li·iert |ali'i:ɐt| *adj attr* allied

Al·li·ier·te(r) |ali'i:ɐtə, -tə| *f/m) dekl wie adj* ally; ■ **die ~n** the Allies, the Allied Forces

Al·li·te·ra·ti·on <-, -en> |alitera'tsi̯o:n| *f* LIT alliteration

all·jähr·lich |'alˈjɛːɐ̯lɪç| I. *adj attr* annual II. *adv* every year, annually

All·macht |a'almaxt| *f kein pl* unlimited power, omnipotence *form;* REL omnipotence

all·mäch·tig |alˈmɛçtɪç| *adj* all-powerful, omnipotent *form;* REL omnipotent

All·mäch·ti·ge(r) |alˈmɛçtɪɡə| *m dekl wie adj* Almighty God; ■ **der ~** the Almighty; **~r!** *(fam)* Good God!

all·mäh·lich |alˈmɛːlɪç| I. *adj attr* gradual II. *adv* ❶ *(langsam)* gradually; **~ geht er mir auf die Nerven** he's beginning to get on my nerves; **ich werde ~ müde** I'm getting tired ❷ *(endlich)* **wir sollten jetzt ~ gehen** it's time we left; **es wurde auch ~ Zeit!** about time too!

all·mo·nat·lich |'almo:natlɪç| I. *adj attr* monthly II. *adv* every month **all·mor·gend·lich** I. *adj attr* every morning; **das ~e Anstehen an der Bushaltestelle** the morning queue [*or* AM line] at the bus stop; **das ~e Aufstehen um 6 Uhr ist eine Qual** getting up every morning at 6 is torture II. *adv* every morning **all·nächt·lich** |'alnɛçtlɪç| I. *adj attr* nightly II. *adv* every night

Al·lo·me·trie <-, -ien> |alome'tri:| *f* BIOL allometry

al·lo·me·trisch |alo'me:trɪʃ| *adj inv* BIOL allometric

All·par·tei·en·re·gie·rung *f* all- [*or* multi-] party government

All·rad·an·trieb *m* four- [*or* all-] wheel drive **all·rad·ge·trie·ben** *adj* AUTO four wheel [*or* all-wheel] drive; *(geschrieben a.)* 4WD

All·round·ge·nie |o:lˈraunt-| *nt,* **All·round·ta·lent** |o:lˈraunt-| *nt* all-round genius [*or* talent] **All·round·künst·ler(in)** |o:lˈraunt-| *m(f)* multi-talented [*or* all-round] artist

all·sei·tig |'alzaitɪç| I. *adj* widespread II. *adv* **~ interessiert sein** to be interested in everything; **~ begabt sein** to be an all-round talent [*or* a good all-rounder]

all·seits |'alzaits| *adv* ❶ *(überall)* everywhere ❷ *(rundum)* in every respect; **sie schien ~ gewappnet zu sein** she seemed to know about everything; **ich bin ~ vorbereitet** I'm ready for anything

All·tag |'alta:k| *m* ❶ *(Werktag)* working day BRIT, workday AM; ■ **an ~en** on workdays ❷ *(Realität)* everyday life

all·täg·lich |'altɛːklɪç| *adj* ❶ *attr (tagtäglich)* daily, everyday ❷ *(gang und gäbe)* usual; **diese Probleme sind bei uns ~** these problems are part of everyday life here ❸ *(gewöhnlich)* ordinary

all·tags |'alta:ks| *adv* on workdays

All·tags·klei·dung *f* everyday clothes, not your Sunday best **All·tags·le·ben** *nt* daily routine

all·um·fas·send *adj (geh)* all-round, global; **~e Forschungen** extensive research; **sein Wissen ist nahezu ~!** his knowledge is almost encyclop[a]edic!

Al·lü·ren |aˈlyːrən| *pl* ❶ *(geziertes Verhalten)* affectation ❷ *(Starallüren)* airs and graces

all·wis·send |'al'vɪsn̩t| *adj* ❶ *(fam: umfassend informiert)* knowing it all; **er tut immer so ~** he thinks he knows it all; **ich bin doch nicht ~! bin ich ~?** *(fam)* what do you think I am? a walking encyclop[a]edia?, I don't know everything, you know ❷ REL *(alles wissend)* omniscient; ■ **der A~e** the Omniscient

All·wis·sen·heit <-> |'al'vɪsn̩hait| *f kein pl* omniscience

all·wö·chent·lich |'al'vœçn̩tlɪç| I. *adj attr* weekly II. *adv* every week

all·zeit |'al'tsait| *adv (geh)* always; **ich bin ~ die Deine!** I'm yours for ever; **~ bereit!** be prepared!

all·zu |'altsu:| *adv* all too; **du hast ~ dick aufgetragen** you've gone over the top; ■ **nur ~ ...** only too ...; **~ früh** far too early, all too soon; **ruf mich am Sonntag an, aber bitte nicht ~ früh!** call me on Sunday, but not too early!; **~ gern** only too much [*or* willingly]; **gehen wir heute ins Theater? – nur ~ gern!** shall we go to the theatre tonight? – I'd love to!; **magst du Fisch? – nicht ~ gern** do you like fish? – not very much [*or* I'm not over[ly] fond of it]; **ich habe das nicht ~ gern getan** I didn't like doing that; **~ häufig** all too often; **~ oft** only too often; **nicht ~ oft** not [all] too often; **~ sehr** too much; **dieser Schmuck gefällt mir wirklich ~ sehr!** I just love this jewellery!; **er war nicht ~ sehr in sie verliebt** he wasn't all that much in love with her; **man sieht dir ~ sehr an, dass du lügst!** I can see all too clearly that you're lying!; **bin ich ~ sehr verspätet?** am I very late?; ■ **nicht ~** not all that much [*or* too much]; **nicht ~ gerne** reluctantly; **fühlst du dich nicht gut? – nicht ~ sehr!** are you all right? – not really; **~ viel** too much; **er trank nie ~ viel Alkohol** he never drank that much alcohol; **450 Euro ist aber nicht ~ viel!** 450 euros is not very much!; **~ viel ist ungesund** moderation in everything **all·zu·früh**ᴬᴸᵀ *adv s.* **allzu all·zu·gern**ᴬᴸᵀ *adv s.* **allzu all·zu·sehr**ᴬᴸᵀ *adv s.* **allzu all·zu·viel**ᴬᴸᵀ *adv s.* **allzu**

All·zweck·hal·le *f* [multipurpose] hall **All·zweck·rei·ni·ger** *m* general-purpose cleaner

Alm <-, -en> |alm| *f* mountain pasture, alp

Al·ma·nach <-s, -e> |'almanax| *m* almanac

Al·ma·ty <-s> |al'ma:ti| *nt* Almaty, Alma-Ata

Al·mo·sen <-s, -> |'almo:zn̩| *nt* ❶ *(pej: geringer Betrag)* pittance ❷ *(geh: Spende)* alms, donation

Aloe <-, -n> |'a:loe, *pl:* -loən| *f* aloe

Alp <-[e]s, -e> |alp| *m meist pl* ❶ *(veraltend geh: Albtraum)* nightmare ❷ *(veraltet: Nachtmahr)* spectre [*or* AM -er]

Al·pa·ka <-s, -s> |al'paka| *nt* alpaca

Alp·druck <*selten* -drücke> |'alpdrʊk, *pl:* -drʏkə| *m (schwere seelische Bedrückung)* nightmare; ▸ WENDUNGEN: **wie ein ~ auf jdm lasten** to weigh heavily on sb [*or* sb's mind]

Al·pen |'alpn̩| *pl* ■ **die ~** the Alps

Al·pen·doh·le *f* ORN alpine chough **Al·pen·krä·he** *f* ORN chough **Al·pen·land** *nt* ❶ *(in den Alpen liegendes Land)* alpine country ❷ *(Gebiet der Alpen)* the Alps **Al·pen·pass**ᴿᴿ *m* alpine pass **Al·pen·re·pub·lik** *f (Österreich)* Austria **Al·pen·ro·se** *f* alpine rose [*or* rhododendron] **Al·pen·strand·läu·fer** *m* ORN dunlin **Al·pen·veil·chen** *nt* cyclamen **Al·pen·vor·land** [alpn'fo:ɐ̯lant] *nt* foothills *pl* of the Alps

Al·pha·bet <-[e]s, -e> |alfa'be:t| *nt* alphabet; ■ **nach dem ~** alphabetically

al·pha·be·tisch |alfa'be:tɪʃ| *adj* alphabetical

al·pha·be·ti·sie·ren |alfabeti'zi:rən| *vt* ■ **etw ~** to put sth into alphabetical order; ■ **alphabetisiert sein** to be in alphabetical order; ■ **jdn ~** to teach sb to read and write

Al·pha·be·ti·sie·rung <-, -en> *f* ❶ *(das Alphabetisieren)* arranging in alphabetical order ❷ *(Beseitigung*

des Analphabetentums) literacy campaign
Al·pha-He·lix <-, -Helices> [-heːlɪks, *pl:* -heːliːtseːs] *f* BIOL alpha helix **al·pha·nu·me·risch** [alfanuˈmeːrɪʃ] *adj* INFORM alphanumeric **Al·pha·strah·len** *pl* NUKL alpha rays **Al·pha-Tier** *nt* BIOL alpha animal
Alp·horn *nt* alp[en]horn
al·pin [alˈpiːn] *adj* alpine
Al·pi·nis·mus <-> [alpiˈnɪsmʊs] *m kein pl* SPORT alpinism
Al·pi·nist(in) <-en, -en> [alpiˈnɪst] *m(f)* alpinist
Alp·traum [ˈalptraum] *m* nightmare
Al·raun <-[e]s, -e> [alˈraun] *m*, **Al·rau·ne** <-, -n> [alˈraunə] *f* BOT mandrake
als [als] *konj* ❶ *(in dem Moment, da)* when, as; **ich kam, ~ er ging** I came as he was leaving; **gleich, ~ ...** as soon as ...; **damals, ~ ...** [back] in the days when ...; **gerade ~ ...** just when [*or* as] ...; **sie rief an, ~ ich gerade weg war** she called just as I'd left ❷ *nach Komparativ* than; **der Bericht ist interessanter ~ erwartet** the report is more interesting than would have been expected ❸ *(geh: wie)* as; **so ... ~ möglich** as ... as possible; **alles andere ~ ...** everything but ...; **anders ~ jd sein** to be different from [*or* to] sb; **niemand/nirgends anders ~ ...** nobody/ nowhere but...; **niemand anders ~ ...** *(a. hum, iron)* none other than ...; **sie haben andere Verfahren ~ wir** they have different procedures from ours; **ich brauche nichts anderes ~ ein paar Tage Urlaub** all I need is a couple of days vacation ❹ *(in Modalsätzen)* ■ ..., **~ habe/könne/sei/würde ...** as if [*or* though]; **es sieht aus, ~ würde es bald schneien** it looks like snow [*or* as though it's going to snow]; **~ ob ich das nicht wüsste!** as if I didn't know that! ❺ *(so dass es ausgeschlossen ist)* ■ **zu ...**, **~ dass** too ... to ...; **du bist noch zu jung, ~ dass du dich daran erinnern könntest** you're too young to be able to remember that ❻ *(zumal)* since; ■ **um so ...**, **~ ...** all the more ...; **since ...; das ist um so trauriger, ~ es nicht das erste Mal war** it is all the sadder since it wasn't the first time ❼ *(in der Eigenschaft von etw)* ■ **~ etw** as sth; **ein Tonband ist vor Gericht nicht ~ Beweis zugelassen** a tape recording is not recognized as evidence in court; ■ **~ jd** as sb; **schon ~ Kind hatte er immer Albträume** even as a child, he had nightmares; **sich ~ wahr/falsch erweisen** to prove to be true/false
als·bald [alsˈbalt] *adv (geh)* soon, presently *form;* **ich komme ~** I'm just coming
als·bal·dig [alsˈbaldɪç] *adj (geh)* immediate; **wir sehen Ihrer ~en Antwort mit Interesse entgegen** we look forward to your prompt reply; **„zum ~en Verbrauch bestimmt"** "for immediate use only"
als·dann [alsˈdan] *adv* ❶ *(geh: sodann)* then ❷ DIAL *(also [dann])* so, well then
Al·se <-, -n> *f* KOCHK [alice] shad
al·so [ˈalzo] **I.** *adv (folglich)* so, therefore *form;* **es regnet, ~ bleiben wir zu Hause** it's raining, so we'll stay at home **II.** *part* ❶ *(nun ja)* well; [ja] **~, zuerst gehen Sie geradeaus und dann ...** ok, first you go straight ahead and then ... ❷ *(tatsächlich)* so; **er hat ~ doch nicht die Wahrheit gesagt!** so he wasn't telling the truth after all!; **kommst du ~ mit?** so are you coming [then]? ❸ *(aber)* **~, dass du dich ordentlich benimmst!** now, see that you behave yourself!; **~ so was!** well [I never]!; **~, jetzt habe ich langsam genug von deinen Eskapaden!** now look here, I've had enough of your escapades! ❹ *(na)* **~ warte, Bürschchen, wenn ich dich kriege!** just you wait, sunshine, till I get my hands on you!; **~ gut** [*or* schön] well, OK, [well,] all right; **~ dann, ...!** so ..., well then ...; **~ dann, mach's gut!** oh well, take care! ▶ WENDUNGEN: **~ doch!** you see!; **~ doch, wie ich's**

mir dachte! you see! just as I thought!; **na ~!** just as I thought!; **wird's bald? na ~!** get moving! at last!; **~ nein!** no!
Als·ter·was·ser *nt (Mixgetränk aus Bier und Limonade)* ≈ shandy
alt <älter, älteste(r,s)> [alt] *adj* ❶ *(betagt)* old; **schon sehr ~ sein** to be getting on a bit *fam;* **ich glaube nicht, dass ich ~ werde** I don't think I'll live to a ripe old age; **ich möchte mit dir ~ werden** I'd like to grow old with you; ■ **älter sein/werden** to be/ get older; **tja, man wird eben älter!** well, we're all getting on!; ■ **älter als jd werden** to live longer than sb; ■ **für etw zu ~ sein** to be too old for sth; ■ **jdm zu ~ sein** to be too old for sb; **A~ und Jung** young and old alike; [für/zu etw] **~ genug sein** to be old enough [for] ❷ *(ein bestimmtes Alter habend)* old; **... Wochen/Monate/Jahre ~ sein** to be ... weeks/ months/years old; **er ist 21 Jahre ~** he's 21 [years old [*or* years of age]]; **wie ~ ist er? – er ist 18 Monate ~** how old is he? – he's 18 months [old]; **darf ich fragen, wie ~ Sie sind?** may I ask how old you are?; **er wird dieses Jahr 21 Jahre ~** he'll be [*or* he's going to be] 21 [years old] this year; **Ende Mai wurde sie 80 Jahre ~** she turned 80 at the end of May; [etwas] **älter als jd sein** to be [slightly] older than sb; ■ **älter/am ältesten sein** to be the older/the oldest; ■ **der/die Ältere/Älteste** the older [*or* dated elder] /the oldest [*or* dated eldest] ❸ *(aus früheren Zeiten stammend)* ancient; **der Attis-Kult ist älter als das Christentum** the cult of Attica is older than Christianity ❹ *attr (langjährig)* old; **~e diplomatische Beziehungen** long-standing diplomatic relations ❺ *(gebraucht)* old ❻ *(nicht mehr frisch)* old; **~es Brot** stale bread ❼ *attr (abgelagert)* mature; **~er Käse** mature cheese; **~er Wein** vintage wine ❽ *attr (pej: wirklich)* old; **du ~er Geizhals!** you old skinflint! *fam;* **~er Freund/~es Haus!** old friend/mate! ❾ *attr (ehemalig)* old ❿ *attr (frühere)* ■ **der/die/ das a~e ...** the same old ...; **du bist wirklich noch der ~e Pedant** you're still the same old pedantic fellow you always were; **du bist ganz der A~e geblieben** you're still your old self; **er war nie wieder der A~e** he was never the same again ▶ WENDUNGEN: **man ist so ~, wie man sich fühlt** you're as old as you feel; **~ aussehen** *(fam: dumm dastehen)* to look a [*or* AM like a] complete fool [*or* BRIT a. a proper charlie]; **ich werde heute nicht ~!** *(fam)* I won't stay up late tonight; **hier werde ich nicht ~!** *(fam)* I won't hang around here much longer!
Alt¹ <-s, -e> [alt] *m* MUS alto, contralto
Alt² <-s, -> [alt] *nt kurz für* **Altbier** top-fermented dark beer
Alt·acht·und·sech·zi·ger(in) *m(f)* person who was active in the 1968 student uprisings in Germany **alt·an·ge·ses·sen**, **alt·an·säs·sig** *adj s.* **alteingesessen**
Al·tar <-s, -täre> [alˈtaːɐ̯, *pl:* alˈtɛːrə] *m* altar; **jdn zum ~ führen** *(geh)* to lead sb to the altar; **etw auf dem ~ einer S. opfern** to put sacrifice sth on the altar of sth
Al·tar·kreuz *nt* altar crucifix **Al·tar·raum** *m* chancel, sanctuary
Alt·au·to *nt* old car
alt·ba·cken *adj* ❶ *(nicht mehr frisch)* stale ❷ *(altmodisch)* old-fashioned
Alt·bau <-bauten> *m* old building
Alt·bau·sa·nie·rung *f* renovation of old buildings **Alt·bau·woh·nung** *f* flat [*or* AM apartment] in an old building
alt·be·kannt [ˈaltbəkant] *adj* well-known **alt·be·währt** [ˈaltbəvɛːɐ̯t] *adj* ❶ *(seit langem bewährt)* Methode, Mittel etc. well-tried ❷ *(lange gepflegt)* well-established; **eine ~e Freundschaft** a long-stand-

ing friendship

Alt·bier *nt* top-fermented dark beer

Alt·bun·des·kanz·ler(in) *m(f)* ex-chancellor, former chancellor

alt·deutsch ['altdɔytʃ] **I.** *adj* traditional German **II.** *adv* in traditional German style

Al·te(r) ['altə, -tə] *f(m) dekl wie adj* ❶ *(fam: alter Mann)* old geezer; *(alte Frau)* old dear [*or* girl]; ■ **die ~n** the older generation, the old folks *fam* ❷ *(fam: Ehemann, Vater)* old man; *(Mutter)* old woman; ■ **meine/die ~e** *(Ehefrau)* the old wife *fam;* ■ **die/ jds ~n** *(Eltern)* the/sb's old folks ❸ *(fam: Vorgesetzte(r))* ■ **der/die ~** the boss ❹ *pl (die Ahnen)* ■ **die ~n** the ancients ❺ *pl* ZOOL *(Tiereltern)* ■ **die ~n** the parent animals ▸ WENDUNGEN: **wie die ~n sungen, so zwitschern auch die Jungen** *(prov)* like father, like son *prov*

Al·te(s) ['altə, -təs] *nt dekl wie adj* ❶ *(das Traditionelle)* ■ **das ~** tradition; **das ~ und das Neue** the old and the new ❷ *(alte Dinge)* old things ▸ WENDUNGEN: **aus Alt mach Neu** *(prov fam)* make do and mend *prov;* **alles bleibt beim A~n** nothing ever changes

alt·ehr·wür·dig *adj (geh)* time-honoured [*or* AM -ored]; **der ~e Greis** the revered [*or* venerable] old man **alt·ein·ge·ses·sen** *adj* old-established **Alt·ei·sen** *nt* scrap iron

Al·ten·ar·beit *f* voluntary work for the elderly *(as home-help)* **Al·ten·ein·rich·tun·gen** *pl* geriatric institutions

Alt·eng·lisch *nt* Old English, Anglo-Saxon

Al·ten·heim *nt s.* **Altersheim Al·ten·hil·fe** *f* geriatric welfare **Al·ten·pfle·ge** *f* care for the elderly, geriatric care **Al·ten·pfle·ge·heim** *nt* old people's [*or* nursing] home **Al·ten·pfle·ger(in)** *m(f)* geriatric nurse **Al·ten·ta·ges·stät·te** *f* day care centre [*or* AM -er] for the elderly **Al·ten·teil** *nt a cottage reserved for the farmer after he passes the farm over to his heirs;* ▸ WENDUNGEN: **sich aufs ~ begeben** [*o* setzen] [*o* zurückziehen] to retire [from public life] **Al·ten·wohn·heim** *nt* sheltered housing

Al·ter <-s, -> ['altɐ] *nt* ❶ *(Lebensalter)* age; **wenn du erst mal mein ~ erreicht hast, ...** when you're as old as I am, ...; **in jds** *dat* **~** at sb's age; **mittleren ~s** middle-aged; **in vorgerücktem ~** *(geh)* at an advanced age; **im zarten ~ von ...** *(geh)* at the tender age of ...; **in jds ~ sein** to be the same age as sb; **er ist in meinem ~** he's my age; **das ist doch kein ~!** that's not old! ❷ *(Bejahrtheit)* old age; **er hat keinen Respekt vor dem ~** he doesn't respect his elders; **im ~** in old age ▸ WENDUNGEN: **~ schützt vor Torheit nicht** *(prov)* there's no fool like an old fool *prov*

äl·ter ['ɛltɐ] *adj* ❶ *comp von* **alt** ❷ *attr (schon betagt)* somewhat older; **~e Mitbürger** senior citizens

Äl·te·re(r) *f(m) dekl wie adj* ❶ ■ **die ~n** the older people, the oldies *fam* ❷ HIST **Breughel der ~** Breughel senior [*or esp* BRIT the elder]

al·tern ['altɐn] *vi sein o selten: haben* ❶ *(älter werden)* to age; ■ **~d** ageing; ■ **das Altern** the process of ageing ❷ *(sich abnutzen)* to age; ■ **das Altern** the ageing-process ❸ *(reifen)* to mature

al·ter·na·tiv [altɐna'tiːf] **I.** *adj* alternative; **~e Liste** *Green Party Faction in Berlin* **II.** *adv* **~ leben** to live an alternative lifestyle

Al·ter·na·ti·ve <-n, -n> [altɐna'tiːvə] *f* alternative; ■ **die ~ haben, etw zu tun** to have the alternative of doing sth

Al·ter·na·ti·ve(r) [altɐna'tiːvə, -və] *f(m) dekl wie adj* ❶ POL follower [*or* member] of an alternative party ❷ ÖKOL member of the alternative society, greenie BRIT *fam*, tree-hugger AM *pej fam*

Al·ter·na·tiv·rei·sen·de(r) *f(m) dekl wie adj* TOURIST

alternative traveller [*or* AM traveler]

alt·er·probt ['alt?ɛɡ'proːpt] *adj* well-tried; **ein ~er Lehrer** a proven teacher

al·ters *adv* **von** [*o* **seit**] **~** [**her**] *(geh)* of old, for donkey's years *fam;* **das ist schon von ~ her bei uns so Sitte** that's a time-honoured custom here

Al·ters·ar·mut *f kein pl* poverty in old age, old-age poverty **Al·ters·asyl** *nt* SCHWEIZ *(Altersheim)* old people's home, AM *a.* home for senior citizens **al·ters·be·dingt** *adj* due to old age; **~e Kurzsichtigkeit** myopia caused by old age; ■ **[bei jdm] ~ sein** to be caused by old age [in sb's case] **Al·ters·be·schrän·kung** *f* age limit **Al·ters·be·schwer·den** *pl* complaints *pl* of old age **Al·ters·er·schei·nung** *f* symptom of old age **Al·ters·for·schung** *f* MED gerontology **Al·ters·ge·nos·se, -ge·nos·sin** *m, f* person of the same age **Al·ters·gren·ze** *f* ❶ *(altersbedingtes Einstellungslimit)* age limit ❷ *(Beginn des Rentenalters)* retirement age **Al·ters·grün·de** *pl* reasons of age; **für seinen Rücktritt waren ~ ausschlaggebend** his age was the decisive factor for his resignation; ■ **aus ~n** by reason of age, because of one's age **Al·ters·grup·pe** *f* age group **Al·ters·heim** *nt* old people's home, AM *a.* home for senior citizens **Al·ters·klas·se** *f* class **Al·ters·krank·heit** *f* ailment of old age [*or* old age illness] **Al·ters·pro·zess**RR *m* aging process **Al·ters·py·ra·mi·de** *f* SOZIOL age pyramid **Al·ters·ren·te** *f,* **Al·ters·ru·he·geld** *nt (geh)* old-age pension BRIT, social security AM **al·ters·schwach** *adj* ❶ *(gebrechlich)* frail, decrepit *esp pej;* **~e Menschen** frail [*or* infirm] old people; **ein ~es Tier** an old and weak animal ❷ *(fam: abgenutzt)* decrepit, worn-out **Al·ters·schwä·che** *f kein pl* ❶ *(Gebrechlichkeit)* infirmity; **er konnte vor ~ kaum noch gehen** he could hardly walk, he was so old and frail ❷ *(fam: schwere Abnutzung)* decrepitude **Al·ters·sitz** *m* retirement home **al·ters·spe·zi·fisch** *adj* age-related **Al·ters·starr·sinn** *m* senile obstinacy **Al·ters·struk·tur** *f kein pl* age structure **Al·ters·stu·fe** *f* ❶ *(Altersgruppe)* age group ❷ *(Lebensabschnitt)* stage of life **Al·ters·teil·zeit** *f* system of part-time working for people approaching retirement **Al·ters·un·ter·schied** *m* age difference **Al·ters·ver·si·che·rung** *f* pension insurance **Al·ters·ver·sor·gung** *f* retirement pension; *(betrieblich)* pension scheme [*or* AM plan] **Al·ters·werk** *nt* KUNST, LIT, MUS later work

Al·ter·tum <-> ['altɐtuːm] *nt kein pl* antiquity; **das Ende des ~s** the end of the ancient world

Al·ter·tü·mer ['altɐtyːmɐ] *pl* KUNST, HIST antiquities *pl* **al·ter·tüm·lich** ['altɐtyːmlɪç] *adj* ❶ *(veraltet)* old-fashioned, out-of-date, dated ❷ *(archaisch)* ancient; LING archaic

Al·ter·tüm·lich·keit <-> *f kein pl* ancientness; *(archaische Art)* antiquity; LING archaic

Al·ter·tums·kun·de *f* archaeology BRIT, archeology AM **Al·ter·tums·wert** *m* antique value; ▸ WENDUNGEN: **schon ~ haben** *(hum fam)* to be an antique

Al·te·rung <-, -en> *f* ❶ *(Altwerden)* ageing, aging AM ❷ KOCHK maturation; *von Wein* ageing, aging AM **Al·te·rungs·prozess**RR *m* ageing [*or* AM aging] process **äl·tes·te(r, s)** ['ɛltəstə, -tə, -təs] *adj superl von* **alt** oldest

Äl·tes·te(r) ['ɛltəstə, -tə] *f(m) dekl wie adj* the oldest; **ich glaube, mit 35 sind wir hier die ~n** I think that, at 35, we're the oldest here; ■ **die ~n** REL, HIST the elders *pl*

Äl·tes·ten·rat *m* council of elders; *(in der BRD)* parliamentary advisory committee *(consisting of members of all parties whose task it is to assist the President of the Bundestag)*

Alt·flö·te *f* alto-flute

Alt·fran·zö·sisch *nt* Old French **Alt·ge·rät** *nt* second-hand equipment **Alt·glas** nt glass for recycling; **wir bringen unser ~ zum Altglascontainer** we take our old bottles and jars to the bottle bank **Alt·glas·con·tai·ner** m bottle bank BRIT, glass-recycling collection point AM **Alt·gold** nt old gold **alt·grie·chisch** adj classical [or ancient] Greek **Alt·grie·chisch** nt classical [or ancient] Greek **alt·her·ge·bracht** ['alt'hɛːɐ̯gəbraxt], **alt·her·kömm·lich** ['alt'hɛːɐ̯kœmlɪç] adj traditional; **eine ~e Sitte** an ancient custom; ▪ **etwas Althergebrachtes** a tradition **alt·hoch·deutsch** ['altho:xdɔytʃ] adj Old High German **Alt·hoch·deutsch** ['altho:xdɔytʃ] nt dekl wie adj Old High German

Al·tist(in) <-en, -en> ['altɪst] m(f) MUS alto

Alt·jah·res·abend ['altjaːɐ̯əsʔaːbn̩t] m SCHWEIZ (Silvester) New Year's Eve **Alt·klei·der·samm·lung** f collection of old [or used] clothes

alt·klug ['alt'kluːk] adj precocious

Alt·las·ten pl ❶ ÖKOL poisonous waste ❷ (Überbleibsel) relic

ält·lich ['ɛltlɪç] adj oldish

Alt·ma·te·ri·al nt ÖKOL waste material **Alt·meis·ter(in)** m(f) ❶ (großer Könner) doyen masc, doyenne fem, dab hand fam ❷ SPORT former champion **Alt·me·tall** nt scrap metal **Alt·me·tall·con·tai·ner** m can [or tin] bank BRIT, metal-recycling collection point AM **alt·mo·disch I.** adj old-fashioned; (rückständig) old-fangled, old hat pred fam; **das sind aber sehr ~e Methoden!** those methods are very old hat! **II.** adv **~ gekleidet** dressed in old-fashioned clothes; **~ einge·richtet** furnished in an old-fashioned style **Alt·öl** nt used oil

Alt·pa·pier nt waste paper

Alt·pa·pier·con·tai·ner m paper bank BRIT, paper-recycling collection point AM **Alt·pa·pier·samm·lung** f waste paper collection

Alt·phi·lo·lo·ge, -phi·lo·lo·gin m, f classical scholar, classicist **alt·ro·sa** adj inv old rose

Al·tru·is·mus <-> [altru'ɪsmʊs] m kein pl BIOL, PSYCH altruism

al·tru·is·tisch adj (geh) altruistic, selfless

Alt·schnee m snow which has been lying for some time **Alt·schul·den** pl POL, ÖKON public debt left behind by the former GDR **Alt·sil·ber** nt ❶ (Gebrauchtsilber) old silver ❷ (künstlich gedunkeltes Silber) oxidized silver **Alt·sprach·ler(in)** <-s, -> m(f) (fam) s. **Altphilologe alt·sprach·lich** adj SCH classical **Alt·stadt** f old town centre [or AM -er] **Alt·stadt·sa·nie·rung** f restoration of the [old town centre [or AM -er] **Alt·stein·zeit** f ARCHÄOL Palaeolithic [or AM Paleolithic] Age **alt·stein·zeit·lich** adj ARCHÄOL Palaeolithic, Paleolithic; **der ~e Mensch** Palaeolithic man **alt·vä·ter·lich** ['altfɛːtərlɪç] **I.** adj ❶ (überkommen) old ❷ (altmodisch) old-fashioned, quaint ❸ (patriarchalisch) patriarchal **II.** adv in an old-fashioned way **Alt·wa·ren·händ·ler(in)** m(f) second-hand dealer

Alt·wei·ber·fas(t)·nacht f DIAL part of the carnival celebrations: last Thursday before Ash Wednesday, when women assume control **Alt·wei·ber·som·mer** [alt'vaibɐzɔmɐ] m ❶ (Nachsommer) Indian summer ❷ (Spinnfäden im ~) gossamer

Alu¹ ['aːlu] nt kurz für **Aluminium**

Alu² ['aːlu] f (fam) Akr von **Arbeitslosenunterstützung** unemployment benefit, BRIT a. dole fam

Alu·fel·ge f AUTO aluminium [or AM aluminum] [wheel] rim **Alu·fo·lie** f (fam) tin foil

Alu·mi·ni·um <-s> [alu'miːni̯ʊm] nt kein pl aluminium BRIT, aluminum AM

Alu·mi·ni·um·fo·lie f aluminium foil

Al·ve·o·le <-, -en> [alve'oːlə] f MED (Lungenbläschen) alveolus

Alz·hei·mer <-s> ['altshaimɐ] m (fam), **Alz·hei·mer·**

krank·heit^RR f kein pl Alzheimer's [disease]; ▪ **~ haben** to suffer from Alzheimer's [disease]

am [am] = **an dem** ❶ zur Bildung des Superlativs **ich fände es ~ besten, wenn …** I think it would be best if …; **es wäre mir ~ liebsten, wenn …** I would prefer it if …; **~ schnellsten/schönsten sein** to be [the] fastest/most beautiful ❷ (fam: beim) **ich bin ~ Schreiben!** I'm writing!

Amal·gam <-s, -e> [amal'gaːm] nt MED, CHEM amalgam

Ama·teur(in) <-s, -e> [ama'tøːɐ̯] m(f) amateur **Ama·teur·fo·to·graf, -gra·fin** <-s, -en> m, f amateur photographer **Ama·teur·fun·ker(in)** m(f) TECH radio amateur

ama·teur·haft adj amateurish

Ama·teu·rin <-, -nen> f fem form von **Amateur**

Ama·teur·li·ga f amateur league **Ama·teur·mann·schaft** f amateur team **Ama·teur·sport** m SPORT amateur sport **Ama·teur·ver·ein** m SPORT amateur club

Ama·zo·nas <-> [ama'tsoːnas] m Amazon

Ama·zo·ne <-, -n> [ama'tsoːnə] f Amazon

Am·ber·fisch ['ambɐ-] m rock salmon

Am·bi·en·te <-> [am'bi̯ɛntə] nt kein pl (geh) ambience form

Am·bi·ti·on <-, -en> [ambi'tsi̯oːn] f meist pl ambition; **~[en] haben** to be ambitious; **~[en] auf etw** akk **haben** to have designs pl [or fam one's eye] on sth

am·bi·ti·o·niert [ambitsi̯o'niːrt] adj (geh) ambitious

am·bi·va·lent [ambiva'lɛnt] adj (geh) ambivalent; **~e Gefühle haben** to have mixed feelings

Am·bi·va·lenz <-, -en> [ambiva'lɛnts] f ambivalence

Am·boss^RR <-es, -e> m, **Am·boß**^ALT <-sses, -sse> ['ambɔs] m ❶ (beim Schmied) anvil ❷ ANAT anvil, incus spec

Am·bret·te·kör·ner pl amber seed

am·bu·lant [ambu'lant] **I.** adj out-patient attr; **ein ~er Patient** an out-patient **II.** adv **jdn ~ behandeln** to treat sb as an out-patient; **sich ~ versichern** to insure oneself against non-hospital treatment

Am·bu·lanz <-, -en> [ambu'lants] f ❶ (im Krankenhaus) out-patient department ❷ (Unfallwagen) ambulance

Amei·se <-, -n> ['aːmaizə] f ant

Amei·sen·bär m anteater **Amei·sen·hau·fen** m anthill **Amei·sen·igel** m ZOOL echidna, spiny anteater **Amei·sen·lö·we** m ZOOL ant lion, doodlebug **Amei·sen·säu·re** f formic acid

amen ['aːmɛn, 'aːmən] interj amen

Amen <-s, -> ['aːmɛn, 'aːmən] nt Amen; ▸ WENDUNGEN: **so sicher wie das ~ in der Kirche** (fam) as sure as eggs is eggs, as sure as I'm standing here; **sein ~ zu etw geben** to give one's blessing [or the go-ahead] to sth

Ame·ri·ci·um <-s> [ame'riːtsi̯ʊm] nt kein pl americium

Ame·ri·ka <-s> [a'meːrika] nt ❶ (Kontinent) America ❷ (USA) the USA, the United States, the States fam; **die Indianer ~s** the North American Indians

Ame·ri·ka·ner <-s, -> [ameri'kaːnɐ] m a small, round, flat, iced cake

Ame·ri·ka·ner(in) <-s, -> [ameri'kaːnɐ] m(f) American

ame·ri·ka·nisch [ameri'kaːnɪʃ] adj ❶ (der USA) American; **der Mississippi ist der längste ~e Fluss** the Mississippi is the longest river in the USA ❷ (des ~en Kontinents) [North] American

ame·ri·ka·ni·sie·ren* [amerikani'ziːrən] vt ▪ **etw/jdn ~** to Americanize sth/sb

Ame·ri·ka·nis·tik <-> [ameri'kaːnɪstɪk] f kein pl American Studies

Ame·thyst <-s, -e> [ame'tʏst] m amethyst

Am·ha·risch [am'haːrɪʃ] nt dekl wie adj Amharic; s. a. **Deutsch**

Am·ha·ri·sche <-n> *nt* ▪ das ~ Amharic; *s. a.* **Deut-sche**

Ami <-s, -s> ['ami] *m* ❶ *(fam: US-Bürger)* Yank ❷ *(sl: US-Soldat)* GI

Ami·no·grup·pe *f* BIOL, CHEM amino group **Ami·no·säu·re** *f* amino acid

Am·mann <-männer> ['aman, *pl:* 'amɛnə] *m* SCHWEIZ *(Land~)* cantonal president; *(Gemeinde~)* mayor; *(Vollstreckungsbeamte(r))* [local] magistrate

Am·me <-, -n> ['amə] *f* wet nurse

Am·men·mär·chen *nt (fam)* old wives' tale

Am·mer <-, -n> ['amɐ] *f* ORN bunting

Am·mo·ni·ak <-s> [amo'njak, 'amoni̯ak] *nt kein pl* ammonia

Am·mo·nit <-en, -en> [amo'niːt] *m* ARCHÄOL ammonite

Am·ne·sie <-, -n> [amne'ziː, *pl:* -ziːən] *f* amnesia

Am·nes·tie <-, -n> [amnɛs'tiː, *pl:* -tiːən] *f* amnesty; **eine ~ [für jdn] verkünden** to declare [*or* grant] [BRIT *a.* an] amnesty [for sb]

am·nes·tie·ren* [amnɛs'tiːrən] *vt* ▪ jdn ~ to grant sb [BRIT *a.* an] amnesty, to pardon sb

Am·nes·tier·te(r) *f(m) dekl wie adj* person who has been granted amnesty

Am·ni·on <-s> ['amnĭɔn] *nt kein pl* ZOOL amnion

Am·ni·o·zen·te·se <-, -n> *f* MED *(Fruchtwasserunter-suchung)* amniocentesis

Amö·be <-, -n> [a'møːbə] *f* amoeba BRIT, AM *a.* ameba

Amö·ben·ruhr *f* MED *(durch Amöben erzeugte Darm-erkrankung)* amoebic [*or* AM *a.* amebic] dysentery

Amok <-s> ['aːmɔk] *m* ~ **fahren** to run amok [*or* amuck]; ~ **laufen** running amok [*or* amuck]

Amok·fah·rer(in) *m(f)* mad [*or* crazed] driver **Amok·fahrt** *f* rampant [*or* crazed] drive **Amok·lauf** *m* rampage; **einen ~ aufführen** to run amok **Amok·läu·fer(in)** *m(f)* madman, crazed person **Amok·schüt·ze, -schüt·zin** *m, f* crazed gunman; **ein unbekannter ~** an unknown gunman

Amor <-s> ['aːmoːɐ̯] *m kein pl* Cupid, Eros; ▸ WENDUNGEN: **~s Pfeil** *(geh)* Cupid's arrow, love's arrows

amo·ra·lisch ['amoraːlɪʃ] *adj* ❶ *(unmoralisch)* immoral ❷ *(außerhalb moralischer Werte)* amoral

Amor·ti·sa·ti·on <-, -en> [amɔrtiza'tsi̯oːn] *f (Deckung vor Ertrag)* amortization

amor·ti·sie·ren* [amɔrti'ziːrən] **I.** *vt* ÖKON **eine Investi-tion ~** to amortize an investment **II.** *vr* ▪ **sich ~** to pay for itself

amou·rös [amu'røːs] *adj (geh)* amorous

Am·pel <-, -n> ['ampl̩] *f* traffic lights *npl*; **die ~ ist auf rot gesprungen** the lights have turned red; **fahr los, die ~ ist grün!** drive on! it's green!; **du hast eine rote ~ überfahren** you've just driven through a red light

Am·pel·an·la·ge *f* [set of] traffic lights **Am·pel·ko·a·li·ti·on** *f* POL *(fam)* a coalition of the three political parties, SPD, FDP and Greens, whose party colours are red, yellow and green respectively **Am·pel·kreu·zung** *f* a crossroads where traffic is regulated by traffic lights **Am·pel·pha·se** *f* sequence of traffic lights

Am·pere <-[s], -> [am'pɛːɐ̯] *nt* amp, ampere *form*

Am·pere·me·ter [ampɛːɐ̯'meːtɐ] *nt* ammeter **Am·pere·stun·de** [ampɛːɐ̯'ʃtʊndə] *f* ampere hour

Am·phe·ta·min <-s, -e> [amfeta'miːn] *nt* amphetamine

Am·phi·bie <-, -n> [am'fiːbi̯ə, *pl:* -fiːbi̯ən] *f* amphibian

Am·phi·bi·en·fahr·zeug *nt* amphibian, amphibious vehicle

am·phi·bisch [am'fiːbɪʃ] *adj* amphibious

Am·phi·the·a·ter [am'fiːteaːtɐ] *nt* amphitheatre [*or* AM -er]

Am·pho·re <-, -n> [am'foːrə] *f* amphora

Am·pli·tu·de <-, -n> [ampli'tuːdə] *f* PHYS amplitude

Am·pul·le <-, -n> [am'pʊlə] *f* ampoule, AM *a.* ampul, AM *a.* ampule

Am·pu·ta·ti·on <-, -en> [amputa'tsi̯oːn] *f* amputation

am·pu·tie·ren* [ampu'tiːrən] **I.** *vt* ▪ jdn ~ to carry out an amputation on sb; **jdm ein Glied ~** to amputate sb's limb **II.** *vi* to amputate

Am·pu·tier·te(r) *f(m) dekl wie adj* amputee

Am·sel <-, -n> ['amzl̩] *f* blackbird

Ams·ter·dam <-s> [amstɐ'dam] *nt* Amsterdam

Amt <-[e]s, Ämter> [amt, *pl:* 'ɛmtɐ] *nt* ❶ *(Behörde, Abteilung)* office, department; **aufs ~ gehen** *(fam)* to go to the authorities; **Auswärtiges ~** Foreign Office BRIT, State Department AM ❷ *(öffentliche Stellung)* post, position; *(hohe, ehrenamtliche Stellung)* office; **[noch] im ~ sein** to be [still] in office; **sein/ein ~ antreten** to take up one's post [*or* office]; **für ein ~ kandidieren** to be a candidate for an office/a post [*or* position], to go for an office/a post [*or* position] *fam*; **ein ~ innehaben** to hold an office; **jdn aus dem ~ entfernen** to remove sb from [his/her] office; **in ~ und Würde sein** to be a man/woman of position and authority ❸ *(offizielle Aufgabe)* responsibility, [official] duty; **kraft jds ~es** *(geh)* in one's official capacity; **kraft ihres ~es als Vorsitzende** acting in her capacity as president; **seines ~es walten** *(geh)* to carry out [*or* discharge] one's duty; **von ~s wegen** officially, ex officio *spec*; **ich erkläre Sie von ~s wegen für verhaftet** I arrest you in the name of the law ❹ *(Fernamt)* operator, exchange *dated*; *(freie Leitung)* outside line ❺ REL *(Hochamt)* [high] mass

am·tie·ren* [am'tiːrən] *vi* ❶ *(ein Amt innehaben)* to hold office; *(sein Amt angetreten haben)* to be in office; ▪ **|als etw| ~** to hold office [as sth]; ▪ **~d** official ❷ *(ein Amt vorübergehend wahrnehmen)* ▪ **|als etw| ~** to act [as sth] ❸ *(fam: fungieren)* ▪ **als etw ~** to act [as] sth; **als Gastgeber ~** to play host

am·tie·rend *adj inv, attr* office-holding *attr*, present *attr*

amt·lich **I.** *adj* official; *s. a.* **Kennzeichen II.** *adv* officially

Amt·mann, Amt·män·nin *o* **Amt·frau** <-leute> *m, f* senior civil servant

Amts·an·ma·ßung *f* JUR *(unbefugte Ausübung eines Amtes)* impersonation of sb with official authority; **er wurde wegen ~ verurteilt** he was found guilty of false pretences **Amts·an·tritt** *m* assumption of office; **vor seinem ~** before he took up office **Amts·arzt, -ärz·tin** *m, f* ADMIN ≈ medical officer **amts·ärzt·lich** **I.** *adj* **ein ~es Attest** ≈ a health certificate from the medical officer **II.** *adv* MED **sich ~ untersuchen las-sen** to be examined by the medical officer **Amts·be·reich** *m* jurisdiction **Amts·blatt** *nt* official gazette **Amts·dau·er** *f* term of office **Amts·deutsch** *nt (pej)* officialese *pej* **Amts·eid** *m* oath of office; **einen ~ ablegen** to be sworn in **Amts·ein·füh·rung** *f* inauguration **Amts·ent·he·bung** *f*, **Amts·ent·set·zung** *f* SCHWEIZ, ÖSTERR dismissal, removal from office **Amts·gang** *m* ADMIN official government transactions *pl* **Amts·ge·heim·nis** *nt* ❶ *kein pl (Schweigepflicht)* official secrecy; **dem ~ unterliegen** to be bound by official secrecy [*or esp* BRIT protected by the Official Secrets Act] ❷ *(geheime Information)* official secret **Amts·ge·richt** *nt* ≈ magistrates' [*or* AM district] court **Amts·ge·schäf·te** *pl* official duties **Amts·hand·lung** *f (geh)* official duty; **jdn bei der Ausführung einer ~ behindern** to obstruct sb in the course of his/her duties **Amts·hil·fe** *f* ADMIN obligatory exchange of information between local or govern-ment authorities **Amts·in·ha·ber(in)** *m(f)* office-bearer [*or* -holder] **Amts·miss·brauch**[RR] *m* abuse of authority **amts·mü·de** *adj* tired of office **Amts·pe·ri·o·de** *f* term of office **Amts·rich·ter(in)** *m(f)* ≈ magistrate BRIT, district court judge AM **Amts·schim·mel** *m* *kein pl (hum fam)* bureaucracy, red tape; **dem ~ ein Ende bereiten** to cut the red tape; **den ~ reiten** to tie everything up with red tape; **den ~ wiehern hören** to see oneself caught up in red tape **Amts· spra·che** *f* ➊ *kein pl (Amtsdeutsch)* official language, officialese *pej* ➋ *(offizielle Landessprache)* official language **Amts·stun·den** *pl* office hours **Amts·trä·ger(in)** *m(f)* office bearer **Amts·über·nah· me** *f* assumption of office; **bei ~** on assuming office **Amts·ver·ge·hen** *nt* offence *[or* AM *-se]* committed by public servant **Amts·vor·mund** *m* official guardian *(appointed by the courts)* **Amts·vor·ste·her(in)** *m(f)* head *[or* director] *[of a department]* **Amts·weg** *m* official channels *pl;* **auf dem ~** through official channels; **den ~ beschreiten** *(geh)* to go through official channels **Amts·zei·chen** *nt* dialling *[or* AM dial] tone **Amts·zeit** *f* period of office, term *[or* tenure] *[of office]* **Amts·zim·mer** *nt* office

Amu·lett <-[e]s, -e> [amu'lɛt] *nt* amulet

amü·sant [amy'zant] **I.** *adj* entertaining, amusing **II.** *adv* entertainingly; **sich ~ unterhalten** to have an amusing conversation

amü·sie·ren[*] [amy'zi:rən] **I.** *vr* ▪ **sich ~** enjoy oneself; **amüsiert euch gut!** have a good time!; ▪ **sich mit jdm ~** to have a good time with sb; ▪ **sich über jdn/ etw ~** to laugh about sb/sth; ▪ **sich darüber ~, dass** to laugh about the fact that **II.** *vt* ▪ **jdn ~** to amuse sb; **du grinst? was amüsiert dich denn so?** what are you grinning about?; **dein Benehmen amüsiert mich nicht sehr!** I don't find your behaviour very amusing!; **etw zum Amüsieren finden** to find sth amusing

Amü·sier·vier·tel *nt* red light district

amu·sisch ['amu:zɪʃ] *adj (geh)* uncultivated, uncultured, philistine *pej*

Amy·la·se <-, -n> [amy'la:zə] *f* BIOL amylase

an [an] **I.** *präp* ➊ *+dat (direkt bei)* at; **der Knopf ~ der Maschine** the button on the machine; **nahe ~ der Autobahn** close to the motorway *[or* AM freeway]; **~ dieser Stelle** in this place, on this spot ➋ *+dat (in Berührung mit)* on; **er nahm sie ~ der Hand** he took her by the hand ➌ *+dat (auf/bei)* at; **sie ist am Finanzamt** she works for the Inland Revenue ➍ *+dat (zur Zeit von)* on; **~ den Abenden** in the evenings; **~ jenem Morgen** that morning; **~ Weihnachten** at Christmas; *(25. Dezember)* on Christmas Day ➎ *+dat (verbunden mit einer Sache/Person)* about; **das Angenehme/Besondere/Schwierige ~ etw** the nice *[or* pleasant] /special/difficult thing about sth; **was ist ~ ihm so besonders?** what's so special about him?; **das gefällt mir gar nicht ~ ihr** I don't like that about her at all ➏ *+dat (nebeneinander)* **Tür ~ Tür wohnen** to be next-door neighbours *[or* AM -ors]; **in der Altstadt steht Haus ~ Haus dicht beieinander** in the old town the houses are very close together; **die Zuschauer standen dicht ~ dicht** the spectators were packed close together ➐ *+dat* SCHWEIZ *(auf)* on; *(bei)* at; *(in)* in; **das kam gestern am Fernsehen** it was on television yesterday ➑ *+akk räumlich* **sie ging ~s Klavier** she went to the piano; **er setzte sich ~ den Tisch** he sat down at the table; **die Hütte war ~ den Fels gebaut** the hut was built on the rocks; **bis ~ etw reichen** to reach as far as sth; **pflanze den Baum nicht zu dicht ~s Haus** don't plant the tree too close to the house; **er schrieb etw ~ die Tafel** he wrote sth on the board; **etw ~ etw lehnen** to lean sth against sth; **er setzte sich gleich ~ den Computer** he went straight to the computer ➒ *+akk (sich wendend)* to; **das Telefon gehen** to answer the telephone; **~ dieses Gerät lasse ich keinen ran!** I won't let anybody touch this equipment! ➓ *+akk*

zeitlich *(sich bis zu etw erstreckend)* of, about; **sie dachten nicht ~ Morgen** they didn't think about *[or* of] tomorrow; **kannst du dich noch ~ früher erinnern?** can you still remember the old days? ⓫ *+akk* SCHWEIZ *(zu)* to ▶ WENDUNGEN: **~ jdm/etw vorbei** past; **~ [und für] sich** actually; *s. a.* bei **II.** *adv* ➊ *(ungefähr)* **~ die ... about, approximately** ➋ *(Ankunftszeit)* arriving at ➌ ELEK *(fam: angeschaltet)* on; **~ sein** to be on; *Licht a.* to be burning ➍ *(fam: angezogen)* on; **ohne etwas ~** with nothing on ➎ *(zeitlich)* **von etw ~** from sth on *[or* onwards]; **von seiner Kindheit ~** from the time he was a child; **von jetzt ~** from now on

Ana·bo·li·kum <-s, -ka> [ana'bo:likʊm] *nt* anabolic steroid

Ana·bo·lis·mus <-> [anabo'lɪsmʊs] *m kein pl* BIOL anabolism

Ana·chro·nis·mus <-, -nismen> [anakro'nɪsmʊs] *m (geh)* anachronism

ana·chro·nis·tisch [anakro'nɪstɪʃ] *adj (geh)* anachronistic

An·ae·ro·bi·er <-s, -> [an?ae'ro:biɐ] *m* BIOL anaerobe

Ana·kon·da <-, -s> [ana'kɔnda] *f* anaconda

anal [a'na:l] **I.** *adj* anal **II.** *adv* anally; **~ fixiert sein** PSYCH to be anally retentive; **~ verkehren** to have anal intercourse

ana·log [ana'lo:k] **I.** *adj* ➊ *(entsprechend)* analogous ➋ INFORM analog **II.** *adv* ➊ *(entsprechend)* analogous; ▪ **~ [zu etw** *dat*] analogous *[to [or* with] sth] ➋ INFORM as an analog

Ana·lo·gie <-, -n> [analo'gi:, *pl:* -gi:ən] *f* analogy; **in ~ zu etw** in analogy to sth

Ana·lo·gie·schlussRR *m* PHILOS argument by analogy

Ana·log·rech·ner *m* analogue computer **Ana·log·ta· cho·me·ter** *m* TECH, AUTO analogue tachometer **Ana· log·uhr** *f* analogue watch

An·al·pha·bet(in) <-en, -en> [an?alfa'be:t] *m(f)* illiterate; *(pej: Unwissende(r))* ignoramus

An·al·pha·be·ten·tum <-s> [an?alfa'be:tntu:m] *nt*, **An·al·pha·be·tis·mus** <-> [an?alfabe'tɪsmʊs] *m kein pl* illiteracy

An·al·pha·be·tin <-, -nen> *f fem form von* **Analphabet**

Anal·ver·kehr *m* anal sex

Ana·ly·se <-, -n> [ana'ly:zə] *f* analysis

ana·ly·sie·ren[*] [analy'zi:rən] *vt* ▪ **etw/jdn ~** to analyze sth/jdn

Ana·ly·sis <-> [a'na:lyzɪs] *f kein pl* MATH analysis

Ana·ly·ti·ker(in) <-s, -> [ana'ly:tikɐ] *m(f) (geh)* analyst

ana·ly·tisch [ana'ly:tɪʃ] **I.** *adj (geh)* analytic, analytical **II.** *adv* analytically

Anä·mie <-, -n> [anɛ'mi:, *pl:* -mi:ən] *f* MED anaemia BRIT, anemia AM

anä·misch [a'nɛ:mɪʃ] *adj* MED *(blutarm)* anemic

Anam·ne·se <-, -n> [anam'ne:zə] *f* MED patient's history, anamnesis *spec*

Ana·nas <-, - *o* -se> ['ananas] *f* pineapple

Anar·chie <-, -n> [anar'çi:, *pl:* -çi:ən] *f* anarchy

Anar·chis·mus <-> [anar'çɪsmʊs] *m kein pl* anarchism

Anar·chist(in) <-en, -en> [anar'çɪst] *m(f)* anarchist

anar·chis·tisch *adj* anarchic, anarchical

Anar·cho <-s, -s> [a'narço] *m (sl)* anarchist, anarcho-syndicalist

An·äs·the·sie <-, -n> [an?ɛste'zi:, *pl:* -zi:ən] *f* anaesthesia BRIT, anesthesia AM

An·äs·the·sist(in) <-en, -en> [an?ɛste'zɪst] *m(f)* anaesthetist BRIT, anesthetist AM

Ana·to·li·en <-s> [ana'to:liən] *nt* Anatolia

Ana·to·mie <-, -n> [anato'mi:, *pl:* -mi:ən] *f* ➊ *kein pl (Fach)* anatomy ➋ *(Institut)* institute of anatomy

Ana·to·mie·saal *m* anatomy theatre *[or* AM -er]

ana·to·misch |anaˈtoːmɪʃ| I. *adj* anatomic, anatomical II. *adv* anatomically

an|ba·cken *vi* KOCHK to stick, to cake on

an|bag·gern *vt (sl)* ▪ **jdn ~** to chat sb up BRIT, to hit on sb AM

an|bah·nen I. *vt (geh)* ▪ **etw ~** *(anknüpfen)* to pave the way for sth; *(in die Wege leiten)* to prepare [the ground] for sth; ▪ **das Anbahnen** preparation, spadework *fam* II. *vr* ❶ *(sich andeuten)* ▪ **sich ~** to be in the offing [*or* on the horizon] ❷ *(sich entwickeln)* ▪ **sich [bei jdm] ~** to be in the making; **hoffentlich bahnt sich da keine Erkältung [bei dir] an!** I hope you're not getting a cold!; **zwischen ihnen bahnt sich etwas an** there's sth going on there

an|bän·deln |ˈanbɛndln| *vi* ❶ *(Liebesbeziehung beginnen)* ▪ **mit jdm ~** to take up with sb ❷ *(Streit anfangen)* ▪ **mit jdm ~** to start an argument with sb

An·bau¹ *m kein pl* AGR cultivation

An·bau² <-bauten> *m* ❶ *(Nebengebäude)* extension, annexe BRIT, annex AM ❷ *kein pl (das Errichten)* building

an|bau·en¹ *vt* ▪ **etw ~** to grow [*or* cultivate] sth

an|bau·en² I. *vt* ▪ **etw [an etw** *akk*] **~** to build an extension [to sth] II. *vi* to extend, to build an extension

Anb·au·flä·che *f* AGR ❶ *(zum Anbau geeignete Fläche)* land suitable for cultivation ❷ *(bebaute Ackerfläche)* acreage **An·bau·ge·biet** *nt* AGR area [of cultivation]

An·be·ginn *m (geh)* beginning; **seit ~ [einer S.** *gen*] since the beginning [of sth]; **seit ~ der Welt** since the world began; **von ~ [an]** [right] from the beginning

an|be·hal·ten *vt irreg* ▪ **etw ~** to keep sth on

an·bei |anˈbai| *adv (geh)* enclosed; **~ die erbetenen Prospekte** please find enclosed the requested brochure

an|bei·ßen *irreg* I. *vi* ❶ *(den Köder beißen)* to take [*or* nibble at] the bait ❷ *(fam: Interesse haben)* to show interest, to take the bait II. *vt* ▪ **etw ~** to take a bite of [*or* bite into] sth ▶ WENDUNGEN: **zum Anbeißen** *(fam)* fetching BRIT, hot AM *sl*

an|be·lan·gen *vt (geh)* ▪ **jdn ~** to be sb's business, to concern sb; **was jdn/etw anbelangt, ...** as far as sb/sth is concerned...; **was die Sache anbelangt ...** as far as that is concerned ...

an|bel·len *vt* ▪ **jdn ~** to bark at sb

an|be·rau·men |ˈanbərauman| *vt (geh)* ▪ **etw ~** to fix [*or* arrange] sth; **einen Termin ~** to set [*or* fix] a date

an|be·ten *vt* ❶ REL ▪ **jdn/etw ~** to worship sb/sth ❷ *(verehren)* ▪ **jdn ~** to adore [*or* worship] sb

An·be·ter(in) <-s, -> *m(f)* REL worshipper, devotee

An·be·tracht *m* ▪ **in ~ einer S.** *gen* in view of; **in ~ dessen, dass** in view of the fact that

an|be·tref·fen *vt irreg (geh)* s. **anbelangen**

an|bet·teln *vt* ▪ **jdn ~** to beg from sb; ▪ **[jdn] um etw ~** to beg [sb] for sth

An·be·tung <-, <*selten* -en> *f* REL worship, adoration

an|bie·dern |ˈanbiːdɐn| *vr (pej)* ▪ **sich [bei jdm] ~** to curry favour [*or* AM -or] with sb, to crawl [to sb]; ▪ **~d** crawling, ingratiating *form*

An·bie·de·rung <-, -en> *f* ingratiation; **ihre ~ an ihn ist wirklich abstoßend** the way she fawns all over him is really disgusting

An·bie·de·rungs·ver·such *m* attempt to ingratiate oneself; **seine ~e gehen mir auf die Nerven** his attempts to butter me up are getting on my nerves

an|bie·ten *irreg* I. *vt* ▪ **[jdm] etw ~** to offer [sb] sth, to offer sth [to sb]; **darf ich Ihnen noch ein Stück Kuchen ~?** would you like another piece of cake?; **na, was bietet die Speisekarte denn heute an?** well, what's on the menu today?; **dieser Laden bietet regelmäßig verschiedene Südfrüchte an** this

shop often has exotic fruit for sale; **diesen Fernseher kann ich Ihnen besonders günstig ~** I can give you a particularly good price for this TV II. *vr* ❶ *(sich zur Verfügung stellen)* ▪ **sich [jdm] als etw ~** to offer [*or* volunteer] one's services as sth to sb; **darf ich mich Ihnen als Stadtführer ~?** my services as guide are at your disposal; ▪ **sich ~, etw zu tun** to offer [*or* volunteer] to do sth ❷ *(naheliegen)* ▪ **sich [für etw] ~** to be just the right thing [for sth]; **eine kleine Pause würde sich jetzt ~** a little break would be just the thing now; **es bietet sich leider keine andere Alternative an** unfortunately, there's no alternative; ▪ **es bietet sich an, das zu tun** it would seem to be the thing to do; **bei dem Wetter bietet es sich doch an, einen Ausflug zu unternehmen** this is just the right weather for a trip somewhere

An·bie·ter(in) *m(f)* supplier

an|bin·den *vt irreg* ❶ *(festbinden)* ▪ **jdn/etw [an etw** *akk o dat*] **~** to tie sb/sth [to sth]; **die Kähne waren fest an den Anlegern angebunden** the barges were moored to the jetty ❷ *(durch Pflichten einschränken)* ▪ **jdn ~** to tie sb down; *(jds Freiheit einschränken)* to keep sb on a lead ❸ TRANSP ▪ **etw an etw** *akk* **~** to connect sth to sth

An·blick *m* sight; **einen erfreulichen/Furcht erregenden ~ bieten** to be a welcoming/horrifying sight; **das war kein schöner ~!** it was not a pretty sight!; **beim ~ einer S.** *gen* at the sight of; **beim ersten ~** at first sight

an|bli·cken *vt (geh)* ▪ **jdn ~** to look at sb; **er blickte sie lange und versonnen an** he gazed at her, lost in thought; **er blickte sie kurz an** he glanced at her

an|blin·zeln *vt* ▪ **jdn ~** to blink at sb; *(zublinzeln)* to wink at sb

an|boh·ren *vt* ❶ *(ein Loch bohren)* ▪ **etw ~** to drill [*or* bore] into sth ❷ *(zugänglich machen)* ▪ **etw ~** to drill for sth ❸ ZOOL ▪ **etw ~** to eat into sth

An·bot <-[e]s, -e> *nt* ÖSTERR *(geh: Angebot)* offer

an|bra·ten *vt irreg* KOCHK ▪ **etw ~** to fry sth until brown

an|brau·chen *vt (fam)* ▪ **etw ~** to open [*or* start] sth; **eine angebrauchte Flasche Cola** an open bottle of coke; **eine angebrauchte Tüte Chips** an open [*or* a half-eaten] packet of crisps [*or* AM chips]

an|bräu·nen *vt* KOCHK ▪ **etw ~** to brown sth

an|bre·chen *irreg* I. *vi sein* to begin; *Tag* to dawn, to break *form; Winter, Abend* to set in; *Dunkelheit, Nacht* to fall; **wir redeten bis der Tag anbrach** we talked until the break of day II. *vt haben* ▪ **etw ~** ❶ *(zu verbrauchen beginnen)* to open sth; **eine Packung Kekse ~** to open [*or* start] a packet of biscuits; **die Vorräte ~** to break into supplies; ▪ **angebrochen** opened, half-eaten *fam;* **wir haben den angebrochenen Urlaub daheim verbracht** we spent the rest of the holiday at home ❷ *(auszugeben beginnen)* to break sth; **ich wollte den Hunderter nicht ~** I didn't want to break the hundred mark note ❸ *(teilweise brechen)* to chip sth

an|bren·nen *irreg* I. *vi sein* ❶ *(verkohlen)* to burn; ▪ **etw ~ lassen** to let sth burn; **es riecht hier so angebrannt** it smells of burning in here ❷ *(zu brennen beginnen)* to burn; **tu erst Papier unter die Kohle, dann brennt sie leichter an!** put paper under the coal so that it ignites better ▶ WENDUNGEN: **nichts ~ lassen** *(fam)* to not hesitate [*or* let an opportunity go past one] *fam* II. *vt haben* ▪ **etw ~** to ignite sth

an|brin·gen *vt irreg* ❶ *(befestigen)* ▪ **etw [an etw** *dat*] **~** to hang sth [on sth], to fix sth [to sth] ❷ *(montieren)* **Beschläge ~** to attach [*or* mount] fittings; **ein Gerät ~** to instal a piece of equipment; **ein Regal ~** to put up a shelf ❸ *(vorbringen)* ▪ **etw ~** to introduce [*or* mention] sth; *s. a.* **angebracht** ❹ *(äußern)* ▪ **etw**

anbieten

nach Wünschen fragen, etwas anbieten	asking people what they want, offering something
Kann ich Ihnen helfen?/Was darf's sein?	Can I help you?/What'll it be?
Haben Sie irgendeinen Wunsch?	Would you like anything?
Was hättest du denn gern?	What would you like?
Was möchtest/magst du essen/trinken?	What would you like to eat/drink?
Wie wär's mit einer Tasse Kaffee? *(fam)*	How about a cup of coffee?
Darf ich Ihnen ein Glas Wein **anbieten?**	May I offer you a glass of wine?
Sie können gern mein Telefon benutzen.	You're welcome to use my phone.

Angebote annehmen	accepting offers
Ja, bitte./Ja, gern.	Yes please./I'd love one.
Danke, das ist nett/lieb von dir.	Thanks, that's kind of you.
Ja, das wäre nett.	Yes, that would be kind.
Oh, das ist aber nett!	Oh, that's nice of you!

Angebote ablehnen	turning down offers
Nein, danke!	No, thanks!
Aber das ist doch nicht nötig!	But that's not necessary!/You shouldn't have!
Das kann ich doch nicht annehmen!	I can't (possibly) accept this!

zögern	hesitating
Ich weiß nicht so recht.	I'm not sure.
Ich kann Ihnen noch nicht sagen, ob ich Ihr Angebot annehmen werde.	I can't tell you yet whether or not I'm going to accept your offer.
Ich muss darüber noch nachdenken.	I still have to think about it.
Ich kann Ihnen noch nicht zusagen.	I can't accept yet.

[bei jdm] ~ to make sth [to sb] ❺ *(verwenden)* ■ etw [in etw] *dat*] ~ to make use of sth [in sth], to put sth to good use ❻ *(fam: herbeibringen)* ■ jdn/etw ~ to bring sb/sth [along] ❼ *(fam)* ■ etw [bei jdm] ~ to sell [*or sl* flog] sth [to sb]

An·bruch *m kein pl (geh)* dawn, beginning *form;* **bei ~ des Tages** at the break of day, at daybreak [*or* dawn]; **bei ~ der Dunkelheit** at dusk

an|brül·len I. *vt* ❶ *(fam: wütend laut ansprechen)* ■ **jdn/etw ~** to shout at sb/sth ❷ *(in jds Richtung brüllen)* ■ **jdn ~** to bawl at sb; *Löwe* to roar at sb; *Bär* to snarl at sb; *Stier* to bellow at sb II. *vi (fam)* ■ **gegen jdn/etw ~** to shout sb/sth down, to make oneself heard above sb/sth

An·cho·vis <-, -> [anˈçoːvɪs] *f* anchovy

An·dacht <-, -en> [ˈandaxt] *f* prayer service; **in** [*o* mit] [*o* **voller**] **~** REL in [*or* with] devotion; **voller ~** *(geh)* in rapt devotion

an·däch·tig [ˈandɛçtɪç] I. *adj* ❶ REL devout, reverent ❷ *(ehrfürchtig)* reverent; *(in Gedanken versunken)* rapt II. *adv* ❶ REL devoutly, religiously ❷ *(hum: ehrfürchtig)* reverently; *(inbrünstig)* raptly

An·däch·ti·ge(r) *f(m) dekl wie adj* REL worshipper, devotee

An·da·ma·ni·sches Meer [andaˈmaːnɪʃəs -] *nt* Andaman Sea

an|dämp·fen *vt* KOCHK *s.* **andünsten**

An·dau·er *f kein pl* continuance; **mit einer ~ des milden Wetters ist weiterhin zu rechnen** the mild weather is expected to continue

an|dau·ern *vi* to continue; *Gespräche, Meeting* to go on

an·dau·ernd I. *adj* continuous, persistent; **bis in die späten Abendstunden ~** going on well into the night II. *adv* continuously, persistently; **jetzt schrei mich nicht ~ an** stop shouting at me all the time

An·den [ˈandn̩] *pl* Andes *npl*

An·den·ken <-s, -> *nt* ❶ *(Souvenir)* souvenir *a. fam* ❷ *(Erinnerungsstück)* ■ **ein ~ an jdn/etw** a keepsake from sb/sth; **zum ~ an jdn/etw** as a keepsake of sb/sth, in memory of sb/sth ❸ *kein pl (Erinnerung)* memory; **zum ~ an jdn** in memory [*or* remembrance] of; **jdm ein ehrendes ~ bewahren** *(geh)* to honour [*or* AM -or] sb's memory; *(jdm gedenken)* to commemorate sb; **jdn/etw in freundlichem ~ behalten** in fond memory of sb; **im ~ an ...** in memory of ...

an·de·re(r, s) [ˈandərə, -rə, -rəs] *pron indef* ❶ *adjektivisch (abweichend)* different, other; **das ist eine ~ Frage** that's another [*or* a different] question; **bei einer ~n Gelegenheit** another time; **das ~ Geschlecht** the opposite sex; **ein ~s Mal** another time; **eine ~ Meinung haben, einer ~n Meinung sein** to have [*or* be of] a different opinion; **eine ganz ~ Sache** an entirely different matter ❷ *adjektivisch (weitere)* other; **er besitzt außer dem Mercedes noch drei ~ Autos** apart from the Mercedes, he's got three more cars; **haben Sie noch ~ Fragen?** have you got any more [*or* further] questions? ❸ ■ **andere** *substantivisch (sonstige)* more, others; **es gibt noch ~, die warten!** there are others waiting!; **ich habe nicht nur diese Brille, sondern noch ~** I've got more than just this one pair of glasses; ■ **das/der/die ~** the other; ■ **ein ~r/eine ~/ein ~s** [an]other, a different one; **eines ist schöner als das** ~**!** each one is more beautiful than the last! ❹ ■ **andere** *substantivisch (sonstige Menschen)* others; ■ **der/die** ~ the other [one]; ■ **ein** ~**r/eine** ~ someone else; ■ **die** ~**n** the others; **alle** ~**n** all the others; **wir** ~**n** the rest of us; **jede/jeder** ~ anybody else; **keine** ~**/kein** ~**r als …** nobody [*or* no one else] but …; **weder den einen/die eine noch den** ~**n/die** ~ neither one of them; **einer nach dem** ~**n, eine nach der** ~**n** one after the other; **der eine oder** ~ one or two people; **falls dem einen oder** ~**n etwas einfällt** if any of you have an idea; **ich will weder den einen noch den** ~**n einladen** I don't want to invite either one; **auf** ~ **hören** to listen to others; **2 Kinder haben sie schon, sie wollen aber noch** ~ they've already got 2 children but they want more; **gab es noch** ~ [**Frauen**] **in deinem Leben?** were there other women in your life?; **hast du eine** ~**?** is there someone else?, have you got another woman?; **auch** ~ **als ich denken so** other people think the same as I do; **da muss ein** ~**r kommen** *(fig)* it will take more than him/you etc ❺ ■ **anderes** *substantivisch (Abweichendes)* other things *pl;* **das T-Shirt ist schmutzig – hast du noch ein** ~**s** that t-shirt is dirty – have you got another one?; ■ **etwas/nichts** ~**s** [*o* **A**~**s**] something/anything else; **hattest du an etwas** ~**s gedacht/ etwas** ~**s erwartet?** what did you expect?; **ich hatte nichts** ~**s erwartet** I didn't expect anything else; **das ist natürlich etwas** ~**s!** that's a different matter altogether; **das ist etwas ganz** ~**s!** that's something quite different; **es bleibt uns nichts** ~**s übrig** there's nothing else we can do; **lass uns von etwas** ~**m sprechen** let's talk about something else, let's change the subject; **dem hätte ich was** ~**s erzählt!** *(fam)* I would have given him a piece of my mind; **nichts** ~**s** [*o* **A**~**s**] [**mehr**] **tun wollen, als …** to not want to do anything else than …; **nichts** ~**s** [*o* **A**~**s**] **als** nothing but; **das bedeutet doch nichts** ~**s als die totale Pleite** it means only one thing and that is total ruin; **alles** ~ everything else; **alles** ~ **als …** anything but …; **ein**[**e**]**s nach dem** ~**n** first things first; **so kam eins zum** ~**n** one thing led to another; **weder das eine noch das** ~ neither [one]; *(tun wollen)* not either; **und** ~**s mehr** and much more besides; **unter** ~**m …** … amongst other things, including …

an·de·ren·falls [ˈandəɾənfals], **an·dern·falls** [ˈandənfals] *adv* otherwise **an·de·ren·orts** [ˈandəɾənʔɔɾts], **an·dern·orts** [ˈandənʔɔɾts] *adv (geh)* elsewhere; ~ **ist es auch nicht anders!** it's no different anywhere else!

an·de·rer·seits [ˈandəɾɛzaits], **an·drer·seits** [ˈandɾɛ·zaits] *adv* on the other hand

an·der·mal [ˈandɐmaːl] *adv* ■ **ein** ~ another [*or* some other] time

än·dern [ˈɛndɐn] **I.** *vt* ❶ *(verändern)* ■ **etw** ~ to change [*or* alter] sth; **ich kann es nicht** ~ I can't do anything about it; [**s**]**eine Meinung** ~ to change one's mind; **den Namen** ~ to change one's name; **das ändert nichts daran, dass …** that doesn't change [*or* alter] the fact that; **das alles ändert nichts an der Tatsache, dass …** none of that changes [*or* alters] the fact that …; **daran kann man nichts** ~ there's nothing anyone/we/you can do about it ❷ MODE ■ [**jdm**] **etw** ~ to alter sth [for sb]; *(kleiner machen)* to take sth in; *(die Naht auslassen)* to let sth out **II.** *vr* ■ **sich** ~ to change; **in meinem Leben muss sich einiges** ~ there will have to be some changes in my life; **die Windrichtung hat sich geändert** the wind has changed direction; **es hat sich nichts geändert** nothing's changed; ■ **sich an etw** *dat* ~ to change; **das lässt sich nicht** ~ there's noth-

ing that can be done about it, you can't do anything about it

an·ders [ˈandɐs] *adv* ❶ *(verschieden)* differently; **die Sachen sind doch etwas** ~ **als erwartet gelaufen** things have progressed in a different way to what we expected; **sie denkt** ~ **als wir** she has a different point of view from us; **diese Musik klingt schon ganz** ~ this music sounds completely different; **als braves Kind gefällst du mir ganz** ~ I like you much more when you behave; ■ ~ **als …** different to [*or* from] [*or* AM *a.* than] …; ~ **als sonst** different than usual; **es sich** *dat* ~ **überlegen** to change one's mind; ~ **denkend** dissenting, dissident; ~ **gesinnt** of a different opinion; ~ **lautend** contrary, different ❷ *(sonst)* otherwise; ~ **kann ich es mir nicht erklären** I can't think of another explanation; **jemand** ~ somebody [*or* someone] [*or* anybody] else; **niemand** ~ nobody [*or* no one] else; **lass außer mir niemand** ~ **rein!** don't let anybody in except [for] me!; **was/wer/wo** ~? what/who/where else?; **nicht** ~ **gehen** to be able to do nothing about sth; **es ging leider nicht** ~ I'm afraid I couldn't do anything about it ▶ WENDUNGEN: **auch** ~ **können** *(fam)* **ich kann auch** ~**!** *(fam)* you'd/he'd etc. better watch it!; **nicht** ~ **können** *(fam)* to be unable to help it [*or* oneself]; **ich konnte nicht** ~ I couldn't help it; **jdm wird ganz** ~ *(schwindelig)* to feel dizzy; **da wird einem ja ganz** ~**!** *(ärgerlich zumute)* it makes [*or* it's enough to make] one's blood boil

an·ders·ar·tig [ˈandɐsʔaːɾtɪç] *adj* different **an·ders·den·kend** *adj attr s.* **anders 1 An·ders·den·ken·de(r)** *f(m) dekl wie adj* dissident

an·der·seits [ˈandɐzaits] *adv s.* **andererseits**

an·ders·far·big I. *adj* of a different colour [*or* AM -or] [*or* **liter** hue] **II.** *adv* a different colour [*or* AM -or]; ~ **lackiert** painted a different colour **an·ders·ge·sinnt** *adj s.* **anders 1 An·ders·ge·sinn·te(r)** *f(m) dekl wie adj* person of a different opinion **an·ders·gläu·big** *adj* REL of a different faith **An·ders·gläu·bi·ge(r)** *f(m) dekl wie adj* REL follower of a different faith **an·ders·he·rum** [ˈandɐtˈhɛɾʊm] **I.** *adv* the other way round **II.** *adj pred (fam: homosexuell)* gay **an·ders·lau·tend** *adj attr (geh) s.* **anders 1 An·ders·lau·ten·de** *nt* contrary reports; **ich habe nichts** ~**s gehört** I haven't heard anything to the contrary **an·ders·rum** [ˈandɐsɾʊm] *adv o adj (fam) s.* **andersherum an·ders·spra·chig** [ˈandɐsʃpaːxɪç] *adj* ❶ *(abgefasst)* in another language ❷ *(sprechend)* speaking a different language **an·ders·wo** [ˈandɐsvoː] *adv* ❶ *(an einer anderen Stelle)* somewhere else ❷ *(an anderen Orten)* elsewhere **an·ders·wo·her** [ˈandɐsvoːheːɐ̯] *adv* from somewhere else **an·ders·wo·hin** [ˈandɐsvoˈhɪn] *adv* somewhere else, elsewhere

an·dert·halb [ˈandɐtˈhalp] *adj* one and a half; **meine Tochter ist** ~ **Jahre alt** my daughter is one and a half; ~ **Kilometer** one kilometre and a half; ~ **Stunden** an hour and a half

an·dert·halb·mal *adv* one and a half times; ~ **so viel …** half as much … again

Än·de·rung <-, -en> *f* ❶ *(Abänderung)* change, alteration; *Gesetz* amendment; *Entwurf, Zeichnung* modifications *pl;* ■ **die** ~ **an etw** *dat* the alteration to; **eine** ~**/**~**en an etw** *dat* **vornehmen** to make a change/changes to sth, to change sth; **geringfügige** ~**en** slight alterations; „~**en vorbehalten"** "subject to change" ❷ MODE alteration ❸ *(Wandel)* change; **eine** ~ **des Wetters** a change in the weather

Än·de·rungs·an·trag *m* POL amendment **Än·de·rungs·schnei·der(in)** *m(f)* ≈ tailor *masc,* ≈ seamstress *fem* **Än·de·rungs·schnei·de·rei** *f* MODE tailor's [shop] **Än·de·rungs·schnei·de·rin** <-, -nen> *f fem form von* **Änderungsschneider** seamstress **Än·de-**

rungs·vor·schlag <*pl:* -vorschläge> *m* proposed change [*or* amendment]; **einen ~/Änderungsvorschläge machen** to suggest a change, to make a suggestion for change **Än·de·rungs·wunsch** <*pl:* -wün­sche> *m* proposed changes [*or* alterations]; **einen ~/Änderungswünsche haben** to want to make changes [*or* alterations]

an·der·wei·tig ['andɐvaitɪç] **I.** *adj attr* other, further **II.** *adv* ❶ *(mit anderen Dingen)* with other matters; **~ beschäftigt sein** to be busy with other things, to be otherwise engaged ❷ *(von anderer Seite)* somewhere else, elsewhere; **mir sind ~ bereits 200.000 Euro geboten worden** somebody else has offered me 200,000 euros ❸ *(bei anderen Leuten)* other people; **~ verpflichtet sein** to have other commitments ❹ *(an einen anderen)* to somebody else ❺ *(anders)* in a different way; **etw ~ entscheiden** to make an alternative decision; **etw ~ verwerten** to make use of sth another way

an|deu·ten *vt* ❶ *(erwähnen)* ■ **etw ~** to indicate [*or* make a reference to] sth ❷ *(zu verstehen geben)* ■ **[jdm] etw ~** to imply sth [to sb]; **was wollen Sie damit ~?** what are you getting at?; **was wollen Sie mir gegenüber ~?** what are you trying to tell me?; **sie hat es nicht direkt gesagt, nur angedeutet** she didn't say it out loud but she implied it; ■ **~, dass/was** to make it clear [that] ❸ KUNST, MUS *(in Umrissen erkennen lassen)* ■ **jdn/etw ~** to outline [*or* sketch] sb/sth **II.** *vr* ■ **sich [bei jdm] ~** to be signs [*or* indications] of sth; **eine Verbesserung/Veränderung deutet sich an** there are indications of improvement/of a change

An·deu·tung *f* ❶ *(flüchtiger Hinweis)* hint; **aus ihren ~en konnte ich schließen, dass ...** I gathered from her remarks that ...; **eine ~ fallen lassen** to drop a hint; **eine ~ auf etw sein** to be a reference to sth; **bei der geringsten ~ von sth** at the first sign of sth; **eine versteckte ~** an insinuation; **eine ~ [über jdn/etw] machen** to make a remark [about sb/sth], to imply sth [about sb] ❷ *(Spur)* hint, trace

an·deu·tungs·wei·se **I.** *adv* ❶ *(indirekt)* as an indication of; **jdm etw ~ zu verstehen geben** to indicate sth to sb; **davon war nur ~ die Rede** it was merely hinted at ❷ *(rudimentär)* as an intimation **II.** *adj attr* *(selten)* **ein ~s Lächeln** the shadow [*or* a hint] of a smile

an|di·cken *vi* KOCHK to thicken

an|die·nen **I.** *vt* ❶ **jdm etw ~** to press sth on sb; ■ **sich** *dat* **etw von jdm ~ lassen** to be forced [*or* bludgeoned] into [doing] sth by sb **II.** *vr* ■ **sich jdm [als etw]** ~ to offer sb one's services [*or* oneself] [as sth]

an|do·cken ['andɔkn] *vi* ■ **[an etw** *dat*] ~ to dock [with sth]; *Virus a.* to attach [to sth]

An·dor·ra <-s> [an'dɔra] *nt* GEOG Andorra

An·dor·ra·ner(in) <-s, -> [andɔ'raːnɐ] *m(f)* Andorran

an·dor·ra·nisch *adj* Andorran

An·drang *m kein pl* ❶ *(hindrängende Menschenmenge)* crush; **~ der Menschen** rush of people; **ein großer ~** a throng of people, a large crowd ❷ *(Zustrom)* rush, surge

an·dre(r, s) ['andrə, -drɐ, -drəs] *adj s.* **andere(r, s)**

An·dre·as·kreuz *nt* ❶ REL St. Andrew's cross ❷ *(Verkehrszeichen)* diagonal cross

an|dre·hen *vt* ❶ *(anstellen)* ■ **etw ~** to turn [*or* switch] sth on ❷ *(festdrehen)* ■ **etw ~** to tighten sth ❸ *(fam: verkaufen)* **jdm etw ~** to flog sb sth *sl;* ■ **sich** *dat* **etw ~ lassen** to be flogged sth

an·drer·seits ['andrɐzaits] *adv s.* **andererseits**

An·dro·gen <-s, -e> [andro'geːn] *nt* androgen

an·dro·gyn [andro'gyːn] *adj* androgynous

an|dro·hen *vt* ■ **jdm etw ~** to threaten sb with sth; **er drohte ihm Prügel an** he threatened to beat him up

An·dro·hung *f* threat; **unter ~ einer S.** *gen* [*o* **von etw**] under [*or* with] threat of sth; JUR under penalty of sth

An·dro·id <-en, -en> [andro'iːt, *pl:* -'iːdən] *m*, **An·dro·ide** <-n, -n> [andro'iːdə, *pl:* -'iːdən] *m* android

An·druck¹ <-drucke> *m* TYPO proof

An·druck² *m kein pl* PHYS accelerative force

an|dru·cken *vi* TYPO to start printing

an|düns·ten *vt* KOCHK ■ **etw ~** to braise sth lightly

an|lecken *vi sein (fam)* to put people's backs up *fam;* ■ **bei jdm ~** to put sb's back up *fam,* to rub sb the wrong way *fam*

an|eig·nen *vr* ■ **sich** *dat* **etw ~** ❶ *(an sich nehmen)* to take [*or* form appropriate] sth ❷ *(sich vertraut machen)* to learn [*or* acquire] sth ❸ *(sich angewöhnen)* to learn [*or sep* pick up] sth

An·eig·nung <-, <*selten* -en>> *f* ❶ *(geh: Diebstahl)* appropriation ❷ *(Erwerb)* acquisition ❸ *(Lernen)* learning, acquisition

an·ei·nan·der [anʔai'nandɐ] *adv* ❶ *(jede(r,s) an den anderen/das andere)* to one another; **~ denken** to think about each other; **~ hängen** to be very close ❷ *(jede(r,s) am anderen)* **Spaß ~ haben** to have fun together; **etw ~ finden** to see sth in each other; **sich** *akk* **~ reiben** to rub each other [up] the wrong way ❸ *(jeweils an der anderen Person)* each other; **~ vorbeireden** to talk at cross purposes ❹ *(eine(r,s) am anderen)* together

an·ei·nan·der|fü·gen **I.** *vt* **etw ~** to put sth together **II.** *vr* ■ **sich ~** to go together

an·ei·nan·der|ge·ra·ten *vi irreg sein* [**wegen jdm/ einer S.**] **~** *(sich prügeln)* to come to blows [about sb/sth]; *(sich streiten)* to have a fight [*or* BRIT *a.* row] [about sth], to argue [about *or* over] sth]; **mit jdm ~** *(sich prügeln)* to have a fight with sb; *(sich streiten)* to have a fight [*or* BRIT *a.* row] with sb

an·ei·nan·der|gren·zen *vi* to border on one another

an·ei·nan·der|hal·ten *vt irreg* **etw ~** to hold sth up together, to compare sth with each other **an·ei·nan·der|rei·hen** **I.** *vt* **etw ~** to string sth together **II.** *vr* ■ **sich ~** to follow one another **an·ei·nan·der|schmie·gen** *vr* ■ **sich** *akk* ~ to cuddle; **sich** *akk* **[vor Kälte] ~** to huddle up together [in the cold]; **aneinandergeschmiegt** close together **an·ei·nan·der|stel·len** *vt* **etw ~** to put sth next to one another [*or* each other] **an·ei·nan·der|sto·ßen** *vi irreg sein* to bump into each other; *(zwei Dinge)* to bang together

Anek·döt·chen <-s, -> [anɛk'døːtçən] *nt (hum fam)* little anecdote

Anek·do·te <-, -n> [anɛk'doːtə] *f* anecdote, story

an|ekeln *vt* ■ **jdn ~** to make sb sick, to disgust [*or* nauseate] sb; ■ **es ekelt jdn an, etw tun zu müssen** it nauseates sb to have to do sth; ■ **von etw angeekelt sein** to be disgusted [*or* nauseated] by sth

Ane·mo·ne <-, -n> [ane'moːnə] *f* BOT anemone

an|er·bie·ten ['anʔɛɐbiːtn] *vr irreg (geh)* ■ **sich ~** to offer one's services [*or* oneself]; ■ **sich ~, etw zu tun** to offer to do sth

An·er·bie·ten <-s, -> ['anʔɛɐbiːtn] *nt (geh)* offer

an·er·kannt *adj* ❶ *(unbestritten, geschätzt)* acknowledged, recognized ❷ *(zugelassen)* recognized; [**staatlich**] **~e Schule** [state-] recognized schools

an·er·kann·ter·ma·ßen *adv* admittedly; **dieses Werk gehört ~ zu den herausragendsten in der Kunstgeschichte** this work is recognized as one of the greatest in the history of art

an|er·ken·nen ['anʔɛgkɛnən] *vt irreg* ❶ *(offiziell akzeptieren)* ■ **etw [als etw] ~** to recognize sth [as sth]; **jdn als Herrscher ~** to acknowledge sb as ruler; **ein Kind ~** to acknowledge a child as one's own; **eine Forderung ~** to accept a demand ❷ ÖKON **eine Rechnung ~** to accept a bill; **Schulden ~** to acknowledge debts ③ *(würdigen)* ◾ **etw ~** to appreciate sth, to recognize sth ④ *(gelten lassen)* ◾ **etw ~** to recognize sth; ◾ **~, dass** to accept [*or* acknowledge] [the fact] that; **eine Meinung ~** to respect an opinion

an·er·ken·nend I. *adj* acknowledging; **ein ~er Blick** a look of acknowledg[e]ment [*or* recognition] **II.** *adv* in acknowledg[e]ment [*or* recognition]

an·er·ken·nens·wert I. *adj* commendable, praiseworthy, laudable *form* **II.** *adv* in a commendable [*or* praiseworthy] way [*or* manner]

An·er·kennt·nis *nt* acknowledg[e]ment

An·er·ken·nung *f* ① *(offizielle Bestätigung)* recognition; **~ finden** to gain recognition ② ÖKON acknowledg[e]ment ③ *(Würdigung)* appreciation, recognition; **in ~ einer S.** *gen (geh)* in recognition of [*or* form as a tribute to] sth ④ *(lobende Zustimmung)* praise; **~ finden** to earn [*or* win] respect ⑤ *(Tolerierung)* acceptance, recognition

an|er·zie·hen¹ *vt irreg* ◾ **jdm etw ~** to teach sb sth, to instil [*or* AM -ll] sth into sb *form;* ◾ **sich** *dat* **etw ~** to learn [*or* teach oneself] sth; ◾ **anerzogen sein** to be acquired

an|fa·chen *vt (geh)* ① *(zum Brennen bringen)* ◾ **etw ~** to kindle sth ② *(schüren)* ◾ **etw ~** to arouse sth; **Hass ~** to whip [*or* stir] up hatred; **Leidenschaft ~** to arouse [*or* inflame] passion

an|fah·ren *irreg* **I.** *vi sein* to drive off; *Zug* to draw in; **das A~ am Berg** the hill start; **angefahren kommen** to arrive, to come; **da kommt unser Taxi ja schon angefahren!** there's our taxi! **II.** *vt haben* ① *(beim Fahren streifen)* ◾ **jdn/etw ~** to hit [*or* run into] sb/ sth ② *(mit dem Wagen liefern)* ◾ **etw ~** to deliver sth; ◾ **etw ~ lassen** to have sth delivered ③ *irreg (schelten)* ◾ **jdn ~** to bite sb's head off *fam,* to snap at sb ④ TRANSP ◾ **etw ~** to call at sth; **einen Hafen ~** to pull in at a port; **Helgoland wird regelmäßig von Fährschiffen angefahren** Helgoland is a regularly frequented port of call ⑤ *(fam: auftischen)* ◾ **etw ~** to lay on sth *sep fam*

An·fahrt <-, -en> *f* ① *(Hinfahrt)* journey [to] ② *(Anfahrtszeit)* journey [*or* travelling] [*or* AM *usu* traveling] time ③ *(Zufahrt)* approach

An·fall¹ <-[e]s> *m kein pl* ① *(Aufkommen allgemeiner Dinge)* accumulation; **ein ~ an Arbeit** a build-up of work; **ein ~ an Einsatz** a raising of the stakes ② FIN *von Zinsen* accrual; JUR devolution ③ *(Anhäufung) Reparaturen, Kosten* amount

An·fall² <-[e]s, -fälle> *m* ① MED *(Attacke)* attack; **einen ~ bekommen** [*o* **haben**] to have a heart attack; **epileptischer ~** epileptic fit ② *(Wutanfall)* fit of rage; **einen ~ bekommen** [*o fam:* **kriegen**] to have [*or* go into] a fit of rage, to throw a fit [*or fam* BRIT *a.* wobbly], to blow one's top *fam;* **der kriegt** [*nochmal*] **einen ~, wenn er das mitbekommt!** he's going to go round the bend [*or* throw a wobbly] when he hears about this! ③ *(Anwandlung)* ◾ **ein ~ von etw** a fit of sth; ◾ **in einem ~ von etw** in a fit of sth; **in einem ~ von Wahnsinn** in a fit of madness; **in einem ~ von Großzügigkeit** with [*or* in] a sudden show of generosity, in a fit of generosity

an|fal·len¹ *vi irreg sein* ① *(entstehen)* to arise, to be produced ② FIN *(anlaufen)* ◾ **bei etw ~** to accrue on sth; *Kosten* incur; *Beitrag, Zahlung* to be due; **die ~den Kosten/Probleme** the costs/problems incurred ③ *(sich anhäufen)* to accumulate; *Arbeit a.* to pile up; **die zusätzlich ~de Arbeit** the additional work incurred

an|fal·len² *vt irreg* ① *(überfallen)* ◾ **jdn ~** to attack sb ② *(anspringen)* ◾ **jdn/ein Tier ~** *bissiger Hund* to attack sb/an animal ③ *(fig: [seelisch] befallen)* ◾ **jdn ~** to overcome sb; **Heimweh fiel ihn an** he was overcome with [*or* by] homesickness

an·fäl·lig *adj* ① *(leicht erkrankend)* delicate; ◾ |**für** [*o* **gegen**] **etw**| **~ sein/werden** to be/become prone [*or* susceptible] [to sth] ② AUTO, TECH *(reparatur~)* temperamental

An·fäl·lig·keit <-> *f meist sing* ① *(anfällige Konstitution)* delicateness; ◾ **die ~ für** [*o* **gegen**] **etw** susceptibility [*or* proneness] to sth ② AUTO, TECH *(Reparaturanfälligkeit)* temperamental nature

An·fang <-[e]s, -fänge> *m* ① *(Beginn)* beginning, start; **... und das ist erst der ~** ... and that's the start; [**bei etw/mit etw**| **den ~ machen** to make a start [in sth/with sth]; **einen neuen ~ machen** to make a fresh start; **seinen ~ nehmen** *(geh)* to begin [*or* start]; **das Verhängnis hatte bereits seinen ~ genommen** fate had already begun to take [*or* run] its course; **~ September/der Woche** at the beginning of September/the week; **der Täter war ca. ~ 40** the perpetrator was in his early 40s; **von ~ bis Ende** from start to finish; **am ~** *(zu Beginn)* in the beginning; **ich bin erst am ~ des Buches** I've only just started the book; *(anfänglich)* to begin with, at first; **von ~ an** from the [very] start, right from the word go [*or* the start]; **zu ~** to begin with ② *(Ursprung)* beginnings *pl,* origin[s] *usu pl;* **wir stecken noch in den Anfängen** we're still getting [it] off the ground; **der ~ allen Lebens** the origins of all life; **aus bescheidenen Anfängen** from humble beginnings ▸ WENDUNGEN: **der ~ vom Ende** the beginning of the end; **am ~ war das Wort** REL in the beginning was the Word; **aller ~ ist schwer** *(prov)* the first step is always the hardest *prov*

an|fan·gen *irreg* **I.** *vt* ① *(beginnen)* ◾ **etw ~** to begin [*or* start]; ◾ **etw** |**mit jdm**| **~** to start [up] sth [with sb]; **er fing ein Gespräch mit ihr an** he started [*or* struck up] a conversation with her, he started talking to her; ◾ **etw mit etw ~** to start sth with sth; **sie fangen das Essen immer mit einem Gebet an** they always say grace before eating [*or* start a meal by saying grace] ② *(fam: anbrauchen)* **eine Packung Kekse/ein Glas Marmelade ~** to start a [new [*or* fresh]] packet of biscuits/jar of jam ③ *(machen)* **etw anders ~** to do sth differently [*or* a different way]; **etw richtig ~** to do sth correctly [*or* in the correct manner]; **wenn Sie es richtig ~** if you go about it correctly; **etwas mit etw/jdm ~ können** *(fam)* to be able to do sth with sth/sb; **jd kann mit etw/jdm nichts ~** *(fam)* sth/sb is [of] no use to sb, sth/sb is no good to sb; **damit kann ich doch gar nichts ~!** that's no good at all to me!; *(verstehen)* that doesn't mean anything to me; **was soll ich damit ~?** what am I supposed to do with that?; **mit jdm ist nichts anzufangen** nothing can be done with sb; **mit ihr kann ich nichts ~** she's not my type; **nichts mit sich anzufangen wissen** to not know what to do with oneself **II.** *vi* ① *(den Anfang machen)* ◾ |**mit etw**| **~** to start [sth] ② *(beginnen)* to start [*or* begin], to get going *fam;* **bevor der Sturm so richtig anfängt** before the storm really gets going *fam* ③ *(seine Karriere beginnen)* ◾ |**als etw**| **~** to start out [as sth]

An·fän·ger(in) <-s, -> *m(f)* novice, beginner; *(im Straßenverkehr)* learner [driver] BRIT, student driver AM; |**in etw** *dat*| **~ sein** to be a novice [in [*or* at] sth]; **ich bin in dieser Materie noch ~** I'm still a novice in [*or* new to] this field [*or* subject]; **ein blutiger ~ sein** *(fam)* to be a complete novice [*or* an absolute beginner]; |**du/Sie**| **~!** *(fam)* you bungling idiot!

An·fän·ger·kurs *m,* **An·fän·ger·kur·sus** *m* beginners' course, course for beginners **An·fän·ger·übung** *f* exercises *pl* for beginners; SCH introductory course

an·fäng·lich I. *adj attr* initial *attr* **II.** *adv (geh)* at first, initially

an·fangs I. *adv* at first, initially; **gleich ~** right at the start [*or* outset] **II.** *präp +gen* SCHWEIZ at the start of

An·fangs·buch·sta·be *m* initial [letter] **An·fangs·ge·halt** *nt* starting [*or* initial] salary **An·fangs·grün·de** *pl* SCH basics *npl*, rudiments *pl* **An·fangs·ka·pi·tal** *nt* ÖKON, FIN initial capital **An·fangs·kre·dit** *m* FIN initial loan **An·fangs·kurs** *m* FIN, BÖRSE opening [*or* issuing] [*or* starting] price **An·fangs·schwie·rig·kei·ten** *pl* initial difficulties, teething troubles *pl fam* **An·fangs·sta·di·um** *nt* initial stage[s] *usu pl* **An·fangs·ver·dacht** *m* initial hunch **An·fangs·zeit** *f* early stages *pl*

an|fas·sen I. *vt* ❶ *(berühren)* ■ **etw** ~ to touch sth; **die Lebensmittel bitte nicht** ~ please do not handle the groceries; **fass mal ihre Stirn an, wie heiß die ist!** feel how hot her forehead is!; **fass mich nicht an!** don't [you] touch me! ❷ *(greifend berühren)* ■ **jdn** ~ to take hold of sb; ■ **jdn [an etw** *dat]* ~ *(packen)* to grab hold of sb [by sth] ❸ *(bei der Hand nehmen)* ■ **jdn an der Hand fassen** to take sb by the hand [*or* sb's hand]; ■ **sich** [*o* **einander**] ~ *(geh)* to join [*or* hold] hands, to take one another's hand ❹ *(anpacken)* ■ **etw** ~ to tackle sth; **etw falsch** [*o* **verkehrt**] **/richtig** ~ to go about sth in the wrong/right way ❺ *(behandeln)* **jdn/ein Tier hart** [*o* **scharf**] **/sachte** ~ to treat [*or* handle] sb/an animal harshly/gently ▶ WENDUNGEN: **zum A~** *(fam)* approachable, accessible; **ein Politiker zum A~** a politician of the people; **EDV zum A~** data processing [*or* computing] [*or* EDP] made easy II. *vi* ❶ *(berühren)* ■ **[etw irgendwo]** ~ to touch [sth somewhere]; **fass mal an! weich, nicht?** feel that! it's soft isn't it? ❷ *(mithelfen)* ■ **mit** ~ to lend [*or* give] a hand III. *vr (sich anfühlen)* to feel; **es fasst sich rau an** it feels rough

an|fau·chen *vt* ❶ *(fauchen)* ■ **jdn/ein Tier** ~ *Katze* to spit at sb/an animal ❷ *(fig fam: wütend anfahren)* ■ **jdn** ~ to snap at sb, to bite sb's head off *fam*; **was fauchst du mich so an!** don't snap at me!, stop biting my head off!

an|fau·len *vi sein* to begin to rot; ■ **angefault** rotting

an|fecht·bar *adj* contestable, disputable; JUR contestable

An·fecht·bar·keit <-> *f kein pl* contestability, disputability; JUR contestability

an|fech·ten *vt irreg* ❶ JUR ■ **etw** ~ to contest sth ❷ *(nicht anerkennen)* ■ **etw** ~ to dispute [*or* challenge] sth ❸ *(geh: beunruhigen)* ■ **jdn ficht etw an** Sorgen, Versuchungen sth concerns sb; **das ficht mich nicht an** that doesn't worry me

An·fech·tung <-, -en> *f* ❶ JUR appeal, contestation; *eines Abkommens, Vertrages* challenging, contesting ❷ *meist pl (geh: Gewissenskonflikt)* moral conflict ❸ LIT, REL *(geh: Versuchung)* temptation; **allen ~en standhalten** to withstand all trials

an|fein·den ['anfaɪndn] *vt* ■ **jdn** ~ to be hostile to sb; **wegen ihrer feministischen Aussagen wurde sie damals heftig angefeindet** due to her feminist statements she aroused great hostility [*or* animosity] at that time; ■ **sich** [*o* **einander**] ~ to be at war with one another

An·fein·dung <-, -en> *f* hostility, animosity, ill-will

an|fer·ti·gen *vt* ❶ *(herstellen)* ■ **etw** ~ to make sth; ■ **sich** *dat* **etw [von jdm]** ~ **lassen** to have sth made [by sb] ❷ *(geh: erstellen)* ■ **etw** ~ to make sth; **Protokolle** ~ to take [down] [*or* keep] minutes; **ein Portrait** ~ to do a portrait; **ein Schriftstück** ~ to draw up a document; **eine Zeichnung** ~ to do a drawing ❸ PHARM *(zubereiten)* ■ **etw** ~ to prepare sth, to make sth up *sep*; **etw lässt sich** ~ sth is made up; **die Lotion lässt sich leicht selbst** ~ the lotion can be easily prepared

An·fer·ti·gung <-, -en> *f* ❶ *(Herstellung)* making [up]; **~en von Anzügen nach Maß** suits made to measure; *eines Porträts* painting ❷ *(geh: Aufsetzung)*

doing; *einer Kopie* making; *eines Schriftstücks* drawing up, preparation ❸ PHARM *(Zubereitung)* preparation

an|feuch·ten *vt* ■ **etw** ~ to moisten sth; **einen Schwamm** ~ to wet a sponge ▶ WENDUNGEN: **sich die Kehle** [*o* **Gurgel**] ~ to wet one's whistle

an|feu·ern *vt* ❶ *(ermutigen)* ■ **jdn** ~ to cheer sb on, to encourage sb; ■ **-d** encouraging; **~de Zurufe** cheers ❷ *(anzünden)* ■ **etw** ~ to light sth

an|fi·xen *vt (sl)* ■ **jdn** ~ to get sb to do [*or* into doing] drugs *sl*

an|fle·hen *vt* ■ **jdn [um etw]** ~ to beg sb [for sth]; ■ **jdn ~, etw zu tun** to beg [*or* implore] [*or* liter beseech] sb to do sth

an|flet·schen *vt* ■ **jdn/ein Tier** ~ to bare one's teeth at sb/an animal

an|flie·gen *irreg* I. *vt haben* ❶ LUFT ■ **etw** ~ to fly to sth ❷ MIL ■ **etw** ~ to attack sth [from the air], to fly at sth ❸ *(geh)* ■ **jdn** ~ to overcome sb II. *vi sein* ❶ LUFT to approach, to come in to land; ■ **beim A~** in the approach, coming in to land ❷ *(herbeifliegen)* to come flying up; **angeflogen kommen** *(fam)* to come flying in

An·flug <-[e]s, -flüge> *m* ❶ LUFT approach ❷ *(fig: Andeutung, Spur)* hint, trace, touch; *(Anfall)* fit, burst, wave; **ein ~ von Grippe** a touch of flu; **ein ~ von Ironie/Spott/Bart** a hint [*or* trace] of irony/mockery/a beard; **ein ~ von Eifersucht** a fit of jealousy; **ein ~ von Mitleid** a wave of compassion

an|for·dern *vt* ❶ *(die Zusendung erbeten)* ■ **etw [bei/von jdm]** ~ to request sth [of/from sb]; **einen Katalog** ~ to order a catalogue [*or* AM -og] ❷ *(beantragen)* ■ **jdn/etw** ~ to ask for sb/sth

An·for·de·rung <-, -en> *f* ❶ *kein pl (das Anfordern)* request; *Katalog* ordering; ■ **auf** ~ on request; ■ **nach** **[vorheriger]** ~ as [previously] requested ❷ *meist pl (Anspruch)* demands; **seine Qualifikationen entsprechen leider nicht unseren** ~ unfortunately his qualifications do not meet our requirements; ■ **jds** **~/-en an jdn** sb's demand/demands on sb; **[bestimmte] ~en [an jdn] stellen** to place [certain] demands [on sb]; **du stellst zu hohe ~en** you're too demanding

An·for·de·rungs·pro·fil *nt* job specification; *eines Produkts* product profile

An·fra·ge <-, -n> *f* ❶ *(Bitte um Auskunft)* inquiry, question; ■ **auf** ~ on request; **große** ~ POL *question put to the government that is discussed at a meeting of the Lower House;* **kleine** ~ *question to the government that is raised and dealt with in writing* ❷ INFORM *(abfragender Befehl)* inquiry

an|fra·gen *vi* ■ **[bei jdm] um etw** ~ to ask [sb] for sth; **[bei jdm] um Erlaubnis/Genehmigung** ~ to ask [sb] for permission/approval

an|freun·den ['anfrɔyndn] *vr* ❶ *(Freunde werden)* ■ **sich mit jdm** ~ to make friends with sb; ■ **sich** ~ to become friends ❷ *(fig: schätzen lernen)* ■ **sich mit jdm/etw** ~ to get to like sb/sth ❸ *(fig: sich zufriedengeben)* ■ **sich mit etw** ~ to get to like sth, to get used to the idea of sth, to acquire a taste for sth; **ich könnte mich schon mit der Vorstellung ~, in München zu leben** I could get used to the idea of living in Munich

an|fü·gen *vt* ❶ *(daran legen)* ■ **etw [an etw** *akk]* ~ to add sth [to sth] ❷ *([Worte] hinzufügen)* ~, **dass** to add that

an|füh·len I. *vt* ■ **etw [mit etw]** ~ to feel sth [with sth] II. *vr* **sich glatt/samtig/weich** ~ to feel smooth/velvety/soft

an|füh·ren *vt* ❶ *(befehligen)* ■ **jdn/etw** ~ to lead sb/sth; **Truppen** ~ to command [*or* lead] troops ❷ *(fig: zitieren)* ■ **etw** ~ to quote sth; **ein Beispiel/**

Beweise/einen Grund ~ to give an example/evidence/a reason ❸ *(fig: benennen)* ▪**jdn** ~ to name sb ❹ *(fig fam: hereinlegen)* ▪**jdn** ~ to take sb in, to have sb on *sep;* ▪**sich von jdm ~ lassen** to be taken for a ride by sb, to be taken in by sb

An·füh·rer(in) <-s, -> *m(f)* ❶ *(Befehlshaber)* leader; *von Truppen* commander ❷ *(pej: Rädelsführer)* ringleader

An·füh·rung <-, -en> *f* ❶ *(Befehligung)* leadership; *von Truppen* command; **unter ~ eines Generals** under the command of a General ❷ *(das Anführen)* quotation; **ich bitte um die ~ von Einzelheiten!** please give [me] [some] details!; **durch die ~ dieses Beispiels** by using this example ❸ *(Zitieren)* ~ **einer Vorentscheidung** citing [or quoting] [or citation] of a precedent

An·füh·rungs·strich *m,* **An·füh·rungs·zei·chen** *nt meist pl* quotation mark[s], BRIT *a.* inverted comma[s]; **Anführungsstriche** [*o* **Anführungszeichen**] **unten/oben** quote/unquote

an|fül·len *vt* ▪**etw** [**mit etw**] ~ to fill sth [with sth]; ▪[**mit etw**] **angefüllt sein** to be filled [with sth], to be full [of sth]

an|fun·keln *vt* ▪**jdn** ~ to glare at sb

An·ga·be <-, -n> *f* ❶ *meist pl (Mitteilung)* details *pl,* statement; **es gibt bisher keine genaueren ~n** there are no further details to date; **wie ich Ihren ~n entnehme** from what you've told me; ~ **n** [**über etw** *akk/***zu etw**] **machen** to give details about sth; **machen Sie bitte nähere ~n!** please give us further [*or* more precise] details!; **laut ~n einer Person** *gen* according to sb; **nach ~n einer Person** *gen* according to sb, by sb's account; **wir bitten um ~ der Einzelheiten** please provide us with the details; **er verweigerte die ~ seiner Personalien** he refused to give his personal details [*or* particulars]; ~**n zur Person** *(geh)* personal details, particulars ❷ *kein pl (fam: Prahlerei)* boasting, bragging, showing-off ❸ SPORT *(Aufschlag)* service, serve

an|gaf·fen *vt (pej)* ▪**jdn** ~ to gape [*or* BRIT *a.* gawp] [*or* AM *a.* gawk] at sb

an|ge·ben *irreg* **I.** *vt* ❶ *(nennen)* ▪[**jdm**] **etw** ~ to give sth [to sb]; **einen/seinen Namen** ~ to give a/one's name; **Mittäter** ~ to name accomplices; **jdn als Zeugen** ~ to cite sb as a witness ❷ *(zitieren)* ▪**jdm/etw** ~ to quote sb/sth ❸ *(behaupten)* ▪**etw** ~ to say [*or* claim] sth; **ein Alibi** ~ to establish an alibi; ~, **etw zu haben/etw getan zu haben** to claim to have sth/to have done sth ❹ FIN *(deklarieren)* ▪**etw** ~ to declare sth ❺ *(anzeigen)* ▪**etw** ~ to indicate sth; ▪**angegeben** indicated ❻ *(bestimmen)* ▪[**jdm**] **etw** ~ to set sth [for sb]; **das Tempo** ~ to set the pace; **eine Note/den Takt** ~ MUS to give a note/the beat; *s. a.* **Ton**[2] **II.** *vi* ❶ *(prahlen)* ▪[**bei jdm**] [**mit etw**] ~ to boast [*or* fam brag] [about sth] [to sb], to show off [to sb] [about sth] ❷ SPORT *(Aufschlag haben)* to serve

An·ge·ber(in) <-s, -> *m(f)* show-off, poser

An·ge·be·rei <-, -en> [ange:bəˈraɪ] *f (fam)* ❶ *kein pl (Prahlerei)* showing-off, boasting, posing; **hör doch auf mit der** ~ stop showing off, will you! ❷ *meist pl (großtuerische Äußerung)* boast; **das sind bloß ~en!** he's/they're etc. just boasting! [*or* showing off]

An·ge·be·rin <-, -nen> *f fem form von* **Angeber**

an·ge·be·risch **I.** *adj* pretentious, posey *fam* **II.** *adv* pretentiously

An·ge·be·te·te(r) *f(m) dekl wie adj (geh)* beloved; ▪**jds** ~ sb's beloved

an·geb·lich [ˈange:plɪç] **I.** *adj attr* alleged **II.** *adv* allegedly, apparently; **er hat jetzt** ~ **reich geheiratet** he is believed [*or* said] to have married into money; **er hat** ~ **nichts gewusst** apparently, he didn't know anything about it

an·ge·bo·ren *adj* ❶ MED congenital ❷ *(fig fam)* characteristic, innate, inherent

An·ge·bo·re·ner Aus·lö·se·me·cha·nis·mus *m* BIOL innate releasing mechanism

An·ge·bot <-[e]s, -e> *nt* ❶ *(Anbieten)* offer ❷ FIN *(Versteigerungsgebot)* bid; *(Offerte)* offer ❸ *kein pl (Warenangebot)* range of goods [on offer]; ▪**ein ~ an etw/von etw** *dat* a range [*or* choice] [*or* selection] of sth; **jdm** [**zu etw**] **ein ~ machen** [*o* **unterbreiten**] *(geh)* to make sb an offer [on sth]; ~ **und Nachfrage** ÖKON supply and demand ❹ *(Sonderangebot)* special offer; **im** ~ on special offer

an·ge·bracht *adj* ❶ *(sinnvoll)* sensible, reasonable ❷ *(angemessen)* suitable, appropriate; ▪**für jdn/etw** ~ **sein** to be suitable [*or* appropriate] for sb/sth

an·ge·dacht *adj* briefly considered

An·ge·den·ken *nt kein pl (geh)* ❶ *(Gedenken)* memory; ▪**jds** ~ memory of sb; ▪**das ~ eines Menschen** a person's memory; **ich werde sein ~ immer in Ehren halten** I will always cherish his memory; **im ~ an etw** *akk* in memory of sth ❷ *(liter, form o veraltend)* **seligen ~s** of blessed memory

an·ge·fault *adj* starting to rot

an·ge·gam·melt *adj (fam)* partly rotten

an·ge·gan·gen *adj* KOCHK ~**es Fleisch** meat that is starting to become high

an·ge·gos·sen *adj* ▪ WENDUNGEN: **wie** ~ **sitzen** [*o* **passen**] *(fam)* to fit like a glove

an·ge·graut *adj* greying

an·ge·grif·fen **I.** *adj inv* frail; *Nerven* raw **II.** *adv* ~ **aussehen** to look exhausted

an·ge·haucht *adj (fig fam)* ▪**irgendwie** ~ **sein** to have [*or* show] certain tendencies [*or* leanings]; **romantisch** ~ **sein** to have a romantic inclination

an·ge·hei·ra·tet *adj* [related] by marriage; **er ist ein ~er Onkel** he is an uncle by marriage

an·ge·hei·tert [ˈangəhaɪtət] *adj (fam)* tipsy, merry *fam;* **leicht/stark** ~ **sein** to be slightly/very tipsy [*or* fam merry]

an|ge·hen *irreg* **I.** *vi* ❶ *sein (beginnen)* to start; *(zu funktionieren)* to come on ❷ *(zu leuchten beginnen)* to come [*or* go] on; *(zu brennen beginnen)* to start burning, to catch [fire] ❸ *(vorgehen)* [**bei jdm/etw**] **gegen jdn** ~ to fight [against] sb [with sb/in sth]; **ich werde bei Gericht gegen dich ~!** I'll take you to [*or* see you in] court! ❹ *(bekämpfen)* ▪**gegen etw** ~ to fight [against] sth; **ein Feuer** ~ to fight a fire ❺ *(möglich sein)* to be possible [*or* fam OK]; ▪**es geht nicht an, dass jd etw tut** it is not permissible [*or* fam it's not o.k.] for sb to do sth ❻ MED, BIOL to take [root] **II.** *vt* ❶ *haben o* SÜDD *sein (in Angriff nehmen)* ▪**etw** ~ to tackle sth ❷ *sein* SPORT *(ein Hindernis/Ziel etc) anlaufen)* ▪**etw** ~ to [take a] run[-]up to sth ❸ *sein (gegen jdn vorgehen)* ▪**jdn** ~ to attack sb ❹ *haben (fig: attackieren)* ▪**jdn irgendwie** ~ to attack sb in a certain manner ❺ AUTO *(anfahren)* ▪**etw** ~ to take sth; **eine Kurve** ~ to take a corner ❻ *haben (betreffen)* ▪**jdn** ~ to concern sb; **was geht mich das an?** what's that got to do with me?; **das geht dich einen Dreck an!** *(fam)* that's none of your [damn] business; **was mich angeht, würde ich zustimmen** as far as I am concerned [*or* for my part], I would agree ❼ *haben o* SÜDD *sein (um etw bitten)* ▪**jdn** [**um etw**] ~ to ask sb [for sth]

an·ge·hend *adj* prospective, budding; **eine ~e junge Dame** [quite] a young lady; **eine ~e Mutter/ein ~er Vater** an expectant mother [*or* mother to be] /father; **ein ~er Beamter/Studienrat** a prospective civil servant/teacher; **ein ~er Künstler** a budding artist

an|ge·hö·ren* *vi* ❶ *(Mitglied sein)* ▪**einer S.** *dat* ~ to belong to [*or* be a member of] sth ❷ *(geh: gehören)* ▪**jdm** ~ to belong to sb

an·ge·hör·ig adj ■**einer S.** dat ~ belonging to sth pred; ■**jd ist einer S.** dat ~ sb belongs to sth

An·ge·hö·ri·ge(r) f(m) dekl wie adj ① *(Familienange·hörige(r))* relative; **der nächste** ~ [*or* **die nächsten ~n**] the next of kin; **haben Sie keine weiteren ~n mehr?** do you not have any [other] family left? ② *(Mitglied)* member

An·ge·klag·te(r) f(m) dekl wie adj accused, defendant

An·gel <-, -n> ['aŋl] f ① *(zum Fischefangen)* fishing-rod and line, AM a. fishing pole ② *(Türangel)* hinge ▶ WENDUNGEN: **etw aus den ~n heben** *(fam)* to revolutionize sth completely; *(etw umkrempeln)* to turn sth upside down

An·ge·le·gen·heit <-, -en> f meist sing matter; **in welcher ~ wollten Sie ihn sprechen?** in what connection [*or* on what business] did you want to speak to him?; **sich um seine eigenen ~en kümmern** to mind one's own business; **in eigener ~** on a private [*or* personal] matter; **jds ~ sein** to be sb's responsibility

an·ge·lernt adj ① *(eingearbeitet)* semi-skilled; **~e Arbeiter** semi-skilled worker; ■**Angelernte[r]** semi-skilled worker ② *(oberflächlich gelernt)* acquired; **~es Wissen** superficially acquired knowledge

An·ge·lern·te(r) f(m) dekl wie adj semi-skilled worker

An·gel·ge·rät nt fishing tackle no pl **An·gel·ha·ken** m fish hook

An·ge·li·ka [aŋ'geːlika] f BOT, KOCHK angelica

An·ge·li·ka·wur·zel f root angelica

An·gel·lei·ne f fishing line

an·geln ['aŋln] I. vi ① *(Fische fangen)* to fish, to angle; ■**[das] A~** fishing, angling; **gehst du morgen zum A~?** are you going fishing tomorrow? ② *(zu greifen versuchen)* ■**nach etw/einem Tier** ~ to fish [around] for sth/an animal; **nach Komplimenten ~** to fish for compliments II. vt ■**etw** ~ to catch sth; **für jeden geangelten Fisch** for every fish caught; **sich einen Mann ~** *(fam)* to catch oneself [or hook] a man

An·geln ['aŋln] pl HIST *(Volksstamm)* Angles

An·ge·lo·bung <-, -en> f ÖSTERR *(Vereidigung)* swearing in

An·gel·punkt m central issue, crucial point, crux [of the matter]

An·gel·ru·te f fishing rod

An·gel·sach·se, -säch·sin <-n, -n> ['aŋlzaksə, -zɛksɪn] m, f Anglo-Saxon

an·gel·säch·sisch ['aŋlzɛksɪʃ] adj inv Anglo-Saxon

An·gel·schein m fishing licence [*or* AM -se] [*or* permit]

An·gel·schnur f fishing line **An·gel·sport** m angling, fishing

an·ge·mes·sen I. adj ① *(entsprechend)* fair, reasonable; ■**einer S.** dat ~ **sein** to be proportionate to [*or* form commensurate with] sth ② *(passend)* appropriate, suitable, adequate; ■**einer S.** dat ~ **sein** to be appropriate to [*or* suitable for] sth II. adv ① *(entsprechend)* proportionately, commensurately form ② *(passend)* appropriately, suitably

An·ge·mes·sen·heit <-> f kein pl ① *(angemessene Entsprechung)* reasonableness, fairness, commensurateness form ② *(passende Art)* appropriateness, suitability

an·ge·nehm I. adj pleasant; **eine ~e Nachricht** good news; **~es Wetter** agreeable weather; ■**jdm** ~ **sein** to be pleasant for sb; **das wäre mir** ~ *(euph)* that would be helpful, I would be most grateful; **es wäre mir ~er, wenn ...** I would prefer it if ...; **ist es Ihnen so ~?** is that alright with you? ▶ WENDUNGEN: **das A~e mit dem Nützlichen verbinden** to mix business with pleasure; **[sehr] ~!** *(geh)* pleased to meet you! II. adv

an·ge·nom·men I. adj ① *(zugelegt)* assumed; **unter einem ~en Namen** to write under a

pseudonym [*or* an assumed name] ② *(adoptiert)* **Kind** adopted II. konj assuming; ■**~, [dass]** ... assuming [that] ...

an·ge·passtRR, **an·ge·paßt**ALT I. adj conformist II. adv conformist; **sich [stets] ~ verhalten** to [always] behave in a conformist manner

An·ge·passt·heitRR, **An·ge·paßt·heit**ALT <-> f kein pl conformism

an·ge·regt I. adj animated, lively II. adv animatedly; **sie diskutierten ~** they had an animated discussion

an·ge·sagt adj inv scheduled

an·ge·schla·gen adj *(fig fam)* weak[ened]; **du siehst ~ aus** you look groggy [*or* worn out]; ■**[von etw] ~ sein** to be weakened [by sth]; **~es Aussehen** groggy appearance; **~e Gesundheit** poor [*or* weak] health

an·ge·schmutzt adj slightly soiled, shop-soiled

an·ge·schrie·ben adj ■**bei jdm gut/schlecht ~ sein** *(fam)* to be in sb's good/bad books

An·ge·schul·dig·te(r) f(m) dekl wie adj suspect

an·ge·se·hen adj respected; **eine ~e Firma** a company of good standing; ■**[wegen etw] ~ sein** to be respected [for sth]

An·ge·sicht <-[e]s, -er> nt *(geh)* ① *(Antlitz)* countenance; **jdn von ~ kennen** to know sb by sight; **im ~ einer S.** gen in the face of sth; **von ~ zu ~** face to face ② *(fig: Ruf)* reputation

an·ge·sichts präp +gen; ■**~ einer S.** gen in the face of sth

an·ge·spannt I. adj ① *(angestrengt)* strained, tense; **ein ~er Mensch** a tense person; **~e Nerven** strained nerves; **mit ~er Aufmerksamkeit** with keen [*or* close] attention ② *(kritisch)* critical; **ein ~er Markt** a tight [*or* overstretched] market; **eine ~e politische Lage** a strained [*or* tense] situation II. adv ~ **wirken** to seem tense; **etw ~ verfolgen** to follow sth tensely; **~ zuhören** to listen attentively [*or* closely]

an·ge·stammt adj *(geerbt)* hereditary, ancestral; *(überkommen)* traditional; *(hum: altgewohnt)* usual

An·ge·stell·te(r) f(m) dekl wie adj [salaried] employee, white-collar worker

An·ge·stell·ten·ge·werk·schaft f **Deutsche ~** white-collar *or* salaried employees' union in Germany

An·ge·stell·ten·ver·hält·nis nt employment on a [monthly] salary; **im ~ sein** to be on a [monthly] salary *(not employed for life with a subsequent pension)* **An·ge·stell·ten·ver·si·che·rung** f white-collar workers' [*or* salaried employees'] insurance

an·ge·strengt I. adj ① *(Anstrengung zeigend)* **Gesicht** strained ② *(intensiv)* hard II. adv *(intensiv)* hard; ~ **diskutieren** to discuss intensively

an·ge·tan adj ① *(erbaut)* ■**von jdm/etw irgendwie ~ sein** to be taken with sb/sth in a certain manner ② *(geh: so geartet)* ■**danach** [*o* dazu] ~ **sein, etw zu tun** to be suitable for doing sth; **Atmosphäre, Benehmen, Wesen** to be calculated to do sth

An·ge·trau·te(r) f(m) dekl wie adj *(hum fam)* ■**jds ~** sb's better half *hum fam*

an·ge·trun·ken adj slightly drunk, tipsy

an·ge·wandt adj attr applied

an·ge·wie·sen adj *(abhängig)* dependent; ■**auf jdn/etw ~ sein** to be dependent on sb/sth; **ich bin auf jeden Euro ~** I need [*or* have to watch] every penny

an|ge·wöh·nen* vt *(zur Gewohnheit machen)* ■**jdm etw ~** to get sb into the habit of [doing] sth; ■**sich** dat **etw ~** to get into the habit of [doing] sth; ■**sich** dat **~, etw zu tun** to get into the habit of doing sth

An·ge·wohn·heit <-, -en> f habit

an·ge·wur·zelt adj inv ▶ WENDUNGEN: **wie ~ dastehen** [*o* **stehen bleiben**] to stand rooted to the spot

an·ge·zeigt adj appropriate

an|gif·ten vt *(fam)* ■**jdn ~** to snap at sb

An·gi·na <-, Anginen> [aŋ'giːna, pl: -nən] f MED

angina; ~ **Pectoris** angina pectoris

an|glei·chen *irreg* **I.** *vt (anpassen)* ▪ etw an etw *akk* ~ to bring sth into line with sth; **sein Verhalten an eine bestimmte Situation** ~ to adapt one's behaviour [*or* AM -or] to a particular situation; ▪ **aneinander** *dat* **angeglichen werden** to become alike **II.** *vr (sich anpassen)* ▪ **sich** [jdm/einer S. *dat*] [**in etw** *dat*] ~ to adapt oneself to [sb/sth] [in sth]; ▪ **sich** [aneinander *dat*] ~ to become like [each another] [*or* similar], to move into line

An·glei·chung *f* ❶ *(Anpassung)* adaptation, [social] conformity ❷ *(gegenseitige Anpassung)* becoming alike [*or* similar]

Ang·ler(in) <-s, -> ['aŋlɐ] *m(f)* angler

Ang·ler·fisch *m* s. **Seeteufel**

an|glie·dern *vt* ▪ etw einer S. ~ *dat* ❶ *(anschließen)* to incorporate sth into sth; **eine Firma** ~ to affiliate a company [to] ❷ *(annektieren)* to annex sth to sth

An·glie·de·rung *f* ❶ *(Anschluss)* incorporation; **die ~ von Firmen** the affiliation of companies ❷ *(Annexion)* annexation

an·gli·ka·nisch [aŋgli'ka:nɪʃ] *adj* Anglican; **die ~e Kirche** the Church of England, the Anglican Church

An·glist(in) <-en, -en> ['aŋglɪst] *m(f)* ❶ *(Wissenschaftler)* Anglist, English scholar ❷ *(Student)* student of English [language and literature]

An·glis·tik <-> [aŋ'glɪstɪk] *f kein pl* Anglistics, study of English [language and literature]

An·glis·tin <-, -nen> *f fem form von* **Anglist**

An·gli·zis·mus <-, -men> [aŋgli'tsɪsmʊs] *m* LING anglicism

an|glot·zen *vt (fam: anstarren)* ▪ jdn ~ to gape [*or* BRIT *a.* gawp] [*or* AM *a.* gawk] at sb

An·go·la <-s> [aŋ'go:la] *nt* Angola; *s. a.* **Deutschland**

An·go·la·ner(in) <-s, -> [aŋgo'la:nɐ] *m(f)* Angolan; *s. a.* **Deutsche(r)**

an·go·la·nisch *adj* Angolan; *s. a.* **deutsch**

An·go·ra·ka·nin·chen [aŋ'go:ra-] *nt* angora rabbit **An·go·ra·ka·ter** [aŋ'go:ra-] *m* angora [tom]cat **An·go·ra·kat·ze** [aŋ'go:ra-] *f* angora cat **An·go·ra·wol·le** [aŋ'go:ra-] *f* angora [wool]

an·grab·schen, an·grap·schen *vt (pej fam)* ▪ jdn/etw ~ to grab sb/sth

an·greif·bar *adj (bestreitbar)* contestable, open to attack [*or* criticism]

an|grei·fen *irreg* **I.** *vt* ❶ MIL, SPORT *(attackieren, vorgehen)* ▪ jdn/etw ~ to attack sb/sth; ▪ **angegriffen** under attack *pred* ❷ *(kritisieren)* ▪ jdn/etw ~ to attack sb/sth ❸ *(schädigen)* ▪ etw ~ to damage sth; **das Nervensystem** ~ to attack the nervous system; ▪ [etw ist] angegriffen [sth is] weakened; **eine angegriffene Gesundheit** weakened health *no pl, no indef art* ❹ *(zersetzen)* ▪ etw ~ to attack [*or* corrode] sth ❺ *(beeinträchtigen)* ▪ jdn/etw ~ to affect sb/sth, to put a strain on sb; **die schlechte Nachricht hat sie doch angegriffen** the bad news [visibly] affected her; **die Gesundheit** ~ to harm [*or* impair] the [*or* one's] health; **die lange Erkrankung hat sie spürbar angegriffen** she was visibly weakened by the long illness; ▪ **angegriffen sein** to be exhausted; **nervlich angegriffen sein** to have strained nerves ❻ DIAL *(anfassen)* ▪ etw ~ to [take] hold [of] sth ❼ *(Vorräte anbrechen)* ▪ etw ~ to break into sth **II.** *vi* ❶ MIL, SPORT *(attackieren, vorgehen)* to attack ❷ *(fig: aggressiv Kritik üben)* to attack ❸ MED, PHARM *(wirken)* ▪ **irgendwo** ~ to have an affect somewhere ❹ DIAL *(anfassen, anpacken)* ▪ [irgendwo] ~ to [take] hold [of] [somewhere]; **greif mal** [mit] an! [can [*or* will] you] lend a hand!

An·grei·fer(in) <-s, -> *m(f)* ❶ MIL *(angreifende Truppen)* attacker ❷ *meist pl* SPORT *(Angriffsspieler)* attacking player, forward, striker

an|gren·zen *vi* ▪ an etw *akk* ~ to border on sth

an·gren·zend *adj attr* bordering; **direkt ~er Anlieger** next-door neighbour [*or* AM -or]; **die ~en Bauplätze** the adjoining [*or* adjacent] building sites; ▪ **an etw** *akk* ~ bordering [on] sth

An·griff *m* ❶ MIL *(Attacke)* attack; **ein ~ feindlicher Bomber** an attack by enemy bombers, a[n air-]raid; **zum ~ blasen** to sound the charge [*or* attack]; *(fig)* to go on the offensive [*or* attack]; **zum ~ übergehen** to go over to the attack; *(fig)* to go on the offensive [*or* attack] ❷ SPORT *(Vorgehen)* attack; *(die Angriffsspieler)* attack, forwards *pl;* **im ~ spielen** to play in attack ❸ *(fig: aggressive Kritik)* attack; ▪ **etw ▸ auf** [*o* **gegen**] **jdn/etw** an attack on sb/sth ▸ WENDUNGEN: **~ ist die beste Verteidigung** *(prov)* offence [*or* AM -se] is the best [form of] defence [*or* AM -se] *prov;* **etw in ~ nehmen** to tackle sth

An·griffs·flä·che *f* MIL *(Ziel für Angriffe)* target; **jdm/einer S.** *dat* **eine ~ bieten** to offer a target to sb/sth; *(fig)* to leave [oneself] open to attack by sb/sth **An·griffs·krieg** *m* MIL war of aggression **An·griffs·lust** *f kein pl* ❶ *(angriffslustige Einstellung)* aggressiveness ❷ MIL, POL, SPORT *(Aggressivität)* aggression **an·griffs·lus·tig** *adj* ❶ *(zu aggressiver Kritik neigend)* aggressive ❷ MIL, SPORT *(aggressiv)* aggressive **An·griffs·spiel** *nt* SPORT attacking play **An·griffs·spie·ler(in)** *m(f)* SPORT forward, attacking player, striker **An·griffs·waf·fe** *f* MIL offensive weapon

an|grin·sen *vt* ▪ jdn [irgendwie] ~ to grin at sb [in a certain manner]

angst *adj* afraid; **jdm ~ [und bange] werden** to become afraid; *s. a.* **Angst**

Angst <-, Ängste> [aŋst, *pl:* 'ɛŋstə] *f* ❶ *(Furcht)* fear; ▪ **die ~ vor jdm/etw** the fear of sb/sth; ~ **bekommen** [*o fam:* **kriegen**] to become [*or* fam get] afraid [*or* frightened]; ~ [**vor jdm/etw/einem Tier**] **haben** to be afraid [of sb/sth/an animal]; **ich habe solche ~!** I am so afraid!; **er hat im Dunkeln ~** he is afraid of the dark; ~ **um jdn/etw haben** to be worried about sb/sth; **jdm ~ machen** [*o fam:* **einjagen**] [*o geh:* **einflößen**] to frighten sb; **jdm ~ [und bange] machen** to strike fear into sb's heart; **aus ~, etw zu tun** for fear of doing sth; **vor ~** by [*or* with] fear; **vor ~ war sie wie gelähmt** [it was as if] she was paralysed by fear; **vor ~ brachte er kein Wort heraus** he was struck dumb with fear; **keine ~!** *(fam)* don't worry; ~ **und Schrecken verbreiten** to spread fear and terror ❷ *(seelische Unruhe)* anxiety; **in tausend Ängsten** [**um jdn**] **schweben** to be terribly worried [about sb]

Angst·ha·se *m (fig fam)* scaredy-cat

ängs·ti·gen ['ɛŋstɪgn̩] **I.** *vt* ▪ jdn ~ ❶ *(in Furcht versetzen)* to frighten sb ❷ *(beunruhigen, besorgen)* to worry sb **II.** *vr* ❶ *(Furcht haben)* ▪ **sich** [vor jdm/etw/einem Tier] ~ to be afraid [of sb/sth/an animal] ❷ *(sich sorgen)* ▪ **sich** [um jdn/wegen etw] ~ to worry [about sb/because of sth]

ängst·lich ['ɛŋstlɪç] **I.** *adj* ❶ *(verängstigt)* frightened ❷ *(besorgt)* worried **II.** *adv (fig: beflissen)* carefully **Ängst·lich·keit** <-> *f kein pl* ❶ *(Furchtsamkeit)* fear ❷ *(Besorgtheit)* anxiety

Angst·ma·che·rei <-> ['aŋstmaxərai] *f kein pl (pej)* scaremongering

Angst·neu·ro·se *f* anxiety neurosis; **an einer ~ leiden** to suffer from an anxiety neurosis **Angst·schrei** *m* cry of fear **Angst·schweiß** *m* cold sweat **Angst·traum** *m* nightmare **angst·voll** **I.** *adj inv* fearful **II.** *adv* fearfully, apprehensively **Angst·zu·stand** *m* state of panic

an|gu·cken *vt (fam)* ▪ jdn/etw ~ to look at sb/sth; ▪ **sich** *dat* **jdn/etw** ~ to [take a] look at sb/sth

an|gur·ten *vt* ▪ jdn ~ to strap sb in; ▪ **sich** ~ to fasten

Angst, Sorge

Angst/Befürchtungen ausdrücken	expressing anxiety/fears
Ich habe (da) ein ungutes Gefühl.	I've got a bad feeling (about this).
Mir schwant nichts Gutes. *(fam)*	I've got a bad feeling.
Ich rechne mit dem Schlimmsten.	I'm expecting the worst.
Diese Menschenmengen **machen mir Angst**.	These crowds **scare/frighten me**.
Diese Rücksichtslosigkeit **beängstigt mich**.	This thoughtlessness **frightens me**.
Ich habe Angst, dass du dich verletzen könntest.	I'm scared/afraid you will hurt yourself.
Ich habe Angst vorm Zahnarzt.	I'm scared/afraid of the dentist.
Ich habe Bammel/Schiss vor der Prüfung. *(fam)*	I'm worried about the exam.

Sorge ausdrücken	expressing concern
Sein Gesundheitszustand **macht mir große Sorgen**.	I am very worried about his health.
Ich mache mir Sorgen um dich.	I am worried about you.
Die steigenden Arbeitslosenzahlen **beunruhigen mich (sehr)**.	I'm (deeply) concerned about the rising unemployment figures.
Die Sorge um ihn **bereitet mir schlaflose Nächte**.	I'm having sleepless nights worrying about him.

one's seat belt, AM *a.* to buckle up; ■ **angegurtet** with one's seat belt fastened

an|ha·ben¹ *vt irreg (tragen)* ■ **etw/nichts** ~ to be wearing sth/nothing, to have sth/nothing on

an|ha·ben² *vt irreg* **jdm etwas ~ können/wollen** to be able to/want to harm sb; **jdm nichts ~ können** to be unable to harm sb

an|hal·ten¹ *irreg* **I.** *vi* ❶ *(stoppen)* ■ |an etw *dat*/bei etw/vor etw *dat*| ~ to stop |at sth/near sth/in front of sth|; **an der Ampel** ~ to stop |*or* pull up| at the [traffic] lights ❷ *(stehen bleiben)* ■ |an etw *dat*| ~ to stop [at sth] ❸ *(innehalten)* ■ |in etw *dat*| ~ to pause [in sth] **II.** *vt (stoppen)* ■ **jdn/etw** ~ to stop sb/sth, to bring sb/sth to a stop

an|hal·ten² *vi irreg (fortdauern)* to continue; **das schöne Wetter soll noch eine Weile** ~ the beautiful weather is expected to last for a little while yet; **die Unruhen halten jetzt schon seit Monaten an** the disturbances have been going on for some months now; **wie lange hielten diese Beschwerden bei Ihnen jetzt schon an?** how long have you had these symptoms now?

an|hal·ten³ *irreg* **I.** *vt (anleiten)* ■ **jdn** |zu etw| ~ to teach sb [to do sth]; ■ **zu etw angehalten sein** to be taught to do sth; **angehalten sein, etw zu tun** to be encouraged to do sth **II.** *vi (werben)* ■ |bei jdm| **um jdn** ~ to ask [sb] for sb; **er hielt bei ihren Eltern um sie an** he asked her parents for her hand in marriage

an|hal·ten⁴ *vt irreg (davorhalten)* ■ **jdm/sich etw** *akk* ~ to hold sth up against sb/oneself; **die Verkäuferin hielt mir das Kleid an** the shop assistant held the dress up against me

an·hal·tend I. *adj* continuous; ~**er Lärm** incessant noise; ~**er Schmerz** persistent [*or* constant] [*or* nagging] pain; **die ~e Hitzewelle/Kältewelle** the continuing heatwave/cold spell **II.** *adv* METEO prolonged; ~ **regnerisch sein** to rain continuously

An·hal·ter(in) <-s, -> ['anhaltɐ] *m(f)* hitch-hiker; **per ~ fahren** to hitch-hike

An·halts·punkt *m* clue

an·hand [an'hant] *präp* +*gen* on the basis of; ■ ~ **einer S.** *gen* on the basis of sth; **sich ~ eines Kompasses zurechtfinden** to find one's way with the aid of a compass

An·hang <-[e]s, -hänge> *m* ❶ *(Nachtrag)* appendix

❷ *kein pl (Angehörige)* [close] family, dependants BRIT, dependents AM, wife [and children] ❸ *kein pl (Gefolgschaft)* followers, supporters, fans

an|hän·gen I. *vt* ❶ *a.* BAHN *(ankuppeln)* ■ **etw** |an etw *akk*| ~ to couple sth [*or* hitch sth up] [to sth] ❷ *(daran hängen)* ■ **etw** |an etw *akk*| ~ to hang [up] sth [on sth] ❸ *(hinzufügen)* ■ **etw** ~ to add sth; ■ **angehängt** final ❹ *(fig fam: übertragen)* ■ **jdm etw** ~ to pass sth on to sb ❺ *(fig fam: aufschwatzen)* ■ **jdm etw** ~ to palm [*or* foist] sth off on sb ❻ *(fig fam: anlasten)* ■ **jdm etw** ~ to blame [*or* pin] sth on sb ❼ *(fig fam: geben)* ■ **jdm etw** ~ to give sb sth; **jdm einen schlechten Ruf** ~ to give sb a bad name **II.** *vr* ❶ AUTO *(hinterherfahren)* ■ **sich** |an jdn/etw| ~ to follow [*or* drive behind] sb/sth ❷ *(fig: zustimmen)* ■ **sich** |an jdn/etw| ~ to agree with sb/sth **III.** *vi irreg (fig)* ❶ *(anhaften)* ■ **jdm hängt etw an** sth sticks to sb ❷ *(sich zugehörig fühlen)* ■ **einer S.** *dat* ~ to belong to sth; **der** [*o* einer] **Mode** ~ to follow [the] fashion[s]; **einer Vorstellung/Idee** ~ to adhere to a belief/idea

An·hän·ger <-s, -> *m* ❶ AUTO *(angehängter Wagen)* trailer ❷ *(angehängtes Schmuckstück)* pendant ❸ *(Gepäckanhänger)* label, tag

An·hän·ger(in) <-s, -> *m(f) (fig)* ❶ SPORT *(Fan)* fan, supporter ❷ *(Gefolgsmann)* follower, supporter

An·hän·ger·kupp·lung *f* AUTO coupling device

An·hän·ger·schaft <-> *f kein pl (Gefolgsleute)* followers *pl*, supporters *pl* ❷ SPORT *(Fans)* fans *pl*, supporters *pl*

an·hän·gig *adj* JUR ■ **bei etw** ~ **sein** to be pending at sth; **bei einem Gericht** ~ **sein** [to be] pending in court

an·häng·lich ['anhɛŋlɪç] *adj (sehr an jdm hängend)* devoted; *(sehr zutraulich)* friendly

An·häng·lich·keit <-> *f kein pl* ❶ *(anhängliche Art)* devotion ❷ *(Zutraulichkeit)* trusting nature

An·häng·sel <-s, -> ['anhɛŋzl] *nt* ❶ *(lästiger Mensch)* hanger-on, gooseberry *fam* ❷ *(Anhang)* **ein ~ an etw** *akk* **sein** to be an appendix to sth

an|hau·chen *vt* ■ **jdn** |mit etw| ~ to breathe on sb [with sth]; *s. a.* **angehaucht**

an|hau·en *vt irreg (sl)* ❶ *(ansprechen)* ■ **jdn** ~ to accost sb ❷ *(erbitten)* ■ **jdn um etw** ~ to tap [*or fam* touch] sb for sth

an|häu·fen I. *vt* ■ **etw** ~ ❶ *(aufhäufen)* to pile sth up ❷ *(fig: ansammeln)* to accumulate [*or* amass] sth **II.** *vr*

❶ *(sich zu einem Haufen ansammeln)* **sich ~** to pile up **❷** *(sich ansammeln)* ▪ **sich ~** to accumulate
An·häu·fung <-, -en> *f* **❶** *(das Aufhäufen)* piling up, amassing **❷** *(fig: das Ansammeln)* accumulation
an|he·ben *irreg* **I.** *vt* **❶** *(hochheben)* to lift sth [up]; **den Hut ~** to take off [*or liter* doff] one's hat **❷** *(erhöhen)* ▪ **etw ~** to increase [*or* raise] sth; **die Gebühren/Löhne/Preise ~** to increase [*or* raise] charges/wages/prices **II.** *vi (hochheben)* ▪ **[mit] ~** to [help] lift sth [up]
An·he·bung <-, -en> *f (Erhöhung)* increase, raising; **die ~ der Gebühren/Löhne/Preise** the increase [*or* rise] in charges/wages/prices
an|hef·ten *vt* **❶** *(daran heften)* ▪ **etw an etw** *akk* **~** to attach sth to sth **❷** *(anstecken)* ▪ **jdm etw ~** to pin sth on sb, to decorate sb with sth
an·hei·melnd [ˈanhaimlnd] *adj (geh)* cosy BRIT, cozy AM, homey; **~e Klänge** familiar sounds
an·heim|fal·len *vi irreg sein (geh)* ▪ **jdm/etw** *dat* **~** to fall victim [*or* prey] to sb/sth **an·heim|stel·len** *vt (geh)* **es jdm ~, etw zu tun** to leave [it] up to sb [to decide] what to do
an·hei·schig [ˈanhaiʃɪç] *adv* **sich ~ machen, etw zu tun** *(veraltend geh)* to take it upon oneself [*or* undertake] to do sth
an|hei·zen *vt* ▪ **etw ~ ❶** *(zum Brennen bringen)* to light sth, to set sth alight **❷** *(fig fam: im Schwung bringen)* to get sth going, to hot sth up **❸** *(fam: verschlimmern)* to aggravate [*or* fan the flames of] sth
an|heu·ern **I.** *vt* NAUT ▪ **jdn [als etw] ~** to sign sb on [*or* up] [as sth] **II.** *vi* NAUT ▪ **[bei jdm/auf etw** *dat*] **~** to sign on [with sb/on sth]
An·hieb *m* **auf [den ersten] ~** *(fam)* straight away [*or fam* off], at the first go; **das kann ich nicht auf ~ sagen** I couldn't say off the top of my head
an|him·meln *vt (fam)* ▪ **jdn ~** to idolize sb; *(schwärmerisch ansehen)* to gaze adoringly at sb
An·hö·he <-, -n> *f* high ground
an|hö·ren **I.** *vt* **❶** *(zuhören)* ▪ **[sich** *dat*] **etw ~** to listen to sth **❷** *(mithören)* ▪ **etw [mit] ~** to listen [in] to sth; **ein Geheimnis [zufällig] [mit] ~** to [accidentally] overhear a secret **❸** *(Gehör schenken)* ▪ **jdn ~** to listen to sb, to hear sb [out]; ▪ **[sich** *dat*] **etw ~** to listen to sth **❹** *(anmerken)* ▪ **jdm etw ~** to hear sth in sb['s voice]; **dass er Däne ist, hört man ihm aber nicht an!** you can't tell from his accent that he's Danish! **II.** *vr* **❶** *(stimmlich klingen)* ▪ **sich irgendwie ~** to sound [a certain way]; **na, wie hört sich die Gruppe an?** well, how does the group sound? **❷** *(im Klang von bestimmter Art sein)* ▪ **sich irgendwie ~** to sound [a certain way]; **eine CD hört sich besser an als eine Platte** a CD sounds better than a record **❸** *(klingen)* ▪ **sich irgendwie ~** to sound [a certain way]; **Ihr Angebot hört sich gut an** your offer sounds good
An·hö·rung <-, -en> *f* JUR hearing
An·hö·rungs·ver·fah·ren *nt* JUR hearing
an|hu·pen *vt (fam: in jds Richtung hupen)* ▪ **jdn/etw ~** to sound one's horn [*or* BRIT *a.* hoot] at sb/sth; ▪ **sich ~** to sound the horn [*or* BRIT *a.* hoot] at one another
an|hus·ten *vt* ▪ **jdn ~** to cough at [*or* on] sb
Ani·lin <-s> [aniˈliːn] *nt kein pl* CHEM aniline
Ani·lin·far·be *f* CHEM aniline colour [*or* AM -or]
ani·ma·lisch [aniˈmaːlɪʃ] *adj* animal; ▪ **etwas A~es** sth animal-like; **er hat so etwas A~es!** he has a kind of animal magnetism!
Ani·ma·teur(in) <-s, -e> [animaˈtøːɐ̯] *m(f) (Unterhalter[in])* host *masc* [*or fem* hostess]
Ani·ma·ti·on <-, -en> [animaˈtsi̯oːn] *f* **❶** *(Unterhaltung)* entertainment **❷** FILM animation
Ani·mier·da·me *f* [nightclub [*or* bar]] hostess
ani·mie·ren* [aniˈmiːrən] **I.** *vt* ▪ **jdn [zu etw] ~** to

encourage [*or* prompt] sb [to do sth] **II.** *vi* ▪ **[zu etw] ~** to encourage [to do sth]; **diese Musik animiert mich zum Mittanzen!** this music is making me want to join in [the dancing]!; ▪ **dazu ~, etw zu tun** to be encouraged [to do sth]
ani·mie·rend I. *adj* stimulating; **die Liveshow wurde immer ~er** the live floorshow became increasingly provocative [*or* suggestive] **II.** *adv* stimulatingly; **schönes Wetter wirkt auf mich ~** fine weather has a stimulative [*or* an invigorating] effect on me
Ani·mier·lo·kal *nt* hostess bar [*or* nightclub] **Ani·mier·mäd·chen** *nt s.* **Animierdame**
An·ion <-s, -en> [ˈani̯oːn] *nt* CHEM *(negativ geladenes Ion)* anion
Anis <-[es], -e> [aˈniːs, ˈa(ː)nɪs] *m* **❶** BOT *(Pflanze)* anise **❷** KOCHK *(Gewürz)* aniseed **❸** *(fam) s.* **Anisschnaps**
Anis·schnaps *m* aniseed liqueur [*or* schnaps]
an|kämp·fen *vi* ▪ **gegen etw ~** to fight [against] sth; **gegen die Elemente ~** to battle against [*or* with] the elements; **sie kämpfte gegen ihre Tränen an** she fought back her tears; ▪ **gegen jdn ~** to fight [against] [*or* do] battle with] sb
An·kauf <-[e]s, -käufe> *m* buy, purchase *form;* **An- und Verkauf von...** we buy and sell...
an|kau·fen I. *vt* ▪ **etw ~** to buy [*or form* purchase] sth **II.** *vi* to buy, to purchase **III.** *vr (eine Immobilie erwerben)* ▪ **sich [irgendwo] ~** to buy property [somewhere]
An·ker <-s, -> [ˈaŋkɐ] *m* **❶** NAUT anchor; **[irgendwo] vor ~ gehen** NAUT to drop [*or* cast] anchor [somewhere]; *(fig fam a.)* to stop [over] somewhere; **den ~ hieven [o lichten]** to weigh [*or* raise] anchor; **[irgendwo] vor ~ liegen** to lie [*or* ride] at anchor; **~ werfen** *(a. fig)* to drop [*or* cast] anchor **❷** *(fig geh: Halt)* mainstay, support **❸** TECH, BAU *(Befestigungsteil)* anchor[-iron]; *(Teil eines Aggregates)* armature; *(Teil des Uhrwerks)* lever
An·ker·ket·te *f* anchor cable
an·kern [ˈaŋkɐn] *vi* **❶** *(Anker werfen)* to drop [*or* cast] anchor; ▪ **ein Schiff ankert** a ship is dropping [*or* casting] anchor **❷** *(vor Anker liegen)* to lie [*or* ride] at anchor; ▪ **ein Schiff ankert** a ship is lying [*or* riding] at anchor
An·ker·platz *m* anchorage **An·ker·win·de** *f* NAUT windlass, capstan
an|ket·ten *vt* **❶** *(an einer Kette befestigen)* ▪ **jdn/ein Tier/etw ~** to chain sb/an animal/sth up; ▪ **[an etw** *akk o dat*] **angekettet sein** to be chained [up] [to sth] **❷** *(fig: unentrinnbar verbunden)* ▪ **[an jdn] angekettet sein** to be tied [to sb]
an|kläf·fen *vt* ▪ **jdn ~** to yap at sb; *(fig: jdn heftig anfahren)* to bark at sb
An·kla·ge <-, -n> *f* **❶** *(kein pl* JUR *(gerichtliche Beschuldigung)* charge; **wie lautet die ~?** what's the charge?; **gegen jdn ~ [wegen etw] erheben** to charge sb [with sth]; **[wegen etw] unter ~ stehen** to be charged [with sth]; **jdn [wegen etw] unter ~ stellen** to charge sb [with sth] **❷** JUR *(Anklagevertretung)* prosecution **❸** *(Beschuldigung)* accusation **❹** *(fig: Anprangerung)* ▪ **eine ~ gegen etw** a denunciation of sth
An·kla·ge·bank *f* JUR dock; **jdn [wegen etw] auf die ~ bringen** to put sb in the dock [*or* take sb to court] [for sth]; **[wegen etw] auf der ~ sitzen** to be in the dock [for sth] **An·kla·ge·er·he·bung** *f* JUR preferral of charges
an|kla·gen I. *vt* **❶** JUR *(gerichtlich beschuldigen)* ▪ **jdn [einer S.** *gen* [*o* **wegen etw]** *gen*] **~** to charge sb [with sth], to accuse sb [of sth] **❷** *(beschuldigen)* ▪ **jdn einer S.** *gen* **~** to accuse sb of sth; ▪ **jdn ~, etw getan zu haben** to accuse sb of doing [*or* having

done] sth ❸ *(fig: anprangern)* ■ **jdn/etw** ~ to denounce sb/sth **II.** vi *(eine Anprangerung zum Ausdruck bringen)* to denounce

an·kla·gend I. adj ❶ *(anprangernd)* denunciatory ❷ *(eine Beschuldigung beinhaltend)* accusatory **II.** adv *(als Anklage)* accusingly

An·klä·ger(in) <-s, -> m(f) JUR prosecutor; **öffentlicher** ~ public prosecutor

An·kla·ge·schrift f JUR indictment

an|klam·mern I. vt ❶ *(anheften: mit einer Büroklammer befestigen)* ■ **etw [an etw** akk o dat] ~ to clip sth [[on]to sth]; *(mit einer Heftmaschine befestigen)* to staple sth [[on]to sth] ❷ *(mit einer Wäscheklammer befestigen)* ■ **etw** ~ to peg sth **II.** vr ❶ *(krampfhaft festhalten)* ■ **sich an etw** akk ~ to cling [or hang] on to sth ❷ *(fig: sich festklammern)* ■ **sich an jdn/etw** akk ~ to cling [on]to sb/sth

An·klang <-[e]s, -klänge> m ❶ kein pl *(Zustimmung)* approval; [bei jdm] [bestimmten] ~ **finden** to meet with the approval [of sb] [or [a certain amount of] approval [from sb]] ❷ *(Ähnlichkeit)* ■ ~/**Anklänge an jdn/etw** similarity/similarities to sb/sth; **in dem Film gibt es gewisse Anklänge an E. A. Poe** there are certain similarities to [or echoes of] E. A. Poe in the film

an|kle·ben I. vt haben ■ **etw an etw** akk ~ to stick sth on sth **II.** vi sein to stick; ■ **an etw angeklebt sein** to be stuck [on]to sth

An·klei·de·ka·bi·ne f changing cubicle

an|klei·den vt *(geh)* ■ **jdn** ~ to dress [or clothe] sb; ■ **sich** ~ to dress [or clothe] oneself

An·klei·de·raum m changing room

an|kli·cken vt INFORM ■ **etw** ~ to click on sth

an|klin·geln vt, vi SÜDD, SCHWEIZ *(fam: telefonieren)* ■ [bei jdm] ~ [o jdn ~] to give sb a ring [or call] [or fam BRIT a. bell]

an|klin·gen vi irreg sein ❶ *(erinnern)* ■ **an etw** akk ~ to be reminiscent of sth ❷ *(spürbar werden)* ■ **in etw** dat ~ to be discernible in sth; **in ihren Worten klang ein deutlicher Optimismus an** there was a clear note of optimism in her words; ■ **[in etw** dat] ~ **lassen** to make sth evident [or apparent] [in sth]

an|klop·fen vi ❶ *(an die Tür klopfen)* ■ [an etw akk o dat] ~ to knock [on sth]; **an die [o der] Tür** ~ to knock on [or at] the door ❷ *(fig fam: vorfühlen)* ■ **bei jdm** [wegen etw] ~ to sound sb out [about sth]

an|knab·bern vt *(fam: annagen)* ■ **etw** ~ to gnaw [away] at sth; **das Kind knabberte das Brot nur an** the child only nibbled [at] the bread

an|knack·sen vt *(fam)* ❶ ■ [sich dat] **etw** ~ to crack [a bone in] sth ❷ *(beeinträchtigen)* ■ **etw** ~ to injure sth; **jds** akk **Stolz** ~ to injure [or hurt] sb's pride; **jds Selbstbewusstsein/Zuversicht** ~ to undermine [or shake] sb's [self-]confidence; ■ **angeknackst sein** to be in a bad way; **bei deiner angeknacksten Gesundheit solltest du aufpassen** with your poor health you should take it easy

an|knip·sen vt *(fam)* ■ **etw** ~ to switch [or fam flick] sth on; **lass das Licht** [nicht] **angeknipst** [don't] leave the light on

an|knöp·fen vt ■ **etw** [an etw akk o dat] ~ to button sth on[to sth]

an|kno·ten vt ■ **etw** [an etw akk o dat] ~ to tie sth [to sth]

an|knüp·fen I. vt ❶ *(befestigen)* ■ **etw** [an etw akk o dat] ~ to tie [or fasten] sth [to sth] ❷ *(fig: aufnehmen)* ■ **etw** ~ to establish sth; **eine Freundschaft** ~ to strike up a friendship **II.** vi *(fig)* ■ **an etw** akk ~ to resume sth; **an ein altes Argument** ~ to take up an old argument

An·knüp·fungs·punkt m starting-point

an|knur·ren vt ■ **jdn** ~ *(a. fig)* to growl at sb

an|ko·chen vt ■ **etw** ~ to parboil [or precook] sth

an|kom·men irreg **I.** vi sein ❶ TRANSP *(ein Ziel erreichen)* to arrive; **seid ihr auch gut angekommen?** did you arrive safely? ❷ *(angeliefert werden)* ■ [bei jdm] ~ to be delivered [to sb] ❸ *(angelangen)* ■ **bei etw** ~ to reach sth ❹ *(fam: sich nähern)* to approach; **schau mal, wer da ankommt!** [just] look who's coming! ❺ *(fam: Anklang finden)* ■ [bei jdm] ~ **Sache** to go down well [with sb]; *Person* to make an impression [on sb]; **der neue Chef kommt gut an** the new boss is well liked [or is a real [or big] hit] ❻ *(sich durchsetzen)* ■ **gegen jdn/etw** ~ to get the better of sb/sth; **gegen diesen Flegel von Sohn kommt sie nicht mehr an** she can't cope with her brat of a son any more ❼ *(überwinden)* ■ **gegen etw** ~ to break [or fam kick] a habit; **gegen eine Arbeitsüberlastung** ~ to cope with an excess of work; **gegen Vorurteile** ~ to break down prejudices ❽ *(fam: darauf ansprechen)* ■ [jdm] [mit etw] ~ to speak [to sb] [about sth]; **nachher kommst du mir wieder damit an** afterwards you'll come back to me about it [and say...]; **mit so einem alten Auto brauchen Sie bei uns nicht anzukommen!** don't bother [coming to] us with such an old banger!; **kommen Sie mir bloß nicht schon wieder damit an!** [just] don't start harping on about that again! ❾ *(eine Stellung/einen Studienplatz finden)* ■ [bei jdm] [mit etw] ~ to be taken on [or accepted] [by sb] [with sth]; **bist du mit deiner Bewerbung bei Siemens angekommen?** were you successful with your job application to [or at] Siemens? ❿ *(geboren werden)* ■ [bei jdm] ~ to be born [to sb]; **das Baby kommt in zwei Monaten an** the baby is due in two months; **bei meiner Frau ist gerade ein Junge angekommen!** my wife has just given birth to a [baby] boy! **II.** vi impers sein ❶ *(wichtig sein)* ■ **auf etw** akk ~ sth matters [or is important]; ■ **es kommt darauf an, dass** what matters is that; **bei diesem Job kommt es sehr darauf an, dass man kreativ arbeiten kann** what matters in this job is that one is able to work creatively ❷ *(von etw abhängen)* ■ **auf jdn/etw** ~ to be dependent on sb/sth; **du glaubst, ich schaffe es nicht? na, das käme auf einen Versuch an!** you don't think I can manage it? well, I'll give it a [damn good] try! [or fam do my damnedest!]; **das kommt darauf an** it [or that] depends; ■ **darauf** ~, **dass/ob** it depends on/on whether; **alles kommt darauf an, ob wir rechtzeitig fertig werden** it all depends on whether we're ready in time; **es kommt darauf an, dass ich gesund bleibe** it depends on me staying healthy ❸ *(riskieren)* **es auf etw** akk ~ **lassen** to risk [or chance] sth; **es darauf** ~ **lassen** *(fam)* to risk [or chance] it; **lass es lieber nicht darauf** ~! don't leave it to chance!; **lassen wir es also darauf** ~! let's risk [or chance] it! **III.** vt sein *(geh: für jdn darstellen)* **jdn leicht/schwer** [o **hart**] ~ to be easy/hard for sb; **die Arbeitslosigkeit meines Mannes kommt mich schon schwer an** I'm finding my husband's unemployment hard to cope with; **es kommt jdn leicht/schwer** [o **hart**] **an, etw zu tun** to be easy/hard for sb to do sth

An·kömm·ling <-s, -e> m *(Neugeborenes)* new arrival; *(kürzlich Angekommene[r])* newcomer

an|kop·peln vt BAHN ■ **etw** [an etw akk] ~ to couple sth [to sth]; RAUM to dock sth [with sth]

an|kot·zen vt ❶ *(derb: anwidern)* ■ **jdn** ~ to make sb [feel] sick; **dieser schleimige Kerl kotzt mich an!** this slimy bloke makes me [feel] sick! [or fam! want to puke] ❷ *(derb: bespucken)* ■ **jdn/etw** ~ to throw up [or fam!] puke] [all] over sb/sth

an|krei·den vt ❶ *(anlasten)* ■ **jdm etw** [irgendwie] ~ to hold sth against sb [in a certain manner]; **das krei-**

det sie dir heute noch |übel| **an!** she still |really|
holds that against you |even| today! ❷ *(veraltet: Schul-
den anschreiben)* to chalk up sth

an|kreu·zen *vt* ▪ **etw** ~ to mark sth with a cross

an|kün·di·gen I. *vt* ❶ *(ansagen)* ▪ |jdm| **jdn** ~ to
announce sb |to sb|; **darf ich Ihnen jetzt den nächs-
ten Gast unserer Show** ~ |please| let me introduce
the next guest in our show, and the next act in our
show is ❷ *(avisieren)* ▪ **jdn |als jdn|** ~ to announce
sb |as sb|; **er wurde uns als Professor Poloni ange-
kündigt** he was announced |or introduced| to us as
Professor Poloni ❸ *(voraussagen)* ▪ **etw** ~ to predict
sth; **uns wurden gerichtliche Schritte angekündigt** we were given notice of legal proceedings; **die
Wettervorhersage kündigt Regen an** the weather
forecast is predicting |or has announced| rain ❹ *(an-
zeigen, kundgeben)* ▪ **etw |für etw|** ~ to advertise
sth |for sth|; **der Magier kündigte die nächste
Nummer an** the magician announced the next number; **wir konnten leider nicht vorher** ~**, dass...**
unfortunately we were unable to give prior notice
that... ❺ *(Besuch anmelden)* ▪ **sich |bei jdm| |als
jd|** ~ to announce oneself |to sb| |as sb|; **sie besucht
uns nie, ohne sich vorher angekündigt zu haben**
she never visits us without letting us know before-
hand II. *vr (sich andeuten)* ▪ **sich |durch etw|** ~ to
announce itself |with sth|; **es wird kälter, der
Herbst kündigt sich an** it is getting colder, winter
|or AM *a.* fall| is in the air; **Erkältung kündigt sich oft
durch Halsschmerzen an** a cold is usually preceded
by a sore throat

An·kün·di·gung <-, -en> *f* ❶ *(Ansage)* announcement
❷ *(Avisierung)* advance notice ❸ *(das Voraussagen)*
announcement; **die** ~ **einer Sturmflut** a storm tide
warning ❹ *(Anzeige, Kundgebung)* announcement
❺ *(Vorzeichen)* advance warning

An·kunft <-, -künfte> ['ankʊnft, *pl:* -kʏnftə] *f* ❶ *(das
Ankommen)* ▪ **jds** ~ |an **etw** *dat*/**in etw** *dat*| sb's
arrival |at sth/in sth| ❷ TRANSP *(Eintreffen)* arrival
❸ REL *(Wiederkunft)* the Second Coming

An·kunfts·hal·le *f* arrivals |lounge |or hall| | **An·
kunfts·ta·fel** *f* arrivals |indicator| board **An·kunfts·
zeit** *f* time of arrival, arrival time; **geschätzte** ~ estimated time of arrival

an|kur·beln *vt* ▪ **etw** ~ ❶ ÖKON *(in Gang bringen)* to
boost |or stimulate| sth ❷ AUTO *(anlassen)* to start sth
|up|, to crank sth up

An·kur·be·lung <-, -en> *f* ÖKON boost, stimulation

an|lä·cheln *vt* ▪ **jdn** ~ to smile at sb

an|la·chen I. *vt* ❶ *(in jds Richtung lachen)* ▪ **jdn** ~ to
laugh at sb; ▪ **sich** ~ to laugh at one another ❷ *(fig)*
▪ **jdn lacht etw an** sth is enticing sb; **das lacht mich
nicht besonders an** that doesn't appeal to me all that
much; **diese Schokotorte lacht mich so unwider-
stehlich an** this chocolate cake looks too good to
resist |or is just waiting to be eaten| II. *vr (fam: mit jdm
anbändeln)* ▪ **sich** *dat* **jdn** ~ to pick sb up *fam*

An·la·ge <-, -n> *f* ❶ *(Produktionsgebäude)* plant
❷ BAU *(das Errichten)* building, construction ❸ HORT
(Grün~) park, green area; *(das Anlegen)* lay out
❹ SPORT facilities *pl,* |sport's| complex; MIL *(Einrich-
tung)* installation ❺ TECH, TELEK, MUS *(Stereo~)* stereo
equipment, sound |or music| system; *(Telefon~)* tele-
phone system |or network| ❻ TECH *(technische Vor-
richtung)* plant *no pl;* **sanitäre** ~**n** *(geh)* sanitary
facilities ❼ FIN *(Kapital~)* investment ❽ ÖKON *(Beilage
zu einem Schreiben)* enclosure; **als** |*o* **in der**| ~
enclosed ❾ *meist pl (Veranlagung)* disposition, natural abilities *pl;* **dieser Knabe hat gute** ~**n, aus dem
kann mal was werden!** this guy is a natural, he
could be big one day!; **die** ~ **zu etw haben** to have
the disposition |or temperament| for sth ❿ *kein pl* LIT,

THEAT *(Grundidee)* conception

An·la·ge·be·ra·ter|in *m(f)* FIN investment advisor

an|la·gern *vr* CHEM ▪ **sich |an etw** *akk*| ~ to be taken
up |by sth|

An·la·ge·ver·mö·gen *nt* FIN fixed assets

an|lan·den I. *vt haben* ▪ **etw |irgendwo|** ~ to land sth
|somewhere| II. *vi sein* ▪ **irgendwo** ~ to land
somewhere

an|lan·gen¹ I. *vt haben (betreffen)* ▪ **jdn** ~ to concern
sb; **was jdn/etw anlangt, ...** as far as sb/sth is con-
cerned, ... II. *vi sein (geh: ankommen)* ▪ |**ir-
gendwo**| ~ to arrive |or reach| |somewhere|

an|lan·gen² I. *vi* SÜDD *(fam)* ❶ *(anfassen)* ▪ **ir-
gendwo** ~ to touch somewhere ❷ *(mithelfen)*
▪ |**mit**| ~ to help |or lend a hand| |with| II. *vt* SÜDD
(anfassen) ▪ **etw** ~ to touch sth

An·laß[RR] <-es, -lässe> *m*, **An·laß**[ALT] <-sses,
-lässe> ['anlas, *pl:* 'anlɛsə] *m* ❶ *(unmittelbarer
Grund)* reason; ▪ **der/ein/kein** ~ **zu etw** the/a/no
reason for sth; **ihr Geburtstag war der geeignete** ~**,
mal wieder zu feiern** her birthday was the perfect
excuse for another party; ▪ **ein/kein** ~**, etw zu tun**
a/no reason to do sth; **es besteht** ~ **zu etw** there are
grounds |or is cause| for sth; **es besteht kein** ~ **zu
etw/, etw zu tun** there are no grounds for sth/to do
sth; |jdm| ~ **zu etw geben** to give |sb| grounds for
sth; **jdm** ~ **geben, etw zu tun** to give sb grounds to
do sth; **einen/keinen** ~ **haben, etw zu tun** to have
grounds/no grounds to do sth; **ein** ~ |**für jdn**| **sein,
etw zu tun** to be a |good| excuse |for sb| to do sth;
etw zum ~ **nehmen, etw zu tun** to use sth as an
opportunity to do sth; **aus bestimmtem** ~ for a certain type of reason; **und aus diesem** ~ and for this
reason; **aus besonderem** ~ **fällt der Spielfilm aus**
due to unforeseen circumstances we will not be able
to show the film; **aus keinem besonderen** ~ for no
particular reason; **aus gegebenem** ~ with good reason; **zum** – **von etw werden** to be the cause of sth
❷ *(Gelegenheit)* occasion; **dem** ~ **entsprechend** to
fit the occasion; **sie war immer dem** ~ **entsprechend angezogen** she was always dressed for the
occasion; **beim geringsten** ~ at the slightest opportunity; **bei jedem** ~ at every opportunity; **aus** ~ **einer
S.** *gen* on the occasion of sth

an|las·sen *irreg* I. *vt* ▪ **etw** ~ ❶ AUTO *(starten)* to start
sth |up|; ▪ **das A~** starting |up| ❷ *(fam: anbehalten)*
to keep sth on ❸ *(fam: in Betrieb lassen)* to leave sth
on; **den Motor** ~ to leave the engine running; *(brennen lassen)* to leave sth burning; *(laufen lassen)* to
leave sth running |or on| II. *vr (fam)* ❶ *(sich beruflich
erweisen)* ▪ **sich** ~ to get along |or on|; **na, wie lässt
sich denn der neue Lehrling an?** well, how is the
new trainee getting on |or coming along| ? ❷ METEO
(anfangen) ▪ **sich irgendwie** ~ to start in a certain
manner; **der Sommer lässt sich wirklich ausgezeichnet an** the summer promises to be an excellent
one ❸ ÖKON *(sich entwickeln)* ▪ **sich irgendwie** ~ to
develop in a certain manner; **wie lässt sich euer
Geschäft denn an?** how's |your| business |going|?

An·las·ser <-s, -> *m* AUTO starter |motor|

an|läss·lich[RR], **an·läß·lich**[ALT] ['anlɛslɪç] *präp +gen;*
▪ ~ **einer S.** *gen* on the occasion of

an|las·ten *vt* ▪ **jdm etw** ~ to blame sb for sth; **ihm
wird Betrug angelastet** he was accused of fraud;
**dieses Zuspätkommen will ich Ihnen ausnahms-
weise nicht** ~ as an exception I won't hold it against
you for arriving late; ▪ **jdm etw als etw** ~ to regard
sth in sb as sth; **ihr Ausbleiben wurde ihr als Desinteresse angelastet** people regarded her absence as
a lack of interest |or took her absence for a lack of
interest| |on her part|

An·lauf <-[e], -läufe> *m* ❶ SPORT *(das Anlaufen)*

run-up; ~ **nehmen** to take a run-up; **mit/ohne** |**bestimmten**| ~ with/without a [certain type of] run-up ❷ *(fig: Versuch)* attempt, go *fam;* **beim ersten/zweiten** ~ at the first/second attempt; |**noch**| **einen** ~ **nehmen** [*o* **machen**] to make another attempt, to have another go *fam* ❸ *(Beginn)* start; ~ **nehmen, etw zu tun** to start to do sth

an|lau·fen *irreg* **I.** *vi sein* ❶ *(beginnen)* to begin, to start; **in den Kinos läuft jetzt der neue James Bond an** the new James Bond film is now showing at the cinema; **in Kürze läuft die |neue| Saison an** the new season opens [*or* begins] shortly ❷ SPORT *(zu laufen beginnen)* to take a run-up ❸ *(beschlagen)* Brillengläser, Glasscheibe to steam up ❹ *(oxidieren)* to rust, to tarnish, to oxidize ❺ *(sich verfärben)* ▪ **irgendwie** ~ to change colour [*or* AM -or] in a certain manner; **vor Wut rot** ~ to turn purple with rage; **die Patientin läuft schon blau |im Gesicht| an!** the patient is beginning to turn blue [in the face]! ❻ *(sich ansammeln)* ▪ |**auf etw** *akk*| ~ to accrue [in sth] ❼ KOCHK *s.* **anschwitzen II.** *vt haben* NAUT *(ansteuern)* ▪ **etw** ~ to put into sth; **das Schiff lief den Hafen an** the ship put into port

An·lauf·pha·se *f* beginning stages *pl;* FILM, THEAT beginning performances **An·lauf·pro·ble·me** *pl* initial problems; *eines Projekts a.* teething problems [*or* troubles]; ~ **mit etw** *dat* **haben** to have trouble [*or* problems] starting sth **An·lauf·stel·le** *f* refuge, shelter **An·lauf·zeit** *f* ❶ *(Vorbereitungszeit)* preparation [time]; **morgens braucht er eine gewisse ~, um in Schwung zu kommen** he needs a bit of time to get going in the morning ❷ AUTO *(Warmlaufzeit)* warming-up time [*or* period]

An·laut *m* LING initial sound; **im** ~ at the beginning of a word, in initial position

an|läu·ten I. *vi* SÜDD, SCHWEIZ ~ |**jdm** [*o* **bei jdm**|] ~ to phone [sb], to ring [sb] [up] **II.** *vt* ▪ **jdn** ~ to phone sb, to ring sb [up]

An·le·ge·brü·cke *f* landing stage, jetty

an|le·gen I. *vt* ❶ *(erstellen)* ▪ **etw** ~ to compile sth; **eine Liste** ~ to draw up a list ❷ HORT ▪ **etw** ~ to lay sth out ❸ *(ansammeln)* ▪ **etw** ~ to lay sth in; **sich einen Vorrat** [*o* **Vorräte**| |**an etw** *dat*| ~ to lay oneself in a stock [of sth] ❹ FIN *(investieren)* ▪ **etw** |**in etw** *dat*| ~ to invest sth [in sth]; ~ **für etw**| ~ to spend sth [on sth] ❺ *(fig)* ▪ **es auf etw** *akk* ~ to risk sth, to leave sth to chance; **es |mit etw| darauf ~, dass jd etw tut** to risk [with sth] that sb does sth ❻ *(daran legen)* ▪ **etw |an etw** *akk*| ~ to place sth [against [*or* on] sth]; MATH to position sth [to sth]; **eine Leiter** ~ to put a ladder up; **Karten** ~ to lay down cards ❼ *(geh: anziehen)* ▪ **etw** ~ to don sth; ▪ |**jdm etw**| ~ to put sth on sb ❽ *(ausrichten)* ▪ **etw auf etw** *akk* ~ to structure sth for sth; **etw auf eine bestimmte Dauer** ~ to plan sth [to last] for a certain period; ▪ **auf jdn/etw angelegt sein** to be built for sb/sth; **das Stadion ist auf 30.000 Besucher angelegt** the stadium holds [*or* was built to hold] 30,000 spectators; *s.a.* **Maßstab II.** *vi* ❶ NAUT *(festmachen)* ▪ |**irgendwo** *dat*| ~ to berth [*or* dock] [somewhere] ❷ MIL *(zielen)* ▪ |**mit etw** |**auf jdn**| ~ to aim [at sb] [with sth]; **„legt an - Feuer!"** "take aim - fire!" ❸ KARTEN *(dazulegen)* ▪ |**bei jdm**| ~ to lay down [cards] [on sb's hand] **III.** *vr* ▪ **sich mit jdm** ~ to pick an argument [*or* a fight] with sb

An·le·ge·platz *m* berth, dock

An·le·ger(in) <-s, -> *m(f)* FIN investor

An·le·ge·stel·le *f* NAUT mooring

an|leh·nen I. *vt* ❶ *(daran lehnen)* ▪ **etw |an etw** *akk*| ~ to lean sth [against sth]; ▪ **angelehnt sein** propped up ❷ *(einen Spalt offen lassen)* ▪ **etw** ~ to leave sth slightly open; **die Tür** ~ to leave the door

ajar; ▪ **angelehnt sein** to be slightly open [*or* ajar] **II.** *vr* ❶ *(sich daran lehnen)* ▪ **sich |an jdn/etw** *akk*| ~ to lean [against sb/sth] ❷ *(fig)* ▪ **sich an etw** *akk* ~ *Text* to follow sth, to be faithful to sth

An·leh·nung <-, -en> *f* ▪ **die ~ an jdn/etw** following of sb/sth; **in** ~ **an jdn/etw** following sb/sth; ~ |**an jdn**| **suchen** *(Anschluss)* to strike up a friendship [with sb]

An·leh·nungs·be·dürf·nis *nt* need for affection **anleh·nungs·be·dürf·tig** *adj* needing affection *pred,* in need of affection

an|lei·ern *vt (fam: im Gang setzen)* ▪ **etw** ~ to get sth going

An·lei·he <-, -n> *f* ❶ FIN *(Kredit)* loan; **eine** ~ |**bei jdm| aufnehmen** to take out a loan [with sb]; BÖRSE, FIN *(Wertpapier)* bond ❷ *(hum: Plagiat)* borrowing; **dieser Satz ist eine ~ bei Goethe** this sentence is lifted from Goethe *fam;* **eine ~ bei jdm/etw machen** *(fam)* to borrow sth from sb/sth

an|lei·ten *vt* ❶ *(unterweisen)* ▪ **jdn** ~ to instruct [*or* train] sb; ▪ **sich von jdm ~ lassen** to be instructed [*or* trained] by sb ❷ *(erziehen)* ▪ **jdn zu etw** ~ to teach sb sth

An·lei·tung <-, -en> *f* ❶ *(Gebrauchs~)* instructions *pl;* **unter jds** *dat* ~ [*o* **unter der ~ von jdm**] under sb's guidance ❷ *(das Anleiten)* instruction, direction

An·lern·be·ruf *m* semi-skilled job

an|ler·nen I. *vt* ❶ *(einweisen)* ▪ **jdn** |**zu etw**| ~ to train sb [in sth]; *s. a.* **angelernt** ❷ *(dressieren)* ▪ **ein Tier dazu ~, etw zu tun** to train an animal to do sth **II.** *vr* ▪ **sich** *dat* **etw** ~ to cram, *fam* BRIT *a.* to mug sth up, *fam* BRIT *a.* to mug up on sth, *fam* BRIT *a.* to swot up sth

an|le·sen *irreg* **I.** *vt (den Anfang von etw lesen)* ▪ **etw** ~ to start [*or* begin] to read [*or* reading] sth **II.** *vr (sich durch Lesen aneignen)* ▪ **sich** *dat* **etw** ~ to learn sth by reading; **angelesenes Wissen** knowledge [acquired] from books

an|leuch·ten *vt* ▪ **jdn/etw** |**mit etw**| ~ to light sb/sth up [with sth]; **beim Verhör wurde er mit der grellen Schreibtischlampe angeleuchtet** the dazzling table lamp was shone [directly] at him during the interrogation

an|lie·fern *vt* ÖKON ▪ |**jdm**| **etw** ~ to deliver sth [to sb] **An·lie·fe·rung** <-, -en> *f* delivery; **bei** ~ on delivery

an|lie·gen *vi irreg* ❶ *(zur Bearbeitung anstehen)* to be on the agenda; ▪ **~d** [still] to be done, pending ❷ MODE *(sich eng anpassen)* ▪ |**an etw** *dat*| ~ to fit tightly [*or* closely] [on sth]; ▪ **~d** tight- [*or* close-] fitting ❸ *(nicht abstehen)* to lie flat; ▪ **~d** flat **(an** +*dat* against)

An·lie·gen <-s, -> *nt* ❶ *(Bitte)* request; **ein ~ |an jdn| haben** to have a request to make [*or* favour [*or* AM -or] to ask] [of sb] ❷ *(Angelegenheit)* matter

an·lie·gend *adj* ❶ *(beiliegend)* enclosed ❷ *(angrenzend)* adjacent

An·lie·ger <-s, -> *m* ❶ *(Anwohner)* resident; **die Straße ist nur für ~ |bestimmt|!** [access to] the street is for residents only!; ~ **frei** [*o* **frei für ~**] residents only ❷ *(Anrainer)* neighbour [*or* AM -or]; **die ~ der Ostsee** countries bordering the Baltic Sea; **die ~ eines Sees** people living on the shores of a lake; **die ~ des Kanals waren stets durch Hochwasser gefährdet** the people living along[side] the canal were constantly endangered by high water

An·lie·ger·ver·kehr *m* [local] residents' traffic; ~ **frei** residents only

an|lo·cken *vt* ▪ **jdn** ~ to attract sb; ▪ **ein Tier** ~ to lure an animal

an|lö·ten *vt* ▪ **etw |an etw** *akk o dat*| ~ to solder sth on[to sth]

an|lü·gen *vt irreg* ▪ **jdn** ~ to lie to [*or* tell a lie [*or* lies] to] sb; ▪ **sich |von jdm| ~ lassen** to be lied to [by sb]

Anm. *f Abk von* **Anmerkung**

An·ma·che <-> *f kein pl (sl:* plumper Annäherungsversuch) come-on *sl*

an|ma·chen *vt* ❶ *(fam: befestigen)* ■ etw [an etw *akk* o *dat*] ~ *Brosche, Gardinen, etc.* to put sth on[to sth] ❷ *(einschalten)* ■ etw ~ to turn [*or* put] sth on ❸ *(anzünden)* ■ etw ~ to light sth ◆ KOCHK *(zubereiten)* ■ etw [mit etw] ~ to dress sth [with sth] ❺ *(sl: aufreizen)* ■ jdn ~ to turn sb on ❻ *(sl: aufreißen wollen)* ■ jdn ~ to pick sb up; ■ sich [von jdm] ~ lassen to be picked up [by sb]; ■ jdn ~ *(rüde ansprechen)* to have a go at sb

an|mah·nen *vt* ❶ *(zur Bezahlung auffordern)* ■ etw [bei jdm] ~ to send a reminder [to sb] [to pay] ❷ *(ermahnen)* ■ jdn zu etw ~ to urge sb to do [*or* into doing] sth, to exhort sb to [do] sth *form* ❸ *(fordern)* ■ etw ~ to call for sth

an|ma·len I. *vt* ❶ *(bemalen)* ■ etw [mit etw] ~ to paint sth [with sth]; **mit Buntstiften/Filzstiften** ~ to colour [*or* AM -or] in with pencils/felt tips ❷ *(fam: anstreichen)* ■ etw ~ to paint sth ❸ *(fam: schminken)* ■ jdm etw ~ to paint sth on sb II. *vr (fam)* ❶ *(pej: sich schminken)* ■ sich ~ to paint one's face; ■ sich *dat* etw ~ to paint sth ❷ *(sich aufmalen)* ■ sich *dat* etw ~ to paint sth on one's face III. *vt (anzeichnen)* ■ [an etw *dat*] ~, wo to mark [on sth] where

An·marsch <-[e]s> *m kein pl* ❶ MIL *(Marsch zu einem Bestimmungsort)* advance; **im ~ [auf etw** *akk***] sein** to be advancing [on sth] ❷ *(Marschweg)* walk ▸ WENDUNGEN: **im ~ sein** *(fam)* to be on the way; *(hum)* to be coming

an|mar·schie·ren* *vi sein* MIL to advance

an|ma·ßen *vr* ■ sich *dat* etw ~ to claim sth [unduly] for [*or* from arrogate sth to] oneself; **was maßen Sie sich an!** what right do you [think you] have!; **sich [eine] Kritik/ein Urteil** ~ to take it upon oneself to criticize/pass judgement; ■ sich *dat* ~, etw zu tun to presume to do sth

an·ma·ßend ['anma:sn̩t] *adj* arrogant

An·ma·ßung <-, -en> *f* arrogance

An·mel·de·be·stä·ti·gung *f* ❶ ADMIN *(für das Einwohnermeldeamt)* confirmation of registration ❷ SCH acknowledgement [of application] **An·mel·de·for·mu·lar** *nt* registration form **An·mel·de·frist** *f* registration period **An·mel·de·ge·bühr** *f* registration fee

an|mel·den I. *vt* ❶ *(ankündigen)* ■ jdn/etw [bei jdm] ~ to announce sb/sth [to sb]; **einen Besuch** ~ to announce a visit; **wen darf ich ~?** who shall I say is calling?; **ich bin angemeldet** I have an appointment; ■ angemeldet announced; **angemeldete Hotelgäste** registered hotel guests; **nicht angemeldete Patienten** patients without an appointment ❷ *(vormerken lassen)* ■ jdn [bei/zu etw] ~ to enrol sb [at/in sth]; **sie meldete ihre Tochter zu diesem Kurs an** she enrolled her daughter in [*or* for] [*or* on] this course; **Kinder müssen rechtzeitig bei einer Schule angemeldet werden** children must be enrolled at a school in good time; ■ etw [für/zu etw] ~ to book sth in [for sth] ❸ ADMIN *(polizeilich melden)* ■ jdn/etw [bei jdm] ~ to register sb/sth [with sb] ❹ *(geltend machen)* ■ etw [bei jdm] ~ to assert sth [with sb]; **Ansprüche bei der Versicherung** ~ to make a claim on one's insurance; **Bedenken/Proteste/Wünsche** ~ to make [one's] misgivings/protests/wishes known ❺ FIN *(anzeigen)* ■ etw [bei jdm] ~ to declare sth [to sb] II. *vr* ❶ *(ankündigen)* ■ sich [bei jdm] ~ to give notice of a visit [to sb] ❷ *(sich eintragen lassen)* ■ sich [für/zu etw] ~ to apply [for sth] ❸ *(sich einen Termin geben lassen)* ■ sich [bei jdm] ~ to make an appointment [with sb] ❹ ADMIN *(sich registrieren lassen)* ■ sich [bei jdm] ~ to register [oneself] [with sb]

an·mel·de·pflich·tig *adj pred* ■ [bei jdm] ~ sein to be obliged to be registered [with sb]; ■ ~ sein to be obliged to have a licence [*or* AM -se] **An·mel·de·schluss**RR *m* application closing date

An·mel·dung <-, -en> *f* ❶ *(vorherige Ankündigung)* [advance] notice [of a visit]; **ohne** ~ without an appointment ❷ SCH *(vorherige Meldung)* enrolment BRIT, enrollment AM ❸ *(Registrierung)* registration; **die ~ eines Fernsehers/Radios** the licensing of [*or* to license] a television/radio ❹ MED *(Anmelderaum)* reception

an|mer·ken *vt* ❶ *(an jdm feststellen)* ■ jdm etw ~ to notice [*or* see] sth in sb; ■ jdm ~, was jd tut to [be able to] tell what sb is doing; **sich** *dat* **etw ~ lassen** to let [*or* sb lets] sth show; **jd lässt sich** *dat* **etw [nicht]** ~ to [not] let sth show; **sich** *dat* ~ **lassen, was/wie...** to let show what/how... ❷ *(eine Bemerkung machen)* ■ etwas/nichts [zu etw] ~ to add sth/nothing [about sth]; ■ **etwas Angemerktes** comment[s] ❸ MEDIA *(als Anmerkung aufführen)* ■ etw irgendwo ~ to [make a] note [of] sth somewhere ❹ *(notieren)* ■ [sich *dat*] etw ~ to make a note of sth

An·mer·kung <-, -en> *f* ❶ *([schriftliche] Erläuterung)* note ❷ *(Fußnote)* footnote ❸ *(a. iron geh: [mündlicher] Kommentar)* comment, observation; *([schriftliche] Notiz)* written comment, notes *pl*

an|mie·ten *vt (geh)* ■ etw ~ to rent sth [out]

an|mot·zen *vt (fam)* ■ jdn ~ to scream at sb, to bite sb's head off *fam*

an|mus·tern *vt, vi* NAUT *s.* **anheuern** to sign on

An·mut <-> ['anmu:t] *f kein pl (geh)* ❶ *(Grazie)* grace[fulness] ❷ *(liebliche Schönheit)* beauty, loveliness

an|mu·ten I. *vt (geh)* ■ jdn irgendwie ~ to appear [*or* seem] to sb in a certain manner; ■ es/etw mutet jdn irgendwie an it/sth seems in a certain manner to sb; **dieser Schnee mutet wie im Märchen an** this snow seems like sth out of a fairytale II. *vi (geh)* ■ irgendwie ~ to appear [*or* seem] in a certain manner; **es mutet sonderbar an, dass...** it seems strange that...

an·mu·tig *adj (geh)* ❶ *(graziös)* graceful ❷ *(hübsch anzusehen)* beautiful, lovely

an|na·geln *vt (durch Nägel befestigen)* ■ etw [an etw *akk*] ~ to nail sth on[to sth] ▸ WENDUNGEN: **wie angenagelt** as if rooted to the spot; **[da]stehen wie angenagelt** to stand [there] [as if] [*or* remain] rooted to the spot

an|na·gen *vt* ■ etw ~ to gnaw [away] at sth

an|nä·hen *vt* ■ etw [an etw *akk* o *dat*] ~ to sew sth on[to sth]

an|nä·hern I. *vr* ❶ *(sich in der Art angleichen)* ■ sich [einander *dat*] ~ to come closer [to one another] ❷ *(sich gefühlsmäßig näherkommen)* ■ sich einander *dat* ~ to come closer to one another II. *vt* ■ aneinander ~ to bring into line with each other [*or* one another]

an·nä·hernd I. *adj* approximate, rough II. *adv* approximately, roughly; **es kamen nicht ~ so viele Besucher wie erwartet** nowhere near [*or* nothing like] as many spectators came as had been expected

An·nä·he·rung <-, -en> *f* convergence

An·nä·he·rungs·ver·such *m* advance[s] *esp pl;* **lass deine plumpen ~e!** stop coming on to me! [*or* fam giving me the come-on!]; **[bei jdm] ~e machen** to make advances [to sb]

an·nä·he·rungs·wei·se *adv* approximately; ■ nicht ~ nowhere near, nothing like

An·nah·me <-, -n> ['anna:mə] *f* ❶ *(Vermutung)* supposition, assumption; **recht gehen in der ~, dass ...** *(geh)* to be right in the assumption that...; **von einer**

~ **ausgehen** to proceed [or work] on the assumption; **der ~ sein, dass ...** to assume that...; **in der ~, [dass] ...** on the assumption [that] ❷ *kein pl (geh: das Annehmen)* acceptance; **mit der ~...** by accepting...; ~ **verweigert** delivery [or acceptance] refused ❸ *kein pl* ÖKON ~ **eines Auftrags** taking on an order; ~ **eines Angebots** acceptance of an offer ❹ *kein pl* JUR ~ **eines Kindes,** ~ **an Kindes statt** *(geh)* adoption [of a child]; ~ **eines Namens** adoption [or assumption] of a name ❺ *(Annahmestelle)* reception

An·nah·me·frist *f* deadline **An·nah·me·schluss**^{RR} *m* closing date **An·nah·me·stel·le** *f* ❶ *(Lottoannahmestelle)* outlet selling lottery tickets ❷ *(Abgabestelle für Altmaterialien/Müll)* [rubbish [or AM garbage]] dump, [refuse] collection point ❸ *(Stelle für die Annahme)* counter **An·nah·me·ver·wei·ge·rung** *f* refusal to accept [post]

An·na·len *pl* annals; **in die ~ eingehen** to go down in history the annals [or the annals [of history]]

an·nehm·bar I. *adj* ❶ *(akzeptabel)* acceptable; ▪ [**für jdn**] ~ **sein** to be acceptable [to sb] ❷ *(nicht übel)* reasonable II. *adv* reasonably

an|neh·men *irreg* I. *vt* ❶ *(entgegennehmen)* ▪ **etw [von jdm]** ~ to accept sth [from sb]; **nehmen Sie das Gespräch an?** will you take the call? ❷ ÖKON *(in Auftrag nehmen)* ▪ **etw** ~ to take sth [on] ❸ *(akzeptieren)* ▪ **etw** ~ to accept sth; **eine Herausforderung** ~ to accept [or take up] a challenge; [**einen**] **Rat** ~ to take [a piece of] advice *no pl, no indef art* ❹ *(meinen)* ▪ **etw [von jdm]** ~ to think sth [of sb]; **du kannst doch nicht im Ernst [von mir]** ~, **dass ich dir helfe** you can't seriously expect me to help you ❺ *(voraussetzen)* ▪ **etw** ~ to assume sth; *s. a.* **angenommen** ❻ *(billigen)* ▪ **etw** ~ to adopt [or pass] sth; **einen Antrag** ~ to carry [or pass] a motion ❼ *(sich zulegen)* ▪ **etw** ~ to adopt sth; **schlechte Angewohnheiten** ~ to pick up [or form acquire] bad habits; *s. a.* **angenommen** ❽ *(zulassen)* ▪ **jdn/etw** ~ to accept sb/sth; **Patienten/Schüler** ~ to take on [or accept] patients/[school]children ❾ *(sich entwickeln)* **der Konflikt nimmt immer schlimmere Ausmaße an** the conflict is taking a turn for the worse; ▪ **etw** ~ to take sth on ❿ JUR *(adoptieren)* ▪ **jdn** ~ to adopt sb; *s. a.* **angenommen** ⓫ *(eindringen lassen)* ▪ **etw** ~ to take sth, to let sth in; **dieser Stoff nimmt kein Wasser an** this material is water-resistant [or water-repellent] II. *vr* ❶ *(sich um jdn kümmern)* ▪ **sich jds** *gen* ~ to look after sb; **nach dem Tod ihrer Eltern nahm er sich ihrer rührend an** after their parents' death, he took her under his wing ❷ *(sich mit etw beschäftigen)* ▪ **sich einer S.** *gen* ~ to take care of sth

An·nehm·lich·keit <-, -en> *f meist pl* ❶ *(Bequemlichkeit)* comfort, convenience ❷ FIN *(Vorteil)* advantage

an·nek·tie·ren[*] *vt* ▪ **etw** ~ to annex sth

An·nek·tie·rung <-, en> *f* ADMIN, POL annexation

An·ne·xi·on <-, -en> [anɛˈksi̯oːn] *f* annexation

An·no, an·no [ˈano] *adv* ÖSTERR *(im Jahre)* in the year; ▸ WENDUNGEN: **von ~ dazumal** [o **dunnemal**] [o **Tobak**] *(fam)* from the year dot BRIT *fam,* from long ago AM; **die sind wohl noch von ~ dazumal!** they are probably from the year dot! *fam,* they look like they came out of the ark! *sl*

An·no Do·mi·ni [ˈano ˈdoːmini] *adv* HIST Anno Domini, in the year of our Lord

An·non·ce <-, -n> [aˈnõːsə] *f* MEDIA ❶ *(Anzeige)* advertisement, ad[vert] *fam* ❷ *(Kontaktanzeige)* ad *fam* in the personal column

an·non·cie·ren[*] [anõˈsiːrən] I. *vi* MEDIA ❶ *(Anzeige veröffentlichen)* ▪ [**in etw** *dat*] ~ to advertise [in sth] ❷ *(Kontaktanzeige veröffentlichen)* to place an ad *fam* in the personal column II. *vt* MEDIA ❶ *(eine*

Annonce aufgeben) ▪ **etw** ~ to advertise sth ❷ *(geh: ankündigen)* ▪ **etw** ~ to announce sth

an·nul·lie·ren[*] [anʊˈliːrən] *vt* ▪ **etw** ~ to annul sth

An·nul·lie·rung <-, -en> *f* JUR annulment

Ano·de <-, -n> [aˈnoːdə] *f* PHYS anode

an|lö·den [ˈanˈʔøːdn̩] *vt (fam)* ▪ **etw/jd ödet jdn an** sth/sb bores sb silly [or stiff] [or to tears]

ano·mal [anoˈmaːl] *adj* abnormal

Ano·ma·lie <-, -n> [anomaˈliː, *pl:* -ˈliːən] *f* ❶ MED *(Missbildung)* abnormality ❷ PHYS *(Unregelmäßigkeit)* anomaly

ano·nym [anoˈnyːm] I. *adj* anonymous; ~ **bleiben** to remain anonymous II. *adv* anonymously

ano·ny·mi·sie·ren[*] [anonymiˈziːrən] *vt* ▪ **etw** ~ to make sth anonymous *fig,* to estrange sth

Ano·ny·mi·tät <-> [anonymiˈtɛːt] *f kein pl* anonymity

Ano·rak <-s, -s> [ˈanorak] *m* anorak

an|ord·nen *vt* ❶ *(festsetzen)* ▪ **etw** ~ to order sth; **wer hat diesen Blödsinn angeordnet?** who's responsible [or to blame] for this nonsense?; ▪ ~, **dass** to order that ❷ *(ordnen)* ▪ **etw [nach etw]** ~ to arrange sth [according to sth]

An·ord·nung <-, -en> *f* ❶ *(Verfügung)* order; **nur ich gebe hier [die] ~en!** I'm the only one who gives orders [around] here!; **~en treffen** to give orders; **gegen jds ~/~en verstoßen** to disobey sb's order[s]; **auf jds** *akk* ~ on sb's orders; **auf ~ seines Arztes** on [his] doctor's orders; **auf polizeiliche ~** by order of the police ❷ *(systematische Ordnung)* order

Ano·re·xie <-, -n> [anɔrɛˈksiː, *pl:* -ˈksiːən] *f* MED, PSYCH anorexia

an·or·ga·nisch [ˈanˈʔɔrgaːnɪʃ] *adj* CHEM inorganic

anor·mal [ˈanɔrmaːl] *adj (fam) s.* **anomal** abnormal

an|pa·cken I. *vt (fam)* ❶ *(anfassen)* ▪ **jdn/etw/ein Tier** ~ to touch sb/sth/an animal ❷ *(beginnen)* ▪ **etw** ~ to tackle sth; **packen wir's an!** let's get started! [or going!] ❸ *(behandeln)* ▪ **jdn irgend·wie** ~ to treat sb in a certain manner II. *vi (fam)* ❶ *(anfassen)* ▪ [**irgendwo**] ~ to take hold of [somewhere] ❷ *(mithelfen)* ▪ **jd packt [mit] an** sb lends a hand; **das schaffen wir, wenn ihr alle [mit] anpackt** we can manage it if everybody lends a hand

an|pas·sen I. *vt* ❶ *(adaptieren)* ▪ **etw einer S./an etw** *akk* ~ to adapt sth to sth ❷ *(darauf abstellen)* ▪ **etw einer S.** ~ to adapt sth to sth ❸ *(angleichen)* ▪ **etw [an etw** *akk*] ~ to adjust sth [to sth] ❹ *(entsprechend verändern)* ▪ **etw einer S.** ~ to adjust sth to sth II. *vr* ❶ *(sich darauf einstellen)* ▪ **sich [einer S.** *dat*] ~ to adapt [to sth]; *s. a.* **angepasst** ❷ *(sich angleichen)* ▪ **sich jdm** [o **an jdn**] **/einer S.** ~ to fit in with [or adapt [oneself] to] sb/sth; *(gesellschaftlich)* to conform to sth

An·pas·sung <-, <*selten* -en> *f* ❶ *(Abstimmung)* adaptation (**an** +*akk* to); **mangelnde ~** maladaptation ❷ *(Erhöhung)* adjustment; **eine ~ der Gehälter um 8 % vornehmen** to adjust salaries by 8% ❸ *(Angleichung)* conformity *no art* (**an** +*akk* to /with), adjustment (**an** +*akk* to)

an·pas·sungs·fä·hig *adj* flexible, adaptable **An·pas·sungs·fä·hig·keit** *f* adaptability (**an** +*akk* to), flexibility (**an** +*akk* to /towards) **An·pas·sungs·schwie·rig·kei·ten** *pl* difficulties in adapting **An·pas·sungs·ver·mö·gen** <-s, <*selten* -> *nt* adaptability

an|pei·len *vt* ❶ TELEK *(durch Peilung ermitteln)* ▪ **etw [mit etw]** ~ to take a bearing on sth [with sth] ❷ NAUT *(fam: ansteuern wollen)* ▪ **etw** ~ to head [or steer] for sth ❸ *(fam: anvisieren)* ▪ **etw** ~ to set [or have] one's sights on sth; ▪ **jdn** ~ *(sl)* to fix one's eyes on sb

an|pfei·fen *irreg* SPORT I. *vi* to blow the whistle II. *vt* **das Spiel** ~ to blow the whistle [to start the game]; FBALL *a.* to blow the whistle for kick-off

An·pfiff *m* ❶ SPORT ~ [**des Spiels**] whistle [to start the game|; FBALL *a.* kick-off ❷ *(fam: Rüffel)* ticking-off BRIT *fam,* chewing-out AM *fam*

an|pflan·zen *vt* ❶ ▪ **etw ~** *(setzen)* to plant sth; *(anbauen)* to grow [*or* cultivate] sth ❷ *(bepflanzen)* ▪ **etw** [**mit etw**] **~** to plant sth [with sth]

An·pflan·zung *f* ❶ *(Setzen)* planting *no pl; (Pflanzen)* growing *no pl,* cultivation ❷ *(angepflanzte Fläche)* cultivated area [*or* plot]

an|pflau·men *vt (fam)* ▪ **jdn ~** to make fun of sb

an|pin·keln *vt (fam: gegen etw urinieren)* ▪ **jdn/ etw ~** to pee [*or fam* piddle] on sb/sth; **einen Baum/ eine Wand ~** to pee [*or fam* piddle] against a tree/ wall

an|pin·seln *vt (fam)* ❶ *(anstreichen)* ▪ **etw** [**mit etw**] **~** to paint sth [with sth] ❷ *(mit dem Pinsel anmalen)* ▪ **etw** [**an etw** *akk*] **~** to paint [*or* daub] sth [on sth]

an|pir·schen *vr (sich vorsichtig nähern)* ▪ **sich** [**an ein Tier**] **~** to stalk [an animal] ❷ *(fam: sich anschleichen)* ▪ **sich an jdn ~** to creep up on sb

an|pis·sen *vt (vulg)* ▪ **jdn/etw ~** to piss on sb/sth *sl;* **einen Baum/eine Wand ~** to piss against a tree/ wall *sl*

An·pö·be·lei <-, -en> *f (fam)* verbal abuse *hum fam no pl, no indef art*

an|pö·beln *vt (fam)* ▪ **jdn ~** to abuse sb [verbally], to get snotty with sb *fam*

An·prall <-[e]s, -e> *m* impact, collision; **beim ~ an etw** *akk* on impact with sth

an|pral·len *vi sein* ▪ **an etw** *akk***/gegen etw ~** to crash into [*or* against] sth

an|pran·gern ['anpraŋɐn] *vt* ▪ **jdn/etw** [**als etw**] **~** to denounce sb/sth [as sth]

an|prei·sen *vt irreg (rühmen)* ▪ **etw ~** to extol sth; **dieser Wagen wird in der Werbung als preisgünstig angepriesen** the advert claims this car to be good value for money; ▪ **sich** [**als etw**] **~** to extol [*or* sell] oneself [as [being] sth]

An·pro·be *f* fitting

An·pro·be·raum *m* fitting [*or* changing] room

an|pro·bie·ren I. *vt* ▪ **etw ~** to try on sth *sep;* ▪ **jdm etw ~** *(fam)* to try sth on sb II. *vi* to try on; **darf ich mal ~?** can I try it on?

an|pum·pen *vt (fam)* ▪ **jdn** [**um etw**] **~** to cadge [*or* scrounge] sth [from [*or* off] sb *fam*

an|pus·ten *vt (fam)* ❶ *(anblasen)* ▪ **jdn ~** to blow at sb ❷ *(anfachen)* **das Feuer/die Flammen ~** to blow on the fire/the flames

an|quat·schen *vt (fam)* ▪ **jdn ~** to speak to sb; *(anbaggern)* to chat up *sep* [*or* AM hit on] sb; ▪ **sich** [**von jdm**] **~ lassen** to get chatted up [*or* AM hit on] [by sb]

An·rai·ner(in) <-s, -> ['anraɪnɐ] *m(f)* ❶ *(geh: benachbarter Staat)* neighbour[ing] [*or* AM -or[ing]] [country]; **~ der Nordsee** country bordering on the North Sea ❷ *bes* ÖSTERR *(Anlieger)* [local] resident

An·rai·ner·staat *m* neighbouring [*or* AM -oring] country; **die ~en Deutschlands** the countries bordering on Germany

an|ra·ten *irreg* I. *vi* ▪ **jdm ~**|**, etw zu tun**| to advise sb [to do sth]; **auf jds Anraten** [**hin**] on sb's advice II. *vt* ▪ **jdm etw ~** to recommend sth to sb

an·re·chen·bar *adj* FIN chargeable, attributable; ▪ **auf etw** *akk***/für etw ~ sein** to be deductible from sth

an|rech·nen *vt* ❶ *(gutschreiben)* ▪ **jdm etw ~** *akk* to take sb's sth into consideration; **die 2.000 Euro werden auf die Gesamtsumme angerechnet** the 2,000 euros will be deducted from the total; **das alte Auto rechnen wir Ihnen mit 3.450 Euro an** we'll take off 3,450 euros for your old car ❷ *(in Rechnung stellen)* ▪ **jdm etw ~** to charge sb with sth ❸ *(ankreiden)* **jdm etw als Fehler ~** to count sth as a mistake [for sb], to consider sth to be a mistake on sb's part

❹ *(bewerten)* ▪ **jdm etw als Fehler ~** *(Lehrer)* to count sth as a mistake; *(fig)* to consider sth as a fault on sb's part; **wir rechnen es Ihnen als Verdienst an, dass …** we think it greatly to your credit that …; **dass er ihr geholfen hat, rechne ich ihm hoch an** I think very highly of him for having helped her; ▪ **sich** *dat* **etw ~** to credit one's sth; **diesen Erfolg rechnete er sich als besonderes Verdienst an** he gave himself much credit for this success

An·rech·nung *f* FIN allowance (**auf** +*akk* for); *(Belastung)* debit[ing] (**auf** +*akk* from); *(Gutschrift)* credit[ing] (**auf** +*akk* to); **bei/unter ~ Ihres Gebrauchtwagens** after deduction of the value of your used car; **~ finden** *(geh)* to be considered, to be taken into account

An·recht *nt* ▪ **das/ein ~ auf etw** *akk* the/a right [*or* the/an entitlement] to sth; **das/ein ~ auf die Erbschaft haben** [*o besitzen*] to have a right [*or* be entitled] to the inheritance; **das/ein ~ auf Ruhe/Respekt haben** [*o besitzen*] to be entitled to peace and quiet/respect; **sein ~** [**auf etw** *akk*] **geltend machen** to assert [*or* enforce] one's right [to sth]

An·re·de *f* form of address

In den englischsprachigen Ländern ist es durchaus üblich, sich schon bei der ersten Begegnung beim Vornamen zu nennen. Das gilt auch für Vorgesetzte und deren Mitarbeiter. Das bedeutet aber nicht, dass der Umgang miteinander deshalb von Anfang an vertrauter ist.

an|re·den I. *vt* **jdn** [**mit seinem Namen/mit seinem Titel/mit „Professor"**] **~** to address sb [by his name/by his title/as "Professor"] II. *vi* ▪ **gegen jdn/ etw ~** to argue against sb, to make oneself heard against [*or* over] sth

an|re·gen I. *vt* ❶ *(ermuntern)* ▪ **jdn** [**zu etw**] **~** to encourage [*or* urge] sb [to do sth]; **jdn zum Denken/ Nachdenken/Überlegen ~** to make sb think/ponder/consider ❷ *(geh: vorschlagen)* ▪ **etw ~** to suggest [*or form* propose] sth ❸ *(stimulieren)* ▪ **etw ~** to stimulate sth; **den Appetit ~** to stimulate [*or* whet] the appetite; *s. a.* **angeregt** II. *vi* ❶ *(beleben)* to be a stimulant [*or* tonic], to have a stimulating effect; **kein Appetit? ein Aperitif regt an!** no appetite? an aperitif will whet it! ❷ *(geh: vorschlagen)* ▪ **~, etw zu tun** to suggest [*or* propose] that sth is [*or* be] done

an·re·gend I. *adj* ❶ *(stimulierend)* stimulating; **eine ~e Droge/ein ~es Mittel** a stimulant ❷ *(sexuell stimulierend)* sexually arousing; **das findet er ~** he finds that sexually arousing II. *adv* ❶ *(stimulierend)* [**bei Kreislaufschwäche/Müdigkeit**] **~ wirken** to act as a stimulant [*or* tonic] [against circulatory debility/ tiredness] ❷ *(sexuell stimulierend)* **~ wirken** to have a sexually arousing effect

An·re·gung *f* ❶ *(Vorschlag)* idea; **eine ~ machen** to make a suggestion [*or* proposal]; **auf ~ einer Person** [*o auf jds ~*] at sb's suggestion, at the suggestion of sb ❷ *(Impuls)* stimulus ❸ *kein pl (Stimulierung)* stimulation

an|rei·chern ['anraɪçɐn] I. *vt* ❶ *(gehaltvoller machen)* ▪ **etw** [**mit etw**] **~** to enrich sth [with sth] ❷ CHEM *(versetzen)* ▪ **etw mit etw ~** to add sth to sth; **Trinkwasser mit Fluor ~** to add fluorine to [*or* to fluorinate] drinking water II. *vr* ❶ CHEM *(sich ansammeln)* ▪ **sich in etw** *dat* **~** to accumulate [*or* build up] in sth ❷ CHEM *(etw als Zusatz anlagern)* ▪ **sich mit etw ~** to become enriched with sth

An·rei·che·rung <-, en> *f* ❶ *(Ansammlung, Speicherung)* accumulation ❷ *(Verbesserung)* enrichment

An·rei·che·rungs·sys·tem *nt* AUTO enrichment system

An·rei·se f ❶ *(Anfahrt)* journey [here/there] ❷ *(Ankunft)* arrival; **an welchem Tag erfolgt Ihre ~?** on what day will you be arriving?

an|rei·sen vi sein ❶ *(ein Ziel anfahren)* to travel [here/there]; **reist du mit dem eigenen Wagen an?** will you be travelling [or coming] by car? ❷ *(eintreffen)* to arrive

an|rei·ßen vt irreg ❶ *(kurz zur Sprache bringen)* ■ etw ~ to touch on sth ❷ *(durch Reißen anbrechen)* **etw [an der Ecke/Seite]** ~ to open sth [at the corner/side] ❸ *(durch Reiben entzünden)* **ein Streichholz [an etw** dat] ~ to strike a match [on sth]

An·reiz m incentive

an|rei·zen I. vt ❶ *(jdn anspornen)* ■ jdn [zu etw] ~ to encourage sb [to do sth], to urge sb to do sth; **jdn zu großen Leistungen** ~ to encourage [or urge] sb to perform great feats; **jdn [dazu] ~, etw zu tun** to act as an incentive for [or encourage] sb to do sth ❷ *(stimulieren)* ■ etw ~ to stimulate sth; **den Appetit** ~ to stimulate [or whet] [or sharpen] the appetite II. vi *(anspornen)* ■ [dazu] ~, etw zu tun to act as an incentive to do sth

an|rem·peln vt ■ jdn ~ to bump into sb

an|ren·nen vi irreg sein MIL ■ gegen etw ~ to storm sth

An·rich·te <-, -n> f ❶ *(Büfett)* sideboard ❷ *(Raum)* pantry

an|rich·ten vt ■ etw ~ ❶ *(zubereiten)* to prepare sth; **einen Salat mit Majonäse** ~ to dress a salad with mayonnaise ❷ *(geh: servieren)* to serve sth; ■ **es ist/ wird angerichtet** dinner etc. is served form ❸ *(fam: anstellen)* **Schaden** ~ to cause damage; **Unfug** [o **Unsinn]** ~ to get up to mischief, to be up to no good fam; **was hast du da wieder angerichtet!** what have you [fam gone and] done now! ❹ *(verursachen)* **Schaden, Unheil** to cause sth

an|rit·zen vt ■ etw ~ to scratch [the surface of] sth; **einen Baum/eine Rinde** ~ to scarify a tree/bark spec

an|rol·len vi sein ❶ *(zu rollen beginnen)* to start to move [or roll], to start moving [or rolling] ❷ *(heranrollen)* to roll up; **Flugzeug** to taxi in ▶ WENDUNGEN: **etw ~ lassen** *(fam)* to get sth going fam

an|ros·ten vi sein to start rusting, to start to rust

an|rös·ten vt ■ etw ~ to toast sth

an·rü·chig ['anrʏçɪç] adj ❶ *(einen üblen Ruf aufweisend)* disreputable, of ill repute pred ❷ *(unanständig)* indecent, offensive; ■ **[für jdn] ~ sein** to be offensive to sb; ■ **etwas Anrüchiges** something offensive [or indecent]; **als etwas Anrüchiges gelten** to be considered offensive [or indecent]

an|rü·cken I. vi sein ❶ *(herbeikommen)* to be coming up [or closer]; **Feuerwehr, Polizei** to be on the scene ❷ MIL *(im Anmarsch sein)* ■ **[gegen jdn/etw]** ~ to advance [against sb/sth] ❸ *(hum fam: zum Vorschein kommen)* to turn up fam, to materialize hum; ■ **etw ~ lassen** to bring sth along hum ❹ *(weiter heranrücken)* ■ **an jdn** ~ to come [or move] up [or closer] [to sb] II. vt haben *(heranrücken)* ■ **etw an etw** akk ~ to move sth up [or closer] [to sth]

An·ruf m ❶ *(Telefonanruf)* telephone call ❷ MIL *(Aufforderung)* challenge; **ohne [vorherigen]** ~ **schießen** to shoot without warning

An·ruf·be·ant·wor·ter <-s, -> m answering machine, BRIT a. answerphone; **„hier ist der automatische ~“** 'this is an automatic answering service'

an|ru·fen irreg I. vt ❶ *(telefonisch kontaktieren)* ■ jdn ~ to call sb [on the telephone], to phone sb, to give sb a ring [or fam call]; **angerufen werden** to get a telephone call ❷ MIL *(aufrufen)* ■ jdn ~ to challenge sb; *(von einem Polizisten)* to shout sb a warning ❸ JUR *(appellieren)* ■ jdn/etw ~ to appeal to sb/sth

❹ *(beschwören)* ■ jdn/etw ~ to call on sb/sth II. vi ■ **[bei jdm/für jdn]** ~ to phone [sb/for sb]; **darf ich mal bei dir ~?** can I give you a call?

An·ru·fer(in) <-s, -> m(f) caller

an|rüh·ren vt ❶ verneint *(konsumieren)* ■ etw **nicht** ~ to not touch sth ❷ *(geh: berühren)* ■ etw ~ to touch sth; **rühr mich ja nicht an!** don't you touch me! ❸ *(ansprechen)* ■ etw ~ to touch on sth ❹ *(durch Rühren zubereiten)* ■ **[jdm] etw** ~ to mix sth [for sb]; **eine Soße** ~ to blend a sauce

an·rüh·rend adj moving

ans [ans] = **an das** s. **an**

an|sä·en vt ❶ *(aussäen)* ■ etw ~ to sow sth ❷ *(besäen)* ■ etw **[mit etw]** ~ to sow sth [with sth]

An·sa·ge f ❶ *(Ankündigung)* announcement ❷ *(beim Kartenspiel)* bid; **du hast die** ~ it's your bid

an|sa·gen I. vt ❶ *(durchsagen)* ■ etw ~ to announce sth ❷ *(ankündigen)* ■ **[jdm] jdn/etw** ~ to announce sb/sth [to sb] ❸ *(fam: erforderlich sein)* ■ **angesagt sein** to be called for; *(in Mode sein)* to be in ❹ KARTEN ■ **[jdm] etw** ~ to bid [sb] sth II. vr ❶ *(Besuch ankündigen)* ■ **sich [bei jdm] [für etw/zu etw]** ~ to announce a visit [to sb] [or tell sb that one is coming] [for sth] ❷ *(sich ankündigen)* to announce itself/themselves liter III. vi ❶ *(eine Ansage machen)* to do the announcements ❷ KARTEN to bid; **du sagst an!** your bid!

an|sä·gen vt ■ etw ~ to saw into sth; ■ **das Ansägen [einer S.]** sawing [into sth]

An·sa·ger(in) <-s, -> ['anza:gɐ] m(f) ❶ *(Sprecher)* announcer ❷ *(Conférencier)* host, compère BRIT, emcee AM

an|sam·meln I. vt ❶ *(anhäufen)* ■ etw ~ to accumulate [or amass] sth; **Vorräte** ~ to build up provisions ❷ FIN *(akkumulieren)* **Zinsen [auf einem Sparbuch/ Konto]** ~ dat to accrue interest [on a savings book/an account] ❸ MIL *(zusammenkommen lassen)* **Truppen [für jdn/etw]** ~ to concentrate troops [for sb/sth] II. vr ❶ *(sich versammeln)* ■ **sich** ~ to gather, to collect ❷ *(sich anhäufen)* ■ **sich** ~ **Spinnweben, Staub** to collect, to gather; **Krimskrams, Müll** to accumulate ❸ FIN *(sich akkumulieren)* ■ **sich** ~ to accrue ❹ *(sich aufstauen)* ■ **sich [bei jdm]** ~ to build up [in sb]

An·samm·lung f ❶ *(Haufen)* crowd, gathering ❷ *(Aufhäufung)* accumulation ❸ *(Aufstauung)* build-up

an·säs·sig ['anzɛsɪç] adj *(geh)* resident; **alle ~en Bürger** all resident citizens; **in einer Stadt** ~ **sein** to be resident in a city

An·säs·si·ge(r) f(m) dekl wie adj resident

An·satz m ❶ *(Basis)* base; *von Haar* hairline; **im** ~ basically ❷ *(erster Versuch)* ■ **der/ein** ~ **zu etw** the/an [initial] attempt at sth; **einen neuen** ~ **zu etw** a fresh attempt at sth ❸ *(Ausgangspunkt)* first sign[s pl], beginning[s pl] **(zu** of) ❹ ÖKON *(geh: Veranschlagung)* estimate, assessment; **außer** ~ **bleiben** *(geh)* to not be taken into account; **etw [für etw] in** ~ **bringen** *(geh)* to appropriate sth [for sth] ❺ *(angelagerte Schicht)* coating

An·satz·punkt m starting point **An·satz·stück** nt TECH extension

an·satz·wei·se adv basically; ~ **richtig sein/verstehen/zutreffen** to be basically correct/to basically understand/to basically apply; **ich verstehe diese Theorie nicht einmal** ~ I don't have the faintest understanding of this theory

an|säu·ern vt KOCHK **eine Soße** ~ to acidulate [or acidify] [or sour] a sauce

an|sau·fen vr irreg ■ **sich** dat **einen [Rausch]** ~ *(sl)* to get plastered [or BRIT pissed], AM hammered sl

an|sau·gen I. vt ■ etw ~ to suck [or draw] in sth II. vr ■ **sich [an jdn/jdm/etw]** ~ **Blutegel** to attach itself [to sb/sth]; **Vampir** to fasten [or sink] its teeth [into

sb/sth]

an|schaf·fen I. *vt* ❶ *(kaufen)* ▪ **etw ~** to buy [*or form* purchase] sth; ▪ **sich** *dat* **etw ~** to [go and] buy [*or* get] oneself sth ❷ *(fam: zulegen)* **Kinder** [*o* **Nach·wuchs**] **~** to have children [*or offspring*]; [**sich**] **eine Frau/einen Freund/eine Freundin ~** to find [*or* get] [oneself] a wife/friend/girlfriend II. *vi* *(sl)* [**für jdn**] **~** [**gehen**] to be on the game [for sb] BRIT, to hook [for sb] AM *pej fam;* **auf dem Strich ~** [**gehen**] to go on the game BRIT, to hook AM

An·schaf·fung <-, -en> *f* ❶ *kein pl (das Kaufen)* ▪ **die ~** purchase ❷ *(gekaufter Gegenstand)* purchase, buy; **eine ~/~en machen** to make a purchase/purchases

An·schaf·fungs·kos·ten *pl* purchase price *no pl*

an|schal·ten *vt* ▪ **etw ~** to switch on sth; **wo lässt sich der Fernseher ~?** where do I switch on the television?; ▪ **sich ~** to switch [itself/themselves] on

an|schau·en I. *vt* ▪ **jdn/etw ~** to look at sb/sth; **wie schaust du mich denn an!** what are you looking at me like that for?; **jdn/etw genauer ~** to look more closely at [*or examine*] sb/sth; **lass mich das Foto mal ~** let me have a look at the photo; **einen Film/ die Nachrichten ~** to watch a film/the news II. *vt* ❶ *(sich ansehen)* ▪ **sich** *dat* **etw ~** to take a look at sth; **wir haben uns gestern den Film angeschaut** we watched the film last night; **sich** *dat* **etw genauer** [*o* **näher**] **~** to take a closer look at sth ❷ *(hinnehmen)* ▪ **sich** *dat* **etw ~** to put up with sth; **sich** *dat* **~, wie jd etw tut** to stand back and watch sb do sth [*or how sb does sth*] III. *vi* [**da**] **schau** [**einer**] **an!** *(fam)* well there's something for you! *fam*

an·schau·lich I. *adj* illustrative; **ein ~es Beispiel** a good [*or illustrative*] example; **eine ~e Beschreibung** a graphic description; [**jdm**] **etw ~ machen** to illustrate sth [to sb]; **sie konnte stets den Unterricht sehr ~ machen** she was always able to make the lesson come alive II. *adv* clearly, vividly

An·schau·lich·keit <-> *f kein pl* clarity, vividness; *einer Beschreibung* graphicness

An·schau·ung <-, -en> *f* ❶ *(Ansicht)* view; **eine ~ teilen** to share a view; **unserer ~ nach ...** our view is that ..., in our view, ...; **aus eigener ~** *(geh)* from one's own experience [*or first hand*] ❷ *(geh: Vorstellung)* visual, notion

An·schau·ungs·ma·te·ri·al *nt* visual aids *pl*

An·schein *m* ▪ [**äußerer**] **~** [outward] appearance; **den ~ erwecken, als** [**ob**] **...** to give the impression that [*or of*] ...; **sich** [**der**] **~** **geben**, **als/als ob ...** to pretend [to be/as if ...]; **den ~ haben** to appear [*or* seem] so; **den ~ haben, als** [**ob**] **...** to appear that [*or* as if] ..., to seem that [*or* as if] ...; **den ~ machen, dass ...** [*o* **als ob**] SCHWEIZ to give the impression that ...; **dem** [*o* **allem**] **~ nach** to all appearances, apparently

an·schei·nend *adv* apparently

an|schei·ßen *vt irreg (sl)* ❶ *(zurechtweisen)* ▪ **jdn ~** to give sb a dressing down [*or* BRIT *a.* bollocking] *sl* ❷ *(betrügen)* ▪ **jdn ~** to screw sb *sl*

an|schi·cken *vr (geh)* ▪ **sich ~, etw zu tun** to prepare to do sth [*or* be on the point of doing sth]; **sich ~ wollen, etw zu tun** to want to do sth

an|schie·ben *vt irreg* ▪ **etw ~** *Fahrzeug* to push sth; **schieben Sie mich mal an?** can you give me a push?

an|schie·ßen *irreg* I. *vt* ❶ *(durch Schuss verletzen)* ▪ **jdn/etw ~** to shoot and wound sb/sth ❷ *(fam: kritisieren)* ▪ **jdn ~** to hit out at sb; **jdn schwer ~** to tear sb to pieces II. *vi* to shoot along; ▪ **angeschossen kommen** to come shooting along

an|schim·meln *vi sein* to go mouldy

an|schir·ren *vt* **eine Kutsche ~** to harness horses to a carriage; **ein Pferd ~** to harness a horse; **Ochsen ~** to

yoke [up] oxen

An·schiss^{RR} <-es, -e> *m,* **An·schiß**^{ALT} <-sses, -sse> *m (sl)* ▪ **ein ~** a dressing down *sl,* BRIT *a.* a bollocking *sl*

An·schlag¹ *m* assassination; *(ohne Erfolg)* attempted assassination; ▪ **einen ~ auf jdn/etw verüben** to make an attack [*or assault*] on sb's life, to attack [*or* assault] sth; **einem ~ zum Opfer fallen** to be assassinated; **einen ~ auf jdn vorhaben** *(hum fam)* to have a request [*or hum fam* tiny request] for sb, to have a favour [*or* AM *-or*] to ask of sb

An·schlag² *m* ❶ *(betätigte Taste) von Klavier* touch, action; *von Schreibmaschine* stroke; **200 Anschläge die Minute** ≈ 40 words a minute ❷ *(angeschlagene Bekanntmachung)* placard, poster ❸ TECH *(Widerstand)* stop; **etw bis zum ~ drehen/durchdrücken** to turn sth as far as it will go/to push sth right down; **er trat das Gaspedal durch bis zum ~** he floored it *fam* ❹ SPORT *(Schwimmbewegung)* touch ❺ MIL ▪ **etw** [**auf jdn**] **in ~ bringen** to aim sth [at sb], to draw [*or take*] a bead on sb; **eine Schusswaffe im ~ haben** to have a firearm cocked ❻ MUS touch, attack

An·schlag³ *m* FIN estimate; **etw in ~ bringen** *(geh)* to take sth into account

An·schlag·brett *nt* notice [*or* AM bulletin] board

an|schla·gen¹ *irreg* I. *vt* haben ❶ *(annageln)* **einen Aushang/ein Bild/ein Plakat** [**an etw** *akk*] **~** to put [*or hang*] up a notice/picture/poster [on sth]; **ein Brett** [**an etw** *akk*] **~** to fasten [*or nail*] a board [to sth] ❷ MUS **eine Taste/einen Akkord ~** to strike a key/ chord ❸ *(anstimmen)* **Gelächter ~** to burst into laughter; **einen anderen Ton ~** to adopt a different tactic, to change tactics ❹ *(durch einen Stoß beschädigen)* ▪ [**jdm**] **etw ~** to chip [sb's] sth; ▪ [**sich** *dat*] **etw** [**an etw** *dat*] **~** to [strike and] injure one's sth [on sth]; *s. a.* **angeschlagen** ❺ *(mit etw zielen)* ▪ **etw** [**auf jdn**] **~** to aim [*or level*] sth [at sb], to draw [*or take*] a bead on sb ❻ *(durch einen Klang anzeigen)* **die Stunde/halbe Stunde/Viertelstunde ~** to strike the hour/half hour/quarter hour ❼ ÖSTERR *(anzapfen)* **ein Fass ~** to tap [*or form or hum* broach] a barrel II. *vi* ❶ *sein (anprallen)* ▪ **mit etw an etw** *akk***/gegen etw ~** to knock [*or bump*] sth on/against sth; *(heftiger)* to strike sth on/against sth; ▪ [**an etw** *akk*] **~** *Wellen* to beat [against sth] ❷ *haben sport (den Beckenrand berühren)* to touch ❸ *haben (läuten)* to ring; *Glocken* to strike, to toll *liter* ❹ *haben (warnend bellen) Hund* to [give a [loud]] bark

an|schla·gen² *vi irreg* ❶ *(wirken)* ▪ [**bei jdm/etw**] **~** to have an effect [on sb/sth], to be effective [against sth]; **bei jdm gut/schlecht ~** to have a good/bad effect on sb ❷ *(fam: dick machen)* ▪ **bei jdm ~** to make sb put on [weight]; **Sahnetorten schlagen bei mir sofort an** I put on weight immediately from cream gateaux

an|schlei·chen *vr irreg* ▪ **sich an jdn/etw ~** to creep up on sb/up to sth; **angeschlichen kommen** to come creeping up

an|schlep·pen *vt* ❶ *(fam: mitbringen)* ▪ **jdn** [**mit**] **~** to drag sb along *fam* ❷ *(mühsam herbeibringen)* ▪ **etw ~** to drag sth along; ▪ [**jdm**] **etw ~** to bring [sb] sth *hum fam* ❸ AUTO **ein Fahrzeug ~** to tow-start a vehicle

an|schlie·ßen *irreg* I. *vt* ❶ ELEK, TECH, TELEK ▪ **etw** [**an** *akk* **etw**] **~** to connect sth [to sth] ❷ *(mit Schnappschloss befestigen)* ▪ **etw** [**an** *akk* **etw**] **~** to padlock sth [to sth] ❸ *(hinzufügen)* ▪ **etw ~** to add sth ❹ *(anketten)* ▪ **jdn** [**an** *akk* **etw**] **~** to chain sb [to sth]; **jdn an Händen und Füßen ~** to chain sb hand and foot II. *vr* ❶ *(sich zugesellen)* ▪ **sich jdm ~** to join sb ❷ *(beipflichten)* ▪ **sich jdm/einer S.** *dat* **~** to fall in with [*or follow*] sb/sth; **dem schließe ich mich an**

I think I'd go along with that ❸ *(sich beteiligen)* ■ **sich einer S.** *dat* ~ to associate [*or* become associated] with sth; ■ **einer S.** *dat* **angeschlossen sein** to be affiliated with sth ❹ *(angrenzen)* ■ **sich** [**einer S.** *dat*/**an eine S.**] ~ to adjoin sth; **sich unmittelbar ~** to directly adjoin ❺ *(folgen)* ■ **sich einer S.** *dat*/**an eine S.** ~ to follow sth; **dem Vortrag schloss sich ein Film an** the lecture was followed by a film **III.** *vi* ■ **an etw** *akk* ~ to [directly] follow sth

an·schlie·ßend I. *adj (darauf folgend)* following; **die ~e Diskussion/das ~e Ereignis** the ensuing discussion/event **II.** *adv* afterwards

An·schluss^{RR} <-es, Anschlüsse> *m*, **An·schluß^{ALT}** <-sses, Anschlüsse> *m* ❶ TELEK *(Telefonanschluss)* [telephone] connection; *(weiterer ~)* extension; **der ~ ist gestört** there's a disturbance on the line; „**kein ~ unter dieser Nummer**" "the number you are trying to call is not available"; **der ~ ist besetzt** the line is engaged [*or* AM busy]; **~** [**nach etw**] **bekommen** to get through [to sth] ❷ TECH *(das Anschließen)* ■ **der ~** connecting ❸ **im ~ an etw** *akk (anschließend)* after sth; **im ~ an jdn/etw** with respect to sb/sth ❹ *kein pl (Kontakt)* contact; **~ bekommen** [*o* **finden**] to make friends; **~** [**an jdn**] **suchen** to want to make friends [with sb] ❹ POL *(Annexion)* annexation (**an** +*akk* to) ❺ *(Beitritt)* affiliation (**an** +*akk* with) ❼ *kein pl* SPORT **diesem Läufer gelang der ~ an die Spitze** this runner has managed to join the top athletes ❽ BAHN, LUFT *(Verbindung)* connection, connecting flight/train; **~** [**nach London/München**] **haben** to have a connection [*or* connecting flight/train] [to London/Munich]; **den ~ verpassen** to miss one's connecting train/flight ▶ WENDUNGEN: **den ~ verpassen** *(keinen Partner finden)* to be left on the shelf *hum; (beruflich nicht vorwärtskommen)* to miss the boat

An·schluss·flug^{RR} *m* connecting flight **An·schluss·zug^{RR}** *m* BAHN connecting train, connection

an·schmach·ten *vt* ■ **jdn ~** to drool over sb *fig*

an·schmie·den *vt* ■ **jdn** [**an** *akk* **etw**] ~ to chain sb [to sth]; ■ **angeschmiedet sein** to be forged

an·schmie·gen I. *vt* ■ **etw an etw** *akk* ~ to nestle sth against sth **II.** *vr* ■ **sich** [**an jdn/etw**] ~ ❶ *(sich fest daran schmiegen)* to cuddle up [to sb/sth]; *(von Katzen, Hunden)* to nestle [up to sb/into *or* against] sth ❷ *(eng umfangen)* to be close-fitting, to cling to sb/sth

an·schmieg·sam *adj* ❶ *(anlehnungsbedürftig)* affectionate ❷ *(weich)* soft

an·schmie·ren I. *vt* ❶ *(pej: achtlos bemalen)* ■ **jdn/etw** [**mit etw**] ~ *Wand, Gesicht* to smear sb/sth [with sth] ❷ *(fam: beschmutzen)* ■ **jdn/sich mit etw ~** to smear sth on sb/oneself ❸ *(fam: betrügen)* ■ **jdn** [**mit etw**] ~ to con sb [with sth], to take sb for a ride *fam;* **da bist du ganz schön angeschmiert worden!** they certainly saw you coming! **II.** *vr (pej: sich beliebt machen)* ■ **sich bei jdm ~** to suck up to sb

an·schnal·len *vt* ❶ AUTO, LUFT *(den Sicherheitsgurt anlegen)* ■ **jdn ~** to fasten sb's seat belt, to strap sb up; **jdn im Sitz ~** to strap sb in his seat; ■ **sich ~** to fasten one's seat belt ❷ *(sich etw festschnallen)* ■ **etw ~** to strap sth on

An·schnall·pflicht *f* obligatory wearing of seat belts

an·schnau·zen *vt (fam)* ■ **jdn ~** to bawl at sb *fam,* to bite sb's head off *fam;* ■ **sich** [**von jdm**] ~ **lassen** to get bawled at [by sb] *fam*

an·schnei·den *vt irreg* ❶ *(durch Schneiden anbrechen)* ■ **etw ~** to cut [into] sth ❷ *(ansprechen)* ■ **etw ~** to touch on sth

An·schnitt *m* ❶ *kein pl (das Anschneiden)* cutting ❷ *(erstes Stück)* ■ **der ~** the first slice; *(Ende)* end piece

An·scho·vis <-, -> [anˈʃoːvɪs] *f s.* **Anchovis**

an·schrau·ben *vt* ■ **etw** [**an etw** *akk o dat*] ~ to screw sth to sth; *(durch Schraubenbolzen)* to bolt sth to sth; **etw fest ~** to screw sth tight

an·schrei·ben *irreg* **I.** *vt* ❶ *(etw darauf schreiben)* ■ **etw** [**an etw** *akk*] ~ to write sth [on sth]; *(mit Farbe)* to paint sth [on sth]; *(mit Kreide)* to daub sth [on sth] ❷ *(ein Schreiben an jdn richten)* ■ **jdn** [**wegen etw**] ~ to write to sb [for *or* regarding] sth]; ■ **Angeschriebene**[**r**] addressee; *s. a.* **angeschrieben** ❸ *(fam: zu jds Lasten notieren)* ■ **jdm etw ~** to charge sth to sb's account, AM *a.* to put sth on sb's tab **II.** *vi (fam)* to take credit; ■ [**bei jdm**] ~ **lassen** to buy on credit [*or* BRIT *a.* tab] [from sb]

an·schrei·en *vt irreg* ■ **jdn** [**wegen etw**] ~ to shout at sb [because of sth]; ■ **sich** [**von jdm**] ~ **lassen** to get shouted at [by sb]

An·schrift *f* address

An·schub·fi·nan·zie·rung *f* FIN knock-on [*or* no indef art* start up] financing

an·schul·di·gen *vt* ■ **jdn** [**einer S.** *gen*] ~ to accuse sb [of sth]; ■ **jdn ~, etw zu tun** to accuse sb of doing sth

An·schul·di·gung <-, -en> *f* accusation

an·schwär·zen *vt (fam)* ❶ *(schlechtmachen)* ■ **jdn** [**bei jdm**] ~ to blacken sb's name [with sb] ❷ *(denunzieren)* ■ **jdn** [**wegen etw**] [**bei jdm**] ~ to run sb down [to sb] [for sth]

an·schwei·gen *vt irreg* ■ **jdn ~** to say nothing [to sb]; ■ **sich ~** to say nothing to each other

an·schwei·ßen *vt* TECH ■ **etw** [**an etw** *akk*] ~ to weld sth [to sth]; ■ [**an etw** *akk o dat*] **angeschweißt sein** to be welded to sth

an·schwel·len *vi irreg sein* ❶ *(eine Schwellung bilden)* to swell [up]; ■ [**dick**] **angeschwollen sein** to be [very] swollen ❷ *(einen höheren Wasserstand bekommen)* *Fluss* to swell, to rise ❸ *(lauter werden)* to rise

an·schwem·men I. *vt haben* ■ **etw ~** to wash sth up [*or* ashore]; **angeschwemmtes Holz** driftwood **II.** *vi sein* to be washed up [*or* ashore]

an·schwim·men *irreg* **I.** *vi sein* ■ **gegen etw ~** to swim against sth **II.** *vt haben* ■ **etw ~** to swim to[wards] sth

an·schwin·deln *vt (fam)* ■ **jdn ~** to tell [sb] fibs *fam* [*or* lies]; ■ **sich** [**von jdm**] ~ **lassen** to take fibs *fam* [*or* lies] [from sb]

an·schwit·zen *vt* KOCHK to [lightly] sauté

an·se·geln *vt* ■ **etw ~** to sail to[wards] sth; **einen Hafen ~** to put into a harbour [*or* AM -or]; **eine Stadt ~** to head for a city

an·se·hen *irreg* **I.** *vt* ❶ *(ins Gesicht sehen)* ■ **jdn ~** to look at sb; **jdn ärgerlich/böse/unschuldig ~** to give sb an irritated/angry/innocent look; **jdn groß ~** to stare at sb [with surprise]; **jdn verdutzt/verwundert ~** to look at sb with surprise/a baffled expression ❷ *(betrachten)* ■ **etw ~** to take a look at sth; ■ **sich** *dat* **jdn/etw ~** to take a look [*or* peer] at sb/sth; **etw genauer** [*o* **näher**] ~ to take a closer look at sth; **hübsch/schauderhaft anzusehen sein** to be pretty/horrible to look at; **jdn nicht mehr ~** *(fam)* to not even look at [*or* want to know] sb any more ❸ *(etw für etw halten)* ■ **etw als** [*o* **für**] **etw ~** to consider sth [as being *[or* to be] sth, to look upon [*or* regard] sth as being sth ❹ *(betrachten)* [**sich** *dat*] **einen Film/eine Fernsehsendung ~** to watch a film/a television programme [*or* AM -am]; [**sich** *dat*] **ein Fußballspiel/ein Theaterstück ~** to see a football match/a play ❺ *(an jdm ablesen können)* **jdm sein Alter nicht ~** sb doesn't look his/her age; **die Überarbeitung sieht man ihr an den dunklen Augenringen an** you can tell by the dark rings under her eyes that she's overworked; **ihre Erleichterung war ihr deutlich anzusehen** her relief was obvious [or stood plainly on her face]; *s. a.* **Auge** *s. a.* **Nasen-spitze** ● *(sehen und hinnehmen)* ■ etw |mit| ~ to stand by and watch sth; ■ **nicht** |mit| ~**, wie jd etw tut** to not put up with sb doing sth; **das kann ich nicht länger mit ~** I can't stand [or put up with] it any more ▶ WENDUNGEN: **sieh mal einer an!** *(fam)* well, well, what a surprise! *fam,* [well] I'll be damned! *fam,* BRIT *a.* well I never! *fam* **II.** *vr* ▶ WENDUNGEN: **das sehe sich einer an!** *(fam)* well, would you believe it!

An·se·hen <-s> *nt kein pl* ❶ *(Reputation)* reputation, standing; |bei jdm| |ein großes| ~ **genießen** to enjoy a [good] reputation [*or* have [a lot of] standing] [with sb]; **zu ~ kommen** |*o* gelangen| to acquire standing [*or* a good reputation]; |bei jdm| **in** |großem/ hohem| ~ **stehen** to be held in [high] regard [*or* esteem] [by sb]; |bei jdm| **an ~ verlieren** to lose standing [with sb] ❷ *(geh: Aussehen)* appearance; **ein anderes ~ gewinnen** to take on a different appearance ❸ JUR **ohne ~ der Person** without respect [*or* exception] of person

an·sehn·lich *adj* ❶ *(beträchtlich)* considerable; **eine ~e Leistung** an impressive performance ❷ *(stattlich)* good-looking, handsome; **ein ~er Bauch** a proud stomach *hum;* **ein ~es Gebäude** a majestic building

an|sei·len *vt* ■ jdn ~ to fasten sb with a rope; ■ sich ~ to fasten a rope to oneself; ■ **angeseilt sein** to be roped together

an|seinALT *vi irreg sein (fam) s.* **an II. 3**

an|sen·gen I. *vt haben* ■ etw ~ to singe sth **II.** *vi sein* to be[come] singed; **es riecht angesengt** there's a singeing smell

an|set·zen I. *vt* ❶ *(anfügen)* ■ etw |an etw *akk o dat*| ~ to attach sth [to sth]; *(annähen)* to sew sth on [sth] ❷ *(anlehnen)* ■ etw |an etw *akk*| ~ to lean sth against sth; **eine Leiter** |an etw *akk*| ~ to put up a ladder [against sth] ❸ *(daran setzen)* ■ etw ~ to place sth in position; **ein Blasinstrument** ~ to raise a wind instrument to one's mouth; **eine Feder** ~ to put a pen to paper; **ein Trinkgefäß** ~ to raise a cup to one's lips; **wo muss ich den Wagenheber** ~**?** where should I put [*or* place] the jack? ❹ *(veranschlagen)* ■ etw |mit etw/auf etw *akk*| ~ to estimate [*or* calculate] sth [at sth]; **mit wie viel Euro würden Sie die Gesamt-kosten des Hauses** ~**?** what would you estimate to be the total cost of the house [in euros]? ❺ *(festlegen)* ■ etw |für etw| ~ to fix sth [for sth] ❻ *(auf jdn het-zen)* ■ jdn **auf jdn/etw** ~ to put sb on[to] sb/sth; **Hunde auf jdn/jds Spur** ~ to put [*or* set] dogs on sb's trail ❼ BOT *(bilden)* **Beeren/Früchte** ~ to pro-duce [*or* form] berries/fruit; **Blätter** ~ to put out leaves; **Blüten/Knospen** ~ to blossom/bud ❽ KOCHK *(aufsetzen)* ■ etw |mit etw| ~ to prepare sth [with sth] **II.** *vi* ❶ *(einzuwirken beginnen)* ■ **mit etw an einer bestimmten Stelle** ~ to put sth at a certain place ❷ *(beginnen)* |**zu etw**| ~ to start [*or* begin] to do sth; **zum Trinken/Überholen** ~ to start to drink/overtake; **mit der Arbeit/mit dem Heben** ~ to start work[ing]/lifting ❸ BOT *(sich bilden)* **an etw** *dat* ~ to come out [*or* forth] [on sth] ❹ *(dick werden)* |Fett| ~ to put on weight **III.** *vr* ■ sich |an/auf/in etw *dat*| ~ to form [on/in sth]

An·sicht <-, -en> *f* ❶ *(Meinung)* view, opinion; **über etw** *akk*/**in etw** *dat* **geteilter ~ sein** to have a differ-ent view of [*or* opinion about] sth, to think differently about sth; |**über etw** *akk*/**in etw** *dat*| **bestimmter ~ sein** to have a particular view [of sth] [*or* opinion [about sth]], to think a certain way [about sth]; **ich bin ganz Ihrer ~** I agree with you completely; **und wel-cher ~ bist du?** what's your view [of it] [*or* opinion [on it]] ?; **der gleichen ~ sein** to be of [*or* share] the same view [*or* opinion]; **der ~ sein, dass …** to be of

the opinion that …; **nach ~** *gen* in the opinion of; **deiner/meiner ~ nach** in your/my view, I/you think that … ❷ *(Abbildung)* view; **die ~ von hin-ten/vorne/der Seite** the rear/front/side view, the view from the rear/front/side; **die ~ von oben/ unten** the view from above/below; TECH the top/bot-tom view; **zur ~** for [your/our] inspection

an·sich·tig *adj* ■ jds/einer S. ~ **werden** *(veraltend geh)* to set eyes on [*or* liter *or old* behold] sb/sth

An·sichts·kar·te *f* [picture] postcard **An·sichts·sa-che** *f* |reine| ~ **sein** to be [purely] a matter of opin-ion; ■ **das ist** ~**!** *(fam)* that's a matter of opin-ion! *fam*

an|sie·deln *vt* ❶ *(ansässig machen)* ■ jdn ~ to settle sb; **eine Tierart irgendwo** |wieder| ~ to [re-]intro-duce a species to somewhere; **eine Vogelkolonie** |wieder| ~ to [re-]establish a bird colony somewhere ❷ ÖKON *(etablieren)* ■ etw |irgendwo| ~ to establish sth [somewhere] ❸ *(geh: aus etw stammen)* ■ **in etw** *dat* **angesiedelt** |*o* anzusiedeln| **sein** to belong to the field of sth **II.** *vr* ■ sich ~ ❶ *(sich niederlassen)* to settle ❷ BIOL *(entstehen)* to establish itself/themselves

An·sied·ler(in) *m(f)* settler

An·sied·lung *f* ❶ *(Siedlung)* settlement ❷ *(das Ansie-deln)* ■ **die** ~ the settlement; *Tier, Tierart* the coloni-zation, the introduction ❸ ÖKON *(Etablierung)* ■ **die** ~ the establishment

An·sin·nen <-s, -> *nt (geh)* suggestion; **ein ~** |an jdn| **haben** to have an implausible request [for sb]

An·sitz *m* JAGD raised hide [*or* AM blind]

an·sons·ten [anˈzɔnstn] *adv* ❶ *(im Übrigen)* otherwise ❷ *(iron: sonst)* ~ **hast du nichts zu kritisieren?** anything else to criticize? *iron;* **aber** ~ **geht's dir gut?** you're not serious!, you must be joking! ❸ *(im anderen Fall)* otherwise; *(bedrohlicher)* else

an|span·nen I. *vt* ❶ *(zusammenziehen)* ■ etw ~ to tighten [*or* tauten] sth; **seine Muskeln** ~ to tense one's muscles ❷ *(überanstrengen)* ■ etw ~ to strain [*or* tax] sth; jdn |**zu sehr**| ~ to [over]tax sb; *s. a.* **ange-spannt** ❸ *(in Anspruch nehmen)* **seine Erspar-nisse/seinen Etat** ~ to stretch one's savings/budget ❹ *(mit Zugtieren bespannen)* ■ etw ~ to hitch up sth; **die Kutsche mit Pferden** ~ to hitch up the hors-es; **ein Pferd** ~ to harness a horse; **Ochsen** ~ to yoke [up] oxen **II.** *vi* ❶ *(ins Geschirr spannen)* *Ochsen* to yoke [up] the oxen; *Pferde* to harness the horse[s] ❷ *(mit Pferden bespannen)* **es ist angespannt!** the carriage is ready; ■ ~ **lassen** to get a/the carriage ready, to put in the horse[s]

An·span·nung *f* strain, exertion; *(körperlich)* effort; **unter ~ aller Kräfte** by exerting all one's energies

An·spiel <-s> *nt kein pl* ❶ *(Spielbeginn: beim Karten-spiel)* lead; *(Schach)* first move; SPORT start of play; **das ~ haben** |*o* ausführen| to have the lead [*or* first move] ❷ SPORT *(Ballspiele)* pass

an|spie·len I. *vi* ❶ *(etw andeuten)* ■ **auf jdn/etw** ~ to allude to sb/sth; *(böse)* to insinuate sth; **worauf willst du** ~**?** what are you driving [*or* getting] at?; **spielst du damit auf mich an?** are you getting at me? ❷ SPORT *(das Spiel beginnen)* to start; FBALL to kick off; **wann wird denn angespielt?** when's the kick off? **II.** *vt* SPORT ■ jdn ~ to pass [*or* play] the ball to sb

An·spie·lung <-, -en> *f* allusion; *(böse)* insinuation; *(sexuell a.)* innuendo; ■ **eine ~ auf jdn/etw** an allu-sion to [*or* regarding] sb/sth; **sich in ~en ergehen** to indulge in allusions

an|spit·zen *vt* ❶ *(spitz machen)* ■ etw ~ to sharpen sth ❷ *(fam: antreiben)* ■ jdn ~ to egg sb on, to push sb [on]

An·sporn <-[e]s> *m kein pl* incentive; **innerer** ~ motivation

an·spor·nen vt ❶ *(Anreize geben)* ▪jdn [zu etw] ~ to spur sb on [to sth]; ▪jdn [dazu] ~, etw zu tun to spur sb on to do sth; **Spieler** ~ to cheer on players ❷ *(die Sporen geben)* ▪**ein Pferd** ~ to spur [on] a horse

An·spra·che f speech, address; **eine** ~ **halten** to make [or hold] [or deliver] a speech, to hold [or deliver] an address *fam;* **halte keine** ~**n!** *(fam)* don't go lecturing! *fam*

an·sprech·bar adj pred ❶ *(zur Verfügung stehend)* available, open to conversation ❷ *(bei Bewusstsein)* responsive ❸ *(zugänglich sein)* ▪**auf etw** akk ~ **sein** to respond to sth; **sie ist heute nicht** ~ you can't talk to her at all today

an·spre·chen irreg I. vt ❶ *(anreden)* ▪jdn ~ to speak to sb ❷ *(betiteln)* jdn [mit Kasimir/seinem Namen/seinem Titel] ~ to address sb [as Kasimir/by his name/by his title] ❸ *(etw gegenüber jdm erwähnen)* jdn auf etw akk ~ to approach sb about sth ❹ *(bitten)* ▪jdn um etw ~ to ask sb for sth, to request sth of sb *form* ❺ *(meinen)* ▪jdn ~ to concern sb; **mit dieser Aufforderung sind wir alle angesprochen** this request concerns us all ❻ *(erwähnen)* ▪**etw** ~ to mention sth ❼ *(gefallen)* ▪jdn ~ to appeal to sb ❽ *(beeindrucken)* ▪jdn ~ to impress sb II. vi ❶ MED *(reagieren)* ▪**auf etw** akk ~ to respond to sth; ▪**bei jdm** ~ to make an impression on sb ❷ TECH *(reagieren)* ▪**bei etw/auf etw** akk ~ to respond to sth ❸ *(Anklang finden)* ▪[bei jdm] ~ to appeal to sb, to make an impression [on sb]; **sehr** ~ to make a strong impression

an·spre·chend adj appealing; **eine** ~**e Umgebung** a pleasant environment

An·sprech·part·ner(in) m(f) contact, partner

an·sprin·gen irreg I. vi sein ❶ *(zu laufen beginnen)* to start; *Motor a.* to catch; **der Motor will nicht** ~ the engine won't start; **schwer** ~ to start with difficulty ❷ *(fam: reagieren)* ▪**auf etw** akk ~ to jump at sth *fam;* **auf eine Erpressung/Drohung** ~ to respond to blackmail/a threat II. vt haben ▪jdn ~ to jump on sb; *Raubtiere* to pounce on sb; *Hund* to jump up at sb

an·sprit·zen vt ▪jdn/etw [mit etw] ~ to spray sb/sth [with sth]

An·spruch m ❶ JUR *(Recht)* claim; ▪~ **auf etw** akk claim to sth; **einen** ~ **auf etw** akk **erheben** to make a claim for [or to] sth; *(behaupten)* to claim sth; JUR a. to file a claim to [or for] sth; **einen** ~ **auf etw** akk **haben** to be entitled to sth; **darauf** ~ **haben, etw zu tun** to be entitled to do sth ❷ pl *(Anforderungen)* demands {an +akk on}; **den/jds Ansprüchen [voll/nicht] gerecht werden** to [fully/not] meet the/sb's requirements; **Ansprüche stellen** to be exacting [or very demanding]; **große** [o **hohe**] **Ansprüche** [an jdn/etw] **stellen** to place great demands on [or be very demanding of] sb/sth; **etw** [für sich] **in** ~ **nehmen** to claim sth [for oneself]; **jds Dienste/Hilfe/Unterstützung in** ~ **nehmen** to enlist sb's services/help/support; **Möglichkeiten/eine Einrichtung in** ~ **nehmen** to take advantage of opportunities/a facility; **jdn in** ~ **nehmen** to preoccupy sb; **sehr in** ~ **genommen** to be very busy/preoccupied; **darf ich Sie in** ~ **nehmen?** may I have a moment [of your time]? ❸ pl *(Wünsche)* standards, requirements, demands

An·spruchs·den·ken nt demanding attitude

an·spruchs·los adj ❶ *(keine großen Ansprüche habend)* modest, unassuming; **ein** ~**er Mensch** a modest [or an unassuming] person, a person of few wants; **ich bin recht** ~ I don't want for much ❷ *(trivial)* trivial; **literarisch** ~ **sein** to be of a low literary level, to be light reading; ▪**etwas Anspruchsloses** something trivial; *(Buch)* something light ❸ *(pflege-*

leicht) undemanding

An·spruchs·lo·sig·keit <-> f kein pl ❶ *(anspruchsloses Wesen)* modesty ❷ *(Trivialität)* triviality ❸ *(Pflegeleichtigkeit)* undemanding nature

an·spruchs·voll adj ❶ *(besondere Anforderungen habend)* demanding; **sehr** ~ fastidious, hard to please pred ❷ *(geistige Ansprüche stellend)* demanding; *Geschmack, Lesestoff, Film a.* highbrow ❸ *(qualitativ hochwertig)* high-quality, of high quality pred

An·spruchs·vol·le(r) f(m) dekl wie adj discriminating person, person of discrimination

an·spu·cken vt ▪jdn ~ to spit at sb

an·spü·len vt ▪**etw** ~ to wash up sth sep, to wash sth ashore

an·sta·cheln vt ▪jdn [zu etw] ~ to drive [or goad] sb [to sth]; ▪jdn [dazu] ~, etw zu tun to drive [or goad] sb to do sth

An·stalt <-, -en> ['anʃtalt] f ❶ MED institute, mental institution, asylum ❷ SCH *(geh)* institution form ❸ *(öffentliche Einrichtung)* institute; **öffentliche** ~ public institution; ▪**des öffentlichen Rechts** public institution, body corporate spec

An·stal·ten pl preparations; ~**/keine** ~ **machen** [o **treffen**] [, etw zu tun] *(geh)* to make a/no move to do sth; **er bat sie zu gehen, doch sie machten keine** ~ he asked them to go, but they didn't move; ~ [für [o zu] etw] **treffen** to take measures [or make preparations] [for sth]; [**nur**] **keine** ~! don't trouble yourself/yourselves!

An·stalts·arzt, -ärz·tin m, f resident physician; *(im Gefängnis)* prison doctor **An·stalts·geist·li·che(r)** f(m) dekl wie adj resident chaplain; *(im Gefängnis)* prison chaplain **An·stalts·klei·dung** f institutional clothing; *(im Gefängnis)* prison clothing

An·stand m kein pl decency, propriety; **keinen** ~ **haben** to have no sense of decency; *(schlechte Manieren haben)* to have no manners; ~ **an etw** dat **nehmen** to object to sth; **den** ~ **verletzen** to offend against decency; **ohne** ~ *(geh)* without objection [or form demur]

an·stän·dig I. adj ❶ *(gesittet)* decent; ~**e Witze** clean jokes ❷ *(ehrbar)* respectable ❸ *(fam: ordentlich)* proper fam II. adv ❶ *(gesittet)* decently; **sich** ~[**er**] **benehmen** to behave oneself; ~ **sitzen** to sit up straight ❷ *(fam: ausgiebig)* properly; ~ **baden** to have a proper bath fam; ~ **ausschlafen/essen** to get a decent meal/a good night's sleep

an·stän·di·ger·wei·se adv out of decency

An·stän·dig·keit <-> f kein pl ❶ *(Ehrbarkeit)* respectability ❷ *(Sittsamkeit)* decency

An·stands·be·such m duty call **an·stands·hal·ber** adv out of politeness **an·stands·los** adv without difficulty **An·stands·wau·wau** <-s, -s> m *(fam)* chaperon[e]; **den** ~ **spielen** to play gooseberry BRIT *hum fam,* to act as chaperone AM

an·star·ren vt ▪jdn/etw ~ to stare at sb/sth; **was starrst du mich so an?** what are you staring at [me like that for]?

an·statt [an'ʃtat] I. präp +gen instead of II. konj ▪~ etw zu tun instead of doing sth

an·stau·ben vi sein to gather dust a. iron; ▪**angestaubt** dusty

an·stau·en I. vt ▪**etw** ~ to dam sth up, to bank sth II. vr ❶ *(sich stauen)* ▪**sich** [in etw dat/vor etw dat] ~ to bank [or accumulate] [in/before sth]; *Blut* to congest [in/before sth] ❷ *(sich aufstauen)* ▪**sich in** jdm ~ to build up [in sb]; **angestauter Hass** brimming hatred; **angestaute Wut** pent-up rage

an·stau·nen vt ▪jdn/etw ~ to stare at sb/sth in wonder; *(sehnsüchtig)* to gaze at sth

an·ste·chen vt irreg ❶ KOCHK *(durch Hineinstechen prüfen)* ▪**etw** [mit etw] ~ to prick sth [with sth]

❷ MED *(durch Hineinstechen öffnen)* ■ etw |mit etw| ~ to lance |or pierce| sth |with sth| ❸ *(in etw stechen)* ■ etw ~ to puncture sth ❹ *(anzapfen)* ein Fass ~ to tap |or broach| a barrel

an·ste·cken I. vt ❶ *(befestigen)* ■ |jdm| etw ~ to pin sth on |sb| ❷ *(auf den Finger ziehen)* |jdm| einen Ring ~ to put |or slip| a ring on sb's finger, to put |or slip| on a ring ❸ *(anzünden)* |jdm| eine Pfeife/Zigarette/Zigarre ~ to light |up| a pipe/cigarette/cigar |for sb|; |sich *dat*| eine Pfeife/Zigarre/Zigarette ~ to light |up| a pipe/cigar/cigarette ❹ *(in Brand stecken)* ■ etw |mit etw| ~ to set sth alight |or on fire| |with sth|; ein Gebäude ~ to set fire to a building; ■ sich ~ lassen to catch fire ❺ MED *(infizieren)* ■ jdn |mit etw| ~ to infect sb |with sth|; ich möchte dich nicht ~ I don't want to give it to you ❻ *(fig)* ■ jdn |mit etw| ~ to infect sb |with sth| **II.** vr MED *(sich infizieren)* ■ sich |bei jdm| |mit etw| ~ to catch sth |from sb|, to become infected |with sth| **III.** vi ❶ MED *(infektiös sein)* to be infectious |or catching|; *(durch Berührung)* to be contagious; sich leicht/schnell ~ to catch illnesses easily ❷ *(fig: sich übertragen)* to be contagious

an·ste·ckend adj ❶ MED *(infektiös)* infectious, catching *pred*; *(durch Berührung)* contagious ❷ *(fig: sich leicht übertragend)* contagious

An·ste·cker m pin, badge

An·steck·na·del f pin

An·ste·ckung <-, <selten -en> f infection; *(durch Berührung)* contagion; eine ~ mit Aids/Syphilis catching AIDS/syphilis

An·ste·ckungs·ge·fahr f risk of infection

an·ste·hen vi irreg haben o SÜDD sein ❶ *(Schlange stehen)* ■ |nach etw| ~ to queue |or AM line| |up| |for sth| ❷ *(zu erledigen sein)* ■ etw steht |bei jdm| an sth must be dealt with, sb must deal with sth; für heute steht nichts mehr an there's nothing else to be done today; steht bei dir heute etwas an? are you planning on doing anything today?; ~de Fragen/Punkte questions/points on the agenda; ~de Probleme problems facing them/us etc. ❸ JUR *(angesetzt sein)* to be pending; etw ~ haben to have sth pending ❹ *(geh: geziemen)* jdm |besser/gut/schlecht| ~ to |better/well/badly| befit sb *form old;* es steht jdm an, etw zu tun to befit sb to do sth *form old*

an·stei·gen vi irreg sein ❶ *(sich erhöhen)* ■ |auf etw *akk*/um etw| ~ to go up |or increase| |or rise| |to/by sth|; ■ ~d increasing ❷ *(steiler werden)* to ascend; stark/steil ~ to ascend steeply; ■ ~d ascending *attr,* inclined

an·stel·le |an'ʃtɛlə| präp +gen instead of

an·stel·len I. vt ❶ *(einschalten)* ■ etw ~ Maschine, Wasser to turn on sth ❷ *(beschäftigen)* ■ jdn |als etw| ~ to employ sb |as sth|; ■ |bei jdm/einer Firma| angestellt sein to be employed |by sb/at |or by| a company| |as sth| ❸ *(geh: durchführen)* Betrachtungen/Vermutungen |über etw *akk*/zu etw| ~ to make observations |on sth|/assumptions |about sth|; Nachforschungen |über etw *akk*/zu etw| ~ to conduct |or make| enquiries |or inquiries| |or investigations| |into sth|; |neue| Überlegungen |über etw *akk*/zu etw| ~ to |re|consider |sth| ❹ *(fam: bewerkstelligen)* ■ etw ~ to |or manage| sth; etw geschickt ~ to bring |or fam pull| sth off; ich weiß nicht, wie ich es ~ soll I don't know how to do |or manage| it; ■ es ~, dass man etw tut to go about doing sth ❺ *(fam: anrichten)* Blödsinn ~ to get up to nonsense; was hast du da wieder angestellt? what have you |fam gone and| done now?; dass ihr mir ja nichts anstellt! see to it that you don't get up to anything! ❻ *(anlehnen)* ■ etw |an etw *akk*| ~ to lean sth against sth; eine Leiter |an einen Baum/eine

Wand| ~ to put up |or stand| a ladder |against a tree/wall| ❼ *(dazustellen)* ■ etw ~ |an *akk* etw| to add sth |to sth| **II.** vr ❶ *(Schlange stehen)* to queue |up| BRIT, to line up AM; sich hinten ~ to join the back of the queue |or AM line-|up|| ❷ *(fam: sich verhalten)* to act, to behave; sich dumm ~ to act as if one is stupid, to play the fool ❸ *(wehleidig sein)* to make a fuss, kick up a shindy *fam;* stell dich nicht |so| an! don't go making a fuss!

an·stel·lig |'anʃtɛlɪç| **I.** adj able **II.** adv sich ~|er| verhalten to be |more| able

An·stel·lung f post; |noch| in ~ sein to be |still| employed; in fester ~ sein to have a permanent job, to be permanently employed

An·stel·lungs·ver·trag m employment contract, articles *pl* of employment *rare*

an·steu·ern vt ❶ etw ~ *(darauf zusteuern)* to head |or steer| for sth ❷ *(anvisieren)* to steer for sth; etw ~ wollen to be steering for sth

An·stich m tapping, broaching

An·stieg <-[e]s, -e> |'anʃtiːk| m ❶ *(Aufstieg)* ascent ❷ kein pl *(Steigung)* incline ❸ kein pl *(das Ansteigen)* rise, increase (+gen in)

an·stie·ren vt *(pej)* ■ jdn ~ to gape |or BRIT a. gawp| |or AM a. gawk| at sb

an·stif·ten vt ❶ *(anzetteln)* ■ etw ~ to instigate |or be behind| sth ❷ *(fam: anrichten)* Streiche/Unfug ~ to get up to mischief/no good ❸ *(veranlassen)* jdn zu einem Verbrechen ~ to incite sb to commit a crime; jdn zu Meineid ~ to suborn sb |to commit perjury| *form;* ■ jdn |dazu| ~, etw zu tun to incite |or *fam* put sb up| to do sth

An·stif·ter|in| m(f) instigator (+gen/zu +dat of)

An·stif·tung f ~ eines Verbrechens |o zu einem Verbrechen| instigation of a crime; ■ ~ einer Person |zu etwas| incitement of a person |to do sth|

an·stim·men I. vt ■ etw ~ ❶ *(zu singen anfangen)* to begin singing sth; summend eine Melodie ~ to hum a tune ❷ *(zu spielen anfangen)* to start playing |or strike up| sth ❸ *(erheben)* ein Geheul/ein Geschrei/Proteste ~ to start howling/screaming/protesting; Gelächter ~ to burst out laughing **II.** vi *(den Grundton angeben)* to give the keynote

An·stoß m ❶ *(Ansporn)* impetus (zu for); der ~ zu diesem Projekt ging von ihr aus she was the one who originally got this project going; den ~ zu etw bekommen |o den ~ bekommen, etw zu tun| to be encouraged to do sth; jdm den ~ geben, etw zu tun to encourage |or induce| sb to do sth; |jdm| den |ersten| ~ zu etw geben to give |the first| impetus to sth, to |initially| stimulate sth |to do sth| ❷ *(geh: Ärgernis)* annoyance; |bei jdm| ~ erregen to cause annoyance |to sb|; |bei jdm| schon lange ~ erregen to have long been a cause |or source| of annoyance |to sb|; an etw *dat* ~ nehmen to take offence |or AM -se| s. Stein ❸ SPORT *(Spielbeginn)* start of the game; *(Billard)* break; *(Fußball)* kick off; *(Feldhockey)* bully |off|; *(Eishockey)* face-off; der Pfiff zum ~ the starting whistle; *(Fußball)* the whistle for kick off ❹ SCHWEIZ *(Angrenzung)* ■ ~ an etw *akk* border to sth

an·sto·ßen irreg **I.** vi ❶ sein *(gegen etw stoßen)* ■ |mit etw| |an etw *akk*| ~ to bump sth |on sth|; mit dem Kopf an etw ~ to bump one's head on sth ❷ haben *(einen Toast ausbringen)* ■ |mit etw| |auf jdn/etw| ~ to drink to sb/sth |with sth|; lasst uns ~! let's drink to it/that! ❸ sein *(selten: angrenzen)* ■ an etw *akk* ~ to adjoin sth; Land, Staat to border on sth **II.** vt haben ❶ *(leicht stoßen)* ■ jdn |mit etw| ~ to bump sb |gently| |with sth| ❷ *(in Bewegung setzen)* ■ etw ~ to hit sth ❸ *(in Gang setzen)* ■ etw ~ to set sth in motion **III.** vr haben *(sich durch einen Stoß verletzen)* ■ sich |an etw *dat*| ~ to knock |or bang| |and

injure] oneself [on sth]; **sich** *dat* **den Kopf/Arm** ~ to knock one's head/arm

An·stö·ßer(in) <-s, -> *m(f)* SCHWEIZ *(Anwohner)* [local] resident

an·stö·ßig I. *adj* offensive; **~e Kleidung** indecent clothing; **ein ~er Witz** an offensive [*or* a dirty] [*or* BRIT *a.* a blue] joke **II.** *adv* offensively, indecently; **sich ~ ausdrücken** to use offensive language

An·stö·ßig·keit <-, -en> *f* offensiveness *no pl*, indecency *no pl*

An·stoß·punkt *m* FBALL centre [*or* AM -er] spot

an·strah·len *vt* ❶ *(mit Scheinwerfer anleuchten)* **ein Gebäude/eine Kirche** ~ to floodlight a building/church; **einen Menschen/eine Szene [mit einem Scheinwerfer]** ~ to train a spotlight on a person/scene ❷ *(strahlend ansehen)* ■ **jdn** ~ to beam at sb; **jdn freudig** [*o* **glücklich**] ~ to beam at sb with joy; **sie strahlte/ihre Augen strahlten ihn an** she beamed at him

an·stre·ben *vt* ■ **etw** ~ to strive for sth; ■ ~, **etw zu tun** to be striving to do sth

an·strei·chen *vt irreg* ■ **etw [mit etw]** ~ ❶ *(mit Farbe bestreichen)* to paint sth [with sth]; **etw neu/frisch** ~ to give sth a new/fresh coat of paint; **etw rot** ~ to paint sth red ❷ *(markieren)* to mark sth; **etw dick/rot** ~ to mark sth clearly/in red

An·strei·cher(in) <-s, -> *m(f)* [house] painter

an·stren·gen I. *vr* ❶ *(sich intensiv einsetzen)* ■ **sich [bei etw/für etw]** ~ to exert oneself [in/for sth]; **sich mehr/sehr** ~ to make a greater/great effort; **sich übermäßig** ~ to overexert [*or* overstrain] oneself ❷ *(sich besondere Mühe geben)* ■ **sich [mit etw]** ~ to make a [big] effort [with sth], to try hard for sth; **sich sehr [mit etw]** ~ to go to [*or* take] a lot of trouble [for sth]; ■ **sich ~, etw zu tun** to try hard to do sth; **sich sehr ~, etw zu tun** to go to [*or* take] a lot of trouble to do sth [*or* in doing sth] **II.** *vt* ❶ *(strapazieren)* ■ **jdn** ~ to tire sb out; **das viele Lesen strengt meine Augen an** all this reading puts a strain on my eyes ❷ *(intensiv beanspruchen)* ■ **etw** ~ to strain sth; **seinen Geist/die Muskeln** ~ to exert one's mind/muscles; **alle Kräfte** ~ to use all one's strength ❸ *(strapazieren)* ■ **jdn [sehr]** ~ to [over]tax sb; *s. a.* **angestrengt**

an·stren·gend *adj* strenuous; *(geistig)* taxing; *(körperlich)* exhausting [*or* tiring]; **eine ~e Zeit** an exhausting time; **das ist ~ für die Augen** it's a strain on the eyes

An·stren·gung <-, -en> *f* ❶ *(Kraftaufwand)* exertion *no pl* ❷ *(Bemühung)* effort; **mit äußerster** [*o* **letzter]** ~ with one last effort; **~en/einige ~en machen, etw zu tun** to make an effort/several efforts to do sth, to try [several times] to do sth

An·strich¹ *m* ❶ *kein pl (das Anstreichen)* ■ **der** ~ painting ❷ *(Farbüberzug)* coat [of paint]

An·strich² *m kein pl* ❶ *(persönliche Note)* ■ **ein** ~ **von etw** a touch of sth; **ein** ~ **von Charmeur** a touch of the charmer ❷ *(Anschein)* ■ **der** ~ **von etw** the veneer [*or* gloss] of sth

An·sturm *m* ❶ *(Andrang)* rush **(auf** +*dat* on) ❷ MIL *(stürmische Attacke)* onslaught ❸ *(geh: das Aufwallen)* surge

an·stür·men *vi sein* ❶ *(ungestüm angelaufen kommen)* to rush [*or* dash] up ❷ MIL *(anrennen)* ■ **gegen etw** ~ to storm sth ❸ *(geh: dagegenpeitschen)* ■ **gegen etw** ~ to pound against sth

an·su·chen *vi* ÖSTERR *(veraltend: förmlich erbitten)* ■ **bei jdm um etw** ~ to ask sb for sth, to request sth of sb *form*

An·su·chen <-s, -> *nt* ÖSTERR *(a. form)* request **(um** for); **auf jds** ~ *akk* at sb's request

An·ta·go·nist(in) <-en, -en> *m(f)* antagonist

an·tan·zen *vi sein (fam)* ■ **[bei jdm]** ~ to show [*or* turn] up [at sb's place] *fam*

Ant·ark·tis <-> [ant'?arktɪs] *f* ■ **die** ~ the Antarctic, Antarctica

ant·ark·tisch [ant'?arktɪʃ] *adj* Antarctic *attr*

an·tas·ten *vt* ■ **etw** ~ ❶ *(beeinträchtigen)* **jds Ehre/Würde** ~ to offend against sb's honour [*or* AM -or] / dignity; **jds Privileg/Recht** ~ to encroach [up]on sb's privilege/right ❷ *(anbrechen)* to use sth; **Vorräte** ~ to break into supplies ❸ *(leicht berühren)* to touch sth

an·tau·en *vi sein* to begin [*or* start] to defrost; ■ **angetaut** slightly defrosted

An·teil ['antail] *m* ❶ *(Teil)* share **(an** +*dat* of); ~ **an einer Erbschaft** [legal] portion of an inheritance; ~ **an einem Werk** contribution to a work; **der** ~ **an Asbest/Schwermetallen** the proportion of asbestos/heavy metals ❷ ÖKON *(Beteiligung)* interest, share **(an** +*dat* in) ❸ *(geh: Mitgefühl)* sympathy, understanding **(an** +*dat* for) ❹ *(geh: Beteiligung)* interest **(an** +*dat* in); ~ **an etw** *dat* **haben** to take part in sth; ~ **an etw** *dat* **nehmen** [*o* **zeigen**] to show [*or* take] an interest in sth; ~ **an jds Freude/Glück nehmen** [*o* **zeigen**] to share in sb's joy/happiness

an·tei·lig, an·tei·lmä·Big I. *adj* proportionate, proportional **II.** *adv* **mir stehen** ~ **450.000 Euro zu** 450,000 euros fall to my share

An·teil·nah·me <-> ['antailna:mə] *f kein pl* ❶ *(Beileid)* sympathy **(an** +*dat* with) ❷ *(Beteiligung)* attendance **(an** +*dat* at)

An·teil·schein *m* ÖKON share [certificate]

an·te·le·fo·nie·ren* *vt (fam)* ■ **jdn** ~ to call [*or* phone] sb up

An·ten·ne <-, -n> [an'tɛnə] *f* ❶ RADIO, TV aerial; **eine ausfahrbare** ~ a telescopic aerial ❷ ZOOL antenna, feeler ► WENDUNGEN: **eine/keine** ~ **für etw haben** *(fam)* to have a/no feeling [*or* fam nose] for sth

An·tho·lo·gie <-, -n> [antolo'gi:, *pl:* -'gi:ən] *f* anthology

An·thra·zit <-s, <*selten* -e> [antra'tsi:t] *m* anthracite, hard coal

an·thra·zit·far·ben *adj* charcoal **an·thra·zit·far·big** *adj* charcoal

An·thro·po·lo·ge, An·thro·po·lo·gin <-n, -n> [antropo'lo:gə, -'lo:gɪn] *m, f* anthropologist

An·thro·po·lo·gie <-> [antropolo'gi:] *f kein pl* anthropology

An·thro·po·lo·gin <-, -nen> [antropo'lo:gɪn] *f fem form von* **Anthropologe**

an·thro·po·lo·gisch [antropo'lo:gɪʃ] *adj inv* anthropological

An·thro·po·soph(in) <-en, -en> [antropo'zo:f] *m(f)* anthroposophist

An·thro·po·so·phie <-> [antropozo'fi:] *f kein pl* anthroposophy

An·thro·po·so·phin <-, -nen> *f fem form von* **Anthroposoph**

an·thro·po·so·phisch *adj* anthroposophic[al]

An·ti·al·ko·ho·li·ker(in) [anti?alko'ho:likɐ] *m(f)* teetotaller BRIT, teetotaler AM **an·ti·al·ko·ho·lisch** *adj inv* anti-alcohol *attr* **an·ti·ame·ri·ka·nisch** *adj inv* anti-American **An·ti·asth·ma·ti·kum** <-s, -ka> [anti?ast'matikʊm, *pl:* -ka] *nt* anti-asthmatic [agent] **an·ti·au·to·ri·tär** [anti?autori'tɛːɐ̯] *adj inv* [-]authoritarian **An·ti·ba·by·pil·le** [anti'be:bipɪlə] *f (fam)* the pill [*or* Pill] *fam* **An·ti·bi·o·ti·kum** <-s, -biotika> [anti'bjo:tikʊm, *pl:* -ka] *nt* antibiotic **An·ti·blo·ckier·sys·tem** [antiblɔ'ki:ɐ̯-] *nt* anti-lock [braking] system, ABS **An·ti·christ(in)** ['antikrɪst] *m(f)* ❶ <-[s]> REL ■ **der** ~ the Antichrist ❷ *(-en, -en)* antichristian, opponent of Christianity **an·ti·christ·lich** *adj* antichristian **An·ti·de·pres·si·vum** <-s, -va> [antideprɛ'si:vʊm, *pl:* -va] *nt* antidepressant **An·ti·di·a·be·ti·**

kum <-s, -ka> |antidia'be:tikʊm, *pl:* -ka| *nt* antidiabetic |agent| **An·ti·di·u·re·ti·kum** <-s, -ka> |antidiu're:tikʊm, *pl:* -ka| *nt* antidiuretic |agent| **An·ti·epi·lep·ti·kum** <-s, -ka> |anti?epi'lɛptikʊm, *pl:* -ka| *nt* anti-epileptic [*or* anticonvulsant] |agent| **An·ti·fa** <-> |'antifa| *f kein pl (sl)* antifascist movement **An·ti·fal·ten·cre·me** *f* anti-wrinkle cream **An·ti·fa·schis·mus** |antifa'ʃɪsmʊs| *m* antifascism **An·ti·fa·schist(in)** |antifa'ʃɪst| *m(f)* antifascist **an·ti·fa·schis·tisch** *adj* antifascist

An·ti·gen <-s, -e> |anti'ge:n| *nt* BIOL, MED antigen
An·ti·gu·a·ner(in) <-s, -> |anti'gu̯a:ne| *m(f)* Antiguan; *s. a.* **Deutsche(r)**
an·ti·gu·a·nisch |anti'gu̯a:nɪʃ| *adj* Antiguan; *s. a.* **deutsch**
An·ti·gua und Bar·bu·da <-s> |an'ti:gu̯a-| *nt* Antigua and Barbuda; *s. a.* **Deutschland**
an·ti·haft·be·schich·tet *adj inv* KOCHK non-stick **An·ti·his·ta·min** *nt*, **An·ti·his·ta·mi·ni·kum** |antihɪsta'mi:nikʊm, *pl:* -ka| *nt* MED antihistamine
an·tik |an'ti:k| I. *adj* ① *(als Antiquität anzusehen)* antique ② *(aus der Antike stammend)* ancient; **~e Kunst** ancient art forms *pl* II. *adv* ~ **eingerichtet sein** to be furnished in an antique style
An·ti·ke <-> |an'ti:kə| *f kein pl* antiquity; **der Mensch/die Kunst der** ~ man/the art of the ancient world
an·ti·kle·ri·kal |antikleri'ka:l, 'antiklerika:l| *adj* anticlerical **An·ti·kom·mu·nis·mus** *m* anti[-]communism **An·ti·kom·mu·nist(in)** *m(f)* anti[-]communist **an·ti·kom·mu·nis·tisch** *adj* anticommunist **An·ti·kör·per** *m* MED antibody **An·ti·kör·per·be·stim·mung** *f* MED determination of antibodies
An·ti·lo·pe <-, -n> |anti'lo:pə| *f* antelope
an·ti·mi·li·ta·ris·tisch *adj* anti-militaristic
An·ti·mon <-s> |anti'mo:n| *nt kein pl* antimony
An·ti·pa·thie <-, -n> |antipa'ti:, *pl:* -'ti:ən| *f* antipathy **(gegen** to)
An·ti·po·de, **An·ti·po·din** <-, -n> |anti'po:də, -'po:dɪn| *m, f* ① *(Mensch)* Antipodean ② *(fig geh)* antipode
An·ti·po·den *pl* the Antipodes
an|tip·pen *vt* ① *(kurz berühren)* ■ **jdn** [**an etw** *dat*] ~ to give sb a tap [on sth], to tap sb on sth; ■ **etw** ~ to touch sth ② *(streifen)* ■ **etw** ~ to touch on sth
An·ti·qua <-> |an'ti:kva| *f kein pl* TYPO roman [type]
An·ti·quar(in) <-s, -e> |anti'kva:ɐ̯| *m(f)* second-hand bookseller
An·ti·qua·ri·at <-[e]s, -e> |antikva'rj̣a:t| *nt (Laden)* second-hand bookshop [*or* AM *a.* bookstore]; *(Abteilung)* second-hand department; **modernes** ~ remainder bookshop [*or* AM *a.* bookstore] /department
An·ti·qua·rin <-, -nen> *f fem form von* **Antiquar**
an·ti·qua·risch |anti'kva:rɪʃ| I. *adj (alt)* antiquarian; *(von modernen Büchern)* second-hand, remaindered II. *adv (im Antiquariat)* **ein Buch ~ bekommen/erwerben** [*o* **kaufen**] to get/buy a book second-hand
an·ti·quiert |anti'kvi:ɐ̯t| *adj (pej)* antiquated, AM *a.* horse-and-buggy *attr*
An·ti·qui·tät <-, -en> |antikvi'tɛ:t| *f* antique
An·ti·qui·tä·ten·ge·schäft *nt* antiques shop **An·ti·qui·tä·ten·han·del** *m* antiques trade [*or* business] **An·ti·qui·tä·ten·händ·ler(in)** *m(f)* antiques dealer
An·ti·ra·ke·te |'antirakete| *f*, **An·ti·ra·ke·ten·ra·ke·te** |'antirake:tn̩rake:tə| *f* antiballistic missile, ABM **An·ti·rau·cher·kam·pag·ne** *f* anti-smoking campaign **An·ti·rheu·ma·ti·kum** <-s, -ka> |antirɔy'ma:tikʊm, *pl:* -ka| *nt* antirheumatic **An·ti·se·mit(in)** |anti·ze'mi:t| *m(f)* antisemite; ~**[in] sein** to be antisemitic **an·ti·se·mi·tisch** |antize'mi:tɪʃ| *adj* antisemitic **An·ti·se·mi·tis·mus** <-> |antizemi'tɪsmʊs| *m kein pl* ■ **der** ~ antisemitism **An·ti·sep·ti·kum** <-s, -ka>

|anti'zɛptikʊm, *pl:* -ka| *nt* antiseptic **an·ti·sep·tisch** |anti'zɛptɪʃ| *adj* antiseptic **An·ti·spas·ti·kum** <-s, -ka> |anti'spastikʊm, *pl:* -ka| *nt* antispasmodic |agent| **an·ti·sta·tisch** |anti'sta:tɪʃ| I. *adj* antistatic II. *adv* **etw** ~ **behandeln** to treat sth with an antistatic |agent| **An·ti·teil·chen** *nt* PHYS anti[-]particle **An·ti·ter·ror·ein·heit** *f* antiterrorist squad [*or* unit]
An·ti·the·se |anti'te:zə| *f* antithesis
An·ti·tran·spi·rant <-s, -e *o* -s> |antitranspi'rant| *nt* antiperspirant **An·ti·vi·ren·pro·gramm** *nt* INFORM anti-virus [program] **an·ti·zyk·lisch** |anti'tsy:klɪʃ| *adj inv* ① *(geh: unregelmäßig wiederkehrend)* anticyclical ② ÖKON anticyclical
Ant·litz <-es, -e> |'antlɪts| *nt (poet)* face, countenance *liter*
An·ton <-s> |'anto:n, 'antɔn| *m* ▸ WENDUNGEN: **blauer ~** [blue] overalls *npl*
an|to·nen *vt* ÖSTERR, SCHWEIZ *s.* **andeuten**
an|tör·nen |'antœrnən| I. *vt (sl)* **jdn** |**stark/stärker**| ~ to give sb a [big [*or* real] /bigger] kick *fam*; **von Drogen/Musik angetörnt werden** to get a kick from drugs/music *fam* II. *vi (sl)* **diese Droge/Musik törnt ganz schön an!** this drug/music really gives you a great kick!; ■ **angetörnt sein** to be [on a] high *fam*
An·trag <-[e]s, -träge> |'antra:k, *pl:* 'antrɛ:gə| *m* ① *(Beantragung)* application; **einen ~ [auf etw** *akk*] **stellen** to put in an application [for sth]; **auf jds** ~ *akk* at sb's request, at the request of sb ② *(Formular)* application form (**auf** + *akk* for) ③ JUR petition; **einen ~ [auf etw** *akk*] **stellen** to file a petition [for sth] ④ POL *(Vorschlag zur Abstimmung)* motion ⑤ *(Heiratsantrag)* [marriage] proposal; **jdm einen ~ machen** to propose [to sb]
an|tra·gen *vt irreg (geh)* ■ **jdm etw** ~ to offer sb sth; ■ **jdm ~, etw zu tun** to suggest [*or* propose] that sb does sth
An·trags·for·mu·lar *nt* application form
An·trag·stel·ler(in) <-s, -> *m(f) (geh)* applicant **An·trag·stel·lung** <-> *f kein pl* application
an·trai·niert *adj* ① *Muskeln, Fitness* developed ② *Verhalten* learned
an|trau·en *vt (veraltend)* ■ **jdm angetraut werden** to be [*or* get] married to sb, to be given to sb in marriage *dated;* **ihr angetrauter Ehemann** her lawful wedded husband
an|tref·fen *vt irreg* ① *(treffen)* ■ **jdn** ~ to catch sb; **im Büro/zu Hause anzutreffen sein** to be in the office/at home; **jdn beim Putzen/Stricken** ~ to catch sb cleaning/knitting ② *(vorfinden)* ■ **etw** ~ to come across sth
an|trei·ben *irreg* I. *vt* **haben** ① *(vorwärtstreiben)* ■ **jdn/ein Tier** ~ to drive sb/an animal [on] ② *(drängen)* ■ **jdn** [**zu etw**] ~/**jdn dazu ~, etw zu tun** to urge sb to do sth; *(aufdringlicher)* to push sb [to do sth] ③ *(anschwemmen)* ■ **etw** ~ to wash sth up [on sth]; **etw am Strand/an den Stränden** ~ to wash sth ashore ④ TECH *(vorwärtsbewegen)* ■ **etw** ~ to drive sth ⑤ *(veranlassen)* ■ **jdn ~, etw zu tun** to drive sb [on] to do sth; **die bloße Neugierde trieb ihn dazu an, die Briefe seiner Frau zu öffnen** he was driven by pure curiosity to open his wife's letters II. *vi sein (angeschwemmt werden)* ■ [**an etw** *akk*] ~ to be washed up [on sth]; **am Strand/an den Stränden** ~ to be washed ashore
An·trei·ber(in) *m(f) (pej)* slave-driver *pej*
an|tre·ten¹ *irreg* I. *vt* **haben** ① *(beginnen)* ■ **etw** ~ to begin sth ② *(übernehmen)* **ein Amt/den Dienst** ~ to take up [*or* assume] [an] office/one's services; **seine Amtszeit** ~ to take office; **ein Erbe** ~ to come into an inheritance; **eine Stellung** ~ to take up a post; *s. a.* **Beweis** II. *vi sein* ① *(sich aufstellen)* to line up; MIL to

fall in ❷ *(erscheinen)* ▪ |**zu etw**| ~ to appear [for sth] ❸ *(eine Stellung beginnen)* ▪ **bei jdm/einer Firma** |**als etw**| ~ to start one's job [as sth] under sb/at a company ❹ SPORT *(zum Wettkampf erscheinen)* ▪ |**zu etw**| ~ to compete [in sth]

an|tre·ten² *irreg* **I.** *vt* ❶ *(fest treten)* ▪ **etw** ~ to tread sth down [firmly] ❷ AUTO *(starten)* ▪ **etw** ~ to start sth; **einen Motorrad** ~ to kick-start a motorbike **II.** *vi* *(energisch die Pedale betätigen)* to sprint

An·trieb *m* ❶ AUTO, LUFT, RAUM *(Vortrieb)* drive (+*gen* for) ❷ *(motivierender Impuls)* drive, energy *no indef art;* **aus eigenem** ~ *(fig)* on one's own initiative; **jdm** |**neuen**| ~ **geben**|, **etw zu tun**| *(fig)* to give sb the/a new impetus to do sth

An·triebs·ach·se *f* AUTO drive axle **An·triebs·kraft** *f* TECH [driving] power **An·triebs·schwä·che** *f* lack of drive [*or* energy] **An·triebs·wel·le** *f* TECH drive shaft

an|trin·ken *irreg* **I.** *vt (fam)* **die Flasche/seinen Kaffee** ~ to drink a little from the bottle/some of one's coffee; **eine angetrunkene Flasche** an opened bottle; **das Glas ist angetrunken** somebody's drunk out of that glass **II.** *vr (fam)* **sich** *dat* **einen** |**Rausch/ Schwips**| ~ to get [oneself] tiddly [*or* AM tipsy] *fam; s. a.* **Mut**

An·tritt¹ *m kein pl* ❶ *(Beginn)* start ❷ *(Übernahme)* **nach** ~ **seines Amtes/der Stellung/der Erbschaft** after assuming office/taking up the post/coming into the inheritance

An·tritt² *m kein pl* SPORT spurt

An·tritts·be·such *m* first courtesy call [*or* visit]; **bei jdm einen** ~ **abstatten** to pay a first courtesy call [*or* visit] on sb **An·tritts·re·de** *f* maiden speech **An·tritts·vor·le·sung** *f* inaugural lecture

an|trock·nen *vi sein* ▪ |**an etw** *dat*| ~ to dry [on sth]

an|tun *vt irreg* ❶ *(zufügen)* ▪ **jdm etwas/nichts** ~ to do something/not to do anything to sb; **tu mir das nicht an!** *(hum fam)* spare me, please! *hum fam;* **sich** *dat* **etwas** ~ *(Selbstmord begehen)* to kill oneself, to do oneself in *fam* ❷ **es jdm angetan haben** to appeal to sb; *s. a.* **angetan**

an|tur·nen *vi* ❶ SPORT *to celebrate the start of the open-air season with an athletic event* ❷ *sein (fam: sich ausgelassen bewegend herankommen)* **angeturnt kommen** to come rollicking

an|tur·nen |'antʊɐnən| *vt* ❶ *(in einen Drogenrausch versetzen)* ▪ **jdn** ~ to turn sb on *sl*, to stone sb *sl* ❷ *(fam: in Erregung versetzen)* ▪ **jdn** ~ to turn sb on

Ant·wer·pen <-s> |ant'vɛrpn| *nt* Antwerp

Ant·wort <-, -en> |'antvɔrt| *f* ❶ *(Beantwortung)* answer (**auf** +*akk* to); **eine** ~ **auf eine Anfrage/ein Angebot/einen Brief** an answer [*or* a reply] to an inquiry [*or* enquiry] /an offer/a letter; **und wie lautet deine** ~ **auf meine Frage?** and what's your answer [*or* reply] to my question?; **um** ~ **wird gebeten!** RSVP; **um baldige** [*o* **umgehende**] ~ **wird gebeten!** please reply by return [of] post [*or* AM return mail]; **jdm** |**eine**| ~ **geben** to give sb an answer, to answer [*or* reply to] sb; **das also gibst du mir zur** ~**?** so that's your answer?; *s. a.* **Rede** ❷ *(Reaktion)* response (**auf** +*akk* to); **als** ~ **auf etw** *akk* in response to sth ❸ *(Pendant)* answer (**auf** +*akk* to) ▶ WENDUNGEN: **keine** ~ **ist auch eine** ~ *(prov)* no answer is an answer

Ant·wort·brief *m* answer, reply

ant·wor·ten |'antvɔrtn| *vi* ❶ *(als Antwort geben)* ▪ |**jdm**| ~ to answer [sb], to reply [to sb]; **ich kann Ihnen darauf leider nichts** ~ unfortunately I cannot give you an answer to that; **was soll man darauf noch** ~**?!** what kind of answer can you give to that?; **auf jds Frage** ~ to answer sb's [*or* reply to sb's] question; **mit Ja/Nein** ~ to answer yes/no [*or* form in the affirmative/negative]; **mit „vielleicht"** ~ to answer with 'perhaps'; **schriftlich** ~ to answer [*or* reply] in

writing, to give a written answer ❷ *(reagieren)* to respond (**mit** with)

Ant·wort·kar·te *f* reply card **Ant·wort·schein** *m* **internationaler** ~ [international] reply coupon **Ant·wort·schrei·ben** *nt (geh)* answer, reply

an|ver·trau·en˙ |'anfɐtrauən| **I.** *vt* ❶ *(vertrauensvoll übergeben)* ▪ **jdm etw** ~ to entrust sth to sb [*or* sb with sth] ❷ *(geh: in etw bergen)* ▪ **etw einer S.** *dat* ~ to consign sth to sth *form* ❸ *(vertrauensvoll erzählen)* ▪ **jdm/einer S. etw** ~ to confide sth to sb/sth **II.** *vr* ❶ *(sich vertrauensvoll mitteilen)* ▪ **sich jdm** *dat* ~ to confide in sb ❷ *(sich in einen bestimmten Schutz begeben)* ▪ **sich einer S.** *dat* ~ to entrust oneself to sth

an|vi·sie·ren˙ *vt* ❶ *(ins Visier nehmen)* ▪ **jdn/etw** ~ to sight sb/sth ❷ *(geh: ins Auge fassen)* ▪ **etw** ~ to set one's sights on sth; **eine Entwicklung/die Zukunft** ~ to envisage a development/the future

an|wach·sen *vi irreg sein* ❶ *(festwachsen)* ▪ |**auf etw** *dat*| ~ to grow [on sth] ❷ MED *(sich mit Körpergewebe verbinden)* ▪ **an etw** *dat* ~ to grow on sth; *Transplantat* to take [*or* adhere] [to sth] ❸ *(zunehmen)* ▪ |**bis zu etw/auf etw** *akk*| ~ to grow [*or* increase] [to sth]

An·wach·sen *nt* **das** ~ ❶ *(das Festwachsen)* growing ❷ MED *(Verbindung mit Körpergewebe)* growing; *von Transplantat* taking, adherence ❸ *(Zunahme)* growth, increase; **im** ~ |**begriffen**| **sein** to be growing [*or* on the increase]

an|wäh·len *vt* TELEK |**jdn/eine Nummer**| ~ to call sb/to dial a number

An·walt, An·wäl·tin <-[e]s, -wälte> |'anvalt, 'anvɛltɪn, *pl:* 'anvɛltə| *m, f* ❶ *(Rechtsanwalt)* lawyer, solicitor BRIT, attorney AM; **sich** *dat* **einen** ~ **nehmen** to engage the services of a lawyer ❷ *(geh: Fürsprecher)* advocate; ~ **der Armen/Hilfsbedürftigen** champion of the poor/needy

An·walts·bü·ro *nt* ❶ *s.* **Anwaltskanzlei** ❷ *(Anwaltssozietät)* law firm, BRIT *a.* firm of solicitors

An·walt·schaft <-, <*selten* -en> *f* ❶ *(Vertretung eines Klienten)* case; **eine** ~ **übernehmen** to take on [*or* over] a case; **eine** ~ |**für jdn**| **übernehmen** to take on [*or* over] sb's case ❷ *(Gesamtheit der Anwälte)* ▪ **die** ~ the legal profession

An·walts·ge·hil·fe, -ge·hil·fin *m, f* [solicitor's BRIT] clerk, lawyer's secretary AM **An·walts·kam·mer** *f* incorporated law society **An·walts·kanz·lei** *f* lawyer's [*or* AM law] office **An·walts·kos·ten** *pl* legal expenses **An·walts·pra·xis** *f* law [*or* BRIT *a.* solicitor's] [*or* AM *a.* attorney's] practice; ~ **betreiben** to practise [*or* AM -ce] law

an|wan·deln *vt (geh)* ▪ **jdn** ~ to come over sb; **mich wandelt ganz einfach die Lust an, spazieren zu gehen!** I quite simply feel the desire to go for a walk

An·wand·lung *f* mood; **aus einer** ~ **heraus** on an impulse; |**wieder**| ~**en bekommen** *(fam)* to go into [one of one's] fits *fam;* **in einer** ~ **von Großzügigkeit/Wahnsinn** in a fit of generosity/madness; **in einer** ~ **von Furcht/Misstrauen** on an impulse of fear/suspicion

an|wär·men *vt* **das Bett** ~ to warm [up] the bed; **Speisen** ~ to heat up food; **danke, dass Sie mir den Platz angewärmt haben!** thanks for keeping my seat warm! *a. hum*

An·wär·ter(in) *m(f)* candidate (**auf** +*akk* for); SPORT contender (**auf** +*akk* for); **der** ~ **auf den Thron** the heir to the throne; *(Prätendent)* the pretender to the throne

An·wart·schaft <-, <*selten* -en> *f* candidature (**auf** +*akk* for), candidacy (**auf** +*akk* for); **die** ~ **auf das Erbe** the claim to the inheritance; SPORT contention; ~ **auf den Thron** claim to the throne

an|wei·sen *vt irreg* ➊ *(durch Anweisung beauftragen)* ▪ **jdn ~|, etw zu tun|** to order sb to do sth ➋ *(anleiten)* ▪ **jdn ~** to instruct sb ➌ *(zuweisen)* ▪ **jdm etw ~** to direct sb to sth ➍ *(überweisen)* |**jdm**| **Geld** |**auf ein Konto|** ~ to transfer money |to sb/to sb's account|; *s. a.* **angewiesen**

An·wei·sung *f* ➊ *(Anordnung)* order, instruction; **~ haben, etw zu tun** to have instructions to do sth; **auf** |**jds** *akk*| **~** on |sb's| instruction, on the instructions of sb ➋ *(Anleitung)* instruction ➌ *(Gebrauchsanweisung)* instructions *pl* ➍ *(Zuweisung)* allocation ➎ *(Überweisung)* transfer ➏ *(Überweisungsformular)* payment slip

an·wend·bar *adj* applicable (**auf** + *akk o dat* to); **in der Praxis ~** practicable, practical

An·wend·bar·keit <-> *f kein pl* applicability (**auf** + *akk* to)

an|wen·den *vt reg o irreg* ➊ *(gebrauchen)* ▪ **etw** |**bei jdm/etw|** ~ to use sth |on sb/during sth| ➋ *(übertragen)* ▪ **etw auf etw** *akk* ~ to apply sth to sth; *s. a.* **angewandt**

An·wen·der(in) <-s, -> *m(f)* INFORM user

An·wen·der·pro·gramm *nt* INFORM application program **An·wen·der·soft·ware** <-, -s> *f* application software

An·wen·dung *f* ➊ *(Gebrauch)* use; **etw zur ~ bringen** *(geh)* to use |*or* apply| sth; **~ finden** |*o geh:* **zur ~ gelangen|** to be used |*or* applied|, to find application *form* ➋ *(Übertragung)* application (**auf** + *akk* to) ➌ MED *(therapeutische Maßnahme)* administration

An·wen·dungs·be·reich *m* area of application **An·wen·dungs·ge·biet** *nt* field of applications **An·wen·dungs·vor·schrift** *f* instructions *pl* for use

an|wer·ben *vt irreg* ▪ **jdn** |**für etw|** ~ to recruit sb |for sth|; **Soldaten ~** to recruit |*or* enlist| soldiers

An·wer·bung *f* recruitment; *a.* MIL enlistment

An·wer·bungs·stopp *m* stop to recruitment

an|wer·fen *vt irreg* **I.** *vt* ▪ **etw ~** ➊ TECH *(in Betrieb setzen)* to start sth up ➋ *(fam: anstellen)* to switch sth on ➌ *(durch Drehen in Gang setzen)* **den Motor** |**mit der Kurbel|** ~ to crank the engine; **den Propeller** |**von Hand|** ~ to swing the propeller **II.** *vi* SPORT *(mit dem Werfen beginnen)* to take the first throw

An·we·sen <-s, -> *nt (geh)* estate

an·we·send *adj* present *pred;* ▪ |**bei jdm/bei etw/ auf etw** *dat*| **~ sein** to be present |at sb's place/at sth|; **nicht ganz ~ sein** *(hum fam)* to be a million miles away |*or fam* off in one's own little world|

An·we·sen·de(r) *f(m) dekl wie adj* person present; ▪ **die ~n** those present; **alle ~n** all those present

An·we·sen·heit <-> *f kein pl* presence; **von Studenten** attendance; **in jds ~** *dat*, **in ~ von jdm** in sb's presence, in the presence of sb

An·we·sen·heits·lis·te *f* attendance list **An·we·sen·heits·pflicht** *f* obligation to attend; **es herrscht ~** attendance is compulsory

an|wi·dern ['anvi:dɐn] *vt* ▪ **jdn ~** to nauseate sb, to make sb sick; ▪ **angewidert** nauseated *attr*

an|win·ken *vt* **den Arm/das Bein ~** to bend one's arm/leg; **Signalflaggen in bestimmter Reihenfolge ~** to move semaphore flags to certain angles; **mit angewinkeltem Arm/Bein** with the arm/leg bent

an|wir·ken *vt* KOCHK *(fachspr)* **Marzipan ~** to knead marzipan in sugar

An·woh·ner(in) <-s, -> *m(f)* ➊ *(Anlieger)* |local| resident ➋ *(Anrainer)* **die ~ des Sees/der Küste** the people living by the lake/along the coast

An·wurf *m* ➊ *kein pl* SPORT first throw ➋ *(geh: Schmähung)* imputation, |unfounded| accusation

an|wur·zeln *vi sein* ▪ |**in etw** *dat*| **~** to take root |in sth|; **wie angewurzelt dastehen** |*o* **stehen blei-**

ben| to stand rooted to the spot

An·zahl *f kein pl* number; **eine ganze ~** quite a lot + *pl vb;* **eine ziemliche ~** quite a number + *pl vb*

an|zah·len *vt* ➊ *(als Anzahlung geben)* ▪ **jdm etw ~** to pay |sb| a deposit of sth; **500 Euro waren schon angezahlt** a deposit of 500 euros has already been paid; **abzüglich der angezahlten 10%** minus the deposit of 10% ➋ *(eine Anzahlung auf den Preis von etw leisten)* ▪ **etw ~** to pay a deposit on sth

An·zah·lung *f* ➊ *(angezahlter Betrag)* deposit; **eine ~ machen** |*o* **leisten|** *(geh)* to pay a deposit; **800 Euro ~ machen** |*o* **leisten|** to pay a deposit of 800 euros, to leave 800 euros as a deposit ➋ *(erster Teilbetrag)* first instalment |*or* AM installment|

an|zap·fen *vt* ➊ *(Flüssigkeit durch Zapfen entnehmen)* ▪ **etw ~** to tap sth; **ein Fass ~** to tap |*or* broach| a barrel ➋ ELEK, TELEK *(fam: sich illegal an etw anschließen)* ▪ **etw ~** to tap |*or* bug| sth; **eine Telefonleitung ~** to tap a telephone line ➌ *(fam: Informationen gewinnen)* ▪ **jdn ~** to pump sb *fam*

An·zei·chen *nt* sign; MED *(Symptom)* symptom; **es liegen** |**keine|** **~ dafür vor, dass …** there are |no| signs that …; **alle ~ deuten darauf hin, dass …** all signs |*or* symptoms| indicate that …; **wenn nicht alle ~ trügen** if all the symptoms are to be believed

an|zeich·nen *vt* ➊ *(markieren)* ▪ **etw** |**auf etw** *dat*| **~** to mark |out| sth |on sth|; *(mit Kreide)* to chalk sth |on sth| ➋ *(zeichnen)* ▪ **etw** |**an etw** *akk*| **~** to draw sth |on sth|; *(mit Kreide)* to chalk sth |on sth|

An·zei·ge <-, -n> *f* ➊ *(Strafanzeige)* charge (**wegen** for); **~ bei der Polizei** report to the police; **eine ~** |**wegen einer S.|** **bekommen** |*o* **erhalten|** to be charged |with sth|; **~ gegen Unbekannt** charge against a person |*or* persons| unknown; **jdn/etw zur ~ bringen** *(geh)* |**gegen jdn|** **eine ~ machen** |*o* **erstatten|** to bring |*or* lay| a charge against sb, to report sth; |**eine|** **~ gegen jdn bei der Polizei machen** |*o* **erstellen|** to report sb to the police ➋ *(Bekanntgabe bei Behörde)* notification ➌ *(Inserat)* ad|vertisement| ➍ *(Bekanntgabe)* announcement ➎ *(das Anzeigen)* display; **die ~ der Messwerte/ Messinstrumente** the readings of the measured values |*or* AM a. gages| ➏ *(angezeigte Information)* information ➐ TECH *(Instrument)* gauge, AM *a.* gage

an|zei·gen *vt* ➊ *(Strafanzeige erstatten)* ▪ **jdn** |**wegen etw|** ~ to report sb |for sth|; ▪ **etw ~** to report sth; ▪ **sich** |**selbst|** ~ to give oneself up, to turn oneself in ➋ *(mitteilen)* ▪ **jdm etw ~** to announce sth to sb; MIL to report sth to sb ➌ *(angeben)* ▪ **etw ~** to indicate |*or* show| sth; *(digital)* to display sth; **diese Uhr zeigt auch das Datum an** this watch also shows |*or* gives| the date ➍ *(bekannt geben)* ▪ |**jdm|** **etw ~** to announce sth |to sb| ➎ *(angeben)* **ein Abbiegen/ eine Richtung ~** to indicate a turn-off/direction; AUTO to signal a turn-off/direction ➏ *(erkennen lassen)* ▪ **jdm ~, dass …** to indicate to |*or* show| sb that …; *s. a.* **angezeigt**

An·zei·gen·an·nah·me *f* ➊ *(Stelle für die ~)* advertising sales department ➋ *(Erfassung einer Anzeige)* advertising sales **An·zei·gen·blatt** *nt* advertiser **An·zei·gen·kam·pag·ne** *f* advertising campaign **An·zei·gen·teil** *m* advertising section, small ads *pl*

An·zei·ge·pflicht *f kein pl (geh)* obligation to inform the police/authorities etc.; **der ~ unterliegen** to be notifiable

an·zei·ge·pflich·tig *adj* notifiable

An·zei·ger¹ *m* advertiser

An·zei·ger(in)² *m(f) (geh)* informer *a. pej*

An·zei·ge·ta·fel *f* LUFT, BAHN departure and arrivals |information| board; SPORT scoreboard

an|zet·teln *vt* ➊ *(vom Zaun brechen)* **Blödsinn** |*o*

Unsinn| ~ to be up to mischief; **eine Schlägerei/ einen Streit** ~ to provoke a fight/an argument ❷ *(in Gang setzen)* ■ **etw** ~ to instigate sth

an|zie·hen¹ *vt irreg* ❶ *(sich mit etw bekleiden)* ■ **sich** *dat|* **etw** ~ to put on sth *sep,* to don sth *form or liter;* **|sich| die Schuhe** ~ to put on [or slip into] one's shoes ❷ *(jdn bekleiden)* ■ **jdn** ~ to dress sb; ■ **jdm etw** ~ to put sth on sb ❸ *(kleiden)* **jdn |modisch/ vorteilhaft|** ~ to dress sb |up| |in the latest fashion/to look their best|; ■ **sich** ~ to get dressed; **sich leger/ schick/warm** ~ to put on casual/smart/warm clothing ❹ SCHWEIZ *(beziehen)* **das Bett** ~ to make the bed; **das Bett frisch** ~ to change the bed

an|zie·hen² *irreg* **I.** *vt* ❶ *(straffen)* ■ **etw** ~ to pull sth tight; **die Zügel** ~ to pull |[back] on| the reins ❷ *(festziehen)* ■ **etw** ~ to tighten sth; **die Bremse** ~ to apply [or put on] the brake ❸ *(an den Körper ziehen)* **einen Arm/ein Bein** ~ to draw up an arm/a leg ❹ *(anlocken)* ■ **jdn** ~ to attract [or draw] sb; **sich von jdm/etw angezogen fühlen** to be attracted to [or drawn by] sb/sth ❺ PHYS *(an sich ziehen)* ■ **etw** ~ to attract sth ❻ *(fig: sich zueinander hingezogen fühlen)* ■ **sich** ~ to be attracted to each other; *s. a.* **Gegensatz** ❷ *(annehmen)* ■ **etw** ~ to absorb sth ❽ *(ans Schloss ziehen)* **eine Tür** ~ to pull a door to **II.** *vi* ❶ *(sich in Bewegung setzen)* Zug to start moving; *Zugtier* to start pulling ❷ *(beschleunigen)* to accelerate ❸ FIN *(ansteigen)* to rise; **kräftig** ~ to escalate

an·zie·hend *adj* attractive

An·zie·hung *f* ❶ *(verlockender Reiz)* attraction ❷ *kein pl s.* **Anziehungskraft 1**

An·zie·hungs·kraft *f* ❶ PHYS *(Gravitation)* |force of| attraction; ~ **der Erde** |force of| gravitation ❷ *(Verlockung)* attraction, appeal; **auf jdn eine |große| ~ ausüben** to appeal to [or attract] sb |strongly|

An·zug¹ *m* ❶ *(Herrenanzug)* suit; **ein einreihiger/ zweireihiger** ~ a single- [or double-] breasted suit; **im** ~ **erscheinen** to appear in a suit ❷ SCHWEIZ *(Bezug)* duvet cover; **Anzüge fürs Bett** linen *no pl,* bedclothes ► WENDUNGEN: **aus dem ~ kippen** *(fam: ohnmächtig werden)* to pass out

An·zug² *m kein pl* ❶ AUTO *(Beschleunigungsvermögen)* acceleration ❷ *(Heranrückung)* approach; **im ~ sein** to be on the way; MIL to be approaching; *(von Erkältung, Schnupfen)* to be coming on

an·züg·lich [ˈantsyːklɪç] *adj* ❶ *(schlüpfrig)* insinuating, suggestive, lewd; **ich verbitte mir diese ~en Bemerkungen!** I won't stand for such insinuating [or suggestive] remarks! ❷ *(zudringlich)* personal, pushy *fam;* ■ ~ **sein/werden** to get personal, to make advances

An·züg·lich·keit <-, -en> *f* ❶ *kein pl* suggestiveness *no pl,* lewdness *no pl;* **diese Geste war von einer gewissen** ~ this gesture was of a certain suggestive [or insinuating] nature ❷ *kein pl (Zudringlichkeit)* advances *pl* ❸ *(zudringliche Handlung)* pushiness *no pl*

an|zün·den *vt* ■ **etw** ~ ❶ *(entzünden)* Feuer to light sth ❷ *(in Brand stecken)* Haus to set sth on fire, to set fire [or light] to sth ❸ *(anstecken)* Zigarette to light sth

An·zün·der *m (fam)* fire lighter

an|zwei·feln *vt* ■ **etw** ~ to question [or doubt] sth; **einen Bericht/die Echtheit eines Gegenstandes/ eine Theorie** ~ to question a report/the authenticity of an object/a theory

an|zwin·kern *vt* ■ **jdn** ~ to wink at sb, to give sb a wink

AOK <-, -s> [aːʔoːˈkaː] *f Abk von* **Allgemeine Ortskrankenkasse** *public organization providing statu-*

tory health insurance to individuals living within a particular area

Äon <-s, -en> [ˈɛːɔːn] *m meist pl* ASTRON, PHILOS *(geh)* |a|eon

Aor·ta <-, Aorten> [aˈɔrta] *f* aorta

apart [aˈpart] *adj* striking, distinctive, unusual; **er war ein Mann von ~em Aussehen** he was a striking [or distinctive-looking] man; **was für ein ~er Pullover!** that's an unusual sweater!

Apart·heid <-> [aˈpaːɐ̯thait] *f kein pl* POL *(hist)* apartheid *no pl, no indef art*

Apart·heid·po·li·tik *f kein pl* POL *(hist)* policy of apartheid, apartheid policy

Apart·ment <-s, -s> [aˈpartmənt] *nt* flat BRIT, apartment AM

Apart·ment·haus *nt* block of flats BRIT, apartment house AM **Apart·ment·woh·nung** *f s.* **Apartment**

Apa·thie <-, -n> [apaˈtiː, *pl:* -ˈtiːən] *f* apathy; MED listlessness

apa·thisch [aˈpaːtɪʃ] **I.** *adj* apathetic; MED listless **II.** *adv* apathetically; MED listlessly

Apen·ni·nen [apɛˈniːnən] *pl* Apennines *npl*

aper [ˈaːpɐ] *adj* SCHWEIZ, ÖSTERR, SÜDD *(schneefrei)* snowless, clear [or free] of snow

Ape·ri·tif <-s, -s *o* -e> [aperiˈtiːf] *m* aperitif

Ap·fel <-s, Äpfel> [ˈapfl, *pl:* ˈɛpfl] *m* apple; ► WENDUNGEN: **der** ~ **fällt nicht weit vom Stamm** *(prov)* like father, like son; **in den sauren** ~ **beißen** *(fam)* to bite the bullet

Ap·fel·aus·ste·cher *m* apple corer **Ap·fel·baum** *m* apple tree **Ap·fel·blü·te** *f (Blüte)* apple blossom; *(das Blühen)* blossoming of apple trees; **zur Zeit der** ~ when the apple trees are in blossom **Ap·fel·brandwein** *m* apple brandy

Äp·fel·chen <-s, -> [ˈɛpflçən] *nt dim von* **Apfel**

Ap·fel·es·sig *m* cider vinegar **Ap·fel·ku·chen** *m* apple tart [or pie] [or cake] **Ap·fel·most** *m* DIAL *(unvergorener Fruchtsaft)* apple juice; *(vergorener Fruchtsaft)* |apple| cider **Ap·fel·mus** *nt* apple sauce **Ap·fel·saft** *m* apple juice **Ap·fel·schim·mel** *m* dapple-grey |horse|

Ap·fel·si·ne <-, -n> [apflˈziːnə] *f (Frucht)* orange; *(Baum)* orange tree

Ap·fel·stru·del *m* apple strudel **Ap·fel·ta·sche** *f* apple turnover

äp·fel·tra·gend *adj* BOT apple bearing, pomiferous

Ap·fel·tres·ter [-trɛstɐ] *m* apple schnaps **Ap·fel·wein** *m* cider

Apho·ris·mus <-, -rismen> [afoˈrɪsmʊs] *m* aphorism

Aphro·di·si·a·kum <-s, -disiaka> [afrodiˈziːakʊm, *pl:* -ka] *nt* aphrodisiac

Ap·noe-Tau·chen [aˈpnɔːə-] *nt* SPORT *(Tauchen ohne Atemgerät)* free diving *no pl, no indef art,* apnoea [or AM apnea] diving *no pl, no indef art*

Apo, APO <-> [ˈaːpo] *f kein pl Akr von* **außerparlamentarische Opposition**

apo·dik·tisch [apoˈdɪktɪʃ] *(geh)* **I.** *adj* apodictic **II.** *adv* apodictically

Apo·ka·lyp·se <-, -n> [apokaˈlʏpsə] *f* apocalypse

apo·li·tisch [ˈapoliːtɪʃ] *adj* apolitical, non-political

Apos·tel <-s, -> [aˈpɔstl] *m* apostle

Apos·tel·brief *m* epistle **Apos·tel·ge·schich·te** *f kein pl* Acts of the Apostles *pl* **Apos·tel·ku·chen** *m* brioche-style cake

apos·to·lisch [apɔsˈtoːlɪʃ] *adj* apostolic

Apo·stroph <-s, -e> [apoˈstroːf] *m* apostrophe

apo·stro·phie·ren [apostroˈfiːrən] *vt* ❶ LING *(selten)* ■ **etw** ~ to apostrophize sth ❷ *(geh: anreden, nachdrücklich bezeichnen)* ■ **jdn/etw als etw** *akk* ~ to refer to sb/sth as sth

Apo·the·ke <-, -n> [apoˈteːkə] *f* pharmacy, dispensary, BRIT *a.* |dispensing| chemist's

apo·the·ken·pflich·tig *adj* available only at the pharmacy [*or* BRIT *a.* chemist's]

Apo·the·ker(in) <-s, -> [apo'te:kɐ] *m(f)* pharmacist, BRIT *a.* [dispensing] chemist

Apo·the·ker·ge·wicht *nt* apothecaries' weight

Apo·the·ke·rin <-, -nen> *f fem form von* **Apotheker**

Apo·the·ker·waa·ge *f* precision scales *pl*

Ap·pa·la·chen [apa'laxn] *pl* Appalachian Mountains *pl*

Ap·pa·rat <-[e]s, -e> [apa'ra:t] *m* ❶ TECH *(technisches Gerät)* apparatus *no pl form,* appliance, machine; *(kleineres Gerät)* gadget ❷ TELEK *(Telefon)* telephone, phone; **am ~ bleiben** to hold the line; **bleiben Sie bitte am ~!** please hold the line!; **wer war eben am ~?** who was that on the phone just then?; **am ~!** speaking! ❸ *(fam: Radio)* radio; *(Rasierapparat)* razor; *(Fotoapparat)* camera ❹ ADMIN *(Verwaltungsapparat)* apparatus, machinery; **kritischer ~** LIT critical apparatus ❺ *(sl: großer Gegenstand)* whopper; **meine Gallensteine, das waren solche ~e!** my gall-stones were real whoppers!

Ap·pa·ra·te·bau *m kein pl* machine-building *no pl,* instrument-making *no pl* **Ap·pa·ra·te·me·di·zin** *f kein pl* high-tech medicine *no pl*

Ap·pa·rat·schik <-s, -s> [apa'ratʃɪk] *m (pej)* apparatchik

Ap·pa·ra·tur <-, -en> [apara'tu:ɐ] *f* [piece of] equipment *no pl,* apparatus *no pl*

Ap·par·te·ment <-s, -s> [apartə'mãː] *nt* ❶ *(Zimmerflucht)* suite [of rooms] ❷ *s.* **Apartment**

Ap·pel <-s, Äppel> ['apl, *pl:* ɛpl] *m* NORDD *(Apfel)* apple; ▸ WENDUNGEN: **für einen ~ und ein Ei** *(fam)* for peanuts, dirt cheap

Ap·pell <-s, -e> [a'pɛl] *m* ❶ *(Aufruf)* appeal; ▪ **der/ ein ~ an jdn/etw** the/an appeal to sb/sth; ▪ **der/ ein ~ zu etw** *dat* the/an appeal for sth; **einen ~ an jdn richten** to make an appeal to sb ❷ MIL *(Antreten zur Besichtigung)* roll call; **zum ~ antreten** to line up for roll call

Ap·pel·la·ti·on <-, -en> [apɛla'tsi̯oːn] *f* JUR SCHWEIZ appeal

ap·pel·lie·ren [apɛ'liːrən] *vi* ❶ *(sich auffordernd an jdn wenden)* to appeal; ▪ **an jdn ~|, etw zu tun|** to appeal to sb [to do sth] ❷ *(etw wachrufen)* **an jds** *dat* **Großzügigkeit/Mitgefühl/Vernunft ~** to appeal to sb's [sense of] generosity/[sense of] sympathy/common sense ❸ SCHWEIZ *(Berufung einlegen)* ▪ **gegen etw** *akk* **~** to appeal against sth

Ap·pen·dix <-, -dizes> [a'pɛndɪks, *pl:* -ditse:s] *m* ❶ ANAT appendix ❷ LIT *(Anhang)* appendix

Ap·pen·zell <-s> [apn'tsɛl] *nt* Appenzell **Ap·pen·zell-Au·ßer·rho·den** <-s> [-'ausɐroːdn] *nt* Appenzell Outer Rhodes [*or* Ausser Rhoden] **Ap·pen·zell-In·ner·rho·den** <-s> [-'ɪnɐroːdn] *nt* Appenzell Inner Rhodes [*or* Inner Rhoden]

Ap·pe·tenz <-, -en> [ape'tɛnts] *f* BIOL appetence

Ap·pe·tenz·ver·hal·ten *nt* BIOL appetitive behaviour [*or* AM -or]

Ap·pe·tit <-[e]s> [ape'tiːt] *m kein pl (Lust auf Essen)* appetite; **~ [auf etw** *akk***] bekommen/haben** to feel like [*or* fancy] [having] [sth]; **das kann man mit ~ essen!** that's sth you can really tuck into!; **auf was hast du denn heute ~?** what do you feel like having today?; [jdm] **~ machen** to whet sb's appetite; **den ~ anregen** to work up an/one's appetite; **jdm den ~ [auf etw** *akk***] verderben** *(fam)* to spoil sb's appetite; **guten ~!** enjoy your meal! ▸ WENDUNGEN: **der ~ kommt beim** [*o* mit dem] **Essen** *(prov)* the appetite grows with the eating

ap·pe·tit·an·re·gend *adj* ❶ KOCHK *(appetitlich)* appetizing ❷ PHARM *(appetitfördernd)* **ein ~es Mittel** an appetite stimulant **Ap·pe·tit·hap·pen** *m* canapé **ap·pe·tit·hem·mend** *adj* appetite suppressant

ap·pe·tit·lich I. *adj* ❶ *(Appetit anregend)* appetizing;

(fig a.) tempting ❷ *(fam: Lust anregend)* tempting, attractive II. *adv* appetizingly, temptingly

Ap·pe·tit·lo·sig·keit <-> *f kein pl* lack of appetite

Ap·pe·tit·züg·ler <-s, -> *m* appetite suppressant

ap·plau·die·ren [aplau'diːrən] *vi (geh)* to applaud; ▪ [jdm/einer S.] **~** to applaud [sb/sth]

Ap·plaus <-es, <*selten* -e> [a'plaus, *pl:* -plauzə] *m (geh)* applause *no pl;* **stehender ~** standing ovation

ap·por·tie·ren [apɔr'tiːrən] JAGD I. *vi* to retrieve, to fetch II. *vt* ▪ **etw ~** to fetch [*or* retrieve] sth

Ap·po·si·ti·on <-, -en> [apozi'tsi̯oːn] *f* LING apposition

ap·pre·tie·ren [apre'tiːrən] *vt* CHEM ▪ **etw ~** to proof [*or* finish] sth; **etw fleckunempfindlich/nässeunempfindlich ~** to stainproof [*or* rainproof] [*or* waterproof] sth

Ap·pre·tur <-, -en> [apre'tuːɐ] *f* CHEM finish

Ap·pro·ba·ti·on <-, -en> [aproba'tsi̯oːn] *f* licence [*or* AM -se] to practise [*or* AM -ce] as a doctor/dentist etc

ap·pro·biert [apro'biːrt] *adj* certified, registered

Après-Ski <-, -s> [aprɛ'ʃiː] *m* ❶ *(Freizeit nach dem Skilaufen)* après-ski ❷ MODE après-ski clothing

Ap·ri·ko·se <-, -n> [apri'koːzə] *f (Frucht)* apricot; *(Baum)* apricot tree

ap·ri·ko·tie·ren *vt* KOCHK to brush with strained apricot jam

April <-s, <*selten* -e> [a'prɪl] *m* April; *s. a.* **Februar** ▸ WENDUNGEN: **jdn in den ~ schicken** to make an April fool of sb; **~! ~!** *(fam)* April fool!

April·scherz *m* ❶ *(Scherz am 1. April)* April fool's trick ❷ *(schlechter Witz)* [bad] joke; **das ist doch wohl ein ~!** you must be joking! **April·wet·ter** *nt* April weather

a pri·o·ri [a pri'oːri] *adv* PHILOS *(geh)* a priori

apro·pos [apro'poː] *adv* ❶ *(übrigens)* by the way[, that reminds me]; **~, was ich noch sagen wollte ...** by the way, I was going to say ...; **~, ehe ich's vergesse ...** by the way, before I forget ... ❷ *(was ... angeht)* **~ Männer, ...** talking of [*or* apropos] men, ...

Ap·sis <-, -siden> ['apsɪs, *pl:* a'psiːdn] *f* ❶ ARCHIT *(Chorabschluss)* apse ❷ *(im Zelt)* bell

Aquä·dukt <-[e]s, -e> [akvɛ'dʊkt] *m o nt* ARCHÄOL aqueduct

Aqua·kul·tur ['aːkva-] *f* aquaculture **Aqua·ma·rin** <-s, -e> [akvama'riːn] *m* aquamarine **aqua·ma·rin·blau** *adj* aquamarine **Aqua·pla·ning** <-s> [akva'plaːnɪŋ] *nt kein pl* aquaplaning *no pl*

Aqua·rell <-s, -e> [akva'rɛl] *nt* watercolour [*or* AM -or] [painting]; ▪ **~e malen** to paint in watercolours [*or* AM -ors]

Aqua·rell·far·be *f* watercolour **Aqua·rell·ma·ler(in)** *m(f)* watercolourist **Aqua·rell·ma·le·rei** *f* KUNST watercolour painting **Aqua·rell·ma·le·rin** <-, -nen> *f fem form von* **Aquarellmaler**

Aqua·ri·um <-s, -rien> [a'kvaːri̯ʊm, *pl:* -ri̯ən] *nt* aquarium

Aqua·tin·ta <-, -tinten> [akva'tɪnta] *f* aquatint

Äqua·tor <-s> [ɛ'kvaːtoːɐ] *m kein pl* equator

Äqua·to·ri·al·gui·nea <-s> [ɛkvato'ri̯aːlgine:a] *nt* Equatorial Guinea; *s. a.* **Deutschland**

Äqua·to·ri·al·gui·ne·er(in) <-s, -> [ɛkvato'ri̯aːlgine:ɐ] *m(f)* Equatorial Guinean, Equatoguinean; *s. a.* **Deutsche(r)**

äqua·to·ri·al·gui·ne·isch *adj* Equatorial Guinean, Equatoguinean; *s. a.* **deutsch**

Äqua·tor·tau·fe *f* NAUT crossing-the-line ceremony

Aqua·vit <-s, -e> [akva'viːt] *m* aquavit

äqui·va·lent [ɛkviva'lɛnt] *adj (geh)* equivalent; ▪ **einer S.** *dat* **~ sein** to be suitable [*or* appropriate] for sth

Äqui·va·lent <-[e]s, -e> [ɛkviva'lɛnt] *nt* equivalent

Äqui·va·lenz <-, -en> [ɛkviva'lɛnts] *f* equivalence

Ar <-s, -e> [aːɐ] *nt o m (100 m²)* are

Ara <-, -s> ['aːra] *m* ORN macaw

Ära <-, Ären> ['ɛːra, *pl:* ɛːrən] *f (geh)* era
Ara·ber(in) <-s, -> ['arabɐ] *m(f)* Arab
Ara·ber <-s, -> ['arabɐ] *m (Vollblutpferd)* Arab
Ara·bes·ke <-, -n> [ara'bɛskə] *f* KUNST, ARCHIT arabesque
Ara·bi·en <-s> [a'raːbiən] *nt* Arabia
ara·bisch [a'raːbɪʃ] *adj* ❶ GEOG *(zu Arabien gehörend)* Arabian, Arab; **A~e Republik Syrien** ÖSTERR *(Syrien)* Syria; **A~es Meer** Arabian Sea ❷ LING Arabic; **auf ~ in** Arabic
Ara·bisch [a'raːbɪʃ] *nt dekl wie adj* LING Arabic; ■ **das ~e** Arabic
Ara·bi·sche Re·pu·blik Sy·ri·en *f* ÖSTERR *s.* **Syrien**
Ara·bi·sches Meer *nt* Arabian Sea
Ara·bis·tik <-> [ara'bɪstɪk] *f kein pl* Arabic studies *pl*
Ara·chid·öl [ara'çiːd-] *nt* peanut oil
Ara·fu·ra·see [ara'fura-] *f* Arafura Sea
Aral·see ['aːra(ː)lzeː] *m* Aral Sea
ara·mä·isch [ara'mɛːɪʃ] *adj* Aramaic
Ara·mä·isch <-> [ara'mɛːɪʃ] *nt dekl wie adj* Aramaic; ■ **das ~e** Aramaic
Ar·beit <-, -en> ['arbait] *f* ❶ *(Tätigkeit)* work *no pl, no indef art;* **pack lieber mit an, statt mir nur bei der ~ zuzusehen!** you could give me a hand instead of watching me do all the work!; **die ~ mit Schwerbehinderten ist äußerst befriedigend** working with the disabled is extremely fulfilling; **gute/schlechte ~ leisten** to do a good/bad job; **ganze** [*o* gründliche] **~ leisten** to do a good job; **etw** [**bei jdm**] **in ~ geben** to have sth done [at sb's [*or* by sb]]; **etw in ~ haben** to be working on sth; **in ~ sein** work is in progress on sth; **Ihr Pils ist in ~!** your Pils is on its way!; **an** [*o* **bei**] **der ~ sein** to be working; **die ~ läuft nicht davon** *(hum)* your work will still be there when you get back; **jdm** [**viel**] **~ machen** to make [a lot of] work for sb; **sich an die ~ machen** to get down to working; **an die ~ gehen** to get down to work; **an die ~!** get to work!; **~ und Kapital** labour [*or* AM -or] and capital ❷ *(Arbeitsplatz)* work *no indef art, no pl,* employment *no indef art, no pl,* job; **er fand ~ als Kranfahrer** he got a job as a crane driver; **wir fahren mit dem Fahrrad zur ~** we cycle to work; **beeil dich, sonst kommst du zu spät zur ~!** hurry up, or you'll be late for work!; **ich gehe heute nicht zur ~** I'm not going [in]to work today; **~ suchende Menschen** those looking for a job; **einer** [**bestimmten**] **~ nachgehen** *(geh)* to have a job; **einer geregelten ~ nachgehen** to have a steady job; **bei jdm** [**in ~ stehen** [*o* **sein**] *(geh)* to be employed [by sb] ❸ *(handwerkliches Produkt)* work, handiwork; **dieser Schreibtisch ist eine saubere ~!** this bureau is an excellent bit of handiwork!; **nur halbe ~ machen** to do a half-hearted job ❹ *(schriftliches Werk)* work ❺ SCH *(Klassenarbeit in der Schule)* test; **eine ~ schreiben** to do [*or* sit] a test; **sie büffelten für die anstehende ~ in Mathe** they were swotting for the upcoming maths test; *(Examensarbeit an der Uni)* paper, essay ❻ *kein pl (Mühe)* work, effort, troubles *pl;* **das Geld ist für die ~, die Sie hatten!** the money is for your troubles! [*or* efforts]; **mit kleinen Kindern haben Eltern immer viel ~** small children are always a lot of work for parents; **sich** *dat* ~ [**mit etw**] **machen** to go to trouble [with sth]; **machen Sie sich keine ~, ich schaffe das schon alleine!** don't go to any trouble, I'll manage on my own!; **viel ~ sein** [*o* **kosten**] to take a lot of work [*or* effort] ❼ *(Aufgabe)* job, chore; **die Mutter verteilte an ihre Kinder die einzelnen ~en wie Spülen, Staubsaugen etc** the mother shared out all the chores such as the washing-up, hoovering etc amongst her children ▶ WENDUNGEN: **~ schändet nicht** *(prov)* work is no disgrace, a bit of work never harmed anyone; **erst die**

~, dann das Vergnügen *(prov)* business before pleasure *prov*
ar·bei·ten ['arbaitn] **I.** *vi* ❶ *(tätig sein)* to work; **stör mich nicht, ich arbeite gerade!** don't disturb me, I'm working!; ■ **an etw** *dat* ~ to be working on sth; **Anna arbeitet an der Fertigstellung ihres Erstromans** Anna is working on the completion of her first novel; ■ **über jdn/etw** ~ to work on sb/sth; **er arbeitet über Goethe** he's working on Goethe; **für zwei** ~ *(fam)* to do the work of two [people] ❷ *(berufstätig sein)* ■ [**bei jdm/für jdn/an etw** *dat*] ~ to work [for sb/on sth]; **~ gehen** to have a job ❸ TECH *(funktionieren)* to work; ■ **mit etw** ~ to operate [on sth]; **das System arbeitet vollautomatisch** the system is fully automatic; **unsere Heizung arbeitet mit Gas** our heating operates [*or* runs] on gas; **alle Systeme ~ nach Vorschrift** all systems are working according to regulations ❹ MED *(funktionieren)* to function; **Ihre Leber arbeitet nicht mehr richtig** your liver is not functioning properly anymore ❺ *(sich bewegen)* Holz, Balken to warp ❻ *(gären)* Hefe, Most etc to ferment ❼ *impers (sich innerlich mit etw beschäftigen)* to work; ■ **in jdm arbeitet es** sb is reacting; **man sah, wie es in ihm arbeitete** you could see his mind working; **lass mich nachdenken, in meinem Kopf arbeitet es jetzt!** let me think, my mind is starting to work! ❽ MODE *(schneidern)* **bei jdm ~ lassen** to have sth made somewhere/by sb; **Ihr Anzug sitzt ja ganz ausgezeichnet! wo/bei wem lassen Sie ~?** your suit fits wonderfully! where do you have your clothes made [*or* who makes your clothes for you] ? **II.** *vr* ❶ *(gelangen)* ■ **sich irgendwohin ~** to work one's way somewhere; **die Bergarbeiter arbeiteten sich weiter nach unten** the miners worked their way further down; **sich** [**langsam**] **nach oben** [*o* **an die Spitze**] ~ to work one's way [slowly] to the top ❷ *(durchdringen)* ■ **sich** [**durch etw**] [**durch**]~ to work oneself [through sth]; **der Bohrer musste sich durch das Gestein ~** the drill had to work through the stonework ❸ *(bewältigen)* ■ **sich durch etw** ~ to work one's way through sth; **es wird Wochen brauchen, bis ich mich durch all die Aktenberge gearbeitet habe** it will take me weeks to work my way through the stacks of papers ❹ *impers (zusammenarbeiten)* ■ **es lässt sich** [**mit jdm**] **arbeiten** there's co-operation [with sb]; **es arbeitet sich gut/schlecht mit jdm** you can/can't work well with sb; **mit willigen Mitarbeitern arbeitet es sich besser als mit störrischen** it's better to work with willing colleagues than with stubborn ones; *(umgehen)* to work; **es arbeitet sich gut/schlecht auf etw** *dat*/**mit etw** *dat* you can/can't work well on sth/with sth; **mit dem alten Computer arbeitet es sich nicht so gut** you can't work as well on the old computer ❺ *(in einen bestimmten Zustand geraten)* **sich halb tot ~** to work oneself to death; **sich krank ~** to work till one drops; **sich müde ~** to tire oneself out with work, to work oneself silly; *s. a.* **Tod III.** *vt* ❶ *(herstellen)* to make; ■ **etw** [**aus etw**] ~ to make sth [from sth]; **von Hand ~** to make sth by hand; **der Schmuck ist ganz aus 18-karätigem Gold gearbeitet** the jewellery is made entirely from 18-carat gold ❷ *(tun)* **etwas/nichts ~** to so sth/nothing; **ich habe heute noch nichts gearbeitet** I haven't managed to do anything yet today
Ar·bei·ter(in) <-s, -> *m(f) (Industrie)* [blue-collar] worker; *(landwirtschaftlicher ~)* labourer [*or* AM -orer]
Ar·bei·ter·be·we·gung *f* POL labour movement **Ar·bei·ter·fa·mi·lie** *f* working-class family **Ar·bei·ter·füh·rer(in)** *m(f)* workers' leader **Ar·bei·ter·ge·werk·schaft** *f* blue-collar union
Ar·bei·te·rin <-, -nen> *f fem form von* **Arbeiter**

Ar·bei·ter·kind *nt* working-class child **Ar·bei·ter·par·tei** *f* workers' party

Ar·bei·ter·schaft <-> *f kein pl* work force + *sing/pl vb*

Ar·bei·ter·sied·lung *f* workers' housing estate **Ar·bei·ter-und-Bau·ern-Staat** *m* HIST *(in der ehemaligen DDR)* worker's and peasant's state **Ar·bei·ter-und-Sol·da·ten-Rat** *m* HIST workers' and soldiers' council **Ar·bei·ter·vier·tel** *nt* working-class area *[or* district] **Ar·bei·ter·wohl·fahrt** *f kein pl* ▪ **die ~** the workers' welfare union

Ar·beit·ge·ber(in) <-s, -> *m(f)* employer; **bei welchem ~ bist du beschäftigt?** who is your employer?

Ar·beit·ge·ber·an·teil *m* employer's contribution

Ar·beit·ge·be·rin <-, -nen> *f fem form von* **Arbeitgeber**

Ar·beit·ge·ber·sei·te *f* employers' side **Ar·beit·ge·ber·ver·band** *m* employers' association

Ar·beit·neh·mer(in) *m(f)* employee

Ar·beit·neh·mer·an·teil *m* employee's contribution

Ar·beit·neh·me·rin <-, -nen> *f fem form von* **Arbeitnehmer**

Ar·beit·neh·mer·schaft <-, -en> *f* employees *pl*

Ar·beit·neh·mer·sei·te *f* employee's side

Ar·beits·ab·lauf *m* production, work routine

ar·beit·sam *adj (geh o veraltend)* industrious

Ar·beit·sam·keit <-> *f kein pl (geh o veraltend)* industriousness

Ar·beits·amt *nt* job centre BRIT, employment office AM **Ar·beits·an·lei·tung** *f (mündlich)* [work] instructions *pl; (schriftlich)* [written] guidelines *pl* **Ar·beits·an·tritt** *m* start of employment **Ar·beits·an·zug** *m* work clothes *pl; (Handwerker etc)* overalls *pl* **Ar·beits·at·mo·sphä·re** <-, <*selten* -n> *f* work climate, atmosphere at work **Ar·beits·auf·fas·sung** *f s.* **Arbeitsmoral Ar·beits·auf·wand** *m* expenditure of energy; **was für ein ~!** what a lot of work! **ar·beits·auf·wän·dig**RR, **ar·beits·auf·wen·dig** *adj* labour-intensive **Ar·beits·aus·fall** *m* loss of working hours **Ar·beits·be·din·gun·gen** *pl* working conditions *pl* **Ar·beits·be·ginn** *m* start of work; *(Stempeluhr)* clocking-on; **zu spät zum ~ erscheinen** to be late for work [*or* clocking-on] **Ar·beits·be·richt** *m* work report **Ar·beits·be·schaf·fung** *f (Arbeitsplatzbeschaffung)* job creation; *(Auftragsbeschaffung)* obtaining work *no art,* bringing in work *no art* **Ar·beits·be·schaf·fungs·maß·nah·me** *f* job creation scheme [*or* AM plan] **Ar·beits·be·schei·ni·gung** *f* certificate of employment **Ar·beits·be·such** *m* working visit **Ar·beits·dienst** *m* HIST labour service **Ar·beits·ei·fer** *m* enthusiasm for one's work **Ar·beits·ein·stel·lung** *f* walkout **Ar·beits·en·de** *nt* end of the working day; *(Stempeluhr)* clocking-off; **um 16 Uhr 30 ist ~** work finishes [*or* clocking-off is] at 4.30 pm **Ar·beits·er·laub·nis** *f (betriebliche Arbeitsberechtigung)* permission to work; *(behördliche Arbeitsgenehmigung)* work permit **Ar·beits·er·leich·te·rung** *f* saving of labour; **das bedeutet eine große ~** that makes work a lot easier [*or* is very labour-saving]; **zur ~** to facilitate work, to make work easier **Ar·beits·es·sen** *nt* business [*or* working] lunch/dinner **Ar·beits·ex·em·plar** *nt* desk copy **ar·beits·fä·hig** *adj* ❶ *(tauglich)* able to work; ▪ **~ sein** to be fit for work ❷ *(funktionsfähig)* ▪ **~ sein** to be viable **Ar·beits·fä·hi·ge(r)** *f(m) dekl wie adj* a person who is able to work **Ar·beits·fä·hig·keit** *f* ❶ *(Tauglichkeit)* ability [*or* fitness] to work ❷ *(Funktionsfähigkeit)* viability **Ar·beits·feld** *nt (geh)* field of work **Ar·beits·flä·che** *f* work surface **Ar·beits·frie·de(n)** *m* peaceful labour relations *pl, no art* **Ar·beits·gang** <-gänge> *m* ❶ *(Produktionsabschnitt)* production stage; *(Bearbeitungsabschnitt)* stage [of operation] ❷ *s.* **Arbeitsablauf Ar·beits·ge·**

biet *nt s.* **Arbeitsfeld Ar·beits·ge·mein·schaft** *f* working-group; SCH study-group **Ar·beits·ge·richt** *nt* industrial tribunal **Ar·beits·ge·setz·ge·bung** *f* labour legislation **Ar·beits·grup·pe** *f* team **ar·beits·in·ten·siv** *adj* labour-intensive, requiring a lot of work **Ar·beits·kampf** *m* industrial action **Ar·beits·klei·dung** *f* work clothes *pl [or form* attire] **Ar·beits·kli·ma** *nt* working atmosphere, work climate **Ar·beits·kol·le·ge, -kol·le·gin** *m, f* colleague, work-mate *fam* **Ar·beits·kraft** *f* ❶ *kein pl (Leistungskraft)* work capacity; **die menschliche ~** human labour ❷ *(Mitarbeiter)* worker **Ar·beits·kreis** *m* working group **Ar·beits·la·ger** *nt* labour camp **Ar·beits·le·ben** *nt kein pl* working life **Ar·beits·leis·tung** *f* output, performance **Ar·beits·lohn** *m* wages *pl*

ar·beits·los *adj* unemployed; ▪ **~ sein/werden** to be/become unemployed [*or* out of work]

Ar·beits·lo·se(r) *f(m) dekl wie adj* unemployed person; ▪ **die ~n** the unemployed

Ar·beits·lo·sen·geld *nt* unemployment benefit [*or* pay], BRIT *fam a.* the dole **Ar·beits·lo·sen·hil·fe** *f* unemployment aid [*or* assistance] **Ar·beits·lo·sen·quo·te** *f* unemployment figures *pl* **Ar·beits·lo·sen·un·ter·stüt·zung** *f kein pl (hist)* unemployment benefit [*or* pay], BRIT the dole *fam a.* **Ar·beits·lo·sen·ver·si·che·rung** *f* unemployment insurance, National Insurance BRIT **Ar·beits·lo·sen·zah·len** *pl* unemployment figures *pl*

Ar·beits·lo·sig·keit <-> *f kein pl* unemployment *no indef art,* + *sing vb*

Ar·beits·man·gel *m* lack of work **Ar·beits·markt** *m* job [*or* labour] market **Ar·beits·markt·re·form** *f* labour market reform **Ar·beits·ma·te·ri·al** *nt (für eine berufliche Arbeit)* material required for work; *(für den Schulunterricht)* classroom aids *pl* **Ar·beits·me·di·zin** *f* industrial medicine **Ar·beits·mi·nis·ter(in)** *m(f)* Employment Secretary BRIT, Secretary of Labor AM **Ar·beits·mit·tel** *pl* **Arbeitsmaterial Ar·beits·mo·ral** *f* work morale [*or* ethic] **Ar·beits·nie·der·le·gung** *f* walkout **Ar·beits·ort** *m* place of work **Ar·beits·pa·pier** *nt* ❶ *(vorläufige Grundlage)* working paper ❷ *pl (beschäftigungsrelevante Unterlagen)* employment papers *pl* **Ar·beits·pau·se** *f* [coffee/lunch/tea] break **Ar·beits·pen·sum** *nt* work quota **Ar·beits·plan** *m* workplan

Ar·beits·platz *m* ❶ *(Arbeitsstätte)* workspace, workplace; **das Institut hat insgesamt 34 Arbeitsplätze** the institute has working space for 34 members of staff; **meine Kollegin ist im Moment nicht an ihrem ~** my colleague is not at her desk at the moment; **am ~** at work, in the office; **Alkohol am ~ ist untersagt** alcohol at the workplace is not permitted ❷ *(Stelle)* job, vacancy; **freier ~** vacancy

Ar·beits·platz·be·schrei·bung *f* job description **Ar·beits·platz·wech·sel** *m* change of employment [*or* job]

Ar·beits·pro·be *f* sample of one's work **Ar·beits·raum** *m s.* **Arbeitszimmer Ar·beits·recht** *nt* industrial law **ar·beits·recht·lich** *adj* concerning industrial law **ar·beits·reich** *adj* busy, filled with work **Ar·beits·rhyth·mus** *m* work rhythm **Ar·beits·rich·ter(in)** *m(f)* judge in an industrial tribunal **Ar·beits·ru·he** *f* work shut-down; **während des Streiks herrschte in fast allen Betrieben ~** most factories were closed during the strikes **ar·beits·scheu** *adj (pej)* work-shy **Ar·beits·scheu·e(r)** *f(m) dekl wie adj (pej)* person who does not want to get a job **Ar·beits·schluss**RR *m* finishing-time **Ar·beits·schutz** *m* health and safety protection at the workplace **Ar·beits·spei·cher** *m* INFORM main memory **Ar·beits·stät·te** *f (geh)* place of work **Ar·beits·stel·le** *f* job **Ar·beits·stun·de** *f (am Arbeitsplatz verbrachte*

Stunde) working hour; *(berechnete Stunde)* working hour, labour **Ar·beits·su·che** *f* search for employment; **auf ~ sein** to be seeking employment [*or* job-hunting]; **sich** *akk* **auf ~ machen** [*o* **begeben**] to start job-hunting [*or* looking for a job] **Ar·beits·tag** *m* working day; **ein harter ~** a hard day at work **Ar·beits·ta·gung** *f* conference **Ar·beits·tä·tig·keit** *f* *(geh)* work; **einer ~ nachgehen** to be employed **ar·beits·tei·lig I.** *adj* based on job-sharing [*or* the division of labour] **II.** *adv* **sie sind ~ beschäftigt** they work under the principle of job-sharing **Ar·beits·tei·lung** *f* job-sharing, division of labour **Ar·beits·tem·po** *nt* work-speed, rate of work **Ar·beits·tier** *nt (fam)* workaholic, workhorse **Ar·beits·tisch** *m* work-table; *(Schreibtisch)* desk; *(für handwerkliche Arbeiten)* work-bench **Ar·beits·ti·tel** *m* provisional [*or* draft] title **Ar·beits·über·las·tung** *f* pressure of work **ar·beit·su·chend** *adj attr s.* **Arbeit 2**

Ar·beit·su·chen·de(r) *f(m) dekl wie adj* job-seeker **ar·beits·un·fä·hig I.** *adj* unfit for work; **jdn ~ schreiben** MED to write sb a sick note [*or* put sb on sick leave] **II.** *adv* off sick; **er war ~ erkrankt** he was off sick [*or* on the sick-list] **Ar·beits·un·fä·hig·keit** *f* inability to work, unfitness for work **Ar·beits·un·fä·hig·keits·be·schei·ni·gung** *f* certificate of unfitness for work; *(Krankschreibung)* sick note **Ar·beits·un·fall** *m* work-related [*or* industrial] accident **Ar·beits·un·ter·la·ge** *f meist pl* work paper, sources *pl* required for one's work **Ar·beits·ver·dienst** *m (geh)* income, earnings *npl* **Ar·beits·ver·ein·fa·chung** *f* work [*or* task] simplification **Ar·beits·ver·hält·nis** *nt* contractual relationship between employer and employee; **in einem ~ stehen** to be in employment **Ar·beits·ver·mitt·lung** *f* ❶ *(Vermittlung einer Beschäftigung)* arrangement of employment ❷ *(Abteilung im Arbeitsamt)* employment exchange, job centre [*or* AM -er] ❸ *(Vermittlungsagentur)* employment agency **Ar·beits·ver·trag** *m* contract of employment **Ar·beits·ver·wei·ge·rung** *f* refusal to work **Ar·beits·wei·se** *f (Vorgehensweise bei der Arbeit)* working method; *(Funktionsweise von Maschinen)* mode of operation **Ar·beits·welt** *f* world of work **ar·beits·wil·lig** *adj* willing to work **Ar·beits·wil·li·ge(r)** *f(m) dekl wie adj* person willing to work **Ar·beits·wo·che** *f* working week **Ar·beits·wut** *f (fam)* work mania **ar·beits·wü·tig** *adj (fam)* ■ **~ sein** to be suffering from work mania **Ar·beits·zeit** *f* ❶ *(tägliche betriebliche Arbeit)* working hours *pl*; **gleitende ~** flexible working hours *pl*, flexitime, AM *a.* flextime ❷ *(benötigte Zeit)* required [working] time **Ar·beits·zeit·ver·kür·zung** *f* reduction of working hours **Ar·beits·zeug·nis** *nt* reference [from previous employer] **Ar·beits·zim·mer** *nt* study

Ar·bo·rio <-s> [ar'bo:ri̯o] *m,* **Ar·bo·rio Reis** *m kein pl* KOCHK arborio rice *no pl*

ar·cha·isch [ar'ça:ɪʃ] *adj* archaic

Ar·cha·is·mus <-, -men> [arça'ɪsmʊs] *m* KUNST, LING archaism

Ar·chä·o·lo·ge, Ar·chä·o·lo·gin <-n, -n> [arçɛo'lo:gə, -'lo:gɪn] *m, f* archaeologist, *esp* AM archeologist

Ar·chä·o·lo·gie <-> [arçɛolo'gi:] *f kein pl* archaeology, *esp* AM archeology

Ar·chä·o·lo·gin <-, -nen> [arçɛo'lo:gɪn] *f fem form von* **Archäologe**

ar·chä·o·lo·gisch [arçɛo'lo:gɪʃ] **I.** *adj* archaeological, *esp* AM archeological **II.** *adv* archaeological, *esp* AM archeological

Ar·chä·op·te·ryx <-, -e> [arçɛ'ɔpterʏks] *m* ARCHÄOL, BIOL *(Urvogel)* archaeopteryx

Ar·che <-, -n> ['arçə] *f* ark; **die ~ Noah** REL Noah's Ark

Ar·che·typ <-s, -en> [arçe'ty:p, 'arçety:p] *m* PHILOS, PSYCH archetype

ar·che·ty·pisch *adj* archetypal

Ar·chi·pel <-s, -e> [arçi'pe:l] *m* GEOG archipelago

Ar·chi·tekt(in) <-en, -en> [arçi'tɛkt] *m(f)* architect

Ar·chi·tek·ten·bü·ro *nt* ❶ *(Konstruktionsraum)* architect's office ❷ *(Firma)* firm of architects

Ar·chi·tek·tin <-, -nen> *f fem form von* **Architekt**

ar·chi·tek·to·nisch [arçitɛk'to:nɪʃ] **I.** *adj* architectural, structural **II.** *adv* from an architectural point of view, structurally

Ar·chi·tek·tur <-, -en> [arçitɛk'tu:ɐ] *f (Baukunst)* architecture; *(Bauwerk)* piece of architecture

Ar·chiv <-s, -e> [ar'çi:f, *pl:* -və] *nt* archives *pl*

Ar·chi·var(in) <-s, -e> [arçi'va:ɐ] *m(f)* archivist

Ar·chiv·bild *nt* MEDIA archive [*or* library] photo, photo from the archives **Ar·chiv·ex·em·plar** *nt* MEDIA file copy

ar·chi·vie·ren [arçi'vi:rən] *vt* MEDIA to archive, to file; ■ **etw ~** to put sth in[to] the archives, to file sth [away]

ARD <-> [a:ʔɛr'de:] *f kein pl Abk von* **Arbeitsgemeinschaft der Rundfunkanstalten Deutschlands** *amalgamation of the broadcasting stations of the Länder which runs the first German national TV channel*

Are <-, -n> ['a:rə] *f* SCHWEIZ *s.* **Ar**

Are·al <-s, -e> [are'a:l] *nt* ❶ *(Gebiet)* area ❷ *(Grundstück)* grounds *pl*, land

Are·ka·nuss[RR] [a're:kanʊs] *f* areca nut, betel nut

Ären [ɛːrən] *pl von* **Ära**

Are·na <-, Arenen> [a're:na, *pl:* -nən] *f* ❶ *(Manege)* [circus-]ring ❷ SPORT *(Kampfplatz)* arena ❸ *(Stierkampfarena)* [bull-]ring ► WENDUNGEN: **in die ~ steigen** to enter the ring; POL to enter the [political] arena

arg <ärger, ärgste> [ark] **I.** *adj bes* SÜDD ❶ *(schlimm)* bad, terrible; **im A~en liegen** to be at sixes and sevens; **das Ärgste befürchten** to fear the worst; **etw noch ärger machen** to make sth worse; **eine ~e Beleidigung** a terrible insult; **er war ihr ärgster Feind** he was her worst enemy; **~ verletzt sein** to be badly hurt ❷ *attr (groß)* great; **eine ~e Enttäuschung/Freude** a great disappointment/pleasure ❸ *attr (stark)* heavy; **ein ~er Raucher/Säufer** a heavy smoker/drinker **II.** *adv* SÜDD *(fam: sehr)* badly, terribly; **tut es ~ weh?** does it hurt badly?; **er hat dazu ~ lang gebraucht** he took a terribly long time for it; **es [zu] ~ treiben** to go too far

Ar·gen·ti·ni·en <-s> [argɛn'ti:ni̯ən] *nt* Argentina

Ar·gen·ti·ni·er(in) <-s, -> [argɛn'ti:ni̯ɐ] *m(f)* Argentinian, Argentine; *s. a.* **Deutsche(r)**

ar·gen·ti·nisch [argɛn'ti:nɪʃ] *adj* Argentinian, Argentine; *s. a.* **deutsch**

Är·ger <-s> ['ɛrgɐ] *m kein pl* ❶ *(Wut)* annoyance, anger; **er fühlte ~ in sich aufsteigen** he could feel himself getting very annoyed [*or* angry] ❷ *(Unannehmlichkeiten)* bother, trouble; **das sieht nach ~ aus!** looks like trouble!; **~ bekommen** [*o* **kriegen**] *(fam)* to get into trouble; **es gibt [mit jdm] ~** *(fam)* there's going to be trouble [with sb]; **~ haben** to have problems [*or fam* hassle]; **~ mit jdm/etw haben** to have trouble [*or* problems] with sb/sth; **[jdm] ~ machen** [*o* **bereiten**] to cause [sb] trouble, to make trouble [for sb]; **so ein ~!** *(fam)* how annoying!; **zu jds ~** to sb's annoyance

är·ger·lich **I.** *adj* ❶ *(verärgert)* annoyed, cross; *(sehr verärgert)* infuriated; ■ **~ [über** [*o* **auf] jdn/etw] sein** to be annoyed [*or* cross] [about [*or* at] sb/sth]; **jdn ~ machen** to annoy [*or* infuriate] sb, to make sb cross; **es macht jdn ~, etw zu tun** it annoys sb to [have to] do sth ❷ *(unangenehm)* unpleasant; ■ **~ [für jdn] sein** to be unpleasant [for sb] **II.** *adv (verärgert)* annoyed, crossly; *(nervig)* annoyingly; **sie sah mich ~ an** she looked at me crossly

är·gern ['ɛrgɐn] **I.** *vt* ❶ *(ungehalten machen)* ■ **jdn [mit etw** *dat*] **~** to annoy [*or* irritate] sb [with sth]; **du**

Verärgerung

Unzufriedenheit ausdrücken	expressing dissatisfaction
Das entspricht nicht meinen Erwartungen.	That doesn't come up to my expectations.
Ich hätte erwartet, dass Sie sich mehr Mühe geben.	I would have expected you to take more trouble.
So hatten wir das nicht vereinbart.	That's not what we agreed.

Verärgerung ausdrücken	expressing annoyance
Das ist (ja) unerhört!	That's (quite) outrageous!
Eine Unverschämtheit ist das!/So eine Frechheit!	That's outrageous!/What a cheek!
Das ist doch wohl die Höhe!	That's the limit!
Das darf doch wohl nicht wahr sein!	That can't be true!
Das nervt! *(fam)*	It's a pain in the neck. *(fam)*
Das ist ja nicht mehr zum Aushalten! *(fam)*	It's become unbearable!/I can't stand it! *(fam)*

willst mich wohl ~? are you trying to annoy me?; **das kann einen wirklich ~!** that is really annoying!; **ich ärgere mich, dass ich nicht hingegangen bin** I'm annoyed with myself for not having gone; **ich ärgere mich, weil er immer zu spät kommt** I'm fed up [*or* annoyed] because he's always late ● *(reizen)* ▪ **jdn/ein Tier [wegen etw** *dat]* ~ to tease sb/ an animal [about sth] **II.** *vr (ärgerlich sein)* ▪ **sich** *akk* **[über jdn/etw]** ~ to be/get annoyed [about sb/sth]; *(sehr ärgerlich sein)* to be/get angry [*or* infuriated] [about sb/sth] ▸ WENDUNGEN: **nicht ~, nur wundern!** *(fam)* that's life!; *s. a.* **Tod**
Är·ger·nis <-, -se> *nt kein pl (Anstoß)* offence [*or* AM -se], outrage; **[bei jdm]** ~ **erregen** *(geh)* to cause offence [*or* AM -se] to sb, to offend sb; **ein** ~ **sein** to be a terrible nuisance ▸ WENDUNGEN: **ein** ~ **kommt selten allein** *(prov)* it never rains but it pours BRIT, when it rains, it pours AM
Arg·list <-> *f kein pl (geh)* craftiness, cunning, guile, malice; **die reinste** [*o* **nichts als]** ~! pure cunning!
arg·lis·tig I. *adj (geh: hinterlistig)* cunning, crafty; JUR fraudulent; *s. a.* **Täuschung II.** *adv* cunningly, craftily
arg·los *adj (ahnungslos)* innocent, guileless; **wie konntest du nur so ~ sein?** how could you have been so stupid [*or* naive] ?
Arg·lo·sig·keit <-> *f kein pl* innocence *no pl,* guilelessness *no pl*
Ar·gon <-s> ['argɔn] *nt kein pl* CHEM argon *no pl*
ärgs·te(r, s) ['ɛrkstə, -tɐ, -təs] *adj superl von* **arg**
Ar·gu·ment <-[e]s, -e> [argu'mɛnt] *nt* argument; **das ist kein** ~ *(unsinnig sein)* that's a poor [*or* weak] argument; *(keine Entschuldigung)* that's no excuse
Ar·gu·men·ta·ti·on <-, -en> [argumɛnta'tsi̯oːn] *f* argumentation *no pl*
ar·gu·men·ta·tiv [argumɛnta'tiːf] **I.** *adj (geh)* using reasoned argument **II.** *adv (geh)* using reasoned argument; ~ **ist er sehr schwach** he doesn't know how to argue; **die Beweisführung war** ~ **sehr überzeugend** the evidence provided a convincing argument
ar·gu·men·tie·ren* *vi* **[mit jdm]** ~ to argue [with sb]; ▪ **mit etw** *dat* ~ to use sth as an argument
Ar·gus·au·ge ['argʊs-] *nt (geh)* eagle eye, vigilance; **jdn/etw mit ~n beobachten** to watch sb/sth with an eagle eye [*or* like a hawk]
Arg·wohn <-s> ['arkvoːn] *m kein pl* suspicion; **jds** ~ **erregen** [*o* ~ **bei jdm erregen]** to arouse sb's suspicion[s]; ~ **gegen jdn hegen** *(geh)* to be [*or* become] suspicious of sb, to have doubts about sb; ~ **[gegen jdn]** schöpfen *(geh)* to raise suspicion [against sb];

jds ~ **zerstreuen** to allay sb's suspicion[s]; **mit** [*o* **voller]** ~ with suspicion
arg·wöh·nen ['arkvøːnən] *vt (geh)* ▪ **etw** ~ to suspect sth; ▪ ~, **dass ...** to suspect, that ...
arg·wöh·nisch ['arkvøːnɪʃ] **I.** *adj (misstrauisch)* suspicious **II.** *adv* suspiciously
Arie <-, -n> ['aːri̯ə] *f* MUS aria
Ari·er(in) <-s, -> ['aːrie̯] *m(f)* ● LING *(Indogermane)* Aryan ● HIST Aryan
arisch ['aːrɪʃ] *adj* ● LING Indo-Germanic ● HIST Aryan
Aris·to·krat(in) <-en, -en> [arɪsto'kraːt] *m(f)* aristocrat
Aris·to·kra·tie <-, -n> [arɪstokra'tiː, *pl:* -'tiːən] *f* aristocracy
aris·to·kra·tisch *adj* aristocratic
Aris·to·kra·tin <-, -nen> *f fem form von* **Aristokrat**
aris·to·te·les <-> [arɪs'toːteləs] *m* Aristotle
Arith·me·tik <-> [arɪt'meːtɪk] *f kein pl* arithmetic *no pl*
arith·me·tisch [arɪt'meːtɪʃ] **I.** *adj* arithmetic, arithmetical **II.** *adv* arithmetically
Ar·ka·de <-, -n> [ar'kaːdə] *f* ARCHIT ● *(Torbogen)* archway ● *pl (Bogengang)* arcade ● *(überdachte Einkaufsstraße)* [shopping] arcade
Ark·tis <-> ['arktɪs] *f* Arctic
ark·tisch ['arktɪʃ] *adj* arctic
arm <ärmer, ärmste> [arm] *adj* ● *(besitzlos)* poor; ▪ ~ **sein/werden** to be/become poor; **jdn** ~ **machen** to make sb poor; **du machst mich noch mal** ~! *(fam)* you'll ruin me yet!; **die Ärmsten der A~en** the poorest of the poor; **A~ und Reich** rich and poor ● *(gering)* sparse; ▪ ~ **an etw** *dat* **sein** to be somewhat lacking in sth; **die Landschaft ist** ~ **an Vegetation** the scenery is sparsely vegetated ● AGR *(nicht fruchtbar)* Boden poor; ~ **an etw** *dat* **sein** to be poor [*or* lacking] in sth; ~ **an Nährstoffen sein** to be poor in nutrients ● *(verlieren)* ▪ **um jdn/etw** *akk* **ärmer sein/werden** to have lost/lose sth ● *(fam: in einer schlechten Lage)* ~ **dran sein** to have a hard time
Arm <-[e]s, -e> [arm] *m* ● ANAT arm; **jdm den** ~ **bieten** [*o* **reichen]** *(geh)* to offer [*or* lend] sb one's arm; **jdn am** ~ **führen** to lead sb by the arm; **jdn im** ~ [*o* **in den ~en] halten** to embrace sb, to hold sb in one's arms; **sich** *akk* **in den ~en liegen** to lie in each other's arms; **sich** *akk* **aus jds ~en lösen** *(geh)* to free oneself from sb's embrace; **ein Kind/ein Tier auf den** ~ **nehmen** to pick up a child/an animal; **jdn in die ~e nehmen** to take sb in one's arms; **jdn in die ~e schließen** *(geh)* to embrace sb; **jdm den** ~ **umdrehen** to twist sb's arm; **mit den ~en rudern** [*o*

die **~e schwenken**| to wave one's arms; **~ in ~** arm in arm ➋ *(Zugriff)* grip ➌ *(Flussarm)* arm [or branch] of a river ➍ MODE *(Ärmel)* sleeve, arm ▸ WENDUNGEN: **der ~ der Gerechtigkeit** *(geh)* the long arm of justice; **der ~ des Gesetzes** *(geh)* the long arm of the law; **einen langen/den längeren ~ haben** to have a lot of/more influence [or clout] *fam;* **jdn am langen** [o **steifen**| **~ verhungern lassen** *(fam)* to put the screws on sb *fam;* **jds verlängerter ~** sb's right-hand man; **jdn mit offenen ~en empfangen** to welcome sb with open arms; **jdm in den ~ fallen** to get in sb's way, to spike sb's guns; **jdm** [**mit etw** *dat*] **unter die ~e greifen** to help sb out [with sth]; **jdm in die ~e laufen** *(fam)* to bump *fam* [or run] into sb; **jdn auf den ~ nehmen** to pull sb's leg *fam;* **jdn jdm/einer S. in die ~e treiben** to drive sb into the arms of sb/sth

arm·am·pu·tiert *adj* with an amputated arm [or both arms amputated]; ■ **~ sein** to have had an arm amputated

Arm·am·pu·tier·te(r) *f(m) dekl wie adj* person who has had an arm [or both arms] amputated

Ar·ma·tur <-, -en> [arma'tuːɐ] *f meist pl* ➊ TECH *(Mischbatterie mit Hähnen)* fitting ➋ AUTO *(Kontrollinstrument)* instrument

Ar·ma·tu·ren·be·leuch·tung *f* AUTO dash-light **Ar·ma·tu·ren·brett** *nt* AUTO dashboard

Arm·band <-bänder> *nt* ➊ *(Uhrarmband)* [watch] strap ➋ *(Schmuckarmband)* bracelet **Arm·band·uhr** *f* [wrist-]watch **Arm·beu·ge** *f* inside of the/one's elbow, crook of the/one's arm **Arm·bin·de** *f* ➊ MED *(Armschlinge)* sling ➋ *(Abzeichen)* armband **Arm·bruch** *m* MED ➊ *(gebrochener Armknochen)* broken [or fractured] arm ➋ *(sl: Patient mit einem ~)* fracture **Arm·brust** [ˈarmbrʊst] *f* HIST crossbow

Ärm·chen <-s, -> *nt dim von* **Arm** little arm

arm·dick *adj* as thick as one's arm

Ar·me(r) *f(m) dekl wie adj (besitzloser Mensch)* poor person, pauper; ■ **die ~n** the poor *npl* ▸ WENDUNGEN: |ach,| **du/Sie ~(r)!** *(iron)* poor you!, you poor thing!; **ich ~(r)!** woe is me! *poet,* poor me!

Ar·mee <-, -n> [arˈmeː] *f* MIL army; **die rote ~** the Red Army; ■ **eine ~ von Menschen/Tieren** *(fig fam)* an army of people/animals

Är·mel <-s, -> [ˈɛrml] *m* sleeve; **sich** *dat* **die ~ hochkrempeln** [o **aufkrempeln**| to roll up one's sleeves ▸ WENDUNGEN: **lasst uns die ~ hochkrempeln!** let's get down to it!; **etw aus dem ~ schütteln** *(fam)* to produce/do sth just like that

Är·mel·auf·schlag *m* MODE cuff

Ar·me·leu·te·es·sen *nt* poor man's food [or fare] *liter* **Ar·me·leu·te·vier·tel** [armə'lɔytəfɪrtl] *nt s.* **Armenviertel**

Är·mel·ka·nal *m* Channel; ■ **der ~** the English Channel

är·mel·los *adj* sleeveless

Ar·men·haus *nt* ➊ HIST poorhouse, workhouse ➋ *(fig: arme Region)* poor area

Ar·me·ni·en <-s> [arˈmeːni̯ən] *nt* Armenia; *s. a.* **Deutschland**

Ar·me·ni·er(in) <-s, -> [arˈmeːni̯ɐ] *m(f)* Armenian; *s. a.* **Deutsche(r)**

ar·me·nisch [arˈmeːnɪʃ] *nt dekl wie adj* Armenian; *s. a.* **Deutsch**

ar·me·nisch [arˈmeːnɪʃ] *adj* Armenian; *s. a.* **deutsch**

Ar·me·ni·sche <-n> *nt* ■ **das ~** Armenian, the Armenian language; *s. a.* **Deutsche**

Ar·men·recht *nt* JUR legal aid **Ar·men·vier·tel** *nt* poor district [or quarter]

är·mer [ˈɛrmɐ] *adj comp von* **arm**

Ar·mes·län·ge *f* arm's length

Arm·flor *m* black armband

ar·mie·ren [arˈmiːrən] *vt* ■ etw ~ TECH *(zur Verstärkung ummanteln)* to sheathe sth; BAU *(mit Eisengeflecht versehen)* to reinforce sth

arm·lang *adj* arm-length **Arm·län·ge** *f* ➊ ANAT arm length ➋ MODE sleeve length **Arm·leh·ne** *f* armrest

Arm·leuch·ter *m* ➊ *(mehrarmiger Leuchter)* chandelier ➋ *(pej fam: Dummkopf)* twat *fam,* jerk *fam,* fool

ärm·lich [ˈɛrmlɪç] **I.** *adj* ➊ *(von Armut zeugend)* poor, cheap; *(Kleidung)* shabby; **aus ~en Verhältnissen** from humble backgrounds ➋ *(dürftig)* meagre [or AM -er] **II.** *adv (kümmerlich)* poorly

Ärm·lich·keit <-> *f kein pl* ➊ *(von Armut zeugende Beschaffenheit)* poorness no pl, humbleness no pl, cheapness no pl, shabbiness no pl ➋ *(Dürftigkeit)* meagreness BRIT no pl, meagerness AM no pl

Arm·loch *nt* MODE armhole **Arm·mus·kel** *m* biceps **Arm·pols·ter** *nt (Polster der Armlehne)* padded armrest **Arm·pro·the·se** *f* MED artificial arm **Arm·reif**, **Arm·rei·fen** *m* bangle

arm·se·lig *adj* ➊ *(primitiv)* shabby, primitive ➋ *(dürftig)* miserable, pitiful, wretched ➌ *(meist pej: unzulänglich)* pathetic, wretched, sad *fam;* **du ~er Lügner!** you pathetic liar!

Arm·se·lig·keit *f* ➊ *(Primitivität)* shabbiness no pl, primitiveness no pl ➋ *(Dürftigkeit)* miserableness no pl, pitifulness no pl, wretchedness no pl ➌ *(Unzulänglichkeit)* patheticness no pl, pitifulness no pl

Arm·ses·sel *m* armchair

ärm·ste(r, s) *adj superl von* **arm**

Arm·stumpf *m* stump of the/one's arm **Arm·stüt·ze** *f* armrest

Arm·sün·der·mie·ne [armˈzʏndɐ-] *f (hum)* hang-dog [or sheepish] expression [or look]

Ar·mut <-> [ˈarmuːt] *f kein pl* ➊ *(Bedürftigkeit)* poverty; **neue ~** new wave of poverty ➋ *(Verarmung)* lack; ■ **die/eine ~ an etw** *dat* the/a lack of sth; **geistige ~** intellectual poverty

Ar·muts·gren·ze *f* poverty line; **unterhalb der ~ leben** to live below the poverty line **Ar·muts·zeug·nis** *nt* ▸ WENDUNGEN: **ein ~ für jdn sein** to be the proof of sb's shortcomings [or inadequacy]; **jdm/sich** [**mit etw** *dat*] **ein ~ ausstellen** to show up sb's/one's own shortcomings [with sth], to show sb/oneself up with sth

Arm·voll <-, -> *m* armful

Ar·ni·ka <-, -s> [ˈarnika] *f* arnica

Aro·ma <-s, Aromen *o* -s *o* -ta> [aˈroːma, *pl:* -mata] *nt* ➊ *(Geruch)* aroma; *(Geschmack)* taste, flavour [or AM -or] ➋ CHEM *(Aromastoff)* [artificial] flavouring [or AM -oring]

Aro·ma·stoff *m* flavouring **Aro·ma·the·ra·pie** *f* aromatherapy

aro·ma·tisch [aroˈmaːtɪʃ] **I.** *adj* aromatic, savoury; *(wohlschmeckend)* flavoursome BRIT, flavorful AM, distinctive; **die Speise hat einen sehr ~en Geschmack** the dish has a very distinctive taste **II.** *adv* ➊ *(voller Aroma)* aromatic ➋ *(angenehm schmeckend)* savoury BRIT, savory AM

aro·ma·ti·sie·ren [aromati'ziːrən] *vt* ■ etw ~ to aromatize sth

Aron·stab [ˈaːrɔn-] *m* BOT arum

Ar·ran·ge·ment <-s, -s> [arãʒə'mãː] *nt (geh)* arrangement

ar·ran·gie·ren [arã'ʒiːrən] **I.** *vt* ➊ *(in die Wege leiten)* to arrange; ■ etw [**für jdn**] ~ to arrange sth [for sb]; ■ **~, dass** to arrange, so that ➋ *(gestalten)* ■ etw ~ to arrange sth ➌ MUS to arrange **II.** *vr* ➊ *(übereinkommen)* ■ **sich** *akk* [**mit jdm**] ~ to come to an arrangement [with sb] ➋ *(sich abfinden)* ■ **sich** *akk* [**mit etw** *dat*] ~ to come to terms [with sth]

Ar·rest <-[e]s, -s> [aˈrɛst] *m* JUR ➊ *(Freiheitsentzug)* detention; **persönlicher ~** arrest, AM *a.* [body] attachment ❷ *(Beschlagnahme)* **dinglicher** ~ attachment, seizure; **einen dinglichen ~ erlassen** to issue a writ of attachment

Ar·rest·zel·le *f* detention cell

ar·re·tie·ren' [arɛ'ti:rən] *vt (feststellen)* ▪ **etw** ~ to lock sth [into place]; **sie arretierte das Fenster in Kippstellung** she put the window in[to] the tilt position

Ar·re·tie·rung <-, -en> *f* ❶ *(das Arretieren)* locking [in place] ❷ TECH *(Mechanismus)* locking mechanism

ar·ri·vie·ren' [ari'vi:rən] *vi sein (geh)* to become a success, to make it *fam;* ▪ **zu etw** *dat* ~ to rise to become [*or* achieve] [*or fam* make it to] sth; ▪ **arriviert** successful

Ar·ri·vier·te(r) <-n, -n> *f(m) dekl wie adj* ❶ *(geh: beruflich erfolgreiche Person)* success, high-flier ❷ *(pej: Emporkömmling)* upstart

ar·ro·gant [aro'gant] **I.** *adj* arrogant **II.** *adv* arrogantly

Ar·ro·ganz <-> [aro'gants] *f kein pl* arrogance

ar·ro·sie·ren [aro'zi:rən] *vt* KOCHK to baste

Arsch <-[e]s, Ärsche> [arʃ, *pl:* 'ɛrʃə] *m (derb)* ❶ *(Hintern)* arse BRIT *fam!,* ass AM *fam!,* BRIT *a.* bum *sl* ❷ *(blöder Kerl)* [stupid] bastard, *sl* BRIT *a.* bugger ▸ WENDUNGEN: **jdm geht der ~ auf** [*o* mit] **Grundeis** *(sl)* sb is scared shitless [*or* BRIT *a.* shit-scared]; **aussehen wie ein ~ mit Ohren** *(sl)* to look as thick as pigshit; **am ~ der Welt** *(sl)* out in the sticks, in the arse [*or* AM ass] end of nowhere *sl;* **einen kalten ~ haben/kriegen** *(euph: sterben)* to snuff it, to kick the bucket; **den ~ offen haben** *(vulg)* to be talking out of one's arse [*or* AM ass] *sl;* **du hast ja den ~ offen!** you're talking out of your arse!; **sich** *dat* **den ~ abfrieren** *(sl)* to freeze one's arse [*or* AM ass] [*or fam!* tits] [*or fam!* balls] off; **jdm in den ~ kriechen** to kiss sb's arse [*or* AM ass] *sl;* **jdn [mal] am ~ lecken können** sb can get stuffed *sl,* sb can fuck-off *vulg;* **leck mich [damit] am ~!** *(verpiss dich!)* fuck [*or vulg* piss] off!, BRIT *a.* get stuffed! *sl,* AM *a.* kiss my ass! *sl; (verdammt noch mal)* fuck it! *vulg, fam* BRIT *a.* [oh] bugger [it]!; **im** [*o* am] **~ sein** *(sl)* to be fucked[-up] *vulg;* **sich** *akk* **auf den** [*o* seinen] **~ setzen** *(sl)* to park one's bum [*or* AM butt] *fam; (sich Mühe geben)* to get one's arse [*or* AM ass] in gear *sl; (perplex sein)* to be blown away *sl;* **jdn** [*o* jdm] **in den ~ treten** *(sl: einen Tritt versetzen)* to kick sb's arse [*or* AM ass] *sl; (jdn antreiben)* to give sb a [good] kick up the arse [*or* AM ass] *fam;* [von jdm] **den ~ voll bekommen** [*o* kriegen] *(sl)* to get a [bloody [*or* AM hell of a] *fam*] good hiding [from sb]; **den ~ zuknei-fen** *(euph: sterben)* to snuff it *sl,* to kick the bucket *sl*

Arsch·ba·cke *f (derb)* [bum-]cheek BRIT *fam!,* [butt-]cheek AM *fam!* ▸ WENDUNGEN: **etw auf einer ~ absit-zen** *(sl)* to serve sth in a blink of an eye **Arsch·fick** *m (vulg)* bum-fuck BRIT *vulg,* butt-fuck AM *vulg* **Arsch·krie·cher(in)** *m(f) (pej sl: Kriecher)* arse-licker BRIT *fam!,* ass-kisser AM *sl* **Arsch·loch** *nt (vulg)* arse-hole BRIT, asshole AM; **das** [*o dieses*] **~ von Chef etc.** that [*or* this] arsehole of a boss etc. **Arsch·tritt** *m (sl)* kick up the back-side *fam,* kick up the arse *sl;* [von jdm] **einen ~ kriegen** to get a kick up the back-side [*or* arse] [from sb]

Ar·sen <-s> [ar'ze:n] *nt kein pl* CHEM arsenic *no pl*

Ar·se·nal <-s, -e> [arze'na:l] *nt* ❶ *(Vielzahl)* ▪ **ein ~ von** [*o* an] etw *dat* an arsenal of sth ❷ *(Waffenlager)* arsenal

Ar·se·nik <-s> [ar'ze:nɪk] *nt kein pl* arsenic *no pl*

Art. *Abk von* **Artikel**

Art <-, -en> [a:ɐt, *pl:* 'a:ɐtn] *f* ❶ *(Sorte)* sort, type, kind; **er sammelt alle möglichen ~en von Schmetterlingen** he collects all sorts of butterflies; **ein Schurke der übelsten ~** a rogue of the nastiest sort [*or* type]; ▪ **eine/diese ~ a/**this sort [*or* kind] of

❷ *(Methode)* way; **eine merkwürdige ~** an odd [*or* strange] way; **auf die** [*o* diese] **~ und Weise** [in] this way; **auf die ~ und Weise geht es am schnellsten** it's quicker this way; **auf grausame/merkwürdige/ ungeklärte ~** in a cruel/strange/unknown way ❸ *(Wesens~)* nature; **von lebhafter/ruhiger/etc. ~ sein** to be of a lively/quiet/etc. nature ❹ *(Verhaltensweise)* behaviour [*or* AM -or]; **das ist doch keine ~!** *(fam)* that's no way to behave!; **ist das vielleicht eine ~?** *(fam)* is that any way to behave? ❺ BIOL species ❻ *(Stil)* style ▸ WENDUNGEN: **nach ~ des Hauses** KOCHK à la maison; **einzig sein in seiner ~** to be the only one of its kind; **aus der ~ schlagen** *(Familie)* to go a different way, not to run true to type

Art·bil·dung *f* BIOL specification

art·ei·gen *adj* BIOL characteristic [of the species]

ar·ten·reich *adj* species-rich, high in biodiversity

Ar·ten·reich·tum <-s> *m kein pl* BIOL abundance of species **Ar·ten·rück·gang** *m* BIOL extinction of species **Ar·ten·schutz** *m* protection of species **Ar·ten·schutz·ab·kom·men** *nt* BIOL treaty for the protection of endangered species **Ar·ten·ster·ben** *nt kein pl* extinction of the species **Ar·ten·viel·falt** <-> *f kein pl* BIOL abundance of species

Art·er·hal·tung *f* survival of the species

Ar·te·rie <-, -n> [ar'te:rɪə] *f* artery

ar·te·ri·ell [arte'rɪɛl] *adj* arterial

Ar·te·ri·en·ver·kal·kung *f*, **Ar·te·ri·o·skle·ro·se** <-, -n> [arterɪoskle'ro:zə] *f* hardening of the arteries

art·fremd *adj* uncharacteristic, untypical **art·ge·mäß** *adj s.* artgerecht

Art·ge·nos·se, -ge·nos·sin *m, f* BIOL plant/animal of the same species; ▸ WENDUNGEN: **jd und seine/ihre ~n** *(fam)* sb and his/her fellow species

art·ge·recht I. *adj* appropriate to [*or* suitable for] a species **II.** *adv* appropriate to [*or* suitable for] a species; **~e Tierhaltung** keeping animals in ways appropriate to their species **art·gleich** *adj* of the same species

Ar·thri·tis <-, Arthritiden> [ar'tri:tɪs, *pl:* -ri'ti:dn] *f* arthritis

ar·thri·tisch [ar'tri:tɪʃ] *adj* arthritic

Ar·thro·po·de <-, -n> [artro'po:də] *m* ZOOL arthropod

Ar·thro·se <-, -n> [ar'tro:zə] *f* arthrosis

ar·tig ['a:ɐtɪç] *adj* well-behaved, good; **sei schön ~!** be good!

Ar·tig·keit <-, -en> *f (veraltend)* ❶ *kein pl (Wohlerzo-genheit)* courteousness *no pl form,* good manners *pl,* politeness *no pl* ❷ *pl (Komplimente)* compliments

Ar·ti·kel <-s, -> [ar'ti:kl, ar'tɪkl] *m* ❶ MEDIA *(Zeitungs~)* article; *(Eintrag)* entry ❷ ÖKON *(Ware)* item, article ❸ LING article

Ar·ti·ku·la·ti·on <-, -en> [artikula'tsi̯o:n] *f (geh)* articulation, enunciation

ar·ti·ku·lie·ren' [artiku'li:rən] **I.** *vt (geh)* to enunciate; [seine] **Worte deutlich ~** to enunciate one's words clearly **II.** *vr (geh)* **sich** *akk* **gut/schlecht ~** to articulate oneself well/badly

Ar·til·le·rie <-, <selten -n> ['artɪlərɪ, *pl:* -ri:ən] *f* artillery

Ar·til·le·rie·be·schuss[RR] *m* artillery fire

Ar·til·le·rist <-en, -en> ['artɪlərɪst] *m* artilleryman

Ar·ti·scho·cke <-, -n> [arti'ʃɔkə] *f* artichoke **Ar·ti·scho·cken·bo·den** *m* artichoke heart **Ar·ti·scho·cken·herz** *nt* artichoke heart

Ar·tist(in) <-en, -en> [ar'tɪst] *m(f) (Zirkuskunst etc.)* performer, artiste

ar·tis·tisch *adj* ❶ *(Zirkuskunst betreffend)* spectacular ❷ *(überaus geschickt)* skilful BRIT, skillfull AM, dextrous, masterly

art·ver·schie·den *adj* of a different species, like chalk and cheese *fig, hum* **art·ver·wandt** *adj* BIOL of similar species, [genetically] related

Art·wort <-wörter> *nt* LING adjective

Arz·nei <-, -en> |aˈɐ̯tsˈnai| *f* ❶ PHARM, MED medicine ❷ *(fig geh: Lehre)* medicine, pill; **eine bittere/heilsame ~ für jdn sein** to be a painful/salutary lesson for sb

Arz·nei·buch *nt* PHARM pharmacopoeia BRIT, pharmacopeia AM **Arz·nei·fläsch·chen** *nt* medicine bottle **Arz·nei·kun·de** *f kein pl* pharmacology *no pl*

Arz·nei·mit·tel *nt* drug, medicine **Arz·nei·mit·tel·ab·hän·gig·keit** *f* drug addiction **Arz·nei·mit·tel·al·ler·gie** *f* drug allergy **Arz·nei·mit·tel·ent·sor·gung** *f* disposal of expired drugs **Arz·nei·mit·tel·for·schung** *f* pharmacological research **Arz·nei·mit·tel·ge·setz** *nt* JUR law governing the manufacture and prescription of drugs **Arz·nei·mit·tel·her·stel·ler** *m* drug manufacturer **Arz·nei·mit·tel·miss·brauch**RR *m* drug abuse

Arz·nei·pflan·ze *f* medicinal plant **Arz·nei·schränk·chen** *nt* medicine cabinet [*or* cupboard]

Arzt, Ärz·tin <-es, Ärzte> |aːɐ̯tst, ˈɛːɐ̯tstɪn, *pl:* ˈɛɐ̯tstə| *m, f* doctor, medical practitioner; ■ ~ **für etw** *akk* specialist in sth; ~ **für Chirurgie** surgeon; ~ **für Orthopädie** orthopaedic [*or* AM orthopedic] specialist; ~ **für Allgemeinmedizin** general practitioner, GP; ~ **am Krankenhaus** clinical specialist; **behandelnder ~** personal doctor [*or* GP]; **wer ist Ihr behandelnder ~?** who is your personal GP?; **praktischer ~** *(veraltet)* general practitioner, GP

Arzt·be·ruf *m* medical profession **Arzt·be·such** *m* ❶ *(Besuch des Arztes)* doctor's visit ❷ *(Aufsuchen eines Arztes)* visit to a/the doctor

Ärz·te·be·steck *nt* surgical instruments **Ärz·te·kam·mer** *f* General Medical Council BRIT, medical association AM **Ärz·te·kol·le·gi·um** *nt,* **Ärz·te·kom·mis·si·on** *f* medical advisory board

Ärz·te·schaft <-> *f kein pl* medical profession **Arzt·frau** *f* doctor's wife **Arzt·hel·fer(in)** *m(f)* |doctor's| receptionist [*or* assistant]

Ärz·tin <-, -nen> |ˈɛːɐ̯tstɪn| *f fem form von* **Arzt**

Arzt·kos·ten *pl* medical costs *pl*

ärzt·lich |ˈɛːɐ̯tstlɪç| I. *adj* medical II. *adv* medically; **sich** *akk* ~ **beraten** [*o* **behandeln] lassen** to seek [*or* get] medical advice

Arzt·pra·xis *f* doctor's surgery [*or* practice]

AsALT1 <-ses, -se> |as| *nt* KARTEN *s.* **Ass**

As2 <-, -> |as| *nt* MUS A flat

Asa·fö·ti·da <-s> |azaˈføːtida| *m kein pl* KOCHK asafoetida BRIT, asafetida AM

As·best <-[e]s> |asˈbɛst| *nt kein pl* asbestos *no pl*

as·best·hal·tig *adj* CHEM, ÖKOL containing asbestos *pred*

As·best·ver·seu·chung *f* asbestos contamination

Aschan·ti·nussRR |aˈʃanti-| *f* ÖSTERR *s.* **Erdnuss**

asch·blond *adj* ash-blond

Asch·cha·bat, Asch·ga·bat <-s> |aʃxaˈbat| *nt* Ashgabat, Ashkhabad

Asche <-, -n> |ˈaʃə| *f* ❶ *(Feuerüberbleibsel)* ash ❷ *kein pl (geh: Reste einer kremierten Leiche)* ashes *pl* ▸ WENDUNGEN: **sich** *dat* ~ **aufs Haupt streuen** *(geh: sich schuldig bekennen)* to wear sackcloth and ashes; ~ **zu ~, Staub zu Staub** REL dust to dust, ashes to ashes; **zu ~ werden** to turn to ashes

Äsche <-, -n> |ˈɛʃə| *f* ZOOL grayling

Aschen·bahn *f* SPORT cinder track **Aschen·be·cher** *m* ashtray **Aschen·brö·del** <-s> |ˈaʃnbrøːdl| *nt kein pl s.* **Aschenputtel Aschen·ei·mer** *m* ash can **Aschen·platz** *m* SPORT cindered turf **Aschen·put·tel** <-> |ˈaʃnpʊtl| *nt kein pl* LIT Cinderella **Aschen·re·gen** *m* shower of ash

Ascher <-s, -> |ˈaʃɐ| *m (fam) s.* **Aschenbecher**

Ascher·mitt·woch |aʃɐˈmɪtvɔx| *m* REL Ash Wednesday

asch·fahl |ˈaʃfaːl| *adj (gräulich)* ashen; ■ ~ **sein/werden** to be/turn ashen **asch·grau** *adj* ash-grey

ASCII-Code |ˈaski-| *m* INFORM ASCII code

As·cor·bin·säu·re <-> |askɔrˈbiːn-| *f kein pl* BIOL, CHEM *(Vitamin C)* ascorbic acid *no pl*

äsen |ˈɛːzn| *vi* JAGD to graze, to browse

asep·tisch |aˈzɛptɪʃ| *adj* aseptic

Äser |ˈɛːzɐ| *pl von* **Aas**

Aser·baid·schan <-s> |azɛrbaiˈdʒaːn| *nt* Azerbaijan; *s. a.* **Deutschland**

Aser·baid·scha·ner(in) <-s, -> *m(f)* Azerbaijani; *s. a.* **Deutsche(r)**

aser·baid·scha·nisch *adj* Azerbaijani; *s. a.* **deutsch**

ase·xu·ell |ˈazɛksuɛl| *adj* asexual

Asi·at, Asi·a·tin <-en, -en> |aˈzi̯aːt, aˈzi̯aːtɪn| *m, f* Asian

asi·a·tisch |aˈzi̯aːtɪʃ| *adj Sprache, Kultur* Asian; *(Asien betreffend)* Asiatic; **die ~e Region der Türkei** the Asiatic region of Turkey

Asi·en <-s> |ˈaːzi̯ən| *nt* Asia

As·ka·lon·zwie·bel |ˈaskalɔn-| *f* shallot

As·ke·se <-> |akˈkeːzə| *f kein pl (geh)* asceticism *no pl* **As·ket(in)** <-en, -en> |asˈkeːt| *m(f) (geh)* ascetic **as·ke·tisch** I. *adj (geh)* ascetic II. *adv (geh)* ascetically

As·kor·bin·säu·re <-> |askɔrˈbiːn-| *f kein pl* BIOL, CHEM *(Vitamin C)* ascorbic acid *no pl*

Äs·ku·lap·stab |ɛskuˈlaːp-| *m* staff of Aesculapius

aso·zi·al |ˈazotsi̯aːl| I. *adj* antisocial II. *adv* antisocially **Aso·zi·a·le(r)** *f(m) dekl wie adj (pej)* social misfit

As·pekt <-[e]s, -e> |asˈpɛkt| *m (geh)* aspect; **einen anderen ~ bekommen** to take on a different complexion; **unter diesem ~ betrachtet** looking at it from this aspect [*or* point of view]

As·phalt <-[e]s, -e> |asˈfalt| *m* asphalt *no pl*

As·phalt·de·cke *f* asphalt surface

as·phal·tie·ren* |asfalˈtiːrən| *vt* to asphalt, to tarmac; ■ **etw** ~ to asphalt sth; ■ **etw** ~ **lassen** to have sth asphalted

As·phalt·stra·ße *f* asphalt road

As·pik <-s, -e> |asˈpiːk| *m* ÖSTERR *nt* KOCHK aspic

As·pi·rin® <-s, -> |aspiˈriːn| *nt* aspirin

AssRR <-es, -e> |as| *nt* KARTEN ace; *(fig: Spitzenkönner)* ace; ▸ WENDUNGEN: **[noch] ein ~ im Ärmel haben** to have an [*or* another] ace up one's sleeve

aß |aːs| *pret von* **essen**

as·sai·son·nie·ren *vt* KOCHK *(fachspr)* to season

As·se·ku·ranz <-, -en> |aseku'rants| *f (fachspr veraltet)* insurance [industry]

As·sel <-, -n> |ˈasl| *f* ZOOL isopod, woodlouse

As·ser·vat <-[e]s, -e> |asɛrˈvaːt| *nt* JUR [court] exhibit

As·ser·va·ten·kam·mer *f* JUR room where [court] exhibits are kept

As·sess·ment·cen·ter |ɛˈsɛsmənt-| *nt* assessment centre [*or* AM -er]

As·ses·sor, As·ses·so·rin <-s, -ssoren> |aˈsɛsoːɐ̯, asɛˈsoːrɪn, *pl:* asɛˈsoːrən| *m, f* JUR, SCH *graduate civil servant who has completed his/her traineeship*

As·si·mi·la·ti·on <-, -en> |asimila'tsi̯oːn| *f* ❶ BIOL, CHEM photosynthesis ❷ *(geh: Anpassung)* ■ **die ~ an etw** *akk* the assimilation [*or* integration] into [*or* the adjustment to] sth

as·si·mi·lie·ren* |asimiˈliːrən| I. *vr (geh)* ■ **sich** *akk* **an etw** *akk* ~ to assimilate [*or* integrate] oneself into sth II. *vt* BIOL, CHEM ■ **etw** ~ to photosynthesize sth

As·si·sen |aˈsiːzn| *pl* SCHWEIZ *s.* **Geschworene**

As·sis·tent(in) <-en, -en> |asɪsˈtɛnt| *m(f)* ❶ SCH assistant lecturer ❷ MED *(Assistenzarzt)* assistant physician/surgeon BRIT, house officer BRIT, resident AM, intern AM ❸ *(geh: Helfer)* assistant

As·sis·tenz <-, <selten -en> |asɪsˈtɛnts| *f (geh)* assistance; **unter [der] ~ von jdm** with the assistance of sb; **unter jds ~** with sb's assistance

As·sis·tenz·arzt, -ärz·tin *m, f* assistant physician/surgeon BRIT, house officer BRIT, resident AM, intern AM

As·sis·tenz·pro·fes·sor(in) *m(f)* assistant professor
as·sis·tie·ren* [asɪs'tiːrən] *vi* ▪|jdm| |bei etw *dat*| ~ to assist sb with sth
As·so·zi·a·ti·on <-, -en> [asotsi̯a'tsi̯oːn] *f (geh)* ❶ *(Verknüpfung)* association; ▪ **die/eine ~ an etw** *akk*/**mit etw** *dat* the/an association with sth ❷ POL *(Vereinigung)* association
as·so·zi·ie·ren* [asotsi'iːrən] *vt (geh)* to associate; ▪ **etw mit etw** *dat* ~ to associate sth with sth
as·so·zi·iert *adj* POL *(geh)* associate; **~es Mitglied der EU** associate member of the EU
Ast <-[e]s, Äste> [ast, *pl:* 'ɛstə] *m* ❶ BOT *(starker Zweig)* branch, bough; *(Astknoten)* knot ❷ *(abzweigender Flussteil)* branch; **sich** *akk* **in Äste teilen** to branch ❸ MED *(Zweig)* branch ▸ WENDUNGEN: **auf dem absteigenden ~ sein** |*o* **sich** *akk* **auf dem absteigenden ~ befinden**| *(fam)* sb/sth is going downhill; **den ~ absägen, auf dem man sitzt** to dig one's own grave; **sich** *dat* **einen ~ lachen** *(sl)* to double up with laughter, to laugh one's head off
AStA <-[s], -[s] *o* Asten> ['asta] *m* SCH *Akr von* **Allgemeiner Studentenausschuss** Student Union, NUS BRIT
As·ter <-, -n> ['astɐ] *f* Michaelmas daisy
As·te·ro·id <-en, -en> [astero'iːt, *pl:* -'iːdən] *m* asteroid
Ast·ga·bel *f* fork of a tree |*or* branch|
Äs·thet(in) <-en, -en> [ɛs'teːt] *m(f) (geh)* aesthete BRIT, esthete AM
Äs·the·tik <-> [ɛs'teːtɪk] *f kein pl* ❶ *(Wissenschaft vom Schönen)* aesthetics BRIT, esthetics AM *pl* ❷ *(Schönheitssinn)* aesthetic |*or* AM esthetic| sense
äs·the·tisch [ɛs'teːtɪʃ] *adj (geh)* aesthetic BRIT, esthetic AM
Asth·ma <-s> ['astma] *nt kein pl* asthma
Asth·ma·ti·ker(in) <-s, -> [ast'maːtike] *m(f)* asthmatic
asth·ma·tisch [ast'maːtɪʃ] I. *adj* ❶ *(durch Asthma ausgelöst)* asthmatic, asthma; **ein leichter/schwerer ~ Anfall** a mild/serious asthma |*or* asthmatic| attack; **ein ~es Röcheln** an asthmatic wheeze ❷ *(an Asthma leidend)* asthmatic; **~er Patient** asthma patient II. *adv* asthmatically
as·tig *adj* gnarled, knotty
Ast·kno·ten *m* knot **Ast·loch** *nt* knothole **ast·rein** *adj* ❶ *(fam: moralisch einwandfrei)* straight *fam,* above board, genuine; **der Kerl ist nicht ganz ~** there is something fishy about that guy ❷ *(sl: bombig, spitze)* fantastic, great ❸ BOT *(fachspr: keine Astknoten aufweisend)* knot-free; ▪ **~ sein** to be free of knots
As·tro·lo·ge, As·tro·lo·gin <-n, -n> [astro'loːgə, -'loːgɪn] *m, f* astrologer
As·tro·lo·gie <-> [astrolo'giː] *f kein pl* astrology
As·tro·lo·gin <-, -nen> *f fem form von* **Astrologe**
as·tro·lo·gisch [astro'loːgɪʃ] I. *adj* astrological II. *adv* astrologically
As·tro·naut(in) <-en, -en> [astro'naut] *m(f)* astronaut
As·tro·nom(in) <-en, -en> [astro'noːm] *m(f)* astronomer
As·tro·no·mie <-> [astrono'miː] *f kein pl* astronomy
As·tro·no·min <-, -nen> *f fem form von* **Astronom**
as·tro·no·misch [astro'noːmɪʃ] *adj* ASTRON astronomical; *(fig: riesig, immens)* astronomical
As·tro·phy·sik [astrofy'ziːk] *f* astrophysics + *sing vb,* no art
As·tro·phy·si·ker(in) [astro'fy:zikɐ] *m(f)* astrophysicist
Ast·werk *nt (geh)* boughs *pl,* branches *pl*
ASU <-, -s> ['aːzu] *f Akr von* **Abgassonderuntersuchung**
Asun·ción <-s> [asun'θi̯ɔn] *nt* Asunción
Äsung <-, -en> *f* JAGD grazing, browsing *liter*
Asyl <-s, -e> [a'zyːl] *nt* asylum; **das Recht auf ~** the right to asylum; **politisches ~** political asylum; **um ~**

bitten |*o* **nachsuchen**| *(geh)* to apply for |*or* seek| |political| asylum; **jdm ~ gewähren** to grant sb |political| asylum
Asy·lant(in) <-en, -en> [azy'lant] *m(f) s.* **Asylbewerber**
Asyl·an·ten·wohn·heim *nt* home for asylum-seekers
Asyl·an·trag *m* application |*or* request| for political asylum; **einen ~ stellen** to file |*or* submit| an application for political asylum **Asyl·be·wer·ber(in)** *m(f)* applicant for |political| asylum **Asyl·miss·brauch**RR *m* JUR abuse of asylum procedures **Asyl·recht** *nt* right of political asylum **Asyl·su·chen·de(r)** *f(m) dekl wie adj* asylum seeker
Asym·me·trie [azyme'triː] *f* asymmetry
asym·me·trisch ['azyme:trɪʃ] *adj* asymmetric, asymmetrical
Asyn·chro·nie <-> *f kein pl* asynchrony
As·zen·dent <-en, -en> [astsɛn'dɛnt] *m* ASTROL ascendant
at |ɛt| *f Abk von* **Atmosphäre**
A.T. *nt Abk von* **Altes Testament** OT BRIT, O.T. AM
Ata·vis·mus <-, -men> [ata'vɪsmʊs] *m* BIOL atavism
ata·vis·tisch [ata'vɪstɪʃ] *adj* BIOL atavistic
Ate·lier <-s, -s> [atə'li̯eː] *nt* KUNST, ARCHIT studio
Ate·lier·auf·nah·me *f* FOTO studio shot **Ate·lier·fens·ter** *nt* studio window **Ate·lier·woh·nung** *f* studio flat
Atem <-s> ['aːtəm] *m kein pl* ❶ *(Atemluft)* breath; **den ~ anhalten** to hold one's breath; **~ holen** |*o* **schöpfen**| to take |*or* draw| a breath; **wieder zu ~ kommen** to get one's breath back, to catch one's breath; **nach ~ ringen** to be gasping for breath; **außer ~** out of breath ❷ *(das Atmen)* breathing; **mit angehaltenem ~** holding one's breath ▸ WENDUNGEN: **mit angehaltenem ~** with bated breath; **den längeren ~ haben** to have the whip hand; **jdn in ~ halten** to keep sb on their toes; **~ holen** |*o* **schöpfen**| to take a |deep| breath; **jdm den ~ verschlagen** to take sb's breath away, to leave sb speechless; **in einem** |*o* **im selben**| **~** *(geh)* in one/the same breath
Atem·be·klem·mung *f* shortness of breath *no pl* **atem·be·rau·bend** *adj* breath-taking **Atem·be·schwer·den** *pl* breathing difficulties *pl,* trouble |*or* difficulty| in breathing **Atem·ge·rät** *nt* respirator; *(von Taucher, Feuerwehr)* breathing apparatus **Atem·ge·räusch** *nt* respiratory sounds *pl* **Atem·ho·len** <-s> *nt kein pl* breathing *no pl* **Atem·läh·mung** *f* respiratory paralysis
atem·los I. *adj* ❶ *(außer Atem)* breathless ❷ *(perplex)* speechless II. *adv* breathlessly, speechlessly
Atem·lo·sig·keit <-> *f kein pl* breathlessness *no pl*
Atem·luft *f* air |to breathe| **Atem·mas·ke** *f* ❶ MED breathing |or oxygen| mask ❷ *(Gasmaske)* gas mask **Atem·not** *f* MED shortness of breath *no pl* **Atem·pau·se** *f* ❶ *(um Luft zu schöpfen)* pause for breath ❷ *(kurze Unterbrechung)* breather **Atem·schutz·ge·rät** *nt* breathing apparatus **Atem·schutz·mas·ke** *f s.* **Atemmaske Atem·still·stand** *m* respiratory arrest **Atem·we·ge** *pl* ANAT respiratory tracts |*or* passages| *pl* **Atem·wegs·er·kran·kung** *f* MED *(geh)* respiratory disease **Atem·zug** *m (einmaliges Luftholen)* breath; ▸ WENDUNGEN: **einen ~ lang** for |the count of| one breath; **in einem** |*o* **im selben**| **~** in one |*or* the same| breath
Athe·is·mus <-> [ate'ɪsmʊs] *m kein pl* atheism *no pl*
Athe·ist(in) <-en, -en> [ate'ɪst] *m(f)* atheist
athe·is·tisch *adj* atheist
Athen <-s> [a'teːn] *nt* Athens
Äther <-s> ['ɛːtɐ] *m kein pl* ❶ CHEM ether *no pl* ❷ *(liter: Himmel)* ether ▸ WENDUNGEN: **etw in den ~ schicken** RADIO *(geh)* to put sth on the air |or out on air|; **über den ~** *(geh)* over the air
äthe·risch [ɛ'teːrɪʃ] *adj* ❶ *(geh)* ethereal ❷ CHEM

ethereal

Äthi·o·pi·en <-s> [ɛˈtǐːo̯ːpi̯ən] *nt* Ethiopia; *s. a.* **Deutschland**

Äthi·o·pi·er(in) <-s, -> [ɛˈtǐːo̯ːpi̯ɐ] *m(f)* Ethiopian; *s. a.* **Deutsche(r)**

äthi·o·pisch [ɛˈtǐːo̯ːpɪʃ] *adj* Ethiopian; *s. a.* **deutsch**

Ath·let(in) <-en, -en> [atˈleːt] *m(f)* ❶ *(Sportler)* athlete ❷ *(wohlgeformter Mensch)* athletic type

ath·le·tisch [atˈleːtɪʃ] *adj* athletic

Äthyl·al·ko·hol [ɛˈtyːl-] *m* CHEM ethyl alcohol

At·lant <-en, -en> [atˈlant] *m* atlas

At·lan·ten [atˈlantn̩] *pl von* **Atlas**

Atlantik <-s> [atˈlantɪk] *m* Atlantic; ■ **der ~** the Atlantic

at·lan·tisch [atˈlantɪʃ] *adj* METEO Atlantic; **ein ~es Hoch** a high-pressure area coming from the Atlantic

At·las <- *o* -ses, Atlanten *o* -se> [ˈatlas, *pl*: atˈlantn̩, ˈatlasə] *m* atlas

at·men [ˈaːtmən] **I.** *vi* to breathe; **frei ~** *(fig)* to breathe freely **II.** *vt* to breathe; ■ **etw atmen** to breathe sth [in]

At·mo·sphä·re <-, -n> [atmoˈsfɛːrə] *f* ❶ PHYS atmosphere; **die ~ der Erde** the Earth's atmosphere ❷ *(Stimmung)* atmosphere; **eine gespannte ~** a tense atmosphere

At·mo·sphä·ren·druck <-drücke> *m* atmospheric pressure **At·mo·sphä·ren·über·druck** <-drücke> [atmosfɛrənˈʔyːbɐdrʊk] *m* atmospheric excess pressure

at·mo·sphä·risch [atmoˈsfɛːrɪʃ] *adj* atmospheric

At·mung <-> *f kein pl* breathing *no pl*, respiration *form*

at·mungs·ak·tiv *adj* MODE breathable

At·mungs·or·ga·ne *pl* respiratory organs

Atoll <-s, -e> [aˈtɔl] *nt* atoll

Atom <-s, -e> [aˈtoːm] *nt* atom

Atom·an·griff *m* MIL nuclear attack **Atom·an·trieb** *m* nuclear propulsion

ato·mar [atoˈmaːɐ̯] **I.** *adj* ❶ PHYS *(die Atome betreffend)* atomic, nuclear ❷ MIL *(Atomwaffen betreffend)* nuclear **II.** *adv* ❶ MIL *(Atomwaffen betreffend)* with nuclear weapons ❷ TECH with nuclear power; ■ **~ angetrieben sein** to be nuclear-powered

Atom·aus·stieg *m* nuclear phase-out *no pl* **Atom·bom·be** *f* atomic [*or* nuclear] bomb **Atom·bom·ben·ex·plo·si·on** *f* atomic [*or* nuclear] explosion **atom·bom·ben·si·cher** **I.** *adj* nuclear blast-proof **II.** *adv* safe from nuclear blast **Atom·bom·ben·ver·such** *m* nuclear [weapons] test

Atom·bom·ber *m* LUFT nuclear bomber **Atom·bun·ker** *m* nuclear fall-out shelter **Atom·ener·gie** *f* nuclear [*or* atomic] energy **Atom·ex·plo·si·on** *f* nuclear [*or* atomic] explosion **Atom·for·schung** *f* nuclear research **Atom·for·schungs·zen·trum** *nt* nuclear research centre [*or* AM -er] **Atom·geg·ner(in)** *m(f)* person who is against nuclear power

atom·ge·trie·ben *adj* nuclear-powered **Atom·ge·wicht** *nt* atomic weight **Atom·in·dust·rie** *f* nuclear industry

ato·mi·sie·ren [atomiˈziːrən] *vt* ■ **etw ~** to atomize sth

Atom·kern *m* PHYS nucleus **Atom·kraft** *f kein pl* nuclear power [*or* energy] **Atom·kraft·werk** *nt* nuclear power station **Atom·krieg** *m* nuclear war **Atom·macht** *f* POL, MIL nuclear power **Atom·mei·ler** *m* nuclear reactor **Atom·mo·dell** *nt* PHYS model of an atom

Atom·müll *m* nuclear [*or* atomic] waste **Atom·mülla·ge·rung**ALT <-> *f kein pl s.* **Atommülllagerung Atom·müll·end·la·ger** *nt* nuclear [*or* radioactive] waste disposal site **Atom·müll·la·ge·rung**RR <-> *f kein pl* nuclear [*or* radioactive] waste disposal

Atom·phy·sik *f* nuclear physics + *sing vb* **Atom·phy·si·ker(in)** *m(f)* nuclear physicist **Atom·pilz** *m* mushroom cloud **Atom·ra·ke·te** *f* nuclear missile **Atom·re·ak·tor** *m* nuclear reactor **Atom·schmug·gel** <-s> *m kein pl illegal disposal of nuclear waste in another country* **Atom·sperr·ver·trag** *m s.* **Atomwaffensperrvertrag Atom·spreng·kopf** *m* nuclear warhead **Atom·test** *m* MIL nuclear [weapons] test **Atom·test·stopp**RR *m* nuclear test ban **Atom·test·stopp·ab·kom·men**RR *nt* POL nuclear test ban treaty **Atom·trieb·werk** *nt* RAUM nuclear engine **Atom·uhr** *f* TECH atomic watch **Atom·ver·such** *m s.* **Atomtest**

Atom·waf·fe *f* MIL nuclear weapon

atom·waf·fen·frei *adj* POL nuclear-free **Atom·waf·fen·sperr·ver·trag** *m* POL Nuclear Weapons Non-Proliferation Treaty

Atom·zeit·al·ter *nt kein pl* ■ **das ~** the nuclear [*or* atomic] age **Atom·zer·trüm·me·rung** *f* PHYS splitting of the atom

ato·xisch [aˈtɔksɪʃ] *adj (fachspr)* non-toxic

ATP <-s, -s> *nt Abk von* **Adenosintriphosphat** ATP

Atri·um <-s, Atrien> [ˈaːtri̯ʊm, *pl*: -tri̯ən] *nt* ARCHIT atrium

Atri·um·haus *nt* ARCHIT *a building centred around an open court/atrium*

Atro·phie <-, -n> [atroˈfiː, *pl*: -ˈfiːən] *f* MED atrophy

atro·phisch [aˈtroːfɪʃ] *adj* MED atrophied

Atro·pin <-s> [atroˈpiːn] *nt kein pl* BIOL, MED atropine *no pl*

ätsch [ɛːtʃ] *interj (fam)* ha-ha; **du hast verloren, ~** [**bätsch**]! ha-ha, you lost! [na, na, na, na, na, na! *in a sing-song voice*]

At·ta·ché <-s, -s> [ataˈʃeː] *m* POL attaché

At·ta·cke <-, -n> [aˈtakə] *f* ❶ MIL attack; **zur ~ blasen** to sound the charge; **eine ~ gegen jdn reiten** to charge sb ❷ *(Kritik)* ■ **eine/die ~ gegen jdn/etw** an/the attack against sb/sth; [**wütende**] **~n gegen jdn reiten** *(heftige Kritik üben)* to launch an [angry] attack against sb ❸ MED *(Anfall)* attack, fit; **eine epileptische ~** an epileptic fit

at·ta·ckie·ren* [ataˈkiːrən] *vt* ■ **jdn/etw ~** ❶ *(geh)* to attack sb/sth ❷ MIL *(veraltend: angreifen)* to charge [*or* attack] sb/sth

at·ta·schie·ren [ataˈʃiːrən] *vt* KOCHK **Fleisch/Geflügel ~** *to boil meat/poultry until meat separates from the bone*

At·ten·tat <-[e]s, -e> [ˈatn̩taːt] *nt (Mordanschlag)* an attempt on sb's life; *(mit tödlichem Ausgang)* assassination; **ein ~ auf jdn verüben** to make an attempt on sb's life; *(mit tödlichem Ausgang)* to assassinate sb ▶ WENDUNGEN: **ein ~ auf jdn vorhaben** *(hum fam: jdn um etw bitten wollen)* to [want to] ask sb a favour [*or* AM -or]

At·ten·tä·ter(in) [ˈatn̩tɛːtɐ] *m(f)* assassin

At·test <-[e]s, -e> [aˈtɛst] *nt* MED *(ärztliche Bescheinigung)* certificate; **jdm ein ~** [**über etw** *akk*] **ausstellen** to certify sth for sb; **der Hausarzt stellte ihm ein ~ über seinen Gesundheitszustand aus** the GP certified his condition for him

at·tes·tie·ren* [atɛsˈtiːrən] *vt* ❶ MED *(geh: ärztlich bescheinigen)* ■ [**jdm**] **etw ~** to certify [sb] sth; ■ **jdm ~, dass ...** to certify sb as ...; ■ **sich** *dat* [**von jdm**] **etw ~ lassen** to have sb certify sth, to have sth certified; **ich lasse mir meine Arbeitsunfähigkeit ~** I'm going to get myself certified unfit for work ❷ *(geh: bescheinigen)* to confirm; ■ **jdm/einer S. etw ~** to confirm sb/sth sth; **dem Wein wurde erneut hohe Qualität attestiert** once again the high quality of the wine was guaranteed

At·ti·tü·de <-, -n> [atiˈtyːdə] *f meist pl (geh)* posture, gesture, attitude

At·trak·ti·on <-, -en> [atrak'tsi̯oːn] f ❶ *(interessanter Anziehungspunkt)* attraction; **das Riesenrad war die große** ~ the Ferris wheel was the big attraction ❷ *kein pl (geh: Reiz, Verlockung)* attraction

at·trak·tiv [atrak'tiːf] *adj* attractive

At·trak·ti·vi·tät <-, -en> [atraktivi'tɛːt] f *kein pl* attractiveness *no pl*

At·trap·pe <-, -n> [a'trapə] f dummy, fake; [**nur**] ~ **sein** to be [only] a dummy [*or* fake]

At·tri·but <-[e]s, -e> [atri'buːt] nt *(geh)* ❶ LING attribute ❷ *(charakteristisches Kennzeichen oder Sinnbild)* symbol

atü [a'tyː] *Akr von* **Atmosphärenüberdruck**

aty·pisch ['aːtyːpɪʃ] *adj* atypical

ät·zen ['ɛtsn̩] I. vi *(versetzend sein)* to corrode II. vt KUNST *(durch Säure ein~)* to etch; ~ **etw in etw** *akk* ~ to etch sth in sth **ät·zend** *adj* ❶ *(zerfressend wirkend)* corrosive ❷ *(beißend)* Geruch pungent ❸ *(sl: sehr übel)* lousy

Ätz·mit·tel nt CHEM corrosive **Ätz·na·tron** nt *kein pl* CHEM caustic soda *no pl*, sodium hydroxide *no pl* **Ätz·stift** m MED cautery stick

Ät·zung <-, -en> f ❶ MED *(Ver~)* cauterization ❷ KUNST etching

au [au] *interj* ouch, ow; ~ **fein/ja/klasse!** *(fam)* oh great/yeah/brilliant! [*or* AM excellent!]

Au <-, -en> [au] f SÜDD, ÖSTERR s. **Aue**

aua ['aua] *interj* s. **au 1**

Au·ber·gi·ne <-, -n> [obɛr'ʒiːnə] f aubergine BRIT, eggplant AM

au·ber·gi·ne *adj pred*, **au·ber·gi·ne·far·ben** *adj* aubergine[-coloured] BRIT, egg-plant[-colored] AM

auch [aux] I. adv ❶ *(ebenfalls)* too, also, as well; **ich habe Hunger, du** ~? I'm hungry, you too?; **gehst du morgen** ~ **ins Kino?** are you going to the cinema as well tomorrow?; **Gewalt ist aber** ~ **keine Lösung!** violence is no solution either!; **das ist** ~ **möglich** that's also a possibility; **kannst du** ~ **einen Salto rückwärts?** can you do a summersault backwards as well?; **ich will ein Eis!** – **ich** ~! I want an ice-cream! – me too!; ~ **gut** that's ok [too]; **...** ~ **nicht!** not ... either, neither, nor ...; **ich gehe nicht mit!** – **ich** ~ **nicht!** I'm not coming! – nor am I! [*or* me neither!]; **wenn du nicht hingehst, gehe ich** ~ **nicht** if you don't go, I won't either ❷ *(sogar)* even; **der Chef hat eben immer Recht,** ~ **wenn er Unrecht hat!** the boss is always right, even when he's wrong! ▶ WENDUNGEN: **...** aber ~! on top of everything; **so was Ärgerliches aber** ~! that's really too annoying; **verdammt aber** ~! damn and blast it! *fam*; **wozu aber** ~ **sich widersetzen** what's the point in arguing; ~ **das noch!** that's all I need! II. *part* ❶ *(tatsächlich)* too, as well; **so schlecht hat das nun** ~ **wieder nicht geschmeckt!** it didn't taste *that* bad!; **wenn ich etwas verspreche, tu' ich das** ~! If I promise something then I'll do it!; **ich habe das nicht nur gesagt, ich meine das** ~ [so]! I didn't just say it, I mean it too [*or* as well] ! ❷ *interrog (verallgemeinernd)* **so/was/wie** **...** ~ however/whatever ...; **was er** ~ **sagen mag** ... whatever he may say ... ❸ *(einräumend)* ~ **wenn** even if; ~ **wenn das stimmen sollte** even if it were true; **so schnell sie** ~ **laufen mag** however fast she may run ...; **wie sehr du** ~ **flehst** however much you beg; **wie dem** ~ **sei** whatever; **wie dem** ~ **sei, ich gehe jetzt nach Hause** be that as it may, I am going home now ❹ *(zweifelnd)* **ist das** ~ **gut/nicht zu weit?** are you sure it's good/not too far?

Au·di·enz <-, -en> [au'di̯ɛnts] f audience

Au·di·max <-> [audi'maks] nt *kein pl (fam)* kurz für **Auditorium maximum** main lecture hall [*or* theatre [*or* AM -er]]

au·dio·vi·su·ell [audi̯ovi'zu̯ɛl] *adj* audio-visual

Au·di·ti·on <-, -s> [oː'dɪʃn̩] f FILM, THEAT audition

Au·di·to·ri·um <-s, -rien> [audi'toːri̯ʊm, pl: -ri̯ən] nt ❶ SCH auditorium ❷ *(geh: Zuhörerschaft)* audience

Aue <-, -n> ['auə] f DIAL *(liter)* meadow, pasture

Au·er·hahn ['auɐhaːn] m ORN [male/cock] capercaillie **Au·er·hen·ne** f ORN *(weibliches Auerhuhn)* [female/hen] capercaillie **Au·er·huhn** nt ORN capercaillie **Au·er·och·se** ['auɐʔɔksə] m ZOOL aurochs

---

auf [auf]

I. PRÄPOSITION	II. ADVERB
III. INTERJEKTION	IV. KONJUNKTION

I. PRÄPOSITION

❶ +dat on, upon *form;* **er saß** ~ **dem Stuhl** he sat on the chair; **sie kamen** ~ **dem Hügel an** they arrived on the hill; ~ **dem Mond gibt es keine Luft zum Atmen** there's no air to breathe on the moon

❷ +akk *(in Richtung)* on, onto; **das Wrack ist** ~ **den Meeresgrund gesunken** the wreck has sunk to the bottom of the ocean; **sie fiel** ~ **den Rücken** she fell on[to] her back; **sie schrieb etwas** ~ **ein Blatt Papier** she wrote something on a piece of paper; **schmier mir bitte nichts** ~ **die Decke!** please don't make a mess on the tablecloth!; **sie hob das Kind** ~ **den Stuhl** she lifted the child onto the chair; **sie legte sich** ~ **das Bett** she lay down on the bed; ~ **ihn!** [go and] get him!

❸ +akk *(in Bezug auf Inseln)* to; **wann fliegst du** ~ **die Kanaren?** when are you flying to the Canaries?

❹ +dat in; **er verbringt den Winter** ~ **den Bahamas** he spends the winter in the Bahamas; **Kingston liegt** ~ **Jamaika** Kingston is in Jamaica

❺ +akk *(zur)* to; **morgen muss er** ~ **die Post** tomorrow he has to go to the post office

❻ +dat at; **ich habe** ~ **der Bank noch etwas zu erledigen** I still have some business to take care of at the bank; **sein Geld ist** ~ **der Bank** his money is in the bank; **er arbeitet** ~ **dem Finanzamt** he works at the tax office; ~ **der Schule** at school; **warst du schon** ~ **der Polizei?** have you already been to the police?

❼ +akk *(einen Zeitpunkt festlegend)* on; **Heiligabend fällt** ~ **einen Dienstag** Christmas Eve falls on a Tuesday; **die Konferenz muss** ~ **morgen verlegt werden** the conference has to be postponed until tomorrow; **es geht schon** ~ **Ostern zu** it's getting closer to Easter; **ich komme in der Nacht** [von Montag] ~ **Dienstag an** I will arrive on Monday night

❽ +akk *(beschränkend)* to; **das Projekt konnte** ~ **drei Jahre reduziert werden** it was possible to reduce the project to three years; **ich kann es Ihnen nicht** ~ **den Tag genau sagen** I can't tell you exactly to the day; ~ **den Millimeter genau** exact to a millimetre

❾ +dat *(während)* on; ~ **der Busfahrt wurde es einigen schlecht** some people felt sick on the bus ride

❿ +akk *(für)* for; **bleib doch noch** ~ **einen Tee** won't you stay for a cup of tea

⓫ +akk *(um)* upon, after; ~ **etw** ~ **etw** sth upon [*or* after] sth; **Sieg** ~ **Sieg** win after [*or* upon] win

⓬ +akk *(als Reaktion)* at; ■ ~ **etw** [hin] at sth; ~ **seinen Vorschlag** [hin] **wurde er befördert** at his suggestion he was promoted; ~ **meinen Brief hin hat sie bisher nicht geantwortet** she hasn't replied yet to my letter; ~ **seine Bitte** [hin] at his request

⓭ +akk *(sl: in einer bestimmten Art)* **komm mir bloß nicht** ~ **die wehleidige Tour!** don't try the weepy approach on me!; ~ **die Masche falle ich nicht rein** I won't fall for that trick

⑭ +akk *(jdm zuprostend)* to; ~ **uns!** to us!
⑮ +akk *(zu einem Anlass)* to; **wollen wir ~ das Fest gehen?** shall we go to the party?
⑯ *mit Steigerungen (so ... wie möglich)* most + adv; **man begrüßte sie ~ das Herzlichste** she was greeted most warmly; **sie wurden ~ das Grausamste gefoltert** they were tortured most cruelly

II. ADVERB

① *(fam: geöffnet)* open; **Fenster auf!** open the window!; **Augen ~ im Straßenverkehr!** keep your eyes open in traffic!; ~ **sein** to be open; **wie lange sind die Läden heute ~?** how long are the shops open today?
② *(fam: nicht abgeschlossen)* ~ **sein** *Tür, Schloss* to be open [or unlocked]
③ *(fam: nicht mehr im Bett)* [früh/schon] ~ **sein** to be up [early/already]
▸ WENDUNGEN: ~ **und ab** [o **nieder**] *(geh)* up and down; ~ **und davon** *(fort)* up and away

III. INTERJEKTION

① *(los)* ~ **nach Kalifornien!** let's go to California!; **auf, tu was!** come on, do something!
② *(aufgesetzt)* on; **Helme/Masken/Hüte auf!** helmets/masks/hats on!

V. KONJUNKTION

(geh: Äußerung eines Wunsches) ■ ~ **dass ...** that ...; ~ **dass wir uns in Zukunft vertragen mögen!** that we may get on well in the future!

Auf [auf] *nt* ▸ WENDUNGEN: **das/ein ~ und Ab** up and down, to and fro; *(ständiger Wechsel zwischen gut und schlecht)* up and down; **in jedem Leben ist es doch immer ein ~ und Ab** every life has its ups and downs
auf·lar·bei·ten *vt* **①** *(renovieren)* ■ etw ~ to refurbish sth [or sep do up] **②** *(bearbeiten)* ■ etw ~ to get through [or sep finish off] sth; **aufgearbeitete Akten/Korrespondenz** cleared files/correspondence **③** *(bewältigen)* **die Vergangenheit ~** to reappraise the past **④** *(auswerten)* **Literatur ~** to incorporate literature critically
auf·lat·men *vi* **①** *(durchatmen)* to breathe **②** *(seine Erleichterung zeigen)* to heave [or give] a sigh of [or to sigh with] relief; ■ **ein [erleichtetes] A~** a sigh of relief
auf·lba·cken *vt* ■ etw ~ to heat [or crisp] [or warm] up sth *sep*
auf·lbah·ren [ˈaufbaːrən] *vt* **①** *(im Sarg ausstellen)* ■ jdn ~ to lay sb out in state, to lay out sb *sep*; **eine prominente Persönlichkeit ~** to lay a famous person's body out in state; **einen Toten ~** to lay out a dead person; **aufgebahrt sein** to lie in state; **ein aufgebahrter Leichnam** *(geh)* a body lying in state **②** *(offen aufstellen)* **einen Sarg ~** to lay a coffin on a/ the bier; **ein aufgebahrter Sarg** a coffin laid on the bier
Auf·bah·rung <-, -en> *f* laying out, lying in state
Auf·bah·rungs·hal·le *f* funeral parlour [or AM -or]
Auf·bau¹ *m kein pl* **①** *(das Zusammenbauen)* ■ **der ~** assembling, construction **②** *(Schaffung)* **der ~ von Kontakten** the setting up of contacts; **der ~ eines Landes** the building of a state; **der ~ eines sozialen Netzes** the creation of a social network; **der ~ der Wirtschaft/der wirtschaftliche ~** the building up of the economy **③** *(Wiedererrichtung)* reconstruction; **der ~ der Kommunikationsverbindungen** the reinstatement of communications **④** *(Struktur)* structure
Auf·bau² <-bauten> *m* **①** *(Karosserie~)* body[work [or

shell]] **②** *meist pl* NAUT superstructure *no pl, no indef art*
Auf·bau·ar·beit *f* reconstruction work
auf·lbau·en **I.** *vt* **①** *(zusammenbauen)* ■ etw ~ to assemble sth; **einen Motor ~** to assemble an engine **②** *(hinstellen)* ■ etw ~ to set [or lay] out sth *sep*; **ein kaltes Büfett ~** to set [or lay] out *sep* a cold buffet **③** *(wieder ~)* ■ etw ~ to rebuild sth; **ein Haus/Land neu ~** to rebuild a house/country **④** *(schaffen)* ■ etw ~ to build up sth *sep*; **sich** *dat* **eine Existenz ~** to build up an existence [for oneself]; ■ etw ~: **eine Organisation/Bewegung ~** to build up an organization/a movement *sep* **⑤** *(daraufbauen)* **etw [auf etw** *akk*] ~ to add [or build] sth [on sth], to add [on *sep*] sth **⑥** *(wiederherstellen)* **die Gesundheit/seine Kräfte ~** to build up one's health/strength [again] *sep* **⑦** *(basieren)* ■ **etw auf etw** *dat o akk* ~ to base [or construct] sth on sth **⑧** *(fam: durch Förderung zu etw machen)* ■ **jdn [zu etw]** ~ to build up sb *sep* into sth; **jdn zum großen Künstler ~** to build up sb *sep* into [or promote sb as] a great artist **⑨** *(herstellen)* ■ etw ~: **eine Verbindung ~** to make [or form *effect*] a connection; **eine Theorie ~** to construct a theory **⑩** *(strukturieren)* ■ **aufgebaut sein** to be structured **II.** *vi* **①** *(sich gründen)* ■ **auf etw** *dat o akk* ~ to be based [or founded] on sth; **dieses Musikstück baut auf den Regeln der Zwölftonmusik auf** this piece [of music] is based on twelve-tone principles **②** *(mit dem Zusammenbau beschäftigt sein)* to be building; **wir sind noch dabei aufzubauen** we are still building; **bis dahin müssen wir aufgebaut haben** we have to have finished building by then **III.** *vr* **①** *(fam: sich postieren)* ■ **sich vor jdm/etw** ~ to stand up in front of sb, to take up position in front of sth; **sich drohend vor jdm** ~ to plant oneself in front of sb *fam* **②** *(sich gründen)* ■ **sich auf etw** *dat o akk* ~ to be based [or founded] on sth **③** *(sich bilden)* ■ **sich** ~ to build up; **die Regenwolken bauten sich auf** the rainclouds started to build up **④** *(bestehen aus)* ■ **sich aus etw** ~ to be built up [or composed] of sth
Auf·bau·hil·fe *f* reconstruction aid
auf·lbäu·men *vr* **①** *(sich ruckartig aufrichten)* ■ **sich** ~ to convulse; **sich vor Schmerz** ~ to be convulsed] with pain; *Pferd* to rear [up] **②** *(geh: sich auflehnen)* ■ **sich gegen jdn/etw** ~ to revolt [or rebel] against sb/sth; ■ **A~** revolt
auf·lbau·schen **I.** *vt* **①** *(übertreibend darstellen)* ■ etw [zu etw] ~ to blow up sth *sep* [into sth], to exaggerate sth **②** *(blähen)* ■ etw ~ to fill [or swell] [or belly] [out *sep*] sth; **mit aufgebauschten Segeln** in [or under] full sail **II.** *vr* *(scheinbar bedeutender werden)* ■ **sich zu etw** ~ to be blown up to sth
Auf·bau·stu·di·um *nt* research studies *npl*
auf·lbe·geh·ren* *vi* **①** [gegen jdn/etw] ~ *(geh)* to rebel [or revolt] [against sb/sth]; ■ ~d rebelling **②** SCHWEIZ *(protestieren)* to protest [against sb/sth]; ■ **A~** protest
auf·lbe·hal·ten* *vt irreg* ■ etw ~ to keep sth on *sep*
auf·lbei·ßen *vt irreg* ■ etw ~ to open sth using [or with] one's teeth; **eine Nuss ~** to crack a nut with one's teeth; **eine Verpackung ~** to bite open packaging *sep*; **sich** *dat* **die Lippe ~** to bite one's lip [and make it bleed]
auf·lbe·kom·men* *vt irreg (fam)* ■ etw ~ **①** *(öffnen)* to get sth open; **lässt sich die Schublade ohne Schlüssel ~?** can the drawer be opened without a key? **②** *(zu erledigen erhalten)* to get sth as homework; **wir haben heute sehr viel ~** we were given a lot of homework today
auf·lbe·rei·ten* *vt* ■ etw ~ **①** *(durch Reinigung ver-*

wendungsfähig machen) to process sth; **Erz** ~ to dress [*or* prepare] ore; **Trinkwasser** ~ to purify [*or* treat] water ⓶ *(bearbeiten)* to edit sth; **etw literarisch** ~ to turn sth into literature; **etw dramaturgisch** ~ to adapt sth for the theatre [*or* AM -er]

Auf·be·rei·tung <-, -en> *f* ⓵ *(das Aufbereiten)* processing; **die** ~ **von Erz** the dressing [*or* preparation] of ore; **die** ~ **von** [Trink]wasser the purification [*or* treatment] of water ⓶ *(Bearbeitung)* editing

Auf·be·rei·tungs·an·la·ge *f* processing [*or* treatment] plant

auf|bes·sern *vt* ■ **etw** ~ to improve sth; **ein Gehalt** ~ to increase a salary

Auf·bes·se·rung <-, -en> *f* improvement; ~ **eines Gehalts** an increase in salary (+*gen* in)

auf|be·wah·ren* *vt* ■ **etw** ~ ⓵ *(in Verwahrung nehmen)* to keep sth; **jds Dokumente/Wertsachen** ~ to look after sb's documents/valuables, to have sb's documents/valuables in one's keeping ⓶ *(lagern)* to store sth; **kühl und trocken aufbewahren!** keep in a cool dry place

Auf·be·wah·rung <-, -en> *f* ⓵ *(Verwahrung)* [safe]keeping; ~ **einer hinterlegten Sache** storage of a deposited item; **einen Koffer in** ~ **geben** to deposit a suitcase [at the left luggage [*or* AM baggage room]]; **jdm etw zur** [sicheren] ~ **anvertrauen** [*o* **übergeben**] to give sth to sb for [*or* put sth in[to] sb's] safekeeping ⓶ *(fam: Gepäck~)* left-luggage [office] [*or* AM baggage room]

Auf·be·wah·rungs·ort *m* **etw an einen sicheren** ~ **bringen** to put sth in a safe place; **ein geeigneter** ~ **für etw** the right place to keep sth

auf|bie·ten *vt irreg* ⓵ *(einsetzen)* ■ **jdn/etw** ~ to muster sb/sth; **die Polizei** ~ to call in the police *sep;* **Truppen** ~ to call in *sep* [*or* mobilize] troops ⓶ *(aufwenden)* ■ **etw** ~ to muster [*or* summon] [*or* gather] sth ⓷ *(zur Vermählung ausschreiben)* ■ **aufgeboten werden** to have one's ban[n]s published

Auf·bie·tung <-> *f kein pl* ⓵ *(Einsatz)* mustering; *von Polizei, Militär* calling in; **die** ~ **von Truppen** to mobilize [*or* call in] troops; **unter** ~ **einer S.** *gen/von etw* with the employment [*or* use] of sth; **unter** ~ **von Truppen** with the mobilization of troops ⓶ *(das Aufbieten)* summoning, gathering, mustering; **unter** [*o* **bei**] ~ **aller Kräfte** with the utmost effort, by summoning all one's strength

auf|bin·den *vt irreg* ⓵ *(öffnen, lösen)* ■ [jdm] **etw** ~ to untie [*or* undo] [sb's] sth ⓶ *(hoch binden)* **Haare** ~ to put up hair *sep;* **Zweige** ~ to tie together twigs *sep* ⓷ *(auf etw befestigen)* ■ **etw** [auf etw *akk*] ~ to fasten [*or* tie] sth on[to] sth, to fasten [*or sep* tie down] sth; ■ **jdm/sich etw** ~ to fasten [*or* tie] sth on sb/sth; **jdm/sich etw auf den Rücken** ~ to hitch sth on[to] sb's/one's back ⓸ *(fam: weismachen)* ■ **jdm etw** ~ to make sb fall for sth; **jdm eine Lüge** ~ to tell sb a lie; **das lasse ich mir von dir nicht** ~! I'm not going to fall for that! ⓹ TYPO *(einbinden)* ■ **etw** ~ to bind sth

auf|blä·hen I. *vt* ⓵ *(füllen)* ■ **etw** ~ to fill [*or* blow] out sth *sep;* ■ **aufgebläht** inflated ⓶ MED *(blähen)* ■ **etw** ~ to distend sth; ■ **aufgebläht** distended, swollen ⓷ *(aufbauschen)* ■ **etw** ~ to inflate sth; ■ **aufgebläht** inflated; **bis ins Groteske aufgebläht** blown out of all recognition *pred* ⓸ *(übersteigern)* ■ **aufgebläht** [sein] [to be] inflated; **aufgeblähter Verwaltungsapparat** bloated administrative machinery II. *vr* ■ **sich** ~ ⓵ *(sich füllen)* to fill ⓶ MED *(sich blähen)* to become distended [*or* swollen] ⓷ *(pej: sich wichtigmachen)* to puff oneself up; ■ **aufgebläht** puffed-up

auf·blas·bar *adj* inflatable

auf|bla·sen *irreg* I. *vt* ■ [jdm] **etw** ~ to inflate sth [for sb]; **einen Luftballon/eine Papiertüte** ~ to blow up

sep [*or* inflate] a balloon/paper bag; ■ [etw] **zum Aufblasen sein** to be inflatable; **eine Puppe zum A~** an inflatable doll II. *vr* ■ **sich** ~ *(pej: sich wichtigmachen)* to puff oneself up; ■ **aufgeblasen** [sein] [to be] puffed-up

auf|blei·ben *vi irreg sein* ⓵ *(nicht zu Bett gehen)* to stay up ⓶ *(geöffnet bleiben)* to stay open

auf|blen·den I. *vi* ⓵ AUTO to turn up the headlights *sep,* to turn the headlights on [full [*or* AM high] beam]; **aufgeblendet** [*o* **mit aufgeblendeten Scheinwerfern**] **fahren** to drive with one's headlights on full beam ⓶ FOTO to increase the aperture II. *vt* AUTO **die Scheinwerfer** ~ to turn up the/one's headlights *sep;* **die Scheinwerfer kurz** ~ to flash the/one's headlights

auf|bli·cken *vi* ⓵ *(nach oben sehen)* ■ [zu jdm/etw] ~ to look up [at sb/sth]; [zu jdm/etw] **kurz** ~ to glance up [at sb/sth] ⓶ *(als Vorbild verehren)* ■ **zu jdm** ~ to look up to sb

auf|blin·ken *vi* ⓵ AUTO *(kurz aufblenden)* to flash [one's headlights] ⓶ *(kurz blinken)* to flash, to blink

auf|blit·zen *vi* ⓵ *haben (kurz aufleuchten)* to flash ⓶ *sein (plötzlich auftauchen)* ■ [bei/in jdm] ~ to flash through sb's mind; **der Gedanke blitzte in ihm auf** the thought flashed through his mind; *Hass, Kampfeswille* to flare up [in sb]; **in seinen Augen blitzte es zornig auf** his eyes flashed angrily

auf|blü·hen *vi sein* ⓵ *(Blume)* to bloom; *Knospe, Baum* to blossom [out]; [voll] **aufgeblühte Blumen** flowers in [full] bloom ⓶ *(aufleben)* to blossom out ⓷ *(geh: sich entwickeln)* to [begin to] flourish [*or* thrive]

auf|bo·cken *vt* ■ **etw** ~ to jack up sth *sep*

auf|boh·ren *vt* ■ **etw** ~ to drill open sth *sep;* ■ **das A~** drilling open

auf|brau·chen *vt* ■ **etw** ~ to use up sth *sep;* ■ **sich** ~ to get used up; **meine Geduld ist aufgebraucht** my patience is exhausted

auf|brau·sen *vi sein* ⓵ *(wütend werden)* to flare up, to fly into a temper, to fly off the handle ⓶ *(schäumen)* to fizz [up] ⓷ *(plötzlich einsetzen)* to break out; *Jubel a.* to burst forth

auf|brau·send *adj* quick-tempered, irascible; ■ ~ **sein** to be quick-tempered [*or* irascible], to be liable to fly off the handle

auf|bre·chen *irreg* I. *vt haben* ■ **etw** ~ ⓵ *(gewaltsam öffnen)* to break [*or* force] open sth *sep;* **ein Auto/einen Tresor** ~ to break into a car/strongroom; **einen Deckel** ~ to force [*or* BRIT prise] [*or* AM prize] [off *or* open] *sep*] a lid; **ein Schloss** ~ to break open a lock *sep,* to force [open *sep*] a lock ⓶ *(geh: zur Öffnung bringen)* to break down sth *sep* II. *vi sein* ⓵ *(aufplatzen)* to break up, to split; *Knospe* to [burst] open; *Wunde* to open ⓶ *(erneut sichtbar werden)* to break out ⓷ *(sich auf den Weg machen)* to start [*or* set] off [*or* out]; **ich glaube, wir müssen** ~ I think we've got to go, I think we ought to go

auf|bre·zeln *vr (fam)* to get all dolled up *pej*

auf|brin·gen *vt irreg* ⓵ *(bezahlen)* ■ **etw** ~ to pay sth; **Geld** ~ to raise [*or* find] money ⓶ *(mobilisieren)* ■ **etw** ~ to summon [up *sep*] sth ⓷ *(erzürnen)* ■ **jdn** [gegen jdn/etw] ~ to irritate sb, to set sb against sb/sth; *s. a.* **aufgebracht** ⓸ *(ins Leben rufen)* ■ **etw** ~ to start sth; **ein Gerücht** ~ to put about a rumour [*or* AM -or] *sep* ⓹ NAUT *(erobern)* **ein Schiff** ~ to capture [*or* seize] a ship ⓺ DIAL *(aufbekommen)* ■ **etw** ~ to get sth open; **einen Knoten** ~ to undo [*or* untie] a knot; ■ **aufgebracht werden** to be opened ⓻ *(auftragen)* ■ **etw** [auf etw *akk*] ~ to apply sth [to sth]; **Farbe** ~ to apply paint

Auf·bruch *m* ⓵ *kein pl (das Aufbrechen)* departure; **das Zeichen zum** ~ **geben** to give the signal to set off [*or* out] ❷ *(geh: Erneuerung)* emergence, awakening *liter;* **eine Zeit des ~s** a time of change [*or* new departures] ❸ *(Frost~)* crack

Auf·bruchs·stim·mung f ❶ *(Gefühl, aufbrechen zu wollen)* atmosphere of departure; **~ kam langsam [unter den Gästen] auf** the party started to break up; **hier herrscht schon ~** it's [*or* they are] all breaking up; **es herrschte allgemeine ~ [unter den Gästen]** the party was breaking up; **in ~ sein** to be wanting [*or* ready] to go ❷ *(Stimmung der Erneuerung)* atmosphere of awakening

auf|brü·hen vt ■ **etw ~** to brew up *sep* sth; ■ **[jdm/sich] einen Tee/eine Tasse Kaffee ~** to make [*or* brew] [sb/oneself] a [cup of] tea/coffee

auf|brum·men vt *(fam)* ■ **jdm etw ~** to land sb with sth *fam;* **man hat mir schon wieder den Küchendienst aufgebrummt!** I'm landed with kitchen duties again!

auf|bür·den vt *(geh)* ❶ *(jdn mit etw belasten)* ■ **jdm etw ~** to encumber sb with sth [*or form* load sth on to sb] ❷ *(jdm geben)* **jdm die Schuld ~** to put the blame on [*or form* impute the guilt to] sb; **jdm die Verantwortung ~** to burden [*or* saddle] sb with the responsibility

auf|de·cken **I.** vt ❶ *(enthüllen)* ■ **etw ~** to uncover [*or* discover] sth; **einen schwierigen/ungelösten Fall ~** to unravel a difficult/an unsolved case; **ein Rätsel ~** to solve a riddle ❷ *(geh: bloßlegen)* ■ **etw ~** to lay bare sth *sep,* to expose sth; **Fehler ~** to discover [*or* identify] mistakes ❸ KARTEN *(umdrehen)* **die Karten ~** to show one's cards [*or* hand] ❹ *(auf den Esstisch stellen)* ■ **etw ~** to put sth on the table, to lay [*or* AM set] the table with sth ❺ *(zurückschlagen)* ■ **etw ~** to fold down sth *sep* ❻ *(jds Bett zurückschlagen)* ■ **jdn ~** to throw off sb's blankets *sep* **II.** vi *(den Tisch decken)* to lay [*or* AM set] the table

Auf·de·ckung <-, -en> f ❶ *(Enthüllung)* exposure, discovery; *(eines Falls)* solving; *(eines Rätsels)* solution (+*gen* to) ❷ *(geh: Bloßlegung)* exposure; *von Fehlern* discovery

auf|don·nern vr *(pej fam)* ■ **sich ~** to doll [*or* BRIT *a.* tart] oneself up *pej fam;* ■ **aufgedonnert** dolled [*or* BRIT *a.* tarted] up *pej fam;* ■ **aufgedonnert sein** to be dolled [*or* BRIT *a.* tarted] up *pej fam*

auf|drän·gen **I.** vt ■ **jdm etw ~** to force [*or* push] [*or* impose] sth on sb **II.** vr ■ **sich jdm ~** ❶ *(aufzwingen)* to force [*or* impose] oneself/itself on sb; **ich will mich nicht ~** I don't want to impose [myself] ❷ *(in den Sinn kommen)* **der Gedanke drängte sich ihm auf** the thought came to [*or* struck] him, he couldn't help thinking

auf|dre·hen **I.** vt ■ **etw ~** ❶ *(durch Drehen öffnen)* to turn on sth *sep;* **eine Flasche/ein Ventil ~** to open a bottle/valve; **einen Schraubverschluss ~** to unscrew a cap ❷ *(fam: lauter stellen)* to turn up sth *sep;* **voll aufgedreht** turned up full *pred* ❸ DIAL *(aufziehen)* to wind up sth *sep* ❹ *(zu Locken rollen)* to curl sth **II.** vi *(fam)* ❶ *(loslegen)* to get going; ■ **aufgedreht sein** to be full of go ❷ *(beschleunigen)* **[voll] ~** to floor [*or* step on] the accelerator

auf·dring·lich adj ❶ *(zudringlich)* obtrusive, importunate *form,* pushy *fam;* **ein ~er Mensch** an insistent person; ■ **~ werden** to become obtrusive, to get pushy *fam* ❷ *(zu intensiv)* **ein ~er Geruch** a pungent [*or* powerful] smell ❸ *(schreiend)* loud, powerful; ■ **~ sein** to be loud [*or* powerful]

Auf·dring·lich·keit <-, -en> f ❶ *(Zudringlichkeit)* obtrusiveness *no pl,* importunateness *no pl form,* pushiness *no pl,* insistence *no pl* ❷ *(zu intensive Art)* pungency *no pl* ❸ *(grelle Gestaltung)* loudness *no pl*

auf|drö·seln vt *(fam)* ■ **etw ~** to unravel sth; **einen Knoten ~** to undo [*or* untie] a knot

Auf·druck <-drucke> m ❶ *(aufgedruckter Hinweis)* imprint, stamp ❷ *(Zusatzstempel auf Briefmarke)* overprint

auf|dru·cken vt ■ **etw [auf etw** akk**] ~** to print sth on sth, to apply sth [to sth] *form*

auf|drü·cken **I.** vt ❶ *(durch Dagegendrücken öffnen)* ■ **etw ~** to push open sth *sep* ❷ *(durch Knopfdruck öffnen)* ■ **etw ~** to open sth [by pressing a/the button] ❸ *(mit etw darauf drücken)* ■ **etw [auf etw** akk**] ~** to press [down on] [*or* press sth on] sth ❹ ■ **jdm einen ~** *(fam)* to give sb a kiss [*or fam* quick peck]; *(schmatzend)* to give sb a smacker *fam* **II.** vi *(die Tür elektrisch öffnen)* to open the door [by pressing a/the button]

auf·ei·nan·der [aufˈʔaiˈnandɐ] adv ❶ *(räumlich)* on top of each other [*or* one another] ❷ *(gegeneinander)* **~ losgehen/losschlagen** to hit away at/charge at each other [*or* one another] ❸ *(wechselseitig auf den anderen)* **~ angewiesen sein** to be dependent on each other [*or* one another]; **sich ~ verlassen** to rely on each other [*or* one another]; **~ zugehen** to approach each other [*or* one another]

auf·ei·nan·der|fol·gen vi to follow [*or* come after] each other [*or* one another]; **dicht ~** to come thick and fast *a. hum* **auf·ei·nan·der·fol·gend** adj successive; **eng ~** thick and fast *a. hum* **auf·ei·nan·der|häu·fen** vt ■ **etw ~** to pile sth on top of one another **auf·ei·nan·der|le·gen** vt ■ **etw ~** to put [*or* lay] sth on top of each other [*or* one another] **auf·ei·nan·der|lie·gen** vi irreg to lie on top of each other [*or* one another] **auf·ei·nan·der|pral·len** vi irreg sein *(zusammenstoßen)* to collide, to bump into each other; *Truppen* to clash; **[hart] ~** *Meinungen* to clash **auf·ei·nan·der|schich·ten** vt ■ **etw ~** to put sth in layers one on top of the other; **Holz ~** to stack wood [in layers] **auf·ei·nan·der|stel·len I.** vt ■ **etw ~** to put [*or* place] sth on top of each other [*or* one another] **II.** vr ■ **sich** akk **~** to get on top of each other [*or* one another] **auf·ei·nan·der|sto·ßen** vi irreg sein *(in ein Handgemenge geraten)* to clash **auf·ei·nan·der|tref·fen** vi irreg sein *(zum Kampf zusammentreffen)* to meet; *(in konträrer Weise geäußert werden)* to come into conflict; **[hart] ~** to clash

Auf·ent·halt <-[e]s, -e> [ˈaufˈʔɛnthalt] m ❶ *(das Verweilen)* stay ❷ *(das Wohnen)* residence ❸ *(Aufenthaltsort)* place of residence, domicile *form,* abode *form;* **ständiger ~** permanent address [*or form* abode]; **in einer Stadt/einem Land [dauernden] ~ nehmen** *(geh)* to take up [permanent] residence in a city/country ❹ BAHN *(Wartezeit)* stop[over]; **wie lange haben wir in Köln ~?** how long do we have to wait [for] in Cologne?, how long do we stop [for] in Cologne?

Auf·ent·hal·ter(in) <-s, -> m(f) SCHWEIZ non-permanent [*or* foreign] resident; JUR resident alien

Auf·ent·halts·dau·er f length [*or* duration] of [one's] stay **Auf·ent·halts·er·laub·nis** f residence permit **Auf·ent·halts·ort** m whereabouts + *sing/pl vb;* JUR [place of] residence, abode *form;* **ständiger ~** permanent address [*or form* abode] **Auf·ent·halts·raum** m day room; *(in Firma)* recreation room; *(auf Flughafen)* lounge

auf|er·le·gen [ˈaufˈʔɛɐleːgn̩] vt *(geh)* ■ **jdm etw ~** to impose sth on sb; **jdm eine Strafe ~** to impose [*or* inflict] a punishment on sb; ■ **jdm ~, etw zu tun** to enjoin sb to do sth *form or liter*

auf|er·ste·hen vi irreg sein REL to rise from the dead; *Christus* to rise again; ■ **der Auferstandene** the risen Christ; **Christus ist auferstanden!** Christ is risen!

Auf·er·ste·hung <-, -en> f REL resurrection; **Christi ~** the Resurrection [of Christ]; **~ feiern** *(hum fam)* to

enjoy a comeback

Auf·er·ste·hungs·fest *nt* Feast of the Resurrection

auf|es·sen *irreg* I. *vt* ■ **etw ~** to eat up sth *sep* II. *vi* to eat up [everything] *sep*

auf|fä·deln *vt* ■ **etw ~** to thread [*or* string] together sth *sep*

auf|fah·ren *irreg* I. *vi sein* ➊ *(mit einem Stoß darauf fahren)* ■ **auf jdn/etw ~** to run [*or* drive] into sb/sth; **auf eine Sandbank ~** to run [aground] on a sandbank ➋ *(näher heranfahren)* ■ **auf jdn/etw ~** to drive [*or* move] up [to sb/sth]; **zu dicht ~** to drive too close behind [the car ahead], to tailgate; **mein Hintermann fährt dauernd so dicht auf!** the car behind me is right on my tail all the time, the car behind me is tailgating ➌ *(hinauffahren)* ■ **auf etw** *akk* **~** to drive on[to] sth ➍ *(hochschrecken)* to start [up]; [**aus dem Schlaf]** to awake with a start [*or* fright] ➎ *(aufbrausen)* to fly into a rage; ■ **auffahrend** irascible; *Mensch a.* quick-tempered II. *vt haben* ■ **etw ~** ➊ *(anfahren)* **Erde/Kies ~** to put down earth/gravel *sep* ➋ MIL *(in Stellung bringen)* to bring up sth *sep*, to bring sth into action ➌ *(sl: herbeischaffen)* to dish [*or* serve] up sth *sep*; **fahr noch mal Bier auf!** bring another round in! *fam* ➍ *(ins Felde führen)* to bring on [*or* forward] sth *sep*; *s. a.* **Geschütz**

Auf·fahrt *f* ➊ *(Autobahn~)* [motorway [*or* AM freeway]] slip [*or* approach] road [*or* AM ramp] ➋ *kein pl (das Hinauffahren)* climb, ascent ➌ *(ansteigende Zufahrt)* drive[way] ➍ SCHWEIZ *s.* **Himmelfahrt**

Auf·fahr·un·fall *m* collision; *(von mehreren Fahrzeugen)* pile-up

auf|fal·len *vi irreg sein* ➊ *(positiv bemerkt werden)* [jdm/bei jdm] [angenehm/positiv] **~** to make a good/positive impression on sb ➋ *(negativ bemerkt werden)* ■ [als etw] **~** to attract attention [*or fam* stick out] [as sth]; **nur nicht ~!** don't go attracting attention!, just keep low! [*or* a low profile]; [bei jdm] [negativ/unangenehm] **~** to make a negative/bad impression on sb ➌ *(besonders bemerkt werden)* ■ [jdm] **~** to come to sb's attention [*or* notice], to stand out; **sie fällt durch ihre weißen Haare auf** her white hair makes her stand out ➍ *(als auffallend bemerkt werden)* **ist Ihnen etwas Ungewöhnliches aufgefallen?** did you notice anything unusual?; **der Fehler fällt nicht besonders auf** the mistake is not all that noticeable; **fällt dieser Fleck/dieses Loch an meinem Kleid auf?** does this stain show on/does this hole show in my dress?; **was fällt dir an dem Gedicht auf?** what does this poem tell you?; ■ **jdm ~, dass ...** sb has noticed that ...

auf·fal·lend I. *adj (ins Auge fallend)* conspicuous, noticeable; **~e Ähnlichkeit/Schönheit** striking likeness/beauty; ■ **~ sein** to be strange [*or* peculiar]; **das A~[st]e an ihm sind die roten Haare** the [most] striking thing about him is his red hair II. *adv* ➊ *(in ~er Weise)* strangely, oddly ➋ ■ **stimmt ~!** *(fam)* too true!, how right you are!

auf·fäl·lig I. *adj* conspicuous; **~e Farbe/Kleidung** conspicuous [*or* loud] colour [*or* AM -or] /clothing; **~e Narbe** conspicuous [*or* prominent] scar; **~er geht's nicht mehr** he/they etc. couldn't make it more conspicuous [*or* obvious] if he/they etc. tried; **sozial ~** displaying social behavioural problems; ■ **an jdm ~ sein** to be noticeable about sb; **~ an ihm sind seine grauen Haare** what is noticeable about him is his grey hair; ■ **etwas A~es** something conspicuous [*or* remarkable]; **ihr neuer Hut hatte etwas A~es** her new hat had something remarkable about it II. *adv* conspicuously; **er hielt sich in der Diskussion ~ zurück** it was conspicuous how little he took part in the discussion

auf|fal·ten I. *vt* ■ **etw ~** to unfold sth II. *vr* ■ **sich ~** ➊ *(von Fallschirm)* to open ➋ GEOL *(sich verwerfen)* to fold upwards, to upfold *spec*

Auf·fang·be·cken *nt* ➊ *(Sammelbecken)* collecting tank ➋ *(Sammlungsbewegung)* focal point

auf|fan·gen *vt irreg* ➊ *(einfangen)* ■ **etw ~** to catch sth ➋ *(mitbekommen)* ■ **etw ~** to catch sth ➌ TELEK *(zufällig über Funk mithören)* ■ **etw ~** to pick up sth *sep* ➍ *(kompensieren)* ■ **etw ~** to offset [*or* counterbalance] sth ➎ *(sammeln)* ■ **etw ~** to collect [*or* catch] sth ➏ AUTO *(abfangen)* ■ **jdn/etw ~** to cushion sb/sth, to absorb sth ➐ SPORT *(abwehren)* ■ **etw ~** to block [*or* intercept] sth

Auf·fang·la·ger *nt* reception camp [*or* centre [*or* AM -er]]

auf|fas·sen *vt* ■ **etw** [als etw *akk*] **~** to interpret [*or* understand] sth [as sth]; **etw falsch ~** to interpret [*or* understand] sth wrongly, to misinterpret [*or* misunderstand] sth

Auf·fas·sung *f* ➊ *(Meinung)* opinion, view; **ich bin der ~, dass ...** I think [that]...; **nach jds ~, jds ~ nach** in sb's opinion, to sb's mind; **nach katholischer ~** according to the Catholic faith ➋ *kein pl (Auffassungsgabe)* perception

Auf·fas·sungs·ga·be *f kein pl* perception, grasp

auf|fie·ren *vt* NAUT ■ **die Schoten ~** *(lockern)* to loosen the ropes

auf·find·bar *adj* ■ **etw ist** [nicht] **~** it is[n't] to [*or* can['t]] be found; **etw ~ machen** to show where sth can be found

auf|fin·den *vt irreg* ■ **jdn/etw ~** to find [*or* discover] sb/sth; ■ **etw ist nicht/nirgends aufzufinden** sth cannot be found/sth cannot be found anywhere

auf|fi·schen *vt* ➊ *(fam)* ■ **jdn/etw ~** to fish out sb *sep*, to fish up sth *sep* ➋ *(sl)* ■ **jdn ~** to dig up sb *sep fam*

auf|fla·ckern *vi sein (geh)* to flare up, to kindle *liter*

auf|flam·men *vi sein* ➊ *(flammend aufleuchten)* to flare up; **etw zum A~ bringen** to make sth flare up; **etw wieder zum A~ bringen** to rekindle sth ➋ *(geh: gewaltig losbrechen)* to flare up

auf|flie·gen *vi irreg sein* ➊ *(hoch fliegen)* to fly up, to soar [up]; **~d** soaring ➋ *(sich jäh öffnen)* to fly open ➌ *(fam: öffentlich bekannt werden)* to be busted *fam; Betrug, Machenschaften so* to be blown *fam*; ■ **jdn/ etw ~ lassen** to blow sb/sth *fam,* to shop sb *sl* ➍ *(fam: jäh enden)* to break up; ■ **etw ~ lassen** to blow sth *fam*

auf|for·dern *vt* ➊ *(ersuchen)* ■ **jdn ~, etw zu tun** to ask [*or* form request] sb to do sth; **wir fordern Sie auf, ...** you are requested ... ➋ *(von jdm eine bestimmte Tätigkeit fordern)* **jdn zum Bleiben ~** to ask [*or form* call upon] sb to stay; **jdn zum Gehen/ Schweigen ~** to ask [*or* tell] sb to go/to be quiet ➌ *(zum Tanz bitten)* ■ **jdn ~** to ask sb to dance [*or* for a dance]

auf|for·dernd I. *adj* inviting II. *adv* invitingly

Auf·for·de·rung *f* request; *(stärker)* demand; **auf die ausdrückliche ~** at the express request; **gerichtliche ~** summons; **~ zum Tanz** invitation to dance

auf|fors·ten ['aʊfɔrstn̩] I. *vt* ■ **etw** [wieder] **~** to [re]afforest sth; **das A~** afforestation; **das A~ von Brachland** the afforestation of fallow land II. *vi* to plant trees; **man ist dabei aufzuforsten** they are doing some reafforesting

auf|fres·sen *irreg* I. *vt* ➊ *(verschlingen)* ■ **jdn/etw ~** to eat up sb/sth *sep; die Beute ~* to devour its prey; **ich fress' dich** [deswegen] **nicht auf!** I'm not going to bite your head off [because of it]! ➋ *(fig: erschöpfen)* ■ **jdn ~** to exhaust sb II. *vi* to eat up all its food *sep*

auf|fri·schen I. *vt haben* ➊ *(reaktivieren)* **frühere**

A

athat... **auffordern, verlangen**

jemanden auffordern	asking someone
Kannst du grade mal kommen?	Can you just come here **for a minute**?
Besuch mich **doch mal**.	Do come and visit me.
Denk dran, mich heute Abend anzurufen.	**Don't forget** to phone me this evening.
Ich muss Sie bitten, den Raum zu verlassen. *(form)*	I must ask you to leave the room.

zu gemeinsamem Handeln auffordern	inviting a shared activity
Auf geht's! *(fam)*	Let's go!
An die Arbeit!/Fangen wir mit der Arbeit **an!**	(**Let's get**) to work!/**Let's get down to** work!
Lasst uns mal in Ruhe darüber reden.	**Let's just** talk about it calmly.
Wollen wir jetzt nicht endlich mal damit anfangen?	**Shall we finally** make a start on it?

verlangen	demanding
Ich will/bestehe darauf, dass du gehst.	I want you to go/insist (that) you go.
Ich verlange eine Erklärung von Ihnen.	I demand an explanation from you.
Das ist das Mindeste, was man verlangen kann.	That is the least one can expect.

Beziehungen/Freundschaften ~ to renew [earlier] relationships/friendships; **seine Erinnerungen** ~ to refresh one's memories; **seine Kenntnisse** ~ to polish up one's knowledge *sep;* **sein Französisch** ~ to brush up one's French *sep* ➋ *(erneuern)* ▪einen **Anstrich** ~ to brighten up a coat of paint *sep;* **sein Make-up** ~ to retouch [or *sep* touch up] one's make-up ➌ MED **eine Impfung** ~ to boost an inoculation ➍ *(ergänzen)* **Vorräte** ~ to replenish stocks **II.** *vi sein o haben: Wind* to freshen, to pick up; ▪ **~d** freshening ▪ *vi impers sein* ▪ **es frischt auf** it's getting [or becoming] cooler [or fresher]
Auf·fri·schungs·imp·fung *f* booster [inoculation *form*]
auf·füh·ren I. *vt* ➊ *(spielen)* **Shakespeare/ein Theaterstück** ~ to perform [or put on] [or stage] Shakespeare/a play; **Wagner/ein Musikwerk** ~ to perform Wagner/a piece of music ➋ *(auflisten)* ▪**jdn/ etw** ~ to list sb/sth; **etw im Einzelnen** ~ to itemize sth; **ich will jetzt nicht alles im Einzelnen** ~ I don't want to go into details; **Beispiele** ~ to cite [or give] [or quote] examples; **Zeugen** ~ to cite witnesses **II.** *vr (sich benehmen)* ▪ **es frisch auf** to behave; **sich so** ~**, als ob ...** to act as if ...; **führ dich wegen so einer Lappalie nicht gleich so auf!** don't make a scene about such a petty matter!
Auf·füh·rung *f* ➊ *(Darbietung)* performance; **die** ~ **eines Theaterstücks** the staging [or performance] of a play; **die** ~ **eines Musikstücks** the performance of a piece of music; **jdn/etw zur** ~ **bringen** *(geh)* to perform sb/sth; **zur** ~ **kommen** [o **gelangen**] *(geh)* to be performed ➋ *(Auflistung)* listing; **von Beispielen** citing, giving, quoting; **von Zeugen** citing; **einzelne** ~ itemization; **zur** ~ **kommen** to be listed etc.
Auf·füh·rungs·recht *nt* performing [or dramatic] rights *npl*
auf·fül·len I. *vt* ➊ *(vollständig füllen)* ▪**etw [mit etw]** ~ to fill up sth *sep* [with sth] ➋ *(nachfüllen)* ▪**jdm etw [mit etw]** ~ to top up sth *sep* [with sth] for sb; **Öl** ~ to top up the oil *sep;* **Benzin** ~ to tank [or fill] up **II.** *vi (nachfüllen)* ▪**jdm etw** ~ to serve sb; **darf ich Ihnen noch** ~**?** *(das Glas ~)* may I top you [or your glass] up?
Auf·ga·be¹ *f* ➊ *(Verpflichtung)* job, task; **jds** ~ **sein, etw zu tun** to be sb's job [or task] [or responsibility] to do sth; **sich** *dat* **etw zur** ~ **machen** to make sth one's job [or business]; **sich** *dat* **zur** ~ **machen, etw zu tun** to make it one's business to do sth ➋ *meist pl* SCH *(Übungs~)* exercise; *(Haus~)* homework *no pl* ➌ *(zu lösendes Problem)* question; **eine schwierige** ~ **lösen** to solve a difficult problem ➍ *(Zweck)* purpose ➎ *(das Aufgeben von Gepäck)* registering, registration; LUFT checking-in ➏ *(das Abschicken von Briefen, Päckchen)* posting, sending off
Auf·ga·be² <-> *f kein pl* ➊ *(Verzicht auf weiteren Kampf)* surrender; ~ **des Kampfes** cessation of fighting ➋ SPORT *(freiwilliges Ausscheiden)* withdrawal, retirement; **Sieg durch** ~ *(in Boxen)* technical knockout ➌ *(das Aufgeben)* **von etw giving up sth** ➍ *(das Fallenlassen)* dropping; **von Hoffnungen** abandonment ➎ *(Einstellung)* closing down, giving up ➏ *(das Abbrechen)* abandonment, dropping
auf·ga·beln *vt* ➊ *(fam: kennen lernen)* ▪**jdn** ~ to pick [or dig] up sb *sep fam* ➋ *(mit der Forke aufladen)* ▪**etw** ~ to fork up sth *sep*
Auf·ga·ben·be·reich *m*, **Auf·ga·ben·ge·biet** *nt* area of responsibility, purview *form* **Auf·ga·ben·heft** *nt* SCH homework book **Auf·ga·ben·stel·lung** *f* ➊ SCH *(geh)* setting of [one's] homework ➋ *(gestellte Aufgabe)* type of problem **Auf·ga·ben·ver·tei·lung** *f* allocation of responsibilities [or tasks]; SCH allocation of exercises
Auf·gang <-gänge> *m* ➊ *(das Erscheinen)* rising; **von Planeten** a. ascent ➋ *(aufwärtsführende Treppe)* staircase, stairs *npl;* **zwei Aufgänge** two staircases [or sets of stairs]; **im** ~ *(fam)* on the stairs [or staircase]
auf·ge·ben¹ *vt irreg* ➊ *(zu lösen geben)* ▪**jdm etw** ~ to pose sth for sb ➋ SCH *(die Anfertigung von etw anordnen)* ▪**jdm] etw** ~ to give [or set] [sb] sth ➌ *(zu befördern geben)* ▪**etw** ~**: Gepäck** ~ to register luggage; LUFT to check in luggage ➍ *(zur Aufbewahrung geben)* to put in [the] left luggage [or AM baggage room] ➎ *(im Postamt abgeben)* ▪**etw** ~ to post [or AM mail] sth ➏ *(in Auftrag geben)* ▪**etw** ~ to place [or *sep* put in] sth ➐ DIAL *(Essen zuteilen)* ▪**jdm etw** ~ to serve sb sth; **kann ich dir noch Kartoffeln ~?** can serve you [any] more potatoes?
auf·ge·ben² *irreg* **I.** *vt* ➊ *(einstellen)* ▪**etw** ~ to give up sth *sep;* **den Widerstand** ~ to give up one's resist-

ance ◷ *(etw sein lassen)* ■ **jdn/etw** ~ to give up sb/ sth *sep;* **eine Stellung** ~ to resign [*or sep* give up] a post ◷ *(mit etw aufhören)* ■ **etw** ~ to give up sth *sep;* **eine Gewohnheit** ~ to break with [*or sep* give up] a habit; **das Rauchen** ~ to give up smoking; **eine Sucht** ~ to come away from an addiction; **gib's auf!** *(fam)* why don't you give up? ◷ *(fallen lassen)* ■ etw ~ to drop sth; **die Hoffnung** ~ to give up [*or* lose] hope; **einen Plan** ~ to drop [*or* throw over] a plan ◷ *(verloren geben)* ■ **jdn** ~ to give up with [*or* on] sb, to give up sb *sep* for lost ◷ *(einstellen)* ■ **etw** ~ to give up [*or* close down] sth *sep* ◷ *(vorzeitig beenden)* ■ **etw** ~ to drop [*or* abandon] sth **II.** *vi (sich geschlagen geben)* to give up [*or* in]; MIL to surrender

Auf·ge·bot *nt* ◷ *(aufgebotene Menschenmenge)* crowd; *von Polizei, Truppen* contingent *form* ◷ *(Heiratsankündigung)* notice of [an] intended marriage; **das ~ bestellen** to give notice of one's intended marriage

auf·ge·bracht I. *adj* outraged, infuriated, incensed; ■ [**über jdn/über etw/wegen etw**] ~ **sein** to be outraged [*or* infuriated] [*or* incensed] [with sb/with sth/over sth]; **über was bist du denn so ~?** what are you so outraged [*or* infuriated] [*or* incensed] about? **II.** *adv* in outrage

auf·ge·dun·sen *adj* bloated, swollen; **~es Gesicht** puffy face; ■ ~ **sein** to be bloated [*or* swollen]; *Gesicht* to be puffy

Auf·ge·dun·sen·heit <-> *f kein pl* bloatedness; *von Gesicht* puffiness

auf|ge·hen *vi irreg sein* ◷ *(langsam sichtbar werden)* to rise; *Planeten a.* to ascend ◷ *(sich öffnen)* to open; THEAT *(von Vorhang)* to rise, to go up ◷ *(sich öffnen) Knoten, Reißverschluss etc.* to come undone ◷ *(sich verwirklichen)* to work [out], to come off; **all seine Pläne sind aufgegangen** all his plans [have] worked out ◷ *(klar werden)* ■ **jdm** ~ to dawn on [*or* become apparent to] sb ◷ MATH to work [*or* come] out; **die Division geht** [**ganz/glatt**] **auf** the division works [*or* comes] out even; *s. a.* **Rechnung** ◷ *(seine Erfüllung finden)* ■ **in etw** *dat* ~ to be taken [*or* wrapped] up in sth; **sie geht ganz in ihrer Familie auf** her family is her whole world ◷ *(aufkeimen)* to sprout, to come up ◷ KOCHK *(sich heben)* to rise, to prove

auf·ge·ho·ben *adj* [**bei jdm**] **gut/schlecht ~ sein** to be/to not be in good keeping [*or* hands] [with sb]; [**bei jdm**] **besser/bestens ~ sein** to be in better/the best keeping [*or* hands] [with sb]; **dort weiß ich die Kinder gut ~** I know the children are in good care [*or* hands] there

auf|gei·len I. *vt (sl)* ■ **jdn** ~ to work up sb *sep fam* **II.** *vr (sl)* ■ **sich** [**an jdm/etw**] ~ to get off [on sb/ sth] *sl*

auf·ge·klärt *adj* ◷ PHILOS enlightened; ■ ~ **sein** to be enlightened ◷ *(sexualkundlich)* ■ ~ **sein** to know the facts of life; **die heutige Jugend ist sehr ~** young people nowadays are well-acquainted with the facts of life; *s. a.* **aufklären**

auf·ge·kratzt *adj (fam)* full of beans *fam;* **sehr ~** over the moon *fam*

Auf·geld *nt* DIAL *(Zuschlag)* extra charge

auf·ge·legt *adj* ◷ *(in bestimmter Laune)* **gut/ schlecht ~ sein** to be in a good/bad mood; ■ [**dazu**] ~ **sein, etw zu tun** to feel like doing sth; **zum Feiern ~ sein** to be in a mood for [*or* feel like] celebrating ◷ *attr* DIAL barefaced *pej*

auf·ge·löst *adj* ◷ *(außer sich)* ■ [**vor etw** *dat*] ~ **sein** to be beside oneself [with sth] ◷ *(erschöpft)* exhausted, shattered *fam*

auf·ge·räumt *adj (geh)* cheerful, blithe *dated*

auf·ge·regt I. *adj (erregt)* excited; *(durcheinander)*

flustered; ■ ~ [**über etw** *akk*] **sein** to be excited [*or* flustered] [about sth]; ~ [**vor Freude** *dat*] **sein** to be thrilled [with joy] **II.** *adv* excitedly; **ganz/ziemlich ~** in complete/quite some excitement

Auf·ge·regt·heit <-> *f kein pl* excitement; **in großer ~** in great excitement; *(durcheinander)* in a very flustered state

auf·ge·schlos·sen *adj* open-minded; ■ **für/gegenüber etw** ~ **sein** to be open-minded about/as regards sth; **neuen Ideen gegenüber bin ich jederzeit ~** I am always open [*or* receptive] to new ideas; **etw** *dat* ~ **gegenüberstehen** to be open-minded about [*or* as regards] sth

Auf·ge·schlos·sen·heit <-> *f kein pl* open-mindedness

auf·ge·schmis·sen *adj (fam)* ■ ~ **sein** to be in a fix *fam*

auf·ge·setzt *adj s.* **aufsetzen I. 5**

auf·ge·weckt *adj* bright, sharp, quick-[witted]; ■ ~ **sein** to be bright [*or* sharp]

Auf·ge·weckt·heit <-> *f kein pl* quick-wittedness, intelligence

auf|gie·ßen *vt irreg* ◷ *(nachfüllen)* ■ [**jdm**] **etw** ~ *akk* to pour in sth *sep* [for sb]; **darf ich Ihnen noch Wein ~?** may I top up your wine? ◷ *(darauf gießen)* **Kaffee/Tee** ~ to make coffee/tea, to brew tea; **Wasser** ~ to add [*or sep* pour on] water

auf|glie·dern I. *vt* ■ **etw** [**in etw** *akk*] ~ to subdivide [*or sep* split up] sth [into sth]; **etw in** [**einzelne**] **Kategorien** ~ to categorize sth; **etw in Unterpunkte** ~ to itemize sth **II.** *vr* ■ **sich in etw** *akk* ~ to subdivide [*or* break down] into sth

Auf·glie·de·rung *f* breakdown, division

auf|glim·men *vi irreg sein (geh)* ◷ *(erglimmen)* to light up; *kurz* ~ to flicker up ◷ *(fig: schwach aufflackern)* to glimmer

auf|glü·hen *vi sein o haben* to start [*or* begin] to glow

auf|gra·ben *vt irreg* ■ **etw** ~ to dig up sth *sep*

auf|grei·fen *vt irreg* ◷ *(festnehmen)* ■ **jdn** ~ to pick up sb *sep* ◷ *(weiterverfolgen)* ■ **etw** ~ to take up sth *sep;* **einen Punkt** ~ to take up a point; **ein Gespräch** ~ to continue a conversation

auf·grund, auf GrundRR [aufˈɡrʊnt] *präp + gen* ■ ~ **einer S.** *gen* owing to [*or* because of] sth; ~ **der Aussagen der Zeugen** on the basis [*or* strength] of the witnesses' testimonies

Auf·gussRR <-es, Aufgüsse> *m*, **Auf·guß**ALT <-sses, Aufgüsse> *m* ◷ PHARM *(herbal)* brew, infusion *spec* ◷ *(in der Sauna) a preparation of herbs suspended in water for vaporization on hot stones in a sauna*

Auf·guss·beu·telRR *m* tea bag; *(Kaffee)* sachet

auf|ha·ben *irreg* **I.** *vt (fam)* ■ **etw** ~ ◷ *(geöffnet haben)* to leave open sth *sep* ◷ *(an sich tragen)* to wear [*or sep* have on] sth ◷ *(aufgeknöpft haben)* to have sth open; **einen Knopf** ~ to have a button undone ◷ SCH *(aufbekommen haben)* to have sth [to do] ◷ DIAL *(aufgegessen haben)* to have finished [eating/drinking] [*or* have eaten/drunk up] sth *sep* **II.** *vi (fam)* to be open

auf|ha·cken *vt* ■ **etw** ~ ◷ *(durch Hacken aufbrechen)* to break up sth *sep* ◷ *(mit Schnabelhieben öffnen)* to peck [*or* break] open sth *sep;* **die Erde** ~ to peck away at the soil

auf|hal·sen *vt (fam)* ■ **jdm etw** ~ to saddle [*or* land] sb with sth; ■ **sich** *dat* **etw** ~ to saddle oneself with sth

auf|hal·ten *irreg* **I.** *vt* ◷ *(abhalten)* ■ **jdn** [**bei etw**] ~ to keep sb back [*or* away] [from sth] ◷ *(am Weiterkommen hindern)* ■ **jdn** ~ to hold up sb *sep* ◷ *(zum Halten bringen)* ■ **etw** ~ to stop sth *sep;* **einen Angriff** ~ to hold an assault in check; **den Vormarsch** ~ to arrest [*or* check] an advance ◷ *(abwehren)* **einen Schlag** ~ to parry a blow ◷ *(fam: offen hinhalten)* ■ **etw** ~ to hold open sth *sep;* **die Hand ~** to hold out one's hand *sep* **II.** *vr* ❶ *(weilen)* ■ **sich ~** to stay ❷ *(verweilen)* ■ **sich bei etw ~** to dwell on [*or* linger over] sth ❸ *(sich weiterhin befassen)* ■ **sich mit jdm/etw ~** to spend time [dealing] with sb/sth; **mit denen halte ich nicht länger auf** I'll not waste any more [of my] time with them

auf|hän·gen I. *vt* ❶ *(daran hängen)* ■ **etw** [an/auf etw *dat*] ~ to hang up sth *sep* [on sth]; **etw an der Garderobe ~** to hang up sth *sep* in the cloakroom; **ein Bild ~** to hang [up] a picture; **die Wäsche ~** to hang out the washing [*or* AM laundry] [to dry] ❷ *(durch Erhängen töten)* ■ **jdn** [an etw *dat*] ~ to hang sb [from sth] ❸ *(entwickeln)* **etw an einer Frage/ Theorie ~** to use a question/theory as a peg for sth ❹ *(etw Lästiges zuschieben)* ■ **jdm etwas ~** to lumber [*or* AM saddle] sb with sth **II.** *vr* ❶ *(sich durch Erhängen töten)* ■ **sich** [an etw *dat*] ~ to hang oneself [from sth] ❷ *(hum fam: den Mantel an den Haken hängen)* ■ **sich ~** to hang up one's coat *sep*

Auf·hän·ger <-s, -> *m* ❶ *(Schlaufe zum Aufhängen)* loop, tab ❷ *(fam: Anknüpfungspunkt)* peg [to hang sth on]

Auf·hän·gung <-, -en> *f* AUTO suspension

auf|hau·en I. *vt haben reg o irreg (fam)* ■ **etw ~** to break open sth *sep;* **etw mit einer Axt ~** to chop open sth *sep* with an axe **II.** *vi sein (fam)* **mit dem Kopf auf etw** *akk o dat* ~ to bash [*or* bump] one's head on [*or* against] sth

auf|häu·fen I. *vt* ■ **etw ~** to pile up [*or* accumulate] sth; ■ **aufgehäuft** accumulated **II.** *vr* ■ **sich ~** to pile up, to accumulate

auf|he·ben *irreg* **I.** *vt* ❶ *(vom Boden nehmen)* ■ **etw** [von etw] ~ to pick up sth *sep* [off sth] ❷ *(aufrichten)* ■ **jdn/etw ~** to help sb [to] get up, to lift up sth *sep* ❸ *(aufbewahren)* ■ [**jdm**] **etw ~** to put aside sth *sep* for sb, to keep [back *sep*] sth for sb; *(nicht wegwerfen)* to keep sth [for sb]; *s. a.* **aufgehoben** ❹ *(widerrufen)* ■ **etw ~** to abolish [*or* do away with] sth; **ein Embargo ~** to lift [*or* remove] an embargo; **einen Erlass ~** to annul [*or* form rescind] a decree; **ein Gesetz ~** to abolish [*or* form abrogate] a law; **ein Urteil ~** to quash [*or* reverse] [*or* form rescind] a judgement; **eine Verfügung ~** to cancel [*or* form rescind] an order ❺ *(beenden)* ■ **etw ~** to raise [*or* lift] sth ❻ PHYS *(außer Kraft setzen)* ■ **aufgehoben sein/ werden** to be/become neutralized, to be/become cancelled out **II.** *vr (sich ausgleichen)* ■ **sich ~** to offset each other, MATH to cancel [each other] out

Auf·he·ben <-s> *nt kein pl* [**nicht** | **viel ~|s**] [**von etw**] **machen** to [not] make a lot of [*or* kick up a] fuss [about [*or* over] sth] *fam;* **viel ~|s| von jdm machen** to make a lot of fuss about sb; **ohne** [jedes/großes] ~ without any/much fuss

Auf·he·bung <-, -en> *f* ❶ *(das Aufheben)* abolition; *von Embargo* lifting, raising; *von Erlass* annulment; *von Immunität* lifting, withdrawing [the privileges of]; *von Urteil* reversal; *von Verfügung* cancellation ❷ *(Beendigung)* lifting, raising ❸ PHYS neutralization

auf|hei·tern I. *vt* ■ **jdn ~** to cheer up sb *sep* **II.** *vr* ■ **sich ~** ❶ *(sonniger werden)* to clear, to brighten up ❷ *(geh: einen heiteren Ausdruck annehmen)* to light up

Auf·hei·te·rung <-, -en> *f* ❶ *(das Aufheitern)* cheering up ❷ *(Nachlassen der Bewölkung)* bright period, improvement; **zunehmende ~** gradual improvement, bright periods of increasing length

auf|hei·zen I. *vt* ❶ *(allmählich erhitzen)* ■ **etw ~** to heat [up *sep*] sth ❷ *(geh: emotional aufladen)* ■ **jdn ~** to inflame sb; **die Atmosphäre ~** to charge the atmosphere; **die Stimmung ~** to stir up feelings *sep;* ■ **aufgeheizt** charged **II.** *vr* ■ **sich ~** ❶ *(sich all-*

mählich erhitzen)* to heat up ❷ *(geh: sich emotional aufladen)* to become charged, to intensify

auf|hel·fen *vi irreg* ■ **jdm** [**von etw**] ~ to help up sb *sep* [*or* sb to get up] [off sth]

auf|hel·len I. *vt* ■ **etw ~** ❶ *(blonder, heller machen)* to lighten sth ❷ *(klarer machen)* to throw [*or* shed] light upon sth **II.** *vr* ■ **sich ~** ❶ *(sonniger werden)* to brighten [up] ❷ *(geh: heiterer werden)* to light up

Auf·hel·ler <-s, -> *m (für Wäsche)* optical brightener; *(für Haare)* lightener

Auf·hel·lung <-, -en> *f* ❶ *(Blondierung)* lightening ❷ *(Erhellung)* clarification, illumination ❸ *(das Aufhellen)* brightening; **es kam zu zeitweisen ~en** the weather brightened up from time to time

auf|het·zen *vt (pej)* ■ **jdn** [**gegen jdn/etw**] ~ to incite [*or* sep stir up] sb['s animosity] [against sb/sth], to set sb against sb/sth; ■ **jdn zu etw ~** to incite [*or* sep stir up] sb to [do] sth; ■ **jdn dazu ~, etw zu tun** to incite [*or* sep stir up] sb to do sth

auf|heu·len *vi* ❶ *(abrupt heulen)* ■ [**vor etw** *dat*] ~ to howl [out] [with sth], to give a howl [of sth]; **er heulte auf vor Wut** he gave a howl of anger ❷ *(laut zu weinen beginnen)* to [start to] wail [*or* howl] ❸ *(zum Heulen steigern)* Motor to [give a] roar; Sirene to [start to] wail

auf|ho·len I. *vt (wettmachen)* ■ **etw ~** to make up sth *sep;* **versäumten Lernstoff ~** to catch up on missed learning; **der Bus holte die Verspätung auf** the bus made up [for lost] time **II.** *vi* to catch up; *Läufer, Rennfahrer* to make up ground; *Zug* to make up time

auf|hor·chen *vi* to prick up one's ears, to sit up [and take notice]

auf|hö·ren *vi* ❶ *(etw nicht mehr weiter tun)* ■ [**mit etw**] ~ to stop [*or* leave off] [sth]; **hör endlich auf!** [will you] stop it! [*or* leave off!]; **mit dem Lamentieren ~** to stop complaining; **plötzlich ~** to stop dead; ■ **~, etw zu tun** to stop [*or* leave off] doing sth; **hör auf zu jammern!** stop whining! ❷ *(ein Ende nehmen)* to stop, to [come to an] end; **es hört auf zu regnen** the rain is stopping [*or* coming to an end] ❸ *(zum Abschluss kommen)* to stop, to [come to an] end; **der Weg hört hier auf** the track stops here ❹ *(nicht fortgesetzt werden)* to stop, to [come to an] end ❺ *(Stellung aufgeben)* ■ [**bei jdm/etw**] ~ to leave [sb/sth]; **sie hat bei uns aufgehört** she has left [us] ▸ WENDUNGEN: **da hört sich doch alles auf!** *(fam)* that's the [absolute] limit!

Auf·kauf *m* **~ der ~** [**einer S.** *gen*/**von etw**] buying up sth *sep;* *(zur Verteuerung)* cornering sth

auf|kau·fen *vt* ■ **etw ~** to buy up sth *sep;* *(zur Verteuerung)* to corner sth

Auf·käu·fer(in) *m(f)* buyer[-up]; *(zur Verteuerung)* cornerer, coemptor *spec*

auf|kei·men *vi sein* ❶ *(sprießen)* to germinate, to sprout ❷ *(geh: sich zaghaft zeigen)* ■ [**in jdm**] ~ to bud [*or* liter burgeon] [in sb]; *Zweifel* to [begin to] take root; ■ **~d** budding, burgeoning *liter;* **~er Zweifel** growing [*or* liter nascent] doubt

auf|klaf·fen *vi sein o haben* to yawn; *Wunde* to gape; ■ **~d** yawning; **~er Abgrund** yawning abyss

auf·klapp·bar *adj* hinged; **~es Verdeck** fold[-]down top; **Auto mit ~em Verdeck** convertible; ■ **~ sein** to be hinged [on hinges]; **nach hinten/nach vorne/ zur Seite ~ sein** to be hinged at the back/at the front/on the side; **nach außen/innen ~ sein** to hinge outwards/inwards

auf|klap·pen I. *vt haben* ■ **etw ~** ❶ *(durch Auseinanderlegen öffnen)* to open [up *sep*] sth; **einen Liegestuhl ~** to unfold a deckchair; **ein Messer ~** to unclasp [*or* open] a knife; **ein Verdeck ~** to fold back a top *sep;* ■ **aufgeklappt** open; **ein Cabrio mit aufgeklapptem Verdeck** a convertible with the top folded back; ■ **das Aufklappen** [*einer S. gen/von etw*] opening [up] sth ② *(hochschlagen)* to turn up sth *sep;* ■ **aufgeklappt** turned-up; **mit aufgeklapptem Kragen** with one's collar turned up **II.** *vi sein (sich durch Auseinanderfallen öffnen)* to open [up]; *Verdeck* to fold back

auf|kla·ren ['aufkla:rən] METEO **I.** *vi impers* ■ **es klart auf** it's clearing [*or* brightening] [up] **II.** *vi (sonniger werden)* to brighten [up]; *Wetter a.* to clear [up]; *Himmel a.* to clear

auf|klä·ren I. *vt* ❶ *(erklären)* ■ **etw ~** to clarify sth; **einen Irrtum/ein Missverständnis ~** to resolve [*or sep* clear up] an error/a misunderstanding; **ein rätselhaftes Ereignis ~** to throw [*or* shed] light on [*or* to clarify] a puzzling occurrence; ■ **es lässt sich ~** it can be clarified/resolved etc.; **lässt sich der Irrtum nicht ~?** can't this error be put right? ② *(aufdecken)* ■ **etw ~** to solve sth; **ein Verbrechen ~** to clear up a crime ③ *(informieren)* ■ **jdn** [**über etw** *akk*] **~** to inform [*or* tell] sb [about sth], to inform sb [of sth]; ■ **aufgeklärt sein** to be informed ④ *(sexuell informieren)* **Kinder ~** to explain the facts of life to children, to tell children the facts of life; *(in Sexualkunde)* to give children sex education; ■ **aufgeklärt sein** to know about the facts of life ⑤ MIL *(auskundschaften)* ■ **etw ~** to reconnoitre sth; *s. a.* **aufgeklärt II.** *vr* ■ **sich ~** ❶ *(sich aufdecken) Geheimnis, Irrtum etc.* to resolve itself, to be cleared up ② *(geh: sich aufhellen)* to light up, to brighten [up] ③ *(sonniger werden)* to clear, to brighten [up]

Auf·klä·rer <-s, -> *m* ❶ MIL reconnaissance plane ② PHILOS philosopher of the Enlightenment

Auf·klä·rung *f* ❶ *(Erklärung)* clarification; *von Irrtum, Missverständnis* resolution, clearing up ② *(Aufdeckung)* solution (+*gen* /**von** +*dat* to); *von Verbrechen* clearing up ③ *(Information)* ■ [**die**] ~ **über etw** *akk* [the] information about [*or* on] sth ④ *(sexuelle Information)* **die ~ von Kindern** explaining the facts of life to children; [**sexuelle**] ~ sex education ⑤ MIL *(Spionageabteilung)* reconnaissance ⑥ PHILOS ■ **die ~** the Enlightenment

auf|klä·rungs·be·dürf·tig *adj Fall, Sachverhalt, Angelegenheit* needing further explanation *pred*

Auf·klä·rungs·buch *nt* sex education book **Auf·klä·rungs·film** *m* sex education film **Auf·klä·rungs·flug·zeug** *nt s.* **Aufklärer 1 Auf·klä·rungs·kam·pag·ne** *f* information campaign **Auf·klä·rungs·pflicht** *f kein pl* [**richterliche**] ~ JUR duty of judicial enquiry; ADMIN obligation to provide information; [**ärztliche**] ~ MED *surgeon's/doctor's duty to inform a patient of the possible risks involved with an intended operation, course of treatment, etc.* **Auf·klä·rungs·quo·te** *f* detection rate (**von** for) **Auf·klä·rungs·sa·tel·lit** *m* MIL spy satellite

auf|klat·schen *vt (sl: verprügeln)* ■ **jdn ~** to beat sb up *fam*

auf|kle·ben *vt* ■ **etw** [**auf etw** *akk*] **~** to stick on sth *sep,* to stick sth on sth; *(mit Kleister)* to paste on sth *sep,* to paste sth on sth; *(mit Leim)* to glue [sth] on sth *sep;* **eine Briefmarke ~** to put on *sep* [*or form* affix] a stamp

Auf·kle·ber *m* sticker; *(für Briefumschläge, Pakete usw.)* adhesive label

auf|kna·cken *vt* ■ **etw ~** ❶ *(fam: aufbrechen)* to break into sth; **einen Tresor ~** to break into [*or fam* crack] a safe ② *(knacken)* to crack [open *sep*] sth; **eine Nuss ~** to crack [open] a nut

auf|knöp·fen *vt* ❶ *(durch Knöpfen öffnen)* ■ [**jdm/sich**] **etw ~** to unbutton [sb's/one's] sth; **einen Knopf ~** to undo a button; ■ **aufgeknöpft** unbuttoned; **mit aufgeknöpfter Hose** with one's trousers unbuttoned [*or* fly open [*or* undone]]; **sich** *dat* **die**

Knöpfe ~ to undo one's buttons, to unbutton oneself *hum* ② *(durch Knöpfen befestigen)* ■ **etw** [**auf etw** *akk*] **~** to button sth to sth, to button on sth *sep*

auf|kno·ten *vt* ■ **etw ~** to untie [*or* undo] sth; ■ **das A~** [*einer S. gen/von etw*] untying [*or* undoing] sth

auf|knüp·fen I. *vt* ❶ *(erhängen)* ■ **jdn** [**an etw** *dat*] **~** to hang sb [from sth], to string up sb *sep* [on sth] *fam s.* **aufknoten II.** *vr (sich erhängen)* ■ **sich** [**an etw** *dat*] **~** to hang oneself [from sth]

auf|ko·chen I. *vt haben (zum Kochen bringen)* ■ **etw ~** to heat [*or* warm] up sth *sep; (bei Kochrezepten)* to bring sth to the [*or* AM a] boil **II.** *vi sein (zu kochen beginnen)* to come to the [*or* AM a] boil; ■ **etw ~ lassen** to bring sth to the boil; ■ **das A~** [*einer S. gen/von etw*] bringing [sth] to the boil; **nach kurzem A~ ...** after bringing to a quick boil ...

auf|kom·men *vi irreg sein* ❶ *(finanziell begleichen)* ■ **für etw ~** to pay for sth, to bear [*or* pay] the costs of sth; **für die Kosten ~** to bear [*or* pay] [*or form* defray] the costs of sth; **für den Schaden ~** to pay for [*or* make good] the damage ② *(Unterhalt leisten)* ■ **für jdn/etw ~** to pay for sth, to pay for sb's upkeep [*or* maintenance] ③ *(entstehen: von Nebel)* to come down; *Regen* to set in; *Wind* to rise, to get [*or* pick] up; **~der Nebel** settling mist; **bei ~dem Regen** as the rain sets/sets in; **bei ~dem Wind** as the wind picks/picked up ④ *(entstehen)* to arise, to spring up; **~de Befürchtungen/Gerüchte** fresh fears/rumours [*or* AM -ors]; ■ **etw ~ lassen** to give rise to sth ⑤ *(aufsetzen)* ■ [**auf etw** *dat*] **~** to land [on sth]; **hart/weich ~** to have a hard/soft landing; ■ **beim A~** when [*or* on] landing ⑥ NAUT *(herankommen)* to come [*or* haul] up; ■ **etw ~ lassen** to let sth come [*or* haul] up ► WENDUNGEN: **jdn/etw nicht ~ lassen** to not give sb/sth a chance; **gegen jdn/etw nicht ~ to be no match for sb/sth; gegen ihn kommst du ja nicht auf!** you haven't a [cat in hell's *fam*] chance against him

Auf·kom·men <-s, -> *nt* ❶ *kein pl (Entstehung)* emergence; *einer Methode* advent, emergence; *einer Mode a.* rise ② *(das Auftreten)* appearance; *von Wind* rising ③ FIN *(Einnahme)* amount; **~ an Einkommensteuer** income-tax revenue

auf|krat·zen *vt* ❶ *(durch Kratzen öffnen)* ■ [**sich** *dat*] **etw ~** to scratch open sth *sep;* [**sich** *dat*] **die Haut ~** to scratch one's skin sore ② *(sich durch Kratzen verletzen)* ■ **sich ~** to scratch oneself sore

auf|krei·schen *vi* ■ [**vor etw** *dat*] **~** to scream [out] [*or* shriek] [with sth], to give a scream [*or* shriek] [of sth]; ■ **~d** screaming, shrieking

auf|krem·peln *vt* ■ **etw ~** to roll up sth *sep;* ■ **sich** *dat* **etw ~** to roll up one's sth *sep;* **sich die Ärmel ~** to roll up one's sleeves

auf|kreu·zen *vi sein (fam)* ■ [**bei jdm**] **~** to turn [*or* show] up [at sb's] *fam*

auf|krie·gen *vt (fam) s.* **aufbekommen**

auf|kün·den *vt (geh),* **auf|kün·di·gen** *vt* ❶ *(kündigen)* [**jdm**] **das Dienstverhältnis ~** to give notice [to sb]; [**jdm**] **einen Vertrag ~** to revoke [*or* terminate] a [*or* sb's] contract *form* ② *(das Ende von etw ankündigen)* **jdm die Freundschaft ~** to break off *sep* [*or form* terminate] one's friendship with sb; **jdm den Gehorsam ~** to refuse obedience to sb

Auf·kün·di·gung *f (geh)* ❶ *(Kündigung)* termination, revocation ② *(das Aufkündigen)* termination; **~ des Gehorsams** refusal to obey

auf|la·chen *vi* to [give a] laugh; **verächtlich ~** to give a derisive laugh

auf|la·den *irreg* **I.** *vt* ❶ *(darauf laden)* ■ **etw** [**auf etw** *akk*] **~** to load sth [on[to] sth]; **etw auf einen Wagen ~** to load sth on[to] [*or* aboard] a vehicle

② *(auf den Rücken packen)* ■ **jdm/einem Tier
etw** ~ to load down sb/an animal *sep* with sth ③ *(aufbürden)* ■ **jdm etw** ~ to burden [*or* saddle] sb with sth; ■ **sich** *dat* **etw** ~ to load oneself down [*or* burden oneself] with sth ④ ELEK ■ **etw** ~ to charge sth; **eine Batterie** [**wieder**] ~ to [re]charge a battery ⑤ *(Atmosphäre: aufheizen)* ■ **etw** ~ to charge sth; ■ **aufgeladen** charged **II.** *vr* ELEK ■ **sich** ~ to become charged, to take on a charge

Auf·la·ge <-, -n> *f* ① *(gedruckte Exemplare)* edition; **verbesserte** ~ revised edition ② *(Auflagenhöhe)* number of copies; *von Zeitung* circulation; **das Buch/die Zeitung hat hohe** ~**n erreicht** a large number of copies [of this book] has been sold/this paper has attained a large circulation ③ ÖKON *(Produktion)* [series] production ④ *(Bedingung)* condition; **harte** ~**n** stringent conditions; **die** ~ **haben, etw zu tun** to be obliged to do sth; **jdm** ~**n/eine** ~ **machen** to issue instructions/an order to sb; **jdm etw zur** ~ **machen** to impose sth on sb as a condition; **jdm zur** ~ **machen, etw zu tun** to make it a condition for sb to do sth, to impose a condition on sb that he/she etc. [should] do sth; **mit der** ~, **etw zu tun** on condition that he/she etc. [should] do sth ⑤ *(aufzulegendes Polster)* pad, padding *no pl* ⑥ *(Überzug)* plating *no pl*, coating; **eine** ~ **aus Blattgold/Kupfer** copper/gold plating

Auf·la·ge(n)·hö·he *f* *(von Buch)* number of copies published; *von Zeitung* circulation; **das Buch/die Zeitung hatte eine** ~ **von 90.000 Exemplaren** the book sold 90,000 copies/the paper had a circulation of 90,000 **auf·la·gen·schwach** *adj* low-circulation *attr*, with a low circulation; ■ ~ **sein** to have a low circulation **auf·la·gen·stark** *adj* high-circulation *attr*, with a high circulation; ■ ~ **sein** to have a high circulation

auf|las·sen *vt irreg* ① *(fam: offen lassen)* ■ **etw** ~ to leave open sth ② *(fam: aufbehalten)* ■ **etw** ~ to leave [*or* keep] on sth *sep*; **soll ich meinen Hut** ~**?** should I keep my hat on? ③ *(fam: aufbleiben lassen)* ■ **jdn** ~ to let sb stay up [longer] ④ *(in die Höhe steigen lassen)* ■ **etw** ~ to let sth up ⑤ JUR *(übertragen)* ■ **etw** ~ to transfer [*or* convey] [*or* form] assure sth ⑥ *(stilllegen)* ■ **etw** ~ to close [*or* shut] down sth *sep*; ■ **aufgelassen** closed down; **ein aufgelassenes Bergwerk** an abandoned mine ⑦ ÖSTERR, SÜDD *(schließen)* ■ **etw** ~ to close [*or* shut] down sth *sep*; **das Geschäft** ~ to shut up shop

Auf·las·sung <-, -en> *f* ① JUR *(Übertragung)* transfer[ance], conveyance ② BERGB *(Stilllegung)* shutting down ③ ÖSTERR, SÜDD *(Schließung)* shutting [*or* closing] down

auf|lau·ern *vi* ■ **jdm** ~ to lie in wait for sb; *(anschließend angreifen, ansprechen)* to waylay sb
Auf·lauf[1] *m* KOCHK savoury or sweet dish baked in the oven
Auf·lauf[2] *m* *(Menschen~)* crowd
auf|lau·fen *vi irreg sein* ① *(sich ansammeln)* to accumulate; *Zinsen* to accrue; *Schulden* to mount up; ■ ~**d** accumulating; *Zinsen* accruing; ■ **aufgelaufen** accumulated; **aufgelaufene Zinsen** interest accrued ② *(auf Grund laufen)* ■ [**auf etw** *akk o dat*] ~ to run aground [on sth] ③ *(aufprallen)* ■ **auf jdn/etw** ~ to run into sb/sth; *(aus entgegengesetzten Richtungen a.)* to collide with sb/sth ④ *(ansteigen)* to rise; ■ ~**d** rising; ~**des Wasser** flood [*or* rising] tide ⑤ *(scheitern)* ■ [**mit etw**] ~ to fail [*or fam* fall flat] [with sth]; ■ **jdn/etw** ~ **lassen** *(fam)* to drop sb/sth in it
Auf·lauf·form *f* ovenproof dish
auf|le·ben *vi sein* ① *(munter werden)* to liven up ② *(neuen Lebensmut bekommen)* to find a new lease of [*or* AM on] life ③ *(geh: sich erneut bemerkbar*

machen) to revive ④ FIN *(erneut in Kraft treten)* to be[come] reinstated
auf|le·cken *vt* ■ **etw** ~ to lick up sth *sep*
auf|le·gen **I.** *vt* ① *(herausgeben)* ■ **etw** ~ to publish [*or* print] [*or sep* bring out] sth; **ein Buch neu** [*o* wieder] ~ to reprint [*or* republish] a book; *(neue Bearbeitung)* to bring out a new edition of a book] ② ÖKON *(produzieren)* ■ **etw** ~ to launch sth ③ FIN *(emittieren)* ■ **etw** ~ to float [*or* issue] sth ④ *(auf den Tisch legen)* **Gedeck** ~ to lay cutlery; **eine Tischdecke** ~ to put on *sep* [*or* spread] a tablecloth ⑤ **den Hörer** ~ to hang up, to replace the receiver ⑥ *(nachlegen)* **Holz/Kohle** ~ to put on more wood/coal *sep* ⑦ NAUT ■ **etw** ~ to lay up sth *sep*, to put sth out of commission **II.** *vi (Telefonhörer ~)* to hang up, BRIT *a.* to ring off
auf|leh·nen *vr* ■ **sich** [**gegen jdn/etw**] ~ to revolt [*or* rebel] [against sb/sth]
Auf·leh·nung <-, -en> *f* rebellion, revolt
auf|le·sen *vt irreg (fam)* ① *(aufheben)* ■ **etw** [**von etw**] ~ to pick up sth *sep* [off sth]; **Obst** ~ to pick up *sep* [*or* gather] fruit ② *(finden und mitnehmen)* **jdn** [**von der Straße**] ~ to pick sb up [off the street] ③ *(aufschnappen)* ■ **etw** ~ to pick up *sep* sth
auf|leuch·ten *vi sein o haben* to light up
auf|lie·gen *irreg* **I.** *vi* ① *(auf etw liegen)* ■ [**auf etw** *dat*] ~ to lie [on sth] ② *(erschienen sein)* to be published **II.** *vr (sich etw wund liegen)* ■ **sich** *dat* **etw** ~ to get bedsores [on one's sth]; ■ **aufgelegen** [covered] with bedsores *pred*
auf|lis·ten *vt* ■ [**jdm**] **etw** ~ to list sth [for sb]
Auf·lis·tung <-, -en> *f* ① *kein pl (das Auflisten)* listing ② *(Liste)* list
auf|lo·ckern **I.** *vt* ① *(abwechslungsreicher machen)* ■ **etw** [**durch etw**] ~ to liven up sth *sep* [with sth], to make sth more interesting [with sth] ② *(zwangloser machen)* ■ **etw** ~ to ease sth; **in aufgelockerter Stimmung** in a relaxed mood ③ *(weniger streng machen)* ■ **etw** ~ to soften sth, to make sth less severe ④ *(von Verspannungen befreien)* ■ **etw** ~ to loosen up sth *sep*; *(vor Leibesübungen)* to limber up sth *sep* ⑤ *(lockern)* ■ **etw** ~ to loosen [up *sep*] sth, to mellow sth; ■ **aufgelockert** loosened, mellow[ed] ⑥ *(locker machen)* **die Erde** ~ to break up the earth [*or* soil] **II.** *vr* ■ **sich** ~ ① SPORT *(sich von Verspannungen befreien)* to loosen up; *(vor Leibesübungen)* to limber up ② *(sich zerstreuen)* to break up, to disperse; **aufgelockerte Bewölkung** thinning cloudcover
Auf·lo·cke·rung *f* ① *(abwechslungsreichere Gestaltung)* **zur** ~ **des Unterrichtsstoffes** [in order] to liven up the lesson [*or* to make the lesson more interesting] ② *(zwangloser Gestaltung)* **zur** ~ der gespannten Atmosphäre bei *(weniger strenge Gestaltung)* **zur** ~ **eines Musters dienen** to serve to make a pattern less severe [*or* to soften a pattern] ④ *(Beseitigung von Verspannungen)* loosening up; *(vor Leibesübungen)* limbering up ⑤ *(Zerstreuung)* breaking up, dispersal ⑥ *(das Auflockern)* loosening [up]
auf|lo·dern *vi sein* ① *(plötzlich hoch schlagen)* to flare [*or* blaze] up; [*hoch*] ~**de Flammen** raging flames ② *(geh: ausbrechen)* to flare up; *Kämpfe a.* to break out
auf|lö·sen **I.** *vt* ① *(in Flüssigkeit lösen)* ■ **etw** [**in etw** *akk o dat*] ~ to dissolve sth [in sth] ② *(aufklären)* ■ **etw** ~ to clear up *sep* [*or* resolve] sth ③ *(aufheben)* ■ **etw** ~ to disband sth; **Parlament** ~ to dissolve parliament; ■ **aufgelöst** disbanded; **aufgelöstes Parlament** dissolved parliament ④ *(zerstreuen)* ■ **etw** ~ to disperse [*or sep* break up] sth ⑤ FIN **ein Konto** ~ to close an account; ■ **aufgelöst** closed ⑥ *(ausräumen)*

■ etw ~ to clear sth; **einen Haushalt** ~ to break up a household *sep* ⑥ FOTO ■ **etw** ~ to resolve sth ⑦ MATH **Gleichungen** ~ to [re]solve equations; **Klammern** ~ to eliminate brackets ⑧ MUS ■ **Vorzeichen** ~ to cancel sharps/flats ⑨ *(geh: lösen)* **das Haar** ~ to let down one's hair *sep;* **einen Haarknoten** ~ to undo a bun; **mit aufgelösten Haaren** with one's hair loose [*or* down] **II.** *vr* ⓵ *(in Flüssigkeit zergehen)* ■ **sich** ~ to dissolve ② *(sich zersetzen)* ■ **sich** ~ to disintegrate ③ *(sich klären)* ■ **sich** ~ to resolve itself, to be resolved; **die Probleme haben sich [in nichts/in Luft] aufgelöst** the problems have disappeared [into thin air] ④ *(die weitere Existenz beenden)* ■ **sich** ~ to disband ⑤ *(sich zerstreuen)* ■ **sich [in etw** *akk*] ~ to break up *sep* [*or* disperse] [into sth]; *Nebel a.* to lift ⑥ *(verschwinden)* **sich [in nichts/Luft** *akk*] ~ to disappear [into thin air]; *s. a.* **aufgelöst**

Auf·lö·sung *f* ⓵ *(Beendigung des Bestehens)* disbanding; *vom Parlament* dissolution ② *(Zerstreuung)* dispersal, breaking up ③ *(Klärung)* clearing up, resolving ④ FIN closing ⑤ *(Bildqualität)* resolution; **ein Bildschirm mit hoher** ~ a high-resolution screen; *(Computer)* a high-resolution monitor ⑥ *(das Auflösen)* clearing; *von Haushalt* breaking up ⑦ *(das Zergehen)* dissolving; **die** ~ **des Zuckers im Kaffee** dissolving sugar in coffee ⑧ *(geh: Verstörtheit)* distraction

Auf·lö·sungs·zei·chen *nt* MUS natural [sign]

auf|ma·chen I. *vt* ⓵ *(fam: öffnen)* ■ **etw** ~ to open sth ② *(fam: lösen)* ■ [**jdm] etw** ~ to undo [sb's] sth; ■ [**sich** *dat*] **etw** ~ to undo one's sth; **Schnürsenkel/ Schuhe** ~ to undo [*or* untie] laces/shoes ③ *(gründen)* ■ **etw** ~ to open [up *sep*] sth ④ *(gestalten)* ■ **etw** ~ to make [*or* get] up sth *sep* ⑤ *(darstellen)* ■ **etw** ~ to feature sth; **etw mysteriös** ~ to feature sth as a mystery; **etw groß** ~ to give sth a big spread ⑥ MED *(sl: operieren)* ■ **jdn** ~ to open up sb *sep fam,* to cut open sb *sep fam* **II.** *vi* ⓵ *(die Tür öffnen)* ■ [**jdm**] ~ to open the door [for sb] ② *(ein Geschäft [er]öffnen)* to open up **III.** *vr* ⓵ *(sich anschicken)* ■ **sich** [**dazu**] ~, **etw zu tun** to get ready to do sth ② *(aufbrechen)* ■ **sich** [**zu etw**] ~ to set [*or* start] out [on sth]; **sich nach Ottobrunn/in die Kneipe** ~ to set out for Ottobrunn/for the pub

Auf·ma·cher *m* MEDIA front-page story, lead [article]

Auf·ma·chung <-, -en> *f* ⓵ *(Kleidung)* turn-out; **in großer** ~ **erscheinen** to turn up [*or* out] in full dress ② *(Gestaltung von Buch)* presentation ③ *(Gestaltung von Seite, Zeitschrift)* layout; **der Artikel erschien in großer** ~ the article was given a big spread

auf|ma·len *vt* ■ **etw [auf etw** *akk*] ~ to paint sth [on sth]; *(kritzeln)* to scrawl sth [on sth]

Auf·marsch *m* ⓵ *(das Aufmarschieren)* marching up; *(Parade)* march-past ② MIL *(Beziehen der Stellungen)* deployment

auf|mar·schie·ren *vi sein* ⓵ *(heranmarschieren und sich aufstellen)* to march up ② MIL *(in Stellung gehen)* to be deployed; ■ **jdn/etw** ~ **lassen** to deploy sb/ sth; **jdn/etw in Gefechtsformation** ~ **lassen** to assemble sb/sth in fighting formation; **jdn** ~ **lassen** *(fig sl)* to drum up sb *sep,* to have sb march up *hum*

auf|mei·ßeln *vt* MED ■ [**jdm**] **etw** ~ to trephine [sb's] sth

auf|mer·ken *vi* ⓵ *(aufhorchen)* to sit up [and take notice] ② *(geh: Acht geben)* ■ [**auf etw** *akk*] ~ to pay attention [to sth], to pay heed to sth; **merk jetzt gut auf!** pay close attention now!

auf·merk·sam I. *adj* ⓵ *(alles genau bemerkend)* attentive; **~e Augen** keen [*or* sharp] eyes; ■ [**auf jdn/etw**] ~ **sein/werden** to take notice [of sb/sth]; **jdn auf etw** *akk* ~ **machen** to draw [*or* direct] sb's attention to sth, to point sth out to sb; **jdn darauf** ~ **machen, dass ...** to draw [*or* direct] sb's attention to the fact

that ..., to point out to sb that ...; **auf diese Situation sind wir nicht** ~ **gemacht worden** we were not told of this situation ② *(zuvorkommend)* attentive; [**das ist] sehr** ~ [**von Ihnen**]! [that's] most kind [of you] **II.** *adv* attentively; *(beobachtend)* observantly; **seht mal** ~ **zu!** watch carefully, pay attention and watch

Auf·merk·sam·keit <-, -en> *f* ⓵ *kein pl (aufmerksames Verhalten)* attention, attentiveness; **es ist meiner** ~ **entgangen** it escaped my attention ② *kein pl (Zuvorkommenheit)* attentiveness ③ *(Geschenk)* token [gift]; [**nur] eine kleine** ~ **von mir!** just a little something from me

auf|mi·schen *vt (sl)* ⓵ *(neu mischen)* ■ **Farben** ~ to remix paints ② *(verprügeln)* ■ **jdn** ~ to lay into sb *sl*

auf|mi·xen *vt* **eine Soße** ~ to mix cold butter into a sauce to bind

auf|mö·beln *vt (fam)* ⓵ *(restaurieren)* ■ **etw** ~ to do up sth *sep fam* ② *(aufmuntern)* ■ **jdn** ~ to cheer [*or* fam buck] up sb *sep*

auf|mon·tie·ren *vt* ⓵ *(montieren)* ■ **etw [auf etw** *akk*] ~ to mount [*or* install] sth [on sth], to fit sth on[to] sth, to fit [on *sep*] sth ② KOCHK *s.* **montieren**

auf|mot·zen *vt (fam)* ■ **etw** ~ to doll [*or* BRIT *a.* tart] up sth *sep fam;* **ein aufgemotztes Auto** a souped-up car *fam*

auf|mu·cken *vi (fam)* ■ [**gegen jdn/etw**] ~ to kick [out] against sb/sth, to kick out; **~de Schüler** disruptive pupils

auf|mun·tern *vt* ■ **jdn** ~ ⓵ *(aufheitern)* to cheer up sb *sep* ② *(beleben)* to liven [*or* pick] up sb *sep* ③ *(jdm Mut machen)* to encourage sb; **jdn zum Kampf** ~ to encourage sb to fight

auf·mun·ternd I. *adj* encouraging **II.** *adv* encouragingly; ~ **gemeint sein** to be meant as [*or* to be] an encouragement

Auf·mun·te·rung <-, -en> *f* ⓵ *(Aufheiterung)* cheering up; **als** ~ **gemeint sein** to be meant to cheer up ② *(Ermutigung)* encouragement; **als** ~ as an encouragement ③ *(Belebung)* livening up; **zur** ~ to liven up sb *sep;* **jdm zur** ~ **dienen** to serve to liven up sb *sep*

auf|müp·fig *adj (fam)* ■ ~ **sein/werden** to be rebellious [*or* unruly] [*or* contrary]

auf|nä·hen *vt* ■ [**jdm**] **etw [auf etw** *akk*] ~ to sew sth on[to] [sb's] sth, to sew on sth *sep;* ■ **aufgenäht** sewn-on

Auf·nah·me[1] <-, -n> *f* ⓵ *(das Fotografieren)* ■ **die** ~ photographing; **die** ~ **von Bildern** taking of pictures [*or* photographs] ② *(das Filmen)* ■ **die** ~ [**einer S.** **gen/von etw**] filming [*or* shooting] [sth]; **Achtung,** ~! action! ③ *(Fotografie)* photo[graph], picture *fam;* ~**n machen** to take photo[graph]s [*or* pictures]; **von jdm/etw eine** ~ **machen** to take a photo[graph] [*or* picture] of sb/sth *fam,* to take sb's photo[graph] [*or* picture] *fam* ④ *(Tonband~)* [tape-]recording; **von jdm/etw eine** ~ **machen** to record sb/ sth [on tape], to make a recording of sth on tape

Auf·nah·me[2] <-, -n> *f* ⓵ *(Beginn)* start, commencement *form; von Tätigkeit a.* taking up; *von Beziehung, Verbindung a.* establishment ② *(Unterbringung)* ■ **die/eine** ~ **in etw** *akk* the admission [into] sth; **bei jdm** ~ **finden** to find accommodation at sb's house; **bei jdm freundliche** ~ **finden** to meet with a warm reception from sb ③ *kein pl (Absorption)* absorption ④ *(Verleihung der Mitgliedschaft)* ■ **die** ~ admission ⑤ *(Auflistung)* inclusion (**in** +*akk* in) ⑥ *(Aufzeichnung)* taking down; *von Telegramm* taking; **die** ~ **eines Unfalls** taking down the details of an accident ⑦ FIN *(Inanspruchnahme)* taking up, raising ⑧ *(Reaktion)* reception; ■ **die** ~ **einer S.** *gen* **bei jdm** sb's reception of sth ⑨ *(Aufnahmeraum in Klinik)* reception area, reception *no art* ⑩ *(aufgenommener*

Patient) admission ⑪ *kein pl (geh: Verzehr)* ingestion *form*

Auf·nah·me·an·trag *m* application for membership, membership application **auf·nah·me·fä·hig** *adj* ■ [**für etw**] **~ sein** to be able to grasp [*or sep* take in] sth **Auf·nah·me·ge·bühr** *f* membership fee, dues *npl* **Auf·nah·me·la·ger** *nt* POL, SOZIOL refugee camp **Auf·nah·me·prü·fung** *f* entrance examination **Auf·nah·me·stu·dio** *nt* recording studio **Auf·nah·me·tech·nik** *f* MUS, ELEK sound recording technology **Auf·nah·me·wa·gen** *m* RADIO, TV recording van

Auf·nahms·prü·fung *f* ÖSTERR *(Aufnahmeprüfung)* entrance examination

auf|neh·men[1] *vt irreg* ■ **jdn/etw ~** ① *(fotografieren)* to photograph [*or* take a photo[graph] of] sb/sth, to take sb's photo[graph] [*or* picture]; **diese Kamera nimmt alles sehr scharf auf** this camera takes very sharply focused photographs [*or* pictures] ② *(filmen)* to film [*or fam* shoot] sb/sth ③ *(aufzeichnen)* to record sb/sth [on tape], to make a recording of sth [on tape]

auf|neh·men[2] *vt irreg* ① *(unterbringen)* ■ **jdn** [**bei sich**] **~** to accommodate sb [at one's house], to take in sb *sep* ② *(in einer Schule unterbringen)* ■ **jdn ~** to admit [*or sep* take on] sb ③ *(beitreten lassen)* ■ **jdn** [**in etw** *akk*] **~** to admit sb [to sth], to receive sb into sth ④ *(geistig registrieren)* ■ **etw** [**in sich**] **~** to grasp [*or sep* take in] sth; **diese Schüler nehmen alles schnell auf** these pupils are quick on the uptake ⑤ *(auflisten)* ■ **etw** [**in etw** *akk*] **~** to include sth [in sth] ⑥ *(beginnen)* ■ **etw ~** to begin [*or form* commence [with]] sth; **eine Beziehung ~** to establish a relationship; **Kontakt mit jdm ~** to establish [*or* make] *or* get in] contact with sb, to contact sb; **das Studium/eine Tätigkeit ~** to take up studies/an activity *sep* ⑦ *(absorbieren)* ■ **etw ~** to absorb sth ⑧ *(auf etw reagieren)* ■ **etw ~** to receive sth ⑨ *(niederschreiben)* ■ **etw ~** to take down sth *sep;* **ein Telegramm ~** to take a telegram ⑩ *(aufgreifen)* ■ **etw ~** to take up sth *sep* ⑪ *(fassen)* ■ **etw ~** to contain [*or* hold] sth ⑫ *(aufheben)* ■ **etw** [**von etw**] **~** to pick up sth *sep* [off sth] ⑬ NORDD *(aufwischen)* ■ **etw** [**mit etw**] **~** to wipe up sth *sep* [with sth] ⑭ FIN *(in Anspruch nehmen)* ■ **etw** [**auf etw** *akk*] **~** to raise sth [on sth]; **eine Hypothek auf ein Haus ~** to raise a mortgage on [*or* to mortgage] a house ⑮ *(auf die Nadel nehmen)* ■ **etw ~** to take [*or* pick] up sth *sep* ▶ WENDUNGEN: **es mit jdm/etw ~** [**können**] to be a match for sb/sth (**an** in); **es mit jdm/etw nicht ~ können** to be no match for sb/sth (**an** in)

Auf·neh·mer <-s, -> *m* NORDD *(Wischlappen)* cloth

äuf·nen [ˈɔyfnən] *vt* SCHWEIZ *(ansammeln)* ■ **etw ~** to accumulate sth

auf|nö·ti·gen *vt* ① *(zu nehmen drängen)* ■ **jdm etw ~** to force [*or* press] sth on sb ② *(zu akzeptieren nötigen)* ■ **jdm etw ~** to force [*or* impose] sth on sb

auf|op·fern *vr* ■ **sich** [**für jdn/etw**] **~** to sacrifice oneself [for sb/sth]

auf·op·fernd *adj s.* **aufopferungsvoll**

Auf·op·fe·rung *f* sacrifice; **jdn mit ~ pflegen** to nurse sb with devotion

auf·op·fe·rungs·voll I. *adj (hingebungsvoll)* devoted; **~e Arbeit** work with devotion II. *adv* with devotion; **jdn ~ pflegen** to nurse sb with devotion

auf|pa·cken *vt* ① *(aufladen)* ■ **jdm/einem Tier etw ~** to load sth on[to] sb/an animal, to load sb/an animal with sth ② **sich** *dat* **etw ~** to load oneself with sth ③ *(fam: aufbürden)* ■ **jdm etw ~** to burden [*or* saddle] sb with sth

auf|päp·peln *vt (fam)* ■ **jdn/ein Tier ~** to feed up sb/ an animal *sep; (wieder gesund machen)* to nurse sb/ an animal back to health

auf|pas·sen *vi* ① *(aufmerksam sein)* to pay attention; **genau ~** to pay close attention; **kannst du nicht ~, was man dir sagt?** can't you listen to what is being said to you?; ■ **~, dass ...** to take care that ...; ■ **pass auf!**, ■ **aufgepasst!** *(sei aufmerksam)* [be] careful!; *(Vorsicht)* watch [*or* BRIT *a.* mind] out! ② *(beaufsichtigen)* ■ [**auf jdn/etw**] **~** to keep an eye on sb/sth; *(bei Prüfung)* to invigilate [*or* AM proctor] [sb/sth]; **auf die Kinder ~** to mind [*or* look after] the children

Auf·pas·ser(in) <-s, -> *m(f) (pej: Aufseher)* watchdog *fam,* minder *fam; (bei Prüfung)* invigilator BRIT, proctor AM; *(Spitzel)* spy; *(Wächter)* guard, screw *pej sl*

auf|peit·schen *vt* ① *(aufhetzen)* ■ **jdn ~** to inflame [*or sep* work up] sb; *(stärker)* to whip up sb *sep* into a frenzy; **jdn zu neuen Übergriffen ~** to inflame [*or sep* work up] sb into new attacks ② *(entflammen)* ■ **etw ~** to inflame [*or* fire] sth ③ *(aufbranden lassen)* ■ **etw ~** to whip up sth *sep;* **das aufgepeitschte Meer** the wind-lashed sea

auf|pep·pen [ˈaufpɛpn̩] *vt (sl)* ■ **etw ~** to jazz up sth *sep fam*

auf|pflan·zen I. *vt* ① MIL **Bajonette ~** to fix bayonets; ■ **aufgepflanzt** fixed ② *(aufstellen)* ■ **etw ~** to plant sth II. *vr (fam: sich hinstellen)* ■ **sich** [**vor jdm/etw**] **~** to plant oneself in front of sb/sth

auf|pfrop·fen *vt* ■ **etw** [**auf etw** *akk*] **~** to graft sth on[to] sth, to graft on sth *sep*

auf|pi·cken *vt* ■ **etw ~** ① *(pickend fressen)* to peck up sth *sep* ② *(pickend öffnen)* to peck open sth *sep*

auf|plat·zen *vi sein* to burst open; *Wunde* to open up, to rupture; ■ **aufgeplatzt** burst

auf|plus·tern I. *vt (aufrichten)* ■ **etw ~** to ruffle [up] sth *sep;* **eine aufgeplusterte Henne** a hen with its feathers ruffled [up] II. *vr* ■ **sich ~** ① *(das Gefieder aufrichten)* to ruffle [up *sep*] its feathers ② *(pej fam: sich wichtigmachen)* to puff oneself up

auf|po·lie·ren *vt* ■ **etw ~** *(fam)* to polish up sth *sep*

auf|prä·gen *vt* ■ **etw** [**auf etw** *akk*] **~** to emboss [*or* stamp] sth with sth; **seinen Namen auf einen Füller ~** to emboss [*or* stamp] a pen with one's name; ■ **aufgeprägt** embossed; ■ **das A~ einer S.** *gen/* **von etw** stamping sth

Auf·prall <-[e]s, -e> *m* impact; **bei einem ~ auf etw** *akk* [up]on impact with sth

auf|pral·len *vi sein* ■ **auf etw** *akk o dat*] **~** to hit [*or* strike] sth, to collide with sth; *Mensch, Fahrzeug a.* to run into sth; **frontal** [**auf etw** *akk o dat*] **~** to collide head-on [with sth]; **seitlich auf etw** *akk o dat* **~** AUTO to hit sth from the side, to have a lateral impact with sth *form;* ■ **das A~** impact

Auf·preis *m* extra [*or* additional] charge; **gegen ~** for an extra [*or* additional] charge, at extra charge

auf|pro·bie·ren *vt* ■ **etw ~** to try [on *sep*] sth; **einen Hut/eine Brille ~** to try on *sep* a hat/a pair of spectacles

auf|pum·pen *vt* ■ **etw ~** ① *(durch Pumpen aufblasen)* to pump up *sep* [*or* inflate] sth; ■ **aufgepumpt** inflated ② *(die Reifen von etw mit Luft füllen)* to pump up [*or* inflate] the tyres [*or* AM tires] of sth; **beim A~** when pumping up [*or* inflating] tyres

auf|put·schen I. *vt* ① *(aufwiegeln)* ■ **jdn/etw** [**gegen jdn/etw**] **~** to stir up *sep* [*or* rouse] sb/sth [against sb/sth]; **öffentliche Meinung ~** to whip [*or* stir] up public opinion *sep* ② *(jds Leistungsfähigkeit steigern)* ■ **jdn ~** to stimulate sb; ■ **~d** stimulating; **~de Substanzen** stimulants II. *vr (seine Leistungsfähigkeit steigern)* ■ **sich** [**mit etw**] **~** to pep oneself up [with sth] *fam*

Auf·putsch·mit·tel *nt* stimulant, upper *sl*

auf|put·zen *vt* DIAL *s.* **aufwischen**

auf|quel·len *vi irreg sein* to swell [up]; ■ **aufgequol-**

len swollen; **aufgequollenes Gesicht** puffy [or bloated] face

auf·raf·fen I. vr ➊ *(sich mühselig erheben)* ▪ **sich** *akk* |**von etw**| ~ to pull [or pick] oneself up [off sth] ➋ *(sich mühselig entschließen)* ▪ **sich** *akk* **zu etw ~**, ▪ **sich** *akk* **dazu ~, etw zu tun** to bring [or rouse] oneself to do sth; **ich muss mich ~** I must pull myself together **II.** vt ▪ **etw ~** ➊ *(schnell aufheben)* to snatch up sth *sep* ➋ *(raffen)* to gather up sth *sep;* **mit aufgerafftem Rock** with her frock gathered up

auf·ra·gen vi sein o haben ▪ |**über etw** *dat*| ~ to rise above sth; *(sehr hoch)* to tower [up] over sth, to tower up; *Turm* soaring; *Baum* towering

auf·rap·peln vr *(fam)* ▪ **sich** ~ ➊ *(wieder zu Kräften kommen)* to recover, to get over it ➋ *s.* **aufraffen I.**

auf·rau·enRR, **auf·rau·hen**ALT vt ▪ **etw ~** ➊ *(von Haut: rau machen)* to roughen sth, to make sth rough ➋ *(von Textilien: rau machen)* to nap sth

Auf·räum·ar·bei·ten pl clearing-up [or clean-up] operations

auf·räu·men I. vt *(Ordnung machen)* ▪ **etw ~** to tidy [or clear] up sth *sep;* **einen Schrank ~** to clear [or tidy] out a cupboard *sep;* **einen Schreibtisch ~** to clear [up] a desk *sep;* **Spielsachen ~** to clear [or tidy] away toys *sep;* ▪ **aufgeräumt sein** to be [neat and] tidy **II.** vi ➊ *(Ordnung machen)* to tidy [or clear] up ➋ *(pej: dezimieren)* **unter der Bevölkerung** |**gründlich**| ~ *Seuche* to decimate [or wreak havoc among] the population; *Mordkommando* to slaughter the population; **unter Pennern ~** to clear out [or away] down-and-outs *sep pej* ➌ *(etw beseitigen)* ▪ **mit etw ~** to do away with sth

Auf·räu·mungs·ar·bei·ten pl clear[ing]-up operations

auf·rech·nen vt ▪ |**jdm etw** |**gegen etw**|| ~ to offset sth against [sb's] sth

auf·recht ['aufrɛçt] **I.** adj upright, erect **II.** adv upright, erect; ~ **sitzen** to sit up[right]; **etw ~ hinstellen** to place sth upright [or in an upright position]

auf·recht|er·hal·ten* ['aufrɛçt?ɐɡhaltn̩] vt irreg ➊ *(daran festhalten)* ▪ **etw ~** to maintain sth; **die Anklage ~** to uphold [or abide by] the charge; **seine Behauptung ~** to stick to one's view; **seine Entscheidung ~** to abide by one's decision ➋ *(bestehen lassen)* ▪ **etw ~** to keep up sth *sep* ➌ *(moralisch stützen)* ▪ **jdn ~** to keep sb going, to sustain sb

Auf·recht·er·hal·tung f ➊ *(das Aufrechterhalten)* maintenance; *von Anklage* upholding; *von Behauptung* sticking (+*gen* to); *von Entscheidung* abiding (+*gen* by) ➋ *(das weitere Bestehenlassen)* continuation

auf·re·gen I. vt ▪ **jdn ~** *(erregen)* to excite sb; *(verärgern)* to annoy [or irritate] sb; *(nervös machen)* to make sb nervous; *(bestürzen)* to upset sb; **reg mich nicht auf!** stop getting on my nerves!; **das kann einen schon ~!** that can really drive you mad *fam;* **das regt mich auf!** that really annoys me [or that gets on my wig] ! **II.** vr *(sich erregen)* ▪ **sich** |**über jdn/etw**| ~ to get worked up *fam* [or excited] [about sb/sth]; **reg dich nicht so auf!** don't get [yourself] so worked up!; *s. a.* **aufgeregt**

auf·re·gend adj exciting; ▪ **etwas A~es** something exciting; ▪ **wie ~!** *(fam)* how exciting! *a. iron,* bully for him/them/you etc.! *iron*

Auf·re·gung f ➊ *(aufgeregte Erwartung)* excitement *no pl* ➋ *(Beunruhigung)* agitation *no pl;* **nur keine ~!** don't get flustered, don't get [yourself] worked up *fam;* **wozu die** |**ganze**| **~?** what's the big deal? *fam;* **in heller ~** in utter confusion; **in helle ~ geraten** to work oneself into a panic; **jdn/etw in ~ versetzen** to set sb/sth into a state *fam*

auf·rei·ben irreg **I.** vt ➊ *(zermürben)* ▪ **jdn ~** to wear down [or out] sb *sep;* **jdn nervlich ~** to fray sb's

nerves ➋ *(wund reiben)* ▪ |**jdm**| **etw ~** to chafe sb's sth, to rub sb's sth sore ➌ MIL *(völlig vernichten)* ▪ **etw ~** to annihilate [or *sep* wipe out] sth **II.** vr ➊ *(sich zermürben)* ▪ **sich ~** to wear oneself out; **sich** |**für die Arbeit**| **~** to work oneself into the ground ➋ *(sich aufscheuern)* ▪ **sich** *dat* **etw** |**an etw** *dat*| **~** to chafe one's sth [or rub one's sth sore] [against sth]; **sich die Hände/Haut ~** to rub one's hands/skin sore

auf·rei·bend adj wearing, trying

auf·rei·hen I. vt ▪ **etw** |**auf etw** *akk*| **~** to string sth [on sth]; **Edelsteine auf eine Schnur ~** to string precious stones on a thread **II.** vr ▪ **sich ~** to line up, to get in lines [or a line]; **aufgereiht stehen** to stand in rows [or a row]

auf·rei·ßen irreg **I.** vt haben ➊ *(durch Reißen öffnen)* ▪ **etw ~** to tear [or rip] open sth *sep* ➋ *(aufbrechen)* ▪ **etw ~** to tear [or rip] up sth *sep* ➌ *(ruckartig öffnen)* ▪ **etw ~** to fling [or throw] open sth *sep;* **die Augen/den Mund ~** to open one's eyes/mouth wide ➍ *(aufritzen)* ▪ **etw ~** to tear [or rip] open sth; ▪ |**sich** *dat*| **etw** |**an etw** *dat*| **~** to tear [or rip] one's sth [on sth]; **die Haut leicht ~** to graze one's skin ➎ *(sl: aufgabeln)* ▪ **jdn ~** to pick up sb *sep fam* **II.** vi sein *(von Hose: aufplatzen)* to rip, to tear (**an** +*dat* at); *Naht* to split, to burst; *Wolkendecke* to break up; *Wunde* to tear open

auf·rei·zen vt ➊ *(erregen)* ▪ **jdn ~** to excite sb; *(stärker)* to inflame sb; ▪ **sich durch etw ~ lassen** to get worked up about sth *fam* ➋ *(provozieren)* ▪ **jdn** |**zu etw**| **~** to provoke sb [into doing sth]; **jdn zum Kampf ~** to provoke sb into fighting

auf·rei·zend I. adj ➊ *(erregend)* exciting ➋ *(sexuell provokant)* provocative; *Unterwäsche a.* sexy *fam* **II.** adv *(sexuell provokant)* provocatively; **sich ~ wiegen** to sway in a sexy rhythm *fam*

Auf·rich·te <-, -n> f SCHWEIZ *(Richtfest)* topping-out ceremony

auf·rich·ten I. vt ➊ *(in aufrechte Lage bringen)* ▪ **etw ~** to put [or set] sth upright; ▪ **jdn ~** to help up sb *sep,* to help sb to her/his feet; **einen Patienten ~** to sit up a patient ➋ *(aufstellen)* ▪ **etw ~** to erect [or *sep* put up] sth; **die Flagge ~** to raise [or *sep* run up] a flag ➌ *(geh: Mut machen)* ▪ **jdn** |**wieder**| **~** to put new heart into [or give fresh courage to] sb **II.** vr ➊ *(aufrechte Stellung einnehmen)* ▪ **sich ~** *(gerade stehen)* to stand up [straight]; *(gerade sitzen)* to sit up [straight]; *(aus gebückter Haltung)* to straighten up ➋ *(geh: neuen Mut fassen)* ▪ **sich an jdm ~** to find new strength [or take heart from] sb

auf·rich·tig I. adj honest, sincere, upright; ▪ **~** |**zu jdm/gegenüber jdm**| **sein** to be honest [with sb]; **ein ~es Gefühl** a sincere feeling; **~e Liebe** true love **II.** adv sincerely; ▪ **bedauern, dass ...** to sincerely regret that ...; **jdn ~ hassen/verabscheuen** to hate sb deeply

Auf·rich·tig·keit <-> f kein pl sincerity no pl, honesty no pl

auf·rie·geln vt ▪ **etw ~** to unbolt sth

Auf·rissRR <-es, -e> m, **Auf·riß**ALT <-sses, -sse> m ➊ *(Ansicht)* elevation, vertical plan; *(Vorderansicht)* front view [or elevation]; *(Seitenansicht)* profile, side elevation; **etw im ~ zeichnen** to draw the front/side elevation etc. of sth ➋ *(kurze Darstellung)* outline, sketch

auf·rit·zen vt ➊ *(durch Ritzen verletzen)* ▪ |**jdm/sich**| **etw ~** to cut [open *sep*] sb's/one's sth; *(aufkratzen)* to scratch [open *sep*] sb's/one's sth ➋ *(durch Ritzen öffnen)* ▪ **etw** |**mit etw**| **~** to slit open *sep* sth [with sth]

auf·rol·len I. vt ➊ *(zusammenrollen)* ▪ **etw ~** to roll up sth *sep;* **ein Kabel ~** to coil [up *sep*] [or *sep* wind up] a cable; ▪ **etw** |**auf etw** *akk*| **~** to wind up *sep* sth [on sth] ➋ *(entrollen)* ▪ **etw ~** to unroll sth; **eine**

Fahne ~ to unfurl a flag ❸ *(erneut aufgreifen)* ■ **etw wieder** ~ to re[·]open sth **II.** *vr* ■ **sich** [**zu etw**] ~ to roll up [into sth]; *Schlange* to coil [itself] [into sth]

auf|rü·cken *vi sein* ❶ *(weiterrücken)* to move up [*or* along]; *(auf einer Bank a.)* to budge up BRIT *fam* ❷ *(avancieren)* ■ [**zu etw**] ~ to be promoted [to sth]

Auf·ruf *m* ❶ *(Appell)* appeal; ■ **der/ein** ~ **an jdn** the/ an appeal to sb; **ein** ~ **an das Volk** an appeal to the public; *(positiv a.)* a proclamation; **einen** ~ **an jdn richten|, etw [nicht] zu tun**] to [make an] appeal to sb [[not] to do sth] ❷ *(das Aufrufen)* **ein** ~ **der Namen** a roll call; ■ **nach** ~ when [*or* on being] called ❸ INFORM call; *von Daten a.* retrieval ❹ LUFT call; **letzter** ~ **für alle Passagiere** last call for all passengers

auf|ru·fen *irreg* **I.** *vt* ❶ *([mit] Namen nennen)* ■ **etw** ~ to call [out *sep*] sth; ■ **jdn** [**namentlich**] ~ to call [out] sb['s name] ❷ *(zum Kommen auffordern)* ■ **jdn** ~[**, etw zu tun**] to request sb [to do sth] ❸ *(appellieren)* ■ [**jdn**] **zu etw** ~ to call [upon sb] *or* appeal [to sb] for sth; **Arbeiter zum Streik** ~ to call upon workers to strike; ■ **jdn** ~**, etw zu tun** to call upon [*or* appeal to] sb to do sth ❹ INFORM ■ **etw** ~ to call up *sep* sth; **Daten** ~ to retrieve [*or sep* call up] data ❺ LUFT ■ **etw** ~ to call sth **II.** *vi* ■ **zu etw** ~ to call for sth; **zum Widerstand/Streik** ~ to call for resistance/a strike [*or* upon people to resist/strike]

Auf·ruhr <-[e]s, -e> ['aufruːɐ̯] *m* ❶ *kein pl (geh: Erregung)* tumult *no pl*, turmoil *no pl*; *(in der Stadt/im Volk)* unrest *no pl, no indef art*; **sein innerer** ~ the turmoil within one; **in** [*o* **im**] ~ **sein, sich in** [*o* **im**] ~ **befinden** to be in a tumult; *Bevölkerung* to be in a turmoil; **in** ~ *akk* **geraten** to be thrown into a turmoil; **jdn in** ~ *akk* **versetzen** to throw sb into a turmoil ❷ *(Aufstand)* revolt, uprising, rebellion; **einen** ~ **unterdrücken** to crush [*or* put down] [*or* quell] a revolt [*or* an uprising]

Auf·rüh·rer|in <-s, -> *m(f)* insurgent, rabble-rouser *pej*

auf·rüh·re·risch *adj* ❶ *attr (rebellisch)* rebellious, insurgent; *(meuternd)* mutinous ❷ *(aufwiegelnd)* inflammatory, rabble-rousing *pej*; **eine ~e Rede** an incendiary [*or* an inflammatory] [*or pej* a rabble-rousing] speech

auf|run·den *vt* ■ **etw** [**auf etw** *akk*] ~ to round up *sep* sth [to sth]; **etw auf einen glatten Betrag** ~ to bring up *sep* sth to a round figure; ■ **aufgerundet** rounded up

auf|rüs·ten **I.** *vi* to arm; ■ **wieder** ~ to rearm **II.** *vt* ❶ *(das [Militär]potenzial verstärken)* ■ **etw** [**wieder**] ~ to [re]arm sth ❷ *(hochwertiger machen)* ■ **etw** ~ to upgrade sth; **ein Kraftwerk** ~ to re[·]equip [*or* refit] a power plant

Auf·rüs·tung *f* arming *no pl*, armament *no pl*; *(Wieder~)* rearming *no pl*, rearmament *no pl*; **die atomare** [*o* **nukleare**] **/konventionelle** ~ nuclear armament, the acquisition of nuclear/conventional arm[ament]s [*or* weapons]

auf|rüt·teln *vt* ❶ *(durch Rütteln aufwecken)* ■ **jdn** [**aus etw**] ~ to rouse sb [from sth], to shake sb out of sth ❷ *(aufstören)* ■ **jdn/etw** [**aus etw**] ~ to rouse sb/sth [from sth], to shake up *sep* sb/sth [out of sth]; **jdn aus seiner Lethargie/Untätigkeit** ~ to rouse sb from her/his apathy/[her/his] inactivity; **jds Gewissen** ~ to stir sb's conscience

aufs [aufs] ❶ *(fam)* s. **auf** ❷ + *superl* ~ **entschiedenste/grausamste** [*o* ~ **Entschiedenste/Grausamste**] most decisively/cruelly; ~ **beste** [*o* ~ **Beste**] in the best way possible

auf|sa·gen *vt* ❶ *(vortragen)* ■ **etw** ~ to recite [*or* say] sth ❷ *(geh: aufkündigen)* **jdm den Dienst/Gehorsam** ~ to refuse to serve/obey sb; **jdm die Freund-**

schaft ~ to break off *sep* one's friendship with sb

auf|sam·meln *vt* ■ **etw** ~ to gather [up *sep*] sth; *(Fallengelassenes)* to pick up sth *sep*

auf·säs·sig ['aufzɛsɪç] *adj* ❶ *(widerspenstig)* unruly, recalcitrant *form*; **ein ~er Zögling** a disruptive [*or* an unruly] element ❷ *(widersetzlich)* rebellious

Auf·säs·sig·keit <-, -en> *f meist sing* ❶ *(Widerspenstigkeit)* unruliness, recalcitrance *form* ❷ *(Widersetzlichkeit)* rebelliousness

Auf·satz¹ *m* top [*or* upper] part; *(zur Verzierung)* bit on top; **ein abnehmbarer** ~ a removable top part [*or* section]

Auf·satz² *m* ❶ SCH essay, composition ❷ *(Essay)* essay, treatise

Auf·satz·the·ma *nt* essay subject

auf|sau·gen *vt reg o irreg* ❶ *(durch Einsaugen entfernen)* ■ **etw** [**mit etw**] ~ to soak up *sep* sth [with sth] ❷ *(mit dem Staubsauger entfernen)* ■ **etw** ~ to vacuum up sth *sep* ❸ *(geh: in sich aufnehmen)* ■ **etw** [**in sich** *akk*] ~ to absorb [*or sep* soak in] sth

auf|schau·en *vi (geh) s.* **aufblicken**

auf|schau·keln *vr (fam)* ■ **sich** ~ to build up

auf|schäu·men **I.** *vi sein* to foam [up], to froth up; *Meer* to foam **II.** *vt haben* ■ **etw** ~ to foam [*or* expand] sth

auf|scheu·chen *vt* ❶ *(erschrecken und wegscheuchen)* ■ **etw** [**von etw**] ~ to frighten [*or* scare] away sth [from sth] *sep* ❷ *(fam: jds Ruhe stören)* ■ **jdn** ~ to disturb sb; ■ **jdn aus etw** ~ to jolt sb out of sth

auf|scheu·ern **I.** *vt* ■ [**jdm**] **etw** ~ to rub sb's sth sore; **die Haut** ~ to chafe sb's skin; ■ **aufgescheuert** [rubbed *pred*] sore; **aufgescheuerte Haut** chafed skin **II.** *vr* ■ **sich** *dat* **etw** ~ to rub one's sth sore, to chafe the skin of [*or* take the skin off] one's sth

auf|schich·ten *vt* ■ **etw** ~ to stack [*or sep* pile up] sth; ■ **aufgeschichtet** stacked, piled up

auf|schie·ben *vt irreg* ❶ *(durch Schieben öffnen)* ■ **etw** ~ to slide open sth *sep;* **einen Riegel** ~ to push [*or* slide] back a bolt *sep* ❷ *(verschieben)* ■ **etw** [**auf etw** *akk*] ~ to postpone [*or* defer] [*or sep* put off] sth [until [*or* till] sth] ▸ WENDUNGEN: **aufgeschoben ist nicht aufgehoben** *(prov)* there'll be another opportunity [*or* time]

auf|schie·ßen *irreg* **I.** *vi sein* ❶ *(rasch wachsen)* to shoot up; *Jugendlicher* to shoot up *fam;* ■ **aufgeschossen** [**sein**] [to be] lanky ❷ *(hochfahren)* ■ [**aus etw**] ~ to leap [*or* shoot] up [out of sth] ❸ *(in die Höhe schießen)* to leap up **II.** *vt haben* ■ **etw** ~ to shoot open sth *sep*

Auf·schlag *m* ❶ *(Aufprall)* impact *no pl*; *(mit Fallschirm)* landing ❷ SPORT *(eröffnender Schlag)* service *no pl*, serve; ~ **haben** to be serving; **wer hat** ~**?** whose serve [*or* service] [is it]? ❸ *(Aufpreis)* extra charge, surcharge ❹ MODE *(von Ärmel)* cuff; *(von Hose)* turn-up BRIT, cuff AM; *(von Mantel)* lapel, revers *spec*

auf|schla·gen *irreg* **I.** *vi* ❶ *sein (auftreffen)* ■ [**auf etw** *dat o akk*] ~ to strike, to hit [*or* strike] sth; **das Flugzeug schlug in einem Waldstück auf** the plane crashed into a wood; **mit dem Ellenbogen/Kopf** [**auf etw** *akk o dat*] ~ to hit one's elbow/head [on sth]; **dumpf** [**auf etw** *akk o dat*] ~ to [fall with a] thud [on[to] sth] ❷ *sein (sich abrupt öffnen)* to burst [*or* fly] open ❸ *sein (auflodern)* ■ **aus etw** ~ to leap [*or* blaze] up out of sth ❹ *haben (sich verteuern)* ■ [**um etw**] ~ to rise [*or* go up] [by sth] ❺ *haben* SPORT *(das Spiel durch Aufschlag eröffnen)* to serve **II.** *vt haben* ❶ *(aufklappen)* ■ **etw** ~ to open sth; **Seite 35** ~ to turn to page 35, to open one's book at [*or* AM to] page 35; ■ **aufgeschlagen** open ❷ *(durch Schläge aufbrechen)* ■ **etw** [**mit etw**] ~ to break open *sep* sth [with sth]; **das Eis** [**mit etw**] ~ to break a hole in [*or* through| the ice [with sth]; **Nüsse |mit etw|** ~ to crack |open *sep*| nuts |with sth|; **ein Schloss |mit etw|** ~ to break |open *sep*| a lock |with sth| ③ *(öffnen)* ▪ **etw** ~ to open one's sth ④ *(aufbauen)* ▪ **etw** ~ to put up sth *sep;* **ein Zelt** ~ to pitch [*or sep* put up] a tent ⑤ *(einrichten)* **sein Nachtlager** ~ to bed down for the night; **sein Quartier |in etw** *dat*| ~ to settle down [in sth]; **seinen Wohnsitz in Hamburg** ~ to take up residence in Hamburg ⑥ *(hinzurechnen)* ▪ **etw auf etw** *akk* ~ to add sth to sth ⑦ *(verteuern)* ▪ **etw |um etw|** ~ to raise [*or sep* put up] sth [by sth] ⑧ *(umlegen)* ▪ **etw** ~ to turn back sth *sep;* **seine Ärmel** ~ to roll up *sep* one's sleeves; **seinen Kragen** ~ to turn up *sep* one's collar

Auf·schlä·ger(in) *m(f)* server

auf|schlie·ßen *irreg* **I.** *vt* ① *(etw mit dem Schlüssel öffnen)* ▪ |**jdm|** **etw** ~ to unlock sth [for sb] ② *(geh: offenbaren)* **jdm sein Herz/Innerstes** ~ to open [*or sep* pour out] one's heart to sb, to tell sb one's innermost thoughts **II.** *vi* ③ *(öffnen)* ▪ |**jdm|** ~ to unlock the door [for sb] ④ *(näher rücken)* to move up; **zu jdm/etw|** ~ to catch up |with sb/sth|; *s.a.* **aufgeschlossen**

auf|schlit·zen *vt* ① *(durch Schlitzen öffnen)* ▪ **etw |mit etw|** ~ to slit |open *sep*| sth |with sth|; ▪ **jdn |mit etw|** ~ to slash [*or sep* cut up] sb |with sth| ② *(durch Schlitzen verletzen)* **jdm den Bauch** ~ to slash [*or* slit| [*or* cut| open *sep* sb's belly; **sich** *dat* **den Bauch** ~ to disembowel oneself, to slit [*or* slash| open one's stomach *sep* ③ *(durch Schlitzen beschädigen)* ▪ **etw |mit etw|** ~ to slash sth |with sth|

Auf·schluss[RR] <-es, Aufschlüsse> *m,* **Auf·schluß**[ALT] <-sses, Aufschlüsse> *m* information *no pl;* ~ |**über etw** *akk*| **verlangen** to demand an explanation [of sth]; |**jdm|** ~ |**über jdn/etw|** **geben** to give |sb| information [about sth/sth]

auf|schlüs·seln *vt* ① *(detaillieren)* ▪ **etw |nach etw|** ~ to classify sth [according to sth] ② *(erläutern)* ▪ **jdm etw** ~ to explain sth to sb; **jdm etw detaillierter** ~ to give sb a more detailed explanation of sth

auf·schluss·reich[RR], **auf·schluß·reich**[ALT] *adj* informative, instructive; *(enthüllend)* revealing, illuminating

auf|schnap·pen *vt (fam)* ▪ **etw** ~ ① *(mitbekommen)* to pick up sth *sep;* **einzelne Worte** ~ to catch [*or sep* pick up] the odd word ② *(durch Zuschnappen fangen)* to catch sth

auf|schnei·den *irreg* **I.** *vt* ① *(in Scheiben schneiden)* ▪ |**jdm|** **etw** ~ to slice sth [for sb]; ▪ **aufgeschnitten** sliced, in slices *pred* ② *(tranchieren)* ▪ **etw** ~ to carve sth ③ *(auseinanderschneiden)* ▪ **etw** ~ to cut open sth *sep;* **einen Knoten/eine Kordel** ~ to cut |through| a knot/cord ④ MED ▪ |**jdm|** **etw** ~ to lance |sb's| sth; *s.a.* **Pulsader II.** *vi (fam)* to brag, to boast; **maßlos** ~ to lay it on thick [*or* with a trowel] *fam*

Auf·schnei·der(in) *m(f) (fam)* boaster, show-off

Auf·schnitt *m kein pl (aufgeschnittene Wurst)* assorted sliced cold meats *pl,* cold cuts *npl* AM; *(aufgeschnittener Käse)* assorted sliced cheese|s *pl*|

Auf·schnitt·ga·bel *f* cold meat fork **Auf·schnitt·mes·ser** *nt* ham carver

auf|schnü·ren *vt* ▪ **etw** ~ to untie [*or* undo] sth; **ein Paket** ~ to unwrap [*or* open] [*or* undo] a parcel; **einen Schuh** ~ to unlace a shoe

auf|schram·men *vr s.* **aufschürfen**

auf|schrau·ben *vt* ▪ **etw** ~ to unscrew [*or sep* screw off] sth; **eine Flasche** ~ to take [*or* screw] the cap [*or* top] off a bottle, to unscrew the cap [*or* top] of a bottle

auf|schre·cken I. *vt* <schreckte auf, aufgeschreckt> *haben* ▪ **jdn |aus etw|** ~ to startle sb [from sth]; **jdn aus der Gleichgültigkeit/Lethargie** ~ to rouse sb from [*or* jolt sb out of] her/his indifference/apathy

II. *vi* <schreckte *o* schrak auf, aufgeschreckt> *sein* ▪ |**aus etw|** ~ to start [up] [*or* be startled] [from sth]; **aus seinen Gedanken** ~ to start; **aus dem Schlaf** ~ to wake up with a start

Auf·schrei *m* ① *(schriller Schrei)* scream, shriek ② *(Lamento)* outcry; **ein ~ der Empörung** an [indignant] outcry, an outcry of indignation

auf|schrei·ben *vt irreg* ① *(niederschreiben)* ▪ |**jdm|** **etw |auf etw** *akk*| ~ to write [*or* note] down sth [for sb] *sep,* to write [*or* note] sth [down] [for sb] *sep* ② *(fam: anschreiben)* ▪ **sich** *dat* **etw** ~ to make a note of sth ③ *(fam: polizeilich notieren)* ▪ |**jdm|** **etw** ~ to put sth on the/sb's slate *fam,* to chalk up *sep* sth [for sb] ④ *(verordnen)* ▪ |**jdm|** **etw** ~ to prescribe sth [for sb] ⑤ *(fam: polizeilich notieren)* ▪ **jdn** ~ to take sb's name; *(ausführlicher)* to take |down *sep*| sb's particulars

auf|schrei·en *vi irreg* to shriek; **vor Entsetzen** ~ to shriek with fright, to give a shriek of terror

Auf·schrift *f* inscription

Auf·schub *m* ① *(Verzögerung)* delay (+*gen* in); *(das Hinauszögern)* postponement, deferment; **ein ~ der Hinrichtung** a stay of execution, a reprieve; **keinen** ~ **dulden** *(geh)* to brook [*or* admit of] no delay *form* ② *(Stundung)* respite *no pl,* grace *no pl, no art;* **eine Woche** ~ a week's grace; **um einen** ~ **bitten** to ask for time [*or* a delay]; **jdm** ~ **gewähren** to allow sb grace, to grant sb a delay [*or* an extension]

auf|schür·fen *vt* ▪ |**sich** *dat*| **etw** ~ to graze [*or* scrape] one's sth; ▪ **aufgeschürft** grazed

auf|schüt·teln *vt* ▪ **etw** ~ to plump up sth *sep*

auf|schüt·ten *vt* ① *(nachgießen)* ▪ **etw |auf etw** *akk*| ~ to pour on sth *sep,* to pour sth on [*or* over] sth ② *(aufhäufen)* ▪ **etw** ~ to heap [*or* pile] up sth *sep;* **Stroh** ~ to spread straw ③ *(durch Aufhäufen errichten)* ▪ **etw** ~ to build up sth *sep;* **eine Straße** ~ to raise a road; *(erweitern)* to widen a road

Auf·schüt·tung <-, -en> *f* earth bank [*or* wall], embankment

auf|schwat·zen *vt,* **auf|schwät·zen** *vt* DIAL *(fam)* ▪ **jdm etw** ~ to fob sth off on sb, to talk sb into taking/buying sth; ▪ **sich** *dat* **etw |von jdm|** ~ **lassen** to get talked into taking/buying sth [off sb]

auf|schwem·men I. *vt* ▪ **etw** ~ to make sb's sth bloated [*or* puffy]; ▪ **jdn** ~ to make sb bloated **II.** *vi* to make sb bloated, to cause bloating; ▪ **aufgeschwemmt** bloated; **ein ~es Gesicht** a bloated [*or* puffy] face

auf|schwin·gen *irreg* **I.** *vr haben* ▪ **sich |zu etw|** ~ ① *(sich aufraffen)* to bring oneself to do sth; **sich dazu ~, etw zu tun** to bring oneself to do sth ② *(geh: sich nach oben schwingen)* to soar [up] [to|wards| sth] **II.** *vi sein* to slide open

Auf·schwung *m* ① *(Auftrieb)* lift *no pl,* impetus *no pl, no indef art;* **jdm neuen** ~ **geben** to give sb fresh impetus ② *(Aufwärtstrend)* upswing, upturn; **einen** ~ **nehmen** to take an upward trend; **im** ~ **sein** to be on the upswing ③ SPORT swing-up

auf|se·hen *vi irreg* ① *(hochsehen)* ▪ |**von etw|** ~ to look up [from sth]; **nicht von der Arbeit** ~ to not look up from one's work; *(nicht ablenken lassen)* to keep one's eyes on one's work; ▪ **zu jdm** ~ to look up at sb ② *(bewundern)* ▪ **zu jdm** ~ to look up to sb

Auf·se·hen <-s> *nt kein pl* sensation; **ohne |großes/ jedes|** ~ without any [real] fuss [*or fam* hassle]; **jd erregt |mit etw|/etw erregt |großes|** ~ sb['s sth]/ sth causes a [great] sensation [*or* stir]; ▪ **erregend** sensational; **etwas** ~ **Erregendes** something sensational, quite something *fam; (negativ)* something shocking; ▪ **nichts** ~ **Erregendes** nothing sensational; **um etw viel** ~ **machen** to make [*or fam* kick up] a lot of fuss about sth; **das wird für** ~ **sorgen** that will cause a sensation; **jedes** ~ **vermeiden** to avoid causing a sensation [*or* fuss]

auf·se·hen·er·re·gend *adj s.* **Aufsehen**

Auf·se·her(in) <-s, -> *m(f)* ❶ *(Gefängnis~)* [prison] guard, BRIT *a.* warder ❷ *(die Aufsicht führende Person)* supervisor; *(Museums~)* attendant

auf|sein^{ALT} *vi irreg sein (fam) s.* **auf II. 1, 2, 3**

auf|set·zen I. *vt* ❶ *(auf den Kopf setzen)* ■ **etw** [**auf etw** *akk*] ~ to put on sth *sep;* ■ **sich** *dat* **etw** ~ to put on sth *sep;* **die Brille** ~ to put on one's glasses; **mit aufgesetzter Maske** with a mask on ❷ *(auf den Herd stellen)* ■ **etw** ~ to put on sth *sep* ❸ *(auf den Boden aufkommen lassen)* ■ **etw** ~ to put down sth *sep,* to put sth down on the floor; **ich kann den Fuß nicht richtig** ~ I can't put any weight on my foot ❹ *(verfassen)* ■ [**jdm**] **etw** ~ to draft [*or sep* draw up] sth [for sb] ❺ *(zur Schau tragen)* ■ **etw** ~ to put on sth *sep;* ■ **aufgesetzt** false *pej;* **ein aufgesetztes Lächeln** a false [*or pej* plastic] smile; ■ **aufgesetzt sein** to be false ❻ *(aufrichten)* ■ **jdn** ~ to sit up sb *sep* **II.** *vr (sich aufrichten)* ■ **sich** ~ to sit up **III.** *vi* [**auf etw** *dat o akk*] ~ to land [*or* touch down] [on sth]; **auf die** [*o* **der**] **Landebahn** ~ to land, to touch down

auf|seuf·zen *vi* [**laut**] ~ to heave a [loud] sigh; „**end·lich!" seufzte sie auf** "at last!" she sighed

Auf·sicht <-, -en> *f* ❶ *kein pl (Überwachung)* supervision *(über +akk* of); ~ **führend** supervising; **der** ~ **führende Lehrer** the invigilator [*or* AM proctor]; **bei einer Prüfung** ~ **führen** [*o* **haben**] to invigilate [*or* AM proctor] an exam; **im Pausenhof** ~ **führen** [*o* **haben**] to be on duty during break; **jdn ohne** ~ **lassen** to leave sb unsupervised [*or* without supervision]; **jdm obliegt die** ~ **über jdn/etw** *(geh)* sb is in charge of [*or* responsible for] sb/sth; **unter ärztlicher/polizeilicher** ~ under medical/police supervision ❷ *(Aufsicht führende Person)* person in charge; *(bei einer Prüfung)* invigilator BRIT, proctor AM; **die** ~ **fragen** to ask at the office

aufsichtführend *adj attr s.* **Aufsicht 1**

Auf·sichts·füh·ren·de(r) *f(m) dekl wie adj (geh)* person in charge, office *no indef art*

Auf·sichts·be·hör·de *f* supervisory authority [*or* body], controlling [*or* regulatory] body *form* **Auf·sichts·per·so·nal** *nt* supervisory staff + *sing/pl vb* **Auf·sichts·pflicht** *f* obligatory supervision *(legal responsibility to look after sb, esp children); (die elterliche ~)* parental responsibility **Auf·sichts·rat** *m* supervisory board; **im** ~ **sitzen** to be on [*or* a member of] the supervisory board **Auf·sichts·rat·, -rä·tin** *m, f* supervisory board member, member of a/the supervisory board **Auf·sichts·rats·vor·sit·zen·de(r)** *f(m) dekl wie adj* chairman of the supervisory board, supervisory board chairman

auf|sit·zen *vi irreg* ❶ *sein (sich auf ein Reittier schwingen)* to mount; **wieder** ~ to re[-]mount; **jdm aufzusitzen helfen** to help sb [to] mount [*or* into the saddle] ❷ *haben (fam: aufgerichtet sitzen)* ■ [**in etw** *dat*] ~ to sit up [in sth] ❸ *haben* NAUT *(festsitzen)* ■ [**auf etw** *dat*] ~ to run/have run aground [on sth] ❹ *sein (fam: darauf hereinfallen)* ■ **jdm/einer S.** ~ to be taken in by sb/sth ❺ *(fam)* ■ **jdn** ~ **lassen** *(im Stich lassen)* to let sb down, to leave sb in the lurch; *(versetzen)* to stand sb up *fam*

auf|spal·ten I. *vt* ❶ *(teilen)* ■ **sie/etw in etw** *akk* ~ to split [*or* divide] them/sth up into sth ❷ *(zerlegen)* ■ **etw** [**in etw** *akk*] ~ to split [up *sep*] [*or sep* break down] sth [into sth] **II.** *vr* ■ **sich** [**in etw** *akk*] ~ to split up [into sth], to divide [up] into sth

Auf·spal·tung *f* breakdown (**in** *+akk* into)

auf|span·nen *vt* ❶ *(ziehen)* ■ **etw** ~ to stretch out *sep* [*or* spread [out *sep*]] sth; **ein Seil** ~ to put up *sep* a cable ❷ *(auseinanderziehen)* ■ **etw** ~ to open sth; **einen Schirm** ~ to open [*or sep* put up] an umbrella

❸ *(aufziehen)* ■ **etw** [**auf etw** *akk*] ~ to stretch sth [on|to] sth; **eine Saite** [**auf etw** *akk*] ~ to put [on] a string on sth; **neue Saiten auf eine Gitarre** ~ to re[-]string a guitar

auf|spa·ren *vt* ❶ *(für später aufheben)* ■ [**jdm**] **etw** ~ to save [*or* keep] sth [for sb] ❷ *(für später bewahren)* ■ **etw für etw** ~ to save sth for sth

auf|sper·ren *vt* ■ **etw** ~ ❶ *(aufreißen)* to open wide sth *sep;* **weit aufgesperrt** wide open ❷ SÜDD, ÖSTERR *(aufschließen)* to unlock sth

auf|spie·len I. *vr* ❶ *(angeben)* ■ **sich** ~ to give oneself [*or* put on] airs, to show off ❷ *(sich als etw ausgeben)* ■ **sich als etw** ~ to set oneself up as sth; **sich als Boss** ~ to play [*or* act] the boss ❸ *(veraltet)* ■ [**jdm**] [**zum Tanz**] ~ to play [the/some dance music] [for sb]; *(anfangen)* to strike up [the dance music] [for sb]

auf|spie·ßen *vt* ❶ *(daraufstecken)* ■ **etw** [**mit etw**] ~ to skewer sth [with sth]; **etw mit der Gabel** ~ to stab one's fork into sth; **Schmetterlinge** [**mit einer Nadel**] ~ to pin butterflies ❷ *(durchbohren)* ■ **jdn/etw** [**mit etw**] ~ to run sb/sth through [with sth]

auf|sprin·gen *vi irreg sein* ❶ *(hoch springen)* to leap [*or* jump] up [*or* to one's feet] ❷ *(auf etw springen)* ■ [**auf etw** *akk*] ~ to jump [*or* hop] on[|to] sth ❸ *(sich abrupt öffnen)* to burst [*or* fly] open; *Deckel* to spring open ❹ *(aufplatzen)* to crack; *Lippen, Haut a.* to chap; ■ **aufgesprungen** cracked/chapped ❺ *(auftreffen)* to bounce

auf|sprü·hen *vt* ■ **etw** [**auf etw** *akk*] ~ to spray on sth *sep,* to spray sth on sth

auf|spü·ren *vt* ❶ *(auf der Jagd entdecken)* ■ **etw** ~ to scent sth; *Jäger* to track [down *sep*] [*or spec* spoor] sth ❷ *(ausfindig machen)* ■ **jdn** ~ to track down sb *sep*

auf|sta·cheln *vt* ■ **jdn** [**zu etw**] ~ to incite [*or* goad [on *sep*]] sb, to incite sb to do [*or* goad sb into doing] sth; ■ **jdn gegen jdn** ~ to turn sb against sb

auf|stamp·fen *vi* to stamp; **mit dem Fuß** ~ to stamp one's foot

Auf·stand *m* rebellion, revolt; *(örtlich begrenzt)* uprising; *(organisiert)* insurrection; **einen** ~ **niederschlagen** to quell [*or* put down] a rebellion; **das wird einen** ~ **geben!** *(fam: Unruhe geben)* there'll be trouble!; *(Ärger geben)* there'll be hell to pay! *fam;* **im** ~ **sein** to be in [a state of] rebellion [*or* revolt]; **den** ~ **proben** *(fam)* to flex one's muscles

auf·stän·disch *adj* rebellious; *(meuternd)* mutinous **Auf·stän·di·sche(r)** *f(m) dekl wie adj* rebel; *(einer politischen Gruppe a.)* insurgent

auf|sta·peln *vt* ■ **etw** ~ to stack [up *sep*] [*or sep* pile up] sth

auf|stau·en I. *vt* ■ **etw** ~ to dam sth **II.** *vr* ■ **sich** ~ ❶ *(sich stauen)* to be dammed up ❷ *(sich ansammeln)* to be/become bottled up; ■ **aufgestaut** bottled-up

auf|ste·chen *vt irreg* ■ **etw** [**mit etw**] ~ to lance [*or* pierce] sth [with sth]

auf|ste·cken I. *vt* ❶ *(auf etw stecken)* ■ **etw** ~ to put on sth *sep;* **Bajonette** ~ to fix bayonets; **Fahnen** ~ to put up *sep* bunting ❷ *(hochstecken)* ■ **etw** ~ to pin [*or* put] up sth *sep* ❸ *(fam: aufgeben)* ■ **es** ~ to pack it in *fam,* to give up on it *fam* **II.** *vi (fam)* to pack it in *fam*

auf|ste·hen *vi irreg sein* ❶ *(sich erheben)* ■ [**von etw**] ~ to get [*or* stand] up [from sth], to arise [*or form* rise] [from sth]; ■ **vor jdm/für jdn** ~ to get [*or* stand] up for [*or form* before] sb; *(aus Achtung)* to rise before sb *form; (im Bus)* to offer one's seat to sb ❷ *(das Bett verlassen)* to get up, to rise *form* ❸ *(fam: offen sein)* to be open; ■ **~d etw** ❹ *(geh: sich auflehnen)* **gegen jdn/etw** ~ to rise [in arms] [*or* revolt] against sb/sth ▶ WENDUNGEN: **da musst du früher** [*o* **eher**] **~!**

(fig fam) you'll have to do better than that!

auf∣stei∙gen *vi irreg sein* ❶ *(sich in die Luft erheben)* to soar [up]; *Flugzeug* to climb; *Ballon* to ascend ❷ *(besteigen)* ▪ **auf etw** *akk*| ~ to get [or climb] on [sth]; **auf ein Pferd** ~ to get on [to] [or mount] a horse; **auf den Sattel** ~ to get [or climb] into the saddle ❸ *(befördert werden)* ▪ |**zu etw**| ~ to be promoted [to sth]; **durch die Ränge** ~ to rise through the ranks ❹ *(den sportlichen Rang verbessern)* ▪ |**in etw** *akk*| ~ to go up [into sth], to be promoted [to sth] ❺ *(sich in die Höhe bewegen)* |**aus etw**| ~ to rise [from [or out of] sth] ❻ *(sich in die Luft erheben)* ▪ **in etw** *dat*/**mit etw** ~ to climb in sth; **in einem Ballon** ~ to ascend [or go up] in a balloon ❼ *(entstehen)* ▪ **in jdm** ~ to well up in sb ❽ *(hochklettern)* ▪ |**an etw** *dat*| ~ to climb up, to climb [up] sth; **zum Gipfel** ~ to climb [up] to the top ❾ *(geh: aufragen)* to tower, to rise up; **bedrohlich** ~ to loom

Auf∙stei∙ger(in) <-s, -> *m(f)* ❶ *(fam: beruflich aufgestiegene Person)* ▪ **ein** |**sozialer**| ~ a social climber ❷ *(aufgestiegene Mannschaft)* promoted team

auf∣stel∙len I. *vt* ❶ *(aufbauen)* ▪ **etw** ~ to put up sth *sep;* **eine Anlage/Maschine** ~ to install a system/machine [or sep put in]; **ein Denkmal** ~ to erect [or raise] a monument; **eine Falle** ~ to set [or lay] a trap; **einen Mast/eine Wand** ~ to erect [or put up] a mast/wall; **ein Schild** ~ to put up a plaque ❷ *(erheben)* ▪ **etw** ~ to put forward [or form forth] sth *sep* ❸ *(ausarbeiten)* ▪ **etw** ~ to draw up sth *sep;* **eine Theorie** ~ to elaborate a theory *a. form* ❹ *(erstellen)* ▪ **etw** ~ to draw up *sep* [or make [out sep]] sth; **eine Rechnung** ~ to make out [or up] *sep* an invoice; **eine Tabelle** ~ to compile [or sep make up] a table ❺ *(nominieren)* ▪ **jdn** |**als/für etw**|~ to nominate sb [sth/for [or as] sth] ❻ *(postieren)* ▪ **jdn** ~ to post [or station] sb ❼ *(formieren)* **eine Mannschaft** ~ to organize a team [or to field a team]; **Truppen** ~ to raise [or muster] troops ❽ *(aufsetzen)* ▪ **etw** ~ to put on sth *sep* ❾ *(erzielen)* ▪ **etw** ~ to set sth ❿ *(wieder hinstellen)* ▪ **etw** ~ to stand up sth *sep*, to set sth upright ⓫ *(aufrichten)* ▪ **etw** ~ to prick up sth *sep* ⓬ SCHWEIZ *(aufmuntern)* ▪ **jdn** ~ to pick [or perk] up sb *sep;* ▪ **aufgestellt [sein]** [to be] perky **II.** *vr* ❶ *(sich hinstellen)* ▪ **sich** ~ to stand; *Wachen* to be posted; **sich vor dem Tor** ~ to stand [or a. hum plant oneself] in front of the goal; **sich hintereinander** ~ to line up; *Soldaten* to fall into line; **sich im Kreis** ~ to form a circle ❷ *(sich hochstellen)* *Haare* to raise, to bristle; *Ohren* to stand up; *Katzenfell* to bristle

Auf∙stel∙lung <-> *f kein pl* ❶ *(Errichtung)* erection *no pl*, raising *no pl; (von Maschine)* installation *no pl* ❷ *(Erhebung)* putting forward [or form forth] ❸ *(Ausarbeitung)* drawing up *no pl; von Software* writing *no pl; von Theorie* elaboration *no pl a. form* ❹ *(Erstellung)* making [out] *no pl*, drawing up *no pl; von Rechnung* making out [or up] *no pl; von Tabelle* compiling *no pl*, making up *no pl* ❺ *(Nominierung)* nomination *no pl*, nominating *no pl* ❻ *(Postierung)* posting, stationing; ~ **nehmen** to take up position ❼ *(Formierung) von Mannschaft* drawing up *no pl; von Truppen* raising *no pl*, mustering *no pl* ❽ SPORT *(Auswahl)* team, line-up ❾ *(Erzielung)* setting *no pl*

Auf∙stieg <-[e]s, -e> ['aufʃtiːk] *m* ❶ *(Verbesserung der Dienststellung)* rise; **der** ~ **zu etw** the rise to [becoming] sth; **beruflicher/sozialer** ~ professional/social advancement; **den** ~ **ins Management schaffen** to work one's way up into the management ❷ *(Weg zum Gipfel)* climb, ascent (**auf** + *akk* up) ❸ SPORT ▪ **der/ein** ~ |**in etw** *akk*| promotion [to sth] ❹ LUFT ascent

Auf∙stiegs∙chan∙ce *f* prospect [or chance] of promotion **Auf∙stiegs∙mög∙lich∙keit** *f* career prospect **Auf∙stiegs∙run∙de** *f* SPORT play-off round, play-offs *pl fam*

Auf∙stiegs∙spiel *nt* SPORT play-off [match]

auf∣stö∙bern *vt* ❶ *(entdecken)* ▪ **jdn** ~ to run sb to earth, to track down sb *sep;* ▪ **etw** ~ to discover sth ❷ *(aufscheuchen)* ▪ **etw** ~ to start [or flush] sth; *(aus dem Bau)* to run sth to earth, to unearth sth *spec;* **einen Fasan** ~ to flush [or sep put up] a pheasant

auf∣sto∙cken I. *vt* ❶ *(zusätzlich erhöhen)* ▪ **etw** |**auf etw** *akk*/**um etw**| ~ to increase sth [to/by sth]; **das Team** ~ to expand the team ❷ *(erhöhen)* ▪ **etw** ~ to add another storey *or* AM story] on [to] sth; **etw um ein Stockwerk/zwei Stockwerke** ~ to add another storey [or AM story] /another two storeys [or AM stories] on [to] sth **II.** *vi* ❶ *(Kapital erhöhen)* ▪ |**um etw**| ~ to increase one's capital stock [by sth] ❷ *(ein Gebäude erhöhen)* to build another storey [or AM story]; **um zwei Etagen** ~ to build another two storeys [or AM stories]

auf∣stöh∙nen *vi* to groan loudly [or aloud], to give [or heave] a loud groan

auf∣sto∙ßen *irreg* **I.** *vi* ❶ *haben (leicht rülpsen)* to burp ❷ *sein o haben (Rülpsen verursachen)* ▪ **etw** ~ to make sb burp, to repeat on sb *fam;* **das Essen stößt mir immer noch auf** the food is still repeating on me ❸ *haben (hart auftreffen)* ▪ **mit etw** ~ to hurt oneself on sth ❹ *sein (fam: auffallen)* ▪ **jdm** ~ to strike sb ❺ *sein (fam: übel vermerkt werden)* **jdm sauer/übel** ~ to stick in sb's craw [or throat]; *Bemerkung a.* to leave a nasty taste in sb's mouth; ▪ **jdm ~, dass ...** to stick in sb's craw [or throat] that ... **II.** *vt haben* ▪ **etw** ~ to push sth open **III.** *vr haben* ▪ **sich** *dat* **etw** ~ to hit [or bang] one's sth; **mit aufgestoßenem Kopf** with a bang [or bump] on the head; **aufgestoßene Knie** grazed knees

auf∣stre∙bend *adj* ❶ *(Fortschritt anstrebend)* aspiring, striving for progress *pred;* **eine ~e Stadt** an up-and-coming [or a thriving] town ❷ *(ehrgeizig)* ambitious

Auf∙strich *m bes* KOCHK spread

auf∣stül∙pen *vt* ▪ **jdm etw** ~ to put sth on sb; **jdm eine Kapuze** ~ to pull a hood over sb's head; **den Kragen** ~ to turn up one's collar; **sich** *dat* **einen Hut** ~ to pull [or put] one's hat on

auf∣stüt∙zen I. *vt* ❶ *(auf etw stützen)* ▪ **etw** ~ to put [or rest] one's sth on the table etc.; **mit aufgestützten Ellenbogen** with one's elbows [resting] on the table etc. ❷ *(stützen und aufrichten)* ▪ **jdn** ~ to prop up sb *sep;* **jdn unter den Achseln** ~ to support sb under her/his arms **II.** *vr* ▪ **sich** |**auf etw** *akk*| ~ to support oneself [on sth]; *Gebrechliche a.* to prop oneself up [on sth], to lean one's weight on sth

auf∣su∙chen *vt (geh)* ❶ *(besuchen)* ▪ **jdn** ~ to go to [see] sb; **einen Arzt** ~ to consult *form* [or go to [see]] a doctor; **einen Freund** ~ to call on a friend ❷ *(geh: irgendwohin gehen)* ▪ **etw** ~ to go to sth; **das Bett** ~ to go [or form retire] to bed

auf∣ta∙keln I. *vt* NAUT ▪ **etw** ~ to rig up sth *sep* **II.** *vr (pej fam)* ▪ **sich** ~ to doll [or a. tart] oneself up *fam;* ▪ **aufgetakelt [sein]** to be all dolled *or* BRIT *a.* tarted] up *fig fam*, [to be] dressed [or done] [up] to the nines

Auf∙takt *m* ❶ *(Beginn)* start; *(Vorbereitung)* prelude (**zu**/**für** to); **den** ~ **von** |**o zu**| **etw bilden** to mark the beginning [or start] of sth; *(als Vorbereitung)* to form a prelude to sth ❷ MUS upbeat

auf∣tan∙ken I. *vt* ▪ **etw** ~ to fill up sth *sep;* **einmal A~ bitte!** fill up *sep* the tank please!, fill her up! *fam;* ▪ **aufgetankt** with a full tank *pred;* **ein Flugzeug** ~ to refuel a plane **II.** *vi* ❶ *(den Tank auffüllen)* to fill up, to fill [or refill] the tank; *(Flugzeug)* to refuel ❷ *(fam: sich erholen)* to recharge one's batteries

auf∣tau∙chen *vi sein* ❶ *(an die Wasseroberfläche kommen)* to surface; *Taucher a.* to come up; **wieder** ~ to resurface; **aus dem Wasser** ~ to break the surface of the water; *Taucher* to come up; **in Etappen** ~ to come up in stages ❷ *(zum Vorschein kommen)* to turn up; *verlorener Artikel a.* to be found ❸ *(plötzlich da sein)* to suddenly appear, to materialize ❹ *(sichtbar werden)* ■ **[aus etw]** ~ to appear [out of sth]; **aus dem Nebel** ~ to emerge [*or* appear] from out of the fog; *(bedrohlich)* to loom out of the fog ❺ *(sich ergeben)* ■ **[in/bei jdm]** ~ to arise [in sb]; **~de düstere Ahnungen** the onset of forebodings

auf|tau·en I. *vi sein* ❶ *(ganz tauen)* to thaw ❷ *(fig: weniger abweisend werden)* to open up, to unbend **II.** *vt haben* ■ **etw** ~ to thaw [out *sep*] sth

auf|tei·len *vt* ❶ *(aufgliedern)* ■ **etw [in etw** *akk*] ~ to divide [up *sep*] [*or sep* split up] sth [into sth]; **Schubla·den in Fächer** ~ to partition drawers ❷ *(verteilen)* ■ **etw [unter sie]** ~ to share out *sep* sth [between them]

Auf·tei·lung *f* ❶ *(Einteilung)* division; *von Schublade, Kleingarten* partitioning (**in** +*akk* into) ❷ *(Fach)* division; *von Schublade* partition

auf|ti·schen *vt* ❶ *(servieren)* ■ **[jdm] etw** ~ to serve [sb] sth, to dish out [*or* up] *sep* sth [for sb] *fam* ❷ *(fam: erzählen)* ■ **jdm etw** ~ to tell sb sth; **jdm Lügen** ~ to give sb a pack of lies

Auf·trag <-[e]s, Aufträge> ['auftra:k, *pl:* 'auftrɛ:gə] *m* ❶ *(Beauftragung)* contract; *(an Freiberufler)* commission; ■ **ein** ~ **über** [*o* **für**] **etw** *akk* a contract/commission for sth; **einen** ~ **erhalten** to obtain [*or* secure] a contract/commission ❷ *(Bestellung)* [sales] order; **einen** ~ **ausführen** to deal with [*or form* execute] an order; ■ **ein** ~ **über etw** *akk* an order for sth; **im** ~ **und auf Rechnung von jdm** by order and for account of sb ❸ *(Anweisung)* orders *pl*, instructions *pl*; **einen** ~ **ausführen** to carry out [*or* execute] an order; **den [ausdrücklichen]** ~ **haben**; **etw zu tun** to be [expressly] instructed [to do sth]; **jdm den** ~ **geben, etw zu tun** to instruct sb to do sth; **etw [bei jdm] in** ~ **geben** to order sth [from sb]; **eine Skulp·tur [bei jdm] in** ~ **geben** to commission [sb with] a sculpture; **im** ~ by order, on authority; **in jds** ~ on sb's instructions; **(für jdn)** on sb's behalf ❹ *kein pl (geh: Mission)* task, mission; **„~ erledigt!"** "mission accomplished" ❺ *(das Aufstreichen)* application

auf|tra·gen *irreg* **I.** *vt* ❶ *(aufstreichen)* ■ **etw [auf etw** *akk*] ~ to apply sth [to sth], to put on sth *sep*, to put on sth; **Farbe** ~ to apply paint; **Kleister** ~ to apply paste, to spread [on *sep*] paste ❷ *(geh: ausrichten lassen)* ■ **jdm etw** ~ to instruct sb to do sth; **er hat mir Grüße an Sie aufgetragen** he's asked me to give you his regards; **hat sie dir [für mich] denn nichts aufgetragen?** didn't she give you a message [for me]? ❸ *(geh: servieren)* ■ **etw** ~ to serve [up [*or* out] *sep*] sth; ■ **aufgetragen** served; ■ **es ist aufgetragen!** *(geh)* lunch/dinner etc. is served! *form* ❹ *(durch Tragen abnutzen)* ■ **etw** ~ to wear out *sep*; ■ **aufge·tragen** worn out **II.** *vi* ❶ *(dick aussehen lassen)* to be bulky, to make sb look fat; **der Rock trägt auf** the skirt is not very flattering to your/her figure ❷ *(übertreiben)* ■ **dick** [*o* **stark**] ~ to lay it on thick [*or* with a trowel] *fam* ❸ *(geh: servieren)* ■ **jdm** ~ to serve sb

Auf·trag·ge·ber(in) *m(f)* client; *(von Firma, Freiberufler)* client, customer **Auf·trag·neh·mer(in)** <-s, -> *m(f)* contractor *form; (beauftragte Firma)* firm receiving the order, successful bidder *spec;* ■ **und Auftraggeber** principal and agent *form*

Auf·trags·be·stä·ti·gung *f* confirmation of [an] order **Auf·trags·buch** *nt* order book **Auf·trags·ein·gang** *m* receipt of order **auf·trags·ge·mäß I.** *adj* as ordered *pred,* as per order *pred* **II.** *adv* as ordered [*or* instructed] **Auf·trags·la·ge** *f* order position [*or* situation] [*or spec* picture], situation concerning orders **Auf·trags·mord** *m* JUR contract killing **Auf·trags·**

plus *nt* increase in orders **Auf·trags·pols·ter** *nt* backlog of orders, back orders *pl;* **wir haben ein dickes** ~ our order books are well-filled **Auf·trags·rück·gang** *m* drop in [*or* falling off of] orders *no pl*

auf|tref·fen *vi irreg sein* ■ **[mit etw] [auf etw** *akk o dat*] ~ to hit [*or* strike] sth [on sth]; **auf den** [*o* **dem] Boden** ~ to hit [*or* strike] the ground; **mit dem Kopf [auf etw** *akk o dat*] ~ to hit [*or* strike] one's head [on sth]; **hart/weich** ~ *Fallschirmspringer* to land heavily/to have a soft landing; ■ **[auf etw** *akk o dat*] ~ *Geschoss* to strike [sth]; *Rakete, abgeworfene Hilfsgüter a.* to land [on sth]

auf|trei·ben *vt irreg* ❶ *(fam)* ■ **jdn/etw** ~ to find [*or fam* get hold of] sb/sth ❷ *(aufblähen)* ■ **etw** ~ to distend [*or* bloat] sth; **den Teig** ~ to make the dough rise

auf|tren·nen *vt* ■ **etw** ~ ❶ *(zerschneiden)* to undo sth ❷ MED *(aufschneiden)* to open sth

auf|tre·ten *irreg* **I.** *vi sein* ❶ *(den Fuß aufsetzen)* to walk; **der Fuß tut so weh, dass ich [mit ihm] nicht mehr** ~ **kann** my foot hurts so badly that I can't walk on it [*or* put my weight on it] ❷ *(eintreten)* to occur; *Schwierigkeiten* to arise; ■ **das A~ von etw** the occurrence of sth ❸ MED *(sich zeigen)* **bei Einnahme dieses Medikamentes kann Übelkeit** ~ [taking] this medicine can cause nausea; **wenn diese Symptome** ~, **...** if these symptoms [should] appear [*or* occur] ...; **diese seltene Tropenkrankheit ist lange nicht mehr aufgetreten** there has been no record of this rare tropical disease for a long time; **die Pest trat in dichter besiedelten Gebieten auf** the plague occurred in more densely populated areas ❹ *(erscheinen)* to appear [on the scene *a. pej*]; ■ **[als etw]** ~ to appear [as sth]; **als Kläger** ~ to appear as [a] [*or* for the] plaintiff; **als Zeuge** ~ to appear as a witness, to take the witness box; **geschlossen** ~ to appear as one body; ~ **gegen jdn/etw** ~ to speak out against sb/sth; **gegen jdn/etw als Zeuge** ~ to give evidence against sb/sth ❺ *(in einem Stück spielen)* to appear [on the stage]; ■ **[auf/in etw** *dat*] **als etw** ~ to appear as [*or* play] sth [on/in sth] ❻ *(sich benehmen)* to behave; **zurückhaltend** ~ to tread carefully ❼ *(handeln)* ■ **als etw/für jdn** ~ to act as sth/on sb's behalf **II.** *vt haben* ■ **etw** ~ to kick open [*or* in] sth *sep*

Auf·tre·ten <-s> *nt kein pl* ❶ *(Benehmen)* behaviour [*or* AM -or] *no pl,* conduct *no pl* ❷ *(Manifestation)* occurrence, outbreak; **bei** ~ **von Schwellungen** in the event of swelling, when swelling occurs; **bei** ~ **dieser Symptome** when these symptoms occur ❸ *(Erscheinen)* appearance; **das** ~ **in der Öffent·lichkeit vermeiden** to avoid public appearances [*or* appearing in public]

Auf·trieb *m* ❶ *kein pl* PHYS buoyancy *no pl;* LUFT lift *no pl* ❷ *kein pl (Aufschwung)* upswing, upturn; **etw** *dat* **einen** ~ **geben** to buoy *sep* up sth ❸ *kein pl (frischer Schwung)* impetus *no pl;* **jdm neuen** ~ **geben** to give sb fresh impetus [*or* a lift] ❹ *(das Hinauftreiben)* driving of cattle up to [Alpine] pastures

Auf·tritt *m* ❶ *(Erscheinen)* appearance ❷ *(Erscheinen auf der Bühne)* entrance; **ich habe meinen** ~ **erst im zweiten Akt** I don't come [*or* go] on until the second act ❸ *(Streit)* row; **unangenehme ~e** unpleasant scenes

auf|trump·fen *vi* ❶ *(seine Überlegenheit ausspielen)* to show sb what one is made of ❷ *(sich schadenfroh äußern)* to crow *pej*

auf|tun *irreg* **I.** *vr* ❶ *(geh: sich öffnen)* ■ **sich [vor jdm]** ~ to open [up] [for [*or form* before] sb]; *Abgrund a.* to yawn before sb *liter* ❷ *(sich ergeben)* ■ **sich** ~ to open up **II.** *vt* ❶ *(sl: ausfindig machen)* ■ **jdn/etw** ~ to find sb/sth ❷ *(fam: servieren)* ■ **jdm etw** ~ to serve sb with sth; **können Sie mir noch etwas ~?** can I have some more? **III.** *vi* ❶ *(veraltet geh: öffnen)*

■ **jdm** ~ to open the door for sb ❷ *(fam: Essen aufle-gen)* ■ **jdm/sich** ~ to put sth on sb's/one's plate, to help sb/oneself to sth

auf|tür·men I. *vt* ■ **etw [auf/in etw** *dat]* ~ to pile [*or* heap] up sth [on/in sth] *sep;* **Holz** ~ to stack [up *sep*] [*or sep* pile up] wood **II.** *vr (geh)* ❶ *(hoch aufragen)* ■ **sich [vor jdm]** ~ to tower up [before [*or* in front of] sb]; *(bedrohlich)* to loom up [before [*or* in front of] sb] ❷ *(sich zusammenballen)* ■ **sich** ~ to pile [*or* mount] up

auf|wa·chen *vi sein* to wake [up], to awake[n] *liter;* **aus einem Alptraum/einer Narkose** ~ to start up from a nightmare/to come round from an anaesthetic [*or* AM anesthetic]

auf|wach·sen [-ks-] *vi irreg sein* ■ [**als etw**] [**auf/in etw** *dat]* ~ to grow up [sth] [on/in sth]; **er wuchs als Kind armer Eltern auf** he grew up the son of poor parents

auf|wal·len *vi sein* ❶ *(leicht aufkochen)* to be brought to the [*or* AM a] boil; **etw** ~ **lassen** to bring sth to the boil ❷ *(geh: aufsteigen)* ■ **in jdm** ~ to surge [up] [with]in sb

Auf·wal·lung *f* ■ **eine** ~ **von etw** a surge of sth; **eine** ~ **von Hass/Wut** a wave of hate/fit of rage

Auf·wand <-[e]s> ['aufvant] *m kein pl* ❶ *(Einsatz)* expenditure *no pl;* [**zeitlicher**] ~ time *no pl;* **der** ~ **war umsonst/das war ein unnützer** ~ it was a waste of energy/money/time; **einen** ~ **an Energie/ Geld/Material** *dat* **erfordern** to require a lot of energy/money/material[s]; **das erfordert einen** ~ **von 21 Millionen Euro** that will cost [*or* take] 21 million euros ❷ *(aufgewendeter Luxus)* extravagance; [**großen**] ~ **treiben** to be [very] extravagant, to live in [grand] style [*or* great] luxury]

aufwändig^{RR} **I.** *adj* ❶ *(teuer und luxuriös)* lavish, extravagant; **~es Material** costly material[s *pl*]; ■ **~ sein** to be lavish [*or* extravagant] [*or* costly] ❷ *(umfangreich)* costly, expensive **II.** *adv* lavishly; **~ eingerichtet sein** to be fitted out luxuriously

Auf·wands·ent·schä·di·gung *f* expense allowance

auf|wär·men I. *vt* ❶ *(wieder warm machen)* ■ [**jdm**] **etw** ~ to heat up sep sth [for sb] ❷ *(fam: erneut zur Sprache bringen)* ■ **etw** ~ to bring [*or fam* drag] [*or pej a.* rake] up sth *sep* **II.** *vr* ■ **sich** ~ ❶ *(den Körper warm werden lassen)* to warm oneself [up] ❷ *(die Muskulatur auflockern)* to warm [*or* limber] up

auf|war·ten *vi (geh)* ❶ *(zu bieten haben)* ■ **mit etw** ~ to offer sth; **mit einer Überraschung** ~ to come up with [*or* provide] a surprise ❷ *(vorsetzen)* ■ [**jdm**] **mit etw** ~ to serve [sb with] sth ❸ *(veraltend: bedienen)* ■ **jdm** ~ to serve [*or* wait on] sb

auf·wärts ['aufvɛrts] *adv* ❶ *(nach oben)* up[ward[s]]; **den Fluss** ~ upstream; ■ **von etw [an]** ~ from sth upward[s] ❷ *(bergauf)* uphill

auf·wärts|bie·gen *vr* ■ **sich** ~ to curl up; **die Ecken haben sich aufwärtsgebogen** the corners have curled up **Auf·wärts·ent·wick·lung** *f* upward trend (+*gen* in) **auf·wärts|ge·hen**^{RR} *irreg* **I.** *vi sein* to go upwards **II.** *vi impers, irreg* **es geht [mit jdm/etw] aufwärts** *(Fortschritte machen)* things are looking up [for sb]/looking up [*or* getting better] [*or* improving] [for sth]; **es geht [mit jdm] aufwärts** *(sich gesund-heitlich erholen)* sb is doing [*or* getting] better **Auf·wärts·ha·ken** *m* uppercut; **einen** ~ **unter dem [** *or* **das] Kinn landen** to land an uppercut on sb's chin **auf·wärts|rich·ten** *vt* **etw** ~ to direct sth upwards **Auf·wärts·trend** *m,* **Aufwärtstendenz** *f* upward [*or* tendency] trend **auf·wärts|zei·gen** *vi* to point up[ward[s]]; *Konjunktur* to be on the upswing

Auf·war·tung *f* ■ **jdm seine** ~ **machen** *(veraltet geh)* to visit [*or* call [in] on] [*or old* wait on] sb

auf|wa·schen *vt irreg* DIAL *(abwaschen)* to wash [*or*

do] the dishes, BRIT a. to wash up; ▶ WENDUNGEN: **das ist [dann] ein A~** *(fam)* [that way] we can kill two birds with one stone

auf|we·cken *vt* ■ **jdn** ~ to wake [up *sep*] sb; **um wie viel Uhr soll ich dich ~?** at what time shall I wake you?; **unsanft aufgeweckt werden** to be rudely awoken; *s. a.* **aufgeweckt**

auf|wei·chen I. *vt haben* ❶ *(morastig machen)* ■ **etw** ~ to make sth sodden [*or* soggy]; ■ **aufge-weicht** sodden, soaked, soggy ❷ *(weich machen)* ■ [**jdm/sich**] **etw** ~ to soak [one's] sth/sth [for sb] ❸ *(geh: lockern)* ■ **etw** ~ to weaken [*or* undermine] sth; **eine Doktrin** ~ to water down *sep* a doctrine **II.** *vi sein* ❶ *(morastig werden)* to become [*or* get] sodden [*or* soggy] ❷ *(geh: sich lockern)* to be weak-ened [*or* undermined]; *Doktrin* to become watered down

auf|wei·sen *vt irreg* ❶ *(erkennen lassen)* ■ **etw** ~ to show sth; **das Auto wies einige Kratzer auf** the car had a number of scratches; **die Patientin wies einige blaue Flecke auf** the patient exhibited some bruising ❷ *(durch etw gekennzeichnet sein)* ■ **etw** ~ to contain sth; **viele Irrtümer/orthographische Fehler** ~ to be riddled with [*or* full of] mistakes/mis-spellings ❸ *(über etw verfügen)* ■ **etw aufzuweisen haben** to have sth to show [for oneself]

auf|wel·len *vt* KOCHK to heat gently *(in a liquid)*

auf|wen·den *vt irreg* ❶ *(einsetzen)* to use sth; **viel Energie ~, etw zu tun** to put a lot of energy into doing sth; **viel Mühe ~, etw zu tun** to take a lot of trouble [*or* great pains] doing sth; **viel Zeit ~, etw zu tun** to spend a lot of time doing sth ❷ *(ausgeben)* to spend [*or* expend] sth; **die aufge-wendeten Mittel** expenditure *no pl*

auf·wen·dig I. *adj* ❶ *(teuer und luxuriös)* lavish, ex-travagant; **~es Material** costly material[s *pl*]; ■ **~ sein** to be lavish [*or* extravagant] [*or* costly] ❷ *(umfangreich)* costly, expensive **II.** *adv* lavishly; **~ eingerichtet sein** to be fitted out luxuriously

Auf·wen·dung <-, -en> *f* ❶ *kein pl (das Aufwenden)* spending *no pl, no indef art;* **von Energie, Zeit** expending *no pl, no indef art* ❷ *pl (Ausgaben)* ex-penditure *no pl, no indef art,* expenses *pl*

auf|wer·fen *irreg* **I.** *vt* ■ **etw** ~ ❶ *(zur Sprache brin-gen)* to raise [*or sep* bring up] sth ❷ *(aufhäufen)* to build [up *sep*] [*or sep* throw up] sth; **Erde** ~ to throw on *sep* soil **II.** *vr* ■ **sich zu etw** ~ to set oneself up as sth; **sich zum Richter** ~ to set oneself up as judge

auf|wer·ten I. *vt* ❶ *(im Wert erhöhen)* ■ **etw [um etw]** ~ to revalue sth [by sth] ❷ *(höher werten)* ■ **etw** ~ to increase the value of sth; **sein Ansehen** ~ to raise [*or* enhance] one's status; **eine Rolle** ~ to raise [*or* enhance] the status of a role **II.** *vi* to revalue [its currency]

Auf·wer·tung <-, -en> *f* ❶ *(das Aufwerten)* revalua-tion (**um** by) ❷ *(höhere Bewertung)* enhancement

auf|wi·ckeln *vt* ■ **etw** ~ ❶ *(aufrollen)* to roll up sth *sep;* **Haare** ~ to put curlers in one's hair ❷ *(auseinan-derwickeln)* to unwind sth; **einen Verband** ~ to take off a bandage

auf|wie·geln ['aufvi:gln] *vt* ■ **jdn** ~ to stir up sb *sep;* **Leute gegeneinander** ~ to set people at each other's throats; **das Volk** ~ to stir up the people *form;* **die aufgewiegelte Bevölkerung** the popular uprising; **jdn zum Streik/Widerstand** ~ to incite sb to strike/ resist

auf|wie·gen *vt irreg* ■ **etw** ~ to compensate [*or* make up] for sth; **sie ist nicht aufzuwiegen** she can't be bought for all the money in the world

Auf·wieg·ler(in) <-s, -> *m(f) (pej)* rabble-rouser *pej*

Auf·wind *m* ❶ *kein pl (Aufschwung)* impetus *no pl;* **ein konjunktioneller** ~ an economic upswing;

|neuen| ~ **bekommen** to be given [or gain] fresh impetus; **im ~ sein** to be on the way up; **etw** dat **neuen ~ verschaffen** to give fresh impetus to sth, to provide sb with fresh impetus ❷ LUFT upcurrent, updraught BRIT, updraft AM

auf·wir·beln I. vi sein (or whirl) up **II.** vt haben ▪ **etw ~** to swirl [or whirl] up sth sep; **Staub ~** to raise [or sep swirl [or whirl] up] dust

auf·wi·schen I. vt ▪ **etw ~** ❶ (entfernen) to wipe up sth sep; (mit Mop a.) to mop up sth sep; **etw vom Boden ~** to wipe/mop up sth sep off the floor ❷ (reinigen) to wipe sth; (mit Mop a.) to mop sth **II.** vi to wipe [or mop] the floor[s]; **in der Küche ~** to wipe/mop the kitchen floor

auf·wüh·len vt ❶ (aufwerfen) ▪ **etw ~** to churn [up sep] sth; ▪**aufgewühlt** churned [up]; **die aufgewühlte See** the churning sea; ▪**aufgewühlt sein** to be churned up; See to be churning ❷ (geh: stark bewegen) ▪ **jdn** [innerlich] ~ to stir up sep [or shake [up sep]] sb; ▪**~d** stirring; (stärker) devastating; ▪**aufgewühlt** agitated, in a turmoil pred; (stärker) turbulent

auf·zäh·len vt ▪ [jdm] **etw ~** to list [or form enumerate] sth [for sb], to give [sb] a list of sth; **jdm seine ganzen Fehler ~** to tell sb all his faults, to count off sep all his faults; [jdm] **Gründe/Namen ~** to give [sb] reasons/names, to list reasons/names for sb

Auf·zäh·lung <-, -en> f ÖSTERR, SCHWEIZ (Aufpreis) additional charge

Auf·zäh·lung <-, -en> f list; von Gründen, Namen a. enumeration

auf·zäu·men vt ▪ **etw ~** to bridle sth; **etw von hinten** [o verkehrt herum] **aufzäumen** (fig fam) to set [or go] about sth the wrong way

auf·zeich·nen vt ❶ (aufnehmen) ▪ **etw** [auf etw akk] ~ to record sth [on sth]; **etw auf Tonband ~** to tape sth, to record sth on tape; FILM a. to can sth sl; **etw mit dem Videorekorder ~** to video [or tape] sth ❷ (als Zeichnung erstellen) ▪ [jdm] **etw** [auf etw akk] ~ to draw [or sketch] sth [on sth] [for sb]; ▪ **jdm ~, wie …** to draw [or sketch] sb a picture showing how … ❸ (notieren) ▪ **etw ~** to note [down sep] sth

Auf·zeich·nung f ❶ (das Aufzeichnen) recording no pl, no indef art; (auf Band a.) taping no pl, no indef art; (auf Videoband a.) videoing no pl, no indef art ❷ (Zeichnung) drawing, sketch ❸ meist pl (Notizen) notes

auf·zei·gen vt ▪ [jdm] [an etw dat] ~, dass/wie … to show [sb] [using sth] that/how …; (nachweisen a.) to demonstrate [to sb] [using sth] that/how …

auf·zie·hen irreg **I.** vt haben ❶ (durch Ziehen öffnen) ▪ **etw ~** to open sth; **einen Reißverschluss ~** to undo a zip; **eine Schleife/seine Schnürsenkel ~** to untie [or undo] a bow/one's laces; **die Vorhänge ~** to draw back sep [or open] the curtains ❷ (herausziehen) ▪ **etw ~** to open [or sep pull open] sth ❸ (aufkleben) ▪ **etw** [auf etw akk] ~ to mount sth [on sth] ❹ (befestigen und festziehen) ▪ **etw ~** to fit sth; **Reifen ~** to fit [or mount] [or sep put on] tyres [or AM tires]; **Saiten/neue Saiten auf eine Gitarre ~** to string/restring a guitar; s. a. **Saite** ❺ (spannen) ▪ **etw ~** to wind up sth sep ❻ (großziehen) ▪**jdn/etw ~** to raise [or rear] sb/sth, to bring up sep sb ❼ (kultivieren) ▪ **etw ~** to cultivate [or grow] sth ❽ (fam: verspotten) ▪ **jdn** [mit etw] ~ to tease sb [about sth], to make fun of sb['s sth] ❾ (veranstalten) ▪ **etw ~** to set up sth sep; **ein Fest** [ganz groß] ~ to arrange a celebration [in grand style] ❿ (fam: gründen) ▪ **etw ~** to start [or set] up sth sep ⓫ (hochziehen) ▪ **etw ~** to hoist sth; **die Segel ~** to hoist [or raise] the sails ⓬ (durch Einsaugen füllen) ▪ **etw** [mit etw] ~ to fill [or charge] sth [with sth]; ▪ **etw ~** to

draw up sth sep **II.** vi sein ❶ (sich nähern) to gather, to come up ❷ (aufmarschieren) ▪ |vor etw dat| ~ to march up [in front of sth]; Wache to mount guard [in front of sth]

Auf·zucht f kein pl ❶ (das Großziehen) raising no pl, no indef art, rearing no pl, no indef art ❷ (aufgezogene Jungpflanzen) cultivated plants pl ❸ (aufgezogene Jungtiere) young breed

Auf·zug¹ m ❶ (Fahrstuhl) lift BRIT, elevator AM; (für Speisen) dumb waiter; **~ fahren** to take [or go in] the lift ❷ (Festzug) procession ❸ kein pl (das Aufmarschieren) parade ❹ kein pl (das Nahen) gathering no pl, no indef art ❺ (Akt) act

Auf·zug² m kein pl (pej fam) get-up fam

Auf·zug·füh·rer(in) m(f) lift [or AM elevator] operator, BRIT a. liftman

auf·zwin·gen irreg **I.** vt ❶ (gewaltsam auferlegen) ▪ **jdm etw ~** to force sth on sb; **jdm seinen Willen ~** to impose [or force] one's will on sb; **jdm Geschlechtsverkehr ~** to force sb into [or to have] sex ❷ (gewaltsam öffnen) ▪ **etw** [mit etw] ~ to force [or BRIT prise] [or AM prize] open sth [with sth] sep; **etw mit einer Brechstange ~** to jemmy [or AM jimmy] open sth sep; **etw mit Gewalt ~** to force open sth sep ❸ (aufdrängen) ▪ **jdm etw ~** to force sth on sb, to force sb to accept [or into accepting] sth **II.** vr ▪ **sich jdm ~** to force itself on sb; Gedanke to strike sb forcibly

Aug·ap·fel ['auk'ʔapfl] m eyeball, bulbus oculi spec; **jdn/etw wie seinen ~ hüten** to cherish sb/sth like life itself

Au·ge <-s, -n> ['auɡə] nt ❶ (Sehorgan) eye; **es tränen ihr die ~n** her eyes are watering; **er hat eng stehende ~n** his eyes are too close together; **das linke/rechte ~** one's left/right eye; [sich dat die [o seine] ~n untersuchen lassen] to have one's eyes tested; **mit bloßem** [o nacktem] **~** with the naked eye; **etw mit** [seinen] **eigenen ~n gesehen haben** to have seen sth with one's own eyes, to have witnessed sth in person; **gute/schlechte ~n** [haben] [to have] good/poor eyesight sing [or pl eyes]; **~n wie ein Luchs haben** (sehr gut sehen) to have eyes like a hawk, to be eagle-eyed; (alles merken a.) to not miss a thing; |die| **~n links/rechts!** MIL eyes left/right!; **mit den ~n blinzeln** [o zwinkern] to blink [or wink]; **etw im ~ haben** to have [got] sth in one's eye; **sich** dat **die ~n reiben** to rub one's eyes; (nach dem Schlaf a.) to rub the sleep from one's eyes; **mit den ~n rollen** to roll one's eyes; **auf einem ~ schielen/blind sein** to have a squint/to be blind in one eye; **ich habe doch ~n im Kopf!** (fam) I know what I saw!; **hast du/haben Sie keine ~n im Kopf?** (fam) haven't you got any eyes in you head?, use your eyes!; **die ~n offen haben** [o halten] to keep one's eyes open [or fam skinned] [or fam peeled]; **mit offenen ~n schlafen** to daydream; **mir wurde schwarz vor ~** everything went black, I blacked out; **sehenden ~s** (geh) with open eyes, with one's eyes open; **ein sicheres ~ für etw haben** to have a good eye for sth; **da blieb kein ~ trocken** (hum fam) there wasn't a dry eye in the place; **man muss seine ~n überall/hinten und vorn haben** (fam) you need eyes in the back of your head; **ich kann meine ~n nicht überall haben** (fam) I can't look [or be] everywhere at once; **mit verbundenen ~n** blindfolded; (mit absoluter Sicherheit) blindfold; **so weit das ~ reicht** as far as the eye can see; **jdn/etw im ~ behalten** (beobachten) to keep an eye on sb/sth; (sich vormerken) to keep [or bear] sb/sth in mind; **etw ins ~ fassen** to contemplate sth; **ins ~ fassen, etw zu tun** to contemplate doing sth; **das muss man sich mal vor ~n führen/führen, was …!** just imagine it/imagine what …!; **jdm etw**

vor ~n führen to make sb aware of sth; geh mir aus den ~n! get out of my sight [or fam! face] !; die ~n aufmachen [o aufsperren] [o auftun] (fam) to open one's eyes; jetzt gehen mir die ~n auf! now I'm beginning to see the light; sich dat die ~n nach jdm/etw ausgucken (fam) to look everywhere for sb/sth, to turn high and low for sth; jdm gehen die ~n über sb's eyes are popping out of her/his head; ein ~ auf jdn/etw geworfen haben to have one's eye on sb/sth; jdn/etw im ~ haben to have one's eye on sb/sth, to keep tabs on sth; ein ~ auf jdn/etw haben to keep an eye on sb/sth; etw noch deutlich [o genau] [o lebhaft] vor ~n haben to remember sth clearly [or vividly]; nur ~n für jdn haben to only have eyes for sb; jdn nicht aus den ~ lassen to not let sb out of one's sight, to keep one's eyes riveted on sb; ein ~ riskieren (fam) to risk a glance [or peep], to have [or take] a peep; die ~n schließen (geh) to fall asleep; für immer die ~n schließen (euph geh) to pass away [or on] euph; jdm schwimmt alles vor den ~n sb feels giddy [or dizzy], sb's head is spinning; etwas fürs ~ sein to be a treat to look at; Ding a. to have visual appeal; (unerwartet) to be a sight for sore eyes fam; nur fürs ~ sein (fam) to be good to look at but not much else fam; jdm in die ~n sehen [o schauen] to look into sb's eyes; (trotzig) to look sb in the eye[s] [or straight in the face]; ins ~ springen [o fallen] [o stechen] to catch the eye; ins ~ springen [o fallen] , wie ... to be glaringly obvious that ...; etw steht [o schwebt] jdm vor ~n sb can picture sth vividly, sb envisages [or envisions] sth form; ich traute meinen ~n nicht! I couldn't believe my eyes [or what I was seeing]; etw aus den ~n verlieren to lose track of sth; sich aus den ~n verlieren to lose contact, to lose touch with each other [or one another]; in jds ~n dat in the opinion [or view] of sb, in sb's opinion [or view], as sb sees it; in den Augen der Leute/Öffentlichkeit in the eyes of most people/the public; ~ in ~ face to face; unter jds ~ dat before sb's very eyes, under sb's very nose; vor aller ~n in front of everybody ② (Punkt beim Würfeln) point ③ (Keimansatz) eye ④ (Fett~) drop [or globule] of fat ⑤ (Zentrum) eye ▶ WENDUNGEN: jdm sieht die Dummheit aus den ~n sb's stupidity is plain to see; das ~ des Gesetzes (hum) the [arm of the] law + sing/pl verb; jd guckt sich die ~n aus dem Kopf (fam) sb's eyes are popping out of her/his head [or coming out on stalks]; die/jds ~n sind größer als der Mund (fam) sb's eyes are bigger than her/his stomach; jdm sieht der Schalk aus den ~n sb [always] has a roguish [or mischievous] look on his/her face; aus den ~n, aus dem Sinn (prov) out of sight, out of mind prov; „~ um ~, Zahn um Zahn" 'an eye for an eye and a tooth for a tooth'; [um] jds blauer ~n willen for the sake of sb's pretty face a. iron; mit einem blauen ~ davonkommen (fam) to get off lightly; vor jds geistigem [o innerem] ~ in sb's mind's eye; jdm mit [o aus] großen ~n ansehen [o anschauen] to look at sb wide-eyed; mit einem lachenden und einem weinenden ~ with mixed feelings; jdm schöne [o verliebte] ~n machen to make eyes at sb; unter vier ~n in private; (unter uns etc. a.) between ourselves etc.; ein Gespräch unter vier ~n a private conversation; ich hab' doch hinten keine ~n! (fam) I don't have eyes in the back of my head; jdm jeden Wunsch an [o von] den ~n ablesen to anticipate sb's every wish; der würde ich am liebsten die ~n auskratzen! (fam) I'd like to scratch her eyes out; jdm jdn/etw aufs ~ drücken (fam) to force [or impose] sb/sth on sb; ins ~ gehen (fam) to backfire, to go wrong; [große] ~n machen (fam) to be wide-eyed [or fam BRIT a. gobsmacked]; da machst du ~n, was? that's got you, hasn't it?; jdm die ~n [über etw akk] öffnen to open sb's eyes [to sth]; die ~n vor etw dat verschließen to close [or shut] one's eyes to sth; ein ~/beide ~n zudrücken (fam) to turn a blind eye; kein ~ zutun (fam) to not sleep a wink [or get a wink of sleep]; ~n zu und durch (fam) take a deep breath [or grit your teeth] and get to it; jdn/etw mit anderen ~n [an]sehen to see sb/sth in a different [or in another] light

äu·gen ['ɔygn] vi (veraltet fam) to look

Au·gen·arzt, -ärz·tin m, f eye specialist, ophthalmologist spec **au·gen·ärzt·lich** I. adj attr ophthalmological spec; ~e Behandlung eye [or spec ophthalmic] treatment; ~e Beratung advice from an eye specialist [or spec ophthalmologist]; das ~e Gebiet the field of ophthalmology spec II. adv ① (durch einen Augenarzt) by an eye specialist [or spec ophthalmologist] ② (hinsichtlich der Augenheilkunde) for the field of ophthalmology spec **Au·gen·auf·schlag** m look

Au·gen·blick ['augnblɪk] m ① (kurze Zeitspanne) moment; es dauert nur einen ~ it won't take a minute; wenn Sie einen ~ Zeit haben, ... if you could spare a moment ...; im ersten ~ for a moment, at first; im letzten ~ at the [very] last moment, in the nick of time; im nächsten ~ the [very] next moment; in einem ~ [with]in a moment, alle ~e constantly, all the time; etw alle ~e tun to keep on doing sth; einen ~[, bitte]! one moment [please]!; jeden ~ any time [or minute] [or moment] [now]; keinen ~ zögern to not hesitate for a moment; ~ mal! (he) just a minute! [or second] [or fam sec], hang on! [or BRIT a. about] fam; (ach ja) wait a minute [or second] [or fam sec], hang on fam ② (Zeitpunkt) instant, moment; der ~ der Wahrheit the moment of truth; der passende [o richtige] ~ the right moment; im passenden [o richtigen] ~ at the right moment; im ~ at present [or the moment]; in diesem ~ at that/this moment; in einem schwachen ~/~ der Schwäche in a moment of weakness

au·gen·blick·lich ['augnblɪklɪç] I. adj ① (sofortig) immediate ② (derzeitig) present, current; die ~e Lage the present [or current] situation, the situation at the moment ③ (vorübergehend) temporary; eine ~e Modeerscheinung a short-lived fashion, a fad pej fam ④ (einen Augenblick dauernd) momentary II. adv ① (sofort) immediately; (herausfordernd) at once, this minute ② (zurzeit) at present, at the moment

Au·gen·blin·zeln nt kein pl blink; (mit einem Auge) wink **Au·gen·boh·ne** f black-eyed bean **Au·gen·braue** f eyebrow, supercilium spec; buschige ~n bushy eyebrows; [sich dat] die ~n zupfen to pluck one's eyebrows; die ~n hochziehen to raise one's eyebrows **Au·gen·brau·en·stift** m eyebrow pencil **au·gen·fäl·lig** adj obvious, evident; ▪[jdm [o für jdn]] ~ sein to be obvious [or evident] [to sb] **Au·gen·far·be** f colour [or AM -or] of [one's] eyes **Au·gen·flim·mern** nt flickering before the eyes **Au·gen·heil·kun·de** f ophthalmology spec **Au·gen·hö·he** f ▪ in ~ at eye level **Au·gen·höh·le** f [eye] socket, orbit[al cavity] spec **Au·gen·klap·pe** f eye-patch; ▪ ~n [für Pferd] blinkers pl BRIT, blinders pl AM **Au·gen·krank·heit** f eye disease **Au·gen·licht** nt kein pl (geh) [eye]sight no pl, no art; das [o sein] ~ verlieren to lose one's [eye]sight **Au·gen·lid** nt eyelid **Au·gen·maß** nt kein pl ① (Fähigkeit, Entfernungen abzuschätzen) eye for distance[s]; [ein] gutes/[ein] schlechtes ~ haben to have a good/no [or a poor] eye for distance[s]; ein ~ für etw haben to have an eye for sth; nach ~ by eye ② (Gabe der Einschätzung) perceptiveness; ~ haben to be able to assess [or gauge] things [or situations]; ein ~ für etw haben to have an eye for sth **Au·gen·merk** <-s> *nt kein pl (Aufmerksamkeit)* attention *no pl, no art;* **ich bitte für einen Augenblick um Ihr ~!** could I have your attention please!; **mit gespanntem ~** with rapt attention; **jds ~ auf etw** *akk* **lenken** [*o* **richten**] to direct [*or* draw] sb's attention to sth **Au·gen·nerv** *m* optic nerve **Au·gen·ope·ra·ti·on** *f* eye operation **Au·gen·op·ti·ker(in)** *m(f) (geh) s.* **Optiker Au·gen·rän·der** *pl* rims of the/one's eyes; **seine ~ waren gerötet** his eyes were red-rimmed **Au·gen·rin·ge** *pl* rings under one's/the eyes *pl; (als Maske)* rings [a]round one's/the eyes *pl* **Au·gen·schat·ten** *pl* shadows *pl* under [*or* [a]round] one's/the eyes

Au·gen·schein *m kein pl* ① *(Anschein)* appearance; **den ~ haben** to look like it; **den ~ haben, als ob ...** to appear [*or* look] as if/though ...; **nach dem/nach bloßem ~ urteilen** to judge by appearances [alone]; **dem ~ nach** by all [*or* to judge by] appearances; **der ~ kann trügen** looks can be [*or* are] deceptive; **jdn/ etw in ~ nehmen** to look closely [*or* have a close look] at sb/sth ② *SCHWEIZ (Lokaltermin)* visit to the scene of the crime

au·gen·schein·lich ['augn̩ʃaɪnlɪç] **I.** *adj* obvious, evident; ■ **~ sein, dass ...** to be obvious [*or* evident] that ... **II.** *adv* obviously, evidently

Au·gen·trop·fen *pl* eye drops *npl* **Au·gen·trost** *m* BOT eyebright **Au·gen·wei·de** *f* feast [*or* treat] for one's [*or* the] eyes; *(unerwartet)* sight for sore eyes *fam;* **nicht gerade eine ~** a bit of an eyesore **Au·gen·win·kel** *m* corner of one's/the eye; **aus dem** [*o* **einem**] **~** from [*or* out of] the corner of one's/the eye **Au·gen·wi·sche·rei** <-, -en> *f (pej)* eyewash *no pl, no indef art* **Au·gen·zahl** *f* number of points **Au·gen·zeu·ge, -zeu·gin** *m, f* eyewitness; ■ **~ sein[, wie ...]** to be an eyewitness, to witness how ...; ■ **~ bei etw sein** to be an eyewitness to sth **Au·gen·zeu·gen·be·richt** *m* eyewitness account; **nach ~en** [*o* **~en zufolge**] according to eyewitness accounts **Au·gen·zwin·kern** *nt kein pl* blinking *no pl, no indef art; (mit einem Auge)* winking *no pl, no indef art* **au·gen·zwin·kernd** *adv* with a wink; **sie sahen sich ~ an** they winked at each other; **jdm etw ~ zu verstehen geben** to give sb to understand sth with a wink

Au·gi·as·stall [au'gi:as-] *m kein pl (pej geh)* dunghill, Augean stables *pl,* Sodom *pej liter*

Au·gur <-s *o* -guren, -guren> ['auɡʊr, *pl:* au'ɡu:rən] *m* ① HIST augur, auspex *spec* ② *(geh: Prophet)* augur, prophet

Au·gust ¹ <-[e]s, -e> [au'ɡʊst] *m* August; *s. a.* **Februar**

Au·gust ² <-s> ['auɡʊst] *m kein pl* Augustus; **der dumme ~** *(veraltend)* the clown, August[e] *spec;* **den dummen ~ spielen** to act [*or* play] the clown [*or* fool]

Au·gust·fei·er *f* SCHWEIZ *public holiday celebrated on the evening of 1 August*

Au·gus·ti·ner <-s, -> [auɡʊs'ti:nɐ] *m,* **Au·gus·ti·ner·mönch** *m* Augustinian, Augustinian [*or* Augustine] monk

Auk·ti·on <-, -en> [auk'tsi̯oːn, *pl:* -'tsi̯oːnən] *f* auction

Auk·ti·o·na·tor, Auk·ti·o·na·to·rin <-s, -toren> [auk·tsi̯o'naːtoːɐ̯, -'toːɐ̯ɪn, *pl:* -'toːrən] *m, f* auctioneer **Auk·ti·ons·haus** *nt* auctioneers *pl,* auction house

Au·la <-, Aulen> ['aula, *pl:* 'aulən] *f* [assembly] hall

Au-pair-Mäd·chen [o'pɛːɐ̯-] *nt* au pair [girl]; **als ~ arbeiten** to [work as an] au pair **Au-pair-Stel·le** [o'pɛːɐ̯-] *f* au-pair job, job as an au pair

Au·ra <-> ['aura] *f kein pl (geh)* aura; **eine geheimnisvolle ~** an aura of mystery

aus [aus] **I.** *präp +dat* ① *(von innen nach außen)* out of, out *fam;* **~ dem Fenster/der Tür** out of the window/door; **~ der Flasche trinken** to drink from

[*or* out of] the bottle; **das Öl tropfte ~ dem Fass/ Ventil** the oil was dripping from the barrel/from the valve; **etw ~ der Zeitung herausschneiden** to cut sth out of the newspaper; **Zigaretten ~ dem Automaten** cigarettes from a machine; ■ **~ etw heraus** out of sth; *s. a.* **Weg** ② *(die zeitliche Herkunft bezeichnend)* from; **ein Gemälde ~ dem Barock** a painting from the Baroque period, a Baroque painting; **~ dem 17. Jahrhundert stammen** to be [from the] 17th century ③ *(auf Ursache deutend)* **~ Angst** for [*or* out of] fear; **~ Angst vor/Liebe zu jdm/etw** for fear/love of sb/sth; **~ Angst vor Strafe lief er davon** fearing punishment he ran away; **~ Angst davor, dass ...** out of fear that ...; **~ Dummheit/Eifersucht/ Habgier/Hass/Verzweiflung** out of stupidity/jealousy/greed/hatred/desperation; **warum redest du nur so einen Quatsch, wahrscheinlich nur ~ Dummheit!** why are you talking such rubbish? you're probably just being stupid!; **ein Mord ~ Eifersucht/ Habgier** a murder fuelled by jealousy/hatred; **ein Mord** [*o* **Verbrechen**] **~ Leidenschaft/Liebe** a crime of passion, a crime passionnel *liter;* **~ niedrigen Motiven** for base motives; **~ Unachtsamkeit** due to carelessness; **pass doch auf, du wirfst sonst noch ~ Unachtsamkeit die Kanne um!** look out, else you'll knock over the can in your carelessness; **dieser Selbstmord geschah ~ Verzweiflung** this suicide was an act of despair; **~ einer Eingebung/ Laune heraus** on [an] inspiration/impulse, on a whim ④ *(von)* from; **jdn/etw ~ etw ausschließen** to exclude sb/sth from sth; **~ dem Englischen** from [the] English [*or* the English language]; **~ guter Familie** from [*or* of] a good family; **~ guter Familie stammen** to be of [a] [*or* come from a] good family; **~ uns[e]rer Mitte** from our midst; **~ Stuttgart kommen** to be [*or* come] from Stuttgart; *(gebürtig a.)* to be a native of Stuttgart ⑤ *(unter Verwendung von etw hergestellt)* [made] of; **~ Wolle sein** to be [made of] wool; **~ etw bestehen/sein** to be made of sth; **eine Bluse ~ Seide/Brosche ~ Silber** a silk blouse/silver brooch **II.** *adv* ① *(fam: gelöscht)* out; ■ **~ sein** to have gone out; *(Feuer, Ofen, Kerze* to be out; **Zigarette ~!** put out *sep* your cigarette! ② *(ausgeschaltet)* off; **„~"** "off"; ■ **~ sein** to be [switched] off; *(an elektronischen Geräten a.)* "standby"; **auf „~" stehen** to be off [*or* on "standby"] ③ *(zu Ende)* ■ **~ sein** to have finished; *Krieg* to have ended, to be over; *Schule* to be out; **mit etw ist es ~** sth is over; **mit jdm ist es ~** *(fam: sterben)* sb has had it *sl;* **es ist ~ mit ihm** he's finished [*or sl* had it]; **es ist ~** [**zwischen jdm**] *(fam: beendet sein)* it's over [between sb]; **zwischen denen ist es ~** they've broken up, it's over between them; **zwischen uns ist es ~, mein Freund!** we're finished [*or* history] , mate!; **~ und vorbei sein** to be over and done with; **es ist ~ und vorbei mit diesen Träumen** these dreams are over once and for all ④ *(außerhalb)* **~ sein** SPORT to be out ⑤ *(versessen)* ■ **auf jdn/etw ~ sein** to be after sb/sth ⑥ *(fort)* ■ **[mit jdm] ~ sein** to go out [with sb]

Aus <-> [aus] *nt kein pl* ① FBALL out of play *no pl, no art; (seitlich)* touch *no pl, no art;* **ins ~ gehen** to go out of play; *(seitlich a.)* to go into touch; *(hinter der Torlinie a.)* to go behind [for a corner/goalkick] ② *(Ende)* end; **vor dem beruflichen ~ stehen** to be at the end of one's career; ■ **das ~ für etw** the end of sth ③ SPORT *(Spielende)* ■ **das ~** the end of the game [*or* match]; FBALL *a.* the final whistle

aus|ar·bei·ten *vt* ■ **etw ~** to work out sth *sep; (verbessern)* to perfect sth; **ein System ~** to elaborate *form* [*or* sep draw up] a system; **einen Text ~** to prepare [*or* sep draw up] a text; *(formulieren a.)* to formulate [*or* compose] a text; **eine Theorie aus**

etw ~ to elaborate *form [or sep* draw up] a theory from *[or* on the basis of] sth

Aus·ar·bei·tung <-, -en> *f* working out *no pl; (Verbesserung)* perfection *no pl; System, Theorie* elaboration *no pl,* drawing up *no pl* (**aus** from /on the basis of); *Text* preparation *no pl,* drawing up *no pl; (Formulierung a.)* formulation *no pl,* composition *no pl*

aus|ar·ten *vi sein* ① *(zu etw werden)* ▪ **in etw** *akk* ~ to degenerate into sth; **in einen Krieg** ~ to degenerate into a war ② *(ausfallend werden)* to get out of hand, to become unruly; *(fluchen)* to use bad *[or* coarse] language

aus|at·men I. *vi* to breathe out, to exhale II. *vt* ▪ **etw** ~ to exhale *[or sep* breathe out] sth

aus|ba·cken *vt* ▪ **etw** ~ KOCHK to deep-fry sth

aus|ba·den *vt (fam)* ▪ **etw** ~ to pay *[or* suffer] *[or fam* BRIT a.* carry the can] for sth

aus|bag·gern *vt* ▪ **etw** ~ ① *(mit einem Bagger vertiefen)* to excavate sth; **eine Fahrrinne** ~ to deepen a shipping lane by dredging; **einen Fluss/See** ~ to dredge *[out sep]* a river/lake ② *(mit einem Bagger herausholen)* to excavate *[or sep* dig up] sth; *(in Fluss, See)* to dredge *[up sep]* sth

aus|ba·lan·cie·ren [-balɑ̃siːrən] *vt* ▪ **etw** ~ ① *(ins Gleichgewicht bringen)* to balance sth ② *(geh: harmonisieren)* to balance *[out sep]* sth ③ *(geh: abstimmen)* to balance sth

Aus·bau <-bauten> *m* ① *kein pl (das Ausbauen)* extension *no pl* (**zu** into); *(das Umbauen)* conversion *no pl* (**zu** [in]to) ② ARCHIT *(angefügter Teil)* extension, annexe BRIT, annex AM ③ *kein pl (das Herausmontieren)* removal (**aus** from) ④ *kein pl (Vertiefung)* building up, cultivation ⑤ *kein pl (die Festigung)* strengthening, consolidation

aus|bau·en *vt* ① *(baulich erweitern)* ▪ **etw** [**zu etw**] ~ to extend sth [into sth]; *(umbauen)* to convert sth [[in]to sth]; *(innen)* to fit out *sep* sth [into sth] ② *(herausmontieren)* ▪ **etw** [**aus etw**] ~ to remove sth [from sth] ③ *(vertiefen)* ▪ **etw** [**zu etw**] ~ to cultivate *[or sep* build up] sth [to sth] ④ *(konsolidieren)* ▪ **etw** ~ to consolidate *[or* strengthen] sth

aus·bau·fä·hig *adj* ① *(fam: viel versprechend)* promising; ▪ ~ **sein** to be promising; *Schüler, Mitarbeiter a.* to show promise ② *(erweiterungsfähig)* expandable ③ *(sich vertiefen lassend)* that can be built up *[or* cultivated]; **ich denke, unsere Beziehung ist noch** ~ I think we have a good relationship to build on ④ *(möglich zu entfernen)* removable

aus|be·din·gen *vr irreg* ▪ **sich** *dat* **[von jdm]** **etw** ~ to insist on sth, to make sth a condition [for sb]; **sich das Recht ~|, etw zu tun]** to reserve the right [to do sth]; ▪ **sich** *dat* **[von jdm]** ~, **dass ...** to make it a condition [for sb] that …, to stipulate that …; **... doch ich bedinge mir aus, dass ...** … but only on condition that …

aus|bei·nen *vt* KOCHK to bone, to joint

Aus·bein·mes·ser *nt* boning knife

aus|bei·ßen *vr irreg* ▪ **sich** *dat* **einen Zahn [an etw** *dat*] ~ to break a tooth [on sth], to lose a tooth [after biting into sth]

aus|bes·sern *vt* ① MODE *(durch Nähen reparieren)* ▪ **etw [mit etw]** ~ to mend *[or* repair] sth [with sth]; *(flicken)* to patch sth [with sth]; *(stopfen)* to darn sth [with sth] ② *(reparieren)* ▪ **etw** ~ to repair *[or* mend] *[or* fix] sth; **eine Roststelle** ~ to remove a rust spot

Aus·bes·se·rung <-, -en> *f* ① MODE mending *no pl,* repairing *no pl; (Flicken)* patching *no pl; (Stopfen)* darning *no pl* ② *(das Ausbessern)* repairing *no pl,* mending *no pl,* fixing *no pl; einer Roststelle* removal *no pl*

Aus·bes·se·rungs·ar·bei·ten *pl* repairs *pl* (**an** + *dat* to), repair work *no pl, no indef art* (**an** + *dat* on); *von*

Lack retouching work *no pl* **aus·bes·se·rungs·be·dürf·tig** *adj* in need of repair/retouching etc. *pred*

aus|beu·len I. *vt* ▪ **etw** ~ ① *(nach außen wölben)* to make sth bulge *[or* a bulge in sth]; *(verschleißen)* to make sth [go] baggy; ▪ **ausgebeult** baggy; **ein ausgebeulter Hut** a battered hat ② *(durch Herausschlagen glätten)* to remove dents/a dent in sth; *(durch Hämmern a.)* to hammer *[or* beat] out dents/a dent in sth *sep;* **eine Beule** ~ to remove a dent; *(durch Hämmern a.)* to hammer *[or* beat] out a dent *sep* II. *vr* ▪ **sich** ~ to go baggy

Aus·beu·te <-, -n> *f* ① *(Förderung)* gains *pl;* ▪ **die** ~ **an etw** *dat* the yield in sth; **die** ~ **an nützlichen Informationen war gering** little useful information was gleaned, the yield of useful information was minimal ② *(Gewinn)* profits *pl*

aus|beu·ten *vt* ① *(pej: völlig ausschöpfen)* ▪ **jdn** ~ to exploit sb; **Arbeiter** ~ to exploit *[or pej fam* sweat] workers ② *(abbauen)* ▪ **etw** ~ to work *[or* exploit] sth

Aus·beu·ter(in) <-s, -> *m(f) (pej)* exploiter, sweater *pej*

Aus·beu·tung <-, -en> *f* ① *(pej: das Ausbeuten)* exploitation *no pl* ② *(Abbau)* working *no pl,* exploitation *no pl*

aus|be·zah·len *vt* ① *(zahlen)* ▪ **[jdm] etw** ~ to pay out *sep* [to sb] ② *(bezahlen)* ▪ **jdn** ~ to pay off sb *sep,* to pay sb her/his wages ③ *(abfinden)* ▪ **jdn** ~ to buy out *[or* pay off] sb *sep*

aus|bil·den I. *vt* ① *(beruflich qualifizieren)* ▪ **jdn [in etw** *dat*] ~ to train sb [in sth]; *(unterrichten a.)* to instruct sb [in sth]; *(akademisch)* to educate sb [in sth]; **Rekruten** ~ to train *[or* drill] recruits; **jdn zum Arzt/Sänger** ~ to train sb to be a doctor/singer; **ein ausgebildeter Übersetzer** a qualified translator ② *(entwickeln)* ▪ **etw** ~ to develop *[or* cultivate] sth; **seine Stimme** ~ to train one's voice; **eine ausgebildete Stimme** a trained voice II. *vr* ① *(sich schulen)* ▪ **sich [in etw** *dat*] ~ to train [in sth]; *(studieren)* to study [sth]; *(Qualifikation erlangen)* to qualify [in sth] ② MED ▪ **sich** ~ to develop; *Tumor a.* to form; *(voll)* **ausgebildet sein** to be fully developed ③ BOT ▪ **sich** ~ to develop, to form

Aus·bil·der(in) <-s, -> *m(f),* **Aus·bild·ner(in)** <-s, -> *m(f)* ÖSTERR, SCHWEIZ trainer; MIL instructor

Aus·bil·dung <-, en> *f* ① *(Schulung)* training *no pl, no indef art;* **eine** ~ a training course; *(Unterricht)* instruction *no pl, no indef art; (akademisch)* education *no pl; von Rekruten* drilling *no pl,* training *no pl;* **welche** ~ **hat er?** what was he trained for? *[or* as]; **eine dreijährige** ~ three years of training/instruction; **die** ~ **zum Tischler** training as a joiner; **in der** ~ **sein** to be in training *[or* a trainee]; *(akademisch)* to still be at university *[or* college] BRIT, to still be in school *[or* college] AM ② *(Entwicklung)* development *no pl,* cultivation *no pl; von Stimme* training *no pl* ③ MED *(Entwicklung)* development *no pl; von Tumor a.* formation *no pl* ④ BOT *(Entwicklung)* development *no pl,* formation *no pl,* growth *no pl*

Aus·bil·dungs·bei·hil·fe *f* educational grant; *(für Lehrlinge)* training allowance **Aus·bil·dungs·be·ruf** *m* occupation that requires training **Aus·bil·dungs·be·trieb** *m* apprenticing company *(company that takes on trainees)* **Aus·bil·dungs·dau·er** *f* training period **Aus·bil·dungs·för·de·rung** *f* [training/educational] grant **Aus·bil·dungs·kom·pa·nie** *f* training unit **Aus·bil·dungs·platz** *m* place to train **Aus·bil·dungs·stand** *m kein pl* level of training; *von Soldaten a.* level of drilling **Aus·bil·dungs·stät·te** *f* training centre *[or* AM -er] **Aus·bil·dungs·ver·gü·tung** *f (geh)* training allowance **Aus·bil·dungs·ver·trag** *m* articles *pl* of apprenticeship **Aus·bil·dungs·zeit** *f* training period, period of training; **nach einer** ~ **von**

drei Jahren after three years of training, after a three-year training period [or period of training] **Aus·bil·dungs·ziel** nt training objective

aus|bit·ten vr irreg (geh) ① (fordern) ■ **sich** dat [von **jdm**] **etw** ~ to ask [sb] for sth, to request sth [from [or form of] sb]; **ich bitte mir Ruhe aus!** I must [or will] have silence!; **das möchte ich mir** [auch] **ausgebeten haben!** I should think so too!; ■ **sich** dat [von **jdm**] ~, **dass jd etw tut** to ask [or request] sb to do sth ② (erbitten) ■ **sich** dat **etw** ~ to ask for sth; ■ **sich** dat **etw von jdm** ~ to ask [or beg] sth of sb form

aus|blei·ben vi irreg sein ① (nicht kommen) to fail to appear [or come], to fail to materialize fam ② (nicht auftreten) to fail to appear; Regen, Schnee to hold off; ■ **nicht** ~ **können** to be inevitable ③ (nicht eintreten) to not appear, to be absent; Menstruation to not come, to be overdue ④ (nicht erfolgen) to fail to come in ⑤ (aussetzen) to stop, to fail

Aus·blei·ben <-s> nt kein pl ① (Fortbleiben) failure to appear [or come], non[-]appearance; (Schüler a.) absence ② (das Nichtauftreten) failure to appear; Regen holding off no pl ③ (Nichteintritt) absence; **bei** ~ **der Menstruation** when [one's] menstruation doesn't come [or is overdue] ④ (das Nichteintreffen) failure to come in

aus|blenden I. vt ■ **etw** ~ ① TV, FILM, RADIO (herausnehmen) to cut out sth sep; (ausklingen lassen) to fade out sth sep; **den Ton** ~ to cut off sep the sound; ■ **ausgeblendet werden** to be cut out/off ② (fig: vergessen) Problem to push sth to the back of one's mind; **das musst du jetzt erst mal alles** ~ you need to forget about all that for the time being II. vr ■ **sich aus etw** dat ~ to leave sth; **sich** akk [aus einer **Übertragung**] ~ to leave a transmission

Aus·blick m ① (Aussicht) view, outlook form, prospect liter; ■ **der/ein** ~ **auf etw** akk the/a view of sth, the/an outlook over [or on[to]] sth form, the/a prospect [or over] [or view] liter; **ein Zimmer mit** ~ **aufs Meer** a room overlooking [or with a view of] the sea; **ein weiter** ~ **auf die Umgebung** a panorama of the surroundings ② (Zukunftsvision) prospect, outlook; ■ **der/ein** ~ **auf etw** akk a prospect [or the/an outlook] for sth; **der** ~ **auf zukünftige Entwicklungen** future prospects npl

aus|blu·ten I. vi sein to bleed to death; **ein Schaf** ~ **lassen** to bleed a sheep [dry]; ■ **ausgeblutet** bled [dry] pred] II. vt ■ **jdn** ~ to bleed sb dry [or white] sep fam; ■ **das A~** throatcutting

aus|bom·ben vt ■ **jdn** ~ to bomb sb's home, to bomb sb out of her/his home; ■ **die Ausgebombten** people who have been bombed out of their homes

aus|boo·ten ['ausbo:tn] vt (fam) ■ **jdn** ~ to kick [or fam boot] out sb sep

aus|bor·gen vt ① (fam: verleihen) ■ [jdm] **etw** ~ to lend [sb] sth, to lend [out sep] sth [to sb] ② (fam: sich ausleihen) ■ [sich dat] **etw** [von **jdm**] ~ to borrow sth [from sb]

aus|bre·chen irreg I. vi sein ① (sich befreien) ■ [aus **etw**] ~ to escape [from sth]; (Gefangene a.) to break out [of sth]; ■ **ausgebrochen** escaped ② MIL (einen Durchbruch erzwingen) ■ [aus **etw**] ~ to break out [of sth] ③ (sich von etw frei machen) ■ [aus **etw**] ~ to break away [from sth]; **aus einer Ehe** ~ to break up sep a marriage ④ (zur Eruption gelangen) to break out, to erupt; ■ **das A~** eruption ⑤ (entstehen) to break out; Erdbeben to strike ⑥ (losbrechen) to explode, to erupt ⑦ (spontan erfolgen lassen) **in Gelächter** akk ~ to burst into laughter [or out laughing]; **in Jubel** akk ~ to erupt with jubilation; **in Tränen** [o **Weinen**] akk ~ to burst into tears [or out crying] ⑧ (außer Kontrolle geraten) to swerve; Pkw a. to

career [out of control] ⑨ (austreten) ■ **jdm bricht der Schweiß aus** sb breaks into [or out in] a sweat II. vt haben ① (her~) ■ **etw** [aus **etw**] ~ to break off sep sth [from sth]; ein Fenster [aus **etw**] ~ to put in sep a window, to let [or put] a window into sth; **eine Wand** ~ to take down sep a wall; ■ **sich** dat **einen Zahn** ~ to break off sep a tooth ② (erbrechen) ■ **etw** ~ to vomit [or fam bring up] sth

Aus·bre·cher(in) <-s, -> m(f) escapee, escaped prisoner

aus|brei·ten I. vt ① (entrollen und hinlegen) ■ **etw** [vor **jdm**] ~ to spread [out sep] sth [in front of [or form before] sb]; **eine Landkarte** ~ to open [or spread] out a map sep ② (verteilen) ■ **etw** ~ to lay [or set] out sth sep; (ausstellen) to display sth ③ (ausstrecken) ■ **etw** ~ to spread [out sep] [or extend] sth; **die Arme** ~ to extend [or sep stretch [or spread] out] one's arms ④ (darlegen) ■ **etw** [vor **jdm**] ~ to enlarge [up]on sth [for sb] II. vr ① (sich erstrecken) ■ **sich** [in **etw** akk/nach **etw** etc.] ~ to spread [out] [in/towards etc. sth], to extend into/to etc. sth ② (übergreifen) ■ **sich** [auf/über **etw** akk o dat] ~ to enlarge [to/over sth] ③ (überhandnehmen) ■ **sich** ~ to spread ④ (fam: sich breit machen) ■ **sich** ~ to spread oneself out

Aus·brei·tung <-, -en> f ① (das Übergreifen) spread no pl (auf + akk to) ② (das Überhandnehmen) spread no pl; von Propaganda a. dissemination no pl, propagation no pl ③ (Ausdehnung) spread no pl ④ (Darlegung) enlargement no pl (+gen on)

aus|bren·nen irreg I. vi sein ① (zu Ende brennen) to go out; Feuer a. to burn [itself] out; ■ **ausgebrannt** extinguished ② (energielos sein) ■ **ausgebrannt sein** to be burnt out II. vt haben ■ **etw** ~ to burn out sep sth, to cauterize sth spec

aus|brin·gen vt irreg ① (ausrufen) **einen Trinkspruch** [auf **jdn**] ~ to propose a toast [to sb]; **ein "Hurra" auf jdn** ~ to cheer sb; **ein Prosit auf jdn** ~ to toast sb's health ② (verstreuen) ■ **etw** [auf **etw** dat o akk] ~ to spread [out sep] sth [on [or over] sth] ③ NAUT (herunterlassen) ■ **etw** ~ to lower sth

aus|brö·seln vt eine Backform ~ to grease and line a baking tin with breadcrumbs

Aus·bruch m ① (das Ausbrechen) escape (aus from); von Gefangenen a. breakout (aus from); ■ **der/ein** ~ the/a breakout/the/an escape; **ein** ~ **aus dem Gefängnis** a jailbreak ② MIL (Durchbruch) breakout ③ (Beginn) outbreak ④ (Eruption) eruption; **zum** ~ **kommen** to erupt ⑤ (fam: Entladung) outburst; (stärker) eruption, explosion, BRIT a. wobbly fam; **einen** ~ **bekommen** to explode [or erupt], BRIT a. to throw a wobbly fam

Aus·bruchs·ver·such m ① (versuchter Ausbruch) attempted escape [or breakout], escape [or breakout] attempt ② MIL (versuchter Durchbruch) attempted breakout, breakout attempt; **einen** ~ **machen** to attempt a breakout

aus|brü·ten vt ■ **etw** ~ ① (bis zum Ausschlüpfen bebrüten) to hatch sth; (in Brutkasten) to incubate sth; ■ **ausgebrütet** hatched [or incubated] ② (fam: aushecken) to hatch [up sep] [or sep cook up] sth ③ (fam: entwickeln) to be sickening for sth

aus|buch·ten ['ausbʊxtn] I. vr ■ **sich** ~ to bulge [or curve] out[ward[s]]; ■ **ausgebuchtet** curving II. vt ■ **etw** ~ to hollow out sth sep

Aus·buch·tung <-, -en> f indentation; von Strand cove

aus|bud·deln vt (fam) ■ **etw** ~ ① (ausgraben) to dig up sth sep ② (ausfindig machen) to find [or sep dig up] sth

aus|bü·geln vt ① (durch Bügeln glätten) ■ **etw** ~ to iron out sth sep ② (fam: wettmachen) ■ **etw** ~ to make good sth *sep* ❻ *(fam: bereinigen)* ▪ **etw** [**wieder**] **~** to iron out sth *sep*

aus|bu·hen *vt (fam)* ▪ **jdn ~** to boo at sb; *(von der Bühne a.)* to boo off sb *sep*, to boo sb off the stage

Aus·bund *m kein pl* paragon *no pl* (**an** +*dat* of), model *no pl* (**an** +*dat* of), epitome *no pl* (**an** +*dat* of); **ein ~ an** [*o* **von**] **Verworfenheit** depravity itself [*or* personified]

aus|bür·gern ['ausbʏrgɐn] *vt* ▪ **jdn ~** to expatriate sb; **jdn aus Deutschland ~** to deprive sb of German citizenship [*or* nationality]; ▪ **Ausgebürgerte[r]** expatriate

Aus·bür·ge·rung <-, -en> *f* expatriation

aus|bürs·ten *vt* ❶ *(durch Bürsten entfernen)* ▪ **etw** [**aus etw**] **~** to brush out sth *sep*, to brush sth out of sth ❷ *(sauber bürsten)* ▪ **etw ~** to brush sth; **dieses Haarspray lässt sich leicht ~** this hairspray is brushed out easily

aus|bü·xen ['ausbʏksn] *vi (hum fam)* to run away [from home]

Aus·dau·er *f kein pl* ❶ *(Beharrlichkeit)* perseverance *no pl*, tenacity *no pl*; *(Hartnäckigkeit a.)* persistence *no pl* ❷ *(Durchhaltevermögen)* stamina *no pl*, staying power *no pl*; *(im Ertragen)* endurance *no pl*

aus·dau·ernd I. *adj* ❶ *(beharrlich)* persevering, tenacious; *(hartnäckig a.)* persistent; **~e Anstrengungen** [*o* **Bemühungen**] unremitting [*or* untiring] efforts; ▪ **~ sein** to be persevering [*or* persistent] ❷ *(Durchhaltevermögen besitzend)* with stamina [*or* staying power]; *(im Ertragen)* with endurance; ▪ **~ sein** to have stamina [*or* staying power] **II.** *adv* ▪ **arbeiten/ lernen** to apply oneself to working [*or* one's work] / learning

aus·dehn·bar *adj* ▪ **~** [**auf/über etw** *akk* **hinaus**] extendable [*or* extensible] [to sth]

aus|deh·nen I. *vr* ❶ *(größer werden)* ▪ **sich ~** to expand ❷ *(sich ausbreiten)* ▪ **sich** [**auf/über etw** *akk*] **~** to spread [to/over sth]; ▪ **ausgedehnt** extensive, expansive ❸ *(dauern)* ▪ **sich ~** to go on; **sich endlos ~** to take [*or* go on] forever *fam* **II.** *vt* ❶ *(verlängern)* ▪ **etw** [**bis zu etw/über etw** *akk*] **~** to extend [*or* prolong] sth [by up to/by sth] ❷ *(erweitern)* ▪ **etw** [**auf etw** *akk*] **~** to expand [*or* extend] [*or* widen] sth [to sth] ❸ ▪ **etw ~** *(vergrößern)* to expand sth; *(ausbeulen)* to stretch sth

Aus·deh·nung *f* ❶ *(Verlängerung)* extension (+*gen* to) /of), prolongation *no pl* (+*gen* of) ❷ *(Ausbreitung)* spread[ing] *no pl* (**auf** +*akk* to) ❸ *(Erweiterung)* expansion *no pl* ❹ *(Vergrößerung)* expansion *no pl*; **in ~ begriffen sein** to be expanding ❺ *(Fläche)* area; **eine ~ von 10.000 km² haben** to cover an area of 10,000 km²

aus|den·ken *vr irreg* ▪ **sich** *dat* **etw ~** *(ersinnen)* to think up sth *sep*; **eine Ausrede/Entschuldigung ~** to think up [*or* of] *sep* [*or* contrive] [*or a.* pej concoct] an excuse; **eine Geschichte ~** to [make up] a story *sep*; **eine Idee/einen Plan ~** to devise [*or* sep think up] an idea/a plan; **eine Überraschung ~** to plan a surprise; **eine ausgedachte Geschichte** a made-up story; **du musst du dir schon etwas anderes ~!** *(fam)* you'll have to think of something better than that!; **das hast du dir so/fein ausgedacht!** *(fam)* that's what you think!; **es ist nicht auszudenken** it's inconceivable

aus|die·nen *vi (fam)* ▪ **ausgedient** worn-out, BRIT *fam a.* clapped-out; **ein ausgedientes Kraftwerk** a decommissioned power station; ▪ **ausgedient haben** to have had its day; *Stift* to be finished [*or* used up]

aus|dis·ku·tie·ren **I.** *vt* ▪ **etw ~** to discuss sth fully [*or* thoroughly] **II.** *vi* ▪ **ausdiskutiert haben** to have finished discussing [*or* talking]

aus|dör·ren I. *vt haben* ▪ **jdn ~** to dehydrate sb;

▪ **etw ~** to dry up sth *sep;* **die Haut ~** to dry out *sep* one's skin; **die Kehle ~** to parch one's throat; ▪ **ausgedörrt sein** to be dehydrated; *Kehle* to be parched; *Erde, Land* to have dried out; *(stärker)* to be scorched [*or* parched] **II.** *vi sein* to dry out; *(stärker)* to become parched [*or* scorched]; ▪ **ausgedörrt** dried out; *(stärker)* parched, scorched; **eine ausgedörrte Kehle** a parched throat

aus|dre·hen *vt (fam)* ▪ **etw ~** to turn [*or* switch] off sth *sep;* **das Licht ~** to turn out [*or* turn [*or* switch] off] the light *sep*

Aus·druck¹ <-drücke> *m* ❶ *(Bezeichnung)* expression; **es gibt einen bestimmten ~ dafür** there's a certain word for it; ▪ **Ausdrücke** bad [*or* coarse] language *no pl, no art,* swear words *pl;* **ein schwäbischer ~** a Swabian turn of phrase *a. hum* ❷ *kein pl (Gesichts~)* [facial] expression ❸ *kein pl (Zeichen)* ▪ **der/ein/als ~ seiner Dankbarkeit/Liebe** *gen* the/an/as an expression of one's gratitude/love; **mit dem ~ des Bedauerns** *(geh)* expressing [*or* with an expression of] regret; **mit dem ~ der Hochachtung** *(geh)* with the expression of great respect; **etw zum ~ bringen, einer S.** *dat* **~ geben** [*o* **verleihen**] *(geh)* to express [*or* give expression to] sth; **seine Dankbarkeit zum ~ bringen** to voice [*or* express] one's gratitude, to give expression to one's gratitude; ▪ [**in etw** *dat*] **zum Ausdruck kommen** to find expression [in sth]; **in seinen Worten kam Mitleid zum ~** his words expressed his sympathy ❹ *kein pl (Ausdrucksweise)* mode of expression, way of expressing oneself; **gewandt im ~ sein** to have an elegant mode of expression; **sich im ~ vergreifen** to use the wrong approach; *(kompliziert ausdrücken)* to use long words

Aus·druck² <-drucke> *m* [computer] print-out, hard copy *spec;* **einen ~** [**einer S.** *gen*/**von etw**] **machen** to run off *sep* a copy [of sth]

aus|dru·cken *vt* ▪ [**jdm**] **etw ~** to print [out *sep*] sth [for sb], to run off *sep* a copy [of sth] [for sb]

aus|drü·cken **I.** *vt* ❶ *(bekunden)* ▪ [**jdm**] **etw** [**für etw**] **~** to express sth [to sb] [for sth]; **jdm seine Liebe ~** to express one's love for sb ❷ *(formulieren)* ▪ **etw ~** to express [*or* formulate] sth, to put sth into words; **anders ausgedrückt** in other words; **lassen Sie es mich anders ~** let me put it another way; **einfach ausgedrückt** put simply, in simple terms, in words of one syllable *a. iron;* **um es milde auszudrücken** to put it mildly [*or* another way] ❸ *(zeigen)* ▪ **etw ~** to express [*or* show] sth; *Verhalten a.* to reveal sth; *Maßnahmen a.* to demonstrate sth ❹ *(auspressen)* ▪ [**jdm/sich**] **etw ~** to press [*or* squeeze] out sth [for sb] *sep;* **eine Zitrone ~** to press [*or* squeeze] the juice out of [*or* to squeeze] a lemon; **seine Pickel ~** to squeeze one's spots ❺ *(durch Zerdrücken löschen)* ▪ **etw ~** to stub [*or* put] out sth *sep* **II.** *vr* ❶ *(seine Meinung formulieren)* ▪ **sich ~** to express oneself; **sich ungeschickt ~** to express oneself badly; **sich falsch ~** to use the wrong word; **sich gewandt ~** to be very articulate ❷ *(sich widerspiegeln)* ▪ **sich in etw** *dat* **~** to be expressed [*or* revealed] in sth; **in ihrem Gesicht drückte sich Verzweiflung aus** her face showed her despair

aus·drück·lich ['ausdrʏklɪç] **I.** *adj attr* express, explicit; **eine ~e Zuwiderhandlung** a clear [*or form* patent] violation **II.** *adv* expressly, explicitly; *(besonders)* particularly; **etw ~ betonen** to emphasize sth particularly [*or* specifically]

Aus·drucks·kraft *f kein pl* expressiveness **aus·drucks·los** *adj* inexpressive; **ein ~es Gesicht** an expressionless face; *(ungerührt)* an impassive face; **ein ~er Blick** a vacant [*or* blank] look **Aus·drucks·ver·mö·gen** <-s> *nt kein pl* articulatedness **aus·drucks·voll** *adj* expressive, full of expression *pred*

Aus·drucks·wei·se f mode of expression, way of expressing oneself; **was ist denn das für eine ~!** what sort [or kind] of language is that [to use]?; **sich einer anständigen ~ befleißigen** to use decent language

aus|dün·nen ['ausdʏnən] vt ① (reduzieren) ▪ etw ~ to reduce sth; **ein Team** ~ to reduce [or sep cut down] team members ② ▪ etw ~ Strauch, Baum to thin out sth sep ③ (das Volumen vermindern) ▪ [jdm] etw ~ Haare to thin out sep [sb's] hair

aus|düns·ten I. vt ① ▪ etw ~ ① (gasförmige Stoffe abgeben) to emit [or sep give off] [or spec exhale] sth ② (Geruch verbreiten) to give off sth sep II. vi to emit [or sep give off] [or spec exhale] vapours [or AM -ors] / a vapour [or AM -or]

Aus·düns·tung <-, -en> f ① (ausgedünstete Stoffe) exhalation spec; (gasförmig a.) vapour [or AM -or]; (Schweiß) perspiration no pl form; (Geruch) fume, smell; von Mensch, Tier smell no pl ② (das Ausdünsten) evaporation no pl, exhalation no pl spec

aus·ei·nan·der [aʊsʔaiˈnandɐ] adv ① (räumlich) ▪ ~ sein to be wide apart; **Zähne** to be widely spaced ② (zeitlich) ▪ ~ sein: **die beiden sind [im Alter] ein Jahr ~** there is a year between the two of them, the two are a year apart in age; **sie sind altersmäßig weit ~** there is a great gap in their ages ③ (fam: getrennt) ▪ ~ sein to have broken [or split up]

aus·ei·nan·der|be·kom·men vt irreg ▪ etw ~ to be able to get sth apart **aus·ei·nan·der|bie·gen** vt irreg ▪ etw ~ to bend apart sth sep; **Ranken** ~ to push back sep branches **aus·ei·nan·der|bre·chen** irreg I. vi sein to break [or fall] apart; (sich auflösen) to break up II. vt haben ▪ etw ~ to break sth in two **aus·ei·nan·der|brin·gen** vt irreg (fam) ▪ etw ~ to be able to get sth apart; ▪ jdn ~ to separate [or part] sb **aus·ei·nan·der|di·vi·die·ren** vt ▪ jdn ~ to separate [or part] sb **aus·ei·nan·der|fal·len** vi irreg sein to fall apart [or to pieces] **aus·ei·nan·der|fal·ten** vt ▪ etw ~ to unfold sth; (ausbreiten a.) to open [out sep] sth **aus·ei·nan·der|ge·hen** vi irreg sein ① (sich trennen) to part ② (fam: in die Brüche gehen) to break up; **Ehe a.** to fall apart ③ (sich verzweigen) to diverge ④ (sich auflösen) to disperse ⑤ (voneinander abweichen) to differ, to diverge ⑥ (fam: dick werden) to [start to] fill out a. hum **aus·ei·nan·der|hal·ten** vt irreg ▪ etw ~ (unterscheiden) to distinguish between sth; ▪ jdn ~ (voneinander unterscheiden können) to tell apart sb sep; **kannst du die Zwillinge immer ~?** can you always tell the twins apart? **aus·ei·nan·der|kla·mü·sern** vt (fam) ▪ etw ~ to explain sth [to oneself] in simple terms **aus·ei·nan·der|lau·fen** vi irreg sein (zerlaufen) to run; (sich auflösen) to disperse, to break up; (voneinander abweichen) to differ, to diverge (in +dat in) **aus·ei·nan·der|le·ben** vr ▪ sich akk ~ to drift apart; **Ehepartner a.** to become estranged; **sich mit jdm** ~ to drift away from sb; (zerstritten) to become estranged from sb form **aus·ei·nan·der|ma·chen** vt (fam) etw ~ (aufmachen) to open sth; (mit Mühe a.) to get open sth sep; (auseinanderfalten) to unfold sth; (ausbreiten a.) to open [out sep] sth; **verklebte Seiten** ~ to get apart sep glued pages; **die Arme** ~ to open one's arms; **die Beine** ~ to spread [or part] [or open] one's legs **aus·ei·nan·der|neh·men** vt irreg etw ~ (demontieren) to dismantle [or form disassemble] sth, to take apart sth sep; (zerpflücken) to tear apart sth sep, to tear sth to pieces; **jdn** ~ (fig sl: zerstören) to smash [up sep] [or fam trash] [sb's] sth; (gründlich verprügeln) to work over sb sep fam, to beat [the] shit out of sb fam! **aus·ei·nan·der|schrei·ben** vt irreg ▪ etw ~ to write sth as two words **aus·ei·nan·der|set·zen** I. vt ① (getrennt voneinander) **zwei Personen/Vasen** ~ to

separate two persons/to set apart sep two vases ② (erklären) ▪ jdm etw ~ to explain sth to sb; **jdm etw detailliert** ~ to explain sth to sb in detail, to expound sth to sb form; **jdm ~, was/wie ...** to explain to sb what/how ... II. vr ① ▪ sich akk ~ (getrennt voneinander) to sit apart ② ▪ sich akk mit etw ~ (sich befassen) to tackle sth; (sich genau ansehen a.) to have [or take] a good look at sth; **sich mit einem Problem** ~ to tackle [or grapple with] a problem ③ ▪ sich akk ~ (geh: sich streiten) to argue; **sich gerichtlich** [o vor Gericht] ~ to go to court; **sich mit jdm ~** to argue with sb

Aus·ei·nan·der·set·zung <-, -en> f ① (Streit) argument, quarrel; **[mit jdm] eine ~ [wegen etw] haben** (einen Streit) to have [got into] an argument [with sb] [about sth]; (ein Streitgespräch) to have an argument [with sb] [about sth]; ▪ es kam [wegen etw] zu einer ~ an argument blew up [or there was an argument] [about sth] ② (Beschäftigung) ▪ die ~ mit etw the examination of sth; (Analyse) the analysis of sth

aus·ei·nan·der|stre·ben vi sein (geh) to diverge **aus·ei·nan·der|trei·ben** irreg I. vt haben ▪ jdn/etw ~ to disperse sb/sth II. vi sein to drift apart

aus·er·ko·ren adj (geh) chosen; ▪ dazu ~ sein, etw zu tun to be chosen to do sth

aus·er·le·sen I. adj select; **~e Speisen/Weine** choice [or select] dishes/wines II. adv particularly, especially

aus|er·se·hen vt irreg (geh) ▪ jdn [zu etw] ~ to choose sb [for [or to be] sth]; ▪ jdn dazu ~, etw zu tun to choose sb to do sth

aus|er·wäh·len vt irreg (geh) ▪ jdn zu etw ~ to choose sb for [or to do] sth; ▪ jdn ~, etw zu tun to choose sb to do sth

aus·er·wählt adj inv, präd chosen

Aus·er·wähl·te(r) f(m) dekl wie adj (geh) ① (auserwählte Person) ▪ die ~n the chosen few + pl vb [or pl ones], the elect + pl vb form ② (hum: jds Zukünftige(r)) ▪ jds ~ sb's intended fam

aus·fahr·bar adj extendable, extensible spec; **eine ~e Antenne** a retractable aerial; **eine ~e Kopfstütze** an adjustable headrest; ▪ ~ sein to be extendable [or spec extensible] /retractable/adjustable

aus|fah·ren irreg I. vt haben ① (spazieren fahren) ▪ jdn [mit etw] ~ to take [out sep] sb for a walk [in sth]; **jdn [im Wagen/in der Kutsche]** ~ to take [out sep] for a drive [or ride]; **ein Baby** ~ to take out sep the baby [in the pushchair [or AM stroller]] ② (ausliefern) ▪ etw ~ to deliver sth ③ (Leistung voll ausnutzen) ▪ etw ~ to run [up sep] sth to top speed; **ein Auto voll** ~ to drive a car flat out ④ (ausstrecken) ▪ etw ~ to extend sth; **das Fahrgestell** ~ to lower the landing gear; **die Kopfstütze/das Periskop** ~ to raise the headrest/periscope II. vi sein ① (spazieren fahren) to go [out] for a drive [or ride] ② (sich verlängern) **Antenne** to extend; **Kopfstütze** to be raised; **Fahrgestell** to lower ③ (in Bezug auf bösen Geist) ▪ [aus jdm] ~ to come out [of sb], to leave [sb]

Aus·fahrt f ① kein pl (Abfahrt) departure ② (Spazierfahrt) ▪ die/eine ~ [in etw dat/mit etw] the/a drive [or ride] [in sth]; **eine ~ aufs Land** a drive [or ride] in the country, a country drive; **eine ~ machen** to go for a drive [or ride] ③ (Hof~, Garagen~) exit; (mit Tor) gateway; „~ freihalten!" "keep clear", "No parking"; (Autobahn~) slip road BRIT, exit [ramp] AM; **~ Sindelfingen** Sindelfingen exit, exit for Sindelfingen

Aus·fahrt(s)·schild nt exit sign

Aus·fall m ① (Fehlbetrag) deficit; **ein ~ von Steuereinnahmen** a revenue deficit; (Verlust) loss; MIL loss, casualty; **erhebliche Ausfälle** considerable losses, a considerable number of casualties ② (das Versagen)

failure; AUTO breakdown; *(Produktions~)* stoppage; MED failure, loss of function; **bei einem ~ des Systems** in case of [a] system failure; **der ~ der Atmung/einer Niere** respiratory/kidney failure ❸ *kein pl (das Nichtstattfinden)* cancellation; *(das Fehlen)* absence ❹ LING dropping, omission ❺ *(Ergebnis)* outcome *no pl,* results *pl* ❻ *(beleidigende Äußerung)* insult; ■ **Ausfälle** invective *form* ❼ MIL *(Ausbruch)* sortie, sally; *(beim Fechten)* thrust, lunge; **einen ~ [mit etw] machen** to [make a] lunge [*or* thrust] [with sth]

aus·fal·len *vi irreg sein* ❶ *(herausfallen)* ■ **etw fällt [jdm] aus** [sb's] sth is falling out, sb loses sth; **jdm fallen [die] Haare aus** sb is going bald [*or* is balding] ❷ *(nicht stattfinden)* to be cancelled [*or* AM *a.* canceled]; ■ **ausgefallen** cancelled; ■ **etw ~ lassen** to cancel sth; **das Frühstück ~ lassen** to go without breakfast; **eine Unterrichtsstunde ~ lassen** to cancel a lesson; *Schüler* to not go to [*or* to skip] a lesson, to skive BRIT, to play hooky AM ❸ *(nicht funktionieren) Niere* to fail; *Motor* to break down ❹ *(entfallen)* to be lost, to be not forthcoming *form* ❺ *(nicht zur Verfügung stehen)* ■ **[bei/während etw] [wegen etw] ~** to be absent [*or* unavailable] [for/during sth] [owing to sth]; *(ausscheiden)* to drop out [of sth] [because of sth]; *Rennwagen a.* to retire [from sth] [owing to [*or* because of] sth] ❻ LING to be dropped [*or* omitted] ❼ MODE **groß/klein ~** *Kleidungsstück* to be large/small ❽ *(werden)* to turn out; **die Rede ist zu lang ausgefallen** the speech was [*or* turned out to be] too long

aus·fäl·len *vt* CHEM ■ **etw [aus etw] ~** to precipitate [out of sth]

aus·fal·lend, aus·fäl·lig I. *adj* abusive **II.** *adv* **sich ~ ausdrücken** to use abusive language; **sich ~ über jdn/etw äußern** [*o* **auslassen**] to get personal about sb/sth; **etw ~ formulieren** to frame sth in abusive language

Aus·fall·stra·ße *f* arterial road **Aus·fall·zeit** *f* period counting towards pension during which no payments were made owing to illness, unemployment, etc.

aus·fech·ten *vt irreg* ■ **etw ~** to fight [out *sep*] sth

aus·fe·gen *vt* ■ **etw ~** to sweep [out *sep*] sth; ■ **das A~ von etw/einer S.** *gen* sweeping [out *sep*] sth

aus·fei·len *vt* ■ **etw ~** ❶ *(wegfeilen)* to file down sth *sep,* to remove sth by filing ❷ *(den letzten Schliff geben)* to polish [up *sep*] sth; ■ **ausgefeilt** polished

aus·fer·ti·gen *vt (geh)* ■ **[jdm]** *etw* ~ to draft [*or* sep draw up] sth [for sb]; **[jdm] einen Pass ~** to issue [sb with] a passport; **eine Rechnung [für etw] ~** to make out *sep* a bill [for sth], to invoice sth

Aus·fer·ti·gung *f (geh)* ❶ *kein pl (Ausstellung)* drawing up, drafting; *einer Rechnung* making out; *von Pass a.* issuing ❷ *(Abschrift)* copy; **die erste ~** the top [*or* master] copy; **in einfacher/doppelter/dreifacher/mehrfacher ~** as one copy/as two/three/multiple copies; **in doppelter/dreifacher/vierfacher ~** in duplicate/triplicate/quadruplicate; **in doppelter ~ unterzeichnet** signed in duplicate; **etw in doppelter ~** two copies of sth

aus·fin·dig *adj* ■ **jdn/etw [in etw** *dat]* ~ **machen** to locate sb/sth [in sth], to trace sb/sth [to sth], to find [*or* discover] sb/sth [in sth]

aus·flie·gen *irreg* **I.** *vi sein* ❶ *(das Nest verlassen)* to fly off [*or* away]; **der Vogel ist ausgeflogen** the bird has flown ❷ *(fam: weggehen)* to go out **II.** *vt haben* ■ **jdn [aus etw] ~** to fly sb [out of sth], to evacuate sb [by air/plane/helicopter] [from sth]

aus·flie·ßen *vi irreg sein* ■ **[aus etw] ~** to leak out [of sth]; *Eiter* to discharge [from sth]

aus·flip·pen ['ausflɪpn] *vi sein (fam)* ❶ *(wütend werden)* to freak out *fam,* to blow a fuse *fam,* BRIT *a.* to do

one's nut *fam* ❷ *(sich wahnsinnig freuen)* to jump for joy, to be over the moon ❸ *(überschnappen)* to have a screw loose *hum fam,* to lose it [completely]; *(aufgrund von Drogen, Stimulanzien)* to be high *fam* [*or sl* spaced out]; *(aufgrund von Alkohol)* to get drunk [*or fam!* BRIT *a.* pissed] [*or* tight]; ■ **ausgeflippt** *(überspannt)* freaky *fam; (unter Drogen stehend)* high *fam,* spaced out *sl;* ■ **Ausgeflippte[r]** freak, weirdo *pej fam*

Aus·flucht <-, Ausflüchte> *f* excuse; **Ausflüchte machen** to make excuses; **mach keine Ausflüchte!** [I want [to hear]] no excuses!

Aus·flug *m* ❶ *(Betriebs~)* outing; *(Schul~ a.)* trip, AM *a.* field trip; *(Wanderung)* walk, hike; **einen ~ machen** to go on [*or* for] an outing [*or* a trip] /a walk [*or* hike] ❷ *(Exkurs)* ~ **in etw** *akk* excursion; **einen ~ in etw** *akk* **machen** to make an excursion into sth

Aus·flüg·ler(in) <-s, -> ['ausfly:kle] *m(f)* tripper; *(für einen Tag)* day-tripper

Aus·flugs·damp·fer *m* pleasure steamer **Aus·flugs·lo·kal** *nt* tourist café **Aus·flugs·ort** *m* pleasure resort **Aus·flugs·ziel** *nt* destination [of one's outing]; **beliebte ~e** places of popular resort BRIT, popular destinations

Aus·flussᴿᴿ <-es, Ausflüsse> *m,* **Aus·fluß**ᴬᴸᵀ <-sses, Ausflüsse> *m* ❶ *(~stelle)* outlet ❷ *kein pl* MED *[vaginal form]* discharge ❸ *(geh: Resultat)* result[s *pl*], product

aus·for·schen *vt* ■ **jdn/etw ~** to investigate sb/sth

aus·fra·gen *vt* ■ **jdn ~** to question sb, to pump sb for details *a. pej*

aus·fran·sen *vi sein* to fray, to become frayed

aus·fres·sen *vt irreg (fam)* ■ **etwas/nichts ausgefressen haben** to have done something/nothing wrong

Aus·fuhr <-, -en> *f* ❶ *kein pl (Export)* export[ation]; *(~handel)* exports *pl* ❷ *pl* exports

aus·führ·bar *adj* feasible, practicable, workable; **kaum/leicht ~** difficult/easy to carry out *pred*

Aus·fuhr·be·schrän·kung *f* export control **Aus·fuhr·be·stim·mun·gen** *pl* export regulations *pl*

aus·füh·ren *vt* ❶ *(durchführen)* ■ **etw ~** to carry out sth *sep; Anweisungen ~* to act [up]on [*or* sep carry out] [one's/sb's] instructions; **einen Auftrag ~** to carry out *sep* [*or* form execute] an order; **einen Befehl/Truppenbewegungen ~** to execute an order/troop movements; **einen Elfmeter/Freistoß ~** to take a penalty/free kick; **eine Operation ~** to perform [*or* sep carry out] an operation; **einen Plan ~** to put a plan into effect, to carry out *sep* a plan ❷ *(spazieren gehen mit)* ■ **jdn/etw ~** to take out sb/sth *sep;* **den Hund ~** to take [out *sep*] the dog for a walk; **jdn groß ~** to take out *sep* sb for a real treat ❸ *(hum: öffentlich zeigen)* ■ **etw ~** to parade *pej* [*or sep* show off] sth ❹ *(exportieren)* ■ **etw [in etw** *akk]* ~ to export sth [to sth]; **ausgeführte Waren** exports ❺ *(erläutern)* ■ **[jdm] etw ~** to explain sth [to sb]; *(darlegen)* to set out *sep* sth [for sb]; **etw im Einzelnen ~** to explain the points of sth, to elaborate on sth; **etw detailliert ~** to explain sth in detail, to particularize sth *form*

Aus·füh·ren·de(r) *f(m) dekl wie adj* performer

Aus·fuhr·ge·neh·mi·gung *f* export licence [*or* AM -se]

Aus·fuhr·land *nt* ❶ *(exportierendes Land)* exporting country; **ein ~ für Kaffee** a coffee-exporting country ❷ *(Land, in das ausgeführt wird)* export market

aus·führ·lich ['ausfy:ɐlɪç, aus'fy:ɐlɪç] **I.** *adj* detailed; **eine ~e Erklärung** a full explanation; **~e Informationen** full [*or* detailed] information *no pl, no art* **II.** *adv* in detail [*or* full]; **sehr ~** in great detail; ■ **~er** in more [*or* greater] detail

Aus·führ·lich·keit <-> *f kein pl* detail[edness]; *von*

A

Erklärung fullness; **in aller ~** in [great] [*or* down to the last] detail, in full

Aus·füh·rung *f* ❶ *kein pl (Durchführung)* carrying out; *von Auftrag a.* execution; *von Befehl* execution; *von Elfmeter, Freistoß* taking; *eines Gesetzes* implementation; *von Operation* performance, carrying out; **zur ~ gelangen** [*o* **kommen**] *(geh)* to be carried out/executed ❷ *(Qualität)* quality; *von Möbel a.* workmanship; *(Modell)* model, design ❸ *kein pl (Darlegung, Erklärung)* explanation ❹ *meist pl (Bericht)* report

Aus·fuhr·ver·bot *nt* export ban [*or* embargo]

aus·fül·len *vt* ❶ *(Antworten eintragen)* **etw ~** to fill in [*or* out] sth *sep,* to complete sth ❷ *(gerecht werden)* ■ **etw ~** to fill sth; **er füllt den Posten gut/nicht gut aus** he is well-fitted/not fitted for the post ❸ *(befriedigen)* ■ **jdn** [**ganz** [*o* **voll**]] **~** to satisfy sb [completely], to give sb [complete] fulfilment [*or* AM fulfillment] *usu form* ❹ *(Zeit in Anspruch nehmen)* ■ **etw ~** to take up *sep* all of sth; ■ **seine Zeit** [**mit etwas**] **~** to fill up *sep* one's time [with sth], to pass one's time [doing sth]; **sein Leben mit etw ~** to spend one's [whole] life doing [*or* in] sth ❺ *(stopfen)* ■ **etw** [**mit etw**] **~** to fill sth [with sth]; **ein Loch** [**mit etw**] **~** to fill up [*or* out] *sep* a hole [with sth]; **einen Spalt** [**mit etw**] **~** to stop [*or sep* fill in] a gap [with sth]

aus·fut·tern *vt* KOCHK **eine Form ~** to line a baking tin

Aus·ga·be *f* ❶ *kein pl (Austeilung)* distribution, giving out; *(Aushändigung a.)* handing out; *von Befehl, Fahrkarte, Dokument* issuing; **~ von Fahrkarten am Schalter 2** Window 2 for tickets, tickets issued at Window 2 ❷ *kein pl* BÖRSE *(Herausgabe)* issuing; *von Anleihen a.* negotiation *form* ❸ INFORM output *no pl; (Druck~ a.)* print-out; **eine ~ am Terminal** a screen output ❹ *(Schalter)* issuing counter; *(Büro)* issuing office; *(Bücher-~)* issue [*or* issuing] desk; *(Essens-~)* serving counter ❺ MEDIA, LIT edition; *von Zeitschrift a.* issue; **die ~ von 1989** the 1989 edition; **alte ~n** back issues; *(Version)* version ❻ *pl (Kosten)* expenses, costs; **die staatlichen ~n** state spending *no pl, no art*

Aus·ga·be·schal·ter *m (in Bibliothek)* issue [*or* AM circulation] desk

Aus·gang *m* ❶ *(Weg nach draußen)* way out, exit (+*gen* from); **ich bringe Sie noch** [**bis**] **zum ~** I'll show you the way out; *von Wald* edge; LUFT gate ❷ MED *(Auslass)* opening; *von Enddarm a.* exitus *spec* ❸ *(Erlaubnis zum Ausgehen)* permission to go out; MIL pass; **~ haben** to have permission to go out; *Personal* to have the day off; *(für den Abend)* to have the evening off; MIL to be on leave; **bis 22 Uhr ~ haben** MIL to have a pass till 10 o'clock [*or* AM *a.* 10 PM]; **~ bis zum Wecken haben** MIL to be on overnight leave [till reveille] ❹ *kein pl (Ende)* end; *einer Epoche a.* close; *von Film, Roman a.* ending; *(Ergebnis)* outcome; **einen tödlichen ~ haben** to end fatally; **einen glücklichen/tragischen/unverhofften ~ nehmen** to turn out [*or* end] happily/to end in tragedy/to take an unexpected turn ❺ *kein pl (~spunkt)* starting point, point of departure; *(Anfang)* beginning ❻ *pl (ausgehende Post)* outgoing mail *no pl, no indef art; (ausgehende Waren)* outgoing goods

Aus·gangs·ba·sis *f kein pl* basis **Aus·gangs·po·si·ti·on** *f* starting position **Aus·gangs·punkt** *m* starting point; *einer Reise a.* departure **Aus·gangs·sper·re** *f* MIL *(für die Bevölkerung)* curfew; **eine ~ verhängen** to impose a curfew; *(für Soldaten)* confinement to barracks; **~ haben** to be confined to barracks **Aus·gangs·spra·che** *f* source language **Aus·gangs·stel·lung** *f* ❶ SPORT *(Grundstellung)* **in ~ gehen** starting position ❷ MIL initial position

aus·ge·baut *adj* fully developed; **gut ~e Straßen** well-built roads

aus|ge·ben *vt irreg* ❶ *(aufwenden)* ■ **etw** [**für etw**] **~** to spend sth [on sth]; **einen Teil seines Gehalts für etw ~** to invest [*or* spend] part of one's salary on sth ❷ *(austeilen)* ■ **etw** [**an jdn**] **~** to distribute [*or sep* give out] sth [to sb]; *(aushändigen a.)* to hand out *sep* sth [to sb]; **einen Ausweis/ein Dokument/eine Fahrkarte ~** to issue a passport/document/ticket; **die Karten ~** to deal the cards; **wer gibt die Karten aus?** whose deal is it?; **eine Datei auf dem Drucker ~** INFORM to output a file to the printer *form,* to print [out *sep*] a file; **Befehle ~** to issue [*or* give] orders ❸ *(fam: spendieren)* ■ [**jdm**] **etw ~** to treat sb to sth; **darf ich dir einen Ouzo ~?** can I buy you an ouzo?; **eine Runde** [**Bier**] **~** to buy [*or fam* stand] a round, to get in *sep* the beers *fam;* [**jdm**] **einen ~** *(fam)* to buy [*or* get] sb a drink; **heute Abend gebe ich einen aus** the drinks are on me this evening ❹ FIN ■ **etw ~** to issue sth ❺ *(darstellen)* ■ **jdn/etw als/für jdn/etw ~** to pass off *sep* sb/sth as sb/sth; ■ **sich** [**jdm gegenüber**] **als jd/etw ~** to pass oneself off as sb/sth [to sb], to pose as sb/sth

aus·ge·brannt *adj* drained, exhausted, BRIT *a.* knackered *fam!; (geistig erschöpft a.)* burned-out, spent

aus·ge·bucht *adj* ❶ *(belegt)* booked up ❷ *(fam)* ■ **~ sein** to be booked up; **heute Abend/nächste Woche ist bei mir völlig ~** I'm fully booked up for this evening/next week

aus·ge·bufft [ˈausgəbʊft] *adj (fam)* shrewd, BRIT *a.* fly

Aus·ge·burt *f* ❶ *(Gebilde)* monstrous product [*or* invention]; **eine ~ der Fantasie** a product of a diseased imagination *pej* ❷ *(pej: Geschöpf, Kreatur)* monster; **eine ~ der Hölle** a fiend from [*or pej* spawn of] hell [*or* Hell]

aus·ge·dient *adj inv, attr* **ein ~er Gegenstand** an item which one has no further use for; MIL *(veraltend)* veteran

aus·ge·fal·len *adj* unusual; *(sonderbar)* weird

aus·ge·gli·chen *adj Klima* equable, even, steady; *Mensch* equable, level-headed, easy-going; *Temperament* equable, easy-going

Aus·ge·gli·chen·heit <-> *f kein pl* evenness, steadiness; *Mensch* level-headedness; **seine ~** his balanced character

aus|ge·hen *vi irreg sein* ❶ *(aus dem Haus gehen)* to go out; ■ **ausgegangen sein** to have gone out, to be out [*or liter* abroad]; ■ [**mit jdm**] **~** *(zum Vergnügen)* to go out [with sb] ❷ *(aufhören zu brennen)* ■ [**jdm**] **~** *Lampe* to go out [on sb *hum fam*] ❸ *(ausfallen)* ■ **jdm/einem Tier ~** *Haare* to fall out ❹ *(herrühren)* ■ **von jdm ~** to come from sb; **von wem geht diese Idee aus?** whose idea is this? ❺ *(seinen Ursprung haben)* ■ **von etw ~** to lead from sth; **vom dem Platz gehen vier Straßen aus** four streets lead from [*or* off] the square; ■ **etw geht von jdm/etw aus** sb/sth radiates sth ❻ *(enden)* to end; ■ **gut/schlecht ~** to turn out well/badly; *Buch, Film* to have a happy/sad ending [*or* end]; *Spiel* to end well/badly ❼ *(annehmen)* ■ **davon ~, dass ...** to start out from the fact/idea that ...; **es ist davon auszugehen, dass ... i**t can be assumed that ...; **davon kann man nicht ~** you can't go by that ❽ *(zu Grunde legen)* ■ **von etw ~** to take sth as a basis [*or* starting point] ❾ *(zu Ende gehen)* ■ **etw geht** [**jdm**] **aus** sb runs out of sth; **das Brot ist ausgegangen** there's no more bread, I've/we've etc. run out of bread; **deine guten Ausreden gehen dir wohl auch nie aus!** you're never at a loss for [*or* you always find] a good excuse; **mir geht die Geduld aus** I'm losing [my] patience; **ihm ist die Luft** [*o* **Puste**] **ausgegangen** he ran out of steam *fam; (finanziell)* he ran out of funds

aus·ge·hend *adj attr* **im ~en Mittelalter** towards the end of the Middle Ages; **das ~e 19. Jahrhundert** the

end [or close] of the 19th century

aus·ge·hun·gert adj ① (fam: sehr hungrig) ■ ~ **sein** to be starved [or starving] [or famished] ② (ausgezehrt) emaciated ③ (bedürftig) ■ **nach etw** ~ **sein** to be starved [or desperately in need] of sth

Aus·geh·uni·form f MIL dress uniform

aus·ge·klü·gelt adj ingenious

aus·ge·kocht adj (pej fam) cunning, sly

aus·ge·las·sen adj wild, mad fam; Kinder boisterous, lively; ■ ~ **sein** to be boisterous [or lively] [or in high spirits]

Aus·ge·las·sen·heit <-, <selten -en> f wildness, madness fam; von Kindern boisterousness, high spirits npl

aus·ge·macht adj ① (entschieden) ■ **es ist** ~ [or **eine** ~e **Sache**] **, dass ...** it is agreed that ...; (nicht abwendbar) it's a foregone conclusion that ... form; **noch nicht** ~ **ist, ob ...** it is not yet settled whether ... ② attr (fam: eingefleischt) complete, utter, downright a. pej fam, regular hum fam

aus·ge·mer·gelt adj emaciated, gaunt; **ein** ~**es Gesicht** a gaunt [or pinched] face

aus·ge·nom·men konj except, apart from; **alle,** ~ **du** everyone but [or except [for]] you, everyone save [or apart from] yourself; **wir kommen,** ~ **es regnet** we'll come, but only if it doesn't rain; **ich/Sie/die Kranken nicht** ~ myself/yourself/the sick not excepted [or excluded]

aus·ge·po·wert [-gəpauet] adj (fam) washed out fam, completely exhausted, BRIT a. done in pred fam

aus·ge·prägt adj (prononciert) Charakterzüge, Eigenschaften distinctive; (markant) distinctive; **ein** ~**es Interesse** a pronounced interest; **eine** ~**e Neigung** a distinct inclination; **ein** [**stark**] ~**er Sinn für alles Schöne** a well-developed sense for everything beautiful; ~**er Stolz** deep-seated pride

aus·ge·rech·net ['ausgərɛçnət] adv ① personenbezogen (gerade) ■ ~ **jd/jdn/jdm** sb of all people; **warum muss das** ~ **mir passieren?** why does it have to happen to me [of all people]? ② zeitbezogen (gerade) ■ ~ **jetzt** now of all times; ■ ~ **gestern/ heute** yesterday/today of all days; ~ **dann war ich nicht zu Hause** right then I was not in, of course; ~**, als wir ins Bett gehen wollten, ...** just when we wanted to go to bed ...

aus·ge·ruht I. adj inv, attr well rested II. adv inv etw ~ **beginnen** to start sth well rested; **sich** ~ **an die Arbeit machen** to start work having had a good night's sleep

aus·ge·rüs·tet adj ① (ausgestattet) equipped ② CHEM, MODE (durch Nachbehandlung veredelt) treated

aus·ge·schla·fen adj (fam) sharp; ■ ~ **sein** to be alert [or sharp] [or on the ball]

aus·ge·schlos·sen adj pred ■ ~ **sein**[**, dass ...**] to be impossible [that ...]; (außer Frage kommen a.) to be out of the question [that ...]; **es ist nicht** ~**, dass ...** it is just possible that ...; ■ [**völlig**] ~**!** [that's] [completely] impossible! [or out of the question], nothing doing! fam; s. a. **Irrtum**

aus·ge·schnit·ten adj low-cut; ■ ~ **sein** to be low-cut [or cut low]; **ein vorn** ~**es/tief** ~**es Kleid** a dress cut low/very low at the front, a dress with a low/plunging neckline; **sie kam tief** ~ **auf den Ball** she came to the ball in a very low-cut dress

aus·ge·spro·chen I. adj (positive Eigenschaft bezeichnend) distinct; ~**e Eleganz** sheer elegance; ~**e Freundlichkeit** real friendliness; (negative Eigenschaft bezeichnend) extreme; ~**e Begabung** a marked [or pronounced] ability; **eine/keine** ~**e Ähnlichkeit** a marked/no particular similarity; (ausgeprägt) pronounced, distinctive; **sie ist keine** ~**e Schönheit** she's not exactly what you would call

pretty; ~**es Pech haben** to have really bad luck, to be really unlucky II. adv ① (wirklich) really ② (besonders) really, extremely; (negative Eigenschaft bezeichnend a.) downright fam

aus|ge·stal·ten vt ■ etw ~ (dekorieren, einrichten) to decorate sth; (ausbauen) to develop sth; **etw antik** ~ to decorate sth in an antique style

aus·ge·stor·ben adj ① (erloschen) extinct ② (verlassen) ■ [**wie**] ~ **sein** to be deserted

Aus·ge·sto·ße·ne(**r**) f(m) dekl wie adj outcast

aus·ge·sucht I. adj ① (erlesen) choice, select; ~**e Qualität** choice quality ② (gewählt) well-chosen; **eine** ~**e Gesellschaft** a select group of people II. adv extremely, exceptionally; ~ **gute Weine** choice [or select] wines

aus·ge·wach·sen adj ① (voll entwickelt) fully grown ② (fam: komplett) utter, complete; **ein** ~**er Skandal** a full-blown scandal

aus·ge·wählt adj ① (selektiert) selected ② (erlesen) select; **eine** ~**e Mannschaft** a hand-picked team; ~**e Weine** choice [or select] wines

aus·ge·wie·sen adj acknowledged

aus·ge·wo·gen adj balanced; **das** ~**e Kraftverhältnis** the balance of powers; ~**e Maßnahmen** a balanced set of measures

Aus·ge·wo·gen·heit <-> f kein pl balance; ~ **bewahren** to preserve the balance

aus·ge·zeich·net ['ausgatsaiçnət, 'ausga'tsaiçnət] I. adj excellent; ■ **von** ~**er Qualität** of excellent [or superior] quality II. adv extremely well; ~ **kochen** to be an excellent cook; **mir geht es** ~ I'm feeling just great

aus·gie·big ['ausgi:bɪç] I. adj extensive; **eine** ~**e Mahlzeit** a substantial [or large] meal; **einen** ~**en Mittagsschlaf** a long afternoon nap; **von etw** ~**en Gebrauch machen** to make full [or good] use of sth II. adv extensively; ~ **baden/schlafen/schwimmen** to have a good [long] bath/sleep/swim; **etw** ~ **gebrauchen** to make full [or good] use of sth

aus|gie·ßen vt irreg ① ■ etw ~ (entleeren) to empty sth; (weggießen) to pour away sth sep; **etw im Toilettenbecken** ~ to pour sth down the toilet ② (füllen) ■ etw [**mit etw**] ~ to fill [in sep] sth [with sth]; **einen Hohlraum mit etw** ~ to fill a cavity with sth, to pour sth into a cavity ③ (überschütten) **Hohn/ Spott über jdn** ~ to pour scorn on/to mock sb

Aus·gleich <-[e]s, <selten -e> m ① (das Ausgleichen) balancing, squaring; **der** ~ **eines Kontos** to balance an account ② (das Wettmachen) settlement; **eines Fehlers, Schadens** compensation; ■ **zum** ~ **einer S.** gen by way of compensation [or in order to compensate] for sth ③ (das Korrigieren) balancing; **von Unebenheiten** evening out ④ (Vermittlung) conciliation ⑤ (Kompensierung) **er treibt zum** ~ **Sport** he does sport to keep fit; **zum Willkommen** ~ **von etw** as a welcome change from sth ⑥ kein pl SPORT equalizer, tie AM; **den** ~ **erzielen** to equalize, to tie [the score [or it up]] AM; TENNIS deuce

aus|glei·chen irreg I. vt ■ etw [**durch etw**] ~ ① (glattstellen) to balance [or square] sth [with sth]; **Schulden** [**durch etw**] ~ to settle debts [with sth] ② (korrigieren) to balance sth [with sth] sep; **die Unebenheiten eines Fußbodens** ~ to even out a floor ③ (wettmachen) to compensate for [or make good] sth [with sth/by doing sth] ④ (ausbalancieren) to reconcile sth [with sth] II. vi ① SPORT [**zu 1:1**] ~ to equalize [the score at 1 all], to tie the score AM ② (vermitteln) to prove [or be] conciliatory; **Mensch** to act as a mediator III. vr ■ **sich** [**durch etw**] ~ to balance out [as a result of sth]

Aus·gleichs·kas·se f SCHWEIZ independent compensation and insurance fund for members of the armed forces **Aus·gleichs·sport** m keep-fit activities **Aus·gleichs·tor** nt, **Aus·gleichs·tref·fer** m equalizer, tying goal AM

aus|glei·ten vi irreg sein (geh) ▪ |**auf etw** dat| ~ to slip |on sth|

aus|glie·dern vt ÖKON ▪ **etw** |**aus etw**| ~ to disembody |or disincorporate| sth |from sth| spec

aus|gra·ben vt irreg ▪ **etw** ~ ❶ (aus der Erde graben) to dig up sth sep; **Altertümer** ~ to excavate |or sep dig up| ancient artefacts; **eine Leiche** ~ to disinter |or exhume| a body ❷ (hervorholen) to dig out sth sep; **alte Geschichten** ~ to bring up sep old stories

Aus·gra·bung f ❶ kein pl (das Ausgraben) digging up; einer Leiche disinterment, exhumation ❷ (Grabungs-arbeiten) excavation|s pl|; (Grabungsort) excavation site; (Grabungsfund) |archaeological |or AM archeo-logical| | find

aus|grä·ten vt KOCHK s. **entgräten**

aus|grei·fen vi irreg to make long strides

aus·grei·fend adj ▪ |**weit**| ~ long, lengthy; **eine** |**weit**| **~e Bewegung** a sweeping movement

aus|gren·zen vt ▪ jdn/etw |**aus etw**| ~ to exclude sb/sth |from sth|

Aus·gren·zung <-> f kein pl ▪ **die** ~ |**aus etw**| the exclusion |from sth|

Aus·guck <-[e]s, -e> m lookout; ~ **halten** to keep a lookout; NAUT to keep lookout

aus|gu·cken vt (fam) ▪ |**sich** dat| jdn/etw ~ to set one's sights on sb/sth, to pick out sb sep; s. a. **Auge**

Aus·gussRR <-es, Ausgüsse> m, **Aus·guß**ALT <-sses, Ausgüsse> m ❶ (Spüle) sink ❷ (Tülle) spout

aus|ha·ben irreg I. vt (fam) ▪ **etw** ~ ❶ (ausgezogen haben) to have taken off sth sep ❷ (beendet haben) to have finished sth II. vi (fam) to get off |school|

aus|ha·cken vt ❶ (durch Hacken entfernen) ▪ **etw** ~ to hoe |out sep| sth ❷ (durch Hacken herausbilden) ▪ jdm/etw etw ~ to peck out sep sb's/sth's eyes; jdm die Federn ~ to tear out sep sb's feathers; s. a. **Krähe**

aus|ha·ken I. vt ▪ **etw** ~ to unlatch |or unhook| sth II. vi impers (fam) ▪ **es hakt bei jdm aus** ❶ (nichts mehr verstehen) sb doesn't get it |or just can't under-stand|; (zu viel auf einmal) it's too much for sb ❷ (wü-tend werden) something in sb snapped fam

aus|hal·ten irreg I. vt ❶ (ertragen können) ▪ **es** ~ to bear |or stand| |or endure| it; **er hält es in keiner Stellung lange aus** he never stays in one job for long; **hältst du es noch eine Stunde aus?** can you hold out |or manage| another hour?; **hält ein Mensch das überhaupt aus?** is it humanly possible?; **man kann es wochenlang ohne Essen** ~ you can go without food for weeks; ▪ **etw** ~ to stand |or bear| sth; **die Kälte** ~ to endure the cold; **jds Blick** ~ to return sb's stare; **es ist mit jdm/etw nicht** |**länger**| **auszuhal-ten** |or **nicht zum A~**| it's |getting| unbearable with sb/sth; **es lässt sich** |**mit jdm**| ~ it's bearable |being with sb|, I/we etc. can't complain, sb is bearable, you can get on with sb; **es lässt sich** |**hier**| ~ it's not a bad place ❷ (standhalten) ▪ **etw** ~ to be resistant to sth; **eine hohe Temperatur** ~ to withstand a high tem-perature; **viel** ~ to take a lot; Stoff to take a lot of wear |and tear|; **eine hohe Last** ~ to bear a heavy load; **den Druck** ~ to |with|stand the pressure; s. a. **Vergleich** ❸ (fam: Unterhalt leisten) ▪ jdn ~ to keep |or support| sb II. vi to hold out; **hältst du noch aus?** can you hold out |any longer|?

aus|han·deln vt ▪ **etw** |**mit jdm**| ~ to negotiate sth |with sb|; **das ist noch auszuhandeln** we/they etc. still need to negotiate that

aus|hän·di·gen ['aʊshɛndɪɡn] vt ▪ jdm etw ~ to hand over sep sth to sb; jdm einen Preis ~ to give sb a prize; jdm eine Urkunde ~ to surrender a document

to sb form

Aus·hän·di·gung <-> f kein pl handing over; einer Urkunde surrendering; **die feierliche** ~ |**von etw/ einer S.** gen| the |formal| presentation of sth

Aus·hang m announcement, notice; (das Aushängen) posting; **etw durch** ~ **bekannt geben** to put up a notice about sth

aus|hän·gen I. vt ▪ **etw** ~ ❶ (durch Aushang bekannt machen) to put up sth sep; **Plakate** ~ to post |or sep put up| bills ❷ (aus den Angeln heben) to unhinge sth, to take sth off its hinges; **die Haken von etw** ~ to unhook sth II. vi irreg to be/have been put up; **am schwarzen Brett** ~ to be on the notice board III. vr ▪ **sich** ~ to drop out; **das Kleid wird sich** ~ the creases will drop out of the dress

Aus·hän·ge·schild nt ❶ (Reklametafel) sign |board| ❷ (Renommierstück) showpiece

aus|har·ren vi to wait |patiently|; **auf seinem Pos-ten** ~ to stand by one's post; **als letzter im Büro** ~ to be the last to leave the office

aus|hau·chen vt (geh) ❶ (Luft schwach ausstoßen) ▪ **etw** ~ to exhale |or sep breathe out| sth; **seinen Atem** ~ to exhale, to breathe out ❷ (sterben) **sein Leben** |or **seine Seele**| ~ to breathe one's last

aus|he·beln vt ▪ **etw** ~ to annul |or cancel| sth

aus|he·ben vt irreg ❶ (ausgraben) ▪ **etw** ~ to exca-vate |or sep dig out| sth; **einen Graben/ein Grab** ~ to dig a ditch, grave ❷ (ausrauben) ▪ **etw** ~ to rob sth |of its eggs |or young|| ❸ (hochgehen lassen) ▪ jdn/ etw ~ to bust sb/sth fam

Aus·he·bung <-, -en> f SCHWEIZ (Einberufung) con-scription

aus|he·cken vt (fam) ▪ **etw** ~ to hatch |or fam sep cook up| sth; **du hast wieder etwas ausgeheckt!** you're up to something again; |**neue**| **Streiche** ~ to think up new tricks

aus|hei·len I. vt haben ▪ **etw** ~ to cure sth |com-pletely|; ▪ **ausgeheilt sein** to be |completely| cured II. vi sein to be cured; Wunde to heal

aus|hel·fen vi irreg ▪ |**jdm**| ~ to help out |sb| sep, to give |or lend| sb a |helping| hand; ▪ jdm |**mit etw**| ~ to help out sep sb |with sth|

aus|heu·len (fam) I. vi to have finished |or stopped| crying II. vr ❶ (gründlich weinen) ▪ **sich** ~ to have a good cry ❷ (jdm |weinend| sein Leid klagen) ▪ **sich bei jdm** ~ to have a good cry on sb's shoulder, to sob one's heart out |to sb|

Aus·hil·fe f ❶ (vorübergehende Hilfe) temporary help |or assistance|; „**Assistentin zur** ~ **gesucht**" 'assis-tant wanted for temporary work'; jdn zur ~ **haben** to have sb to help out; |**bei jdm**| **zur** ~ **arbeiten** to temp |for sb| fam ❷ (vorübergehende Hilfskraft) temporary worker, temp fam

Aus·hilfs·job m odd job, temporary work no pl, no art **Aus·hilfs·kraft** f s. **Aushilfe 2 Aus·hilfs·per·so·nal** nt temporary staff + sing/pl vb **aus·hilfs·wei·se** adv on a temporary basis

aus|höh·len vt ▪ **etw** ~ ❶ (unterspülen) to erode |or sep wear away| sth; (Inneres herausmachen) to hol-low out sth sep; **einen Kürbis** ~ to scoop |or hollow| out sep a pumpkin ❷ (untergraben) to undermine sth; (erschöpfen) to weaken sth

Aus·höh·lung <-, -en> f ❶ kein pl erosion, wearing away ❷ kein pl undermining; der Gesundheit weakening ❸ (kleine Höhle) hollow; MED cavity

aus|ho·len vi ❶ (Schwung nehmen) ▪ |**mit etw**| ~ to swing back |sth| sep; |**mit der Hand**| ~ to take a swing; **weit** ~ to take a big swing; **zum Schlag** ~ to draw back sep one's arm/fist etc. for a blow; **mit dem Schläger** ~ to swing one's club/racket etc.; **mit dem Speer** ~ to draw back sep one's/the javelin ❷ (aus-schweifen) to beat about the bush ❸ (große Schritte *machen)* to lengthen one's stride[s], to stride out; **mit weit ~den Schritten gehen** to walk with long strides, to stride

aus|hor·chen *vt (fam)* ▪ **jdn [über jdn/etw]** ~ to sound out *sep* sb [about sth]

aus|hun·gern *vt* ▪ **jdn** ~ to starve out sb *sep*

aus|hus·ten **I.** *vt* ▪ **etw [aus etw]** ~ to cough up sth *sep,* to cough [up *sep*] sth out of sth **II.** *vi* to finish [*or* stop] coughing **III.** *vr* ▪ **sich** ~ to finish [*or* stop] coughing; **huste dich ordentlich aus!** cough it all up *a. hum*

aus|käm·men *vt* ▪ **etw** ~ ❶ *(kämmend entfernen)* to comb out sth *sep* ❷ *(gründlich kämmen)* to comb sth; **etw gut** ~ to give sth a good combing

aus|keh·ren **I.** *vt* ▪ **etw** ~ to sweep away sth *sep;* **das Haus** ~ to sweep [out *sep*] the house **II.** *vi* to sweep, to do the sweeping

aus|kei·men *vi sein* to germinate; *Kartoffeln* to sprout; ▪ **ausgekeimt** germinated, sprouted

aus|ken·nen *vr irreg* ❶ *(sich gut zurechtfinden)* ▪ **sich [irgendwo]** ~ to know one's way around [somewhere] ❷ *([gute] Kenntnisse besitzen)* ▪ **sich [auf/in etw** *dat*] ~ to know a lot [about sth], to be well versed in *form* [*or* know all about] sth, to know one's stuff *fam;* ▪ **sich mit jdm/etw** ~ to know all about sb/sth; **ich kenne mich mit dieser Technik nicht aus** I don't know much about this technology ❸ *(wissen, woran man ist)* ▪ **sich bei jdm** ~ to know where one is with sb

aus|kip·pen *vt (fam)* ▪ **etw [auf/über etw** *dat*] ~ to empty [out *sep*] sth [on[to] sth]; **Flüssigkeit** ~ to pour away sth *sep*

aus|klam·mern *vt* ▪ **etw** ~ to ignore [*or sep* leave aside] sth

Aus·klang <-> *m kein pl* conclusion, end; **zum ~ des Abends** to conclude [*or sep* finish off] the evening

aus·klapp·bar *adj* folding; *(mit Scharnieren)* hinged

aus|klap·pen *vt* ▪ **etw [aus etw]** ~ to open sth out of [*or sep* open out] sth; **eine Fußstütze** ~ to pull out *sep* a footrest

aus|klei·den *vt* ❶ *(beziehen)* ▪ **etw [mit etw]** ~ to line sth [with sth] ❷ *(geh: entkleiden)* ▪ **jdn** ~ to undress sb; ▪ **sich** ~ to get undressed

aus|klin·gen *vi irreg sein (geh)* ▪ **[mit etw]** ~ to conclude [*or* end] [with sth]; *Abend, Feier a.* to finish off with sth

aus|klin·ken **I.** *vt* ▪ **etw** ~ to release sth **II.** *vi* ▪ **[sich]** ~ to release itself/themselves; *Pilot* a. to activate the release **III.** *vr* ▪ **sich [aus etw]** ~ to withdraw [from sth]; **ihr geht danach ins Kino? da klinke ich mich aus** you're going to the cinema afterwards? I don't think I'll join you there

aus|klop·fen *vt* ▪ **etw** ~ to beat the dust out of sth; **einen Teppich** ~ to beat a carpet; **eine Pfeife** ~ to knock out *sep* one's pipe

aus|klü·geln *vt (fam)* ▪ **etw** ~ to work out *sep* sth to perfection; ▪ **ausgeklügelt** cleverly thought-out; **ein ausgeklügelter Trick** an ingenious trick

aus|knip·sen *vt (fam)* ▪ **etw** ~ to switch [*or* turn] off sth *sep*

aus|kno·beln *vt* ▪ **etw** ~ to work [*or fam* figure] out sth *sep*

aus·knöpf·bar *adj* detachable

aus|ko·chen *vt* ▪ **etw** ~ ❶ KOCHK to boil [down *sep*] sth ❷ *(in kochendes Wasser legen)* to boil sth [clean]; **Instrumente/Spritzen** ~ to sterilize instruments/ syringes ❸ *(fam: sich ausdenken)* to cook up sth *sep fam;* **die haben wieder was ausgekocht!** they're up to something again

aus|kom·men *vi irreg sein* ❶ *(ausreichend haben)* ▪ **mit etw** ~ to get by on [*or* to manage on [*or* with]] sth; **mein Auto kommt mit 7 Litern aus** my car

uses only 7 litres per 100 kilometres; ▪ **ohne jdn/ etw** ~ to manage [*or* do] without sb/sth; *(nicht benötigen)* to go without sb/sth ❷ *(sich mit jdm vertragen)* ▪ **mit jdm [gut]** ~ to get on [*or* along] well with sb; ▪ **mit jdm nicht gut** ~ to not get on [*or* along] with sb; **mit ihm ist nicht auszukommen** he's impossible to get on [*or* along] with ❸ ÖSTERR *(entkommen)* ▪ **[jdm]** ~ to escape [sb], to get away [from sb]; **aus seiner Zelle** ~ to escape [from] one's cell

Aus·kom·men <-s> *nt kein pl* ❶ *(Einkommen)* livelihood; **sein ~ haben/finden** to get by ❷ ▪ **mit jdm ist kein ~** sb is impossible to get on [*or* along] with

aus·kömm·lich ['auskœmlıç] **I.** *adj* ❶ *(ausreichend)* adequate, sufficient; ~**e Verhältnisse** comfortable circumstances ❷ *(verträglich)* easy-going **II.** *adv* comfortably

aus|kos·ten *vt* ▪ **etw** ~ ❶ *(genießen)* to make the most of sth; **das Leben** ~ to enjoy life to the full; **den Moment/seine Rache** ~ to savour [*or* AM -or] the moment/one's revenge ❷ *(fam: mitmachen, probieren)* to have one's fill of sth; **etw ~ müssen** to have to suffer sth

aus|kot·zen *(derb)* **I.** *vt* ▪ **etw** ~ to puke up sth *sep fam* **II.** *vi* to throw up *fam,* to puke *fam* **III.** *vr* ▪ **sich** ~ to throw up *fam,* to puke *fam!;* **sich gründlich [***o richtig***]** ~ to puke one's guts out *fam!*

aus|krat·zen *vt* ❶ ▪ **etw** ~ to scrape out sth *sep;* **eine Pfanne** ~ to scour [out *sep*] [*or sep* scrape out] a pan ❷ MED *s.* **ausschaben 2**

aus|krie·gen *vt (fam)* ▪ **etw** ~ ❶ *(ausziehen können)* to get off sth ❷ *(beenden)* to finish [off] sth, to polish off; **eine Flasche** ~ to empty [*or* AM *a.* kill] a bottle

aus|kris·tal·li·sie·ren* CHEM **I.** *vr haben* ▪ **sich** ~ to crystallize, to form [*or spec* shoot into] crystals **II.** *vi sein* to crystallize, to form [*or spec* shoot into] crystals

aus|ku·geln *vt* ▪ **jdm etw** ~ to dislocate sb's sth; ▪ **sich** *dat* **etw** ~ to dislocate [*or spec* luxate] one's sth; ▪ **ausgekugelt** dislocated, luxated *spec*

aus|küh·len **I.** *vt haben* ▪ **jdn/etw** ~ to chill [through *sep*] sb/sth **II.** *vi sein* to cool down; *Mensch, Körper* to get chilled [through]; ▪ **etw ~ lassen** to leave sth to cool

Aus·küh·lung *f* hypothermia

aus|kund·schaf·ten *vt* ❶ *(herausfinden)* ▪ ~**, ob/ wann/wie/warum ...** to find out whether/when/ how/why ... ❷ *(ausfindig machen)* ▪ **etw** ~ to find sth; MIL to reconnoitre [*or* AM -er] sth; **eine Lage** ~ to find out about the situation; **ein Versteck** ~ to spy out *sep* a hide-out

Aus·kunft <-, Auskünfte> ['auskʊnft, *pl:* -kʏnftə] *f* ❶ *(Information)* information *no pl, no indef art;* ▪ **eine** ~ a bit [*or* piece] of information; **nähere** [*o* **weitere**] ~ more information, further details *pl;* ▪ **eine/die ~ über jdn/etw** information/the information about sb/sth; **eine ~** [*o* **Auskünfte**] **[über jdn/etw] [bei jdm] einholen** [*o* **einziehen**] to make [some] enquiries [*or* inquiries] [to sb] [about sb/sth]; **[jdm] eine ~ geben** [*o* **erteilen**] to give sb some information ❷ *(~schalter)* information office/desk; *(am Bahnhof a.)* enquiry [*or* inquiry] office/desk; *(Fernsprech~)* directory enquiries BRIT, the operator AM *npl, no art*

Aus·kunf·tei <-, -en> [auskʊnf'tai] *f* credit [enquiry [*or* inquiry]] agency

Aus·kunfts·be·am·te·r|, -be·am·tin *m, f* BAHN information clerk BRIT, inquiries assistant AM **Aus·kunfts· schal·ter** *m* information desk; *(am Bahnhof)* enquiry desk, enquiries, inquiries

aus|kun·geln *vt (fam)* ▪ **etw [mit jdm]** ~ to hatch [out *sep*] sth [with sb]

aus|kup·peln *vi* AUTO to disengage [*or* let out] the clutch, to declutch

aus|ku·rie·ren' *(fam)* **I.** *vt* ■ **etw** ~ to cure sth [completely], to get rid of sth *fam* **II.** *vr* ■ **sich** ~ to get better

aus|la·chen I. *vt* ■ **jdn** ~ to laugh at sb; *(höhnisch)* to jeer at sb **II.** *vi* ■ **ausgelacht haben** to have stopped laughing

aus|la·den *irreg* **I.** *vt* ❶ *(entladen)* ■ **etw** ~ to unload sth; NAUT *a.* to discharge sth; **ein Schiff** ~ to unload [*or* lighten] a ship ❷ *(fam: Einladung widerrufen)* ■ **jdn** ~ to tell sb not to come; *(förmlich)* to cancel sb's invitation **II.** *vi* to spread; |**4 Meter**| ~ *Dach, Balkon* to protrude [*or* jut out] |[by] 4 metres|

aus·la·dend *adj* ❶ *(sich erstreckend)* spreading; *Baum* a tree with spreading branches; *(vorspringend)* protruding; *(breit)* broad; ~**e Hüften** broad [*or* hum *a.* childbearing] hips; **ein ~es Dach** an overhanging [*or* a protruding] roof ❷ *(ausholend)* sweeping

Aus·la·ge <-, -n> *f* ❶ *pl* MODE, ÖKON *(im Schaufenster ausgestellte Ware)* display ❷ MODE, ÖKON *(Schaufenster)* shop window; *(Schaukasten)* showcase ❸ *pl* ÖKON *(zu erstattender Geldbetrag)* disbursement ❹ *pl* ÖKON *(Ausgaben, Unkosten)* expenses *npl;* **sonstige** ~**n** sundry expenses ❺ SPORT basic stance; *(Fechten)* on guard position; **in |die|** ~ **gehen** to adopt [the] on guard position

aus|la·gern *vt* ■ **etw |in etw** *akk|* ~ ❶ *(verlagern)* to move sth [to sth] ❷ *(an einem anderen Ort lagern)* to evacuate sth [to sth] ❸ *(aus dem Lager bringen)* to move sth to another storage site [in sth]

Aus·la·ge·rung *f* ❶ *(das Verlagern)* ■ **die** ~ **von etw/ einer S.** *gen* |**in etw** *akk/***nach etw|** moving sth |to sth|; **die** ~ **der Produktion ins Ausland** the removal of production to outside the country ❷ *(das Auslagern)* ■ **die** ~ **von etw/einer S.** *gen* |**an/in etw** *akk|* the evacuation of sth [to sth] ❸ *(in ein anderes Lager bringen)* ■ **die** ~ **von etw/einer S.** *gen* moving sth to another storage site

Aus·land <-[e]s> ['auslant] *nt kein pl* |**das**| ~ foreign countries *pl; (die Ausländer)* foreigners *pl;* **feindliches** ~ enemy countries *pl;* **Handel mit dem** ~ foreign trade, trade with other countries; **das benachbarte/westliche** ~ neighbouring/western countries *pl;* **die Reaktionen des ~s** [the] reaction [from] abroad; ■ **aus dem** ~ from abroad [*or* another country]; **Nachrichten aus dem** ~ foreign news + *sing vb,* news from abroad + *sing vb;* ■ **ins/im** ~ abroad

Aus·län·der|in| <-s, -> ['auslɛndɐ] *m(f)* foreigner; JUR alien

Aus·län·der·amt *nt* ADMIN aliens' registration office BRIT, Immigration and Naturalization Service AM **Aus·län·der·be·auf·trag·te|r|** *f(m) dekl wie adj* official assigned to the integration of foreign immigrants **aus·län·der·feind·lich I.** *adj* racist, xenophobic, hostile to foreigners *pred* **II.** *adv* **sich ~ ausdrücken** to use racist expressions **Aus·län·der·feind·lich·keit** *f* racism, xenophobia, hostility to foreigners **Aus·län·der·hass**ᴿᴿ *m* racial hatred, xenophobia

Aus·län·de·rin <-, -nen> *f fem form von* **Ausländer**

Aus·län·der·recht *nt kein pl* JUR law[s] concerning aliens **Aus·län·der·wahl·recht** *nt* voting rights for foreigners *pl (for foreigners living in Germany)* **Aus·län·der·wohn·heim** *nt* home for immigrants

aus·län·disch ['auslɛndɪʃ] *adj* ❶ *attr* foreign, from abroad *pred* BRIT; BOT exotic ❷ *(fremdländisch)* exotic, outlandish *a. pej*

Aus·lands·an·lei·he *f* foreign loan **Aus·lands·auf·ent·halt** *m* stay abroad **Aus·lands·be·zie·hun·gen** *f pl* POL foreign relations **Aus·lands·deut·sche|r|** ['auslantsdɔytʃə, -ʃə] *f(m)* expatriate German, German [national] living abroad **Aus·lands·ein·satz** *m* MIL foreign [military] deployment, deployment [of troops] abroad **Aus·lands·er·fah·rung** *f* experience acquired

abroad **Aus·lands·kor·res·pon·dent|in|** *m(f)* foreign correspondent **Aus·lands·kran·ken·schein** *m* health insurance document for overseas travel, ≈ E107 BRIT **Aus·lands·nach·rich·ten** *f pl* foreign news + *sing vb,* news from abroad + *sing vb* **Aus·lands·rei·se** *f* journey [*or* trip] abroad **Aus·lands·schu·le** *f* British/German etc. school abroad **Aus·lands·schutz·brief** *m* certificate of entitlement for international travel cover **Aus·lands·se·mes·ter** *nt* SCH semester abroad **Aus·lands·ver·si·che·rung** *f* insurance for abroad **Aus·lands·ver·tre·tung** *f* ❶ POL diplomatic representation ❷ ÖKON foreign office

aus|las·sen *irreg* **I.** *vt* ❶ *(weglassen)* ■ **etw** ~ to omit [*or sep* leave out] sth; *(überspringen)* to skip [*or* pass over] sth; *(verpassen)* to miss sth, to let sth pass by ❷ *(abreagieren)* ■ **etw an jdm** ~ to vent [*or sep* take out] sth on sb; **seinen Hass an jdm** ~ to vent [*or* take out] one's hatred on sb ❸ KOCHK *(zerlaufen lassen)* **Butter** ~ to melt butter; **Speck** ~ to render down *sep* bacon fat ❹ *(fam: ausgeschaltet lassen)* ■ **etw** ~ to keep sth switched off ❺ ÖSTERR ■ **jdn/etw** ~ *(loslassen)* to let go of sb/sth; *(aus einem Käfig etc. freilassen)* to let out sb/sth *sep* **II.** *vr (pej)* ■ **sich über jdn/etw** ~ to go on about sb/sth *pej;* **er hat sich nicht näher darüber ausgelassen** he didn't say any more about it [*or* explain any further] **III.** *vi* ÖSTERR to let go; **lass aus, das ist mein Auto!** hands off, that's my car!

Aus·las·sung <-, -en> ['auslasʊŋ] *f* ❶ *kein pl (das Weglassen)* omission ❷ *(weggelassene Stelle)* omission ❸ *pl (pej: Äußerungen)* spoutings *pej*

Aus·las·sungs·punk·te *pl* ellipsis *spec,* AM *a.* suspension points **Aus·las·sungs·zei·chen** *nt* apostrophe

aus|las·ten *vt* ❶ *(voll beanspruchen)* ■ **etw** ~ to use sth to capacity; ■ |**voll**| **ausgelastet |sein|** |to be| running to capacity *pred;* **teilweise ausgelastet** running at partial capacity *pred;* **ausgelastete Kapazitäten** ÖKON capacity working ❷ *(voll fordern)* ■ **jdn** ~ to occupy sb fully; **ausgelastet |sein|** |to be| fully occupied; **mit den sechs Kindern sind sie voll ausgelastet** they have their hands full with their six children, their six children keep them fully occupied

Aus·lauf <-[e]s> *m* ❶ *kein pl (Bewegungsfreiheit)* exercise; *(für Tiere)* space [*or* room] to move about in; *(für Kinder)* room to run about ❷ *(Ausfluss)* outlet, discharge

aus|lau·fen *irreg* **I.** *vi sein* ❶ *(herauslaufen)* ■ |**aus etw**| ~ to run out [of sth]; *(wegen Undichtheit)* to leak out [of sth]; *(Inhalt austreten lassen)* to leak; *Auge* to drain; *Blase* to discharge, to drain ❷ NAUT *(Hafen verlassen)* ■ |**nach etw**| ~ to [set] sail [for sth], to put out to sea ❸ *(nicht weitergeführt werden)* to be discontinued; ■ **ausgelaufen** discontinued ❹ *(enden)* to end; *Vertrag* to expire, to run out ❺ *(ein bestimmtes Ende nehmen)* ■ **gut/nicht gut** ~ to turn out well/ badly ❻ *(zum Stillstand kommen)* to come to a stop; *Läufer a.* to ease off, to slow down; *Skispringer* to glide to a stop ❼ *(übergehen in)* ■ **in etw** *akk* ~ to run into sth; *(dadurch breiter werden)* to open out into sth; *Berge* to end in sth; *Streit, Ehekrach* to turn into sth **II.** *vr haben* ■ **sich** ~ to have a good run about [*or* enough exercise]

Aus·läu·fer *m* ❶ METEO *Hochdruckgebiet* ridge; *Tiefdruckgebiet* trough ❷ *meist pl (Vorberge)* foothills *npl* ❸ BOT runner, stolon *spec*

Aus·lauf·mo·dell *nt* discontinued model

aus|lau·gen *vt* ❶ *(Nährstoffe entziehen)* ■ **etw** ~ to exhaust sth; *Regenfälle* to wash the nutrients out of sth; *(austrocknen)* to dry out sth *sep* ❷ *(erschöpfen)* ■ **jdn** ~ to exhaust [*or sep* wear out] sb

Aus·laut *m* LING final [*or* terminal] position

aus|lau·ten *vi* LING ■ **auf etw** *akk* ~ to end [*or* terminate] in sth; ■ **~d** final

aus·le·ben I. *vr* ❶ *(das Leben auskosten)* ■ **sich** ~ to live it up ❷ *(sich verwirklichen)* ■ **sich in etw** *dat* ~ to run free in sth **II.** *vt (geh)* ■ **etw** ~ to realize sth

aus·le·cken *vt* ■ **etw** ~ to lick out sth *sep;* **seinen Teller** ~ to lick one's plate clean

aus·lee·ren *vt* ■ **etw** ~ ❶ *(ausgießen)* to empty [out *sep*] sth; *(ausladen)* to dump [*or form* discharge] sth; **Flüssigkeit** ~ to pour away *sep* liquid; **etw in den Ausguss/die Toilette** ~ to pour sth down the drain/toilet; ■ **etw über jdm** [*o* **jdn**] **/etw** ~ to pour sth over sb/sth; **einen Behälter über jdm** [*o* **jdn**] **/ etw** ~ to empty [the contents of] a container over sb/sth ❷ *(austrinken)* to drain [*or* empty] sth

aus·le·gen *vt* ❶ ■ **etw** ~ *(ausbreiten)* to lay out sth *sep; (verlegen)* to put down sth ❷ *(bedecken)* ■ **etw** [**mit etw**] ~ to cover sth [with sth]; *(auskleiden)* to line sth with sth; *(mit Einlegearbeit)* to inlay sth with sth; **einen Läufer/Teppich** ~ to lay down *sep* a rug/carpet; **ein Haus/einen Raum mit Teppichböden** ~ to furnish a house with carpets/to carpet a room; **eine Straße mit etw** ~ to surface a road with sth ❸ *(erklären)* ■ **jdm etw** ~ to explain sth to sb ❹ *(deuten)* ■ **etw** ~ to interpret sth; **etw richtig/falsch** ~ to interpret sth correctly [*or* wrongly], to misinterpret sth; **einen Witz übel** ~ to take a joke badly ❺ *(leihen)* ■ **jdm etw** ~ to lend sb sth, to lend sth to sb; **sie hat das Geld für das Paket ausgelegt** she paid [the money] for the package ❻ TECH *(konzipieren, vorsehen)* ■ **etw** [**für etw**] ~ to design sth [for sth]; ■ **für etw ausgelegt sein** to be designed for sth; **komfortabler/sportlich ausgelegt sein** to be given a more comfortable [*or* a sporty] design [*or* look]; ■ **etw für etw** ~ to design sth for sth; ■ **auf etw** *akk* **ausgelegt sein** to be designed for sth ❼ KOCHK *s.* **aus·futtern**

Aus·le·ger <-s, -> *m* ❶ TECH jib, boom ❷ *(Kufe gegen Kentern)* outrigger

Aus·le·gung <-, -en> *f (Deutung)* interpretation; *(Erklärung)* explanation

Aus·le·gungs·sa·che *f* matter of interpretation; **es ist** [**reine**] ~ it's [purely] a matter of interpretation

aus·lei·den *vi irreg (geh)* ■ **er/sie hat ausgelitten** his/her suffering is over [*or* at an end]

aus·lei·ern I. *vt haben (fam)* ■ **etw** ~ to wear out sth *sep* **II.** *vi sein* to wear out; ■ **ausgeleiert** [**sein**] [to be] worn [out]

Aus·lei·he <-, -n> *f* ❶ *(das Ausleihen)* lending, issuing; **eine ~ der Bücher ist nicht möglich** it is not possible to lend [*or* issue] books ❷ *(Schalter)* issuing [*or* lending] desk

aus·lei·hen *irreg* **I.** *vt* ■ [**jdm/an jdn**] **etw** ~ to lend [sb] sth, to lend [out *sep*] sth [to sb] **II.** *vr* ■ **sich** *dat* **etw** [**bei/von jdm**] ~ to borrow sth [from sb], to borrow [sb's] sth

aus·ler·nen *vi* to finish one's studies; ■ **ausgelernt haben** to have finished school/college etc.; *Lehrling* to have finished one's apprenticeship; ■ **ausgelernt** qualified ▸ WENDUNGEN: **man lernt** [**eben**] **nie aus** *(prov)* [you] live and learn *prov*

Aus·le·se <-, -n> *f* ❶ *(die Elite)* ■ **die** ~ the chosen few + *pl vb*, the elite + *sing/pl vb a. pej* ❷ *(Wein)* superior [*or* high-quality] wine *(made from selected grapes)* ❸ *kein pl (Auswahl)* ■ **eine** ~ **von etw** a selection of sth; **die natürliche** ~ natural selection; **eine** ~ **treffen** [*o* **vornehmen**] to make a selection

aus·le·sen *irreg* **I.** *vt* ■ **etw** ~ to finish reading sth **II.** *vi* to finish reading; **hast du bald ausgelesen?** will you have finished [reading] it soon?

Aus·le·se·pro·zess[RR] *m* selection process; **der natürliche** ~ the process of natural selection **Aus·le·se·ver·fah·ren** *nt* selection procedure

aus·leuch·ten *vt* ■ **etw** ~ ❶ *(mit Licht erfüllen)* to illuminate sth ❷ *(die Hintergründe klären)* to throw a light on sth; ■ **etw muss ausgeleuchtet werden** light must be thrown on sth

aus·lie·fern *vt* ❶ *(liefern)* ■ **etw** [**an jdn**] ~ to deliver sth [to sb] ❷ *(überstellen)* ■ **jdn** [**an jdn/etw**] ~ to hand over *sep* sb [to sb/sth], to turn in sb *sep*, to turn sb over [*or* to deliver sb] to sb/sth; **jdn** [**an ein anderes Land**] ~ to extradite sb [to another country] ❸ *(preisgeben)* ■ **jdm/etw ausgeliefert sein** to be at sb's mercy [*or* the mercy of sb/sth]

Aus·lie·fe·rung *f* ❶ *von Waren* delivery ❷ *von Menschen* handing over, turning in; **eine ~** [**an ein anderes Land**] extradition [to another country]

Aus·lie·fe·rungs·an·trag *m* JUR, POL application for extradition **Aus·lie·fe·rungs·ver·fah·ren** *nt* JUR extradition proceedings *pl*

aus·lie·gen *vi irreg* ❶ *(zum Verkauf liegen)* ■ [**in etw** *dat*] ~ to be displayed [*or* on display] [in sth] ❷ *(bereitliegen)* ■ [**für jdn/zu etw**] ~ to be [made] available [to sb/for sth]; *Zeitungen a.* to be laid out [for sb/sth]; *Schlinge, Reuse* to be down

Aus·li·nie *f* FBALL touchline; TENNIS sideline; ■ **die ~n** TENNIS the tramlines [*or AM* sidelines]

aus·lo·ben *vt* ■ **etw für etw** ~ to offer sth as a reward for sth

aus·löf·feln *vt* ■ **etw** ~ to spoon up sth *sep; (aufessen)* to eat up *sep* [all of] sth; **seinen Teller** ~ to empty one's plate ▸ WENDUNGEN: **etw ~ müssen ~** [**müssen**]**, was man sich** *dat* **eingebrockt hat** *(fig fam)* to take the consequences, to have to face the music, you make your bed, you've got to lie in it *fam; s. a.* **Suppe**

aus·lö·schen *vt* ■ **etw** ~ ❶ *(löschen)* to extinguish [*or sep* put out] sth; **eine Kerze** ~ to snuff [out *sep*] [*or* extinguish] a candle ❷ *(beseitigen)* to obliterate sth; ■ **etw** [**an etw** *dat*] ~ to erase sth [from sth] ❸ *(geh: tilgen)* to blot out sth *sep;* **Erinnerungen** ~ to obliterate [*or sep* blot out] memories; *(vernichten)* to obliterate [*or* destroy] sth; **während des Krieges wurden ganze Dörfer ausgelöscht** during the war, whole villages were destroyed

aus·lo·sen I. *vt* ■ **jdn/etw** ~ to draw sb/sth; ■ **ausgelost werden** to be drawn; *(mit Strohhalmen u.ä.)* to draw lots **II.** *vi* to draw lots; ■ **~/es wurde ausgelost, wer etw tut** to draw lots/lots were drawn as to [*or* to see] who does sth; ■ **ausgelost werden** to be drawn by lot

aus·lö·sen *vt* ❶ *(in Gang setzen)* ■ **etw** ~ to set off *sep* [*or* trigger [off *sep*]] sth, to activate sth; **den Kameraschluss** ~ to release the shutter; **eine Bombe** ~ to trigger [*or* set] off a bomb ❷ *(bewirken)* ■ [**bei jdm**] **etw** ~ to produce sth [on sb]; **einen Aufstand** ~ to unleash [*or sep* trigger off] an uprising; [**bei jdm**] **Begeisterung/Mitgefühl** ~ to arouse [*or* evoke] [sb's] enthusiasm/pity; **Beifall** ~ to elicit [*or sep* trigger off] [*or set* [a round of]] applause; [**bei jdm**] **Erleichterung/Überraschung** ~ to cause relief/surprise; **allergische Reaktionen** ~ to cause allergic reactions; [**bei jdm**] **Widerstand** ~ to have provoked [sb's] resistance ❸ *(einlösen)* ■ **etw** ~ to redeem sth; **ein abgeschlepptes Auto** ~ to pay the fine on an impounded car; **Gefangene** ~ to release prisoners; *(durch Lösegeld)* to ransom prisoners ❹ *DIAL (herausnehmen)* ■ **etw** ~ to take out sth *sep* ❺ KOCHK *s.* **ausbeinen**

Aus·lö·ser <-s, -> *m* ❶ FOTO [shutter] release ❷ PSYCH trigger mechanism ❸ *(fam: Anlass)* trigger; ■ **der ~ für etw sein** to be the cause of [*or sep* trigger off] sth

Aus·lo·sung *f* draw; **die ~ der Preise** the prize draw **Aus·lö·sung** *f* ❶ TECH activation; FOTO release ❷ *(Ursache)* causing; *eines Aufstands* unleashing, triggering off ❸ *(Einlösung)* redemption; **die ~ meines Autos**

hat mich 200 Euro gekostet I had to pay 200 euros to retrieve my car; *von Gefangenen* release; *(durch Lösegeld)* ransoming ④ *(Aufwandsentschädigung)* travel allowance *no pl*

aus|lo·ten *vt* ① NAUT ▪ etw ~ to sound [*or* plumb] the depth of sth; **die Tiefe** ~ to sound [*or* plumb] the depth ② *(geh: ergründen)* ▪ jdn/etw ~ to fathom out sb/sth *sep,* to plumb the depths of sb/sth

aus|ma·chen *vt* ① *(löschen)* ▪ etw ~ to extinguish [*or sep* put out] sth; *(ausschalten)* to turn [*or* switch] off sth *sep;* **den Motor** ~ to switch off *sep* the engine ② *(ermitteln)* ▪ jdn/etw ~ to determine [*or sep* make out] the position/positions of sb/sth; **die Zahl der Opfer** ~ to determine the number of victims; **es lässt sich nicht mehr ~, wie …** it can no longer be determined how …; *(entdecken)* to make out sb/sth *sep;* **jdn/etw überall** ~ *(zu entdecken glauben)* to suspect sb/sth everywhere ③ *(vereinbaren)* ▪ etw [mit jdm] ~ to agree to [*or* [up]on] sth [with sb]; **einen Termin** ~ to agree upon [*or* to] [*or* AM a. on] a time; **wir müssen nur noch ~, wann wir uns treffen** we only have to arrange where we should meet; ▪ **ausge·macht** agreed ④ *(abmachen)* ▪ etw mit sich [selbst] ~ [müssen] to [have to] decide [sth] for oneself; **einen Streit [untereinander]** ~ to settle an argument [amongst themselves] ⑤ *(bewirken, darstellen)* ▪ etw ~ [to go] to make up sth; **alles, was das Leben ausmacht** everything that is a part of life; **eine Luxuslimousine macht keinen Millionär aus** a limousine does not make one a millionaire ⑥ *(betragen)* ▪ etw ~ to amount [*or* run] to sth; **der stärkere Motor macht 32 PS mehr aus** the more powerful engine delivers 32 HP more; *(sich summieren)* to add up [*or* come] to sth ⑦ *(bewirken)* ▪ kaum etwas ~ to hardly make any difference; ▪ nichts ~ to not make any difference [*or* to make no difference] [at all]; ▪ viel ~ to make a big difference; **was macht es schon aus?** what difference does it make? ⑧ *(beeinträchtigen)* **macht es Ihnen etwas aus, wenn …?** do you mind if …?; **ja, es macht mir viel aus** yes, I do mind very much; ▪ **es macht jdm nichts/viel aus, etw zu tun** sb doesn't mind doing sth/it matters a great deal to sb to do sth

aus|ma·len I. *vr* ▪ sich *dat* etw ~ to imagine sth; **sich** *dat* **das Leben/die Zukunft** ~ to picture one's life [ahead of one]/the [*or* one's] future; **sich** *dat* **etw ganz anders/viel schöner** ~ to imagine sth to be completely different/much more beautiful; **sich** *dat* **~, was …** to imagine what … II. *vt* ▪ [jdm] etw ~ to describe sth [to sb]; *Reiseprospekt* to depict sth; **jdm etw in bunten Farben** ~ to give sb a vivid description of sth

aus|ma·nö·vrie·ren' *vt* ▪ jdn/etw ~ to outmanoeuvre [*or* AM outmaneuver] [*or* outflank] sb/sth

Aus·maß *nt* ① *(Fläche)* area; **das ~ von etw haben** to cover the area of sth; **von geringem** ~ **sein** to be small in area; *(Größe)* size; ▪ **die ~e** the dimensions, the size; **das** ~ [*o* **die ~e**] **von etw/einer S.** *gen* **sein** to have the dimensions [*or* be the size] of sth ② *(Umfang)* extent *no pl;* **Besorgnis erregende/ größere ~e annehmen** to assume alarming/greater proportions

aus|mer·zen [-mɛrtsn] *vt* ① *(ausrotten)* ▪ jdn/etw ~ to exterminate sb/sth; **Schädlinge** ~ to exterminate [*or form* eradicate] pests; **Unkraut** ~ to eradicate weeds *form* ② *(beseitigen)* ▪ etw ~ to eliminate [*or form* eradicate] sth

aus|mes·sen *vt irreg* ▪ etw ~ to measure [out *sep*] sth, to take the measurements [of sth]

Aus·mes·sung <-> *f* ① *kein pl (das Ausmessen)* measuring [out] ② *pl (Abmessungen)* dimensions

aus|mis·ten I. *vt* ▪ etw ~ ① *(vom Mist befreien)* to

muck out sth *sep* ② *(fam: von Überflüssigem befreien)* to tidy out sth *sep;* **alte Bücher** ~ to throw out *sep* old books; **sein Zimmer** ~ to clean out *sep* one's room II. *vi* ① *(den Mist hinausschaffen)* to muck out ② *(fam: Überflüssiges hinausschaffen)* to have a clean-out BRIT, to clean up AM

aus|mus·tern *vt* ① *(aussortieren)* ▪ etw ~ to take sth out of service; **Möbel** ~ to discard old furniture ② MIL *(entlassen)* ▪ jdn ~ to discharge sb [from the forces]

Aus·nah·me <-, -n> ['aʊsnaːmə] *f* exception; **eine ~ zulassen** to make an exception; **eine ~ sein wollen** to want to be different [*or* an exception]; [bei jdm/ etw] **die** ~ **sein** to be the exception [with sb/sth]; [mit jdm/etw] **eine/keine** ~ **machen** to make an/ to make no exception [in sb's case/the case of sth]; ▪ **mit ~ von jdm,** ▪ **mit jds ~** with the exception of [*or* except [for]] sb; **mit einer** ~ with one exception; **ohne [jede]** ~ without exception ▶ WENDUNGEN: **~n bestätigen die Regel** *(prov)* the exception proves the rule *prov*

Aus·nah·me·be·stim·mung *f* exemption [*or* exceptional] provision *spec* **Aus·nah·me·er·schei·nung** *f* exception[al case], exceptional person **Aus·nah·me·fall** *m* exception[al case]; **ein seltener** ~ a very rare case; **in Ausnahmefällen** in exceptional cases **Aus·nah·me·ge·neh·mi·gung** *f* special licence [*or* AM license] [*or* permit] **Aus·nah·me·re·ge·lung** *f* special regulation [*or* provision] **Aus·nah·me·si·tu·a·ti·on** *f* special [*or* exceptional] situation; POL state of emergency **Aus·nah·me·zu·stand** *m* POL state of emergency; [über etw *akk*] **den ~ verhängen** to declare a state of emergency [in sth]; **über das ganze Land den ~ verhängen** to declare a state of national emergency

aus·nahms·los I. *adv* without exception II. *adj* **das ~e Erscheinen der gesamten Belegschaft** the appearance of all the staff without exception; **die ~e Zustimmung aller Delegierten** the unanimous agreement of all delegates

aus·nahms·wei·se *adv* as a special exception; **darf ich das machen?** – ~! may I do that? – just this once!; **heute ging er ~ eine Stunde früher** today he left an hour earlier [for a change]

aus|neh·men *irreg* I. *vt* ① *(ausweiden)* ▪ etw ~ to gut [*or* dress] sth; **Geflügel** ~ to draw poultry ② *(ausschließen)* ▪ jdn [von etw] ~ to exempt sb [from sth], to make an exception of sb; **ich nehme keinen aus** I'll make no exceptions; **nehmt mich bei dieser Sache aus!** count me out [of it]!; **jdn von einer Pflicht** ~ to release [*or* exempt] sb from a duty ③ *(fam: viel Geld abnehmen)* ▪ jdn ~ to fleece sb *fam;* *(beim Glücksspiel)* to clean out sb *sep fam* ④ ÖSTERR *(erkennen)* ▪ jdn/etw ~ to make out *sep* [*or* form discern] sb/sth; **jdn/etw schlecht** ~ to barely make out *sep* [*or* form discern] sb/sth II. *vr* *(geh)* **sich gut/schlecht** ~ to look good/bad; ▪ **sich neben jdm/etw wie jd/etw** ~ to look like sb/sth next to sb/sth

aus·neh·mend I. *adj (geh)* exceptional II. *adv* exceptionally; **das gefällt mir ~ gut** I like it very much indeed; ~ **vorteilhaft angezogen** dressed to kill *pred form*

aus|nüch·tern I. *vt haben* ▪ jdn ~ to sober up sb *sep* II. *vi vi: sein, vr: haben* ▪ [sich] ~ to sober up

Aus·nüch·te·rung <-, -en> *f* sobering up

Aus·nüch·te·rungs·zel·le *f* drying-out cell

aus|nut·zen *vt* ① *(ausbeuten)* ▪ jdn ~ to exploit sb ② *(sich zunutze machen)* ▪ etw ~ to make the most of sth; **jds Leichtgläubigkeit/Unerfahrenheit** ~ to take advantage of sb's gullibility/inexperience

aus·nüt·zen *vt bes* SÜDD, ÖSTERR *(ausnutzen)* to take advantage of

Aus·nut·zung <-> *f kein pl* ① *(Ausbeutung)* exploitation ② *(das Wahrnehmen)* ■ **die ~ von etw/einer S.** *gen* making the most of sth; **bei rechtzeitiger ~ dieser einmaligen Gelegenheit hätten Sie ...** if you had made the most of this unique opportunity, you would have ...; ■ **unter ~ von jds etw** by taking advantage of sb's sth

Aus·nüt·zung <-> *f kein pl bes* SÜDD, ÖSTERR exploitation

aus|pa·cken I. *vt* ■ **etw ~** to unpack sth; **ein Geschenk ~** to unwrap a present **II.** *vi* ① *(Koffer, Kisten ~)* to unpack ② *(fam: gestehen)* to talk *fam;* *(seine Meinung sagen)* to speak one's mind

aus|pa·len *vt* KOCHK *s.* **entschoten**

aus|peit·schen *vt* ■ **jdn ~** to whip [*or* flog] sb

aus|pfei·fen *vt irreg* ■ **jdn/etw ~** to boo sb off the stage/to boo [*or* hiss] at sth

aus|pflan·zen *vt* ■ **etw [in etw** *akk*] **~** to plant out sth [in sth] *sep*

aus|plau·dern *vt* ■ **etw ~** to let out *sep* [*or fam* blab] sth

aus|plün·dern *vt* ① *(ausrauben)* ■ **etw ~** to plunder [*or* pillage] sth; **einen Laden ~** to loot a shop ② *(hum: leer räumen)* ■ **etw ~** to raid sth ③ *(fam: ausnehmen 3)* ■ **jdn ~** to fleece sb *fam; (ausrauben)* to rob sb [of every penny]; *(beim Glücksspiel)* to clean out sb *sep fam*

aus|po·sau·nenˈ *vt (fam)* ■ **etw ~** to broadcast sth *fam*

aus|prä·gen *vr* ■ **sich [in etw** *dat*] **~** to be revealed in sth; **die Erziehung prägt sich im Charakter/Verhalten aus** one's upbringing shapes [*or* stamps] [*or* leaves its stamp on] one's character/behaviour

Aus·prä·gung <-> *f kein pl* ① shaping, moulding BRIT, molding AM; *von Begabung, Hartnäckigkeit* development ② *(Akzentuierung)* markedness, distinctness; **in einer derart starken ~ ist mir diese Krankheit noch nicht begegnet** I have never come across this illness at such an advanced stage

aus|pres·sen *vt* ① *(her~)* ■ **etw ~** to squeeze out sth *sep;* **frisch ausgepresst** freshly pressed; **Orangen ~** to press [*or* squeeze [the juice from]] oranges ② *(ausbeuten)* ■ **jdn/etw ~** to squeeze sb/sth dry [*or hum* BRIT *a.* until the pips squeak], to bleed sb/sth dry [*or fam* white], to milk sb/sth dry ③ *(brutal ausfragen)* ■ **jdn ~** to press sb; **jdn wie eine Zitrone ~** to squeeze sb like a lemon [for information]

aus|pro·bie·renˈ **I.** *vt* ■ **jdn/etw ~** to try [out *sep*] sb/sth, to give sb/sth a try [*or* go]; **ein Auto ~** to test-drive [*or sep* try out] a car, to go for a test drive; ■ **es mit jdm ~** to try sb out **II.** *vi* ■ **~, ob/wie ...** to see whether/how ...

Aus·puff <-[e]s, -e> *m* exhaust [pipe], AM *a.* tailpipe

Aus·puff·ga·se *pl* exhaust fumes [*or form* emissions]

Aus·puff·rohr *nt* exhaust [pipe], AM *a.* tailpipe **Aus·puff·topf** *m* silencer BRIT, muffler AM

aus|pum·pen *vt* ① *(leer pumpen)* ■ **etw ~** to pump out sth *sep;* **jdm den Magen ~** to pump [out *sep*] sb's stomach ② *(fam: völlig erschöpfen)* ■ **jdn ~** to drain sb; ■ **ausgepumpt sein** to be completely drained

aus|pus·ten *vt (fam)* ■ **etw ~** to blow out sth *sep*

aus|put·zen *vt* ■ **etw ~** to clean sth; **einen Schrank ~** to clean [out *sep*] a cupboard

aus|quar·tie·renˈ *vt* ■ **jdn [in etw** *akk*] **~** to move out *sep* sb [into/to sth]

aus|quet·schen *vt* ① *(auspressen)* ■ **etw ~** to squeeze out sth *sep;* **Orangen ~** to press [*or* squeeze [the juice out of]] oranges ② *(fam: forciert ausfragen)* ■ **jdn [über jdn/etw] ~** to pump sb [for information on/details about sb/sth]; *Polizei* to grill sb [about sb/sth] *fam*

aus|ra·die·renˈ *vt* ■ **etw ~** ① *(mit Radiergummi ent-*

fernen) to rub out *sep* [*or* erase] sth ② *(vernichten)* to wipe out sth *sep;* **eine Stadt ~** to wipe a city off the map

aus|ran·gie·renˈ *vt* ■ **etw ~** to throw out sth *sep;* **ein Auto ~** to scrap [*or fam* junk] a car; **einen Fernseher ~** to throw out *sep* [*or fam* junk] a television set; **Reifen ~** to discard tyres [*or* AM tires]

aus|ra·sie·renˈ *vt* ■ **[jdm] etw ~** to trim [sb's] sth; *(von Haaren befreien)* to shave [sb's] sth

aus|ras·ten I. *vi sein* ① *(herausspringen)* to come out; **einen Knopf ~ lassen** *[or spec* disengage] a button ② *(hum fam: wild werden)* to go apeshit *fam!*, to throw a wobbly BRIT *hum fam*, to have a spaz AM *fam* **II.** *vi impers haben* ■ **bei jdm ~** ① *(durchdrehen)* to go ape-shit *fam!*, to throw a wobbly BRIT *hum fam*, to have a spaz AM *fam* ② *(nichts mehr verstehen)* sb doesn't get it [*or* understand any more]

aus|rau·ben *vt* ■ **jdn/etw ~** to rob sb/sth; **ein Grab ~** to rob [*or* plunder] a grave

aus|rau·chen I. *vt* ■ **etw ~** to finish [smoking] sth **II.** *vi* to finish smoking

aus|räu·chern *vt* ■ **jdn/etw ~** to smoke out sb/sth *sep;* **etw aus etw ~** to smoke sth out of sth

aus|rau·fen *vt* ■ **[sich** *dat*] **etw ~** to tear [*or* pull] out one's sth *sep*

aus|räu·men *vt* ■ **etw ~** ① *(her~)* to move [*or* clear] out sth *sep; (leer räumen)* to clear out sth *sep;* **Schubladen ~** to empty [*or* clear out] the drawers; **die Bücher [aus den Kisten] ~** to remove the books [from the crates] ② *(beseitigen)* to clear up sth *sep;* [jds] **Zweifel ~** to dispel [sb's] doubts ③ MED *(herausoperieren)* to remove [*or spec* extirpate] sth

aus|rech·nen I. *vt* ■ **etw ~** to calculate sth; **Kosten ~** to calculate [*or sep* work out] the costs; **Aufgaben ~** to work out *sep* problems; ■ **etw nach etw ~** to calculate sth from sth; **etw im Kopf/mit dem Taschenrechner ~** to calculate [*or sep* work out] sth in one's head/using a calculator; **sich** *dat* **etw ~** to work [*or fam* figure] out whether/how ... **II.** *vr* ① *(kalkulieren mit)* ■ **sich** *dat* **etw ~** to reckon on sth, to reckon [*or* fancy] [that] one has sth ② *(sich vorstellen)* ■ **sich** *dat* **etw ~** to work out *sep* sth for oneself; ■ **sich** *dat* **~, wie ...** to work [it] out for oneself how ... ③ *(sich berechnen lassen)* ■ **etw lässt sich ~** sth can be calculated; **diese Gleichung lässt sich ~** this equation can be solved; *(sich vorstellen können)* sth can be imagined; **es lässt sich [leicht] ~, dass ...** you/I etc. can [easily] imagine that ...

Aus·re·de *f* excuse; **keine ~n!** no excuses!; *(zu Kind a.)* none of your excuses!; **eine faule ~** a feeble [*or pej* lame] excuse

aus|re·den I. *vi* to finish speaking; ■ **jdn ~ lassen** to let sb finish [speaking], to hear out sb *sep;* ■ **jdn nicht ~ lassen** to not let sb finish [speaking], to not hear out sb *sep,* to cut sb short **II.** *vt* ■ **jdm etw ~** to talk sb out of sth **III.** *vr bes* ÖSTERR ■ **sich ~** to have a heart-to-heart [talk]

aus|rei·ben *vt irreg* ■ **etw ~** ① *(durch Reiben entfernen)* to rub out sth *sep* ② *(trocken reiben)* to wipe out sth *sep; (mit Scheuermitteln)* to scour out sth *sep;* **Gläser ~** to wipe out *sep* glasses

aus|rei·chen *vi* ■ **[für jdn/etw] ~** to be sufficient [*or* enough] [for sb/sth]; **es muss für uns alle ~** it will have to do for us all

aus·rei·chend I. *adj* sufficient; **~e Kenntnisse/Leistungen** adequate knowledge/performance; ■ **nicht ~** insufficient/inadequate; SCH satisfactory **II.** *adv* sufficiently

aus|rei·fen *vi sein* ① *(liter)* to ripen; *Wein* to mature; **Wein ~ lassen** to allow wine to mature ② *(fig)* ■ **ausgereift sein** to be perfected; **die Technik ist**

noch nicht ausgereift the technology is still in the development[al] stages

Aus·rei·se f departure [from a/the country]; ■ **bei der** ~ on leaving the country; **die Erlaubnis zur ~ beantragen** to apply for an exit visa; **das Recht auf ~** akk the right to leave the country; **jdm die ~ verweigern** to prohibit sb from leaving the country, to refuse sb an exit visa

Aus·rei·se·an·trag m application for an exit visa **Aus·rei·se·er·laub·nis**, **Aus·rei·se·ge·neh·mi·gung** f exit permit

aus|rei·sen vi sein to leave the country; (endgültig) to emigrate; **nach Israel** ~ to go/emigrate to Israel

Aus·rei·se·vi·sum [-vi:-] nt exit visa **Aus·rei·se·wel·le** f POL mass emigration **Aus·rei·se·wil·li·ge(r)** f(m) dekl wie adj prospective emigrant

aus|rei·ßen irreg **I.** vt haben ■ [jdm/etw] etw ~ to pull out sep [sb's/sth's] sth; **die Haare ~** to tear out sep sb's hair; **einer Fliege die Flügel ~** to pull off sep a fly's wings; **Unkraut/Blumen ~** to pull up [or out] sep weeds/flowers; **Blätter ~** to pull [or pluck] off sep leaves **II.** vi sein ❶ (fam: davonlaufen) ■ [jdm] ~ to run away [from sb] ❷ (sich lösen) ■ [aus etw] ~ to come away [from sth]; Griff to come off [sth] ❸ (einreißen) to split, to pull apart; Knopfloch to tear

Aus·rei·ßer(in) <-s, -> m(f) ❶ (fam) runaway ❷ (Ausnahmeerscheinung) freak value

aus|rei·ten irreg **I.** vi sein [auf seinem Pferd] ~ to ride out, to go riding [or for a ride] **II.** vt haben ■ **ein Pferd ~** to take out a horse sep, to exercise a horse

aus|rei·zen vt ■ etw ~ ❶ KARTEN to bid sth up to strength ❷ (ausschöpfen) to discuss [or do] sth to death; **die Möglichkeiten ~** to exhaust the possibilities

aus|ren·ken vt ■ jdm etw ~ to dislocate sb's sth; ■ **sich** dat **etw ~** to dislocate one's sth

aus|rich·ten I. vt ❶ (übermitteln) ■ jdm etw ~ to tell sb sth; **jdm eine Nachricht ~** to pass on the news to sb sep; ■ **jdm ~, dass ...** to tell sb that; ■ **jdm ~ lassen, dass ...** to send sb word that; **kann ich etwas ~?** can I give him/her a message? [or take a message?]; **bitte richten Sie ihr einen Gruß [von mir]** aus give her my regards, say "hello" to her [for me] ❷ (veranstalten) ■ [jdm] etw ~ to organize sth [for sb]; [jdm] **eine Hochzeit/ein Fest ~** to arrange a wedding/celebration [for sb] ❸ (erreichen) ■ **bei jdm etwas/nichts ~** to achieve something/nothing with sb; **wir konnten bei ihm nichts ~** we couldn't get anywhere with him ❹ (einstellen) ■ **etw [auf etw** akk] ~ to align sth [with sth]; (abstellen) to gear sth to sth ❺ (aufstellen) ■ **jdn/etw ~** to line up sb/sth sep, to get sb into line; ■ **sich ~** to line up [in a straight row]; MIL to dress ranks; **sich [nach dem Nebenmann/Vordermann/Hintermann]** ~ to line up [exactly] with the person next to one/in front [of one]/behind [one] ❻ ÖSTERR (schlechtmachen) ■ **jdn ~** to run down sep [or AM a. badmouth] sb ❼ SCHWEIZ (zahlen) ■ **jdm etw ~** to pay sb sth; **jdm eine Entschädigung ~** to recompense sb form **II.** vr (sich nach etw richten) ■ **sich an etw** dat ~ to orientate oneself to sth; **sich an der Parteimeinung ~** to follow [or a. pej toe] the party line

Aus·rich·ter <-s, -> m organizer, official sponsor

Aus·rich·tung <-> f kein pl ❶ (Orientierung) ■ **die ~** [einer S. gen] **an etw** dat the orientation [of sth] to sth ❷ (Einstellung) ■ **die ~** [einer S. gen] **auf etw** akk orientating [sth] to [or aligning [sth] with] sth ❸ (Organisieren) organization; einer Hochzeit arrangements pl (+gen for), arrangement

Aus·ritt m ride [out]; (das Ausreiten) riding out

aus|rol·len I. vt haben ■ etw ~ ❶ (entrollen) to roll out sth sep; **ein Kabel ~** to run [or pay] out sep a

cable ❷ (flach walzen) to roll out sth sep **II.** vi sein: Flugzeug to taxi to a standstill [or stop]; Fahrzeug to coast to a stop

aus|rot·ten vt ■ etw ~ to exterminate sb/sth; **Termiten ~** to destroy termites; **Unkraut ~** to wipe out sep weeds; **ein Volk ~** to exterminate [or sep wipe out] a people; **Ideen/Religion ~** to eradicate form [or sep stamp out] ideas/a religion

Aus·rot·tung <-, -en> f extermination

aus|rü·cken vi sein ❶ (vorwärtsbewegen) Truppen to turn out; (ins Feld) to march out; Panzer to move [or set] out; Polizei to turn out; Feuerwehr to go out on a call ❷ (fam: ausreißen) to make off; [aus einer Anstalt/von zu Hause] ~ to run away [from an institute/from home]; **aus dem Gefängnis ~** to escape from prison

Aus·ruf m cry; **ein ~ des Entsetzens** a cry of horror; **ein warnender ~** a shout of warning, a warning shout; **etw durch ~ bekannt machen** to proclaim sth

aus|ru·fen vt irreg ❶ (verkünden) ■ etw ~ to call out sth sep; Auktionator to invite bids for sth; **Haltestellen/einen Streik ~** to call the stops/a strike; **Schlagzeilen ~** to cry out sep the headlines; **seine Waren ~** to cry one's wares; **Krieg ~** to declare [or proclaim] war ❷ (über Lautsprecher suchen lassen) ■ **jdn ~** to put out a call for sb ❸ (proklamieren) **jdn zum König ~** to proclaim sb king

Aus·ru·fer(in) <-s, -> m(f) HIST [town] crier

Aus·ru·fe·zei·chen nt exclamation mark

Aus·ru·fung <-, -en> f proclamation; Krieg a. declaration; **die ~ eines Streiks** a strike call, call to strike

aus|ru·hen vi, vr [sich] ~ to [take [or have] a] rest; ■ **ausgeruht [sein]** [to be] well rested

aus|rup·fen vt ■ etw ~ to pluck out sth sep

aus|rüs·ten vt ■ jdn/etw ~ to equip sb/sth; **ein Fahrzeug/Schiff [mit etw] ~** to fit out sep a vehicle/ship, to fit a vehicle/ship with sth

Aus·rüs·tung <-> f ❶ kein pl (das Ausrüsten) ■ **die ~ einer S.** gen equipping sth; Fahrzeug/Schiff fitting out sth sep ❷ (Ausrüstungsgegenstände) equipment no pl; Expedition a. tackle, gear; (Kleidung) outfit no pl

Aus·rüs·tungs·ge·gen·stand m, **Aus·rüs·tungs·stück** nt piece [or item] of equipment

aus|rut·schen vi sein ❶ (ausgleiten) ■ [auf etw dat] ~ to slip [on sth]; **sie ist ausgerutscht** she [or her foot] slipped ❷ (entgleiten) ■ jdm ~ to slip [out of sb's hand [or fingers]]; **mir ist die Hand ausgerutscht** my hand slipped [or hum moved all by itself]

Aus·rut·scher <-s, -> m (fam) slip-up

Aus·saat f ❶ kein pl (das Säen) ■ **die ~** [von etw] sowing [sth] ❷ (Saat) seed no pl

aus|sä·en vt ■ etw ~ to sow sth

Aus·sa·ge f ❶ a. JUR (Darstellung) statement; **eine eidliche/schriftliche ~** a sworn/written statement; (Zeugen~) evidence no pl, testimony; **die ~ verweigern** Angeklagter to refuse to make a statement; Zeuge to refuse to testify [or give evidence]; **eine ~ machen** to make a statement, to testify, to give evidence; **~ steht gegen ~** it's one person's word against another's ❷ (Tenor) message

Aus·sa·ge·kraft f kein pl meaning[fulness]

aus·sa·ge·kräf·tig adj convincing

aus|sa·gen I. vt ■ etw [über jdn/etw] ~ ❶ (darstellen) to say sth [about sb/sth]; JUR to give sth in evidence about sb/sth, to testify [to sb's actions/to sth] ❷ (deutlich machen) to say sth [about sb/sth]; **was will der Dichter mit diesem Gedicht ~?** what's the poet trying to say [or form convey] with this poem? **II.** vi JUR ■ [vor etw dat] ~ Zeuge to testify [or give evidence] [before sth]; Angeklagter, Beschuldigter to make a statement [before sth]; **eidlich** |*o* **unter Eid**| ~ to give evidence under oath, to depose *form;* **mündlich/schriftlich** ~ to give evidence/to make a statement; ■ **für/gegen jdn** ~ to give evidence [*or* testify] in sb's favour [*or* AM -or] /against sb

aus|sä·gen *vt* ■ **etw** ~ to saw out sth *sep*

Aus·sa·ge·satz *m* LING statement **Aus·sa·ge·ver·wei·ge·rung** *f* JUR refusal to give evidence [*or* to testify]

Aus·satz <-es> *m kein pl* MED *(veraltet)* leprosy *no art;* **vom** ~ **befallen sein** to be struck by leprosy

aus·sät·zig ['ausztsıç] *adj* MED *(veraltet)* leprous *spec;* ~e **Menschen** lepers; ■ ~ **sein** *(liter o fig)* to be leprous *liter spec,* to be a leper

Aus·sät·zi·ge(r) *f|m) dekl wie adj (veraltet liter o fig)* leper; **eine Kolonie für** ~ a leper colony

aus|sau·fen *irreg* I. *vt* ■ **etw** ~ to drink up sth; **einen Eimer/Napf** ~ to empty a bucket/bowl; **einen Eimer Wasser** ~ to drink a bucket of water; *(derb)* to swill down sth *sep fam a. pej;* **wer hat mein Bier ausgesoffen?** who's drunk my beer?; **eine Flasche/ ein Glas** ~ to empty [*or fam sep* knock back] a bottle/ glass II. *vi (derb)* to get it down one *fam* [*or fam!* one's neck]

aus|sau·gen *vt* ❶ *(leer saugen)* ■ **etw** ~ to suck the juice out of sth, to suck sth [dry]; **eine Wunde** ~ to suck the poison out of a wound ❷ *(ausbeuten)* ■ **jdn** ~ to drain sb dry; **ein Land bis aufs Blut** ~ to bleed a country dry [*or fam* white]

aus|scha·ben *vt* ❶ *(durch Schaben säubern)* ■ **etw** ~ to scrape out sth *sep* ❷ MED **jdm die Gebärmutter** ~ to curette sb's womb *spec*

Aus·scha·bung <-, -en> *f* MED curettage *spec,* curettement *spec; von Gebärmutter a.* D and C

aus|schach·ten I. *vt* ■ **etw** ~ to excavate [*or* dig] sth; **Erde** ~ to dig up soil; **einen Brunnen** ~ to sink [*or* dig] a well II. *vi* to excavate, to dig

Aus·schach·tung <-, -en> *f* ❶ *kein pl (das Ausschachten)* ■ **die** ~ **einer S.** *gen* the excavation of sth, digging sth; *von Brunnen* sinking [*or* digging] a well; *von Erde* digging up [*or* the excavation of] earth ❷ *(Baugrube)* excavation

Aus·schach·tungs·ar·bei·ten *pl* excavation work *no pl, no indef art*

aus|schaf·fen *vt* SCHWEIZ *(abschieben)* to deport

aus|schal·ten I. *vt* ❶ *(abstellen)* ■ **etw** ~ to turn [*or* switch] off sth *sep* ❷ *(eliminieren)* ■ **jdn/etw** ~ to eliminate sb/sth, to put sb out of the running II. *vr* ■ **sich** [**automatisch**] ~ to switch [*or* turn] [itself] off [automatically]

Aus·schal·tung *f* ❶ *(das Abstellen)* switching [*or* turning] off ❷ *(Eliminierung)* elimination

Aus·schank <-[e]s, -schänke> *m* ❶ *(Schankraum)* taproom, bar; *(Schanktisch)* bar, counter ❷ *kein pl (Getränkeausgabe)* serving of drinks; **"~ von 9 bis 14 Uhr"** 'open from 9 am to 2 pm'; **"kein ~ an Jugendliche unter 16 Jahren"** 'Persons under the age of 16 will not be served'

Aus·schank·er·laub·nis *f* licence BRIT, license AM

Aus·schau *f* ■ ~ [**nach jdm/etw**] **halten** to keep an eye out [*or a* lookout] [for sb/sth]; ~ **nach Verdächtigen halten** to keep an eye out [*or a* lookout] for anything suspicious

aus|schau·en *vi* ❶ *(geh: sich umsehen)* ■ **nach jdm/ etw** ~ to look [*or* be on the lookout] for sb/sth ❷ DIAL, SÜDD, ÖSTERR *s.* **aussehen** ❸ *(fam)* ■ **wie schaut's aus?** how's things [*or* it going?] ? *fam;* **wie schaut's aus, kommst du mit?** so what do you say, are you coming along?; **wie schaut's aus? hast du eine Chance?** what do you think? do you have a chance?

aus|schau·feln *vt* ■ **etw** ~ to dig sth; **Erde** ~ to dig out *sep* [*or* shovel] soil

aus|schäu·men *vt* ■ **etw** ~ to fill sth with foam; **die**

Wände eines Hauses ~ to fit a house with cavity insulation

aus|schei·den *irreg* I. *vi sein* ❶ *(nicht weitermachen)* ■ [**aus etw**] ~ to retire [from sth]; **aus einem Verein** ~ to leave a club ❷ SPORT to drop out of sth; **wer unfair kämpft, muss** ~ whoever cheats will be disqualified; **sie schieden im Viertelfinale aus** they were eliminated in the quarter-final; *Rennwagen* to retire [from sth] ❸ *(nicht in Betracht kommen)* to be ruled out II. *vt haben* ❶ *(aussondern)* ■ **etw** ~ to take out sth *sep;* **die faulen Beeren** ~ to sort out *sep* the rotten berries; ■ **jdn** ~ to eliminate sb ❷ *(absondern)* ■ **etw** ~ to excrete sth; *Organ* to secrete sth

Aus·schei·dung <-, -en> *f* ❶ *kein pl (das Absondern)* excretion; *eines Organs* secretion; **die** ~ **von Giftstoffen** the excretion of toxic substances ❷ *pl* MED *(Exkremente)* excreta *form,* excrement *no pl, no indef art* ❸ SPORT *(Vorkampf)* qualifying contest; FBALL qualifying round

Aus·schei·dungs·kampf *m s.* **Ausscheidung 3 Aus·schei·dungs·or·gan** *nt* excretory organ **Aus·schei·dungs·run·de** *f* qualifying round; FBALL *a.* qualifying match [*or* game] **Aus·schei·dungs·spiel** *nt* qualifying match [*or* game]

aus|schen·ken I. *vt* ❶ *(eingießen)* ■ **jdm etw** ~ to pour sb sth ❷ *(servieren)* ■ **etw** [**an jdn**] ~ to serve sth [to sb]; *Wirt* to serve [sb] sth [*or* sth [to sb]] II. *vi* to serve the drinks

aus|sche·ren *vi sein* ❶ *(aus etw)* ~ to pull out, to leave sth; *(ausschwenken)* to swing out; *Flugzeug* to break formation, to peel off [from sth]; *Soldat* to break rank ❷ *(ausschwenken)* ■ [**aus etw**] ~ to step out of line, to withdraw from [*or* pull out of] sth

aus|schi·cken *vt* ■ **jdn** ~ to send out sb *sep;* **einen Boten** ~ to dispatch a messenger

aus|schie·ßen *irreg* I. *vt haben* ■ [**jdm**] **etw** ~ to shoot out *sep* [sb's] sth II. *vi sein* SÜDD, ÖSTERR to fade

aus|schil·dern *vt* ■ **etw** ~ to signpost sth; ■ **ausgeschildert sein** to be signposted

aus|schimp·fen *vt* ■ **jdn** [**wegen etw**] ~ to berate sb [for doing sth] *form,* to tell sb off, AM *a.* to give sb hell; ■ **von jdm ausgeschimpft werden** to get told off by [*or* BRIT a telling-off from] [*or* to be scolded by] sb, to get hell from sb AM; **aber schimpf mich nicht** [**deswegen**] **aus!** but don't go telling me off!

aus|schir·ren *vt* ■ **ein Pferd** ~ to unharness a horse; *(von einer Kutsche a.)* to take out *sep* a horse; **Ochsen** ~ to unyoke the oxen

aus|schlach·ten *vt* ■ **etw** ~ ❶ *(Verwertbares ausbauen)* to cannibalize sth [for parts]; **eine Firma** ~ to break up *sep* a firm for sale; **ein Buch/Werk** ~ to get everything out of a book/work ❷ *(fam: ausnutzen)* to exploit [*or* capitalize on] sth

aus|schla·fen *irreg* I. *vt* ■ **etw** ~ to sleep off sth *sep;* **seinen Rausch** ~ to sleep off one's drink II. *vi, vr* ■ [**sich**] ~ to have a good [night's] sleep; *s. a.* **ausgeschlafen**

Aus·schlag¹ *m* MED rash, exanthem[a] *spec;* [**von etw**] ~ **bekommen/haben** to get/have got [*or* AM *a.* gotten] a rash from sth, to come/have come out in a rash

Aus·schlag² *m* deflection; [**bei etw**] **den** ~ **geben** *(fig)* to be the decisive factor [*or* prove decisive] [for/ in sth]; **die Stimme des Vorsitzenden gibt den** ~ the chair has the casting vote

aus|schla·gen *irreg* I. *vt haben* ❶ *(ablehnen)* ■ **etw** ~ to turn down sth *sep; (höflicher)* to decline sth; **eine Erbschaft** ~ to disclaim [*or* waive] an estate *form;* ■ **jdm etw** ~ to refuse sb sth ❷ *(auskleiden)* ■ **etw mit etw** ~ to line sth with sth ❸ *(her~)* ■ **jdm etw** ~ to knock out *sep* sb's sth; *Huf a.* to kick out *sep* sb's sth ❹ *(löschen)* ■ **etw** [**mit etw**] ~ to knock out *sep* sth [with [*or* using] sth] ❺ DIAL *(ausschütteln)* ■ **etw** ~

to shake out sth *sep* **II.** *vi* ❶ *haben (los-, zuschlagen)* ▪ [mit etw] ~ to strike [*or* lash] out [with sth]; **mit den Füßen** ~ to kick [out]; **mit dem Ellenbogen nach hinten** ~ to hit backwards with one's elbow; [mit den Hufen] ~ to kick ❷ *sein o haben* to deflect, to be deflected; *Wünschelrute* to dip; *Metallsuchgerät* to register [metal] ❸ *sein o haben (sprießen)* to come out, to start to bud, to burgeon [out] *liter;* *Bäume a.* to come [*or* liter break] into leaf ❹ *haben* ▪ ausgeschlagen haben to have finished striking [the hour] ❺ *sein (ausgehen)* to turn out; ▪ für/gegen jdn ~ to turn out well/badly for sb; zum Guten ~ to turn out all right; zu jds Nachteil/Vorteil ~ to turn out to sb's disadvantage/advantage

aus·schlag·ge·bend *adj* decisive; die ~e Stimme the deciding [*or* decisive] vote; die Stimme des Vorsitzenden ist ~ the chair has the casting vote; [für jdn] von ~er Bedeutung [sein] [to be] of prime importance [for sb]; ▪ [für jdn/etw] ~ sein to be [*or* prove] decisive [for sb/sth]; für diese Entscheidung war ~, dass … in this decision-making X was decisive

aus|schlie·ßen *vt irreg* ❶ *(entfernen)* ▪ jdn [aus/von etw] ~ to exclude sb [from sth]; *(als Strafe a.)* to bar sb [from sth]; die Öffentlichkeit [von etw] ~ JUR to hold sth in camera; *(fachspr)* to exclude the public [from sth]; ein Mitglied [aus etw] ~ to expel a member [from sth]; *(vorübergehend)* to suspend a member [from sth]; einen Spieler [von etw] ~ to disqualify a player [from sth] ❷ *(für unmöglich halten)* ▪ etw ~ to rule out sth *sep;* das eine schließt das andere nicht aus the one does not exclude the other, they're not mutually exclusive; ich will nicht ~, dass er ein Dieb ist, aber … I don't want to rule out the possibility that he's a thief, but … ❸ *(aussperren)* ▪ jdn/sich [aus etw] ~ to lock out *sep* sb/lock oneself out [of sth]

aus·schließ·lich ['ausʃliːslɪç] **I.** *adj attr* exclusive; das ~e Recht the sole [*or* exclusive] right **II.** *adv* exclusively; das ist ~ unsere Angelegenheit this is strictly our affair, this concerns nobody but us; darüber habe ich zu bestimmen I'm the one to decide on this matter **III.** *präp +gen* excluding, exclusive of; *(geschrieben a.)* excl[.]

aus|schlüp·fen *vi sein* ▪ [aus etw] ~ to hatch out [of sth], to hatch [out]

Aus·schluss^{RR} <-es, Auschlüsse> *m*, Aus·schluß^{ALT} <-sses, Auschlüsse> *m* exclusion; *von Mitglied* expulsion; *(vorübergehend)* suspension; *von Spieler* disqualification; unter ~ der Öffentlichkeit stattfinden JUR to be closed to the public, to take place in camera *spec*

Aus·schluss·kri·te·ri·um^{RR} *f* disqualifying criterion [*or* factor]

aus|schmü·cken *vt* ▪ etw [mit etw] ~ ❶ *(dekorieren)* to decorate [*or* liter adorn] sth [with sth] ❷ *(ausgestalten)* to embellish [*or* embroider] sth [with sth]

Aus·schmü·ckung <-, -en> *f* ❶ *(Dekoration)* decoration, adornment *liter* ❷ *(das Ausgestalten)* embellishment, embroidery *no pl*

Aus·schnei·de·bo·gen *m* sheet of cardboard cut-outs

aus|schnei·den *vt irreg* ▪ etw [aus etw] ~ to cut out sth *sep,* to cut sth out of sth; *s. a.* ausgeschnitten

Aus·schnitt *m* ❶ *(Zeitungs~)* cutting, clipping ❷ MATH sector ❸ *(ausgeschnittener Teil)* neckline; ein tiefer ~ a low [*or* plunging] neckline; jdm in den ~ schauen to look down sb's dress ❹ *(Teil)* ▪ der/ein ~ [aus etw] the/a part of sth; ein ~ [aus einem Gemälde/Foto] a detail [of a painting/photograph]; ein ~ [aus einem Roman] an excerpt [*or* extract] [from a novel]; ein ~ [aus einem Film] a [film] clip; ich kenne das Buch/den Film nur in ~en I only know parts of the book/film

aus|schöp·fen *vt* ❶ *(leeren)* ▪ etw [mit etw] ~ to empty sth [with [*or* using] sth]; ▪ ausgeschöpft sein to be empty; ein Boot ~ to bale out *sep* a boat; Suppe ~ to ladle out *sep* soup; Wasser ~ to scoop out *sep* water ❷ *(vollen Gebrauch machen)* ▪ etw [voll] ~ to make full use of one's sth; seine Kompetenzen ~ to do everything [with]in one's power; das ganze Angebot ~ to try out everything on offer; die Möglichkeiten/seine Reserven ~ to exhaust the possibilities/one's reserves; ein Thema ~ to go into a subject thoroughly

aus|schrei·ben *vt irreg* ❶ *(ungekürzt schreiben)* ▪ etw ~ to write out sth *sep;* seinen Namen ~ to write out *sep* one's name in full ❷ *(ausstellen)* ▪ [jdm] etw ~ to make out *sep* sth [to sb]; ein Formular ~ to fill in [*or* AM a. out] *sep* a form, to complete a form ❸ *(bekannt machen)* ▪ etw ~ to announce sth; *(um Angebote zu erhalten)* to invite tenders for sth; eine Stelle ~ to advertise a post; Wahlen ~ to call an election, BRIT *a.* to go to the country

Aus·schrei·bung <-, -en> *f* announcement; *(für Angebote)* invitation to tender, call for tenders; *einer Stelle* advertisement (von for); *von Neuwahlen* the calling of a new election; öffentliche ~ public invitation to tender

aus|schrei·ten *vi irreg sein (geh)* to stride out

Aus·schrei·tung <-, -en> *f meist pl* riot[s *pl*], rioting *no pl, no indef art*

Aus·schuss^{RR1} <-es, Ausschüsse> *m*, Aus·schuß^{ALT} <-sses, Ausschüsse> *m* committee; einen ~ einsetzen to constitute [*or* name] a committee *form;* in einem ~ sitzen to sit [*or* serve] on a committee

Aus·schuss^{RR2} <-es> *m*, Aus·schuß^{ALT} <-sses, Ausschüsse> *m kein pl (fam)* rejects *pl*

Aus·schuss^{RR3} <-es, Ausschüsse> *m*, Aus·schuß^{ALT} <-sses, Ausschüsse> *m (bei Schusswunde)* exit wound

Aus·schuss·mit·glied^{RR} *nt* committee member

Aus·schuss·quo·te^{RR} *f* reject [*or* frequency] [*or* breakage] rate

Aus·schuss·sit·zung^{RR} *f* committee meeting

Aus·schuss·wa·re^{RR} *f* rejects *pl*

aus|schüt·teln *vt* ▪ etw ~ to shake out sth

aus|schüt·ten **I.** *vt* ❶ *(ausleeren)* ▪ etw [über jdn [*o* jdm] /etw] ~ to empty sth [over sb/sth] ❷ *(verschütten)* ▪ etw ~ to spill sth ❸ FIN *(auszahlen)* ▪ etw [an jdn] ~ to distribute sth [to sb]; eine Dividende ~ to distribute [*or* pay out] a dividend **II.** *vr (fam)* ▪ sich vor Lachen ~ to split one's sides laughing *fig*

Aus·schüt·tung <-, -en> *f* FIN dividend; *(das Ausschütten)* distribution of dividends

aus|schwär·men *vi sein: Bienen* to swarm out; *Soldaten* to fan out

aus|schwei·fen *vi sein* ❶ *(abschweifen)* to ramble on ❷ *(umherschweifen)* to run riot; er ließ seine Fantasie ~ he let his imagination run riot

aus·schwei·fend *adj* ein ~es Leben a hedonistic life; eine ~e Fantasie a wild imagination

Aus·schwei·fung <-, -en> *f meist pl* excess

aus|schwei·gen *vr irreg* ▪ sich [über jdn/etw] ~ to remain silent [about sb/sth]; sich eisern ~ to maintain a stony silence

aus|schwem·men *vt* ❶ *(ausspülen)* ▪ etw [aus etw] ~ to flush sth out [of sth] ❷ *(aushöhlen)* ▪ etw ~ to hollow out *sep* sth

aus|schwen·ken **I.** *vt haben* ▪ etw ~ ❶ *(ausspülen)* to rinse out *sep* sth ❷ *(zur Seite schwenken)* to swing sth out **II.** *vi sein* to wheel; die Marschkolonne schwenkte nach rechts aus the column wheeled to the right; Vorsicht, Anhänger schwenkt aus! Keep clear of trailer!

aus|schwit·zen vt ❶ *(durch Schwitzen ausscheiden)* ■ etw ~ to sweat out *sep* sth; **eine Grippe** ~ to sweat out a bout of flu ❷ *(Feuchtigkeit absondern)* *Wände* to sweat ❸ *(durch Erhitzen)* **Mehl** ~ to sweat flour

aus|seh·en vi *irreg* to look; **du siehst gut/ gesund/schick aus** you look great/healthy/smart; ■ ~ **wie …** to look like …; **es sieht gut/schlecht aus** things are looking good/not looking too good; **bei jdm sieht es gut/schlecht aus** things are looking good/not looking too good for sb; **und wie sieht es bei euch aus?** and how are things with you?; **bei mir sieht es gut aus** I'm doing fine; **heute sieht es reg·nerisch aus** it looks like rain today; **nach Schnee/ Regen** ~ to look as if it is going to snow/rain; **nach etwas/nichts aussehen** to look good/not look anything special, to look/not look the part; **es sieht [jdm] danach** [*o so*] ~, **als …** it looks [*or* seems] [to sb] as though … [*or* if]; **du siehst mir gerade danach aus!** *(iron)* I don't think so!, I bet!; **so siehst du [gerade] aus!** *(fam)* that's what you think! *fam;* **seh' ich so** [*o* **danach**] **aus?** what do you take me for? *fam;* **wie sieht's aus?** *(fam)* how's things? [*or fam* BRIT *a.* tricks]

Aus·se·hen <-s> *nt kein pl* appearance; ■ **jds** ~ **nach** judging [*or* going] by sb's appearance; ■ **dem** ~ **nach** judging [*or* going] by appearances

aus|sein *irreg, Zusammenschreibung nur bei infin und pp* I. vi *sein (fam)* ❶ *(beendet sein)* to have finished; *Krieg* to have ended, to be over; *Schule* to be out ❷ *(ausgeschaltet sein)* to be [switched] off; *Feuer, Ofen, Kerze* to be out ❸ SPORT *(außerhalb des Spielfeldes) Ball* to be out ❹ *(es auf jdn/etw abgesehen haben)* ■ **auf jdn/etw** *akk* ~ to be after sb/sth ❺ *(ausgehen)* ■ **[mit jdm]** ~ to go out [with sb] II. vi *impers sein* ❶ *(vorbei sein)* ■ **es ist mit etw aus** sth is over; **es ist aus und vorbei mit diesen Träumen** these dreams are over once and for all ❷ *(fam: sterben)* ■ **es ist mit jdm** ~ sb has had it *sl;* **es ist aus mit ihm** he's finished [*or sl* had it] ❸ *(fam: beendet sein)* ■ **es ist aus** [**zwischen jdm**] it's over [between sb]; **zwischen denen ist es aus** they've broken up, it's over between them; **zwischen uns ist es aus, mein Freund!** we're finished [*or* history] , mate!

au·ßen ['ausn̩] *adv* on the outside; ~ **an der Wind·schutzscheibe** on the outside of the windscreen; **er spielt links/rechts** ~ he is playing on the outside left/right; ■ **nach** ~ outwards; ■ **von** ~ from the outside; ~ **vor bleiben** to be left out; ~ **vor sein** to be left out; **jdn/etw** ~ **vorlassen** to leave sb/sth out, to exclude sb/sth; **nach** ~ **hin** outwardly

Au·ßen <-> ['ausn̩] *nt kein pl* outside

Au·ßen·an·sicht *f* exterior view **Au·ßen·an·ten·ne** *f* outdoor [*or* external] aerial **Au·ßen·auf·nah·me** *f* outdoor shot **Au·ßen·bahn** *f* SPORT outside lane **Au·ßen·be·leuch·tung** *f* exterior lighting **Au·ßen·be·zirk** *m* outer [*or* outlying] district **Au·ßen·bord·mo·tor** *m* outboard [motor]

aus|sen·den vt *irreg (geh)* ❶ *(ausschicken)* ■ **jdn** ~ to send sb out ❷ *(ausstrahlen)* ■ **etw** ~ to broadcast sth

Au·ßen·dienst *m* employment as a sales representative; **im** ~ **sein** [*o* **arbeiten**] to work as a sales representative [*or* in sales]; ~ **machen** to work outside the office

Au·ßen·dienst·mit·ar·bei·ter(in) *m(f)* sales representative

Au·ßen·han·del *m* foreign trade

Au·ßen·han·dels·be·zie·hun·gen *pl* foreign trade relations **Au·ßen·han·dels·bi·lanz** *f* balance of trade **Au·ßen·han·dels·po·li·tik** *f* foreign trade policy

Au·ßen·haut *f* outer skin **Au·ßen·kur·ve** *f* outer curve, outside bend **Au·ßen·mi·nis·ter(in)** *m(f)* foreign minister, foreign secretary BRIT, Secretary of State AM **Au·ßen·mi·nis·te·ri·um** *nt* foreign ministry, Foreign Office BRIT, State Department AM **Au·ßen·mit·ar·bei·ter(in)** *m(f)* external employee **Au·ßen·po·li·tik** ['ausn̩politi:k] *f* foreign policy **au·ßen·po·li·tisch** ['ausn̩poliːtɪʃ] I. adj foreign policy *attr;* ~**e Erfah·rung/**~**er Erfolg** experience/success in foreign policy; **in** ~**en Fragen** in matters of foreign policy; ~**er Sprecher** foreign policy spokesman II. adv as regards foreign policy **Au·ßen·quar·tier** *nt* SCHWEIZ suburb **Au·ßen·sei·te** *f* outside; *Gebäude* exterior

Au·ßen·sei·ter(in) <-s, -> *m(f) (a. fig)* outsider

Au·ßen·spie·gel *m* AUTO [out]side mirror **Au·ßen·stän·de** *pl* ÖKON debts outstanding, accounts receivable *pl* **Au·ßen·ste·hen·de(r)** *f(m) dekl wie adj* outsider **Au·ßen·stel·le** *f* branch **Au·ßen·stür·mer(in)** *m(f)* FBALL wing **Au·ßen·ta·sche** *f* outside pocket **Au·ßen·tem·pe·ra·tur** *f* outside [*or* external] temperature **Au·ßen·wand** *f* exterior [*or* outside] wall **Au·ßen·welt** *f* outside world **Au·ßen·win·kel** *m* exterior angle **Au·ßen·wirt·schaft** *f* ÖKON foreign trade

au·ßer ['ausɐ] I. präp +dat *o* gen *(selten)* ❶ *(abgesehen von)* apart from, except for; ~ **dir waren alle auf dem Fest** everyone was at the party but [*or* apart from] you ❷ *(zusätzlich zu)* in addition, apart from; ~ **ihrer eigenen Arbeit musste sie noch die sei·nige erledigen** she had to do his work as well as her own ❸ *(nicht im)* out of; ~ **Betrieb/Sicht/Gefahr sein** to be out of order/sight/danger ▸ WENDUNGEN: [**über jdn/etw**] ~ **sich** *dat* **sein** to be beside oneself [about sb/etw]; *s. a.* **Reihe** *s. a.* **geraten** II. konj ■ ~ **dass** except that; ■ ~ [**wenn**] except [when]

Au·ßer·acht·las·sung <-, -en> [ausɐˈʔaxtlasʊŋ] *f* disregard; **unter** ~ **der Regeln** with total disregard for the rules

au·ßer·be·trieb·lich adj inv private; ~**e Weiterbil·dung** external advanced training

au·ßer·dem ['ausɐdeːm] adv besides; **ich habe keine Zeit und** ~ **auch keine Lust** I don't have time and besides [*or* anyway] , I don't feel like it; **er ist Profes·sor und** ~ **noch Gutachter** he is professor and expert besides that [*or* as well]

au·ßer·dienst·lich I. adj private II. adv in private, privately

äu·ße·re(r, s) ['ɔysərə, -rɐ, -rəs] adj ❶ *(außerhalb gele·gen)* outer; ~**e Verletzung** external injury ❷ *(von außen wahrnehmbar)* outer, exterior ❸ *(außenpoli·tisch)* external

Äußere(s) ['ɔysərə, -rəs] *nt dekl wie adj* outward appearance

au·ßer·ehe·lich I. adj extramarital; **ein** ~**es Kind** an illegitimate child, a child born outside marriage [*or esp form* wedlock] II. adv illegitimately **au·ßer·eu·ro·pä·isch** adj attr non-European; **China ist das bevölke·rungsreichste** ~**e Land** China is the most populated country outside of Europe **au·ßer·fahr·plan·mä·ßig** I. adj non-scheduled II. adv **dieser Bus verkehrt nur** ~ this bus runs a non-scheduled service **au·ßer·ge·richt·lich** I. adj out of court *attr* II. adv out of court **au·ßer·ge·wöhn·lich** ['ausɐgəˈvøːnlɪç] I. adj unusual; **eine** ~**e Leistung** an extraordinary achieve·ment; **ein** ~**er Mensch** a remarkable [*or* an extraor·dinary] person; **einer** ~**en Belastung ausgesetzt sein** to be under extreme pressure; ■ **etwas A·~es** something unusual [*or* out of the ordinary]; **etw** ~ **Gutes** something extraordinary II. adv extremely

au·ßer·halb ['ausɐhalp] I. adv outside; ~ **der Stadt** outside the town, out of town; ~ **stehen** to be on the outside; **nach** ~ outside [*or* out] of town; **von** ~ from out of town II. präp +gen ❶ *(räumlich entfernt)* out·side; ~ **der Stadt** outside the town ❷ *(zeitlich ent·fernt)* ~ **der Sprechstunde** outside [of] surgery/visiting, etc. hours ② *(jenseits)* outside; ~ **meiner Kompetenz** outside my competence; ~ **der Legalität** outside the law

au·ßer·ir·disch *adj* extraterrestrial; ■ **A~e** extraterrestrials, aliens

Au·ßer·kraft·set·zung <-, -en> *f (geh)* repeal *form*

äu·ßer·lich [ˈɔysəlɪç] *adj* ① *(außen befindlich)* external; **nur zur ~en Anwendung!** MED, PHARM [for] external use only ② *(oberflächlich)* superficial; **[rein]** ~ **betrachtet** on the face of it

Äu·ßer·lich·keit <-, -en> *f* ① *(Oberflächlichkeit)* superficiality; *(Formalität)* formality ② *pl (oberflächliche Details)* trivialities *pl*

äu·ßern [ˈɔysəln] *vt, vi nur infin* ÖSTERR ■ **einen Hund** ~ **[führen]** to take a dog for a walk

äu·ßern [ˈɔysən] **I.** *vr* ① *(Stellung nehmen)* ■ **sich [zu etw]** ~ to say something [about sth], to comment [on sth]; **ich will mich vorerst nicht dazu** ~ I don't want to make any comment at this stage; **sich über jdn/etw** *akk* **abfällig** ~ to make disparaging comments about [*or* of] sb/sth ② *(sich manifestieren)* ■ **sich [irgendwie]** ~ to manifest itself [somehow] **II.** *vt (sagen)* ■ **etw** ~ to say sth; *(zum Ausdruck bringen)* to utter [*or* voice] [*or* express] sth; **eine Kritik** ~ to voice a criticism; **einen Wunsch** ~ to express a wish

au·ßer·or·dent·lich [ˈausəˈʔɔrdn̩tlɪç] **I.** *adj* ① *(ungewöhnlich, bemerkenswert)* extraordinary, exceptional ② *(nicht turnusgemäß)* extraordinary; **ein ~er Professor** associate professor; **eine ~ Sitzung** an extraordinary meeting **II.** *adv* extraordinarily, remarkably, exceptionally

au·ßer·orts *adv* SCHWEIZ, ÖSTERR out of town **au·ßer·par·la·men·ta·risch** *adj* extraparliamentary **au·ßer·plan·mä·ßig** [ˈausəplaːnmɛːsɪç] *adj* unscheduled; ~**e Ausgaben/Kosten** non-budgetary [*or* additional] expenses/costs **au·ßer·schu·lisch** *adj* extracurricular **au·ßer·sinn·lich** *adj* extrasensory; ~ **Wahrnehmung** extrasensory perception

äu·ßerst [ˈɔysəst] *adv* extremely

au·ßer·stan·de [ausəˈʃtandə] *adj (nicht in der Lage)* ■ ~, **etw zu tun** unable [*or* not in a position] to do sth; ■ **zu etw** ~ **sein**, ■ ~ **sein, etw zu tun** to be unable to do sth, to be incapable of doing sth; **sich** ~ **erklären/sehen, etw zu tun** to find oneself unable to do sth

äu·ßers·te(r, s) *adj* ① *(entfernteste)* outermost; **am** ~**n Ende der Welt** at the farthest point of the globe; **der** ~ **Norden/Süden** the extreme north/south ② *(späteste)* latest possible; **der** ~ **Termin** the latest possible time/date ③ *(höchste)* utmost; **von** ~**r Dringlichkeit** extremely urgent; **von** ~**r Wichtigkeit** of supreme [*or* the utmost] importance; **der** ~ **Preis** the last price; **sie wehrte sich mit** ~**r Kraft** she defended herself with all her strength

Äu·ßers·te(s) *nt dekl wie adj* **auf das** ~ **gefasst sein** to be prepared for the worst; **bis zum** ~**n gehen** to go to any extreme; **sein** ~**s geben** to give one's all; **das** ~ **wagen** to go to all extremes

äu·ßers·ten·falls [ˈɔysəstn̩ˈfals] *adv* at the most, at best

au·ßer·ta·rif·lich *adj inv* non-union

au·ßer·tour·lich [ˈausetuːɐ̯lɪç] **I.** *adj* ÖSTERR, SÜDD unscheduled **II.** *adv* ÖSTERR, SÜDD in addition

Äu·ße·rung <-, -en> *f* ① *(Bemerkung)* comment, remark ② *(Zeichen)* expression, sign

au·ßer·uni·ver·si·tär *adj* SCH *Forschung, Veranstaltung, Weiterbildung* not university related

aus|set·zen **I.** *vt* ① *(im Stich lassen)* ■ **jdn/ein Tier** ~ to abandon sb/an animal ② *(ins Freie herausbringen)* **Pflanzen** ~ to plant out plants; **Wild/Fische** ~ to release game/fish ③ NAUT **Boote** ~ to lower boats [to water]; **Passagiere** ~ to maroon pas-

sengers ④ *(preisgeben)* ■ **jdn/etw einer S.** *dat* ~ to expose sb/sth to sth; ■ **sich einer S.** *dat* ~ to expose oneself to sth; **jdn der Kritik aussetzen** to subject sb to criticism ⑤ *(festsetzen)* ■ **jdm etw** ~ to offer sb sth; **einen Preis auf jds Kopf** ~ to put a price on sb's head ⑥ *(vermachen)* ■ **jdm etw** ~ to bequeath [*or* leave] sth to sb ⑦ *(unterbrechen)* to interrupt; **einen Prozess** ~ to adjourn a trial; **Rückzahlung/Zinsen** ~ to defer payment/interest ⑧ *(vertagen)* ■ **etw** ~ to suspend sth ⑨ *(bemängeln)* ■ **an etw** *dat* **ist etwas/nichts auszusetzen** there is something/nothing wrong with [*or* objectionable about] sth; ■ **[an jdm/etw] etwas/nichts auszusetzen haben** to find fault/not find any fault [with sb/sth] **II.** *vi* ① *(aufhören)* ■ **[bei etw]** ~ to take a break [from sth]; *(bei Spiel)* to sit [sth] out; **eine Runde aussetzen** to miss a turn ② *(versagen)* to stop; *Motor* to fail; **bei jdm setzt die Atmung/das Herz aus** sb's breathing/heart stops ③ *(unterbrechen)* ■ **mit etw** ~ to interrupt sth; **mit der Pille** ~ to stop taking the pill; **ohne auszusetzen** non-stop, without a break **III.** *vi impers (fam: ausrasten)* ■ **es setzt [bei jdm] aus** sth snaps [in sb]; **auf einmal setzte es bei ihm aus** all of a sudden he snapped

Aus·set·zer <-s, -> *m* TECH *(fam)* abrupt failure of a machine or one of its functions during operation

Aus·set·zung <-, -en> *f* ① *(das Aussetzen) Kind, Haustiere* abandonment; *Pflanzen* planting out; *Fische, Wild* releasing; *Boote* lowering; *Passagiere* marooning ② *(in Aussicht stellen) Belohnung, Preis, Erbteil* offer ③ JUR *(Unterbrechung)* adjournment; *einer Rückzahlung, der Zinsen* deferment ④ JUR *(Vertagung)* suspension

Aus·sicht *f* ① *(Blick)* view; ■ **die** ~ **auf etw** *akk* the view overlooking [*or* of] sth ② *(Chance)* prospect, chance; ■ **die** ~ **auf etw** *akk* the chance of sth; **große** ~**en auf etw haben** *akk* to have every prospect [*or* chance] of sth; **gute** ~**en auf etw haben** *akk* to have good prospects of sth; **keine** [*o* **nicht die geringsten**] ~**en [auf etw** *akk*] **haben** to have no [*or* not the slightest] chance [of sth]; **etw in** ~ **haben** to have good prospects of sth; **jdm etw in** ~ **stellen** to promise sb sth; **das sind ja schöne** ~**en!** *(iron fam)* what a prospect!

aus·sichts·los *adj* hopeless; ■ **[so gut wie]** ~ **sein** to be [absolutely] hopeless

Aus·sichts·lo·sig·keit <-> *f kein pl* hopelessness, desperation

Aus·sichts·punkt *m* viewpoint **aus·sichts·reich** *adj* promising; **eine** ~ **Stelle** a job with good prospects **Aus·sichts·turm** *m* lookout tower

aus|sie·ben *vt* ① *(mit Sieb entfernen)* ■ **etw [mit etw] [aus etw]** ~ to strain sth [out of sth] [with sth] ② *(aussondern)* ■ **jdn [aus etw]** ~ to sift sb [out of sth]

aus|sie·deln *vt* ■ **jdn** ~ to evacuate [*or* resettle] sb

Aus·sied·ler(in) *m(f)* emigrant; *(Evakuierter)* evacuee

aus|sit·zen *vt* ■ **etw** ~ to sit sth out

aus|söh·nen [ˈausˈzøːnən] **I.** *vt* ■ **jdn mit jdm/etw** ~ to reconcile sb with sb/to sth **II.** *vr* ■ **sich mit jdm/ etw** ~ to become reconciled with sb/to sth; ■ **sich** ~ to make up

Aus·söh·nung <-, -en> *f* ■ ~ **[mit jdm]** reconciliation [with sb]

aus|son·dern *vt* to select; **Schlechtes** ~ to sift [*or* flush] out the bad ones [*or* bits]; **den besten Kandidaten** ~ to single out the best candidate

Aus·son·de·rung <-, -en> *f* selection, picking out *no pl; von Bewerbern* singling out; **die Vorstellungsgespräche dienten der** ~ **des besten Kandidaten** the interviews served to single out the best candidate

aus|sor·gen *vi* ■ **ausgesorgt haben** to be set up for life *fam*

aus|sor·tie·ren' *vt* ▪ **etw** ~ to sort sth out

aus|spä·hen I. *vi* ① |**nach jdm/etw**| ~ to look out [for sb/sth] **II.** *vt* ▪ **jdn/etw** ~ to spy sb/sth out

aus|span·nen I. *vi* to relax, to have a break **II.** *vt* ① **etw** [**aus etw**] ~ to unharness [*or* unhitch] sth [from sth]; **einen Ochsen** ~ to unyoke an ox ② *(aus-breiten)* ▪ **etw** ~ to spread sth out; **ein Seil/eine Leine** ~ to put up a rope/line ③ *(herausdrehen)* ▪ **etw** |**aus etw**| ~ to take sth out [of sth]; **den Bogen aus der Schreibmaschine** ~ to take the paper out of the typewriter ④ *(fam: abspenstig machen)* **jdm die Freundin/den Freund** ~ to pinch [*or* steal] sb's girl-friend/boyfriend ⑤ *(fam: sich ausborgen)* ▪ **jdm etw** ~ to do sb out of sth *fam*

Aus·span·nung <-> *f kein pl* relaxation *no pl*

aus|spa·ren *vt* ① *(nicht einbeziehen)* ▪ **etw** |**bei etw**| ~ to avoid sth [in sth] ② *(ausnehmen)* ▪ **etw** [**bei etw**] ~ to omit sth [in sth] ③ *(verschonen)* ▪ **jdn** ~ to spare sb ④ *(unbeschriftet lassen)* ▪ **etw** ~ to leave sth blank

Aus·spa·rung <-, -en> *f (Lücke)* gap; *(Auslassung)* omission

aus|spei·en *irreg* **I.** *vt (geh)* ① *(ausstoßen)* ▪ **etw** ~ to disgorge sth, to bring up *sep* sth ② *(ausspucken)* ▪ **etw** ~ to spit out *sep* sth; *(fig)* to spew out *sep* sth **II.** *vi (geh)* to spit out

aus|sper·ren *vt* ▪ **jdn** |**aus etw**| ~ to lock sb out [of sth]; ▪ **sich** |**aus etw**| ~ to lock oneself out [of sth]

Aus·sper·rung <-, -en> *f* ÖKON lockout; **jdm mit ~ drohen** to threaten sb with a lockout, to threaten to lock out sb

aus|spie·len I. *vt* ① KARTEN ▪ **etw** ~ to play sth ② *(als Preis aussetzen)* Lotterie ▪ **etw** ~ to pay out sth ③ *(wechselseitig einsetzen)* to use, to apply; ▪ **etw** |**gegen jdn**| ~ to play sth off [against sb], to use sth [against sb]; ▪ **jdn gegen jdn** ~ to play sb off against sb **II.** *vi* ① KARTEN *(das Spiel eröffnen)* to lead; *(Karte ablegen)* to play a card; **einen Trumpf** ~ to play a trump [card] ② *(verspielen)* ▪ [**bei jdm**] [**als etw**] **ausgespielt haben** to have had it [with sb] [as sth]; **bei mir hast du endgültig ausgespielt!** you've had it as far as I am concerned!, I'm through with you! *fam*

Aus·spie·lung <-, -en> *f* draw

aus|spin·nen *vt irreg* ▪ **etw** ~ to spin [*or* draw] sth out

aus|spi·o·nie·ren' *vt* ① *(als Spion durchsuchen)* ▪ **etw** ~ to spy into sth, to spy sth out ② *(ausfindig machen)* ▪ **jdn/etw** ~ to spy sb/sth out

Aus·spra·che *f* ① *(Akzent)* pronunciation, accent; *(Art des Artikulierens)* articulation; **eine feuchte ~ haben** to splutter when one speaks ② *(Unterredung)* talk, discussion

Aus·spra·che·an·ga·be *f* phonetic transcription **Aus-spra·che·wör·ter·buch** *nt* phonetic dictionary, dictionary of pronunciation

aus·sprech·bar *adj* ▪ [**für jdn**] **nicht/schwer ~ sein** to be unpronounceable/difficult to pronounce [for sb]; ▪ [**für jdn**] **kaum ~ sein** to be barely pronounceable [for sb]

aus|spre·chen *irreg* **I.** *vt* ① *(artikulieren)* ▪ **etw** ~ to pronounce sth; **wie spricht man das** [**Wort**] **aus?** how do you pronounce [*or* say] that [word]? ② *(äu-ßern)* ▪ **etw** ~ to express sth; **kaum hatte er den Satz ausgesprochen, ...** he had barely finished the sentence ...; **ein Lob** ~ to give a word of praise; **eine Warnung** ~ to issue [*or* give] a warning; **einen Zwei-fel** [**an etw**] ~ to express doubts [in sth] ③ *(ausdrü-cken)* ▪ **jdm etw** ~ to express sth to sb; **das Parla-ment sprach der Regierung das Vertrauen aus** parliament passed a vote of confidence in the govern-ment ④ JUR **eine Scheidung** ~ to grant a divorce;

eine Strafe ~ to give out a punishment; **ein Urteil** ~ to pronounce [a] sentence **II.** *vr* ▪ **sich** ~ ① *(sein Herz ausschütten)* to talk things over, to have a talk, to say what's on one's mind ② *(Stellung nehmen)* to voice one's opinion; ▪ **sich für/gegen jdn/etw** ~ to voice one's support for/opposition against sb/sth ③ *(sich äußern)* to speak one's mind; **sich anerkennend/lobend über jdn/etw** ~ to speak highly about sb/sth ④ LING to be pronounced; **dieses Wort spricht sich leicht/schwer aus** this word is easy/difficult to pro-nounce; **wie spricht sich der Name aus?** how do you pronounce the name? **III.** *vi* to finish [speaking]; **haben Sie jetzt endlich ausgesprochen?** have you quite finished?; *s. a.* **ausgesprochen**

Aus·spruch *m* remark; *(geflügeltes Wort)* saying

aus|spu·cken I. *vt* ① *(ausspeien)* ▪ **etw** ~ to spit sth out ② *(fam: auswerfen)* ▪ **etw** ~ to spew sth out *fam;* *(herausgeben)* to cough up *sep* sth; **los, spuck das Geld endlich 'raus!** come on, cough up the money! *fam* ③ *(fam: gestehen)* ▪ [**etw**] ~ to spit [sth] out **II.** *vi* [**vor jdm/etw**] ~ to spit [at sb/sth]

aus|spü·len *vt* ▪ **etw** ~ to wash sth out, to rinse sth; ▪ [**sich** *dat*] **etw** ~ to wash out [one's] sth, to rinse [one's] sth; **etw kräftig** ~ to flush out sth

Aus·spü·lung *f* washing out *no pl*, rinse; GEOL erosion

aus|staf·fie·ren' *vt (fam)* ① *(ausstatten)* ▪ **etw** [**mit etw**] ~ to fit sth out [with sth], to equip sth [with sth] ② *(einkleiden)* ▪ **jdn** [**mit etw**] ~ to rig [*or esp* BRIT kit] sb out [in sth]

Aus·stand *m* ① *(Streik)* **im ~ sein** to be on strike; **in den ~ treten** to go on strike, BRIT *a.* to take industrial action ② SCHWEIZ, ÖSTERR, SÜDD *(Ausscheiden aus Stelle o Schule)* going away *no pl*, leaving BRIT *no pl;* **seinen ~ geben** to hold a going-away [*or* BRIT leaving] party

aus·stän·dig *adj* FIN, ÖKON outstanding

aus|stan·zen *vt* ▪ **etw** [**aus etw**] ~ to stamp [*or* punch] sth out [of sth]; **ein Loch** ~ to punch a hole; **Münzen** ~ to mint coins

aus|stat·ten ['aʊsʃtatn] *vt* ① *(versorgen)* ▪ **jdn** [**mit etw**] ~ to equip sb [with sth], to provide sb [with sth] ② JUR **jdn mit etw** ~ to vest sb with sth, to provide [*or* furnish] sb with sth ③ *(einrichten)* ▪ **etw** [**mit etw**] ~ to furnish sth [with sth] ④ *(versehen)* ▪ **etw** [**mit etw**] ~ to equip sth with sth; **der Bildband ist gut ausgestattet** the book is well illustrated; *Auto* **dieses Modell ist serienmäßig mit elektrischen Fenstern ausgestattet** this model has electric win-dows as a standard fitting

Aus·stat·ter(in) <-s, -> *m(f)* FILM, TV, THEAT *(Kostüm)* wardrobe supervisor; *(Szenenbildner)* set designer; **~in: Heike Busch** wardrobe/set design by Heike Busch

Aus·stat·tung <-, -en> *f* ① *(Ausrüstung)* equipment; *(das Ausrüsten)* equipping *no pl*, provi-sion, fitting-out *no pl* ② *kein pl* ③ **jds** ~ **mit etw** the vesting of sb with sth ③ *(Einrichtung)* furnishings *pl;* **das Haus hatte eine sehr luxuriöse** ~ the house was luxuriously furnished ④ *(Aufmachung)* features *pl*, fittings *pl*

aus|ste·chen *vt irreg* ① *(entfernen, herausnehmen)* **jdm das Auge** ~ to poke [*or* gouge] sb's eye out; **Plätzchen** ~ to cut out biscuits; **Torf** ~ to cut peat [*or* turf]; **Unkraut** ~ to dig out weeds ② *(fam: übertreffen und verdrängen)* ▪ **jdn** ~ to outdo sb; ▪ **jdn bei jdm** ~ to push sb out of sb's favour; **mit dieser Leis-tung stach er alle Konkurrenten aus** this perfor-mance outstripped that of all his competitors

Aus·stech·form *f* KOCHK cutter

aus|ste·hen *irreg* **I.** *vt* ① *(ertragen)* ▪ **etw** ~ to endure sth; **jdn/etw nicht ~ können** to not be able to stand *fam* [*or* tolerate] sb/sth ② *(durchmachen)* ▪ **mit jdm/etw etwas/viel** ~ to go through something/a lot with sb/sth; **ich habe nun wirklich genug ausgestanden!** I've really been through enough!; **mit jdm/etw viel/etwas auszustehen haben** to have to put up with a lot/something with sb/sth; **ausgestanden sein** *(vorbei sein)* to be all over [and done with] **II.** *vi* ▪[**noch**] ~ ❶ *(noch nicht da sein)* to be due; **die Antwort steht seit 5 Wochen aus** the reply has been due for 5 weeks; **die Sendung/das Paket steht immer noch aus** the letter/package has still not been delivered; *(noch zu erwarten sein)* to be still expected [*or* awaited] ❷ ÖKON, FIN to be owing [*or* outstanding]

aus|stei·gen *vi irreg sein* ❶ ▪[**aus etw**] ~ to get off [sth]; **aus einem Auto** ~ to get out of a car; **du kannst mich dort** ~ **lassen** you can let me out over there; **„Endstation, alles** ~**!"** "Last stop, all change!" ❷ *(aufgeben)* ▪[**aus etw**] ~ to drop out [of sth], to quit *fam* [sth]; SPORT to retire [*or* withdraw] [from sth]; *(sich zurückziehen)* to withdraw [from sth]; **aus der Gesellschaft** ~ to drop [*or* opt] out of society

Aus·stei·ger(in) <-s, -> *m(f)* *(aus Gesellschaft, Beruf, Studium)* dropout *esp pej*, BRIT *a.* downshifter; *(aus Terroristenkreisen)* deserter, apostate

aus|stel·len I. *vt* ❶ *(zur Schau stellen)* ▪ **etw** ~ to display sth; *(auf Messe, in Museum)* to exhibit sth ❷ *(ausschreiben)* ▪[**jdm**] **etw** ~ to write [out *sep*] [sb] sth, to make out *sep* sth [for sb]; [**jdm**] **eine Rechnung** ~ to issue [sb] an invoice; *(ausfertigen)* to issue [sb] sth; ▪ **etw auf jdn** ~ to make out sth to sb [*or* in sb's name]; **stellen Sie bitte die Rechnung aus** please write me [out] the bill; **sie ließ sich einen Scheck/die Bescheinigung** ~ she had a cheque/the certificate made out in her name ❸ *(ausschalten)* ▪ **etw** ~ to switch off *sep* sth; **die Heizung** ~ to turn off *sep* the heating [*or* AM the heat] **II.** *vi* ÖKON *(sich an einer Ausstellung beteiligen)* to exhibit

Aus·stel·ler(in) <-s, -> *m(f)* ❶ *(auf Messe)* exhibitor ❷ FIN *(ausstellender Kontoinhaber)* Scheck drawer; ADMIN *(ausstellende Behörde o. Stelle)* issuer

Aus·stell·fens·ter *nt* AUTO quarter-light BRIT

Aus·stel·lung *f* ❶ *(Kunst~, Messe)* exhibition ❷ *kein pl (das Ausschreiben)* Scheck making out; *Rezept, Rechnung* writing out, issuing; **die** ~ **der Rechnung erfolgt innerhalb von zwei Werktagen** an invoice will be issued within two working days; *(Ausfertigung)* issue, issuing

Aus·stel·lungs·da·tum *nt* date of issue **Aus·stel·lungs·flä·che** *f* ÖKON exhibition area **Aus·stel·lungs·ge·län·de** *nt* exhibition site [*or* area] **Aus·stel·lungs·ka·ta·log** *m* exhibition catalogue **Aus·stel·lungs·ma·cher(in)** *m(f)* exhibition organizer **Aus·stel·lungs·stück** *nt* display model; *(in Ausstellung)* exhibit **Aus·stel·lungs·tag** *m* day of issue

aus|ster·ben *vi irreg sein* to die out; *Geschlecht, Spezies* to become extinct

Aus·ster·ben *nt* extinction; **im** ~ **begriffen** dying out

Aus·steu·er <-, -n> *f* dowry

Aus·stieg <-[e]s, -e> *m* ❶ *kein pl (das Aussteigen)* **der** ~ **aus etw** *Bus, Zug etc.* getting off sth; *Auto* getting out of sth; *Höhle* climbing out of sth ❷ *(Öffnung zum Aussteigen)* exit ❸ *(das Aufgeben)* ▪ **der** ~ **aus etw** abandoning sth; **der** ~ **aus der Kernenergie** abandoning [of] nuclear energy

Aus·stiegs·klau·sel *f* JUR opt-out clause

aus|stop·fen *vt* ▪ **etw** ~ to stuff sth; **eine Ritze** [**mit etw**] ~ to fill a crack [with sth]

Aus·stoß *m* ❶ *(Produktion)* output, production; ▪ **der** ~ **von/an etw** the output [*or* production] of sth ❷ *(Ausschluss)* expulsion ❸ *(Emission)* emission

aus|sto·ßen *vt irreg* ❶ *(hervorbringen)* ▪ **etw** [**in etw** *akk*] ~ to eject sth [into sth]; **Gase** ~ to emit [*or* give off] gases ❷ *(von sich geben)* **einen Seufzer** ~ to

utter a sigh; **einen Schrei** ~ to give [out] a shout, to shout out; **Laute** ~ to make noises ❸ *(herausstoßen)* ▪ **etw** [**aus etw**] ~ to expel sth [from sth] ❹ *(verlieren lassen)* ▪ **sich** *dat* **etw** ~ to put out [*or* knock out] one's sth; ▪ **jdm einen Zahn** ~ to knock out sb's tooth; **jdm ein Auge** ~ to poke out sb's eye ❺ *(ausschließen)* ▪ **jdn** [**aus etw**] ~ to expel [*or* banish] sb [from sth]; *s. a.* **Ausgestoßene(r)** ❻ *(produzieren)* ▪ **etw** ~ to turn out sth, to produce sth

Aus·sto·ßung <-> *f kein pl* ▪ **die** ~ **aus etw** expulsion from sth; *(aus der Gemeinschaft/dem Stamm)* banishment [*or* exclusion] from sth

aus|strah·len I. *vt haben* ❶ *(abstrahlen)* ▪ **etw** ~ to radiate sth; **Licht/Wärme** ~ to give off light/heat; **Radioaktivität** ~ to emit [*or* generate] radioactivity ❷ RADIO, TV *(senden)* ▪ **etw** ~ to transmit [*or* broadcast] sth ❸ *(verbreiten)* ▪ **etw** ~ to radiate [*or* exude] sth; **er strahlt eine wohltuende Ruhe aus** he exudes a pleasant sense of calm **II.** *vi sein* ❶ *(abstrahlen)* ▪[**von etw**] ~ to radiate; *bes Licht, Wärme* to be given off; *Radioaktivität* to be emitted [*or* generated] ❷ *(sich ausdehnen)* ▪ **in etw** *akk* ~ *Schmerz* to extend to sth ❸ *(übergehen)* ▪ **auf jdn/etw** ~ to spread out to sb/sth

Aus·strah·lung *f* ❶ *(besondere Wirkung)* radiance; **eine besondere** ~ **haben** to have a special charisma ❷ RADIO, TV broadcast[ing], transmission

Aus·strah·lungs·ter·min *m* TV broadcasting date

aus|stre·cken I. *vt* ▪ **etw** [**nach jdm/etw**] ~ to extend sth [to sb/sth]; **seine Fühler** ~ to put out one's antennae; *(fig)* to make enquiries; **die Hände/Beine** ~ to stretch [*or* put] out ones hands/legs **II.** *vr* *(sich räkeln)* ▪ **sich** ~ to stretch oneself out, to have a stretch

aus|strei·chen I. *vt* ▪ **etw** ~ to cross out *sep* sth ❷ *(glätten)* ▪ **etw** ~ to smooth out *sep* sth ❸ KOCHK **etw** [**mit etw**] ~ to grease sth [with sth] ❹ *(ausschmieren)* ▪ **etw** [**mit etw**] ~ to smooth over sth [with sth], to fill sth [with sth]

aus|streu·en *vt* ❶ *(verstreuen)* ▪ **etw** ~ to scatter sth; ▪ **etw mit etw** ~ to scatter [*or* cover] sth with sth ❷ *(verbreiten)* ▪ **etw** ~ to scatter [*or* spread] sth ❸ KOCHK **etw** [**mit etw**] ~ to grease and line [with sth]

aus|strö·men I. *vi sein* ❶ *(herausfließen)* ▪[**aus etw**] ~ to stream [*or* pour] [out of sth]; *(entweichen)* *Dampf, Gas* to escape [*or* leak] [from sth] ❷ *(ausgehen)* ▪ **von etw** ~ to be given off from sth, to be emitted from sth; **von diesen Blüten strömt ein süßlicher Duft aus** these blossoms are giving off [*or* emitting] a sweet smell ❸ *(ausstrahlen)* ▪ **von etw** ~ *Hitze, Wärme* to radiate from sth; ▪ **von jdm** ~ *Heiterkeit, Ruhe, Zufriedenheit* to radiate [*or* exude] from sb **II.** *vt haben* ❶ *(austreten lassen)* ▪ **etw** ~ to give off sth ❷ *(verbreiten)* ▪ **etw** ~ to radiate sth

aus|su·chen *vt* *(auswählen)* ▪[**jdm** [*o* **für jdn**] **etw** ~ to choose [*or* pick [out]] [*or* select] sth [for sb]; ▪ **jdn** [**für/zu etw**] ~ to choose sb [for sth]; ▪ **sich** *dat* **etw** ~ to choose [*or* pick] sth; ▪ **sich** *dat* **jdn** ~ to pick [*or* select] sb; *s. a.* **ausgesucht**

Aus·tausch *m* exchange; *(Ideenaustausch)* exchange of ideas; **im** ~ **für** [*o* **gegen**] **etw** in exchange for sth

aus·tausch·bar *adj* interchangeable, exchangeable; *abgenutzte o defekte Teile* replaceable; ▪ ~ **sein** *Mensch* to be replaceable

aus|tau·schen I. *vt* ❶ *(ersetzen)* ▪[**jdm**] **etw** [**gegen etw**] ~ to replace sth [with sth] [for sb] ❷ POL ▪ **jdn/etw** ~ to exchange sb/sth; **die Gegner tauschten Gefangene aus** the enemies exchanged prisoners ❸ *(miteinander wechseln)* ▪ **etw** ~ *Erfahrungen* ~ to exchange [*or* swap] experiences **II.** *vr* *(über jdn/etw sprechen)* ▪ **sich** [**über jdn/etw**] ~ to exchange

stories [about sb/sth]

Aus·tausch·mo·tor *m* replacement [*or* refurbished] engine **Aus·tausch·schü·ler(in)** *m(f)* exchange pupil **Aus·tausch·stu·dent(in)** *m(f)* exchange student

aus|tei·len *vt* ■ etw [an jdn] ~ to distribute sth [*or* hand out *sep* sth] [to sb]; **das Abendmahl/Sakra·ment** ~ to administer [*or* give] communion; **Befehle** ~ to issue commands; **Essen [an jdn]** ~ to serve food [to sb]; **Karten [an jdn]** ~ to deal [out] [the] cards [to sb]; **den Segen** ~ *(a fig)* to give [*or* pronounce] a blessing

Aus·tei·lung *f* distribution, handing out; *Essen* serving; REL administering, administration

Aus·ter <-, -n> ['austɐ] *f* oyster

Aus·tern·bank *f* oyster bank [*or* bed] **Aus·tern·bre·cher** <-s, -> *m* oyster opener **Aus·tern·fi·scher** *m* ORN oyster catcher **Aus·tern·ga·bel** *f* oyster fork **Aus·tern·mes·ser** *nt* oyster knife **Aus·tern·öff·ner** *m* s. **Austernbrecher Aus·tern·pilz** *m* Chinese [*or* oyster] mushroom **Aus·tern·scha·le** *f* oyster shell

aus|til·gen *vt (geh)* ① *(vernichten)* ■ jdn/etw ~ to annihilate sb/sth; **Unkraut/Ungeziefer** ~ to exterminate [*or* eradicate] weeds/pests ② *(auslöschen)* ■ etw ~ to extinguish sth; **die Erinnerung an etw** ~ to obliterate the memory of sth

aus|to·ben I. *vt* ■ etw an jdm ~ to let sth out on sb **II.** *vr* ■ sich ~ ① *(sich abregen)* to let off steam; *(sich müde toben)* to romp around [*or* about]; *(ein wildes Leben führen)* to sow one's wild oats *fam!*; *(seine Neigungen ausleben)* to let one's hair down ② Orkan to die down

aus|tra·gen *vt irreg* ① *(zu Fuß zustellen)* ■ etw ~ to deliver sth ② *(stattfinden lassen)* ■ etw ~ to hold sth; **einen Streit mit jdm** ~ to have it out with sb ③ *(streichen)* ■ etw [aus etw] ~ to take out sth [from sth]; **einen Namen aus einer Liste** ~ to take a name off a list, to cross a name out on a list ④ *(bis zur Geburt behalten)* ■ ein Baby/ein Tier ~ to carry a baby/an animal to [the full] term

Aus·trä·ger(in) *m(f)* [news]paper man/woman/boy

Aus·tra·gung <-, -en> *f* holding

Aus·tra·gungs·ort *m* venue

Aus·tra·li·en <-s> [aus'tra:li̯ən] *nt* Australia; *s. a.* **Deutschland**

Aus·tra·li·er(in) <-s, -> [aus'tra:li̯ɐ] *m(f)* Australian; *s. a.* **Deutsche(r)**

aus·tra·lisch [aus'tra:lɪʃ] *adj* Australian; *s. a.* **deutsch**

aus|träu·men *vi* [noch nicht] **ausgeträumt** **haben** to have not stopped dreaming [yet]; ■ **ausgeträumt** **sein** to be over; **ihr Traum von einem schönen** **Urlaub war ausgeträumt** her dream of a nice holiday was over

aus|trei·ben *irreg* **I.** *vt* ① REL *(vertreiben)* ■ [jdm] jdn ~ to exorcise sb [in sb], to drive out sb [in sb] ② *(rücksichtslos abgewöhnen)* ■ jdm etw ~ to knock sth out of sb *fam* ③ AGR ■ etw ~ to drive sth out; **das Vieh** ~ to drive out the cattle **II.** *vi* BOT to sprout

Aus·trei·bung <-, -en> *f* REL exorcism

aus|tre·ten *irreg* **I.** *vi sein* ① *(herausdringen)* ■ [aus etw] ~ to come out [of sth]; *Blut, Eiter etc. a.* to issue [from sth]; *Öl* to leak [from sth]; *(entweichen) Gas* to escape [from sth] ② *(fam: zur Toilette gehen)* to go to the loo BRIT *fam* [*or* AM bathroom] ③ *(ausscheiden)* ■ [aus etw] ~ to leave [sth], to resign **II.** *vt haben* ■ etw ~ ① *(auslöschen)* to stamp sth out ② *(durch Tragen ausweiten)* to wear sth out ③ *(abnutzen)* ■ etw ~ to wear sth down; ■ **ausgetreten** worn [down]

aus|trick·sen *vt (fam)* ■ jdn ~ to trick sb

aus|trin·ken *irreg* **I.** *vt* ■ etw ~ to finish sth **II.** *vi* to drink up, to finish one's drink

Aus·tritt *m* ① *kein pl (das Herauskommen)* issue; *Flüssigkeit* leakage; **der Schaden wurde durch den ~** **der Bremsflüssigkeit verursacht** the damage was caused by the brake fluid leaking; *(das Entweichen) Gas, Radioaktivität* escape; *Geschoß* exit ② *(das Ausscheiden)* ■ ~ **aus etw** departure [*or* esp form resignation] from sth

Aus·tritts·er·klä·rung *f* notice of resignation

aus|trock·nen I. *vi sein* to dry out; *Brot, Fluss, Käse, Kuchen* to dry up; *Haut* to dehydrate, to become dry; *Kehle* to become parched **II.** *vt* ① *haben (trockenlegen)* ■ etw ~ to dry out sth ② *(trocken machen)* ■ etw ~ to dehydrate sth; **die Kehle** ~ to make the throat parched

aus|trom·pe·ten* *vt (fam)* ■ etw ~ to broadcast sth *fam*

aus|tüf·teln *vt (fam: geschickt ausarbeiten)* ■ etw ~ to work sth out, to figure out sth *fam*; *(sich ausdenken)* to think up sth

aus|üben *vt* ① *(praktizieren)* **einen Beruf** ~ to practise [*or* AM -ice] a profession; **ein Amt** ~ to hold office; **eine Aufgabe/Funktion** ~ to perform a task/a function; **Macht/ein Recht** ~ to exercise power/a right ② *(wirken lassen)* **Druck/einen Einfluss [auf** **jdn]** ~ to exert pressure/an influence [on sb]; **eine** **Wirkung** ~ [auf jdn] to have an effect [on sb]

Aus·übung *f kein pl* ① *(das Praktizieren)* practising [*or* AM -ic-] *no pl; (das Innehaben) Amt* holding *no pl,* carrying out *no pl; Aufgabe, Funktion* performing *no pl;* **in ~ eines Berufes** *(geh)* in the pursuance of a profession *form;* **in ~ einer Pflicht** *(geh)* in the execution of a duty *form;* **in ~ eines Amtes** *(geh)* in the line of duty ② *(die Entfaltung einer Wirkung)* exertion ③ *(das Verwalten)* exercise

aus|ufern [-ʔuːfɐn] *vi sein* to escalate, to get out of hand; ■ [zu etw] ~ to escalate [into sth]

Aus·ver·kauf *m* ① ÖKON *(Räumung des Lagers)* clearance sale; „~ **wegen Geschäftsaufgabe"** 'Closingdown sale' ② *(pej: Verrat)* sell-out

aus|ver·kau·fen* *vt* ■ etw ausverkauft haben to have sold out of sth

aus·ver·kauft *adj* sold out; *s. a.* **Haus**

aus|wach·sen *irreg* **I.** *vi sein (zu Ende wachsen)* to grow to full extent; ■ **ausgewachsen sein** to be fully grown ▶ WENDUNGEN: **das/es ist [ja] zum A~** DIAL *(fam)* it's enough to drive you mad, it's enough to drive you around [*or* BRIT a. round] the bend *fam;* **es** **war zum A~ langweilig** DIAL *(fam)* it was incredibly boring **II.** *vr haben* ① *(durch Wachstum verschwinden)* ■ sich ~ to right itself ② *(ausufern)* ■ sich zu etw ~ to escalate into sth, to turn into sth; *s. a.* **ausgewachsen**

Aus·wahl *f* ① ÖKON *(Warenangebot)* selection, range, choice; ■ **die/eine ~ an etw** *dat* the/a selection of sth; **freie** ~ [unter *dat* ...] **haben** to have one's pick [among ...], to have the choice [among ...]; **die ~** **haben** to have the choice; **du hast die ~!** it's your choice!; **jdn/etw zur ~ haben** to have sb/sth to choose from; **zur ~ stehen** to choose from; **eine/** **seine ~** [unter *dat* ...] **treffen** to make one's choice [*or* selection] [from ...] ② SPORT representative team

aus|wäh·len I. *vt* ■ [sich *dat*] jdn/etw [aus/unter *dat* ...] ~ to choose [*or* select] sb/sth [from/among ...] [for oneself]; *s. a.* **ausgewählt II.** *vi* to choose, to select; *s. a.* **ausgewählt**

Aus·wahl·mann·schaft *f* SPORT representative team

Aus·wahl·spie·ler(in) *m(f)* SPORT player for a representative team **Aus·wahl·ver·fah·ren** *nt* selection process

aus|wal·ken *vt* KOCHK to flatten, to roll flat

aus|wal·zen *vt* ① *(zu Blech walzen)* ■ etw [zu etw] ~ to roll out *sep* sth [to sth] ② *(pej: zu breit erörtern)*

■ etw ~ to drag out *sep* sth, to go to town on sth

Aus·wan·de·rer, -wan·de·rin *m, f* emigrant

aus|wan·dern *vi sein* ■ [nach/in etw *akk*] ~ to emigrate [to somewhere]

Aus·wan·de·rung *f* emigration

aus·wär·tig ['ausvɛrtɪç] *adj attr* ❶ *(nicht vom Ort)* from out of town, non-local; ÖKON *Filiale, Zweigstelle* out of town ❷ POL foreign; **Minister des A~en** *(geh)* Foreign Minister, Foreign Secretary BRIT; *s. a.* **Amt** *s. a.* **Dienst**

aus·wärts ['ausvɛrts] *adv* ❶ *(außerhalb des Ortes)* out of town; SPORT away; **das Spiel fand ~ statt** it was an away game; ■ **von** ~ from out of town; ~ **essen** to eat out ❷ *(nach außen)* ■ **nach** ~ outwards

Aus·wärts·spiel *nt* SPORT away game

aus|wa·schen *vt irreg* ❶ *(durch Waschen entfernen)* ■ [sich *dat*] etw [aus etw] ~ to wash out sth [from sth] ❷ *(durch Spülen säubern)* ■ etw ~ to wash sth out, to rinse sth ❸ GEOL *(herausspülen)* ■ etw ~ to flush out [*or* erode] sth

aus·wech·sel·bar *adj (untereinander ~)* interchangeable; *(ersetzbar)* replaceable

aus|wech·seln [-ks-] *vt* ■ jdn/etw [gegen jdn/etw] ~ to replace sb/sth [with sb/sth]; einen Spieler [gegen jdn] ~ to substitute a player [for sb] ▶ WENDUNGEN: **wie ausgewechselt [sein]** [to be] a different person, [to be] born again

Aus·wech·sel·spie·ler(in) *m(f)* SPORT substitute

Aus·wech·se·lung <-, -en> *f*, **Aus·wechs·lung** <-, -en> *f* replacement; SPORT substitution

Aus·weg *m* ■ der/ein ~ [aus etw] the/a way out [of sth]; **der letzte** ~ the last resort; **sich** *dat* **einen** ~ **offen lassen** [*o* **halten**] to leave oneself a way out; **keinen** ~ **mehr [aus etw] wissen** to not know a [*or* any] way out [of sth] anymore, to not know any solution [to sth]

aus·weg·los *adj* hopeless

Aus·weg·lo·sig·keit <-> *f kein pl* hopelessness *no pl*

aus|wei·chen *vi irreg sein* ❶ *(Hindernis, Gefahr vermeiden)* ■ [etw *dat*] ~ to get out of the way [of sth] ❷ *(zu entgehen versuchen)* ■ [jdm/etw] ~ to evade [*or* avoid] [sb/sth]; ■ ~d evasive ❸ *(als Alternative beschreiten)* ■ auf etw *akk* ~ to fall back on [*or* switch to] sth [as an alternative]

Aus·weich·flug·ha·fen *m* LUFT alternative airport **Aus·weich·ma·nö·ver** *nt* ❶ AUTO, LUFT evasive manoeuvre [*or* action] ❷ *(Ausflucht)* evasion **Aus·weich·mög·lich·keit** *f* means of getting out of the way; *(Alternative)* alternative

aus|wei·den *vt* JAGD ■ etw ~ to disembowel sth

aus|wei·nen I. *vr* ■ sich [bei jdm] ~ to have a good cry [on sb's shoulder] II. *vi (zu Ende weinen)* ■ ausgeweint haben to have finished crying III. *vt* Betrübnis/Kummer bei jdm ~ to weep on sb's shoulder

Aus·weis <-es, -e> ['ausvais] *m (Personal-/Firmen-)* identity card, I.D.; *(Berechtigungs-)* pass, permit; *(Mitglieds-/Leser-/Studenten-)* card, I.D.; *(Blinden-, Behinderten-)* identification card

aus|wei·sen *irreg* I. *vt* ❶ *(abschieben)* ■ jdn ~ to deport [*or* expel] sb ❷ *(Identität nachweisen)* ■ jdn als jdn/etw ~ to identify sb as sb/sth ❸ *(aufzeigen)* ■ etw [als etw] ~ to identify [*or* reveal] sth [as sth] ❹ *(unter Beweis stellen)* ■ etw ~ to prove sth; sein Talent ~ to reveal one's talent II. *vr* ❶ *(sich identifizieren)* ■ sich ~ to identify oneself, to prove one's identity; können Sie sich [irgendwie/durch irgend etwas] ~? do you have any means of identification? ❷ *(sich erweisen)* ■ sich als jd ~ to prove oneself to be sb ❸ SCHWEIZ *(nachweisen)* ■ sich über etw *akk* ~ to have proof [*or* evidence] of sth; *s. a.* **ausgewiesen**

Aus·weis·kon·trol·le *f* identity check [*or* control]

Aus·weis·pa·pie·re *pl* identity papers *pl*

Aus·wei·sung *f* ADMIN deportation

aus|wei·ten I. *vt* ❶ *(weiter machen)* ■ etw ~ to stretch sth ❷ *(umfangreicher machen)* ■ etw ~ to broaden [*or* widen] sth, to expand sth II. *vr* ❶ *(weiter werden)* ■ sich ~ to stretch [out] ❷ *(sich ausdehnen)* to extend; **der Konflikt drohte, sich über die Grenze auszuweiten** the conflict threatened to extend [*or* spill over] across the border ❸ *(eskalieren)* ■ sich [zu etw] ~ to escalate [into sth]

Aus·wei·tung <-, -en> *f* ❶ *(Ausdehnung)* stretching *no pl*, widening *no pl* ❷ *(das Auswachsen)* escalation

aus|wel·len *vt* KOCHK *s.* **auswalken**

aus·wen·dig *adv* [off] by heart, from memory; **etw ~ können** to know sth [off] by heart, to know sth from memory; **etw ~ lernen** to learn sth [off] by heart, to memorize sth ▶ WENDUNGEN: **das kann ich schon ~** *(iron)* I've heard it a million times before; *s. a.* **inwendig**

Aus·wen·dig·ler·nen <-s> *nt kein pl* learning by heart *no pl*, memorizing *no pl*

aus|wer·fen *vt irreg* ❶ *(ausstoßen)* **Asche/Lava ~** to eject ash/lava ❷ *(herausschaufeln)* ■ etw ~ to dig out sth ❸ NAUT **ein Netz/eine Leine ~** to cast out a net/a line ❹ *(verteilen)* ■ etw [an jdn] ~ to allocate sth [to sb]; **Dividende ~** to pay out dividends ❺ INFORM ■ etw ~ to turn [*or* put] out sth

aus|wer·ten *vt* ❶ etw ~ *(nutzbar machen)* to utilize sth, to make use of sth ❷ *(evaluieren)* to evaluate [*or* assess] sth; **Statistiken/Daten ~** to analyze statistics/data

Aus·wer·tung *f* ❶ *(Nutzbarmachung)* utilization ❷ *(Evaluierung)* evaluation; *(von Statistiken)* analysis

aus|wi·ckeln *vt* ■ etw [aus etw] ~ to unwrap sth [from sth]

aus|wie·gen *vt irreg* ■ [jdm] etw [von etw] ~ to weigh out [sth] [for sb]; **wie viel Käse darf ich Ihnen ~?** how much cheese shall I weigh out for you?; *s. a.* **ausgewogen**

aus|win·den *vt irreg* SÜDD, SCHWEIZ ■ etw ~ to wring out *sep* sth

aus|wir·ken *vr* ■ sich [auf etw *akk*] ~ to have an effect [on sth]

Aus·wir·kung *f (Wirkung)* effect; *(Folge)* consequence; **negative ~en haben** to have negative repercussions

aus|wi·schen *vt* ❶ *(durch Wischen löschen)* ■ etw ~ to wipe sth; **die Tafelschrift ~** to wipe [*or* rub] off the writing on the blackboard ❷ *(sauber wischen)* ■ etw ~ to wipe sth clean *sep* sth ▶ WENDUNGEN: **jdm eins auswischen** *(fam)* to get one's own back on sb

aus|wrin·gen *vt irreg* ■ etw ~ to wring out *sep* sth

Aus·wuchs *m* ❶ MED growth ❷ *(Missstand)* excess

aus|wuch·ten *vt* AUTO **ein Rad ~** to balance a wheel

Aus·wurf *m kein pl* ❶ MED phlegm ❷ GEOL *(das Auswerfen)* ejection, eruption

aus|zah·len I. *vt* ❶ *(Betrag aushändigen)* ■ [jdm] etw ~ to pay out sth [to sb] ❷ *(abfinden)* ■ jdn ~ to pay off *sep* sb; *Kompagnon, Miterben* to buy out *sep* sb II. *vr (sich lohnen)* ■ sich [für jdn] ~ to pay [off] [for sb]

aus|zäh·len *vt* ❶ *(durch Zählen ermitteln)* ■ etw ~ to count sth ❷ SPORT ■ jdn ~ to count out *sep* sb

Aus·zah·lung *f* ❶ *(Aushändigung als Zahlung)* paying out; **zur ~ kommen** [*o geh:* **gelangen**] to be paid out ❷ *(Abfindung)* paying off; *eines Kompagnons, Miterbens* buying out

Aus·zäh·lung *f* counting

Aus·zeh·rung <-, -en> *f* ❶ *(Kräfteverfall)* emaciation ❷ *(Substanzverlust)* drain (an +*dat* on); *(in einer Firma)* shortage of staff

aus|zeich·nen I. *vt* ❶ *(mit Preisschild versehen)* ■ etw ~ to price sth ❷ *(ehren)* ■ jdn [mit/durch etw] ~ to honour [*or* AM -or] sb [with sth]; **jdn durch einen Preis ~** to give sb an award; **jdn durch einen Orden ~** to decorate sb with a medal ③ *(positiv hervorheben)* ▪ **jdn ~** to distinguish sb [from all others] ④ TYPO *(Schriftarten angeben)* ▪ **etw ~** to mark sth **II.** *vr* ▪ **sich [durch etw] ~** to stand out [due to sth]; **er zeichnet sich nicht gerade durch Intelligenz aus** *(iron)* he's not exactly known for his intelligence; *s. a.* **ausgezeichnet**

Aus·zeich·nung *f* ① *kein pl (das Auszeichnen von Ware)* labelling [*or* AM -l-] ② *kein pl* TYPO *(das Auszeichnen)* marking up *no pl* ③ *kein pl (das Ehren)* honouring [*or* AM -or-] *no pl*; *(mit Orden, Würde)* decoration; *(mit Preis)* awarding *no pl* ④ *(Preisetikett an Ware)* price tag ⑤ TYPO *(Schriftartangabe an Manuskript)* mark up ⑥ *(Ehrung)* honour [*or* AM -or]; *(Orden)* decoration; *(Preis)* award; **[etw] mit ~ bestehen** to pass [sth] with distinction

Aus·zeit *f* SPORT time out

aus·zieh·bar *adj* extendable [*or* BRIT *a.* -ible]; **~e Antenne** telescopic aerial; **~er Tisch** pull-out table

aus|zie·hen *irreg* **I.** *vt haben* ① *(ablegen)* ▪ **sich** *dat* **etw ~** to take off *sep* sth, to remove sth; ▪ **jdm etw ~** to remove [*or* take off] sb's sth ② *(entkleiden)* ▪ **jdn ~** to undress sb; ▪ **sich ~** to undress, to take off one's clothes, to get undressed *fam* ③ *(fam)* ▪ **jdn ~** to rip sb off *fam* ④ *(herausziehen)* ▪ **etw ~** to pull out *sep* sth ⑤ *(verlängern)* ▪ **etw ~** to extend sth ⑥ *(nachzeichnen)* **eine vorgezeichnete Linie [mit Tusche] ~** to trace sth [with ink] **II.** *vi sein* ① *(Wohnung aufgeben)* ▪ **[aus etw] ~** to move out [of sth] ② *(ausrücken)* ▪ **auf etw** *akk* **/zu etw ~** to set out on/to sth

Aus·zieh·lei·ter *f* extension [*or* pull-out] ladder **Aus·zieh·plat·te** *f* leaf **Aus·zieh·tisch** *m* pull-out table

aus|zi·schen *vt* THEAT ▪ **jdn/etw ~** to hiss off sb/sth

Aus·zu·bil·den·de(r) *f(m) dekl wie adj* trainee

Aus·zug *m* ① *(das Umziehen)* move; **der ~ aus Ägypten** REL the Exodus from Egypt ② *(das Hinausschreiten)* procession ③ *(Ausschnitt, Exzerpt)* excerpt; *Buch a.* extract ④ *(Konto~)* statement ⑤ JUR extract ⑥ MUS arrangement ⑦ PHARM **~ [aus etw]** extract [of sth]

aus·zugs·wei·se **I.** *adv* in excerpts [*or* extracts] **II.** *adj* in excerpts [*or* extracts]

au·tark [au'tark] *adj* ÖKON self-sufficient, autarkical *spec*

Au·tar·kie <-, -n> [autar'ki:, *pl:* -ki:ən] *f* ÖKON autarky

au·then·tisch [au'tɛntɪʃ] *adj* authentic

Au·then·ti·zi·tät <-> [autɛntitsi'tɛ:t] *f kein pl* authenticity

Au·tis·mus <-> [au'tɪsmʊs] *m* MED autism

au·tis·tisch *adj* MED autistic

Au·to <-s, -s> ['auto] *nt* car; **~ fahren** to drive [a car]; *(als Mitfahrer)* to drive [by car]; **mit dem ~ fahren** to go by car

Au·to·bahn *f* motorway BRIT, freeway AM; *(in Deutschland a.)* autobahn

Kultur

The **Autobahn** is a multilane fast highway for vehicles travelling faster than 60 km/h. There is no countrywide speed limit on German motorways; in Austria the speed limit for cars is 130 km/h and in Switzerland 120 km/h.

Au·to·bahn·auf·fahrt *f* motorway slip-road [*or* approach [road]] BRIT, freeway on ramp [*or* entrance] AM **Au·to·bahn·aus·fahrt** *f* motorway slip-road [*or* exit] BRIT, freeway exit [*or* off ramp] AM **Au·to·bahn·[be·nut·zungs·]ge·bühr** *f* [motorway] toll **Au·to·bahn·drei·eck** *nt* motorway junction **Au·to·bahn·**

kreuz *nt* motorway intersection **Au·to·bahn·po·li·zei** *f* motorway [*or* AM highway] police + *sing/pl vb* **Au·to·bahn·rast·stät·te** *f* motorway services *pl* BRIT, services *pl* AM, motorway service area BRIT **Au·to·bahn·ring** *m* motorway ring road BRIT, beltway AM **Au·to·bahn·vi·gnet·te** *f (car sticker showing that a monthly/annual toll has been paid)*, vignette **Au·to·bahn·zu·brin·ger** *m* motorway approach road BRIT, entrance ramp *(to the freeway)* AM

Au·to·bat·te·rie *f* car battery

Au·to·bi·o·gra·phie [autobiogra'fi:] *f* autobiography

au·to·bi·o·gra·phisch *adj inv* autobiographical

Au·to·bom·be *f* car bomb **Au·to·bus** ['autobʊs] *m (veraltet)*, **Au·to·car** ['autoka:ɐ] *m* SCHWEIZ bus

Au·to·di·dakt(in) <-en, -en> [autodi'dakt] *m(f)* self-educated person, autodidact *form*

au·to·di·dak·tisch I. *adj* self-taught, autodidactic *form* **II.** *adv* autodidactically; **ihre Fähigkeiten waren ~ erworben** her abilities were self-taught

Au·to·dieb(in) *m(f)* car thief **Au·to·dieb·stahl** *m* car theft **Au·to·drom** <-s, -e> [auto'dro:m] *nt* ① AUTO, SPORT motor-racing circuit ② ÖSTERR Dodgems® [*or* bumper cars] track **Au·to·elek·trik** *f* car electrics *pl* **Au·to·fäh·re** *f* car ferry **Au·to·fah·ren** *nt* driving *(by car)*; **ihr wird beim ~ immer übel** she feels sick when she drives [*or* travels by car] **Au·to·fah·rer(in)** *m(f)* [car] driver **Au·to·fahrt** *f* car journey

Au·to·fo·kus <-, -se> *m* FOTO autofocus

au·to·frei *adj* car-free; *Straße, Stadtteil* pedestrian **Au·to·fried·hof** *m (fam)* car dump

au·to·gen [auto'ge:n] *adj* ① TECH **~es Schweißen** autogenous welding ② PSYCH **~es Training** relaxation through self-hypnosis

Au·to·gramm <-s, -e> [auto'gram] *nt* autograph

Au·to·gramm·jä·ger(in) *m(f) (fam)* autograph hunter **Au·to·gramm·stun·de** *f* MUS, FILM, LIT autograph [signing] session

Au·to·händ·ler(in) *m(f)* car dealer[ship]

Au·to·kenn·zei·chen *nt* number plate BRIT, registration number BRIT, license plate AM; *(Länderkennzeichen)* international number [*or* AM license] plate code **Au·to·ki·no** ['autoki:no] *nt* drive-in cinema **Au·to·kna·cker(in)** <-s, -> *m(f) (fam)* car thief **Au·to·ko·lon·ne** *f* line of cars

Au·to·krat(in) <-en, -en> [auto'kra:t] *m(f)* autocrat **Au·to·kra·tie** <-, -n> [autokra'ti:, *pl:* -'ti:ən] *f* autocracy

Au·to·kra·tin <-, -nen> *f fem form von* **Autokrat**

au·to·kra·tisch *adj* autocratic

Au·to·len·ker(in) *m(f) bes* SCHWEIZ *(Autofahrer)* [car] driver

Au·to·mat <-en, -en> [auto'ma:t] *m* ① *(Geld~)* cash dispenser; *(Musik~)* jukebox; *(Spiel~)* slot-machine; *(Verkaufs~)* vending machine ② ELEK [automatic] cut-out

Au·to·ma·ten·kna·cker(in) <-s, -> *m(f) (fam)* vandal *(who breaks into slot- or vending machines)* **Au·to·ma·ten·res·tau·rant** *nt* restaurant with vending machines selling meals and snacks

Au·to·ma·tic-Call-Dis·tri·bu·tion[RR], **Automatic Call Distribution**[ALT] [ɔ:təmætɪk'kɔ:ldɪstrɪbju:ʃ°n] *f* TELEK automatic call distribution

Au·to·ma·tik[1] <-> [auto'ma:tɪk] *f* ① *(Steuerungs~)* automatic system ② *(Automatikgetriebe in Fahrzeugen)* automatic transmission

Au·to·ma·tik[2] <-s, -s> [auto'ma:tɪk] *m (Wagen mit Automatikgetriebe)* automatic

Au·to·ma·tik·wa·gen *m* automatic

Au·to·ma·ti·on <-> [automa'tsi̯o:n] *f kein pl* automation

au·to·ma·tisch [auto'ma:tɪʃ] *adj* automatic

au·to·ma·ti·sie·ren [automati'zi:rən] *vt* ▪ **etw ~** to

automate sth

Au·to·ma·ti·sie·rung <-, -en> *f* automation

Au·to·me·cha·ni·ker(in) *m(f)* car mechanic **Au·to·mi·nu·te** *f* minute by [*or* in the] car; **20 ~n von hier ent·fernt** 20 minutes by car from here

Au·to·mo·bil <-s, -e> [automo'bi:l] *nt (veraltet geh)* automobile *dated,* motor-car *dated form*

Au·to·mo·bil·aus·stel·lung *f* motor show **Au·to·mo·bil·bau** *m kein pl* car manufacture [*or* manufacturing] *no pl* **Au·to·mo·bil·bran·che** *f* car industry **Au·to·mo·bil·club** *m* automobile association [*or* club] **Au·to·mo·bil·in·dust·rie** *f* car industry

Au·to·mo·bi·list(in) <-en, -en> [automobi'lɪst] *m(f)* SCHWEIZ *(geh: Autofahrer)* [car] driver

Au·to·mo·bil·klub *m* s. **Automobilclub Au·to·mo·bil·sa·lon** *m* ➊ *(Automobilausstellung)* motor show ➋ *(Automobilhändler)* car showroom

Au·to·mo·dell *nt* [car] model

au·to·nom [auto'no:m] *adj* POL autonomous

Au·to·no·me(r) *f(m) dekl wie adj* POL independent

Au·to·no·mie <-, -n> [autono'mi:, *pl:* -'mi:ən] *f* POL autonomy

Au·to·no·mie·ge·biet *nt* POL autonomous province

Au·to·num·mer *f* car [registration] number

Au·to·pi·lot ['autopilo:t] *m* LUFT autopilot

Au·to·psie <-, -n> [autɔ'psi:, *pl:* -'psi:ən] *f* MED autopsy

Au·tor, Au·to·rin <-s, -toren> ['auto:ɐ̯, au'to:rɪn, *pl:* au'to:rən] *m, f* author

Au·to·ra·dio *nt* car radio; *(mit Kassettenspieler)* car stereo

Au·to·ra·di·o·gramm <-s, -e> [autoradi̯o'gram] *nt* BIOL, MED autoradiogramme [*or* AM -am], autoradiograph

Au·to·ra·di·o·gra·phie <-, -n> [autoradi̯ogra'fi:] *f* BIOL, MED autoradiography, radiography

Au·to·rei·fen *m* car tyre [*or* AM tire] **Au·to·rei·se·zug** *m* BAHN ≈ motorrail

Au·to·ren·le·sung *f* author reading

Au·to·ren·nen *nt* motor race; *(Rennsport)* motor racing

Au·to·ren·ver·zeich·nis *nt* index of authors

Au·to·re·pa·ra·tur·werk·statt *f* garage

Au·to·rin <-, -nen> [au'to:rɪn] *f fem form von* **Autor** [female] author, authoress

au·to·ri·sie·ren [autori'zi:rən] *vt* ▪ **jdn [zu etw]** ~ to authorize sb [to do sth]; **ich habe ihn dazu autori·siert** I gave him authorization for it; ▪ **autorisiert** authorized

au·to·ri·tär [autori'tɛ:ɐ̯] *adj* authoritarian

Au·to·ri·ta·ris·mus <-> *m kein pl* POL, SOZIOL authoritarianism

Au·to·ri·tät <-, -en> [autori'tɛ:t] *f* authority

au·to·ri·täts·gläu·big *adj (pej)* trusting authority **Au·to·ri·täts·gläu·big·keit** *f (pej)* trust in authority

Au·to·sa·lon *m* ➊ s. **Automobilausstellung** ➋ *(Auto·händler)* car showroom **Au·to·schal·ter** *m* FIN drive-through teller **Au·to·schlan·ge** *f* queue [*or* AM line] of cars **Au·to·schlüs·sel** *f* car key **Au·to·schutz·brief** *m* international travel insurance **Au·to·skoo·ter** <-s, -> [-sku:tɐ] *m* bumper [*or* Dodgem®Z] car

Au·to·som <-s, -en> [auto'zo:m] *nt* BIOL autosome

Au·to·strich *m (sl)* kerb-crawling [*or* AM curb-crawling]

district *(street with prostitutes propositioning car·drivers)* **Au·to·stun·de** *f* hour's drive; **drei ~n ent·fernt sein** to be three hours' drive [away] [*or* three hours [away] by car]

Au·to·sug·ges·ti·on [autozʊɡɛsti̯o:n] *f* PSYCH autosuggestion

Au·to·te·le·fon *nt* car phone **Au·to·un·fall** *m* car accident **Au·to·ver·kehr** *m* car traffic **Au·to·ver·leih** *m* car rental [*or* BRIT a. hire] firm [*or* company] **Au·to·ver·mie·tung** *f* s. **Autoverleih Au·to·werk·statt** *f* garage, car repair shop **Au·to·wrack** *nt* car wreck, wrecked car

Au·to·zoom ['autozu:m] *nt* autozoom

Au·to·zu·be·hör *nt* car accessories *pl* **Au·to·zug** *m* s. **Autoreisezug**

autsch [autʃ] *interj (fam)* ouch

au·weh [au've:], **au·wei(·a)** [au'vai(a)] *interj* oh dear, goodness *dated*

Au·xin <-s, -e> [au'ksi:n] *nt* BOT, CHEM auxin

Avance <-, -n> [a'vã:sə] *f* ▪ **jdm ~n machen** *(geh)* to make advances on sb

avan·cie·ren [avã'si:rən] *vi sein (geh)* ▪ **[zu etw]** ~ to advance [to sth]

Avant·gar·de <-, -n> [avã'gardə] *f (geh)* avant-garde

Avant·gar·dist(in) <-en, -en> [avãgar'dɪst] *m(f)* avant-gardist, member of the avant-garde

avant·gar·dis·tisch *adj* avant-garde

AvD <-> *m kein pl Abk von* **Automobilclub von Deutschland** German automobile club

Ave-Ma·ria <-[s], -[s]> ['a:vəma'ri:a] *nt* REL Hail Mary

Aver·si·on <-, -en> [avɛr'zi̯o:n] *f* ▪ ~ **[gegen jdn/etw]** an aversion [to sb/sth]; **eine ~ gegen jdn/etw haben** to have an aversion to sb/sth

Aver·si·ons·the·ra·pie <-, -n> *f* aversion therapy

avi·sie·ren [avi'zi:rən] *vt (geh)* ▪ **[jdm] jdn/etw** ~ to announce sb [to sb]/advise [sb] of sth; **aha, Sie sind mir bereits [von Herrn Zahn] avisiert worden** ah, I was told you were going to come [by Herr Zahn]; **jdm seine Ankunft** ~ to advise sb of one's arrival

Avo·ca·do <-, -s> [avo'ka:do] *f* avocado

axi·al [a'ksi̯a:l] *adj* TECH axial

Axi·om <-s, -e> [a'ksi̯o:m] *nt* axiom

axi·o·ma·tisch [aksi̯o'ma:tiʃ] *adj* axiomatic

Axo·lotl <-s, -> [akso'lɔtl] *m* ZOOL axolotl

Axon <-s, Axone> [a'ksɔn, *pl:* a'kso:nə] *nt* BIOL axon

Axt <-, Äxte> [akst, *pl:* 'ɛkstə] *f* axe; ▸ WENDUNGEN: **die ~ im Haus erspart den Zimmermann** *(prov)* self-help is the best help; **sich wie die ~ im Walde benehmen** *(fam)* to behave like a bull in a china shop; **die ~ an etw** *akk***/an die Wurzel von etw legen** to take [*or* grab] the bull by the horns

Aza·lee <-, -n> [atsa'le:ə] *f*, **Aza·lie** <-, -n> [a'tsa:li̯ə] *f* BOT azalea

Azo·ren [a'tso:rən] *pl* GEOG ▪ **die ~** the Azores *npl*

Az·te·ke, Az·te·kin <-n, -n> [ats'te:kə, ats'te:kɪn] *m, f* HIST Aztec

Azu·bi <-s, -s> [a'tsu:bi, 'a(:)tsubi] *m*, **Azu·bi** <-, -s> [a'tsu:bi, 'a(:)tsubi] *f kurz für* **Auszubildende(r)** trainee

azur·blau [a'tsu:ɐ̯] *adj (geh)* azure[-blue]

Azur·jung·fer *f* ZOOL damselfly

Bb

B, b <-, - *o fam* -s, -s> [be:] *nt* ❶ *(Buchstabe)* B [*or* b]; **~ wie Berta** B for Benjamin BRIT, B as in Baker AM ❷ MUS B flat; ■ **b** *(Erniedrigungszeichen)* flat

bab·beln [ˈbab|n̩] I. *vi (fam)* to babble *fam; (viel reden a.)* to chatter II. *vt (fam: dummes Zeug reden)* ■ **etw ~** to babble on about sth *fam*

Ba·bel <-s> [ˈbaːbl̩] *nt (geh)* Babel; *(fig)* hotbed of vice; *s. a.* **Turm**

Ba·by <-s, -s> [ˈbeːbi] *nt* baby

Ba·by·aus·stat·tung *f* MODE baby clothes *npl* **Ba·by·boom** [-buːm] *m* baby-boom **Ba·by·doll** <-s, -s> [-dɔl] *nt* baby-doll pyjamas [*or* AM pajamas] *npl* **Ba·by·jahr** *nt (fam)* maternity [*or* paternity] leave *(of one-year duration)*

ba·by·lo·nisch [baby'loːnɪʃ] *adj* Babylonian

Ba·by·nah·rung *f* baby food **Ba·by·pau·se** [ˈbeːbi-] *f (fam)* parental leave *no pl* **ba·by·sit·ten** [ˈbeːbizɪtn̩] *vi meist infin* ■ **bei jdm]** ~ to babysit [for sb] **Ba·by·sit·ter(in)** <-s, -> [ˈbeːbizɪtɐ] *m(f)* babysitter **Ba·by·speck** *m (hum fam)* puppy fat BRIT *hum fam*, baby fat AM *hum fam* **Ba·by·strich** *m (fam)* child prostitution **Ba·by·waa·ge** *f* infant scales *npl* **Ba·by·wip·pe** *f* baby bouncer

Bach <-[e]s, Bäche> [bax, *pl:* ˈbɛçə] *m* brook, creek AM; *(kleiner a.)* stream; ▸ WENDUNGEN: **den ~ runter·gehen** *(fam)* to go down the drain/plughole/ tube *fam*

bach·ab [baxˈʔap] *adv* SCHWEIZ *(bachabwärts)* down-stream

Ba·che <-, -n> [ˈbaxə] *f* JAGD [wild] sow

Bach·fo·rel·le *f* brown trout

Bäch·lein <-s, -> *nt dim von* **Bach** small stream [*or* creek], brooklet ▸ WENDUNGEN: **ein ~ machen** *(Kindersprache)* to do a wee-wee *childspeak*

Bach·saib·ling <-s, -e> *m* brook [*or* speckled] [*or* salmon] trout **Bach·stel·ze** <-, -n> *f* wagtail

Back¹ <-, -en> [bak] *f* ❶ NAUT forecastle, fo'c'sle ❷ *(Schüssel)* mess-tin, dixie ❸ *(Tisch)* mess table ❹ *(Tischgemeinschaft)* mess

Back² <-s, -s> [bæk] *m* SPORT SCHWEIZ defender

Back·beu·tel *m* tubular plastic bag for roasting meat *in* **Back·blech** *nt* baking tray

Back·bord <-[e]s> [ˈbakbɔrt] *nt kein pl* NAUT port [side] **back·bord(s)** *adv* NAUT on the port side; **Ruder hart ~!** steer to port!

Bäck·chen <-s, -> [ˈbɛkçən] *nt dim von* **Backe** cheek

Ba·cke <-, -n> [ˈbakə] *f* ❶ *(Wange)* cheek; **mit vollen ~n kauen** to chew with stuffed cheeks ❷ *(fam: Po~)* cheek, buttock; **etw auf einer ~ absitzen** *(sl)* to do sth easily [*or* with no bother] ❸ KOCHK *(pork)* cheek ❹ *(von Schraubstock)* jaw; *(Brems~)* shoe; *(am Fahrrad)* block ▸ WENDUNGEN: **au ~!** *(veraltet fam)* oh dear!

ba·cken <backt *o* bäckt, backte *o* veraltet buk, gebacken> [ˈbakn̩] I. *vt* ■ **etw ~** *(im Ofen)* to bake sth; *(in Fett)* to fry sth; ■ **etw in etw** *dat* **~** to bake/fry sth with sth II. *vi* to bake; DIAL *(braten)* to fry

Ba·cken·bart *m* sideburns *pl* **Ba·cken·kno·chen** *m* ANAT cheekbone **Ba·cken·ta·sche** *f* ZOOL cheek pouch **Ba·cken·zahn** *m* back tooth, molar

Bä·cker(in) <-s, -> [ˈbɛkɐ] *m(f)* ❶ *(Mensch)* baker; **beim ~** at the baker's [shop] ❷ *(Bäckerei)* bakery

Back·erb·sen *pl* ÖSTERR, SÜDD *small pasta balls in soups*

Bä·cke·rei <-, -en> [bɛkəˈrai] *f* ❶ *(Bäckerladen)* baker's [shop]; *(Backstube)* bakery ❷ ÖSTERR *(Gebäck)* small pastries and biscuits

Bä·cke·rin <-, -nen> *f fem form von* **Bäcker**

Bä·cker·la·den *m* baker's shop, bakery **Bä·cker·meis·ter·in)** *m(f)* master baker **Bä·cker·mes·ser** *nt* baker's knife

Bä·ckers·frau *f* baker's wife

back·fer·tig *adj* KOCHK oven-ready **Back·fisch** [ˈbakfɪʃ] *m* ❶ *(gebackener Fisch)* fried fish in batter ❷ *(veraltet: Teenager)* teenage girl **Back·fo·lie** *f kein pl* baking foil **Back·form** *f* baking tin; *(Kuchenform a.)* cake tin **back·frisch** *adj* freshly baked

Back·ground <-s, -s> [-graunt] *m (geh)* background; *(Musik)* background music

Back·hähn·chen *nt* fried chicken *(in breadcrumbs)* **Back·hendl** <-s, -> [ˈbakhɛndl] *nt* SÜDD, ÖSTERR fried chicken *(in breadcrumbs)* **Back·mi·schung** *f* cake mixture **Back·obst** *nt* dried fruit **Back·ofen** [ˈbakʔoːfn̩] *m* oven; **heiß wie in einem ~** like an oven, boiling hot **back·ofen·fest** *adj* ovenproof **Back·pa·pier** *nt kein pl* baking parchment

Back·pfei·fe *f* DIAL slap in the face

Back·pflau·me *f* prune **Back·pin·sel** *m* brush **Back·pul·ver** *nt* baking powder **Back·rohr** *nt* ÖSTERR, **Back·röh·re** *f* oven **Back·schau·fel** *f s.* **Pfannenwender**

Back·stein *m* BAU [red]brick

Back·stein·bau <-bauten> *m* ARCHIT redbrick building **Back·stein·go·tik** *f* ARCHIT, KUNST redbrick Gothic *(found in northern Germany)*

Back·stu·be *f* bakery **Back·trog** *m* kneading [*or* dough] trough **Back·wa·ren** *pl* bakery produce **Back·zeit** *f* baking time

Bad <-[e]s, Bäder> [baːt, *pl:* ˈbɛːdɐ] *nt* ❶ *(eingelassenes Badewasser)* bath; **jdm/sich ein ~ einlassen** [*o* einlaufen lassen] to run sb/oneself a bath ❷ *(das Baden)* bathing; **ein ~ nehmen** to take *form* [*or* have] a bath ❸ *(Badezimmer)* bathroom ❹ *(Schwimm~)* swimming pool [*or* BRIT bath[s]] ❺ *(Badeort: Heil~)* spa; *(See~)* seaside resort ▸ WENDUNGEN: **ein ~ in der Menge** a walkabout

Ba·de·an·stalt *f* swimming pool, [swimming] baths *pl* **Ba·de·an·zug** *m* swimming costume, swimsuit **Ba·de·gast** *m* ❶ *(Kurgast)* spa visitor ❷ *(Schwimmbadbesucher)* swimmer **Ba·de·ge·le·gen·heit** *f* swimming pool or nearby beach **Ba·de(·hand)·tuch** *nt* bath towel **Ba·de·ho·se** *f* swimming trunks *npl* **Ba·de·kap·pe** *f* swimming cap **Ba·de·lat·schen** *m (fam)* flip-flops *pl fam* **Ba·de·man·tel** *m* bathrobe, dressing gown **Ba·de·mat·te** *f* bathmat **Ba·de·meis·ter(in)** *m(f)* [pool] attendant; *(am Strand)* lifeguard **Ba·de·müt·ze** *f s.* **Badekappe**

ba·den [ˈbaːdn̩] I. *vi* ❶ *(ein Wannenbad nehmen)* to bathe, to have a bath; **am ~ sein** to be in the bath; **warm ~** to have a warm bath ❷ *(schwimmen)* ■ [in etw *dat*] ~ to swim [in sth]; ~ **gehen** to go for a swim ▸ WENDUNGEN: **im Geld** ~ to be rolling in money; **[bei/mit etw]** ~ **gehen** *(fam)* to come a cropper [doing/with sth] II. *vt* ❶ *(ein Bad geben)* ■ **jdn** ~ to bath sb; ■ **sich** ~ to have [*or form* take] a bath; *s. a.* **Kind** ❷ MED ■ **etw [in etw** *dat***]** ~ to bathe sth [in sth]

Ba·de·ni·xe *f (hum)* beach babe *fam*

Ba·den-Würt·tem·berg <-s> [ˈbaːdn̩vʏrtəmbɛrk] *nt* Baden-Württemberg

Ba·de·ofen *m* boiler **Ba·de·ort** *m* seaside resort; *(Kurort)* spa resort **Ba·de·platz** *m* bathing place **Ba·de·sai·son** *f* swimming season **Ba·de·salz** *nt* bath salt **Ba·de·schuh** *m* bathing shoe **Ba·de·strand** *m* bathing beach **Ba·de·tuch** *nt s.* **Badehandtuch Ba·de·wan·ne** *f* bath [tub] **Ba·de·was·ser** *nt* bath water

Ba·de·wet·ter *nt* weather for swimming **Ba·de·zeit** *f* ❶ *(Saison)* swimming season ❷ *pl (Öffnungszeiten eines Schwimmbades)* [pool] opening hours **Ba·de·zeug** *nt* swimming things *pl* **Ba·de·zim·mer** *nt* bathroom **Ba·de·zu·satz** *m* bath salts *npl*, bubble bath

Bad·kleid *nt* SCHWEIZ *(Badeanzug)* swimming costume

Bad·min·ton <-> ['bætmɪntən] *nt* badminton

baff [baf] *adj pred (fam)* ■ ~ **sein** to be flabbergasted

BAFöG <-> *nt*, **Ba·fög** <-> ['ba:fœk] *nt kein pl Akr von* **Bundesausbildungsförderungsgesetz** [student] grant; ~ **bekommen** [*o fam:* **kriegen**] to receive [*or fam* get] a grant

Ba·ga·ge <-> [ba'ga:ʒə] *f (pej fam)* ❶ *(Gesindel)* pack *pej* ❷ *(veraltet: Gepäck)* baggage

Ba·ga·tell·de·likt *nt* JUR minor [*or petty*] offence

Ba·ga·tel·le <-, -n> [baga'tɛlə] *f* trifle, bagatelle *dated* **ba·ga·tel·li·sie·ren*** [bagatɛli'zi:rən] I. *vt* ■ **etw** ~ to trivialize sth, to play down *sep* sth II. *vi* to trivialize **Ba·ga·tell·sa·che** *f* JUR *s.* **Bagatelldelikt Ba·ga·tell·scha·den** *m* minor damage **Ba·ga·tell·un·fall** *m* minor accident

Bag·dad <-s> ['bakdat] *nt* Bag[h]dad

Bag·ger <-s, -> ['bagɐ] *m* BAU excavator

Bag·ger·füh·rer(in) *m(f)* BAU excavator driver **Bag·ger·gut** *nt kein pl* debris dug up by an excavator

bag·gern ['bagɐn] I. *vi* ❶ BAU to dig, to excavate ❷ *(Volleyball)* to dig ❸ *(sl)* to flirt II. *vt* ❶ BAU ■ **etw** ~ to excavate [*or dig*] sth ❷ *(Volleyball)* **den Ball** ~ to dig the ball

Bag·ger·see *m* artificial lake formed in gravel pit

Ba·guette <-, -s> [ba'gɛt] *nt* baguette

bäh [bɛː] *interj* ❶ *(vor Ekel)* yuck, ugh; *(aus Schadenfreude)* ha ha ❷ *(von Schaf)* baa; ~ **machen** *(Kindersprache)* to go baa *childspeak*

Ba·ha·ma·er(in) <-s, -> [baha'ma:ɐ] *m(f) s.* **Bahamer ba·ha·ma·isch** [baha'ma:ɪʃ] *adj* Bahamian; *s. a.* **deutsch**

Ba·ha·mer(in) <-s, -> [ba'ha:mɐ] *m(f)* Bahamian; *s. a.* **Deutsche(r)**

ba·ha·misch [ba'ha:mɪʃ] *adj s.* **bahamaisch**

bäh·nen ['bɛːnən] *vt* KOCH ■ **etw** ~ ÖSTERR *(im Ofen leicht rösten)* to toast sth

Bahn <-, -en> [ba:n] *f* ❶ *(Eisen~)* train; *(Straßen~)* tram; *(Verkehrsnetz, Verwaltung)* railway[s]; **mit der ~/per ~** by train [*or rail*]; **frei** ~ ÖKON free on rail, carriage paid ❷ SPORT track; *Schwimmbecken* lane; *(Kegel~)* alley; *(Schlitten~, Bob~)* run; *(Pferderenn~)* course, track ❸ ASTRON orbit, path ❹ MIL [flight] path ❺ *(Stoff~, Tapeten~)* length, strip ❻ *(Weg, Lauf)* course; TRANSP *(Fahr~)* lane; ~ **frei!** make way!, mind your backs! ▶ WENDUNGEN: **freie ~** [**für etw/bei jdm**] **haben** to have the go-ahead [for sth/from sb]; **in geregelten ~en verlaufen** to take an orderly course; **jdn wieder auf die rechte ~ bringen** to put sb back on the right track [*or straight and narrow*]; **etw in die richtigen ~en lenken** to lead sth in the right channels; **auf die schiefe ~ kommen** [*o geraten*] to get off the straight and narrow; **jdn auf die schiefe ~ bringen** to get sb off the straight and narrow; **sich** *dat* **eine ~ brechen** to force one's way, to make headway; **einer S.** *dat* ~ **brechen** to blaze the trail for sth; **aus der ~ geraten** to get off track; **jdn aus der ~ werfen** to get sb off course

Bahn·an·schlussᴿᴿ *m* railway link **Bahn·ar·bei·ter(in)** *m(f)* railway worker **Bahn·be·am·te(r), -be·am·tin** *m, f* railway official **bahn·bre·chend** I. *adj* ground-breaking, pioneering II. *adv* ~ **wirken** to be ground-breaking [*or pioneering*] **Bahn·bus** *m* TRANSP rail coach **Bahn·card®** <-, -s> [-ka:d] *f* BAHN ≈ railcard BRIT

Bähn·chen <-s, -> *nt dim von* **Bahn**

Bahn·damm *m* railway embankment

bah·nen *vt* ■ [**jdm**] **etw** ~ to pave a way [for sb]; ■ **sich** *dat* **etw** ~ to fight [*or pave*] one's sth; **ein Flussbett** ~ to carve [*or channel*] out a river bed; **sich einen Weg durch etw** ~ to fight [*or pave*] one's way through sth

Bahn·fahrt *f* train [*or rail[way]*] journey **Bahn·fracht** *f* rail freight **Bahn·ge·län·de** *nt* railway area **Bahn·gleis** *nt* railway line

Bahn·hof *m* [railway] station; ▶ WENDUNGEN: **nur** [**noch**] ~ **verstehen** *(hum fam)* to not have the foggiest [idea] *fam;* **jdm einen großen ~ bereiten** to give sb [the] red carpet treatment

Bahn·hofs·gast·stät·te *f* station restaurant **Bahn·hofs·hal·le** *f* station concourse **Bahn·hofs·mis·si·on** *f* REL organisation for helping rail travellers in need **Bahn·hofs·platz** *m* station square **Bahn·hofs·po·li·zei** *f kein pl* station police **Bahn·hofs·uhr** *f* station clock **Bahn·hofs·vor·stand** *m* ÖSTERR, SCHWEIZ, **Bahn·hofs·vor·ste·her(in)** *m(f)* stationmaster

Bahn·kör·per *m (fachspr)* track **bahn·la·gernd** *adj* ÖKON to be collected from a railway station

Bähn·ler(in) <-s, -> *m(f)* SCHWEIZ *(fam)* railway worker **Bahn·li·nie** *f* railway line **Bahn·po·li·zei** *f* railway police **Bahn·schran·ke** *f*, ÖSTERR level crossing barrier **Bahn·steig** <-[e]s, -e> *m* [station] platform **Bahn·stre·cke** *f* railway line **Bahn·über·gang** *m* level crossing; **beschrankter/unbeschrankter** ~ guarded/open level crossing **Bahn·ver·bin·dung** *f* [rail] connection **Bahn·wär·ter(in)** *m(f)* level crossing attendant

Bah·rai·ner(in) <-s, -> [ba(x)'rainɐ] *m(f)* Bahraini, Bahreini; *s. a.* **Deutsche(r)**

bah·rai·nisch [ba(x)'rainɪʃ] *adj* Bahraini, Bahreini; *s. a.* **deutsch**

Bah·re <-, -n> ['ba:rə] *f* stretcher; *(Toten~)* bier

Bah·rei·ner(in) <-s, -> [ba(x)'rainɐ] *m(f) s.* **Bahrainer bah·rei·nisch** [ba(x)'rainɪʃ] *adj s.* **bahrainisch**

Bai·ser <-s, -s> [bɛ'ze:] *nt* meringue

Baisse <-, -n> ['bɛːsə] *f* BÖRSE slump; **auf** ~ **spekulie·ren** to bear

Ba·jo·nett <-[e]s, -e> [bajo'nɛt] *nt* MIL bayonet **Ba·jo·nett·ver·schluss**ᴿᴿ *m* ELEK bayonet fitting

Ba·ju·wa·re, Ba·ju·wa·rin <-n, -n> [baju'va:rə, baju'va:rɪn] *m, f (hum) s.* **Bayer**

Ba·ke <-, -n> ['ba:kə] *f* ❶ NAUT [marker] buoy ❷ LUFT beacon ❸ TRANSP lane closure/narrowing signal; *(vor Bahnübergang o Autobahnausfahrt)* countdown marker

Bak·ka·rat <-s> ['bakara] *nt kein pl* baccarat

Bak·schisch <-s, -e *o* -s> ['bakʃɪʃ] *nt* baksheesh

Bak·te·rie <-, -n> [bak'te:rɪə] *f meist pl* bacterium **bak·te·ri·ell** [baktɐ'rɪɛl] I. *adj* MED bacterial, bacteria *attr* II. *adv* MED ~ **bedingt** caused by bacteria **Bak·te·ri·en·ko·lo·nie** *f* BIOL bacteria colony **Bak·te·ri·en·kul·tur** *f* bacteria culture **Bak·te·ri·en·ra·sen** *m* BIOL bacteria lawn **Bak·te·ri·en·trä·ger(in)** *m(f)* MED carrier

Bak·te·ri·o·lo·ge, Bak·te·ri·o·lo·gin <-n, -n> [baktɐri̯o'lo:gə, -'lo:gɪn] *m, f* bacteriologist

Bak·te·ri·o·lo·gie <-> [baktɐri̯olo'gi:] *f kein pl* bacteriology

Bak·te·ri·o·lo·gin <-, -nen> *f fem form von* **Bakterio·loge**

bak·te·ri·o·lo·gisch [baktɐri̯o'lo:gɪʃ] *adj* bacteriological; **~e Kriegsführung** biological warfare

Bak·te·ri·o·pha·ge <-n, -n> [baktɐri̯o'fa:gə] *m* BIOL bacteriophage

bak·te·ri·zid [baktɐri'tsi:t] I. *adj* germicidal, bactericidal II. *adv* ~ **wirksam sein** to act as a germicide

Ba·la·lai·ka <-, -s *o* Balalaiken> [bala'laika, *pl:* -laikən] *f* MUS balalaika

Ba·lan·ce <-, -n> [ba'lãːsə] *f* ❶ *(Gleichgewicht)*

balance, equilibrium; **jdn aus der ~ bringen** to bring [or put] sb off balance; **die ~ halten/verlieren** to keep/lose one's balance ❷ *(Ausgewogenheit)* balance

Ba·lan·ce·akt *m* ❶ *(Seiltanz)* balancing [or tightrope] act ❷ *(Vorgang des Lavierens)* balancing act

ba·lan·cie·ren [balãˈsiːrən] **I.** *vi* ❶ *sein (sich vorsichtig bewegen)* ■ |**über etw** *akk*| ~ to balance [one's way across sth] ❷ *haben (lavieren)* ■ **zwischen etw** *dat* **und etw** ~ to keep [or achieve] a balance between sth and sth **II.** *vt haben* ■ **etw** |**auf etw** *dat*| ~ to balance sth [on sth]

Ba·lan·cier·stan·ge *f* balancing pole

bald |balt| **I.** *adv* ❶ *(schnell, in Kürze)* soon; **komm ~ wieder!** come back soon!; **so ~ wird es das nicht mehr geben** that won't happen again in a hurry; **wird's ~?** *(fam)* move it!; **so ~ wie** [*o* **als**] **möglich** as soon as possible; **|all|zu ~** [all] too soon; **bis ~!** see you later!; **~ darauf** soon [or shortly] after[wards]; **nicht so ~** not as soon ❷ *(fast)* almost; **das ist schon ~ nicht mehr schön!** that's taking it a bit too far!, that's beyond a joke! ❸ *(fam)* **Faust** II. *vr* ■ **sich** ~ to crowd [together]; *Wolken* **ruhig sein?** will you just be quiet! [or *sl* shut up!]; *s. a.* **möglichst** *s. a.* **sobald** II. *konj (geh)* ■ **~ …, ~ …** one moment …, the next …; **~ hier, ~ da** now here, now there

Bal·da·chin <-s, -e> [ˈbaldaxiːn] *m* canopy, baldachin

Bäl·de [ˈbɛldə] *f* **in ~** in the near future

bal·dig |ˈbaldɪç| *adj attr* speedy, quick; **um ~e Antwort wird gebeten** we hope to receive [or look forward to receiving] a reply soon; **wir hoffen auf Ihr ~es Kommen!** we hope to see you soon!; *s. a.* **Wiedersehen**

bal·digst *adv (geh)* as soon as possible, without delay

bald·mög·lichst *adv* as soon as possible, without delay

Bal·dri·an <-s, -e> [ˈbaldriaːn] *m* BOT valerian

Bal·dri·an·trop·fen *pl* PHARM valerian [drops *pl*]

Balg¹ <-[e]s, Bälge> |balk, *pl:* ˈbɛlgə| *m* ❶ *(Blase~)* bellows *npl* ❷ *(Tierhaut)* pelt ▶ WENDUNGEN: **jdm auf den ~ rücken** *(fam)* to crowd sb

Balg² <-[e]s, Bälger> |balk, *pl:* ˈbɛlgɐ| *m o nt (pej fam)* brat *pej fam*

bal·gen |ˈbalgn̩| *vr* ■ **sich** |**um etw**| ~ to scrap [over sth], to have a scrap [over sth]

Bal·ge·rei <-, -en> |balgəˈraɪ| *f* scrap

Bal·kan <-s> |ˈbalkaːn| *m* ❶ ■ **der ~** the Balkans *pl*; **auf dem ~** on [or in] the Balkans ❷ *(Balkangebirge)* Balkan Mountains *pl*

Bal·kan·halb·in·sel *f* Balkan Peninsula

bal·ka·nisch |balˈkaːnɪʃ| *adj* Balkan

Bal·ka·ni·sie·rung <-> *f kein pl* POL *(pej)* Balkanization

Bal·kan·län·der *pl* Balkan States

Bal·ken <-s, -> |ˈbalkn̩| *m* ❶ *(Holz~)* beam ❷ *(Stahl~)* girder ❸ *(Stütz~)* prop, shore ❹ MUS bar ❺ SPORT beam ❻ *(heraldisches Zeichen)* fesse, bar; *(Uniformstreifen)* stripe ▶ WENDUNGEN: **der ~ im eigenen Auge** REL **lügen, dass sich die ~ biegen** *(fam)* to lie through one's teeth *fam*

Bal·ken·code *m* bar code **Bal·ken·di·a·gramm** *nt* bar chart **Bal·ken·kon·struk·ti·on** *f* timber-frame construction **Bal·ken·über·schrift** *f* MEDIA banner headline **Bal·ken·waa·ge** *f* beam balance

Bal·kon <-s, -s *o* -e> |balˈkɔŋ, balˈkõː| *m* ❶ ARCHIT balcony ❷ THEAT dress circle

Bal·kon·pflan·ze *f* balcony plant **Bal·kon·zim·mer** *nt* room with balcony

Ball¹ <-[e]s, Bälle> |bal, *pl:* ˈbɛlə| *m* ❶ *(zum Spielen)* ball; **am ~ sein** to be in possession of the ball, to have the ball; **jdm den ~ zuspielen** to feed sb the ball; **~ spielen** to play ball ❷ *(runder Gegenstand)* ball; **der ~ der Sonne** *(poet)* the sun's fiery orb ▶ WENDUNGEN: **am ~ bleiben** to stay on the ball *fig*;

bei jdm am ~ bleiben to keep in with sb *fig*; **den ~ aufgreifen** to pick up on a point; **am ~ sein** to be on the ball *fig*; **jdm den ~ zuspielen** to feed sb lines *fig*

Ball² <-[e]s, Bälle> |bal, *pl:* ˈbɛlə| *m (Tanzfest)* ball; *(mit Mahl a.)* dinner-dance BRIT; **auf dem ~** at the ball

Bal·la·de <-, -n> |baˈlaːdə| *f* ballad

bal·la·den·haft *adj* balladic, ballad-like

bal·la·desk |balaˈdɛsk| *adj s.* **balladenhaft**

Bal·last <-[e]s, <*selten* -e> |ˈbalast, baˈlast| *m* NAUT, LUFT ballast; *(fig)* burden, encumbrance; **~ ab-/über Bord werfen** NAUT, LUFT to discharge [or shed] ballast; *(fig: sich von etwas Unnützem befreien)* to get rid of a burden [or an encumbrance]

Bal·last·stof·fe *pl* roughage *sing*, [dietary] fibre [or AM -er]

bal·len |ˈbalən| **I.** *vt* ■ **etw** ~ to press sth together [into a ball]; **Papier** ~ to crumple paper [into a ball]; **die Faust** |**gegen jdn**| ~ to clench one's fist [at sb]; **die Hand zur Faust** ~ to clench one's [or make a] fist; *s. a.* **Faust** II. *vr* ■ **sich** ~ to crowd [together]; *Wolken* to gather; *Faust* to clench; *Verkehr* to build up

Bal·len <-s, -> |ˈbalən| *m* ❶ *(rundlicher Packen)* bale ❷ *(an Hand o Fuß)* ball; *(bei Tieren)* pad

Bal·len·wild *nt* small game

Bal·le·rei <-, -en> *f (fam)* ❶ *(Schießerei)* shooting ❷ *(Knallerei)* banging

Bal·le·ri·na¹ <-, Ballerinen> |baləˈriːna, *pl:* -ˈriːnən| *f* ballerina, ballet-dancer

Bal·le·ri·na² <-s, Ballerinas> |baləˈriːna| *m (Schuh)* court shoe BRIT, pump AM

Bal·ler·mann <-männer> *m (sl)* gun

bal·lern |ˈbalɐn| **I.** *vi (fam)* ❶ *(schießen)* ■ |**mit etw**| ~ to shoot [or fire] [with sth]; **in Deutschland wird zu Silvester viel geballert** there are lots of fireworks in Germany on New Year's Eve ❷ *(knallen)* to bang ❸ *(poltern)* ■ **gegen etw** ~ to hammer against sth; **gegen die Tür** ~ to bang on the door **II.** *vt (sl: zuschlagen)* ■ **etw** ~ to bang [or slam] sth; **jdm eine** ~ to sock sb one *sl*

Bal·lett <-[e]s, -e> |baˈlɛt| *nt* ❶ *(Tanz)* ballet ❷ *(Tanzgruppe)* ballet [company]; **zum ~ gehen** to become a ballet dancer; **beim ~ sein** to be [a dancer] with the ballet, to be a ballet dancer

Bal·lettän·zer|in|^{ALT} *m(f) s.* **Balletttänzer**

Bal·lett·teu·se <-, -n> |balɛˈtøːzə| *f (geh)* [ballet] dancer

Bal·lett·meis·ter|in| *m(f)* ballet master, maître de ballet **Bal·lett·röck·chen** *nt* tutu **Bal·lett·schu·he** *pl* ballet shoes *pl*

Bal·lett·tän·zer|in|^{RR} *m(f)* ballet dancer **Bal·lett·trup·pe** *f* ballet [company]

Ball·ge·fühl *nt kein pl* SPORT feeling for the ball

Bal·lis·tik <-> |baˈlɪstɪk| *f kein pl* ballistics + *sing vb*

bal·lis·tisch |baˈlɪstɪʃ| *adj* ballistic

Ball·jun·ge *m* TENNIS ball boy

Ball·kleid *nt* ball dress [or gown]

Ball·mäd·chen *nt* TENNIS *fem form von* **Balljunge** ball girl

Bal·lon <-s, -s *o* -e> |baˈlɔŋ, baˈlõː| *m* ÖSTERR, SCHWEIZ ❶ *(Luft~)* balloon ❷ *(bauchiger Glasbehälter)* carboy, demijohn ❸ *(sl: Kopf)* nut BRIT, bean AM; **einen** |**roten**| **~ kriegen** *(fam)* to turn [or go] bright red, to go [as] red as a beetroot

Bal·lon·di·la·ta·ti·on <-, -en> *f* MED balloon dila[ta]tion

Bal·lon·fah·rer|in| *m(f)* balloonist **Bal·lon·müt·ze** *f (veraltet)* Mao cap **Bal·lon·rei·fen** *m (veraltet)* balloon tyre [or AM tire] **Bal·lon·rock** *m* puffball

Ball·saal *m* ballroom

Ball·spiel *nt* ball game **Ball·spie·len** <-s> *nt kein pl* playing ball; **~ gehen** to go and play ball; „**~ verboten**" 'No ball games'

Bal·lung <-, -en> *f* ❶ *(Ansammlung)* concentration; *Truppen* build-up, massing; **die ~ der Kaufkraft in**

einer Region the concentration of spending power in a region ❷ *(Verdichtung)* accumulation [*or* concentration]

Bal·lungs·ge·biet *nt,* **Bal·lungs·raum** *m* conurbation **Bal·lungs·zen·trum** *nt* centre [*or* AM -er] of population; **industrielles ~** centre [*or* AM -er] of industry

Ball·wech·sel *m* rally

Bal·sa·holz ['balza-] *nt* balsa[wood]

Bal·sam <-s, -e> ['balza:m] *m* ❶ *(Salbe)* balsam, balm ❷ *(fig)* balm; **~ für die Seele sein** to be [*or* work] like balm for the soul

Bal·sam·es·sig *m* balsamic vinegar

Bal·ti·kum <-s> ['baltikʊm] *nt* ■ **das ~** the Baltic states

Ba·lus·tra·de <-, -n> [balʊs'tra:də] *f* balustrade

Balz <-, -en> [balts] *f* ❶ *(Paarungsspiel)* courtship display ❷ *(Paarungszeit)* mating season

bal·zen ['baltsn̩] *vi* to perform a courtship display

Balz·tanz *m* BIOL courtship dance **Balz·zeit** *f s.* **Balz 2**

Bam·bus <-ses *o* -, -se> ['bambʊs] *m* bamboo

Bam·bus·bär *m s.* **Panda Bam·bus·rohr** *nt* bamboo cane **Bam·bus·spros·sen** *pl* bamboo shoots *pl*

Bam·mel <-s> ['baml̩] *m (fam)* ■ **[einen] ~ vor jdm/ etw haben** to be scared of sb/sth; **[einen] großen ~ vor etwas haben** to be scared stiff of sth

ba·nal [ba'na:l] *adj* banal; **eine ~e Angelegenheit/ Ausrede** a trivial matter/excuse; **eine ~e Bemerkung** a trite [*or* trivial] remark; **ein ~es Thema** a commonplace topic

ba·na·li·sie·ren* [banali'zi:rən] *vt (geh)* ■ **etw ~** to trivialize sth

Ba·na·li·tät <-, -en> [banali'tɛ:t] *f* ❶ *kein pl (banale Beschaffenheit)* banality [*or* triteness]; *eines Themas, einer Angelegenheit* triviality; **von großer ~** extremely trivial ❷ *meist pl (banale Äußerung)* platitude

Ba·na·ne <-, -n> [ba'na:nə] *f* banana

Ba·na·nen·damp·fer *m* banana boat **Ba·na·nen·plan·ta·ge** *f* banana plantation **Ba·na·nen·re·pu·blik** *f (pej)* banana republic **Ba·na·nen·scha·le** *f* banana skin **Ba·na·nen·stau·de** *f* banana [plant] **Ba·na·nen·ste·cker** *m* ELEK *(veraltend)* banana plug

Ba·nau·se <-n, -n> [ba'nauzə] *m (pej)* philistine

band [bant] *imp von* **binden**

Band¹ <-[e]s, Bänder> [bant, *pl:* 'bɛndɐ] *nt* ❶ *(Streifen Gewebe)* ribbon *a. fig; (Haar~)* hair ribbon; *(Hut~)* hatband; *(Schürzen~)* apron string; **das Blaue ~** the Blue Riband [*or* AM Ribbon] ❷ *(Mess~)* measuring tape ❸ *(Metall~)* metal band ❹ *(Verpackungs~)* packaging tape ❺ TECH *(Ton~)* [recording] tape; **etw auf ~ aufnehmen** to tape [record] sth, to record sth on tape; **etw auf ~ diktieren** [*o* sprechen] to dictate sth on to tape; **auf ~ sein** to be [recorded] on tape; **etw auf ~ haben** to have sth [recorded] on tape ❻ *(Fließ~)* conveyor belt; **am ~ arbeiten** to work on an assembly [*or* a production] line; **vom ~ laufen** to come off the [production] line; **am laufenden ~** *(fam)* non-stop, continuously; **etw am laufenden ~ tun** to keep doing sth ❼ RADIO wavelength, [frequency] band ❽ *meist pl* ANAT ligament; **sich *dat* die Bänder zerren/[an]reißen** to strain/tear ligaments ❾ BAU *(Baubeschlag)* hinge

Band² <-[e]s, -e> [bant, *pl.* 'bandə] *nt (geh)* ❶ *(gegenseitige Beziehung)* bond, tie; **zarte ~e knüpfen** to start a romance ❷ *pl (Fesseln)* bonds *npl,* fetters *npl,* shackles *npl;* **jdn in ~e schlagen** *(veraltet)* to clap [*or* put] sb in irons

Band³ <-[e]s, Bände> [bant, *pl.* 'bɛndə] *m* volume; **Bände füllen** to fill volumes; **über etw Bände schreiben können** to be able to write volumes about sth ▸ WENDUNGEN: **Bände sprechen** *(fam)* to speak volumes

Band⁴ <-, -s> [bɛnt] *f* MUS band, group

Ban·da·ge <-, -n> [ban'da:ʒə] *f* bandage; ▸ WENDUNGEN: **das sind harte ~n** *(fam)* those are hard words; **mit harten ~n kämpfen** *(fam)* to fight with no holds barred [*or* one's gloves off]

ban·da·gie·ren* [banda'ʒi:rən] *vt* ■ **|jdm| etw ~** to bandage [up] [sb's] sth

Band·auf·nah·me *f* tape-recording

Band·brei·te *f* ❶ *(geh)* range ❷ FIN variation; **eine ~ von ... bis ... haben** to range from ... to ... ❸ RADIO, INET bandwidth

Bänd·chen <-s, -> ['bɛntçən] *nt* ❶ *dim von* **Band¹** small ribbon ❷ *dim von* **Band³** small [*or* slim] volume

Ban·de¹ <-, -n> ['bandə] *f* ❶ *(Verbrecher~)* gang, band ❷ MUS *(fam: Gruppe)* gang *fam*

Ban·de² <-, -n> ['bandə] *f* SPORT barrier; **die ~ eines Billardtisches** the cushion of a billiard table; **die ~ einer Reitbahn** the boards of an arena

Band·ei·sen *nt* metal hoop

Bän·del^RR <-s, -> ['bɛndl̩] *m* ❶ *(Schnürsenkel)* shoelace ❷ *(Bändchen)* ribbon ▸ WENDUNGEN: **jdn am ~ haben** *(fam)* to be able to twist sb round one's little finger

Ban·den·chef(in) [-ʃɛf] *m(f) (fam),* **Ban·den·füh·rer(in)** *m(f)* gang leader **Ban·den·kri·mi·na·li·tät** *f (Kriminalität von Verbrecherbanden)* [organized] gang crime

Ban·den·wer·bung *f* ÖKON advertising on hoardings round the perimeter of sports arenas

Ban·de·ro·le <-, -n> [bandə'ro:lə] *f* revenue stamp [*or* seal]

Band·er·riss^RR ['bɛndɐ-] *m* MED torn ligament **Bän·der·zer·rung** *f* MED pulled ligament

bän·di·gen ['bɛndɪgn̩] *vt* ❶ *(zähmen)* ■ **ein Tier ~** to tame an animal ❷ *(niederhalten)* ■ **jdn ~** to bring sb under control, to subdue sb ❸ *(geh: zügeln)* ■ **etw ~** to control [*or* overcome] sth, to bring sth under control; **Haare ~** to control one's hair; **Naturgewalten ~** to harness the forces of nature

Bän·di·gung <-, -en> *f* ❶ *(Zähmung)* taming ❷ *(Niederhaltung)* controlling, subduing ❸ *(geh: Zügelung)* controlling, overcoming; **die ~ eines Brandes** bringing a fire under control; **die ~ von Naturgewalten** harnessing [of] the forces of nature

Ban·dit(in) <-en, -en> [ban'di:t] *m(f)* bandit, brigand *old;* **einarmiger ~** one-armed bandit

Band·maß *nt* tape measure

Band·nu·deln *pl* ribbon noodles, tagliatelle *npl*

Band·do·ne·on <-s, -s> [ban'do:neɔn] *nt* MUS bandoneon

Band·sä·ge *f* band saw

Band·schei·be *f* ANAT [intervertebral] disc; **es an** [*o* **mit**] **der ~** [*o* **den ~n**] **haben** *(fam)* to have a slipped [*or* slipped a] disc

Band·schei·ben·scha·den *m* MED damaged [intervertebral] disc **Band·schei·ben·vor·fall** *m* MED slipped disc

Band·wurm *m* tapeworm

bang <-er *o* bänger, -ste *o* bängste> [baŋ] *adj (geh)* scared, frightened; **~e Augenblicke/Minuten/ Stunden** anxious moments/minutes/hours; **ein ~es Schweigen** an uneasy silence; **in ~er Erwartung** uneasily; **es ist/wird jdm ~** [**zumute**] to be/become uneasy [*or* anxious]; **jdm ist ~** [**vor jdm/etw**] sb is scared [of sb/sth]

Ban·ga·le, Ban·ga·lin <-n, -n> [baŋ'ga:lə, baŋ'ga:lɪn] *m, f s.* **Bangladescher**

ban·ga·lisch [baŋ'ga:lɪʃ] *adj* Bengali; *s. a.* **deutsch**

Ban·ge <-> ['baŋə] *f* **~ [vor jdm/etw] haben** to be scared [*or* frightened] [*or* afraid] [of sb/sth]; **jdm ~ machen** to scare [*or* frighten] sb; **~ machen gilt nicht!** *(fam)* you can't scare me!; **[nur] keine ~!** *(fam)* don't be scared [*or* afraid] !; *(keine Sorge)* don't worry!

ban·gen ['baŋən] *vi (geh)* ❶ *(sich ängstigen)* ▪ **um jdn/etw** ~ to worry [*or* be worried] about sb/sth; **um jds Leben** ~ to fear for sb's life ❷ *(Angst haben)* ▪ **es bangt jdm** [**vor jdm/etw**] [*o* **jdm bangt es** [**vor jdm/etw**]] sb is scared [*or* frightened] [*or* afraid] of sb/sth

Bang·la·desch, Bang·la·desh <-> [baŋla'dɛʃ] *nt* Bangladesch

Bang·la·de·scher(in) <-s, -> *m(f)* Bangladeshi; *s. a.* **Deutsche(r)**

bang·la·de·schisch *adj* BRD, ÖSTERR Bangladeshi; *s. a.* **deutsch**

Ban·jo <-s, -s> ['bændʒo] *nt* banjo

Bank¹ <-, Bänke> [baŋk, *pl:* 'bɛŋkə] *f* ❶ *(Sitzmöbel)* bench; *(Garten~)* [garden] seat [*or* bench]; *(Anklage~)* dock; **auf der Anklage~** in the dock; *(Kirchen~)* pew; **vor leeren Bänken predigen** to preach to an empty church; *(Schul~)* desk; **in der ersten ~** in the front [*or* first] row; *(Werk~)* workbench; **vor leeren Bänken spielen** to play to an empty house ❷ *(bank-förmige Anhäufung)* bank; *(Austern~)* bed; *(Korallen~)* reef; *(Sand~)* sandbank, sandbar; *(Wolken~)* bank of clouds ▶ WENDUNGEN: **etw auf die lange ~ schieben** *(fam)* to put sth off; [**alle**] **durch die ~** *(fam)* every single one [*or* the whole lot] [of them]

Bank² <-, -en> [baŋk] *f* ❶ FIN bank; **auf der ~** in the bank; **ein Konto bei einer ~ haben** to have an account with a bank ❷ *(Kasse)* bank; **die ~ haben** [*o* **halten**] to be [the] banker, to have a bank; **die ~ sprengen** to break the bank

Bank·an·ge·stell·te(r) *f(m) dekl wie adj* bank employee **Bank·au·to·mat** *m* [automated] cash dispenser, automated teller machine, ATM, bank machine

Bänk·chen <-s, -> ['bɛŋkçən] *nt dim von* **Bank¹** little [*or* small] bench

Bank·di·rek·tor, -di·rek·to·rin *m, f* bank manager, director of a bank

Bän·kel·lied ['bɛŋklli:t] *nt* street ballad **Bän·kel·sän·ger(in)** *m(f)* ballad-singer

Ban·ken·auf·sicht *f* bank supervision **Ban·ken·vier·tel** *nt* banking district

Ban·ker(in) <-s, -> ['bɛŋkɐ] *m(f) (fam)* banker

Ban·kett¹ <-[e]s, -e> [baŋ'kɛt] *nt* banquet

Ban·kett² <-[e]s, -e> [baŋ'kɛt] *nt,* **Ban·ket·te** <-, -n> [baŋ'kɛtə] *f* verge BRIT, shoulder AM; **„~e nicht befahrbar** [*o* **unbefahrbar**] **"** "soft verges"

Bank·fach *nt* ❶ *(Schließfach)* safe-deposit box ❷ *(Beruf)* banking, banking profession; **im ~ arbeiten** to work in banking [*or* in the banking profession] **Bank·fi·li·a·le** *f* branch *(of a bank)* **Bank·ge·heim·nis** *nt* [the bank's duty to maintain] confidentiality **Bank·ge·schäf·te** *pl* bank transactions *pl* **Bank·gut·ha·ben** *nt* bank balance **Bank·hal·ter(in)** *m(f)* bank, banker **Bank·haus** *nt (geh)* banking house; **~ Schlüter & Sohn** Schlüter & Son, Bankers

Ban·kier <-s, -s> [baŋ'kje:] *m* banker

Ban·ki·va·huhn [baŋ'ki:va-] *nt* ORN *(Gallus gallus)* red jungle fowl

Bank·kauf·mann, -frau *m, f* [qualified] bank clerk **Bank·kon·to** *nt* bank account **Bank·kre·dit** *m* bank loan **Bank·leh·re** *f* training as a bank clerk **Bank·leit·zahl** *f* bank sorting code [number] **Bank·no·te** *f* banknote

Ban·ko·mat <-en, -en> [baŋko'ma:t] *m* cash machine [*or* dispenser]

Bank·platz *m (geh)* banking centre [*or* AM -er] **Bank·pro·vi·si·on** *f* bank charge **Bank·raub** *m* bank robbery **Bank·räu·ber(in)** *m(f)* bank robber

bank·rott [baŋk'rɔt] *adj* ❶ ÖKON bankrupt; **jdn ~ machen** to bankrupt sb ❷ *(fig)* bankrupt, discredited

Bank·rott <-[e]s, -e> [baŋk'rɔt] *m* bankruptcy; **~ machen** to go [*or* become] bankrupt

Bank·rott·er·klä·rung *f* ❶ ÖKON declaration of bankruptcy ❷ *(Erklärung der Inkompetenz)* declaration of failure

Bank·rot·teur(in) <-s, -e> [baŋkrɔ'tø:ɐ] *m(f) (geh)* bankrupt

bank·rott·ge·henᴿᴿ *vi irreg sein* to go [*or* become] bankrupt

Bank·über·fall *m* bank raid **Bank·über·wei·sung** *f* bank transfer **bank·üb·lich** *adj* **es ist ~** it is normal banking practice **Bank·ver·bin·dung** *f* banking arrangements; **wie ist Ihre ~** what are the particulars of your bank account? **Bank·we·sen** *nt kein pl* banking

Bann <-[e]s> [ban] *m* ❶ *(geh)* spell; **in jds ~** *akk***/in den ~ einer S. geraten** to come under sb's/sth's spell; **jdn in ~ halten** *(geh)* to hold sb in one's spell; **jdn in seinen ~ schlagen** [*o* **ziehen**] to cast a spell over sb; **in jds** *dat***/im ~ einer S. stehen** *gen* to be under sb's spell/under the spell of sth ❷ HIST excommunication; **den ~ über jdn aussprechen** to excommunicate sb; **jdn vom ~ lösen** to absolve sb [from excommunication]; **jdn in den ~ tun** [*o* **jdn mit dem ~ belegen**] to excommunicate sb

Bann·bul·le *f* HIST bull [*or* letter] of excommunication

ban·nen ['banən] *vt* ❶ *(geh: faszinieren)* ▪ **jdn ~** to entrance [*or* captivate] sb; [**wie**] **gebannt** [as though] bewitched [*or* entranced] ❷ *(fernhalten)* ▪ **jdn/etw ~** to exorcize sb/sth; **Gefahr ~** to avert [*or* ward off] danger

Ban·ner <-s, -> ['banɐ] *nt* banner; **das ~ einer Sache hochhalten** to hold high the banner of sth

Ban·ner·trä·ger(in) *m(f) (a. fig)* standard-bearer

Bann·kreis *m* influence; **in jds ~ stehen** to be under sb's influence; **in jds ~ geraten/in den ~ einer Sache geraten** to come under sb's/sth's influence **Bann·mei·le** *f* restricted area round a *[government]* building in which public meetings or demonstrations are banned **Bann·strahl** *m (geh)* excommunication **Bann·wald** *m* ÖSTERR, SCHWEIZ forest planted as protection against avalanches

Ban·tam·ge·wicht ['bantam-] *nt* SPORT ❶ *kein pl (Klasse)* bantamweight; **im ~ boxen** to box in the bantamweight category ❷ *(Sportler)* bantamweight **Ban·tam·ge·wicht·ler(in)** <-s, -> *m(f) s.* **Bantamgewicht 2**

Ba·o·bab <-s, -s> ['ba:obap] *m* BOT *(Adansonia)* baobab

Bap·tist(in) <-en, -en> [bap'tɪst] *m(f)* Baptist

bar [ba:ɐ] *adj* ❶ *(in Banknoten oder Münzen)* cash; **~es Geld** cash; **~e Zahlungen** payments in cash; [**in**] **~ bezahlen** to pay [in] cash; **gegen ~** for cash; **Verkauf nur gegen ~** cash sales only; **600 Euro in ~** 600 euros [in] cash ❷ *attr (rein)* pure; **~er Unsinn** utter [*or* absolute] rubbish [*or* AM garbage] ❸ *pred (geh: ohne)* ▪ **~ einer S.** *gen* devoid of [*or* utterly] without] sth

bar, Bar <-s, -s> [ba:ɐ] *nt als Maßeinheit* bar

Bar <-, -s> [ba:ɐ] *f* bar

Bär(in) <-en, -en> [bɛ:ɐ] *m(f)* bear; **stark wie ein ~** *(fam)* strong as an ox; **wie ein ~ schlafen** *(fam)* to sleep like a log; **der Große/Kleine ~** the Great/Little Bear, Ursa Major/Minor *spec* ▶ WENDUNGEN: **jdm einen ~en aufbinden** *(fam)* to have [*or* AM put] sb on, to pull sb's leg

Ba·ra·cke <-, -n> [ba'rakə] *f* hut, shack

Bar·ba·di·er(in) <-s, -> [bar'ba:di̯ɐ] *m(f)* Barbadian, Bajan *fam; s. a.* **Deutsche(r)**

bar·ba·disch [bar'ba:dɪʃ] *adj* Barbadian; *s. a.* **deutsch**

Bar·ba·dos <-> [bar'ba:dɔs] *nt* Barbados; *s. a.* **Deutschland**

Bar·bar(in) <-en, -en> [bar'ba:ɐ] *m(f)* ❶ *(pej)* barbarian, brute ➋ HIST Barbarian

Bar·ba·ra·kraut ['barbara] *nt kein pl* winter cress, land cress

Bar·ba·rei <-, -en> [barba'raɪ] *f (pej)* ➊ *(Unmenschlichkeit)* barbarity; **ein Akt der ~** an act of barbarity, a barbarous act ➋ *kein pl (Kulturlosigkeit)* barbarism; **in ~ versinken** [*o* **in die ~ zurücksinken**] to [re]lapse into barbarism

Bar·ba·rie-En·te [barba'ri:] *f* KOCHK Musk duck

Bar·ba·rin <-, -nen> *f fem form von* **Barbar**

bar·ba·risch [bar'ba:rɪʃ] **I.** *adj* ➊ *(pej: unmenschlich)* barbarous; **~e Folter** brutal torture; **eine ~e Strafe** a savage punishment ➋ *(fam: grässlich)* barbaric ➌ *(fam: unerhört)* dreadful, terrible ➍ HIST barbarian **II.** *adv* ➊ *(grausam)* brutally ➋ *(fam: entsetzlich)* dreadfully, awfully

Bar·be <-, -n> ['barbə] *f* ZOOL, KOCHK *(Fischart)* barbel

bär·bei·ßig ['bɛɐ̯baɪsɪç] *adj (fam)* grumpy; **ein ~er Ton** a gruff tone

Bar·ben·kraut ['barbn̩-] *nt* barbarea

Bar·bier <-s, -e> [bar'bi:ɐ̯] *m (veraltet)* barber

Bar·bi·tu·rat <-[e]s, -e> [barbitu'ra:t] *nt* barbiturate

Bar·bi·tur·säu·re [barbi'tu:ɐ̯-] *f* PHARM barbituric acid

bar·bu·sig I. *adj* topless **II.** *adv* topless

Bar·da·me *f* barmaid, hostess

Bar·de <-n, -n> ['bardə] *m* bard

bar·die·ren [bar'di:rən] *vt* KOCHK to wrap in bacon

Ba·re[s] *nt kein pl* cash

Bä·ren·dienst *m* ▸ WENDUNGEN: **jdm einen ~ erweisen** to do sb a bad turn [*or* disservice] **Bä·ren·dreck** *m* SÜDD, SCHWEIZ *(Lakritze)* liquorice BRIT, licorice AM **Bä·ren·haut** *f* bearskin; ▸ WENDUNGEN: **auf der ~ liegen** *(pej fam)* to laze about, to lie around **Bä·ren·hun·ger** *m* a massive appetite; **einen ~ haben** *(fam)* to be famished [*or* ravenous] [*or* starving] **Bä·ren·jagd** *f* bear hunt[ing] **Bä·ren·klau** <-> *m kein pl* BOT *(Heracleum)* hogweed, cow parsnip **Bä·ren·kräf·te** *pl* the strength of an ox **Bä·ren·krebs** *m* ZOOL, KOCHK slipper lobster **Bä·ren·lauch** *m* wild garlic, ramson **Bä·ren·na·tur** *f* tough constitution; **eine ~ haben** *(fam)* to be tough **bä·ren·stark** *adj* ➊ *(fam: äußerst stark)* as strong as an ox ➋ *(sl: toll)* cool **Bä·ren·trau·be** *f* BOT *(Arctostaphylos)* bearberry

Ba·rents·see ['ba:rənts-] *f* Barents Sea

Ba·rett <-[e]s, -e *o* -s> [ba'rɛt] *nt* beret; *(von Geistlichem)* biretta; *(von Richter)* cap; *(von Professor)* mortarboard

bar·fuß ['ba:ɐ̯fu:s] *adj pred* barefoot[ed]

bar·fü·ßig ['ba:ɐ̯fy:sɪç] *adj* ➊ *attr* barefooted ➋ *pred (geh) s.* **barfuß**

barg [bark] *imp von* **bergen**

Bar·geld *nt* cash

bar·geld·los I. *adj* cashless **II.** *adv* without using cash; **~ zahlen** to pay without cash [*or* by credit card etc.]

bar·häup·tig I. *adj (geh)* bare-headed **II.** *adv (geh)* bare-headed

Bar·ho·cker *m* bar stool

Bä·rin <-, -nen> *f fem form von* **Bär** [she-]bear

Ba·ri·ton <-s, -e> ['ba(:)rɪtɔn] *m* baritone

Ba·ri·um <-s> ['ba:riʊm] *nt kein pl* barium

Bar·kas·se <-, -n> [bar'kasə] *f* launch

Bar·kauf *m* cash purchase

Bar·ke <-, -n> ['barkə] *f* skiff, rowing boat

Bar·kee·per(in) <-s, -> ['ba:ɐ̯ki:pɐ] *m(f)*, **Bar·mann** *m(f)* barman, bartender

Bär·lapp <-s, -e> ['bɛ:ɐ̯lap] *m* BOT *(Lycopodium)* clubmoss, lycopod **Bär·lauch** *m* BOT *(Allium ursinum)* broad-leaved garlic

Bar·löf·fel *m* mixing spoon *(for drinks)*

barm·her·zig [barm'hɛrtsɪç] *adj (mitfühlend)* compassionate; ▪ **~ sein** to show compassion; **eine ~e Tat** an act of compassion ▸ WENDUNGEN: [**Gott**] **der B~e** REL merciful God

Barm·her·zig·keit <-> *f kein pl* mercy, compassion; [**an jdm**] **~ üben** *(geh)* to show mercy to [*or* compassion towards] sb

Bar·mit·tel *pl* FIN *(geh)* cash reserves [*or* resources]

Bar·mi·xer(in) <-s, -> *m(f)* barman

ba·rock [ba'rɔk] *adj* ➊ KUNST, ARCHIT, LIT baroque ➋ *(üppig)* baroque [*or* ornate]; **eine ~e Figur** an ample [*or* voluptuous] figure; **eine ~e Sprache** florid language ➌ *(pompös)* extravagant

Ba·rock <-[s]> [ba'rɔk] *nt o m kein pl* baroque

Ba·rock·zeit *f* the baroque [*or* age] period

Ba·ro·me·ter <-s, -> [baro'me:tɐ] *nt* barometer; **das ~ fällt/steigt** the barometer is falling/rising ▸ WENDUNGEN: **das ~ steht auf Sturm** things look stormy

Ba·ro·me·ter·stand *m* barometer reading

Ba·ron(in) <-s, -e> [ba'ro:n] *m(f)* baron; KOCHK *(vom Lamm/Rind)* baron [of beef/lamb]

Ba·ro·nessᴿᴿ <-, -en> [baro'nɛs] *f*, **Ba·ro·neß**ᴬᴸᵀ <-, -essen> *f*, **Ba·ro·nes·se** <-, -n> *f* daughter of a baron

Ba·ro·nin <-, -nen> *f fem form von* **Baron**

Bar·ra·ku·da <-, -s> [bara'ku:da] *m* ZOOL *(Sphyraena barracuda)* barracuda

Bar·rel <-s, -s *o als Maßeinheit:* -> ['bɛrəl] *nt* barrel

Bar·ren¹ <-s, -> ['barən] *m* SPORT parallel bars *npl*

Bar·ren² <-s, -> ['barən] *m* bar, ingot; **in ~** in the form of bars [*or* ingots]

Bar·ren·gold *nt* gold bullion

Bar·ri·e·re <-, -n> [ba'ri̯e:rə] *f (a. fig)* barrier

Bar·ri·ka·de <-, -n> [bari'ka:də] *f (Verschanzung)* barricade; ▸ WENDUNGEN: [**für etw**] **auf die ~n gehen** to man the barricades [for sth], to go on the warpath for [sth]

barsch [barʃ] **I.** *adj* curt **II.** *adv* curtly

Barsch <-[e]s, -e> [barʃ] *m* perch

Bar·schaft <-> *f kein pl (geh)* cash; **50 Euro, das ist meine ganze ~!** 50 euros is all the cash I have!

Bar·scheck *m* FIN open [*or* uncrossed] cheque BRIT, cashable check AM **Bar·spen·de** *f* FIN cash donation

barst [barst] *imp von* **bersten**

Bart <-[e]s, Bärte> [ba:ɐ̯t, *pl:* 'bɛːɐ̯tə] *m* ➊ *(Voll-~)* beard; **einen ~ haben** to have a beard; **sich** *dat* **etw in den ~ brummeln** *(fam)* to mumble sth [into one's beard]; **sich** *dat* **einen ~ wachsen** [*o* **stehen**] **lassen** to grow a beard; **mit ~** bearded; **ohne ~** clean-shaven ➋ *(Schnurr~)* moustache BRIT, mustache AM ➌ ZOOL whiskers ➍ TECH *(Schlüssel~)* bit ▸ WENDUNGEN: **beim ~e des Propheten** cross my heart; **jdm um den ~ gehen** *(fam)* to butter sb up; **einen ~ haben** *(fam)* to be as old as the hills; **der ~ ist ab** *(fam)* that's it! [*or* that]

Bärt·chen <-s, -> ['bɛːɐ̯tçən] *nt* small beard; *(Schnurrbart)* small moustache [*or* AM mustache]

Bar·ten·wal ['bartn̩-] *m* ZOOL whalebone [*or* baleen] whale

Bart·flech·te *f* ➊ MED sycosis ➋ BOT beard lichen [*or* moss] **Bart·grün·del** *m*, *f* ➊ ZOOL, KOCHK *s.* **Schmerle Bart·haar** *nt* ➊ *(im Gesicht)* facial hair ➋ ZOOL whisker

Bar·thel ['bartl] *m* ▸ WENDUNGEN: **wissen, wo** [**der**] **~ den Most holt** *(fam)* to know what's what [*or* every trick in the book]

Bar·tho·lo·mä·us·nacht [bartolo'mɛ:ʊs-] *f* HIST ▪ **die ~** the Massacre of St Bartholomew

bär·tig ['bɛːɐ̯tɪç] *adj* bearded

Bär·ti·ge(r) *m dekl wie adj* a bearded man, a man with a beard

bart·los *adj* beardless, clean-shaven **Bart·männ·chen** *nt* KOCHK, ZOOL cusk, torsk **Bart·nel·ke** *f* sweet william **Bart·stop·peln** *pl* stubble *sing* **Bart·**

wuchs *m* growth of beard; *(Frau)* facial hair
Bar·ver·kauf *m* cash sale **Bar·ver·mö·gen** *nt* cash [*or* liquid] assets **Bar·zah·lung** *f* payment in cash, cash payment
Bar·zan·ge *f* bar tongs *npl*
Ba·salt <-[e]s, -e> [baˈzalt] *m* basalt
Ba·sar <-s, -e> [baˈzaːɐ̯] *m* ❶ *(orientalischer Markt)* bazaar ❷ *(Wohltätigkeits~)* bazaar
Ba·se¹ <-, -n> [ˈbaːzə] *f* CHEM base
Ba·se² <-, -n> [ˈbaːzə] *f* ❶ *(veraltet) s.* **Cousine** ❷ SCHWEIZ *s.* **Tante**
Base·ball <-s> [ˈbeɪsbɔːl] *m kein pl* baseball
Base·ball·schlä·ger *m* baseball bat
Ba·se·dow-Kank·heit, **Ba·se·dow·krank·heit**^{RR} [ˈbaːzedo-] *f* [exophthalmic] goitre [*or* AM -er]
Base-Jum·ping <-s> [ˈbeɪsdʒʌmpɪŋ] *nt kein pl* SPORT base·jumping *(parashooting off buildings, bridges, etc.)*
Ba·sel <-s> [ˈbaːzl̩] *nt* Basle [*or* Basel]
Ba·sel·land·schaft <-s> *nt* Basel District
Ba·sel-Stadt <-> *nt* Basel City
Ba·sen *pl von* **Basis** *s.* **Base**
Ba·sen·paa·rung *f* BIOL base pairing
ba·sie·ren [baˈziːrən] **I.** *vi* ❶ **etw ~** *dat* to be based on sth **II.** *vt (selten)* ❷ **etw auf etw ~** *akk* to base sth on sth
Ba·si·li·ka <-, Basiliken> [baˈziːlika, *pl:* baˈziːlikən] *f* basilica
Ba·si·li·kum <-s> [baˈziːlikʊm] *nt kein pl* basil
Ba·si·lisk <-en, -en> [baziˈlɪsk] *m* basilisk
Ba·sis <-, Basen> [ˈbaːzɪs, *pl:* ˈbaːzn̩] *f* ❶ *(Grundlage)* basis ❷ POL *(die Parteimitglieder/die Bürger)* **die ~** the grass roots [level]; **an der ~ arbeiten** to do grass roots work ❸ ARCHIT base ❹ MIL base
Ba·sis·ar·beit *f* groundwork, work at grass roots level **Ba·sis·camp** [-kɛmp] *nt* base camp
ba·sisch [ˈbaːzɪʃ] **I.** *adj* CHEM basic **II.** *adv* CHEM as a base
Ba·sis·de·mo·kra·tie *f kein pl* grass-roots democracy **Ba·sis·grup·pe** *f* POL action group **Ba·sis·la·ger** *nt* base camp **Ba·sis·wis·sen** *nt kein pl* basic knowledge
Bas·ke, Bas·kin <-n, -n> [ˈbaskə, ˈbaskɪn] *m, f* Basque; *s. a.* **Deutsche(r)**
Bas·ken·land *nt* **das ~** Basque region **Bas·ken·müt·ze** *f* beret
Bas·ket·ball <-s> [ˈba(ː)skətbal] *m kein pl* basketball
Bas·kin <-, -nen> *f fem form von* **Baske**
Bas·kisch [ˈbaskɪʃ] *nt dekl wie adj* Basque; *s. a.* **Deutsch**
bas·kisch [ˈbaskɪʃ] *adj* Basque; *s. a.* **deutsch**
Bas·kisch [ˈbaskɪʃ] *nt dekl wie adj* Basque; *s. a.* **Deutsch**
Bas·ki·sche <-n> *nt* **das ~** Basque, the Basque language; *s. a.* **Deutsche**
Bas·ma·ti <-s> [basˈmaːti] *m kein pl* basmati [rice]
Bas·re·li·ef [ˈbarelˌi̯ɛf] *nt* bas·relief
bass^{RR}, **baß**^{ALT} [bas] *adv (hum)* **~ erstaunt sein** to be flabbergasted
Bass^{RR} <-es, Bässe>, **Baß**^{ALT} <-sses, Bässe> [bas, *pl:* ˈbɛsə] *m* ❶ MUS bass [voice]; *(Sänger)* bass; **den ~ singen** to sing bass [*or* the bass part] ❷ MUS bass [notes *pl*]
Bass·ba·ri·ton^{RR} *m* bass baritone **Bass·gei·ge**^{RR} *f (fam)* [double] bass **Bass·gi·tar·re**^{RR} *f* bass guitar
Bas·sin <-s, -s> [baˈsɛ̃ː] *nt* ❶ *(Schwimmbecken)* pool ❷ *(Garten~)* pond
Bas·sist(in) <-en, -en> [baˈsɪst] *m(f)* ❶ *(Sänger)* bass [singer] ❷ *(Spieler eines Bassinstrumentes)* [double] bass player
bass·las·tig^{RR} *adj* MUS *Musik, Sound, Song* heavy on the bass **Bass·schlüs·sel**^{RR} *m* bass clef **Bass·stim·**

me^{RR} *f (Gesangsstimme)* bass [voice]; *(Partie)* bass [part]
Bass·töl·pel^{RR} *m* ORN *(Sula bassana)* gannet
Bast <-[e]s, <*selten* -e> [bast] *m* ❶ BOT bast; *(Pflanzenfaser zum Binden)* raffia ❷ *(Geweih)* velvet
bas·ta [ˈbasta] *interj* [**und damit**] **~!** [and that's] enough!
Bas·tard <-[e]s, -e> [ˈbastart] *m* ❶ *(fam: mieser Kerl)* bastard ❷ HIST *(uneheliches Kind)* bastard ❸ BOT *(Hybride)* hybrid
bas·tar·di·sie·ren [bastardiˈziːrən] *vt* **etw ~** to bastardize sth
Bas·tar·di·sie·rung <-, -en> *f* BIOL, BOT bastardization
Bas·tei <-, -en> [basˈtai] *f* HIST *s.* **Bastion**
Bas·tel·ar·beit [ˈbastl-] *f* ❶ *(Tätigkeit des Bastelns)* handicraft [work]; *(knifflige Arbeit)* a tricky [*or fam* BRIT *a.* fiddly] job ❷ *(Ergebnis)* piece of handicraft [work]
Bas·te·lei <-, -en> *f (pej fam)* fiddling around *fam*
bas·teln [ˈbastln̩] **I.** *vi* ❶ *(als Hobby)* to make things [with one's hands], to do handicrafts ❷ *(sich zu schaffen machen)* **an etw ~** *dat* to work on sth; **er bastelt schon den ganzen Tag an dem Computer herum** he's been fiddling [*or* messing] around with the computer all day **II.** *vt (handwerklich fertigen)* **[jdm] etw ~** to make sth [for sb]; **ein Gerät ~** to build a machine; **sich** *dat* **etw ~** to make oneself sth
Bas·teln <-s> [ˈbastln̩] *nt kein pl* ❶ *(Hobby)* handicraft [work], making things ❷ *(Prozess des Anfertigens)* **das ~ einer Sache** making [*or* building] sth
Bas·til·le <-> [basˈtiːjə] *f kein pl* HIST Bastille; **der Sturm auf die ~** the storming of the Bastille
Bas·ti·on <-, -en> [basˈti̯oːn] *f* bastion, bulwark; **eine ~ des Kommunismus** a bastion of Communism; **die letzte ~** the last bastion
Bast·ler(in) <-s, -> *m(f)* handicraft enthusiast, do-it-yourselfer, handy man; **ein guter ~ sein** to be good with one's hands
bat [baːt] *imp von* **bitten**
BAT [beːʔaˈteː] *m Abk von* **Bundesangestelltentarif** statutory salary scale
Ba·tail·lon <-s, -e> [batalˈjoːn] *nt* battalion
Ba·tail·lons·kom·man·deur [batalˈjoːnskɔmandøːɐ̯] *m* battalion commander
Ba·ta·te <-, -n> [baˈtaːtə] *f* AGR, BOT *(Ipomoea batates)* sweet potato
Ba·ta·via·sa·lat [baˈtaːvi̯a-] *m* Batavia lettuce
Ba·tik <-, -en> [ˈbaːtɪk] *f* batik
ba·ti·ken [ˈbaːtɪkn̩] **I.** *vi* to do batik [work] **II.** *vt* **[jdm] etw ~** to decorate sth with batik [for sb]
Ba·tist <-[e]s, -e> [baˈtɪst] *m* batiste
Bat·te·rie <-, -n> [batəˈriː, *pl:* -ˈriːən] *f* ❶ ELEK battery ❷ TECH *(Misch~)* regulator ❸ *(fam: Ansammlung)* row ❹ MIL battery ❺ KOCHK set *(of matching pots and pans, casseroles etc.)*
Bat·te·rie·be·trieb *m* battery operation; **auf ~ laufen** to run on batteries, to be battery-powered **bat·te·rie·be·trie·ben** *adj* battery-powered **Bat·te·rie·huhn** *nt (fam)* battery hen
Bat·zen <-s, -> [ˈbatsn̩] *m* ❶ *(Klumpen)* lump; *Erde* clod; **ein ganzer** [*o* **schöner**] **~** [**Geld**] *(fam)* a pile [of money], a tidy sum, a pretty penny ❷ HIST *(Silbermünze)* batz
Bau¹ <-[e]s, -ten> [bau, *pl:* ˈbautn̩] *m* ❶ *kein pl (das Bauen)* building, construction; **im ~ befindlich** under construction; **mit dem ~ beginnen** to start building; **im** [*o* **in**] **~ sein** to be under construction ❷ *kein pl (Körper~)* build, physique ❸ *(Gebäude)* building; *(~werk)* construction ❹ *kein pl (fam: Baustelle)* building site; **auf dem ~ arbeiten** to work on a building site, to be a construction worker ❺ *kein pl*

MIL *(sl: Arrest)* guardhouse, BRIT *a.* glasshouse *sl*
Bau² <-[e]s, -e> [bau] *m* ❶ *(Erdhöhle)* burrow, hole; *(Biber~)* [beaver] lodge; *(Dachs~)* sett; *(Fuchs~)* earth, den; *(Wolfs~)* lair ❷ *(sl: Wohnung)* den; **nicht aus dem ~ kommen** to not stick one's nose out[side] the door
Bau·ab·schnitt *m* stage [or phase] [of construction] **Bau·amt** *nt* building control department, department of building inspection **Bau·ar·bei·ten** *pl* building [or construction] work *sing;* **wegen ~ gesperrt** closed for repair work **Bau·ar·bei·ter(in)** *m(f)* building [or AM construction] worker **Bau·auf·sichts·be·hör·de** *f* planning department and buildings control office **Bau·be·ginn** *m kein pl* start of construction **Bau·boom** [-buːm] *m* construction [or building] boom **Bau·bu·de** *f* site hut
Bauch <-[e]s, Bäuche> [baux, *pl:* 'bɔyçə] *m* ❶ *(Unterleib)* stomach, belly, tummy *fam;* KOCHK belly; *(Fett~)* paunch; **einen dicken ~ bekommen** [*o* **kriegen**] to put on weight around the stomach, to develop a paunch; [**noch**] **nichts im ~ haben** *(fam)* to have an empty stomach; **sich** *dat* **den ~ vollschlagen** *(fam)* to stuff oneself *fam* ❷ *(bauchiger Teil)* belly; **im ~ eines Schiffes** in the bowels of a boat ▸ WENDUNGEN: **einen dicken ~ haben** *(sl)* to have a bun in the oven BRIT *vulg,* to be in the family way AM; **jdm einen dicken ~ machen** *(sl)* to put sb in the club [or AM in the family way] *sl;* **aus dem hohlen ~** [**heraus**] *(fam)* off the top of one's head; **voller ~ studiert nicht gern** *(prov)* you can't study on a full stomach; **mit etw auf den ~ fallen** *(fam)* to make a hash of sth; **sich** *dat* [**vor Lachen**] **den ~ halten** *(fam)* to split one's sides [laughing]; **vor jdm auf dem ~ kriechen** [*o* **rutschen**] *(fam)* to crawl to sb, to grovel at sb's feet; **aus dem ~** *(fam)* from the heart
Bauch·an·satz *m* beginnings *pl* of a paunch **Bauch·bin·de** *f* ❶ MED abdominal bandage ❷ *(Papierring/ -streifen)* band **Bauch·de·cke** *f* ANAT abdominal wall **Bauch·fell** *nt* ANAT peritoneum
Bauch·fell·ent·zün·dung *f* MED peritonitis
Bauch·fleck *m* ÖSTERR *(fam: Bauchklatscher)* belly-flop *fam* **Bauch·fleisch** *nt* belly **bauch·frei** *adj inv* **~es Top** halter top **Bauch·grim·men** <-s> [-grɪmən] *nt kein pl* stomach ache, a sore stomach **Bauch·höh·le** *f* abdominal cavity **Bauch·höh·len·schwan·ger·schaft** *f* ectopic pregnancy
bau·chig ['bauxɪç] *adj* bulbous
Bauch·klat·scher <-s, -> *m (fam)* belly-flop **Bauch·la·den** *m* vendor's [or sales] tray **Bauch·lan·dung** *f (fam)* belly-landing; ▸ WENDUNGEN: **eine ~ mit etw machen** to make a flop of sth, to come a cropper with sth **Bauch·lap·pen** *m* KOCHK *(vom Kalb)* belly [of veal]
Bäuch·lein <-s, -> *nt (hum)* tummy *fam*
bäuch·lings ['bɔyçlɪŋs] *adv* on one's stomach, face down
Bauch·mus·keln *pl* stomach muscles *pl* **Bauch·na·bel** *m* navel, belly [or BRIT *a.* tummy] button *fam* **bauch·re·den** *vi nur infin und pp* to ventriloquize; **das B~** ventriloquism **Bauch·red·ner(in)** *m(f)* ventriloquist **Bauch·schmer·zen** *pl* stomach ache [or pains], tummy ache *fam;* **~ haben/kriegen** to have/ get stomach ache [or AM a stomach ache]; *(fig fam)* to get butterflies in one's tummy [or stomach] *fam* **Bauch·schuss**ᴿᴿ *m* ❶ *(Schuss in den Bauch)* shot in the stomach ❷ *(fam: Patient mit Bauchschuss)* stomach wound **Bauch·speck** *m* ❶ *(Fleischstück)* streaky bacon ❷ *(Fettansatz)* spare tyre [or AM tire] **Bauch·spei·chel·drü·se** *f* ANAT pancreas **Bauch·tanz** *m* belly-dance **Bauch·tän·ze·rin** *f* belly-dancer **Bauch·weh** *nt s.* **Bauchschmerzen**
Baud <-[s], -> [boːt] *nt* baud

Bau·denk·mal *nt* architectural [or historical] monument **Bau·ele·ment** *nt* component [part]
bau·en ['bauən] **I.** *vt* ❶ *(errichten)* ■ **jdm** etw ~ to build [or construct] sth [for sb]; ■ **sich** *dat* etw ~ to build oneself sth ❷ *(zusammen~)* ■ etw ~ to construct [or make] sth; **ein Auto/eine Bombe/ein Flugzeug/ein Schiff ~** to build a car/bomb/an aircraft/ship; **ein Gerät ~** to construct a machine; **eine Violine ~** to make a violin ❸ *(herstellen)* ■ etw ~ to build sth; **ein Nest ~** to build a nest; *s. a.* **Bett** ❹ *(fam: verursachen)* **Mist ~** to mess things up; **einen Unfall ~** to cause an accident ❺ *(fam: schaffen)* ■ etw ~ to do sth; **den Führerschein ~** to do one's driving test **II.** *vi* ❶ *(ein Haus errichten lassen)* to build a house, to have a house built; **billig ~** to build cheaply; **teuer ~** to spend a lot on building a house; ■ **an etw** *dat* ~ to work on sth; **an einem Haus ~** to be building [or working on] a house ❷ *(vertrauen)* ■ **auf jdn/etw ~** to rely [or count] on sb/sth; **darauf ~, dass etwas passiert** to rely on sth happening
Bau·ent·wurf *m* building plans *pl*
Bau·er¹ <-n *o (selten)* -s, -n> ['bauɐ] *m* ❶ *(Landwirt)* farmer ❷ HIST *(Vertreter einer Klasse)* peasant ❸ *(pej: ungehobelter Mensch)* peasant, yokel, [country] bumpkin ❹ *(Schachspiel)* pawn ▸ WENDUNGEN: **die dümmsten ~n ernten die größten** [*o* **dicksten**] **Kartoffeln** *(prov fam)* fortune favours [or AM -ors] fools *prov;* **was der ~ nicht kennt,** [**das**] **frisst er nicht** *(prov fam)* people don't change their lifelong eating habits; *s. a.* **Bäuerin**
Bau·er² <-s, -> ['bauɐ] *nt o selten m (Vogelkäfig)* [bird] cage
Bäu·er·chen <-s, -> *nt (Kindersprache)* burp; [**ein**] **~ machen** to burp [a baby]
Bäu·e·rin <-, -nen> ['bɔyərɪn] *f* ❶ *fem form von* **Bauer** ❷ *(Frau des Bauern)* farmer's wife
bäu·e·risch ['bɔyərɪʃ] *adj s.* **bäurisch**
bäu·er·lich I. *adj* ❶ *(ländlich)* rural; **~e Betriebe** farms; **~e Sitten** rustic [or country] customs ❷ *(rustikal)* country, peasantry **II.** *adv* ❶ *(agrarisch)* rural ❷ *(rustikal)* **~ eingerichtet** decorated with rustic charm
Bau·ern·auf·stand *m* HIST peasants' revolt [or uprising] **Bau·ern·brot** *nt* coarse rye-bread **Bau·ern·bub** *m* SÜDD, ÖSTERR, SCHWEIZ *(Bauernjunge)* country lad [or AM boy] **Bau·ern·fang** *m* ▸ WENDUNGEN: **auf ~ ausgehen** *(pej fam)* to set out to con people **Bau·ern·fän·ger** *m (pej fam)* con-man *fam,* swindler **Bau·ern·fän·ge·rei** <-, -en> *f (pej fam)* con-trick [or AM -game]; **das ist doch nur ~!** that's nothing but a con-trick **Bau·ern·früh·stück** *nt* fried potatoes with ham and egg **Bau·ern·gar·ten** *m (Gemüsegarten)* vegetable garden; *(Kräutergarten)* herb garden; *(für Eigenbedarf)* kitchen garden **Bau·ern·haus** *nt* farmhouse **Bau·ern·hoch·zeit** *f* country wedding **Bau·ern·hof** *m* farm **Bau·ern·jun·ge** *m* country lad [or AM boy]; **ein strammer ~** a strapping country lad [or boy] **Bau·ern·krieg** *m* HIST Peasants' War **Bau·ern·op·fer** *nt* necessary sacrifice **Bau·ern·re·gel** *f* country saying **Bau·ern·schaft** <-> *f kein pl* farming community, farmers
bau·ern·schlau *adj* crafty, cunning, sly **Bau·ern·schläue** *f* native cunning [or craftiness] **Bau·ern·töl·pel** *m (pej)* country bumpkin [or yokel] **Bau·ern·ver·band** *m* farmer's association
Bau·ers·frau *f s.* **Bäuerin 2 Bau·ers·leu·te** *pl* ❶ *(Bauern)* country [or farming] folk ❷ *(Bauer und Bäuerin)* the farmer and his wife
Bau·er·war·tungs·land *nt* development land, land earmarked for development
bau·fäl·lig *adj* dilapidated, in a bad state of repair
Bau·fäl·lig·keit *f* state of dilapidation; „**wegen ~**

gesperrt" 'no entry · building unsafe'

Bau·fir·ma f building [or construction] firm, building contractor **Bau·ge·län·de** nt construction [or building] site **Bau·ge·neh·mi·gung** f planning [or building] consent [or permission] **Bau·ge·nos·sen·schaft** f housing association **Bau·ge·rüst** nt scaffolding **Bau·ge·schäft** nt building firm **Bau·ge·sell·schaft** f construction company **Bau·ge·wer·be** nt kein pl building [or construction] trade **Bau·gru·be** f excavation, foundation ditch **Bau·grund·stück** nt plot of land [for building] **Bau·hand·wer·ker(in)** m(f) skilled building [or AM construction] worker **Bau·haus** ['bauhaus] nt KUNST Bauhaus **Bau·herr, -her·rin** m, f client for whom a building is being built **Bau·her·ren·mo·dell** nt tax-relief scheme for construction of residential and commercial properties **Bau·holz** nt timber BRIT, lumber AM **Bau·in·dus·trie** f construction [or building] industry **Bau·in·ge·ni·eur(in)** m(f) civil engineer **Bau·jahr** nt ❶ (Jahr der Errichtung) year of construction ❷ (Produktionsjahr) year of manufacture **Bau·kas·ten** m construction set [or kit]; (für Kleinkinder) box of building blocks **Bau·kas·ten·sys·tem** nt kein pl modular [or unit] construction system **Bau·klotz** m building brick [or block]; ▸ WENDUNGEN: **Bauklötze staunen** (fam) to gape in astonishment, to be flabbergasted **Bau·klötz·chen** nt [building] bricks **Bau·kon·junk·tur** f construction [or building] boom **Bau·kos·ten** pl building [or construction] costs pl **Bau·kos·ten·zu·schuss**RR m tenant's contribution to building costs **Bau·kunst** f (geh) architecture **Bau·land** ['bau·lant] nt building land **Bau·lärm** m kein pl construction noise **Bau·lei·ter(in)** m(f) [building] site manager, BRIT a. clerk of [the] works **Bau·leit·plan** m development plans for local real estate **Bau·lei·tung** f ❶ (Aufsicht) site supervision; (die Bauleiter) supervisory staff ❷ (Büro) site office

bau·lich I. adj structural; **sich in einem guten/schlechten ~en Zustand befinden** to be structurally sound/unsound; **wegen ~er Maßnahmen bleibt das Gebäude vorübergehend geschlossen** the building is temporarily closed due to renovations; **~e Veränderungen durchführen** to carry out structural alterations [or modifications] II. adv structurally

Bau·lich·keit <-, -en> f meist pl (geh) building

Bau·lö·we m (fam) building speculator **Bau·lü·cke** f vacant [or BRIT a. gap] site

Baum <-[e]s, Bäume> [baum, pl: 'bɔymə] m ❶ (Pflanze) tree; **der ~ der Erkenntnis** the Tree of Knowledge; **stark wie ein ~** [as] strong as a horse [or an ox]; **auf einen ~ klettern** to climb [up] a tree; **Bäume ausreißen können** (fig fam: voller Energie sein) to be full of energy [or fam beans]; (viel leisten können) to feel able to tackle anything ❷ INFORM (Such~) tree [structure] ▸ WENDUNGEN: **zwischen ~ und Borke stehen** [o stecken] to be in two minds [about sth], to be stuck between a rock and a hard place; **die Bäume wachsen nicht in den Himmel** (prov) all good things come to an end prov; **einen alten ~** [o alte Bäume] **soll man nicht verpflanzen** (prov) old people should be left in familiar surroundings

Bau·markt m ❶ (Geschäft für Baubedarf) DIY superstore, building supplies store AM ❷ (Baugewerbe) construction market **Bau·ma·schi·ne** f piece of construction equipment [or machinery] **Bau·ma·te·ri·al** nt building material

Baum·be·stand m [stock of] trees **baum·be·stan·den** adj FORST tree-covered attr, covered with trees pred

Bäum·chen <-s, -> nt ❶ dim von **Baum** young tree ❷ **~ wechsle dich spielen** (hum) to change [or

swap] partners, to go bed-hopping

Bau·meis·ter(in) m(f) ❶ (Techniker im Bauwesen) master builder ❷ (geh: Erbauer) builder, architect

bau·meln ['baumln] vi ❶ (hin und her schaukeln) ▪ [an etw dat] ~ to dangle [from sth] ❷ (sl: erhängt werden) to swing fam; **wir wollen den Mörder ~ sehen!** let's see the murderer swing!

bäu·men ['bɔymən] vr s. **aufbäumen**

Baum·fal·ke m ORN (Falco subbuteo) hobby **Baum·farn** m tree fern **Baum·gren·ze** f tree line, timberline **Baum·grup·pe** f group [or clump] [or cluster] of trees, coppice **baum·hoch** adj as high as the trees **Baum·kel·ter** f arbor press **Baum·kro·ne** f treetop, crown of a/the tree **baum·lang** adj (fam) extremely tall; **ein ~er Bursche** a beanpole **Baum·läu·fer** m ORN tree creeper **baum·los** adj treeless **Baum·nuss**RR f SCHWEIZ (Walnuss) walnut **Baum·nuss·öl**RR nt walnut oil **Baum·rie·se** m (geh) giant tree **Baum·rin·de** f [tree] bark, bark of a tree **Baum·sche·re** f secateurs npl **Baum·schu·le** f tree nursery **Baum·stamm** m tree-trunk **baum·stark** adj beefy, hefty **Baum·ster·ben** nt dying[-off] of trees, forest die-back **Baum·struk·tur** f INFORM tree structure **Baum·stumpf** m tree stump **Baum·to·ma·te** f tamarillo **Baum·wip·fel** m treetop

Baum·wol·le f cotton

baum·wol·len adj attr cotton

Bau·ord·nung f building regulations pl **Bau·plan** m building plans pl [or project]; **genetischer ~** genetic structure **Bau·platz** m site [for building] **Bau·po·li·zei** f building control [department] [or inspectorate] **Bau·preis** m meist pl building costs pl **Bau·pro·jekt** nt building project **Bau·recht** nt kein pl building law [or pl regulations] **Bau·rei·he** f [production] series

bäu·risch ['bɔyrɪʃ] adj (pej) boorish, oafish

Bau·ru·i·ne f (fam) unfinished [or half-finished] building which has been abandoned **Bau·satz** m construction kit

Bausch <-es, Bäusche o -e> [bauʃ, pl: 'bɔyʃə] m ❶ (Knäuel) Watte ball ❷ (von Stoff) puff; (von Vorhang) pleat ▸ WENDUNGEN: **in ~ und Bogen** lock, stock and barrel

bau·schen ['bauʃn] I. vr **sich ~** ❶ to billow out II. vi (bauschig sein) [in der Taille] ~ to be full [at the waist]; **an den Ärmeln/Schultern ~** to have full sleeves/shoulders III. vt ▪ etw ~ ❶ (aufblähen) to fill [or swell] sth; **der Wind bauschte die Segel** the wind filled the sails ❷ (raffen) gather sth

bau·schig adj full; **eine ~e Hose** baggy trousers [or AM a. pants] npl

Bau·schlos·ser(in) m(f) fitter [on a building site] **Bau·schutt** m building rubble

bau·spa·ren vi nur infin to save with a building society [or AM savings and loan association]

Bau·spa·rer(in) m(f) saver with a building society [or AM savings and loan association], building society [or AM savings and loan association] investor

Bau·spar·kas·se f building society BRIT, savings and loan association AM **Bau·spar·ver·trag** m savings contract with a building society [or AM savings and loan association]

Bau·stein m ❶ (Material zum Bauen) building stone ❷ (Bestandteil) element ❸ INFORM chip, module **Bau·stel·le** f building site; (auf Straßen) roadworks BRIT npl, [road] construction site AM; **„Betreten der ~ verboten"** "No entry to unauthorized persons" **Bau·stil** m architectural style **Bau·stoff** m building material **Bau·stopp**RR m suspension of building work; **einen ~ verordnen** to halt [work on] a building project **Bau·sub·stanz** f fabric [of a building]; **histori-**

B

sche ~ historic building stock **Bau·tech·ni·ker(in)** *m(f)* structural engineer **Bau·teil** *nt* part of a building; *(von Maschine)* component; **fertiges ~** prefabricated element

Bau·ten *pl von* **Bau**[1]

Bau·tisch·ler(in) *m(f)* joiner **Bau·trä·ger** *m* property developer **Bau·trupp** *m* builders *pl* **Bau·un·ter·neh·men** *nt* builder, building contractor **Bau·un·ter·neh·mer(in)** *m(f)* builder, building contractor **Bau·vor·ha·ben** *nt* construction [*or* building] project **Bau·wei·se** *f* ➊ *(Art des Bauens)* method of building [*or* construction] ➋ *(Baustil)* style; **geschlossene/ offene ~** terraced/detached houses **Bau·werk** *nt* building; *(von Brücke usw.)* construction **Bau·we·sen** *nt kein pl* building industry [*or* trade], construction industry **Bau·wil·li·ge(r)** *f(m)* willing builder; *(für Eigenheim)* willing homebuilder **Bau·wirt·schaft** *f kein pl* building [*or* construction] industry

Bau·xit <-s, -e> [bau'ksi:t] *m* bauxite

bauz [bauts] *interj (Kindersprache)* bang, crash; **~ machen** to go wallop [*or* AM boom]

Bau·zaun *m* site fence [*or* hoarding] **Bau·zeich·nung** *f* construction drawing, building plan **Bau·zeit** *f* time required for construction; **die ~ beträgt 8 Monate** it will take 8 months to build

Bay·er(in) <-n, -n> ['baiɐ] *m(f)* Bavarian

bay·e·risch ['baiərɪʃ] *adj* Bavarian

Bay·e·ri·scher Wald *m* ■ **der Bayerische Wald** the Bavarian Forest, the Bayerischer Wald

Bay·ern <-s> ['baien] *nt* Bavaria

Bay·öl ['bai-] *nt* myrcia oil

bay·risch ['bairɪʃ] *adj s.* **bayerisch**

Ba·zil·lus <-, Bazillen> [ba'tsɪlʊs, *pl:* ba'tsɪlən] *m* MED bacillus; **der ~ der Freiheit** *(fig)* the cancer of corruption

Bd. *Abk von* **Band** vol.

Bde *Abk von* **Bände** vols.

BDI <-> [be:de:'ʔi:] *m kein pl Abk von* **Bundesverband der deutschen Industrie** ≈ CBI BRIT

BDÜ <-> [be:de:'ʔy:] *m kein pl Abk von* **Bundesverband der Dolmetscher und Übersetzer** *federal association of interpreters and translators*

be·ab·sich·ti·gen[*] [bə'ʔapzɪçtɪɡn̩] *vt* ➊ *(intendieren)* ■ etw [mit etw] ~ to intend [*or* mean] to do sth [with sth]; **das hatte ich nicht beabsichtigt!** I didn't mean to do that!, that wasn't intentional! ➋ *(geh: planen)* ■ etw ~ to plan sth; ■ ~, etw zu tun to plan to do sth

be·ab·sich·tigt [bə'ʔapzɪçtɪçt] *adj* intended; **das war durchaus ~!** that was intentional!; **die ~e Wirkung zeigen** to have the desired [*or* intended] effect; **wie ~** as intended

be·ach·ten[*] [bə'ʔaxtn̩] *vt* ➊ *(befolgen)* ■ etw ~ to observe [*or* comply with] sth; **eine Anweisung/ einen Rat ~** to follow [*or* heed] advice/an instruction; **ein Verkehrszeichen ~** to observe a traffic sign; **die Vorfahrt ~** to yield [right of way], BRIT *a.* to give way ➋ *(darauf achten)* ■ jdn/etw ~ to notice [*or* pay attention to] sb/sth ➌ *(berücksichtigen)* **bitte ~ Sie, dass ...** please note [*or* take into consideration [*or* account]] that ...

be·ach·tens·wert *adj* remarkable, noteworthy; ■ ~ **sein, dass/wie** to be worth noting that/how

be·acht·lich I. *adj* considerable; **ein ~er Erfolg/eine ~e Leistung** a notable success/achievement; **eine ~e Verbesserung** a marked improvement; **B~es leisten** to achieve a considerable amount; **nichts B~es** nothing worthy of note; **~!** not bad! **II.** *adv* ➊ *(deutlich)* ~ **kälter/schneller/wärmer** considerably [*or* markedly] [*or* significantly] colder/faster/warmer ➋ *(bemerkenswert)* remarkably

Be·ach·tung *f* observance; **wir bitten um ~ der Bedienungsanleitung** please follow the instructions;

die strikte ~ der Vorschriften compliance with [the] regulations; ~ **finden** to receive attention; **keine ~ finden** to be ignored; **jdm/einer S. ~/keine ~ schenken** to pay attention/no attention [*or* take notice/no notice of] sb/sth; |jds| ~ **verdienen** to be worthy of [sb's] attention; **bei ~ der Bestimmungen/Regeln** if one follows [*or* sticks to] the regulations/rules; **unter ~ einer S.** *gen* taking sth into account [*or* considering sth]

Be·am·te(r) [bə'ʔamtə, -'ʔamtɐ] *f(m) dekl wie adj* public official; *(Polizei~)* police officer; *(Post~)* post-office official; *(Staats~)* civil servant; *(Zoll~)* customs officer; ~ **auf Probe** civil servant on probation; ~ **auf Lebenszeit** civil servant; ~ **auf Widerruf** probationary civil servant; ~ **auf Zeit** temporary civil servant

Be·am·ten·an·wär·ter(in) *m(f)* civil service trainee **Be·am·ten·ap·pa·rat** *m* civil service machinery **Be·am·ten·be·lei·di·gung** *f* insulting a [public] official; **er ist wegen ~ angeklagt** he's been charged with insulting an official **Be·am·ten·be·ste·chung** *f* bribing a [public] official; **man hat sie wegen versuchter ~ verurteilt** she was sentenced for attempting to bribe an official **Be·am·ten·deutsch** *nt* LING, ADMIN *(pej)* officialese **Be·am·ten·lauf·bahn** *f* civil service career, career in the civil service **be·am·ten·mä·ßig** *adj* officious *pej*, according to ... **Be·am·ten·men·ta·li·tät** *f (pej)* bureaucratic mentality **Be·am·ten·recht** *nt kein pl* civil service law

Be·am·ten·schaft <-> *f kein pl* civil servants *pl* [*or* service]

Be·am·ten·tum <-[e]s> *nt kein pl* ➊ *(Stand der Beamten)* civil service ➋ *s.* **Beamtenschaft**

Be·am·ten·ver·hält·nis *nt* status as a civil servant; **im ~ stehen** to be a civil servant; **ins ~ übernommen werden** to become [*or* attain the status of] a civil servant

be·am·tet [bə'ʔamtət] *adj* appointed on a permanent basis; ~**er Mitarbeiter** employee with the status of civil servants

Be·am·tin <-, -nen> *f fem form von* **Beamte**

be·ängs·ti·gen *vt (geh)* ■ jdn ~ to alarm sb

be·ängs·ti·gend I. *adj* alarming, frightening; **er ist in einem ~en Zustand** his condition gives cause for concern; **etwas B~es haben** to be a cause for alarm **II.** *adv* frighteningly, alarmingly

be·an·spru·chen[*] [bə'ʔanʃpruxn̩] *vt* ➊ *(fordern)* ■ etw [für sich] ~ to claim sth [for oneself]; **etw zu ~ haben** to lay claim to sth ➋ *(brauchen)* ■ etw ~ to require [*or* take up] sth; **Zeit/Platz ~** to take up time/space ➌ *(Anforderungen an jdn stellen)* ■ jdn ~ to make demands on sb; **ich will Sie nicht länger ~** I don't want to take up any more of your time; ■ etw ~ to demand sth; **jds Gastfreundschaft/ Zeit ~** to make demands on [*or* take advantage of] sb's hospitality/time; **jds Geduld ~** to try sb's patience ➍ *(belasten)* ■ jdn/etw ~ to put sb/sth under stress

Be·an·spru·chung <-, -en> *f* ➊ *(das Fordern)* claim (+*gen* to) ➋ *(Inanspruchnahme)* demands *pl* (+*gen* on) ➌ *(Belastung)* use; **berufliche/physische/psychologische ~** job-related/physical/psychological stress; **übermäßige ~ einer Maschine** subjecting a machine to excessive load

be·an·stan·den[*] [bə'ʔanʃtandn̩] *vt* ■ etw [an jdm/ etw] ~ to complain about [*or* take exception to] sth; **er findet an allem was zu ~** he always finds sth to complain about; **das ist beanstandet worden** there have been complaints about that; **daran ist nichts zu ~** there is nothing wrong with it; ■ ~, **dass** to complain that; **beanstandete Waren** goods about which there have been complaints

Be·an·stan·dung <-, -en> *f* complaint; ~**en haben** to have complaints; **zur ~ Anlass geben** *(geh)* to give cause for complaint

be·an·tra·gen *vt* ➊ *(durch Antrag erbitten)* ■ jdn/ etw [bei jdm/etw] ~ to apply for sb/sth [from sb/ sth] ➋ POL ■ etw ~ to propose sth, to put forward sth *sep* ➌ JUR ■ etw ~ to apply [*or* file an application] for sth; **die Höchststrafe** ~ to seek [*or* request] the maximum penalty

be·ant·wor·ten° *vt* ■ etw ~ to answer [*or* reply to] sth; **einfach/leicht/schwer zu** ~ simple/easy/difficult to answer; ■ etw mit etw ~ to respond to sth with sth; **eine Frage mit Ja/Nein** ~ to answer yes/no

Be·ant·wor·tung <-, -en> *f* answer, reply; **in** ~ **einer S.** *gen (geh)* in reply to sth

be·ar·bei·ten° *vt* ➊ *(behandeln)* ■ etw [mit etw] ~ to work on sth [with sth]; **Holz** ~ to work wood; **etw mit einer Chemikalie** ~ to treat sth with a chemical; **etw mit einem Hammer/mit einem Feile/mit Schmirgelpapier** ~ to hammer/file/sand sth ➋ *(sich befassen mit)* ■ etw ~ to deal with sth; **eine Bestellung** ~ to process an order; **einen Fall** ~ to work on [*or* handle] a case ➌ *(redigieren)* ■ etw ~ to revise sth; ■ **bearbeitet** revised ➍ *(fam: traktieren)* jdn mit den Fäusten/mit Tritten ~ to beat [*or* thump] /kick [away at] sb; ■ etw [mit etw] ~ to work [away] at sth [with sth] ➎ *(fam: auf jdn einwirken)* ■ jdn ~ to work on sb; **wir haben ihn so lange bearbeitet, bis er zusagte** we worked on him until he agreed ➏ *(bestellen)* ■ etw [mit etw] ~ to cultivate sth [with/using sth] ➐ *(adaptieren)* ■ etw [für jdn] ~ to arrange sth [for sb]; **ein Musikstück** ~ to arrange a piece of music

Be·ar·bei·ter(in) *m(f)* ➊ *(Sach~)* person [responsible for] dealing with sth ➋ *(bearbeitender Autor)* editor, reviser [*or* AM *a.* -or] ➌ MUS *(adaptierender Komponist)* arranger

Be·ar·bei·tung <-, -en> *f* ➊ *(das Behandeln)* working [on] ➋ *(das Bearbeiten)* dealing with, handling; **die** ~ **eines Falles** to handle a case; **die** ~ **eines Antrags** to deal with an application ➌ *(das Redigieren)* editing, revising, revision; **das ist eine neue** ~ **des Buchs** that's a new [*or* revised] edition of the book ➍ *(adaptierte Fassung)* adaptation; **filmische** ~ film [*or* cinematographic] adaptation

Be·ar·bei·tungs·ge·bühr *f* administrative [*or* handling] charge

be·arg·wöh·nen° *vt* ■ jdn/etw ~ to be suspicious of sb/sth, to regard sb/sth with suspicion

Beat <-[s]> [biːt] *m kein pl* beat [music]

Beat·band <-bands> [ˈbiːtbɛnt] *f* beat group

be·at·men *vt* ➊ *(jdm Sauerstoff zuführen)* ■ jdn ~ to give [*or* administer] artificial respiration to sb; *(während einer Operation)* to ventilate sb ➋ ÖKOL *(mit Sauerstoff anreichern)* **ein Gewässer/einen Teich** ~ to oxygenate a stretch of water/a pond

Be·at·mung *f* artificial respiration; **künstliche** ~ artificial respiration; *(während einer Operation)* ventilation

Be·at·mungs·ge·rät *nt* respirator, ventilator

Beat·mu·sik *f* beat music

Beat·nik <-s, -s> [ˈbiːtnɪk] *m* HIST beatnik

Beau <-, -s> [boː] *m (geh)* dandy

Beau·fort·see [boːˈfɛːt-] *f* Beaufort Sea

be·auf·sich·ti·gen° [bəˈʔaʊfzɪçtɪgn̩] *vt* ■ jdn/etw ~ to supervise sb/sth; **Kinder** ~ to mind [*or* AM look after] children; **eine Prüfung** ~ to invigilate [*or* AM proctor] an exam

Be·auf·sich·ti·gung <-, -en> *f* supervision, supervising; *einer Prüfung* invigilation BRIT, proctorship AM; **ihm wurde die** ~ **der Kinder übertragen** he was asked to supervise [*or* look after] the children

be·auf·tra·gen° *vt* ■ jdn mit etw ~ to give sb the task of doing sth; **einen Architekten/Künstler** [mit etw] ~ to commission an architect/artist [to do sth];

eine Firma [mit etw] ~ to hire [*or* BRIT *a.* engage] a firm [to do sth]; ■ jdn [damit] ~, etw zu tun to ask sb to do sth

Be·auf·trag·te(r) *f(m) dekl wie adj* representative

be·äu·gen° *vt (fam)* ■ jdn/etw ~ to eye sb up *fam*, to inspect sb

be·bau·en° *vt* ➊ *(mit einem Gebäude versehen)* ■ etw [mit etw] ~ to build [sth] on sth; **dicht bebaut sein** to be heavily built-up ➋ *(bestellen)* ■ etw [mit etw] ~ to cultivate sth [with sth]; **das Land wurde mit Gerste bebaut** the land was planted with barley

Be·bau·ung <-, -en> *f* ➊ *(das Bebauen)* development; **der Konzern plant die** ~ **des Grundstückes** the firm plans to develop this site ➋ *(Bauten)* buildings ➌ *(das Bestellen)* cultivation

Be·bau·ungs·plan *m* development plan

Bé·bé <-s, -s> [beˈbeː] *nt* SCHWEIZ *(Baby)* baby

be·ben [ˈbeːbn̩] *vi* ➊ *(zittern)* to shake, to tremble ➋ *(erbeben)* ■ [vor etw *dat*] ~ to quiver [*or* tremble] [with sth]; *Lippen* to tremble [with sth]; *Knie* to shake [with sth] ➌ *(geh: bangen)* ■ um jdn/etw ~ to tremble for sb

Be·ben <-s, -> [ˈbeːbn̩] *nt* ➊ *(Erd~)* earthquake ➋ *(Zittern)* shaking, trembling ➌ *(leichtes Zittern)* quivering

be·bend I. *adj inv, attr* shaking, trembling **II.** *adv inv* shaking, trembling

be·bil·dern° [bəˈbɪldɐn] *vt* ■ etw [mit etw] ~ to illustrate sth [with sth]; [mit etw] **bebildert sein** to be illustrated [with sth]

Be·bil·de·rung <-, -en> *f* ➊ *(das Bebildern)* illustration ➋ *(Illustrationen)* illustrations *pl*

be·brillt [bəˈbrɪlt] *adj (hum fam)* bespectacled

Bé·cha·mel·kar·tof·feln [beʃaˈmɛl-] *pl* potatoes in béchamel sauce **Bé·cha·mel·so·ße** *f* béchamel sauce

Be·cher <-s, -> [ˈbɛçɐ] *m* ➊ *(Trinkgefäß)* glass, tumbler; *(aus Plastik)* beaker; *(für Wein)* goblet; *(für Tee/ Kaffee)* mug ➋ *(becherförmige Verpackung)* carton, tub; **ein** ~ **Eis** a carton of ice-cream ➌ SCHWEIZ *(Bierglas)* mug ➍ BOT *(Hülle)* cup, cupule

be·chern [ˈbɛçɐn] *vi (hum fam)* to booze [away]; **tüchtig** ~ to have a few

be·cir·cen [bəˈtsɪrtsn̩] *vt s.* **bezirzen**

Be·cken <-s, -> [ˈbɛkn̩] *nt* ➊ *(Bassin)* basin; *(Spül~)* sink; *(von Toilette)* bowl, BRIT *a.* pan; *(Schwimm~)* pool ➋ ANAT pelvis; **ein gebärfreudiges** ~ **haben** *(fam)* to have child-bearing hips ➌ GEOL basin ➍ MUS cymbals *pl*

Be·cken·bruch *m (gebrochenes Becken 2.)* fractured pelvis, pelvic fracture **Be·cken·gür·tel** *m* BIOL *(Skelettbereich um das Becken)* pelvic girdle **Be·cken·kno·chen** *m* hip-bone, pelvic bone

Bec·que·rel <-s, -> [bɛkəˈrɛl] *nt* becquerel

be·da·chen [bəˈdaxn̩] *vt* ■ etw [mit etw] ~ to roof sth [with sth]

be·dacht [bəˈdaxt] **I.** *adj* ➊ *(überlegt)* careful, cautious, prudent ➋ *(Wert auf etw legen)* ■ auf etw *akk* ~ sein to be concerned about [*or* lay great store by] sth; ■ darauf ~ sein, etw zu tun to be concerned to do sth **II.** *adv* carefully, circumspectly

Be·dacht <-s> [bəˈdaxt] *m* mit ~ *(geh)* carefully, prudently; mit ~ vorgehen *(vorsichtig)* to act in a carefully considered way; *(absichtlich)* deliberately; **ohne/voll|er|** ~ *(geh)* without thinking/with great care

Be·dach·te(r) *f(m) dekl wie adj (ein Erbender)* beneficiary

be·däch·tig [bəˈdɛçtɪç] **I.** *adj* ➊ *(ohne Hast)* measured, deliberate ➋ *(besonnen)* thoughtful **II.** *adv* ➊ *(ohne Hast)* deliberately; ~ **sprechen** to speak in measured tones ➋ *(besonnen)* carefully

Be·däch·tig·keit <-> *f kein pl* deliberateness

be·dacht·sam [bəˈdaxtzaːm] *adj (geh) s.* **bedächtig 2**
Be·da·chung <-, -en> *f (geh)* ❶ *(das Bedachen)* roofing ❷ *(Dach)* roof
be·dang [bəˈdaŋ] *pret von* **bedingen**
be·dan·ken I. *vr* to express thanks; ▪ **sich bei jdm** [**für etw**] ~ to thank sb [*or* say thank you to sb] [for sth]; **ich bedanke mich!** thank you!; **sich bei jdm** [**für etw**] ~ **können** [*o* **dürfen**] *(iron)* to have sb to thank [for sth] II. *vt* SÜDD, ÖSTERR [**von jdm**] [**für etw**] **bedankt werden** to be thanked [by sb] [for sth]; **seien Sie herzlich bedankt!** please accept our heartfelt thanks

Be·darf <-[e]s> [bəˈdarf] *m kein pl* need, requirement; ▪ **der/jds ~ an etw** *dat* the/sb's need for sth; **der tägliche ~ an Vitaminen** daily requirement of vitamins [*or* vitamin requirement]; **Dinge des täglichen ~s** everyday necessities; **jds ~** [*or* requirements] [of/for sth] are covered [*or* met]; **mein ~ ist gedeckt!** *(iron fam)* I've had enough!; **kein ~!** *(fam)* no thanks!; **~ an etw** *dat* **haben** [*or* be in need of] sth; **keinen ~ an etw** *dat* **haben** to have no need for sth; **bei ~** if required; **je nach ~** as required
Be·darfs·fall *m* **für den ~** *(geh)* in case the need arises; **im ~** *(geh)* if necessary **Be·darfs·gü·ter** *pl* consumer goods **Be·darfs·hal·te·stel·le** *f* request stop
be·dau·er·lich *adj* regrettable, unfortunate; **etwas B~es** sth regrettable; **sehr ~!** how unfortunate!, what a pity! ▪ ~ **sein, dass** to be unfortunate
be·dau·er·li·cher·wei·se *adv* regrettably, unfortunately; **ich kann mich ~ nicht mehr daran erinnern** I'm afraid I can't remember
be·dau·ern *vt* ❶ *(schade finden)* ▪ **etw** ~ to regret sth; ▪ ~, **dass** to regret that; **wir ~, Ihnen mitteilen zu müssen ...** we regret to have [*or* we are sorry] to inform you...; [**ich**] **bedau[e]re!** I'm sorry! ❷ *(bemitleiden)* ▪ **jdn** ~ to feel [*or* be] sorry for sb; **er ist zu ~** he is to be pitied
Be·dau·ern <-s> *nt kein pl* regret; **zu jds größtem** [*o* **sehr**] **zu jds ~**] to sb's [great] regret
be·dau·ernd I. *adj* sympathetic II. *adv* sympathetically, full of sympathy
be·dau·erns·wert, **be·dau·erns·wür·dig** *adj (geh)* pitiful; **ein ~er Zwischenfall** an unfortunate incident
be·de·cken I. *vt* ❶ *(zudecken)* ▪ **jdn/etw** [**mit etw**] ~ to cover sb/sth [with sth]; ▪ **sich** [**mit etw**] ~ to cover oneself [with sth] ❷ *(über etw breiten)* ▪ **etw** ~ to cover sth; ▪ **mit etw bedeckt sein** to be covered with sth II. *vr (bewölken)* ▪ **sich** ~ to cloud over, to become overcast; ▪ **bedeckt** overcast
be·deckt *adj* ❶ *inv, präd (bewölkt)* overcast, cloudy ❷ *inv (belegt, heiser, rau)* hoarse ► WENDUNGEN: **sich** [**in etw** *dat*] ~ **halten** to keep a low profile
Be·deckt·sa·mer <-s, -> *m* BOT *(Angiospermae)* angiosperm
be·den·ken *irreg* I. *vt* ❶ *(in Betracht ziehen)* ▪ **etw** ~ to consider sth, to take sth into consideration; **bitte bedenke, dass/was ...** please consider [*or* take into consideration] [*or* remember] that .../what ...; **das hätte er früher ~ müssen** he should have considered [*or* thought of] that sooner; [**jdm**] **etw zu ~ geben** *(geh)* to ask [sb] to consider sth; [**jdm**] **zu ~**

geben, dass ... to ask [sb] to keep in mind that ... ❷ *(durchdenken)* ▪ **etw** ~ to consider [*or* think about] sth; **wenn man es recht bedenkt, ...** if you think about it properly ...; **das will wohl bedacht sein** *(geh)* that calls for careful consideration ❸ *(geh: zukommen lassen)* ▪ **jdn** [**mit etw**] ~ to give sb sth; **alle wurden großzügig bedacht** everyone was generously catered for ❹ *(geh: zuteilwerden lassen)* ▪ **jdn mit etw** ~ to meet sb with sth; **sie wurde mit viel Lob bedacht** they heaped praise on her II. *vr (geh: sich besinnen)* ▪ **sich** ~ to reflect, to think; **ohne sich lange zu** ~ without stopping to reflect [*or* think]
Be·den·ken <-s, -> *nt* ❶ *meist pl (Zweifel)* doubt, reservation[s]; **moralische** ~ moral scruples; ~ **haben** [*o* **hegen**] *(geh)* to have doubts [*or* reservations]; **jdm kommen** ~ sb has second thoughts; **ohne** ~ without hesitation ❷ *kein pl (das Überlegen)* consideration, reflection; **nach langem** ~ after much thought
be·den·ken·los I. *adv* ❶ *(ohne Überlegung)* unhesitatingly, without hesitation; **etwas** ~ **annehmen/unterschreiben** to accept/sign sth without a moment's hesitation ❷ *(skrupellos)* unscrupulously II. *adj* unhesitating
Be·den·ken·lo·sig·keit <-> *f kein pl* ❶ *(Unüberlegtheit)* lack of consideration ❷ *(Skrupellosigkeit)* unscrupulousness, lack of scruples
be·denk·lich *adj* ❶ *(fragwürdig)* dubious, questionable ❷ *(Besorgnis erregend)* disturbing, alarming; **ein ~er Gesundheitszustand** a serious condition ❸ *(besorgt)* apprehensive, anxious; **jdn ~ stimmen** to give sb cause for concern
Be·denk·zeit *f* time to think about sth; [**jdn**] **um** [**etwas/ein bisschen/ein wenig**] ~ **bitten** [*o* **sich** *dat* [**von jdm**] [**etwas/ein bisschen/ein wenig**] ~ **ausbitten**] to ask [sb] for [a little] time to think about sth; **jdm** [**etwas/ein bisschen/ein wenig**] ~ **geben** to give sb [a bit of] time to think about sth
be·deu·ten *vt* ❶ *(auf bestimmte Weise definiert sein)* ▪ **etw** ~ to signify [*or* mean] sth ❷ *(besagen)* ▪ **etw** ~ to mean [*or* represent] sth; **was bedeutet dieses Symbol?** what does this symbol signify?; **ihr Schweigen dürfte wohl Desinteresse** ~ her silence seems to indicate a lack of interest; ▪ ~, **dass** to indicate that; **das hat nichts zu** ~ that doesn't mean anything; **was hat das zu ~?** what does that mean?, what's all that about? ❸ *(versinnbildlichen)* ▪ **etw** ~ to symbolize sth ❹ *(ankündigen, zur Folge haben)* ▪ **etw** ~ to mean sth; **das bedeutet nichts Gutes für uns** that spells trouble for us ❺ *(wichtig sein für jdn)* [**jdm**] **etwas/nichts/wenig** ~ to mean sth/nothing/little [to sb]; **du bedeutest mir sehr viel** you mean a lot to me ❻ *(geh: zu verstehen geben)* ▪ **jdm** ~, **dass** to indicate to sb that; ▪ **jdm** ~, **etw zu tun** to indicate to sb that they should do sth
be·deu·tend I. *adj* ❶ *(wichtig)* important; **eine ~e Person** an eminent person; **ein ~er Politiker** a leading politician; **eine ~e Rolle spielen** to play a leading [*or* significant] role; **etwas B~es** something important [*or* significant] ❷ *(beachtlich)* considerable, significant II. *adv* considerably
be·deut·sam I. *adj* ❶ *(wichtig)* important; **eine ~e Entscheidung/Verbesserung** a significant decision/improvement ❷ *(viel sagend)* meaningful, significant II. *adv* meaningfully, significantly
Be·deu·tung <-, -en> *f* ❶ *(Sinn)* meaning; **in wörtlicher/übertragener** ~ in the literal/figurative sense ❷ *(Wichtigkeit)* significance, importance; [**für jdn**] **große/größte** ~ **besitzen** to be of great/the utmost significance [*or* importance] [to [*or* for] sb]; **von übergeordneter** ~ of overriding importance; [**für jdn/etw**] **von** [**bestimmter**] ~ **sein** to be of [a certain] importance [for [*or* to] sb/sth]; **es ist für mich über-**

B

haupt nicht von ~ it is of no importance to me; **einer S.** *dat* [bestimmte] ~ **beimessen** to attach [a certain] importance to sth; **nichts von** ~ nothing important ③ *(Geltung)* importance; **ein Mann von großer** ~ an important man

be·deu·tungs·los *adj* ① *(ohne große Wirkung)* insignificant, unimportant; **keinesfalls/praktisch/völlig** ~ not at all/practically/completely insignificant ③ *(nichts besagend)* meaningless

Be·deu·tungs·lo·sig·keit <-> *f kein pl* insignificance, unimportance

be·deu·tungs·voll *adj s.* **bedeutsam Be·deu·tungs·wan·del** *m* change in [*or* of] meaning, semantic change **Be·deu·tungs·wör·ter·buch** *nt* defining dictionary

be·die·nen I. *vt* ① *(im Restaurant)* ▪jdn ~ to serve [*or* wait on] sb; **sich** [von jdm] ~ **lassen** to be waited on [by sb] ② *(im Geschäft)* **einen Kunden** ~ to serve a customer; **werden Sie schon bedient?** are you being served? ③ *(bei jdm Dienste leisten)* ▪jdn ~ to serve sb ④ *(sich alles bringen lassen)* **sich** [von jdm] [von vorne bis hinten] ~ **lassen** to be waited on hand and foot [by sb] ⑤ *(benutzen)* ▪etw ~ to operate sth ⑥ *(beliefern)* ▪jdn ~ to serve sb ⑦ *(gebietlich abdecken, versorgen)* ▪etw ~ Bus, Zug to serve sth; *Flugzeug* to operate to ⑧ FIN *(die Zinsen von etw zahlen)* **einen Kredit** ~ to service [*or* AM pay interest on] a loan ⑨ KARTEN **etw** ~ to play; **eine Farbe** ~ to follow suit ⑩ *(pej fam: fördern)* ▪etw ~ Klischee, Vorurteil, Ressentiment to encourage sth ▶WENDUNGEN: **bedient sein** *(fam)* to have had enough; **mit etw gut/schlecht bedient sein** to be well-/ill-served by sth II. *vi* ① *(sich um den Gast kümmern)* to serve; **wird hier nicht bedient?** is there no-one serving here? ② *(Kartenspiel)* to follow suit III. *vr* ① *(sich Essen nehmen)* ▪sich ~ to serve oneself, to help oneself to; **sich mit einem Stück Kuchen** ~ to help oneself to a piece of cake; ~ **Sie sich!** help yourself! ② *(geh: gebrauchen)* ▪sich einer S. *gen* ~ to make use of sth; **sich eines Menschen** ~ to use sb

Be·die·ner(in) *m(f)* ① *(Benutzer)* operator ② ÖSTERR *(Putzfrau)* cleaner *masc,* cleaning lady *fem*

be·die·ner·freund·lich *adj* user-friendly; **etw** ~ **machen** to make sth more user-friendly **Be·die·ner·füh·rung** *f* INFORM user prompt

Be·die·ne·rin <-, -nen> *f fem form von* **Bediener** waitress

be·diens·tet [bəˈdiːnstət] *adj* ① ÖSTERR in employment ② *(veraltet)* ▪bei jdm ~ **sein** to be employed by sb **Be·diens·te·te(r)** *f(m) dekl wie adj* ① *(Angestellte(r) im öffentlichen Dienst)* employee ② *meist pl (veraltet: Dienstboten)* servant

Be·die·nung <-, -en> *f* ① *(Kellner)* waiter, waitress ② *kein pl (Handhabung)* operation ③ *kein pl (das Bedienen)* service; **ist der Biergarten draußen auch mit ~?** is there table-service [*or* do the waiters serve] outside as well?; **die Preise verstehen sich inklusive Mehrwertsteuer und** ~ the prices include VAT and service charge; ~ **inbegriffen** service [charge] included; **jdm zur freien** ~ **stehen** to be at the disposal of sb ④ MIL *(Bedienungsmannschaft)* crew ⑤ FIN servicing BRIT, interest payments AM; **die** ~ **eines Kredites** debt service, serving [*or* AM paying interest on] a loan

Be·die·nungs·an·lei·tung *f* operating instructions *pl* **Be·die·nungs·feh·ler** *m* operator['s] error **Be·die·nungs·hin·wei·se** *pl* operating instructions *pl* **Be·die·nungs·kom·fort** *m* ease of operation **Be·die·nungs·mann·schaft** *f* MIL operating crew; *(eines Geschützes)* gun crew **Be·die·nungs·vor·schrift** *f* operating instructions

be·din·gen [bəˈdɪŋən] *vt* ① *(verursachen)* ▪etw ~ to cause sth; **höhere Löhne** ~ **höhere Preise** higher wages lead to higher prices; ▪**durch etw bedingt sein** to be a result of sth ② *(verlangen)* ▪etw ~ to require, to demand; **die Lage bedingt rasches Handeln** the situation calls for swift action

be·dingt I. *adj* ① *(eingeschränkt)* qualified; **~e Erlaubnis** conditional permission ② JUR conditional; **~e Entlassung** suspension of the remainder of the sentence on probation; **~e Strafaussetzung** conditional discharge, [suspension of sentence on] probation; **~er Straferlass** remission of a penalty [*or* sentence] ③ MED **~e Reaktion** conditioned reaction; **~er Reiz** conditioned stimulus II. *adv* ① *(eingeschränkt)* partly, to some extent; ~ **gültig** of limited validity; **dem kann ich nur** ~ **zustimmen** I can only agree with that to a degree ② JUR SCHWEIZ, ÖSTERR *(mit Bewährungsfrist)* conditionally

Be·din·gung <-, -en> *f* ① *(Voraussetzung)* condition; [es] **zur** ~ **machen, dass ...** to make it a condition [*or* stipulate] that ...; [jdm] **eine ~/~en stellen** to set [*or* impose] a condition/conditions [on sb]; **unter der ~, dass ...** on condition [*or* with the proviso] that ...; [nur] **unter einer** ~ [only] on one condition; **unter keiner** ~ under no circumstances, on no account [*or* condition]; **unter welcher ~?** on what condition? ② *pl* ÖKON terms, conditions; **zu günstigen/ungünstigen ~en** on favourable [*or* AM -orable] /unfavourable [*or* AM -orable] terms ③ *pl (Umstände)* conditions; **unter gewissen ~en** in [*or* under] certain conditions

be·din·gungs·los I. *adj* unconditional; **~er Gehorsam/~e Treue** unquestioning obedience/trust II. *adv* unconditionally; **jdm** ~ **gehorchen** to obey sb unquestioningly [*or* without question]; **jdm** ~ **vertrauen** to trust sb blindly [*or* unconditionally]

Be·din·gungs·satz *m* LING conditional clause

be·drän·gen *vt* ① *(bestürmen)* ▪jdn [mit etw] ~ to pester [*or* bother] sb [with sth]; ▪jdn ~, etw zu tun to pressure [*or* BRIT a. pressurize] sb into doing sth; *(belästigen)* to badger [*or* pester] sb into doing sth ② *([seelisch] belasten)* ▪jdn ~ to burden sb

Be·dräng·nis <-ses, -se> [bəˈdrɛŋnɪs] *f (geh)* difficulties *pl*; **in finanzieller/seelischer** ~ **sein** to be in financial difficulties [*or* straits] /emotional difficulties [*or* distress]; **jdn in seelische** ~ **bringen** to put sb on the spot; **jdn in** ~ **bringen** to get sb into trouble a. *euph;* **einen Gegner in** ~ **bringen** to cause problems for an opponent; **in** ~ **sein/geraten** to be/get into difficulties

be·dro·hen *vt* ① *(mit etw drohen)* ▪jdn [mit etw] ~ to threaten sb [with sth] ② *(gefährden)* ▪etw ~ to endanger sth; **den Frieden** ~ to be [*or* pose] a threat to peace; ▪[durch [*o* von] etw] **bedroht sein** to be threatened [by sth]

be·droh·lich I. *adj* dangerous, threatening; **in ~er Nähe sein** to be perilously close; **eine ~e Lage** an alarming situation II. *adv* dangerously, alarmingly

Be·droht·heit <-> *f kein pl* threatened state; *einer Person* threatened position

Be·dro·hung *f* ① *(Drohung)* threat (+*gen* to) ② *(das Bedrohen)* threat (+*gen* of)

Be·dro·hungs·ana·ly·se *f* threat analysis

be·dru·cken *vt* ▪etw [mit etw] ~ to print [sth] on sth

be·drü·cken *vt* ▪jdn ~ to depress sb; **was bedrückt dich?** what's troubling you?, what's up? *fam*

be·drü·ckend *adj* depressing; **ein ~es Schweigen/eine ~e Stimmung** an oppressive silence/atmosphere

be·drückt *adj* depressed; **~es Schweigen** oppressive silence

Be·drü·ckung <-> *f kein pl (geh)* depression

Be·du·i·ne, Be·du·i·nin <-n, -n> [beduˈiːnə,

bedu'i:nɪn] *m, f* Bed[o]uin

Be·du·i·nen·zelt *nt* Bed[o]uin tent

be·dür·fen <bedurfte, bedurft> *vi (geh)* ■ **einer S. gen ~** to require [*or* need] sth; **es bedarf keiner weiteren Erklärung** no further explanation is necessary; **es hätte nur eines Lächelns bedurft, um ihn zu überzeugen** it would only have taken a smile to convince him; **sein Benehmen bedarf einer Entschuldigung** his behaviour demands [*or* requires] an apology

Be·dürf·nis <-ses, -se> [bəˈdʏrfnɪs] *nt* ➊ *(Bedarf)* need, necessity; ■ **jds ~se** sb's needs [*or* wants]; **hast du noch irgendwelche ~se?** is there anything else you need?; **die ~se des täglichen Lebens** everyday needs ➋ *kein pl (Verlangen)* desire, need; **das ~ haben, etw zu tun** to feel the need to do sth; **es ist jdm ein ~, etw zu tun** *(geh)* it is sb's need to do sth ▶ WENDUNGEN: **ein dringendes ~** *(euph)* a call of nature *usu hum*

Be·dürf·nis·an·stalt *f* öffentliche ~ *(geh o veraltend)* public convenience *esp* BRIT *form* [*or* AM restroom]

Be·dürf·nis·lo·sig·keit <-> *f kein pl a.* REL modesty of one's needs, material abstinence

be·dürf·tig *adj* ➊ *(materielle Hilfe benötigend)* needy *attr,* in need *pred;* ■ **die B~en** the needy + *pl vb,* those in need + *pl vb* ➋ *(geh)* ■ **jds/einer S. gen ~ sein** to be in [*or* have] need of sb/sth

Be·dürf·tig·keit <-> *f kein pl (geh)* need, neediness

Beef·steak <-s, -s> [ˈbiːfsteːk, -ˌsteːk] *nt bes* NORDD steak; **deutsches ~** beefburger

be·eh·ren *I. vt (geh)* ■ **jdn/etw** [**mit etw**] **~** to honour [*or* AM -or] sb/sth [with sth]; **jdn** [**mit einen Besuch**] **~** to honour sb with a visit *a. iron II. vr (geh)* ■ **sich** *akk* **~, etw zu tun** to have the honour [*or* AM -or] of doing sth

be·ei·den [bəˈʔaidn̩] *vt* ■ **etw ~** to swear to sth; **eine beeidete Aussage** a sworn statement

be·ei·len *vr* ■ **sich** [**mit etw** *akk*] **~** to hurry [up] [with sth]; **beeil dich, wir müssen zum Zug!** hurry up [*or fam* get a move on] , we've got a train to catch!; ■ **sich** *akk* **~, etw zu tun** *(geh)* to hurry [*or* hasten] to do sth

Be·ei·lung <-> *f kein pl (fam)* ■ **~!** get a move on! *fam, fam* AM *usu* step on it!

be·ein·dru·cken [bəˈʔaindrʊkn̩] *vt* ■ **jdn** [**mit etw**] **~** to impress sb [with sth]; **sich** [**von etw**] **nicht ~ lassen** to not be impressed [by sth]

be·ein·dru·ckend *adj* impressive; **es war ein ~es Erlebnis** it left a lasting impression

be·ein·fluss·bar^RR, **be·ein·fluß·bar**^ALT *adj* easily [*or* able to be] influenced *pred;* **sie ist nur schwer ~** she's not easily influenced [*or* swayed]

be·ein·flus·sen [bəˈʔaɪnflʊsn̩] *vt* ■ **jdn/etw ~** to influence sb/sth; **seine Entscheidung nicht durch etw ~ lassen** to not let his/her decision be swayed by sth; ■ **durch** [*o* **von**] **etw beeinflusst sein** to be influenced by sth; **leicht/schwer zu ~ sein** to be easy/hard to influence

Be·ein·flus·sung <-, -en> *f* influence, influencing *no pl;* **der Anwalt erhielt wegen unfairer ~ des Zeugen einen Verweis** the lawyer was reprimanded for leading the witness

be·ein·träch·ti·gen [bəˈʔaintrɛçtɪɡn̩] *vt* ■ **jdn/etw ~** *dat* to disturb sb/sth; **jdn in seiner persönlichen Entfaltung ~** to interfere with [*or* restrict] sb's personal development; **jdn in seiner Freiheit ~** to restrict sb's freedom; **jdn in seiner Kreativität ~** to curb sb's creativity; **ein Verhältnis ~** to damage a relationship; **jds Genuss ~** to detract from sb's enjoyment; **das Reaktionsvermögen/die Leistungsfähigkeit ~** to impair [*or* reduce] the [*or* one's] reactions/efficiency; ■ **~d** adverse

Be·ein·träch·ti·gung <-, -en> *f* Freiheit restriction; *Genuss* detracting (+*gen* from); *Kreativität* curbing; *Qualität* reduction (+*gen* in); *Reaktionsvermögen* impairing; *Verhältnis* damaging

be·elen·den [bəˈʔeːlɛndn̩] *vt* ■ **jdn ~** *(traurig stimmen)* to sadden sb; *(schockieren)* to upset sb

Beel·ze·bub <-s> [beˈɛltsəbuːp, ˈbeːl-] *m s.* **Teufel**

be·en·den *vt* ■ **etw ~** to end [*or* finish] sth; **eine Verhandlung ~** to bring negotiations to an end; *s. a.* **Leben**

be·en·di·gen *vt (geh) s.* **beenden**

Be·en·di·gung <-> *f kein pl* end, ending; *(Schluss)* conclusion; **nach ~ des Studiums nahm sie eine Stelle an** after completing her studies she accepted a job

be·en·gen *vt* ■ **jdn ~** to restrict sb; *(fig)* to stifle [*or* cramp] [*or* inhibit] sb; **kleine Zimmer ~ mich irgendwie** small rooms somehow make me feel confined; **diese spießbürgerliche Umgebung beengte ihn** he was stifled by these petit [*or* BRIT *a.* petty] bourgeois surroundings; **~de Kleidung** tight [*or* restrictive] clothing; **etw als ~d empfinden** to find sth confining; ■ **jdn ~** to make sb feel confined [*or* boxed-in]

be·engt *I. adj* cramped, confined *II. adv* in cramped conditions; **sich** [**von jdm/etw**] **~ fühlen** *(fig)* to feel cramped [*or* stifled] [by sb/sth]

Be·engt·heit <-> *f kein pl* confinement, restriction; **in räumlicher ~ wohnen** to live in cramped conditions; **ein Gefühl** [*o* **den Eindruck**] **von ~ haben** to feel confined [*or* cramped], to have a feeling of confinement

be·er·ben *vt* ■ **jdn ~** to inherit sb's estate, to be heir to sb

be·er·di·gen [bəˈʔeːɐ̯dɪɡn̩] *vt* ■ **jdn ~** to bury sb

Be·er·di·gung <-, -en> *f* funeral, burial

Be·er·di·gungs·fei·er *f* funeral service **Be·er·di·gungs·in·sti·tut** *nt* funeral parlour [*or* AM -or], undertaker's

Bee·re <-, -n> [ˈbeːrə] *f* berry; **~n tragen** to bear fruit; *(Wein~)* grape

Bee·ren·aus·le·se *f* wine whose characteristic richness derives from noble rot induced by the use of overripe grapes **Bee·ren·frucht** *f (geh)* berry **Bee·ren·obst** *nt* soft fruit **Bee·ren·strauch** *m* berry- [*or* fruit-] bearing bush

Beet <-[e]s, -e> [beːt] *nt* bed; *(Blumen~)* flowerbed; *(Gemüse~)* vegetable patch

be·fä·hi·gen [bəˈfɛːɪɡn̩] *vt* ■ **jdn dazu ~, etw zu tun** to enable sb to do sth; **ein Tier zu Höchstleistungen ~** to enable an animal to achieve record performances; **jdn zu kritischer Überlegung ~** to equip sb to think critically

be·fä·higt [bəˈfɛːɪçt] *adj* qualified; ■ **für** [*o* **zu**] **etw ~ sein** to be capable of doing [*or* competent at] sth

Be·fä·hi·gung <-> *f kein pl* qualification[s]; **~ und Engagement** ability and commitment; **als ~ zu etw gelten** to qualify sb to do [*or* become] [*or* be] sth

Be·fä·hi·gungs·nach·weis *m* proof of [one's] qualifications

be·fahl [bəˈfaːl] *pret von* **befehlen**

be·fahr·bar *adj* passable; NAUT navigable; **nicht ~** impassable; NAUT unnavigable

be·fah·ren *I. vt irreg* ➊ *(auf etw fahren)* **eine Straße/ einen Weg ~** to drive along [*or* down] [*or* on] a road/ a path; **diese Straße wird stark/wenig ~** there is a lot of/not much traffic on this road; **diese Straße darf nur in einer Richtung ~ werden** this road is only open in one direction; **der Pass darf im Winter nicht ~ werden** the pass is closed in winter; **eine Strecke** [*o* **Route**] **~** to use a route; **alle sieben Meere ~** to sail the seven seas ➋ BERGB **einen**

Schacht ~ to go down [*or* use] a shaft; **eine Grube** ~ to work a mine **II.** *adj* used; **kaum/stark** [*o* **viel**] ~ **sein** to be little/much [*or* heavily] used [*or* used a lot]; **eine viel** [*o* **stark**] **~e Kreuzung** a busy junction [*or* crossroads + *sing/pl vb*]; **die Autobahn Stuttgart-München ist immer stark** ~ there's always heavy traffic on the Stuttgart- Munich motorway

Be·fah·ren <-s> *nt kein pl* ■ **das ~ einer S.** *gen* the use of sth; **häufiges ~ durch Lastkraftwagen kann Straßen schwer beschädigen** roads frequently used by heavy goods vehicles can be seriously damaged

Be·fall <-[e]s> *m kein pl* FORST, HORT infestation

be·fal·len *vt irreg* ❶ MED ■ **jdn/etw** ~ to infect sb/sth; **von etw ~ werden** to be attacked [*or* infected] by sth ❷ FORST, HORT ■ **etw** ~ to infest sth ❸ *(geh)* ■ **jdn** ~ to overcome sb; **von Ekel/Hunger/Müdigkeit ~ werden** to feel disgusted/hungry/tired

be·fan·gen [bəˈfaŋən] *adj* ❶ *(gehemmt)* inhibited, self-conscious ❷ JUR *(voreingenommen)* biased [*or* BRIT *a.* biassed], prejudiced; **sich** *akk* **für ~ erklären** to withdraw [from a case] [*or* AM *a.* to declare oneself disqualified] on the grounds of bias; **jdn als ~ ablehnen** to challenge [*or* AM *a.* disqualify] sb on grounds of bias ❸ *(geh)* ■ **in etw** *dat* ~ **sein** to be set on sth; **in einem Irrtum ~ sein** to be labouring [*or* AM -oring] under a misapprehension *form;* **im Glauben ~ sein, dass …** to be under the impression that …

Be·fan·gen·heit <-> *f kein pl* ❶ *(Gehemmtheit)* inhibition, self-consciousness ❷ JUR *(Voreingenommenheit)* bias, prejudice; **jdn wegen [Besorgnis der] ~ ablehnen** to challenge [*or* AM *a.* disqualify] sb on grounds of [suspected] bias

be·fas·sen I. *vr* ❶ *(sich beschäftigen)* ■ **sich** *akk* **mit etw** ~ to concern oneself with sth; **sich** *akk* **mit einer Angelegenheit** ~ to look into a matter; **sich mit einem Problem** ~ to tackle [*or* deal with] a problem ❷ *(sich widmen)* ■ **sich** *akk* **mit jdm** ~ to spend time with [*or* give attention to] sb **II.** *vt (geh) a.* JUR ■ **jdn mit einer S.** ~ to bring [*or* refer] a matter to sb; **das Gericht mit einer S.** ~ to bring a case before the court

be·feh·den *vt* ❶ *(geh)* ■ **jdn/etw** ~ to attack sb/sth ❷ HIST ■ **jdn/etw** ~ to feud with sb/over sth; ■ **sich** [**gegenseitig**] ~ to [carry on a] feud with each other

Be·fehl <-[e]s, -e> [bəˈfeːl] *m* ❶ *(Anweisung)* order; **~ vom Chef!** boss's orders!; **~ ist ~** orders are orders; **einen ~ ausführen** to carry out [*or* execute] an order; **~ ausgeführt!** MIL mission accomplished!; **einen ~ befolgen** to obey [*or* follow] an order [*or pl* orders]; **einen ~ erhalten** to receive an order; **einen ~ erlassen** to issue [*or* AM *a.* hand down] an order; **jdm einen ~ geben** [*o* **erteilen**] **, etw zu tun** to order sb [*or* issue sb with an order] to do sth; **einen ~ geben, etw zu tun** to order [*or* issue an order] that sth be done; **Sie haben mir hier überhaupt keine ~e zu geben!** I won't take orders from you!; **den ~ haben, etw zu tun** to have orders [*or* to have been ordered] to do sth; **den ~** [**über etw** *akk*] **haben** [*o* **führen**] to have [*or* be in] command [of sth]; **auf ~ handeln** to act under orders; **unter jds** *dat* ~ **stehen** to be under sb's command; **den ~ übernehmen** to take [*or* assume] command; **einen ~ verweigern** to disobey an order; **auf ~** under orders, to order; **auf höheren ~** on orders from above; **auf jds** *akk* **~** [**hin**] on sb's order; **~ von oben** orders from above; **zu ~** *(veraltend)* yes, sir, aye, aye, sir ❷ INFORM, MED command

be·feh·len <befahl, befohlen> [bəˈfeːlən] **I.** *vt* ❶ *(den Befehl geben)* ■ **jdm ~, etw zu tun** to order [*or* command] sb to do sth; ■ **etw** ~ to order sth; **von dir lasse ich mir nichts ~!** I won't take orders from

you!; **was ~ Sie, Herr Hauptmann?** what are your orders, Captain? ❷ *(beordern)* ■ **jdn irgendwohin** ~ to order sb [to go] somewhere; ■ **jdn zu jdm/etw** ~ to summon sb to sb/sth; **Sie sind zum General befohlen worden!** you've been summoned to the General! ❸ *(veraltet geh)* ■ **[etw]** ~ to desire [sth]; **~ Sie sonst noch etwas, gnädige Frau?** will there be anything else, Madam?; **ganz wie Sie ~!** just as you wish! **II.** *vi* ❶ MIL ■ **über jdn/etw** ~ to be in [*or* have] command of sb/sth ❷ *(Anordnungen erteilen)* ■ **~, dass …** to order [*or* give orders] that …; **mit ~der Stimme** in a commanding voice

be·feh·li·gen [bəˈfeːlɪɡn] *vt* MIL ■ **jdn/etw** ~ to command sb/sth, to be in [*or* have] command of sb/sth

Be·fehls·code *m* INFORM command **Be·fehls·emp·fän·ger(in)** *m(f)* one who takes an order **Be·fehls·form** *f* LING imperative **be·fehls·ge·mäß I.** *adj* as ordered *pred*, in accordance with orders *pred* **II.** *adv* as ordered, in accordance with orders **Be·fehls·ge·walt** *f* MIL command; **die ~ haben** to have [*or* be in] command; **jds ~ unterstehen** to be under sb's command **Be·fehls·ha·ber(in)** <-s, -> [bəˈfeːlshaːbɐ] *m(f)* MIL commander **Be·fehls·satz** *m* LING imperative [sentence] **Be·fehls·ton** *m* peremptory tone **Be·fehls·ver·wei·ge·rung** *f* MIL refusal to obey orders [*or* an order] **Be·fehls·zei·le** *f* INFORM command line

be·fein·den [bəˈfaɪndn] *vt (geh)* ■ **jdn/etw** ~ to attack sb/sth; *Land* to be hostile towards; ■ **sich** ~ to be hostile towards each other

be·fes·ti·gen *vt* ❶ *(anbringen)* ■ **etw** [**an etw** *dat*] ~ to fasten [*or* attach] [*or* fix] sth [to sth]; **ein Boot an etw** ~ to tie up [*or* moor] a boat to sth ❷ BAU **eine Fahrbahn** [*o* **Straße**] ~ to make up [*or* AM pave] a road; **eine Böschung** ~ to stabilize an embankment; **einen Damm/Deich** ~ to reinforce a dam/dyke ❸ MIL ■ **etw** ~ to fortify sth; **eine Grenze** ~ to strengthen a border

Be·fes·ti·gung <-, *<selten* -en> *f* ❶ *(das Anbringen)* fixing, fastening; **der Gurt dient zur ~ der zwei Teile** the strap serves to fasten the two parts [together] ❷ BAU stabilizing, making up BRIT, paving AM ❸ *(zu Verteidigungszwecken)* reinforcement ❹ MIL fortification **Be·fes·ti·gungs·an·la·ge** *f* fortification[s] **Be·fes·ti·gungs·werk** *nt* fortification

be·feuch·ten *vt* ■ **etw** [**mit etw**] ~ to moisten sth [with sth]; **Bügelwäsche** ~ to dampen washing before ironing

be·feu·ern *vt* ❶ *(beheizen)* ■ **etw** [**mit etw**] ~ to fuel sth [by sth] ❷ MIL ■ **jdn/etw** ~ to fire on [*or* shoot at] sb/sth ❸ NAUT, LUFT ■ **etw** ~ to mark [*or* light] sth with beacons ❹ *(fam)* ■ **jdn** [**mit etw**] ~ to pelt [*or* bombard] sb [with sth], to hurl sth at sb

Be·feu·e·rung <-, *<selten* -en> *f* NAUT, LUFT [marking with] lights [*or* beacons]

Beff·chen <-s, -> [ˈbɛfçən] *nt* REL Geneva band

be·fiehlt [bəˈfiːlt] *3. pers sing pres von* **befehlen**

be·fin·den *irreg* **I.** *vr* ❶ *(sich aufhalten)* ■ **sich irgendwo** ~ to be somewhere; **unter den Geiseln ~ sich zwei Deutsche** there are two Germans amongst the hostages; **sich im Ausland/im Urlaub** ~ to be abroad/on holiday [*or* AM vacation] ❷ *(in einem bestimmten Zustand sein)* **sich in bester/schlechter Laune** ~ to be in an excellent/a bad mood; **sich in guten Händen** ~ to be in good hands; **sich im Kriegszustand** ~ to be at war; *s. a.* **Irrtum** ❸ *(geh: sich fühlen)* ■ **sich … ~** to feel …; **wie ~ Sie sich heute?** how do you feel today?, how are you feeling today? **II.** *vi (geh)* ■ **über jdn/etw** ~ to decide [on] sth, to make a decision about sb/sth; **darüber haben wir nicht zu ~** it is not for us to pass judgement on this **III.** *vt (geh)* ❶ *(halten)* ■ **etw für etw** ~ to consider [*or* deem] [*or* find] sth [to be] sth; **es für gut/**

nötig/schlecht ~, etw zu tun to deem [or consider] it a good idea/necessary/not such a good idea to do sth; ▪ jdn für etw ~ to find sb sth; jdn [für [o als]] schuldig/unschuldig ~ to find sb guilty/not guilty; etw [für [o als]] wahr/falsch ~ to believe [or consider] sth to be true/false; jdn für tauglich/nicht tauglich ~ MIL to declare sb fit/unfit [for military service] ❷ (äußern) ▪ etw ~ to decide [or conclude] sth

Be·fin·den <-s> nt kein pl ❶ (Zustand) [state of] health; eines Kranken condition; **seelisches** ~ mental state; **er hat sich nach deinem ~ erkundigt** he asked how you were ❷ (geh) opinion, view; **nach jds ~** in sb's opinion [or view]; **etw nach eigenem ~ entscheiden** to use one's own judgement in deciding sth

be·find·lich [bəˈfɪntlɪç] adj meist attr (geh) ❶ (sich an einer Stelle befindend) situated, located; **das Gericht beschloss, alle noch auf den Konten ~en Gelder zu sperren** all the funds still left in the accounts were blocked by order of the court; **alle derzeit in Haft ~en politischen Gefangenen werden entlassen** all political prisoners currently in detention will be released ❷ (sich in einem Zustand befindend) **das in Kraft ~e Gesetz** the law which is in force; **das im Umlauf ~e Geld** the money in circulation; **die im Bau ~en Häuser** those houses [which are] currently being built

Be·find·lich·keit f mental state

be·fin·gern* vt (fam) **etw ~** to finger sth

be·flag·gen* vt ❶ **etw ~** to [be]deck [or decorate] sth with flags; **ein Schiff ~** to dress a ship

Be·flag·gung <-, -en> f ❶ (das Beflaggen) decoration with flags; NAUT Schiffe dressing with flags ❷ (geh) flags; **die ~ auf Halbmast setzen** to set [or lower] the flags at half-mast

be·fle·cken* vt ❶ (mit Flecken beschmutzen) ▪ etw [mit etw] ~ to stain sth [with sth]; **etw mit Farbe ~** to get paint [stains] on sth; **wer hat das Tischtuch so mit Marmelade befleckt?** who left jam stains on the tablecloth? ❷ (geh) ▪ etw [durch etw] ~ to stain sth [with/by sth]; **jds Ehre ~** to slur [or cast a slur on] sb's honour [or AM -or]; **jds Ruf ~** to tarnish [or form sully] sb's reputation

be·fleckt adj ❶ (fleckig) stained, dirty; ▪ [mit etw] ~ sein to be stained [with sth], to be covered with stains; **mit Blut ~** blood-stained ❷ (geh) sullied, besmirched

be·flei·ßi·gen* vr (geh) ▪ sich einer S. gen ~ to strive for sth; **sich großer Höflichkeit/Zurückhaltung ~** to make an effort to be very polite/exercise greater restraint [or to be more restrained]

be·flie·gen* vt irreg LUFT **eine viel [o stark] beflogene Strecke** a heavily-used route; **diese Strecke wird nicht mehr beflogen** this route is not in operation any more

be·flis·sen [bəˈflɪsn̩] I. adj (geh: bemüht) keen, zealous; ▪ ~ sein[, etw zu tun] to be keen [to do sth] II. adv keenly, zealously

Be·flis·sen·heit <-> f kein pl keenness no pl, zeal no pl

be·flü·geln* vt (geh) ❶ (anregen) ▪ jdn/etw ~ to inspire sb/sth; **das Lob hatte sie beflügelt** the praise had spurred her on; **die Fantasie ~** to fire the imagination; ▪ jdn ~, etw zu tun to inspire sb to do sth ❷ (schneller werden lassen) ▪ etw beflügelt jdn sth spurs sb on; **Angst/Hoffnung beflügelte seine Schritte** fear/hope spurred him on [or winged his steps]

be·foh·len [bəˈfoːlən] pp von befehlen

be·fol·gen* vt ▪ etw ~ to follow sth; **Befehle ~** to follow [or obey] orders; **jds** akk **Rat ~** to follow [or take] sb's advice; **grammatische Regeln ~** to obey gram-

matical rules; **Vorschriften ~** to obey [or observe] regulations

Be·fol·gung <-> f kein pl Befehl following no pl, obeying no pl, compliance (+gen with); Rat following no pl, taking no pl

be·för·dern* vt ❶ (transportieren) ▪ jdn/etw ~ to transport [or carry] sb/sth; **das Gepäck ~ lassen** to have one's baggage sent; **die Teilnehmer wurden mit dem Bus zum Tagungsort befördert** participants were taken by bus to the conference venue ❷ (jds Dienststellung anheben) ▪ jdn [zu etw] ~ to promote sb [to sth] ❸ (iron fam) jdn vor die Tür [o ins Freie] ~ to throw [or fam chuck] sb out; jdn nach draußen ~ to escort sb outside; s. a. Jenseits ❹ (geh) ▪ etw ~ to promote [or foster] sth; ▪ jdn [in etw dat] ~ to support sb [in sth]

Be·för·de·rung f ❶ (Transport) transport[ation], carriage ❷ (dienstliches Aufrücken) promotion (zu +dat to)

Be·för·de·rungs·art f mode of transport **Be·för·de·rungs·be·din·gun·gen** pl conditions pl of carriage **Be·för·de·rungs·kos·ten** pl transport costs **Be·för·de·rungs·mit·tel** nt means of transport **Be·för·de·rungs·pflicht** f obligation of public transport companies to convey people and goods

be·frach·ten* vt ❶ (beladen) ▪ etw [mit etw] ~ to load sth [with sth] ❷ (fig geh) ▪ etw mit etw ~ to overload sth with sth; ▪ mit etw befrachtet sein to be laden with sth

be·fra·gen* vt ❶ (Fragen stellen) ▪ jdn [über jdn/etw/zu etw] ~ to question sb [about sb/sth]; ▪ jdn [zu etw] JUR to question [or examine] sb [about sth] ❷ (konsultieren) ▪ etw [über jdn/etw] ~ to consult sth [about sb/sth]; ▪ jdn [in etw dat/um etw] ~ to ask [or consult] sb [about sth]; jdn nach seiner Meinung ~ to ask sb for his/her opinion

Be·frag·te(r) f(m) dekl wie adj person questioned; **die Befragten** those questioned, the interviewees

Be·fra·gung <-, -en> f ❶ (das Befragen) questioning; JUR examination, questioning ❷ (Konsultierung) consultation; **nach ~ des Orakels** after consulting the oracle ❸ (Umfrage) survey, [opinion] poll

be·frei·en* I. vt ❶ (freilassen) ▪ jdn/ein Tier [aus [o von] etw] ~ to free [or set free sep] [or release] sb/an animal [from sth] ❷ (unabhängig machen) ▪ jdn/etw [von jdm/etw] ~ to liberate sb/sth [from sb/sth] ❸ (von etw Störendem frei machen) ▪ etw von etw ~ to clear sth of [or remove sth from] sth; **seine Schuhe vom Dreck ~** to remove the dirt from one's shoes ❹ (erlösen) ▪ jdn von etw ~ to free [or release] sb from sth; **jdn von Schmerzen ~** to free [or rid] sb of pain; **jdn von seinem Leiden ~** to release sb from their suffering ❺ (freistellen) ▪ jdn von etw ~ to excuse sb from sth; **jdn vom Wehrdienst ~** to exempt sb from military service; **von Steuern befreit** tax-exempt ❻ (jdm etw abnehmen) ▪ jdn von etw ~ to relieve sb of sth II. vr ❶ (freikommen) ▪ sich akk [aus [o von] etw] ~ to escape [from sth] ❷ (etw abschütteln) ▪ sich akk [von etw] ~ to free oneself [from sth], to rid oneself [of sth] ❸ (etw überwinden) ▪ sich akk aus etw ~ to get out of sth; **sich** akk **aus einer Abhängigkeit ~** to free oneself from a dependency; **sich** akk **aus einer schwierigen Lage ~** to extricate oneself from a difficult situation; ▪ sich akk von etw ~ to rid oneself of sth; **sich** akk **von Vorurteilen ~** to rid oneself of prejudice

Be·frei·er(in) <-s, -> m(f) liberator

be·freit I. adj (erleichtert) relieved II. adv with relief; **~ aufatmen** to breathe [or heave] a sigh of relief

Be·frei·ung <-, <selten -en> f ❶ (Freilassen) release, freeing no pl; **die ~ der Geiseln** the release of the hostages ❷ (Befreien aus der Unterdrückung) liberation; **die ~ der Frau** women's liberation [or emancipation] ➋ *(Freistellung)* exemption (**von** +*dat* from); **ich brauche eine ~ vom Sportunterricht** I need to be excused from the sports lesson ➍ *(Erlösung)* release; **rasch ~ |von Schmerzen| verschaffen** to provide a rapid release [from pain] ➎ *(Erleichterung)* relief

Be·frei·ungs·be·we·gung *f* liberation movement **Be·frei·ungs·front** *f* liberation front **Be·frei·ungs·kampf** *m* struggle for freedom [or liberation] **Be·frei·ungs·krieg** *m* war of liberation; **die ~e** HIST the Wars of Liberation **Be·frei·ungs·or·ga·ni·sa·ti·on** *f* liberation organization **Be·frei·ungs·schlag** *m* ➊ SPORT clearance; *(beim Eishockey)* icing ➋ *(fig: erlösende Aktion)* unleashing, [act of] release **Be·frei·ungs·the·o·lo·gie** *f kein pl* liberation theology **Be·frei·ungs·ver·such** *m* ➊ *(Rettungsversuch)* rescue bid [or attempt] ➋ *(Ausbruchsversuch)* escape bid [or attempt]

be·frem·den' **I.** *vt* ■ **jdn ~** to disconcert sb; **ich war von ihrem Verhalten etwas befremdet** I was somewhat disconcerted [or taken aback] by her behaviour, I found her behaviour somewhat disconcerting; **diese Gefühlsausbrüche ~ mich doch sehr!** I find these emotional outbursts very off-putting! **II.** *vi* to be disconcerting

Be·frem·den <-s> *nt kein pl* disconcertment, disquiet; **zu jds** *dat* ~ to sb's disconcertment [or alarm]; **sein ~ ausdrücken** to express one's disconcertment [or alarm]; **~ erregen** to cause disconcertment; **die Bilder erregten bei den Besuchern ~** the visitors were disconcerted by the pictures

be·frem·dend *adj* disconcerting

be·fremd·lich [bəˈfrɛmtlɪç] *adj (geh) s.* **befremdend**

be·freun·den' [bəˈfrɔyndn̩] *vr* ➊ *(sich anfreunden)* ■ **sich mit jdm ~** to make [or become] friends with sb ➋ *(sich an etw gewöhnen)* ■ **sich mit etw ~** to get used to [or form] grow accustomed to] sth

be·freun·det *adj* ➊ *(freundlich gesinnt)* friendly; **ein ~er Staat** a friendly country; **das ~e Ausland** friendly [foreign] countries *pl* ➋ *(Freunde sein)* [eng [o fest] | miteinander ~ sein** to be [close] friends; [eng [o fest] | mit jdm ~ sein** to be [close [or very good]] friends with sb

be·frie·den' [bəˈfriːdn̩] *vt* POL *(geh)* ■ **ein Land ~** to bring peace to a country

be·frie·di·gen' [bəˈfriːdɪɡn̩] **I.** *vt* ➊ *(zufrieden stellen)* ■ **jdn/etw ~** to satisfy sb/sth; **jds Ansprüche/Wünsche ~** to fulfil [or AM fulfill] sb's requirements/wishes; **die Gläubiger ~** to satisfy [or pay off] [or settle [up] with] the creditors; **seine Neugier ~** to satisfy one's curiosity; **leicht/schwer zu ~ sein** to be easily/not easily satisfied, to be easy/hard to satisfy ➋ *(sexuelles Verlangen stillen)* ■ **jdn ~** to satisfy sb ➌ *(innerlich ausfüllen)* ■ **jdn ~** to satisfy sb; **mein Beruf befriedigt mich nicht** I'm not satisfied with my job, I'm not getting any job satisfaction **II.** *vi (zufrieden stellend sein)* to be satisfactory; **diese Lösung befriedigt nicht** this is an unsatisfactory solution **III.** *vr (sexuell)* ■ **sich** *akk* [**selbst**] ~ to masturbate

be·frie·di·gend *adj* ➊ *(zufrieden stellend)* satisfactory; ■ **[für jdn] ~ sein** to be satisfying [for sb] ➋ *(Schulnote)* satisfactory, adequate

be·frie·digt [bəˈfriːdɪçt] **I.** *adj* ➊ *(zufrieden gestellt)* satisfied ➋ *(sexuell befriedigt)* [sexually] satisfied **II.** *adv* with satisfaction

Be·frie·di·gung <-> *f kein pl* ➊ *(Zufriedenstellung)* satisfaction; **zur ~ deiner Neugier** to satisfy your curiosity; **sexuelle ~** sexual satisfaction ➋ *(Zufriedenheit)* satisfaction; **eine innere ~** an inner sense of satisfaction; **jdm ~ bereiten** [o **gewähren**] to satisfy

sb; **die Arbeit bereitet mir einfach keine ~ mehr** I'm just not getting any satisfaction from my job anymore; **zu jds ~ sein** to be to sb's satisfaction

be·fris·ten' *vt (zeitlich begrenzen)* ■ **etw [auf etw** *akk***]/bis zu etw] ~** to limit [or restrict] sth [to sth]; **eine Stelle ~** to limit the duration of a job

be·fris·tet *adj* restricted, limited; ÖKON, JUR *a.* fixed-term; **eine ~e Anlage** a fixed-term deposit; **eine ~e Aufenthaltsgenehmigung** a residence permit valid for a restricted period of time; **eine ~e Stelle** [or **Tätigkeit**] a fixed-term job; **ein ~er Vertrag** a contract of limited duration; **ein ~es Visum** a temporary visa; ■ **auf etw** *akk***/bis zu etw ~ sein** to be valid for/until sth; ÖKON, JUR to be limited [or restricted] [to sth]; **seine Aufenthaltserlaubnis ist auf ein Jahr ~** his residence permit is valid for one year

Be·fris·tung <-, -en> *f* restriction, limitation; *(Zeitbegrenzung)* time limit; **heutzutage sind ~en von Arbeitsverhältnissen schon fast die Regel** nowadays it's almost the norm for appointments to be for a restricted period of time

be·fruch·ten' *vt* ➊ *(Befruchtung erzielen)* ■ **etw ~** to fertilize sth; **eine Frau ~** to impregnate a woman; **eine Blüte ~** to pollinate a flower; **eine Eizelle ~** to fertilize an egg; **künstlich ~** to inseminate artificially ➋ *(fig: fördernd anregen)* ■ **jdn/etw ~** to stimulate [or inspire] sb/sth, to have a stimulating effect on sb/sth

Be·fruch·tung <-, -en> *f* fertilization; *Blüte* pollination; **künstliche ~** *Mensch* in vitro fertilization, IVF; *Tier* artificial insemination, AI

be·fu·gen' *vt (geh)* ■ **jdn dazu ~, etw zu tun** to authorize sb to do sth

Be·fug·nis <-ses, -se> [bəˈfuːknɪs] *f (geh)* authorization *no pl*, authority *no pl*; **zu etw keine ~ haben** to not be authorized to do sth; **seine ~se überschreiten** to overstep one's authority

be·fugt [bəˈfuːkt] *adj (geh)* authorized; ■ **B~e/nicht B~e** authorized/unauthorized persons; ■ **zu etw ~ sein** to be authorized to do sth

be·füh·len' *vt* ■ **etw ~** to feel sth

be·fum·meln' *vt (sl)* ■ **jdn/etw ~** to grope [or paw] sb/sth *fam*

Be·fund <-[e]s, -e> *m* MED result[s *pl*]; **negativer/positiver ~** negative/positive result[s *pl*]; **ohne ~** negative

be·fürch·ten' *vt* ■ **etw ~** to fear sth; **das Schlimmste ~** to fear the worst; ■ **~, dass ... ~** to be afraid that ...; **nichts zu ~ haben** to have nothing to fear [or to be afraid of]; **es ist** [o **steht**] **zu ~, dass ...** it is [to be] feared that ...; **wie befürchtet** as feared

Be·fürch·tung <-, -en> *f meist pl* fear; **seine ~en waren unbegründet** his fears were unfounded; **ich hatte schon große ~en!** I was really afraid [or worried] !; **ich hatte die schlimmsten ~en** I feared the worst; **in jdm die ~ erwecken, dass ...** to arouse the fear in sb that ...; **die ~ haben** [o geh: **hegen**], **dass ...** to fear [or be afraid] that ...

be·für·wor·ten' [bəˈfyːɐ̯vɔrtn̩] *vt* ■ **etw ~** to be in favour [or AM -or] of [or support] [or approve of] sth; ■ **es ~, dass/wenn ...** to be in favour [or approve] of ...

be·für·wor·tend **I.** *adj* supportive, favourable [or AM -orable] **II.** *adv* favourably [or AM -orably]

Be·für·wor·ter(in) <-s, -> *m(f)* supporter, advocate

Be·für·wor·tung <-, -en> *f* support, approval

be·gabt [bəˈɡaːpt] *adj* gifted, talented; ■ **für etw ~/nicht ~ sein** to have/not have a gift [or talent] for sth; **sie ist künstlerisch/musikalisch sehr ~** she's very artistic/musical, she's artistically/musically gifted; **er ist vielseitig ~** he's an all-round talent; ■ **mit etw ~ sein** *(bes iron geh)* to be blessed with sth

B

Be·gab·te(r) *f(m) dekl wie adj* gifted [*or* talented] person

Be·gab·ten·för·de·rung *f* SCH *educational grant for particularly gifted pupils and students*

Be·ga·bung <-, -en> *f* ① *(Talent)* talent, gift; **eine** [**besondere**] ~ **für etw haben** to have a [special] gift for sth; **eine ~ dafür haben, etw zu tun** *(a. iron)* to have a talent [*or* gift] for doing sth, to have a knack of doing sth *iron* ② *(begabter Mensch)* talented person; **eine künstlerische/musikalische ~ sein** to be a talented artist/musician

be·gaf·fen *vt (pej fam)* ▪ **jdn/etw ~** to gape [*or fam* goggle] [*or fam* BRIT *a.* gawp] at sb/sth

be·gann [bəˈgan] *pret von* **beginnen**

be·gat·ten **I.** *vt* ZOOL ▪ **ein Weibchen ~** to mate [*or* copulate] with a female **II.** *vr* ▪ **sich** *akk* **~** to mate

be·ge·ben *vr irreg (geh)* ① *(gehen)* ▪ **sich** *akk* **irgendwohin ~** to proceed [*or* make one's way] somewhere; **sich** *akk* **zu Bett** [*o* **zur Ruhe**] ~ to retire [to bed]; **sich** *akk* **nach Hause** [*o* **auf den Heimweg**] ~ to set off home ② *(beginnen)* ▪ **sich an etw** *akk* ~ to commence sth; **sich** *akk* **an die Arbeit ~** to commence work ③ *(sich einer S. aussetzen)* ▪ **sich in etw** *akk* ~ to expose oneself to sth; **sich** *akk* **in ärztliche Behandlung ~** to undergo [*or* get] medical treatment ④ *impers, meist im Imperfekt (geschehen)* ▪ **es begab sich dass etw** sth happened [*or* came to pass] ⑤ *(auf etw verzichten)* ▪ **sich einer S.** *gen* ~ to renounce [*or* relinquish] sth; **sich** *akk* **der Möglichkeit ~, etw zu tun** to forego the opportunity to do sth

Be·ge·ben·heit <-, -en> *f (geh)* event, occurrence

be·geg·nen [bəˈgeːgnən] *vi sein* ① *(treffen)* ▪ **jdm ~** to meet sb; **ich bin ihm die Tage im Supermarkt begegnet** I bumped [*or* ran] into [*or* met] him recently at the supermarket; **jds** *dat* **Blick ~** to meet sb's gaze [*or* eye]; ▪ **sich ~** to meet ② *(antreffen)* ▪ **einer S.** *dat* ~ to encounter [*or* come across] sth ③ *(geh: entgegentreten) Person* to treat; *Sache* to meet, to face; *Vorschlag a.* to respond to; **jdm freundlich/höflich ~** to treat sb in a friendly/polite manner; **jdm mit Herablassung/Spott ~** to treat sb condescendingly [*or* with condescension] /scornfully [*or* with scorn]; **einer Gefahr mutig ~** to face [a] danger courageously [*or* bravely]; **seinem Schicksal ~** to confront [*or* meet] [*or* face] one's fate ④ *(geh: widerfahren)* ▪ **jdm ~** to happen to sb

Be·geg·nung <-, -en> *f* ① *(Zusammenkunft)* meeting, encounter; **ein Ort internationaler/weltweiter ~** an international/global meeting place ② SPORT encounter ③ *(das Kennenlernen)* encounter (**mit** +*dat* with)

Be·geg·nungs·stät·te *f* meeting place

be·geh·bar *adj inv* passable on foot; BAU *Gebäude* accessible, walkable; **dieser Weg ist im Winter nicht ~** this path cannot be used in winter

be·ge·hen *vt irreg* ▪ **etw ~** ① *(verüben)* to commit [*or form* perpetrate] sth; **einen Fehler** [*o* **Irrtum**] ~ to make a mistake; **eine Dummheit/Unvorsichtigkeit/Taktlosigkeit ~** to do sth foolish [*or* stupid] /careless [*or* rash] /tactless; **Selbstmord/eine Sünde/ein Verbrechen/einen Verrat ~** to commit suicide/a sin/a crime/an act of betrayal; **eine strafbare Handlung ~** to commit an offence ② *(betreten)* to walk across/along/into sth; **im Winter ist der Weg oft nicht zu ~** it's often impossible to use this path in winter; **„B~ der Brücke auf eigene Gefahr"** "Persons use this bridge at their own risk"; **„Passanten werden vor dem B~ des Baugerüsts gewarnt"** "Passers-by are warned against climbing [*or* warned not to climb] on the scaffolding"; **begehbarer Kleiderschrank** walk-in wardrobe ③ *(geh: feiern)* to celebrate; **ein Fest ~** to hold a celebration;

ein Jubiläum ~ to celebrate an anniversary; **einen kirchlichen Festtag ~** to celebrate [*or* observe] a religious holiday

be·geh·ren [bəˈgeːrən] *vt (geh)* ① *(nach jdm verlangen)* ▪ **jdn ~** to desire sb; **jdn zur Frau ~** *(veraltet)* to want sb as [*or* to be] [*or* to wish sb to be] one's wife ② *(zu besitzen wünschen)* ▪ **etw ~** to covet sth; **alles, was das Herz begehrt** everything the heart desires [*or* could wish for] ③ *(verlangen)* ▪ **etw** [**von jdm**] ~ to desire [*or* want] sth [from sb]; ▪ **etw zu tun ~** *(veraltend)* to desire to do sth

Be·geh·ren <-s, *selten* -> [bəˈgeːrən] *nt* ① *(geh: Verlangen)* desire; ▪ **das/ein ~ nach jdm/etw** the/a desire for sb/sth; **auf jds ~** [**hin**] at sb's request ② *(veraltet: Wunsch)* wish

be·geh·rens·wert *adj* desirable; ▪ [**für jdn**] ~ **sein** to be desirable [for sb]

be·gehr·lich *adj (geh)* longing, covetous

Be·gehr·lich·keit <-, -en> *f (geh)* desire, covetousness *no pl*

be·gehrt *adj* ① *(sehr umworben)* [much] sought-after; **eine ~e Frau/ein ~er Mann** a desirable woman/man; **ein ~er Junggeselle** an eligible bachelor; **ein ~er Posten** a sought-after [*or* desirable] job; **ein ~er Preis** a [much-]coveted prize ② *(beliebt, gefragt)* popular, much in demand; ▪ **als etw ~ sein** to be popular as sth

Be·ge·hung <-, -en> *f* ① JUR commission, perpetration ② *(Inspizieren)* inspection

be·geis·tern **I.** *vt* ① *(mit Begeisterung erfüllen)* ▪ **jdn ~** to fill [*or* fire] sb with enthusiasm; **dein Verhalten begeistert mich nicht sonderlich!** I am not particularly thrilled by your behaviour!; **das Stück hat die Zuschauer begeistert** the audience were enthralled by the play ② *(Interesse für etw entwickeln)* ▪ **jdn für etw ~** to fill sb with enthusiasm for sth; **er konnte alle für seinen Plan ~** he managed to win everybody [over] to his plan; **sie ist für nichts zu ~** you can't interest her in anything; **für Fußball bin ich nicht zu begeistern** I'm not too crazy about *fam* football **II.** *vr* ▪ **sich für jdn/etw ~** to be [*or* get] [*or* feel] enthusiastic about sb/sth

be·geis·tert **I.** *adj (hingerissen)* enthusiastic; **sie ist eine ~e Opernliebhaberin** she is an ardent [*or* a keen] opera fan; ▪ [**von etw**] ~ **sein** to be thrilled [*or* delighted] [by sth] **II.** *adv* enthusiastically

Be·geis·te·rung <-> *f kein pl* enthusiasm (**über·/für** +*akk* about/for); **die Zuschauer klatschten vor ~** the spectators applauded enthusiastically; **große/grenzenlose ~** great/boundless enthusiasm; **es herrschte helle ~** everyone was wildly enthusiastic; ~ **auslösen** to arouse [*or* stir up] enthusiasm; **in ~ geraten** to become enthusiastic, to be filled [*or* fired [up]] with enthusiasm; **etw aus ~ tun** to do sth for the sheer fun of it [*or* because one really enjoys it]; **jdn in ~ versetzen** to arouse [*or* kindle] sb's enthusiasm; **mit ~** enthusiastically; **er hat das Buch mit großer ~ gelesen** he really enjoyed the book

be·geis·te·rungs·fä·hig *adj* able to get enthusiastic [*or* show one's enthusiasm] *pred;* **ein ~es Publikum** an appreciative audience **Be·geis·te·rungs·fä·hig·keit** *f* capacity for enthusiasm **Be·geis·te·rungs·sturm** *m* storm [*or* wave] of enthusiasm

Be·gier·de <-, -n> [bəˈgiːɐ̯də] *f (geh)* desire (**nach** +*dat* for); **die ~ nach Macht** the lust for power; **vor ~ brennen, etw zu tun** to be burning [*or* longing] to do sth; **voll ~** longingly, hungrily

be·gie·rig **I.** *adj* ① *(gespannt)* eager; ▪ **auf etw** *akk* ~ **sein** to be eager for sth; ▪ ~ [**darauf**] **sein, etw zu tun** to be eager [*or* keen] to do sth ② *(verlangend)* hungry, longing; **~, mehr zu wissen, fragte und fragte er** hungry to know more, he kept on asking;

mit ~en Augen sah das Kind die Spielsachen an the child looked longingly at the toys ❸ *(sexuell verlangend)* lasciviously, leering **II.** *adv* ❶ *(gespannt)* eagerly ❷ *(verlangend)* hungrily, longingly ❸ *(sexuell verlangend)* hungrily, lasciviously

be·gie·ßen' *vt irreg* ❶ *(Flüssigkeit über etw gießen)* ▪ etw [mit etw] ~ to pour [sth] over sth; **die Blumen** ~ to water the plants; **einen Braten mit Fett** ~ to baste a roast ❷ *(fam)* ▪ etw ~ to celebrate sth [with a drink]; **das muss begossen werden!** that calls for a drink!

Be·ginn <-[e]s> [bə'gɪn] *m kein pl* start, beginning; **am** [*o* **bei**] [*o* **zu**] ~ at the start [*or* beginning]

be·gin·nen <begann, begonnen> [bə'gɪnən] **I.** *vi* ❶ *(anfangen)* ▪ [mit etw] ~ to start [*or* begin] [sth]; ▪ ~, etw zu tun to start [*or* begin] to do [*or* doing] sth ❷ *(eine Arbeit aufnehmen)* ▪ als etw ~ to start out [*or* off] as sth **II.** *vt* ❶ *(anfangen)* ▪ etw [mit etw] ~ to start [*or* begin] sth [with sth]; **ein Gespräch** ~ to strike up [*or* begin] a conversation; **einen Streit** ~ to get into an argument ❷ *(geh: angehen)* ▪ etw ~ to do sth; **wir müssen die Angelegenheit ganz anders** ~ we'll have to tackle the matter differently

be·gin·nend *adj attr* ❶ *(sich ankündigend)* incipient; **eine ~e Infektion** the beginnings of an infection ❷ *(einsetzend)* beginning, starting; **bei ~er Nacht/Dämmerung** as night/dusk was falling; **im ~en 20. Jahrhundert** in the early [*or* at the beginning of the] 20th century

be·glau·bi·gen [bə'glaubɪgn] *vt* ❶ *(als richtig bestätigen)* ▪ [jdm] etw ~ to authenticate [*or* attest] sth [for sb]; **eine Abschrift** ~ to certify a copy; **die Echtheit** [eines Gemäldes etc.] ~ to attest to [*or* verify] the authenticity [of a painting etc.]; **etw notariell** ~ to attest sth by a notary, AM *a.* to notarize sth; ▪ [sich *dat*] etw [von jdm] ~ lassen to have sth authenticated [*or* certified] [by sb]; **eine beglaubigte Kopie** [*o* **Abschrift**] a certified [*or* true] [*or* AM *a.* an exemplified] copy ❷ POL ▪ jdn als etw [bei etw] ~ to accredit sb as sth [to sth]

Be·glau·bi·gung <-, -en> *f* ❶ JUR certification, authentication, attestation ❷ POL *von Botschafter* accreditation, accrediting

Be·glau·bi·gungs·schrei·ben *nt* credentials *pl,* letter of credence

be·glei·chen' *vt irreg (geh)* ▪ etw ~ to pay sth; **eine Rechnung** ~ to settle a bill; **seine Schulden** ~ to pay [off] [*or* settle] one's debts

Be·glei·chung <-, <*selten* -en> *f (geh)* payment, settlement

Be·gleit·brief *m s.* **Begleitschreiben**

be·glei·ten' *vt* ❶ *(mitgehen)* ▪ jdn ~ *(a. fig)* to accompany sb; **jdn irgendwohin** ~ to accompany [*or* come/go with] sb somewhere; **jdn nach Hause/zur Bushaltestelle** ~ to accompany [*or form* escort] sb home/to the bus stop; **jdn zur Tür** ~ to take [*or* show] [*or form* escort] sb to the door; ▪ etw ~ to escort sth; **unsere guten Wünsche** ~ **dich!** our best wishes go with you! ❷ *(musikalisch unterstützen)* ▪ jdn [auf einem Instrument] ~ to accompany sb [on an instrument]; **jdn auf dem** [*o* **am**] **Klavier begleiten** to accompany sb on the piano

Be·glei·ter(in) <-s, -> *m(f)* ❶ *(begleitender Mensch)* companion; **ständiger ~/ständige ~in** *(euph)* constant companion, lover ❷ MUS accompanist

Be·gleit·er·schei·nung *f* ❶ *(gemeinsam auftretendes Phänomen)* concomitant *form;* **die ständigen Klimaschwankungen sind ~en der Erwärmung der Erdatmosphäre** global warming goes hand in hand with continual variations in climate ❷ MED [accompanying] symptom **Be·gleit·in·stru·ment** *nt* accompanying instrument **Be·gleit·mann·schaft** *f* escort

[troop] **Be·gleit·mu·sik** *f* ❶ *(Hintergrundmusik)* [musical] accompaniment, background music; *(im Film)* incidental music ❷ *(sl: begleitende Aktionen)* incidentals *pl,* incidental details; ~ zu etw sein to be incidental to sth **Be·gleit·per·son** *f* escort; **Jugendliche unter 16 dürfen Kneipen nur mit einer erwachsenen** ~ **betreten** young people under 16 may go into pubs only when accompanied by an adult **Be·gleit·schein** *m* customs transfer certificate, bond note BRIT, waybill AM **Be·gleit·schrei·ben** *nt* covering [*or* AM cover] letter [*or* BRIT *a.* note] **Be·gleit·um·stän·de** *pl* attendant circumstances *pl*

Be·glei·tung <-, -en> *f* ❶ *(das Begleiten)* company; **in** ~ in company, accompanied; **kommst du allein oder in** ~? are you coming on your own or with someone?; **in** [jds *gen*] ~ accompanied by sb; **ohne** [jds *gen*] ~ unaccompanied [by anybody]; **er kam ohne** ~ he came alone [*or* on his own], he was unaccompanied; *(für eine Frau)* escort ❷ *(Begleiter[in])* companion; **als** ~ **mitgehen** to accompany [*or* come/go with] sb ❸ *(Gefolge)* entourage, retinue ❹ MUS accompaniment; **er bat sie um** ~ **auf dem Klavier** he asked her to accompany him on the piano; **ohne** ~ **spielen** to play unaccompanied

be·glü·cken' *vt (geh)* ❶ *(glücklich stimmen)* ▪ jdn [mit/durch etw] ~ to make sb happy [with sth]; **sie hatten uns gerade mit einem vierwöchigen Besuch beglückt** *(iron fam)* they had just blessed us with a four-week visit [*or* stay] *iron* ❷ *(hum: sexuell befriedigen)* ▪ jdn ~ to satisfy sb['s desire], to bestow favours [*or* AM -ors] on sb *hum fam*

be·glü·ckend *adj (glücklich stimmend)* cheering, gladdening; **ein ~es Erlebnis/Gefühl** a cheering experience/feeling

Be·glü·cker <-s, -> *m (a. iron)* benefactor; **er fühlt sich als** ~ **der Frauen** he thinks he's God's gift to women

be·glückt' **I.** *adj* happy, pleased **II.** *adv* happily

be·glück·wün·schen' *vt* ▪ jdn [zu etw] ~ to congratulate sb [on sth]; **sich** ~ **können** to be thankful [*or* grateful]; **sie kann sich zu dieser Idee** ~ she can be proud of this idea; **lass dich** ~**!** congratulations!

be·gna·det [bə'gna:dət] *adj (geh)* gifted, talented

be·gna·di·gen' [bə'gna:dɪgn] *vt* ▪ jdn ~ to pardon [*or* grant pardon to] sb; *(bei Todesurteil)* to reprieve sb; **zu lebenslänglicher Haft begnadigt werden** to have one's sentence commuted to life imprisonment

Be·gna·di·gung <-, -en> *f* reprieve, pardon; **um** ~ **bitten** to petition for a pardon

Be·gna·di·gungs·ge·such *nt* JUR plea for [a] reprieve [*or* pardon]

be·gnü·gen' [bə'gny:gn] *vr* ❶ *(sich mit etw zufriedengeben)* ▪ sich mit etw ~ to be content [*or* satisfied] with sth ❷ *(sich beschränken)* ▪ sich damit ~, etw zu tun to be content to do sth, to content oneself with doing sth; **er begnügte sich mit ein paar kurzen Worten** he restricted himself to a few short words

Be·go·nie <-, -n> [be'go:nɪ̯ə] *f* begonia

be·gon·nen [bə'gɔnən] *pp von* **beginnen**

be·gra·ben' *vt irreg* ❶ *(beerdigen)* ▪ jdn/ein Tier ~ to bury sb/an animal; *s. a.* **lebendig** ❷ *(verschütten)* ▪ jdn/etw [unter etw *dat*] ~ to bury sb/sth [under sth] ❸ *(aufgeben)* **die Hoffnung/einen Plan** ~ to abandon [*or* give up] hope/a plan ❹ *(beenden)* ▪ etw ~ to end sth; **einen Streit** ~ to bury the hatchet [*or* one's differences]; **die Sache ist** ~ **und vergessen** the matter is dead and buried ▸ WENDUNGEN: **sich** ~ **lassen können** *(fam)* to be a lost cause; **du kannst dich** ~ **lassen!** you may as well give up!; **sich mit etw** ~ **lassen können** *(fam)* to have no chance with sth; **mit dem Zeugnis kannst du dich** ~ **lassen** you've got no chance with that report; **irgendwo nicht ~ sein mögen** *(fam)* **in so einem Kaff möchte ich nicht ~ sein!** I wouldn't live in that dump if you paid me!

Be·gräb·nis <-ses, -se> [bəˈɡrɛpnɪs] *nt* burial, funeral

be·gra·di·gen* [bəˈɡraːdɪɡn] *vt* BAU ■ **etw ~** to straighten sth [out]

Be·gra·di·gung <-, -en> *f* BAU straightening; **die ~ von Flüssen** the straightening of rivers

be·greif·bar *adj* conceivable, comprehensible; **leicht/ schwer ~** easy/difficult to understand [*or* comprehend]

be·grei·fen* *irreg* **I.** *vt* ❶ *(verstehen)* ■ **etw ~** to understand sth; *(erfassen)* to comprehend sth; **hast du es endlich begriffen?** have you grasped it [*or fam* got the hang of it] at last?; **kaum zu ~ sein** to be incomprehensible; **ich begreife nicht ganz, was du damit meinst** I don't quite get what you're driving at; **ich begreife nicht, wie man so dumm sein kann** I don't understand how someone can be so stupid; ■ **~, dass …** to realize that …; **begreifst du denn nicht, dass das keinen Sinn hat?** don't you realize [*or* can't you see] there's no sense in that?; **er begriff langsam, dass sie ihn verlassen hatte** he began to comprehend [*or* it began to sink in] that she had left him ❷ *(Verständnis haben)* ■ **jdn/etw ~** to understand sb; **begreife das, wer will!** that's [*or* it's] beyond [*or* that beats] me! ❸ *(für etw halten)* ■ **etw als etw ~** to regard [*or* see] [*or* view] sth as sth **II.** *vi (verstehen)* to understand, to comprehend; **begriffen?** understood?, got it? *fam;* **langsam/schnell ~** to be slow/quick on the uptake **III.** *vr* ■ **sich** *akk* **selbst nicht ~ [können]** to be incomprehensible [to sb]; **ich begreife mich selbst nicht, wie konnte ich das nur zulassen?** it is incomprehensible to me how I could have allowed that ❹ *(sich auffassen)* ■ **sich** *akk* **als etw ~** to consider [*or* see] oneself as sth

be·greif·lich *adj* understandable; ■ **jdm ~ sein/werden, warum/was …** to be/become clear to sb why/ what …; **es ist nicht ~, warum er das getan hat** I don't understand why he did that; **sich jdm ~ machen** to make oneself clear to sb; **jdm etw ~ machen** to make sth clear to sb

be·greif·li·cher·wei·se *adv* understandably

be·gren·zen* *vt* ❶ *a.* BAU ■ **etw ~** to mark [*or* form] the border [*or* boundary] of sth; **ein Bach begrenzt den Garten von zwei Seiten** a stream borders the garden [*or* marks the boundary of the garden] on two sides ❷ *(beschränken)* ■ **etw [auf etw** *akk*] **~** to limit [*or* restrict] sth [to sth]; **die Geschwindigkeit auf … km/h ~** to oppose a speed limit [*or* restriction] of … km/h, to restrict the speed limit to … km/h ❸ *(in Grenzen halten)* ■ **etw ~** to limit sth

be·grenzt I. *adj* limited, restricted; **~e Aktion/Dauer** limited action/period; **in einem zeitlich ~en Rahmen** in a limited [*or* restricted] time frame; **ich habe leider nur ~e Möglichkeiten, Ihnen zu helfen** unfortunately there is only a limited amount I can do for you; **mein Aufenthalt hier ist zeitlich nicht ~** there is no time limit on my stay **II.** *adv* with limits [*or* restrictions]; **nur ~ möglich sein** to be only partially possible; **nur ~en Einfluss auf etw** *akk* **nehmen können** to only have limited influence over sth; **sich nur begrenzt aufhalten können** to be only able to stay for a short time

Be·grenzt·heit <-> *f kein pl* limitedness *no pl* (+*gen* of), limitations *pl* (+*gen* in)

Be·gren·zung <-, -en> *f* ❶ *a.* BAU *(Begrenzen)* limiting, restriction; *(Grenze)* boundary ❷ *(fig: das Beschränken)* restriction; **eine ~ des Einflusses/ der Macht** a restriction of [the] influence/the power; **die Begrenzung der Höchstgeschwindigkeit** the speed limit ❸ BAU *(Grenze)* boundary

Be·griff <-[e]s, -e> *m* ❶ *(Terminus)* term; **ein ~ aus der Philosophie** a philosophical term; **das ist ein dehnbarer ~** *(liter)* that's a loose concept; *(fig)* that can mean what you want it to mean ❷ *(Vorstellung, Auffassung)* idea; **der ~ von Freiheit** the idea [*or* concept] [*or* notion] of freedom; **keinen ~ von etw haben** to have no idea about sth; **sich** *dat* **einen ~ von etw machen** to have an idea of sth, to imagine sth; **sich** *dat* **keinen [von etw] machen** *(fam)* to not be able to imagine sth; **jdm ein/kein ~ sein** to mean sth/nothing [*or* not to mean anything] to sb; **Marilyn Monroe ist jedem in der Filmwelt ein ~** Marilyn Monroe is well-known in the film world; **Harald Maier? ist mir kein ~** Harald Maier? I've never heard of him; **für jds** *akk* **~e** in sb's opinion; **für meine ~e ist er unschuldig** I believe he's innocent ❸ *(Inbegriff)* epitome *no pl;* **dieser Markenname ist zu einem ~ für Qualität geworden** this brand name has become the quintessence of quality ❹ *(Verständnis)* **schnell·/schwer von ~ sein** *(fam)* to be quick/slow on the uptake ▶ WENDUNGEN: **im ~ sein** [*o geh:* **stehen**]**, etw zu tun** to be on the point of doing [*or* about to do] sth

be·grif·fen *adj (geh)* ■ **in etw** *dat* **~ sein** to be in the process of [doing] sth; **alle Gäste sind schon im Aufbruch ~** everyone is [already] starting to leave

be·griff·lich *adj attr* conceptual; **sich um ~e Klarheit bemühen** to endeavour [*or* AM -or] to define things clearly

be·griffs·stut·zig *adj* slow on the uptake, slow-witted, dense *fam* **Be·griffs·stut·zig·keit** <-> *f kein pl* slow-wittedness *no pl*, obtuseness *no pl* **Be·griffs·ver·mö·gen** *nt* comprehension *no pl*, understanding *no pl*, ability to understand; **das geht einfach über mein ~** that's beyond my grasp [*or* comprehension], that's above [*or* over] my head

be·grün·den* *vt* ❶ *(Gründe angeben)* ■ **etw [mit etw] ~** to give reasons for sth; **eine Ablehnung/ Forderung ~** to justify a refusal/demand; **eine Behauptung/Klage/einen Verdacht ~** to substantiate a claim/complaint/suspicion; **sein Verhalten ist einfach durch nichts zu ~** his behaviour simply cannot be accounted for ❷ *(gründen)* ■ **etw ~** to found [*or* establish] sth; **eine Firma ~** to found [*or* form] a company, to establish [*or* set up] a business; **einen Hausstand ~** to set up house

Be·grün·der(in) *m(f)* founder

be·grün·det *adj* ❶ *(fundiert)* well-founded; **eine ~e Aussicht auf Erfolg** a reasonable chance of success; **es besteht ~e Hoffnung, dass …** there is reason to hope that …; **in etw** *dat* **~ liegen** [*o sein*] to be the result of sth ❷ JUR valid; **eine Klage ist ~** an action lies [*or* is] well-founded

Be·grün·dung <-, -en> *f* ❶ *(Angabe von Gründen)* reason, grounds *pl;* **eine ~ für etw angeben/finden/haben** to give/find/have a reason for sth; ■ **als** [*o* **zur**] **~ einer S.** *gen* as the reason for sth ❷ JUR grounds *pl*, reasons *pl*, [statement of] reasons [*or* grounds]; **von Klage** grounds of a charge BRIT, written pleadings *pl* AM; **~ für etwas sein** [*o* **geben**] to give grounds for, to substantiate ❸ *(geh)* establishment, foundation; **die ~ eines eigenen Hausstandes** setting up house on one's own

be·grü·nen **I.** *vt* ■ **etw ~** to cover sth with greenery **II.** *vr* ■ **sich** *akk* **~** to become covered in greenery

be·grü·ßen* *vt* ❶ *(willkommen heißen)* ■ **jdn [mit etw] ~** to greet [*or* welcome] sb [with sth]; **ich begrüße Sie!** welcome!; ■ **jdn als etw** *akk* **~** to greet sb as sth; **jdn bei sich** *dat* **zu Hause ~ dürfen** *(geh)* to have the pleasure of welcoming sb into one's home *form;* **wir würden uns freuen, Sie demnächst wieder bei uns ~ zu dürfen** we would be delighted to have the pleasure of your company again soon; *(im Geschäft)* we would be delighted to be of service to you again soon; **wir würden uns freuen, Sie bald wieder an Bord ~ zu dürfen** we look forward to welcoming you on board again soon ❷ *(gutheißen)* ▪ **etw ~** to welcome sth; **einen Entschluss ~** to welcome a decision; **es ist zu ~, dass …** it is to be welcomed *[or* a good thing*]* that … ❸ SCHWEIZ *(ansprechen)* ▪ **jdn/etw** [**in etw** *dat]* ~ to approach *[or* consult*]* sb/sth [on sth]

be·grü·ßens·wert *adj* welcome; **~e Nachrichten** welcome news + *sing vb;* ▪ **es ist ~ dass …** it is to be welcomed that …, … is very welcome; ▪ **es wäre ~ wenn …** it would be desirable if …, it is desirable that … *form*

Be·grü·ßung <-, -en> *f* greeting, welcoming; **offizielle ~** official welcome; **zur ~ erhielt jeder Gast ein Glas Sekt** each guest was welcomed with a glass of Sekt; **jdm zur ~ die Hand schütteln** to greet sb with a handshake

Kultur

Bis zur Mittagszeit verwendet man **Good morning**, danach sagt man bis etwa 18 Uhr **Good afternoon** und darauf folgt **Good evening; Good night** sagt man, wie im Deutschen, erst bevor man ins Bett geht. In Australien und Neuseeland sagt man den ganzen Tag über **G'day**. Informell kann man überall und zu jeder Tageszeit **Hello** oder auch **Hi** sagen. Wenn man Bekannte trifft, fragt man, wie es ihnen geht: **How are you?** oder informeller **How are you doing?** oder **How's life?** Für diese Frage bedankt man sich und antwortet meist kurz, dass es einem gut geht: **Fine, Thanks** oder **Very well, thanks.** Außerdem fragt man immer ebenso nach, wie es dem anderen geht: **And you?, And yourself?** oder **How about you?**

be·gu·cken *vt (fam)* ▪ **jdn/etw ~** to [have a] look at sb/sth

be·güns·ti·gen [bəˈɡʏnstɪɡn] *vt* ❶ *(förderlich sein)* ▪ **etw ~** to favour *[or* AM -or] sth; **von etw begünstigt werden** to be helped *[or* furthered*]* by sth; **den Export ~** to increase *[or* boost*]* exports; **die Konjunktur ~** to improve *[or* boost*]* the economy; **das Wachstum ~** to encourage *[or* boost*]* growth *no def art* ❷ *(bevorzugen)* ▪ **jdn** [**bei etw/vor jdm**] **~** to favour *[or* AM -or] sb [with sth/over *[or* more than*]* sb] ❸ *(bedenken)* ▪ **jdn** [**mit etw**] **~** to benefit sb [with sth]; **durch ein Testament begünstigt sein** to benefit *[or* be a beneficiary*]* under a will; **jdn mit einer Schenkung** [**von 1.000 Euro**] **~** to bestow sb with a gift *[of* 1,000 euros*]* ❹ JUR **einen Täter ~** to aid [and abet] a perpetrator [after the fact]

Be·güns·ti·gung <-, -en> *f* ❶ *(Förderung)* Pläne, Projekte favouring *[or* AM -oring] *no pl,* furthering *no pl; (positive Beeinflussung)* encouragement; **niedrige Zinsen sind eine ~ für ein stärkeres Wirtschaftswachstum** low interest rates encourage strong economic growth ❷ *(das Bevorzugen)* preferential treatment ❸ JUR aiding [and abetting] *no pl* the perpetrator of an offence *[or* AM -se] [after the fact], acting *no pl* as an accessory to an offence [after the fact]; **~ im Amt** connivance; **jdn wegen ~ verurteilen** to sentence sb for acting as an accessory after the act

be·gut·ach·ten *vt* ❶ *(fachlich prüfen)* ▪ **etw** [**auf etw** *akk]* ~ to examine sth [for sth]; **etw auf sein Alter/seinen Wert ~** to examine sth to establish its age/value; **etw schriftlich ~** to produce a written report on sth; **etw ~ lassen** to get sth examined, to get expert advice about sth ❷ *(fam)* ▪ **jdn/etw ~** to

have *[or* take*]* a look at sb/sth; **lass dich mal ~!** let's have a look at you!

be·gü·tert [bəˈɡyːtɐt] *adj (geh)* affluent, wealthy

be·gü·ti·gend [bəˈɡyːtɪɡnt] I. *adj* soothing, calming II. *adv* soothingly

be·haart [bəˈhaːɐt] *adj* hairy, hirsute; **ganz dicht** *[o* **stark**] */***schwach ~ sein** to be thickly/thinly covered with hair, to be very/not very hairy

Be·haa·rung <-, -en> *f* hair

be·hä·big [bəˈhɛːbɪç] *adj* ❶ *(gemütlich, geruhsam)* placid, easy-going; *(langsam, schwerfällig)* ponderous ❷ *(dicklich)* portly, stolid, stout ❸ SCHWEIZ *(stattlich)* imposing ❹ *(fig)* **ein ~es Möbelstück** a solid piece of furniture

Be·hä·big·keit <-> *f kein pl* ❶ *(Geruhsamkeit)* placidity *no pl* ❷ *(Stattlichkeit)* substantiality, imposingness *no pl*

be·haf·tet *adj* ▪ **mit etw ~ sein** to be marked with sth, to have sth; *(mit Makel)* to be flawed with sth; **mit Fehlern ~e Waren** seconds *pl;* **mit negativen Konnotationen ~ sein** to have negative connotations; **mit Misstrauen ~ sein** to be full of mistrust; **mit Problemen ~ sein** to be fraught with problems

be·ha·gen [bəˈhaːɡn] *vi* ▪ **etw behagt jdm** sth pleases sb, sb likes sth; ▪ **etw behagt jdm nicht** sth does not please sb, sb does not like sth; **es behagt ihm nicht, so früh aufzustehen** he doesn't like *[or* enjoy*]* getting up so early; **es behagt mir gar nicht, dass er so früh kommt** I'm not pleased at all that he's coming so early

Be·ha·gen <-s> *nt kein pl* contentment, pleasure; **etw mit ~ genießen** to enjoy sth immensely; **etw mit ~ verspeisen** *[o* **essen**] to eat sth with [great] relish

be·hag·lich [bəˈhaːklɪç] I. *adj* ❶ *(gemütlich)* cosy BRIT, cozy AM; **es sich** *dat* **auf dem Sofa/vor dem Kamin ~ machen** to make oneself comfortable on the sofa/in front of the fire ❷ *(genussvoll)* contented; **ein ~es Schnurren** a contented purring II. *adv* ❶ *(gemütlich)* cosily BRIT, cozily AM; **~ eingerichtet sein** to be comfortably *[or* BRIT cosily*]* *[or* AM cozily*]* furnished; **sich bei jdm ~ fühlen** to feel at home *[or* comfortable*]* in sb's house ❷ *(genussvoll)* contentedly

Be·hag·lich·keit <-> *f kein pl* cosiness BRIT, coziness AM, comfortableness, sense of comfort

be·hal·ten *vt irreg* ❶ *(in seinem Besitz lassen)* ▪ **etw ~** to keep sth; **wozu willst du das alles ~!** why hang on to all this! ❷ *(nicht preisgeben)* **etw für sich ~** to keep sth to oneself ❸ *(als Gast haben)* **jdn** [**bei sich**] **~** to have sb stay on [with one]; **ich hätte dich ja noch gerne länger** [**bei mir**] **~** I would have loved you to stay longer [with me] ❹ *(bewahren)* ▪ **etw ~** to maintain sth; **die Fassung ~** to maintain one's composure; **die Nerven** *[o* **die Ruhe**] **~** to keep one's nerve *[or* calm*]* *[or fam* one's cool*]* ❺ *(im Gedächtnis bewahren)* ▪ **etw ~** to remember sth; **ich habe leider seinen Namen nicht ~** sorry, I cannot remember his name; **etw im Kopf ~** to keep sth in one's head, to remember sth ❻ *(stetig bleiben)* ▪ **etw ~** to keep *[or* retain*]* sth; **seine Form ~** *(bei Menschen)* to keep in shape; *(bei Kleidungsstücken)* to keep *[or* retain*]* its shape; **seinen Namen/seine Staatsangehörigkeit ~** to keep *[or* retain*]* one's name/nationality ❼ *(dort lassen, wo es ist)* **die Hände in den Hosentaschen ~** to keep one's hands in one's pockets; **den Hut auf dem Kopf ~** to keep one's hat on; **nichts bei sich ~ können** to be unable to keep anything down ❽ *(zurückbehalten)* ▪ **etw von etw ~** to be left with sth from sth

Be·häl·ter <-s, -> *m* container, receptacle *form*

be·häm·mert *adj (sl)* s. **bekloppt**

be·händ^{RR} [bəˈhɛnd], **be·hän·de**^{RR} [bəˈhɛndə] I. *adj* *(geh)* deft, nimble, agile; **für sein Alter ist er aber noch sehr ~** he is still very nimble *[or* agile*]* for his age **II.** *adv* deftly, nimbly, agilely

be·han·deln *vt* ❶ *(medizinisch versorgen)* ▪jdn/etw ~ to treat *[or* attend to*]* sb/sth; **wer ist Ihr ~der Arzt?** who is the doctor treating you? ❷ *(damit umgehen)* ▪jdn/etw/ein Tier ~ to treat sb/an animal; **jdn gut ~** to treat sb well; **jdn schlecht ~** to treat sb badly, to mistreat sb; **jdn stiefmütterlich ~** to neglect sb; **jdn mit Fäusten und Fußtritten ~** to subject sb to kicks and punches; **jdn mit Nachsicht ~** to be lenient with sb; **jdn wie ein kleines Kind ~** to treat sb like a child; **etw vorsichtig ~** to handle sth with care ❸ *(mit einer Substanz bearbeiten)* ▪etw ~ **[mit etw]** ~ to treat sth *[with* sth*]*; **chemisch behandelt** chemically treated ❹ *(abhandeln)* ▪etw ~ to deal with *[or* treat*]* sth; **einen Antrag/Punkt ~** to deal with an application/a point

be·hän·di·gen *vt* SCHWEIZ ▪etw ~ to get hold of sth

Be·hän·dig·keit^RR <-> *f kein pl (geh)* deftness, nimbleness, agility

Be·hand·lung <-, -en> *f* ❶ *(medizinische Versorgung)* **[bei jdm]** **[wegen etw** *gen]* **in ~ sein** to be treated *[by* sb*]* *[or* receive treatment *[from* sb*]]* *[for* sth*]*; **bei wem sind Sie in ~?** who is treating you? ❷ *(Umgang)* treatment; **eine gute/schlechte ~ erfahren** to be treated well/badly, to be mistreated; **eine unwürdige ~ erfahren** to receive shameful treatment ❸ *(das Bearbeiten mit einer Substanz)* treatment ❹ *(das Abhandeln)* treatment; **die ~ eines Antrags/eines Punktes** the handling of an application/a point

be·hand·lungs·be·dürf·tig *adj* ▪etw ist ~ sth is in need of *[or* requires*]* treatment **Be·hand·lungs·kos·ten** *pl* cost of treatment **Be·hand·lungs·me·tho·de** *f* method of treatment, treatment method **Be·hand·lungs·raum** *m,* **Be·hand·lungs·zim·mer** *nt* treatment room

be·han·gen *adj* ❶ *(beladen sein)* ▪mit etw ~ sein to be laden with sth; **ein voll ~er Baum** a heavily laden tree; **die Pflaumenbäume sind dieses Jahr überreich mit Früchten ~** the plum trees are dripping with fruit this year ❷ *(pej)* **[mit etw]** ~ sein to be festooned *[with* sth*]*; **mit Juwelen/Schmuck ~ sein** to be dripping with jewels/jewellery *[or* AM jewelry*]*

be·hän·gen *vt* ❶ etw mit etw ~ to hang *[or* decorate*]* sth with sth; **Wände mit Bildern ~** to hang walls with pictures; **Wände mit Teppichen ~** to decorate walls with *[wall]* hangings; **den Weihnachtsbaum [mit Kugeln/Lametta] ~** to decorate the Christmas tree *[with* balls/tinsel*]* ❷ *(pej fam)* ▪jdn mit etw ~ to festoon sb *[or* deck sb out*]* with sth; ▪sich *akk* **[mit etw]** ~ to festoon oneself *[or* deck oneself out*]* *[with* sth*]*; **eine Frau mit Schmuck/einen Offizier mit Orden ~** to festoon a woman with jewellery *[or* AM jewelry*]* /an officer with medals

be·har·ren *vi* ❶ *(darauf bestehen)* ▪auf *[o* bei*]* etw *dat* **[hartnäckig]** ~ to insist *[stubbornly]* on sth; **auf seiner Meinung ~** to persist with one's opinion; ▪jds B~ **[auf etw** *dat]* sb's insistence *[on* sth*]* ❷ *(bleiben)* ▪in etw *dat* ~ to remain in sth; **in der Tradition ~** to uphold tradition; **an einem Ort ~** to remain in a place

be·harr·lich I. *adj* insistent; *(ausdauernd)* persistent; **~er Fleiß** dogged hard work *[or* effort*]*; **du hättest ~er sein sollen** you should have persevered *[or* been persistent*]* **II.** *adv* persistently; **~ auf sein Recht pochen** to doggedly stand up for one's rights; **~ schweigen** to persist in remaining silent

Be·harr·lich·keit <-> *f kein pl* insistence, persistence **Be·har·rungs·ver·mö·gen** *nt* ❶ *(Ausdauer)* steadfastness ❷ PHYS inertia

be·haup·ten [bəˈhaʊptn̩] **I.** *vt* ❶ *(als unbewiesene Äußerung aufstellen)* ▪etw **[von jdm/etw]** ~ to claim *[or* maintain*]* *[or* assert*]* sth *[about* sb/sth*]*; **wer das [von ihr] behauptet, lügt!** whoever says that *[about* her*]* is lying!; ▪ ~, dass ... to claim that ...; **ich behaupte ja nicht, dass ich immer Recht habe** I don't claim to be right all the time, I'm not claiming that I am always right; ▪von jdm ~, dass ... to say of sb that ...; ▪es wird **[von jdm]** behauptet, dass ... it is said *[or* claimed*]* *[of* sb*]* that ...; **etw getrost ~ können** to be able to safely say sth ❷ *(aufrechterhalten)* ▪etw ~ to maintain sth; **seinen Vorsprung gegen jdn ~ [können]** to *[manage]* to maintain one's lead over sb **II.** *vr (sich durchsetzen)* ▪sich *akk* **[gegen jdn/etw]** ~ to assert oneself *[over* sth/sb*]*; **sich gegen die Konkurrenz ~ können** to be able to survive against one's competitors; **Agassi konnte sich gegen Sampras ~** Agassi held his own against Sampras

Be·haup·tung <-, -en> *f* ❶ *(unbewiesene Äußerung)* assertion, claim; **eine ~/~en aufstellen** to make an assertion/assertions ❷ *(Durchsetzen)* maintaining *no pl,* maintenance *no pl;* **die ~ an der Tabellenspitze wird nicht leicht sein** it will not be easy to stay at the top of the table

Be·hau·sung <-, -en> *f (hum geh)* accommodation, dwelling; **dies ist meine bescheidene ~** this is my humble abode *a. iron;* **weitab von jeder menschlichen ~** far away from any human habitation

Be·ha·vi·o·ris·mus <-> [bihevɪəˈrɪsmʊs] *m kein pl* PSYCH *(Verhaltensforschung)* behaviourism *[or* AM ·iorism*]* *no pl*

be·he·ben *vt irreg* ❶ *(beseitigen)* ▪etw ~ to remove sth; **einen Fehler/Mangel ~** to rectify a mistake/fault; **die Missstände ~** to remedy shortcomings; **einen Schaden/eine Funktionsstörung ~** to repair damage/a malfunction ❷ FIN ÖSTERR **Geld ~** to withdraw money

Be·he·bung <-, -en> *f* ❶ *(Beseitigung)* removal; **die ~ eines Fehlers/Mangels** the rectification *[or* remedying*]* of a mistake/fault; **die ~ des Schadens/der Störung** the repair of the damage/fault ❷ FIN ÖSTERR *Geld* withdrawal

be·hei·ma·tet [bəˈhaɪmaːtət] *adj* ❶ *(ansässig)* ▪ **[irgendwo]** ~ sein to be resident *[somewhere]*; **wo bist du eigentlich ~?** where do you actually come from? ❷ BOT, ZOOL native, indigenous; **in Kalifornien ~ sein** to be native *[or* indigenous*]* to *[or* a native of*]* California

be·heiz·bar *adj* heatable; **eine ~e Heckscheibe/Windschutzscheibe** a heated rear window/windscreen; **etw ist mit Holz/Koks/etc. ~** sth can be heated with wood/coke/etc.

be·hei·zen *vt* ▪etw **[mit etw]** ~ to heat sth *[with* sth*]*

Be·helf <-[e]s, -e> [bəˈhɛlf] *m [temporary]* replacement, makeshift, stop-gap

be·hel·fen *vr irreg* ❶ *(mit einem Ersatz auskommen)* **sich mit etw ~ [müssen]** to *[have* to*]* make do *[or* manage*]* with sth ❷ *(zurechtkommen)* ▪sich ~ **[können]** to manage, to get by; **sich ohne etw ~** to manage *[or* get by*]* without sth

Be·helfs·aus·fahrt *f* temporary exit **be·helfs·mä·ßig I.** *adj* makeshift, temporary **II.** *adv* temporarily, in a makeshift fashion **Be·helfs·un·ter·kunft** *f* makeshift dwelling

be·hel·li·gen [bəˈhɛlɪɡn̩] *vt* ▪jdn **[mit** *[o* durch*]* etw*]* ~ to pester *[or* bother*]* sb *[with* sth*]*; **darf ich Sie noch einmal mit einer Frage ~** may I trouble *[or* bother*]* you with one more question?

be·hend^ALT [bəˈhɛnd]**, be·hen·de**^ALT [bəˈhɛndə] *adj o adv s.* **behänd**

Be·hen·dig·keit^ALT <-> [bəˈhɛndɪçkaɪt] *f kein pl*

s. Behändigkeit
be·her·ber·gen vt ■ jdn ~ to accommodate [or house] sb, to put up sb *sep* [somewhere]
Be·her·ber·gung <-> f *kein pl* accommodation
be·herr·schen I. vt ❶ *(gut können)* ■ etw ~ to have mastered [or fam got the hang of] sth; **sein Hand·werk** ~ to be good at [or skilled in] one's trade; **sie beherrscht ihr Handwerk** she's good at what she does; **ein Instrument** ~ to play an instrument well, to have mastered an instrument; **die Spielregeln** ~ to know [or have learnt] the rules well; **eine Sprache** ~ to have good command of a language; **alle Tricks** ~ to know all the tricks; **etw gerade so** ~ to have just about mastered [or fam got the hang of] sth; **etw gut/perfekt** ~ to have mastered sth well/perfectly; **etw aus dem Effeff** ~ *(fam)* to know sth inside out ❷ *(als Herrscher regieren)* ■ jdn/etw ~ to rule sb/sth ❸ *(handhaben)* ■ etw ~ to control sth; **ein Fahr·zeug** ~ to have control over a vehicle ❹ *(prägen, dominieren)* ■ etw ~ to dominate sth; **ein ~der Ein·druck/eine ~de Erscheinung** a dominant impression/figure ❺ *(zügeln)* ■ etw ~ to control sth; **seine Emotionen/Gefühle/Leidenschaften** ~ to control one's emotions/feelings/passions ❻ *(unter dem Einfluss von etw stehen)* **von etw beherrscht wer·den** to be ruled by sth; **von seinen Gefühlen beherrscht werden** to be ruled [or governed] by one's emotions II. vr *(sich beherrschen)* ■ sich ~ to control oneself ▶ WENDUNGEN: **ich kann mich ~!** *(iron fam)* no way!, not likely!, I wouldn't dream of it!
be·herrscht I. adj [self-]controlled; **er blieb gelassen und** ~ he remained calm and composed II. adv with self-control [or composure]
Be·herrscht·heit <-> f *kein pl* s. **Beherrschung 2**
Be·herr·schung <-> f *kein pl* ❶ *(das Gutkönnen)* mastery ❷ *(Selbst~)* self-control; **die** [o seine] ~ **ver·lieren** to lose one's self-control ❸ *(das Kontrollieren)* control
be·her·zi·gen [bəˈhɛrtsɪɡn̩] vt ■ etw ~ to take sth to heart; **einen Rat** ~ to heed [a piece of] advice
be·herzt adj *(geh)* intrepid, courageous, spirited
be·hilf·lich [bəˈhɪlflɪç] adj ■ jdm [bei/mit etw] ~ **sein** to help sb [with sth]; **jdm beim Einsteigen/Aussteigen** ~ **sein** to help sb [to] get on/off; **darf ich dir damit** ~ **sein?** may I give you a hand with that?; **könntest du mir wohl mit 300 Euro** ~ **sein?** could you help me out with 300 euros?
be·hin·dern vt ❶ *(hinderlich sein)* ■ jdn [bei etw] ~ to obstruct [or hinder] sb [in sth]; ■ etw [bei etw] ~ to hinder sth [in sth]; **die Bewegungsfreiheit** ~ to impede one's movement[s] ❷ *(hemmen)* ■ etw ~ to hamper sth; **die erneuten Terroranschläge** ~ **den Friedensprozess** the renewed terrorist attacks are threatening the peace process
be·hin·dert adj disabled; **geistig/körperlich** ~ mentally/physically handicapped
Be·hin·der·te(r) f(m) *dekl wie adj* disabled [or handicapped] person/man/woman; ■ **die B~n** the handicapped [or disabled]; **eine Telefonzelle für körper·lich** ~ **a** [tele]phone box [or AM booth] for the physically handicapped; **ein Parkplatz/eine Toilette für** ~ a parking place/toilet for the disabled; **geistig/kör·perlich** ~ mentally/physically handicapped person
Be·hin·der·ten·aus·weis m identity card for the disabled **be·hin·der·ten·ge·recht** I. adj *inv* suitable for the disabled II. adv *inv* ~ **ausgestattet sein** to be suitable for the disabled **Be·hin·der·ten·olym·pi·a·de** f Paralympic Games, Paralympics *npl* **Be·hin·der·ten·park·platz** m parking place for the disabled, disabled parking place; *(Parkgelände)* car park [or AM parking lot] for the disabled, disabled car park **be·hin·der·ten-WC** nt toilet for the disabled, disabled toilet **Be-**

hin·der·ten·werk·statt f sheltered workshop
Be·hin·de·rung <-, -en> f ❶ *(das Behindern)* hindrance, obstruction; **es muss mit** [erheblichen] ~en **gerechnet werden** [long] delays are to be expected ❷ *(körperliche Einschränkung)* handicap; **geistige/körperliche** ~ mental/physical handicap
Be·hör·de <-, -n> [bəˈhøːɐ̯də] f ❶ *(Dienststelle)* department; **mit Genehmigung der zuständigen** ~ with permission from [or the permission of] the appropriate authorities ❷ *(fam)* town council, local authorities; **sie arbeitet bei der** ~ she works for the council ❸ *(Amtsgebäude)* [government] [or local] council] offices
Be·hör·den·gang <-gänge> m trip to the authorities **be·hör·den·über·grei·fend** adj ADMIN embracing several authorities **Be·hör·den·will·kür** f official whim [or caprice]
be·hörd·lich [bəˈhøːɐ̯tlɪç] I. adj official; **auf ~e Anord·nung** by order of the authorities II. adv officially; ~ **genehmigt** authorized by the authorities
be·hü·ten vt ❶ *(schützend bewachen)* ■ jdn/etw ~ to watch over [or guard] sb/sth ❷ *(bewahren)* ■ jdn **vor etw** dat ~ to protect sb from sth; **jdn vor einem großen Fehler/vor Schlimmerem** ~ to save sb from a big mistake/a worse fate ▶ WENDUNGEN: [Gott] **behüt[e]!** God [or Heaven] forbid!
be·hü·tet I. adj protectively brought up; **eine ~e Kindheit** a sheltered childhood; **ein wohl ~es Mäd·chen** a well-cared-for girl; **hier werden Ihre Kinder** ~ **und gut aufgehoben sein** your children will be in safe hands here II. adv ~ **aufwachsen** to have a sheltered upbringing
be·hut·sam [bəˈhuːtzaːm] I. adj *(geh)* careful, gentle; ~es **Vorgehen ist angesagt** it will be necessary to proceed with caution [or cautiously]; ■ [bei etw] ~ **sein** to be careful [in sth/when doing sth] II. adv *(geh)* carefully, gently; **jdm etw** ~ **beibringen** to break sth to sb [or tell sb sth] gently
Be·hut·sam·keit <-> f *kein pl (geh)* care

bei [baɪ]

PRÄPOSITION MIT DATIV

❶ *(räumlich)* ■ ~ jdm *(in jds Wohn-/Lebensbe·reich)* with sb; **am Wochenende sind sie entwe·der** ~ **ihm oder** ~ **ihr** at the weekend they sit either be at his place or at hers; **dein Schlüssel müsste** ~ **dir in der Schreibtischschublade sein** your key should be in your desk drawer; ~ **uns zu Hause wurde früher vor dem Essen immer gebetet** we always used to say grace before a meal at our house; ~ **wem hast du die letzte Nacht verbracht?** who did you spend last night with?; **ich war die ganze Zeit** ~ **meinen Eltern** I was at my parents' [house] the whole time; ~ **Familie Schmidt** *(Briefanschrift)* c/o Schmidt
❷ *(räumlich)* ■ ~ jdm *(in jds Unternehmensbereich/Institution)* in; ~ **wem lassen Sie Ihre Anzüge schneidern?** who makes your suits?, who is your tailor?; SCH from; **sie hat ihr Handwerk** ~ **einem sehr erfahrenen Meister gelernt** she learnt her trade from a very experienced master craftsman; ~ **diesem Professor hören die Studenten immer gerne Vor·lesungen** the students always enjoy this professor's lectures; ~ **wem nimmst du Klavierstunden?** who do you have your piano lessons with?; *(in einem Geschäft)* at; **beim Bäcker/Friseur** at the baker's/hairdresser's; *(angestellt sein)* for; **er ist** [Beamter] ~ **der Bahn/Post/beim Bund** he works for the railways/post office/armed forces; **er ist neuerdings auch Redakteur** ~ **uns** he joined us as an editor recently too; **seit wann bist du eigentlich** ~ **dieser Firma?** how long have you been working for this

company?; **er ist ein hohes Tier ~ der Post** he is a big shot [*or* fish] at the post office

❸ *(räumlich)* ■ ~ **jdm** *(in jds [künstlerischem] Werk)* in; **das Zitat steht irgendwo ~ Goethe** the quotation comes from somewhere in Goethe; **~ wem hast du denn das gelesen?** where did you read that?; **das kannst du alles ~ Schopenhauer nachlesen** you can look it all up in Schopenhauer

❹ *(räumlich: mit sich führen oder haben)* ■ ~ **sich** with; **etw ~ sich haben** to have sth with [*or* on] one; **ich habe die Unterlagen leider nicht ~ mir** I'm afraid I haven't got the papers with me; **ich habe gerade kein Geld ~ mir** I haven't any money on me at the moment; **jdn ~ sich haben** to have sb with one

❺ *(räumlich)* ■ ~ **etw** *(in der Nähe von)* near sth; **Böblingen ist eine Stadt ~ Stuttgart** Böblingen is a town near Stuttgart

❻ *(räumlich)* ■ ~ **etw** *(Berührung)* by; **jdn ~ der Hand nehmen** to take sb by the hand; **er packte sie grob ~ den Haaren** he grabbed her roughly by the hair

❼ *(bei einem Vorgehen)* ~ **einer Aufführung/Hochzeit/einem Gottesdienst** at a performance/wedding/church service; **~ dem Zugunglück starben viele Menschen** many people died in the train crash

❽ *(räumlich)* ■ ~ **etw** *(dazwischen, darunter)* among; **die Unterlagen sind ~ den Akten** the papers are amongst the files; **~ den Demonstranten waren auch einige gewalttätige Chaoten** there were also several violent hooligans among the demonstrators

❾ *(ungefähr)* around; **der Preis liegt ~ etwa 1.000 Euro** the price is around [*or* about] 1,000 euros

❿ *(Zeitspanne: während)* during; **ich habe ~ dem ganzen Film geschlafen** I slept through the whole film; **~ der Vorführung darf nicht geraucht werden** smoking is not permitted during the performance; **unterbrechen Sie mich bitte nicht dauernd ~ meiner Rede!** please stop interrupting my speech!; *(Zeitspanne: Zeitpunkt betreffend)* at; **~ jds Abreise/Ankunft** on sb's departure/arrival; **ich hoffe, du bist ~ meiner Abreise auch zugegen** I hope you will be there when I leave [*or* on my departure]; **sei bitte ~ meinem Eintreffen auf dem Bahnhof!** please be waiting for me at the station when I arrive!; **~ Beginn der Vorstellung wurde die Beleuchtung im Kino langsam dunkler** as the film began the lights in the cinema gradually went dim

⓫ *(während einer Tätigkeit)* while; **beim Lesen kann ich nicht gleichzeitig Radio hören** I cannot read and listen to the radio at the same time; **das ist mir beim Wäschebügeln eingefallen** it occurred to me when [*or* as] [*or* while] I was ironing; **störe mich bitte nicht ständig ~ der Arbeit!** please stop disturbing me constantly when I'm working!

⓬ *(Begleitumstände)* by; **wir aßen ~ Kerzenlicht** we had dinner by candlelight; **wir können das ja ~ einer Flasche Wein besprechen** let's talk about it over a bottle of wine; **~ Schnee ist Weihnachten immer am schönsten** Christmas is always nicest when it snows; **~ diesem Wetter setze ich keinen Fuß vor die Tür!** I'm not setting foot outside the door in this weather!; **~ dieser Hitze/Kälte** in such a heat/cold; **~ Wind und Wetter** come rain or shine

⓭ *(im Falle von etw)* in case of; **„bei Feuer Scheibe einschlagen"** "in case of fire break glass"; **~ 45° unter null** at 45° below zero; **~ Nebel/Regen** when it is foggy/raining, when there is fog/rain

⓮ *(wegen, mit)* with; **~ deinen Fähigkeiten** with your talents [*or* skills]; **~ der Sturheit, die er an den Tag legt, könnte man manchmal wirklich verzweifeln** one could sometimes really despair at the

stubbornness he shows; **~ so viel Dummheit ist wirklich alle Liebesmüh vergebens** all effort is futile in the face of such stupidity

⓯ *(trotz)* ■ ~ **all/aller ...** in spite of all, despite all; **~ alledem ...** for [*or* despite] all that ...

⓰ *(in Schwurformeln)* by; **~ meiner Ehre** [up]on my honour; **ich schwöre es, ~ meiner toten Mutter!** I swear on my mother's grave!; **~ Gott!** *(veraltend)* by God!; **„ich schwöre ~ Gott, die Wahrheit zu sagen und nichts als die Wahrheit"** "I swear to tell the truth, the whole truth and nothing but the truth, so help me God"

▸ WENDUNGEN: **nicht [ganz] ~ sich sein** *(fam)* to be not [quite] oneself

bei|be·hal·ten *vt irreg* ❶ *(weiterhin behalten)* ■ **etw ~** to maintain sth, to keep sth up; **eine Angewohnheit ~** to maintain a habit; **einen Brauch/eine Tradition ~** to uphold a custom/tradition; **eine Meinung ~** to stick to an opinion ❷ *(fortsetzen)* to keep to, to continue; **eine Diät ~** to keep to a diet; **seine Geschwindigkeit ~** to maintain one's speed; **eine Therapie ~** to continue [with] a treatment

Bei·be·hal·tung <-> *f kein pl* ❶ *(das Beibehalten)* Gewohnheit, Methode maintenance, upkeep, upholding ❷ *(das Fortsetzen)* Richtung keeping to, continuance

bei|bie·gen *vt irreg (sl: beibringen)* ■ **jdm ~, dass ...** to get it through to sb that ...; *(schonend beibringen)* to break it gently to sb that...; *(geduldig beibringen)* to get it patiently across to sb...

Bei·blatt *nt* insert, supplement

Bei·boot *nt* tender *(vessel attendant on others)*

bei|brin·gen *vt irreg* ❶ *(fam: eine schlechte Nachricht übermitteln)* ■ **jdm etw ~** to break sth to sb; **jdm ~, dass ...** to break it to sb that ...; **jdm etw schonend ~** to break sth gently to sb ❷ *(fam: lehren)* ■ **jdm/einem Tier etw ~** to teach sb/an animal sth ❸ *(zufügen)* **jdm etw ~** to inflict sth on sb; **jdm eine Kopfverletzung/Niederlage/hohe Verluste ~** to inflict a head injury/a defeat/heavy losses on sb ❹ *(beschaffen)* ■ **jdn/etw ~** to produce sb/sth; **Beweise ~** to produce [*or* provide] [*or* supply] proof; **das Geld ~** to produce [*or* form furnish] the money; **die Unterlagen ~** to produce [*or* supply] the documents; **einen Zeugen/eine Zeugin ~** to produce a witness

Beich·te <-, -n> [ˈbaiçtə] *f* ❶ REL confession; **die ~ wird dich erleichtern** confession will be a relief for you; **[bei jdm] die ~ ablegen** *(geh)* to make one's confession [to sb]; **jdm die ~ abnehmen** to hear sb's confession; **zur ~ gehen** to go to confession; **eine ~ ablegen** *(hum: etw gestehen)* to make a confession ❷ *(hum: etw gestehen)* **eine ~ ablegen** to confess to sth

beich·ten [ˈbaiçtn̩] **I.** *vt* ❶ REL ■ **[jdm] etw ~** to confess sth [to sb] ❷ *(hum fam: gestehen)* ■ **jdm etw ~** to confess sth to sb **II.** *vi* ❶ REL to confess; **~ gehen** to go to confession

Beicht·ge·heim·nis *nt* seal of confession **Beicht·stuhl** *m* confessional **Beicht·va·ter** *m (veraltend)* father confessor *a. fig*

beid·ar·mig [ˈbait-] **I.** *adj* ❶ SPORT double- [*or* two-]handed ❷ *(beide Arme betreffend)* of both arms *after n;* **eine ~e Amputation** an amputation of both arms **II.** *adv* ❶ SPORT with two [*or* both] hands ❷ *(beide Arme betreffend)* on both arms; **er war ~ amputiert** he had both arms amputated **beid·bei·nig I.** *adj* ❶ SPORT two-footed; **ein ~er Absprung** a two-footed take-off ❷ *(beide Beine betreffend)* of both legs; **eine ~e Amputation** an amputation of both legs **II.** *adv* ❶ SPORT with [*or* on] two [*or* both] feet ❷ *(beide Beine betreffend)* of both legs; **~ amputieren** to amputate both legs

bei·de [ˈbaidə] *pron* ❶ *(alle zwei)* both; **sie hat ~ Kinder gleich lieb** she loves both children equally; **~ Mal[e]** both times ❷ *(sowohl du als auch du)* both; **jetzt kommt mal ~ her zu Opa** come here to grandad both of you; ■ **ihr ~** the two of you; **ihr ~ solltet euch wieder vertragen!** you two really should make up again!; ■ **euch ~n** both of you, you both; **muss ich euch ~n denn immer alles zweimal sagen?** do I always have to tell you both everything twice? ❸ *(ich und du)* ■ **uns ~n** both of us; ■ **wir ~** the two of us ❹ *(die zwei)* ■ **die [...] ~n** both [of them], the two of them; **die ~n vertragen sich sehr gut** they both [*or* the two of them] get on very well; **die ersten/letzten ~n ...** the first/last two ...; **einer/einen/eine/ eins von ~n** one of the two; **keiner/keinen/ keine/keins von ~n** neither of the two [*or* them]; **welcher/welchen/welche/welches von ~n** which of the two ❺ *(sowohl dies als auch jenes)* ■ **~s** both; **~s ist möglich** both are [*or* either [one] is] possible

bei·de·mal^ALT *adv s.* **beide 1**

bei·der·lei [ˈbaidɐˈlai] *adj attr, inv* both; **was gab es zu trinken, Bier oder Wein? – es gab ~ Getränke, Bier und Wein** what was there to drink, beer or wine? – there was both beer and wine; **Verwandte ~ Geschlechts** relatives of both sexes

bei·der·sei·tig [ˈbaidɐzaitɪç] *adj* on both sides; **ein ~es Abkommen** a bilateral agreement; **~es Vertrauen/ ~e Zufriedenheit** mutual trust/satisfaction; **sich im ~n Einverständnis trennen** to part in mutual agreement

bei·der·seits [ˈbaidɐˈzaits] **I.** *adv* on both sides **II.** *präp* +*gen*; ■ **~ einer S.** *gen* on both sides of sth; **~ der Straße** on both sides of the street [*or* road]

beid·fü·ßig I. *adj* ❶ SPORT two-footed; **ein ~er Absprung** a two-footed take-off ❷ *(beide Füße betreffend)* of both feet *after o;* **eine ~e Amputation** an amputation of both feet **II.** *adv* ❶ SPORT with two feet; **~ absprongen** to take off with two feet ❷ *(beide Füße betreffend)* of both feet; **~ amputieren** to amputate both feet

beid·hän·dig I. *adj* ❶ SPORT two-handed; **eine ~e Amputation** an amputation of both hands; **ein ~er Griff** a double- [*or* two-] handed grip **II.** *adv* ❶ SPORT with two [*or* both] hands ❷ *(beide Hände betreffend)* **~ amputiert** with both hands amputated

bei|dre·hen *vi* NAUT to heave to

beid·sei·tig [ˈbaidzaitɪç] **I.** *adj* ❶ *(auf beiden Seiten vorhanden)* on both sides; **eine ~e Beschichtung** a coating on both sides, a double-sided coating; **~e Lähmung** bilateral paralysis *spec, adj* ❷ *s.* **beiderseitig II.** *adv* on both sides; **~ gelähmt** paralyzed down both sides **beid·seits** [ˈbaidzaits] *präp* +*gen* SÜDD, SCHWEIZ *s.* **beiderseits II.**

bei·ei·nan·der [baiʔaiˈnandɐ] *adv* together; ▸ WENDUNGEN: **gut/schlecht ~ sein** *(fam: körperlich)* to be in good/bad [*or* poor] shape; *(geistig)* to be/not be all there *fam*

bei·ei·nan·der|ha·ben *vt irreg* **jdn/etw [wieder] ~** to have [got] sb/sth together [again] ▸ WENDUNGEN: **sie nicht [mehr] alle [*or* richtig] ~** *(fam)* to have a screw loose *fig fam* **bei·ei·nan·der|lie·gen** *vi irreg* to lie together **bei·ei·nan·der|sein**^ALT *vi irreg sein (fam) s.* **beieinander bei·ei·nan·der|sit·zen** *vi irreg* to sit together **bei·ei·nan·der|ste·hen** *vi irreg* to stand together

Bei·fah·rer(in) *m(f) (Passagier neben dem Fahrer)* front-seat passenger, passenger in the front seat; *(zusätzlicher Fahrer)* co-driver

Bei·fah·rer·air·bag [-ˈɛːɐbæk] *m* passenger airbag **Bei· fah·rer·sitz** *m* [front] passenger seat

---

Bei·fall <-[e]s> *m kein pl* ❶ *(Applaus)* applause; **~ heischend** *(geh)* looking for applause; **~ klatschen** to applaud; **~ klopfen** *(bei einer Vorlesung)* to applaud *(by knocking on a table etc. with one's fist)*; **jdm/ einer S. ~ spenden** *(geh)* to applaud sb/sth; **~ auf offener Szene** applause during the performance [*or* scene]; **mit anhaltendem/brausendem [*o* donnerndem] ~ quittiert werden** to be met with prolonged/thunderous applause ❷ *(Zustimmung)* approval; **~ heischend** *(geh)* looking for approval; **jdm einen ~ heischenden Blick zuwerfen** to cast an approval-seeking glance at sb; [**jds** *akk*] **~ finden** to meet with [sb's] approval

bei·fall·hei·schend *adj o adv s.* **Beifall 1, 2**

bei·fäl·lig I. *adj* approving; **mit ~em Gemurmel quittiert werden** to be met with murmurs of approval **II.** *adv* approvingly; **er nickte ~ mit dem Kopf** he nodded approvingly [*or* in approval]; **dieser Vorschlag wurde ~ aufgenommen** this suggestion was favourably received

Bei·falls·be·kun·dung *f* demonstration [*or* show] of approval **Bei·falls·be·zei·gung** *f (geh) s.* **Beifallsbekundung Bei·falls·sturm** *m* storm of applause

bei|fü·gen *vt* ❶ *(mitsenden)* [**einem Brief/Paket**] **etw ~** to enclose sth [in a letter/parcel] ❷ *(hinzufügen)* ■ [**etw**] **~** to add [sth]

Bei·fü·gung <-> *f kein pl* ❶ *(geh)* enclosure; **unter ~ einer S.** *gen (geh)* enclosing sth; **unter ~ von fünf Euro Rückporto senden wir Ihnen gerne den Prospekt zu** the catalogue will be sent to you if you enclose five euros for return postage ❷ LING attribute

Bei·fuß <-es> *m kein pl* BOT mugwort

Bei·ga·be <-, -n> *f* ❶ *sing (das Hinzufügen)* addition; **ohne die ~ von Pfeffer und Salz schmeckt die Suppe recht fade** the soup is pretty tasteless without salt and pepper; **unter ~ von etw** *gen (geh)* adding sth ❷ *sing o pl (Beilage)* side dish ❸ *pl* ARCHÄOL burial gift [*or* object]

beige [beːʃ, ˈbeːʒə] *adj inv* beige

Beige[1] <-, -*o fam* -s> [beːʃ, ˈbeːʒə] *nt* beige

Bei·ge[2] <-, -n> [ˈbaigə] *f* SÜDD, ÖSTERR, SCHWEIZ pile; **zu einer ~ aufgeschichtet werden** to be stacked up in a pile

bei|ge·ben *vt irreg* ❶ *(mitsenden)* ■ [**einer S.** *dat*] **etw ~** to enclose sth [with sth] ❷ *(hinzufügen)* ■ **einer S.** *dat* **etw ~** to add sth to sth; **dem Teig müssen noch 4 Eier beigegeben werden** 4 more eggs have to be added to the dough ❸ *(geh)* ■ **jdm/einer S. jdn ~** to assign sb to sb/sth; *s. a.* **klein**

beige·far·ben *adj* beige[-coloured [*or* AM -ored]

Bei·ge·ord·ne·te(r) *f(m) dekl wie adj* town councillor [*or* AM councilor]

Bei·ge·schmack *m* ❶ *(zusätzlicher Geschmack)* [after]taste; **einen bitteren/seltsamen ~ haben** to have a bitter/strange taste; **einen ~ hinterlassen** to leave an aftertaste ❷ *(fig)* overtone[s]; **das Wort hat einen leicht negativen ~** that word has slightly negative overtones

Bei·gnet <-s, -s> [bɛnˈjeː] *m* KOCHK fritter

Bei·heft *nt (zusätzlich beigelegtes Heft)* supplement; SCH answer book

bei|hef·ten *vt* ■ [**einer S.** *dat*] **etw ~** to attach sth [to sth]

Bei·hil·fe *f* ❶ *(finanzielle Unterstützung)* financial assistance, allowance; *(Subvention)* subsidy; **Beamte bekommen 50% ~ zu allen Behandlungskosten** civil servants receive a 50% contribution towards the cost of health care; *(nicht rückzuerstattende Förderung)* grant; **~n erhalten** to receive subsidies ❷ JUR aiding and abetting [before the fact]; **~ zum Mord** to be [*or* act as] an accessory [to murder]

Bei·jing <-s> [beiˈdʒɪŋ] *nt s.* **Peking**

Bei·klang *m* ➊ *(fig)* overtone[s]; **das Wort hat einen leicht negativen ~** that word has slightly negative overtones ➋ MUS [disturbing] accompanying sound

bei‖kom·men *vi irreg sein* ➊ *(mit jdm fertigwerden)* ■ **jdm/einer S.** *dat* ~ to sort out sb/sth *sep* ➋ DIAL *(endlich herbeikommen)* to come; **beeil dich! mach, dass du beikommst!** hurry up and get over here! ➌ DIAL *(erreichen können)* ■ **irgendwo ~** to reach somewhere; **die Öffnung ist so eng, dass man mit der Zange nicht beikommt** the opening is too narrow to reach with the pliers

Bei·kost *f (geh: für Säuglinge)* dietary supplement; *(für Kranke, frisch Operierte)* supplementary diet

Beil <-[e]s, -e> [bail] *nt* ➊ *(Werkzeug)* [short-handled] axe, hatchet ➋ HIST *(Fall~)* blade [of a guillotine]; *(Richt~)* executioner's axe

Bei·la·ge *f* ➊ *(beigelegte Speise)* side dish, *esp* AM side order ➋ *(das Beilegen)* enclosure (**zu** in); **unter ~ von etw** with the enclosure of sth ➌ *(Beiheft)* supplement, addition; *(beigelegtes Werbematerial)* insert ➍ ÖSTERR *(Anlage)* enclosure; **ich übersende Ihnen eine Probe als ~** I have enclosed a sample for you

bei·läu·fig I. *adj* passing **II.** *adv* ➊ *(nebenbei)* in passing; **einen Namen ~ erwähnen** to mention a name in passing ➋ ÖSTERR *(ungefähr)* about

Bei·läu·fig·keit <-, -en> *f* ➊ *(Nebensächlichkeit)* triviality ➋ *(Gleichgültigkeit)* casualness

bei‖le·gen *vt* ➊ *(dazulegen)* ■ **einer S.** *dat* **etw** *akk* ~ to insert sth in sth; **einem Brief einen Rückumschlag ~** to enclose an SAE [*or* AM SASE] in a letter ➋ *(beimessen)* ■ **einer S.** *dat* **etw** *akk* ~ to attribute [*or* ascribe] sth to sth; **einer Sache Bedeutung** [*o* **Gewicht**] ~ *dat* to attach importance to sth ➌ *(schlichten)* ■ **etw** ~ to settle sth; **lass uns die Sache** [**gütlich**] ~! let's settle the matter [amicably] ➍ *(annehmen)* [**sich** *dat*] **einen Titel ~** to assume a title

bei·lei·be [bai'laibə] *adv* on no account; **etw ~ niemandem** [*o* **keiner Menschenseele**] **verraten** to tell sb sth on no [*or* not tell sth to a soul on any] account; **achten Sie aber ~ darauf, …** make absolutely sure …; **~ nicht!** certainly not, BRIT *a.* not on your nelly *hum fam*

Bei·leid *nt kein pl* condolence[s *pl*], sympathy; [**mein**] **herzliches ~** [you have] my heartfelt sympathy, my heart bleeds for you *iron;* **jdm** [**zu etw**] **sein ~ aussprechen** [*o* **ausdrücken**] to offer sb one's condolences [*or* express one's sympathy with sb] [on sth]

Bei·leids·be·kun·dung *f* expression of sympathy **Bei·leids·be·such** *m* visit of condolence; **von ~en bitten wir abzusehen** we request that you do not pay any visits of condolence *form;* [**jdm**] **einen ~ machen** [*o* **abstatten**] to pay [sb] a visit of condolence **Bei·leids·be·zeu·gung** *f s.* Beileidsbekundung **Bei·leids·kar·te** *f s.* Kondolenzkarte **Bei·leids·schrei·ben** *nt* [letter of] condolence

bei‖lie·gen *vi irreg* ■ **einer S.** *dat* ~ to be appended [*or* attached] to sth; *(einem Brief, Paket)* to be enclosed in sth

bei·lie·gend *adj* enclosed; **~ finden Sie …** *(geh)* please find enclosed …, enclosed is/are …

beim [baim] = **bei dem** ➊ *(Aufenthalt in jds Geschäftsräumen)* ~ **Arzt/Bäcker/Friseur** at the doctor's/baker's/hairdresser's ➋ *(eine Tätigkeit ausführend)* **jdn ~ Arbeiten stören** to disturb sb working; **jdn ~ Stehlen ertappen** [*o* **erwischen**] to catch sb [in the act of] stealing

bei‖men·gen *vt* ■ [**einer S.** *dat*] **etw** ~ to add sth [to sth], to mix sth into sth; **Zucker ~** to add [*or sep* mix in] sugar

bei‖mes·sen *vt irreg* **einer S.** *dat* **Bedeutung** [*o* **Gewicht**] /**Wert** ~ to attach importance/value to sth

bei‖mi·schen *vt s.* beimengen

Bein <-[e]s, -e> [bain] *nt* ➊ *(Körperteil)* leg; **jdm ein ~ amputieren** to amputate sb's leg; **die ~ ausstrecken/spreizen/übereinanderschlagen** to stretch [out]/part/cross one's legs; **sich** *dat* **ein ~/das rechte ~ brechen** to break one's leg/one's right leg; **jdn/etw** [**wieder**] **auf die ~ bringen** to get sb back on his/sth back on its feet again; **das ~ heben** *Hund* to lift a leg; **jdm** [**wieder**] **auf die ~e helfen** to help sb back on [*or* onto] his feet; **wieder auf die ~ kommen** *(sich wieder aufrichten)* to get back on one's feet [again], to find one's legs; **schwach/unsicher auf den ~en sein** to be weak/unsteady on one's feet; **auf einem ~ stehen** to stand on one leg; **jdm ein ~ stellen** to trip up sb *sep;* **die ~e** [**lang**] **von sich strecken** to stretch out one's legs; **von einem ~ aufs andere treten** to shift from one foot to the other; **ein ~ verlieren** to lose a leg; **sich** *dat* **die ~e vertreten** to stretch one's legs ➋ *(Hosen~)* leg; **weite ~e** flares; **Jeans mit engen ~en** drainpipes *npl* ➌ *(Knochen)* bone ▸ WENDUNGEN: **die ~ unter den Arm** [*o* **in die Hand**] **nehmen** *(fam)* to take to one's heels, to leg it *sl;* **sich** *dat* **die ~e in den Bauch stehen** *(fam)* to be standing until one is ready to drop *fam;* **mit beiden ~en auf dem Boden stehen** to have both feet on the ground; **mit einem ~ im Gefängnis stehen** to be running the risk of a jail sentence; **mit einem ~ im Grabe stehen** *(sterbenskrank sein)* to have one foot in the grave; *(einen lebensgefährlichen Beruf haben)* to defy death; **mit beiden ~en im Leben stehen** to have both feet [firmly] on the ground; **die ~e unter jds Tisch strecken** *(fam)* to have one's feet under sb's table; **jüngere ~e haben** *(fam)* to have [got] a younger pair of legs [on one] *hum;* **mit dem linken ~ zuerst aufgestanden sein** to have got out of bed on the wrong side; **sich** *dat* **die ~e** [**nach etw**] **abrennen** [*o* **ablaufen**] [*o* **wund laufen**] *(fam)* to run one's legs off [for sth]; **sich** *dat* [**bei etw**] **kein ~ ausreißen** *(fam)* to not bust a gut [over sth] *sl;* **~e bekommen** *(fam)* to go for a walk on its own *hum;* **jdm/sich** *dat* **etw ans ~ binden** to saddle sb/oneself with sth; **jdn auf die ~e bringen** [*o* **stellen**] *(Menschen zusammenbringen)* to bring people together *sep;* **jdm in die ~e fahren** to make sb shake all over, to go right through sb; **immer wieder auf die ~e fallen** *(fam)* to always land on one's feet; **jdn/etw am ~ haben** *(fam)* to have sb/sth round one's neck *fam;* **alles, was ~e hat, …** *(fam)* everything on two legs … *hum;* **sich** *dat* **kaum noch** [*o* **nur noch mit Mühe**] /**nicht mehr auf den ~en halten können** to be hardly able to stand on one's [own two] feet; **jdm** [**wieder**] **auf die ~e helfen** to help sb back on [*or* onto] his feet; **was die ~e hergeben** *(fam)* as fast as one's legs can carry one; **auf einem ~ kann man nicht stehen!** *(fig fam)* you can't stop at one!; **wieder auf die ~e kommen** *(wieder gesund werden)* to be up on one's feet again; *(sich wirtschaftlich wieder erholen)* to recover one's economic state; **jdm** [**tüchtig**] **~e machen** *(fam)* to give sb a [swift] kick in [*or* up] the arse [*or* AM ass] *sl;* **verschwinde endlich, oder muss ich dir erst ~e machen?** get lost, or do you need a kick up the arse? *hum sl;* **~e machen** *(fam)* to get a move on; **auf den ~en sein** *(in Bewegung sein)* to be on one's feet; *(auf sein)* to be up and about; **ich bin nicht mehr so gut auf den ~en** I'm not as young as I used to be *a. hum;* **wieder auf den ~en sein** to be on one's feet [*or* up and about] again; **auf eigenen ~en stehen** to be able to stand on one's own two feet; **auf schwachen ~en stehen** to have a shaky foundation, to be untenable; **etw auf die ~e stellen** to get sth going; **jdm ein ~ stellen** to trip up sb *sep*

B

bei·nah ['baina:, 'bai'na:, bai'na:], **bei·na·he** ['baina:ə, 'bai'na:ə, bai'na:ə] *adv* almost, nearly

Bei·na·he·zu·sam·men·stoß <-es, -stöße> *m* near miss

Bei·na·me *m* epithet, byname, cognomen *form*

Bein·am·pu·ta·ti·on *f* ❶ *(Amputation eines Beines)* leg amputation; **Kriegsopfer mit ~en** war victims with amputated legs; **[an jdm] eine ~ vornehmen** to amputate sb's leg ❷ *(fam: Patient mit zu amputierendem Bein)* leg job *sl* **bein·am·pu·tiert** *adj* with an amputated leg [*or* amputated legs]; **linksseitig/ rechtsseitig ~ sein** to have had one's left/right leg amputated **Bein·ar·beit** *f kein pl* footwork **Bein·bruch** *m* ❶ *(Bruch eines Beines)* fracture of the leg; **das ist kein ~!** *(fig fam)* it's not as bad as all that!; **alles kein ~, es wird schon gehen** don't worry your head about it, it'll be all right *fam* ❷ *(fam: Patient mit einem ~)* broken leg *fam*

bei·nern *adj* ❶ *(knöchern)* **der ~e Knochenmann/ ein ~es Skelett** Death/a skeleton ❷ *(aus Knochen gefertigt)* bone *attr*, [made] of bone *pred* ❸ *(elfen~)* ivory *attr*, [made] of ivory *pred*

Bein·fleisch *nt (vom Rind)* [beef] shin **Bein·frei·heit** *f* legroom

be·in·hal·ten [bə'ʔɪnhaltn] *vt (geh)* ▪ **etw ~** to contain sth; **etw auch ~** to include sth

bein·hart ['bain'hart] SÜDD, ÖSTERR I. *adj (fam)* ruthless, rock-hard *fam*; **eine ~e Geschäftsfrau** a ruthless [*or fam* hard-nosed] businesswoman; **~e Bedingungen** ruthless terms II. *adv (fam)* ruthlessly, mercilessly **Bein·pro·the·se** *f* artificial leg, leg prosthesis *spec*; **jdm eine ~ anpassen** to fit sb with an artificial leg **Bein·schei·be** *f* KOCHK *(vom Rind, Kalb)* shin slice **Bein·schie·ne** *f* ❶ MED [leg] splint ❷ SPORT shin pad ❸ HIST greave[s] *pl* **Bein·stumpf** *m* [leg] stump **Bein·well** ['bainvɛl] *m* BOT *(Symphytum officinale)* comfrey

bei|ord·nen *vt* ▪ **jdm jdn ~** to assign sb to sb

Bei·pack <-[e]s> *m kein pl* additional consignment

Bei·pack·zet·tel *m (bei Medikamenten)* in-pack leaflet; *(Gebrauchshinweise)* instruction leaflet; *(Inhaltsverzeichnis)* list of contents

bei|pflich·ten *vi* ▪ **jdm/einer S. [in etw** *dat*] **~** to agree with sb/sth [on sth]; **dieser Ansicht muss man ~** one has to agree with this view

Bei·rat *m kein pl* advisory board [*or* committee]

be·ir·ren *vt* ▪ **sich [bei/durch etw] [nicht] ~ lassen** to [not] let oneself be put off [by sth]; ▪ **sich [in etw** *dat*] **[nicht] ~ lassen** to [not] let oneself be swayed [in sth]; ▪ **jdn ~** to confuse [*or* disconcert] sb

bei·sam·men [bai'zamən] *adv* ❶ *(zusammen)* together; **~ sein** to be [all] together; *s. a.* **beieinander** ❷ *(fam: geistig rege)* **[nicht] gut ~ sein** to [not] be with it *fam*; **einigermaßen [***o* leidlich] **~ sein** to be more or less there *fam*

bei·sam·men|ha·ben *vt irreg (fam)* ▪ **sie/etw [für etw] ~** to have [got together] enough of them/sth [for sth]; **[genug] Geld/Leute ~** to have [got together] enough money/people ▸ WENDUNGEN: **[sie] nicht alle ~** *(fam)* to be [*or* have gone] soft in the head *fam* **bei·sam·men|sein**ALT *vi irreg sein s.* **beisammen sein Bei·sam·men·sein** *nt* get-together

Bei·satz *m* LING apposition; *(Beispiel des ~es)* appositive

Bei·schlaf *m* sexual intercourse [*or* relations *pl*] **(von/ zwischen** between); **den ~ vollziehen** to consummate the marriage; **außerehelicher ~** adultery

Bei·sein *nt* ▪ **in jds ~,** ▪ **im ~ von jdm** in sb's presence [*or* the presence of sb], before sb; ▪ **ohne jds ~** [*o* **ohne ~ von jdm**] without sb's [*form*] being present

bei·sei·te [bai'zaitə] *adv* to one side; *s. a.* **Scherz** *s. a.* **Spaß**

bei·sei·te|brin·genRR *vt irreg* ▪ **etw ~** to mispro-

priate sth **bei·sei·te|ge·hen**RR *vi irreg sein* to step aside [*or* to the [*or* one] side] **bei·sei·te|las·sen**RR *vt irreg* ▪ **etw ~** to leave aside sth *sep*, to leave sth on one side **bei·sei·te|le·gen**RR *vt* ▪ **etw ~** *(etw weglegen)* to put aside sth *sep*, to put sth to one side; *(etw sparen)* to put [*or* set] aside sth *sep* **bei·sei·te|schaf·fen**RR *vt* ▪ **jdn ~** to do away with sb **bei·sei·te|tre·ten**RR *vi irreg sein* to step aside [*or* to the [*or* one] side]

Bei·s[e]l <-s, -n> ['baizl] *nt* ÖSTERR *(fam)* dive *pej fam*, *fam* BRIT *a.* boozer

bei|set·zen *vt (geh)* ▪ **jdn/etw [in etw** *dat*] **~** to inhume sb/sth [in sth] *form*, to inter sb [in sth] *form*; **eine Urne ~** to install an urn [in its resting place]

Bei·set·zung <-, -en> *f (geh)* burial, interment *form*, funeral; *einer Urne* installing [in its resting place]

Bei·sit·zer(in) <-s, -> *m(f)* ❶ JUR associate [*or spec* puisne] judge ❷ *(Kommissionsmitglied)* assessor

Bei·spiel <-[e]s, -e> ['baiʃpiːl] *nt* example; **anschauliches ~** illustration; ▪ **praktisches ~** demonstration; **jdm als ~ dienen** to be [*or* serve as] an example to sb; **[jdm] mit gutem ~ vorangehen [***o* **jdm ein gutes ~ geben]** to set [sb] a good example; **sich** *dat* **an jdm/ etw ein ~ nehmen** to take a leaf out of sb's book; **zum ~** for example [*or* instance]; **wie zum ~** such as

bei·spiel·haft I. *adj* ❶ *(vorbildlich)* exemplary; ▪ **[für jdn] ~ sein** to be an example [to sb] ❷ *(typisch)* typical **(für** of) II. *adv (vorbildlich)* **sich ~ benehmen/ verhalten** to show exemplary behaviour [*or* AM -or] / to prove oneself exemplary

bei·spiel·los *adj* ❶ *(unerhört)* outrageous ❷ *(ohne vorheriges Beispiel)* unprecedented, without parallel *pred* (**in** + *dat* in)

Bei·spiel·satz *m* example [sentence]

bei·spiels·wei·se *adv* for example [*or* instance]

bei|sprin·gen *vi irreg sein* ❶ *([jdm] aushelfen)* ▪ **jdm [mit etw] ~** to help out sb *sep* [with sth] ❷ *(zu jds Hilfe kommen)* ▪ **jdm ~** to rush to sb's aid [*or* assistance]

bei·ßen <biss, gebissen> ['baisn] I. *vt (mit den Zähnen verletzen)* ▪ **jdn [in etw** *akk*] **~** to bite sb['s sth] [*or* sb [in the sth]]; ▪ **sich ~** to bite each other [*or* one another]; **er wird dich schon nicht ~!** *(fig)* he won't bite you; **das Brot ist so hart, dass man es kaum mehr ~ kann!** this bread is so hard that you can hardly bite into it; **etwas/nichts zu ~ haben** *(fam)* to have something/nothing to eat, to get one's teeth around *hum fam* II. *vi* ❶ *(mit den Zähnen zupacken)* to bite; ▪ **auf/in etw** *akk* **~** to bite into sth; **in einen Apfel ~** to bite into [*or* take a bite out of] an apple ❷ *(schnappen)* ▪ **nach jdm/etw ~** to bite [*or* snap] at sb/sth ❸ *(brennend sein)* ▪ **[an/auf/in etw** *dat*] **~** to make sth sting, to sting; *Säure* to burn; **in den Augen ~** to make one's eyes sting [*or* water] ❹ *(an~)* to rise to the bait; **die Fische wollen heute nicht ~** the fish aren't biting today ▸ WENDUNGEN: **an etw** *dat* **zu ~ haben** to have sth to chew over III. *vr* ❶ *(mit den Zähnen)* ▪ **sich** *akk o dat* **auf etw** *akk* **~** to bite one's sth ❷ *(unverträglich sein)* ▪ **sich [mit etw] ~** to clash [with sth]

bei·ßend *adj* ❶ *(scharf)* pungent, sharp; **~er Qualm** acrid smoke ❷ *(brennend)* burning ❸ *(ätzend)* caustic, cutting; ▪ **~e Kritik** scathing criticism

Bei·ßer·chen <-s, -> *pl (hum fam)* [little] teeth; *(künstliches Gebiss)* choppers *fam*, BRIT *a.* pearlies *hum*

Beiß·hem·mung *f* BIOL attack inhibition **Beiß·ring** *m* teething ring **Beiß·zan·ge** *f DIAL s.* **Kneifzange**

Bei·stand *m* ❶ *kein pl (Unterstützung)* support; *(Hilfe)* assistance; *von Priester* attendance, presence; **ärztlicher ~** medical aid [*or* attendance]; **jdm seinen ~ leihen** *(geh)* to offer sb one's assistance; **jdm ~ leisten** to give sb one's [financial] support ❷ *(helfender Mensch)* assistant; **seelischer ~** sb who gives emotional support ❸ JUR legal adviser, counsel

Bei·stands·pakt m mutual assistance pact [or treaty]

bei|ste·hen vi irreg ■ jdm [gegen jdn/etw] ~ to stand by sb [before sb/sth]; **jdm helfend/tatkräftig** ~ to give sb assistance/one's active support; ■ **einander** [o **sich**] ~ to stand by each other

bei|stel·len vt ÖSTERR ■ [jdm] **etw** ~ to provide [sb with] sth

Bei·stell·mö·bel pl occasional furniture no pl **Bei·stell·tisch** m occasional [or side] table

bei|steu·ern vt ■ **etw** [**zu etw**] ~ to contribute sth [to sth]; **seinen Teil** ~ to contribute one's share

bei|stim·men vi s. **zustimmen**

Bei·strich m bes ÖSTERR comma

Bei·tel <-s, -> [ˈbaitl̩] m [wood] chisel

Bei·trag <-[e]s, -träge> [ˈbaitraːk, pl: ˈbaitrɛːgə] m ❶ (Mitglieds~) fee, dues npl; (Versicherungs~) premium ❷ (Artikel) article, contribution ❸ (Mitwirkung) contribution; **einen** ~ **zu etw leisten** to make a contribution [or contribute] to sth ❹ SCHWEIZ (Subvention) subsidy

bei|tra·gen I. vi irreg ■ **zu etw** ~ to contribute to sth; **der Vorschlag soll dazu** ~, **dass wir einen befriedigenden Kompromiss finden** this proposal is to help us obtain a satisfactory compromise II. vt ■ **etw zu etw** ~ to contribute sth to sth; **seinen Teil zur Rettung der Hungernden** ~ to do one's bit to help the starving

Bei·trags·be·mes·sungs·gren·ze f income level up to which contributions are payable **bei·trags·frei** I. adj non[-]contributory; ~**e Mitgliedschaft** free membership; ~**e Versicherung** paid-up insurance II. adv jdn ~ **versichern** to insure sb on a non[-]contributory basis **Bei·trags·klas·se** f insurance group **Bei·trags·mar·ke** f stamp **bei·trags·pflich·tig** adj inv liable to pay contribution **Bei·trags·rück·er·stat·tung** f premium [or contribution] refund; (Beitragsrückvergütung) no-claim[s] bonus BRIT, premium refund AM **Bei·trags·satz** m membership rate **Bei·trags·zah·ler(in)** m(f) fee-paying member

bei|trei·ben vt irreg JUR ■ **etw** ~ to force [or enforce] [the] payment of sth; **Ihre Schulden können [gerichtlich] beigetrieben werden** payment of your debts may be enforced [by legal proceedings]

Bei·trei·bung <-, -en> f JUR collection, recovery

bei|tre·ten vi irreg sein ■ **einer S.** dat ~ ❶ (Mitglied werden) to join sth [as a member], to become a member of sth ❷ POL to enter into sth; **einer Föderation** ~ to accede to a federation

Bei·tritt m ❶ (das Beitreten) entry (**zu** into); **seinen** ~ [**zu etw**] **erklären** to join sth ❷ POL (Anschluss) accession (**zu** to)

Bei·tritts·er·klä·rung f confirmation of membership **Bei·tritts·ge·spräch** meist pl nt POL [EU] accession discussion **Bei·tritts·ge·such** nt application for membership **Bei·tritts·kan·di·dat** m POL, EU candidate for accession

Bei·wa·gen m sidecar

Bei·wa·gen·fah·rer(in) m(f) sidecar passenger

Bei·werk nt (geh) embellishment[s pl]

bei|woh·nen vi (geh) ❶ (dabei sein) ■ **einer S.** dat ~ to be present at [or attend] sth ❷ (veraltet) ■ jdm ~ to cohabit with sb form, to lie with sb old

Bei·wort <-wörter> nt ❶ (beschreibendes Wort) epithet ❷ (selten: Adjektiv) adjective

Beiz <-, -en> [baits] f SÜDD, SCHWEIZ (fam) dive pej fam, BRIT a. boozer fam

Bei·ze¹ <-, -n> [ˈbaitsə] f ❶ (Beizmittel) stain[ing agent] ❷ (Marinade) marinade ❸ kein pl (das Beizen) ■ **die** ~ [**einer S.** gen/**von etw**] staining [sth] ❹ s. **Beizjagd**

Bei·ze² <-, -n> [ˈbaitsə] f DIAL pub BRIT, bar AM fam

bei·zei·ten [baiˈtsaitn̩] adv in good time; **das hättest du mir aber** ~ **sagen müssen!** you should have told me that earlier [or before]

bei·zen [ˈbaitsn̩] vt ❶ (mit einem Beizmittel behandeln) **etw** [**braun/schwarz**] ~ to stain sth [brown/black] ❷ (marinieren) ■ **etw** ~ to marinade sth

Beiz·jagd f ■ **die** ~ hawking

Beiz·mit·tel nt stain[ing agent]

Beiz·vo·gel m falcon, hawk

be·ja·hen [baˈjaːən] vt ■ **etw** ~ ❶ (mit Ja beantworten) to answer sth in the affirmative ❷ (gutheißen) to approve [of] sth

be·ja·hend I. adj affirmative; **eine** ~**e Antwort** an affirmative [or a positive] answer II. adv affirmatively, in affirmation

be·jahrt [baˈjaːɐt] adj (geh) ❶ (älter) elderly, advanced in years pred ❷ (hum: von Tier: alt) aged hum

Be·ja·hung <-, -en> f ❶ (das Bejahen) affirmation; (Antwort) affirmative answer (+gen to) ❷ (Gutheißung) approval

be·jam·mern vt ■ jdn ~ to lament [or liter bewail] sb; ■ **etw** ~ to lament [or liter bemoan] sth

be·jam·merns·wert adj lamentable, pitiable, pitiful

be·ju·beln vt ❶ (jubelnd begrüßen) ■ jdn [als etw] ~ to cheer sb, to acclaim sb as sth ❷ (jubelnd feiern) ■ **etw** ~ to cheer [or rejoice at] sth; ■ **bejubelt werden** to be met with cheering [or rejoicing]

be·ka·keln vt DIAL ■ **etw** ~ to discuss [or sep talk over] sth; ■ ~, **was/wann/wie** to discuss what/when/how

be·kämp·fen vt ❶ (gegen jdn/etw kämpfen) ■ jdn/**etw** ~ to fight [against] sb/sth; ■ **sich** [**gegenseitig**] ~ to fight one another; s. a. **Messer** ❷ (durch Maßnahmen eindämmen) ■ **etw** ~ to combat sth ❸ (auszurotten suchen) ■ **etw** ~ to control sth

Be·kämp·fung <-, <selten -en> f ❶ (das Bekämpfen) fighting (**von**/+gen against) ❷ (versuchte Eindämmung) ■ **die/eine** ~ [**einer S.** gen/**von etw**] combatting [sth]; **zur** ~ **der Drogenkriminalität** to combat drug-related crime ❸ (versuchte Ausrottung) controlling

Be·kämp·fungs·maß·nah·me f pesticide

be·kannt [baˈkant] adj ❶ (allgemein gekannt) well-known; **eine** ~**e Person** a famous [or well-known/better-known] person; [jdm] ~ **geben** to announce sth [to sb]; (von der Presse) to publish sth; **ihre Verlobung geben** ~ ... the engagement is announced between ...; **jdn** ~ **machen** (berühmt) to make sb famous; **etw** ~ **machen** (öffentlich) to make sth known to the public; [jdm] **etw** ~ **machen** to announce sth [to sb]; **etw der Öffentlichkeit** ~ **machen** to publicize sth; (durch Fernsehen) to broadcast sth; [jdm] **vertrauliche Information** ~ **machen** to disclose confidential information [to sb]; **für etw** ~ **sein** to be well-known [or famous] for sth; ~ **werden** to become well-known [or famous]; ■ [jdm] ~ **werden** to leak out [to sb] ❷ (nicht fremd, vertraut) familiar; **ist dir dieser Name** ~? do you know [or are you familiar with] this name?; **mir ist das/sie** ~ I know about that/I know her, she is known to me; **allgemein/durchaus** ~ **sein** to be common knowledge/a known fact; **dir war nicht** ~, **dass ...?** you didn't know that ...?; **jdn/sich** [**mit jdm**] ~ **machen** to introduce sb/oneself [to sb]; **jdn/sich mit etw** ~ **machen** to familiarize sb/oneself with sth; **mit jdm** ~ **sein** to be acquainted with sb; **jdm** ~ **sein** to be familiar to sb; **sein Gesicht ist mir** ~ I've seen his face somewhere before; **jdm** ~ **vorkommen** to seem familiar to sb

Be·kann·te(r) f(m) dekl wie adj ❶ (jdm bekannter Mensch) acquaintance; **ein guter** ~**r** a friend; **einer von meinen** ~**n** an acquaintance of mine ❷ (euph:

Freund) friend

Be·kann·ten·kreis *m* circle of acquaintances

be·kann·ter·ma·ßen *adv (geh)* s. **bekanntlich**

Be·kannt·ga·be *f* announcement; *(von der Presse)* publication

be·kannt|ge·ben *vt irreg s.* **bekannt 1**

Be·kannt·heit <-> *f kein pl* fame; **Namen von geringerer ~** less famous names; **ich darf die ~ dieser Fakten voraussetzen** I may assume that these facts are known; **von großer/geringer ~ sein** to be well-/little-known

Be·kannt·heits·grad *m* degree of fame; **sein ~ ist gering** he is little-known *[or* not very well-known*]*

be·kannt·lich *adv* as is *[generally]* known; **das ist ~ nicht ihr richtiger Name** as is *[generally]* known, that is not her real name; **es gibt ~ auch andere Meinungen** there are known to be other opinions

be·kannt|ma·chen *vt, vr s.* **bekannt 1, 2**

Be·kannt·ma·chung <-, -en> *f* ❶ *kein pl (das Bekanntmachen)* announcement; *(der Öffentlichkeit)* publicizing; *(durch Fernsehen)* broadcasting; *(von der Presse)* publication; **öffentliche ~** public announcement ❷ *(Anschlag etc)* announcement, notice

Be·kannt·schaft <-, -en> *f* ❶ *kein pl (das Bekanntsein)* acquaintance; **unsere ~ geht auf die Schulzeit zurück** we have been acquainted since our schooldays; **eine ~ machen** to make an acquaintance; **~en machen** to meet new people; **jds ~ machen** to make sb's acquaintance *a. iron;* **mit etw** *dat* **~ machen** *(iron)* to get to know sth *iron* ❷ *(fam: Bekanntenkreis)* acquaintances *pl*

be·kannt|wer·den *vi irreg sein s.* **bekannt 1**

Be·kas·si·ne <-, -n> [bɛkaˈsiːnə] *f* ORN snipe

be·keh·ren I. *vt* ■ **jdn** [**zu etw** *dat*] **~** *[zu etw](fig liter)* to convert *[or liter* proselytize*]* sb *[to sth]* II. *vr* ■ **sich** *akk* [**zu etw** *dat*] **~** *(fig liter)* to be*[come]* converted *[to sth]*

Be·kehr·te(r) *f(m) dekl wie adj* convert, proselyte *liter*

Be·keh·rung <-, -en> *f* conversion, proselytism *liter*

be·ken·nen *irreg* I. *vt* ❶ *(eingestehen)* ■ [**jdm**] **etw ~** to confess sth [to sb], to admit sth; **seine Schuld/ seine Sünden/sein Verbrechen ~** to confess one's guilt/sins/crime ❷ *(öffentlich dafür einstehen)* ■ **etw ~** to bear witness to sth II. *vr* ❶ *(zu jdm/etw stehen)* ■ **sich** *akk* **zu jdm/etw ~** to declare one's support for sb/sth; **sich** *akk* **zu einem Glauben ~** to profess a faith; **sich** *akk* **zu einem Irrtum ~** to admit to a mistake; **sich** *akk* **zu einer Tat ~** to confess to a deed; **sich** *akk* **zu einer Überzeugung ~** to stand up for one's convictions ❷ *(sich als etw zeigen)* ■ **sich** *akk* **als etw ~** to confess *[or form* avow*]* oneself sth; **immer mehr Menschen ~ sich als Homosexuelle** more and more people are coming out *[of the closet]* *sl;* ■ **-d** confessing, professing; *s. a.* **Kirche** *s. a.* **befangen** *s. a.* **schuldig**

Be·ken·ner(in) *m(f)* confessor; **Eduard der ~** Edward the Confessor

Be·ken·ner·an·ruf *m* call claiming responsibility **Be·ken·ner·brief** *m,* **Be·ken·ner·schrei·ben** *nt* letter claiming responsibility

Be·ken·ne·rin <-, -nen> *f fem form von* **Bekenner**

Be·kennt·nis *nt* ❶ *(Eingeständnis)* confession ❷ *(das Eintreten für etw)* **das/ein/jds ~ zu etw** the/a/ sb's *[declaration of]* belief *[or* declared belief*]* in sth ❸ REL *(Konfession)* *[religious]* denomination; **welches ~ haben Sie?** what denomination do you belong to?

Be·kennt·nis·frei·heit *f s.* **Glaubensfreiheit** **be·kennt·nis·los** *adj* without denomination *pred* **Be·kennt·nis·schu·le** *f* denominational school

be·kla·gen I. *vt* ■ **etw ~** to lament *[or liter* bemoan*]* sth; ■ **zu ~ sein: bei dem Unglück waren 23 Tote zu ~** the accident claimed 23 lives; **Menschenleben**

waren nicht zu ~ there were no casualties II. *vr* ■ **sich** *akk* [**bei jdm**] [**über jdn/etw** *[o* wegen etw*]*] **~** *gen o dat* to complain *[or* to make a complaint*]* [to sb] *[about sb/sth]*; **man hat sich bei mir über Sie beklagt** I have received a complaint about you; **ich kann mich nicht ~** I can't complain, I've no reason to complain

be·kla·gens·wert *adj* lamentable; **ein ~er Irrtum/ ein ~es Versehen** an unfortunate *[or* regrettable*]* error/oversight *a. euph;* ■ **~ sein, dass** to be unfortunate *[or* regrettable*]* that

be·klagt *adj* JUR **die ~e Partei** the defendant

Be·klag·te(r) *f(m) dekl wie adj* JUR defendant

be·klat·schen *vt* ■ **jdn/etw ~** to applaud sb/sth

be·klau·en *vt (fam)* ■ **jdn/etw ~** to rob sb/sth

be·kle·ben *vt* ■ **etw mit etw** *dat* **~** to stick sth on*[to]* sth; *(mit Leim)* to glue sth on*[to]* sth; **etw mit Plakaten/Etiketten ~** to stick posters/labels on*[to]* sth, to poster *[over sep]*/label sth; **Verteilerkästen dürfen nicht beklebt werden** affix no labels on*[to]* distribution boxes *form*

be·kle·ckern I. *vt (fam)* ■ [**jdm**] **etw** [**mit etw** *dat*] **~** to stain *[sb's]* sth [with sth]; ■ [**sich** *dat*] **etw ~** to stain *[one's]* sth; **sie hat sich über und über mit Spinat bekleckert!** she's smeared spinach all over herself! II. *vr (fam)* **sich** *akk* [**mit Brei/Soße**] **~** to spill porridge/sauce all down *[or* over*]* oneself

be·klei·den *vt (geh)* ❶ *(innehaben)* ■ **etw ~** to fill *[or* occupy*]* sth; **einen Rang ~** to hold a rank ❷ *(beziehen)* ■ **etw mit etw** *dat* **~** to line sth with sth; **Wände mit Tapeten ~** to wallpaper walls ❸ *(geh)* ■ **sich** *akk* [**mit etw** *dat*] **~** to dress *[or* clothe*]* oneself [in sth], to get dressed; **sich leicht ~** to put on *[or form* don*]* light clothing

be·klei·det *adj* dressed, attired *form,* clad *liter;* ■ **mit etw** *dat* **~ sein** to be dressed *[or liter* clad*]* in sth; **knapp** *[o* notdürftig*]* /**leicht** [**mit etw** *dat*] **~** scantily *[or* skimpily*]* /lightly dressed *[or form* attired*]* [in sth]

Be·klei·dung *f* ❶ *(Kleidungsstück)* clothing *no pl, no indef art,* clothes *npl;* **ohne ~** without *[any]* clothes on ❷ *(geh: das Innehaben)* tenure; **~ eines Amtes** tenure of office

Be·klei·dungs·in·dus·trie *f* clothing *[or* garment*]* industry **Be·klei·dungs·stück** *nt (geh) s.* **Kleidungsstück**

be·klem·mend I. *adj* ❶ *(beengend)* claustrophobic, oppressive ❷ *(beängstigend)* oppressive; **ein ~er Gedanke** a depressing thought; **ein ~es Gefühl** an oppressive *[or* uneasy*]* feeling; **ein ~es Schweigen** an oppressive *[or* embarrassing*]* silence II. *adv* oppressively

Be·klem·mung <-, -en> *f* constriction; **~en bekommen/haben** to start to feel/to feel oppressed *[or* full of apprehension*]*

be·klom·men [bəˈklɔmən] I. *adj* anxious, apprehensive; *(von Mensch a.)* uneasy II. *adv* anxiously, apprehensively; **~ klingen** to sound anxious *[or* apprehensive*]*

Be·klom·men·heit <-> *f kein pl* anxiety, apprehensiveness; *(von Mensch a.)* uneasiness

be·klop·fen *vt* ■ **jdn/etw ~** to tap sb/sth, to percuss sth *spec*

be·kloppt [bəˈklɔpt] *adj (sl) s.* **bescheuert**

be·knackt [bəˈknakt] *adj (sl) s.* **bescheuert**

be·knien *vt (fam)* ■ **jdn ~**[**, etw zu tun**] to beg *[or* implore*]* sb [to do sth]

be·ko·chen *vt* ■ **jdn ~** to cook for sb

be·kom·men *irreg* I. *vt* haben ❶ *(erhalten)* ■ **etw** [**von jdm**] **~** to receive sth [from sb]; **ich habe das zum Geburtstag ~** I received *[or* got*]* *[or* was given*]* this for my birthday; **wir ~ demnächst Kabelfernse-**

hen we're having cable TV installed in the near future; **etw in die Hände ~** *(fam)* to get hold of sth; **eine Ermäßigung ~** to qualify for a reduction; **Geld ~** to receive [*or* earn] money; **hast du dein Geld schon ~?** have you been paid yet?; **sie bekommt 28 Euro die Stunde** she earns 28 euros an hour; **die Genehmigung/die Mehrheit ~** to obtain permission/the majority; **ein Lob/einen Tadel ~** to be praised/reprimanded, to receive praise/a reprimand; **eine Massage/eine Spritze ~** to be given a massage/an injection; **eine Ohrfeige/einen Schlag ~** to get a clip on the ear/an electric shock; **einen Preis ~** to win a prize; **Prügel** [*o* **Schläge**] **~** to get a thrashing [*or* AM *a.* licking]; **Tritte ~** to get kicked [*or fam* a kicking]; **die Zeitung regelmäßig ~** to have the newspaper delivered regularly; **ich bekomme noch 4.000 Euro von dir** you still owe me 4,000 euros; **was ~ Sie dafür?** how much is it?, how much do I owe you?; **von der Schokolade kann sie einfach nicht genug ~!** she just can't get enough of that chocolate! ⑤ *(erreichen)* **den Bus/das Flugzeug/den Zug ~** to catch the bus/plane/train; **die Maschine nach Honolulu ~** to catch the flight to Honolulu ⑥ *(serviert erhalten)* ■ **etw ~** to be served with sth; **ich bekomme ein Bier** I'd like a beer; **wer bekommt das Steak?** who ordered [*or* whose is] the steak?; *(im Geschäft)* to buy sth; **was ~ Sie?** what would you like? [*or* what can I get you?] ⑥ *(verhängt erhalten)* **eine Gefängnisstrafe/Geldstrafe ~** to get [*or* be given] a prison sentence/a fine; **er bekam 3 Jahre Gefängnis** he was sentenced to [*or* got] three years in prison ⑧ *(mit etw rechnen)* **Ärger/Schwierigkeiten ~** to get into trouble/difficulties; **wir ~ besseres Wetter** the weather is improving ⑨ *(entwickeln)* **[es mit der] Angst ~** to get [*or* become] afraid; **eine Erkältung ~** to catch [*or* come down with] a cold; **eine Glatze/graue Haare ~** to go bald [*or* AM *a.* to be balding] /to go grey BRIT [*or* AM gray]; **Heimweh ~** to get homesick; **eine Krankheit ~** to get [*or* develop] an illness; **Lust ~, etw zu tun** to feel like doing sth; **Zähne ~** to teethe, to get [*or* cut] teeth; **du hast wieder Farbe ~** you look much better; *s. a.* **Durst** *s. a.* **Hunger** ⑦ *mit Infinitivkonstruktion* **etw zu essen/trinken ~** to get sth to eat/drink; **etw zu hören/sehen ~** to get to hear/ see sth; **der wird von mir etwas zu hören ~!** *(fam)* I'll give him a piece of my mind! [*or fam* what-for!]; **etwas zu lachen ~** to get something to laugh about; **in einem Kaufhaus bekommt man alles zu kaufen** you can buy anything in a department store ⑧ *mit pp oder adj siehe auch dort* **etw gemacht ~** to get [*or* have] sth done; **etw bezahlt ~** to get paid for sth; **seinen Wunsch erfüllt ~** to have one's wish fulfilled; **etw geschenkt ~** to be given sth [as a present]; **von ihm bekommst du das Buch sicher geliehen** he's sure to lend you that book ⑨ *(dazu bringen, etw zu tun)* **jdn dazu ~, etw zu tun/dass jd etw tut** to get sb to do sth; **er ist einfach nicht ins Bett zu ~** he just won't go to bed, we just can't get him to bed; **ich bekam es nicht über mich, ihr die Wahrheit zu sagen** I couldn't bring myself to tell her the truth ⑩ *(finden)* ■ **etw ~** to find sth; **er hat noch keine Arbeit ~** he hasn't found work yet; **sie hat die Stelle ~, die in der ‚Zeit' ausgeschrieben war** she got that job that was advertised in 'Zeit' **II.** *vi* ① *sein (zuträglich sein)* **jdm [gut]/schlecht [o nicht] ~** to do sb good/to not do sb any good; **Essen** to agree/to disagree [*or* not agree] with sb ② *(bedient werden)* **~ Sie schon?** are you being served? [*or* attended to]

be·kömm·lich [bəˈkœmlɪç] *adj* ① *(leicht verdaulich)* [easily] digestible; **besser/leicht/schlecht** [*o* **schwer**] **~ sein** to be easier to digest/easily digest-

ible/difficult to digest ② *(wohltuend) Klima* beneficial

Be·kömm·lich·keit <-> *f kein pl* digestibility; **zur besseren ~** for better digestibility; **zur besseren ~ fetten Essens** to better digest fatty food

be·kös·ti·gen [bəˈkœstɪɡn̩] *vt* ■ **jdn ~** to feed sb, to provide sb with their meals

Be·kös·ti·gung *f* boarding; **mit ~** including food

be·kräf·ti·gen *vt* ① *(bestätigen)* ■ **etw [durch/mit etw] ~** to confirm sth [by sth]; **etw noch einmal ~** to reaffirm sth; **eine Aussage eidlich ~** to swear to a statement; **eine Vereinbarung mit einem Handschlag ~** to seal an agreement by shaking hands; ■ **~, etw getan zu haben/machen zu wollen** to confirm [*or* affirm] that one has done/intends to do sth ② *(bestärken)* ■ **jdn in etw** *dat* **~** to strengthen [*or* confirm] sb's sth; ■ **etw ~** to corroborate [*or* substantiate] sth; **jds Plan/Vorhaben ~** to support sb's plans/intentions

Be·kräf·ti·gung <-, -en> *f* ① *(Bestätigung)* confirmation ② *(Bestärkung)* **zur ~ eines Entschlusses** to strengthen a decision; **zur ~ eines Verdachts** to confirm a suspicion; **zur ~ einer Vermutung** to prove an assumption; **zur ~ eines Versprechens** in support of a promise

be·krän·zen *vt* ① *(mit einem Kranz schmücken)* ■ **jdn/etw [mit etw** *dat*] **~** to crown sb/sth with a [sth] wreath ② *(mit Girlanden schmücken)* ■ **etw [mit etw** *dat*] **~** to adorn sth with [sth] garlands, to garland sth [with sth]

be·kreu·zi·gen *vr* ■ **sich** *akk* **[vor jdm/etw] ~** to cross oneself [on seeing sb/sth]

be·krie·gen *vt* ■ **sich** *akk* **[gegenseitig] ~** to be warring [with one another]; ■ **jdn/etw ~** to wage war on sb/sth

be·krit·zeln *vt* ■ **etw [mit etw** *dat*] **~** to scribble [sth] on sth; *(schmieren)* to scrawl [sth] on sth

be·küm·mern **I.** *vi impers* ■ **es bekümmert jdn** it worries sb **II.** *vr* ① *(geh o veraltend)* ■ **sich über etw** *akk* **~** to worry about sth ② *(sich kümmern, für etw/ jdn sorgen)* ■ **sich** *akk* **um etw/jdn ~** to look after sth/sb

be·küm·mert *adj* troubled, worried; *(erschüttert)* distressed; ■ **[über jdn/etw] ~ sein** to be worried [about sb/sth]; *(erschüttert)* to be distressed [with sb/ at sth]

be·kun·den [bəˈkʊndn̩] *vt* ■ **etw [über etw** *akk*] **~** to show [*or* express] sth [about sth]; **Interesse [an etw** *akk*]**/Sympathie [für etw** *akk*] **~** to express interest [in sth]/a liking [for sth]

Be·kun·dung <-, -en> *f* expression, demonstration

be·lä·cheln *vt* ■ **jdn/etw ~** to smile at sb's/sth; ■ **belächelt werden** to be a target of ridicule

be·la·chen *vt* ■ **jdn/etw ~** to laugh at sb's/sth; *(bespötteln)* to mock [*or* make fun of] sb's/sth; ■ **belacht werden** to cause laughter

be·la·den[1] *irreg* **I.** *vt* ① *(mit Ladung versehen)* ■ **etw ~** to load [up *sep*] sth; **etw mit Gütern ~** to load sth with goods, to load goods on[to] sth ② *(Last aufbürden)* ■ **jdn/ein Tier [mit etw** *dat*] **~** to burden sb with sth, to load an animal [with sth]; ■ **sich** *akk* **mit etw** *dat* **~** to load oneself [up] with sth **II.** *vr* *(sich mit etw belasten)* ■ **sich** *akk* **mit etw** *dat* **~** to burden oneself with sth

be·la·den[2] *adj* ① *(mit einer Last versehen)* loaded; *(von Menschen a.)* laden; ■ **[mit etw** *dat*] **~ sein** to be loaded [with sth]; *(von Menschen a.)* to be laden [*or* loaded down] with sth ② *(belastet)* ■ **mit etw** *dat* **~ sein** to be burdened [*or* weighed down] with sth

Be·lag <-[e]s, Beläge> [bəˈlaːk, *pl:* bəˈlɛːɡə] *m* ① *(aufgelegte Esswaren)* topping; *von Brot* spread ② *(Zahn~)* film, tartar *no art spec*; *(Zungen~)* fur

B

3 *(Schicht)* coating, layer **4** *(Brems~)* lining **5** *(Fuß-boden~)* covering; *(Straßen~)* surface

Be·la·ge·rer <-s, -> *m* besieger

be·la·gern *vt* ■ **etw** ~ to besiege [*or liter* lay siege to] sth; ■ **|von jdm| belagert sein/werden** to be/come under siege [from sb]

Be·la·ge·rung <-, -en> *f (fig liter)* siege

Be·la·ge·rungs·zu·stand *m* ■ **der** ~ a state of siege; **den** ~ **|über eine Stadt| verhängen** to proclaim [*or* declare] [a town to be in] a state of siege

be·läm·mert^RR [bəˈlɛmɐt] *adj (sl)* **1** *(betreten)* sheep-ish, embarrassed **2** *(scheußlich)* lousy; **dieses ~e Wetter!** the stupid [*or fam* lousy] [*or sl* shitty] weather!

Be·lang <-[e]s, -e> [bəˈlaŋ] *m* **1** *kein pl (Bedeutung, Wichtigkeit)* ■ **nichts von** ~ nothing important; ■ **ohne** ~ **|für jdn/etw| sein** to be of no importance [*or* significance] [to sb/for [*or* to] sth], to be significant; ■ **|für jdn| von** ~ **sein** to be of importance [to sb], to be significant; ■ **etwas/nichts von** ~ something [*or* anything] /nothing important [*or* of importance] **2** *pl (Interessen, Angelegenheiten)* interests, concerns; **jds ~e vertreten** [*o* **wahrnehmen**] to represent the interests of sb **3** *kein pl (geh: Hinsicht)* matter

be·lan·gen *vt* **1** JUR ■ **jdn |wegen etw|** ~ to pros-ecute sb [for sth]; **jdn wegen Beleidigung/Ver-leumdung** ~ to sue sb for slander [*or* libel]; **jdn gerichtlich** ~ to take sb to court, to take legal steps against sb **form 2** *(betreffen)* ■ **was jdn/etw belangt** as for sb/sth [*or far as sb/sth is concerned*]

be·lang·los *adj (unwichtig)* unimportant, trivial; *(nebensächlich)* irrelevant; ■ **etwas B~es** something unimportant [*or trivial*]

Be·lang·lo·sig·keit <-, -en> *f* **1** *kein pl (belanglose Beschaffenheit)* unimportance, insignificance **2** *(Un-wichtigkeit)* triviality, trivia *no pl, no indef art*

Be·la·rus <-> [ˈbɛːlaˈrʊs] *nt* B[y]elorussia, Belarus

Be·la·rus·se, Be·la·rus·sin <-n, -n> *m, f* Belarusian; *s. a.* **Deutsche(r)**

be·la·rus·sisch *adj* Belarusian; *s. a.* **deutsch**

be·las·sen *vt irreg* **1** *(es bei etw bewenden lassen)* ■ **es bei etw** ~ to leave it at sth; ~ **wir es dabei!** let's leave it at that **2** *(geh: bleiben lassen)* **jdn in seinem Amt/an seinem Platz** ~ to allow sb to remain in office/to keep his job **3** *(stehen lassen)* **etw an sei-nem Platz/auf einem Tisch** ~ to leave sth in its place/on a table **4** *(geh: behalten lassen)* ■ **jdm/einer S. etw** ~ to allow sb/sth to retain sth **5** *(verhaf-tet sein lassen)* **jdn in etw** *dat* ~ to leave sb to his sth; **jdn in dem Glauben** ~, **dass ...** to let sb go on believing that ...

be·last·bar *adj* **1** *(zu belasten)* loadable; ■ **bis zu/mit etw** ~ **sein** to have [*or* bear] a maximum/mini-mum load of sth **2** *(fig: beanspruchbar)* **kein Mensch ist unbegrenzt** ~ nobody can take work/abuse indefinitely; **unter Stress ist ein Mitarbeiter weniger** ~ stress reduces an employee's working capacity; **durch Training wird das Gedächtnis ~er** training makes the memory absorb more; **die Nerven sind nur bis zu einem bestimmten Grad** ~ the nerves can only take so much; **der Körper/Kreislauf von Sportlern ist in hohem Maße** ~ an athlete's body/circulation can take a lot of punishment; **regel-mäßiges Training macht Herz und Lunge ~er** regular training strengthens the heart and lungs **3** ÖKOL *(mit Schadstoffen zu belasten)* able to with-stand contamination **4** FIN *(zu überziehen)* ■ **|mit bis zu etw|** ~ **sein** to have a maximum limit of sth, to have a limit [of up to sth]; **wie hoch ist mein Konto ~?** what is the limit on my account?, how much can I overdraw on my account?

Be·last·bar·keit <-, -en> *f* **1** *(Fähigkeit, Lasten aus-*

zuhalten) load-bearing capacity **2** *(Beanspruchbar-keit)* ability to take [*or* handle] stress; *von Gedächtnis* capacity; *von Organen, Körper* maximum resilience **3** ÖKOL **die ~ der Atmosphäre durch Schadstoffe ist schon überschritten** the atmosphere has reached its saturation level for pollutants **4** FIN *(Besteuerbar-keit)* ability to pay taxes

be·las·ten I. *vt* **1** *(mit Last beschweren)* ■ **etw |mit etw|** ~ to load sth [with sth]; **das darf nur mit bis zu 8 Personen/750 kg belastet werden** its maximum load is 8 persons/750 kg **2** *(anstrengen)* ■ **jdn |mit etw|** ~ to load sb with sth, to burden sb [with sth]; **jdn mit der Verantwortung** ~ to burden sb with the responsibility **3** *(bedrücken)* ■ **jdn/etw** ~ to burden sb/sth; **jdn** [*o* **jds Gewissen**] **|schwer|** ~ to weigh [heavily] on one's mind; ■ **~d crippling 4** *(leis-tungsmäßig beanspruchen)* ■ **jdn/etw |durch/mit etw|** ~ to strain sb/sth [through/with sth], to put a strain on sb/sth; **jdn/etw zu sehr belasten** to over-strain sb/sth; ■ **|durch/mit etw| belastet werden** to come under strain [from sth] **5** JUR ■ **jdn |durch etw|** ~ to incriminate sb [by sth]; ■ **sich** *akk* **|selbst|** ~ to incriminate oneself; ■ **~d** incriminating, incrimina-tory; **~des Material** incriminating evidence **6** *(be-schweren)* ■ **jdn/etw mit etw** ~ to burden sb/sth with sth **7** *(ökologisch beanspruchen)* ■ **etw |durch** [*o* **mit| etw|** ~ to pollute sth [with sth] **8** *(debitieren)* **jdn mit den Kosten** ~ to charge the costs to sb; **ein Konto |mit 100 Euro|** ~ to debit [100 euros from] an account; **dafür werden wir Sie mit 200 Euro** ~ we will charge you 200 euros for that **9** FIN *(steuerlich beanspruchen)* ■ **jdn |mit etw|** ~ to burden sb [with sth]; **jdn übermäßig hoch** ~ to overburden sb **10** FIN **etw mit einer Hypothek** ~ to mortgage sth; **etw mit Schulden** ~ to encumber sth [with debts] *form* **11** FIN *(finanziell in Anspruch nehmen)* ■ **jdn mit etw** ~ to order sb to pay sth II. *vr (sich etw aufbür-den)* **sich** *akk* **mit Arbeit/einer Aufgabe** ~ to take on work/a job *sep;* **sich** *akk* **mit unnützen Details** ~ to go into unnecessary details; **sich** *akk* **mit Sorgen/Verpflichtungen** ~ to burden oneself with worries/obligations; **sich** *akk* **mit der Verantwor-tung** ~ to take the responsibility [up]on oneself

be·las·tend *adj* incriminating

be·läs·ti·gen [bəˈlɛstɪgn̩] *vt* ■ **jdn** ~ *(jdm lästig wer-den)* to bother sb; *(zudringlich werden)* to pester sb; **würde es Sie ~, wenn ich rauche?** do you mind if I smoke?; ■ **~d** annoying

Be·läs·ti·gung <-, -en> *f* annoyance *no pl;* **etw als |eine| ~ empfinden** to find sth annoying [*or* a nui-sance]

Be·las·tung <-, -en> *f* **1** *(das Belasten)* loading **2** *(Gewicht)* weight, load; **die erhöhte ~ der Brü-cke** the increased weight [placed] on the bridge; **die maximale ~ der Brücke/des Aufzugs** the weight limit of the bridge/the maximum load for the lift [*or* AM elevator] **3** *(Anstrengung)* burden **4** *(Last)* bur-den **5** ÖKOL pollution *no pl, no indef art* **6** JUR incrimi-nation **7** *(das Beschweren)* burden **(durch/mit** of) **8** *(leistungsmäßige Beanspruchung)* strain **|für/von** on) **9** FIN charge (+*gen* on) **10** FIN *(Beschwerung mit Hypothek)* mortgage; *(Hypothek)* mortgage **11** FIN *(Schulden a.)* encumbrance *form;* *(steuerliche Bean-spruchung)* burden

Be·las·tungs-EKG *nt* MED exercise electrocardiogram [*or* ECG] **Be·las·tungs·fä·hig·keit** *f* degree of resili-ence **Be·las·tungs·gren·ze** *f* limit **Be·las·tungs·ma·te·ri·al** *nt* JUR incriminating evidence **Be·las-tungs·pro·be** *f* **1** *(Erprobung der Belastbarkeit)* load[ing] test **2** *(Erprobung der Beanspruchbarkeit)* endurance test **3** *(Zerreißprobe)* tolerance test; **einer ~ ausgesetzt sein** to be put to the test **Be·las·tungs-**

zeu·ge, -zeu·gin *m, f* JUR witness for the prosecution, Queen's [*or* AM State's] evidence

be·lau·ernˈ *vt* ① *(lauernd beobachten)* ■ **ein Tier ~** to observe an animal unseen ② *(argwöhnisch beobachten)* ■ **jdn ~** to watch sb secretly, to spy [up]on sb

be·lau·fenˈ *vr irreg* ■ **sich auf etw** *akk* **~** to amount [*or* come] to sth; **der Schaden belief sich auf Millionen** the damage ran into millions

be·lau·schenˈ *vt* ■ **jdn/etw/ein Tier ~** to eavesdrop [*or* listen in] on sb/sth, to listen to the sounds of an animal

be·le·benˈ **I.** *vt* ① *(anregen)* ■ **jdn/etw ~** to stimulate sb/sth *sep* ② *(erfrischen)* ■ **jdn ~** to make sb feel better [*or* refreshed]; **etw wieder ~** to refresh sb ③ *(ankurbeln)* ■ **etw ~** to stimulate sth ④ *(zum Leben erwecken)* ■ **jdn ~** to resuscitate sb, to bring sb back to life; **ein Monstrum ~** to bring a monster to life ⑤ *(lebendiger gestalten)* ■ **etw [neu] ~** to put [new] life into sth; **eine Unterhaltung ~** to liven up [*or* animate] a conversation **II.** *vr* ① *(sich mit Leben/Lebewesen füllen)* ■ **sich [mit etw] ~** to come to life [with sth] ② *(lebhafter werden)* ■ **sich ~** to light up ③ *(stimuliert werden)* ■ **sich ~** to become stimulated **III.** *vi* ① *(munter machen)* to pick one up ② *(erfrischen)* to make one feel better

be·le·bend *adj* ① *(anregend)* invigorating ② *(erfrischend)* refreshing

be·lebt [bəˈleːpt] *adj* ① *(bevölkert)* busy ② *(lebendig)* animate

Be·lebt·heit <-> *f kein pl* bustle (+*gen* in)

Be·le·bung <-, -en> *f* ① *(Anregung)* stimulation; **er braucht morgens Kaffee zur ~** he needs coffee to wake up in the morning ② *(Ankurbelung)* stimulation, encouragement

Be·leg <-[e]s, -e> [bəˈleːk, *pl:* bəˈleːgə] *m* ① *(Quittung)* receipt, voucher; **schreiben Sie mir bitte einen ~?** may I have a receipt? ② *(Unterlage)* proof *no art, no pl* ③ *(Quellennachweis)* example, instance

Be·leg·arzt, -ärz·tin *m, f* general practitioner or other non-resident doctor charged with a number of patients in a hospital

be·leg·bar *adj* verifiable; **ist es ~, dass/wann/wie/wo ...?** can it be verified that/when/how/where ...?

Be·leg·bett *nt* hospital bed under the charge of a general practitioner or other non-resident doctor

be·le·genˈ *vt* ① *(mit Belag versehen)* **ein Brot mit etw ~** to spread sth on a slice of bread, to make a sandwich with sth; **ein Brot mit Butter ~** to butter a slice of bread; **einen Tortenboden [mit etw] ~** to line a flan case [with sth]; **belegte Brote** open sandwiches ② *(beweisen)* ■ **etw ~** to verify sth; **eine Behauptung/einen Vorwurf ~** to substantiate a claim/an accusation; **ein Zitat ~** to give a reference for a quotation ③ *(auferlegen)* ■ **jdn mit etw ~** to impose sth on sb ④ SCH ■ **etw ~** to enrol [*or* AM enroll] [*or* put one's name down] for sth ⑤ *(okkupieren)* ■ **etw ~** to occupy sth; ■ **etw mit jdm ~** to accommodate sb in sth; ■ **belegt sein** to be occupied [*or* taken]; **ist der Stuhl hier schon belegt?** is this chair free?, is somebody sitting here? ⑥ *(innehaben)* **den vierten Platz ~** to take fourth place, to come fourth; **einen höheren Rang ~** to be ranked higher; **den zweiten Tabellenplatz ~** to be second in the league table [*or* AM standings]; **die Tabellenspitze ~** to be at the top of the league table [*or* AM standings] ⑦ MIL ■ **jdn/etw mit etw** *dat* **~** to bombard sb/sth with sth; **jdn/etw mit Artilleriefeuer/Bomben ~** to bomb [*or* bombard] sb/sth; **etw mit einem Bombenteppich ~** to blanket-bomb sth ⑧ *(beschimpfen)* **jdn mit einem Fluch ~** to lay a curse on sb; **jdn mit Namen ~** to call sb names; **jdn mit Schimpfwörtern ~** to hurl insults at sb

Be·leg·ex·em·plar *nt* specimen copy

Be·leg·schaft <-, -en> *f* *(Beschäftigte)* staff, personnel; *(aus Arbeitern)* workforce; **die ganze ~** *(hum fam)* the whole mob [*or* gang] *fam*

Be·leg·schafts·ak·tie [-aktsiə] *f* staff employee [*or* spec fam BRIT a. buckshee] share **Be·leg·schafts·mit·glied** *nt* member of staff, employee **Be·leg·schafts·ra·batt** *m* staff discount

Be·leg·sta·ti·on *f* hospital ward under the charge of various non-resident doctors, ≈ GP ward BRIT

be·legt *adj* ① *(mit Belag überzogen)* coated; **~e Zunge** furred [*or* coated] tongue ② *(rau)* hoarse; **mit ~er Stimme sprechen** to speak with a husky [*or* hoarse] voice

Be·le·gungs·recht *nt* JUR right of occupation

be·lehr·bar *adj* teachable

be·leh·renˈ *vt* ① *(informieren, aufklären)* ■ **jdn ~** to inform sb; **jdn eines anderen ~** to teach sb otherwise; **sich eines anderen ~ lassen** to learn [*or* be taught] otherwise ② *(von Meinung abbringen)* ■ **jdn ~** to convince sb that he is wrong; *(von einer falschen Ansicht abbringen)* to disabuse sb *form;* **sich von jdm ~ lassen** to listen to sb; **er lässt sich nicht ~** he won't listen [*or* be told] ③ JUR *(ausführlich informieren)* ■ **jdn [über etw** *akk*] **~** to advise [*or* warn] sb [of sth]

be·leh·rend **I.** *adj* didactic **II.** *adv* didactically

Be·leh·rung <-, -en> *f* ① *(belehrender Rat)* explanation, lecture *fam;* **deine ~en kannst du dir sparen!** there's no need to lecture me *fam;* **danke** [*o* **vielen Dank] für die ~!** *(iron)* thanks for the tip *iron* ② *(Verweis)* lesson ③ JUR caution

be·leibt [bəˈlaipt] *adj (geh)* corpulent *form,* portly *a. hum*

Be·leibt·heit <-> *f kein pl (geh)* corpulence *form,* portliness *a. hum*

be·lei·di·genˈ [bəˈlaidɪgn] *vt* ① *(schmähen)* ■ **jdn/etw [durch etw** *akk*] **~** to insult sb [with sth], to offend sb/sth [with sth] ② *(empfindlich beeinträchtigen)* ■ **jdn ~** to offend [*or* be offensive to] sb

be·lei·di·gend **I.** *adj* insulting, offensive **II.** *adv* insultingly, offensively; **sich ~ ausdrücken** to use offensive language

be·lei·digt [bəˈlaidɪçt] **I.** *adj* offended; **leicht ~ sein** to be quick to take offence [*or* AM -se], to be easily offended; **ein ~es Gesicht** [*o* **eine ~e Miene] aufsetzen** [*o* **machen]** to put on a hurt face/expression; **bist du jetzt ~?** have I offended you?; *s. a.* **Leberwurst** **II.** *adv* in a huff *fam;* **~ reagieren/schweigen** to get/go into a huff *fam*

Be·lei·di·gung <-, -en> *f* ① *(das Beleidigen)* insult, offence [*or* AM -se] (+*gen* to); JUR defamation ② *(Schmähung)* insult; **etw als [eine] ~ auffassen** to take sth as an insult, to take offence [*or* AM -se] at sth ③ *(Missachtung)* offence [*or* AM -se], affront (+*gen/* **für** +*akk* to)

be·lei·henˈ *vt irreg* ■ **etw ~** to lend money on sth; FIN to mortgage [*or* give [*or* raise] a mortgage on] sth; **Schulden ~** to encumber debts *form;* ■ **[mit etw** *dat*] **beliehen sein** to be mortgaged [at sth]; **wie hoch ist das Haus beliehen?** how high is the mortgage on the house?

be·lem·mertᴬᴸᵀ *adj (sl) s.* **belämmert**

be·le·sen [bəˈleːzn] *adj* well-read

Be·le·sen·heit <-> *f kein pl* wide reading; **ein hohes Maß an ~** a great familiarity with literature

be·leuch·tenˈ *vt* ① *(durch Licht erhellen)* **eine Bühne/Straße ~** to light a stage/road; **einen Garten/ein Haus ~** to light up *sep* [*or* illuminate] a garden/house ② *(anstrahlen)* ■ **etw ~** to light up *sep* [*or* illuminate] sth ③ *(geh: betrachten)* ■ **etw ~** to throw light on [*or* examine] sth

Be·leuch·ter(in) <-s, -> *m(f)* lighting technician

Be·leuch·tung <-, <*selten* -en> *f* ❶ *(das Beleuchten)* lighting ❷ *(künstliches Licht)* light; *(Lichter)* lights *pl;* **die ~ der Straßen** street lighting ❸ AUTO lights *pl* ❹ *(geh: das Betrachten)* examination, elucidation *form*

Be·leuch·tungs·kör·per *m (geh)* lighting fixture [*or* appliance]

be·leum·det [bəˈlɔymdət] *adj (geh)* **nicht gut** [*o* schlecht] [*o* **übel**] **~ sein** to have a bad reputation; **ein übel ~es Hotel** a hotel with a bad reputation

Bel·gi·en <-s> [ˈbɛlɡi̯ən] *nt* Belgium; *s. a.* **Deutschland**

Bel·gi·er(in) <-s, -> [ˈbɛlɡi̯ɐ] *m(f)* Belgian; *s. a.* **Deutsche(r)**

bel·gisch [ˈbɛlɡɪʃ] *adj* Belgian; *s. a.* **deutsch**

Bel·grad <-s> [ˈbɛlɡraːt] *nt* Belgrade

be·lich·ten *vt* FOTO **etw ~** to expose sth

Be·lich·tung *f* FOTO exposure; **falsche ~** incorrect exposure

Be·lich·tungs·au·to·ma·tik *f* automatic exposure [control] **Be·lich·tungs·mes·ser** *m* light meter **Be·lich·tungs·zeit** *f* exposure [time]

be·lie·ben I. *vt (iron)* ■ **~, etw zu tun** to like doing sth; **du beliebst wohl zu scherzen** you must be joking II. *vi (geh)* **was/wie es jdm beliebt** as sb likes [*or* wishes]

Be·lie·ben <-s> *nt kein pl* **in jds** *dat* **~ liegen** [*o* **stehen**] *(geh)* to be up to sb, to be left to sb's discretion; **etw in jds** *dat* **~ stellen** to leave sth up to sb [*or* sb's discretion]; **[ganz] nach ~** just as you/they etc. like, any way you/they etc. want [to], however you/they etc. please

be·lie·big [bɛˈliːbɪç] I. *adj* any; **[irgend]eine/jede ~e Zahl** any number at all [*or* you like]; **nicht jede ~e Zahl** not every number; ■ **etwas B~es** anything at all; ■ **jeder B~e** anyone at all; ■ **irgendein B~er** just anybody, *fam a.* any old Tom, Dick or Harry II. *adv* **~ häufig/lange/spät/viele** as often/long/late/many as you like; **etw ~ verändern** to change sth at will

be·liebt [bɛˈliːpt] *adj* ❶ *(geschätzt)* popular; ■ **[bei jdm] ~ sein** to be popular [with sb]; **sich [bei jdm] ~ machen** to make oneself popular [*or pej* ingratiate oneself] [with sb] ❷ *(gerne besprochen)* popular, favourite [*or* AM -orite] *attr*

Be·liebt·heit <-> *f kein pl* popularity; **sich [bei jdm] großer/zunehmender ~ erfreuen** to enjoy great/increasing popularity [with sb]

be·lie·fern *vt* ■ **jdn/etw [mit etw] ~** to supply sb/sth [with sth]; **diese Großhandelsfirma beliefert nur Restaurants** this wholesale company only supplies [*or form* purveys for] restaurants

Be·lie·fe·rung *f* delivery; **die ~ einer Firma einstellen** to stop supplying a company

Be·li·ze <-s> [baˈliːz] *nt* Belize; *s. a.* **Deutschland**

Be·li·zer(in) <-s, -> [baˈliːzɐ] *m(f)* Belizean; *s. a.* **Deutsche(r)**

be·li·zisch [baˈliːzɪʃ] *adj* Belizean; *s. a.* **deutsch**

Bel·la·don·na <-, -donnen> [bɛlaˈdɔna, *pl:* -dɔnən] *f* ❶ *(Extrakt)* belladonna, atropin[e] *spec* ❷ BOT belladonna, deadly nightshade

bel·len [ˈbɛlən] I. *vi* to bark II. *vt* **etw ~** to bark [out *sep*] sth

bel·lend *adj* **ein ~er Husten** a hacking cough; **eine ~e Stimme** a harsh [*or* barking] voice

Bel·le·tris·tik <-> [bɛleˈtrɪstɪk] *f kein pl* belles lettres *npl*

bel·le·tris·tisch *adj* **die ~e Abteilung** the department for fiction and poetry; **~e Literatur/Bücher** [books of] fiction and poetry

be·lo·bi·gen [bəˈloːbɪɡn] *vt* ■ **jdn [wegen etw] ~** to commend [*or* praise] sb [for sth]

Be·lo·bi·gung <-, -en> *f (geh)* commendation *form,* praise *no indef art;* **jdm eine ~ aussprechen** to commend [*or* praise] sb

be·loh·nen *vt* ❶ *(als Lohn beschenken)* ■ **jdn/etw [mit etw] ~** to reward sb/sth [with sth] ❷ *(Lohn sein)* ■ **jdn [für etw] ~** to reward sb [for sth]; **die Leistung der Schauspieler wurde vom Publikum mit begeistertem Beifall belohnt** the actors received loud applause; **dein Lächeln belohnt mich zur Genüge!** your smile is reward enough

Be·loh·nung <-, -en> *f* ❶ *(das Belohnen)* rewarding ❷ *(Lohn)* reward; **eine ~ [für etw] aussetzen** to offer a reward [for sth]; **zur** [*o* **als**] **~ [für etw]** as a reward [for sth]

be·lüf·ten *vt* ■ **etw ~** to ventilate [*or* air] sth

Be·lüf·tung *f* ■ **die ~** ❶ *kein pl (das Belüften)* ventilating, airing; **die ~ der Kellerräume ist sehr schlecht** the basement rooms are very badly ventilated ❷ ELEK ventilation *no indef art*

Be·lu·ga <-, -s> [beˈluːɡa] *m* Weißwal

be·lü·gen *irreg vt* ■ **jdn ~** to lie [*or* tell lies] [*or* tell a lie] to sb (+*gen* to); ■ **sich** *akk* **[selbst] ~** to deceive oneself

be·lus·ti·gen [bəˈlʊstɪɡn] I. *vt* ■ **jdn [mit etw] ~** to amuse sb [with sth]; **was belustigt dich?** what's amusing you? [*or* so funny?]; ■ **~d** amusing II. *vr (geh)* ■ **sich** *akk* **über jdn/etw ~** to make fun of sb/sth

be·lus·tigt [bəˈlʊstɪçt] I. *adj* amused; ■ **über etw** *akk* **~ sein** to be amused at [*or* by] sth II. *adv* in amusement

Be·lus·ti·gung <-, -en> *f (geh)* amusement; **zu jds ~** for sb's amusement [*or* the amusement of sb]

be·mäch·ti·gen [bəˈmɛçtɪɡn] *vr (geh)* ❶ *(in seine Gewalt bringen)* ■ **sich** *akk* **jds/einer S. ~** to take [*or* seize] hold of sb/sth ❷ *(überkommen)* ■ **sich** *akk* **jds ~** to come over sb

be·mä·keln *vt* ■ **etw [an jdm/etw] ~** to find fault with [sb's] sth/with sth [on/in sth]; **immer etwas an allem und jedem ~** to always be picking holes in everything and everyone; **was hast du an dem Essen zu ~?** what don't you like about the food?

be·ma·len I. *vt* ■ **etw [mit etw] ~** to paint [sth on] sth; **etw farbig ~** to paint sth [in] different colours [*or* AM -ors] II. *vr (pej fam: sich schminken)* ■ **sich** *akk* **~** to paint oneself *fam;* ■ **sich** *dat* **etw ~** to paint one's sth; **sich** *dat* **das Gesicht ~** to paint [*or pej* plaster] one's face

Be·ma·lung <-, -en> *f* ❶ *(das Bemalen)* ■ **die ~ einer S.** *gen/*von etw painting sth ❷ *(aufgetragene Farbe)* paint (+*gen* on) ❸ *(Kriegs~)* war paint

be·män·geln [bəˈmɛŋln] *vt* ■ **etw ~** to find fault with, to fault, to criticize; **an der Qualität war nichts zu ~** the quality could not be faulted; ■ **~, dass ...** to complain that ...

Be·män·ge·lung <-, -en> *f (das Bemängeln)* fault-finding; *(Kritik)* criticism; *(Beschwerde)* complaint

be·man·nen I. *vt* NAUT, RAUM ■ **etw [mit jdm] ~** to man sth [with sb]; **ein Schiff voll ~** to take on the ship's full complement [of crew]; ■ **[nicht] bemannt** [un]manned II. *vr (hum fam)* ■ **sich** *akk* **~** to get oneself a man

Be·man·nung <-, -en> *f* NAUT, RAUM ❶ *(das Bemannen)* ■ **die ~** [einer S. *gen/*von etw] manning [sth] ❷ *(selten: Besatzung)* crew, complement [of crew] *form*

be·män·teln [bəˈmɛntln] *vt* ■ **etw ~** to cover up sth *sep*

Bem·bel <-s, -> [ˈbɛmbl] *m* DIAL pitcher

be·merk·bar *adj* noticeable, perceptible; **zwischen**

B

den beiden Bildern ist kein Unterschied ~ I can't see any difference between the two pictures; **dieser Geruch muss für jeden ~ gewesen sein** everybody must have noticed this smell; **sich |bei jdm| |durch etw| ~ machen** to draw |sb's| attention to oneself |or to attract |sb's| attention| |by doing sth|; **ich werde mich schon |bei Ihnen| ~ machen, wenn ich Sie benötige** I'll let you know when I need you; **sich |durch etw| ~ machen** to make itself felt |with sth|

be·mer·ken* vt ❶ *(wahrnehmen)* ■ **jdn/etw** ~ to notice sb/sth; ■ **~, dass** to notice that; ■ **~, wie jd etw tut** to see |or notice| sb do sth; **sie bemerkte rechtzeitig/zu spät, dass …** she realized in time/too late that … ❷ *(äußern)* **etwas/nichts |zu etw|** ~ to have sth/nothing to say |to sth|; **dazu möchte ich noch Folgendes ~** to that I would like to add the following

be·mer·kens·wert I. *adj* remarkable; ■ **etwas/nichts B~es** sth/nothing remarkable **II.** *adv* remarkably

Be·mer·kung <-, -en> *f* comment, remark; |**jdm gegenüber| eine ~/~en |über etw** *akk*| **machen** to remark |or comment| on sth |to sb|, to make a remark |or comment| /remarks |or comments| |about sth| |to sb|; |**jdm gegenüber| eine ~ |über jdn/etw| fallen lassen** to drop a remark |about sb/sth| |or comment on sb/sth| |to sb|

be·mes·sen* *irreg* **I.** vt ■ **jdm etw |nach etw|** ~ to determine |or calculate| sth for sb |according to sth|; **großzügig/knapp ~ sein** to be generous/not very generous; **meine Zeit ist knapp ~** my time is short |or limited| **II.** vr *(geh)* ■ **sich nach etw** ~ to be proportionate to sth

Be·mes·sung *f* determination, calculation

Be·mes·sungs·grund·la·ge *f* FIN assessment basis, basis of assessment

be·mit·lei·den* [bəˈmɪtlaidn̩] vt ■ **jdn** ~ to pity sb, to feel pity |or sorry| for sb; ■ **sich |selbst|** ~ to feel sorry for oneself; **sie ist zu ~** she is to be pitied

be·mit·lei·dens·wert *adj* pitiable, pitiful

be·mit·telt [bəˈmɪtl̩t] *adj (geh)* well-to-do, well-off; **sehr/weniger ~ sein** to be very/less well-off |or well-to-do|; **genügend ~ sein** to have enough to get by on comfortably *a. iron*

be·moost [bəˈmoːst] *adj* mossy, moss-grown *attr,* covered with moss *pred*

be·mü·hen I. vr ❶ *(sich Mühe geben)* ■ **sich ~|, etw zu tun|** to try hard |to do sth|, to endeavour |or AM -or| to do sth *form;* **sich vergebens ~** to try in vain, to waste one's efforts; **du musst dich mehr ~** you must try harder; **~ Sie sich nicht** don't bother yourself, don't put yourself out ❷ *(sich kümmern)* **sich** *akk* **um jdn** ~ to court sb|'s favour |or AM -or| |; **sich** *akk* **um einen Patienten** ~ to look after |or attend to| a patient ❸ *(zu erlangen suchen)* **sich** *akk* **um gute Beziehungen/eine Stelle** ~ to try hard |or AM BRIT to endeavour |or AM -or|| to get good connections/a job *form;* **sich** *akk* **um jds Gunst/Vertrauen/ Wohl** ~ to court sb's favour |or AM -or| /to try to win sb's trust/to take trouble over sb's well-being ❹ *(geh: gehen)* **sich** *akk* **zur Tür** ~ to go |or form proceed| to the door; **sich** *akk* **ins Nebenzimmer** ~ to go |or form proceed| |or liter a. hum repair| to the next room; ■ **sich** *akk* **zu jdm** ~ to go/come to sb **II.** vt *(geh)* ■ **jdn** ~ to send for sb; **einen Anwalt** ~ to consult a lawyer

Be·mü·hen <-s> *nt kein pl (geh)* efforts *pl,* endeavours |or AM -ors| *pl form* (**um** for)

be·müht *adj* keen; ■ |**darum|** ~ **sein, etw zu tun,** ■ **um etw** *akk* ~ **sein** to try hard |or form endeavour| |or be at pains| to do sth

Be·mü·hung <-, -en> *f* ❶ *(angestrengter Einsatz)* effort, endeavour |or AM -or| *form;* **trotz aller ~en**

despite all efforts; **danke für Ihre ~en** thank you for your trouble ❷ *pl* services

be·mü·ßigt [bəˈmyːsɪçt] *adj* **sich** *akk* ~ **fühlen, etw zu tun** |*o* **sehen**| *(meist iron geh)* to feel obliged |or called upon| to do sth

be·mut·tern* [bəˈmʊtɐn] vt ■ **jdn** ~ to mother sb

be·nach·bart [bəˈnaxbaːɐ̯t] *adj* ❶ *(in der Nachbarschaft gelegen)* nearby; *(nebenan)* neighbouring |or AM -oring| *attr;* **die ~e Familie/das ~e Haus** the family/house next door; **jdm/einer S.** ~ **sein** to be close to sb/sth ❷ *(angrenzend)* neighbouring |or AM -oring|, adjoining

be·nach·rich·ti·gen* [bəˈnaːxrɪçtɪgn̩] vt ■ **jdn |von etw|** ~ to inform sb |of sth|; *(amtlich)* to notify sb |of sth|

Be·nach·rich·ti·gung <-, -en> *f* ❶ *(das Benachrichtigen)* notification (**von /über** +*akk* of/about); **er bittet in diesem Fall um ~** he would like to be notified should this be the case ❷ *(schriftliche Nachricht)* |written| notification

be·nach·tei·li·gen* [bəˈnaːxtailɪgn̩] vt ❶ *(schlechter behandeln)* ■ **jdn** ~ to put sb at a disadvantage; *(wegen Rasse, Geschlecht, Glaube)* to discriminate against sb ❷ *(zum Nachteil gereichen)* ■ **jdn |gegenüber jdm|** ~ to handicap sb |with respect to sb|

be·nach·tei·ligt [bəˈnaːxtailɪçt] **I.** *adj* disadvantaged, at a disadvantage *pred* **II.** *adv* disadvantaged; **sich** *akk* ~ **fühlen** to feel at a loss

Be·nach·tei·lig·te(r) *f(m) dekl wie adj* victim; ■ **der/die ~e sein** to be at a disadvantage

Be·nach·tei·li·gung <-, -en> *f* ❶ *(das Benachteiligen)* ■ **die ~ einer Person** *gen/***von jdm** discriminating against sb ❷ *(benachteiligter Zustand)* discrimination

be·na·gen* vt ■ **etw** ~ to gnaw |at| sth; *Hund a.* to chew |on| sth

Ben·delALT <-s, -> *m s.* **Bändel**

be·ne·beln* vt *(fam)* ■ **jdn** ~ to befuddle sb; *Narkose, Sturz a.* to daze sb, to make sb feel dazed; *Dämpfe, Duft, Rauch a.* to make sb's head reel |or swim|; **ein ~der Duft/eine ~de Wirkung** a heady perfume/effect; ■ **benebelt** *(fam)* befuddled; *(durch Alkohol a.)* tipsy *fam;* *(durch Schlag)* dazed

Be·ne·dik·ti·ner(in) <-s, -> |benedɪkˈtiːnɐ| *m(f)* Benedictine |friar/nun|

Be·ne·dik·ti·ner·or·den *m* Benedictine order, order of St Benedict

Be·ne·fiz·kon·zert *nt* charity concert **Be·ne·fiz·ver·an·stal·tung** *f* benefit event |or performance| **Be·ne·fiz·vor·stel·lung** *f* charity |or benefit| performance

be·neh·men* vr *irreg* ■ **sich** ~ to behave |oneself|; **benimm dich!** behave yourself!; ■ **sich wie jd** ~ to behave like sb; **der Junge benimmt sich wie sein Vater** the boy takes after his father; **sich gut** ~ to behave well |or oneself|; **der Kleine hat sich den ganzen Abend gut benommen** the little one was well-behaved |or on his best behaviour| all evening; **sich schlecht** ~ to behave badly, to misbehave

Be·neh·men <-s> *nt kein pl* ❶ *(Manieren)* manners *npl;* **kein ~ haben** to have no manners, to be bad-mannered ❷ *(geh: Einvernehmen)* **sich mit jdm ins ~ setzen** to get in touch with |or contact| sb; **sich mit jdm über etw** *akk* **ins ~ setzen** to try to reach |or come to| an agreement with sb about sth; **im ~ mit jdm** with the consent of sb

be·nei·den* vt ■ **jdn |um etw|** ~ to envy sb |sth|; **er ist nicht zu ~** I don't envy him, he is not to be envied

be·nei·dens·wert I. *adj* enviable; ■ **etwas/nichts B~es** sth/nothing to be envied **II.** *adv (wunderbar)* amazingly

Be·ne·lux·län·der *pl,* **Be·ne·lux·staa·ten** |ˈbeːnelʊks-| *pl* Benelux countries

be·nen·nen* vt *irreg* ❶ *(mit Namen versehen)* ■ **jdn/**

etw [**nach jdm**] ~ to name sb/sth [after [*or* AM *a.* for] sb]; **etw neu** ~ to rename sth; **Gegenstände** ~ to denote [*or* give names to] objects ❷ *(namhaft machen)* ▪ [**jdm**] **jdn als etw** ~ to nominate sb as [sb's] sth; **jdn als Zeugen** ~ to call sb as a witness

Be·nen·nung <-, -en> *f* ❶ *(das Benennen)* ▪ **die** ~ **einer Person/S.** *gen* naming a person/thing ❷ *(das Namhaftmachen)* nomination; *von Zeugen* calling ❸ *(Bezeichnung)* name, designation *form*

be·net·zen *vt (geh)* ▪ **etw** ~ to moisten sth [with sth]; ▪ **etw** ~ **mit Tau, Tränen** to cover sth

Ben·ga·le, Ben·ga·lin <-n, -n> [bɛŋˈɡaːlə, bɛŋˈɡaːlɪn] *m, f* ❶ *(Einwohner Bengalens)* Bengali ❷ *s.* **Bangladescher**

Ben·ga·li [bɛŋˈɡaːli] *nt* Bengali; *s. a.* **Deutsch**

ben·ga·lisch [bɛŋˈɡaːlɪʃ] *adj s.* **bangalisch**

Ben·gel <-s, -[s]> [ˈbɛŋl] *m* ❶ *(frecher Junge)* rascal, brat *pej fam* ❷ *(niedlicher Junge)* **ein süßer** [**kleiner**] ~ a dear [*or* AM cute] little boy ▶ WENDUNGEN: **den** ~ **hoch werfen** SCHWEIZ *(hoch greifen)* to aim high

Be·nimm <-s> [bəˈnɪm] *m kein pl (fam)* manners *npl*

Be·nin <-s> [beˈniːn] *nt* Benin; *s. a.* **Deutschland**

Be·ni·ner(in) <-s, -> [beˈniːnɐ] *m(f)* Beninese; *s. a.* **Deutsche(r)**

be·ni·nisch [beˈniːnɪʃ] *adj* Beninese; *s. a.* **deutsch**

Ben·ja·min <-s, -e> [ˈbɛnjamiːn] *m (fam)* ▪ **der** ~ the baby of the family

be·nom·men [bəˈnɔmən] *adj* dazed; **jdn** ~ **machen** to befuddle sb

Be·nom·men·heit <-> *f kein pl* daze[d state]; **ein Gefühl von** ~ a dazed feeling

be·no·ten [bəˈnoːtn] *vt* ❶ *(mit Zensur versehen)* ▪ **etw** ~ to mark sth; **ihr Aufsatz wurde mit „sehr gut" benotet** her essay was given [*or fam* got] an A ❷ *(durch eine Zensur einstufen)* ▪ **jdn** ~ to assess sb

be·nö·ti·gen *vt* ▪ **etw** [**von jdm**] ~ to need [*or form* require] sth [from sb]; **dringend** ~ to be in urgent need of sth

Be·no·tung <-, -en> *f* ❶ *(das Benoten)* ▪ **die** ~ [**einer S.** *gen*/**von etw**] marking [sth] ❷ *(Note)* mark[s *pl*]

be·nutz·bar *adj* us[e]able; **eine nicht ~e Straße** an impassable road; **nur einmal/wieder voll/nicht mehr** ~ **sein** to be us[e]able only once/fully us[e]able again/no longer us[e]able

be·nut·zen *vt*, **be·nüt·zen** *vt* DIAL ❶ ▪ **etw** [**als etw**] ~ to use sth [as sth]; ▪ **das B**~ the use; **nach dem B**~ after use; ▪ **benutzt** used; **das benutzte Geschirr** the dirty dishes *pl* ❷ *(geh)* **den Aufzug/ die Bahn/den Bus** ~ to take the lift [*or* AM elevator] / train/bus ❸ *(verwerten)* ▪ **etw** ~ to consult sth; **die benutzte Literatur** the literature consulted ❹ *(wahrnehmen)* ▪ **etw** ~ to seize [*or* avail oneself of] sth ❺ *(für seine Zwecke ausnutzen)* ▪ **jdn** ~ to take advantage of sb; **sich benutzt fühlen** to feel [that one has been] used

Be·nut·zer(in) <-s, -> *m(f)*, **Be·nüt·zer(in)** <-s, -> *m(f)* DIAL ❶ *(benutzender Mensch)* borrower; *(mit Leihgebühr)* hirer BRIT, person renting AM; *(einer Bibliothek)* reader, borrower ❷ INFORM user

Be·nut·zer·ebe·ne *f* INFORM user [*or* system] interface

be·nut·zer·freund·lich I. *adj* user-friendly **II.** *adv* with user-friendliness in mind, in a user-friendly manner **Be·nut·zer·freund·lich·keit** <-> *f kein pl* user-friendliness **Be·nut·zer·hand·buch** *nt* user manual [*or* handbook]

Be·nut·ze·rin, Be·nüt·ze·rin <-, -nen> *f fem form von* **Benutzer**

Be·nut·zer·ober·flä·che *f* INFORM user [*or* system] interface **Be·nut·zer·schnitt·stel·le** *f* user interface

be·nut·zer·un·freund·lich I. *adj* non-user-friendly, user-hostile *hum* **II.** *adv* ~ **angelegt sein** to have a non-user-friendly layout; **etw** ~ **gestalten** to give sth a non-user-friendly design

Be·nut·zung *f*, **Be·nüt·zung** *f* DIAL ❶ *(Gebrauch)* use; ▪ **die** ~ [**einer S.** *gen*] **als etw** the use [of sth] as sth; **nach der** ~ after use; **etw in** ~ **haben/nehmen** *(geh)* to be/start using sth; **jdm etw zur** ~ **überlassen** to put sth at sb's disposal; **die** ~ **einer S.** *gen*/ **von etw vermeiden** to avoid using sth ❷ *(das Fahren mit etw)* **die** ~ **des Busses/Zugs** taking the bus/ train ❸ *(Verwertung)* consultation

Be·nut·zungs·ge·bühr *f* hire [*or* AM rental] charge

Ben·zin <-s, -e> [bɛnˈtsiːn] *nt* ❶ *(Kraftstoff)* petrol BRIT, gas[oline] AM; ~ **sparendes Auto** economical car ❷ *(Lösungsmittel)* benzin[e]

ben·zin·be·trie·ben *adj* petrol-fuelled [*or* -driven] BRIT, gas[oline]-fueled AM; **~er Motor** petrol [*or* AM gas[oline]] engine

Ben·zi·ner <-s, -> *m (fam)* car which runs on petrol

Ben·zin·feu·er·zeug *nt* petrol lighter **Ben·zin·gut·schein** *m* petrol coupon **Ben·zin·ka·nis·ter** *m* petrol canister **Ben·zin·mo·tor** *m* petrol engine **Ben·zin·pum·pe** *f* fuel pump **Ben·zin·tank** *m* petrol tank **Ben·zin·uhr** *f* AUTO fuel gauge [*or* AM gage] **Ben·zin·ver·brauch** *m* fuel consumption

Ben·zoe·säu·re [ˈbɛntsoe-] *f* benzoic acid *no art*

Ben·zol <-s, -e> [bɛnˈtsoːl] *nt* benzene; *(im Handel erhältlich)* BRIT *usu* benzol[e]

be·ob·acht·bar *adj* observable

be·ob·ach·ten [bəˈʔoːbaxtn] *vt* ❶ *(genau betrachten)* ▪ **jdn/etw** ~ to observe sb/sth; **jdn/etw genau** ~ to watch sb/sth closely; ▪ **jdn** [**bei etw** *dat*] ~ to watch sb [doing sth]; **gut beobachtet!** well spotted! ❷ *(observieren)* ▪ [**durch jdn** [*o* **von jdm**]] **beobachtet werden** to be kept under the surveillance [of sb]; ▪ **jdn** [**durch jdn**] ~ **lassen** to put sb under the surveillance [of sb]; **jdn durch die Polizei** ~ **lassen** to put sb under police surveillance; **sich** *akk* [**von jdm**] **beobachtet fühlen** to feel that one is being watched [by sb] [*or* that sb is watching one]; **sich** *akk* [**von jdm**] **auf Schritt und Tritt beobachtet fühlen** to feel that one is being dogged by sb [*or* that sb is dogging one] ❸ *(bemerken)* ▪ **etw an jdm/bei etw** ~ to notice sth in sb/about sth

Be·ob·ach·ter(in) <-s, -> *m(f)* observer; **ein guter** [*o* **scharfer**] ~ a keen observer

Be·ob·ach·tung <-, -en> *f* ❶ *(das Beobachten)* observation ❷ *(Observierung)* surveillance ❸ *meist pl (Ergebnis des Beobachtens)* observations *pl;* [**an jdm**] **die** ~ **machen, dass** to notice that

Be·ob·ach·tungs·ga·be *f* talent for [*or* power of] observation; **eine gute/scharfe** ~ **haben** to have a very observant/keen eye **Be·ob·ach·tungs·pos·ten** *m* ▪ **auf** ~ **sein** *(fam)* to be on the lookout **Be·ob·ach·tungs·sa·tel·lit** *m* observation [*or fam* spy] satellite

be·or·dern [bəˈʔɔrdɐn] *vt* ▪ **jdn zu jdm** ~ to send sb to sb; **jdn zu sich** *dat* ~ to send for [*or* summon] sb; ▪ **jdn irgendwohin** ~ to order [*or* instruct] sb to go somewhere

be·pa·cken *vt* ▪ **jdn/etw** [**mit etw** *dat*] ~ to load up sb/sth *sep* [with sth]; ▪ **sich** *akk* [**mit etw** *dat*] ~ to load oneself up [with sth]; ▪ **bepackt** loaded

be·pflan·zen *vt* ▪ **etw** [**mit etw** *dat*] ~ to plant sth [with sth]; **Beete mit etw** *dat* ~ to plant sth in beds; ▪ **bepflanzt** planted

Be·pflan·zung *f* ❶ *(das Bepflanzen)* ▪ **die** ~ **einer S.** *gen*/**von etw** the planting of sth; **die** ~ **von Beeten soll bei kühlem Wetter erfolgen** flower beds should be planted in cool weather ❷ *(die Pflanzen)* plants *pl* (+*gen*/**von** +*dat* in)

be·pin·keln I. *vt (fam)* ▪ **etw** ~ to pee [*or fam* piddle] on sth; **einen Baum/eine Wand** ~ to pee [*or fam* piddle] against a tree/wall **II.** *vr (fam)* ➊ *(sich vollpin·keln)* ▪ **sich** *akk* ~ to wet oneself, AM *a.* to pee one's pants *fam* ➋ *(sich etw mit Urin beschmutzen)* ▪ **sich** *dat* **etw** ~ to pee [*or fam* piddle] over one's sth

be·pin·seln *vt* ➊ KOCHK ▪ **etw** [**mit etw**] ~ to brush sth with sth ➋ MED ▪ **jdm das Zahnfleisch** ~ to paint sb's gums ➌ *(fam: mit Pinseln beschreiben)* ▪ **etw** [**mit etw**] ~ to paint sth [with sth], to daub sth with sth

be·quat·schen *vt (fam)* ➊ *(bereden)* ▪ **etw** [**mit jdm**] ~ to talk over sth *sep* [with sb] ➋ *(überreden)* ▪ **jdn** [**dazu**] ~|, **etw zu tun**] to persuade sb [to do sth], to talk sb into doing sth; **also gut, du hast mich bequatscht!** all right, you've talked me into it!

be·quem [bəˈkveːm] **I.** *adj* ➊ *(angenehm)* comfortable; **es sich** *dat* ~ **machen** to make oneself comfortable ➋ *(leicht zu bewältigen)* easy ➌ *(leicht zu handhaben)* manageable, easy to operate ➍ *(im Umgang angenehm)* easy-going ➎ *(pej: träge)* idle, comfort-loving; **es** ~ [**mit jdm/etw**] **haben** to have an easy time of it [with sb/sth] **II.** *adv* ➊ *(leicht)* easily ➋ *(angenehm)* comfortably

be·que·men *vr (geh)* ➊ *(sich zu etw verstehen)* ▪ **sich** *akk* **zu etw** ~, ▪ **sich** *akk* [**dazu**] ~, **etw zu tun** to bring oneself to do sth; *(herablassend)* to condescend [*or form* deign] to do sth *a. iron* ➋ *(sich begeben)* ▪ **sich** *akk* **zu jdm/etw** ~ to come/go to sb/sth

Be·quem·lich·keit <-, -en> *f* ➊ *(Behaglichkeit)* comfort ➋ *(Trägheit)* idleness, laziness; **aus** [**reiner**] ~ out of [sheer] laziness

be·rap·pen [bəˈrapn̩] *vt (fam)* ▪ **etw** [**für etw**] ~ to fork [*or* shell] out sth *sep* [for sth]

be·ra·ten[1] *irreg* **I.** *vt* ➊ *(mit Rat bedenken)* ▪ **jdn** **in etw** *dat*] ~ to advise sb [*or* give sb advice] [on sth]; **jdn finanziell/rechtlich** ~ to give sb financial/legal advice; ▪ **sich** *akk* [**von jdm**] ~ **lassen** [, **ob/wie**] to ask sb's advice [as to whether/on how] ➋ *(besprechen)* ▪ **etw** ~ to discuss sth; POL to debate sth **II.** *vi* ▪ [**mit jdm über etw** *akk*] ~ to discuss sth with sb; **sie** ~ **noch** they're still discussing it **III.** *vr* ▪ **sich** *akk* [**über etw/jdn**] ~ to discuss sb/sth; **das Kabinett wird sich heute** ~ the cabinet will be meeting today for talks; ▪ **sich** *akk* **mit jdm** [**über jdn/etw**] ~ to consult [with] sb [about sb/sth]

be·ra·ten[2] *adj* advised; **finanziell/rechtlich gut** ~ **sein** to receive good financial/legal advice; **gut/schlecht** ~ **sein, etw zu tun** to be well-/ill-advised to do sth

be·ra·tend **I.** *adj* advisory, consultative **II.** *adv* in an advisory [*or* a consultative] capacity; **jdm** ~ **zur Seite stehen** to act in an advisory capacity to sb

Be·ra·ter(in) <-s, -> *m(f)* advisor; *(in politischen Sachen a.)* counsellor BRIT, counselor AM; *(Fach~)* consultant

Be·ra·ter·tä·tig·keit *f* advisory service[s *pl*] **Be·ra·ter·ver·trag** *m* consultative contract; *(Stelle)* advisory post

be·rat·schla·gen [bəˈraːtʃlaːɡn̩] **I.** *vt* ▪ **etw** ~ to discuss sth; ▪ [**mit jdm**] ~, **was/wie** to discuss [with sb] what/how **II.** *vi (sich beraten)* ▪ [**mit jdm**] [**über etw** *akk*] ~ to discuss sth [with sb]; **wir** ~ **noch** the matter is still under discussion [*or* we are still discussing it]

Be·ra·tung <-, -en> *f* ➊ *(das Beraten)* advice ➋ *(Besprechung)* discussion; POL debate ➌ *(beratendes Gespräch)* consultation

Be·ra·tungs·dienst *m* advice service **Be·ra·tungs·ge·setz** *nt* ▪ **das** ~ law prescribing dissuading advice for pregnant women wanting an abortion **Be·ra·tungs·stel·le** *f* advice [*or* advisory] centre [*or* AM -er]

be·rau·ben *vt* ➊ *(durch Raub bestehlen)* ▪ **jdn/**

etw ~ to rob sb/sth; ▪ **jdn einer S.** *gen* ~ to rob [*or hum* relieve] sb of sth ➋ *(geh: gewaltsam entziehen)* ▪ **jdn einer S.** *gen* ~ to deprive sb of sth ➌ *(geh: nehmen)* ▪ **jdn einer S.** *gen* ~ to take sth from sb; ▪ **einer S.** *gen* **beraubt werden** to lose [*or* be deprived of] sth

be·rau·schen **I.** *vt (geh)* ▪ **jdn** ~ ➊ *(trunken machen)* to intoxicate sb; *Alkohol a.* to inebriate sb ➋ *(in Verzückung versetzen)* to intoxicate [*or liter* enrapture] sb; *Geschwindigkeit* to exhilarate sb **II.** *vr* ▪ **sich an etw** *dat* ~ ➊ *(in Ekstase geraten)* to become intoxicated [*or liter* enraptured] by sth; **sich an Geschwindigkeit** ~ to become exhilarated by speed; **sich an Blut** ~ to get into a frenzy over blood ➋ *(geh: sich trunken machen)* to become intoxicated with sth

be·rau·schend *adj* intoxicating; [**das war**] **nicht** [**sehr**] ~ *(iron)* [that] was just wonderful

Ber·ber <-s, -> [ˈbɛrbɐ] *m (fam)* Berber [carpet]

Ber·ber(in) <-s, -> [ˈbɛrbɐ] *m(f)* Berber

Ber·be·rit·ze <-, -n> [bɛrbəˈrɪtsə] *f* BOT berberis

Ber·ber·tep·pich *m* Berber [carpet]

be·re·chen·bar [bəˈrɛçnbaːɐ̯] *adj* ➊ *(zu berechnen)* calculable, computable *form;* **das ist nicht** ~ that is incalculable [*or form* incomputable], that cannot be calculated ➋ *(einzuschätzen)* predictable

Be·re·chen·bar·keit <-> *f kein pl* ➊ *(berechenbare Beschaffenheit)* calculability, computability *form* ➋ *(Einschätzbarkeit)* predictability

be·rech·nen *vt* ➊ *(ausrechnen)* ▪ **etw** ~ to calculate [*or form* compute] sth; **Gebühren** ~ to determine fees; ~, **ob/wie/wie viel** to calculate whether/how/how much ➋ *(in Rechnung stellen)* ▪ [**jdm**] **etw** ~ to charge [sb] sth; **das hat er mir mit 135 Euro berechnet** he charged me 135 euros for it ➌ *(im Voraus abwägen)* ▪ **etw** ~ to calculate the effect of sth ➍ *(vorsehen)* ▪ **etw für jdn/etw** ~ to intend sth for sb/sth; ▪ **für jdn/etw berechnet werden** to be intended [*or* meant] for sb/sth; **alle Rezepte sind für 4 Personen berechnet** all recipes are [calculated] for four persons

be·rech·nend *adj (pej)* scheming *pej,* calculating

Be·rech·nung *f* ➊ *(Ausrechnung)* calculation, computation *form; von Gebühr* determination; **etw durch ~ ermitteln** to calculate [*or form* compute] sth; **jds** ~ **nach** [*o* **nach jds** ~] according to sb's calculations; **nach meiner** ~ by my reckoning, according to my calculations ➋ *(das Berechnen)* charge; **gegen** ~ for a fee; **ohne** ~ without [any] charge ➌ *(das Abwägen im Voraus)* calculated effect[s *pl*] ➍ *(pej)* scheming *pej,* calculation; **aus** ~ in cold deliberation

Be·rech·nungs·grund·la·ge *f* basis for estimation

be·rech·ti·gen [bəˈrɛçtɪɡn̩] **I.** *vt* ▪ **jdn zu etw** ~ ➊ *(bevollmächtigen)* to entitle sb to [do] sth; ▪ **jdn dazu** ~, **etw zu tun** to entitle [*or* empower] sb to do sth; **was berechtigt Sie dazu, mich immer zu kontrollieren?** what right do you have to always check up on me?; ▪ [**dazu**] **berechtigt sein, etw zu tun** to be entitled [*or* have the right] to do sth; **sich zu etw berechtigt fühlen** to feel justified in doing sth ➋ *(Anlass geben)* to give sb grounds for sth **II.** *vi* ▪ **zu etw** ~ ➊ *(bevollmächtigen)* to entitle sb to [do] sth ➋ *(Anlass geben)* to give rise to sth

be·rech·tigt [bəˈrɛçtɪçt] *adj* justifiable; **ein ~er Anspruch** a legitimate [*or* rightful] claim; **ein ~er Einwand/eine ~e Forderung** a justifiable [*or* justified] objection/demand; **eine ~e Frage/Hoffnung** a legitimate question/hope; **ein ~er Vorwurf** a just accusation

be·rech·tig·ter·wei·se *adv (geh)* legitimately, with full justification

Be·rech·ti·gung <-, <*selten* -en> *f* ➊ *(Befugnis)* authority; **Zutritt nur mit ~!** authorized access only, for authorized persons only; **die/keine ~ haben, etw zu tun** to have the/no authorization [*or* to be/not be authorized] to do sth ➋ *(Rechtmäßigkeit)* justifiability

be·re·den' I. *vt* ➊ *(besprechen)* ▪ **etw** [**mit jdm**] **~** to discuss [*or sep* talk over] sth [with sb] ➋ *(überreden)* ▪ **jdn zu etw ~** to talk sb into [doing] sth; ▪ **jdn** [**dazu**] **~, etw zu tun** to talk sb into doing [*or* persuade sb to do] sth **II.** *vr* ▪ **sich** [**mit jdm**] [**über etw** *akk*] **~** to discuss [*or sep* talk over] sth [with sb]; **wir ~ uns noch** we are still discussing it

be·red·sam [bəˈreːtzaːm] *adj* ➊ *(geh)* eloquent ➋ *(iron)* **du bist ja ausgesprochen ~** you haven't exactly got the gift of the gab *iron fam;* **nanu, heute so ~?** what, cat got your tongue? *hum fam*

Be·red·sam·keit <-> *f kein pl (geh)* eloquence

be·redt [bəˈreːt] *adj (geh)* ➊ *(eloquent)* expressive, eloquent; **~es Schweigen** eloquent [*or* pregnant] silence; **dein Schweigen/deine Miene ist ~ genug!** your silence is answer enough/your face says it all ➋ *(geh) s.* **beredsam 1**

Be·redt·heit <-> *f kein pl (selten: Beredsamkeit)* eloquence

Be·reich <-[e]s, -e> *m* ➊ *(Gebiet)* area; **im ~ des Möglichen liegen** to be within the realms [*or* bounds] of possibility ➋ *(Sach~)* field; **in jds** *akk* **fallen** to be within sb's field

be·rei·chern' [bəˈraiçɐn] **I.** *vr* ▪ **sich** [**an etw** *dat*] **~** to grow rich [on sth], to make a lot of money [out of sth] **II.** *vt* ➊ *(erweitern)* ▪ **etw ~** to enlarge sth ➋ *(vertiefen)* ▪ **etw ~** to enrich sth ➌ *(innerlich reicher machen)* ▪ **etw bereichert jdn** sb gains [*or* learns] a lot from sth

Be·rei·che·rung <-, -en> *f* ➊ *(Erweiterung)* enrichment; *von Sammlung* enlargement; *(Gewinn)* gain, boon; **ungerechtfertigte ~** JUR unjust[ified] enrichment ➋ *(innerer Gewinn)* **das Gespräch mit Ihnen war mir eine ~** I gained [*or* learned] a lot from our conversation

Be·rei·fung <-, -en> *f* AUTO set of tyres [*or* AM tires], tyres *pl* (+*gen* on); **eine neue ~** a new set of tyres, new tyres

be·rei·ni·gen' I. *vt* ▪ **etw ~** to resolve [*or sep* clear up] sth; **ihre Meinungsverschiedenheit ~** to settle their differences **II.** *vr* ▪ **sich ~** to resolve itself, to clear itself up

Be·rei·ni·gung *f* **die ~ einer S.** *gen*/**von etw** resolving [*or sep* clearing up] sth; **die ~ ihrer Meinungsverschiedenheit** settling their differences

be·rei·sen' *vt* ▪ **etw ~** ➊ *(reisend durchqueren)* to travel around sth; **die Welt ~** to travel the world ➋ ÖKON *(abfahren)* to travel [*or* cover] sth

be·reit [bəˈrait] *adj meist pred* ➊ *(fertig)* ▪ [**für** [*o* **zu**] **etw**] **~ sein** to be ready [for sth]; *(vorbereitet)* to be prepared for sth; **sich** [**für** [*o* **zu**] **etw**] **~ halten** to be ready [*or* prepared] [for sth]; **haltet euch für den Abmarsch ~!** get ready to march; **sich ~ halten, etw zu tun** to be ready to do sth; **etw ~ haben** to have sth at the ready; **eine Antwort/Ausrede ~ haben** to have an answer/excuse ready [*or* a ready answer/excuse] ➋ *(willens)* ▪ **zu etw ~ sein** to be willing [*or* prepared] to do sth; **zum Nachgeben/zu Zugeständnissen ~ sein** to be prepared to yield/to make concessions; ▪ **~ sein, etw zu tun** to be willing [*or* prepared] to do sth; **sich ~ erklären, etw zu tun** to agree to do sth; **sich zu etw ~ finden** to be willing [*or* prepared] to do sth

be·rei·ten' *vt* ➊ *(machen)* ▪ **jdm etw ~** to cause sb sth; **einen freundlichen Empfang/eine Freude/ eine Überraschung ~** to give sb a warm welcome/ pleasure/a surprise; **jdm Kopfschmerzen ~** to give sb a headache ➋ *(geh: zu~)* ▪ [**jdm**] **etw ~** to prepare sth [for sb]; **Medikamente/Essen/Kaffee ~** to

make up medicines/to prepare food, coffee *sep* ➌ *(richten)* ▪ **etw** [**für jdn/etw**] **~** to prepare sth [for sb/sth]; **das Bett ~** to make [up *sep*] the bed

be·reit|hal·ten *vt irreg* ➊ *(griffbereit haben)* ▪ **etw** [**für jdn/etw**] **~** to have sth ready [for sb/sth]; **Medikamente/Schusswaffen ~** to keep medicines/firearms at the ready ➋ *(in petto haben)* ▪ **etw** [**für jdn**] **~** to have sth in store [for sb] **be·reit|le·gen** *vt* ▪ **etw** [**für jdn/etw**] **~** to lay out sth *sep* ready [for sb/sth] **be·reit|lie·gen** *vi irreg* ➊ *(abholbereit liegen)* ▪ [**für jdn/zu etw**] **~** to be ready [for sb/sth] ➋ *(griffbereit liegen)* ▪ [**für jdn**] **~** to be within reach [for sb] ➌ NAUT ▪ [**zu etw**] **~** to be ready [for sth] **be·reit|ma·chen** *vt* ▪ **sich** [**für jdn/etw**] **~** to get [*or* make oneself] ready [for sb/sth]

be·reits [bəˈraits] *adv (geh)* already; **~ damals** even then; **das habe ich Ihnen doch ~ erzählt** I have told you that already, I have just told you that; **ich ermahne Sie ~ zum zweiten Male** I am warning you now for the second time

Be·reit·schaft <-, -en> [bəˈraitʃaft] *f* ➊ *kein pl* willingness; **seine ~ zu etw erklären, seine ~ erklären, etw zu tun** to express one's willingness to do sth ➋ *kein pl (Bereitschaftsdienst)* emergency service; **~ haben** *Apotheke* to provide emergency [*or* afterhours] services; *Arzt, Feuerwehr* to be on call; *(im Krankenhaus)* to be on duty; *Beamter* to be on duty; *Polizei, Soldaten* to be on standby; **in ~ sein** *Arzt* to be on call; *(im Krankenhaus)* to be on duty; *Feuerwehr, Truppen* to be on standby ➌ *(Einheit der Bereitschaftspolizei)* squad [of police]

Be·reit·schafts·arzt, -ärz·tin *m, f* doctor on duty **Be·reit·schafts·dienst** *m* emergency service; *von Apotheker a.* after-hours service **Be·reit·schafts·mo·dus** *m* standby [mode] **Be·reit·schafts·po·li·zei** *f* riot [*or form* security alert] police

be·reit|ste·hen *vi irreg* ▪ [**für jdn/etw**] **~** to be ready [for sb/sth]; *Truppen, Panzer* to stand by [for sb/sth]; **20 Divisionen stehen bereit** 20 divisions are standing by **be·reit|stel·len** *vt* ➊ *(zur Verfügung stellen)* ▪ **etw** [**für jdn/etw**] **~** to provide [sb/sth with] sth; ▪ **für jdn/etw bereitgestellt werden** to be provided for sb/sth ➋ *(vorbereitend hinstellen)* ▪ **etw ~** to make sth ready ➌ BAHN **einen zusätzlichen Zug ~** to run an extra train, to make an extra train available ➍ MIL ▪ **jdn/etw ~** to put sb/sth on standby; **alle bereitgestellten Panzer** all tanks on standby **Be·reit·stel·lung** *f* ➊ *(das Bereitstellen)* provision ➋ BAHN availability, running ➌ MIL **die ~ von Truppen/Panzern** putting soldiers/tanks on standby

be·reit·wil·lig I. *adj* ➊ *(gerne helfend)* willing; **ein ~er Verkäufer** an obliging salesman ➋ *(gerne gemacht)* **eine ~e Auskunft/ein ~es Angebot** information/ an offer given willingly **II.** *adv* readily, willingly

Be·reit·wil·lig·keit <-> *f kein pl* willingness; *von Verkaufspersonal* obligingness

be·reu·en' *vt* ▪ **etw ~** to regret sth; **seine Missetaten/Sünden ~** to repent of one's misdeeds/sins; ▪ **~, etw getan zu haben** to regret having done sth; **das wirst du noch ~!** you'll be sorry [for that]!

Berg <-[e]s, -e> [bɛrk] *m* ➊ GEOG mountain; *(kleiner)* hill; **den ~ hinauf/hinunter** uphill/downhill; **~ Heil!** good climbing to you!; **über ~ und Tal** up hill and down dale *dated;* **am ~ liegen** to lie at the foot of the hill [*or* mountain]; *s. a.* **Glaube** ➋ *pl* ▪ **die ~e** the hills; *(größer)* the mountains ➌ *(große Menge)* **ein ~/~e von etw** a pile/piles of sth; **~e von Papier** mountains of paper; **einen ~ von Briefen erhalten** to receive a flood of letters ▸ WENDUNGEN: **der ~ kreißt und gebärt eine Maus** *(geh selten)* the mountain laboured and brought forth a mouse; **wenn der ~ nicht zum Propheten kommt, muss der Prophet**

B

zum ~e kommen *(prov)* if the mountain won't come to Mahomet, [then] Mahomet must go to the mountain *prov;* **über alle ~e sein** *(fam)* to be long gone [*or fam* miles away]; **jdm goldene ~e versprechen** to promise sb the moon; **mit etw hinterm ~ halten** to keep quiet about sth [*or* sth to oneself], to not let the cat out of the bag; **am ~ sein** SCHWEIZ to not have a clue, to be clueless *fam;* **über den ~ sein** *(fig)* to be out of the woods; **noch nicht über den ~ sein** to be not out of the woods [*or* out of danger] yet; **die Patientin ist noch nicht über den ~** the patient's state is still critical

berg·ab [bɛrk'ʔap] *adv* downhill; **mit ihm/seinem Geschäft geht es ~** *(fig)* he/his business is going downhill **berg·ab·wärts** [bɛrk'ʔapvɛrts] *adv (geh) s.* **bergab Berg·ahorn** *m* sycamore [tree] **Berg·aka·de·mie** *f* mining college, school of mining

Ber·ga·mot·te <-, -n> [bɛrga'mɔtə] *f* BOT bergamot [orange]

Berg·amt *nt* mining authority **berg·an** [bɛrk'ʔan] *adv s.* **bergauf Berg·ar·bei·ter(in)** *m(f) s.* **Bergmann berg·auf** [bɛrk'ʔauf] *adv* uphill; **es geht wieder ~** *(fig)* things are looking up [*or* getting better]; **es geht mit mir wieder ~** health-wise things are looking up, my health is improving; **es geht mit dem Geschäft wieder ~** business is looking up **berg·auf·wärts** [bɛrk'ʔaufvɛrts] *adv (geh) s.* **bergauf Berg·aus·rüs·tung** *f* climbing [*or* mountaineering] equipment **Berg·bahn** *f* mountain railway; *(Seilbahn)* funicular railway **Berg·bau** *m kein pl* ■ **der ~** mining **Berg·be·hör·de** *f* mining inspectorate **Berg·be·stei·gung** *f* mountain climb [*or* ascent] **Berg·be·woh·ner(in)** *m(f)* mountain dweller, highlander **Berg·dorf** *nt* mountain village

Ber·ge·lohn ['bɛrgə-] *m* NAUT salvage [money] *no art*

ber·gen <barg, geborgen> ['bɛrgn̩] *vt* ❶ *(retten)* ■ **jdn/etw [aus etw** *dat]* ~ to save sb/sth, to rescue sb/sth [from sth]; **Giftstoffe/Tote ~** to remove toxic material/the dead; **ein Schiff/eine Schiffsladung ~** to salvage a ship/a ship's cargo; **tot geborgen werden** ❷ *(in Sicherheit bringen)* to be recovered dead ■ **etw [aus etw** *dat]* ~ to remove sth [from sth] ❸ *(geh: enthalten)* ■ **etw [in sich** *dat]* ~ to hold sth ❹ *(mit sich bringen)* ■ **[in sich** *dat]* ~ to involve sth ❺ *(geh: schützen)* ■ **jdn [vor jdm/etw]** ~ to shelter sb [from sb/sth] ❻ *(geh: verbergen)* ■ **etw an/in etw** *dat* ~ to hide sth on/in sth; **sie barg ihren Kopf an seiner Schulter** she buried her face in his shoulder; *s. a.* **geborgen**

Berg·fahr·rad *nt* mountain bike **Berg·fink** *m* ORN *(Fringilla montifringilla)* brambling **Berg·fried** <-[e]s, -e> ['bɛrkfriːt] *m* keep; HIST donjon **Berg·füh·rer(in)** *m(f)* mountain guide **Berg·gip·fel** *m* mountain top [*or* peak] **Berg·go·ril·la** *m* ZOOL *(Gorilla gorilla beringei)* mountain gorilla **Berg·grat** *m* mountain ridge **Berg·hang** *m* mountain slope **berg·hoch I.** *adj* mountainous; **berghohe Müll-/Schutt·haufen** mountains of rubble/rubbish [*or* AM garbage] **II.** *adv* **der Müll türmte sich ~** mountains of rubbish were piled up; **die Wellen türmten sich ~** the waves rose to mountainous heights **Berg·hüt·te** *f* mountain hut [*or* refuge]

ber·gig ['bɛrgɪç] *adj* hilly; *(gebirgig)* mountainous

Berg·in·ge·ni·eur(in) *m(f)* mining engineer **Berg·kä·se** *m* alpine cheese **Berg·ket·te** *f* mountain range [*or* chain] **Berg·kris·tall** *m* rock [*or* mountain] crystal *no art* **Berg·kup·pe** *f* mountain top **Berg·land** *nt* hilly country [*or* region]; *(gebirgig)* mountainous country [*or* region] **Berg·land·schaft** *f* mountain landscape **Berg·lin·se** *f* puy lentil **Berg·luft** *f* mountain air **Berg·mann** <-leute> ['bɛrkman, *pl:* -lɔytə] *m* miner **Berg·not** *f* **in ~ sein** [*o* **geraten**] to have [*or* get into]

[serious] climbing difficulties **Berg·pla·teau** *nt* mountain plateau **Berg·pre·digt** *f kein pl* REL ■ **die ~** the Sermon on the Mount **Berg·rü·cken** *m* mountain ridge [*or* crest] **Berg·rutsch** *m* landslide, BRIT *a.* landslip **Berg·sat·tel** *m* [mountain] saddle, col **Berg·schuh** *m* climbing boot **Berg·seil** *nt* climbing [*or* mountaineering] rope **Berg·spit·ze** *f* mountain peak **Berg·sta·ti·on** *f* mountain rescue hut **berg·stei·gen** *vi irreg sein o haben* to mountaineer, to go mountain climbing [*or* mountaineering]; ■ **[das] B~** mountaineering, mountain climbing **Berg·stei·gen** *nt* mountaineering, mountain climbing **Berg·stei·ger(in)** *m(f)* mountain climber, mountaineer **Berg·stra·ße** ['bɛrkʃtraːzə] *f* ❶ *(Straße im Gebirge)* mountain road ❷ ■ **die ~** *area between Darmstadt and Heidelberg noted for its wines and fruit* **Berg·tour** *f* [mountain] climb

Berg-und-Tal-Bahn *f* roller coaster, big dipper BRIT **Berg-und-Tal-Fahrt** *f* roller coaster ride; **das war die reinste ~** it was like being on a roller coaster

Ber·gung <-, -en> *f* ❶ *(Rettung)* saving, rescuing; **die ~ der Lawinenopfer gestaltete sich äußerst schwierig** it was extremely difficult to rescue those caught by the avalanche; *einer Schiffsladung* salvaging ❷ *(das Bergen)* removing; *von Toten* recovering **Ber·gungs·ar·bei·ten** *f* rescue work *no pl, no indef art; (von Schiffsladung)* salvage work *no pl, no indef art* **Ber·gungs·mann·schaft** *f* rescue team; *(von Schiffsladung)* salvage team **Ber·gungs·trupp** *m* rescue party

Berg·volk *nt* mountain race **Berg·wacht** *f* mountain [*or* alpine] rescue service **Berg·wand** *f* mountain face **Berg·wan·de·rung** *f* mountain hike [*or* trek], BRIT *a.* hill-walk **Berg·werk** *nt* mine; **im ~ arbeiten** to work down the mine *hum* **Berg·wie·se** *f* mountain pasture

Be·ri·be·ri <-> [beri'beːri] *f kein pl* MED beriberi

Be·richt <-[e]s, -e> [bə'rɪçt] *m* report; *(Zeitungs~ a.)* article (+*gen* by); **amtlicher ~** official report, communiqué; ~ **vom Tage** news report; **[jdm]** **[über etw** *akk]* ~ **erstatten** *(geh)* to report [to sb] on sth [*or* to sb [on sth]], to give [sb] a report [on sth]

be·rich·ten **I.** *vt* ■ **[jdm]** **etw ~** to tell sb [sth]; **was gibt's denn zu ~?** what have you to tell me?; **es gibt einiges zu ~** I/we have a number of things to tell you; **falsch/recht berichtet** SCHWEIZ wrong/right [*or* correct]; **bin ich falsch/recht berichtet, wenn ich annehme ...?** am I wrong/right [*or form* correct] in assuming ...? **II.** *vi* ❶ ■ **[über etw** *akk]* **[für jdn]** ~ to report on sth [for sb]; **ausführlicher ~** to give a more detailed report; **es berichtet für Sie exklusiv ...** reporting for you exclusively is ...; **wie unser Korrespondent berichtet** according to our correspondent; **wie soeben berichtet wird, sind die Verhandlungen abgebrochen worden** we are just receiving reports that negotiations have been broken off ❷ *(Bericht erstatten)* ❶ *(jdm* **über etw** *akk ~* ❶ to tell sb about sth; ■ **[jdm]** ~, **dass ...** to tell [*or form* inform] sb that ...; ■ **[jdm]** ~, **wann/warum/wie ...** to tell sb when/why/how ...; ■ **[jdm]** ~, **wenn ...** to let sb know when ...; **es wird berichtet, dass ...** it's going the rounds that ...; **von Zeugen wurde uns berichtet, wie/dass ...** we have received accounts from witnesses on how ... ❸ SCHWEIZ *(erzählen)* to talk, to chat *fam;* **es gibt viel zu ~** there is [*or* we have] a lot to talk [*or fam* chat] about

Be·richt·er·stat·ter(in) <-s, -> *m(f)* reporter; *(Korrespondent)* correspondent **Be·richt·er·stat·tung** *f* *(Reportage)* ■ **die ~** reporting (**über** +*akk* on); *(Bericht)* report; **zur ~ zurückgerufen werden** to be called back to [give a] report

be·rich·ti·gen [bə'rɪçtɪɡn̩] **I.** *vt* ❶ *(korrigieren)* ■ **jdn/etw ~** to correct sb/sth; ■ **sich** ~ to correct oneself; **eine erste Fassung ~** to correct [*or form* emend] an initial version; ~ **Sie mich, wenn ich mich irre** correct me if I'm wrong *a. iron* ❷ JUR ■ **etw** ~ to rectify sth **II.** *vi* to correct sb/sth; „**Irrtum,“ berichtigte sie** "Wrong," she corrected [him/her etc.]; ■ ~**d** corrective

Be·rich·ti·gung <-, -en> *f* ❶ *(Korrektur)* correction ❷ JUR rectification ❸ *(schriftliche Korrekturarbeit)* corrections *pl*

Be·richts·jahr *nt* ÖKON year under review [*or* report]

be·rie·chen *irreg* **I.** *vt* ■ **jdn/etw** ~ to sniff at [*or* smell] sb/sth; *Tier* to sniff at sb/sth **II.** *vr (fam)* ■ **sich [gegenseitig]** ~ to size each other up

be·rie·seln *vt* ❶ *(rieselnd bewässern)* ■ **etw** ~ to spray sth [with water]; **etw dünn** ~ to spray sth lightly [with water] ❷ *(fig fam)* ■ **von etw** *dat* **berieselt werden** to be exposed to a constant stream of sth; **sich von Musik** ~ **lassen** to have [a constant stream of] music playing in the background

Be·rie·se·lung <-, -en> *f* ❶ *(das Berieseln)* spraying; ■ **die** ~ **einer S.** *gen*/**von etw** spraying sth ❷ *(fam)* ■ **die** ~ **durch** [*o* **mit**] **etw** the constant stream of sth; **die** ~ **der Kunden mit Musik/Werbung** exposing customers to a constant stream of music/ advertisements

Be·rie·se·lungs·an·la·ge *f* sprinkler [system]; *(größer)* irrigation system

be·rin·gen [bəˈrɪŋən] *vt* ■ **einen Vogel** ~ to ring a bird; **beringt** ringed; **mit Brillanten** ~**e Finger** fingers ringed with diamonds

Be·ring·meer [ˈbeːrɪŋ-] *nt* Bering Sea

be·rit·ten *adj* mounted, on horseback *pred;* ~**e Polizei** mounted police + *sing/pl vb*

Ber·ke·li·um <-s> [bɛrˈkeːljʊm] *nt kein pl* berkelium *no art*

Ber·lin <-s> [bɛrˈliːn] *nt* Berlin

Ber·li·ner[1] <-s, -> [bɛrˈliːnɐ] *m* DIAL ■ ~ [**Pfannkuchen**] doughnut BRIT, donut AM

Ber·li·ner[2] [bɛrˈliːnɐ] *adj attr* Berlin; *s. a.* **Pfannkuchen** *s. a.* **Weiße**

Ber·li·ner(in) <-s, -> [bɛrˈliːnɐ] *m(f)* Berliner

Kultur

The **Berliner Filmfestspiele** – *Berlin Film Festival* also called the *Berlinale*, has been held since 1951. Ingmar Bergman, Roman Polanski, Jean-Luc Godard, Claude Chabrol and many others have received acclaim for their work in Berlin. Films are showcased, with a special category for children's films and a forum for international young film makers. The awards are called the Golden and Silver Bear and since 1986, the Berlinale Camera.

---

ber·li·nern [bɛrˈliːnɐn] *vi (fam)* to speak [in] [the] Berlin dialect

Ber·mu·da·drei·eck [bɛrˈmuːda-] *nt kein pl* ■ **das** ~ the Bermuda triangle

Ber·mu·das[1] [bɛrˈmuːdas] *pl* ■ **die** ~ Bermuda *no art,* + *sing vb,* the Bermudas + *pl vb;* **auf den** ~ in Bermuda [*or* the Bermudas]

Ber·mu·das[2] [bɛrˈmuːdas], **Ber·mu·da·shorts** [bɛrˈmuːdaʃɔ:ɐ̯ts, -ʃɔrts] *pl* Bermudas, Bermuda shorts

Bern <-s> [bɛrn] *nt* Bern[e]

Ber·ner [ˈbɛrnɐ] *adj attr* Berne[se]; *s. a.* **Berner Oberland**

Ber·ner(in) <-s, -> [ˈbɛrnɐ] *m(f)* Bernese

Ber·ner Ober·land *nt* ■ **das** ~ the Bernese Oberland

Bern·har·di·ner <-s, -> [bɛrnharˈdiːnɐ] *m* Saint Bernard [dog]

Ber·nitsch·ke [bɛrˈnɪtʃkə] *f* BOT cranberry

Bern·stein [ˈbɛrnʃtain] *m kein pl* amber, succinite *spec*

bern·stein·far·ben *adj* amber[-coloured [*or* AM -ored]]

Bern·stein·ket·te *f* amber necklace

Ber·ser·ker <-s, -> [bɛrˈzɛrkɐ] *m* HIST berserker; *(Irrer)* madman; **arbeiten wie ein** ~ to work like crazy [*or* fury] [*or* mad]; **toben wie ein** ~ to go berserk; **zum** ~ **werden** to go [*or* be sent] berserk

bers·ten <barst, geborsten> [ˈbɛrstn̩] *vi sein (geh)* ❶ *(auseinanderplatzen)* to explode; *Ballon* to burst; *Glas, Eis* to break, to crack; *Erde* to burst open, to break asunder *liter;* **zum B~ voll** *(fam)* full to burst-ing[-point] *fam* ❷ *(fig)* ■ **vor etw** *dat* ~ to burst with [*or* nearly die of] sth; **vor Wut** ~ to be livid [*or* to tremble] with rage; **vor Lachen** ~ to split one's sides laughing

Berst·schutz *m (im Kernkraftwerk)* safety containment

be·rüch·tigt [bəˈrʏçtɪçt] *adj* ❶ *(in schlechtem Ruf stehend)* notorious, infamous; ■ **wegen etw** ~ **sein** to be notorious for sth ❷ *(gefürchtet)* feared, dreaded; ■ **wegen etw** ~ **sein** to be feared [*or* dreaded] because of sth

be·rü·ckend *adj* captivating, enchanting; **eine** ~**e Schönheit** a ravishing beauty

be·rück·sich·ti·gen [bəˈrʏkzɪçtɪgn̩] *vt* ❶ *(beachten, einkalkulieren)* ■ **etw** ~ to take sth into consideration [*or* account], to bear sth in mind; ■ ~**, dass ...** to remember [*or* bear in mind] that ..., to take into consideration [*or* account] [the fact] that ... ❷ *(rücksichtsvoll anerkennen)* ■ **etw** ~ to allow [*or* make allowances] for sth; **wir müssen** ~, **dass er lange krank war** we have to allow for his long illness ❸ *(positiv bedenken)* ■ **jdn/etw** ~ to consider sb/sth; **jdn/etw testamentarisch** ~ to remember sb/sth in one's will

Be·rück·sich·ti·gung <-> *f kein pl* consideration; **unter** ~ **einer S.** *gen* in consideration of [*or* with regard to] sth; ~ **finden** to be considered

Be·ruf <-[e]s, -e> [bəˈruːf] *m* occupation *form,* job; **ein akademischer** ~ an academic profession; **ein freier** ~ a profession; **ein handwerklicher** ~ a trade; **ein gewerblicher** ~ a commercial trade, business; **sie ist Ärztin von** ~ she's a doctor; **er ist Maurer von** ~ he's a bricklayer by trade; **einen** ~ **ausüben** to work; **was sind Sie von** ~? what do you do [for a living]?, what is your occupation? *form;* **welchen** ~ **üben Sie aus?** what's your profession [*or* occupation] ?; **einen** ~ **ergreifen** to take up an occupation [*or* trade] [*or* profession]; **welchen** ~ **willst du später mal ergreifen?** what would you like to be when you grow up?; **im** ~ **stehen** to work; **seinen** ~ **verfehlt haben** to have missed one's vocation; **von** ~**s wegen** because of one's job

be·ru·fen[1] *adj* ❶ *(kompetent)* qualified, competent; *s. a.* **Mund** *s. a.* **Seite** ❷ *(auserwählen)* ■ **zu etw** ~ **sein** to have a vocation [*or* calling] for sth [*or* to do sth]; **er ist zu Großem** ~ he's meant for greater things; **sich** ~ **fühlen, etw zu tun** to feel called to do sth, to feel one has a vocation [*or* calling] [*or* mission] to do/be sth; **viele sind** ~ REL many are called

be·ru·fen[2] *irreg* **I.** *vt* ❶ *(ernennen)* ■ **jdn zu etw** ~ to appoint sb to sth; **jdn auf einen Lehrstuhl** ~ to offer sb a chair ❷ *(fam: heraufbeschwören)* **etw nicht** ~ **wollen** to hate to have to say sth, to not want to tempt fate; **ich will es nicht** ~, **aber er schafft die Prüfung sicher nicht** much as I hate to say it, he's not going to pass the exam; **ich will das Unglück nicht** ~ I don't want to invite trouble ❸ *(veraltet: zusammenrufen, zu sich rufen)* ■ **etw** ~ to convene [*or* summon] sth; **das Parlament wurde** ~ Parliament was convoked [*or* summoned]; ■ **jdn zu sich** *dat* ~ to call [*or* summon] sb to one; **der Herr hat sie zu sich** ~ she has been called to her Maker **II.** *vr* ■ **sich** *akk* **auf jdn/etw** ~ to refer to sb/sth; **der Korrespondent berief sich auf die Prawda** the journalist quoted "Pravda" [in support]; **sie berief sich auf ihre Unkenntnis** she pleaded her ignorance **III.** *vi* JUR ÖSTERR *(Berufung einlegen)* to [lodge an] appeal

be·ruf·lich I. *adj* professional, vocational; **~e Aussichten** career [*or* job] prospects; **~er Erfolg** success in one's career [*or* job]; **~er Werdegang** career; **~e Laufbahn** career; **~e Pflichten** professional duties [*or* tasks]; **~e Fortbildung** further training; **aus ~en Gründen verreist** [*o* abwesend] away on business **II.** *adv* as far as work is concerned; **es geht ~ bergauf/bergab** things are going well/badly in one's job; **sich** *akk* **~ weiterbilden** [*o* fortbilden] to undertake further training; **sich** *akk* **~ verbessern/verschlechtern** to improve/worsen one's professional situation; **~ vorankommen** to progress in one's career; **~ unterwegs sein** to be away on business; **~ verhindert sein** to be detained by work; **was macht sie ~?** what does she do for a living?

The **Berufsakademie** – *professional college* combines a three-year academic education and training on the job.

Be·rufs·ar·mee *f* regular army **Be·rufs·aus·bil·dung** *f* [professional] training; **~ zum Handwerker** apprenticeship **Be·rufs·aus·sich·ten** *pl* career prospects *pl* **Be·rufs·be·am·te(r)** *f(m) dekl wie adj* civil servant **Be·rufs·be·am·ten·tum** *nt* civil service **be·rufs·be·dingt** *adj* occupational; **bei einem Bäcker ist das frühe Aufstehen ~** for a baker getting up early is part of the job; **~e Krankheit** occupational disease **Be·rufs·be·ra·ter(in)** *m(f)* careers advisor [*or* adviser] **Be·rufs·be·ra·tung** *f (Beratungsstelle)* careers [*or* AM career] advisory service; *(das Beraten)* careers [*or* AM career] advice [*or* guidance] **Be·rufs·be·zeich·nung** *f* [official] job title

In den USA werden Personen, die öffentliche Ämter bekleiden, häufig zusammen mit ihrer **Berufsbezeichnung** genannt, z.B. *Senator Kennedy, Reverend Smith* oder *Judge O'Brian.*

be·rufs·be·zo·gen I. *adj* vocational **II.** *adv* **~ unterrichten** to teach vocationally [*or* practically] orientated [*or* AM oriented] **Be·rufs·bild** *nt* job outline *(analysis of an occupation as a career)* **Be·rufs·er·fah·rung** *f* work [*or* professional] [*or* occupational] experience **Be·rufs·ethos** *nt* professional ethics *npl* **Be·rufs·fach·schu·le** *f* training college **Be·rufs·feu·er·wehr** *f* [professional] fire brigade [*or* AM department] **be·rufs·fremd** *adj* with no experience of [*or* AM in] a field [*or* a particular occupation]; **~e Bewerber haben kaum eine Chance** applicants who have no experience in this field have almost no chance; **eine ~e Tätigkeit** a job outside one's profession [*or* trade] **Be·rufs·ge·heim·nis** *nt (Schweigepflicht)* professional confidentiality [*or* secrecy]; *(Geheimniskrämerei)* professional secret **Be·rufs·ge·nos·sen·schaft** *f* professional [*or* trade] association **Be·rufs·grup·pe** *f* occupational group **Be·rufs·heer** *nt* professional [*or* regular] army **Be·rufs·ju·gend·li·che(r)** *f(m) dekl wie Adj (iron fam)* wannabe teenager *pej fam* **Be·rufs·klei·dung** *f* work[ing] clothes *npl* **Be·rufs·krank·heit** *f* occupational [*or* industrial] disease [*or* illness] **Be·rufs·le·ben** *nt* working life; **im ~ stehen** to be working [*or form* in employment] **be·rufs·mä·ßig I.** *adj* professional **II.** *adv* profession-

ally; **etw ~ machen/betreiben** to do sth on a professional basis; **er ist ~ sehr engagiert** he's very taken up with his work

Be·rufs·of·fi·zier(in) *m(f)* professional officer **Be·rufs·ri·si·ko** *nt* occupational hazard **Be·rufs·schu·le** *f* vocational school, technical college, college of further education **Be·rufs·schü·ler(in)** *m(f)* student at vocational school [*or* a technical college] **Be·rufs·schul·leh·rer(in)** *m(f)* SCH vocational school teacher **Be·rufs·sol·dat(in)** *m(f)* professional [*or* regular] soldier **Be·rufs·spie·ler(in)** *m(f)* ① SPORT professional player ② *(Glücksspieler)* professional gambler **Be·rufs·sport·ler(in)** *m(f)* professional [sportsman/sportswoman], pro *fam* **Be·rufs·stand** *m* professional group; *(akademisch)* profession; *(handwerklich)* trade **be·rufs·tä·tig** *adj* employed, working; ■ **~ sein** to have a job, to [be in] work; **sie ist nicht mehr ~** she's left [*or* out of] work; **~e Frau/Mutter/~er Mann** working woman/mother/man **Be·rufs·tä·ti·ge(r)** *f(m) dekl wie adj* working person; ■ **die ~n** those in employment, the working people **Be·rufs·tä·tig·keit** *f* occupation, [gainful] employment; **bei ~ beider Ehepartner** when both husband and wife are working [*or* in employment]; **nach 20 Jahren ~ warf er alles hin** after 20 years of working life, he gave it all up **be·rufs·un·fä·hig** *adj* disabled; **zu 10% ~ sein** to have an 10% occupational disability; **jdn ~ schreiben** to certify that sb is unable to practice his/her profession **Be·rufs·un·fä·hig·keit** *f* occupational incapacity [*or* disability], inability to practice one's profession **Be·rufs·ver·band** *m* professional [*or* trade] organization [*or* association] **Be·rufs·ver·bot** *nt* official debarment from one's occupation; **jdm ~ erteilen** [*o* auferlegen] to ban sb from his/her occupation; **~ haben** to be banned from one's occupation **Be·rufs·ver·bre·cher(in)** *m(f)* professional criminal **Be·rufs·ver·kehr** *m* rush-hour traffic **Be·rufs·vor·be·rei·tungs·jahr** *nt* pre-training course of one year **Be·rufs·wahl** *f kein pl* choice of career [*or* occupation] **Be·rufs·wech·sel** *m* change of occupation **Be·rufs·zweig** *m* profession, professional branch [*or* field] **Be·ru·fung** <-, -en> *f* ① JUR appeal; **ich rate Ihnen zur ~** I advise you to appeal [*or* lodge [*or* file] an appeal]; **~ in erster/zweiter Instanz** to appeal to a court of first/second instance; **in die ~ gehen** [*o* **~ einlegen**] to lodge [*or* file] an appeal, to appeal; **die ~ zulassen/für unzulässig erklären** to give/refuse leave to appeal; **einer ~ stattgeben** to allow an appeal ② *(Angebot für ein Amt)* appointment, nomination; ■ **die/eine ~ auf/in etw** *akk* the/an appointment as/to sth; **eine ~ auf einen Lehrstuhl erhalten** SCH to be offered a chair; **eine ~ in ein Amt erhalten** to be appointed to office *no art* ③ *(innerer Auftrag)* vocation; ■ **jds** *gen* **~ zu etw** sb's calling [*or* vocation] for sth; **sie ist Lehrerin aus ~** she was called to be a teacher ④ *(das Sichbeziehen)* ■ **die ~ auf jdn/etw** reference to sb/sth; **unter ~ auf jdn/etw** with reference to [*or* on the authority of] sb/sth **Be·ru·fungs·frist** *f prescribed period within which an appeal must be made* **Be·ru·fungs·ge·richt** *nt* court of appeal **Be·ru·fungs·in·stanz** *f* court of appeal **Be·ru·fungs·kla·ge** *f* appeal **Be·ru·fungs·kom·mis·si·on** *f* review committee **be·ru·hen** *vi* **auf etw** *dat* **~** to be based [*or* founded] on sth; **der Film beruht auf einer wahren Begebenheit** the movie is based on a true story; **die ganze Angelegenheit beruht auf einem Irrtum** the whole affair is due to a mistake; **etw auf sich** *dat* **~ lassen** to drop sth; **ich will diese Angelegenheit auf sich ~ lassen** I want to let the matter rest; **du kannst das nicht auf sich ~ lassen** you cannot let

this pass [*or* go] unnoticed; *s. a.* **Gegenseitigkeit**
be·ru·hi·gen [bəˈruːɪgn̩] **I.** *vt* ❶ *(beschwichtigen)* ■ **jdn** ~ to reassure [*or* comfort] sb; **ihr herzlicher Empfang beruhigte ihn wieder** their warm welcome set [*or* put] him at ease again; **jds Gewissen/ Gedanken** ~ to ease sb's conscience/mind ❷ *(ruhig machen)* ■ **jdn/etw** ~ to calm sb/sth [down], to pacify sb; **jdm die Nerven** ~ to soothe sb's nerves; **jds Schmerzen** ~ to ease [*or* relieve] [*or* alleviate] sb's pain; **den Verkehr** ~ to introduce traffic calming measures; **dieses Getränk wird deinen Magen** ~ this drink will settle your stomach **II.** *vr* ❶ *(ruhig werden)* ■ **sich** ~ to calm down, to relax, to chill out *sl; politische Lage* to stabilize; *Meer* to grow calm; ~ **Sie sich!** calm down!, take it easy! ❷ *(abflauen)* ■ **sich** ~ *Unwetter, Nachfrage* to die down, to abate, to subside *form; Krise* to ease off
be·ru·hi·gend **I.** *adj* ❶ *(ruhig machend)* reassuring; *Musik, Bad, Massage* soothing ❷ MED *(ruhigstellend)* sedative **II.** *adv* reassuringly, soothingly; **eine ~ wirkende Spritze** an injection with a sedative effect
be·ru·higt [bəˈruːɪçt] **I.** *adj* relieved, reassured; **dann bin ich ~!** that's put my mind at rest!, that's a relief! **II.** *adv* with an easy mind, without worrying
Be·ru·hi·gung <-, -en> *f* ❶ *(das Beschwichtigen)* reassurance; **ich hoffe, diese positive Auskunft dient Ihrer** ~ I hope you are reassured by this positive news ❷ *(das Beruhigen)* soothing, calming; **geben Sie der Patientin etwas zur** ~ give the patient something to calm her; **ein Mittel zur** ~ a sedative; **zwangsweise** ~ MED enforced sedation; **zu jds** *dat* ~ to reassure sb, to set sb's mind at rest; **ich kann Ihnen zu Ihrer ~ versichern, dass Ihr Kind unverletzt ist** I can reassure you that your child is unharmed; **sehr zu meiner** ~ much to my relief ❸ *(das Beruhigtsein)* calming [down]; **bald nach Einnahme des Mittels trat ein Effekt der ~ ein** soon after taking the medicine it began to have a soothing effect [on him/her]
Be·ru·hi·gungs·mit·tel *nt* sedative **Be·ru·hi·gungs· pil·le** *f* sedative [pill], tranquillizer BRIT, tranquilizer AM **Be·ru·hi·gungs·sprit·ze** *f* sedative [injection], tranquillizer BRIT, tranquilizer AM
be·rühmt [bəˈryːmt] *adj* famous, celebrated, noted; ■ **für** [*or* wegen] **etw** ~ sein to be famous [*or* noted] [*or* form renowned] for sth ■ WENDUNGEN: **nicht gerade** [**sehr**] ~ **sein** *(fam)* to be nothing to write home [*or* shout] about
be·rühmt-be·rüch·tigt *adj inv* notorious, infamous
Be·rühmt·heit <-, -en> *f* ❶ *(Ruf)* fame, eminence, renown *form;* **die ~ von Shakespeare ist unbestritten** Shakespeare's fame [*or* renown] is undeniable; ~ **erlangen** to rise to [*or* achieve] fame, to become famous, to achieve eminence *form;* **zu trauriger** ~ **gelangen** *(iron)* to achieve notoriety *iron* ❷ *(berühmter Mensch)* celebrity, well-known personality; **sie ist eine** ~ she's a star
be·rüh·ren **I.** *vt* ❶ *(Kontakt haben)* ■ **jdn/etw** ~ to touch sb/sth; MATH to be at a tangent to; **bitte nicht ~!** please do not touch!; **wo die Felder die Berge** ~ where the fields border on [*or* meet] the mountains ❷ *(seelisch bewegen)* ■ **jdn in irgendeiner Weise** ~ to touch [*or* move] [*or* affect] sb [in a certain way]; **dieses Lob hat sie angenehm berührt** the praise came as a pleasant surprise to her; **das berührt mich überhaupt nicht!** I couldn't care less! ❸ *(kurz erwähnen)* ■ **etw** ~ to touch on [*or* allude to] sth; **ein Thema nicht** ~ to avoid [any] reference to a subject ❹ *(auf Reise streifen)* ■ **etw** ~ to call at [*or* AM stop [off]] somewhere **II.** *vr* ❶ *(Kontakt haben)* ■ **sich** ~ to touch, to come into contact [with each other] [*or* with one another] ❷ *(übereinstim-*

men) ■ **sich** [**in etw** *dat*] ~ to meet, to converge; **in einigen Punkten ~ wir uns** we agree on a couple of points
be·rührt *adj* touched, moved, affected; ■ **von etw** [**irgendwie**] ~ **sein** to be [somehow] touched [*or* moved] [*or* affected] by sth; **ich bin angenehm ~!** it has come as a pleasant surprise!; **peinlich ~ sein** to be deeply embarrassed; **schmerzlich/seltsam/ unangenehm ~ sein** to be painfully/strangely/ unpleasantly affected
Be·rüh·rung <-, -en> *f* ❶ *(Kontakt)* contact, touch; **jdn mit etw in ~ bringen** to bring sb into contact with sth; **diese Weltreise brachte uns mit fremden Kulturen in** ~ on this world trip we encountered foreign cultures; **mit jdm/etw in ~ kommen** *(physisch)* to brush up against [*or* touch] sb/sth; *(in Kontakt kommen)* to come into contact with sb/sth; **bei** ~ [**einer S.** *gen*] touching [sth]; **bei ~ dieses Drahtes wird der Alarm ausgelöst** touching the wire sets off the alarm; **bei der leisesten** [*o* geringsten] ~ at the slightest touch; **„bei ~ Lebensgefahr!"** 'danger! do not touch!' ❷ *(Erwähnung)* reference, allusion; **sie vermied jede ~ dieses Themas** she avoided any reference [*or* allusion] to this subject
Be·rüh·rungs·angst *f meist pl* fear of contact **Be·rüh· rungs·bild·schirm** *m* touch screen **Be·rüh·rungs· punkt** *m* ❶ *(Punkt der Übereinstimmung)* point of contact, area [*or* point] of agreement ❷ MATH tangential point
Be·ryl·li·um <-s> [beˈrʏljum] *nt kein pl* CHEM beryllium
be·sab·bern **I.** *vt (fam)* ■ **jdn/etw** ~ to slobber on sb/sth *fam* **II.** *vr (fam)* ■ **sich** [**mit etw**] ~ to dribble [sth]; **er hat sich überall mit Haferbrei besabbert** he's dribbled porridge all over the place [*or* himself]
be·sa·gen *vt* ■ **etw** ~ to mean [*or* say] [*or* imply] sth; **das will noch nicht viel ~** that doesn't mean anything; **nicht ~, dass** to not mean [to say] that; **das besagt nicht, dass sie auch tatsächlich kommt** that doesn't mean [to say] she'll actually come; **es besagt, dass** it says [*or* means] that
be·sagt [bəˈzaːkt] *adj attr (geh)* aforesaid, aforementioned *form;* **~er Herr Dietrich** the said [*or* aforesaid] Mr Dietrich
be·sai·ten [bəˈzaitn̩] *vt* **ein Instrument** ~ to string an instrument; **etw neu** ~ to restring sth; *s. a.* **zart**
be·sa·men *vt* ■ **jdn/ein Tier** [**künstlich**] ~ to [artificially] inseminate sb/an animal; **eine Pflanze** ~ to pollinate a plant
be·sam·meln *vr* SCHWEIZ *s.* **versammeln**
Be·samm·lung *f* SCHWEIZ *s.* **Versammlung**
Be·sa·mung <-, -en> *f* insemination, fertilization; **künstliche** ~ artificial insemination, AI
be·sänf·ti·gen [bəˈzɛnftɪgn̩] **I.** *vt* ■ **jdn/etw** ~ to calm sb/sth [down], to soothe [*or* placate] sb/sth; **jds Zorn** ~ to calm sb down, to soothe sb's anger; **jdm das Gemüt** ~ to soothe sb's feelings; **sie war nicht zu ~** she was inconsolable **II.** *vr* ■ **sich** ~ to calm [*or* BRIT quieten] down [*or* AM quiet], to cool down [*or* off]; *Sturm, Unwetter* to die down, to subside *form*
Be·sänf·ti·gung <-, -en> *f* calming, soothing
be·sät *adj* ❶ *(bestreut)* **mit etw** ~ strewn [*or* dotted] with sth; *(bedeckt)* covered with sth; **mit Papier/ Müll** ~ littered with paper/rubbish [*or* AM garbage]; **mit Sternen** ~ star-studded [*or* -spangled] ❷ *(iron: überladen)* cluttered, chock-a-block *fam*
Be·satz <-es, Besätze> [bəˈzats, *pl:* bəˈzɛtsə] *m* ❶ *(Borte)* border, trimming ❷ JAGD *(Bestand)* stock
Be·sat·zer <-s, -> *m* ❶ *(pej: Besatzungssoldat)* member of the occupying force ❷ *(Besatzungsmacht)* occupying forces *pl*
Be·sat·zung <-, -en> [bəˈzatsʊŋ] *f* ❶ *(Mannschaft)*

B

crew ② *(MIL)* occupation; *(Besatzungsarmee)* occupying army [*or* forces *pl*] ③ MIL *(Verteidigungstruppe)* troops, garrison

Be·sat·zungs·ar·mee *f* occupying army **Be·sat·zungs·macht** *f* occupying power **Be·sat·zungs·trup·pen** *pl* occupying troops *pl* **Be·sat·zungs·zo·ne** *f* occupation zone, zone of occupation

be·sau·fen˚ *vr irreg (sl)* ■ **sich** [**mit etw**] **~** to get sloshed [*or* plastered] [*or* BRIT *a.* legless] [*or* BRIT *a.* pissed] *sl* [on sth]

Be·säuf·nis <-ses, -se> *nt (sl)* booze-up *fam,* piss-up BRIT *sl*

be·säu·selt *adj (fam)* tipsy *fam,* tiddly *fam,* woozy *fam,* merry

be·schä·di·gen˚ *vt* ■ **etw ~** to damage sth; ■ |**leicht/schwer**| **beschädigt** [slightly/badly] damaged

Be·schä·di·gung *f* damage *no pl;* ■ **die ~ von etw** the damage [done] to sth; |**einige/schwere**| **~en auf·weisen** to be [slightly/badly] damaged

Be·schä·di·gungs·kampf *m* BIOL injurious [*or* damaging] fight

be·schaf·fen˚¹ I. *vt* ■ |**jdm**| **jdn/etw ~** to get [*or fam* get hold of] sb/sth [for sb], to obtain [*or* procure] sb/sth [for sb] *form;* **eine Waffe ist nicht so ohne wei·teres zu ~** a weapon is not so easy to come by **II.** *vr* ■ **sich** *dat* **etw ~** to get [*or fam* get hold of] sth, to obtain sth *form;* **du musst dir Arbeit/Geld ~** you've got to find [*or* get] yourself a job/some money

be·schaf·fen² *adj (geh)* ■ **irgendwie ~ sein** to be made in some way, to be in a certain condition [*or* state]; **hart/weich ~** |**sein**| [to be] hard/soft; **die Straße ist schlecht/gut ~** the road is in bad/good repair; **mit dieser Angelegenheit ist es derzeit nicht gut ~** the situation doesn't look very good just now; **wie ist es mit deiner Kondition ~?** what about your physical fitness?

Be·schaf·fen·heit <-> *f kein pl* composition; *Zustand* state, nature; *Material* structure, quality; *Körper* constitution; *Psyche* make-up; **die ~ des Stoffes war sehr seidig** the material was very silky; ■ **je nach ~ von etw** according to the nature [*or* quality] [*or* character] of sth

Be·schaf·fung <-> *f kein pl* obtaining (**von** +*dat* of), procurement *form*

Be·schaf·fungs·kri·mi·na·li·tät *f* drugs-related crime **Be·schaf·fungs·pros·ti·tu·ti·on** *f* drugs-related prostitution

be·schäf·ti·gen˚ [bəˈʃɛftɪgn] **I.** *vr* ① *(sich Arbeit ver·schaffen)* ■ **sich** *akk* |**mit etw** *dat*| **~** to occupy [*or* busy] oneself [with sth]; **hast du genug, womit du dich ~ kannst?** have you got enough to do [*or* to keep you busy] ② *(sich befassen)* ■ **sich** *akk* **mit jdm ~** to pay attention to sb; **du musst dich mehr mit den Kindern ~** you should spend more time with the children; ■ **sich** *akk* **mit etw ~** to take a close look at [*or* deal with] sth; **mit dieser Sache habe ich mich ja noch gar nicht beschäftigt** it's never occurred to me before; **die Polizei wird sich mit dem Fall ~ müssen** the police will have to deal with [*or* examine] the case; **er hat sich schon immer mit Briefmarken beschäftigt** he's always been into stamps **II.** *vt* ① *(innerlich in Anspruch neh·men)* ■ **jdn ~** to be on sb's mind; **mit einer Frage/einem Problem beschäftigt sein** to be preoccupied with a question/problem ② *(anstellen)* ■ **jdn** |**bei sich** *dat*| **~** to employ sb ③ *(eine Tätigkeit geben)* ■ **jdn** |**mit etw** *dat*| **~** to keep sb busy [*or* occupy sb] [with sth]

be·schäf·tigt [bəˈʃɛftɪçt] *adj* ① *(befasst)* busy, preoccupied; ■ |**mit jdm/etw**| **~ sein** to be busy [with sb/sth]; **mit was bist du da gerade ~?** what are you up to there? ② *(angestellt)* employed; ■ |**als etw**| **~ sein**

to be employed [as sth]; **wo bist du ~?** where do you work? **Be·schäf·tig·te(r)** *f(m) dekl wie adj* employee; **abhängig ~** employed persons *pl,* wage and salary earners *pl*

Be·schäf·ti·gung <-, -en> *f* ① *(Anstellung)* employment *no pl,* job; **eine feste ~** regular employment [*or* work]; **eine ~ als...** work [*or* a job] as a...; **eine/keine ~ haben** to be employed/unemployed, to have/not have a job; **einer/keiner ~ nachgehen** *(geh)* to have employment/no employment *form;* **ohne ~ sein** to be unemployed [*or* without work] ② *(Tätigkeit)* activity, occupation; **ich finde schon eine ~ für euch** I'll find something for you to do ③ *(Auseinandersetzung)* consideration (**mit** +*dat* of); **nach eingehender ~ mit etw** having given sth serious thought [*or* consideration]; **die ~ mit etw** thinking about sth; **die ~ mit der Literatur/der Natur** the study of literature/nature; ■ **die ~ mit jdm** dealing with sb ④ *(das Beschäftigen anderer)* occupation; **die ~ der Kinder ist nicht immer leicht** keeping the children occupied is not always easy

Be·schäf·ti·gungs·för·de·rungs·ge·setz *nt* promotion of employment act **Be·schäf·ti·gungs·la·ge** *f* [situation on the] job market

be·schäf·ti·gungs·los *adj (arbeitslos)* unemployed **Be·schäf·ti·gungs·po·li·tik** *f* employment policy **Be·schäf·ti·gungs·pro·gramm** *nt* ≈ re-employment programme [*or* AM -am] **Be·schäf·ti·gungs·the·ra·pie** *f* occupational therapy

be·schä·men˚ *vt* ■ **jdn ~** to shame sb, to put sb to shame; **es beschämt mich, zuzugeben ...** I'm ashamed to admit ...

be·schä·mend *adj* ① *(schändlich)* shameful, disgraceful ② *(demütigend)* humiliating; **ein ~es Gefühl** a feeling of shame

be·schämt *adj* ashamed, abashed; *(verlegen)* shame-faced, red-faced; ■ **über etw ~ sein** to be ashamed of sth; ■ **von** [*o* **durch**] **etw ~ sein** to be embarrassed by sth

Be·schä·mung <-, *selten* -en> *f* shame; **zu mei·ner ~** to my shame [*or* disgrace] [*or* chagrin] *form*

be·schat·ten˚ *vt* ① *(überwachen)* ■ **jdn ~** [**lassen**] to [have sb] shadow[ed] sb, to follow [*or* trail] [*or fam* tail] sb ② *(geh: mit Schatten bedecken)* ■ **etw ~** to shade sth

Be·schat·ter(in) <-s, -> *m(f) (fam)* shadow, tail

Be·schat·tung <-, *selten* -en> *f* ① *(Überwachung)* shadowing; **sie ordnete die ~ des Verdächtigen an** she ordered that the suspect be shadowed ② *(das Schattenwerfen)* shade

be·schau·en˚ *vt* ① *Fleisch* ■ **etw ~** to inspect sth ② DIAL *(betrachten)* ■ **etw ~** to look at sth

be·schau·lich I. *adj* peaceful, tranquil; **ein ~es Leben führen** to lead a contemplative [*or* meditative] life **II.** *adv* peacefully, quietly; **sein Leben ~er gestalten** to lead a more meditative [*or* contemplative] life; **~ arbeiten** to work leisurely

Be·schau·lich·keit <-> *f kein pl* peace, tranquillity; **ein Leben in ~** a tranquil life

Be·scheid <-[e]s, -e> [bəˈʃait] *m* news *no indef art,* + *sing vb,* information *no pl, no indef art;* ADMIN answer, reply; **~ erhalten** to be informed [*or* notified]; **abschlägiger ~** negative reply, rejection; **jdm** |**über etw** *akk* [*o* **von etw** *dat*]] **~ geben** to inform [*or* notify] sb [about sth]; **jdm** |**über etw** *akk*| **~ sagen** to tell sb [*or* to let sb know] [about sth]; **jdm ordentlich ~ sagen, jdm gründlich ~ stoßen** *(fam)* to give sb a piece of one's mind [*or fam* a ticking-off]; **jdm brief·lich/telefonisch/per Fax ~ geben** to inform sb [*or* let sb know] by post [*or* AM mail] /[tele]phone/fax; **ich habe bis heute noch keinen ~** I still haven't heard anything; **irgendwo ~ wissen** to know one's way around somewhere; **gut/besser ~ wissen** to be well-informed/better-informed; [**über etw** *akk* [*o* **in etw** *dat*]] **~ wissen** to know [about sth]; *Geheimnis* be in the know [*or* the picture]; **ich weiß ~!** I know all about it! [*or* what's going on]; **frag' Kerstin – sie weiß ~** ask Kerstin – she knows; **näher ~ wissen** to know more about sth

be·schei·den[1] [bəˈʃaɪdn̩] **I.** *adj* ➊ *(genügsam)* modest, self-effacing, unassuming; **ein ~es Leben führen** to lead a humble life, to live a modest existence ➋ *(einfach)* modest, unpretentious, plain; **aus ~en Verhältnissen kommen** to have a humble background [*or* humble origins]; **in ~en Verhältnissen leben** to live a simple life [*or* modestly]; **nur eine ~e Frage** just one small question ➌ *(fam: gering)* modest, meagre [*or* AM *-er*]; **zu ~en Preisen** at moderate prices ➍ *(euph fam: beschissen)* lousy *fam*, BRIT *a.* bloody-awful *sl;* **seine Leistung war eher ~** his performance was rather lousy **II.** *adv* ➊ *(selbstgenügsam)* modestly, self-effacingly ➋ *(einfach)* modestly, unpretentiously, plainly ➌ *(euph fam: beschissen)* ▪ **sich ~ fühlen** to feel bloody awful [*or* AM like crap] *sl;* ▪ **jdm geht es ~** sth isn't going very well for sb; **mir geht's beruflich wirklich ~** jobwise things aren't great

be·schei·den[2] [bəˈʃaɪdn̩] *irreg* **I.** *vt* ➊ *(geh: entscheiden)* ▪ **etw ~** to come to a decision about sth; **einen Antrag ~** to decide upon an application; **einen Antrag positiv/negativ ~** to accept/reject a proposal; **ein Gesuch positiv/negativ ~** to grant [*or* approve] /reject [*or* turn down] a request ➋ *(geh: zuteilwerden lassen)* ▪ **jdm ist etw beschieden** sth falls to sb's lot [*or* liter is granted to sb]; **es war ihr nicht beschieden, den Erfolg zu genießen** it was not her lot to enjoy success; **möge dir zeitlebens Glück und Zufriedenheit beschieden sein!** may you enjoy happiness and contentment all your life! ➌ *(geh: bestellen)* ▪ **jdn zu jdm/etw ~** to summon [*or* call] sb to sb/sth **II.** *vr (geh)* ▪ **sich mit etw ~** to be content with sth

Be·schei·den·heit <-> *f kein pl* ➊ *(Genügsamkeit)* modesty, humility; **in aller ~** in all modesty; **bei aller ~** with all due modesty; [**nur**] **keine falsche ~!** no false modesty [now]!; **aus** [**reiner**] **~** out of [pure] modesty ➋ *(Einfachheit)* modesty, plainness, unpretentiousness ➌ *(Geringfügigkeit)* modesty, paucity *form* ▶ WENDUNGEN: **~ ist eine Zier, doch weiter kommt man ohne ihr** *(hum liter)* modesty is a virtue but it won't get you far

be·schei·nen *vt irreg* ▪ **jdn/etw ~** to illuminate [*or* light up] [*or* shine on] sb/sth; **von der Sonne beschienen** sunlit; **vom Glück beschienen sein** to be a lucky fellow

be·schei·ni·gen [bəˈʃaɪnɪɡn̩] *vt* ▪ **jdm etw ~** to certify sth for sb *form;* *(quittieren)* to provide sb with [*or* give sb] a receipt; **es wird hiermit bescheinigt, dass ...** this is to certify that; ▪ [**jdm**] **~, dass ...** to confirm to sb in writing [*or* provide sb with written certification] that ...; ▪ **sich** *dat* **etw** [**von jdm**] **~ lassen** to get a certificate [*or* written confirmation] for sth [from sb], to have sth certified [by sb] *form*

Be·schei·ni·gung <-, -en> *f* certification, written confirmation; **die ~ der Gesundheit** [**durch einen Arzt**] a [doctor's] certificate [*or* bill] of health; **die ~ der** [**gestrigen/heutigen**] **Anwesenheit** the confirmation of attendance [yesterday/today]; **die ~ des Gelderhalts/Warenerhalts** a receipt

be·schei·ßen *irreg* **I.** *vt (sl)* ▪ **jdn** [**um etw**] **~** to do [*or* diddle] sb [out of sth] *sl;* ▪ **jdn ~** to rip sb off *sl*, to screw sb *fig vulg;* **man hat mich beschissen!** I've been ripped off! **II.** *vi (sl)* ▪ [**bei etw**] **~** to cheat [at sth]; **nimm dich vor ihm in Acht, er bescheißt**

gerne! watch out! he likes cheating! **III.** *vr (vulg)* ▪ **sich ~** to shit oneself *sl;* ▪ **sich** *dat* **etw ~** to shit on sth *sl;* **der Besoffene hatte sich die Hosen beschissen** the drunk shat his trousers

be·schen·ken I. *vt* ▪ **jdn** [**mit etw**] **~** to give sb sth [as a present]; **reich beschenkt werden** to be showered with presents; **für Ihre Hilfe würde ich Sie gerne mit einer Flasche Wein ~** I would like to present you with a bottle of wine to thank you for your help **II.** *vr* ▪ **sich** [**gegenseitig**] **~** to give each other presents, to present each other with sth *form*

be·sche·ren I. *vt* ➊ *(zu Weihnachten beschenken)* ▪ **jdn ~** to give sb a Christmas present; ▪ **beschert werden** to get one's Christmas presents; ▪ **jdn mit etw** *dat* **~** to give sb sth [for Christmas] ➋ *(zuteilwerden lassen)* ▪ **jdm etw ~** to give sb sth [as a present], to grant sb sth, to bless sb with sth *liter;* **freue dich, dass dich das Schicksal mit so einer lieben Frau beschert hat!** be happy that fate has blessed you with such a wonderful wife!; **nach langer Ehe wurde ihnen doch noch ein Kind vom Himmel beschert** after many years of marriage heaven bestowed a child upon them *liter* **II.** *vi* to give each other Christmas presents; **ihr könnt reinkommen, es wird beschert!** you can come in, the presents are waiting!

Be·sche·rung <-, -en> *f* giving of Christmas presents; **kommt, Kinder, die ~ fängt an!** come on, children, it's time for the presents! ▶ WENDUNGEN: [**die**] [**ganze**] **~** *(iron fam)* the [whole] lot [*or* mess]; [**das ist ja**] **eine schöne ~!** *(iron)* this is a pretty kettle of fish! *iron,* what a fine mess! *iron;* **da/jetzt haben wir die ~!** well, that's just great! [*or* terrific] *iron,* well, there you are! haven't I told you!

be·scheu·ert I. *adj (fam)* ➊ *(blöd)* screwy *fam,* BRIT *a.* daft *fam;* **dieser ~e Kerl** that daft idiot; **der ist etwas ~** he's got a screw loose *fam;* **red' nicht so etwas B~es!** don't talk such claptrap [*or* codswallop] ! *fam,* don't talk daft! *fam;* **da hast du dir aber etwas B~es ausgedacht!** what you've come up with there is a load of nonsense [*or* twaddle] ! *fam* ➋ *(unangenehm)* stupid; **so was B~es!** how stupid!; **mein ~es Auto wollte einfach nicht anspringen!** my frigging car just wouldn't start! **II.** *adv (fam)* in a stupid [*or* BRIT *a.* daft] way, stupidly; **sie hat das Gedicht total ~ übersetzt** she really screwed up the translation of this poem *sl;* **du siehst total ~ aus** you look really daft; **wie kann man nur so ~ fragen!** how can you ask such daft questions!; ▪ **sich so ~ anstellen** to be so stupid [*or* BRIT *a.* daft], to act like such an idiot; ▪ **wie ~** like crazy [*or* a mad thing] *fam*

be·schich·ten *vt* ▪ **etw** [**mit etw** *dat*] **~** to coat [*or* cover] sth [with sth]; **etw mit Farbe ~** to give sth a coat of paint; **etw mit Teer ~** to tar[mac] sth; **mit Kunststoff beschichtet** plastic-coated, laminated

be·schi·cken *vt* ▪ **etw** [**mit etw** *dat*] **~** ➊ *(mit Zusendung bedenken)* to supply sth [with sth]; **einen Markt/Abnehmer ~** to supply a market/customers; **eine Messe/Ausstellung ~** to exhibit at a fair, to send products to an exhibition; **eine Versammlung ~** to send representatives to an assembly ➋ TECH to supply [*or* fill] [*or* charge] sth [with sth]; **diese Maschine wird mit Öl beschickt** this machine is

B

charged [or fuelled] with oil

be·schie·ßen˙ vt irreg ❶ (mit Schüssen bedenken) ▪ **jdn** [mit etw dat] ~ to shoot at [or fire on [or at]] sb/sth [with sth]; **jdn/etw mit Granaten** ~ to shell [or bombard] sb/sth with grenades; **jdn/etw mit Jagdbomben** ~ to fire on sb/sth with firebombers; **jdn/etw mit Kanonen** ~ to fire at sb/sth with canons; **jdn/etw mit Maschinengewehren** ~ to machine-gun sb/sth ❷ (überhäufen) ▪ **jdn mit etw** dat ~ to bombard sb with sth; **er wurde mit Fragen beschossen** he was bombarded [or besieged] with questions ❸ PHYS ▪ **etw** [mit etw dat] ~ to bombard sth [with sth]

Be·schie·ßung <-, -en> f shooting; (mit Jagdbomben/Kanonen) firing; (mit Granaten) shelling, bombardment; PHYS bombardment

be·schil·dern˙ vt ▪ **etw** [mit etw] ~ (mit Schildchen versehen) to label sth [with sth]; (geh) to put signs [or labels] on sth; (mit Verkehrsschild versehen) to signpost; **gut/schlecht beschildert** [sein] [to be] well/badly signposted

Be·schil·de·rung <-, -en> f ❶ (das Beschildern) labelling BRIT, labeling AM; ADMIN (geh) signposting ❷ (geh: Schildchen) label; (Verkehrsschild) signpost

be·schimp·fen˙ I. vt ▪ **jdn** [als/mit etw] ~ to insult sb [as/with sth], to call sb names, to hurl abuse at sb; **muss ich mir gefallen lassen, so beschimpft zu werden?** do I have to put up with these insults?; **sie beschimpfte ihn in übelster Weise** she called him dreadful names; **jdn auf's Übelste** ~ to abuse sb in the worst possible manner II. vr ▪ **sich** akk [gegenseitig] ~ to insult [or abuse] each other, to call each other names

Be·schimp·fung <-, -en> f ❶ (das Beschimpfen) abuse no pl; Person abuse (+gen of), swearing (+gen at) ❷ (Schimpfwort) insult

Be·schissᴿᴿ <-es> m kein pl, **Be·schiß**ᴬᴸᵀ <-sses> m kein pl (sl) swindle, rip-off sl; **was für ein** [o so ein] ~! what a swizz! [or rip-off]

be·schis·sen I. adj (sl) miserable, lousy fam, shitty sl, BRIT a. bloody-awful sl II. adv (sl) in a lousy [or rotten] fashion fam; **es geht ihr wirklich** ~ she's having a miserable [or fam lousy] time of it; **wir werden hier** ~ **bezahlt** the pay here is bloody-awful sl; ~ **behandelt werden/aussehen** to be treated/to look like a piece of shit [or dirt] sl

be·schla·fen˙ vt irreg ❶ (fam: koitieren) ▪ **jdn** ~ to sleep [or have sex] with sb; (fam) to screw sb sl ❷ (nachdenken) ▪ **etw** ~ to sleep on sth; s. a. **überschlafen**

Be·schlag <-[e]s, Beschläge> [bə'ʃlaːk, pl: bə'ʃlɛːɡə] m ❶ (Metallstück) fastening, [metal] fitting; Koffer lock; Buch clasp; Tür, Fenster, Möbelstück fitting, mounting, [ornamental] hinge ❷ (Belag) film; Metall tarnish; Glasscheibe steam, condensation ▸ WENDUNGEN: **etw/jdn mit ~ belegen etw/jdn in ~ nehmen** to monopolize [or seize] sth/sb; **die Polizei nahm das Auto in ~** the police impounded the car; **wir sollten schon einmal unsere Plätze in ~ nehmen** we had better secure our seats; **jd ist mit ~ belegt jd wird in ~ genommen** sb is up to their eyeballs in it, sb's hands are full [with sth]

be·schla·gen˙¹ irreg I. vt haben ❶ (mit metallenem Zierrat versehen) ▪ **etw** [mit etw] ~ to fit sth [with sth]; **Schuhe** ~ to put metal tips on shoes; **etw mit Ziernägeln** ~ to stud sth ❷ (behufen) ▪ [jdm] **ein Pferd** ~ to shoe [sb's] horse II. vi sein to mist [or steam] up; **der Spiegel im Bad ist** ~ the bathroom mirror is misted [or steamed] up; **Silber beschlägt sehr schnell** silver tarnishes very quickly

be·schla·gen² adj (erfahren) ▪ **in etw** dat [gut/nicht] ~ **sein** to be [well/badly] versed in sth, to be

very experienced [or knowledgeable] /inexperienced in sth

Be·schlag·nah·me <-, -n> [bə'ʃlaːknaːmə] f seizure; MIL requisition

be·schlag·nah·men˙ [bə'ʃlaːknaːmən] vt ❶ (konfiszieren) ▪ **etw** ~ to seize sth; **Ihr Pass ist beschlagnahmt** your passport has been confiscated; **ein Fahrzeug** ~ to impound a vehicle ❷ (fam: mit Beschlag belegen) ▪ **jdn/etw** ~ to commandeer [or hum hog] sb/sth ❸ (zeitlich in Anspruch nehmen) [von etw] **beschlagnahmt sein** to be taken up [with sth]

Be·schlag·nah·mung f JUR confiscation, impounding

be·schlei·chen˙ vt irreg (geh: überkommen) ▪ **jdn** ~ to come over sb, to creep [or steal] up on sb; **mich beschleicht langsam der Verdacht, dass er sich mit unserem Geld abgesetzt hat** I have a funny feeling he's run off with our money

be·schleu·ni·gen˙ [bə'ʃlɔynɪɡn] I. vt ▪ **etw** ~ to accelerate [or speed up] [or form precipitate] sth, to hurry sth along; **das Tempo** ~ to increase [or pick up] speed, to accelerate; **das Tempo einer Maschine/eines Vorganges** ~ to speed up a machine/a process; **seine Schritte** ~ to quicken one's pace II. vr ▪ **sich** ~ to accelerate, to speed up, to hasten form III. vi to accelerate; **stark** ~ to accelerate hard, to put one's foot down fam

Be·schleu·ni·gung <-, -en> f ❶ AUTO (Beschleunigungsvermögen) acceleration no pl; **lässt du bestimmt die meisten Wagen weit hinter dir!** when you accelerate like that, I bet you leave most cars standing! ❷ (das Beschleunigen) acceleration no pl, speeding up no pl; **eine ~ der Gangart** a quickening [or an acceleration] of the pace ❸ (Hast, Eile) **mit großer ~ tun** to do sth with great speed [or haste]

Be·schleu·ni·gungs·ver·mö·gen nt AUTO s. **Beschleunigung**

be·schlie·ßen˙ irreg I. vt ❶ (entscheiden über) ▪ **etw** ~ to decide sth; **ein Gesetz** ~ to vote through a new bill, to pass a motion; ▪ ~, **etw zu tun** to decide to do sth; (nach reiflicher Überlegung) to make up one's mind to do sth ❷ (geh: beenden) ▪ **etw** ~ to conclude form [or close] sth, to wind sth up; **ich möchte** [meine Rede] **mit einem Zitat** ~ I would like to conclude [my speech] with a quote II. vi (einen Beschluss fassen) ▪ **über etw** akk ~ to decide on sth

be·schlos·sen adj ❶ (entschieden) decided, agreed, settled; **das ist** [eine] ~**e Sache** the matter is settled, the subject is closed ❷ (geh) **etw liegt** [o ist] **in etw** dat ~ sth is contained within sth; **in diesem gewichtigen Wort liegt viel Weisheit** ~ a great deal of wisdom is hidden in his weighty saying

Be·schlussᴿᴿ <-es, Beschlüsse> m, **Be·schluß**ᴬᴸᵀ <-sses, Beschlüsse> m decision, resolution form; (Gerichts~) order of court, [court] order; **und wie lautet der ~?** and what's the decision?; **unser ~ ist unumstößlich** our decision is final; **der Stadtrat hat einen ~ gefasst** the town council has passed a resolution; **zu einem ~ kommen** to reach [or come to] a decision [or an agreement]; **einen ~ fassen** to reach [or make] a decision; **auf jds** akk ~ on sb's authority; **auf ~ des Parlaments/Präsidenten** by order of parliament/the president

be·schluss·fä·higᴿᴿ adj quorate BRIT form; ▪ ~ **sein** to have a quorum **Be·schluss·fä·hig·keit**ᴿᴿ f kein pl quorum form **be·schluss·un·fä·hig**ᴿᴿ adj inquorate form; **die Versammlung ist** ~! the meeting is not quorate!

be·schmei·ßen˙ vt irreg (fam) s. **bewerfen**

be·schmie·ren˙ I. vt ❶ (bestreichen) ▪ **etw** [mit etw] ~ to spread sth on sth; **ein** [Stück] **Brot dick/dünn** ~ to butter [a slice of] bread thickly/thinly; **eine**

Wunde ~ to put cream [*or* ointment] on a wound; **das Gesicht mit Creme** ~ to put cream on one's face; **etw mit Fett** ~ to grease sth ❷ *(besudeln)* ▪ **jdn/etw** [**mit etw**] ~ to stain [*or* dirty] sth [*or* smear sb/sth] [with sth]; **du bist da am Kinn ja ganz beschmiert** you've got something smeared on your chin; **etw mit Gekritzel** ~ to scribble [*or* scrawl] [all] over sth; **etw mit Farbe** ~ to daub [over] sth **II.** *vr* ▪ **sich** [**mit etw**] ~ to make [*or* get] oneself dirty [*or* form* soil oneself] [with sth]; ▪ **sich** *dat* **etw** [**mit etw**] ~ to get [*or* make] sth dirty [*or form* soil sth] [with sth]; **ich habe mir mein Kleid komplett mit Soße beschmiert** I've spilled gravy all over my dress
be·schmut·zen ˈ **I.** *vt* ❶ *(schmutzig machen)* ▪ **jdn/ etw** ~ to dirty [*or form* soil] sb/sth, to make sb/sth dirty; *(mit Spritzern)* to [be]spatter sb/sth; ▪ **beschmutzt** dirty, soiled *form,* grubby *fam;* **beschmutzte** **Bettlaken/Handtücher** soiled sheets/towels ❷ *(in den Schmutz ziehen)* ▪ **etw** ~ to blacken [*or* discredit] [*or* tarnish] sth, to drag sth through the mud *prov;* **ich lasse mir meinen Ruf nicht so** ~ I won't let my reputation be dragged through the mud like that; *s. a.* **Nest II.** *vr* ▪ **sich** [**mit etw**] ~ to get [*or* make] oneself dirty [*or fam* grubby] [with sth]; **wo hast du dich mit der Farbe so beschmutzt?** where did you get paint all over you?; ▪ **sich** *dat* **etw** [**mit etw**] ~ to get sth dirty [with sth]
Be·schmut·zung <-, -en> *f* dirtying, soiling *form;* **vor** ~ **schützen** to protect from dirt
be·schnei·den ˈ *vt irreg* ❶ *(zurechtschneiden)* ▪ [**jdm/einem Tier**] **etw** ~ to cut [*or* trim] [sb's/an animal's] sth; *(stutzen)* to clip; ▪ **etw** ~ HORT to prune sth; TYPO, VERLAG to cut sth ❷ MED, REL ▪ **jdn** ~ to circumcise sb ❸ *(beschränken)* ▪ **etw** ~ to curtail [*or* curb] sth; **Wirtschaftshilfe** ~ to cut [*or form* curtail] economic aid; **Einkommen** ~ to cut [*or* reduce] income
Be·schnei·dung <-, -en> *f* ❶ *(das Zurechtschneiden)* cutting, trimming; *(das Stutzen)* clipping; HORT pruning; **im frühen Winter erfolgt die** ~ **der Obstbäume** in early winter the fruit trees are pruned; TYPO, VERLAG cutting ❷ MED, REL circumcision ❸ *(das Beschränken)* curtailment; ~ **des Einkommens** reduction [*or* curtailment] of [*or* cut[back] in] economic aid; ~ **des Einkommens** cut in [*or* reduction of] income
be·schneit *adj* snow-covered; **dick/frisch** ~ thickly/ newly covered with snow; **weiß** ~ white with snow, snow-covered; **die weiß ~en Berge** the snow-capped mountains
be·schnit·ten *adj* circumcised
be·schnüf·feln ˈ **I.** *vt* ❶ *(Schnuppern von Tieren)* ▪ **jdn/etw** ~ to sniff at sb/sth ❷ *(pej fam: bespitzeln)* ▪ **jdn** ~ to check [*or* suss] sb out *fam,* to spy on sb; ▪ **eine Situation** ~ to poke one's nose into sth *pej fam;* **sie ließ ihren Mann von einem Detektiv** ~ she had her husband sussed out by a private detective **II.** *vr* ▪ **sich** [**gegenseitig**] ~ *Tiere* to have a sniff at [*or* sniff] each other; *(fig)* Menschen to size one another up
be·schnup·pern ˈ **I.** *vt* ❶ *(Beriechen von Tieren)* ▪ **jdn/etw** ~ to sniff sb/sth ❷ *(fam: prüfend kennen lernen)* ▪ **jdn** ~ to size sb up, to take stock of sb **II.** *vr* ❶ *(beschnüffeln)* ▪ **sich** [**gegenseitig**] ~ *Tiere* to smell each other ❷ *(fam: sich prüfend kennen lernen)* ▪ **sich** ~ to size each other up, to take stock of each other
be·schö·ni·gen ˈ [bəˈʃøːnɪgn̩] *vt* ▪ **etw** ~ to gloss over [*or* cover up] [*or* whitewash] sth; **ein ~der Ausdruck, eine ~de Bezeichnung** a gloss-over, a cover-up, a whitewash, a euphemism
Be·schö·ni·gung <-, -en> *f* gloss-over, cover-up,

whitewash; **berichten Sie über den Fall, aber bitte ohne ~en** please tell us about the case but without glossing over any details
be·schran·ken ˈ *vt* ▪ **etw** ~ to put up a [railway] gate [*or* barrier]; **ein beschrankter Bahnübergang** a railway crossing with gates
be·schrän·ken ˈ **I.** *vt* ❶ *(begrenzen)* ▪ **etw** [**auf etw** *akk*] ~ to limit [*or* restrict] [*or* confine] sth [to sth]; **Ausgaben** ~ to limit [*or* curtail] expenditure ❷ *(einschränken)* ▪ **jdn in etw** *dat* ~, ▪ **jdm etw** ~ to curtail [*or* limit] sb's sth; **ihm wurde das Budget beschränkt** his budget was partly obstructed **II.** *vr* ❶ *(sich begnügen)* ▪ **sich** [**auf etw** *akk*] ~ to limit [*or* restrict] oneself [to sth]; **für diesmal will ich mich noch darauf** ~, **Sie zu verwarnen** this time I'll just give you a warning ❷ *(sich einschränken)* ▪ **sich auf etw** *akk* ~ to confine [*or* restrict] oneself [*or* to keep] to sth; **sich auf das Wesentliche** ~ to keep to the essential points
be·schränkt *adj* ❶ *(eingeschränkt, knapp)* restricted, limited; **finanziell/räumlich/zeitlich** ~ **sein** to have a limited amount of cash [*or* limited finances] / space/time; **~e Sicht** low visibility; **~e Haftung** limited liability; **Gesellschaft mit ~er Haftung** limited [liability] company BRIT, corporation AM; **~e Verhältnisse** narrow circumstances ❷ *(dumm)* limited, slow- [*or* dull-] witted; *(engstirnig)* narrow-minded
Be·schrän·kung <-, -en> *f* restriction, limitation; [**jdm**] **die** ~ **einer S.** *gen* **auferlegen** to impose a restriction on [sb's] sth; ▪ **die/eine** ~ **auf etw** *akk* the/ a restriction [*or* limitation] to sth; **er bat sie um eine** ~ **auf die wesentlichen Punkte** he asked her to keep to the main points; **jdm ~en auferlegen** to put [*or* impose] restrictions on sb
be·schrei·ben ˈ *vt irreg* ❶ *(darstellen)* ▪ [**jdm**] **jdn/ etw** ~ to describe sb/sth [to sb], to give [sb] a description of sb/sth; **du musst mir das nachher in allen Einzelheiten** ~ you'll have to tell me all about it later; **kaum/nicht zu** ~ **sein** to be almost/absolutely indescribable; [**jdm**] **etw gar nicht** ~ **können** to not be able to describe sth [to sb]; **ich kann dir nicht ~, wie erleichtert ich war** I can't tell you how relieved I was ❷ *(vollschreiben)* ▪ **etw** [**ganz**] ~ to cover sth [*or* fill sth up] [completely] with writing ❸ *(vollführen)* ▪ **etw** ~ to describe sth; **eine Bahn/einen Kreis** ~ to describe a path/a circle
Be·schrei·bung *f* ❶ *(das Darstellen)* description, depiction, portrayal; **das ist eine falsche** ~ **der Geschehnisse!** that is a false representation of events!; ~ **eines Handlungsablaufs** narration, account; **eine kurze** ~ a sketch, an outline; **das spottet jeder** ~ it beggars description ❷ *(fam: Beipackzettel)* description; *(Gebrauchsanweisung)* instructions *pl,* instruction sheet
be·schrei·ten ˈ *vt irreg (geh)* ▪ **etw** ~ ❶ *(begehen)* to walk on sth; **einen Pfad** ~ to walk along a path ❷ *(einschlagen)* **einen Weg** ~ to follow [*or* pursue] a course; **einen neuen Weg** ~ to change tack [*or* direction], to apply different methods; *s. a.* **Rechtsweg**
be·schrif·ten ˈ [bəˈʃrɪftn̩] *vt* ▪ **etw** [**mit etw** *dat*] ~ *(mit Inschrift versehen)* to inscribe sth [with sth], to inscribe [sth] on sth; *(mit Aufschrift versehen)* to letter [*or* label] sth [with sth]; **ein Kuvert** [*o* **einen Umschlag**] ~ to address an envelope; **Etiketten** ~ to write labels; **ein Bild** ~ to give a caption to a photograph [*or* an illustration]; **einen Karton** [*o* **eine Kiste**] ~ to mark a box
Be·schrif·tung <-, -en> *f* ❶ *(das Beschriften)* lettering, labelling BRIT, labeling AM, inscribing; *Kuvert* addressing; *Etiketten* writing ❷ *(Aufschrift)* inscription, lettering, label, caption; *Grabstein* inscription

be·schul·di·gen' [bə'ʃʊldɪgn̩] *vt* ■jdn [einer S. *gen*] ~ to accuse sb [of sth], to blame sb [for sth], to charge sb [with sth] *liter;* **jdn der Fahrlässigkeit ~** to accuse sb of negligence; ■**jdn ~, etw getan zu haben** to accuse sb of doing sth

Be·schul·dig·te(**r**) *f/m) dekl wie adj* accused; **der Anwalt/die Anwältin des/der ~n** the defendant's [*or* BRIT defence [*or* AM -se]] lawyer

Be·schul·di·gung <-, -en> *f* accusation, allegation *form,* charge[s] *form;* **wie lautet die ~?** what are the charges?

be·schum·meln *I. vt (fam)* ❶ *(betrügen)* ■jdn [bei/mit etw *dat*] ~ to trick [*or* cheat] sb [when doing sth/by sth]; ■**jdn um etw** *akk* ~ to do [*or* cheat] [*or fam* diddle] sb out of sth; **jdn finanziell** ~ to swindle sb, to rip sb off *sl* ❷ *(belügen)* ■**jdn** ~ to tell sb lies [*or* fibs] *fam,* to take sb for a ride *fam II. vi (fam: betrügen)* ~ to cheat [at sth]

be·schuppt *adj* scaled, scaly; **dick/dünn** ~ **sein** to be thick-scaled/thin-scaled; **kaum** ~ **sein** to have almost no scales

Be·schussRR <-es> *m kein pl,* **Be·schuß**ALT <-sses> *m kein pl* fire; *(durch Granaten, Raketen)* shelling; *(durch schwere Geschütze)* bombardment; **unter schwerem** ~ under heavy [*or* intense] fire; **unter** ~ **geraten/liegen** [*o* **stehen**] to come/be under fire; **jdn/etw unter** ~ **nehmen** *(a. fig)* to attack sb/sth; *(mit Maschinengewehren)* to fire at sb/sth; *(mit Granaten, Raketen)* to shell sb/sth

be·schüt·zen' *vt* ■jdn [vor jdm/etw] ~ to protect [*or* shelter] [*or* give shelter to] sb [from sb/sth], to defend sb [against sb/sth]; *(mit dem eigenen Körper)* to shield [*or* screen] sb [from sb/sth]; **der Herr beschütze dich!** may the Lord protect you!; ■~**d** protective; *s. a.* **Werkstatt**

Be·schüt·zer(**in**) <-s, -> *m(f)* protector, defender, guardian angel *iron*

be·schwat·zen' *vt (fam)* ❶ *(überreden)* ■jdn [zu etw *dat*] ~ to talk sb round [*or* into sth/doing sth]; **lass dich ja nicht zum Kauf eines Autos** ~ don't let yourself be talked into buying a car; *(schmeichelnd)* to wheedle [*or* coax] sb [into sth/doing sth] ❷ *(bereden)* ■**etw** ~ to chat [*or* BRIT *a.* natter] *sl*

be·schwät·zen' *vt* DIAL *(fam) s.* **beschwatzen**

Be·schwer·de <-, -n> [bə'ʃve:ɐdə] *f* ❶ *(Beanstandung, Klage)* complaint; **Grund zur** ~ **haben** to have grounds for complaint [*or* reason to complain] ❷ JUR appeal; ~ **gegen jdn/etw führen** to submit [*or* make] a complaint about sb/sth; [**bei jdm**] ~ **einlegen** to file [*or* lodge] an appeal [with sb]; [**bei jdm**] **eine** ~ **einreichen** to lodge [*or* file] a complaint [with sb] ❸ *pl* MED complaint *form;* ~**n mit etw** *dat* **haben** to have problems with sth; **haben Sie sonst noch ~n?** is there anything else wrong?; **etw macht jdm ~n** sth hurts sb; **mein Magen macht mir ~n** my stomach is giving [*or* causing] me trouble

Be·schwer·de·buch *nt* complaints book **Be·schwer·de·frei** *adj* MED healthy; **bei Malaria kommt es regelmäßig zu ganz ~en Intervallen** patients with malaria experience regular periods where the disease is not apparent **Be·schwer·de·frist** *f* JUR *period of time within which an appeal must be lodged;* **Sie haben eine ~ von zwei Monaten** you must lodge an appeal within two months **Be·schwer·de·füh·rer**(**in**) *m(f) (geh)* person lodging a complaint; JUR complainant, appellant, plaintiff

be·schwe·ren' [bə'ʃve:rən] *I. vr* ❶ *(sich beklagen)* ■**sich** *akk* [**bei jdm**] [**über jdn/etw**] ~ to complain [about sb/sth] [to sb]; **ich kann mich nicht** ~ I can't complain ❷ *(fig: sich belasten)* ■**sich** *akk* [**mit etw** *dat*] ~ to encumber oneself [with sth] *II. vt* ❶ *(mit*

Gewicht versehen) **Briefe, Papiere** ■jdn/etw [mit etw *dat*] ~ to weight sb/sth [down] [with sth] ❷ *(belasten)* ■jdn ~ to weigh [*or fam* get] sb down, to burden sb; **komm, was beschwert dich denn so?** come on, what's getting you down?

be·schwer·lich *adj* difficult, exhausting, arduous *form,* onerous *form;* **eine ~e Reise** an arduous/a fatiguing journey; **das Laufen ist für ihn sehr** ~ walking is hard for him [*or* a strain on him]

Be·schwer·lich·keit <-, -en> *f* ❶ *kein pl* difficulty, arduousness *form,* onerousness *form;* **der Aufstieg zum Gipfel war von großer/ziemlicher** ~ the climb to the summit was very/quite arduous ❷ *pl (Mühsal)* hardships, discomforts; **die** ~ **einer Zugreise** the inconveniences of a train journey

be·schwich·ti·gen [bə'ʃvɪçtɪgn̩] *vt* ■jdn [mit etw *dat*] ~ to calm sb [down] [*or* soothe [*or form* placate] sb] [with sth]; **jds Gewissen** ~ to soothe sb's conscience; **jds Zorn** ~ to calm [*or* soothe] [*or form* appease] sb's anger **be·schwich·ti·gend** *I. adj* soothing, calming *II. adv* soothingly, calmly

Be·schwich·ti·gung <-, -en> *f* soothing, calming, placation *form;* **Gewissen** soothing; **Zorn** calming, appeasement *form*

Be·schwich·ti·gungs·for·mel *f* words *pl* of reassurance; **zu ~n greifen** to use the rhetoric of appeasement **Be·schwich·ti·gungs·po·li·tik** *f* policy of appeasement

be·schwin·deln' *vt (fam)* ❶ *(belügen)* ■jdn ~ to tell sb fibs *fam,* to lead sb up the garden path *prov* ❷ *(betrügen)* ■jdn [um etw *akk*] ~ to con [*or* swindle] sb [out of sth]

be·schwin·gen' *vt* ■jdn ~ to get sb going, to make sb brighten up, to animate sb *form;* **die Musik beschwingte uns** the music elated us

be·schwingt *I. adj* lively; **Mensch** *a.* vivacious; **mit ~em Gang, ~en Schrittes** with a spring in one's step; **~e Musik** lively music; **~e Rhythmen** vibrant [*or* pulsating] rhythms *II. adv* chirpily; **sich** *akk* ~ **fühlen** to feel elated [*or* exhilarated]; **es war ein schöner Abend gewesen und er ging** ~ **nach Hause** it was a wonderful evening and he went home in a happy frame of mind

be·schwipst [bə'ʃvɪpst] *adj (fam)* tipsy *fam,* merry

be·schwö·ren' *vt irreg* ❶ *(beeiden)* ■**etw** ~ to swear [to] sth [*or* that sth is true]; ~ **kann ich das nicht** I wouldn't like to swear to it; **eine Aussage** ~ to make a statement under oath ❷ *(anflehen)* ■jdn ~ to beg [*or* implore] [*or form* beseech] sb ❸ *(magisch hervorbringen)* ■**etw** ~ to conjure [*or* call] up sth; **Geister/Tote** ~ to raise ghosts/the dead; *(bezwingend)* to exorcize; **eine Schlange** ~ to charm a snake ❹ *(geh: hervorrufen)* ■**etw** [**in jdm**] ~ to conjure up sth *sep* [in sb] **be·schwö·rend** *I. adj* imploring, pleading, beseeching *form II. adv* imploringly, pleadingly, beseechingly *form*

Be·schwö·rung <-, -en> *f* ❶ *(das Anflehen)* appeal, entreaty, supplication *form;* **unsere ganzen ~en nützten nichts** all our pleading was in vain ❷ *(das magische Hervorbringen)* conjuring- [*or* calling-] up, conjuration; *(Beschwörungsformel)* magic spell; **eine** ~ **aussprechen** to chant an incantation, to speak the magic words ❸ *(das Hervorrufen)* conjuring-up; **eine** ~ **längst vergessener Erinnerungen** a conjuring-up of long-forgotten memories; **eine** ~ **der Vergangenheit/alter Zeiten** a reminder of the past/old times

be·see·len' [bə'ze:lən] *vt* ❶ *(durchdringen)* ■jdn/etw ~ to animate [*or* fill] sb; **sich** *akk* **von neuem Mut beseelt fühlen** to feel filled with renewed courage; **ein Lächeln beseelte ihr Antlitz** *(liter)* a smile animated her face; **vom Geist der Aufklärung/Revolution etc beseelt** to be inspired by [*or* filled with] the spirit of the Enlightenment/Revolution etc ❷ *(mit innerem Leben erfüllen)* ■ **etw ~** to breathe life into; [**der Glaube an**] **die beseelte Natur** [the belief that] everything in nature has a soul; **der Schauspieler hat diese Figur wirklich neu beseelt** the actor really breathed new life into this character; **eine beseelte Darbietung/ein beseelter Blick** a soulful performance/glance

be·se·hen *irreg* **I.** *vt* ■ **jdn/etw ~** to look at sb/sth, to have a look at sb/sth; **etw näher ~** to inspect [*or* examine] sth closely **II.** *vr* ❶ *(sich betrachten)* ■ **sich ~** to look at oneself; **na, besiehst du dich wieder im Spiegel?** are you admiring yourself in the mirror again? ❷ *(betrachten)* ■ **sich** *dat* **etw ~** to [have a] look at sth

be·sei·ti·gen [bəˈzaɪtɡn̩] *vt* ❶ *(entfernen)* ■ **etw ~** to dispose [*or* get rid] of sth; **Zweifel ~** to dispel doubts; **ein Missverständnis ~** to clear up a misunderstanding; **sich** *akk* **leicht ~ lassen** to be easily removed; **Schnee/ein Hindernis ~** to clear away snow/an obstacle; **Streit ~** to settle a dispute/an argument; **Fehler ~** to eliminate mistakes; **Ungerechtigkeiten ~** to abolish [*or* eliminate] injustice ❷ *(euph: umbringen)* ■ **jdn ~** to eliminate [*or fam* do away with] sb, to wipe sb out *sl*

Be·sei·ti·gung <-> *f kein pl* ❶ *(das Beseitigen)* disposal; *Farben/Spuren/Regime* removal; *Zweifel* dispelling; *Missverständnis* clearing-up ❷ *(euph: Liquidierung einer Person)* elimination

Be·sen <-s, -> [ˈbeːzn̩] *m* ❶ *(Kehr~)* broom; *(kleiner)* brush; *Hexe* broomstick ❷ KOCHK whisk ❸ *(pej sl: kratzbürstige Frau)* old bag *pej*, old battleaxe *pej* ❹ SÜDD *(fam)* Swabian vineyard's own public bar selling its wine, signalled by a broom hanging outside the door ▸ WENDUNGEN: **etw mit eisernem ~ auskehren** to make a clean sweep of sth; **neue ~ kehren gut** *(prov)* a new broom sweeps clean *prov*; **ich fresse einen ~, wenn …** *(fam)* I'll eat my hat if …

Be·sen·bin·der(in) <-s, -> *m(f)* broom-maker **Be·sen·gins·ter** *m* BOT *(Sarothamnus scoparius)* common broom **Be·sen·kam·mer** *f* broom cupboard

be·sen·rein *adj* well-swept

Be·sen·schrank *m* broom cupboard **Be·sen·stiel** *m* broomstick; ▸ WENDUNGEN: **steif wie ein ~ als habe jd einen ~ verschluckt** as stiff as a post [*or* poker] *fam* **Be·sen·wirt(in)** *m(f)* SÜDD *(fam)* owner of a "Besen"

Be·sen·wirt·schaft *f* SÜDD *(fam)* s. **Besen**

be·ses·sen [bəˈzɛsn̩] *adj* ❶ REL possessed; ■ [**von etw/ vom Teufel**] **~ sein** to be possessed [by sth/by the devil] ❷ *(unter einem Zwang stehend)* ■ [**von etw** *dat*] **~ sein** to be obsessed [with sth]; **wie ~** like mad *sl*

Be·ses·se·ne(r) *f(m) dekl wie adj* ❶ REL possessed person ❷ *(fanatischer Mensch)* fanatic; **wie ein ~r/ eine ~** like one possessed [*or* a maniac]

Be·ses·sen·heit <-> *f kein pl* ❶ REL possession ❷ *(Wahn)* obsession, fanaticism

be·set·zen *vt* ❶ *(belegen)* ■ **etw ~** to reserve sth; **besetzt schon mal zwei Plätze für uns** keep two places for us; **Stühle/Plätze ~** to occupy [*or* take] chairs/seats; **das Theater war bis auf den letzten Platz besetzt** there was a full house at the theatre; **die Toilette ~** to occupy the toilet; **die Leitung ~** to engage the line BRIT, to keep the line busy AM ❷ *(okkupieren)* ■ **etw ~** *a.* MIL to occupy sth; *(bemannen)* to man sth; **ein Haus ~** to take possession of [*or* squat in] a house; **zehn Leute haben das leer stehende Gebäude besetzt** ten people are squatting in the disused building ❸ *(ausfüllen)* ■ **etw** [**mit jdm**] **~** to fill sth [with sb]; **einen Posten ~** to fill a post; **eine Rolle ~** THEAT to cast sb in [*or* fill] a role ❹ JAGD **ein**

Gehege/einen Zoo mit Tieren **~** to fill [*or* stock] an enclosure/a zoo with animals ❺ *(dekorieren)* ■ **etw mit etw** *dat* **~** to trim sth with sth; **sie hatte ihr Kostüm über und über mit Pailletten besetzt** she had sequins all over her costume

be·setzt *adj* ❶ *(vergeben)* taken, occupied; **voll/ dicht ~** full, crowded, packed [out]; **ein schlecht ~es Theater** an empty theatre [*or* AM -er]; **ein gut/ schlecht ~er Film** a well-cast/miscast movie ❷ *(belegt)* ■ **~ sein** *Telefon, Toilette* to be occupied [*or* BRIT *a.* engaged] [*or* AM *a.* busy]; *Terminkalender, Termine* to be fully booked-up; **die Sache ist negativ ~** this carries negative connotations ❸ MIL occupied; *(bemannt)* manned; **etw ~ halten** to continue to occupy sth; *(bemannt)* to continue to man sth; **ein ~es Haus** a squat

Be·setzt·zei·chen *nt* engaged [*or* AM busy] tone

Be·set·zung <-, -en> *f* ❶ *(Vergeben einer Stelle)* appointment (**mit** *+dat* of); FILM, THEAT casting (**mit** *+dat* of) ❷ *(alle Mitwirkenden)* Film, Stück cast; *Mannschaft* line-up, players *pl*, members [of a team] *pl*; **die zweite ~** THEAT understudy; SPORT substitute ❸ *(Okkupierung)* Land, Gebiet occupation; *Haus* squatting [in]; *Amt/Stelle* filling

be·sich·ti·gen [bəˈzɪçtɪɡn̩] *vt (ansehen)* ■ **etw ~** to visit sth; *Sehenswürdigkeit a.* to have a look at sth; *(hum)* ■ **jdn ~** *neues Baby, zukünftigen Schwiegersohn* to inspect sb; **einen Betrieb ~** to have a look round [*or* have a tour of] a factory/plant; **ein Haus/ eine Wohnung ~** to view [*or* have a look at] [*or* look over] a house/flat; **eine Schule ~** to inspect a school; **Truppen ~** to inspect [*or* review] troops

Be·sich·ti·gung <-, -en> *f* visiting; *Wohnung, Haus etc.* viewing; *Truppen* inspection, review; „**heute keine ~!**" 'closed today!'; „**~en nur sonntags!**" 'viewing only on Sundays!'; **eine ~ der Sehenswürdigkeiten** a sightseeing tour, a tour of the sights; **die ~ einer Stadt** a tour of a town; **zur ~ freigegeben** open for public viewing

Be·sich·ti·gungs·zei·ten *pl* opening [*or* viewing] times; „**~ von 9 - 11 Uhr**" "open 9am to 11am"

be·sie·deln *vt* ❶ *(bevölkern)* ■ **etw ~** to settle [*or* populate] sth; *(kolonisieren)* to colonize sth; **mit Tieren besiedelt sein** to be populated with [*or* inhabited by] animals ❷ *(wachsen)* ■ **etw ~** to grow on [*or* in] sth; **mit Pflanzen/Vegetation besiedelt sein** to be inhabited by plants/vegetation

be·sie·delt *adj* populated; **dicht** [*o* **stark**] **/dünn/ schwach** [*o* **kaum**] **~** densely/thinly/sparsely populated; **nicht ~** unpopulated

Be·sie·de·lung, Be·sied·lung <-, -en> *f* settlement; *(Kolonisierung)* colonization; *Ballungsraum, Landstrich, etc* population; **dichte/dünne ~** dense/ sparse population

Be·sied·lungs·dich·te *f* population [density]

be·sie·geln *vt* ■ **etw ~** to seal sth; **sein Schicksal ~** to seal one's fate; **etw schriftlich ~** to put sth in writing

be·sie·gen *vt* ❶ *(schlagen)* ■ **jdn ~** to beat [*or* defeat] [*or liter* vanquish] sb; SPORT to outdo [*or* beat] sb; **ein Land ~** to conquer a country; **den Gegner mit List ~** to defeat one's opponent with cunning; **sie haben die andere Mannschaft mit 3:2 besiegt** they beat the other team 3:2; **sich** [**für**] **besiegt erklären** to admit defeat, to throw in the towel [*or* up the sponge] *fam* ❷ *(überwinden)* ■ **etw ~** to overcome [*or* conquer] sth

Be·sieg·te(r) *f(m) dekl wie adj* loser; ■ **die Besiegten** the defeated [*or liter* vanquished]

be·sin·gen *vt irreg* ❶ *(rühmen)* ■ **jdn/etw ~** to sing about [*or* the praise of] sb/sth, to honour sb/sth in song ❷ MUS ■ **etw** [**mit etw**] **~** to record sth [with sth]

B

be·sin·nen *vr irreg* ❶ *(überlegen)* ■ **sich ~** to think [for a moment], to consider, to reflect, to contemplate *liter;* **ohne sich zu ~** without hesitation [*or* stopping to think]; **sich anders ~** [*o* **sich eines anderen** [*o* **Besseren**] **~**] to reconsider [*or* think better of] sth, to change one's mind [about sth]; **sich [für einen Moment]** ~ after [a moment's] consideration; **da brauche ich mich nicht lange zu ~, das weiß ich auswendig!** I don't need to think about that, I know it by heart!; **nach kurzem B~** after brief consideration ❷ *(an etw denken)* ■ **sich [auf jdn/etw] ~** to think [about sb/sth], to consider [*or liter* contemplate] [sb/sth], to reflect [on sb/sth]; *(auf Vergangenes)* to remember, to recall; **wenn ich mich recht besinne** if I remember rightly [*or* correctly], if my memory serves me right

be·sinn·lich [bəˈzɪnlɪç] *adj* thoughtful, pensive, reflective, contemplative; *(geruhsam)* leisurely; **er verbrachte einige ~e Tage im Kloster** he spent a few days of contemplation [*or* on retreat] in the monastery; **ein ~er Mensch** a thoughtful [*or* reflective] person; **sie hatte ein ~es Wesen** *(liter)* she was a reflective type, she was of a thoughtful turn of mind; **~ sein** to be thoughtful; **~er werden** to grow [more] thoughtful

Be·sin·nung <-> *f kein pl* ❶ *(Bewusstsein)* consciousness; **die ~ verlieren** to faint, to pass out, to lose consciousness *fig* [*or* one's head [*or* marbles]]; **bei/ohne ~ sein** to be conscious/unconscious [*or fam* out cold]; **[wieder] zur ~ kommen** to come round [*or* to one's senses], to regain consciousness; **jdn [wieder] zur ~ bringen** to revive sb; *(fig)* to bring sb round [*or* to their senses]; **ihr seid wohl nicht bei ~!** you must be out of your mind! ❷ *(Reflexion)* thought, reflection, contemplation; **zur ~ kommen** to gather one's thoughts

Be·sin·nungs·auf·satz *m* discursive essay

be·sin·nungs·los *adj* ❶ *(ohnmächtig)* unconscious; ■ **~ werden** to lose consciousness, to pass [*or fam* black] out ❷ *(blind)* insensate, pure; **~e Wut** blind rage; **~e Angst lähmte ihre Glieder** pure, unadulterated fear gripped her limbs; ■ **[wie] ~ sein vor etw** to be blind [*or* beside oneself] with sth

Be·sin·nungs·lo·sig·keit <-> *f kein pl* unconsciousness; **die Patientin befindet sich seit Wochen im Zustand der ~** the patient has been in a coma for weeks

Be·sitz <-es> [bəˈzɪts] *m kein pl* ❶ *(Eigentum)* property; *Vermögen* possession ❷ AGR land, estate; *(Landsitz, Gut)* estate ❸ *(das Besitzen)* possession; **~ ergreifend** possessive; **jdm den ~ [einer S. gen] streitig machen** to challenge [*or* contest] sb's ownership [of sth]; **etw in ~ nehmen, von etw ~ ergreifen** *(geh)* to take possession [*or* hold] of sth; **in den ~ einer S. gen gelangen** [*o* **kommen**] to come into [*or* gain] possession of sth; **etw in ~ haben** *(geh)* to possess sth, to have sth in one's possession *form;* **jds gen [alleiniger] ~ sein** to be sb's [sole] property; **im ~ von etw sein** *(geh)* to be in sb's possession [*or* hands]; **ich bin im ~ Ihres Schreibens vom 17.4.** I have received your letter of 17 April; **in jds dat ~ sein, sich in jds dat ~ befinden** to be in sb's possession [*or* hands]; **in jds akk ~ übergehen** [*o* **gelangen**] to pass into sb's possession [*or* hands]; **in staatlichem/privatem ~** state-owned/privately-owned

Be·sitz·an·spruch *m* claim to [right of] ownership; JUR [possessory] title; **einen ~ auf etw akk haben** to have a right to sth; **seine Besitzansprüche [auf etw akk] anmelden** [*o* **geltend machen**] to claim possession of sth **be·sitz·an·zei·gend** *adj* LING [**ein**] **~es Fürwort** [a] possessive pronoun

be·sit·zen *vt irreg* ❶ *(Eigentümer sein)* ■ **etw ~** to

own [*or form* possess] [*or fam* have [got]] sth; **ein [großes] Vermögen ~** to be [very] wealthy ❷ *(haben, aufweisen)* ■ **etw ~** to have [got] *fam* [*or form* possess] sth; **Frechheit ~** to be cheeky [*or* impertinent]; **die Frechheit ~, etw zu tun** to have the cheek [*or* impertinence] to do sth; **jds gen Fürsprache/Vertrauen ~** to have sb's approval/confidence; **ein Recht/eine Möglichkeit ~, etw zu tun** to enjoy a right/the possibility to do sth ❸ *(mit etw ausgestattet sein)* to have [*or* be equipped with] [*or* boast] sth *hum* ❹ *(euph: beschlafen)* ■ **jdn ~** to have sb

be·sit·zend *adj* wealthy; **die [Angehörigen der] ~en Klassen** the propertied classes *form*

Be·sit·zer(in) <-s, -> *m(f)* owner; ■ **der ~ einer S. gen** the owner of sth; **~ eines Geschäfts/Hotels/ etc.** proprietor of a business/hotel/etc.; **~ einer Eintrittskarte/Aktie** holder of a ticket/shareholder; **sie ist seit neuestem ~in einer Eigentumswohnung** she has recently bought her own flat [*or* become a flat-owner]; **der rechtmäßige ~** the rightful owner; **den ~ wechseln** to change hands

be·sit·zer·grei·fend *adj* possessive **Be·sitz·er·grei·fung** *f (geh)* seizure; **~ durch den Staat** seizure of power by the state; *Macht, Kontrolle* seizure; *(unrechtmäßig)* usurpation; *Land* occupation **be·sitz·los** *adj* poor, penniless; **die [Angehörigen der] ~en Klassen** [*o* **Bevölkerungsschichten**] the dispossessed *form,* the have-nots; **nach dem Konkurs ihrer Firma war sie völlig ~** after her company went bankrupt she was left with nothing **Be·sitz·stand** *m standing as propertied members of society*

Be·sitz·tum <-s, -tümer> *nt* property *no pl,* possession; *Land* estate

Be·sit·zung <-s, -en> *f (Land- und Grundbesitz)* property, estate

Be·sitz·ver·hält·nis·se *pl* [conditions of] ownership *no pl*

be·sof·fen [bəˈzɔfn̩] *adj (sl)* ❶ *(betrunken)* sloshed *fam,* plastered *fam,* BRIT *a.* pissed *sl;* **ein ~er Mensch** a drunk [*or* drunkard]; **im ~en Zustand** drunk; **total ~** dead drunk ❷ *(von Sinnen)* cuckoo *sl,* BRIT *a.* potty *sl*

Be·sof·fe·ne(r) *f(m) dekl wie adj (sl)* drunk, drunkard **be·soh·len** *vt* ■ **[jdm] die Schuhe/Stiefel/etc.** [neu] ~ to [re]sole sb's shoes/boots/etc.

be·sol·den [bəˈzɔldn̩] *vt* ADMIN ■ **jdn ~** to pay sb; **jdn nach einem bestimmten Tarif/einer bestimmten Lohngruppe ~** to pay sb according to a particular scale/a particular salary grade

Be·sol·dung <-, -en> *f* ADMIN pay, salary; **jds ~ erhöhen** to raise sb's salary, to give sb a rise [*or* raise] AM

Be·sol·dungs·grup·pe *f* ADMIN [salary] grade **Be·sol·dungs·ord·nung** *f* ADMIN pay [*or* salary] regulations *pl*

be·son·de·re(r, s) [bəˈzɔndərə, -ərɐ, -ərɐs] *adj* ❶ *(ungewöhnlich)* special, unusual; *(eigentümlich)* peculiar; *(außergewöhnlich)* particular; **zu meiner ~n Freude darf ich Ihnen heute unseren Gast vorstellen** I am particularly pleased to introduce our guest to you today; **ganz ~** very special [*or* unusual]; **eine ~ Ehre** a great honour [*or* AM -or]; **ein ~r Umstand** an unusual [*or* exceptional] circumstance; **von ~r Schönheit/Anmut [sein]** [to be] of exceptional [*or* uncommon] beauty/grace ❷ *(speziell)* special, particular; **ein ~s Interesse an etw haben** to be keenly [*or* especially] interested in sth; **ein ~r Gast/ eine ~ Behandlung** a special guest/treatment; **von ~r Bedeutung** of great significance; **ohne ~ Begeisterung** without any marked enthusiasm; **[einen] ~n Wert auf etw legen** to value sth highly, to attach great importance to sth ❸ *(zusätzlich, separat, gesondert)* special [kind of], separate, particular

Be·son·de·re(**s**) [bəˈzɔndərə(s)] *nt dekl wie adj* ❶ *(besondere Eigenschaft)* special feature; **was ist das ~ an ihm?** what's so special [*or* remarkable] about him?; **etw/nichts ~s** sth/nothing special; **haben Sie irgendetwas ~s entdeckt?** have you discovered anything out of the ordinary?; **vom Allgemeinen zum ~n** from the general to the particular ❷ *(ein besonderer Mensch)* ■ **etw/jd/nichts ~s** sth/somebody/ nothing special; **sie war nichts ~s** she was nothing special ▶ WENDUNGEN: **im ~n** in particular, particularly, especially

Be·son·der·heit <-, -en> *f (Merkmal)* characteristic, feature; *(Außergewöhnlichkeit)* special quality; *(Eigentümlichkeit)* peculiarity

be·son·ders [bəˈzɔndɐs] *adv* ❶ *intensivierend (außergewöhnlich)* particularly, especially, specially, exceptionally; **~ viel** a great deal, an awful lot *fam;* **nicht ~ klug/fröhlich** not particularly [*or* [e]specially] [*or* not so] bright/happy; **nicht ~ viel** not a great deal ❷ *(vor allem)* in particular, above all; **~ sie war davon betroffen** mainly she was affected ❸ *(speziell)* specially; **sich dat etw ~ anfertigen lassen** to have sth specially made; **~ verpackt** individually packed; **das Problem muss später ~ behandelt werden** that problem will have to be dealt with separately later; **nicht ~ sein** *(fam)* nothing out of the ordinary [*or* to write home about] *fig;* **hat's geschmeckt? – na ja, das Essen war nicht ~** did you enjoy the meal? – well, not particularly; **[jdm geht es [o jd fühlt sich]] nicht ~** *(fam)* [sb feels] not too good [*or* great] *fam*

be·son·nen [bəˈzɔnən] I. *adj* sensible, calm, prudent; **~ bleiben** to keep [*or* stay] calm; **sein ~es Verhalten rettete ihn** his level-headed [*or* discreet] conduct saved him II. *adv* sensibly, calmly, prudently; **wir sollten sehr ~ vorgehen** we should proceed with utmost caution [*or* discretion]

Be·son·nen·heit <-> *f kein pl* common sense *no pl,* calmness *no pl,* prudence *no pl*

be·sor·gen *vt* ❶ *(kaufen)* ■ [jdm] **etw ~** to buy [*or* get] [sb] sth; *(beschaffen)* to get [*or form* obtain] sth for sb [*or* sb sth], to procure sth for sb *form;* ■ **sich** *dat* **etw ~** to get [oneself] sth, to obtain [*or form* procure] sth [for oneself]; **jdm einen Job/Partner ~** to fix sb [up] with a job/partner; **sich einen Job ~** to find oneself a job *fam* ❷ *(erledigen)* ■ **etw ~** to see [*or* attend] to sth; **jds Angelegenheiten ~** to look after [*or* manage] sb's affairs; **den Haushalt ~** to run the household ▶WENDUNGEN: **was du heute ~ kannst, verschiebe nicht auf morgen** *(prov)* do not postpone anything until tomorrow that could be done today; **es jdm ~** *(fam: jdn verprügeln)* to give sb a thrashing; *(es jdm heimzahlen)* to give sb what for; **ich habe es ihm richtig besorgt** I really let him have it; *(jdm die Meinung sagen)* to give sb a piece of one's mind; *(derb: jdn sexuell befriedigen)* to give it to sb *vulg*

Be·sorg·nis <-ses, -se> [bəˈzɔrknɪs] *f (Sorge)* concern, worry, alarm; **~ erregend** worrying, alarming; **der Zustand des Patienten ist weiterhin ~ erregend** the patient's condition is continuing to cause concern; **jds** *akk* **~ erregen** to cause sb concern, to alarm sb; **in ~ geraten** to get alarmed [*or* worried]; **mit wachsender ~** with increasing concern [*or* anxiety]; **kein Grund zur ~!** no need to worry! ❷ *(Befürchtung)* misgivings *pl,* concerns *pl,* fears *pl;* **jdm seine ~se zerstreuen** to allay sb's misgivings [*or* concerns] [*or* fears]; **große ~** great [*or* considerable] concern; **ernste ~** grave concern; **~ erregen** to cause [*or* arouse] concern; **~ der Befangenheit** JUR fear of bias

be·sorg·nis·er·re·gend *adj s.* **Besorgnis 1**

be·sorgt [bəˈzɔrkt] *adj* ❶ *(voller Sorge)* worried, concerned; ■ **[wegen/um etw ~ sein** to be worried [*or*

concerned] [about sth]; **er war um seine Zukunft ~** he was anxious about his future; **mit ~er Miene** with a troubled expression [on sb's face]; **ein ~es Gesicht machen** to look troubled [*or* worried] ❷ *(fürsorglich)* ■ **um jdn/etw ~ sein** to be anxious about sb/sth, to be concerned [*or form* solicitous] about [*or* for] sb/sth; **seine Eltern waren immer sehr ~ um ihn** his parents were always worrying about him

Be·sorgt·heit <-> *f kein pl* concern, anxiety, uneasiness; ■ **jds ~ um jdn/etw** sb's concern about [*or* for] sb/sth

Be·sor·gung <-, -en> *f* ❶ *(Einkauf)* shopping, errand[s], purchase[s] *form;* [für jdn] **eine ~/~en machen [o erledigen]** to do some shopping [*or* errands] [for sb], to make a purchase/some purchases [for sb] *form;* *(das Kaufen)* purchase *form* ❷ *(das Erledigen)* Geschäfte, Aufgaben management [*or* handling] [of affairs]

be·span·nen *vt* ❶ *(überziehen)* ■ **etw** [mit etw] **~** to cover sth [with sth]; **etw mit Stoff/einer Plane ~** to cover sth with fabric/canvas; **Sitzmöbel ~** to re-cover [*or* re-upholster] furniture; **etwas mit Saiten ~** to string sth; **einen Schläger neu ~** to re-string a racket ❷ *(Zugtiere anspannen)* ■ **etw** [mit etw] **~** to harness [*or* put] sth [to sth]; **den Wagen ~** to harness up the cart; **mit Pferden bespannt** horse-drawn

Be·span·nung *f* ❶ *kein pl (das Bespannen mit Stoff)* covering; *Instrument, Schläger* stringing; *Wagen* harnessing ❷ *(der Überzug)* cover, covering; **Wand~** wall-coverings; *(Saiten)* strings *pl; (Zugtiere)* team [of oxen etc]

be·spiel·bar *adj* ❶ TECH *Kassette* capable of being recorded on; **diese Videokassette ist ~** you can use this video cassette for recording ❷ SPORT *Platz* fit for playing on; **der Platz ist nur mit Stollenschuhen ~** only studded boots are to be used on the pitch

be·spie·len *vt* ❶ TECH *Kassette, Tonband* ■ **etw** [mit etw] **~** to make a recording [of sth] [*or* to record [sth]] on sth; **die MC ist mit klassischer Musik bespielt** the tape has got classical music on it; **ein bespieltes Band** a [pre-]recorded tape ❷ SPORT *Platz* ■ **etw ~** to play on sth; **nach dem Regen kann der Platz noch nicht wieder bespielt werden** after the rain the pitch is not yet ready for playing on

be·spit·zeln *vt* ■ **jdn ~** to spy on sb, to keep sb under surveillance

Be·spit·ze·lung <-, -en> *f* spying, surveillance; **die ~ einer Person** the surveillance of a person

be·spre·chen *irreg* I. *vt* ❶ *(erörtern)* ■ **etw** [mit jdm] **~** to discuss sth [*or* talk about sth [*or* sth over]] [with sb], to confer [with sb] about/on sth *form;* **wie besprochen** as agreed ❷ *(rezensieren)* ■ **etw ~** to review sth; **[von der Kritik] negativ [o schlecht] / positiv besprochen werden** to receive [*or* get] good/bad reviews ❸ *(aufnehmen)* ■ **etw** [mit etw] **~** to make a recording [of sth] on sth; **besprochene Bänder** spoken [*or* voice] recordings II. *vr (sich beraten)* ■ **sich** [über etw *akk*] **~** to discuss [sth], to talk [*or form* confer] [about sth], to talk sth over; ■ **sich mit jdm** [über etw *akk*] **~** to consult with sb [about sth], to discuss sth [*or* talk sth over] with sb

Be·spre·chung <-, -en> *f* ❶ *(Konferenz)* meeting, conference; *(Unterredung)* discussion, talk; **nach intensiven ~en kamen sie zu einer Einigung** after intensive negotiations they reached an agreement ❷ *(Rezension)* review

Be·spre·chungs·ex·em·plar *nt* review copy **Be·spre·chungs·zim·mer** *nt* conference room; **ärztliches ~** consulting room

be·sprit·zen *vt* ■ **jdn** [mit etw] **~** to splash [*or* spray] sb [with sth], to splash [sth over] sb; ■ **sich** [mit etw] **~** to splash [sth on] oneself; **jdn/etw mit Blut ~**

to spatter sb/sth with blood; ■ |jdm/sich| etw ~ to splash [or spatter] [sb's/one's] sth; **er hat den Pulli mit Farbe bespritzt** he's splashed [or spattered] paint all over his sweater; **eine Pflanze mit Wasser ~** to spray a plant with water; ■ **sich gegenseitig** [mit etw] ~ to splash each other [with sth]; **sich** [gegenseitig] **mit dem Gartenschlauch ~** to hose oneself/each other down

be·sprü·hen vt ■ jdn/etw [mit etw] ~ to spray sb/sth [with sth]; ■ **sich** [mit etw] ~ to spray oneself [with sth]; ■ [sich dat] etw [mit etw] ~ to spray [one's] sth [with sth]

be·spu·cken vt ■ jdn/etw ~ to spit at sb/sth

bes·ser ['bɛsɐ] **I.** adj comp von **gut** ❶ (höher) better; **~es Gehalt** higher wages, better pay; **~e Qualität** superior quality; ■ **etwas B~es** sth better; **nichts B~es** nothing better; **Sie finden nichts B~es!** you won't find anything better!; **es gibt auf dem Markt nichts B~es** it's the best on the market; ■ **~ sein** to be better; **etw könnte ~ sein** sth could be better, sth has room for improvement; **nicht ~ als …** no better than …; ■ [es ist] ~, [wenn] … it would be better if …; **~, man sieht uns nicht zusammen** it would be better if nobody saw us together; ■ **etw wird ~** [o **mit etw** dat **wird es ~**] sth is getting better [or improving] ❷ (sozial höhergestellt) more respectable, better-off, genteel iron ❸ (iron fam: kaum mehr als) ■ **etw ist ein ~er/~es/eine ~e …** sth is just a bit better than … [or a better sort of]; **das nennen Sie anständige Wohnung? das ist doch allenfalls eine ~e Bruchbude!** you call that a decent flat? it's just a slightly upmarket garden shed! ▶ WENDUNGEN: **jdn eines B~en belehren** to put sb right, to enlighten sb; **ich lasse mich gerne eines B~en belehren** I'm willing to admit I'm wrong; **sich eines B~en besinnen** to think better of sth; **B~es zu tun haben** to have other things to do [or prov fish to fry]; **als ob ich nichts B~es zu tun hätte!** as if I had nothing better to do!; s. a. **Wendung II.** adv comp von **gut**, s. **wohl** ❶ (nicht mehr schlecht) **es geht jdm ~** MED sb is [or feels] better; **es geht** [einer S. dat] **~** ÖKON sth is doing better; **es geht der Landwirtschaft noch nicht ~** the agricultural industry is still not doing well ❷ (mehr als gut) better; **~ verdienen** to earn more ❸ (fam: lieber) better; **dem solltest du ~ aus dem Wege gehen!** it would be better if you avoided him!, you would do better to keep out of his way!; **lass ~ mich ran!** let me have a go!; **soll ich ihm von unserem Gespräch berichten? – nein, das lassen Sie ~ bleiben!** shall I tell him about our conversation? – no, it would be better not to! ▶ WENDUNGEN: ~ [gesagt] (richtiger) rather, properly speaking form; **es ~ haben** to be [a lot] better off; **es** [mit jdm] **~ haben** to be better off [with sb]; ~ **ist ~** [it's] best to be on the safe side [or prov better [to be] safe than sorry]; **es kommt noch ~** (iron fam) you haven't heard the half of it! fam; **jd täte ~ daran, …** sb would do better to …; **jd will es** [o **alles**] [immer] **~ wissen** sb [always] knows better; **um so ~!** (fam) all the better!

bes·ser|ge·hen vi impers, irreg sein s. **besser II. 1**

bes·ser·ge·stellt adj better off; **B~e** the better-off + pl vb

bes·sern ['bɛsɐn] **I.** vr ■ **sich ~** ❶ (ein besseres Benehmen zeigen) to improve, to do better, to turn over a new leaf prov, to mend one's ways ❷ (besser werden) to improve, to get better; **sein** [Gesundheits]**zustand hat sich gebessert** he has recovered **II.** vt ■ **jdn ~** to reform sb, to change sb for the better; ■ **etw ~** to improve upon sth

bes·ser|stel·len vt jdn ~ to improve sb's [financial/social] position; **sie wurde um 157 Euro pro Monat bessergestellt** she is better off by 157 euros a month

Bes·se·rung <-> f kein pl MED improvement; **gute ~!** get well soon!; **auf dem Weg der ~ sein** to be on one's way to recovery; Lage, Situation an improvement [or a change for the better] [in a situation]; Preis, Kurs gain, advance; **es soll nie wieder vorkommen, hiermit gelobe ich ~** it won't happen again, from now on I'm a reformed character

Bes·ser·ver·die·nen·de(r) f(m) dekl wie adj JUR high earner

Bes·ser·wis·ser(in) <-s, -> m(f) (pej) know-all pej, know-it-all pej, wise guy pej

Bes·ser·wis·se·rei <-> f kein pl (pej) know-all manner; **verschone uns bitte mit deiner ständigen ~!** please spare us this little Mr/Miss Know-it-all attitude of yours!

Bes·ser·wis·se·rin <-, -nen> f fem form von **Besserwisser**

bes·ser·wis·se·risch I. adj (pej) know-all; **eine ~e Art** a know-it-all manner; **sie legt immer so ein ~es Verhalten an den Tag** she always behaves like a little Miss Know-it-all **II.** adv (pej) like a know-all, in a know-all way

be·stal·len [bəˈʃtalən] vt (geh: ernennen) ■ jdn [zu etw dat] ~ to appoint sb [to sth]; **jdn ins Amt ~** to install sb in office form

Be·stal·lung <-, -en> f (geh: Ernennung) ■ jds gen ~ [zu etw] sb's appointment to sth; (in ein höheres Amt) sb's installation [as sth] form

Be·stal·lungs·ur·kun·de f certificate of appointment

Be·stand <-[e]s, Bestände> m ❶ (Fortdauer) survival, continued existence, continuation, longevity form; **der weitere ~ der Koalition hängt vom Ausgang der Verhandlungen ab** whether the coalition will survive depends on the outcome of the negotiations; ÖSTERR (Bestehensdauer) founding; **die Firma hat 30-jährigen ~** the company has its 30th anniversary; **von ~ sein, ~ haben** to be long-lasting [or durable] ❷ (vorhandene Menge) ■ **der/jds** gen **~** [an etw dat] the/sb's supply [or stock] [or store] [of sth]; Vieh [live] stock; Kapital assets pl; Wertpapiere holdings pl; FORST (Waldstück) stand form; Bäume stand [or population] [of trees]; **~ aufnehmen** (a. fig) to take stock, to do stocktaking

be·stan·den adj inv ❶ (erfolgreich absolviert) passed; **nach glänzend ~em Examen** after brilliantly passing the exam ❷ (mit Pflanzen bewachsen) covered with trees pred, tree-covered attr; **mit Bäumen ~e Straße** tree-lined street; **gut/schlecht ~es Gebiet** well/poorly-stocked area ❸ SCHWEIZ (alt, bejahrt) advanced in years pred, ageing BRIT, aging AM

be·stän·dig adj ❶ attr (ständig) continual, constant, persistent pej, relentless pej ❷ (gleich bleibend) consistent, dependable, steady; **~e Loyalität** unswerving loyalty; **~es Wetter** settled weather; **~es Tief** persistent depression ❸ (widerstandsfähig) ■ **~** [gegen etw] **sein** to be resistant [to sth]; hitze~ heat-resistant, -proof ❹ (dauerhaft) long-lasting, lasting

Be·stän·dig·keit <-> f kein pl ❶ (das Anhalten) persistence; **die ~ des guten/schlechten Wetters** the continuation of the settled [or good] /bad weather [conditions] ❷ (gleich bleibende Eigenschaft) consistency, dependability, steadfastness; Liebende constancy ❸ (Widerstandsfähigkeit) resistance; ■ **~ gegen etw** resistance to sth

Be·stands·auf·nah·me f ❶ ÖKON stocktaking, inventory; [eine] ~ **machen** to take stock, to do the stocktaking; (in Gastronomie oder Haushalt) to make an inventory; **geschlossen wegen ~** closed for stocktaking ❷ (fig: Bilanz) taking stock; **wenn ich mir bei einer ~ überlege, was ich nach 10 Jahren erreicht habe …** when I take stock of what I've achieved in 10 years …; [eine] ~ **machen** to weigh up sth [*or* sth up], to review sth

Be·stand·teil *m* part, element; TECH component, constituent; **notwendiger** [*o* **elementarer**] **~** essential [*or* integral] part; **sich in seine ~e auflösen** to fall apart, to disintegrate; **etw in seine ~e zerlegen** to take sth to pieces, to dismantle sth; *(etw auflösen)* to disintegrate [*or* break down] sth

be·stär·ken *vt* ■ **jdn** [**in etw** *dat*] **~** to encourage sb['s sth], to support sb [in sth]; **jdn in seinem Wunsch/Vorhaben ~** to confirm [*or* strengthen] sb in their desire/intention; **jdn in einem Verdacht ~** to reinforce sb's suspicion

Be·stär·kung *f* ❶ *(Unterstützung)* support, encouragement; **~ eines Vorsatzes** support [*or* strengthening] of an intention ❷ *(Erhärtung)* confirmation; **~ eines Verdachts** confirmation of a suspicion

be·stä·ti·gen* [bəˈʃtɛːtɪɡn̩] *vt* ❶ *(für zutreffend erklären)* ■ **jdm**] **etw ~** to confirm [sb's] sth; **eine Theorie ~** to confirm [*or* bear out] a theory; **ein Alibi ~** to corroborate an alibi; **die Richtigkeit einer S.** *gen* **~** to testify to sth's correctness, to verify sth; **ein Urteil ~** to uphold [*or* sustain] a sentence; **das Parlament bestätigte den Vertrag** the parliament ratified the treaty; ■ **jdn** [**in etw** *dat*] **~** to support sb [in sth]; **jdn in seinem Verdacht/seiner Vermutung ~** to confirm sb's suspicion/speculation; ■ **~d** in confirmation; **ein ~des Kopfnicken** a nod of confirmation; „**hiermit** [*o* **hierdurch**] **wird bestätigt, dass …**" "we hereby confirm [*or* certify] that …" ❷ *(quittieren)* ■ [**jdm**] **etw ~** to certify sth [for sb]; [**jdm**] **den Empfang einer S.** *gen* **~** to acknowledge receipt of sth [for sb]; ADMIN to confirm sth [to sb] ❸ ADMIN ■ **jdn in etw** *dat* **~** to confirm sb in sth; **jdn im Amt ~** to confirm sb in office; **jdn in einer Stellung ~** to confirm sb's appointment

Be·stä·ti·gung <-, -en> *f* ❶ *(das Bestätigen)* confirmation; *Richtigkeit, Echtheit* verification; *Gesetz, Vertrag* ratification; ■ **die/zur ~ einer S.** *gen* the/in confirmation of sth; **schriftliche ~** written confirmation; [**in**] **~ der Beweise** [*o* **des Alibis**] [in] confirmation [*or* corroboration] of [the] evidence; **dies sind Beweise zur ~ meines Verdachts** this evidence proves my suspicions were right; **~/keine ~ finden** *(geh)* to be validated/to not be validated *form*; JUR to be upheld [*or* sustained]; **er sucht doch bloß ~!** he's merely trying to boost his ego! ❷ *(Quittierung)* ■ **die/zur ~ einer S.** *gen* in confirmation of sth; ■ **die/zur ~ des Empfangs** [*o* **Erhalts**] the/in acknowledgement of receipt ❸ *(bestätigendes Schriftstück)* written confirmation, certification, certificate

be·stat·ten* [bəˈʃtatn̩] *vt (geh)* ■ **jdn ~** ❶ *(beerdigen)* to bury [*or form* inter] sb; **sie wird in drei Tagen auf dem alten Friedhof bestattet** in three days' time she will be laid to rest in the old cemetery; **irgendwo bestattet liegen** to lie [*or* be] buried somewhere ❷ *(verbrennen)* to cremate sb

Be·stat·ter(in) <-s, -> *m(f) (geh: Beerdigungsunternehmer)* funeral director *form*, undertaker

Be·stat·tung <-, -en> *f (geh) s.* **Beerdigung**

Be·stat·tungs·in·sti·tut *nt*, **Be·stat·tungs·un·ter·neh·men** *nt (geh)* funeral parlour [*or* AM -or] [*or* directors'] **Be·stat·tungs·un·ter·neh·mer(in)** *m(f) (geh) s.* **Bestatter**

be·stäu·ben* *vt* ❶ KOCHK ■ **etw** [**mit etw**] **~** to dust [*or* brush] sth [with sth] ❷ BOT ■ **etw ~** to pollinate sth

Be·stäu·bung <-, -en> *f* BOT pollination

be·stau·nen* *vt* ■ **jdn/etw ~** to admire sb/sth; **wir bestaunten ihr Geschick** we marvelled at her skilfulness

best·be·zahlt *adj attr* highest paid, best-paid

bes·te(r, s) [ˈbɛstə, ˈbɛstɐ] **I.** *adj superl von* **gut** *attr* best; **von der ~n Qualität** of the highest quality;

die ~ Weite the farthest [*or* furthest]; **aus ~r Familie** from a good family; **von ~r Abstammung** of good birth [*or form* stock]; **sich ~r Gesundheit erfreuen** to be in the best of health; **in ~r Laune** in an excellent mood [*or* the best of spirits]; **in ~r Gelassenheit** very [*or* extremely] composed; **meine ~n Glückwünsche zur bestandenen Prüfung!** congratulations on passing your exam!; **mit den ~n Genesungswünschen** with all best wishes for a speedy recovery; „**mit den ~n Grüßen** [**Ihr**] **…**" *(Brieffloskel)* "Best wishes, [Yours] …"; *s. a.* **Wille** ▶ WENDUNGEN: **aufs** [*o* **auf das**] **~** perfectly, very well *s.* **Beste(r, s) II.** *adv* ❶ **am ~n** + *verb* best; **sie schloss in der Prüfung am ~n ab** she finished top in the exam ❷ *(ratsamerweise)* ■ **am ~n …** it would be best if …, your best bet would be to … *fam* ▶ WENDUNGEN: **das ist** [**auch** [*o* **doch**] **] am ~n so!** it's all for the best!; **es wäre am ~n, wenn …** it would be best if …; **es wäre am ~n, wenn Sie jetzt gingen** you had better go now

Bes·te(s) [ˈbɛstə] *m o f o nt* ■ **der/die/das ~** the best; **das ~ vom ~n** the very best; **er ist der ~ von allen** he's the pick of the bunch [*or* best of the lot]; **sie wollen das ~ von allem** they want the best of everything; **in der Klasse war er immer der ~** he always came first [*or* top] in class; **Nachgeben ist nicht immer das ~** giving in is not always best [*or* the best thing to do]; **das ~ wäre …** it would be best if … ▶ WENDUNGEN: **sein ~s geben** to give of one's best *form*, to do the best one can; [**jdm**] **etw zum ~n geben** *([jdm] etw erzählen)* to oblige [sb] with sth; **auf Partys pflegte sie immer lustige Anekdoten zum ~n zu geben** at parties she always had a wealth of funny stories; **jdn zum ~n halten** *(jdn zum Narren halten)* to pull sb's leg *prov*, to make fun of sb; **wir wollen das ~ hoffen** let's hope for the best; **das ~ aus etw machen** to make the best of sth [*or* of a bad job]; **es steht** [**mit etw**] **nicht zum ~n** it doesn't look good [*or* very hopeful]; **sein ~s tun** to do one's best; **nur jds** *akk* **~s wollen** to only want the best for sb [*or* have sb's interests at heart]; **zu jds ~n** in sb's [own] interests; **glaube mir, es ist nur zu deinem B~n** believe me, it's for your own good; **meine ~/mein ~r!** *(veraltet fam)* my dearest *old fam*, my dear *fam*

be·ste·chen* *irreg* **I.** *vt* ❶ *(durch Zuwendungen beeinflussen)* ■ **jdn** [**mit etw**] **~** to bribe sb [*or* buy sb off] [with sth] ❷ *(für sich einnehmen)* ■ **jdn** [**durch etw**] **~** to win sb over [with sth]; **jdn durch Schönheit ~** to entrance [*or* captivate] sb **II.** *vi (Eindruck machen)* to be impressive [*or* irresistible]; ■ **durch etw ~** to win people over [*or* impress] with sth; **durch Schönheit ~** to be entrancing [*or* captivating]; **das Auto besticht durch seine Form** the appeal of the car lies in its shape

be·ste·chend **I.** *adj* captivating, irresistible, impressive; **ein ~es Angebot** a tempting offer; **ein ~er Gedanke** a fascinating thought [*or* idea]; **ein ~es Lächeln** a winning smile; **eine ~e Schönheit** an entrancing [*or* captivating] beauty; **ein ~er Geist** a brilliant mind; ■ **etwas B~es** something irresistible; **etwas B~es haben** to have a certain irresistibility **II.** *adv* winningly, impressively

be·stech·lich [bəˈʃtɛçlɪç] *adj* corrupt, open to bribery, venal *form*

Be·stech·lich·keit <-> *f kein pl* corruptibility, venality *form*

Be·ste·chung <-, -en> *f* bribery, corruption; **durch ~ eines Polizisten gelang dem Häftling die Flucht** the prisoner managed to escape by bribing a policeman; **sich** *akk* **durch ~ von etw** *dat* **freikaufen** to bribe one's way out of sth; **aktive/passive ~** JUR giving/accepting [*or* taking] bribes

Be·ste·chungs·geld *nt meist pl* bribe **Be·ste·**

chungs·ver·such m attempt to bribe

Be·steck <-[e]s, -e> [bə'ʃtɛk] nt ❶ *(Ess~)* cutlery n sing; ~ **bilden** to make up *[or* lay] a place setting; **die ~e auflegen** to lay the table; **bringen Sie uns bitte noch ein ~** please could you lay us another place *[or* bring us another set of cutlery] ❷ *(Instrumentensatz)* set of instruments, instruments; *Raucher* smoker's set; *(sl) Heroinsüchtige* needles pl

Be·steck·kas·ten m cutlery box, canteen *form*

be·ste·hen* irreg **I.** vt ❶ *(erfolgreich abschließen)* ■ **etw** [mit **etw** dat] ~ to pass sth [with sth]; **sie bestand ihre Prüfung mit Auszeichnung** she got a distinction in her exam, she passed her exam with distinction; **etw nicht ~** to fail sth; **eine Probe** [o **Aufgabe**] ~ to stand the test [of sth]; **jdn ~ lassen** to let sb pass [an exam]; **die Prüfer ließen ihn nicht ~** the examiners failed him ❷ *(geh: durchstehen)* ■ **etw ~** to come through sth [in one piece], to survive sth; **einen Kampf ~** to win a fight ❸ *(andauern)* **etw ~ lassen** to retain sth; **ein Gebäude ~ lassen** to leave a building standing; **getrennte Haushalte ~ lassen** to continue [living] with separate domestic arrangements *[or* households]; **eine Abmachung ~ lassen** to let an arrangement continue, to leave an arrangement as it is **II.** vi ❶ *(existieren)* to be; **es ~ Zweifel** [**an etw**] there are doubts [about sth]; **es besteht kein Zweifel** there is no doubt; **es ~ gute Aussichten, dass ...** the prospects of ... are good; **es besteht die Gefahr, dass ...** there is a danger of *[or* that] ...; **besteht noch Hoffnung?** is there still a chance?; **es besteht kaum noch Hoffnung, dass ...** there is almost no chance of ...; **es besteht der Verdacht, dass sie für eine andere Macht spioniert hat** she is suspected of spying for another power; **bei uns besteht der Brauch ....** we have a tradition of ...; **~ bleiben** *(weiterhin existieren)* to last; *Hoffnung* to remain; *Tradition* to prevail; *Wetter* to persist; *(weiterhin gelten)* *Versprechen, Wort* to hold good, to remain ❷ *mit Zeitangabe* to exist, to be in existence; **das Unternehmen besteht jetzt schon 50 Jahre** the company is 50 years old *[or* has been in existence for 50 years] ❸ *(sich zusammensetzen)* ■ **aus etw ~** to consist *[or* be composed of *[or form* comprise] sth; *Material* to be made of ❹ *(beinhalten)* ■ **in etw** dat ~ to consist in sth; **jds Aufgabe besteht darin, etw zu tun** sb's job consists in doing *[or* it's sb's job to do] sth; **jds Chance besteht darin, dass ...** sb's chance lies in ...; **das Problem besteht darin, dass ...** the problem is that ...; **die Schwierigkeit besteht in/darin, dass ...** the difficulty lies in ...; **der Unterschied besteht in/darin, dass ...** the difference lies in ... ❺ *(standhalten)* ■ **vor jdm/etw ~** to survive *[or* hold one's own *[or* stand one's ground] against] sb/sth; **vor jds** dat **kritischem Auge ~** to survive sb's critical eye; **vor der Kritik ~** to stand up to criticism *[or* a review]; ■ **neben jdm/etw ~** to compare [well] to *[or* with] sb/sth; **ich kann nicht neben ihr ~** I don't compare with her ❻ *(durchkommen)* ■ [**in etw** dat] [**mit etw**] ~ to pass [sth] [with sth]; **ich habe bestanden!** – **gratuliere!** I've passed! – congratulations! ❼ *(insistieren)* ■ **auf etw** dat ~ to insist that sth, to insist on sth; **ich bestehe auf der Erfüllung Ihrer Verpflichtungen!** I insist that you fulfil your obligations!; ■ **darauf ~, dass ...** to insist that ...; **wenn Sie darauf ~!** if you insist!; **auf einer Meinung ~** to stick to an opinion *[or* to one's guns] *prov*

Be·ste·hen <-s> nt kein pl ❶ *(Vorhandensein)* ■ **das ~ einer S.** gen the existence of sth; **das 25-jährige ~ der Firma wurde gefeiert** the company celebrated its 25th birthday; **seit** [**dem**] ~ **einer S.** gen since the establishment of sth; *Schule, Verein etc* founding;

Geschäftsverbindung setting-up, establishment ❷ *(Beharren)* ■ **jds** gen ~ **auf etw** dat sb's insistence on sth; ■ **jds ~ darauf, dass ...** sb's insistence that ... ❸ *(das Durchkommen)* ■ **das ~ einer S.** gen *Prüfung, Test* the passing of sth; *Probezeit* successful completion; *schwierige Situation* surviving, coming through; *Gefahren* overcoming

be·ste·hen|blei·benᴬᴸᵀ vi irreg sein s. **bestehen II. 1**

be·ste·hend adj *(existierend)* existing, prevailing, present; *(geltend)* current; **noch ~** extant

be·ste·hen|las·senᴬᴸᵀ vt irreg s. **bestehen I. 1, 3**

be·steh·len* vt irreg ■ **jdn/etw** [**um etw**] ~ to steal [sth] [from sb/sth, to rob sb/sth [of sth]; **Hilfe, man hat mich bestohlen!** help, I've been robbed!

be·stei·gen* vt irreg ❶ *(auf etw klettern)* ■ **etw ~** to climb [up onto] *[or form* ascend [to]] sth; **ein Gerüst/ eine Leiter/einen Turm/einen Berg ~** to climb *[or* go up] a scaffolding/ladder/tower/mountain; **die Kanzel ~** to climb *[or* get] into the pulpit; **das Podest ~** to get up onto the platform; **das Rednerpult ~** to go up to the rostrum, to take the floor; **einen Thron ~** to ascend a throne ❷ *(sich auf etw schwingen)* **ein Tier ~** to mount an animal; **ein Fahrrad/Motorrad ~** to get on[to] *[or* mount] a bike/motorcycle ❸ *(einsteigen in)* **einen Bus ~** to get on a bus; **ein Taxi/Auto ~** to get into *[or* in] a car/taxi; **ein Flugzeug ~** to board *[or* get into] a plane; **ein Schiff ~** to go on board *[or* aboard] a ship ❹ *(begatten)* ■ **etw ~** ZOOL to cover *[or* mount] [another animal]; ■ **jdn ~** *(sl)* to mount sb *sl*

Be·stei·gung f ■ **die ~ einer S.** gen the ascent of sth; **die ~ des Berges erwies sich als schwierig** climbing the mountain proved difficult; *Thron* accession to the throne], ascent s. **Thronbesteigung**

be·stel·len* **I.** vt ❶ *(in Auftrag geben)* ■ **etw** [**jdm**] ~ to order sth [from sb]; ■ [**sich** dat] **etw ~** to order [oneself] sth *[or* [for oneself]]; **etw bei einem Kellner ~** to order *[or* ask for] sth from a waiter; **etw bei einem Geschäft ~** to place an order for sth [with a shop]; **eine Zeitung ~** to subscribe to a paper; *s. a.* **Aufgebot** ❷ *(reservieren)* ■ [**jdm**] **etw ~** to reserve *[or* book] sth *[for* sb] [for sb]; **die Gäste nahmen am bestellten Tisch im Restaurant Platz** the guests sat down at the table they had reserved; ■ [**sich** dat] **etw ~** to book, to reserve ❸ *(ausrichten)* ■ **jdm etw ~** to tell sb sth, to give sb a message; ■ **jdm** [**von jdm**] ~, **dass ...** to tell sb [from sb] that ...; [**jdm**] **Grüße ~** to send [sb] one's regards; **können Sie ihr etwas ~?** may I leave a message for her? ❹ *(kommen lassen)* ■ **jdn/etw** [**zu jdm/irgendwohin**] ~ to ask sb/sth [to come to sb/somewhere]; **einen Patienten ~** to give a patient an appointment; **ein Taxi ~** to call a taxi; **ein Mietwagen ~** to order a rented car; ■ [**bei** [o **zu**] **jdm/irgendwohin** akk] **bestellt sein** to have an appointment [with sb/at some place] ❺ ADMIN *(einsetzen)* ■ **jdn** [**zu etw** dat] ~ to appoint *[or* nominate] sb [as sth] ❻ AGR *(bearbeiten)* ■ **etw** [**mit etw** dat] ~ to cultivate sth [with sth], to work sth; **den Acker ~** to plant *[or* till] the field ▶ WENDUNGEN: **wie bestellt und nicht abgeholt** *(hum fam: allein und ratlos)* standing around, making the place look untidy *hum fam*, looking like a lost sheep *hum fam*; **nichts/nicht viel/kaum etwas zu ~ haben** *(nichts/etc zu sagen/auszurichten haben)* to not have a *[or* much] say, to have not got a chance; **gegen die andere Mannschaft hatten wir nichts zu ~** we were no match for the other team; **um jdn/mit jdm** dat **ist es schlecht bestellt** sb/sth is in a bad way, things look ... for sb/sth; **um meine Finanzen ist es derzeit schlecht bestellt** my finances are in a bad way at the moment **II.** vi *(Bestellung aufgeben)* ■ [**bei jdm**] ~ to order [from sb]

Be·stel·ler(in) <-s, -> m(f) customer (who has placed an order for sth), buyer; Zeitung subscriber
Be·stellis·teALT f s. **Bestellliste Be·stell·lis·te**RR f list
Be·stell·num·mer f order number **Be·stell·pra·xis** f MED surgery where patients are seen only on appointment **Be·stell·schein** m order form
Be·stel·lung <-, -en> f ⓐ (das Bestellen) ▪ die/eine ~ einer S. gen [bei jdm/aus etw] the/an order for sth [from sb/sth]; ~ aus einem Katalog ordering from a catalogue; eine ~ entgegennehmen/bearbeiten to take/process an order; (bestellte Ware) order, ordered goods; eine ~ machen [o aufgeben] to order, to make [or place] an order; auf ~ arbeiten to work to order; etw auf ~ machen [o anfertigen] to make sth to order; auf ~ gemacht made to order ⓑ (Essensauswahl) order; manche Gerichte gibt es nur auf ~ some dishes have to be ordered in advance ⓒ TOURIST reservation, booking ⓓ (Übermittlung) delivery; er bat sie um ~ von Grüßen an seinen Bekannten he asked her to pass on his good wishes [or give his regards] to his friends ⓔ AGR cultivation ⓕ ADMIN nomination, appointment; ~ eines Gutachters appointment of an expert; ~ eines Gutachtens request for an expert opinion; ~ zum Vormund appointment as guardian ▸ WENDUNGEN: auf ~ (einfach so) just like that; wie auf ~ (wie gerufen) in the nick of time, coming in handy
Be·stell·zet·tel m s. **Bestellschein**
bes·ten ['bɛstn̩] adv s. **beste(r, s)**
bes·ten·falls ['bɛstn̩'fals] adv at best
bes·tens ['bɛstn̩s] adv very well, excellently; um etw akk ist es ~ bestellt sth is looking very rosy [or doing extremely well]; ~ vorsorgen to take very careful precautions; für alle Eventualitäten ist ~ vorgesorgt we are ready for all eventualities; etw ~ vorbereiten to prepare sth extremely well [or BRIT a. very well indeed]; ich danke ~! thank you very much indeed!; jdn ~ grüßen to send sb one's best regards [or wishes]
be·steu·ern* vt ▪ jdn/etw ~ to tax [or impose a tax on] sb/sth; Alkohol wird mit 15 Euro pro Liter besteuert the tax on alcohol is 15 euros per litre
Be·steu·e·rung <-, -en> f taxation
Best·form f bes SPORT s. a. **Höchstform**
bes·ti·a·lisch [bɛs'tjaːlɪʃ] I. adj atrocious, brutal; ~er Gestank vile [or foul] [or appalling] smell; ~er Schmerz excruciating [or intense] pain; ~e Hitze/Kälte awful [or beastly] heat/cold II. adv (fam) dreadfully; ~ kalt extremely [or beastly] cold; ~ stinken to stink to high heaven fig; was stinkt denn hier so ~? what's that dreadful smell round here?; ~ wehtun to hurt badly [or sl like hell]; ~ zugerichtet badly beaten up [or mauled]
be·sti·cken* vt ▪ etw [mit etw] ~ to embroider [sth on] sth
Bes·tie <-, -n> ['bɛstjə] f ⓐ (reißendes Tier) beast form ⓑ (grässlicher Mensch) brute, beast, monster
be·stimm·bar adj identifiable, recognizable; dieser Geruch ist schwer ~ it's difficult to say [or determine] what this smell is
be·stim·men* I. vt ⓐ (festsetzen) ▪ etw ~ to decide on [or form determine] sth; einen Preis ~ to fix [or set] a price; Ort und Zeit ~ to fix [or appoint] a place and time; eine Grenze/ein Limit ~ to set a limit; wir müssen genau ~, wo wir uns treffen we have to decide exactly where we'll meet; Gesetzentwurf, Verordnung to rule, to lay down; das Gesetz bestimmt es so it's the law; das Gesetz bestimmt, dass ... the law says that ...; (entscheiden) to decide sth ⓑ (prägen) ▪ etw ~ to set the tone for sth; sein ruhiges Auftreten bestimmte die folgende Diskussion his calm manner set the tone for [or of] the

ensuing discussion; dichte Wälder ~ das Landschaftsbild thick forests characterize the scenery ⓒ (beeinflussen) ▪ etw ~ to influence sth; etw entscheidend ~ to determine [or control] sth; die Meinung anderer Leute bestimmte sein ganzes Handeln other people's opinions had a determining [or prevailing] influence on all of his actions; sich nach etw bestimmen, durch etw bestimmt werden to be governed [or determined] by sth ⓓ (wissenschaftlich feststellen) ▪ etw ~ to categorize sth; etw nach [seiner] Art ~ to establish the category of sth; Pflanzen/Tiere ~ to classify plants/animals; die Bedeutung/Etymologie/Herkunft von etw ~ to determine the significance/etymology/origin of sth; einen Begriff ~ to define a term ⓔ (vorsehen) ▪ jdn zu etw ~ to make sb sth, to name [or choose] sb as sth; jdn durch Wahl zu etw ~ to vote sb in as sth; ▪ etw für jdn ~ to intend [or earmark] sth for sb; füreinander bestimmt meant for each other; etw ist für jdn bestimmt sth is for sb; zu Größerem bestimmt sein to be destined for higher things; vorherbestimmt sein to be predestined ⓕ (geh: bewegen) ▪ jdn zu etw ~ to induce [or form to prevail on] sb to do sth II. vi ⓐ (befehlen) to be in charge, to decide what happens, to lay down the law pej ⓑ (verfügen) ▪ über jdn/etw ~ to control sb/sth, to dispose of sth; über seine Zeit ~ to organize one's time; (jdn bedrängen) to push sb around fam; über jds akk Gelder ~ to have control over sb's finances
be·stim·mend I. adj deciding, decisive, determining; für jdn/etw ~ sein to be a decisive [or crucial] factor for sb/in sth II. adv decisively
be·stimmt [bə'ʃtɪmt] I. adj ⓐ (nicht genau genannt) certain; aus ~en Gründen for reasons which sb would rather not go into ⓑ (speziell, genau genannt) particular; eine ganz ~e Sache/ein ganz ~er Mensch a particular thing/person; ganz ~e Vorstellungen very particular [or exact] ideas; ein ~er Verdacht a clear [or definite] suspicion; etwas [ganz] B~es something [in] particular, something special ⓒ (festgesetzt) fixed, specified, stated; (klar, deutlich) exact, clear; ein ~er Tag/Termin/Ort the appointed day/date/place; eine ~e Ausdrucksweise an articulate manner; ein ~er Artikel LING a definite article ⓓ (entschieden) determined, resolute, firm; ihr Auftreten war höflich, aber ~ her manner was polite but firm II. adv ⓐ (sicher) definitely, for certain; etw ganz ~ wissen to know sth for certain, to be positive about sth; Sie sind ~ derjenige, der mir diesen Brief geschickt hat! you must be the person who sent me this letter!; ~ nicht never, certainly not; der ist ~ nicht hier I doubt that he's here; ich bin morgen ganz ~ mit von der Partie you can definitely count me in tomorrow; ich schreibe ~ I will write, I promise; ich bin ~ nicht lange weg I won't be gone long, I promise ⓑ (entschieden) determinedly, resolutely; sie ist eine sehr ~ auftretende Frau she has a very determined air about her
Be·stimmt·heit <-> f kein pl determination, resolution, resoluteness; die ~ von jds Auftreten sb's determined [or the resoluteness of sb's] manner; die ~ von jds Ton the determination in sb's tone of voice; die ~ von Angaben/Daten the precision [or exactitude] of details/data; in [o mit] aller ~ categorically, emphatically; etw in aller ~ sagen/hören to say/hear sth loud and clear; etw in aller ~ ablehnen to categorically refuse sth; etw mit ~ sagen können to be able to state sth definitely [or with certainty]; etw mit ~ wissen to know sth for certain, to be positive about sth; auf jdn mit ~ rechnen to count [or rely] on sb
Be·stim·mung <-, -en> f ⓐ (Vorschrift) regulation;

B

die **klein gedruckten ~en** the small print; *Vertrag* term, stipulation *form; Gesetz, Testament* provision *form;* **Schul~** school rules [*or* regulations] *pl; (für die Abwicklung einer S.)* directions ② *kein pl (Zweck)* purpose; **ein Gebäude seiner ~ übergeben** to officially open [*or form* inaugurate] a building; **im Priesteramt sah/fand er seine ~** priesthood was his mission in life [*or* vocation] ③ *(Schicksal)* fate, destiny ④ *(das Bestimmen)* fixing, determining; *Preis, Grenze, Limit* fixing [*or* setting]; *Zeit, Ort* appointing [*or* fixing]; *Landesgrenze* establishment; *Alter, Herkunft* determination; *Begriff* definition; *Bäume, etc* classification; **adverbiale** [*o* **nähere**] **~** LING adverbial [phrase]

Be·stim·mungs·bahn·hof *m* station of destination **Be·stim·mungs·ha·fen** *m* port of destination **Be·stim·mungs·land** *nt* country of destination **Be·stim·mungs·ort** *m* destination **Be·stim·mungs·wort** <-wörter> *nt* LING *first part of a word which defines the second part*

be·stirnt [bə'ʃtɪrnt] *adj (poet)* starry; **hell ~** starlit

Best·leis·tung *f (Höchstleistung)* best performance; **jds** *gen* **persönliche ~** sb's personal best [*or* record]; **das ist europäische ~!** that's a new European record!

Best.-Nr. *f* ÖKON *Abk von* **Bestellnummer**

be·stra·fen *vt* ■ **jdn** [**mit etw**] **~** to punish sb [by/with sth]; **jdn streng ~** to punish sb severely; **jdn mit einer Geldstrafe ~** to fine sb; **jdn mit einer Gefängnisstrafe ~** to sentence sb; **einen Spieler** [**wegen eines Fouls**] **~** to penalize a player [for a foul]; ■ **etw** [**mit etw**] **~** to punish sth [by/with sth]; **etw wird mit Gefängnis bestraft** sth is punishable by imprisonment *form*

Be·stra·fung <-, -en> *f* punishment; *Spieler* penalization; *(mit Gefängnis)* sentencing; *(mit Gebühr)* fining; **das Volk verlangte die ~ der Verantwortlichen** the people demanded that those responsible be punished; **zur ~** as a punishment; **etw verdient ~** sth should be punished [*or* deserves punishment]

be·strah·len *vt* ① MED *(mit Strahlen behandeln)* ■ **jdn/etw ~** to treat sb/sth with [*or* give sb/sth] radiotherapy; **sie wird wegen ihres Rückenleidens dreimal die Woche bestrahlt** she has radiotherapy for her back three times a week ② *(beleuchten)* ■ **etw ~** to illuminate sth; **sie bestrahlten das Gebäude mit Scheinwerfern** they shone searchlights on the building

Be·strah·lung *f* MED *(das Bestrahlen)* radiotherapy; *(Sitzung)* radiotherapy session

Be·stre·ben *nt* endeavour[s] [*or* AM -or[s]] *form;* **es war immer mein ~ gewesen, euch gute Manieren beizubringen** I have always tried to teach you good manners; **das ~ haben, etw zu tun** to make every effort [*or form* take pains] to do sth; **im ~/in jds** *dat* **~, etw zu tun** in the attempt to do sth, in his/her attempt [*or* efforts *pl*] [*or* endeavours *pl*] to do sth

be·strebt *adj* keen, eager; ■ **~ sein, etw zu tun** to be keen [*or* eager] to do sth, to make every effort [*or form a.* to endeavour [*or* AM -vor]] to do sth

Be·stre·bung <-, -en> *f meist pl* endeavour[s] [*or* AM -or[s]], attempt[s], effort[s]; **~en sind im Gange, etw zu tun** efforts are being made to do sth; **dahin gehen auch meine ~en** that's what I've been trying to do

be·strei·chen *vt irreg* ■ **etw mit etw** *dat* **~** ① *(beschmieren)* to smear sth with [*or* put sth on] [*or* apply sth to] sth; **etw mit Fett ~** to rub fat into sth; **etw mit Öl ~** to oil sth; **eine Scheibe Brot mit etw ~** to spread sth on a slice of bread; **eine Scheibe Brot mit Butter ~** to butter a slice of bread; **ein dick bestrichenes Brot** a thickly-spread slice ② *(einpin-*

seln) to coat sth with sth; **etw mit Farbe ~** to paint sth

be·strei·ken *vt* ■ **etw ~** to take strike action [*or* AM go on strike] against sth; **dieser Betrieb wird bestreikt** there is a strike in progress at this company

be·streit·bar *adj* disputable, questionable, debatable; **nicht ~** indisputable, incontrovertible, undeniable

be·strei·ten *vt irreg* ① *(leugnen)* ■ **etw ~** to deny [*or form* refute] sth; **eine Behauptung ~** to reject [*or* contest] [*or* dispute] an assertion; **eine Tat ~** to deny having committed an offence; ■ **~, etw zu tun/getan zu haben** to deny doing/having done sth; **etw vehement ~** to deny sth vehemently; **es lässt sich nicht ~, dass ...** it cannot be denied [*or* is undeniable] that ... ② *(finanzieren)* ■ **etw ~** to finance [*or* pay for] sth; **die Kosten ~** to cover [*or* meet] [*or form* defray] the costs; **[aus/von etw** *dat*] **seinen Unterhalt ~** to provide for one's maintenance from sth, to earn [*or* make] a living by doing sth; **wovon willst du denn den Unterhalt deiner Familie ~?** how are you going to support your family [financially]? ③ *(tragen, gestalten)* ■ **etw ~** to run [*or* organize] sth; **ein Gespräch ~** to carry a conversation *fig* [*or* do all the talking] ④ *(streitig machen)* ■ **jdm etw ~** to challenge sb's sth; **jdm das Recht zu etw** *dat* **~** to challenge sb's right to sth, to deny sb the right to do sth

be·streu·en *vt* ■ **etw** [**mit etw** *dat*] **~** to strew sth [with sth], to strew [*or* scatter] [sth on] sth; **etw mit Puderzucker ~** to dust sth with castor sugar; **etw mit Zucker ~** to sprinkle sugar on sth; **etw mit Kies ~** to gravel sth; **„Achtung! nicht bestreute Eisfläche!"** "Beware of icy surfaces!"

be·stri·cken *vt (geh)* to bewitch, to charm, to enchant; **~der Charme** irresistible charms

Best·sel·ler <-s, -> ['bɛstzɛlɐ] *m* bestseller

Best·sel·ler·au·tor(in) *m(f)* bestselling author **Best·sel·ler·lis·te** *f* bestseller list

best·si·tu·iert *adj attr bes* ÖSTERR *(gut situiert)* well-situated [*or* -off]

be·stü·cken *vt* ① *(ausstatten)* ■ **etw** [**mit etw**] **~** to stock sth [with sth]; **mit etw gut bestückt sein** to have a good supply [*or* stock] of sth, to be armed with sth *hum;* **etw wieder** [**neu**] **~** to restock sth ② MIL to equip; **einen Soldat mit Waffen ~** to arm a soldier; **gut bestückt** well-armed, armed to the teeth *fam*

be·stür·men *vt* ■ **jdn** [**mit etw**] **~** to bombard [*or* besiege] sb [with sth]

be·stür·zen *vt* ■ **jdn ~** to upset [*or* stun] [*or* dismay] sb, to fill sb with dismay

be·stür·zend I. *adj* disturbing, distressing; **~e Neuigkeiten** upsetting news **II.** *adv* disturbingly, distressingly, alarmingly

be·stürzt I. *adj* upset, stunned, dismayed; ■ [**über etw** *akk*] **~ sein** to be dismayed [*or* disturbed] [*or* upset] [by sth]; **zutiefst ~** deeply dismayed, devastated; **jdn ~ anschauen** to look at sb with a stunned [*or* perplexed] expression on one's face, to look at sb stunned [*or* in consternation] **II.** *adv* in a dismayed [*or* disturbed] manner [*or* way]; **sie riss ~ die Augen auf, als sie entdeckte, dass ihr Geldbeutel gestohlen worden war** her eyes widened in shock as she discovered that her purse had been stolen

Be·stür·zung <-> *f kein pl* dismay, consternation; **~ auslösen** to arouse [great] consternation; **an seinem erschütterten Gesicht konnte sie seine ~ ablesen** from the shattered expression on his face she could see that he was upset

Best·zeit *f* best time

Be·such <-[e]s, -e> [bə'zuːx] *m* ① *(das Besuchen)* visit; ■ **~ einer S.** *gen Fest, Museum, Land* visit to sth; *Gottesdienst, Messe, Schule, Veranstaltung* attendance at sth; ■ **~ bei jdm** visit to sb; **nach dem**

~ **beim Arzt wusste sie, dass sie schwanger war** after she had seen the doctor, she knew that she was pregnant; ~ [**von jdm**] **haben** to have [*or* receive] a visit from sb *form;* **ihr** ~ **war mir immer willkommen** her visits [*or* visits from her] were always welcome to me; **jdm einen** ~ **machen** [*o geh:* **abstatten**] to pay sb a visit, to pay a call on sb; *(kurz)* to call [*or* drop in] on sb; [**bei jdm**] **auf** [*o* **zu**] ~ **sein** to be on a visit [to sb]; **ihre Freunde haben einen Bauernhof, da ist sie oft auf** ~ her friends have a farm and she often goes to visit them there; **ich bin hier nur zu** ~ I'm just visiting ② *(Besucher)* visitor[s]; *(eingeladen)* guest[s]; **hoher** ~ important [*or* official] visitor[s] [*or* guest[s]]; ~ [**von jdm**] **bekommen** [*o* **erhalten**] to have [*or* get] a visit [from sb]; **unerwarteter/regelmäßiger** ~ an unexpected/regular guest [*or* visitor] [*or* visit]; **es klingelt, bekommst du denn so spät noch** ~? that's the doorbell, are you expecting anyone at this hour?

be·su·chen *vt* ① *(als Besuch kommen)* ■ **jdn** ~ to visit [*or* call [in] on] [*or* drop in on] sb; **er wird oft von Freunden besucht** he often gets visits from friends; **besuch mich bald mal wieder!** come again soon! ② MED **einen Patienten** ~ to make a house call on [*or* visit] sb; **einen Arzt** ~ to see a doctor ③ *(aufsuchen)* ■ **etw** ~ to go to sth; **ein Museum/eine Ausstellung** ~ to visit [*or* go to] a museum/an exhibition; **das Oktoberfest wird immer von vielen Menschen besucht** the Oktoberfest is always well-attended; **eine Kneipe/einen Laden regelmäßig** ~ to patronize [*or* frequent] a pub [*or* AM bar] /shop ④ *(teilnehmen)* ■ **etw** ~ to go to [*or* attend] sth *form*

Be·su·cher(in) <-s, -> *m(f)* ① *(jd, der jdn besucht)* visitor, guest, company *no pl;* **ich habe gerade noch einen** ~ **da, rufst du später noch mal an?** I've got company at the moment, could you call back later? ② *(jd, der etw besucht)* visitor; *Kino, Theater* cinema/theatre [*or* AM *-er*] goer, patron *form; Sportveranstaltung* spectator; **ein regelmäßiger** ~ frequenter, habitué ③ *(Teilnehmer)* participant; *Gottesdienst* churchgoer, member of the congregation

Be·su·cher·park·platz *m* visitor's parking [lot] **Be·su·cher·rit·ze** *f (hum fam)* crack between the two mattresses of twin beds where a child or visitor slept in earlier times **Be·su·cher·zahl** *f* number of visitors; ■ **die** ~ **bei** [*o* **von**] **etw** the number of visitors at/of sth

Be·suchs·er·laub·nis *f* ADMIN *(Genehmigung zum Besuch)* permission to visit; ~ **bekommen/haben** to receive/have permission to visit [*or* a visitor's permit]; *(Genehmigung, Besuch empfangen zu dürfen)* to obtain/have permission [*or* be allowed] to receive visitors **Be·suchs·recht** *nt* visiting rights *pl* **Be·suchs·tag** *m* visiting day **Be·suchs·zeit** *f* visiting time [*or* hours *pl*] **Be·suchs·zim·mer** *nt* visitors' room

be·sucht *adj* **gut/kaum** [*o* **schwach**] ~ **sein** to be well-/poorly attended; **dieses Museum ist meist gut** ~ this museum usually attracts a lot of visitors; ■ **viel** [*o* **gern**] [*o* **häufig**] ~ much frequented, very popular

be·su·deln *vt (geh)* ① *(mit Flüssigkeit beschmieren)* ■ **etw** [**mit etw**] ~ to besmear sth [with sth]; ■ **sich** [**mit etw**] ~ to soil oneself [with sth]; ■ [**sich** *dat*] **etw** [**mit etw**] ~ to soil [*or* stain] sth [with sth]; **ein Kleidungsstück** [**mit etw**] ~ to soil [*or* stain] a piece of clothing [with sth]; **jetzt habe ich meine Bluse mit Kaffee besudelt** now I've got coffee all over my blouse ② *(herabwürdigen)* ■ **etw** ~ to besmirch [*or* sully] sth

Be·ta <-[s], -s> ['be:ta] *nt* beta

Be·ta·blo·cker <-s, -> *m* MED beta blocker

be·tagt [bə'ta:kt] *adj (geh)* aged, advanced in years

pred

be·tan·ken *vt* ■ **etw** [**mit etw**] ~ to fill [*or* tank] up sth *sep* [with sth]; **ein Flugzeug** ~ to refuel a plane

be·tas·ten *vt* ■ **jdn/etw** ~ to feel [*or* touch] sb/sth; **Kunden werden gebeten, die Ware nicht zu** ~ customers are requested not to touch the articles on display; ■ **etw** ~ MED to palpate sth

Be·ta·strah·len *pl* NUKL beta rays **Be·ta·strah·lung** *f* NUKL beta radiation **Be·ta·teil·chen** *nt* NUKL beta particle

be·tä·ti·gen **I.** *vt* ■ **etw** ~ ① *(drücken)* to press sth; *(umlegen)* to operate sth; *(einschalten)* to activate sth; **die Bremse** ~ to apply [*or* put on] the brake[s] ② *(geh: funktionieren lassen)* to activate sth **II.** *vr* ■ **sich** ~ to busy oneself; **du kannst gleich bleiben und dich hier** ~! *(fam)* don't go away – there's enough for you to do here!; **sich künstlerisch** ~ to do a little painting [on the side]; **sich politisch** ~ to be politically active; **sich sportlich** ~ to exercise

Be·tä·ti·gung <-, -en> [bə'tɛ:tɪɡʊŋ] *f* ① *(Aktivität)* activity; *(berufliche Tätigkeit)* work ② *(das Drücken)* pressing; *von Bremse* application; *von Knopf* pushing; *(das Umlegen o Ziehen)* operation; **die fahrlässige** ~ **der Notbremse im fahrenden Zug ist unter Strafe gestellt** pulling the emergency cord without good reason [*or* abuse of the emergency brake] in a moving train is a punishable offence; *(das Einschalten)* activation

Be·tä·ti·gungs·feld *nt* field [*or* sphere] of activity

be·tat·schen *vt (pej fam)* ■ **jdn/etw** ~ to paw sb/sth *fam*

be·täu·ben [bə'tɔybn̩] *vt* ① *(narkotisieren)* ■ **jdn/ein Tier** [**mit etw**] ~ to anaesthetize [*or* AM anesthetize] sb/an animal [with sth]; **die Entführer betäubten ihr Opfer** the kidnappers drugged their victim; **nachdem er sich den Kopf angestoßen hatte, wankte er wie betäubt umher** after he had run into something hard with his head, he staggered around [as if] in a daze ② *(unempfindlich machen)* ■ [**jdm**] **etw** ~ to deaden sth [for sb]; **Schmerzen** ~ to kill pain; ■ [**wie**] **betäubt** [as if] paralyzed ③ *(ruhig stellen)* ■ **etw** ~ to silence sth *fig;* **Emotionen** ~ to suppress [one's] feelings; **das Gewissen** ~ to ease one's conscience; **seinen Kummer mit Alkohol** ~ to drown one's sorrows in drink

be·täu·bend *adj* ① *(ohren~)* deafening ② *(benommen machend)* intoxicating ③ *(narkotisierend)* narcotic

Be·täu·bung <-, -en> *f* ① *(das Narkotisieren)* anaesthetization, anesthetization AM ② *(das Betäuben)* deadening; *von Schmerzen* easing, killing *fam;* **nach dem Unfall musste er lange Zeit Schmerzmittel zur** ~ **der Schmerzen einnehmen** for a long time after the accident he had to take painkillers to ease [*or* for] the pain ③ MED *(Narkose)* anaesthetic BRIT, anesthetic AM; **örtliche** [*o* **lokale**] ~ local anaesthetic; **diese Operation kann unter örtlicher** ~ **vorgenommen werden** this operation can be done under local anaesthetic

Be·täu·bungs·mit·tel *nt* PHARM drug, narcotic [agent] **Be·täu·bungs·mit·tel·ge·setz** *nt* JUR *law governing the use and traffic of drugs*

Bet·bru·der *m (pej fam)* holy Joe *sl,* churchy type [of man]

Be·te <-, <*selten* -n> ['be:tə] *f* **rote** ~ beetroot

be·tei·len *vt* ÖSTERR *(beschenken)* ■ **jdn** [**mit etw**] ~ to provide [for] sb [with sth]

be·tei·li·gen [bə'taɪlɪɡn̩] **I.** *vt* ■ **jdn** [**an etw**] ~ *dat* to give sb a share [in sth]; **er beteiligte seinen Sohn mit 15 % an seiner Firma** he gave his son a 15% stake [*or* financial interest] in his company **II.** *vr* ■ **sich** [**mit etw**] [**an etw**] ~ *dat* to participate [*or* take part] [in sth] [with sth]; **beteiligt sich dein Mann**

eigentlich auch an der Hausarbeit? does your husband help around the house? [*or* with the housework?]; **sich an einem Unternehmen ~** to have a stake [*or* (financial) interest] in a company

be·tei·ligt [bəˈtailɪçt] *adj* ■ **an etw** *dat* **~ sein ❶** *(mit dabei)* to be involved in sth ❷ FIN, ÖKON to hold a stake [*or* (financial) interest] in a company

Be·tei·lig·te(r) *f(m) dekl wie adj* person involved; **das Rundschreiben richtete sich an alle ~n** the circular was addressed to all the parties involved [*or* interested parties]

Be·tei·li·gung <-, -en> *f* ❶ *(Teilnahme)* participation (**an** +*dat* in); **der Oberbürgermeister wirbt für eine hohe ~ an den bevorstehenden Kommunalwahlen** the mayor is encouraging everyone to vote in the municipal elections ❷ FIN, ÖKON *(Anteil)* stake (**an** +*dat* in), (financial) interest (**an** +*dat* in); *(das Beteiligen)* share (**an** +*dat* in); **~ an einem Unternehmen** stake [*or* (financial) interest] in a company; **stille ~** silent partnership

Be·tel <-s> [ˈbeːtl] *m kein pl* PHARM betel

Be·tel·nuss^RR *f* betel nut

be·ten [ˈbeːtn] I. *vi* to pray; ■ **für jdn/etw ~** to pray for sb/sth; ■ **um etw** *akk* **~** to pray for sth; ■ **zu jdm ~** to pray to sb II. *vt* ■ **etw ~** to recite [*or* say] sth; **das Vaterunser ~** to recite [*or* say] the Lord's Prayer

Be·ter(in) <-s, -> *m(f)* [person at] prayer

be·teu·ern [bəˈtɔyɐn] *vt* ■ **jdm ~, dass** to protest to sb that; **und wenn ich Ihnen aufrichtig beteuere, dass alles erfunden ist?** and what if I honestly assure you that everything was made up?; **jdm seine Liebe ~** to declare one's love to sb; **seine Unschuld ~** to protest one's innocence

Be·teu·e·rung <-, -en> *f* protestation, declaration; **unter ~en, nie mehr gegen die Vorschriften verstoßen zu wollen, verließen sie den Saal** giving assurances that they would never disobey orders again, they left the hall

be·ti·teln *vt* ❶ *(anreden)* ■ **jdn [als etw] ~** to address sb [as sth]; **er möchte gerne [als] Herr Professor betitelt werden** he would like to be addressed as 'Professor' ❷ *(pej: beschimpfen)* ■ **jdn [als** *o* **mit] etw ~** to call sb [sth] ❸ *(mit Titel versehen)* ■ **etw [mit etw** *dat*] **~** to [en]title sth [as sth]

Be·ton <-s, <*selten* -s> [beˈtɔŋ, beˈtõː, beˈtɔːn] *m* concrete

Be·ton·bau <-bauten> *m* ❶ *(Gebäude aus Beton)* concrete building ❷ *kein pl (Bauweise mit Beton)* concrete construction **Be·ton·brü·cke** *f* concrete bridge **Be·ton·burg** *f (pej)* concrete monstrosity [*or* block] **Be·ton·de·cke** *f* ❶ *(Gebäudedecke aus Beton)* concrete ceiling ❷ *(Straßendecke aus Beton)* concrete [road] surface

be·to·nen *vt* ❶ *(hervorheben)* ■ **etw ~** to accentuate sth; **dieses Kleid betont ihre Figur** this dress accentuates her figure; ■ **etw ~** to stress [*or* emphasize] sth; ■ **~, dass** to stress [*or* emphasize] that ❷ LING *(akzentuieren)* ■ **etw ~** to stress sth

be·to·nie·ren [betoˈniːrən] *vt* ■ **etw ~** to concrete sth; ■ **betoniert** concrete

Be·ton·klotz *m* ❶ *(Klotz aus Beton)* concrete block ❷ *(pej: grässlicher Betonbau)* concrete monstrosity **Be·ton·kon·struk·ti·on** *f* concrete construction **Be·ton·kopf** *m (pej)* hardliner **Be·ton·mi·scher** <-s, -> *m* concrete- [*or* cement-] mixer **Be·ton·pfei·ler** *m* concrete pillar **Be·ton·po·li·tik** *f (pej)* hard-line politics **Be·ton·rin·ne** *f* BAU concrete gully **Be·ton·si·lo** *m (pej fam)* concrete skyscraper, tall concrete monstrosity

be·tont I. *adj* emphatic; **~e Eleganz** pronounced [*or* studied] elegance; **~e Höflichkeit** studied politeness; **~e Kühle/Sachlichkeit** marked [*or* pointed] cool-

ness/objectivity II. *adv* markedly

Be·to·nung <-, -en> *f* ❶ *kein pl (das Hervorheben)* accentuation; **die ~ ihrer Unschuld hatte kaum Einfluss auf die öffentliche Meinung** the protestation[s] of her innocence had little effect on the formation [of public opinion ❷ LING stress ❸ *(Gewicht)* emphasis

Be·to·nungs·zei·chen *nt* LING stress mark

be·tö·ren [bəˈtøːrən] *vt* ■ **jdn ~** to bewitch sb

be·tö·rend *adj* bewitching

Be·tö·rung <-, -en> *f* ❶ *(das Betören)* bewitchment ❷ *(etwas Hinreißendes)* sth bewitching; **dieser Duft, eine wahre ~!** this fragrance, simply bewitching!

Bet·pult *nt* prie-dieu, kneeling desk for prayer

betr. *adj o adv Abk von* **betreffend**, *Abk von* **betreffend**, *Abk von* **betreffs** re, ref.

Betr. *Abk von* **Betreff** re, ref.

Be·tracht <-[e]s> [bəˈtraxt] *m kein pl* **außer ~ bleiben** to be left out of consideration [*or* disregarded]; **in ~ kommen** to be considered, to come into consideration; **etw außer ~ lassen** to leave sth out of consideration, to disregard sth; **jdn/etw in ~ ziehen** to consider sb/sth

be·trach·ten *vt* ❶ *(anschauen)* ■ **[sich** *dat*] **etw ~** to look at sth; **bei näherem B~** on closer examination ❷ *(bedenken)* ■ **etw ~** to look at [*or* consider] sth; ■ **sich ~** to look at oneself; *(sich bedenken)* to reflect [up]on ❸ *(halten für)* ■ **jdn/etw als jd/etw ~** to regard [*or* consider] [*or* look upon] sb/sth as sb/sth; ■ **sich als etw ~** to regard [*or* consider] [*or* look upon] oneself as sth; **~ Sie sich als fristlos gekündigt!** consider yourself sacked!

Be·trach·ter(in) <-s, -> *m(f)* ❶ *(von Anblick)* observer, beholder *form;* **der aufmerksame ~ wird zwischen Original und Fälschung kleine Unterschiede feststellen können** the alert eye [*or* a good observer] will discover slight discrepancies between the original and the copy ❷ *(von Situation)* observer

be·trächt·lich [bəˈtrɛçtlɪç] I. *adj (sehr groß)* considerable; **~er Schaden** extensive [*or* great] damage; **um ein B~es** considerably II. *adv* considerably

Be·trach·tung <-, -en> *f* ❶ *(das Anschauen)* contemplation; **bei näherer ~** on closer examination; **bei oberflächlicher ~** at [a] first glance ❷ *(Überlegung, Untersuchung)* consideration; **in ~en versunken** lost in thought [*or* contemplation]; **über jdn/etw ~en anstellen** to think about sb/sth more closely [*or* long and hard about sb/sth]; **seine ~en zu diesem Thema sollten Sie unbedingt lesen** you really ought to read his discourse on this matter

Be·trach·tungs·wei·se *f* way of looking at things

Be·trag <-[e]s, Beträge> [bəˈtraːk, *pl:* bəˈtrɛːgə] *m (Geld~)* amount, sum; **~ dankend erhalten** [payment] received with thanks

be·tra·gen *irreg* I. *vi* to be; **die Rechnung beträgt 10 Euro** the bill comes [*or* amounts] to 10 euros; **die Preisdifferenz beträgt 378 Euro** the difference in price is [*or* comes to] 378 euros II. *vr* ■ **sich irgendwie ~** to behave in a certain manner

Be·tra·gen <-s> *nt kein pl* behaviour [*or* AM -or]; SCH conduct

be·trau·en *vt* ■ **jdn mit etw** *dat* **~** to entrust sb with sth; ■ **jdn damit ~, etw zu tun** to entrust sb with [the task of] doing sth

be·trau·ern *vt* ■ **jdn/etw ~** to mourn [for [*or* over]] sb/sth

be·träu·feln *vt (durch Tropfen befeuchten)* ■ **etw [mit etw** *dat*] **~** to sprinkle sth [with sth]; **man kann das Schnitzel mit Zitronensaft ~** one can squeeze lemon juice on a schnitzel [*or* cutlet]; MED to put [*or* apply] drops [of sth] on sth

Be·trau·ung <-> *f kein pl* entrustment; ■ **jds ~ mit**

etw *dat* the entrustment of [*or* entrusting] sb with sth
Be·treff <-[e]s, -e> [bəˈtrɛf] *m (geh: Bezug)* reference;
Betreff: Ihr Schreiben vom 23.6. Re: your letter of
June 23; **in diesem** [*o* **dem**] ~ in this regard [*or*
respect]

be·tref·fen *vt irreg* ➊ *(angehen)* ▪ **jdn** ~ to concern
sb; ▪ **etw** ~ to affect sth; **seine Ausführungen** ~
einen ganz wichtigen Punkt his observations touch
upon a very important point; **was jd/das betrifft, ...**
as far as sb/that is concerned, as regards sb/that;
„Betrifft: ...“ 'Re: ...'; **„Betrifft 1. Mahnung“** 'Re:
first reminder' ➋ *(geh: widerfahren)* ▪ **jdn/etw** ~ to
befall sb/sth ➌ *(geh: seelisch treffen)* ▪ **jdn ...** ~ to
affect sb ...; **seine Untreue betrifft mich sehr** his
unfaithfulness deeply saddens me
be·tref·fend *adj attr* ➊ *(bewusst)* in question *pred;*
haben Sie den ~en Artikel gelesen? have you read
the article in question?; **die ~e Person** the person
concerned [*or* in question] ➋ *(angehend)* ▪ **etw** ~
concerning [*or* regarding] sth
Be·tref·fen·de(r) *f(m) dekl wie adj* person concerned
[*or* in question]
be·treffs [bəˈtrɛfs] *präp (geh)* ▪ **etw** ~ **einer S.** *gen* sth
concerning [*or* regarding] sth; **Ihre Anfrage ~ Mög·**
lichkeiten einer Zusammenarbeit können wir
wie folgt beantworten ... our answer to your
inquiry on the possibility of working together is as fol·
lows ...
Be·treff·zei·le *f* reference line
be·trei·ben *vt irreg* ➊ *(vorantreiben)* ▪ **etw** [**irgend·**
wie] ~ to proceed with sth [in a certain manner]; **auf**
jds B~ *akk* [**hin**] *(geh)* at sb's instigation ➋ ÖKON *(aus·*
üben) ▪ **etw** ~ to carry on sth; **einen Laden/eine**
Firma ~ to run [*or* operate] a firm ➌ *(sich beschäfti·*
gen mit) ▪ **etw** ~ to do [*or* go in for] sth; **er betreibt**
Sport he does sporting activities ➍ ADMIN *(in Gang*
halten) ▪ **etw** ~ to operate, to run; **Fernseher dür·**
fen nur nach Entrichtung der Fernsehgebühren
betrieben werden a television [set] may only be used
after payment of the television licence ➎ *(antreiben)*
▪ **etw mit etw** ~ to drive [*or* power] sth with sth/in a
certain manner; **das U-Boot wird atomar betrieben**
the submarine is nuclear-powered
Be·trei·ber(in) <-s, -> *m(f) (Ausübender)* person who
runs sth; **alle ~ eines Gewerbes ...** all people who
carry on a trade ...; *(Firma, Träger)* operator
Be·trei·bung <-, -en> *f* ➊ *(das Vorantreiben)* pursuit,
pursuance; *von Untersuchungen* carrying out ➋ ÖKON
(Unterhaltung) running; **die ~ des Restaurants war**
sehr lukrativ the way the restaurant was run led to
lucrative profits ➌ ADMIN *(Bedienung)* operation, run·
ning; **die ~ eines Fernsehers ohne die Zahlung**
der Fernsehgebühren ist unzulässig it is illegal to
watch television without a licence ➍ SCHWEIZ *(Beitrei·*
bung) collection
be·tre·ten[1] *vt irreg* ▪ **etw** ~ ➊ *(hineingehen in)* to
enter sth; *(auf etw treten)* to walk on sth; *(steigen*
auf) to step onto sth; **das Spielfeld** ~ to take the field;
die Bühne ~ to come/go on stage; **das Podium** ~ to
mount the podium ➋ *(das Begehen)* ▪ [**das**] **B~**
[**einer S.** *gen*] walking [on sth]; **„B~** [**des Rasens**]
verboten!“ 'keep off [the grass]!'; *(das Hineingehen)*
entering [sth]; **beim B~ eines Raumes** on entering a
room; **„B~ für Unbefugte verboten“** 'no entry to
unauthorized persons' ➌ *(in Angriff nehmen)*
▪ **etw** ~ to tackle sth; **Neuland** ~ to break new
ground; **mit dem Großprojekt betritt er unsiche·**
ren Boden he was entering the unknown with his
large-scale project
be·tre·ten[2] **I.** *adj* embarrassed **II.** *adv* embarrassedly;
er schwieg ~ he kept an embarrassed silence
Be·tre·ten·heit <-> *f kein pl* embarrassment

be·treu·en [bəˈtrɔyən] *vt* ➊ *(sich kümmern um)*
▪ **jdn/etw** ~ to look after [*or* take care of] sb/sth;
einen Garten ~ to maintain a garden ➋ *(verantwort·*
lich sein für) ▪ **etw** ~ to be responsible for [*or* in
charge of] sth
Be·treu·er(in) <-s, -> *m(f)* person who looks after sb;
JUR custodian of persons of full age; **auf jeden ~**
kamen im Seniorenheim 13 Bewohner there
were 13 residents to every nurse in the old people's
home; **der medizinische ~ der Nationalelf** the
national team['s] doctor
Be·treu·ung <-, -en> *f* ➊ *(das Betreuen)* looking after;
von Patienten care; **für die ~ von Patienten sollten**
Fachkräfte eingesetzt werden qualified personnel
are necessary to look after the patients ➋ *(Betreuer)*
nurse, carer
Be·trieb <-[e]s, -e> [bəˈtriːp] *m* ➊ *(Industrie~)* [indus·
trial] company, firm; **ist Direktor Wengel schon**
im ~? is director Wengel already at work [*or* in the [*or*
his] office] ?; **ich muss heute etwas länger im ~**
bleiben I have to work late today ➋ *(die Belegschaft)*
workforce ➌ *kein pl (Betriebsamkeit)* activity; **heute**
war nur wenig/herrschte großer ~ im Laden it
was very quiet/busy in the shop today ➍ *(Tätigkeit)*
operation, running; **die Straßenbahnen nehmen**
morgens um 5 Uhr ihren ~ auf the trams start run·
ning at 5 o'clock in the morning; *(Ablauf)* production
process; **steh hier nicht so rum, du störst den gan·**
zen ~ im Büro! don't just stand around here, you're
disrupting the smooth running of the office!; **etw in ~**
nehmen to put sth into operation; **die Busse wer·**
den morgens um 5 Uhr in ~ genommen the buses
are put into service at 5am; **die neue Produktions·**
straße soll im Herbst in ~ genommen werden the
new production line is expected to be put in to opera·
tion [*or* come on stream] in [the] autumn; **etw in/**
außer ~ setzen to put into/out of operation [*or* ser·
vice]; **eine Maschine in/außer ~ setzen** to start
up/stop a machine; *(abgestellt sein)* ▪ [**sein**] [to be] out of order
[*or* service]; *(abgestellt sein)* ▪ **to be out of operation [*or*
switched off]; **in ~** [**sein**] to be in operation [*or*
[switched] on]
be·trieb·lich [bəˈtriːplɪç] **I.** *adj attr (den Betrieb betref·*
fend) operational; **das ist eine rein ~e Angelegen·**
heit, die nur Firmenangehörige angeht that is
purely an internal matter which only concerns
employees of the company; *(vom Betrieb geleistet)*
company; **betriebliche Altersversorgung/Leistun·**
gen company pension plan/benefits **II.** *adv (durch*
den Betrieb der Firma) operationally; **die Rationali·**
sierungen sind ~ bedingt the rationalization is for
operational reasons
be·trieb·sam [bəˈtriːpzaːm] **I.** *adj* busy; **er ist sehr ~,**
bei ihm muss alles immer gleich erledigt werden
he is a very industrious person who has to do every·
thing immediately **II.** *adv* busily
Be·trieb·sam·keit <-> *f kein pl* activity, busyness
Be·triebs·an·ge·hö·ri·ge(r) *f(m) dekl wie adj*
employee **Be·triebs·an·lei·tung** *f* TECH operating
instructions *pl* **Be·triebs·aus·flug** *m* staff [*or* BRIT
works] [*or* AM office] outing **be·triebs·be·reit I.** *adj*
TECH ready for operation [*or* use], in running [*or* work·
ing] order; **in ~em Zustand** in running [*or* working]
order **II.** *adv* ready for operation [*or* use] **be·triebs·**
blind *adj* having become blind to shortcomings in
company processes *[after many years of employ·*
ment] **Be·triebs·dau·er** *f* working life **be·triebs·ei·**
gen *adj inv* company *attr,* belonging to a/the com·
pany **Be·triebs·er·laub·nis** *f* operating licence [*or* AM
-se] **Be·triebs·fe·ri·en** *pl* [annual] works [*or* AM com·
pany] holidays *pl* **be·triebs·fremd** *adj* non-company
Be·triebs·frem·de(r) *f(m)* outsider **Be·triebs·füh·**

B

rung *f s.* **Betriebsleitung** **Be·triebs·ge·heim·nis** *nt* trade [*or* business] secret **Be·triebs·ge·län·de** *nt* company grounds *pl* **Be·triebs·ge·neh·mi·gung** *f* operating licence [*or* AM -se] *s.* **Betriebserlaubnis** **Be·triebs·haft·pflicht·ver·si·che·rung** *f* business liability insurance **be·triebs·in·tern** *adj s.* **betrieblich** **Be·triebs·ka·pi·tal** *nt* ÖKON working capital **Be·triebs·kin·der·gar·ten** *m* crèche BRIT for employees' children, employee daycare center AM **Be·triebs·kli·ma** *nt* working atmosphere **Be·triebs·kos·ten** *pl* operating costs; *von Kraftfahrzeug, Maschine* running costs **Be·triebs·lei·ter(in)** *m(f)* [works [*or* AM company]] manager **Be·triebs·lei·tung** *f* ❶ *(das Leiten eines Betriebes)* management [of a works [*or* AM company]] ❷ *(Firmenleitung)* [works [*or* AM company]] management **Be·triebs·prü·fung** *f* FIN ≈ tax audit *(regular audit of a company and its accounts by the tax authorities)* **Be·triebs·rat** *m* POL employee representative committee, BRIT *a.* works council **Be·triebs·rat, -rä·tin** *m, f* POL employee representative, BRIT *a.* member of a [*or* the] works council **Be·triebs·rats·vor·sit·zen·de(r)** *f(m)* chairperson of an [*or* the] employee representative committee [*or* BRIT *a.* works council] **Be·triebs·schluss**ᴿᴿ *m* end of business hours [*or* the working day]; **um 17 Uhr ist in den meisten Fabriken** ~ the working day ends at 5pm in most factories, most factories shut down at 5pm; **nach** ~ after work [*or* [working] hours] **be·triebs·si·cher** *adj* TECH reliable [in operation] **Be·triebs·stö·rung** *f* TECH interruption of operation [*or* service], stoppage **Be·triebs·sys·tem** *nt* INFORM operating system **Be·triebs·un·fall** *m* ❶ *(Unfall)* ≈ industrial accident *(accident at or on the way to or from work)* ❷ *(hum sl: ungewollte Schwangerschaft)* accident *fam* **Be·triebs·ver·ein·ba·rung** *f* ≈ shop agreement BRIT *(agreement between the works council and the employer concerning working conditions)*, internal wage and salary agreement AM **Be·triebs·ver·fas·sung** *f* JUR company code of practice, BRIT *a.* works constitution **Be·triebs·ver·fas·sungs·ge·setz** *nt* Industrial Constitution of Law BRIT, Works Council Constitution [*or* AM Employees' Representation] Act **Be·triebs·ver·samm·lung** *f* works [*or* AM company] meeting, [meeting of the workforce [chaired by the works council chairman]] **Be·triebs·wirt(in)** *m(f)* ÖKON graduate in business management **Be·triebs·wirt·schaft** *f* ÖKON business management **be·triebs·wirt·schaft·lich** *adj inv* business management *attr,* operational **Be·triebs·wirt·schafts·leh·re** *f kein pl* business management

be·trin·ken *vr irreg* ◾ **sich** *akk* [**mit etw** *dat*] ~ to get drunk [on sth]

be·trof·fen I. *part s.* **betreffen** II. *adj* ❶ *(bestürzt)* shocked; **~es Schweigen** stunned silence ❷ *(angehen)* ◾ **[von etw]** ~ **sein** to be affected [*or* concerned] [by sth] III. *adv* with dismay

Be·trof·fe·ne(r) *f(m) dekl wie adj* person affected

Be·trof·fen·heit <-> *f kein pl* shock; **in stummer** ~ in stunned silence

be·trü·ben *vt* ◾ **jdn** [**mit etw** *dat*] ~ to sadden sb [with sth], to cause sb distress [with sth]; **es betrübt mich …** it saddens [*or* grieves] me …

be·trüb·lich [bəˈtryːplɪç] *adj* distressing; **ich muss Ihnen leider eine ~e Mitteilung machen** I'm afraid I have [some] bad news for you

be·trüb·li·cher·wei·se *adv* unfortunately

be·trübt *adj* sad; ◾ **[über etw** *akk*] ~ **sein** to be sad [about sth]

Be·trug <-[e]s, <SCHWEIZ Betrüge> [bəˈtruːk, *pl:* baˈtryːgə] *m* fraud

be·trü·gen *irreg* I. *vt* ❶ *(vorsätzlich täuschen)* ◾ **jdn** ~ to cheat [*or* swindle] sb; ◾ **jdn um etw** *akk* ~

to cheat sb out of sth; ◾ **betrogen** cheated, deceived; **ich fühle mich betrogen!** I feel betrayed!; **sich** *akk* **um etw** *akk* **betrogen sehen** to feel cheated [*or* sl done] out of sth; **sich** *akk* **in etw betrogen sehen** to be deceived in sth; **ich sehe mich in meinem Vertrauen betrogen!** I have [that] my trust has been betrayed! ❷ *(durch Seitensprung hintergehen)* ◾ **jdn** [**mit jdm**] ~ to be unfaithful to [*or* cheat on] sb [with sb] II. *vr* *(sich etw vormachen)* ◾ **sich** *akk* ~ to deceive [*or* delude] oneself

Be·trü·ger(in) <-s, -> [bəˈtryːgɐ] *m(f)* con man, swindler; **du ~! diese Spielkarte hast du aus dem Ärmel gezogen!** you cheat! you had that card up your sleeve!

Be·trü·ge·rei <-, -en> [bətryːgəˈraɪ] *f (pej)* ❶ *(ständiges Betrügen)* swindling; **seine ~en beim Kartenspielen wurden endlich nachgewiesen** they finally managed to prove his cheating at cards ❷ *(ständige Seitensprünge)* cheating, unfaithfulness

Be·trü·ge·rin <-, -nen> *f fem form von* **Betrüger**

be·trü·ge·risch [bəˈtryːgərɪʃ] *adj (pej)* deceitful; **in ~er Absicht** with intent to defraud

be·trun·ken [bəˈtrʊŋkn̩] I. *adj* drunken *attr,* drunk *pred* II. *adv* drunkenly

Be·trun·ke·ne(r) *f(m) dekl wie adj* drunk, drunken person

Be·trun·ken·heit *f* drunkenness

Bet·schwes·ter *f (pej)* churchy type [of woman]

Bett <-[e]s, -en> [bɛt] *nt* ❶ *(Schlafstätte)* bed; *(Lagerstatt a.)* resting place; **~en bauen** MIL to make [the] beds; **jdn ins** [*o geh:* **zu**] ~ **bringen** to put sb to bed; **jdn ans ~ fesseln** *(geh)* to confine sb to bed; **durch die schwere Operation war er wochenlang ans ~ gefesselt** he was confined to bed for weeks as a result of the major operation; **ins ~ gehen** to go to bed; **mit jdm ins ~ gehen** [*o* **steigen**] *(euph)* to go to bed with sb *fig;* **jdn aus dem ~ holen** to get sb out of bed; **das ~ hüten müssen** *(geh)* to be confined to [*or* have to stay in] [one's] bed; **sich ins** [*o geh:* **zu**] ~ **legen** to go [*or* retire] to bed; **im ~ liegen** to be in bed; **er ist krank und liegt im ~** he's ill and [laid up] in bed; [jdm] **das ~/die ~en machen** [*o geh:* **bereiten**] to make sb's bed/the beds [up]; **ins ~ machen** to wet the bed; **jdn ins ~ packen** [*o* **stecken**] *(fam)* to pack sb off to bed *fam;* **ins ~ sinken** to fall into bed; **an jds** *dat* ~ at sb's bedside; **jdm etw ans ~ bringen/stellen** to bring sth to sb's bedside/to put sth by sb's bed; **ich stelle dir die Lampe ans ~** I'll put the lamp by the bed for you; **jdm Frühstück ans ~ bringen** to bring sb breakfast in bed; **im ~ in bed; im ~ frühstücken** to have breakfast in bed ❷ *(Ober~)* duvet, quilt, eiderdown BRIT, comforter AM ❸ *(Fluss~)* [river] bed ▶ WENDUNGEN: **sich ins gemachte ~ legen** to have everything handed to one on a plate

Bett·bank <-bänke> *f* ÖSTERR *(Bettsofa)* sofa bed, AM *a.* hide-a-bed **Bett·be·zug** *m* duvet [*or* quilt] [*or* BRIT *a.* eiderdown] cover **Bett·couch** *f s.* **Bettsofa** **Bett·de·cke** *f* blanket; *(Steppdecke)* duvet, quilt, eiderdown BRIT, comforter AM

Bet·tel <-s> [ˈbɛtl̩] *m* ▶ WENDUNGEN: **der ganze ~** DIAL the whole business; **ich bin den ganzen ~ so satt!** I'm sick of the whole business!; [jdm] **den** [ganzen] ~ **hinwerfen/den** [ganzen] ~ **vor die Füße werfen** [*o* **schmeißen**] to throw in the [whole] business [with sb]/to throw the [whole] business back at sb

bet·tel·arm [ˈbɛtl̩ˈʔarm] *adj* destitute

Bet·te·lei <-, -en> [bɛtəˈlaɪ] *f (pej)* begging

Bet·tel·mönch *m* REL mendicant [*or* begging] friar

bet·teln [ˈbɛtl̩n] *vi* ◾ [**bei jdm**] [**um etw**] ~ to beg [sb] [for sth]; *(um etw bitten)* to beg for sth; **„B~ verboten"** "no begging"

Bet·tel·or·den *m* REL mendicant [*or* begging] order

Bet·tel·stab *m* jdn an den ~ **bringen** to reduce sb to beggary; **an den ~ kommen** to be reduced to beggary

bet·ten ['bɛtn̩] **I.** *vt* ① *(hinlegen)* ▪ jdn/etw irgend**wie** ~ to lay sb/sth down in some way; **weich gebettet** in a soft bed ② *(liter)* ▪ **in etw** *akk* **gebettet sein** [*o* **liegen**] to be nestled in sth **II.** *vr* ▸ WENDUNGEN: **sich weich** ~ to make an easy life for oneself; **durch seine reiche Heirat hat er sich wirklich weich gebettet!** by marrying into money he has assured himself of a really easy life!; **wie man sich bettet, so liegt man** *(prov)* as you make your bed, so you must lie on it *prov*

Bet·ten·burg *f (hum)* giant hotel

Bett·fla·sche *f* SÜDD, SCHWEIZ hot-water bottle **Bett·ge·schich·te** *f* ① *(sexuelles Verhältnis)* [love] affair ② MEDIA *(sl)* ≈ sex scandal *(gossip story on the sex lives of the rich and famous)* **Bett·ge·stell** *nt* bedstead **Bett·ha·se** *m (fam)* sex kitten *sl*, sexpot *sl* **Bett·him·mel** *m* bed canopy **Bett·hup·ferl** <-s, -> *nt* ≈ bedtime treat *(sweets given to children before they go to bed)* **Bett·kan·te** *f* edge of the bed; ▸ WENDUNGEN: **den/die würde ich nicht von der ~ stoßen!** *(euph fam)* I wouldn't say 'no' to him/her! *sl* **Bett·kas·ten** *m* bedding box [under a bed or sofa bed] **Bett·la·de** *f* SÜDD, ÖSTERR *(Bettgestell)* bedstead **bett·lä·ge·rig** *adj* bedridden, confined to bed *pred* **Bett·lä·ge·rig·keit** <-> *f kein pl* MED bed confinement **Bett·la·ken** *nt* s. **Betttuch Bett·lek·tü·re** *f* bedtime reading

Bett·ler(in) <-s, -> ['bɛtlɐ] *m(f)* beggar; **gegen diesen Krösus bin ich mit meinem bescheidenen Einkommen kaum mehr als eine ~in!** on my modest income I'm little more than a pauper next to this moneybags!

Bett·näs·sen <-s> *nt kein pl* bed-wetting **Bett·näs·ser(in)** <-s, -> *m(f)* bed-wetter **Bett·pfan·ne** *f* bedpan **Bett·pfos·ten** *m* bedpost **Bett·rand** *m* s. **Bett·kante** *adj* **bett·reif** *adj (fam)* ready for bed *pred* **Bett·ru·he** *f* bed rest **Bett·schwe·re** *f* ▸ WENDUNGEN: **die nötige ~ bekommen/haben** *(fam)* to be ready for bed [*or sl* one's pit] **Bett·so·fa** *nt* sofa bed, AM *a.* hide-a-bed **Bett·sze·ne** *f* bedroom scene **Bett·tuch**ᴿᴿ, **Bettuch**ᴬᴸᵀ ['bɛttuːx] *nt* sheet **Bett·vor·le·ger** *m* bedside rug **Bett·wä·sche** *f* bedlinen **Bett·zeug** *nt* bedding

be·tucht [bəˈtuːxt] *adj (fam)* well off, well-to-do **be·tu·lich** [bəˈtuːlɪç] **I.** *adj* ① *(übertrieben besorgt)* fussing; **deine ~e Art geht mir auf die Nerven!** your fussing is getting on my nerves! ② *(gemächlich)* leisurely **II.** *adv* in a leisurely [*or* an unhurried] manner

be·tup·fen *vt* ① *(tupfend berühren)* ▪ etw [**mit** etw] ~ to dab sth [with sth]; **eine Wunde** ~ to swab a wound ② *(mit Tupfen versehen)* **einen Stoff** ~ to print with spots; **eine bunt betupfte Bluse** a blouse with coloured [*or* AM -ored] spots

be·tup·pen *vt* DIAL *(fam)* ▪ jdn [**um etw**] ~ to con *fam* [*or sl*] diddle] sb [out of sth]; **die Verkäuferin muss mich betuppt haben, mir fehlen 1,45 Euro!** the salesgirl must have diddled me, I'm 1.45 euros short!

Beu·ge <-, -n> ['bɔygə] *f* ① ANAT bend; **von Arm** *a.* crook of the arm ② SPORT *(Rumpf~)* bend; **in die ~ gehen** to squat

Beu·ge·haft *f* JUR coercive detention

Beu·gel <-s, -> ['bɔygl̩] *m* ÖSTERR *(Hörnchen)* croissant **Beu·ge·mus·kel** *m* flexor [muscle]

beu·gen ['bɔygn̩] **I.** *vt* ① *(neigen)* to bend sth; **den Kopf** ~ to bow one's head ② LING *(konjugieren)* to conjugate sth; *(deklinieren)* to decline sth **II.** *vr* ① *(sich neigen)* ▪ **sich** *akk* ~ to bend; **sich** *akk* **aus dem Fenster** ~ to lean out of the window; **er saß über seine Manuskripte gebeugt** he sat hunched over his manuscripts ② *(sich unterwerfen)* ▪ **sich** *akk* [**jdm/einer S.**] ~ to submit [*or bow*] [to sb/sth]; **ich werde mich der Mehrheit** ~ I will bow to the majority

Beu·gung <-, -en> *f* ① *(das Beugen)* bending ② PHYS *(Ablenkung)* diffraction ③ LING *von Adjektiv, Substantiv* declension; *von Verb* conjugation

Beu·le <-, -n> ['bɔylə] *f* ① *(Delle)* dent ② *(Schwellung)* bump, swelling

beu·len *vi (aus~)* ▪ [**an etw** *dat*] ~ to go baggy [*or* to bag] [somewhere]; **die Hose beult an den Knien** the trousers are going baggy at the knees; ▪ **eingebeult** dented

Beu·len·pest *f* MED bubonic plague

be·un·ru·hi·gen [bəˈʔʊnruːɪɡn̩] **I.** *vt* ▪ jdn ~ to worry [*or* concern] sb **II.** *vr* ▪ **sich** *akk* [**über jdn/etw** [*o* **wegen jdm/etw**]] ~ to worry [about sb/sth]

be·un·ru·hi·gend *adj* disturbing, worrying

be·un·ru·higt [bəˈʔʊnruːɪçt] *adj* ▪ ~ [**über etw** [*o* **wegen etw**]] **sein** *akk* to be concerned [about sth]

Be·un·ru·hi·gung <-, <selten -en> *f* concern; **jdn mit** ~ **erfüllen** to give sb cause for concern, to cause sb disquiet

be·ur·kun·den [bəˈʔuːɡkʊndn̩] *vt* ▪ etw ~ to certify sth; **man wollte den Vertrag vom Notar** ~ **lassen** the contract was to be certified [*or* notarized] by a notary

Be·ur·kun·dung <-, -en> *f* ① *(das Beurkunden)* certification ② *(Urkunde)* documentary evidence

be·ur·lau·ben [bəˈʔuːɡlaʊbn̩] *vt* ① *(Urlaub geben)* ▪ jdn [**für etw** *akk*] ~ to give [*or* grant] sb time off [from work] [*or* leave [of absence]] [for sth]; **können Sie mich für eine Woche ~?** can you give me [*or* I take] a week off? ② ADMIN *(suspendieren)* ▪ jdn ~ to suspend sb; ▪ [**von etw** *dat*] **beurlaubt sein** to be suspended [from sth]; **Sie sind bis auf weiteres [vom Dienst] beurlaubt** you are suspended [from duty [*or* office]] until further notice ③ SCH ▪ **sich** ~ **lassen** to go on [*or* take] a sabbatical; ▪ **beurlaubt sein** to be on [a] sabbatical

Be·ur·lau·bung <-, -en> *f* ▪ jds ~ [**von etw** *dat*] ① *(das Beurlauben)* sb's time off [*or* leave [of absence]] [from sth] ② ADMIN *(Suspendierung)* sb's suspension [from sth] ③ SCH *(Entpflichtung)* sb's sabbatical [from sth] ④ MIL *(fam: Urlaubsschein)* pass

be·ur·tei·len *vt* ① *(einschätzen)* ▪ jdn ~ to judge sb; **der Lehrer muss jeden Schüler** ~ the teacher has to assess every pupil ② *(abschätzen)* ▪ etw ~ to assess sth; *(kritisch einschätzen)* to review sth; **einen Kunst-/Wertgegenstand** ~ to appraise a piece of art/valuable

Be·ur·tei·lung <-, -en> *f* ① *(das Beurteilen)* assessment ② *(Kritik)* review; *(Einschätzung)* appraisal ③ SCH *(schriftliches Urteil)* [school] report; ADMIN [progress] report

Be·ur·tei·lungs·maß·stab *m von Mitarbeiter* criterion for assessment; *von Kunst-/Wertgegenstand* criterion for appraisal

Beu·schel <-s, -> ['bɔyʃl̩] *nt* KOCHK ÖSTERR, SÜDD dish made of heart and lung; *(Lunge)* lights *npl*; *(Innereien)* entrails *npl*, innards *npl fam*; ▪ **vom Lamm** lamb pluck

Beu·te <-> ['bɔytə] *f kein pl* ① *(Jagd~)* prey; **ohne** ~ without a bag ② *(erbeutete Dinge)* haul, swag *sl*; **eine reiche/lohnende** ~ a big/worthwhile haul; **[fette/dicke/reiche] ~ machen** to make a [big] haul ③ *(geh: Opfer)* prey *fig*, victim *fig*; **eine leichte** ~ [an] easy prey

Beu·te·fang·ver·hal·ten *nt* BIOL prey catching behaviour [*or* AM -or]

Beu·tel <-s, -> ['bɔytl̩] *m* ① *(Tasche)* bag; **Tabaks~** [tobacco] pouch ② *(fam: Geld~)* purse ③ ZOOL pouch

▸ WENDUNGEN: **tief in den ~ greifen müssen** to have to dig deep into one's pocket
Beu·tel·mei·se f ORN *(Remiz pendulinus)* penduline tit
beu·teln ['bɔytln̩] vt *(fam)* ■ **jdn ~** to shake sb
Beu·tel·rat·te f opossum **Beu·tel·tier** nt marsupial
Beu·te·stück nt spoils npl, booty **Beu·te·zug** m raid
be·völ·kern° [bə'fœlkən] I. vt ■ **etw ~ ●** *(beleben)* to fill [*or* throng] sth **●** *(besiedeln)* to inhabit [*or* populate] sth II. vr ■ **sich mit ... ~** to fill up with ...
be·völ·kert adj **●** *(besiedelt)* populated; **die Steppe ist nur wenig ~** the steppes are only sparsely populated **●** *(belebt)* full, thronged; **die kaum ~en Straßen** the almost empty streets
Be·völ·ke·rung <-, -en> f population
Be·völ·ke·rungs·ab·nah·me f decrease in population **Be·völ·ke·rungs·dich·te** f population density **Be·völ·ke·rungs·ent·wick·lung** <-> f kein pl population development **Be·völ·ke·rungs·ex·plo·si·on** f population explosion **Be·völ·ke·rungs·grup·pe** f section of the population **Be·völ·ke·rungs·py·ra·mi·de** f population pyramid **Be·völ·ke·rungs·rück·gang** m decrease in population **Be·völ·ke·rungs·schicht** f class [of society], social stratum **Be·völ·ke·rungs·sta·tis·tik** f demography no pl **Be·völ·ke·rungs·struk·tur** f population structure **Be·völ·ke·rungs·wachs·tum** nt kein pl population growth **Be·völ·ke·rungs·zahl** f population **Be·völ·ke·rungs·zu·nah·me** f increase in population
be·voll·mäch·ti·gen° vt ■ **jdn [zu etw] ~** [*o* jdn ~[, etw zu tun]] to authorize sb [to do sth]; **er bevollmächtigte seine Frau, für ihn zu unterschreiben** he authorized his wife to sign on his behalf
Be·voll·mäch·tig·te(r) f(m) dekl wie adj authorized representative; POL plenipotentiary
Be·voll·mäch·ti·gung <-, <selten -en> f authorization
be·vor [bə'fo:ɐ̯] konj **●** *(solange)* ■ **~** [**nicht**] until; ■ **nicht ~** not until **●** *(ehe)* before
be·vor·mun·den° [bə'fo:ɐ̯mʊndn̩] vt ■ **jdn ~** to treat sb like a child; **ich lasse mich nicht mehr ~, ich will selbst entscheiden!** I won't be ordered about any more, I want to make up my own mind!
Be·vor·mun·dung <-, -en> f being treated like a child
be·vor·rech·tigt [bə'fo:ɐ̯rɛçtɪçt] adj *(privilegiert)* privileged
be·vor|ste·hen vi irreg **●** *(zu erwarten haben)* ■ **jdm/einer S. ~** to await [*or* be in store for] sb/sth; **der schwierigste Teil steht dir erst noch bevor!** the most difficult part is yet [*or* still] to come!; **uns steht ein harter Winter bevor** a hard winter is in store for us, it's going to be a hard winter **●** *(in Kürze eintreten)* ■ **etw steht bevor** sth is approaching; **der Sommer steht bevor** summer will soon be here
be·vor·ste·hend adj approaching; **das ~e Fest/der ~e Geburtstag** the upcoming party/birthday; **~e Gefahr** impending danger; **diese kühlen Herbsttage waren Vorboten des ~en Winters** those cool autumn[al] days heralded the onset of winter
be·vor·zu·gen° [bə'fo:ɐ̯tsu:gn̩] vt **●** *(begünstigen)* ■ **jdn** [vor jdm] **~** to favour [*or* AM -or] sb [over sb]; **keines unserer Kinder wird bevorzugt, alle werden gleich behandelt** none of our children receive preferential treatment, they are all treated equally; **hier wird niemand bevorzugt!** there's no favouritism around here! **●** *(den Vorzug geben)* ■ **etw ~** to prefer sth
be·vor·zugt [bə'fo:ɐ̯tsu:kt] I. adj **●** *(privilegiert)* privileged **●** *(beliebteste(r,s))* favourite BRIT, favorite AM II. adv **etw ~ abfertigen/ausliefern** to give sth priority [in shipment]; **jdn ~ abfertigen** [*o* **bedienen**] [*o* **behandeln**] to give sb preferential treatment
Be·vor·zu·gung <-, -en> f **●** *(das Bevorzugen)* ■ **jds**

~ [**vor jdm**] preference of sb [over sb else]; **die ~ einiger Schüler war nicht zu übersehen** you couldn't help but notice that some of the pupils were favoured over others **●** *(bevorzugte Behandlung)* ■ **jds ~/die ~ einer S.** [**bei etw**] preferential treatment of sb/sth [in sth]
be·wa·chen° vt **●** *(beaufsichtigen)* ■ **jdn/etw ~** to guard sb/sth **●** SPORT *(decken)* ■ **jdn ~** to guard sb; **einen** [**gegnerischen**] **Spieler ~** to mark [*or* AM guard] an opponent
Be·wa·cher(in) <-s, -> m(f) **●** *(jd, der jdn bewacht)* guard **●** SPORT *(Deckungsspieler)* marker BRIT, defender AM
be·wach·sen[1] [bə'vaksn̩] vt irreg ■ **etw ~** to grow over sth
be·wach·sen[2] [bə'vaksn̩] adj ■ **mit etw ~** overgrown with sth
be·wacht adj guarded; **auf ~en Parkplätzen** in supervised car parks [*or* AM parking lots]
Be·wa·chung <-, -en> f **●** *(das Bewachen)* guarding; **unter** [**schwerer** [*o* **strenger**]] **~** under [close] guard **●** *(Wachmannschaft)* guard
be·waff·nen° vt ■ **jdn/etw** [**mit etw** dat] **~** to arm sb/sth [with sth]; ■ **sich** akk [**mit etw** dat] **~** to arm oneself [with sth]
be·waff·net adj armed; ■ **mit etw** dat **~** armed with sth pred; **ausgezeichnet/schlecht/unzureichend ~** well-/badly/insufficiently armed
Be·waff·ne·te(r) f(m) dekl wie adj armed person
Be·waff·nung <-, -en> f **●** kein pl *(das Bewaffnen)* arming **●** *(Gesamtheit der Waffen)* weapons pl, arms npl
be·wah·ren° vt **●** *(schützen)* ■ **jdn vor jdm/etw ~** to save [*or* protect] sb from sb/sth; **vor etw** dat **bewahrt bleiben** to be spared sth; ■ **jdn davor ~, etw zu tun** to save sb from doing sth; **davor bewahrt bleiben, etw zu tun** to be spared having to do sth **●** *(geh: aufheben)* ■ **etw** [**für jdn**] **~** to keep sth [for sb]; **bewahre bitte dieses Schmuckstück** [**für mich**] **in deinem Safe** please keep [*or* look after] this piece of jewellery [for me] in your safe **●** *(erhalten, behalten)* ■ [**sich** dat] **etw ~** to keep sth; **den guten Ruf ~** to protect [*or* guard] one's good reputation; s. a. **Stillschweigen** ▸ WENDUNGEN: **das Gesicht ~** to save face; **Gott bewahre!** [fam] [good] Lord [*or* heavens] no!
be·wäh·ren° vr ■ **sich** akk **~** to prove itself [*or* its worth]; **unsere Freundschaft hat sich bewährt** our friendship has stood the test of time; **im Dauertest hat sich das neue Auto glänzend bewährt** the new car had excellent performance in the endurance test; ■ **sich** [**als jd/in etw**] **~** dat to prove oneself [as sth/in sth]
be·wahr·hei·ten° [bə'va:ɐ̯haitn̩] vr ■ **sich ~** to come true
be·währt adj tried and tested, proven; **~er Mitarbeiter/Kollege** reliable colleague
Be·wah·rung <-, -en> f *(geh)* **●** *(Erhaltung)* protection; **von Geheimnis** keeping **●** *(Auf~)* keeping; **er versprach ihm die sichere ~ der Dokumente** he promised the safekeeping of the documents
Be·wäh·rung <-, -en> f JUR *(im Strafvollzug)* probation; **er bekam 6 Monate Haft auf ~** he received a six months suspended sentence with probation; **eine Strafe zur ~ aussetzen** to suspend a sentence; **~ bekommen** to be put on probation; **mit/ohne ~** with/without probation **●** *(Bewährungsfrist)* period of probation, probation[ary] period
Be·wäh·rungs·frist f JUR period of probation, probation[ary] period **Be·wäh·rungs·hel·fer(in)** m(f) JUR probation officer **Be·wäh·rungs·pro·be** f [acid] test; ▸ WENDUNGEN: **eine/die ~ bestehen** to stand the test;

jdn/etw einer ~ unterziehen to put sb/sth to the test

be·wal·det [bəˈvaldət] *adj* wooded; ■ **dicht/dünn ~ sein** to be thickly/sparsely wooded

be·wäl·ti·gen [bəˈvɛltɪɡn̩] *vt* ■ **etw ~** ❶ *(meistern)* to cope with sth; **Schwierigkeiten ~** to overcome difficulties; **diese kurze Strecke kann ich zu Fuß ~** I'll be able to manage this short distance on foot ❷ *(verzehren)* to manage [to eat] sth ❸ *(verarbeiten)* to digest [*or sep* take in] sth; *(überwinden)* to get over sth; **die Vergangenheit ~** to come to terms with the past

Be·wäl·ti·gung <-, -en> *f* ❶ *(das Meistern)* coping with; *von Schwierigkeiten* overcoming; *einer Strecke* covering ❷ *(der Verzehr)* consumption ❸ *(Verarbeitung)* getting over; *der Vergangenheit* coming to terms with; *von Eindrücken* digesting, taking in

be·wan·dert [bəˈvandɐt] *adj* well-versed; ■ **[in etw** *dat***]/auf einem Gebiet] ~ sein** to be well-versed [in sth/in a subject [*or* field]]; **was du alles weißt, du bist aber wirklich sehr ~!** the things you know! you really are very knowledgeable!

Be·wandt·nis [bəˈvantnɪs] *f* **mit jdm/etw hat es eine eigene** [*o besondere*] **~** *(geh)* sth has a particular reason [*or* explanation]; **das hat seine eigene ~** that's a long story; **das hat folgende ~** the reason [*or* explanation] is as follows; **mein Verhalten hat eine ganz andere ~** there is a quite different explanation for my behaviour; **es hat eine ganz bestimmte/besondere ~** there is a very good reason [*or* explanation] [for that]; **welche/was für eine ~ hat es damit?** what's the reason for [*or* behind] this?

be·wäs·sern *vt* ■ **etw ~** AGR *Feld* to irrigate sth; HORT *Garten* to water sth

Be·wäs·se·rung <-, -en> *f* ■ **die ~ einer S.** *gen* ❶ AGR the irrigation of sth ❷ HORT the watering of sth

Be·wäs·se·rungs·an·la·ge *f* AGR irrigation plant **Be·wäs·se·rungs·gra·ben** *m* AGR irrigation ditch **Be·wäs·se·rungs·ka·nal** *m* AGR irrigation channel **Be·wäs·se·rungs·sys·tem** *nt* AGR irrigation system

be·we·gen[*1*] [bəˈveːɡn̩] **I.** *vt* ❶ *(regen, rühren)* ■ **etw ~** to move sth; ■ **etw von/zu etw** *dat* **~** *(transportieren)* to move sth from/to sth ❷ *(beschäftigen)* ■ **jdn ~** to concern sb; **dieser Gedanke bewegt mich schon längere Zeit** this [thought] has been on my mind for some time; *(innerlich aufwühlen)* to move sb ❸ *(bewirken)* ■ **etwas/nichts/viel/wenig ~** to achieve sth/nothing/a lot/little **II.** *vr* ❶ *(sich fortbewegen)* ■ **sich** *akk* **~** to move ❷ *(sich körperlich betätigen)* ■ **sich** *akk* **~** to [take some] exercise ❸ ASTRON ■ **sich [um etw/in Richtung auf etw] ~** *akk* to move [round sth/towards [*or* in the direction of] sth]; **der Mond bewegt sich um die Erde** the moon moves [*or* revolves] round the earth ❹ *(variieren, schwanken)* ■ **sich** *akk* **~** to range; **der Preis bewegt sich um 3.000 Euro** the price is around [*or* in the range of] 3,000 euros; **die Verluste ~ sich in den Millionen** the losses will run into the millions ❺ *(sich ändern)* ■ **sich** *akk* **~** to change

be·we·gen[*2*] <bewog, bewogen> [bəˈveːɡn̩] *vt (veranlassen)* ■ **jdn zu etw** *dat* **~** to move [*or* persuade] sb to do sth; ■ **jdn dazu ~, etw zu tun** to move [*or* persuade] sb to do sth; **sich** *akk* **bewogen fühlen, etw zu tun** *(geh)* to feel as if one has [*or* feel prompted] [*or* feel obliged] to do sth; **ich fühlte mich bewogen, etwas zu sagen** I felt I had [*or* obliged] to say something

be·we·gend *adj* moving

Be·weg·grund *m* motive (+*gen* for)

be·weg·lich [bəˈveːklɪç] *adj* ❶ *(zu bewegen)* movable; **~e Glieder** supple joints ❷ *(manövrierfähig)* ma-

noeuvrable BRIT, maneuvrable AM; *(mobil)* mobile ❸ *(geistig wendig)* agile- [*or* nimble-] minded ❹ *(verlegbar)* movable; **Ostern und Pfingsten sind ~e Feiertage** Easter and Whitsun are movable [religious] holidays

Be·weg·lich·keit <-> *f kein pl* ❶ *(geistige Wendigkeit)* agility [*or* nimbleness] of the mind, mental agility ❷ *(bewegliche Beschaffenheit)* suppleness, flexibility ❸ *(Mobilität)* mobility

be·wegt *adj* ❶ *(sich bewegend)* choppy ❷ *(lebhaft)* eventful ❸ *(innerlich gerührt)* ■ **[von etw] ~ sein** to be moved [by sth]; **mit ~er Stimme** in an emotional voice [*or* a voice laden with emotion]

Be·we·gung <-, -en> *f* ❶ *(Hand~)* gesture, movement of the hand; *(körperliche Aktion)* movement, gesture; **eine/keine [falsche] ~!** one/no false move/moves!; TECH motion; *von schwerem Gegenstand* moving, ASTROL, ASTRON *der Gestirne/Planeten* movements *pl* ❷ *(körperliche Betätigung)* exercise; **jdn in ~ bringen** to get sb moving; **sich ~ verschaffen** [*o machen*] *dat* to [take some] exercise ❸ *(Ergriffenheit)* emotion ❹ KUNST, POL *(ideologische/Kunst-/politische Richtung)* movement ❺ *(Dynamik, Änderung)* moving; **eine Firma, der es an ~ fehlt, wird kaum überleben können** a company which can't move [*or* change] with the times is unlikely to survive; **jdn in ~ halten** to keep sb moving [*or fam* on the go]; **in ~ sein** *Mensch* to be on the move [*or fam* go]; **ich war heute den ganzen Tag in ~** I was on the go all day today; **in ~ geraten** POL to start to move; **in eine S.** *akk* **kommt ~** progress is being made; **sich in ~ setzen** to start moving; **etw in ~ setzen** [*o bringen*] to start sth moving, to get sth going [*or* started]

Be·we·gungs·ab·lauf *m* sequence of movements **Be·we·gungs·ener·gie** *f* PHYS kinetic energy **be·we·gungs·fä·hig** *adj* able to move, mobile **Be·we·gungs·frei·heit** *f* freedom to move; **in diesen engen Sachen hat man keinerlei ~** there's hardly any room to move [*or* breathe] in these tight clothes; **eine Haftstrafe bedeutet eine Einschränkung der persönlichen ~** a custodial sentence represents a restriction of a person's freedom of movement **be·we·gungs·los I.** *adj (reglos)* motionless; *(unbewegt)* still **II.** *adv* motionless **Be·we·gungs·lo·sig·keit** <-> *f kein pl* motionlessness **Be·we·gungs·man·gel** *m* kein pl lack of exercise **Be·we·gungs·the·ra·pie** *f* MED therapeutic exercise **be·we·gungs·un·fä·hig I.** *adj* unable to move, immobile **II.** *adv* paralyzed

be·wehrt *adj inv* equipped (**mit** + *dat* with)

be·weih·räu·chern [bəˈvaiʁɔyçɐn] *vt* ❶ REL *(Weihrauch zufächeln)* ■ **etw ~** to [in]cense sth ❷ *(pej: in den Himmel heben)* ■ **jdn ~** to praise sb to the skies [*or* high heavens]; ■ **sich [selbst] ~** to praise oneself to the skies

be·wei·nen *vt* ■ **jdn/etw ~** to weep over sb/sth

Be·weis <-es, -e> [bəˈvais] *m* ❶ JUR *(Nachweis)* proof, evidence; **~e brauchen wir!** we need proof! [*or* evidence!]; **im Hintergrund wurden ~e gegen ihn gesammelt** evidence was secretly [being] gathered against him; ■ **ein/der ~ für etw/einer S.** *gen* proof of sth; **den ~ für etw antreten** to attempt to prove sth; **den ~ [für etw] erbringen** to provide conclusive proof [*or* evidence] [of sth]; **~ erheben** to hear [*or* take] evidence; **den ~ führen** to offer evidence ❷ *(Zeichen)* sign, indication; ■ **als/zum ~ [einer S.]** *gen* as a sign of [sth]

Be·weis·an·trag *m* JUR motion to hear [*or* take] evidence **Be·weis·auf·nah·me** *f* JUR hearing [*or* taking] of evidence

be·weis·bar *adj* provable

be·wei·sen *irreg* **I.** *vt* ❶ *(nachweisen)* ■ **[jdm] etw ~** to prove sth [to sb]; **der Angeklagte ist unschuldig,**

bis das Gegenteil bewiesen wird the defendant [*or* accused] is innocent until proven guilty; **was zu ~ war** which was [the thing] to be proved, quod erat demonstrandum; **was** [**noch**] **zu ~ wäre** which remains to be proved ❷ *(erkennen lassen)* ▪ **etw ~** to display [*or* show] sth; ▪**~, dass/wie …** to show that/how … **II.** *vr (sich zeigen)* ▪ **sich ~** to show [itself]; **es beweist sich wieder einmal …** this shows once again … [*or* is further proof …]

Be·weis·er·he·bung *f* JUR *s.* **Beweisaufnahme Be·weis·füh·rung** *f* JUR giving [of] evidence, presentation of one's case **Be·weis·kraft** *f kein pl* JUR evidential [*or* probative] value; ▪ **die ~ einer S.** *gen* the evidential [*or* probative] value of sth; **~/keine ~ haben/besitzen** to have [no] evidential [*or* probative] value **be·weis·kräf·tig** *adj* JUR of evidential [*or* probative] value *pred* **Be·weis·la·ge** *f* [amount and type of] evidence **Be·weis·last** *f kein pl* JUR burden of proof **Be·weis·ma·te·ri·al** *nt* JUR [body of] evidence **Be·weis·mit·tel** *nt* JUR piece of evidence **Be·weis·not** *f kein pl* JUR lack of evidence; **in ~ sein/kommen** to be unable to produce evidence **Be·weis·stück** *nt* JUR exhibit

be·wen·den *vt impers* ▪ **es bei** [*o* mit] **etw ~ lassen** to leave it at sth; **für diesmal will ich es noch bei einer Verwarnung ~ lassen** this time I'll leave it at a warning

Be·wen·den <-s> *nt kein pl* end; **das hat damit sein ~** that's the end of that [*or* the matter]; **lass es jetzt damit sein ~ haben** let that be an end to it, let the matter [*or* it] rest there

Be·werb <-[e]s, -e> [bəˈvɛrp] *m* SPORT ÖSTERR *(Wettbe-werb)* competition

be·wer·ben *I. vr irreg* ▪ **sich** [**auf etw** *akk*] [**bei jdm**] [**um etw** *akk*] **~** to apply [in response to sth] [to sb] [for sth]; ▪ **sich** [**bei jdm**] **als etw ~** to apply [to sb] [for a job] as sth **II.** *vt* ▪ **etw ~** to advertise sth

Be·wer·ber(in) <-s, -> *m(f)* applicant, candidate **Be·wer·bung** *f* ❶ *(Beantragung einer Einstellung)* application; **~ um ein politisches Amt** candidature for [a] political office ❷ *(Bewerbungsschreiben nebst Unterlagen)* [letter of] application ❸ *(werbliche Maß-nahmen)* advertising

Be·wer·bungs·bo·gen *m* application form **Be·wer·bungs·ge·spräch** *nt* [job] interview **Be·wer·bungs·schrei·ben** *nt* [letter of] application **Be·wer·bungs·un·ter·la·gen** *pl* documents in support of an application **Be·wer·bungs·ver·fah·ren** *nt* application pro-cedure

be·wer·fen *vt irreg* ❶ *(beschmeißen)* ▪ **jdn/etw mit etw ~** to throw sth at sb/sth; **als der Lehrer auf den Schulhof trat, wurde er mit Schneebällen bewor-fen** the teacher was pelted with snowballs when he entered the schoolyard; ▪ **sich** [**gegenseitig**] **mit etw ~** to throw sth at each other ❷ *(werfend ver-putzen)* ▪ **etw mit etw ~** to plaster [*or* render] sth with sth

be·werk·stel·li·gen [bəˈvɛrkʃtɛlɪgn̩] *vt* ▪ **etw ~** ❶ *(pej fam: anstellen)* to do sth; **was hast du denn da wie-der bewerkstelligt?** what have you [gone and] done this time?; **so etwas konntest auch nur du ~!** only you could do something like that! ❷ *(zuwege brin-gen)* to manage [to do] sth; ▪ **es ~, dass jd etw tut** to [manage to] get sb to do sth

be·wer·ten *vt* ▪ **jdn/etw** [**mit etw**] **~** to assess sb/sth [as sth]; **der Aufsatz wurde mit befriedigend bewertet** the essay was given the mark "satisfactory"; **ein Kunstobjekt ~** to value a work of art; ▪ **jdn/etw nach etw ~** to judge sb/sth according to sth; **nach dem Einheitswert ~** to assess [*or* appraise] based on the standard value; **etw zu hoch/niedrig ~** to over-value/undervalue sth

Be·wer·tung *f* assessment; *von Besitz* valuation; SCH

einer Schülerarbeit marking

Be·wer·tungs·kri·te·ri·en *pl* valuation provisions, cri-teria for evaluation

be·wie·se·ner·ma·ßen *adv* demonstrably; **sie ist ~ für diese ganzen Intrigen verantwortlich gewe-sen** it has been proved that she is responsible for all these intrigues

be·wil·li·gen [bəˈvɪlɪgn̩] *vt* ▪ [**jdm**] **etw ~** to approve sth [for sb]; **ihm wurde eine neue Redakteurin bewilligt** he was allowed a new editor; FIN to grant [sb] sth; **ein Stipendium ~** to award a grant

Be·wil·li·gung <-, -en> *f* ❶ *(das Bewilligen)* approval; *von Mitteln, Kredit* granting; *von Stipendium* award-ing ❷ *(schriftliche Genehmigung)* approval

be·wir·ken *vt* ❶ *(verursachen)* ▪ **etw ~** to cause sth; **was nur seinen plötzlichen Sinneswandel bewirkt haben mag?** what might have caused his sudden change of mind?; **ihr Einlenken wurde durch starken Druck ihrer Lieferanten bewirkt** she relented after intense pressure was exerted [on her] by her suppliers ❷ *(erreichen)* ▪ [**bei jdm**] **etwas/nichts ~** to achieve sth/nothing [with sb]; **mit Klagen bewirkst du bei ihm gar nichts mehr** you won't get anywhere [at all] with him by complaining, complaints won't budge him in the slightest

be·wir·ten *vt* ▪ **jdn** [**mit etw**] **~** to entertain sb [with sth]; **mit was darf ich euch denn ~? Sekt, Filet-spitzen, Räucherlachs?** what can I offer you? cham-pagne, fillet steak or smoked salmon?; **in diesem Restaurant kehren wir oft ein, weil man dort immer gut bewirtet wird** we often go to this restau-rant as we always get a good meal there; **kauf bitte reichlich ein, wir haben morgen 10 Personen zu ~!** buy plenty as we've got ten people to cater [*or* cook] for tomorrow!

be·wirt·schaf·ten *vt* ❶ *(betreiben)* ▪ **etw ~** to run sth; **der Imbiss am See wird nur in der Saison bewirtschaftet** the lakeside snack bar is only open in season ❷ AGR *(bestellen)* ▪ **etw** [**als etw**] **~** to work sth [as sth] ❸ ÖKON, POL *(staatlich kontrollieren)* ▪ **etw ~** to ration sth; **Devisen/Wohnraum ~** to control foreign currency/living space

Be·wirt·schaf·tung <-, -en> *f* ❶ *(das Betreiben)* run-ning; **die ~ der Skihütte war sehr aufwendig** the costs of running the skiers' lodge were very high ❷ AGR *(die Bestellung)* farming, working; **die ~ der Felder** the cultivation of the fields ❸ ÖKON, POL *(staat-liche Kontrolle)* rationing; **die ~ von Devisen/Wohnraum** the controlling of foreign currency/living space; **aufgrund der Notlage sah sich die Regie-rung zur ~ der Lebensmittel gezwungen** the state of emergency forced the government into rationing food supplies

Be·wir·tung <-, -en> *f* entertaining; **kümmerst du dich bitte um die ~ unserer Gäste?** will you see to our guests please?

be·wog [bəˈvoːk] *imp von* **bewegen²**
be·wo·gen *pp von* **bewegen²**
be·wohn·bar *adj* habitable; **etw ~ machen** to make sth habitable [*or* fit to live in]

be·woh·nen *vt* ▪ **etw ~** to live in sth; **das Haus wird schon seit Jahren nicht mehr bewohnt** the house has not been lived in [*or* occupied] for years; **er bewohnt das ganze Haus allein** he occupies the whole house himself; **eine Gegend/Insel/ein Land ~** to inhabit an area/island/country

Be·woh·ner(in) <-s, -> *m(f)* ❶ *(Einwohner)* inhabit-ant; *von Haus, Zimmer* occupant ❷ *(Tier)* inhabitant; **die Springmaus gehört zu den ~n der** [**afrikani-schen**] **Wüste** the jerboa is a native of the [African] desertlands; **dieser Vogel ist ein ~ der Wälder** this is a woodland bird

Be·woh·ner·schaft <-, -en> *f (geh)* inhabitants *pl*, denizens *pl form;* **die ~ eines Mietshauses** the occupants of a block of flats

be·wohnt *adj* inhabited; **diese einsame Gegend ist kaum ~** this lonely region is sparsely populated; **ist das Haus überhaupt ~?** is the house even occupied?

be·wöl·ken *vr* ▪ **sich ⓵** *(sich mit Wolken bedecken)* to cloud over, to become overcast **⓶** LIT *(sich verfinstern)* to darken; **seine Stirn bewölkte sich** his face darkened

be·wölkt *adj* METEO cloudy, overcast; **heute wird es leicht ~ sein** it will be partly cloudy today

Be·wöl·kung <-, -en> *f* METEO cloud cover; **„im Tagesverlauf wechselnde ~"** 'today will see variable amounts of cloud [cover]'

Be·wöl·kungs·auf·lo·cke·rung *f* METEO breaking up of [the] cloud cover **Be·wöl·kungs·zu·nah·me** *f kein pl* METEO increase in [the] [*or* increasing] cloud cover

Be·wuchs [bəˈvuːks] *m kein pl* ÖKOL vegetation [*or* plant] cover

Be·wun·de·rer, Be·wun·de·re·rin <-s, -> [bəˈvundərɐ, bəˈvundərərɪn] *m, f* admirer

be·wun·dern *vt* **jdn/etw [wegen einer Sache] ~** to admire sb/sth [for sth]; **■ etw [an jdm] ~** to admire sth [about sb]; **was ich an dir bewundere ist …** what I admire about you is …

be·wun·dernd **I.** *adj* admiring **II.** *adv* admiringly

be·wun·derns·wert, be·wun·derns·wür·dig *adj (geh)* admirable; **■ [an jdm/etw] ~ sein** to be admirable [about sb/sth]; **deine Gelassenheit ist [an dir] wirklich ~** the really admirable thing [about you] is your calmness

be·wun·dert *adj* admired

Be·wun·de·rung <-, <*selten* -en> *f* admiration; **meine ~!** congratulations!

Be·wund·rer, Be·wund·re·rin [bəˈvundrɐ, bəˈvundrərɪn] *m, f s.* **Bewunderer**

be·wusst RR, **be·wußt** ALT [bəˈvust] **I.** *adj* **⓵** *attr (vorsätzlich)* wilful BRIT, willful AM **⓶** *attr (überlegt)* considered; **~e Lebensführung** socially and environmentally aware lifestyle **⓷** *attr (überzeugt)* committed **⓸** PSYCH *(im Bewusstsein vorhanden)* **■ sich einer S.** *gen* **~ sein/werden** *(jdm ist/wird etw klar)* to be/become aware of sth; **sie waren sich der Tragweite dieser Entscheidung nicht ~** they did not realize the enormity [*or* far-reaching consequences] of this decision; **■ jdm ~ sein/werden** to be/become clear to sb **⓹** *attr (bekannt, besagt)* in question *pred* **II.** *adv* **⓵** *(überlegt)* **~ leben** to live with great [social and environmental] awareness **⓶** *(vorsätzlich)* deliberately **⓷** *(klar)* **jdm etw ~ machen** to make sb realize sth; **man kann ihr diesen Irrtum einfach nicht ~ machen** it is impossible to make her aware of her mistake; **sich** *dat* **etw ~ machen** to realize sth; **das muss man sich mal ~ machen!** just imagine!

Be·wusst·heit RR, **Be·wußt·heit** ALT <-> [bəˈvusthait] *f kein pl* **⓵** *(Vorsätzlichkeit)* wilfulness BRIT, willfulness AM **⓶** *(Überlegtheit)* awareness

be·wusst·los RR, **be·wußt·los** ALT [bəˈvustloːs] **I.** *adj* unconscious **II.** *adv* unconsciously; **~ zusammenbrechen** to collapse unconscious [*or* in a faint]

Be·wusst·lo·se(r) RR, **Be·wußt·lo·se(r)** ALT *f(m) dekl wie adj* unconscious person

Be·wusst·lo·sig·keit RR, **Be·wußt·lo·sig·keit** ALT <-> *f kein pl* unconsciousness; ▶ WENDUNGEN: **bis zur ~** *(fam)* ad nauseam

be·wusst|ma·chen RR *vt s.* **bewusst II. 3**

Be·wusst·sein RR <-s>, **Be·wußt·sein** ALT *nt kein pl* **⓵** *(bewusster Zustand)* **wieder zu ~ kommen, das ~ wiedererlangen** to regain consciousness; **das ~ verlieren** to lose consciousness;

bei [vollem] ~ sein to be [fully] conscious; **er wurde bei vollem ~ operiert** he was operated on while fully conscious **⓶** PHILOS, PSYCH, MED *(bewusste Wahrnehmung)* consciousness; **jdm etw ins ~ bringen** [*o* **rufen**] to remind sb of sth; **jdn/etw aus dem/ihrem/seinem ~ verdrängen** to banish sb/sth from one's/her/his mind **⓷** *(bewusste Ansichten)* consciousness **⓸** *(das Wissen um etw)* **das ~ einer S.** *gen* the awareness of sth; **jdm zu|m| ~ kommen** to become clear to sb; **etw mit [vollem] ~ tun** to do sth intentionally; **im ~ einer S.** *gen* in the knowledge of sth; **das ~, dass er im Recht war, verlieh ihm Kraft** the knowledge that he was in the right gave him strength

Be·wusst·seins·bil·dung RR *f* creation of awareness **be·wusst·seins·er·wei·ternd** RR *adj* PHARM, PSYCH mind-expanding **Be·wusst·seins·er·wei·te·rung** RR *f* PSYCH expansion of the mind [*or* one's consciousness] **Be·wusst·seins·spal·tung** RR *f* MED, PSYCH split[ting of the] consciousness, schizophrenia **Be·wusst·seins·stö·rung** RR *f* disturbance of consciousness **Be·wusst·seins·ver·än·de·rung** RR *f* change of awareness

be·zahl·bar *adj* affordable; **■ etw ist ~** sth is affordable; **es ist zwar teuer, aber für die meisten doch noch ~** although it is expensive, most people can still afford it

be·zah·len **I.** *vt* **⓵** *(begleichen)* **■ [jdm] etw ~** to pay [sb] sth; **wenn Sie mir 100 Euro ~, verrate ich alles!** give me 100 euros and I'll tell you everything!; **die Rechnung muss gleich bezahlt werden** the bill must be settled immediately; **ich bezahle den Wein!** I'll pay for the wine! **⓶** *(entlohnen)* **■ jdn [für etw] ~** to pay sb [for sth] **⓷** *(euph: kaufen)* **■ jdm etw ~** to pay [*or* buy] sb for sth; *s. a.* **Leben II.** *vi* to pay; **[Herr Ober,] [bitte] ~!** waiter, the bill please!

be·zahlt *adj* paid; **~e Schulden** paid[-off] [*or* settled] debts; **etw ~ bekommen** [*o fam:* **kriegen**] to be paid for sth; **ein Essen/Getränk/eine Hotelübernachtung ~ bekommen** to have a meal/drink/stay in a hotel paid for ▶ WENDUNGEN: **als ob jd es ~ bekäme** *(fam)* for all sb is worth; **sich [für jdn] ~ machen** to pay [*or* be worth the trouble] [for sb]

Be·zah·lung *f* **⓵** *(das Bezahlen)* payment; **von Schulden a.** settlement, settling; **von Getränken, Speisen** paying for; **denk bitte an die ~ der Miete!** don't forget to pay the rent! **⓶** *(Lohn, Gehalt)* pay; **für den Auftrag hatte er $10.000 als ~ erhalten** he received payment of $10,000 for the contract; **ohne/ gegen ~** without payment/for payment

be·zäh·men **I.** *vt (geh)* **■ etw ~** to keep sth under control; **den Durst/Hunger ~** to master [*or* bear] one's thirst/appetite; **die Neugierde ~** to restrain one's curiosity **II.** *vr* **■ sich ~** to control [*or* restrain] oneself

be·zau·bern **I.** *vt* **■ jdn ~** to enchant sb **II.** *vi* to enchant

be·zau·bernd *adj* **⓵** *(entzückend)* enchanting; **das ist wirklich ein ~es Kaffeeservice!** that is really a delightful [*or* charming] coffee set!; **sie war eine Frau von ~er Schönheit** she was a woman of captivating beauty **⓶** *(iron)* **das sind ja ~e Aussichten!** what fine prospects!; **wirklich ~!** that's really great!, oh how wonderful!

be·zecht *adj (fam)* drunk, *fam* BRIT *a.* tight

be·zeich·nen **I.** *vt* **⓵** *(benennen)* **■ jdn/etw [als jdn/etw] ~** to call sb/sth [sb/sth]; **dein Verhalten kann man nur als ungehörig ~!** your behaviour can only be described as impertinent! **⓶** *(bedeuten)* **■ etw ~** to denote sth **⓷** *(genau beschreiben)* **■ [jdm] etw ~** to describe sth [to sb] **⓸** *(kennzeichnen)* **■ etw [durch/mit etw] ~** to mark sth [with sth]; LING, MUS to indicate sth [with sth] **II.** *vr (sich benennen)* **■ sich**

als jd/etw ~ to call oneself sb/sth; **sie bezeichnet sich als großzügig** she describes herself as generous
be·zeich·nend *adj (charakteristisch)* characteristic, typical; ■ **etw ist ~ für jdn/etw** sth is typical of sb/sth
be·zeich·nen·der·wei·se *adv* typically
Be·zeich·nung *f* ❶ *(Ausdruck)* term ❷ *(Kennzeichnung)* marking; *(Beschreibung)* description; **die ~ auf der Verpackung ist wenig informativ** the description on the packaging doesn't give much useful information
be·zeu·gen *vt* ❶ JUR ■ **etw** ~ *(als Zeuge bestätigen)* to testify to sth; *(bestätigen)* to attest sth; ■ **~, dass ...** to testify [or prove] that ... ❷ *(geh: nachweisen)* ■ **jdm etw** ~ to prove sth to sb
be·zich·ti·gen [bəˈtsɪçtɪgn̩] *vt* ■ **jdn (einer S. *gen*)** ~ to accuse sb [of sth]; ■ **jdn ~, etw getan zu haben** to accuse sb of having done sth
be·zieh·bar *adj* ❶ *(bezugsfertig)* ready for occupation [*or* to move into] ❷ ÖKON *(erhältlich)* obtainable
be·zie·hen *irreg* I. *vt* ❶ *(mit Bezug versehen)* ■ **etw [mit etw *dat*]** ~ to cover sth [with sth]; **die Bettwäsche neu** ~ to change the bed[linen] [*or* sheets]; **etw neu** ~ to re-cover sth; MUS *(bespannen)* to string ❷ *(in etw einziehen)* ■ **etw** ~ to move into sth ❸ *bes* MIL *(einnehmen)* ■ **etw** ~ to take up sth; **einen Standpunkt** ~ to adopt a point of view ❹ ÖKON *(sich beschaffen)* ■ **etw [von jdm]** ~ to obtain [*or* get] sth [from sb]; **eine Zeitschrift** ~ to take [*or* AM subscribe to] a magazine ❺ FIN *(erhalten)* ■ **etw [von jdm/etw]** ~ to receive [*or* draw] sth [from sb/sth] ❻ SCHWEIZ *(einziehen)* to collect ❼ *(fam: bekommen)* to get; **du beziehst gleich eine Ohrfeige, wenn du nicht mit dem Blödsinn aufhörst!** I'll box your ears in a minute if you don't stop messing around! ❽ *(in Beziehung setzen)* ■ **etw auf jdn/etw** ~ to apply sth to sb/sth; **warum bezieht er [bloß] immer alles auf sich?** why does he always [have to] take everything personally? II. *vr* ❶ *(sich bedecken)* ■ **sich** ~ to cloud over, to become overcast ❷ *(betreffen)* ■ **sich auf jdn/etw** ~ to refer to sb/sth ❸ *(sich berufen)* ■ **sich auf jdn/etw** ~ to refer to sb/sth
Be·zie·her(in) <-s, -> *m(f)* FIN drawer, recipient; MEDIA *(Abonnent)* subscriber; ~ **von Waren** buyers [*or* purchasers] of goods
Be·zie·hung <-, -en> [bəˈtsiːʊŋ] *f* ❶ *(Verbindung)* ■ **die/jds ~ zu etw** *dat* the/sb's relationship with sth; **zwischen etw *dat* und jdm/etw besteht eine/keine** ~ there is a/no connection between sth and sb/sth; **etw zu etw** *dat* **in ~ setzen** [*o* bringen] to connect sth with sth; **als Tagträumer ist es leicht, die ~ zur Realität zu verlieren** it's easy for a daydreamer to lose his [*or* her] grasp of reality ❷ *meist pl (fördernde Bekanntschaften)* connections *npl*; ~**en haben** to have connections; **seine ~en spielen lassen** to pull [some] strings ❸ *(Verhältnis)* relationship; **ich habe zur heutigen Jugend keine ~** I can't relate to the youth of today; **diplomatische ~en** diplomatic relations; **diplomatische ~en aufnehmen/abbrechen** to establish/break off diplomatic relations; *(sexuell)* [sexual] relationship; ■ **jds ~ zu/mit jdm** sb's relationship with sb; **intime** [*o* **sexuelle] ~en [zu jdm] haben** [*o* **unterhalten]** to have intimate relations [with sb]; **menschliche ~en** human relations; **keine ~ zu jdm/etw haben** to have no feeling for [*or* be unable to relate to] sb/sth ❹ *(Hinsicht)* respect; **in einer/keiner ~** in one/no respect [*or* way]; **in jeder ~** in every respect; **in mancher ~** in many respects ❺ *(Zusammenhang)* connection; **in einer/keiner ~ zueinander stehen** to have a/no connection with one another
Be·zie·hungs·kis·te *f (sl)* relationship

be·zie·hungs·los *adj* unconnected, unrelated
Be·zie·hungs·lo·sig·keit <-> *f kein pl* unconnectedness, unrelatedness
be·zie·hungs·wei·se *konj* or rather
be·zif·fern [bəˈtsɪfɐn] I. *vt (in Zahlen ausdrücken)* ■ **etw [mit etw/auf etw** *akk*] ~ to estimate sth [at sth] II. *vr (sich belaufen)* ■ **sich auf etw** ~ *akk* to come to sth; **die Gesamtzahl der Demonstranten bezifferte sich auf über 500.000** the number of demonstrators numbered more than 500,000
Be·zif·fe·rung <-, -en> *f* ❶ *(das Beziffern)* estimate; **zurzeit ist noch keine exakte ~ der entstandenen Verluste möglich** at the moment it is difficult to put an exact figure on the losses incurred ❷ *(Gesamtheit erwähnter Zahlen)* numbering; **bei der ~ der Seiten wurden einige Fehler gemacht** there were some mistakes in the page numbering
Be·zirk <-[e]s, -e> [bəˈtsɪrk] *m* ❶ *(Gebiet)* district ❷ ÖKON *(Vertretungsgebiet)* region ❸ ADMIN ÖSTERR, SCHWEIZ *(Verwaltungs~)* [administrative] district ❹ *(Fachbereich)* field, domain, sphere
Be·zirks·ge·richt *nt* JUR ÖSTERR, SCHWEIZ *(Amtsgericht)* ≈ county [*or* AM district] court **Be·zirks·haupt·mann, -haupt·män·nin** *m, f* ÖSTERR *chief officer of an administrative district* **Be·zirks·klas·se** *f,* **Be·zirks·li·ga** *f* SPORT district [*or* local] league **Be·zirks·schu·le** *f* SCHWEIZ district school **Be·zirks·spi·tal** *nt bes* SCHWEIZ *(Kreiskrankenhaus)* district hospital **Be·zirks·stadt** *f* ADMIN *s.* **Kreisstadt Be·zirks·vor·ste·her(in)** *m(f)* ADMIN head of district administration
be·zir·zen [bəˈtsɪrtsn̩] *vt (fam)* ■ **jdn** ~ to bewitch sb, to wrap sb round one's little finger
Be·zo·ge·ne(r) *f(m) dekl wie adj* FIN, ÖKON drawee
be·zug^ALT [bəˈtsuːk] *s.* **Bezug 8**
Be·zug <-[e]s, Bezüge> [bəˈtsuːk, *pl:* bəˈtsyːgə] *m* ❶ *(Kissen~)* pillowcase; *(Bett~)* duvet [*or* quilt] [*or* BRIT a. eiderdown] cover ❷ *(Bezugsstoff)* covering ❸ ÖKON *(das Beziehen)* buying, purchasing; *einer Publikation* subscription (+*gen* to) ❹ FIN *(das Erhalten)* drawing, receiving; ■ **der ~ von etw** the drawing [*or* receiving] of sth; SCHWEIZ *(das Einziehen)* collection ❺ *pl (Einkünfte)* income sing, earnings *pl* ❻ *(Verbindung) s.* **Beziehung 1** ❼ SCHWEIZ *(das Beziehen)* moving in[to] ❽ *(geh: Berufung)* reference; ~ **auf etw nehmen** *akk* to refer to sth; ~ **nehmend auf** *akk* **etw** with reference to ❾ *(Hinsicht)* ■ **in ~ auf etw** *akk* with regard to ...; **in ~ darauf** regarding that; **mit** [*o* **unter] ~ auf** *akk* **...** *(geh)* with reference to ...
Be·zü·ger(in) <-s, -> *m(f)* SCHWEIZ *(Bezieher)* drawer, recipient; *von Waren* buyer, purchaser; *Zeitung* regular reader (+*gen* of), subscriber (+*gen* to)
be·züg·lich [bəˈtsyːklɪç] I. *präp (geh)* ■ ~ **einer S.** *gen* regarding [*or* with regard to] sth II. *adj* LING relative; **das ~e Fürwort** the relative pronoun; ■ **auf etw** *akk* ~ relating to sth
Be·zug·nah·me <-, -n> *f* **unter ~ auf etw** *akk (geh)* with reference to sth
be·zugs·be·rech·tigt *adj* ÖKON, ADMIN entitled [to receive [*or* draw] sth]; ■ **[für** [*o* **zu] etw]** ~ **sein** to be entitled [to sth] **Be·zugs·be·rech·tig·te(r)** *f(m) dekl wie adj* ÖKON, ADMIN beneficiary **be·zugs·fer·tig** *adj* ready to move into [*or* for occupation] **Be·zugs·per·son** *f* PSYCH, SOZIOL ≈ role model *(a person on whom sb models their thinking and behaviour due to their personal relationship)* **Be·zugs·quel·le** *f* source of supply **Be·zugs·recht** *nt* BÖRSE, ÖKON subscription right **Be·zugs·schein** *m* ÖKON [ration] coupon
be·zu·schus·sen [bəˈtsuːʃʊsn̩] *vt* ■ **etw/jdn** ~ to subsidize sth/sb
be·zwe·cken [bəˈtsvɛkn̩] *vt* ❶ *(bewirken)* ■ **etw/nichts [bei jdm]** ~ to achieve sth/nothing [with sb];

Ermahnungen ~ [bei ihr] gar nichts mehr warnings don't have any effect [on her] any more ❷ *(beabsichtigen)* ■ **etw [mit etw]** ~ to aim to achieve sth [with sth]; ■ **etw** ~ to have sth as its object

be·zwei·feln* *vt* ■ **etw** ~ to question sth; ■ ~, **dass** ~ to doubt that, to question whether; **ich will nicht einmal** ~, **dass …** I don't doubt for a moment that …; **es ist doch sehr zu** ~, **dass …** it is highly questionable whether …

be·zwin·gen* *irreg* **I.** *vt* ❶ *(besiegen)* ■ **jdn** ~ to defeat sb; **einen Gegner** ~ to beat [*or* defeat] an opponent ❷ *(überwinden)* ■ **etw** ~ to capture [*or* take] sth; **einen Anstieg/einen Pass** ~ to negotiate a climb/pass; **einen Berg** ~ to conquer a mountain ❸ *(bezähmen)* ■ **etw** ~ to keep sth under control; **den Durst/Hunger/Schmerz** ~ to master [*or* bear] one's thirst/appetite/pain; **Emotionen** ~ to overcome emotions; **die Neugierde** ~ to restrain one's curiosity; **den Zorn** ~ to contain one's anger **II.** *vr* ■ **sich** ~ to restrain oneself; **wenn ich Pralinen sehe, muss ich zugreifen, da kann ich mich einfach nicht** ~! when I see chocolates, I have to have some, I simply can't help myself!

BfA <-> [be:ʔɛfˈʔaː] *f kein pl Abk von* **Bundesversicherungsanstalt für Angestellte** *Federal Insurance Office for Salaried Employees*

BGB <-> [be:ge:ˈbe:] *nt kein pl Abk von* **Bürgerliches Gesetzbuch**

BGH <-s> [be:ge:ˈha:] *m Abk von* **Bundesgerichtshof**

BH <-[s], -[s]> [be:ˈha:] *m Abk von* **Büstenhalter** bra *fam*

Bhag·wan <-s, -s> [ˈbagvan] *m (Träger des hinduistischen Ehrentitels)* Bhagavat, Bhagavad; *(Leiter der Sekte)* Bhagavata

Bhag·wan·an·hän·ger(in) *m(f)* Bhagavata follower **Bhag·wan·kom·mu·ne** *f* Bhagavata commune **Bhag·wan·kult** *m* Bhagavata cult

Bhu·tan <-s> [ˈbu:tan] *nt* Bhutan; *s. a.* **Deutschland** **Bhu·ta·ner(in)** <-s, -> [bu'ta:nɐ] *m(f)* Bhutanese; *s. a.* **Deutsche(r)**

bhu·ta·nisch [bu'ta:nɪʃ] *adj* Bhutanese; *s. a.* **deutsch** **bi** [bi:] *adj pred (sl)* bi *pred sl*

Bi·ath·lon <-s, -s> [ˈbi:atlɔn] *nt* biathlon

bib·bern [ˈbɪbɐn] *vi (fam)* ■ **[vor etw]** ~ *dat* to tremble [*or* shake] [with sth]; *(vor Kälte)* to shiver; ■ **um etw** ~ to fear for sth; **um sein Leben** ~ to fear for one's life

Bi·bel <-, -n> [ˈbi:bl̩] *f* Bible; *(ein Exemplar der ~)* [a copy of] the Bible

bi·bel·fest *adj* well-versed in the Bible *pred* **Bi·bel·spruch** *m* Biblical saying [*or* quotation] **Bi·bel·stel·le** *f* passage [*or* text] from the Bible **Bi·bel·text** *m* ❶ *(Text der Bibel)* text of the Bible ❷ *s.* **Bibelstelle** **Bi·bel·vers** *m s.* **Bibelspruch**

Bi·ber <-s, -> [ˈbi:bɐ] *m* ❶ ZOOL beaver ❷ *(Biberfell)* beaver [*or* fur skin] ❸ MODE *(weicher Baumwollflanell)* flannelette

Bi·ber·bau <-baue> *m* beaver['s] lodge **Bi·ber·betttuch**^{RR} *nt*, **Bi·ber·bettuch**^{ALT} *nt* flannelette sheet **Bi·ber·burg** *f s.* Biberbau

Bi·ber·nell <-, -en> [bi:bɐˈnɛl] *f*, **Bi·ber·nel·le** <-, -n> [bi:bɐˈnɛlə] *f* KOCHK burnet

Bi·ber·pelz *m* beaver fur **Bi·ber·schwanz** *m* ❶ *(Schwanz eines Bibers)* beaver's tail ❷ BAU *(flacher Dachziegel)* flat roof tile

Bi·bli·o·gra·fie^{RR} <-, -n> [bibliogra'fi, *pl:* -'fi:ən] *f* VERLAG bibliography

bi·bli·o·gra·fie·ren* ^{RR} [bibliogra'fi:rən] *vt* LIT ❶ *(bibliografisch verzeichnen)* ■ **etw** ~ to record sth in a bibliography, to catalogue [*or* AM -og] ❷ *(bibliografische Daten feststellen)* ■ **etw** ~ to take the bibliographic details of sth

bi·bli·o·gra·fisch^{RR} [biblio'gra:fɪʃ] **I.** *adj* VERLAG bibliographic[al] **II.** *adv* bibliographically; **Publikationen** ~ **erfassen** to record publications in a bibliography

Bi·bli·o·gra·phie <-, -n> [bibliogra'fi:, *pl:* -'fi:ən] *f* VERLAG *s.* **Bibliografie**

bi·bli·o·gra·phie·ren* [bibliogra'fi:rən] *vt* LIT *s.* **bibliografieren**

bi·bli·o·gra·phisch [biblio'gra:fɪʃ] *adj o adv* VERLAG *s.* **bibliografisch**

bi·bli·o·phil [biblio'fi:l] **I.** *adj* ❶ *(schöne Bücher liebend)* bibliophilic ❷ VERLAG ~**e Ausgabe** collector's edition **II.** *adv* VERLAG **das Buch war** ~ **ausgestattet** the book was designed for collectors [*or* bibliophiles]

Bi·bli·o·thek <-, -en> [biblio'te:k] *f* ❶ *(Sammlung von Büchern)* library ❷ *(Gebäude einer Bücherei)* library; *(Raum mit einer Bibliothek)* library

Bi·bli·o·the·kar(in) <-s, -e> [bibliote'ka:ɐ̯] *m(f)* librarian

bi·bli·o·the·ka·risch [bibliote'ka:rɪʃ] *adj* as a librarian *pred*

Bi·bli·o·theks·ka·ta·log *m* library catalogue [*or* AM -og] **Bi·bli·o·theks·we·sen** <-s> *nt kein pl* librarianship

bi·blisch [ˈbi:blɪʃ] *adj* ❶ *(aus der Bibel)* biblical ❷ *(sehr hoch)* **ein** ~**es Alter erreichen** to reach a ripe old age

Bick·bee·re [ˈbɪkbeːrə] *f* NORDD *(Heidelbeere)* blueberry, BRIT *a.* bilberry

Bi·det <-s, -s> [bi'de:] *nt* bidet

Bi·don <-s, -s> [bi'dõ] *m o nt* SCHWEIZ *(Kanister)* can

bie·der [ˈbi:dɐ] *adj* ❶ *(pej: einfältig)* conventional, conservative ❷ *(brav)* plain; **einen** ~**en Geschmack** conservative taste ❸ *(veraltend: rechtschaffen)* upright

Bie·der·keit <-> *f kein pl (pej)* conservatism, conventionality

Bie·der·mann <-männer> [ˈbi:dɐman, *pl:* -mɛnɐ] *m (pej)* upright citizen

Bie·der·mei·er <-s> [ˈbi:dɐmaiɐ] *nt kein pl* Biedermeier [period [*or* style]]; **Spitzweg ist ein typischer Maler des** ~ Spitzweg was a typical painter of the Biedermeier period [*or* after the Biedermeier style]

bie·gen <bog, gebogen> [ˈbi:gn̩] **I.** *vt haben* ❶ ■ **etw** ~ to bend sth; ■ **[jdm] etw** ~ to bend [*or* flex] sth [to sb]; *s. a.* **gebogen** ❷ LING ÖSTERR *(flektieren)* to inflect ▸ WENDUNGEN: **auf B~ oder Brechen** *(fam)* by hook or by crook; **es geht auf B~ oder Brechen** *(fam)* it's all or nothing [*or* do or die] **II.** *vi sein (abbiegen)* ■ **jd/etw irgendwohin** ~ sb/sth turns somewhere; **bei der Ampel biegst du links** turn left at the lights; **wenn ich nicht nach links gebogen wäre, hätte mich der Lkw voll erwischt!** if I hadn't swerved to the left the lorry would have hit me full on!; **sie ist mit dem Fahrrad zu schnell um die Kurve gebogen** she took the corner too quickly on her bike; *(umbiegen)* to curve; **Vorsicht, gleich biegt die Straße scharf nach links!** careful, the road curves sharply to the left in a moment **III.** *vr haben* ❶ *(sich krümmen)* ■ **sich** ~ + *Richtungsangabe* to bend; **das Auto ist gerade in eine Nebenstraße gebogen** the car has just turned into a side street ❷ *(sich verziehen)* ■ **sich** ~ to go out of shape; **im Wind bogen sich die Bäume** the trees swayed in the wind; **die Tafel bog sich [fast] unter der Last der Speisen** the table was [almost] groaning under the weight of the food

bieg·sam [ˈbi:kza:m] *adj* ❶ *(elastisch)* supple, lithe ❷ *(flexibel)* flexible; ~**er Einband** limp binding [*or* book cover] ❸ *(leicht zu biegen)* ductile

Bieg·sam·keit <-> *f kein pl* ❶ *(Elastizität)* suppleness, litheness ❷ *(Flexibilität)* ductility

Bie·gung <-, -en> *f* ❶ *(Kurve)* bend; **der Fluss wand sich in [schlangenförmigen]** ~**en durch das Tal**

B

the river flowed snake-like through the valley; **eine ~ machen** to turn; MED *(Krümmung)* curvature ②LING ÖSTERR *(Flexion)* inflection

Bie·ne <-, -n> ['biːnə] f ❶ *(Tier)* bee ❷ *(veraltend sl: nettes Mädchen)* bird sl

Bie·nen·fleiß m [great] industriousness; **sie machte sich mit ~ an die Arbeit** she went about the work, busy as a beaver **Bie·nen·fres·ser** m ORN bee-eater **Bie·nen·gift** nt PHARM bee poison **Bie·nen·honig** m bees' [or natural] honey **Bie·nen·kö·ni·gin** f queen bee **Bie·nen·korb** m beehive **Bie·nen·schwarm** m swarm of bees **Bie·nen·stich** m ❶ *(Stich einer Biene)* bee sting ❷ *(Kuchen)* flat cake with an almond and sugar coating and a custard or cream filling **Bie·nen·stock** m beehive **Bie·nen·volk** nt bee colony **Bie·nen·wachs** nt beeswax **Bie·nen·züch·ter(in)** m(f) bee-keeper, apiarist spec

Bi·en·na·le <-, -n> [biɛˈnaːlə] f KUNST, FILM biennial arts exhibition or show

Bier <-[e]s, -e> [biːɐ̯] nt beer; **ein kleines/großes ~, bitte!** a small/large beer, please!, a half [pint]/pint [of beer], please!; **~ vom Fass** draught beer; **dunkles/helles ~** dark/light beer, ale [or BRIT a. bitter] /lager ▸ WENDUNGEN: **das ist mein/dein ~** *(fam)* that's my/your business [or affair]; **das ist nicht mein/sein ~** *(fam)* that's nothing to do with me/him [or not my/his problem]

Bier·aus·schank m pub BRIT, alehouse BRIT, bar AM **Bier·bauch** m *(fam)* beer belly, potbelly, beer gut fam **Bier·brau·er(in)** m(f) *(person)* brewer **Bier·brau·e·rei** f brewery

Bier·chen <-s, -> nt *(fam)* a [little] [glass of] beer; **wollen wir ein ~ trinken gehen?** shall we go for a quick one? [or BRIT fam swift half?]

Bier·de·ckel m beer mat **Bier·do·se** f beer can **Bier·ernst** ['biːɐ̯ʔɛrnst] m *(fam)* deadly seriousness **bier·ernst** ['biːɐ̯ʔɛrnst] adj inv *(fam)* dead[ly] serious **Bier·es·sig** m malt vinegar **Bier·fla·sche** f beer bottle **Bier·gar·ten** m beer garden **Bier·ge·ruch** m smell of beer **Bier·glas** nt beer glass **Bier·kas·ten** m crate of beer **Bier·kel·ler** m ❶ *(Kellerwirtschaft)* bierkeller BRIT, beer-drinking establishment ❷ *(Lager für Bier)* beer cellar **Bier·krug** m *(Krug für Bier: aus Glas)* tankard; *(aus Steingut)* stein **Bier·lau·ne** f *(fam)* ▸ WENDUNGEN: **in einer ~ aus einer ~ heraus** in a high-spirited mood [after a few beers] **Bier·lei·che** f *(fam)* [sb who is dead] drunk [due to drinking beer] **Bier·pres·si·on** f bar room pump **Bier·schin·ken** m KOCHK ≈ ham sausage *(type of sausage containing large pieces of ham)* **Bier·wür·ze** f wort **Bier·zelt** nt beer tent

Bie·se <-, -n> ['biːzə] f MODE *(Besatz)* piping; *(Fältchen)* tuck; **Röcke mit ~n sind früher mal Mode gewesen** pleated skirts used to be fashionable; *(Ziernaht)* decorative seam

Biest <-[e]s, -er> [biːst] nt *(fam)* ❶ *(pej: lästiges Insekt)* [damn fam] bug; **ach, diese Mücken! hat mich schon wieder so ein ~ gestochen!** oh, these mosquitoes! another one of the damn things has just bitten me! fam; *(bösartiges Tier)* creature; **sei vorsichtig mit diesem Pferd, das ~ schlägt gerne aus!** be careful with this horse, the brute likes to kick! ❷ *(pej: bösartiger Mensch)* beast; **sie kann manchmal ein ~ sein** sometimes she can be a [right] bitch ▸ WENDUNGEN: **ein süßes ~** a real temptress

bies·tig I. adj *(fam)* beastly fam, horrible fam II. adv nastily

bie·ten <bot, geboten> ['biːtn̩] I. vt ❶ *(anbieten)* ■[jdm] etw [für etw] ~ to offer [sb] sth [for sth] ❷ *(geben)* ■[jdm] etw ~ to give [sb] sth; **eine Gelegenheit/Möglichkeit ~** to offer [or give] an opportunity/possibility; **Gewähr ~** to provide guarantee;

Sicherheit/Schutz ~ to provide security/safety ❸ *(aufweisen)* ■[jdm] etw ~ to have sth [for sb]; **das Hochhaus bietet fünfzig Familien Wohnung** the multi-storey building has [or provides] flats for fifty families; **diese Häuser ~ betuchten Kunden viel Luxus** these houses offer well-to-do buyers a lot of luxury; **Probleme/Schwierigkeiten ~** to present problems/difficulty ❹ *(zeigen, darbieten)* ■[jdm] etw ~ to present [sb] with sth; **einen Film/ein Theaterstück ~** to show [or put on] a film/theatre [or AM -er] production; **eine Leistung ~** to give [or put on] a performance ❺ *(anbieten)* ■[jdm] etw ~ to offer [sb] sth; **die Leute wollen, dass ihnen Nervenkitzel, Spannung und Sensationen geboten werden** people want [to be offered] thrills, spills and excitement; **[jdm] etwas/nichts zu ~ haben** to have sth/nothing to offer [to] [sb] ❻ *(pej: zumuten)* **jdm etw ~** to serve sth up to sb; **was einem heutzutage an Kitsch geboten wird!** the rubbish that's served up [or that we're expected to put up with] today!; **so etwas ließe sich mir nicht ~!** I wouldn't stand for [or put up with] it! II. vi ❶ KARTEN *(ansagen)* to bid ❷ *(ein Angebot machen)* to [make a] bid III. vr ❶ *(sich anbieten)* ■sich [jdm] ~ to present itself [to sb] ❷ *(sich darbieten)* ■sich jdm/einer S. ~ to present to sb/sth; **was für ein grässlicher Anblick bot sich den Zuschauern!** the spectators were confronted with a horrendous sight! ❸ *(zumuten)* ■sich etw ~/ nicht ~ lassen dat to [not] stand for [or put up with] sth

Bie·ter(in) <-s, -> m(f) bidder

Bi·ga·mie <-, -n> [bigaˈmiː, pl: -ˈmiːən] f JUR bigamy

Bi·ga·mist(in) <-en, -en> [bigaˈmɪst] m(f) JUR bigamist

bi·ga·mis·tisch adj inv bigamous

bi·gott [biˈɡɔt] adj *(frömmelnd)* devout; *(scheinheilig)* hypocritical

Bi·got·te·rie <-, -n> [bɪɡɔtəˈriː, pl: -ˈriːən] f ❶ kein pl *(Scheinheiligkeit, Frömmelei)* bigotry, piousness ❷ *(selten: bigotte Handlungsweise oder Äußerung)* bigotry, pious behaviour [or AM -or] /remark

Bi·ker(in) <-s, -> ['baikɐ] m(f) *(sl)* biker fam

Bi·ki·ni <-s, -s> [biˈkiːni] m bikini

Bi·lanz <-, -en> [biˈlants] f ❶ ÖKON balance sheet; **eine ~ aufstellen** ÖKON to draw up a balance sheet; **~ machen** *(fam)* to check [out] one's finances fam ❷ *(Ergebnis)* end result; **[die] [aus etw] ziehen** *(fig)* to take stock [of sth]

Bi·lanz·buch·hal·ter(in) m(f) ÖKON accountant **bi·lan·zie·ren** [bilanˈtsiːrən] ÖKON I. vi to balance II. vt ■etw ~ to balance sth; *(fig)* to assess sth **Bi·lanz·sum·me** f ÖKON balance-sheet total

bi·la·te·ral ['biːlateraːl] adj bilateral

Bilch <-es, -e> [bɪlç] m ZOOL dourmouse

Bild <-[e]s, -er> [bɪlt, pl: 'bɪldɐ] nt ❶ *(Fotografie)* photo[graph]; **ein ~ machen** [o knipsen] [o schießen] to take a photo[graph]; **ich habe noch 8 ~er auf dem Film** I've got eight photos [or exposures] left on the film ❷KUNST *(Zeichnung)* drawing; *(Gemälde)* painting ❸TV, FILM picture ❹KARTEN **~erkarten** court [or picture] cards ❺ *(Spiegel~)* reflection ❻ *(Anblick, Ansicht)* scene; **das ~ der Erde hat sich sehr verändert** the appearance of the earth has changed greatly; **vom Aussichtsturm bot sich ein herrliches ~** there was an excellent view from the observation tower; **diese riesigen Hochhäuser wären sicher keine Bereicherung für das ~ der Stadt** these skyscrapers would hardly improve the townscape; **die hungernden Kinder boten ein ~ des Elends** the starving children were a pathetic [or wretched] sight ❼LIT *(Metapher)* metaphor, image ❽ *(Vorstellung)* picture; **mit diesem Artikel rückte er sich ins ~** he announced his arrival on the scene with this article; **das in dem Werk gezeichnete ~ der Amerikaner ist sehr negativ** the image of Americans in this work is very negative; **von seiner zukünftigen Frau hat er schon ein genaues ~** he already has a very good idea of what his future wife should be like ⑧ THEAT *(Szene)* scene ▸ WENDUNGEN: **ein ~ für [die] Götter** *[fam]* a sight for sore eyes; **ein ~ des Jammers** *(geh)* a picture of misery; **das ist ein schwaches ~!** *(fam)* that is a [very] poor show; **etw im ~ festhalten** to capture sth on film/canvas; **ein ~ von einem Mann/einer Frau sein** to be a fine specimen of a man/woman [*or only for woman* a perfect picture of a woman]; **sich von jdm/etw ein ~ machen** *dat* to form an opinion about sb/sth; **sich von etw kein ~ machen** *dat* to have [absolutely] no idea of sth; **du machst dir kein ~ davon, wie schwer das war!** *(fam)* you have [absolutely] no idea [of] how difficult it was!; **jdn [über jdn/etw] ins ~ setzen** to put sb in the picture [about sb/sth]; **[über jdn/etw] im ~e sein** to be in the picture [about sb/sth] **Bild·ar·chiv** *nt* MEDIA photo[graphic] archives *pl* **Bild·at·las** *m* VERLAG pictorial atlas **Bild·auf·lö·sung** *f* TV, INFORM resolution, picture definition **Bild·aus·fall** *m* TV loss of picture [*or* vision] **Bild·band** <-bände> *m* VERLAG book of pictures **Bild·be·richt** *m* MEDIA photographic report **Bild·be·schrei·bung** *f* SCH [detailed] description of a picture [*or* painting] **Bild·da·tei** *f* INFORM photo [*or* picture] file **Bild·do·ku·ment** *nt* pictorial [*or* photographic] document **bil·den** [ˈbɪldn̩] **I.** *vt* ❶ *(hervorbringen)* ■ **etw ~** to form sth; BOT to grow sth; CHEM to produce sth; **ein Insektenstich kann eine Schwellung ~** an insect bite can cause a swelling; **Galle wird in der Gallenblase gebildet** bile is formed in the gall bladder ❷ LING *(formen)* ■ **etw ~** to form sth ❸ POL *(zusammenstellen)* ■ **etw ~** to form sth; **einen Ausschuss/ein Komitee ~** to set up a committee ❹ FIN *(ansammeln)* ■ **etw ~** to set up sth; **ein Vermögen ~** to build up a fortune ❺ *(darstellen)* ■ **etw ~** to make up sth; **eine Gefahr/ein Problem/eine Regel ~** to constitute a danger/problem/rule ❻ *(mit Bildung versehen)* ■ **jdn ~** to educate sb; **die vielen Reisen haben ihn spürbar gebildet** his many travels have noticeably broadened his mind ❼ KUNST *(formen)* ■ **etw [aus etw] ~** to make sth [from sth]; **die Krüge hatte er aus Ton gebildet** he had made the jugs out of clay **II.** *vr* ❶ *(entstehen)* ■ **sich ~** to produce; CHEM to form; BOT to grow ❷ *(sich Bildung verschaffen)* ■ **sich [aus etw] ~** to educate oneself [from sth] ❸ *(sich formen)* ■ **sich** *dat* **etw [über jdn/etw] ~** to form sth [about sb/sth]; **eine Meinung ~** to form an opinion **III.** *vi* to broaden the mind; *s. a.* **Kunst** *s. a.* **Künstler** **Bil·der·aus·stel·lung** *f* exhibition of paintings/photographs **Bil·der·bo·gen** *m* VERLAG pictorial broadsheet **Bil·der·buch** *nt* VERLAG picture book; ▸ WENDUNGEN: **wie im ~** perfect; **eine Landschaft wie im ~!** a landscape [right out of a picture postcard]! **Bil·der·buch·kar·ri·e·re** *f* dream [*or* brilliant] career **Bil·der·buch·lan·dung** *f* perfect [*or* textbook] landing **Bil·der·ge·schich·te** *f* picture story **Bil·der·rah·men** *m* picture frame **Bil·der·rät·sel** *nt* picture puzzle **Bil·der·schrift** *f* pictographic system of writing **Bil·der·sturm** *m* HIST iconoclasm **Bild·fern·spre·cher** *m (geh)* videophone **Bild·flä·che** *f* FILM, FOTO projection surface; ▸ WENDUNGEN: **auf der ~ erscheinen** *(fam)* to appear on the scene; **von der ~ verschwinden** *(fam)* to disappear from the scene; **besser, du verschwindest gleich von der ~** you'd better make yourself scarce **Bild·fol·ge** *f* ❶ FOTO sequence of shots [*or* pictures] ❷ FILM, TV sequence of shots **Bild·fre·quenz** *f* FILM, TV image fre-

quency

bild·haft I. *adj* vivid; **eine ~e Beschreibung** a graphic description **II.** *adv* graphically, vividly; **etw ~ darstellen** to depict sth vividly; **sich** *dat* **etw ~ vorstellen** to picture sth vividly **Bild·hau·er(in)** <-s, -> [ˈbɪlthaʊɐ] *m(f)* sculptor **Bild·hau·e·rei** <-> *f kein pl* sculpture *no pl, no art* **Bild·hau·e·rin** <-, -nen> *f fem form von* **Bildhauer Bild·hau·er·kunst** *f (geh)* sculpture *no pl, no art* **bild·hübsch** [ˈbɪlthʏpʃ] *adj* as pretty as a picture; **sie ist ein ~es Mädchen** she's a really pretty [*or* stunning] girl **bild·lich I.** *adj* figurative, metaphorical; **ein ~er Ausdruck** a figure of speech **II.** *adv* figuratively, metaphorically; **~ gesprochen** metaphorically speaking; **sich etw ~ vorstellen** *dat* to picture sth; **stell dir das mal ~ vor!** just try to picture it! **Bild·lich·keit** <-> *f kein pl* figurativeness *no pl* **Bild·ma·te·ri·al** *nt* [illustrative] pictures *pl*, pictorial [*or* visual] material *no pl*; SCH visual aids *pl* **Bild·nis** <-ses, -se> [ˈbɪltnɪs, *pl:* -nɪsə] *nt (geh)* portrait **Bild·plat·te** *f* video disc [*or* AM *a.* disk] **Bild·plat·ten·spie·ler** *m* video disc [*or* AM *a.* disk] player **Bild·qua·li·tät** *f* TV, FILM picture [*or* image] quality; FOTO print quality **Bild·re·dak·teur(in)** *m(f)* picture editor **Bild·re·por·ta·ge** *f* photographic report; TV photographic documentary; TV *spec* **Bild·röh·re** *f* TV picture tube, kinescope **Bild·schär·fe** *f* TV, FOTO definition *no pl, no indef art* **Bild·schirm** *m* TV, INFORM screen; **über den ~ flimmern** *(fam)* to come on, to be on the box *fam* **Bild·schirm·ar·beit** *f* VDU work *no pl, no indef art* **Bild·schirm·ar·beits·platz** *m* workstation **Bild·schirm·ge·rät** *nt* visual display unit **Bild·schirm·scho·ner** *m* screen saver **Bild·schirm·text** *m* TELEK videotex, viewdata **bild·schön** [ˈbɪltˈʃøːn] *adj s.* **bildhübsch Bild·stel·le** *f* picture and film archive **Bild·stö·rung** *f* TV interference *no pl, no indef art* **Bild·such·lauf** *m* cue review **Bild·ta·fel** *f* ❶ *(ausrollbare Leinwand)* projection screen ❷ *(ganzseitige Illustration)* full-page display; *(in einem Buch)* plate **Bild·te·le·fon** *nt* videophone **Bild·text** *m* caption **Bil·dung** <-, -en> *f* ❶ *kein pl (Kenntnisse)* education *no pl*; **~/keine ~ haben** to be educated/uneducated; **höhere ~** higher education ❷ *kein pl* ANAT development *no pl*, forming *no pl* ❸ BOT forming *no pl*, development *no pl*, formation *no pl* ❹ LING forming *no pl*, formation *no pl*; **Kleinkinder haben Schwierigkeiten mit der ~ von Sätzen** small children have difficulty in forming sentences; *(Wort)* formation ❺ *kein pl (Zusammenstellung)* formation *no pl; eines Fonds/Untersuchungsausschusses* setting up ❻ *kein pl (Erstellung)* forming *no pl* ❼ *(Gebilde)* formation **Bildungs·ab·schluss**^RR *m* SCH [school [*or* educational]] qualifications *pl* **Bil·dungs·an·ge·bot** *nt* educational opportunities *pl* **Bil·dungs·bür·ger(in)** *m(f)* member of the educated classes **Bil·dungs·chan·cen** *pl* educational opportunities *pl* **Bil·dungs·de·fi·zit** *nt* deficit in education **Bil·dungs·ein·rich·tung** *f (geh)* educational establishment [*or* institution] **Bil·dungs·gang** <-gänge> *m* course [of study] **Bil·dungs·ge·we·be** *nt* BOT meristem **Bil·dungs·grad** *m* level of education **Bil·dungs·gut** *nt* facet of general education **Bil·dungs·lü·cke** *f* gap in one's education **Bil·dungs·ni·veau** *nt* level [*or* standard] of education **Bil·dungs·po·li·tik** *f* education policy **Bil·dungs·re·form** *f* reform of the education system **Bil·dungs·rei·se** *f* educational trip [*or* holiday] **Bil·dungs·stand** *m s.* **Bildungsniveau Bil·dungs·sys·tem** *nt* education system **Bil·dungs·ur·laub** *m* edu-

B

cational holiday; ÖKON, JUR study leave *no pl* **Bildungs·weg** *m* **jds ~** the course of sb's education; **auf dem zweiten ~** through evening classes **Bildungs·we·sen** <-s> *nt kein pl* education system

Bild·un·ter·schrift *f s.* **Bildtext Bild·wör·ter·buch** *nt* illustrated [*or* pictorial] [*or* visual] dictionary **Bild·zuschrift** *f* reply with a photograph enclosed

Bil·ge <-, -n> ['bɪlgə] *f* NAUT bilge

bi·lin·gu·al [bilɪŋ'gŭaːl] *adj inv* bilingual

Bil·lard <-s, -e *o* ÖSTERR -s> ['bɪljart] *nt* billiards + *sing vb;* [**mit jdm**] **~ spielen** to play billiards [with sb] **Bil·lard·ku·gel** *f* billiard ball **Bil·lard·stock** *m* billiard cue **Bil·lard·tisch** *m* billiard table

Bil·lett <-[e]s, -e *o* -s> [bɪl'jɛ(t)] *nt* ❶ ÖSTERR *(Briefchen, Glückwunschkarte)* note ❷ SCHWEIZ *(Fahrkarte)* ticket

Bil·let·teur, Bil·let·teu·se <-s, -e> *m, f* ❶ SCHWEIZ *(Schaffner)* conductor *masc,* conductress *fem* ❷ ÖSTERR *(Platzanweiser)* usher *masc,* usherette *fem* **Bil·li·ar·de** <-, -n> [bɪl'jardə] *f* thousand trillion

bil·lig ['bɪlɪç] **I.** *adj* ❶ *(preisgünstig)* cheap, inexpensive; **ein ~er Preis** a low price; **ein ~er Kauf** a bargain, a good buy; **es jdm ~er machen** to reduce sth for sb; **ich mache es Ihnen 20% ~er!** I'll reduce it by 20% for you; **nicht ganz** [*o* **gerade**] **~ sein** to be not exactly cheap; **etw für ~es Geld kaufen** to buy sth cheap ❷ *(pej: minderwertig)* cheap; **verschone mich mit diesem ~en Kram!** spare me this cheap junk! ❸ *(pej: oberflächlich)* cheap, shabby; **welche ~e Ausrede haben Sie diesmal?** what feeble excuse have you got this time?; **ein ~er Trick** a cheap trick; **ein ~er Trost** cold comfort ❹ *(veraltet: angemessen)* proper; **nach ~em Ermessen** as appears just [*or* fair], in one's fair judgement **II.** *adv* cheaply; **~ abzugeben** going cheap *fam;* „**gut erhaltene Ledergarnitur ~ abzugeben**" 'leather suite in good condition at a knock-down price'; **~ einkaufen** to shop cheaply ▸ WENDUNGEN: **~ davonkommen** *(fam)* to get off lightly

Bil·lig·an·bie·ter *m* supplier of cheap products

bil·li·gen ['bɪlɪgn] *vt* **etw ~** to approve of sth; **die Pläne der Regierung wurden vom Parlament gebilligt** the government's plans were approved by parliament; **~, dass jd etw tut** to approve of sb's doing sth; **ich werde nicht ~, dass du dich weiter so ungebührlich verhältst!** I cannot approve of your continuing to behave so improperly!

Bil·lig·flag·ge *f* NAUT *(pej fam)* flag of convenience *(i.e. Panama, Honduras, Liberia)*

Bil·lig·keit <-> *f kein pl* ❶ *(billiger Preis)* cheapness *no pl* ❷ *(pej: Oberflächlichkeit)* cheapness *no pl,* shabbiness *no pl;* **diese Ausrede ist in ihrer ganzen ~ leicht zu durchschauen** you can easily see through the whole feeble excuse

Bil·lig·land *nt* country with cheap production and labour costs **Bil·lig·lohn·land** *nt* country with a low-wage economy **Bil·lig·preis** *m* low price **Bil·lig·produkt** *nt* cheap [*or* low-priced] product

Bil·li·gung <-, <*selten* -en> *f* approval; ❶ *(das Gutheißen)* die **~ einer S.** *gen* the approval of sth; **Sie können mit der ~ der Pläne rechnen** you can count on the plans being approved; **jds ~ finden** to meet with sb's approval

Bil·lig·wa·re *f* ÖKON low-quality merchandise

Bil·li·on <-, -en> [bɪl'joːn] *f* trillion

bim, bam! ['bɪm 'bam] *interj* ding, dong!

Bim·bam ['bɪmbam] *m* ▸ WENDUNGEN: **ach du heiliger ~!** *(fam)* good grief! *fam*

Bim·bes <-> ['bɪmbəs] *m kein pl (iron sl)* the ready [*or pl* readies] BRIT *sl,* mazuma AM *fam*

Bi·me·tall ['biːmɛtal] *nt* TECH bimetallic strip

bim·meln ['bɪmln] *vi (fam)* to ring

Bims·stein ['bɪmsʃtain] *m* ❶ GEOL pumice stone ❷ BAU

breeze block

bin [bɪn] *1. pers sing pres von* **sein**

bi·när [bi'nɛːɐ̯] *adj* binary

Bin·de <-, -n> ['bɪndə] *f* ❶ MED bandage; *(Schlinge)* sling; *(elastische ~)* [elastic] bandage; [**jdm**] **eine** [**elastische**] **~ anlegen** to put an [elastic] bandage on sb [*or* bandage sth up]; **eine ~ um etw wickeln** to bandage sth up ❷ *(Monats~)* sanitary towel [*or* AM napkin] ❸ *(Armband)* armband ▸ WENDUNGEN: **jdm fällt die/eine ~ von den Augen** *(geh o veraltend)* the penny drops; **jdm die ~ von den Augen nehmen/reißen** *(geh o veraltend)* to take/rip off sb's blindfold; **sich einen hinter die ~ gießen** [*o* **kippen**] *dat (fam)* to have a drink or two, to wet one's whistle *fam*

Bin·de·ge·we·be *nt* ANAT connective tissue **Bin·de·gewebs·mas·sa·ge** *f* massage of the connective tissue **Bin·de·glied** *nt* [connecting] link **Bin·de·haut** *f* ANAT conjunctiva **Bin·de·haut·ent·zün·dung** *f* MED conjunctivitis *no pl, no indef art* **Bin·de·mit·tel** *nt* binder, binding agent; KOCHK a. thickener, thickening agent

bin·den <band, gebunden> ['bɪndn] **I.** *vt* ❶ *(durch Binden zusammenfügen)* **etw** [**zu etw**] **~** to bind [*or* tie] sth [to sth]; **Fichtenzweige wurden zu Kränzen gebunden** pine twigs were tied [*or* bound] [together] into wreaths; **~ Sie mir bitte einen Strauß roter Rosen!** make up a bunch of red roses for me, please; **bindest du mir bitte die Krawatte?** can you do [up] my tie [for me], please?; **kannst du mir bitte die Schürze hinten ~?** can you tie my apron at the back for me, please? ❷ *(fesseln, befestigen)* **jdn/etw/ein Tier an etw** *akk* **~** to tie [up *sep*] sb/sth/an animal to sth; **jdn an Händen und Füßen ~** to bind sb hand and foot; **jdm die Hände ~** to tie sb's hands; **[sich** *dat*] **etw** *akk* **um etw binden** to tie sth round [one's] sth; **sie band sich ein Tuch um den Kopf** she tied a shawl round her head ❸ *(festlegen)* **jdn** [**an jdn/etw**] **~** to bind sb [to sb/sth]; **ein Vertrag bindet immer beide Seiten** a contract is always binding on both parties; **durch die Anstellung wurde sie an München gebunden** as a result of her appointment she was tied to Munich; **ihn band ein furchtbarer Eid** he was bound by a terrible oath ❹ *(emotional verbinden)* **jdn an etw** *akk* **~** to tie sb to sth; **er hatte immer den Eindruck, dass ihn nichts an diese Stadt bindet** he always had the impression that he had no ties with this town ❺ *(festhalten)* **etw** [**mit/durch etw**] **~** to bind sth [with/by means of sth]; **Kapital ~** to tie [*or* lock] up capital ❻ CHEM **etw ~** to bind sth ❼ KOCHK to bind [*or* thicken] sth; **eine Soße ~** to bind a sauce ❽ VERLAG *(mit Einband versehen)* **etw ~** to bind sth ❾ MUS **Akkorde/Töne ~** to slur chords/tones; **eine Note ~** to tie a note; *s. a.* **gebunden** ▸ WENDUNGEN: **jdm sind die Hände gebunden** sb's hands are tied **II.** *vi* to bind; **dieser Klebstoff bindet gut** this glue bonds well; **Soße to bind III.** *vr (sich verpflichten)* **sich an jdn/etw ~** to commit oneself to sb/sth; **ich möchte mich momentan nicht ~** I don't want to tie myself down [*or* get involved] right now

bin·dend *adj* binding; **ich benötige von Ihnen eine ~e Zusage** I need a definite yes from you; **~ [für jdn] sein** to be binding [on sb]

Bin·der <-s, -> ['bɪndɐ] *m* ❶ *(veraltend: Krawatte)* tie ❷ *(Bindemittel)* binder

Bin·de·strich *m* hyphen **Bin·de·wort** *nt* LING conjunction

Bind·fa·den *m* string; **ein Stück ~** a piece of string ▸ WENDUNGEN: **es regnet Bindfäden** *(fam)* it's raining cats and dogs *fam*

Bin·dung <-, -en> *f* ❶ *(Verbundenheit)* **jds ~ an**

jdn [o zu jdm] /an etw akk sb's bond to sb/sth; **sie hatte eine enge ~ an ihren Vater** she had a close relationship with her father; **er fühlte eine starke ~ an diese Frau** he felt a strong bond towards this woman; **die ~ an seine Geburtsstadt war groß** the ties with his home town were strong; **flüchtige ~en eingehen** to enter into fleeting relationships ② *(Verpflichtung)* commitment; **[mit jdm] eine [neue] ~ eingehen** to establish [new] ties [with sb]; **eine ~ lösen/auflösen** to break off a relationship; **eine vertragliche ~ eingehen** to enter into a binding contract ③ SKI binding ④ MODE weave *no pl* ⑤ CHEM, NUKL bond

Bin·gel·kraut ['bɪŋlkraut] *nt* BOT dog's mercury

bin·nen ['bɪnən] *präp +dat o gen (geh)* within; **~ kurzem** shortly, soon

Bin·nen·deich *m* inner [or inland] dyke **bin·nen·deutsch** *adj* used in Germany; **ein ~er Ausdruck** an expression used in Germany **Bin·nen·fi·sche·rei** *f* freshwater fishing *no pl, no indef art* **Bin·nen·ge·wäs·ser** *nt* inland water *no pl, no indef art* **Bin·nen·ha·fen** *m* inland [or river] port **Bin·nen·han·del** *m* domestic [or home] trade *no pl, no indef art* **Bin·nen·land** ['bɪnənlant] *nt* landlocked country **Bin·nen·markt** *m* domestic [or home] market; **der [Europäische] ~** the Single [European] Market **Bin·nen·meer** *nt* inland sea **Bin·nen·schiffahrt**ALT *f s.* Binnenschifffahrt **Bin·nen·schif·fer(in)** *m(f)* boatman on inland waters; **er arbeitet als ~ auf einem Schleppkahn** he works as a bargeman **Bin·nen·schiff·fahrt**RR *f* inland navigation **Bin·nen·see** *m* lake **Bin·nen·ver·kehr** *m* inland traffic

bi·no·misch *adj* MATH binomial

Bin·se <-, -n> ['bɪnzə] *f* BOT rush; ▶ WENDUNGEN: **in die ~n gehen** *(fam) Vorhaben* to fall through; *Veranstaltung* to be a washout *fam; Unternehmen* to go down the drain *fam; Geld* to go up in smoke

Bin·sen·wahr·heit *f*, **Bin·sen·weis·heit** *f* truism

Bio <-> ['bi:o] *f kein pl* SCH *(sl)* biology

bio·ak·tiv [bio'ʔakti:f] *adj* biologically active; **~e Waschmittel** biological detergents **Bio·bau·er** *m* organic farmer **Bio·brenn·stoff** *m* bio-fuel, biomass fuel **Bio·che·mie** [bioçe'mi:] *f* biochemistry **Bio·che·mi·ker(in)** [bio'çe·mike] *m(f)* biochemist **bio·che·misch** [bio'çe·mɪʃ] *adj inv* biochemical **Bi·o·chip** *nt* ELEK, ÖKOL biochip **bio·dy·na·misch** [biody'na:mɪʃ] *adj* organic **Bio·gas** *nt* biogas **Bio·ge·ne·se** [bioge'ne:zə] *f* biogenesis **bio·ge·ne·tisch** [bioge'ne:tɪʃ] *adj* biogenetic

Bi·o·graf(in)RR <-en, -en> [bio'gra:f] *m(f)* biographer **Bi·o·gra·fie**RR <-, -n> [biogra'fi:, *pl:* -'fi:ən] *f* ① *(Buch)* biography ② *(Lebenslauf)* life [history] **Bi·o·gra·fin**RR <-, -nen> *f fem form von* Biograf **Bi·o·gra·fisch**RR [bio'gra:fɪʃ] *adj* biographical **Bi·o·graph(in)** <-en, -en> [bio'gra:f] *m(f) s.* Biograf **Bi·o·gra·phie** <-, -n> [biogra'fi:, *pl:* -'fi:ən] *f s.* Biografie **Bi·o·gra·phin** <-, -nen> *f fem form von* Biograph *fem form von* Biograf **bi·o·gra·phisch** [bio'gra:fɪʃ] *adj s.* biografisch

Bio·in·di·ka·tor *m* BIOL biological indicator **Bio·in·dus·trie** *f* AGR, ÖKON organic products industry **Bio·la·den** *m* health-food shop [or AM usu store], wholefood shop BRIT, natural food store AM

Bi·o·lo·ge, Bi·o·lo·gin <-n, -n> [bio'lo:gə, -'lo:gɪn] *m, f* biologist **Bi·o·lo·gie** <-> [biolo'gi:] *f kein pl* biology *no pl, no indef art* **Bi·o·lo·gin** <-, -nen> *f fem form von* Biologe **bi·o·lo·gisch** I. *adj* biological; *(natürlich)* natural II. *adv* biologically; **immer mehr Bauern entscheiden sich, ~ anzubauen** more and more farmers are deciding to cultivate their land naturally; **~ abbaubar** biodegradable **Bio·mas·se** *f* ÖKOL biomass; **die absterbenden Lebewesen tragen zur Bildung von ~ bei** dead organisms contribute to the formation of organic material **Bio·me·cha·nik** *f kein pl* biomechanics *+ sing vb* **Bio·me·cha·ni·ker(in)** *m(f)* biomechanic **Bio·mem·bran** *f* BIOL biological membrane **Bio·nah·rungs·mit·tel** *nt* organic food

Bi·o·nik <-> [bi'o:nɪk] *f kein pl* bionics *+ sing vb* **Bio·phy·sik** [biofy'zi:k] *f* biophysics *+ sing vb* **Bio·pro·dukt** *nt* organic product

Bi·op·sie <-, -n> [biɔ'psi:, *pl:* -'psi:ən] *f* MED biopsy; ■ **bei jdm eine ~ machen** to conduct a biopsy on sb

Bio·rhyth·mus *m* biorhythm **Bio·sphä·re** [bio'sfɛ:rə] *f* ÖKOL biosphere **Bio·tech·nik** [bio'tɛçnɪk] *f* bioengineering *no pl*, biotechnics *+ sing vb* **Bio·tech·no·lo·gie** <-, -n> [biotɛçnolo'gi:] *f* biotechnology *no pl, no art* **Bio·ter·ror, Bio·ter·ro·ris·mus** *m* bioterrorism

Bi·o·tin <-s> [bio'ti:n] *nt kein pl* biotin, vitamin H **Bio·ton·ne** *f* bio-bin, biocontainer, biovat **Bio·top** <-s, -e> [bio'to:p] *nt* ÖKOL biotope **Bio·treib·stoff** *m* bio-fuel **Bio·waf·fe** *f meist pl* bioweapon **Bio·wasch·mit·tel** *nt* biological detergent **Bio·wis·sen·schaf·ten** *pl* ÖKOL life sciences *npl*

Bio·zö·no·se <-, -n> [biotsø'no:zə] *f* ÖKOL biocenose, biotic community

BIP *nt* ÖKON *Abk von* Bruttoinlandsprodukt GDP

bi·po·lar [bipo'la:ɐ] *adj inv (geh)* bipolar

Bir·cher·müs·li *nt*, **Bir·cher·mües·li** ['bɪrçe-] *nt* SCHWEIZ porridge-style muesli with condensed milk and grated apple

birgt [bɪrkt] *3. pers sing pres von* bergen

Bir·ke <-, -n> ['bɪrkə] *f* ① *(Baumart)* birch [tree] ② *(Birkenholz)* birch *no pl, no indef art* **Bir·ken·span·ner** *m* ZOOL peppered moth **Bir·ken·was·ser** *nt* hair lotion *(derived from birch sap)* **Birk·hahn** *m* blackcock **Birk·huhn** *nt* black grouse

Bir·ma <-s> ['bɪrma] *nt s.* Myanmar **Bir·ma·nisch** [bɪr'ma:nɪʃ] *nt dekl wie adj* Burmese; *s. a.* Deutsch **bir·ma·nisch** [bɪr'ma:nɪʃ] *nt dekl wie adj* Burmese; *s. a.* Deutsch

Birn·baum *m* ① *(Baumart)* pear tree ② *kein pl (~holz)* pear-wood *no pl, no indef art* **Bir·ne** <-, -n> ['bɪrnə] *f* ① *(Frucht des Birnbaums)* pear; *(Birnbaum)* pear tree ② ELEK *(veraltend)* [light] bulb ③ *(fam: Kopf)* nut *fam;* **eine weiche ~ haben** *(sl)* to be soft in the head *sl* **bir·nen·för·mig** *adj* pear-shaped

bis [bɪs] I. *präp +akk* ① *zeitlich (sich an einen genannten Zeitpunkt erstreckend)* till, until; **ich zähle ~ drei** I'll count [up] to three; *(nicht später als)* by; ■ **von ... ~ ...** from ... until...; **von Montag ~ Samstag** from Monday to Saturday; **~ morgen/später/ Montag/nächste Woche** see you tomorrow/later/ on Monday/next week; **~ bald/gleich** see you soon/ in a little while [or a minute]; **~ dann!** until then!; **~ dahin/dann** by then; **~ dahin bin ich alt und grau!** I'll be old and grey by then!; **~ dahin war alles gut gegangen** until then everything had gone well; **~ einschließlich** up to and including; **ich bin von heute an ~ einschließlich Mittwoch auf einer Tagung** I'm at a meeting from today until the end of Wednesday [or until Wednesday inclusive]; **~ jetzt** up to now; **~ jetzt ist noch alles ruhig** so far everything is still quiet; **irgendwelche Beschwerden? – nein, ~ jetzt jedenfalls noch nicht!** any complaints? – no, nothing so far anyway; **~ später!** see you later!; **~ wann?** until when?; **~ wann gilt der Fahrplan?** when is the timetable valid till?, how long is the timetable valid?; **~ wann weiß ich, ob Sie das Angebot annehmen?** [by] when will I know, whether you're going to accept the offer?; **~ wann bleibst du?** how long are you staying [for]; ❷ *räumlich* as far as; **der Zug geht nur ~ Wertheim** the train's only going as far as Wertheim; **er musterte ihn von oben ~ unten** he looked him up and down; **der Hof geht genau ~ dahinten hin** the yard runs right through to the back; **~ dort/dorthin/dahin** to, up to; **~ dort/ dahin sind es nur 3 Kilometer** it's only 3 kilometres there; **siehst du die Sandbank? wir schwimmen ~ dahin/dorthin** can you see the sandbank? we'll swim out to there; **~ dahin kenne ich den Film** I know the film up to this point; **~ hierher** up to this point; **~ hierher und nicht weiter** as far as here [*or* up to here] and no further; **~ wo/wohin …?** where … to?; **bis wo/wohin können Sie mich mitnehmen?** where can you take me to?, how far can you take me?; **~ wo/wohin sind wir in der letzten Stunde gekommen?** where did we get to [*or* how far did we get] in the last lesson? ❸ *(erreichend)* up to; **die Tagestemperaturen steigen ~ [zu] 30°C** daytime temperatures rise to 30°C; **sie war ~ zum 17. Lebensjahr im Internat** she was at boarding school until she was 17; *(unterhalb)* under, up to; **Kinder ~ sechs Jahren** children under six [years of age] [*or* up to the age of six] **II.** *adv* ❶ *zeitlich* till, until; **~ gegen 8 Uhr** until about 8 o' clock; **~ in die frühen Morgenstunden** until the early hours [of the morning]; **~ spät in die Nacht** long into the night; **~ zu dieser Stunde habe ich davon nichts gewusst!** I knew nothing about it until now; **der Bau dürfte ~ zu Weihnachten fertig sein** the construction work should be finished by Christmas; **~ anhin** SCHWEIZ *(bis jetzt)* up to now; **~ und mit** SCHWEIZ *(bis einschließlich)* up to and including ❷ *räumlich* into, to; ▪ **~ an/ in/über/unter etw** *akk* right up to/into/over/up to sth; **die Äste reichen ~ ans Haus** the branches reach right up to the house; **jetzt sind es nur noch zwei Stunden ~ nach Hause** it's only another two hours until we get home ❸ *bei Alters-, Maß-, Mengen-, Temperaturangaben (erreichend)* ▪ **~ zu …** up to; **Jugendliche ~ zu 18 Jahren** adolescents up to 18 [years of age] ❹ *(mit Ausnahme von)* ▪ **~ auf jdn/ etw,** ▪ SCHWEIZ **~ an jdn/etw** except [for] sb/sth **III.** *konj* ❶ *(beiordnend)* to; **400 ~ 500 Gramm Schinken** 400 to 500 grams of ham; **das Wetter morgen: bewölkt ~ bedeckt und strichweise leichter Regen** the weather for tomorrow: cloudy or overcast with light rain in places ❷ *unterordnend: zeitlich (bevor)* by the time, till, until; **~ es dunkel wird, möchte ich zu Hause sein** I want to be home by the time it gets dark; **ich warte noch, ~ es dunkel wird** I'll wait until it gets dark; *(bevor nicht)* till, until; **~ die Hausaufgaben gemacht sind, geht ihr nicht raus!** you're not going out until your homework's done!

Bi·sam <-s, -e *o* -s> ['bi:zam] *m* ❶ MODE musquash *no pl* ❷ *no pl (Moschus)* musk *no pl*

Bi·sam·rat·te *f* muskrat

Bisch·kek <-s> [bɪʃˈkjɛk] *nt* Bishkek

Bi·schof, Bi·schö·fin <-s, Bischöfe> ['bɪʃɔf, 'bɪʃoːf, 'bɪʃœfɪn, *pl*: 'bɪʃœfə] *m, f* bishop

bi·schöf·lich ['bɪʃœflɪç, 'bɪʃoːflɪç] *adj* episcopal

Bi·schofs·amt *nt* episcopate, bishopric **Bi·schofs·kon·fe·renz** *f* REL conference of bishops **Bi·schofs·müt·ze** *f* [bishop's] mitre [*or* AM -er] **Bi·schofs·sitz** *m* bishop's seat, cathedral city **Bi·schofs·stab** *m* bishop's crook, crosier

Bi·se·xu·a·li·tät [bizɛksu̯aliˈtɛːt, 'biː-] *f* bisexuality

bi·se·xu·ell [bizɛˈksu̯ɛl, 'biː-] *adj* bisexual

bis·her [bɪsˈheːɐ̯] *adv* until [*or* up to] now; **~ habe ich noch nichts Gegenteiliges gehört** I've not heard anything to the contrary so far; *(momentan)* currently

bis·he·rig [bɪsˈheːrɪç] *adj attr* previous *attr*; **die ~e politische Entwicklung** current political developments; **nach unseren ~en Erkenntnissen** according to our current knowledge

Bis·ka·ya <-> [bɪsˈkaːja] ▪ **die ~** [the Bay of] Biscay; *s. a.* Golf

Bis·kuit <-[e]s, -s *o* -e> [bɪsˈkviːt, bɪsˈku̯iːt] *nt o m* KOCHK sponge

Bis·kuit·ge·bäck *nt* sponge cake **Bis·kuit·rol·le** *f* Swiss [*or* AM jelly] roll **Bis·kuit·teig** *m* sponge mixture

bis·lang [bɪsˈlaŋ] *adv s.* bisher

Bis·marck·he·ring ['bɪsmark-] *m* Bismarck herring

Bi·son <-s, -e> ['biːzɔn] *m* bison

biss^(RR)**, biß**^(ALT) [bɪs] *imp von* beißen

Biss^(RR) <-es, -e> *m,* **Biß**^(ALT) <-sses, -sse> [bɪs] *m* ❶ *(das Zubeißen)* bite ❷ *(Bisswunde)* bite; **der ~ muss unbedingt genäht werden!** the bite will have to have stitches ❸ *(sl: engagierter Einsatz)* drive; **~ haben** *(sl)* to have drive

biss·chen^(RR)**, biß·chen**^(ALT) ['bɪsçən] *pron indef* ❶ *in der Funktion eines Adjektivs* ▪ **ein ~ …** a bit of …, some …; **kann ich noch ein ~ Milch haben?** can I have another drop of [*or* a drop more] milk?; **ich habe ein ~ Ärger im Büro gehabt!** I've had a bit of bother at the office; ▪ **kein ~ …** not one [little] bit of …; **du hast aber auch kein ~ Verständnis für meine schwierige Situation** you haven't got a scrap of sympathy for the awkward situation I'm in; **ich habe kein ~ Geld** I'm penniless; **ich habe im Moment kein ~ Zeit!** I haven't got a minute to spare at the moment!; ▪ **das ~ …** the little bit of …; **das ~ Geld, das ich habe, brauche ich selber** I need what money I have myself; **mit dem ~ Gehalt kann man in München keine großen Sprünge machen** this salary won't get you far in Munich! ❷ *in der Funktion eines Adverbs* ▪ **ein ~ …** a bit [*or* little]; **das war ein ~ dumm von ihr!** that was a little stupid of her!; + *comp* **darf's ein ~ mehr Käse sein, die Dame?** would Madam like a little more cheese?; **ich würde an deiner Stelle ein ~ weniger arbeiten!** if I were you, I'd work a little less; ▪ **kein ~ …** not the slightest bit …; **es ist kein ~ teurer!** it's not a bit more expensive!; **sie war kein ~ schlechter als er** she was no worse than him in the slightest ❸ *in der Funktion eines Substantivs* ▪ **ein ~** a bit [*or* little]; **wenn man nur so ein ~ verdient wie ich!** when one earns as little as I do!; **für so ein ~ wollen die 1.000 Euro!** they want 1,000 euros for a little bit like that!; **von so einem ~ wirst du doch nicht satt** a little portion like that won't fill you up; **nimmst du Milch in den Kaffee? – ja, aber nur ein ~** do you take milk with your coffee? – yes, but just a drop; ▪ **das ~** the little; **drei Eier, zwei Semmeln, etwas Butter– und für das ~ wollen die zehn Euro!** three eggs, two rolls and some butter – and they want ten euros for these few items!; **ein klein ~** *(fam)* a little bit

Bis·sen <-s, -> ['bɪsn̩] *m* morsel; **kann ich einen ~ von deinem Brötchen haben?** can I have a bite of your roll?; **wenn du das Steak nicht ganz schaffst, kannst du mir gern einen ~ übrig lassen!** if you can't quite manage the steak, you can leave me a mouthful; **sie will keinen ~ anrühren** she won't eat a thing; **ich habe heute keinen ~ gegessen** I haven't eaten a thing today; **er brachte keinen ~ herunter** he couldn't eat a thing ▶ WENDUNGEN: **ihm blieb der ~ im Hals stecken** his throat contracted with fear; **sich** *dat* **jeden ~ vom Munde absparen** to keep a tight rein on one's purse strings, to scrimp and scrape [*or* save]

bis·sig ['bɪsɪç] *adj* ❶ *(gerne zubeißend)* vicious; „Vorsicht,| ~er Hund!" 'beware of [the] dog!'; **ist der**

bitten

um etwas bitten	**requesting something**
Kannst/Könntest du bitte mal den Müll runterbringen?	Can/Could you please take the rubbish down?
Bitte sei so gut und bring mir meine Jacke.	Be an angel/a love and bring me my jacket. *(fam)*
Wärst du so nett und würdest mir eine Zeitung mitbringen?	Would you be good enough to bring me back a paper?
Würden Sie bitte so freundlich sein und Ihr Gepäck etwas zur Seite rücken?	Would you mind just moving your luggage slightly to one side?
Darf ich Sie bitten, Ihre Musik etwas leiser zu stellen?	Could I ask you to turn your music down a little?

um Hilfe bitten	**asking for help**
Kannst du mir einen Gefallen tun?	Could you do me a favour?
Darf/Dürfte ich Sie um einen Gefallen bitten?	Can/Could I ask you a favour?
Könntest du mir bitte helfen?	Could you help me please?
Könnten Sie mir bitte behilflich sein?	Could you give me a hand please?
Ich wäre Ihnen dankbar, wenn Sie mir dabei helfen könnten.	I would be grateful if you could give me hand with this.

Hund ~? does the dog bite? ❷ *(sarkastisch)* caustic, cutting; **eine ~e Kritik** a scathing [*or* waspish] review; **~e Kritik** biting [*or* scathing] criticism; **sie hat eine sehr ~e Art** she's very sarcastic; **du brauchst nicht gleich ~ zu werden!** there's no need to bite my head off!; **sie hat äußerst ~ reagiert** she reacted in an extremely caustic manner

Bis·sig·keit <-, -en> *f* ❶ *(bissige Veranlagung)* viciousness *no pl* ❷ *kein pl (Sarkasmus)* causticity *no pl* ❸ *(bissige Bemerkung)* caustic remark

Biss·wun·de^RR *f* bite

bist [bɪst] 2. pers sing pres von **sein**

Bis·tum <-s, -tümer> ['bɪstuːm, *pl:* -tyːmə] *nt* bishopric, diocese

bis·wei·len [bɪsˈvaiən] *adv (geh)* at times, now and then

Bit <-[s], -[s]> [bɪt] *nt* INFORM bit

Bitt·brief *m* letter of request

bit·te ['bɪtə] *interj* ❶ *(höflich) auffordernd)* please; **~, Sie wünschen?** what can I do for you?; **~ schön[, was darf es sein]?** can I help you?; **~ nicht!** no, please!, please don't!; **ja, ~?** *(am Telefon)* hello?, yes?; **bleiben Sie ~ am Apparat** please hold the line; **Herr Ober, die Rechnung ~!** waiter! could I have the bill, please; **hier entlang ~!** this way, please!; **~ nach Ihnen** after you; **~, nehmen Sie doch Platz!** please take a seat; **~[, treten Sie ein]!** come in!; **tun Sie [doch] ~ ...** won't you please ...; **[einen] Moment ~!** one moment [please]!, wait a minute [please]! ❷ *(zustimmend)* **ach ~, darf ich Sie mal was fragen? – ja ~** oh! could I ask you something, please? – yes, by all means ❸ *(Dank erwidernd)* **herzlichen Dank für Ihre Mithilfe! – [aber] ~ sehr!** many thanks for your help – please don't mention it!; **danke für die Auskunft! – ~[, gern geschehen]** thanks for the information – you're [very] welcome!; **danke, dass du mir geholfen hast! – ~ [, gern geschehen]!** thanks for helping me – not at all!; **danke schön! – ~ schön, war mir ein Vergnügen!** thank you! – don't mention it, my pleasure!; **Entschuldigung! – ~!** I'm sorry! – that's all right! ❹ *(anbietend)* **~ schön** here you are ❺ *(um Wiederholung bittend)* **~? könnten Sie die Nummer noch einmal langsamer wiederholen?** sorry, can you repeat the number more slowly? ❻ *(drückt Erstaunen aus)* **wie ~?** I beg your pardon?;

[wie] **~, habe ich Sie da recht verstanden?** [I beg your] pardon! did I hear you right? ❼ *(drückt aus, dass etw nicht unerwartet war)* **na ~ schön, jetzt haben wir den Salat!** there you are, we're in a fine mess now!; **na ~!** what did I tell you!; **na ~, habe ich schon immer gewusst** there you are, I knew it all along ❽ *(sarkastisch)* all right, fair enough; **ich brauche dein Geld nicht – ~, wie du willst!** I don't need your money – fair enough, as you wish! ▶ WENDUNGEN: **~ ~ machen** *(Kindersprache fam)* to say please nicely

Bit·te <-, -n> ['bɪtə] *f* request (**um** for); **eine ~ äußern** to make a request; **eine ~ [an jdn] haben** to have a favour [*or* AM -or] to ask [of sb]; **ich hätte eine ~ an Sie** if you could do me one favour; **mit einer ~ an jdn herantreten** to go to [*or* approach] sb with a request; **eine ~ an jdn richten** [*o* sich *akk* mit einer ~ an jdn wenden] to make [*or* put] a request to sb; **auf jds ~ [hin]** *akk* at sb's request; **ich habe eine große ~:** ... if I could ask [you to do] one thing: ..., I have one request to make: ...

bit·ten <bat, gebeten> ['bɪtn̩] **I.** *vt* ❶ *(Wunsch äußern)* ▪ **jdn [um etw]** ~ to ask sb [for sth]; **darf ich Sie um Rat ~?** may I ask your advice?; **könnte ich dich um einen Gefallen ~?** could I ask you a favour?; **die Passagiere werden gebeten sich anzuschnallen** passengers are requested to fasten their seatbelts; **ich bitte dich um alles in der Welt** I beg [*or* implore] you; ▪ **jdn [darum] ~, etw zu tun** [*o* dass er etw tut] to ask sb to do sth; **ich bitte dich darum, mit keinem Menschen darüber zu reden** I would ask you not to talk to anybody about this ❷ *(einladen)* ▪ **jdn auf etw** *akk*/**zu etw** ~ to ask [*or* invite] sb for sth/to do sth; **darf ich dich auf ein Glas Wein zu mir ~?** may I ask you home for a glass of wine?; **nach dem Tanz baten die Gastgeber [die Gäste] zum**

Abendessen after the dance the hosts invited the guests to have dinner; **darf ich** [euch] **zu Tisch ~?** may I ask you to come and sit down at the table?, dinner is served!; **wenn ich euch jetzt in den Garten ~ dürfte!** if I might ask you to go into the garden now ③ *(auffordern)* ■ **jdn irgendwohin ~** to ask sb to go somewhere; **der Chef bat den Mitarbeiter zu sich ins Büro** the boss asked the employee to come [in]to his office; **ich muss Sie ~, mitzukommen** I must ask you to come with me; **darf ich Sie ~?** would you mind?; **wenn ich Sie ~ darf!** if you please!, if you wouldn't mind! ▶ WENDUNGEN: **sich nicht** [lange] **~ lassen** to not have to be asked twice; **er ließ sich nicht lange ~** he didn't have to be asked twice; **sich gerne ~ lassen** to like to be asked; [aber] **ich bitte dich/Sie!** really! II. *vi* ① *(eine Bitte aussprechen)* ■ **um etw ~** to ask [*or* make a request] for sth, to request sth; **um Hilfe/Verständnis ~** to ask for help/understanding; **um Ruhe ~** to request [*or* ask for] silence; **darf ich einen Augenblick um Aufmerksamkeit ~?** may I have your attention for a moment, please?; **um jds Anwesenheit ~** to request sb's presence; **darf ich** [um den nächsten Tanz] **~?** may I have the pleasure [of the next dance]?; ■ **es wird gebeten, ...** *(geh)* please ...; Hinweis: „es wird gebeten, in der Schalterhalle nicht zu rauchen" notice: "please do not smoke in the booking hall"; *(dringend wünschen)* to beg for sth; **um Verzeihung ~** to beg for forgiveness; **darum möchte ich doch sehr gebeten haben!** *(emph geh)* I should hope so too!; **ich bitte** [sogar] **darum** *(geh)* I should be glad ③ *(hereinbitten)* ■ **jd lässt ~** sb will see sb; **der Herr Professor lässt ~** the professor will see you now; **er möchte Sie gerne sprechen! – aber selbstverständlich, ich lasse ~!** he would like to speak to you – but of course, would you ask him to come in! ④ *(emph: befehlend)* if you please!; **ich muss doch** [sehr] **~!** well really!; **also diese Manieren heutzutage! ich muss doch sehr ~!** well really! people's manners today! ▶ WENDUNGEN: **~ und betteln** *(fam)* to beg and plead; **wenn ich ~ darf!** if you wouldn't mind!

Bit·ten <-s> [ˈbɪtn] *nt kein pl* pleading *no pl*; **trotz seines** [inständigen] **~s** despite his [urgent] pleas; **jds ~ und Betteln** sb's begging and pleading; **dein ~ und Betteln ist vergeblich, ich habe gesagt nein!** it's no use your begging and pleading, I've said no!; **sich aufs ~ verlegen** to resort to pleading; **auf jds** [hin] *akk* at sb's request; **auf ~ von jdm** at the request of sb; **auf ~ von uns allen** at the request of us all

bit·tend I. *adj* pleading; **ihre ~en Augen** the beseeching look in her eyes II. *adv* beseechingly

bit·ter [ˈbɪtɐ] I. *adj* ① *(herb)* bitter; **~e Schokolade** plain chocolate; **brrr! diese ~e Medizin!** yuk! this awful tasting medicine; ② *(schmerzlich)* bitter; **eine ~e Lehre** a hard lesson; **~es Leid erfahren** to experience abject sorrow; **~e Reue** deep [*or* keen] regret; **ein ~er Verlust** a painful loss; **die ~e Wahrheit** the painful truth; *s. a.* **Ernst** ③ *(verbittert)* bitter; **die Bauern führten beim Abt ~e Klagen** the farmers complained bitterly to the abbot ④ *(schwer)* bitter; **es ist mein ~er Ernst** I am deadly serious; **in ~er Not leben** to live in abject poverty; **jdn seinem ~en Schicksal überlassen** to leave sb to his sad fate; **~es Unrecht** grievous wrong [*or* injustice]; **sich ~e Vorwürfe machen** to reproach oneself bitterly ▶ WENDUNGEN: **bis zum ~en Ende** to the bitter end II. *adv* bitterly; **es war ~ kalt** it was bitterly cold; **das ist ~ wenig** that's desperately little; **etw ~ bereuen** to regret sth bitterly; **etw ~ vermissen** to miss sth desperately; **für etw ~ bezahlen** to pay dearly for sth; **das wird sich ~ rächen** you'll/we'll etc. pay dearly

for that!; *s. a.* **nötig**

Bit·ter <-s, -> [ˈbɪtɐ] *m* KOCHK bitters + *sing vb*

bit·ter·bö·se [ˈbɪtɐˈbøːzə] *adj* furious; **~ reagieren** to react furiously

Bit·te·re(r) *m dekl wie adj s.* **Bitter**

bit·ter·ernst [ˈbɪtɐˈʔɛrnst] *adj* extremely serious; **musst du denn immer so ~ sein?** must you always be so deadly serious?; ■ **jdm ist es mit etw ~** sb is deadly serious about sth; **etw ~ meinen/nehmen** to mean/take sth deadly seriously **bit·ter·kalt** [ˈbɪtɐˈkalt] *adj attr* bitter, bitterly cold

Bit·ter·keit <-> *f kein pl* ① *(Verbitterung)* bitterness ② *(bitterer Geschmack)* bitterness

bit·ter·lich I. *adj* slightly [*or* somewhat] bitter II. *adv* bitterly; **~ weinen/frieren** to cry bitterly/to be [*or* feel] dreadfully cold

Bit·ter·man·del *f* bitter almond

Bit·ter·nis <-, -se> [ˈbɪtɐnɪs] *f (liter)* bitterness *no pl*

Bitt·gang <-gänge> *m (geh)* [supplicatory] request; **einen ~ zu jdm machen** to go cap in hand to sb *fig* **Bitt·got·tes·dienst** *m* REL rogation service **Bitt·schrift** *f (veraltend)* plead, petition **Bitt·stel·ler**(**in**) <-s, -> *m(f)* petitioner, supplicant *form*

Bi·tu·men <-s, - *o* Bitumina> [biˈtuːmən, *pl:* biˈtuːmina] *nt* bitumen *no pl*

bi·va·lent [bivaˈlɛnt] *adj* bivalent

Bi·wak <-s, -s *o* -e> [ˈbiːvak] *nt* bivouac

bi·wa·kie·ren [bivaˈkiːrən] *vi* to bivouac

bi·zarr [biˈtsar] *adj* bizarre

Bi·zeps <-es, -e> [ˈbiːtsɛps] *m* biceps

BKA <-> [beːkaːˈʔaː] *nt kein pl Abk von* **Bundeskriminalamt**

Bla·bla <-s> [blaˈblaː] *nt kein pl (pej fam)* waffle *pej* **bla bla** (**bla**) [ˈblaː ˈblaː (ˈblaː)] *interj (pej fam)* blah blah blah *pej fam*

Bla·che <-, -n> [ˈblaxə] *f* ÖSTERR, SCHWEIZ tarpaulin

Black-outRR, **Black·out** <-s, -s> [ˈblɛkʔaut, ˈblɛkˈʔaut, blɛkˈʔaut] *m* ① *(Gedächtnislücke)* lapse of memory ② *(Bewusstseinstrübung, -verlust)* blackout; **in Prüfungssituationen kommt es manchmal zu einem ~** during examinations one can sometimes have a mental block; **das muss er im völligen ~ getan haben** he must have done that in a complete fog ③ *(Stromausfall)* blackout

blaf·fen [ˈblafn] *vi* ① *(kläffen)* to yap ② *(pej: schimpfen)* to snap *fam*

Blag <-s, -en> [ˈblaːg] *nt* DIAL *(pej)*, **Bla·ge** <-, -n> [ˈblaːgə] *f* DIAL *(pej)* brat *pej*

blä·hen [ˈblɛːən] I. *vt* ① *(mit Luft füllen)* to fill [out] sth *sep;* **der Zugwind bläht die Vorhänge** the draught is making the curtains billow ② ANAT to distend sth; ■ **gebläht** distended; **das Ross blähte seine Nüstern** the horse dilated [*or* flared] its nostrils II. *vr* ■ **sich ~** *(sich mit Luft füllen)* to billow; ANAT to dilate; **seine Nasenflügel blähten sich vor Zorn** his nostrils dilated [*or* flared] with anger III. *vi (blähend wirken)* to cause flatulence [*or* wind]

blä·hend *adj* flatulent; **bei jdm ~ wirken** to have a flatulent effect on sb

Blä·hung <-, -en> *f meist pl* flatulence *no pl, no indef art,* wind *no pl, no indef art;* **an ~en leiden** to suffer from flatulence; **~en haben** to have flatulence

bla·ma·bel [blaˈmaːbl] *adj (geh)* shameful; **eine blamable Lage** an embarrassing situation

Bla·ma·ge <-, -n> [blaˈmaːʒə] *f (geh)* disgrace *no pl* **bla·mie·ren** [blaˈmiːrən] I. *vt* ■ **jdn ~** to disgrace sb; *s. a.* **Innung** II. *vr* ■ **sich** *akk* [durch etw *akk*] **~** to disgrace [*or* make a fool of] oneself [as a result of sth]

blan·chie·ren [blãˈʃiːrən] *vt* KOCHK ■ **etw ~** to blanch sth

Blan·chier·löf·fel *m* KOCHK blanching spoon

blank [blaŋk] I. *adj* ① *(glänzend, sauber)* shining,

shiny ② *(abgescheuert)* shiny ③ *(rein)* pure, sheer; **was du sagst, ist ~er Unsinn!** what you're saying is utter nonsense!; *(total)* utter; **in der Stadt herrschte das ~e Chaos** utter chaos reigned in the town ④ *(nackt)* bare, naked; ÖSTERR, SÜDD *(ohne Mantel)* without a coat; **~ |aus|gehen** to go [out] without a coat ⑤ *(veraltend: gezogen)* drawn; **mit ~em Schwert** with drawn sword; **~er Stahl** cold steel ⑥ *(bloß)* bare; **~e Erde/Wände/~es Holz** bare earth/walls/wood ⑦ *(poet: strahlend)* bright; **als er die Goldmünze sah, bekam er ~e Augen** his eyes shone when he saw the gold coin; **es ist schon ~er Tag** it's already broad daylight ⑧ *pred (fam)* ■ **~ sein** to be broke *fam; s. a.* **Hans** II. *adv (glänzend)* **~ gewetzt** shiny; **~ poliert** brightly polished

Blan·kett <-s, -e> [blaŋ'kɛt] *nt* KOCHK ragout, fricassee

blank·ge·wetzt *adj attr s.* **blank II.**

blan·ko ['blaŋko] *adv* ① *(unbedruckt)* plain ② *(ohne Eintrag)* blank; **man soll nie einen unterschriebenen Scheck ~ aus der Hand geben** one should never hand out a blank signed cheque

Blan·ko·scheck *m* blank cheque [*or* AM check] **Blan·ko·voll·macht** *f* carte blanche

blank·po·liert *adj attr s.* **blank II.**

Blank·vers *m* blank verse

Bläs·chen <-s, -> ['blɛːsçən] *nt* small blister

Bla·se <-, -n> ['blaːzə] *f* ① ANAT bladder; **eine schwache ~ haben** *(fam)* to have a weak bladder *fam;* **sich** *dat* **die ~ erkälten** [*o* unterkühlen] to get a chill on the bladder ② MED blister; **sich** *dat* **~n laufen** to get blisters on one's feet ③ *(Hohlraum)* bubble; **~n werfen** [*o* ziehen] to form bubbles; *Anstrich* to blister; *Tapete, heiße Masse* to bubble ④ *(Sprechblase)* speech bubble, balloon ⑤ *(fam: Clique)* gang *fam*

Bla·se·balg <-[e]s, -bälge> *m* bellows *npl,* pair of bellows

bla·sen <bläst, blies, geblasen> ['blaːzn̩] I. *vi* ① *(Luft ausstoßen)* to blow; ■ **auf etw** *akk* **~** to blow on sth; **auf eine Brandwunde ~** to blow on a burn ② MUS *(Töne erzeugen)* to play; ■ **manche Leute können auf Kämmen ~** some people can play a comb; **der Jäger blies in sein Horn** the hunter sounded his horn II. *vi impers (fam: es windet)* it's windy; **draußen bläst es aber ganz schön** it's really windy outside III. *vt* ① *(durch Blasen kühlen)* ■ **etw ~** to blow on sth; **die heiße Suppe/den Kaffee ~** to blow on one's hot soup/coffee [to cool it down] ② *(entfernen)* ■ **etw ~** to blow sth; **er blies |sich| den Fussel vom Ärmel** he blew the fluff off his sleeve ③ MUS ■ **etw ~** to play sth; ■ **etw |auf etw|** ~ to play sth [on sth]; **er nahm die Trompete zur Hand und blies |darauf| eine wunderschöne Melodie** he picked up the trumpet and played a wonderful melody [on it] ④ *(derb: fellationieren)* ■ **jdn ~**, ■ **jdm einen ~** to give sb a blow job *fam!*

Bla·sen·ent·zün·dung *f* inflammation of the bladder, cystitis *no pl, no indef art spec* **Bla·sen·lei·den** *nt* bladder complaint; **ein ~ haben** to have bladder trouble [*or* a bladder complaint] **Bla·sen·schwä·che** *f* bladder weakness, a weak bladder **Bla·sen·stein** *m* bladder stone **Bla·sen·tang** *m* BOT bladder wrack [*or* kelp] **Bla·sen·tee** *m* herbal tea to relieve bladder problems

Blä·ser(in) <-s, -> ['blɛːzɐ] *m(f)* MUS wind player; ■ **die ~** the wind section

Blä·ser·quar·tett *nt* MUS wind quartet

bla·siert [bla'ziːɐt] *adj (pej geh)* arrogant, blasé

Bla·siert·heit <-, -en> *f (pej geh)* arrogance, blasé attitude; *(Äußerung)* arrogant [*or* blasé] comment

bla·sig ['blaːzɪç] *adj* ① *(Blasen aufwerfend)* bubbly; **der Teig wird ~** the batter is getting light and airy ② MED blistered

Blas·in·stru·ment *nt* wind instrument **Blas·ka·pelle** *f* brass band **Blas·mu·sik** *f* brass-band music **Blasor·ches·ter** *nt* MUS wind orchestra

Blas·phe·mie <-, -n> [blasfe'miː, *pl:* -'miːən] *f (geh)* blasphemy

blas·phe·misch [blas'feːmɪʃ] *adj (geh)* blasphemous **Blas·rohr** *nt* blowpipe

blass^RR, **blaß**^ALT [blas] *adj* ① *(bleich)* pale; **~ aussehen** to look pale [*or* BRIT *fam* peaky] [*or* AM peaked] [*or liter* wan]; **~ um die Nase sein** to be green [*or* pale] about the gills *hum;* ■ **|vor etw| ~ werden** *dat* to go [*or* grow] [*or* turn] pale [with sth]; **~ vor Neid werden** to go [*or* turn] green with envy; *(vor Schreck a.)* to pale, to blanch ② *(hell)* pale; **eine ~e Schrift** faint writing; **er trug ein Hemd in einem ~en Grün** he wore a pale-green shirt ③ *(geh: matt)* **ein ~es Licht/~er Mond** a pale [*or liter* wan] light/moon ④ *(schwach)* vague; **eine ~e Erinnerung/Hoffnung** a dim [*or* vague] memory/faint hope; *s. a.* **Schimmer** ⑤ *(ohne ausgeprägte Züge o Eigenschaften)* **~ wirken** to seem colourless [*or* AM -orless] [*or* bland]

Bläs·se <-, -n> ['blɛsə] *f* ① *(blasse Beschaffenheit)* paleness *no pl,* pallor *no pl* ② *(Farblosigkeit)* colourlessness [*or* AM -orness] *no pl*

Bläss·gans^RR, **Bläß·gans**^ALT *f* ORN white-fronted goose **Bläss·huhn**^RR, **Bläß·huhn**^ALT ['blɛshuːn] *nt* coot

bläss·lich^RR, **bläß·lich**^ALT ['blɛslɪç] *adj* palish, rather pale

bläst [blɛːst] *3. pers sing pres von* **blasen**

Blatt <-[e]s, Blätter> [blat, *pl:* 'blɛtɐ] *nt* ① BOT leaf ② *(Papierseite)* sheet; **lose** [*o* fliegende] **Blätter** loose leaves [*or* sheets]; **vom ~ singen/spielen** MUS to sight-read ③ *(Seite)* page; KUNST print ④ *(Zeitung)* paper ⑤ *(von Werkzeugen)* blade ⑥ KARTEN hand; **ein/kein gutes ~** a good/not a good hand ⑦ JAGD, KOCHK shoulder ▸ WENDUNGEN: **kein ~ vor den Mund nehmen** to not mince one's words; **das steht auf einem anderen ~** that's a different matter; **[noch] ein unbeschriebenes ~ sein** *(unerfahren sein)* to be inexperienced; *(unbekannt sein)* to be an unknown quantity; **das ~ hat sich gewendet** things have changed

Blätt·chen <-s, -> ['blɛtçən] *nt dim von* **Blatt** 1, 2

blät·te·rig, **blätt·rig** *adj* flaking; *(geschichtet)* laminate; ■ **~ werden** to begin to flake [*or* start flaking]; **der Teig ist ganz ~ geworden** the pastry's gone all flaky

Blät·ter·kohl *m s.* **Chinakohl**

Blät·ter·ma·gen *m* ZOOL omasum *spec*

blät·tern ['blɛtɐn] I. *vi* ① *(flüchtig lesen, umblättern)* ■ **|in etw| dat|** ~ to flick [*or* leaf] through sth ② *(abbröckeln)* to flake [off], to come off in flakes; **die Farbe blättert schon von der Wand** the paint is already flaking off the wall II. *vt* ■ **|jdm| etw auf etw** *akk* ~ to lay down sth one by one [for sb]; **sie blätterte |mir| 20 Tausender auf den Tisch** she counted out 20 thousand-mark notes on the table [for me]

Blät·ter·pilz *m* BOT agaric

Blät·ter·teig *m* flaky [*or* puff] pastry

Blät·ter·teig·ge·bäck *nt* puff pastries *pl* **Blät·ter·teig·pas·te·te** *f* vol-au-vent

Blatt·fall <-s> *m kein pl* falling *no pl* of leaves, abscission *spec* **Blatt·fe·der** *f* TECH leaf spring **Blatt·form** *f* BOT form of a leaf **blatt·för·mig** *adj* leaf-shaped **Blatt·ge·mü·se** *nt* greens *npl;* ■ **ein ~** a leaf vegetable **Blatt·gold** *nt* gold leaf *no pl, no indef art* **Blatt·grün** *nt* chlorophyll *no pl, no indef art* **Blatt·laus** *f* aphid **Blatt·pflan·ze** *f* foliate plant

blätt·rig *adj s.* **blätterig**

Blatt·sa·lat *m* lettuce **Blatt·schuss**^RR *m* JAGD shot into the chest **Blatt·spi·nat** *m* leaf spinach **Blatt·sprei·te** <-, -n> *f* BOT lamina, blade **Blatt·stiel** *m* BOT stalk, petiole *spec* **Blatt·werk** *nt kein pl (geh)* foliage *no pl* **Blatt·zi·cho·rie** *f* leafy chicory

blau [blau] *adj* ❶ *(Farbe)* blue ❷ *(blutunterlaufen)* bruised; **ein ~er Fleck** a bruise; **schnell ~e Flecken bekommen** to bruise quickly; **ein ~es Auge** a black eye; *(vor Kälte o weil herzkrank)* blue ❸ *inv, nachgestellt* KOCHK rare, underdone, blue; **Forelle ~** blue trout, trout au bleu ❹ *meist pred (fam: betrunken)* drunk, plastered *fam*, BRIT *a.* tight *pred fam*, BRIT *a.* canned *pred fam*, BRIT *a.* pissed *pred fam!*; *s. a.* **blaumachen** *s. a.* **Planet** *s. a.* **Blut** *s. a.* **Blume** *s. a.* **Montag** *s. a.* **Anton** *s. a.* **Ferne**
Blau <-s, - *o fam* -s> [blau] *nt* blue
Blau·al·ge *f* BOT blue-green alga **blau·äu·gig** *adj* ❶ *(blaue Augen habend)* blue-eyed ❷ *(naiv)* naïve **Blau·äu·gig·keit** <-> *f kein pl* naïvety *no pl* **Blau·bee·re** *f s.* **Heidelbeere** **blau·blü·tig** *adj* blue-blooded
Blaue <-n> *nt kein pl* ■ **das ~** the blue; **ins ~ spielen** to have a hint of blue ▸ WENDUNGEN: **das ~ vom Himmel [herunter]lügen** *(fam)* to lie one's head off *fam*; **jdm das ~ vom Himmel [herunter] versprechen** *(fam)* to promise sb the earth [*or* moon] *fam*; **ins ~ hinein** *(fam)* at random; **eine Fahrt ins ~** a mystery tour; **lass uns einfach ins ~ fahren** let's just set off and see where we get to [*or* end up]; **wir setzen uns jetzt ins Auto und machen einfach eine Fahrt ins ~** we'll jump in the car and just set off somewhere [*or* into the blue]
Blau·e(r) *m dekl wie adj (sl)* hundred-mark note
Bläue <-> ['blɔyə] *f kein pl* blueness *no pl;* **der Himmel war von strahlender ~** the sky was a brilliant blue
Blau·fel·chen *nt* whitefish **Blau·fisch** *m* skipjack, striped tuna **Blau·fuchs** *m* blue [*or* arctic] fox **blau·grau** *adj* blue-grey, bluish grey **blau·grün** *adj* blue-green, bluish green **Blau·hai** *m* requiem shark **Blau·helm** *m (sl)* blue beret, UN soldier **Blau·helm·mis·si·on** *f* POL UN mission **blau·ko·chen** *vt* KOCHK **einen Fisch ~** to cook a fish blue *(poach an unscaled fish in vinegar until it turns blue)* **Blau·kraut** *nt* SÜDD, ÖSTERR red cabbage
bläu·lich *adj* bluey, bluish
Blau·licht *nt* flashing blue light; **mit ~** with a flashing blue light [*or* [its] blue light flashing]
Bläu·ling <-s, -e> ['blɔylɪŋ] *m* ZOOL blue
blau·ma·chen I. *vi (fam: krankfeiern)* to go [*or* AM call in] sick; SCH to play truant [*or* AM hook[e]y], BRIT *a.* to bunk off *fam* **II.** *vt (fam)* ■ **einen Tag ~** to go [*or* AM call in] sick for a day
Blau·mann <-männer> *m (fam)* blue overalls, boiler suit BRIT **Blau·mei·se** *f* blue tit **Blau·pa·pier** *nt* carbon paper **Blau·pau·se** *f* blueprint **blau·rot** ['blauro:t] *adj* purple **Blau·säu·re** *f* CHEM hydrocyanic acid **Blau·schim·mel·kä·se** *m* blue cheese **Blau·schö·nung** *f* KOCHK blue fining, Moeslinger fining **blau·schwarz** *adj* blue-black, bluish black **Blau·stich** *m* FOTO blue cast **blau·sti·chig** *adj* FOTO with a blue cast *after n* **Blau·strumpf** *m (pej veraltet)* bluestocking *pej old* **Blau·tan·ne** *f* blue [*or* Colorado] spruce **Blau·wal** *m* blue whale
Bla·zer <-s, -> ['ble:zɐ] *m* blazer
Blech <-[e]s, -e> [blɛç] *nt* ❶ *kein pl (Material)* sheet metal *no pl, no indef art* ❷ *(Blechstück)* metal plate ❸ *(Back~)* [baking] tray ❹ *kein pl (fam: Unsinn)* rubbish *no pl, no indef art, crap no pl, no indef art fam!,* tripe *no pl, no indef art fam;* **rede kein ~!** don't talk rubbish [*or* AM garbage] [*or fam!* crap] ! ❺ *kein pl (pej fam: Orden etc.)* gongs *pl* BRIT *fam,* fruit salad AM *no pl, no indef art fam* ❻ *(im Orchester)* brass

Blech·blä·ser(in) *m(f)* MUS brass player **Blech·blas·in·stru·ment** *nt* MUS brass instrument **Blech·büch·se** *f* tin [box] **Blech·do·se** *f* tin
ble·chen ['blɛçn] **I.** *vt (fam)* ■ **etw [für etw]** ~ to fork [*or* shell] out sth [for sth] *fam* **II.** *vi (fam)* to cough up *fam,* to fork [*or* shell] out *fam*
ble·chern **I.** *adj* ❶ *attr (aus Blech)* metal ❷ *(hohl klingend)* tinny; **eine ~e Stimme** a hollow voice **II.** *adv* tinnily; **~ klingen** to sound tinny
Blech·ge·schirr *nt* [metal] kitchenware *no pl, no indef art* **Blech·in·stru·ment** *nt s.* **Blechblasinstrument** **Blech·ka·nis·ter** *m* metal can[ister] [*or* container] **Blech·kis·te** *f (pej fam)* [old] crate *sl* **Blech·la·wi·ne** *f (pej fam)* solid line of vehicles, river of metal *fam* **Blech·napf** *m* metal bowl; *(im Gefängnis)* prison eating utensils; ▸ WENDUNGEN: **wer einmal aus dem ~ frisst ...** someone who has done time [*or* AM *a.* porridge] once ... **Blech·scha·den** *m* AUTO damage *no pl, no indef art* to the bodywork **Blech·sche·re** *f* TECH plate shears *npl,* snips *npl* **Blech·trom·mel** *f* tin drum
ble·cken ['blɛkn] *vt* **die Zähne ~** to bare its teeth; **der Hund bleckte die Zähne** the dog bared his teeth
Blei <-[e]s, -e> [blai] *nt* ❶ *kein pl (Metall)* lead *no pl, no indef art;* **schwer wie ~** *(fig)* as heavy as lead; **meine Augen/Arme sind so schwer wie ~** my eyes/arms are like lead; **~ gießen** *to pour molten lead on cold water and tell someone's fortune from the shapes on New Year's Eve* ❷ *(Lot)* plumb [bob] ❸ *kein pl (Bleigeschoss)* lead shot *no pl;* **ich habe noch genug ~ im Magazin, um euch alle umzulegen!** I've still got enough lead in the magazine to finish you all off! ▸ WENDUNGEN: **jdm wie ~ in den Gliedern [o Knochen] liegen** to make sb's limbs feel like lead; **jdm wie ~ im Magen liegen** *(schwer verdaulich sein)* to lie heavily on sb's stomach; *(seelisch belastend sein)* to be preying on one's mind; **Ölsardinen liegen mir immer stundenlang wie ~ im Magen** sardines in oil lie heavily on my stomach for hours; **die Sache liegt mir wie ~ im Magen** the affair is preying on my mind
Blei·be <-, -n> ['blaibə] *f* place to stay; **eine/keine ~ haben** to have somewhere/nowhere to stay; **wenn du noch keine [feste] ~ hast, kannst du gerne bei mir wohnen** if you still have nowhere [definite] to stay, you're welcome to stay [*or fam* stop] with me
blei·ben <blieb, geblieben> ['blaibn] *vi sein* ❶ *(verweilen)* ■ **[bei jdm/an einem Ort]** ~ to stay [*or* remain] [with sb/in a place]; **wo bleibst du so lange?** what has been keeping you all this time?; **wo sie nur so lange bleibt?** wherever has she got to?; **~ Sie doch noch! sagte er** do stay! he said; **der Kranke muss im Bett ~** the patient must stay in bed; **ich bleibe heute etwas länger im Büro** I'll be a bit late back from the office today; **ich bleibe noch zwei Jahre in der Schule** I'll stay at school another two years, I've already still got another two years at school; ■ **an etw ~** *dat* to remain at sth; **für [o unter] sich ~ mögen [o wollen]** to wish to be alone; **wir möchten einen Moment für uns ~** we should like to be alone for a moment; **er ist ein Einzelgänger, der lieber für sich bleibt** he's a loner who likes to be by himself; **~ Sie bitte am Apparat!** hold the line, please!; **bleibt am Platz!** stay in your seats [*or* sitting down] ! ❷ *(nicht ... werden)* **unbeachtet ~** to go unnoticed; **ihre Klagen blieben ungehört** her complaints were not listened to [*or* fell on deaf ears]; **mein Brief ist bis jetzt unbeantwortet geblieben** so far I have received no reply to my letter; **diese Ereignisse werden mir für immer unvergessen** I shall never forget those events; *(weiterhin sein)* to continue to be, to remain; **die Lage blieb weiterhin angespannt** the

situation remained tense; **für die meisten Leute bleibt das Geheimarchiv weiter unzugänglich** the secret archives continue to be inaccessible to most people; **wach ~** to stay [*or* keep] awake ❸ *(andauern)* to last, to persist; **hoffentlich bleibt die Sonne noch eine Weile** I do hope the sunshine lasts for a while yet; **der Regen dürfte vorerst ~** the rain should persist for the time being ❹ *(nicht gestrichen werden)* to remain; **„bleibt"** TYPO "please retain", "stet"; **soll der Satz gestrichen werden oder ~?** should the sentence be deleted or remain? ❺ *meist Vergangenheit (hinkommen)* ▪ **irgendwo ~** to get to, to happen to; **wo ist meine Brieftasche geblieben?** where has my wallet got to?, what has happened to my wallet? ❻ *(fam: unterkommen)* ▪ **irgendwo ~** to stay somewhere; **wo sollen die Kinder jetzt ~** where are the children going to stay now?; **leider können wir sie nicht weiter beschäftigen, sie müssen sehen, wo sie ~** unfortunately we can't keep them on, they'll have to look out [*or* find employment] for themselves; **der neue Student hat immer noch kein Zimmer gefunden, wo er ~ kann** the new student has still not found a place to stay [*or* any accommodation] ❼ *(verharren)* ▪ **bei etw ~** to adhere [*or* fam keep] [*or* stick] to sth; **bleibt es bei unserer Abmachung?** does our arrangement still stand?; **ich bleibe lieber bei meiner alten Marke** I prefer to stick to [*or* stay with] my old brand; **ich bleibe bei Weißwein** I'm sticking to [*or* with] white wine ❽ *(übrig ~)* ▪ **jdm bleibt etw[, dass/etw zu tun]** to remain [*or* be left] for sb [to do sth]; **es bleibt wenigstens die Hoffnung, dass es besser werden könnte** at least the hope remains that things could improve; **eine Möglichkeit bleibt uns noch** we still have one possibility left; **was blieb ihm anderes, als nachzugeben?** what else could he do but give in?; **es blieb mir keine andere Wahl** I was left with no other choice ❾ *(ver~)* ▪ **[jdm] ~, etw zu tun** to remain [for sb] to do sth; **es bleibt abzuwarten, ob sich die Lage bessern wird** it remains to be seen if the situation will improve; **es bleibt doch zu hoffen, dass diese Maßnahmen bald greifen werden** the hope remains that these measures will soon take effect; **sicher werden die politischen Gefangenen bald freigelassen! - was sehr zu wünschen bleibt** the political prisoners are sure to be released soon - which very much remains our hope; **es bleibt natürlich Ihnen belassen, wie Sie sich entscheiden** it's up to you, of course, how you decide ❿ *(euph: umkommen)* ▪ **irgendwo ~** to die somewhere; **der Kapitän ist auf See geblieben** the captain died at sea; **viele Soldaten blieben im Feld/Krieg** many soldiers fell *euph* in battle/were killed in action ⓫ *(fam: unterlassen)* **etw ~ lassen** to refrain from sth; *(aufhören mit)* to stop sth; *(aufgeben)* to give up sth ▶ WENDUNGEN: **das bleibt unter uns** that's [just] between ourselves; **sieh zu, wo du bleibst!** you're on your own!

blei·bend *adj* lasting, permanent
blei·ben|las·sen *vt irreg (fam) s.* **bleiben 11**
bleich [blaiç] *adj* ❶ *(blass)* pale; **~ werden** to go [*or* turn] pale [with sth]; **er wurde ~ vor Entsetzen/Schreck** he paled [*or* went pale] [*or* turned pale] with terror/fright ❷ *(geh: fahl)* pale; **das ~e Licht des Mondes** the pale light of the moon ❸ *(geh: schier)* sheer; **das ~e Grauen/Entsetzen** sheer horror/terror
blei·chen <bleichte *o veraltet* blich, gebleicht> [ˈblaiçn̩] **I.** *vt haben (aufhellen)* ▪ **etw ~** to bleach sth **II.** *vi sein (verblassen)* to become faded
Bleich·ge·sicht *nt* ❶ *(fam)* pale face; **du bist mir aber ein ~! warum musst du auch immer in der**

Stube hocken? you've really got a pale [*or* pasty] face, why must you always hang around indoors? ❷ *(Weiße(r))* paleface **bleich·ge·sich·tig** *adj (fam)* pale- [*or* pasty-] faced **Bleich·mit·tel** *nt* bleach *no pl*, bleaching agent **Bleich·schna·bel** *m* SÜDD, SCHWEIZ pale face **Bleich·sel·le·rie** *m* celery

blei·ern [ˈblaiɐn] **I.** *adj* ❶ *attr (aus Blei)* lead ❷ *(grau wie Blei)* leaden ❸ *(schwer lastend)* heavy; **eine ~e Müdigkeit** an overwhelming tiredness **II.** *adv* heavily; **Müdigkeit legte sich ~ auf ihre Lider** her eyelids were heavy [*or* like lead]

Blei·erz *nt* lead ore **blei·frei I.** *adj (ohne Blei)* lead-free; **~es Benzin** unleaded [*or* lead-free] petrol [*or* AM gas[oline]] **II.** *adv* lead-free; **ich fahre schon lange ~** I've been using lead-free petrol for a long time now **Blei·fuß** *m* ▶ WENDUNGEN: **mit ~ fahren** *(fam)* to drive with one's foot to the floor [*or* AM *a.* with the pedal to the metal] **Blei·gie·ßen** <-s> *nt kein pl old* New Year's Eve custom of fortune-telling by pouring molten lead into cold water and reading the shapes created **blei·hal·tig** *adj* containing lead; **~es Erz** lead-bearing [*or* spec plumbiferous] ore; ▪ **[zu] ~ sein** containing [too much] lead **Blei·kris·tall** *nt* lead crystal *no pl, no indef art* **Blei·ku·gel** *f* lead bullet **Blei·satz** *m* TYPO hot-metal composition [*or* [type]setting] *no pl, no indef art*, hot type *no pl, no indef art* **blei·schwer** [ˈblaiˈʃveːɐ̯] *adj s.* **bleiern 3**

Blei·stift *m* pencil
Blei·stift·ab·satz *m* stiletto heel **Blei·stift·spit·zer** *m* pencil sharpener
Blei·ver·gif·tung *f* lead poisoning *no pl, no indef art* **blei·ver·glast** *adj* leaded **Blei·ver·gla·sung** *f* lead glazing *no pl, no indef art*

Blen·de <-, -n> [ˈblɛndə] *f* ❶ FILM, FOTO *(Öffnung)* aperture; *(Vorrichtung)* diaphragm; *(Einstellungsposition)* f-stop, aperture ❷ *(Lichtschutz)* blind, screen; **um in der Sonne besser sehen zu können, hielt sie sich die Hand als ~ über die Augen** in order to see more clearly she screened her eyes from the sun with her hand *s.* **Sonnenblende** ❸ ARCHIT blind window/arch etc. ❹ MODE trim

blen·den [ˈblɛndn̩] **I.** *vt* ❶ *(vorübergehend blind machen)* ▪ **jdn ~** to dazzle sb; **den Gegenverkehr ~** to dazzle oncoming traffic ❷ *(betören)* ▪ **jdn [mit etw** *dat*] **~** to dazzle sb [with sth]; **von ihrer Schönheit war er wie geblendet** he was dazzled by her beauty ❸ *(hinters Licht führen)* ▪ **jdn [durch etw** *akk*] **~** to deceive [*or* sep take in] sb [with sth] ❹ *(liter o veraltet: blind machen)* ▪ **jdn ~** to blind sb **II.** *vi* ❶ *(zu grell sein)* to be dazzling [*or* too bright]; **mach die Vorhänge zu, es blendet!** close the curtains, the light's dazzling!; **~d weiß** dazzling white ❷ *(hinters Licht führen)* to deceive [*or* fam septake in] people **III.** *vi impers* to produce a lot of glare; **wenn das Licht direkt auf den Bildschirm fällt, blendet das** there's a lot of glare when the light falls directly onto the screen

Blen·den·au·to·ma·tik *f* FOTO automatic aperture control
blen·dend I. *adj* brilliant; **~er Laune sein** to be in a sparkling mood **II.** *adv* wonderfully; **sich ~ amüsieren** to have great [*or* wonderful] fun
blen·dend·weißALT *adj attr s.* **blenden II. 1**
Blen·der(in) <-s, -> *m(f)* fraud, beguiler
blend·frei *adj* ❶ *(entspiegelt)* non-reflective ❷ *(nicht blendend)* non-dazzle **Blend·schutz** *m* anti-dazzle device **Blend·schutz·zaun** *m* anti-dazzle barrier
Blen·dung <-, -en> *f* ❶ *(das Geblendetwerden)* dazzling *no pl* ❷ *(liter o veraltet)* blinding
Blend·werk *nt kein pl (liter)* deception; **ein ~ des Teufels** the devil's trickery, a trap set by the devil
Bles·se <-, -n> [ˈblɛsə] *f (weißer Fleck)* blaze

Bles·sur <-, -en> [blɛˈsuːɐ̯] *f (geh)* wound; **aus etw** *dat* **mit einer leichten ~ kommen** *(fig)* to come out of sth more or less unscathed *fam*

bleu [bløː] *adj inv* MODE light-blue

blich [blɪç] *(veraltet) pret von* **bleichen**

Blick <-[e]s, -e> [blɪk] *m* ❶ *(das Blicken)* look; **er warf einen [kurzen] ~ aus dem Fenster** he glanced out of the window; **auf den ersten ~** at first sight; **es war Liebe auf den ersten ~** it was love at first sight; **auf den zweiten ~** on closer inspection; **jds ~ ausweichen** to avoid sb's gaze *[or* eye]; **jdn mit den [***o* **seinen] ~en durchbohren** to look piercingly at sb; **jds ~ erwidern** to return sb's gaze; **den ~ auf jdn/ etw heften** *(geh)* to fix one's eyes on sb/sth; **jdn mit den ~en messen** *(geh)* to look sb up and down, to size sb up; **jdm einen/keinen ~ schenken** *(geh)* to look at sb/not to give sb a second glance; **jdm mit einem ~ streifen** to glance fleetingly at sb; **einen ~ auf jdn/etw tun [***o* **werfen]** to glance [briefly] at sb/ sth; **jdn/etw mit den [***o* **seinen] ~en verschlingen** to devour sb/sth with one's eyes; **~e miteinander wechseln [***o* **tauschen]** to exchange glances; **jdn keines ~es würdigen** *(geh)* to not deign to look at sb; **alle ~e auf sich ziehen** *akk* to attract attention; **auf einen/mit einem ~** at a glance ❷ *(~richtung)* eyes *pl,* gaze *no pl;* **ihr ~ fiel auf die Kirche** the church caught her eye; **den ~ heben** to look up, to raise one's eyes; **den ~ senken** to look down, to lower one's eyes ❸ *(Augenausdruck)* expression, look in one's eye; **in ihrem ~ lag Ausweglosigkeit** there was a look of hopelessness in her eyes; **er warf einen prüfenden ~ auf die Antiquität** he cast a critical eye over the antique; **er musterte sie mit finsterem ~** he looked at her darkly ❹ *(Aus~)* view; **ein Zimmer mit ~ auf den Strand** a room overlooking *[or* with a view of] the beach; **sich** *dat* **jds ~ en entziehen** *(geh)* to disappear from sb's line of sight; **den ~en entschwinden** to disappear from sight *[or* view] ❺ *(Urteilskraft)* eye; **einen klaren ~ für etw** *akk* **haben** to see things clearly; **einen [guten] ~ für etw** *akk* **haben** to have an eye *[or* a good eye] for sth; **keinen ~ für etw haben** to have no eye for sth, to be a bad judge of sth; **seinen ~ für etw** *akk* **schärfen** to sharpen *[or* heighten] one's awareness of sth ▶ WENDUNGEN: **einen ~ hinter die Kulissen tun [***o* **werfen]** to take a look behind the scenes; **den bösen ~ haben** to have the evil eye; **wenn ~e töten könnten!** *(fam)* if looks could kill!; **etw aus dem ~ verlieren** to lose sight of sth; **etw im ~ haben** to have an eye on sth; **er hatte den Aufstieg fest im ~** he had an eye firmly on promotion; **wir müssen den Termin immer im ~ behalten** we must always bear in mind *[or* keep an eye on] the deadline; **mit ~ auf** with regard to *form*

bli·cken [ˈblɪkn̩] **I.** *vi* ❶ *(schauen)* ■ **[auf jdn/etw] ~** to look *[or* have a look] [at sb/sth]; ■ **irgendwohin ~** to look somewhere; **er blickte kurz aus dem Fenster** he glanced [briefly] out of the window ❷ *(geh: aussehen)* to look; **was blickst du so böse?** why are you looking so angry? ❸ *(hervorsehen)* ■ **aus etw** *dat* **~** to peep out of sth *s.* **hervorblicken** ❹ *(sich zeigen)* **sich ~ lassen** to put in an appearance; **lass dich doch mal wieder [bei uns] ~** why don't you come round [and see us] again sometime?; **sie hat sich hier nicht wieder ~ lassen** she hasn't shown up here again; **sich [bei jdm] nicht [mehr] ~ lassen** to not be seen [any more] [at sb's house]; **sie lässt sich schon längere Zeit nicht mehr bei uns ~** she hasn't been round to see us for ages; **lass dich hier ja nicht mehr ~!** don't show your face around here again!; *s. a.* **tief II. II.** *vt (sl)* **~ etw ~** *(verstehen)* to understand sth; **gib's auf, er blickt das sowieso nicht!** give up, he doesn't get it anyway! *fam*

Blick·fang *m* eye-catcher **Blick·feld** *nt* field of view *[or* vision]; **in jds [***o* **jdm ins] ~ geraten [***o* **kommen]** to come into sb's field of view; **ins ~ [der Öffentlichkeit] rücken** to become the focus of [public] attention; **aus dem [***o* **jds] ~ verschwinden** to disappear from view **Blick·kon·takt** *m* visual contact; **[mit jdm] ~ haben/aufnehmen** to have/make eye contact [with sb] **Blick·punkt** *m* ❶ *(Standpunkt)* point of view; **vom ... ~ aus [betrachtet [***o* **gesehen]]** from ... point of view; **vom juristischen ~ aus [betrachtet]** from the legal point of view ❷ *(Fokus)* **im ~ [der Öffentlichkeit] stehen** to be the focus of [public] attention **Blick·rich·tung** *f* direction of sight; **du musst weiter nach links schauen, das ist nicht die richtige ~!** you must look more to the left, that's not the right direction!; **in jds ~** in sb's line of sight; **die große Eiche steht genau in unserer ~** the oak is exactly in our line of sight; **in ~ [nach] Westen** facing *[or* looking] west **Blick·win·kel** *m* ❶ *(Perspektive)* angle of vision, perspective ❷ *(Gesichtspunkt)* point of view

blind [blɪnt] **I.** *adj* ❶ *(ohne Sehvermögen)* blind; ■ **~ sein/werden** to be/go blind; **sie ist auf einem Auge ~** she's blind in one eye; ■ **von etw/vor etw** *dat* **~ sein** to be blinded by sth; ■ **~ geboren** blind from birth; *s. a.* **Fleck** ❷ *(unkritisch)* blind; ■ **für [***o* **in Bezug auf] etw** *akk* **~ sein** to be blind to sth; **was ihn selbst betrifft, scheint er irgendwie ~ zu sein** he seems to be blind somehow to factors which affect him ❸ *(wahllos)* blind; **das ~e Schicksal** *(geh)* blind fate; **der ~e Zufall** pure *[or* sheer] chance ❹ *(verblendet)* blind; ■ **~ vor Eifersucht/Hass/Wut [sein]** *dat* [to be] blinded by jealousy/hatred/rage ❺ *(trübe)* **~es Glas** clouded glass; **~es Metall** dull *[or* tarnished] metal; **der antike Spiegel war teilweise etwas ~** the antique mirror had a few black spots; *s. a.* **Fleck** ❻ *(verdeckt)* concealed; **~e Naht** invisible seam; **~er Passagier** stowaway ❼ *(vorgetäuscht)* false; **~er Bogen/~es Fenster** blind arch/window; *s. a.* **Alarm** ▶ WENDUNGEN: **bist du [so] ~?** *(fam)* are you blind?; **Mann, bist du ~!** *(sl)* God, you're thick! *sl;* **jdn ~ [für etw] machen** to blind sb [to sth] **II.** *adv* ❶ *(wahllos)* blindly; **er griff ~ ein Buch aus dem Regal heraus** he took a book at random from the shelf ❷ *(unkritisch)* blindly ❸ *(ohne Ausgang/Tür)* **~ enden [***o* **sein]** to be a dead end; **viele Gänge in der Pyramide enden ~** many passages in the pyramid are dead ends ❹ *(verdeckt)* **der Mantel wird ~ geknöpft** the coat has concealed buttons; **etw ~ backen** KOCHK to bake sth blind

blind|**ba·cken**^{ALT} *vt s.* **blind II. 4 Blind·band** <-bände> *m* dummy **Blind·be·wer·bung** *f* speculative application

Blind·darm *m* appendix, caecum *spec* BRIT, cecum AM; *(Patient)* case of appendicitis **Blind·darm·ent·zün·dung** *f* MED appendicitis **Blind·darm·fort·satz** *m* ANAT appendix **Blind·darm·ope·ra·ti·on** *f* MED appendix operation, appendectomy *spec*

Blind Date [blaɪndˈdeɪt] *nt* blind date

Blin·de(r) *f(m) dekl wie adj* blind woman *fem,* blind man *masc,* blind person; ■ **die ~n** the blind ▶ WENDUNGEN: **unter den ~n ist der Einäugige König** *(prov)* in the country of the blind the one-eyed man is king *prov;* **das sieht doch ein ~r [mit dem Krückstock** *(veraltend)*] *(fam)* anyone *[or* any fool] can see that!

Blin·de·kuh [ˈblɪndəkuː] *f kein art* blind man's buff *no art;* **~ spielen** to play blind man's buff

Blin·den·hund *m* guide dog **Blin·den·schrift** *f* Braille *no art*

blind|**flie·gen** *vi irreg sein* to fly blind *[or* on instru-

B

ments] **Blind·flug** m ① LUFT blind flight; **der Pilot musste im ~ manövrieren** the pilot had to fly on instruments ② (fig) process of trial and error **Blind·gän·ger** <-s, -> m MIL dud; **ein ~ aus dem zweiten Weltkrieg** an unexploded bomb from the Second World War **Blind·gän·ger(in)** <-s, -> m(f) (sl) dead loss fam **blind·gläu·big** I. adj credulous; **die ~en Sektenmitglieder begingen Selbstmord** driven by blind faith the members of the sect committed suicide; **du glaubst einfach alles – bist du wirklich so ~?** you simply believe everything – are you really so credulous? II. adv blindly; **~ führten sie seine Befehle aus** they blindly carried out his orders

Blind·heit <-> f kein pl blindness no pl; ▸ WENDUNGEN: **jdn mit ~ schlagen** (liter) to denude sb of common sense, to strike sb blind; [**wie**] **mit ~ geschlagen sein** to seem to have lost all judgement, to be [as if] struck blind

blind|lan·den vi irreg sein to land blind **Blind·lan·dung** f LUFT blind [or instrument] landing

blind·lings ['blɪntlɪŋs] adv blindly

Blind·schlei·che <-, -n> ['blɪntʃlaɪçə] f slowworm, blindworm **Blind·wüh·le** <-, -n> f ZOOL mole rat

blind·wü·tig I. adj raging, in a blind fury pred; **ein ~er Angriff** a frenzied attack II. adv in a blind fury

blin·ken ['blɪŋkn] I. vi ① (funkeln) to gleam, to sparkle ② (Blinkzeichen geben) ▪ [**mit etw** dat] **~** to flash [sth]; **mit der Lichthupe ~** to flash one's [head]lights; (zum Abbiegen) to indicate II. vt ▪ **etw ~** to flash sth; **das Schiff blinkte SOS** the ship was flashing an SOS [signal] [or was signalling SOS]

Blin·ker <-s, -> ['blɪŋkɐ] m ① AUTO indicator, fam BRIT a. winker ② (blinkender Metallköder) spoon[bait]

Blin·ker·he·bel m AUTO indicator switch

Blink·feu·er nt NAUT flashing light **Blink·licht** nt ① TRANSP flashing light ② (fam) s. **Blinker** 1 **Blink·zei·chen** nt flashing signal; **~ geben** to flash a signal; **der Fahrer gab mir ~** [**mit der Lichthupe**] the driver flashed [his headlights at] me

blin·zeln ['blɪntsl̩n] vi ① (unfreiwillig zusammenkneifen) to blink; (geblendet) to squint ② (zwinkern) to wink; s. a. **anblinzeln** s. a. **blinzeln**

Blitz <-es, -e> [blɪts] m ① (Blitzstrahl) flash of lightning, lightning no pl, no indef art; (Blitzeinschlag) lightning strike; **vom ~ getroffen/erschlagen werden** to be struck/killed by lightning; **der ~ schlägt in etw** akk [**ein**] lightning strikes sth ② (das Aufblitzen) flash ③ FOTO flash ④ pl (liter: grelle Blicke) glaring looks; **ihre Augen schossen** [**wütende**] **~e gegen ihn** her eyes flashed [furiously] at him, she looked daggers at him ▸ WENDUNGEN: **wie ein ~ aus heiterem Himmel** like a bolt from the blue; **wie ein geölter ~** (fam) like greased lightning; **wie vom ~ getroffen** [o **gerührt**] thunderstruck; **wie ein ~ einschlagen** to come as a bombshell; **wie der ~** (fam) like [or as quick as] lightning

Blitz·ab·lei·ter <-, -> m lightning conductor; ▸ WENDUNGEN: **als ~** as a scapegoat **Blitz·ak·ti·on** f lightning operation [or raid] **blitz·ar·tig** I. adj (sehr schnell) lightning attr; **die Schlange machte eine ~e Bewegung** the snake moved like lightning II. adv (sehr schnell) like lightning; **er ist ~ verschwunden** he disappeared or vanished as [or in] a flash

blitz·blank ['blɪts'blaŋk], **blitz·ze·blank** ['blɪtsə'blaŋk] adj (fam) as clean as a whistle pred fam, spick and span pred fam

blit·zen ['blɪtsn̩] I. vi impers **es blitzte** there was [a flash of] lightning; **ich habe kaum ein Gewitter erlebt, bei dem es so oft geblitzt hat** I've scarcely experienced a storm with so much lightning III. vi ① (strahlen) to sparkle; s. a. **Sauberkeit** ② (funkeln) ▪ [**vor etw** dat] **~** to flash [with sth]; **ihre Augen blitzten vor Zorn** her eyes flashed with anger ③ FOTO (fam) to use [a] flash III. vt ① FOTO (fam) ▪ **jdn/etw ~** to take a flash photo of sb/sth ② (fam: in Radarfalle) ▪ **geblitzt werden** to be photographed [or fam zapped]

Blit·zes·schnel·le ['blɪtsəs'ʃnɛlə] f lightning speed no pl, no indef art; **in/mit ~** with lightning speed

Blitz·ge·rät nt FOTO flash unit

blitz·ge·scheit adj (fam) brilliant

Blitz·ha·cker m vegetable chopper **Blitz·kar·ri·e·re** f rapid rise; **eine ~ machen** to enjoy a rapid rise, to be a highflier **Blitz·krieg** m MIL blitzkrieg

Blitz·licht nt FOTO flash[light]

Blitz·licht·bir·ne f FOTO flashbulb **Blitz·licht·ge·wit·ter** nt (fam) frenzy of flashing cameras **Blitz·licht·wür·fel** m flashcube

blitz·sau·ber ['blɪts'zaubɐ] adj (fam) sparkling clean; ▸ WENDUNGEN: **ein ~es Mädel** SÜDD a great girl [or BRIT, DIAL splendid lass]

Blitz·schlag m lightning strike; **ein ~ traf den Baum** the tree was struck by lightning; **vom ~ getroffen werden** to be struck by lightning **blitz·schnell** ['blɪts'ʃnɛl] adj s. **blitzartig Blitz·strahl** m (geh) flash of lightning **Blitz·um·fra·ge** f quick [or lightning] poll **Blitz·wür·fel** m FOTO flashcube

Bliz·zard <-s, -s> ['blɪzɐt] m blizzard

Block[1] <-[e]s, Blöcke> [blɔk, pl: blœkə] m ① (Form) block; **ein ~ aus/von etw** a block of sth ② (Richt~) [executioner's] block

Block[2] <-[e]s, Blöcke o -s> [blɔk, pl: blœkə] m ① (Häuser~) block; (großes Mietshaus) block [of flats] BRIT, apartment building AM ② (Papierstapel) book; **ein ~ Briefpapier** a pad of writing paper ③ (Briefmarken~) block ④ POL (politischer Bund) bloc; (Fraktion) faction

Blo·cka·de <-, -n> [blɔ'ka:də] f ① (Wirtschafts~) blockade; **die ~ brechen** to break [or run] the blockade; **über etw** akk **eine ~ verhängen** to impose a blockade on sth ② MED block ③ (Denkhemmung) mental block

Block·bil·dung f POL formation of blocs [or factions] **Block·buch·sta·be** m block [or capital] letter **Block·bus·ter** [-bʌstɐ] m ÖKON (fam) blockbuster

blo·cken ['blɔkn̩] I. vt ▪ **etw ~** ① SPORT to block sth ② (verhindern) to block [or stall] sth AM ③ SÜDD (bohnern) to polish sth II. vi ① SPORT to block ② SÜDD (bohnern) to polish; s. a. **abblocken**

Block·flö·te f MUS recorder

block·frei adj POL non-aligned **Block·frei·heit** f POL non-alignment **Block·haus** nt log cabin **Block·heiz·kraft·werk** nt block-type thermal power station [or esp AM plant]

blo·ckie·ren [blɔ'ki:rən] I. vt ① (unterbrechen) ▪ **etw ~** to block sth; **die Stromzufuhr ~** to interrupt the electricity supply; **den Verkehr ~** to stop the traffic ② AUTO ▪ **etw ~** to lock sth; **eine Gewaltbremsung kann die Räder ~** sudden braking can lock the wheels ③ (absperren) ▪ **etw ~** to block [or jam] sth; (mit Blockade) to blockade sth ④ POL ▪ **etw ~** to block sth II. vi AUTO to lock, to seize up, to jam; **durch plötzlichen Ölverlust blockierte das Getriebe** the gears locked as a result of a sudden loss of oil

Block·par·tei f HIST factional party **Block·satz** m TYPO justification **Block·scho·ko·la·de** f kein pl cooking chocolate no pl **Block·schrift** f block capitals [or letters] pl **Block·stel·le** f BAHN block signal box **Block·stun·de** f SCH double period **Block·un·ter·richt** m SCH teaching by subject area no pl, no indef art, theme-work teaching no pl, no indef art **Block·wart** <-[e]s, -e> m HIST block [or local group] leader (during the rule of the Nazis)

B

blöd [bløːt], **blö·de** [ˈbløːdə] **I.** adj (fam) ❶ (veraltend: dumm) silly, stupid; (schwachsinnig) feeble-minded ❷ (unangenehm) disagreeable; **eine ~e Situation** an awkward situation; **so ein ~es Wetter!** what terrible weather!; **ein ~es Gefühl** a funny feeling; **zu ~!** how annoying!; (ekelhaft) nasty; **das ist ja vielleicht ein ~er Kerl!** he really is a nasty piece of work! **II.** adv (fam) idiotically, stupidly; **was stehst du hier noch so ~ rum?** why are you still standing around here like an idiot?; **der guckt so ~!** he's got such a stupid look on his face!; **frag doch nicht so ~!** don't ask such stupid questions!; **er hat sich wirklich ~ angestellt** he made such a stupid fuss; **glotz doch nicht so ~!** don't gawp at me like an idiot!; **der hat vielleicht wieder ~ herumgelabert** he's really been acting the fool again; **sich ~ anstellen** to be [or act] stupid
Blö·de·lei <-, -en> f (fam) ❶ (das Blödeln) fooling, messing about [or around] no pl, no indef art; **lass endlich diese ~!** will you stop messing about! ❷ (Albernheit) silly prank
blö·deln [ˈbløːdl̩n] vi (fam) ▪ [**mit jdm**] ~ to tell [sb] silly jokes s. **herumblödeln**
blö·der·wei·se adv (fam) stupidly
Blöd·heit <-, -en> f ❶ (Dummheit) stupidity no pl ❷ (blödes Verhalten) foolishness no pl, silliness no pl ❸ (alberne Bemerkung) stupid remark
Blö·di·an <-[e]s, -e> [ˈbløːdi̯aːn] m, **Blöd·mann** m (fam) fool, idiot
Blöd·sinn m kein pl (pej fam) ❶ (Quatsch) nonsense no pl, no indef art, rubbish no pl, no indef art; **wer hat sich denn diesen ~ ausgedacht?** what fool came up with this idea?; **machen Sie keinen ~!** don't mess about! ❷ (Unfug) silly tricks pl
blöd·sin·nig [ˈbløːtzɪnɪç] adj (pej fam) idiotic, stupid; **was für eine dumme Idee, so etwas B~es!** what a silly idea, how stupid!
Blog <-s, -s> [blɔg] nt o m INET kurz für **Weblog** blog
Blog·ger|in <-s, -> [ˈblɔgɐ] m(f) INET blogger
blö·ken [ˈbløːkn̩] vi to bleat
blond [blɔnt] adj ❶ Haar blond[e]; (hellgelb) fair-haired; **sind die Haare von Natur aus so ~?** are you naturally so fair-haired?; **~ gefärbt** dyed blond [or blonde]; **sie hat ~ gefärbte Haare** she has dyed blonde hair, her hair is dyed blonde; **~ gelockt** blond[e] curly attr; **~ gelockte Person** person with blond[e] curly hair; ▪ **~ gelockt sein** to have curly fair hair ❷ (fam) light-coloured [or AM -ored]; **mir würde ein schönes, ~es Bier jetzt gut schmecken!** a nice lager would go down well now; **~er Tabak** blond tobacco
Blond <-s> [blɔnt] nt kein pl blond, blonde
Blon·de(r) f(m) dekl wie adj blonde, blond-haired man
blond·ge·färbt adj attr s. **blond 1 blond·ge·lockt** adj attr s. **blond 1**
blon·die·ren [blɔnˈdiːrən] vt ❶ (blond färben) ▪ **etw ~** to bleach sth; **manche Frauen ~ ihre Haare/das Haar** some women dye their hair blonde ❷ KOCHK to sauté lightly
Blon·di·ne <-, -n> [blɔnˈdiːnə] f blonde
bloß [bloːs] **I.** adj ❶ (unbedeckt) bare; ▪ **mit ~em/ ~er etc. ...** with bare ...; **mit ~en Füßen gehen** to walk barefoot; **mit ~em Oberkörper** stripped to the waist; **mit ~em Schwert** with sword drawn ❷ attr (alleinig) mere; **der ~e Neid** sheer envy; **die ~e Dummheit** sheer stupidity; (allein schon) very; **schon der ~e Gedanke machte ihn rasend** the very thought made him furious **II.** adv (nur) only; **was er ~ hat?** whatever is the matter with him?; **nicht ~ ..., sondern auch ...** not only ..., but also ...; **er ist nicht ~ wohlhabend, sondern sieht auch noch gut aus** he's not only affluent, but he's good looking as well **III.** part (verstärkend) **lass mich ~ in Ruhe!** just

leave me in peace!; **hör ~ auf mit diesem Gelaber!** just stop prattling on, will you!
Blö·ße <-, -n> [ˈbløːsə] f ❶ (geh) bareness no pl; (Nacktheit) nakedness no pl; **in voller ~** completely naked ❷ SPORT opening; **er nutzte jede ~ seines Gegners aus** he made use of every opening his opponent presented; **sich dat eine/keine ~ geben** (aus/ nicht aus seiner Deckung herauskommen) to drop/ not drop one's guard; (einen/keinen Schwachpunkt zeigen) to show a/not show any weakness ▶ WENDUNGEN: **jdm eine ~ bieten** to reveal a weakness to sb; **sich dat eine/keine ~ geben** to show a/ not show any weakness
bloß|le·gen vt ▪ **etw ~** ❶ (ausgraben) to uncover sth ❷ (enthüllen) to bring sth to light, to reveal sth
bloß|lie·gen vi irreg sein to be exposed [or uncovered] **bloß|stel·len** vt ❶ (verraten) ▪ **jdn ~** to expose [or unmask] sb ❷ (blamieren) ▪ **jdn ~** to show up sb sep; ▪ **sich** ~ to make a fool of oneself, to show oneself up **bloß|stram·peln** vr ▪ **sich** ~ to kick off the covers sep
Blou·son <-[s], -s> [bluˈzõ:] m o nt bomber jacket
blub·bern [ˈblʊbɐn] vi (fam) to bubble
Blü·cher [ˈblʏçɐ] m ▶ WENDUNGEN: **wie ~ rangehen** (fam) to get stuck in fam
Bluejeans <-, -> [ˈbluːdʒiːns] pl [blue] jeans
Blues <-, -> [bluːs] m MUS blues + sing vb
Bluff <-[e]s, -s> [blʊf, blaf, blœf] m (veraltet) bluff
bluf·fen [ˈblʊfn̩, ˈblafn̩, ˈblœfn̩] **I.** vi (täuschen) to bluff **II.** vt (jdn täuschen) ▪ **jdn ~** to bluff sb
blü·hen [ˈblyːən] **I.** vi ❶ (Blüten haben) to bloom, to flower; **zum B~ kommen** (zu blühen beginnen) to [come into] blossom ❷ (florieren) ▪ **~** [und gedeihen] to flourish, to thrive ❸ (fam) ▪ **jdm ~** to be in store for sb; **dann blüht dir aber was!** then you'll be for it! fam; **das kann mir irgendwann auch noch ~** that may happen to me as well sometime **II.** vi impers ▪ **es blüht** there are flowers; **im Süden blüht es jetzt schon überall** everything is in blossom in the south
blü·hend adj ❶ (in Blüte sein) blossoming ❷ (strahlend) glowing, radiant; **sie sieht wirklich ~ aus** she looks really radiant ❸ (prosperierend) flourishing, thriving ❹ (fam) excessive; **eine ~e Fantasie haben** to have a fertile [or vivid] imagination; **~er Unsinn sein** to be utter nonsense
Blü·het <-s> [ˈblyːət] m kein pl SCHWEIZ (Blütezeit) blossoming no pl
Blüm·chen <-s, -> [ˈblyːmçən] nt dim von **Blume** little flower
Blüm·chen·sex m (fam) vanilla sex
Blu·me <-, -n> [ˈbluːmə] f ❶ (blühende Pflanze) flower; (Topf-~) pot plant ❷ (Duftnote) bouquet ❸ (Bier-schaumkrone) head ❹ KOCHK top rump ▶ WENDUNGEN: **die blaue ~** LIT the Blue Flower (symbol of longing in poetry); **jdm etw durch die ~ sagen** to say sth in a roundabout way to sb; **jdm etw durch die ~ zu verstehen geben** to drop a veiled hint to sb about sth; **danke [or vielen Dank] für die ~n** (iron) thank you very much, I'm sure! iron, thanks for nothing! iron
Blu·men·bank <-bänke> f flower stand **Blu·men·beet** nt flowerbed **Blu·men·draht** nt florist's wire **Blu·men·er·de** f HORT potting compost **Blu·men·frau** f flower-woman **blu·men·ge·schmückt** adj adorned with flowers pred **Blu·men·kas·ten** m flower-box, window box **Blu·men·kohl** m kein pl cauliflower **Blu·men·kres·se** f BOT, KOCHK nasturtium **Blu·men·la·den** m flower shop, florist's **Blu·men·mäd·chen** nt flower-girl **Blu·men·mann** m [male] flower-seller **Blu·men·meer** nt sea of flowers **Blu·men·mus·ter** nt floral pattern [or design] **Blu·men·spra·che** f language of flowers **Blu·men·stock** m

|flowering| pot plant **Blu·men·strauß** <-sträuße> *m* bouquet [*or* bunch] of flowers **Blu·men·topf** *m* ❶ *(Topf)* flowerpot ❷ *(Pflanze)* |flowering| pot plant ▸ WENDUNGEN: **mit etw keinen ~ gewinnen können** *(fam)* nothing to shout [*or fam* write home] about; **mit dem Aufsatz kannst du keinen ~ gewinnen** your essay's nothing to shout about **Blu·men·va·se** *f* flower vase **Blu·men·zwie·bel** *f* HORT bulb

blu·mig *adj* flowery; **~er Stil** ornate [*or* flowery] style; **~er Wein** wine with a flowery bouquet

Blu·se <-, -n> ['bluːzə] *f* blouse; ▸ WENDUNGEN: **pralle ~** *(sl)* big boobs [*or* tits] *sl*; **jdm in die ~ fas·sen** *(sl)* to grope sb's boobs [*or* tits] *sl*; **was in der ~ haben** *(sl)* to have big boobs [*or* tits] *sl*

Blust <-[e]s> [bluːst] *m o nt kein pl* SCHWEIZ *(Blüte)* blossom; *(Blütezeit)* blossoming *no pl*

Blut <-[e]s> [bluːt] *nt kein pl* ❶ *(Körperflüssigkeit)* blood *no pl, no indef art*; **~ bildend** haem[at]opoietic BRIT, hem[at]opoietic AM; **~ reinigend** blood-cleansing, depurative; **~ stillend** MED styptic, haemostatic BRIT, hemostatic AM; **bei Nasenbluten wirkt ein Eisbeu·tel ~ stillend** an ice pack has a styptic effect on nose-bleeds; **jdm ~ abnehmen** to take a blood sample from sb; **in ~ schwimmen** to be swimming in blood; **es wurde viel ~ vergossen** there was a lot of blood-shed, much blood was shed *liter*; **es fließt ~** blood is being spilled ❷ *(Geblüt)* blood; *(Erbe a.)* inheritance ▸ WENDUNGEN: **jdm gefror** [*o* stockte] [*o* gerann] [*o* erstarrte] **das ~ in den Adern** sb's blood froze [in their veins] [*or* ran cold]; **jdm steigt** [*o* schießt] **das ~ in den Kopf** the blood rushes to sb's head; **weil sie sich so schämte, schoss ihr das Blut in den Kopf/ ins Gesicht** her cheeks flushed with shame; **~ und Wasser schwitzen** *(fam)* to sweat blood [and tears] *fam*; **blaues ~ haben** to have blue blood; **böses ~ machen** [*o* schaffen] [*o* geben] to cause [*or* create] bad blood [*or* ill-feeling]; **frisches ~** new [*or* fresh] blood; **die Firma braucht frisches ~** the company needs new [*or* fresh] blood; **heißes** [*o* feuriges] **~ haben** to be hot-blooded; **kaltes ~ bewahren** to remain calm; **[nur] ruhig ~!** [just] calm down!, keep cool! *fam*; **[einem] ins ~ gehen** to get into one's blood [*or* one going]; **~ geleckt haben** to have developed a liking [*or* got a taste] for sth; **jdm im ~ liegen** to be in sb's blood; **das Singen liegt ihm im ~** singing is in his blood; **etw im ~ haben** to have sth in one's blood; **bis aufs ~** in the extreme; **er hasste ihn bis aufs ~** he absolutely loathed him; **diese Ketzerei wurde von der Kirche bis aufs ~ bekämpft** the church fought this heresy tooth and nail; **sie peinigte ihn bis aufs ~** she tormented him mercilessly; *s. a.* **Hand**

Blut·ader *f* ANAT vein **Blut·al·ko·hol** *m*, **Blut·al·ko·hol·ge·halt** *m* blood alcohol level **Blut·an·drang** *m* MED congestion **blut·arm** [bluːtʔarm] *adj* MED anaemic BRIT, anemic AM **Blut·ar·mut** *f* MED anaemia BRIT, anemia AM **Blut·bad** *nt* bloodbath; **[unter ihnen] ein ~ anrichten** to create carnage [amongst them] **Blut·bahn** *f* bloodstream **Blut·bank** <-ban-ken> *f* blood bank **blut·be·fleckt** *adj* bloodstained **blut·be·schmiert** *adj* smeared with blood *pred* **Blut·bild** *nt* MED blood count **Blut·bla·se** *f* blood blister **Blut·bu·che** *f* BOT copper beech

Blut·druck *m kein pl* blood pressure *no pl, no indef art*; **hoher/niedriger ~** high/low blood pressure **Blut·druck·mes·ser** <-s, -> *m* blood pressure gauge [*or* AM *a.* gage] **Blut·druck·mess·ge·rät**^RR *nt* MED sphygmomanometer **blut·druck·sen·kend** *adj* MED, PHARM anti-hypertensive

Blü·te <-, -n> ['blyːtə] *f* ❶ *(Pflanzenteil)* bloom, flow-er; *Baum* blossom; **die ~n des Kirschbaumes sind rein weiß** the blossom on the cherry tree is pure

white; **sich zur vollen ~ entfalten** to blossom; **in [voller] ~ stehen** to be in [full] bloom; **~n treiben** to [be in] bloom [*or* flower]; *Baum* to [be in] blossom ❷ *(Blütezeit)* blooming *no pl*, blossoming *no pl*, flow-ering season; **im Mai beginnt die ~ der Kirsch·bäume** cherry trees start to blossom in May ❸ *(fam: falsche Banknote)* dud *fam*, forgery ❹ *(hoher Ent·wicklungsstand)* height, heyday *usu sing*; **während der Zeit der größten ~ des Römischen Reiches** at the height of the Roman Empire; **in jeder Zivilisa·tion gibt es eine Zeit der ~** every civilization has its heyday; **seine ~ erreichen** [*o* erleben] to reach its peak; **in der ~ seiner/ihrer Jahre sein** [*o* stehen] to be in the prime of life; **er steht in der ~ seiner Jahre** he is in his prime; **im 19. Jahrhundert entfal·tete sich die Stadt zur vollen ~** the town blossomed in the 19th century; **Anfang des 20. Jahrhunderts stand die Kunst des Jugendstils gerade in vol·ler ~** Art Nouveau flourished at the beginning of the 20th century ▸ WENDUNGEN: **merkwürdige** [*o* selt·same] [*o* wunderliche] **~n treiben** to take on strange forms

Blut·egel *m* ZOOL leech

blu·ten ['bluːtn] *vi* ▪ |an etw *dat*/aus etw| **~** to bleed [from sth] ▸ WENDUNGEN: **~ müssen/sollen** *(fam)* to have/ought to cough up [*or* fork out] *fam*

Blü·ten·blatt *nt* BOT petal **Blü·ten·ho·nig** *m* honey made from blossom **Blü·ten·kelch** *m* BOT calyx **Blü·ten·knos·pe** *f* flower bud **Blü·ten·kohl** *m s.* **Blu·menkohl Blü·ten·stand** *m* BOT inflorescence *no pl* **Blü·ten·staub** *m* pollen *no pl, no indef art*

Blut·ent·nah·me *f* taking of a blood sample

Blü·ten·zweig *m* flowering twig

Blu·ter <-s, -> ['bluːtɐ] *m* MED haemophiliac BRIT, hemophiliac AM

Blut·er·guss^RR <-es, -ergüsse> *m*, **Blut·er·guß**^ALT <-sses, -ergüsse> *m* bruise, haematoma *spec* BRIT, hematoma *spec* AM

Blu·te·rin <-, -nen> *f fem form von* **Bluter**

Blu·ter·krank·heit *f* MED haemophilia *no pl, no art* BRIT, hemophilia *no pl, no art* AM

Blü·te·zeit *f* ❶ *(Zeit des Blühens)* blossoming *no pl*, flowering season; **gerade während der ~ leidet sie an Heuschnupfen** it's precisely when the trees are in blossom that she suffers from hay fever ❷ *(Zeit hoher Blüte)* heyday; **nach einer kurzen ~ begann der Niedergang dieser Zivilisation** after a brief period of glory the civilization began to decline

Blut·farb·stoff *m* ANAT haemoglobin [*or* AM hemo-] *no pl, no indef art* **Blut·fleck** *m* bloodstain **Blut·ge·fäß** *nt* blood vessel **Blut·ge·rinn·sel** *nt* blood clot **Blut·ge·rin·nung** *f* clotting of the blood **blut·gie·rig** *adj (geh)* bloodthirsty **Blut·grup·pe** *f* blood group [*or* type]; **jds ~ bestimmen** to determine sb's blood type **Blut·grup·pen·be·stim·mung** *f* MED blood-typing **Blut·hoch·druck** *m* high blood pressure **Blut·hund** *m* ❶ *(Jagdhund)* bloodhound ❷ *(pej: blutiger Unterdrücker)* bloody tyrant *pej* **Blut·hus·ten** *m* coughing up of blood

blu·tig ['bluːtɪç] **I.** *adj* ❶ *(blutend)* bloody; *(blutbe·fleckt)* bloodstained ❷ KOCHK underdone, bloody; **sehr ~** rare ❸ *(mit Blutvergießen verbunden)* bloody ❹ *(fam: völlig)* absolute, bloody *fam!*; *s. a.* **Ernst II.** *adv* bloodily; **sich die Füße ~ laufen** to walk till one's feet are red raw

blut·jung ['bluːtjʊŋ] *adj* very young

Blut·kon·ser·ve *f* unit of stored blood **Blut·kör·per·chen** *nt* blood corpuscle [*or* cell]; **rote/weiße ~** red/ white [blood] corpuscles **Blut·krebs** *m* MED leukae-mia BRIT, leukemia AM **Blut·kreis·lauf** *m* [blood] circu-lation *no pl, no indef art* **Blut·la·che** *f* pool of blood **blut·leer** *adj* ❶ *(ohne Blut)* bloodless, drained of blood *pred;* **ihr Gesicht war ~** her face was deathly pale ❷ MED anaemic BRIT, anemic AM **Blut·oran·ge** *f* BOT blood orange **Blut·plas·ma** *nt* blood plasma *no pl, no indef art* **Blut·plätt·chen** <-s, -> *nt* blood platelet **Blut·pro·be** *f* ❶ *(Entnahme)* blood sample ❷ *(Untersuchung)* blood test; **eine ~ bei jdm machen** to take a blood sample from sb [*or* a sample of sb's blood] **Blut·ra·che** *f* blood vendetta **Blut·rausch** *m* savage frenzy *no pl* **blut·rot** *adj (liter)* blood-red **blut·rüns·tig** ['blu:trʏnstɪç] *adj* blood-thirsty **Blut·sau·ger** *m* ZOOL bloodsucker **Blut·sau·ger(in)** *m(f) (Ausbeuter)* extortioner, bloodsucker **Bluts·bru·der** *m* blood brother **Bluts·brü·der·schaft** *f* blood brotherhood

Blut·schan·de *f* incest **Blut·schuld** *f (liter)* blood guilt; **er lud [eine] ~ auf sich** he had blood on his hands **Blut·schwamm** *m* MED strawberry mark, angioma *spec* **Blut·sen·kung** *f* MED sedimentation of the blood; *(Test)* [erythrocyte] sedimentation test; **eine ~ machen** to test the sedimentation rate of the blood **Blut·se·rum** *nt* MED blood serum *no pl, no indef art* **Blut·spen·de** *f* unit of blood [from a donor] **Blut·spen·den** <-s> *nt kein pl* donation of blood *no pl* **Blut·spen·der(in)** *m(f)* blood donor **Blut·spur** *f* trail of blood; **~en** traces of blood **blut·stil·lend** *adj s.* **Blut 1**

Bluts·trop·fen *m* drop of blood; **bis zum letzten ~** to the last drop of blood

Blut·stuhl *m* MED blood in the faeces [*or* AM feces] **Blut·sturz** *m* [external] haemorrhage [*or* AM hemorrhage] **bluts·ver·wandt** *adj* related by blood *pred* **Bluts·ver·wand·te(r)** *f(m) dekl wie adj* blood relation [*or* relative] **Bluts·ver·wandt·schaft** *f* blood relationship

blutt [blʊt] *adj* SCHWEIZ, SÜDD *(nackt)* bare

Blut·tat *f (geh)* bloody deed; **eine ~ begehen** to commit a bloody deed

blüt·teln *vi* SCHWEIZ ■ *[irgendwo]* **~** to strip off [somewhere]

Blut·trans·fu·si·on *f* blood transfusion **blut·über·strömt** *adj* streaming with blood *pred* **Blut·über·tra·gung** *f s.* **Bluttransfusion**

Blu·tung <-, -en> *f* ❶ *(das Bluten)* bleeding *no pl, no indef art;* **innere ~en** internal bleeding [*or* BRIT haemorrhage] [*or* AM hemorrhage] ❷ *[monatliche]* **~** menstruation, period

blut·un·ter·lau·fen *adj* suffused with blood *pred;* **~e Augen** bloodshot eyes **Blut·un·ter·su·chung** *f* blood test **Blut·ver·gie·ßen** <-s> *nt kein pl (geh)* bloodshed *no pl, no indef art* **Blut·ver·gif·tung** *f* blood poisoning *no indef art* **Blut·ver·lust** *m* loss of blood **blut·ver·schmiert** *adj* covered [*or* caked] with blood *pred,* bloodstained **Blut·wä·sche** *f* MED haemodialysis [*or* AM hemo-] *spec* **Blut·wurst** *f* black pudding BRIT, blood sausage AM **Blut·zir·ku·la·ti·on** *f s.* **Blut·kreislauf Blut·zoll** *m kein pl (geh)* death toll *no pl,* number of dead and injured *no pl,* fatalities *pl* **Blut·zu·cker** *m* MED ❶ *(Zuckeranteil)* blood sugar ❷ *(fam)* blood sugar test **Blut·zu·cker·spie·gel** *m* MED blood sugar level **Blut·zu·cker·wert** *m* MED blood sugar count **Blut·zu·fuhr** *f* blood supply

BLZ <-> [beːʔɛlˈtsɛt] *f Abk von* **Bankleitzahl**

BND <-s> [beːʔɛnˈdeː] *m kein pl Abk von* **Bundesnachrichtendienst**

Bö <-, -en> [bøː] *f* gust, squall

Boa <-, -s> [ˈboːa] *f* ZOOL, MODE boa

Bob <-s, -s> [bɔp] *m* bob[sleigh] BRIT, bob[sled] AM **Bob·bahn** *f* bob[sleigh] run BRIT, bob[sled] run AM **Bob·by·boh·ne** [ˈbɔbi-] *f* bobby bean

Bob·fah·rer(in) *m(f)* SPORT bobber **Bob-Run-Skat·ing**^RR [ˈbɔbrʌnskeɪtɪŋ] *nt* SPORT bob run skating *(skating down a bob run)*

Boc·cia <-> [ˈbɔtʃa] *nt o f kein pl* SPORT boccia *(Italian bowls)*

Bock¹ <-[e]s, Böcke> [bɔk, *pl:* ˈbœkə] *m* ❶ ZOOL buck; *(Schafs~)* ram; *(Ziegen~)* billy- [*or* he-] goat ❷ *(fam)* stubbornness *no pl;* **einen ~ haben** *(fam)* to be awkward [*or* difficult], to play up *fam* ❸ AUTO ramp; *s. a.* **Sägebock** ❹ SPORT buck, [vaulting] horse ❺ *(Kutsch~)* box ▶ WENDUNGEN: **den ~ zum Gärtner machen** *(fam)* to be asking for trouble; **die Böcke von den Schafen scheiden** [*o* **trennen**] *(fam)* to separate the sheep from the goats; **alter ~** *(fam)* old goat *fam,* old git *sl;* **geiler ~** *(fam)* randy old goat *fam,* randy sod *sl;* **null ~ [auf etw** *akk]* **haben** *(sl)* to be not in the mood [for sth] [*or* in no mood for sth]; **sie hat null ~ auf nichts** she's just not in the mood for anything; **sturer ~** *(fam)* stubborn sod *sl;* **~ [auf etw** *akk]* **haben** *(sl)* to fancy [sth] *fam;* **wenn du ~ hast, kannst du ja mitkommen** if you fancy it, you can come with us; **~ haben , etw zu tun** *(sl)* to fancy doing sth *fam;* **keinen ~ [auf etw** *akk]* **haben** *(sl)* to not fancy [sth]; **keinen ~ haben, etw zu tun** *(sl)* to not fancy doing sth *fam;* **einen [kapitalen] ~ schie·ßen** *(fam)* to drop a [real] clanger *fam,* to [really] boob *fam,* to make a [real] boob *fam;* **stinken wie ein ~** *(fam)* to really pong *fam,* to stink to high heav·en *fam*

Bock² <-s, -> [bɔk] *nt s.* **Bockbier**

bock·bei·nig [ˈbɔkbainɪç] *adj (fam)* awkward, stubborn

Bock·bier *nt* bock beer *(type of strong beer)*

bo·cken [ˈbɔkn] *vi* ❶ *(störrisch sein)* to refuse to move, to dig in one's heels *sep;* **das Pferd bockte vor der Hürde** the horse refused the fence ❷ *(fam: sich ruckartig bewegen)* to lurch along ❸ *(fam: trotzig sein)* to act [*or* play] up *fam*

bo·ckig [ˈbɔkɪç] *adj (fam)* awkward, stubborn

Bock·lei·ter *f* stepladder **Bock·mist** *m (sl)* bullshit *sl;* **~ machen** [*o* **bauen**] to screw [*or* BRIT *a.* cock] up *sl* **Bocks·beu·tel** *m* ❶ *(Flaschenform)* bocksbeutel *spec* ❷ *(Frankenwein)* bottle of Franconian wine **Bocks·horn** [ˈbɔkshɔrn] *nt* ▶ WENDUNGEN: **sich** *akk* **[von jdm] [nicht] ins ~ jagen lassen** *(fam)* to [not] be intimidated by sb; **lass dich nicht von ihm ins ~ jagen!** don't let him get at you!

Bock·sprin·gen *nt kein pl* SPORT vaulting *no pl, no art;* **~ spielen** to play leapfrog **Bock·sprung** *m* ❶ *(Sprung über Menschen)* leapfrog ❷ SPORT vault

Bock·wurst *f* KOCHK bockwurst

Bo·den <-s, Böden> [ˈboːdn̩, *pl:* bøːdn̩] *m* ❶ *(Erdreich, Acker)* soil; **magerer/fetter ~** barren [*or* poor] /fertile soil ❷ *(Erdoberfläche)* ground; **der ~ bebte** the ground shook; **die Reisenden waren froh, wie·der festen ~ zu betreten** the passengers were glad to be [*or* stand] on firm ground [*or* terra firma] [again] ❸ *kein pl (Territorium)* land; **auf britischem ~** on British soil ❹ *(Fläche, auf der man sich bewegt)* ground; *(Fußboden)* floor; *(Teppichboden)* carpet; **zu ~ fallen** [*o geh:* **sinken**] [*o geh:* **gleiten**] to fall to the ground; **tot zu ~ fallen** to drop dead; **zu ~ gehen** *Boxer* to go down; **jdn [mit sich** *dat]* **zu ~ reißen** to drag sb to the ground; **jdn zu ~ rennen** to knock down sb *sep;* **beschämt/verlegen zu ~ schauen** to look down in shame/embarrassment; **jdn zu ~ schla·gen** [*o* **strecken**] to knock [*or form* strike] down sb *sep,* to floor sb; **ohnmächtig zu ~ sinken** *(geh)* to fall unconscious to the ground ❺ *(Dachboden)* loft, attic; **auf dem ~** in the loft [*or* attic]; *s. a.* **Heuboden** *s.* **Trockenboden** ❻ *(Grund)* bottom; *eines Gefäßes a.* base; **der ~ des Sees/Flusses** the bottom of the sea/river, the seabed/riverbed ❼ *(Tortenboden)* flan base ❽ *(Grundlage)* jdm/etw **S. den ~ bereiten** to pave the way for sb/sth; **sich auf schwankendem** [*o* **unsicherem**] **~ bewegen** to be on shaky ground [*or* out of one's depth]; **auf schwankendem ~ stehen** to be built on weak foundations; **auf dem ~ der Tatsachen bleiben/stehen** to stick to the facts/to be based on facts; **allen** [*o* jeglichen] **Spekulationen den ~ entziehen** to knock the bottom out of all speculation; **auf dem ~ des Gesetzes stehen** to be within [*or* to conform to] the constitution; **auf dem ~ der Wirklichkeit stehen** to deal only with [bald] facts ▶ WENDUNGEN: **jdm wird der ~ unter den Füßen zu heiß jdm brennt der ~ unter den Füßen** things are getting too hot [*or* hotting up too much] for sb; [wieder] **festen** [*o* sicheren] **~ unter die Füße bekommen** *(nach einer Schiffsreise)* to be back on terra firma [*or* dry land]; *(nach einer Flugreise)* to be back on terra firma [*or* on the ground]; *(wieder Halt bekommen)* to find one's feet again; **festen** [*o* sicheren] **~ unter den Füßen haben** *(nach einer Schiffsreise)* to be back on terra firma [*or* dry land]; *(nach einer Flugreise)* to be back on terra firma [*or* the ground]; *(sich seiner Sache sicher sein)* to be sure of one's ground; **jdm schwankt der ~ unter den Füßen** the ground is rocking [*or* moving] [*or* shaking] under sb's feet; **den ~ unter den Füßen verlieren** *(die Existenzgrundlage verlieren)* to feel the ground fall from beneath one's feet; *(haltlos werden)* to have the bottom drop out of one's world; **jdm den ~ unter den Füßen wegziehen** to cut the ground from under sb's feet; [wieder] **auf festem ~ sein** *(eine sichere Grundlage haben)* to be secure [again]; *Unternehmen* to be back on its feet [again]; **auf fruchtbaren ~ fallen** to fall on fertile ground; [einen] **günstigen ~ für etw finden** to find fertile ground for sth; **total am ~ sein** to be [completely] shattered; **am ~ zerstört sein** *(fam)* to be devastated, to be all of a heap *fam;* **jdn unter den ~ bringen** SCHWEIZ to be the death of sb; **einer S.** *dat* **den ~ entziehen** *(geh)* to make sth unnecessary/irrelevant; [jdm/etw gegenüber] **an ~ gewinnen** *(einholen)* to gain ground [over sb/sth]; *(Fortschritte machen)* to make headway [*or* progress]; [jdm/etw gegenüber] **an ~ verlieren** to lose ground [to sb/sth]; [jdm/etw gegenüber] [verlorenen] **~ gutmachen** [*o* wettmachen] to make up [lost] ground [*or* to catch up] [on sb/sth]; **etw** [mit jdm] **zu ~ reden** SCHWEIZ to chew over sth *sep* [with sb]; **aus dem ~ schießen** to sprout [*or* spring] [*or* shoot] up; **etw aus dem ~ stampfen** to build sth overnight; **wie aus dem ~ gestampft** [*o* geschossen] **vor jdm stehen** to appear out of nowhere; **jd wäre am liebsten in den ~ versunken** sb wishes the ground would open up and swallow them; **ich hätte vor Scham im ~ versinken können** I was so ashamed that I wished the ground would [open and] swallow me up [*or* open up and swallow me]; **jd könnte jdn unangespitzt in den ~ rammen** sb could wring sb's neck [*or* strangle sb]; **durch alle Böden** [hindurch] SCHWEIZ at all costs

Bo·den·be·lag *m* floor covering; **ein ~ aus Holz/ Marmor/Stein** a wood/marble/stone floor **Bo·den· be·las·tung** *f* ÖKOL pollution of the ground **Bo·den· be·schaf·fen·heit** *f* ① AGR *(Art des Erdbodens)* [consistency of the] soil ② *(Art der Oberfläche)* condition of the ground **Bo·den·de·cker** <-s, -> *m* BOT close-growing plant **Bo·den·er·he·bung** *f* elevation; **eine leichte ~** a gentle elevation **Bo·den·ero·si·on** *f* erosion of the earth's surface **Bo·den·frost** *m* ground frost *no pl* **Bo·den·haf·tung** *f* AUTO wheel grip, road adhesion *spec* **Bo·den·kam·mer** *f* attic **Bo·den· kon·trol·le** *f* RAUM ground control

bo·den·los I. *adj* ① *(fam: unerhört)* outrageous; **~er Leichtsinn** crass stupidity; **das ist eine ~e Frechheit!** that's absolutely outrageous! ② *(sehr tief)* bottomless; **ein ~er Abgrund** an abyss, a chasm; **ins**

B~e fallen *(fig)* to plummet II. *adv* extremely; **~ gemein/unverschämt** extremely nasty/insolent **Bo·den·ne·bel** *m* ground fog [*or* mist] **Bo·den·per·so· nal** *nt* LUFT ground crew **Bo·den·re·form** *f* JUR agrarian [*or* land] reform **Bo·den·satz** *m* sediment; *von Kaffee* grounds *npl* **Bo·den·schät·ze** *pl* mineral resources *pl* **Bo·den·schwel·le** *f* sill **Bo·den·see** ['bɔdnze:] *m* ▷ **der ~** Lake Constance **Bo·den·sicht** *f* LUFT ground visibility **Bo·den·spe·ku·la·ti·on** *f* land speculation

bo·den·stän·dig *adj* ① *(lange ansässig)* long-established ② *(unkompliziert)* uncomplicated

Bo·den·sta·ti·on *f* RAUM ground station **Bo·den·streit· kräf·te** *pl* MIL ground forces *pl* **Bo·den·trup·pen** *pl* MIL ground troops *pl* **Bo·den·tur·nen** *nt kein pl* floor exercises *pl* **Bo·den·va·se** *f* floor vase **Bo·den·ver· schmut·zung** *f* ground pollution **Bo·den·ver·sie· ge·lung** *f* floor sealing **Bo·den·wel·le** *f* bump

Bo·dy <-s, -s> ['bɔdi] *m* body BRIT, bodysuit AM

Bo·dy·buil·ding <-s> ['bɔdibɪldɪŋ] *nt kein pl* bodybuilding *no pl;* **~ machen** to do bodybuilding [exercises *pl*] **Bo·dy·guard** <-s, -s> ['bɔdiga:ɐ̯d] *m* bodyguard

bog [bo:g] *imp von* **biegen**

Bo·gen <-s, - *o* ÖSTER, SCHWEIZ, SÜDD Bögen> ['bo:gn̩, *pl:* 'bœ:gn̩] *m* ① *(gekrümmte Linie)* curve; *eines großen Flusses a.* sweep; MATH arc; **in hohem ~** in a high arc; **einen ~ fahren** to execute a turn; **einen ~ machen** to curve [round] ② *(Blatt Papier)* sheet [of paper] ③ *(Schusswaffe)* bow; **Pfeil und ~** bow and arrow[s *pl*]; **ein Meister des ~s** a master archer; **den ~ spannen** to draw the bow ④ MUS bow ⑤ ARCHIT arch ⑥ *(Druck~)* sheet; *(gedruckt)* signature ▶ WENDUNGEN: **in hohem ~ hinausfliegen** *(fam)* to be turned out *fam;* **nach dem Skandal flog er im hohen ~ aus der Firma** he was thrown out on his ear [*or* chucked out] [*or* sent flying] after the scandal; **jdn in hohem ~ hinauswerfen** *(fam)* to throw sb out on their ear *fam;* **den ~ herausheben** *(fam)* to have got the hang of it *fam;* **einen** [großen] **~ um jdn/etw machen** to steer [well] clear of sb/sth; **den ~ überspannen** to overstep the mark, to go too far

Bo·gen·fens·ter *nt* arched window **bo·gen·för·mig** *adj* arched; **~e Reißzähne** curved fangs **Bo·gen· gang** <-gänge> *m* ARCHIT archway **Bo·gen·lam·pe** *f* arc lamp [*or* light] **Bo·gen·schie·ßen** *nt kein pl* SPORT archery *no pl* **Bo·gen·schüt·ze, -schüt·zin** *m, f* SPORT archer; HIST *a.* bowman **Bo·gen·seh·ne** *f* MUS bowstring

Bo·heme <-> [bɔ'ɛ:m, bo'hɛ:m] *f kein pl (geh)* Bohemia *no pl liter*

Bo·he·mi·en <-s, -s> [boe'mjɛ̃, bohe'mjɛ̃] *m (geh)* Bohemian

Boh·le <-, -n> ['bo:lə] *f* [thick] plank, board

Böh·me, Böh·min <-n, -n> ['bœ:mə, 'bœ:mɪn] *m, f* Bohemian

Böh·men <-s> ['bœ:mən] *nt* Bohemia

Böh·mer·wald ['bœ:mɐvalt] *m* Bohemian Forest

Böh·min <-, -nen> *f fem von* **Böhme**

böh·misch ['bœ:mɪʃ] *adj* Bohemian; ▶ WENDUNGEN: **jdm ~ vorkommen** *(fam)* to seem odd to sb; *s. a.* **Dorf**

Boh·ne <-, -n> ['bo:nə] *f* bean; **dicke/grüne/rote/ weiße/braune/schwarze ~n** broad/French [*or* runner] /kidney/haricot/brown/black beans; **blaue ~** purple runner bean; *(Kaffeebohne)* [coffee] bean; **blaue ~n** *(veraltet sl: Geschosse)* lead *no pl sl* ▶ WENDUNGEN: **~n in den Ohren haben** *(fam)* to be deaf *fam;* **nicht die ~!** *(fam)* not the slightest [*fam* little bit]; **er versteht nicht die ~ von der Sache** he doesn't have the slightest [*or* faintest] idea about this matter

Boh·nen·ein·topf *m* bean stew **Boh·nen·kaf·fee** *m*

B

① *(gemahlen)* real coffee ② *(ungemahlen)* unground coffee [beans *pl*] **Boh·nen·kraut** *nt kein pl* savory *no pl* **Boh·nen·schnitz·ler** *m* KOCHK bean slicing machine **Boh·nen·stan·ge** *f* beanpole *also hum* **Boh·nen·stroh** *nt* ▶ WENDUNGEN: **dumm wie ~** *(fam)* as thick as two [short] planks *hum fam* **Boh·nen·sup·pe** *f* bean soup

Boh·ner <-s, -> ['boːnɐ] *m*, **Boh·ner·be·sen** *m* floor polisher

boh·nern ['boːnɐn] *vti* ▪ [etw] ~ to polish [sth] **Boh·ner·wachs** [-vaks] *nt* floor polish [*or* wax]

boh·ren ['boːrən] I. *vt* ① *(Öffnung in etw machen)* **ein Loch** [in etw *akk*] ~ to bore a hole [in sth]; *(mit Bohrmaschine)* to drill a hole [in sth]; **einen Brunnen** ~ to sink a well ② *(mit dem Bohrer bearbeiten)* **Beton/Holz** ~ to drill concrete/wood ③ *(hineinstoßen)* ▪ **etw in etw** *akk* ~ to sink sth into sth; **er bohrte ihm das Messer in den Bauch** he plunged the knife into his stomach; *s. a.* **Grund** II. *vi* ① *(mit dem Bohrer arbeiten)* to drill ② *(stochern)* [**mit dem Finger**] **in der Nase** ~ to pick one's nose; **mit dem Finger im Ohr** ~ to poke one's finger in one's ear ③ *Zahnarzt* to drill ④ *(nach Bodenschätzen suchen)* ▪ **nach etw** *dat* ~ to drill for sth ⑤ *(fam: drängen)* ▪ **so lange ~, bis ...** to keep on asking [*or* keep on and on] until ...; **sie bohrte so lange, bis ich ihr alles erzählte** she kept on at me [*or* asking me] until I told her everything; **er bohrte so lange, bis ihm seine Mutter ein Eis kaufte** he kept pestering his mother until she bought him an ice cream ⑥ *(nagen)* ▪ [**in jdm**] ~ to gnaw at sb III. *vr* ▪ **sich** *akk* **in etw** *akk*/**durch etw** *akk* ~ to bore its way into/through sth; *Bohrer* to drill its way into/through sth

boh·rend *adj* gnawing; **ein ~er Blick** a piercing look; **~e Fragen** *pl* probing questions *pl*

Boh·rer <-s, -> *m* ① *(fam: Schlagbohrmaschine)* drill ② *(Handbohrer)* gimlet, auger ③ *(Zahnbohrer)* [dentist's] drill

Bohr·feld *nt* drilling field **Bohr·in·sel** *f* drilling rig; *(Öl a.)* oil rig **Bohr·loch** *nt* ① *(das in das Gestein vorgetriebene Loch)* borehole ② *(gebohrtes Loch)* drill hole **Bohr·ma·schi·ne** *f* drill[ing machine] **Bohr·mu·schel** *f* ZOOL rock borer, piddock **Bohr·turm** *m* derrick

Bohr·rung <-, -en> *f* ① *(das Bohren)* drilling, boring (**nach** for) ② *(Bohrloch)* bore[hole]; **eine ~ niederbringen** to sink a borehole

bö·ig ['bøːɪç] I. *adj* gusty; **~es Wetter** windy [*or fam* blowy] weather II. *adv* ~ **auffrischender Westwind** a freshening westerly

Boi·ler <-s, -> ['bɔylɐ] *m* hot-water tank; **den ~ anstellen** to turn on the water heater

Bo·je <-, -n> ['boːjə] *f* buoy

Bo·le·ro <-s, -s> [bo'leːro] *m* ① MUS *(a. Tanz)* bolero ② *(Kleidungsstück)* bolero

Bol-Form [boːl-] *f* KOCHK pudding steamer

Bo·li·vi·a·ner(in) <-s, -> [boli'vi̯aːnɐ] *m(f)* Bolivian; *s. a.* **Deutsche(r)**

bo·li·vi·a·nisch [boli'vi̯aːnɪʃ] *adj* Bolivian; *s. a.* **deutsch**

Bo·li·vi·en <-s> [bo'liːvi̯ən] *nt* Bolivia; *s. a.* **Deutschland**

Bo·li·vi·er(in) <-s, -> *m(f) s.* **Bolivianer**

bo·li·visch *adj s.* **bolivianisch**

Böl·ler <-s, -> ['bœlɐ] *m* ① MIL saluting gun ② *(fam: Feuerwerkskörper)* firework, banger BRIT, firecracker AM

bol·lern ['bɔlɐn] *vi* DIAL **der Wagen bollerte über die Straße** the cart rolled loudly down the street; **er bollerte mit der Faust gegen die Tür** he banged on the door with his fist

böl·lern ['bœlɐn] *vi* to fire a saluting gun; **an Silvester wird die ganze Nacht geböllert** fireworks are let off right through the night on New Year's Eve

Böl·ler·schussᴿᴿ *m* gun salute; **20 Böllerschüsse** a twenty gun salute

Boll·werk ['bɔlvɛrk] *nt (geh)* bulwark

Bol·sche·wik(in) <-en, -en *o* -i> [bɔlʃe'vɪk] *m(f) s.* **Bolschewist**

Bol·sche·wis·mus <-> [bɔlʃe'vɪsmʊs] *m kein pl* ▪ **der** ~ Bolshevism

Bol·sche·wist(in) <-en, -en> [bɔlʃe'vɪst] *m(f)* Bolshevik, Bolshevist

bol·sche·wis·tisch *adj* Bolshevist, Bolshevik *attr*

bol·zen ['bɔltsn̩] I. *vi (fam)* to kick about; ~ **gehen** to go for a kick-about *fam* II. *vt (fam)* **den Ball ins Tor/an den Pfosten** ~ to hammer [*or* slam] the ball home/against the post

Bol·zen <-s, -> ['bɔltsn̩] *m* ① TECH pin; *(mit Gewinde)* bolt ② *(Geschoss der Armbrust)* bolt, quarrel

Bol·zen·schnei·der *m* bolt cutter[s *pl*]

Bom·bar·de·ment <-s, -s> [bɔmbardə'mãː] *nt* ① MIL bombardment ② *(geh)* deluge (**von** of)

bom·bar·die·renᐧ [bɔmbar'diːrən] *vt* ① *(auf ein Ziel abwerfen)* **jdn/etw** ~ to bomb sb/sth; **etw mit Napalm** ~ to bomb sth with napalm, to napalm sth; **jdn/etw mit Granaten** ~ to shell sb/sth; **die Stadt wurde heute Nacht ununterbrochen mit Granaten bombardiert** the town was under continuous shelling [*or* was being shelled continuously] last night; **die Demonstranten bombardierten die Polizei mit Eiern und Tomaten** the demonstrators threw eggs and tomatoes at the police ② *(fam: überschütten)* **jdn mit etw** *dat* ~ to bombard sb with sth

Bom·bar·die·rung <-, -en> *f* ① MIL bombing; **Churchill gab den Befehl zur ~ Dresdens** Churchill gave the command to bomb Dresden; *(mit Granaten)* bombardment ② *(fam)* bombardment

Bom·bast <-[e]s> [bɔm'bast] *m kein pl (pej)* ① *(Schwulst)* bombast ② *(Pomp)* pomp

bom·bas·tisch *adj (pej)* ① *(schwülstig)* bombastic ② *(pompös)* pompous

Bom·be <-, -n> ['bɔmbə] *f* ① *(Sprengkörper)* bomb; ▪ **die** ~ *(die A-Bombe)* the Bomb; **etw mit ~n belegen** to bomb sth; **wie eine ~ einschlagen** to come as a bombshell; **eine ~ legen** MIL to plant a bomb ② *(Geldbombe)* strongbox ③ SPORT *(sl: harter Schuss)* cracker *fam*, scorcher *fam* ▶ WENDUNGEN: **die ~ platzen lassen** to drop a/the/one's bombshell

Bom·ben·ab·wurf *m* bomb release, bombing **Bom·ben·an·griff** *m*, **Bom·ben·an·schlag** *m* bomb strike [*or* attack] **Bom·ben·at·ten·tat** *nt* bomb attack **Bom·ben·dro·hung** *f* bomb scare **Bom·ben·er·folg** *m (fam)* smash hit *fam* **bom·ben·fest** ['bɔmbn̩fɛst] *adv (fam)* extremely securely **Bom·ben·ge·schäft** *nt (fam)* roaring business; **ein ~** [**mit etw** *dat*] **machen** to do a roaring business [with [*or fam* in] sth] **Bom·ben·le·ger** *m (fam: Terrorist)* bomber **bom·ben·si·cher** ['bɔmbn̩zɪçɐ] I. *adj* ① MIL bombproof; **~er Unterstand** bombproof shelter, dugout ② *(fam)* sure; **ein ~er Tipp** a dead cert *sl* II. *adv* ~ **lagern/verbunkern** to place in a bombproof store/to store in a bombproof bunker **Bom·ben·split·ter** *m* shrapnel *no pl*, bomb splinter; ▪ **ein ~** a piece of shrapnel **Bom·ben·stim·mung** *f kein pl (fam)* ▪ **in ~ sein** to be in a brilliant mood; **auf der Party herrschte eine ~** the place was jumping **Bom·ben·tep·pich** *m* hail of bombs; **etw mit einem** [**dichten**] ~ **belegen** to blanket-bomb sth **Bom·ben·trich·ter** *m* bomb crater

Bom·ber <-s, -> ['bɔmbɐ] *m (fam)* bomber

Bom·mel <-s *o* -, -*o* -n> ['bɔml] *m o f* DIAL *(Troddel)* tassel

Bon <-s, -s> [bɔŋ, bõː] *m* ① *(Kassenzettel)* receipt ② *(Gutschein)* voucher

Bon·bon <-s, -s> [bɔŋ'bɔŋ, bõ'bõː] *m o* ÖSTERR *nt*

❶ *(Süßigkeit)* sweet BRIT, candy AM ❷ *(etwas Besonde-res)* treat

bon·bon·far·ben, bon·bon·far·big *adj* gaudy
Bon·bon·ie·re[RR], **Bon·bon·nie·re** <-, -n> |bɔŋ-bɔˈnɪɛːrə, bɔŋboˈnɪɛːrə| *f* box of chocolates, bonbonnière *dated*
bon·gen |ˈbɔŋən| *vt (fam)* ▪ **etw ~** to ring sth up; ▪ |**ist**| **gebongt!** *(sl)* right you are! *fam*
Bo·ni·tät <-, -en> |boniˈtɛːt| *f* financial standing, credit worthiness
Bo·ni·to <-s, -s> |boˈniːto| *m* KOCHK bonito
Bon·mot <-s, -s> |bõˈmoː| *nt (geh)* bon mot
Bonn <-s> |bɔn| *nt* Bonn
Bon·ner |ˈbɔnɐ| *adj attr* Bonn
Bon·ner(in) <-s, -> |ˈbɔnɐ| *m(f)* inhabitant of Bonn
Bon·sai <-[s], -s> |ˈbɔnzai| *m* BOT bonsai
Bo·nus <- o -ses, - o -se o Boni> |ˈboːnʊs, *pl:* ˈboːni| *m* ❶ FIN bonus; ~ **bei Schadensfreiheit** no-claims bonus ❷ SCH, SPORT *(Punktvorteil)* bonus points *pl;* ▪ **ein ~** a bonus point
Bo·nus·mei·le *f* LUFT airmile
Bon·ze <-n, -n> |ˈbɔntsə| *m* ❶ *(pej)* bigwig *fam,* big shot *fam* ❷ REL bonze
Boom <-s, -s> |buːm| *m* ❶ ÖKON boom ❷ *(Hausse)* bull movement [*or* market]; *(starke Nachfrage)* rise
boo·men |ˈbuːmən| *vi* ÖKON to [be on the] boom
Boot <-[e]s, -e> |boːt| *nt* boat, tub *fam; (Segel~)* yacht; *(Ruder~)* |rowing] boat; ~ **fahren** to go boating ▸ WENDUNGEN: **alle in einem** [*o* **im gleichen**] ~ **sitzen** *(fam)* to be all in the same boat *fam*
Boots·bau·er(in) <-s, -> *m(f)* boatbuilder **Boots·fahrt** *f* boat trip **Boots·flücht·ling** *m* ▪ **~e** boat people **Boots·haus** *nt* boathouse **Boots·län·ge** *f* SPORT [boat's] length; **sie gewannen mit einer ~ |Vorsprung|** they won by a length **Boots·mann** <-leute> *m* NAUT boˈ|sun, boatswain; MIL petty officer **Boots·steg** *m* landing-stage **Boots·ver·leih** *m* boat hire **Boots·ver·lei·her(in)** *m(f)* boat hirer
Bor <-s> |boːɐ̯| *nt kein pl* boron *no pl*
Bo·rax <-[es]> |ˈboːraks| *m kein pl* borax *no pl*
Bord[1] <-[e]s> |bɔrt| *m* **an ~** aboard, on board; **an ~ gehen/kommen** to board, to come/go aboard [*or* on board]; **über ~ gehen** to go overboard; **von ~ gehen** *Lotse* to leave the plane/ship; *Passagier a.* to disembark; **jdn/etw an ~ nehmen** to take sb/sth aboard [*or* on board]; **jdn/etw über ~ werfen** to throw sb/sth overboard, to jettison sth; **Mann über ~!** man overboard!; **frei an ~** ÖKON free on board, f.o.b. ▸ WENDUNGEN: **etw über ~ werfen** to throw sth overboard [*or* to the [four] winds]
Bord[2] <-[e]s, -e> |bɔrt| *nt* shelf
Bord[3] <-[e]s, -e> |bɔrt| *nt* SCHWEIZ *(Rand)* ledge; *(Böschung)* embankment
Bord·buch *nt* logbook **Bord·com·pu·ter** *m* RAUM, LUFT, NAUT onboard computer; AUTO trip computer, electronic navigator **bord·ei·gen** *adj* onboard
Bor·dell <-s, -e> |bɔrˈdɛl| *nt* brothel
Bor·dell·wirt(in) *m(f) (geh)* brothel-keeper
Bor·dell·wir·tin *f (geh) fem form von* **Bordellwirt** madam, bawd, brothel-keeper
Bord·funk *m* NAUT |ship's] radio; LUFT |aircraft] radio equipment **Bord·kar·te** *f* boarding card [*or* pass] **Bord·per·so·nal** *nt* crew *no pl*
Bord·stein *m* kerb BRIT, curb AM; ▸ WENDUNGEN: **den ~ mitnehmen** *(fam)* to hit the kerb [*or* AM curb]
Bord·stein·kan·te *f* kerb BRIT, curb AM
Bor·dü·re <-, -n> |bɔrˈdyːrə| *f* border
Bord·waf·fen *pl* MIL aircraft armaments *pl* **Bord·wand** *f* NAUT ship's side [*or* wall]; LUFT side of the aircraft; AUTO dropside bin, sideboard AM
bor·gen |ˈbɔrgn̩| *vt* ❶ *(sich leihen)* ▪ |**sich** *dat*| **etw |von jdm| ~** to borrow sth |from sb] ❷ *(leihen)* ▪ **jdm**

etw ~ to lend [*or* loan] sb sth [*or* sth to sb]
Bor·ke <-, -n> |ˈbɔrkə| *f* ❶ BOT bark ❷ MED NORDD scab
Bor·ken·kä·fer *m* bark beetle **Bor·ken·krepp** *m* [*spec* tree bark] crepe
Bor·lot·ti·Boh·ne |bɔrˈbti-| *f* borlotti bean
Born <-[e]s, -e> |bɔrn| *m* ❶ *(liter: Quelle)* spring ❷ *(geh: Ursprung, Quelle)* fund, fountain, fount *liter*
Bor·neo·pfef·fer |ˈbɔrneo-| *m* sarawak
bor·niert |bɔrˈniːɐ̯t| *adj (pej)* bigoted, narrow-minded
Bor·re·li·o·se <-, -n> |bɔreˈljoːzə| *f* MED Lyme disease, borreliosis *spec*
Bor·retsch <-[e]s> |ˈbɔrɛtʃ| *m kein pl* borage
Bor·sal·be *f* boric acid ointment
Börsch·kohl |ˈbœrʃ-| *m DIAL s.* **Wirsing**
Bör·se <-, -n> |ˈbœrzə| *f* ❶ *(Wertpapierhandel)* stock market; *(Gebäude)* stock exchange; **an die ~ gehen** to go public; **an der ~ |gehandelt|** |traded [*or* listed]] on the exchange; **an der ~ notiert werden** to be quoted on the stock exchange; **an der ~ spekulieren** to speculate on the stock market, to play the stock market, to dabble in stocks *fam* ❷ *(veraltend: Geld-börse)* purse; *(für Männer)* wallet
Bör·sen·be·ginn *m kein pl* opening of the stock market; **bei ~** at the start of trading, when the market opens/opened **Bör·sen·be·richt** *m* market [*or* stock exchange] report **Bör·sen·ein·füh·rung** *f* admission to official listing **Bör·sen·er·öff·nung** *f* opening of the stock market **Bör·sen·gang** *m* stock market flotation, going public *no pl;* **den ~ vorbereiten** to prepare to go public **Bör·sen·ge·schäft** *nt* stock market transaction **Bör·sen·krach** *m* collapse of the stock market, |stock market] crash **Bör·sen·kurs** *m* market price [*or* rate], stock exchange price [*or* quotation]; **letzter ~** final quotation **Bör·sen·mak·ler(in)** *m(f)* stockbroker **bör·sen·no·tiert** *adj inv* FIN *Firma* listed [*or* quoted] |on the stock exchange] **Bör·sen·no·tie·rung** *f* stock market listing, quotation; **letzte ~** last price **Bör·sen·platz** *m* stock exchange, exchange centre [*or* AM -er] **Bör·sen·schluss**[RR] *m kein pl* close of the stock exchange, final hour of trading; **bei ~** at the close of trading, when the market closes/closed **Bör·sen·spe·ku·lant(in)** *m(f)* speculator [on the stock market], *fam* BRIT a. stockjobber **Bör·sen·spe·ku·la·ti·on** *f* speculation on the stock market [*or* exchange], BRIT a. stockjobbing *no pl, no art fam* **Bör·sen·spiel** *nt* BÖRSE agiotage **Bör·sen·start** *m* BÖRSE stock market flotation [of an enterprise] **Bör·sen·ter·min·ge·schäft** *nt* trading in futures **Bör·sen·tipp**[RR] *m* [*or* stock] tip
Bör·si·a·ner(in) <-s, -> |bœrˈzjaːnɐ| *m(f) (fam)* ❶ *(Börsenmakler)* broker ❷ *(Spekulant an der Börse)* speculator; **gewiefter ~** wolf *sl*
Bors·te <-, -n> |ˈbɔrstə| *f* ❶ *(dickes Haar)* bristle, seta *spec* ❷ *(Bürstenhaar)* bristle ❸ *pl (hum fam: Kopf- o Barthaare)* bristles, bristly hair
Bors·ten·vieh *nt (hum fam)* *pigs pl,* swine *pl*
bors·tig |ˈbɔrstɪç| *adj* bristly, setaceous *spec*
Bor·te <-, -n> |ˈbɔrtə| *f* border, edging, trimming
Bor·was·ser *nt kein pl* boric acid solution
bös |bøːs| *adj s.* **böse**
bös·ar·tig *adj* ❶ *(tückisch)* malicious; **ein ~es Tier** a vicious animal ❷ MED *(maligne)* malignant; **eine ~e Krankheit** a pernicious disease
Bös·ar·tig·keit <-> *f kein pl* ❶ *(Tücke)* maliciousness; *eines Tiers* viciousness ❷ MED malignancy
Bö·schung <-, -en> |ˈbœʃʊŋ| *f* embankment; *eines Flusses, einer Straße a.* bank
bö·se |ˈbøːzə| **I.** *adj* ❶ *(sittlich schlecht)* bad; *(stärker)* evil, wicked; ~ **Absicht/~r Wille** malice; **etw mit ~r Absicht tun** to do sth with evil intent; **das war keine ~ Absicht!** no harm intended!; **er wittert hinter jedem Vorfall eine ~ Absicht** he suspects

malice behind every incident; **die ~ Fee** the Wicked Fairy; **jdm B~s tun** to cause [*or* do] sb harm; **er will dir doch nichts B~s** he doesn't mean you any harm; **pass auf, er will dir B~s!** watch out, he's out to get your blood [*or fam* to get you]; **er könnte niemandem B~s tun** he could never hurt a fly ➋ *attr (unangenehm, übel)* bad; **~s Blut machen** [*o* **schaffen**] to cause bad blood; **ein ~s Ende nehmen** *(geh)* to end in disaster; **es wird ein ~s Erwachen geben** sb is going to have a rude awakening [*or* to have [*or* get] a nasty shock]; **~ Folgen** [*o* **Konsequenzen**] **haben** to have dire consequences; **eine ~ Geschichte** [*o* **Angelegenheit**] a nasty affair [*or* business]; **jdm einen ~n Streich spielen** to play a nasty [*or* mean] trick on sb; **ein ~r Traum** a bad dream; **eine ~ Überraschung erleben** to have an unpleasant [*or* a nasty] surprise; **~ Zeiten** bad [*or* hard] times; **ein ~r Zufall** a terrible coincidence; **nichts B~s ahnen** to not suspect anything is [*or* expect anything to be] wrong, to be unsuspecting; **nichts B~s daran** [*o* **dabei**] **finden, etw zu tun/wenn …** to not see any harm [*or* anything wrong] in doing sth/in it if …; **mir schwant B~s** I don't like the look of this; **er dachte an nichts B~s, als …** *(a. hum)* he was minding his own business when … *a. hum* ➌ *(verärgert)* angry, cross; **ein ~s Gesicht/~r Gesichtsausdruck** a scowl; **ein ~s Gesicht/einen ~n Gesichtsausdruck machen** to scowl, to glower; **~ sein/werden** to be/get [*or* become] angry [*or* cross]; **(stärker)** to be/get furious [*or fam* mad]; **sie wird leicht ~** she angers [*or* gets angry] easily; **auf jdn/mit jdm ~ sein, jdm ~ sein** to be angry [*or* cross] with sb; **sei** [**mir**] **bitte nicht ~, aber …** please don't be cross [*or* angry] [with me], but …; **zum B~n ausschlagen** *(geh)* to have bad [*or* negative] consequences; **im B~n auseinandergehen, sich** *akk* **im B~n trennen** to part on bad terms; **sich** *akk* **zum B~n wenden** to take an unpleasant [*or* a nasty] turn ➍ *(fam: unartig)* naughty, bad ➎ *(gefährlich, schlimm)* bad, nasty; **ein ~r Husten/Sturz** a bad [*or* nasty] cough/fall; **eine ~ Krankheit** a serious illness; **ein ~er Unfall** *(fam)* a terrible accident; *(fam: schmerzend, entzündet)* bad; **ein ~r Finger** a sore finger ▸ WENDUNGEN: **den ~n Blick haben** to have the evil eye; **B~s im Schilde führen** to be up to no good **II.** *adv* ➊ *(übelwollend)* evilly; **~ gucken/lächeln** to give an evil look/smile; **das habe ich nicht ~ gemeint** I meant no [*or* didn't mean any] harm, no harm intended ➋ *(fam: sehr)* badly; **sich** *akk* **~ irren** to make a serious mistake; **jdn ~ mitnehmen** to hit sb hard; **jdn ~ reinlegen** to drop sb in it *fam* ➌ *(schlimm, übel)* badly; **er ist ~ gefallen** he had a nasty fall; **~ ausgehen** to end in disaster, to turn out badly; **das wird ~ ausgehen!** that'll end in disaster! [*or* turn out badly!]; **~ dran sein** to be in a bad way; **~** [**für jdn**] **aussehen** to look bad [for sb]; **es sieht ~ aus für dich** things're looking bad for you

Bö·se(r) *f(m) dekl wie adj* ➊ *(Bösewicht)* villain, baddy BRIT *fam*, bad guy AM ➋ *(geh: Teufel)* ■ **der ~** the Devil

Bö·se·wicht <-[e]s, -er *o* -e> ['bøːzəvɪçt] *m* ➊ *(hum fam: Wicht)* little devil *fam* ➋ *(veraltend hum: Schurke)* villain

bos·haft ['boːshaft] **I.** *adj (übelwollend)* malicious, nasty **II.** *adv* **~ grinsen/lächeln** to give an evil grin/smile

Bos·heit <-, -en> *f* malice *no pl*, nastiness *no pl*; *(Bemerkung)* nasty [*or* malicious] remark; **aus** [**lauter**] **~** out of [pure] malice, for [purely] malicious reasons

Bos·kop <-s, -> ['bɔskɔp] *m* russet

Bos·ni·en <-s> ['bɔsniən] *nt* Bosnia; *s. a.* **Deutschland**

Bos·ni·en-Her·ze·go·wi·na <~-~s> *nt*, **Bos·ni·en und Her·ze·go·wi·na** <-s> *nt* ÖSTERR Bosnia-Herzegovina

Bos·ni·er(in) <-s, -> ['bɔsniɐ] *m(f)* Bosnian; *s. a.* **Deutsche(r)**

bos·nisch ['bɔsnɪʃ] *adj* Bosnian

bos·nisch-her·ze·go·wi·nisch *adj* Bosnian; *s. a.* **deutsch**

BossRR <-es, -e> *m*, **Boß**ALT <-sses, -sse> [bɔs] *m (fam)* boss *fam*

bös·wil·lig **I.** *adj* malicious, malevolent, JUR wilful BRIT, willful AM; **in ~er Absicht** with malicious intent [*or* AM *a.* prepense] [*or form* AM *a.* aforethought]; **~es Verlassen** wilful desertion **II.** *adv* maliciously, malevolently; **es geschah nicht ~!** no harm intended!

Bös·wil·lig·keit <-> *f kein pl* malice *no pl*, malevolence *no pl;* **aus** [**lauter**] **~** out of pure malice [*or* malevolence], for purely malicious [*or* malevolent] reasons

bot [boːt] *imp von* **bieten**

Bo·ta·nik <-> [boˈtaːnɪk] *f kein pl* botany *no pl*

Bo·ta·ni·ker(in) <-s, -> [boˈtaːnikɐ] *m(f)* botanist

bo·ta·nisch [boˈtaːnɪʃ] *adj* botanical; **~er Garten** Botanical Gardens *pl*

Bo·ta·ni·sier·trom·mel *f* [botanist's] specimen box

Bo·te, Bo·tin <-n, -n> ['boːtə, ˈboːtɪn] *m, f* ➊ *(Kurier)* courier; *(mit Nachricht)* messenger; *(Zeitungs~)* paperboy *masc,* papergirl *fem; (Laufbursche)* errand boy; *bes* SÜDD *(Post~)* postman ➋ *(geh: Anzeichen)* herald, harbinger *liter*

Bo·ten·dienst *m* messenger service; **~e** [**für jdn**] **leisten** [*o* **verrichten**] to carry messages [for sb] **Bo·ten·gang** <-gänge> *m* errand; **einen ~** [**für jdn**] **machen** [*o* **erledigen**] to run an errand [for sb] **Bo·ten·stoff** *m* BIOL chemical messenger

Bo·tin <-, -nen> *f fem form von* **Bote**

Bot·schaft¹ <-, -en> ['boːtʃaft] *f* ➊ *(Nachricht)* news *no pl, no indef art;* **freudige ~** good news, glad tidings *old hum;* **hast du schon die freudige ~ gehört?** have you heard the good news yet?; **ich habe eine freudige ~ für dich** I've got [some] good [*or* happy] news for you; **eine ~ erhalten** to receive a message [*or* a piece of news]; **jdm eine ~ hinterlassen** to leave sb a message [*or* a message for sb]; *(offizielle Nachricht)* communication; **die Frohe ~** REL the Gospel ➋ *(ideologische Aussage)* message

Bot·schaft² <-, -en> ['boːtʃaft] *f (Gesandtschaft)* embassy; **eine ~ errichten** to create [*or* establish] an embassy; *(Gebäude)* embassy [building]

Bot·schaf·ter(in) <-s, -> *m(f)* ambassador

Bot·schafts·flücht·ling *m* sb seeking political asylum in an embassy building

Bo·tsu·a·na <-s> [bɔˈtsu̯aːna] *nt* BRD, ÖSTERR, **Bots·wa·na** <-s> [ˈbɔtsvaːna] *nt* SCHWEIZ Botswana; *s. a.* **Deutschland**

Bo·tsu·a·ner(in) <-s, -> *m(f)* Botswanan; *s. a.* **Deutsche(r)**

bo·tsu·a·nisch *adj* BRD, ÖSTERR, **bots·wa·nisch** *adj* SCHWEIZ Botswanan; *s. a.* **deutsch**

Bott <-[e]s, -e> [bɔt] *nt* SCHWEIZ general meeting

Bött·cher(in) <-s, -> [ˈbœtçɐ] *m(f)* cooper

Bott·tich <-[e]s, -e> [ˈbɔtɪç] *m* tub; *(für Wäsche)* washtub

Bou·clé¹ <-s, -s> [buˈkleː] *nt (Garn)* bouclé yarn

Bou·clé² <-s, -s> [buˈkleː] *m (Gewebe)* bouclé [fabric]

Bou·doir <-s, -s> [buˈdo̯aːɐ] *nt (veraltet geh)* boudoir *a. hum*

Bouil·lon <-, -s> [bʊlˈjɔ̃, bʊlˈjöː] *f* [beef] bouillon; *(Restaurant)* consommé

Bouil·lon·wür·fel *m* bouillon [*or* stock] cube

Boule·vard <-s, -s> [buləˈvaːɐ] *m* boulevard

Boule·vard·blatt *nt (fam)* tabloid **Boule·vard·**

pres·se *f (fam)* yellow [*or pej* gutter] press **Boule·vard·the·a·ter** *nt* light theatre [*or* AM -er] **Boule·vard·zei·tung** *f* tabloid

Bour·geois <-, -> [buɐ̯ˈʒoa(s)] *m (geh)* bourgeois

Bour·geoi·sie <-, -n> [buɐ̯ʒoaˈziː, *pl:* ˈziːən] *f (veraltend geh)* bourgeoisie

Bou·tique, **Bu·ti·ke** <-, -n> [buˈtiːk] *f* boutique

Bo·vist <-s, -e> [ˈboːvɪst, boˈvɪst] *m* BOT puffball, bovista *spec*

Bow·le <-, -n> [ˈboːlə] *f* ❶ *(Getränk)* punch *no pl;* **eine ~ ansetzen** [*o* **machen**] to prepare [a/some] punch ❷ *(Schüssel)* punchbowl

Bow·ling <-s, -s> [ˈboːlɪŋ] *nt* [tenpin] bowling *no pl, no art;* **zum ~ gehen** to go bowling **Bow·ling·ku·gel** *f* bowling ball

Box <-, -en> [bɔks] *f* ❶ *(Behälter)* box ❷ *(fam: Lautsprecher)* loudspeaker; *(Musikbox)* jukebox, juke *fam* ❸ *(abgeteilter Raum)* compartment; *(Stand im Stall)* box [stall] ❹ *(für Rennwagen)* pit

bo·xen [ˈbɔksn̩] **I.** *vi* to box; **um die Meisterschaft ~** to box for the championship; **es wird um den Titel geboxt** it's a title fight; ■ **gegen jdn ~** to fight sb **II.** *vt* ❶ *(schlagen)* ■ **jdn ~** to punch sb ❷ SPORT *(sl: antreten gegen)* ■ **jdn ~** to fight [against] sb ❸ *(hinein-/hinausmanövrieren)* ■ **jdn/etw ~** to push [*or* force] sb/sth **III.** *vr* ❶ *(fam: sich schlagen)* ■ **sich** *akk* **mit jdm ~** to have a fist fight [*or* BRIT *fam* punch-up] with sb; **hört auf, euch zu ~!** stop fighting! ❷ *(fam: sich einen Weg bahnen)* **sich** *akk* **nach vorne/durchs Leben ~** to fight one's way forward/through life

Bo·xen <-s-> [ˈbɔksn̩] *nt kein pl* boxing *no art*

Bo·xer(in) <-s, -> [ˈbɔksɐ] *m(f)* boxer

Bo·xer·mo·tor *m* AUTO opposed cylinder [*or* flat] engine **Bo·xer·na·se** *f* boxer's nose **Bo·xer·Shorts, Bo·xershorts** [-ˈʃɔːts, -ˈʃɔrts] *pl* boxer shorts *npl*

Box·hand·schuh *m* boxing glove **Box·kampf** *m* ❶ *(Einzelkampf)* bout, boxing match ❷ *(Boxen)* boxing *no art* **Box·ring** *m* [boxing] ring **Box·sport** *m* sport of boxing, boxing *no art* **Box·ver·ein** *m* boxing club

Boy <-s, -s> [bɔɪ] *m* ❶ *(Liftboy)* bellboy, AM *a.* bellhop ❷ *(sl: junger Kerl)* boy, lad

Boy·kott <-[e]s, -e *o* -s> [bɔɪˈkɔt] *m* boycott

boy·kot·tie·ren *vt* ■ **etw ~** to boycott sth

brab·beln [ˈbrabl̩n] **I.** *vt (fam)* ■ **etw ~** to mumble sth **II.** *vi (fam)* to mumble; **ein ~der Säugling** a gurgling baby

brach [braːx] *imp von* **brechen**

Brach·feld *nt* fallow field

Bra·chi·al·ge·walt *f kein pl* brute force; **mit ~** with brute force [*hum* and ignorance]; **mit ~ vorgehen** to use brute force

Brach·land *nt* fallow [land] **brach|lie·gen** *vt* **ein Feld ~** to leave a field fallow **brach|lie·gen** *vi irreg* ❶ *(unbebaut sein)* to lie fallow ❷ *(ungenutzt sein)* to be left unexploited; **etw ~ lassen** to leave sth unexploited

Brach·sen <-s, -> [ˈbraksn̩] *m* ZOOL, KOCHK *(Abramis brama)* [common] bream

brach·te [ˈbraxtə] *imp von* **bringen**

Brach·vo·gel *m* curlew

bra·ckig [ˈbrakɪç] *adj* brackish

Brack·was·ser *nt* brackish water

Brah·ma·ne <-n, -n> [braˈmaːnə] *m* Brahman, Brahmin

brah·ma·nisch [braˈmaːnɪʃ] *adj* Brahman *attr;* Brahmanic

Brain·drainRR, **Brain-Drain** <-s> [breɪnˈdreɪn] *m kein pl* brain drain *no pl*

Brain·stor·ming <-s> [ˈbreɪnstɔːmɪŋ] *nt kein pl* brainstorming session

brai·sie·ren [brɛˈziːrən] *vt* KOCHK to braise

Bran·che <-, -n> [ˈbrã:ʃə] *f* ❶ *(Wirtschaftszweig)* line of business ❷ *(Tätigkeitsbereich)* field

Bran·chen·ad·ress·buchRR *nt* classified [*or* trade] directory **Bran·chen·buch** *nt (Branchenverzeichnis)* classified [*or* trade] directory, ≈ Yellow Pages **Bran·chen·er·fah·rung** *f* experience in the trade [*or* industry] **bran·chen·fremd** *adj* inexperienced in [*or* foreign to] the trade [*or* industry] *pred* **Bran·chen·füh·rer** *m* market leader **Bran·chen·ken·ner(in)** *m(f)* **er ist [ein] ~** he knows the trade [*or* industry] **Bran·chen·kennt·nis** *f* knowledge of the trade [*or* industry]; ■ **-se** *pl* tricks *pl* of the trade **bran·chen·kun·dig** *adj* well-versed in the trade [*or* industry] *pred* **Bran·chen·rie·se** *m* ÖKON *(fam)* industrial giant **bran·chen·ty·pisch** *adj* typical of the trade [*or* industry] *pred* **bran·chen·üb·lich** *adj* customary, usual in the trade [*or* industry] *pred* **bran·chen·un·üb·lich** *adj* not usual in the trade [*or* industry] *pred* **Bran·chen·ver·zeich·nis** *nt* classified [*or* trade] directory, Yellow Pages® *pl*

Brand <-[e]s, Brände> [brant, *pl:* ˈbrɛndə] *m* ❶ *(Feuer)* fire; **in ~ geraten** to catch fire, to burst into flames; **einen ~ legen** to start a fire; **einen ~ löschen** to extinguish [*or sep* put out] a fire; **etw in ~ stecken** to set sth alight; **ein Gebäude in ~ stecken** to set a building on fire, to set fire to a building ❷ *von Keramik, Porzellan, Ziegel* **der ~** firing ❸ *(fam: großer Durst)* raging thirst; **einen ~ haben** *(fam)* to be parched; **seinen ~ löschen** *(fam)* to cool one's raging thirst ❹ MED gangrene *no art, no pl* ❺ BOT blight, smut

brand·ak·tu·ell *adj (fam)* highly topical; **ein ~es Buch** a book hot off the press; **eine ~e CD/Schallplatte** a very recent CD/record; **ein ~es Thema/eine ~e Frage** a red-hot subject/issue *fam*

Brand·an·schlag *m* arson attack **Brand·bin·de** *f* bandage for burns **Brand·bla·se** *f* burn blister **Brand·bom·be** *f* incendiary bomb [*or* device] **Brand·brief** *m* urgent reminder

brand·ei·lig *adj (fam)* extremely urgent

bran·den [ˈbrandn̩] *vi* ■ **an etw** *akk***/gegen etw** *akk* **~** to break against sth

Bran·den·burg <-s> [ˈbrandn̩bʊrk] *nt* Brandenburg

Brand·en·te *f* ORN *(Tadorna tadorna)* shelduck **Brand·fleck** *m* burn [mark] **Brand·ge·fahr** *f* fire risk, danger of fire **Brand·ge·ruch** *m* smell of burning **Brand·herd** *m* source of the fire

bran·dig [ˈbrandɪç] *adj* ❶ *(bei Feuer)* burnt *attr;* **~ riechen** to smell of burning ❷ BOT blighted, smutted ❸ MED gangrenous

Brand·ka·ta·stro·phe *f* conflagration, fire disaster **Brand·le·ger(in)** <-s, -> *m(f) bes* ÖSTERR *(Brandstifter)* arsonist **Brand·loch** *nt* burn[t] hole; **in etw** *akk* **ein ~ machen** to burn a hole in sth **brand·ma·ger** *adj* SCHWEIZ extremely thin, skinny *fam* **Brand·mal** <-s, -e> *nt (geh)* brand **brand·mar·ken** *vt* ❶ *(fig: anprangern)* ■ **jdn/etw [als etw** *akk***] ~** to brand sb/sth [as] sth, to denounce sb/sth [as sth] ❷ HIST *(mit Brandzeichen versehen)* ■ **jdn [als etw** *akk***] ~** to brand [*or* stigmatize] sb [as sth] **Brand·mau·er** *f* fire[proof] wall **Brand·meis·ter(in)** *m(f)* head firefighter **brand·neu** [ˈbrant'nɔy] *adj (fam)* brand new **Brand·op·fer** *nt* ❶ *(Opfer eines Brandes)* victim of a/the fire ❷ REL burnt offering; *(Mensch)* burnt sacrifice **Brand·re·de** *f* inflammatory speech **Brand·ro·dung** *f* slash-and-burn *no art* **Brand·sal·be** *f* burn ointment, ointment for burns [*or* scalds] **Brand·scha·den** *m* fire damage *no pl*

brand·schat·zen [ˈbrantʃatsn̩] *vt* ■ **etw ~** to sack [*or* pillage] sth

Brand·stel·le *f* ❶ *(Ort des Brandes)* fire ❷ *(verbrannte Stelle)* burnt patch **Brand·stif·ter(in)** *m(f)*

arsonist Brand·stif·tung f arson no pl **Brand·teig** m KOCHK chou|x| pastry

Bran·dung <-, -en> f surf, breakers pl

Brand·ur·sa·che f cause of the fire **Brand·wa·che** f ❶ *(Überwachung der Brandstelle)* firewatch ❷ *(Posten an der Brandstelle)* firewatch team ❸ SCHWEIZ *(Feuerwehr)* fire brigade **Brand·wun·de** f burn **Brand·zei·chen** nt brand

brann·te ['brantə] *imp von* **brennen**

Brannt·wein ['brantvaɪn] m *(geh)* spirits pl

Brannt·wein·es·sig m spirit vinegar **Brannt·wein·steu·er** f tax on spirits

Bra·si·li·a·ner(in) <-s, -> [brazi'li̯a:nɐ] m(f) Brazilian; *s. a.* **Deutsche(r)**

bra·si·li·a·nisch [brazi'li̯a:nɪʃ] *adj* Brasilian; *s. a.* **deutsch**

Bra·si·li·en <-s> [bra'zi:li̯ən] nt Brazil; *s. a.* **Deutschland**

Bra·sil·nuss[RR] [bra'zi:l-] f BOT *(Berthollotia excelsa)* Brazil nut

Bras·sen <-, -> ['brasn̩] m *s.* **Brachsen**

Brät <-s> [brɛ:t] nt kein pl DIAL *(fachspr)* sausage meat **Brat·ap·fel** m baked apple **Brat·beu·tel** m *s.* **Backbeutel**

bra·ten <brät, briet, gebraten> ['bra:tn̩] **I.** vt ▪ **etw** ~ *(in der Pfanne garen)* to fry sth; ▪ |**sich** *dat*| **etw** ~ to fry |oneself| sth; *(am Spieß garen)* to roast sth |on a spit|; **etw knusprig** |o **kross**| ~ to fry/roast sth until crisp **II.** vi ❶ *(in der Pfanne garen)* to fry ❷ *(fam: schmoren)* |**in der Sonne**| ~, **sich** *akk* ~ **lassen** to roast |in the sun| *fam*

Bra·ten <-s, -> ['bra:tn̩] m joint, roast |meat no pl, no art|; **kalter** ~ cold meat ▸WENDUNGEN: **ein fetter** ~ *(fam)* a prize |or good| catch; **den** ~ **riechen** *(fam)* to smell a rat *fam*

Bra·ten·fett nt dripping no pl **Bra·ten·ga·bel** f carving fork **Bra·ten·so·ße** f gravy **Bra·ten·ther·mo·me·ter** nt meat thermometer **Bra·ten·wen·der** <-s, -> m roasting jack, turnspit

Brä·ter <-s, -> ['brɛ:tɐ] m KOCHK roasting pan |or dish|

Brat·fett nt cooking fat **Brat·fisch** m ❶ *(zum Braten bestimmter Fisch)* fish for frying ❷ *(gebratener Fisch)* fried fish **Brat·hähn·chen** nt, **Brat·hendl** <-s, -[n]> nt ÖSTERR, SÜDD grilled chicken **Brat·he·ring** m fried herring **Brat·huhn** nt roast chicken **Brat·kar·tof·feln** pl fried potatoes pl, sauté potatoes pl **Brat·kar·tof·fel·ver·hält·nis** nt *(pej fam)* meal ticket *pej fam;* **er hat ein** ~ **mit ihr** she is his meal ticket **Brat·pfan·ne** f frying pan **Brat·röh·re** f DIAL oven **Brat·rost** m grill

Brat·sche <-, -n> ['bra:tʃə] f viola

Brat·schist(in) <-en, -en> [bra'tʃɪst] m(f) violist, viola player

Brat·spieß m spit **Brat·wurst** f ❶ *(zum Braten bestimmte Wurst)* |frying| sausage, bratwurst ❷ *(gebratene Wurst)* |fried| sausage, bratwurst

Brauch <-[e]s, Bräuche> |braux, pl: 'brɔyçə| m custom, tradition; **so will es der** ~ that's the custom |or tradition|; **nach altem** ~ according to custom |or tradition|; |**bei jdm so**| ~ **sein** to be customary |or tradition[al]| |or the custom| |with sb|

brauch·bar *adj* ❶ *(geeignet)* suitable; |beschränkt/nicht| ~ **sein** to be of |limited/no| use; **mein Schirm ist zwar alt, aber noch ganz** ~ my umbrella is old but it still serves its purpose |or it'll still do the trick| ❷ *(ordentlich)* useful; **ein** ~**er Plan** a viable plan; **ein** ~**er Mitarbeiter** a useful worker *fam*

brau·chen ['brauxn̩] **I.** vt ❶ *(nötig haben)* ▪ **jdn/etw** |**für/zu etw**| ~ to need sb/sth |for sth/to do sth|; **wozu brauchst du das?** what do you need that for?; **ich kann dich jetzt nicht** ~ *(fam)* I haven't got time for you right now ❷ *(an Zeit benötigen)* **Zeit/eine**

Stunde |**für etw**| ~ to need time/an hour |for sth|; **ich brauche bis zum Bahnhof etwa eine Stunde** I need about an hour |or it takes me about an hour| to get to the station; **alles braucht seine Zeit** everything takes time, Rome wasn't built in a day *prov* ❸ DIAL *(fam: gebrauchen)* ▪ **etw** ~ to need sth; **kannst du die Dinge** ~? can you find a use for these?; **das könnte ich jetzt gut** ~ I could do with that right now; **ich kann diese Leute nicht** ~! I don't need |or I can do without| these people! ❹ *(fam: verbrauchen)* ▪ **etw** ~ to use sth **II.** vb aux modal *(müssen)* ▪ **etw** |*(geh)* **zu**| **tun** ~ to need to do sth; ▪ **etw nicht** |**zu**| **tun** ~ to not need to do sth, to need not do sth; **Anna braucht nächste Woche nicht zu arbeiten** Anna doesn't need to work next week; **du hättest doch nur etwas** |**zu**| **sagen** ~ you need only have said something, you only needed to say something; **der Rasen braucht noch nicht gemäht** |**zu**| **werden** the lawn doesn't need mowing yet |or needn't be mown yet| **III.** vt impers SCHWEIZ, SÜDD ▪ **es braucht etw** sth is needed; **es braucht noch ein bisschen Salz** a little more salt is needed, you need a little bit more salt; ▪ **es braucht jdn/etw, um etw zu tun** sb/sth is needed to do sth

Brauch·tum <-[e]s, <*selten* -tümer> nt customs pl, traditions pl; **ein altes** ~ a tradition

Brauch·was·ser nt *(fachspr)* industrial |or service| water

Braue <-, -n> ['brauə] f |eye|brow, supercilium *spec;* **zusammengewachsene** ~**n** eyebrows joined in the middle; *s. a.* **Augenbraue**

brau·en ['brauən] vt ❶ **Bier** ~ to brew beer ❷ *(fam: zubereiten)* |jdm/sich| **einen Kaffee** ~ to make |sb/oneself| |a/some| coffee; **einen Zaubertrank** ~ to concoct a magic potion

Brau·er(in) <-s, -> ['brauə] m(f) brewer

Brau·e·rei <-, -en> [brauə'rai] f ❶ *(Braubetrieb)* brewery ❷ kein pl *(das Brauen)* ▪ **die** ~ brewing no pl

Brau·e·rei·ab·wäs·ser pl effluent from breweries

Brau·e·rin <-, -nen> f fem form von **Brauer**

Brau·haus nt |privately-owned| brewery **Brau·meis·ter(in)** m(f) master brewer

braun |braun| **I.** *adj* ❶ *(Farbe)* brown; *(brünett)* brown, brunet[te]; *(von der Sonne)* |sun-|tanned; ▪ ~ **werden** to become brown |or |sun-|tanned| ❷ *(pej: nationalsozialistisch)* Nazist[ic], Nazi *attr;* ▪ **die B~en** pl the Brownshirts pl **II.** *adv* ~ **gebrannt** |sun-|tanned; **etw** ~ **färben/lackieren** to dye/paint sth brown

Braun <-s, -> |braun| nt brown |colour |or AM -or| |; ▪ **in** ~ in brown

braun·äu·gig *adj* brown-eyed **Braun·bär** m brown bear

Bräu·ne <-> ['brɔynə] f kein pl |sun|tan

bräu·nen ['brɔynən] **I.** vt ❶ *(braun werden lassen)* ▪ **jdn/etw** to tan sb/sth ❷ KOCHK ▪ **etw** ~ to brown sth **II.** vi ❶ *(braun werden)* ▪ |**in der Sonne**| ~ to go brown |or tan| |in the sun|; *(von Sonne, UV-Strahlung)* to tan ❷ KOCHK to turn brown; ▪ **etw** ~ **lassen** to brown sth **III.** vr ▪ **sich** *akk* ~ *(sich sonnen)* to get a tan; *(braun werden)* to go brown

braun·ge·brannt *adj s.* **braun II. braun·haa·rig** *adj* brown-haired; *(Frau)* brunet[te] **Braun·koh·le** f brown coal, lignite **Braun·koh·le·kraft·werk** nt brown coal fired power station

bräun·lich ['brɔynlɪç] *adj* brownish

Braun·reis m *s.* **Naturreis**

Braun·schweig <-s> ['braunʃvaik] nt Brunswick

Bräu·nung <-, -en> f bronzing no pl, no indef art; **eine tiefe** ~ **der Haut** a deep |sun|tan

Bräu·nungs·creme [-kre:m] f tanning cream

Braun·wurz <-> f kein pl BOT figwort

Braus |braus| *m s.* **Saus**

Brau·se <-, -n> |'brauzə| *f* ❶ DIAL *(veraltend: Dusche)* shower; **sich** *akk* **unter die ~ stellen** to take [*or* have] a shower; *(Handbrause)* [hand] shower ❷ *(Aufsatz von Gießkannen)* spray [attachment], sprinkler ❸ *(veraltend fam: Limonade)* lemonade; *(Brausepulver)* sherbet powder

brau·sen |'brauzn̩| *vi* ❶ *haben (tosen)* to roar [*or* thunder]; *(von Wind, Sturm)* to howl; **~der Beifall** tumultuous applause ❷ *sein (fam: rasen, rennen, schnell fahren)* to storm; *(von Wagen)* to race

Brau·se·pul·ver *nt* effervescent powder; *(für Kinder)* sherbet powder **Brau·se·ta·blet·te** *f* effervescent tablet

Braut <-, Bräute> |braut, *pl*: 'brɔytə| *f* ❶ *(bei Hochzeit)* bride; **~ Christi** bride of Christ ❷ *(veraltend: Verlobte)* fiancée, betrothed *old;* **sie ist seine ~** she is his fiancée, she is engaged [*or* old betrothed] to him ❸ *(veraltend sl: junge Frau, Freundin)* girl, *fam* BRIT *sl:* bird

Braut·en·te *f* wood duck **Braut·füh·rer** *m* bride's male attendant

Bräu·ti·gam <-s, -e> |'brɔytɪgam, 'brɔyti-| *m* ❶ *(bei Hochzeit)* [bride]groom ❷ *(veraltend: Verlobter)* fiancé, betrothed *old*

Braut·jung·fer *f* bridesmaid **Braut·kleid** *nt* wedding dress **Braut·kranz** *m* bridal wreath **Braut·leu·te** *pl s.* **Brautpaar Braut·mut·ter** *f* bride's mother **Braut·paar** *nt* ❶ *(bei Hochzeit)* bride and groom + *pl vb* ❷ *(veraltend: Verlobte)* engaged couple **Braut·schau** *f* **auf ~ gehen, ~ halten** *(hum)* to go/be looking for a wife **Braut·schlei·er** *m* bridal [*or* wedding] veil **Braut·va·ter** *m* bride's father

brav |braːf| **I.** *adj* ❶ *(folgsam)* well-behaved, good; **sei schön ~!** be a good boy/girl; **komm her, sei ein ~er Hund!** come here, there's a good dog!; **bist du wieder nicht ~ gewesen?** have you been bad again?; **~ |gemacht|!** [there's a] good boy/girl! ❷ *(bieder)* plain ❸ *(rechtschaffen)* worthy, honest **II.** *adv* ❶ *(folgsam)* geh **~ spielen!** be a good boy/girl, and go and play, go and play, there's a good boy/girl ❷ *(rechtschaffen)* worthily

bra·vo |'braːvo| *interj* well done, bravo *dated*

Bra·vo·ruf *m* cheer

Bra·vour <-> |bra'vuːɐ̯| *f kein pl (geh)* ❶ *(Meisterschaft)* brilliance *no pl,* bravura *no pl liter;* **mit ~** *(meisterlich)* with style; **eine Prüfung mit ~ bestehen** to pass an examination with flying colours [*or* AM -ors]; *(mit Elan)* with spirit ❷ *(Kühnheit)* gallantry

Bra·vour·leis·tung *f (geh)* brilliant performance

bra·vou·rös |bravu'røːs| **I.** *adj* ❶ *(meisterhaft)* brilliant, bravura *attr* ❷ *(kühn)* undaunted **II.** *adv* ❶ *(meisterhaft)* with brilliance ❷ *(kühn)* gallantly

Bra·vour·stück *nt (geh)* ❶ *(Glanznummer)* brilliant feat ❷ MUS bravura

Bra·vur^RR <-> |bra'vuːɐ̯| *f kein pl (geh) s.* **Bravour**
bra·vu·rös^RR |bravu'røːs| *adj o adv s.* **bravourös**

BRD <-> |beːˈɛrˈdeː| *f Abk von* **Bundesrepublik Deutschland** FRG

Break <-s, -s> |breɪk| *m o nt* TENNIS break

Brech·boh·ne *f* French [*or* string] bean **Brech·durch·fall** *m* vomiting and diarrhoea [*or* AM diarrhea] *no art* **Brech·ei·sen** *nt* crowbar

bre·chen <bricht, brach, gebrochen> |'brɛçn̩| **I.** *vt* *haben* ❶ *(zer~)* **etw ~** to break sth; *s. a.* **durchbrechen** *s. a.* **zerbrechen** ❷ *(ab~)* **etw von etw** *dat* **~** to break sth off sth; **Zweige von den Bäumen ~** to break twigs off trees ❸ *(spaltend ab~)* **Schiefer/Stein/Marmor ~** to cut slate/stone/marble; *(im Steinbruch)* to quarry slate/stone/marble ❹ *(nicht [mehr] einhalten)* **eine Abmachung/einen Vertrag ~** to break [*or* violate] an agreement/a

contract; **seinen Eid ~** to violate one's oath; **sein Schweigen ~** to break one's silence; **jdm die Treue ~** to break trust with sb ❺ *(übertreffen)* **einen Rekord ~** to break a record ❻ *(niederkämpfen)* ▪ **etw |durch etw** *akk*| **~** to overcome sth [with sth]; ▪ **jdn/etw |durch etw** *akk*| **~** to break sb/sth down [with sth] ❼ *(geh: pflücken)* ▪ **etw ~** to pick [*or* liter pluck] sth ❽ *(ablenken)* ▪ **etw ~** to refract sth; **einen Lichtstrahl ~** to refract a ray of light; *(abprallen lassen)* to break the force of sth; **die Brandung wurde von den Buhnen gebrochen** the groynes broke the force of the surf ❾ *(verletzen)* **sich** *dat* **den Arm/einen Knochen ~** to break one's arm/a bone; **jdm den Arm ~** to break sb's arm ❿ *(er~)* ▪ **etw ~** to vomit sth **II.** *vi* ❶ *sein (auseinander)* to break [apart]; **zum B~** [*o* **~d|] voll sein** *(fam)* to be jam-packed *fam; s. a.* **Herz** ❷ *haben (Verbindung beenden)* ▪ **mit jdm/etw ~** to break with sb/sth; **eine Tradition ~** to break with [*or* away from] a tradition ❸ *(sich erbrechen)* to be sick, to throw up **III.** *vr haben (abgelenkt werden)* **sich** *akk* **|an etw** *dat*| **~** to break [against sth]; PHYS to be refracted [at sth]; *(von Ruf, Schall)* to rebound [off sth]

Bre·cher <-s, -> |'brɛçɐ| *m* breaker; **große/schwere ~** *pl* rollers *pl*

Brech·erb·se *f* sugar snap pea **Brech·mit·tel** *nt* emetic [agent]; **das reinste ~ |für jdn| sein** *(fam)* to make sb [want to] puke *sl* **Brech·reiz** *m kein pl* nausea *no pl, no art* **Brech·stan·ge** *f* crowbar

Bre·chung <-s, -en> *f* ❶ ▪ **die ~** *(von Wellen)* breaking; PHYS the diffraction; *(von Schall)* rebounding ❷ LING mutation *no art*

Bre·douil·le <-, -n> |bre'dʊljə| *f* ▸ WENDUNGEN: **in die ~ geraten** [*o* **kommen|** to get into a scrape [*or* fix] [*or* hum pretty pickle] *fam;* **in der ~ sein** [*o* **sitzen|** to be in a scrape [*or* fix] [*or* hum pretty pickle] *fam*

Brei <-[e]s, -e> |braɪ| *m* ❶ *(dickflüssiges Nahrungsmittel)* mash *no pl,* pap *no pl* ❷ *(zähe Masse)* paste; **die Lava ergoss sich als rot glühender ~ den Vulkanhang hinunter** the red-hot lava flowed sluggishly down the side of the volcano; **jdn zu ~ schlagen** *(fam)* to beat sb to a pulp *fam;* **jdm ~ ums Maul schmieren** to soft-soap [*or* sweet-talk] sb *fam;* **um den |heißen| ~ herumreden** to beat about the bush *fam*

brei·ig |'braɪɪç| *adj* pulpy, mushy; **eine ~e Konsistenz** a viscous [*or* thick] consistency; **~e Lava** viscous [*or* sluggish] lava; **eine ~e Masse** a paste

breit |braɪt| **I.** *adj* ❶ *(flächig ausgedehnt)* wide; **eine ~e Nase** a flattened nose; **~e Schultern haben** to have broad shoulders; **ein ~er Kerl** a hefty bloke [*or* AM guy]; **~e Buchstaben** TYPO expanded letters; **~e Schrift** TYPO padded [*or* sprawling] type; **etw ~|er| machen** to widen sth; **x cm ~ sein** to be x cm wide; **ein 25 cm ~es Brett** a 25-cm-wide plank, a plank 25 cm in width; *s. a.* **Bein** ❷ *(ausgedehnt)* wide; **ein ~es Publikum** a wide [*or* large] public; **die ~e Öffentlichkeit** the general public; **~e Zustimmung** wide[-ranging] approval ❸ *(gedehnt)* broad; **ein ~es Lachen** a hearty laugh ❹ *(stark ausgeprägt)* **ein ~er Dialekt** a broad dialect ❺ DIAL *(sl: betrunken)* smashed *sl* **II.** *adv* ❶ *(flach)* flat ❷ *(umfangreich)* ▪ **gebaut** strongly [*or* sturdily] built; **sie ist in den Hüften ~ gebaut** she's broad in the beam *hum fam;* **sich** *akk* **~ hinsetzen** to plump down; **setz dich doch nicht so ~ hin!** don't take up so much room! ❸ *(gedehnt)* broadly; **er grinste ~ über das ganze Gesicht** he grinned broadly [*or* from ear to ear] ❹ *(ausgeprägt)* ▪ **sprechen** to speak in a broad dialect

Breit·band <-bänder> *nt* ELEK, RADIO, TELEK broadband
Breit·band·an·ti·bi·o·ti·kum *nt* broad-spectrum anti-

biotic

breit·bei·nig I. *adj* **in ~er Stellung** with one's legs apart; **ein ~er Gang** a rolling gait II. *adv* with one's legs apart; **~ gehen** to walk with a rolling gait

Brei·te <-, -n> ['braitə] *f* ❶ *(die breite Beschaffenheit)* width; **von x cm ~** x cm in width, with a width of x cm; [**jdm**] **etw in aller ~ erklären** to explain sth [to sb] in great detail; **in voller ~ vor jdm** *(fam)* right [*or* fam smack] in front of sb; **in die ~ gehen** *(fam)* to put on weight ❷ *(Ausgedehntheit)* wide range; **die ~ des Angebots** the wide range on offer ❸ *(Gedehntheit)* breadth ❹ *(von Dialekt, Aussprache)* broadness ❺ *(Breitengrad)* latitude; **in südlichere ~n fahren** to travel to more southerly climes; **die Insel liegt** [**auf**] **34° nördlicher ~** the island lies 34° north; **in unseren/diesen ~n** in our part/these parts of the world

brei·ten ['braitn] I. *vt* ❶ *(decken)* ■ **etw über jdn/etw ~** to spread sth over sb/sth ❷ *(spreizen)* **etw ~** to spread sth; **der Vogel breitete die Flügel** the bird spread its wings II. *vr (poet: sich decken)* ■ **sich** *akk* **über etw** *akk* **~** to spread over sth; **Dunkelheit breitete sich über die Stadt** darkness spread over the town

Brei·ten·ar·beit *f* more general work; SPORT *training for a large number of up-and-coming players or teams* **Brei·ten·grad** *m* [degree of] latitude **Brei·ten·kreis** *m* line of latitude, parallel **Brei·ten·sport** *m* popular sport **Brei·ten·wir·kung** *f* widespread impact

breit·krem·pig *adj* broad-brimmed **breit|ma·chen** *vr (fam)* ■ **sich** *akk* **~** to spread oneself [out] *(auf +dat* on); *(sich ausbreiten)* to spread; *(sich verbreiten)* to pervade; **mach dich doch nicht so breit!** don't take up so much room; **ihr Exfreund hat sich in ihrer Wohnung breitgemacht** her ex treats her flat as if it were his; **bei euch scheinen sich einige Vorurteile breitgemacht zu haben** you seem to have adopted some prejudices **breit·ran·dig** *adj* wide-rimmed; **ein ~er Hut** a broad-brimmed hat; *s. a.* **breitkrempig breit|schla·gen** *vt irreg (fam)* ■ **jdn** [**zu etw** *dat*] **~** to talk sb round, to talk sb [round] into doing sth; ■ **sich** *akk* [**von jdm**] [**zu etw** *dat*] **~ lassen** to let oneself be talked round [by sb] [into doing sth] **breit·schul·te·rig**, **breit·schult·rig** *adj* broad-shouldered *attr*; **~ sein** to have broad shoulders **Breit·schwanz** *m kein pl* caracul, broadtail **Breit·sei·te** *f* ❶ NAUT broadside; **eine ~ abgeben** to fire a broadside ❷ *(scharfe Attacke)* broadside; **eine ~ abkriegen** *(fam)* to catch a broadside ❸ *(kürzere Seite)* short end **breit·spu·rig** *adj* BAHN broad-gauge *attr* **breit|tre·ten** *vt irreg (fam)* ■ **etw ~** ❶ *(zu ausgiebig erörtern)* to go on about sth *fam,* to flog sth to death *sl* ❷ *(verbreiten)* to enlarge on sth **breit|wal·zen** *vt (fam) s.* **breit·treten Breit·wand** *f* wide screen; **auf ~ zeigen** to show on a wide screen; **ein Film in ~** a film in wide-screen format **Breit·wand·film** *m* wide-screen film, film for the wide screen **Breit·we·ge·rich** *m* BOT *(Plantago major)* great plantain

Bre·men <-s> ['bre:mən] *nt* Bremen

Brems·an·la·ge ['brɛms-] *f* braking system **Brems·ba·cke** *f* brake shoe **Brems·be·lag** *m* brake lining; AUTO brake pad

Brem·se¹ <-, -n> ['brɛmzə] *f* ❶ *(Bremsvorrichtung)* brake; **die ~n sprechen gut an** the brakes respond well ❷ *(Pedal)* brake [pedal]; *(Bremshebel)* brake [lever]; **auf die ~ treten** [*o fam:* **steigen**] [*o sl:* **latschen**] to put on [*or* apply] [*or fam* slam on] the brakes

Brem·se² <-, -n> ['brɛmzə] *f (Stechfliege)* horsefly

brem·sen ['brɛmzn] I. *vi* ❶ *(die Bremse betätigen)* to brake, to put on [*or* apply] the brakes ❷ *(abbremsen)* to brake; **~d wirken** to act as a brake; *(von Wind)* to slow sb/sth down ❸ *(hinauszögern)* to put on the brakes *fam* ❹ *(fig: zurückstecken)* ■ **mit etw** *dat* **~**

to cut down on sth; **mit den Ausgaben ~ müssen** to have to curtail expenses II. *vt* ❶ AUTO *(ab~)* ■ **etw ~** to brake sth ❷ *(verzögern)* ■ **etw ~** to slow down sth *sep,* to retard sth; *(dämpfen)* to curb sth ❸ *(fam: zurückhalten)* ■ **jdn ~** to check sb; **sie ist nicht zu ~** *(fam)* there's no holding [*or* stopping] her III. *vr* **ich kann'/werd' mich ~!** *(fam)* not likely! *a. iron,* not a chance! *a. iron*

Brem·ser[**in**] <-s, -> ['brɛmzɐ] *m(f)* ❶ *(fig: Verhinderer)* damper; **sich als ~ betätigen** to have a dampening effect, to be a wet blanket *fam* ❷ HIST, BAHN brake[s]man; SPORT brake[s]man

Brems·fall·schirm *m* brake parachute, drogue [parachute] **Brems·flüs·sig·keit** *f* brake fluid **Brems·he·bel** *m* brake lever **Brems·klap·pe** *f* LUFT air brake **Brems·klotz** *m* AUTO brake pad **Brems·kraft·ver·stär·ker** *m* AUTO power brake [unit], brake servo **Brems·licht** *nt* stop light [*or* lamp] **Brems·pe·dal** *nt* brake pedal **Brems·ra·ke·te** *f* retrorocket **Brems·spur** *f* skid marks *pl*

Brem·sung <-, -en> *f* braking *no art*

Brems·vor·rich·tung *f (geh)* brake mechanism [*or* gear *no pl*] **Brems·weg** *m* braking [*or* stopping] distance

brenn·bar *adj* combustible, [in]flammable

Brenn·ele·men·te *pl* NUKL fuel elements *pl*

bren·nen <brannte, gebrannt> ['brɛnən] I. *vi* ❶ *(in Flammen stehen)* to be on fire; **lichterloh ~** to be ablaze; **zu ~ anfangen** to start burning, to catch fire; ■ **~d** burning ❷ *(angezündet sein)* to burn; *Streichholz* to strike [*or* light]; *Feuerzeug* to light ❸ ELEK *(fam: an sein)* to be on; *Lampe a.* to be burning; ■ **etw ~ lassen** to leave sth on ❹ *(schmerzen)* to be sore; **auf der Haut/in den Augen ~** to burn [*or* sting] the skin/eyes ❺ *(auf etw sinnen)* ■ **auf etw** *akk* **~** to be bent on [*or* dying for] sth; ■ **darauf ~, etw zu tun** to be dying to do sth ❻ *(ungeduldig sein)* ■ **vor etw** *dat* **~** to be burning [*or* bursting] with sth; **vor Neugier ~** to be bursting with curiosity II. *vi impers* **es brennt!** fire! fire!; **in der Fabrik brennt es** there's a fire in the factory; **wo brennt's denn?** *(fig)* where's the fire?; *(fig fam)* what's the panic? III. *vt* ❶ *(rösten)* ■ **etw ~** to roast sth ❷ *(destillieren)* ■ **etw ~** to distil [*or* AM -ll] sth; **etw schwarz** [*o il-legal*] **~** to moonshine sth ❸ *(härten)* ■ **etw ~** to fire [*or* bake] sth ❹ *(auf~)* ■ **einem Tier etw auf die Haut ~** to brand an animal's hide with sth; ■ **etw auf etw** *akk/an* **etw** *akk* **~** to burn sth into sth IV. *vr* ■ **sich** *akk* [**an etw** *dat*] **~** to burn oneself [on sth]

bren·nend I. *adj* ❶ *(quälend)* scorching; **~er Durst** parching thirst ❷ *(sehr groß)* **~e Frage** urgent question; **~er Wunsch** fervent wish II. *adv (fam: sehr)* incredibly; **ich wüsste ~ gern …** I would dearly like to know …

Bren·ner¹ <-s, -> ['brɛnɐ] *m* TECH burner

Bren·ner[**in**]² <-s, -> ['brɛnɐ] *m(f) (Beruf)* distiller

Bren·ne·rei <-, -en> [brɛnə'rai] *f* distillery

Bren·ne·rin <-, -nen> *f fem form von* **Brenner**

Brennes·selᴬᴸᵀ ['brɛnɛsl] *f s.* **Brennnessel Brenn·glas** *nt* burning glass **Brenn·holz** *nt* firewood *no pl* **Brenn·kam·mer** *f* LUFT combustion chamber **Brenn·ma·te·ri·al** *nt* [heating] fuel **Brenn·nes·sel**ᴿᴿ ['brɛn·nɛsl] *f* stinging nettle **Brenn·ofen** *m* kiln **Brenn·punkt** *m* ❶ PHYS focal point ❷ MATH focus ❸ *(Zentrum)* focus, focal point; **in den ~** [**der Aufmerksamkeit/des Interesses**] **rücken** to become the focus [*or* focal point] [of attention/interest]; **im ~** [**des Interesses**] **stehen** to be the focus [of interest] **Brenn·sche·re** *f* curling tongs *npl* **Brenn·spi·ri·tus** *m* [mineralized *spec*] methylated spirit **Brenn·stab** *m* NUKL fuel rod **Brenn·stoff** *m* fuel **Brenn·stoff·kreis·lauf** *m* NUKL fuel cycle **Brenn·wei·te** *f*

Briefe

Anrede in Briefen	forms of address in letters
Liebe/r …,	Dear …,
Hallo, …!/Hi, …! *(fam)*	Hello, …!/Hi, …!
Liebe/r Frau/Herr …,	Dear Mr/Mrs …,
Sehr geehrte/r Frau/Herr … *(form)*	Dear Mrs/Mr …
Sehr geehrte Damen und Herren, …	Dear Sir or Madam

Schlussformeln in Briefen	ending a letter
Tschüss! *(fam)*/Ciao! *(fam)*	Bye!/Cheers!
Alles Gute! *(fam)*	All the best!
Herzliche/Liebe Grüße *(fam)*	Kind regards/With love from
Viele Grüße	Best wishes
Mit (den) besten Grüßen	Yours
Mit freundlichen Grüßen *(form)*	Yours sincerely

PHYS focal length

brenz·lig ['brɛntslɪç] **I.** *adj (fam)* dicey *fam*, iffy *sl;* **die Situation wird mir zu ~** things are getting too hot for me **II.** *adv* **~ riechen** to smell of burning

Bre·sche <-, -n> ['brɛʃə] *f* breach; **in etw** *akk* **eine [große] ~ schlagen** [*o* **reißen**] *(fig)* to make a [great] breach in sth; **für jdn** [**in die ~ springen** *(fig)* to step in [for sb]; **eine ~ in etw** *akk* **schlagen** [*o* **schießen**] to breach sth; **für jdn/etw eine ~ schlagen** to stand up for sb/sth

Bres·lau <-s> ['brɛslau] *nt* Wrocław

Bresse·huhn ['brɛs-] *nt* KOCHK Bresse chicken

Bre·ta·gne <-> [bre'tanjə, brə'tanjə] *f* **die ~** Brittany

Bre·to·ne, Bre·to·nin <-n, -n> [bre'to:nə, bre'to:nɪn] *m, f* Breton; *s. a.* **Deutsche(r)**

Bre·to·nisch [bre'to:nɪʃ] *nt dekl wie adj* Breton; *s. a.* **Deutsch**

bre·to·nisch [bre'to:nɪʃ] *adj* Breton; *s. a.* **deutsch**

Bre·to·ni·sche <-n> *nt* ■ **das ~** Breton, the Breton language; *s. a.* **Deutsche**

Brett <-[e]s, -er> [brɛt] *nt* ❶ *(Holzplatte)* [wooden] board; *(Planke)* plank; **etw mit ~ern vernageln** to board sth up; *(Sprungbrett)* [diving-]board; *(Regalbrett)* shelf; **die ~er, die die Welt bedeuten** THEAT *(fig)* the stage; **auf den ~ern stehen** THEAT to be on the stage; **schwarzes ~** noticeboard ❷ *(Spielbrett)* [game]board ❸ *pl (Skier)* skis *pl;* **auf den ~ern stehen** [*o* **sein**] to be on skis; *(Boxring)* floor, canvas; **auf die ~er gehen** *(fig)* to hit the canvas *fam;* **jdn auf die ~er schicken** *(fig fam)* to floor sb ▶ WENDUNGEN: **ein ~ vorm Kopf haben** *(fam)* to be slow on the uptake *a. iron; s. a.* **Welt**

Brett·chen <-s, -> *nt* [small] board

Bret·ter·bo·den *m* board[ed] floor **Bret·ter·bu·de** *f* booth

bret·tern ['brɛtən] *vi sein (fam)* to hammer *fam;* **die Straße entlang ~** to tear up the road *fam;* **mit 200 Sachen über die Autobahn ~** to be doing 125 mph along the motorway [*or* AM freeway]

Bret·ter·wand *f* wooden wall **Bret·ter·zaun** *m* wooden fence; *(an Baustellen)* hoarding

Brett·spiel *nt* board game

Bre·vet <-s, -s> [bre've:, bre'vɛ] *nt* SCHWEIZ brevet

bre·ve·tie·ren [breve'ti:rən] *vt* SCHWEIZ ■ **jdn ~** to brevet sb

Bre·vier <-s, -e> [bre'vi:ɐ̯] *nt* ❶ *(Leitfaden)* ■ **ein ~ einer S.** *gen* a guide to sth ❷ REL breviary; **das ~**

beten to say one's breviary

Bre·zel <-, -n> ['bre:tsl̩] *f* pretzel

Brezeln – *pretzels* are a south German speciality whose light-coloured dough is turned brown by dipping in a salt solution before baking. They are sprinkled with coarse salt and sold in baker's shops or on pretzel stalls; when spread with butter they are called *Butterbrezeln*.

bricht [brɪçt] *3. pers pres von* **brechen**

Bridge <-> [brɪdʒ] *nt kein pl* bridge *no pl;* **eine Partie ~ spielen** to play a game of bridge

bri·die·ren* [bri'di:rən] *vt* ■ **etw ~** KOCHK to truss sth

Bri·die·ren [bri'di:rən] *nt kein pl* KOCHK trussing

Brief <-[e]s, -e> [bri:f] *m* ❶ *(Poststück)* letter; **etw als ~ schicken** to send sth [by] letter post [*or* AM at [the] letter rate]; **jdm ~ und Siegel [auf etw** *akk*] **geben** to give sb one's word [on sth]; **blauer ~** *(Kündigung)* letter of dismissal; SCH *school letter notifying parents that their child must repeat the year;* **ein offener ~** an open letter; **mit jdm ~e wechseln** to correspond with sb ❷ *(in der Bibel)* epistle ❸ ÖKON *s.* **Briefkurs**

Brief·be·schwe·rer <-s, -> *m* paperweight **Brief·block** *m* writing [*or* letter] pad **Brief·bo·gen** *m* [sheet of] writing [*or* letter] paper **Brief·bom·be** *f* letter bomb

Brief·chen <-s, -> *nt* ❶ *dim von* **Brief** note ❷ *(flaches Päckchen)* packet; **ein ~ Streichhölzer** a book of matches

Brief·druck·sa·che *f* printed material [sent in letter form] **Brief·ein·wurf** *m (geh)* letter box BRIT, mailbox AM; *(in Postamt)* postbox BRIT, mailbox AM **Brief·freund** *m(f)* pen pal *fam,* BRIT *a.* penfriend **Brief·freund·schaft** *f* correspondence [between pen pals [*or* BRIT *a.* penfriends]]; **eine ~ haben** to be penfriends **Brief·ge·heim·nis** *nt* privacy [*or* secrecy] of correspondence

Brie·fing <-s, -s> ['bri:fɪŋ] *nt* MIL, ÖKON briefing

Brief·kar·te *f* correspondence card

Brief·kas·ten *m (Hausbriefkasten)* letter box BRIT, mailbox AM; *(Postbriefkasten)* postbox BRIT, mailbox AM, BRIT *a.* pillar box; **elektronischer ~** INFORM electronic mailbox; **ein toter ~** a dead-letter box

Brief·kas·ten·do·mi·zil *nt* SCHWEIZ seat of a letter-box company **Brief·kas·ten·fir·ma** *f* letter-box company

Brief·kopf *m* letterhead **Brief·kurs** *m* FIN selling rate

B

[*or* price]

brief·lich I. *adj* in writing *pred,* by letter *pred;* **in ~er Verbindung stehen** *(geh)* to be corresponding **II.** *adv* in writing, by letter

Brief·mar·ke *f* [postage] stamp

Brief·mar·ken·al·bum *nt* stamp album **Brief·mar·ken·au·to·mat** *m* stamp[-dispensing] machine **Brief·mar·ken·bo·gen** *m* sheet of stamps **Brief·mar·ken·kun·de** *f* philately **Brief·mar·ken·samm·ler(in)** *m(f)* philatelist, stamp collector **Brief·mar·ken·samm·lung** *f* stamp collection **Brief·mar·ken·stem·pel** *m* post[age] mark **Brief·mar·ken·zah·nung** *f* [stamp's] perforations *pl*

Brief·öff·ner *m* letter opener, paper knife **Brief·pa·pier** *nt* letter [*or* writing] paper **Brief·por·to** *nt* letter rate **Brief·schul·den** *pl* arrears *pl* of correspondence *form* **Brief·ta·sche** *f* wallet, AM *a.* billfold **Brief·tau·be** *f* carrier [*or* homing] pigeon **Brief·trä·ger(in)** *m(f)* postman *masc,* postwoman *fem* **Brief·um·schlag** *m* envelope **Brief·waa·ge** *f* letter scales; *pl* balance **Brief·wahl** *f* postal vote BRIT, absent[ee] ballot [*or* voting] AM; **seine Stimme durch ~ abgeben** to vote by post [*or* AM mail] **Brief·wahl·an·trag** *m* POL application for a postal vote [form] **Brief·wäh·ler(in)** *m(f)* postal [*or* AM absentee] voter **Brief·wahl·un·ter·la·gen** *f pl* POL postal vote forms **Brief·wech·sel** *m* correspondence; **mit jdm in ~ stehen, einen ~ mit jdm führen** *(geh)* to be corresponding [*or* in correspondence] with sb **Brief·zu·stel·ler(in)** *m(f) (geh)* postman *masc,* postwoman *fem*

Bries <-es, -e> [briːs] *nt* KOCHK sweetbreads *pl*

briet [briːt] *imp von* **braten**

Bri·ga·de <-, -n> [briˈgaːdə] *f* MIL brigade

Bri·ga·de·ge·ne·ral(in) *m(f)* brigadier

Brigg <-, -s> [brɪk] *f* NAUT brig

Bri·kett <-s, -s *o (selten)* -e> [briˈkɛt] *nt* briquette

bri·ket·tie·ren [brikɛˈtiːrən] *vt* ■ **etw ~** KOCHK to briquet sth

Bri·kett·zan·ge *f* fire tongs *npl*

bril·lant [brɪlˈjant] *adj* brilliant

Bril·lant <-en, -en> [brɪlˈjant] *m* brilliant, [cut] diamond

Bril·lant·kol·lier *nt* diamond necklace **Bril·lant·schmuck** *m kein pl* diamonds *pl*

Bril·lanz <-> [brɪlˈjants] *f kein pl* ➊ *(meisterliche Art)* brilliance ➋ *(von Lautsprecher)* bounce, brilliancy ➌ *(Bildschärfe)* quality

Bril·le <-, -n> [ˈbrɪlə] *f* ➊ *(Sehhilfe)* glasses *npl,* spectacles *npl,* specs *npl fam;* ■ **eine ~** a pair of glasses [*or* spectacles] [*or fam* specs]; **[eine] ~ tragen** to wear glasses; **etw durch eine rosa[rote] ~ sehen** *(fig)* to see sth through rose-coloured [*or* AM -tinted] [*or* rose-tinted] glasses; **alles durch eine schwarze ~ sehen** *(fig)* to take a gloomy [*or* pessimistic] view [of things]; **etw durch seine [eigene] ~ sehen** [*o* betrachten] *(fig)* to take a subjective view of sth, to see sth as one wants to [see it] ➋ *(Toilettenbrille)* [toilet] seat

Bril·len·bär *m* ZOOL *(Tremarctos ornatus)* spectacled bear **Bril·len·etui** *nt* glasses [*or* spectacles] case **Bril·len·ge·stell** *nt* spectacles frame **Bril·len·glas** *nt* lens **Bril·len·schlan·ge** *f* ➊ ZOOL [spectacled] cobra ➋ *(pej fam)* sb wearing glasses, four-eyes *pej fam,* BRIT *a. pej* fam specky four-eyes **Bril·len·trä·ger(in)** *m(f)* person wearing glasses [*or* spectacles] *pl;* **sie ist ~in** she wears glasses

bril·lie·ren [brɪlˈjiːrən] *vi (geh)* ■ **[mit etw** *dat*] **~** to scintillate [with sth] *liter*

Brim·bo·ri·um <-s> [brɪmˈboːrɪʊm] *nt kein pl (pej fam)* fuss, ado; **ein ~ [um etw** *akk*] **machen** to make a fuss [about [*or* over] sth]

Brim·sen·kä·se [ˈbrɪmzn̩] *m* ÖSTERR *(Schafskäse)* sheep's cheese

brin·gen <brachte, gebracht> [ˈbrɪŋən] *vt* ➊ *(tragen)* ■ **[jdm] etw ~** to bring [sb] sth, to bring sth [to sb]; **den Müll nach draußen ~** to take [*or* bring] out the rubbish [*or* AM garbage]; **etw an sich** *akk* **~** *(fam)* to get sth; **etw hinter sich** *akk* **~** to get sth over and done with; **etw mit sich ~** to involve [*or* entail] sth; **seine Unaufrichtigkeit brachte viele Probleme mit sich** his dishonesty caused a lot of troubles; **es nicht über sich** *akk* **~, etw zu tun** not to be able to bring oneself to do sth ➋ *(servieren)* ■ **jdm etw ~** to bring sb sth; **sich** *dat* **etw ~ lassen** to have sth brought to one ➌ *(mitteilen)* ■ **jdm eine Nachricht ~** to bring sb news ➍ *(befördern)* **jdn in die Klinik/zum Bahnhof/nach Hause ~** to take sb to the clinic/to the station/home; **die Kinder ins Bett ~** to put the children to bed ➎ *(begleiten)* ■ **jdn nach Hause ~** to accompany sb home ➏ *(darbieten)* ■ **etw ~** *(von Kino, Nachtlokal)* to show sth; *(von Artist, Tänzerin, Sportler)* to perform sth; *s. a.* **Opfer** ➐ *(senden)* ■ **etw ~** to broadcast sth; TV to show [*or* broadcast] sth; **das Fernsehen bringt nichts darüber** there's nothing on television about it; **um elf Uhr ~ wir Nachrichten** the news will be at eleven o'clock ➑ *(aufführen)* ■ **etw ~** to perform sth ➒ *(veröffentlichen)* ■ **etw ~** to print [*or* publish] sth; **die Zeitung brachte nichts/einen Artikel darüber** there was nothing on/an article in the paper about it; **alle Zeitungen brachten es auf der ersten Seite** all the papers had it on the front page ➓ *(bescheren)* ■ **jdm etw ~:** [jdm] **Glück/Unglück ~** to bring [sb] good/bad luck; **so ein großer Rasen kann einem schon eine Menge Arbeit ~** such a large lawn can mean a lot of work for one ⓫ *(versetzen)* **jdn in Bedrängnis ~** to get sb into trouble; **jdn ins Gefängnis ~** to put [*or* land] sb in prison; **jdn vor Gericht ~** to bring sb before the court; **jdn ins Grab ~** to be the death of sb; **jdn in Schwierigkeiten ~** to put [*or* get] sb into a difficult position; **das bringt dich noch in Teufels Küche!** you'll get into [*or* be in] a hell of a mess if you do that! *fam;* **jdn zur Verzweiflung/Weißglut ~** to make sb desperate/livid; **jdn zum Nervenzusammenbruch ~** to give sb a nervous breakdown ⓬ *(rauben)* ■ **jdn um etw** *akk* **~** to rob sb of sth; **jdn um den Verstand ~** to drive sb mad; **das Baby bringt die Eltern um den Schlaf** the baby is causing the parents sleepless nights ⓭ *(lenken)* **die Diskussion/das Gespräch auf jdn/etw ~** to bring the discussion/conversation round to sb/sth ⓮ *(ein~)* ■ **[jdm] etw ~** to bring in sth [for sb]; **das bringt nicht viel Geld** that won't bring [us] in much money; *(er~)* to produce, to yield ⓯ *(fam: bekommen)* **ob wir den Schrank noch weiter an die Wand ~?** I wonder whether we can get the cupboard closer to the wall?; **ich bringe die Füße einfach nicht in diese Stiefel!** I simply can't get my feet in these boots!; **alleine bringe ich die schwere Vase nicht von der Stelle** I can't move this heavy vase alone; **bringst du den Korken aus der Flasche?** can you get the cork out of the bottle? ⓰ *(bewegen)* **jdn dazu ~, etw zu tun** [*o* dass jd etw tut] to get sb to do sth; **er fährt nicht gerne in kalte Länder, du bringst ihn nie dazu mitzukommen** he doesn't like going to cold countries, you'll never get him to come along! ⓱ *mit substantiviertem Verb (bewerkstelligen)* **jdn zum Laufen/Singen/Sprechen ~** to make sb run/sing/talk; **jdn zum Schweigen ~** to silence sb; **etw zum Brennen/Laufen ~** to get sth to burn/work; **etw zum Stehen ~** to bring sth to a stop; **jdn so weit** [*o* dahin] [*o* dazu]] **bringen, dass ...** to force sb to ...; **mit seinen ständigen Mäkeleien bringt er mich noch dahin, dass ich kündige** his incessant carping will make me hand in my notice [one day]; **du wirst**

es noch so weit ~, dass man dich rauswirft! you'll make them throw you out; **jdn außer sich** *akk* ~ to exasperate sb ⓣ *(fam: erreichen)* **es auf ein gutes Alter** ~ to reach a ripe old age; **der Motor brachte es auf 500.000 km** the engine kept going for 500,000 km; **er brachte es in der Prüfung auf 70 Punkte** he got 70 points in the exam; **der Wagen bringt es auf 290 km/h** this car can do 290 kph ⓣ *(erfolgreich werden)* **es zum Millionär/Firmen-leiter** ~ to become a millionaire, to become [*or* make it to] company director; **es zum Präsidenten** ~ to become [*or* make] president; ◼ **es zu etwas/nichts** ~ to get somewhere/nowhere ⓐ *(fam: leisten)* **für das Gehalt muss einer aber schon ganz schön was [an Leistung] ~!** you really have to perform to get this salary!; **wer hier zu wenig bringt, fliegt!** if you're not up to form, you're out!; **was bringt der Wagen denn so an PS?** what's the top HP of this car? ⓐ *(sl: machen)* **einen Klops** ~ NORDD to put one's foot in it *fam;* **einen Hammer** ~ *(fam)* to drop a bomb-shell *fam;* **das kannst du doch nicht ~!** you can't [go and] do that! ⓐ *(sl: gut sein)* **sie/es bringt's** she's/it's got what it takes; **meinst du, ich bring's?** do you think I can do it?; **das bringt er nicht** he's not up to it; **na, bringt dein Mann es noch [im Bett]?** well, can your husband keep it up [in bed]? *fam;* **der Motor bringt's nicht mehr!** the engine's had it [*or* done for] *fam;* **die alte Kiste wird es noch für 'ne Weile** ~ there's still some life left in the old crate *fam;* **das bringt nichts** *(fam)* it's pointless; **das bringt's nicht** *(fam)* that's useless

Bring·schuld *f* ⓐ JUR obligation which the debtor has to perform at the creditor's place of business or residence ⓐ *(moralische Verpflichtung)* moral obligation
Bri·oche·form [bri'ɔʃ-] *f* brioche tin
bri·sant [bri'zant] *adj* ⓐ *(geh)* explosive ⓐ *(explosiv)* explosive, high-explosive *attr;* **~er Sprengstoff** high explosive
Bri·sanz <-, -en> [bri'zants] *f* ⓐ *(geh)* explosive nature ⓐ *(Explosivität)* explosive power, brisance *spec*
Bri·se <-, -n> ['bri:zə] *f* breeze; **eine frische/leichte/steife** ~ a fresh/light/stiff breeze
Bri·tan·ni·en <-s> [bri'tanɪən] *nt* HIST Britannia; *(Großbritannien)* Britain; *s. a.* **Deutschland**
bri·tan·nisch [bri'tanɪʃ] *adj* HIST Britannic
Bri·te, Bri·tin <-n, -n> ['brɪtə, 'bri:tə, 'brɪtɪn, 'bri:tɪn] *m, f* Briton, Brit *fam;* **wir sind ~n** we're British; *s. a.* **Deutsche(r)**
bri·tisch ['brɪtɪʃ, 'bri:tɪʃ] *adj* British, Brit *attr fam; s. a.* **deutsch**
brö·cke·lig ['brœkəlɪç] *adj* ⓐ *(zerbröckelnd)* crumbling *attr;* ~ **werden** to [start to] crumble ⓐ *(leicht bröckelnd)* crumbly
Brö·ckel·kohl ['brœkl-] *m* DIAL *s.* **Brokkoli**
brö·ckeln ['brœkln] *vi* ⓐ DIAL **haben** *(in kleine Brocken zerfallen)* to crumble; *s. a.* **zerbröckeln** ⓐ **sein** *(in kleinen Brocken abfallen)* ◼ **von/aus etw** *dat* ~ to crumble [away] from [*or* out of] sth
Bro·cken <-s, -> ['brɔkn] *m* ⓐ *(Bruchstück)* chunk; **jdm** ~ *pl* **an den Kopf werfen** *(fam: jdn beschimpfen)* to fling [*or* hurl] insults at sb; **ein harter** [*o* **dicker]** ~ **[für jdn] sein** *(fam)* to be a tough nut [for sb]; **das ist ein harter** ~ that's a toughie *fam* ⓐ *pl* **ein paar** ~ **Russisch** a smattering of Russian; **ich habe nur ein paar** ~ **vom Gespräch aufgeschnappt** I only caught a few words of the conversation ⓐ *(fam: massiger Mensch)* hefty bloke [*or* AM guy] *fam;* **das Baby ist ein ganz schöner** ~ the baby is a right little dumpling *fam*
bro·cken·wei·se *adv* bit by bit
bro·deln ['bro:dln] *vi* ⓐ *(aufwallen)* to bubble; *(von*

**Lava a.)* to seethe ⓐ *(liter: wallen)* to swirl
Bro·dem <-s, -> ['bro:dəm] *m kein pl (liter)* noxious vapour [*or* AM -or]; *(aus dem Boden a.)* miasma *no pl, no indef art*
Bro·kat <-[e]s, -e> [bro'ka:t] *m* brocade
Bro·ker(in) <-s, -> ['bro:kɐ] *m(f)* FIN broker
Brok·ko·li ['brɔkoli] *pl* broccoli *no pl, no indef art*
Brok·ko·li·rös·chen *pl* broccoli florets *pl*
Brom <-s> [bro:m] *nt kein pl* bromine *no pl*
Brom·bee·re ['brɔmbeːrə] *f* ⓐ *(Strauch)* blackberry [*or* bramble[berry]] bush ⓐ *(Frucht)* blackberry, bramble[berry]
Brom·beer·strauch *m s.* **Brombeere 1**
bron·chi·al [brɔn'çia:l] *adj* bronchial
Bron·chi·al·asth·ma *nt* bronchial asthma **Bron·chi·al·ka·tarrʳʳ, Bron·chi·al·ka·tarrh** *m* bronchial catarrh, bronchitis
Bron·chie <-, -n> ['brɔnçiə, *pl:* -çiən] *f meist pl* bronchial tube, bronchus *spec*
Bron·chi·tis <-, Bronchitiden> [brɔn'çi:tɪs, *pl:* -çi'ti:dn] *f* bronchitis *no art*
Bron·ze <-, -n> ['brõ:sə] *f* ⓐ *(Metall)* bronze ⓐ *(Skulptur aus Bronze)* bronze
Bron·ze·me·dail·le [-medaljə] *f* bronze medal
bron·zen ['brõ:sn, 'brɔŋsn] *adj* ⓐ *(aus Bronze 1.)* bronze *attr,* of bronze *pred* ⓐ *(von ~er Farbe)* bronze[-coloured [*or* AM -ored]]
Bron·ze·re·li·ef *nt* KUNST bronze relief **Bron·ze·zeit** *f* ◼ **die** ~ the Bronze Age
Bro·sche <-, -n> ['brɔʃə] *f* brooch
bro·schiert *adj* paperback *attr*
Bro·schü·re <-, -n> [brɔ'ʃyːrə] *f* brochure
Bro·schur·ein·band *m* TYPO cut flush binding
Brö·sel <-s, -> ['brøːzl] *m* DIAL ⓐ *(Krümel)* crumb ⓐ *pl* breadcrumbs *pl*
brö·se·lig, brös·lig *adj* DIAL crumbly
brö·seln ['brøːzln] *vi* DIAL ⓐ *(bröckeln)* to crumble ⓐ *(zerbröseln)* to make crumbs
Brot <-[e]s, -e> [bro:t] *nt* bread *no pl;* **alt[ba-cken]es** ~ stale bread; **schwarzes** ~ black [*or* rye] bread; **unser tägliches** ~ **gib uns heute!** REL give us this day our daily bread; **das ist unser täglich[es]** ~ *(fig)* that's our stock-in-trade; *(Laib)* loaf [of bread]; *(Butterbrot)* slice of bread and butter; **ein** ~ **mit Honig/Käse** a slice of bread and honey/cheese; **belegtes** ~ open sandwich; **sich** *dat* **sein** ~ **[als etw] verdienen** to earn one's living [*or* hum daily bread] [as sth]; **ein hartes** [*o* **schweres]** ~ **sein** to be a hard way to earn a living; **wes** ~ **ich ess', des Lied ich sing'** *(prov)* never quarrel with your bread and butter, he who pays the piper calls the tune *prov; s. a.* **Mensch**
Brot·auf·strich *m* [sandwich] spread **Brot·be·lag** *m* topping, sandwich filling **Brot·beu·tel** *m* haversack
Bröt·chen <-s, -> ['brøːtçən] *nt* [bread] roll; ▶ WENDUNGEN: **sich** *dat* **seine** ~ **verdienen** *(fam)* to earn one's living [*or* hum daily bread]; **kleine[re]** ~ **backen müssen** *(fam)* to have to set one's sights lower
Bröt·chen·ge·ber *m (hum fam)* provider *hum*
Brot·ein·heit *f* MED carbohydrate unit **Brot·er·werb** *m* [way of earning one's] living **Brot·frucht** *f* BOT, KOCHK breadfruit **Brot·kas·ten** *m* bread bin **Brot·korb** *m* bread basket; **jdm den** ~ **höher hängen** *(fig fam)* to keep sb short BRIT, to put the squeeze on sb AM **Brot·kru·me** *f* breadcrumb **Brot·krus·te** *f s.* **Brotrinde**
brot·los *adj* out of work *pred,* unemployed; **jdn** ~ **machen** to put sb out of work; *s. a.* **Kunst Brot·ma·schi·ne** *f* bread slicer **Brot·mes·ser** *nt* bread knife **Brot·rin·de** *f* [bread] crust **Brot·rös·ter** <-s, -> *m s.* **Toaster Brot·schnit·te** *f* slice of bread **Brot·sup·pe** *f* bread soup **Brot·teig** *m* [bread] dough *no pl*

Brot·tel·ler *m* side plate **Brot·ver·meh·rung** *f* **die wunderbare ~** REL the feeding of the five thousand **Brot·zeit** *f* DIAL ❶ *(Pause)* tea break; **~ machen** to have a tea break ❷ *(Essen)* snack, sandwiches *pl*

brr [br(r)] *interj* ❶ *(Befehl an Zugtiere)* whoa ❷ *(Ausruf bei Kälte)* brr

Bruch¹ <-[e]s, Brüche> [brʊx, *pl:* 'bry:çə] *m* ❶ *(das Brechen)* **die Kutsche blieb wegen des ~s einer Achse liegen** the coach stopped because of a broken axle; *(in Damm, Staudamm)* breach ❷ *(das Brechen)* violation, infringement; **~ eines Eides** violation of an [*or* breach of] oath; **~ des Gesetzes** violation [*or* breach] of the law; **~ eines Vertrags** infringement [*or* violation] of a contract, breach of contract; **~ des Vertrauens** breach of trust ❸ *(von Beziehung, Partnern)* rift; **es kam zum ~ zwischen ihnen** a rift developed between them; **~ mit Tradition/der Vergangenheit** break with tradition/the past; **in die Brüche gehen** to break up, to go to pieces; **unsere Freundschaft ging in die Brüche** our friendship went to pot *fam* ❹ MED *(Knochenbruch)* fracture; **ein komplizierter ~** a compound fracture; *(Eingeweidebruch)* hernia, rupture; **ein eingeklemmter ~** an incarcerated [*or* strangulated] hernia *spec;* **einen ~ haben** to have [got] a hernia, to have ruptured oneself; **sich** *dat* **einen ~ heben** to give oneself a hernia, to rupture oneself ❺ MATH fraction ❻ *(zerbrochene Ware)* breakage; **zu ~ gehen** to get broken ❼ *(sl: Einbruch)* break-in; **der Ganove wurde beim ~ gefasst** the crook was caught breaking in; **einen ~ machen** *(sl)* to do a break-in, AM *a.* to bust a joint *sl*

Bruch² <-[e]s, Brüche> [brʊx, *pl:* 'bry:çə] *m o nt* bog, marsh

Bruch·bu·de *f (pej fam)* dump *pej fam,* hole *pej fam* **Bruch·flä·che** *f* surface of the break **Bruch·he·fe** *f* flocculating yeast

brü·chig ['brʏçɪç] *adj* ❶ *(bröckelig)* friable; **~er Papyrus/~es Pergament** brittle papyrus/parchment; **~es Leder** cracked [*or* brittle] leather ❷ *(von Stimme: rau)* cracked, hoarse ❸ *(ungefestigt)* fragile, shaky

Bruch·lan·dung *f* crash-landing; **eine ~ machen** to crash-land, to make a crash-landing **Bruch·pres·se** *f* curd press **Bruch·rech·nen** *nt* fractions *pl* **Bruch·rech·nung** *f* MATH ❶ *(Aufgabe mit Brüchen)* sum with fractions ❷ *s.* **Bruchrechnen Bruch·reis** *m* broken rice **Bruch·stel·le** *f* break; *(von Knochen a.)* fracture **Bruch·strich** *m* MATH fraction line **Bruch·stück** *nt* ❶ *(abgebrochenes Stück)* fragment ❷ *(von Lied, Rede etc: schriftlich)* fragment; *(mündlich)* snatch **bruch·stück·haft I.** *adj* fragmentary **II.** *adv* in fragments; *(mündlich)* in snatches; **ich kann mich nur noch ~ daran erinnern** I can only remember parts of it **Bruch·tee** *m* broken tea **Bruch·teil** *m* fraction; **ein gebrauchtes Auto kostet nur einen ~ eines neuen** a second-hand car is only a fraction of the cost of a new one; **im ~ eines Augenblicks/einer Sekunde** in the blink of an eye/in a split second **Bruch·zahl** *f* MATH fraction

Brü·cke <-, -n> ['brʏkə] *f* ❶ *(Bauwerk)* bridge; **jdm goldene ~n/eine goldene ~ bauen** *(fig)* to smooth the way for sb; **alle ~n hinter sich** *dat* **abbrechen** *(fig)* to burn [all] one's bridges [*or* boats] behind one; **eine ~ über etw** *akk* **schlagen** *(liter)* to build [*or* lay] [*or* throw] a bridge across sth; **eine ~ [zwischen Völkern/Nationen] schlagen** *(fig)* to forge links [between peoples/nations] ❷ NAUT *(captain's)* bridge ❸ *(Zahnbrücke)* [dental] bridge ❹ *(Teppich)* rug, runner ❺ SPORT bridge

Brü·cken·bau <-bauten> *m* ❶ *kein pl (die Errichtung einer Brücke)* bridge-building *no art* ❷ *(Brücke)* bridge **Brü·cken·bo·gen** *m* arch [of a/the bridge] **Brü·cken·ech·se** *f* ZOOL *(Sphenodon punctatus)* tua-

tara **Brü·cken·ge·bühr** *f* [bridge] toll **Brü·cken·ge·län·der** *nt* parapet **Brü·cken·kopf** *m* MIL bridgehead; **einen ~ bilden** [*o* errichten] *(fig)* to form a bridgehead, to get a toehold **Brü·cken·pfei·ler** *m* [bridge] pier **Brü·cken·schlag** *m kein pl* bridging *no art;* **das war der erste ~** that forged the first link **Brü·cken·sprin·gen** *nt* bridge-jumping *no art* **Brü·cken·tag** *m* extra day off to bridge single working day between a bank holiday and the weekend

Bru·der <-s, Brüder> ['bruːdɐ, *pl:* 'bryːdɐ] *m* ❶ *(Verwandter)* brother; ▪**die Brüder Schmitz/Grimm** the Schmitz brothers/the Brothers Grimm; **der große ~** *(fig)* Big Brother; **unter Brüdern** *(fam)* between friends ❷ *(Mönch)* brother; **~ Cadfael** Brother Cadfael; *(Gemeindemitglieder)* ▪**Brüder** brothers, brethren ❸ *(pej fam: Kerl)* bloke BRIT *fam,* guy AM *fam;* **ein warmer ~** *(pej)* a fairy [*or* queer] [*or* BRIT *a.* poof[tal]] *pej;* **ein zwielichtiger ~** a shady character [*or* customer]

Brü·der·chen <-s, -> *nt* ❶ *(kleiner Bruder)* little [*or* baby] brother ❷ *(veraltet: als Anrede)* friend **Bru·der·herz** *nt (hum)* dear [*or* beloved] brother; **na ~?** well, dear brother [*or* brother dear?] **Bru·der·krieg** *m* war between brothers, fratricidal war **Bru·der·kuss**RR *m* fraternal [*or* brotherly] kiss **Bru·der·land** *nt* brother [*or* sister] nation

Brü·der·lein <-s, -> *nt (liter) s.* **Brüderchen brü·der·lich I.** *adj* fraternal, brotherly **II.** *adv* like brothers; **~ teilen** to share and share alike **Bru·der·lie·be** *f* brotherly [*or* fraternal] love **Bru·der·mord** *m* fratricide **Bru·der·mör·der(in)** *m(f)* fratricide **Bru·der·par·tei** *f* brother party

Bru·der·schaft <-, -en> *f* REL fraternity, brotherhood **Brü·der·schaft** <-, -en> *f* intimate [*or* close] friendship; **mit jdm ~ schließen** to make close friends with sb; **mit jdm ~ trinken** to agree to use the familiar "du" [over a drink]

Bru·der·volk *nt* sister people; **unser ~ in Kuba** our Cuban brothers [*or* cousins] *pl* **Bru·der·zwist** *m* fraternal feud [*or* strife]

Brüg·ge <-s> ['brʏgə] *nt* Bruges

Brü·he <-, -n> ['bryːə] *f* ❶ *(Suppe)* [clear] soup, broth ❷ *(fam: Flüssigkeit)* **schmutzige ~** sludge, slop; *(Schweiß)* sweat ❸ *(pej fam: Getränk)* slop *pej,* swill *pej*

brü·hen ['bryːən] *vt (auf~)* [jdm/sich] **einen Kaffee/Tee ~** to make coffee/tea [for sb/oneself], to make [sb/oneself] a coffee/tea

Brüh·kar·tof·feln *pl* DIAL bouillon potatoes *pl* **Brüh·sieb** *nt s.* **Küchensieb brüh·warm** ['bryː'varm] **I.** *adj (fam)* **~e Neuigkeiten** [*o* Nachrichten] *pl* hot news + *sing vb* **II.** *adv (fam: alsbald)* **etw ~ weitererzählen** to immediately start spreading sth around **Brüh·wür·fel** *m* stock [*or* bouillon] cube **Brüh·wurst** *f* sausage for boiling

Brüll·af·fe ['brʏl-] *m* ❶ *(Tier)* howling [*or* howler] monkey ❷ *(pej fam: Schreihals)* loudmouth *pej fam* **brül·len** ['brʏlən] **I.** *vi* ❶ *(schreien)* to roar, to bellow, to howl; *(weinen)* to bawl; **brüll doch nicht so!** don't shout like that!; **vor Lachen/Schmerzen/Wut ~** to roar [*or* bellow] [*or* howl] with laughter/pain/rage; **du siehst ja zum B~ aus** *(fam)* you don't half look a sight *fam* ❷ *(von Löwe)* to roar; *(von Stier)* to bellow; *(von Affe)* to howl **II.** *vt* ▪**jdm etw ins Ohr/Gesicht ~** to shout [*or* bellow] [*or* bawl] sth in sb's ear/face; **Sie brauchen mir das nicht ins Ohr zu ~!** you don't need to shout [it] in my ear!

Brumm·bär ['brʊm-] *m (fam)* ❶ *(Kindersprache: Bär)* teddy bear ❷ *(brummiger Mann)* crosspatch *fam,* grouch *fam* **Brumm·bass**RR *m (fam)* deep [*or* rumbling] bass

brum·meln ['brʊmln] **I.** *vi (fam)* to mumble **II.** *vt (fam)*

■ etw ~ to mumble sth

brum·men [ˈbrʊmən] **I.** *vi* ❶ *(von Insekt, Klingel)* to buzz; *(von Bär)* to growl; *(von Wagen, Motor)* to drone; *(von Bass)* to rumble; *(von Kreisel)* to hum ❷ *(beim Singen)* to drone ❸ *(fam: in Haft sein)* to be doing time *fam;* **drei Jahre ~** to be doing three years *fam* ❹ *(murren)* to grumble **II.** *vt* ■ **etw ~** to mumble sth

Brum·mer <-s, -> *m (fam)* ❶ *(Insekt) Fliege* bluebottle; *Hummel* bumble-bee ❷ *(Lastwagen)* juggernaut

Brum·mi <-s, -s> [ˈbrʊmi] *m (fam)* lorry BRIT, truck AM

brum·mig [ˈbrʊmɪç] *adj (fam)* grouchy *fam;* **ein ~er Kerl** a grouch *fam*

Brumm·krei·sel *m (fam)* humming top **Brumm·schä·del** *m (fam)* headache; *(durch Alkohol a.)* hangover, thick head; **einen ~ haben** to be hung over, to have [got] a hangover

Brunch <-[e]s, -[e]s *o* -e> [brantʃ] *nt* brunch

brun·chen [brantʃn] *vi* to brunch

Bru·nei Dar·us·sa·lam <-s> *nt*, **Bru·nei** <-s> [bruˈnaɪ] *nt* ÖSTERR, SCHWEIZ Brunei; *s. a.* **Deutschland**

Bru·nei·er(in) <-s, -> *m(f)* Bruneian; *s. a.* **Deutsche(r)**

bru·nei·isch *adj* Bruneian; *s. a.* **deutsch**

brü·nett [bryˈnɛt] *adj* brunet[te], dark[-haired]; **sie ist ~** she is [a] brunette

Brü·net·te(r) [bryˈnɛta, -nɛtə] *f dekl wie adj* brunet[te]

Brunft <-, Brünfte> [brʊnft, *pl:* brʏnftə] *f (~zeit)* rutting season; **in der ~ sein** to be rutting, to be on [*or* AM in] heat

brunf·tig [ˈbrʊnftɪç] *adj* rutting

Brunft·platz *m* rutting ground **Brunft·schrei** *m* rutting [*or* mating] call **Brunft·zeit** *f* rut[ting season]

Brun·nen <-s, -> [ˈbrʊnən] *m* ❶ *(Wasserbrunnen)* well; **einen ~ bohren** to sink [*or* bore] a well; **artesischer ~** artesian well ❷ *(ummauertes Wasserbecken)* fountain, fount *liter* ▶ WENDUNGEN: **den ~ erst zudecken, wenn das Kind hineingefallen ist** *(prov)* to lock the stable door after the horse has bolted *prov*

Brun·nen·bau·er(in) <-s, -> *m(f)* well-digger **Brun·nen·be·cken** *nt* basin [of a fountain] **Brun·nen·fi·gur** *f* sculpture [*or* figure] on a fountain **Brun·nen·haus** *nt* well house, pump room **Brun·nen·kres·se** *f* watercress **Brun·nen·kur** *f* mineral water treatment *no indef art* **Brun·nen·schacht** *m* well shaft **Brun·nen·ver·gif·ter(in)** <-s, -> *m(f) (pej)* [political] muckraker *pej* **Brun·nen·ver·gif·tung** *f* ❶ *(Wasservergiftung)* well poisoning ❷ *(pej)* [political] muckraking *pej* **Brun·nen·was·ser** *nt* well water

Brünn·lein <-s, -> [ˈbrʏnlaɪn] *nt (poet) dim von* **Brunnen**

Brunst <-, Brünste> [brʊnst, *pl:* ˈbrʏnstə] *f s.* **Brunft**

brüns·tig [ˈbrʏnstɪç] *adj* ❶ *(von männlichem Tier)* rutting; *(von weiblichem Tier)* on [*or* AM in] heat *pred* ❷ *(hum: sexuell begierig)* horny

Brunst·schrei *m s.* **Brunftschrei Brunst·zeit** *f s.* **Brunftzeit**

brüsk [brʏsk] *adj* brusque

brüs·kie·ren [brʏsˈkiːrən] *vt* ■ **jdn ~** to snub sb

Brüs·kie·rung <-, -en> *f* ❶ *kein pl (das Brüskieren)* snub ❷ *(barscher Akt)* rebuff

Brüs·sel <-s> [ˈbrʏsl] *nt* Brussels

Brüs·se·ler *adj* Brussels; **der ~ Bürgermeister** the Mayor of Brussels; **~ Spitzen** Brussels lace *no pl, no art*

Brüs·se·ler(in) <-s, -> *m(f)* inhabitant of Brussels; **sind Sie etwa ~?** do you come from Brussels?

Brust <-, Brüste> [brʊst, *pl:* ˈbrʏstə] *f* ❶ *(Brustkasten)* chest; **~ [he]raus!** chest out!; **es auf der ~ haben** *(fam)* to have chest trouble; **schwach auf der ~ sein** *(hum fam: eine schlechte Kondition haben)* to have a weak chest; *(an Geldmangel leiden)* to be a bit

short *fam;* **sich** *dat* **an die ~ schlagen** *(fig)* to beat one's breast; **sich** *akk* **an jds ~ ausweinen** to cry on sb's shoulder; **~ an ~** face to face ❷ *(weibliche ~)* breast; **eine flache ~** a flat chest; **einem Kind die ~ geben, ein Kind an die ~ legen** to nurse [*or* breastfeed] a baby ❸ KOCHK breast; *(von Rind)* brisket ❹ SPORT *(sl)* breast-stroke ▶ WENDUNGEN: **einen zur ~ nehmen** to have a quick drink [*or fam* quickie]; **[sich** *dat*] **jdn zur ~ nehmen** *(fam)* to take sb to task; **die werde ich mir zur ~ nehmen!** just wait till I get my hands on her!; **sich** *akk* **[vor jdm] in die ~ werfen** to puff oneself up [in front of sb]

Brust·bein *nt* ANAT breastbone, sternum **Brust·beu·tel** *m* money bag [worn round the neck] **Brust·bild** *nt* KUNST head-and-shoulders [*or* half-length] portrait; FOTO head-and-shoulders [*or* half-length] photo **Brust·drü·se** *f* mammary gland

brüs·ten [ˈbrʏstn] *vr* ■ **sich** *akk* **[mit etw** *dat*] **~** to boast [*or* brag] [about sth]; **das ist nichts, womit Sie sich ~ könnten!** that's nothing to boast about!

Brust·fell *nt* ANAT pleura **Brust·fell·ent·zün·dung** *f* pleurisy, pleuritis **Brust·flos·se** *f* pectoral fin **Brust·ge·gend** *f* thoracic region **Brust·hö·he** *f* **in ~** chest-high **Brust·höh·le** *f* chest cavity **Brust·kas·ten** *m (fam)* chest **Brust·korb** *m* ANAT chest, thorax *spec* **Brust·krebs** *m* breast cancer, mastocarcinoma *spec* **Brust·mus·kel** *m* pectoral muscle **Brust·ope·ra·ti·on** *f* breast operation **Brust·pro·the·se** *f* breast implant **Brust·schwim·men** *nt* breast-stroke **Brust·schwim·mer(in)** *m(f)* breast-stroke swimmer **Brust·spitz** *m*, **Brust·spit·ze** *f*, **Brust·kern** *m* KOCHK ÖSTERR *(vom Rind)* top flank **Brust·stim·me** *f* chest voice **Brust·stück** *nt* KOCHK breast; *(von Rind)* brisket **Brust·ta·sche** *f* breast pocket; **innere ~** inside [breast] pocket **Brust·ton** <-töne> *m* chest note; **im ~ der Überzeugung** in a tone of utter [*or* with the greatest] conviction **Brust·um·fang** *m* chest measurement; *(von Frau)* bust measurement; **darf ich mal Ihren ~ nehmen?** may I take your chest [*or* bust] measurement?

Brüs·tung <-, -en> [ˈbrʏstʊŋ] *f* ❶ *(Balkonbrüstung etc)* parapet, balustrade ❷ *(Fensterbrüstung)* breast

Brust·war·ze *f* nipple **Brust·wehr** *f* ❶ MIL breastwork ❷ HIST parapet **Brust·wei·te** *f s.* **Brustumfang Brust·wir·bel** *m* thoracic [*or* dorsal] vertebra

Brut <-, -en> [bruːt] *f* ❶ *kein pl (das Brüten)* brooding *no pl* ❷ *(die Jungen)* brood; *(von Hühnern)* clutch; *(von Bienen)* nest ❸ *kein pl (pej: Gesindel)* mob *pej,* pack *pej*

bru·tal [bruˈtaːl] **I.** *adj* ❶ *(roh)* brutal; **ein ~er Kerl** a brute ❷ *(fam: besonders groß, stark)* bastard *attr sl;* **~e Kopfschmerzen haben** *(fam)* to have a throbbing [*or sl* BRIT *a.* bastard] headache; **ein ~er Fehler** a big mistake *a. iron;* **eine ~e Niederlage** a crushing defeat; **~e Ungerechtigkeit** gross injustice; **das ist ja ~!** what a bastard! *sl* **II.** *adv* ❶ *(roh)* brutally ❷ *(ohne Rücksicht) sagen, zeigen* brutally; **jdm etw ganz ~ sagen** to be brutally [*or* cruelly] frank with sb ❸ *(fam: sehr)* **das tut ~ weh** it hurts like hell [*or* buggery] *fam;* **~ wenig verdienen** to be earning peanuts *fam* [*or sl* chickenshit]; **das war ~ knapp/gut!** that was damned close/good! *fam;* **~ viel[e]** a hell of a lot *fam;* **der weiß echt ~ wenig** he knows damn all *fam,* he don't know shit *hum sl*

bru·ta·li·sie·ren [brutali'ziːrən] *vt* ■ **jdn ~** to brutalize sb

Bru·ta·li·sie·rung <-> *f kein pl* brutalization

Bru·ta·li·tät <-, -en> [brutaliˈtɛːt] *f* ❶ *kein pl (Rohheit)* brutality ❷ *kein pl (Schonungslosigkeit)* brutality, cruelty ❸ *(Gewalttat)* brutal act; ■ **-en** brutalities, brutal acts

Brut·ap·pa·rat *m* incubator

B

brü·ten ['bry:tn] *vi* ⓵ *(über den Eiern sitzen)* to brood; *(von Hühnern a.)* to sit ⓶ *(lasten)* ▪ **über etw** *dat*| ~ to hang heavily [over sth]; ~**d heiß** *(fam)* boiling [hot] *fam* ⓷ *(grübeln)* ▪ **über etw** *dat*| ~ to brood [over sth]; *s. a.* **Hitze 1**

brü·tend·heißALT *adj attr s.* **brüten 2**

Brü·ter <-s, -> *m* NUKL [nuclear] breeder; **schneller** ~ fast breeder

Brut·hit·ze *f (fam)* stifling heat **Brut·kas·ten** *m* MED incubator; **hier ist es so heiß/hier herrscht eine Hitze wie in einem ~!** *(fam)* it's like an oven in here **Brut·knos·pe** *f* BOT bulbil **Brut·ko·lo·nie** *f* ZOOL nesting colony **Brut·pfle·ge** *f* care of the brood; ~ **betrei-ben** to care for the brood **Brut·platz** *m* breeding place; *(von Hühnern)* hatchery **Brut·re·ak·tor** *m* [nuclear] breeder **Brut·stät·te** *f* ⓵ *(Nistplatz)* breeding ground (+*gen* for); ⓶ *(geh: Herd)* breeding ground (+*gen* for), hotbed (+*gen* for)

brut·to ['bruto] *adv* [in the] gross; **3.800 Euro ~ ver-dienen** to have a gross income of 3,800 euros; ~ **1.450 Euro** 1,450 euros gross

Brut·to·ein·kom·men *nt* gross [*or* before-tax] income [*or npl* earnings] **Brut·to·ge·halt** *nt* gross salary [*or* pay] **Brut·to·ge·wicht** *nt* gross weight **Brut·to·in-lands·pro·dukt** *nt* gross domestic product, GDP **Brut·to·lohn** *m* gross wage [*or* pay] **Brut·to·preis** *m* gross price **Brut·to·re·gis·ter·ton·ne** *f* register [*or form*] gross registered] ton **Brut·to·so·zi·al·pro-dukt** *nt* gross national product, GNP

brut·zeln ['brʊtsln] **I.** *vi (braten)* ▪ |**in etw** *dat*| ~ to sizzle [away] [in sth] **II.** *vt* ▪ |**sich** *dat*| **etw** ~ to fry [oneself] sth

BSE [be:ʔɛsʔe:] *f* MED *Abk von* **bovine spongiforme Enzephalopathie** BSE

BSP [be:ʔɛs'pe:] *nt Akr von* **Bruttosozialprodukt** GNP

Btx [be:te:'ʔɪks] *Abk von* **Bildschirmtext** Vtx

Bub <-en, -en> [bu:p, *pl:* bu:bn] *m* SÜDD, ÖSTERR, SCHWEIZ boy, lad, BRIT *a.* cock

Bu·be <-n, -n> ['bu:bə] *m (Spielkarte)* jack, knave

Bu·bi·kopf *m* bob, bobbed hair *no pl, no indef art;* **sich** *dat* **einen** ~ **schneiden lassen** to have [*or* get] one's hair bobbed [*or* cut in a bob]

Buch <-[e]s, Bücher> [bu:x, *pl:* 'by:çɐ] *nt* ⓵ *(Band)* book; **ein schlaues** ~ *(fam)* a clever book; **über den Büchern sitzen** to pore [*or* sit] over one's books; **ein** ~ **mit sieben Siegeln** *(fig)* a closed book; **das Gol-dene** ~ |**der Stadt**| distinguished visitors' book; **du bist für mich ein offenes** ~ I can read you like a book; **du redest wie ein** ~ *(fam)* you never stop talk-ing; **ein |richtiger| Gentleman, wie er im** ~**e steht** the very model of a gentleman ⓶ *meist pl* ÖKON *(Geschäftsbuch)* books *pl*, accounts *pl;* **die Bücher fälschen** to cook the books *fam;* |**jdm**| **die Bücher führen** to keep sb's accounts [*or* books]; **über etw** *akk* ~ **führen** to keep a record of sth; **über die Bücher gehen** SCHWEIZ to balance the books; |**mit etw** *dat*| |**sehr**| **zu** ~|**e**| **schlagen** to make a [great] dif-ference [with sth]; **das schlägt mit 4500 Euro zu** ~**e** that gives you 4500 euros ⓷ REL *(Schrift)* Book; **die Bücher Mose** the Pentateuch; **das erste/zweite/ dritte/vierte/fünfte** ~ **Mose** Genesis/Exodus/ Leviticus/Numbers/Deuteronomy; **das** ~ **der Bücher** *(geh)* the Book of Books

Buch·be·spre·chung *f* book review **Buch·bin·der(in)** <-s, -> *m(f)* bookbinder **Buch·bin·de·rei** <-, -en> *f* ⓵ *(Betrieb eines Buchbinders)* bookbindery ⓶ *kein pl (das Buchbinden)* ▪ **die** ~ bookbinding *no pl* **Buch·bin·de·rin** <-, -nen> *f fem form von* **Buchbinder** **Buch·block** <-blöcke> *m* inner book **Buch·de-ckel** *m* book cover **Buch·druck** *m kein pl* letterpress printing *no art* **Buch·dru·cker(in)** *m(f)* |letterpress|

printer Buch·dru·cke·rei *f* ⓵ *(Betrieb eines Buch-druckers)* printing works *npl* ⓶ *kein pl (das Buchdru-cken)* ▪ **die** ~ printing **Buch·dru·cke·rin** *f fem form von* **Buchdrucker Buch·dru·cker·kunst** *f* art of printing

Bu·che <-s, -n> ['bu:xə] *f* ⓵ *(Baum)* beech |tree| ⓶ *(Holz)* beech |wood|

Buch·ecker <-s, -n> *f* beechnut

bu·chen ['bu:xn] *vt* ⓵ *(vorbestellen)* **etw** |**bei einem Reisebüro**| ~ to book [*or* reserve] sth |at a travel agent| ⓶ ÖKON *(ver~)* ▪ **etw** |**als etw** *akk*| ~ to enter sth |as sth| ⓷ *(registrieren)* ▪ **etw** ~ to register sth ⓸ *(fam: sich zurechnen)* ▪ **etw als Erfolg/Sieg** ~ to mark [*or fam* chalk] up a success/victory [for oneself]

Bu·chen·holz *nt* beech|wood|

Bü·cher·bord <-e> *nt*, **Bü·cher·brett** *nt* bookshelf **Bü·cher·bus** *m* mobile library, library van

Bü·che·rei <-, -en> [by:çə'raɪ] *f* |lending| library

Bü·cher·freund(in) *m(f)* book-lover, bibliophile **Bü-cher·narr, -när·rin** *m, f* book-fan, bookworm **Bü-cher·re·gal** *nt* bookshelf; **im** ~ on the bookshelf **Bü-cher·schaft** *m* SCHWEIZ *(Bücherregal)* bookshelf; *(Bücherschrank)* bookcase **Bü·cher·schrank** *m* bookcase **Bü·cher·sen·dung** *f* ⓵ *(Paket mit Büchern)* consignment of books ⓶ *(Versandungsart)* book post *no indef art* **Bü·cher·ver·bren·nung** *f* burning of books **Bü·cher·wand** *f* wall of book-shelves **Bü·cher·wurm** *m (hum)* bookworm

Buch·fink *m* chaffinch

Buch·form *f* **in** ~ in book form **Buch·füh·rung** *f* bookkeeping *no pl*, accounting *no pl;* **einfache/dop-pelte** ~ single-/double-entry bookkeeping **Buch-geld** *nt* FIN bank deposit money, money in account **Buch·ge·mein·schaft** *f* book club **Buch·hal-ter(in)** *m(f)* bookkeeper, accountant **Buch·hal·te-risch** *adj* bookkeeping *attr* **Buch·hal·tung** *f* ⓵ *(Rechnungsabteilung)* accounts [*or* bookkeeping] department ⓶ *s.* **Buchführung Buch·han·del** *m* book trade; **im** ~ **erhältlich** available [*or* on sale] in bookshops **Buch·händ·ler(in)** *m(f)* bookseller **buch-händ·le·risch** **I.** *adj* bookseller's *attr;* **eine** ~ **Aus-bildung haben** to be a trained bookseller **II.** *adv* **sich** *akk* ~ **betätigen/~ tätig sein** to be [*or* work as] a bookseller **Buch·hand·lung** *f* bookshop **Buch·hül-le** *f* dust cover [*or* jacket] **Buch·klub** *m* book club **Buch·ma·cher(in)** *m(f)* bookmaker, bookie *fam* **Buch·ma·le·rei** *f* ⓵ *kein pl (Kunsthandwerk)* ▪ **die** ~ |book| illumination ⓶ *(einzelnes Bild)* illu-mination ⓷ **Buch·mes·se** *f* book fair **Buch·prü-fer(in)** *m(f)* auditor **Buch·prü·fung** *f* audit **Buch·rü-cken** *m* spine |of a book|

Buchs·baum ['buks-] *m* box|-tree|

Buch·se <-, -n> ['bʊksə] *f* ⓵ ELEK jack ⓶ TECH bushing **Büch·se** <-, -n> ['bʏksə] *f* ⓵ *(Dose)* tin BRIT, can AM; *(Konservenbüchse)* tin BRIT, can AM ⓶ *(Sammel-büchse)* collecting-box ⓷ *(Jagdgewehr)* rifle

Büch·sen·fleisch *nt* tinned [*or* AM canned] meat **Büch·sen·ge·mü·se** *nt* canned [*or* BRIT *a.* tinned] vegetables **Büch·sen·ma·cher(in)** *m(f)* gunsmith **Büch·sen·milch** *f* evaporated milk *no pl* **Büch·sen-öff·ner** *m* can-opener, BRIT *a.* tin-opener

Buch·sta·be <-n[s], -n> ['bu:xʃta:bə] *m (Druckbuch-stabe)* character, letter; **fetter** ~ bold character [*or* let-ter]; **in großen** ~**n** in capitals, in upper case; **in klei-nen** ~**n** in small letters, in lower case; **in** ~**n** in words; **den Betrag bitte in** ~ **vermerken** please write the amount out [in words] ▸ WENDUNGEN: **nach dem** ~**n des Gesetzes** according to the letter of the law; **sich** *akk* **auf seine vier** ~ **setzen** *(hum fam)* to sit one-self down; **dem** ~**n nach** to the letter

buch·sta·ben·ge·treu **I.** *adj* literal; **er bestand auf der** ~**en Einhaltung der Vorschriften** he insisted that the regulations be followed to the letter **II.** *adv* **etw ~ befolgen** to follow sth to the letter **Buch·sta·ben·kom·bi·na·ti·on** *f* combination of letters **Buch·sta·ben·rät·sel** *nt* anagram puzzle **Buch·sta·ben·schloss**^{RR} *nt* combination lock [using letters] **Buch·sta·ben·schrift** *f* alphabetic script

buch·sta·bie·ren' [buːʃta'biːrən] *vt* ■ **etw ~** to spell sth

buch·stäb·lich ['buːxʃtɛːblɪç] **I.** *adj* literal; **bei ~er Auslegung des Gesetzes ergäbe sich ein ganz anderer Sinn** if one were to interpret the law literally a completely different sense would be revealed **II.** *adv (geradezu)* literally

Buch·stüt·ze *f* bookend

Bucht <-, -en> [bʊxt] *f* ➊ *(im Meer)* bay; **die Deutsche ~** the Heligoland [*or* AM Helgoland] Bight ➋ *(kleiner Koben)* pen ➌ *(Parkbucht)* parking bay

Buch·tel <-, -n> ['bʊxtl] *f meist pl* ÖSTERR *a yeast pastry filled with jam or sth similar*

buch·ten·reich *adj* with many bays *pred;* **nach Süden hin wird die Küste ~er** to the south the coast has more bays

Buch·ti·tel *m* ➊ *(Titel)* book title ➋ *(Buch)* title **Buch·um·schlag** *m* book cover

Bu·chung <-, -en> *f* ➊ *(Reservierung)* booking; **denke bitte an die rechtzeitige ~ des Fluges!** please remember to book the flight in time! ➋ FIN *(Verbuchung)* posting

Bu·chungs·be·leg *m* bookkeeping voucher, accounting supporting record **Bu·chungs·com·pu·ter** *m* reservation computer, computer for reservations **Bu·chungs·kar·te** *f* TELEK telephone card *(for the use of which one is billed later)*

Buch·wei·zen *m* buckwheat

Buch·wert *m* book value **Buch·we·sen** *nt kein pl* book trade *no pl*

Bu·ckel <-s, -> ['bʊkl] *m* ➊ *(fam: Rücken)* back; **einen [krummen] ~ machen** to arch one's back ➋ *(fam: kleine Bergkuppe)* hill ➌ *(fam)* hunchback, humpback ➍ *(kleine Wölbung)* bump ➎ HIST *(eines Schildes)* boss ▶ WENDUNGEN: **den ~ voll Schulden haben** *(fam)* to be up to one's neck in debt; **etw auf dem ~ haben** *(fam)* to have been through sth *fam;* **noch mehr Arbeit kann ich nicht bewältigen, ich habe schon genug auf dem ~!** I can't cope with any more work – I've done enough already!; **das Auto hat schon einige Jahre auf dem ~** the car has been around for a good few years; **den ~ voll kriegen** *(fam)* to get a [good] hiding [*or* AM fam: licking] *fam;* **rutsch mir [doch] den ~ runter!** *(fam)* get off my back! [*or* case!]

bu·cke·lig ['bʊkəlɪç], **buck·lig** ['bʊklɪç] *adj (fam)* ➊ *(mit einem Buckel)* hunchbacked ➋ *(fam: uneben) Oberfläche, Straße* bumpy

Bu·cke·li·ge(r) *f/m dekl wie adj* hunchback, humpback

bu·ckeln ['bʊkln] *vi* ➊ *(einen Buckel machen)* ■ **ein Tier buckelt** an animal arches its back ➋ *(pej: sich devot verhalten)* ■ **[vor jdm]** ~ to crawl [to sb] *pej fam* ▶ WENDUNGEN: **nach oben ~ und nach unten treten** to crawl to the bigwigs and bully the underlings BRIT *pej fam,* to suck ass and kick ass AM *pej fam*

Bu·ckel·pis·te *f* (ski slope with) moguls, mogul field **Bu·ckel·rind** *nt* zebu **Bu·ckel·wal** *m* ZOOL *(Megaptera Novae-Angliae)* humpback whale

bü·cken ['bʏkn] *vr* ■ **sich** *akk* **[nach etw** *dat*] ~ to bend down [to pick sth up]

Bück·ling <-s, -e> ['bʏklɪŋ] *m* ➊ *(Fisch)* smoked herring ➋ *(hum fam: Verbeugung)* bow; **[vor jdm] einen ~ machen** to bow before [*or* to] sb

Bu·da·pest <-s> ['buːdapɛst] *nt* Budapest

bud·deln ['bʊdln] **I.** *vi (fam: graben)* ■ **[irgendwo]** ~ to dig [up] [somewhere] **II.** *vt* DIAL *(ausgraben)* ■ **etw ~** to dig sth [out]

Bud·dha <-s, -s> ['bʊda] *m* Buddha

Bud·dhis·mus <-> [bʊ'dɪsmʊs] *m kein pl* Buddhism *no pl*

Bud·dhist(in) <-en, -en> [bʊ'dɪst] *m(f)* Buddhist

bud·dhis·tisch *adj* Buddhist

Bu·de <-, -n> ['buːdə] *f* ➊ *(Hütte aus Brettern)* [wooden] cabin [*or* hut]; *(Baubude)* [builder's] hut BRIT, trailer [on a construction site] AM; *(Kiosk)* kiosk ➋ *(fam: Studentenbude)* [student] digs *npl* [*or* AM pad]; *(Wohnung)* digs *npl* BRIT, pad AM; **[eine] sturmfreie ~ haben** *(fam)* to have the place to oneself, to be able to do as one pleases *(without interference or objection from parents or landlord/-lady)* ➌ *(fam: Etablissement etc)* shop *fam;* **die ~ dichtmachen** to shut up [*or* close] shop ▶ WENDUNGEN: **jdm fällt die ~ auf den Kopf** *(fam)* sb feels claustrophobic; **[jdm] die ~ auf den Kopf stellen** *(fam: bei einer Feier)* to have a good old rave-up [in sb's house] BRIT *sl,* to trash sb's house AM *sl; (beim Durchsuchen)* to turn the house upside-down; **jdm die ~ einrennen** [*o* **einlaufen**] *(fam)* to buy everything in sight in sb's shop BRIT *fam,* to clear out sb's store AM *fam;* **jdm auf die ~ rücken** to drop in on sb [unannounced and unwanted]; *s. a.* **Leben**

Bud·get <-s, -s> [bʏ'dʒeː] *nt* ➊ *(Haushaltsplan)* budget ➋ *(fam: Finanzen)* budget

Bud·get·be·ra·tung *f* budget discussion

bud·ge·tie·ren' [bʏdʒe'tiːrən] *vt* ■ **etw ~** to draw up a budget for sth

Bü·fett <-[e]s, -e *o* -s> [bʏ'feː] *nt,* **Buf·fet** <-s, -s> [bʏ'feː] *nt bes* ÖSTERR, SCHWEIZ ➊ *(Essen)* buffet; **kaltes ~** cold buffet ➋ *(Anrichte)* sideboard, AM *usu* hutch ➌ *(Verkaufstisch)* counter ➍ SCHWEIZ *(Bahnhofsgaststätte)* buffet, station restaurant

Büf·fel <-s, -> ['bʏfl] *m* buffalo

Büf·fe·lei <-, -en> [bʏfə'lai] *f (fam)* swotting [up] BRIT, cramming AM; **das Pauken von Geschichtszahlen ist eine einzige ~** memorizing dates is one hard slog

Büf·fel·her·de *f* herd of buffalo **Büf·fel·le·der** *nt* buffalo leather

büf·feln ['bʏfln] **I.** *vi (fam: pauken)* to swot BRIT, to cram AM; **vor jeder Klassenarbeit muss wieder [schwer] gebüffelt werden** we/you/they etc. have to swot [up] before every test; **so spät am Abend bist du immer noch am B~? – ja, ich muss Formeln/ Geschichtszahlen/Vokabeln pauken!** you're still studying so late in the evening? – yes, I need to learn formulas/history dates/vocab **II.** *vt (fam: pauken)* ■ **etw ~** to swot up on [*or* AM cram for] sth

Buf·fo <-s, -s *o* Buffi> ['bʊfo, *pl:* 'bʊfi] *m* buffo

Bug <-[e]s, Büge *o* -e> [buːk, *pl:* 'byːɡə] *m* ➊ NAUT bow; LUFT nose ➋ KOCHK *(Rind)* shoulder, blade; *(Schwein)* hand of pork

Bü·gel <-s, -> ['byːɡl] *m* ➊ *(Kleiderbügel)* coat hanger ➋ *(Griff einer Handtasche)* handle ➌ *(Griff einer Säge)* frame ➍ *(Einfassung)* edging ➎ *(Brillenbügel)* leg [of glasses] ➏ *(Steigbügel)* stirrup ➐ *(beim Schlepplift)* grip ➑ *(Abzugsbügel)* trigger guard

Bü·gel·brett *nt* ironing board **Bü·gel·ei·sen** <-s, -> *nt* iron **Bü·gel·fal·te** *f* crease **bü·gel·frei** *adj* crease-free, easy-care **Bü·gel·griff** *m* AUTO bow-type door handle **Bü·gel·ma·schi·ne** *f* ironing machine

bü·geln ['byːɡln] **I.** *vt* ■ **etw ~** to iron sth **II.** *vi* to iron; ■ **[das] B~** [the] ironing

Bug·gy <-s, -s> ['bagi] *m (faltbarer Kinderwagen)* pushchair BRIT, buggy BRIT, stroller AM

Bug·rad *nt* nose wheel

Bug·schau·fel·stück *nt* KOCHK *(vom Rind)* top shoulder

bug·sie·ren [buˈksiːrən] I. *vt* ❶ *(fam: mühselig bewe-gen)* ▪ **etw irgendwohin ~** to shift sth somewhere ❷ *(fam: drängen)* ▪ **jdn irgendwohin ~** to shove [*or* drag] [*or* propel] sb somewhere ❸ NAUT *(schleppen)* ▪ **etw irgendwohin ~** to tow [*or* tug] sth somewhere II. *vi* ❶ NAUT *(schleppen)* to tow ❷ *(fam: hantieren)* to manoeuvre BRIT, to maneuver AM

Bug·spriet <-[e]s, -e> [ˈbuːkʃpriːt] *nt* bowsprit **Bug·stück** *nt* **dickes ~** KOCHK prime shoulder **Bug·wel·le** *f* bow wave

buh [buː] *interj* boo

Buh <-s, -s> [buː] *nt (fam)* boo

bu·hen [ˈbuːən] *vi (fam)* to boo

buh·len [ˈbuːlən] *vi (pej veraltet)* ▪ **um etw** *akk* **~** to court sth; **um Anerkennung ~** to seek recognition; **um jds Gunst ~** to court sb's favour [*or* AM **-or**]

Buh·mann <-männer> *m (fam)* scapegoat, AM *a.* fall guy *sl;* **jdn zum ~** [**für jdn/etw**] **machen** to make sb into a scapegoat [*or sl* AM *a.* fall guy] [for sb/sth]

Büh·ne <-, -n> [ˈbyːnə] *f* ❶ *(Spielfläche der Bühne 2.)* stage; **zur ~ gehen** to go on the stage; **auf der ~ ste-hen** to be on the stage; **von der ~ abtreten, von der ~ verschwinden** *(fam)* to leave [*or* disappear from] the scene; **hinter der ~** behind the scenes ❷ *(Thea-ter)* theatre [*or* AM **-er**] ❸ *(Tribüne)* stand ❹ *(Hebe-bühne)* hydraulic lift ❺ DIAL *(Dachboden)* attic, loft ▶ WENDUNGEN: **etw über die ~ bringen** *(fam)* to get sth over with; **über die ~ gehen** *(fam: abgewickelt werden)* to take place; *(aufgeführt werden)* to be staged [*or* performed]; **das Stück ist schon über mehrere ~n gegangen** the play has already been performed several times

Büh·nen·an·wei·sung *f* stage direction **Büh·nen·ar-bei·ter(in)** *m(f)* stagehand **Büh·nen|aus|spra·che** *f* ≈ received pronunciation *(standard pronunciation used in German theatre)* **Büh·nen·be·ar·bei·tung** *f* stage adaptation **Büh·nen·be·leuch·tung** *f* stage lighting **Büh·nen·bild** *nt* scenery **Büh·nen·bild-ner(in)** <-s, -> *m(f)* scene-painter **büh·nen·reif** *adj* ❶ THEAT fit for the stage ❷ *(iron: theatralisch)* dramat-ic **Büh·nen·spra·che** *f* s. **Bühnenaussprache** **büh-nen·wirk·sam** THEAT I. *adj* dramatically effective II. *adv* in a dramatically effective manner; **das Schau-spiel kann durchaus ~ umgestaltet werden** the play can definitely be made dramatically effective

Buh·ruf *m* [cry of] boo **Buh·ru·fer(in)** <-s, -> *m(f)* per-son who cries boo

buk [buːk] *(veraltet) imp von* **backen**

Bu·ka·rest <-s> [ˈbuːkarɛst] *nt* Bucharest

Bu·kett <-s, -s *o* -e> [buˈkɛt] *nt* ❶ *(geh: Strauß)* bou-quet ❷ *(Duft)* Wein bouquet

Bu·klee^RR [buˈkleː] *nt s.* **Bouclé**[1] *s.* **Bouclé**[2]

bu·ko·lisch [buˈkoːlɪʃ] *adj (geh)* idyllic

Bu·let·te <-, -n> [buˈlɛtə] *f* DIAL *(Frikadelle)* meat ball; ▶ WENDUNGEN: **ran an die ~n!** *(fam)* let's get down to it! *fam*

Bul·ga·re, Bul·ga·rin <-n, -n> [bʊlˈgaːrə, bʊlˈgaːrɪn] *m, f* Bulgarian; *s. a.* **Deutsche(r)**

Bul·ga·ri·en <-s> [bʊlˈgaːriən] *nt* Bulgaria; *s. a.* **Deutschland**

Bul·ga·rin <-, -nen> *f fem form von* **Bulgare**

bul·ga·risch [bʊlˈgaːrɪʃ] *adj* Bulgarian; *s. a.* **deutsch 1, 2**

Bul·ga·risch [bʊlˈgaːrɪʃ] *nt dekl wie adj* Bulgarian; *s. a.* **Deutsch**

Bul·ga·ri·sche <-n> *nt* ▪ **das ~** Bulgarian, the Bulgar-ian language; *s. a.* **Deutsche**

Bu·li·mie <-> [buliˈmiː] *f kein pl* bulimia [nervosa] *no pl*

Bull·au·ge <-, -> [ˈbʊl-] *nt* porthole **Bull·dog·ge** *f* bulldog **Bull·do·zer** <-s, -> [ˈbʊldoːzɐ] *m* bulldozer

Bul·le[1] <-n, -n> [ˈbʊlə] *m* ❶ *(männliches Tier)* bull

❷ *(sl: Polizist)* cop[per] *fam;* ▪ **die ~n** *pl* the [Old] Bill + *sing/pl vb* BRIT *sl,* the cops *pl* AM *sl* ❸ *(fam: starker Mann)* hulk

Bul·le[2] <-, -n> [ˈbʊlə] *f* REL bull; HIST bulla

Bul·len·hit·ze *f kein pl (fam)* stifling heat *no pl*

Bul·le·tin <-s, -s> [bʏlˈtɛː] *nt* bulletin

bul·lig [ˈbʊlɪç] *adj (fam)* ❶ *(massig)* hulking ❷ *(drü-ckend)* stifling; **hier ist es ~ heiß** it's stiflingly hot here

bum [bʊm] *interj* bang; **es macht ~** there is a [*or* it goes] bang

Bu·me·rang <-s, -s *o* -e> [ˈbuːməraŋ] *m* ❶ *(Wurf-holz)* boomerang ❷ *(Eigentor)* own goal BRIT, goal scored against your own team AM; **sich für jdn als ein ~ erweisen** [*o* **auf jdn wie ein ~ zurückfallen**] to boomerang [*or* backfire] on sb

Bum·mel <-s, -> [ˈbʊml] *m* stroll; **einen ~ machen** to go for a stroll

Bum·me·lant(in) <-en, -en> [bʊməˈlant] *m(f) (pej fam)* slowcoach BRIT *fam,* slowpoke AM *fam*

Bum·me·lei <-> [bʊməˈlai] *f kein pl (pej fam)* dilly-dal-lying *fam*

bum·meln [ˈbʊmln] *vi* ❶ *sein (spazieren gehen)* ▪ [**ir-gendwo**] **~** to stroll [somewhere]; **~ gehen** to go for a stroll ❷ *haben (fam: trödeln)* to dilly-dally *fam*

Bum·mel·streik *m* go-slow **Bum·mel·zug** *m (fam)* local [passenger] [*or* non-express] train

Bumm·ler(in) <-s, -> [ˈbʊmlɐ] *m(f)* ❶ *(Spaziergänger)* person out on a stroll ❷ *(fam: Trödler)* slowcoach BRIT *fam,* slowpoke AM *fam*

bums [bʊms] *interj* bang; **~ machen** to go bang; **auf dieser viel befahrenen Straße macht es öfter mal ~** on this busy street you often hear crashes

Bums·bom·ber *m (pej derb)* aeroplane which flies to a sex tourist resort

bum·sen [ˈbʊmzn] I. *vi impers haben (fam)* ❶ *(dumpf krachen)* ▪ **es bumst** there is a bang; **was bumst da so?** what's that banging?; **hörst du es nicht ~?** can't you hear that/the banging?; AUTO *(aufprallen)* there is a crash; **jede Woche bumst es an dieser Kreuzung mehrmals** there are several crashes at this crossroads every week ❷ *(gleich gibt's eine Ohrfeige!)* ▪ **es bumst!** you'll get what for [*or* AM you're going to get it] in a minute! II. *vi* ❶ *sein (prallen, stoßen)* ▪ [**mit etw** *dat*] **auf/gegen etw** *akk* **~** to bang [one's sth] against/into sth ❷ *haben (derb: koitieren)* ▪ [**mit jdm**] **~** to screw *fam!* [*or vulg* fuck] sb, BRIT *a.* to have it off [with sb]; ▪ [**das**] **B~** screwing, BRIT *a.* having it off **III.** *vt haben (derb: beschlafen)* ▪ **jdn ~** to screw *fam!* [*or vulg* fuck] sb; **was habe ich sie gebumst!** I gave her a good screwing!; ▪ [**von jdm**] **gebumst werden** to be screwed *fam!* [*or vulg* fucked] [by somebody]

Bums·lo·kal *nt (pej fam)* dive *fam* **Bums·mu·sik** *f (pej fam)* oompah oompah *fam*

Bund[1] <-[e]s, Bünde> [bʊnt, *pl:* ˈbʏndə] *m* ❶ *(Verei-nigung, Gemeinschaft)* association; **mit jdm im ~e stehen** [*o* **sein**] to be in cahoots with sb *fam* ❷ *(Ver-band)* ▪ **~ der ... gen** association of ... ❸ *(die Bun-desrepublik Deutschland)* ▪ **der ~** the Federal Repub-lic of Germany; **~ und Länder** the Federation and the Länder; SCHWEIZ *(Eidgenossenschaft)* confedera-tion ❹ *(Konföderation)* confederation ❺ *(fam: Bun-deswehr)* ▪ **der ~** the [German] army; **beim ~ sein** to be doing one's military service ❻ *(Einfassung)* waistband ❼ *(Querleiste)* fret ▶ WENDUNGEN: **den ~ der Ehe eingehen** *(geh)* den ~ **fürs Leben schlie-ßen** *(geh)* to enter into wedlock *dated form*

Bund[2] <-[e]s, -e> [bʊnt, *pl:* ˈbʊndə] *nt* bundle; KOCHK bunch

Bünd·chen <-s, -> [ˈbʏntçən] *nt (Abschluss am Ärmel)* cuff; *(Abschluss am Halsausschnitt)* neck-band

Bün·del <-s, -> [ˈbʏndl̩] *nt* ❶ *(Packen)* bundle, sheaf ❷ *(eine Menge)* bunch *fam;* **ein ~ von Fragen** a set of questions ❸ *(fam: ein Wickelkind)* little bundle *fam* ▶ WENDUNGEN: **sein ~ schnüren** [*o* **packen**] *(hum fam)* to pack one's bags; **jeder hat sein ~ zu tragen** we all have our cross to bear

bün·deln *vt* ❶ *(zusammenschnüren)* ▪ **etw ~** to tie sth in[to] bundles; **Karotten/Radieschen etc. ~** to tie carrots/radishes etc. in[to] bunches ❷ ORN *(konzentrieren)* to concentrate sth

bün·del·wei·se *adv* by the bundle [*or* bunch]

Bun·des·amt *nt* federal office **Bun·des·an·ge·stell·ten·ta·rif** *m* salary scale for government employees [*or* civil servants] **Bun·des·an·lei·he** *f* federal loan **Bun·des·an·stalt** *f* federal institute; **~ für Arbeit** Federal Employment Office **Bun·des·an·walt, -an·wäl·tin** *m, f* JUR ❶ BRD Federal Public Prosecutor; *(beim Bundesverwaltungsgericht)* prosecutor in the Supreme Administrative Court ❷ SCHWEIZ public prosecutor **Bun·des·an·walt·schaft** *f* JUR Federal Public Prosecutor's Office **Bun·des·an·zei·ger** *m* BRD Federal Gazette **Bun·des·ar·beits·ge·richt** *nt kein pl* JUR Federal Labour [*or* AM -or] Court *(highest labour court in Germany)* **Bun·des·ar·chiv** *nt* federal archives *pl* **Bun·des·aus·bil·dungs·för·de·rungs·ge·setz** *nt* federal law concerning the promotion of education and training **Bun·des·au·to·bahn** *f* federal motorway [*or* AM highway] **Bun·des·bahn** *f* **die** [**Deutsche**] **~** German Federal Railway, ≈ British Rail BRIT, ≈ Amtrak AM **Bun·des·bank** *f kein pl* Federal Bank of Germany **Bun·des·be·hör·de** *f* Federal authority [*or* AM agency] **Bun·des·bür·ger(in)** *m(f)* German citizen **bun·des·deutsch** *adj* German, of the Federal Republic of Germany *pred*

Bun·des·deut·sche(r) *f(m) dekl wie adj* German **Bun·des·ebe·ne** *f* federal level; **auf ~** at [*or* on a] federal level

bun·des·ei·gen *adj (dem Bund 3. gehörend)* federal **Bun·des·fi·nanz·hof** <-[e]s> *m kein pl* Federal Fiscal Court *(German supreme tax court)* **Bun·des·ge·biet** *nt* BRD federal [*or* German] territory **Bun·des·ge·nos·se, -ge·nos·sin** *m, f* ally **Bun·des·ge·richt** *nt* SCHWEIZ [Swiss] Federal Court, Federal Court of Switzerland **Bun·des·ge·richts·hof** *m* BRD Federal German supreme court *(highest German court of appeal)* **Bun·des·grenz·schutz** *m* BRD German Border Police **Bun·des·haupt·stadt** *f* federal capital **Bun·des·haus** *nt* ❶ BRD Bundestag building ❷ SCHWEIZ federal parliament [building] **Bun·des·heer** *nt* ÖSTERR Austrian Armed Forces **Bun·des·in·nen·mi·nis·ter(in)** *m(f)* German [*or* Federal] Minister of the Interior **Bun·des·ka·bi·nett** *nt* BRD German [*or* Federal] Cabinet **Bun·des·kanz·ler(in)** *m(f)* BRD German [*or* Federal] Chancellor; ÖSTERR Austrian [*or* Federal] Chancellor; SCHWEIZ Head of the Federal Chancellery

In Germany the **Bundeskanzler** – *Federal Chancellor* is elected by the *Bundestag – Lower House of the Federal Parliament* and then invested by the head of state, the Federal President. In Austria, the **Bundeskanzler** is proposed by the largest party in the *Nationalrat – National Assembly* and appointed by the President. He/she is the leader of the government and heads the *Bundeskanzleramt – Federal Chancellery* which in Switzerland is called the *Bundeskanzlei.*

Bun·des·kanz·ler·amt *nt* POL Federal Chancellor's Office *(responsible for planning, control and coordination of the Bundeskanzler's functions and duties)*

Bun·des·kanz·le·rin *f fem form von* **Bundeskanzler** **Bun·des·kar·tell·amt** *nt kein pl* Federal Cartel Office **Bun·des·kri·mi·nal·amt** *nt* Federal Criminal Police Office *(central organization for combatting and investigating crime)* **Bun·des·la·de** *f* REL Ark of the Covenant **Bun·des·land** *nt* federal state; *(nur BRD)* Land; **die alten/neuen Bundesländer** former West/East Germany

Since reunification the Federal Republic of Germany has been made up of 16 **Bundesländer** – *federal states.* Austria is divided up into nine federal states. Each state has a capital containing the seat of state government.

Bun·des·li·ga *f kein pl* German football [*or* AM soccer] league **Bun·des·li·gist** <-en, -en> *m* team in the German football [*or* AM soccer] league **Bun·des·mi·nis·ter(in)** *m(f)* BRD, ÖSTERR federal minister [of Germany/Austria] **Bun·des·mi·nis·te·ri·um** *nt* BRD, ÖSTERR federal ministry **Bun·des·nach·rich·ten·dienst** *m* BRD Federal Intelligence Service [of Germany] **Bun·des·post** *f kein pl* Federal Post Office *(German Postal Service)* **Bun·des·prä·si·dent(in)** *m(f)* BRD, ÖSTERR President [*or* Head of State] of the Federal Republic of Germany/Austria; SCHWEIZ President of the Confederation

The **Bundespräsident/-in** – *Federal President* in Germany and Austria is head of state with predominantly ceremonial functions. In Switzerland though, he/she is a member of the government and one of the seven members of the *Bundesrat – Federal Council* which each year elects one of its members to be Federal President – albeit as – *Primus inter Pares – first among equals.*

Bun·des·rat *m* ❶ BRD, ÖSTERR Bundesrat *(Upper House of Parliament)* ❷ *kein pl* SCHWEIZ Federal Council *(executive body)*

The **Bundesrat** – *the Upper House of the German Parliament* is composed of members of the individual state governments. The number of representatives is determined by the size of the state. The **Bundesrat** plays a role in the passing of legislation. In Austria, the **Bundesrat** is the part of parliament where the *Länder – provinces* are represented according to their population. The exact number of representatives from the provinces is stipulated by the Federal President after each national census. In Switzerland however, the **Bundesrat** is the government, which consists of seven members who are elected for four years and is chaired by the Federal President.

Bun·des·rat, -rä·tin *m, f* ÖSTERR Member of the Bundesrat/Upper House of Parliament; SCHWEIZ Member of the Federal Council **Bun·des·rech·nungs·hof** *m kein pl* Federal Audit Office *(responsible for examining the income and expenditure of the government)* **Bun·des·re·gie·rung** *f* federal government **Bun·des·re·pub·lik** *f* federal republic; **die ~ Deutschland** the Federal Republic of Germany **bun·des·re·pub·li·ka·nisch** *adj* German **Bun·des·schatz·brief** *m* federal treasury bill **Bun·des·staat** *m* ❶ *(Staatenbund)* confederation ❷ *(Gliedstaat)* federal state; **im ~ Kalifornien** in the

state of California **Bun·des·stra·ße** f BRD, ÖSTERR ≈ A road BRIT, ≈ interstate [highway] AM
Bun·des·tag m kein pl BRD Bundestag (Lower House of Parliament)

Kultur

Der Bundestag – the Lower House of the German Parliament is the representative body of the people and is elected every four years in a free and secret ballot. The **Bundestag** elects the Bundeskanzler – Federal Chancellor and debates and passes bills.

Bun·des·tags·ab·ge·ord·ne·te(r) f(m) dekl wie adj Member of the Bundestag, German member of parliament **Bun·des·tags·de·bat·te** f Bundestag debate **Bun·des·tags·frak·ti·on** f parliamentary group [or party] in the Bundestag **Bun·des·tags·mit·glied** nt Member of the Bundestag, German member of parliament **Bun·des·tags·prä·si·dent(in)** m(f) President of the Bundestag **Bun·des·tags·wahl** f Bundestag election
Bun·des·trai·ner(in) m(f) BRD [German] national coach **Bun·des·ver·dienst·kreuz** nt BRD Order of Merit of the Federal Republic of Germany, ≈ OBE BRIT **Bun·des·ver·fas·sung** f kein pl federal constitution **Bun·des·ver·fas·sungs·ge·richt** nt kein pl BRD Federal Constitutional Court (supreme legal body that settles issues relating to the basic constitution) **Bun·des·ver·samm·lung** f POL ① BRD Federal Assembly ② SCHWEIZ Parliament **Bun·des·ver·si·che·rungs·an·stalt** f ~ für Angestellte Federal Insurance Office for Salaried Employees **Bun·des·ver·wal·tungs·ge·richt** nt BRD Federal Administrative Court **Bun·des·wehr** f Federal [or German] Armed Forces
bun·des·weit I. adj throughout [the whole of] [or all over] Germany pred; **nach der Katastrophe erfolgte ein ~er Spendenaufruf** after the catastrophe there was an appeal for donations throughout [the whole of] Germany **II.** adv throughout [the whole of] [or all over] Germany
Bund·fal·te f pleat **Bund·fal·ten·ho·se** f trousers [or AM a. pants] pl with a pleated front **Bund·ho·se** f breeches npl, knickerbockers pl BRIT, knickers npl AM
bün·dig ['byndɪç] adj ① (bestimmt) concise; **danke, das war ~, ich gehe!** thanks, you've made yourself clear · I'm off!; s. a. **kurz** ② (schlüssig) conclusive ③ (in gleicher Ebene) level
Bün·dig·keit <-> f kein pl conciseness no pl
Bünd·nis <-ses, -se> ['byntnɪs] nt alliance; **~ 90** Bündnis 90 (political party comprising members of the citizens' movements of former East Germany)
Bünd·nis·block <-blöcke> m group of allied countries pl **Bünd·nis·grü·ne** pl Green party alliance **Bünd·nis·part·ner** m POL, ÖKON alliance partner **Bünd·nis·sys·tem** nt system of alliance **Bünd·nis·treue** f loyalty to a/the alliance
Bund·wei·te f waist size
Bun·ga·low <-s, -s> ['bʊŋɡalo:] m bungalow
Bun·gee·jum·ping <-s> ['bandʒɪdʒampɪŋ] nt kein pl bungee jumping no pl
Bun·gee·seil ['bandʒɪ-] nt bungee [cord [or rope]]
Bun·ker <-s, -> ['bʊŋke] m ① (Schutzraum) bunker; (Luftschutzbunker) air-raid shelter ② (beim Golf) bunker ③ (sl: Gefängnis) slammer
bun·kern ['bʊŋken] vt ▪ **etw ~** to hoard sth
Bun·sen·bren·ner <-s, -> ['bʊnzn] m Bunsen burner
bunt [bʊnt] I. adj ① (farbig) colourful BRIT, colorful AM ② (ungeordnet) muddled; (vielfältig) varied II. adv ① (farbig) colourfully BRIT, colorfully AM; **~ bemalt** colourful[ly painted]; **~ gestreift** with colourful [or coloured] stripes pl; **ein ~ gestreiftes Hemd** a colourfully-striped shirt; **~ kariert** with a coloured

check [pattern] ② (ungeordnet) in a muddle; **~ gemischt** (abwechslungsreich) diverse; (vielfältig) varied ▶ WENDUNGEN: **es zu ~ treiben** (fam) to go too far; **jdm wird es zu ~** (fam) sb has had enough
bunt·be·malt adj attr s. **bunt II. 1 bunt·ge·mischt** adj attr s. **bunt II. 2 bunt·ge·streift** adj s. **bunt II. 1**
Bunt·heit <-> f kein pl colourfulness no pl BRIT, colorfulness no pl AM; **sie liebt Kleider von auffallender ~** she loves strikingly colourful clothes
Bunt·me·tall nt non-ferrous heavy metal **Bunt·pa·pier** nt coloured [gummed] paper **Bunt·sand·stein** m ① BAU red sandstone ② GEOL Bunter **Bunt·specht** m great spotted woodpecker **Bunt·stift** m coloured pencil **Bunt·wä·sche** f colour wash, coloureds pl
Bür·de <-, -n> ['byrdə] f (geh) ① (Last) load; **die Zweige bogen sich unter der ~ des Schnees** the branches bent under the weight of the snow ② (Beschwernis) burden
Bu·re, Bu·rin <-n, -n> ['bu:rə, 'bu:rɪn] m, f Boer
Burg <-, -en> [bʊrk] f ① (aus Stein) castle ② (Sandburg) sand[·]castle ③ (Biberbau) lodge
Bür·ge, Bür·gin <-n, -n> ['byrɡə, 'byrɡɪn] m, f guarantor; **jdm ~ für etw** akk **sein** to be sb's guarantee for sth; **[jdm] einen ~n stellen** [o fam: **bringen**] to provide [sb] with a guarantor
bür·gen vi ① (einstehen für) ▪ [jdm] **für etw** akk **~** to act as guarantor [for sb] for sth; **für jdn ~** to act as sb's guarantor ② (garantieren) ▪ **für etw** akk **~** to guarantee sth
Bur·gen·land ['bʊrɡnlant] nt Burgenland
Bür·ger(in) <-s, -> ['byrɡe] m(f) citizen
Bür·ger·be·geh·ren nt BRD public petition for a referendum **Bür·ger·be·we·gung** f citizens' movement **bür·ger·fern** adj non-citizen-friendly, not in touch with the people pred, aloof **Bür·ger·haus** nt ① (Gemeindehaus) municipal hall ② (Haus eines Bürgers) town house ③ (veraltend: bürgerliche Familie) bourgeois family pej
Bür·ge·rin <-, -nen> f fem form von **Bürger Bür·ger·ini·ti·a·ti·ve** f citizens' group **Bür·ger·krieg** m civil war **bür·ger·kriegs·ähn·lich** adj similar to civil war pred, as in civil war pred
bür·ger·lich ['byrɡelɪç] adj ① attr (den Staatsbürger betreffend) civil; **~e Pflicht** civic duty ② (dem Bürgerstand angehörend) bourgeois pej **Bür·ger·li·che(r)** f(m) dekl wie adj commoner
Bür·ger·meis·ter(in) ['byrɡemaɪste] m(f) mayor; **der regierende ~ von Hamburg** the governing Mayor of Hamburg
Bür·ger·meis·ter·stück nt KOCHK top rump, thick flank
bür·ger·nah adj citizen-friendly, in touch with the people pred
Bür·ger·nä·he f kein pl citizen-friendliness no pl **Bür·ger·pflicht** f civic duty **Bür·ger·recht** nt meist pl civil right **Bür·ger·recht·ler(in)** <-s, -> m(f) civil rights activist **Bür·ger·rechts·be·we·gung** f civil rights pl movement **Bür·ger·rechts·ge·such** nt SCHWEIZ (Einbürgerungsgesuch) application for naturalization
Bür·ger·schaft <-, -en> f POL ① (die Bürger) citizenry ② (Bürgervertretung) ≈ city-state parliament (in the Länder of Bremen and Hamburg)
Bür·ger·schafts·wahl f elections to the city-state parliament
Bür·ger·schreck m a person who frightens or provokes other people by behaving in a consciously unconventional manner **Bür·ger·steig** <-[e]s, -e> m pavement BRIT, sidewalk AM
Bür·ger·tum <-s> nt kein pl bourgeoisie + sing/pl vb
Bür·ger·ver·samm·lung f citizen's meeting

Burg·fest·spie·le *pl open-air theatre festival that takes place within the grounds of a castle* **Burg·frie·de(n)** *m* truce; **~ einen ~ schließen** to call a truce **Burg·herr(in)** *m(f)* lord of a/the castle
Bür·gin <-, -nen> *f fem form von* **Bürge**
Burg·ru·i·ne *f* castle ruin
Bürg·schaft <-, -en> *f* JUR ❶ *(gegenüber Gläubigern)* guaranty; **~ [für jdn/etw] leisten** *([für jdn/etw] bürgen)* to act as a guarantor [for sb/sth]; **die ~ für jdn übernehmen** to act as sb's guarantor ❷ *(Haftungssumme)* security
Bur·gund <-[s]> [bʊrˈgʊnt] *nt* Burgundy
Bur·gun·der <-s, -> [bʊrˈgʊndɐ] *m (Wein aus Burgund)* burgundy
Bur·gun·der(in) <-s, -> [bʊrˈgʊndɐ] *m(f)* ■ **ein ~/ eine ~in sein** to come from Burgundy
Bur·gun·der·kelch *m* Burgundy glass **Bur·gun·der·pfan·ne** *f* KOCHK heavy metal casserole for meat fondue **Bur·gun·der·trüf·fel** *m* Burgundy truffle
bur·gun·disch [bʊrˈgʊndɪʃ] *adj* Burgundy
Burg·ver·lies *nt* castle dungeon
Bu·rin <-, -nen> *f fem form von* **Bure**
Bur·ki·na Fa·so <-s> [bʊrˈkiːna ˈfaːzo] *nt* Burkina Faso; *s. a.* **Deutschland**
Bur·ki·ner(in) <-s, -> [bʊrˈkiːnɐ] *m(f)* Burkinan; *s. a.* **Deutsche(r)**
bur·ki·nisch [bʊrˈkiːnɪʃ] *adj* Burkinabe, Burkinian; *s. a.* **deutsch**
bur·lesk [bʊrˈlɛsk] *adj* burlesque
Bur·les·ke <-, -n> [bʊrˈlɛskə] *f* MUS burlesque
Bur·ma <-s> [ˈbʊrma] *nt s.* **Myanmar**
Burn-out-Syn·drom <-s, -s> [bøːɐ̯nˈaut-] *m* burnout
Bur·nus <- *o* -ses, -se> [ˈbʊrnʊs] *m* burnous[e] BRIT, burnoose AM
Bü·ro <-s, -s> [byˈroː] *nt* office
Bü·ro·an·ge·stell·te(r) *f(m) dekl wie adj* office worker **Bü·ro·ar·beit** *f* office work **Bü·ro·au·to·ma·ti·on** *f* office automation **Bü·ro·be·darf** *m* office supplies *pl* **Bü·ro·haus** *nt* office block **Bü·ro·hengst** *m (pej fam)* pen pusher *pej* **Bü·ro·kauf·mann, -kauf·frau** *m, f* office administrator [with commercial training] **Bü·ro·klam·mer** *f* paper clip **Bü·ro·kom·mu·ni·ka·ti·on** *f* office communication **Bü·ro·kom·mu·ni·ka·ti·ons·sys·tem** *nt* office communications system **Bü·ro·kraft** *f* office worker
Bü·ro·krat(in) <-en, -en> [byroˈkraːt] *m(f) (pej)* bureaucrat *pej*
Bü·ro·kra·tie <-, -n> [byrokraˈtiː, *pl:* -ˈtiːən] *f* bureaucracy
Bü·ro·kra·tin <-, -nen> *f fem form von* **Bürokrat**
bü·ro·kra·tisch **I.** *adj* ❶ *inv, attr (verwaltungsmäßig, der Bürokratie gemäß)* bureaucratic ❷ *(pej)* bureaucratic, involving a lot of red tape **II.** *adv inv* bureaucratically, using a lot of red tape
Bü·ro·kra·tis·mus <-> [byrokraˈtɪsmʊs] *m kein pl (pej)* bureaucracy
Bü·ro·ma·schi·ne *f* piece of office equipment **Bü·ro·schluss**RR *m* end of office hours **Bü·ro·stun·den** *pl* office hours *pl* **Bü·ro·turm** *m* office block
Bürsch·chen <-s, -> [ˈbʏrʃçən] *nt dim von* **Bursche** *(pej: junger Bursche)* [young] fellow; **mein ~!** my boy!
Bur·sche <-n, -n> [ˈbʊrʃə] *m* ❶ *(Halbwüchsiger)* adolescent; **warte nur, mein ~, ich werde dich erwischen!** just you wait young man - I'll catch you! ❷ *(fam: Kerl)* so-and-so BRIT *fam*, character AM ❸ *(fam: Exemplar)* specimen
Bur·schen·schaft <-, -en> *f* SCH ≈ fraternity *(student's duelling association with colours)*
Bur·schen·schaft·(l)er <-s, -> *m* SCH member of a fraternity
bur·schi·kos [bʊrʃiˈkoːs] **I.** *adj (salopp)* casual;

(Mensch) laid-back; **~es Mächen** tomboy; **~e Ausdrucksweise** slangy [*or* casual] way of talking **II.** *adv* casually; **sich** *akk* **~ benehmen** to behave in a laid-back manner; **sich** *akk* **~ ausdrücken** to express oneself using slang
Bürs·te <-, -n> [ˈbʏrstə] *f* brush
bürs·ten [ˈbʏrstn̩] *vt* ❶ *(mit einer Bürste reinigen)* ■ **etw ~** to brush sth ❷ *(abbürsten)* ■ **etw von etw** *dat* **~** to brush sth off [of AM *a.*] sth
Bürs·ten·haar·schnitt *m* crew cut **Bürs·ten·ma·cher(in)** *m(f)* brush maker **Bürs·ten·mas·sa·ge** [-masaːʒə] *f* brush massage
Bu·run·der(in) <-s, -> [buˈrʊndɐ] *m(f)* Burundian; *s. a.* **Deutsche(r)**
Bu·run·di <-s> [buˈrʊndi] *nt* Burundi; *s. a.* **Deutschland**
Bu·run·di·er(in) [buˈrʊndiɐ] *m(f) s.* **Burunder**
bu·run·disch [buˈrʊndɪʃ] *adj* Burundian; *s. a.* **deutsch**
Bür·zel <-s, -> [ˈbʏrtsl̩] *m* ORN tail; KOCHK parson's nose
Bus <-ses, -se> [bʊs, *pl:* ˈbʊsə] *m* AUTO bus; *(Reisebus)* coach, AM *usu* bus
Bus·bahn·hof *m* bus station
Busch <-[e]s, Büsche> [bʊʃ, *pl:* ˈbʏʃə] *m* ❶ *(Strauch)* shrub, bush ❷ *(Buschwald)* bush ❸ *(Strauß)* bunch; *(selten: Büschel)* tuft ► WENDUNGEN: **mit etw** *dat* **hinter dem ~ halten** *(fam)* to keep sth to oneself; **im ~ sein** *(fam)* da ist etw im ~ sth is up; **bei jdm auf den ~ klopfen** *(fam)* to sound sb out; **sich** *akk* **[seitwärts] in die Büsche schlagen** *(fam)* to sneak away
Busch·boh·ne *f* dwarf [*or* AM bush] bean
Bü·schel <-s, -> [ˈbʏʃl̩] *nt* tuft
bü·schel·wei·se *adv* in tufts; **der Flachs wurde ~ zum Trocknen ausgelegt** the flax was laid out in bundles to dry
Bu·schen·schen·ke *f* ÖSTERR *(Straußwirtschaft)* temporary bar in which new local wines are sold
Busch·feu·er *nt* bush fire
bu·schig **I.** *adj* bushy **II.** *adv* **~ wachsen** to spread
Busch·mann <-männer *o* -leute> [ˈbʊʃman, *pl:* -mɛnɐ, *pl:* -lɔytə] *m* Bushman **Busch·mann·frau** *f* Bushman woman **Busch·mes·ser** *nt* machete **Busch·werk** *nt kein pl* thicket **Busch·wind·rös·chen** [-røːsçən] *nt* wood anemone
Bu·sen <-s, -> [ˈbuːzn̩] *m* ❶ *(weibliche Brust)* bust ❷ *(Oberteil eines Kleides)* top ❸ *(geh: Innerstes)* breast *liter*
Bu·sen·freund(in) *m(f)* ❶ *(enger Freund)* buddy *fam,* best friend ❷ *(iron: Intimfeind)* bosom friend *iron,* mortal enemy
Bus·fah·rer(in) *m(f)* bus driver **Bus·hal·te·stel·le** *f* bus stop **Bus·häus·le** *nt* SÜDD *(fam)* bus shelter
Busi·ness·class [ˈbɪznɪs-] *f* business class **Busi·ness·plan** [ˈbɪznɪs-] *m* ÖKON business plan
Bus·li·nie *f* bus route
Bus·sard <-s, -e> [ˈbʊsart, *pl:* ˈbʊsardə] *m* buzzard
Bu·ße <-, -n> [ˈbuːsə] *f* ❶ *kein pl (Reue)* repentance; *(Bußauflage)* penance *no pl;* **~ tun** to do penance; **jdn zu einer ~ verurteilen** to sentence sb to penance; **zur ~** as a penance; *s. a.* **Sakrament** ❷ JUR *(Schadenersatz)* damages *npl* ❸ SCHWEIZ *(Geldbuße)* fine
bü·ßen [ˈbyːsn̩] **I.** *vt* ❶ *(bezahlen)* ■ **etw [mit etw** *dat*] **~** to pay for sth [with sth]; **das wirst** [*o* sollst] **du mir ~!** I'll make you pay for that! ❷ SCHWEIZ *(mit einer Geldbuße belegen)* ■ **jdn ~** to fine sb **II.** *vi (leiden)* ■ **~** to suffer [because of sth]; **dafür wird er mir ~!** I'll make him suffer [*or* I'm going to get him back] for that!
Bü·ßer(in) <-s, -> *m(f)* penitent
Bü·ßer·ge·wand *nt* REL penitential garment; ► WENDUNGEN: **keineswegs im ~** without the slightest trace of remorse

Bü·ße·rin <-, -nen> *f fem form von* **Büßer**

Bus·se(r)l <-s, -[n]> ['bʊsəl] *nt* SÜDD, ÖSTERR *(fam: Kuss)* kiss

bus·se(r)ln *vt, vi* SÜDD, ÖSTERR *(fam: küssen)* ■ **jdn ~** to kiss sb; ■ **~** to kiss

buß·fer·tig *adj* penitent **Buß·gang** *m* ▶ WENDUNGEN: **einen ~** [**zu jdm**] **antreten** *(geh)* to beg [sb's] forgiveness *no pl* **Buß·ge·bet** *nt* penitential prayer

Buß·geld *nt (Geldbuße)* fine, BRIT a. penalty *(imposed for traffic and tax offences)*

Buß·geld·be·scheid *m* notice of a fine, BRIT a. penalty notice **Buß·geld·ka·ta·log** *m* list of offences *pl* punishable by fines *pl* **Buß·geld·stel·le** *f* [traffic] fine payment office **Buß·geld·ver·fah·ren** *nt* fining system

Buß·pre·digt *f* penitential sermon **Buß·tag** *m* day of repentance; **Buß- und Bettag** day of prayer and repentance *(on the Wednesday before Advent)*

Büs·te <-, -n> ['bʏstə] *f* ❶ *(Skulptur von Kopf und Schultern)* bust ❷ *(euph: Busen 1)* bust ❸ *(Schneiderpuppe)* tailor's dummy

Büs·ten·hal·ter *m* bra[ssiere]

Büs·tier <-s, -s> [bʏs'tje:] *nt* bustier

Bus·ver·bin·dung *f* bus service

Bu·tan <-s, -e> [bu'ta:n] *nt* butane

Bu·tan·gas *nt* butane gas

Bu·ti·ke <-, -n> [bu'ti:kə] *f* boutique

Butt <-[e]s, -e> [bʊt] *m* butt

Bütt <-, -en> [bʏt] *f* DIAL *a barrel-like platform from which speeches are given at carnivals;* **in die ~ stei·gen** to take the floor [at a carnival]

But·te <-, -n> ['bʊtə] *f* ❶ *(Tragebehälter)* hod ❷ *s.* **Bütte**

Büt·te <-, -n> ['bʏtə] *f* DIAL tub

Büt·tel <-s, -> ['bʏtl] *m (pej veraltet)* ❶ *(Handlanger)* servant ❷ *(Gerichtsbote)* bailiff

Büt·tel·dienst *m (pej)* servant's job; **für solche ~e bin ich mir zu schade!** that kind of job's beneath me!

Büt·ten <-s-> ['bʏtn̩] *nt*, **Büt·ten·pa·pier** *nt kein pl* handmade paper **Büt·ten·rand** *m* deckle edge **Büt·ten·re·de** *f* DIAL humorous speech *(made from the barrel-like platform at a carnival)*

But·ter <-> ['bʊtɐ] *f kein pl* butter *no pl;* **braune ~** nut butter; **gute ~** quality butter ▶ WENDUNGEN: **jdm nicht die ~ auf dem Brot gönnen** *(fam)* to begrudge sb everything; **sich** *dat* [**von jdm**] **nicht die ~ vom Brot nehmen lassen** *(fam)* to stand up for oneself [against

sb]; **wie ~ in der Sonne dahinschmelzen** to evaporate *fig;* **weich wie ~** as soft as can be; **nach außen zeigt er Härte, aber innerlich ist er weich wie ~** he looks tough on the outside but he's a real softie at heart; **alles** [**ist**] **in ~** *(fam)* everything is hunky-dory

But·ter·berg *m* [EU] butter mountain **But·ter·blu·me** *f* buttercup **But·ter·boh·ne** *f* butter bean **But·ter·brot** *nt* slice of buttered bread; ▶ WENDUNGEN: **jdm etw aufs ~ schmieren** *(fam)* to rub sth in; **das schmiere ich dem aber aufs ~!** I won't let him forget that!; **für ein ~** *(fam)* for a song [*or* AM peanuts *pl*]; **da arbeitest du ja für ein ~!** you're working for peanuts there! **But·ter·brot·pa·pier** *nt* greaseproof paper **But·ter·creme** *f* butter cream **But·ter·creme·tor·te** *f* butter cream gateau [*or* AM cake] **But·ter·do·se** *f* butter-dish

But·ter·fly <-s, -> ['batɐflai] *m*, **But·ter·fly·stil** *m s.* **Schmetterlingsstil**

But·ter·frucht *f (selten)* avocado **But·ter·gla·sur** *f* butter icing **But·ter·keks** *m* butter biscuit [*or* AM cookie], BRIT a. Rich Tea® biscuit **But·ter·kohl** *m s.* **Schnittkohl But·ter·milch** *f* buttermilk

but·tern ['bʊtɐn] **I.** *vt* ❶ *(mit Butter bestreichen)* ■ **etw ~** to butter sth ❷ *(fam: investieren)* ■ **etw in etw** *akk* **~** to plough [*or* AM plow] sth into sth **II.** *vi (Butter herstellen)* to produce butter

But·ter·nuss[RR] *f* American white walnut **But·ter·nuss·kür·bis**[RR] *m* butternut squash **But·ter·pilz** *m* boletus lutens **But·ter·rol·ler** *m* butter curler **But·ter·sa·lat** *nt* BOT, KOCHK young green lettuce **But·ter·säu·re** *f* CHEM butyric acid **But·ter·schmalz** *nt* clarified butter **but·ter·weich** ['bʊtɐvaiç] **I.** *adj* really soft **II.** *adv* softly

Bütt·ner[in] <-s, -> ['bʏtnɐ] *m(f)* DIAL *(Böttcher)* cooper

But·ton <-s, -s> ['batn] *m* badge

But·zen·schei·be *f* bullion point sheet

b. w. *Abk von* **bitte wenden** PTO

B-Waf·fe ['be:-] *f* biological weapon

BWL [be:ve:'ʔɛl] *f Abk von* **Betriebswirtschaftslehre**

By·pass <-es, Bypässe> ['baipas] *m* bypass

By·pass·ope·ra·ti·on *f* bypass operation

Byte <-s, -s> [bait] *nt* byte

by·zan·ti·nisch [bytsan'ti:nɪʃ] *adj* Byzantine

By·zanz <-> [by'tsants] *nt* Byzantium

bzgl. *präp +gen Abk von* **bezüglich**

bzw. *adv Abk von* **beziehungsweise**

C

C, c <-, - o fam -s, -s> [tseː] nt ① *(Buchstabe)* C, c; ~ **wie Cäsar** C for [or AM as in] Charlie; *s. a.* **A 1** ② MUS C, c; **das hohe ~** top [or high] c; *s. a.* **A 2**

C [tseː] *Abk von* **Celsius** C

ca. *Abk von* **circa** approx., ca.

Ca·brio <-s, -s> ['kaːbrio] *nt s.* **Kabrio**

Ca·bri·o·let <-[s], -s> [kabrioˈleː] *nt s.* **Kabriolett**

CAD <-s, -s> *nt Abk von* **computer-aided design** CAD

Cad·die <-s, -s> ['kɛdi] *m* ① *(Mensch)* caddie, caddy ② *(Wagen)* caddie [or caddy] car

Cad·mi·um <-s> ['katmiʊm] *nt kein pl* cadmium *no pl*

Ca·fé <-s, -s> [kaˈfeː] *nt* café

Ca·fe·te·ria <-, -s> [kafeteˈriːa] *f* cafeteria

Ca·fe·ti·e·re [kafeˈtjeːrə] *f* cafetiere

cal *f kurz für* **Kalorie** cal.

Cal·ci·um <-s> ['kaltsiʊm] *nt kein pl s.* **Kalzium**

Ca·li·for·ni·um <-s> [kaliˈfɔrniʊm] *nt kein pl* californium *no pl*

Call·boy ['kɔːlbɔɪ] *m* male version of a call girl **Call·cen·ter** ['kɔːlsɛntɐ] *nt* TELEK call centre **Call·cen·ter·agent** *m* TELEK call centre adviser **Call·girl** <-s, -s> [-gœrl] *nt* call girl

Cam·cor·der <-s, -> ['kamkɔrdɐ] *m* camcorder

Ca·mem·bert <-s, -s> ['kamɑ̃mbɛːɐ̯] *m* Camembert [cheese]

Camp <-s, -s> [kɛmp] *nt* MIL ① *(Lager)* camp ② *(Gefangenenlager)* prison camp

cam·pen ['kɛmpn] *vi* ■ **[irgendwo]** ~ to camp [or go camping] [somewhere]

Cam·per(in) <-s, -> ['kɛmpɐ] *m(f)* camper

cam·pie·ren [kamˈpiːrən] *vi* ① *s.* **kampieren** ② ÖSTERR, SCHWEIZ *(campen)* to camp, to go camping

Cam·ping <-s> ['kɛmpɪŋ] *nt kein pl* camping **Cam·ping·ar·ti·kel** *m* piece of camping equipment **Cam·ping·aus·rüs·tung** *f* camping equipment **Cam·ping·bus** *m* camper **Cam·ping·füh·rer** *m* camping guide **Cam·ping·platz** *m* campsite, camping [or AM camp] ground **Cam·ping·zu·be·hör** *nt* camping equipment *no pl*

Cam·pus <-, -> ['kampʊs, 'kɛmpəs] *m* campus

Ca·nas·ta <-s> [kaˈnasta] *nt kein pl* KARTEN [game of] canasta

Can·ber·ra <-s> ['kɛnbərə] *nt* Canberra

Can·can <-s, -s> [kãˈkãː] *m* cancan

cand. *Abk von* **candidatus** final year student, BRIT *a.* graduand

Ca·nel·li·no [kanɛˈliːno] *f* KOCHK canellino bean

Can·na·bis <-> ['kanabɪs] *m kein pl* cannabis *no pl*

Can·nel·lo·ni [kanɛˈloːni] *pl* cannelloni *npl*

Ca·ñon <-s, -s> ['kanjɔn] *m* canyon

Ca·nos·sa <-[s]> [kaˈnɔssa] *nt s.* **Kanossa**

Can·yo·ning ['kɛnjənɪŋ] *nt* SPORT canyoning *no pl, no indef art*

Cape <-s, -s> [keːp] *nt* cape

Cap·puc·ci·no <-[s], -[s]> [kapʊˈtʃiːno] *m* cappuccino

Ca·ra·van <-s, -s> ['ka(ː)ravan] *m* caravan

Care·pa·ket ['kɛɐ̯-] *nt* care package

Car·na·ro·li [karnaˈroːli] *m kein pl* KOCHK carnaroli rice *no pl*

Ca·ro·li·na [karoˈliːna] *m kein pl* KOCHK Carolina rice *no pl*

Car·port <-s, -s> ['kaːɐ̯pɔɐ̯t] *m* carport

Car·toon <-s, -s> [karˈtuːn] *m* cartoon

Car·ving ['kaːɐ̯vɪŋ] *nt* SKI carving **Car·ving-Ski** *m* carving ski

Ca·sa·no·va <-s, -s> [kazaˈnoːva] *m* Casanova

Cä·sar¹ <-s> ['tsɛːzar] *m* Caesar

Cä·sar² <-saren, -saren> ['tsɛːzar, *pl:* tsɛˈzaːrən] *m* emperor

Cä·sa·ren·wahn(·sinn) *m* megalomania

Cas·ca·ding [kæsˈkeɪdɪŋ] *nt* SPORT cascading

Cash <-s> [kæʃ] *nt kein pl* FIN *(fam)* cash

cash [kæʃ] *adv* cash

Ca·shew·nuss[RR] ['kɛʃu-] *f* cashew nut

Cash·flow[RR], **Cash-flow**[ALT] <-s, -s> ['kæʃfloʊ] *m* cash flow

Cä·si·um <-s> ['tsɛːziʊm] *nt kein pl* caesium BRIT *no pl*, cesium AM *no pl*

Cas·set·te <-, -n> [kaˈsɛtə] *f s.* **Kassette**

cas·ten ['kaːstn] *vt* FILM ■ jdn ~ to cast sb

Cas·ting <-s, -s> ['kaːstɪŋ] *nt* FILM, THEAT casting [session] **Cas·ting-Agen·tur** *f* FILM casting agency

Catch-as-catch-can <-> ['kætʃəzˈkætʃkæn] *nt kein pl* catch-as-catch-can *no pl*, all-in wrestling *no pl*

cat·chen ['kɛtʃn] *vi* ■ gegen jdn ~ to wrestle catch-as-catch-can against sb

Cat·cher(in) <-s, -> ['kɛtʃɐ] *m(f)* catch-as-catch-can [or all-in] wrestler

Ca·te·ring <-[s]> ['kəɪtərɪŋ] *nt kein pl* catering *no pl* **Ca·te·ring·ser·vice** *m* catering service

Ca·yenne·pfef·fer [kaˈjɛn-] *m* cayenne pepper

CB-Funk *m* CB radio

CD <-, -s> [tseːˈdeː] *f Abk von* **Compact Disc** CD

CD-Bren·ner *m* CD rewriter [or burner] **CD-Play·er** <-s, -> [tseːˈdeːpleːɐ] *m* CD player **CD-ROM** <-, -s> [tseːdeːˈrɔm] *f* CD-ROM; ■ **auf CD-ROM** on CD-ROM **CD-ROM-Lauf·werk** *nt* CD-ROM drive [or player] **CD-Spie·ler** *m s.* **CD-Player**

CDU <-> [tseːdeːˈʔuː] *f Abk von* **Christlich-Demokratische Union** CDU

CD-Vi·deo *nt* video disc **CD-Vi·deo·ge·rät** *nt* video disc player **CD-Wechs·ler** *m* CD selector

Ce·le·bes·see [tseˈleːbɛs] *f* Celebes Sea

Cel·list(in) <-en, -en> [tʃɛˈlɪst] *m(f)* cellist

Cel·lo <-s, -s o Celli> ['tʃɛlo] *nt* cello

Cel·lo·phan® <-s> [tsɛloˈfaːn] *nt kein pl* cellophane

Cel·si·us ['tsɛlziʊs] *no art, inv* Celsius **Cel·si·us·ska·la** *f* celsius scale

Cem·ba·lo <-s, -s o Cembali> ['tʃɛmbalo] *nt* cembalo

Cent <-[s], -[s]> [sɛnt, tsɛnt] *m (Untereinheit des Euros, Dollars etc.)* cent; **50 ~** 50 cents; **keinen ~** not a penny ▸ WENDUNGEN: **jeden ~ umdrehen** *(fam)* to think twice about every penny one spends

Cer·ve·lat·wurst [sɛrvəˈlaːt-] *f* cervelat [sausage]

Ces, ces <-, -> [tsɛs] *nt* MUS C flat

Cha-Cha-Cha <-[s], -s> ['tʃaˈtʃaˈtʃa] *m* cha-cha[-cha]

Cha·grin·le·der [ʃaˈgrɛ̃-] *nt* shagreen

Cha·mä·le·on <-s, -s> [kaˈmɛːleɔn] *nt* chameleon; **ein ~ sein** *(pej)* to be [like] a chameleon

Cham·pa·gner <-s, -> [ʃamˈpanjə] *m* champagne

Cham·pa·gner·sche·re *f* champagne tongs *npl*

Cham·pi·gnon <-s, -s> ['ʃampɪnjɔn] *m* [common] mushroom

Cham·pi·on <-s, -s> ['tʃɛmpiən] *m (Spitzensportler)* champion; *(Spitzenmannschaft)* champions *pl*

Chan·ce <-, -n> ['ʃãːsə] *f* ① *(Möglichkeit)* chance; **eine/keine ~ ungenutzt lassen** to [not] pass up an opportunity; **jdm eine ~ geben** to give sb a chance; **jdm eine letzte ~ geben** to give sb one last chance; **[gegen jdn] keine ~ haben** to have no chance [against sb]; **die ~n** *pl* chance sind gut/schlecht there's a good chance/there's little chance; **wie stehen die ~n?** *(fam)* what are the odds? ② *pl (Aussichten)* prospects *pl;* |**bei jdm**| ~**n haben** *(fam: Aussicht auf Erfolg haben)* to have a chance [with sb]; *(beim Arbeitgeber etc.)* to have prospects [with an employer, etc.]

Chan·cen·gleich·heit *f kein pl* equal opportunities

chan·cen·los *adj* no chance; ~ **gegen jdn/etw sein** to not stand a chance against sb/sth

chan·gie·ren [ʃãˈʒiːrən] *vi* to shimmer

Chan·son <-s, -s> [ʃãˈsõː] *nt* chanson

Chan·son·(n)et·te <-, -n> [ʃãsõˈnɛt] *f* chanteuse

Chan·son·sän·ger(in) *m(f)* singer of chansons, chansonnier

Cha·os <-> [ˈkaːɔs] *nt kein pl* chaos *no pl;* **irgendwo herrscht** |**ein einziges**| ~ there is |complete [*or* absolute]| chaos somewhere

Cha·ot(in) <-en, -en> [kaˈoːt] *m(f) (pej)* ❶ *(Radikale(r))* anarchist ❷ *(sl: verworrener Mensch)* chaotic [*or* muddle-headed] person

cha·o·tisch [kaˈoːtɪʃ] I. *adj* chaotic; ~ **aussehen/klingen** to look/sound chaotic II. *adv* chaotically

Cha·peau claque, Cha·peau Claque^{RR} <- -, -s -s> [ʃapoˈklak] *m* opera hat

Cha·rak·ter <-s, -tere> [kaˈraktɐ, *pl:* -ˈteːrə] *m* ❶ *(Wesen)* character; ~ **haben** to have strength of character; **den ~ prägen** [*o* **formen**] to form [*or* BRIT mould] [*or* AM mold] the character; **jd von** ~ sb with strength of character ❷ *(Eigenart)* character; *eines Gesprächs, einer Warnung* nature *no indef art* ❸ *(liter)* character

Cha·rak·ter·an·la·ge *f* characteristic **Cha·rak·ter·dar·stel·ler(in)** *m(f)* character actor **Cha·rak·ter·ei·gen·schaft** *f* characteristic **Cha·rak·ter·feh·ler** *m* character defect **cha·rak·ter·fest** *adj* with strength of character **Cha·rak·ter·fes·tig·keit** *f* strength of character

cha·rak·te·ri·sie·ren [karakteriˈziːrən] *vt* ■ **etw** ~ to characterize sth; ■ **jdn/etw** |**als etw** *akk*| ~ to characterize sth/sb |as sth|

Cha·rak·te·ri·sie·rung <-, -en> *f* characterization

Cha·rak·te·ris·tik <-, -en> [karakteˈrɪstɪk] *f* ❶ *(treffende Schilderung)* characterization ❷ TECH *(typische Eigenschaft)* feature

Cha·rak·te·ris·ti·kum <-s, -ristika> [karakteˈrɪstɪkʊm, *pl:* -ka] *nt (geh)* characteristic

cha·rak·te·ris·tisch [karakteˈrɪstɪʃ] *adj* characteristic, typical; ■ ~ |**für jdn/etw**| **sein** to be characteristic [*or* typical] [of sb/sth]

cha·rak·te·ris·ti·scher·wei·se *adv* characteristically **Cha·rak·ter·kopf** *m* face with striking [*or* distinctive] features; **einen ~ haben** to have striking features, to have an expressive face

cha·rak·ter·lich I. *adj* of sb's character *pred;* ~**es Merkmal** characteristic; ~**e Stärke** strength of character II. *adv* character, as far as sb's character is concerned *pred;* **jdn** ~ **stark/negativ prägen** to have a strong/negative effect on sb's character

cha·rak·ter·los I. *adj* despicable *adv* despicably **Cha·rak·ter·lo·sig·keit** <-, -en> *f* ❶ *(Niedertracht)* despicableness *no pl* ❷ *(schändliche Tat)* despicable act; **es ist einfach eine** ~ **von ihr** it is simply despicable of her **Cha·rak·ter·merk·mal** *nt s.* **Charaktereigenschaft**

Cha·rak·te·ro·lo·gie <-> [karakteroloˈgiː] *f kein pl* characterology *no pl*

cha·rak·te·ro·lo·gisch [karakteroˈloːgɪʃ] *adj* characterological

Cha·rak·ter·rol·le *f* character part **Cha·rak·ter·schwä·che** *f* weakness of character **Cha·rak·ter·schwein** *nt (fam)* bad lot **Cha·rak·ter·stär·ke** *f* strength of character **Cha·rak·ter·stu·die** *f* character study **cha·rak·ter·voll** I. *adj* ❶ *(anständig)* decent ❷ *(ausgeprägt)* pronounced II. *adv* decently **Cha·rak·ter·zug** *m* characteristic

Char·ge <-, -n> [ˈʃarʒə] *f* ❶ *(Dienstgrad)* rank; **die höheren/unteren** ~ the upper/lower ranks ❷ *(Nebenrolle)* supporting role ❸ PHARM batch

Cha·ris·ma <-s, Charismen *o* Charismata> [ˈçaːrɪsma] *nt (geh)* charisma

Cha·ris·ma·ti·ker(in) <-s, -> *m(f)* charismatic person **cha·ris·ma·tisch** [çarɪsˈmaːtɪʃ] *adj* charismatic

Charles·ton <-, -s> [ˈʃarlstn̩] *m* Charleston

char·mant [ʃarˈmant] I. *adj* charming II. *adv* charmingly

Charme <-s> [ʃarm] *m kein pl* charm; ~ **haben** to have charm

Char·meur(in) <-s, -e> [ʃarˈmøːɐ̯] *m(f)* charmer

Char·ta <-, -s> [ˈkarta] *f* charter; **Magna** ~ Magna Carta [*or* Charta]

Char·ter·flug [ˈtʃarte-] *m* charter flight **Char·ter(flug)·ge·sell·schaft** *f* charter company **Char·ter·ma·schi·ne** *f* charter [aeroplane] [*or* AM airplane]

char·tern [ˈtʃartɐn] *vt* ❶ *(mieten)* ■ **etw** ~ to charter sth ❷ *(fam: anheuern)* ■ |**sich** *dat*| **jdn** ~ to hire sb

Charts [tʃaːts] *pl* charts *pl*

Chas·sis <-, -> [ʃaˈsiː] *nt* chassis

Cha·teau·bri·and <-[s], -s> [ʃatobriˈãː] *nt* KOCHK chateaubriand

Chat·room <-s, -s> [ˈtʃætruːm] *m* INET chat room

chat·ten [ˈtʃætn̩] *vi* INET *(fam)* ■ |**mit jdm**| ~ to chat [with sb]

Chauf·feur(in) <-s, -e> [ʃɔˈføːɐ̯] *m(f) (Fahrer)* driver; *(persönlicher Fahrer)* chauffeur

chauf·fie·ren [ʃɔˈfiːrən] I. *vt (geh o veraltend)* ■ **jdn** |**irgendwohin/zu jdm**| ~ to drive sb |somewhere/to sb| II. *vi (geh o veraltend)* to drive

Chaus·see <-, -n> [ʃɔˈseː] *f (in Straßennamen)* Avenue; *(veraltend)* country road

Chau·vi <-s, -s> [ˈʃoːvi] *m (sl)* [male] chauvinist [pig] *pej*

Chau·vi·nis·mus <-> [ʃoviˈnɪsmʊs] *m kein pl* ❶ POL *(pej)* chauvinism *no pl* ❷ *(männlicher ~)* [male] chauvinism *no pl pej*

Chau·vi·nist(in) <-en, -en> [ʃoviˈnɪst] *m(f)* ❶ POL *(pej)* chauvinist *pej* ❷ *(Chauvi)* [male] chauvinist [pig] *pej*

chau·vi·nis·tisch [ʃoviˈnɪstɪʃ] I. *adj (pej)* ❶ POL chauvinistic ❷ *(männlich ~)* chauvinistic *pej* II. *adv (pej)* chauvinistically *pej*

Cha·yo·te <-, -n> [tʃaˈjoːtə] *f* BOT, KOCHK chayote, vegetable pear

che·cken [ˈtʃɛkn̩] *vt* ❶ *(überprüfen)* ■ **etw** ~ to check sth; ■ ~, **ob** to check whether ❷ *(sl: begreifen)* ■ **etw** ~ to get sth *fam* ❸ SPORT *(anrempeln)* ■ **jdn** ~ to check sb

Check·lis·te [ˈtʃɛk-] *f* checklist **Check·point** <-s, -s> *m* checkpoint **Check-up** <-s, -s> [ˈtʃɛkap] *m* check-up

Chef(in) <-s, -s> [ʃɛf] *m(f)* head; *(Leiter einer Firma)* manager, boss *fam;* ~ **des Stabes** MIL chief of staff

Chef·arzt, -ärz·tin *m, f* head doctor **Chef·eta·ge** *f* management floor **Chef·ide·o·lo·ge, -ide·o·lo·gin** *m, f* chief ideologist [*or* ideologue]

Che·fin <-, -nen> *f* ❶ *fem form von* **Chef** ❷ *(fam: Frau des Chefs)* boss' wife *fam*

Chef·koch, -kö·chin *m, f* chief [*or* head] cook **Chef·re·dak·teur(in)** *m(f)* editor-in-chief **Chef·re·dak·ti·on** *f* ❶ *(Aufgabe)* chief editorship ❷ *(Büro)* editor-in-chief's office **Chef·sa·che** *f pl selten (fam)* matter for the boss [to take care of], management matter; **etw zur** ~ **machen** to make sth a matter for the management; **erklären Sie den Fall zur** ~**!** that's a matter for the boss! **Chef·se·kre·tär(in)** *m(f)* manager's secretary **Chef·un·ter·händ·ler(in)** *m(f)* POL head [*or* chief] negotiator

chem. *Abk von* **chemisch**

Che·mie <-> [çeˈmiː] *f kein pl* ❶ *(Wissenschaft)* chem-

istry ● ÖKON *(Branche)* chemical industry ● *(fam: chemische Zusatzstoffe)* chemicals *pl fam*
Che·mie·ar·bei·ter(in) *m(f)* chemical worker **Che·mie·fa·ser** *f (Kunstfaser)* man-made fibre *[or* AM -er]
Che·mie·kon·zern *nt* chemical manufacturer *[or* company] **Che·mie·la·bo·rant(in)** *m(f)* laboratory chemist **Che·mie·leh·rer(in)** *m(f)* chemistry teacher **Che·mie·un·fall** *nt* chemical accident **Che·mie·un·ter·richt** *m* chemistry lesson **Che·mie·waf·fen** *pl* chemical weapons *pl* **che·mie·waf·fen·frei** *adj* free of chemical weapons *pred*
Che·mi·ka·lie <-, -n> [çemiˈkaːli̯ə] *f meist pl* chemical
Che·mi·ker(in) <-s, -> [ˈçeːmike] *m(f)* chemist
che·misch [ˈçeːmɪʃ] **I.** *adj* chemical **II.** *adv* chemically; **etw ~ reinigen** to dry-clean sth
Che·mo·tech·nik [çemo-] *f kein pl* chemical engineering *no pl* **Che·mo·tech·ni·ker(in)** *m(f)* chemical engineer **Che·mo·the·ra·peu·ti·kum** <-s, -ka> *nt* chemotherapeutical remedy **Che·mo·the·ra·pie** *f* chemotherapy
Che·rub <-s, -im *o* -inen> [ˈçeːrʊp, *pl:* çeruˈbiːnən] *m* cherub
chic [ʃɪk] *adj s.* **schick**
Chi·co·rée <-s> [ˈʃikore] *m kein pl* chicory
Chiem·see [ˈkiːmzeː] *m* Chiemsee
Chif·fon <-s, -s> [ˈʃɪfõ] *m* chiffon
Chif·fre <-, -n> [ˈʃɪfrə] *f* ● *(Kennziffer)* box number ● *(Zeichen)* cipher
Chif·fre·an·zei·ge *f* box number advertisement
chif·frie·ren [ʃɪˈfriːrən] *vt* ■ **etw ~** to [en]code sth; ■ **chiffriert** [en]coded
Chi·le <-s> [ˈtʃiːle] *nt* Chile; *s. a.* **Deutschland**
Chi·le·krab·be *f* ZOOL langostino
Chi·le·ne, Chi·le·nin <-n, -n> [tʃiˈleːnə, tʃiˈleːnɪn] *m, f* Chilean; *s. a.* **Deutsche(r)**
chi·le·nisch [tʃiˈleːnɪʃ] *adj* Chilean; *s. a.* **deutsch**
Chi·li <-s> [ˈtʃiːli] *m kein pl* ● *(Pfefferschote)* chilli BRIT, chili AM ● *(Pfeffersoße)* chilli sauce
Chi·li·scho·te *f* chilli, hot pepper
Chi·na <-s> [ˈçiːna] *nt* China; *s. a.* **Deutschland**
Chi·na·kohl *m* Chinese cabbage **Chi·na·pfef·fer** *m* anise pepper **Chi·na·sa·lat** *m* Chinese leaf *[or* cabbage] **Chi·na·wur·zel** *f* chinaroot
Chin·chil·la¹ <-, -s> [tʃɪnˈtʃɪla] *f* chinchilla
Chin·chil·la² <-s, -s> [tʃɪnˈtʃɪla] *nt* chinchilla
Chi·ne·se, Chi·ne·sin <-n, -n> [çiˈneːzə, çiˈneːzɪn] *m, f* Chinese [person]; *s. a.* **Deutsche(r)**
chi·ne·sisch [çiˈneːzɪʃ] *adj* Chinese; ▷ WENDUNGEN: **~ für jdn sein** *(fam)* to be double Dutch to sb; *s. a.* **deutsch**
Chi·ne·sisch [çiˈneːzɪʃ] *nt dekl wie adj* Chinese; *s. a.* **Deutsch**
Chi·ne·si·sche <-n> *nt* ■ **das ~** Chinese; *s. a.* **Deutsche**
Chi·nin <-s> [çiˈniːn] *nt kein pl* quinine *no pl*
Chip <-s, -s> [tʃɪp] *m* ● INFORM [micro]chip ● *(Jeton)* chip ● *(Kartoffelscheiben)* ■ **~s** crisps *pl* BRIT, chips *pl* AM
Chip·kar·te *f* smart card
Chi·ro·prak·tik [çiroˈpraktɪk] *f kein pl* chiropractic *no pl* **Chi·ro·prak·ti·ker(in)** [çiroˈpraktike] *m(f)* chiropractor
Chir·urg(in) <-en, -en> [çiˈrʊrk] *m(f)* surgeon
Chir·ur·gie <-, -n> [çirʊrˈgiː] *f* ● *kein pl (Fachgebiet)* surgery ● *(chirurgische Abteilung)* surgery ward
Chir·ur·gin <-, -nen> *f fem form von* **Chirurg**
chir·ur·gisch [çiˈrʊrgɪʃ] **I.** *adj* surgical; ■ **die ~e Abteilung** the surgery ward **II.** *adv* surgically; **~ tätig sein** to practise *[or* AM -ce] surgery
Chi·tin <-s> [çiˈtiːn] *nt kein pl* chitin *no pl*
Chlor <-s> [kloːɐ̯] *nt kein pl* chlorine
Chlor·ak·ne *f* chloracne *no pl*

chlo·ren [ˈkloːrən] *vt* ■ **etw ~** to chlorinate sth
chlo·rie·ren [kloˈriːrən] *vt* ■ **etw ~** to chlorinate sth; *s. a.* **Kohlenwasserstoff**
chlo·rig [ˈkloːrɪç] *adj* chlorous
Chlo·ro·form <-s> [kloroˈfɔrm] *nt kein pl* chloroform *no pl* **chlo·ro·for·mie·ren*** [klorofɔrˈmiːrən] *vt* ■ **jdn ~** to chloroform sb **Chlo·ro·phyll** <-s> [kloroˈfʏl] *nt kein pl* chlorophyll *no pl*
Choke <-s, -s> [tʃoʊk] *m* choke
Cho·le·ra <-> [ˈkoːlera] *f kein pl* cholera *no pl*
Cho·le·ri·ker(in) <-s, -> [koˈleːrike] *m(f)* choleric person
cho·le·risch [koˈleːrɪʃ] *adj* choleric
Cho·les·te·rin <-s> [çɔlɛsteˈriːn] *nt kein pl* cholesterol *no pl*
Cho·les·te·rin·spie·gel *m* cholesterol level
Chor¹ <-[e]s, Chöre> [koːɐ̯, *pl:* ˈkøːrə] *m* ● *(Gruppe von Sängern)* choir ● MUS chorus; **im ~** in chorus
Chor² <-[e]s, -e *o* Chöre> [koːɐ̯, *pl:* ˈkøːrə] *m* ARCHIT ● *(Altarraum)* choir ● *(Chorempore)* choir gallery
Cho·ral <-s, Choräle> [koˈraːl, *pl:* koˈrɛːlə] *m* chorale
Cho·re·o·graf(in)ᴿᴿ <-en, -en> [koreoˈgraːf] *m(f)* choreographer
Cho·re·o·gra·fieᴿᴿ <-, -n> [koreograˈfiː] *f* choreography
Cho·re·o·gra·finᴿᴿ <-, -nen> *f fem form von* **Choreograf**
cho·re·o·gra·fischᴿᴿ [koreoˈgraːfɪʃ] *adj* choreographic
Cho·re·o·graph(in) <-en, -en> [koreoˈgraːf] *m(f) s.* **Choreograf**
Cho·re·o·gra·phie <-, -n> [koreograˈfiː] *f s.* **Choreografie**
Cho·re·o·gra·phin <-, -nen> *f fem form von* **Choreograf**
cho·re·o·gra·phisch [koreoˈgraːfɪʃ] *adj s.* **choreografisch**
Chor·ge·sang *m* choral singing *no pl*
Chor·ge·stühl *nt* choir stalls *pl*
Chor·kna·be *m* choirboy **Chor·lei·ter(in)** *m(f)* choirmaster **Chor·sän·ger(in)** *m(f)* chorister
Cho·se <-, -n> [ˈʃoːzə] *f (fam)* ● *(Angelegenheit)* thing *fam*, affair, matter ● *(Zeug)* stuff *fam;* ■ **die** [ganze] **~** the whole lot *fam*
Chr. *Abk von* **Christus,** *Abk von* **Christi** Christ
Christ(in) <-en, -en> [krɪst] *m(f)* Christian
Christ·baum *m* DIAL *(Weihnachtsbaum)* Christmas tree **Christ·baum·schmuck** *m kein pl* DIAL Christmas tree decorations *pl* **Christ·de·mo·krat(in)** *m(f)* Christian Democrat **christ·de·mo·kra·tisch** *adj* Christian democratic
Chris·ten·heit <-> *f kein pl* Christendom *no pl*
Chris·ten·pflicht *f* Christian duty
Chris·ten·tum <-s> *nt kein pl* Christianity *no pl*
Chris·ten·ver·fol·gung *f* persecution of [the] Christians
Christ·fest *nt* DIAL *(Weihnachtsfest)* Christmas
Chris·ti [ˈkrɪsti] *gen von* **Christus**
chris·ti·a·ni·sie·ren* [krɪsti̯aniˈziːrən] *vt* ■ **jdn/etw ~** to convert sb/sth to Christianity, to Christianize sb/sth
Chris·ti·a·ni·sie·rung <-, -en> *f* Christianization, conversion to Christianity
Chris·tin <-, -nen> *f fem form von* **Christ**
Christ·kind *nt* ● *(Jesus)* infant *[or* baby] Jesus, Christ child ● *(weihnachtliche Gestalt)* Father Christmas BRIT, Santa Claus AM; **ans ~ glauben** to believe in Father Christmas ● *bes* SÜDD, ÖSTERR *(Weihnachtsgeschenk)* Christmas present
christ·lich **I.** *adj* Christian; **C~-Demokratische Union** *[o* CDU] Christian Democratic Union, CDU; **C~-Soziale Union** *[o* CSU] Christian Social Union; **C~er Verein Junger Männer** Young Men's Christian

Association **II.** *adv* in a Christian manner; *s. a.* **See-fahrt** *s. a.* **Verein**

Christ·mes·se *f*, **Christ·met·te** *f* REL Christmas mass **Christ·ro·se** *f* Christmas rose **Christ·stol·len** *m* cake made of yeast dough, raisins, candied citrus fruits and often marzipan that is traditionally eaten at Christmas

Chris·tus <Christi, *dat:* - o *geh* Christo, *akk:* - o *geh* Christum> [ˈkrɪstʊs] *m* Christ; *(Christusfigur)* figure of Christ; **nach ~, nach Christi Geburt** AD; **vor ~, vor Christi Geburt** BC; **Christi Himmelfahrt** Ascension

Chrom <-s> [kroːm] *nt kein pl* chrome *no pl*

Chro·ma·tik <-> [kroˈmaːtɪk] *f kein pl* ➊ MUS chromaticism ➋ ORN chromatics + *sing vb*

chro·ma·tisch [kroˈmaːtɪʃ] *adj* MUS, ORN chromatic

chrom·blit·zend *adj* gleaming *[or* shiny] with chrome

Chro·mo·som <-s, -en> [kromoˈzoːm] *nt* chromosome

Chro·nik <-, -en> [ˈkroːnɪk] *f* chronicle

chro·nisch [ˈkroːnɪʃ] *adj* ➊ MED chronic ➋ *(fam: dauernd)* chronic; ▪ **etw ist bei jdm ~** sb has [a] chronic [case of] sth; **ein ~ kranker Mensch** a chronically ill person; ▪ **~ sein/werden** to be/become chronic

Chro·nist(in) <-en, -en> [kroˈnɪst] *m(f)* chronicler

Chro·no·lo·gie <-> [kronoloˈɡiː] *f kein pl* ➊ *(geh: zeitliche Abfolge)* sequence ➋ *(Zeitrechnung)* chronology

chro·no·lo·gisch [kronoˈloːɡɪʃ] **I.** *adj* chronological **II.** *adv* chronologically, in chronological order

Chro·no·me·ter <-s, -> [krono-] *nt* chronometer

Chry·san·the·me <-, -n> [kryzanˈteːmə] *f* chrysanthemum

Chuz·pe <-> [ˈxʊtspə] *f kein pl (pej fam)* gall

CIA <-> [siːaˈeɪ] *f o m Abk von* **Central Intelligence Agency** CIA

Ci·ce·ro[1] <-s> [ˈtsɪtsero] *m* HIST Cicero

Ci·ce·ro[2] <-> [ˈtsɪtsero] *f o m kein pl* TYPO cicero

Ci·ce·ro·ne <-[s], -s *o geh* Ciceroni> [tʃitʃeˈroːnə] *m (veraltend)* ➊ *(Fremdenführer)* tourist guide ➋ *(Reiseführer)* guide[book]

Cie. SCHWEIZ *Abk von* **Kompanie**

Ci·ne·ast(in) <-en, -en> [sineˈast] *m(f) (geh)* cinéaste, cineast[e]

ci·ne·as·tisch *adj* cinematic

cir·ca [ˈtsɪrka] *adv s.* **zirka**

Cir·ce <-, -n> [ˈtsɪrtsə] *f* ➊ HIST Circe ➋ *(geh: verführerische Frau)* Circe *form,* temptress

Cis, cis <-, -> [tsɪs] *nt* C sharp

ci·se·lie·ren [tsizəˈliːrən] *vt* KOCHK ▪ **etw ~** to score *[or* gash] sth

Ci·ty <-, -s> [ˈsɪti] *f* city [centre] BRIT, city center AM, downtown AM

Ci·ty·trip <-s, -s> [ˈsɪtitrɪp] *m (Städtereise)* city break

Clan <-s, -s> [klaːn] *m* ➊ *(Stamm)* clan ➋ *(pej: Clique)* clique *pej*

Cla·queur <-s, -e> [klaˈkøːɐ̯] *m (pej geh)* claqueur BRIT, [a member of a] studio audience AM

Cla·vi·cem·ba·lo <-s, -s *o* -cembali> [klaviˈtʃembalo] *nt* clavicembalo

clean [kliːn] *adj pred (sl)* ▪ **~ sein** to be clean

cle·ver [ˈklɛvɐ] **I.** *adj (fam)* ➊ *(aufgeweckt)* smart, bright ➋ *(pej: raffiniert)* cunning **II.** *adv (fam)* ➊ *(geschickt)* artfully ➋ *(pej)* cunningly

Cle·ver·ness[RR], **Cle·ver·neß[ALT]** <-> [ˈklɛvənɛs] *f kein pl* ➊ *(Aufgewecktheit)* brightness *no pl* ➋ *(pej: Raffinesse)* cunningness *no pl*

Clinch <-[e]s> [klɪntʃ] *m kein pl* clinch; *(fig a.)* dispute; **[mit jdm] in den ~ gehen** to get into a clinch [with sb]; *(fig a.)* to start a dispute [with sb]; **sich** *akk* **aus dem ~ lösen** to free oneself from *[or* get out of]

the clinch; **[mit jdm] im ~ sein** *[o* liegen] *(fig)* to be in dispute [with sb]

Clip <-s, -s> [klɪp] *m* ➊ *(Klemme)* clip ➋ *(Haarklemme)* hair slide *[or* clip], barrette AM ➌ *(Ohrschmuck)* clip-on [earring] ➍ *(Videoclip)* video

Clips <-, -e> *m s.* **Clip 3**

Cli·que <-, -n> [ˈklɪkə] *f* ➊ *(Freundeskreis)* circle of friends ➋ *(pej)* clique *pej* **Cli·quen·wirt·schaft** *f (pej fam)* cliquism *pej*

Clo·chard <-s, -s> [klɔˈʃaːr] *m* tramp, *fam* AM *a.* bum

Clou <-s, -s> [kluː] *m* ➊ *(Glanzpunkt)* highlight ➋ *(Kernpunkt)* crux ➌ *(Pointe)* punch line

Clown(in) <-s, -s> [klaʊn] *m(f)* clown; ▸ WENDUNGEN: **sich** *akk***/jdn zum ~ machen** to make a fool of oneself/sb; **den ~ spielen** to play the clown

Club <-s, -s> [klʊp] *m s.* **Klub**

Club·ber(in) <-s, -s> [ˈklʌbɐ] *m(f)* [night]clubber

Club·steak [klʌb-] *nt* club steak

cm *Abk von* **Zentimeter** cm

Co. *Abk von* **Kompagnon**, *Abk von* **Kompanie** Co.

Coach <-[s], -s> [koʊtʃ] *m* coach

Co·ca [ˈkoːka] *nt* <-[s], -s> *f* <-, -s> *(fam)* Coke® *fam*

Cock·pit <-s, -s> [ˈkɔkpɪt] *nt* LUFT, AUTO cockpit

Cock·tail <-s, -s> [ˈkɔktɛːl] *m* ➊ *(Getränk)* cocktail ➋ *(Party)* cocktail party ➌ *(Mischung)* wild mixture **Cock·tail·bar** *f* cocktail bar **Cock·tail·kleid** *nt* cocktail dress **Cock·tail·par·ty** *f* cocktail party

Co·co·Boh·ne [ˈkoko-] *f* broad bean

Code <-s, -s> [koːt] *m s.* **Kode**

Co·dex <-es *o* -, -e *o* Codices> [ˈkoːdɛks, *pl:* ˈkoːditseːs] *m s.* **Kodex**

co·die·ren[1] [koˈdiːrən] *vt* ➊ INFORM, TECH ▪ **etw ~** to code sth ➋ LING *s.* **kodieren**

Co·gnac® <-s, -s> [ˈkɔnjak] *m* cognac

Co·i·tus <-, -> [ˈkoːitʊs] *m (geh)* coitus *form,* coition *spec; s. a.* **Koitus**

Co·la [ˈkoːla] *nt* <-[s], -s> *f* <-, -s> *(fam)* Coke® *fam*

Col·chi·cin <-s> [kɔlçiˈtsiːn] *nt kein pl s.* **Kolchizin**

Col·la·ge <-, -n> [kɔˈlaːʒə] *f* KUNST, MUS collage

Col·la·gen <-s> [kɔlaˈɡeːn] *nt s.* **Kollagen**

Col·lier <-s, -s> [kɔˈlje] *nt s.* **Kollier**

Co·lo·nia·kü·bel [koˈloːnia-] *m* ÖSTERR *(große Mülltonne)* dustbin BRIT, garbage *[or* trash] can AM

Colt® <-s, -s> [kɔlt] *m* Colt; **zum ~ greifen** to go for one's gun

Com·bo <-, -s> [ˈkɔmbo] *f* combo

Come·back[RR], **Come·back** <-[s], -s> [kamˈbɛk] *nt* comeback; **ein/sein ~ feiern** to enjoy a comeback; **jdm gelingt ein ~** sb makes a successful comeback

COMECON, **Co·me·con** <-> [ˈkɔmekɔn] *m o nt kurz für* **Council for Mutual Economic Assistance/Aid** COMECON

Co·mer See [ˈkoːmɐ ˈzeː] *m* Lake Como

Co·mic <-s, -s> [ˈkɔmɪk] *m meist pl* comic

Co·ming-out <-s, -s> [kamɪŋˈʔaʊt] *nt* coming-out **Com·pact disc[RR]**, **Com·pact Disc** <-, -s> [kɔmˈpɛkt-] *f* compact disc

Com·pi·ler <-s, -> [kɔmˈpaɪlɐ] *m* compiler

Com·pu·ter <-s, -> [kɔmˈpjuːtɐ] *m* computer; **den ~ programmieren** to program the computer; **[etw] auf ~ umstellen** to computerize [sth] **Com·pu·ter·ar·beits·platz** *m* computerized workstation **Com·pu·ter·di·a·gnos·tik** *f* computer diagnosis **Com·pu·ter·freak** *m* computer freak **com·pu·ter·ge·steu·ert** *adj* computer-controlled **II.** *adv* under computer control; **die Montage erfolgt ~** the assembly is controlled by computer **com·pu·ter·ge·stützt** *adj* computer-aided **Com·pu·ter·gra·fik[RR]** *f* computer graphics *npl*

com·pu·te·ri·sie·ren[*] [kɔmpjutəriˈziːrən] *vt* ▪ **etw ~** to computerize sth

Com·pu·te·ri·sie·rung <-> *f kein pl* computerization
Com·pu·ter·kas·se *f* computerized |cash| till **Com·pu·ter·lin·gu·ist(in)** *m(f)* computer linguist **Com·pu·ter·lin·gu·is·tik** *f* computer linguistics + *sing vb*
Com·pu·ter·netz(·werk) *nt* INFORM, INET computer net **Com·pu·ter·si·mu·la·ti·on** *f* INFORM computer simulation **Com·pu·ter·spiel** *nt* computer game **Com·pu·ter·spra·che** *f* computer language
Com·pu·ter-Te·le·pho·ny-In·te·gra·tion^RR, Com·pu·ter Te·le·pho·ny In·te·gra·tion^ALT [kɔm.pju:te·tɪˈlefənɪːntɪ'greɪʃ°n] *f* TELEK computer telephony integration
Com·pu·ter·to·mo·gramm *nt* computer-aided tomogram **Com·pu·ter·to·mo·graph** *m* computerized tomography |*or* CT| scanner **Com·pu·ter·to·mo·gra·phie** *f* computerized tomography, CT **Com·pu·ter·vi·rus** *m* computer virus
Com·tes·se <-, -n> [kõ'tɛs] *f* countess
Con·di·tio si·ne qua non [kɔn'di:tsi̯o 'zi:nə 'kva:'no:n] *f kein pl (geh)* sine qua non *form,* indispensable condition
Con·fé·ren·cier <-s, -s> [kõferãˈsi̯e:] *m* compère
Con·fi·se·rie <-, -n> [kõfizəˈri:] *f* SCHWEIZ *(Konditorei)* s. **Konfiserie**
Con·sul·ting·fir·ma [kənˈsʌltɪŋ-] *f* consulting firm
Con·tai·ner <-s, -> [kɔnˈteːnɐ] *m* ⓵ *(Behälter)* container ⓶ *(Müll~)* skip BRIT, dumpster AM ⓷ *(Wohn~)* Portakabin®
Con·tai·ner·bahn·hof *m* container depot **Con·tai·ner·ter·mi·nal** *m o nt* container terminal **Con·tai·ner·ver·kehr** *m* container traffic
Con·tain·ment <-s, -s> [kɔnˈteːnmənt] *nt* containment shell
Con·te·nance <-> [kõtəˈnãːs] *f kein pl (geh)* composure *no pl*
Con·ter·gan·kind *nt (fam)* thalidomide child
Con·tre·fi·let [ˈkõtrə-] *nt* KOCHK *(vom Rind)* rump
Con·trol·ler(in) <-s, -> [kɔnˈtroːlɐ] *m(f)* controller
Con·trol·ling <-s> [kənˈtroʊlɪŋ] *nt kein pl* controlling *no pl,* controllership *no pl* BRIT
Cook·in·seln <-> [kʊk-] *pl* ▪ **die ~** the Cook Islands *pl; s. a.* **Falklandinseln**
cool [ku:l] *adj (sl)* ⓵ *(gefasst)* calm and collected ⓶ *(sehr zusagend)* cool *fam*
Co·pi·lot(in) [ˈkoːpiloːt] *m(f)* co-pilot
Co·py·right <-s, -s> [ˈkɔpiraɪt] *nt* copyright
co·ram pu·bli·co [ˈkoːram ˈpuːblɪko] *adv (geh)* coram populo *form,* publicly
Cord <-s> [kɔrt] *m kein pl* cord|uroy|
Cord·ho·se *f* cords *npl,* corduroy trousers [*or* AM pants] *npl*
Cor·don bleu <- -, -s -s> [kɔrdõˈblø] *nt* veal cutlet *filled with boiled ham and cheese and covered in breadcrumbs*
Cor·ner <-s, -> [ˈkɔːnɐ] *m* ÖSTERR, SCHWEIZ *(Eckball)* corner
Corn·flakes® [ˈkoːnfleɪks] *pl* cornflakes *pl*
Cor·ni·chon <-s, -s> [kɔrniˈʃõː] *nt* pickled gherkin, AM *a.* cornichon
Cor·po·rate Fa·shion <-> [ˈkɔːɐ̯pərətˈfɛʃn] *f kein pl* MODE corporate fashion
Corps <-, -> [koːɐ̯] *nt s.* **Korps**
Cor·pus <-, Corpora> [ˈkɔrpʊs], *pl:* -pora] *nt s.* **Korpus²**
Cor·pus De·lic·ti^RR, Cor·pus de·lic·ti^ALT <- -, Corpora -> [ˈkɔrpʊs deˈlɪkti] *nt* ⓵ JUR *(Tatwerkzeug)* [material] evidence [of a crime]; **das ~ vorlegen** to present the evidence ⓶ *(hum: Beweisstück)* evidence
Cor·ti·son <-s> [kɔrtiˈzoːn] *nt kein pl s.* **Kortison**
cos *kurz für* **Kosinus**
Cos·ta Ri·ca <-s> [ˈkɔsta ˈriːka] *nt* Costa Rica; *s. a.* **Deutschland**

Cos·ta-Ri·ca·ner(in) <-s, -> [kɔstariˈkaːnɐ] *m(f)* Costa Rican; *s. a.* **Deutsche(r)**
cos·ta-ri·ca·nisch [kɔstariˈkaːnɪʃ] *adj* Costa Rican; *s. a.* **deutsch**
Côte d'Iv·oire <-s> [kotdiˈvwaːr] *nt* Ivory Coast, Côte d'Ivoire; *s. a.* **Deutschland**
Couch <-, -es *o* -en> [kaʊtʃ] *f o* SÜDD *m* couch, sofa, settee
Couch·gar·ni·tur *f* three-piece suite, AM *a.* couch set **Couch·po·ta·to** <-, -es> [ˈkaʊtʃpəˈteɪtoʊ] *f (pej sl)* couch potato *esp* AM *sl* **Couch·tisch** *m* coffee table
Cou·leur <-, -s> [kuˈløːɐ̯] *f* ⓵ *(geh: Anschauung)* persuasion; ▪ **einer bestimmten ~** of a certain hue ⓶ SCH colours [*or* AM -ors] *pl;* **~ tragen** to wear one's colours
Count-down^RR, Count·down <-s, -s> [ˈkaʊntˈdaʊn] *m o nt (a. fig)* countdown
Coup <-s, -s> [kuː] *m* coup; **einen ~ |gegen jdn/etw| landen** to score a coup [against sb/sth]
Cou·pé <-s, -s> [kuˈpeː] *nt* ⓵ *(Sportlimousine)* coupé ⓶ ÖSTERR *(Zugabteil)* compartment
Cou·pon <-s, -s> [kuˈpõː] *m* ⓵ *(abtrennbarer Zettel)* coupon ⓶ *(Zinscoupon)* [interest] coupon
Cou·rage <-> [kuˈraːʒə] *f kein pl (geh)* courage *no pl*
cou·ra·giert [kuraˈʒiːɐ̯t] **I.** *adj (geh)* bold **II.** *adv* boldly, courageously
Cour·ta·ge <-, -n> [kʊrˈtaːʒə] *f* brokerage *no pl*
Cou·sin <-s, -s> [kuˈzɛ̃:] *m,* **Cou·si·ne** <-, -n> [kuˈziːnə] *f* cousin
Co·ver <-s, -s> [ˈkavɐ] *nt* ⓵ *(Titelseite)* [front] cover ⓶ *(Plattenhülle)* [record] sleeve
Co·ver·girl [-gø:ɐ̯l] *nt* cover girl
co·vern [ˈkavɐn] *vt* MUS ▪ **etw ~** *Song, Musiktitel* to cover sth
Crack¹ <-s, -s> [krɛk] *m (ausgezeichneter Spieler)* ace
Crack² <-s> [krɛk] *nt kein pl (Rauschgift)* crack *no pl*
Cra·cker <-s, -[s]> [ˈkrɛkɐ] *m* cracker
Crash·kurs [ˈkrɛʃ-] *m* crash course
Cre·do <-s, -s> [ˈkreːdo] *nt s.* **Kredo**
Creme <-, -s> [kreːm, krɛːm] *f* ⓵ *(Salbe)* cream ⓶ *(Sahnespeise)* mousse
Crème <-, -s> [krɛːm] *f* cream; **~ fraîche** crème fraîche; **die ~ de la ~** *(geh)* the crème de la crème
creme·far·ben *adj* cream **Creme·tor·te** *f* cream cake
cre·mig I. *adj* creamy **II.** *adv* ▪ **etw ~ rühren/schla·gen** to stir/beat sth till creamy, to cream sth
Crêpe <-s, -e *o* -s> [krɛp] *m s.* **Krepp¹**
Crêpe de Chine <- - -, -s - -> [ˈkrɛp də ˈʃiːn] *m* crêpe-de-chine
Cres·cen·do <-s, -s *o* Crescendi> [krɛˈʃɛndo] *nt* crescendo
Crew <-, -s> [kruː] *f* ⓵ *(Besatzung)* crew ⓶ *(Arbeitsgruppe)* team
Crisp·sa·lat [ˈkrɪsp-] *m* crisp lettuce
Crois·sant <-s, -s> [krɔaˈsãː] *nt* croissant
Cro·mar·gan® <-s> [kromarˈgaːn] *nt kein pl* stainless steel |made of chrome-nickel| *no pl*
Crou·pier <-s, -s> [kruˈpi̯e:] *m* croupier
Crux <-> [krʊks] *f kein pl (geh)* ⓵ *(Schwierigkeit)* crux; **die ~ bei der Sache** the crux of the matter ⓶ *(Last)* burden; ▪ **mit jdm ist es eine ~,** ▪ **mit jdm hat man seine ~** sb is a burden [to sb]
C-Schlüs·sel [tse:-] *nt* C clef
CSU <-> [tse:ˈɛsˈʔuː] *f Abk von* **Christlich-Soziale Union** CSU
c.t. SCH *Abk von* **cum tempore** fifteen minutes later [than the given time]; **die Vorlesung beginnt um 9 Uhr ~** the lecture starts at 9:15 a.m.
CTI *f* INFORM *Abk von* **Computer Telefony Integration** CTI
cum gra·no sa·lis [kʊm ˈgraːno ˈzaːlɪs] *adv (geh)* with a pinch [*or* grain] of salt

cum lau·de [kʊm ˈlaʊdə] *adv* with distinction
cum tem·po·re [kʊm ˈtɛmpore] *adv* fifteen minutes later [than the given time]
Cun·ni·lin·gus <-, -lingi> [kʊniˈlɪŋgʊs, *pl:* -lɪŋgi] *m (geh)* cunnilingus *form*
Cup <-s, -s> [kap] *m* ➊ *(Siegespokal)* cup ➋ *(Pokalwettbewerb)* cup [competition] ➌ MODE cup
Cu·pi·do <-s> [kuˈpiːdo] *m* Cupid
Cu·ra·re <-> [kuˈraːrə] *nt kein pl* BIOL curare *no pl*
Cu·rie <-, -> [kyˈriː] *nt* curie
Cu·ri·um <-s> [ˈkuːrɪʊm] *nt kein pl* curium *no pl*
Cur·ri·cu·lum <-s, Curricula> [kʊˈriːkulʊm, *pl:* -ˈriːkula] *nt (geh)* syllabus, curriculum
Cur·ry <-s, -s> [ˈkœri] *m o nt* curry
Cur·ry·wurst *f* a sausage served with curry-flavoured ketchup and curry powder

Cur·sor <-s, -> [ˈkøːɐ̯ze] *m* cursor
Cut <-s, -s> [kœt, kat] *m* morning coat
Cu·ti·cu·la [kuˈtiːkula] *f s.* **Kutikula**
cut·ten [ˈkatn̩] *vt, vi* ▪ [etw] ~ to cut [*or* edit] [sth]
Cut·ter(in) <-s, -> [ˈkate] *m(f)* cutter, editor
CVJM <-s> [tseˈfaʊjɔtˈʔɛm] *m kein pl Abk von* **Christlicher Verein Junger Männer** YMCA
C-Waf·fe [tseˈ-] *f* chemical weapon
Cy·a·no·bak·te·ri·um <-s, -ien> [tsyˈaːno-] *nt* BOT cyanobacterium
Cy·ber·cash <-s> [ˈsaibɐkæʃ] *nt* INET cyber cash *no pl*
Cy·ber·sex <-> *m kein pl* cybersex *no pl* **Cy·ber·space** <-, -s> [-spaɪs] *m kein pl* cyberspace *no pl*
Cy·to·plas·ma [tsytoˈplasma] *nt kein pl* BIOL cytoplasm *no pl* **Cy·to·ske·lett** [tsytoskeˈlɛt] *nt* BIOL cytoskeleton

D_d

D, d <-, - *o fam* -s, -s> [deː] *nt* ➊ *(Buchstabe)* D, d; ~ **wie Dora** D for David BRIT, D as in Dog AM; *s. a.* **A 1** ➋ MUS D, d; *s. a.* **A 2**
da [ˈdaː] **I.** *adv* ➊ *(örtlich: dort)* there; **Athen? ~ möchte ich auch einmal hin!** Athens? I'd like to go there too!; **die Straße ~ ist es** it's the street over there; **~ bist du ja!** there you are!; **~ drüben/hinten/vorne** over there; *(hier)* here; **der/die/das ... ~** this/that ... [over here/there]; **geben Sie mir bitte ein halbes Pfund von dem ~!** I'd like half a pound of this/that [here/there] please!; **~ und dort** here and there; **~, wo ...** where; **sie macht am liebsten ~ Urlaub, wo es warm ist** she prefers to go on holiday in warm places; **~, wo sie ist, will auch ich sein!** wherever she is I want to be too!; **ach, ~ ...!** oh, there...!; **ach, ~ bist du!** oh, there you are!; **ach, ~ lag/stand das!** oh, that's where it was!; *s. a.* **sein 2** ➋ *(zeitlich: dann)* then; **vor vielen, vielen Jahren, ~ lebte ein König** *(liter)* many, many years ago there lived a king; *(nun)* now ➌ *(daraufhin)* and [then] ➍ *(fam: in diesem Fall)* in such a case *(usually not translated)*; **die Sache ist todernst, und ~ lachst du noch?** the matter is dead[ly] serious and you're still laughing? **II.** *interj* here!; [he,] **Sie ~!** [hey,] you there! **III.** *konj* ➊ *kausal (weil)* as, since ➋ *temporal (geh)* when; *s. a.* **jetzt** *s. a.* **nun**
d. Ä. *Abk von* **der Ältere** Sr.
DAAD [deːʔaʔaʔdeː] *nt* SCH *Akr von* **Deutscher Akademischer Austauschdienst** *independant organization of institutions of higher education that arranges international exchanges for students*
da|be·hal·ten [ˈdaːbəhaltn̩] *vt irreg* ▪ **jdn ~** to keep sb here/there
da·bei [daˈbai] *adv* ➊ *(örtlich: mitgegeben)* with [it/them]; **ein kleines Häuschen mit einem Garten ~** a little house with a garden; **die Rechnung war nicht ~** the bill was not enclosed; **ist der Salat bei dem Gericht ~?** does the meal come with a salad?, is there a salad with the meal?; **direkt/nahe ~** right next/near to it ➋ *(zeitlich: währenddessen)* at the same time, while doing so; **Arbeit am Computer? aber ~ muss man doch immer so viel tippen!** working on the computer? But that involves so much typing!; *(dadurch)* as a result ➌ *(außerdem)* on top of it all, to boot BRIT, besides AM; **sie ist schön und ~ auch noch klug** she is beautiful and clever to boot

➍ *(während einer Verrichtung)* while doing it; **er wollte helfen und wurde ~ selbst verletzt** he wanted to help and in doing so got hurt himself; **wir haben ihn ~ ertappt, wie er über den Zaun stieg** we caught him [while he was] climbing over the fence; **die ~ entstehenden Kosten sind sehr hoch** the resulting costs are very high; **das Dumme/Schöne ~ ist, ...** the stupid/good thing about it is ...; **interessant/wichtig ~ ist, ...** the interesting/important thing about it is ... ➎ *einräumend (doch)* even though ➏ *(damit verbunden)* through it/them; **das Geschäft ist riskant, ~ kann man aber reich werden** it's a risky business but it can make you rich; **nimm meine Bemerkung nicht so ernst, ich habe mir nichts ~ gedacht** don't take my remark so seriously - I didn't mean anything by it; **was hast du dir denn ~ gedacht?** what were you thinking of?; **nichts ~ finden**[, etw zu tun/wenn jd etw tut] to not see the harm in [doing/sb doing] sth; **es ist nichts ~**[, **wenn man/jd etw tut**] there is no harm in [one/sb doing] sth; **da ist** [doch] **nichts ~** *(das ist doch nicht schwierig)* there's nothing to it; *(das ist nicht schlimm)* there's no harm in it; **was ist schon ~** what does it matter ➐ *(wie gesagt) s.* **belassen** *s.* **bleiben** *s.* **lassen**
da·bei|blei·ben *vi irreg sein (Tätigkeit fortsetzen)* ▪ **bei jdm ~** to stay with sb; ▪ **bei etw** *dat* ~ to carry on [*or* stick] with sth; *s. a.* **dabei 7 da·bei|ha·ben** *vt irreg, Zusammenschreibung nur bei infin und pp* ▪ **etw ~** to have sth on oneself; ▪ **jdn ~** to have sb with oneself; **sie wollten ihn nicht ~ haben** they didn't want [to have] him around **da·bei|sein**ᴬᴸᵀ *vi irreg sein s.* **dabei 1, 2, 6 da·bei|sit·zen** *vi irreg* ▪ [bei etw] [mit] ~ to be there [for sth]; **bei einer Konferenz ~** to sit in on a conference **da·bei|stehen** *vi irreg* ▪ [bei etw] [mit] ~ to be there; *(untätig a.)* to stand there; **dicht ~** to be/stand close by
da·blei·ben *vi irreg sein* to stay [on]; **halt, bleib da!** stop where you are!, wait!; **bleiben Sie noch einen Moment da** wait just one [*or* a] moment; ▪ **dageblieben!** [just] stay right there!
da ca·po [da ˈkaːpo] *adv* ➊ *(Zugabe)* ▪ ~! encore! ➋ MUS da capo
Dach <-[e]s, Dächer> [ˈdax, *pl:* ˈdɛçɐ] *nt* ➊ *(Gebäudeteil, Schutz~)* roof; **ein steiles ~** a steep [*or spec* high-pitched] roof; **ein ~ mit Schiefer decken** to slate a roof; [mit jdm] **unter einem ~ wohnen** [*o*

leben| to live under the same roof [as sb]; **unterm ~** in an/the attic; **unterm ~ wohnen** to live in an attic room/flat [or AM a. apartment]; *(im obersten Stock)* to live [right] on the top floor; [k]**ein ~ über dem Kopf haben** *(fam)* to [not] have a roof over one's head; **jdm das ~ überm Kopf anzünden** *(fam)* to burn down sb's house, to raze sb's house to the ground; ■ **das ~ der Welt** the Roof of the World ❷ *(Auto~)* roof; *(aus Stoff)* top ▶ WENDUNGEN: **unter ~ und Fach sein** to be all wrapped up [or *fam* in the bag]; *Vertrag a.* to be signed and sealed; *Ernte* to be safely in; **etw unter ~ und Fach bringen/haben** to get/have got [or AM gotten] sth all wrapped up; **wir haben den Vertrag unter ~ und Fach gebracht** we've got the contract signed and sealed; [von jdm] **eins aufs ~ bekommen** [o **kriegen**] *(fam: geohrfeigt werden)* to get a clout round [or AM slap upside] the head [from sb] *fam; (getadelt werden)* to be given a talking to [by sb], to get it in the neck [from sb] *fam;* **jdm eins aufs ~ geben** *(fam: jdm eine Ohrfeige geben)* to give sb a clout [or AM slap] /to clout [or AM slap] sb round [or AM upside] the head *fam; (jdn tadeln)* to give sb a good talking to *fam* [or BRIT *fam!* a bollocking] [or AM a reprimand]; **jdm aufs ~ steigen** *(fam)* to jump down sb's throat *fam;* **unter dem ~ einer S.** *gen* in the broader context of sth

Dach·an·ten·ne *f* roof [or outside] aerial [or AM a. antenna] **Dach·bal·ken** *m* roof joist [or beam] **Dach·bo·den** *m* attic, loft; **auf dem ~** in the attic [or loft] **Dach·de·cker(in)** <-s, -> *m(f)* roofer; *(mit Ziegeln)* tiler; ▶ WENDUNGEN: **das kannst du halten wie ein ~** *(fam)* whatever/whenever/however you like **Dach·fens·ter** *nt* skylight **Dach·first** *m* BAU [roof] ridge **Dach·gar·ten** *m* ❶ *(Garten auf einem Flachdach)* roof garden ❷ DIAL *s.* **Dachterrasse Dach·ge·päck·trä·ger** *m* roof rack **Dach·ge·schoss**^RR *nt* attic storey [or AM story]; *(oberster Stock)* top floor [or storey] **Dach·ge·sell·schaft** *f* holding [or parent] company **Dach·glei·che(n·fei·er)** <-, -n> *f* ÖSTERR *s.* Richtfest **Dach·kam·mer** *f* attic room **Dach·kän·nel** <-s, -> *m* SCHWEIZ *s.* Dachrinne **Dach·lat·te** *f* roof [or tile] batten **Dach·la·wi·ne** *f* **sein Auto ist von einer ~ verschüttet worden** his car was buried by snow that fell from the roof **Dach·lu·ke** *f* skylight **Dach·or·ga·ni·sa·ti·on** *f* holding [or parent] organization **Dach·pap·pe** *f* roofing felt **Dach·rin·ne** *f* gutter

Dachs <-es, -e> ['daks] *m* ❶ *(Tier)* badger ❷ *(fig: Person)* [so] **ein frecher ~!** *(fam)* cheeky beggar! *fam;* **ein junger ~** a young whippersnapper [or pup] *hum* **Dachs·bau** <-baue> *m* [badger's] sett **Dach·scha·den** *m* damage to the roof *no pl;* ▶ WENDUNGEN: **einen ~ haben** *(fam)* to have a screw loose *hum fam* **Dach·schrä·ge** *f* slant [or slope] of a/ the roof

Däch·sin ['dɛksɪn] *f fem form von* Dachs [female [or she-]] badger

Dach·spar·ren *m* rafter **Dach·stän·der** *m* AUTO roof rack **Dach·stein** ['daxʃtain] *m* Dachstein Mountains **Dach·stu·be** *f* DIAL *s.* Dachkammer **Dach·stuhl** *m* roof truss

dach·te ['daxtə] *imp von* denken

Dach·ter·ras·se *f* roof terrace **Dach·trä·ger** *m* roof rack **Dach·ver·band** *m* umbrella organization **Dach·woh·nung** *f* attic flat [or AM a. apartment] **Dach·zie·gel** *m* [roofing] tile; **~ legen** to lay tiles **Dach·zim·mer** *nt s.* Dachkammer

Dackel <-s, -> ['dakl] *m* ❶ *(Hund)* dachshund, sausage dog *fam* ❷ DIAL *(fam: Blödmann)* clot *fam,* ninny *dated fam;* **ich ~!** silly me!

Da·da·is·mus <-> [dada'ɪsmʊs] *m kein pl* ■ [der] ~ Dadaism

Da·da·ist(in) <-en, -en> [dada'ɪst] *m(f)* Dadaist; ■ **die**

~**en** the Dadaists, the Dada group + *sing/pl vb*

da·durch [da'dʊrç] *adv* ❶ *örtlich* through [it/them]; *(emph)* through there ❷ *kausal (aus diesem Grund)* so, thus *form;* **du kannst versuchen, etwas zu tun, aber ~ wird es nicht besser** you can try doing something, but it won't make it better; *(auf diese Weise)* in this way ❸ *(deswegen)* **~, dass …** because …; **~, dass er es getan hat, hat er …** by doing that he has …, because he did that, he has …; **~, dass das Haus isoliert ist, ist es viel wärmer** the house is much warmer because it's insulated [or for being insulated]; **~, dass er den zweiten Satz gewonnen hat, sind seine Chancen wieder gestiegen** his chances improved again with him [or *form* his] winning the second set

da·für [da'fy:ɐ̯] **I.** *adv* ❶ *(für das)* for it/this/that; **ein Beispiel ~** an example; **wir haben kein Geld ~** we've no money for it; **ich hätte ~ nicht so viel ausgegeben** I would never have spent so much on it; **warum ist er böse? er hat doch keinen Grund ~** why's he angry? he has no reason to be [or there's no reason for it]; **es ist ein Beweis ~, dass …** it's proof that …; **ich bin nicht ~ verantwortlich, was mein Bruder macht** I'm not responsible for my brother's doings [or for what my brother does]; **~ bin ich ja da/Lehrer** that's what I'm here for [or why I'm here] /that's why I'm a teacher; **ich bezahle Sie nicht ~, dass Sie nur rumstehen!** I'm not paying you just to stand around; **er ist ~ bestraft worden, dass er frech zum Lehrer war** he was punished for being cheeky to the teacher; *s. a.* Grund ❷ *(als Gegenleistung)* in return; **ich repariere dir ~ deine Türklingel** in return, I'll fix your doorbell; **wenn du mir das verrätst, helfe ich dir ~ bei den Hausaufgaben** if you tell me, I'll help you with your homework [in return] ❸ *(andererseits)* **in Mathematik ist er schlecht, ~ kann er gut Fußball spielen** he's bad at maths, but he makes up for it at football; **zwar bin ich darüber nicht informiert, ~ weiß ich aber, wer Ihnen weiterhelfen kann** although I haven't been informed, I do know who can help you further; **er ist zwar nicht kräftig, ~ aber intelligent** he may not be strong, but he's intelligent for all that ❹ *(im Hinblick darauf)* ■ **~, dass …** seeing [or considering] [that] …; **~, dass sie einen Abschluss hat, ist sie aber nicht besonders clever** seeing [or considering] [that] she's got a degree, she's not particularly clever, she's not particularly clever, seeing [or considering] [that] she's got a degree ❺ *(für einen solchen)* **er ist zwar kein Professor, aber er geht ~ durch** although he isn't a professor, he can pass off as [being] one; **sie ist keine wirkliche Wahrsagerin, aber im Dorf gilt sie ~** she isn't a real fortune teller, but the village consider her to be one; **es ist zwar kein Silber, man könnte es aber auf den ersten Blick ~ halten** although it's not silver, it could be taken for it at first glance ❻ *in Verbindung mit vb etc siehe auch dort* **ich kann mich nicht ~ begeistern** I can't get enthusiastic about it; **er kann sich nicht ~ interessieren** he is not interested [in it/that]; **ich werde ~ sorgen, dass …** I'll make sure that … **II.** *adj pred* ■ **~ sein** to be for it/that [or in favour [or AM -or] [of it/that]]; **wer ist ~ und wer dagegen?** who's for it [or in favour] and who against?; **nur wenig Leute sind ~, dass die Todesstrafe wieder eingeführt wird** only a few people are for [or in favour of] bringing back the death penalty; **ich bin [ganz] ~, dass wir/Sie es machen** I'm [all] for [or in favour of] doing/your doing that; **er will wieder nach Italien - ich bin nicht ~** he wants to go to Italy again - I don't think he should; *s. a.* stimmen

da·für|hal·ten [da'fy:ɐ̯haltn] *vi irreg (geh)*

D

■ ~, **dass** ... to be of the opinion [or form to opine] that ... **Da·für·hal·ten** [da'fy:ɐhaltn̩] nt kein pl (geh) ■ **nach jds** ~ in sb's opinion; **nach meinem** ~ ... if it was up to me [or in my opinion] , ... **da·für|kön·nen** vt irreg **er kann nichts dafür** it's not his fault, he can't help it; **er kann doch nichts dafür, wenn/ dass es regnet** he can't help it raining, it's not his fault [that] it's raining; **kann ich [vielleicht] etwas dafür, wenn/dass ...?** do you think it's my fault that ...?; **keiner kann etwas dafür, dass** ... it's nobody's fault that ... **da·für|ste·hen** vi irreg SÜDD, ÖSTERR (sich lohnen) to be worth it [or worthwhile]

DAG <-> [de:ʔaː'geː] f **die** ~ Abk von **Deutsche Angestelltengewerkschaft** Abk von **Angestelltengewerkschaft**

da·ge·gen [da'geːgn̩] **I.** adv ❶ (gegen etw) against it ❷ (als Einwand, Ablehnung) against it/that; ~ **müsst ihr was tun** you must do something about it; **ich habe/hätte nichts ~ einzuwenden** that's fine [or fam okay] by me ❸ (als Gegenmaßnahme) **das ist gut/hilft** ~ it's good for it; **ich habe Halsschmerzen, haben Sie ein Mittel ~?** my throat hurts, do you have anything for it?; ~ **lässt sich nichts machen** nothing can be done about it; **es regnet herein, aber ich kann nichts ~ machen** the rain comes in, but I can't do anything to stop it [or anything about it] ❹ (verglichen damit) compared with it/that/them, in comparison; **die Stürme letztes Jahr waren furchtbar,** ~ **sind die jetzigen nicht so schlimm** the gales last year were terrible, compared with them [or those] , these aren't so bad [or these aren't so bad in comparison] ❺ (als Ersatz, Gegenwert) for it/that/them **II.** adv pred against; ■ ~ **sein** to be against it [or opposed [to it]]; **34 waren dafür und 12** ~ 34 were in favour and 12 against; **ich bin** ~**, dass er Vorsitzender wird** I am against [or opposed to] him [or form his] becoming chairman **III.** konj **er sprach fließend Französisch,** ~ **konnte er kein Deutsch** he spoke French fluently, but [on the other hand] he could not speak any German; **er ist mit der Arbeit schon fertig, sie** ~ **hat erst die Hälfte geschafft** he's already finished the work, whereas she has only just finished half of it

da·ge·gen|ha·ben^RR vt irreg **etwas/nichts** ~ to object/to not object; **haben Sie was dagegen, wenn ich rauche?** do you mind if I smoke?, would you mind [or object] if I smoked?; **ich habe sehr viel dagegen, wenn du über Nacht wegbleibst!** I strongly object to you staying out all night; **was hat er dagegen, dass wir früher anfangen?** what's he got against us starting earlier?, why does he object to us starting earlier?; **ich hätte nichts dagegen, wenn er nicht käme** I wouldn't mind at all if he didn't come **da·ge·gen|hal·ten** vt irreg ❶ (gegen etw) **mach das Licht an und halte das Dia dagegen** switch on the light and hold the slide up to [or against] it ❷ (vergleichen) ■ **etw** ~ to compare it/them with sth; **um das Original von der Fälschung zu unterscheiden, muss man es** ~ in order to tell apart the original and the forgery, you have to compare them ❸ (einwenden) **ich habe nichts dagegenzuhalten** I have no objection[s] [to it]; ■ ~**, dass** ... to put forward the objection that ... **da·ge·gen|leh·nen**^RR vt ■ **etw** ~ to lean sth against it **da·ge·gen|po·chen**^RR vi **die Tür war verschlossen, also pochte er dagegen** the door was locked, so he hammered on it **da·ge·gen|pral·len**^RR vi sein **es stand ein Baum im Weg und der Wagen prallte dagegen** there was a tree in the way and the car crashed into it **da·ge·gen|set·zen** vt ❶ (einwenden) **ich kann nichts** ~ I have no objection[s]; **das Einzige, was ich** ~ **könnte, wäre** ... the only objection I could put for-

ward would be ... ❷ (einsetzen) **er wird es bestimmt machen – ich setze 500 Euro dagegen!** he's sure to do it – I'll bet 500 euros he won't! **da·ge·gen|spre·chen** vi irreg to be against it; **es spricht nichts dagegen** there's no reason not to; **was spricht dagegen, dass wir das so machen?** what is there against us [or form our] doing it that way?; **spricht etwas dagegen, dass wir es so machen?** is there a reason for us not to do it?; **auch wenn Sie es nicht waren, die Beweise sprechen dagegen** even if it wasn't you, the evidence speaks against you **da·ge·gen|stel·len** vr ■ **sich** akk ~ to oppose it/this **da·ge·gen|stem·men** vr ■ **sich** ~ ❶ (liter) to put one's shoulder to [or lean into] it ❷ (fig) to oppose it/this **da·ge·gen|stim·men** vi to vote against

da|ha·ben vt irreg, Zusammenschreibung nur bei infin und pp ❶ (vorrätig haben) to have sth in stock; (zur Hand haben) to have sth; (betont) to have sth here/there ❷ (zu Besuch haben) ■ **jdn** ~ to have sb come to visit; (unerwünscht a.) to have sb here/ there

da·heim [da'haim] adv SÜDD, ÖSTERR, SCHWEIZ (zu Hause) at home; (nach Präposition) home; **ich bin für niemanden** ~ I'm not at home to anybody; **wo bist du** ~? where's your home?; [in Augsburg dat] ~ **sein** to be at home [in Augsburg]; ■ **bei jdm** ~ back home [where sb comes from]; **sich** akk **bei jdm** ~ **treffen** to meet at sb's home [or place]

Da·heim <-s> [da'haim] nt kein pl SÜDD, ÖSTERR, SCHWEIZ home

Da·heim·ge·blie·be·ne(r) f(m) dekl wie adj ■ **die/ alle** ~n those/all those at home

da·her ['daːheːɐ] **I.** adv ❶ (von dort) from there; ~ **haben wir nichts zu befürchten** we have nothing to fear from that quarter; ■ **von** ~ from there; ■ ~ **sein** to be [or come] from here/there ❷ (aus diesem Grunde) ■ [von] ~ ... that's why ...; [von] ~ **hat er das** that's where he got it from; [von] ~ **weißt du es also!** so that's how [or why] you know that; ~ **kommt es, dass** ... that is [the reason] why ...; **das/etw kommt** ~**, dass** ... that is because .../the cause of sth is that ... ❸ DIAL (hierher) here/there **II.** konj (deshalb) [and] that's why

da·her|brin·gen vt irreg ÖSTERR ■ **etw** ~ to bring along sth **da·her·ge·lau·fen** adj **ein** ~**er Hund** (Kreuzung) an indefinable breed hum; **ein** ~**er Kerl** (pej) some guy who comes/came along; **ein** ~**er Schnösel** (pej) a jumped-up busybody fam; **jede/jeder D**~**e/ jeder** ~**e Kerl** (pej) any [old] Tom, Dick or Harry [or guy who [just] comes/came along] **da·her|kom·men** [daˈheːɐkɔmən] vi irreg sein ❶ (herankommen) to come along ❷ (fam: sich zeigen) to go around; **wie kommst du denn daher!** just look at you!, you look as though you've been dragged backwards through a bush! ❸ (auftreten) to come along; **arrogant** ~ to put on airs **da·her|re·den I.** vi to talk away; **red doch nicht so [dumm] daher!** don't talk such rubbish! **II.** vt ■ **etw** ~ to say sth without thinking; **was du alles daherredest!** the things you come out with!; **das war nur so dahergeredet!** that was just empty talk!

da·her·um adv around [or BRIT a. round] there

da·hin [da'hɪn] **I.** adv ❶ (an diesen Ort) there; **kommst du mit** ~? are you coming too?; ~ **gehe ich nie wieder** I'm never going there again; ~ **und dort-hin blicken** to look here and there; **Schläge** ~ **und dorthin verteilen** to strike about one; **ist es noch weit bis** ~? is it still a long way [to go]?, is there still far to go?; **bis** ~ **müssen Sie noch eine Stunde zu Fuß laufen** it'll take an hour to walk there; **wie komme ich [hier] [am besten]** ~? how do I [best] get there [from here]? ❷ (in dem Sinne, in die Richtung) er äußerte sich ~ gehend, dass ... he said something to the effect that ...; **eine ~ gehende Aussage** a statement to that effect; **wir sind ~ gehend verblieben, dass ...** we agreed that ...; **er hat den Bericht ~ [gehend] interpretiert, dass ...** he has interpreted the report as saying that ...; **wir haben uns ~ gehend geeinigt/abgesprochen, dass ...** we have agreed that ...; **alle meine Hoffnungen/Bemühungen gehen ~, dass ich dieses Ziel bald erreiche** all my hopes/efforts are directed towards [my] reaching this goal soon ❷ *(so weit)* **es [noch] ~ bringen, dass ...** to carry matters to such a point that ...; **du bringst es noch ~, dass ich mich vergesse!** you'll soon make me forget myself!; **es ist ~ gekommen, dass ...** things have got to the stage where ...; **ich sehe es schon ~ kommen, dass wir es noch bereuen** I can see us regretting that; **es kommt noch ~, dass ich dir eine scheuere!** I'll give you one in a minute!; *s. a.* **stehen** ❸ *(zeitlich)* ■ **bis ~** until then; **bis ~ haben Sie es bestimmt fertig** you're bound to have finished it by then **II.** *adj pred (geh: kaputt)* ■ **~ sein** to be lost; *(zerbrochen)* to be broken/smashed [beyond repair]

da·hin·ab [da'hɪnap] *adv s.* **dorthinab da·hin·auf** ['da:hɪnauf] *adv s.* **dorthinauf da·hin·aus** ['da:hɪnaus] *adv s.* **dorthinaus**

da·hin|däm·mern *vi sein o haben* to lie/sit there in a stupor; *(dösen)* to doze

da·hin·ein ['da:hɪnain] *adv s.* **dorthinein**

da·hin|fal·len *vi irreg sein* SCHWEIZ *(geh) s.* **entfallen da·hin|flie·gen** *vi irreg* ❶ *(geh: sich pfeilschnell bewegen)* to fly along; **vor den Augen ~** to fly past [one's eyes]; *(eilends vergehen)* to fly past [or by] ❷ *(liter: wegfliegen)* to fly off **da·hin|ge·ben** *vt irreg (liter)* ■ **etw ~** to give away sth *sep;* **das Leben für etw ~** to sacrifice [or give] one's life for sth **Da·hin·ge·gan·ge·ne(r)** *f(m) dekl wie adj (liter)* ■ **der/die ~** the departed

da·hin·ge·gen [dahɪn'ge:gn̩] *adv (geh)* on the other hand, however

da·hin|ge·hen *vi irreg sein (geh)* ❶ *(vergehen)* to pass, to go by ❷ *(einhergehen)* ■ **an/auf etw** *dat*] ~ to go/walk along [sth] ❸ *(euph: sterben)* to pass away [or on] **da·hin·ge·stellt** [da'hɪngəʃtɛlt] *adj* ■ **~ sein/bleiben** to be/remain an open question; ■ **es ~ sein lassen[, ob .../solange ... nicht ...]** to leave it open [whether/until ...] **da·hin|raf·fen** *vt (liter)* ■ **jdn ~** to carry off sb *sep* **da·hin|sa·gen** *vt* ■ **etw [nur so] ~** to say sth without [really] thinking; **das war nur so dahingesagt** that was just empty talk **da·hin|schei·den** *vi irreg sein (geh) s.* **dahingehen 3 da·hin|schlep·pen** *vr* ■ **sich ~** ❶ *(sich vorwärtsschleppen)* to drag oneself along [or on] ❷ *(schleppend vorangehen)* to drag on [and on *fam*] **da·hin|schwin·den** *vi irreg sein (geh)* ❶ *(weniger werden)* Geld, Kräfte, Vorräte to dwindle [away]; Gefühle to dwindle; *Interesse a.* to fade ❷ *(vergehen)* to pass by **da·hin|sie·chen** [da'hɪnzi:çn̩] *vi (geh)* to waste away **da·hin|ste·hen** *vi irreg* ■ **[noch] ~: das steht noch dahin** that remains to be seen **da·hin|stel·len** *vt (fam: an einen bestimmten Ort stellen)* ■ **etw ~** to put sth there

da·hin·ten [da'hɪntn̩] *adv* over there; *(hinter dem Angesprochenen/Sprecher)* back there; **ganz ~** right over [or fam way back/over] there

da·hin·ter [da'hɪntɐ] *adv* ❶ *(hinter dem/der)* behind it/that/them etc.; **was sich wohl ~ verbirgt?** I wonder what's behind that? ❷ *(anschließend)* beyond ❸ *(fig)* **es ist nichts ~** there's nothing behind [or to] it; **es ist da was ~** there's more to it/him/her etc. than meets the eye

da·hin·ter·her [dahɪntɐ'he:ɐ̯] *adj (fam)* ■ **~ sein** to see

to it; *(jdm auf die Finger schauen)* to breathe down sb's/one's neck *pej;* ■ **~ sein, dass ...** to see to it that ...

da·hin·ter|klem·men, da·hin·ter|knien *vr (fam)* ■ **sich ~** to buckle down, BRIT *a.* to get [or pull] one's finger out *fam; (körperlich a.)* to put one's back into it; ■ **sich ~, dass jd etw tut** to buckle down into getting sb to do sth **da·hin·ter|kom·men** *vi irreg sein (fam)* ❶ *(herausfinden)* to find out ❷ *(begreifen)* to figure it out, to get it *fam* **da·hin·ter|ste·cken** *vi (fam)* to be behind it; **was steckt dahinter?** what's behind it [all]?; **es steckt gar nichts dahinter** there's nothing at all behind it; **wer steckt dahinter?** who's behind it? **da·hin·ter|ste·hen** *vi irreg* ❶ *(zugrunde liegen)* to underlie it/them etc. ❷ *(unterstützen)* to be behind it/that; *(befürworten a.)* to back it/that; **du musst bei allem, was du tust, ~** you must stand up for everything you do

da·hin·un·ter ['da:hɪnʊntɐ] *adv s.* **dorthinunter**

da·hin|ve·ge·tie·ren [-ve-] *vi sein* to vegetate, to veg out *fam*

Dah·lie <-, -n> ['da:liə] *f* dahlia

Da·ka·po <-s, -s> [da'ka:po] *nt* encore

Dak·ty·lo <-, -s> ['daktylo] *f* SCHWEIZ typist, stenographer *dated*

dal·las·sen *vt irreg* ❶ *(verweilen lassen)* ■ **jdn ~** to leave sb here/there ❷ *(überlassen)* ■ **jdm etw ~** to leave sb sth **da·lie·gen** *vi irreg* ❶ *(hingestreckt liegen)* to lie there ❷ *(hingelegt sein)* to lie there; *(da sein)* to be there ❸ *(geh: sich erstrecken)* to spread out

dal·li ['dali] *adv (fam)* **[nun] mach mal ~!** get a move on!, be quick about it!; **..., aber ~!** ..., and be quick about it! [or fam make it snappy]; **hau ab, aber ~!** get lost, go on, quick!; **~, ~!** on the double *fam, fam* BRIT *a.* look smart!

Dal·ma·ti·ner [dalma'ti:nɐ] *m* ❶ BIOL dalmation ❷ KOCHK dalmation dessert wine

da·ma·lig ['da:ma:lɪç] *adj attr* at that [or the] time *pred;* **das ~e Rome** Rome at that time; **die ~en Sitten** the customs of those days; **der ~e Bürgermeister** the then mayor, the mayor at that time

da·mals ['da:ma:ls] *adv* then, at that time; ■ **seit ~** since then; ■ **von ~** of that time

Da·mas·kus <-> [da'maskʊs] *nt* Damascus

Da·mast <-[e]s, -e> [da'mast] *m* damask

da·mas·ten [da'mastn̩] *adj attr (geh)* damask

Däm·chen <-s, -> ['dɛːmçən] *nt dim von* **Dame 1** little madam *a. hum;* **ein richtiges ~** a proper little madam *hum*

Da·me <-, -n> ['da:mə] *f* ❶ *(geh)* lady; **guten Abend, die ~n!** good evening, ladies!; ■ **meine ~!** madam *form;* **eine vornehme ~** a lady, a gentlewoman *form;* **die ~ des Hauses** the lady [or dated mistress] of the house; **meine [sehr verehrten** *(geh)*] **~n und Herren!** ladies and gentlemen!; **die ~ jds Herzens** sb's sweetheart; **eine ~ von Welt** a mondaine *liter;* **jds alte ~** *(fam)* sb's [or the] old lady *fam;* **eine ältere ~** an old [or euph elderly] lady; **ganz ~ [sein]** [to be] the perfect [or quite a] [or every inch a] lady; **die große ~ spielen** to play the fine lady; **junge ~** young lady; **„~n"** "Ladies"; **wo ist hier für ~n?** where's the lady's room? *euph* ❷ *(Begleiterin)* lady; *(auf einen Herrn bezogen)* partner; *(auf eine Party)* [lady] companion ❸ SPORT woman, lady; **die Schwimmmeisterschaft der ~n** the women's [or ladies'] swimming championships ❹ *(~spiel)* draughts + *sing vb* BRIT, checkers + *sing vb* AM; *(Doppelstein)* king; **~ spielen** to play draughts ❺ *(bei Schach)* queen; **die ~ nehmen** to take the queen ❻ KARTEN queen

Da·me·brett ['da:məbrɛt] *nt* draught[s]board

Da·men·bart *m* facial hair *no pl, no art* **Da·men·be·glei·tung** *f* female company, company of a lady; **~ erwünscht** please bring a lady; **in ~** in the company of a lady **Da·men·be·kannt·schaft** *f* lady friend, female acquaintance *a. euph;* **~en haben** to enjoy the company of ladies *euph;* **eine ~ machen** to make the acquaintance of a lady/young lady **Da·men·be·such** *m* lady visitor[s]; **~ haben** to have a lady visitor **Da·men·bin·de** *f* sanitary towel [*or* AM napkin] **Da·men·dop·pel** *nt* SPORT ■ **das ~** the women's [*or* ladies'] doubles + *sing vb* **Da·men·ein·zel** *nt* SPORT ■ **das ~** the women's [*or* ladies'] singles + *sing vb* **Da·men·fahr·rad** *nt* lady's bicycle **Da·men·fri·seur** *m* ladies' hairdresser **Da·men·fuß·ball** *nt* women's football **Da·men·ge·sell·schaft** *f* ladies' gathering **da·men·haft** I. *adj* ladylike *a. pej;* **eine ~e Bluse** a blouse fit for a lady II. *adv* like a lady

Da·men·kränz·chen *nt* ladies' social [*or* AM klatsch] **Da·men·mann·schaft** *f* ladies' team **Da·men·ober·be·klei·dung** *f kein pl* ladies' wear **Da·men·sat·tel** *m* sidesaddle; **im ~ reiten** to ride sidesaddle **Da·men·schnei·der** *m* dressmaker **Da·men·toi·let·te** *f* ladies, ladies' toilet[s *pl*] [*or* AM [rest]room] **Da·men·un·ter·wä·sche** *f* ladies' [*or* women's] underwear **Da·men·wahl** *f* ladies' choice *kein pl* lingerie, ladies' underwear

Da·me·spiel *nt* ■ [**das**] **~** [a game of] draughts BRIT + *sing vb* **Dame·stein** *m* king

Dam·hirsch [ˈdamhɪrʃ] *m* fallow deer; *(männliches Tier)* fallow buck

da·misch [ˈdaːmɪʃ] SÜDD, ÖSTERR I. *adj (fam)* ❶ *(dämlich)* stupid, daft BRIT *fam*, dozy BRIT *fam*, dumb AM *fam;* **das tut ~ weh!** it hurts like hell! *fam* ❷ *pred (schwindelig)* dizzy, giddy; **mir wird ~** [im Kopf] my head's spinning II. *adv (fam: sehr)* terribly *fam;* **das tut ~ weh!** it hurts like hell! *fam*

da·mit [daˈmɪt] I. *adv* ❶ *(mit diesem Gegenstand)* with it/that; **was soll ich ~?** what am I supposed [*or* meant] to do with that?; **was will er ~?** what does he want that for? [*or* with that?]; **sie hatte zwei Koffer und stand ~ am Bahnhof** she had two cases and was standing there with them in the station; **sie hat Ärger mit der Waschmaschine — ~ habe ich auch Probleme!** she has trouble with her washing machine — I've got problems with mine too ❷ *(mit dieser Angelegenheit)* **meint er mich ~?** does he mean me?, is he talking to me?; **weißt du, was sie ~ meint?** do you know what she means by that?; **haben Sie darüber nachgedacht? und was ist nun ~?** have you thought about it? so what do you say?; **~ sieht es heute schlecht aus** today is a bad day for it; **er konnte mir nicht sagen, was es ~ auf sich hat** he couldn't tell me what it was all about; **ist Ihre Frage ~ beantwortet?** has that answered your question?; **musst du immer wieder ~ ankommen?** must you keep on about it?; **ich habe nichts ~ zu tun** I have nothing to do with it; **hör auf ~!** pack it in!, lay off! *fam;* **~ hat es noch Zeit** there's no hurry for that ❸ *bei Verben* **was willst du ~ sagen?** what's that supposed [*or* meant] to mean?; **~ will ich nicht sagen, dass ...** I don't mean to say that ...; **sind Sie ~ einverstanden?** do you agree to that?; **~ hatte ich nicht gerechnet** I hadn't reckoned on [*or* with] that; **er hatte nicht ~ gerechnet, dass sie mitkommen würden** he hadn't reckoned on them [*or* form their] coming; **sie fangen schon ~ an, das Haus abzureißen** they're already starting to pull down the house; **~ fing alles an** everything started with that ❹ *(bei Befehlen)* with it; **weg ~!** away [*or* off] with it!; **her ~!** give it to me! [*or* fam here!]; **genug** [*or* **Schluss**] **~!** that's enough [of that]! ❺ *(somit)* with that, thereupon *form* II. *konj* so that; **~ sie ihn nicht verriet, ...** so that she wouldn't betray him ..., lest

she betrayed him ... *liter*

däm·lich [ˈdɛːmlɪç] I. *adj (pej fam)* ❶ *(dumm)* stupid, dumb *fam* ❷ *(ungeschickt)* annoying II. *adv (pej fam)* **~ fragen** to ask stupid [*or fam* AM *a.* dumb] questions/a stupid question; **guck nicht so ~!** don't give me that stupid look! *fam;* **jdm ~ kommen** to act the idiot [with sb]; **sich ~ anstellen** to be awkward

Däm·lich·keit <-, -en> *f (pej fam)* ❶ *kein pl (dummes Verhalten)* stupidity ❷ *(dumme Bemerkung)* stupid [*or fam* AM *a.* dumb] remark

Damm <-[e]s, Dämme> [ˈdam, *pl:* ˈdɛmə] *m* ❶ *(Stau~)* dam; *(Deich)* dyke; *(Erdwall)* bank, wall ❷ *(fig)* barrier (**gegen** +*akk* to/against); **wenn wir das kleinste bisschen nachgeben, werden alle Dämme brechen** if we give way at all, the floodgates will open wide ❸ MED perineum *spec* ▶ WENDUNGEN: **wieder auf dem ~ sein** to be up on one's legs [*or fam* out and about] again; **nicht [ganz] auf dem ~ sein** to not feel up to the mark, to be out of sorts

Damm·bruch *m* breach in a/the dam [*or* dyke]

däm·men [ˈdɛmən] *vt* ■ **etw ~** to insulate sth; **Schall ~** to absorb sound

däm·me·rig [ˈdɛmərɪç] *adj* ❶ *(gering leuchtend)* dim, faint ❷ *(dämmernd)* ■ **~ sein/werden** to be/get dark

Däm·mer·licht *nt* half-light, gloom

däm·mern [ˈdɛmɐn] I. *vi* ❶ *(geh) Tag, Morgen* to dawn, to break *liter; Abend* to approach *s.* **heraufdämmern** ❷ *(fig fam: begreifen)* ■ **jdm ~** to [gradually] dawn on sb; **eine Ahnung dämmerte mir** a suspicion arose [with]in me ❸ *(im Dämmerzustand sein)* ■ **vor sich hin~** to vegetate; *(dösen)* to doze II. *vi impers* ■ **es dämmert** *(morgens)* dawn is breaking; *(abends)* dusk is falling; [**na,**] **dämmert es** [**dir**] **jetzt?** *(fig fam)* now is it dawning on you?

Däm·mer·schlaf *m* stupor; ■ **im ~** in a stupor **Däm·mer·stünd·chen** *nt (fam)* dusk; **ein ~ machen** to watch the sun go down

Däm·me·rung <-, -en> *f* twilight; *(Abend~)* dusk; *(Morgen~)* dawn; ■ **in der** [*o* **bei**] **~** at dawn/dusk; *s. a.* **Einbruch**

Däm·mer·zu·stand *m* ❶ *(Halbschlaf)* semi[un]consciousness; ■ **im ~** in a stupor; ■ **im ~ sein** to be semiconscious ❷ MED *(Bewusstseinstrübung)* twilight [*or* dream] state *spec*

dämm·rig [ˈdɛmrɪç] *adj s.* **dämmerig**

Damm·rissRR *m* MED rupture of the perineum *spec,* perineal tear *spec* **Damm·schnitt** *m* MED episiotomy *spec*

Dämm·stoff *m* insulating material, insulant *spec*

Däm·mung <-, -en> *f* insulation; **von Schall** absorption

Da·mok·les·schwert [ˈdaːmokles-] *nt (geh)* sword of Damocles; **wie ein ~ über jdm/über jds Haupt hängen/schweben** to hang over sb's/sb's head like a sword of Damocles

Dä·mon <-s, Dämonen> [ˈdɛːmɔn, *pl:* dɛˈmoːnən] *m* ❶ *(böser Geist)* demon; **ein böser ~** an evil spirit, a demon; **von einem** [**bösen**] **~ besessen** possessed [by an evil spirit] ❷ *(unheimlicher Antrieb)* **der ~ der Ausschweifung/Lust etc.** the demon of dissipation/lust etc.

dä·mo·nisch [dɛˈmoːnɪʃ] I. *adj* ❶ *(unheimlich)* demonic ❷ *(teuflisch)* evil, demoniac[al] *form* II. *adv* demonically; **~ lächelnd** with a demonic grin

Dampf <-[e]s, Dämpfe> [ˈdampf, *pl:* ˈdɛmpfə] *m* ❶ *(Wasser~)* steam *no pl; (unter dem Siedepunkt)* water vapour [*or* AM -or]; **unter ~ sein** [*o* **stehen**] to be under steam, to have its steam up; **~ draufhaben** *(a. fig)* to be going at full steam; **~ ablassen** *(a. fig)* to let off steam ❷ *pl (Ausdünstungen)* fumes *pl,* vapours [*or* AM -ors] *pl* ▶ WENDUNGEN: **~ in den Fäusten haben**

to pack quite a punch; **~ aufsetzen ~ dahinter machen** SCHWEIZ to get a move on; **jdm ~ machen** *(fam)* to make sb get a move on *fam;* **~ hinter einer S.** *akk* **machen** SCHWEIZ to hurry on with sth

Dämpf·auf·satz *m* KOCHK pan attachment for steaming
Dampf·bad *nt* ① *(Schwitzbad in dampfhaltiger Luft)* steam bath ② *(Raum)* hot room **Dampf·bü·gel·ei·sen** *nt* steam iron
Dampf·druck *m* steam pressure
dampf·druck|ga·ren *vt* ▪ **etw ~** to pressure-cook sth **Dampf·druck·ga·ren** *nt* pressure cooking **Dampf·druck·koch·topf** *m* pressure cooker
Dämpf·ein·satz *m* KOCHK pan inset for steaming
damp·fen [ˈdampfn̩] *vi* ① *haben (Dampf abgeben)* to steam; *Kochtopf a.* to give off steam; **ein ~des Bad/ Essen** a steaming-hot bath/meal; *Pferd* to be in a lather ② *sein (sich unter Dampf fortbewegen)* to steam; *Zug a.* to puff
dämp·fen [ˈdɛmpfn̩] *vt* ▪ **etw ~** ① *(mit Dampf kochen)* to steam sth ② *(mit Dampf glätten)* to press sth with a steam iron ③ *(akustisch abschwächen)* to muffle [*or* deaden] [*or* dampen] sth; **seine Stimme ~** to lower one's voice; ▪ **gedämpft** muffled, deadened, dampened; *(abgedunkelt)* muted, subdued ④ *(mindern)* to cushion [*or* absorb] sth ⑤ *(mäßigen)* to dampen sth; **seine Wut ~** to curb one's anger; ▪ **jdn |in etw** *dat***| ~** to subdue sb['s sth]; ▪ **gedämpft** subdued
dampf·ent·saf·ten *vt* KOCHK to juice using steam
Damp·fer <-s, -> [ˈdampfɐ] *m* steamer, steamship, steamboat; ▸ WENDUNGEN: **auf dem falschen ~ sein** [*o* **sitzen**] **sich auf dem falschen ~ befinden** *(fig fam)* to have got [*or* AM gotten] the wrong idea [*or* hold of the wrong end of the stick], to be barking up the wrong tree
Dämp·fer <-s, -> [ˈdɛmpfɐ] *m* ① MUS mute; *von Klavier* damper ② TECH damper ▸ WENDUNGEN: **jdm einen ~ aufsetzen** to dampen sb's spirits; **einer S.** *dat* **einen ~ aufsetzen** to put a damper [*or* throw cold water] on [sb's] sth
Dampf·hei·zung *f* steam heating
damp·fig *adj* steamy; **eine ~e Wiese** a meadow shrouded in mist *liter*
Dampf·kes·sel *m* [steam] boiler **Dampf·koch·topf** *m* pressure cooker **Dampf·kraft** *f kein pl* steam power; **mit ~ angetrieben** steam-driven, driven by steam *pred* **Dampf·lok** *f* steam engine [*or* locomotive] **Dampf·ma·schi·ne** *f* steam engine **Dampf·nu·del** *f* KOCHK SÜDD sweet or savoury yeast dumpling **Dampf·nu·del·pfan·ne** *f* pan for cooking steamed yeast dumplings **Dampf·schiff** *nt s.* **Dampfer Dampf·schiff·fahrt**RR *f kein pl* steam navigation
Dampf·topf *m* KOCHK steamer
Dampf·tur·bi·ne *f* steam turbine
Dämp·fung <-, -en> *f* ① TECH damping; *Schall, Trittschall, Geräusch a.* deadening ② ÖKON *Konjunktur, Preisauftrieb* curbing ③ *(fig) Freude/Leidenschaft, Begeisterung* tempering; *Wut* calming
Dampf·wal·ze *f* steamroller
Dam·wild [ˈdamvɪlt] *nt* fallow deer
da·nach [daˈnaːx] *adv* ① *zeitlich* after it/that, after *fam; (nachher a.)* afterwards; **ich habe einen Whisky getrunken, ~ fühlte ich mich schon besser** I had a whisky and after that [*or* afterwards] I felt better, I had a whisky and felt better after that [*or* afterwards] [*or fam* after]; **ich las das Buch zu Ende, erst ~ konnte ich einschlafen** only when I had finished reading the book could I get to sleep; **ein paar Minuten ~ war er schon wieder da** a few minutes later he was back ② *örtlich* behind [her/him/it/them etc.]; **als Erster ging der Engländer durchs Ziel und gleich ~ der Russe** the Englishman finished first, immediately followed by the Russian, and the Russian

immediately after him ③ *(in bestimmte Richtung)* towards it/them; **~ greifen** to [make a] grab at it; **~ schlagen** to strike at it; **hinter ihm war etwas, aber er hat sich nicht ~ umgesehen** there was something behind him, but he didn't look round to see what it was ④ *(dementsprechend)* accordingly; *(laut dem)* according to that; **wir haben hier einen Bericht, ~ war die Stimmung damals ganz anders** we have a report here, according to which the atmosphere at the time was quite different ⑤ *(fam: zumute)* ▪ **jdm ist ~/nicht ~** sb feels/doesn't feel like it; **manchmal ist mir so ~, da könnte ich alles hinschmeißen** sometimes I feel like chucking it all in *fam; s. a.* **zumute** ⑥ *in Verbindung mit subst, vb etc siehe auch dort* **sie sehnte sich ~** she longed for it/that; **es geht nicht ~, was wir gerne hätten** it doesn't work the way we would like it to ⑦ *(fam: so)* **er hat den Aufsatz in zehn Minuten geschrieben – ~ ~ ist er** he wrote the essay in ten minutes – it looks like it too; **nur Frauen sollen sich bewerben! – natürlich, die Bedingungen sind auch ~** only women are allowed to apply – of course, the conditions make that clear; **wir sollten besser einen Schirm mitnehmen – du hast recht, das Wetter ist auch ~** we had better take an umbrella – you're right, it does look as if it's going to rain; **die Sitzung wurde vorzeitig beendet, die Stimmung der Anwesenden war auch ~** the session was concluded early, a move welcomed by those present
Da·na·er·ge·schenk [ˈdaːnaɐ-] *nt (geh)* Greek gift *liter*
Dance·floor <-s, -> [ˈdɑːnsflɔːɐ] *m (fam)* dance floor
Dan·dy <-s, -s> [ˈdɛndi] *m (pej)* dandy, fop, peacock *dated pej*
Dä·ne, Dä·nin <-n, -n> [ˈdɛːnə, ˈdɛːnɪn] *m, f* Dane
da·ne·ben [daˈneːbn̩] *adv* ① *(neben jdm/etw)* next to her/him/it/that etc.; **links/rechts ~** *(neben Gegenstand)* to the left/right of it/them; *(neben Mensch)* to [*or* on] her/his etc. left/right; **ich stand direkt ~, als der Unfall passierte** the accident happened right next to me; **wir wohnen |im Haus| ~** we live [in the house] next door; **~!** missed! ② *(verglichen damit)* compared with her/him/it/that etc., in comparison ③ *(außerdem)* besides that, in addition [to that] ④ *(unangemessen)* **~ sein** to be inappropriate
da·ne·ben|be·neh·men *vr irreg (fam)* ▪ **sich ~** to make an exhibition of oneself **da·ne·ben|ge·hen** *vi irreg sein* ① *(das Ziel verfehlen)* to miss; *Pfeil, Schuss a.* to miss its/their mark [*or* target] ② *(fam: scheitern)* to go wrong **da·ne·ben|grei·fen** *vi irreg* ① *(an etw vorbeigreifen)* to miss [it], to grab at empty air; *(auf Musikinstrumenten)* to play a wrong note/some wrong notes ② *(fam: falschliegen)* ▪ **jd greift |mit etw| daneben** sb['s sth] is way out *fam* [*or* AM *fam* off] [*or* wide of the mark] **da·ne·ben|hau·en** *vi irreg* ① *(an etw vorbeihauen)* ▪ **jd haut |mit etw| daneben** sb misses [the [*or* one's] mark], sb's sth misses the [*or* its] mark ② *(fam) s.* **danebengreifen 2 da·ne·ben|lie·gen** *vi irreg (fam)* ▪ **jd liegt |mit etw| daneben** sb['s sth] is way out *fam* [*or* AM *fam* off] [*or* wide of the mark] **da·ne·ben|schie·ßen** *vi irreg* ① *(das Ziel verfehlen)* to miss [the target [*or* mark]] ② *(absichtlich vorbeischießen)* to shoot to miss **da·ne·ben|tref·fen** *vi irreg* ▪ **jd trifft |mit etw| daneben** ① *(vorbeitreffen)* sb misses [the [*or* one's] mark], sb's sth misses the [*or* its] mark ② *(mit Antwort)* sb['s sth] is way out *fam* [*or* AM *fam* off] [*or* wide of the mark]
Dä·ne·mark <-s> [ˈdɛːnəmark] *nt* Denmark
Dä·nin [ˈdɛːnɪn] *f s.* **Däne**
dä·nisch [ˈdɛːnɪʃ] *adj* Danish; **die ~e Hauptstadt/ ~en Küsten** the capital/coasts of Denmark; **die ~e Sprache** Danish
Dä·nisch [ˈdɛːnɪʃ] *nt dekl wie adj* Danish; ▪ **das ~e**

D

sich bedanken

sich bedanken	thanking
Danke!	Thank you!/Thanks!
Danke sehr/schön!/Vielen Dank!	Thank you very much!/Many thanks!
Tausend Dank!	Thanks a million!
Danke, das ist sehr lieb von dir/Ihnen!	Thank you, that's very kind of you!
Vielen (herzlichen) Dank!	Thank you very much!
Ich bedanke mich (recht herzlich)!	Thank you very much (indeed)!

auf Dank reagieren	reacting to being thanked
Bitte!	You're welcome!
Bitte schön!/Gern geschehen!/Keine Ursache!	You're welcome!/My pleasure./Don't mention it.
Bitte, bitte!/Aber bitte, das ist doch nicht der Rede wert!	Not at all!/Please don't mention it!
(Aber) das habe ich doch gern getan!/Das war doch selbstverständlich!	(Not at all,) it was a pleasure!/The pleasure was mine!/I was happy to do it!

dankend anerkennen	acknowledging gratefully
Vielen Dank, du hast mir sehr geholfen.	Many thanks, you've been a great help.
Wo wären wir ohne dich!	What would we do without you!
Ohne deine Hilfe hätten wir es nicht geschafft.	We would not have managed it without your help.
Sie waren uns eine große Hilfe.	You were a great help to us.
Ich weiß Ihr Engagement sehr zu schätzen.	I very much appreciate your commitment.

Danish; **auf ~** in Danish

dank ['daŋk] *präp* +*gen o dat (a. iron)* thanks to *a. iron*

Dank <-[e]s> ['daŋk] *m kein pl* ① *(Anerkennung für Geleistetes)* ▪ **jds ~** sign of sb's gratitude ② *(Dankbarkeit)* gratitude, thankfulness; **der ~ des Vaterlandes ist dir gewiss** *(hum)* you'll get a medal for that *hum;* **mit bestem ~ zurück!** returned with thanks!; **besten/herzlichen/schönen/tausend/vielen ~** thank you very much, many thanks *form,* thanks a lot *fam;* **das war ein schlechter ~** that is/was poor thanks; **hab/haben Sie ~!** *(geh)* thank you!; *(für Hilfe a.)* I'm much obliged to you *form;* **jdm für etw ~ annehmen** to accept sth with thanks; **jdm für etw ~ sagen** *(geh)* to express one's thanks to *[or* thank*]* sb for sth; REL to give thanks to sb for sth; **jdm ~ schulden, jdm zu ~ verpflichtet sein** *(geh)* to owe sb a debt of gratitude; **jdm ~ für etw wissen** *(geh)* to be indebted to sb for sth; **jdm ~ dafür wissen, dass ...** to be indebted to sb that ...; **als ~ für etw** in grateful recognition of sth; **zum ~** *[dafür] (iron)* as a way of saying thank you; *[das ist]* **der** *[ganze]* **~ dafür!** that is/was all the thanks one gets/got!

Dank·adres·se *f (geh)* official letter of thanks

dank·bar ['daŋkbaː̯ɐ] I. *adj* ① *(dankend)* grateful; *(erleichtert)* thankful; ▪ **jdm ~** *[für etw]* **sein** to be grateful to sb [for sth]; **sich** *[jdm gegenüber]* **~ erweisen** *[o* **zeigen**] to show one's gratitude [to sb] ② *(lohnend)* rewarding, profitable ③ *(anspruchslos)* appreciative; **ein ~er Stoff** a hard-wearing material; **eine ~e Pflanze** a plant which doesn't need much attention ④ *(verbunden)* obliged; **ich wäre dir/Ihnen ~, wenn ...** I would be obliged *[or* grateful*] [or* I would appreciate it*]* if you ... II. *adv* gratefully; *(erleichtert)* thankfully

Dank·bar·keit <-> *f kein pl* gratitude; *(Erleichterung)* thankfulness; **jdm seine ~** *[für etw]* **erweisen** *[o*

zeigen] to express one's thanks to sb [for sth]

dan·ke *interj* thank you, thanks, *fam* BRIT *a.* ta; *(nicht nötig)* no thank you *[or fam* thanks]; **wie geht's? – ~, ich kann nicht klagen** how's it going? – [I] can't complain; **kann ich helfen? – ~, ich glaube, ich komme allein zurecht** can I help? – thanks [all the same], but I think I can manage; **jdm für etw ~ sagen** *(geh)* to say thank you [to sb]; **~ schön/sehr** thank you *[or fam* thanks] very much; **~ vielmals** *(iron)* thanks a million *fam;* **~ ja, ja, ~** yes[,] please, yes[,] thank you; **~ nein, nein, ~** no[,] thank you *[or* thanks]; *s. a.* Nachfrage

dan·ken ['daŋkn̩] I. *vi* ▪ **jdm** *[für etw]* **~** to express one's thanks [to sb] *[or* thank sb] [for sth]; ▪ **[ich] danke** yes please; *(nicht nötig)* no thank you *[or* thanks]; **jdm mit einem Blumenstrauß ~** to express one's thanks with a bunch of flowers; **ich danke dir dafür, dass du an mich gedacht hast** thank you for thinking of me; **jdm ~ lassen** to send sb one's thanks; **bestellen Sie bitte Ihrer Frau, ich lasse herzlich ~!** please give your wife my thanks; **na, ich danke** *[bestens]***!** *(iron)* well, thank you very much! *iron; (stärker)* not on your life! *[or hum* BRIT *a.* nelly], no[t a] chance!; ▪ **man dankt** *(fam)* thanks a million *iron [or fam* for nothing]; **nichts zu ~** don't mention it, not at all, you're welcome II. *vt* ① *(lohnen)* ▪ **jdm etw ~** to repay sb for sth; **man wird es dir nicht ~/zu ~ wissen** you won't be thanked for it/it won't be appreciated; **sie werden es mir später einmal ~, dass ich das getan habe** they'll thank me for doing it one day; **man hat es mir schlecht gedankt, dass ich es getan habe** I got small *[or* didn't get a lot of] thanks for doing it; **wie kann ich Ihnen das jemals ~?** how can I ever thank you? ② *(geh: verdanken)* ▪ **jdm/etw ~, dass ...** to owe it to sb/sth that ...; **nur dem rechtzeitigen Erschei-**

nen der Feuerwehr ist es zu ~, dass … it was only thanks to the prompt turnout of the fire brigade that …

dan·kend adv with thanks; ~ **erhalten** received with thanks

dan·kens·wert ['daŋknsveːɐt] adj commendable; **seine ~e Hilfe** his kind help

dan·kens·wer·ter·wei·se adv kindly; (mit Erleichterung) thankfully

dank·er·füllt adj (geh) grateful, filled with [or full of] gratitude pred; (erleichtert) thankful

Dan·ke·schön <-s> nt kein pl ① (ein Wort als Dank) thank you; **ein herzliches ~** a heartfelt [or big] thank you; [jdm] **ein herzliches ~ sagen** to express heartfelt thanks to sb ② (Geste des Dankes) thank you, token of one's gratitude

Dan·kes·wor·te pl (geh) words of thanks; **von Redner** vote of thanks

Dank·got·tes·dienst m thanksgiving service, service of thanksgiving **Dank·sa·gung** f note of thanks **Dank·schrei·ben** nt letter of thanks

dann ['dan] adv ① (danach) then; **sie sprang zuerst ins Wasser, ~ sprangen die anderen** she jumped first of all into the water, [and] then the others; **wenn das gemacht ist, ~ kannst du gehen** when that's done, you can go; **noch eine Woche, ~ ist Weihnachten** another week till [or until] [or and [then] it's] Christmas; ■ ~ **und wann** now and then; s. a. **bis²** ② (zu dem Zeitpunkt) ■ **immer ~, wenn …** always when … ③ (unter diesen Umständen) then; [**wenn …, ~ …** if …, [then] …; **etw nur ~ tun, wenn …** to do sth only when …; **ich habe keine Lust mehr – ~ hör doch auf!** I'm not in the mood any more – well stop then!; **also ~ bis morgen** right then, see you tomorrow, see you tomorrow then; **~ eben nicht** [well,] in that case [there's no more to be said]; **~ erst recht nicht!** in that case no way! [or not a chance!] fam; ■ **selbst ~** even then; **ja, selbst ~!** yes, even then; **nein, selbst ~ nicht!** no, not even then; s. a. **erst** s. a. **wenn** s. a. **ja** ④ (sonst) **wenn dir auch dieser Vorschlag nicht zusagt, was/welcher ~?** if you can't agree to this proposal, what can you agree to?; **wenn man nicht einmal in Schottland echten Whiskey bekommt, wo ~?** if you can't get real whisky in Scotland, where can you expect to find it?; **wenn er seine Gedichte selbst nicht versteht, wer ~?** if he can't understand his own poems, who else can [understand them]?; **und falls das so nicht klappt, wie ~?** and if it doesn't work, what then? ⑤ (außerdem) ■ **… und ~ auch noch …** on top of that, to boot; **… und ~ will er auch noch sein Teil haben** and, on top of that, he wants his share, and he wants his share to boot; **strohdumm und ~ auch noch frech** as thick as they come and cheeky into the bargain [or to boot]

dan·nen ['danən] adv ■ **von ~** (veraltet) thence dated form

dann·zu·mal ['dantsumaːl] adv SCHWEIZ (geh) then

dar·an [da'ran] adv ① (räumlich) on it/that; **halt deine Hand ~!** put your hand against [or on] it; **etw ~ kleben/befestigen** to stick/fasten sth to it; **etw ~ lehnen/stellen** to lean/place it against sth; **~ riechen** to smell it; **~ stehen** to stand next to it; **nahe [o dicht] ~** right up against it, [right] up close to it; **~ vorbei** past it ② (zeitlich) **erst fand ein Vortrag statt, ~ schloss sich eine Diskussion [an]** first there was a lecture, which was followed by a discussion [or and after that a discussion]; **im Anschluss ~** [o ~ anschließend] following that/this; **im Anschluss ~ gibt es einen Imbiss** it/that/this will be followed by a snack ③ in Verbindung mit subst, adj, vb siehe auch dort **kein Interesse ~** no interest in it/that; **ein**

Mangel ~ a lack of it; **arm/reich ~** lacking/rich in it; **kein Wort ist wahr ~!** there isn't a word of truth in it, not a word of it is true; ~ **sein** to be working on it; **es ändert sich nichts ~** it won't change, nothing will change; ~ **arbeiten/ersticken** to work/choke on it/that; **sich ~ beteiligen/~ interessiert sein** to take part/be interested in it/that; **denk ~!** bear it/that in mind; **denk ~ dass Du deine Schwester anrufen musst** don't forget [you have] to ring your sister; **sich ~ erinnern/~ zweifeln** to remember/doubt it/that; ~ **kauen** to chew [on] it; ~ **sieht man, dass …** there you [can] see that …; ~ **sitzen** to sit over it; ~ **sterben** to die of it ④ **das Dumme/Gute/Schöne ~ ist, dass …** the stupid/good/nice thing about it is that …; s. a. **nahe** s. a. **tun**

dar·an·ge·ben vt irreg (geh) ■ **etw [für jdn] ~** to sacrifice sth [for sb] **dar·an|ge·hen** vi irreg sein to set about it; ■ ~, **etw zu tun** to set about doing sth **dar·an|ma·chen** vr (fam) ■ **sich ~** to set about [or get down to] it; ■ **sich ~, etw zu tun** to get down to/set about doing sth **dar·an|set·zen** [da'ranzɛtsn] I. vt **alles ~, etw zu tun** to spare no effort [or do one's utmost] to do sth; **sie setzte einiges daran, ihn doch noch umzustimmen** she took [or was at] pains to persuade him II. vr ■ **sich ~** to set about it **dar·an|wen·den** vt (geh) to exert; **er hat viel Energie darangewandt, sein Ziel zu erreichen** he spared no effort in reaching his goal

dar·auf [da'rauf] adv ① (räumlich) on it/that/them etc.; ~ **folgend** following; **der ~ folgende Wagen** the car behind; **etw ~ legen** to lay [or put] sth on top; ~ **schlagen** to hit it; ~ **losfahren/schießen/zielen** to drive/shoot/aim at it/them; ~ **losschwimmen** to swim towards it; **sich ~ beziehen/~ zurückführen** to refer/lead back to it/that/this ② (zeitlich) after that; **zuerst kam der Wagen des Premiers, ~ folgten Polizisten** the prime minister's car came first, followed by policemen; **die Tage, die ~ folgten** the days which followed; (danach) afterwards, after fam; **bald [o kurz] ~** shortly afterwards [or fam after]; **am Abend ~** the next evening; **im Jahr ~** [in] the following year, a year later; **tags [o am Tag] ~** the next [or following] day; ~ **folgend** following, ensuing form; **die ~ folgende Frage** the next question; **der ~ folgende Tag** the following [or next] day ③ (infolgedessen) because of that, consequently, whereupon form; **er hat gestohlen und wurde ~ von der Schule verwiesen** he was caught stealing, whereupon he was expelled from the school ④ (auf das) ~ **antworten/reagieren** to reply/react to it; **etw ~ sagen** to say sth to it/this/that; **ein Gedicht ~ schreiben** to write a poem about it; ~ **steht die Todesstrafe** that is punishable by death; ~ **wollen wir trinken!** let's drink to it/that! ⑤ in Verbindung mit subst, adj, vb siehe auch dort **einen Anspruch ~ erheben** to claim it; **ein Recht ~** a right to it; **wir müssen ~ Rücksicht nehmen/~ Rücksicht nehmen, dass …** we must take that into consideration/take into consideration that …; **Sie haben mein Wort ~!** you have my word [on it]; ~ **bestehen** to insist [on it]; ~ **bestehen/hoffen/wetten, dass …** to insist/hope/bet [that] …; **sich ~ freuen** to look forward to it; ~ **reinfallen** to fall for it; **stolz ~ sein** to be proud of it/that; **sich ~ verlassen** to rely on her/him/you etc.; **sich ~ vorbereiten** to prepare for it; **sagen Sie es, ich warte ~!** say it, I'm waiting!; **nur ~ aus sein, etw zu tun** to be only interested in doing sth; ~ **wolltest du hinaus!** [so] that's what you were getting at!; **wir kamen auch ~ zu sprechen** we talked about that too; **ein merkwürdiges Thema, wie kamen wir ~?** a strange subject, how did we arrive at it?; **ich weiß noch nicht, aber ich**

2.62

komme schon ~! I don't know yet, but I'll soon find out

dar·auf·fol·gend *adj attr s.* **darauf 1, 2**

dar·auf·hin¹ [darauf'hɪn] *adv* **❶** *(infolgedessen)* as a result [of this/that] **❷** *(nachher)* after that

dar·auf·hin² ['da:raufhɪn] *adv* *(im Hinblick darauf)* with regard to this/that; **der Wagen wurde auch ~ untersucht, ob ein Unfall vorgelegen hatte** the car was also inspected for signs of a past accident

dar·aus [da'raus] *adv* **❶** *(aus Gefäß o Raum)* out of it/ that/them; **etw ~ entfernen** to remove sth from it **❷** *(aus diesem Material)* from [or out of] it/that/ them; **~ wird Wein gemacht** wine is made from it/ that **❸** *in Verbindung mit subst, vb siehe auch dort* **sich ~ ergeben** to result; **~ ergibt sich/folgt, dass ...** the result of which is that ...; **wie Sie ~ ersehen, ...** as you can see [from this] ...; **was ist ~ geworden?** what's become of it? ▶ WENDUNGEN: **~ wird nichts!** that's [perfectly] out of the question!

dar·ben ['darbn] *vi (geh)* to live in [or suffer] want *form*

dar·bie·ten ['da:gbi:tn̩] *irreg* **I.** *vt (geh)* **❶** *(vorführen)* ■ |jdm| **etw ~** to perform sth [before sb]; *(vortragen)* to present sth [to sb]; **ein Gedicht ~** to recite a poem **❷** *(anbieten)* ■ **jdm etw ~** to offer sb sth; *(servieren)* to serve sb sth; **eine Gabe/die Hand ~** to offer [or *form* proffer] a gift/one's hand **II.** *vr* ■ **sich jdm ~** to present itself [to sb], to be faced with sb; *Gelegenheit, Möglichkeit* to offer itself to sb

Dar·bie·tung <-, -en> ['da:gbi:tʊŋ] *f* **❶** *(Vorführung)* performance; *(das Dargebotene)* act **❷** *kein pl (geh: das Anbieten)* serving

dar|brin·gen ['da:gbrɪŋən] *vt irreg (geh)* **❶** *(zuteilwerden lassen)* **jdm** |**seine**| **Glückwünsche ~** to offer [sb] one's best wishes; **jdm eine Ovation ~** to give sb an ovation; **jdm ein Ständchen ~** to serenade sb **❷** *(bringen)* ■ |jdm| **ein Opfer ~** to offer [up *sep*] a sacrifice [to sb]; **jdn einem Gott zum Opfer ~** to sacrifice sb to a god, to offer [up *sep*] sb as a sacrifice to a god

dar·ein [da'rain] *adv (geh)* **❶** *(in das hinein)* in there; *(in vorher Erwähntes)* in/into it/them, therein *form* **❷** *(veraltend: in diesen Umstand)* to it/that; **sie mussten sich ~ fügen** they had to accept [or bow to] that

dar·ein|fin·den *vr irreg (geh)* to come to terms with [or learn to accept] it; *(resigniert a.)* to become resigned [or reconciled] to it; ■ **sich ~, etw zu tun** to come to terms with [or learn to accept] doing sth **dar·ein|fü·gen** *vr (geh)* to resign oneself [to sth] **dar·ein|re·den** [da'rainre:dn̩] *vi (unterbrechen)* to interrupt; *(sich einmischen)* to interfere, to meddle **dar·ein|set·zen** *vt (geh)* to put [or devote to] it; **seine ganze Energie ~, etw zu tun** to put all one's energy into [or devote all one's energy to] doing sth

Dar·es·sa·lam <-s> [darɛsa'la:m] *nt* Dar es Salaam

dar·in [da'rɪn] *adv* **❶** *(in dem/der)* in there; *(in vorher Erwähntem)* in it/them; **was steht ~** |**geschrieben**|**?** what does it say? **❷** *(in dem Punkt)* in that respect; **~ übereinstimmen/~ übereinstimmen, dass ...** to agree [in that respect]/to agree that ...; **~ liegt ein Widerspruch** there's a contradiction in that; **~ ganz groß/perfekt sein** *(fam)* to be very good/perfect at it/that; **~ ein Talent sein** *(fam)* to be born for it *fam*

dar|le·gen ['da:gle:gn̩] *vt* ■ |jdm| **etw ~** to explain sth [to sb]; |jdm| **seine Ansichten/einen Plan/eine Theorie ~** to explain [or *form* expound] one's views/ a plan/a theory [to sb]; **etw ausführlich ~** to explain sth in detail, to elaborate on sth; **etw kurz ~** to give a brief explanation of sth

Dar·le·gung <-, -en> *f* explanation

Dar·le·h(e)n <-s, -> ['da:gle:ən] *nt* loan; ■ **ein ~ über/|in Höhe| von Euro 100.000** a loan [to the amount] of [or amounting to] 100,000 euros; **ein ~ beantragen** to apply for a loan; |jdm| **ein ~ gewähren** to grant [sb] a loan; |jdm| **ein ~ über Euro 50.000 gewähren** to grant [sb] a loan of [or to loan [sb]] [or AM *a.* to loan out [sb]] 50,000 euros; **als ~** on [or as a] loan

Dar·le·hens·ge·ber(in) *m(f)* lender, loaner **Dar·le·hens·neh·mer(in)** *m(f)* borrower, receiver [of a/the loan], loanee *spec* **Dar·le·hens·sum·me** *f* ■ **die ~** the amount of a/the loan; ■ **eine ~** a loan

Dar·ling <-s, -s> [da:glɪŋ] *m* **jds ~** sb's darling [or *fam* heartthrob]

Darm <-[e]s, Därme> ['darm, *pl:* 'dɛrmə] *m* **❶** *(Verdauungstrakt)* bowels *npl*, intestine[s *npl*], gut[s *npl*] *fam*; **bei jdm auf den ~ schlagen** to give sb stomach trouble **❷** *(Wursthülle aus Darm)* [sausage] skin [or case]; **Wurst in echtem/künstlichem ~** sausage in real/synthetic skin; *(für Saiten, Schlägerbespannung)* [cat]gut

Darm·aus·gang *m* anus, anal orifice *form;* **ein künstlicher ~** an artificial [or *spec* a preternatural] anus **Darm·blu·tung** *f* intestinal bleeding **Darm·bruch** *m* enterocele *spec* **Darm·ent·lee·rung** *f* bowel movement, defecation *form*, evacuation of the bowels *form* **Darm·flo·ra** *f* intestinal flora *spec* **Darm·grip·pe** *f* gastric [or intestinal] flu [or *form* influenza] **Darm·pa·ra·sit** *m* BIOL intestinal parasite **Darm·sai·te** *f* [cat]gut string **Darm·spü·lung** *f* irrigation of the bowels *form*, intestinal lavage *spec* **Darm·tä·tig·keit** *f* ■ **die ~** peristalsis *spec;* **die ~ fördern/regulieren** to stimulate/regulate the movement of the bowels **Darm·träg·heit** *f* underactivity of the intestines; *(Verstopfung)* constipation **Darm·ver·schlin·gung** *f* twisting of the intestine [or bowels], volvulus *spec* **Darm·ver·schluss^RR** *m* intestinal obstruction, obstruction of the bowels [or intestine], ileus *spec*

dar·nie·der·lie·gen [darni:de-] *vi irreg* **❶** *(geh: krank im Bett liegen)* ■ |mit etw| to be laid up [with sth], to be down with sth **❷** *(sich in einem schlechten Zustand befinden)* to stagnate, to languish

dar·ob [da'rɔp] *adv (veraltet)* **er war ~ erstaunt/sehr verärgert** he was very surprised by that/very annoyed at that; **sie wurde ~ sehr bewundert** she was much admired for that [or on that account]

Dar·re <-, -n> ['darə] *f* **❶** *(Vorrichtung zum Darren)* oast **❷** *(Trockengestell)* drying frame

dar|rei·chen ['da:graiçn̩] *vt (geh) s.* **darbieten 2**

dar·ren ['darən] *vt* ■ **etw ~** to dry [or oast-dry] sth

dar·stell·bar *adj* **❶** *(zu berichten)* **das ist nicht in wenigen Worten ~** this cannot be described in a few words; **kaum/leicht ~** hard/easy to describe [or express] [or portray] **❷** *(wiederzugeben)* **diese Kurven sind grafisch ~** these curves can be represented in graphic form; **sämtliche Schritte sind auf dem Bildschirm ~** all steps can be shown [or *form* depicted] on [the] screen

dar|stel·len ['da:gʃtɛlən] **I.** *vt* **❶** *(wiedergeben)* ■ **jdn/etw ~** to portray [or *form* depict] sb/sth; **etw blau/rot ~** to depict sth in blue/red *form;* **was sollen diese Zeichen ~?** what do these symbols mean? [or stand for?] **❷** THEAT ■ **jdn ~** to portray [or play the part of] sb; ■ **etw ~** to portray sth; *(interpretieren)* to interpret sth; **eine Rolle ~** to play a role **❸** *(beschreiben)* ■ **etw ~** to describe [or *form sep* set forth] sth; **etw ausführlich/kurz** [*o* knapp] **~** to give a detailed/brief description of sth **❹** *(bedeuten)* ■ **etw ~** to represent [or *form* constitute] sth; **etwas ~** to be impressive; *Mensch a.* to cut a fine figure; **nichts ~** to be a nobody; **nichts im Leben ~** to be nothing in life **II.** *vr* **❶** *(zeigen)* ■ **sich** |jdm| **~** to appear [to sb]; **die Sache stellt sich als sehr schwierig dar** the matter appears [to be] very difficult **❷** *(ausgeben als)* ■ **sich**

als jd ~ to show oneself to be sth

Dar·stel·ler(in) <-s, -> ['daːɐ̯ʃtɛlɐ] *m(f)* actor; ■ **~in** actress; **die ~in der Lady Macbeth** the actress playing Lady Macbeth

dar·stel·le·risch I. *adj attr* acting; **diese Rolle erfordert ~es Talent** this role demands a talented actor; **seine ~e Leistung war ausgezeichnet** his performance was outstanding **II.** *adv* **das Stück wies ~ einige Schwächen auf** the acting in the play showed some weakness

Dar·stel·lung <-, -en> *f* ① *kein pl (das Wiedergeben im Bild)* portrayal, depiction; **die ~ von Perspektiven/mathematischen Modellen** the depiction of perspectives/mathematical models ② *kein pl* THEAT *(das Gestalten)* performance; **die ~ eines Charakters/einer Rolle** the interpretation of a character/role ③ *(das Schildern)* representation *no pl; (Bericht)* account ④ *(Bild)* depiction

Dar·stel·lungs·form *f* THEAT form of expression **Dar·stel·lungs·mit·tel** *nt* means of representation, technique [of representation] **Dar·stel·lungs·wei·se** *f* way of expression

dar|tun ['daːɐ̯tuːn] *vt irreg (geh) s.* **darlegen**

dar·über [da'ryːbɐ] *adv* ① *(räumlich)* over it/that/them; *(direkt auf etw)* on top [of it/that]; *(oberhalb von etw)* above [it/that/them]; *(über etw hinweg)* over [it/that/them] ② *(hinsichtlich einer Sache)* about it/that/them; **sich ~ beklagen/streiten, dass …** to complain/argue about …; **sich ~ wundern, was …** to be surprised at what …; **~ brüten/sitzen/wachen** to brood/sit/watch over it/that/them; **~ spricht man nicht!** one doesn't [*or* you don't] talk about such things!; **~ hinweggehen/hinwegsehen** to pass over [*or* ignore] it; **~ Stillschweigen bewahren** to maintain silence on [*or* keep silent about] it; **~ besteht kein Zweifel** there is no doubt about it ③ *(währenddessen)* in the meantime; *(dabei und deswegen)* in the process ④ *(über diese Grenze hinaus)* above [*or* over] [that]; **10 Stunden oder ~** 10 hours and/or longer [*or* more]; **die Teilnehmer waren alle 50 oder ~** the participants were all 50 or above [*or* older] ▸ WENDUNGEN: **~ hinaus** [*o* hinweg] **sein** to have got [*or* AM gotten] over it/that; **jdm ~ hinweghelfen** to help sb get over it/that; **~ hinaus** over and above [that], higher

dar·über|fah·ren *vi irreg sein* **mit der Hand ~** to run one's hand over it/that; **mit einem Tuch ~** to wipe over it/that with a cloth **dar·über|hän·gen** *vt* **mein Mantel hängt dort, hänge deinen einfach darüber** my coat's over there, just put yours on top **dar·über|lie·gen** *vi irreg* ① *(bedecken)* to lie over it ② *(höher sein)* **mit dem Angebot/Preis ~** to have made a higher offer/to have offered a higher price **dar·über|ma·chen** *vr (fam)* ■ **sich ~** to get to work on [*or* BRIT *fam* get stuck into] [*or* AM *fam* get going on] it **dar·über|ste·hen** *vi irreg (a. fig)* to be above it [all] **dar·um** [da'rʊm] *adv* ① *(deshalb)* that's why; **~?** because of that?, really?; **~!** *(fam)* [just] because! *fam;* **ach ~!** oh, that's why!, oh, I see!; **eben ~** for that very reason, that's exactly why; **~, weil …** because … ② *in Verbindung mit subst, vb siehe auch dort* **~ bitten** to ask for it/that/them; **jdn ~ bitten/sich ~ bemühen, etw zu tun** to ask sb/to try [hard] to do sth; **es geht uns ~, es richtig zu tun** we are trying to do it right; **es geht nicht ~, wer zuerst kommt** it's not a question of who comes first; **~ geht es ja gerade!** that's just it! [*or* the point!]; **~ geht es nicht!** that's not [*or* beside] the point!; **wir kommen nicht ~ herum** there's no avoiding it/that, it can't be helped; **~ herumreden** to beat around the bush; **sich ~ streiten** to argue over it/that ③ *(räumlich: um diesen Ort, Gegenstand herum)* ■ **~** [**herum**] around it,

BRIT *a.* round it; *s. a.* **drum**

dar·un·ter [da'rʊntɐ] *adv* ① *(räumlich)* under it/that, underneath [it/that]; *(unterhalb von etw)* below [it/that]; **~ hervorgucken/-springen/-sprudeln** to look/jump/gush out [from underneath] ② *(unterhalb dieser Grenze)* lower; **Schulkinder im Alter von 12 Jahren und ~** schoolchildren of 12 years and younger; **keinen Euro ~** not an euro less ③ *(dazwischen)* among[st] them ④ *in Verbindung mit subst, vb siehe auch dort (unter dieser Angelegenheit)* **~ leiden** to suffer under it/that; **was verstehst du ~?** what do you understand by it/that?; **~ kann ich mir nichts/nicht viel vorstellen** it doesn't mean anything/very much to me ▸ WENDUNGEN: **es nicht ~ machen** [*o* tun] *(fam)* to not do it for less

dar·un·ter|fal·len *vi irreg sein* to fall [*or* come] under it/that **dar·un·ter|ge·hen** *vi irreg sein* ① *(fam: passen)* to go underneath ② *(unter diese Grenze)* to go lower; *Temperatur* to fall [below it/that] **dar·un·ter|lie·gen** *vi irreg haben* to be less; **mit dem Angebot/Preis ~** to make a lower offer/to offer a lower price **dar·un·ter|mi·schen I.** *vt* to mix in **II.** *vr* ■ **sich ~** to mingle in [with sb] **dar·un·ter|rüh·ren** *vt* KOCHK to stir in **dar·un·ter|schla·gen** *vt irreg* KOCHK to fold in **dar·un·ter|set·zen** *vt* ■ **etw ~** to put sth to it; **seine Unterschrift** [*o geh:* Paraphe] **~** to put one's signature to it/that, to sign **dar·un·ter|zie·hen** *vt irreg* KOCHK to fold in

Dar·win·fink ['darviːn-] *m* BIOL Darwin's finch

das ['das] *art o pron* the; *s. a.* **der**

da|seinALT ['daːzain] *vi irreg sein s.* **da 1, 2, 5**

Da·sein <-s> ['daːzain] *nt kein pl* ① *(das menschliche Leben)* life, existence; **ein jämmerliches ~ fristen/führen** to eke out a miserable existence/to lead a miserable life; **jdm das ~ erleichtern** to make sb's life easier ② *(geh: Existenz)* existence ③ *(Anwesenheit)* presence; *s. a.* **Kampf**

Da·seins·be·rech·ti·gung *f* right to exist *no pl;* **eine ~ haben** to justify one's existence; *von Menschen a.* right to live *no pl* **Da·seins·freu·de** *f (geh)* zest for life, joie de vivre **Da·seins·kampf** *m (geh) s.* **Existenzkampf**

da·selbst [da'zɛlpst] *adv (veraltet)* in that [*or* old said] place; **geboren 1698 zu Paris, gestorben 1745 ~** born 1698 in Paris, died there 1745

da|sit·zen ['daːzɪtsn̩] *vi irreg* ① *(an einer Stelle sitzen)* to sit there; **noch/nicht mehr/schon ~** to be still/no longer/already sitting there; **gelangweilt/müde/traurig/zitternd ~** to sit there bored/tiredly/sadly/shivering ② *(fam: zurechtkommen müssen)* to be left on one's tod BRIT *fam* [*or* AM own]; **ohne Geld/Hilfe ~** to be left without [any] money/help

das·je·ni·ge ['dasjeːnɪɡə] *pron dem s.* **derjenige**

dassRR, **daß**ALT ['das] *konj* ① *mit Subjektsatz* that; **~ wir einmal alle sterben müssen, ist nun mal gewiss** [the fact] that we all have to die is certain *liter,* it is certain [that] we all have to die, we all have to die one day ② *mit Objektsatz* [that]; **ich habe gehört, ~ du Vater geworden bist** I've heard [that] you've become a father; **nicht verstehen, ~ …** to not understand how …; **entschuldigen Sie bitte, ~ ich mich so verspätet habe** please excuse my [*or* me] arriving so late ③ *mit Attributivsatz* [that]; **gesetzt den Fall, ~ …** assuming [that] …; **vorausgesetzt, ~ …** providing [that] …; **die Tatsache, ~ …** the fact that …; [nur] **unter der Bedingung, ~ …** on [the] condition that …; **ungeachtet dessen, ~ …** regardless of the fact that .. ④ *mit Kausalsatz* that; **ich war böse, ~ …** I was angry that …; **sie freut sich darüber, ~ …** she is pleased [that] …; **das kommt daher** [*o* davon] / **das liegt daran, ~ …** that's because …; **dadurch, ~ …** because … ⑤ *mit Konsekutivsatz* that; **sie fuhr**

so schnell, ~ sie die rote Ampel übersah she drove so fast [that] she failed to see the red light ➋ *als Einleitung eines Instrumentalsatzes* **er verbringt seine Freizeit damit, ~ er Telefonkarten sammelt** he spends his free time collecting phonecards ➌ *mit Wunschsatz (geh)* if only, would that *liter;* **~ du nur Recht hast!** if only you were right! ➍ *(in Warnungen)* **sieh/seht zu, ~ ...!** see that ...; *(nachdrücklicher:)* see to it [that] ... ➎ *(in Ausrufen des Bedauerns)* that; **~ es ausgerechnet mir passieren sollte!** that it should happen to me of all people!; *s. a.* **als** *s. a.* **auf** *s. a.* **außer** *s. a.* **ohne** *s. a.* **so** *s. a.* **anstatt** *s.* **statt** *s. a.* **kaum**

das·sel·be [das'zɛlbə]**, das·sel·bi·ge** [das'zɛlbɪgə] *pron dem s. a.* **derselbe** *s. a.* **hinauskommen** *s. a.* **hinauslaufen**

Das·sel·flie·ge ['das|-] *f* ZOOL bot fly

da|ste·hen ['da:ʃteːən] *vi irreg* ➊ *(untätig an einer Stelle stehen)* to stand there; **nur so/einfach ~** to be just/simply standing there; **dumm/wie ein begos· sener Pudel ~** to stand there stupidly/sheepishly [*or* with a stupid/sheepish expression [on one's face]]; **konsterniert/verblüfft/verwundert ~** to stand there scandalized/stunned/astonished; **wie der Ochs vorm Berg ~** to be at a [dead] loss ➋ *(erschei· nen)* **ohne Geld** [*o* Mittel] **~** to be left penniless [*or* with nothing]; **mit leeren Händen ~** to stand there [*or* be left] empty-handed; **als Dummkopf/Lügner ~** to be left looking like an idiot/a liar; **allein ~** to be left [all *fam*] alone [in the world]; **besser/anders/gut/ schlecht ~** to be in a better/different/good/bad posi· tion; **einzig ~** to be unique [*or* in a class of its own] ▶ WENDUNGEN: **na, wie stehe ich jetzt da?** *(selbst lobend)* well, wasn't I just wonderful?; *(Vorwurf)* what a fool I must look now!

DAT <-s, -s> ['dat] *nt Abk von* **digitales Tonband** DAT, digital audio tape

Date <-s, -s> [deːt] *nt (sl)* date

Da·tei <-, -n> [da'tai] *f* INFORM [data] file; **eine ~ aufru· fen/abspeichern/anlegen/löschen** to call [up]/ save/create/delete a [data] file

Da·tei·en·ver·wal·tung *f kein pl* file manager

Da·tei·na·me *m* INFORM filename

Da·ten¹ ['da:tn] *pl von* **Datum**

Da·ten² ['da:tn] *pl* data; **~ zur Person** particulars *npl;* **technische ~** specifications, specs *fam;* **~ erfassen/ verarbeiten** to collect [*or* capture] /process data

Da·ten·ab·ruf *m* data retrieval **Da·ten·auf·be·rei· tung** *f* INFORM data editing **Da·ten·aus·tausch** *m* data exchange, DX **Da·ten·au·to·bahn** *f* INFORM infor· mation highway

Da·ten·bank <-banken> *f* database

Da·ten·bank·ab·fra·ge *f* INFORM database enquiry **Da· ten·bank·be·auf·trag·te(r)** *f(m) dekl wie adj* INFORM database consultant **Da·ten·bank·ver·wal·tung** *f* INFORM database management, DBM

Da·ten·be·stand *m* data stock **Da·ten·bi·bli·o·thek** *f* INFORM library of data **Da·ten·ein·ga·be** *f* data entry **Da·ten·er·fas·sung** *f* ■ **die ~** data collection [*or* cap· ture] **Da·ten·er·halt** *m* receival of data **Da·ten·fern· lei·tung** *f* INFORM remote data line **Da·ten·fern·über· tra·gung** *f* INFORM remote data transmission, data telecommunication **Da·ten·fern·ver·ar·bei·tung** *f kein pl* INFORM teleprocessing **Da·ten·flussᴿᴿ** *m kein pl* INFORM information [*or* data] flow **Da·ten·flut** *f* flood of data **Da·ten·funk·ge·rät** *nt* police radio unit **Da·ten·klau** <-s> *m kein pl* JUR, INFORM, INET *(fam)* data theft **Da·ten·men·ge** *f* amount [*or* volume] of data **Da·ten·miss·brauchᴿᴿ** *m* data abuse, misuse of data **Da·ten·netz** *nt* ➊ *(Netzwerk)* [data [*or* informa· tion] network ➋ *(Datenfernübertragungsnetz)* data transmission network *nt* record **Da·ten·**

schrott *m* corrupt data, [electronic] garbage AM **Da·ten·schutz** *m* JUR data [privacy] protection **Da·ten·schutz·be·auf·trag·te(r)** *f(m) dekl wie adj* controller for data protection; *(Bundes~)* Federal Commissioner for Data Protection **Da·ten·schüt· zer(in)** *m(f) (fam)* data watchdog *fam* **Da·ten· schutz·ge·setz** *nt* JUR Data Protection Act **da·ten· schutz·recht·lich** *adj* **aus ~en Gründen** for reasons of data protection

Da·ten·si·cher·heit *f kein pl* data protection **Da·ten· si·che·rung** *f* [data] backup; **~** [**auf Diskette**] **machen** to backup [data] [to floppy disk] **Da·ten· sicht·ge·rät** *nt* [visual] display unit, VDU **Da·ten·ter· mi·nal** *nt* data [communication] terminal **Da·ten·trä·ger** *m* data medium [*or* carrier] **Da·ten· ty·pist(in)** *m(f)* keyboarder **Da·ten·über·mitt·lung** *f kein pl s.* **Datenfernübertragung Da·ten·über·tra· gung** *f* data transmission **Da·ten·ver·ar·bei·tung** *f* INFORM data processing *no pl, no art;* **elektronische ~** [*o* **EDV**] electronic data processing, EDP **Da·ten·ver· ar·bei·tungs·an·la·ge** *f* data processing [*or* DP] equipment **Da·ten·ver·bund** *m* data network **Da· ten·ver·kehr** *m kein pl* data traffic [*or* communica· tion] **Da·ten·ver·wal·tung** *f* data management **Da· ten·zen·tra·le** *f*, **Da·ten·zen·trum** *nt* data centre [*or* AM -er]

da·tie·ren* [da'tiːrən] **I.** *vt* ➊ *(mit Datum versehen)* ■ **etw ~** to date sth; **auf den Wievielten war der Brief datiert?** when was the letter dated?, what was the date on the letter?; **etw falsch ~** to date sth incor· rectly, to misdate sth *form;* **etw zurück/im Voraus ~** to postdate/predate sth ➋ *(zeitlich einord· nen)* ■ **etw** [**auf einen bestimmten Zeitraum**] **~** to date sth [back to a certain period] **II.** *vi* ➊ *(stammen, bestehen)* ■ **aus einem bestimmten Zeitraum ~** [*o* **seit einem bestimmten Zeitraum/-punkt ~**] to date from [*or* back to] a certain period ➋ *(mit Datum versehen sein)* **dieser Brief datiert vom 12. Februar** this letter is dated 12th Febuary

Da·tiv <-s, -e> ['da:tiːf, *pl:* 'da:tiːvə] *m* LING dative [case]; **im ~ stehen** to be in the dative [case]; **den ~ regieren** to govern [*or* take] the dative [case]

Da·tiv·ob·jekt *nt* LING indirect [*or* dative] object

da·to ['da:to] *adv (geh)* **bis ~** to date

Dat·scha ['datʃa] *f*, **Dat·sche** <-, Datschen> ['datʃə] *f* da[t]cha

Dat·tel <-, -n> ['datl, *pl:* 'datln] *f* date

Dat·tel·pal·me *f* date [palm]

Da·tum <-s, Daten> ['da:tʊm, *pl:* 'da:tn] *nt* date; **~ des Poststempels** date as postmark; **älteren ~s: ein Wagen älteren ~s** an older model of a car; **ein Wörterbuch älteren ~s** an older edition of a diction· ary; **das gestrige/heutige/morgige ~** yesterday's/ today's/tomorrow's date; **neueren ~s: eine Aus· gabe neueren ~s** a more recent issue; **das Auto ist erst neueren ~s** the car is still [pretty *fam*] new; **sich im ~ irren** to get the date wrong; **was für ein/wel· ches ~ haben wir heute?** what's the date today?; **ein Brief ohne ~** an undated letter; **der Brief trägt das ~ vom 7. Mai/von letztem Sonntag** the letter is dated 7 May/last Sunday, the letter bears the date 7 May/of Sunday last *form*

In Großbritannien werden oft direkt nach dem Tag die beiden letzten Buchstaben der Ordnungszahl gesetzt, z.B. **1st May** (first of May), **22nd June** (twenty-second of June), **3rd March** (third of March) oder **4th July** (fourth of July). Wenn das **Datum** nur in Zahlen geschrieben wird, steht in Nordamerika der Monat vor der Zahl, z.B. **5/8/04**

Da·tums·an·zei·ge f date display **Da·tums·gren·ze** f [international] date line **Da·tums·stem·pel** m ➊ (Gerät zum Stempeln eines Datums) dater ➋ (eingestempeltes Datum) date stamp
Dau·er <-> ['daue] f kein pl duration (+gen of); von Aufenthalt length; **von langer/kurzer ~ sein** to last long [or a long time] /to not last long [or a long time]; **von begrenzter ~ sein** to be of limited duration; **keine ~ haben** to not live long, to be short-lived; **von ~ sein** to be long-lasting [or long-lived]; **die Wetterbesserung wird für die nächsten Tage von ~ sein** the improvement in the weather will remain constant for the next few days; **nicht von ~ sein** to be short-lived; **auf ~** permanently; **auf die ~** in the long run [or term]; **diesen Lärm kann auf die ~ keiner ertragen** nobody can stand this noise for any length of time; **das kann auf die ~ nicht so weitergehen!** it can't go on like that forever!; **für die ~ von** for the duration of; **für die ~ Ihres Aufenthaltes bei uns** for [the duration [or length] of] your stay with us
Dau·er·ar·beits·lo·se(r) f[m] dekl wie adj long-term unemployed person; **die ~n** the long-term unemployed **Dau·er·ar·beits·lo·sig·keit** f kein pl long-term unemployment **Dau·er·auf·trag** m standing order; **per ~** by [or with a] standing order; **einer Bank einen ~ erteilen** to place a standing order at a bank **Dau·er·be·hand·lung** f MED long-term therapy, prolonged treatment **Dau·er·be·schäf·ti·gung** f ÖKON permanent employment no pl **Dau·er·be·trieb** m kein pl continuous operation **Dau·er·bren·ner** m (fam) ➊ (Ofen) slow-burning stove ➋ (dauerhaft interessantes Theater-/Musikstück) long runner fam; **dieses Thema wird noch zum ~** this topic will be the talk of the town for a long time to come fam ➌ (langer Kuss) long, impassioned kiss, sl BRIT a. snog **Dau·er·ein·rich·tung** f ➊ (ständige Institution) permanent institution ➋ (ständige Übung) **zu einer ~ werden** to become [a] regular practice **Dau·er·emit·tent** m FIN constant issuer **Dau·er·er·folg** f continuous success **Dau·er·feu·er** nt MIL sustained [or continuous] fire **Dau·er·gast** m regular client (**in** +dat of), permanent fixture hum (**in** +dat at); (im Hotel) permanent guest [or resident]; **sich** [**bei jdm**] **als ~ einrichten** (iron fam) to grace sb's house with one's permanent presence iron; **er ist in diesem Lokal ~** he's one of the regulars
dau·er·haft I. adj ➊ (haltbar, strapazierfähig) durable, resistant ➋ (beständig) lasting; **das darf kein ~er Zustand werden** that shouldn't be allowed to become permanent II. adv permanently; **sich ~ einigen** to come to a lasting [or permanent] agreement; **~ schädigen/geschädigt werden** to inflict/suffer permanent damage
Dau·er·haf·tig·keit <-> f kein pl ➊ (Haltbarkeit, Strapazierfähigkeit) durability ➋ (Beständigkeit) permanence; von Wetter constancy; **der Versailler Frieden war nicht von großer ~** the treaties of Versailles did not last
Dau·er·kar·te f season ticket; **im Besitz einer ~ sein** to have [or be in hold of] a season ticket **Dau·er·kun·de** m standing [or regular] customer **Dau·er·lauf** m [endurance] run, jog; **einen ~ machen** to go for a run [or jog]; **im ~** at a run [or jog], at a running [or jogging] pace **Dau·er·lut·scher** m lollipop, fam BRIT a. lolly
dau·ern¹ ['dauen] vi ➊ (währen, anhalten) to last; **eine Stunde/einen Tag/lang/länger ~** to last an hour/a day/a long time/longer; **dieser Krach dau-**

ert jetzt schon den ganzen Tag this racket has been going on all [or the whole] day now; **der Film dauert 3 Stunden** the film is 3 hours long ➋ (Zeit erfordern) to take; **lange/zu lange ~** to take long [or a long time] /to take too long; **nicht mehr lange ~** to not take much longer; **das dauert wieder, bis er endlich fertig ist!** he always takes such a long time to get ready; **warum dauert das bei dir immer so lange?** why does it always take you so long?, why do you always take so long?; **vier Stunden? das dauert mir zu lange** four hours? that's too long for me; **es dauert alles seine Zeit** everything takes its time, Rome wasn't built in a day prov; **das dauert und dauert!** (fam) it's taking ages [and ages] [or years] [or forever] fam ➌ (geh: dauerhaft sein, Bestand haben) to last, to endure liter
dau·ern² ['dauen] vt (veraltend geh) ➊ (reuen) ■jdn [**sehr**] **~** to be a cause of [deep] regret for sb; ■ **es dauert mich** [**sehr**]**, dass ...** I regret [deeply] that ...; **jeder Cent dauert mich** every penny hurts ➋ (Mitleid wecken bei) ■jdn **~** (veraltend) to arouse [or awaken] pity in sb; **der zerlumpte Bettler dauerte sie sehr** they took pity on [or pitied] the ragged beggar
dau·ernd ['dauent] I. adj (ständig) constant, unceasing; (anhaltend) lasting; **eine ~e Freundschaft** a lasting [or long-lived] friendship; **~er Wohnsitz** permanent [or fixed] address II. adv ➊ (ständig) constantly; **mit diesen Neuen hat man ~ Ärger!** these newcomers are always causing trouble! ➋ (immer wieder) always; **etw ~ tun** to keep [on] doing sth
Dau·er·par·ker(in) m(f) (Langzeitparker) long-term [or all-day] parker; „**Parkplatz** [**nur**] **für ~"** 'long-term carpark'; (regelmäßiger, befugter Parker) permit parker **Dau·er·red·ner(in)** m(f) (pej) windbag pej fam **Dau·er·re·gen** m continuous rain **Dau·er·scha·den** m MED long-term damage **Dau·er·spei·cher** m INFORM non-volatile memory **Dau·er·stel·lung** f (feste Anstellung) permanent post; **in ~** [**beschäftigt**] in permanent employment **Dau·er·stress**^RR m continuous stress **Dau·er·the·ma** nt permanent topic **Dau·er·ton** m continuous [or sustained] tone **Dau·er·wa·re** f KOCHK foods pl with long shelf life **Dau·er·wel·le** f perm[anent wave form]; **sich** dat **eine ~ machen lassen** to have one's hair permed; **jdm eine ~ machen/legen** to perm[anent-wave form] sb's hair **Dau·er·wir·kung** f long-lasting effect **Dau·er·wurst** f salami-style sausage **Dau·er·zu·stand** m (anhaltender Zustand) permanent state of affairs; **zum ~ werden** to become a permanent state of affairs; [**bei jdm**] **ein ~ sein/zum ~ werden** to be/become a habit [of sb's] iron; **ich hoffe, das wird bei dir nicht zum ~!** I hope that this isn't getting to become a habit of yours!
Däum·chen <-s, -> ['dɔymçən] nt dim von Daumen (Kindersprache) [little] thumb; ▸ WENDUNGEN: **~ drehen** (fam) to twiddle one's fingers [or thumbs]
Dau·men <-s, -> ['daumən] m thumb, pollex spec; **am ~ lutschen** to suck one's thumb ▸ WENDUNGEN: **jdm die ~ drücken** [o halten] to keep one's fingers crossed [for sb]; **den ~ auf etw** akk **halten** [o **auf etw** dat **haben**] (fam) to keep [or have a tight hold on sth]; **den ~ in den Wind halten** (fam: per Anhalter reisen) to stick one's thumb out fam; **etw über den ~ peilen** to estimate sth by rule of thumb
Dau·men·ab·druck m thumbprint **dau·men·breit** adj as wide as a [or one's] thumb pred, ≈ inch-wide attr **Dau·men·lut·scher(in)** m(f) (pej) thumb-sucker **Dau·men·na·gel** m thumbnail **Dau·men·re·gis·ter** nt thumb-index **Dau·men·schrau·be** f HIST thumbscrew; **jdm die ~n anlegen** (fig) to put the thumbscrews on sb; **die ~n anlegen** (fig) to put on

[*or* tighten] the thumbscrews

Däum·ling <-s, -e> ['dɔymlɪŋ] *m* ❶ *(Schutzkappe für den Daumen)* [thumb] cap [*or* ring]; *(Fingerhut)* thimble* ❷ *(winzige Märchengestalt)* ■ **der ~** Tom Thumb

Dau·ne <-, -n> ['daunə] *f* down *no pl;* **weich wie ~n** [as] soft as down

Dau·nen·de·cke *f* duvet, quilt **Dau·nen·ja·cke** *f* quilted jacket **Dau·nen·stepp·de·cke** *f* continental quilt, duvet **dau·nen·weich** *adj* downy *attr,* [as] soft as down *pred*

Daus ['daus] *m* **ei der ~!** *(veraltend)* well I'll be damned! [*or dated* BRIT *a.* blowed!]

Da·vid(s)·stern ['da:vit(s)-] *m* Star of David

Da·vis·cupᴿᴿ, **Da·vis-Cup** <-[s]> ['de:viskap] *m*, **Da·vis·po·kal**ᴿᴿ, **Da·vis-Pokal** *m (Tennispokal)* ■ **der ~** the Davis Cup

da·von [da'fɔn] *adv* ❶ *(von diesem Ort/dieser Person entfernt)* away; *(von dieser Stelle weg)* from there; **etw ~ lösen/trennen** to loosen/separate sth from it/that; **~ abgehen/loskommen** to come off it/that; **jdn ~ heilen** to heal sb of it/that; **rechts/links ~ abgehen** [*o* abzweigen] to branch off to the right/left [of it]; **du bist zu weit ~ entfernt, um es deutlich zu sehen** you're too far away to see it clearly; **links/rechts ~** to the left/right of it/that/them; **er will erwachsen sein? er ist noch weit ~ entfernt!** he thinks he's grown up? he's got far [*or* a long way] [*or fam* a hell of a way] to go yet! ❷ *in Verbindung mit subst, vb siehe auch dort (von diesem Umstand als Ausgangspunkt)* from it/that; **etw ~ ableiten** to derive sth from it/that; **~ absehen, etw zu tun** to refrain from doing sth; **~ ausgehen, dass ...** to presume that ...; **sich ~ erholen** to recover from it/that; **etwas/nichts ~ haben** to have sth/nothing of it; **sie unterscheiden sich ~ nur in diesem kleinen Detail** they differ from that only in this small detail; **das Gegenteil ~** the opposite of it/that; **was hast du denn ~, dass du so schuftest? nichts!** what do you get out of working so hard? nothing!; **soll sie doch das Geld behalten, ich hab nichts ~!** let her keep the money, it's no use to me!; **das hast du nun ~, jetzt ist er böse!** now you've [gone and] done it, now he's angry!; **das kommt ~!** you've/he's etc. only got yourself/himself etc. to blame! ❸ *(durch diesen Umstand)* as a consequence [*or* result]; **es hängt ~ ab, ob/dass ...** it depends on whether ...; **man wird ~ müde, wenn man zu viel Bier trinkt** drinking too much beer makes you tired; **es ist nur eine Prellung, ~ stirbst du nicht!** it's only a bruise, it won't kill you! *hum* ❹ *(mittels dieser Sache als Grundlage)* **sich ~ ernähren** to subsist on it/that; **~ leben** to live on it/that *liter,* to live off it/that *fig* ❺ *(aus dieser Menge)* [some] of it/that/them; *(aus diesem Behälter)* from it/that; **~ essen/trinken** to eat/drink [some] of it/that; **die Hälfte/ein Teil/ein Pfund ~** half/a part/a pound of it/that/them; **das Doppelte/Dreifache ~** twice/three times as much; **die Milch ist schlecht, ich hoffe, du hast nicht ~ getrunken** the milk is sour, I hope you didn't drink any [of it]; **es ist genügend Eis da, nimm nur ~!** there's enough ice-cream, please take [*or* have] some; **ist das Stück Wurst so recht, oder möchten Sie mehr ~?** will this piece of sausage be enough, or would you like [some] more [of it]?; **wie viel Äpfel dürfen es sein? – 6 Stück ~, bitte!** how many apples would you like? – six, please! ❻ *in Verbindung mit vb siehe auch dort (über diese Angelegenheit)* **~ hören/sprechen/wissen** to hear/speak/know of it/that/them; **was hältst du ~?** what do you think of it/that/them?; **ich verstehe gar nichts ~** I don't understand any of it/that, it/that doesn't mean anything to me; *Fachgebiet* I know nothing about it; **~ weiß ich nichts** I don't

know anything about [*or hum* plead ignorance of] that; **genug ~!** enough [of this/that]!; **kein Wort mehr ~!** not another word!

da·von|ei·len *vi sein (geh)* to hurry [*or liter* hasten] away **da·von|fah·ren** *vi irreg sein* ❶ *(geh: wegfahren, sich entfernen)* **in einem Auto ~** to drive off in a car; **auf einem Fahrrad ~** to ride off on a bicycle ❷ *(fahrend hinter sich lassen, abhängen)* ■ **jdm ~** to draw ahead of sb, to leave sb behind **da·von|flie·gen** *vi irreg sein (geh)* ❶ **jdm ~** to fly away [from sb]; *Vögel a.* to fly off [*or liter* take to flight] [before sb] **da·von|ge·hen** *vi irreg sein (geh)* to go [away], to depart *form* **da·von|ja·gen** I. *vt haben (vertreiben, verscheuchen)* ■ **jdn ~** to drive sb away [*or* off]; **Kinder/Katzen/Vögel ~** to chase away [*or* off] children/cats/birds II. *vi sein* ❶ *(stürmisch davoneilen)* to flee, to take flight *liter* ❷ *(schnell wegfahren, wegfliegen)* to roar off [*or* away] **da·von|kom·men** *vi irreg sein* **mit dem Leben ~** to escape with one's life; **mit einem blauen Auge/einem Schock ~** to come away with no more than a black eye/a shock; **glimpflich/mit einer Geldstrafe ~** to get off lightly/with a fine; **ungeschoren/[mit] heil[er Haut]/knapp ~** to get away scot-free/intact/by the skin of one's teeth *fam* **da·von|las·sen** *vi irreg haben s.* **Finger** **da·von|lau·fen** *vi irreg sein* ❶ *(weglaufen)* ■ **jdm ~** to run off [*or* away] from sb ❷ *(laufend hinter sich lassen, abhängen)* ■ **jdm ~** to run ahead of sb; **lauf mir nicht davon!** don't run so fast! ❸ *(fam: überraschend verlassen)* ■ **jdm ~** to run out on sb *fam,* to desert sb ❹ *(außer Kontrolle geraten)* ■ **jdm/einer Sache ~** to run away from sb/to outpace sth ▶ WENDUNGEN: **zum D~ sein** *(fam)* [to be enough] to drive one mad [*or fam* mental]; **das stinkt hier ja zum D~!** it stinks here to high heaven! *fam* **da·von|ma·chen** I. *vr (sich unauffällig entfernen)* ■ **sich ~** to slip away; **los, macht euch davon, hier habt ihr nichts mehr zu suchen!** be off with you, you won't find anything here! II. *vi (fam: abhauen, fliehen)* to scarper *fam* **da·von|schlei·chen** *irreg* I. *vi sein (leise und langsam weggehen)* to creep [*or* slink] away II. *vr haben* ■ **sich ~** *(sich leise und heimlich entfernen)* to steal away, to go tiptoeing off *hum* **da·von|sein** *vi irreg (fam) s.* **auf** **da·von|steh·len** *vr irreg (geh) s.* **davon-schleichen** **da·von|tra·gen** *vt irreg* ❶ *(weg-/forttbringen)* ■ **jdn/etw ~** to take sb/sth away ❷ *(geh: erringen, bekommen)* **den Preis ~** to carry off [*or* win] the prize; **Ruhm ~** to achieve [*or* win] glory; **einen Sieg ~** to score [*or* win] a victory ❸ *(geh: erleiden)* **Prellungen/Verletzungen/Knochenbrüche ~** to suffer bruising/injury/broken bones **da·von|zie·hen** *vi irreg sein* ❶ *(geh: weggehen)* to move on; *Prozession* to move off ❷ SPORT *(fam: einen Vorsprung gewinnen)* ■ **[jdm] ~** to move ahead [of sb], to pull away [from sb]; *(Punktdifferenz erhöhen)* to increase the lead

da·vor [da'fo:ɐ̯, 'da:fo:ɐ̯] *adv (emph)* ❶ *(vor einer Sache/einem Ort/etc.)* in front [of it/that/them], before [it/that/them] *form;* *mit vorerwähntem Bezugsobjekt* in front of [*or form* before] [it/that/them/etc.]; **~ musst du links abbiegen** you have to make a left turn before it ❷ *(vor eine Sache/einen Ort/etc.)* in front of [it/that/them etc.] ❸ *(zeitlich vorher)* before [it/that/them/etc.] ❹ *mit Verben (in Hinblick auf)* **ich ekel mich ~** I'm disgusted by it; **er hat Angst ~** he's afraid of it/that; **er hatte mich ~ gewarnt** he warned me about that

da·vor|lie·gen *vi irreg* to lie in front of [*or form* before] it/that/etc.

da·vor|seinᴬᴸᵀ *vi irreg sein s.* **davor 1**

da·vor|ste·hen *vi irreg* to be in front of [*or form* before] it/that/etc.; *Mensch a.* to stand in front of [*or form* before] it/that/etc.; **sie stand direkt davor** she stood directly in front of it

da·vor|stel·len *vt* to put [*or* place] in front of it/that/etc.

DAX ['daks] *m* BÖRSE *Akr von* **Deutscher Aktienindex** DAX

da·zu [da'tsu:, 'da:tsu:] *adv* (*emph*) ❶ (*zu dem gehörend*) with it ❷ (*außerdem*) at the same time, into [*or* AM in] the bargain, to boot; *s. a.* **noch** ❸ (*zu diesem Ergebnis*) to it/that; **wie konnte es nur ~ kommen?** how could that happen?; **wie ist er ~ gekommen?** how did he come by it?; **wie komme ich ~?** (*fam*) why on earth should I?; **~ reicht das Geld nicht** we/I haven't enough money for that; **im Gegensatz ~** contrary to this; **im Vergleich ~** in comparison to that; *s. a.* **führen** *s. a.* **Weg** ❹ (*zu der Sache*) **ich würde dir ~ raten** I would advise you to do that; **ich bin noch nicht ~ gekommen** I haven't got round to it/to doing it yet ❺ (*dafür*) for it/that/this; **ich bin ~ nicht bereit** I'm not prepared to do that; **er war ~ nicht in der Lage** he wasn't in a position to do so; **es gehört viel Mut ~** that takes a lot of courage; **~ ist es da** that's what it's there for; **~ habe ich keine Lust** I don't feel like it; **~ habe ich schon Zeit** I do have time for that; **die Erlaubnis/die Mittel/das Recht ~** the permission/the means/the right to do it; **kein Recht ~ haben, etw zu tun** to have no right to do sth ❻ (*darüber*) about it/that/this; **er hat sich noch nicht ~ geäußert** he hasn't commented on it yet; **was meinst du ~?** what do you think about it/that?; **das ist meine Meinung ~** that's my opinion of it ❼ NORDD (*fam*) **da habe ich keine Zeit zu** I haven't the time [for it/that]; **da komme ich heute nicht mehr zu** I won't be able to get round to it today

da·zu|ge·hö·ren[*] *vi* ❶ (*zu der Sache gehören*) to belong [to it/etc.] ❷ (*im Preis eingeschlossen sein*) to be included [in it] ❸ (*nicht wegzudenken sein*) be a part of it

da·zu·ge·hö·rig [da'tsu:gəhø:rɪç] *adj attr* to go with it/them *pred*, which [*or* that] goes/go with it/them *pred;* **die ~en Schlüssel** the keys fitting [*or* belonging to] it/them

da·zu|ge·sel·len[*] *vr* **sich ~** to join them/her/him/you/us/etc.

da·zu|kom·men *vi irreg sein* ❶ (*hinzukommen*) to arrive; (*zufällig*) to happen to arrive, to arrive on the scene *fam,* to turn up *fam* ❷ (*hinzugefügt werden*) to be added; **kommt noch etwas dazu?** is there [*or* will there be] anything else?

da·zu|le·gen I. *vt* ▪ [jdm/sich] **etw ~** to add sth [to it]; **jdm noch ein Stück Fleisch/Kuchen/etc. ~** to give sb another piece of meat/cake/etc.; **sich** *dat* **noch ein Stück ~** to take another piece **II.** *vr* ▪ **sich ~** to lie down next to [*or* with] sb

da·zu|ler·nen *vt* ▪ **etw ~** to learn sth; **einiges ~** to learn a few [new] things; **etwas ~** to learn something new; **man kann immer etwas ~** there's always something [new] to learn; **schon wieder was dazugelernt!** you learn something [new] every day!

da·zu·mal ['da:tsuma:l] *adv* (*veraltend*) in those days; *s. a.* **Anno**

da·zu|rech·nen *vt* ❶ (*hinzurechnen*) to add on sth ❷ (*in Betracht ziehen*) to consider sth, to take sth into consideration

da·zu|set·zen I. *vt* ❶ (*zu jdm setzen*) **kann ich mich ~?** do you mind if I join you? ❷ (*dazuschreiben*) ▪ **etw ~** to add sth; **seinen Namen ~** to add [*or form* append] one's name **II.** *vr* ▪ **sich ~** [zu jdm] ~ to sit down [at sb's table]

da·zu|tun *vt irreg* (*fam*) ▪ **etw ~** ❶ (*hinzufügen*) to add sth ❷ (*zusätzlich schenken*) to add [*or* contribute] sth; **noch etw ~** to add [*or* contribute] another

sth

Da·zu·tun <-> *nt kein pl* ▪ **ohne jds** *akk* **~** without sb's intervention [*or* help]

da·zwi·schen [da'tsvɪʃn] *adv* ❶ (*räumlich: zwischen zwei Dingen*) between them, [in] between; (*darunter*) among[st] them ❷ (*zeitlich*) in between

da·zwi·schen|fah·ren [da'tsvɪʃnfa:rən] *vi irreg sein* ❶ (*eingreifen*) to intervene, to step in [and sort things out] ❷ (*unterbrechen*) to interrupt, to break in; *nicht Angesprochene a.* to butt in *fam;* ▪ **jdm ~** to interrupt sb; *nicht Angesprochene a.* to butt in on sb *fam*

da·zwi·schen|fun·ken *vi* (*fam*) ▪ [jdm] **~** to mess sth up [for sb] *sep fam;* (*seinen Senf dazugeben*) to put [*or* stick] one's oar in *pej fam;* (*unaufgefordert in einem Gespräch*) to butt in [on sb] *fam*

da·zwi·schen|kom·men *vi irreg sein* ❶ (*zwischen etw geraten*) ▪ **mit etw ~** to get sth caught [in sth] ❷ (*als Unterbrechung eintreten*) **wenn nichts dazwischenkommt!** if all goes well! [*or* to plan]; **leider ist [mir] etwas dazwischengekommen** I'm afraid something has come [*or fam* cropped] up

da·zwi·schen|re·den *vi* ▪ [jdm] **~** to interrupt [sb]; *nicht Angesprochene a.* to butt in [on sb]; ▪ **das D~** interruptions *pl*

da·zwi·schen|ru·fen *vt, vi irreg* ▪ [etw] **~** to interrupt [sth] loudly [with sth], to yell out [sth] *sep,* to shout [out] interruptions; ▪ **das D~** [noisy] interruptions *pl*

da·zwi·schen|schla·gen *vi irreg* ▪ [mit etw] **~** to wade in [with sth]

da·zwi·schen|ste·hen *vi irreg* ❶ (*zwischen zweien stehen*) to be between them; *Mensch a.* to stand between them ❷ (*unentschieden sein*) to be [in] between; [**politisch**] **~** to sit on the fence [politically]; **mit seiner Meinung ~** to be noncommittal ❸ (*geh: trennend sein*) to be in the way

da·zwi·schen|tre·ten *vi irreg sein* ❶ (*schlichtend eingreifen*) to intervene; ▪ **das/jds** *gen* **D~** the/sb's intervention ❷ (*geh: störend auftreten*) to get in the way; *störender Mensch, Exfreund, etc.* to come between [two people/etc.]

DB <-> *f Abk von* **Deutsche Bahn** ≈ BR BRIT, ≈ Amtrak AM

DCC <-> *f Abk von* **Digital Compact Cassette** DCC

DDR <-> [de:de:'ʔɛr] *f* HIST *Abk von* **Deutsche Demokratische Republik** ▪ **die ~** East Germany, the GDR, the German Democratic Republic *form;* **die ehemalige ~** [the] former East Germany

DDR-Bür·ger(in) *m(f)* HIST East German [citizen], citizen of the German Democratic Republic *form*

DDT <-> [de:de:'te:] *nt Abk von* **Dichlordiphenyltrichloräthan** DDT

Deal <-s, -s> [di:l] *m* (*sl*) deal; [**mit jdm**] **einen ~ machen** to make [*or* do] a deal [with sb]

dea·len ['di:lən] *vi* (*sl*) ▪ [**mit etw**] **~** to deal sth *sl,* to push sth *fam*

Dea·ler(in) <-s, -> ['di:lɐ] *m(f)* (*fam*) dealer *sl,* pusher *fam*

De·ba·kel <-s, -> [de'ba:kl] *nt* (*geh*) debacle *form,* fiasco; (*Niederlage a.*) whitewash BRIT, shutout AM

De·bat·te <-, -n> [de'batə] *f* ❶ (*Streitgespräch*) debate; (*schwächer*) discussion; **sich auf [k]eine ~ [über etw** *akk*] **einlassen** to [not] enter into a discussion [about sth]; **zur ~ stehen** to be under [*or* up for] discussion; **das steht hier nicht zur ~** that's not the issue here, that's beside the point; **etw zur ~ stellen** to put sth up [*or form* forward] for discussion; **etw in die ~ werfen** to throw sth into the discussion ❷ (*Erörterung*) debate (+*gen* on)

de·bat·tie·ren[*] [deba'ti:rən] **I.** *vt* ▪ **etw ~** to debate sth; (*schwächer*) to discuss sth **II.** *vi* ▪ [**mit jdm**] [**über etw** *akk*] **~** to discuss [sth] [with sb]

De·bet <-s, -s> ['de:bɛt] *nt* FIN debit column [*or* side];

mit Euro 10.000 im ~ **stehen** to have run up a debt
[or debts] of 10.000 euros

de·bil [de'biːl] adj MED feeble-minded

De·bi·li·tät <-> [debili'tɛːt] f kein pl MED feeble-mindedness no pl

De·büt <-s, -s> [de'byː] nt debut; [**mit etw**] **sein ~
geben** to [make one's] debut [with sth]

De·büt·al·bum nt debut album

De·bü·tant(in) <-en, -en> [deby'tant] m(f) ❶ (Anfänger) novice, debutante fem ❷ (gesellschaftlicher
Neuling) ■ **-in** debutante, deb fam

de·bü·tie·ren [deby'tiːrən] vi ❶ (erstmals auftreten)
■ **als jd ~** to [make one's] debut as sb ❷ (geh: erstmals in Erscheinung treten) ■ **mit etw ~** to [make
one's] debut with sth

De·büt·ro·man m debut [or first] novel

De·chant(in) <-en, -en> [dɛ'çant, 'dɛçant] m(f) REL
dean

de·chiff·rie·ren [deʃɪ'friːrən] vt ■ **etw ~** to decipher
sth, to decode sth

De·chiff·rie·rung <-, -en> f decoding, deciphering

Deck <-[e]s, -s> [dɛk] nt ❶ (Abschluss des Schiffs-
rumpfs) deck; **Aufbauten auf dem ~** superstructure
no pl, no indef art ❷ (Schiffsebene) deck; **an ~
gehen** to go on deck; **an/unter ~** on/below deck
❸ (Parkdeck) level, storey

Deck·adres·se f accommodation address BRIT, mail
drop AM **Deck·auf·bau·ten** pl superstructure no pl,
no indef art **Deck·bett** nt ❶ (Bettdecke) feather
quilt, eiderdown ❷ SCHWEIZ bedding no indef art
Deck·blatt nt ❶ BOT bract spec ❷ (Titelblatt) title
page ❸ (von Zigarre) wrapper ❹ KARTEN top card

Deck·chen <-s, -> nt dim von **Decke** ❶ (kleines Stoff-
stück) small cloth ❷ (Tisch~, bes aus Spitze) doily

De·cke <-, -n> ['dɛkə] f ❶ (Zimmerdecke) ceiling
❷ (Tischdecke) tablecloth ❸ (Wolldecke) blanket;
(Bettdecke) cover, duvet BRIT ❹ (Belag) surface,
surfacing spec ❺ (Reifendecke) outer tyre [or casing]
[or casing] ► WENDUNGEN: **jdm fällt die ~ auf den
Kopf** (fam) sb feels really cooped in [or up] [or shut
in]; **an die ~ gehen** (fam) to blow one's top, to hit [or
go through] the roof; [**vor Freude**] **an die ~ springen**
(fam) to jump for joy; **mit jdm unter einer ~ stecken** to be in league [or fam cahoots] with sb, to be
hand in glove with sb; **sich nach der ~ strecken** to
cut one's coat according to one's cloth

De·ckel <-s, -> ['dɛkl] m ❶ (Verschluss) lid; (aus Folie)
top; von Glas, Schachtel a. top; einer Uhr cover
❷ (Buchdeckel) cover ► WENDUNGEN: **jdm eins auf
den ~ geben** (fam) to give sb a clip round the ear-
hole; [**von jdm**] **eins auf den ~ kriegen** (fam:
geschlagen werden) to get a crack [or clout] on the
head [from sb]; (gerügt werden) to be given a bollocking fam! [or fam a good talking-to] [off sb]

de·cken ['dɛkn] I. vt ❶ (breiten) ■ **etw über jdn/
etw ~** to cover sb/sth with sth, to spread sth over sth
❷ (bedecken) ■ **etw ~** to cover sth; s. a. **gedeckt**
❸ (eindecken) **ein Dach mit Schiefer/Ziegeln ~** to
roof a building with slate/tiles, to slate/tile a roof; **ein
Dach mit Kupfer ~** to line a roof with copper; **ein
Dach mit Reet/Stroh ~** to thatch a roof [with reeds/
straw]; **ein Haus** [**mit etw**] **~** to roof a house [with
sth] ❹ (zurechtmachen) **den Tisch ~** to set [or lay]
the table; **den Tisch für zwei ~** to set [or lay] the
table for two; **es ist gedeckt!** dinner/lunch etc. is
ready! [or form being served] ❺ (verheimlichen)
■ **jdn ~** to cover up for sb; ■ **etw ~** to cover up sth
sep ❻ (abschirmen) ■ **jdn ~** to cover sb, to give sb
cover; (mit dem eigenen Körper) to shield sb; **einen
Spieler ~** to mark [or AM cover] an oppponent ❼ ÖKON
(befriedigen) **die Nachfrage ~** to meet [or satisfy] the
demand; s. a. **Bedarf** ❽ FIN (absichern) ■ **etw ~** to

cover sth; **Kosten ~** to cover [or meet] [or form
defray] costs; **einen Wechsel ~** to meet [or honour] a
bill of exchange; **der Scheck war nicht gedeckt** the
cheque wasn't covered, the cheque bounced fam
❾ (wieder ausgleichen) ■ **etw ~** to make good sth, to
offset sth ❿ (begatten) **ein Tier ~** to cover [or form
service] an animal; **eine Stute ~** to serve a mare II. vi
❶ (überdecken) to cover; **diese Farbe deckt besser**
this paint gives a better cover [or covering], this paint
has a better body spec; ■ **|gut| ~d** opaque; s. a.
gedeckt ❷ SPORT to mark [or AM cover] one's opponent
III. vr ■ **sich ~** ❶ (übereinstimmen) to coincide (**in**
+dat in); Aussagen to correspond, to agree; Meinungen to coincide; Geschmäcker to match; Zahlen to
tally; **sich ~de Dreiecke** MATH congruent triangles
spec ❷ (sich schützen) to cover oneself (**gegen** +akk
against)

De·cken·be·leuch·tung f ceiling [or overhead] lights
pl **De·cken·ge·mäl·de** nt ceiling painting **De·cken-
ge·wöl·be** nt ARCHIT vaulting no indef art **De·cken-
lam·pe** f ceiling light **De·cken·ma·le·rei** f ceiling
fresco

Deck·far·be f opaque colour [or AM a. -or], body colour
[or AM a. -or] **Deck·flü·gel** m ZOOL wing-case, elytron
spec **Deck·haar** nt kein pl ZOOL outer coat **Deck-
hengst** m stud[-horse], [breeding] stallion **Deck-
man·tel** m (fig) mask, blind, mantle liter; ■ **unter
dem ~ einer S.** gen under the guise [or cloak] of sth
Deck·na·me m assumed name, code name, alias;
unter dem ~n „Rudi" auftreten to go under the
alias of 'Rudi'

De·ckung <-, -en> f ❶ (Feuerschutz) cover ❷ FBALL
marking BRIT, covering AM ❸ (schützende Haltung)
guard; **seine ~ vernachlässigen** to drop [or lower]
one's guard ❹ (Schutz) cover; **volle ~!** take cover!;
~ suchen [o **in ~ gehen**] to take cover; **jdm ~ geben**
to give sb cover, to cover sb ❺ (Protektion) backing no
pl ❻ ÖKON covering, meeting; von Kosten a. defray-
ment form; von Nachfrage meeting, satisfaction; **zur
~ der Nachfrage** to meet [or satisfy] the demand
❼ (finanzielle Absicherung) cover; von Darlehen
security; **der Scheck ist ohne ~** the cheque is not
covered; **ein Wechsel ohne ~** an unsecured bill, a
bill without cover; (Ausgleich) offset no indef art
(+gen for); **zur ~ einer S.** gen to offset [or make
good] sth; **zur ~ der Schäden** to meet the cost of the
damage ❽ (Übereinstimmung) **etw zur ~ bringen** to
make sth coincide; Zahlen to be made to tally

De·ckungs·auf·la·ge f break-even quantity (number
of sold publications needed to cover the printing
costs) **de·ckungs·gleich** adj ❶ MATH congruent spec
❷ (übereinstimmend) concurring, concurrent; **~
Zeugenaussagen** agreeing [or form concordant] testimonies; ■ **~ sein** to coincide **De·ckungs·gleich-
heit** f ❶ MATH congruence spec ❷ (Übereinstimmung) **die ~ der Zeugenaussagen** the agreement
between testimonies; **wegen der ~ der Ansichten/
Aussagen** because of the degree to which these views
coincide/these statements agree **De·ckungs·ka·pi-
tal** nt covering funds npl

Deck·weiß nt opaque white **Deck·wort** <-wörter> nt
code word

De·co·der <-s, -> [de'koːdɐ] m decoder

de·co·die·ren [deko'diːrən] vt ■ **etw ~** to decode sth

Dé·col·le·té <-s, -s> [dekɔl'teː] nt s. **Dekolletee**

De·cre·scen·do <-s, -s o Decrescendi>
[dekrɛ'ʃɛndo] nt MUS diminuendo, decrescendo

De·di·ka·ti·ons·ex·em·plar [dedika'tsi̯oːns-] nt presentation copy [containing a dedication]

de·du·zie·ren [dedu'tsiːrən] vt ■ **etw ~** to deduce sth

Deern <-, -s> ['deːɐn] f NORDD (fam) lass[ie] BRIT dial

De·es·ka·la·ti·on [deʔɛskala'tsi̯oːn] f MIL de-escalation

de·es·ka·lie·ren' |deʔɛska'liːrən| *vt* to de-escalate

de·es·ka·lie·rend *adv (beschwichtigend, beruhigend)* calmingly; **Frauen wirken in Reibereien meist ~** women tend to have a pacificatory effect amidst friction

de fac·to |de: 'fakto| *adv* de facto

De-fac·to-An·er·ken·nung |de'fakto-| *f* JUR de facto recognition

De·fä·tis·mus <-> |defɛ'tɪsmʊs| *m kein pl (geh)* ■ |der| ~ defeatism *a. pej*

De·fä·tist(in) <-en, -en> |defɛ'tɪst| *m(f) (geh)* defeatist *a. pej*

de·fä·tis·tisch *adj (geh)* defeatist *a. pej*

de·fekt |de'fɛkt| *adj* faulty, defective *form*

De·fekt <-[e]s, -e> |de'fɛkt| *m* ① *(Funktionsstörung)* fault, defect; **einen ~ haben** to be faulty |*or* defective| ② *(Missbildung)* defect; **ein geistiger/angeborener ~** mental deficiency/a congenital defect; **einen geistigen ~ haben** to be mentally deficient, to suffer from mental deficiency

de·fen·siv |defɛn'ziːf| I. *adj* ① *(auf Abwehr bedacht)* defensive ② *(auf Sicherheit bedacht)* safety-conscious; **eine ~e Fahrweise** non-aggressive |*or* defensive| driving II. *adv* defensively; ~ **spielen** to adopt a defensive line of play

De·fen·si·ve <-, -n> |defɛn'ziːvə| *f kein pl* ① *(Verteidigung)* defence |*or* AM -se|; **für die ~** for defence |purposes|; **sich in die ~ begeben** |*o* **in die ~ gehen**| to go on the defensive; **in der ~ bleiben** to remain on the defensive; **jd in die ~ drängen** to force sb on|to| the defensive ② SPORT defence |line of play|; **aus der ~ zum Angriff übergehen** to switch |*or* change| from the defensive to the offensive, to go over to the offensive

De·fen·siv·krieg *m* defensive war, defensive warfare *no art* **De·fen·siv·spiel** *nt* defensive game **De·fen·siv·waf·fe** *f* defensive weapon

de·fi·lie·ren' |defi'liːrən| *vi* haben *o* sein MIL ■ |vor jdm/etw| ~ to march |past sb/sth|, to parade |before sb/sth|

de·fi·nier·bar *adj* definable; ■ **nicht ~** |**sein**| |to be| indefinable |*or* AM undefinable|; **leicht ~** |**sein**| |to be| easy to define *pred;* **schwer ~** |**sein**| |to be| difficult to define *pred; (subtil a.)* |to be| elusive

de·fi·nie·ren' |defi'niːrən| *vt* ① *(genau erklären)* ■ |jdm| **etw ~** to define sth |for sb|; |jdm| **etw kurz ~** to give |sb| a brief definition of sth ② *(beschreiben)* ■ **etw ~** to define |*or* describe| sth; **nicht zu ~ sein** to defy |*or* evade| definition |*or* description|; **schwer zu ~ sein** to be difficult to define |*or* describe|; *(subtil a.)* to be elusive

De·fi·ni·ti·on <-, -en> |defini'tsi̯oːn| *f* definition; |jdm| **eine ~ von etw geben** to give |sb| a definition of sth, to define sth |for sb|

de·fi·ni·tiv |defini'tiːf| I. *adj (genau)* definite; *(endgültig a.)* definitive II. *adv (genau)* definitely; *(endgültig a.)* definitively

De·fi·zit <-s, -e> |'deːfitsɪt| *nt* ① *(Fehlbetrag)* deficit; |mit **etw**| **ein ~ machen** to make a loss |with sth| ② *(Mangel)* ■ **ein ~ an etw** *dat* a lack of sth; **ein ~ an etw** *dat* **haben** to suffer from a lack of sth

de·fi·zi·tär |defitsi'tɛːɐ̯| I. *adj* ① *(mit Defizit belastet)* in |the| deficit *pred* ② *(zu Defiziten führend)* **eine ~e Haushaltspolitik führen** to follow an economic policy that can only lead to deficit; **die ~e Entwicklung (der Organisation/Firma/etc.|** the trend |in the organization/firm/etc.| to run to a deficit II. *adv* **sich ~ entwickeln** to develop a deficit

De·fla·ti·on <-, -en> |defla'tsi̯oːn| *f* ÖKON deflation

de·fla·ti·o·när |deflatsi̯o'nɛːɐ̯| *adj* ÖKON deflationary

De·flo·ra·ti·on <-, -en> |deflora'tsi̯oːn| *f (fachspr liter: Entjungferung)* defloration *liter*

de·flo·rie·ren' |deflo'riːrən| *vt (fachspr liter: entjungfern)* ■ |jdn| ~ to deflower sb *liter*

De·for·ma·ti·on <-, -en> |defɔrma'tsi̯oːn| *f* ① *(Verunstaltung)* deformation; *(Missbildung)* deformity; *(Entstellung)* disfigurement ② *(Verformung)* deformation; *(Verzerrung)* distortion

de·for·mie·ren' |defɔr'miːrən| *vt* ■ **etw ~** ① *(verunstalten)* to deform sth; *(entstellen)* to disfigure sth; ■ **deformiert** deformed, disfigured; **eine deformierte Nase** a misshapen nose ② *(verformen)* to deform sth; *(verzerren)* to distort sth

De·for·mie·rung <-, -en> *f* ① *(Verunstaltung)* deformity; *(Entstellung)* disfigurement ② *(Verformung)* deformation; *(Verzerrung)* distortion

De·fros·ter <-s, -> |de'frɔstɐ| *m* de-icer

def·tig |'dɛftɪç| I. *adj* ① *(herzhaft)* good and solid *pred;* **~e Mahlzeit** substantial |*or* |good| solid| meal; **ein ~er Eintopf** a hearty stew ② *(anständig, gehörig)* **eine ~e Ohrfeige** a good whack round the ear *fam;* **eine ~e Tracht Prügel** a mother of a beating *fam,* a good hiding ③ *(urwüchsig)* earthy; **ein ~er Witz** a coarse |*or* crude| joke II. *adv* – **danebenhauen** *(fam)* to drop a clanger BRIT *fam;* **sich ~ ins Zeug legen** *(fam)* to really get going *fam;* ~ **reinhauen** |*o* zulangen| *(fam)* to really get stuck in *fam*

Def·tig·keit <-, -en> *f* ① *kein pl (Herzhaftigkeit)* solidness, substantialness; *von Eintopf a.* thickness; *von Wurst* solidness ② *(Derbheit)* earthiness; *Witz* crudeness, coarseness

De·gen <-s, -> |'deːgn̩| *m* ① SPORT *(|Sport-|Waffe)* épée; HIST rapier, sword; **den ~ ziehen** to draw one's sword |*or* rapier|; **mit bloßem** |*o* **nacktem**| ~ with one's sword drawn |*or* rapier|; **jdn auf ~ fordern** HIST to challenge sb to a duel *(with rapiers)* ② *(Degenfechten)* |epée| fencing

De·ge·ne·ra·ti·on <-, -en> |degenera'tsi̯oːn| *f* ① *(geh)* degeneration ② MED, BIOL degeneration; **eine/die ~ von Zellen** cellular degeneration

De·ge·ne·ra·ti·ons·er·schei·nung *f* sign of degeneration

de·ge·ne·rie·ren' |degene'riːrən| *vi* to degenerate

de·ge·ne·riert *adj* degenerate

De·gen·fech·ten *nt* ■ **das ~** épée fencing

de·gor·gie·ren |degɔr'ʒiːrən| *vt* ■ **etw ~** KOCHK to disgorge sth

de·gra·die·ren' |degra'diːrən| *vt* ■ **jdn** |**zu etw**| ① MIL to demote sb |to sth|; *(mit Entlassung)* to cashier sb; **jdn zum einfachen Soldaten ~** to demote sb to the ranks ② *(pej geh)* to degrade sb, to reduce sb to |the level of| sth

De·gra·die·rung <-, -en> *f* ■ |jds *gen*| ~ |**zu etw**| ① MIL sb's demotion |to sth| ② *(geh)* sb's degradation |to sth|

de·gres·siv |degrɛ'siːf| *adj* FIN degressive *spec*

De·gus·ta·ti·on <-, -en> |degʊsta'tsi̯oːn| *f bes* SCHWEIZ *(geh)* tasting session

de·gus·tie·ren' |degʊs'tiːrən| *vt bes* SCHWEIZ *(geh)* ■ **etw ~** to taste sth

dehn·bar *adj* ① *(flexibel)* elastic; **~er Stoff** elastic |*or* stretch| |*or fam* stretchy| material ② *(interpretierbar)* flexible, open to interpretation *pred*

Dehn·bar·keit <-> *f kein pl* ① *(Flexibilität)* elasticity; *von Stoff a.* stretchiness *fam* ② *(Interpretierbarkeit)* flexibility

deh·nen |'deːnən| I. *vt* ■ **etw ~** ① *(ausweiten)* to stretch sth ② MED to dilate sth ③ *(gedehnt aussprechen)* to lengthen sth; *(schleppend)* to drawl sth *s.* **gedehnt** II. *vr* ■ **sich ~** ① *(sich ausdehnen)* to stretch ② *(sich strecken)* to stretch

Deh·nung <-, -en> *f* ① *(das Dehnen)* stretching ② MED dilation ③ *(Laut- o Silben~)* lengthening; *(schleppend)* drawling

D

De·hy·dra·da·ti·on <-, -en> [dehydrada'tsi̯oːn] *f* dehydration

de·hy·dra·ti·sie·ren· [dehydrati'ziːrən] *vt* ■ **etw** ~ to dehydrate sth

de·hy·drie·ren· [dehy'driːrən] *vt* CHEM ■ **etw** ~ to dehydrogenate [*or* dehydrogenize] sth *spec;* *(zur Gewinnung von Sauerstoff)* to dehydrate sth

De·hy·drie·rung <-, -en> *f* CHEM dehydrogenation *spec,* dehydrogenization *spec; (zur Gewinnung von Sauerstoff)* dehydration

Dei·bel <-s, -> ['daibl̩] *m* NORDD *(fam) s.* **Teufel**

Deich <-[e]s, -e> ['daiç] *m* dyke, dike; **einen ~ durch·brechen** to breach a dyke [*or* dike]

Deich·sel <-, -> ['daiksl̩] *f* shaft; *(Doppeldeichsel)* shafts *pl;* **Ochsen an die ~n spannen** to yoke oxen into [*or* between] the shafts

Deich·sel·bruch *m* broken shafts *pl*

deich·seln ['daiksl̩n] *vt (fam)* ■ **etw** ~ to wangle sth *fam;* ■ **es** [**so**] ~, **dass** … to so wangle it that … *fam*

Deich·ver·band *m association of owners of dyked land*

dein ['dain] **I.** *pron poss* ❶ *adjektivisch* your; **herzliche Grüße, ~e Anita** with best wishes, yours/love Anita ❷ *substantivisch (veraltend)* yours, thine *old;* **behalte, was ~ ist** keep what is yours [*or* old thin] **II.** *pron pers gen von* **du** *(veraltet poet)* of thee; **ich werde ewig ~er gedenken** I shall remember thee forever *dated*

dei·ne(r, s) ['dainə] *pron poss, substantivisch* ❶ *(der/ die/das dir Gehörende)* yours ❷ *(geh)* ■ **der/die** ~ [*o* D~] yours; **stets und immer der** ~ yours ever ❸ *(Angehörige)* ■ **die** ~**n** [*o* D~n] your family + *sing/pl vb* [*or* people], your folks; **du und die** ~**n** [*o* D~n] you and yours ❹ *(das in deiner Macht stehende)* ■ **das** ~ [*o* D~] what is yours; **tu du das** ~ you do your bit; **kümmere du dich um das** ~ you mind your own affairs [*or* what is yours]

dei·ner ['dainɐ] *pron pers gen von* **du** *(geh)* **wir werden uns** ~ **erinnern** we will remember you

dei·ner·seits ['dainɐ'zaits] *adv* ❶ *(auf deiner Seite)* for your part ❷ *(von dir aus)* on your part

dei·nes·glei·chen ['dainəs'glaiçn̩] *pron inv* ❶ *(pej)* the likes of you *pej,* your sort + *pl vb pej;* ■ **du und** ~ you and your sort *pej* ❷ *(geh)* **an Schönheit ist keine** ~ in beauty there is none to equal you *liter*

dei·net·hal·ben ['dainəthalbn̩] *adv (veraltend),* **dei·net·we·gen** ['dainətve:gn̩] *adv (wegen dir)* because of you, on your account, on account of you; *(dir zuliebe)* for your sake **dei·net·wil·len** ['dainətvɪlən] *adv* ■ **um** ~ for your sake; *(als Erwiderung auf Bitte)* seeing that it's you *hum*

dei·ni·ge ['dainɪgə] *pron poss, substantivisch (veraltend geh)* ❶ *(der/die/das dir Gehörende)* ■ **der/ die/das** ~ [*o* D~] yours, thine *old* ❷ *(deine Angehörigen)* ■ **die** ~**n** [*o* D~n] your family + *sing/pl vb* [*or* people] [*or* dated kin] ❸ *(das dir Zukommende)* **tu du das** ~**e** [*o* D~e] *(das dir Zukommende)* **tu du das** ~**e** you do your bit

deins ['dains] *pron poss* yours

De·is·mus <-> [de'ɪsmʊs] *m kein pl* PHILOS ■ **der** ~ deism

Dé·jà-vu-Er·leb·nis [deʒa'vy:-] *nt* PSYCH déjà vu

de ju·re [de: 'ju:rə] *adv* JUR de jure, by right, legally

De·ju·re-An·er·ken·nung [de'ju:rə-] *f* JUR de jure [*or* legal] recognition

De·ka <-[s], -> ['de:ka] *nt* ÖSTERR *s.* **Dekagramm**

De·ka·de <-, -n> [de'ka:də] *f* decade

de·ka·dent [deka'dɛnt] *adj* decadent

De·ka·denz <-> [deka'dɛnts] *f kein pl* decadence

De·ka·e·der <-s, -> [deka'ʔe:dɐ] *m* decahedron

De·ka·gramm ['dɛkagram] *nt* ÖSTERR ten gram[me]s *pl,* decagram[me] *spec*

De·ka·log <-[e]s> [deka'lo:k] *m* REL **der** ~ the Ten Commandments, the Decalogue *spec*

De·kan(in) <-s, -e> [de'ka:n] *m(f)* SCH dean

De·ka·nat <-[e]s, -e> [deka'na:t] *nt* ❶ *(Amtszeit eines Dekans)* deanship ❷ SCH *(Amtssitz)* office of a/the dean; REL deanery

De·ka·nin <-, -nen> [de'ka:nɪn] *f fem form von* **Dekan**

De·kla·ma·ti·on <-, -en> [deklama'tsi̯o:n] *f* ❶ *(geh: Vortrag)* recitation ❷ *(pej: Leerformel)* [empty] rhetoric *no pl*

de·kla·ma·to·risch [deklama'to:rɪʃ] *adj* ❶ *inv (ausdrucksvoll im Vortrag)* rhetorical ❷ *(übertrieben im Ausdruck)* rhetorical, declamatory ❸ MUS declamatory

de·kla·mie·ren· [dekla'mi:rən] *(geh)* **I.** *vt* ■ **etw** ~ to recite sth **II.** *vi* to recite; **gut** ~ **können** to be good at reciting

De·kla·ra·ti·on <-, -en> [deklara'tsi̯o:n] *f* ❶ *(geh)* declaration ❷ *(Zollerklärung)* declaration

de·kla·rie·ren· [dekla'ri:rən] *vt* ■ **etw** ~ ❶ *(geh)* to declare sth ❷ *(angeben)* to declare sth; **haben Sie etwas zu ~?** do you have anything to declare?; **seine Einkünfte** ~ to file one's income-tax return

De·kla·rie·rung <-, -en> *f* declaration

de·klas·sie·ren· [dekla'si:rən] *vt* ❶ *(als drittklassig erscheinen lassen)* ■ **jdn/etw** ~ to downgrade sb/ sth ❷ SPORT ■ **jdn** ~ to outclass sb; *(vernichtend schlagen a.)* to humiliate sb

De·klas·sie·rung <-, -en> *f* SPORT outclassing; *(durch vernichtenden Schlag a.)* humiliation

De·kli·na·ti·on <-, -en> [deklina'tsi̯o:n] *f* ❶ LING declension ❷ PHYS [magnetic] declination *spec*

de·kli·nier·bar *adj* LING declinable; **nicht** ~ indeclinable

de·kli·nie·ren· [dekli'ni:rən] *vt* LING ■ **etw** ~ to decline sth; ■ **die** ~ the declinations *pl*

de·ko·die·ren· [deko'di:rən] *vt s.* **decodieren**

De·kolle·teeᴿᴿ, De·kol·le·té <-s, -s> [dekɔl'te:] *nt* ❶ *(Körperpartie)* cleavage ❷ MODE low-cut [*or* decolleté] neckline, décolletage; **ein Kleid mit einem gewagten/tiefen** ~ a daringly/very low-cut [*or* décolleté] dress

de·kolle·tiert [dekɔl'ti:ɐt] *adj* low-cut, décolleté; **gewagt/tief** ~ daringly/very low-cut [*or* décolleté]

De·kom·pres·si·on [dekɔmprɛ'si̯o:n] *f* decompression

De·kom·pres·si·ons·kam·mer *f* decompression chamber

De·kon·ta·mi·na·ti·on [dekɔntamina'tsi̯o:n] *f* decontamination, decon *spec sl*

de·kon·ta·mi·nie·ren· [dekɔntami'ni:rən] *vt* ■ **jdn/ etw** ~ to decontaminate sb/sth

De·kor <-s, -s *o* -e> [de'ko:ɐ] *m o nt* ❶ *(Muster)* pattern ❷ THEAT, FILM decor, scenery

De·ko·ra·teur(in) <-s, -e> [dekora'tø:ɐ] *m(f) (Innenraum~)* interior designer; *(Schaufenster~)* window dresser; *(für Theater o Filmkulissen)* set designer

De·ko·ra·ti·on <-, -en> [dekora'tsi̯o:n] *f* ❶ *(das Ausschmücken)* decoration *no pl, no indef art* ❷ *(Auslage)* [window] display ❸ *(Ausschmückung)* decoration[s *pl*] ❹ *(Bühnenbild)* decor, scenery

de·ko·ra·tiv [dekora'ti:f] **I.** *adj* decorative; **rein** ~ purely ornamental **II.** *adv* decoratively

de·ko·rie·ren· [deko'ri:rən] *vt* ❶ *(ausgestalten)* ■ **etw** [**mit etw**] ~ to decorate sth [with sth]; *(mit Girlanden a.)* to drape sth [with sth]; **ein Schaufenster** ~ to dress a shop window ❷ *(auszeichnen)* ■ **jdn** [**mit etw**] ~ to decorate sb [with sth], to award sb [sth]; **vielfach dekoriert** highly decorated

De·ko·rier·mes·ser *nt* KOCHK decorating knife **De·ko·rier·zu·cker** *m* decorating sugar

De·ko·stoff <-[e]s, -e> [de'ko:ʃtɔf] *m* furnishing fabric; *(für Vorhänge a.)* drapery

De·kret <-[e]s, -e> [de'kre:t] *nt* decree *form;* **ein** ~

erlassen to issue [or form pass] a decree

de·ku·vrie·ren⁺ [deku'vri:rən] (geh) I. vt ▪ jdn/etw [als etw] ~ to expose sb/sth [as sth], to uncover sth [as sth] II. vr ▪ **sich als etw** ~ to reveal oneself as sth

De·le·a·tur <-s, -> [dele'a:tʊr] nt, **De·le·a·tur·zei·chen** [dele'a:tʊr-] nt TYPO deletion [mark]

De·le·ga·ti·on <-, -en> [delega'tsi̯o:n] f delegation; **eine aus 25 Mitgliedern bestehende** ~ a body of 25 delegates

De·le·ga·ti·ons·chef(in) m(f) head of a/the delegation

de·le·gie·ren⁺ [dele'gi:rən] vt ▪ **etw [an jdn]** ~ to delegate sth [to sb]

De·le·gier·te(r) f(m) dekl wie adj delegate

De·le·ti·on <-, -en> [dele'tsi̯o:n] f BIOL deletion

Delf·in⁺⁺ <-s, -e> [dɛl'fi:n] m s. **Delphin**

Delf·ter ['dɛlftɐ] adj attr Delft; [das] ~ **Porzellan** Delft, delftware

de·li·kat [deli'ka:t] adj ➊ (wohlschmeckend) delicious, exquisite ➋ (geh: behutsam) discreet, tactful ➌ (geh: heikel) delicate, sensitive ➍ (geh: empfindlich) delicate, sensitive

De·li·ka·tes·se <-, -n> [delika'tɛsə] f ➊ (Leckerbissen) delicacy, tasty morsel a. fig ➋ (geh: Besonderheit) exquisite example (**für** +akk of) ➌ kein pl (geh: Feinfühligkeit) delicacy, sensitivity, tact

De·li·ka·tes·sen·ge·schäft nt delicatessen, deli fam

De·likt <-[e]s, -e> [de'lɪkt] nt JUR ➊ (Vergehen) offence [or AM -se], tort spec, delict esp AM spec; **ein geringfügiges** ~ a petty offence ➋ (Straftat) crime, penal offence [or AM -se]; **ein schweres** ~ a serious crime

De·lin·quent(in) <-en, -en> [delɪŋ'kvɛnt] m(f) (geh) offender; **jugendliche ~en** juvenile delinquents

de·li·rie·ren [deli'ri:rən] vi MED (geh) to be delirious [or in a state of delirium]

De·li·ri·um <-s, -rien> [de'li:ri̯ʊm, pl: de'li:ri̯ən] nt delirium; **ins ~ verfallen** to become delirious; (Alkoholpsychose a.) alcoholic delirium form; **~ tremens** MED delirium tremens form, the DTs pl fam; (physische Symptome) the shakes pl fam; **im ~ sein** (stark betrunken) to be paralytic fam; (im Wahn) to be delirious [or in a state of delirium]

Del·le <-, -n> ['dɛlə] f dent; **jdm eine ~ hineinfahren** to make a dent in sb's car

de·lo·gie·ren⁺ [delo'ʒi:rən] vt ÖSTERR ▪ jd ~ to evict [or sep turn out] sb

Del·phin¹ <-s, -e> [dɛl'fi:n] m dolphin

Del·phin² <-s> [dɛl'fi:n] nt, **Del·phin·schwimmen** <-s> nt kein pl butterfly [stroke]; **500 Meter ~** the 500-metre butterfly

Del·ta <-s, -s o Delten> ['dɛlta, pl: 'dɛltn] nt delta

Del·ta·glei·ter <-s, -> m hang-glider; **mit einem ~ fliegen** to hang-glide, to go hang-gliding **Del·ta·mündung** f delta estuary **Del·ta·strah·len** pl delta rays

De-Luxe-Aus·füh·rung [də'lʏks-] f de luxe version; ▪ **in** ~ in the de luxe version

dem ['de:m] I. pron dat von **der**, s. **das** ➊ siehe auch Verben to the; mit Präposition the ➋ **ist es an ~?** is it the case?; **es ist [nicht] an ~** that's [not] the case [or how it is]; **wenn ~ so ist** if that's the way it is [or the case]; **wie ~ auch sei** be that as it may II. pron dem dat von **der**, s. **das** ➊ attr (diesem) to that ➋ mit Präposition (emph: diesem) that; **hinter ~ Baum** behind that tree ➌ substantivisch (jenem Mann) him, to him; (unter mehreren) that one III. pron rel dat von **der**, s. **das** siehe auch Verben ▪ **der, ~ ...** the one/man/ etc. that/[to etc.] which/who/[to etc.] whom ...

De·ma·go·ge, De·ma·go·gin <-n, -n> [dema'go:gə, dema'go:gɪn] m, f (pej) demagogue [or AM a. ·og] pej

De·ma·go·gie <-, -n> [demago'gi:, pl: demago'gi:ən] f (pej) demagog[uer]y, demagoguism

De·ma·go·gin <-, -nen> [dema'go:gɪn] f fem form von **Demagoge**

de·ma·go·gisch [dema'go:gɪʃ] (pej) I. adj demagogic, rabble-rousing pej II. adv **die Tatsachen ~ verzerren** to twist the facts to [suit] [one's] demagogic ends

De·marche <-, -n> [de'marʃ] f POL diplomatic representation, démarche spec; **eine ~ unternehmen** to lodge a diplomatic protest

De·mar·ka·ti·ons·li·nie f POL, MIL demarcation line, line of demarcation

de·mas·kie·ren⁺ [demas'ki:rən] (geh) I. vt ▪ jdn [als etw] ~ to expose [or unmask] sb [as sth] II. vr ▪ **sich [als etw]** ~ to reveal [or show] oneself [to be sth]

De·men·ti <-s, -s> [de'mɛnti] nt [official] denial, disclaimer form

de·men·tie·ren⁺ [demɛn'ti:rən] I. vt ▪ **etw** ~ to deny [or form disclaim] sth II. vi to deny [or form disclaim] it; ▪ ~ **lassen** to issue a denial [or disclaimer]

De·men·tie·rung <-, -en> f denial, denying

De·men·ti·ma·schi·ne·rie f POL party machine producing continual denials

dem·ent·spre·chend ['de:mʔɛnt'ʃprɛçnt] I. adj appropriate; **eine ~e Bemerkung** a remark to that effect; **ein ~es Gehalt** a commensurate salary form; **ein ~es Verhalten** fitting conduct no pl, no indef art II. adv correspondingly; (demnach) accordingly; **sich ~ äußern** to utter words to that effect; **~ bezahlt werden** to be paid commensurately form

De·me·ra·ra·zu·cker [demerara-] m demerara sugar

De·me·ter (Verband)® ['de:metɐ] m AGR, KOCHK soil association promoting produce cultivated using organic methods

dem·ge·gen·über ['de:mge:gn̩?y:bɐ] adv in contrast

dem·ge·mäß ['de:mgə'mɛ:s] adj s. **dementsprechend**

de·mi·li·ta·ri·sie·ren⁺ ['de:militari'zi:rən] vt ▪ **etw** ~ to demilitarize sth; **eine demilitarisierte Zone** a demilitarized zone

De·mi·li·ta·ri·sie·rung <-, -en> f demilitarization

De·mis·si·on <-, -en> [demɪsi̯o:n] f POL resignation; **jdn zur ~ zwingen** to force sb to resign

de·mis·si·o·nie·ren⁺ [demɪsi̯o'ni:rən] vi POL SCHWEIZ to resign; **Minister** a. to resign from the cabinet

dem·nach ['de:mna:x] adv therefore, hence form

dem·nächst [de:m'nɛːçst] adv soon, shortly, before long; „~ **im Kino/in diesem Kino**" "coming soon to a cinema near you/coming soon"

De·mo <-, -s> ['de:mo] f (fam) demo fam; s. a. **Demonstration**

de·mo·bi·li·sie·ren⁺ ['de:mobili'zi:rən] vt ▪ jdn/etw ~ to demobilize [or fam demob] sb/sth

De·mo·gra·fie⁺⁺ <-, -en> [demogra'fi:, pl: demogra'fi:ən] f s. **Demographie**

de·mo·gra·fisch⁺⁺ [demo'gra:fɪʃ] adj s. **demographisch**

De·mo·gra·phie <-, -en> [demogra'fi:, pl: demogra'fi:ən] f ➊ (Zusammensetzung der Bevölkerung) demography ➋ kein pl (Fachbereich) ▪ [die] ~ demography

de·mo·gra·phisch [demo'gra:fɪʃ] adj demographic

De·mo·krat(in) <-en, -en> [demo'kra:t] m(f) ➊ POL democrat; **ein überzeugter ~** a staunch democrat ➋ (Mitglied der Demokratischen Partei) Democrat

De·mo·kra·tie <-, -n> [demokra'ti:, pl: demokra'ti:ən] f democracy

De·mo·kra·tin <-, -nen> [demo'kra:tɪn] f fem form von **Demokrat**

de·mo·kra·tisch [demo'kra:tɪʃ] I. adj ➊ POL democratic; **eine ~e Staatsform** a democratic state, a democracy ➋ (die Partei der Demokraten betreffend) Democratic; **Freie D~e Partei** [o FDP] centre German political party supporting liberal views; **ein ~er Abgeordneter** a Democrat[ic representative] II. adv democratically

De·mo·kra·ti·sche Volks·re·pu·blik Ko·rea *f* BRD, ÖSTERR *s.* **Nordkorea**

De·mo·kra·ti·sche Volks·re·pu·blik La·os *f* BRD, ÖSTERR *s.* **Laos**

de·mo·kra·ti·sie·ren [demokrati'zi:rən] *vt* ■ *etw* ~ ❶ *(zur Demokratie umwandeln)* to democratize sth, to make sth [more] democratic ❷ *(nach demokratischen Prinzipien gestalten)* to democratize sth, to organize sth along [more] democratic lines

De·mo·kra·ti·sie·rung <-, -en> *f* ■ **die** ~ ❶ *(Umwandlung zur Demokratie)* democratization, the democratic process ❷ *(demokratische Gestaltung)* democratization

de·mo·lie·ren [demo'li:rən] *vt* ■ *etw* ~ to wreck [*or sep* smash up] [*or fam* trash] sth; *Rowdy a.* to vandalize sth; [**völlig**] **demoliert sein** to be [completely] wrecked; *Auto a.* to be a [complete] wreck [*or* BRIT write-off]

De·mons·trant(in) <-en, -en> [demɔn'strant] *m(f)* demonstrator

De·mons·tra·ti·on <-, -en> [demɔnstra'tsi̯o:n] *f* ❶ POL demonstration, demo *fam* (**für/gegen** +*akk* in support of/against) ❷ *(geh: Bekundung)* demonstration; **eine ~ der Macht** a show of force ❸ *(geh: Veranschaulichung)* presentation, demonstration

De·mons·tra·ti·ons·ma·te·ri·al *nt* presentation aids *pl*

De·mons·tra·ti·ons·recht *nt kein pl* ■ **das** ~ the right to demonstrate [*or* hold demonstrations]

De·mons·tra·ti·ons·zug *m* demonstration, [protest] march

de·mons·tra·tiv [demɔnstra'ti:f] I. *adj* demonstrative; **~er Beifall** acclamatory applause *form;* **das ~ e Fehlen/ein ~er Protest** the pointed absence/a pointed protest II. *adv* demonstratively; **jdm/etw ~ Beifall spenden** to give sb/sth acclamatory applause *form;* **den Saal ~ verlassen** to pointedly leave the room, to walk out

de·mons·trie·ren [demɔn'stri:rən] I. *vi* ■ [**für/gegen jdn/etw**] ~ to demonstrate [*or* hold a demonstration/demonstrations] [in support of/against sb/sth]; **eine ~de Menge** a crowd of demonstrators; **~de Studenten** student demonstrators II. *vt (geh)* ■ *etw* ~ to demonstrate [*or* give a demonstration of] sth

De·mon·ta·ge <-, -n> [demɔn'taʒə] *f* ❶ *(das Demontieren)* dismantling *no pl* ❷ *(geh: Abbau)* dismantling

de·mon·tie·ren [demɔn'ti:rən] *vt* ❶ *(abmontieren)* ■ *etw* ~ to dismantle [*or sep* take apart] sth; *Maschine* to dismantle, to take apart *sep,* to break up *sep; Reifen* to take off *sep* ❷ *(geh: abbauen)* ■ *etw/jdn* ~ to dismantle sth/sb['s statue]

De·mo·ra·li·sa·ti·on <-, <*selten* -en> [demoraliza'tsi̯o:n] *f* demoralization

de·mo·ra·li·sie·ren [demorali'zi:rən] *vt* ■ **jdn** ~ ❶ *(entmutigen)* to demoralize sb ❷ *(geh)* to corrupt [*or form* deprave] sb

De·mo·skop(in) <-en -en> [demo'sko:p] *m(f)* [opinion] pollster

De·mo·sko·pie <-, -n> [demosko'pi:] *f* ❶ *(Meinungsumfrage)* public opinion survey [*or* poll] ❷ *kein pl (Meinungsforschung)* ■ **die** ~ [public] opinion research

De·mo·sko·pin <-, -nen> [demo'ko:pɪn] *f fem form von* **Demoskop**

de·mo·sko·pisch *adj* [public] opinion research *attr;* **eine ~ e Erhebung** a public opinion survey [*or* poll]; **die ~en Voraussagen** the predictions in the opinion polls

de·mo·ti·viert ['de:motivi:rt] *adj* PSYCH demotivated, not motivated

de·mou·lie·ren ['de:mu'li:rən] *vt* ■ *etw* ~ KOCHK to

unmould sth, to turn out *sep* sth

dem·sel·ben *pron dat von* **derselbe,** *s.* **dasselbe** *siehe auch Verben* the same [one]; *(Person)* the same [person]

De·mut <-> ['de:mu:t] *f kein pl* humility *no pl* (**gegenüber** +*dat* before); ■ **in** ~ with humility

de·mü·tig ['de:my:tɪç] *adj* humble; **ein ~er Mensch** a humble person; *(in der Kirche a.)* a supplicant *liter* II. *adv* humbly

de·mü·ti·gen ['de:my:tɪgn] I. *vt* ■ **jdn** ~ to humiliate sb II. *vr* ■ **sich** *[vor jdm]* ~ to humiliate [*or form* abase] oneself [before sb]; *(den Stolz überwinden)* to humble oneself [before sb]

de·mü·ti·gend *adj* humiliating

De·mü·ti·gung <-, -en> *f* humiliation *no pl, no indef art;* **jdm eine ~ zufügen** *(geh)* to humiliate sb

De·muts·hal·tung *f* BIOL submission posture

dem·zu·fol·ge ['de:mtsu'fɔlgə] I. *konj (laut dem)* according to which; *(aufgrund dessen)* owing to which II. *adv* therefore, so, consequently, hence *form*

den ['de:n] I. *pron* ❶ *akk von* **der** *siehe auch Verben* the ❷ *dat pl von* **der,** *s.* **die,** *s.* **das** *siehe auch Verben* the II. *pron dem akk von* **der** *attr, siehe auch Verben (jenen Gegenstand/Mensch)* ~ **da** [**drüben**] that one [over] there; *(Mann a.)* him [*or* the man] [over] there; ~ **da hinten/vorne** the one behind/in front III. *pron rel akk von* **der** *siehe auch Verben (Gegenstände)* that, which; *(Mensch)* that, who[m *form*]

de·na·tu·rie·ren [denatu'ri:rən] *vt* CHEM ■ *etw* ~ to denature sth *spec*

De·na·tu·rie·rung <-, -en> *f* BIOL, CHEM denaturization *spec*

Den·drit <-en, -en> [dɛn'dri:t] *m* ❶ MED dendrite *spec,* dendron *spec* ❷ GEOL dendrite

de·nen ['de:nən] I. *pron dem dat pl von* **der,** *s.* **die,** *s.* **das** *siehe auch Verben* to them; *mit Präposition* them II. *pron rel dat pl von* **der,** *s.* **die,** *s.* **das** *siehe auch Verben* to whom; *(von Sachen)* to which, that, which

den·geln ['dɛŋln] *vt* ■ *etw* ~ to sharpen [*or* hone] sth *(by hammering)*

Den Haag <-s> [den 'ha:k] *m* The Hague

De·nim <-s, -s> ['de:nɪm] *m o nt* denim

Denk·an·satz *m* starting point [for thought] **Denk·an·stoß** *m* sth to get one thinking [*or* make one think]; **etw als ~ betrachten** to consider sth worth thinking about; **jdm einen ~/Denkanstöße geben** [*o* **vermitteln**] to give sb food for thought [*or* something to think about] **Denk·auf·ga·be** *f* problem; *(Rätsel a.)* [brain-]teaser; **eine schwierige ~** a real poser *fam*

denk·bar I. *adj* conceivable, imaginable; **es ist** [**nicht**] ~**, dass ...** it's [in]conceivable that ...; **es ist durchaus ~, dass ...** it's very possible [*or* likely] that ... II. *adv* extremely, rather; **das ~ beste/schlechteste Wetter** the best/worst weather imaginable, the best/worst possible weather

Den·ke <-> ['dɛŋkə] *f (sl)* way of thinking, mindset, mentality *a. pej*

den·ken <dachte, gedacht> ['dɛŋkn̩] I. *vi* ❶ *(überlegen)* to think; **wo ~ Sie hin!** whatever are you thinking of?; **ich denke, also bin ich** I think, therefore I am; **hin und her ~** *(unschlüssig)* to go over and over sth in one's mind; *(angestrengt)* to rack one's brains; **langsam/schnell ~** to be a slow/quick thinker; **laut ~** to think aloud [*or* out loud]; **jdm zu ~ geben** to give sb food for thought [*or* something to think about]; **das gab mir zu ~** that made me think ❷ *(meinen)* to think, to reckon *fam;* **was denkst du?** what do you say [*or* think] [*or fam* reckon] ?; **ich denke nicht** I don't think so [*or fam* reckon] not; **ich denke schon** I think [*or fam* reckon] so; **an wie viel hatten Sie denn gedacht?** how much were you thinking of?; **bei sich ~** [**, dass...**] to think to oneself [that...]

❸ *(urteilen)* ▪ |über jdn/etw |*o* von jdm/etw| | ~
to think |about/of sb/sth|; **wie ~ Sie darüber?**
what's your view |of it| |*or* opinion |of |*or* on| it|| ?,
what do you think |of |*or* about| it|?; **anders über
etw ~** to hold a different view of sth, to think differently about sth; **ich denke genauso darüber** that's
exactly what I think, I think exactly the same; **gut/
schlecht/das Beste/das Schlechteste über jdn** |*o*
von jdm| ~ to think well/ill/the best/the worst of sb;
denk nicht immer so negativ! don't be so negative
about everything! ❹ *(eingestellt sein)* **edel/engstir-
nig/kleinlich/liberal ~** to be noble-/narrow-/
petty-/liberal-minded ❺ *(sich vorstellen)* ▪ **an jdn/
etw ~** to think of sb/sth; **die viele Arbeit, ich darf
gar nicht daran ~** all that work, it doesn't bear thinking about; ▪ **daran ~, was ...** to think of what ...
❻ *(sich erinnern)* to think; **solange ich ~ kann** |for|
as long as I can remember; ▪ **an jdn/etw ~** to think
of sb/sth; **denk an die Telefonrechnung!** remem-
ber |*or* don't forget| |to pay| the telephone bill!; **die
wird noch an mich ~!** she won't forget me in a
hurry!; **wenn ich so an früher denke** when I think
|*or* cast my mind| back; ▪ **daran ~, was ...** to think of
what ...; **ich denke mit Entsetzen daran, was
damals war** I shudder to think what it was like then
❼ *(beachten)* ▪ **an etw ~** to bear in mind sth, to
think of sth ❽ *(beabsichtigen)* ▪ **an etw** *akk* ~ to
think of |*or* consider| |*or* contemplate| sth; **daran ist
gar nicht zu ~** that's |quite| out of the question; **ich
denke |gar| nicht daran!** |I'll be| damned if I will!,
not on your life! *fam*, no way |José *hum*|! *fam;* ▪ **da-
ran ~, etw zu tun** to think of |*or* consider| |*or* con-
template| doing sth; **ich denke |gar| nicht daran, es
zu tun** I don't have the least intention of doing that/
it; *(nicht im Traum)* I wouldn't dream of doing that
❾ *(im Sinn haben)* ▪ |**nur**| **an jdn/etw/sich** *akk* ~
to |only| think of sb/sth/oneself, to only have sb/sth/
oneself in mind; **nur an seinen Vorteil ~** to always
look out for number one **II.** *vt* ❶ *(überlegen)* ▪ **etw ~**
to think |*or* conceive| of sth; **was denkst du jetzt?**
what are you thinking |of|?; *(nachgrüblerisch a.)* a
penny for your thoughts?; **es ist kaum zu ~** it's hard
to imagine; **das wage ich kaum zu ~** I dare think
|about it|; **das habe ich |mir| schon lange gedacht**
I've suspected as much for quite some time ❷ *(anneh-
men, glauben)* to think; **wer hätte das |von ihr|
gedacht?** who'd have thought |*or* believed| it |of
her|?; **was sollen bloß die Leute ~!** what will
people think!; **ich habe das ja gleich gedacht!**
I |just| knew it!; **da weiß man nicht, was man – soll**
what is one supposed to make of it?; **denkste!** *(fam)*
that's what you think!; **Gutes/Schlechtes/das
Beste/das Schlechteste von jdm ~** to think well/
ill/the best/the worst of sb ❸ *(bestimmen)* ▪ **für
jdn/etw gedacht sein** to be meant |*or* intended| for
sb/sth; **so war das |aber| nicht gedacht** that wasn't
what I/he/she etc. had in mind ❹ *(sich vorstellen)*
▪ **sich** *dat* **etw ~** to imagine sth; **das kann ich mir
~|, dass ...|** I can imagine |that ...|; **den Käse musst
du dir ~!** *(hum fam)* cheese would go down well
with that, but we'll have to do without; **ich habe mir
das so gedacht: ...** this is what I had in mind: ...;
das habe ich mir gleich gedacht! I thought as
much |from the start|!; **dachte ich mir's doch!** I |just|
knew it!, I thought as much!; **das hast du dir |so|
gedacht!** that's what you think!; **wie denkst du dir
das |eigentlich|?** what's the big idea?; *s. a.* **Teil** ❺ *(be-
absichtigen)* ▪ **sich** *dat* **etw bei etw ~** to mean sth
by sth; **ich habe mir nichts Böses dabei gedacht|,
als ...|** I meant no harm |when ...|; **sie denkt sich
nichts dabei** she doesn't think anything of it
Den·ken <-s> [ˈdɛŋkn̩] *nt kein pl* ❶ *(das Überlegen)*

thinking *no pl* ❷ *(Denkweise)* |way of| thinking, rea-
soning, thought, train of thought ❸ *(Gedanken)*
thoughts *pl;* **positives ~** positive thinking ❹ *(Denk-
vermögen)* understanding; **zu klarem ~ kommen** to
start thinking clearly
Den·ker(in) <-s, -> *m(f)* thinker; *(Philosoph a.)* philosopher; *s. a.* **Volk**
Den·ker·fal·te *f meist pl (hum)* furrow on one's brow;
die Stirn in ~n ziehen to furrow one's brow |think-
ing|
Den·ke·rin <-, -nen> *f fem form von* **Denker**
Den·ker·stirn *f (hum)* lofty brow *liter*
Denk·fa·brik *f* think tank **denk·faul** *adj* |mentally|
lazy, too lazy to think *pred a. hum*; **sei nicht so ~!**
use your brain! *fam* **Denk·faul·heit** *f* |mental| lazi-
ness **Denk·feh·ler** *m* error in one's/the logic, flaw in
one's/the reasoning, fallacy *spec;* **einen ~ begehen**
|*o* **machen**| to make an error in one's logic, to commit
a fallacy *spec* **Denk·fi·gur** *f (geh)* conceived idea
Denk·hil·fe *f* clue, hint; **jdm eine ~ geben** to give sb
a clue; **jdm einen Hinweis |o Tipp| als ~ geben** to
give sb a clue; *(Gedächtnisstütze)* reminder
Denk·mal <-s, Denkmäler *o liter* -e> [ˈdɛŋkmaːl, *pl:*
ˈdɛŋkmɛːlə] *nt* ❶ *(Monument)* monument (+*gen*/**für**
+*akk* to), memorial; *(Statue)* statue; **jdm ein ~
errichten** |*o* **setzen**| to erect |*or sep* put up| a memo-
rial/statue to sb, to erect a memorial in sb's honour |*or*
AM -or| |*or* in honour of sb|; **einer S.** *dat* **ein ~ errich-
ten** |*o* **setzen**| *(fig)* to erect a monument to sth; **sich**
dat |**selbst**| |**mit etw**| **ein ~ errichten** |*o* **setzen**|
(fig) to leave a memorial |to oneself| |with |*or* in the
form of| sth| ❷ *(Zeugnis)* monument (+*gen* to)
denk·mal·ge·schützt *adj inv* ARCHIT under a preservation order BRIT, listed for preservation AM **Denk·mal·
pfle·ge** *f* preservation of |historical| monuments
Denk·mal·pfle·ger(in) *m(f)* curator of monuments
Denk·mal·schutz *m* protection of historical monuments; **unter ~ stehen** to be listed, BRIT *a.* to be under
a preservation order; *Gebäude a.* to be a listed |*or* AM
landmarked| building; **etw unter ~ stellen** to classify
sth as a|n| historical monument
Denk·mo·dell *nt* hypothesis; *(Vorstufe zur Realisie-
rung)* working hypothesis **Denk·pau·se** *f* pause for
thought; *(bei Verhandlungen etc. a.)* break; *(länger)*
adjournment; **eine ~ einlegen** to have |*or* take| a
break to think things over, to adjourn for further
thought *form* **Denk·pro·zess**RR *m* thought process
Denk·sche·ma *nt* thought pattern **Denk·schrift** *f*
memorandum *form* **Denk·sport** *m* mental exercise
|*or hum* acrobatics + *sing vb*| **Denk·sport·auf·ga·
be** *f s.* **Denkaufgabe**
denk·ste [ˈdɛŋkstə] *interj s.* **denken II. 2**
Denk·übung *f* mental exercise *no pl, no indef art*
Denk·ver·mö·gen *nt kein pl* intellectual capacity *no
art,* capacity for thought **Denk·wei·se** *f* way of thinking, mindset, mentality *a. pej;* **was ist denn das für
eine ~!** what kind of attitude is that? **denk·wür·dig**
adj memorable, notable, noteworthy *form;* **ein ~er
Tag** a memorable |*or* red-letter| day **Denk·wür·dig·
keit** *f* memorability, notability, noteworthiness *form*
Denk·zettel *m (fam)* |unpleasant| warning; **jdm
einen ~ geben** |*o* **verpassen**| to give sb a warning
|he/she/etc. won't forget in a hurry *fam*|; **das soll dir
ein ~ sein!** let that be a warning to you!
denn [ˈdɛn] **I.** *konj* ❶ *(weil)* because, for *liter;* **~ sonst**
otherwise ❷ *(jedoch)* ▪ **es sei ~, |dass|** ... unless ...
❸ *(geh: als)* than; **kräftiger/schöner/etc. ~ je**
stronger/more beautiful/etc. than ever **II.** *adv* NORDD
(fam: dann) then; **... und so passierte es ~ auch**
... and so it happened **III.** *part* ❶ *gewöhnlich nicht
übersetzt (eigentlich)* **hast du ~ immer noch nicht
genug?** have you still not had enough?; **wie geht's ~**

so? how are you [or things [then]] ?, how's it going [then]?; **wo bleibt sie ~?** where's she got to?; **was soll das ~?** what's all this [then]?; ■**wann/was/ wer/wie/wieso/wo/etc. ~?** when/what/who/ how/why/where/etc.?; *(ungläubig, trotzig)* when/ what/who/how/why/where then?; **wieso ~?** why?, how come? [or so]; **wieso ~ nicht?** why not?; *(trotzig)* why not then? ❷ *verstärkend (sonst)* ■**was/ wen/wo/wohin ~ sonst?** what/who[m *form*]/ where/where else?; *(ungläubig, trotzig a.)* what/ who[m *form*]/where/where else then?

den·noch ['dɛnɔx] *adv* still, nevertheless *form,* nonetheless *form;* **~ hat sie es versucht** yet [or but] she still tried, she tried nonetheless [or nevertheless] *form;* **und ~, …** [and] yet …

den·sel·ben I. *pron akk von* **derselbe** the same [one]; *auf männliche Personen bezogen a.* the same man/ boy/etc. II. *pron dat von* **dieselben** the same [ones] + *pl vb; auf männliche Personen bezogen a.* the same men/boys/etc. III. *pron dem akk von* **derselbe** the same … IV. *pron dem dat von* **dieselben** the same …

den·tal [dɛn'taːl] *adj* ❶ LING dental *spec; (im Englischen a.)* alveolar *spec* ❷ MED dental

Den·tal <-s, -e> [dɛn'taːl] *m* LING dental [consonant] *spec; (im Englischen a.)* alveolar [consonant] *spec*

Den·tal·hy·gi·e·ni·ker(in) [dɛn'taːlhygienike] *m(f)* [dental [or oral]] hygienist **Den·tal·la·bor** *nt* dental laboratory

De·nun·zi·ant(in) <-en, -en> [denʊn'tsi̯ant] *m(f) (pej)* informer *pej,* stool pigeon *sl*

De·nun·zi·an·ten·tum <-s> *nt kein pl (pej)* ■**das ~** informing a. *pej; (Denunzianten)* informers *pl pej*

De·nun·zi·a·ti·on <-, -en> [denʊntsi̯a'tsi̯oːn] *f (pej)* ❶ *(das Anschwärzen)* informing *no pl* a. *pej* ❷ *(denunzierende Anzeige)* denunciation

de·nun·zie·ren [denʊn'tsiːrən] *vt* ❶ *(pej: anzeigen)* ■**jdn [bei jdm] [als etw** *akk]* ~ to denounce sb [as sth] [to sb], to inform on [or against] sb ❷ *(geh: brandmarken)* ■**etw als etw** *akk* ~ to condemn [or denounce] sth as [being] sth

Deo <-s, -s> ['deːo] *nt (fam)* deodorant

De·o·do·rant <-s, -s *o* -e> [deʔodo'rant] *nt* deodorant

de·o·do·rie·rend [deʔodo'riːrənt] I. *adj* deodorizing, deodorant *attr* II. *adv* ~ **wirken** to have a deodorizing [or deodorant] effect

Deo·rol·ler *m* roll-on [deodorant] **Deo·spray** *nt o m* deodorant spray **Deo·stift** *m* deodorant stick

De·par·te·ment <-s, -s> [departə'mãː] *nt (in Frankreich)* département *spec; (in der Schweiz)* department; *(Bundesverwaltung)* ministry

De·pen·dance <-, -n> [depã'dãːs] *f* ❶ *(Nebengebäude)* annexe BRIT, annex AM ❷ *(geh: Zweigstelle)* branch

De·pe·sche <-, -n> [de'pɛʃə] *f (veraltet)* telegram BRIT, wire AM

de·pla·ciert [depla'siːɐ̯t], **de·pla·ziert**ALT [depla'tsiːɐ̯t] *adj s.* **deplatziert**

De·plas·mo·ly·se <-, -n> [deplasmo'lyːzə] *f* BIOL flaccidity

de·plat·ziertRR [depla'tsiːɐ̯t] *adj* misplaced; **sich [vollkommen]** ~ **fühlen** to feel [completely] out of place

De·po·la·ri·sa·ti·on <-, -en> [depolariza'tsi̯oːn] *f* TECH depolarization

de·po·la·ri·sie·ren [depolari'ziːrən] *vt* ■**etw ~** to depolarize sth

De·po·nie <-, -n> [depo'niː, *pl:* depo'niːən] *f* dump, disposal site

de·po·nie·ren [depo'niːrən] *vt* ❶ *(hinterlegen)* ■**etw [bei jdm/in etw** *dat]* ~ to deposit sth [with sb/in sth] ❷ *(hinstellen)* **etw auf/vor etw** *dat* ~ to deposit [or *sep* put down] sth on/in front of sth

De·por·ta·ti·on <-, -en> [depɔrta'tsi̯oːn] *f* deportation

de·por·tie·ren [depɔr'tiːrən] *vt* ■**jdn ~** to deport sb

De·por·tier·te(r) *f(m) dekl wie adj* deportee

De·po·si·ten [depo'ziːtn̩] *pl* FIN deposits *pl;* **kurzfristige ~** deposits at short notice

De·pot <-s, -s> [de'poː] *nt* ❶ *(Lager)* depot, depository ❷ *(Stahlkammer)* [bank's] strongroom ❸ *(Sammelstelle für öffentliche Verkehrsmittel)* [bus/tram] depot ❹ *(Bodensatz)* deposit, dregs *npl* ❺ SCHWEIZ *(Flaschenpfand)* deposit

Depp <-en *o* -s, -e[n]> ['dɛp] *m* SÜDD, ÖSTERR, SCHWEIZ *(fam)* twit *fam*

dep·pert ['dɛpɐt] SÜDD, ÖSTERR I. *adj (fam)* stupid; **ein ~er Kerl** a dopey [or stupid] guy, a dope II. *adv (fam)* stupidly; **sich ~ anstellen** to be stupid [or dopey]

De·pres·si·on <-, -en> [deprɛ'si̯oːn] *f* ❶ *(seelische Gedrücktheit)* depression *no pl, no indef art;* ■**~en** fits of depression ❷ FIN, POL, ÖKON depression, slackness of business

de·pres·siv [deprɛ'siːf] I. *adj* depressive; *(deprimiert)* depressed II. *adv* ~ **gestimmt/veranlagt sein** to be depressed/be prone to depression

de·pri·mie·ren [depri'miːrən] *vt* ■**jdn ~** to depress sb; **jdn richtig ~** to really get sb down

de·pri·mie·rend *adj* depressing; **~e Aussichten** black [or depressing] prospects

de·pri·miert *adj* depressed; **sei nicht so ~!** don't look so down!; **in ~er Stimmung sein** to be depressed [or in low spirits]

De·pu·tat <-[e]s, -e> [depu'taːt] *nt* SCH teaching load

De·pu·ta·ti·on <-, -en> [deputa'tsi̯oːn] *f (veraltet)* deputation + *sing/pl vb*

De·pu·tier·te(r) *f(m) dekl wie adj* deputy

der[1] ['deːɐ̯] I. *art def, maskulin, Nom Sing* ❶ *(auf eine Person, ein männliches Tier bezogen)* the; **~ Nachbar/Freund** the neighbour/friend; **~ Eber/Hengst** the boar/stallion ❷ *(allgemein auf ein Tier, eine Sache bezogen)* the; **~ Hund/Wellensittich** the dog/budgerigar; **~ Käse/Salat** the cheese/salad; **~ Tisch/Schüssel** the table/key; **~ Mai** [the month of] May ❸ *(bei verallgemeinernden Aussagen)* **~ Franzose isst gern gut** the French like to eat well ❹ *(fam: in Verbindung mit Eigennamen)* **Papa hat's mir erzählt** dad told me; **~ Andreas lässt dich grüßen** Andreas send his love II. *art def, feminin, gen sing von* **die**[1] I. ❶ *(auf eine Person, ein weibliches Tier bezogen)* **die Hände ~ Frau/Freundin** the woman's/friend's hands; **das Fell ~ Kuh/Bärin** the cow's/bear's fur ❷ *(allgemein auf ein Tier, eine Sache bezogen)* **die Augen ~ Maus** the eyes of the mouse; **die Augen ~ Katze** the cat's eyes; **die Form ~ Tasse** the cup's shape; **die Form ~ Schüssel** the shape of the bowl; **eine Frage ~ Ethik** a question of ethics ❸ *(bei verallgemeinernden Aussagen)* **die Trinkfestigkeit ~ Engländerin** the ability of the Englishwoman to hold her drink ❹ *(fam: in Verbindung mit Eigennamen)* **die Eltern/Schuhe ~ Barbara** Barbara's parents/shoes III. *art def, feminin, dat sing von* **die**[1] ❶ **mit/von ~ Nachbarin sprechen** to speak with/about the neighbour; **an ~ Tür klopfen** to knock at the door; **an ~ Decke hängen** to hang from the ceiling; **sie folgte ~ Frau/Menge** she followed the woman/crowd; **er gab ~ Großmutter den Brief** he gave his grandmother the letter, he gave the letter to his grandmother ❷ *(fam: in Verbindung mit Eigennamen)* **ich werde es ~ Silvia sagen** I'll tell Silvia IV. *art def, gen pl von* **die**[1] II. des; **die Wohnung ~ Eltern** my/his/her etc parents' flat; **das Ende ~ Ferien** the end of the holidays

der[2] ['deːɐ̯] I. *pron dem, maskulin, Nom Sing* ❶ *(auf eine Person, ein männliches Tier bezogen)* that; **~ Mann/Junge [da]** that man/boy [there]; **~ Hengst [da]** that stallion [there]; **~ weiß das doch nicht!** he doesn't know that!; ~ **Angeber!** that show-off!; ~ **mit den roten Haaren** the man [*or* one] with the red hair, that red-haired man; **dein Freund, ~ war nicht da** *(fam)* your boyfriend, he wasn't there; ~ **und joggen?** him, jogging?; ~ **hier/da** this/that man [*or* one], he; ~**, den ich meine** the man [*or* one] I mean, so-and-so ❷ *(allgemein auf ein Tier, eine Sache bezogen)* that; ~ **Hund/Wellensittich** [**da**] that dog/budgerigar [there]; ~ **Pullover/Tisch** [**da**] **gefällt mir** I like that sweater/table [there]; ~ **Baum** [**da**] that tree [there]; **beißt ~?** does he bite? II. *pron rel, maskulin, Nom Sing* who, that; **der Mann, ~ es eilig hatte** the man who was [*or* that] in a hurry; **ein Film, ~ gut ankommt** a much-acclaimed film; **der Kandidat, ~ gewählt wurde** the candidate who was chosen; **ein Roman, ~ von Millionen gelesen wurde** a novel [that has been] read by millions III. *pron dem, feminin, gen sing von* **die²** I. ❶ *(auf eine Person, ein weibliches Tier bezogen)* **die Hände ~ Frau** [**da**] that woman's hands; **das Fell ~ Kuh** [**da**] that cow's fur ❷ *(allgemein auf ein Tier, eine Sache bezogen)* **die Augen ~ Katze** [**da**] that cat's eyes; **die Form ~ Tasse** [**da**] the shape of that cup [over there] IV. *pron dem, feminin, dat sing von* **die¹** I.: **das Fahrrad gehört ~ Frau** [**da**] the bike belongs to that woman [over] there; **man muss ~ Frau** [**da**] **die Eintrittskarte vorzeigen** you have to show that woman [over] there the tickets; **mit ~ Freundin verstehe ich mich gut** I get on well with that friend; **glaub ~ bloß nicht!** don't believe her [of all people]! V. *pron dem, gen pl von* **die¹** II.: **das Verhalten ~ Leute** [**da**] the behaviour of those people [over] there; **die Farbe ~ Blüten** [**da**] the colour of those flowers [over] there VI. *pron dem o rel, maskulin, Nom Sing* ~ **dafür verantwortlich ist** the man who [*or* form he who] is responsible for that; ~ **mir das erzählt hat, hat gelogen** the man who told me that lied VII. *pron rel, feminin, dat sing von* **die²** III.: **die Kollegin, ~ ich den Brief geben soll** the colleague to whom I was supposed to give the letter; **die Freundin, mit ~ ich mich gut verstehe** the friend who I get on with so well, the friend with whom I get on so well; **die Katze, ~ er zu fressen gibt** the cat which he feeds; **die Hitze, unter ~ sie leiden** the heat they're suffering from

der·art ['de:ɐ̯ʔaːɐ̯t] *adv* ❶ *vor vb* ▪ **etw ~ tun, dass …** to do sth so much [*or* to such an extent] that …; **sich ~ benehmen, dass …** to behave so badly that …; ~ **vorbereitet trat sie zuversichtlich die Prüfung an** thus prepared[,] she confidently began the exam ❷ *vor adj* ~ **ekelhaft/heiß/etc. sein, dass …** to be so disgusting/hot/etc. that …; **sie ist eine ~ unzuverlässige Frau, dass …** she is such an unreliable woman that …

der·ar·tig ['de:ɐ̯ʔaːɐ̯tɪç] I. *adj* such; **eine ~e Frechheit** such impertinence; **bei ~en Versuchen** in such experiments [*or* experiments of that kind]; ▪ [**etwas**] **D~es** something/things like that [*or* of the kind]; [**etwas**] **D~es habe ich noch nie gesehen** I've never seen anything like it [*or* the like] II. *adv* such; **eine ~ hohe Summe, dass …** such a high sum [that …]; **ein ~ schönes Wetter**[**, dass/wie …**] such beautiful weather [that/as …]

derb ['dɛrp] I. *adj* ❶ *(grob)* coarse, rough; ~**e Manieren** rough [*or pej* uncouth] manners; ~**e Ausdrucksweise/Sprache** earthy [*or pej* crude] choice of words/language; ~**er Witz** earthy [*or pej* crude] joke ❷ *(fest)* strong; ~**es Material** tough [*or* strong] material; ~**e Schuhe** stout [*or* strong] shoes ❸ *(einfach und kräftig)* coarse II. *adv* ❶ *(heftig)* roughly; **jdn ~ anfahren** to snap at sb, to bite sb's head off *fam;* **jdn ~ anfassen** to handle sb roughly, to manhandle sb; **jdn ~ behandeln** to treat sb roughly, to give sb rough

treatment ❷ *(grob)* crudely; **sich ~ ausdrücken** to be crude; **um es ~ auszudrücken...** to put it crudely,...

Derb·heit <-, -en> *f* ❶ *(Grobheit)* coarseness, roughness; *von Manieren a.* uncouthness *pej; von Witz* earthiness *no pl,* crudeness *no pl pej; von Ausdrucksweise, Sprache a.* roughness *no pl,* earthiness *no pl* ❷ *kein pl (feste Beschaffenheit)* strength, toughness *no pl; von Schuhen a.* stoutness *no pl* ❸ *(grobe Äußerung)* **dass er sich solche ~en in ihrer Gegenwart leistet, ist ja allerhand** I'm shocked that he uses such crude language in her presence

Der·by <-s, -s> ['dɛrbi] *nt* derby *(horse race for three-year-olds)*

de·re·gu·lie·ren* [deregu'liːrən] *vt* POL, ÖKON ▪ **etw ~** *Markt, Arbeitsverhältnisse* to deregulate sth

De·re·gu·lie·rung *f* deregulation

der·einst [de:ɐ̯'ʔainst] *adv (geh)* one [*or* some] day

de·ren ['de:rən] I. *pron dem gen pl von* **der**, *s.* **die**, *s.* **das** their; ▪ **Hintermänner** the men behind them II. *pron rel* ❶ *gen sing von* **die** whose; *auf Gegenstand bezogen a.* of which ❷ *gen pl von rel pron* **der**, *s.* **die**, *s.* **das** *auf Personen bezogen* whose; *auf Sachen bezogen a.* of which

de·rent·hal·ben [de:rənt'halbṇ] *adv (veraltet),* **de·rent·we·gen** [de:rənt've:gṇ] *adv* on whose account [*or* form account [*or* because] of whom]; *auf Sachen bezogen* because [*or* on account] of which **de·rent·wil·len** ['de:rənt'vɪlən] *adv* ▪ **um ~** *auf Person bezogen* for whose sake [*or* form the sake of whom]; *auf Sachen bezogen* for the sake of which

de·rer ['de:re] *pron gen pl von dem pron* **der**, *s.* **die**, *s.* **das** ❶ *(derjenigen)* ▪ ~**, die …** of those who … ❷ *(geh: der Herren und Frauen)* ▪ **das Geschlecht ~ von Werringen** the von Werringen family

der·ge·stalt ['de:ɐ̯gəʃtalt] *adv (geh)* thus *form;* ▪ **etw ~ tun, dass …** to do sth so much [*or* to such an extent] that …

der·glei·chen [de:ɐ̯'glaiçn] *pron dem, inv* ❶ *adjektivisch* such, like that *pred,* of that kind *pred* ❷ *substantivisch* that sort of thing; **nichts ~** nothing like it [*or* of that kind]; ▪ **~ ist mir noch nicht passiert** I've never seen the like; **ich will nichts ~ hören!** I don't want to hear any of it; ▪ **und ~** [**mehr**] and suchlike

De·ri·vat <-[e]s, -e> [deri'vaːt] *nt* CHEM, LING derivative

De·ri·va·tiv <-s, -e> [deriva'tiːf, *pl:* deriva'tiːvə] *nt* LING derivative

der·je·ni·ge ['de:ɐ̯je:nɪgə], **die·je·ni·ge** ['diːje:nɪgə], **das·je·ni·ge** <*gen:* desjenigen, derjenigen, desjenigen, *pl:* derjenigen; *dat:* demjenigen, derjenigen, demjenigen, *pl:* denjenigen; *akk:* denjenigen, diejenige, dasjenige, *pl:* diejenigen> ['dasje:nɪgə] *pron dem* ❶ *substantivisch (Nominativ)* ▪ ~**, der/den …/diejenige, die …** *auf Personen bezogen* the one [*or* he/she] who [*or* that] /who[m *form*] [*or* that] …; *auf Sachen bezogen* the one that [*or* which] …; ▪ **diejenigen/denjenigen, die …** *auf Personen bezogen* the ones [*or* they] who [*or* that] /who[m *form*] [*or* that] …; *auf Gegenstände bezogen* the ones which [*or* that] …; **ist das ~, welcher …/diejenige, welche …?** *(fam)* is[n't] that the one who …?; **ach, ~, welcher!** oh, him!; **etwa diejenige, welche?** you mean her? ❷ *adjektivisch (geh)* that; ~ **Mann, der …** that man who …

der·lei ['de:ɐ̯lai] *pron inv* such, that kind of, like that *pred;* ~ **Worte sollte man für sich behalten** such words should be kept to oneself

der·ma·ßen ['de:ɐ̯maːsṇ] *adv* **eine ~ lächerliche Frage** such a ridiculous question; ~ **schön, dass …** so beautiful that …; **jdn ~ unter Druck setzen, dass …** to put sb under so much pressure that …; **jdn**

D

~ misshandeln, dass ... to abuse sb so badly that ...

Der·ma·to·lo·ge, Der·ma·to·lo·gin <-n, -n> [dɛrma-to'loːgə, -'loːgɪn] *m, f* dermatologist

Der·ma·to·lo·gie <-> [dɛrmatolo'giː] *f kein pl* ■ **die ~** dermatology

Der·ma·to·lo·gin <-, -nen> [dɛrmato'loːgɪn] *f fem form von* **Dermatologe**

der·sel·be [deːɐ̯'zɛlbə], **die·sel·be** [diː'zɛlbə], **das·sel·be** <*gen:* desselben, derselben, desselben, *pl:* derselben; *dat:* demselben, derselben, demselben, *pl:* denselben; *akk:* denselben, dieselbe, dasselbe, *pl:* dieselben> [das'zɛlbə] *pron dem* ❶ *(ebender, ebendie, ebendas)* ■ **~ + Substantiv** the same + *noun* ❷ *substantivisch (fam)* the same; **ein und ~** one and the same; **nicht schon wieder dasselbe!** not this [stuff *fam*] again!; **sie fallen immer auf dasselbe rein** they're always falling for the same things; **immer dieselben kriegen den Ärger** it's always the same people who get into trouble; **noch mal dasselbe, bitte!** *(fam)* [the] same again please!; **es sind immer dieselben, die ...** it's always the same ones [*or* people] who [*or* that] ...

der·wei·l(en) [deːɐ̯'vail(ən)] **I.** *adv* meanwhile, in the meantime **II.** *konj (veraltend)* while, whilst

Der·wisch <-es, -e> ['dɛrvɪʃ] *m* dervish

der·zeit ['deːɐ̯tsait] *adv* SÜDD, ÖSTERR at present [*or* the moment]

der·zei·tig ['deːɐ̯tsaitɪç] *adj attr* present; *(aktuell a.)* current

des[1] ['dɛs] *pron def gen von* **der**, *s.* **das** *siehe auch* Substantive **das Aussehen ~ Kindes/Mannes** the child's/man's appearance; **ein Zeichen ~ Unbehagens** a sign of uneasiness; **das ständige Krähen ~ Hahnes** the constant crowing of the cock [*or* cock's constant crowing]

des[2] <-> *nt*, **Des** <-> ['dɛs] *nt kein pl* MUS ■ **das ~** D flat

De·sas·ter <-s, -> [de'zastɐ] *nt* disaster, calamity; **mit einem ~ enden** to end in disaster [*or* calamity]

de·sas·trös *adj (geh)* disastrous, catastrophic

de·sen·si·bi·li·sie·ren [dezɛnzibili'ziːrən] *vt* MED ■ **jdn [gegen etw] ~** to desensitize sb [against sth]

De·ser·teur(in) <-s, -e> [dezɛr'tøːɐ] *m(f)* MIL deserter

de·ser·tie·ren [dezɛr'tiːrən] *vi sein o selten: haben* MIL ■ **[von etw] ~** to desert [sth]; ■ **zu jdm ~** to desert [*or* go over] to sb

De·ser·ti·on <-, -en> [dezɛr'tsi̯oːn] *f* MIL desertion

des·glei·chen [dɛs'glaiçn̩] *adv* likewise, also; **er ist Mitglied dieser Kirche, seine Verwandten ~** he's a member of this church, as are his family

des·halb ['dɛs'halp] *adv* ❶ *(daher)* therefore ❷ *(aus dem Grunde)* because of it; **~ frage ich ja** that's why I'm asking; **also ~! ~ also!** so that's why! [*or* the reason!]; **ich bin ~ hergekommen, weil ich dich sprechen wollte** what I came here for was to speak to you, the reason I came here was that I wanted to speak to you

De·sign <-s, -s> [di'zain] *nt* design; MODE *a.* cut

de·si·gnen [di'zainən] *vt* ■ **etw ~** to design sth

De·si·gner(in) <-s, -> [di'zainɐ] *m(f)* designer

De·si·gner·dro·ge *f* designer drug

De·si·gne·rin <-, -nen> [de'zainɛrɪn] *f fem form von* **Designer**

De·si·gner·mö·bel *nt meist pl* designer furniture *no pl* **De·si·gner·mo·de** *f kein pl* designer fashion

de·si·gniert [dezɪ'gniːrt] *adj attr* designated

des·il·lu·si·o·nie·ren [dɛs'ɪluzio'niːrən, dezɪlu-] *vt* ■ **jdn ~** to disillusion sb

Des·il·lu·si·o·nie·rung <-, -en> *f* disillusion[ment]

Des·in·fek·ti·on <-, -en> [dɛs'ɪnfɛk'tsi̯oːn, dezɪn-fɛk'tsi̯oːn] *f* disinfection

Des·in·fek·ti·ons·mit·tel *nt* disinfectant; *(für Wunden a.)* antiseptic **Des·in·fek·ti·ons·spray** *nt* disinfectant spray

des·in·fi·zie·ren [dɛs'ɪnfi'tsiːrən, dezɪnfi'tsiːrən] *vt* ■ **etw ~** to disinfect sth; **Instrumente ~** to sterilize instruments

Des·in·fi·zie·rung <-, -en> *f s.* **Desinfektion**

Des·in·for·ma·ti·on [dɛs'ɪnfɔrma'tsi̯oːn, dezɪnfɔr-ma'tsi̯oːn] *f* disinformation *no pl, no indef art*

Des·in·for·ma·ti·ons·kam·pa·gne *f* disinformation campaign, campaign of disinformation

Des·in·te·gra·ti·on [dɛs'ɪntegra'tsi̯oːn, dezɪntegra-'tsi̯oːn] *f (geh)* disintegration

Des·in·ter·es·se ['dɛs'ɪntərɛsə, 'dezɪntərɛsə] *nt* lack of interest, indifference; ■ **jds ~ an [o an jdm/etw]** sb's lack of interest [for sb/in sth] [*or* indifference [towards sb/sth]]; **sein ~ an etw** *dat* **bekunden** [*o* **zeigen**] to demonstrate one's indifference [*or* lack of interest in] sth; **auf ~ stoßen** to meet with indifference

des·in·ter·es·siert ['dɛs'ɪntərɛsiːɐ̯t, dezɪntɛrɛsiːɐ̯t] *adj* uninterested, indifferent; **ein ~es Gesicht** a bored face; ■ **an jdm/etw ~ sein** to be uninterested in [*or* indifferent to] sb/sth

Desk·top·Pu·bli·shing[RR], **Desk·top pu·bli·shing**[ALT] <-> ['dɛsktɔp-pablɪʃɪŋ] *nt kein pl* ■ **[das] ~** desktop publishing, DTP

des·o·do·rie·ren [dɛs'ɔdo'riːrən, dezodo'riːrən] *vt s.* **desodorisieren**

de·so·lat [dezo'laːt] *adj (geh)* ❶ *(trostlos)* bleak ❷ *(verzweifelt)* wretched, desperate

des·ori·en·tiert [dɛs'ɔri̯ɛn'tiːɐ̯t, dezɔ-] *adj inv* disorientated

Des·ori·en·tie·rung [dɛs'ɔ-, dezɔ-] *f* ❶ *(Verwirrung)* disorientation, confusion ❷ *(Störung der Orientierungsfähigkeit)* disorientation

Des·oxy·ri·bo·nuk·le·in·säu·re [dɛs'ɔksyribonuk-le'iːn-, dezɔksy-] *f* ■ **die ~** deoxyrybonucleic acid *spec*, DNA *spec*

de·spek·tier·lich [despɛk'tiːɐ̯lɪç] *adj (geh)* disrespectful; *(stärker)* contemptuous

De·spe·ra·do <-s, -s> [dɛspe'raːdo] *m (geh)* desperado

Des·pot(in) <-en, -en> [dɛs'poːt] *m(f)* despot, tyrant

des·po·tisch [dɛs'poːtɪʃ] **I.** *adj* despotic, tyrannical **II.** *adv* despotically, tyrannically; **sich ~ aufführen** to domineer

des·sel·ben [dɛs'zɛlbn̩] *pron gen von* **derselbe** *s.* **dasselbe**

des·sen ['dɛsn̩] **I.** *pron dem gen von* **der**[2], *s.* **der** his/its; **~ ungeachtet** *(geh)* nevertheless form, nonetheless *form*, notwithstanding this *form* **II.** *pron rel gen von* **der**, *s.* **das**[2] whose; *(von Sachen a.)* of which

des·sent·wil·len ['dɛsn̩t'vɪlən] *adv* **um ~** for whose sake [*or form* the sake of whom]

des·sen·un·ge·ach·tet[ALT] *adv (geh) s.* **dessen I.**

Des·sert <-s, -s> [dɛ'seːɐ, dɛ'sɛːɐ] *nt* dessert; **was gibt es zum ~?** what's for dessert? [*or* BRIT *a.* pudding] [*or* fam BRIT *a.* afters]

Des·sert·tel·ler *m* dessert plate

Des·sin <-s, -s> [dɛ'sɛ̃ː] *nt* MODE pattern, design; *von Vorhängen a.* print

Des·sous <-, -> [dɛ'suː, *pl:* dɛ'suːs] *nt meist pl* undergarment, underwear *no pl, no art*

de·sta·bi·li·sie·ren [destabili'ziːrən] *vt* ■ **etw ~** to destabilize sth

De·stil·lat <-[e]s, -e> [dɛstɪ'laːt] *nt* CHEM distillation, distillate *spec*

De·stil·la·ti·on <-, -en> [dɛstɪla'tsi̯oːn] *f* ❶ *(Brennen)* distillation ❷ CHEM distillation

de·stil·lie·ren [dɛstɪ'liːrən] *vt* CHEM ■ **etw ~** to distil [*or* AM -ll] sth

De·stil·lier·kol·ben *m* CHEM distilling [*or* distillation] flask [*or* retort]

des·to [ˈdɛsto] *konj* ~ **besser** all the better; ~ **eher** the earlier; ~ **schlimmer!** so much the worse!; *s. a.* je

de·struk·tiv [dɛstrʊkˈtiːf] *adj* destructive

des·we·gen [ˈdɛsˈveːgn̩] *adv s.* Deshalb

De·szen·dent <-en, -en> [dɛstsɛnˈdɛnt] *m* ASTROL descendant

De·tail <-s, -s> [deˈtai, deˈtaːi] *nt* detail; ■ **die ~s** the details [*or* particulars]; **im ~** in detail; **die Schwierigkeiten liegen im ~** it's the details that are most difficult; **in allen ~s** in the greatest detail; **etw in allen ~s berichten** to report sth in full detail, to give a fully detailed account of sth; **ins ~ gehen** to go into detail[s]; *(sich daranmachen)* to get down to details

De·tail·fra·ge [deˈtai-] *f* question of detail **de·tail·genau** [deˈtai-] *adj* down to the last detail **De·tail·kennt·nis·se** [deˈtai-] *pl* detailed knowledge *no pl, no indef art*

de·tail·lie·ren [detaˈjiːrən] *vt* ■ [jdm] **etw ~** to give [sb] full details [*or* particulars] of [*or* to specify] sth; [jdm] **etw genauer** [*o* **näher**] **~** to give [sb] more [*or* fuller] details of sth, to specify sth more precisely, to expand [up]on sth

de·tail·liert [detaˈjiːɐt] **I.** *adj* detailed; **~e Angaben** details, particulars; **nicht ~ genug sein** to be lacking in detail **II.** *adv* in detail; **etw ~ beschreiben** to describe sth in detail, to give a detailed description of sth; **etw ~ erklären** to explain sth in detail, to expound sth *form*

De·tail·liert·heit <-> *f kein pl* detail; **in aller ~** in the greatest detail; **etw in aller ~ berichten** to report sth in full detail

De·tail·list[in] <-en, -en> [detaˈjɪst] *m(f)* SCHWEIZ *s.* Einzelhändler

De·tek·tei <-, -en> [detɛkˈtai] *f* [private] detective agency, firm of [private] investigators; „~ **Schlupps & Partner"** "Schlupps & Partners, Private Investigators"

De·tek·tiv[in] <-s, -e> [detɛkˈtiːf, *pl:* detɛkˈtiːvə] *m(f)* ❶ *(Privat~)* private investigator [*or* detective] [*or fam* eye], AM *a.* gumshoe *fam* ❷ *(Zivilfahnder)* plainclothes policeman

De·tek·tiv·bü·ro *nt s.* Detektei

De·tek·ti·vin <-, -nen> [detɛkˈtiːvɪn] *f fem form von* Detektiv

de·tek·ti·visch [detɛkˈtiːvɪʃ] **I.** *adj* **~e Kleinarbeit** detailed detection work; **~er Scharfsinn** a detective's keen perception **II.** *adv* like a detective

De·tek·tiv·ro·man *m* detective novel; *(bes. mit Mörder)* whodun[n]it *fam*

De·ter·mi·nan·te <-, -n> [detɛrmiˈnantə] *f (geh)* determinant

de·ter·mi·nie·ren [detɛrmiˈniːrən] *vt (geh)* ■ **etw ~** to determine sth; **etw** [**im Voraus**] **~** to [pre]determine sth *form*

De·ter·mi·nis·mus <-> [detɛrmiˈnɪsmʊs] *m kein pl* PHILOS ■ **der ~** determinism

de·ter·mi·nis·tisch *adj* PHILOS deterministic *spec*

De·to·na·ti·on <-, -en> [detonaˈtsi̯oːn] *f* explosion; *(nur hörbar vernommen a.)* blast; **die ~ der Bombe** the bomb blast; **etw zur ~ bringen** to detonate sth

de·to·nie·ren [detoˈniːrən] *vi sein* to explode, to detonate

De·tri·tus <-> [deˈtriːtʊs] *m kein pl* BIOL detritus *no pl*

De·tri·tus·fres·ser *m* BIOL deposit feeder

Deu·bel <-s, -> [ˈdɔybl̩] *m* DIAL *s.* Teufel

deucht [ˈdɔyçt] *(veraltet)* 3. *pers sing von* dünken

De·us ex Ma·chi·na^RR <- - -, Dei - -> [ˈdeːʊs ɛks ˈmaxina, *pl:* ˈdeːi -] *m (geh)* deus ex machina *liter*

Deut [ˈdɔyt] *m (bisschen, das Geringste) meist in Verbindung mit Verneinung* **keinen** [*o* **nicht einen**] **~ wert sein** to be not worth tuppence [*or* AM diddly] *fam;* **um keinen ~** [**besser**] not one bit [*or form* whit] [*or fam* a jot] [better]; **daran ist kein ~**

wahr there's not a grain of truth in it; **sie versteht nicht einen ~ davon** she doesn't know the first thing about it

deut·bar *adj* interpretable; **kaum/nicht ~** [**sein**] [to be] difficult/impossible to interpret *pred;* **es ist nicht anders** [**als so**] **~** it cannot be explained in any other way

deu·teln [ˈdɔytl̩n] *vi (geh)* ■ **an etw** *dat* **~** to quibble over sth *pej;* **daran gibt es nichts zu ~!** there are no ifs and buts about it!

deu·ten [ˈdɔytn̩] **I.** *vt* ■ [jdm] **etw ~** to interpret sth [for sb]; **die Zukunft/jdm die Zukunft ~** to read the/ sb's future; **etw falsch ~** to misinterpret sth; ■ **sich** *dat* **etw** [**von jdm**] **~ lassen** to have sth interpreted [by sb]; **sich** *dat* **die Zukunft** [**von jdm**] **~ lassen** to have one's future read [by sb], to get sb to read one's future **II.** *vi* ❶ *(zeigen)* ■ [**mit etw**] **auf jdn/etw ~** to point [sth] at sb/sth; **mit dem** [**Zeige**]**finger auf jdn/ etw ~** to point [one's finger] at sb/sth ❷ *(hinweisen)* ■ **auf jdn/etw ~** to point to sb/sth; **alles deutet auf Frost** everything points to frost, all the signs are that there's going to be frost; **alles deutet darauf** [**hin**], **dass …** all the indications are that …, everything indicates that …, there is every indication that …

deut·lich [ˈdɔytlɪç] **I.** *adj* ❶ *(klar)* clear; [**un**]**~e Schrift** [il]legible writing; **~e Umrisse** distinct [*or* clear] [*or* sharp] outlines; [jdm] **~ werden** to become clear [to sb] ❷ *(eindeutig)* clear; **das war ~!** that was clear [*or* plain] enough!; **~ werden** to make oneself clear [*or* plain], to use words of one syllable *a. iron;* **muss ich ~er werden?** have I not made myself clear [enough]?; **ich hoffe, ich muss nicht ~er werden!** I hope I won't have to spell it out **II.** *adv* ❶ *(klar)* clearly, plainly; **etw ~ fühlen** to distinctly feel sth; **~ sprechen** to speak clearly [*or* distinctly]; **etw ~ zeichnen** to draw sth in sharp detail/contrast ❷ *(eindeutig)* clearly, plainly; **sich ~ ausdrücken** to make oneself clear [*or* plain]; **~ fühlen, dass …** to have the distinct feeling that …

Deut·lich·keit <-, -en> *f* ❶ *kein pl (Klarheit)* clarity; *von Schrift* legibility; *von Zeichnung* sharp contrast [*or* detail]; **in** [*o* **mit**] **aller ~** in all clarity [*or* its/their detail] ❷ *(Eindeutigkeit)* plainness; [jdm] **etw in** [*o* **mit**] **aller ~ sagen** [*o* **zu verstehen geben**] to make sth perfectly clear [*or* plain] [to sb]; **jdm in** [*o* **mit**] **aller ~ zu verstehen geben, dass …** to make it perfectly clear [*or* plain] to sb that …

deutsch [ˈdɔytʃ] *adj* ❶ *(Deutschland betreffend)* German; **~er Abstammung sein** to be of German origin; **~e Gründlichkeit** German [*or* Teutonic] thoroughness [*or* efficiency]; **die ~e Sprache** German, the German language; **die ~e Staatsbürgerschaft besitzen** [*o* **haben**] to have German citizenship, to be a German citizen; **das ~e Volk** the Germans, the German people[s *pl*]; **die ~e Wiedervereinigung** German Reunification, the reunification of Germany; **~ denken** to have a [very] German way of thinking; **typisch ~ sein** to be typically German ❷ LING German; **die ~e Schweiz** German-speaking Switzerland; **~ sprechen** to speak [in] German; **~ sprechen können** to [be able to] speak German; **etw ~ aussprechen** to pronounce sth with a German accent, to give sth a German pronunciation ▶ WENDUNGEN: **mit jdm ~ reden** [*o* **sprechen**] *(fam)* to be blunt with sb, to speak bluntly with sb

Deutsch [ˈdɔytʃ] *nt dekl wie adj* ❶ LING German; **können Sie ~?** do you speak/understand German?; **~ lernen/sprechen** to learn/speak German; **er spricht akzentfrei ~** he speaks German without an accent; **sie spricht fließend ~** she speaks German fluently, her German is fluent; **er spricht ein sehr gepflegtes ~** his German is very refined; **~ verstehen/kein**

~ verstehen to understand/not understand [a word of [*or* any]] German; **~ sprechend** German-speaking, who speak/speaks German; **auf ~** in German; **sich auf ~ unterhalten** to speak [*or* converse] in German; **etw auf ~ sagen/aussprechen** to say/pronounce sth in German; **in ~ abgefasst sein** *(geh)* to be written in German; **etw in ~ schreiben** to write sth in German; **zu ~** in German ➋ *(Fach)* German; **~ unterrichten** [*o* geben] to teach German ▸ WENDUNGEN: **auf gut ~** [gesagt] *(fam)* in plain English; **nicht mehr ~** [*o* kein ~ mehr] verstehen *(fam)* to not understand plain English

Deut·sche <-n> *nt* ■das ~ German, the German language; **etw ins ~/aus dem** [*o* vom] **~n ins Englische übersetzen** to translate sth into German/from [the] German into English; **die Aussprache des ~n** German pronunciation, the pronunciation of German words

Deut·sche(r) *f(m) dekl wie adj* German; **er hat eine ~ geheiratet** he married a German [woman]; ■die ~n the Germans; **~ sein** to be [a] German, to be from Germany; [schon] **ein halber ~r sein** to be German by formation

Deut·sche De·mo·kra·ti·sche Re·pu·blik *f* POL *(hist)* German Democratic Republic

Deut·schen·feind(in) *m(f)* anti-German; *(krankhaft a.)* Germanophobe *form; (im Krieg)* enemy of the Germans [*or* Germany] **Deut·schen·freund(in)** *m(f)* pro-German, Germanophile *form,* German-lover *a. pej; (im Krieg)* friend of the German people **deutsch·eng·lisch** *adj* ➊ POL Anglo-German ➋ LING German-English, English-German **Deut·schen·hass**[RR] *m* Germanophobia *form,* hatred of Germany [*or* the Germans] **Deut·schen·has·ser(in)** <-s, -> *m(f)* German-hater, Germanophobe *form*

Deut·scher Ak·ti·en·in·dex® *m* German share index

deutsch·feind·lich *adj* anti-German, Germanophobic *form* **Deutsch·feind·lich·keit** *f* hostility to Germany, Germanophobia *form* **deutsch·fran·zö·sisch** *adj* ➊ POL Franco-German ➋ LING German-French, French-German **deutsch·freund·lich** *adj* pro-German, Germanophile *form,* German-loving *attr a. pej* **Deutsch·freund·lich·keit** *f* love of Germany, Germanophilia *form*

Deutsch·land <-s> ['dɔytʃlant] *nt* Germany; **aus ~ kommen** to come from Germany; **in ~ leben** to live in Germany

Deutsch·land·fra·ge *f* HIST ■die ~ the German question **Deutsch·land·lied** *nt* ■das ~ the German national anthem **Deutsch·land·po·li·tik** *f (innerdeutsche Politik)* [German] home affairs [*or* AM domestic policy]; *(gegenüber Deutschland)* policy on [*or* towards] Germany

Deutsch·leh·rer(in) ['dɔytʃleːrɐ] *m(f)* German teacher **deutsch·na·ti·o·nal** *adj* HIST German National; ■**~ sein** to be a German National **Deutsch·or·dens·rit·ter** [dɔytʃˈʔɔrdn̩srɪtɐ] *m* HIST Teutonic Knight **deutsch·rus·sisch** *adj* ➊ POL Russo-German ➋ LING Russian-German, German-Russian **Deutsch·schweiz** *f* ■die ~ German-speaking Switzerland **Deutsch·schwei·zer(in)** *m(f)* German Swiss; ■die ~ the German Swiss + *pl vb* **deutsch·schwei·ze·risch** ['dɔytʃʃvaitsərɪʃ] *adj* German-Swiss **deutsch·spa·nisch** *adj* German-Spanish, Spanish-German **deutsch·spra·chig** ['dɔytʃʃpraːxɪç] *adj* ➊ *(Deutsch sprechend)* German-speaking *attr;* ■**~ sein** to speak German ➋ *(in deutscher Sprache)* German[-language] *attr;* **~e Literatur** German literature; **~er Unterricht** lessons given in German; ■**~ sein** to be in German; *Unterricht a.* to be given in German **deutsch·sprach·lich** ['dɔytʃʃpraːxlɪç] *adj* German *attr;* **der ~e Unterricht** German, the Ger-

man lesson **deutsch·spre·chend** *adj attr* German-speaking **deutsch·stäm·mig** *adj* of German origin [*or* stock] *pred* **Deutsch·stäm·mi·ge(r)** *f(m) dekl wie adj* ethnic German

Deutsch·tum <-s> ['dɔytʃtuːm] *nt kein pl* Germanness; *(Kultur)* German culture

Deu·tung <-, -en> ['dɔytʊŋ] *f* ➊ *(das Deuten)* interpretation; *(Erläuterung)* explanation; *von Horoskop, Zukunft* reading ➋ *(Interpretation)* interpretation; *von Text a.* exegesis *spec;* **eine falsche ~** a misinterpretation

Deu·tungs·ho·heit *f kein pl* SOZIOL *(geh)* sovereignty of interpretation **Deu·tungs·ver·such** *m* attempt at an interpretation; **einen ~ machen** [*o geh:* unternehmen] to attempt an interpretation

De·vi·se <-, -n> [deˈviːzə] *f* ➊ maxim, motto; ■nach der ~... according to the motto...; **nach der ~: der Zweck heiligt die Mittel** as the saying goes: the end justifies the means ➋ *pl* FIN foreign exchange [*or* currency] *no pl, no indef art; (Wechsel)* foreign bills *pl* [of exchange]

De·vi·sen·be·schrän·kun·gen *pl* foreign exchange [*or* currency-control] [*or* exchange-control] restrictions *pl* **De·vi·sen·be·stim·mun·gen** *pl* foreign exchange control regulations *pl* **De·vi·sen·brin·ger** <-s, -> *m (fam)* foreign-exchange earner, earner of foreign exchange [*or* currency] **De·vi·sen·ge·schäft** *nt* ■das ~ foreign exchange dealing **De·vi·sen·han·del** *m* ■der ~ foreign currency [*or* exchange] dealings *npl,* sale and purchase of currencies *form* **De·vi·sen·knapp·heit** *f* shortage of foreign exchange **De·vi·sen·kurs** *m* [foreign] exchange rate, rate of exchange **De·vi·sen·markt** *m* foreign exchange market **De·vi·sen·re·ser·ven** *pl* foreign exchange [*or* currency] reserves *pl* **De·vi·sen·schmug·gel** *m kein pl* currency smuggling *no pl* **de·vi·sen·schwach** *adj* with limited foreign currency reserves *pred,* soft-currency *attr spec* **de·vi·sen·stark** *adj* hard-currency *attr spec* **De·vi·sen·ver·ge·hen** *nt* breach [*or* violation] of exchange control regulations

devot [deˈvoːt] *adj (pej geh)* obsequious *pej form*

De·vo·ti·o·na·li·en [devotsi̯oˈnaːli̯ən] *pl* REL devotional objects [*or* articles]

Dex·tro·se <-> [dɛksˈtroːzə] *f kein pl* CHEM dextrose *spec,* dextroglucose *spec*

De·zem·ber <-s, -> [deˈtsɛmbɐ] *m* December; *s. a.* **Februar**

de·zent [deˈtsɛnt] **I.** *adj* ➊ *(unaufdringlich)* discreet; **~e Farbe** subdued [*or* discreet] colour [*or* AM -or]; **~e Kleidung** modest [*or* discreet] wear ➋ *(zurückhaltend)* discreet **II.** *adv* ➊ *(unaufdringlich)* discreetly; **sich ~ kleiden** to dress modestly [*or* discreetly] ➋ *(zurückhaltend)* discreetly

de·zen·tral [detsɛnˈtraːl] **I.** *adj* decentralized **II.** *adv* **etw ~ entsorgen** to send sth to a decentralized disposal system; **etw ~ versorgen** to supply sth from decentralized outlets; **etw ~ verwalten** to govern sth in a decentralized system

de·zen·tra·li·sie·ren' [detsɛntraliˈziːrən] *vt* ■**etw ~** to decentralize sth

De·zen·tra·li·sie·rung <-, -en> *f* decentralization; ■**die ~ einer S.** *gen* the decentralization of sth **De·zer·nat** <-[e]s, -e> [detsɛrˈnaːt] *nt* department **De·zer·nent(in)** <-en, -en> [detsɛrˈnɛnt] *m(f)* department head

De·zi·bel <-s, -> [detsiˈbɛl] *nt* PHYS decibel **de·zi·diert** [detsiˈdiːɐt] **I.** *adj bes* ÖSTERR *(geh)* determined, firm **II.** *adv bes* ÖSTERR *(geh)* firmly, with determination

De·zi·gramm [detsiˈgram] *nt* decigram[me] **De·zi·li·ter** [detsiˈliːtɐ] *m o nt* decilitre [*or* AM -er] *spec* **de·zi·mal** [detsiˈmaːl] *adj* decimal

De·zi·mal·rech·nung *f kein pl* MATH decimals *pl* **De·zi·mal·stel·le** *f* decimal place; **auf 5 ~n genau** correct to 5 decimal places **De·zi·mal·sys·tem** *nt* ■ **das ~** the decimal system **De·zi·mal·zahl** *f* decimal number; *(zwischen 0 und 1 a.)* decimal fraction

De·zi·me <-, -n> [deˈtsiːmə] *f* MUS tenth

De·zi·me·ter [ˈdeːtsimeːtɐ] *m o nt* decimetre [*or* AM -er] *spec*

de·zi·mie·ren [detsiˈmiːrən] *vt* ■ **etw ~** to decimate sth

De·zi·mie·rung <-, -en> *f* decimation (+*gen* of), the decimation of sth

DFB [deːʔɛfˈbeː] *m* SPORT *Abk von* **Deutscher Fußball-Bund** ≈ FA BRIT, ≈ US Soccer [Federation] AM

DFÜ <-> [deːʔɛfˈyː] *f kein pl Abk von* **Datenfernübertragung**

DGB <-s> [deːgeːˈbeː] *m Abk von* **Deutscher Gewerkschaftsbund**: ■ **der ~** the Federation of German Trade Unions

dgl. *pron Abk von* **dergleichen** *Abk von* **desgleichen**

d. Gr. *Abk von* **der Große** *Abk von* **groß I. 14**

d.h. *Abk von* **das heißt** i.e.

Dha·ka <-s> [ˈdaka] *nt* Dhaka, Dacca

Dia <-s, -s> [ˈdiːa] *nt* slide, [positive *form*] transparency, diapositive *spec*

Di·a·be·tes <-> [diaˈbeːtɛs] *m kein pl* MED diabetes [mellitus *spec*]

Di·a·be·ti·ker(in) <-s, -> [diaˈbeːtike] *m(f)* MED diabetic

di·a·be·tisch [diaˈbeːtɪʃ] MED **I.** *adj* diabetic; **ein ~er Mensch** a diabetic **II.** *adv* **~ bedingt** [**sein**] [to be] caused by diabetes *pred*

di·a·bo·lisch [diaˈboːlɪʃ] *(geh)* **I.** *adj* ❶ *(boshaft)* evil, malicious ❷ *(teuflisch)* diabolical, diabolic, fiendish **II.** *adv* ❶ *(boshaft)* evilly, maliciously ❷ *(teuflisch)* diabolically, fiendishly

di·a·chro·nisch [diaˈkroːnɪʃ] *adj* LING diachronic

Di·a·dem <-s, -e> [diaˈdeːm] *nt* diadem; *(für Frau a.)* tiara

Di·a·do·chen [diaˈdɔxən] *pl* ■ **die ~** ❶ HIST the Diadochi *spec* ❷ *(fig geh)* rivals in a power struggle

Di·a·do·chen·kämp·fe *pl (geh)* power struggle

Di·a·gno·se <-, -n> [diaˈknoːzə] *f* diagnosis; **eine ~ stellen** to make a diagnosis

Di·a·gno·se·zen·trum *nt* diagnostic centre [*or* AM -er]

Di·a·gnos·tik <-> [diaˈgnɔstɪk] *f kein pl* MED ■ **die ~** diagnostics + *sing vb spec;* **die ~ von Tumoren** the diagnosis of tumours [*or* AM -ors]

di·a·gnos·tisch [diaˈgnɔstɪʃ] *adj* MED diagnostic

di·a·gnos·ti·zie·ren [diagnɔstiˈtsiːrən] *vt* ■ **etw [bei jdm] ~** to diagnose sth [in sb]

di·a·go·nal [diagoˈnaːl] *adj* diagonal; **eine ~e Gerade** a diagonal [line]

Di·a·go·na·le <-, -n> [diagoˈnaːlə] *f* diagonal [line]

Di·a·gramm <-s, -e> [diaˈgram] *nt* graph, chart, diagram

Di·a·kon(in) <-s *o* -en, -e[n]> [diaˈkoːn] *m(f)* REL deacon

Di·a·ko·nat <-[e]s, -e> [diakoˈnaːt] *nt* REL diaconate

Di·a·ko·nie <-> [diakoˈniː] *f kein pl* REL ■ **die ~** social welfare work

Di·a·ko·nin <-, -nen> [diaˈkoːnɪn] *f fem form von* **Diakon**

Di·a·ko·nis·se <-, -n> [diakoˈnɪsə] *f,* **Di·a·ko·nis·sin** <-, -nen> [diakoˈnɪsɪn] *f* REL deaconess

di·a·kri·tisch [diaˈkriːtɪʃ] *adj* diacritic; **ein ~es Zeichen** a diacritical mark

Di·a·lekt <-[e]s, -e> [diaˈlɛkt] *m* dialect

di·a·lek·tal [dialɛkˈtaːl] *adj* dialectal

Di·a·lekt·aus·druck *m* dialect expression

Di·a·lek·tik <-> [diaˈlɛktɪk] *f kein pl* dialectic, dialectics + *sing vb*

di·a·lek·tisch [diaˈlɛltɪʃ] *adj* ❶ PHILOS dialectical ❷ LING

s. **dialektal**

Di·a·log <-[e]s, -e> [diaˈloːk, *pl:* diaˈloːgə] *m (geh)* dialogue [*or* AM -og]; **interessanter ~** interesting discussion; **in einen ~ [über etw] eintreten** to discuss [sth], to enter into discussion [about sth]; **mit jdm einen ~ führen** to have a discussion with sb

Di·a·log·be·reit·schaft *f kein pl* openness to dialogue

Di·a·log·be·trieb *m* INFORM dialogue, interactive [*or* conversational] mode; **im ~** online **Di·a·log·fä·hig·keit** *f kein pl* openness to dialogue

Di·a·ly·se <-, -n> [diaˈlyːzə] *f* dialysis

Di·a·mant <-en, -en> [diaˈmant] *m* diamond; **geschliffene/ungeschliffene ~en** cut/uncut diamonds

di·a·man·ten [diaˈmantn] *adj attr* ❶ *(wie Diamanten funkelnd)* like diamonds; **in/mit ~em Glanz funkeln** to sparkle like diamonds ❷ *(mit Diamanten besetzt)* diamond, set with diamonds

Di·a·mant·ring *m* diamond ring **Di·a·mant·schlei·fer(in)** *m(f)* diamond cutter **Di·a·mant·staub** *m* diamond dust

di·a·me·tral [diameˈtraːl] **I.** *adj (geh)* diametrical **II.** *adv (geh)* diametrically; **~ entgegengesetzt sein** to be diametrically opposed [*or* opposite]

Di·a·phrag·ma <-s, -s> [diaˈfragma] *nt* diaphragm, Dutch cap BRIT

Dia·po·si·tiv [diapoziˈtiːf] *nt* slide **Dia·pro·jek·tor** *m* slide projector **Dia·rah·men** *m* slide frame

Di·ar·rhö <-, -en>, **Di·ar·rhöe** <-, -n> [diaˈrøː, -ˈrøːən] *f* diarrhoea *no pl, no art* BRIT, diarrhea *no pl, no art* AM

Di·a·spo·ra <-> [diˈaspora] *f kein pl* ❶ REL Diaspora ❷ *(fig)* backwater, back of beyond BRIT

Di·a·sto·le <-, -n> [diˈastole, diaˈstoːlə] *f* diastole

di·a·sto·lisch [diaˈstoːlɪʃ] *adj* diastolic

Di·ät <-, -en> [diˈɛːt] *f* diet; **eine fettarme ~** a diet low in fat, a low-fat diet; **eine salzlose ~** a salt-free diet; **eine strenge ~** a strict diet; **~ halten** to keep to a diet; **~ kochen** to cook according to a diet; **~ leben** to keep to a diet; **auf ~ sein** *(fam)* to be on a diet, to diet; **mit einer ~ anfangen** to go on a diet; **nach einer ~ leben** to keep to a diet; **jdn auf ~ setzen** *(fam)* to put sb on a diet

Di·ät·as·sis·tent(in) *m(f)* sb trained to advise in and oversee the setting-up of diet programmes in hospitals and clinics **Di·ät·bier** *nt* lite [*or* BRIT a. diet] beer

Di·ä·ten [diˈɛːtn] *pl* POL [sessional] expenses *pl*

Di·ä·te·tik <-, -en> [diɛˈteːtɪk] *f* dietetics + *sing vb*

di·ä·te·tisch [diɛˈteːtɪʃ] *adj* dietetic

Di·ät·fahr·plan *m (fam)* diet, diet plan, regime[n] **Di·ät·kost** *f* diet food **Di·ät·kur** *f* dietary cure **Di·ät·mar·ga·ri·ne** *f* dietary margarine *(high in polyunsaturates)*

di·a·to·nisch [diaˈtoːnɪʃ] *adj* diatonic; **die ~ Tonleiter** the diatonic scale

Di·ät·waa·ge *f* food scale

Dia·vor·trag *nt* slide show

dich [ˈdɪç] **I.** *pron pers akk von* **du** you **II.** *pron refl* yourself

dicht [ˈdɪçt] **I.** *adj* ❶ *(eng beieinander befindlich)* dense, thick; **~es Laub** dense foliage; **~es Haar** thick hair; **~es Gefieder** dense [*or* thick] layer of feathers; **ein ~es Gedränge/eine ~e Menschenmenge** a dense crowd [*or* liter throng] ❷ *(undurchdringlich)* thick, dense; **~er Verkehr** heavy traffic; **im ~en Verkehr festsitzen** to be stuck in a traffic jam ❸ *(undurchlässig: vor Wasser)* waterproof, watertight; **die Fenster sind wieder ~** the windows are sealed again now; **~e Leitung** watertight pipe; **~e Rollläden/Vorhänge** thick blinds/curtains; **~er Stoff** thickly [*or* densely] woven material, material with a close weave; **nicht mehr ~ sein** to leak ▸ WENDUNGEN: **nicht ganz ~ sein** *(pej fam)* to be off one's head [*or* BRIT one's trolley] *pej fam* **II.** *adv* ❶ *(örtlich)* closely; ~ **auffahren** to tailgate, to drive too closely to the next car; **wir standen** ~ **gedrängt in der S-Bahn** we stood squeezed together in the suburban train; ~ **gefolgt von etw** to be followed closely by; **er gewann,** ~ **gefolgt von ...** he won, closely followed by ...; ~ **übersät** thickly strewn; ~ **hinter jdm** just [*or* close] behind sb; ~ **hinter jdm sein** to be hard [*or* hot] on sb's heels; ~ **neben jdm** close beside [*or* just next to] sb; ~ **über etw hängen** to hang thickly over sth; ~ **vor jdm** just in front of sb; ~ **an** close [*or* near] to; ~ **unter** close [*or* near] to, just under; ~ **beieinander/hintereinander** close together; ~ [**an** ~] **stehen** to be [*or* stand] close together, to be packed together like sardines [in a tin] ❷ *(zeitlich)* ~ **bevorstehen** to be coming up soon; **Weihnachten steht** ~ **bevor** it's not long till Christmas, Christmas is just around the corner; **an etw** ~ **dran sein** to be close to sth ❸ *(sehr stark)* densely; ~ **behaart sein** to have a lot of hair, to be hirsute *liter;* **auf der Brust** ~ **behaart sein** to have a very hairy chest; **in seiner Jugend war er noch ~er behaart** he had a good head of hair in his youth; ~ **belaubte Bäume** trees covered in thick foliage; ~ **besiedelt** [*o* **bevölkert**] densely populated; ~ **bewaldet** thickly wooded, densely forested; ~ **mit Efeu bewachsen sein** to be covered with ivy; ~ **bewölkt** very cloudy; ~ **mit Rosen bepflanzt sein** to be full of roses ❹ *(fest)* ~ **schließen** to close properly; **Gardinen** ~ **zuziehen** to close the curtains properly, to draw the curtains to; ~ **verhängt** thickly draped; ~ **gewebt** closely woven

dicht·auf *adv* ~ **folgen** to follow close behind **dicht·be·haart** *adj attr s.* **dicht II. 3 dicht·be·laubt** *adj attr s.* **dicht II. 3 dicht·be·sie·delt, dicht·be·völ·kert** *adj attr s.* **dicht II. 3 dicht·be·wölkt** *adj attr s.* **dicht II. 3**

Dich·te <-, -n> ['dɪçtə] *f* ❶ *kein pl* density; ~ **des Gedränges** dense crowd; ~ **des Nebels** dense [*or* thick] fog ❷ PHYS density; **spezifische** ~ specific gravity

Dich·te·gra·di·ent *m* PHYS density gradient **Dich·te·gra·di·en·ten·zen·tri·fu·ga·ti·on** *f* PHYS density gradient centrifugation

dich·ten¹ ['dɪçtn̩] **I.** *vt* ~ **etw** [**auf jdn/etw**] ~ to write [*or* form] compose] poetry [to sb/sth]; **ich habe ein paar Verse zu deinem Geburtstag gedichtet** I've written a few verses for your birthday **II.** *vi* to write poetry

dich·ten² ['dɪçtn̩] *vt (dicht machen)* ▪ **etw** |**gegen etw**| ~ to seal sth [against sth]; **Fugen** ~ to grout cracks

Dich·ter(in) <-s, -> ['dɪçtɐ] *m(f)* poet

dich·te·risch ['dɪçtərɪʃ] **I.** *adj* poetic[al]; *s. a.* **Freiheit II.** *adv* ❶ *(was die Dichtkunst betrifft)* poetically; ~ **begabt sein** to have a flair [*or* talent] for writing [poetry] ❷ *(in Art eines Gedichtes)* in poetry [*or* a poem], poetically; **etw** ~ **darstellen/wiedergeben** to present sth in the form of a poem

Dich·ter·le·sung *f* reading *(by a poet from his own work)* **Dich·ter·wort** <-worte> *nt* lines of a poem, piece of poetry

dicht·ge·drängt *adj attr s.* **dicht II. 1 dicht|hal·ten** ['dɪçthaltn̩] *vi irreg* ❶ *(sl: den Mund halten)* to keep quiet [*or fam* one's mouth shut]; *(bei Verhör)* not to give away any information; **nicht** ~ to spill the beans, to let the cat out of the bag ❷ *(dicht bleiben)* to not leak; *(Schuhe)* to be waterproof; **nicht** ~ to begin to leak

Dicht·kunst *f* poetic art, poetry

dicht|ma·chen *vt, vi (fam)* ▪ |**etw**| ~ ❶ *(schließen)* to close [*or* shut] [sth] ❷ *(den Betrieb einstellen)* to close [*or* shut] [sth] [down]

Dich·tung¹ <-, -en> ['dɪçtʊŋ] *f* ❶ *kein pl (Dichtkunst)* poetry; **die** ~ **der Renaissance** Renaissance poetry ❷ *(episches Gedicht)* epic poem; ~ **und Wahrheit** fact and fiction

Dich·tung² <-, -en> ['dɪçtʊŋ] *f* seal, sealing; *(Dichtring)* washer; *(von Ventildeckel)* gasket; *(von Zylinderkopf)* head gasket

Dich·tungs·mas·se *f* sealing compound; **Fugen mit** ~ **verschmieren** to smear grout in the cracks **Dich·tungs·mit·tel** *nt* sealant, sealing material **Dich·tungs·ring** *m*, **Dich·tungs·schei·be** *f* washer

dick ['dɪk] **I.** *adj* ❶ *(einen großen Umfang aufweisend)* fat, stout BRIT, corpulent *form;* ~**e Backen** chubby cheeks; **ein ~er Baum/Stamm** a thick tree/ [tree] trunk; **ein ~es Buch/ein ~er Band** a thick book/volume; **eine ~e Zigarre** *(fam)* a fat [*or* big] cigar *fam;* **eine ~e Brieftasche** *(fam)* a fat wallet *fam;* **ein ~es Bündel Banknoten** *(fam)* a fat [*or* thick] [*or* big] bundle of bank notes; *(groß, schwer)* big, enormous; **eine ~e Limousine** a big limousine ❷ *(fam: beträchtlich)* big fat *fam;* **eine ~e Belohnung** a big fat reward; **etw macht [jdn]** ~ sth makes [sb] fat, sth is fattening; **[von etw]** ~ **werden** to get fat *fam* [from sth] [*or* put on weight] *s.* **Berta** ❸ *nach Maßangaben (stark)* **5 Meter** ~ 5 metres thick; **eine 7 Kilometer ~e Schicht** a 7 kilometres thick layer [*or* a layer 7 kilometres thick] ❹ *(fam: schwer)* big; **ein ~er Tadel/Verweis** a severe [*or* sharp] reprimand; **ein ~es Lob [für etw] bekommen** to be praised highly [*or* to the high heavens] [for sth] ❺ *(geschwollen)* swollen; ~**e Beule** big lump ❻ *(zähflüssig)* thick, viscous; **eine ~e Soße** a thick sauce ❼ *(fam: dicht)* thick ❽ *(dicht)* thick; **sich ins ~e Gewühl stürzen** to elbow one's way into the thick of the crowd ❾ *(fam: herzlich)* close ▸ WENDUNGEN: **mit jdm durch ~ und dünn gehen** to go through thick and thin with sb **II.** *adv* ❶ *(warm)* warmly; **sich ~ anziehen** to dress warmly ❷ *(fett)* heavily ❸ *(reichlich)* thickly; **etw zu ~ auftragen** to lay sth on with a trowel ❹ *(fam: sehr)* very; **jdm etw ~ ankreiden** to pay sb back [*or* to get sb] for sth; **mit jdm ~ im Geschäft sein** to be well in with sb; **mit jdm ~[e] befreundet sein** to be as thick as thieves with sb ▸ WENDUNGEN: **es ~[e] haben** *(sl: reich sein)* to be loaded *fam;* **es nicht so ~[e] haben** *(fam)* to be not that loaded *fam;* **jdn/etw ~[e] haben** *(fam)* to be sick of [*or* fed up with] [*or* fed up to the back teeth with] sb/sth; **die Faxen ~e haben** to be fed up with sth; **es kommt immer gleich ganz ~[e]** *(fam)* it never rains but it pours *prov;* **sich** ~ **machen** *(fam)* to spread oneself out; ~ **auftragen** *(pej fam)* to lay it on thick [*or* with a trowel] *fam*

dick·bau·chig *adj* pot-bellied; ~**er Krug** big jug **dick·bäu·chig** *adj* pot-bellied; ▪ ~ **sein** to have a big belly *fam* [*or* stomach] **Dick·darm** *m* colon

di·cke ['dɪkə] *adv (fam) s.* **dick II. 5**

Di·cke <-, -n> ['dɪkə] *f* ❶ *(Stärke)* thickness; **eine** ~ **von rund 3 Metern** a thickness of about 3 metres [*or* AM -ers] ❷ *(dicke Beschaffenheit)* size, stoutness BRIT, corpulence, obesity *form*

Di·cke(r) ['dɪkə] *f(m) dekl wie adj (fam)* fatso *fam,* fatty *fam*

Di·cker·chen <-s, -> *nt (fam) s.* **Dicke(r)**

dick·fel·lig *adj (pej fam)* thick-skinned *pej,* insensitive; ▪ ~ **sein** to be thick-skinned *pej,* to be insensitive, to have a hide like a rhinoceros BRIT *pej* **Dick·fel·lig·keit** <-> *f kein pl (pej fam)* insensitivity **dick·flüs·sig** *adj* thick; ~**es Öl** viscous oil **Dick·häu·ter** <-s, -> *m (hum fam)* ❶ *(Tier)* pachyderm ❷ *(fig)* **ein** ~ **sein** to have a thick skin

Di·ckicht <-[e]s, -e> ['dɪkɪçt] *nt* ❶ *(dichtes Gebüsch)* thicket, brushwood ❷ *(unübersichtliches Konglome-*

rat) maze, labyrinth

Dick·kopf *m (fam)* ❶ *(dickköpfiger Mensch)* stubborn [*or* obstinate] [*or* pigheaded] fool; **ein kleiner ~ sein** to be stubborn ❷ *(Starrsinn)* stubbornness, obstinacy, pigheadedness; **seinen ~ bekommen** [*o* **seinen ~ aufsetzen**] to dig one's heels in; **einen ~ haben** to be stubborn [*or* obstinate] [*or* pig-headed], to be as stubborn as a mule; **seinen ~ durchsetzen** to have one's way

dick·köp·fig *adj* stubborn, obstinate, pig-headed

dick·lei·big *adj (geh)* ❶ *(korpulent)* stout BRIT, corpulent, obese *form* ❷ *(gewichtig)* heavy, bulky

Dick·lei·big·keit <-> *f kein pl (geh)* corpulence, obesity *form,* stoutness BRIT

dick·lich *adj* ❶ *(etwas dick)* plump, chubby, podgy BRIT *fam,* pudgy AM *fam;* **~es Kind** chubby child ❷ *(dickflüssig)* thick; PHYS viscous; ▪**~ werden** to get/become thick

Dick·milch *f* curds *pl* **Dick·schä·del** *m (fam) s.* **Dick·kopf dick·scha·lig** *adj* with a thick skin; ▪**~ sein** to have a thick skin **dick·wan·dig** *adj* thick-walled; ▪**~ sein** to be thick-walled, to have thick walls **Dick·wanst** *m (pej fam)* fatso *pej fam,* fatty *pej fam,* butterball AM *usu pej fam*

Dic·ty·o·som <-s, -en> [dɪkty'soːm] *m* BIOL dictyosome

Di·dak·tik <-, -en> [di'daktɪk] *f* teaching methodology, didactics + *sing vb form*

di·dak·tisch [di'daktɪʃ] **I.** *adj* didactic *form* **II.** *adv* didactically *form*

die ['diː] *art o pron* the; *s. a.* **der**

Dieb(in) <-[e]s, -e> ['diːp, *pl:* 'diːbə] *m(f) (Räuber)* thief; *(Bankräuber)* bank robber; *(Einbrecher)* burglar; **zum ~ werden** to become a thief, to take to stealing; **als ~ verurteilt werden** to be convicted as a thief; **sich wie ein ~ davonmachen** to creep away like a thief in the night; **haltet den ~!** "stop thief!"; *s. a.* **Gelegenheit** ▸ WENDUNGEN: **die kleinen ~e hängt man, die großen lässt man laufen** *(prov)* little thieves are hanged but great ones escape *prov old*

Die·be·rei <-, -en> [diːbə'rai] *f (pej fam)* [constant] thieving; **kleine ~** petty theft, pilfering

Die·bes·ban·de *f (pej)* gang [*or* band] of thieves **Die·bes·ge·sin·del** *nt* thieving rabble; *s. a.* **Diebespack Die·bes·gut** *nt kein pl* stolen goods *npl* **Die·bes·nest** *nt (veraltend)* thieves' hideout [*or* den], nest of thieves BRIT **Die·bes·pack** *nt kein pl (pej)* pack of thieves *pej*

Die·bin <-, -nen> ['diːbɪn] *f fem form von* **Dieb**

die·bisch ['diːbɪʃ] **I.** *adj* ❶ *(stehlend)* thieving ❷ *(fam: heimlich)* malicious, fiendish, diabolic; **mit ~er Freude** with fiendish joy **II.** *adv (schadenfroh)* maliciously, fiendishly; **sich ~** [**über etw** *akk*] **freuen** to take a mischievous pleasure in sth

Dieb·stahl <-[e]s, -stähle> ['diːpʃtaːl, *pl:* -ʃtɛːlə] *m* theft, robbery; *(geistiger ~* plagiarism; **schwerer ~** aggravated robbery; **einen ~ begehen** to commit a robbery [*or* theft]

Dieb·stahl·si·che·rung *f* AUTO anti-theft device **Dieb·stahl·ver·si·che·rung** *f* insurance against theft

die·je·ni·ge ['diːjeːnɪgə] *pron dem s.* **derjenige**

Die·le <-, -n> ['diːlə] *f* ❶ *(Vorraum)* hall ❷ NORDD *central living room* ❸ *(Fußbodenbrett)* floorboard

die·nen ['diːnən] *vi* ❶ *(nützlich sein)* **einer S.** *dat* **~** to be [important] for sth; **jds Interessen ~** to serve sb's interests; **jds Sicherheit ~** for sb's safety; **zum Verständnis einer S. ~** to help in understanding sth; **einem guten Zweck ~** to be for a good cause ❷ *(behilflich sein)* **jdm mit etw ~ können** to help sb with sth; **womit kann ich Ihnen ~?** how can I help you?; **damit können wir im Moment leider nicht ~** I'm

afraid we can't help you there; ▪**jdm ist mit etw gedient** sth is of use to sb; **jd ist mit etw nicht/kaum gedient** sth is of no/little use to sb, sth doesn't help sb/help sb much; **wäre Ihnen vielleicht hiermit gedient?** is this perhaps what you're looking for? ❸ *(verwendet werden)* ▪**jdm** **als etw ~** to serve [sb] as sth; **lassen Sie es sich als Warnung ~** let this be [*or* serve as] a warning to you ❹ *(herbeiführen)* ▪**zu etw ~** to make for [*or* be conducive to] sth; **der allgemeinen Erheiterung ~** to serve to amuse everyone; **einem Zweck ~** to serve a purpose ❺ *(Militärdienst leisten)* ▪**bei etw/unter jdm** **~** to do military service [in sth/under sb]; *s. a.* **gedient** ❻ *(veraltet: Knecht sein)* ▪**jdm** [**als jd**] **~** to serve sb [as sb] ❼ *(angestellt sein)* **bei jdm/etw ~** to be in service to sb/sth

Die·ner <-s, -> ['diːnɐ] *m (fam)* bow; [**vor jdm**] **einen ~ machen** to make a bow [to sb], to bow [to sb]

Die·ner(in) <-s, -> ['diːnɐ] *m(f)* servant; **~ Gottes** servant of God; **Ihr** [**treu**] **ergebener ~** *(veraltet)* your [humble] servant *old*

die·nern ['diːnɐn] *vi (pej)* ▪[**vor jdm**] **~** to bow and scrape [to sb]

Die·ner·schaft <-, -en> *f* [domestic] servants *pl*

dien·lich *adj* useful, helpful; ▪**jdm/einer S. ~ sein** to be useful [*or* of use] to sb/sth; **das kann dir kaum ~ sein** this can't be of much use for you; **kann ich Ihnen noch mit irgendetwas ~ sein?** can I do anything else for you?

Dienst <-[e]s, -e> ['diːnst] *m* ❶ *kein pl (berufliche Tätigkeit)* work; **~ haben** to be at work; **wie lange hast du heute ~?** how long do you have to work today?; **beim ~** at work; **im ~** at work; **außer ~** retired; **nach** [**dem**] **~** after work; **vor dem ~** before work; **zum ~ gehen/kommen** to go/come to work; **zum ~ müssen** to have to go to work ❷ *kein pl (Arbeitszeit)* **während/nach dem ~** during/outside working hours; **jdn vom ~ befreien** to give [*or* grant] sb [paid] leave [*or* time off]; **jdn vom ~ beurlauben** [*o* **suspendieren**] to suspend sb [from work] ❸ *(für jdn arbeiten)* **~ bei jdm als etw tun** to work for sb as sth, to be employed by sb as sth; **jdn in** [**seinen**] **~** [*o* **in seine ~e**] **nehmen** *(veraltet)* to take sb into service; **bei jdm in ~**[**en**] [*o* **in jds** *dat* **~**[**en**]] **sein** [*o* **stehen**] *(veraltet)* to be in service to sb; **in jds ~**[**e**] **treten** *akk* to enter sb's service ❹ *kein pl (Amt)* **diplomatischer** [*o* **auswärtiger**] **~** diplomatic service; **der mittlere/gehobene/höhere ~** *the clerical/higher/senior sections of the civil service;* **öffentlicher ~** civil service; **jdn vom ~ suspendieren** to suspend sb from duty; **außer ~** retired ❺ *kein pl* MIL service; **den ~ quittieren** to leave the army; **aus dem ~ ausscheiden** to leave the service[s]; **aus dem aktiven ~ ausscheiden** to leave active service; **außer ~** retired; **im ~** on duty; **nicht im ~** off duty; **der Chef/der Unteroffizier vom ~** duty editor/ NCO in charge ❻ *kein pl (Bereitschaftsdienst)* on call [*or* standby]; **~ haben** to be on call [*or* standby]; **der ~ habende** [*o* **tuende**] **Arzt/Offizier** MIL the doctor/officer on duty ❼ *(unterstützende Tätigkeit)* services *npl;* **danke für deine ~e!** thanks for your help!; **jdm einen** [**guten**] **~ erweisen** [*o* **tun**] to do sb a good turn, to render sb a valuable service *form;* **jdm einen schlechten ~ erweisen** to do sb a bad turn, to do sb a disservice *form;* **jdm gute ~e leisten** to stand sb in good stead; **jdm zu** [*o* **zu jds**] **~en stehen** to be at sb's service [*or* disposal]; **was steht zu ~en?** *(veraltend)* how may I be of service? *old;* **sich in den ~ einer S. stellen** *gen* to devote oneself to the service [*or* cause] of sth, to embrace a cause; **im ~**[**e**] **einer S. stehen** to be at the service of sth; **sich im ~**[**e**] **einer S. aufopfern** to sacrifice oneself in the service of sth;

D

etw in ~ stellen to put sth into service; **ein Schiff in ~ stellen** to put a ship into commission; **seinen ~ versagen** to fail; **seine Stimme versagte ihren ~** his voice failed ❸ *(Service)* service; **einen ~ leisten** to perform [*or form* render] a service; **~ am Kunden** service to the customer ▸ WENDUNGEN: **~ ist ~, und Schnaps ist Schnaps** *(prov)* don't mix work and leisure

Dienst·ab·teil *nt* staff compartment

Diens·tag ['di:nsta:k] *m* Tuesday; **wir haben heute ~** it's Tuesday today; **treffen wir uns ~?** shall we get together on Tuesday?; **in der Nacht [von Montag] auf [*o* zu] ~** on Monday night, in the early hours of Tuesday morning; **~ in acht Tagen** a week on Tuesday, Tuesday week [*or* BRIT a. [ago] on] Tuesday, Tuesday before last; **die·sen [*o* an diesem] ~** this Tuesday; **eines ~s** one Tuesday; **den ganzen ~ über** all day Tuesday; **jeden ~** every Tuesday; **letzten [*o* vorigen] ~** last Tuesday; **seit letzten [*o* letztem] ~** since last Tuesday; **[am] nächsten ~** next Tuesday; **ab nächsten [*o* nächstem] ~** from next Tuesday [on]; **am ~** on Tuesday; **[am] ~ früh** early Tuesday [morning]; **an ~en** on Tuesdays; **an einem ~** one [*or* on a] Tuesday; **am ~, den 4. März** *(Datumsangabe: geschrieben)* on Tuesday 4th March [*or* AM March 4]; *(gesprochen)* on Tuesday the 4th of March [*or* AM March 4th]

Diens·tag·abendRR [di:nsta:g'ʔa:bnt] *m* Tuesday evening **diens·tag·abends**RR *adv* [on] Tuesday evenings **Diens·tag·mit·tag**RR *m* [around] noon on Tuesday **diens·tag·mit·tags**RR *adv* [around] noon on Tuesdays **Diens·tag·mor·gen**RR *m* Tuesday morning **diens·tag·mor·gens**RR *adv* [on] Tuesday mornings **Diens·tag·nach·mit·tag**RR *m* Tuesday afternoon **diens·tag·nach·mit·tags**RR *adv* [on] Tuesday afternoons **Diens·tag·nacht**RR *f* Tuesday night **diens·tag·nachts**RR *adv* [on] Tuesday nights

diens·tags ['di:nsta:ks] *adv* [on] Tuesdays; **~ abends/ nachmittags/vormittags** [on] Tuesday evenings/ afternoons/mornings

Diens·tag·vor·mit·tagRR *m* Tuesday morning **diens·tag·vor·mit·tags**RR *adv* [on] Tuesday mornings

Dienst·al·ter *nt* length of service **Dienst·äl·tes·te(r)** *f(m) dekl wie adj* person who has been in service the longest **Dienst·an·tritt** *m* **bei/nach/vor ~** as/ after/before work begins [*or* starts]; *(Antreten eines Amtes)* taking up [of] office *form* [*or* a position] **Dienst·an·wei·sung** *f* [civil] service regulations *pl* **Dienst·auf·fas·sung** *f* attitude to work; **nach jds ~** according to sb's attitude to work [*or* how sb views work] **Dienst·auf·sicht** *f* supervisory authority; **die ~ über etw haben** *akk* to be the supervisory authority for sth **Dienst·aus·weis** *m* ADMIN official identity card **dienst·bar** *adj* **sich** *dat/***einer Sache jdn/etw ~ machen** to make use of sb/sth, to utilize sb/sth; **durch eine Prämie machte er sich die Beleg·schaft ~** he guaranteed his workers' loyalty by paying them a bonus; *s. a.* **Geist**

Dienst·bar·keit <-, -en> *f* JUR easement

dienst·be·flis·sen *adj* diligent, assiduous **dienst·be·reit** *adj* ❶ *(im Bereitschaftsdienst)* on call; **~er Arzt** doctor on call ❷ *(veraltend)* ready to be of service; **ich bin gerne ~** I'm glad to be of service **Dienst·be·reit·schaft** *f* ❶ *(Abrufbereitschaft)* standby duty; **~ haben** to be on call; **welche Apotheke hat dieses Wochenende ~?** which is the emergency pharmacy this weekend?, which pharmacy is open after hours this weekend? ❷ *(Bereitschaft zur Hilfe)* willingness to help, helpfulness **Dienst·be·zü·ge** *pl* earnings *pl*, salary **Dienst·bo·te, -bo·tin** *m, f (veraltend)* [domestic] servant; **die ~n** the domestic staff **Dienst·bo·ten·ein·gang** *m (veraltend)* tradesmen's [*or* servants']

entrance **Dienst·bo·tin** *f fem form von* **Dienstbote** **Dienst·eid** *m* oath of service, official oath; ▸ WENDUNGEN: **etw auf seinen ~ nehmen** to swear sth, to take an oath on sth **Dienst·ei·fer** *m* diligence, assiduousness **dienst·eif·rig** *adj* s. **dienstbeflissen** **dienst·frei** *adj* free; **~er Tag** day off; **~ bekommen** [*o* haben] to get [*or* have] time off; **~ nehmen** to take time off **Dienst·ge·brauch** *m* official use; **nur für den ~** for official use only **Dienst·ge·heim·nis** *nt* ❶ *(dienstliche Angelegenheit)* official secret; **~se ausplaudern** to disclose secret information ❷ *kein pl (Schweigepflicht)* official secrecy *no pl*; **Verletzung des ~es** breach of confidence; **das ~ verletzten** to cause a breach of confidence **Dienst·ge·spräch** *nt* business call [*or* talks]; ADMIN official call [*or* talks] **Dienst·grad** *m* ❶ *(Rangstufe)* grade; MIL rank ❷ *(Mensch, Militär)* officer; **höherer ~** higher rank; **unterer ~** lower rank **Dienst·grad·ab·zei·chen** *nt* insignia, badge of rank **dienst·ha·bend** *adj attr* s. **Dienst** 6 **Dienst·ha·ben·de(r)** *f(m) dekl wie adj*, **Dienst·herr(in)** *m(f)* employer **Dienst·jahr** *nt meist pl* year of service **Dienst·klei·dung** *f* working clothes; **in ~** in uniform

Dienst·leis·tung *f* ❶ *meist pl* ÖKON services *npl*; **industrielle ~en** industrial services ❷ *(Gefälligkeit)* favour [*or* AM -or]

Dienst·leis·tungs·abend *m (hist)* late night shopping *(formerly Thursday nights when stores were open until 8.30 p.m.)* **Dienst·leis·tungs·be·reich** *m* service industry **Dienst·leis·tungs·be·ruf** *m* job [*or* career] in the service industries **Dienst·leis·tungs·be·trieb** *m* services business [*or* enterprise] **Dienst·leis·tungs·ge·wer·be** *nt*, **Dienst·leis·tungs·in·dus·trie** *f* service industries *pl*, service industries sector **Dienst·leis·tungs·ge·werk·schaft** *f* ÖKON **ver·einte ~** combined trade union for the service industry **Dienst·leis·tungs·sek·tor** *m* service sector

dienst·lich **I.** *adj* official; **~er Befehl/~es Schrei·ben/~e Zwecke** official order [*or* command] /letter/ purposes; **~ werden** *(fam)* to get official [*or* for·mal] *fam* **II.** *adv* officially, on business; **~ unterwegs sein** to be away on business; **~ [irgendwo] zu tun haben** to have business to attend to [somewhere]; **jdn ~ sprechen** to speak to sb about a business matter

Dienst·mäd·chen *nt (veraltend)* maid, servant *old* **Dienst·mann** <-männer *o* -leute> *m (veraltend)* porter **Dienst·müt·ze** *f* cap **Dienst·per·so·nal** *nt kein pl* service personnel **Dienst·pflicht** *f* ❶ *(Bürger·pflicht)* civic duty ❷ *(Pflicht im Dienstverhältnis)* [official] duty; **seine ~ verletzen** to not carry out one's work properly **Dienst·plan** *m* [work] schedule, duty roster **Dienst·rang** *m* s. **Dienstgrad** **Dienst·rei·se** *f* business trip; **auf ~ gehen** [*o* sich *akk* **auf ~ begeben**] to go on a business trip; ADMIN to go on an official trip **Dienst·schluss**RR *m* closing time; **wir haben jetzt ~!** it's closing time!; **nach/vor ~** after/before closing time **Dienst·sie·gel** *nt* official seal **Dienst·stel·le** *f* office, department; **ich werde mich bei einer höheren ~ über Sie beschweren!** I shall complain about you to a higher authority! **Dienst·stem·pel** *m* official stamp **Dienst·stun·den** *pl* office hours *npl* **dienst·taug·lich** *adj* fit [for service], medically fit, able-bodied; **voll [*o* unein·geschränkt] ~ sein** to be completely fit [for service]; **beschränkt [*o* eingeschränkt] ~ sein** to be not completely fit [for service] **dienst·tu·end** *adj* s. **Dienst** 6 **dienst·un·fä·hig** *adj* unfit for work/service **dienst·un·taug·lich** *adj* unfit for military service **Dienst·ver·ge·hen** *nt* breach of duty **dienst·ver·pflich·ten** *vt* ■ **jdn ~** to conscript sb; ■ **dienstver·pflichtet werden** to be conscripted **Dienst·ver·trag** *m* service contract **Dienst·vil·la** *f* POL house used for official purposes **Dienst·vor·schrift** f service regulations [or rules] pl **Dienst·wa·gen** m ❶ ADMIN official car; ÖKON company car ❷ BAHN staff compartment **Dienst·weg** m official channels pl; **auf dem ~** through official channels; **den ~ einhalten** to go through the official [or proper] channels **Dienst·wohnung** f company flat [or AM apartment]; ADMIN government flat [or AM apartment] **Dienst·zeit** f ❶ ADMIN length of service; **30-jährige ~** 30 years of service; **nach Ende der ~** after leaving the [civil] service; **während jds ~** during sb's time in the [civil] service ❷ (Arbeitszeit) working hours pl **Dienst·zeug·nis** nt testimonial, reference

dies ['diːs] pron dem, inv ❶ (das hier) this; **~** [hier| **alles** all this ❷ (das da) that [one]; **~es Benehmen gefällt mir ganz und gar nicht!** I don't like that kind of behaviour at all!; **~** |da| **alles** all that; **~ und das** this and that ❸ pl (diese hier) these; **~ sind mein Bruder und meine Schwester!** this is my brother and my sister! ❹ pl (diese da) those

dies·be·züg·lich ['diːsbətsyːklɪç] **I.** adj (geh) relating to [or concerning], in connection with this; **ich lehne jede Aussage ~ ab!** I refuse to make any statement about this matter!; **~e Recherchen** [o Ermittlungen] investigation[s] into this [matter] **II.** adv in this connection, with respect to this form; **können Sie uns ~ nähere Angaben machen?** could you give us more details about this?

die·se(r, s) ['diːzə] pron dem ❶ substantivisch (der/die/das hier) this one ❷ substantivisch (der/die/das dort) that one; **kennst du ~n** [Witz]? do you know [or have you heard] this one?; **ich fragte einen Polizisten; ~r sagte mir...** I asked a policeman and he told me... ❸ substantivisch, pl (die hier) these [ones]; **~ ~** |hier| these [ones] [here] ❹ substantivisch, pl (die dort) those [ones]; **~ ~** |da| those [ones] there ❺ attr, sing (der/die/das hier) this; **bis Ende ~r Woche** by the end of the [or this] week; |nur| **~s eine Mal** [just] this once ❻ attr (die hier) these; **~ Frauen/Männer** these women/these men ❼ attr, sing (der/die/das dort) that; **~ und jenes** this and that; **~r verdammte Kerl** that wretched man; **~ Birgit!** that Birgit! ❽ attr, pl (die dort) those; s. a. **Nacht** s. a. **Tag**

Die·sel¹ <-s> ['diːzl̩] nt kein pl (fam) diesel

Die·sel² <-s, -> ['diːzl̩] m ❶ (Wagen mit Dieselmotor) car run on diesel BRIT, diesel fam; **einen ~ fahren** to drive a [car which runs on] diesel ❷ (Motor) s. **Dieselmotor**

die·sel·be [diːˈzɛlbə], **die·sel·bi·ge** [diːˈzɛlbɪgə] pron dem (veraltend) s. **derselbe**

Die·sel·kraft·stoff m kein pl diesel fuel **Die·sel·lok** f diesel locomotive **Die·sel·mo·tor** m diesel engine, diesel fam **Die·sel·öl** nt s. **Diesel 1**

die·ser ['diːzə, -ɐ, əs], **die·ses** pron dem s. **diese(r, s)**

die·sig ['diːzɪç] adj misty; **leicht ~** hazy

dies·jäh·rig ['diːsjɛːrɪç] adj attr this year's **dies·mal** ['diːsmaːl] adv this time; **für ~** this once **dies·sei·tig** ['diːszaitɪç] adj ❶ (auf dieser Seite gelegen) on this side; **am ~en Ufer** on the near bank ❷ (geh: irdisch) worldly, earthly **dies·seits** ['diːszaits] präp **~ einer S.** gen this side of sth

Dies·seits <-> ['diːszaits] nt kein pl **das ~** earthly [or worldly] existence, this life; **im ~** here on earth

Diet·rich <-s, -e> ['diːtrɪç] m picklock

die·weil [diːˈvail] **I.** adv (veraltend) meanwhile, in the meantime **II.** konj ❶ (veraltend: während) while ❷ (veraltet: all~) because

dif·fa·mie·ren* [dɪfaˈmiːrən] vt **jdn/etw** |als jdn/etw| **~** to blacken sb's/sth's name/reputation |as sb/sth|, to malign [or vilify] sb; **jdn/etw ~** to drag sb's/sth's name [or reputation] through the mud

dif·fa·mie·rend adj injurious, defamatory; (mündlich a.) slanderous; (schriftlich a.) libellous AM; **sich über jdn ~ äußern** to speak [or write] about sb in injurious terms

Dif·fa·mie·rung <-, -en> f ❶ (das Diffamieren) defamation, vilification ❷ (Verleumdung) aspersion, slur, lies pl, calumny form; (mündliche a.) slander; (schriftliche a.) libel

Dif·fe·ren·ti·al <-s, -e> [dɪfərɛnˈtsi̯aːl] nt s. **Differenzial**

Dif·fe·renz <-, -en> [dɪfəˈrɛnts] f ❶ (Unterschied) difference ❷ meist pl (Meinungsverschiedenheit) difference of opinion, disagreement

Dif·fe·renz·be·trag m difference; **für den ~ aufkommen** to pay the difference

Dif·fe·ren·zi·alᴿᴿ <-s, -e> nt ❶ MATH differential ❷ AUTO (Getriebe) differential [gear]

Dif·fe·ren·zi·al·ge·trie·beᴿᴿ nt differential [gear] **Dif·fe·ren·zi·al·rech·nung**ᴿᴿ f differential calculus

dif·fe·ren·zie·ren* [dɪfərɛnˈtsiːrən] **I.** vt (geh: modifizieren) **etw ~** to adjust [or modify] sth **II.** vi (geh: Unterschiede machen) **bei etw** ~ to discriminate [or differentiate] [in doing sth]; **zwischen Dingen ~** to discriminate [or make a distinction] [or distinguish] between things **III.** vr (sich vielfältig entwickeln) **sich ~** to differentiate

dif·fe·ren·ziert I. adj (geh: fein unterscheidend) discriminating, differentiating **II.** adv (geh) **etw ~ beurteilen** to differentiate in making judgements; **etw ~ sehen** to see sth [more] discriminately; **die Dinge ~er sehen** to be more discriminating

Dif·fe·ren·zie·rung <-, -en> f ❶ (geh: Unterscheidung) distinction, differentiation ❷ MATH differentiation

dif·fe·rie·ren* [dɪfəˈriːrən] vi (geh: sich unterscheiden) **~** |in etw dat| to differ [in sth]; **um etw ~** to differ by sth

dif·fi·zil [dɪfiˈtsiːl] adj (geh) ❶ (schwierig) difficult, awkward, demanding ❷ (kompliziert) complicated; **ein ~er Mensch** a difficult [or BRIT a. contrary] [or form intractable] person; **ein ~es Problem** a tricky [or fam BRIT knotty] problem

dif·fus [dɪˈfuːs] **I.** adj ❶ (zerstreut) diffuse[d] ❷ (verschwommen) diffuse, vague **II.** adv (unklar) diffusely; **sich ~ ausdrücken** to express oneself vaguely [or diffusely]

di·gi·tal [digiˈtaːl] **I.** adj digital **II.** adv digitally; **etw ~ darstellen** to represent sth digitally, to digitize sth **Di·gi·tal·arm·band·uhr** f digital watch

di·gi·ta·li·sie·ren* [digitaliˈziːrən] vt **etw ~** to represent sth digitally, to digitize sth; **digitalisiert** digitized

Di·gi·tal·ka·me·ra f FOTO, FILM, INFORM digital camera **Di·gi·tal·rech·ner** m (veraltend) digital calculator **Di·gi·tal·uhr** f ❶ INFORM digital clock ❷ TECH digital watch

Dik·dik <-, -s> ['dɪkdɪk] nt ZOOL dik-dik

Dik·tat <-[e]s, -e> [dɪkˈtaːt] nt ❶ (in der Schule) dictation; **ein ~ schreiben** to do [or write] a dictation ❷ (Text für Stenotypistin) dictation; **ein ~ aufnehmen** to take a dictation; **ein ~ auf Band sprechen** to dictate onto a tape; **Fr. Schulze bitte zum ~!** Ms Schulze, please take a letter!; **nach ~ verreist** on official communications indicating that the signatory is no longer available ❸ (geh: Gebot) dictate[s] form; **sich dem ~ [von jdm/etw] fügen** to follow the dictates [of sb/sth]; **~ der Vernunft** dictated by logic ❹ POL despotism; **dem ~ der Sieger ausgeliefert sein** to be the mercy of the winner's bidding

Dik·ta·tor, Dik·ta·to·rin <-s, -toren> [dɪkˈtaːtoːɐ̯, dɪkˈtaːtoːrɪn, pl: dɪktaˈtoːrən] m, f despot form

dik·ta·to·risch [dɪktaˈtoːrɪʃ] **I.** adj dictatorial; **mit ~en**

Vollmachten with the authority of a dictator **II.** *adv* like a dictator

Dik·ta·tur <-, -en> |dɪkta'tuːɐ̯| *f* ❶ *(pej)* dictatorship ❷ **die ~ des Proletariats** the dictatorship of the proletariat

dik·tie·ren' |dɪk'tiːrən| *vt* ▪ |**jdm**| **etw ~** ❶ *(durch Diktat ansagen)* to dictate sth |to sb| ❷ *(pej: oktroyieren)* to dictate sth |to sb|, to impose sth |on sb|

Dik·tier·ge·rät *nt* Dictaphone®

Dil·do <-s, -s> |'dɪldo| *m* dildo *fam*

Di·lem·ma <-s, -s *o* -ta> |di'lɛma, *pl:* di'lɛmata| *nt (geh)* dilemma; **sich in einem ~ befinden** |*o* in einem ~ **stecken**| to be |*or* find oneself| in a dilemma, to be on the horns of a dilemma; **in ein ~ geraten** to run into a dilemma; **vor einem ~ stehen** to be faced with a dilemma

Di·let·tant(in) <-en, -en> |dilɛ'tant| *m(f)* ❶ *(pej: Stümper)* dilettante *pej*, bungler *fam;* **du ~!** you've bungled it! *fam* ❷ *(geh: Amateur)* amateur

di·let·tan·tisch |dilɛ'tantɪʃ| **I.** *adj (pej)* dilettante, dilettantish *pej*, amateurish *fam;* **eine ~e Arbeit** a botched |*or* bungled| job *fam* **II.** *adv (pej)* amateurishly; **~ arbeiten** to make a real mess of sth, to do a sloppy job

Dill <-s, -e> |'dɪl| *m* dill

Di·men·si·on <-, -en> |dimɛn'zi̯oːn| *f* ❶ *(Ausdehnung)* dimension ❷ *pl (Ausmaße)* ▪ **~en** dimensions *pl;* **von gewaltigen ~en** of enormous proportions; **bestimmte ~en annehmen** to take on |*or* assume| particular dimensions; **epische ~en annehmen** to assume epic dimensions |*or* proportions|; **ungeahnte ~en annehmen** to take on unimagined dimensions

Di·mi·nu·tiv·form |diminu'tiːf-| *f* diminutive

Dim·mer <-s, -> |'dɪmɐ| *m* dimmer |switch|

DIN® <-> |diːn| *f kein pl Akr von* **Deutsche Industrie-Normen** DIN®

Di·nar <-s, -e> |di'naːɐ̯| *m* dinar

Di·ner <-s, -s> |di'neː| *nt (geh)* dinner, dinner party; **er lud seine Gäste zu einem ~ ein** he invited his guests to a banquet

DIN-For·mat *nt* DIN format |*or* size|

Ding <-[e]s, -e *o* /*am* -er> |'dɪŋ| *nt* ❶ *(Gegenstand)* thing, object; **persönliche ~e** personal effects |*or* items|; **die ~e beim |rechten| Namen nennen** to call a thing by its proper name, to call a spade a spade ❷ *(Mädchen)* **ein junges ~/junge ~er** *(fam)* a young thing/young things ❸ *(fam: Zeug)* ▪ **~er** things *pl,* stuff; **was sind denn das für ~er?** what's that?; **krumme ~e** *(fam)* funny business *fam;* **krumme ~er machen** |*o* **drehen**| *(fam)* to do sth dodgy *fam;* **ein |krummes| ~ drehen** *(sl)* to do a job *sl* ❹ *(Angelegenheit)* matters *pl,* things *pl;* **~e des täglichen Lebens** routine |*or* everyday| matters; **in diesen ~en bin ich eigen!** I'm very particular in these matters!; **ein ~ der Unmöglichkeit sein** *(fam)* to be out of the question; **vor allen ~en** above all; **es geht nicht mit rechten ~en zu** there's sth fishy |*or* funny| about sth; **unverrichteter ~e** without carrying out one's intention, without doing what one wanted to, without success; **er musste unverrichteter ~e wieder gehen** he had to leave without achieving what he'd wanted to; **der ~e, die da kommen |sollen|, harren** wait and see |what happens/what fate brings|; **das ist |ja| ein ~!** *(fam)* that's a bit thick BRIT |*or fam* much| !; **sich** *dat* **ein ~ leisten** *(fam)* to do a silly |*or fam* stupid| thing; **so wie die ~e liegen** as things stand |at the moment|; **wie ich die ~e sehe** as I see it; **über den ~en stehen** to be above it all |*or* detached| |*or* self-contained|; **guter ~e sein** to be in a good mood |*or* in good spirits|, to be hopeful; **jdm ein ~ verpassen** *(sl)* to let sb have it *fam,* to give sb what for BRIT *fam;* **in ~en der/des ...** in ... matters, where

... is concerned; **in ~en des Geschmacks** in matters of taste; **ein tolles ~** *(fam)* something fantastic/amazing ❺ *(sl: Spezialität)* **das ist nicht so ganz mein ~** that's not really my thing *fam* ❻ PHILOS matter, entity, the thing in itself ▸ WENDUNGEN: **gut ~ will Weile haben** *(prov)* a thing well done needs time; **aller guten ~e sind drei** all good things come in threes

Din·gel·chen <-s, -> |'dɪŋlçən| *nt (fam)* knick-knack, bric-a-brac

din·gen <dang *o* dingte, gedungen> |'dɪŋən| *vt* ❶ *(veraltend: anheuern)* ▪ **jdn ~** to hire sb ❷ *(pej geh)* **einen Mörder ~** to hire a killer

Din·gens <-, -> *nt* DIAL *(fam)* s. **Dings¹**

ding·fest *adj* behind bars; **jdn ~ machen** to put sb behind bars

Din·gi <-s, -s> |'dɪŋi| *nt* dinghy

Din·go <-s, -s> |'dɪŋgo| *m* ZOOL dingo

Dings¹ |dɪŋs| *nt kein pl (fam)* thing, whatchamacallit, whatsit BRIT, thingamabob BRIT, thingamajig

Dings² <-> |'dɪŋs| *m o f kein pl (fam)* thingamabob; **Herr ~** Mr What's-his-name |*or* -face|, Mr What-d'you-call-him; **Frau ~** Ms |*or* Mrs| What's-her-name |*or* -face|, Ms |*or* Mrs| What-d'you-call-her; **die ~ Familie** the What's-their-name family, the What-d'you-call-them family

Dings·bums <-> |'dɪŋsbʊms| *nt kein pl (fam)* s. **Dings¹**

Dings·da¹ <-> |'dɪŋsdaː| *nt kein pl* s. **Dings¹**

Dings·da² <-> |'dɪŋsdaː| *m o f kein pl* s. **Dings²**

di·nie·ren' |di'niːrən| *vi (geh)* to dine *form;* ▪ |**bei/mit jdm**| **~** to dine |at sb's/with sb|; **bei jdm zum D~ eingeladen sein** to have been invited to dine at sb's

Din·kel <-s> |'dɪŋkl| *m kein pl* spelt

Di·no·sau·ri·er |dino'zaurɪ̯ɐ| *m* dinosaur

Di·o·de <-, -n> |di'ʔoːdə| *f* diode

Di·op·trie <-, -n> |di̯ɔp'triː, *pl:* -'triːən| *f* dioptre |*or* AM -er|

Di·o·xid <-s, -e> |di'ʔɔksiːt, *pl:* 'di:'ʔɔksiːdə| *nt* dioxide

Di·o·xin <-s, -e> |di̯ɔ'ksiːn| *nt* dioxin

di·o·xin·hal·tig *adj inv* containing dioxins

Di·ö·ze·se <-, -n> |di̯ø'tseːzə| *f* diocese

Diph·the·rie <-, -n> |dɪfte'riː, *pl:* -'riːən| *f* diphtheria

Di·phthong <-s, -e> |dɪf'tɔŋ| *m* diphthong

Dipl. |'dɪpl| *Abk von* **Diplom**

Dipl.-Ing. |'dɪpl ɪnʒ| *Abk von* **Diplomingenieur**

Dipl.-Kfm. *Abk von* **Diplomkaufmann**

di·plo·id |diplo'iːt| *adj* BIOL diploid

Di·plom <-s, -e> |di'ploːm| *nt* ❶ *(Hochschulzeugnis)* degree; *(Zeugnis)* certificate; **ein ~** |**in etw** *dat*| **machen** Hochschulstudium to get a degree |in sth|; Ausbildung to get a diploma |*or* certificate| |in sth| ❷ *(Ehrenurkunde)* diploma, certificate

---

Kultur

A **Diplom** is awarded to graduates in economics, engineering and the social and natural sciences. The **Diplom** curriculum concentrates on one subject (sometimes in combination with a minor) and its practical application. It constitutes a full academic and professional qualification which entitles the holder to work independently in the corresponding professional field.

Di·plom·ar·beit *f* thesis |for a degree|

Di·plo·mat(in) <-en, -en> |diplo'maːt| *m(f)* ❶ *(Person im auswärtigen Dienst)* diplomat ❷ *(geschickter Taktierer)* diplomat, diplomatist *form*

Di·plo·ma·ten·kof·fer *m* briefcase **Di·plo·ma·ten·lauf·bahn** *f* diplomatic career, career as a diplomat

Di·plo·ma·tie <-> |diploma'tiː| *f kein pl* diplomacy

Di·plo·ma·tin <-, -nen> |diplo'maːtɪn| *f fem form von* **Diplomat**

di·plo·ma·tisch [diplo'maːtɪʃ] I. *adj* ❶ *(die Diplomatie betreffend)* diplomatic; **~e Beziehungen abbrechen/aufnehmen** to break off/establish diplomatic relations ❷ *(geh: taktisch geschickt)* diplomatic; **~es Vorgehen** diplomacy II. *adv* diplomatically; **~ vorgehen** to proceed diplomatically, to act with diplomacy; **einen Staat ~ anerkennen** to give a country official recognition

Di·plom·bi·bli·o·the·kar(in) *m(f)* qualified librarian **Di·plom·bi·o·lo·ge, -bi·o·lo·gin** *m, f* graduate [*or* qualified] biologist

di·plo·mie·ren⁺ [diplo'miːrən] *vi* SCHWEIZ ▪ **in etw ~** *dat (ein Diplom machen)* to take a diploma in sth; *(ein Hochschulexamen machen)* to take a degree in sth; **sie diplomierte an der Universität Bern** her degree was awarded by the University of Bern

di·plo·miert *adj* qualified; *(mit Hochschulabschluss)* graduate

Di·plom·in·ge·ni·eur(in) [-ɪnʒenˌjøːɐ̯] *m(f)* graduate [*or* qualified] engineer; **er ist ~** he has a degree in engineering **Di·plom·kauf·frau** *f fem form von* **Diplomkaufmann** [female] business school graduate **Di·plom·kauf·mann** *m* [male] business school graduate **Di·plom·prü·fung** *f* final exam[ination]s *pl*, finals *pl* form **Di·plom·über·set·zer(in)** *m(f)* graduate [*or* qualified] translator

Di·plont <-s, -en> [di'plɔnt] *m* BIOL diplont

dir ['diːɐ̯] *pron* ❶ *pers dat von* **du** you; **ich hoffe, es geht ~ wieder besser** I hope you feel better; *nach Präpositionen* **hinter/neben/über/unter/vor ~** behind/next to/above/under/in front of you ❷ *refl dat von* **sich** you

di·rekt [di'rɛkt] I. *adj* ❶ *(durchgehende Verbindung)* direct; **eine ~e Flugverbindung/Zugverbindung** a direct flight/through train; **Sie haben ~en Anschluss nach Paris** you have a direct connection to Paris ❷ *(unmittelbar)* direct, immediate; **in ~er Verbindung mit jdm stehen** to be in direct contact with sb; **in ~er Verbindung zu etw stehen** to have directly to do with sth; **er ging ~ nach Hause** he went straight home [*or* home immediately]; **ein ~er Hinweis auf etw** a direct reference to sth ❸ *(unverblümt)* direct, straightforward, blunt *pej* ❹ *(Übertragung)* live; **eine ~e Übertragung** a live broadcast; *s. a.* **Rede** II. *adv* ❶ *(geradezu)* almost; **das war ja ~ lustig** that was actually funny for a change; **die Bemerkung war ja ~ unverschämt** the comment was really impertinent ❷ *(ausgesprochen)* exactly; **etw nicht ~ verneinen** to not really deny sth; **etw ~ zugeben** to admit sth outright; **das war ja ~ genial!** that was just amazing! ❸ *(unverblümt)* directly, plainly, bluntly *pej;* **bitte sei etwas ~er!** don't beat about the bush! ❹ *(mit Ortsangabe)* direct[ly], straight; **~ von A nach B fliegen** to fly direct from A to B; **diese Straße geht ~ zum Bahnhof** this road goes straight to the station ❺ *(übertragen)* live; **~ übertragen** to broadcast live ❻ *(unverzüglich)* immediately, directly, right away

Di·rekt·bank *f* telephone and internet based commercial bank **Di·rekt·flug** *m* direct flight

Di·rek·ti·on <-, -en> [dirɛk'tsjoːn] *f* ❶ *(Leitung)* management; **die ~ der Schule** the head of the school ❷ *(Direktoren, Vorstand)* board of directors ❸ *(fam: Büro des Direktors)* manager's [*or* director's] office ❹ SCHWEIZ *(Ressort)* department

Di·rek·ti·ve <-n, -n> [dirɛk'tiːvə] *f (geh)* directive *form,* instructions *pl;* **eine ~ ausgeben** to issue a directive *form*

Di·rekt·lei·tung *f* **eine ~ zu jdm haben** to have a direct line to sb **Di·rekt·man·dat** *nt* ≈ direct mandate *(i.e. voted for directly by the electorate and not through party quotas as is possible in German parlia-*

Di·rek·tor, Di·rek·to·rin <-s, -toren> [di'rɛktoːɐ̯, dɪrɛk'toːrɪn, *pl*: dɪrɛk'toːrən] *m, f* ❶ SCH *einer Schule* principal, head BRIT, headmaster *masc* BRIT, headmistress *fem* BRIT ❷ SCH *einer Universität* principal, rector BRIT, president AM ❸ *(Leiter eines Unternehmens)* manager; **der kaufmännische/leitende ~** the business/managing director; *(Mitglied der Leitung)* director; **der ~ der Konzernabteilung/Forschungsabteilung** the head of department/the research department ❹ *(Leiter einer öffentlichen Einrichtung)* head, director; **der ~ des Museums** the museum director; **der ~ der Haftanstalt** the prison director [*or* AM warden]

Di·rek·to·rat <-[e]s, -e> [dirɛkto'raːt] *nt* SCH ❶ *(geh: Amt)* headship BRIT, position of principal [*or* BRIT *a.* head]; **jdm das ~ übertragen** to appoint sb as principal ❷ *(Diensträume)* principal's [*or* BRIT *a.* head's] office

Di·rek·to·rin <-, -nen> [dirɛk'toːrɪn] *f fem form von* **Direktor**

Di·rek·to·ri·um <-s, -rien> [dirɛk'toːrɪ̯ʊm, *pl*: dirɛk'toːrɪ̯ən] *nt* ❶ ÖKON board of directors, managing [*or* executive] board ❷ HIST Directoire, French Directorate

Di·rek·tri·ce <-, -n> [dirɛk'triːsə] *f* manager in the clothing industry who is a qualified tailor and who designs clothes

Di·rekt·über·tra·gung *f* live broadcast **Di·rekt·ver·bin·dung** *f* direct train [*or* flight]; **eine ~ von A nach B haben** to have a direct train from A to B [*or a* non-stop flight from A to B] **Di·rekt·ver·trieb** *m* direct marketing **Di·rekt·zu·griff** *m kein pl* INFORM direct memory access, DMA

Di·ri·gent(in) <-en, -en> [diri'gɛnt] *m(f)* conductor **Di·ri·gen·ten·stab** *m* conductor's baton

Di·ri·gen·tin <-, -nen> [diri'gɛntɪn] *f fem form von* **Dirigent**

di·ri·gie·ren⁺ [diri'giːrən] I. *vt* ❶ MUS *etw/ein Orchester ~* to conduct sth/an orchestra ❷ *(einweisen)* ▪ **jdn/etw ~** to direct sb/sth ❸ *(leiten)* ▪ **jdn/etw ~** to lead [*or* steer] sb/sth; **Touristen durch etw ~** to conduct tourists through sth; **die Unternehmenspolitik ~** to steer [*or* control] company policy II. *vi* MUS to conduct

Di·ri·gis·mus <-> [diri'gɪsmʊs] *m kein pl* state-controlled [*or* planned] economy, dirigisme *form*

Dirndl <-s, -> ['dɪrndl̩] *nt* ❶ *s.* **Dirndlkleid** ❷ SÜDD, ÖSTERR *(Mädchen)* lass BRIT *dial,* gal AM **Dirndl·kleid** *nt* dirndl

Dir·ne <-, -n> ['dɪrnə] *f (geh)* prostitute, call girl **Dirnenmilieu** *nt* prostitution scene

dis, Dis <-, -> ['dɪs] *nt* D sharp

Dis·agio <-s, -s> [dɪs'ʔaːdʒo] *nt* discount

Dis·co <-, -s> ['dɪsko] *f (fam) s.* **Disko**

Dis·count·la·den [dɪs'kaunt-] *m* discount shop

Dis·har·mo·nie [dɪsharmo'niː] *f* disharmony, discord; **~ zwischen Freunden** discord among friends; **~ in einer Familie** family discord, domestic strife

dis·har·mo·nisch [dɪshar'moːnɪʃ] *adj* disharmonious, dissonant, discordant

Dis·kant <-s, -e> [dɪs'kant] *m* descant, treble; **eine ~blockflöte** a descant recorder; **eine ~flöte** a treble flute

Dis·ket·te <-, -n> [dɪs'kɛtə] *f* disk

Dis·ket·ten·box *f* disc storage box **Dis·ket·ten·lauf·werk** *nt* disk drive

Disk·jo·ckey ['dɪskdʒɔke, -dʒɔki] *m* disc jockey

Dis·ko <-, -s> ['dɪsko] *f (fam)* disco

Dis·kont <-s, -e> [dɪs'kɔnt] *m* ❶ *(Rabatt)* discount ❷ *s.* **Diskontsatz**

Dis·kont·satz *m* bank rate

Dis·ko·thek <-, -en> [dɪsko'te:k] *f* disco, discotheque BRIT

dis·kre·di·tie·ren˙ [dɪskredi'ti:rən] *vt (geh)* ∎**jdn/ etw ~** to discredit sb/sth; ∎**diskreditiert** discredited

Dis·kre·panz <-, -en> [dɪskre'pants] *f (geh)* discrepancy; **eine Zeit~** a time lag

dis·kret [dɪs'kre:t] **I.** *adj* ❶ *(vertraulich)* confidential; **in einer ~en Angelegenheit** on a confidential matter; **etwas D~es** something confidential ❷ *(unauffällig)* discreet; **ein ~er Mensch** a discreet [*or* tactful] person; **eine ~ Farbe** an unobtrusive [*or* quiet] colour [*or* AM -or] **II.** *adv* **~ behandeln** to treat confidentially; **sich ~ verhalten** to behave discreetly

Dis·kre·ti·on <-> [dɪskre'tsi̯o:n] *f kein pl (geh)* discretion; [**in einer S.**] **äußerste** [*o* **strengste**] ~ **wahren** to exercise [*or* show] complete discretion [in a matter]; **~** [**ist**] **Ehrensache** you can count on my/our discretion

dis·kri·mi·nie·ren˙ [dɪskrimi'ni:rən] *vt (geh)* ❶ *(benachteiligen)* ∎**jdn ~** to discriminate against sb ❷ *(herabwürdigen)* ∎**jdn ~** to belittle sb; ∎**etw ~** to disparage sth

dis·kri·mi·nie·rend *adj* ❶ *(benachteiligend)* discriminatory; **~e Behandlung** discrimination ❷ *(herabwürdigend)* discriminatory, disparaging

Dis·kri·mi·nie·rung <-, -en> *f* ❶ *(Benachteiligung)* discrimination; **~ der Frau/des Mannes** sex[ual] discrimination, discrimination against women/men; **~ anderer Rassen** racial discrimination; **~ von Minderheiten** discrimination against minorities ❷ *(pej: Herabwürdigung)* disparagement, insult

Dis·kurs <-es, -e> [dɪs'kʊrs, *pl:* dɪs'kʊrzə] *m (geh)* discourse *form*; **mit jdm einen ~ haben** [*o* **führen**] to have a discussion with sb, to discuss [sth] with sb

Dis·kus <-, -se *o* Disken> ['dɪskʊs, *pl:* 'dɪskʊsə, 'dɪskən] *m* discus

Dis·kus·si·on <-, -en> [dɪsku'si̯o:n] *f* ❶ *(Meinungsaustausch)* discussion, debate; *(Streitgespräch)* lively debate; *(emotionales Streitgespräch)* argument, fight, row BRIT; **zur ~ stehen** to be discussed; **etw zur ~ stellen!** to put sth up for discussion; **keine ~[en]!** no arguments! ❷ *(öffentliche Auseinandersetzung)* discussion, debate

Dis·kus·si·ons·bei·trag *m* contribution to a discussion

Dis·kus·si·ons·teil·neh·mer(in) *m(f)* participant in a discussion; *in Fernseh-/Rundfunksendung* panel member BRIT; **die ~ bei einer Debatte** the speakers in a debate

Dis·kus·wer·fen <-s> *nt kein pl* discus throwing **Dis·kus·wer·fer(in)** *m(f)* discus thrower

dis·ku·ta·bel [dɪsku'ta:bl̩] *adj (geh)* worth considering [*or* thinking about], interesting; **nicht ~** out of the question; **etw für ~ halten** to consider sth worth discussing, to regard sth as worthy of discussion *form*

dis·ku·tie·ren˙ [dɪsku'ti:rən] **I.** *vt* ∎**etw ~** to discuss sth; **etw abschließend ~** to discuss sth conclusively; **etw ausgiebig ~** to discuss sth at length; **etw erschöpfend ~** to have exhaustive discussions about sth; **etw zu Ende ~** to finish discussing sth **II.** *vi* ∎[**über etw** *akk*] **~** to discuss sth, to have a discussion about sth; **was gibt's denn da noch zu ~?** what else is there [*or* what's left] to discuss?

dis·pen·sie·ren˙ [dɪspɛn'zi:rən] *vt (geh)* ∎**jdn von etw ~** to excuse sb from sth

Dis·per·si·on <-, -en> [dɪspɛr'zi̯o:n] *f* dispersion

Dis·per·si·ons·far·be *f* emulsion paint

Dis·play <-s, -s> [dɪs'ple:] *nt* display

Dis·po·kre·dit ['dɪspo-] *m (fam) s.* **Dispositionskredit**

dis·po·nie·ren˙ [dɪspo'ni:rən] *vi (geh)* ❶ *(verfügen)* ∎[**frei**] **über etw** *akk* **~** to dispose [at will] of sth; **über ein Bankkonto ~** to have access to a bank account; **über Geld ~** to have money at one's dispos-

al, to spend money; **über seine Zeit ~** to dispose of one's time, to arrange one's time as one likes ❷ *(planen)* to organize oneself; ∎**über etw ~** to arrange sth

Dis·po·si·ti·on <-, -en> [dɪspozi'tsi̯o:n] *f* disposal; **~ über etw** *akk* **haben** *(geh)* to have sth at one's disposal; **jdn/etw zu seiner ~ haben** to have sb/sth at one's disposal; **zur ~ stehen** to be available; *(in Frage gestellt werden)* to be a matter of debate; **diese Arbeitsstellen stehen zur ~** employees are needed for these jobs; **jdm zur ~ stehen** to be at sb's disposal; **etw zur ~ stellen** to put sth at sb's disposal; **sein Amt/eine Stelle zur ~ stellen** to stand down from one's position [as ...]; **seine ~en treffen** to make one's arrangements, to plan

Dis·po·si·ti·ons·kre·dit *m* overdraft facility

Dis·put <-[e]s, -e> [dɪs'pu:t] *m (geh)* dispute; **einen ~** [**über etw** *akk*] **führen** to have a dispute [about [*or* over] sth]

dis·pu·tie·ren˙ [dɪspu'ti:rən] *vi (geh)* ∎[**mit jdm**] [**über etw** *akk*] **~** to dispute [with sb] [about [*or* over] sth]; **endlos ~** to have a lengthy [*or* never-ending] dispute; **hitzig ~** to have a heated argument; **über ein Angebot ~** to discuss an offer; **über eine Streitfrage ~** to dispute an issue

Dis·qua·li·fi·ka·ti·on <-, -en> [dɪskvalifika'tsi̯o:n] *f* disqualification; ∎**~ wegen einer S.** *gen* disqualification on account of sth; **~ wegen Missachtung der Regeln** disqualification for disregarding the rules

dis·qua·li·fi·zie·ren˙ [dɪskvalifi'tsi:rən] *vt* ❶ SPORT ∎**jdn/etw ~** [**wegen etw**] to disqualify sb/sth [for doing sth]; **der Läufer wurde wegen Verlassens der Bahn disqualifiziert** the runner was disqualified for running outside his lane ❷ *(geh)* ∎**jdn/etw für etw ~** to disqualify sb/sth for sth, to rule out sb/sth *sep as* sth

Dis·qua·li·fi·zie·rung <-, -en> *f s.* **Disqualifikation**

Dis·ser·ta·ti·on <-, -en> [dɪsɛrta'tsi̯o:n] *f* dissertation, thesis

Dis·si·dent(in) <-en, -en> [dɪsi'dɛnt] *m(f)* ❶ *(Andersdenkende(r))* dissident ❷ REL dissenter

dis·so·nant [dɪso'nant] *adj inv* ❶ MUS dissonant ❷ *(geh: unstimmig, unschön)* dissonant

Dis·so·nanz <-, -en> [dɪso'nants] *f s.* **Disharmonie**

Dis·tanz <-, -en> [dɪs'tants] *f* ❶ *(Entfernung)* distance; **eine große ~** a good [*or* great] distance ❷ SPORT distance ❸ *kein pl (Zurückhaltung)* distance, reserve; **mit einer gewissen ~** with a certain amount of reserve; **~ halten** [*o* **wahren**] *(geh)* to keep a [*or* one's] distance ❹ *(geh: Abstand)* detachment, distance; **aus der ~ betrachtet** with the benefit of hindsight; [**zu jdm/etw**] **auf ~ gehen** to distance [*or* dissociate] oneself [from sb/sth]

dis·tan·zie·ren˙ [dɪstan'tsi:rən] *vr* ∎**sich von jdm/ etw ~** to distance oneself from sb/sth; **ich distanziere mich ausdrücklich davon** I want nothing to do with this

dis·tan·ziert **I.** *adj (geh: zurückhaltend)* reserved, distant, aloof **II.** *adv* distantly, aloofly; **sich ~ verhalten** to be reserved [*or* distant] [*or* aloof]

Dis·tel <-, -n> ['dɪstl̩] *f* thistle

Dis·tel·fal·ter *m* ZOOL painted lady **Dis·tel·fink** *m* goldfinch **Dis·tel·öl** *nt* safflower oil

di·stin·gu·iert [dɪstɪŋ'gi:ɐt] **I.** *adj (geh)* distinguished **II.** *adv (geh)* in a distinguished way [*or* fashion]

Di·strikt <-[e]s, -e> [dɪs'trɪkt] *m* district

Dis·zi·plin <-, -en> [dɪstsi'pli:n] *f* ❶ *kein pl (Zucht)* discipline; **eiserne ~** iron discipline; **[strikte] ~ halten** to maintain [strict] discipline ❷ *(Sportart)* discipline, event ❸ *(Teilbereich)* discipline, branch

dis·zi·pli·na·risch [dɪstsipli'na:rɪʃ] **I.** *adj* disciplinary; **~e Maßnahmen ergreifen** to take disciplinary measures **II.** *adv* ❶ *(wegen Verstoß gegen Dienstvor-*

schriften) **gegen jdn ~ vorgehen** to take disciplinary action against sb ❷ *(besonders hart)* **jdn ~ bestrafen** to discipline sb

Dis·zi·pli·nar·stra·fe *f* disciplinary action; **gegen jdn eine ~ verhängen** to take disciplinary action against sb **Dis·zi·pli·nar·ver·fah·ren** *nt* disciplinary hearing

dis·zi·pli·nie·ren' [dɪstsipliˈniːrən] *vt (geh)* ▪ **jdn/ sich ~** to discipline sb/oneself

dis·zi·pli·niert [dɪstsipliˈniːɐt] **I.** *adj (geh)* disciplined **II.** *adv (geh)* in a disciplined fashion *[or* way*]*

dis·zi·pli·n·los **I.** *adj* undisciplined, disorderly, unruly BRIT **II.** *adv* in an undisciplined *[or* a disorderly*] [or* BRIT *a.* an unruly*]* fashion *[or* way*]*; **sich ~ verhalten** to behave in an undisciplined *[or* unruly*] [or* a disorderly*]* fashion

Dis·zi·plin·lo·sig·keit <-, -en> *f* ❶ *(undiszipliniertes Verhalten)* disorderliness, unruliness BRIT ❷ *(undisziplinierte Handlung)* indiscipline, lack of discipline, disorderly conduct

di·to [ˈdiːto] *adv* ditto *fam;* **ich soll dir von Angelika schöne Grüße bestellen! – ihr ~!** Angelika asked me to give you her love! – please give her mine back!; **danke für das Gespräch! – ~!** thanks for the call! – thank you too!

Di·va <-, -s *o* Diven> [ˈdiːva, *pl:* ˈdiːvən] *f* ≈ prima donna *(actress or singer whose theatrical airs and graces make her a subject of discussion)*

di·ver·gie·ren' [diːvɛrˈgiːrən] *vi* to diverge; ▪ **~d** divergent; ▪ **von etw ~** to diverge from sth; **ihre Sicht der Dinge divergiert stark von der meinen** her way of looking at things is very different from *[or* to*]* mine

di·vers [diˈvɛrs] *adj attr* diverse; **~e Fragen/Möglichkeiten/Ursachen** several *[or* various*]* questions/possibilities/reasons

Di·ver·ses [diˈvɛrzəs] *pl* ❶ *(Verschiedenes)* several *[or* various*]* things; **ich muss noch ~ einkaufen** I've still got to buy a few things ❷ *(auf Tagesordnung)* miscellaneous

Di·ver·si·fi·ka·ti·on <-, -en> [diːvɛrzifikaˈtsi̯oːn] *f* diversification

Di·vi·dend <-en, -en> [diviˈdɛnt, *pl:* diviˈdɛndn̩] *m* MATH dividend

Di·vi·den·de <-, -n> [diviˈdɛndə] *f* dividend

Di·vi·den·den·aus·schüt·tung *f* payment of a dividend *[or* dividends*]*

di·vi·die·ren' [diviˈdiːrən] *vt, vi* ▪ [etw] [durch etw] ~ to divide *[sth] [by* *[or* AM in*]* sth*]*

Di·vis <-es, -e> [diˈviːs, *pl:* diˈviːzə] *nt* hyphen

Di·vi·si·on <-, -en> [diviˈzi̯oːn] *f* division

Di·vi·si·o·när' <-s, -e> [diviˈzi̯oˈnɛːɐ̯] *m(f)* SCHWEIZ *(Befehlshaber einer Division)* divisional commander

Di·vi·si·ons·stab *m* [staff] officers of a division

Di·vi·sor <-s, -en> [diˈviːzoːɐ̯, *pl:* diviˈzoːrən] *m* divisor

Di·wan <-s, -e> [ˈdiːvaːn] *m (veraltend)* divan

DJ <-s, -s> [diˈdʒeɪ] *m (fam)* DJ, deejay

d. J. ❶ *Abk von* **dieses Jahres** of this year ❷ *Abk von* **der Jüngere** the younger

DJH <-[s]> *nt Abk von* **Deutsches Jugendherbergswerk** ≈ YHA BRIT

Dji·bou·ti <-s> [dʒiˈbuːti] *nt* SCHWEIZ *s.* **Dschibuti**

dji·bou·tisch *adj* SCHWEIZ *s.* **dschibutisch**

DKP <-> [deːkaːˈpeː] *f Abk von* **Deutsche Kommunistische Partei** German communist party

DLRG [deːʔɛlɐrˈgeː] *f* SPORT *Abk von* **Deutsche Lebens-Rettungs-Gesellschaft** ≈ RNLI BRIT

DM <-, -> [deːˈʔɛm] *kein art* HIST *Abk von* **Deutsche Mark** Deutschmark, German mark

d.M. *Abk von* **dieses Monats** of this month

D-Mark <-, -> [ˈdeːmark] *f* HIST D-mark

DNA <-, -s> [deːʔɛnˈaː] *f Abk von* **Desoxyribonukleinsäure** DNA

D-Netz [deː-] *nt network for mobile telephones throughout Europe*

DNS <-> [deːʔɛnˈʔɛs] *f Abk von* **Desoxyribonukleinsäure** DNA

Dö·bel <-s, -> [ˈdøːbl̩] *m* ZOOL, KOCHK chub

Do·ber·mann <-s, -männer> [ˈdoːbɐman, *pl:* -mɛnə] *m* ZOOL Dobermann [pinscher]

doch [dɔx] **I.** *konj (jedoch)* but, however **II.** *adv (emph)* ❶ *(dennoch)* even so; **zum Glück ist aber ~ nichts passiert** fortunately, nothing happened ❷ *(einräumend)* **ich wollte es ja nicht glauben, aber du hattest ~ Recht** I didn't want to believe it but you were right ❸ *(Widerspruch ausdrückend)* **er hat das nicht gesagt – ~, ich weiß genau, dass er das gesagt hat** he didn't say that – yes, he did, I know he did; **du gehst jetzt ins Bett – nein! – ~!** go to bed now – no! – yes! ❹ *(ja)* yes; **hast du keine Lust, mit in die Spielbank zu kommen? – ~, schon, aber leider nicht genug Geld** wouldn't you like to come with me to the casino? – yes, I would, but I haven't got enough money; **hat es dir nicht gefallen? – ~|, ~|!** didn't you enjoy it? – yes, I did!; **darf ich bei Ihnen rauchen? – ~, warum nicht?** may I smoke here? – yes, sure *[or* certainly*]* **III.** *part* ❶ *(Nachdruck verleihend)* **es war ~ nicht so wie Du dachtest** it turned out not to be the way you thought it was; **du weißt ja ~ immer alles besser!** you always know better!; **das war ~ gar nicht schlimm, oder?** it wasn't so bad, was it?; **jetzt komm ~ endlich** come on!; **kommen Sie ~ bitte morgen wieder** please could you come back tomorrow; **seid ~ endlich still** for goodness' sake, be quiet!; **sei ~ nicht immer so geizig** don't be so stingy; **sie will dir kündigen! – soll sie ~, das macht mir auch nichts aus** she's going to sack you! – let her, I don't care; **du weißt ~, wie es ist** you know how it is; **wäre es ~ schon endlich Sommer!** if only the summer would come; **wenn er ~ nur endlich mal den Mund halten würde!** if only he would shut up!; **setzen Sie sich ~!** won't you sit down!; **nehmen Sie sich ~ bitte!** do help yourself!; *s. a.* **nicht** *s. a.* **wenn** ❷ *(Unmut ausdrückend)* **das ist ~ schön, wenn du mir endlich mal die Wahrheit sagen würdest** it would be nice if you'd *[finally]* tell me the truth; **das ist ~ gar nicht wahr** that's not true!; **das ist ~ wirklich eine Frechheit!** what a cheek!; **du hast ihr ~ nicht etwa von unserem Geheimnis erzählt** you haven't told her our secret?, you haven't gone and told her our secret? *fam;* *s. a.* **also** *s. a.* **ja** *s. a.* **nein** ❸ *(noch)* **wie war ~ [gleich] Ihr Name?** sorry, what did you say your name was?, what was your name again?; **das ist Ihnen aber ~ bekannt gewesen, oder?** but you knew that, didn't you?; *s. a.* **Höhe** *s. a.* **Letzte(s)**

Docht <-[e]s, -e> [ˈdɔxt] *m* wick

Dock <-s, -s *o* -e> [ˈdɔk] *nt* dock

Do·cker[in] <-s, -> *m(f)* docker

Do·ge <-n, -n> [ˈdoːʒə] *m (hist)* doge

Dog·ge <-, -n> [ˈdɔɡə] *f* mastiff

Dog·ma <-s, -men> [ˈdɔɡma, *pl:* ˈdɔɡmən] *nt* ❶ REL dogma, doctrine, article of faith ❷ *(geh)* dogma *pej,* doctrine *pej;* **etw zum ~ erheben** *[o* machen*]* to make a dogma *[or* doctrine*]* out of sth

dog·ma·tisch [dɔˈɡmaːtɪʃ] *adj (pej geh)* dogmatic *pej*

Dog·ma·tis·mus <-> [dɔɡmaˈtɪsmʊs] *m kein pl (pej)* dogmatism

Doh·le <-, -n> [ˈdoːlə] *f* jackdaw

Dok·tor, Dok·to·rin <-s, -toren> [ˈdɔktoːɐ̯, dɔkˈtoːrɪn, *pl:* dɔkˈtoːrən] *m, f (Arzt)* doctor; **ich hätte gerne [den] Herrn ~ gesprochen** I'd like to speak to the doctor, please; **guten Tag, Frau/Herr ~** good afternoon, Doctor; **den ~ aufsuchen** to go to *[or* visit*]* the doctor ❷ *(Träger eines Doktortitels)* doctor; ▪ **er ist ~**

der Physik he's got a PhD in physics; **den ~ haben** to have a PhD [*or* Ph.D.] [*or form* Doctor of Philosophy]; **den** [*o* **seinen**] ~ **machen** to do one's doctorate

Dok·to·rand(in) <-en, -en> [dɔkto'rant, *pl:* dɔk-to'randn̩] *m(f)* doctoral candidate, doctorand

Dok·tor·ar·beit *f* doctorate, doctoral dissertation **Dok·tor·di·plom** *nt* doctor's diploma [*or* certificate] **Dok·tor·ex·a·men** *nt s.* **Doktorprüfung Dok·tor·grad** *m* doctorate; **den ~ erwerben** to earn a doctorate, to be awarded a PhD [*or* Ph.D.]; **jdm den ~ verleihen** to award sb a PhD [*or* Ph.D.], to confer a PhD [*or* Ph.D.] on sb *form* **Dok·tor·hut** *m* doctoral cap; **den ~ erwerben** *(geh)* to be awarded a doctorate

Dok·to·rin <-, -nen> [dɔk'to:rɪn] *f fem form von* **Doktor**

Dok·tor·mut·ter *f fem form von* **Doktorvater** [female] supervisor [of a doctoral candidate] **Dok·tor·prü·fung** *f* doctorate examination **Dok·tor·spie·le** *pl (hum fam: Sexspiele)* sex games *pl* **Dok·tor·ti·tel** *m* doctorate; **den ~ führen** to be a Doctor of …, to have a PhD [*or* Ph.D.]; **jdm den ~ verleihen** to award sb a doctorate, to confer a doctorate on sb **Dok·tor·va·ter, -mut·ter** *m, f* supervisor [of a doctoral candidate] **Dok·tor·wür·de** *f (veraltend) s.* **Doktortitel**

Dok·trin <-, -en> [dɔk'tri:n] *f* doctrine, dogma *pej;* **die katholische ~** the Catholic doctrine [*or* faith]

dok·tri·när [dɔktri'nɛːɐ̯] *adj (pej geh)* doctrinaire *pej form;* **~e Ansichten vertreten** to apply doctrinaire principles

Do·ku·ment <-[e]s, -e> [doku'mɛnt] *nt* ➊ *(amtliches Schriftstück)* papers *pl,* document ➋ *(geh: Zeugnis)* proof, record

Do·ku·men·tar(in) <-s, -e> [dokumɛn'taːɐ̯] *m(f)* documentalist

Do·ku·men·tar·auf·nah·me *f* documentary record **Do·ku·men·tar·film** *m* documentary film

Do·ku·men·ta·rin <-, -nen> [dokumɛn'taːrɪn] *f fem form von* **Dokumentar**

do·ku·men·ta·risch [dokumɛn'taːrɪʃ] **I.** *adj* documentary **II.** *adv (mit Dokumenten)* by providing documentary evidence; **etw ~ beweisen** to prove sth by providing documentary evidence

Do·ku·men·ta·ti·on <-, -en> [dokumɛnta'tsi̯oːn] *f* ➊ *(Sammlung von Nachweisen)* documentation ➋ *(Beschreibung)* documents *pl,* documentation ➌ *(geh: Zeugnis)* proof

do·ku·men·tie·ren [dokumɛn'tiːrən] **I.** *vt* ➊ *(durch Dokumente belegen)* ■ **etw ~** to document sth ➋ *(fig: zeigen)* ■ **etw ~** to reveal [*or* demonstrate] sth **II.** *vr (zum Ausdruck kommen)* ■ **etw dokumentiert sich in etw** *dat* sth reveals itself [*or* is revealed] [*or* is shown] in sth

Dolby® <-s> *nt kein pl* TECH Dolby®

Dol·ce Vi·taᴿᴿ, **Dol·ce vi·ta**ᴬᴸᵀ <-> ['dɔltʃə'viːta] *nt o f kein pl* dolce vita, good life

Dolch <-[e]s, -e> ['dɔlç] *m* dagger *old,* knife; **einen ~ ziehen** to draw a dagger *old,* to pull a knife

Dolch·stoß *m* ➊ *(Stoß mit dem Dolch)* stab wound; **jdm einen ~ versetzen** to stab sb ➋ *(hinterhältiger Anschlag)* stab in the back; **jdm einen ~ versetzen** to stab sb in the back

Dolch·stoß·le·gen·de *f (hist)* ■ **die ~** widespread theory in Germany at the end of WWI that Germany lost the war not through military conquest but through treason

Dol·de <-, -n> ['dɔldə] *f* umbel

Dol·den·blüt·ler <-s, -> [-bly:tlɐ] *m* BOT umbellifer

doll ['dɔl] **I.** *adj (fam)* ➊ *(schlimm)* dreadful *fam,* awful *fam,* terrible *fam* ➋ *(großartig)* fantastic *fam,* terrific *fam,* great *sl* ➌ *(unerhört)* outrageous; **das ist ja ~!** that's a bit much!, that's going a little overboard!; **das wird ja immer ~er!** it gets better and bet-

ter! *iron;* **das ist ja schon ein ~es Ding!** that's incredible!; ■ **das D~ste** the best [of it] *iron;* **das D~ste kommt erst noch!** the best is [yet] to come! *iron* **II.** *adv* DIAL *(sl)* like hell [*or* BRIT mad] *fam;* **sich über etw ~ freuen** to be delighted about sth; **sich ~ sto·ßen/wehtun** to knock/hurt oneself badly; **es stürmt immer ~er** the storm's getting worse and worse

Dol·lar <-[s], -s> ['dɔlar] *m* dollar; **der kanadische ~** the Canadian dollar

Dol·lar·kurs *m* dollar rate **Dol·lar·zei·chen** *nt* dollar sign

dol·met·schen ['dɔlmɛtʃn̩] **I.** *vi* to interpret, to act as interpreter **II.** *vt* ■ **etw ~** to interpret sth

Dol·met·scher(in) <-s, -> ['dɔlmɛtʃɐ] *m(f)* interpreter

Dol·met·scher·in·sti·tut *nt,* **Dol·met·scher·schu·le** *f* school for interpreters

Do·lo·mit <-s, -e> [dolo'miːt] *m* ➊ *(Stein)* dolomite ➋ GEOL dolomite, magnesian limestone BRIT

Do·lo·mi·ten [dolo'miːtn̩] *pl* ■ **die ~** the Dolomites

Dom <-[e]s, -e> ['doːm] *m* ➊ *(große Kirche)* cathedral ➋ ARCHIT dome, cupola

Do·main <-, -s> [də'mɛɪn] *f* INET domain

Do·mä·ne <-, -n> [do'mɛːnə] *f* ➊ *(Staatsgut)* state property ➋ *(geh: Spezialgebiet)* domain, area

Do·mes·ti·ka·ti·on <-, -en> [domɛstika'tsi̯oːn] *f* BIOL domestication

Do·mes·ti·zie·rung *f* domestication

Dom·herr *m s.* **Domkapitular**

Do·mi·na <-, -s> ['doːmina] *f* dominatrix *(prostitute specializing in masochism)*

do·mi·nant [domi'nant] *adj* dominant, assertive; **ein ~er Mensch** an assertive [*or usu pej* domineering] person; **ein ~es Merkmal** a dominant feature [*or* characteristic]

Do·mi·nan·te <-, -n> [domi'nantə] *f* ➊ MUS dominant ➋ *(vorherrschendes Merkmal)* dominant

Do·mi·nanz <-, -en> [domi'nants] *f* ➊ *(geh: dominantes Wesen)* assertiveness, dominance *usu pej* ➋ BIOL dominance

Do·mi·ni·ca <-s> [do'miːnika] *nt* Dominica; *s. a.* **Sylt**

do·mi·nie·ren [domi'niːrən] **I.** *vi* ➊ *(geh: vorherrschen)* to dominate, to be in control ➋ *(geh: überwiegen)* ■ **[in etw** *dat]* ~ to prevail [*or* predominate] [*or* dominate] [in sth], to be dominant [*or* predominate] [in sth] **II.** *vt (geh: beherrschen)* ■ **jdn/etw ~** to dominate sb/sth, to be dominant over sb/sth

do·mi·nie·rend *adj* dominating *usu pej,* predominating, prevailing, dominant

Do·mi·ni·ka·ner(in) <-s, -> [domini'kaːnɐ] *m(f)* ➊ REL member of the Dominican order ➋ GEOG, POL Dominican; *s. a.* **Deutsche(r)**

Do·mi·ni·ka·ner·mönch *m* Dominican friar

do·mi·ni·ka·nisch [domini'kaːnɪʃ] *adj* Dominican; *s. a.* **deutsch**

Do·mi·ni·ka·ni·sche Re·pu·blik *f* Dominican Republic; **in der Dominikanischen Republik** in the Dominican Republic; **in die ~ fahren** to go [*or* travel] to the Dominican Republic; **in der Dominikanischen Republik leben** to live in the Dominican Republic; *s. a.* **Sylt**

Do·mi·no¹ <-s, -s> ['doːmino] *m* domino

Do·mi·no² <-s, -s> ['doːmino] *nt* dominoes + *sing vb;* **~ spielen** to have a game of [*or* to play] dominoes

Do·mi·no·spiel *nt s.* **Domino²** **Do·mi·no·stein** *m* ➊ *(Spiel)* domino ➋ *(Weihnachtsgebäck)* cube-shaped sweet made of Lebkuchen [a sort of gingerbread], filled with marzipan and jam and covered with chocolate

Do·mi·zil <-s, -e> [domi'tsiːl] *nt (geh)* ➊ *(Wohnung)* residence, domicile *form,* abode *hum* ➋ *(Sitz)* residence

Dom·ka·pi·tel nt chapter [of a cathedral] **Dom·ka·pi·tu·lar** <-s, -e> [-kapitula:ɐ̯] m canon **Dom·pfaff** <-en o -s, -en> ['doːmpfaf] m bullfinch

Domp·teur(in) <-s, -e> [dɔmpˈtøːɐ] m(f), **Domp·teu·se** <-, -n> [dɔmpˈtøːzə] m(f) animal trainer

Do·na·tor, **Do·na·to·rin** <-s, -toren> [doˈnaːtoːɐ̯, donaˈtoːrɪn, pl: donaˈtoːrən] m, f SCHWEIZ (Schenker) donator

Do·nau <-> ['doːnaʊ] f ■ die ~ the Danube

Do·nau·lachs m Danube salmon **Do·nau·mon·ar·chie** f kein pl former Austro-Hungarian monarchy

Dö·ner <-[s], -> ['døːnɐ] m, **Dö·ner·ke·bab** <-[s], -s> [døːnɐkeˈbap] m [doner] kebab

Don Ju·an <-[s], -[s]> [dɔn ˈxu̯an] m Don Juan

Don·ner <-s, <selten -> ['dɔnɐ] m thunder; ▸ WENDUNGEN: **wie vom ~ gerührt sein** (fam) to be thunderstruck [or dumbfounded] [or fam flabbergasted]

Don·ner·bal·ken m MIL (hum sl) thunderbox BRIT sl, [portable] outhouse AM **Don·ner·gott** m Thor, god of thunder **Don·ner·grol·len** nt kein pl (geh) roll [or rumble] [or peal] of thunder **Don·ner·keil** m thunderbolt

don·nern ['dɔnɐn] I. vi impers haben to thunder; **hörst du, wie es donnert?** can you hear the thunder? II. vi ➊ haben (poltern) ■ **mit etw] an etw** akk **/gegen etw ~** to bang fam [or hammer] [or pound] on/at sth [with sth] ➋ sein (krachend prallen) ■ **[mit etw] gegen/in etw ~** akk to crash into sth [with sth]; **genau** [o **direkt**] [o **voll**] **gegen/in etw ~** to crash straight [or right] into sth; ■ **auf/gegen etw** akk **~** to crash onto/against sth; **der Fußball donnerte genau gegen die Schaufensterscheibe** the football slammed into the shop window ➌ sein (sich polternd bewegen) to thunder; ■ **an jdm vorbei~** to thunder past sb; **ein schwerer Laster donnerte heran** a heavy lorry came thundering by III. vt haben (schleudern) ■ **etw ~** to hurl [or slam] [or fam fling] sth ▸ WENDUNGEN: **jdm eine ~** (sl) to clout [or fam wallop] sb BRIT, to plaster sb AM fam

don·nernd adj thundering

Don·ner·rol·len nt kein pl s. **Donnergrollen Don·ner·schlag** m ➊ METEO clap of thunder ➋ (Ausdruck des Erstaunens) ■ **~!** (veraltend fam) I'll be blowed! dated, blow me down! dated ▸ WENDUNGEN: **jdn wie ein ~ treffen** to hit sb out of the blue, to leave sb thunderstruck [or struck dumb [with astonishment/shock]]; **einen ~ loslassen** to unleash a thunderbolt **Don·ners·tag** ['dɔnɐstaːk] m Thursday; s. a. **Dienstag Don·ners·tag·abend**RR m Thursday evening; s. a. **Dienstag don·ners·tag·abends**RR adv [on] Thursday evenings **Don·ners·tag·mit·tag**RR m [around] noon on Thursday; s. a. **Dienstag don·ners·tag·mit·tags**RR adv [around] noon on Thursdays **Don·ners·tag·mor·gen**RR m Thursday morning; s. a. **Dienstag don·ners·tag·mor·gens**RR adv [on] Thursday mornings **Don·ners·tag·nach·mit·tag**RR m Thursday afternoon; s. a. **Dienstag don·ners·tag·nach·mit·tags**RR adv [on] Thursday afternoons **Don·ners·tag·nacht**RR f Thursday night; s. a. **Dienstag don·ners·tag·nachts**RR adv [on] Thursday nights

don·ners·tags adv [on] Thursdays; **~abends/nach·mittags/vormittags** [on] Thursday evenings/afternoons/mornings

Don·ners·tag·vor·mit·tagRR m Thursday morning; s. a. **Dienstag don·ners·tag·vor·mit·tags**RR adv [on] Thursday mornings

Don·ner·wet·ter ['dɔnɐvɛtɐ] nt ➊ (veraltend: Gewitter) thunderstorm ➋ (fam: Schelte) unholy row BRIT fam, an awful bawling out AM; **ein ~ über sich ergehen lassen** to be bawled out AM, to get a dressing down BRIT, to be hauled over the coals BRIT ➌ (fam:

alle Achtung!) I'll be damned! fam, gosh! BRIT fam ➍ (in Ausrufen) [**zum**] **~!** (fam) damn it! fam, bloody hell! BRIT sl

doof <doofer o döfer, doofste o döfste> ['doːf] adj (fam) ➊ (blöd) stupid, silly, brainless ➋ (verflixt) stupid, damn, bloody BRIT sl, fucking vulg; ■ **jdm ist etw zu ~** sb finds sth stupid [or ridiculous]; **das Ganze wird mir langsam zu ~** I'm beginning to find the whole business ridiculous; **zu ~** [**aber auch**]**!** oh no!, what a pain! sl, what a nuisance BRIT fam

Doof·heit <-, -en> f (fam) stupidity, brainlessness, silliness BRIT, foolishness

Doo·fi <-[s], -s> ['doːfi] m (fam) dummy, twit, num[b]skull, BRIT silly nit; **Klein ~** ≈ Simple Simon **Doof·kopp** <-s, -köppe> [-kɔp, pl: -køpə] m (sl), **Doof·mann** <-s, -männer> m (sl) twit, fool

Dope <-s, -s> [doːp] nt (sl) pot sl, hash fam

do·pen ['doːpn̩, 'dɔpn̩] vt ■ **jdn/etw ~** to dope sb/sth; ■ **[sich] ~** to dope [oneself]

Do·ping <-s, -s> ['doːpɪŋ, 'dɔpɪŋ] nt illicit use of drugs before sporting events

Do·ping·kon·trol·le ['doːpɪŋ-] f, **Do·ping·test** ['doːpɪŋ-] m drugs test **Do·ping·ver·dacht** ['doːpɪŋ-] m SPORT **bei der Tennisspielerin besteht ~** the tennis player is suspected of having taken drugs

Dop·pel <-s, -> ['dɔpl̩] nt ➊ (Duplikat) ■ **das/ein ~ einer S.** gen [**zu etw**] the/a duplicate [or copy] [of sth] ➋ SPORT (Spiel mit 4 Spielern) doubles; (Mannschaft von 2 Spielern) doubles team; **gemischtes ~** mixed doubles

Dop·pel·ad·ler m two-headed eagle on a coat of arms or coin **Dop·pel·agent(in)** m(f) double agent **Dop·pel·band** m ➊ (doppelter Umfang) double volume ➋ (zwei Bände) set of two volumes **Dop·pel·be·ga·bung** f PSYCH, MUS double talent **Dop·pel·be·las·tung** f double [or BRIT twofold] burden [or pressure] [or load] **Dop·pel·be·schluss**RR m MIL twin-track decision **Dop·pel·be·steu·e·rung** f double taxation **Dop·pel·bett** nt double bed **Dop·pel·bin·dung** f CHEM double bond **Dop·pel·bock** nt o m very strong German beer **Dop·pel·bo·den** m ARCHIT false bottom **Dop·pel·buch·sta·be** m double letter **Dop·pel·de·cker** <-s, -> m ➊ (Flugzeug) biplane ➋ (fam: Omnibus) double-decker [bus] ➌ (fam: Butterbrot) double-decker [sandwich] **dop·pel·deu·tig** ['dɔpl̩dɔytɪç] adj ambiguous, equivocal **Dop·pel·deu·tig·keit** <-, -en> f ambiguity, equivocation, equivocalness **Dop·pel·feh·ler** m double fault **Dop·pel·fens·ter** nt double glazing **Dop·pel·gän·ger(in)** <-s, -> [-gɛŋɐ] m(f) double, look-alike; ■ **jds ~** sb's double [or look-alike]; **einen ~ haben** to have a double [or a look-alike] **dop·pel·glei·sig** adj ➊ (auf 2 Gleisen befahrbar) double-tracked ➋ (zwei Vorgehensweisen verfolgen) **~ fahren** to have two tactics **Dop·pel·haus** nt two semi-detached houses pl BRIT, duplex house AM **Dop·pel·haus·hälf·te** f semi-detached house BRIT, duplex AM **Dop·pel·he·lix** f BIOL double helix **Dop·pel·kinn** nt double chin; **ein ~ bekommen** [o **kriegen**] **/haben** (fam) to get/have a double chin **dop·pel·kli·cken** vi to double-click **Dop·pel·kon·so·nant** m double consonant **Dop·pel·kopf** m kein pl card game with 4 players and two packs of 24 cards **Dop·pel·korn** m schnapps made out of grain, with 38% alcohol instead of the usual 32% **Dop·pel·laut** m ➊ (Diphthong) diphthong ➋ s. **Doppelkonsonant** s. **Doppelvokal Dop·pel·le·ben** nt double life; **ein ~ führen** to lead a double life **Dop·pel·mo·ral** f double standards pl **Dop·pel·mord** m double murder; **einen ~ begehen** [o **verüben**] (geh) to commit a double murder **form Dop·pel·na·me** m (Nachname) double-barrelled [or AM hyphenated] [sur]name; (Vorname)

D

double first [*or* BRIT *a.* Christian] name **Dop·pel·**
pass^RR *m kein pl* POL dual citizenship **Dop·pel·**
punkt *m* colon **Dop·pel·raf·fi·na·de** *f* KOCHK |doubly-|
refined sugar **Dop·pel·rol·le** *f* double role; **eine ~**
spielen to play a double role [*or* two roles] **dop·pel·**
sei·tig *adj* ① *(beide Hälften betreffend)* double; **eine**
~e Lungenentzündung haben to have double pneumonia; **~e Lähmung** diplegia ② *(beide Seiten betref-*
fend) double-paged; *(in der Zeitschriftenmitte)* cen-
trefold BRIT, centerfold AM **Dop·pel·sinn** *m* double
meaning, ambiguity, equivocation **dop·pel·sin·nig**
adj s. **doppeldeutig Dop·pel·spiel** *nt (pej)* double-
dealing *pej;* **mit jdm ein ~ treiben** to double-cross
sb; *(jdn sexuell betrügen)* to two-time sb **Dop·pel·**
spit·ze *f* POL dual [party] leadership **Dop·pel·ste·**
cker *m* twin socket **dop·pel·stö·ckig** *adj* ① ARCHIT
two-storeyed ② *(mit 2 Etagen versehen)* **~es Bett**
bunk beds; **~er Bus** double-decker bus ③ KOCHK *(fam)*
double **Dop·pel·stück** *nt* KOCHK *(vom Lamm)* |lamb|
double **Dop·pel·stun·de** *f* double lesson [*or* period]
dop·pelt ['dɔplt] **I.** *adj* ① *(zweite)* second; **ein ~es**
Gehalt a second [*or* BRIT double] income; **eine ~e**
Staatsangehörigkeit haben to have dual nationality
② *(zweifach)* double, twice; **der ~e Preis** double [*or*
twice] the price; **aus ~em Grunde** for two reasons;
einem ~en Zweck dienen to serve a dual purpose;
etw ~ haben to have sth double [*or* two of sth]; **~ so**
viel [von etw/einer S. *gen*] *(fig)* twice as much/
many [sth]; *s. a.* **Ausfertigung** *s. a.* **Hinsicht** *s. a.*
Boden *s. a.* **Moral** *s. a.* **Verneinung** ③ *(verdoppelt)*
doubled; **mit ~em Einsatz arbeiten** to double one's
efforts **II.** *adv* ① *direkt vor Adjektiv (zweimal)* twice;
~ so groß/klein sein wie etw to be twice as big/
small as sth; **~ so viel bezahlen** to pay double [*or*
twice] the price, to pay twice as much ② *(zweifach)*
twice; **~ sehen** to see double; **~ versichert sein** to
have two insurance policies; **~ und dreifach** doubly
[and more]; **dem habe ich's aber heimgezahlt, und**
zwar ~ und dreifach! I really gave it to him, with
knobs on! *sl* ③ *(um so mehr)* doubly; **sich ~ in Acht**
nehmen/vorsichtig sein to be doubly careful; **sich**
~ entschuldigen to apologize twice ▶ WENDUNGEN:
~ gemoppelt sein *(fam)* to be the same thing [said
twice]; **~ gemoppelt hält besser!** *(fam)* better |to be|
safe than sorry *prov*
Dop·pel·te(r) *m dekl wie adj (fam)* **einen ~n, bitte!** a
double, please!
Dop·pel·te(s) *nt dekl wie adj* ▪ **das ~** double, twice;
ich will mindestens das ~ I want at least double [*or*
twice] that [amount]; **das ~ wiegen** to weigh twice as
much; **auf das ~ ansteigen** to double
Dop·pel·ver·die·ner(in) *m(f)* ① *(Person mit zwei Ein-*
künften) double wage earner ② *pl (Paar mit zwei*
Gehältern) two-income [*or* double-income] couple
Dop·pel·vo·kal *m* diphthong **Dop·pel·zent·ner** *m*
≈ 2 hundredweights BRIT *(100 kilos)* **Dop·pel·zim·**
mer *nt* double [room]; **ein ~ bitte!** a double room,
please!
dop·pel·zün·gig ['dɔplˌtsynɪç] **I.** *adj (pej)* devious, two-
faced, double-dealing **II.** *adv (pej)* **~ reden** to speak
with a forked tongue *fam,* to be two-faced
Dop·pel·zün·gig·keit <-, -en> *f kein pl (pej)* double-
dealing, two-facedness, deviousness
Dop·pler·ef·fekt ['dɔple-] *m* Doppler effect
Do·ra·de <-, -n> |doˈraːdə| *f* ZOOL, KOCHK gilthead
Do·ra·do <-s, -s> |doˈraːdo| *nt s.* **Eldorado**
Dorf <-[e]s, Dörfer> ['dɔrf, *pl:* 'dœrfe| *nt* ① *(kleine*
Ortschaft) village BRIT, AM *usu* |small| town ② *(die*
Dorfbewohner) village BRIT, AM *usu* town, the villagers
BRIT, AM *usu* the town inhabitants; **das Olympische ~**
the Olympic village; **das Leben auf dem ~** country
[*or* BRIT *a.* village] life; **auf dem ~** in the country;

vom ~ from the country; **sie ist offenbar vom ~**
she's obviously a country girl *fam* ▶ WENDUNGEN: **für**
jdn böhmische Dörfer sein to be all Greek [*or* BRIT
double Dutch] to sb; **Potemkinsche Dörfer** *(geh)* a
facade, a façade, a sham
Dorf·äl·tes·te(r) *f(m) dekl wie adj* ① *(Älteste(r) eines*
Dorfes) ≈ oldest person in a village ② *(veraltend: Vor-*
steher eines Dorfes) village elder|s| **Dorf·be·woh·**
ner(in) *m(f)* villager, village inhabitant
Dörf·chen <-s, -> ['dœrfçən] *nt dim von* **Dorf** hamlet
Dorf·ju·gend *f* village [*or* AM country] youth, young
hicks *pej,* young people of the village [*or* AM in the
country] **Dorf·krug** *m* NORDD *(Gaststätte in einem*
Dorf) village pub BRIT, local bar AM
dörf·lich *adj* rural, rustic *liter;* **eine ~e Landschaft** a
rural scenery, a rural landscape; **eine ~e Umgebung**
a rural [*or* country] area; ▪ **~ sein** to be rural
Dorf·platz *m* town square, village square BRIT
Dorf·schaft <-, -en> *f* SCHWEIZ village BRIT, |small|
town AM
Dorf·schö·ne, Dorf·schön·heit *f (euph, a. iron)* rustic
beauty *euph* **Dorf·schul·ze** <-n, -n> |-ʃʊltsə] *m (ver-*
altet) village elder **Dorf·trot·tel** *m (fam)* local [*or* vil-
lage] idiot
do·risch ['doːrɪʃ] *adj* ① *(Kunst der Dorer betreffend)*
Doric, Dorian ② *(Musik)* Dorian; **die ~e Tonart** the
Dorian mode
Dorn^1 <-[e]s, -en> ['dɔrn] *m* thorn; **ohne ~en** without
thorns, thornless ▶ WENDUNGEN: **jdm ein ~ im Auge**
sein to be a thorn in sb's side, to be a pain in the neck
[*or* AM vulg arse] [*or* AM vulg ass]
Dorn^2 <-[e], -e> ['dɔrn] *m* ① *(Metallstift)* |hinged|
spike ② *(Werkzeug)* awl
Dorn·busch *m* thorn bush
Dor·nen·ge·strüpp *nt* bramble|s|, briar **Dor·nen·he·**
cke *f* thorn hedge, hedge of thorns **Dor·nen·kro·ne** *f*
crown of thorns
Dorn·fort·satz *m* BIOL, MED neural spine
Dorn·gras·mü·cke *f* ORN whitethroat **Dorn·hai** *m*
ZOOL, KOCHK spiny dogfish
dor·nig ['dɔrnɪç] *adj* ① *(viele Dornen aufweisend)*
thorny; **~es Gestrüpp** brambles *pl* ② *(geh: schwie-*
rig) thorny
Dorn·rös·chen <-> |-ˈrøːsçən] *nt kein pl* Sleeping
Beauty
Dorn·rös·chen·schlaf *f* ≈ sleepy way of life BRIT; **aus**
seinem ~ erwachen [*o* aufwachen] to wake up, to
be shaken out of a sleepy way of life; *(aufwachen aus*
der Lethargie) to become aware of sth, to wake up
and smell the coffee AM; **in einen ~ versinken** to fall
into a deep sleep; **wieder in einen ~ versinken** to
return to a sleepy way of life; *(lethargisch werden)* to
fall into a stupor
Dörr·ap·pa·rat *m* KOCHK dessicating machine **Dörr·**
boh·ne *f* KOCHK dried broad bean
dör·ren ['dœrən] **I.** *vt haben* ▪ **etw ~** to dry |out| sth
sep **II.** *vi sein* to dry out, to wither
Dörr·fisch *m* dried fish **Dörr·fleisch** *nt* DIAL dried
meat, |smoked| bacon **Dörr·obst** *nt* dried fruit **Dörr·**
pflau·me *f* prune
Dorsch <-[e]s, -e> ['dɔrʃ] *m* cod
Dor·schen ['dɔrʃn] *m* BOT, KOCHK swede
dort ['dɔrt] *adv hinweisend* there; **schau mal ~!** look
at that!; **hast du meine Brille gesehen? – ja, sie**
liegt ~ have you seen my glasses? – yes, they're over
there; **~ drüben** over there; **nach ~** there; **von ~**
from there; **von ~ aus** from there; *s. a.* **da I.** **1**
dort·be·hal·ten^* *vt irreg* **jdn ~** to keep sb there
dort·blei·ben *vi irreg sein* to stay there **dort·her**
['dɔrtˈheːɐ] *adv* from there **dort·hin** ['dɔrtˈhɪn] *adv*
there; **können Sie mir sagen, wie ich ~ komme?**
can you tell me how to get there?; **bis ~** as far as

there, up to there; **wie weit ist es bis ~?** how far is it to there? **dort·hin·ab** ['dɔrthɪ'nap] *adv s.* **dorthinun·ter dort·hin·auf** *adv* up there **dort·hin·aus** ['dɔrt·hɪ'naʊs] *adv (dahinaus)* there, that way, in that direction; ▸ WENDUNGEN: **bis ~** *(fam)* really, dreadfully, awfully; **das ärgert mich bis ~!** that makes me furious!, that drives me up the wall!, that really gets on my nerves! **dort·hin·ein** *adv* over there **dort·hin·un·ter** *adv* down there

dor·tig ['dɔrtɪç] *adj attr* local; **die ~en Verhältnisse kennen** to know the local situation *[or* the situation there]; **für ~e Verhältnisse** for the local circumstances

Dort·mund <-s> ['dɔrtmʊnt] *nt* Dortmund

Dös·chen <-s, -> ['døːsçən] *nt dim von* **Dose** little tin *[or* box] *[or* can]

Do·se <-, -n> ['doːzə] *f* ① *(Büchse)* box; *(Blech~)* tin BRIT, can AM; **in ~n** ② *(Steck~)* socket; *(Verteiler~)* distribution *[or* AM junction] box

Do·sen *pl von* **Dosis**

dö·sen ['døːzn] *vi (fam)* ▪ |**vor sich hin**| ~ to doze [away], to drowse

Do·sen·bier *nt kein pl* canned beer **Do·sen·lo·cher** *m* KOCHK can punch **Do·sen·milch** *f* tinned *[or* evaporated] milk **Do·sen·mu·sik** *f (hum fam)* muzak®, canned *[or* piped] music *pej; (im Gegensatz zu Livemusik)* recorded music **Do·sen·nah·rung** *f* tinned food **Do·sen·öff·ner** *m* tin opener **Do·sen·sup·pe** *f* canned soup

do·sier·bar *adj* measurable; **eine genau ~e Menge von etw** an exact dose of sth

do·sie·ren* [do'ziːrən] *vt* ① *(abmessen)* ▪ **etw ~** to measure out sth *sep;* **Arzneimittel ~** to measure out medicine [in doses]; **etw sparsam ~** to be sparing with sth ② *(zumessen)* ▪ **etw ~** to measure *[or* hand] out sth, to hand out in measured doses

Do·sier·spen·der *m* dispenser

Do·sie·rung <-, -en> *f* dose, dosage

dö·sig ['døːzɪç] *adj (fam)* ① *(blöd)* dozy; **stell dich nicht so ~ an** don't be so dozy ② *(dösend)* sleepy, dozy, drowsy

Do·si·me·ter <-s, -> |dozi'meːtɐ| *nt* dosimeter, dosemeter BRIT

Do·sis <-, Dosen> ['doːzɪs, *pl:* 'doːzn] *f* dose, dosage; **in kleinen Dosen** in small doses

Dös·kopp <-s, -köppe> [-kɔp] *m* NORDD *(fam)* dozy nit BRIT *fam,* dope

Dos·sier <-s, -s> |dɔ'sieː| *nt* file, dossier

Do·ta·ti·on <-, -en> |dota'tsi̯oːn| *f (geh: Schenkung)* present; *(für Wohltätigkeitszwecke)* donation; *(ein regelmäßiges Einkommen erzeugend)* endowment

Dot·com <-, -s> ['dɔtkɔm] *f* ÖKON, INET *(sl)* dotcom, dot com

Dot·com-Un·ter·neh·men ['dɔtkɔm-] *nt* INET *(sl)* dotcom [business *[or* company]] *sl*

do·tie·ren* [do'tiːrən] *vt* ① *(honorieren)* **eine Stelle** |**mit etw**| **~** to remunerate a position [with sth]; ▪ **dotiert** salaried ② *(ausstatten)* **mit ... Euro dotiert sein** to be worth ... euros; **der erste Preis war mit 25.000 Euro dotiert** the first prize was 25,000 euros

Dot·ter <-s, -> ['dɔtɐ] *m o nt* yolk

Dot·ter·blu·me *f s.* **Sumpfdotterblume**

dou·beln ['duːbln] I. *vt* ~ to double for sb; **sich von jdm ~ lassen** to let sb double one; **Schauspieler lassen sich oft von Stuntmen ~** actors often let stuntsmen double for them; ▪ **etw** |**für jdn**| ~ to play sth [for sb]; **ein Stuntman hat die Szene für ihn gedoubelt** a stuntman played the scene for him II. *vi* to work as a double

Dou·ble <-s, -s> ['duːbl] *nt* ① FILM double, stand-in ② *(Doppelgänger)* double, doppelgänger

dou·blie·ren [du'bliːrən] *vt* KOCHK ▪ **etw ~** to double

sth; **Gebäckstücke ~** to place pastries on top of each other

Dou·glas·fich·te *f,* **Dou·glas·tan·ne** ['duːglas-] *f* Douglas fir

Dow-Jones-In·dex ['daʊ'dʒoːnz-] *m* Dow Jones |Index|

down |daʊn] *adj pred (sl)* down, miserable; **~ sein/ sich ~ fühlen** to feel down *[or* low] *[or* miserable]

Down·hill-Moun·tain·bi·king ['daʊnhɪl'maʊntɪn·baɪkɪŋ] *nt* downhill mountain biking

Down·load <-s, -s> ['daʊnloʊd] *m* INET download

Down·syn·drom *nt* MED Down's syndrome

Do·zent(in) <-en, -en> [do'tsɛnt] *m(f)* ① *(Universität)* lecturer ② *(Lehrer an einer Volkshochschule)* teacher, instructor; ▪ ~ **für etw sein** to be a teacher of sth

Do·zen·tur <-, -en> |dotsɛn'tuːɐ̯| *f (geh)* lectureship

do·zie·ren* [do'tsiːrən] *vi* ① *(an der Universität)* to lecture, to deliver a lecture *[or* lectures]; ▪ **über etw ~** *akk* to lecture about sth, to deliver a lecture on ② *(geh: belehren)* to lecture, to preach *pej;* ▪ **~d** lecturing; **in ~dem Ton** in a lecturing tone of voice

dpa <-> ['deːpeːaː] *f Abk von* **Deutsche Presse-Agentur** *leading German press agency*

DPG *f* ÖKON **Deutsche Postgewerkschaft** *union of German postal workers*

dpt *Abk von* **Dioptrie**

Dr. *Abk von* **Doktor** Dr

Dra·che <-n, -n> ['draxə] *m s.* **Drachen**

Dra·chen <-s, -> ['draxn] *m* ① *(Spielzeug)* kite; **einen ~ steigen lassen** to fly a kite ② *(Fluggerät)* hang-glider ③ *(fam: zänkisches Weib)* dragon *fam*

Dra·chen·flie·gen *nt* hang-gliding **Dra·chen·flie·ger(in)** *m(f)* hang-glider **Dra·chen·kopf** *m* ZOOL, KOCHK scorpion fish

Drach·me <-, -n> ['draxmə] *f* drachma

Dra·gee, Dra·gée <-s, -s> [dra'ʒeː] *nt* ① PHARM dragée *form,* sugar-coated pill ② KOCHK sugar-coated sweet BRIT

Dra·go·ner <-s, -> [dra'goːnɐ] *m* ① *(Angehöriger einer leichten Reitertruppe)* dragoon ② *(derbe Frau)* battleaxe *[or* AM -ax] *fam,* dragon *fam*

Draht <-[e]s, Drähte> ['draːt, *pl:* 'drɛːtə] *m* wire; *(sehr dünn)* filament; *(Telefondraht)* telephone cable; ▸ WENDUNGEN: **zu jdm einen guten ~ haben** to be on good terms with sb; **der heiße ~** the hot line; |**schwer**| **auf ~ sein** *(fam)* to be on the ball *fam* [*or* on one's toes]

Draht·bürs·te *f* wire brush **Draht·esel** *nt (fam)* bike **Draht·ge·flecht** *nt* wire mesh **Draht·git·ter** *nt* wire grating

drah·tig *adj* wiry

draht·los *adj* wireless, cordless; **~es Telefon** mobile [tele]phone BRIT, mobile BRIT, cellular [tele]phone AM, cellphone AM

Draht·sche·re *f* wire cutters *npl*

Draht·seil *nt* wire cable; *s. a.* **Nerv**

Draht·seil·akt *m (geh)* high wire act **Draht·seil·bahn** *f* cable railway *[or* car], gondola AM

Draht·ver·hau *m* wire entanglement **Draht·zaun** *m* wire fence **Draht·zie·her(in)** <-s, -> *m(f)* sb pulling the strings

Drai·na·ge <-, -n> |drɛ'na:ʒə| *f s.* **Dränage**

drai·nie·ren' |drɛ'ni:rən| *vt s.* **dränieren**

Drai·si·ne <-, -n> |drɛ'zi:nə| *f* HIST ❶ BAHN rail trolley ❷ *(zweirädriges Fahrzeug)* draisine, dandy-horse *hist*

dra·ko·nisch |dra'ko:nɪʃ| **I.** *adj (unbarmherzig hart)* Draconian, harsh; **~e Strafe** Draconian measure [as punishment]; **~e Strenge** harshness **II.** *adv* harshly

drall |'dral| *adj* well-rounded, shapely; **ein ~es Mädchen** a buxom lass BRIT, a shapely girl

Drall <-[e]s, -e> |'dral| *m* ❶ *(Rotation)* spin, twist; **einen ~ nach links/rechts haben** to have a spin to the left/right ❷ *(bei Gewehr)* rifling, groove

Dra·lon® <-[s]> |'dra:lɔn| *nt kein pl* Dralon® *esp* BRIT

Dra·ma <-s, -men> |'dra:ma, *pl:* 'dra:mən| *nt* ❶ *(Bühnenspiel)* drama, play ❷ *(erschütterndes Ereignis)* drama, tragedy; **es ist ein ~, dass …** it is a disaster that …; **ein ~ aus etw machen** to make a drama out of sth *[or* mountain out of a molehill]

Dra·ma·tik <-> |dra'ma:tɪk| *f kein pl* ❶ *(fig: große Spannung)* drama; **die letzten Minuten des Matches waren von großer ~** the last minutes of the match were very dramatic *[or* full of drama] ❷ LIT *(dramatische Dichtkunst)* drama

Dra·ma·ti·ker(in) <-s, -> |dra'ma:tike| *m(f)* playwright, dramatist

dra·ma·tisch |dra'ma:tɪʃ| **I.** *adj* dramatic, drama-laden *form;* **mach's nicht so ~!** don't be so theatrical! **II.** *adv* dramatically

dra·ma·ti·sie·ren' |dramati'zi:rən| *vt* ❶ **etw ~** ❶ LIT *Stoff, Roman* to dramatize sth ❷ *(fig: übertreiben)* to express *[or* react to] sth in a dramatic way

Dra·ma·ti·sie·rung <-, -en> *f* dramatization; **das ist doch wirklich kein Anlass zur ~!** there is really no call for dramatization!

Dra·ma·turg(in) <-en, -en> |drama'tʊrk, *pl:* dra-ma'tʊrgn| *m(f)* dramatic advisor, dramaturg

Dra·ma·tur·gie <-, -en> |dramatʊr'gi:, *pl:* drama-tʊr'gi:ən| *f* ❶ *(Lehre des Dramas)* dramaturgy ❷ *(Bearbeitung eines Dramas)* dramatization ❸ *(Abteilung)* dramaturgy dept

Dra·ma·tur·gin <-, -nen> |drama'tʊrgɪn| *f fem form von* **Dramaturg**

dra·ma·tur·gisch |drama'tʊrgɪʃ| *adj* dramaturgic[al] *form;* **~e Gestaltung** dramatization

dran |'dran| *adv (fam) ❶ (daran)* |**zu**| **früh/spät ~ sein** to be [too] early/late; **gut ~ sein** to be well off *[or* AM sitting pretty] *[or* in a privileged position]; **sie ist besser ~ als er** she's better off than he is; **schlecht ~ sein** *(gesundheitlich)* to be off colour *[or* AM -or] *[or* BRIT poorly], to not be very well; *(schlechte Möglichkeiten haben)* to be in a bad position, to have a hard time [of it] ❷ *(an der Reihe sein)* **~ sein** to have a turn; **jetzt bist du ~!** now it's your turn!; **wer ist als Nächster ~?** whose turn is it next?, who's next?; **ich war** |**zuerst**| **~** it's my turn [first]; **[bei jdm]** ~ **sein: heute ist Latein ~** we've got Latin today ❸ *(fam: an den Kragen gehen)* **~ sein** to be for it *fam;* **wenn ich ihr das nachweisen kann, dann ist sie ~!** if I can prove it, then she'll really get it!; *(sterben müssen)* to be next ❹ *(vorhanden sein)* **nichts ~ sein an jdm** to be [very] thin *[or* nothing but skin and bones]; *(ohne Reize)* to be not very appealing, to not have much appeal; **etw ~ sein an jdm** to have sth [special]; **was ist an ihm ~?** what's so special about him?; **etw ~ sein an etw** to be sth to sth; **an dieser Wachtel ist ja kaum was ~!** there's hardly any meat to this quail! ❺ *(zutreffen)* **etw ~ sein an etw** *dat* to be sth in it; **ob an diesem Gerücht doch etwas ~ sein könnte?** could there be anything in this rumour?; **nichts ~ sein an etw** *dat* to be nothing in sth; *s. a.* **daran**

Drä·na·ge <-, -n> |drɛ'na:ʒə| *f* ❶ *(Entwässerungslei-*

tung) drainage [pipes] ❷ *(System von Entwässerungsgräben)* drainage [ditches]

dran|blei·ben *vi irreg sein (fam)* ❶ *(dicht an jdm bleiben)* **an jdm ~** to keep *[or* stay] *[or* stick] close to sb ❷ *(am Telefon bleiben)* to hold the line BRIT, to hold AM

drang |'draŋ| *imp von* **dringen**

Drang <-[e]s, Dränge> |'draŋ, *pl:* 'drɛŋə| *m* ❶ *(innerer Antrieb)* longing, desire; **jds ~, etw zu tun** sb's urge *[or* itch] *[or* longing] to do sth; **ein ~ nach Bewegung[en]** urge to do some [physical] exercise; **~ nach Wissen** thirst for knowledge; **~ nach Freiheit** longing *[or* liter yearning] for freedom; **ein starker ~** a strong desire *[or* urge], a great longing; **einen ~ haben[, etw zu tun]** to feel an urge [to do sth], to have a desire [to do sth] ❷ *(Harn~)* urgent need *[or* urge] to go to the toilet; **einem ~ nachgeben** to answer a call of nature ❸ *(geh: Druck)* **der ~ einer S.** *gen* the pressure of sth; **der ~ der Umstände** the force of circumstances

dran|ge·hen *vi irreg sein (fam)* ❶ *(sich zu schaffen machen)* |**an etw** *akk*| **~** to touch [sth] ❷ *s.* **daran-gehen**

Drän·ge·lei <-, -en> |drɛŋə'lai| *f (pej fam)* ❶ *(lästiges Drängeln)* pushing [and shoving], jostling ❷ *(lästiges Drängen)* nagging, pestering; **hör' auf mit dieser ~!** stop pestering me!

drän·geln |'drɛŋəln| **I.** *vi (fam)* to push *[or* shove]; **drängle nicht!** don't push!, stop pushing! **II.** *vt, vi (fam)* **jdn** ~ to pester *[or* badger] [sb]; **jdn ~** to give sb a hard time *fam;* **ich lasse mich von ihm nicht ~** I will not be pestered *[or* badgered] by him; **das D~** pestering, nagging; **ständiges D~** constant pestering **III.** *vr (fam)* ❶ *(sich drängen) s.* **drängen III.** 1 ❷ *(sich bemühen)* **sich** |**darum**| **~, etw zu tun** to push oneself forward to do sth, to be keen to do sth

drän·gen |'drɛŋən| **I.** *vi* ❶ *(schiebend drücken)* to push *[or* shove] *[or* jostle]; **durch die Menge ~** to force *[or* elbow] one's way through the crowd; **in die S-Bahn ~** to force *[or* elbow] *[or* BRIT shoulder] one's way into the train; **nach vorne ~** to push to the front, to force *[or* elbow] *[or* BRIT shoulder] one's way to the front *[or* forwards]; **zum Ausgang/ zur Kasse ~** to force *[or* elbow] *[or* BRIT shoulder] one's way to the exit/the till *[or* AM cash desk] *[or* AM cash register] ❷ *(fordern)* **auf etw ~** to insist on *[or* form press for] sth; **auf eine baldige Entscheidung ~** to ask for a speedy decision; **bei jdm auf etw** *akk* **~** to press sb to do sth; **zu etw ~** to want to do sth; **warum drängst du so zur Eile?** why are you in such a hurry?; **darauf ~, dass jd etw tut/dass etw getan wird** to insist that sb does sth/that sth gets done ❸ *(pressieren)* to be short [time]; **die Zeit drängt** time is running out *[or* short]; **es drängt nicht** there's no hurry **II.** *vt* ❶ *(schiebend drücken)* **jdn ~** to push *[or* shove] *[or* thrust] sb; **jdn zur Seite ~** to push *[or* shove] *[or* thrust] sb aside ❷ *(auffordern)* **jdn** |**zu etw**| **~** to pressurize *[or* AM pressure] sb [into sth], to twist sb's arm *fam;* **jdn ~, etw zu tun** to pressurize sb into doing sth, to apply pressure to *[or* put pressure on] sb to do sth ❸ *(treiben)* **jdn** |**zu etw**| **~** to force sb [to sth]; **was drängt dich denn so?** what's the hurry *[or* rush] ❹; **jdn ~, etw zu tun** to compel *[or* oblige] sb to do sth, to twist sb's arm to do sth *fam;* **sich** |**von jdm**| **gedrängt fühlen** to feel pressurized *[or* AM pressured] by sb, to feel sb is trying to pressurize *[or* AM pressure] one **III.** *vr* ❶ *(sich drängeln)* **sich ~** to crowd *[or* press]; **vor den Theaterkassen drängten sich die Leute nach Karten** a throng of people in front of the box office were trying to get tickets; **sich irgendwohin ~** to force one's way somewhere; **sich durch die Menschenmas-**

sen ~ to force [*or* elbow] [*or* BRIT shoulder] one's way through the crowd; **sich in den Bus/in die S-Bahn ~** to crowd [*or fam* pile] into the bus/train; **sich nach vorne ~** to press forwards ② *(sich häufen)* ▪ **sich ~** to pile [*or* mount] up ③ *(unbedingt wollen)* ▪ **sich nach etw ~** to put [*or* push] oneself forward for sth

Drän·gen <-s> ['drɛŋən] *nt kein pl* pleading, begging, beseeching *form;* **auf jds** *akk* **~** [**hin**] because of sb's pleading [*or* begging]; *(Nörgelei)* pestering *fam;* **schließlich gab er ihrem ~ nach** he finally gave in to her

drän·gend *adj* ① *(dringend)* urgent, pressing ② *(dringlich)* insistent, urgent, compelling, forceful; **mit ~er Stimme** to speak in an insistent tone

drang·sa·lie·ren⁺ [draŋzaˈliːrən] *vt (plagen)* ▪ **jdn** [**mit etw**] **~** to plague [*or harass*] sb [with sth]

dran|hal·ten *irreg* I. *vt (fam: an etw halten)* ▪ **etw** [**an etw** *akk*] **~** hold sth up [to sth] II. *vr (fam: sich ranhalten)* ▪ **sich ~** to keep at it [*or* sth], to not let up, to persevere

dran|hän·gen I. *vt (fam)* ① *(an etw hängen)* ▪ **etw** [**an etw** *akk*] **~** to hang sth [on sth] ② *(mehr aufwenden)* ▪ [**bei etw**] **etw ~** to add on sth [to sth]; **wir wurden nicht rechtzeitig fertig und mussten noch zwei Stunden ~** we didn't finish in time and had to put in another two hours II. *vi irreg (fam: an etw hängen)* ▪ [**an etw** *dat*] **~** to hang [on sth]; **es hing ein Zettel dran** a tag was attached III. *vr (fam: verfolgen)* ▪ **sich** [**an jdn**] **~** to follow [sb], to stick close [to sb]

drä·nie·ren⁺ [drɛˈniːrən] *vt* ▪ **etw ~** to drain sth

dran|kom·men *vi irreg sein (fam)* ① *(an die Reihe kommen)* to be sb's turn; **Sie kommen noch nicht dran** it's not your turn yet; **warte bis du drankommst** wait your turn ② *(aufgerufen werden)* ▪ [**bei/mit etw**] **~** to be asked [sth]; **bei der Lehrerin komme ich nie dran** this teacher never asks me anything ③ DIAL *(erreichen können)* ▪ [**an etw** *akk*] **~** to reach [*or* get at] [sth]; **versuche mal, ob du drankommst** see if you can reach it

dran|krie·gen *vt (fam)* ① *(zu etw veranlassen)* ▪ **jdn ~** to get sb to do sth, to make sb do sth; **jdn zur Arbeit ~** to get sb working ② *(reinlegen)* ▪ **jdn ~** to fool sb, to take sb in

dran|las·sen *vt irreg (fam)* ① *(an etw belassen)* ▪ **etw** [**an etw** *dat*] **~** to leave sth [on sth] ② *s.* **ranlassen**

dran|ma·chen I. *vr (fam: mit etw beginnen)* ▪ **sich** [**an etw** *akk*] **~** to get started [*or* cracking] with sth [*or* going] II. *vt (fam: befestigen)* ▪ **etw** [**an etw** *akk*] **~** to fix sth [to sth]; **einen Aufkleber/Etikett an etw ~** to stick a sticker/a label on sth; **eine Steckdose ~** to put in [*or* install] a socket

dran|neh·men *vt irreg (fam)* ▪ **jdn ~** ① *(zur Mitarbeit auffordern)* to ask sb ② *(zur Behandlung nehmen)* to take sb; **können Sie mich nicht vorher ~?** can't you take me first?

dran|set·zen I. *vt (fam)* ① *(anfügen)* ▪ **etw** [**an etw** *akk*] **~** to add sth [on] [to sth]; **ein Stück/Teil an etw** *akk* **~** to add a piece/part [on] [to sth] ② *(einsetzen)* ▪ **etw ~** to put [one's] sth into; **seine ganze Kraft/ sein gesamtes Vermögen ~, um sein Ziel zu erreichen** to put all one's effort/fortune into reaching one's goal; **wir müssen alles ~!** we must do everything [*or* make every effort] ! ③ *(beschäftigen)* ▪ **jdn ~** to put sb onto the job [*or* it] II. *vr (fam)* ① *(sich nahe an etw setzen)* ▪ **sich** [**an jdn/etw**] **~** to sit [down] [next to sb/sth] ② *s.* **dranmachen I.**

dran|wa·gen *vr (fam)* ▪ **sich** [**an jdn/etw**] **~** to dare approach [*or fam* touch] sb

dra·pie·ren⁺ [draˈpiːrən] *vt* ① *(aufwendig falten)* ▪ **etw** [**um etw**] **~** to drape sth [around sth]; **Stoffe ~**

---

to drape fabrics ② *(schmücken)* ▪ **etw** [**mit etw**] **~** to drape sth [with sth]

Dra·pie·rung <-, -en> *f* ① *(das Drapieren)* Vorhang draping ② *(Verzierung durch Stoff)* drape, drapery

dras·tisch ['drastɪʃ] I. *adj* ① *(einschneidend)* drastic ② *(eindeutig)* blunt II. *adv* ① *(einschneidend)* drastically ② *(deutlich)* bluntly; **~ demonstrieren/zeigen** to demonstrate/show clearly

drauf ['drauf] *adv (fam)* on it [*or* them]; **zu dritt warfen sie sich auf ihn ~, um ihn zu verprügeln** three of them launched themselves upon him in order to beat him up ▸ WENDUNGEN: **etw ~ haben** *(fam: mit etw fahren)* to do [*or* be doing] sth; **der Sportwagen hatte bestimmt 250 Sachen/Kilometer ~!** the sports car must have been doing at least 250!; **zu viel ~ haben** to be driving too fast; *(etw beherrschen)* to be well up on sth; **Mathe hat er ~** he's brilliant at maths; **~ und dran sein, etw zu tun** to be on the verge [*or* point] of doing sth; **immer feste ~!** let him have it!, give him what for! BRIT, show him who's boss AM; **gut/komisch/schlecht ~ sein** *(fam)* to feel good/strange/bad; *s. a.* **draufhaben**

drauf|be·kom·men⁺ *vt irreg (fam)* ▪ **etw** [**auf etw** *akk*] **~** to fit sth on [to sth] ▸ WENDUNGEN: **eins ~** to get [*or* be given] a smack BRIT, to get it AM; *(geschimpft werden)* to get it in the neck BRIT *fam,* to get it AM

Drauf·ga·be *f* ÖSTERR encore

Drauf·gän·ger(in) <-s, -> ['draufgɛŋɐ] *m(f)* go-getter *fam*

drauf·gän·ge·risch ['draufgɛŋərɪʃ] *adj* go-getting *fam*

drauf|ge·hen ['draufgeːən] *vi irreg sein (sl)* ① *(sterben)* ▪ [**bei/in etw**] **~** to kick the bucket [during [*or* in] sth] *sl;* **im Krieg ~** to fall [*or* be lost] in [the] war ② *(verbraucht werden)* ▪ [**bei etw**] **~** to be spent [on sth] ③ *(kaputtgehen)* ▪ [**bei etw**] **~** to get [*or* be] broken [at sth]; **ein paar Gläser gehen bei solchen Veranstaltungen immer drauf** a few glasses always get [*or* are always] broken at functions like these

drauf|ha·ben *vt irreg (fam)* ① *(Kenntnisse haben)* ▪ **etwas/nichts/viel ~** to know sth/nothing/a lot; **sie hat zwar nicht so viel drauf, dafür ist sie ein herzensguter Mensch** she may not be all that bright [*or fam* have that much up top] , but she's a goodhearted soul ② *(von sich geben)* ▪ **etw ~** to come out with sth; **dumme Sprüche ~** to make [*or* BRIT *a.* come out with] stupid remarks; **Witze ~** to tell jokes; **sie hat immer einen flotten Spruch drauf** she's always ready with a smart remark [*or* full of smart remarks]

drauf|hal·ten *irreg* I. *vt (fam)* ▪ **etw** [**auf etw** *akk*] **~** to hold sth [on sth] II. *vi (fam)* ▪ [**mit etw**] [**auf jdn/ etw**] **~** to aim [at sb/sth] [with sth] **drauf|hau·en** *vi irreg (fam)* ▪ [**auf jdn/etw**] **~** to hit [sb/sth]; **jdm eins ~** to hit sb, to fetch sb a blow *dated fam*

drauf|kom·men *vi irreg sein (fam)* ① *(herausbekommen)* to get it *fam,* to figure it out *fam* ② *(sich erinnern)* to remember [*or* recall] **drauf|krie·gen** *vt (fam) s.* **draufbekommen** **drauf|las·sen** *vt irreg (fam)* ▪ **etw** [**auf etw** *dat*] **~** to leave sth on [sth] **drauf|le·gen** *vt (fam)* ① *(zusätzlich geben)* ▪ **etw ~** to fork out sth more *fam;* **wenn Sie noch 5000 ~, können Sie das Auto haben!** for another 5,000 the car is yours! ② *(auf etw legen)* ▪ **etw** [**auf etw** *akk*] **~** to put sth on [sth]

drauf·los *adv* [**nur**] **immer feste** [*o* **munter**] **~!** *(drauf)* keep it up!; *(voran)* [just] keep at it!; **wir schaffen das schon, nur immer munter ~** we'll manage [it], as long as we [just] keep at it!

drauf·los|ar·bei·ten *vi (fam)* to get straight down to work **drauf·los|fah·ren** *vi (fam)* to start driving **drauf·los|ge·hen** *vi irreg sein (fam: ohne Ziel)* to set off **drauf·los|re·den** *vi (fam)* to start talking **drauf· los|schie·ßen** *vi (fam)* to open fire blindly

D

drauf|ma·chen vt (fam) ■ etw |auf etw akk| ~ to put sth on |sth|; **den Deckel wieder auf die Flasche** ~ to put the lid back on the bottle ▸ WENDUNGEN: **einen** ~ (sl) to paint the town red fam **drauf|sein**^ALT vi irreg sein (fam) s. **drauf 2 drauf|set·zen** vt (fam) ■ jdn/etw |auf ein Tier/etw akk| ~ to put |or place| sb/sth on |an animal/sth|; ■ sich |auf ein Tier/etw akk| ~ to sit |on an animal/sth| ▸ WENDUNGEN: |noch| **eins** ~ (sl: hinzufügen) to add sth more |or else|, to cap it all off **drauf|sicht** f (fachspr) top view **drauf|ste·hen** vi irreg (fam) ❶ (auf etw stehen) ■ auf etw dat ~ to stand on sth ❷ (gedruckt/ geschrieben stehen) ■ auf etw dat ~ to be on sth; **ich kann nicht lesen, was da auf dem Etikett draufsteht** I can't read what's |or what it says| on the label **drauf|sto·ßen** irreg I. vi sein (fam) to come to it; **zum Bahnhof? – geradeaus, dann links, dann stoßen Sie genau drauf** the station? – straight ahead, then left and you can't miss it |or it's right |there| in front of you| II. vt haben (fam) ■ jdn ~ to point it out to sb **drauf|zah·len** vi (fam) (drauflegen) ■ etw |auf etw akk| ~ to add sth |to sth|; **der Teppich gehört Ihnen, wenn Sie noch zwei Hunderter** ~ the carpet is yours if you up |or improve| your offer by a couple of hundred ▸ WENDUNGEN: ~ **müssen** (eine Einbuße erleiden) to make a loss; (seelisch betroffen sein) to suffer |the most|
draus ['draus] adv (fam) s. **daraus**
draus|brin·gen vt irreg ÖSTERR, SCHWEIZ, SÜDD ■ jdn ~ to distract sb, make sb lose their track |of thought| **draus|kom·men** vi irreg sein ÖSTERR, SCHWEIZ, SÜDD to become distracted, to lose one's track |of thought|
drau·ßen ['drausn] adv ❶ (im Freien) outside; ~ **blei·ben** to wait |or stay| outside; **nach** ~ outside; **von** ~ from outside; **da ist doch jemand** ~ **am Fenster/ vor der Tür** there's sb |outside| at the window/door ❷ (weit entfernt) out there; **ich wohne |weit|** ~ **auf dem Lande** I live |way| out in the country; **das Lokal liegt noch weiter** ~ the pub is even further away; ~ **auf dem Meer** out at sea
drech·seln ['drɛksln] I. vt ■ etw ~ to turn sth s. **gedrechselt** II. vi to turn
Drechs·ler(in) <-s, -> ['drɛkslɐ] m(f) turner
Drechs·ler·bank <-bänke> f lathe
Drechs·le·rei <-, -en> ['drɛkslə'rai] f turner's workshop
Drechs·le·rin <-, -nen> ['drɛkslərɪn] f fem form von **Drechsler**
Dreck <-[e]s> ['drɛk] m kein pl ❶ (Erde) dirt; **die Wege sind vom Regen aufgeweicht, du bleibst bestimmt im** ~ **stecken** the roads have been softened by the rain, you'll most probably get stuck in the mud; (Schmutz) mess, dirt, muck BRIT fam; ~ **machen** to make a mess; **vor** ~ **starren** to be covered in dirt |or muck| ❷ (Schund) rubbish BRIT, trash AM ▸ WENDUNGEN: ~ **am Stecken haben** (fam) to have a skeleton in the cupboard |or AM usu closet|; **frech wie** ~ (fam) a real cheeky monkey BRIT, a lippy little devil AM; **aus dem gröbsten** ~ **heraus sein** (fam) to be over the worst; **der letzte** ~ **sein** (sl) to be the lowest of the low; **jdn wie den letzten** ~ **behandeln** (fam) to treat sb like dirt; **jdn einen |feuchten|** ~ **angehen** (fam) to be none of sb's |damned| business; **sich einen** ~ **um jdn/etw kümmern** |o scheren| (fam) to not give a damn about sb/ sth; **seinen** ~ **alleine machen** (fam) to do one's own dirty work; **im** ~ **sitzen** |o stecken| (fam) to be in a mess |or BRIT a. the mire|; **jdn/etw in |o durch| den** ~ **ziehen** (fam) to drag sb's name/sth through the mud; **mit jedem** ~ (fam) with every little thing; **einen** ~ (sl) fuck all sl, naff |or sod| all BRIT; **einen** ~ **verstehen/wert sein/wissen** (fam) to not understand/ be worth/know a damn thing fam! |or BRIT sod |or

naff| all|
Dreck·ar·beit f (fam) dirty work; (pej a.) menial work **Dreck·fin·ger** pl (fam) dirty fingers |or esp AM hands| pl
dre·ckig I. adj ❶ (schmutzig) dirty; **sich |an etw dat|** ~ **machen** to make oneself dirty |or dirty oneself| |on sth| ❷ (fam: gemein) dirty; ~**es Schwein** filthy swine; ~**er Verbrecher/Verräter** low-down criminal/traitor ❸ (fam: abstoßend) dirty II. adv (fam) nastily; ~ **lachen** to laugh dirtily; **jdm geht es** ~ (fam) sb feels bad |or terrible|; (finanziell schlecht dastehen) sb is badly off; (Übles bevorstehen) sb is |in| for it fam; **wenn er erwischt wird, geht es ihm** ~! if he's caught he'll be |in| for it!
Dreck·loch nt (pej sl) hovel, dump fam **Dreck·nest** nt (pej sl) hole, dump fam **Dreck·pfo·ten** pl (sl) dirty fingers pl, grubby paws pl **Dreck·sack** m (sl) bastard vulg
Drecks·ar·beit f (fam) s. **Dreckarbeit**
Dreck·sau m (pej sl) filthy swine pej sl **Dreck· schleu·der** f (pej) ❶ (verleumderische Person) slanderer ❷ (Umweltverschmutzer) industrial polluter **Dreck·schwein** nt (fam) s. **Drecksau**
Drecks·kerl m (fam) s. **Drecksack**
Dreck·spatz m (fam: Kind) mucky |or messy| pup BRIT fam; (pej: Erwachsener) filthy beggar
Drecks·wet·ter nt (pej fam) foul |or BRIT a. filthy| weather
Dreh <-s, -s o -e> ['dre:] m ❶ FILM, TV shooting no pl; **mitten im** ~ in the middle of shooting ❷ (fam) trick ▸ WENDUNGEN: **den |richtigen|** ~ **heraushaben** (fam) to get the knack |or fam hang| of it; |so| **um den** ~ (fam) about then |or that|; **wir treffen uns morgen Abend um acht, jedenfalls |so| um den** ~ we're meeting at round about eight tomorrow evening
Dreh·ar·beit f meist pl FILM shooting no pl **Dreh· back·ofen** m revolving tray oven, reel oven **Dreh· bank** <-bänke> f TECH lathe
dreh·bar I. adj revolving; ~**er Sessel/Stuhl** swivel chair II. adv revolving; ~ **gelagert** pivoted
Dreh·be·we·gung f rotation, rotary motion; **eine** ~ **machen** to turn |or rotate| **Dreh·blei·stift** m propelling |or AM mechanical| pencil **Dreh·brü·cke** f TECH swing bridge **Dreh·buch** nt FILM screenplay **Dreh· buch·au·tor|in|** m(f) FILM screenplay writer **Dreh· büh·ne** f THEAT revolving stage
dre·hen ['dre:ən] I. vt ❶ (herumdrehen) ■ etw ~ to turn sth ❷ (verdrehen) ■ etw ~ to turn |or move| sth; **den Kopf** ~ to turn |or move| one's head ❸ (durch Rollen zubereiten) ■ |sich dat| etw ~ to roll sth |for oneself| ❹ FILM (aufnehmen) ■ etw ~ to shoot sth ❺ (stellen) ■ etw ~ to turn sth; **dreh bitte das Radio etwas lauter/leiser** can you turn the radio up/down a bit, please ❻ (sl: hinkriegen) ■ etw ~ to manage sth; **keine Sorge, ich werde es schon irgendwie** ~, **dass wir unbeschadet aus dieser Affäre herauskommen** don't worry, I'll make sure somehow that we get out of this affair unscathed; s. a. **Ding** ▸ WENDUNGEN: **wie man es auch dreht und wendet** however |or no matter how| you look at it, whichever way II. vi ❶ FILM (Aufnahmen machen) to shoot ❷ (stellen) ■ an etw ~ dat to turn sth; **wer hat an der Heizung gedreht?** who's been fiddling with the heating? ❸ (wenden) to turn round ❹ (umspringen) ■ |auf etw akk| ~ to change |or shift| ▸ WENDUNGEN: **daran ist nichts zu** ~ **und zu deuteln** there are no two ways about it III. vr ❶ (rotieren) to rotate |or revolve|; ■ sich |um etw| ~ to turn |about sth|; **die Erde dreht sich um die Sonne** the earth turns about |or goes round| the sun; **das Auto geriet bei Glatteis ins Schleudern und drehte sich mehrmals** the car skidded on the ice and spun

[round] several times; *s. a.* **Kreis** ❷ *(sich um~)* ■ **sich ~** to turn; **sich zur Seite/auf den Bauch/ nach rechts ~** to turn to the side/on to one's stomach/to the right ❸ *(betreffen)* ■ **sich um etw ~** to be about sth; **das Gespräch dreht sich um Sport** the conversation revolves around sport; ■ **sich darum ~, dass** the point is that; ■ **sich um jdn/ etw ~** to be about [*or* concern] sb/sth ▶ WENDUNGEN: **sich ~ und wenden** to try and get out of it; **alles dreht sich um jdn** everything revolves around sb, sb is always the centre [*or* AM -er] of attention; **jdm dreht sich alles** sb's head is spinning [*or* BRIT *a.* swimming]; *s. a.* **Tanz**

Dre·her(in) <-s, -> ['dre:ɐ] *m(f)* lathe operator

Dreh·er·laub·nis *f kein pl* FILM permission to film [*or* shoot]; **eine ~ erhalten** to be granted permission to film [*or* shoot] **dreh·freu·dig** *adj* AUTO free-revving, willing to rev *pred*, revving willingly *pred* **Dreh·ge·neh·mi·gung** <-, -en> *f* FILM permission to film [*or* shoot]; **eine ~ erhalten** to be granted permission to film [*or* shoot]

Dreh·kran *m* TECH rotary [*or* BRIT slewing] [*or* AM sluing] crane **Dreh·kreuz** *nt* turnstile **Dreh·lei·ter** *f* turntable ladder **Dreh·mo·ment** *nt* AUTO, PHYS torque **Dreh·or·gel** *f* MUS barrel organ **Dreh·ort** *m* FILM location **Dreh·pau·se** *f* FILM break in shooting **Dreh·re·stau·rant** *nt* revolving restaurant **Dreh·schal·ter** *m* ELEK rotary switch **Dreh·schei·be** *f* ❶ *(fig: Angelpunkt, Zentrum)* hub ❷ *(runde, sich drehende Vorrichtung)* revolving disc ❸ *(Töpferscheibe)* potter's wheel **Dreh·spieß** *m* spit **Dreh·strom** *m* ELEK three-phase current **Dreh·stuhl** *m* swivel chair **Dreh·tür** *f* BAU revolving door **Dreh- und An·gel·punkt** *m* key [*or* central] issue

Dre·hung <-, -en> *f* revolution; **eine Pirouette besteht aus einer Vielzahl rascher ~en um die eigene Achse** you perform a pirouette by spinning round quickly a number of times; **eine ~ machen** to turn

Dreh·wurm *m* ▶ WENDUNGEN: **einen** [*o* **den**] **~ haben** [*o* **kriegen**] *(fam)* to feel giddy

Dreh·zahl *f* AUTO, PHYS [number of] revolutions [*or* revs] *pl*

Dreh·zahl·be·reich *m* AUTO rev [*or* [engine] speed] range; **hoher/niedriger ~** high revs [*or* [engine] speed] **Dreh·zahl·mes·ser** *m* AUTO rev[olution] counter

drei ['drai] *adj* three; **sie arbeitet für ~** she works for [*or* does the work of] three; **~ viertel** three quarters; **~ viertel ...** quarter to ... BRIT, quarter before ... AM; **es ist ~ viertel vier** it's quarter to four [*or* 3:45]; *s. a.* **acht¹** ▶ WENDUNGEN: **aussehen, als könne man nicht bis ~ zählen** to look pretty empty-headed; **ehe man bis ~ zählen konnte** in the twinkling [*or* blink] of an eye, before you could say Jack Robinson [*or* AM lickety-split] *dated*

Drei <-, -en> ['drai] *f* ❶ *(Zahl)* three ❷ KARTEN three; *s. a.* **Acht¹ 4** ❸ *(auf Würfel)* **eine ~ würfeln** to roll a three ❹ *(Zeugnisnote)* C, satisfactory; **er hat in Deutsch eine ~** he got a C in German ❺ *(Verkehrslinie)* ■ **die ~** the [number] three

Drei·ach·tel·takt ['drai'ʔaxtl̩takt] *m* MUS three-eight time **drei·bän·dig** *adj inv* LIT in three volumes *pred*, three-volume *attr* **Drei·bett·zim·mer** *nt* three-bed room **drei·di·men·si·o·nal** *adj* three-dimensional **Drei·eck** ['drai'ʔɛk] *nt* MATH triangle; ▶ WENDUNGEN: **im ~ springen** *(fam)* to go off the deep end [*or* berserk] [*or* ballistic] *fam*

drei·eckig, 3-eckig^RR ['drai'ʔɛkɪç] *adj* triangular **Drei·ecks·tuch** *nt* ❶ MODE triangular shawl ❷ MED triangular bandage **Drei·ecks·ver·hält·nis** *nt* love [*or* BRIT *a.* eternal] triangle, ménage à trois; **ein ~ haben**

to be [involved] in an eternal triangle

drei·ein·halb ['drai'ain'halp] *adj* ❶ *(3,5)* three and a half ❷ *(fam)* three and a half grand *no pl sl*, three and a half thou *fam sl*; *s. a.* **achteinhalb**

drei·ei·nig [drai'ʔainɪç] *adj s.* **dreifaltig**

Drei·ei·nig·keit <-> [drai'ʔainɪçkait] *f kein pl s.* **Dreifaltigkeit**

Drei·er <-s, -> ['draiɐ] *m* ❶ *(fam: drei Richtige im Lotto)* three winning numbers [in the lottery] ❷ SCH *(fam)* [a] satisfactory [mark [*or* AM grade]] ▶ WENDUNGEN: **ein flotter ~** *(sl)* a threesome *fam*, three-in-a-bed sex BRIT *sl*

drei·er·lei ['draielai] *adj inv attr* three [different]; *s. a.* **achterlei**

Drei·er·pack *m* pack of three **Drei·er·rei·he** *f* row of three; **die Ehrenkompanie war in ~ angetreten** the guard of honour fell in three abreast

drei·fach, 3fach ['draifax] **I.** *adj* threefold; **in ~er Ausführung** in triplet, three copies of; **die ~e Menge** three times [*or* BRIT *a.* treble] the amount **II.** *adv* threefold, three times over

Drei·fa·che, 3·fa·che *nt dekl wie adj* three times [*or* BRIT *a.* treble] the amount; *s. a.* **Achtfache**

Drei·fach·ste·cker *m* three-way adapter

drei·fal·tig *adj* REL triune

Drei·fal·tig·keit <-> [drai'faltɪçkait] *f kein pl* REL Trinity; **die Heilige ~** the Holy Trinity

Drei·far·ben·druck [drai'farbn̩drʊk] *m* TYPO ❶ *kein pl* *(Verfahren)* three-colour [*or* AM -or] printing ❷ *(Bild)* three-colour print **Drei·fel·der·wirt·schaft** [drai'fɛldɐvɪrtʃaft] *f kein pl* AGR crop rotation [with three crops] **Drei·fuß** ['draifu:s] *m* ❶ *(Schemel)* three-legged stool ❷ *(Untergestell)* trivet, tripod **Drei·gang·schal·tung** *f* three-speed; **ein Fahrrad mit ~** a three-speed [bicycle] **Drei·ge·spann** *nt* ❶ *(Troika)* troika, three-horse carriage ❷ *(fam)* threesome; **dieser Verlag wird von einem ~ aus Vater und zwei Söhnen geleitet** this publishing house is run by a father and his two sons **Drei·gro·schen·heft ·chen** *nt (pej)* a Mills and Boone BRIT, a Harlequin romance novel AM

drei·hun·dert ['drai'hʊndɐt] *adj* three hundred; *s. a.* **hundert**

drei·hun·dert·jäh·rig *adj* three-hundred-year-old *attr*; **das ~e Bestehen von etw feiern** to celebrate the tercentenary [*or* tercentennial] of sth

drei·jäh·rig, 3-jäh·rig^RR *adj* ❶ *(Alter)* three-year-old *attr*, three years old *pred*; *s. a.* **achtjährig 1** ❷ *(Zeitspanne)* three-year *attr*; *s. a.* **achtjährig 2**

Drei·jäh·ri·ge(r), 3-Jäh·ri·ge(r)^RR *f(m) dekl wie adj* three-year-old

Drei·kampf *m* SPORT three-event [athletics] competition *(100-metre sprint, long jump and shot put)* **Drei·kä·se·hoch** <-s, -s> [drai'kɛːzaho:x] *m (hum fam)* little fellow [*or* AM guy], *fam* BRIT *a.* [little] nipper **Drei·klang** *m* MUS triad **Drei·kö·ni·ge** [drai'køːnɪgə] *pl* REL Epiphany *no pl* **Drei·kö·nigs·fest** *nt* REL [feast of] Epiphany **Drei·kö·nigs·tag** *m* REL Epiphany, Twelfth Night **drei·köp·fig** *adj* three-person *attr*; *s. a.* **achtköpfig Drei·län·der·eck** *nt* GEOG region where three countries meet

drei·mal, 3-mal^RR ['draima:l] *adv* three times, thrice *dated*; *s. a.* **achtmal** ▶ WENDUNGEN: **~ darfst du raten!** *(fam)* I'll give you three guesses; **jdm alles erst ~ sagen müssen** *(fam)* to always have to repeat everything to sb, to always have to tell sb twice

drei·ma·lig, 3-ma·lig ['draima:lɪç] *adj* three times over; *s. a.* **achtmalig**

Drei·mas·ter <-s, -> ['draimastɐ] *m* NAUT three-master **Drei·mei·len·zo·ne** [drai'mailəntso:nə] *f* JUR three-mile limit; **außerhalb/innerhalb der ~** outside/ inside the three-mile limit **Drei·me·ter·brett** *nt* three-

metre [*or* AM -er] board **Drei·mi·nu·ten·ei** *nt* KOCHK
soft-boiled egg

drein ['drain] *adv (fam) s.* **darein**

drein|bli·cken ['drainblɪkn̩] *vi* look **drein|fü·gen** *vr*
■ **sich** ~ to accept [*or* fit in with] it **drein|re·den** *vi*
DIAL ■ **jdm** [**bei etw**] ~ ❶ *(dazwischenreden)* to
interrupt sb [during/in sth] ❷ *(sich einmischen)* to
interfere in sb's else's business **drein|schau·en** *vi s.*
dreinblicken drein|schla·gen *vi irreg* DIAL to restore
order using [*or* by] force

Drei·punkt·(si·cher·heits-)gurt *m* AUTO lap and shoulder [*or* AM diagonal] seatbelt **Drei·rad** *nt (fam)* tricycle
drei·rä·de·rig, drei·räd·rig *adj* three-wheeled **Drei·**
satz *m kein pl* MATH rule [*or* proportion] of three
Drei·satz·rech·nung *f* MATH rule of three [calcula-
tion] **Drei·spei·chen·lenk·rad** *nt* AUTO three-spoke
steering wheel **Drei·spitz** <-es, -e> *m* HIST tricorn[e],
three-cornered hat **Drei·sprung** *m* SPORT *kein pl* triple
jump **drei·spu·rig** *adj inv* three-lane *attr,* having [*or*
with] three lanes *pred*

drei·Big ['draisɪç] *adj* ❶ *(Zahl)* thirty; *s. a.* **achtzig 1**
❷ *(fam: Stundenkilometer)* thirty [kilometres [*or* AM
·meters] an hour]; *s. a.* **achtzig 2**
Drei·Big <-, -en> ['draisɪç] *f* thirty
Drei·Bi·ger, 30·er *adj attr, inv* **die ~ Jahre** the thirties;
(geschrieben a.) '30s
Drei·Bi·ger¹ <-s, -> *m (Wein aus dem Jahre '30)*
■ **ein** ~ a '30s vintage
Drei·Bi·ger² *pl* **in den ~n/Mitte der ~ sein** to be in
one's thirties/mid-thirties; *s. a.* **Achtziger³**
Drei·Bi·ger(in) <-s, -> *m(f) (Mensch in den Dreißi-*
gern) thirty-year-old [man/woman]
Drei·Bi·ger·jah·re *pl* ■ **die ~** the thirties [*or* '30s]
drei·Big·jäh·rig, 30·jäh·rigRR ['draisɪçjɛːrɪç] *adj attr*
❶ *(Alter)* thirty-year-old *attr,* thirty years old *pred*
❷ *(Zeitspanne)* thirty-year *attr*
Drei·Big·jäh·ri·ge(r), 30-Jäh·ri·ge(r)RR *f(m) dekl wie*
adj thirty-year-old
drei·Bigs·te(r, s) *adj* thirtieth; *s. a.* **achte(r, s)**
dreist ['draist] *adj (pej)* brazen *pej;* **~e Anspielung/**
Behauptung/Weise barefaced [*or* shameless] allu-
sion/claim/way; ■ **~ sein/werden** to be/become
bold [*or pej* brazen]
Dreis·tig·keit <-, -en> *f kein pl (dreiste Art)* bra-
zenness, shamelessness, barefacedness; **die ~ besit-**
zen [*o* **haben**] **, etw zu tun** to have the audacity [*or*
nerve] [*or* BRIT cheek] to do sth ❷ *(dreiste Handlung)*
brazen act
drei·stö·ckig, 3-stö·ckigRR *adj inv* three-storey *attr*
[*or* AM -story], with three storeys **drei·stün·dig,**
3-stün·digRR *adj inv* three-hour *attr; s. a.* **achtstündig**
Drei·ta·ge·bart *m* designer stubble **drei·tä·gig, 3-tä·**
gigRR *adj* three-day *attr* **drei·tau·send** ['drai'tauzn̩t]
adj ❶ *(Zahl)* three thousand; *s. a.* **tausend 1** ❷ *(fam:*
3.000 Euro) three grand *no pl,* three thou *no*
pl sl, three G's [*or* K's] AM *sl* **Drei·tau·sen·der**
['drai'tauzn̩de] *m* mountain over 3,000 metres [*or* AM
meters] **drei·tei·lig, 3-tei·lig**RR *adj* three-part;
Besteck three-piece **Drei·tü·rer** <-s, -> *m* AUTO *(fam)*
three-door car [*or* model] **drei·tü·rig** *adj* AUTO three-
door *attr,* with three doors *pred*
drei·vier·telALT *adj o adv inv s.* **drei 1** *s.* **viertel**
Drei·vier·tel *nt* **in einem ~ ...** in three-quarters ...; **in**
einem ~ der Zeit in three-quarters [of] the time; **ich**
könnte Ihnen das zu einem ~ der Summe anbie-
ten I could offer you that at three-quarters [of] the
price
Drei·vier·tel·är·mel *m* MODE three-quarter [length]
sleeve **drei·vier·tel·lang** [drai'fiːrtl̩laŋ] *adj* MODE
three-quarter [length] **Drei·vier·tel·li·ter·fla·sche**
[draifɪrtl̩'liːtefl̩aʃə] *f* three-quarter-litre [*or* AM -er]

bottle **Drei·vier·tel·mehr·heit** [drai'fiːrtl̩meːɐhait] *f*
three-quarter[s] majority **Drei·vier·tel·stun·de** ['drai-
fɪrtl̩'ʃtʊndə] *f* three-quarters of an hour, AM *usu* 45
minutes **Drei·vier·tel·takt** [drai'fiːrtl̩takt] *m* MUS
three-four [*or* AM three-quarter] time
Drei·we·ge·ka·ta·ly·sa·tor [drai've:gəkatalyza:to:ɐ] *m*
AUTO three-way catalytic converter [*or* catalyst]
Drei·zack <-s, -e> *m* trident **Drei·ze·hen·mö·we** *f*
ORN kittiwake
drei·zehn ['draitse:n] *adj* thirteen; **~ Uhr** 1pm,
1300hrs *written,* thirteen hundred hours *spoken; s. a.*
acht¹ ▸ WENDUNGEN: **jetzt schlägt's aber ~** *(fam)*
enough is enough
drei·zehn·te(r, s) *adj* thirteenth; *s. a.* **achte(r, s)**
Drei·zehn·tel *nt a.* MATH thirteenth; *s. a.* **Achtel**
Drei·zim·mer·woh·nung [drai'tsɪmevo:nʊŋ] *f* three-
room apartment [*or* BRIT a. flat] *(excluding bathroom*
and kitchen)
Dre·sche <-> ['drɛʃə] *f kein pl (fam)* thrashing, AM
licking; ■ **bekommen** [*o* **kriegen**] to get a thrashing
dre·schen <drischt, drosch, gedroschen> ['drɛʃn̩]
I. *vt* ❶ AGR **etw ~** to thresh sth; *s. a.* **Phrase** ❷ *(fam:*
prügeln) ■ **jdn ~** to thrash sb; **jd grün und blau ~** to
beat sb black and blue; **jdm eine ~** *(fam)* to land sb
one BRIT; ■ **sich ~** to fight [one another] **II.** *vi* ❶ AGR to
thresh ❷ *(fam: schlagen)* to hit out ❸ *(fam: treten)* to
kick out
Dresch·fle·gel *m* AGR flail **Dresch·ma·schi·ne** *f* AGR
threshing machine
Dres·den <-s> ['dre:sdn̩] *nt* GEOG Dresden
DressRR <-es *o* -, -e ÖSTERR -en> *m o f,* **Dreß**ALT
<-sses *o* -, -sse ÖSTERR -en> ['drɛs] *m o* ÖSTERR *f pl sel-*
ten SPORT [sports] kit; *(Fußball)* kit, BRIT *a.* strip
Dres·sier·beu·tel *m s.* **Spritzbeutel**
dres·sie·ren ['drɛ'siːrən] *vt* ❶ *(abrichten)* ■ **ein Tier**
[**für etw**] to train an animal [to do sth]; ■ **ein Tier**
[**darauf**] *akk* **~, etw zu tun** to train an animal to do
sth; *s. a.* **Mann 1** ❷ *(pej: disziplinierend zwingen)*
■ **jdn ~** to drill sb ❸ KOCHK *(mit Spritzbeutel auftra-*
gen) ■ **etw ~** to pipe sth ❹ KOCHK *(bratfertig binden)*
einen Vogel/Braten ~ to truss a bird/roast
Dres·sing <-s, -s> ['drɛsɪŋ] *nt* KOCHK ❶ *(Salatsoße)*
dressing ❷ *(Kräuter- oder Gewürzmischung)* marinade
Dress·man <-s, -men> ['drɛsmən] *m* MODE male
model
Dres·sur <-, -en> [drɛ'su:ɐ] *f* ❶ *(das Dressieren)* training ❷ *(eingeübte Fertigkeit)* trick ❸ *(pej: das Abrich-*
ten) disciplining, conditioning
drib·beln ['drɪbl̩n] *vi* SPORT to dribble
drif·ten ['drɪftn̩] *vi sein (a. fig)* to drift *a.* fig
Drill <-[e]s> ['drɪl] *m kein pl* drill
dril·len ['drɪlən] *vt* ■ **jdn ~** to drill sb; ■ **jdn auf etw ~**
akk to drill sb in sth [*or* sth into sb]; ■ **auf etw** *akk*
gedrillt sein *(fam)* to be drilled in sth
Drill·lich <-s, -e> ['drɪlɪç] *m* MODE drill
Drill·lich·an·zug *m* MODE dungarees *npl* **Drill·lich·**
zeug *nt kein pl* MODE dungarees *npl,* overalls *npl*
Drill·ling <-s, -e> ['drɪlɪŋ] *m* ❶ *(Geschwister)* triplet;
■ **~e** [a set of] triplets; **~e bekommen** to have triplets
❷ JAGD triple-barrelled [*or* AM -eled] shotgun
drin ['drɪn] *adv (fam)* ❶ *(darin)* in it; **im Krug ist noch**
etwas ~ there's still something left in the jug; *s. a.*
darin 1 ❷ *(drinnen)* inside; **ich bin hier ~** I'm in
here; **du bleibst ~, du warst unartig!** you're staying indoors [*or* inside] , you've been naughty!
▸ WENDUNGEN: **in etw** *dat* **~ sein** to get into sth; **etw**
ist [bei jdm] ~ *(fam)* sth is possible [from sb]; **so viel**
ist bei mir nicht ~! I can't afford [to pay] that much!;
bei jdm ist alles ~ anything is possible with sb; **für**
jdn ist noch alles ~ anything is still possible for sb

D

drin·gen <drang, gedrungen> ['drɪŋən] vi ❶ sein (sto-ßen) ▪ durch etw/in etw ~ akk to penetrate sth; **durch die Bewölkung/den Nebel/in den Nacht-himmel** ~ to pierce the clouds/fog/the night sky ❷ sein (durch etw vorwärtskommen) ▪ durch etw ~ to force one's/it's way through sth ❸ sein (vor~) ▪ **an etw** akk/**zu jdm** ~ to get through to [or reach] sth/ sb; **an die Öffentlichkeit** ~ to leak to the public ❹ haben (auf etw bestehen) ▪ **auf etw** ~ akk to insist on sth; **auf mehr Gehalt** ~ to demand more pay [or a higher salary]; **darauf ~, etw zu tun/dass etw getan wird** to insist on sth being done/that sth be done ❺ sein (bestürmen) ▪ [mit etw] **in jdn** ~ to press sb [with sth]; **mit Bitten/Fragen in jdn** ~ to bombard sb with requests/questions

drin·gend ['drɪŋənt] I. adj ❶ (schnell erforderlich) urgent, pressing; **etw ~ machen** (fam) to make sth a priority; **ein ~er Fall/eine ~e Operation** MED an emergency ❷ (nachdrücklich, zwingend) strong; **~er Aufruf/~e Bitte** urgent call/request; **~e Gründe** compelling reasons; **~e Warnung** dire warning II. adv ❶ (schnellstens) urgently ❷ (nachdrücklich) strongly ❸ (unbedingt) absolutely; **ich muss dich ~ sehen** I really need to [or must] see you

dring·lich ['drɪŋlɪç] adj s. dringend 1

Dring·lich·keit <-> f kein pl urgency

Dring·lich·keits·an·fra·ge f POL emergency question

Dring·lich·keits·an·trag m POL emergency motion

drin·hän·gen vi irreg (fam) s. drinstecken 3, 4

Drink <-s, -s> ['drɪŋk] m drink; **jdm einen ~ machen** [o mixen] to make [or mix] [or AM a. fix] sb a drink

drin·nen ['drɪnən] adv (in einem Raum) inside; **dort** [o **da**] /**hier** ~ in there/here; (im Haus) indoors, inside; **ich gehe jetzt nach** ~ I'm going indoors [or inside] now; **von** ~ from [the] inside

drin|seinᴬᴸᵀ vi irreg (fam) s. **drin 3 drin|sit·zen** ['drɪn-zɪtsn̩] vi irreg ÖSTERR, SÜDD (fam) to be in [a bit of] a jam, to be in a real [or right] [or pretty] pickle BRIT, to be up the creek AM **drin|ste·cken** vi (fam) ▪ **in etw** dat ~ ❶ (sich in etw befinden) to be in sth ❷ (inves-tiert sein) to go into sth; **man merkt, dass da viel Arbeit/Liebe drinsteckt** you can see that a lot of work/love has gone [or been put] into that ❸ (direkt mit etw befasst sein) to be involved in sth; s. a. **Ohr** ❹ (verwickelt sein) to be involved [or mixed up] in sth **drin|ste·hen** vi (in etw stehen) to be in it; ▪ **in etw** dat ~ to be in sth ❷ (verzeichnet sein) ▪ **in etw** dat ~ to be in sth; **es stand also in dieser Zeitung drin?** it was in this paper, was it?

drisch ['drɪʃ] imper sing von **dreschen**

dritt ['drɪt] adv ▪ **zu** ~ **sein** to be three together; **wir waren zu** ~ there were three of us

dritt·äl·tes·te(r, s) adj third oldest; **~er Nachkomme** third eldest [or oldest] descendant

drit·te(r, s) ['drɪtə] adj ❶ (nach dem zweiten kom-mend) third; **die ~ Klasse** primary three BRIT, third grade AM; s. a. **achte(r, s) 1** ❷ (Datum) third, 3rd; s. a. **achte(r, s) 2**

Drit·te(r) ['drɪtə] f(m) dekl wie adj ❶ (dritte Person) third; (Unbeteiligter) third party; **der ~ im Bunde sein** to make up a trio [or threesome]; s. a. **Achte(r) 1** ❷ (bei Datumsangaben) ▪ **der ~** [o geschrieben: **der 3.**] the third spoken, the 3rd written; s. a. **Achte(r) 2** ❸ (Namenszusatz) **Ludwig der ~ gesprochen** Louis the Third; **Ludwig III.** geschrieben Louis III ❹ SCH **die D~** (fam) primary three BRIT, third grade AM ▸ WENDUNGEN: **der lachende ~** [the] tertius gaudens rare (a third party that benefits from a dispute be-tween two others); **wenn zwei sich streiten, freut sich der ~** (prov) when two people quarrel, a third rejoices prov

drit·tel ['drɪtl̩] adj third

Drit·tel <-s, -> ['drɪtl̩] nt o SCHWEIZ m third; s. a. **Achtel drit·teln** ['drɪtl̩n] vt ▪ **etw** ~ to divide [or split] sth three ways [or into three parts]

drit·tens ['drɪtns] adv thirdly

Drit·te-Welt-La·den m Third World import store (shop which sells products from the Third World countries to support them) **Drit·te-Welt-Land** nt Third World country

dritt·grö·ßte(r, s) adj third-largest [or biggest] **dritt·höchs·te(r, s)** adj third-highest **dritt·klas·sig** adj (pej) third-rate pej **Dritt·kläss·ler(in)**ᴿᴿ, **Dritt·kläß-ler**ᴬᴸᵀ**(in)**ᴬᴸᵀ <-s, -> m(f) SCH (fam) primary three [or P3] pupil BRIT, third-grader AM **Dritt·land** nt meist pl third country **dritt·letz·te(r, s)** adj ▪ **der/die/das ~** the third [from] last

Drive-in <-s, -s> ['draifɪn] nt drive-in (restaurant)

DRK <-> [de:ɛrˈkaː] nt Abk von **Deutsches Rotes Kreuz** German Red Cross

dro·ben ['droːbn̩] adv (geh) up there; **dort** ~ up there

Dro·ge <-, -n> ['droːɡə] f PHARM ❶ (Rauschgift) drug a. fig; **für einen Arbeitswütigen ist die Arbeit eine** ~ work is like a drug for a workaholic; **~n neh-men** to take [or sl do] drugs; **unter ~n stehen** to be on drugs ❷ (Arzneistoff) drug

drö·ge ['drøːɡə] adj NORDD ❶ (trocken) dry ❷ (langwei-lig) boring

Drö·ge·ler(in) <-s, -> m(f) SCHWEIZ drug addict

dro·gen·ab·hän·gig adj addicted to drugs pred; ▪ ~ **sein** to be a drug addict; **jdn** ~ **machen** to get sb addicted to drugs; **Crack/ein Dealer hat ihn ~ gemacht** crack/a dealer got him addicted to [or hooked on] drugs [or turned him into a drug addict] **Dro·gen·ab·hän·gi·ge(r)** f(m) dekl wie adj drug addict **Dro·gen·ab·hän·gig·keit** f drug addiction **Dro-gen·be·kämp·fung** f kein pl war on [or BRIT a. fight against] drugs **Dro·gen·boss**ᴿᴿ, **Dro·gen·boß**ᴬᴸᵀ m drug baron, drugs boss **Dro·gen·han·del** m drug traffi-cking [or trade] **Dro·gen·kon·sum** m drug-taking **Dro·gen·kon·su·ment(in)** m(f) drug consumer [or AM user] **Dro·gen·miss·brauch**ᴿᴿ f kein pl drug abuse **Dro·gen·sucht** f s. **Drogenabhängigkeit dro·gen-süch·tig** adj s. **drogenabhängig Dro·gen·süch·ti-ge(r)** f(m) dekl wie adj s. **Drogenabhängige(r) Dro-gen·sze·ne** f drug scene **Dro·gen·tod** m death from an overdose [of drugs] **Dro·gen·to·te(r)** f(m) dekl wie adj sb who died of drug abuse

Dro·ge·rie <-, -n> [droɡəˈriː, pl: droɡəˈriːən] f chem-ist's [shop] BRIT, drugstore AM

Dro·gist(in) <-en, -en> [droˈɡɪst] m(f) chemist

Droh·brief m threatening letter

dro·hen ['droːən] I. vi ❶ (physisch und moralisch be~) ▪ [jdm] **mit etw** ~ to threaten [sb] with sth; **die Arbeiter drohten mit Streik** the union threatened to strike; ▪ [jdm] **~, etw zu tun** to threaten to do sth [to sb] ❷ (unangenehmerweise bevorstehen) ▪ [jdm/ etw] ~ to threaten [sb/sth]; **es droht ein Gewitter** a storm is threatening [or about to break]; **ein neuer Konflikt/Krieg droht** there is the threat of renewed conflict/war; **jdm droht etw** sb is threatened by [or in danger of] sth; **dir droht Gefahr/der Tod** you're in danger/mortal danger [or danger of being killed]; **etw** dat **droht** [etw] sth threatens [sth]; **vielen schö-nen Altbauten droht der Abriss** a number of beau-tiful old buildings are under threat of being demol-ished II. aux ▪ ~, **etw zu tun** to be in danger of doing sth; **die Zeitbombe drohte jeden Moment zu explodieren** the time bomb was threatening to explode at any moment

dro·hend I. adj ❶ (einschüchternd) threatening, menacing ❷ (bevorstehend) impending, imminent II. adv threateningly

Droh·ge·bär·de f ❶ (drohende Gebärde) threatening

gesture ❷ *(drohende Aktion)* threatening move
Droh·ne <-, -n> [ˈdroːnə] *f* ❶ *(männliche Biene)*
drone ❷ *(pej: Schmarotzer)* parasite, sponger
dröh·nen [ˈdrøːnən] *vi* ❶ *(dumpf klingen)* to roar;
Donner to roll, to rumble; *Lautsprecher, Musik,*
Stimme to boom ❷ *(dumpf widerhallen)* **jdm dröhnt**
der Kopf [*o* **Schädel**] /**dröhnen die Ohren** sb's
head is/ears are ringing ❸ *(dumpf vibrieren)* to rever-
berate
dröh·nend *adj* reverberating; **~er Applaus** resounding [*or* echoing] applause; **~er Lärm** droning noise;
~es Gelächter raucous laughter; **~e Stimme** booming voice
Dro·hung <-, -en> [ˈdroːʊŋ] *f* threat; **eine leere/**
keine leere ~ an/no empty threat; **eine offene ~** an
explicit [*or* overt] threat; **eine versteckte ~** a veiled
[*or* an implicit] threat
drol·lig [ˈdrɔlɪç] *adj* ❶ *(belustigend)* funny, amusing [*or*
comical] ❷ *(niedlich)* sweet *esp* BRIT, cute *esp* AM
▶ WENDUNGEN: **werd' nicht ~!** don't get funny
Dro·me·dar <-s, -e> [droméˈdaːɐ̯] *nt* ZOOL dromedary
Drops <-, - *o* -e> [ˈdrɔps] *m o nt* fruit drop; **saure ~**
acid drops
drosch [ˈdrɔʃ] *imp von* **dreschen**
Drosch·ke <-, -n> [ˈdrɔʃkə] *f (veraltend)* ❶ *(Pferde~)*
hackney cab [*or* carriage], coach ❷ *(veraltend: Taxi)*
[taxi-]cab
Dro·so·phi·la <-, -s> [droˈzoːfila] *f* ZOOL drosophila
Dros·sel <-, -n> [ˈdrɔsl̩] *f* ORN thrush
dros·seln [ˈdrɔsl̩n] *vt* ❶ *(kleiner stellen)* ■ **etw ~** to
decrease sth; **die Heizung ~** to turn the heating [*or*
AM heater] down ❷ *(verringern)* ■ **etw** [**auf etw** *akk/*
um etw] **~** *Einfuhr, Produktion, Tempo* to reduce sth
[to sth/by sth]
Dros·se·lung, **Dross·lung**^{RR}, **Droß·lung**^{ALT}
<-, -en> *f* reduction, cutback; **eine ~ der Importe** a
reduction [*or* cutback] in imports
drü·ben [ˈdryːbn̩] *adv* over there; **da ~** over there;
nach ~ over there; **von ~** from over there
drü·ber [ˈdryːbɐ] *adv (fam)* across [*or* over] [there]; **ich**
muss da ~ I must get across [*or* over] that
drü·ber|hüp·fen *vi sein (fam)* to hop over [it] **drü·**
ber|sprin·gen *vi sein (fam)* to jump over [it]
Druck¹ <-[e]s, Drücke> [ˈdrʊk, *pl:* ˈdrʏkə] *m* ❶ PHYS
pressure; **unter ~ stehen** to be under pressure ❷ *kein*
pl (Zwang) pressure; **~ bekommen** *(fam)* to be put
under pressure; **in ~ sein, unter ~ stehen** to be
pressed for time; **~** [**hinter etw** *akk*] **machen** *(fam)* to
put some pressure [*or* bring some pressure to bear] on
[sth]; **jdn unter ~ setzen** [*o* **~ auf jdn ausüben**] to
put [*or* exert] pressure on sb, to pressurize sb ❸ *(drü-*
ckendes Gefühl) pressure; **ich habe so einen ~ im**
Kopf I have such a feeling of pressure in my head
❹ *(das Drücken)* pressure; **die Raketen werden**
durch einen ~ auf jenen Knopf dort gestartet the
missiles are released by pressing this button; **~ auf**
etw *akk* **ausüben** *(geh)* to put [*or* exert] pressure on
sth ❺ *(sl: Rauschgiftspritze)* fix *sl* ▶ WENDUNGEN:
~ erzeugt Gegendruck pressure creates resistance
Druck² <-[e]s, -e> [ˈdrʊk] *m* ❶ TYPO *(das Drucken)*
printing; **Satz und ~ von F. Schmidtmann & Söhne**
[type-]setting and printing by F. Schmidtmann & Sons;
in ~ gehen to go into print [*or* to press]; **etw in ~**
geben to send sth to print [*or* press]; **im ~ sein** to be
in print ❷ TYPO *(Druckwerk)* printed work, publication; *(Kunst~)* [art] print ❸ TYPO *(Art des Drucks)* print
❹ MODE *(bedruckter Stoff)* print
Druck·ab·fall *m* PHYS pressure drop, fall [*or* drop] in
pressure **Druck·an·stieg** *m* PHYS rise [*or* increase] in
pressure **Druck·an·zug** *m* pressure suit **Druck·aus·**
gleich *m* PHYS pressure balance **Druck·be·häl·ter** *m*
TECH pressure tank **Druck·blei·stift** *m* propelling [*or*

AM mechanical] pencil
Druck·bo·gen *m* printed sheet **Druck·buch·sta·be** *m*
printed letter; **in ~n** in block capitals; **„das Blatt bitte**
in ~n ausfüllen" "please fill out the form in block
capitals"
Drü·cke·ber·ger <-s, -> *m (pej fam)* shirker *pej*
Drü·cke·ber·ge·rei <-> *f kein pl (pej fam)* shirking *pej*
druck·emp·find·lich *adj* sensitive to pressure *pred*;
eine ~e Frucht a fruit that is easily bruised
dru·cken [ˈdrʊkn̩] **I.** *vt* ❶ *(vervielfältigen)* ■ [**jdm**]
etw ~ to print sth [for sb] ❷ *(auf~)* ■ **etw auf etw ~**
dat to print sth on sth; *s. a.* **gedruckt II.** *vi* TYPO to
print
drü·cken [ˈdrʏkn̩], **dru·cken** [ˈdrʊkn̩] DIAL **I.** *vt* ❶ *(pres-*
sen) ■ **etw ~** to press sth; **einen Knopf ~** to push [*or*
BRIT *a.* press] a button; ■ **etw aus etw ~** to squeeze
sth from sth; *Saft aus Früchten* **~** to squeeze juice
from fruit ❷ *(umarmen)* ■ **jdn** [**an etw** *akk*] **~** to hug
sb, to press sb [to sth]; **ich will dich an meine**
Brust ~ I want to hug you [*or* press you to my breast];
s. a. **Daumen** *s. a.* **Hand** ❸ *(schieben)* ■ **jdn ~** *akk* to
push sb; ■ **etw ~** to push sth; **er drückte den Hut in**
die Stirn he pulled his hat down over his forehead [*or*
brow] ❹ *(ein Druckgefühl auslösen)* ■ **jdn ~** to be too
tight for sb; **die Schuhe ~ mich** the shoes are
pinching my feet; **das fette Essen drückte ihn** the
fatty food lay heavily on his stomach BRIT; **der Ruck-**
sack/Sack drückte ihn the backpack [*or* BRIT *a.* ruck-
sack] /sack weighed him down ❺ *(herabsetzen)*
■ **etw ~** to lower sth [*or* bring sth down] ❻ *(be~)*
■ **jdn ~** to weigh heavily on sb **II.** *vi* ❶ *(Druck hervor-*
rufen) to pinch; **der Rucksack drückt auf den**
Schultern the rucksack is weighing heavily on my
shoulders; **im Magen ~** to lay heavily on one's stom-
ach BRIT; *s. a.* **Blase** ❷ *(pressen)* ■ [**auf etw** *akk*] **~** to
press [sth]; **auf einen Knopf ~** to push [*or* BRIT *a.*
press] a button; **„bitte ~"** "push"; ■ **an etw ~** *dat* to
squeeze sth ❸ METEO *(schwül sein)* to be oppressive
❹ *(bedrückend sein)* to weigh heavily ❺ *(negativ*
beeinträchtigen) ■ **auf etw ~** *akk* to dampen sth
❻ *(Druck auf den Darm ausüben)* to push ❼ *(sl:*
Rauschgift spritzen) to shoot up *sl* **III.** *vr* ❶ *(sich*
quetschen) ■ **sich ~** + *Ortsangabe* to squeeze; **sich**
an die Wand ~ to squeeze up against the wall; **sich**
in einen Hausgang ~ to huddle in a doorway; **sich**
aus einem Zimmer ~ to slip out of a room ❷ *(fam:*
sich einer S. entziehen) ■ **sich** [**vor etw** *dat*] **~** to
shirk [*or* dodge] [sth]; ■ **sich** [**um etw**] **~** to shirk [*or*
get out of] [*or* avoid] [doing sth]
drü·ckend *adj* ❶ *(lastend)* heavy; **~e Armut** grinding
[*or* extreme] poverty *esp* AM; **~e Sorgen** serious [*or*
grave] concerns; **~e Stimmung** oppressive atmosphere ❷ METEO oppressive
Dru·cker <-s, -> *m* INFORM printer
Dru·cker(in) <-s, -> *m(f)* printer
Drü·cker <-s, -> *m* ❶ ELEK [push-]button ❷ *(Abzug)*
trigger ❸ TECH *(Klinke)* handle; *(am Türschloss)* latch
▶ WENDUNGEN: **auf den letzten ~** *(fam)* at the last
minute; **am ~ sein** [*o* **sitzen**] *(fam)* to be in charge
Drü·cker(in) <-s, -> *m(f) (fam)* door-to-door salesman
for [*or* BRIT *a.* hawker of] newspaper/magazine sub-
scriptions
Dru·cke·rei <-, -en> [drʊkəˈraɪ] *f* printing house [*or*
BRIT *a.* works], printer's, AM printery
Dru·cke·rin <-, -nen> *f fem form von* **Drucker**
Drü·cke·rin <-, -nen> *f fem form von* **Drücker**
Drü·cker·ko·lon·ne *f (fam)* group of newspaper/maga-
zine subscription salespeople [*or* BRIT *a.* hawkers]
Druck·er·laub·nis *f* MEDIA permission to print, impri-
matur
Dru·cker·pres·se *f* printing press **Dru·cker·schwär·**
ze *f* TYPO printer's [*or* printing] ink **Dru·cker·trei·**

ber *m* INFORM printer driver

Druck·er·zeug·nis *nt* MEDIA printed work *(any piece of printed material)* **Druck·fah·ne** *f* galley proof BRIT, galley AM **Druck·far·be** *f* printing colour *[or* AM -or*]* **Druck·feh·ler** *m* MEDIA misprint, typographical *[or* printer's*]* error **druck·fer·tig** *adj inv* TYPO ready to print *[or* for press*] pred* **druck·frisch** *adj* MEDIA hot off the press *pred*

druck|ga·ren *vt* ⬛etw ~ KOCHK to pressure-cook sth **Druck·ga·rer** *m*, **Druck·koch·topf** *m* pressure cooker **Druck·ge·fühl** *nt* feeling of pressure **Druck·ka·bi·ne** *f* LUFT, RAUM pressurized cabin **Druck·knopf** *m* MODE press-stud BRIT, stud fastener AM

Druck·kos·ten *pl* MEDIA printing costs *pl*

Druck·luft *f kein pl* PHYS compressed air **Druck·luft·brem·se** *f* AUTO air brake

Druck·ma·schi·ne *f* printing press

Druck·mes·ser *m* TECH pressure gauge **Druck·mit·tel** *nt* means of bringing pressure to bear; **jdn/etw als ~ benutzen** *[o* **einsetzen***]* to use sb/sth as a means of exerting pressure

Druck·plat·te *f* printing plate **Druck·pres·se** *f* s. **Druckmaschine druck·reif** *adj* MEDIA ready for publication *[or* press*] pred* **Druck·sa·che** *f* printed matter; **als ~ schicken** *[o* **versenden***]* to send at printed matter rate *[or* as printed matter*]* **Druck·schrift** *f* ⓘ TYPO print type[s]; **in ~ ausfüllen/schreiben** to print ⓔ *(geheftetes Druckerzeugnis)* pamphlet **druck·sen** [ˈdrʊksn̩] *vi (fam)* to hum and haw BRIT, be indecisive

Druck·stel·le *f* mark *[where* pressure has been applied*]*; **sie suchte sich nur Pfirsiche ohne ~n aus** she chose only the peaches without bruises **Druck·tas·te** *f* TECH push-button; *(auf einer Tastatur)* key **Druck·ty·pe** *f* type

druck·un·emp·find·lich *adj* insensitive to pressure *pred* **Druck·ver·band** *m* MED pressure bandage

Druck·ver·fah·ren *nt* printing process **Druck·vor·la·ge** *f* printer's copy

Druck·was·ser·re·ak·tor *m* TECH pressurized water reactor **Druck·wel·le** *f* PHYS shock wave

Druck·werk *nt* MEDIA printed work, publication

Dru·den·fuß [ˈdruː·dn̩-] *m* HIST pentagram

druff [ˈdrʊf] *adv* DIAL *(fam)* s. **drauf**

Dru·i·de <-n, -n> [druˈiːdə] *m* REL, HIST druid

drum [ˈdrʊm] *adv (fam)* that's why; **... ~ frage ich ja!** ... that's why I'm asking! ▶ WENDUNGEN: **das D~ und Dran** the whole works, everything to do with sth; **alles/das [ganze] D~ und Dran** all the details *[or* no beating about the bush*]*; **mit allem D~ und Dran** with all the trimmings; **~ rum** *[o* **herum***]* all [a]round; **sei's ~!** be that as it may; *s. a.* **darum**

Drum·her·um <-s> [ˈdrʊmhɛˈrʊm] *nt kein pl (fam)* ⬛**das [ganze] ~** all the trappings

Drum·mer(in) <-s, -> [ˈdramɐ] *m(f)* MUS drummer

drun·ten [ˈdrʊntn̩] *adv* DIAL *(da unten)* down there

drun·ter [ˈdrʊntɐ] *adv* ⓘ *(fam: unter einem Gegenstand)* underneath ⓔ *(fam: unter einem Begriff)* **da kann ich mir nichts ~ vorstellen** that means nothing to me, I can't make head [n]or tail of it ▶ WENDUNGEN: **das D~ und Drüber** the confusion; **alles geht ~ und drüber** everything is at sixes and sevens *[or* in confusion*]*, I'm [he's/she's/etc.] all at sea; *s. a.* **darunter**

Drü·se <-, -n> [ˈdryːzə] *f* ANAT gland; **etw mit den ~n haben** *(fam)* to have sth wrong with one's glands *[or* gland trouble*]*

Drü·sen·zel·le *f* BIOL glandular cell

DSB <-s> [deːɛsˈbeː] *nt Abk von* **Deutscher Sportbund** *German umbrella organization for sports*

Dschi·bu·ti <-s> [dʒiˈbuːti] *nt* BRD, ÖSTERR Djibouti, Jibuti; *s. a.* **Deutschland**

Dschi·bu·tier(in) <-s, -> *m(f)* Djiboutian; *s. a.* **Deutsche(r)**

dschi·bu·tisch *adj* BRD, ÖSTERR Djiboutian; *s. a.* **deutsch**

Dschun·gel <-s, -> [ˈdʒʊŋl̩] *m* GEOG jungle; ▶ WENDUNGEN: **der ~ der Großstadt** *(geh)* the city jungle BRIT; **der ~ der Paragraphen** *(geh)* the maze of legal bureaucracy

Dschun·ke <-, -n> [ˈdʒʊŋka] *f* NAUT junk

DTP <-> [deːteːˈpeː] *nt* INFORM *Abk von* **Desktoppublishing** DTP

dt|sch. *adj Abk von* **deutsch** G

Dtzd. *Abk von* **Dutzend** doz.

du <*gen:* deiner, *dat:* dir, *akk:* dich> [ˈduː] *pron pers* ⓘ *2. pers sing* you; **he, ~ da!** hey, you there!; **~, kann ich dich mal was fragen?** listen, can I ask you something?; **~, der ~ es erlebt hast** you, who has experienced it; **~ bist es** it's you; **bist ~ das, Peter?** is it you Peter?; **mach ~ das doch gefälligst selber!** do it yourself!; **~, kannst ~ mir mal helfen?** hey, can you help me?; **~, ich muss jetzt aber gehen!** look *[or* listen*]* , I have to go now!; **~ ... und ~?** what about you?; **~ ~ ...!** you ...!; **~ Idiot!** you idiot!; **mit jdm per ~ sein** to use the 'du' form *[or* familiar form of address*]* with sb; **~ [zu jdm] sagen** to use the 'du' form *[or* familiar form of address*]* with sb; **~, ~!** *(fam)* watch it ⓔ *(poet)* thou; **sei mir gegrüßt, ~ meine Heimat/mein Vaterland!** greetings, thou, my homeland/fatherland! ⓔ *(man)* you; **ob ~ willst oder nicht, ...** whether you want to or not *[or* like it or not*]* , ...

Du <-[s], -[s]> [ˈduː] *nt* you, 'du' *(familiar form of address)*; **jdm das ~ anbieten** to suggest that sb use the familiar form of address *[or* uses the 'du' form*]*

Du·al·sys·tem *nt* MATH binary system

Dü·bel <-s, -> [ˈdyːbl̩] *m* BAU dowel, plug

dü·beln [ˈdyːbl̩n] *vt* ⬛etw *[an etw* akk*]* ~ to fix *[or* attach*]* sth *[to* sth*]* using plugs *[or* dowels*]*

du·bi·os [duˈbi̯oːs] *adj (geh)* dubious

Du·blee <-s, -s> [duˈbleː] *nt* rolled gold

Du·blet·te <-, -n> [duˈblɛta] *f* ⓘ *(doppeltes Exemplar)* duplicate ⓔ *(Edelsteinimitat)* doublet

Dub·lin <-s> [ˈdablɪn] *nt* GEOG Dublin

du·cken [ˈdʊkn̩] **I.** *vr* ⓘ *(sich rasch bücken)* ⬛**sich** *[vor etw* dat*]* ~ to duck [sth]; **den Kopf ~** to duck *[or* lower*]* one's head; **das Kind duckte sich ängstlich in eine Ecke** the child cowered in a corner ⓔ *(den Kopf einziehen)* ⬛**sich** ~ to stoop ⓔ *(pej: sich unterwürfig zeigen)* ⬛**sich** ~ to humble oneself **II.** *vt* ⓘ *(einziehen)* ⬛etw ~ to duck sth; **den Kopf ~** to duck *[or* lower*]* one's head ⓔ *(unterdrücken)* ⬛**jdn** ~ to oppress sb **III.** *vi (pej)* to submit

Duck·mäu·ser(in) <-s, -> [ˈdʊkmɔyzɐ] *m(f) (pej)* yesman

duck·mäu·se·risch **I.** *adj (pej)* grovelling *[or* AM -l-*]*, obsequious *form* **II.** *adv (pej)* grovellingly *[or* AM -l-*]*, obsequiously *form*

Du·de·lei <-, -en> [duːdəˈlai] *f (pej)* racket *fam; von Flöte* tootling; *von Lautsprecher* blare

du·deln [ˈduːdl̩n] **I.** *vi (pej fam)* to drone [on]; *Drehorgel* to grind away; *Flöte* to tootle; *Lautsprecher* to blare **II.** *vt (pej fam)* ⬛etw ~ to drone [sth] on and on; **die Lautsprecher dudelten immer wieder die gleichen Lieder** the loudspeakers blared out the same songs over and over again; *(auf der Flöte spielen)* to tootle sth *[on the flute]*

Du·del·sack [ˈduːdl̩zak] *m* MUS bagpipes *pl*

Du·del·sack·spie·ler(in) *m(f)* MUS bagpipe player, *[bag]piper*

Du·ell <-s, -e> [duˈɛl] *nt* duel; **ein ~ [mit jdm] austragen** to fight a duel *[with* sb*]*; **jdn zum ~ [heraus]fordern** to challenge sb to a duel

Du·el·lant(in) <-en, -en> [duɛˈlant] m(f) duellist, duelist AM

du·el·lie·ren' [duɛˈliːrən] vr ■ **sich** ~ to [fight a] duel; ■ **sich** [mit jdm] ~ to [fight a] duel [with sb]

Du·ett <-[e]s, -e> [duˈɛt] nt MUS duet; [etw] im ~ **sin·gen** to sing [sth] as a duet

Duf·fin·boh·ne f KOCHK lima bean

Duf·fle·coat <-s, -s> [ˈdʌflkoʊt] m MODE duffel [or duffle] [coat]

Duft <-[e]s, Düfte> [ˈdʊft, pl: ˈdʏftə] m [pleasant] smell; einer Blume fragrance, scent, perfume; von Parfüm scent; von Essen, Kaffee aroma, smell; von Gewürzen aroma, fragrance

duf·te [ˈdʊftə] adj DIAL (sl: hervorragend) great fam, smashing BRIT fam; **guck mal, die Frau da, ist die nicht ~?** look at her, isn't she a cracker? fam; **das finde ich ~** [I think] that's great [or smashing] fam

duf·ten [ˈdʊftn̩] I. vi ■ [nach etw] duften to smell [of sth]; **hm, wie gut du duftest** mmm, you smell nice II. vi impers ■ **es duftet** [nach etw] it smells [or there is a smell] [of sth]

duf·tend adj attr fragrant

duf·tig [ˈdʊftɪç] adj MODE gossamer

Duft·mar·ke f JAGD scent mark **Duft·no·te** f ① (Duft von besonderer Prägung) [a particular type of] scent [or fragrance]; **eine schwere/etwas herbe/süßliche** ~ a strong/slightly acrid/sweet scent [or fragrance] ② (pej: Ausdünstung) smell, odour [or AM -or] **Duft·reis** m basmati rice **Duft·sen·sa·ti·on** f fragrant sensation **Duft·stoff** m ① CHEM aromatic substance ② BIOL scent, odour [or AM -or] **Duft·was·ser** nt (hum) perfume, scent, BRIT toilet water **Duft·wol·ke** f cloud of perfume

Duis·burg <-s> [ˈdyːsbʊrk] nt Duisburg

Du·ka·ten <-s, -> [duˈkaːtn̩] m HIST ducat

Du·ka·ten·gold nt fine [or ducat] gold **Du·ka·ten·schei·ßer** m ▶ WENDUNGEN: **einen ~ haben** (sl) to be [absolutely] loaded [or stinking rich] fam; **ein ~ sein** (sl) to be made of money [or fam loaded]

dul·den [ˈdʊldn̩] I. vi (geh) to suffer; **klaglos/widerspruchslos** ~ to suffer in silence II. vt ① (zulassen) ■ **etw** ~ to tolerate sth ② (tolerieren) ■ **jdn** ~ to tolerate sb; **ich will dich für ein paar Tage** ~ I'll put up with [or tolerate] you for a few days ③ (geh: er~) ■ **etw** ~ to endure sth

Dul·der(in) <-s, -> m(f) (geh) silent sufferer

Dul·der·mie·ne f (iron) martyred expression; **eine ~ aufsetzen** to put on a martyred expression [or an air of silent suffering]; **mit** ~ with a martyred expression [or an air of silent suffering]

duld·sam [ˈdʊldzaːm] adj ■ ~ [jdm/etw gegenüber] **sein** to be tolerant [of [or towards] sb/sth]

Duld·sam·keit <-> f kein pl tolerance no pl

Dul·dung <-, <selten -en> f toleration; **mit** [o unter] [stillschweigender/offizieller] ~ with [tacit/official] permission

Du·ma <-> [ˈduːma] f kein pl (russische Parlament) ■ **die** ~ the Duma

Dum·dum·ge·schoss^RR [dʊmˈdʊm-] nt dumdum [bullet]

dumm <dümmer, dümmste> [ˈdʊm] I. adj ① (geistig beschränkt) stupid, thick, dense ② (unklug, unvernünftig) foolish; **wirklich kein ~er Vorschlag** that's not a bad idea at all; ■ **es wäre** ~, **etw zu tun** it would be foolish to do sth; ■ **so** ~ **sein, etw zu tun** stupid enough to do sth; ■ **etwas D~es** something foolish; **so etwas D~es!** how foolish!; s. a. **Gesicht** ③ (albern) silly; ■ **jdm zu** ~ **sein/werden** to be/become too much for sb; **diese Warterei wird mir jetzt zu** ~, **ich gehe!** I've had enough of waiting around [or I've been waiting around long enough] , I'm going [or off] ! ④ (ärgerlich, unangenehm) Gefühl nasty; Geschichte, Sache unpleasant; **zu** ~ (fam) **es ist zu** ~, **dass er nicht kommen kann** [it's] too bad that he can't come; **zu** ~, **jetzt habe ich mein Geld vergessen!** [oh] how stupid [of me], I've forgotten my money; [es ist] ~ |, **dass**| it's a pity [that] II. adv stupidly; **frag nicht so** ~ don't ask such stupid questions ▶ WENDUNGEN: ~ **und dämlich** (fam) **sich** ~ **und dämlich reden** to talk until one is blue in the face; **sich** ~ **und dämlich suchen** to search high and low; **sich** ~ **und dämlich verdienen** to earn a fortune; **jdm** ~ **kommen** (fam) to be insolent [or BRIT a. cheeky] to sb; ~ **dastehen** to look [or to be left looking] stupid, to not lift a finger to help; **sich** ~ **stellen** to act stupid; **jdn für** ~ **verkaufen** (fam) to take sb for a ride

Dumm·chen <-s, -> nt (fam) s. **Dummerchen**

dumm·dreist [ˈdʊmdraist] adj impudent

Dum·me·(r) f(m) dekl wie adj (fam) idiot, fool esp BRIT, goof AM; **der muss einer von den ganz ~n sein** he must be a right [or prize] idiot BRIT; **dann kannst du aber kein ganz ~r sein** you can't be that [or completely] stupid; **einen ~n finden** to find some idiot [or BRIT a mug] fam; **der ~ sein** to be left holding the baby [or BRIT carrying the can] fig, take responsibility for a mistake ▶ WENDUNGEN: **die ~n sterben nicht aus die ~n werden nicht alle** there's one born every minute

Dum·me·jun·gen·streich [dʊməˈjʊŋənʃtraiç] m (fam) foolish [or silly] childish prank

Dum·men·fang m kein pl (pej) attempt to dupe gullible people; **auf** ~ **ausgehen** [o sein] to attempt to dupe gullible people

Dum·mer·chen <-s, -> nt (fam) silly little boy masc [or fem girl], silly billy BRIT

dum·mer·wei·se adv ① (leider) unfortunately ② (unklugerweise) stupidly, foolishly

Dumm·heit <-, -en> f ① kein pl (geringe Intelligenz) stupidity; **mit** ~ **geschlagen sein** to be stupid ② kein pl (unkluges Verhalten) foolishness no pl; **so eine** ~ [von dir]! such foolishness [on your part]!, you acted like a real goof there! ③ (unkluge Handlung) foolish [or stupid] action; **das war eine große** ~ **von dir** that was foolish of you; **eine** ~ **machen** [o begehen] to do sth foolish [or stupid]; ~**en machen** to do sth foolish [or stupid]; **mach bloß keine** ~**en!** don't do anything foolish [or stupid] ! ▶ WENDUNGEN: ~ **und Stolz wachsen auf einem Holz** (prov) arrogance and stupidity go hand in hand prov

Dumm·kopf m (pej fam: Trottel) idiot, esp BRIT fool, goof[ball] AM; **sei kein** ~! don't be [such] an idiot

dümm·lich [ˈdʏmlɪç] I. adj simple-minded; **ein** ~**es Grinsen** a foolish grin II. adv simple-mindedly; **sie grinste nur** ~ she just grinned foolishly [or like the village idiot], she gave a goofy grin

Dum·my <-, -s> [ˈdami] m AUTO [crash-test] dummy

düm·peln [ˈdʏmpl̩n] vi NAUT to roll [gently]

dumpf [ˈdʊmpf] I. adj ① (hohl klingend) dull; ~**es Geräusch/~er Ton** muffled noise/sound ② (unbestimmt) vague; ~**e Ahnung** sneaking [or vague] suspicion; ~**e Erinnerung** vague [or hazy] recollection; ~**es Gefühl** sneaking feeling; ~**er Schmerz** dull pain ③ (stumpfsinnig) dulled, lifeless ④ (feucht-muffig) musty; ~**e Atmosphäre/Luft** oppressive atmosphere/air II. adv ① (hohl) **die Lautsprecher klingen** ~ the loudspeakers sound muffled; **als sie gegen das leere Fass klopfte, klang es** ~ when she tapped the empty barrel, it sounded hollow ② (stumpfsinnig) dully, lifelessly

dump·fig [ˈdʊmpfɪç] adj musty

Dum·ping·preis [ˈdampɪŋ-] m ÖKON dumping price; **zu** ~**en** at dumping prices

Dü·ne <-, -n> [ˈdyːnə] f dune

Dü·nen·be·fes·ti·gung f dune fixation **Dü·nen·be-**

pflan·zung f dune plants **Dü·nen·gras** nt beach [or marram] grass **Dü·nen·sand** m dune [or drift] sand

Dung <-[e]s> ['dʊŋ] m kein pl dung no pl, manure no pl

Dün·ge·mit·tel nt CHEM fertilizer

dün·gen ['dʏŋən] **I.** vt ▪ etw [mit etw] ~ to fertilize sth [with sth] **II.** vi ❶ (mit Dünger versehen) ▪ [mit etw] ~ to fertilize [with sth] ❷ (düngende Wirkung haben) to fertilize; **gut/schlecht** ~ to be a good/poor fertilizer

Dün·ger <-s, -> m fertilizer, manure no pl

Dün·gung <-, -en> f fertilizing, fertilization

dun·kel ['dʊŋkl] **I.** adj ❶ (ohne Licht) dark; ▪ ~ **sein/werden** to be/get dark ❷ (düster in der Farbe) dark; **dunkles Brot** brown bread; **ein Dunkles, bitte!** ≈ a dark beer, please!, ≈ a [pint/half of] bitter, please! BRIT ❸ (tief) deep ❹ (unklar) vague ❺ (pej: zwielichtig) shady; **ein dunkles Kapitel der Geschichte** a dark chapter in history ▸ WENDUNGEN: **jdn im D~n lassen** to leave sb in the dark; **noch im D~n liegen** to remain to be seen; **im D~n ist gut munkeln** (prov) the dark is good for lovers; **im D~n tappen** to be groping around [or about] in the dark; **im D~n** in the dark **II.** adv darkly

Dun·kel <-s> ['dʊŋkl] nt kein pl (geh) ❶ (Dunkelheit) darkness; **das** ~ **der Nacht** (liter) the darkness of the night liter ❷ (Undurchschaubarkeit) mystery ▸ WENDUNGEN: **im** ~ **der Vorzeit** in the mists of time [or dim and distant past]; **in** ~ **gehüllt sein** to be shrouded in mystery

Dün·kel <-s> ['dʏŋkl] m kein pl (pej) arrogance

dun·kel·blau ['dʊŋkl|blaʊ] adj dark blue **dun·kel·blond I.** adj light brown **II.** adv light brown; **etw** ~ **färben** to dye sth [a] light brown [colour [or AM -or]] **dun·kel·braun** adj dark brown **dun·kel·grau** adj dark grey [or AM gray] **dun·kel·grün** adj dark green **dun·kel·haa·rig** adj dark-haired

dün·kel·haft ['dʏŋkl|haft] adj (pej) conceited

dun·kel·häu·tig adj dark-skinned

Dun·kel·heit <-> f kein pl darkness no pl; **die** ~ **bricht herein** (geh) darkness is descending, night is falling; **bei einbrechender** ~ at nightfall; s. a. **Ein·bruch** s. a. **Schutz**

Dun·kel·kam·mer f FOTO darkroom **Dun·kel·mann** m (pej) shady character

dun·keln ['dʊŋkln] **I.** vi ❶ haben impers (geh: Abend werden) to grow dark ❷ sein (nach~) to become darker, to darken **II.** vt haben (selten: künstlich nach~) ▪ etw ~ to darken sth

Dun·kel·re·ak·ti·on f BIOL dark reaction **dun·kel·rot** adj dark red; **sie wurde** ~ **vor Scham** she went dark red [or blushed deeply] with shame **Dun·kel·zif·fer** f number of unreported cases

dün·ken <dünkte, gedünkt> ['dʏŋkn̩] **I.** vt, vi impers (veraltend) ▪ **jdn** [o **jdm**] **dünkt etw** sth seems to sb; **das dünkt mich** [o **mir**] ... this seems to me ...; ▪ **jdm dünkt, dass** ... it seems to sb that ...; **mir dünkt, dass** ... methinks that ... old **II.** vr ▪ **sich etw** ~ to think [or imagine] oneself sth, to regard oneself as sth

Dün·kir·chen <-s> ['dy:nkɪrçn̩] nt GEOG Dunkirk

dünn ['dʏn] **I.** adj ❶ (eine geringe Stärke aufweisend) thin; ~**es Buch** slim volume; **eine** ~**e Schneedecke** light covering of snow ❷ (nicht konzentriert) weak; ~**es Bier** weak [or watery] beer; ~**er Brei/**~**e Suppe** thin [or watery] pulp/soup ❸ (fein) light; ~**er Schleier/**~**e Strümpfe** fine veil/tights ❹ (spärlich) thin; **sein Haarwuchs ist schon** ~ **geworden** he's [already] gone a bit thin on top; **das Land ist** ~ **besiedelt** the countryside is sparsely populated ▸ WENDUNGEN: **sich** ~ **machen** (sl) to breathe in; **he, mach dich mal** ~, **wir wollen mit dem Schrank**

da vorbei! hey, breathe in, we want to get past [you] with this cupboard!; **wenn du dich ein bisschen** ~ **machst, passen wir auch noch auf die Bank** if you squeeze up a bit, we'll [be able to] fit on the bench too **II.** adv sparsely; ~ **besiedelt** [o **bevölkert**] sparsely populated; ~ **gesät** thinly scattered; (fig) thin on the ground, few and far between; s. a. **dick** s. a. **dünnma·chen**

dünn·be·sie·delt adj attr, **dünn·be·völ·kert** adj attr s. **dünn II. Dünn·brett·boh·rer** m (pej sl) ❶ (Drückeberger) slacker; **er ist ein richtiger** ~ he always chooses the path of least resistance ❷ (unintelligenter Mensch) idiot, fool esp BRIT **Dünn·darm** m ANAT small intestine **Dünn·druck·aus·ga·be** f MEDIA India paper edition **Dünn·druck·pa·pier** nt India paper **dünn·flüs·sig** adj runny; ~**er Brei/**~**e Suppe** thin [or watery] pulp/soup; ~**er Teig** liquid [or runny] dough **dünn·häu·tig** adj ❶ (mit dünner Haut versehen) thin-skinned ❷ (zart besaitet) sensitive

dünn·ma·chen vr (sl: abhauen) ▪ **sich** ~ to make oneself scarce fam

Dünn·pfiff <-[e]s> m kein pl (fam) the runs npl fam **Dünn·säu·re** f CHEM dilute acid **Dünn·säu·re·ver·klap·pung** f dumping of dilute acids **dünn·scha·lig** adj thin-skinned; ~**e Nuss/**~**es Ei** thin-shelled nut/egg **Dünn·schicht·chro·ma·to·gra·phie** f BIOL thin-layer chromatography **Dünn·schiss^RR**, **Dünn·schiß^ALT** m (sl) the runs npl fam, the shits npl fam! **dünn·wan·dig** adj thin-walled; **aus** ~**em Glas** made from thin[-walled] glass; **ein** ~**es Haus** a house with thin walls; ▪ ~ **sein** to have thin walls

Dunst <-[e]s, Dünste> ['dʊnst, pl: 'dʏnstə] m ❶ (leichter Nebel) mist, haze; (durch Abgase) fumes npl ❷ (Dampf) steam ❸ (Geruch) smell; (Ausdünstung) odour [or AM -or] ▸ WENDUNGEN: **keinen blassen** ~ **von etw haben** (fam) to not have the slightest [or faintest] [or fam BRIT a. foggiest] idea [or clue] about sth; **jdm blauen** ~ **vormachen** (fam) to pull the wool over sb's eyes [or BRIT throw dust in sb's eyes]

Dunst·ab·zugs·hau·be f TECH extractor hood

düns·ten ['dʏnstn̩] vt KOCHK ▪ **etw** ~ to steam sth; **Fleisch** ~ to braise meat; **Früchte** ~ to stew fruit

Düns·ter m KOCHK steamer

Dunst·glo·cke f pall [or AM blanket] of smog

duns·tig ['dʊnstɪç] adj ❶ METEO misty, hazy ❷ (viele Ausdünstungen aufweisend) stuffy; **in dieser** ~**en Kneipe sah man kaum die Hand vor den Augen** you could hardly see your hand in front of your face in that smoky pub

Dunst·kreis m (geh) ▪ **jds** ~ sb's entourage **Dunst·obst** nt stewed fruit **Dunst·schlei·er** m [thin] layer of mist [or haze] **Dunst·wol·ke** f cloud of smog; (in einem Raum) fug BRIT fam

Dü·nung <-, -en> ['dy:nʊŋ] f NAUT swell

Duo <-s, -s> ['du:o] nt ❶ (Paar) pair, duo; **Bonnie und Clyde waren ein berüchtigtes** ~ Bonnie and Clyde were an infamous [or a notorious] couple; **ein feines** [o **sauberes**] ~ (iron) a fine pair iron ❷ MUS duet; s. a. **Duett**

Du·o·de·zi·mal·sys·tem nt kein pl duodecimal system

dü·pie·ren* [dy'pi:rən] vt (geh) ▪ **jdn** ~ to dupe sb; **die/die Düpierte** the duped

Du·pli·kat <-[e]s, -e> [dupli'ka:t] nt duplicate

Dur <-, -> ['du:ɐ] nt MUS major; **in** ~ in a major key; **die Symphonie ist in G-**~ the symphony is in G major

durch ['dʊrç] **I.** präp +akk ❶ (räumlich hindurch) ▪ ~ **etw** through sth; ~ **den Fluss waten** to wade across the river; **direkt/quer** ~ **etw** right through [the middle of] sth; **mitten** ~ **etw** through the middle of sth ❷ (sich hindurch bewegend) ▪ ~ **etw** through sth; **auf seinen Reisen reiste er** ~ **das ganze Land** on his travels he went all over the country; s. a. **Kopf**

s. a. **kreuz** ⑥ *(per)* by sth/through sb; **Sie werden von mir ~ meinen Anwalt hören!** you will be hearing from [me through] my lawyer!; **~ die landesweite Fahndung konnten die Täter ausfindig gemacht werden** thanks to a nationwide search the culprits were tracked down; **er ist ~ das Fernsehen bekannt geworden** he became famous through television; **~ Gottes Güte wurden sie gerettet** they were saved by the grace of God; **jdm etw ~ die Post schicken** to send sth to sb by post [*or* AM mail] [*or* post sth to sb]; **etw ~ Beziehungen/Freunde bekommen** to get sth through connections/friends ⑦ *(vermittels)* ■ ~ **etw** by sth, by [means of] sth; **Tod ~ Ertrinken/eine Giftinjektion/den Strang** death by drowning/lethal injection/hanging; ~ [einen] **Zufall** by chance; **Tausende wurden ~ das Erdbeben obdachlos [gemacht]** thousands were made homeless by the earthquake ⑧ *(zeitlich hindurch)* ■ ~ **etw** throughout sth; **sich ~s Leben schlagen** to struggle through life; **sie haben die ganze Nacht ~ gefeiert** they partied through[out] the night; **der Prozess ging ~ drei Instanzen** the case lasted for [*or* took] three hearings; **damit kommen wir nicht ~ den Winter** we won't last [*or* get through] the winter with that ⑨ MATH *(dividiert)* **27 ÷ 3 macht 9** 27 divided by 3 is 9 **II.** *adv* ❶ *(fam: vorbei)* ■ **es ist etw ~ Uhrzeit** it's past [*or* BRIT *a.* gone] sth; **es ist schon 12 Uhr ~** it's already past [*or* BRIT *a.* gone] 12 [o'clock]; **~ sein** to have already left [*or* passed through]; **der Zug ist vor zwei Minuten ~** the train went two minutes ago; **Biberach? da sind wir schon lange ~!** Biberach? we passed that a long time ago! ❷ *(fertig)* **durch** [*o mit]* **etw ~ sein** *(durchgelesen haben)* to have finished [with] sth, to be through with sth; **~ sein** *(gar)* to be done; *(reif)* to be ripe; **Käse ist ~** *(kaputt)* ~ **sein** *(durchgescheuert)* to be worn out; *(durchgetrennt)* to be through ▶ WENDUNGEN: **jdm ~ und ~ gehen** to go right through sb; **dieser Anblick ging mir ~ und ~** this sight chilled me through and through; **~ und ~** through and through; **jdn/etw ~ und ~ kennen** to know sb/sth like the back of one's hand [*or* through and through]; **~ sein** *(fam: genehmigt sein)* to have gone [*or* got] [*or* come] through; *Antrag a.* to have been approved; **~ und ~ überzeugt sein** to be completely [*or* totally] convinced; *(ganz und gar)* through and through; **er ist ~ und ~ verlogen** he is an out and out liar; **~ und ~ nass** soaked, wet through BRIT

durch|ackern ['dʊrçʔakɐn] **I.** *vt* ■ **etw ~** to plough [*or* AM plow] through sth **II.** *vr* *(fam)* ■ **sich [durch etw] ~** to plough [*or* AM plow] one's way [through sth]

durch|ar•bei•ten ['dʊrçʔarbaitn̩] **I.** *vt* ■ **etw ~** ❶ *(sich mit etw beschäftigen)* to go [*or* work] through sth ❷ *(durchkneten)* to knead [*or* work] sth thoroughly **II.** *vi* to work through **III.** *vr* ■ **sich durch etw ~** ❶ *(durch Erledigung bearbeiten)* to work one's way through sth ❷ *(durchschlagen)* to fight one's way through sth

durch|at•men ['dʊrçʔa:tmən] *vi* to breathe deeply, take deep breaths; ▶ WENDUNGEN: [wieder] **~ können** to be able to breathe freely [*or* relax] [again]

durch•aus ['dʊrçʔaus, dʊrçˈʔaus] *adv* ❶ *(unbedingt)* definitely; **hat er sich anständig benommen? – ja ~** did he behave himself [properly]? – yes, perfectly [*or* absolutely]; **da beharrt sie ~ auf ihrer Meinung** she is sticking absolutely [*or* resolutely] to her opinion; **wenn Sie es ~ wünschen …** if you [really [*or* absolutely]] insist … ❷ *(wirklich)* quite; **~ möglich** quite [*or* perfectly] possible; **~ richtig** quite [*or* absolutely] right; **~ verständlich** completely [*or* totally] understandable; **du hast ~ Recht!** you're quite [*or* abso-

lutely] right!; **das ließe sich ~ machen** that sounds feasible [*or* possible], I'm sure we could swing that [somehow] *sl;* **ich bin ja ~ Ihrer Meinung, aber …** I quite [*or* entirely] agree with you but …; **man muss ~ annehmen, dass …** it's highly likely [*or* we can assume] that … ❸ *(völlig)* thoroughly; **~ ernst** deadly serious; **~ gelungen** highly successful; **~ unerfreulich** thoroughly [*or* downright] unpleasant; **~ zufrieden** completely [*or* perfectly] [*or* thoroughly] satisfied ❹ *(keineswegs)* ■ ~ **nicht** by no means; **~ nicht [so] einfach/klug/schlecht** by no means [as] simple/clever/bad; **er wollte seinen Irrtum ~ nicht einsehen** he absolutely refused to [*or* there was no way he would] admit his mistake; **wir konnten sie ~ nicht vom Gegenteil überzeugen** we were completely unable to [*or* there was no way we could] convince her otherwise; **wenn er das ~ nicht tun will …** if he absolutely refuses to do it … [*or* there is no possibility of him doing it …] ❺ *(sicherlich)* ■ ~ **kein …** by no means; **~ kein schlechtes Angebot** not a bad offer [at all]; **sie ist ~ kein schlechter Mensch** she is by no means a bad person [*or* far from being a bad person]; **das ist ~ kein Witz** that is no joking matter [*or* certainly no joke]

durch|bei•ßen ['dʊrçbaisn̩] *irreg* **I.** *vt* ■ **etw ~** to bite through sth **II.** *vr* *(fam)* ■ **sich [durch etw] ~** to struggle one's way through [sth]

durch|be•kom•men ['dʊrçbəkɔmən] *vt irreg (fam)* ❶ *(durchtrennen)* ■ **etw ~** to cut through sth ❷ *s.* **durchbringen**

durch|bie•gen ['dʊrçbi:gn̩] *irreg* **I.** *vt* ■ **etw ~** to bend sth; **den Rücken ~** to arch one's back **II.** *vr* ■ **sich ~** to sag

durch|bla•sen ['dʊrçbla:zn̩] *irreg* **I.** *vt* ■ **etw ~** to clear sth by blowing [through it] **II.** *vi* to blows through sth

durch|blät•tern ['dʊrçblɛtɐn], **durch|blät•tern'** |dʊrçˈblɛtɐn] *vt* ■ **etw ~** to leaf [*or* flick] through sth

Durch•blick ['dʊrçblɪk] *m* ❶ *(Ausblick)* **der/ein ~ auf etw** *akk* **~** a/the view of sth; **ein malerischer/schöner ~** a picturesque/beautiful view ❷ *(fam)* overall view; **den ~ [bei etw] haben** *(fam)* to know what's going on [in sth]; **ich habe den [nötigen/völligen] ~** I know [just/exactly] what's going on; **den ~ [bei etw] verlieren** to lose track of what's going on [in sth]; **sich** *dat* **einen ~ [bei etw] verschaffen** to get an idea of what's going on [in sth]

durch|bli•cken ['dʊrçblɪkn̩] *vi* ❶ *(hindurchsehen)* ■ **[durch etw] ~** to look through [sth] ❷ *(geh: zum Vorschein kommen)* to show [*or* peep through] ❸ *(fam: den Überblick haben)* to know what's going on, to make head or tail of it BRIT ❹ *(andeuten)* **etw ~ lassen** to hint at [*or* intimate] sth; **~ lassen, dass** to intimate that

durch|blu•ten'¹ [dʊrçˈblu:tn̩] *vt* ANAT ■ **etw ~** to supply sth with blood; ■ **durchblutet** supplied with blood; **mangelhaft/ungenügend durchblutet** with poor circulation

durch|blu•ten² ['dʊrçblu:tn̩] *vi* to soak through; **der Verband blutet durch** the blood is soaking through the bandage

Durch•blu•tung [dʊrçˈblu:tʊŋ] *f* ANAT circulation, supply [*or* flow] of blood

Durch•blu•tungs•stö•rung *f* MED circulatory problem, disturbance in blood supply [*or* flow]

durch|boh•ren'¹ [dʊrçˈbo:rən] *vt* ■ **jdn/etw [mit etw] ~** to run sb through/to pierce sth [with sth]; *(ganz durchdringen)* to go through sb/sth; *s. a.* **Blick** ▶ WENDUNGEN: **jdn ansehen, als wollte man ihn/sie ~** to look angrily at sb, to look daggers at sb BRIT

durch|boh•ren² ['dʊrçbo:rən] **I.** *vt* ■ **etw durch etw ~** to drill sth through sth; **er bohrte ein kleines Loch durch die Wand durch** he drilled a small hole right through the wall **II.** *vr* ■ **sich durch etw ~** to go through sth; **die Borkenkäfer bohren sich durch die Rinde von Bäumen durch** bark beetles chew [their way] through the bark of trees

durch|bo·xen ['dʊrçbɔksn̩] **I.** *vt (fam)* ■ **etw [bei jdm]** ~ to push [*or* force] sth through [with sb] **II.** *vr (fam)* ❶ *(sich boxend durchdrängen)* ■ **sich [irgend-wohin]** ~ to fight one's way through [to somewhere] ❷ *(sich durchschlagen)* ■ **sich** ~ to fight *fig*; **sich nach oben/an die Spitze** ~ to fight one's way up/to the top

durch|bra·ten ['dʊrçbraːtn̩] *irreg* **I.** *vt haben* ■ **etw** ~ to cook sth until it is well done [*or* thoroughly]; ■ **durchgebraten** well-done **II.** *vi sein* KOCHK to cook until [sth is] well done

durch|brau·sen ['dʊrçbrauzn̩] *vi sein* ■ **[durch etw]** ~ to speed [*or* tear] through [sth]; **das Auto brauste [durch die Sperre] durch** the car sped [*or* tore] through [the barrier]

durch|bre·chen¹ ['dʊrçbrɛçn̩] *irreg* **I.** *vt haben* ❶ *(in zwei Teile brechen)* ■ **etw** ~ to break sth in two ❷ KOCHK **Fleisch/Gemüse** ~ to mince [*or* AM chop] meat/vegetables **II.** *vi sein* ❶ *(entzweibrechen)* ■ **[unter etw** *dat*] ~ to break in two [under sth]; **unter dem Gewicht** ~ to break in two under the weight [of sth] ❷ *(einbrechen)* ■ **[bei etw]** ~ to fall through [while doing sth] ❸ *(hervorkommen)* ■ **[durch etw]** ~ to appear [through sth]; *Zähne* to come through; *Sonne* to break through [the clouds] ❹ *(sich zeigen)* to reveal [*or* show] itself ❺ MED to burst [*or* rupture]

durch·bre·chen*² [dʊrç'brɛçn̩] *vt irreg* ❶ *(gewaltsam durch etw dringen)* ■ **etw [mit etw]** ~ to crash through sth [with sth] ❷ *(überwinden)* ■ **etw** ~ to break through sth; **die Schallmauer** ~ to break the sound barrier

Durch·bre·chung [dʊrç'brɛçʊŋ] *f* breaking through *no pl*; ~ **der Schallmauer** breaking [of] the sound barrier

durch|bren·nen ['dʊrçbrɛnən] *vi irreg* ❶ *haben (weiterbrennen)* to stay alight [*or* keep burning] ❷ *sein* ELEK to burn out; **die Sicherung ist durchgebrannt** the fuse has blown ❸ *sein (fam)* ■ **[jdm]** ~ to run away [from sb]; ■ **[jdm]** ~ to run off [from sb] [*or* leave [sb]]; **der arme Kerl, seine Frau ist ihm mit einem anderen Mann durchgebrannt!** poor fellow, his wife has run off with [*or* has left him for] another man!

durch|brin·gen ['dʊrçbrɪŋən] *vt irreg* ❶ *(durchsetzen)* ■ **etw [bei jdm]** ~ to push sth through [with sb]; **einen Änderungsantrag im Parlament** ~ to have an amendment ratified in parliament; **sie hat beim Chef ihre Gehaltserhöhung durchgebracht** she managed to get the boss to approve her pay rise; ■ **jdn** ~ to get sb elected ❷ *(für Unterhalt sorgen)* ■ **jdn** ~ to support [*or* provide for] sb; ■ **sich** ~ to get by; **sich mehr schlecht als recht** [*o* **kümmerlich** [*o* **mühsam**] ~ to scrape by ❸ *(ausgeben)* ■ **etw [für etw]** ~ to get through [*or fam* blow] sth [on sth]

durch·bro·chen [dʊrç'brɔçn̩] *adj* MODE open-work *attr*; ~**e Schuhe/Stickerei/Spitzen/Strümpfe** open-work shoes/embroidery/lace/stockings

Durch·bruch ['dʊrçbrʊx] *m* ❶ *(entscheidender Erfolg)* ■ **der/jds** ~ [**zu etw**] the/sb's breakthrough [into sth]; **zum** ~ **kommen** *Idee, Sache* to be gaining acceptance; *Charaktereigenschaft, Naturell, Natur* to come to the fore BRIT [*or* reveal itself [for what it is]]; **jdm/einer S. zum** ~ **verhelfen** to help sb/sth on the road to success ❷ MIL breakthrough ❸ *(das Hindurchkommen)* appearance; *Zahn* coming through *no pl* ❹ MED rupture, bursting ❺ *(durchgebrochene Öffnung)* opening

durch|che·cken ['dʊrçtʃɛkŋ̩] *vt* ❶ *(fam)* ■ **jdn** ~ to screen sb; **sich ~ lassen** to have a checkup; ■ **etw** ~

to check through sth ❷ LUFT *(registrieren)* ■ **etw** ~ to check sth in

durch·dacht *adj* thought-out; **eine gut ~e Idee** a well thought-out idea; ■ **etwas D~es** sth thought-out

durch|den·ken ['dʊrçdɛŋkŋ̩], **durch·den·ken*** [dʊrç'dɛŋkŋ̩] *vt irreg* ■ **etw** ~ *irreg* to think sth through [*or over*]

durch·de·signt [-di'zaint] *adj* MODE *(sl: gestylt)* styled

durch|dis·ku·tie·ren* ['dʊrçdɪskutiːrən] *vt* ■ **etw [mit jdm]** ~ to discuss sth thoroughly [*or* talk sth through] [with sb]

durch|dre·hen ['dʊrçdreːən] **I.** *vi* ❶ AUTO to spin ❷ *(fam)* to crack up *fam*, lose it *sl*; **durchgedreht sein** to have cracked up *fam* [*or sl* lost it] **II.** *vt* KOCHK ■ **etw** ~ to mince sth; **Fleisch** ~ to mince [*or* AM grind] meat, to put meat through the mincer [*or* AM grinder]; **Obst/Gemüse** ~ to purée fruit/vegetables, to put fruit/vegetables through the blender

durch|drin·gen¹ ['dʊrçdrɪŋən] *vi irreg sein* ❶ *(durch etw dringen)* ■ **[durch etw]** ~ to come through [sth] ❷ *(vordringen)* ■ **[bis zu jdm]** ~ to carry through [as far as sb]; **ihre Stimmen drangen durch die dünne Wand bis zu den Nachbarn durch** their voices carried through the thin wall as far as the[ir] neighbours [*or* reached the neighbours through the thin wall] ❸ *(erreichen)* ■ **zu jdm** ~ to get as far as sb; **der Präsident ist zu gut abgeschirmt, zu ihm kann kein Attentäter** ~ the president is too well protected for any [potential] assassin to get close to him ❹ *(sich durchsetzen)* ■ **[bei jdm/in etw** *dat*] **mit etw** ~ to get sth accepted [by sb/sth]

durch·drin·gen*² [dʊrç'drɪŋən] *vt irreg* ❶ *(durch etw dringen)* ■ **etw** ~ to penetrate sth ❷ *(geh)* ■ **jdn** ~ to pervade sb

durch·drin·gend *adj* piercing; ~**er Blick/~es Geräusch/~e Stimme** piercing [*or* penetrating] gaze/noise/voice; ~**er Geruch** pungent [*or* penetrating] smell; ~**er Gestank** penetrating stench; ~**e Kälte/~er Wind** biting cold/wind; ~**er Schmerz** excruciating pain

durch|drü·cken ['dʊrçdrʏkŋ̩] *vt* ❶ ■ **etw** ~ *(erzwingen)* to push [*or* force] sth through; ■ **[es] [dass]** ~, **dass** to get [it] accepted [by sb] that; **wie hast du es denn [beim Chef] durchgedrückt, dass du eine Gehaltserhöhung bekommst?** how did you manage to get a pay rise [out of the boss]? ❷ *(straffen)* to straighten sth

durch·drun·gen [dʊrç'drʊŋən] *adj pred* ■ **von etw** ~ **sein** to be imbued [*or* filled] with sth

durch|dür·fen ['dʊrçdʏrfn̩] *vi irreg (fam)* to be allowed through; „**entschuldigen Sie, darf ich mal durch?**" "excuse me, can I get through [*or* past] ?"

durch·ein·an·der [dʊrçʔai'nandɐ] **I.** *adj pred (fam)* ■ ~ **sein** ❶ *(nicht ordentlich)* to be in a mess [*or* BRIT *a.* muddle]; *(völlig unaufgeräumt)* to be very untidy [*or* in a complete mess] ❷ *(fam: verwirrt)* to be confused [*or* in a state of confusion] **II.** *adv (wahllos)* **etw** ~ **essen/trinken** to eat/drink sth indiscriminately; **alles** ~ **trinken** to mix one's drinks

Durch·ein·an·der <-s> [dʊrçʔai'nandɐ] *nt kein pl* ❶ *(Unordnung)* mess, BRIT ESP muddle ❷ *(Wirrwarr)* confusion

durch·ein·an·der|brin·gen *vt irreg* ■ **etw** ~ to get sth in a mess [*or esp* BRIT muddle]; *(verwechseln)* to mix [*or esp* BRIT muddle] up sth *sep*, to get sth mixed [*or esp* BRIT muddled] up; **jdn/etw [mit etw]** ~ [*o* **werfen**] to confuse sb/sth [with sth] **durch·ein·an·der|ge·ra·ten*** *vi irreg sein* to get mixed [*or esp* BRIT muddled] up; *(verwirrt)* to get confused **durch·ein·an·der|kom·men** *vi irreg sein* to get mixed [*or esp* BRIT muddled] up; *(verwirrt)* to get confused **durch·ein·an·der|lau·fen** *vi irreg sein* to be a mess; *(planlos* *rumrennen)* to run around all over the place; **es lief alles total durcheinander** the whole affair was total chaos **durch·ein·an·der|lie·gen** *vi irreg haben o sein* to be all over the place **durch·ein·an·der|re·den** *vi* to all talk at once [*or* the same time] **durch·ein·an·der|schrei·en** *vi irreg* to all shout at once [*or* the same time] **durch·ein·an·der|wer·fen** *vt irreg (fam)* ■ **|jdm| etw** ~ to get sth [of sb's] in a mess [*or esp* BRIT muddle]; **jdn/etw |mit etw|** ~ to confuse sb/sth [with sth] **durch·ein·an·der|wir·beln** *vt* ■ **etw** ~ to scatter sth in all directions; **jdn/etw** ~ *(fam: in Unruhe versetzen)* to shake sb/sth up

durch|ex·er·zie·ren [ˈdʊrçʔɛksɛrtsiːrən] *vt* ■ **etw |mit jdm|** ~ ① *(wiederholend üben)* to practise [*or* AM -ice] [*or* go through] sth [with sb] ② *(durchspielen)* to rehearse [*or* go through] sth [with sb]

durch|fah·ren¹ [ˈdʊrçfaːrən] *vi irreg sein* ① *(zwischen etw fahren)* ■ **zwischen etw** *dat* ~ to go [*or* drive] between [*or* through] sth ② *(fahrend durchbrechen)* ■ **durch etw** ~ to crash through sth ③ *(nicht anhalten)* ■ **|bei etw|** ~ to travel straight through; **das Auto fuhr bei Rot durch** the car drove [straight] through the red light [*or* ran the red light]; **die Nacht** ~ to drive through the night ④ *(unterqueren)* ■ **unter etw** *dat* ~ to travel [*or* pass] under sth; **das hohe Fahrzeug kann unter dieser Brücke nicht** ~ this high vehicle can't drive under the bridge

durch·fah·ren·*2 [dʊrçˈfaːrən] *vt irreg* ■ **jdn** ~ ① *(plötzlich bewusst werden)* to flash through sb's mind ② *(von Empfindung ergriffen werden)* to go through sb

Durch·fahrt [ˈdʊrçfaːɐt] *f* ① *(Öffnung zum Durchfahren)* entrance ② *(das Durchfahren)* thoroughfare; **für Lkws ist hier keine** ~ there's no access [*or* thoroughfare] for trucks here!; ~ **bitte freihalten** please do not obstruct [*or* keep clear]; ~ **verboten** no thoroughfare; **auf der** ~ **sein** to be passing through

Durch·fahrts·recht *nt* JUR right of way **Durch·fahrts·stra·ße** *f* TRANSP through road

Durch·fall [ˈdʊrçfal] *m* ① MED diarrhoea BRIT, diarrhea AM; ~ **haben** [*o* AM ~ **leiden**] to have [an attack of] diarrhoea ② *(fam)* fail, failure

durch|fal·len [ˈdʊrçfalən] *vi irreg sein* ① *(durch etw stürzen)* ■ **|durch etw|** ~ to fall through [sth] ② *(fam)* ■ **bei** [*o* **in**] **etw** *dat* ~ to fail sth; **bei** [*o* **in**] **einer Prüfung** ~ to fail an exam ③ *(einen Misserfolg haben)* ■ **|bei jdm/etw|** ~ to [be a] failure [*or esp* BRIT flop] [with sb/sth]

durch|fau·len [ˈdʊrçfaulən] *vi sein* to rot through

durch|fech·ten [ˈdʊrçfɛçtn̩] *vt irreg* ■ **etw** ~ to fight [*or* see] sth through [to the end]

durch|fei·ern¹ [ˈdʊrçfaiɐn] *vi (fam)* to celebrate [*or* party] non-stop; **wir haben die ganze Woche durchgefeiert** the whole week was just one big party; **die Nacht** ~ to celebrate [*or* party] all night [*or* through the night]

durch·fei·ern·*2 [ˈdʊrçfaiɐn] *vt* ■ **etw** ~ to celebrate sth without a break; **nach durchfeierte Nacht** after celebrating all night

durch|fei·len [ˈdʊrçfailən] *vt* ■ **etw** ~ to file through sth

durchfeuch·ten·* [ˈdʊrçfɔyçtn̩] *vt* ■ **etw** ~ to soak sth; ■ **von etw durchfeuchtet sein** to be soaked [through] with sth; **durchfeuchtete Wände** damp-ridden walls

durch|fin·den [ˈdʊrçfɪndn̩] *vi, vr irreg* ■ **|sich| |durch etw/in etw** *dat*| ~ to find one's way [through sth/in sth]; **durch dieses/bei diesem Durcheinander finde ich langsam nicht mehr durch** I'm finding it increasingly hard to keep track in this chaos

durch|flie·gen¹ [ˈdʊrçfliːgn̩] *vi irreg sein* ① LUFT to fly non-stop [*or* direct] ② *(fam: nicht schaffen)* ■ **durch**

etw *akk* ~ *Prüfung* to fail [*or* flunk] sth; ■ **in etw** *dat* ~ *Examen* to fail [*or* flunk] sth

durch·flie·gen·*2 [dʊrçˈfliːgn̩] *vt irreg* ■ **etw** ~ to fly through sth

durch|flie·ßen¹ [ˈdʊrçfliːsn̩] *vi irreg sein* to flow through

durch·flie·ßen·*2 [dʊrçˈfliːsn̩] *vt irreg* ■ **etw** ~ to flow through sth

Durch·flug [ˈdʊrçfluːk] *m* LUFT ■ **der** ~ **durch etw** flying over *no pl* sth; **auf dem** ~ in transit

Durch·flussRR *m,* **Durch·fluß**ALT *m* ① *(fließende Menge)* flow ② *(das Durchfließen)* flow ③ *(Öffnung zum Durchfließen)* opening, outlet

durch·flu·ten·* [dʊrçˈfluːtn̩] *vt (geh)* ① *(ganz erhellen)* ■ **etw** ~ to flood sth ② *(durchströmen)* ■ **jdn** ~ to flow through [*or* pervade] sb

durch·for·schen·* [dʊrçˈfɔrʃn̩] *vt* ① *(durchstreifen)* ■ **etw** ~ to explore sth ② *(durchsuchen)* ■ **etw |nach etw|** ~ to search through sth [for sth]

durch·fors·ten·* [dʊrçˈfɔrstn̩] *vt (fam)* ■ **etw |nach etw** *akk*| ~ to sift through sth [for sth]

durch|fra·gen [ˈdʊrçfraːgn̩] *vr* ■ **sich** *akk* **|durch etw/zu jdm/zu etw|** ~ to find one's way [through sth/to sb/to sth] by asking

durch|fres·sen [ˈdʊrçfrɛsn̩] *irreg* **I.** *vr* ① *(korrodieren)* ■ **sich |durch etw|** ~ to corrode [*or* eat through] [sth] ② *(sich durch etw nagen)* ■ **sich |durch etw|** ~ *Tier* to eat [its way] through [sth] ③ *(pej fam: essend schmarotzen)* ■ **sich |bei jdm|** ~ to live on sb's hospitality, to eat sb out of house and home **II.** *vt* ■ **etw frisst durch etw durch** sth eats through sth; **die Motten haben ein Loch durch das Gewebe gefressen** the moths have eaten a hole through the fabric; *Rost, Säure, etc.* sth corrodes through sth

Durch·fuhr [ˈdʊrçfuːɐ] *f* transit

durch·führ·bar *adj* feasible, workable, practicable

durch|füh·ren [ˈdʊrçfyːrən] **I.** *vt* ① *(abhalten)* ■ **etw** ~ to carry out sth; **eine Untersuchung** ~ to carry out [*or* conduct] an examination; **ein Experiment** ~ to carry out [*or* conduct] [*or* perform] an experiment; **eine Haussuchung** ~ to search a house, to conduct [*or* do] a house search BRIT; **eine Messung** ~ to take a measurement; **eine Sammlung** ~ to take up collecting sth ② *(verwirklichen)* ■ **etw** ~ to carry out sth ③ *(hindurchführen)* ■ **jdn |durch etw|** ~ to guide sb round [sth] [*or* show sb |a|round] ④ *(durchleiten)* ■ **etw durch etw/unter etw** *dat* ~ to pass [*or* run] sth through sth/under sth; **eine neue Autobahn soll quer durch das Gebirge durchgeführt werden** a new motorway is to be built straight through the mountains; **die Gasleitung/das Kanalrohr/das Stromkabel wurde unter der Straße durchgeführt** the gas pipe/sewage pipe/power cable was laid under the street **II.** *vi* ■ **durch etw** ~ to pass [*or* run] through sth

Durch·füh·rung *f* ① *(Verwirklichung)* carrying out *no pl;* **etw zur** ~ **bringen** *(geh)* to carry out sth; **ein Gesetz zur** ~ **bringen** to apply [*or* enforce] a law; **zur** ~ **kommen** [*o* **gelangen**] *(geh)* to come into force ② *(Abhaltung)* carrying out *no pl; Erhebung, Untersuchung a.* conducting *no pl; Experiment* performing; *Messungen* taking

durch|füt·tern [ˈdʊrçfʏtɐn] *vt (fam)* ■ **jdn** ~ to support sb; ■ **sich von jdm** ~ **lassen** to live off sb

Durch·ga·be *f* ① *(das Durchgeben)* passing on *no pl; Telegramm* phoning in [*or* through] *no pl* ② *(Nachricht)* announcement; *Telefon* message; *Lottozahlen* reading

Durch·gang [ˈdʊrçgaŋ] *m* ① *(Passage)* path|way] ② *(das Durchgehen)* entry; **kein ~!,** ~ **nicht gestattet!** no thoroughfare [*or* right of way] !; *(an Türen)* no entry!, do not proceed beyond this point! ③ POL

(Phase) round

durch·gän·gig ['dʊrçɡɛŋɪç] **I.** *adj* general, universal; **~e Besonderheit** constant exceptional [*or* unusual] feature **II.** *adv* universally, generally; **diese Eigenart des Satzbaus ist in ihren Gedichten ~ feststellbar** this characteristic syntax is evident [*or* to be found] throughout [all of] her poetry

Durch·gangs·la·ger *nt* transit camp **Durch·gangs·stra·ße** *f* TRANSP through road, thoroughfare **Durch·gangs·ver·kehr** *m* TRANSP ➊ *(durchgehender Orts·verkehr)* through traffic ➋ *(Transitverkehr)* transit traffic

durch·ge·ar·bei·tet *adj* spent working *pred;* **nach zwei ~en Nächten/Wochenenden** after two [whole] nights/weekends spent working, after working through two [whole] nights/weekends

durch|ge·ben ['dʊrçɡeːbn̩] *vt irreg* RADIO, TV ▪ [jdm] **etw ~** to pass sth on [to sb]; **die Lottozahlen ~** to read the lottery numbers; **eine Meldung ~** to make an announcement; **die Wetteraussichten ~** to give the weather forecast; **Telegramme werden telefonisch durchgegeben** telegraphs are [usually] phoned in; **lass dir telefonisch die Wetteraussichten ~!** ring up and get the weather report; ▪ **jdm ~, dass** to tell sb that

durch·ge·fro·ren *adj* frozen stiff *pred*

durch|ge·hen ['dʊrçɡeːən] *irreg* **I.** *vi sein* ➊ *(gehen)* ▪ [durch etw] **~** to go through [sth]; **"bitte ~!"** 'pass [*or* move] right down [to the back of the bus] please!' ➋ *(fam: durchpassen)* ▪ [durch etw/zwischen/ unter etw *akk*] **~** to fit [*or fam* go] [through sth/between sth/under sth] ➌ LUFT, BAHN *(ohne Unterbrechung verlaufen)* to go non-stop [*or* BRIT direct] ➍ *(fam: ohne Unterbrechung andauern)* to last ➎ *(durchdringen)* ▪ **durch jdn/etw ~** to penetrate sth, to go through sb/sth ➏ *(angenommen werden)* to be carried [*or* passed]; *Antrag* to be carried [*or* passed]; *Gesetz* to be passed ➐ *(fam: weglaufen)* ▪ **mit jdm/ etw** ~ to bolt [with sb/sth]; ▪ [jdm] **mit jdm/etw ~** to run off [from sb] with sb/sth, to leave sb for sb [else]; **seine Frau war ihm mit einem jüngeren Mann einfach durchgegangen** his wife simply upped and left him for a younger man ➑ *(außer Kontrolle geraten)* ▪ **mit jdm ~** to get the better of sb ➒ *(gehalten werden)* ▪ **für etw ~** to be taken [*or* AM pass] for sth; **du könntest für 30 ~** you could be taken [*or* pass] for 30 ▸ WENDUNGEN: [jdm] **etw ~ lassen** to let sb get away with sth; **diese Fehler können wir Ihnen auf Dauer nicht ~ lassen, Herr Lang!** we can't tolerate [*or* overlook] these mistakes forever, Mr Lang!; **für dieses eine Mal will ich Ihnen das noch mal ~ lassen!** I'll let it pass [*or* overlook it] [just] this once! **II.** *vt sein o haben* ▪ **etw** [mit jdm] **~** to go through [with sb]

durch·ge·hend ['dʊrçɡeːənt] **I.** *adj* ➊ *(nicht unterbrochen)* continuous; **manche Kaufhäuser haben ~e Öffnungszeiten von 9 bis 18 Uhr 30** some stores stay [*or* remain] open from 9am till 6:30pm ➋ BAHN through, direct, non-stop **II.** *adv* all the time; **die Bereitschaftspolizei hat ~ Dienst** the riot police are on call [a]round-the-clock [*or* 24 hours a day]; **~ geöffnet** open right through

durch·geis·tigt [dɛçˈɡaɪstɪçt] *adj (geh)* intellectual

durch·ge·knallt *adj (sl)* ▪ **~ sein** to have gone crazy [*or fam* cracked up] [*or sl* lost it]; **jetzt ist sie völlig ~!** she's gone completely crazy [*or sl* completely lost it] now!

durch|gie·ßen *vt irreg* ▪ **etw ~** to pour through sth *sep;* ▪ **etw durch etw ~** to pour sth through sth

durch|gra·ben ['dʊrçɡraːbn̩] *irreg* **I.** *vt* ▪ **etw durch etw ~** to dig sth through sth; **einen Tunnel durch etw ~** to dig a tunnel through sth **II.** *vr* ▪ **sich ~** to dig

through *sep* one's way; ▪ **sich durch etw/unter etw** *dat* **~** to dig one's way [*or* a tunnel] through/ under sth

durch|grei·fen ['dʊrçɡraifn̩] *vi irreg* ➊ *(wirksam vorgehen)* to take drastic [*or* decisive] action; **hart ~** to crack down [hard] ➋ *(hindurchfassen)* ▪ [durch etw] **~** to reach through [sth]

durch·grei·fend **I.** *adj* drastic **II.** *adv* drastically, radically

durch|gu·cken ['dʊrçɡʊkn̩] *vi (fam)* s. **durchblicken 1, 2**

durch|ha·ben ['dʊrçaˌbn̩] *vt irreg (fam)* ▪ **etw ~** ➊ *(durchgelesen haben)* to be through [*or* have finished] [reading] sth ➋ *(durchgearbeitet haben)* to have finished [*or* got through] sth ➌ *(durchtrennt haben)* to have got through sth

durch|ha·cken *vt* ▪ **etw ~** to chop [*or* hack] through sth

durch|hal·ten ['dʊrçhaltn̩] *irreg* **I.** *vt* ▪ **etw ~** ➊ *(ertragen)* to stand sth ➋ *(weiterhin durchführen)* to keep sth going ➌ *(beibehalten)* to keep up sth *sep;* **das Tempo ~** to be able to stand [*or* BRIT last] the pace ➍ *(aushalten)* to [with]stand sth **II.** *vi* ➊ *(standhalten)* to hold out, to stick it out *fam* ➋ *(funktionieren) Maschine* to last

Durch·hal·te·pa·ro·le *f* appeal to stand firm **Durch·hal·te·ver·mö·gen** *nt* stamina, staying power; **~ haben** to have stamina [*or* staying power]

durch|hän·gen ['dʊrçhɛŋən] *vi irreg haben o sein* ➊ *(nach unten hängen)* ▪ [nach unten] **~** to sag ➋ *(fam: erschlafft sein)* to be drained ➌ *(fam: deprimiert sein)* to be down [*or* on a downer] *fam;* **lass dich nicht so ~** don't mope about like this

Durch·hän·ger <-s, -> *m* **einen** [totalen] **~ haben** *(fam)* to be on a [real] downer *fam*

durch|hau·en ['dʊrçhauən] *irreg* **I.** *vt* ➊ *(spalten)* ▪ **etw** [mit etw] **~** to chop [*or* hack] sth in two [with sth], to split sth [in two] [with sth] ➋ *(fam: verprügeln)* ▪ **jdn ~** to give sb a good [*or fam* one hell of a] hiding [*or* thrashing] **II.** *vr* ▪ **sich** [durch etw] **~** to get by [through sth]

durch|he·cheln ['dʊrçhɛçl̩n] *vt (pej fam)* ▪ **etw ~** to gossip about sth; **intime Details von Prominenten werden in den Klatschspalten immer durchgehechelt** intimate details of prominent people are always picked over in the gossip columns

durch|hei·zen ['dʊrçhaitsn̩] **I.** *vi* ➊ *(gründlich heizen)* to heat thoroughly ➋ *(kontinuierlich heizen)* to heat continuously [*or* day and night] **II.** *vt* ▪ **etw ~** ➊ *(gründlich heizen)* to heat [up *sep*] sth thoroughly ➋ *(kontinuierlich heizen)* to heat sth continuously [*or* day and night]

durch|hel·fen ['dʊrçhɛlfn̩] *irreg* **I.** *vi* ➊ *(durch etw helfen)* ▪ **jdm** [durch etw] **~** to help sb through [sth] ➋ *(heraushelfen)* ▪ **jdm ~** to help sb through; ▪ **jdm durch etw ~** to help sb through [*or* out of] sth; **jdm durch eine schwierige Lage ~** to help sb through [*or* out of] a difficult situation **II.** *vr* ▪ **sich ~** to get by [*or* along], to manage

durch|hö·ren *vt* ➊ *(heraushören)* ▪ [bei jdm] **etw ~** to detect [*or* sense] sth [in sb] ➋ *(durch etw hören)* ▪ **etw** [durch etw] **~** to hear sth [through sth]

durch|ixen ['dʊrçʔɪksn̩] *vt (fam)* ▪ **etw ~** to cross [*or* AM x] out sth *sep*

durch|käm·men¹ ['dʊrçkɛmən] *vt* ▪ **etw ~** to comb through sth *sep;* **sich/jdm die Haare ~** to give one's/sb's hair a good comb[ing]

durch|käm·men² [dʊrçˈkɛmən] *vt* ▪ **etw** [nach jdm] **~** to comb sth [for sb]

durch|käm·pfen ['dʊrçkɛmpfn̩] **I.** *vt* ▪ **etw ~** to force [*or* push] through sth *sep* **II.** *vr* ➊ *(mühselig durchackern)* ▪ **sich ~** to battle [*or* fight] one's way

D

through; ■ **sich durch etw ~** to battle [*or* fight] one's way through sth ➋ *(sich durchringen)* ■ **sich zu etw ~** to bring oneself to do sth; **sich zu einem Entschluss ~** to bring oneself to make [*or* force oneself to [make]] a decision **III.** *vi* to fight continuously

durch|kau·en [ˈdʊrçkaʊən] *vt* ➊ *(gründlich kauen)* ■ **etw ~** to chew sth thoroughly ➋ *(fam: erschöpfend besprechen)* ■ **etw [mit jdm]** ~ to discuss sth thoroughly [*or fam* have sth out] [with sb]

durch|klet·tern [ˈdʊrçklɛtɐn] *vi sein* ■ **durch etw]** ~ to climb through sth

durch|klin·gen [ˈdʊrçklɪŋən] *vi irreg haben o sein:* *Gemütszustand* to come across; **~ lassen, dass ...** to intimate [*or* give the impression] that ...

durch|kne·ten *vt* ➊ *(gründlich kneten)* ■ **etw ~** to knead sth thoroughly ➋ *(kräftig massieren)* ■ **jdn/ etw ~** to give sb/sth a thorough massage

durch|kom·men [ˈdʊrçkɔmən] *vi irreg sein* ➊ *(durchfahren)* ■ **[durch etw]** ~ to come through [*or* past] [sth]; **nach 300 Metern kommen Sie durch einen Tunnel durch** after 300 metres you go through a tunnel ➋ *(vorbei dürfen)* to come past [*or* through] ➌ *(durchdringen)* ■ **[durch etw]** ~ *Regen, Sonne* to come through [sth] ➍ *(sichtbar werden)* ■ **[durch etw]** ~ to show through [sth]; *Sonne* to come out [from behind sth] ➎ *(in Erscheinung treten)* ■ **[bei jdm]** ~ *Charakterzug* to become noticeable [*or* show through] [in sb]; ■ **in jdm** ~ to come [*or* show] through in sb ➏ *(Erfolg haben)* ■ **[bei jdm]** **etw ~** to get away with sth [with sb]; **mit so einem Trick kommen Sie bei ihm nicht durch** you won't get away with a dodge like that with him ➐ *(gelangen)* ■ **[mit etw]** to get through [*sep* sth]; ■ **[mit etw] durch etw ~** to get [sth] through sth; **ich komme mit meiner Hand nicht durch das Loch durch** I can't get my hand through the hole; ■ **kein D~ für jdn sein** to be no way through for sb ➑ *(Prüfung bestehen)* ■ **[bei jdm/in etw** *dat***]** ~ to get through [sb's exam/sth], to pass [sb's exam/sth] ➒ *(überleben)* to pull [*or* come] through, to survive; **nach einer Operation ~** to survive an operation, to pull through ➓ *(durchgesagt werden)* ■ **in etw** *dat***]** ~ to be announced [on sth]

durch|kön·nen [ˈdʊrçkœnən] *vi irreg (fam)* ■ **[durch etw]** ~ to be able to get through [sth]

durch|kreu·zen[1] [ˈdʊrçkrɔɪtsn̩] *vt* ➊ ■ **etw ~** ➊ *(vereiteln)* to foil [*or* frustrate] [*or* thwart] sth ➋ *(durchqueren)* to cross sth

durch|kreu·zen[2] [ˈdʊrçkrɔɪtsn̩] *vt* ■ **jdn/etw ~** to cross out sb/sth *sep;* **jdn aus der Liste ~** to cross sb['s name] off the list

durch|krie·chen [ˈdʊrçkriːçn̩] *vi irreg sein* ■ **[durch etw]** ~ to crawl [*or* creep] through [sth]; ■ **[unter etw** *dat***]** ~ to crawl [*or* creep] under[neath] [sth]

durch|krie·gen *vt (fam) s.* **durchbekommen**

durch|la·den [ˈdʊrçlaːdn̩] *irreg* **I.** *vt* ■ **etw ~** to charge [*or* prime] sth **II.** *vi* to charge, to prime

durch|lan·gen *(fam)* **I.** *vi* to reach through, to put through *sep* one's hand; ■ **durch etw ~** to reach [*or* put one's hand] through sth **II.** *vt (durchreichen)* ■ **[jdm] etw ~** to pass through *sep* sth [to sb]

durch|las·sen [ˈdʊrçlasn̩] *vt irreg* ➊ *(vorbei lassen)* ■ **jdn/etw [durch etw]** ~ to let [*or* allow] sb/sth through [sth]; **er ließ jeden durch die Absperrung**

durch he let everybody through the barrier ➋ *(durchdringen lassen)* ■ **etw ~** to let through sth *sep* ➌ *(fam: durchgehen lassen)* ■ **jdm etw ~** to let sb get away with sth

durch·läs·sig [ˈdʊrçlɛsɪç] *adj* ➊ *(porös)* porous, permeable (**für** +*akk* to) ➋ *(offen)* ■ ~ **sein** *Grenze* to be open ➌ *(Veränderung zulassend)* **etw ~ gestalten** *System* to make sth interchangeable

Durch·läs·sig·keit <-> *f kein pl* ➊ *(Porosität)* porosity *no pl*, permeability *no pl* (**für** +*akk* to) ➋ *(Offenheit)* ■ **seine** ~ one's open nature [*or* openness]

Durch·laucht <-, -en> [ˈdʊrçlaʊxt] *f* ■ **Seine/Ihre/ Euer** ~ His [Serene]/Your Highness

Durch·lauf *m* ➊ INFORM run ➋ SKI heat

durch|lau·fen[1] [ˈdʊrçlaʊfn̩] *irreg* **I.** *vi sein* ➊ *(durcheilen)* ■ **[durch etw]** ~ to run through [sth] ➋ *(durchrinnen)* ■ **[durch etw]** ~ to run through [sth] ➌ *(im Lauf passieren)* ■ **[bei jdm]** ~ to pass by [*or* run past] [sb]; ■ **durch etw ~** to run through sth; *(passieren a.)* to pass through sth **II.** *vt haben* ■ **etw ~** to go through sth, to wear through sth *sep;* ■ **durchgelaufen** worn [through]

durch·lau·fen[2] [dʊrçˈlaʊfn̩] *vt irreg* ➊ *(im Lauf durchqueren)* ■ **etw ~** to run through sth ➋ *(zurücklegen)* ■ **etw ~** to cover [*or* run] sth; **sie durchlief die 100 Meter als Beste** she was the fastest over the 100 metres ➌ *(absolvieren)* ■ **etw ~** to go through sth; ■ **das D~ einer S.** *gen*/**von etw** the completion of sth, completing sth; **das D~ einer 2-jährigen Schulung** completing a two-year training course ➍ *(erfassen)* ■ **jdn ~** to run through sb; **es durchlief mich siedend heiß** I suddenly felt hot all over

durch·lau·fend *adj* continuous

Durch·lauf·er·hit·zer <-s, -> *m* flow heater, continuous-flow water heater *form*

durch|la·vie·ren *vr (fam)* ■ **sich [durch etw/in etw** *dat***]** ~ to steer a course [*or* to manoeuvre [*or* AM maneuver] one's way] through sth

durch·le·ben [dʊrçˈleːbn̩] *vt* ➊ ■ **etw ~** ➊ *(bis zu Ende erleben)* to go through sth ➋ *(durchmachen)* to experience sth; **schwere Zeiten ~** to go [*or* live] through hard times

durch·lei·den [dʊrçˈlaɪdn̩] *vt irreg* ■ **etw ~** to endure [*or* suffer] sth

durch|le·sen [ˈdʊrçleːzn̩] *vt irreg* ■ **[sich** *dat***] etw ~** to read through sth *sep;* **[sich** *dat***] ein Manuskript auf Fehler hin ~** to read through *sep* a manuscript for errors, to proofread a manuscript

durch·leuch·ten[1] [dʊrçˈlɔʏçtn̩] *vt* ➊ *(röntgen)* ■ **jdn [auf etw** *akk* **hin]** ~ to X-ray sb [for sth]; **eine Lunge auf Krebs ~** to X-ray a lung for cancer; ■ **jdm etw ~** to X-ray sb's sth; ■ **sich [von jdm]** ~ **lassen** to be [*or* get] X-rayed [by sb]; ■ **sich** *dat* **etw ~ lassen** to have [*or* get] one's sth X-rayed; ■ **das D~ [von etw]** X-raying [sth], an/the X-ray examination [of sth] ➋ *(fam: kritisch betrachten)* ■ **jdn/etw ~** to investigate sb/sth, to probe into sb's records/sth

durch|leuch·ten[2] [ˈdʊrçlɔʏçtn̩] *vi* ■ **[durch etw]** ~ to shine through [sth]

Durch·leuch·tung <-, -en> [dʊrçˈlɔʏçtʊŋ] *f* ➊ *(das Röntgen)* x-ray [examination] ➋ *(Untersuchung)* investigation (+*gen* into); *von Bewerbern* vetting

durch|lie·gen [ˈdʊrçliːgn̩] *irreg* **I.** *vt* ■ **etw ~** to wear out *sep* sth [by lying on it]; ■ **durchgelegen** worn out; **ein durchgelegenes Bett** a bed sagging in the middle **II.** *vr* ■ **sich ~** to develop [*or* get] bedsores; **ein durchgelegener Rücken** a back covered with [*or* in] bedsores; **einen durchgelegenen Rücken haben** to have bedsores on one's back

durch·lö·chern[*] [dʊrçˈlœçɐn] *vt* ■ **jdn/etw [mit etw]** ~ to riddle sb/sth [with sth]; ■ **durchlöchert** full of holes

durch·lot·sen *vt (fam)* ▪ jdn |durch/bis zu etw| ~ to guide sb |through/to sth|; *(als Reiseführer)* to give sb a guided tour |through/to |or finishing at| sth|

durch·lüf·ten ['dʊrçlʏftn̩] **I.** *vt* ▪ etw ~ to air sth thoroughly; **einen Raum** ~ to air out a room **II.** *vi* to air thoroughly

durch·ma·chen ['dʊrçmaxn̩] **I.** *vt* ▪ etw ~ ➊ *(erleiden)* to go through sth; **eine Krankheit** ~ to have an illness; **harte Zeiten** ~ to go through hard times ➋ *(durchlaufen)* to undergo |or go through| sth; **eine Ausbildung** ~ to go through |or undergo| training **II.** *vi (fam)* ➊ *(durchfeiern)* **bis zum anderen Morgen/die ganze Nacht** ~ to make a night of it, to have an all-night party ➋ *(durcharbeiten)* to work right through

Durch·marsch ['dʊrçmarʃ] *m* ➊ *(liter)* ▪ jds ~ |durch etw| sb's march through |sth|; **auf dem** ~ while |or when| marching through; **auf dem** ~ **sein** to be marching through ➋ *(fam: Sieg)* landslide |victory| ➌ *(sl: Durchfall)* the runs *npl fam;* ~ **haben** *(sl)* to have the runs *fam*

durch·mar·schie·ren ['dʊrçmarʃiːrən] *vi sein* ▪ |durch etw| ~ to march through |sth|

durch·mes·sen* [dʊrç'mɛsn̩] *vt irreg (geh)* ▪ etw ~ to cross |or stride across| sth; **ein Zimmer mehrmals** ~ to pace a room

Durch·mes·ser <-s, -> ['dʊrçmɛsɐ] *m* diameter; **im** ~ in diameter

durch·mi·schen[1] ['dʊrçmɪʃn̩] *vt* ▪ etw ~ to mix sth thoroughly

durch·mi·schen*[2] [dʊrç'mɪʃn̩] *vt* ▪ etw mit etw ~ to mix sth with sth

durch·mo·geln *(fam)* **I.** *vr* ▪ sich ~ to wangle |or AM finagle| one's way through *fam;* ▪ sich durch etw ~ to wangle one's way through sth *fam;* **sich an der Grenze** ~ to smuggle oneself across |or over| the border **II.** *vt* ▪ jdn/etw ~ to smuggle through sb/sth *sep;* ▪ jdn/etw durch etw ~ to smuggle sb/sth through sth; **Zigaretten durch die Grenzkontrolle** ~ to smuggle cigarettes over the border

durch·müs·sen ['dʊrçmʏsn̩] *vi irreg (fam)* ➊ *(durchgehen müssen)* ▪ |durch etw| ~ to have to get |or go| through |sth|; **machen Sie bitte Platz, ich muss hier durch!** make way please, I have to get through here ➋ *(durchmachen müssen)* ▪ durch etw ~ to have to go through sth; **durch schwere Zeiten** ~ to have to go through hard times

durch·na·gen ['dʊrçnaːgn̩] *vt* ▪ etw ~ to gnaw through sth *sep*

durch·näs·sen* [dʊrç'nɛsn̩] *vt* ▪ jdn/etw ~ to drench |or soak| sb/sth

durch·nässt[RR]**, durch·näßt**[ALT] *adj inv* soaked; **bis auf die Haut** ~ soaked to the skin

durch·neh·men ['dʊrçneːmən] *vt irreg* ▪ etw |in etw *dat*| ~ to do sth |in sth|; **wir nehmen in Latein demnächst Cäsar durch** we'll be doing Caesar soon in Latin

durch·num·me·rie·ren [RR] *vt* ▪ etw |von 1 bis 20| ~ to number sth consecutively |from 1 to 20|

durch·or·ga·ni·sie·ren* [dʊrçʔɔrganiziːrən] *vt* ▪ etw ~ to organize sth thoroughly |or down to the last detail|; ▪ **durchorganisiert** thoroughly organized, well-planned

durch·pas·sie·ren *vt* ▪ etw ~ KOCHK to strain sth |through a sieve|

durch·pau·ken *vt (fam)* ➊ *(gründlich durchnehmen)* ▪ etw ~ to swot up on sth BRIT *fam;* *(übereilt)* to cram for sth ➋ *(durchsetzen)* ▪ jdn/etw ~ to push |or force| through sb/sth *sep;* **ein neues Konzept** ~ to push |or force| through a new concept ➋ *(herausheLfen)* ▪ jdn ~ to get sb off

durch·pau·sen ['dʊrçpauzn̩] *vt* ▪ etw ~ to trace sth

durch·peit·schen ['dʊrçpaitʃn̩] *vt* ➊ *(auspeitschen)* ▪ jdn ~ to flog sb ➋ *(schnell durchbringen)* ▪ etw ~ to railroad |or AM push| through sth *sep;* **die** |*o* **seine**| **eigenen Interessen** ~ to push through *sep* one's own interests

durch·pflü·gen ['dʊrçpflyːgn̩] *vt* ▪ etw ~ ➊ *(gründlich pflügen)* ▪ etw ~ AM plow| sth thoroughly ➋ *(durch etw pflügen)* to plough through sth ➋ *(geh: genau prüfen)* to scour |through *sep*| sth

durch·plump·sen *vi sein (fam)* *s.* **durchfallen 2**

durch·pow·ern ['dʊrçpauen] *vt* ▪ etw ~ *(fam)* to steam through sth

durch·pro·bie·ren* *vt* ▪ etw ~ to try sth in turn |or one after the other|; **alle Möglichkeiten** ~ to go through all the possibilities

durch·prü·geln ['dʊrçpryːgln̩] *vt* ▪ jdn ~ to give sb a good thrashing, to beat sb |to a pulp *fam*|

durch·pus·ten *vt (fam)* *s.* **durchblasen**

durch·que·ren [dʊrç'kveːrən] *vt* ▪ etw ~ to cross |or form traverse| sth; **einen Wald** ~ to pass through a wood

durch·quet·schen *(fam)* **I.** *vr* ▪ sich |durch etw| ~ to squeeze |a |or one's| way| through |sth| **II.** *vt* ▪ etw ~ to squeeze |or press| through sth *sep;* ▪ etw durch etw ~ to squeeze |or press| sth through sth

durch·ra·sen ['dʊrçraːzn̩] *vi sein (fam)* ▪ |durch etw| ~ to race |or tear| through |sth|

durch·ras·seln *vi sein (sl) s.* **durchfallen 2**

durch·rech·nen ['dʊrçrɛçnən] *vt* ▪ etw ~ to calculate sth |carefully|; *(überprüfen)* to check sth thoroughly

durch·reg·nen ['dʊrçreːgnən] *vi impers* ➊ *(Regen durchlassen)* ▪ |durch etw| ~ to rain through |sth| ➋ *(ununterbrochen regnen)* to rain continuously

Durch·rei·che <-, -n> *f* |serving| hatch, pass-through AM

durch·rei·chen ['dʊrçraiçn̩] *vt* ▪ etw ~ to hand |or pass| through sth *sep;* ▪ etw durch etw ~ to hand |or pass| sth through sth; ▪ jdm etw |durch etw| ~ to hand |or pass| sb sth |or sth to sb| |through sth|, to hand |or pass| through sth to sb *sep*

Durch·rei·se ['dʊrçraizə] *f* journey through; **auf der** ~ on the way through, while |or when| passing through; **auf der** ~ **sein** to be passing through

durch·rei·sen[1] ['dʊrçraizn̩] *vi sein* ▪ |durch etw| ~ to pass |or travel| through |sth|; **bis Berlin** ~ to be travelling |or AM -eling| through to Berlin

durch·rei·sen*[2] [dʊrç'raizn̩] *vt* ▪ etw ~ to travel across |or through| sth; **die ganze Welt** ~ to travel all over the world

Durch·rei·sen·de(r) *f(m) dekl wie adj* traveller |or AM traveler| |passing through|, transient AM; ~ **nach Bangkok** through passengers to Bangkok; ▪ **ein** ~**r/ eine** ~ **sein** to be travelling |or passing| through

Durch·rei·se·vi·sum *nt* transit visa

durch·rei·ßen ['dʊrçraisn̩] *irreg* **I.** *vt haben* ▪ etw |mitten/in der Mitte| ~ to tear sth in two |or in half| |or down the middle| **II.** *vi sein* ▪ |mitten/in der Mitte| ~ to tear |in half |or two| |; *Seil* to snap |or break| |in two|

durch·rie·seln[1] ['dʊrçriːzl̩n] *vi sein* ▪ |durch etw| ~ to trickle through |sth|; ▪ etw zwischen etw *dat* ~ lassen to let sth trickle through sth

durch·rie·seln*[2] [dʊrç'riːzl̩n] *vt (geh)* ▪ jdn ~ to run through sb

durch·rin·gen ['dʊrçrɪŋən] *vr irreg* ▪ sich zu etw ~ to finally manage to do sth; **sich zu einer Entscheidung** ~ to force oneself to |make| a decision; ▪ **sich dazu ~, etw zu tun** to bring |or force| oneself to do sth

durch·ros·ten ['dʊrçrɔstn̩] *vi sein* to rust through

durch·ru·fen *vi irreg (fam)* to call, BRIT *a.* to ring |up|; *(kurz Bescheid sagen)* to give sb a ring |or AM *usu* call|

durch|rüh·ren *vt* ▪ etw ~ to stir sth well; *(durchmischen)* to mix sth thoroughly; **etw gut** ~ to give sth a good stir

durch|rut·schen ['dʊrçrʊtʃn] *vi sein* ❶ *(durchgleiten)* ▪ [durch etw] ~ to slip through [sth] ❷ *(fam)* **durch eine Prüfung** ~ to scrape through an exam[ination]

durch|rüt·teln ['dʊrçrʏtln] *vt* ❶ *(gründlich rütteln)* to shake sb violently ❷ *(hin und her schaukeln)* to shake sb about

durchs ['dʊrçs] *(fam)* = **durch das**

durch|sa·cken *vi sein* LUFT to lose height suddenly

Durch·sa·ge ['dʊrçzaːɡə] *f* message; *(Radioansage)* announcement; **eine ~ machen** to give an announcement; *(Telefonauskunft)* recorded message

durch|sa·gen ['dʊrçzaːɡn] *vt* ❶ *(übermitteln)* ▪ etw ~ to announce sth; **die Ergebnisse** ~ to give [or announce] the results ❷ *(mündlich weitergeben)* ▪ etw [nach vorne] ~ to pass on *sep* sth [to the front]

durch|sä·gen *vt* ▪ etw ~ to saw through sth *sep*

durch|sau·fen ['dʊrçzaʊfn] *irreg (sl)* I. *vi* to booze continuously *fam,* to be on a bender *fam [or fam!* the piss]; **die ganze Nacht** ~ to booze all night *fam,* to piss away the night *sep fam!* II. *vr* ▪ **sich** [bei jdm] ~ to booze [at sb's expense] BRIT *fam,* to ponce [or AM mooch] drinks [off sb] *pej sl*

durch|sau·sen *vi sein (fam) s.* **durchfallen 2**

durch|schau·bar [dʊrçˈʃaʊbaːɐ̯] *adj* ❶ *(durchsichtig)* clear, transparent ❷ *(zu durchschauen)* obvious, transparent; **leicht** ~ easy to see through; **schwer** ~ enigmatic, inscrutable; **schwer** ~ **sein** to be an enigma

durch·schau·en·¹ [dʊrçˈʃaʊən] *vt* ❶ *(erkennen)* ▪ etw ~ to see through sth ❷ *(jds Absichten erkennen)* ▪ jdn ~ to see through sb; ▪ **leicht/schwer zu** ~ **sein** to be easy/difficult to see through; **du bist durchschaut!** I know what you're up to!, you've been rumbled! BRIT *fam*

durch|schau·en² [ˈdʊrçʃaʊən] *vt s.* **durchsehen**

durch|schei·nen ['dʊrçʃaɪnən] *vi irreg* ❶ *(durch etw scheinen)* ▪ ~ *Licht, Sonne* to shine through ❷ *(sichtbar sein)* ▪ ~ *Farbe, Muster* to show [through]; ▪ [unter etw *dat*] ~ to show through [under *or* beneath] sth]

durch|schei·nend *adj* transparent; **eine ~e Bluse** a see-through blouse

durch|scheu·ern ['dʊrçʃɔʏɐn] I. *vt* ❶ *(verschleißen)* ▪ etw ~ to wear through sth *sep;* **die Jacke war an den Ärmeln durchgescheuert** the jacket was worn [through] at the elbows ❷ *(wund scheuern)* ▪ [sich *dat*] **etw** ~ to chafe [one's] sth II. *vr (verschleißen)* ▪ **sich** [an etw *dat*] ~ to wear through [at sth]

durch|schie·ben *vt irreg* ▪ etw ~ to push through sth *sep;* ▪ etw durch etw/unter etw *dat* ~ to push sth through/under sth; ▪ jdm etw ~ to push sth through to sb

durch|schie·ßen¹ ['dʊrçʃiːsn] *vi irreg* ▪ durch etw ~ to shoot through sth

durch·schie·ßen·² [dʊrçˈʃiːsn] *vt irreg* ❶ *(mit Kugeln durchbohren)* ▪ [jdm] **etw** ~ to shoot sb through sth; **ihm wurde die Schulter durchschossen** he was shot through the shoulder ❷ *(plötzlich einfallen)* ▪ jdn ~ to flash through sb's mind ❸ TYPO ▪ etw ~ to space [or set] out sth *sep*

durch|schim·mern ['dʊrçʃɪmɐn] *vi* ▪ [durch etw] ~ to shimmer [or shine] through [sth]; *Farbe* to show through [sth]

durch|schla·fen ['dʊrçʃlaːfn] *vi irreg* to sleep through [it]; *(ausschlafen)* to get [or have] a good night's sleep

Durch·schlag ['dʊrçʃlaːk] *m* ❶ *(Kopie)* copy ❷ *(Sieb)* colander, cullender; *(für Nudeln)* strainer

durch|schla·gen¹ ['dʊrçʃlaːɡn] *irreg* I. *vt* haben ❶ *(durchbrechen)* ▪ etw ~ to chop sth in two, to split

sth [in two]; **eine Wand** ~ to knock a hole [*or* an opening] through a wall ❷ *(durchtreiben)* ▪ etw ~ to knock through sth *sep;* ▪ etw durch etw ~ to knock sth through sth; **einen Nagel durch etw** ~ to knock a nail through sth II. *vi* ❶ *sein (durchkommen)* ▪ [bei/in jdm] ~ to show through [in sb]; **in ihm schlägt der Lehrer durch** you can see the teacher in him ❷ *sein (durchdringen)* ▪ [durch etw] ~ to come [*or* go] through [sth]; *Geschoss a.* to pierce sth ❸ *haben (fam: abführen)* ▪ [bei jdm] ~ to go [*or* run] straight through [sb] *fam* ❹ *sein (sich auswirken)* ▪ [auf etw *akk*] ~ to have an effect [*or* make one's/its mark [felt]] [on sth] III. *vr* haben ❶ *(Dasein fristen)* ▪ **sich** ~ to struggle along; **sich allein/irgendwie** ~ to struggle on alone/to get by somehow; **sich nur mit Mühe** ~ to only get by with difficulty ❷ *(ans Ziel gelangen)* ▪ **sich** ~ to make one's way through; *(durchkämpfen)* to fight through *sep* one's way; ▪ **sich durch etw** ~ to make/fight one's way through sth; **sich mit Müh und Not durch sein Leben** ~ to make one's way through life with great difficulty

durch·schla·gen·² [dʊrçˈʃlaːɡn] *vt irreg* ❶ *(durchtrennen)* ▪ etw [mit etw] ~ to chop through sth [with sth] ❷ *(durchdringen)* ▪ etw ~ to penetrate [*or* pierce] sth; **die Kugel durchschlug das Fenster** the bullet smashed through the window

durch·schla·gend ['dʊrçʃlaːɡnt] *adj* ❶ *(überwältigend)* sweeping; **ein ~er Erfolg** a huge [*or* resounding] [*or* tremendous] success; **eine ~e Wirkung haben** to be extremely effective ❷ *(überzeugend)* convincing; **ein ~es Argument** a convincing [*or* persuasive] argument; **ein ~er Beweis** conclusive evidence

Durch·schlag·pa·pier *nt* ❶ *(für Kopien)* copy paper ❷ *(Kohlepapier)* carbon paper

Durch·schlags·kraft *f* ❶ *(Wucht)* penetration ❷ *(fig)* effectiveness; **ohne** ~ **sein** to be ineffective

durch·schlags·kräf·tig *adj* decisive; **~e Beweise** conclusive evidence

durch|schlän·geln *vr* ▪ **sich** [zu jdm/etw] ~ *Mensch* to thread one's way through [to sb/sth]; **sich durch ein Tal** ~ *Fluss* to meander [*or* wind its way] through a valley

durch|schlep·pen *vt* ❶ *(durchhelfen)* ▪ jdn [mit] ~ to carry along *sep* sb [with one]; *(aktiv)* to help along sb *sep* ❷ *(unterhalten)* ▪ jdn [mit] ~ to support sb

durch|schleu·sen ['dʊrçʃlɔʏzn] *vt (fam)* ▪ jdn ~ to smuggle through sb *sep;* ▪ jdn durch etw ~ to smuggle sb through sth; **jdn durch eine Ausstellung** ~ to hurry [*or* rush] sb through an exhibition

Durch·schlupf <-[e]s, -schlüpfe> ['dʊrçʃlʊpf, *pl:* -ʃlʏpfə] *m* way through [*or* in]; *(Spalte a.)* gap; *(Loch a.)* hole

durch|schlüp·fen ['dʊrçʃlʏpfn] *vi sein* ❶ *(durch etw schlüpfen)* ▪ [durch etw] ~ to slip through [sth]; ▪ unter etw *dat* ~ to slip [through] under sth ❷ *(sich durchmogeln)* ▪ [durch etw] ~ to slip through [sth]; **durch die Polizeikontrollen** ~ to slip through the fingers of the police, to give the police the slip *fam*

durch|schme·cken I. *vt* ▪ etw ~ to taste sth II. *vi* to come through

durch|schmug·geln ['dʊrçʃmʊɡln] *vt* ▪ etw ~ to smuggle sth through *sep;* ▪ etw durch etw ~ to smuggle sth through sth

durch|schnei·den¹ ['dʊrçʃnaɪdn] *vt irreg* ▪ etw [in der Mitte] ~ to cut sth through [*or* down the middle], to cut sth in half [*or* two]

durch·schnei·den·² [dʊrçˈʃnaɪdn] *vt irreg* ▪ etw ~ ❶ *(entzweischneiden)* to cut through sth *sep,* to cut sth in two ❷ *(durchziehen)* to cut through [*or* intersect] sth; *(willkürlich a.)* to criss-cross sth ❸ *(geh: durchpflügen)* to plough [*or* AM plow] [*or* slice]

through sth ❹ *(geh: laut durchdringen)* to pierce sth
Durch·schnitt [ˈdʊrçʃnɪt] *m* average; MATH *a.* [arithmetic *spec]* mean; **guter ~ sein** [*o* **zum guten ~ gehören**] to be a good average; **~ sein** to be average; **im ~** on average; **über/unter dem ~ liegen** to be above/below average
durch·schnitt·lich [ˈdʊrçʃnɪtlɪç] **I.** *adj* ❶ *(Mittelwert betreffend)* average *attr,* mean *attr;* ■ **~ sein** to be a mean [*or* an average] value ❷ *(mittelmäßig)* ordinary; **~e Verhältnisse** modest circumstances **II.** *adv* ❶ *(im Schnitt)* on average; **~ verdienen** to earn an average wage ❷ *(mäßig)* moderately; **~ intelligent** of average intelligence
Durch·schnitts·al·ter *nt* average age **Durch·schnitts·bür·ger(in)** *m(f)* average citizen; ■ **der ~** the average citizen, Joe Bloggs BRIT *fam,* Joe Blow AM *fam* **Durch·schnitts·ein·kom·men** *nt* average income **Durch·schnitts·ge·schwin·dig·keit** *f* average speed, mean velocity *spec* **Durch·schnitts·ge·sicht** *nt* ordinary [*or* nondescript] face **Durch·schnitts·mensch** *m* average person; ■ **der ~** the average person, Joe Bloggs [*or* AM Blow] *fam* **Durch·schnitts·schü·ler(in)** *m(f)* average pupil **Durch·schnitts·tem·pe·ra·tur** *f* average [*or* mean] temperature **Durch·schnitts·wert** *m* average [*or* mean] value
durch·schnüf·feln [ˈdʊrçʃnyfln], **durch·schnüf·feln** [ˈdʊrçʃnyfln] *vt (pej fam)* ■ **etw ~** to nose through sth BRIT *fam;* **jds Zimmer ~** to nose [*or* poke] around [in] sb's room *fam*
Durch·schrei·be·block *m* duplicating pad
durch·schrei·ben [ˈdʊrçʃraibn] *vi irreg* to print through
Durch·schrei·be·pa·pier *nt* self-copying [*or* carbon] paper
durch·schrei·ten [dʊrçˈʃraitn] *vt irreg (geh)* ■ **etw ~** to stride through sth; **ein Feld ~** to stride across a field; *(bemessen)* to pace across a field
Durch·schrift *f* [carbon] copy
Durch·schussRR [ˈdʊrçʃʊs] *m* ❶ *(durchgehender Schuss)* **es war ein glatter ~** the shot had passed clean [*or* right] through ❷ TYPO *(Zwischenraum)* leading *spec*
durch·schüt·teln [ˈdʊrçʃʏtln] *vt* ❶ *(anhaltend schütteln)* ■ **etw ~** to shake sth thoroughly; **etw kurz ~** to give sth a shake ❷ *(kräftig rütteln)* ■ **jdn ~** to give sb a good shaking, to shake sb till her/his teeth rattle *fam* ❸ *(durchrütteln)* ■ **[in etw** *dat]* **durchgeschüttelt werden** to be shaken about [all over the place *fam]* [in sth]
durch·schwei·fen [ˈdʊrçʃvaifn] *vt (poet)* ■ **etw ~** to roam [*or* wander] through sth
durch·schwen·ken *vt* ■ **etw ~** to KOCHK to toss in butter
durch·schwim·men1 [ˈdʊrçʃvɪmən] *vi irreg sein* ❶ *(hindurch schwimmen)* ■ **unter/zwischen etw** *dat* **~** to swim [through] under/between sth; *(hindurchgetragen werden)* to float [through] under/between ❷ *(ohne Pause schwimmen)* to swim without stopping
durch·schwim·men2 [dʊrçˈʃvɪmən] *vt irreg* ■ **etw ~** to swim sth; **den Ärmelkanal ~** to swim the Channel; **einen See ~** to swim [across] a lake
durch·schwit·zen [dʊrçˈʃvɪtsn], **durch·schwit·zen** [ˈdʊrçʃvɪtsn] *vt* ■ **etw ~** to soak sth in sweat; ■ **durchgeschwitzt** sweaty, soaked in sweat
durch·se·geln [ˈdʊrçzeːgln] *vt sein* ❶ *(liter)* ■ **unter/zwischen etw** *dat* **~** to sail [through] between/under sth ❷ *(fam) s.* **durchfallen 2**
durch·se·hen [ˈdʊrçzeːən] *irreg* **I.** *vt* ■ **etw ~** *akk* to go over [*or sep* look through] [*or sep* check through] sth; **einen Text auf Druckfehler ~** to look over a text for printing errors, to proofread a text **II.** *vi* ❶ *(hin~)* ■ **[durch etw]** to look through [sth]; **sieh**

mal hier durch! take [*or* have] a look through this/these; ■ **zwischen etw** *dat* **~** to look out from between sth; **zwischen den Fingern ~** to peep [out] [from] between one's fingers ❷ *(fam: durchblicken)* to grasp [*or fam* get] it; **ich sehe da nicht mehr durch!** I can't make any sense of it any more!
durch·sei·hen *vt* ■ **etw [durch etw]** **~** to strain sth [through sth]
durch·seinALT *vi irreg sein (fam) s.* **durch II. 1, 2, 3, 4**
Durch·setz·bar·keit <-> *f kein pl* chances of being accepted
durch·set·zen1 [ˈdʊrçzɛtsn] **I.** *vt* ❶ *(erzwingen)* ■ **etw ~** to get [*or* push] through sth *sep;* **Maßnahmen ~** to impose measures; **Reformen ~** to carry out [*or* effect] reforms; **seinen Willen [gegen jdn] ~** to get one's own way [with sb], to impose one's will [on sb]; **seine Ziele ~** to achieve [*or* accomplish] one's goals ❷ *(bewilligt bekommen)* ■ **etw [bei jdm] ~** to get sth through [sb], to get sb to agree to sth; **etw bei der Mehrzahl ~** to get sth past the majority, to elbow through sth *sep;* ■ **[es] [bei jdm] ~, dass etw getan wird** to get sb to agree to [do] sth; **er konnte ~, dass seine Ansprüche anerkannt wurden** he was able to get his claims recognized **II.** *vr* ❶ *(sich Geltung verschaffen)* ■ **sich [bei jdm/gegen jdn] ~** to assert oneself [with/against sb]; ■ **sich mit etw ~** to be successful with sth; **sie hat sich mit ihren verrückten Ideen nicht ~ können** her crazy ideas didn't meet with much success ❷ *(Gültigkeit erreichen)* ■ **sich ~** to be accepted, to gain acceptance; *Trend* to catch on
durch·set·zen2 [dʊrçˈzɛtsn] *vt* ■ **etw mit etw ~** to infiltrate sth with sth; ■ **mit** [*o von*] **jdm durchsetzt sein** to be infiltrated by [*or* with] sb
Durch·set·zung <-> *f kein pl* implementation; ■ **die ~** [**einer S.** *gen/***von etw**] the implementation [of sth], implementing [*or sep* putting through] sth; **eine gerichtliche ~** a legal enforcement
Durch·set·zungs·ver·mö·gen <-s> *nt kein pl* assertiveness
Durch·seu·chung <-> *f kein pl* spread *no pl* of infection
Durch·sicht [ˈdʊrçzɪçt] *f* examination, inspection; **zur ~** for inspection [*or* examination]; **hier ist die Post zur ~** here's the post to look through
durch·sich·tig [ˈdʊrçzɪçtɪç] *adj* ❶ *(transparent)* transparent ❷ *(offensichtlich)* obvious, apparent
durch·si·ckern [ˈdʊrçzɪkɐn] *vi sein* ❶ *(liter)* ■ **[durch etw] ~** to seep [*or* trickle] through [sth]; ■ **etw ~ lassen** to let sth seep [*or* trickle] through; *Behälter* to leak [sth] ❷ *(allmählich bekannt werden)* ■ **[zu jdm/in etw** *akk*] **~** to leak out [to sb/sth]; **Informationen ~ lassen** to leak information; ■ **~, dass ...** to get out that ...
durch·sie·ben1 [ˈdʊrçziːbn] *vt* ❶ *(liter)* ■ **etw ~** to sieve [*or* sift] sth ❷ *(ausmustern)* ■ **jdn ~** to sift through sb; *(genau überprüfen)* to screen sb
durch·sie·ben2 [dʊrçˈziːbn] *vt (fam)* ■ **jdn/etw [mit etw] ~** to riddle sb/sth [with sth]
durch·spie·len *vt* ■ **ein Musik-/Theaterstück ~** to play/act through *sep* a piece/play once ❷ *(durchdenken)* ■ **etw ~** to go [*or* run] through [*or* over] sth
durch·spre·chen [ˈdʊrçʃprɛçn] *vt irreg* ■ **etw [mit jdm] ~** to discuss sth thoroughly [*or fam* have sth out] [with sb]
durch·spü·len *vt* ■ **etw ~** to rinse [out *sep*] sth thoroughly; ■ **[sich/jdm] etw ~** to rinse [out *sep*] one's/sb's sth thoroughly
durch·star·ten [ˈdʊrçʃtartn] *vi* ❶ LUFT to [pull up and] go round again ❷ AUTO to rev up
durch·ste·chen1 [ˈdʊrçʃtɛçn] *vt irreg* ■ **etw ~** to stick through sth *sep;* ■ **etw durch etw ~** to stick sth through sth

durch·ste·chen *²[dʊrçˈʃtɛçn̩] vt irreg* ■ etw |mit etw| ~ to pierce sth |with sth|; **sich** *dat* **die Ohrläpp-chen ~ lassen** to have [*or* get] one's ears pierced

durch|ste·cken *vt* ■ etw ~ to stick [*or* put] through sth *sep;* ■ etw durch etw ~ to stick [*or* put] sth through sth

durch|ste·hen [ˈdʊrçʃteːən] *vt irreg* ■ etw ~ ❶ *(ertra-gen)* to get through sth; **Qualen ~** to endure great pains; **Schwierigkeiten ~** to cope with difficulties ❷ *(standhalten)* to |with|stand sth; **das Tempo ~** to stand the pace, to hold out

durch|stei·gen [ˈdʊrçʃtaign̩] *vi irreg sein* ❶ *(durch etw steigen)* ■ |durch etw| ~ to climb through |sth| ❷ *(fam: verstehen)* to get it *fam;* ■ bei etw ~ to get sth *fam;* **da soll mal einer ~!** just let someone try and understand that lot!

durch|stel·len I. *vt* ■ jdn/etw ~ to put through sb/sth *sep;* **ein Gespräch ~** to put a call through; **ein Augenblick bitte, ich stelle Sie durch** one moment please, I'll just put you through II. *vi* **soll ich ~?** shall I put the call through?

Durch·stieg <-[e]s, -e> [ˈdʊrçʃtiːk, *pl:* -ʃtiːgə] *m* open-ing; *(Durchgang)* passage|way|

durch·stö·bern *[dʊrçˈʃtøːbɐn],* **durch|stö·bern** [ˈdʊrçʃtøːbɐn] *vt* ■ etw |nach etw| ~ to rummage [*or* root] through sth [for sth]

Durch·stoß [ˈdʊrçʃtoːs] *m* breakthrough

durch·sto·ßen *¹[dʊrçˈʃtoːsn̩] vt irreg* ❶ *(durchboh-ren)* ■ jdn/etw ~ to stab sb/sth; *(spitzer Gegen-stand)* to go through sb/sth; *(Pfahl a.)* to impale sb/sth; ■ jdn/etw mit etw ~ to stab sb/sth with sth; **jdn/ein Tier mit seiner Lanze/seinem Schwert ~** to run sb/an animal through, to impale sb/an animal on one's lance/sword ❷ *(durchbre-chen)* ■ etw ~ to penetrate [*or* break through] sth; **die feindlichen Linien ~** to break [*or* breach] the enemy lines

durch|sto·ßen *²[ˈdʊrçʃtoːsn̩] irreg* I. *vi sein* ❶ *(durch-dringen)* ■ |bis zu etw| ~ to penetrate [as far as sth] ❷ *(vorstoßen)* ■ |bis zu etw/durch etw/zu etw| ~ to advance [as far as/through/to sth] II. *vt haben* ■ etw ~ to drive through sth *sep;* **einen Pfahl durch etw ~** to drive a stake through sth

durch|strei·chen [ˈdʊrçʃtraiçn̩] *vt irreg* ■ etw ~ to cross out [*or* through] sth *sep,* to delete sth

durch·strei·fen *[dʊrçˈʃtraifn̩] vt (geh)* ■ etw ~ to roam [*or* wander] through sth; **die Welt ~** to rove the world

durch|strö·men *¹[ˈdʊrçʃtrøːmən] vi sein* ■ |durch etw/zu etw| ~ to stream through |sth/to sth|

durch·strö·men *²[dʊrçˈʃtrøːmən] vt (geh)* ❶ *(durch-fließen)* ■ etw ~ to flow [*or* run] through sth ❷ *(durchdringen)* ■ jdn ~ to flow [*or* run] through sb; **von neuer Hoffnung durchströmt** imbued with new hope *form*

durch|sty·len [-stailən] *vt (sl)* ■ jdn/etw ~ to give style to sb/sth; ■ durchgestylt fully [*or* completely] styled

durch·su·chen *[dʊrçˈzuːxn̩] vt* ■ jdn |nach etw| ~ to search sb [for sth], to frisk sb; ■ jdn nach Drogen/Waffen ~ to search sb for drugs/weapons; ■ etw |nach etw/etw| ~ to search sth [for sb/sth]

Durch·su·chung <-, -en> [dʊrçˈzuːxʊŋ] *f* search

Durch·su·chungs·be·fehl *m* search warrant

durch|tan·zen *¹[ˈdʊrçtantsn̩] vi* to dance continuously; **die ganze Nacht ~** to dance all night [long]

durch·tan·zen *²[dʊrçˈtantsn̩] vt* ■ etw ~ to spend sth dancing; **eine durchtanzte Nacht** a night of dancing

durch|trai·nie·ren [-treniːrən, -trɛ-] *vt* ■ etw ~ to get sth into peak condition; ■ |gut| durchtrainiert well-conditioned; **er hat einen gut durchtrainierten**

Körper his body is in peak condition

durch·trai·niert *adj* thoroughly fit

durch·trän·ken *[dʊrçˈtrɛŋkn̩] vt* ■ etw ~ to soak sth [completely], to saturate sth; ■ etw mit etw ~ to soak sth in sth; **ein Tuch mit Wasser ~** to soak a cloth in water

durch·tren·nen [ˈdʊrçtrɛnən], **durch·tren·nen** *[dʊrçˈtrɛnən] vt* ■ etw ~ to cut [through *sep*] sth, to cut sth in two, to sever sth

durch|tre·ten [ˈdʊrçtreːtn̩] *irreg* I. *vt haben* ■ etw ~ ❶ *(fest betätigen)* **die Bremse ~** to step on the brakes; **das Gaspedal ~** to step on the accelerator, to hit the gas AM *fam* ❷ *(abnutzen)* to wear through sth *sep* II. *vi sein* ❶ *(geh: durchgehen)* to go [*or* walk] through; **bitte treten Sie |hier| durch, meine Herr-schaften!** ladies and gentlemen, please step this way! ❷ *(durchsickern)* ■ |durch etw| ~ to come [*or* seep] through [sth]

durch·trie·ben *[dʊrçˈtriːbn̩] adj (pej)* cunning, crafty, sly

Durch·trie·ben·heit <-> *f kein pl (pej)* cunningness *no pl,* craftiness *no pl,* slyness *no pl*

durch|trop·fen *vi sein* ■ |durch etw| ~ to drip through [sth]

durch·wa·chen *[dʊrçˈvaxn̩] vt* ■ etw ~ to stay awake through sth; **viele Nächte an jds Bett** *dat* ~ to spend many nights awake at sb's bedside

durch|wach·sen *¹[dʊrçˈvaksn̩] vi irreg sein* ■ |durch etw| ~ to grow through [sth]

durch·wach·sen *²[dʊrçˈvaksn̩] adj* ❶ ‑er Speck streaky bacon BRIT ❷ *pred (hum fam: mittelmäßig)* so-so *fam;* **wie war das Wetter? – ~!** what was the weather like? – mixed!; **die Stimmung im Büro ist zurzeit ~** the atmosphere at work is not always good

Durch·wahl *f ❶ (fam: ~nummer)* extension number ❷ *(das Durchwählen)* direct dialling [*or* AM ‑ling] *no pl, no art*

durch|wäh·len [ˈdʊrçvɛːlən] I. *vi* to dial direct; **nach London ~** to dial London direct II. *vt* ■ etw ~ to dial sth direct

Durch·wahl·num·mer *f* extension number

durch|wan·dern *¹[ˈdʊrçvandɐn] vi sein* ■ |bis zu etw| ~ to continue [*or* carry on] hiking [as far as sth]; ■ durch etw ~ to hike through sth

durch·wan·dern *²[dʊrçˈvandɐn] vt* ■ etw ~ to hike [*or* walk] through sth; **die ganze/halbe Welt ~** to wander [*or* walk] round/half way round the world

durch|wa·schen *vt irreg (fam)* ■ etw ~ to give sth a thorough wash

durch|wa·ten *¹[ˈdʊrçvaːtn̩] vi sein* ■ |durch etw| ~ to wade through [sth]

durch·wa·ten *²[dʊrçˈvaːtn̩] vt* ■ etw ~ to wade across sth

durch·we·ben *[dʊrçˈveːbn̩] vt irreg* ❶ *(liter)* ■ etw mit etw ~ to interweave sth with sth ❷ *(fig geh)* ■ mit [*o* von] etw durchwoben sein to be inter-spersed with sth

durch·weg [ˈdʊrçvɛk], **durch·wegs** [ˈdʊrçveːks] *adv* ÖSTERR without exception; **~ allen Anforderungen entsprechen** to meet [*or* match] all of the require-ments

durch·we·hen *[dʊrçˈveːən] vt (geh)* ■ etw ~ to blow through sth

durch|wei·chen *¹[ˈdʊrçvaiçn̩] vi sein* to get drenched [*or* soaked]; ■ durchgeweicht sein to be sodden BRIT

durch·wei·chen *²[dʊrçˈvaiçn̩] vt (geh)* ■ etw ~ to drench [*or* soak] sth

durch|wet·zen *vt* ■ durchgewetzt worn [through]; **ein durchgewetzter Kragen** a frayed collar

durch|win·den [ˈdʊrçvɪndn̩] *vr irreg* ❶ *(liter)* ■ sich durch etw ~ to meander [*or* wind one's way] through sth; ■ sich zwischen etw *dat* ~ to thread [*or* worm] one's way between sth ❷ *(fig)* ■ **sich |durch etw| ~** to find one's way through |sth|

durch·wir·ken' ['dʊrçvɪrkn] *vt (geh)* s. **durchweben**

durch|wol·len ['dʊrçvɔlən] *vi (fam)* ■ **|durch etw| ~** to want to come/go |or get| through |sth|; ■ **zwischen/ unter etw** *dat* ~ to want to get |or go| between/ under sth

durch|wüh·len' ['dʊrçvyːlən] **I.** *vt* ■ **etw |nach etw| ~** to rummage through |or about in| sth |in search of sth|; **ein Haus** ~ to ransack a house **II.** *vr* ❶ *(sich durcharbeiten)* ■ **sich |durch etw| ~** to plough |or* AM* plow| through |sth| ❷ *(durch Wühlen gelangen)* ■ **sich |durch etw| ~** to burrow through |sth|; ■ **sich unter etw** *dat* ~ to burrow |through| under sth

durch·wüh·len'² ['dʊrçvyːlən] *vt* ■ **etw |nach etw| ~** ❶ *(durchstöbern)* to comb sth |for sth| ❷ *(aufwühlen)* to churn |or dig| up sth |in search of sth|

durch|wursch·teln, durch|wurs·teln *vr (sl)* ■ **sich irgendwie ~** to muddle through somehow *BRIT*

durch|zäh·len ['dʊrçtsɛːlən] *vt, vi* ■ **|etw| ~** to count out |or up| sth *sep;* ■ **|jdn| ~** to count sb

durch·ze·chen' ['dʊrçtsɛçn] *vt (fam)* ■ **etw ~** to drink |or fam booze| through sth; *(weiter trinken)* to carry on drinking |or fam boozing| through sth; **die ganze Nacht ~** to drink all night |long|, to piss away BRIT the night *sep fam!;* **eine durchzechte Nacht** a night of drinking, a night on the drink |or BRIT fam! piss|

durch|zie·hen' ['dʊrçtsiːən] *irreg* **I.** *vt haben* ❶ *(hin~)* ■ **etw ~** to pull |or draw| through sth *sep;* ■ **etw durch etw ~** to pull |or draw| sth through sth ❷ *(fam: vollenden)* ■ **etw ~** to see sth through; ■ **durchgezogen werden** to be brought to a conclusion ❸ *(sl: rauchen)* ■ **etw ~** to smoke sth **II.** *vi sein* ❶ ■ **|durch etw| ~** to come/go |or pass| through |sth|; *Truppe a.* to march through |sth| ❷ *KOCHK* **gebratenes Fleisch ~ lassen** to place fried meat in a preheated oven, in order to re-soak escaped juices **III.** *vr haben* ■ **sich durch etw ~** to occur throughout sth

durch·zie·hen'² ['dʊrçtsiːən] *vt irreg* ■ **etw ~** ❶ *(durchqueren)* to go |or pass| |or travel| through sth; **ganze Erdteile ~** to travel across entire continents ❷ *(konsequent verwendet werden)* to run through sth ❸ *(durch etw verlaufen)* to criss-cross sth

durch·zu·cken' ['dʊrçtsʊkn] *vt* ❶ *(geh: zuckend durchleuchten)* ■ **etw ~** to flash across sth ❷ *(plötzlich ins Bewusstsein kommen)* ■ **jdn ~** to flash through sb's mind

Durch·zug ['dʊrçtsuːk] *m* ❶ *kein pl (Luftzug)* draught BRIT, draft AM; ~ **machen** to create a through draught ❷ *von Truppen* march through ▸ WENDUNGEN: **auf ~ schalten** *(fam)* to let sth go in one ear and out the other *fam*

dür·fen ['dʏrfn] **I.** *modal vb* <darf, durfte, dürfen> ❶ *(Erlaubnis haben)* ■ **etw |nicht| tun ~** to |not| be allowed to do sth; **darf man hier parken?** are you allowed |or is it permitted| to park here?; **hier darf man nicht rauchen** smoking is not allowed |or permitted| here ❷ *verneint (nicht sollen)* ■ **etw nicht tun ~** to ought not |to| do sth *form;* **wir ~ den Zug nicht verpassen** we mustn't |or form ought not |to|| miss the train; **das darf nicht wieder vorkommen** this mustn't happen again ❸ *verneint (nicht müssen)* ■ **etw nicht tun ~** to not have to do sth; **du darfst ihm das nicht übel nehmen** you mustn't hold that against him; **man darf sich nicht wundern, wenn ...** it shouldn't come as a surprise when |or if| ... ❹ *fragend* ■ **darf/dürfte/dürften ...?** may/ might ...?; **darf/dürfte ich wohl wissen, warum ...?** may/might I know why ...?; **darf ich mir noch ein Stück Fleisch nehmen?** may |or can| I help myself to another piece of meat?; **dürfte ich wohl noch ein Stück Kuchen haben?** I wonder if I

might |or could| have another piece of cake? ❺ *(Veranlassung haben)* **ich darf wohl sagen, dass ...** I think I can say that ...; **du darfst mir das ruhig glauben** you can |or may| take it from me ❻ *im Konjunktiv (sollen)* ■ **das/es dürfte ...** that/it should |or ought to| ...; **es dürfte eigentlich genügen, wenn ich dir sage, dass ...** suffice it to say that ...; **es klingelt, das dürfte Ulrike sein** there's a ring at the door, that must be Ulrike; **es dürfte wohl das Beste sein, wenn ...** it would probably be best when |or if| ... ▸ WENDUNGEN: **was darf es sein?** what would you like?; **es darf nicht sein, dass ...** it's not on that ... *fam* **II.** *vi* <darf, durfte, gedurft> **darf ich?** may I?; **darf ich nach draußen?** may I go outside?; **sie hat nicht gedurft** she wasn't allowed to **III.** *vt* <darf, durfte, gedurft> ■ **etw ~** to be allowed to do sth; **darfst du das?** are you allowed to?

dürf·tig ['dʏrftɪç] **I.** *adj* ❶ *(kärglich)* paltry *a. pej,* meagre |or AM -er|; **~e Unterkunft** poor accommodation ❷ *(pej: schwach)* poor; **eine ~e Ausrede** a feeble excuse; **~e Kenntnisse** scanty knowledge ❸ *(spärlich)* sparse **II.** *adv* scantily; **~ ausfallen** to be a poor outcome

Dürf·tig·keit <-> *f kein pl* meagreness *no pl* BRIT, meagerness *no pl* AM

dürr ['dʏr] *adj* ❶ *(trocken)* dry; **~es Laub** withered leaves ❷ *(a. fig: unfruchtbar)* barren; **~e Jahre** arid |or lean| years ❸ *(mager)* |painfully| thin, skinny *fam; (durch Krankheit)* gaunt |or *(knapp)* meagre |or AM -er|; **die ~en Jahre** *(fig)* the lean years

Dür·re <-, -n> ['dʏrə] *f* drought *no pl*

Dür·re·jahr *nt* year of drought **Dür·re·ka·ta·stro·phe** *f* catastrophic |or disastrous| drought **Dür·re·pe·ri·o·de** *f* |period of| drought; *(fig)* barren period

Durst <-[e]s> ['dʊrst] *m kein pl* thirst *no pl;* ■ **~ haben** to be thirsty; **jd bekommt |o fam: kriegt| |von etw| ~** sb gets thirsty |or a thirst| |from sth|, sth makes sb thirsty; **~ auf etw** *akk* **haben** to feel like drinking sth; **ich hätte ~ auf ein kühles Bier** I could do with a chilled beer; **seinen |o den| ~ |mit etw| löschen |o stillen|** to quench |or BRIT slake| one's thirst |with sth|; **das macht ~** that makes you thirsty |or gives you a thirst|; **einen |o ein Glas| über den ~ trinken** *(fam)* to have one too many

durs·ten ['dʊrstn] *vi (geh)* to be thirsty; **~ müssen** to have to go thirsty

dürs·ten ['dʏrstn] *(geh)* **I.** *vt impers* ❶ *(Durst haben)* ■ **jdn dürstet |es|** sb is thirsty, sb thirsts *liter* ❷ *(inständig verlangen)* ■ **es dürstet jdn nach etw** sb thirsts for sth **II.** *vi* ■ **nach etw ~** to be thirsty for sth; ■ **jds D~ nach etw** sb's thirst for sth

Durst·ge·fühl *nt* feeling of thirst

durs·tig ['dʊrstɪç] *adj* thirsty; ■ **~ sein** to be thirsty; **|jdn| ~ machen** to make sb thirsty; ■ **jd wird |von etw| ~** sb gets thirsty |or a thirst| |from sth|, sth makes sb thirsty; **von salzigen Speisen wird man ~** salty food makes you thirsty

durst·lö·schend *adj inv* thirst-quenching **durst·stil·lend** *adj* thirst-quenching **Durst·stre·cke** *f* lean period **Durst·streik** *m* refusal of |or to take| liquid; **sich im ~ befinden** to refuse to take liquid

Du·rum·wei·zen ['duːrʊm-] *m* durum wheat

Du·schan·be <-s> [duʃamˈbɛ] *nt* Dushanbe

Du·sche <-, -n> ['duːʃə] *f* ❶ *(Apparatur)* shower ❷ *(das Duschen)* shower; **eine heiße/kalte ~** a hot/cold shower; **wie eine kalte ~ sein |o |auf jdn| wirken|** to pour cold water on sb; **ihr plötzliches Nein wirkte auf ihn wie eine kalte ~** her sudden no brought him down to earth; **unter die ~ gehen, eine ~ nehmen** to have |or take| a shower; **unter der ~ sein |o stehen|** to be in the shower, to be taking |or having| a shower

du·schen [ˈduːʃn̩] **I.** *vi* to shower; **sich kalt/warm ~** to have [*or* take] a cold/hot shower **II.** *vr* ▪ **sich ~** to have [*or* take] a shower **III.** *vt* ▪ **jdn ~** to give sb a shower

Dusch·gel *nt* shower gel **Dusch·ka·bi·ne** *f* shower cubicle; *(Dusche 1.)* shower **Dusch·raum** *m* shower room, showers *pl* **Dusch·vor·hang** *m* shower curtain

Dü·se <-, -n> [ˈdyːzə] *f* ❶ TECH nozzle ❷ LUFT jet

Du·sel <-s> [ˈduːzl̩] *m kein pl (fam)* ❶ *(unverdientes Glück)* **~ haben** to be lucky; [**reiner**] **~ sein** to be [pure] good fortune [*or* [sheer] luck]; **es war reiner ~, dass ...** it was sheer luck that ...; **so ein ~!** that was lucky!, what luck! ❷ SCHWEIZ, SÜDD ▪ **im ~** *(benommen)* in a daze; *(schläfrig)* drowsy/drowsily; *(angetrunken)* tipsy; **das hat er mir im ~ erzählt** he told me that after he had had a few

du·s(e)·lig [ˈduːz(ə)lɪç] *adj (fam)* ▪ **~ sein/werden** *(schläfrig)* to be/get [*or* become] drowsy; *(angetrunken)* to be/get [*or* become] tipsy; **mir wird ~** I'm feeling dizzy, to become dizzy

dü·sen [ˈdyːzn̩] *vi sein (fam: fliegen)* to jet; *(fahren)* to race; *(schnell gehen)* to dash; **nach Rom/zu einer Sitzung ~** to jet/race/dash off to Rome/a meeting

Dü·sen·an·trieb *m* jet propulsion *no pl, no art;* **mit ~** with jet propulsion; **ein Flugzeug mit ~** a jet[-propelled] aircraft **Dü·sen·flug·zeug** *nt* jet [aircraft] **Dü·sen·jä·ger** *m* jet fighter **Dü·sen·trieb·werk** *nt* jet engine

Dus·sel <-s, -> [ˈdʊsl̩] *m (fam)* twit *fam*, prat BRIT *fam*, dork AM *fam*

Düs·sel·dorf <-s> [ˈdʏsl̩dɔrf] *nt* Düsseldorf

dus·se·lig [ˈdʊsəlɪç], **duss·lig**[RR], **duß·lig**[ALT] [ˈdʊslɪç] *(fam)* **I.** *adj* daft *fam*, stupid **II.** *adv* ❶ *(dämlich)* stupidly; **sich ~ anstellen** to act stupidly [*or fam* stupid] ❷ *(enorm viel)* **sich ~ arbeiten** to work oneself silly; **sich dumm und ~ verdienen** to earn a fantastic amount, to rake it in *fam*

Dus·se·lig·keit <-, -en> *f*, **Duss·lig·keit**[RR], **Duß·lig·keit**[ALT] <-, -en> *f (fam)* stupidity *no pl*

düs·ter [ˈdyːstɐ] *adj* ❶ *(finster)* dark, gloomy; **ein ~er Himmel** a gloomy [*or* an overcast] [*or* BRIT a heavy] sky; **~es Wetter** dismal [*or* gloomy] weather ❷ *(bedrückend)* gloomy, melancholy; **~e Gestalten** melancholy figures; **eine ~e Ahnung** a foreboding; **~e Prognosen** gloomy predictions; **ein ~es Szenario** a gloomy scenario ❸ *(schwermütig)* black, gloomy, melancholy; **eine ~e Miene** a gloomy [*or* melancholy] face; **~e Gedanken** black thoughts; **eine ~e Stimmung** a black [*or* melancholy] mood

Düs·ter·keit <-> *f kein pl* ❶ *(Dunkelheit)* darkness, gloominess; **von ~ erfüllt** gloomy; **der Himmel war von großer ~** the sky appeared really gloomy ❷ *(Schwermütigkeit)* gloominess; **Gedanken voller ~** gloomy thoughts

Dutt <-[e]s, -s *o* -e> [ˈdʊt] *m* DIAL *(Haarknoten)* bun

Du·ty-free-Shop <-s, -s> [ˈdjuːti'friːʃɔp] *m* duty-free shop

Dut·zend <-s, -e> [ˈdʊtsn̩t, *pl:* ˈdʊtsn̩də] *nt* ❶ *(zwölf Stück)* dozen; **ein ~** [*o* **d~**] **Mal** a dozen times; **zu einem ~ verpackt** packed in dozens; **ein halbes ~** half a dozen; **ein rundes ~** a full [*or* BRIT round] dozen; **im ~** *(fam)* by the dozen; **die Eier sind im ~ billiger** the eggs are cheaper by the dozen ❷ *pl (fam: jede Menge)* dozens; **kaum sagt jemand was von Freibier, kommen gleich ~e** as soon as somebody mentions free beer dozens turn up; **zu ~en** in [their] dozens

dut·zend·d(e)·mal *adv (fam)* dozens of times

dut·zend·fach I. *adj* dozens of **II.** *adv* dozens of times

Dut·zend·ge·sicht *nt (pej)* ordinary [*or* run-of-the-mill] face **Dut·zend·wa·re** *f (pej)* mass-produced [*or* mass-market] item

dut·zend·wei·se [ˈdʊtsn̩tvaizə] *adv* by the dozen, in dozens

du·zen [ˈduːtsn̩] *vt* ▪ **jdn ~** to address sb as [*or* with] "Du", ≈ to be on Christian [*or* first] name terms with sb; ▪ **sich** [**von jdm**] **~ lassen** to allow sb to be on familiar [*or* first name] terms with one; ▪ **sich ~** to be on familiar [*or* first name] terms with each other

Duz·freund(in) *m(f)* close [*or* good] friend; **alte ~e** old friends

DV <-> [deːˈfau] *f Abk von* **Datenverarbeitung** DP

DVD [deːfauˈdeː] *f Abk von* **digital versatile disc** DVD

DVD-Play·er <-s, -> [-pleːɐ] *m* DVD player

Dy·na·mik <-> [dyˈnaːmɪk] *f kein pl* ❶ PHYS dynamics + *sing vb* ❷ *(fig)* dynamism *no pl;* **die ~ dieser Entwicklung war nicht mehr zu bremsen** this development was too dynamic to be slowed down

dy·na·misch [dyˈnaːmɪʃ] **I.** *adj* ❶ *(schwungvoll)* dynamic ❷ *(vorwärtsdrängend)* dynamic ❸ *(regelmäßig angepasst)* index-linked **II.** *adv* dynamically

dy·na·mi·sie·renˈ [dynamiˈziːrən] *vt (geh)* ▪ **etw ~** to index-link sth

Dy·na·mi·sie·rung <-, -en> *f (geh)* index-linking *no pl;* **das neue Gesetz erfordert die ~ der Renten** the new act requires pensions to be index-linked

Dy·na·mit <-s> [dynaˈmiːt] *nt kein pl* ❶ *(liter)* dynamite ❷ *(fig)* dynamite; **da steckt ~ drin!** it's dynamite!

Dy·na·mo <-s, -s> [dyˈnaːmo] *m* dynamo

Dy·nas·tie <-, -n> [dynasˈtiː, *pl:* dynasˈtiːən] *f* dynasty

Dys·pro·si·um <-s> [dʏsˈproːzi̯ʊm] *nt kein pl* CHEM dysprosium *no pl*

D-Zug [ˈdeːtsuːk] *m (veraltend)* express, fast train; **lauf doch nicht so schnell, ich bin doch kein ~!** *(hum fam)* not so fast, I can't run as fast as I used to!

D-Zug-Tem·po *nt* ▪ WENDUNGEN: **im ~** *(fam)* like [*or* as quick as] a shot

E e

E, e <-, - o fam -s, -s> [eː] nt ❶ (Buchstabe) E, e; **~ wie Emil** E for Edward BRIT, E as in Easy AM; s. a. **A 1** ❷ MUS **das ~** [the note] E; s. a. **A 2**
Eau de Co·lo·gne <- - -> [ˈoːdəkoˈlɔnjə] nt kein pl eau de Cologne no pl BRIT, Cologne AM
Eb·be <-, -n> [ˈɛbə] f ebb [or low] tide; (Wasserstand) low water; **~ und Flut** the tides pl; **~ sein** to be low tide; **bei ~** at low tide, when the tide goes out/has gone out; **mit der ~** with the ebb tide; **mit der ~ aus·laufen** to leave on the ebb tide ▶ WENDUNGEN: **bei jdm herrscht** [o ist] **~** (fam) sb's finances are at a low ebb; **in meinem Portmonee ist ~** my finances are at a low ebb
eben[1] [ˈeːbn̩] **I.** adj ❶ (flach) even, flat ❷ (glatt) level **II.** adv evenly
eben[2] [ˈeːbn̩] **I.** adv ❶ zeitlich just; **der Zug ist ~ erst abgefahren** the train has only just left; **~ war sie noch hier** she was here just a moment ago; **was meintest du ~?** what did you say just now? ❷ (nun einmal) just, simply; **das ist ~ so** that's [just] the way it is [or things are] ❸ (gerade noch) just [about]; **das wird [so] ~ noch reichen** that'll just about be enough ❹ (kurz) **mal ~** [o **~ mal**] for a minute [or second]; **komm mal ~ mit!** come with me a second; **entschuldigen Sie mich mal ~** excuse me for a minute **II.** part ❶ (genau das) exactly, precisely; **das ist es ja ~** that's precisely [or exactly] it; **war es das, was du meintest? – nein, das ~ nicht** was that what you meant? – no, not exactly [that]; **~ das wollte ich sagen** that's precisely [or exactly] what I wanted to say; **[na] ~!** exactly ❷ (Abschwächung von Verneinung) **das ist nicht ~ billig** it's not exactly cheap
Eben·bild nt image; ▪ jds **~ sein** to be the [very or spitting]] image of sb
eben·bür·tig [ˈeːbn̩bʏrtɪç] adj equal; ▪ **jdm** [an etw dat] **~ sein** to be sb's equal [in sth]; **einander [nicht] ~ sein** [un]evenly matched
Eben·bür·tig·keit <-> f kein pl equality no pl
eben·da [ˈeːbn̩daː] adv ❶ (genau dort) exactly there; **Bad Tölz? ja, ~ ist sie** Bad Tölz? yes, that's exactly where she is ❷ (bei Zitat) ibidem; (geschrieben a.) ibid[.]
eben·da·hin [eːbn̩daˈhɪn] adv **~ fahre ich ja** that's exactly where I'm going **eben·da·rum** [eːbn̩daˈrʊm] adv for that very reason; **~ frage ich ja!** that is exactly why I'm asking **eben·der** [eːbn̩ˈdeːɐ̯], **eben·die** [eːbn̩ˈdiː], **eben·das** [eːbn̩ˈdas] pron he/she/it; **ist das deine Traumfrau? ebendie ist es** is that the woman of your dreams? yes, she's the one **eben·des·halb** [eːbn̩dɛsˈhalp], **eben·des·we·gen** [eːbn̩dɛsˈveːgn̩] adv s. **ebendarum eben·die·se(r, s)** [eːbn̩ˈdiːzə] pron (geh) he/she/it; **der Mann da vorne? – du sagst es, ~r!** that man up front there? – you've said it, the very one!
Ebe·ne <-, -n> [ˈeːbənə] f ❶ (Tief~) plain; (Hoch~) plateau ❷ MATH, PHYS plane; **schiefe ~** inclined plane ❸ (Schicht) level; **sich [nicht] auf jds ~** akk **bege·ben** (geh) to [not] come down to sb's level; **auf wissenschaftlicher ~** at the scientific level
eben·er·dig adj ▪ **~ sein** to be at ground level [or level with the ground]; **eine ~e Wohnung** a residence at ground level; **ein ~er Hauseingang** an entrance level with the ground [or at ground level]
eben·falls [ˈeːbn̩fals] adv also, as well, likewise, too; **ich hätte es ~ getan** I would have done it too [or as well], I would also have done it; **ich ~!** me too!,

danke, ~! thanks, [and] the same to you
Eben·holz [ˈeːbn̩hɔlts] nt ebony; **schwarz wie ~** as black as ebony
eben·je·ne(r, s) [eːbn̩ˈjeːnə] pron (geh) substantivisch he/she/it; **war er der Täter? – ja, ~r war es!** was he the culprit? – yes, he was the very one!; adjektivisch **~ Frau heiratete er** that's the very woman he married
Eben·maß nt kein pl (geh) evenness no pl, regularity; **von Gesichtszügen** regularity no pl; **des Körpers** perfect proportions pl
eben·mä·ßig **I.** adj regular, symmetrical, well-proportioned, evenly proportioned; **von ~em Wuchs** of even proportions; **~e Zähne** evenly proportioned teeth **II.** adv proportionately, symmetrically
eben·so [ˈeːbn̩zoː] adv ❶ (genauso) just as; **ich habe eine ~ schöne Wohnung** I have just as nice a flat; **~ gern** just as well/much; **meinen Vater mag ich ~ gern wie meine Mutter** I like my father just as much as my mother; **~ gut** [just] as well; **ich kann ~ gut darauf verzichten** I can just as well go without it; **~ lang[e]** just as long; **~ oft** just as frequently [or often]; **~ sehr** just as much; **ich kann ~ sehr lieb wie du mich** I'm just as much fond of you as you are of me; **~ viel** just as much; **~ wenig: das ist ~ wenig angebracht** this is just as inappropriate ❷ (auch) also, likewise, as well; **die Geschäfte sind geschlossen, ~ alle Kinos** the shops are closed, as are all the cinemas; **diese Waschmaschine ist ~ zu teuer** that washing machine is too expensive as well
eben·so·gern[ALT] adv s. **ebenso 1 eben·so·gut**[ALT] adv s. **ebenso 1 eben·so·lan·g[e]**[ALT] adv s. **ebenso 1 eben·so·oft** [-zoʔɔft] adv s. **ebenso 1 eben·so·sehr**[ALT] adv s. **ebenso 1 eben·so·viel**[ALT] adv s. **ebenso 1 eben·so·we·nig**[ALT] adv s. **ebenso 1**
Eber <-s, -> [ˈeːbɐ] m boar
Eber·esche [ˈeːbɐʔɛʃə] f BOT mountain ash [or rowan]
E-Busi·ness <-> [ˈiːˌbɪznɪs] f kein pl INET e-business
EC[1] <-s, -s> [eːˈtseː] m Abk von **Eurocity** Eurocity train (linking major European cities)
EC[2] <-s, -s> [eːˈtseː] m ❶ Abk von **Electronic Cash** electronic cash ❷ HIST Abk von **Euroscheck** eurocheque
echauf·fie·ren [eʃɔˈfiːrən] vr (geh) ▪ **sich** [über jdn/etw] **~** to get worked up [or form to excite oneself] [about sb/sth]
Echo <-s, -s> [ˈɛço] nt ❶ (Effekt) echo ❷ (Reaktion) response (**auf** +akk to); **ein [großes] ~ finden** to meet with a [big] response ❸ (Nachbeter) echoer; **von jdm das ~** [o **jds ~**] **sein** to echo sb's words
Echo·lot nt sonar, echo sounder
Ech·se <-, -n> [ˈɛksə] f saurian spec; (Eid~) lizard
echt [ˈɛçt] **I.** adj ❶ (nicht künstlich) real; (nicht gefälscht) genuine; **eine ~e Blondine** a natural blonde ❷ (aufrichtig) Freundschaft, Schmerz sincere ❸ (typisch) typical ❹ (beständig) ~e Farben fast colours [or AM -ors] ❺ (wirklich) real; s. a. **Bruch II.** adv inv ❶ (typisch) typically ❷ (rein) pure; **das Armband ist ~ Platin!** the bracelet is pure platinum! ❸ (fam: wirklich) really
Echt·heit <-> f kein pl ❶ (das Echtsein) authenticity, genuineness ❷ (Aufrichtigkeit) sincerity
Echt·zeit f INFORM real time
Eck <-[e]s, -e> [ˈɛk] nt ❶ ÖSTERR, SÜDD (Ecke) corner ❷ SPORT corner [of the goal]; **das kurze/lange ~** the near/far corner [of the goal] ▶ WENDUNGEN: **über ~** diagonally

EC-Kar·te f ➊ *(Debitkarte)* cash card, cash-point card ➋ HIST Eurocheque card

Eck·ball m SPORT corner; **einen ~ geben/schießen** to award *[or* give*]* /take a corner; **einen ~ verwandeln** to score from a corner **Eck·bank** f corner bench **Eck·da·ten** pl s. **Eckwert**

Ecke <-, -n> ['ɛkə] f ➊ *(spitze Kante)* corner; *eines Kragens* point; **sich an der ~ eines Tisches stoßen** to knock oneself on the edge of a table; **~n und Kanten** *(fig)* rough edges ➋ *(Straßen~)* corner; **gleich um die ~** just round *[or* AM around*]* the corner ➌ *(Zimmer~)* corner; **jdn in die ~ stellen** to make sb stand in the corner; **ab in die ~!** go and stand in the corner! ➍ *(Käse~)* wedge ➎ *fam: Gegend)* area; **wir kommen aus der gleichen ~** we come from the same corner of the world ➏ *(fam: Entfernung)* distance, stretch; **bis dahin ist es noch eine ganz schöne ~** it's still a fair old distance away; **mit jdm um/über sieben ~n verwandt sein** *(fam)* to be distantly related to sb ➐ SPORT corner; **eine kurze/lange ~** a short/long corner; **die neutrale ~** the neutral corner ▸ WENDUNGEN: **jdn um die ~ bringen** *(fam)* to do sb in *fam;* **jdn in die ~ drängen** to push sb aside; **an allen ~n und Enden** *(fam)* everywhere; **eine ganze ~** *(fam)* quite a bit; **mit ~n und Kanten** with a mind of one's own

Ecker <-, -n> ['ɛkɐ] f BOT beechnut

Eck·fens·ter nt corner window **Eck·haus** nt corner house, house on *[or* at*]* the corner

eckig ['ɛkɪç] adj ➊ *(nicht rund)* square; *(verwinkelt)* angular; **ein ~es Gesicht** an angular face; *s. a.* **Klammer** ➋ *(ungelenk)* jerky; **mit ~en Bewegungen gehen** to walk jerkily *[or* with a jerk*]* ➌ KOCHK rough

Eck·lohn m standard *[or* basic*]* rate of pay **Eck·pfei·ler** m ➊ *(liter)* corner pillar ➋ *(fig)* cornerstone **Eck·pfos·ten** m corner post **Eck·re·gal** pl corner shelves pl **Eck·schrank** m corner cupboard **Eck·stein** ['ɛk-ʃtain] m ➊ *(liter)* cornerstone ➋ *(fig)* s. **Eckpfeiler 2** **Eck·stoß** m s. **Eckball Eck·stun·de** f first/last lesson *[or* AM class*]* of the day **Eck·tisch** m corner table **Eck·wert** m *meist pl* benchmark figure; *(fig)* basis **Eck·wurf** m SPORT corner throw **Eck·zahn** m eye tooth, canine *[tooth];* *(Hauer)* fang **Eck·zins** m basic rate of interest

E-Com·merce <-> ['i:'kɔmɜ:s] m *kein pl* INET e-commerce

Ec·sta·sy <-, -s> ['ɛkstəzi] f ecstasy, E *fam*

Ecu <-[s], -[s]> [e'ky:] m, **ECU** <-, -> m *(hist)* Akr von **European currency unit** ECU

Ecu·a·dor, Eku·a·dor <-s> [eku̯a'do:ɐ] nt Ecuador; *s. a.* **Deutschland**

Ecu·a·do·ri·a·ner(in) <-s, -> [eku̯ado'ri̯a:nɐ] m(f) Ecuadorean; *s. a.* **Deutsche(r)**

ecu·a·do·ri·a·nisch [eku̯ado'ri̯a:nɪʃ] adj Ecuadorean; *s. a.* **deutsch**

Eda·mer <-s, -> ['e:damɐ] m Edam [cheese] *no pl, no art*

Ed·da <-> ['ɛda] f *kein pl* LITER Edda

edel ['e:dl̩] I. adj ➊ *(großherzig)* generous ➋ *(hochwertig)* fine, high-grade ➌ *(aristokratisch)* noble ➍ attr *(veraltend: vornehm)* noble; **von edler Abkunft sein** to be of noble origin II. adv nobly; **~ geformte Züge** aristocratic features

Edel·bou·tique, Edel·bu·ti·ke f high-class *[or* fam classy*]* boutique **Edel·fa·ser** f high-grade fibre *[or* AM -er*]* **Edel·frau** f noblewoman **Edel·gas** nt inert *[or* rare*]* *[or* noble*]* gas **Edel·holz** nt high-grade *[or* precious*]* wood *no pl* **Edel·kas·ta·nie** f sweet *[or* Spanish*]* chestnut **Edel·kitsch** m *(iron)* ostentatious rubbish *[or* kitsch*]* **Edel·klas·se** f ▸ **die ~** the crème de la crème **Edel·mann** <-leute> ['e:dlman, pl: -ˌlɔytə] m nobleman **Edel·me·tall** nt precious metal

Edel·mut ['e:dlmu:t] m *kein pl (geh)* magnanimity *no pl* form, noble-mindedness *no pl* **edel·mü·tig** ['e:dlˌmy:tɪç] I. adj *(geh)* magnanimous form, noble-minded II. adv magnanimously form **Edel·pilz·kä·se** m blue [vein] cheese **Edel·ro·se** f prize rose **Edel·schnul·ze** f *(iron)* sentimental ballad, pretentious sob stuff *no pl, no indef art* BRIT *pej* **Edel·stahl** m stainless *[or* high-grade*]* steel **Edel·stein** m precious stone **Edel·tan·ne** f silver fir

Edel·weiß <-[es], -e> ['e:dlˌvais] nt BOT edelweiss

Eden <-s> ['e:dn̩] nt *kein pl (geh)* Eden *no pl;* **ein blühendes ~** a flowering paradise; *s. a.* **Garten**

edie·ren [e'di:rən] vt ▪ **etw ~** to publish sth

Edikt <-[e]s, -e> [e'dɪkt] nt edict

Edin·burg <-s> ['ɛdɪnbʊrk] nt Edinburgh

edi·tie·ren [edi'ti:rən] vt INFORM ▪ **etw ~** to edit sth

Edi·ti·on <-, -en> [edi'tsi̯o:n] f ➊ *(das Herausgeben)* publication; *(die Ausgabe)* edition ➋ *(Verlag)* publishing house

Edi·tor <-s, -s> ['ɛdɪtɐ] m INFORM [text] editor

Edi·tor, Edi·to·rin <-s, -toren> ['e:dito:ɐ, edi'to:rɪn, pl: edi'to:rən] m, f *(geh)* publisher

Edi·to·ri·al <-s, -s> [edito'ria:l, ɛdi'tɔ:rɪəl] nt editorial

Edi·to·rin <-, -nen> [edi'to:rɪn] f *fem von* **Editor**

edi·to·risch [edi'to:rɪʃ] adj publishing attr

EDV <-> [e:de:'fau] f INFORM Abk von **elektronische Datenverarbeitung** EDP

EDV-An·la·ge [e:de:'fau-] f computer system **EDV-Bran·che** [e:de:'fau-] f computing business **EDV-Fach·mann, -Fach·frau** [e:de:'fau-] m, f computer specialist

EEG <-s, -s> [e:?e:'ge:] nt MED Abk von **Elektroenzephalogramm** EEG

Efeu <-s> ['e:fɔy] m *kein pl* ivy *no pl, no indef art*

Eff·eff <-> ['ɛf?ɛf] nt *kein pl* ▸ WENDUNGEN: **aus dem ~** *(fam)* inside out *fam;* **etw aus dem ~ beherrschen/kennen** to know sth backwards *[or* inside out*]*

Ef·fekt <-[e]s, -e> [ɛ'fɛkt] m ➊ *(Wirkung)* effect; **der ~ war gleich null** it had no effect whatsoever; **im ~** in the end ➋ *(Erscheinung)* effect; ▪ **~e** effects, FX *sl;* *(in Film)* special effects *[or* sl FX*]*

Ef·fek·ten [ɛ'fɛktn̩] pl securities pl, stocks and shares pl **Ef·fek·ten·bör·se** f stock exchange **Ef·fek·ten·han·del** m stock trading *no art*

Ef·fekt·ha·sche·rei <-, -en> [ɛfɛkthaʃə'rai] f *(fam)* cheap showmanship *no pl, no indef art*

ef·fek·tiv [ɛfɛk'ti:f] I. adj ➊ *(wirksam)* effective ➋ attr *(tatsächlich)* actual attr II. adv ➊ *(wirksam)* effectively; **sich als ~ erweisen** *[o* herausstellen*]* to prove *[or* turn out to be*]* effective ➋ *(tatsächlich)* actually; **Euro 5.000 ~ verdienen** to gross 5,000 euros **Ef·fek·ti·vi·tät** <-> [ɛfɛktivi'tɛ:t] f *kein pl* effectiveness *no pl*

ef·fekt·voll adj effective

ef·fi·zi·ent [ɛfi'tsi̯ɛnt] *(geh)* I. adj efficient II. adv efficiently

Ef·fi·zi·enz <-, -en> [ɛfi'tsi̯ɛnts] f *(geh)* efficiency

EFTA <-> ['ɛfta] f *kein pl* Akr von **European Free Trade Association** EFTA *no pl*

EG <-> [e:'ge:] f ➊ *(hist)* Abk von **Europäische Gemeinschaft** EC ➋ ÖKON Abk von **eingetragene Genossenschaft** registered cooperative society

egal [e'ga:l] *(fam)* I. adj ➊ *(gleichgültig)* ▪ **jdm ~ sein** to be all the same to sb; **das ist mir ~** I don't mind; *(unhöflicher)* I couldn't care less; **es ist mir ~, ob/dass ...** I don't care *[or* it makes no difference to me*]* whether/that ...; **es kann dir doch nicht ~ sein!** how can you not care?, it can't be a matter of indifference to you ➋ *(gleich aussehend)* identical; ▪ **~ sein** to be identical *[or* the same*]* ▸ WENDUNGEN: **~, was/wie/wo/warum ...** no matter what/how/where/why ... II. adv ➊ DIAL *(gleich)* identically; **~ groß/**

lang identical in size/length ② DIAL *(ständig)* constantly; **in unserem Urlaub hat es ~ geregnet** it rained continuously during our holiday

ega·li·sie·ren [egali'zi:rən] *vt* **Gemüse/Obst ~** KOCHK to cut vegetables/fruit into equal-sized pieces

Egel <-s, -> ['e:gl̩] *m* leech

Eg·ge <-, -n> ['ɛgə] *f* harrow

eg·gen ['ɛgn̩] I. *vt* ▪ **etw ~** to harrow sth II. *vi* to do harrowing

Ego <-s, -s> ['e:go] *nt (pej)* ego *a. pej*

Ego·is·mus <-, -ismen> [ego'ɪsmʊs] *m* ego[t]ism *pej*

Ego·ist(in) <-en, -en> [ego'ɪst] *m(f)* ego[t]ist *pej*

ego·is·tisch [ego'ɪstɪʃ] I. *adj* ego[t]istical *pej* II. *adv* ego[t]istically *pej*

Ego·ma·ne, Ego·ma·nin <-n, -n> [ego'ma:nə, ego'ma:nɪn] *m, f* egomaniac

Ego·ma·nie <-> [egoma'ni:] *f* egomania *no pl, no art*

Ego·ma·nin <-, -nen> *f fem form von* **Egomane**

Ego·trip <-s, -s> ['e:gotrɪp] *m* ego trip *pej;* **auf dem ~ sein** *(fam)* to be on an ego trip *pej*

Ego·zen·tri·ker(in) <-s, -> [ego'tsɛntrikɐ] *m(f) (geh)* egocentric

ego·zen·trisch [ego'tsɛntrɪʃ] *adj (geh)* egocentric

eh[1] ['e:] *interj (sl)* ① *(Anrede)* hey; **~, du da!** hey [*or* BRIT *fam* oy] , you there! ② *(was?)* eh?

eh[2] [e:] I. *adv bes* ÖSTERR, SÜDD *(sowieso)* anyway; **ich habe ~ keine Lust!** I don't feel like it anyway! ▶ WENDUNGEN: **seit ~ und je** since time immemorial, for donkey's years BRIT *fam,* since the year dot BRIT *dated fam;* **wie ~ und je** as always II. *konj (ehe)* before

ehe ['e:ə] *konj* before; ▪ **~ ... nicht** until ...; **~ es nicht aufhört zu regnen, setze ich keinen Fuß vor die Tür!** I'm not stepping outside until it stops raining!

Ehe <-, -n> ['e:ə] *f* marriage; **~ ohne Trauschein** common law marriage; **offene ~** modern marriage; **wilde ~** *(veraltend)* living together; **in wilder ~ leben** to be living together; **die ~ brechen** to commit adultery; **[mit jdm] die ~ eingehen** to marry [sb], to get married [to sb]; **[mit jdm] eine ~ führen** to be married [to sb]; **eine unglückliche ~ führen** to have an unhappy marriage; **die ~ schließen** to get married, to marry; **mit jdm die ~ schließen** *(geh)* to enter into marriage with sb *form;* **jdm die ~ versprechen** to promise to marry sb; **aus der/erster ~** from a/one's first marriage

ehe·ähn·lich *adj* similar to marriage; **[mit jdm] in einer ~en Gemeinschaft leben** to cohabit [with sb] *form* **Ehe·be·ra·ter(in)** *m(f)* marriage guidance counsellor, AM *a.* marriage counselor **Ehe·be·ra·tung** *f* ① *(das Beraten)* marriage guidance [*or* AM counseling] ② *(Beratungsstelle)* marriage guidance council BRIT **Ehe·bett** *nt* double [*or* form matrimonial] bed **ehe·bre·chen** *vi nur infin* to commit adultery **Ehe·bre·cher(in)** <-s, -> *m(f)* adulterer *masc,* adulteress *fem* **ehe·bre·che·risch** *adj* adulterous **Ehe·bruch** *m* adultery; **~ begehen** to commit adultery

ehe·dem ['e:ə'de:m] *adv* formerly, in former times; ▪ **von ~** *(geh)* of [*or* in] former times; ▪ **wie ~** *(geh)* as in former times

Ehe·frau *f fem form von* **Ehemann** wife **Ehe·gat·te** *m (geh)* ① *s.* **Ehemann** ② *pl (Ehepartner)* ▪ **die ~n** [married] partners *pl* **Ehe·gat·ten·split·ting** [-splɪtɪŋ] *nt* separate taxation for man and wife **Ehe·gat·tin** *f (geh) fem form von fem form von* **Ehegatte** **Ehe·glück** *nt* married [*or* hum domestic] bliss **Ehe·hin·der·nis** *nt* impediment to marriage **Ehe·krach** *m (fam)* marital row [*or* AM fight] **Ehe·kri·se** *f* marriage crisis *hum fam;* **(Pantoffelheld)** henpecked husband **Ehe·le·ben** *nt kein pl* married life **Ehe·leu·te** *pl (geh)* married couple + *sing/pl vb*

ehe·lich ['e:əlɪç] I. *adj* marital; **ein ~es Kind** a legitimate child II. *adv* legitimately; **~ geborene Kinder** legitimate children, children born in wedlock *fam*

ehe·li·chen ['e:əlɪçn̩] *vt (hum)* ▪ **jdn ~** to wed sb *liter*

ehe·los *adv* single, unmarried

Ehe·lo·sig·keit <-> *f kein pl* unmarried state *no pl;* *(Zölibat)* celibacy *no pl, no art*

ehe·ma·lig ['e:əma:lɪç] *adj attr* former; **jds E~er/E~e** *(hum fam)* sb's ex *fam;* ▪ **die E~en** SCH the former pupils

ehe·mals ['e:əma:ls] *adv (geh)* formerly, previously

Ehe·mann <-männer> *m* husband **Ehe·paar** *nt* [married] couple + *sing/pl vb;* **das ~ Peisert** Mr and Mrs Peisert + *pl vb* **Ehe·part·ner(in)** *m(f)* husband *masc,* wife *fem,* spouse *form*

eher ['e:ɐ] *adv* ① *(früher)* earlier, sooner; **je ~, desto besser** the sooner the better; **~ ..., als ...** earlier [*or* sooner] than ... ② *(wahrscheinlicher)* more likely ③ *(mehr)* more; **das lässt sich schon ~ hören!** that sounds more like it! ④ *(lieber)* rather, sooner; **soll ich ~ am Abend hingehen?** would it be better if I went in the evening?; **~ ..., als ...** rather [*or* sooner] ... than ...

E-Herd *m kurz für* **Elektroherd**

Ehe·ring *m* wedding ring

ehern ['e:ɐn] *adj (geh)* ① *(liter)* metal ② *(fig)* iron; **~ bleiben** to remain firm; **ein ~es Gesetz** an unshak[e]able law; **ein ~er Wille** an iron will

Ehe·schei·dung *f* divorce **Ehe·schlie·ßung** *f (geh)* marriage ceremony, wedding

ehest ['e:əst] *adv* ÖSTERR *(baldigst)* as soon as possible

Ehe·stand *m kein pl (geh)* marriage *no pl, no art,* matrimony *no pl, no art form;* **in den ~ treten** to enter into matrimony *form*

ehes·te(r, s) I. *adj attr* earliest; **bei ~r Gelegenheit** at the earliest opportunity II. *adv* ▪ **am ~n** ① *(am wahrscheinlichsten)* [the] most likely; **das scheint am ~n möglich** that seems [the] most likely ② *(zuerst)* the first; **sie ist am ~n da gewesen** she was the first here

ehes·tens ['e:əstn̩s] *adv* ① *(frühestens)* at the earliest ② ÖSTERR *(baldigst) s.* **ehest**

Ehe·ver·kün·di·gung *f* SCHWEIZ *(Aufgebot)* announcement of marriage **Ehe·ver·mitt·lung** *f* ① *kein pl (Gewerbe)* arrangement of marriages, matchmaking *no pl, no art;* **in der ~ tätig sein** to arrange marriages ② *(Büro)* marriage bureau BRIT **Ehe·ver·mitt·lungs·in·sti·tut** *nt* marriage bureau BRIT **Ehe·ver·spre·chen** *nt* promise of marriage **Ehe·ver·trag** *m* marriage contract **Ehe·weib** *nt (hum fam)* wife, old woman [*or* AM lady] *fam;* ▪ **mein ~** the wife, the missus BRIT *fam,* the old woman *fam* [*or* AM *fam* old lady]

Ehr·ab·schnei·der(in) <-s, -> *m(f) (pej geh)* slanderer, calumniator *form*

ehr·bar ['e:ɐba:ɐ] *adj* respectable

Eh·re <-, -n> ['e:ɐə] *f* ① *kein pl (Ansehen)* honour [*or* AM -or] *no pl;* **ein Fleck auf seiner ~** a stain on one's honour; **jdm zur ~ gereichen** *(geh)* to bring sb honour [*or* honour to sb]; **jdn in seiner ~ kränken** to wound sb's honour; **~/keine ~ im Leib** respect/not a shred of respect ② *(Anerkennung)* honour [*or* AM -or]; **zu jds ~n/zu ~n einer S.** *gen* in honour of sb/sth; **eine große ~** a great honour; **jdm eine ~/große [*o* besondere] ~ sein** *(geh)* to be an honour/a great honour for sb; **mit militärischen ~n** with military honours; **sich** *dat* **etw als ~ anrechnen** to consider sth an honour; **jdm die letzte ~ erweisen** *(geh)* to pay sb one's last respects [*or* one's last respects to sb]; **sich** *dat* **die ~ geben, etw zu tun** *(geh)* to have the honour of doing sth; **etw in ~n halten** to cherish [*or* treasure] sth; **zu ~n kommen** to come back into favour [*or* AM -or]; **jdm ~/wenig ~ machen** to do sb credit/to not do sb any credit; **was**

verschafft mir die ~? *(geh o iron)* to what do I owe the honour? *form iron;* **jdm wird die ~ zuteil, etw zu tun** sb is given the honour of doing sth ▶ WENDUNGEN: **in ~n ergraut sein** *(geh)* to have reached a venerable old age; **~, wem ~ gebührt** *(prov)* honour where honour is due *prov;* **auf ~ und Gewissen** on my/his etc. honour; **~ sei Gott in der Höhe** glory to God in the highest; **habe die ~!** ÖSTERR, SÜDD *(ich grüße Sie!)* [I'm] pleased to meet you; **mit wem habe ich die ~?** *(geh o iron)* with whom do I have the honour [of speaking]? *form iron;* **... in allen ~n, aber ...** I don't doubt ..., but ...; **jdn bei seiner ~ packen** to appeal to sb's sense of honour; **[das ist] zu viel der ~!** you do me too great an honour! *a. hum; s. a.* **Mann**

eh·ren ['eːrən] *vt* ❶ *(würdigen)* ■ **jdn** [**durch** *[o* **mit**] **etw**] ~ to honour [*or* AM -or] sb [with sth] ❷ *(Ehre machen)* ■ **jdn** ~ to make sb feel honoured [*or* AM -ored]; **dieser Besuch ehrt uns sehr** we are very much honoured by this visit; *s. a.* **geehrt** *s. a.* **Vater**

Eh·ren·amt *nt* honorary office [*or* post] **Eh·ren·amt·lich** I. *adj* honorary; **~e Tätigkeiten** voluntary work II. *adv* in an honorary capacity, on a voluntary basis **Eh·ren·bür·ger(in)** *m(f)* freeman, honorary citizen; **jdn zum ~ der Stadt ernennen** to give sb the freedom of [*or* AM key to] the city **Eh·ren·bür·ger·recht** *nt* freedom; **jdm das ~ verleihen** to award [*or* give] sb the freedom of the town **Eh·ren·dok·tor, -dok·to·rin** *m, f* ❶ *(Titel)* honorary doctor ❷ *(Inhaber)* honorary doctor; ■ **~ sein** to be an honorary doctor **Eh·ren·dok·tor·wür·de** *f* honorary doctorate; **jdm die ~ verleihen** to make sb an honorary doctor, to give sb an honorary doctorate **Eh·ren·er·klä·rung** *f* ❶ JUR formal apology ▶ *(Vertrauensausspruch)* declaration of confidence **Eh·ren·for·ma·ti·on** *f* MIL guard of honour **Eh·ren·gast** *m* guest of honour

eh·ren·haft ['eːrənhaft] I. *adj* honourable [*or* AM -orable] II. *adv* honourably [*or* AM -orably] **Eh·ren·haf·tig·keit** <-> *f kein pl* honourableness [*or* AM -orableness] *no pl*

eh·ren·hal·ber *adv* ❶ *(als Ehrung)* as an honour [*or* AM -or]; **einen Titel ~ verleihen** to award an honorary title; **jdn ~ zum Vorsitzenden ernennen** to appoint sb honorary chairman ❷ *(ohne Bezahlung)* on a voluntary basis

Eh·ren·le·gi·on *f* legion of honour **Eh·ren·lo·ge** *f* VIP [*or* BRIT royal] box **Eh·ren·mal** *nt* [war] memorial **Eh·ren·mann** *m* man of honour **Eh·ren·mit·glied** *nt* honorary member **Eh·ren·platz** *m* ❶ *(bevorzugter Sitz)* place [*or* seat] of honour ❷ *(besonderer Platz)* special place **Eh·ren·preis** *nt* BOT speedwell BRIT, veronica BRIT, consolation prize am **Eh·ren·rech·te** *pl* **bürgerliche ~** civil rights **Eh·ren·ret·tung** *f* retrieval of one's honour; **zu jds ~** in sb's defence [*or* AM defense]; **zu seiner ~ sei gesagt, dass ...** let it be said in his defence that ...; **zu jds ~ dienen** to serve to clear sb's name **Eh·ren·run·de** *f* ❶ SPORT lap of honour; **eine ~ drehen** to run a lap of honour ❷ SCH *(fam: Wiederholung einer Klasse)* resitting [*or* AM repeating] a year **Eh·ren·sa·che** *f* matter of honour; **~!** *(fam)* you can count on me! **Eh·ren·sal·ve** [-zalvə] *f* salute **Eh·ren·tag** *m (geh)* special day **Eh·ren·tor** *m* consolation goal **Eh·ren·tri·bü·ne** *f* VIP stand [*or* rostrum] **Eh·ren·ur·kun·de** *f* certificate of honour **eh·ren·voll** *adj* ❶ *(ehrend)* honourable; **es als ~ betrachten, etw zu tun** to consider it an honour to do sth ❷ MIL **ein ~er Friede[n]** an honourable peace **Eh·ren·vor·sitz** *m kein pl* POL, SOZIOL honorary chairmanship **Eh·ren·vor·sit·zen·de(r)** *f(m) dekl wie adj* honorary chair[person], honorary chairman *masc* [*or fem* chairwoman] **Eh·ren·wa·che** *f* guard of honour; [**an etw** *dat*] **die ~ halten** to keep vigil [at sth] **eh·ren·wert**

adj (geh) s. **ehrbar** **Eh·ren·wort** <-worte> *nt* word of honour; **sein ~ brechen/halten** to break/keep one's word; [**jdm**] **sein ~ geben** to give [sb] one's word [of honour]; **~?** *(fam)* promise? *fam,* cross your heart [and hope to die]? *hum fam;* [**großes**] **~!** *(fam)* scout's honour! *hum fam;* **mein ~!** you have my word!

ehrerbietig I. *adj (geh)* respectful, deferential II. *adv (geh)* respectfully, deferentially

Ehr·er·bie·tung <-, -en> *f (geh)* respect, deference **Ehr·furcht** *f kein pl* respect; *(fromme Scheu)* reverence; ■ **jds ~ vor jdm/etw** sb's respect [*or* reverence] for sb/sth; **vor jdm/etw ~ haben** to have [great] respect for sb/sth, to revere sb; **~ gebietend** awe-inspiring; **eine ~ gebietende Geste/Stimme** an imperious gesture/voice

ehr·furcht·ge·bie·tend *adj s.* **Ehrfurcht** **ehr·fürch·tig** ['eːɐ̯fʏrçtɪç], **ehr·furchts·voll** I. *adj* reverent II. *adv* reverentially **Ehr·ge·fühl** *nt kein pl* sense of honour [*or* AM -or] **Ehr·geiz** ['eːɐ̯gaits] *m kein pl* ambition; **krankhafter ~** morbid ambition; **keinen ~ haben** to have no [*or* be lacking in] ambition; **er ist ein Mann von sehr großem ~** he is a man of boundless [*or* unbridled] ambition; **seinen ~ dareinsetzen, etw zu tun** to make it one's [sole] ambition to do sth

ehr·gei·zig ['eːɐ̯gaitsɪç] *adj* ambitious **ehr·lich** ['eːɐ̯lɪç] I. *adj* ❶ *(aufrichtig)* honest; **~e Absichten** honourable [*or* AM -orable] intentions; **~e Besorgnis/Zuneigung** genuine concern/affection; **es ~ mit jdm meinen** to have good intentions towards [*or* mean well by] sb; **ich hatte die ~e Absicht, zu kommen** I really did mean [*or* intend] to come; **der ~e Finder wird einen Finderlohn erhalten** anybody finding and returning it will receive a reward ▶ WENDUNGEN: **~ währt am längsten** *(prov)* honesty is the best policy *prov* II. *adv* ❶ *(legal, vorschriftsmäßig)* fairly; **~ spielen** to play fair; **~ verdientes Geld** honestly earned money ❷ *(fam: wirklich)* honestly ▶ WENDUNGEN: **~ gesagt ...** [*o* **um ~ zu sein ...**] to be [quite] honest ...; [**also**] **~!** honestly!, really!

ehr·li·cher·wei·se *adv* in all honesty **Ehr·lich·keit** *f kein pl* ❶ *(Aufrichtigkeit)* sincerity, genuineness; **sie zweifelte an der ~ seiner Absichten** she doubted that his intentions were honourable ❷ *(Zuverlässigkeit)* honesty

ehr·los I. *adj* dishonourable [*or* AM -orable] II. *adv* dishonourably [*or* AM -orably] **Ehr·lo·sig·keit** <-> *f kein pl* dishonourableness [*or* AM -orableness]

Eh·rung <-, -en> *f* ❶ *(Anerkennung)* recognition; **die ~ der Sieger** the presentation of medals to the winners, the presentation ceremony ❷ *(Beweis der Wertschätzung)* honour [*or* AM -or]; **mit ~en überhäuft werden** to be loaded with honours

Ehr·wür·den <*bei Voranstellung:* -[s] *bei Nachstellung:* -> ['eːɐ̯gvvrdn̩] *m kein pl, ohne art* REL *(veraltend)* Reverend; **Euer/Eure ~** Reverend Father/Mother

ehr·wür·dig ['eːɐ̯gvvrdɪç] *adj* ❶ *(achtenswert)* venerable; **ein ~es Alter erreichen** to reach a grand [*or* ripe] old age ❷ REL *(verehrungswürdig)* reverend; **die ~e Mutter [Oberin]** the Reverend Mother [Superior] **Ehr·wür·dig·keit** *f* venerability, venerableness

ei ['ai] *interj* ❶ *(oha!)* well[, well]!, oho! ❷ *(brav!)* there, there; **~, ~, so, jetzt tut es gar nicht mehr weh!** there, there [*or* there now] , now it's stopped hurting!; **bei einem Tier/jdm ~ [~] machen** *(Kindersprache)* to stroke an animal/sb, to pet an animal **Ei** <-[e]s, -er> ['ai] *nt* ❶ *(Vogel~, Schlangen~)* egg; **faules ~** rotten egg; **ein hartes/hart gekochtes ~** a hard-boiled egg; **ein weiches/weich gekochtes Ei** a soft-boiled egg; **aus dem ~ kriechen** to hatch [out];

ein ~ **legen** to lay an egg; **pochierte** [*o* **verlorene**] ~**er** poached eggs; **russische** ~**er** egg mayonnaise, eggs Russian style; ~**er legend** egg-laying [*or* oviparous] *spec* ❷ *(Eizelle)* ovum ❸ *pl (sl: Hoden)* balls *pl sl;* **jdm einen Tritt in die** ~**er geben** [*o* **versetzen**] to kick sb [*or* give sb a kick] in the balls *sl* ❹ *pl (sl: Euro)* euros, ≈ quid *no pl* BRIT *fam,* ≈ bucks *pl* AM *fam;* **das kostet dich 500** ~**er!** that'll cost you 500 quid! ▸ WENDUNGEN: **das** ~ **will klüger sein als die Henne!** [don't] try and teach your grandmother to suck eggs!; **das ist das** ~ **des Kolumbus** that's just the thing; **das ist ein dickes** ~**!** *(fam)* that's a bit much!; **ach, du dickes** ~**!** *(fam)* damn [it]!; **jdn wie ein rohes** ~ **behandeln** to handle sb with kid gloves; **das sind doch noch ungelegte** ~**er kümmere dich nicht um ungelegte** ~**er** we'll cross that bridge when we come to it; **wie auf** ~**ern gehen** *(fam: ungeschickt gehen)* to teeter around BRIT; *(vorsichtig, ängstlich gehen)* to walk carefully [*or* BRIT gingerly]; **sich** [*o* **einander**] **gleichen wie ein** ~ **dem anderen** to be as [a]like as two peas in a pod; **wie aus dem** ~ **gepellt** *(fam)* [to be] dressed up to the nines [*or* BRIT as smart as a guardsman]; **jdm die** ~**er polieren** *(sl)* to beat up sb *sep fam,* to give sb a good hiding *fam*
Ei·be <-, -n> ['aibə] *f* BOT yew [tree]
Eich·amt *nt* ADMIN Office of Weights and Measures BRIT, Bureau of Standards AM
Eich·blatt·sa·lat *m* KOCHK oak leaf lettuce
Ei·che <-, -n> ['aiçə] *f* ❶ *(Baumart)* oak [tree] ❷ *kein pl (Eichenholz)* oak
Ei·chel <-, -n> ['aiçl] *f* ❶ BOT *(Frucht der Eiche)* acorn ❷ ANAT glans ❸ *pl* KARTEN ≈ clubs *pl (suit on old German playing cards equivalent to clubs)*
Ei·chel·hä·her ['aiçlhɛ:ɐ] *m* ORN jay
ei·chen[1] ['aiçn] *adj* oak, oaken *dated*
ei·chen[2] ['aiçn] *vt* ❶ *(einstellen)* ▪ **etw** ~ to gauge sth; **ein Instrument/Messgerät/eine Waage** ~ to calibrate an instrument/a gauge/scales; **Gewichte/ Maße** ~ to adjust [*or* gauge] weights/measures ❷ *(fam)* ▪ **auf etw** *akk* **geeicht sein** to be well up on sth *fam;* **darauf ist er geeicht!** that's [right] up his street!
Ei·ch[**en**]**·baum** *m (veraltend geh)* oak tree **Ei·chen·blatt** *nt* oak leaf **Ei·chen·holz** *nt* oak[wood] **Ei·chen·laub** *nt* ❶ BOT *(Laub der Eiche)* oak leaves *pl* ❷ MIL *(Auszeichnung)* oak-leaf garland, the Oak Leaves *pl*
Eich·ge·wicht *nt* standard weight
Eich·hörn·chen ['aiçhœrnçən] *nt,* **Eich·kätz·chen** *nt* DIAL squirrel
Eich·maß *nt* standard measure **Eich·strich** *m* line showing the correct [*or* standard] measure
Ei·chung <-, -en> *f* ADMIN gauging; *von Instrumenten, Messgeräten* calibration; *von Gewichten, Maßen* adjusting, gauging
Eid <-[e]s, -e> ['ait, *pl:* 'aidə] *m* oath; **ein feierlicher/ heiliger** ~ a solemn oath; **an** ~**es statt** JUR in lieu [*or* instead] of [an] oath; **an** ~**es statt erklären** [*o* **versichern**] to declare solemnly [*or* in lieu of [an] oath]; **eine Erklärung an** ~**es statt** an affirmation in lieu of [an] oath; **ich erkläre an** ~**es statt, dass ...** I do solemnly declare that ...; **einen falschen** ~ **schwören** to perjure oneself [*or* commit perjury]; **einen** ~ **ablegen** [*o* **leisten**] [*o* **schwören**] to swear [*or* take] an oath; **einen** ~ **auf jdn/etw leisten** to swear [*or* take] an oath of allegiance to sb/sth; **jdm einen** ~ **abnehmen** to administer an oath to sb [*or* swear sb in]; **etw auf seinen** ~ **nehmen** to swear to sth; **jeden** ~ **schwören, dass...** to swear on one's mother's grave that...; **darauf kann ich einen** ~ **schwören** I would swear [an oath] to it; **es steht** ~ **gegen** ~ it's one person's word against another's;

unter ~ [**stehen**] [to be] under [*or* BRIT on] oath
Eid·bruch *m* breach of [one's [*or* an]] oath, perjury; **einen** ~ **begehen** to break one's [*or* an] oath, to commit perjury
eid·brü·chig *adj* oath-breaking; ▪ ~ **werden** to break one's [*or* an] oath
Ei·dech·se ['aidɛksə] *f* lizard
Ei·der·en·te ['aidɐ-] *f* eider [duck]
Ei·des·for·mel *f* JUR wording [*or* form] of the oath; **jdm die** ~ **vorsprechen/nachsprechen** to say the oath for sb to repeat/repeat the oath to sb **ei·des·statt·lich** JUR **I.** *adj* in lieu of [an] oath; ~**e Erklärung** [*o* **Versicherung**] affirmation in lieu of [an] oath, solemn affirmation **II.** *adv* **etw** ~ **erklären** to declare sth under oath
Eid·ge·nos·se, -ge·nos·sin *m, f* Swiss [citizen] **Eid·ge·nos·sen·schaft** *f* **Schweizerische** ~ the Swiss Confederation **eid·ge·nös·sisch** ['aitgənœsɪʃ] *adj* Swiss
eid·lich ['aitlɪç] **I.** *adj* [made] under [*or* BRIT on] oath *pred* **II.** *adv* under [*or* BRIT on] oath; ~ **gebunden** [*o* **verpflichtet**] **sein** to be bound by [an] oath
Ei·dot·ter *m o nt* egg yolk
Ei·er·ap·fel *m* KOCHK aubergine BRIT, egg plant AM **Ei·er·be·cher** *m* egg cup **Ei·er·bri·kett** *nt* ovoid [of coal] **Ei·er·flip** <-s, -s> [-flɪp] *m* egg-nog **Ei·er·hand·gra·na·te** *f* hand grenade, pineapple *sl,* Mills bomb *hist* **Ei·er·ko·cher** *m* egg cooker **Ei·er·kopf** *m (meist pej sl)* egghead *pej fam* **Ei·er·köp·fer** *m* KOCHK egg cutter **Ei·er·korb** *m* egg basket **Ei·er·ku·chen** *m* pancake **Ei·er·li·kör** *m* egg liqueur, advocaat **Ei·er·löf·fel** *m* egg spoon
ei·ern ['aiɐn] *vi (fam)* to wobble
Ei·er·pfan·ne *m* KOCHK omelette pan **Ei·er·pfann·ku·chen** *m* pancake **Ei·er·sa·lat** *m* egg salad **Ei·er·scha·le** *f* eggshell **Ei·er·schnei·der** <-s, -> *m* egg slicer
Ei·er·schwamm <-s, -schwämme> *m* ÖSTERR, **Ei·er·schwam·merl** <-s, -> [-ʃvamɐl] *nt* ÖSTERR *(fam: Pfifferling)* chanterelle **Ei·er·spei·se** *f* egg dish **Ei·er·stock** *m* ANAT ovary **Ei·er·stock·ent·zün·dung** *f* MED ovaritis, oophoritis **Ei·er·tanz** *m (fam)* treading carefully *fig;* [**um etw**] **einen** [**regelrechten**] ~ **aufführen** to tread [very] carefully [in sth] **Ei·er·tei·ler** *m* egg slicer **Ei·er·uhr** *f* egg timer **Ei·er·wär·mer** *m* egg cosy
Ei·fer <-s> ['aifɐ] *m kein pl* enthusiasm; **mit** ~ enthusiastically [*or* with enthusiasm]; **im** ~ in one's excitement ▸ WENDUNGEN: **im** ~ **des Gefechts** *(fam)* in the heat of the moment; **blinder** ~ **schadet nur** *(prov)* more haste, less speed *prov*
ei·fern ['aifɐn] *vi (geh)* ❶ *(wettern)* ▪ **gegen etw** ~ to rail [*or* BRIT inveigh] against sth ❷ *(veraltend: streben)* ▪ **nach etw** ~ to strive for sth
Ei·fer·sucht ['aifɐzʊxt] *f kein pl* jealousy; ▪ **jds** ~ **auf jdn** sb's jealousy of sb; **aus** ~ out of jealousy
Ei·fer·süch·te·lei <-, -en> [aifɐzʏçtaˈlai] *f (pej)* petty jealousy
ei·fer·süch·tig ['aifɐzʏçtɪç] *adj* jealous; ▪ ~ [**auf jdn/ etw**] **sein** to be jealous [of sb/sth]; **jdn** ~ **machen** to make sb jealous
Ei·fer·suchts·sze·ne *f* scene [caused by jealousy], jealous scene; ▸ WENDUNGEN: **jdm eine** ~ **machen** to make a scene [in a fit of jealousy]
Eif·fel·turm ['aifltʊrm] *m kein pl* ▪ **der** ~ the Eiffel Tower
ei·för·mig *adj* egg-shaped, oval, ovoid
eif·rig ['aifrɪç] **I.** *adj* enthusiastic, keen; **ein** ~**er Leser/ Sammler** an avid reader/collector; ~**e Suche** assiduous [*or* industrious] searching **II.** *adv* eagerly; **sich** ~ **bemühen/beteiligen/an die Arbeit machen** to try hard/take part/set about one's work enthusiastically; ~ **lernen/üben** to learn/practise assiduously

[or industriously]

Ei·gelb <-s, -e *o bei Zahlenangabe:* -> nt egg yolk; **man nimmt 6 ~ …** take 6 egg yolks [or the yolks of 6 eggs] …

ei·gen ['aign] adj ❶ *(jdm gehörig)* own; **seine ~e Meinung/Wohnung haben** to have one's own opinion/flat [or an opinion/a flat of one's own]; **etw sein E~ nennen** *(geh)* to own sth ❷ *(separat)* separate; **mit ~em Eingang** with a separate entrance ❸ *(typisch, kennzeichnend)* ■ **etw ist] jdm ~** [sth is] characteristic of sb; **mit dem ihr ~en Optimismus …** with her characteristic optimism [or the optimism which is characteristic of her] …; **sich** *dat* **etw zu ~ machen** to make sth a habit [or a habit of sth] ❹ *(eigenartig)* peculiar; **er ist ein ganz ~er Mensch** he's a rather peculiar chap; *s. a.* **Ding¹** ❺ *(penibel)* ■ **jd ist in etw** *dat* ~ sb is particular in sth; **darin** [*o* **was das angeht,**] **bin ich** [sehr] ~ I am [very] particular about that; *s. a.* **Bericht** *s. a.* **Hand** *s. a.* **Rechnung** *s. a.* **Sache**

Ei·gen·art ['aign?a:ɐ̯t] *f* ❶ *(besonderer Wesenszug)* characteristic ❷ *(Flair)* individuality

ei·gen·ar·tig ['aign?a:ɐtɪç] **I.** *adj* peculiar, strange; **das ist aber ~!** that's strange [or odd] [or unusual] ! **II.** *adv* peculiarly, strangely; **~ aussehen** to look strange [or peculiar]

Ei·gen·bau *m kein pl (selbst [an]gebaut)* **etw im ~ züchten** to grow sth oneself [or to grow one's own sth]; **Gemüse im ~** home-grown vegetables; **Bier Marke ~** home brew; **Wein Marke ~** home-made wine; **ein Fahrrad Marke ~** a home-made bicycle; *s. a.* **Marke** **Ei·gen·be·darf** *m* ❶ *(der eigene Bedarf)* [one's own] personal needs; **zum** [*o* **für den**] **~** for one's [own] personal use ❷ *JUR* **jdm/eine Wohnung wegen ~s kündigen** to give sb notice because one needs a flat for oneself; **~ geltend machen** to declare [or state] that one needs a flat [or *AM* apartment]/house for oneself **Ei·gen·be·richt** *m* report from a newspaper's own correspondent [or journalist] **Ei·gen·blut** *nt MED* one's own blood

Ei·gen·bröt·ler(in) <-s, -> ['aignbrøːtle] *m(f)* loner, lone wolf

ei·gen·bröt·le·risch ['aignbrøːtlərɪʃ] *adj* reclusive; **~e Besonderheiten/Verhaltensweisen** eccentricities **Ei·gen·dy·na·mik** *f* momentum of its/their own; **eine ~ entfalten** [*o* **entwickeln**] to gather [a] momentum of its/their own **Ei·gen·ge·wicht** *nt eines Fahrzeugs* unladen weight; *von Waren* net weight **ei·gen·hän·dig** ['aignhɛndɪç] **I.** *adj* personal; **ein ~er Brief** a handwritten letter; **ein ~es Testament** a holographic will; **eine ~e Widmung** a personally inscribed dedication **II.** *adv* personally; **die Bäume habe ich ~ gepflanzt** I planted the trees myself [or personally planted the trees] **Ei·gen·heim** *nt* home of one's own; **die Besitzer von ~en** homeowners

Ei·gen·heit <-, -en> *f s.* **Eigenart**

Ei·gen·in·i·ti·a·ti·ve *f (jds eigene Initiative)* initiative of one's own; **auf** [*o* **in**] **~** on one's own initiative **Ei·gen·ka·pi·tal** *nt FIN (einer Person)* one's own capital; *(einer Firma)* equity capital **Ei·gen·kre·a·ti·on** *f* one's own creation **Ei·gen·le·ben** *nt kein pl (Privatleben)* private life; *(selbstständige Existenz)* independent existence **Ei·gen·leis·tung** *f (eigene kreative Leistung)* one's own work; *(eigene Arbeit)* one's own work; *(selbst finanzierte Arbeiten, Reparaturen)* one's own payment [or personal] contribution] **Ei·gen·lie·be** *f PSYCH* ❶ *(Liebe zu sich selbst)* self-love ❷ *(Eitelkeit, Egoismus)* love of one's self, amour propre **Ei·gen·lob** *nt* self-praise, self-importance; **~ stinkt!** *(fam)* don't blow your own trumpet! *prov* **ei·gen·mäch·tig** ['aignmɛçtɪç] **I.** *adj* high-handed **II.** *adv* high-handedly **Ei·gen·mäch·tig·keit** <-, -en> *f*

❶ *kein pl (Selbstherrlichkeit)* high-handedness ❷ *(eigenmächtige Handlung)* unauthorized act[ion] **Ei·gen·mit·tel** *pl FIN (geh)* [one's] own resources; **aus ~n** from [or out of] one's own resources **Ei·gen·na·me** *m LING* proper noun [or name] **Ei·gen·nutz** <-es> *m kein pl* self-interest; **aus ~** out of self-interest; **ohne** [jeden] **~** without [any] self-interest [or any thought for oneself] **ei·gen·nüt·zig** ['aignnʏtsɪç] **I.** *adj* selfish **II.** *adv* selfishly

ei·gens ['aigns] *adv* ❶ *(extra)* [e]specially ❷ *(ausschließlich)* solely; **das ist ~ für dich** this is just [or [e]specially] for you

Ei·gen·schaft <-, -en> ['aignʃaft] *f* ❶ *(Charakteristik)* quality; **gute/schlechte ~en** good/bad qualities ❷ *CHEM, PHYS (Merkmal)* property ❸ *(Funktion)* capacity; **in jds ~ als …** in sb's capacity as …; **ich bin in amtlicher ~** I am here in an official capacity **Ei·gen·schafts·wort** <-wörter> *nt LING* adjective

Ei·gen·sinn *m kein pl* stubbornness, obstinacy; **aus ~** out of stubbornness [or obstinacy] **ei·gen·sin·nig** ['aignzɪnɪç] **I.** *adj* stubborn, obstinate **II.** *adv* stubbornly, obstinately **ei·gen·staat·lich** *adj* sovereign **Ei·gen·staat·lich·keit** *f* sovereignty

ei·gen·stän·dig ['aignʃtɛndɪç] **I.** *adj* independent **II.** *adv* independently

Ei·gen·stän·dig·keit <-> *f kein pl* independence

ei·gent·lich ['aigntlɪç] **I.** *adj* ❶ *(wirklich, tatsächlich)* real; **der ~e Wert** the real [or true] value; **jds ~s Wesen** sb's true nature ❷ *(ursprünglich)* original; **im ~en Sinne des Wortes** in the original meaning of the word; *s. a.* **Sinn II.** *adv* ❶ *(normalerweise)* really; **das müsstest du doch ~ wissen!** you really ought to [or should] know that!; **da hast du ~ recht** you may be right there; **~ schon** theoretically [yes] ❷ *(wirklich)* actually; **ich bin ~ nicht müde** I'm not actually tired **III.** *part (überhaupt)* anyway; **was fällt dir ~ ein!** what [on earth] do you think you're doing!; **was wollen Sie ~ hier?** what do you [actually] [or [exactly] do you] want here?; **wie reden Sie ~ mit mir!** how dare you talk to me like that!; **was ist ~ mit dir los?** what [on earth] is wrong [or *fam* up] with you?; **wie alt bist du ~?** [exactly [or just] | how old are you?

Ei·gen·tor *nt SPORT* own goal; ▸ WENDUNGEN: **ein ~ schießen** to shoot oneself in the foot

Ei·gen·tum <-s> ['aigntuːm] *nt kein pl* property; ■ **jds ~** sb's property; **wessen ~ ist diese Villa?** who owns this villa?; ■ **das ~ an einer S.** *dat* the ownership of sth; **das ~ an einem Konzern** the assets of a company; **jds geistiges ~** sb's intellectual property; **~ an etw erwerben** *dat* to acquire ownership of sth

Ei·gen·tü·mer(in) <-s, -> ['aigntyːme] *m(f)* owner **ei·gen·tüm·lich** ['aigntyːmlɪç] **I.** *adj* ❶ *(merkwürdig)* strange, odd, peculiar; ■ **jdm ist/wird** ~ sb has/gets a strange [or odd] feeling ❷ *(geh: typisch)* ■ **jdm/einer S.** ~ characteristic of [or peculiar to] sb/sth; **mit der ihm ~en Sorgfalt** with characteristic care ❸ *(übel)* ■ **jdm ist/wird** ~ sb feels strange [or odd] **II.** *adv* strangely, oddly, peculiarly; **~ aussehen** to look odd [or strange] [or peculiar]

Ei·gen·tüm·lich·keit <-, -en> *f* ❶ *(Besonderheit)* characteristic ❷ *(Eigenheit)* peculiarity ❸ *kein pl (Merkwürdigkeit)* peculiarity, strangeness

Ei·gen·tums·de·likt *nt JUR* offence [or *AM* -se] against property *AM* **Ei·gen·tums·recht** *nt JUR* right of ownership; ■ **jds ~ an jdm/etw** sb's right of ownership of sb/sth **Ei·gen·tums·ver·hält·nis** *nt* distribution of property **Ei·gen·tums·woh·nung** *f JUR* owner-occupied [or freehold] flat [or *AM* apartment], condominium *AM*

ei·gen·ver·ant·wort·lich I. *adj* with sole responsibility *pred;* **eine ~e Tätigkeit** a responsible job **II.** *adv* on one's own authority **Ei·gen·ver·ant·wor·tung** *f* self-responsibility, personal responsibility **ei·gen·wil·lig** ['aignʏlɪç] *adj* ❶ *(eigensinnig)* stubborn, obstinate ❷ *(unkonventionell)* unconventional, original **Ei·gen·wil·lig·keit** <-> *f kein pl* ❶ *(Eigensinn)* stubbornness, obstinacy ❷ *(unkonventionelle Art)* unconventionality, originality

eig·nen ['aignən] *vr* ■ **sich für** [*o* **zu**] **etw ~** to be suitable for [*or* suited to] sth; ■ **etw eignet sich als** [*o* **zu**] **etw** sth can be of use [*or* could be used] as sth; **dieses Buch eignet sich** [**sehr gut**] **zum Verschenken** this book would make a [very] good [*or* suitable] present **Eig·ner(in)** <-s, -> ['aignɐ] *m(f) (geh)* owner **Eig·nung** <-, -en> ['aignʊŋ] *f* ■ **jds ~ für** [*o* **zu**] **etw** sb's suitability for sth; **er besitzt die ~ zum Übersetzer** he would make a good translator; ■ **die ~ einer S.** *gen* **für etw** the suitability of sth for sth **Eig·nungs·prü·fung** *f*, **Eig·nungs·test** *m* aptitude test

Ei·klar <-s, -> *nt* ÖSTERR, SÜDD egg white **Ei·land** <-[e]s, -e> ['ailant, *pl:* 'ailandə] *nt (liter)* island, isle BRIT *liter* **Eil·bo·te, -bo·tin** *m, f* express messenger; **per** [*o* **durch**] **~n** by express delivery, express **Eil·brief** *m* express letter; **als ~** express, by express [delivery] **Ei·le** <-> ['ailə] *f kein pl* haste; **warum die ~?** why such haste?, what's the hurry?; **~/keine ~ haben** to be in a/no hurry; **etw hat ~** sth is urgent; **mit etw ~ haben** sth is [extremely] urgent; **in ~ sein** to be in a hurry; **jdn zur ~ mahnen/treiben** to hurry sb up [*or* urge sb to hurry [up]]; **in der/aller/jds ~** in the hurry [*or* sb's haste] /in [the] great haste/in sb's haste; **in großer ~** in great haste [*or* a great hurry]; **nur keine ~!** there's no rush!

Ei·lei·ter <-s, -> *m* ANAT Fallopian tube **Ei·lei·ter·ent·zün·dung** *f* MED salpingitis **Ei·lei·ter·schwan·ger·schaft** *f* MED ectopic [*or* tubal] pregnancy **ei·len** ['ailən] **I.** *vi* ❶ *sein (schnell gehen)* ■ **irgendwohin ~** to hurry somewhere; *s. a.* **Hilfe** *s. a.* **Weile** ❷ *haben (dringlich sein)* ■ **etw eilt** sth is urgent; **eilt!** urgent! **II.** *vi impers haben* ■ **es eilt** [**mit etw**] *(es hat Eile)* it's urgent, sth is urgent; **eilt es?** is it urgent?; ■ **es eilt jdm** sb is in a hurry **ei·lends** ['ailənts] *adv* at once, immediately, straight away **eil·fer·tig** ['ailfɛrtɪç] **I.** *adj (geh)* assiduous, zealous **II.** *adv* assiduously, zealously **Eil·fer·tig·keit** *f kein pl (geh)* assiduousness, zealousness **ei·lig** ['ailɪç] **I.** *adj* ❶ *(schnell, rasch)* hurried; **nur nicht so ~!** don't be in such a hurry [*or* rush] ! ❷ *(dringend)* urgent; **in ~en Geschäften** on urgent business; **es** [**mit etw**] **~ haben** to be in a hurry [*or* rush] [with sth]; **jd hat nichts E~eres zu tun, als ...** *(iron)* sb has nothing better to do than ... *iron* **II.** *adv* quickly; **sehr ~ verschwinden** to beat a hasty retreat **ei·ligst** *adv* at once, immediately, straight away **Eil·päck·chen** *nt* express parcel **Eil·sen·dung** *f* express delivery, express mail [*or* BRIT post] *no pl* **Eil·tem·po** *nt* **im ~** *(fam)* as quickly as possible **Eil·zug** *m* BAHN ≈ fast stopping train **Eil·zu·stel·lung** *f* express delivery **Ei·mer** <-s, -> ['aimɐ] *m* bucket, pail; *(Milch~)* pail; *(Müll~)* [rubbish] bin BRIT, garbage can AM; ▸ WENDUNGEN: **es gießt wie mit** [*o* **aus**] **~n** *(fam)* it's raining cats and dogs *fam*, it's bucketing down BRIT *fam*; **etw ist im ~** *(sl)* sth is bust [*or* AM *fam* kaput] **ei·mer·wei·se** *adv* by the bucketful, in bucketfuls **ein¹** ['ain] *adv (eingeschaltet)* on; **E~/Aus** on/off **ein²** ['ain], **ei·ne** ['ainə] **I.** *adj* one; **~ Euro ist heutzutage nicht mehr viel Geld** one [*or* a] euro isn't

worth very much [*or* doesn't go very far] nowadays; **es ist genau ~ Uhr** it's one [o'clock] on the dot [*or* exactly one [o'clock]] ▸ WENDUNGEN: **~ für allemal** once and for all; **jds E~ und Alles** to be sb's all and everything BRIT, to mean everything to sb; **meine Liebste, mein E~ und Alles!** my love, my all and everything [*or* you mean everything to me] !; **~ und derselbe/dieselbe/dasselbe** one and the same; *s. a.* **eins II.** *art indef* ❶ *(einzeln)* a/an; **~ Europäer/ Hotel/Umschlag** a European/a hotel/an envelope; **~ Mann/~e Frau** a man/woman; **was bist du doch für ~ Dummkopf!** what an idiot!; **das ist ~ interessanter Vorschlag** that's an interesting suggestion; **die Tochter ~es Pfarrers** the daughter of a priest, a priest's daughter; **~e Hitze ist das hier!** it's very hot [*or* sweltering] [in] here!; **was für ~ Lärm!** what a noise! ❷ *(jeder)* a/an; **~e Wüste ist immer trocken** a desert is [*or* deserts are] always dry

ein·ach·sig [-aksɪç] *adj* TECH single-axle, two-wheel **Ein·ak·ter** <-s, -> ['ainʔaktɐ] *m* THEAT one-act play **ein·an·der** [ai'nandɐ] *pron* each other, one another; **die Aussagen widersprechen ~** [**nicht**] the statements are [not] mutually contradictory **ein|ar·bei·ten I.** *vr* ■ **sich** [**in etw**] **~** *akk* to get used to [sth], to familiarize oneself [with sth] **II.** *vt* ❶ *(praktisch vertraut machen)* ■ **jdn** [**in etw**] **~** *akk* to train sb [for sth], to familiarize sb [with sth] ❷ *(einfügen)* ■ **etw** [**in etw**] **~** *akk* to add sth in[to sth]; **eine Ergänzung/ein Zitat** [**in etw**] **~** to incorporate an amendment/quotation [into sth] ❸ ÖSTERR *(nachholen, vorarbeiten)* ■ **etw ~** *Zeitverlust* to make up [for] sth **Ein·ar·bei·tungs·zeit** *f* training period **ein·ar·mig** ['ainʔarmɪç] *adj* one-armed; *s. a.* **Bandit** **ein|äschern** ['ainʔɛʃɐn] *vt* ❶ *(kremieren)* ■ **jdn ~** to cremate sb ❷ *(durch Feuer vernichten)* ■ **etw ~** to burn sth to the ground, to burn down sth *sep,* to reduce sth to ashes **Ein·äsche·rung** <-, -en> *f* cremation **ein|at·men I.** *vt* ■ **etw ~** to breathe in sth *sep,* to inhale sth **II.** *vi* to breathe in, to inhale **ein·äu·gig** ['ainʔɔygɪç] *adj* one-eyed; ■ **der/die E~e** the one-eyed man/woman **Ein·bahn·stra·ße** *f* one-way street **ein|bal·sa·mie·ren** *vt* ❶ ■ **jdn ~** to embalm sb ❷ *(hum fam: einreiben)* ■ **sich** [**mit etw**] **~** to apply [sth] liberally; **sich mit Duftwasser ~** to splash on the toilet water [*or* AM cologne] ▸ WENDUNGEN: **sich ~ lassen können** *(fam)* to be a dead loss **Ein·bal·sa·mie·rung** <-, -en> *f* embalming, embalmment **Ein·band** <-bände> ['ainbant, *pl:* -bɛndə] *m* [book] cover **ein·bän·dig** ['ainbɛndɪç] *adj* VERLAG one-volume *attr,* in one volume *pred* **Ein·bau** <-bauten> *m* ❶ *kein pl (das Einbauen)* fitting *no pl; einer Batterie, eines Getriebes, Motors* installation *no pl* ❷ *meist pl (eingebautes Teil)* fitting *usu pl* **ein|bau·en** *vt* ❶ ■ **etw** [**in etw** *akk*] **~** to build sth in[to sth], to fit sth [in sth]; **eine Batterie ~** to instal[l] [*or* BRIT fit] a battery; **ein Getriebe/einen Motor ~** to instal[l] a transmission/engine; ■ **eingebaut** built-in ❷ *(fam: einfügen)* ■ **etw** [**in etw** *akk*] **~** to incorporate sth [into sth] **Ein·bau·kü·che** *f* fitted kitchen **Ein·baum** *m* dugout [canoe] **Ein·bau·schrank** *m* fitted cupboard, built-in cupboard; *(im Schlafzimmer)* built-in wardrobe **ein|be·hal·ten** *vt irreg* ■ **etw ~** *Abgaben, Steuern etc.* to withhold sth **ein·bei·nig** *adj* one-legged **ein|be·ru·fen** *vt irreg* ❶ *(zusammentreten lassen)*

■ **etw** ~ to convene [*or* call] sth ② MIL ■ **jdn** ~ to conscript [*or sep* call up] sb

Ein·be·ru·fe·ne(r) *f/m/* dekl wie adj MIL conscript

Ein·be·ru·fung *f* ① *(das Einberufen)* convention, calling ② MIL call-up papers *pl* BRIT, draft card AM

Ein·be·ru·fungs·be·fehl *m* MIL call-up papers BRIT *pl*, draft card AM **Ein·be·ru·fungs·be·scheid** *m* MIL call-up papers *pl* BRIT, draft card AM

ein|be·to·nie·ren* *vt* ■ **jdn/etw** [**in etw**] ~ *akk* to concrete sb/sth in[to sth], to embed sb/sth in concrete

ein|bet·ten *vt* ■ **etw in etw** ~ *akk* to embed sth in sth

Ein·bett·zim·mer *nt* single room

ein|beu·len I. *vt* ■ [**jdm**] **etw** ~ to dent sth [of sb's], to make [*or* put] a dent in sb's sth; **ein eingebeulter Hut** a battered hat **II.** *vr* ■ **sich** ~ to become dented

ein|be·zie·hen* *vt irreg* ■ **jdn** [**in etw**] [**mit**] ~ *akk* to include sb [in sth]; **jdn in eine Aufführung/Diskussion** ~ to involve sb in a performance/discussion; ■ **etw** [**in etw**] [**mit**] ~ *akk* to include sth [in sth]

ein|bie·gen *vi irreg sein* ■ [**in etw**] ~ *akk* to turn [off] [into sth]; **er bog** [**nach links**] **in eine Fußgängerpassage ein** he turned [left] into a pedestrian precinct; ■ **in etw/nach ...** ~ *akk* to turn into sth/to bend to ...; **diese Straße biegt in die Hauptstraße ein** this street joins [up] [*or* links up] with the main road

ein|bil·den *vr* ① *(fälschlicherweise glauben)* ■ **sich** **etw** ~ *dat* to imagine [*or* think] sth; **was hast du dir eigentlich eingebildet!** what were you thinking [of]!; ■ **sich** ~, **dass ...** *dat* to imagine [*or* think] that ...; **du hast dir doch nicht etwa im Ernst eingebildet, dass ...** did you [*or* you didn't] really think that ...; *s. a.* **steif** *s. a.* **Schwachheit** ② *(fantasieren)* ■ **sich etw** ~ *dat* to imagine sth ③ *(stolz sein)* ■ **sich etw** *dat* **auf etw** ~ to be proud of sth; **darauf brauchst du dir nichts einzubilden** that's nothing to write home [*or* BRIT to crow] about ▶ WENDUNGEN: **du bildest dir wohl viel ein!** you think a lot of yourself!, you fancy yourself a bit! BRIT *fam*; **was bildest du dir eigentlich ein?** *(fam)* what's got into your head?, what are you thinking [of]?

Ein·bil·dung *f* ① *kein pl (Fantasie)* imagination; **das ist** [**bloße** [*o* **reine**]] ~! it's all in the mind! ② *kein pl (Arroganz)* conceitedness ▶ WENDUNGEN: ~ **ist auch eine Bildung!** *(fam)* what arrogance!; **du leidest wohl an** ~! *(hum fam)* you must be joking!

Ein·bil·dungs·kraft *f kein pl* [powers of] imagination

ein|bim·sen [-bɪmzn] *vt (fam)* ■ **jdm etw** ~ to drum sth into sb

ein|bin·den *vt irreg* ① VERLAG ■ **etw** [**in etw**] ~ *akk* to bind sth [in sth]; **etw neu** ~ to rebind sth ② *(einbeziehen)* ■ **jdn/etw** [**in etw**] ~ *akk* to integrate sb/sth [into sth]

Ein·bin·dung *f kein pl* integration

ein|bla·sen *vt irreg (fam)* ■ **jdm etw** ~ to put sth into sb's head; **jdm Blödheiten** ~ to fill sb's head with nonsense

ein|bläu·en^RR *vt (fam)* ■ **jdm etw** ~ ① *(einschärfen)* to drum [*or* hammer] sth into sb['s head] ② *(einprügeln)* to beat sth into sb

ein|blen·den I. *vt* FILM, TV, RADIO to insert; **Geräusche/Musik** ~ to dub in sounds/music; **eine Durchsage** [**in etw**] ~ to interrupt [sth] with an announcement **II.** *vr* TV, RADIO ■ **sich** [**in etw**] ~ *akk (sich einschalten)* to interrupt [sth]; *(sich dazuschalten)* to go over to [*or* link up with] [sth]

Ein·blen·dung *f* FILM, TV, RADIO ① *(das Einblenden) von Verkehrsdurchsagen, von Werbung* insertion ② *(eingeblendeter Teil)* insert

ein|bleu·en^ALT *vt (fam) s.* **einbläuen**

Ein·blick *m* insight; ■ ~ **in etw** *akk* insight into sth; **etw eröffnet jdm** [...] ~**e** sth provides sb with a/an

[...] insight; **jdm** ~ **in etw gewähren** *akk* to allow sb to look at sth; *(fig)* to allow sb to gain an insight into sth; ~ **in etw gewinnen** *akk* to gain an insight into sth; ~ **in etw haben** *akk* to be able to see into sth; *(informiert sein)* to have an insight into sth; ~ **in etw nehmen** *akk (geh)* to look at sth

ein|bre·chen *irreg* **I.** *vi* ① *sein o haben (Einbruch verüben)* ■ [**bei jdm/in etw**] ~ *dat o akk* to break in[to sb's home/sth]; **beim Juwelier ist eingebrochen worden** the jeweller's has been broken into, there has been a break-in at the jeweller's; **bei mir ist eingebrochen worden** man hat bei mir eingebrochen I've had a break-in, my house [*or* flat] has been broken into ② *sein (plötzlich beginnen) Dämmerung, Dunkelheit, Nacht* to fall ③ *sein (eindringen)* ■ [**in etw**] ~ *akk* **Wasser** to break through [into sth] ④ *sein (nach unten durchbrechen)* ■ [**auf etw**] ~ *dat* to fall through [sth] ⑤ *sein (einstürzen)* to fall [*or* cave] in ⑥ *sein (Misserfolg haben)* to come a cropper BRIT *sl*, to suffer a setback AM **II.** *vt haben* ■ **etw** ~ to break down sth *sep*

Ein·bre·cher(in) <-s, -> *m(f)* burglar

Ein·bren·ne [ˈainbrɛnə] *f* KOCHK roux

ein|bren·nen *vt* ■ **etw** ~ KOCHK to bind sth in a roux

ein|brin·gen *irreg* **I.** *vt* ① *(eintragen)* ■ [**jdm**] **etw** ~ to bring [sb] sth; **Zinsen** ~ to earn [*or* yield] interest ② *(einfließen lassen)* ■ **etw** [**in etw**] ~ *akk* to bring sth in[to sth], to bring sth to bear in sth; **Kapital in ein Unternehmen** ~ to contribute capital to a company; **seine Erfahrung** ~ to bring one's experience to bear in sth ③ AGR *(hineinbringen)* ■ **etw** ~ **Ernte** to bring [*or* gather] in sth ④ POL *(vorschlagen)* ■ **etw** [**in etw**] ~ *dat* to introduce [*or* propose] sth [in sth]; **einen Antrag** ~ to table a motion ⑤ *(aufholen, wettmachen)* **Zeit** [**wieder**] ~ to catch [*or* make] up [on] time **II.** *vr* ■ **sich** ~ to contribute

ein|bro·cken *vt (fam)* ■ **jdm etw** ~ to land sb in it [*or* BRIT the soup] *fam*; ■ **sich** *dat* **etw** ~ to land oneself in it [*or* BRIT the soup] *fam*; **das hast du dir selber eingebrockt!** you've only yourself to thank for that!, you brought that on yourself!

ein|brö·seln *vt* KOCHK *s.* **panieren**

Ein·bruch [ˈainbrʊx, *pl:* ˈainbrʏçə] *m* ① JUR *(das Einbrechen)* break-in; ■ **der/ein** ~ **in etw** *akk* the/a break-in somewhere; **ein** ~ **in die Bank** a break-in at the bank; **einen** ~ [**in etw**] **begehen** [*o* **verüben**] *akk* to break in [somewhere] ② *(das Eindringen)* penetration; **ein** ~ **von Kaltluft** an influx of cold air ③ *(Einsturz) Mauer etc.* collapse, caving in ④ BÖRSE, ÖKON slump, sharp fall [*or* drop] ⑤ *(plötzlicher Beginn)* onset; **bei** ~ **der Dunkelheit** [*o* **Nacht**] [at] nightfall; **vor** ~ **der Dunkelheit** [*o* **Nacht**] before nightfall

Ein·bruch(s)·dieb·stahl *m* burglary, breaking and entering; **einen** ~ **begehen** [*o* **verüben**] to commit [a] burglary **ein·bruch(s)·si·cher** *adj* burglar-proof **Ein·bruch(s)·werk·zeug** *nt* house-breaking tool/tools

ein|buch·ten [ˈainbʊxtn] *vt (sl)* ■ **jdn** ~ to put sb away *fam,* to lock [*or* BRIT *sl* bang] sb up

Ein·buch·tung <-, -en> *f* ① *(Delle)* dent ② *(Aussparung)* indentation ③ *(Bucht)* bay, inlet

ein|bud·deln *vt (fam)* ■ **jdn/etw** ~ to bury sb/sth; ■ **sich** ~ to dig oneself in

ein|bun·kern *vr (fig fam)* ■ **sich** ~ to cut oneself off from one's surroundings

ein|bür·gern [ˈainbʏrgɐn] **I.** *vt* ① ADMIN *(eine Staatsangehörigkeit verleihen)* ■ **jdn** ~ to naturalize sb ② *(heimisch werden)* ■ **eingebürgert werden** to become established **II.** *vr* ① *(übernommen werden)* ■ **sich** ~ to become established ② *(zur Regel werden)* ■ **es hat sich** [**bei jdm/irgendwo**] **so eingebürgert** it has

become a habit [or the practice] [or custom] [with sb/
somewhere]

Ein·bür·ge·rung <-, -en> f ① ADMIN *(das Einbürgern)*
naturalization ② BOT *einer Pflanze, eines Tieres* naturalization ③ *(das Üblichmachen)* establishment; **die
~ einer Sitte** the adoption of a custom

Ein·bu·ße f loss; **[mit etw] ~n erleiden** to suffer [or
sustain] losses [on sth]; **etw tut jdm/einer S.
[schwere] ~** *(geh)* sth causes sb/sth to lose sth; **der
Skandal hat seinem Ansehen schwere ~ getan** he
lost a lot of respect because of the scandal

ein|bü·ßen I. vt ■ **etw ~** to lose sth II. vi ■ **an etw ~**
dat to lose sth; **nichts an Zuverlässigkeit ~** to lose
none of its reliability

Ein·cent·stück, 1-Cent-Stück nt one-cent piece [or
coin]

ein|che·cken [-tʃɛkn̩] I. vi to check in; ■ **in etw ~** dat
to check into sth II. vt ■ **etw/jdn ~** to check in sth/
sb sep

ein|cre·men ['aɪnkreːmən] vt ■ **[jdm] etw ~** to put
cream on [sb's] sth; ■ **sich etw ~** dat to put cream on
sth; ■ **sich [mit etw] ~** to put cream on [oneself]

ein|däm·men vt ■ **etw ~** to dam sth, to contain sth;
die Ausbreitung einer Krankheit/eines Virus ~
to check [or stem] the spread of a disease/virus; **Inflation ~** to curb [or control] inflation

Ein·däm·mung f *(Verhinderung)* checking, stemming;
(das Eindämmen) containment; **die ~ der Inflation**
curbing [or controlling] inflation

ein|de·cken I. vr ■ **sich [mit etw] ~** to stock up [on
sth]; **sich mit Holz/Kohle ~** to lay [or get] in stocks
[or supplies] of wood/coal II. vt ① BAU ■ **etw [mit
etw] ~** to cover sth [with sth]; **ein mit Stroh einge-
decktes Dach** a thatched roof ② *(fam: überhäufen)*
■ **jdn mit etw ~** to swamp sb with sth; ■ **mit etw
eingedeckt sein** to be inundated [or BRIT snowed
under] with sth

Ein·de·cker <-s, -> m LUFT monoplane

ein|dei·chen ['aɪndaɪçn̩] vt BAU ■ **etw ~** to dike [or
dyke] sth; **einen Fluss ~** to embank [or dike] [or BRIT
dyke] a river

ein|del·len ['aɪndɛlən] vt *(fam)* ■ **[jdm] etw ~** Auto,
Hut to dent sth [of sb's], to make a dent in sth [of sb's]

ein·deu·tig ['aɪndɔytɪç] I. adj ① *(unmissverständlich)*
unambiguous, unequivocal; **die ~e Absicht** the clear
[or definite] intention ② *(unzweifelhaft)* clear; **~er
Beweis** clear [or definite] proof; **eine ~e Niederlage**
a resounding defeat; **ein ~er Sieg** a clear [or resound-
ing] victory; **ein ~er Umstand** an incontestable [or
indisputable] fact II. adv ① *(unmissverständlich)*
unambiguously; **ich hoffe, ich habe mich ~ ausge-
drückt!** I hope I have made myself clear[ly under-
stood]! ② *(klar)* clearly; **das stimmt aber ganz ~
nicht!** that's clearly [or obviously] not true [at all]!

Ein·deu·tig·keit <-> f kein pl ① *(Unmissverständlich-
keit)* unambiguity, unequivocalness ② *(Unzweifelhaf-
tigkeit)* clarity; **die ~ der Beweise** the clarity [or defi-
niteness] of the proof

ein|deut·schen ['aɪndɔytʃn̩] vt ① *(dem Deutschen
anpassen)* ■ **etw ~** to Germanize sth; ■ **eingedeutscht** Germanized; **Frisör ist eingedeutscht für
Friseur** Frisör is the Germanized version of Friseur
② *(deutsch machen)* ■ **jdn/etw ~** to Germanize sb/
sth

ein|di·cken ['aɪndɪkn̩] I. vt haben KOCHK ■ **etw ~** to
thicken sth II. vi sein to thicken

ein·di·men·si·o·nal adj ① MATH one-dimensional, uni-
dimensional ② *(eingleisig)* one-dimensional

ein|do·sen ['aɪndoːzn̩] vt ■ **etw ~** to tin [or AM can] sth

ein|dö·sen vi sein *(fam)* to doze [or drop] [or fam
nod] off

ein|drän·gen vi sein ① *(bedrängen)* ■ **auf jdn ~** to

ein|dre·cken ['aɪndrɛkn̩] I. vi sein *(fam)* to get dirty
II. vr *(fam)* ■ **sich ~** to get [oneself] dirty

ein|dre·hen vt ■ **etw [in etw] ~** akk to screw sth in[to
sth]; **jdm/sich die Haare ~** to put sb's/one's hair in
curlers [or rollers]

ein|dre·schen vi irreg *(fam)* ■ **auf jdn ~** to lay into
sb fam

ein|drin·gen vi irreg sein ① *(einbrechen)* ■ **in etw**
akk **~** to force one's way [or an entry] into sth ② *(vor-
dringen)* ■ **in etw** akk **~** to force one's way into sth;
MIL to penetrate [into] sth ③ *(hineindringen, hineinsi-
ckern)* ■ **in etw** akk **~** to penetrate [into] sth; **Grund-
wasser drang in den Tunnel ein** groundwater got
[or seeped] into the tunnel ④ *(sich kundig machen)*
■ **in etw** akk **~** to get to know sth ⑤ *(sich verbreiten)*
■ **in etw** akk **~** to find its/their way into sth ⑥ *(bestürmen)* ■ **[mit etw] auf jdn ~** to besiege sb [with
sth]

ein·dring·lich I. adj *(nachdrücklich)* forceful,
powerful; **eine ~e Schilderung** a vivid account
II. adv strongly

Ein·dring·lich·keit f forcefulness; **eine Schilderung
von großer ~** a very vivid account [or an account of
great vividness]

Ein·dring·ling <-s, -e> ['aɪndrɪŋlɪŋ] m intruder; *(in
Gesellschaft etc)* interloper

Ein·druck <-drücke> ['aɪndrʊk, pl: -drʏkə] m ① *(Vorstellung)* impression; **den ~ erwecken, als [o dass]
...** to give the impression that ...; **sich des ~s nicht
erwehren können, dass ...** *(geh)* to have the strong
impression that ...; **[von jdm/etw] einen ~/den ~
gewinnen, dass ...** to gain an/the impression [from
sb/sth] that ...; **den ~ haben, dass ...** to have the
impression that ...; **ich habe nicht den/diesen ~**
I don't have that impression; **[auf jdn] einen ... ~
machen** to give the impression of being ... [to sb]; **sie
machte einen nervösen ~** she gave the impression
of being [or she seemed] nervous; **[auf jdn] den ~
eines ... machen** to give the impression of being a
... [to sb]; **[...] ~ auf jdn machen** to make a/an [...]
impression on sb; **einen großen ~ auf jdn machen**
to make a great [or big] impression on sb; **[bei jdm] ~
machen wollen** [o fam: schinden] to be out to
impress [sb]; **Eindrücke sammeln** to gain impressions; **unter dem ~ von etw stehen** to be under the
effect of [or affected by] sth; **seinen ~ auf jdn nicht
verfehlen** to have [or achieve] the desired effect on
sb; **jdm einen ~ [von etw] vermitteln** to give sb an
idea [about sth] ② *(selten: eingedrückte Spur)* impression, imprint

ein|drü·cken I. vt ① *(nach innen drücken)* ■ **etw ~** to
push in sth sep; **das Auto/den Kotflügel ~** to dent
the car-/[car] wing [or AM fender]; **den Damm ~** to
break through the dam; **die Fenster ~** to break [or
shatter] the windows; **die Mauer/Tür ~** to break
down the wall/door ② *(verletzen)* ■ **jdm etw ~** to
crush sb's sth; **jdm den Brustkorb/Schädel ~** to
crush sb's chest/skull [or head]; **jdm die Nase ~** to
flatten sb's nose II. vr *(einen Abdruck hinterlassen)*
■ **sich in etw** akk **~** to make an impression [or
imprint] in sth

ein·drück·lich ['aɪndrʏklɪç] adj SCHWEIZ *(eindrucksvoll)*
impressive

ein·drucks·voll I. adj impressive; **ein ~er Appell** a
stirring appeal II. adv impressively

ei·ne(r, s) ['aɪnə] pron indef ① *(jemand)* someone,
somebody; **es hat geklingelt, ist da ~r?** the doorbell
rang, is there someone [or somebody] [or anybody] ?;
~s von den Kindern one of the children; ■ **der/
die/das ~** [the] one; **das ~ Buch habe ich schon**

gelesen I've already read one of the books [*or* the one book]; **die ~n sagen das eine, die anderen gerade das Gegenteil** one lot [*or* some] say one thing, the other lot say [*or* [the] others [say]] exactly the opposite; *s. a.* **andere(r, s)** ② *(fam: man)* one; **und das soll noch ~r glauben?** and I'm/we're expected to swallow [*or* believe] that? ③ *(ein Punkt)* ■ ~**s** [*o* **eins**] one thing; **~s gefällt mir nicht an ihm** [there's] one thing I don't like about him; **~s muss klar sein** let's make one thing clear; **~ sag ich dir** I'll tell you one thing; **halt, noch eins[, ehe ich's vergesse]** and there's one more [*or* other] thing [before I forget]; *s. a.* **hinauslaufen** ► WENDUNGEN: **du bist mir [...] ~(r)!** *(fam)* you're a/an [...] one! BRIT; **du bist mir aber/ja/vielleicht ~!** you're a right one!; **das ist ~r!** he's quite a man [*or* one] !; **~r für alle, alle für ~n** *(prov)* all for one and one for all *prov*

ein|eb·nen *vt* ■ **etw ~** to level [*or* flatten] sth [off]

Ein·ehe *f* monogamy *no pl, no art*

ein·ei·ig ['ain?aiɪç] *adj* BIOL identical; **~e Zwillinge** identical twins

ein·ein·halb ['ain?ain'halp] *adj* one and a half; *s. a.* **achteinhalb**

ein·ein·halb·mal *adv* one and a half times; **~ schneller** one and a half times faster; **~ so viel** one and a half times as much

Ein·el·tern·fa·mi·lie *f* one-parent [*or* single-parent] family

ei·nen ['ainən] *vt (geh)* ■ **etw ~** to unite sth

Ein·en·der <-s, -> *m* JAGD one-pointer

ein|en·gen ['ain?εŋən] *vt* ① *(beschränken)* ■ **jdn in etw** *dat* **~** to restrict [*or* cramp] sb in sth ② *(drücken)* ■ **jdn ~** to restrict sb's movement[s] ③ *(begrenzen)* ■ **etw [auf etw** *akk]* **~** to restrict [*or* sep narrow down] sth [to sth]

Ein·en·gung <-, -en> *f* ① *(Bedrängung)* cramping [of sb's style] *hum fam* ② *(Beschränkung)* restriction, limitation

ei·ner ['ainɐ] *pron s.* **eine**

Ei·ner <-s, -> ['ainɐ] *m* ① MATH unit ② SPORT *(einsitziges Ruderboot)* single scull

ei·ner·lei ['ainɐ'lai] *adj inv, pred (egal)* ■ **jdm ~ sein** to be all the same to sb; **das ist mir ganz ~** it's all the same [*or* doesn't matter] to me, it makes no difference to me, I don't mind; **~, ob ...** it doesn't [*or* no] matter whether ...

Ei·ner·lei <-s> ['ainɐ'lai] *nt kein pl* monotony; **das ~ des [grauen] Alltags** the monotony of daily [*or* everyday] life [*or* the daily grind]

ei·ner·seits ['ainɐzaits] *adv* **... andererseits ...** on the one hand ..., on the other hand ...

ei·nes ['ainəs] *pron s.* **eine**

ei·nes·teils ['ainəstails] *adv* **... ander[e]nteils** on the one hand ..., on the other hand ...

Ein·eu·ro·stück, 1-Eu·ro-Stück *nt* one-euro piece [*or* coin]

ein·fach ['ainfax] I. *adj* ① *(leicht)* easy, simple; **das hat einen ~en Grund** there's a simple reason [*or* an easy explanation] for that; **es sich** *dat* **[mit etw]** *zu* **machen** to make it too easy for oneself [with sth] ② *(unkompliziert)* straightforward, uncomplicated; **warum ~, wenn's auch umständlich geht?** *(iron)* why do things the easy way [when you can make them [*or* it] difficult]? ③ *(gewöhnlich)* simple; **~es Essen** plain [*or* simple] food; **ein ~es Hemd/eine ~e Hose** a plain shirt/plain trousers; **ein ~er Mensch** a simple [*or* an ordinary] person ④ *(nur einmal gemacht)* single; **eine ~e Fahrkarte** a one-way [*or* BRIT single] ticket; **einmal ~ nach Regensburg** a single [ticket] to Regensburg; **in ~er Ausfertigung** a single copy [of sth]; **~e Buchführung** single-entry bookkeeping; **~er Faden** plain [*or* simple] stitch; **ein**

~er Knoten a simple knot II. *adv* ① *(leicht)* simply, easily; **es ist nicht ~ zu verstehen** it's not easy [*or* simple] to understand ② *(schlicht)* simply, plainly ③ *(einmal)* once; **~ zusammenfalten** to fold once III. *part* ① *(emph: geradezu)* simply, just; **~ herrlich/lächerlich** simply [*or* just] wonderful/laughable ② *(ohne weiteres)* simply, just; **he, du kannst doch nicht ~ weggehen!** hey, you can't just [*or* simply] leave [like that]! ③ *mit Verneinung (zur Verstärkung)* simply, just; **ich kann es ~ nicht verstehen** I just [*or* simply] can't understand it

Ein·fach·heit <-> *f kein pl* ① *(Unkompliziertheit)* straightforwardness ② *(Schlichtheit)* plainness, simplicity ► WENDUNGEN: **der ~ halber** for the sake of simplicity [*or* simplicity's sake]

ein|fä·deln ['ainfɛ:d|n] I. *vt* ① *(in etw fädeln)* ■ **etw [in etw** *akk]* **~** to thread sth [through sth]; **eine Nadel ~** to thread a needle; **einen Film ~** to wind on a film; **ein Tonband ~** to spool on a tape ② *(fam: anbahnen)* ■ **etw ~** to engineer sth *fig* II. *vi* SKI to become entangled in a gate III. *vr* AUTO ■ **sich [in etw** *akk]* **~** to filter [*or* merge] in[to sth]

ein|fah·ren *irreg* I. *vi sein* ① *(hineinfahren)* ■ **[in etw** *akk]* **~** to come [*or* pull] in[to sth]; **auf einem Gleis ~** to arrive at [*or* come into] a platform; **in einen Hafen ~** to sail into a harbour [*or* AM -or] ② BERGB *(hinunterfahren)* to go down; **in eine Grube/einen Schacht ~** to go down a pit/shaft II. *vt haben* ■ **etw ~** ① *(kaputtfahren)* to [drive into and] knock down sth *sep* ② *(einziehen)* Antenne, Objektiv *etc.* to retract sth ③ *(einbringen)* to make sth; **einen Gewinn/Verlust ~** to make a profit/loss ④ AGR *(einbringen)* to bring in sth; **das Heu/Korn ~** to bring in [*or* harvest] the corn/hay

Ein·fahrt *f kein pl* ① *(das Einfahren)* entry; **die ~ in den Hafen** sailing [*or* coming] into the harbour; **bei der ~ in die Zielgerade** entering the final straight; **die ~ eines Zuges** the arrival of a train ② *(Zufahrt)* entrance; **~ freihalten!** [please] keep [entrance] clear!

Ein·fall ['ainfal] *m* ① *(Idee)* idea; **auf den ~ kommen, etw zu tun** to have [*or* get] the idea of doing sth ② MIL *(das Eindringen)* ■ **~ in etw** *akk* invasion of sth ③ *(das Eindringen)* incidence; **der ~ der Sonnenstrahlen** the way the sun's rays fall

ein|fal·len *vi irreg sein* ① *(in den Sinn kommen)* ■ **etw fällt jdm ein** sb thinks of sth; **sich** *dat* **etwas ~ lassen** to think of sth; **was fällt Ihnen ein!** what do you think you're doing? ② *(in Erinnerung kommen)* ■ **etw fällt jdm ein** sb remembers sth; **der Name will mir einfach nicht ~!** the name just won't come to me! ③ *(einstürzen)* to collapse [*or* cave in] ④ *(eindringen)* ■ **nach/in etw** *akk* **~** to invade; **in die feindlichen Reihen ~** to penetrate enemy lines ⑤ *(hereinströmen)* ■ **[in etw** *akk]* **~** to come in[to sth] ⑥ *(einsetzen)* ■ **[in etw** *akk]* **~** Chor, Instrument, Singstimmen to join in [sth]; *(dazwischenreden)* to interrupt [sth] [*or* break in [on sth]] ⑦ *(einsinken)* to become sunken [*or* hollow]

ein·falls·los I. *adj* unimaginative II. *adv* unimaginatively **Ein·falls·lo·sig·keit** <-> *f kein pl* unimaginativeness, lack of imagination **ein·falls·reich** I. *adj* imaginative II. *adv* imaginatively **Ein·falls·reich·tum** *m kein pl* imaginativeness **Ein·falls·win·kel** *m* angle of incidence

Ein·falt <-> ['ainfalt] *f kein pl (arglose Naivität)* naivety; ► WENDUNGEN: **[o/du] heilige ~!** what stunning naivety!, how naive can you be!

ein·fäl·tig ['ainfɛltɪç] I. *adj* naive II. *adv* naively; **tu doch nicht so ~** don't act so naively

Ein·falts·pin·sel *m (pej fam)* simpleton

Ein·fa·mi·li·en·haus *nt* single family house, detached [family] house BRIT

ein|fan·gen *irreg* I. *vt* ❶ *(wieder fangen)* ■ jdn/ein Tier [wieder] ~ to [re]capture sb/an animal ❷ *(wiedergeben)* ■ etw **in etw** *dat*| ~ to capture sth [in sth] *fig* II. *vr (fam)* ■ **sich etw** *dat* ~ to catch sth; **eine Erkältung** ~ to catch a cold; **eine Grippe** ~ to come down with [the] flu

ein|fär·ben *vt* ❶ *(neu färben)* ■ etw [...] ~ Haare, Stoff to dye sth [...] ❷ TYPO *(mit Druckfarbe versehen)* ■ etw [mit etw] ~ to ink sth [with sth]

ein·far·big *adj inv* all one colour [*or* AM -or], in [*or* of] one colour [*or* AM -or] *pred*

ein|fas·sen *vt* ■ etw [mit etw] ~ ❶ *(umgeben)* to border [*or* edge] sth [with sth]; **einen Garten mit einer Hecke/einem Zaun** ~ to enclose [*or* surround] a garden with a hedge/fence ❷ *(umsäumen)* to hem sth [with sth] ❸ *(fassen)* to set sth [in sth]

Ein·fas·sung *f* ❶ *(das Einfassen)* enclosure, enclosing ❷ *(Umgrenzung)* border, edging

ein|fet·ten *vt* ❶ *(mit Fett bestreichen)* ■ etw ~ to grease sth; *(Leder mit Fett behandeln)* to dubbin sth ❷ *(eincremen)* ■ jdn ~ to put [*or* rub] cream on sb, to cream sb BRIT; ■ **sich** ~ apply [a] cream; ■ **sich etw** *dat* ~ to rub [*or* apply] cream onto sth

ein|fin·den *vr irreg (geh)* ■ **sich** [irgendwo] ~ to arrive [somewhere]

ein|flech·ten *vt irreg* ❶ *(einfließen lassen)* ■ etw [in etw *akk*] ~ to work sth in[to sth]; *fig*; ~, **dass** ... to add that ... ❷ *(hineinflechten)* ■ etw [in etw *akk*] ~ to plait [*or* braid] sth in[to sth]; **ein Muster [in etw]** ~ to weave a pattern in[to sth]

ein|flie·gen *irreg* I. *vt haben* ❶ ■ jdn/etw [in etw *akk*] ~ to fly sb/sth in[to sth]; **die Militärtransporter flogen Munition/Nachschub ein** the military transport planes flew [*or* airlifted] munitions/reinforcements in ❷ ■ etw ~ to make sth; **einen Gewinn/Verlust** ~ to make a profit/loss II. *vi sein* to fly in

ein|flie·ßen *vi irreg sein* ❶ *(als Zuschuss gewährt werden)* ■ [in etw *akk*] ~ to pour in[to sth]; ~ **lassen, dass** ... to let slip that ... ❷ METEO *(hineinströmen)* ■ **in etw/nach etw** ~ *akk* to move [*or* come] into sth

ein|flö·ßen *vt* ❶ *(langsam eingeben)* ■ jdm etw ~ to give sb sth; **einem Kranken Essen** ~ to feed the patient; **jdm etw mit Gewalt** ~ to force-feed sb [with] sth ❷ *(erwecken)* ■ jdm etw ~ to instil[l] sth in sb; **jdm Angst/Vertrauen** ~ to instil[l] fear/confidence in sb; **jdm Ehrfurcht** ~ to instil[l] respect in sb, to command sb's respect

Ein·flug·schnei·se *f* LUFT approach path

Ein·flussRR <-es, Einflüsse> *m*, **Ein·fluß**ALT <-sses, Einflüsse> *m* ❶ *(Einwirkung)* ■ jds ~ [auf jdn] sb's influence [on sb]; ■ **der** ~ **einer S.** *gen* the influence of sth; **auf etw/jdn** ~ **haben** *akk* to have an influence on sth/sb; ~ **auf etw/jdn ausüben** to exert an influence on sth/sb; **auf etw** *akk* ~ **nehmen** to influence sth; **unter jds** ~ **geraten** *akk* to fall under sb's influence; **unter dem** ~ **von jdm/etw stehen** to be under sb's influence [*or* the influence of sb/sth]; **unter dem** ~ **von jdm/etw** under the influence of sb/sth ❷ *(Beziehungen)* influence, pull *fig*, sway; **seinen** ~ **geltend machen** to use one's influence [*or* pull] [*or* sway]; [...] ~ **besitzen** [*o* **haben**] to have [...] influence [*or* pull] [*or* sway]

Ein·fluss·be·reichRR *m* ❶ POL sphere of influence ❷ METEO **Frankreich liegt im** ~ **eines atlantischen Tiefs** an Atlantic depression is affecting the weather over France **ein·fluss·los**RR *adj* uninfluential, without [*or* lacking in] influence *pred*

Ein·fluss·nah·meRR <-, <selten -n> *f (geh)* ■ jds ~ [auf etw *akk*] sb's exertion of influence [on sth] **ein·fluss·reich**RR *adj* influential

ein|flüs·tern *vt (pej)* ■ jdm etw ~ *(suggerieren)* to put sth into sb's head; *(flüsternd vorsagen)* to whisper

sth to sb

Ein·flüs·te·rung <-, -en> *f (pej)* suggestion

ein|for·dern *vt (geh)* ■ etw [von jdm] ~ to demand payment of [*or sep* call in] sth [from sb]; **von jdm ein Versprechen** ~, **etw zu tun** to keep sb to their promise to do sth

ein·för·mig ['ainfœrmɪç] I. *adj* monotonous; ~**e** Landschaft/Umgebung uniform landscape/surroundings II. *adv* monotonously

Ein·för·mig·keit <-, -en> *f* monotony; **die** ~ **der** Landschaft/Umgebung the uniformity of the landscape/surroundings

ein|frie·den ['ainfriːdn̩] *vt (geh)* ■ etw [mit etw] ~ to enclose [*or* surround] sth [with sth]

Ein·frie·dung <-, -en> *f (geh)* ❶ *(das Einfrieden)* enclosure, enclosing ❷ *(die Umzäunung)* means of enclosure

ein|frie·ren *irreg* I. *vi sein* ❶ *(zufrieren)* to freeze up ❷ *(von Eis eingeschlossen werden)* ■ in etw ~ *dat* to freeze into sth [*or* become ice-bound in sth] II. *vt haben* ■ etw ~ ❶ *(konservieren)* to [deep-]freeze sth ❷ *(suspendieren)* to suspend sth; **diplomatische Beziehungen** ~ to break off [*or* suspend] diplomatic relations; **ein Projekt/die Planung** ~ to shelve a project/the plans ❸ ÖKON *(festlegen)* to freeze sth

Ein·frie·rung <-, -en> *f* ❶ *(Suspendierung)* suspension; *diplomatische Beziehungen* breaking off, suspension; *Projekt* shelving ❷ ÖKON *(die Festlegung)* freezing

ein|fü·gen I. *vt* ❶ *(einpassen)* ■ etw [in etw *akk*] ~ to fit sth in[to sth] ❷ *(einfließen lassen)* ■ etw [in etw *akk*] ~ to add sth [to sth]; **lassen Sie mich gleich an dieser Stelle** ~, ... let me just say at this point ...; **darf ich an dieser Stelle kurz** ~, **dass** ... can I just quickly point out that ... II. *vr* ❶ *(sich anpassen)* ■ **sich** [in etw] ~ *akk* to adapt [oneself] [to sth] ❷ *(hineinpassen)* ■ **sich** [in etw] ~ *akk* to fit in [with sth]

ein|füh·len *vr* ■ **sich in jdn** ~ to empathize with sb; ■ **sich in etw** ~ *akk* to get into the spirit of sth; **sich in einen Gedankengang** ~ to understand [*or* follow] a train of thought

ein·fühl·sam I. *adj* sensitive; ~**e** Worte understanding [*or* sympathetic] words; **ein** ~**er** Mensch an empathetic person II. *adv* sensitively

Ein·füh·lungs·ver·mö·gen *nt* empathy

Ein·fuhr <-, -en> ['ainfuːɐ̯] *f* ❶ *(das Importieren)* import, importing, importation ❷ *(das Eingeführte)* import

Ein·fuhr·be·schrän·kung *f* import restriction, restriction on imports **Ein·fuhr·be·stim·mun·gen** *pl* import regulations *pl*

ein|füh·ren I. *vt* ❶ ÖKON *(importieren)* ■ etw ~ to import sth ❷ *(bekannt machen)* ■ etw [irgendwo] ~ to introduce sth [somewhere]; **einen Artikel/eine Firma [auf dem Markt]** ~ to establish a product/company [on the market] ❸ *(in Gebrauch nehmen, verordnen)* ■ etw [in etw *dat*] ~ to introduce sth [in sth] ❹ *(vertraut machen)* ■ jdn [in etw *akk*] ~ to introduce sb [to sth] [*or* initiate sb [into sth]] ❺ *(hineinschieben)* ■ etw [in etw *akk*] ~ to insert [*or* introduce] sth [into sth] II. *vr* ■ **sich** [...] ~ to make a [...] start; **sie hat sich gut eingeführt** she's made a good start III. *vi* ■ **in etw** ~ *akk* to serve as an introduction [*or* insight] into sth; ■ ~**d** introductory; ~**de** Worte introductory words, words of introduction

Ein·fuhr·ge·neh·mi·gung *f* import licence [*or* AM -se] [*or* permit] **Ein·fuhr·land** *nt* ÖKON importing country **Ein·fuhr·sper·re** *f* ÖKON ban on imports, embargo

Ein·füh·rung *f* ❶ *(das Einführen)* introduction; ■ jds ~ [in etw *akk*] sb's introduction [to sth] [*or* initiation [into sth]]; ~ **in ein Amt** installation in an office ❷ *(Einleitung)* introduction; **Worte zur** ~ words of

introduction, introductory words **Ein·füh·rungs·kurs** m introductory course **Ein·füh·rungs·lehr·gang** m introductory course **Ein·füh·rungs·preis** m introductory price **Ein·füh·rungs·se·mi·nar** nt introductory seminar
Ein·fuhr·ver·bot nt ban [or embargo] on imports **Ein·fuhr·zoll** m ÖKON import duty
ein|fül·len vt ■ etw [in etw] ~ akk to pour [or put] sth in[to sth]
Ein·füll·öff·nung f filler opening [or inlet] **Ein·füll·stut·zen** m AUTO filler neck [or pipe]
Ein·ga·be <-, -en> f ❶ ADMIN (Petition) ■ ~ [an jdn] petition [to sb]; **eine ~ [an jdn] machen** to file a petition [with sb] [or present a petition [to sb]] ❷ kein pl (das Verabreichen) Arznei administration ❸ kein pl INFORM Daten, Informationen input, entry
Ein·ga·be·ge·rät nt INFORM input device **Ein·ga·be·mo·dus** m INFORM entry mode **Ein·ga·be·tas·te** f INFORM enter- [or return-] key
Ein·gang <-gänge> ['aɪngaŋ], pl: -gɛŋə] m ❶ (Tür, Tor, Zugang) entrance; eines Waldes opening; „kein ~!" "no entry!"; **jdm/sich ~ in etw** akk **verschaffen** to gain sb[/oneself] entry to sth; **in etw** akk ~ **finden** (geh) to find its way into sth ❷ pl (eingetroffene Sendungen) incoming mail [or BRIT post] sing ❸ kein pl (Erhalt) receipt; **beim ~** on receipt ❹ kein pl (Beginn) start; **gleich zu ~ möchte ich sagen …** I would like to start by saying [or say from the very outset] …
ein·gän·gig I. adj ❶ (einprägsam) catchy ❷ (verständlich) comprehensible; **eine ~e Erklärung** a clear [or comprehensible] explanation II. adv clearly
ein·gangs ['aɪngaŋs] I. adv at the start [or beginning] II. präp +gen at the start [or beginning] of
Ein·gangs·be·stä·ti·gung f ADMIN acknowledgement [or confirmation] of receipt **Ein·gangs·da·tum** nt date of receipt **Ein·gangs·hal·le** f entrance hall **Ein·gangs·ka·pi·tel** nt first chapter **Ein·gangs·stem·pel** m date stamp **Ein·gangs·tür** f [entrance] door; eines Hauses, einer Wohnung front door **Ein·gangs·ver·merk** m notice of receipt
ein|ge·ben irreg vt ❶ (verabreichen) ■ jdm etw ~ to give sb sth [or administer sth to sb] ❷ INFORM (übertragen) ■ etw [in etw akk] ~ to input sth [into sth]; **Daten in einen Computer ~** to enter [or input] data into a computer ❸ (geh: inspirieren) ■ jdm etw ~ to put sth in sb's head; **von Gott eingegeben** inspired by God
ein·ge·bil·det adj ❶ (pej: hochmütig) conceited; ■ **auf etw** akk ~ **sein** to be conceited about sth ❷ (imaginär) imaginary; **eine ~e Schwangerschaft** a false pregnancy
ein·ge·bo·ren¹ ['aɪngəbo:rən] adj native
ein·ge·bo·ren² ['aɪngəbo:rən] adj REL **Gottes ~er Sohn** the only begotten Son of God
Ein·ge·bo·re·ne(r) f(m) dekl wie adj native
Ein·ge·bo·re·nen·spra·che f native language
Ein·ge·bung <-, -en> f (Inspiration) inspiration; einer plötzlichen ~ folgend acting on a sudden impulse ► WENDUNGEN: **göttliche ~** divine inspiration
ein·ge·denk ['aɪngədɛŋk] adj pred (geh) (in Anbetracht) ■ ~ **einer S.** gen bearing in mind [or remembering] sth; ■ **dessen, was vorgefallen war …** bearing in mind what had happened … ► WENDUNGEN: **einer S.** gen ~ **sein/bleiben** (etw im Gedächtnis behalten) to be mindful of sth [or bear sth in mind]
ein·ge·fah·ren adj well-worn
ein·ge·fal·len adj hollow, sunken; **ein ~es Gesicht** a gaunt face
ein·ge·fleischt ['aɪngəflaɪʃt] adj attr ❶ (überzeugt) confirmed; **ein ~er Junggeselle** a confirmed bachelor; **einer ~er Kommunist** a dyed-in-the-wool communist BRIT; **ein ~er Optimist** an incurable optimist

❷ (zur zweiten Natur geworden) deep-rooted, ingrained
ein|ge·hen irreg I. vi sein ❶ (Aufnahme finden) ■ **in etw** ~ akk to find its/their way into sth; **in die Annalen/Geschichte ~** to go down in the annals/in history ❷ (ankommen) ■ [irgendwo/bei jdm] ~ to be received [somewhere/by sb] [or arrive [somewhere]]; **sämtliche Bestellungen, die bei uns ~, werden sofort bearbeitet** all orders which we receive [or are received by us] are processed immediately; **soeben geht bei mir eine wichtige Meldung ein** I am just receiving an important report, an important report is just coming in to me; ■ ~**d** incoming ❸ FIN (gutgeschrieben werden) ■ [auf etw dat] ~ to be received [in sth]; **die Miete für diesen Monat ist auf meinem Konto immer noch nicht eingegangen** this month's rent has still not been paid [or received in] my account yet ❹ ([ab]sterben) to die [off]; ■ [an etw dat] ~ to die [of [or from] sth]; **das ist so schwül hier drinnen, ich geh noch ein!** the closeness in here is killing me!; **in dieser langweiligen Umgebung würde ich ~** I would die of boredom in this environment ❺ (fam: sich wirtschaftlich nicht halten) to fold [or fam go bust] ❻ (aufgenommen werden) ■ **jdm** ~ to be grasped by sb; **diese Argumente gehen einem leicht ein** these arguments can be easily absorbed [or grasped]; **das Lob ging ihr offenbar ein** the praise obviously had the right [or desired] effect on her; **ihm will es nicht ~** he can't grasp [or fails to grasp] it; **es will mir einfach nicht ~, wieso** I just can't see why ❼ (einlaufen) to shrink; **die Sofabezüge sind mir bei der Wäsche eingegangen** the sofa covers shrank in the wash ❽ (sich beschäftigen mit) ■ **auf jdn/etw** ~ to deal with [or go into] sth, to pay some attention to sb; **du gehst überhaupt nicht auf deine Kinder ein** you don't pay your kids any attention; **auf diesen Punkt gehe ich zum Schluss noch näher ein** I would like to deal with [or go into] this point in more detail at the end ❾ (zustimmen) ■ **auf etw** akk ~ to agree to sth; (sich einlassen) to accept sth; s. a. **Ruhe** z. a. **Frieden** II. vt sein ❶ (sich einlassen) ■ **etw** ~ to enter into sth; **ein Risiko ~** to take a risk; **eine Wette ~** to make a bet; **ich gehe jede Wette ein, dass er wieder zu spät kommt** I'll bet [you] anything [you like] that he'll arrive late again ❷ JUR (abschließen) ■ [mit jdm] **etw** ~ to enter into sth [with sb]; **einen Vergleich ~** to reach a settlement
ein·ge·hend ['aɪngeːənt] I. adj detailed; **ein ~er Bericht** a detailed [or an exhaustive] report; **eine ~e Erörterung** a lengthy discussion; **eine ~e Prüfung** an exhaustive [or extensive] [or a thorough] test; ~**e Studien** detailed [or in-depth] [or thorough] studies; ~**e Untersuchungen** comprehensive surveys II. adv in detail; ~ **besprechen/diskutieren/erörtern** to discuss at length; ~ **studieren** to study thoroughly
ein·ge·keilt adj hemmed [or wedged] in; **das Auto ist ~ worden** the car has been boxed in
Ein·ge·mach·te(s) nt dekl wie adj KOCHK (eingemachtes Obst) preserved fruit; ► WENDUNGEN: **ans ~ gehen** to draw on one's reserves; **es geht ans ~** (fam) the crunch has come
ein|ge·mein·den ['aɪngəmaɪndn̩] vt ADMIN ■ **etw** [nach etw/in etw akk] ~ to incorporate sth [into sth]
Ein·ge·mein·dung <-, -en> f ADMIN incorporation
ein·ge·nom·men adj pred ❶ (positiv beeindruckt) ■ **von jdm/etw** ~ **sein** to be taken with sb/sth ❷ (voreingenommen) ■ **gegen jdn/etw** ~ **sein** to be biased [or prejudiced] against sb/sth ❸ (überzeugt) ■ **von sich** dat [selbst]/von etw ~ **sein** to think a lot of oneself/sth ❹ (eingebildet) ■ **von sich** ~ **sein** to be conceited
ein·ge·ros·tet adj inv ❶ (fest sitzend) rusted up

② *(fam: steif)* stiff **③** *(hum: aus der Übung gekommen)* rusty

ein·ge·schlech·tig ['aingəʃlɛçtɪç] *adj* BIOL unisexual

ein·ge·schnappt *adj inv (pej fam)* cross; ■ ~ **sein** to be miffed, to be in a huff BRIT *fam*

ein·ge·schränkt *adj* limited; ■ [**in etw** *dat*] ~ **sein** to be limited [*or* restricted] [in sth]

ein·ge·schrie·ben **I.** *adj (eingetragen)* registered; **~es Mitglied sein** to be enrolled [*or* registered] as a member; **eine ~e Sendung** registered mail **II.** *adv* ~ **schicken** [*o* **versenden**] to send as [*or* by] registered post [*or* AM mail]

ein·ge·schwo·ren *adj* **①** *(einander durch Schwur verpflichtet)* **~er Freund/Gegner** sworn friend/enemy **②** *(fest zusammenhaltend)* close-knit **③** *(festgelegt)* ■ **auf etw** *akk* ~ **sein** to swear by sth

ein·ge·ses·sen *adj* old [*or* long] -established

Ein·ge·sot·te·ne(s) *nt dekl wie adj* ÖSTERR *((Eingemachte[s]))* preserved fruit

ein·ge·spannt *adj pred* ■ [**sehr**] ~ **sein** to be [very] busy

ein·ge·spielt *adj* operating well together; **ein ~es Ehepaar/Team** a [married] couple/team which work[s] well together; **eine ~e Mannschaft** a team that plays well together; ■ **aufeinander** ~ **sein** to be used to one another

ein·ge·stan·de·ner·ma·ßen *adv (geh: wie zugegeben wird)* admittedly

Ein·ge·ständ·nis ['aingəʃtɛntnɪs] *nt* admission, confession

ein|ge·ste·hen' *irreg* **I.** *vt* ■ [**jdm**] **etw** ~ to admit sth [to sb]; **die Schuld/das Versagen** ~ to admit [*or* confess] one's guilt/failure **II.** *vr* ■ **sich** *dat* ~, **dass ...** to admit to oneself that ...; **sich** *dat* **etw nicht** ~ **wollen** to be unable to accept sth; **sich** *dat* **nicht** ~ **wollen, dass ...** to refuse to accept [*or* admit] that ...

ein·ge·stellt *adj* **①** *(orientiert, gesinnt)* **fortschrittlich/ökologisch** ~ progressively/environmentally minded; **jd ist kommunistisch/religiös** ~ sb is a Communist [*or* has Communist leanings] /religious [*or* religiously minded]; **jd ist gegen jdn** ~ sb is set against sb **②** ■ **auf etw** *akk* ~ **sein** *(vorbereitet)* to be prepared for sth; *(ausgerichtet, interessiert)* to only be interested in [*or* only have time for] sth; *(spezialisiert, festgelegt)* to specialize in sth; **ich war nur auf 3 Personen** ~ I was only expecting three people

ein·ge·tra·gen *adj* Mitglied, Verein, Warenzeichen registered

Ein·ge·wei·de <-s, -> ['aingəvaidə] *nt meist pl* ANAT entrails *npl*, innards *npl*; **dieser Schnaps brennt einem ja richtig in den ~n!** this schnapps certainly takes your breath away!

ein·ge·weiht *adj inv* **①** *(nach Fertigstellung feierlich übergeben)* christened, officially opened **②** *(informiert)* initiated; **über etw** ~ **sein** to know all about sth

Ein·ge·weih·te(r) *f(m) dekl wie adj* **①** *(Adept)* initiate **②** *(Experte)* **diese Theorien sind wohl nur etwas für ein paar/wenige** ~ these theories can probably only be understood by a select [*or* chosen] few

ein|ge·wöh·nen' *vr* ■ **sich** [**in etw** *akk*] ~ to settle in[to sth]

Ein·ge·wöh·nung *f* settling in

ein|gie·ßen *vt irreg* ■ [**jdm**] **etw** [**in etw** *akk*] ~ to pour [sb] sth [into sth]; **darf ich Ihnen noch Kaffee ~?** can I pour you some more coffee?; ■ **sich** *dat* [**etw**] ~ to pour [oneself] sth

ein|gip·sen *vt* **①** MED *(mit Gips bestreichen)* ■ [**jdm**] **etw** ~ to put [*or* set] [sb's] sth in plaster **②** BAU *(in Gips betten)* ■ **etw** [**in etw** *akk*] ~ to fix sth in[to sth] with plaster [*or* plaster sth in[to sth]]

ein·glei·sig ['aiglaizɪç] **I.** *adj* single-track **II.** *adv*

(auf einem Gleis) single-track **②** *(in einer Richtung)* narrow-mindedly

ein|glie·dern **I.** *vt* **①** *(integrieren)* ■ **jdn** [**wieder**] [**in etw** *akk*] ~ to [re]integrate sb [into sth] **②** ADMIN, POL *(einbeziehen)* ■ **etw** [**in etw** *akk*] ~ to incorporate sth [into sth] **II.** *vr* ■ **sich** [**in etw** *akk*] ~ to integrate oneself [into sth]

Ein·glie·de·rung *f* **①** *(Integration)* integration **②** ADMIN, POL *(Einbeziehung)* incorporation

Ein·glie·de·rungs·geld *nt* integration money BRIT **Ein·glie·de·rungs·hil·fe** *f* integration aid BRIT

ein|gra·ben *irreg* **I.** *vt* **①** *(vergraben)* ■ **jdn/etw** [**in etw** *akk*] ~ to bury sb/sth [in sth]; **einen Pfahl** [**in etw**] ~ to sink a post [*or* stake] [into sth] **②** *(geh: einmeißeln)* ■ **etw** [**in etw** *akk*] ~ to carve sth [in sth] **II.** *vr* ■ MIL *(sich verschanzen)* ■ **sich** ~ to dig [oneself] in **②** *(durch Erosion eindringen)* ■ **sich** [**in etw** *akk*] ~ to carve a channel [in sth] **③** *(sich einprägen)* ■ **sich** ~ to engrave itself; **sich in jds Gedächtnis** ~ to engrave itself on sb's memory **④** *(eindringen)* ■ **sich in etw** *akk* ~ to dig into sth

ein|gra·vie·ren' ['aingravi:rṇ] *vt* ■ **etw** [**in etw** *akk*] ~ to engrave [on sth]

ein|grei·fen *vi irreg* **①** *(einschreiten)* to intervene **②** *(sich einschalten)* ■ [**in etw** *akk*] ~ to intervene [in sth] **③** *(beschneiden)* ■ **in etw** *akk* ~ to intrude [up]on sth; **in jds Rechte** ~ to infringe sb's rights **④** TECH *(sich hineinschieben)* ■ **in etw** *akk* ~ to mesh with sth

Ein·greif·trup·pe *f* intervention force

ein|gren·zen *vt* ■ **etw** [**auf etw** *akk*] ~ to limit [*or* sep narrow down] sth [to sth]

Ein·griff *m* **①** *(Einschreiten)* ■ **ein** ~ **in etw** [an] intervention in sth **②** *(Übergriff)* ■ **ein** ~ **in jds ...** *akk* an intrusion [up]on sb's ...; **ein** ~ **in jds Rechte** an infringement of sb's rights **③** MED *(Operation)* operation; **sich einem medizinischen** ~ **unterziehen** to have [*or* undergo] an operation

ein|grup·pie·ren' *vt* ■ **jdn** [**in etw** *akk*] ~ to group sb [in sth]

Ein·grup·pie·rung *f* grouping, classification

ein|ha·ken **I.** *vt* ■ **etw** [**in etw** *akk*] ~ to hook sth in[to sth] **II.** *vi (fam)* ■ [**bei etw/an etw** *dat*] ~ to butt in [on sth] *fam* **III.** *vr* ■ **sich** [**bei jdm**] ~ to link arms [with sb]; **eingehakt gehen** to walk arm in arm

Ein·halt ['ainhalt] *m kein pl* **jdm/einer S.** ~ **gebieten** *(geh)* to put a stop to sb/sth

ein|hal·ten *irreg* **I.** *vt* ■ **etw** ~ **①** *(beachten)* to keep sth; **eine Diät/einen Vertrag** ~ to keep to a diet/treaty; **die Spielregeln/Vorschriften** ~ to obey [*or* observe] the rules; **einen Termin** ~ to keep an appointment/a deadline; **Verpflichtungen** ~ to meet commitments **②** *(beibehalten)* to maintain **II.** *vi (geh)* ■ [**mit etw**] ~ to stop [doing sth]

Ein·hal·tung <-, -en> *f* **①** *(das Beachten)* keeping; **von Spielregeln, Vorschriften** obeying, observing; **die** ~ **von Verpflichtungen** meeting commitments **②** *(Beibehaltung)* maintaining

ein|häm·mern I. *vt* ■ **jdm etw** ~ to hammer [*or* drum] sth into sb['s head]; ■ **sich** ~, **dass ...** *dat* to hammer [*or* drum] into oneself that ... **II.** *vi* **①** *(einschlagen)* ■ [**mit etw**] **auf etw** *akk* ~ to hammer on sth [with sth]; ■ **auf jdn** ~ to pound sb **②** *(dröhnend einwirken)* to pound [in] sb's ears

ein|han·deln I. *vt* ■ **etw gegen** [*o* **für**] **etw** ~ to barter [*or* trade] sth for sth **II.** *vr* ■ **sich** *dat* **etw** [**für etw**] ~ *(fam)* to get sth [for sth]; **sich eine Krankheit** ~ to catch a disease

ein·hän·dig ['ainhɛndɪç] **I.** *adj* one-handed **II.** *adv* with one hand

ein|hän·di·gen ['ainhɛndɪgṇ] *vt (geh)* ■ **jdm etw** ~ to hand over sth *sep* to sb

ein·hän·gen I. vt ❶ *(einsetzen)* ■ **etw** [**in etw** *akk*] ~ to hang sth [on sth]; **ein Fenster** ~ to fit a window ❷ *(auflegen)* **den Hörer** ~ to hang up [the receiver] [*or* replace the receiver] II. vi TELEK to hang up III. vr ■ **sich** [**bei jdm**] ~ to link arms [with sb]

ein·hau·chen vt *(geh)* ■ **jdm etw** ~ to breathe sth into sb

ein·hau·en *irreg* I. vt ❶ *(einschlagen)* ■ **etw** ~ to smash in sth *sep;* **eine Tür** ~ to knock down a door ❷ *(einmeißeln)* ■ **etw** [**in etw** *akk*] ~ to carve sth [in sth] II. vi ■ **auf jdn/etw** ~ to lay into sb [*or* go at sth]

ein·hef·ten vt ❶ *(einordnen, Ablegen)* ■ **etw** [**in etw** *akk*] ~ to file sth [in sth] ❷ *(einnähen)* ■ **etw** ~ to tack in sth *sep*

ein·hei·misch ['aɪnhaɪmɪʃ] adj ❶ *(ortsansässig)* local; **die ~e Bevölkerung** the local residents [*or* population]; *(in dem Land, der Gegend ansässig)* native, indigenous ❷ *(aus dem Lande stammend)* local ❸ BOT, ZOOL *(natürlich vorkommend)* native, indigenous

Ein·hei·mi·sche(r) f(m) *dekl wie adj (Ortsansässige(r))* local; *(Inländer)* native [citizen]

ein·heim·sen ['aɪnhaɪmzn̩] vt *(fam: erlangen)* ■ **etw** ~ to collect sth; **einen Auftrag** ~ to win [*or* clinch] an order; [**einen**] **Erfolg** ~ to score a success; [**ein**] **Gewinn** ~ to rake in profits

Ein·hei·rat f ■ **jds** ~ **in etw** *akk* sb's marriage into sth

ein·hei·ra·ten vi ■ **in etw** *akk* ~ to marry into sth

Ein·heit <-, -en> ['aɪnhaɪt] f ❶ *(Gesamtheit)* unity; **eine geschlossene** ~ an integrated whole ❷ *(Einigkeit)* unity; **die deutsche** ~ German reunification ❸ MIL *(militärische Formation)* unit ❹ PHARM *(Teilmenge)* unit ❺ *(Telefon~)* unit

ein·heit·lich ['aɪnhaɪtlɪç] I. adj ❶ *(gleich)* uniform; **in ~er Kleidung** dressed the same [*or* alike] ❷ *(in sich geschlossen)* integrated; **eine ~e Front** a united front II. adv the same; ~ **gekleidet** dressed the same [*or* alike]; ~ **gestaltet** designed along the same lines; ~ **handeln** [*o* vorgehen] to act in a similar way

Ein·heit·lich·keit <-> f kein pl ❶ *(Gleichheit)* uniformity ❷ *(Geschlossenheit)* unity; *von Design, Gestaltung* standardization, homogeneity

Ein·heits·klei·dung f uniform **Ein·heits·preis** m standard [*or* uniform] price **Ein·heits·ta·rif** m standard [*or* uniform] tariff, flat rate **Ein·heits·wäh·rung** f single currency

ein·hei·zen vi ❶ *(gründlich heizen)* to turn the heater on, to put the heating on BRIT; **tüchtig** ~ to turn the heating [*or* AM heater] right up ❷ *(fam: die Meinung sagen)* ■ **jdm** ~ to haul sb over the coals [*or* AM rake]; *(zu schaffen machen)* to cause sb a lot of trouble

Ein·hei·zer(in) m(f) heater

ein·hel·lig ['aɪnhɛlɪç] I. adj unanimous II. adv unanimously

Ein·hel·lig·keit <-> f kein pl unanimity

ein·her|ge·hen vi irreg sein *(geh)* ■ **mit etw** ~ to be accompanied by sth

ein|ho·len I. vt ❶ *(einziehen)* ■ **etw** ~ to pull in sth *sep;* **eine Fahne/ein Segel** ~ to lower [*or* sep take down] a flag/sail ❷ *(anfordern)* ■ **etw** ~ to ask for [*or*

seek] sth; **eine Baugenehmigung** ~ to apply for planning permission [*or* AM a building permit] ❸ *(erreichen, nachholen)* ■ **jdn/etw** ~ to catch up with sb/ sth ❹ *(wettmachen)* ■ **etw** [**wieder**] ~ to make up sth [again] II. vt, vi DIAL *(einkaufen)* ■ [**etw**] ~ to go shopping [for sth]

Ein·ho·lung <-, -en> f ❶ *(das Herunterziehen)* lowering, taking down; **die** ~ **der Flagge** the lowering of the flag ❷ *(das Anfordern)* seeking, asking for; **die** ~ **einer Genehmigung** obtaining permission

Ein·horn ['aɪnhɔrn] nt unicorn

ein|hül·len vt *(geh)* ■ **jdn/etw** [**in etw** *akk*] ~ to wrap [up] sb/sth [in sth]; ■ **sich** [**in etw** *akk*] ~ to wrap oneself up [in sth]

ein·hun·dert ['aɪn'hʊndɐt] adj *(geh)* one hundred; *s. a.* **hundert**

ein·hun·dert·jäh·rig adj one hundred-year-old *attr;* **das ~e Bestehen von etw feiern** to celebrate the centenary [*or* centennial] of sth

ei·nig ['aɪnɪç] adj ❶ *(geeint)* united ❷ *pred (einer Meinung)* ■ **sich** *dat* [**über etw** *akk*] ~ **sein/werden** to be in/reach agreement [on sth]; ■ **sich** *dat* [**darüber** [*o* **darin**] |] ~ **sein, dass ...** to be in agreement [*or* agreed] that ...

ei·ni·ge(r, s) ['aɪnɪɡə] pron indef ❶ sing, adjektivisch *(ziemlich)* some; **aus ~r Entfernung** [from] some distance away; **nach ~r Zeit** after some time [*or* a [little] while]; **das wird ~s Geld kosten** that will cost quite a [*or* a fair] bit of money; *(etwas)* a little; **mit ~m guten Willen** with a little goodwill ❷ sing, substantivisch *(viel)* ■ **~s** quite a lot; **ich könnte dir ~s über ihn erzählen** I could tell you a thing or two about him; **das wird aber ~s kosten!** that will cost a pretty penny!; **dazu gehört schon ~s an Mut** that takes some [*or* more than a little] courage ❸ pl, adjektivisch *(mehrere)* several; **mit Ausnahme ~r weniger** with a few exceptions; ~ **Mal** several times; **an ~n Stellen** in some places; **in ~n Tagen** in a few days; **vor ~n Tagen** a few days ago, the other day ❹ pl, substantivisch *(Menschen)* some; ~ **von euch** some of you; **er hat es ~n erzählt** he has told some of them; *(Dinge)* some; [**nur**] ~ **davon** [only [*or* just] | a few of them; ~ **wenige** a few

ein|igeln ['aɪn?ʔiːɡln̩] vr ■ **sich** ~ ❶ *(sich zusammenrollen)* to curl up into a ball ❷ *(sich zurückziehen)* to shut oneself away ❸ MIL *Einheit, Truppen* to take up a position of all-round defence [*or* AM -se]

ei·ni·ge·malᴬᴸᵀ adv s. **einige(r,s) 3**

ei·ni·gen ['aɪnɪɡn̩] I. vt *(einen)* ■ **etw** ~ to unite sth II. vr *(sich einig werden)* ■ **sich** *akk* [**auf/über etw** *akk*] ~ to agree [*or* reach [an] agreement] [on sth]; ■ **sich** [**dahingehend**] ~, **dass ...** to agree that ...

ei·ni·ger·ma·ßen ['aɪnɪɡɐ'maːsn̩] I. adv ❶ *(ziemlich)* fairly; **mit etw** ~ **zufrieden sein** to be reasonably happy with sth; **darin kenne ich mich** ~ **aus** I know my way around this subject to some extent [*or* degree] ❷ *(leidlich)* all right, OK *fam*, okay *fam;* **wie geht's dir?** – ~ how are you? – all right [*or* okay] [*or* not [too] bad]; **er hat die Prüfung so** ~ **geschafft** he did reasonably well [*or* all right] in the exam II. adj pred *(fam: leidlich)* all right, OK *fam*, okay *fam;* **dein Zeugnis ist immerhin** ~ your report is at least not too bad

ei·ni·ges pron s. **einige(r, s)**

ei·nig|ge·hen vi irreg sein **mit jdm** [**in etw** *dat*] ~ to agree [*or* be agreed] with sb [on sth]

Ei·nig·keit <-> ['aɪnɪçkaɪt] f kein pl ❶ *(Eintracht)* unity ❷ *(Übereinstimmung)* agreement; **es herrscht** ~ **darüber, dass ...** there is agreement that ... ▶ WENDUNGEN: ~ **macht stark** *(prov)* unity is strength *prov,* strength through unity *prov*

Ei·ni·gung <-, -en> f ❶ POL *(das Einigen)* unification

② *(Übereinstimmung)* agreement; **gütliche** ~ amicable settlement; JUR settlement out of court; |**eine**| ~ |**über etw** *akk*| **erzielen** to reach [an] agreement [*or* settlement] [on sth]

Ei·ni·gungs·ver·trag *m* POL unification treaty

ein|imp·fen *vt* ■ **jdm etw** ~ to drum sth into sb; ■ **jdm** ~, **dass** to drum into sb that

ein|ja·gen *vt* **jdm Angst/Furcht/Schrecken** ~ to scare/frighten/terrify sb

ein·jäh·rig, 1-jäh·rigRR [ˈainjɛːrɪç] *adj* **①** *(Alter)* one-year-old *attr*, one year old *pred*; *s. a.* **achtjährig 1** **②** BOT *(ein Jahr alt werdend)* annual **③** *(Zeitspanne)* one-year *attr*, |of| one [*or* a] year *pred*; *s. a.* **achtjährig 2**

Ein·jäh·ri·ge(r), 1-Jäh·ri·ge(r)RR *f(m)* *dekl wie adj* one-year-old

ein|kal·ku·lie·ren *vt* **①** *(mit einbeziehen)* ■ **etw** |**mit**| ~ to take sth into account; ■ |**mit**| ~, **dass ...** to take into account that ..., to allow for the fact that ... **②** *(mit einrechnen)* ■ **etw** |**mit**| ~ to take sth into account, to include sth

ein|kap·seln [ˈainkapsl̩n] I. *vt* PHARM ■ **etw** ~ to encapsulate sth [*or* enclose sth in a capsule] II. ■ **sich** |**in etw** *dat*| ~ *krankes Gewebe* to encyst itself [in sth]

ein|kas·sie·ren *vt* ■ **etw** |**bei/von jdm**| ~ **①** *(kassieren)* to collect sth [from sb] **②** *(fam: wegnehmen)* to confiscate sth [from sb]; **he, wer hat meinen neuen Füller einkassiert?** hey, who's pinched [*or* nicked] my new pen? *fam*

Ein·kauf *m* **①** *(das Einkaufen)* shopping (**von** + *dat* of); **ich muss noch einige Einkäufe erledigen** I've still got a few [more] things to buy [*or* some [more] shopping to do]; **Einkäufe machen** [*o geh:* **tätigen**] to do one's [*or* go] shopping **②** *(eingekaufter Artikel)* purchase; **ein günstiger ~!** a good buy!; **ich stelle gleich die Einkäufe in der Küche ab** I'll take the shopping straight into the kitchen **③** *kein pl* ADMIN *(Abteilung)* purchasing [*or* BRIT buying] [department]

ein|kau·fen I. *vt* *(käuflich erwerben)* ■ **etw** ~ to buy sth; **etw billig/günstiger/teuer** ~ to buy sth cheaply/at a more favourable price/at an expensive price [*or* to pay little/less/a lot for sth] II. *vi* |**bei jdm/in etw** *dat*| ~ to shop [at sb's/sth]; ~ **gehen** to go shopping III. *vr* *(einen Anteil erwerben)* ■ **sich in etw** *akk* ~ to buy [one's way] into sth

Ein·käu·fer(in) *m(f)* buyer, purchaser

Ein·kaufs·bum·mel *m* shopping trip [*or* expedition] **Ein·kaufs·lei·ter(in)** *m(f)* chief buyer [*or* purchaser] **Ein·kaufs·mög·lich·keit** *f* shopping facilities BRIT **Ein·kaufs·netz** *nt* string bag **Ein·kaufs·pas·sa·ge** [-pasaːʒə] *f* shopping arcade BRIT **Ein·kaufs·preis** *m* purchase price; **zum** ~ at cost [*or* price] **Ein·kaufs·quel·le** *f* **eine gute** ~ **für etw** a good place to buy sth **Ein·kaufs·stra·ße** *f* shopping [*or* BRIT pedestrian] precinct [*or* AM district] **Ein·kaufs·ta·sche** *f* shopping bag **Ein·kaufs·wa·gen** *m* [shopping] trolley [*or* AM cart] **Ein·kaufs·zei·le** *f* row of shops [*or* AM *usu* stores]; *(Haupteinkaufsstraße)* high [*or* AM main] street **Ein·kaufs·zen·trum** *nt* [out-of-town] shopping centre [*or* AM -er] [*or* mall] **Ein·kaufs·zet·tel** *m* shopping list

Ein·kehr <-> [ˈainkeːɐ̯] *f kein pl (geh)* reflection; **innere** ~ contemplation [of oneself]; **jdn zur** ~ **bringen** to make sb reflect; ~ **halten** to search one's soul [*or* heart]

ein|keh·ren *vi sein* **①** *(veraltend: besuchen)* ■ |**irgendwo/in etw** *dat*| ~ to stop off [somewhere/at sth] **②** *(geh: sich einstellen)* ■ |**bei jdm**| |**wieder**| ~ to reign [again] [at sb's]; **hoffentlich kehrt bald** |**wieder**| **Ruhe ein** hopefully peace will reign [again] soon; *(kommen)* to set in; **der Herbst kehrt** |**wieder**| **ein** autumn is setting in [again]

ein|kei·len *vt s.* **eingekeilt**

ein·keim·blätt·rig *adj* BOT monocotyledonous

ein|kel·lern [ˈainkɛlɐn] *vt* ■ **etw** ~ to store sth in the/a cellar

ein|ker·ben *vt* ■ **etw** |**in etw** *akk*| ~ to cut [*or* carve] sth in|to sth

Ein·ker·bung *f* cutting, carving

ein|ker·kern [ˈainkɛrkɐn] *vt (geh)* ■ **jdn** ~ to incarcerate sb

ein|kes·seln [ˈainkɛsl̩n] *vt* MIL ■ **jd kesselt jdn/etw ein** sb surrounds [*or* encircles] sb/sth

Ein·kes·se·lung <-, -en> *f* MIL encirclement, surrounding

ein·klag·bar *adj* JUR actionable, recoverable at law, legally recoverable; **ein ~er Anspruch** a cause of action; **eine ~e Forderung** an actionable [*or* enforceable] claim

ein|kla·gen *vt* JUR ■ **etw** ~ to sue for sth, to bring an action for [the recovery of] sth; **Euro 100** ~ to sue [sb] for 100 euros; **einen Anspruch** ~ to sue for a debt, to prosecute a claim

ein|klam·mern *vt* ■ **etw** ~ to bracket sth, to put brackets around sth, to put sth in brackets

Ein·klang *m (geh)* harmony; **etw** |**mit etw/miteinander**| **in** ~ **bringen** *(etw in Übereinstimmung bringen)* to harmonize sth [with sth/with each other]; **in** |*o* **im**| ~ **mit etw stehen** to be in accord with sth; **im** ~ **mit jdm/etw** in harmony with sb/sth

ein|kle·ben *vt* ■ **etw** |**in etw** *akk*| ~ to stick sth in|to sth]

ein|klei·den *vt* **①** *(mit Kleidung ausstatten)* ■ **jdn/sich** |**neu**| ~ to fit [*or* BRIT kit] out sb/oneself [with a [new] set of clothes] **②** *(geh: fassen)* ■ **etw in etw** *akk* ~ to couch sth in sth

Ein·klei·dung *f* fitting [*or* BRIT kitting] out [with a [new] set of clothes]

ein|klem·men *vt* **①** *(quetschen)* ■ **jdm etw** ~ *Daumen etc.* to catch sb's sth; ■ |**sich** *dat*| **etw** ~ to catch [one's] sth; **die Fahrerin war hinter dem Steuer eingeklemmt** the driver was pinned behind the [steering] wheel **②** *(festdrücken)* ■ **etw** |**in etw** *akk*| ~ to clamp sth [in sth]; *s. a.* **Bruch** *s. a.* **Schwanz**

ein|kli·cken *vr* INET *(fam)* ■ **sich in etw** *akk* ~ *Webseite* to click in *fam*

ein|klin·ken [ˈainklɪŋkn̩] I. *vt* **①** *(mit der Klinke schließen)* ■ **etw** ~ to latch sth **②** *(einrasten lassen)* ■ **etw** |**in etw** *akk*| ~ *Sicherheitsgurt, Verschluss* to hook sth in|to sth] II. *vi* to latch III. *vr* ■ **sich in etw** *akk* ~ to work one's way into sth; INFORM to access sth

ein|kni·cken I. *vt haben* **①** *(umbiegen, umknicken)* ■ **etw** |**an etw** *dat*| ~ to crease sth [at [*or* along] sth] **②** *(fast zerbrechen)* ■ **etw** ~ to snap sth II. *vi sein* **①** *(umknicken)* to buckle, to give way; **er knickte ständig in den Knien ein** his knees were constantly buckling [*or* giving way]; *(sich einwinkeln)* to turn; **mein Knöchel/Fuß knickt dauernd ein** I'm always going over on [*or* turning] my ankle **②** *(einen Knick bekommen)* ■ |**an etw** *dat*| ~ to crease [along sth]; **an der Ecke** ~ to crease [at] the corner **③** *(nachgeben, umfallen)* to give way

ein·knöpf·bar *adj* MODE button-in

ein|knöp·fen *vt* ■ **etw** |**in etw** *akk*| ~ to button sth in|to sth]

ein|knüp·peln *vi* ■ |**mit etw**| **auf jdn** ~ to beat [*or* club] [*or* cudgel] sb [with sth]

ein|ko·chen I. *vt haben* KOCHK ■ **etw** ~ to preserve sth II. *vi sein* KOCHK to thicken

Ein·koch·topf *m* preserving pan

ein|kom·men *vi irreg sein (geh)* ■ |**bei jdm**| **um etw** ~ to apply [to sb] for sth

Ein·kom·men <-s, -> *nt* income *no pl*

Ein·kom·mens·ein·bu·ße *f* loss of income [*or* earnings] **Ein·kom·mens·ge·fäl·le** *nt* disparity of income

einladen, vorschlagen

vorschlagen	suggesting
Wie wär's, wenn wir heute mal ins Kino gehen würden?	**How about** going to the cinema today?
Wie wär's mit einer Tasse Tee?	**How about** a cup of tea?
Was hältst du davon, wenn wir mal eine Pause machen würden?	**What do you think about** having a break?
Hättest du Lust, spazieren zu gehen?	**Would you like** to go for a walk?
Ich schlage vor, wir vertagen die Sitzung.	**I suggest** we postpone the meeting.

einladen	inviting
Besuch mich doch, ich würde mich sehr freuen.	**Do come and visit (me),** I'd be delighted.
Nächsten Samstag lasse ich eine Party steigen. **Kommst du auch?** *(fam)*	I'm having a party next Saturday. **Will you come?**
Darf ich Sie zu einem Arbeitsessen **einladen?**	**May I take you out for** a working lunch/dinner?
Ich würde Sie gern zum Abendessen **einladen.**	**I'd like to invite you round** *(at home)*/**out** *(in a restaurant)* for dinner.

Ein·kom·mens·gren·ze f FIN income limit **Ein·kom·mens·grup·pe** f income bracket **ein·kom·mens·schwach** adj FIN low-income attr **ein·kom·mens·stark** adj FIN high-income attr
Ein·kom·men·steu·er f income tax
Ein·kom·men·steu·er·be·scheid m income tax assessment **Ein·kom·men·steu·er·er·klä·rung** f income tax return [or declaration] **ein·kom·men·steu·er·pflich·tig** adj FIN liable to [pay] income tax
Ein·kom·mens·ver·hält·nis·se pl income levels pl **Ein·kom·mens·ver·tei·lung** f kein pl distribution of income
ein|krei·sen vt ❶ *(einkringeln)* ■ etw ~ to circle sth, to put a circle round sth ❷ *(umschließen)* ■ jdn/ein Tier ~ to surround sb/an animal ❸ *(eingrenzen)* ■ etw ~ to circumscribe sth form
Ein·krei·sung <-, -en> f surrounding, encirclement; einer Frage, eines Problems circumscription form
ein|krie·gen vr meist verneint *(fam)* **sich nicht [mehr] ~ [können]** to not be able to contain oneself [any more]; **krieg dich wieder ein!** get a grip on yourself!
ein|krin·geln vt ■ etw ~ to circle sth, to put a circle round sth
Ein·künf·te ['aɪnkʏnftə] pl income no pl
ein|kup·peln vi to engage the clutch
ein|la·den¹ irreg I. vt ❶ *(zum Besuch auffordern)* ■ jdn [zu etw/in etw akk] ~ to invite sb [to sth]; **ich bin zu meinem Cousin in die USA eingeladen** my cousin [who lives] in the USA has invited me to stay with him; **wir sind morgen eingeladen** we've been invited out tomorrow ❷ *(kostenlos teilnehmen lassen)* ■ jdn zu [o DIAL auf] etw akk/in etw akk ~ to invite sb for/[out] to sth; jdn zum Essen ~ to take sb out for [or invite sb [out] for] dinner; jdn ins Theater ~ to invite [or take] sb to the theatre [or AM -er]; **ich lade dich ein** it's my treat [or on me]; **darf ich Sie zu einem Wein ~?** can I get you a glass of wine?; ■ ein·geladen sein to be invited [or asked] out; du bist eingeladen this is on me [or my treat] II. vi (geh) ■ etw lädt zu etw ein sth invites [or tempts] one to do sth
ein|la·den² ['aɪnla:dn̩] vt irreg (in etw laden) ■ etw [in etw akk] ~ to load sth in[to sth]
ein·la·dend I. adj ❶ *(auffordernd)* inviting attr ❷ *(appetitlich)* appetizing II. adv invitingly
Ein·la·dung f ❶ *(Aufforderung zum Besuch)* invita-

tion; **einer ~ Folge leisten** *(geh)* to accept an invitation ❷ *(Einladungsschreiben)* [letter of] invitation
Ein·la·dungs·kar·te f invitation [card] **Ein·la·dungs·schrei·ben** nt [letter of] invitation
Ein·la·ge <-, -n> f ❶ *(eingezahltes Geld)* deposit ❷ FIN investment ❸ *(Schuh~)* insole ❹ KUNST inlay, inlaid work; **Elfenbein mit ~n aus Silber** ivory inlaid with silver ❺ THEAT interlude ❻ KOCH solid ingredients [such as noodles, egg, vegetables etc.] added to soup ❼ *(Beilage)* enclosure; **etw als ~ in einen Brief legen** to enclose sth in a letter ❽ *(provisorische Zahnfüllung)* temporary filling
ein|la·gern vt ■ etw ~ to store sth, to put down a store of sth BRIT; ■ eingelagert stored
Ein·la·ge·rung f ❶ *(das Einlagern)* Kartoffeln storing, storage ❷ CHEM, GEOL deposit
ein|lan·gen vi sein ÖSTERR *(eintreffen)* to arrive
Ein·lassRR <-es, Einlässe> m, **Ein·laß**ALT <-sses, Einlässe> ['aɪnlɛsə] m ❶ kein pl *(Zutritt)* admission; *(zu einem privaten Ort)* admittance; jdm ~ **verweigern** to refuse sb admission [or admittance]; ~ [in etw akk] **begehren** to seek admission [to sth]; ~ **finden** to be allowed in [or admitted], to gain admission; **auf ~ warten** to want to be let in; **jdm ~ [in etw akk] gewähren** to allow [or let] sb in[to sth], to admit sb [to sth]; **sich** dat ~ [in etw akk] **verschaffen** to gain admission [to sth]; *(mit Gewalt)* to force one's way in[to sth] ❷ TECH inlet
ein|las·sen irreg I. vt ❶ *(eintreten lassen)* ■ jdn ~ to let sb in, to admit sb ❷ *(einströmen lassen)* ■ etw ~ to let sth in ❸ *(einlaufen lassen)* ■ etw in etw akk ~ to run sth into sth; jdm ein Bad [o das Badewasser] ~ to run sb a bath, to run [or dated draw] sb's bath form; ■ sich dat etw ~ Bad to run [oneself] sth ❹ *(einfügen)* ■ etw [in etw akk] ~ to set sth [in sth]; einen Edelstein in etw ~ to set [or mount] a stone in sth II. vr ❶ *(auf etw eingehen)* ■ sich akk auf etw akk ~ to get involved in sth; sich akk auf ein Abenteuer ~ to embark on an adventure; sich auf ein Gespräch/eine Diskussion ~ to get involved in [or enter into] a conversation/discussion; sich akk auf einen Kompromiss ~ to accept a compromise ❷ *(bes pej: Kontakt aufnehmen)* ■ sich akk mit jdm ~ to get involved [or mixed up] with sb ❸ JUR ■ sich akk [zu etw] ~ to make a statement about sth
Ein·las·sung <-, -en> f JUR statement, testimony
Ein·lauf m ❶ MED enema; jdm einen ~ machen to

give sb an enema ② *kein pl* SPORT run-in, finish; **beim ~ in die Zielgerade** entering the home [*or* finishing] straight

ein|lau·fen *irreg* **I.** *vi sein* ① *(schrumpfen)* to shrink; ▪ **eingelaufen** shrunk[en] ② *(hineinströmen)* to run; **das Badewasser läuft schon ein** the bathwater's running; **[jdm] ein Bad** [*o* **das Badewasser**] **~ lassen** to run [*or form* draw] [sb] a bath ③ *(eintreffen)* ▪ **bei jdm** ~ *Bewerbungen, Spenden* to be received [by sb], to arrive [*or* come in] ④ SPORT to run in; ▪ **auf etw** *akk***/in etw** *akk* ~ to run towards sth/into sth; **in die Zielgerade** ~ to enter [*or* come into] the finishing [*or* home] straight; **als Erster** ~ to finish [*or* come in] first ⑤ *(einfahren)* ▪ **[in etw** *dat***]** ~ to enter [sth], to arrive; **das Schiff läuft in den Hafen ein** the ship is sailing [*or* putting] into harbour **II.** *vt haben (durch Tragen anpassen)* ▪ **etw** ~ to wear sth in; ▪ **eingelaufen** worn-in

ein|läu·ten *vt* ① *(durch Läuten anzeigen)* ▪ **etw** ~ to ring sth in ② SPORT ▪ **etw** ~ to sound the bell for sth

ein|le·ben *vr* ▪ **sich** *[bei jdm/in etw* *dat o akk]* ~ to settle in [with sb/in sth], to feel at home [with sb/in sth] *fam*

Ein·le·ge·ar·beit *f* ① *(Möbelstück mit Intarsien)* furniture with marquetry [*or* inlaid work] ② *(Intarsie)* inlay, inlaid work *no pl*, marquetry *no pl*

ein|le·gen *vt* ① *(hineintun)* ▪ **etw** *[in etw* *akk]* ~ to put sth in [sth], to lay [*or form* place] sth in sth; **eine Kassette/eine CD** ~ to put on a cassette/a CD; **einen Film** *[in etw]* ~ to put a film in [sth], to insert a film [in sth]; **einen Film in die Kamera** ~ to put [*or* load] a film into the camera, to load the camera [with a film]; ▪ **eingelegt** inserted *form* ② AUTO to engage *form;* **den zweiten Gang** ~ to engage second gear, to change [*or* put it] into second [gear]; ▪ **eingelegt** engaged *form* ③ KOCHK ▪ **etw** *[in etw* *dat o akk]* ~ to pickle sth [in sth]; **eingelegte Heringe/ Gurken** pickled herrings/gherkins ④ *(zwischendurch machen)* **eine Pause** ~ to have [*or* take] a break [*or fam* breather]; **eine Mittagspause** ~ to have [*or* take] a lunch break; **ein Schläfchen** ~ to have forty winks ⑤ *(einreichen)* **ein Veto** ~ to exercise [*or* use] a veto; **einen Protest** *[bei jdm]* ~ to lodge [*or* make] a protest [with sb]; **einen Vorbehalt** ~ to add a proviso; JUR to file sth; **etw bei einem Gericht** ~ to file sth at a court; **Berufung** ~ to [lodge an] appeal; ▪ **eingelegt** filed ⑥ FIN *(einzahlen)* ▪ **etw** *[in etw* *akk]* ~ to deposit sth [in sth], to invest sth [in sth] ⑦ *(intarsieren)* ▪ **etw** ~ to inlay sth; ▪ **eingelegt** inlaid

Ein·le·ge·soh·le *f* inner sole, insole

ein|lei·ten *vt* ① *(in die Wege leiten)* ▪ **etw** *[gegen jdn]* ~ to introduce sth [against sb]; **Schritte** *[gegen jdn]* ~ to take steps [against sb]; JUR to initiate [*or* institute] sth [against sb]; **einen Prozess** *[gegen jdn]* ~ to start proceedings [against sb]; ▪ **eingeleitet** initiated, instituted ② MED *(künstlich auslösen)* ▪ **etw** ~ to induce sth ③ *(eröffnen)* ▪ **etw** *[mit etw]* ~ to open [*or* begin] [*or form* commence] sth [with sth] ④ *(beginnen lassen)* ▪ **etw** ~ to usher sth in, to introduce sth ⑤ *(einleitend kommentieren)* ▪ **etw** ~ *Buch, Werk* to preface sth ⑥ *(hineinfließen lassen)* ▪ **etw in etw** *akk* ~ to empty sth into sth; **Abwässer in einen Fluss** ~ to discharge effluent into a river

ein|lei·tend **I.** *adj* introductory, opening **II.** *adv* as an introduction [*or* opening]; **wie ich** ~ **bereits bemerkte, ...** as I have already said in my introduction, ...

Ein·lei·tung *f* ① ADMIN introduction; **die** ~ **eines Verfahrens** the institution of proceedings; **die** ~ **einer Untersuchung** the opening of an inquiry [*or* investigation] ② *(Vorwort)* introduction, preface ③ ÖKOL

die ~ von etw *[in etw* *akk]* the discharge [*or* emptying] of sth [into sth]

ein|len·ken *vi* ① *(nachgeben)* ▪ **[in etw** *dat]* ~ to give way [*or* in] [in sth], to make concessions [in sth], to capitulate *form*, to yield [in sth] *liter;* ▪ **das E~** giving way [*or* in], concession-making, capitulation *form*, yielding *liter;* **jdn zum E~ bringen** to persuade sb to give way [*or* make concessions] ② *(in eine andere Richtung fahren)* ▪ **[in etw]** ~ **Straße** to turn [*or* go] [into sth]

ein|le·sen *irreg* **I.** *vt* INFORM ▪ **etw** *[in etw* *akk]* ~ *Daten, Informationen* to read sth in[to sth] **II.** *vr* *(durch Lesen vertraut werden)* ▪ **sich** *akk* **in etw** *akk* ~ to familiarize oneself with sth; **sich in ein Buch** ~ to get into a book

ein|leuch·ten *vi* ▪ **[jdm]** ~ to be clear [*or* logical] [to sb], to make sense [to sb]; **das leuchtet mir ein** I can see [*or* understand] that; **es leuchtet [jdm] ein, dass ...** it makes sense [to sb] that ...; **es will mir einfach nicht ~, dass ...** I just don't understand why ...

ein|leuch·tend **I.** *adj* clear, logical, evident; **ein ~es Argument** a persuasive [*or* convincing] argument; **eine ~e Erklärung** a plausible explanation **II.** *adv* clearly, logically

ein|lie·fern *vt* ① *(stationär aufnehmen lassen)* ▪ **jdn** *[in etw* *akk]* ~ *ins Gefängnis, Krankenhaus* to admit sb [to sth]; ▪ **eingeliefert** admitted ② JUR ▪ **jdn in eine Haftanstalt** ~ to send [*or form* commit] sb to prison; ▪ **eingeliefert** imprisoned ③ *(aufgeben)* ▪ **etw** *[bei etw]* ~ to hand sth in [at sth]

Ein·lie·fe·rung *f* ① MED admission ② JUR committal [to prison], internment ③ *(von Sendungen)* Brief, Paket etc. handing-in

Ein·lie·fe·rungs·schein *m* certificate of posting BRIT, postal receipt AM

ein|lo·chen *vt* ① *(sl: inhaftieren)* ▪ **jdn** *[wegen etw]* ~ to lock sb up [*or* away] [for sth] *fam*, to put sb away [*or* behind bars] [for sth] *fam* ② SPORT *Golf* to hole [out] BRIT; *Billard, Snooker* to pot

ein|log·gen [ˈaɪnlɔɡn̩] *vi* ▪ **[sich]** *[in etw* *akk]* ~ *System* to log in [*or* on] [to sth]

ein|lös·bar *adj* redeemable; **ein ~er Gutschein** a [redeemable] coupon [*or* voucher]; ▪ **etw ist [gegen etw]** ~ sth can be redeemed [for sth]; **etw ist gegen Geld** ~ sth can be cashed in

ein|lö·sen *vt* ① *(vergüten)* ▪ **etw** ~ to honour [*or* AM -or] sth, to meet sth; **einen Scheck** ~ to honour a cheque BRIT, to honor [*or* cash] a check AM ② *(auslösen)* ▪ **etw** *[bei jdm]* ~ to redeem sth [from sb]; **ein Pfand** ~ to redeem a pledge ③ *(wahr machen)* ▪ **etw** ~ to honour [*or* AM -or] sth; **ein Versprechen** ~ to keep a promise

Ein·lö·sung *f* ① *(das Vergüten)* payment; **einen Schuldschein/Scheck zur ~ vorlegen** to present a promissory note/cheque for payment ② *(Auslösung)* redemption; **die ~ eines Schmuckstücks** the redemption of a piece of jewellery ③ *(das Wahrmachen)* **die ~ von etw** the honouring [*or* AM -oring] of sth, the keeping of sth; **muss ich dich erst an die ~ deines Wortes erinnern?** do I have to remind you what you promised [*or* of your promise] ?

ein|lul·len [ˈaɪnlʊlən] *vt* ① *(schläfrig machen)* ▪ **jdn** ~ to lull sb to sleep; ▪ **~d** *als adj verwendet* lullaby-like; *als adv verwendet* like a lullaby ② *(willfährig machen)* ▪ **jdn** *[mit etw]* ~ to lull sb into a false sense of security [with sth]

ein|ma·chen **I.** *vt* ▪ **etw** ~ to preserve sth; **Obst** ~ to can [*or* BRIT bottle] fruit; **Kompott/Marmelade** ~ to make fruit compote [*or* marmalade] /jam; **etw in Essig** ~ to pickle sth; ▪ **eingemacht** preserved, bottled **II.** *vi* to bottle up, to make jam, to preserve [sth]

Ein·mach·glas nt [preserving] jar **Ein·mach·ring** m [rubber] seal **Ein·mach·zu·cker** m preserving sugar **ein·mal¹, 1-mal^{RR}** ['ainma:l] adv ① (ein Mal) once; s. a. **achtmal** ② (ein einziges Mal) once; ~ **am Tag/ in der Woche/im Monat** once a day/week/month; **wenn du auch nur ~** [o **ein Mal**] **auf mich hören würdest** if you would only listen to me, just once; **das gibt's nur ~** (fam) it's [really] unique, it's a one-off; ~ **Hamburg und zurück, bitte** one return to Hamburg, please; ~ **Tee und zwei Kaffee, bitte!** one tea and two coffees, please!; **auf ~** all at once, suddenly, all of a sudden; (an einem Stück) all at once; ~ **mehr** once again; ~ [o **ein Mal**] **und nie wieder** once and once only [or and never again] ③ (mal) first; ~ **sagst du dies und dann wieder das** first you say one thing and then another; s. a. **noch** s. a. **schon** ④ (irgendwann, früher) once, once upon a time hum; **sie waren ~ glücklich** they used to be happy [once]; **es war ~** once upon a time; **das war ~!** that's over!, that's a thing of the past! ⑤ (irgendwann, später) sometime, one of these days fam; **du wirst ~ an meine Worte denken!** you'll remember my words one day!; **es kommt ~ der Tag, an dem ...** the day will come when ...; **ich will ~ Pilot werden** I want to be a pilot [some day] ▶ WENDUNGEN: ~ **ist keinmal** (prov) just once doesn't count

ein·mal² ['ainma:l] part ① (eben) **so liegen die Dinge nun** ~ that's the way things are; **alle ~ herhören!** listen, everyone!; **sag ~, ist das wahr?** tell me, is it true?; **sei doch ~ so lieb und reiche mir die Kaffeekanne!** could you just pass me the pot of coffee?; **komm doch ~ her!** come here a minute!; **kannst du ~ halten?** can you hold onto this for a minute?; **kannst du mir bitte ~ den Zucker geben?** could you please pass me the sugar?; s. a. **nun** ② (einschränkend) **nicht ~** not even; **er hat sich nicht ~ bedankt** he didn't even say thank you; **wieder ~** [once] again

Ein·mal·be·steck nt disposable cutlery, plastic knives, forks and spoons

Ein·mal·eins <-> [ainma:l'?ains] nt kein pl ① **das ~** [multiplication] tables pl; **er kann bereits das ~** he already knows his tables; **das kleine/große ~** the tables from one to ten/eleven to twenty, the one to ten/eleven to twenty times tables ② (die Grundzüge) basics pl ③ (Routinearbeit) **das tägliche ~ eines Anwalts** a lawyer's routine [or bread-and-butter] work

Ein·mal·ge·schirr nt disposable crockery, paper/plastic plates etc. **Ein·mal·hand·schuh** m disposable glove **Ein·mal·hand·tuch** nt disposable towel

ein·ma·lig ['ainma:lɪç] I. adj ① (nicht wiederkehrend) unique, unparalleled, unequalled; **ein ~es Angebot** a unique [or an exclusive] offer; **eine ~e Chance** [o **Gelegenheit**] **haben** to have a unique opportunity [or a once-in-a-lifetime chance] ② (nur einmal getätigt) once only, single; **eine ~e Zahlung** a one-off payment, payment of a lump sum; **eine ~e Anschaffung** a one-off [or non-recurring] purchase; s. a. **achtmalig** ③ (fam: ausgezeichnet) unique, second to none, unsurpassed form; **eine ~e Leistung** an outstanding achievement; **etwas E~es** something unique ④ (fam: göttlich, köstlich) terrific fam, fantastic fam, far-out sl; **der Kerl ist ~!** the lad is quite a character [or really something] ! II. adv (besonders) really; ~ **gut** exceptional; **dieses Gericht schmeckt ~ gut** this dish tastes out of this world fam; ~ **schön** of singular beauty liter, uniquely beautiful form, really fantastic [or superb] fam

Ein·ma·lig·keit <-> f kein pl uniqueness

Ein·mal·sprit·ze f disposable syringe **Ein·mal·win·del** f disposable nappy [or AM diaper]

Ein·mann·be·trieb m ① (Einzelunternehmen) one-man business [or [or fam] show] company) ② TRANSP one-man operation **Ein·mann·bus** m one-man bus, bus with a one-man crew

Ein·mark·stück [ain'markʃtʏk] nt (hist) one-mark coin [or piece]

Ein·marsch m ① (das Einmarschieren) invasion; ■ jds ~ **in etw** akk sb's invasion of sth ② (Einzug) entrance; ■ jds ~ [**in etw** akk] sb's entrance [into sth]

ein|mar·schie·ren* vi sein ① (in etw marschieren) ■ [**in etw** akk] ~ to invade [sth] ② (einziehen) ■ **in etw** akk ~ to march into sth; ■ ~d marching

ein|mas·sie·ren* vt ■ **etw** ~ akk to rub sth in; ■ [jdm] **etw in etw** akk ~ to rub sth into [sb's] sth; **Kurspülung in das Haar** ~ to work [or massage] conditioner into the hair; **Massageöl in die Haut** ~ to massage oil into the skin

ein|mau·ern vt ① (einlassen) ■ **etw** [**in etw** akk] **mit** ~ to build [or embed] [or fix] sth [into sth] ② (ummauern) ■ **etw** ~ to wall sb/sth up [in sth], to immure sb/sth [in sth] form o liter

Ein-Me·ga·bit-Chip [-'me:gabɪt tʃɪp] m INFORM one-megabit chip

ein|mei·ßeln vt ■ **etw** [**in etw** akk] ~ to carve sth [into sth] [with a chisel]; ■ **eingemeißelt** carved, chiselled BRIT, chiseled AM

Ein·me·ter·brett [ain'me:tɐbrɛt] nt one-metre [or AM -er] [diving] board

ein|mie·ten vr ■ **sich** [**bei jdm/in etw** dat] ~ to move into accommodation [with sb/in sth]; **sich bei einer Familie** ~ to lodge with a family, to find lodgings [or esp BRIT fam digs] with a family

ein|mi·schen vr (eingreifen) ■ **sich** [**bei etw/in etw** akk] ~ to interfere [in sth]; **misch dich ja nicht ein!** don't interfere [or fam meddle] [or fam poke your nose in [where it's not wanted]] !; (um zu schlichten) to intervene [in sth]

Ein·mi·schung f (das Eingreifen) ■ jds ~ **in etw** akk sb's interference [or fam meddling] in sth; (um zu schlichten) sb's intervention in sth

ein·mo·na·tig adj attr ① (einen Monat dauernd) one-month attr, lasting one month pred; **eine ~e Unterbrechung** a break [or an interval] of one month; ~**e Dauer** one month's duration ② (einen Monat alt) one-month-old attr, one month old pred

ein·mo·nat·lich I. adj monthly II. adv monthly, once a month

ein|mon·tie·ren* vt ■ **etw** ~ to instal[l] sth; ■ **etw in etw** akk ~ to put sth into sth, to mount sth in sth; ■ **etw** [**in etw** akk] **wieder** ~ to replace sth [in sth]

ein·mo·to·rig adj Flugzeug single-engined

ein|mot·ten ['ainmɔtn] vt ① MIL ■ **etw** ~ to mothball [or BRIT cocoon] sth; ■ **eingemottet** mothballed, cocooned BRIT ② (einlagern) ■ **etw** ~ akk to put sth in mothballs

ein|mum·me(l)n vt (fam: einhüllen) ■ jdn [**in etw** akk] ~ to wrap sb up [warm] [in sth]; ■ **eingemummt** wrapped up, muffled; ■ **sich** ~ to wrap up [warm]; **sich ganz dick** [or gut] [or warm] ~ to wrap up warmly [or well]

ein|mün·den vi sein ① (auf etw führen) ■ **in etw** akk ~ to lead into sth, to join sth, to intersect with sth; ■ ~**d: achten Sie bitte auf die von rechts ~de Straße!** please watch out for the road joining from the right! ② (in etw münden) ■ **in etw** akk ~ to empty [or discharge] [or flow] into sth

Ein·mün·dung f ① (Einfahrt) entry, road leading up to a junction; **die ~ in die Autobahn** the slip road to the motorway BRIT, the entrance to the highway AM ② (Mündung) Fluss confluence

ein·mü·tig ['ainmy:tɪç] I. adj unanimous II. adv unanimously, with one voice liter; ~ **zusammenstehen** to

Ein·mü·tig·keit <-> f kein pl unanimity, solidarity

ein|nä·hen vt MODE ❶ *(in etw nähen)* ▪ **etw |in etw** *akk|* ~ to sew sth [into sth]; ▪ **eingenäht** sewn in ❷ *(enger machen)* ▪ **etw** ~ to take sth in

Ein·nah·me <-, -n> ['ainnaːmə] f ❶ FIN earnings; *bei einem Geschäft* takings npl BRIT; *bei einem Konzern* receipts pl; *bei einem Individuum* income no pl; *bei dem Staat* revenue[s]; **~n und Ausgaben** income and expenditure ❷ kein pl *(geh: das Einnehmen)* Arznei-mittel, Mahlzeiten taking ❸ *(Eroberung)* taking, cap-ture

Ein·nah·me·quel·le f source of income; *des Staates* source of revenue; |**sich** *dat*| **zusätzliche ~n erschließen** to find additional sources of income

ein|neh·men vt irreg ❶ ÖKON ▪ **etw** ~ **Geld** to take sth; *Steuern* to collect sth; ▪ **eingenommen** collected ❷ *(zu sich nehmen)* ▪ **etw** ~ to take sth; **die Antiba-bypille** ~ to be on the pill; **eine Mahlzeit** ~ to have a meal ❸ *(geh: besetzen)* ▪ **etw** ~ to take sth; **bitte, nehmen Sie Ihre Plätze ein** please take your seats [or form be seated] ❹ *(vertreten)* **einen Stand-punkt** ~ to hold an opinion [or a view]; ▪ **jd nimmt den Standpunkt ein, dass …** sb takes the view that …; **eine Haltung** ~ to assume an attitude ❺ *(in-nehaben)* ▪ **etw** ~ to hold [or occupy] sth; **die Stelle des Chefs** ~ to take over the position of boss ❻ SPORT ▪ **etw** ~ to hold sth; **Platz 5 in der Tabelle** ~ to be lying fifth in the table ❼ *(erobern)* ▪ **etw** ~ to take [or capture] sth; ▪ **eingenommen** taken, captured ❽ *(be-einflussen)* **jdn für sich** *akk* ~ to win favour [or AM -or] with sb, to charm sb; **jdn gegen sich/jdn/etw** ~ to turn sb against oneself/sb/sth ❾ *(als Raum bean-spruchen, ausfüllen)* **jdn** *akk* ~ to take up; **viel Platz** ~ to take up a lot of space ❿ NAUT *(veraltend: laden)* to load

ein·neh·mend ['ainneːmənt] adj charming, engaging; **~er Charme** engaging charm; **~es Lächeln** winning [or engaging] smile; **er war ein Mensch von ~em Wesen** he was a person with charming [or engaging] manners [or with winning ways]; **ihre Art war nicht sehr** ~ she was rather unprepossessing; ▪ **etwas E~es** something charming [or engaging]

ein|ni·cken vi sein *(fam)* to doze [or drop] [or nod] off fam

ein|nis·ten vr ❶ *(sich niederlassen)* ▪ **sich bei jdm** ~ to ensconce oneself [or to settle in] [with sb] ❷ *(sich festsetzen)* ▪ **sich |bei jdm|** ~ Ungeziefer to nest [or build a nest] [in sb's home] ❸ *(einwachsen)* ▪ **sich** ~ Eizelle, Parasiten to lodge

Ein·öde ['ainʔøːdə] f waste, wasteland; **eine men-schenleere** ~ a deserted wasteland; **er lebt in der ~ des schottischen Hochlands** he lives in the wilds of the Scottish Highlands

Ein·öd·hof ['ainʔøːthoːf] m isolated [or secluded] [or out-of-the-way] farm

ein|ölen vt *(mit Öl bestreichen)* ▪ **etw |mit etw** *dat|* ~ to oil [or lubricate] [or grease] sth [with sth]; ▪ **jdn** ~ to put [or rub] oil on sb; ▪ **eingeölt** oiled, lubricated; ▪ **sich** *akk* ~ to put oil on oneself, to rub one-self with oil; **sich mit Sonnenschutz** ~ to put suntan oil on [oneself], to rub suntan oil in[to one's skin]

ein|ord·nen I. vt ❶ *(einsortieren)* ▪ **etw |in etw** *akk|* ~ to put sth [in sth] in order, to organize sth [in sth]; **etw alphabetisch** ~ to file sth alphabetically ❷ *(klassifizieren)* ▪ **jdn/etw |unter etw** *dat|* ~ to classify sb/sth [under sth], to categorize sb/sth [under sth], to pigeonhole sb/sth, to put sb/sth under a cer-tain heading fam; **ein Kunstwerk zeitlich** ~ to date a work of art II. vr ❶ *(sich einfügen)* ▪ **sich |in etw** *akk|* ~ to fit in[to sth], to integrate [into sth] ❷ *(Fahr-spur wechseln)* ▪ **sich links/rechts** ~ to get into the left-/right-hand lane, to move [over] [or get] into the

ein|pa·cken I. vt ❶ *(verpacken)* ▪ **etw |in etw** *akk|* ~ to wrap sth [in sth]; *(um zu verschicken)* to pack sth [or parcel sth up] [in sth]; *(um zu verkaufen)* to package sth; ▪ **etw** ~ **lassen** to have sth wrapped; ▪ **eingepackt** wrapped, packed, parcelled up, pack-aged ❷ *(einstecken)* ▪ **|jdm| etw** ~ to pack sth [for sb], to put sth in [for sb]; ▪ **|sich** *dat|* **etw** ~ to pack sth, to put sth in; ▪ **eingepackt** packed ❸ *(fam: ein-mummeln)* ▪ **jdn |in etw** *akk|* ~ to wrap sb up [in sth]; ▪ **sich |in etw** *akk|* ~ to wrap [oneself] up [in sth]; **sich in warme Kleidung** ~ to wrap [oneself] up warm ▶ WENDUNGEN: **sich |mit etw|** ~ **lassen können** *(sl)* to pack up and go home [after/because of/with sth] fig fam, to pack it [all] in [or forget it] fam II. vi *(Koffer etc. füllen)* to pack [one's things] [up]; ▶ WENDUNGEN: ~ **können** *(sl)* to pack up and go home fig fam, to have had it fam

ein|par·ken I. vi ▪ **|irgendwie|** ~ to park [somehow]; **richtig** ~ to park correctly [or properly]; **rückwärts** ~ to back [or reverse] into a parking space BRIT; **vor-wärts** ~ to pull into a parking space; **das E~** park-ing II. vt ▪ **etw** ~ to park sth; **etw rückwärts** ~ to back [or reverse] into a parking space BRIT; **etw vor-wärts** ~ to pull into a parking space; **es lässt sich |irgendwie|** ~ it's … to park; **dieser Wagen lässt sich schlecht** ~ this car's difficult to park

Ein·par·tei·en·re·gie·rung f one-party government

Ein·par·tei·en·staat m one-party state **Ein·par·tei-en·sys·tem** [ainparʼtaiənzyste:m] nt one-party sys-tem

ein|pas·sen I. vt ▪ **etw |in etw** *akk|* ~ to fit sth [into sth] II. vr ▪ **sich |in etw** *akk|* ~ to integrate [into sth], to adjust [oneself] [to sth]

ein|pau·ken vt *(fam)* ▪ **sich etw** ~ [or BRIT fam bone up on] sth; ▪ **jdm etw** ~ *(veraltend)* to drum sth into sb's head

ein|pen·deln vr ▪ **sich |auf etw** *akk|* ~ to level off, to even out [at sth]; **sich auf ein bestimmtes Niveau** ~ to find a certain level, to even out at a certain level

ein|pen·nen vi sein *(sl)* to drop [or doze] [or nod] off fam

Ein·per·so·nen·haus·halt m *(geh)* one-person [or sin-gle-person] household **Ein·per·so·nen·stück** nt one-person show

ein|pfer·chen vt to cram in; **Tiere |in etw** *akk|* ~ to pen animals [in [sth]]; **Menschen |in etw** *akk|* ~ to coop people up [together] [in sth]; ▪ **eingepfercht** crammed in, penned [in], cooped up; **eingepfercht stehen/sitzen** to stand/sit packed together like sar-dines [in a can]

ein|pflan·zen vt ❶ *(in etw pflanzen)* ▪ **etw |in etw** *dat|* ~ to plant sth [in sth]; **etw wieder** ~ to replant sth; ▪ **eingepflanzt** planted ❷ MED ▪ **|jdm| etw** ~ to implant sth [in sb]

ein|pin·seln vt ❶ MED ▪ **|jdm| etw |mit etw** *dat|* ~ to swab [sb's] sth [with sth] ❷ KOCHK ▪ **etw |mit etw** *dat|* ~ to brush sth [with sth]

ein|pla·nen vt ❶ *(einbeziehen)* to plan, to schedule; ▪ **etw |mit|** ~ to take sth into consideration, to allow for sth ❷ *(im Voraus planen)* ▪ **etw |mit|** ~ to plan sth [in advance]

ein|pö·keln vt KOCHK *(zur Konservierung einsalzen)* ▪ **etw** ~ Fleisch to salt sth

ein|prä·gen I. vr ❶ *(sich etw einschärfen)* ▪ **sich** *dat* **etw** ~ to remember [or make a mental note of] sth, to fix sth in your memory; **sich die Formeln gut** ~ to really learn [or memorize] the formulae ❷ *(im Gedächtnis haften)* ▪ **sich jdm** ~ Bilder, Eindrücke, Worte to be imprinted on sb's memory, to be engraved in sb's mind; **die Worte haben sich mir unaus-löschlich eingeprägt** the words made an indelible impression on me, I'll remember those words till the end of my days **II.** vt **①** *(einschärfen)* ▪ **jdm etw ~** to drum [*or* get] sth into sb's head *fam,* to drive sth home [to sb], to impress sth on sb; ▪ **jdm ~, etw zu tun** to urge sb to do sth **②** *(in etw prägen)* ▪ **etw [in etw** *akk*] **~** *Inschrift, Muster* to imprint sth [on sth]; **etw in Metall ~** to engrave sth on metal

ein·präg·sam ['aɪnprɛːkzaːm] *adj* easy to remember *pred;* **~e Melodie** catchy melody [*or* tune]

ein|pro·gram·mie·ren* vt INFORM ▪ **etw ~** *Daten* to program sth in; ▪ **einprogrammiert** programmed

ein|prü·geln I. vt *(fam)* ▪ **jdm etw ~** to beat [*or* knock] sth into sb *fam* **II.** vi *(fam: immer wieder prügeln)* ▪ **[mit etw** *dat*] **auf jdn ~** to beat sb up *sep* [with sth]

ein|pu·dern vt ▪ **sich** *dat* **etw ~** to powder sth; **sich die Nase ~** to powder one's nose; ▪ **[jdm] etw ~** to powder [sb's] sth; **dem Baby den Po ~** to powder the baby's bottom; ▪ **eingepudert** powdered

ein|quar·tie·ren* **I.** vt **①** *(unterbringen)* ▪ **jdn [bei jdm] ~** to put sb up [*or* find accommodation for sb] [with sb [*or* at sb's]] **②** MIL ▪ **jdn irgendwo ~** to billet sb somewhere **II.** vr ▪ **sich bei jdm ~** to move in with sb

ein|rah·men vt **①** *(in Rahmen fassen)* ▪ **[jdm] etw ~** to frame sth [for sb]; **ein Foto ~ lassen** to have a photo framed; ▪ **eingerahmt** framed **②** *(fam: links und rechts begleiten)* ▪ **jdn ~** to flank sb ▪ WENDUNGEN: **das kannst du dir ~ lassen!** *(fam)* you can hang that in the toilet! BRIT *fam*

ein|ram·men vt ▪ **etw [in etw** *akk*] **~** to ram [*or* drive] sth in[to sth] [*or* home]

ein|ras·ten vi sein to click home [*or* into place], to engage *form*

ein|räu·men vt **①** *(in etw räumen)* ▪ **etw [in etw** *akk*] **~** to put sth away [in sth], to clear sth away [into sth]; **die Möbel [wieder] ~** to move the furniture [back] in[to the room]; ▪ **das E~** putting away **②** *(füllen)* ▪ **etw ~** to fill sth; **der Schrank ist eingeräumt** the cupboard is full [up] **③** *(mit Möbeln füllen)* ▪ **[jdm] etw ~** to arrange sth [for sb]; **bei einem Umzug räumen einem die Packer das Haus gleich wieder ein** when you move, the packers set up everything again in the new house for you **④** *(zugestehen)* ▪ **jdm gegenüber] etw ~** to concede [*or* acknowledge] sth [to sb]; ▪ **[jdm gegenüber] ~, dass …** to admit [*or* acknowledge] [*or* concede] [to sb] that … **⑤** *(gewähren)* ▪ **jdm etw ~** *Frist, Kredit* to give [*or* grant] sb sth **⑥** *(zugestehen)* ▪ **jdm etw ~** *Freiheiten, Rechte etc.* to allow [*or* grant] sb sth

ein|rech·nen vt **①** *(mit einbeziehen)* ▪ **jdn [mit] ~** to include sb, to count sb; **dich mit eingerechnet sind wir 9 Personen** counting [*or* including] you, there'll be 9 of us; ▪ **etw [mit] ~** to allow for [*or* include] sth; **ich habe die Getränke noch nicht mit eingerechnet** I haven't allowed for the drinks yet **②** *(als inklusiv rechnen)* ▪ **etw [mit] ~** to include sth; **Steuer und Bedienung sind bereits mit eingerechnet** tax and service included

ein|re·den I. vt *(durch Reden glauben machen)* ▪ **jdm etw ~** to talk [*or* persuade] sb into thinking sth; **wer hat dir denn diesen Unsinn eingeredet?** who told you that nonsense?; ▪ **jdm ~, dass …** to talk sb into thinking that …; **rede mir nicht immer ein, dass nur deine Meinung richtig sei!** don't try and tell me that your opinion is the only right one! **II.** vi *(bedrängen)* ▪ **auf jdn ~** to talk to sb in an insistent tone of voice, to keep on at sb *fam* **III.** vr *(sich etw immer wieder sagen)* ▪ **sich** *dat* **etw ~** to talk [*or* persuade] oneself into thinking sth; **rede dir doch so was nicht ein!** put that idea out of your head!; ▪ **sich ~, dass …** to talk [*or* persuade] oneself into thinking that …

ein|reg·nen vr impers ▪ **es hat sich eingeregnet** the rain has set in

ein|rei·ben vt irreg **①** *(in etw reiben)* ▪ **[jdm] etw irgendwo/irgendwohin ~** to rub sth in[to] somewhere [for sb] [*or* into [sb's] somewhere]; **reibst du mir die Salbe hier am Rücken ein?** could you rub this cream into my back for me? **②** *(einmassieren)* ▪ **jdn/sich [mit etw** *dat*] **~** to massage sb/oneself [with sth]; **jdn mit Sonnenöl ~** to put suntan oil on sb; **sich mit Salbe ~** to rub cream in[to oneself]; **sich mit Sonnenschutzöl ~** to put on suntan oil; ▪ **sich** *dat* **etw mit etw** *dat* **~** to put sth on sth, to rub sth into sth

ein|rei·chen vt **①** *(übersenden)* ▪ **etw [bei jdm] ~** to submit [*or* present] sth [to sb], to send in sth *sep* [to sb]; **etw schriftlich ~** to submit [*or* present] sth in writing; **etw persönlich ~** to hand in sth *sep;* to submit sth; ▪ **eingereicht** submitted **②** *(darum bitten)* ▪ **etw ~** to submit sth; **seine Kündigung ~** to hand in [*or* tender] one's resignation; **eine Pensionierung/Versetzung ~** to submit [*or* present] a request for retirement/a transfer

Ein·rei·chung <-, <selten -en> f **①** *(das Einreichen)* *Gesuch, Unterlagen* submission, presentation; JUR *Klage* submission **②** *(die Beantragung)* submission, presentation; **die ~ seines Rücktritts** to hand in [*or* offer] one's resignation

ein|rei·hen I. vt *(zuordnen)* ▪ **jdn/etw irgendwie unter etw** *akk* **~** to classify [*or* fam put] sb/sth somehow/under sth **II.** vr *(sich einfügen)* ▪ **sich in etw** *akk* **~** to join [*or* get into] sth; **sich in eine Schlange ~** to join a queue, to get into line

Ein·rei·her <-s, -> m a single-breasted jacket

Ein·rei·se f *(das Einreisen)* entry [into a country]; **jdm die ~ verweigern** to refuse sb entry, to be refused entry; **jds ~ nach etw** *dat*/**in etw** *akk* sb's entry into sth

Ein·rei·se·be·stim·mun·gen pl entry requirements **Ein·rei·se·be·wil·li·gung** f entry approval **Ein·rei·se·er·laub·nis** f entry permit; **eine/keine ~ haben** to have/not have an entry permit **Ein·rei·se·ge·neh·mi·gung** f entry permit

ein|rei·sen vi sein *(geh)* ▪ **[nach etw** *dat*/**in etw** *akk*] **~** to enter [somewhere]; **in ein Land ~** to enter a country

Ein·rei·se·ver·bot nt refusal of entry; **~ haben** to have received a refusal of entry, to have been refused entry **Ein·rei·se·vi·sum** nt [entry] visa

ein|rei·ßen irreg **I.** vi sein **①** *(einen Riss bekommen)* to tear; *Haut* to crack; ▪ **eingerissen** torn; **eingerissene Haut** cracked skin **②** *(fam: zur Gewohnheit werden)* to become a habit; **etw ~ lassen** to make a habit of sth, to let sth become a habit; **wir wollen das hier gar nicht erst ~ lassen!** we don't want that kind of behaviour here! **II.** vt haben **①** *(niederreißen)* ▪ **etw ~** to tear [*or* pull] sth down, to demolish sth **②** *(mit Riss versehen)* ▪ **etw ~** to tear sth **III.** vr haben ▪ **sich** *dat* **etw [an etw** *dat*] **~** to tear the skin of sth [on sth]; **die Haut an dem Finger ~** to cut [the skin on] one's finger

ein|rei·ten irreg **I.** vt haben ▪ **ein Pferd ~** to break in a horse **II.** vi sein *(in etw reiten)* ▪ **[in etw** *akk*] **~** to ride in[to sth]

ein|ren·ken ['aɪnrɛŋkn̩] **I.** vt **①** MED *(wieder ins Gelenk drehen)* ▪ **[jdm] etw ~** to set [*or* spec reduce] sth [for sb]; **der Arzt hat ihm die Schulter [wieder] eingerenkt** the doctor [re]set his shoulder **②** *(fam: bereinigen)* ▪ **etw [wieder] ~** to straighten sth out [again], to iron sth out *fig,* to put things right [again], to sort sth out, to get sth sorted *sl* **II.** vr *(fam: ins Lot kommen)* ▪ **sich wieder ~** to sort itself out, to straighten itself out; **das renkt sich schon wieder ein** it'll be all right

ein·ren·nen *irreg* **I.** *vr (fam: sich anstoßen)* ◼ **sich** *dat* **etw** |an etw *dat*| ~ to knock |*or fam* bash| sth |on sth|; **sich den Kopf/die Stirn an etw** ~ to crack |*or* knock| one's head/forehead on sth **II.** *vt (veraltend fam: einstoßen)* ◼ **etw** ~ to break down sth *sep; s. a.* **Tür**

ein·rich·ten I. *vt* ❶ *(möblieren)* ◼ |jdm| **etw** |irgend·wie| ~ to furnish sth |somehow| |for sb|; **die Woh·nung war schon fertig eingerichtet** the flat was already furnished; **etw anders** ~ to furnish sth differ·ently; **etw neu** ~ to refurnish |*or* refit| sth; **eine Apo·theke/eine Praxis/ein Labor** ~ to fit out *sep* |*or* equip| a pharmacy/surgery/laboratory; ◼ **irgendwie eingerichtet sein** to be furnished in a certain style, to have some kind of furniture; **antik eingerichtet sein** to have antique furniture; **ein gut eingerichtetes Büro** a well-appointed office *form* ❷ *(ausstatten)* ◼ |jdm| **etw** ~ to install| sth |for sb|; **ein Spielzimmer/Arbeitszimmer** ~ to fit out |*or* furnish| a playroom/workroom ❸ *(gründen)* ◼ **etw** ~ to set up *sep* |*or* establish| |*or* open| sth; **einen Lehrstuhl** ~ to estab·lish |*or* found| a chair; ◼ |neu| **eingerichtet** |newly| set-up |*or* established| |*or* opened|; ◼ **einzurichtend** to be set up |*or* established| |*or* opened| ❹ FIN ◼ |jdm| **etw** |bei jdm| ~ to open sth |for sb| |with sb|; **ein Konto bei einer Bank** ~ to open an account at a bank ❺ TRANSP ◼ **etw** ~ to open |*or* establish| |*or* start| sth ❻ *(arrangieren)* ◼ **es** ~, **dass ...** arrange |*or* fix| it so that ...; **es lässt sich** ~ that can be arranged |*or* BRIT fixed |up||; **wenn es sich irgendwie** ~ **lässt, dann komme ich** if it can be arranged, I'll come ❼ *(bearbeiten) Musikstück* to arrange; *Theaterstück, Text* to adapt ❽ MED ◼ |jdm| **etw** ~ to set sth |for sb|; **einen gebrochenen Arm** ~ to set a broken arm ❾ *(vorbereitet sein)* ◼ **auf etw** *akk* **eingerichtet sein** to be prepared |*or* geared up| for sth; **darauf war ich nicht eingerichtet** I wasn't prepared for that **II.** *vr* ❶ *(sich möblieren)* ◼ **sich** |irgendwie| ~ to fur·nish sth |somehow|; **ich richte mich völlig neu ein** I'm completely refurnishing my home ❷ *(sich ein·bauen)* ◼ **sich** *dat* **etw** ~ to install| sth; **er richtet sich eine kleine Atelierwohnung ein** he's putting in a small studio flat ❸ *(sich der Lage anpassen)* ◼ **sich** ~ to adapt |to a situation|, to get accustomed to a situation ❹ *(sich einstellen)* ◼ **sich auf etw** *akk* ~ to be prepared for sth; **sich auf eine lange Warte·zeit** ~ to be ready |*or* prepared| for a long wait

Ein·rich·tung <-, -en> *f* ❶ *(Wohnungs~)* |fittings and| furnishings *npl; (Ausstattung)* fittings *npl* ❷ *(das Möblieren)* furnishing; **die** ~ **eines Hauses** the fur·nishing of a house; *(das Ausstatten)* fitting-out, equip·ping; **die komplette** ~ **eines Labors** the fitting-out of a complete laboratory ❸ *(das Installieren)* installa·tion ❹ ADMIN *(Eröffnung)* opening; **eines Lehrstuhles** establishment, foundation ❺ FIN opening; **die** ~ **eines Kontos** to open an account ❻ TRANSP opening, estab·lishment ❼ *(Institution)* organization, agency ❽ *Mu·sikstück* arrangement; *Theaterstück, Text* adaptation

Ein·rich·tungs·ge·gen·stand *m Wohnung* furnishings *npl*, fittings *npl; Labor, Apotheke, Praxis* piece of equipment **Ein·rich·tungs·haus** *nt* furniture shop |*or* store|

ein·rit·zen *vt* ◼ **etw** |in etw *akk*| ~ to carve |*or* scratch| sth |in sth|; **seinen Namen** |in einen Baum| ~ to scratch one's name |on a tree|

ein·rol·len I. *vr haben* ◼ **sich** *akk* ~ to curl |*or* roll| up; ◼ **eingerollt** curled |*or* rolled| up; ◼ **sich** |auf etw *dat*| ~ to snuggle |*or* curl| up |on sth| **II.** *vi sein (einfah·ren)* to pull in; **der Zug rollt gerade ein** the train is just approaching

ein·ros·ten *vi sein* ❶ *(rostig werden)* to rust |*or* go rusty|; ◼ **eingerostet** rusty ❷ *(ungelenkig werden)* to get stiff, to stiffen up; ◼ **etw** ~ **lassen** to let sth get stiff |*or* stiffen up|, to allow sth to get stiff |*or* stiffen up|; ◼ **eingerostet** stiff

ein·rü·cken I. *vi sein* ❶ MIL ◼ |in etw *akk*| ~ to march |into sth|, to enter |sth|; **Panzer rückten in die Hauptstadt ein** tanks moved into |*or* entered| the capital; ◼ **etw** ~ **lassen** *Truppen* to send sth ❷ *(zu·rückkehren)* ◼ |wieder| |in etw *akk*| ~ to move |back| |to |*or* into| somewhere|; **die Feuerwehr rückte wieder ein** the fire brigade returned to base ❸ *(eingezogen werden)* ◼ |zu etw *dat*| ~ to join up |to sth|, to enlist |in sth| |*or* mix| sth |in|to sth|; **zum Militär** ~ to join the ser·vices |*or* BRIT forces| |*or* AM armed forces| **II.** *vt haben* ❶ *(vom Rand entfernen)* ◼ **etw** ~ to indent sth ❷ VERLAG ◼ |jdm| **etw** ~ to print sth |for sb|, to put sth in |for sb|; **rücken Sie mir die Anzeige noch mal ein?** could you put the advert in again for me?

ein·rüh·ren *vt* ◼ **etw** |in etw *akk*| ~ to stir |*or* mix| sth |in|to sth|, to add |*or* mix| sth in|to sth|; KOCHK to add sth |to sth|; **etw mit einem Quirl** ~ to whisk |*or* beat| sth in|to sth|; ◼ **eingerührt** stirred in, mixed in |*or* with|

ein·rüs·ten *vt* ◼ **etw** ~ *Gebäude* to put up scaffolding around sth *sep*

eins ['ains] **I.** *adj* one; *s. a.* **acht¹** ▶ WENDUNGEN: ~ **A** *(fam)* first class |*or* rate|, first-class *attr;* ~ **A Ware** first-class goods; ~, **zwei, drei** *(fam)* hey presto *fam,* in no time at all, as quick as a flash; **halt mal fest und** ~, **zwei, drei habe ich den Dorn ent·fernt** keep still and before you can say 'ouch!' I'll have the thorn out; **es kommt** ~ **zum anderen** it's |just| one thing after another; **das kommt** |*o* **läuft| auf** ~ **hinaus** *(fam)* it doesn't make any difference, it all amounts to the same thing **II.** *adj pred (eine Ganz·heit)* |all| one ❶ *(egal)* ◼ **etw ist jdm** ~ sth is all one to sb, sth makes no difference to sb ❷ *(einig)* ◼ ~ **mit jdm/sich/etw sein** to be |at| one with sb/oneself/sth; **sich** ~ **mit jdm wissen/fühlen** to know/feel that one is in agreement with sb ▶ WENDUNGEN: **das ist alles** ~ *(fam)* it doesn't matter, it's all the same |thing|

Eins <-, -en> ['ains] *f* ❶ *(Zahl)* one ❷ *(auf Würfel)* lau·ter ~en **würfeln** to throw nothing but ones ❸ *(Ver·kehrslinie)* ◼ **die** ~ the |number| one ❹ *(Zeugnis·note)* ◼ **eine** ~ **bekommen** to get |an| A, to get |an| excellent |*or* an excellent mark|

ein·sa·cken¹ *vt (fam)* ❶ *(an sich bringen)* ◼ **etw** ~ to bag |*or* pocket| sth; **eine Menge Geld** ~ to rake in *sep* a lot of money ❷ *(einheimsen)* ◼ **etw** ~ to walk off with sth, to pocket |*or* claim| sth

ein·sa·cken² *vi sein* ◼ |in etw *akk*| ~ to subside |into sth|

ein·sal·ben *vt (mit Salbe bestreichen/mit Öl salben)* ◼ |jdn| |mit etw| ~ to rub sb |with sth|; ◼ |jdm| **etw** |mit etw *dat*| ~ to put |sth| on |sb's| sth; **kannst du mir die Füße** ~? could you put some ointment on my feet?; ◼ **sich** *akk* ~ to rub ointment on |oneself|; ◼ **sich** *dat* **etw** ~ to put ointment on one's sth

ein·sal·zen *vt* ◼ **etw** ~ to salt sth; ◼ **eingesalzt** salted

ein·sam ['ainza:m] **I.** *adj* ❶ *(verlassen)* lonely, lone·some AM; **ein** ~**es Leben** a solitary life; ~ **und verlas·sen** lonely and forlorn; **ein** ~**es Gefühl** a feeling of loneliness; ◼ ~ **sein** to be lonely; **es wird** ~ **um jdn** sb's becoming isolated *fig,* people are distancing them·selves from sb *fig (allein getroffen)* **einen** ~**en Entschluss fassen** |*o* **treffen|** to make a decision on one's own |*or* without consultation| ❸ *(vereinzelt)* single, lone, solitary ❹ *(abgelegen)* isolated, remote; **siehst du dort das** ~**e Haus?** you see that house standing alone? ❺ *(menschenleer)* deserted, lonely, desolate *pej;* **eine** ~**e Insel** a desert island ❻ *(fam:*

absolut) absolute, outright; **es war ~e Spitze!** it was absolutely fantastic!; **sie ist ~e Klasse** she's in a class of her own **II.** *adv (abgelegen)* ~ **leben** to live a solitary life; **~ liegen** to be situated in a remote [*or* isolated] place; **dieser Gasthof liegt doch etwas ~** this pub is right off the beaten track [*or* very remote]

Ein·sam·keit <-, *<selten* -en> *f* ❶ *(Verlassenheit)* loneliness; **er mag die ~** he likes solitude; **die ~ des Alters** the loneliness of old age; **in jds ~** in sb's loneliness ❷ *(Abgeschiedenheit)* remoteness, solitariness, isolation

ein|sam·meln *vt* ❶ *(sich aushändigen lassen)* ▪ **etw ~** to collect [in *sep*] sth; **die Schulhefte ~** to collect [in/up] the exercise books ❷ *(aufsammeln)* ▪ **etw ~** to pick [*or* collect] [*or* gather] up sth *sep*

ein|sar·gen ['ainzargn] *vt* ▪ **jdn ~** to put [*or* place] sb in a coffin ▸ WENDUNGEN: **jd kann sich mit etw ~ lassen** *(sl)* sb can just as well give up [the ghost] with sth

Ein·satz <-es, Einsätze> *m* ❶ *(eingesetzte Leistung)* effort; **~ zeigen** to show commitment; **unter ~ aller seiner Kräfte** with a superhuman effort, using [*or* by summoning up] all his strength; **unter ~ ihres Lebens** by putting her own life at risk ❷ *beim Glücksspiel* bet, stake; **bitte Ihre Einsätze!** please make [*or* place] your bets! ❸ FIN *(Kapital~)* deposit ❹ *(Verwendung)* use; MIL employment; **der ~ des Ersatztorwarts war erforderlich** a replacement [goalie] had to be brought on; **zum ~ kommen** to be used [*or* employed] [*or* deployed]; **Spezialeinheiten der Polizei kamen zum ~** special police units were deployed [*or* brought into action]; ▪ **der von jdm/etw** *beim Militär* the deployment [*or* use] of sb/sth; **unter massiertem ~ von Artillerie** through massive use of artillery ❺ *(Aktion)* assignment, mission; **im ~ sein** to be on duty; **die Feuerwehrleute waren rund um die Uhr im ~** the fire brigade worked [*or* were in action] round the clock; *(Aktion militärischer Art)* operation, campaign; **im ~ sein** to be in action; **ich war damals auch in Vietnam im ~** I was also [in action] [*or* on active service] in Vietnam, I too saw action in Vietnam ❻ *(das musikalische Einsetzen)* entry; **der ~ der Trompeten war verspätet** the trumpets came in too late; **den ~ geben** to cue [*or* bring] sth in ❼ *(eingesetztes Teil)* inset; **Schubladen~** tray; **der Tisch~** the table extension leaf ❽ *(eingelassenes Stück)* insert, inserted part

Ein·satz·be·fehl *m* order to go into action; MIL *a.* combat order; **ohne ~ darf die Polizei nicht eingreifen** without the order the police may not intervene; **den ~ geben** to give the order [to go into action] **ein·satz·be·reit** *adj* ready for use *pred*, on standby *pred*; **jederzeit** [*o* **ständig**] **~** always on standby; *Menschen* ready for action [*or* duty] *pred*; MIL ready for combat *pred*, combat-ready *attr*; operational **Ein·satz·be·reit·schaft** *f (Bereitschaft)* willingness; **ihre ~ bei diesem Projekt ist bewundernswürdig** her willingness to work for this project is admirable; *(zur Aktion)* readiness for action; **die ~ der Truppen** the troops' readiness for action; **die ~ der Maschinen sollte überprüft werden** the machines' readiness for use should be checked; **in ~ sein** [*o* **sich in ~ befinden**] to be on standby; **die Feuerwehr muss sich in ständiger ~ befinden** the fire brigade must be on constant standby **ein·satz·fä·hig** *adj* ❶ SPORT able to play *pred*; **die ~en Spieler** the players still able to play [*or* the remaining fit players] ❷ *(im Einsatz verwendungsfähig)* serviceable, in working order *pred* ❸ *Mensch* fit for action *pred* **Ein·satz·freu·de** *f* enthusiasm; **~ erkennen lassen** to show enthusiasm; **es ist ~ zu erkennen** enthusiasm can be seen; **~ vermissen lassen** to lack enthusiasm; **es ist ~ zu vermissen** enthusiasm is lacking **Ein·satz·kom·**

man·do *nt* task force; **mobiles ~** mobile task force **Ein·satz·lei·ter(in)** *m(f)* officer in charge [of operations] **Ein·satz·wa·gen** *m (speziell/zusätzlich eingesetzter Wagen)* special/extra carriage, special/extra [*or* relief] tram/bus; *Polizeifahrzeug* squad car

ein|sau·gen *vt* ▪ **etw** [in etw *akk*] **~** to inhale sth, to breathe in sth *sep*, to draw [*or* suck] sth into sth

ein|scan·nen [-skɛnən] *vt* INFORM ▪ **etw ~** to scan sth

ein|schal·ten I. *vt* ❶ *(in Betrieb setzen)* ▪ **etw ~** to switch [*or* turn] on sth *sep;* **den Fernseher ~** to put [*or* switch] [*or* turn] on *sep* the TV; **den ersten Gang ~** to engage first gear *form,* to put the car in first gear; **den Motor ~** to start the engine ❷ *(hinzuziehen)* ▪ **jdn** [in etw *akk*] **~** to call in sb *sep,* to call sb into sth; **du solltest besser einen Anwalt ~** you'd better get a lawyer ❸ *(einfügen)* **eine Pause ~** to take a break **II.** *vr* ❶ RADIO, TV ▪ **sich** [in etw *akk*] **~** to tune in[to sth]; **es wird sich auch der österreichische Rundfunk ~** Austrian Radio will also be tuning in [*or* taking the broadcast] ❷ *(sich einmischen)* ▪ **sich** [in etw *akk*] **~** to intervene [in sth]; **sie schaltet sich gern in Diskussionen ein** she likes to join in discussions

Ein·schalt·quo·te *f* [audience] ratings *npl* **Ein·schal·tung** *f* ❶ *(das Einschalten)* turning [*or* switching] on; **die ~ der Alarmanlage erfolgt automatisch** the alarm is switched on [*or* goes off] automatically ❷ *(Hinzuziehung)* calling in; **die ~ eines Anwalts** to call in a lawyer ❸ *(Eingreifen) von Organisationen, Personen* intervention, calling in

ein|schär·fen I. *vt (zu etw ermahnen)* ▪ **jdm etw ~** to impress on [*or* upon] sb the importance of sth, to stress to sb the importance of sth, to drum sth into sb's head *fam;* **ich hatte dir doch absolutes Stillschweigen eingeschärft!** I told you how important absolute confidentiality is!; ▪ **jdm ~, etw zu tun** to urge [*or* tell] [*or form* exhort] sb to do sth; **wie oft muss ich dir noch ~, nicht immer so geschwätzig zu sein!** how often do I have to tell you not to be so talkative! **II.** *vr* ▪ **sich** *dat* **etw ~** to remember sth, to engrave sth on one's memory *form;* **diese Regel musst du dir unbedingt ~** you must make a point of remembering this rule

ein|schät·zen *vt* ▪ **jdn irgendwie ~** to judge sb [*or* assess sb's character] somehow, to consider sb to be something, to think sb is something; ▪ **etw irgendwie ~** to appraise [*or* assess] [*or* evaluate] sth somehow; **Sie haben ihn richtig eingeschätzt** your opinion of him was right; **du solltest sie nicht falsch ~** don't misjudge her; **jdn/etw zu hoch ~** to overrate sb/sth; **jdn/etw zu niedrig ~** to underrate sb/sth; **jdn zur Steuer ~** to assess sb for tax [purposes]

Ein·schät·zung *f* appraisal, assessment, evaluation, opinion, view; *einer Person* opinion, appraisal [*or* assessment] of character; **zu einer bestimmten ~** [einer S. *gen*] **kommen** to come to [*or* form] a particular opinion [about sth]; **nach jds** *akk* **~** in sb's opinion [*or* view], as far as sb's concerned; **nach allgemeiner ~ ...** the popular opinion is that ...

ein|schen·ken *vt (geh: eingießen)* ▪ **jdm etw ~** to give sb sth, to pour sb sth, to pour sth for sb, to help sb to sth *form;* **schenkst du mir bitte noch etwas Kaffee ein?** could you give me some more coffee?; **darf ich Ihnen etwas Tee ~** can I help you to some tea? *form;* ▪ **sich** *dat* **~ lassen** to let one's glass/cup be filled/refilled; *s. a.* **Wein**

ein|schi·cken *vt* ▪ **etw** [an jdn/etw] **~** to send sth in [to sb/sth]

ein|schie·ben *vt irreg* ❶ *(in etw schieben)* ▪ **etw** [in etw *akk*] **~** to insert sth [into sth], to push sth in[to sth]; **ein Backblech/einen Grillrost in den Backofen ~** to put a baking tray/a grilling rack in the oven, to slide a baking tray/a grilling rack into the oven ② TRANSP ■ **etw** ~ to run [or *sep* put on] sth ③ *(zwischendurch drannehmen)* ■ **jdn** ~ to fit [or slip] [or squeeze] sb in ④ *(zwischendurch einfügen)* ■ **etw** ~ to fit sth in; **eine Pause** [o **Unterbrechung**] ~ to have [or take] a break

Ein·schie·nen·bahn f monorail, single-track railway

ein|schie·ßen *irreg* I. *vt haben* ① *(zerschießen)* ■ **etw** [mit etw *dat*] ~ to shoot sth to pieces [with sth]; **eine Tür mit einem Revolver** ~ to shoot down a door *sep;* **die Schaufensterscheibe mit dem Ball** ~ to kick the football through the shop window ② *(durch Schießen funktionssicher machen)* ■ **etw** ~ *Gewehr, Pistole etc.* to test sth ③ *(zwischendurch einheften)* ■ **etw** ~ to insert sth II. *vr haben* ① *(durch Schießen treffsicher werden)* ■ **sich** *akk* ~ to practise [or *am* -ce]; ■ **sich** *akk* **auf jdn/etw** ~ to get [or find] the range of sb/sth ② *(sich jdn als Ziel wählen)* ■ **sich** *akk* **auf jdn/etw** ~ to get/have sb/sth in one's sights; **die Presse hatte sich auf den korrupten Politiker eingeschossen** the press had the corrupt politician in their sights III. *vi* ① *haben (ins Tor schießen)* ■ **zu etw** *dat* ~ to make the score sth, to bring the score to sth; **er schoss zum 3:0 ein** he made the score 3:0 ② *sein* MED ■ [in etw *akk*] ~ to flow into sth ③ *sein (hineinströmen)* ■ **in etw** *akk* ~ to pour [or shoot] into sth

ein|schif·fen I. *vt* ■ **jdn/etw** ~ to take sb/sth on board II. *vr (an Bord gehen)* ■ **sich** [in/nach etw *dat*] ~ to embark [in/for sth]; **sich nach einem Ort** ~ to go on board a ship bound for a place

ein|schir·ren ['ainʃɪrən] *vt* ■ **etw** ~ to harness [or put the harness on] sth

ein|schla·fen *vi irreg sein* ① *(in Schlaf fallen)* ■ [bei [o über] etw *dat*] ~ to fall asleep [during [or over] sth]; **schlecht** [o **schwer**] ~ **können** to have trouble getting off to sleep [or falling asleep]; **ich kann nicht** ~ I can't sleep; **schlaf nicht ein!** *(fam)* wake up! *fam;* ■ **das E~** falling asleep; **die Tropfen sind vor dem E~ zu nehmen** the drops are to be taken before going to sleep ② *(euph: sterben)* to pass away ③ *(taub werden)* to go to sleep, to be[come] numb; **autsch, mir ist das Bein eingeschlafen!** ow, my leg's gone to sleep [or I've got pins and needles in my leg] ! ④ *(nachlassen)* to die a [natural] death, to peter out; **wir wollen unsere Freundschaft nicht** ~ **lassen** we don't want to let our friendship peter out [or tail off]

ein|schlä·fern ['ainʃlɛːfɐn] *vt* ① *(jds Schlaf herbeiführen)* ■ **jdn** ~ to lull sb to sleep; **ein Kind** ~ to get a child off to sleep ② *(schläfrig machen)* ■ **jdn** ~ to send sb to sleep, to have a soporific effect on sb ③ MED *(narkotisieren)* ■ **jdn** ~ to put sb to sleep, to knock sb out *fam* ④ *(euph: (schmerzlos) töten)* ■ **ein Tier** ~ to put an animal to sleep *euph;* **ein Tier** ~ **lassen** to have an animal put to sleep [or put down]

ein·schlä·fernd ['ainʃlɛːfɐnt] *adj* ① MED **ein ~es Mittel** a sleeping pill, a sleep-inducing drug ② *(langweilig)* ■ ~ **sein** to have a soporific effect; **es ist ~, etw zu tun** doing sth has a soporific effect

Ein·schlag m ① METEO *eines Blitzes* striking ② MIL shot; *einer Granate* burst of shellfire ③ *(Schussloch)* hole; *einer Kugel* bullet hole; **dieser Trichter ist der** ~ **einer Granate** this crater is where a shell struck ④ *(Anteil)* strain; **diese Sprache hat einen arabischen** ~ this language contains elements of Arabic ⑤ *(Drehung der Vorderräder)* lock

ein|schla·gen *irreg* I. *vt haben* ① *(in etw schlagen)* ■ **etw** ~ to hammer [or drive] [or knock] in sth *sep* ② *(durch Schläge öffnen)* ■ [jdm] **etw** ~ to smash [sb's] sth in; **ein Tor/eine Tür** ~ to break [or beat] down *sep* a gate/door, to smash a gate/door in;

■ **eingeschlagen** smashed·in; **ein eingeschlagenes Fenster** a smashed·in window, a window which has been smashed in ② *(zerschmettern)* ■ **jdm etw** ~ to break sb's sth, to smash sb's sth [in]; **jdm die Nase** ~ to smash sb's nose, to plaster sb's nose across [or over] their face *fam;* **jdm die Zähne** ~ to knock sb's teeth in [or out]; ■ **eingeschlagen** broken, smashed ③ *(einwickeln)* ■ **etw** [in etw *akk*] ~ to wrap sth [in sth], to do sth up [in sth] ④ *(wählen)* ■ **etw** ~ to take sth; **eine Laufbahn** ~ to choose a career; **eine bestimmte Richtung** ~ to go in [or take] a particular direction; **einen Weg** ~ to choose [or follow] a way [or path]; ■ **eingeschlagen** chosen; **das Schiff änderte den eingeschlagenen Kurs** the ship changed course ⑤ AUTO ■ **etw** ~ to turn sth; ■ **eingeschlagen** turned ⑥ MODE to take in/up ⑦ HORT to heel in II. *vi* ① *haben o sein* METEO ■ [in etw *akk*] ~ *Blitz* to strike [sth] ② *sein* MIL to fall; ■ [in etw *akk*] ~ to strike [sth]; **rings um die Soldaten schlugen Granaten ein** shells fell all round the soldiers ③ *haben o sein (eine durchschlagende Wirkung haben)* to have an impact; **die Nachricht hat eingeschlagen wie eine Bombe!** the news has caused a sensation [or an uproar] ! ④ *haben (einprügeln)* ■ **auf jdn** ~ to hit sb; ■ **auf etw** ~ to pound [on] sth [with one's fists] ⑤ *haben (einen Handschlag geben)* to shake [hands] on it; **lass uns** ~, **die Wette gilt** you're on: shake hands, let's bet on it ⑥ *haben (Anklang finden)* to catch on, to be well received

ein·schlä·gig ['ainʃlɛːgɪç] I. *adj (entsprechend)* relevant, respective, pertinent; ~**e Literatur** relevant literature II. *adv* JUR in this connection; ~ **vorbestraft** previously convicted

ein|schlei·chen *vr irreg (in etw schleichen)* ■ **sich** *akk* [in etw *akk*] ~ to creep [or slip] [or sneak] in[to sth], to steal in[to sth] *form* ② *(unbemerkt auftreten)* ■ **sich** *akk* [in etw *akk*] ~ to creep in[to sth]; **der Verdacht schleicht sich ein, dass ...** one has a sneaking suspicion that ...

ein|schlei·fen *vt irreg* SCH ■ **etw** ~ to drill sth; **eine schlechte Gewohnheit** ~ **lassen** to let a bad habit become established

ein|schlep·pen *vt* ■ **etw** [in etw *akk*/nach etw *dat*] ~ *Krankheiten, Ungeziefer* to bring sth in[to sth]

ein|schleu·sen *vt* ① *(heimlich hineinbringen)* ■ **jdn** [in etw *akk*/nach etw *dat*] ~ *Agenten, Spione* to smuggle sb in[to sth], to infiltrate sb into sth ② *(illegal hineinbringen)* ■ **jdn/etw** [in etw *akk*/nach etw *dat*] ~ *Falschgeld, Personen* to smuggle sb/sth in[to sth]

ein|schlie·ßen *vt irreg* ① *(in einen Raum schließen)* ■ **jdn** [in etw *akk o dat*] ~ to shut [or lock] sb up [or in] [or [up] in sth]; ■ **sich irgendwo** ~ **lassen** to let oneself be [or to allow oneself to be] shut [or locked] in somewhere ② *(wegschließen)* ■ **etw** [in etw *akk*] ~ to lock sth up [or away] [in sth]; ■ **eingeschlossen** locked away [or up] ③ *(einbegreifen)* ■ **jdn** [in etw *akk*] ~ to include sb [in sth]; ■ [in etw *dat*] **eingeschlossen sein** to be included [in sth]; **die Bedienung ist im Preis eingeschlossen** service is included in the price ④ *(einkesseln)* ■ **jdn/etw** ~ to surround [or encircle] sb/sth

ein·schließ·lich ['ainʃliːslɪç] I. *präp +gen (inklusive)* ■ ~ **einer S.** *gen* inclusive of [or including] sth II. *adv (inbegriffen)* inclusive, including; **vom 5. Januar bis** ~ **2. Februar geschlossen** closed from 5th January until 2nd February inclusive

ein|schlum·mern *vi sein (geh)* ① *(einschlafen)* to doze [or drop] off ② *(euph: sterben)* to pass away; **friedlich** ~ to pass away peacefully

Ein·schlussRR <-es, -schlüsse> m, **Ein·schluß**ALT <-sses, -schlüsse> m inclusion; **mit** [o **unter**] ~ **von**

etw *(geh)* including sth

ein|schmei·cheln *vr (sich durch Schmeicheln beliebt machen)* ■ **sich** *akk* [**bei jdm**] ~ to ingratiate oneself [with sb], to curry favour [*or* AM -or] [with sb], to butter sb up *fam*

ein·schmei·chelnd *adj* fawning, ingratiating, obsequious; **eine ~e Stimme** a mellifluous [*or* seductive] voice; **mit einer ~en Stimme** in dulcet [*or pej* honeyed] tones

ein|schmei·ßen *vt irreg (fam: einwerfen)* ■ [**jdm**] **etw** ~ *Fenster* to smash [sb's] sth in *fam;* ■ **eingeschmissen** smashed in

ein·schmel·zen *vt irreg (wieder schmelzen)* ■ **etw** [**zu etw** *dat*] ~ *Metall* to melt sth down [into sth]; ■ **eingeschmolzen** melted down; ■ **das E~** melting down

ein·schmie·ren *vt* ❶ *(einölen)* ■ **etw** ~ to lubricate [*or* grease] sth ❷ *(einreiben)* ■ **etw** [**mit etw** *dat*] ~ to rub sth [with sth]; *mit Öl* to oil sth; **etw mit Salbe** ~ to rub cream into sth, to put cream on sth ❸ *(beschmieren)* ■ **sich** [**mit etw** *dat*] ~ to smear [*or* cover] oneself with sth; **wo habt ihr euch denn wieder so eingeschmiert?** where did you get [yourselves] so mucky?; ■ **sich** *dat* **etw** ~ to get [*or* make] one's sth mucky/greasy, to get covered in muck/grease

ein|schmug·geln *vt* ❶ *(einschleusen)* ■ **jdn** [**in etw** *akk*] ~ to smuggle sb in[to sth]; **Agenten in ein Land** ~ to infiltrate a country with spies, to infiltrate spies into a country; ■ **sich** [**irgendwo/in etw** *akk*] ~ to smuggle oneself in [somewhere/to sth] ❷ *(heimlich hineinschaffen)* ■ **etw** [**in etw** *akk*] ~ *Drogen, Zigaretten etc.* to smuggle sth in[to sth]

ein·schnap·pen *vi sein* ❶ *(ins Schloss fallen)* to click to [*or* shut] ❷ *(fam: beleidigt sein)* to get in a huff [*or* huffy] *fam,* to get het up *fam,* to be offended; ■ **eingeschnappt** in a huff *pred fam,* offended

ein|schnei·den *irreg* **I.** *vt* ❶ *(einen Schnitt in etw machen)* ■ **etw** ~ *Papier, Stoff etc.* to snip sth, to make a cut [*or* an incision] in sth, to slash sth ❷ *(in etw schneiden)* ■ **etw** [**in etw** *akk*] ~ to carve [*or* engrave] sth [in[to] sth] ❸ *(klein schneiden und hineintun)* ■ **etw in etw** *akk* ~ to chop sth and put it in sth [*or* add it to sth]; **in den Kohl werden noch Apfelstücke eingeschnitten** pieces of apple are chopped into the cabbage ❹ ■ **in etw** *akk* **eingeschnitten sein** to be cut into sth; ■ **eingeschnitten** cut; **ein tief eingeschnittener Hohlweg** a deep cutting [*or* defile] **II.** *vi (schmerzhaft eindringen)* ■ [**in etw** *akk*] ~ to cut in[to sth]; **die Ausgaben schneiden tief in unsere Finanzen ein** expenses are cutting deeply into [*or* making deep holes in] our finances

ein·schnei·dend ['ainʃnaidnt] *adj* **von ~er Bedeutung** of great [*or* utmost] importance; **eine ~e Veränderung** a drastic [*or* marked] [*or* radical] change; **eine ~e Wirkung** a far-reaching [*or* dramatic] [*or* profound] effect

ein|schnei·en *vi sein* ■ [**in etw** *akk*] **eingeschneit werden** to get snowed in [somewhere]; **in dem Schneesturm wurden viele Fahrzeuge eingeschneit** many vehicles were snowed in by the blizzard

Ein·schnitt *m* ❶ MED incision; **einen** ~ [**in etw** *akk*] **machen** to make an incision [in sth] ❷ *(eingeschnittene Stelle)* cut; **einen** ~ [**in etw** *akk*] **machen** to cut [into sth] ❸ *(Zäsur)* watershed, turning-point

ein|schnü·ren I. *vt (einengen)* ■ **jdn** ~ to constrict sb; ■ **jdm etw** ~ to constrict sb's sth; **jdm den Hals** ~ to choke [*or* strangle] sb; **der Gürtel schnürte ihr die Taille ein** the belt pulled in her waist tightly **II.** *vr (tief eindringen)* ■ **sich** [**in etw** *akk*] ~ to bite [*or* cut] in[to sth]

ein·schrän·ken ['ainʃrɛŋkn] **I.** *vt* ❶ *(reduzieren)* ■ **etw** ~ to cut [back on] sth, to reduce sth; **Ausgaben** ~ to curtail spending; ■ **eingeschränkt** reduced; **in eingeschränkten Verhältnissen leben** to live in reduced circumstances ❷ *(beschränken)* ■ **etw** ~ to curb [*or* limit] [*or* restrict] sth, to impose a restriction on sth, to put a check on sth; ■ **jdn in etw** *dat* ~ to curb [*or* limit] [*or* restrict] sb's sth, to impose a restriction on sb's sth, to put a check on sb's sth; **in seiner Bewegungsfreiheit eingeschränkt sein** to have limited freedom of movement **II.** *vr* ■ **sich** [**in etw** *dat*] ~ to cut back [*or* down] [on sth]; **sich im Konsum von etw** *dat* ~ to reduce one's consumption of sth *form;* **sich in den Ausgaben** ~ to curtail one's spending

ein·schrän·kend I. *adj (beschränkend)* restrictive; **ein ~er Satz** a qualifying sentence **II.** *adv* **ich muss aber** ~ **bemerken/sagen, dass ...** I have to qualify that and say that ... [*or* by saying that ...]

Ein·schrän·kung *f* ❶ *(Beschränkung)* limit, restriction; **ohne ~en** without restrictions; *(Beschränkung der Rechte)* restriction; **eine ~/~en machen** to impose a restriction/restrictions; **mit ~[en]** with restriction/restrictions ❷ *(Vorbehalt)* reservation; **mit ~en musste ich gestehen, dass ...** with certain reservations, I had to admit that ...; **ohne ~[en]** without reservation[s], unreservedly ❸ *(das Reduzieren)* reduction

ein·schrau·ben *vt* ■ **etw** ~ to screw sth in

Ein·schreib·brief, Ein·schrei·be·brief *m* registered letter; **als** ~ as registered post BRIT, as a registered letter **Ein·schreib·ge·bühr, Ein·schrei·be·ge·bühr** *f* registration fee

ein|schrei·ben *irreg* **I.** *vt* ■ **etw** ~ to register sth; ■ **eingeschrieben** registered **II.** *vr* ❶ *(sich eintragen)* ■ **sich** *akk* [**in/für etw** *akk*] ~ to put one's name down [*or* BRIT enrol] [*or* AM enroll] [in sth/for sth]; **sich in eine Liste** ~ to put one's name on a list; **sich für ein Kurs bei einem Verein** ~ to register [*or* put one's name down] for a course at an organization; **sich bei einem Verein** ~ to enrol [*or* AM -ll] in a club ❷ SCH *(sich immatrikulieren)* ■ **sich** *akk* [**für etw** *akk*] ~ to register [*or* BRIT enrol] [*or* AM enroll] [for sth]; **sich bei einer Universität** ~ to register at a university; **sich für ein Fach/einen Studiengang** ~ to put one's name down [*or* BRIT enrol] [*or* AM enroll] for a subject/course

Ein·schreib·ben *nt (eingeschriebene Sendung)* registered post [*or* AM letter]; ~ **mit Rückschein** registered letter with reply to show receipt; **etw als** [*o* per] ~ **schicken** to send sth by registered post; **den Brief hier will ich per** ~ **schicken** I want to send this as a registered letter

Ein·schreib·sen·dung, Ein·schrei·be·sen·dung *f* registered post [*or* AM mail]

Ein·schrei·bung *f* SCH registration, enrolment BRIT, enrollment AM

ein|schrei·en *vi irreg* ■ **auf jdn** ~ to scream [*or* yell] [one's head off] at sb

ein|schrei·ten *vi irreg sein* ■ [**gegen jdn/etw**] ~ to do sth [about sb/sth], to take steps [against sb/sth]; **energisch gegen etw** ~ to crack down on sth; **die Polizei schritt mit Wasserwerfern und Tränengas gegen die Rowdies ein** the police used water canons and tear gas against the vandals

Ein·schrei·ten <-s> *nt kein pl* action; *(um etw zu verhindern)* intervention

ein|schrum·peln *vi sein (fam)* to shrivel [up]; **ab 40 schrumpelt die Haut ein** at 40 the skin begins to wrinkle; ■ **eingeschrumpelt** shrivelled [up] BRIT, shriveled [up] AM

ein|schrump·fen *vi sein* ❶ *(schrumpfen)* to shrivel

[up]; ■ **eingeschrumpft** shrivelled [up] ❷ *(weniger werden)* to shrink; **unsere Vorräte sind eingeschrumpft** our supplies have shrunk

Ein·schub *m* insertion

ein|schüch·tern [ˈainʃʏçtɐn] *vt* ■ **jdn** [**durch** [*o* **mit**] **etw**] ~ to intimidate [*or* scare] [*or* frighten] sb [with sth/by doing sth]; **jdn mit Gewalt** ~ to menace [*or* bully] sb

Ein·schüch·te·rung <-, -en> *f* intimidation, browbeating

Ein·schüch·te·rungs·ver·such *m* attempt to intimidate [*or* at intimidation]

ein|schu·len *vt* to send to school, to enrol [*or* AM enroll] at [primary] school; ■ **eingeschult werden** to be sent to [*or* enrolled at] school

Ein·schu·lung *f* enrolment [*or* AM enrollment] at [primary] school; **die** ~ **erfolgt meist mit 6 Jahren** most children start school at 6

Ein·schuss^RR <-es, Einschüsse> *m*, **Ein·schuß**^ALT <-sses, Einschüsse> *m (Schussloch)* bullet hole; *(Einschussstelle)* entry point of a bullet

Ein·schuss·loch^RR *nt* bullet hole **Ein·schuss·stel·le**^RR *f* bullet hole, wound at point of entry

ein|schüt·ten *vt* ■ [**jdm**] **etw** [**in etw** *akk*] ~ to pour [sb] sth [into sth]; ■ **sich** *dat* **etw** ~ to pour oneself sth

ein|schwei·ßen *vt* ❶ *(versiegeln)* ■ **etw** [**in etw** *akk*] ~ *Nahrungsmittel, Bücher etc.* to seal sth [in sth]; ■ **eingeschweißt** sealed ❷ TECH *(durch Schweißen einfügen)* ■ **etw irgendwo** ~ to weld sth [on|to] somewhere

Ein·schweiß·fo·lie [-foːljə] *f* plastic [wrapping]

ein|schwö·ren *vt irreg* ❶ *(verpflichten)* ■ **jdn auf etw** *akk* ~ to bind sb to sth; **jdn auf Geheimhaltung** ~ to swear sb to secrecy; **jdn auf die Parteilinie** ~ to persuade [*or* oblige] sb to take [*or* toe] the party line ❷ JUR *(vereidigen)* ■ **jdn** ~ to swear sb in ❸ *(festgelegt sein)* ■ **auf etw** *akk* **eingeschworen sein** to be a [confirmed] stalwart [*or* supporter] of sth; **er ist auf Porsche eingeschworen** he's a Porsche fan

ein|seg·nen *vt* REL ❶ *(konfirmieren)* ■ **jdn** ~ to confirm sb ❷ *(weihen)* ■ **etw** ~ to bless sth

Ein·seg·nung *f* REL ❶ *(Konfirmation)* confirmation ❷ *(die Weihe)* blessing

ein·seh·bar *adj inv Gelände, Raum* visible

ein|se·hen *vt irreg* ❶ *(begreifen)* ■ **etw** ~ to see [*or* understand] sth; **das sehe ich nicht ein** I don't see why [*or* accept that]; ■ ~**, dass ...** to realize that ..., to see [*or* understand] that ...; **du solltest langsam** ~**, dass ...** it's time you realized [*or* saw] [*or* understood] that ... ❷ *(geh: prüfen)* ■ **etw** ~ to examine [*or* inspect] sth, to have a look at sth ❸ *(in etw hineinsehen)* ■ **etw** ~ to look into sth [from outside]; **unser Garten kann von den Nachbarn nicht eingesehen werden** our garden is not overlooked, you cannot be overlooked in our garden

Ein·se·hen <-> *nt kein pl* understanding; **haben Sie doch ein** ~! please understand!; **so haben Sie doch ein** ~! please be reasonable [*or fam* have a heart] !; [**mit/für etw**] [**k**]**ein** ~ **haben** to show [no] understanding [*or* consideration] [for sth]; **dieser starrköpfige Kerl will einfach kein** ~ **haben** the stubborn fool just doesn't want to understand

ein|sei·fen *vt* ❶ *(mit Seife einreiben)* ■ **jdn** ~ to soap sb, to lather sb with soap; ■ **sich** ~ to soap oneself, to lather oneself with soap; ■ **jdm etw** ~ to soap sb's sth, to lather sb's sth with soap; **jdm den Kopf** ~ to shampoo sb's hair; **jdm** [**das Gesicht**] **mit Schnee** ~ to rub snow into sb's face [*or* sb's face with snow]; ■ **sich von jdm** ~ **lassen** to have sb soap one [*or* lather one with soap]; ■ **sich** *dat* **etw** ~ to soap one's sth; **sich gründlich den ganzen Körper** ~ to soap oneself thoroughly ❷ *(fam: hintergehen)* ■ **jdn** ~ to take sb

---

for a ride *fig;* **der Verkäufer hat dich eingeseift** the salesman ripped you off *fam*

ein·sei·tig [ˈainzaitɪç] **I.** *adj* ❶ *(nur eine von zwei Personen betreffend)* one-sided; ■ **etwas E~es** something one-sided; JUR, POL one-sided, unilateral; ~**e Erklärungen** declarations made by one party ❷ MED one-sided; **eine** ~**e Lähmung** paralysis of one side of the body ❸ *(beschränkt)* one-sided; **eine** ~**e Ernährung** an unbalanced diet ❹ *(voreingenommen)* bias[s]ed BRIT, biased AM, one-sided; ■ ~ [**in etw** *dat*] **sein** to be biased [in sth] **II.** *adv* ❶ *(auf einer Seite)* on one side; **die Folie ist** ~ **bedruckt** the transparency is printed on one side ❷ *(beschränkt)* in a one-sided way; **jdn** ~ **ausbilden** to educate [*or* train] sb in a one-sided fashion; **sich** ~ **ernähren** to have an unbalanced diet ❸ *(parteiisch)* from a one-sided point of view, one-sidedly; ~ **informiert sein** to have heard only one side of the argument

Ein·sei·tig·keit <-, <*selten* -en> *f* ❶ *(Voreingenommenheit)* one-sidedness, bias ❷ *(Beschränktheit)* one-sidedness; *Ernährung* imbalance

ein|sen·den *vt irreg* ■ **etw** [**an jdn/etw**] ~ to send sth [in] [to sb/sth]

Ein·sen·der(in) *m(f)* sender

Ein·sen·de·schluss^RR *m* closing date [for entries]; **irgendwann ist** ~ the closing date is sometime

Ein·sen·dung *f* ❶ *kein pl (das Einsenden)* submission ❷ *(Zuschrift)* reply, answer

Ein·ser <-s, -> [ˈainze] *m* SCH *(fam)* grade one

ein|set·zen I. *vt* ❶ *(hineinschreiben)* ■ **etw** [**in etw** *akk*] ~ to write sth in [sth], to insert sth [in sth] ❷ *(einfügen)* ■ [**jdm**] **etw** [**in etw** *akk*] ~ to insert sth [in sth], to put sth in [sth]; **für die zu Bruch gegangene Scheibe setzte ihnen der Glaser gleich eine neue ein** the glazier replaced the broken pane for them ❸ *(einnähen)* ■ [**jdm**] **etw** [**in etw** *akk*] ~ to sew sth in|to sth] [for sb]; **einen Ärmel** ~ to set in a sleeve; ■ **sich** *dat* [**von jdm**] **etw** [**in etw** *akk*] ~ **lassen** to have sth sewn in|to sth] [by sb], to have sb sew sth in|to sth] ❹ *(ins Leben rufen)* ■ **etw** ~ to establish sth, to set sth up ❺ *(ernennen)* ■ **jdn** [**als etw**] ~ to appoint [*or* install[l]] sb [as sth]; **im Testament war sie als Alleinerbin eingesetzt worden** in the will she was named [*or* appointed] as the sole inheritor ❻ *(zum Einsatz bringen)* ■ **jdn/etw** [**gegen jdn**] ~ to use sb/ sth [*or* bring sb/sth in] [against sb]; **dank der eingesetzten Helfer gelang es, den Katastrophenopfern schneller zu helfen** thanks to the helpers who had been brought in, the victims of the catastrophe could be helped more quickly; **Schlagstöcke/Gummigeschosse/Gas** ~ to use truncheons/rubber bullets/gas; SPORT *Ersatzspieler* to bring on sb *sep*, to use sb ❼ *(zusätzlich fahren lassen)* ■ **etw** ~ to put sth on, to run sth; ■ **eingesetzt** put on *pred,* run *pred* ❽ *(aufbieten)* ■ **etw** ~ to use [*or* employ] sth; **das Leben** [**für etw** *akk*] ~ to put one's life at risk [*or* be ready to die] [for sth] ❾ KARTEN *(benutzen)* ■ **etw** ~ to use [*or* employ] sth; *(aufwenden)* to use sth up; *(wetten)* to bet sth, to wager **II.** *vi* ❶ *(anheben)* to start [up], to begin, to commence; **die Ebbe setzt oft ganz unmerklich ein** the tide often starts to ebb quite imperceptibly; **die** ~**de Ebbe/Flut** the turning ebb tide/flood tide ❷ MED to begin; **etw setzt bei jdm ein** sb gets sth; **gegen Abend hat bei ihm heftiges Fieber eingesetzt** towards evening he was running a very high temperature; **die Leichenstarre hat bereits eingesetzt** rigor mortis has already set in; **in einem tropischen Klima setzt bei Leichen die Verwesung oft schon nach zwei Tagen ein** in tropical climates bodies often begin to decay after only two days ❸ MUS to begin to play, to start [up] **III.** *vr* ❶ *(sich engagieren)* ■ **sich** ~ to make an effort, to exert oneself, to work hard; **sich besonders** ~ to make a special effort, to work particularly hard; **sich voll** ~ to make a wholehearted effort [*or* every effort], to work wholeheartedly; **Sie sollten sich intensiver** ~ you should make a bigger effort [*or* work harder] ❷ *(sich verwenden für)* ■ **sich für jdn/etw** ~ to be active on sb's/sth's behalf, to stand up for [*or* support] sb/sth; ■ **sich bei jdm für jdn/etw** ~ to intercede with sb on sb's/sth's behalf; **ich werde mich bei Direktor Wengel für dich** ~ I'll have a word with Mr Wengel, the director, on your behalf; ■ **sich dafür** ~**, dass** … to speak out for [*or* in favour of] sth; **sie hat sich immer öffentlich dafür eingesetzt, dass dieses Gesetz abgeschafft würde** she has always spoken out in favour of getting rid of this law; **er versprach, sich dafür einzusetzen, dass die Haftbedingungen erleichtert würden** he promised to do what he could to make sure prison conditions were improved; **kannst du dich nicht bei ihm dafür einsetzen, dass er mir den Betrag noch etwas stundet?** can't you have a word with him so that he gives me time to pay?

Ein·set·zung <-, -en> *f (geh: Ernennung)* appointment, instal[l]ment BRIT, installment AM; ■ **jds** ~ **in etw** *akk* sb's appointment to [*or* BRIT instal[l]ment in] [*or* AM installment in] sth

Ein·sicht *f ❶ (Erkenntnis)* insight; **jdn zur** ~ **bringen** to make sb see sense [*or* reason], to persuade sb; **zur** ~ **kommen** [*o* gelangen] to be reasonable, to see sense [*or* reason], to listen to reason; **komm doch endlich zur** ~**!** come on, be reasonable!; **zu der** ~ **kommen, dass** … to see [*or* realize] that … ❷ *(prüfende Durchsicht)* ■ ~ [**in etw** *akk*] inspection [*or* examination] [of sth]; **jdm** ~ **in die Akten gewähren/verwehren** to grant/refuse sb access to the files; ~ **in etw** *akk* **nehmen** to have access to [*or* inspect] sth; ~ **in etw** *akk* **verlangen** to demand access to sth; **zur** ~ for inspection [*or* examination] ❸ *(Einblick)* view; **der Zaun verwehrte Passanten die** ~ **in den Garten** the fence stopped passers-by looking into the garden

ein·sich·tig ['aɪnzɪçtɪç] *adj ❶ (verständlich)* reasonable, understandable; **ein** ~**er Grund** a valid reason; ■ **etw ist** ~ sth is understandable; **es müsste [Ihnen]** ~ **sein, dass** … you must see that …; ■ **es ist nicht** ~**, warum** … it is difficult [*or* not easy] to see why … ❷ *(vernünftig)* reasonable; ■ ~ **sein** to be reasonable; ■ **so** ~ **sein, etw zu tun** to be reasonable enough to do sth

Ein·sicht·nah·me <-, -n> *f (geh: Einsicht 2.)* ■ **die/jds** ~ **in etw** *akk Akten* the/sb's inspection [*or* examination] of sth

Ein·sied·ler(in) ['aɪnzi:dlɐ] *m(f)* hermit, recluse

ein·sied·le·risch **I.** *adj* solitary, hermit-like, reclusive **II.** *adv* like a hermit [*or* hermits], solitarily

Ein·sied·ler·krebs *m* ZOOL hermit crab

ein·sil·big ['aɪnzɪlbɪç] *adj ❶* LING monosyllabic; **ein** ~**es Wort** a monosyllable, a monosyllabic word ❷ *(wenig redselig)* monosyllabic, taciturn, quiet; **er ist ein sehr** ~**er Mensch** he's a man of few words ❸ *(knapp und wenig aussagekräftig)* monosyllabic; ~**e Antwort geben** to answer in monosyllables; ■ **etw ist zu** ~ sth is too brief

Ein·sil·big·keit <-> *f kein pl Wort* monosyllabism; *Mensch* taciturnity, uncommunicativeness; *Reim* masculinity

ein|sin·ken *vi irreg sein (in etw sinken)* ■ [**in etw** *akk o dat*] ~ *Morast, Schnee etc.* to sink in[to sth]

ein|sit·zen *vi irreg (geh)* to serve a [prison] sentence *form*, to be imprisoned *form*

ein|sor·tie·ren *vt (in etw sortieren)* ■ **etw** [**in etw** *akk*] ~ to sort sth [out] [into sth]

ein|span·nen *vt ❶ (heranziehen)* ■ **jdn** [**für etw** *akk*] ~ to rope sb in [for sth]; **manche Leute verstehen es, andere für sich einzuspannen** some people know how to get others to work for them [*or* to rope others in]; **sich für jdn/etw** ~ **lassen** to let oneself be roped in for sb/sth ❷ *(in etw spannen)* ■ **etw** ~ to insert vt; *in einen Schraubstock* to clamp [*or* fix] sth ❸ *(ins Geschirr spannen)* ■ **Tiere** ~ to harness animals; ■ **eingespannt** harnessed ❹ *(viel zu tun haben)* ■ **sehr eingespannt sein** to be very busy

Ein·spän·ner <-s, -> ['aɪnʃpɛnɐ] *m ❶ (einspännige Kutsche)* one-horse carriage ❷ KOCHK ÖSTERR *black coffee with whipped cream*

ein·spän·nig ['aɪnʃpɛnɪç] *adj* one-horse, harnessed with one horse *pred*; ■ **etw ist** ~ sth is with [*or* pulled by] one horse; ~ **fahren** to drive out in a carriage with one horse, to drive a one-horse carriage

ein|spa·ren *vt ❶ (ersparen)* ■ **etw** ~ to save sth ❷ *(kürzen)* ■ **etw** ~ to save [*or* cut down] on sth, to economize on sth

Ein·spa·rung <-, -en> *f ❶ (das Einsparen)* saving, economizing; **die** ~ **von Rohstoffen/Strom** to save raw materials/electricity ❷ *(Kürzung)* cutting down/out, economizing, saving

ein|spei·chern *vt* ■ **etw** [**in etw** *akk*] ~ to store sth [in sth]; **Daten in einen Computer** ~ to feed [*or* input] data into a computer

ein|spei·sen *vt ❶ (einleiten)* ■ **etw** [**in etw** *akk*] ~ to feed sth in[to sth] ❷ *(einspeichern)* ■ **etw** [**in etw** *akk*] ~ to store sth [in sth]

ein|sper·ren *vt ❶ (in etw sperren)* ■ **jdn/ein Tier** [**in etw** *akk*] ~ to lock [*or* shut] sb/an animal up [in sth] [*or* in [sth]]; ■ **eingesperrt sein** to be locked in [*or* up], to be shut in ❷ *(inhaftieren)* ■ **jdn** ~ to lock sb up, to put sb behind bars; **er gehört eingesperrt** he belongs behind bars

ein|spie·len **I.** *vr ❶ (einstellen)* ■ **sich** ~ *Methode, Regelung* to get into full swing, to get going [properly], to get into one's stride ❷ *(sich aneinander gewöhnen)* ■ **sich aufeinander** ~ to get used to each other ❸ SPORT *(sich warm spielen)* ■ **sich** ~ to warm up **II.** *vt ❶* FILM ■ **etw** ~ to bring in sth; **die Aufwendungen/Produktionskosten** ~ to cover the expenses/production costs ❷ RADIO, TV ■ **etw** ~ *Wetter, Interview etc.* to start [*or* begin] sth; ■ **sich** *dat* **etw** ~ **lassen** to play sth ❸ INFORM **Daten** [**in etw** *akk*] ~ to load data [into sth]

Ein·spra·che *f* JUR SCHWEIZ *(Einspruch)* objection

ein·spra·chig *adj* monolingual

ein|spre·chen *vi irreg* ■ **auf jdn** ~ to speak to sb persuasively

ein|spren·gen *vt* ■ **etw** [**mit etw** *dat*] ~ to sprinkle sth [with sth]; ■ **jdn mit etw** *dat* ~ to sprinkle sb with sth

ein|sprin·gen *vi irreg sein (fam) ❶ (vertreten)* ■ [**irgendwo/für jdn**] ~ to stand in [*or* help out] [*or* step into the breach] [somewhere/for sb] ❷ *(aushelfen)* ■ [**mit etw** *dat*] ~ to help out [with sth]

Ein·spritz·an·la·ge *f* fuel injection [system] **Ein·spritz·dü·se** *f* injection nozzle

ein|sprit·zen *vt ❶* MED ■ **jdm etw** ~ to inject sb with sth; ■ **sich** *dat* **etw** ~ to inject oneself with sth ❷ AUTO ■ **etw** ~ to inject sth

Ein·spritz·er <-s, -> *m (fam)* car with fuel injection [system], fuel-injected car *fam*

Ein·spritz·mo·tor *m* fuel injection engine **Ein·spritz·pum·pe** *f* [fuel] injection pump

Ein·spruch *m ❶ (Protest)* objection ❷ JUR objection; ~**!** objection!; ~ **abgelehnt!** objection overruled!; **dem** ~ **wird stattgegeben!** objection sustained!; [**gegen etw** *akk*] ~ **erheben** to lodge [*or* make] [*or* raise] an objection [against sth]; **ich erhebe** ~**, Euer Ehren!** objection, Your Honour!; [**gegen etw** *akk*] ~ **einlegen** *gegen Entscheidung, Urteil* to appeal [*or* lodge an appeal] [against sth]

ein·spu·rig [ˈainʃpuːrɪç] **I.** *adj* ❶ TRANSP one-lane ❷ *(pej: eingleisig)* one-track; **~es Denken** one-track mind **II.** *adv* ❶ TRANSP **die Straße ist nur ~ befahrbar** only one lane of the road is open ❷ *(pej: eingleisig)* in a narrow-minded way; **er denkt so ~** he's so blinkered

einst [ˈainst] *adv* ❶ *(früher)* once ❷ *(geh: in Zukunft)* one [*or* some] day

ein|stamp·fen *vt* MEDIA ◼ **etw ~** to pulp sth

Ein·stand *m* ❶ *bes* SÜDD, ÖSTERR *(Arbeitsanfang)* start of a new job; **wir müssen noch deinen ~ feiern** we must celebrate your new job; **seinen ~ geben** to celebrate getting [*or* starting] a new job ❷ TENNIS deuce

ein|ste·chen I. *vi irreg* ❶ *(mit einer Stichwaffe)* ◼ [**mit etw** *dat*] **auf jdn ~** to stab sb [repeatedly] [with sth] ❷ *(in etw hineinstechen)* ◼ [**mit etw** *dat*] **in etw** *akk* **~** *Nadel* to insert [*or* stick] sth into sth; **mit der Gabel in die Kartoffeln ~** to prick the potatoes [with a fork] ❸ *(durch Stechen etw hervorbringen)* ◼ [**mit etw** *dat*] **in etw** *akk* **~** to pierce [*or* make a hole in] sth [with sth] ❹ KARTEN to [play a] trump **II.** *vt irreg* ◼ **etw in etw** *akk* **~** to stick [*or* insert] sth into sth; **die Nadel in die Vene ~** to insert the needle into the vein; ◼ **etw** [**mit etw** *dat*] **~** KOCHK to prick sth [with sth]; **den Teig mehrmals mit einer Gabel ~** to prick the dough several times with a fork

ein|ste·cken *vt* ❶ *(in die Tasche stecken)* ◼ **etw ~** to put sth in one's pocket; **er hat das Geld einfach eingesteckt!** he's just pocketed the money!; **hast du deinen Pass eingesteckt?** have you got your passport?; **stecken Sie Ihren Revolver mal wieder ein!** put your revolver away! ❷ *(einwerfen)* ◼ **etw ~** to post [*or* mail] sth ❸ *(fam: hinnehmen)* ◼ **etw ~** to put up with [*or* swallow] [*or* take] sth ❹ *(verkraften)* ◼ **etw ~** to take sth ❺ ELEK ◼ **etw ~** to plug in sth *sep*

Ein·steck·kar·te *f* smart card

ein|ste·hen *vi irreg* **sein** ❶ *(sich verbürgen)* ◼ **für jdn/etw ~** to vouch for sb/sth; **ich stehe** [**voll**] **für ihn ein, er wird Sie schon nicht enttäuschen** I can guarantee that he won't disappoint you; ◼ [**jdm**] **dafür ~, dass …** to promise [*or* guarantee] [sb] that …; ◼ **dafür ~, dass …** to vouch for the fact that … ❷ *(aufkommen)* ◼ **für etw** *akk* **~** to take responsibility for sth; **für Schulden ~** to assume liability for debts

Ein·stei·ge·kar·te *f* boarding card [*or* AM pass]

ein|stei·gen *vi irreg* **sein** ❶ *(besteigen)* ◼ [**in etw** *akk*] **~** to get on [sth]; **in ein Auto/Taxi ~** to get in[to] a car/taxi; **in einen Zug ~** to get on [*or form* board] a train; **das E~ in den Zug** getting onto the train; **~! all aboard!** ❷ *(fam: hineinklettern)* ◼ [**in etw** *akk*] **~** to climb [*or* get] in[to] sth ❸ ÖKON ◼ **in etw** *akk* **~** to buy into [*or* take a stake in] sth ❹ *(sich engagieren)* ◼ **in etw** *akk* **~** to go into sth; **in eine Bewegung ~** to get [*or* become] involved in a movement

Ein·stei·ni·um <-s> [ainˈʃtaɪniˌʊm] *nt kein pl* einsteinium

ein|stell·bar *adj* adjustable; ◼ **auf jdn/etw ~** adjustable [to sb/sth]

ein|stel·len I. *vt* ❶ *(anstellen)* ◼ **jdn** [**als etw**] **~** to employ [*or* take on] sb [as sth]; **Arbeitskräfte ~** to take on employees; **sie wurde als Redaktionsassistentin eingestellt** she was given a job as [an] editorial assistant ❷ *(beenden)* ◼ **etw ~** to stop [*or* break off] sth; **eine Suche ~** to call off [*or* abandon] a search; **eine Planung/ein Projekt ~** to shelve a plan/project; **die Firma hat die Arbeit eingestellt** the company has closed ❸ MIL ◼ **etw ~** to stop sth; **Feindseligkeiten ~** to suspend hostilities; **das Feuer ~** to cease fire; **Kampfhandlungen ~** to cease hostilities [*or* fighting] ❹ JUR ◼ **etw ~** to abandon sth ❺ FOTO, ORN

◼ **etw** [**auf etw** *akk*] **~** to adjust [*or* set] sth [to sth]; **etw auf eine Entfernung ~** to focus sth ❻ ELEK ◼ **etw** [**auf etw** *akk*] **~** to set sth [at sth] ❼ TV, RADIO ◼ [**jdm**] **etw** [**auf etw** *akk*] **~** to tune [sb's] sth [to sth]; **der Videorekorder ist auf Aufnahme eingestellt** the video recorder is programmed to record ❽ AUTO ◼ [**jdm**] **etw ~** to adjust [sb's] sth; **die Zündung ~** to set [*or* adjust] the [ignition] timing; ◼ **sich** *dat* **etw ~ lassen** to have sth adjusted ❾ TECH ◼ [**jdm**] **etw** [**irgendwie**] **~** to adjust [sb's] sth [somehow]; **etw in der Höhe ~** to adjust the height of sth; **die Lehnenneigung ~** to adjust the angle of a rest ⓫ *(hineinstellen)* ◼ **etw** [**in etw** *akk*] **~** to put sth away [in sth]; **in den Carport können zwei Autos eingestellt werden** the carport can accommodate two cars; **ein Buch ins Regal ~** to put a book away [on the shelf] ⓫ SPORT *(egalisieren)* ◼ **etw ~** to equal sth; **den Rekord ~** to equal the record **II.** *vr* ❶ *(auftreten)* ◼ **sich ~** *Bedenken* to begin; MED *Fieber, Symptome, Übelkeit etc.* to develop, to begin; **Symptome haben sich eingestellt** symptoms have appeared [*or* developed] ❷ *(sich anpassen)* ◼ **sich auf jdn/etw ~** to adapt to sb/sth; ◼ **sich auf etw ~** to adjust to sth ❸ *(sich vorbereiten)* ◼ **sich auf etw** *akk* **~** to prepare oneself for sth ❹ *(geh: sich einfinden)* ◼ **sich ~** to arrive, to present oneself *form*; *s. a.* **eingestellt III.** *vi (beschäftigen)* to take on [*or* hire] people

ein·stel·lig *adj* single-digit *attr*

Ein·stell·knopf *m* control knob; ◼ **die Einstellknöpfe** the controls [*or* control knobs] **Ein·stell·platz** *m* ❶ *(Platz zum Unterstellen)* carport ❷ *(Stellplatz)* parking space **Ein·stell·rad** *nt* adjusting [*or* focussing] ring **Ein·stell·schrau·be** *f* setting [*or* adjustment] screw

Ein·stel·lung *f* ❶ *(Anstellung)* taking on, employment; **die ~ zusätzlicher Mitarbeiter** taking on [*or* employing] extra staff; **bei ihrer ~** when she started the job ❷ *(Beendigung)* stopping, termination *form*; **~ einer Suche** abandoning [*or* abandonment] of a search ❸ FOTO adjustment ❹ ELEK setting ❺ AUTO adjustment; **~ der Zündung** setting the timing ❻ TECH *(Regulierung)* adjustment ❼ TV, RADIO tuning; **die ~ des Videorekorders** to programme the video recorder ❽ FILM shot, take ❾ *(Gesinnung, Haltung)* attitude; **die richtige ~ mitbringen** to have the right attitude; **das ist nicht die richtige ~!** that's not the right attitude!; **eine ganz andere ~ haben** to think [*or* see it] differently; **politische/religiöse ~en** political/religious opinions [*or* views]; **eine kritische ~** a critical stance; **kritische ~en** critical views; **keine ~ zu etw haben** to hold no opinion about sth

Ein·stel·lungs·be·din·gung *f* condition of employment *usu pl*, requirement for employment *usu pl* **Ein·stel·lungs·ge·spräch** *nt* interview **Ein·stel·lungs·stopp** *m* freeze on recruitment, stop to new appointments; **einen ~ verhängen** to impose a freeze on recruitment; **einen ~ für Lehrer anordnen** to order a stop to the appointment of new teachers **Ein·stel·lungs·ter·min** *m* starting date **Ein·stel·lungs·test** *m* test to be passed as a condition of employment

Ein·stich *m* ❶ *(das Einstechen)* insertion ❷ *(Einstichstelle)* puncture, prick

Ein·stieg <-[e]s, -e> [ˈainʃtiːk, *pl:* ˈainʃtiːgə] *m* ❶ *kein pl (das Einsteigen)* getting in; ◼ **jds ~ in etw** *akk* sb's getting in[to] [*or form* entry into/to] sth; **jds ~ in einen Bus/Zug** sb's getting on[to] [*or form* entering] a bus/train; **~ nur mit Fahrausweis** all passengers are required to have a ticket; „**hier kein ~!**" 'no entry!', 'exit only!'; „**~ nur vorn!**" 'entry only at the front!' ❷ *(Tür zum Einsteigen)* Bahn door; Bus a. entrance; *Panzer* hatch ❸ *(Zugang)* ◼ **jds ~ in etw** *akk* sb's getting to grips with [*or fam* getting into] sth; **ich habe**

bisher noch keinen ~ in diese schwierige Materie gefunden till now I've found no way of
approaching [or getting to grips with] this difficult
material ❻ *(Aufnahme)* start; der ~ in einen Markt
the penetration of a market; der ~ in die Kernenergie to adopt [or start] a nuclear energy programme
❼ *(~ an einer Bergwand o.Ä.)* ■jds ~ in etw *akk* sb's
assault on sth

Ein·stiegs·dro·ge *f* soft drug *(which can supposedly
lead on to harder drugs)*

eins·tig ['aɪnstɪç] *adj attr* former *attr*

ein|stim·men I. *vi* ■ |in etw *akk*| ~ to join in |sth|; in
ein Lied ~ to join in the singing; in eine Klage |o
Beschwerde| ~ to join in |or add one's voice to| a pro-
test |or a complaint| II. *vt (innerlich einstellen)* ■jdn
auf etw *akk* ~ to get sb in the right mood |or in the
right frame of mind| |or fam psyched up| for sth

ein·stim·mig¹ ['aɪnʃtɪmɪç] I. *adj* MUS ein ~es Lied a
song for one voice II. *adv* MUS in unison, with one
voice; ~ singen to sing in unison

ein·stim·mig² ['aɪnʃtɪmɪç] I. *adj* unanimous II. *adv*
unanimously; etw ~ beschließen to come to a
unanimous decision on sth

Ein·stim·mig·keit <-> *f kein pl* unanimity; ~ erzielen
to achieve unanimity, to come to a unanimous agreement

Ein·stim·mung *f kein pl* zur ~ auf etw *akk* to get in
the right frame of mind |or the right mood| for sth; er
sprach einige Worte zur ~ auf den Filmabend he
said a few words as an introduction to the film evening

einst·mals ['aɪnstma:ls] *adv (geh)* s. einst

ein·stö·ckig ['aɪnʃtœkɪç] *adj inv* single-storey *attr|or* AM
-story|, one-storey *attr*

ein|stöp·seln *vt* ELEK *(fam)* ■ etw ~ to plug sth in; wo
kann ich den Stecker hier ~? where's the socket?

ein|sto·ßen *vt irreg (stoßend eindrücken)* ■ etw ~ to
break sth down; ein Fenster ~ to smash a window;
jdm die Zähne ~ to knock in sb's teeth |unintention-
ally| *sep*; den Kopf ~ to bang one's head

ein|strei·chen *vt irreg* ❶ *(fam: einheimsen)* ■ etw ~
to pocket sth *fam*; in dem Geschäft streicht er
Unsummen ein in that business he's raking it in |or
BRIT he's coining it |in|| *fam* ❷ *(bestreichen)* ■ etw
|mit etw *dat*| ~ to paint |or coat| sth |with sth|; Brot
mit Butter ~ to butter |or spread butter on| a piece of
bread

ein|streu·en *vt* ❶ *(einflechten)* ■ etw |in etw *akk*| ~
to work sth in|to sth|; Zitate in einen Vortrag ~ to
sprinkle a lecture with quotations; geschickt einge-
streute Bemerkungen shrewdly placed remarks
❷ *(ganz bestreuen)* ■ etw |mit etw *dat*| ~ to scatter
|or strew| sth |with sth|; die Rasenfläche mit Dün-
ger ~ to scatter |or strew| fertilizer on the lawn

ein|strö·men *vi sein* ❶ METEO *(in etw strömen)*
■ |nach etw| ~ to stream |or surge| |or pour| in|to sth|
❷ *(rasch hineinfließen)* ■ |in etw *akk*| ~ to pour |or
flood| in|to sth|

ein|stu·die·ren' *vt* ■ etw ~ to rehearse |or BRIT
practise| |or AM practice| sth; etw vor dem Spiegel ~
to rehearse sth in front of the mirror; ■ einstudiert
rehearsed

ein|stu·fen ['aɪnʃtu:fn] *vt* ❶ *(eingruppieren)* ■jdn |in
etw *akk*| ~ to grade sb |in sth|; ■jdn in etw *akk* ~ to
put sb in sth; jdn in eine bestimmte Steuer-
klasse ~ to assess sb as being in a particular tax
bracket; jdn in eine Gehaltsgruppe ~ to give sb a
|salary| grade ❷ *(zuordnen)* ■ etw in etw *akk* ~ to
categorize |or assess| sth as sth

Ein·stu·fung <-, -en> *f* categorization, classification;
jds ~ in eine bestimmte Gehaltsklasse sb's assessment as a particular salary grade

ein·stün·dig, 1-stün·dig^RR *adj* one-hour *attr*, lasting
one hour *pred*; s. a. achtstündig

ein|stür·men *vi sein* ❶ *(bestürmen)* ■ |mit etw *dat*|
auf jdn ~ to bombard |or besiege| sb |with sth|; mit
Fragen/Bitten auf jdn ~ to bombard |or besiege| sb
with questions/requests ❷ *(eindringen)* ■ auf jdn ~
to overwhelm sb; nach dem Urlaub stürmten eine
Vielzahl von Verpflichtungen auf ihn ein after the
holiday he was swamped |or inundated| with engage-
ments

Ein·sturz *m* ❶ *(das Einstürzen)* collapse; Decke a.
caving-in, falling-in; Mauer falling-down, falling-in
❷ etw zum ~ bringen to cause sth to collapse |or the
collapse of sth|

ein|stür·zen *vi sein* ❶ *(zusammenbrechen)* to col-
lapse; Decke a. cave in, fall down ❷ *(heftig eindrin-
gen)* ■ auf jdn ~ to overwhelm |or swamp| |or crowd
in on| sb ❸ etw zum E~ bringen to cause sth to col-
lapse

Ein·sturz·ge·fahr *f kein pl* danger of collapse; „Vorsicht ~!" 'building unsafe!'; es besteht ~ sth is
threatening to |or is in danger of| collapse; wegen ~
because sth is threatening to |or is in danger of| col-
lapse

einst·wei·len ['aɪnst'vaɪlən] *adv* ❶ *(vorläufig)* for the
time being; jdn ~ auf freien Fuß setzen to release sb
temporarily ❷ *(in der Zwischenzeit)* in the meantime,
meanwhile

einst·wei·lig ['aɪnst'vaɪlɪç] *adj attr* temporary; eine ~e
Anordnung |o Verfügung| a temporary |or interim|
order/injunction

ein|sug·ge·rie·ren' *vt (fam)* ■ jdm etw ~ to suggest
sth to sb, to persuade sb of sth; ■ jdm ~, dass ... to
suggest to |or persuade| sb that ...

ein·tä·gig, 1-tä·gig^RR *adj* one-day *attr*, lasting one day
pred

Ein·tags·flie·ge *f* ❶ ZOOL mayfly ❷ *(von kurzer Dauer)*
nine days' wonder; sein Erfolg war nur eine ~ his
success was just a flash in the pan

ein|tä·to·wie·ren' *vt* ■ |jdm| etw ~ to tattoo sth |on
sb|; ■ sich *dat* etw ~ lassen to have a tattoo of sth;
er ließ sich seine Initialen ~ he had a tattoo of his
initials; ■ eintätowiert tattooed

ein|tau·chen I. *vt haben* ■ jdn |in etw *akk*| ~ to
immerse sb |in sth|; ■ etw |in etw *akk*| ~ to dip sth in
|sth|; Lebensmittel to dip |or fam dunk| sth |in sth|
II. *vi sein* ■ |in etw *akk*| ~ to dive |or plunge| in|to
sth|, to dive |or submerge|

Ein·tausch *m* exchange; Hinweis: „~ von Gutschei-
nen" sign: 'vouchers exchanged here'; im ~ gegen
etw *akk* in exchange |or return| for sth

ein|tau·schen *vt* ❶ *(tauschen)* ■ etw |gegen/für
etw| ~ to exchange sth |for sth|; ein Gebrauchtwa-
gen gegen einen neuen ~ to trade in a second-hand
car for a new one ❷ *(umtauschen)* ■ etw |gegen
etw| ~ to |ex|change sth |for sth|

ein·tau·send ['aɪn'tauzn̩t] *adj* one thousand; s. a. tausend 1

Ein·tau·sen·der <-s, -> *m* mountain over 1,000
metres |or AM -ers|

ein|tei·len I. *vt* ❶ *(unterteilen)* ■ etw in etw *akk* ~ to
divide sth up into sth; ich habe die Pastete in sechs
Stücke eingeteilt I've divided |or cut| the pie |up|
into six pieces ❷ *(sinnvoll aufteilen)* ■ |sich *dat*|
etw ~ Geld, Vorräte, Zeit to be careful with sth;
■ etw ~ to plan sth |out|; die Vorräte müssen so
eingeteilt werden, dass sie uns zwei Wochen rei-
chen we'll have to organize |or divide up| the supplies
so that they last two weeks; das Geld ~ to budget, to
manage |or organize| one's money |or finances|; die
Zeit/den Urlaub ~ to arrange one's time/holiday;
die Zeit gut ~ to make good use of one's time, to use

one's time well; **sich die Zeit ~** to plan [or organize] [or arrange] one's time; **sich die Arbeit ~** to arrange [or organize] one's work ➌ *(für etw verpflichten)* ■ **jdn zu etw** *dat ~* to assign sb to sth **II.** *vi (fam: haushalten)* to budget

ein·tei·lig, 1-tei·lig^{RR} ['aɪntaɪlɪç] *adj* one-piece *attr*

Ein·tei·lung *f* ➊ *(Aufteilung)* management, planning, organization; **bei besserer ~ deiner Zeit hättest du sicher mehr Freizeit** if you organized your time better, you would have more free time ➋ *(Verpflichtung)* ■ **jds ~ zu etw** *dat* sb's assignment to sth

ein·tip·pen *vt* ■ **etw [in etw** *akk*] **~** to key [or type] sth in[to sth]

ein·tö·nig ['aɪntøːnɪç] **I.** *adj* monotonous; **~e Arbeit** monotonous [or tedious] work; **~es Leben** humdrum [or dull] [or monotonous] life **II.** *adv* monotonously; **~ klingen** to sound monotonous; **~ vortragen** to read in a monotone

Ein·tö·nig·keit <-> *f kein pl* monotony; **die ~ einer bestimmten Arbeit** the monotony [or sameness] [or tedium] of a particular job; **die ~ einer bestimmten Art Leben** the monotony [or dullness] [or dreariness] of a particular way of life

Ein·topf *m*, **Ein·topf·ge·richt** *nt* stew

Ein·tracht <-> ['aɪntraxt] *f kein pl* ➊ *(harmonisches Einvernehmen)* harmony, peace, concord *form*; **in [Frieden und] ~ zusammenleben** to live together in [peace and] harmony ➋ SPORT *part of the name of a sports club*, ≈ United

ein·träch·tig ['aɪntrɛçtɪç] **I.** *adj* harmonious, peaceful; **ein ~es Zusammenleben** a harmonious [or peaceful] life together **II.** *adv* harmoniously, peacefully

Ein·trag <-[e]s, Einträge> ['aɪntraːk, *pl:* 'aɪntrɛːɡə] *m* ➊ *kein pl (Vermerk)* note, entry *form*; **~ ins Logbuch** entry in the logbook ➋ *(im Wörterbuch, Nachschlagewerk)* entry ➌ ADMIN registration, record; **~ ins Handelsregister** record in the register of companies

ein·tra·gen *vt irreg* ➊ *(einschreiben)* ■ **jdn [in etw** *akk*] **~** to enter [or record] sb's name [in sth], to put sb's name down [in sth], to enter sb [in sth]; ■ **sich** *akk* **[in etw** *akk*] **~** to write one's name [in sth] ➋ *(amtlich registrieren)* ■ **jdn/etw in etw** *akk ~* to register sb/ sth in sth; **ins Handelsregister ~** to record in the register of companies [or commercial register]; ■ **sich ~ lassen** to register ➌ *(einzeichnen)* ■ **etw [auf etw** *dat*] **~** to note [or record] sth [on sth], to write sth in [on sth] ➍ *(geh: einbringen)* ■ **jdm etw ~** to bring [or earn] [or win] sb sth; **sein Verhalten hat ihm allseits Achtung eingetragen** his behaviour earned respect on all sides

ein·träg·lich ['aɪntrɛːklɪç] *adj* profitable, lucrative, remunerative; **eine ~e Arbeit** a well-paid job

Ein·tra·gung <-, -en> *f s.* **Eintrag 1**

ein·trai·niert *adj (einstudiert)* practised, rehearsed

ein·träu·feln *vt* **jdm Tropfen in etw** *akk ~* to put drops in sb's sth, to administer drops to sb's sth *form*

ein·tref·fen *vi irreg sein* ➊ *(ankommen)* ■ **[irgendwo/bei jdm]** **~** to arrive [somewhere/at sb's]; **mit Verspätung ~** to arrive late; **frisch eingetroffen** just arrived [or in] ➋ *(in Erfüllung gehen)* to come true, to be fulfilled; **die Katastrophe traf doch nicht ein** the catastrophe didn't happen after all

ein·trei·ben *vt irreg* ■ **etw [bei/von jdm] ~** to collect sth [from sb]; **Schulden ~** to collect [or recover] debts; **die Unkosten ~** to recover the costs

Ein·trei·bung <-, -en> *f* collection; **~ einer Schuld** collection [or recovery] of a debt

ein·tre·ten *irreg* **I.** *vi* ➊ *sein (betreten)* ■ **[in etw** *akk*] **~** to go in [or enter] [sth]; **bitte treten Sie ein!** please step this way!; **wir treten in ein neues Zeitalter ein** we are entering a new era; ■ **beim E~ on** [or when] [or while] going in [or entering] ➋ *sein (bei-*

treten) ■ **[in etw** *akk*] **~** to join [sth] ➌ *sein (Mitarbeiter werden)* to start somewhere; ■ **bei jdm/in etw** *akk o dat ~* to start working for sb/somewhere; **bei einem Arbeitgeber ~** to start working for sb; **bei einer Firma ~** to join [or start working at] a company ➍ *sein (aufnehmen)* ■ **in etw** *akk* **~: in Diskussionen/Verhandlungen ~** to enter into discussions/ negotiations; **in Gespräche ~** to hold talks ➎ *sein (sich ereignen)* to occur, to ensue; **eine Katastrophe ist eingetreten** a catastrophe has happened; **es ist noch keine Besserung seines Zustandes eingetreten** his condition has not improved; **sollte der Fall ~, dass ...** if it should happen that ...; **der Fall kann ~, dass ...** it may happen that ...; **dieser Fall ist noch nie eingetreten** that has never happened; ■ **das E~** the occurrence ➏ *sein (auftreten)* to set in; **das Tauwetter ist eingetreten** the thaw has set in; **dann trat urplötzlich Stille ein** then there was a sudden silence [or silence fell] ➐ *sein* RAUM ■ **in etw** *akk* **~** to enter [or move into] sth; ■ **beim E~** on [or when] [or while] entering ➑ *sein (sich einsetzen)* ■ **für jdn/etw ~** to stand [or fam stick] up for sb/sth, to champion sb/sth *form* ➒ *haben (jdn/etw wiederholt treten)* ■ **auf jdn/ein Tier ~** to tread on an animal [repeatedly] **II.** *vt haben* ➊ *(durch Treten zerstören)* ■ **etw ~** to kick sth in ➋ *(sich durch Treten eindrücken)* ■ **sich** *dat* **etw ~** to get sth in one's foot; **ich habe mir einen Glassplitter eingetreten** I've trodden on a splinter of glass

Ein·tre·ten <-s> *nt kein pl* standing [or fam sticking] up (**für** +*akk* for), championing *form* (**für** +*akk* of)

ein·trich·tern ['aɪntrɪçtɐn] *vt (fam)* ■ **jdm etw ~** to drum sth into sb *fam*; **du brauchst mir das nicht immer wieder einzutrichtern** you don't need to keep on at me

Ein·tritt *m* ➊ *(geh: das Betreten)* ■ **jds ~ in etw** *akk* sb's entrance into sth *form*; **~ verboten** no admission ➋ *(Beitritt)* ■ **jds ~ in etw** *akk* sb's joining sth; **wann hat er sich denn zum ~ in die Partei entschlossen?** so when did he decide to join the party? ➌ *(Eintrittsgeld)* entrance fee, admission; **~ frei** admission free ➍ *(Einlass)* ■ **jds ~ [zu etw/in etw** *akk*] sb's admission [to sth]; ■ **der ~ [zu etw/in etw** *akk*] admission [to sth] ➎ *(Beginn)* onset; **bei/vor ~ der Dunkelheit** when/before darkness falls [or nightfall]; **nach ~ der Dunkelheit** after dark, after darkness has fallen; **der ~ des Todes** *(geh)* death

Ein·tritts·geld *nt* entrance [or admission] [fee or charge] | **Ein·tritts·kar·te** *f* [admission [or entrance]] ticket **Ein·tritts·preis** *m* admission [or entrance] [fee [or charge]]

ein·tro·cknen *vi sein:* Farbe, Blut to dry; Wasser to dry up; Obst to dry out [or shrivel up]; ■ **eingetrocknet** dried, dried-up

ein·trü·ben *vr impers* ■ **sich ~** to cloud over, to become overcast

Ein·trü·bung *f* cloud, cloudy spell

ein·tru·deln *vi sein (fam)* to roll [or show] [or turn] up *fam*, to drift [or wander] in *fam*

ein·tun·ken *vt* DIAL *(eintauchen)* ■ **etw [in etw** *akk*] **~** to dunk sth [in sth] *fam*, to dip sth in sth; **einen Pinsel in Farbe ~** to dip a [paint]brush in paint

ein·üben *vt* ■ **etw ~** to practise [or AM -ce] sth; **eine Rolle/ein Stück ~** to rehearse a role/play; **gut eingeübt** well-rehearsed, well-studied

ein·ver·le·ben* ['aɪnfɐɡlaɪbn̩] **I.** *vt* ➊ *(eingliedern)* ■ **etw einer S.** *dat ~* Gebiet, Land to incorporate sth into sth, to annex sth ➋ *(hinzufügen)* ■ **etw einer S.** *dat ~* to incorporate sth into sth, to feed sth with sth *fam* **II.** *vr* POL *(annektieren)* ■ **sich** *dat* **etw ~** to annex sth; ÖKON to incorporate sth ➋ *(hum fam: verzehren)* ■ **sich** *dat* **etw ~** to put sth away, to guzzle sth *hum fam;* **ich habe mir soeben den ganzen Kuchen einverleibt** I've just hoovered the whole cake up *hum fam*

Ein·ver·lei·bung <-, -en> *f* POL annexation; ÖKON incorporation, takeover

Ein·ver·nah·me <-, -n> ['ainfɛɡnaːmə] *f* JUR *bes* ÖSTERR, SCHWEIZ *(Vernehmung)* examination; *(durch die Polizei)* questioning; *(aggressive Vernehmung)* interrogation

ein|ver·neh·men' ['ainfɛɡneːmən] *vt irreg* JUR *bes* ÖSTERR, SCHWEIZ *(vernehmen)* to examine; **die Polizei hat den Zeugen einvernommen** the police questioned the witness; *(aggressiv vernehmen)* to interrogate

Ein·ver·neh·men <-s> *nt kein pl* agreement; JUR *a.* [good] understanding; **bestand nicht ~ immer darüber, dass ...?** didn't we have an understanding that ...?; **in gegenseitigem** [*o* **beiderseitigem**] **~** by mutual agreement; **in gutem** [*o* **bestem**] **~** [**mit jdm**] **stehen** to be on good [*or* the best] terms [with sb]; **im ~ mit jdm** in agreement with sb; **ein stillschweigendes ~** a tacit agreement [*or* understanding]

Ein·ver·neh·mens·er·klä·rung *f* JUR declaration of understanding

ein·ver·nehm·lich I. *adj (geh)* mutual, joint; **zu einer ~en Regelung gelangen** to come to an agreed ruling II. *adv (geh)* by [*or* in] mutual agreement

ein·ver·stan·den ['ainfɛɡʃtandn] *adj pred* ■ [**mit jdm/etw**] **~ sein** to be in agreement [with sb/sth], to agree [with sb/sth]; ■ |**damit**| **~ sein, dass ...** to be in agreement that ..., to agree that ...; **sich** *akk* **mit etw** *dat* **~ erklären** to agree with sth; **~!** agreed!, OK! *fam*

Ein·ver·ständ·nis ['ainfɛɡʃtɛntnɪs] *nt* ❶ *(Zustimmung)* approval, consent; **ohne jds ~** without sb's consent; **sein ~** [**mit etw** *dat*] **erklären** to voice one's approval [of sth], to give one's approval [*or* consent]; **mit Ihrem ~** with your approval; **im ~ mit jdm** with sb's approval; **in ~ mit jdm handeln** to act with sb's approval [*or* consent] ❷ *(Übereinstimmung)* agreement; **völliges ~** complete [*or* full] agreement; **mit Ihrem ~** with your agreement; **findet dieser Vorschlag auch Ihr ~?** are you in agreement with this proposal?; **stillschweigendes ~** tacit agreement; **in gegenseitigem** [*o* **beiderseitigem**] **~** by mutual agreement; **sein ~ mit etw** *dat* **erklären** to express one's agreement with sth; **im ~ mit jdm** in agreement with sb; **zwischen uns herrscht ~** there is agreement between us *form,* we are in agreement

Ein·ver·ständ·nis·er·klä·rung *f* declaration of consent

Ein·waa·ge ['ainvaːɡə] *f kein pl* ÖKON ❶ *(Reingewicht)* weight of the contents ❷ *(Gewichtsverlust)* loss of weight

ein|wach·sen¹ ['ainvaksn] *vt* ■ **etw ~** to wax sth

ein|wach·sen² ['ainvaksn] *vi irreg sein* ■ |**jdm**| **~** to grow in; **eingewachsene Zehennägel** ingrowing [*or esp* AM ingrown] toenails

Ein·wand <-[e]s, Einwände> ['ainvant, *pl:* 'ainvɛndə] *m* objection; **einen ~** [**gegen etw** *akk*] **haben** to object [*or* to have an objection] [to sth]; **haben Sie einen ~?** have you got any objections?; **einen ~** [**gegen etw** *akk*] **machen** [*o* **vorbringen**] to make [*or* lodge] an objection [to sth]; **einen ~** [**gegen etw** *akk*] **erheben** to raise an objection [to sth]; JUR to demur

Ein·wan·de·rer, -wan·d[r]e·rin *m, f* immigrant

ein|wan·dern *vi sein* ❶ *(immigrieren)* ■ |**nach/in etw** *akk*| **~** to immigrate [to/into sth] ❷ *(einziehen)* ■ |**nach/in etw** *akk*| **~** to migrate [to/into sth]

Ein·wan·de·rung *f* ■ **jds ~ nach/in etw** *akk* sb's immigration to/into sth

Ein·wan·de·rungs·be·hör·de *f* immigration authorities *usu pl* **Ein·wan·de·rungs·ge·setz** *nt* immigra-

tion laws *usu pl* **Ein·wan·de·rungs·land** *nt country which attracts a large number of immigrants;* **die USA werden heute noch als begehrtes ~ betrachtet** the USA is still seen today as a popular country to emigrate [*or* immigrate] to **Ein·wan·de·rungs·po·li·tik** *f kein pl* POL immigration policy **Ein·wan·de·rungs·vi·sum** *nt* immigration visa

ein·wand·frei ['ainvantfrai] I. *adj* ❶ *(tadellos)* flawless, perfect; *Obst* perfect, without a blemish; *Fleisch a.* [perfectly] fresh; **~e Qualität** excellent [*or* superior] quality; **in einem ~en Zustand** in perfect condition; **~es Benehmen** impeccable [*or* model] behaviour [*or* AM -or]; **ein ~er Leumund** an excellent [*or* impeccable] character [*or* reputation] ❷ *(unzweifelhaft)* indisputable, irrefutable, undeniable, incontrovertible; **eine ~e Beweisführung** a conclusive [*or* compelling] [*or* line of argument] argumentation II. *adv* ❶ *(tadellos)* flawlessly, perfectly; **sich ~ verhalten** to behave impeccably ❷ *(unzweifelhaft)* indisputably, irrefutably, undeniably; **~ beweisen** to prove conclusively [*or* beyond a shadow of a doubt]; **~ nachweisen** to provide conclusive [*or* indisputable] [*or* irrefutable] evidence; **~ feststehen** to be absolutely certain; ■ **es steht ~ fest, dass ...** it is an indisputable [*or* irrefutable] [*or* undeniable] fact that ...; **~ erfunden** [*o* **erlogen**] **sein** to be a downright [*or* complete] lie; **~ Betrug sein** to be [a] complete [*or* a clear case of] fraud, to be a complete swindle

ein·wärts ['ainvɛrts] *adv* inwards, in

ein|wäs·sern *vt* KOCHK *s.* **wässern**

ein|we·ben *vt irreg* ■ **etw** [**in etw** *akk*] **~** to weave [*or* work] sth in[to sth]; ■ **eingewebt** woven-in *attr,* worked-in *attr*

ein|wech·seln ['ainvɛksln] *vt* ❶ FIN ■ |**jdm**| **etw** [**in etw** *akk*] **gegen**| **etw** *akk*| **~** to change sth [for sb] [into sth] ❷ SPORT ■ **jdn** [**für jdn**] **~** to bring on sb [for sb] *sep*

ein|we·cken *vt* DIAL ■ **etw ~** to bottle [*or* preserve] sth; ■ **eingeweckt** bottled

Ein·weck·glas *nt* KOCHK preserving [*or* AM canning] jar

Ein·weg·fla·sche *f* non-returnable bottle **Ein·weg·ra·sie·rer** *m* disposable razor **Ein·weg·sprit·ze** *f* disposable needle [*or* syringe] **Ein·weg·ver·pa·ckung** *f* disposable packaging

ein|wei·chen *vt* ■ **etw** [**in etw** *dat*] **~** to soak sth [in sth]; ■ **eingeweicht** soaked

ein|wei·hen *vt* ❶ *(offiziell eröffnen)* ■ **etw ~** to open sth [officially], to inaugurate sth *form* ❷ *(vertraut machen)* ■ **jdn** [**in etw** *akk*] **~** to initiate sb [into sth]; **jdn in ein Geheimnis ~** to tell sb about [*or* let sb in on] a secret, to divulge a secret to sb; **jdn in einen Plan ~** to outline [*or* unveil] [*or* present] a plan to sb

Ein·wei·hung <-, -en> *f* ❶ *(das Eröffnen)* [official] opening, inauguration ❷ *(das Vertrautmachen)* initiation

Ein·wei·hungs·fei·er *f* official opening, inauguration

ein|wei·sen *vt irreg* ❶ MED ■ **jdn** [**in etw** *akk*] **~** to send sb [to sth]; **jdn ins Krankenhaus ~** to send sb to hospital; **der Patient wurde gestern eingewiesen** the patient was admitted yesterday; **jdn in eine psychiatrische Klinik ~** to commit sb to a mental hospital ❷ *(unterweisen)* ■ **jdn** [**in etw** *akk*] **~** to brief sb [about sth], to show sb [what sth entails]; **Ihre Kollegin wird Sie in Ihre neue Tätigkeit ~** your colleague will show you what your new job entails ❸ AUTO ■ **jdn** [**in etw** *akk*] **~** to direct [*or* guide] sb [into sth]; ■ **sich in etw** *akk* **~ lassen** to have sb direct [*or* guide] one into sth; **in enge Parklücken sollte man sich besser ~ lassen** it's better to be guided into tight parking spaces

Ein·wei·sung ❶ MED ■ **jds ~ in etw** *akk* sb's admission to sth; **~ in eine psychiatrische Klinik** commit-tal to a mental hospital ❷ *(Unterweisung)* ■ **jds ~** [**in**

etw *akk*| sb's briefing [*or* instruction] [about sth] ❸ AUTO ■ **jds ~/die ~ einer S.** |**in etw** *akk*| sb's/the direction [*or* directing] [*or* guiding] of sth [into sth]; **die ~ in eine Parklücke** to be guided into a tight parking space

ein·wen·den *vt irreg* ■ **etw** |**gegen jdn/etw**| **~** to object [*or* make [*or* raise] an objection] [to sb/sth]; ■ |**dagegen**| **~, dass …** to point out [*or* add] that …; **etwas** |**gegen jdn/etw**| **einzuwenden haben** to have an objection [to sb/sth]; **du hast aber auch immer etwas einzuwenden!** you're always raising some objection or other!; **nichts** |**gegen jdn/etw**| **einzuwenden haben** to have no objection [to sb/ sth]; **ich habe nichts** |**dagegen**| **einzuwenden** I have no objection, I don't object, I have nothing against it; **dagegen lässt sich ~, dass …** an objection could be made that …, one could object that …; **dagegen lässt sich einiges ~** there are a number of things to be said against it/that; **dagegen lässt sich nichts ~** there can be no objection to it/that

Ein·wen·dung *f* ❶ *(Einwand)* objection (**gegen** +*akk* to); **keine ~en machen** to have no objections, to not object ❷ JUR **~en** |**gegen etw** *akk*| **machen** to lodge an objection [to sth], to demur [to *or* at sth]

ein|wer·fen *irreg* **I.** *vt* ❶ *(eine Sendung ~)* ■ **etw** |**in etw** *akk*| **~** *Brief* to post [*or* AM mail] sth ❷ *(durch Wurf zerschlagen)* |**jdm**| **etw** |**mit etw** *dat*| **~** to break [sb's] sth [with sth]; **eine Fensterscheibe ~** to smash a window ❸ SPORT ■ **etw ~** to throw sth in ❹ *(etw zwischendurch bemerken)* ■ **etw ~** to throw sth in; **eine Bemerkung ~** to throw in a comment [*or* remark], to interject *form* **II.** *vi* ❶ SPORT to throw in in [*or* interject] that … ❷ *(zwischendurch bemerken)* ■ **~, dass …** to throw in [*or* interject] that …

ein|wi·ckeln *vt* ❶ *(in etw wickeln)* ■ **etw** |**in etw** *akk*| **~** to wrap [up] sth in sth ❷ *(einhüllen)* ■ **jdn** |**in etw** *akk*| **~** to wrap sb up [in sth]; **wickle das Kind in diese Decke ein** wrap the child [up] in this blanket; ■ **sich** |**in etw** *akk*| **~** to wrap oneself up [in sth]; **wickle dich schön warm ein!** wrap yourself up warmly! ❸ *(fam: überlisten)* **jdn** |**durch etw** *akk*| **~** to fool sb [with sth]; *(fam)* to take sb in; **jdn durch Schmeicheleien ~** to butter up to sb; ■ **sich** |**von jdm/etw**| **~ lassen** to be fooled [*or* taken in] [by sb/ sth]

Ein·wi·ckel·pa·pier *nt* wrapping paper

ein|wil·li·gen ['aɪnvɪlɪɡn̩] *vi* ■ |**in etw** *akk*| **~** to consent [*or* agree] [to sth]

Ein·wil·li·gung <-, -en> *f (Zustimmung)* consent, agreement; **ohne meine ~** without my consent; ■ **jds ~ in etw** *akk* sb's consent [*or* agreement] to sth; **seine ~** |**zu etw** *dat*| **geben** to give one's blessing [*or* consent] [to sth]

ein|win·tern ['aɪnvɪntɐn] *vi* SCHWEIZ *(Winter werden)* to become winter

ein|wir·ken I. *vi* ❶ *(beeinflussen)* ■ **auf jdn/etw ~** to have an effect [*or* influence] on sb/sth; **etw auf sich** *akk* **~ lassen** to let sth soak in; **er ließ das Kunstwerk auf sich ~** he soaked the work in ❷ PHYS, CHEM *(Wirkung entfalten)* ■ **auf etw** *akk* **~** to react to sth; **etw ~ lassen** to let sth work in; **du musst die Creme auftragen und ~ lassen** apply the cream and let it be absorbed **II.** *vt (fachspr: einweben)* ■ **etw in etw** *akk* **~: ein Muster in einen Stoff ~** to work a pattern into a cloth

Ein·wir·kung *f* ■ **jds ~ auf jdn** sb's influence on sb; **unter** |**der**| **~ von etw** *dat*/**einer S.** *gen* under the influence of sth; **unter** |**der**| **~ von Drogen** under the influence of drugs; **sie stand unter** |**der**| **~ eines Schocks** she was suffering from [the effects of] shock; **nach ~ der Salbe** when the ointment has worked in

Ein·wir·kungs·mög·lich·keit *f (Möglichkeit der Ein-*

wirkung) influence; **ich sah da keinerlei ~en meinerseits** I had no influence on [or no say in] the matter, I didn't think there was anything I could do about; **eine ~/~en haben** to bring influence to bear on sth

ein·wö·chig *adj* one-week *attr,* lasting one week *pred*

Ein·woh·ner(in) <-s, -> ['aɪnvoːnɐ] *m(f)* inhabitant

Ein·woh·ner·kon·trol·le *f* SCHWEIZ *s.* **Einwohnermeldeamt Ein·woh·ner·mel·de·amt** *nt* ADMIN *residents' registration office* **Ein·woh·ner·rat** *m* ADMIN SCHWEIZ ❶ *(Gemeindeparlament in einigen Kantonen)* regional parliament in large cantons ❷ *(Mitglied des Gemeindeparlaments)* member of the regional parliament

Ein·woh·ner·schaft <-, -en> *meist pl f (geh)* population *no pl,* inhabitants

Ein·woh·ner·schwund *m* falling [*or* declining] number of inhabitants; *eines Landes* declining population; **ein starker ~** a sharp [*or* drastic] drop in the number of inhabitants

Ein·woh·ner·zahl *f* population, number of inhabitants

Ein·wurf *m* ❶ *(geh: das Hineinstecken) Münzen* insertion; *Briefe, Pakete* posting; **denke bitte an den ~ des Briefes** don't forget to post the letter; **~ zwei Euro** insert two euros [into the slot]; **~ hier** [*or* hier **~**] insert here ❷ SPORT throw-in; **falscher ~** foul throw ❸ *(Zwischenbemerkung)* interjection ❹ *(schlitzartige Öffnung)* slit

ein|wur·zeln *vi sein* FORST, HORT to take root

Ein·zahl ['aɪntsaːl] *f* LING singular

ein|zah·len *vt* FIN ■ **etw** |**auf etw** *akk*| **~** to pay sth [into sth]; **die Spenden können auf ein Konto eingezahlt werden** donations can be paid into an account

Ein·zah·lung *f* FIN *(das Einzahlen)* payment, deposit

Ein·zah·lungs·be·leg *m* FIN credit slip **Ein·zah·lungs·for·mu·lar** *nt* FIN paying-in slip BRIT, deposit slip AM **Ein·zah·lungs·schal·ter** *m* FIN paying-in [*or* AM deposit] counter **Ein·zah·lungs·schein** *m* ❶ FIN stub, counterfoil *esp* BRIT ❷ SCHWEIZ *s.* **Zahlkarte**

ein|zäu·nen ['aɪntsɔʏnən] *vt* ■ **etw ~** to fence sth in; ■ **eingezäunt** fenced in

Ein·zäu·nung <-, -en> *f* ❶ *(Zaun)* fence ❷ *(das Einzäunen)* fencing

ein|zeich·nen *vt* ■ **etw** |**auf etw** *dat*| **~** to draw [*or* mark] sth in [on sth]; ■ **eingezeichnet sein** to be drawn [*or* marked] in; **ist der Ort auf der Karte eingezeichnet?** is the place marked on the map?

Ein·zel <-s, -> ['aɪntsl̩] *nt* TENNIS singles + *sing vb;* **sie gewann das ~ gegen die Weltranglistendritte** she won her singles against the world's number three; **im ~** at singles

Ein·zel·aus·ga·be *f* MEDIA separate edition, special edition **Ein·zel·band** *m* single volume **Ein·zel·bett** *nt* single bed **Ein·zel·blatt·ein·zug** *m* TYPO cut-sheet feed, single sheet feed **Ein·zel·fahr·schein** *m* single ticket BRIT, one-way ticket AM **Ein·zel·fall** *m* individual case; **das Gericht muss jeden ~ prüfen** the court must look at each case individually; **im ~** in each case; **kein ~ sein** to be no exception, to not be an isolated case; **damit bist du kein ~** you're not the only one **Ein·zel·fra·ge** *f meist pl* detailed question **Ein·zel·gän·ger(in)** <-s, -> *m(f) (Mensch, Tier)* loner, lone wolf **Ein·zel·ge·werk·schaft** *f* ÖKON single union **Ein·zel·haft** *f* JUR solitary confinement; **jdn in ~ halten** to keep sb in solitary confinement

Ein·zel·han·del *m* ÖKON retail trade; **das ist der Preis für den ~** that is the retail price; **im ~** retail; **diese Artikel sind nur im ~ erhältlich** these items are only available retail; **im ~ kostet die Uhr 4.500 Euro** the watch retails at 4,500 euros

Ein·zel·han·dels·ge·schäft *nt* ÖKON retail outlet [*or* shop] **Ein·zel·han·dels·kauf·mann, -kauf·frau** *m, f* trained retail salesman *masc,* trained retail saleswom-

an *fem* **Ein·zel·han·dels·preis** *m* ÖKON retail price
Ein·zel·händ·ler(in) *m(f)* ÖKON retailer, retail trader
Ein·zel·haus <-es, -häuser> *nt* detached house
Ein·zel·heit <-, -en> *f* detail; **ich kann nicht jede ~ behalten** I can't remember all the details; **in der Dunkelheit kann man keine ~en sehen** in the dark you cannot see anything in detail; **auf ~en eingehen** to go into detail[s]; **in allen ~en beschreiben** [*o* **schildern**] to describe in [great] detail; **bis in die kleinsten ~en** right down to the last detail; **sich in ~en verlieren** to get bogged down in detail
Ein·zel·ka·bi·ne *f* ❶ NAUT single cabin ❷ *(Umkleidekabine)* [individual] cubicle **Ein·zel·kampf** *m* SPORT individual competition; MIL single combat **Ein·zel·kind** *nt* only child **Ein·zel·leis·tung** *f* individual performance
Ein·zel·ler <-s, -> ['aintsɛlɐ] *m* BIOL single-celled [*or* unicellular] organism
ein·zel·lig ['aintsɛlɪç] *adj* BIOL single-cell[ed], unicellular
ein·zeln ['aintsl̩n] **I.** *adj* ❶ *(für sich allein)* separate, individual; **~e Teile des Geschirrs können nachgekauft werden** individual pieces of this crockery can be purchased at a later date; **ein ~er Mensch könnte alle Aufgaben erledigen** one person alone could not do all the work ❷ *(detailliert)* ■ **E~es** some; **an E~es erinnere ich mich noch gut** I can remember some things very well; ■ **im E~en** in detail; **im E~ kann ich darauf nicht eingehen** I can't go into anymore details ❸ *(individuell)* individual; ■ **der/die E~e** the individual; **als E~er** as an individual; **ein E~er/eine E~e** an individual, a single person; **was kann ein E~er schon dagegen ausrichten?** what can one person do on his own?; **jede(r, s) E~e** each individual; **ich erwarte von jedem E~en von Ihnen, dass er seine Pflicht tut** I expect [each and] every one of you to do your duty ❹ *(allein stehend)* single, solitary; **im Feld stand eine ~e Eiche** a solitary oak tree stood in the field; **die ganzen Felder gehören zu dem ~en Gehöft dort** all the fields belong to that one farm ❺ *pl (einige wenige)* some, a few, a handful; **erst waren es nur ~e Arbeiter** at the beginning there were only a few workers ❻ *pl* METEO scattered; **~e Schauer** scattered showers **II.** *adv (separat)* separately; **wir kamen ~** we came separately; **etw ~ aufführen** to list sth separately; **bitte ~ eintreten!** please come in one at a time
Ein·zel·per·son *f (geh)* single person **Ein·zel·rad·auf·hän·gung** *f* AUTO independent suspension **Ein·zel·stück** *nt* unique object [*or* piece], individual item; **~e verkaufen wir nicht** we do not sell these items singly **Ein·zel·tä·ter(in)** *m(f)* JUR lone operator **Ein·zel·teil** *nt (einzelnes Teil)* separate [*or* individual] part; **ein Puzzle besteht aus vielen ~en** a jigsaw puzzle has many separate parts; *Ersatzteil* spare [*or* replacement] part; **etw in seine ~e zerlegen** to take sth to pieces **Ein·zel·zel·le** *f* JUR, BIOL single cell **Ein·zel·zim·mer** *nt* MED, TOURIST single room
ein|ze·men·tie·ren˙ *vt* BAU ■ **etw [in etw** *akk*] **~** to cement sth [into sth]; **etw in die Wand ~** to set sth into the wall; **der Safe ist einzementiert** the safe is built [*or* set] into the concrete
ein|zie·hen *irreg* **I.** *vt haben* ❶ FIN *(kassieren)* ■ **etw ~** *Beiträge, Gelder* to collect sth ❷ ADMIN *(aus dem Verkehr ziehen)* ■ **etw ~** to withdraw sth, to call sth in; **die alten Banknoten wurden eingezogen** the old banknotes were withdrawn from circulation ❸ ADMIN *(beschlagnahmen)* ■ **etw ~** to take sth away; *Vermögen ~* to confiscate property; **einen Führerschein ~** to take away a driving licence ❹ MIL *(einberufen)* **jdn [zum Militär]** ~ to conscript [*or* call up] [*or* AM draft] sb [into the army] ❺ *(nach innen ziehen)* ■ **etw ~** to take sth in; **der Kopierer zieht die Blätter einzeln ein** the photocopier takes in the sheets one by one

❻ ZOOL *(zurückziehen)* ■ **etw ~** to draw in [*or* retract] sth ❼ *(in die Gegenrichtung bewegen)* ■ **etw ~** to draw [*or* pull] in sth; **die Schulter ~** to hunch one's shoulder; **den Kopf ~** to duck one's head; **der Hund zog den Schwanz ein** the dog put its tail between its legs; **mit eingezogenem Schwanz** *(fig)* with his/her/its tail between his/her/its legs ❽ AUTO, NAUT *(einfahren)* ■ **etw ~** *Antenne, Periskop* to retract sth ❾ *(beziehen)* ■ **etw [in etw** *akk*] **~** to thread sth [in sth]; *(hineinstecken)* to put sth [into sth]; **ein Kissen in einen Bezug ~** to put a pillow in a pillowcase ❿ BAU **eine Wand ~** to put in a wall ⓫ *(einsaugen)* ■ **etw ~** to draw [*or* suck] up sth; **Luft ~** to breathe in **II.** *vi sein* ❶ *(in etw ziehen)* ■ **[bei jdm/in etw** *akk*] **~** to move in [with sb/into sth]; **wer ist im dritten Stock eingezogen?** who has moved in on the third floor? ❷ POL ■ **in etw** *akk* **~** to take office in sth; **er wurde gewählt und zog ins Parlament ein** he was elected and took his seat in parliament ❸ SPORT *(einmarschieren)* ■ **in etw** *akk* **~** to march [*or* parade] into sth; **die einzelnen Mannschaften zogen in das Olympiastadion ein** the individual teams marched [*or* paraded] into the Olympic stadium; MIL to march into sth ❹ *(einkehren)* ■ **[bei jdm]** ~ to come [to sb]; **nach dem Krieg zogen wieder Ruhe und Ordnung im Land ein** after the war law and order returned to the country ❺ *(eindringen)* ■ **[in etw** *akk*] **~** to soak [into sth]
Ein·zie·hung *f* ❶ *(Beschlagnahme)* confiscation, seizure ❷ *(Anfordern)* *Gelder, Steuern* collection; *Gebühren a.* recovery; *(aus dem Verkehr)* withdrawal; **~ einer Forderung** collection of a claim; *(Schulden)* recovery of a debt ❸ MIL conscription, call-up, drafting AM; *Fahrzeug* requisitioning
ein·zig ['aintsɪç] **I.** *adj* ❶ *attr* only, sole; **wir haben nur eine ~e Möglichkeit** there is only one thing we can do, we have only one chance; **jds ~es Kind** sb's only child ❷ *(alleinige)* ■ **der/die E~e** the only one; **du bist der E~e, dem ich vertraue** you are the only one I trust; **das ist das E~e, was zählt** that is the only thing that counts; **er hat als E~er das Ziel erreicht** he was the only one to reach the finish; **das ~ Gute wäre, das Auto zu verkaufen** the best thing to do would be to sell the car; **kein ~er Gast blieb nach dem Essen** not one solitary guest stayed behind after the meal; **nur noch ein ~er Apfel ist übrig geblieben** there is still one solitary apple left ❸ *(fam: unglaublich)* ■ **ein ~er/eine ~e/ein ~es ...** complete/ an absolute ...; **seine Wohnung ist eine ~e Sauerei** his flat is an absolute [*or* BRIT *fam!* bloody] disgrace; **12 Stunden täglich am Monitor, das ist eine ~e Quälerei** 12 hours a day at the computer is sheer murder; **die Situation ist ein ~er Schlamassel** the situation is a right [*or* an absolute] mess ❹ *pred (einzigartig)* ■ **~ sein** to be unique **II.** *adv (ausschließlich)* only, solely; **das hat er ~ dir zu verdanken** he owes that entirely to you; **die ~ mögliche Lösung** the only possible solution; **~ und allein** solely; **es liegt ~ und allein an Ihnen** it is entirely up to you
ein·zig·ar·tig ['aintsɪçʔaːɐ̯tɪç] **I.** *adj* unique; **das Bild war ~ schön** the painting was astoundingly beautiful **II.** *adv* astoundingly
Ein·zig·ar·tig·keit <-> *f kein pl* uniqueness
Ein·zim·mer·woh·nung *f* one-room flat [*or* AM apartment]
ein|zo·nen *vt* ■ **etw ~** ADMIN SCHWEIZ to divide into zones [*or* areas]
Ein·zug *m* ❶ *(das Einziehen)* ■ **der/jds ~** **[in etw** *akk*] the/sb's move [into sth]; **der ~ in ein Haus/ eine Wohnung etc.** the/sb's move into a house/flat BRIT [*or* AM apartment] ❷ POL **bei dieser Wahl gelang**

der Partei der ~ ins Parlament at this election the party won seats in Parliament ❹ *(der Beginn)* **seinen ~ halten** to arrive; **der Winter hat ~ gehalten** winter arrived ❺ MIL *(Einmarsch)* entry ❻ FIN *(das Kassieren)* collection ❼ TYPO indentation

Ein·zü·ger ['aintsy:gɐ] *m* SCHWEIZ *(Einzieher von geschuldeten Geldbeträgen)* debt collector

Ein·zugs·be·reich *m*, **Ein·zugs·ge·biet** *nt* catchment area **Ein·zugs·er·mäch·ti·gung** *f* FIN direct debit authorization

ein|zwän·gen I. *vt* ❶ *(beengen)* ▪ **jdn** ~ to constrain [*or* constrict] sb ❷ *(in etw zwängen)* ▪ **etw [in etw** *akk*] ~ to jam [*or* squeeze] [*or* wedge] sth [into sth] ❸ *(hineinzwingen)* ▪ **jdn [in etw** *akk*] ~ to squeeze sb [into sth]; **jdn in ein Korsett ~** to squeeze sb into a corset **II.** *vr (sich hineinzwängen)* ▪ **sich in etw** *akk* ~ to squeeze oneself into sth; **sich [in etw** *dat*] **eingezwängt fühlen** to feel constricted [in sth]

Ein·zy·lin·der·mo·tor *m* TECH one- [*or* single-] cylinder engine

Eis <-es> ['ais] *nt kein pl* ❶ *(gefrorenes Wasser)* ice; **zu ~ gefrieren** to freeze [*or* turn] to ice ❷ *(Eisdecke)* ice; **aufs ~ gehen** to go onto the ice ❸ KOCHK *(Eiswürfel)* ice [cube]; **eine Cola mit ~, bitte!** a coke with ice, please; **einen Whisky mit ~, bitte!** a whisky on the rocks, please; *(Nachtisch)* ice [cream]; **~ am Stiel** KOCHK ice[d] lolly BRIT, Popsicle® AM ▶ WENDUNGEN: **das ~ brechen** to break the ice; **jdn aufs ~ führen** to take sb for a ride *fam,* to lead sb up the garden path; **etw auf ~ legen** *fam* to put something on ice; **auf ~ liegen** to be on hold

Eis·bahn *f* SPORT ice rink **Eis·bär** *m* ZOOL polar bear **Eis·be·cher** *m* KOCHK ❶ *(Pappbecher)* [ice-cream] tub; *(Metallschale)* sundae dish ❷ *(Eiscreme)* sundae **Eis·bein** *nt* KOCHK knuckle of pork **Eis·berg** *m* GEOG iceberg; *s. a.* Spitze **Eis·beu·tel** *m* ice pack **Eis·block** *m* block of ice **Eis·blu·me** *f meist pl* frost pattern **Eis·bom·be** *f* KOCHK bombe glacée **Eis·bre·cher** *m* NAUT icebreaker **Eis·ca·fé** *nt* ❶ *(Eisdiele)* ice cream parlour [*or* AM -or] ❷ *s.* **Eiskaffee**

Ei·schnee *m* KOCHK beaten egg white

Eis·creme [-kre:m], **Eis·krem** *f* KOCHK ice cream **Eis·de·cke** *f* sheet of ice **Eis·die·le** *f* ice cream parlour [*or* AM -or]

Ei·sen <-s, -> ['aizn̩] *nt* ❶ *kein pl* CHEM, BERGB iron; **der Zaun ist aus ~** the fence is made of iron ❷ TECH *(Eisenbeschlag)* iron fitting ❸ *(beim Golf)* iron ▶ WENDUNGEN: **noch ein/mehrere ~ im Feuer haben** *(fam)* to have another/more than one iron in the fire; **zum alten ~ gehören** [*o* zählen] *(fam)* to be on the scrap heap *fam;* **ein heißes ~** a hot potato; **ein heißes ~ anfassen** to take the bull by the horns; **man muss das ~ schmieden, solange es heiß ist** *(prov)* one must strike while the iron is hot *prov*

Ei·sen·bahn ['aizn̩ba:n] *f* ❶ *(Zug)* train ❷ *(Spielzeug-)* train set ▶ WENDUNGEN: **es ist [aller]höchste ~** *(fam)* it is high time, there is no more time to waste **Ei·sen·bah·ner(in)** <-s, -> *m(f) (fam)* railway employee, railroader AM

Ei·sen·bähn·ler *m* SCHWEIZ *(fam) s.* **Eisenbahner**

Ei·sen·be·schlag *m* iron band **ei·sen·be·schla·gen** *adj* with iron fittings; **~e Stiefel** steel-capped [*or* AM toed] boots **Ei·sen·erz** ['aizn̩ʔɛts] *nt* CHEM, BERGB iron ore **Ei·sen·ge·halt** *m* CHEM iron content **Ei·sen·gie·ße·rei** *f* TECH iron foundry **ei·sen·hal·tig** ['aizn̩haltɪç], **ei·sen·häl·tig** ['aizn̩hɛltɪç] *adj* ÖSTERR CHEM iron [*or* form] ferruginous] bearing; ▪ **~ sein** to contain iron **Ei·sen·hut** ['aizn̩hu:t] *m* ❶ HIST iron helmet ❷ BOT blauer ~ monk's hood, aconite **Ei·sen·in·dus·trie** *f* ÖKON *s.* **Eisen- und Stahlindustrie Ei·sen·kraut** *nt* BOT verbena **Ei·sen·man·gel** *m* MED iron deficiency **Ei·sen·oxid** *nt* CHEM ferric oxide **Ei·sen·prä·pa·**

rat *nt* PHARM iron tablets **Ei·sen·spä·ne** *pl* iron filings **Ei·sen·stan·ge** *f* iron bar **Ei·sen- und Stahl·in·dus·trie** *f* ÖKON iron and steel industry **Ei·sen·ver·bin·dung** *f* CHEM iron compound

Ei·sen·wa·ren *pl* ÖKON ironmongery *no pl, no art* BRIT, hardware *no pl, no art*

Ei·sen·wa·ren·händ·ler(in) *m(f)* ÖKON ironmonger BRIT, hardware dealer AM **Ei·sen·wa·ren·hand·lung** *f* ÖKON ironmonger's [shop] BRIT, hardware store AM

Ei·sen·zeit *f kein pl* ARCHÄOL Iron Age

ei·sern ['aizɐn] **I.** *adj* ❶ *attr* CHEM iron ❷ *(unnachgiebig)* iron, resolute; **~e Energie** unflagging [*or* indefatigable] energy; **~e Ruhe** unshakeable patience; ▪ **~ sein** [*o* **bleiben**] to be/remain resolute; **und wenn du noch so bettelst, da bin/bleibe ich ~!** however much you beg, I will not change my mind; **mit ~em Besen auskehren** *(fig)* to make a clean sweep ❸ *(fest)* firm ❹ *attr (für Notfälle)* iron; **jds ~e Reserve** sb's nest egg ▶ WENDUNGEN: **aber ~!** *(fam)* of course [*or* absolutely] **II.** *adv* resolutely; **sie hat sich ~ an den Plan gehalten** she stuck firmly [*or* steadfastly] to the plan

Ei·ses·käl·te *f (geh)* icy cold

Eis·flä·che *f* [surface of the] ice **eis·frei** *adj* METEO, GEOG free of ice; **~ bleiben** to remain ice-free **eis·ge·kühlt** *adj* KOCHK ice-cold; **ist das Bier ~?** is that beer really cold [*or* out of the fridge] ? **Eis·glät·te** *f* black ice **Eis·hei·li·gen** ['aishailɪgn̩] *pl* ▪ **die [drei] ~n** *3 saints' days, about 12th-14th May, which are often cold and after which further frost is rare* **Eis·ho·ckey** *nt* SPORT ice hockey

ei·sig ['aizɪç] **I.** *adj* ❶ *(bitterkalt)* icy; **ein ~er Wind** an icy [*or* bitter] wind ❷ *(abweisend)* icy; **ein ~es Schweigen** a frosty [*or* chilly] silence; **eine ~e Ablehnung** cold rejection ❸ *(jäh)* chilling; **ein ~er Schreck durchfuhr sie** a cold shiver ran through her ❹ *(frostig)* icy, cold; **ein ~es Lächeln** a frosty smile **II.** *adv* coolly

Eis·kaf·fee *m* KOCHK ❶ *(selten)* iced coffee ❷ *(Kaffee mit Vanilleeis und Schlagsahne)* chilled coffee with vanilla ice cream and whipped cream **eis·kalt** ['aiskalt] **I.** *adj* ❶ *(bitterkalt)* ice-cold; **du hast ja ~e Füße** your feet are ice-cold [*or fam* like blocks of ice] ❷ *(kalt und berechnend)* cold and calculating, cold-blooded; **dieser ~e Mörder** this cold-blooded murderer ❸ *(dreist)* cool; **eine ~e Abfuhr bekommen** to be snubbed [*or* rebuffed] by sb **II.** *adv (kalt und berechnend)* coolly; **jdn ~ anblicken** to look coolly at sb; **sie macht das ~** she does it without turning a hair **Eis·kas·ten** *m* ÖSTERR refrigerator **Eis·klet·tern** *nt* SPORT ice climbing **Eis·krat·zer** *m* AUTO ice scratch **Eis·kris·tall** *nt* ice crystal **Eis·kunst·lauf** *m* SPORT figure-skating **Eis·kunst·läu·fer(in)** *m(f)* SPORT figure-skater **eis|lau·fen** *vi irreg sein* to ice-skate **Eis·lau·fen** <-s> *nt kein pl* SPORT ice skating **Eis·ma·schi·ne** *f* KOCHK ice cream machine **Eis·meer** ['aisme:ɐ] *nt* GEOG polar sea; **Nördliches/Südliches ~** Arctic/Antarctic Ocean **Eis·müh·le** *f* ice crusher **Eis·ne·bel** *m* METEO freezing fog **Eis·pi·ckel** *m* SPORT ice axe [*or* pick]

Ei·sprung *m* MED ovulation

Eis·re·gen *m* METEO sleet **Eis·re·vue** [-revy:] *f* SPORT ice show **Eis·sa·lat** *m* iceberg lettuce **Eis·sa·lon** [-zaló:] *m* DIAL *(veraltend) s.* **Eisdiele Eis·schicht** *f*, **Eis·schich·te** *f* ÖSTERR layer of ice **Eis·schie·ßen** *nt* SPORT curling **Eis·schnelllauf**ALT *m* SPORT *s.* **Eis·schnelllauf Eis·schnelllauf·bahn**ALT *f s.* **Eisschnelllaufbahn Eis·schnellläu·fer(in)**ALT *m(f)* SPORT *s.* **Eis·schnellläufer Eis·schnell·lauf**RR *m* SPORT speed skating **Eis·schnell·lauf·bahn**RR *f* SPORT speed skating circuit **Eis·schnell·läu·fer(in)**RR *m(f)* SPORT speed skater **Eis·schol·le** *f* ice floe **Eis·schrank** *m (veraltend) s.* **Kühlschrank**

Eis·speed·way [-spiːtveː] *nt (Sportdisziplin)* speedway ice racing; *(Bahn)* ice speedway **Eis·speed·way·fah·rer(in)** [-spiːtveː-] *m(f)* speedway ice racer **Eis·sport** *m* ice sports *pl* **Eis·sta·di·on** *nt* SPORT ice rink **Eis·stoß** *m* ÖSTERR *(Eisstau) blockage in river caused by ice floes* **Eis·sturm·vo·gel** *m* ORN northern fulmar **Eis·tor·te** *f* KOCHK ice cream cake **Eis·ver·käu·fer(in)** *m(f)* ice cream man **Eis·vo·gel** *m* ORN kingfisher; ZOOL *(Schmetterling)* white admiral **Eis·waf·fel** *f* ice cream wafer; *(Eistüte)* wafer cone **Eis·was·ser** *nt* icy water; **ein Glas ~** a glass of ice-cold water **Eis·wein** *m* KOCHK *wine made from grapes hardened by frost* **Eis·wür·fel** *m* ice cube; **nehmen Sie ~ in die Cola?** do you have ice in your coke? **Eis·zap·fen** *m* METEO icicle **Eis·zeit** *f* ❶ GEOL Ice Age, glacial epoch *form* ❷ POL cold war **eis·zeit·lich** *adj* GEOL Ice Age, of the Ice Age

ei·tel [ˈaitl] *adj* ❶ *(pej: selbstgefällig)* vain; *(eingebildet)* conceited; *s. a.* **Freude** *s. a.* **Pfau** ❷ *(veraltend geh)* vain; **seine Hoffnungen erwiesen sich als ~** his hopes proved to be all in vain

Ei·tel·keit <-, -en> [ˈaitlkait] *f (pej)* vanity

Ei·ter <-s> [ˈaite] *m kein pl* MED pus *no pl, no indef art*

Ei·ter·beu·le *f* ❶ MED boil ❷ *(fig: Übelstand)* canker *fig* **Ei·ter·bläs·chen** *nt* MED pustule **Ei·ter·er·re·ger** *m* MED pyogenic organism **Ei·ter·herd** *m* MED suppurative focus

ei·te·rig [ˈaitərɪç] *adj* MED *Ausfluss* purulent; *Geschwür, Pickel, Wunde* festering, suppurating; ■ **~ sein** to fester, to suppurate; *(mit Eiter getränkt)* pus-covered

ei·tern [ˈaiten] *vi* MED to fester, to discharge pus, to suppurate

Ei·ter·pi·ckel *m* MED pimple [with pus]

eit·rig [ˈaitrɪç] *adj s.* **eiterig**

Ei·weiß [ˈaivais] *nt* ❶ CHEM protein ❷ KOCHK [egg] white, white of an egg; **~ schaumig** [*o* **steif**] [*o* **zu Schnee**] **schlagen** to beat the egg white until it is stiff

ei·weiß·arm I. *adj* low in protein; **~e Kost** a low-protein diet II. *adv (mit zu wenig Protein)* low in protein; **Sie ernähren sich zu ~** you are not getting enough protein **ei·weiß·hal·tig** *adj* containing protein **ei·weiß·reich** *adj* rich in protein *pred*

Ei·zel·le *f* BIOL ovum, egg cell AM *fam*

Eja·ku·lat <-[e]s, -e> [ejakuˈlaːt] *nt* MED ejaculate, ejaculated semen

Eja·ku·la·ti·on <-, -en> [ejakulatsi̯oːn] *f* BIOL ejaculation; **zur ~ kommen** to ejaculate, to climax

eja·ku·lie·ren⁺ [ejakuˈliːrən] *vi* BIOL to ejaculate

Ekel¹ <-s> [ˈeːkl] *m kein pl* disgust, revulsion; **der ~ würgte ihn** he was overcome by nausea [*or* felt nauseous]; **~ erregend** nauseating, revolting, disgusting; **vor jdm/etw einen ~ haben** [*o* **empfinden**] to loathe sb/sth; **vor ~** in disgust [*or* revulsion]; **sie musste sich vor ~ übergeben** she was so nauseated that she vomited

Ekel² <-s, -> [ˈeːkl] *nt (fam)* revolting person

ekel·er·re·gend *adj s.* **Ekel¹**

ekel·haft I. *adj* ❶ *(widerlich)* disgusting, revolting; **ich habe so einen ~en Geschmack im Mund** I have got a nasty [*or* vile] taste in my mouth; **so etwas E~es wie diese Würmer** such revolting things like these worms ❷ *(fam: unangenehm)* nasty; **sei nicht so ~ zu ihr** don't be so nasty to her II. *adv* ❶ *(widerlich)* disgusting; **der Käse riecht ~** the cheese smells awful ❷ *(fam: unangenehm)* horribly

eke·lig [ˈeːkəlɪç], **ek·lig** <-er, -ste> [ˈeːklɪç] *adj s.* **ekelhaft 1**

ekeln [ˈeːkln] I. *vt* ■ **jdn ~** to disgust [*or* revolt] [*or* nauseate] sb II. *vt impers* ■ **es ekelt jdn** [**vor jdm/etw**] sb/sth disgusts sb; **es ekelt mich vor diesem Anblick** the sight of it disgusts me III. *vr* ■ **sich** [**vor jdm/etw**] **~** to find sth/sb disgusting [*or* revolting] [*or*

nauseating; **sie ekelte sich vor seinen Frettchen** she found his ferrets revolting

EKG <-s, -s> [eːkaːˈgeː] *nt* MED *Abk von* **Elektrokardiogramm** ECG; [**sich** *dat*] **ein ~ machen lassen** to have an ECG; **jdm ein ~ machen** to do an ECG for sb

Eklat <-s, -s> [eˈklaː] *m (geh)* sensation; **einen ~ verursachen** to cause a stir [*or* sensation]; **es kam zu einem ~** a dispute broke out

ekla·tant <-er, -este> [eklaˈtant] *adj (geh)* **ein ~es Beispiel** a striking example; **ein ~er Fall** a spectacular [*or* sensational] case; **ein ~er Fehler** a glaring error

Ek·lip·se <-, -n> [eˈklɪpsə] *f* ASTRON eclipse

Ek·sta·se <-, -n> [ɛkˈstaːzə] *f* ecstasy; [**über etw** *dat*] **in ~ geraten** to go into ecstasies [over sth]; **jdn zur ~ treiben** to drive sb to the limits; *(jdn zum Orgasmus bringen)* to drive sb wild; **jdn in ~ versetzen** to send sb into ecstasies

ek·sta·tisch <-er, -este> [ɛkˈstaːtɪʃ] *adj (geh)* ecstatic

Eku·a·do·ri·a·ner(in) <-s, -> [eku̯adoˈri̯aːne] *m(f) s.* **Ecuadorianer**

eku·a·do·ri·a·nisch [eku̯adoˈri̯aːnɪʃ] *adj s.* **ecuadorianisch**

Ek·zem <-s, -e> [ɛkˈtseːm] *nt* MED eczema

Ela·bo·rat <-[e]s, -e> [elaboˈraːt] *nt (pej geh)* concoction

Elan <-s> [eˈlaːn] *m kein pl* élan, zest, vigour [*or* AM -or]; **mit ~** with élan [*or* vigour]; **etw mit viel ~ tun** to do sth vigorously

Elast <-[e]s, -e> [eˈlast] *meist pl m o nt* SCHWEIZ *(Gewebe, Band aus elastischem Material)* elastic

elas·tisch [eˈlastɪʃ] I. *adj* ❶ *(flexibel)* elastic, flexible; *Federkern, Karosserieaufhängung, Lattenrost* springy; *Stoff, Binde* stretchy ❷ *(spannkräftig) Gelenk, Muskel, Mensch* supple; *Gang* springy; **im Alter ist man nicht mehr so ~** when you are old you are no longer supple II. *adv* supply; **der Bügel schnellte ~ zurück** the safety catch sprang back easily

Elas·ti·zi·tät <-, -en> [elastitsiˈtɛːt] *meist sing f* ❶ *(elastische Beschaffenheit)* elasticity; *Lattenrost, Federkern* springiness ❷ *(Spannkraft) Muskel, Mensch, Leder* suppleness; *Gang* springiness

El·be <-> [ˈɛlbə] *f* GEOG river Elbe

Elb·sand·stein·ge·bir·ge [ɛlpˈzantʃtaingəbɪrgə] *nt* Elbsandsteingebirge

Elch <-[e]s, -e> [ˈɛlç] *m* ZOOL elk

El·do·ra·do <-s, -s> [ɛldoˈraːdo] *nt* eldorado; **Las Vegas gilt als das ~ der Spieler** Las Vegas is known as the gambler's paradise [*or* eldorado]

Elec·tro·nic Ban·king <-> [eleкˈtrɔnɪkˈbɛŋkɪŋ] *nt kein pl* electronic banking

Ele·fant <-en, -en> [eleˈfant] *m* ZOOL elephant; ▶ WENDUNGEN: **wie ein ~ im Porzellanladen** *(fam)* like a bull in a china shop

Ele·fan·ten·ba·by [-beːbi] *nt* ❶ ZOOL baby elephant ❷ *(pej fam)* baby; **er hat die Körpergröße eines Mannes, aber er ist das reinste ~** he is the size of a man but he is still only a baby **Ele·fan·ten·bul·le** *m* ZOOL bull elephant **Ele·fan·ten·hoch·zeit** *f (fam)* merger of two or more very big companies **Ele·fan·ten·kuh** *f* ZOOL cow elephant **Ele·fan·ten·rüs·sel** *m* ZOOL elephant's trunk

ele·gant [eleˈgant] I. *adj* ❶ *(vornehm)* elegant; **die ~e Welt** *(veraltet)* high society ❷ *(gewandt)* elegant; **die Probleme auf ~e Weise lösen** to find an elegant solution to the problems II. *adv* ❶ MODE elegantly ❷ *(geschickt)* nimbly; **er zog sich ~ aus der Affäre** he deftly extricated himself from the incident

Ele·ganz <-> [eleˈgants] *f kein pl* ❶ *(geschmackvolle Beschaffenheit)* elegance ❷ *(Gewandtheit)* deftness

Ele·gie <-, -ien> [ele'gi:, *pl:* ele'gi:ən] *f* LIT elegy

ele·gisch [e'le:gɪʃ] *adj* ① LIT elegiac ② *(voll Schwermut, wehmütig)* elegiac; *Stimmung* melancholy

Elek·to·rat <-[e]s, -e> [elɛkto'ra:t] *nt* HIST *(Kurfürstenwürde, Kurwürde)* rank of elector, electoral prince

elek·tri·fi·zie·ren [elɛktrifi'tsi:rən] *vt* BAHN ▪ **etw** ~ to electrify sth

Elek·tri·fi·zie·rung <-, -en> *f* BAHN electrification

Elek·trik <-, -en> [e'lɛktrɪk] *f* ① *(elektrische Ausstattung)* electrical system ② *(Elektrotechnik)* electrics

Elek·tri·ker(in) <-s, -> [e'lɛktrike] *m(f)* electrician; ~ **sein** to be an electrician

elek·trisch [e'lɛktrɪʃ] **I.** *adj* ① *(durch Strom bewirkt)* electric; ~**e Entladung/~es Feld/~er Widerstand** electrical discharge/field/resistance; ~**er Schlag/Strom** electric shock/current ② *(mit Strom betrieben)* electrical; ~**e Geräte** electrical appliances ③ *(Strom führend)* ~**e Leitung/~es Kabel** electric wire/cable **II.** *adv (mit elektrischem Strom)* electric; **er rasiert sich lieber** ~ **als nass** he prefers an electric razor to having a wet shave; ~ **betrieben** powered by electricity; **das geht alles** ~ it's all automatic; ~ **geladen** electrified; *s. a.* **Stuhl** *s. a.* **Strom**

elek·tri·sie·ren [elɛktri'zi:rən] **I.** *vt* ① *(fig)* to electrify ② *(aufladen)* to charge with electricity ③ MED ▪ **jdn** ~ to treat sb with electricity **II.** *vr (einen elektrischen Schlag bekommen)* ▪ **sich** |**an etw** *dat*| ~ to give oneself an electric shock |on sth|; **wie elektrisiert** |as if he had been| electrified

Elek·tri·zi·tät <-> [elɛktritsi'tɛːt] *f kein pl* electricity; **statische** ~ static electricity

Elek·tri·zi·täts·ge·sell·schaft *f* ÖKON electric power company **Elek·tri·zi·täts·ver·sor·gung** *f* ELEK [electric] power supply **Elek·tri·zi·täts·werk** *nt* ① ELEK *(Anlage)* [electric] power station ② *s.* **Elektrizitätsgesellschaft**

Elek·tro·an·trieb *m* AUTO electric drive **Elek·tro·ar·ti·kel** *m* ÖKON electrical appliance **Elek·tro·au·to** *nt* electric car **Elek·tro·che·mie** [e'lɛktroçemi:] *f* CHEM electrochemistry **elek·tro·che·misch** [elɛktro'çe:mɪʃ] *adj* CHEM electrochemical

Elek·tro·de <-, -n> [elɛk'tro:də] *f* electrode

Elek·tro·en·ze·pha·lo·gramm [elɛktro'ʔɛntsefalo'gram] *nt* MED electroencephalogram, EEG

Elek·tro·fahr·zeug *nt* AUTO electric vehicle **Elek·tro·ge·rät** *nt* TECH electrical appliance **Elek·tro·ge·schäft** *nt* electrical |*or* AM store| shop **Elek·tro·herd** [e'lɛktrohe:ɐt] *m* ELEK electric cooker **Elek·tro·in·dus·trie** [e'lɛktroʔɪndʊstri:] *f* ÖKON electrical industry **Elek·tro·in·gen·ieur(in)** [-ɪnʒenɪøːɐ] *m(f)* electrical engineer **Elek·tro·in·stal·la·teur(in)** *m(f)* electrician **Elek·tro·kar·di·o·gramm** [elɛktrokardɪo'gram] *nt* MED electrocardiogram, ECG **Elek·tro·kar·ren** *m* AUTO small electric truck

Elek·tro·ly·se <-, -n> [elɛktro'ly:zə] *f* electrolysis **Elek·tro·lyt** <-en, -en> [elɛktro'ly:t] *m* CHEM, MED electrolyte

elek·tro·ly·tisch *adj* electrolytic

Elek·tro·ma·gnet [e'lɛktromagne:t] *m* electromagnet **elek·tro·ma·gne·tisch** **I.** *adj* electromagnetic **II.** *adv* electromagnetically **Elek·tro·ma·gne·tis·mus** [elɛktromagne'tɪsmʊs] *m* PHYS electromagnetism **Elek·tro·mo·tor** [e'lɛktro,mo:to:ɐ] *m* electric motor

Elek·tron <-s, -tronen> [e'le:ktrɔn, e'lɛktrɔn, elɛk'tro:n] *nt* NUKL electron

Elek·tro·nen·blitz *m* TECH electronic flash **Elek·tro·nen·blitz·ge·rät** *nt* *(veraltend) s.* **Elektronenblitz** **Elek·tro·nen·hül·le** *f* NUKL electron shell |*or* cloud| **Elek·tro·nen·mi·kro·skop** *nt* PHYS electron microscope **Elek·tro·nen·strahl** *m* PHYS electron |*or* cathode| ray **Elek·tro·nen·trans·port** *m* BIOL electron transport

Elek·tro·nik <-, -en> [elɛk'tro:nɪk] *f* ① *kein pl* electronics + *sing vb* ② *(elektronische Teile)* electronics *pl*

elek·tro·nisch [elɛk'tro:nɪʃ] **I.** *adj* electronic **II.** *adv* electronically

Elek·tro·pho·re·se <-, -n> [elɛktrofo're:zə] *f* PHYS electrophoresis **Elek·tro·ra·sie·rer** *m* electric razor |*or* BRIT shaver| **Elek·tro·schock** [e'lɛktroʃɔk] *m* MED electroshock **Elek·tro·smog** [-smɔk] *m* ÖKOL electrosmog **Elek·tro·sta·tik** [elɛktro'sta:tɪk] *f* PHYS electrostatics + *sing vb* **elek·tro·sta·tisch** [elɛktro'sta:tɪʃ] PHYS **I.** *adj* electrostatic **II.** *adv* electrostatically **Elek·tro·tech·nik** [elɛktro'tɛçnɪk] *f* electrical engineering **Elek·tro·tech·ni·ker(in)** *m(f)* ① *(mit Hochschulabschluss)* electrical engineer ② *(Elektriker)* electrician **elek·tro·tech·nisch** *adj* ELEK electrical, electrotechnical *rare*

Ele·ment <-[e]s, -e> [ele'mɛnt] *nt* ① BAU, CHEM element ② *(geh: Komponente)* element ③ *pl (geh: Naturgewalten)* ▪ **die** ~**e** the elements; **die tobenden** ~**e** the raging elements; **das nasse** ~ *(geh)* water; |**ganz**| **in seinem** ~ **sein** *(fig)* to be in one's element ④ *(pej: Person)* **kriminelle/subversive** ~**e** criminal/subversive elements

ele·men·tar [elemɛn'ta:ɐ] *adj* ① *(wesentlich)* elementary ② *(urwüchsig)* elemental; ~**er Hass/~e Leidenschaft** violent |*or* strong| hate/passion

Ele·men·tar·be·griff *m* elementary concept **Ele·men·tar·ge·walt** *f (geh)* elemental force **Ele·men·tar·kennt·nis·se** *pl* elementary knowledge *no pl* **Ele·men·tar·schu·le** *f (Grundschule)* primary school BRIT, elementary school BRIT *dated or* AM **Ele·men·tar·teil·chen** *nt* NUKL elementary particle

Ele·ment·bau <-s> *m kein pl* SCHWEIZ *s.* **Fertigbau**

Elen·an·ti·lo·pe ['e:lɛn-] *f* ZOOL *(Taurotragus oryx)* eland

elend ['e:lɛnt] **I.** *adj* ① *(beklagenswert)* wretched, miserable; **ein** ~**es Leben führen** to lead a miserable life ② *(krank)* awful, wretched; **sich** ~ **fühlen** to feel wretched |*or* awful| |*or* miserable|; ~ **aussehen** to look awful; **es geht jdm** ~ |*o* jdm ist ~ |zumute|| **mir wird ganz** ~**, wenn ich daran denke** I feel ill when I think about it, just thinking about it makes me feel sick ③ *(erbärmlich)* dreadful, awful; **sich in einer** ~**en Verfassung befinden** to be in a dreadful state; **in dieser** ~**en Hütte sollen wir leben?** are we supposed to live in this dump? ④ *(pej: gemein)* miserable, mean; **du** ~**es Schwein!** you miserable scumbag! *fam!* ⑤ *(fam: sehr groß, schlecht)* awful |*or* dreadful|; **ich habe selten so ein** ~**es Wetter erlebt!** I have rarely seen such awful weather **II.** *adv* *(fam)* awfully, dreadfully; ~ **heiß/kalt** awfully |*or* dreadfully| hot/cold

Elend <-[e]s> ['e:lɛnt] *nt kein pl (Not)* misery |*or* distress|; **es gibt ja so viel** ~ **auf dieser Welt** there is so much misery in the world; **ins** ~ **geraten** to become destitute, to fall into poverty, *form* to be reduced to penury; **im** |**bitteren/schrecklichen**| ~ **leben** to live in |abject| poverty |*or* squalor| |*or* misery|; **jdn/sich selbst ins** ~ **stürzen** to plunge sb/oneself into misery |*or* poverty|; *s. a.* **Bild** ▶ WENDUNGEN: **das heulende** ~ *(fam)* the blues *pl;* **da kann man das heulende** ~ **kriegen** it's enough to make you scream; **ein** ~ **sein, dass …** *(fam)* to be heartbreaking that…; **es ist einfach ein** ~ **mit ihm** he makes you want to scream |*or* he is hopeless|

elen·dig ['e:lɛndɪç] *adj* DIAL *s.* **elend**

elen·dig·lich ['e:lɛndɪklɪç] *adv (geh)* wretchedly; ~ **zugrunde gehen** to come to a dismal |*or* miserable| |*or* wretched| end

Elends·quar·tier *nt (pej)* slum |dwelling| |*or* squalid dwelling| **Elends·vier·tel** *nt* slums *pl,* slum area

Ele·ve, Ele·vin <-n, -n> [e'le:və, e'le:vɪn] *m, f* ① *(ver-*

altend geh) student ➋ *(Schauspiel-, Ballettschüler)* drama/ballet student ➌ *(Land- oder Forstwirtschaftsauszubildender)* farming/forestry trainee

elf [ɛlf] *adj* eleven; *s. a.* **acht**[1]

Elf[1] <-, -en> [ɛlf] *f* ➊ *(Zahl)* eleven ➋ *(Verkehrslinie)* ■ **die ~** the [number] eleven ➌ FBALL team *[or* eleven]

Elf[2] <-en, -en> [ɛlf] *m*, **El·fe** <-, -n> [ɛlfə] *f* LIT elf

El·fen·bein [ɛlfnbain] *nt* ivory

el·fen·bei·ne(r)n *adj* ivory *[or* made of ivory]; *s. a.* **Turm**

El·fen·bein·far·ben *adj* ivory-coloured *[or* AM -ored] **El·fen·bein·turm** *m (geh)* ivory tower *fig*

El·fer <-s, -> *m* FBALL *(fam)* penalty [kick]

Elf·me·ter [ɛlfˈmeːtɐ] *m* FBALL penalty [kick]; **einen ~ schießen** to take a penalty; **einen ~ verschießen** to miss a penalty; **einen ~ verwandeln** to score from a penalty

Elf·me·ter·mar·ke *f* FBALL penalty spot **Elf·me·ter·punkt** *m* FBALL penalty spot **Elf·me·ter·schie·ßen** *nt* FBALL penalty; **durch ~ entscheiden** to decide a game on penalties *[or* in a penalty shoot-out]

elf·te(r, s) [ɛlftə] *adj* ➊ *(nach dem Zehnten kommend)* eleventh; **die ~ Klasse** fifth year *(secondary school),* fifth form; *s. a.* **achte(r, s) 1** ➋ *(bei Datumsangabe)* eleventh, 11th; *s. a.* **achte(r, s) 2**

Elf·te(r) [ɛlftə] *f(m) dekl wie adj* ➊ eleventh; *s. a.* **Ach·te(r) 1** ➋ *(bei Datumsangabe)* **■ der ~** *[o geschrieben:* **der 11.]** the eleventh *spoken,* the 11th *written;* *s. a.* **Achte(r) 2** ➌ SCH **die E~** *(fam)* fifth year *(secondary school),* fifth form

eli·mi·nie·ren [elimiˈniːrən] *vt* ➊ *(liquidieren)* ■ **jdn ~** to eliminate sb *[or fam* to get rid of sb] ➋ *(beseitigen)* ■ **etw ~** to eliminate sth; **Unklarheiten ~** to sort *[or* smooth] out uncertainties

Eli·mi·nie·rung <-, -en> *f* ➊ *(Liquidierung) von Feinden, Konkurrenten* elimination ➋ *(Beseitigung) Fehler* elimination, eradication; *Unklarheiten* smoothing *[or* sorting] out; **sorgen Sie für die ~ dieser Probleme** sort these problems out, get these problems sorted out

eli·tär [eliˈtɛːɐ] **I.** *adj* ➊ *(eine Elite betreffend)* elitist ➋ *(pej: arrogant)* elitist **II.** *adv (im Sinne der eigenen Elite)* in an elitist way

Eli·te <-, -n> [eˈliːtə] *f* elite

Eli·te·den·ken *nt kein pl* elitism **Eli·te·ein·heit** *f* MIL elite troops *pl;* **die Marines sind eine ~** the marines are an elite unit **Eli·te·trup·pe** *f* MIL crack *[or* elite] troops *pl*

Eli·xier <-s, -e> [eliˈksiːɐ] *nt* elixir

ell·bö·geln [ɛlbøːgln] *vi* SCHWEIZ *(sich rücksichtslos durchsetzen)* to be ruthless

Ell·bo·gen·ge·sell·schaft *f* dog-eat-dog society

El·le <-, -n> [ɛlə] *f* ➊ ANAT ulna ➋ *(Maßstock)* yardstick ➌ HIST *(altes Längenmaß)* cubit ► WENDUNGEN: **alles mit der gleichen** *[o* **mit gleicher] ~ messen** to measure everything by the same yardstick

El·len·bo·gen <-bogen> [ɛlənboːgn] *m* ➊ ANAT elbow; **er bahnte sich seinen Weg mit den ~ durch die Menge** he elbowed his way through the crowd ➋ **die/seine ~ gebrauchen** to be ruthless; **keine ~ haben** to be soft-hearted

El·len·bo·gen·frei·heit *f kein pl* elbow room; **als Angestellte hatte sie wenig ~** as an employee she had little room to manoeuvre **El·len·bo·gen·mensch** *m* ruthless *[or fam* pushy] person

el·len·lang *adj (fam: überaus lang)* incredibly long; **eine ~e Liste** a list a mile long *[or* as long as my arm]; **dieser Roman ist ~** this novel is interminable *[or* lengthy]; **ein ~er Kerl/Mensch** an incredibly tall bloke/person

El·lip·se <-, -n> [ɛˈlɪpsə] *f* ➊ MATH ellipse; LING ellipsis

el·lip·tisch [ɛˈlɪptɪʃ] *adj* MATH, LING elliptic[al]

E-Lok <-, -s> [eːlɔk] *f s.* **elektrische Lokomotive** electric locomotive *[or* engine]

elo·quent [eloˈkvɛnt] **I.** *adj (geh)* eloquent **II.** *adv (geh)* eloquently

Elo·quenz <-> [eloˈkvɛnts] *f kein pl (geh)* eloquence

El Sal·va·dor <-s> [ɛl zalvaˈdoːɐ] *nt* El Salvador; *s. a.* **Deutschland**

El·sass[RR] <- *o* -es> *nt*, **El·saß**[ALT] <- *o* -sses> [ɛlzas] *nt* GEOG ■ **das ~** Alsace

El·säs·ser(in) <-s, -> [ɛlzɛsɐ] *m(f)* GEOG Alsatian, inhabitant of Alsace

el·säs·sisch [ɛlzɛsɪʃ] *adj* ➊ GEOG Alsatian ➋ LING Alsatian

El·sass-Loth·rin·gen[RR] *nt* GEOG Alsace-Lorraine

Els·ter <-, -n> [ɛlstɐ] *f* ORN magpie; **eine diebische ~ sein** to be a thief; **geschwätzig wie eine ~ sein** to chatter like a magpie, to be a chatterbox; **wie eine ~ stehlen** to have sticky fingers *fam*

el·ter·lich *adj* parental

El·tern [ɛltɐn] *pl* parents *pl;* ► WENDUNGEN: **nicht von schlechten ~ sein** *(fam)* to be quite a good one *fam;* **dieser Wein ist nicht von schlechten ~** *(fam)* this wine is a bit of alright *[or* quite a good one] *fam*

El·tern·abend *m* SCH parents' evening BRIT, parent-teacher conference AM **El·tern·bei·rat** *m* SCH parent's council BRIT, parent-teacher association AM **El·tern·ge·ne·ra·ti·on** *f* BIOL parental generation, P generation **El·tern·haus** *nt* ➊ *(Familie)* family; **er kommt** *[o* **stammt] aus gutem ~** he comes from a good home ➋ *(Haus)* [parental] home **El·tern·lie·be** *f* parental love

el·tern·los **I.** *adj* orphaned, parentless **II.** *adv* as an orphan

El·tern·schaft <-> *f kein pl (geh)* parents *pl*

El·tern·sprech·stun·de *f* SCH consultation hour [for parents] **El·tern·sprech·tag** *m* SCH parents' evening **El·tern·teil** *m* parent **El·tern·ur·laub** *m* paid leave given to a new mother or father

Email <-s, -s> [eˈmai, eˈmaːj] *nt* enamel

E-Mail-Be·nut·zer(in) [ˈiːmeːl-] *m(f)* e-mail user **E-Mail-Kom·mu·ni·ka·ti·on** [iːmeːl-] *f* communication by e-mail

Email·lack *m* enamel paint

Email·le <-, -n> [eˈmaljə, eˈmaːj] *f s.* **Email**

email·lie·ren [emaˈjiːrən, emalˈjiːrən] *vt* ■ **etw ~** to enamel sth

E-Mail-Pro·gramm [ˈiːmeːl-] *nt* e-mail program **E-Mail-Soft·ware** [ˈiːmeːlzɔftvɛːɐ] *f* e-mail software

Eman·ze <-, -n> [eˈmantsə] *f (fam)* women's libber

Eman·zi·pa·ti·on <-, -en> [emantsipaˈtsi̯oːn] *f* ➊ *(Gleichstellung der Frau)* emancipation ➋ *(Befreiung aus Abhängigkeit)* liberation

Eman·zi·pa·ti·ons·be·we·gung *f* emancipation movement

eman·zi·pie·ren [emantsiˈpiːrən] *vr* ■ **sich [von etw** *dat*] **~** to emancipate oneself [from sth]; **es wird Zeit, dass sich nun auch die Männer ~** it's time men became emancipated

eman·zi·piert *adj* SOZIOL ➊ *(Gleichberechtigung anstrebend)* emancipated ➋ *(pej veraltet: unweiblich)* butch

Em·bar·go <-s, -s *o* -bryonen> [ɛmbargo] *nt* embargo; **ein ~** **[über ein Land] verhängen** to impose *[or* place] an embargo [on a country]

Em·blem <-[e]s, -e> [ɛmˈbleːm, ãˈbleːm] *nt* ➊ *(Zeichen)* emblem ➋ *(Sinnbild)* symbol

Em·bo·lie <-, -n> [ɛmboˈliː, *pl:* ɛmboˈliːən] *f* MED embolism

Em·bryo <-s, -s *o* -bryonen> [ɛmbryo, *pl:* ɛmbryˈoːnən] *m o* ÖSTERR *nt* embryo

Em·bry·o·lo·gie <-> [ɛmbryoloˈgiː] *f kein pl* embryology *no pl, no indef art*

Em·bry·o·nal·ent·wick·lung *f kein pl* BIOL, ZOOL embryonic development

Em·bry·o·nen·trans·fer *m* BIOL, MED embryo transfer

eme·ri·tie·ren' [emeri'ti:rən] *vt* ■ **jdn ~** to confer emeritus status on sb; **er ist emeritierter Professor** he is a professor emeritus [*or* an emeritus professor]

Emi·grant(in) <-en, -en> [emi'grant] *m(f)* ➊ *(Auswanderer)* emigrant ➋ *(politischer Flüchtling)* émigré

Emi·gra·ti·on <-, -en> [emigra'tsi̯o:n] *f* ➊ *(das Emigrieren)* emigration; **in die ~ gehen** to emigrate; **in die innere ~ gehen** *(geh)* to withdraw from current political or religious life in order to express one's opposition ➋ *kein pl (die Emigranten)* emigrant community

emi·grie·ren' [emi'gri:rən] *vi sein* to emigrate

emi·nent [emi'nɛnt] **I.** *adj (geh)* eminent; **von ~er Bedeutung sein** to be of great significance; **von ~er Wichtigkeit sein** to be of paramount [*or* the utmost] importance; **ein ~er Unterschied** a considerable difference **II.** *adv* extremely

Emi·nenz <-, -en> [emi'nɛnts] *f* REL **Seine/Eure ~** His/Your Eminence ▸ WENDUNGEN: **graue ~** éminence grise, grey eminence

Emir <-s, -e> ['e:mɪr, *pl:* 'e:mi:rə] *m* emir

Emi·rat <-[e]s, -e> [emi'ra:t] *nt* emirate; **die Vereinigten Arabischen ~e** the United Arab Emirates, U.A.E.

Emis·si·on <-, -en> [emi'si̯o:n] *f* ➊ *(von Abgasen)* emission; **Filteranlagen können die ~ von CO₂ verringern** filters reduce CO_2 emissions ➋ FIN *(Wertpapier)* security; **die ~ von Wertpapieren** the issue [*or* issuing] of securities

Emis·si·ons·kurs *m* FIN initial offering [*or* issue] price

Emis·si·ons·wert *m* emission level

Em·men·ta·ler <-s, -> ['ɛmənta:lɐ] *m* Emment[h]al[er] [cheese]

Emo·ti·on <-, -en> [emo'tsi̯o:n] *f* emotion

emo·ti·o·nal **I.** *adj* emotional; ■ **~ sein** to be emotional; **eine ~e Reaktion** an emotive reaction **II.** *adv* emotionally

emo·ti·o·na·li·sie·ren' *vt (geh)* ■ **etw ~** *Diskussion, Thema* to emotionalize sth

emo·ti·o·nell *adj s.* **emotional**

emo·tions·ge·la·den *adj* emotionally charged

emo·tions·los *adj* emotionless, unemotional

em·pfahl [ɛm'pfa:l] *imp von* **empfehlen**

em·pfand [ɛm'pfant] *imp von* **empfinden**

Emp·fang <-[e]s, Empfänge> [ɛm'pfaŋ, *pl:* ɛm'pfɛŋə] *m* ➊ TV, RADIO reception; **ein Sprechfunkgerät auf ~ schalten** to switch a radiotelephone to "receive" ➋ *(das Entgegennehmen)* receipt; **zahlbar nach** [*o* **bei**] **~** payable on receipt; **etw in ~ nehmen** to take receipt [*or* delivery] of sth, to receive sth ➌ *(Hotelrezeption)* reception [desk] ➍ *(Begrüßung)* reception; **einen ~ geben** [*o* **veranstalten**] to give [*or* hold] a reception; **jdn in ~ nehmen** to greet [*or esp form* receive] sb

emp·fan·gen <empfing, empfangen> [ɛm'pfaŋən] *vt* ➊ *(auffangen)* ■ **etw ~** to receive sth; ■ **etw lässt sich ~** sth can be received; **das 4. Programm lässt sich nicht gut ~** Channel 4 is difficult to receive ➋ *(begrüßen)* ■ **jdn ~** to welcome [*or* greet] [*or form* receive] sb; ■ **jdn mit etw** *dat* **~** to receive sb with sth; **sie empfingen den Sprecher mit lauten Buhrufen** they greeted the speaker with loud boos ➌ *(geh: schwanger werden)* **ein Kind ~** to conceive a child

Emp·fän·ger <-s, -> [ɛm'pfɛŋɐ] *m* RADIO, TV receiver

Emp·fän·ger(in) <-s, -> *m(f)* ➊ *(Adressat)* addressee, consignee; **~ unbekannt** not known at this address; **~ verzogen** gone away ➋ FIN payee ➌ MED recipient

Emp·fän·ger·ab·schnitt *m* FIN receipt slip

emp·fäng·lich [ɛm'pfɛŋlɪç] *adj* ➊ *(zugänglich)* **für**

etw *akk* **~ sein** to be receptive to sth ➋ *(beeinflussbar, anfällig)* ■ **für etw** *akk* **~ sein** to be susceptible to sth

Emp·fäng·nis <-> [ɛm'pfɛŋnɪs] *f pl selten* conception; **die Unbefleckte** [*o* **Mariä**] [*o* **Mariens**] **~** the Immaculate Conception

emp·fäng·nis·ver·hü·tend **I.** *adj* contraceptive **II.** *adv* **~ wirken** to have a contraceptive effect, to act as a contraceptive **Emp·fäng·nis·ver·hü·tung** *f* contraception **Emp·fäng·nis·ver·hü·tungs·mit·tel** *nt* contraceptive

emp·fangs·be·rech·tigt *adj* authorized to receive sth **Emp·fangs·be·rech·tig·te(r)** *f(m) dekl wie adj* authorized recipient; **diese Lieferung darf nur an ~ ausgehändigt werden** this delivery can only be handed over to an authorized person **Emp·fangs·be·stä·ti·gung** *f* [confirmation of] receipt **Emp·fangs·chef(in)** *m(f)* head receptionist **Emp·fangs·da·me** *f* receptionist **Emp·fangs·ge·rät** *nt* RADIO, TV receiver **Emp·fangs·schüs·sel** *f* TV satellite dish **Emp·fangs·zim·mer** *nt* reception room

emp·feh·len <empfahl, empfohlen> [ɛm'pfe:lən] **I.** *vt* ➊ *(vorschlagen)* ■ **[jdm] etw ~** to recommend sth to sb; ■ **zu ~** to be recommended; **dieses Hotel ist zu ~** this hotel is [to be] recommended; ■ **jdm jdn** [**als etw**] **~** to recommend sb to sb [as sth]; **ich empfehle Ihnen diese junge Dame** [**als neue Mitarbeiterin**] I recommend this young lady to you [as a colleague]; ■ **~, etw zu tun** to recommend [*or* advise] doing sth; ■ **jdm ~, etw zu tun** to recommend [*or* advise] sb to do sth; **ich ~ Ihnen, sofort zum Arzt zu gehen** I recommend [*or* advise] you to go to the doctor at once ➋ *(veraltend geh: anvertrauen)* ■ **jdn jdm/einer S. ~** to entrust sb to sb/sth; **er empfahl seine Kinder der Obhut seines Bruders** he entrusted his children to the care of his brother ▸ WENDUNGEN: **~ Sie mich/uns …!** *(geh)* give my regards [*or form* convey my respects] to...!; **bitte ~ Sie mich Ihrer Frau Gemahlin!** please give my regards to your wife **II.** *vr impers* ■ **es empfiehlt sich, etw zu tun** it is advisable to do sth; **es empfiehlt sich immer, einen Experten hinzuzuziehen** it is always a good idea to bring in an expert **III.** *vr* ➊ *(sich anempfehlen)* ■ **sich** [**jdm**] **als etw ~** to recommend oneself [to sb] as sth; **er empfahl sich uns als Experte für Autoreparaturen** he offered us his services as an expert in car repairs ➋ *(geh)* ■ **sich ~** to take one's leave

emp·feh·lens·wert *adj* ➊ *(wert, empfohlen zu werden)* recommendable, to be recommended *pred;* **das ist ein sehr ~es Hotel** that is a highly recommendable hotel; **die Ausstellung ist wirklich ~** the exhibition is really to be recommended ➋ *(ratsam)* ■ **es ist ~, etw zu tun** it is advisable to do sth; **es ist ~, einen Schutzhelm zu tragen** it is a good idea to wear a protective helmet

Emp·feh·lung <-, -en> *f* ➊ *(Vorschlag)* recommendation ➋ *(Referenz)* reference, testimonial; **auf ~ von jdm** [*o* **auf jds ~**] *akk* on the recommendation of sb [*or* on sb's recommendation] ➌ *(geh)* **mit den besten ~en** with best regards; **meine/unsere ~ an jdn** my/our [best] regards to sb

Emp·feh·lungs·schrei·ben *nt* letter of recommendation, testimonial

emp·fiehl [ɛm'pfi:l] *imper sing von* **empfehlen**

emp·fin·den <empfand, empfunden> [ɛm'pfɪndn] *vt* ➊ *(fühlen)* ■ **etw** [**bei etw** *dat*] **~** to feel [*or* experience] sth [when doing/seeing sth etc]; **Abscheu/ Furcht vor etw ~** to loathe/fear sth; **Freude an etw ~** to derive pleasure from sth; **große Freude ~** to be filled with happiness; **Liebe/Hass für jdn ~** to feel love/hate for sb, to love/hate sb; **viel für jdn ~** to like sb a great deal, to be very fond of sb ❷ *(auffassen)* ■ **jdn/etw als etw ~** to feel sb/sth to be sth, to find sb/sth sth; **ich empfinde das als Beleidigung** I feel that to be insulting, I find that insulting; **sie empfanden ihn als Störenfried** they felt him to be [*or* thought of him as] a troublemaker; **wie empfindest du das?** how do you feel about it?

Emp·fin·den <-s> [ɛmˈpfɪndn̩] *nt kein pl* feeling; **meinem ~ nach** [*o* **für mein ~**] to my mind

emp·fin·dungs·los *adj* ❶ *(taub)* numb, without sensation *pred* ❷ *(gefühllos)* unfeeling [*or* insensitive]

Emp·fin·dungs·lo·sig·keit <-> *f kein pl* ❶ *(körperliche Gefühllosigkeit) der Glieder* numbness ❷ *(Gefühlskälte)* insensitivity

Emp·fin·dungs·ver·mö·gen *nt (geh)* ❶ *(Gefühl)* faculty of sensation, sensory perception ❷ *(fig)* sensitivity

em·pfing [ɛmˈpfɪŋ] *imp von* **empfangen**

emp·foh·len [ɛmˈpfoːlən] I. *pp von* **empfehlen** II. *adj* **sehr** [*o* **besonders**] **~** highly recommended

em·pfun·den [ɛmˈpfʊndn̩] *pp von* **empfinden**

Em·pha·se <-, -n> [ɛmˈfaːzə] *f (geh)* emphasis

em·pha·tisch [ɛmˈfaːtɪʃ] I. *adj (geh)* emphatic; **er hielt eine ~e Rede** he made a vigorous speech II. *adv (geh)* emphatically; **sie brachte es sehr ~ zum Ausdruck** she expressed it very vigorously

Em·pire¹ <-[s]> [ãˈpiːɐ] *nt kein pl* ❶ HIST the French Napoleonic Empire ❷ KUNST *Stilepoche* Empire [style]

Em·pire² <-[s]> [ˈɛmpaɪə] *nt kein pl (das britische Weltreich)* [British] Empire

em·pi·risch [ɛmˈpiːrɪʃ] I. *adj (geh)* empirical II. *adv (geh)* empirically

em·por [ɛmˈpoːɐ̯] *adv (geh)* upwards, up; **zu den Sternen ~** up to the stars

em·por|ar·bei·ten *vr (geh)* ■ **sich** [**zu etw** *dat*] **~** to work one's way up [to become sth]; **er hat sich zum Millionär emporgearbeitet** he worked his way up to become a millionaire **em·por|bli·cken** *vi* ■ [**zu jdm/etw**] **~** to look up [at sb/sth]

Em·po·re <-, -n> [ɛmˈpoːrə] *f* ARCHIT gallery

em·pö·ren [ɛmˈpøːrən] I. *vt* ■ **jdn ~** to outrage [*or* incense] sb, to fill sb with indignation II. *vr* ❶ *(sich entrüsten)* ■ **sich** [**über jdn/etw**] **~** to be outraged about [*or* by] sb/sth, to be incensed by sb/sth, to be filled with indignation by sb/sth; **sie empörte sich über sein Benehmen** his behaviour outraged her ❷ *(veraltet: rebellieren)* ■ **sich** [**gegen jdn/etw**] **~** to rebel against sb/sth

em·pö·rend *adj* outrageous, scandalous

em·por|he·ben *vt irreg (geh)* ■ **jdn/etw zu jdm/etw ~** to raise sb/sth to sb/sth, to lift sb/sth up to sb/sth **em·por|kom·men** [ɛmˈpoːɐ̯kɔmən] *vi irreg sein (geh)* ❶ *(vorankommen)* ■ [**in etw** *dat*] **~** to get on [*or* rise] in sth; **wer** [**im Beruf**] **~ will, muss mehr leisten als andere** if you want to get on in your profession you have to do more than the others ❷ *(an die Oberfläche kommen)* to rise [up]

Em·por·kömm·ling <-s, -e> [-kœmlɪŋ] *m (pej)* upstart, parvenu

em·por|lo·dern *vi sein (geh)* to blaze up **em·por|ra·gen** *vi haben o sein (geh)* ■ [**über etw** *akk*] **~** to tower above sth **em·por|stei·gen** *irreg* I. *vi sein (geh)* to rise; **Zweifel stiegen in ihm empor** doubts rose in his mind; *(aufsteigen)* to rise [up]; **der Rauch stieg in die Luft empor** the smoke rose up into the air II. *vt sein (geh)* ■ **etw ~** to climb [up] sth

em·pört I. *adj* outraged, scandalized; ■ [**über jdn/etw**] **~ sein** to be scandalized by sb/sth, to be highly indignant about sb/sth; **mit ~er Stimme** in a tone of outrage II. *adv* indignantly

Em·pö·rung <-, -en> *f* ❶ *kein pl (Entrüstung)* ■ **~ über jdn/etw** outrage [*or* indignation] about sb/

sth; [**über etw** *akk*] **in ~ geraten** to become indignant about sth; **vor ~ zittern** to tremble with indignation ❷ *(liter: Rebellion)* ■ **jds ~ gegen jdn/etw** sb's rebellion [*or* uprising] against sb/sth

em·por|zie·hen *vt irreg (geh)* ■ **jdn/etw ~** to draw [*or* pull] sb/sth up

em·sig [ˈɛmzɪç] I. *adj* busy, industrious; **~e Ameisen** hard-working ants; **~er Fleiß** diligence II. *adv* industriously; **überall wird ~ gebaut** they are busy building everywhere

Em·sig·keit <-> *f kein pl* industriousness, industry; **unermüdliche ~** untiring zeal

Emu <-s, -s> [ˈeːmu] *m* ORN emu

emul·gie·ren [emʊlˈgiːrən] *vt* CHEM ■ **etw** [**in etw** *dat*] **~** to emulsify sth [in sth]

Emul·si·on <-, -en> [emʊlˈzi̯oːn] *f* CHEM emulsion

E-Mu·sik [ˈeː-] *f (ernste Musik)* serious music

en bloc [ãˈblɔk] *adv* en bloc

End·ab·rech·nung *f* final account [*or* invoice] **End·aus·schei·dung** *f* final qualification round **End·bahn·hof** *m* terminus **End·be·trag** *m* final amount [*or* sum] **End·darm** *m* ANAT rectum

En·de <-s, -n> [ˈɛndə] *nt* ❶ *(Schluss)* end; **~ August/des Monats/~ 2001** the end of August/the month/2001; **sie kommt ~ August** she's coming at the end of August; **sie ist ~ 1948 geboren** she was born at the end of 1948; **das ~ des Jahrhunderts** the end [*or* close] of the century; **das ~ eines Projekts** the conclusion of a project; **~ 20 sein** to be in one's late 20s; **ein böses ~ nehmen** to come to a bad end; **kein rühmliches ~ finden** [*o* **nehmen**] to come to an unfortunate end; **ein unrühmliches** [*o* **böses**] **~ finden** to come to a bad [*or fam* sticky] end; **bei** [*o* **mit**] **etw** *dat* **kein ~ finden** *(fam)* to not stop doing sth; **das ~ nahen fühlen** to feel the end approaching; **dem ~ zu gehen** to draw to a close; **ein ~ einer S. ist noch nicht abzusehen** there's no end in sight to sth; **damit muss es jetzt ein ~ haben** this must stop now; **einer S. ein ~ machen** [*o* **bereiten**] to put an end to sth; **ein ~ nehmen** *(fam)* to come to an end; **das nimmt gar kein ~** there's no end to it; **am ~** *(fam)* finally, at [*or* in] the end; **am ~ sein** *(fam)* to be at the end of one's tether; **mit etw** *dat* **am ~ sein** to run out of sth; **er war bei dieser Frage mit seinem Wissen am ~** this question baffled him; **ich bin mit meiner Weisheit am ~** I've run out of ideas; **ohne ~** without end, endless; **Fehler ohne ~** any number of mistakes; **Qualen ohne ~** suffering without end, endless suffering; **sich ohne ~ freuen** to be terribly pleased, to be delighted; **zu ~** finished, over; **etw zu ~ bringen** [*o* **führen**] to complete sth; **etw zu einem guten ~ bringen** [*o* **führen**] to complete sth successfully; **etw zu ~ lesen** to finish reading sth; **zu ~ sein** to be finished; **es geht** [**mit jdm**] **zu ~** sb is nearing the end; **etw geht zu ~** sth is nearly finished; **alles geht mal zu ~** [*o* **alles hat mal ein ~**] nothing lasts forever, all things must come to an end; *(angenehme Sachen)* all good things must come to an end [some time] ❷ FILM, LIT *(Ausgang)* ending ❸ *(räumliches Ende)* end; **das Telefon befindet sich am ~ des Zuges** the telephone is at the end [*or* rear] of the train; **ans ~** at the end; **er setzte sich ganz ans ~ des Tisches** he sat down at the far end of the table ❹ *(Stückchen)* **ein ~ Brot** a crust of bread ❺ *(Strecke)* way; **von hier bis zum See ist es ein ganzes ~** it's quite a way from here to the lake; **wir haben noch ein schönes ~ Weges vor uns** we have a considerable way [*or* a pretty long way] to go yet ❻ JAGD *(Geweih~)* point, tine *spec;* **das Geweih dieses Hirsches hat zwölf ~n** this stag's antlers have twelve points ▸ WENDUNGEN: **das ~ der Fahnenstange** *(fam)* as far as one can go, the limit; **das ~ vom Lied** *(fam)* the outcome [*or* upshot]; **lieber ein ~ mit Schrecken als ein Schrecken ohne ~** *(prov)* it's better to end with a short, sharp shock than to prolong the agony; **am ~ der Welt** *(fam)* at the back of beyond, in the middle of nowhere; **das ~ der Welt ist nahe!** the end of the world is nigh!; **das dicke ~** *(fam)* the worst; **~ gut, alles gut** *(prov)* all's well that ends well; **letzten ~es** when all is said and done, in the last analysis

End·ef·fekt ['ɛnt?ɛfɛkt] *m* ▪ **der ~ einer S.** *gen* the final result [*or* outcome] of sth; **im ~** *(fam)* in the final analysis, in the end

En·de·mie <-, -n> [ɛndeˈmiː, *pl:* ɛndeˈmiːən] *f* MED endemic disease

en·de·misch [ɛnˈdeːmɪʃ] *adj* MED endemic

En·de·mit <-s, -en> [ɛndeˈmiːt, *pl:* ɛndeˈmiːtn̩] *m* BIOL endemic species

en·de·mi·tisch *adj* MED endemic

en·den ['ɛndn̩] *vi* ❶ *haben (nicht mehr weiterführen)* stop, end; **die Straße endete nach 40 Kilometern** after 40 kilometres the road came to an end; **der Rock endet knapp oberhalb des Knies** the skirt ends just above the knee ❷ *haben (auslaufen)* expire, run out, end; **die Frist endet morgen** etomorrow is the deadline ❸ *haben (nicht mehr weiterfahren)* end, stop; **dieser Zug endet hier!** this train terminates here! ❹ *haben* LING *(ausgehen)* **auf** [*o* **mit**] *etw akk* ~ to end with sth; **das Wort endet auf ein „o"** the word ends with an 'o' ❺ *sein (fam: landen)* end [up] ❻ *haben (zu etw führen)* ▪ **in etw** *dat/* **irgendwo** ~ to end up in sth/somewhere; **das wird böse ~!** that will end in tears [*or* disaster] !; **jd wird schlimm ~** sb will come to a bad end, sb will come to no good; **nicht ~ wollend** endless; **es endete damit, dass sie sich verprügelten** they ended up fighting, in the end they came to blows; **wie soll/wird es mit jdm noch mal ~?** what will happen to sb?, whatever will come of sb

End·er·geb·nis *nt* final result; **im ~** in the final analysis

en·der·go·nisch [ɛndɐˈgoːnɪʃ] *adj* MED endergonic

End·ge·halt *nt* final salary **End·ge·rät** *nt* TECH terminal

End·ge·schwin·dig·keit *f* ❶ TECH terminal velocity ❷ *(erreichbare Höchstgeschwindigkeit)* top speed

end·gül·tig I. *adj* final; **eine ~e Antwort** a definitive answer; **ein ~er Beweis** conclusive evidence; ▪ **etwas/nichts E~es** something/nothing definite II. *adv* finally; **~ entscheiden** to decide once and for all; **sich ~ trennen** to separate for good; **~ aus** [*o* **vorbei**] **sein** to be over [and done with]

End·gül·tig·keit <-> *f kein pl* finality; **die ~ einer Entscheidung** the conclusiveness of a decision

End·hal·te·stel·le *f* final stop [*or* terminus] **End·hand·lung** *f* BIOL consummatory action

En·di·vie <-, -n> [ɛnˈdiːviə] *f* endive

En·di·vi·en·sa·lat *m* endive

End·kampf *m* ❶ SPORT final ❷ MIL final battle **End·la·ger** *nt* ÖKOL permanent disposal [*or* storage] site **end·la·gern** *vt* ÖKOL ▪ **etw** [irgendwo] ~ to permanently store sth [somewhere] **End·la·ge·rung** *f* permanent disposal [*or* storage]

end·lich ['ɛntlɪç] I. *adv* ❶ *(nunmehr)* at last; **~ kommt der Bus!** there's the bus at last!; **lass mich ~ in Ruhe!** can't you leave me in peace!; **hör ~ auf!** will you stop that!; **komm doch ~!** come on!, get a move on! ❷ *(schließlich)* finally; **na ~!** *(fam)* at [long] last! II. *adj* ASTRON, MATH, PHILOS finite

end·los I. *adj* ❶ *(lange dauernd)* endless, interminable ❷ *(unbegrenzt)* infinite, endless II. *adv* interminably; **~ lange** interminably long; **ich musste ~ lange warten** I had to wait ages

End·los·pa·pier *nt* INFORM continuous paper

End·lö·sung *f* HIST ▪ **die ~** the Final Solution *(extermi-*

nation of the European Jews by the Nazis) **End·mo·rä·ne** *f* GEOL terminal moraine

En·do·cy·to·se <-, -n> [ɛndotsyˈtoːzə] *f* BIOL endocytosis

en·do·gen [ɛndoˈgeːn] *adj* endogenous

En·do·plas·ma·ti·sches Re·ti·ku·lum BIOL, MED endoplasmatic reticulum

En·dor·phin <-s, -e> [ɛndɔrˈfiːn] *nt meist pl* endorphin

En·do·skop <-s, -e> [ɛndoˈskoːp] *nt* MED endoscope

En·do·sperm <-s, -e> [ɛndoˈspɛrm] *nt* BOT endosperm

En·do·to·xin ['ɛndotɔksin] *nt* BIOL, MED endotoxin

End·pha·se *f* final stage; **sich in der/seiner ~ befinden** to be in its final stage[s]; **in die/seine ~ eintreten** to enter its final stage[s] **End·preis** *m* final price **End·pro·dukt** *nt* end [*or* final] product **End·punkt** *m* ❶ *(äußerster Punkt)* end; **der ~ einer Rundfahrt** the last stop of a tour ❷ *(Endhaltestelle)* terminus; **der ~ einer Eisenbahnlinie** the end of a railway line **End·reim** *m* end rhyme **End·re·sul·tat** *nt* final result **End·run·de** *f* SPORT **die ~ einer Fußballmeisterschaft** the finals of a football championship; **die ~ eines Boxkampfes** the final round of a boxing match; **die ~ eines Autorennens** the final lap of a motor race **End·sieg** *m* final [*or* ultimate] victory **End·sil·be** *f* final syllable **End·spiel** *nt* SPORT final; **das ~ erreichen** [*o* **ins ~ kommen**] to reach [*or* get into] the final; SCHACH endgame **End·spurt** *m* SPORT final spurt, finish; **zum ~ ansetzen** to start the final spurt **End·sta·di·um** *nt* final stage; MED terminal stage; **Krebs im ~** the final stages of cancer **End·sta·ti·on** *f* ❶ TRANSP terminus ❷ *(letztliche Bestimmung)* the end of the line; **für ihn heißt es: ~ Krankenhaus!** he's going to end up in hospital! **End·sum·me** *f* [sum] total

En·dung <-, -en> *f* ending

End·ur·teil *nt* final verdict [*or* judgement] **End·ver·brau·cher(in)** *m(f)* consumer, end-user **End·vier·zi·ger(in)** *dekl wie adj m(f)* man/woman in his/her late forties **End·zeit** *f* REL last days of the world **end·zeit·lich** *adj attr* REL apocalyptic **End·zeit·stim·mung** *f* apocalyptic mood **End·ziel** *nt* ❶ *(einer Reise)* destination ❷ *(Zweck)* ultimate goal [*or* aim] [*or* objective] **End·zif·fer** *f* final number **End·zu·stand** *m* final state; **im ~ in** its final state **End·zweck** *m* ultimate aim [*or* purpose] [*or* object]

Ener·gie <-, -n> [enɐˈgiː, *pl:* -ˈgiːən] *f* ❶ PHYS energy; **~ sparend** energy-saving ❷ *(Tatkraft)* energy, vigour [*or* AM *-or*], vitality; **viel ~ haben** to be full of energy; **wenig ~ haben** to lack energy; **etw mit aller** [*o* ganzer] **~ tun** to throw all one's energy into doing sth

Ener·gie·be·darf *m* energy requirement[s] **ener·gie·be·wusst**RR I. *adj* energy-conscious II. *adv* ▪ **bauen/kochen** to build/cook saving energy **Ener·gie·bi·lanz** *f* overview of energy consumption **Ener·gie·ein·spa·rung** *f* saving of energy **Ener·gie·ge·win·nung** *f kein pl* generation of energy **Ener·gie·haus·halt** *m* ANAT energy balance **Ener·gie·kri·se** *f* energy crisis **Ener·gie·po·li·tik** *f* energy policy **Ener·gie·quel·le** *f* energy source, source of energy

Ener·gie·spa·ren *nt* energy saving, saving of energy **ener·gie·spa·rend** *adj* ÖKOL *s.* **Energie 1** **Ener·gie·spar·lam·pe** *f* low-energy [*or* energy-saving] [electric] bulb **Ener·gie·spar·maß·nah·me** *f* energy-saving measure

Ener·gie·trä·ger *m* energy source **Ener·gie·ver·brauch** *m* energy consumption **Ener·gie·ver·schwen·dung** *f kein pl* energy waste **Ener·gie·ver·sor·gung** *f* supply of energy, energy supply **Ener·gie·ver·sor·gungs·un·ter·neh·men** *nt* energy supplying company **Ener·gie·vor·kom·men** *nt* energy source **Ener·gie·vor·rä·te** *pl* energy supplies *pl* **Ener·gie·wirt·schaft** *f* energy industry [*or* sector] **Ener·gie·**

zu·fuhr *f kein pl* energy supply

ener·gisch [e'nɛrgɪʃ] **I.** *adj* ❶ *(Tatkraft ausdrückend)* energetic; **ein ~er Griff** a vigorous [*or* firm] grip; **ein ~er Mensch** a vigorous person ❷ *(entschlossen)* firm; ■ **jd ist ~** sb is firm; **~e Maßnahmen** vigorous [*or* firm] measures; **~e Proteste** strong protests; **~e Worte** forceful words; ■ **jd wird ~** sb puts his/her foot down **II.** *adv* vigorously; **etw ~ betonen** to stress sth vigorously; **etw ~ dementieren** to hotly [*or* vigorously] deny sth; **~ durchgreifen** to take firm [*or* vigorous] action

Ener·gy-Drink ['enədʒidrɪŋk] *m* energy drink

En·fant ter·ri·ble <-, - *o* -s, -s> [ãfãtɛ'ribl̩] *nt (geh)* enfant terrible

eng [ɛŋ] **I.** *adj* ❶ *(schmal)* narrow ❷ *(knapp sitzend)* tight [*or* close-fitting]; ■ **etw ist** [jdm] **zu ~** sth is too tight for sb ❸ *(beengt)* cramped; ■ **bei jdm ist es sehr ~** sb's home/room is very cramped ❹ *(beschränkt)* narrow, restricted ❺ *(wenig Zwischenraum habend)* close together *pred* ❻ *(intim)* close ❼ *(eingeschränkt)* limited, restricted; **im ~eren Sinn** in the stricter sense; **in die ~ere Wahl kommen** to get on to the short-list, to be short-listed; **die Hochzeit fand in ~em Familienkreis statt** the wedding was attended by close relatives only ▸ WENDUNGEN: **es wird ~** [**für jdn**] *(fam)* sb faces problems **II.** *adv* ❶ *(knapp)* closely; **~ anliegen** [*o* sitzen] to fit closely; **ein ~ anliegendes Kleid** a close-fitting dress; **eine ~ anliegende Hose** very tight trousers; [jdm] **etw ~er machen** *Kleidungsstück* to take sth in [for sb] ❷ *(dicht)* densely; **~ bedruckt** closely printed, densely printed; **~ beschrieben** closely written; **~ nebeneinander** right next to each other; **~ nebeneinander-/beisammen-/zusammenstehen** to stand close to each other ❸ *(intim)* closely; **~ befreundet sein** to be close friends ❹ *(akribisch)* narrowly; **etwas zu ~ sehen** to take too narrow a view of sth; **du siehst das zu ~** there's more to it than that

En·ga·din <-s> ['ɛŋgadiːn] *nt* Engadine

En·ga·ge·ment <-s, -s> [ãgaʒə'mãː] *nt* ❶ *(Eintreten)* commitment (**für** +*akk* to) ❷ THEAT *(Anstellung)* engagement

en·ga·gie·ren* [ãga'ʒiːrən] **I.** *vt* ■ **jdn** [**für etw/als jdn**] **~** to engage sb [for sth/as sb]; **sie engagierte einen Privatdetektiv für die Aufgabe** she engaged a private detective for the task; **wir engagierten ihn als Leibwächter** we took him on as a bodyguard **II.** *vr* ■ **sich** [**für jdn/etw**] **~** to be [*or* become] committed [to sb/sth], to commit oneself [to sth]; **sich in der Öffentlichkeit für etw ~** to speak out [in public] in favour [*or* AM -or] of sth; ■ **sich dafür ~, dass …** to support an idea that …

en·ga·giert [ãga'ʒiːɐt] *adj (geh)* **politisch/sozial ~** politically/socially committed; **christlich ~ sein** to be a committed Christian; **politisch ~ sein** to be [heavily] involved in politics; **ökologisch ~ sein** to be involved in ecological matters

eng·an·lie·gend *adj attr s.* **eng II. 1 eng·be·druckt** *adj attr s.* **eng II. 2 eng·be·freun·det** *adj attr s.* **eng II. 3 eng·be·schrie·ben** *adj attr s.* **eng II. 2**

En·ge <-, -n> ['ɛŋə] *f* ❶ *kein pl (schmale Beschaffenheit)* narrowness ❷ *kein pl (Beschränktheit: räumlich)* crampedness, confinement; **in großer räumlicher ~** in very cramped conditions; *(geistig)* narrowness; *(zeitlich)* closeness; **aufgrund der ~ eines Termins** because a deadline is so close; **jdn in die ~ treiben** to drive sb into a corner

En·gel <-s, -> ['ɛŋl̩] *m* angel; **ein gefallener ~** a fallen angel; **ein guter** [*o* **rettender**] **~** a rescuing angel; **ein ~ sein** *(fam)* to be an angel; **nicht gerade ein ~ sein** *(fam)* to be no angel ▸ WENDUNGEN: **ich hörte die ~**

im Himmel singen *(fam)* it hurt like mad [*or* hell] *fam*

En·gel·ma·cher(in) *m(f) (euph fam)* backstreet abortionist

En·gel(s)·ge·duld *f* **eine** [**wahre**] **~ haben** [*o* **zeigen**] to have [*or* display] the patience of Job [*or* a saint] **En·gel(s)·zun·gen** *pl* [**wie**] **mit ~ reden** to use all one's powers of persuasion

En·gel·wurz *f* [root] angelica

En·ger·ling <-s, -e> ['ɛŋɐlɪŋ] *m* ZOOL cockchafer grub

eng·her·zig *adj (pej)* ■ [**in etw** *dat*] **~ sein** to be petty [about sth]

Eng·her·zig·keit <-> *f kein pl (pej)* pettiness

engl. *adj Abk von* **englisch** Eng.

Eng·land <-s> ['ɛŋlant] *nt* ❶ *(Teil Großbritanniens)* England ❷ *(falsch für Großbritannien)* Great Britain; *s. a.* **Deutschland**

Eng·län·der <-s, -> ['ɛŋlɛndɐ] *m* TECH adjustable spanner, monkey wrench

Eng·län·der(in) <-s, -> ['ɛŋlɛndɐ] *m(f)* Englishman *masc*, Englishwoman *fem*; **~ sein** to be English; ■ **die ~** the English; *s. a.* **Deutsche(r)**

eng·lisch ['ɛŋlɪʃ] *adj* ❶ *(England betreffend)* English; *s. a.* **deutsch 1** ❷ LING English; *s. a.* **deutsch 2** ❸ *inv* KOCHK *(Garstufe)* underdone; **sehr ~** bloody

Eng·lisch ['ɛŋlɪʃ] *nt dekl wie adj* ❶ LING English; *s. a.* **Deutsch 1** ❷ *(Fach)* English; *s. a.* **Deutsch 2**

Eng·li·sche <-n> *nt* ■ **das ~** English; *s. a.* **Deutsche**

eng·lisch·spre·chend *adj* English-speaking

eng·ma·schig ['ɛŋmaʃɪç] *adj* close-meshed

Eng·pass[RR] <-es, Engpässe> *m*, **Eng·paß**[ALT] <-sses, Engpässe> *m* ❶ GEOG [narrow] pass, defile ❷ *(Fahrbahnverengung)* bottleneck ❸ *(Verknappung)* bottleneck; **es besteht bei dieser Ware derzeit ein ~** these goods are at present in short supply

en gros [ã'gro] *adv* ÖKON wholesale

eng·stir·nig ['ɛŋʃtɪrnɪç] **I.** *adj (pej)* ■ **jd ist ~** sb is narrow-minded [*or* insular]; ■ **es ist ~, etw zu tun** it is narrow-minded to do sth **II.** *adv (pej)* narrow-mindedly; **~ denken/handeln** to think/act in a narrow-minded way [*or* fashion]

Eng·stir·nig·keit <-> *f kein pl* narrow-mindedness

En·jam·be·ment <-s, -s> [ãʒãbə'mãː] *nt* enjambement

En·kel(in)[1] <-s, -> ['ɛŋkl̩] *m(f)* ❶ *(Kind des Kindes)* grandchild ❷ *(später Nachfahr)* descendant; **politischer ~** political heir

En·kel[2] <-s, -> ['ɛŋkl̩] *m* DIAL *(Fußknöchel)* ankle

En·kel·kind *nt* grandchild **En·kel·sohn** *m (geh)* grandson **En·kel·toch·ter** *f (geh)* fem form von **Enkelsohn** granddaughter

En·kla·ve <-, -n> [ɛn'klaːvə] *f* enclave

en masse [ã 'mas] *adv (fam)* en masse

enorm [e'nɔrm] **I.** *adj* ❶ *(groß)* enormous; **~e Anstrengung/Belastung** immense [*or* massive] effort/strain; **~e Geschwindigkeit/Hitze/Kälte** tremendous speed/heat/cold; **eine ~e Summe** a vast sum ❷ *pred (fam: herrlich, toll)* fantastic **II.** *adv (fam)* tremendously; **~ viel/viele** a tremendous amount/number, an enormous amount/number

en pas·sant [ãpa'sãː] *adv* en passant, in passing

En·quete <-, -n> [ã'keːtə, ã'kɛːtə] *f* ❶ *(Umfrage)* survey ❷ ÖSTERR *(geh: Arbeitstagung)* symposium

En·quete·kom·mis·si·on [ã'kɛːt(ə)-] *f* POL commission of enquiry, select [*or* BRIT inquest] committee

En·sem·ble <-s, -s> [ã'sãbl̩] *nt* ensemble

ent·ar·ten* [ɛnt'aːɐtn̩] *vi sein* ■ **zu etw** *dat* **~** to degenerate [into sth]; *s. a.* **Kunst**

ent·äu·ßern* *vr (geh)* ■ **sich einer S. ~** *gen* to relinquish [*or* divest oneself of] sth

ent·bar·ten* *vt* KOCHK **Schaltiere ~** to debeard shellfish

ent·beh·ren* [ɛnt'beːrən] **I.** *vt* ❶ *(ohne auskommen)*

■ **jdn/etw ~ können** to be able to do [*or* manage] without sb/sth, to be able to spare sb/sth ❷ *(geh: vermissen)* ■ **jdn/etw ~** to miss sb/sth ❹ *(überflüssig sein)* ■ **zu ~ sein** to not be necessary; **er ist wirklich nicht zu ~** I really can't do without him **II.** *vi (geh)* ❶ *(Not leiden)* to go without ❷ *(ohne etw sein)* ■ **etw entbehrt einer S.** *gen* sth is lacking sth; **die Darstellung entbehrt jedes Reizes** the performance is lacking any charm

ent·behr·lich *adj* dispensable, unnecessary

Ent·beh·rung <-, -en> *f meist pl* deprivation, privation; **~en auf sich** *akk* **nehmen** to make sacrifices

ent·beh·rungs·reich *adj (geh)* **~e Jahre** years of privation

ent·bie·ten° *vt irreg (geh)* ■ |jdm| **etw ~** to offer [sb] sth; **jdm seine Grüße ~** to present one's compliments to sb

ent·bin·den° *irreg* **I.** *vt* ❶ MED ■ **jdn |von einem Kind|** ~ to deliver sb, to deliver sb's baby [*or* child]; ■ |**von einem Kind| entbunden werden** to give birth to a baby [*or* child] ❷ *(dispensieren)* ■ **jdn von etw ~** to release sb from sth; **er wurde von seinem Amt entbunden** he was relieved of his duties **II.** *vi* give birth

Ent·bin·dung *f* ❶ MED delivery, birth; **sie wurde zur ~ ins Krankenhaus eingeliefert** she went to hospital to have the baby ❷ *(Befreiung)* ■ **~ von etw** release from sth; **er bat um ~ von seinem Versprechen** he asked to be released from his promise

Ent·bin·dungs·kli·nik *f* maternity clinic

ent·blät·tern° *vr* ❶ *(die Blätter abwerfen)* to shed its leaves ❷ *(hum fam: sich ausziehen)* ■ **sich |vor jdm| entblättern** to strip [off] [in front of sb]

ent·blö·den° [ɛntˈbløːdn̩] *vr* **sich** *akk* **nicht ~, etw zu tun** *(pej geh)* to have the effrontery [*or* audacity] to do sth

ent·blö·ßen° [ɛntˈbløːsn̩] *vt (geh)* ■ **etw ~** to expose sth; **einen Arm ~** to uncover an arm; **den Kopf ~** to bare one's head; **die Gedanken ~** to reveal one's thoughts; ■ **sich** *akk* **~** to take one's clothes off; ■ **sich** *akk* **vor jdm ~** *(geh)* to expose oneself to sb

ent·blößt I. *adj* (bare, exposed; **mit ~em Brust/~em Kopf** with bared breast/bared head **II.** *adv (geh)* **~ umhergehen** to walk around with no clothes on

ent·bren·nen° *vi irreg sein (geh)* ❶ *(ausbrechen)* break out ❷ *(Leidenschaft empfinden)* ■ **für jdn ~** *(geh)* to fall passionately in love with sb ❸ ■ **vor etw** *dat* **~** *(geh)* to be inflamed with sth

ent·bü·ro·kra·ti·sie·ren° *vt* ■ **etw/jdn ~** to free sth/sb of bureaucracy

Ent·chen <-s, -> [ˈɛntçən] *nt* ZOOL *dim von* **Ente** duckling

ent·de·cken° **I.** *vt* ❶ *(zum ersten Mal finden)* ■ **etw ~** to discover sth ❷ *(ausfindig machen)* ■ **jdn/etw ~** to find sb/sth; **einen Fehler ~** to spot a mistake ❸ *(veraltend: offenbaren)* ■ **jdm etw ~** to reveal sth to sb **II.** *vr (geh o veraltend)* ■ **sich** *akk* **jdm ~** to reveal oneself to sb

Ent·de·cker(in) <-s, -> [ɛntˈdɛkɐ] *m(f)* discoverer; **der berühmte ~ Captain Cook** the famous explorer Captain Cook

Ent·de·ckung *f* discovery; **er zeigte uns seine neueste ~** he showed us his latest find

Ent·de·ckungs·rei·se *f* voyage of discovery; **sie machten eine ~ ins Landesinnere** they went on an expedition into the interior [of the country]; **auf ~ gehen** *(hum fam)* to go exploring

En·te <-, -n> [ˈɛntə] *f* ❶ ORN duck ❷ *(fam: Zeitungs~)* spoof, canard ❸ AUTO *(fam: Citroen 2 CV)* 'deux-chevaux' ▶ WENDUNGEN: **lahme ~** slowcoach

ent·eh·ren° *vt* ■ **jdn/etw ~** to dishonour [*or* AM -or] sb/sth; ■ **~d** degrading; **eine ~de Anschuldigung** a defamatory accusation

ent·eig·nen° *vt* JUR ■ **jdn ~** to dispossess sb, to seize sb's possessions; ■ **etw ~** to expropriate sth

Ent·eig·nung <-, -en> *f* JUR ❶ ■ **~ von jdm** dispossession of sb; ❷ ■ **~ von etw** expropriation [*or* seizure] of sth

ent·ei·len° *vi sein (geh)* hurry [*or* hasten] away

ent·ei·sen° [ɛntˈʔaɪzn̩] *vt* ■ **etw ~** to de-ice sth; **eine Gefriertruhe ~** to defrost a freezer

Ent·ei·sung <-, -en> *f* de-icing

En·ten·bra·ten *m* roast duck **En·ten·ei** *nt* duck's egg **En·ten·grüt·ze** *f* BOT duckweed **En·ten·kü·ken** *nt* duckling

En·tente <-, -n> [ãˈtãtə] *f* entente

En·ten·vö·gel *pl* KOCHK, ZOOL *(fachspr)* fowl, wildfowl

ent·er·ben° *vt* ■ **jdn ~** to disinherit sb

En·ter·ha·ken *m* HIST, NAUT grappling iron [*or* hook]

En·te·rich <-s, -e> [ˈɛntərɪç] *m* ORN drake

en·tern [ˈɛntɐn] **I.** *vt haben* board; **ein Schiff ~** to board a ship [with violence] **II.** *vi sein* board; **den Befehl zum E~ geben** to give the order to board

En·ter·tai·ner(in) <-s, -> [ɛntɐˈteːnɐ] *m(f)* entertainer

En·ter·tas·te [ˈɛntɐ-] *f* INFORM enter key

ent·fa·chen° [ɛntˈfaχn̩] *vt (geh)* ❶ *(zum Brennen bringen)* ■ **etw ~** to kindle [*or* light] sth; **ein Feuer ~** to kindle a fire; **einen Brand ~** to start a fire ❷ *(entfesseln)* ■ **etw ~** to provoke [*or* start] sth; **eine Leidenschaft ~** to arouse a passion

ent·fah·ren° *vi irreg sein* ■ **etw entfährt jdm** sth slips out, sth escapes sb's lips; **das Wort ist ihm nur so ~** the word just escaped his lips, he just used the word inadvertently

ent·fal·len° *vi irreg sein* ❶ *(dem Gedächtnis entschwinden)* ■ **jdm ~** to escape sb, to slip sb's mind, to forget sth; **der Name ist mir gerade ~** the name escapes me, the name has slipped my mind ❷ *(wegfallen)* to be dropped; **dieser Punkt der Tagesordnung entfällt** this point has been dropped from the agenda ❸ *(als Anteil zustehen)* ■ **auf jdn ~** to be allotted to sb; **auf jeden entfallen 50 Euro** each person will receive/pay 50 euros; **auf diese Partei ~ 5 Sitze** this party receives 5 seats ❹ *(geh: herunterfallen)* ■ **jdm ~** to slip [*or* fall] from sb's hand[s]

ent·fal·ten I. *vt* ❶ *(auseinanderfalten)* ■ **etw ~** Landkarte, Brief to unfold [*or* open [out]] sth ❷ *(beginnen, entwickeln)* ■ **etw |zu etw** *dat*| **~** to develop sth [into sth] ❸ *(darlegen)* ■ **etw |vor jdm|** **~** to set sth forth, to expound sth ❹ *(zur Geltung bringen)* ■ **etw ~** to display sth **II.** *vr* ❶ *(sich öffnen)* ■ **sich |zu etw| ~** Blüte, Fallschirm to open [into sth] ❷ *(zur Geltung bringen)* ■ **sich ~** to develop ❸ *(sich voll entwickeln)* ■ **sich ~** to develop to the full

Ent·fal·tung <-, -en> *f* ❶ *(das Entfalten)* unfolding; **~ einer Blüte** opening of a flower ❷ *(Entwicklung)* development; **Recht auf freie ~ der Persönlichkeit** JUR right to the free development of one's personality; **etw zur ~ bringen** to help [sb] develop sth; **zur ~ kommen** [*o* **gelangen**] to develop ❸ *(Darstellung)* presentation ❹ *(Demonstration)* display

ent·fär·ben° **I.** *vt* ■ **etw ~** to remove the colour [*or* AM -or] from sth, to take the colour [*or* AM -or] out of sth **II.** *vr* ■ **sich ~** to lose its colour [*or* AM -or], to fade

Ent·fär·ber <-s, -> *m* dye remover

Ent·fär·bungs·mit·tel *nt s.* **Entfärber**

ent·fer·nen° [ɛntˈfɛrnən] **I.** *vt* ❶ *(beseitigen)* ■ **etw |aus/von etw| ~** to remove sth [from sth] ❷ MED *(herausoperieren)* ■ |jdm| **etw ~** to take out sb's sth; **jdm den Blinddarm ~** to take out [*or* remove] sb's appendix ❸ ADMIN *(geh)* ■ **jdn aus** [*o* **von**] **etw** *dat* **~** to remove sb from sth; **jdn aus der Schule ~** to expel sb [from school] ❹ *(weit abbringen)* ■ **jdn von etw** *dat* **~** to take sb away from sth; **das entfernt uns**

vom Thema that takes us off the subject **II.** *vr* ① *(weggehen)* ■ **sich |von/aus etw|** ~ to go away [from sth], to leave [sth]; **sich vom Weg** ~ to go off the path ② *(nicht bei etw bleiben)* ■ **sich von etw** ~ to depart from sth

ent·fernt I. *adj* ① *(weitläufig)* distant; **ein ~er Verwandter** a distant relative ② *(gering, leise)* slight, vague; **eine ~e Ähnlichkeit** a slight similarity; **eine ~e Ahnung** a vague idea; **ein ~er Verdacht** a remote suspicion ③ *(abgelegen)* remote; **ein ~er Teil eines Landes** a remote part of a country; ■ **von jdm ~ sein** to be [far] away from sb; **|...|** ~ **|von etw| liegen** [*o* **sein**] to be [...] away [*or* away from |sth|]; **7 Kilometer von hier** ~ 7 kilometres [away] from here; **zu weit** ~ too far [away] **II.** *adv* vaguely; **sie erinnert mich** ~ **an meine Tante** she vaguely reminds me of my aunt; **nicht im E~esten** not in the least [*or* slightest]; **nicht** ~ **so ...** nothing like as ... BRIT; **weit davon** ~ **sein, etw zu tun** to not have the slightest intention of doing sth; *s. a.* **verwandt**

Ent·fer·nung <-, -en> *f* ① *(Distanz)* distance; **auf eine bestimmte** ~ from a certain distance; **auf eine** ~ **von 30 Metern** [*o* **auf 30 Meter** ~] from a distance of 30 metres [*or* AM -ers]; **aus der** ~ from a distance; **aus kurzer/einiger** ~ from a short/considerable distance; **in beträchtlicher** ~ at some |considerable| distance; **in einer** ~ **von 1 000 Metern** at a distance [*or* range] of 1,000 metres [*or* AM -ers], 1,000 metres [*or* AM -ers] away ② ADMIN *(geh: Ausschluss)* ~ **aus/von der Schule** expulsion [from school]; ~ **aus dem Amt** removal from office ③ MIL **unerlaubte** ~ |**von der Truppe**| absence without leave, AWOL

Ent·fer·nungs·mes·ser <-s, -> *m* rangefinder

ent·fes·seln *vt (auslösen)* ■ etw ~ to unleash sth

ent·fes·selt *adj* unleashed; **~e Elemente** raging elements; **~e Leidenschaft** unbridled passion

ent·fet·ten *vt* ■ etw ~ KOCHK to remove the grease from sth

Ent·fet·tungs·kur *f (fam)* weight-reducing diet

ent·flamm·bar *adj* ① *(leicht zu entflammen)* inflammable ② *(fig fam)* easily roused

ent·flam·men **I.** *vt haben* ① *(anzünden, in Flammen setzen)* ■ etw ~ to light sth; **ein Streichholz** ~ to light [*or* strike] a match ② *(entfachen)* ■ etw ~ *Leidenschaft* to |a|rouse sth ③ *(geh: begeistern)* ■ jdn für etw ~ to arouse sb's enthusiasm for sth ④ *(verliebt machen)* ■ jdn |für jdn| ~ to enrapture sb **II.** *vr haben* ① *(sich entzünden)* ■ sich *akk* |an etw *dat*| ~: **das Gasgemisch hat sich entflammt** the gas mixture burst into flames ② *(sich begeistern)* ■ sich *akk* für etw *akk* ~: **sie entflammte sich für seine Idee** she was filled with enthusiasm for his idea **III.** *vi sein (geh: plötzlich entstehen)* **ein Kampf um die Macht ist entflammt** a struggle for power has broken out

ent·flech·ten *vt irreg* ■ etw ~ to decartelize sth; **ein Kartell** ~ to break up a cartel; **Interessen** ~ to disentangle interests; **Verkehr** ~ to ease the traffic flow

Ent·flech·tung <-, -en> *f* decartelization; *eines Kartells* break[ing] up of a cartel

ent·flie·gen *vi irreg sein (geh)* ■ **ein Vogel entfliegt** |jdm/aus etw| a bird flies away [from sb/sth]; **ein entflogener Papagei** an escaped parrot

ent·flie·hen *vi irreg sein* ① *(geh: fliehen)* ■ |aus etw *dat*| ~ [*o* **einer S.** *dat* ~] to escape [*or* flee] from sth ② *(vergehen) Jugend, Zeit etc.* to fly by; **die Zeit entflieht so rasch** time flies by so fast

ent·frem·den [ɛntˈfrɛmdn̩] **I.** *vt* ■ etw entfremdet **sie einander** sth estranges them [from each other]; **die lange Trennung hat sie |einander| entfremdet** the long separation has estranged them [from each

other]; ■ **etw seinem Zweck** *dat* ~ to use sth for a different purpose; *(falscher Zweck)* to use sth for the wrong purpose **II.** *vr* ■ **sich jdm** ~ to become estranged from sb; **er hat sich seiner Frau ganz entfremdet** he has become estranged from his wife, and his wife and he have grown apart

Ent·frem·dung <-, -en> *f* estrangement

ent·fros·ten [ɛntˈfrɔstn̩] *vt* AUTO ■ etw ~ to defrost sth

Ent·fros·ter <-s, -> *m* defroster

ent·füh·ren *vt* ① *(mit Gewalt fortschaffen)* ■ jdn ~ to abduct [*or* kidnap] sb; **ein Fahrzeug/Flugzeug** ~ to hijack a car/plane ② *(fam: wegnehmen)* ■ jdm jdn/etw ~ to steal sth/sb from sb, to make off with sb's sth/sb; **darf ich Ihnen eben mal Ihre Kollegin ~?** can I just steal your colleague for a moment?

Ent·füh·rer(in) *m(f)* kidnapper, abductor; *Fahrzeug/Flugzeug* hijacker

Ent·füh·rung *f* kidnapping, abduction; *Fahrzeug/Flugzeug* hijacking

ent·ge·gen [ɛntˈɡeːɡn̩] **I.** *adv (geh)* ■ **einer S.** *dat* ~ towards sth; **neuen Abenteuern/Ufern** ~ on to new adventures/shores **II.** *präp* + *dat* against; ~ **meiner Bitte** contrary to my request; ~ **allen Erwartungen** against [*or* contrary to] all expectations

ent·ge·gen|ar·bei·ten *vt* ■ **einer S.** *dat* ~ to oppose sth, to work against sth **ent·ge·gen|brin·gen** *vt irreg (bezeigen)* ■ jdm etw ~ to show sth for sb, to display sth towards [*or* for] sb; **einer Idee/einem Vorschlag Interesse** ~ to show [*or* display] interest in an idea/a suggestion; **jdm viel Liebe/Verständnis** ~ to show [*or* display] much love/understanding for [*or* towards] sb **ent·ge·gen|ei·len** *vi sein (geh)* ■ jdm ~ to rush [*or* hurry] to meet sb; ■ **einer S.** *dat* ~ to rush towards sth **ent·ge·gen|eilt kommen** to rush [*or* hurry] to meet sb; ■ **einer S.** *dat* ~ to rush towards sth **ent·ge·gen|fah·ren** *vi irreg sein (geh)* ■ jdm ~ to go [*or* come] to meet sb; **jdm mit dem Auto/Fahrrad** ~ to go [*or* come] to meet sb by car/bicycle; ■ jdm entgegengefahren kommen to drive [*or* go] to meet sb **ent·ge·gen|fie·bern** *vi* ■ **einer S.** *dat* ~ to feverishly look forward to sth **ent·ge·gen|ge·hen** *vi irreg sein* ■ jdm ~ to go to meet sb; **dem Ende/seiner Vollendung** ~ to near [*or* approach] an end/completion; ■ jdm entgegengegangen kommen to walk [*or* come] to meet sb; **seinem Untergang** ~ to go to one's death; **dem sicheren Tod** ~ to face certain death

ent·ge·gen·ge·setzt [ɛntˈɡeːɡŋɡəzɛtst] **I.** *adj* ① *(gegenüberliegend, umgekehrt)* opposite; **am ~en Ende des Tisches** at the opposite end of the table; **in der ~en Richtung** in the opposite direction ② *(einander widersprechend)* opposing, conflicting; **~e Auffassungen/Interessen/Meinungen** conflicting views/interests/opinions, opposed *pred* **II.** *adv* ~ **denken/handeln** to think/do the exact opposite; ~ **reagieren** to react in exactly the opposite way

ent·ge·gen|hal·ten *vt irreg* ① *(in eine bestimmte Richtung halten)* ■ jdm/einer S. etw ~ to hold out sth towards sb/sth; **er hielt ihr die Hand entgegen** he held out his hand to her ② *(einwenden)* ■ jdm/einer S. eine Einwand ~ to express an objection to sb/sth; **einem Vorschlag einen anderen** ~ to counter one suggestion with another; ■ jdm ~, dass .... to object to sb that ... **ent·ge·gen|hop·peln** *vi* ■ jdm/etw ~ *Kaninchen* to hop towards sth/sb **ent·ge·gen|kommen** [ɛntˈɡeːɡŋkɔmən] *vi irreg sein* ① *(in jds Richtung kommen)* ■ jdm ~ to come to meet sb ② *(entgegenfahren)* ■ jdm ~ to drive towards sb; **der uns ~de Wagen** the car coming in the opposite direction ③ *(Zugeständnisse machen)* ■ jdm/einer S. ~ to accommodate sb/sth; **jds Bitte/Wunsch** ~ to comply with sb's request/wish, to accede to sb's request/wish; **jdm auf halbem Wege** ~ to meet sb halfway

 ⑥ *(entsprechen)* ▪ jdm/einer S. ~ to fit in with sb/sth; **das kommt unseren Plänen entgegen** that fits in with our plans **Ent·ge·gen·kom·men** <-s, -> [ɛntˈgeːgŋkɔmən] *nt* ① *(gefällige Haltung)* cooperation, willingness to cooperate ② *(Zugeständnis)* concession; **er ist zu einem gewissen ~ bereit** he is willing to make certain concessions

ent·ge·gen·kom·mend *adj* obliging, accommodating
ent·ge·gen·kom·men·der·wei·se *adv* obligingly
ent·ge·gen|lau·fen *vi irreg sein* ① *(in jds Richtung laufen)* ▪ jdm ~ to run to meet sb; ▪ **jdm entgegengelaufen kommen** to run towards sb ② *(im Gegensatz stehen)* ▪ einer S. *dat* ~ to run contrary [*or* counter] to sth **Ent·ge·gen·nah·me** <-, -n> *f* *(geh)* receipt; ~ **eines Schmiergelds** acceptance of a bribe **ent·ge·gen|neh·men** *vt irreg* ▪ etw [von jdm/für jdn] ~ *Lieferung* to receive sth [from sb/for sb] **ent·ge·gen|schla·gen** *vi irreg sein* ▪ jdm ~ to confront [*or* meet] sb; **die Flammen schlugen ihnen entgegen** the flames leapt to meet them; **ihm schlug eine Welle der Begeisterung entgegen** he was met by a wave of enthusiasm **ent·ge·gen|se·hen** *vi irreg* ① *(geh: erwarten)* ▪ einer S. *dat* ~ to await sth; **ich sehe Ihrer Antwort entgegen** I look forward to receiving your reply, I await your reply; **er sieht der Entscheidung mit Skepsis entgegen** he doesn't expect much from the decision ② *(in jds Richtung sehen)* ▪ jdm/etw ~ to watch sb; **er sah dem ankommenden Schiff entgegen** he watched the ship approaching **ent·ge·gen|set·zen I.** *vt* ▪ einer S. *dat* etw ~ to oppose sth with sth; **Anklagen etw** ~ to reply to accusations; **einer Forderung etw** ~ to counter a claim; **einer S. Alternativen** ~ to put forward alternatives to sth; **einer S. Widerstand** ~ to resist sth, to offer resistance to sth **II.** *vr* ▪ einer S. *dat* etw ~ to resist [*or* oppose] sth **ent·ge·gen|ste·hen** *vi irreg* ▪ einer S. *dat* ~ to stand in the way of sth; **dem steht nichts entgegen** there's no obstacle to that, there's nothing against that **ent·ge·gen|stel·len** *vr* ▪ sich jdm/einer S. ~ to resist [*or* oppose] sb/sth **ent·ge·gen|stre·cken** *vt* ▪ jdm etw ~ to hold sth out to[wards] sb **ent·ge·gen|tre·ten** *vi irreg sein* ① *(in den Weg treten)* ▪ jdm ~ to walk up to sb; **einem Feind/Gegner** ~ to go into action against an enemy/opponent ② *(sich zur Wehr setzen)* ▪ einer S. *dat* ~ to counter **ent·ge·gen|wir·ken** *vi* ▪ einer S. *dat* ~ to oppose [*or* counteract] sth

ent·geg·nen [ɛntˈgeːgnən] *vt* ▪ [jdm] etw [auf etw *akk*] ~ to reply sth [to sb/sth]; **auf eine Anschuldigung/Vorwurf** ~ to respond to an accusation/criticism; **jdm ärgerlich** ~ to retort to sb; **sie entgegnete** [ihm] **nichts** she didn't respond [to him]; **er wusste darauf nichts zu** ~ he didn't know what to reply **Ent·geg·nung** <-, -en> *f* reply; **eine offizielle** ~ an official response

ent·ge·hen *vi irreg sein* ① *(entkommen)* ▪ jdm ~ to escape [*or form* elude] sb ② *(entrinnen)* ▪ einer S. *dat* ~ to escape [*or* avoid] sth; **dem Tod** ~ to escape death ③ *(nicht bemerkt werden)* ▪ etw entgeht jdm [*o* **es entgeht jdm etw**] sth escapes sb['s notice], sb fails to notice sth; **mir ist kein einziges Wort entgangen** I haven't missed a single word; ▪ **es entgeht jdm nicht, dass …** it hasn't escaped sb's notice that …; **dir entgeht aber auch gar nichts!** you really don't miss a trick, do you? ④ *(versäumen)* ▪ sich *dat* etw ~ lassen to miss sth; **schade, dass du dir dieses Konzert hast ~ lassen müssen** [it's a] pity that you had to miss this concert

ent·geis·tert [ɛntˈgaɪstɐt] **I.** *adj* dumbfounded, thunderstruck, flabbergasted *fam* **II.** *adv* in amazement [*or* astonishment]
Ent·gelt <-[e]s, -e> [ɛntˈgɛlt] *nt* ① *(Bezahlung)* pay-

ment, remuneration *form*; **als** [*o* **zum**] ~ *(Anerkennung)* as a reward; *(Entschädigung)* as compensation [*or* recompense] ② *(Gebühr)* **gegen** ~ for a fee; **ohne** ~ for nothing

ent·gel·ten *vt irreg (geh)* ① *(vergüten)* ▪ jdm etw ~ to recompense sb for sth ② *(büßen)* ▪ etw ~ to pay [*or form* atone] for sth
ent·gif·ten [ɛntˈgɪftn̩] *vt* ▪ etw ~ ① ÖKOL *(von Giften befreien)* to decontaminate sth ② MED to detoxicate [*or* detoxify] sth; **Blut** ~ to purify blood
Ent·gif·tung <-, -en> *f* ① ÖKOL *(das Entgiften)* decontamination ② MED *(Befreiung von Stoffwechselgiften)* detoxication, detoxification, detox *fam*
ent·glei·sen [ɛntˈglaɪzn̩] *vi sein* ① *(aus den Gleisen springen)* to be derailed; **etw zum E~ bringen** [*o* **etw** ~ **lassen**] to derail sth ② *(geh: ausfallend werden)* to make a gaffe [*or* faux pas], to drop a clanger BRIT *fam*
Ent·glei·sung <-, -en> *f* ① *(das Entgleisen)* derailment ② *(Taktlosigkeit)* gaffe, faux pas, clanger BRIT *fam*
ent·glei·ten *vi irreg sein* ① *(geh: aus den Händen gleiten)* ▪ etw entgleitet jdm sb loses his/her grip on sth, sth slips out of [*or from*] sb's grip [*or* grasp] ② *(verloren gehen)* ▪ jdm ~ to slip away from sb
ent·grä·ten [ɛntˈgrɛːtn̩] *vt* ▪ etw ~ to fillet [*or* bone] sth
ent·haa·ren *vt* ▪ etw ~ to remove unwanted hair from sth, to depilate; **ich habe mir gestern die Beine enthaart** I shaved/waxed my legs yesterday
Ent·haa·rung <-, -en> *f* the removal of unwanted hair, depilation
Ent·haa·rungs·creme *f* depilatory cream **Ent·haa·rungs·mit·tel** *nt* hair remover, depilator **Ent·haa·rungs·wachs** *nt* depilatory wax
En·thal·pie <-, -n> [ɛntalˈpiː] *f* CHEM *(freiwerdende Energie einer Reaktion)* enthalpy
ent·hal·ten *irreg* **I.** *vt* ▪ etw ~ ① *(in sich haben)* to contain sth ② *(umfassen)* to include sth; ▪ **in etw** *dat* [mit] ~ **sein** to be included in [with] sth **II.** *vr* ① POL *(nicht abstimmen)* ▪ sich *akk* ~ to abstain; *s. a.* **Stimme** ② *(geh: verzichten)* ▪ sich *akk* einer S. *gen* ~ to refrain from sth; **sich des Alkohols/Rauchens/etc.** ~ to abstain from alcohol/smoking/etc.; **sich** [nicht] ~ **können, etw zu tun** [not] to be able to refrain from doing sth
ent·halt·sam [ɛntˈhaltzaːm] **I.** *adj* [self-]restrained; *(genügsam)* abstinent, abstemious; *(keusch)* chaste, abstinent **II.** *adv* in an abstinent manner; **völlig** ~ **leben** to live a completely abstinent life
Ent·halt·sam·keit <-> *f kein pl* abstinence, abstention, abstemiousness; *(sexuelle Abstinenz)* abstinence, chastity
Ent·hal·tung *f* POL abstention
ent·här·ten *vt* ▪ etw ~ to soften sth
ent·haup·ten [ɛntˈhaʊptn̩] *vt* ▪ jdn ~ *(durch Scharfrichter)* to behead [*or* guillotine] [*or* execute] sb; *(durch Unfall)* to decapitate sb
Ent·haup·tung <-, -en> *f (durch Scharfrichter)* beheading, execution; *(durch Unfall)* decapitation
ent·häu·ten *vt* ▪ etw ~ ① KOCHK *(von der Haut befreien)* to skin sth ② JAGD *(abhäuten)* to skin sth
ent·he·ben *vt irreg* ▪ jdn einer S. *gen* ~ ① *(suspendieren)* to relieve sb of sth ② *(geh: entbinden)* to release sb from sth
ent·hem·men **I.** *vt (von Hemmungen befreien)* ▪ jdn ~ to make sb lose [*or* to free sb from] their inhibitions; ▪ ~**d** disinhibitory, disinhibiting **II.** *vi (enthemmend wirken)* to have a disinhibitory [*or* disinhibiting] effect
ent·hem·mend *adj* disinhibiting, making one lose one's inhibitions

ent·hemmt I. *adj* ❶ *(von Hemmungen befreit)* disinhibited; ■ ~ **sein** to have lost one's inhibitions ❷ *inv* TECH *(von einer Blockierung befreit)* uninhibited II. *adv (von Hemmungen befreit)* uninhibitedly

Ent·hem·mung *f kein pl* loss of inhibitions

ent·hül·len I. *vt* ■ [jdm] **etw** ~ ❶ *(aufdecken)* to reveal sth [to sb] ❷ *(von einer Bedeckung befreien)* to unveil [*or* reveal] sth [to sb] II. *vr (sich erweisen)* ■ **sich jdm** ~ to reveal oneself to sb; **endlich hat sich mir sein wahrer Charakter enthüllt** his true character was finally revealed to me

Ent·hül·lung <-, -en> *f* ❶ *(die Aufdeckung)* disclosure; *von Skandal, Lüge* revelation, exposure *no pl, no indef art* ❷ *(das Enthüllen) von Denkmal, Gesicht* unveiling, revealing

Ent·hül·lungs·jour·na·lis·mus <-> *f kein pl* investigative journalism

En·thu·si·as·mus <-> [ɛntu'ziạsmʊs] *m kein pl* enthusiasm; **jds** ~ *akk* **bremsen** [*o* **dämpfen**] [*o* **zügeln**] to dampen sb's enthusiasm

En·thu·si·ast(in) <-en, -en> [ɛntu'ziạst] *m(f)* enthusiast

en·thu·si·as·tisch I. *adj* enthusiastic II. *adv* enthusiastically

ent·jung·fern *vt* ■ jdn ~ to deflower sb

Ent·jung·fe·rung <-, -en> *f* defloration

ent·kal·ken *vt* ■ **etw** ~ to decalcify sth

ent·kei·men *vt* ■ **etw** ~ to sterilize sth

ent·ker·nen [ɛnt'kɛrnən] *vt* ■ **etw** ~ ❶ *(von Kernen befreien)* to stone sth; **einen Apfel** ~ to core an apple; **Trauben** ~ to remove the pips from grapes ❷ ARCHIT to remove the core of sth

ent·klei·den *vt (geh)* ■ jdn ~ to undress sb; ■ **sich** ~ to get undressed, to undress [oneself]

ent·kno·ten *vt* ■ **etw** ~ to untie [*or* undo] sth

ent·kof·fe·i·niert [ɛntkɔfei'niːɐt] *adj inv* decaffeinated

ent·ko·lo·ni·a·li·sie·ren *vt* to decolonialize

Ent·ko·lo·ni·a·li·sie·rung *f* decolonialization

ent·kom·men *vi irreg sein* ■ [jdm/aus **etw** *dat/* **irgendwohin**] ~ to escape [from sb/sth/to somewhere]; **sie konnte über die Grenze** ~ she was able to escape across the border; ■ **jdn** ~ to escape from sb; **der Hirsch entkam den Jägern** the deer escaped [from] the hunters

Ent·kom·men <-> *nt kein pl* escape; **es gibt** [**für jdn**] **kein** ~ **aus** [*o* **von**] **etw** there is no escape [for sb] from sth

ent·kor·ken [ɛnt'kɔrkŋ] *vt* ■ **etw** ~ to uncork sth

ent·kräf·ten [ɛnt'krɛftn̩] *vt* ❶ *(kraftlos machen)* ■ jdn ~ *(durch Anstrengung)* to weaken sb; *(durch Krankheit)* to debilitate sb *form* ❷ *(widerlegen)* ■ **etw** ~ to refute [*or* invalidate] sth

Ent·kräf·tung <-, -en> *f* ❶ *(Erschöpfung)* weakening, debilitation *form*, exhaustion ❷ *(fig: Widerlegung)* refutation, invalidation

ent·kramp·fen I. *vt* ■ **etw** ~ ❶ *(lockern)* to relax sth ❷ *(entspannen)* to ease sth; **in entkrampfter Atmosphäre** in a relaxed atmosphere II. *vr* ■ **sich** ~ ❶ MED *(sich lockern)* to relax ❷ *(sich entspannen) Krise, Situation* to ease

Ent·kramp·fung <-, -en> *f* ❶ *(Lockerung)* relaxation ❷ *(Entspannung)* easing

ent·kri·mi·na·li·sie·ren *vt* ■ **etw** ~ to decriminalize sth

Ent·kri·mi·na·li·sie·rung [ɛntkriminali'ziːrʊŋ] *f* JUR decriminalization

Ent·lad <-[e]s> [ɛnt'laːd] *m kein pl* SCHWEIZ *(Ausladen)* unloading

ent·la·den *irreg* I. *vt* ■ **etw** ~ ❶ *(Ladung herausnehmen)* to unload sth ❷ ELEK *(Ladung entnehmen)* to drain sth ❸ *(Munition entfernen)* to unload sth II. *vr* ❶ *(zum Ausbruch kommen)* ■ **sich** [über jdm/

etw| ~ *Gewitter, Sturm* to break [over sb/sth] ❷ ELEK *(Ladung abgeben)* ■ **sich** ~ *Akku, Batterie* to run down ❸ *(fig: plötzlich ausbrechen)* ■ **sich** [**über jdm**| ~ *Begeisterung, Zorn etc.* to be vented [on sb]

Ent·la·dung *f* ❶ *(das Entladen)* unloading ❷ ELEK discharge

ent·lang [ɛnt'laŋ] I. *präp (längs)* ■ ~ **einer S.** *gen* along sth; ■ **etw** ~ along sth; **den Fluss** ~ along the river II. *adv* ■ **an etw** *dat* ~ along; **sie wanderten am Fluss** ~ they wandered along the river; **hier** ~ this/that way

ent·lang|ge·hen *irreg* I. *vt sein (zu Fuß folgen)* ■ **etw** ~ to go [*or* walk] along sth II. *vi sein* ■ **an etw** *dat* ~ ❶ *(parallel zu etw gehen)* to go [*or* walk] along the side of sth ❷ *(parallel zu etw verlaufen)* to run alongside sth

ent·lar·ven [ɛnt'larfn̩] *vt (enttarnen)* ■ jdn/etw [als **etw**| ~ *Dieb, Spion* to expose [*or* unmask] sb/sth [as sth]; **das verlockende Angebot wurde als Falle entlarvt** the tempting offer was revealed to be a trap; ■ **sich** ~ to reveal one's true character [*or* BRIT colours] [*or* AM colors]; ■ **sich** [**selbst**| **als etw** ~ to show oneself to be sth; **sie entlarvte sich als Lügnerin** she showed herself to be a liar

Ent·lar·vung <-, -en> *f (Enttarnung, Aufdeckung)* exposure, unmasking; ■ **jds** *gen* ~ **als etw** sb's exposure as sth

ent·las·sen *vt irreg* ❶ *(kündigen)* ■ jdn ~ *(Stellen abbauen)* to make sb redundant; *(gehen lassen)* to dismiss ❷ *(geh: gehen lassen)* ■ jdn ~ to dismiss sb; MED, MIL to discharge sb; SCH to expel sb; **die Schüler wurden ins Berufsleben** ~ the pupils left school to start working life ❸ *(geh: entbinden)* ■ **jdn aus etw** *dat* ~ to release sb from sth

Ent·las·sung <-, -en> *f (Kündigung)* redundancy [notice] BRIT, pink slip AM; **die Firmenleitung soll die** ~ **der halben Belegschaft planen** company management is said to be planning to make half the workforce redundant

Ent·las·sungs·ge·such *nt* [letter of] resignation **Ent·las·sungs·zeug·nis** *nt* SCH last report before leaving school

ent·las·ten *vt* ❶ JUR *(vom Verdacht befreien)* ■ jdn [**von etw** *dat*| ~ to exonerate sb [from sth], to clear sb [of sth] ❷ *(von einer Belastung befreien)* ■ jdn ~ to lighten sb's load, to relieve sb ❸ FIN *(ausgleichen)* ■ **etw** ~ to settle sth; **ein Konto** ~ to credit an account ❹ *(Geschäftsführung genehmigen)* ■ jdn ~ to approve sb's activities [*or* actions]

Ent·las·tung <-, -en> *f* ❶ JUR *(Verdachtsbefreiung)* exoneration; **zu jds** *gen* ~ in sb's defence [*or* AM -se] ❷ *(das Entlasten)* relief; **zu jds** *gen* ~ in order to lighten sb's load ❸ *(Genehmigung der Geschäftsführung)* approval

Ent·las·tungs·ma·te·ri·al *nt* JUR evidence for the defence [*or* AM -se] **Ent·las·tungs·zeu·ge, -zeu·gin** *m, f* JUR defence [*or* AM -se] witness, witness for the defence [*or* AM -se] **Ent·las·tungs·zug** *m* relief train

ent·lau·ben [ɛnt'laubn̩] I. *vt (von den Blättern befreien)* ■ **etw** ~ to strip sth of leaves, to defoliate sth *spec* II. *vr (das Laub verlieren)* ■ **sich** ~ to shed its leaves; ■ **entlaubt** stripped of leaves; **entlaubte Äste** bare branches

ent·lau·fen[1] *vi irreg sein (weglaufen)* ■ jdm ~ to run away from sb; „**Hund entlaufen, 50 Euro Belohnung**" "missing dog, 50 euros reward"

ent·lau·fen[2] *adj (entflohen)* escaped; *(weggelaufen)* on the run

ent·le·di·gen [ɛnt'leːdɪgn̩] *vr* ❶ *(euph: umbringen)* ■ **sich** jds *gen* ~ to dispose of sb ❷ *(geh: abgeben)* ■ **sich einer S.** *gen* ~ to put sth down; *Kleidungsstück* to remove sth; **wo kann ich mich hier mei-**

ner Tasche ~? where can I leave my bag here? ❸ *(loswerden)* ■ **sich einer S.** *gen* ~ to carry out [*or* discharge] sth

ent·lee·ren⁺ *vt* ■ **etw** ~ ❶ *(vom Inhalt befreien)* to empty sth ❷ PHYSIOL *(leer machen)* to evacuate sth

Ent·lee·rung *f* ❶ *(das Entleeren)* emptying ❷ PHYSIOL *(das Entleeren)* evacuation

ent·le·gen [ɛntˈleːgn̩] *adj* ❶ *(abgelegen)* remote ❷ *(eigenartig)* Idee, Vorschlag odd

ent·leh·nen⁺ *vt* LING ■ **etw aus etw** *dat* ~ to borrow sth from sth

Ent·leh·nung <-, -en> *f* LING ❶ *(das Entlehnen)* borrowing ❷ *(Lehnwort)* loan word

ent·lei·ben⁺ [ɛntˈlaɪbn̩] *vr (geh)* ■ **sich** *akk* ~ to commit suicide; **die Grünen haben sich auf politischer Bühne entleibt** the Greens have committed political suicide

ent·lei·hen⁺ *vt irreg* ■ **etw** [**von jdm/aus etw**] ~ to borrow sth [from sb/sth]

Ent·lei·her(in) <-s, -> *m(f) (geh)* borrower

Ent·lein <-s, -> *nt* duckling

ent·lo·ben⁺ *vr* ■ **sich** ~ to break off one's engagement

Ent·lo·bung <-, -en> *f* breaking off of one's engagement

ent·lo·cken⁺ *vt* ❶ *(herausholen)* ■ **jdm etw** ~ to elicit sth from sb; **jdm ein Geheimnis** ~ to coax a secret out of sb; **jdm Geld** ~ to worm money out of sb ❷ *(hum: zu etw veranlassen)* **jdm etw** ~ to entice sth out of sth; **versuch mal, ob du dem Spielautomaten nicht noch ein paar Märker** ~ **kannst!** see if you can squeeze a few more quid out of the fruit machine

ent·loh·nen⁺ *vt* ❶ *(bezahlen)* ■ **jdm** [**für etw** *akk*] ~ to pay sb [for sth] ❷ *(entgelten)* to reward sb [for sth]

ent·löh·nen⁺ *vt* SCHWEIZ *(entlohnen)* to pay

Ent·loh·nung <-, -en> *f* payment

Ent·löh·nung <-, -en> *f* SCHWEIZ *(Entlohnung)* payment

ent·lüf·ten⁺ *vt* ❶ *(verbrauchte Luft herauslassen)* ■ **etw** ~ to ventilate sth ❷ *(Luftblasen entfernen)* ■ **etw** ~ to bleed sth

Ent·lüf·tung <-, -en> *f* TECH ❶ *(Ventilation)* ventilation ❷ *(Entfernung von Luftblasen)* bleeding

ent·mach·ten⁺ [ɛntˈmaxtn̩] *vt* ■ **jdn/etw** ~ to deprive sb/sth of power, to disempower sb/sth

Ent·mach·tung <-, -en> *f* deprivation of power, disempowerment

ent·man·nen⁺ [ɛntˈmanən] *vt (geh: kastrieren)* ■ **jdn** ~ to castrate [*or* emasculate] sb

ent·mensch·t [ɛntˈmɛnʃt] *adj* bestial, inhuman

ent·mi·li·ta·ri·sie·ren⁺ [ɛntmilitariˈziːrən] *vt* ■ **etw** ~ to demilitarize sth

Ent·mi·li·ta·ri·sie·rung *f* demilitarization

ent·mün·di·gen⁺ [ɛntˈmʏndɪgn̩] *vt* JUR ■ **jdn** [**wegen etw** *gen*] ~ to declare sb legally incapable [on account of sth]; ■ **jdn** ~ **lassen** to have sb declared legally incapable

Ent·mün·di·gung <-, -en> *f* JUR *(Entzug des Selbstbestimmungsrechts)* ■ **jds** *gen* ~ [**wegen etw**] sb's legal incapacitation [on account of sth] ❷ *(Bevormundung)* deprivation of the right of decision-making

ent·mu·ti·gen⁺ [ɛntˈmuːtɪgn̩] *vt* ■ **jdn** ~ to discourage sb; ■ **sich** ~ **lassen** to be discouraged

Ent·mu·ti·gung <-, -en> *f* discouragement

Ent·my·tho·lo·gi·sie·rung [ɛntmytologiˈziːrʊŋ] *f kein pl* PHILOS demythologization

Ent·nah·me <-, -n> *f* ❶ [ɛntˈnaːmə] *f* FIN *(geh: das Abheben)* withdrawal ❷ MED *von Blut* extraction; *von Gewebe* removal

Ent·na·zi·fi·zie·rung <-> *f kein pl* denazification

ent·neh·men⁺ *vt irreg* ❶ *(herausnehmen)* ■ [**einer S.** *dat*] **etw** ~ to take sth [from sth] ❷ FIN *(abheben)*

■ **etw** [**aus etw** *dat*] ~ to withdraw sth [from sth] ❷ MED *(abnehmen)* ■ **jdm etw** ~ to extract sth from sb; **jdm eine Gewebeprobe** ~ to remove a tissue sample from sb ❸ *(fig: aus etw schließen)* ■ **etw aus etw** *dat* ~ to infer *form* [*or* gather] sth from sth; ■ **aus etw** ~, **dass ...** to gather from sth that ...

ent·ner·ven⁺ *vt (pej)* ■ **jdn** ~ *(der Nerven berauben)* to be nerve-[w]racking for sb; *(der Kraft berauben)* to enervate sb

ent·ner·vend *adj (der Nerven beraubend)* nerve-[w]racking; *(der Kraft beraubend)* enervating

ent·nervt *adj (der Nerven beraubt)* nerve-[w]racked; *(der Kraft beraubt)* enervated **II.** *adv* out of nervous exhaustion

En·to·mo·lo·gie <-> [ɛntomoloˈgiː] *f kein pl (Insektenkunde)* entomology

ent·pup·pen⁺ [ɛntˈpʊpn̩] *vr (sich enthüllen)* ■ **sich** [**als etw**] ~ to turn out to be sth

ent·rah·men⁺ *vt* ■ **etw** ~ to skim sth

ent·rät·seln⁺ *vt* ■ **etw** ~ ❶ *(ein Geheimnis lösen)* to unravel [*or* solve] sth ❷ *(einen Sinn herausfinden)* to work out sth ❸ *(eine Schrift entschlüsseln)* to decipher sth

ent·rech·ten⁺ [ɛntˈrɛçtn̩] *vt* ■ **jdn** ~ to deprive sb of their rights

Ent·rech·te·te(r) *f(m) dekl wie adj, meist pl* person deprived of their rights

Ent·rech·tung <-, -en> *f* deprivation of rights

ent·rei·ßen⁺ *vt irreg* ❶ *(wegreißen)* ■ **jdm etw** ~ to snatch sth [away] from sb ❷ *(geh: retten)* ■ **jdn einer S.** *dat* ~ to rescue sb from sth; **in letzter Minute wurde er dem Tode entrissen** at the last moment he was snatched from the jaws of death

ent·rich·ten⁺ *vt (geh)* ■ **etw** ~ *Gebühren, Steuern* to pay sth

Ent·rich·tung *f (geh)* payment

ent·rin·gen⁺ *vt irreg (geh)* ■ **jdm etw** ~ to wrest sth from sb *liter*

ent·rin·nen⁺ *vi irreg sein (geh: entkommen)* ■ **jdm/einer S.** ~ to escape from sb/sth; **es gibt** [**für jdn**] **kein E~** [**vor etw** *dat*] there's no escape [for sb] [from sth]

ent·rol·len⁺ I. *vt haben* ■ **etw** ~ to unroll sth; **eine Fahne** ~ to unfurl a flag **II.** *vr haben (geh: sich zeigen)* ■ **sich** ~ to unfold, to reveal [itself]

En·tro·pie <-, -n> [ɛntroˈpiː, *pl:* ɛntroˈpiːən] *f* PHYS entropy

ent·ros·ten⁺ *vt* ■ **etw** ~ to remove the rust from sth, to derust sth

ent·rü·cken⁺ *vt (geh)* ■ **jdn einer S.** *dat* ~ to carry sb away from sth, to transport sb away from sth; **der Realität ganz entrückt sein** to be totally removed from reality, to be on another planet *fam*

ent·rückt *adj (geh)* enraptured, transported

ent·rüm·peln⁺ [ɛntˈrʏmpl̩n] *vt* ■ **etw** ~ ❶ *(von Gerümpel befreien)* to clear sth out *sep* ❷ *(fig: von Unnützem befreien, revidieren)* to tidy sth up *sep*, to overhaul sth

Ent·rüm·pe·lung, Ent·rümp·lung <-, -en> *f (das Entrümpeln)* clearing out

ent·rüs·ten⁺ I. *vt (empören)* ■ **jdn** ~ to make sb indignant, to fill sb with indignation; *(stärker)* to outrage sb **II.** *vr (sich empören)* ■ **sich über jdn/etw** ~ to be indignant about [*or* at] sb/sth; *(stärker)* to be outraged by sb/sth

ent·rüs·tet I. *adj* indignant (**über** +*akk* about/at) **II.** *adv* indignantly

Ent·rüs·tung *f* indignation; ■ **jds** *gen* ~ **über jdn/etw** sb's indignation about [*or* at] sb/sth; **voller** ~ indignantly; **er stand voller** ~ **auf** he stood up filled with indignation; *s. a.* Sturm

ent·saf·ten⁺ [ɛntˈzaftn̩] *vt* KOCHK ■ **etw** ~ ❶ *(auspres-*

Entscheidungen

nach Entschlossenheit fragen	asking about strength of opinion
Sind Sie sicher, dass Sie das wollen?	**Are you sure** you want it/that?
Haben Sie sich das gut überlegt?	**Have you considered it carefully**?
Wollen Sie nicht lieber dieses Modell?	**Wouldn't you rather** have this model?

Entschlossenheit ausdrücken	expressing determination
Ich habe mich entschieden: Ich werde an der Feier nicht teilnehmen.	**I have decided**: I am not going to attend the celebration.
Ich habe mich dazu durchgerungen, ihr alles zu sagen.	**I have made up my mind** to tell her everything.
Wir sind (fest) entschlossen, nach Australien auszuwandern.	**We are (absolutely) determined** to emigrate to Australia.
Ich lasse mich von nichts/niemandem davon abbringen, es zu tun.	**Nothing/Nobody is going to stop me** doing it.
Ich werde auf keinen Fall kündigen.	**I shall on no account** hand in my notice.

Unentschlossenheit ausdrücken	expressing indecision
Ich weiß noch nicht, was ich tun soll.	**I don't know** what I should do.
Wir sind uns noch im Unklaren darüber, was wir tun werden.	**We are still unsure about** what we are going to do.
Ich bin mir noch unschlüssig, ob ich die Wohnung mieten soll oder nicht.	**I cannot decide whether** I should take the flat or not.
Ich habe mich noch nicht entschieden.	**I haven't decided yet.**
Ich bin noch zu keinem Entschluss darüber gekommen. *(form)*	**I haven't reached a decision about it yet.**

---

sen) to extract the juice from sth ❷ *(auskochen)* to boil sth

Ent·saf·ter <-s, -> *m* juicer, BRIT *a.* juice extractor

ent·sa·gen° *vi (geh)* ■ **einer S.** *dat* ~ to renounce [*or form* forgo] sth; **dem Weine kann ich nicht** ~ I cannot forgo wine

Ent·sa·gung <-, -en> *f (geh)* renunciation *form;* **voller** ~ full of self-denial

ent·sa·gungs·voll *adj (geh)* ❶ *(Irdischem entsagend)* full of self-denial ❷ *(Verzicht ausdrückend)* full of resignation

ent·sal·zen° *vt* ■ **etw** ~ to desalinate sth

Ent·sal·zung <-, -en> *f* desalination

ent·schä·di·gen° *vt* ❶ *(Schadensersatz leisten)* ■ **jdn** |**für etw** *akk*| ~ to compensate sb [for sth]; ■ **etw** |**durch etw/mit etw**| ~ to compensate sb [with sth] ❷ *(ein lohnender Ausgleich sein)* ■ **jdn** |**für etw** *akk*| ~ to make up to sb [for sth]

Ent·schä·di·gung *f (das Entschädigen)* compensation *no pl, no indef art;* **jdm eine** ~ **zahlen** to pay sb compensation; *(Leistung)* |compensation| payment [*or* settlement]

Ent·schä·di·gungs·an·spruch *m* claim for compensation **Ent·schä·di·gungs·for·de·rung** *f* claim for compensation **Ent·schä·di·gungs·leis·tung** *f* compensation payment [*or* settlement] **Ent·schä·di·gungs·sum·me** *f* |amount of| compensation

ent·schär·fen° *vt* ■ **etw** ~ ❶ *(den Zünder entfernen)* to defuse sth ❷ *(weniger kritisch machen)* to defuse sth; *(weniger anstößig machen)* to tone sth down *sep*

Ent·scheid <-[e]s, -e> [ɛntˈʃait, *pl:* ɛntˈʃaidə] *m (geh) s.* **Entscheidung**

ent·schei·den° *irreg* I. *vt* ❶ *(beschließen)* ■ ~, **dass/ob/was/wann/wie ...** to decide that/whether/ what/when/how ...; *(gerichtlich)* to rule that/ whether/what/when/how ... ❷ *(endgültig klären)*

■ **etw** ~ to settle sth; ■ **etw** |**für jdn** |*o* **zugunsten einer Person**| | ~ to settle sth |in sb's favour [*or* -or] |; ■ **entschieden sein** to be decided; **noch ist nichts endgültig entschieden** nothing has been finally decided yet ❸ *(gewinnen)* ■ **etw für sich** *akk* ~ to win sth; **die Mannschaft konnte drei Spiele für sich** ~ the team secured victory in three games II. *vi (beschließen)* to decide; **hier entscheide ich!** I make the decisions here!; ■ **für/gegen jdn/ etw** ~ to decide in favour [*or* AM -or] /against sb/sth; *(gerichtlich)* to rule in favour [*or* AM -or] /against sb/ sth; ■ **über etw** *akk* ~ to decide on sth III. *vr* ❶ *(eine Entscheidung treffen)* ■ **sich** ~ to decide, to reach [*or* come to] a decision; ■ **sich** |**dazu**| ~**, etw zu tun** to decide to do sth; **ich habe mich dazu entschieden, das Angebot anzunehmen** I have decided to accept the offer; ■ **sich für/gegen jdn/etw** ~ to decide in favour [*or* AM -or] /against sb/sth ❷ *(sich herausstellen)* ■ **sich** ~**, ob/wann/wer/wie/wie viel ...** to be decided whether/when/who/how/how much ...; **es hat sich noch nicht entschieden, wer die Stelle bekommen wird** it hasn't been decided who will get the job

ent·schei·dend [ɛntˈʃaidn̩t] I. *adj* ❶ *(ausschlaggebend)* decisive; ■ **für jdn/etw** ~ **sein** to be crucial for sb/sth ❷ *(gewichtig)* big, crucial II. *adv (in entschiedenem Maße)* decisively

Ent·schei·dung *f* ❶ *(Beschluss)* decision; **es geht um die** ~**, ob/wer/wie ...** the decision will be whether/who/how ...; **zu einer** ~ **kommen** [*o* **gelangen**] to reach [*or* come to] [*or* arrive at] a decision; **die/ eine** ~ **liegt bei jdm** it is for sb to decide; **die** ~ **liegt beim Chef** it's up to the boss to decide; **vor einer** ~ **stehen** to be confronted with a decision; **jdn vor eine** ~ **stellen** to leave a decision to sb; **eine** ~ **treffen** to make [*or* take] a decision ❷ JUR *(Urteil des*

Richters) ruling; *(Votum der Geschworenen)* verdict; **die ~ fiel zugunsten der Angeklagten aus** the verdict was in favour of the accused ③ SPORT *(Ausgang eines Spiels)* result; **um die ~ spielen** to play the deciding match [*or* BRIT decider]

Ent·schei·dungs·be·fug·nis *f* decision-making powers *npl;* **die ~ haben** to have the power to make decisions **Ent·schei·dungs·frei·heit** *f* freedom of decision-making **ent·schei·dungs·freu·dig** *adj* willing to make a decision **Ent·schei·dungs·kri·te·ri·um** *nt* decision factor, criterion **Ent·schei·dungs·pro·zess**RR *m* decision process **Ent·schei·dungs·schlacht** *f* ① MIL decisive battle ② *(Kraftprobe)* showdown *fam* **Ent·schei·dungs·spiel** *nt* decider BRIT, deciding match

ent·schie·den [ɛntˈʃiːdn̩] **I.** *pp von* **entscheiden** **II.** *adj* ① *(entschlossen)* determined, resolute; **ein ~er Befürworter** a staunch supporter; **ein ~er Gegner** a resolute opponent ② *(eindeutig)* definite **III.** *adv* ① *(entschlossen)* firmly, resolutely; **den Vorschlag lehne ich ganz ~ ab** I categorically reject the proposal ② *(eindeutig)* definitely; **diesmal bist du ~ zu weit gegangen** this time you've definitely gone too far

Ent·schie·den·heit <-, -en> *f* determination, resolution; **mit [aller] ~** in the strongest possible way; **etw mit [aller] ~ ablehnen** to refuse sth flatly; **mit ~ dementieren** to deny categorically

ent·schla·cken* [ɛntˈʃlakn̩] **I.** *vt* MED *(von Schlacken befreien)* ■ **etw ~** to purify sth [*or* cleanse] **II.** *vi* MED *(entschlackend wirken)* to have a purifying [*or* cleansing] effect

Ent·schla·ckung <-, -en> *f* MED purification, cleansing

Ent·schla·ckungs·kur *f* detox treatment

ent·schlafen* *vi irreg sein (euph geh: sterben)* to pass away [*or* over] [*or* on] *euph*

Ent·schla·fe·ne(r) *f(m) dekl wie adj (euph geh: gestorbene Person)* ■ **der/die ~/die ~n** the deceased, the departed

ent·schlei·ern* [ɛntˈʃlaiɐn] *vt (geh)* ■ **etw ~** to uncover [*or* reveal] sth

ent·schlie·ßen* *vr irreg (sich entscheiden)* ■ **sich [für etw/zu etw] ~** to decide [on sth]; ■ **sich [dazu] ~, etw zu tun** to decide to do sth; **sich zu nichts ~ können** to be unable to make up one's mind; **ich kann mich so auf die Schnelle zu nichts ~!** I can't make up my mind about anything so quickly!

Ent·schlie·ßung *f (geh: Entschluss)* decision; **zu einer ~ gelangen** *(geh)* to come to [*or* reach] a decision; **eine ~ einbringen** POL to propose a resolution; **eine ~ annehmen** POL to pass a resolution

ent·schlos·sen [əntˈʃlɔsn̩] **I.** *pp von* **entschließen** **II.** *adj (zielbewusst)* determined, resolute, determined [*or* resolute] measures; **fest ~** absolutely determined; **kurz ~ sein** to decide without hesitating [*or* a moment's hesitation]; **etw kurz ~ tun** [to decide] to do sth straight away [*or* on the spur of the moment]; **sie ist immer kurz ~** she always decides without a single hesitation; **wild ~** *(fam)* fiercely determined, with fierce determination; **zu allem ~** determined to do anything **III.** *adv* resolutely, with determination

Ent·schlos·sen·heit <-> *f kein pl* determination, resolution; **mit wilder ~** *(fam)* with fierce determination

ent·schlum·mern* *vi sein* ① *(euph geh: sterben)* to go to sleep *euph* ② *(veraltend geh)* to fall asleep

ent·schlüp·fen* *vi sein* ① *(entkommen)* ■ **[jdm] ~** to escape [from sb] ② *(fig: entfahren)* ■ **etw entschlüpft jdm** *Bemerkung, Worte* sb lets sth slip

Ent·schlussRR <-es, Entschlüsse> *m,* **Ent·schluß**ALT <-sses, Entschlüsse> [ɛntˈʃlʊs] *m* decision, resolution; **aus eigenem ~ handeln** to act on one's own initiative; **jds** *gen* **fester ~ sein, etw [nicht] zu tun** to be sb's firm intention [not] to do sth; **ein löblicher/weiser ~** a commendable/wise decision; **seinen ~ ändern** to change one's mind; **einen ~ fassen** to make [*or* take] a decision; **zu einem ~ kommen** [*o* **gelangen**] to reach [*or* come to] a decision; **zu keinem ~ kommen** [*o* **gelangen**] to be unable to come to a decision

ent·schlüs·seln* [ɛntˈʃlʏsl̩n] *vt* ■ **etw ~** to decode [*or* decipher] sth

Ent·schlüs·se·lung <-, -en> *f* deciphering, decoding

ent·schluss·freu·digRR *adj* decisive **Ent·schluss·freu·dig·keit**RR <-> *f kein pl* decisiveness **Ent·schluss·kraft**RR *f kein pl* decisiveness; **~ besitzen** [*o* **haben**] to be decisive; **es fehlt** [*o* **mangelt**] **jdm an [genügend] ~** sb is not decisive [enough]

ent·schluss·losRR **I.** *adj* indecisive **II.** *adv* indecisively

ent·scho·ten [ˈəntʃotn̩] *vt* ■ **etw ~** KOCHK to pod sth

ent·schuld·bar [ɛntˈʃʊltbaːɐ̯] *adj* excusable, pardonable

ent·schul·di·gen* [ɛntˈʃʊldɪgn̩] **I.** *vi (als Höflichkeitsformel)* **~ Sie, können Sie mir sagen, wie ich zum Bahnhof komme?** excuse me, could you tell me how to get to the station?; **~ Sie bitte, was sagten Sie da gerade?** sorry, what were you just saying there? **II.** *vr* ① *(um Verzeihung bitten)* ■ **sich [bei jdm] [für etw** *akk* [*o* **wegen etw** *gen*]] **~** to apologize [to sb] [for sth], to say sorry [to sb] [for sth]; **ich muss mich bei Ihnen wegen meines Zuspätkommens ~** I'm terribly sorry I'm so late ② *(eine Abwesenheit begründen)* ■ **sich [bei jdm] ~** to ask [sb] to be excused; **ich möchte mich für die nächste Schulstunde ~** may I be excused from the next lesson?; ■ **sich [bei/von jdm] ~ lassen** to send one's apologies [*or* BRIT excuses], to [ask sb to] convey one's apologies [*or* BRIT excuses] **III.** *vt* ① *(als verzeihlich begründen)* ■ **etw mit etw** *dat* **~** to use sth as an excuse for sth; **Ihr Verhalten ist durch nichts zu ~!** nothing can excuse your behaviour! ② *(eine Abwesenheit begründen)* ■ **jdn/etw [bei jdm] ~** to ask [sb] to excuse sb/sth; **ich möchte meine Tochter für morgen ~** I'd like to ask if my daughter can be excused tomorrow; ■ **jdn ~** to excuse sb; **ich bitte mich zu ~** please excuse me ③ *(als verständlich erscheinen lassen)* ■ **etw ~** to excuse sth; **das kann Ihr Zuspätkommen nicht ~!** that is no excuse for your late arrival!; *(einen Regelverstoß hinnehmen)* to excuse [*or* forgive] sth; **bitte ~ Sie die Störung** please excuse [*or* forgive] the interruption

ent·schul·di·gend *adj* apologetic

Ent·schul·di·gung <-, -en> *f* ① *(Bitte um Verzeihung)* apology; **[jdn] [wegen etw** *dat*] **um ~ bitten** to apologize [to sb] [for sth]; **ich bitte um ~, aber ...?** excuse me,...; **um ~ bitten, dass/weil...** to apologize for being.../because...; **ich bitte vielmals um ~, dass ich mich verspätet habe!** I do apologize for being late! ② *(Begründung, Rechtfertigung)* **als** [*o* **zur**] **~ für etw** *akk* as an excuse for sth; **zu jds** *dat* **~** in sb's defence [*or* AM -se]; **was haben Sie zu Ihrer ~ zu sagen?** what have you got to say in your defence? ③ *(als Höflichkeitsformel)* **~!** sorry!; **o, ~, ich habe Sie angerempelt!** oh! sorry for bumping into you!; **~, ...?** excuse me,...? ④ SCH *(Schreiben)* note, letter of excuse *form;* **jdm eine ~ schreiben** to write sb a note; **ohne ~** without an excuse

ent·schwe·ben* *vi sein (hum geh)* to float away *hum*

ent·schwe·feln* *vt* ■ **etw ~** to desulphurize sth

Ent·schwe·fe·lung <-, -en> *f* desulphurization

Ent·schwe·fe·lungs·an·la·ge *f* desulphurization plant

ent·schwin·den* *vi irreg sein (geh)* ① *(verschwinden)* to disappear [*or* vanish] ② *(rasch vergehen)* to pass quickly

ent·seelt [ɛntˈzeːlt] **I.** *adj (geh)* lifeless, dead **II.** *adv*

entschuldigen

zugeben, eingestehen	admitting, confessing
Ich bin schuld daran.	It's my fault.
Ja, es war mein Fehler.	Yes, it was my mistake.
Da habe ich Mist gebaut. *(sl)*	I've really messed that/things up.
Ich gebe es ja zu: Ich habe vorschnell gehandelt.	I admit it: I acted too hastily.
Sie haben Recht, ich hätte mir die Sache gründlicher überlegen sollen.	You are right, I should have thought the matter through more.

sich entschuldigen	apologizing
(Oh,) das habe ich nicht gewollt!	(Oh,) I didn't mean to do that!
Das tut mir leid!	I'm sorry!
Entschuldigung!/Verzeihung!/Pardon!	Excuse me!/Sorry!/I beg your pardon!
Entschuldigen Sie bitte!	Please excuse me!/I'm sorry!
Das war nicht meine Absicht.	That wasn't my intention.
Ich muss mich dafür wirklich entschuldigen.	I really must apologize.

auf Entschuldigungen reagieren	accepting apologies
Schon okay! *(fam)*/Das macht doch nichts!	That's okay!/It doesn't matter at all!
Keine Ursache!/Macht nichts!	That's all right!/Never mind!/It's okay!
Machen Sie sich darüber keine Gedanken.	Don't worry about it.
Lassen Sie sich darüber keine grauen Haare wachsen. *(fam)*	Don't lose any sleep over it.

(geh) lifelessly
Ent·seel·te(r) *f(m) dekl wie adj (geh)* ■ **der/die ~/ die ~n** the deceased, the departed
ent·sen·den* *vt irreg o reg* ❶ *(abordnen)* ■ **jdn in etw** *akk* ~ [*o* **zu etw** *dat*] to send sb to sth ❷ *(schicken)* ■ **jdn** [**zu jdm**] ~ to send [*or form* dispatch] sb [to sb]
Ent·sen·dung *f* ❶ POL *(von Abgeordneten)* dispatch ❷ *(das Wegschicken)* sending, dispatch *form*
ent·set·zen* **I.** *vt (in Grauen versetzen)* ■ **jdn** ~ to horrify sb **II.** *vr (die Fassung verlieren)* ■ **sich** [**über jdn/ etw**] ~ to be horrified [at sb/sth]
Ent·set·zen <-s> *nt kein pl (Erschrecken)* horror, dismay; **voller** ~ filled with horror [*or* dismay], horrorstruck [*or* -stricken]; **mit** ~ horrified, dismayed; [**bleich/kreideweiß/versteinert**] **vor** ~ [pale/as white as a sheet/petrified] with horror; **zu jds** [**großen** [*o* **größten**]] ~ to sb's [great] horror [*or* dismay]
Ent·set·zens·schrei *m* cry of horror
ent·setz·lich [ɛntˈzɛtslɪç] **I.** *adj* ❶ *(schrecklich)* horrible, awful, dreadful, terrible; **wie ~!** how dreadful [*or* terrible] [*or* awful] ! ❷ *(fam: sehr stark)* awful, terrible; **ich habe einen ~en Durst!** I am terribly thirsty! **II.** *adv* ❶ *(in furchtbarer Weise)* awfully, terribly; **~ aussehen** to look awful [*or* terrible] ❷ *(intensivierend (fam)* awfully, terribly; **diese Bluse ist ~ bunt** this blouse is awfully garish
ent·setzt I. *adj* horrified; ■ **~ [über jdn/etw] sein** to be horrified [*or* appalled] [at [*or* by] sb/sth] **II.** *adv (großes Entsetzen zeigend)* in a horrified manner; **sie schrie ~ auf** she let out a horrified scream
ent·seu·chen* [ɛntˈzɔyçn̩] *vt* ÖKOL ■ **etw** ~ to decontaminate [*or* disinfect] sth
ent·si·chern* *vt* ■ **etw** ~ to release the safety catch on sth; **eine entsicherte Pistole** a pistol with the safety catch off
ent·sin·nen* *vr irreg (geh)* ■ **sich** [**einer S./jds** *gen* [*o* **an jdn/etw**]] ~ to remember [sth/sb]; **wenn ich**

mich recht entsinne if I remember correctly, if my memory serves me right
ent·sor·gen* *vt* ÖKOL ■ **etw** ~ ❶ *(wegschaffen)* to dispose of sth ❷ *(von Abfallstoffen befreien)* ■ **eine Industrieanlage/eine Stadt** ~ to dispose of an industrial site's/a town's waste [*or* refuse and sewage]
Ent·sor·gung <-, -en> *f (das Entsorgen)* waste disposal; **die ~ von Schmutzwasser** the disposal of waste water
Ent·sor·gungs·be·trieb *m* waste disposal plant
ent·span·nen* **I.** *vr* ❶ *(relaxen)* to relax, to unwind ❷ *(sich glätten)* to relax, to release, to untighten; **ihre Gesichtszüge entspannten sich** her features relaxed ❸ POL *a. (sich beruhigen)* to ease **II.** *vt* ■ **etw** ~ ❶ *(lockern)* to relax sth ❷ *(die kritische Spannung beseitigen)* to ease sth; **das Friedensangebot entspannte die Lage** the peace offer eased the situation
ent·spannt I. *pp von* **entspannen II.** *adj* relaxed; *Atmosphäre a.* easy-going; *politische Lage* calm
Ent·span·nung *f* ❶ *(innerliche Ruhe)* relaxation; **zur** ~ for relaxation; **nach der Arbeit sehe ich zur ~ etwas fern** I watch a bit of television to unwind [*or esp* AM *fam* chill out] after work ❷ POL *(Abbau von Spannungen)* easing of [*or* reduction in] tension
Ent·span·nungs·me·tho·de *f* relaxation method **Ent·span·nungs·po·li·tik** *f* policy of détente **Ent·span·nungs·tech·nik** *f* relaxation technique **Ent·span·nungs·übung** *f meist pl* relaxation exercise
ent·spin·nen* *vr irreg (sich ergeben)* ■ **sich** [**aus etw** *dat*] ~ to develop [*or* arise] [from sth]
ent·spre·chen* *vi irreg* ■ **einer S.** *dat* ~ ❶ *(übereinstimmen)* to correspond to [*or* tally with] sth; **der Artikel in der Zeitung entsprach nicht ganz den Tatsachen** the article in the newspaper wasn't quite in accordance with the facts ❷ *(genügen)* to fulfil [*or* AM *usu* -ll] [*or* meet] [*or* answer] sth; **die wenigsten der Bewerber entsprachen den Anforderungen**

very few of the applicants fulfilled the requirements ❸ *(geh: nachkommen)* to comply with sth; **der geäußerten Bitte können wir nicht ~** we cannot comply with the request made

ent·spre·chend [ɛnt'ʃprɛçnt] **I.** *adj* ❶ *(angemessen)* appropriate, corresponding; *s. a.* **Umstand** ❷ *(zuständig)* relevant **II.** *präp* +*dat* in accordance with, according to, corresponding to; **den Bestimmungen ~** in accordance with regulations

Ent·spre·chung <-, -en> *f* correspondence, equivalence

ent·sprin·gen *vi irreg sein* ▪ **einer S. dat ~** ❶ GEOG *(seine Quelle haben)* to rise from sth ❷ *(seinen Ursprung haben)* to arise [*or* spring] from sth

ent·stam·men *vi sein* ▪ **einer S. ~ dat** ❶ *(aus etw stammen)* to come [*or* stem] from sth; **einer wohlhabenden Familie ~** to come from an affluent family ❷ *(aus einer bestimmten Zeit stammen)* to originate from sth; *(abgeleitet sein)* to be derived from sth; **die Skulptur entstammt der viktorianischen Epoche** the sculpture originates from the Victorian era

ent·stau·ben *vt* ▪ **etw ~** to remove the dust from sth, to dust sth

ent·ste·hen *vi irreg sein* ▪ **[aus etw/durch etw] ~** ❶ *(zu existieren beginnen)* to come into being [from sth], to be created [from sth]; **aus diesem kleinen Pflänzchen wird ein großer Baum ~** a great tree will grow from this sapling; **das Haus war in nur 8 Monaten entstanden** the house was built in only eight months; **im E~ begriffen sein** *(geh)* to be in the process of development [*or* emerging] ❷ *(verursacht werden)* to arise [*or* result] [from sth]; **beträchtliche Unruhe entstand unter der Bevölkerung** considerable unrest arose amongst the people ❸ CHEM *(sich bilden)* to be produced [from/through/via sth] ❹ *(sich ergeben)* to arise [*or* result] [from sth]; **~ mir irgendwelche Verpflichtungen?** am I committing myself to anything?

Ent·ste·hung <-, -en> *f* ❶ *(das Werden)* creation; *des Lebens* origin; *eines Gebäudes* construction, building ❷ *(Verursachung)* creation, cause; **die Nachrichten sorgten für die ~ von Unruhe** the news created unrest ❸ CHEM *(Bildung)* formation

Ent·ste·hungs·ge·schich·te *f* genesis, history of the origins of sth **Ent·ste·hungs·ort** *m* place of origin

ent·stei·gen *vi irreg sein* ❶ ▪ **einer S. dat ~** ❶ *(aussteigen)* to alight from sth *form;* **dem Bad/Wasser ~** to emerge from the bath/water *form* ❷ *(aufsteigen) Dampf, Rauch* to rise from sth

ent·stei·nen [ɛnt'ʃtainən] *vt* ▪ **etw ~** to stone sth **Ent·stei·ner** *m* pitting machine

ent·stel·len *vt* ▪ **etw ~** ❶ *(verunstalten)* to disfigure sth; *jds gen* **Gesicht ~** to disfigure sb's face; *s. a.* **Unkenntlichkeit** ❷ *(verzerren)* to contort [*or* distort] sth; **der Schmerz entstellte ihre Züge** her features were contorted with pain ❸ *(verzerrt wiedergeben)* **etw entstellt wiedergeben** to distort [*or* misrepresent] sth

Ent·stel·lung *f* ❶ *(entstellende Narbe)* disfigurement ❷ *(Verzerrung) der Tatsachen, Wahrheit* distortion

ent·sti·cken *vt* CHEM ▪ **etw ~** to denitrify [*or* denitrate] sth

Ent·sti·ckung <-, -en> *f* CHEM denitrification, denitration

ent·stö·ren *vt* ▪ **etw ~** ❶ TELEK *(von Störungen befreien)* to eliminate interference in sth, to free sth from interference ❷ ELEK *(von Interferenzen befreien)* to fit a suppressor to sth; **entstörte [Elektro]geräte** [electrical] appliances fitted with a suppressor

Ent·stö·rung *f* ❶ TELEK *(das Entstören)* fault clearance, freeing from interference ❷ ELEK fitting of a suppressor **Ent·stö·rungs·stel·le** *f s.* **Störungsstelle**

ent·strö·men *vi sein (geh)* ▪ **einer S. dat ~** to pour [*or* gush] out of sth; *Gas, Luft* to escape [*or form* issue] from sth

ent·ta·bu·i·sie·ren *vt (geh)* ▪ **etw ~** to free sth from taboos

ent·tar·nen *vt* ▪ **jdn [als etw] ~** to expose sb [as sth]

ent·täu·schen **I.** *vt* ❶ *(Erwartungen nicht erfüllen)* ▪ **jdn ~** to disappoint sb ❷ *(nicht entsprechen) jds* **Hoffnungen ~** to dash sb's hopes; *jds* **Vertrauen ~** to betray sb's trust **II.** *vi (enttäuschend sein)* to be disappointing; **die Mannschaft hat sehr enttäuscht** the team was very disappointing

ent·täu·schend *adj* disappointing

ent·täuscht **I.** *adj* disappointed (**über** +*akk* /**von** +*dat* in/with); **~ aussehen** to look disappointed **II.** *adv* disappointedly, full of disappointment

Ent·täu·schung *f* disappointment; **eine große ~** a big disappointment; **jdm eine ~ bereiten** to disappoint sb; **zu jds ~** to sb's disappointment; **zu ihrer großen ~ erhielt sie die Stelle nicht** to her great disappointment she didn't get the job

ent·thro·nen *vt (geh)* ▪ **jdn ~** to dethrone sb

ent·völ·kern [ɛnt'fœlkɐn] **I.** *vt (menschenleer machen)* ▪ **etw ~** to depopulate sth; **durch die Epidemie wurden ganze Gebiete entvölkert** whole areas became depopulated as a result of the epidemic; *(hum)* to clear sth of people; **der strömende Regen hatte die Innenstadt praktisch entvölkert** pouring rain had practically cleared the town centre of people **II.** *vr (hum: menschenleer werden)* ▪ **sich ~** to become deserted

Ent·völ·ke·rung <-> *f kein pl* depopulation

ent·wach·sen [ɛnt'vaksn] *vi irreg sein (geh)* ▪ **einer S. dat ~** to grow out of sth, to outgrow sth; *s. a.* **Kinderschuh**

ent·waff·nen [ɛnt'vafnən] *vt* ▪ **jdn ~** ❶ *(die Waffen abnehmen)* to disarm sb ❷ *(fig: mild stimmen)* to disarm sb

ent·waff·nend **I.** *adj* disarming **II.** *adv* disarmingly

Ent·waff·nung <-, -en> *f* disarming; *(eines Landes)* disarmament

ent·war·nen *vi* to give [*or* sound] the all-clear

Ent·war·nung *f* all-clear; **~ geben** to give [*or* sound] the all-clear

ent·wäs·sern *vt* ▪ **etw ~** ❶ AGR *(trockenlegen)* to drain sth ❷ BAU *(leer pumpen)* to drain [*or* pump out] sth ❸ MED *(von Wasseransammlung befreien)* to dehydrate sth

Ent·wäs·se·rungs·gra·ben *m* drainage ditch

ent·we·der [ɛnt've:dɐ] *konj* **~ ... oder ...** either...or; **~ oder!** yes or no!; **entscheide dich jetzt endlich ~ oder!** will you finally make a decision one way or the other!

Ent·we·der-oder[RR] <-, -> ['ɛntve:dɐ-'ʔo:dɐ] *nt* alternative; **du hast keine Wahl, es gibt kein ~!** you have no choice, there are no two ways about it!

ent·wei·chen *vi irreg sein* ❶ *(sich verflüchtigen)* ▪ **[aus** *|o* **durch] etw] ~** to leak [*or* escape] [from sth]; **entweicht da Gas aus der Leitung?** is gas escaping from the pipe there? ❷ *(geh: fliehen)* ▪ **[aus etw] ~** to escape [*or* run away] [from sth]

ent·wei·hen *vt* ▪ **etw ~** to desecrate [*or* profane] sth

Ent·wei·hung *f* desecration

ent·wen·den *vt (geh)* ❶ *(stehlen)* ▪ **[jdm] etw ~** to purloin sth [from sb] *form* ❷ *(hum: an sich nehmen)* ▪ **jdm etw ~** to purloin sth from sb *hum form,* to steal [*or* BRIT *fam* nick] sth from sb

ent·wer·fen *vt irreg* ❶ *(zeichnerisch gestalten)* to sketch; ▪ **[jdm] etw ~** to design sth [for sb] ❷ *(designen)* ▪ **etw ~** to design sth ❸ *(im Entwurf erstellen)* ▪ **etw ~** to draft [*or* draw up] sth

ent·wer·ten *vt* ▪ **etw ~** ❶ *(ungültig machen)* to cancel [*or* invalidate] sth; **Banknoten** ~ to demonetize banknotes ❷ *(weniger wert machen)* **Preise** ~ to devalue prices ❸ *(fig: im Wert mindern)* **ein Argument** ~ to undermine an argument

Ent·wer·ter <-s, -> *m* ticket-cancelling machine

Ent·wer·tung *f* ❶ *(das Entwerten)* cancellation, invalidation; *(Wertminderung)* devaluation ❷ *(fig: Wertminderung)* undermining

ent·wi·ckeln I. *vt* ■ **etw** ~ ❶ *(erfinden)* to develop sth ❷ *(entwerfen)* to develop sth; **einen Plan** ~ to develop [*or* devise] a plan ❸ FOTO **einen Film** ~ to develop a film ❹ CHEM *(entstehen lassen)* to produce sth II. *vr* ❶ *(zur Entfaltung kommen)* ■ **sich** [**zu etw**] ~ to develop into sth; **Ihre Tochter hat sich zu einer bemerkenswerten jungen Dame entwickelt** your daughter has turned out to be a remarkable young lady ❷ *(pej fam: sich entpuppen)* ■ **sich** ~ to turn out [*or* show [oneself]] to be ❸ *(vorankommen)* ■ **sich** [**irgendwie**] ~ to progress [*or* evolve] [in a certain manner]; **na, wie entwickelt sich euer Projekt?** well, how is your project coming along? ❹ POL *(zivilisatorisch fortschreiten)* ■ **sich** [**zu etw**] ~ to develop [into sth] ❺ CHEM *(entstehen)* ■ **sich** ~ to be produced

Ent·wick·ler <-s, -> *m* FOTO developer

Ent·wick·lung <-, -en> *f* ❶ *(das Entwickeln)* development; [**noch**] **in der** ~ **sein** [*o* sich befinden] to be [still] in the development stage; **in der** ~ in one's [*or* during] adolescence ❷ *(das Entwerfen)* *eines Plans, einer Theorie* evolution, development ❸ FOTO development, processing ❹ *(das Vorankommen)* progress, progression; **die ~ der Verhandlungen wird positiv beurteilt** the negotiations are judged to be progressing positively ❺ ÖKON, POL *(Fortschritt)* development; **die ~ eines Landes** the development of a country ❻ CHEM *(Entstehung)* production, generation; **die ~ entzündlicher Flüssigkeiten** the production of inflammable liquids ❼ ÖKON, POL trend; **eine rückläufige ~ der Arbeitslosenzahlen** a falling trend in unemployment figures

Ent·wick·lungs·dienst *m* development aid service, ≈ Voluntary Service Overseas BRIT **ent·wick·lungs·fä·hig** *adj* capable of development **Ent·wick·lungs·ge·schich·te** *f* BIOL evolution **Ent·wick·lungs·hel·fer**(**in**) *m(f)* development aid worker, ≈ VSO worker BRIT **Ent·wick·lungs·hil·fe** *f* ❶ POL *(Unterstützung unterentwickelter Länder)* development aid ❷ FIN *(finanzielle Zuwendungen an Staaten)* foreign aid **Ent·wick·lungs·jah·re** *pl* adolescence *no pl, no indef art;* **in den ~n sein** [*o* sich in den ~n befinden] to be in adolescence [*or* the teenage years] **Ent·wick·lungs·land** *nt* developing country **Ent·wick·lungs·phy·si·o·lo·gie** *f* developmental physiology **Ent·wick·lungs·rück·stand** *m* MED delayed development, underdevelopment **Ent·wick·lungs·sta·di·um** *nt* development stage **Ent·wick·lungs·stu·fe** *f* stage of development **Ent·wick·lungs·zeit** *f* ❶ *(Entwicklungsjahre)* adolescent years ❷ FOTO developing time

ent·win·den *irreg* I. *vt (geh: aus jds Griff winden)* ■ **jdm etw** ~ to wrest sth from sb *liter* II. *vr (geh: sich herauswinden)* ■ **sich jdm/einer S.** *dat* ~ to free oneself from sb/from sth

ent·wir·ren [ɛntˈvɪrən] *vt* ■ **etw** ~ ❶ *(auflösen)* to disentangle [*or* unravel] sth ❷ *(klarmachen)* to sort sth out *sep*

ent·wi·schen *vi sein* ■ [**jdm/aus etw** *dat*] ~ to escape [from sb/sth]

ent·wöh·nen [ɛntˈvøːnən] *vt* ❶ ■ **jdn** ~ to wean sb; **einen Säugling** ~ to wean an infant ❷ *(nicht mehr gewöhnt sein)* ■ [**einer S.** *dat*] **entwöhnt sein** to be weaned off [*or* from] sth, to lose the habit [of doing

sth]; **er war jeglicher Ordnung völlig entwöhnt** he had grown unaccustomed to any kind of order

ent·wür·di·gen *vt* ■ **jdn** ~ to degrade sb

ent·wür·di·gend I. *adj* degrading II. *adv* degradingly

Ent·wür·di·gung *f* degradation

Ent·wurf *m* ❶ *(Skizze)* sketch ❷ *(Design)* design ❸ *(schriftliche Planung)* draft; **im** ~ in the planning stage; **das neue Gesetz ist im** ~ the new act is being drafted

ent·wur·zeln *vt* ❶ *(aus dem Boden reißen)* ■ **etw** ~ to uproot sth ❷ *(heimatlos machen)* ■ **jdn** ~ to uproot sb

Ent·wur·zel·te(r) *f(m) dekl wie adj* displaced person

Ent·wur·ze·lung <-, -en> *f* ❶ *(das Entwurzeln)* uprooting ❷ *(das Entwurzeltsein)* rootlessness

ent·zau·bern *vt* ❶ *(den romantischen Glanz nehmen)* ■ **jdn/etw** ~ to deprive sb/sth of their/its mystique; **ihre romantischen Vorstellungen wurden durch die harte Realität entzaubert** her romantic notions were shattered by harsh reality ❷ *(geh: von einem Bann befreien)* ■ **jdn** ~ to free sb from a spell, to break the spell on sb

ent·zer·ren *vt* ■ **etw** ~ ❶ *(zeitlich auseinanderziehen)* to stagger sth ❷ TRANSP *(nicht überlappen lassen)* to regulate the flow of sth; **die Verkehrsströme** ~ to regulate the flow of traffic ❸ TECH *(verständlicher machen)* to rectify sth

Ent·zer·rung *f* ❶ *(zeitliche Auseinanderziehung)* staggering ❷ TRANSP regulation of traffic ❸ TECH *(Verständlichmachung)* rectification

ent·zie·hen *irreg* I. *vt* ❶ ADMIN *(aberkennen)* ■ **jdm etw** ~ to withdraw *form* [*or* take away] sth from sb; **jdm den Führerschein** ~ to revoke sb's driving licence [*or* driver's license] AM ❷ *(nicht länger geben)* ■ **jdm etw** ~ to withdraw sth from sb; *s. a.* **Wort** ❸ *(fernhalten)* ■ **jdn einer S.** *dat* ~ to remove sb from sth ❹ *(wegziehen)* ■ **jdm etw** ~ to remove sth from sb; **sie entzog ihm ihren Arm** she removed her arm from him ❺ AGR, FORST *(aus etw entnehmen)* ■ **einer S.** *dat* **etw** ~ to remove sth from sth; **dieses Getreide entzieht dem Boden viele Nährstoffe** this grain removes a lot of nutrients from the soil ❻ CHEM *(extrahieren)* ■ **einer S.** *dat* **etw** ~ to extract sth from sth II. *vr* ❶ *(sich losmachen)* ■ **sich jdm/einer S.** ~ to evade sb/sth; **sie wollte ihn streicheln, doch er entzog sich ihr** she wanted to caress him, but he resisted her ❷ *(nicht berühren)* ■ **sich einer S.** *dat* ~ to be beyond sth; **das entzieht sich meiner Kenntnis** that's beyond my knowledge

Ent·zie·hung *f* ❶ ADMIN *(Aberkennung)* withdrawal, revocation ❷ *(Entzug)* withdrawal ❸ MED *(Entziehungskur)* withdrawal treatment, cure for an addiction; **eine ~ machen** to undergo withdrawal treatment

Ent·zie·hungs·an·stalt *f* drug rehabilitation centre [*or* AM -er] **Ent·zie·hungs·kur** *f* cure for an addiction; **eine ~ machen** to undergo a cure for an addiction

ent·zif·fer·bar *adj* decipherable; **nicht** ~ indecipherable

ent·zif·fern [ɛntˈtsɪfɐn] *vt* ■ **etw** ~ ❶ *(mühsam lesen)* to decipher sth ❷ *(entschlüsseln)* to decipher [*or* decode] sth

Ent·zif·fe·rung <-, -en> *f* ❶ *(das Entziffern)* deciphering ❷ *(das Entschlüsseln)* deciphering, decoding

ent·zü·cken *vt (begeistern)* ■ **jdn** ~ to delight sb; **ich muss sagen, das entzückt mich** I must say, I find that delightful; ■ [**von jdm/etw** [*o* **über jdn/etw**]] **entzückt sein** to be delighted [by [*or* at] sb/sth]; [**von etw**] **wenig entzückt sein** *(iron)* not to be very pleased [about sth] *iron*

Ent·zü·cken <-s> *nt kein pl (Begeisterung)* delight; [**über etw** *akk*] **in ~ geraten** to go into raptures [over

sth]; **zu jds [größtem]** ~ to sb's great delight [*or* joy]
ent·zü·ckend [ɛntˈtsʏknt] *adj* delightful; **das ist ja ~!**
(iron) that's charming!

Ent·zug <-[e]s> *m kein pl* ❶ ADMIN *(das Entziehen)*
withdrawal, revocation ❷ MED *(das Entziehen)* withdrawal; *(Entziehungskur)* withdrawal treatment, cure
for an addiction; **kalter ~** *(sl)* cold turkey *sl*; **auf ~**
sein *(sl)* to go [through] cold turkey *sl*
Ent·zugs·er·schei·nung *f* withdrawal symptom *usu*
pl **Ent·zugs·symp·tom** *nt (selten)* withdrawal symptom
ent·zünd·bar *adj* inflammable; **leicht ~** highly inflammable
ent·zün·den I. *vt* ❶ **etw ~** ❶ MED *(infizieren)* to
inflame sth ❷ *(geh: anzünden)* to light sth II. *vr*
❶ MED *(sich infizieren)* ■ **sich ~** to become inflamed
❷ *(in Brand geraten)* ■ **sich ~** to catch fire ❸ *(fig: auf-
flackern)* ■ **sich an etw** *dat* ~ to be sparked off by
sth; *Begeisterung* to be kindled by sth
ent·zünd·lich [ɛntˈtsʏntlɪç] *adj* ❶ MED *(infektiös)*
inflammatory; *(sich leicht entzündend)* inflammatory; **die Mandeln sind leicht ~** the tonsils become
easily inflamed ❷ *(entzündbar)* inflammable
Ent·zün·dung *f* MED inflammation
ent·zün·dungs·hem·mend *adj* MED anti-inflammatory
Ent·zün·dungs·herd *m* MED focus of inflammation
ent·zwei [ɛntˈtsvai] *adj pred* in two [pieces], in half;
(zersprungen) broken; *(zerrissen)* torn
ent·zwei|bre·chen *irreg* I. *vi sein (zerbrechen)* to
break into pieces II. *vt haben (zerbrechen)* ■ **etw ~** to
break sth into pieces, to break sth in two [*or* half]
ent·zwei·en [ɛntˈtsvaiən] I. *vt (auseinanderbringen)*
■ **jdn ~** to divide people, to set people against each
other; **sie entzweiten sich wegen einer Frau** they
fell out [with each other] over a woman II. *vr (sich*
überwerfen) ■ **sich mit jdm ~** to fall out with sb
ent·zwei|ge·hen *vi irreg sein* to break [in two [*or* half]]
Ent·zwei·ung <-, -en> *f* ❶ *(Bruch)* split, break
❷ *(Streit)* quarrel
en vogue [ãˈvoːk] *adj pred (geh)* in vogue [*or* fashion]
En·ze·pha·lo·gramm <-gramme> [ɛntsefaloˈgram] *nt*
MED encephalogram
En·zi·an <-s, -e> [ˈɛntsjaːn] *m* ❶ BOT gentian ❷ KOCHK
(Schnaps) spirit distilled from the roots of gentian
En·zy·kli·ka <-, Enzykliken> [ɛnˈtsyːklika, *pl:*
ɛnˈtsyːkliːkn] *f* REL encyclical
En·zy·klo·pä·die <-, -n> [ɛntsyklopɛˈdiː, *pl:* -ˈdiːən] *f*
encyclopaedia, encyclopedia *esp* AM
en·zy·klo·pä·disch [ɛntsykloˈpɛːdɪʃ] I. *adj* encyclopae-
dic, encyclopedic *esp* AM II. *adv* encyclopaedically,
encyclopedically *esp* AM
En·zym <-s, -e> [ɛnˈtsyːm] *nt* enzyme
En·zym·ak·ti·vi·tät *f* BIOL enzyme activity **En·zym·re-**
gu·la·ti·on *f* BIOL enzyme regulation
Epen *pl von* **Epos**
Epi·de·mie <-, -n> [epideˈmiː, *pl:* -ˈmiːən] *f* MED epidemic
epi·de·misch [epiˈdeːmɪʃ] *adj* MED epidemic; *(fig: seu-*
chenartig) epidemic; **sich** *akk* ~ **verbreiten** to
spread like an epidemic
epi·der·mal [epidɛrˈmaːl] *adj* MED epidermal
Epi·der·mis <-, -men> [epiˈdɛrmɪs] *f* BIOL epidermis
Epi·go·ne <-n, -n> [epiˈgoːnə] *m* epigone *liter*; imitator
Epi·gramm <-gramme> [epiˈgram] *nt* ❶ LIT epigram
❷ KOCHK *(Bruststück vom Lamm)* [lamb] epigramme
[*or* AM -am]
Epik <-> [ˈeːpɪk] *f kein pl* epic poetry
Epi·ku·re·er(in) <-s, -> [epikuˈreːɐ] *m(f)* ❶ *(geh:*
Genussmensch) epicurean *form* ❷ PHILOS Epicurean
Epi·lep·sie <-, -n> [epilɛˈpsiː, *pl:* -ˈpsiːən] *f* epilepsy
Epi·lep·ti·ker(in) <-s, -> [epiˈlɛptikɐ] *m(f)* epileptic
epi·lep·tisch [epiˈlɛptɪʃ] I. *adj* epileptic II. *adv* inclined

to have epileptic fits, to have a tendency towards epileptic fits
Epi·log <-s, -e> [epiˈloːk, *pl:* epiˈloːgə] *m* epilogue
episch [ˈeːpɪʃ] *adj* ❶ *(das Epos betreffend)* epic
❷ *(geh: endlos ausschmückend)* of epic proportions;
~ werden to take on epic proportions; *s. a.* **Breite**
Epi·sko·pat <-[e]s, -e> [episkoˈpaːt] *m o nt* REL ❶ *kein*
pl (Amt des Bischofs) episcopate ❷ *(Gesamtheit der*
Bischöfe) episcopate, episcopacy
Epi·so·de <-, -n> [epiˈzoːdə] *f* episode
epi·so·den·haft *adj (kurzzeitig)* short-lived; **~e**
Erscheinung brief appearance
Epi·stel <-, -n> [eˈpɪstl] *f* epistle
Epi·taph <-s, -e> [epiˈtaːf] *nt (geh)* ❶ *(Gedenktafel)*
memorial plaque ❷ *(Grabinschrift)* epitaph
Epi·zen·trum [epiˈtsɛntrʊm] *nt* epicentre [*or* AM -er]
epo·chal [epoˈxaːl] *adj s.* **epochemachend**
Epo·che <-, -n> [eˈpɔxə] *f* epoch; **~ machen** to be
epoch-making; **~ machend** epoch-making
epo·che·ma·chend *adj s.* **Epoche**
Epos <-, Epen> [ˈeːpɔs, *pl:* ˈeːpən] *nt* epic
Equi·pe <-, -n> [eˈkiːp, *pl:* eˈkiːpn] *f* team
er <*gen:* seiner, *dat:* ihm, *akk:* ihn> [ˈeːɐ] *pron pers*
❶ *(männliche Person bezeichnend)* he; **sie ist ein**
Jahr jünger als ~ she is a year younger than him;
nicht möglich, ~ ist es wirklich! unbelievable, it
really is him!; **wer hat das gemacht? – ~!** who did
that? – he did!; **ich war's doch gar nicht, ~ da**
war's! it certainly wasn't me, it was him there!;
wenn ich ~ wäre,... if I were him... ❷ *(Sache*
bezeichnend) it; **kauf dir doch auch einen Com-**
puter, ~ ist ein nützliches Hilfsmittel do buy yourself a computer, it's a useful aid ❸ *(Tier bezeichnend)*
it; *(bei männlichen Tieren)* he; **das ist mein Rabe, ~**
heißt Fridolin that's my raven, he's called Fridolin;
ein E~ und eine Sie *(hum fam)* a he and a
she *hum fam*
ER <-s> *nt kein pl Abk von* **endoplasmatisches Reti-**
kulum ER *no pl*
er·ach·ten [ɛɐˈʔaxtn] *vt (geh)* ■ **es als etw ~** to consider [*or form* deem] it to be sth; **ich habe es als**
meine Pflicht erachtet, dir das mitzuteilen
I deemed it [to be] my duty to inform you about that
Er·ach·ten <-s> [ɛɐˈʔaxtn] *nt kein pl* **meines ~s** [*o*
nach meinem ~] in my opinion
er·ah·nen *vt (geh: ahnen)* ■ **etw ~** to guess [*or* im-
agine] sth; ■ **etw ~ lassen** to give an idea of sth; **der**
Marmorblock lässt die Proportionen des späte-
ren Kunstwerks ~ the marble block gives an idea of
the size of the eventual work of art; ■ **sich ~ lassen**
to be sensed
er·ar·bei·ten *vt* ❶ *(durch Arbeit erwerben)* ■ [**sich**
dat] **etw ~** to work for sth ❷ *(erstellen)* ■ **etw ~** to
work out sth; **einen Plan ~** to work out a plan
Erb·adel [ˈɛrpʔaːdl] *m* hereditary nobility **Erb·an·la-**
ge *f meist pl* hereditary factor [*or* characteristic]
usu pl
er·bar·men [ɛɐˈbarmən] I. *vt (leidtun)* ■ **jdn ~** to
arouse sb's pity, to move sb to pity; ■ **es erbarmt**
mich, wenn... I feel pity when[ever]... II. *vr* ❶ *(Mit-*
leid haben) ■ **sich jds/einer S.** *gen* ~ to take pity on
sb/sth; **Herr, erbarme dich unser** Lord, have mercy
upon us ❷ *(hum fam: sich annehmen)* ■ **sich [einer**
S. *gen*] ~ to take care of [sth] *hum fam*; **ein Stück**
Kuchen ist noch übrig, wer erbarmt sich und isst
es? there's a piece of cake left over, who's going to
take care of it?
Er·bar·men <-s> [ɛɐˈbarmən] *nt kein pl* pity, compassion; ■ **~ mit jdm/etw [haben]** [to have] pity for sb/
[to show] compassion for sth; **kein ~ [mit jdm] ken-**
nen [*o* haben] to show [sb] no mercy; **aus ~** out of
pity; **voller ~** full of pity; **ohne ~** pitiless, merciless;

dieser Killer tötet ohne das geringste ~ this murderer kills without showing the slightest [sign of] pity; **zum E~** *(fam)* pitiful, pathetic; **Mund zu, du singst ja zum ~!** keep your mouth shut, your singing is pitiful!; **~!** mercy!

er·bar·mens·wert *adj (geh)* pitiful, wretched

er·bärm·lich [εɐ̯'bɛrmlɪç] **I.** *adj (pej)* ❶ *(fam: gemein)* miserable, mean; **du ~es Schwein!** you miserable swine!; **ich hätte nie gedacht, dass einer so ~ sein kann** I would never have thought that anyone could be so mean ❷ *(furchtbar)* terrible; **~e Angst haben** to be terribly afraid ❸ *(jämmerlich)* miserable, wretched; **sich in einem ~en Zustand befinden** to be in a wretched condition; **[in etw** *dat***] ~ aussehen** *(fam)* to look terrible [in sth] **II.** *adv (pej)* ❶ *(gemein)* wretchedly, abominably; **er hat sich ~ verhalten!** he behaved abominably! ❷ *(fam: furchtbar)* terribly; **draußen ist es ~ kalt!** it's terribly cold outside; **die Wunde tut ~ weh!** the wound hurts terribly!

Er·bärm·lich·keit <-> *f kein pl* ❶ *(Gemeinheit)* meanness, wretchedness ❷ *(Jämmerlichkeit)* awfulness, wretchedness

er·bar·mungs·los [εɐ̯'barmʊŋsloːs] **I.** *adj* pitiless, merciless **II.** *adv* pitilessly, mercilessly, without mercy

er·bar·mungs·voll I. *adj* compassionate, full of pity **II.** *adv* compassionately

er·bau·en I. *vt* ❶ *(errichten)* ■ **etw ~** to build sth ❷ *(seelisch bereichern)* ■ **jdn ~** to uplift sb ❸ *(fam: begeistert sein)* ■ **[von etw** [*o* **über etw**] **] erbaut sein** to be enthusiastic [about sth]; ■ **[von etw** [*o* **über etw**] **| nicht [besonders] erbaut sein** not to be [particularly] pleased [about sth] [*or* delighted [by sth]] **II.** *vr (sich innerlich erfreuen)* ■ **sich an etw** *dat* **~** to be uplifted by sth

Er·bau·er(in) <-s, -> *m(f)* architect

er·bau·lich *adj (geh)* edifying *form;* **nicht gerade** [*o* **sehr**] **~** *(iron)* not exactly [*or* very] encouraging *iron*

Er·bau·ung <-, -en> *f* ❶ *(Errichtung)* building ❷ *(seelische Bereicherung)* edification; **zur ~** for one's edification

erb·be·rech·tigt *adj* entitled to the/an inheritance, entitled to inherit **erb·bi·o·lo·gisch** *adj* genetic; **ein ~es Gutachten** a genetic test report

Er·be <-s> ['ɛrbə] *nt kein pl* ❶ *(Erbschaft)* inheritance *no pl;* **das ~ ausschlagen** to turn down [*or form* waive] an inheritance ❷ *(fig: Hinterlassenschaft)* legacy

Er·be, Er·bin <-n, -n> ['ɛrbə, 'ɛrbɪn, *pl:* 'ɛrbn̩] *m, f* JUR heir *masc,* heiress *fem;* **alleiniger ~** the sole heir; **direkter ~** direct heir; **gesetzlicher ~** rightful heir; **die lachenden ~n** *(hum)* the joyful heirs; **leiblicher ~** blood-related heir; **jdn/ein Tier als ~n einsetzen** to appoint sb/an animal as heir

er·be·ben *vi sein (geh)* ❶ *(beben)* to shake, to tremble, to shudder ❷ *(zittern)* ■ **[vor etw** *dat***] ~** to shake [*or* tremble] [with sth]; **ihre Stimme erbebte vor Wut** her voice was shaking with anger

er·ben ['ɛrbn̩] **I.** *vt* ❶ *(als Erbe erhalten)* ■ **etw [von jdm] ~** to inherit sth [from sb] ❷ *(fam: geschenkt bekommen)* ■ **etw [bei/von jdm] ~** to be given sth [by sb] ❸ *(als Erbanlage bekommen)* ■ **etw von jdm ~** to inherit sth from sb **II.** *vi (Erbe sein)* to receive an inheritance; **sie müssen im Lotto gewonnen oder geerbt haben!** they must have either won the lottery or have been left some money!

Er·be·ngemein·schaft *f* community of joint heirs

er·bet·teln *vt (durch Bitten erhalten)* ■ **[sich** *dat***] etw ~** to obtain [*or* get] sth by begging; **sie ließen nicht nach, bis sie sich von ihren Eltern den Kinobesuch erbettelt hatten** they didn't give up until they had wheedled their parents into taking them to the cinema; **sich eine Mahlzeit ~** to beg for a meal

er·beu·ten [εɐ̯'bɔytn̩] *vt* ■ **etw ~** ❶ *(als Beute erhalten)* to get away with sth ❷ *(als Kriegsbeute bekommen)* to capture [*or* take] sth ❸ *(als Beute fangen)* to carry off sth *sep*

Erb·fak·tor *m* hereditary factor [*or* gene] **Erb·feind(in)** *m(f)* arch-enemy **Erb·fol·ge** *f* [line of] succession

Erb·gut *nt kein pl* genotype, genetic make-up **Erb·gut·schä·den** *pl* genetic abnormality **erb·gut·schä·di·gend** *adj* genetically harmful

er·bie·ten *vr irreg (geh)* ■ **sich ~, etw zu tun** to offer [*or* volunteer] to do sth

Er·bin <-, -nen> ['ɛrbɪn] *f fem form von* **Erbe** heiress

Erbinformation *f* genetic information

er·bit·ten *vt irreg (geh)* ■ **etw [von jdm] ~** to ask for [*or form* request] sth [from sb]

er·bit·tern ['ɛɐ̯'bɪtɐn] *vt* ■ **jdn ~** to enrage [*or* incense] sb

er·bit·tert I. *adj* bitter; **~en Widerstand leisten** to put up a bitter resistance; **~e Gegner** bitter opponents **II.** *adv* bitterly; **sie wehrten sich ~ bis zu ihrem Untergang** they fought to the bitter end

Er·bit·te·rung <-> *f kein pl* ❶ *(entschlossene Wut)* bitterness ❷ *(selten: Heftigkeit)* fierceness

Er·bi·um <-s> ['ɛrbiʊm] *nt kein pl* CHEM erbium

Erb·krank·heit *f* hereditary disease

er·blas·sen ['ɛɐ̯'blasn̩] *vi sein (erbleichen)* ■ **[vor etw** *dat***] ~** to go [*or* turn] pale [with sth]; **sie erblasste vor Schreck** she turned pale with fright; ■ **jdn ~ lassen** to make sb go [*or* turn] pale; *s. a.* **Neid**

Erb·las·ser(in) <-s, -> ['ɛrblasɐ] *m(f)* JUR testator **Erb·last** *f (fig: Hinterlassenschaft)* legacy; **der radioaktive Müll ist eine gefährliche ~** radioactive waste is a dangerous legacy

er·blei·chen *vi sein (geh)* ■ **[vor etw** *dat***] ~** to go [*or* turn] pale [with sth]; **er erbleichte vor Zorn** he turned pale with anger

erb·lich ['ɛrplɪç] **I.** *adj* hereditary; **eine ~e Krankheit** a hereditary disease **II.** *adv* by inheritance; **~ weitergeben** to pass on as a hereditary condition; **Krampfadern sind ~ bedingt** varicose veins are inherited; **~ belastet** MED having a hereditary disease; **~ [vor]belastet sein** *(hum)* to run in the family

er·bli·cken *vt (geh)* ❶ *(plötzlich sehen)* ■ **jdn/etw ~** to see [*or* catch sight of] [*or* spot] sb/sth ❷ *(fig: erkennen)* ■ **in jdm/einer S. etw ~** to see sb/sth as sth

er·blin·den [εɐ̯'blɪndn̩] *vi sein* ■ **[von etw/durch etw] ~** to go blind [as a result of sth]

Er·blin·de·te(r) *f(m) dekl wie adj* blind person

Er·blin·dung <-, -en> *f* loss of sight; **die ~ auf einem Auge** the loss of sight in one eye; **zur ~/zu einer bestimmten ~ führen** to lead to blindness/to a certain type of blindness

er·blü·hen *vi sein (geh)* to bloom [*or* blossom]; **der Kirschbaum war voll erblüht** the cherry tree was in full blossom

Erb·mas·se *f* genotype, genetic make-up **Erb·on·kel** *m (hum fam)* rich uncle *hum fam*

er·bo·sen [εɐ̯'boːzn̩] **I.** *vt (geh: wütend machen)* ■ **jdn ~** to anger [*or* infuriate] sb; ■ **erbost [über jdn/etw] sein** to be furious [*or* infuriated] [with sb/ about sth] **II.** *vr (geh: wütend werden)* ■ **sich über jdn/etw ~** to become furious [*or* infuriated] with sb/ about sth

Erb·pacht *f* hereditary lease

er·bre·chen¹ *irreg* **I.** *vt (ausspucken)* ■ **etw ~** to bring up sth *sep;* **etw bis zum E~ tun** *(pej fam)* to do sth ad nauseam; **ich habe mir deine ewigen Klagen bis zum E~ mit anhören müssen!** I'm heartily sick of listening to your constant moaning; **etw ist zum E~** *(fam)* sth is disgusting [*or* revolting] **II.** *vi* *(den Mageninhalt erbrechen)* to throw up *sl* **III.** *vr (sich übergeben)* ■ **sich ~** to be sick; **ich muss mich ~!** I'm going to be sick!

er·bre·chen·² *irreg vt (geh o veraltet)* ■ **etw ~** to break open sth *sep;* **ein Türschloss ~** to force a lock

Erb·recht *nt* law of inheritance

er·brin·gen·¹ *vt* ■ **etw ~** *irreg* ❶ *(aufbringen)* to raise sth; **eine hohe Leistung ~** to perform well ❷ FIN *(als Erlös erzielen)* to raise sth ❸ *(als Resultat zeitigen)* to produce [*or* yield] sth ❹ JUR *(beibringen)* to produce sth

Er·bro·che·ne(s) *nt dekl wie adj* vomit

Erb·schaft <-, -en> ['ɛrpʃaft] *f* inheritance; **eine ~ machen** to come into an inheritance

Erb·schaft(s)·steu·er *f* estate [*or* death] duty [*or* duties], death tax AM

Erb·schein *m* JUR certificate of inheritance; **jdm einen ~ ausstellen** to issue sb with a certificate of inheritance **Erb·schlei·cher(in)** <-s, -> *m(f) (pej)* legacy-hunter *pej*

Erb·se <-, -n> ['ɛrpsə] *f* pea; **gelbe ~** yellow pea

erb·sen·groß *adj* pea-size, the size of a pea **Erb·sen·sup·pe** *f* pea soup **Erb·sen·zäh·ler(in)** *m(f) (pej sl)* pedant

Erb·stück *nt* heirloom **Erb·sün·de** *f* REL original sin **Erb·tan·te** *f (hum fam)* rich aunt *hum fam* **Erb·teil** *nt* ❶ JUR *(Anteil an einer Erbschaft)* share of an inheritance ❷ MED, PSYCH *(Veranlagung)* inherited trait [*or* characteristics]

Erd·ach·se ['eːɐdaksə] *f* earth's axis

er·dacht [ɛɐˈdaxt] *adj* invented, made-up

Erd·an·zie·hung *f kein pl* gravitational pull of the earth **Erd·ap·fel** *m* SÜDD, ÖSTERR *(Kartoffel)* potato **Erd·ar·bei·ten** *pl* excavation work **Erd·at·mo·sphä·re** *f* earth's atmosphere **Erd·ball** *m (geh) s.* **Erdkugel**

Erd·be·ben *nt* earthquake

Erd·be·ben·herd *m* seismic focus centre [*or* AM -er] **erd·be·ben·si·cher** *adj* earthquake-proof **Erd·be·ben·war·te** *f* seismological station

Erd·bee·re ['eːɐtbeːrə] *f* ❶ *(Pflanze und Frucht)* strawberry ❷ *(Erdbeereis)* strawberry ice cream

erd·beer·far·ben *adj* strawberry-coloured [*or* AM -ored] **Erd·beer·si·rup** *m* strawberry syrup

Erd·be·stat·tung *f* burial, interment **Erd·be·völ·ke·rung** *f* population of the earth, earth's population **Erd·be·woh·ner(in)** *m(f)* inhabitant of the earth **Erd·bo·den** *m* ground; **etw dem ~ gleichmachen** to raze sth to the ground; **als hätte ihn/sie der ~ ver·schluckt** as if the earth had swallowed him/her up **Er·de** <-, -n> ['eːɐdə] *f* ❶ *kein pl (Welt)* earth; **der Pla·net ~** the planet Earth; **auf der ganzen ~** in the whole world; **auf der ganzen ~ bekannt** known throughout the world ❷ *(Erdreich)* earth, soil; **in fremder/heimatlicher ~ ruhen** *(geh)* to be buried in foreign/one's native soil *form* ❸ *(Grund, Boden)* ground; **auf der ~** on the ground; **zu ebener ~** at street level; **[mit etw** *dat***] unter die ~ gehen** BAU to build sth below ground; **etw aus der ~ stampfen** *(fam)* to produce sth out of thin air *fam;* **die neuen Wohnblocks wurden in einem Jahr buchstäblich aus der ~ gestampft** the new blocks of flats were literally thrown up in a year ❹ *(Art des Bodens)* soil; **feuchte/fruchtbare ~** damp/fertile soil ❺ ELEK *(Erdung)* earth ❻ CHEM earth; **seltene ~n** rare earths ▸ WENDUNGEN: **jdn unter die ~ bringen** to be the death of sb

er·den ['eːɐdn̩] *vt* ELEK ■ **etw ~** to earth sth

Er·den·bür·ger(in) *m(f)* mortal; **ein neuer ~** *(hum)* a new member of the human race *hum*

er·den·ken·¹ *vt irreg* ■ **etw ~** to devise [*or* think up] sth **er·denk·lich** *adj attr (nur denkbar)* conceivable, imaginable; **[jdm] alles ~ Gute/Schlechte/Böse [wün-**

schen] [to wish sb] all the very best/every conceivable misfortune/ill; **alles E~e tun** to do everything conceivable [*or* imaginable]

erd·far·ben *adj* earth-coloured [*or* AM -ored] **Erd·fer·kel** *nt* ZOOL aardvark **Erd·gas** *nt* natural gas **Erd·geist** *m* earth spirit **Erd·ge·ruch** *m* earthy smell **Erd·ge·schich·te** *f kein pl* geological history, history of the earth **erd·ge·schicht·lich I.** *adj attr* geological **II.** *adv* geologically **Erd·ge·schoss**ᴿᴿ *nt* ground [*or* AM first] floor; **im ~** on the ground [*or* AM first] floor **Erd·hau·fen** *m* mound of earth

er·dich·ten·¹ *vt (geh)* ■ **etw ~** to fabricate sth, to make sth up *sep;* **das E~ von Geschichten** the fabrication of stories

er·dig ['eːɐdɪç] **I.** *adj* ❶ *(nach Erde riechend/schme·ckend)* earthy ❷ *(mit Erde beschmutzt)* muddy **II.** *adv* earthily; **~ schmecken** to have an earthy taste

Erd·in·ne·re(s) *nt dekl wie adj* interior [*or* bowels] of the earth *npl* **Erd·kern** *m* earth's core **Erd·klum·pen** *m* clod of earth **Erd·kreis** *m (entire)* world, globe **Erd·krö·te** *f* ZOOL common toad **Erd·krus·te** *f* earth's crust **Erd·ku·gel** *f* globe, world

Erd·kun·de *f* geography

erd·kund·lich *adj* geographical

Erd·nussᴿᴿ *f (Pflanze und Frucht)* peanut

Erd·nuss·but·terᴿᴿ *f* peanut butter **Erd·nuss·öl**ᴿᴿ *nt* peanut oil

Erd·ober·flä·che *f* earth's surface, surface of the earth **Erd·öl** *nt* oil, petroleum; **~ exportierend** oil-exporting *attr*

er·dol·chen·¹ [ɛɐˈdɔlçn̩] *vt (geh)* ■ **jdn ~** to stab sb [to death]

Erd·öl·em·bar·go *nt* oil embargo **erd·öl·ex·por·tie·rend** *adj attr s.* **Erdöl** **Erd·öl·in·dus·trie** *f* oil industry **Erd·öl·lei·tung** *f* oil pipeline

Erd·reich *nt* earth, soil

er·dreis·ten·¹ [ɛɐˈdraɪstn̩] *vr* ■ **sich ~** to take liberties; **was erdreistest du dich?** how dare you!; ■ **sich ~, etw zu tun** to have the audacity to do sth

Erd·rin·de *f s.* **Erdkruste**

er·dröh·nen·¹ *vi sein* ❶ *(dröhnend widerhallen)* ■ **[von etw** *dat***] ~** to resound [with sth]; **die ganze Disko erdröhnte von dem Lärm** the whole disco resounded with the noise ❷ *(dröhnen) Lautsprecher* to boom; *Wand, Decke* to resound

er·dros·seln·¹ *vt* ■ **jdn ~** to strangle [*or* throttle] sb **Er·dros·sel·te(r)** *f(m) dekl wie adj* strangled person

er·drü·cken·¹ *vt* ❶ *(zu Tode drücken)* ■ **jdn/ein Tier ~** to crush sb/an animal to death ❷ *(fam: Eigen·ständigkeit nehmen)* ■ **jdn [mit etw** *dat***] ~** to stifle sb [with sth]; **merkst du nicht, dass du dein Kind mit deiner Liebe fast erdrückst?** can't you see that you're almost stifling the child with love ❸ *(sehr stark belasten)* ■ **jdn ~** to overwhelm sb; **die Schulden drohten ihn zu ~** he's up to his ears in debts

er·drü·ckend *adj* overwhelming; **~e Beweise** overwhelming evidence

Erd·rutsch *m (fig a.: überwältigender Wahlsieg)* landslide

erd·rutsch·ar·tig *adj* landslide; **ein ~er Wahlsieg** a landslide election victory **Erd·rutsch·sieg** *m* landslide victory

Erd·schat·ten *m* shadow of the earth **Erd·schicht** *f* ❶ *(eine Schicht Erde)* layer of earth ❷ GEOL stratum **Erd·spal·te** *f* crevice **Erd·spross**ᴿᴿ *m* BOT underground shoot **Erd·stoß** *m* seismic shock **Erd·teil** *m* continent

er·dul·den·¹ *vt* ■ **etw [von jdm]** ~ *dat Kränkungen, Leid* to endure [*or* suffer] sth [from sb]

Erd·um·dre·hung *f* rotation [*or* revolution] of the earth **Erd·um·fang** *m* circumference of the earth **Erd·um·krei·sung** *f* orbit around the earth **Erd·um·lauf·**

bahn f [earth] orbit

Er·dung <-, -en> f ELEK ❶ *(das Erden)* earthing ❷ *(Strom leitende Verbindung)* earth

Erd·wall m earth embankment **Erd·wär·me** f geothermal heat **Erd·zeit·al·ter** nt geological era

er·ei·fern` vr ■ **sich** [**über etw** akk] ~ to get excited [or worked up] [about [or over] sth]

er·eig·nen` [ɛgˈʔaignən] vr ■ **sich** ~ to occur [or happen]

Er·eig·nis <-ses, -se> [ɛgˈʔaignɪs, pl: -nɪsə] nt event, occurrence; *(etw Besonderes)* occasion; **der Gang der ~se** the course of events; **das ~ des Jahrhunderts** the event of the century; **bedeutendes/historisches ~** important/historical incident; **ein freudiges ~** a happy event

er·eig·nis·los I. adj uneventful II. adv uneventfully

er·eig·nis·reich adj eventful, a life full of incident

er·ei·len` vt (geh) ■ jdn ereilt etw sth overtakes sb form; **plötzlich ereilte ihn der Tod** he was suddenly overtaken by death

Erek·ti·on <-, -en> [ɛrɛkˈtsi̯oːn] f erection; **eine ~ haben** to have an erection

Ere·mit(in) <-en, -en> [ereˈmiːt] m(f) hermit

er·fah·ren¹ [ɛgˈfaːrən] irreg I. vt ❶ *(zu hören bekommen)* ■ **etw** [**von jdm**] [**über jdn/etw**] ~ *Nachricht, Neuigkeit etc.* to hear [or find out] sth [from sb] [about sb/sth]; ■ **etw** ~ to learn of sth; **darf man Ihre Absichten ~?** might we enquire as to your intentions? ❷ *(geh: erleben)* ■ **etw** ~ to experience sth; **in seinem Leben hat er viel Liebe ~** he experienced a lot of love in his life ❸ *(geh: mit sich geschehen lassen)* ■ **etw** ~ to undergo sth II. vi *(Kenntnis erhalten)* ■ **von etw** dat/**über etw** akk ~ to learn of [or about] sth

er·fah·ren² [ɛgˈfaːrən] adj *(versiert)* experienced; ■ [**in etw** dat/**auf einem Gebiet**] ~ **sein** to be experienced [in sth/in a field]

Er·fah·ren·heit <-> f kein pl (geh) experience

Er·fah·rung <-, -en> f ❶ *(prägendes Erlebnis)* experience; **ich bin wieder um eine ~ reicher!** I'm the wiser for it!; ■ jds **~en mit jdm/etw** sb's experience of sb/sth; **die/diese ~ machen**[, **dass ...**] to have the/that experience [of ...]; **die ~ machen, dass ...** to find that ...; [**seine**] **~en machen** [o **sammeln**] to gain experience [for oneself]; **nach meiner ~** in my experience ❷ *(Übung)* experience; **jahrelange ~** years of experience; **mit** [**entsprechender**] **~** with [the appropriate] experience ❸ *(Kenntnis)* **etw in ~ bringen** to learn [or sep find out] sth ▸ WENDUNGEN: **durch ~ wird man klug** *(prov)* one learns by experience

Er·fah·rungs·aus·tausch m exchange of experiences **er·fah·rungs·ge·mäß** adv in sb's experience; **~ ist ...** experience shows ...

er·fass·bar^RR, **er·faß·bar**^ALT adj ❶ *(begreifbar)* conceivable ❷ *(zu ermitteln)* ascertainable, detectable

er·fas·sen` vt ❶ *(mitreißen)* ■ **etw/jdn** ~ *Auto, Strömung* to catch sth/sb ❷ *(befallen)* ■ jdn ~ to seize sb; **sie wurde von Furcht erfasst** she was seized by fear; **eine tiefe Traurigkeit erfasste ihn** he was overcome with great sadness ❸ *(begreifen)* ■ **etw** ~ to understand [or grasp] sth; **genau, du hast's erfasst!** exactly, you've got it! ❹ ADMIN *(registrieren)* ■ **etw** ~ to record sth; **etw statistisch** ~ to record sth statistically ❺ INFORM *(eingeben)* ■ **etw** ~ *Daten, Text* to enter sth

Er·fas·sung f ❶ ADMIN *(Registrierung)* recording ❷ INFORM *(das Erfassen)* Daten, Text entering

er·fin·den` vt irreg ■ **etw** ~ ❶ *(neu hervorbringen)* to invent sth ❷ *(erdichten)* to invent [or sep make up] sth; **frei erfunden sein** to be completely fictitious

Er·fin·der(in) [ɛgˈfɪndɐ] m(f) inventor

Er·fin·der·geist m kein pl inventive genius

Er·fin·de·rin <-, -nen> [ɛgˈfɪndərɪn] f fem form von **Erfinder**

er·fin·de·risch [ɛgˈfɪndərɪʃ] adj inventive; s. a. **Not**

Er·fin·dung <-, -en> f ❶ kein pl *(das Erfinden)* invention; **eine ~ machen** to invent sth; *(etwas Erfundenes)* invention; **eine sensationelle ~** a sensational invention ❷ *(Erdichtung, Lüge)* fabrication, fiction; **das Ganze ist doch reine ~!** the whole lot is pure fiction!

Er·fin·dungs·ga·be f s. **Erfindergeist**

er·fle·hen` vt (geh) ■ **etw** [**von jdm**] ~ to beg [or liter beseech] [sb] for sth

Er·folg <-[e]s, -e> [ɛgˈfɔlk, pl: -fɔlgə] m ❶ *(positives Ergebnis)* success; **~ versprechend** promising; **etw ist ein voller** [o **durchschlagender**] **~** sth is a complete success; **etw als ~ buchen** [o **verbuchen**] to chalk sth up as a success; **~** [**mit etw** dat] **haben** to be successful [with sth]; **~ bei jdm haben** to have success [or be successful] with sb; **mit ~** successfully; **viel ~!** good luck!; **keinen ~** [**mit etw/bei jdm**] **haben** to have no success [or be unsuccessful] [with sth/sb]; **ohne ~** without success, unsuccessfully ❷ *(Folge)* result, outcome; **mit dem ~, dass ...** with the result that ...

er·fol·gen` vi sein (geh) to occur, to take place; **bisher ist auf meine Anfrage keine Antwort erfolgt** so far there has been no reply to my enquiry

er·folg·los [ˈɛgfɔlkloːs] adj ❶ *(ohne Erfolg)* unsuccessful, without success ❷ *(vergeblich)* futile; **unsere ~en Bestrebungen** our futile efforts

Er·folg·lo·sig·keit <-> f kein pl ❶ *(mangelnder Erfolg)* lack of success ❷ *(Vergeblichkeit)* futility; **sie sah die ~ ihrer Bestrebungen** she saw the futility of her efforts; [**etw ist**] **zur ~ verdammt** [sth is] condemned to failure

er·folg·reich adj successful

Er·folgs·aus·sich·ten pl prospects pl of success **Er·folgs·au·tor(in)** m(f) successful [or best-selling] author **Er·folgs·bi·lanz** f success record **Er·folgs·den·ken** <-s> nt kein pl positive thinking **Er·folgs·er·leb·nis** nt PSYCH sense of achievement; **ein ~ haben** to have a sense of achievement; **etw ist ein ~** sth is an achievement **Er·folgs·ge·heim·nis** nt secret [or of to] success **Er·folgs·ge·schich·te** f success story **Er·folgs·mel·dung** f news of success no pl, no indef art **Er·folgs·mensch** m successful person **Er·folgs·re·zept** nt (fam) recipe for success

er·folg·ver·spre·chend adj promising; **äußerst ~ sein** to be extremely promising; **wenig ~ sein** to promise little

er·for·der·lich [ɛgˈfɔrdəlɪç] adj ❶ *(notwendig)* necessary; ■ **es ist ~, dass ...** it is necessary that ...; **etw ~ machen** to make sth necessary; **alles E~e veranlassen** to do everything necessary [or required] ❷ *(bereitzustellend)* necessary; **die ~en Mittel** the necessary resources

er·for·dern` vt ■ **etw** ~ to require sth

Er·for·der·nis <-ses, -se> [ɛgˈfɔrdɛnɪs] nt requirement (**für** +akk for)

er·for·schen` vt ■ **etw** ~ ❶ *(durchstreifen und untersuchen)* to explore sth ❷ *(prüfen)* to investigate sth; **sein Gewissen ~** to examine one's conscience

Er·for·schung f ❶ *(das Erforschen)* exploration ❷ *(das Prüfen)* investigation

er·fra·gen` vt ■ **etw** [**von jdm**] ~ to ask [sb] about sth, to enquire [about] sth [from [or form of] sb]; **den Weg ~** to ask the way; **Einzelheiten ~** to obtain [or form ascertain] details

er·freu·en` I. vt *(freudig stimmen)* ■ jdn ~ to please [or delight] sb II. vr ❶ *(Freude haben)* ■ **sich an etw** dat ~ to enjoy [or take pleasure in] sth ❷ *(geh: genie-*

ßen) ■ **sich einer S.** *gen* ~ to enjoy sth, to take pleasure in sth

er·freu·lich [ɛɐ̯ˈfrɔylɪç] **I.** *adj Anblick* pleasant; *Nachricht* welcome; **das ist wirklich ~!** that's really nice!; ■ **es ist/wäre ~, dass/falls/wenn …** it is/would be nice [*or* good] that/if…; **etw ist alles andere als ~** sth is not welcome news by any means; **wie ~!** how nice! **II.** *adv* happily; **an meinem Vortrag hat sie ~ wenig kritisiert** fortunately enough for me she didn't criticize my paper too much

er·freu·li·cher·wei·se *adv* happily

er·freut I. *adj* pleased, delighted (**über** +*akk* about); **ein ~er Blick** a pleased look; **sehr ~!** *(geh)* pleased to meet you!, delighted! *form* **II.** *adv* delightedly

er·frie·ren *vi irreg sein* ❶ *(durch Frost eingehen)* to be killed by frost ❷ *(durch Frost absterben) Gliedmaße* to get frostbitten; ■ **erfroren** frozen ❸ *(an Kälte sterben) Person/Tier* to freeze to death, to die of exposure

Er·frie·rung <-, -en> *f meist pl* frostbite; *s. a.* **Tod**

er·fri·schen [ɛɐ̯ˈfrɪʃən] **I.** *vt* ■ **jdn ~** ❶ *(abkühlen)* to refresh sb ❷ *(beleben)* to refresh sb **II.** *vi (abkühlen)* to be refreshing **III.** *vr (sich abkühlen)* ■ **sich ~** to refresh oneself

er·fri·schend *adj* refreshing

Er·fri·schung <-, -en> *f* ❶ *(Abkühlung, Belebung)* refreshment *no pl* ❷ KOCHK *(erfrischendes Getränk)* refreshment; **zur ~** as refreshments; **zur ~ wurde eisgekühlter Tee gereicht** iced tea was served as a refreshment

Er·fri·schungs·ge·tränk *nt* refreshment **Er·fri·schungs·raum** *m* snack bar, refreshment room **Er·fri·schungs·tuch** *nt* tissue wipe

er·fül·len **I.** *vt* ❶ *(ausführen)* ■ **etw ~** to fulfil [*or* AM *usu* -ll] [*or* carry out] sth; **welche Funktion erfüllt sie im Betrieb?** what is her function in the company?; **mein altes Auto erfüllt seinen Zweck** my old car serves its purpose ❷ *(durchdringen)* ■ **jdn ~** to come over sb; **von Ekel erfüllt wandte sie sich ab** filled with disgust she turned away ❸ *(anfüllen)* ■ **etw ~** to fill sth; **das Giftgas erfüllte das ganze Gebäude** the poisonous gas filled the whole building **II.** *vr (sich bewahrheiten)* ■ **sich ~** to be fulfilled, to come true; **möge sich dein Wunsch ~!** may your wish come true!

Er·fül·lung *f* ❶ *(die Ausführung)* realization; *von Traum, Verpflichtung* fulfilment BRIT, fulfillment AM; *von Amtspflichten* execution; **in ~ einer S.** *gen (geh)* in the performance of sth ❷ *(innere Befriedigung)* fulfilment BRIT [*or* fulfillment] AM *usu*; **etw geht in ~** sth is fulfilled [*or* comes true]

Er·fül·lungs·ge·hil·fe, -ge·hil·fin *m, f* JUR accomplice; **sich zum ~n einer Person/einer S. machen** *(pej geh)* to become the instrument [*or* henchman] of a person/agent for sth *pej form*

Erg <-s, -> [ˈɛrk] *nt* PHYS erg

er·gän·zen [ɛɐ̯ˈgɛntsn̩] *vt* ❶ *(auffüllen)* ■ **etw [um etw** *akk*] ~ to replenish sth [with sth], to fill in sth *sep*; *(vollenden)* to complete sth ❷ *(vervollständigen, bereichern)* ■ **etw durch etw** *akk* ~ to replenish sth with sth; **eine Sammlung durch etw ~** to complete a collection with sth ❸ *(erweitern)* ■ **etw um etw** *akk* ~ to complete sth with sth ❹ *(ausgleichen)* ■ **sie ~ sich** [*o* **einander**] they complement each other [*or* one another]

er·gän·zend I. *adj* additional; **ein ~er Satz** an additional sentence; **eine ~e Bemerkung** a further comment **II.** *adv* additionally

Er·gän·zung <-, -en> *f* ❶ *(das Auffüllen)* replenishment ❷ *(Bereicherung, Vervollständigung)* replenishment; *einer Sammlung* completion; **zur ~ einer S.** *gen* for the completion of sth ❸ *(das Ergänzen, Hin-*

zufügen) supplementing ❹ *(Zusatz)* addition

Er·gän·zungs·ab·ga·be *f* FIN, POL supplementary tax **Er·gän·zungs·band** <-bände> *m* supplementary volume

er·gat·tern [ɛɐ̯ˈgatɐn] *vt (fam)* ■ **etw ~** to get hold of sth *fam*

er·gau·nern [ɛɐ̯ˈgaʊnɐn] *vt (fam)* ■ [**sich** *dat*] **etw ~** to obtain sth by underhand [*or* dishonest] means, to scrounge sth *fam*

er·ge·ben[1] *irreg* **I.** *vt* ❶ MATH *(ausmachen)* ■ **etw [für jdn]** ~ to amount [*or* come] to sth [for sb] ❷ *(als Resultat haben)* ■ **etw ergibt etw** sth produces sth; **die Nachforschungen haben bisher nichts ~** the investigations have produced nothing so far; ■ **~, dass …** to reveal that … **II.** *vr* ❶ MIL *(kapitulieren)* ■ **sich [jdm]** ~ to surrender [to sb] ❷ *(sich fügen)* ■ **sich in etw** *akk* ~ to submit to sth; **sich in sein Schicksal ~** to resign oneself to one's fate ❸ *(sich hingeben)* ■ **sich einer S.** *dat* ~ to take to sth; **sich dem Glücksspiel ~** to take to gambling; **einer S.** *dat* ~ **sein** to be addicted to sth ❹ *(daraus folgen)* ■ **sich aus etw** *dat* ~ to result [*or* arise] from sth **III.** *vr impers (sich herausstellen)* ■ **es ergibt sich, dass …** it transpires [*or* turns out] that …

er·ge·ben[2] *adj* ❶ *(demütig)* humble ❷ *(treu)* devoted; **Ihr/Ihre [sehr] ~er/-e …** *(veraltend)* your [most] obedient servant *dated*

Er·ge·ben·heit <-> *f kein pl* ❶ *(Demut)* humility ❷ *(Treue)* devotion

Er·geb·nis <-ses, -se> [ɛɐ̯ˈgeːpnɪs, *pl*: -nɪsə] *nt (Ausgang, Resultat)* result, outcome; **zu einem/keinem ~ führen** to produce a result/lead nowhere; **die Verhandlungen führten bisher zu keinem ~** negotiations have been inconclusive so far; **zu dem ~ führen, dass …** to result in…; **zu einem/keinem ~ kommen** to reach/fail to reach a conclusion; **im ~** ultimately, in the final analysis; **ohne ~** without result [*or* unsuccessful]; SPORT result

Er·geb·nis·fuß·ball *m* SPORT kill-the-clock football [*or* AM soccer]

er·geb·nis·los I. *adj* unsuccessful, without result; **~ bleiben** to come to nothing **II.** *adv* without result

er·ge·hen *irreg* **I.** *vi sein* ❶ *(geh: abgesandt werden)* ■ **[an jdn]** ~ to be sent [to sb] ❷ *(offiziell erlassen)* ■ **etw ~ lassen** to issue sth ❸ *(geduldig hinnehmen)* **etw über sich** *akk* ~ **lassen** to endure sth **II.** *vi impers sein (widerfahren)* ■ **es ergeht jdm in einer bestimmten Weise** sb gets on in a certain way; **und wie ist es euch im Urlaub so ergangen?** how did you fare on your holidays?; **wehe, du verrätst etwas, dann wird es dir schlecht ~!** woe betide you if you reveal anything, you'll be for it then! **III.** *vr haben* ❶ *(sich auslassen)* ■ **sich in etw** *dat* [**gegen jdn/etw**] ~ to pour forth sth [against sb/sth]; **er erging sich in Schmähungen** he poured forth a tirade of abuse ❷ *(geh: spazieren gehen)* ■ **sich irgendwo** ~ to go for a walk [*or* stroll] somewhere

er·gie·big [ɛɐ̯ˈgiːbɪç] *adj* ❶ *(sparsam im Verbrauch)* economical ❷ *(nützlich)* productive, fruitful

Er·gie·big·keit <-> *f kein pl (Sparsamkeit im Verbrauch)* economicalness; **dank neuer Inhaltsstoffe konnte die ~ unseres Shampoos weiter gesteigert werden** thanks to new ingredients our shampoo goes even further

er·glän·zen *vi sein (geh)* to gleam [*or* shine]

er·glü·hen *vi sein (geh)* ■ **[vor etw** *dat*] ~ to flush [with sth]; **sie erglühte feuerrot vor Freude** she went bright red with joy

er·go [ˈɛrgo] *konj* ergo, therefore

Er·go·no·mie <-> [ɛrgonoˈmiː] *f* ergonomics + *sing vb*

er·go·no·misch I. *adj* ergonomic **II.** *adv* ergonomically

Er·go·the·ra·peut(in) [ˈɛrgoterapɔyt] *m(f) (specialist*

for the rehabilitation of the physically disabled) ergo-therapist

Er·go·the·ra·pie ['ɛrgoterapiː] f ergotherapy

er·göt·zen [ɛgˈgœtsn̩] **I.** vt (geh: vergnügen) ▪ jdn ~ to amuse sb; **zu jds E~** [o **zum E~**] to sb's amusement [or delight] **II.** vr (sich vergnügen) ▪ **sich** [**an etw** dat] ~ to take delight [in sth], to derive pleasure [from sth]

er·grau·en vi sein (grauhaarig werden) to turn [or go] grey

er·grei·fen vt irreg ➊ (fassen) ▪ **etw** ~ to grab [or seize] sth ➋ (dingfest machen) ▪ **jdn** ~ to apprehend sb ➌ (übergreifen) ▪ **etw** ~ **Feuer** to engulf sth ➍ (fig: wahrnehmen) ▪ **etw** ~ to seize sth ➎ (in die Wege leiten) ▪ **etw** ~ to take sth; **es müssen dringend Maßnahmen ergriffen werden** measures must urgently be taken!; s. a. **Beruf** s. a. **Macht** ➏ (gefühls-mäßig bewegen) ▪ **jdn** ~ to seize sb; (Angst) to grip sb

er·grei·fend adj moving, touching

er·grif·fen [ɛgˈgrɪfn̩] adj moved, touched

Er·grif·fen·heit <-> f kein pl emotion

er·grün·den vt ▪ **etw** ~ to discover [or unearth] [or form ascertain] sth; (verstehen) to fathom sth [out]

Er·guss^{RR} <-es, Ergüsse> m, **Er·guß**^{ALT} <-sses, Ergüsse> m ➊ (Ejakulation) ejaculation; **vorzeiti-ger** ~ premature ejaculation; **einen** ~ **haben** to have an ejaculation ➋ MED bruise

er·ha·ben [ɛgˈhaːbn̩] adj ➊ (feierlich stimmend) Gedanken lofty; Anblick awe-inspiring; Augenblick solemn; Schönheit sublime ➋ (würdevoll) illustrious ➌ TYPO (die Fläche überragend) embossed ➍ (über etw stehend) ▪ **über etw** akk ~ **sein** to be above [or beyond] sth; **über jede Kritik/jeden Vorwurf** ~ **sein** to be above [or beyond] criticism/reproach

Er·ha·ben·heit <-> f kein pl grandeur; eines Augen-blicks solemnity; von Schönheit sublimity

Er·halt <-[e]s> m kein pl (geh) ➊ (das Bekommen) receipt; **zahlbar bei** ~ payable on receipt; **den** ~ **von etw** dat **bestätigen** (geh) to confirm receipt of sth; **nach/vor** ~ **einer S.** gen on/before receipt of sth ➋ (das Aufrechterhalten) maintenance; **der** ~ **der Macht** the maintenance of power

er·hal·ten irreg **I.** vt ➊ (bekommen) ▪ **etw** [**von jdm**] ~ to receive sth [from sb]; Antwort, Brief, Geschenk receive; Befehl to be issued with [or receive]; **den Auftrag** ~, **etw zu tun** to be given [or assigned] the task of doing sth; **eine Nachricht** ~ to receive [or get] a message; **einen Orden** ~ to be deco-rated ➋ (erteilt bekommen) ▪ **etw** [**für etw** akk] ~ to receive sth [for sth]; **ein Lob/eine Rüge/eine Strafe** [**für etw** akk] ~ to be praised/reprimanded/punished [for sth]; **einen neuen Namen** ~ to be given a new name [or renamed]; **er erhielt 3 Jahre Gefängnis** he got [or was sentenced to] 3 years in prison; ▪ **etw** [**von jdm**] ~ Aufenthaltsgenehmigung, Erlaubnis to be granted sth [by sb] ➌ (eine Vorstellung gewinnen) **einen Eindruck** [**von jdm/etw**] ~ to gain an impres-sion [of sb/sth] ➍ (bewahren) ▪ **etw** ~ to maintain sth; Vitamine/Wirkstoffe to retain; [**durch etw**] ~ **bleiben** to be preserved [by sth]; ▪ [**sich** dat] **etw** ~ to keep sth; **ich sehe, du hast dir deinen Optimis-mus** ~ I see you're still an optimist ➎ BAU (bewahren) ▪ **etw** ~ to preserve sth; ▪ **etw ist** ~ sth is preserved; **gut** ~ **sein** (hum fam) to be well-preserved hum fam; [**durch etw**] ~ **bleiben** akk to remain preserved [by means of sth]; **jdm** ~ **bleiben** to be with sb; (iron) to be with sb, to not lose sb ➏ (ausgestattet werden) **eine andere** [o **neue**] **Fassung** ~ to be adapted [or reworked] **II.** vr ➊ (sich halten) ▪ **sich irgendwie** ~ to keep [oneself] in a certain way; **sich gesund** ~ to keep [oneself] healthy ➋ (bewahrt bleiben) ▪ **sich** ~ to remain preserved

er·hält·lich [ɛgˈhɛltlɪç] adj obtainable; ▪ **irgendwo/ bei jdm** ~ **sein** to be obtainable/from sb somewhere; **wissen Sie, bei welcher Firma dieser Artikel** ~ **ist?** do you know which company stocks this article?; „**jetzt** ~!“ “out now!” BRIT, “now available!” AM

Er·hal·tung f kein pl ➊ (das Erhalten) preservation, maintenance ➋ (Aufrecht~) maintenance ➌ (Versor-gung) support; **sein Lohn reichte nicht aus für die** ~ **der Großfamilie** his wage was not enough to sup-port his large family

er·hän·gen I. vt ▪ **jdn** ~ to hang sb; **... durch E~** ... by hanging **II.** vr ▪ **sich** ~ to hang oneself

er·här·ten I. vt ▪ **etw** ~ to support [or strengthen] sth **II.** vr ▪ **sich** ~ to be reinforced

Er·här·tung <-, -en> f ➊ (Bekräftigung) support; **die** ~ **eines Verdachts** the confirmation of sb's suspicions ➋ (das Erhärten) Beton hardening

er·ha·schen vt (geh) ➊ (ergreifen) ▪ **etw** ~ to grab ➋ (wahrnehmen) ▪ **etw** ~ to catch sth

er·he·ben irreg **I.** vt ➊ (hochheben) ▪ **etw** ~ to raise sth; **ein Messer** [**gegen jdn**] ~ to pull a knife [on sb]; **eine Schusswaffe** [**gegen jdn**] **erheben** to draw a gun [on sb] ➋ (hochrecken) **den Arm/die Hand/ die Faust** [**zum Gruß**] ~ to raise an arm/a hand/a fist [in greeting] ➌ (einfordern) ▪ **etw** [**auf etw** akk/ **von jdm**] ~ to levy sth [on sth/sb] ➍ (sammeln) ▪ **etw** ~ to collect sth, to gather sth ➎ (machen) ▪ **etw zu etw** dat ~ to render sth sth; **etw zu einem Prinzip** ~ to make sth into a principle ➏ (zum Aus-druck bringen) **ein Geschrei/Gejammer** ~ to kick up [or to make] a fuss/to start whing[e]ing BRIT; Pro-test voice; Einspruch raise **II.** vr ➊ (aufstehen) ▪ **sich** [**von etw** dat] ~ to get up [from sth] ➋ (sich auflen-nen) ▪ **sich** [**gegen jdn/etw**] ~ to rise up [against sb/sth] ➌ (aufragen) ▪ **sich** [**über etw** dat] ~ to rise up [above sth] ➍ (geh: sich erhöhen) ▪ **sich über jdn** ~ to believe oneself above sb; **Luzifer hatte sich über Gott erhoben** Satan raised himself above God ➎ (entstehen, aufkommen) ▪ **sich** ~ to start; Brise to come up; Wind to pick up; Sturm to blow up, to arise; **ein großes Geschrei/eine Wehklage erhob sich** a cry/wail arose; **es erhebt sich aber immer noch die Frage, ...** the question still remains ...

er·he·bend adj (geh) uplifting

er·heb·lich [ɛgˈheːplɪç] **I.** adj ➊ (beträchtlich) consider-able; Nachteil, Vorteil great, major; Stau huge; Stö-rung, Verspätung major; Verletzung serious ➋ (rele-vant) relevant **II.** adv ➊ (beträchtlich) considerably; **bei dem Unfall wurde das Auto** ~ **beschädigt** the accident caused considerable damage to the car ➋ (deutlich) considerably

Er·he·bung¹ f ➊ (Aufstand) uprising; **eine bewaff-nete** ~ an armed revolt ➋ (das Erheben) von Abga-ben, Steuern etc. levying ➌ (amtliche Ermittlung) col-lection, gathering; **eine** ~ [**über etw** akk] **machen** [o **anstellen**] [o **durchführen**] to collect [or gather] sta-tistics [about sth], to carry out a survey [on sth]

Er·he·bung² f (Boden~) elevation

er·hei·tern [ɛgˈhaitɐn] **I.** vt (belustigen) ▪ **jdn** ~ to amuse sb **II.** vr (heiter werden) ▪ **sich** ~ to light up; (Wetter) to brighten up

Er·hei·te·rung <-, <selten -en> f amusement; **zu jds** ~ for sb's amusement

er·hel·len [ɛgˈhɛlən] **I.** vt ▪ **etw** ~ ➊ (hell machen) to light up sth ➋ (klären) to throw light on sth **II.** vr ▪ **sich** ~ to clear

Er·hel·lung <-, <selten -en> f explanation, insight; **die** ~ **der Gründe einer S.** gen the explanation of/ insight into the reasons for sth

er·hit·zen [ɛgˈhɪtsn̩] **I.** vt ➊ (heiß machen) ▪ **etw** [**auf etw** akk] ~ to heat sth [to sth] ➋ (zum Schwitzen brin-

gen) ■**jdn ~** to make sb sweat; ■**erhitzt** sweaty; ■|**von etw** *dat*| **erhitzt sein** to be sweaty [from sth] II. *vr (sich erregen)* ■**sich** |**an etw** *dat*| **~** to get excited [about sth]

Er·hit·zung <-, <*selten* -en> *f* ➊ *(das Erhitzen)* heating ➋ *(Erregung)* excitement

er·hof·fen *vt* ■|**sich** *dat*| **etw** |**von jdm/etw**| **~** to hope for sth [from sb/sth]

er·hö·hen [ɛgˈhøːən] I. *vt* ➊ *(höher machen, aufstocken)* ■**etw** |**um etw** *akk*| **~** to raise sth [by sth]; **die Mauern wurden um zwei Meter erhöht** the walls were raised by two metres ➋ *(anheben)* ■**etw** |**auf etw** *akk*/**um etw** *akk*| **~** to increase sth [to sth/by sth] ➌ *(verstärken)* ■**etw** **~** to heighten sth ➍ MUS ■**etw** **~** to sharpen sth II. *vr* ➊ *(steigen)* ■**sich** |**auf etw** *akk*/**um etw** *akk*| **~** to increase [to sth/by sth] ➋ *(sich verstärken)* ■**sich** **~** to increase

er·höht *adj* ➊ *(verstärkt)* high; *Ausscheidung* increased; *Herzschlag, Puls* rapid ➋ *(gesteigert)* increased

Er·hö·hung <-, -en> *f* ➊ *(Steigerung)* increase; **die ~ der Mehrwertsteuer** the increase of the VAT ➋ *(Anhebung)* raising; **die ~ des Zaunes wurde von den Nachbarn missbilligt** the neighbours objected to the fence being raised higher ➌ *(Verstärkung)* heightening, increase

Er·ho·hungs·zei·chen *nt* MUS sharp sign

er·ho·len *vr* ➊ *(wieder zu Kräften kommen)* ■**sich** |**von etw** *akk*| **~** to recover [from sth] ➋ *(ausspannen)* ■**sich** |**von etw** *akk*| **~** to take a break [from sth]; **nach dem Urlaub sah sie erholt aus** after the holiday she looked relaxed ➌ BÖRSE ■**sich** **~** to rally ➍ HORT ■**sich** **~** to recover

er·hol·sam [ɛgˈhoːlzaːm] *adj* relaxing

Er·ho·lung <-> *f kein pl* ➊ *(das Schöpfen neuer Kräfte)* relaxation; **gute ~!** have a good holiday!; **zur ~ da sein** to be for relaxation; **zur ~ irgendwo sein/hinfahren** to be/go somewhere to relax; **jdm etw zur ~ verschreiben** to prescribe sb sth for stress [*or* relaxing] ➋ BÖRSE rallying

Er·ho·lungs·auf·ent·halt *m* break **er·ho·lungs·be·dürf·tig** *adj* in need of relaxation *pred* **Er·ho·lungs·ge·biet** *nt* recreation area **Er·ho·lungs·kur** *f* [relaxation] cure; **eine ~ machen** to take a relaxation cure **Er·ho·lungs·ort** *m* [holiday [*or* AM vacation]] resort **Er·ho·lungs·pau·se** *f* break; **eine ~ machen** [*o* einlegen] to take a break **Er·ho·lungs·ur·laub** *m* holiday BRIT, vacation AM

er·hö·ren *vt (geh)* ➊ *(nachkommen)* Bitte grant; *Flehen, Gebete* answer ➋ *(sich hingeben)* ■**jdn** **~** to give oneself to sb

eri·gie·ren [eriˈgiːrən] *vi* to become erect

eri·giert *adj* erect

Eri·ka <-, Eriken> [ˈeːrika, *pl:* ˈeːrikən] *f* heather

er·in·ner·lich [ɛgˈʔɪnɐlɪç] *adj pred (geh)* ■**etw ist jdm** ~ somebody remembers sth; **soviel mir ~ ist** as far as I can remember, if [my] memory serves me right *form*

er·in·nern [ɛgˈʔɪnɐn] I. *vt* ➊ *(zu denken veranlassen)* ■**jdn an etw** *akk* **~** to remind sb about sth; ■**jdn daran ~, etw zu tun** to remind sb to do sth ➋ *(denken lassen)* ■**jdn an jdn/etw ~** to remind sb of sb/ sth II. *vr (sich entsinnen)* ■**sich an jdn/etw ~** to remember sb/sth; **wenn ich mich recht erinnere, ...** if I remember correctly..., if [my] memory serves me correctly *form;* **soweit ich mich ~ kann** as far as I can remember III. *vi* ➊ *(in Erinnerung bringen)* ■**an jdn ~** to be reminiscent of sb *form;* ■**an etw ~** to call sth to mind, to be reminiscent of sth *form (ins Gedächtnis rufen)* ■**daran ~, dass ...** to point out that ...

Er·in·ne·rung <-, -en> *f* ➊ *(Gedächtnis)* memory; **jds**

~ nachhelfen to jog sb's memory; **sich** |**bei jdm**| |**mit etw** *dat*| **in ~ bringen** to remind [sb] of oneself [with sth]; **jdn/etw in bestimmter ~ haben** [*o* **behalten**] to have certain memories of sth; **behalte mich in guter ~** remember the good times; **zur ~ an etw** *akk* in memory of sth; **eine/keine ~ an jdm/ etw haben** to have memories/no memory of sb/sth ➋ *pl (Eindrücke von Erlebnissen)* memories *pl*; **~en austauschen** to talk about old times ➌ *pl (Memoiren)* memoirs *npl* ➍ *(geh: Mahnung)* reminder

Er·in·ne·rungs·lü·cke *f* gap in one's memory **Er·in·ne·rungs·stück** *nt* memento **Er·in·ne·rungs·ver·mö·gen** *nt kein pl* memory

Eri·trea <-s> [eriˈtreːa] *nt* Eritrea; *s. a.* **Deutschland**

Eri·tre·er(in) <-s, -> [eriˈtreːɐ] *m(f)* Eritrean; *s. a.* **Deutsche(r)**

eri·tre·isch [eriˈtreːɪʃ] *adj* Eritrean; *s. a.* **deutsch**

Eri·wan <-s> [eriˈvaːn] *nt* Yerivan, Erivan

er·kal·ten [ɛgˈkaltn] *vi sein* ➊ *(kalt werden)* to become cold ➋ *(abkühlen)* to cool [down] ➌ *(geh: nachlassen)* to wane

er·käl·ten [ɛgˈkɛltn] I. *vr (eine Erkältung bekommen)* ■**sich ~** to catch a cold II. *vt (unterkühlen)* ■**sich** *dat* **etw ~** to catch a chill in one's sth

er·käl·tet I. *adj* with a cold *pred;* ■|**irgendwie**| **sein** to have a [...] cold II. *adv* as if [*or* like] one has a cold *pred;* **du hörst dich ziemlich ~ an** you sound as if [*or* like] you've got quite a bad cold

Er·käl·tung <-, -en> *f* cold; **eine ~ bekommen** [*o* **kriegen**] to catch a cold; **eine ~ haben** to have a cold; **sich** *dat* **eine ~ zuziehen** *(geh)* to catch a cold

Er·käl·tungs·krank·heit *f* cold

er·kämp·fen *vt (erringen)* ■|**jdm**| **etw ~** to obtain sth [for sb] [with some effort]; ■|**sich** *dat*| **etw ~** to obtain sth [with some effort], to fight tooth and nail for sth; ■**etw** |**für jdn/etw**| **~** to win sth [for sb/sth] [by fighting/trying hard]; ■**irgendwie erkämpft** ... won; **es war ein hart erkämpfter zweiter Platz** it was a hard-won second place

er·kau·fen *vt* ➊ *(durch Bezahlung erhalten)* ■**etw ~** to buy sth ➋ *(durch Opfer erlangen)* ■**etw** |**irgendwie**| **~** to pay for sth [somehow]; **die Stellung hat sie teuer** |**genug**| **erkauft** she paid dearly for the post

er·kenn·bar *adj* ➊ *(sichtbar)* discernible ➋ *(wahrnehmbar)* ■**für jdn/etw ~ sein** to be perceptible to sb/sth; ■**an etw** *dat* **~ sein, dass ...** to be perceptible from sth that ...; **an seiner Gereiztheit ist ~, dass irgendetwas Unangenehmes vorgefallen sein muss** you can tell from his touchiness that something unpleasant must have happened

er·ken·nen *irreg* I. *vt* ➊ *(wahrnehmen)* ■**jdn/etw ~** to discern sth; **er ist der Täter, ich habe ihn gleich erkannt!** he's the culprit, I recognized him straight away; **etw ~ lassen** to show sth; **jdm zu ~ geben, dass ...** to make it clear to sb that ... ➋ *(identifizieren)* ■**jdn/etw** |**an etw** *dat*| **~** to recognize sb/sth [by sth]; **sich** |**jdm**| |**als jd**| **zu ~ geben** to reveal one's identity [to sb], to reveal [to sb] that one is sb; **er gab sich als ihr Vater zu ~** he revealed that he was her father; ■**sich** |**selbst**| **~** to understand oneself ➌ *(einsehen)* ■**etw ~** to recognize sth; **einen Fehler/Irrtum ~** to realize one's mistake; ■**etw** |**als etw**| **~** to recognize [*or* realize] sth [as being sth] ➍ *(feststellen)* ■**etw ~** to detect sth; ■**sich durch etw ~ lassen** to be detectable using sth ► WENDUNGEN: **du bist erkannt!** I know what you're up to! II. *vi* ➊ *(wahrnehmen)* ■**~ ob/um was/wen ...** to see whether/what/who... ➋ *(einsehen)* ■**~, dass/ wie ...** to realize that/how...; ■**lassen, dass ...** to show that ... ➌ JUR *(durch Urteil verhängen)* ■**auf etw** *akk* **~** to pronounce sth; **der Richter erkannte auf Freispruch** the judge pronounced an acquittal

❸ SPORT ■ **auf etw** akk **~** to award sth; **der Schieds-richter erkannte auf Freistoß** the referee awarded a free kick

er·kennt·lich [ɛɐˈkɛntlɪç] adj appreciative, grateful; ■ **sich** [jdm] [**für etw**] **~ zeigen** to show [sb] one's appreciation [or gratitude] for sth

Er·kennt·lich·keit <-, -en> f kein pl token of appreciation [or gratitude]

Er·kennt·nis [ɛɐˈkɛntnɪs] f ❶ (Einsicht) insight; **eine gesicherte ~** a certain insight; **zu der/einer ~ kom-men** [o gelangen] **, dass …** to realize that …; **bist du schon zu einer ~ gelangt?** have you managed to gain some insight?; **zu der ~ kommen** [o gelangen] **, dass** to realize that ❷ PHILOS, PSYCH (das Erkennen) understanding

Er·kennt·nis·stand m kein pl (geh) status of the investigation

Er·ken·nungs·dienst m police identification [or AM records] department

er·ken·nungs·dienst·lich I. adj belonging [or related] to the police identification [or AM records] department pred; **~e Arbeit** identification work **II.** adv by the police identification [or AM records] department pred

Er·ken·nungs·mar·ke f identification [or ID] tag fam

Er·ken·nungs·zei·chen nt identification mark

Er·ker <-s, -> [ˈɛrkɐ] m oriel

Er·ker·fens·ter nt oriel window, bay window **Er·ker-zim·mer** nt oriel, room with a bay window

er·klär·bar adj explicable

er·klä·ren I. vt ❶ (erläutern) ■ [jdm] **etw** [**an etw** dat] **~** to explain sth [to sb] [using sth]; ■ **jdm ~, dass/wieso …** to explain to sb that/why … ❷ (in-terpretieren) ■ [jdm] **etw ~** to interpret sth [to sb] ❸ (klarmachen) ■ **etw ~** to explain sth ❹ (bekannt geben) ■ **etw ~** to announce sth; **ich erkläre hier-mit mein Einverständnis** I hereby give my consent; ■ **etw für etw** akk **~** to declare sth sth; **die Ausstel-lung wurde von der Königin für eröffnet erklärt** the queen declared the exhibition open ❺ (offiziell bezeichnen) ■ **jdn für etw** akk **~** to pronounce sb sth; **jdn für vermisst ~** to declare sb missing; ■ **etw für etw** akk **~** to declare sth sth **II.** vr ❶ (sich deuten) ■ **sich** dat **etw ~** to understand sth; **wie ~ Sie sich, dass …** how do you explain that … ❷ (sich aufklä-ren) ■ **sich ~** to become clear ❸ (sich bezeichnen) ■ **sich irgendwie ~** to declare oneself sth

er·klä·rend I. adj explanatory **II.** adv as an explanation; **ich muss ~ bemerken, dass** I should explain that

er·klär·lich adj explainable, understandable; ■ **etw ist jdm ~** sb can explain sth, sb can understand sth

er·klärt adj attr declared

Er·klä·rung f ❶ (Darlegung der Zusammenhänge) explanation; **sie bemühte sich um eine ~** she attempted to explain; **es gibt für etw eine/keine ~** there is a/no explanation for sth; **es gibt für alles eine ~** there is an explanation for everything; **eine/keine ~ für etw haben** to be able to/not be able to explain sth; **für alles eine ~ haben** to be able to explain everything ❷ (Mitteilung) statement; **eine ~** [**zu etw** dat] **abgeben** (geh) to make a statement [about sth]

er·klim·men vt irreg (geh) ■ **etw ~** ❶ (ersteigen) to climb sth, to ascend sth form, liter ❷ (erreichen) to reach sth

er·klin·gen vi irreg sein (geh) to sound

er·kor [ɛrkoːr] imp von **erküren**

erkoren pp von **erküren**

er·kran·ken vi ❶ (krank werden) ■ [**an etw** dat] **~** to be taken ill [with sth]; **sie ist plötzlich an Krebs erkrankt** she suddenly contracted cancer; **die Stadt hat viele an Aids erkrankte Einwohner** the town has many inhabitants with Aids ❷ HORT (befallen wer-

den) ■ **an etw** dat **~** to be diseased [with sth]

Er·kran·kung <-, -en> f ❶ (Krankheitsfall) illness ❷ FORST, HORT (Befall) disease

er·küh·nen [ɛɐˈkyːnən] vr (geh) ■ **sich ~, etw zu tun** to dare to do sth; **was ~ Sie sich!** how dare you!

er·kun·den [ɛɐˈkʊndn̩] vt ■ **etw ~** ❶ (auskundschaf-ten) to scout out sth sep ❷ (in Erfahrung bringen) to discover sth

er·kun·di·gen [ɛɐˈkʊndɪɡn̩] vr ■ **sich** [**bei jdm**] [**nach jdm/etw**] **~** to ask [sb] [about sb/sth]; **du musst dich vorher ~** you have to find out beforehand; ■ **sich** [**bei jdm**] **über jdn/etw ~** to make enquiries [or AM inquiries] [of sb] about sb/sth

Er·kun·di·gung <-, -en> f enquiry BRIT, inquiry AM; [**bei jdm**] **~en** [**über jdn/etw**] **einholen** [o einzie-hen] (geh) to make enquiries [or AM inquiries] [of sb] [about sb/sth]

Er·kun·dung <-, -en> f MIL reconnaissance, scouting

er·kü·ren <erkor, erkoren> vt ■ **jdn zu etw** dat **~** ❶ (veraltend geh: auswählen) to choose sb to be sth ❷ (hum: machen) to make sb sth

Er·lag·schein [ɛɐˈlaːk-] m ÖSTERR (Zahlkarte) postal money order

er·lah·men vi sein ❶ (kraftlos werden) to tire; **Kräfte** ebb [away] ❷ (nachlassen) to wane

er·lan·gen [ɛɐˈlaŋən] vt (geh) ■ **etw ~** to obtain sth; **jds Freistellung ~** to secure sb's release

Er·lass^RR <-es, -e o ÖSTERR Erlässe> m, **Er·laß**^ALT <-sses, -sse o ÖSTERR Erlässe> [ɛɐˈlas, pl: ɛɐˈlɛsə] m ❶ (Verfügung) decree ❷ (das Erlassen) remission

er·las·sen* vt irreg ❶ (verfügen) ■ **etw ~** to issue sth ❷ (von etw befreien) ■ **jdm etw ~** to remit sb's sth

Er·lass·jahr^RR nt = 2000 (Schuldenerlass der Dritten Welt) Jubilee 2000

er·lau·ben* I. vt ❶ (gestatten) ■ **jdm etw ~** to allow [or permit] sb to do sth; **du erlaubst deinem Kind zu viel** you let your child get away with too much; ■ **jdm ~, etw zu tun** to allow [or permit] sb to do sth; ■ **etw ist** [**nicht**] **erlaubt** sth is [not] allowed, permitted; ■ **es jdm** [**nicht**] **erlaubt, etw irgendwo zu tun** it is [not] permissible to do sth somewhere; ■ **etw ist jdm erlaubt** sb is allowed [or permitted] sth; **~ Sie/erlaubst du, dass ich etw tue?** would you allow [or permit] me to do sth?; **~ Sie, dass ich mich vorstelle** allow me to introduce myself; ■ **Sie? Sie ~ doch?** (geh) may I/we etc.? ❷ (geh: zulassen) ■ [jdm] **etw ~** to allow [or permit] [sb] sth; **~ deine Finanzen noch ein Abendessen zu zweit?** are you sure you have enough money for a dinner for two?; ■ **es jdm ~, etw zu tun** to permit sb to do sth; **ich komme, soweit es meine Zeit erlaubt** if I have enough time, I'll come ▸ WENDUNGEN: **~ Sie mal!** what do you think you're doing? **II.** vr ❶ (sich gönnen) ■ **sich** dat **etw ~** to allow oneself sth ❷ (geh: wagen) ■ **sich** dat **etw ~** to venture to do sth form; **wenn ich mir die folgende Bemerkung ~ darf** if I might venture to make the following comment ❸ (sich herausnehmen) ■ **sich** dat **~, etw zu tun** to take the liberty of doing sth; **was die Jugend sich heutzu-tage alles erlaubt!** the things that young people get up to nowadays!; **was ~ Sie sich** [**eigentlich**]**!** what do you think you're doing!

Er·laub·nis <-, <selten -se> f ❶ (Genehmigung) per-mission; [jdn] **um ~ bitten** [o fragen] to ask [sb's] per-mission; **jdm die ~ geben** [o erteilen] [**zu etw/, etw zu tun**] (geh) to give [or grant] sb permission [to do sth]; **jds/die ~ haben, etw zu tun** to have [sb's] permission to do sth; **mit jds ~** with sb's permission; **mit Ihrer** [**freundlichen/gütigen**] **~** (geh) if you don't mind; **ohne jds ~** without sb's permission ❷ (genehmigendes Schriftstück) permit

er·laucht [ɛɐˈlauxt] adj (illuster) illustrious

erlauben

um Erlaubnis bitten	asking for permission
Darf ich Sie kurz stören/unterbrechen?	**May I** interrupt for a moment?
Haben/Hätten Sie was dagegen, wenn ich das Fenster aufmache?	**Do/Would you mind if** I open/opened the window?
Sind Sie damit einverstanden, wenn ich im Juli Urlaub nehme?	**Is it all right with you if** I take my holidays in July?

erlauben	permitting
Wenn du mit deinen Hausaufgaben fertig bist, **darfst du** draußen spielen.	**You can** go out to play when you have finished your homework.
Sie dürfen gern hereinkommen.	**You are welcome** to come in.
In diesem Bereich **dürfen** Sie rauchen.	**You may** smoke in this area.
Wenn Sie möchten, können Sie hier parken.	**If you like,** you can park here.

er·läu·tern' *vt* ■ [jdm] etw ~ to explain sth [to sb]

er·läu·ternd I. *adj* explanatory **II.** *adv* as an explanation; **... zuerst will ich aber folgende Dinge ~ bemerken** ... but first I want to explain the following points

Er·läu·te·rung <-, -en> *f* explanation; [jdm] **~en** [zu etw *dat*] **geben** to give [sb] explanations [of sth], to explain [sth] [to sb]; **nähere ~en geben** to give detailed explanations; **ohne ~** without explanation; **zur ~** by way of explanation; **zur ~ meiner Idee habe ich einige Materialien zusammengestellt** in order to better illustrate my point I've put together some physical examples

Er·le <-, -n> ['ɛrlə] *f* ❶ *(Baum)* alder [tree] ❷ *kein pl (Holz)* alder; **aus** [*o* in] **~** made from alder *pred*

er·le·ben' *vt* ❶ *(im Leben mitmachen)* ■ etw ~ to live to see sth; **dass ich das** [noch] **~ muss!** couldn't I have been spared that?! ❷ *(erfahren)* ■ etw ~ to experience sth; **wunderschöne Tage/einen wunderschönen Urlaub irgendwo ~** to have a wonderful time/holiday somewhere; **was hast du denn alles in Dänemark erlebt?** what did you do/see in Denmark?; **unser Land hat schon bessere Zeiten erlebt** our country has seen better times; [mal] etw ~ **wollen** to want to do sth exciting [for once]; **wenn Sie hier was ~ wollen, müssen Sie in die Stadt fahren** if you're looking for some excitement here, you have to go into town ❸ *(pej: durchmachen)* ■ etw ~ to go through sth; **eine** [große] **Enttäuschung ~** to be [bitterly [*or* sorely]] disappointed; **einen Misserfolg ~** to experience failure; **eine Niederlage ~** to suffer defeat ❹ *(mit ansehen)* ■ es ~, **dass/wie** to see that/how ❺ *(kennen lernen)* ■ jdn ~ to get to know sb; *Musiker, Redner* to hear sb; *Schauspieler* to see an actor; ■ jdn irgendwie ~ to see somebody a certain way; **so wütend habe ich ihn noch nie erlebt** I've never seen him so furious ▶ WENDUNGEN: **hat man so** [et]was schon [mal] **erlebt!** *(fam)* well, I'll be damned! *sl,* well, I never! BRIT *fam;* **der/die kann was ~!** *(fam)* he/she'll get what for! BRIT, really get it AM *fam;* **das müsste ich ~!** *(fam)* that'll be the day! *fam;* **das muss man erlebt haben!** you have to see it [to believe it]!

Er·leb·nis <-ses, -se> [ɛɐ̯'le:pnɪs, *pl:* -nɪsə] *nt* ❶ *(Geschehen)* experience ❷ *((beeindruckende) Erfahrung)* experience

Er·leb·nis·auf·satz *m* essay *(with the aim of practising clearly relating personal experiences)*

Er·leb·nis·park *m* TOURIST amusement park

Er·leb·nis·welt *f* PSYCH **die ~ eines Kindes** the world of a child

er·le·di·gen' [ɛɐ̯'le:dɪɡn] **I.** *vt* ❶ *(ausführen)* ■ etw ~ to carry out sth; **Besorgungen ~** to do some [*or* the] shopping; **Formalitäten ~** to complete formalities; **wird erledigt!** *(fam)* I'll/we'll etc. get on [*or* BRIT on to] it [right away]!; ■ **erledigt** done; **die erledigte Post kommt in die Ablage** the post which has been dealt with goes in the tray; **zu ~** to be done ❷ *(fam: erschöpfen)* ■ jdn ~ to tire sb out, to wear sb out ❸ *(sl: umbringen)* ■ jdn ~ to do away with sb, to bump sb off ❹ *(sl: k.o. schlagen)* ■ jdn mit etw *dat* ~ to knock sb out with sth **II.** *vr* ■ etw erledigt sich [von selbst] sth sorts itself out [on its own]

er·le·digt [ɛɐ̯'le:dɪçt] *adj pred* ❶ *(fam: erschöpft)* shattered *fam,* worn out ❷ *(sl: am Ende)* ■ erledigt sein to have had it *fam* ❸ *(abgehakt)* ■ jd ist [für jdn] ~ to be history [as far as sb is concerned]; ■ etw ist [für jdn] erledigt something is over and done with [as far as sb is concerned]; *(schon vergessen)* sth is forgotten [*or* dead and buried] [as far as sb is concerned]

Er·le·di·gung <-, -en> *f* ❶ *(Ausführung)* execution, carrying out, conducting, dealing with; **die ~ der Korrespondenz** dealing with the correspondence; **in ~ einer S.** *gen (geh)* further to sth *form;* **in ~ Ihrer Anfrage vom 17. Mai ...** further to your inquiry dated 17th May ... ❷ *(Besorgung)* purchase; **ich habe noch ein paar ~en zu machen** I still have to buy a few things

er·le·gen' *vt* ❶ *(zur Strecke bringen)* ■ ein Tier ~ to bag an animal *spec,* to kill an animal; ■ erlegt bagged *spec,* killed ❷ ÖSTERR *(bezahlen)* ■ etw ~ to pay sth

er·leich·tern' [ɛɐ̯'laɪçtɐn] **I.** *vt* ❶ *(ertragbarer machen)* ■ [jdm] etw ~ to make sth easier [for sb], to make sth more bearable [for sb]; *s. a.* **Gewissen** *s. a.* **Herz** ❷ *(innerlich beruhigen)* ■ jdn ~ to be of relief to sb; **es hat mich sehr erleichtert zu erfahren, dass ...** I was greatly relieved to hear that ... ❸ *(fam: beklauen)* ■ jdn um etw *akk* ~ to relieve sb of sth *hum* ❹ *(hum fam: erbitten)* ■ jdn um etw *akk* ~ to borrow sth from sb **II.** *vr* *(euph geh)* ■ sich ~ to relieve oneself

er·leich·tert I. *adj* relieved; **er stieß einen ~en Seufzer aus** he gave a sigh of relief **II.** *adv* in a relieved manner; **~ aufatmen** to breathe a sigh of relief

Er·leich·te·rung <-, -en> *f* ❶ *(Linderung)* relief; **jdm ~ verschaffen** to bring/give sb relief ❷ *kein pl (Beruhigung)* relief; **mit** [*o* voller] **~** with [great] relief; **zu jds ~** to sb's relief ❸ *(Vereinfachung)* simplification; **zur ~ der Aufgabe gebe ich euch einige Tipps** to simplify the task I'll give you a few hints

er·lei·den' *vt irreg* ■ etw ~ ❶ *(hinnehmen müssen)* to suffer [*or* put up with] sth; *s. a.* **Schiffbruch** ❷ *(geh:*

erdulden) to suffer [*or* endure] sth

er·lern·bar [ɛɐ̯ˈlɛrnbaːɐ̯] *adj* learnable; ▪ **[irgendwie] ~ sein** to be learnable [in a certain way]; **diese Tricks sind ohne weiteres ~** you can [easily] learn these tricks; **im Kindesalter sind fremde Sprachen leichter ~** children can learn to speak a foreign language more easily than adults

er·ler·nen' *vt* ▪ **etw ~** to learn sth

er·le·sen *adj* exquisite

er·leuch·ten' *vt* ① *(erhellen)* ▪ **etw ~** to light [up] sth, to illuminate sth *form;* ▪ **erleuchtet** lit, illuminated *form* ② *(inspirieren)* ▪ **jdn ~** to inspire sb; ▪ **erleuchtet** inspired

Er·leuch·tung <-, -en> *f (Inspiration)* inspiration; **eine ~ haben** to have an inspiration

er·lie·gen *vi irreg sein* ① *(verfallen)* ▪ **einer S.** *dat* **~** to fall prey to sth ② *(geh: zum Opfer fallen)* ▪ **einer S.** *dat* **~** to fall victim to sth ▸ WENDUNGEN: **etw zum E~ bringen** to bring sth to a standstill; **der Generalstreik hatte die Wirtschaft zum E~ gebracht** the general strike had brought the economy to its knees; **zum E~ kommen** to come to a standstill

er·lischt [ɛɐ̯ˈlɪʃt] *3. pers pres von* **erlöschen**

Er·lös <-es, -e> [ɛɐ̯ˈløːs] *m* proceeds *npl*

er·lö·schen <erlischt, erlosch, erloschen> *vi sein* ① *(zu brennen aufhören)* to stop burning, to go out; **dieser Vulkan ist vor 100 Jahren erloschen** the volcano became dormant 100 years ago ② *(vergehen)* to fizzle out ③ *(seine Gültigkeit verlieren)* to expire; *Ansprüche* become invalid; *s. a.* **Geschlecht 2**

er·lö·sen' *vt* ① *(befreien)* ▪ **jdn [aus/von etw] ~** to release sb [from sth] ② REL ▪ **jdn [aus/von etw] ~** to redeem sb [from sth] ③ *(einnehmen)* ▪ **etw [aus etw] ~** to make [*or* earn] sth [from sth]

er·lö·send I. *adj* relieving **II.** *adv (befreiend)* in a liberating manner *pred,* in a relieving manner *pred*

Er·lö·ser(in) <-s, -> *m(f)* ▪ **der ~** the Redeemer

Er·lö·sung *f (Erleichterung)* relief ② REL redemption

er·mäch·ti·gen' [ɛɐ̯ˈmɛçtɪɡn̩] *vt* ▪ **jdn [zu etw** *dat*] **~** to authorize sb [to do sth], to empower sb [to do sth]; ▪ **jdn dazu ~, etw zu tun** to authorize sb to do sth, to empower sb to do sth; ▪ **zu etw ermächtigt sein** to be authorized to do sth, to be empowered to do sth

Er·mäch·ti·gung <-, -en> *f* authorization, empowerment

er·mah·nen' *vt* ① *(warnend mahnen)* ▪ **jdn ~** to warn sb; **sei doch artig, muss ich dich denn immer ~?** be a good child, why do I have to scold you constantly?; ▪ **jdn ~, etw zu tun** to tell sb to do sth ② *(anhalten)* ▪ **jdn zu etw** *dat* **~** to admonish sb to do sth

Er·mah·nung *f* warning

Er·man·g(e)·lung <-> *f kein pl* **in ~ eines Besseren** in the absence of a better alternative; **in ~ einer S.** *gen (geh)* in the absence of sth *form*

er·man·nen' [ɛɐ̯ˈmanən] *vr* ▪ **sich ~** to pull oneself together; ▪ **sich zu etw** *dat* **~** to summon up [the] courage to do sth

er·mä·ßi·gen' I. *vt* ▪ **[jdm] etw [auf etw** *akk/***um etw** *akk*] **~** to reduce sth [to sth/by sth] [for sb]; ▪ **ermäßigt** reduced **II.** *vr* ▪ **sich [auf etw** *akk/***um etw** *akk*] **~** to be reduced [to sth/by sth]; **bei Kindern unter 12 Jahren ermäßigt sich der Eintritt** there is a reduction for children under the age of 12

Er·mä·ßi·gung <-, -en> *f* reduction; **~ haben** to be entitled to a reduction

er·mat·ten' [ɛɐ̯ˈmatn̩] **I.** *vt haben (geh)* ▪ **jdn ~** to exhaust sb, to wear sb out; ▪ **von etw** *dat*] **ermattet sein** to be exhausted [*or* worn out] [by sth] **II.** *vi sein (geh)* to tire; **die Bewegungen des Schwimmers ermatteten** the swimmer's movements slowed down

er·mes·sen' *vt irreg* ▪ **etw ~** to comprehend sth

Er·mes·sen <-s> *nt kein pl* discretion; **nach jds ~ in** sb's estimation; **nach freiem [o eigenem] ~** at one's [own] discretion; **nach menschlichem ~** as far as one can tell; **in jds ~ liegen [o stehen]** to be at [*or* left to] sb's discretion; **es steht in Ihrem eigenen ~, ob Sie bleiben oder gehen wollen** it's up to you whether you stay or go; **etw in jds ~ stellen** *akk* to leave sth to sb's discretion; **die Entscheidung stelle ich ganz in Ihr ~** I leave the decision completely up to you [*or* at your discretion]

Er·mes·sens·fra·ge *f* matter of discretion

er·mit·teln' I. *vt* ▪ **etw ~** ① *(herausfinden)* to find out sth *sep,* to establish sth; ▪ **jdn ~** to establish sb's identity; **der Täter konnte durch die Polizei ermittelt werden** the police were able to establish the culprit's identity ② *(errechnen)* to determine [*or* calculate] sth; ▪ **jdn ~** to decide on sb; *den Gewinner* decide [on] **II.** *vi (eine Untersuchung durchführen)* ▪ **[gegen jdn]** [**wegen etw** *gen*] **~** to investigate [sb] [for sth]

Er·mitt·ler(in) <-s, -> *m(f)* investigator; **verdeckter ~** *(geh)* plain-clothes investigator

Er·mitt·lung <-, -en> *f* ① *kein pl (das Ausfindigmachen)* determining ② *(Untersuchung)* investigation; **~en durchführen [o anstellen]** to carry out [*or* to conduct] investigations

Er·mitt·lungs·rich·ter(in) *m(f)* leader of a judicial inquiry, examining magistrate BRIT **Er·mitt·lungs·schritt** *m* JUR step of inquiry **Er·mitt·lungs·ver·fah·ren** *nt* preliminary proceedings; **ein ~ gegen jdn einleiten** to institute preliminary [*or* initiate] proceedings against sb

er·mög·li·chen' [ɛɐ̯ˈmøːklɪçn̩] *vt* ▪ **jdm etw ~** to enable sb to do sth; **sie hat jahrelang gespart, um ihrem Sohn das Studium zu ~** she saved for years so that her son could go to university; ▪ **es jdm ~, etw zu tun** to enable sb to do sth; ▪ **es ~, etw zu tun** *(geh)* to make it possible for sth to be done; **können Sie es ~, um 9 Uhr an unserem Stand auf der Buchmesse zu sein?** can you be at our stand at the book fair at 9 o'clock?

er·mor·den' *vt* ▪ **jdn ~** to murder sb

Er·mor·de·te(r) *f(m) dekl wie adj* victim of murder, murder victim

Er·mor·dung <-, -en> *f* murder

er·mü·den' [ɛɐ̯ˈmyːdn̩] **I.** *vt haben* ▪ **jdn ~** to tire sb [out] **II.** *vi sein* ① *(müde werden)* to become tired ② *(Spannung verlieren)* to wear, to fatigue

er·mü·dend *adj* tiring

Er·mü·dung <-, <*selten* -en> *f* ① *(das Ermüden)* tiredness, fatigue; **vor ~** from tiredness ② TECH *(Verlust der Spannung)* wearing, fatigue

Er·mü·dungs·er·schei·nung *f* sign of fatigue *form* [*or* tiredness]

er·mun·tern' [ɛɐ̯ˈmʊntɐn] *vt* ① *(ermutigen)* ▪ **jdn [zu etw] ~** to encourage sb [to do sth]; **dieser Erfolg ermunterte ihn zu weiteren Versuchen** this success encouraged him to make further attempts ② *(beleben)* ▪ **jdn ~** to perk sb up; **sich ermuntert fühlen** to feel perked up

Er·mun·te·rung <-, -en> *f* encouragement; **zu jds ~** to encourage sb

er·mu·ti·gen' [ɛɐ̯ˈmuːtɪɡn̩] *vt* ▪ **jdn [zu etw] ~** to encourage sb [to do sth]; **dieser Erfolg ermutigte sie zur Weiterarbeit an dem Projekt** this success encouraged her to continue working on the project

er·mu·ti·gend I. *adj* encouraging **II.** *adv* encouragingly

Er·mu·ti·gung <-, -en> *f* encouragement; **dieser unerwartete Erfolg war eine ~ für alle** this unexpected success gave everybody renewed hope

er·näh·ren' *vt* ① *(mit Nahrung versorgen)* ▪ **jdn/ein Tier ~** to feed sb/an animal; **sie ernährt ihre Kinder rein vegetarisch** she gives her children vegetarian food only ❷ *(unterhalten)* ▪ **jdn** ~ to provide for sb, to support sb; **die Schriftstellerei allein kann keinen** ~ writing on its own doesn't bring in enough to live on II. *vr* ❶ *(sich speisen)* ▪ **sich von etw** ~ to eat sth, to feed on sth, to live on sth; ▪ **sich irgend- wie** ~ to eat in a certain manner; **du musst dich vita- minreicher ~!** you need more vitamins in your diet! ❷ *(sich unterhalten)* ▪ **sich** [von etw] ~ to support oneself [by doing/on sth]; **sie muss sich von Gele- genheitsjobs** ~ she has to support herself by doing odd jobs

Er·näh·rer(in) <-s, -> [ɛɐ̯'nɛːrɐ] *m(f)* provider, bread- winner

Er·näh·rung <-> *f kein pl* ❶ *(das Ernähren)* feeding ❷ *(Nahrung)* diet; **falsche/richtige** ~ incorrect/cor- rect diet; **pflanzliche** ~ plant-based diet ❸ *(Unter- halt)* support; **von einem so dürftigen Gehalt ist die ~ einer Familie nicht möglich** it's impossible to support a family on such a meagre salary

Er·näh·rungs·for·schung *f* nutritional research **Er· näh·rungs·ge·wohn·hei·ten** *pl* eating habits *npl*, nutritional habits *npl* **Er·näh·rungs·leh·re** *f* nutrition- al science, dietetics *spec* **Er·näh·rungs·stö·rung** *f* eating disorder **Er·näh·rungs·wei·se** *f* diet; **eine gesunde** ~ a healthy diet **Er·näh·rungs·wis·sen- schaft** *f* nutritional science, dietetics *spec* **Er·näh- rungs·wis·sen·schaft·ler(in)** *m(f)* dietitian [*or* dieti- cian], nutritionist, nutritional scientist

er·nen·nen' *vt irreg* ▪ **jdn** [zu etw] ~ to appoint sb [as sth]

Er·nen·nung *f* appointment (zu +*dat* as); ~ **eines Stellvertreters** nomination of a deputy; **mit seiner ~ zum Parteivorsitzenden hatte keiner gerechnet** nobody had counted on his being appointed head of the party

Er·nen·nungs·ur·kun·de *f* certificate of appointment **er·neu·er·bar** *adj* ❶ *(sich erneuern lassend)* renew- able, replaceable ❷ *(regenerativ)* renewable

Er·neu·e·rer, Er·neu·e·rin <-s, -> *m, f* modernizer, revivalist; ~ **einer Institution/Organisation** modern- izer of an institution/organization

er·neu·ern' [ɛɐ̯'nɔyɐn] *vt* ❶ *(auswechseln)* ▪ **etw** ~ to change sth, to replace sth ❷ *(renovieren)* to renovate; **Fenster/Leitungen** repair; ▪ **etw** ~ **lassen** to have sth renovated [*or* repaired] ❸ *(verlängern)* ▪ **etw** ~ to renew sth ❹ *(restaurieren)* ▪ **etw** ~ to restore sth

Er·neu·e·rung *f* ❶ *(das Auswechseln)* changing ❷ *(Renovierung)* renovation; ~ **der Heizung/Lei- tungen** repair to the heating system/pipes ❸ *(Verlän- gerung)* Pass, Vertrag etc. renewal ❹ *(Restaurierung)* Gebäude restoration ❺ *(Wandel)* rejuvenation; **in diesem Urlaub erlebte sie eine regelrechte** ~ she was completely rejuvenated as a result of that holiday

er·neut [ɛɐ̯'nɔyt] **I.** *adj attr* repeated **II.** *adv* again **er·nied·ri·gen**' [ɛɐ̯'niːdrɪɡn] *vt* ❶ *(demütigen)* ▪ **jdn/ sich** ~ to degrade sb/oneself, to demean sb/oneself ❷ MUS ▪ **etw** ~ to give sth a flatter tone, to play sth less sharp

Er·nied·ri·gung <-, -en> *f* ❶ *(Demütigung)* degrada- tion, humiliation, abasement ❷ MUS flattening

Er·nied·ri·gungs·zei·chen *nt* MUS flat sign

ernst ['ɛrnst] *adj* ❶ *(gravierend)* serious; **es steht** ~ **um jdn** sb is seriously ill; **diesmal ist es etwas E~es** it's serious this time; **nichts E~es** *(keine ernste Erkrankung)* nothing serious; *(keine ernsthafte Bezie- hung)* not serious ❷ *(Ernst zeigend)* serious; ▪ **blei- ben** to keep a straight face ❸ *(aufrichtig, wahr)* genuine, sincere, true; **ich bin der ~en Ansicht/ Überzeugung, dass ...** I genuinely [*or* sincerely] [*or* truly] believe/am genuinely convinced that ...; ~ **gemeint** serious, genuine; „**bitte nur ~ gemeinte Zuschriften!**" "genuine replies only please!"; **es** ~

meinen [mit jdm/etw] to be serious [about sb/sth]; **jdn/etw** ~ **nehmen** to take sb/sth seriously ❹ *(be- deutungsvoll)* solemn

Ernst <-[e]s> ['ɛrnst] *m kein pl* ❶ *(ernster Wille, auf- richtige Meinung)* seriousness; ▪ **etw ist jds** ~ sb is serious about sth; **ist das dein** ~? are you serious [about it/that]?, do you mean it/that [seriously]?; **das kann doch nicht dein/Ihr** ~ **sein!** you can't be serious!, you must be joking!; **allen ~es** in all serious- ness; **feierlicher** ~ dead seriousness; **jds voller** [*o* **völliger**] ~ **sein** sb is completely serious about sth; **etw ist** ~ sth is serious; **jdm ist es** ~ **mit etw** sb is serious about sth; **im** ~ seriously; **das kannst du doch nicht im** ~ **glauben!** you can't seriously believe that! ❷ *(Ernsthaftigkeit)* seriousness; ▪ **jds ~/der** ~ **einer S.** sb's seriousness/the seriousness of sth; **mit ~ bei der Sache sein** to take sth seriously ❸ *(Bedroh- lichkeit)* seriousness, gravity; ▪ **der** ~ **einer S.** *gen* the seriousness [*or* gravity] of sth; **der** ~ **des Lebens** the serious part of life; ~ **mit etw machen** to be serious about sth

Ernst·fall *m* emergency; **den** ~ **proben** to practise [*or* AM *a.* -ice] for an emergency; **im** ~ in an emergency, in case of emergency **ernst·ge·meint** *adj attr* s. **ernst 3**

ernst·haft **I.** *adj* ❶ *(gravierend)* serious ❷ *(aufrichtig)* genuine, sincere **II.** *adv* ❶ *(wirklich)* seriously ❷ *(gra- vierend)* seriously; **im Urlaub erkrankte er** ~ he became seriously ill while on holiday ❸ *(eindringlich)* urgently

Ernst·haf·tig·keit <-> *f kein pl* seriousness **Ernst·kampf** *m* BIOL s. **Beschädigungskampf ernst·lich** **I.** *adj attr* serious; **die ~e Absicht haben, etw zu tun** to seriously intend to do sth **II.** *adv* s. **ernsthaft II.**

Ern·te <-, -n> ['ɛrntə] *f* AGR, HORT ❶ *(Ertrag)* harvest; **die** ~ **einbringen** *(geh)* to bring in the harvest ❷ *(das Ernten)* harvest

Ern·te·(dank·)fest *nt* harvest festival AM *a.*, Thanksgiv- ing

ern·ten ['ɛrntn] *vt* ❶ *(einbringen)* ▪ **etw** ~ to harvest sth; **Äpfel** ~ to pick [*or* harvest] apples ❷ *(erzielen)* ▪ **etw** ~ to earn sth; **Anerkennung** ~ to gain [*or* receive] recognition; **Applaus** ~ to win [*or* get] applause; **die Früchte seiner Arbeit** ~ to reap the fruits of one's labour [*or* AM -or]; **Lob/Spott** ~ to earn praise/scorn; **Undank** ~ to get little thanks

er·nüch·tern' [ɛɐ̯'nʏçtɐn] *vt* ▪ **jdn** ~ ❶ *(wieder nüch- tern machen)* to sober up sb *sep* ❷ *(in die Realität zurückholen)* to bring sb back to reality [*or* back [*or* [back] down] to earth]; ▪ **~d** sobering; ▪ **~d** [für jdn] **sein** to be sobering [for sb]

Er·nüch·te·rung <-, -en> *f* disillusionment; **auf den Erfolg folgte schnell die** ~ he/she etc. experienced disillusionment shortly after success

Er·o·be·rer, Er·o·b(r)e·rin <-s, -> *m, f* conqueror **er·o·bern**' [ɛɐ̯'ʔoːbɐn] *vt* ❶ *(mit Waffengewalt beset- zen)* ▪ **etw** ~ to conquer sth ❷ *(durch Bemühung erlangen)* ▪ **etw** ~ to win sth [with some effort] ❸ *(für sich einnehmen)* ▪ **jdn/etw** ~ to win sb/sth over

Er·o·be·rung <-, -en> *f* ❶ *(das Erobern)* conquest ❷ *(erobertes Gebiet)* conquered territory ❸ *(fam: eroberte Person)* conquest *hum*; **eine** ~ **machen** to make a conquest

Er·o·be·rungs·krieg *m* war of conquest **er·öff·nen**' **I.** *vt* ❶ *(zugänglich machen)* ▪ **etw** ~ to open sth ❷ *(in die Wege leiten)* ▪ **etw** ~ to open sth, to institute sth; *s. a.* **Testament** ❸ *(beginnen)* ▪ **etw** ~ to open sth; **etw für eröffnet erklären** *(geh)* to declare sth open *form* ❹ *(hum: mitteilen)* ▪ **jdm etw** ~ to reveal sth to sb *hum*, to tell sb sth ❺ *(bieten)* ▪ **jdm etw** ~ to open up sth to sb ❻ *(be- ginnen)* ▪ **etw** ~ to commence sth; **das Feuer** [auf

jdn] **eröffnen** to open fire [on sb] **II.** *vr (sich bieten)* ■ **sich jdm** [durch etw *akk*] ~ to open up to sb [through sth] **III.** *vi* FIN ■ **irgendwie** ~ to be a certain way at the start of trading; ■ **mit etw** *dat* ~ to open at sth

Er·öff·nung *f* ➊ *(das Eröffnen)* opening; **bei der ~ der Galerie herrschte großer Andrang** many people came to the opening of the gallery ➋ *(das Einleiten)* institution, opening ➌ *(Beginn)* opening; **bei ~ der Börse** at the opening of the stock exchange ➍ *(Beginn)* commencing; **die ~ des Feuers** the opening of fire ➎ *(geh: Mitteilung)* revelation; **jdm eine ~ machen** to reveal sth to sb

Er·öff·nungs·an·spra·che *f* opening address, opening speech

ero·gen [ero'ge:n] *adj* erogenous

er·ör·tern· [ɛɐ̯'œrtən] *vt* ■ **etw** ~ to discuss sth [in detail], to examine sth

Er·ör·te·rung <-, -en> *f* discussion, examination

Eros-Cen·ter <-s, -> ['e:rɔs sɛntɐ] *nt (euph)* brothel

Ero·si·on <-, -en> [ero'zjo:n] *f* erosion

Ero·tik <-> [e'ro:tɪk] *f kein pl* eroticism

Ero·ti·ka [e'ro:tika] *pl* erotica

ero·tisch [e'ro:tɪʃ] *adj* ➊ *(die Erotik betreffend)* erotic ➋ *(sexuell erregend)* erotic

Er·pel <-s, -> ['ɛrpl] *m* drake

er·picht [ɛɐ̯'pɪçt] *adj* ■ **auf etw** *akk* ~ **sein** to be after sth; ■ [nicht] **darauf** ~ **sein, etw zu tun** to [not] be interested in doing sth

er·pres·sen· *vt* ➊ *(durch Drohung nötigen)* ■ **jdn** ~ to blackmail sb ➋ *(abpressen)* ■ **etw** [von jdm] ~ to extort sth [from sb]

Er·pres·ser(in) <-s, -> *m(f)* blackmailer, extortioner [*or* extortionist]

Er·pres·ser·brief *m* blackmail letter

er·pres·se·risch [ɛɐ̯'prɛsərɪʃ] **I.** *adj (Mensch)* blackmailing, extortive; **~es Verhalten** [*o* **Vorgehen**] blackmail **II.** *adv* in an extortive manner

Er·pres·sung <-, -en> *f* blackmail; *(unter Anwendung der Gewalt)* extortion; **räuberische ~** JUR extortionary robbery

Er·pres·sungs·ver·such *m* attempted blackmail *no pl*, attempted extortion

er·pro·ben· *vt* ■ **etw** ~ to test sth; ■ **etw** [an jdm/an einem Tier] ~ to test sth [on sb/on an animal]

er·probt *adj* ➊ *(erfahren)* experienced ➋ *(zuverlässig)* reliable

er·qui·cken· [ɛɐ̯'kvɪkn] *vt (geh)* ■ **jdn** ~ to refresh sb; **sich erquickt fühlen** to feel refreshed

er·quick·lich *adj (iron geh)* joyous *iron liter*

Er·qui·ckung <-, -en> *f (geh)* refreshment; **zur ~/zu jds** ~ for refreshment/to refresh sb

Er·ra·ta [ɛ'ra:ta] *pl* errata *npl*

er·ra·ten· *vt irreg* ■ **etw** ~ to guess sth, to work sth out [by guessing]; **das war nicht schwer zu ~!** it wasn't difficult to work that out!; **du hast's ~!** *(fam)* you guessed [*or* AM got] it! *fam*

er·rech·nen· *vt* ■ **etw** ~ to calculate sth

er·reg·bar *adj* ➊ *(leicht aufzuregen)* excitable ➋ *(sexuell zu erregen)* ■ [irgendwie] ~ **sein** to be able to be aroused [in a certain way]

Er·reg·bar·keit <-> *f kein pl* excitability

er·re·gen· **I.** *vt* ➊ *(aufregen)* ■ **jdn** ~ to irritate sb, to annoy sb ➋ *(sexuell anregen)* ■ **jdn** ~ to arouse sb ➌ *(hervorrufen)* ■ **etw** ~ to engender *form,* to cause **II.** *vr* ■ **sich über jdn/etw** ~ to get annoyed about sb/sth

Er·re·ger <-s, -> *m (Krankheits~)* pathogen, causative organism

er·regt **I.** *adj* ➊ *(aufgeregt geführt)* heated ➋ *(aufgeregt)* irritated, annoyed **II.** *adv* in an irritated [*or* annoyed] manner

Er·re·gung *f* ➊ *(erregter Zustand)* irritation, annoyance; **in** ~ **geraten** to become irritated, to get annoyed; **jdn in** ~ **versetzen** to irritate sb, to annoy sb; **vor** ~ with anger ➋ *(sexuell erregter Zustand)* arousal; **bereits ihr Anblick versetzte ihn in** ~ the sight of her alone was enough to arouse him ➌ *kein pl (Erzeugung)* engendering, causing; ~ **öffentlichen Ärgernisses** public indecency

er·reich·bar *adj* ➊ *(telefonisch zu erreichen)* ■ [für jdn] ~ **sein** to be able to be reached [*or* contacted] [by sb] ➋ *(zu erreichen)* ■ [irgendwie] ~ **sein** to be reachable [in a certain way]; **die Hütte ist zu Fuß nicht** ~ the hut cannot be reached on foot

er·rei·chen· *vt* ➊ *(rechtzeitig hinkommen)* ■ **etw** ~ to catch sth ➋ *(hingelangen)* ■ **etw** ~ to get to sth ➌ *(antreffen)* ■ **jdn** ~ to reach sb, to contact sb, to get hold of sb *fam;* **Ihr Brief/Ihre Nachricht hat mich nicht rechtzeitig erreicht** your letter/message didn't reach me on time, I didn't receive your letter/message on time ➍ *(eintreffen)* ■ **etw** ~ to reach sth; **wir werden Paris in einer halben Stunde** ~ in half an hour we will arrive in Paris ➎ *(erzielen)* ■ **etw** ~ to reach sth; **ich weiß immer noch nicht, was du ~ willst** I still don't know what you want to achieve ➏ *(einholen)* ■ **jdn** ~ to catch sb up BRIT, to catch up with sb ➐ *(bewirken)* ■ **etw** [bei jdm] ~ to get somewhere [with sb]; **hast du beim Chef etwas ~ können?** did you manage to get anywhere with the boss? ➑ *(an etw reichen)* ■ **etw** [mit etw *dat*] ~ to reach sth [with sth]

Er·rei·chung <-> *f kein pl (geh)* ➊ *(das Erreichen)* reaching ➋ *(das Erleben)* reaching; **bei** ~ **des 60. Lebensjahres** on one's 60th birthday/when one turns 60/at 60

er·ret·ten· *vt (geh)* ➊ *(befreien)* ■ **jdn** [aus etw *dat*] ~ to rescue sb [from sth], to deliver sb [from sth] *form* ➋ *(retten)* ■ **jdn vor etw** *dat* ~ to save sb from sth *form*

Er·ret·ter(in) *m(f) (geh)* deliverer *form*

Er·ret·tung *f kein pl (geh)* ■ **jds** ~ [aus etw *dat*] sb's rescue [*or* deliverance] [from sth] *form*

er·rich·ten· *vt* ■ **etw** ~ ➊ *(aufstellen)* to erect sth *form,* to put sth up *sep* ➋ *(erbauen)* to erect sth *form,* to construct sth; ■ **etw** ~ **lassen** to have sth erected ➌ *(begründen)* to found sth, to set up sth *sep*

Er·rich·tung *f* ➊ *(Aufstellung)* Barrikade, Gerüst, Podium erection *form,* putting up ➋ *(Erbauung)* Denkmal, Gebäude erection *form,* construction ➌ *(Begründung)* Gesellschaft, Stiftung foundation, setting up

er·rin·gen· *vt irreg* ■ **etw** ~ to win sth [with a struggle]

er·rö·ten· *vi sein* ■ [vor etw *dat*] ~ to blush [with sth]; **jdn zum E~ bringen** to make sb blush

Er·run·gen·schaft <-, -en> [ɛɐ̯'rʊŋənʃaft] *f* ➊ *(bedeutender Erfolg)* achievement ➋ *(hum fam: Anschaffung)* acquisition, investment *fam*

Er·satz <-es> [ɛɐ̯'zats] *m kein pl* ➊ *(ersetzender Mensch)* substitute; *(ersetzender Gegenstand)* replacement; **als** ~ **für jdn** as a substitute for sb; **als** ~ [für etw *akk*] as a replacement [for sth] ➋ *(Entschädigung)* compensation; ~ **für etw** *akk* **leisten** to pay compensation for sth

Er·satz·be·frie·di·gung *f* vicarious satisfaction **Er·satz·bril·le** *f* spare pair of glasses **Er·satz·dienst** *m* non-military service for conscientious objectors **Er·satz·dro·ge** *f* ➊ MED *(Ersatzrauschmittel)* substitute drug ➋ *(fam)* substitute **er·satz·ge·schwächt** *adj* SPORT Mannschaft weakened by substitute players *pred* **Er·satz·kas·se** *f* substitute health insurance scheme **Er·satz·mann** <-männer *o* -leute> *m* ➊ *(Vertreter)* substitute ➋ *s.* **Ersatzspieler Er·satz·mi·ne** *f* refill **Er·satz·rei·fen** *m* spare wheel **Er·satz·schlüs·sel** *m* spare key **Er·satz·spie·ler(in)** *m(f)* sub-

Er·satz·teil *nt* spare [*or* replacement] part **Er·satz·tor·wart(in)** *m(f)* substitute goalkeeper
er·satz·wei·se *adv* as a replacement [*or* an alternative]
er·sau·fen *vi irreg sein (sl)* to drown
er·säu·fen [ɛɐ̯ˈzɔyfn̩] *vt* ➊ *(ertränken)* ■ **jdn/ein Tier ~** to drown sb/an animal ➋ *(fam: betäuben)* ■ **etw in etw** *dat ~* to drown sth in sth
er·schaf·fen *vt irreg (geh)* ■ **jdn/etw ~** to create sb/ sth
Er·schaf·fung *f* creation
er·schal·len *vi sein (geh)* to sound; **aus dem Saal erschallten fröhliche Stimmen/erschallte fröhliches Lachen** joyful voices/laughter could be heard coming from the hall
er·schau·dern *vi sein (geh)* ■ **[vor etw** *dat]* **~** to shudder [with sth]
er·schau·ern *vi sein (geh)* ■ **[vor etw** *dat]* **~** to shiver [with sth]; ■ **einen ~ lassen** to make one shiver
er·schei·nen *vi irreg sein* ➊ *(auftreten)* to appear; **du sollst sofort beim Chef ~!** the boss wants to see you straight away!; **sie war des Öfteren unpünktlich erschienen** she had often arrived late ➋ *(sichtbar werden)* to be able to be seen; **am sechsten Tag erschien endlich Land am Horizont** on the sixth day we/they etc. finally sighted land ➌ *(veröffentlicht werden)* to come out ➍ *(sich verkörpern)* ■ **jdm ~** to appear to sb; **manchmal ~ einem im Traum die seltsamsten Dinge** one sometimes sees the strangest things in dreams ➎ *(scheinen)* ■ **jdm irgendwie ~** to seem a certain way to sb; **diese Hypothese erscheint mir recht weit hergeholt** this hypothesis seems quite far-fetched to me; ■ **jdm wie etw ~** to seem like sth to sb
Er·schei·nen *<-s> nt* ➊ *(das Auftreten)* appearance; **sie dankte den Gästen für ihr ~** she thanked the guests for coming; **um rechtzeitiges ~ wird gebeten!** please be punctual! ➋ *(die Verkörperung)* appearance ➌ *(die Veröffentlichung)* publication
Er·schei·nung *<-, -en> f* ➊ *(Phänomen)* phenomenon ➋ *(Persönlichkeit)* ■ **eine bestimmte ~** a certain figure ➌ *(Vision)* vision; **eine ~ haben** to have a vision ▸ WENDUNGEN: **in ~ treten** to appear
Er·schei·nungs·bild *nt* appearance **Er·schei·nungs·form** *f* manifestation **Er·schei·nungs·jahr** *nt* year of publication **Er·schei·nungs·ort** *m* place of publication
er·schie·ßen *irreg vt* ■ **jdn ~** to shoot sb dead; ■ **sich ~** to shoot oneself [dead]; *s. a.* **Tod**
Er·schie·ßung *<-, -en> f* shooting; **standrechtliche ~** shooting by order of a court martial
er·schlaf·fen [ɛɐ̯ˈʃlafn̩] *vi sein* ➊ *(schlaff werden)* to become limp; ■ **etw ~ lassen** to let sth go limp [*or* relax] ➋ *(die Straffheit verlieren)* to become loose ➌ *(welk werden)* to wither, to become withered
er·schla·gen[1] *irreg vt* ■ **jdn ~** *irreg* ➊ *(totschlagen)* to beat sb to death ➋ *(durch Darauffallen töten)* to fall [down] and kill sb [in the process]; **die Säule fiel um und erschlug ihn** the pillar fell down and killed him ➌ *(überwältigen)* to overwhelm sb ▸ WENDUNGEN: **du kannst mich ~, aber …** *(fam)* you can do what you want to me but …
er·schla·gen[2] *adj (fam)* ■ **~ sein** to be dead beat *sl, sl* BRIT *a.* to be knackered
er·schlei·chen *vr irreg* ■ **sich** *dat* **etw ~** to fiddle sth; **es gelang ihr, sich seine Gunst/sein Vertrauen zu ~** she managed to gain his favour/trust by tricking him
er·schlie·ßen *irreg* **I.** *vt* ➊ *(mit Installationen versehen)* ■ **etw ~** to develop sth; ■ **erschlossen** developed ➋ *(nutzbar machen)* ■ **[jdm] etw ~** to exploit sth [for sb] **II.** *vr* ■ **sich** *dat* ■ **jdm ~** to reveal oneself to sb, to be revealed to sb

Er·schlie·ßung *f* ➊ BAU, ÖKON, ADMIN *(das Zugänglichmachen)* development ➋ GEOL, ÖKON *(das Nutzbarmachen)* tapping ➌ LING *(Schlussregel)* inference
er·schöp·fen[1] **I.** *vt* ➊ *(ermüden)* ■ **jdn ~** to exhaust sb ➋ *(aufbrauchen)* ■ **etw ~** to exhaust sth; ■ **erschöpft sein** to be exhausted **II.** *vr* ➊ *(zu Ende gehen)* ■ **sich ~** to run out; **das Interesse der Bevölkerung erschöpfte sich schnell** the people quickly lost interest ➋ *(etw umfassen)* ■ **sich in etw** *dat* ~ to consist only of sth; ■ **sich darin ~, dass jd etw tut** to only go as far as sb doing sth; **meine Möglichkeiten ~ sich darin, dass ich versuchen kann, für Sie zu intervenieren** the only thing I can do is try to intervene on your behalf
er·schöp·fend **I.** *adj* ■ **~ sein** ➊ *(zur Erschöpfung führend)* exhausting ➋ *(ausführlich)* exhaustive **II.** *adv* exhaustively
Er·schöp·fung *<-, <selten -en> f* ➊ *(völlige Ermüdung)* exhaustion; **bis zur [völligen] ~ arbeiten** to work until one is [completely] exhausted [*or* ready to drop] *fam;* **vor ~** with exhaustion ➋ *(das Aufbrauchen)* Mittel, Vorräte running out, exhaustion
Er·schöp·fungs·zu·stand *m* **sich in einem ~ befinden** to be in a state of exhaustion; **an Erschöpfungszuständen leiden** to suffer from exhaustion
er·schos·sen [ɛɐ̯ˈʃɔsn̩] *adj (fam)* bushed *fam, fam* BRIT *a.* knackered; ■ **[völlig] ~ sein** to be [completely] bushed [*or sl* BRIT *a.* knackered]
Er·schos·se·ne(r) *f(m) dekl wie adj* victim of shooting
er·schrak [ɛɐ̯ˈʃraːk] *imp von* **erschrecken II.**
er·schre·cken[1] **I.** *vt* <erschreckte, erschreckt> haben ➊ *(in Schrecken versetzen)* ■ **jdn ~** to give sb a fright ➋ *(bestürzen)* ■ **jdn ~** to alarm sb, to shock sb **II.** *vi* <erschrickt, erschreckte *o* erschrak, erschreckt *o* erschrocken> *sein* ■ **[vor jdm/etw] ~** to get a fright [from sb/sth]; **~ Sie nicht, ich bin's nur!** don't get a fright, it's only me! **III.** *vr* <erschrickt, erschreckte, erschreckt *o* erschrocken> *haben (fam: einen Schrecken bekommen)* ■ **sich [über etw** *akk]* **~** to be shocked [by sth]
Er·schre·cken *nt kein pl* fear, terror
er·schre·ckend **I.** *adj* alarming; ■ **~ sein** to be alarming **II.** *adv* ➊ *(schrecklich)* terrible ➋ *(fam: unglaublich)* incredibly
er·schrickt *3. pers pres von* **erschrecken**
er·schro·cken **I.** *pp von* **erschrecken II., III. II.** *adj* alarmed, shocked; ■ **~ sein** to be alarmed **III.** *adv* with a start *pred*
er·schüt·tern [ɛɐ̯ˈʃytɐn] *vt* ➊ *(zum Beben bringen)* ■ **etw ~** to shake sth ➋ *(in Frage stellen)* ■ **etw ~** to shake sth; Ansehen damage; Glaubwürdigkeit undermine ➌ *(tief bewegen)* ■ **jdn ~** to shake sb, to distress sb; **jdn kann nichts mehr ~** nothing can shake [*or* distress] sb anymore; **sich durch nichts ~ lassen** to let nothing shake [*or* distress] oneself
er·schüt·ternd *adj* distressing
er·schüt·tert *adj* shaken, distressed; ■ **[über etw** *akk]* **erschüttert sein** to be shaken [*or* distressed] [by sth]
Er·schüt·te·rung *<-, -en> f* ➊ *(erschütternde Bewegung)* shake ➋ *(Destabilisierung)* destabilization *no pl;* **dieses skandalöse Urteil bewirkte eine ~ der gesamten Rechtsprechung** this scandalous judgement has given the whole justice system a shake-up ➌ *(das Erschüttern)* Vertrauen shaking ➍ *(seelische Ergriffenheit)* distress; **ihre ~ war ihr deutlich anzumerken** it was easy to see that she was in distress
er·schwe·ren[1] [ɛɐ̯ˈʃveːrən] *vt* ■ **[jdm] etw ~** to make sth more difficult [for sb]; **das Problem erschwerte ihm die Aufgabe** the problem complicated the task for him
er·schwe·rend **I.** *adj* complicating **II.** *adv* ■ **sich ~**

auswirken to make things difficult; **~ kommt noch hinzu …** to make matters [*or* things] worse…

Er·schwer·nis <-, -se> [ɛɐ̯ˈʃveːɐ̯nɪs, *pl*: nɪsə] *f (geh)* [additional] difficulty

Er·schwe·rung <-, -en> *f* **die ~ einer S.** *gen* the hindrance to sth

er·schwin·deln *vt* **[sich** *dat*] **etw von jdm ~** to con sth [for oneself] out of sb

er·schwing·lich [ɛɐ̯ˈʃvɪŋlɪç] *adj* affordable; **■ ~ sein** to be affordable

er·se·hen *vt irreg (geh)* **■ etw aus etw** *dat* **~** to see sth from sth; **alles Weitere können Sie aus meinem Lebenslauf ~** you'll find additional information in my CV; **■ aus etw** *dat* **~, dass …** to see from sth that …

er·seh·nen *vt (geh)* **■ etw ~** to long for sth, to yearn for sth; **■ ersehnt** longed for, yearned for

er·setz·bar [ɛɐ̯ˈzɛtsbaːɐ̯] *adj* replaceable; **■ ~ sein** to be replaceable

er·set·zen *vt* **❶** *(austauschen)* **etw [durch etw] ~** to replace sth [with sth] **❷** *(vertreten)* **■ [jdm] jdn/etw ~** to replace [sb's] sth/sth; **er ersetzt dem Kind den Vater** he's a replacement father for the child **❸** *(erstatten)* **■ jdm etw ~** to reimburse sb for sth

er·sicht·lich *adj* apparent; **■ aus etw** *dat* **~ sein, dass …** to be apparent [*or* clear] from sth that …

er·sin·nen *vt irreg (geh)* **■ etw ~** to concoct sth; **Plan** devise

er·spä·hen *vt* **■ jdn/etw [unter etw** *dat*] **~** to spot sb/sth [among sth]

er·spa·ren *vt* **❶** *(sparen)* **■ jdm etw ~** to spare sb sth; **ich kann Ihnen die Wartezeit leider nicht ~** I'm afraid you'll have to wait; **jdm bleibt etw/nichts erspart** sb is spared sth/not spared anything; **schon wieder dieser Ärger, mir bleibt aber auch nichts erspart!** not this again! the things I have to put up with!; **■ sich** *dat* **etw ~** to save oneself sth; **den Ärger hättest du dir ~ können** you could have spared yourself this trouble **❷** *(durch Sparen erwerben)* **■ [sich** *dat*] **etw ~** to save up [to buy] sth

Er·spar·nis <-, -se> [ɛɐ̯ˈʃpaːɐ̯nɪs, *pl*: -nɪsə] *f* <-ses, -se> *nt* ÖSTERR **❶** *kein pl (Einsparung)* **■ die/eine ~ an etw** *dat* the/a saving in [*or* of] [*or* on] sth **❷** *meist pl (erspartes Geld)* savings *npl*

Er·spar·te|s *nt dekl wie adj* savings *npl*

er·sprieß·lich [ɛɐ̯ˈʃpriːslɪç] *adj (geh)* useful, helpful; *Zusammenarbeit* successful; **■ irgendwie ~ sein** to be useful [*or* helpful] in some way

erst [eːɐ̯st] **I.** *adv* **❶** *(zuerst)* [at] first; **~ sagst du ja, dann wieder nein!** first you say yes, then you say no again!; **~ schien noch die Sonne, aber dann fing es bald an zu regnen** at first it was sunny but it soon started to rain; **mach ~ [ein]mal die Arbeit fertig** finish your work first; **wenn du das ~ einmal hinter dir hast** once you've got that over with **❷** *(nicht früher als)* only; **wecken Sie mich bitte ~ um 8 Uhr!** please don't wake me until 8 o'clock!; **er hat mich ~ darauf aufmerksam gemacht, als es schon zu spät war** he didn't draw my attention to it until it was too late; **ich brauche die Rechnung ~ in 5 Wochen zu bezahlen** I don't need to pay the bill for another 5 weeks; **~ gestern/heute/morgen** only yesterday/today/tomorrow; **der nächste Zug fährt ~ morgen** the next train doesn't leave until tomorrow; **~ jetzt** only now; **eben/gerade ~** [only] just; **~ vor kurzem** only recently, only just; **~ als …** only when…; **~ wenn** only if; **~ …, wenn** only…if **❸** *(bloß)* only **II.** *part (verstärkend)* **an deiner Stelle würde ich ~ gar nicht anfangen** if I was in your shoes I wouldn't even start; **wenn wir zu Hause sind, dann kannst du ~ was erleben!** when we get home you'll be in real trouble! ▶ WENDUNGEN: **~ recht** all the more; **jetzt**

~ recht/recht nicht! jetzt zeigst du es ihr ~ recht! *now* you can really show her!; **tu, was man dir sagt! – nein, jetzt ~ recht nicht!** do what you're told! no, now I definitely won't do it!; *s. a.* **gar**

er·star·ken [ɛɐ̯ˈʃtarkn̩] *vi sein (geh)* **❶** *(stärker werden)* to gain strength **❷** *(intensiver werden)* to become stronger; *(von Hoffnung/Zuversicht)* to increase

er·star·ren *vi sein* **❶** *(fest werden)* to harden, to solidify; **bei 0 °C erstarrt Wasser zu Eis** at 0 °C water freezes and becomes ice **❷** *(wie gefroren sein)* to freeze; **Dracula bot einen Anblick, der jedem das Blut in den Adern ~ ließ** the sight of Dracula made everybody's blood freeze [in their veins] **❸** *(vor Kälte steif werden)* to freeze **❹** *(starr werden)* **■ [vor etw** *dat*] **~** to freeze [with sth]

er·stat·ten [ɛɐ̯ˈʃtatn̩] *vt* **❶** *(ersetzen)* **■ [jdm] etw ~** to reimburse [sb] for sth **❷** *(geh: mitteilen)* **Anzeige ~** to report a crime; **Anzeige gegen jdn ~** to report sb; **jdm Bericht/Meldung [über etw** *akk*] **~** to report to sb/notify sb [about sth]

Er·stat·tung <-, -en> *f von Auslagen, Unkosten* reimbursement

erst·auf·füh·ren *vt nur infin, pp* to première; **■ erstaufgeführt** premièred **Erst·auf·füh·rung** *f* première **Erst·auf·la·ge** *f* first print[-run]

er·stau·nen **I.** *vt haben* **■ jdn ~** to amaze sb; **dieses Angebot erstaunt mich** I find this offer amazing **II.** *vi sein* **■ über etw** *akk* **~** to be amazed by sth **Er·stau·nen** *nt* amazement; **voller ~** full of amazement; **jdn in ~ versetzen** to amaze sb; **zu jds ~** to sb's amazement

er·staun·lich [ɛɐ̯ˈʃtaunlɪç] **I.** *adj* amazing, astonishing; **■ ~ sein, dass/was/wie** to be amazing that/what/how; **■ E~es** something amazing, amazing things *pl* **II.** *adv* amazingly, astonishingly

er·staun·li·cher·wei·se *adv inv* astonishingly, amazingly

er·staunt **I.** *adj* amazed; **du machst so ein ~es Gesicht** you look so amazed; **■ [über jdn/etw] ~ sein** to be amazed [by sb/sth] **II.** *adv* in amazement

Erst·aus·ga·be *f* **❶** *(erste Veröffentlichung)* first edition **❷** *(Buch)* first edition **erst·bes·te|r, s)** *adj attr* first; **■ der/die/das E~** the first one sees [*or* comes across], the next best one **Erst·be·stei·gung** *f* first ascent **Erst·de·lin·quent** *m* first offender

ers·te|r, s) [ˈeːɐ̯stə] *adj* **❶** *(an erster Stelle kommend)* first; **die ~n fünf/die fünf ~n Bäume** the first five trees; **das E~, was …** the first thing that …; **die ~ Klasse** [*o fam*: **die E~**] primary one BRIT, first grade AM; *s. a.* **achte(r, s) 1 ❷** *(Datum)* first, 1st; *s. a.* **achte(r, s) 2 ❸** *(führend)* leading, number one, top; **das ~ Haus am Platz** *(Hotel)* the best [*or* finest] hotel in town; *(Laden)* the top [*or* best] store in town; *s. a.* **Klasse** *s. a.* **Wahl** ▶ WENDUNGEN: **der/die/das ~ beste** the first one sees [*or* comes across], the next best; **bei der ~n besten Gelegenheit** at the first opportunity that comes along [*or* presents itself]; **fürs E~** to begin with, for the time being, for starters *fam*; **zum E~n, zum Zweiten, zum Dritten** going once, going twice, sold

Ers·te|r [ˈeːɐ̯stə] *f(m) dekl wie adj* **❶** first; *s. a.* **Achte(r) 1 ❷** *(bei Datumsangabe)* **■ der ~** [*o geschrieben*: **der 1.**] the first *spoken*, the 1st *written*; *s. a.* **Achte(r) 2 ❸** *(Namenszusatz)* **Ludwig der ~** geschrieben Louis the First; **Ludwig I.** ❹ *(beste)* the best, the leader; **in Mathematik war sie die ~ in der Klasse** she was top of the class in maths; **der Porsche ist wieder ~r geworden** the Porsche won again ▶ WENDUNGEN: **~ unter Gleichen** first among equals

er·ste·chen *vt irreg* **■ jdn [mit etw** *dat*] **~** to stab sb

to death [with sth]
er·ste·hen [ɛɐ̯ˈʃteːən] *irreg* **I.** *vt* haben *(fam)* ■ etw ~ to pick up sth *sep* **II.** *vi sein* ❶ *(geh: neu entstehen)* to be rebuilt ❷ *(geh: erwachsen)* ■ **jdm** [aus etw *dat*] ~ to arise for sb [from sth]; **daraus würden Ihnen nur Unannehmlichkeiten** ~ it would only cause you difficulties

Ers·te·Hil·fe·Kurs [eːɐ̯stəˈhɪlfəkʊrs] *m* first-aid course **Ers·te·Hil·fe·Leis·tung** [eːɐ̯stəˈhɪlfəlaɪstʊŋ] *f* first aid *no pl*

er·stei·gen *vt irreg* ■ etw ~ to climb sth; **die höchsten Stufen des Ruhmes** ~ to rise to the dizzy heights of fame

Er·stei·gung *f Berg* climbing
Erst·ein·ga·be *f* first entry **Erst·ein·satz** *m* first use, first deployment

Ers·te·Klas·se·Ab·teil *nt* first class compartment **Ers·te·Klas·se·Wa·gen** *m* first class carriage

er·stel·len *vt* ❶ *(geh: errichten)* ■ etw [in etw *dat*] ~ to build sth [in sth] ❷ *(anfertigen)* ■ **jdm** etw ~ to draw up, to write, to produce; ■ **sich** *dat* etw [von **jdm**] ~ **lassen** to have sth drawn up/written/produced [by sb]

Er·stel·lung *f* ❶ *(geh: Errichtung)* Gebäude, Wohnungen building ❷ *(Anfertigung)* drawing up, writing, production; **die** ~ **eines genauen Konzeptes** to draw up an exact plan

ers·te·malALT *adv s.* Mal
ers·ten·malALT *adv s.* Mal
ers·tens [ˈeːɐ̯stn̩s] *adv* firstly
ers·te·re(r, s) *adj* ■ **der/die/das E~** the former; **fliegen Sie mit der Maschine um 9:00 oder um 14:00? – mit E~r** are you taking the plane at 9 AM or 2 PM? – the one at 9 [*or* the former]

erst·ge·bä·rend *adj inv* primigravida *spec* **Erst·ge·bä·ren·de** *f dekl wie adj* first-time mother, primipara *spec* **erst·ge·bo·ren** *adj attr* first-born; ■ **der/die E~e** the first-born [child] **erst·ge·nannt** *adj attr* first, first mentioned

er·sti·cken **I.** *vt* haben ❶ *(durch Erstickung töten)* ■ **jdn** ~ to suffocate sb ❷ *(erlöschen lassen)* ■ etw ~ to extinguish sth ❸ *(dämpfen)* ■ etw ~ to deaden sth ❹ *(unterdrücken)* ■ etw ~ to crush sth **II.** *vi sein* ❶ *(durch Erstickung sterben)* ■ **an etw** *dat* ~ to choke to death on sth, to be suffocated by sth; **das Kind ist an einer Fischgräte erstickt** the child choked to death on a fish bone; **zum E~** *(fam)* suffocating *fam,* stifling ❷ *(erlöschen)* to go out ❸ *(übermäßig viel haben)* ■ **in etw** *dat* ~ to drown in sth; **Deutschlands Städte** ~ **im Verkehr** Germany's towns are overflowing with traffic

er·stickt *adj* stifled; **sie sprach mit halb von Tränen ~er Stimme** she could hardly speak through all her tears

Er·stick·te(r) *f(m) dekl wie adj* victim of suffocation [*or* choking]

Er·sti·ckung <-> *f kein pl* ❶ *(von Lebewesen)* suffocation *no pl* [*or* choking] ❷ *(von Feuer)* suffocation; **die** ~ **der Flammen gelang ihnen nur mit Mühe** they were able to put out the flames only with difficulty

erst·in·stanz·lich *adj* of first instance *pred* **erst·klas·sig** [ˈeːɐ̯stklasɪç] **I.** *adj* first-class **II.** *adv* first class, excellently **Erst·kläss·ler(in)**RR, **Erst·kläß·ler**ALT**(in)**ALT <-s, -> [-klɛslɐ] *m(f)* SÜDD, SCHWEIZ, **Erst·klas·ser(in)** <-s, -> [-klasɐ] *m(f)* ÖSTERR primary one pupil BRIT, first grader AM **Erst·kom·mu·ni·on** *f* first communion **Erst·kon·takt** *m* ÖKON initial approach [*or* contact]

Erst·ling <-s, -e> [ˈeːɐ̯stlɪŋ] *m* ❶ *(erstes Werk)* first work ❷ *(erstgeborenes Kind)* first[-born *dated*] child **Erst·lings·werk** *nt* first book [*or* work]

erst·ma·lig [ˈeːɐ̯stmaːlɪç] **I.** *adj* first **II.** *adv (geh)*

---

s. **erstmals**
erst·mals [ˈeːɐ̯stmaːls] *adv* for the first time
Er·sto·che·ne(r) [ɛɐ̯ˈʃtɔçənə] *f(m) dekl wie adj* victim of fatal stabbing
er·strah·len *vi sein (geh)* ■ **[in etw** *dat*] ~ to be aglow [with sth]
erst·ran·gig [ˈeːɐ̯stranɪç] *adj* ❶ *(sehr wichtig)* major ❷ *(erstklassig)* first-class, first-rate
er·stre·ben *vt (geh)* ■ etw ~ to strive for sth
er·stre·bens·wert [ɛɐ̯ˈʃtreːbn̩svɛːɐ̯t] *adj* worth striving for *pred;* ■ **[für jdn]** ~ **sein** to be worth striving for [in sb's opinion]; ■ **es ist ~, etw zu sein** it is worth striving for to be sth; ■ **etwas E~es** something worth striving for

er·stre·cken I. *vr* ❶ *(sich ausdehnen)* ■ **sich [in etw** *akk*/**über etw** *akk*] ~ to extend [in sth/over sth] ❷ *(betreffen)* ■ **sich auf etw** *akk* ~ to include sth **II.** *vt* SCHWEIZ *(verlängern)* ■ etw ~ to extend sth

Erst·schlag *m* first strike **Erst·stim·me** *f* first vote *(given for a candidate in the voter's constituency in the first round of the Bundestag elections)* **Erst·tags·brief** *m* first-day cover **Erst·tä·ter(in)** *m(f)* first offender

er·stun·ken [ɛɐ̯ˈʃtʊŋkn̩] *adj* ▸ WENDUNGEN: **das ist ~ und erlogen** *(fam)* that's a pack of lies, that's the biggest lie I've ever heard BRIT

er·stür·men *vt* ❶ MIL *(durch einen Sturmangriff einnehmen)* ■ etw ~ to storm sth ❷ *(fig selten: ein Ziel erreichen)* ■ etw ~ to conquer sth

Erst·ver·öf·fent·li·chung *f* first publication **Erst·wäh·ler(in)** *m(f)* first-time voter

er·su·chen *vt (geh)* ❶ *(auffordern)* ■ **jdn um etw** *akk* ~ to request sth from sb; ■ **jdn [darum]** ~, **etw zu tun** to request sb to do sth ❷ *(bitten)* ■ **jdn [**o **bei jdm] | um etw** *akk* ~ to request sth [from sb]

Er·su·chen <-s, -> *nt (geh)* request; **ein** ~ **an jdn richten** [*o* **stellen**] to file a request with sb, to submit a request to sb; **auf** ~ **der/des …** at the request of the …

er·tap·pen I. *vt* ■ **jdn [bei etw** *dat*] ~ to catch sb [doing sth]; *s. a.* **in flagranti** *s. a.* **Tat II.** *vr* ■ **sich bei etw** *dat* ~ to catch oneself doing sth

er·tei·len *vt (geh)* ■ **[jdm]** etw ~ to give [sb] sth

er·tö·nen *vi sein (geh)* ❶ *(zu hören sein)* to sound; **vom Nachbarhaus her ertönte laute Musik** loud music was coming from the neighbouring house; ■ etw ~ **lassen** to let sth sound ❷ *(widerhallen)* ■ **von etw** *dat* ~ to resound with sth

Er·trag <-[e]s, Erträge> [ɛɐ̯ˈtraːk, *pl:* ɛɐ̯ˈtrɛːɡə] *m* ❶ *(Ernte)* yield; ~ **bringen** [*o* **abwerfen**] to bring yields ❷ *meist pl* revenue; ~ **bringen** [*o* **abwerfen**] to bring in revenue

er·tra·gen *vt irreg* ■ etw ~ to bear sth; **nicht zu ~ sein** to be unbearable

er·träg·lich [ɛɐ̯ˈtrɛːklɪç] *adj* bearable; ■ **[irgendwie]** ~ **sein** to be bearable [in a certain way]; **schwer ~ sein** to find it difficult to cope with sth

er·trag·reich *adv* productive; *Land* fertile
Er·trags·span·ne *f* margin of return **Er·trags·stei·ge·rung** *f* profits increase

er·trän·ken I. *vt* ❶ *(ersäufen)* ■ **jdn/ein Tier** ~ to drown sb/an animal ❷ *(betäuben)* ■ etw **[in etw** *dat*] ~ to drown sth [in sth] **II.** *vr* ■ **sich** ~ to drown oneself

er·träu·men *vt* ■ **[sich** *dat*] **jdn/etw** ~ to dream about [*or* of] sb/sth

er·trin·ken *vi irreg sein* ■ **[in etw** *dat*] ~ to drown [in sth]
Er·trin·ken <-s> *nt kein pl* drowning

er·trot·zen *vt (geh)* ■ **[sich** *dat*] etw ~ to obtain by forceful means

Er·trun·ke·ne(r) *f(m) dekl wie adj* victim of drowning
er·tüch·ti·gen I. *vt (geh)* ■ **jdn** ~ to

strengthen sb **II.** *vr* ■ **sich** ~ to strengthen oneself

Er·tüch·ti·gung <-, -en> *f* strengthening; **körperli·che** ~ physical strengthening

er·üb·ri·gen* [ɛɐˈʔyːbrɪgn̩] **I.** *vr* ■ **sich** ~ to be superfluous; ■ **es erübrigt sich, etw zu tun** it is not necessary to do sth **II.** *vt (aufbringen)* **etw** ~ **können** *Geld, Zeit* to spare sth

eru·ie·ren* [eruˈiːrən] *vt (geh)* ❶ *(in Erfahrung bringen)* ■ **etw** ~ to find out sth *sep;* ■ **[bei jdm]** ~, **wann/wer ...** to find out [from sb] when/who ... ❷ ÖSTERR, SCHWEIZ *(ausfindig machen)* ■ **jdn** ~ to find sb

Erup·ti·on <-, -en> [erʊpˈtsi̯oːn] *f* eruption

er·wa·chen* *vi sein* ❶ *(geh: aufwachen)* ■ **[aus etw** *dat*] ~ to wake up [from sth]; **aus der Narkose** ~ to come round from the anaesthetic [*or* anesthetic] AM ESP; **aus einer Ohnmacht** ~ to come to; ■ **von etw** *dat* ~ to be woken by sth ❷ *(sich regen)* **in jdm Gefühle** ~ to awaken in sb ▶ WENDUNGEN: **ein böses E**~ a rude awakening

er·wach·sen*¹ [ɛɐˈvaksn̩] *vi irreg sein (geh)* ■ **jdm** ~ to arise for sb; ■ **etw erwächst jdm aus etw** sth causes sth for sb; **jdm** ~ **Kosten [aus etw** *dat*] sb incurs costs [as a result of sth]

er·wach·sen² [ɛɐˈvaksn̩] *adj* adult, grown-up

Er·wach·se·ne(r) *f(m) dekl wie adj* adult, grown-up

Er·wach·se·nen·bil·dung [ɛɐˈvaksenən-] *f* adult education **Er·wach·se·nen·tau·fe** *f* adult christening

er·wä·gen* *vt irreg* ❶ *(in Betracht ziehen)* consider ❷ *(überlegen)* ■ **etw** ~ to consider sth; ■ ~, **etw zu tun** to consider doing sth

Er·wä·gung <-, -en> *f* consideration; **etw in** ~ **zie·hen** to give sth one's consideration, to consider sth; **in** ~ **ziehen, etw zu tun** to consider doing sth; **aus bestimmten ~en [heraus]** for certain reasons

er·wäh·nen* *vt* ■ **jdn/etw** ~ to mention sb/sth; ■ **[jdm gegenüber]** ~, **dass ...** to mention [to sb] that ...

er·wäh·nens·wert *adj* worth mentioning *pred,* noteworthy; **ich hielt es nicht für** ~ I didn't think it worth mentioning

Er·wäh·nung <-, -en> *f* mentioning; ~ **finden** *(geh)* to be mentioned

er·wär·men* **I.** *vt* ❶ *(warm machen)* ■ **etw** ~ to warm sth [up] ❷ *(begeistern)* ■ **jdn für etw** *akk* ~ to arouse [*or* kindle] enthusiasm in sb for sth **II.** *vr* ❶ *(warm werden)* ■ **sich [auf etw** *akk*] ~ to warm up [to sth] ❷ *(sich begeistern)* ■ **sich für jdn/etw** ~ to work up enthusiasm for sb/sth

er·war·ten* **I.** *vt* ❶ *(entgegensehen)* ■ **jdn/etw** ~ to expect sb/sth ❷ *(dem Eintritt von etw entgegensehen)* ■ **etw** ~ to wait for [*or* to await] sth *form* ❸ *(voraussetzen)* ■ **etw von jdm** ~ to expect sth from sb; ■ **von jdm** ~, **dass** to expect sb to do sth; **von jdm zu** ~ **sein** to be expected from sb; **von ihr ist bestimmt keine Hilfe zu** ~ she definitely won't [want to] help ❹ *(mit etw rechnen)* ■ **etw erwartet einen** sth awaits one; **zu** ~ **sein** [*o geh:* **stehen**] , **dass ...** to be expected that ...; **etw war zu** ~ sth was to be expected; **wider E**~ contrary to [all] expectation[s] ❺ *(bekommen)* ■ **etw [von jdm]** ~ to expect [sb's] sth; **sie erwartet ein Baby von ihm** she's expecting his baby **II.** *vr (sich versprechen)* ■ **sich** *dat* **etw von jdm/etw** ~ to expect sth from [*or* of] sb/sth

Er·war·tung <-, -en> *f* ❶ *kein pl (Ungeduld)* anticipation; **in gespannter** ~ in eager anticipation ❷ *pl (Hoffnung)* expectations *pl;* **jds ~en gerecht werden** to live up to sb's expectations; **seine ~en zu hoch spannen** to raise one's hopes too high; **voller** ~ full of expectation; **zu bestimmten ~en berechtigen** to give grounds for certain expectations; **hinter**

jds ~en zurückbleiben to not come up to sb's expectations; **den ~en entsprechen** to fulfil [*or* AM *usu* fulfill] the expectations; **jds ~en enttäuschen** to not come [*or* AM live] up to sb's expectations; **große ~en an etw knüpfen** *akk* to place high hopes on sth; **alle ~en übertreffen** to exceed all expectations, to go beyond all expectations ❸ *(Entgegensehen)* ■ **in** ~ **einer S.** *gen (geh)* in anticipation of sth

Er·war·tungs·druck <-[e]s> *m kein pl* unter ~ **ste·hen** to be under pressure to perform **er·war·tungs·ge·mäß** *adv* as expected **Er·war·tungs·hal·tung** *f* expectation

er·war·tungs·voll I. *adj* expectant, full of expectation *pred;* **ich fürchte, du bist zu** ~ I fear you're expecting too much **II.** *adv* expectantly

er·we·cken* *vt* ❶ *(hervorrufen)* ■ **etw** ~ to arouse sth; **den Eindruck** ~, **...** to give the impression ..., to create the impression ...; **Zweifel** ~ to raise doubts ❷ *(geh: aufwecken)* ■ **jdn [aus etw** *dat*] ~ to wake sb [from sth]

er·weh·ren* *vr (geh)* ■ **sich jds/einer S.** ~ to fight off sb/sth *sep;* **sich einer S.** *gen* **nicht/kaum** ~ **kön·nen** to not/hardly be able to hold back sth; **sich eines Eindrucks/einer Vorstellung nicht** ~ **kön·nen** to not be able to help thinking sth

er·wei·chen *vt* ❶ *(umstimmen)* ■ **jdn** ~ to make sb change their mind; **sich** ~ **lassen** to let oneself be persuaded ❷ KOCHK *(weich machen)* ■ **etw** ~ to soften sth

er·wei·sen* *irreg* **I.** *vt* ❶ *(nachweisen)* ■ **etw** ~ to prove sth; ■ ~, **dass ...** to prove that ...; ■ **erwiesen** proved ❷ *(zeigen)* ■ **etw wird** ~, **dass/ob ...** sth will show that/whether ... ❸ *(geh: entgegenbringen)* ■ **[jdm] etw** ~ to express sth [to sb]; **jdm einen Dienst/Gefallen tun** to do somebody a service/favour [*or* AM -or] **II.** *vr* ❶ *(sich herausstellen)* ■ **sich [als etw]** ~ to prove oneself [sth]; **dieser Mitarbeiter hat sich als zuverlässig erwiesen** this employee has proved himself reliable; ■ **es erweist sich, dass ...** it is evident that ... ❷ *(sich zeigen)* ■ **sich [gegen jdn [***o* **jdm gegenüber]]** ~ **als etw** ~ to be sth [to sb]; **sie sollte sich eigentlich dankbar [gegen ihn/ihm gegenüber]** ~ she should really be grateful [to him]

er·wei·tern* [ɛɐˈvaɪtɐn] **I.** *vt* ❶ *(verbreitern)* ■ **etw [auf etw** *akk*/**um etw** *akk*] ~ to widen sth [to sth/by sth] ❷ *(vergrößern)* ■ **etw [auf etw** *akk*/**um etw** *akk*] ~ to expand sth [to sth/by sth] ❸ *(weiter machen)* ■ **etw [um etw** *akk*] ~ to widen sth [by sth]; ■ **sich** *dat* **etw** ~ **lassen** to have sth widened ❹ *(umfangreicher machen)* ■ **etw [auf etw** *akk*/**um etw** *akk*] ~ to increase [*or* expand] [by sth/to sth] **II.** *vr* ❶ *(sich verbreitern)* ■ **sich [auf etw** *akk*/**um etw** *akk*] ~ to widen [to sth/by sth] ❷ MED, ANAT ■ **sich** ~ to dilate

Er·wei·te·rung <-, -en> *f* ❶ *(Verbreiterung)* Anlagen, Fahrbahn widening ❷ *(Vergrößerung)* expansion ❸ *(Ausweitung)* increase ❹ MED, ANAT dilation

Er·werb <-[e]s, -e> [ɛɐˈvɛrp, *pl:* ɛɐˈvɛrbə] *m* ❶ *kein pl (geh: Kauf)* **der** ~ **einer S.** *gen* acquisition of sth *form,* purchase of sth ❷ *(berufliche Tätigkeit)* ■ **jds** ~ sb's occupation; **einem/keinem** ~ **nachge·hen** *(geh)* to have an/no occupation

er·wer·ben* *vt irreg* ❶ *(kaufen)* ■ **etw [für etw** *akk*] ~ to acquire sth [for sth], to purchase sth [for sth] ❷ *(an sich bringen)* ■ **etw [durch etw** *akk*] ~ to acquire sth [through sth]; **einen Titel** ~ to receive a title ❸ *(gewinnen)* ■ **[sich** *dat*] **etw** ~ to earn sth; **jds Ver·trauen** ~ to win sb's trust

Er·wer·ber·mo·dell *nt an investment plan in which sb purchases property and pays a reduced amount of tax through amortization*

er·werbs·fä·hig *adj (geh)* fit for gainful employ-

ment *form pred,* able to participate in gainful employment *form pred,* fit for work *pred,* able to work *pred*
Er·werbs·le·ben *nt* working life; **im ~ stehen** to
lead a working life **er·werbs·los** *adj (geh)* unemployed **Er·werbs·lo·se(r)** *f(m) dekl wie adj* unemployed person **er·werbs·tä·tig** *adj inv* working **Er·
werbs·tä·tig·keit** <-> *f kein pl* employment; **nach
der Geburt setzte sie ihre ~ fort** she went back to
work after the birth **er·werbs·un·fä·hig** *adj (geh)*
unfit for gainful employment *form pred,* unable to participate in gainful employment *form pred,* unfit for
work *pred,* unable to work *pred;* **jdn ~ machen** to
render sb unfit for work [*or* unable to work] **Er·
werbs·un·fä·hig·keit** <-> *f kein pl* inability to work
Er·wer·bung *f* ① *(Kauf)* acquisition, purchase ② *(er-
worbener Gegenstand)* acquisition
er·wi·dern [ɛgˈviːdɐn] *vt* ① *(antworten)* ■ |jdm| **etw**
|auf etw *akk*| ~ to give |sb| a reply [to sth]; ■ |auf etw
akk| ~ to reply [to sth]; **... erwiderte sie frech ...** she
replied cheekily; **was haben Sie zu diesen Vorwürfen zu ~?** what do you have to say in response to
these accusations?; ■ |auf etw *akk*| ~, **dass ...** to
reply [to sth] by saying [that] ...; **auf meine Frage
erwiderte sie ...** she replied to my question by saying ... ② *(zurückgeben)* ■ **etw** ~ to return sth; *s. a.*
Feuer
Er·wi·de·rung <-, -en> *f* ① *(Antwort)* reply ② *(das
Erwidern)* returning; **die ~ jds Liebe** returning of
sb's love
er·wie·se·ner·ma·ßen [ɛgviːzənɐˈmaːsn̩] *adv* as has
been proved
er·wir·ken [ɛgˈvɪrkn̩] *vt (geh)* ■ **etw** |gegen jdn| ~ to
obtain sth |against sb|
er·wirt·schaf·ten *vt* ■ **etw** ~ to make
er·wi·schen [ɛgˈvɪʃn̩] *vt (fam)* ① *(ertappen)* ■ **jdn** |bei
etw *dat*| ~ to catch sb |doing sth| ② *(ergreifen, errei-
chen)* ■ **jdn/etw** ~ to catch sb/sth; **hast du den
Bus noch erwischt?** did you manage to catch the
bus? ③ *(treffen)* ■ **jdn** |an etw *dat*| ~ to hit sb['s sth]
▸ WENDUNGEN: **jdn hat's erwischt** *(sl: total verliebt
sein)* sb has got it bad; *(plötzlich erkrankt sein)* sb has
really come down with it *fam; (unerwartet umgekom-
men sein)* sb has snuffed it *fam*
er·wor·ben *adj* acquired
er·wünscht [ɛgˈvʏnʃt] *adj* ① *(gewünscht)* desired
② *(willkommen)* welcome, desirable; **eine ~e Gelegenheit** a welcome opportunity; **Ihre Anwesenheit
ist zwar kein Muss, aber durchaus ~** your presence is not compulsory though definitely desirable;
Sie sind hier nicht ~! you are not welcome here!;
Rauchen nicht ~! smoking not permitted!
er·wür·gen *vt* ■ **jdn** ~ to strangle sb
Er·würg·te(r) *f(m) dekl wie adj* victim of strangling
Ery·thro·zyt <-s, -en> |erytroˈtsyːt| *m* BIOL, MED
erythrocyte
Erz <-es, -e> |ˈeːɐts| *nt* ore
Erz·ader *f* vein of ore
er·zäh·len I. *vt* ① *(anschaulich berichten)* explain
② *(sagen)* tell, relate; ■ |jdm| **etw** ~ to tell |sb sth|;
|jdm| **seine Erlebnisse** ~ to tell |sb| about one's
experiences; ■ |jdm| ~, **was/wie/wer ...** to tell |sb|
what/how/who ...; **was erzählst du da?** what are
you saying?; **es wird erzählt, dass ...** they say
that ..., there is a rumour [*or* AM ·or] that
▸ WENDUNGEN: **das kannst du anderen ~!** *(fam)* **das
kannst du sonst wem** [*o* einem anderen] ~ *(fam)*
you can tell that to the marines!, tell me another! BRIT;
mir kannst du viel ~ *(fam)* say what you like!;
dem/der werd ich was ~! *(fam)* I'll give him/her a
piece of my mind!; **wem ~ Sie/erzählst du das!**
(fam) you're telling me! II. *vi* to tell a story/stories
Er·zäh·ler(in) |ɛgˈtsɛːlɐ| *m(f)* ① *(jd, der erzählt)* story-

teller ② *(Schriftsteller)* storyteller, author; *(Romanper-
son)* narrator
Er·zäh·lung *f* ① *(Geschichte)* story ② *kein pl (das
Erzählen)* telling; **darf ich jetzt in meiner ~ fortfah-
ren?** may I continue telling my joke/story now?
Erz·berg·werk *nt* ore mine
Erz·bi·schof, -bi·schö·fin |ˈɛɐtsbɪʃɔf, ˈɛɐtsbɪʃœfɪn| *m, f*
archbishop **erz·bi·schöf·lich** *adj attr* archiepiscopal
Erz·bis·tum *nt* archbishopric **Erz·di·a·kon, -di·a·
ko·nis·se** *m, f* archdeacon *masc,* archdeaconess *fem*
Erz·di·ö·ze·se |ˈɛɐtsdiøːtsəːzə| *f* archdiocese **Erz·en·
gel** |ˈɛɐtsʔeŋl̩| *m* archangel
er·zeu·gen *vt* ■ **etw** ~ ① *bes* ÖSTERR *(produzieren)* to
produce sth ② CHEM, ELEK, PHYS to generate sth ③ *(hervorrufen)* to create sth; **Ärger** ~ to cause trouble;
■ **etw bei jdm** ~ to result in sb's sth; **Langeweile
bei jdm** ~ to result in sb's becoming bored
Er·zeu·ger(in) <-s, -> *m(f)* ① *bes* ÖSTERR *(geh: Produ-
zent)* producer ② *(hum fam: Vater)* father
Er·zeug·nis <-ses, -se> |ɛgˈtsɔyknɪs| *nt* product
Er·zeu·gung <-, -en> *f* ① *kein pl* CHEM, ELEK, PHYS
generation ② *(Produktion)* production
Erz·feind(in) *m(f)* arch-enemy **Erz·gau·ner** *m (pej)*
out-and-out rogue
Erz·ge·bir·ge |ˈɛɐtsgəbɪrgə| *nt* Erzgebirge
Erz·ge·win·nung *f* ore mining
Erz·her·zog(in) |ˈɛɐtshɛɐtsoːk, ˈɛɐtshɛɐtsoːgɪn| *m(f)*
archduke *masc,* archduchess *fem*
er·zieh·bar *adj* educable; ■ **irgendwie ~ sein** to be
educable in a certain way; **Kinder sind nicht immer
leicht** ~ bringing children up isn't always easy
er·zie·hen *vt irreg* ① *(aufziehen)* ■ **jdn** ~ to bring up
sb *sep;* **meinen Mann werde ich schon noch ~!**
(hum) I'll get my husband trained, don't you worry!;
gut/schlecht erzogen sein to be well/badly
brought-up ② *(anleiten)* ■ **jdn zu etw** *dat* ~ to teach
sb to be sth; **ihre Eltern hatten sie zur Pünktlich-
keit erzogen** her parents had taught her to be
punctual
Er·zie·her(in) <-s, -> |ɛgˈtsiːɐ| *m(f)* educator, teacher
er·zie·he·risch *adj* educative
Er·zie·hung *f kein pl* ① *(das Erziehen)* education *no
pl,* teaching; ■ **jds ~ zu jdm/etw** teaching sb to
be sb/sth ② *(Aufzucht)* upbringing ③ *(anerzogene
Manieren)* manners *npl;* **wo ist deine gute ~
geblieben?** where are your manners?; **keine ~
haben** [*o* jdm fehlt die ~] to not be brought up properly, to not have any manners
er·zie·hungs·be·rech·tigt *adj* acting as legal guardian
pred **Er·zie·hungs·be·rech·tig·te(r)** *f(m) dekl wie
adj* legal guardian, parent or legal guardian; **Unterschrift des/der ~n** signature of parent or legal guardian **Er·zie·hungs·geld** *nt* child benefit *[paid for at
least 6 months after the child's birth to compensate
the parent who takes time off work to look after the
child]* **Er·zie·hungs·jahr** *nt year taken off work after
the birth of a child to look after the child* **Er·zie·
hungs·me·tho·de** *f* method of education **Er·zie·
hungs·ur·laub** *m* maternity [*or* paternity] leave *[a
period of up to three years taken by either the father
or mother after the birth]* **Er·zie·hungs·we·sen** *nt
kein pl* education system **Er·zie·hungs·wis·sen·
schaft** *f kein pl* education, educational studies *npl*
er·zie·len *vt* ① *(erreichen)* ■ **etw** ~ to reach sth, to
achieve sth; **es konnte bisher noch keine Eini-
gung erzielt werden** no agreement has been
reached yet; **einen Erfolg** ~ to achieve success; **sie
erzielte den ersten Preis** she won the first prize
② SPORT ■ **etw** |gegen jdn| ~ to score sth |against sth|;
eine Bestzeit/einen Rekord ~ to establish a personal best/record
er·zit·tern *vi sein (geh)* ① *(zu zittern beginnen)*

■ |**vor etw** *dat*| ~ to start trembling [with sth] ❷ *(er-beben)* to shake; ■ **etw** ~ **lassen** to make sth shake

Erz·kon·kur·rent(in) *m(f) (pej)* arch-rival **erz·kon·ser·va·tiv** *adj* ultra-conservative **Erz·pries·ter(in)** ['eːɐ̯t͡spriːstɐ] *m(f)* archpriest *masc*, archpriestess *fem* **erz·re·ak·ti·o·när** *adj inv* POL, SOZIOL *(pej)* ultrare-actionary **Erz·ri·va·le, -ri·va·lin** *m, f (pej)* arch-rival **Erz·schur·ke, -schur·kin** *m, f (pej)* arch-villain

er·zür·nen *(geh)* I. *vt* ■ **jdn** ~ to anger sb; **jdn sehr** ~ to anger sb greatly, to incense sb II. *vr* ■ **sich über jdn/etw** ~ to get [*or* become] angry at sb/about [*or* at] sth

Erz·ver·bre·cher(in) *m(f) (pej)* arch-villain *masc*, arch-villainess *fem*

Erz·vor·kom·men *nt* ore deposit

er·zwin·gen *vt irreg* ■ **etw** |**von jdm**| ~ |*o* |**jds**| **etw** ~| to get [*or* obtain] sth [from sb] by force, to force sth from [*or* out of] sb; **jds Einverständnis** ~ to make sb [*or* force sb to] agree, to make sb see reason; **eine Entscheidung** ~ to force an issue; **jds Zuneigung** ~ to force sb's affections; **ein Geständnis/eine Unter-schrift** |**von jdm**| ~ to make sb confess/sign, to force sb to confess/sign; |**von jdm**| **ein Zugeständnis** ~ to wring [*or liter* wrest] a concession [from sb]

es <*gen:* seiner, *dat:* ihm, *akk:* es> ['ɛs] *pron pers, unbestimmt* ❶ *(das, diese: auf Dinge bezogen)* it; **wo ist mein Buch? – ~ liegt auf dem Tisch** where's my book? – it's [lying] on the table; ■ ~ **ist jd/etw** it's sb/sth; **wer ist da? – ich bin ~** who's there? – it's me [*or dated form* it is I]; **ich höre jemanden klopfen, ~ sind die Kinder** I hear somebody knocking, it's the children ❷ *auf vorangehenden Satzinhalt bezogen* it; **alle fanden das Urteil ungerecht, aber niemand sagte** ~ everyone found the verdict unjust, but nobody said so; **kommt er auch? – ich hoffe** ~ is he coming too? – I hope so ❸ *rein formales Subjekt* **jdm gefällt ~, etw zu tun** sb likes doing sth; ~ **gefällt mir** I like it; ~ **friert mich** I am cold; ~ **freut mich, dass …** I am glad [*or* pleased] that …; ~ **interessiert mich, warum du das getan hast** I'm interested to know why you did that; ~ **scheint ihr egal zu sein** she doesn't seem to care; ~ **ist kalt/7 Uhr/28° Cel-sius** it's cold/7 o'clock/28° Celsius; ~ **ist zu dumm, aber …** it's too bad, but …; ~ **ist schade, dass …** it's a pity [*or* shame] that … ❹ *rein formales Objekt* **er hat ~ gut** he's got it made; **wir haben ~ schon längst kommen sehen** we saw it coming for a long time; **sie hat ~ an der Blase** she has bladder trouble ❺ *Subjekt bei unpersönlichen Ausdrücken* ~ **klopft** there's a knock [*or* there's somebody knocking] [*or* somebody's knocking] at the door; **hat ~ geklingelt?** did somebody ring?; ~ **regnet** it's raining; ~ **wurde getanzt** there was dancing; ~ **wird immer noch nicht genug getan** there's still not enough being done ❻ *Einleitewort mit folgendem Subjekt* ~ **geschah ein Unglück** there was an accident; ~ **geschieht manchmal ein Wunder** a miracle hap-pens sometimes; ~ **kamen alle** everybody came; ~ **waren Tausende** there were thousands

Es <-, -> ['ɛs] *nt* MUS E flat

ESA <-> ['eːza] *f kein pl Abk von* **European Space Agency** ESA

Esche <-, -n> ['ɛʃə] *f* ❶ *(Baumart)* ash [tree] ❷ *(Holz)* ash; **ein Tisch in** ~ an ash table

Eschen·holz *nt* ash

Es·cu·do <-[s], -[s]> [ɛs'kuːdo] *m* escudo

Esel(in) <-s, -> ['eːzl̩] *m(f)* ❶ *(Tier)* donkey, ass *old*, she-ass *fem old*, jenny [ass] *fem old* ❷ *nur masc (fam: Dummkopf)* idiot; **ich ~!** I'm an idiot!, silly [old] me! *a. hum;* |**du**| **alter ~!** |you| idiot!

Esels·brü·cke *f (fam)* aide-memoire; *(gereimt)* jingle; **jdm/sich eine ~ bauen** to give sb a hint [*or* clue] /to

use a mnemonic device **Esels·ohr** *nt* dog-ear, turned-down corner; **das Buch hat ja lauter ~en!** the book has dog-eared pages all over the place!

Es·ka·la·ti·on <-, -en> [ɛskalat͡si̯oːn] *f* escalation

es·ka·lie·ren [ɛska'liːrən] I. *vi* ■ |**zu etw** *dat*| ~ to esca-late [into sth]; **der Wortwechsel eskalierte schnell zum Streit** the exchange of words quickly escalated into an argument II. *vt* ■ **etw** ~ to escalate sth

Es·ka·pa·de <-, -n> [ɛska'paːdə] *f* ❶ *(geh: mutwillige Unternehmung)* escapade ❷ *(Dressursprung beim Pferd)* caprice

Es·ki·mo, -frau <-s, -s> ['ɛskimo] *m, f* Eskimo; ■ **die ~s** the Eskimo[s]

Es·kor·te <-, -n> [ɛs'kɔrtə] *f* escort

es·kor·tie·ren [ɛskɔr'tiːrən] *vt* ■ **jdn** ~ to escort sb; ■ **etw** ~ to convoy [*or* escort] sth

Eso·te·rik <-> [ezo'teːrɪk] *f kein pl (geh)* esotericism

eso·te·risch [ezo'teːrɪʃ] *adj* esoteric

ESP *nt* AUTO *Abk von* **elektronisches Stabilitätspro-gramm** ESP

Es·pe <-, -n> ['ɛspə] *f* aspen, trembling poplar

Es·pen·laub *nt* aspen leaves *pl;* **zittern wie ~** to be shaking like a leaf

Es·pe·ran·to <-s> [ɛspe'ranto] *nt kein pl* Esperanto

Es·pres·so <-[s], -s *o* Espressi> [ɛs'prɛso, *pl:* ɛs'prɛsi] *m* espresso

Es·pres·so·ma·schi·ne *f* espresso [machine]

Es·prit <-s> [ɛs'priː] *m kein pl (geh)* wit; **eine Frau/ ein Mann von** ~ a [woman/man of] wit, a spirited woman/man

Es·say <-s, -s> ['ɛsɛ, ɛ'seː] *m o nt* essay

ess·barRR, **eß·bar**ALT *adj* edible; **nicht** ~ inedible; ■ **etwas E~es** something to eat

Ess·be·steckRR *nt* cutlery set **Ess-Brech-Sucht**RR *f kein pl* bulimia; **an ~ leiden** to suffer from bulimia

Es·sen <-s> ['ɛsn̩] *nt* Essen

es·sen <isst, aß, gegessen> ['ɛsn̩] I. *vt (Nahrung zu sich nehmen)* ■ **etw** ~ to eat sth; ~ **Sie gern Äpfel?** do you like apples?; **ich esse am liebsten Schokola-deneis** I like chocolate ice cream most [*or* best] of all; **etw zum Nachtisch** ~ to have sth for dessert ▸ WENDUNGEN: **gegessen sein** *(fam)* to be dead and buried II. *vi* to eat; *(dinieren)* to dine *form;* ■ **von etw** *dat* ~ to eat some of sth, to eat of sth *old; (probie-ren)* to try sth, to have some of sth; **in der Kantine/ einem Restaurant** ~ to eat in the canteen/a restau-rant, to take one's meals/a meal in the canteen/a res-taurant; **von einem Teller** ~ to eat off a plate; **grie-chisch/italienisch** ~ to have a Greek/an Italian meal; **lass uns chinesisch** ~ let's have a Chi-nese *fam;* **gutbürgerlich** ~ to eat good plain food; **kalt/warm** ~ to have a cold/hot meal; ~ **gehen** *(zum E~ gehen)* to go to eat; **ich geh jetzt erst mal** ~ *(fam)* I'm just going for something to eat now; *(im Lokal speisen)* to eat [*or* have dine] out; *(gerade)* **beim E~ sein** to be in the middle of eating [*or* a meal]; **in diesem Restaurant kann man gut** ~ this restaurant does good food; **ich habe noch nirgends so schlecht gegessen** nowhere have I had such a poor meal; **ich bin** ~ *(fam)* I've gone to eat; **iss mal tüchtig!** tuck in! *fam,* get stuck in! *fam;* ~ **kommen!** come and eat!

Es·sen <-s, -> ['ɛsn̩] *nt* ❶ *(zubereitete Mahlzeit, Speise)* meal, repast *form; (Arbeits~)* working lunch/ dinner; *(Fest~)* dinner; *(offizielles Dinner)* banquet, formal [*or* official] dinner; ~ **auf Rädern** meals on wheels; **zum** ~ **bleiben** to stay for [*or* BRIT to] lunch/ dinner, to stay for a meal; **das** ~ **auf den Tisch brin-gen** to serve up [lunch/dinner] *sep;* **jdn zum** ~ **ein-laden** to invite sb to [*or* for] lunch/dinner, to invite sb for a meal; ~ **fassen** MIL to draw rations; *(fam)* to come and get one's meal; **ein** ~ |**für jdn**| **geben** to give [*or* throw] a banquet [for sb]; **das ~ kochen** [*o fam:* **machen**] to cook [*or fam* get] the meal; **zum ~ kommen** to come and eat ❷ *(Nahrung)* food *no pl, no indef art;* **fettes ~** fatty food

Es·sen(s)·aus·ga·be *f* ❶ *(Schalter)* serving counter ❷ *kein pl (Verteilung einer Mahlzeit)* serving of meals; **die ~ ist morgens um 7** meals are served every morning at 7 **Es·sen(s)·mar·ke** *f* meal voucher [*or* AM ticket] **Es·sens·zeit** *f* mealtime

es·sen·ti·ell [ɛsɛnˈtsi̯ɛl] *adj o adv s.* **essenziell**

Es·senz <-, -en> [ɛˈsɛnts] *f* KOCHK, CHEM essence

es·sen·zi·ell[RR] **I.** *adj* ❶ *(geh: wesentlich)* essential; **von ~er Bedeutung sein** to be of vital importance ❷ BIOL, CHEM, MED essential **II.** *adv inv* PHILOS essentially

Es·ser(in) <-s, -> [ˈɛsɐ] *m(f)* mouth to feed; **ein guter/ schlechter ~/eine gute/ schlechte ~in sein** to be a big [*or* BRIT great] /poor eater; **auf einen ~ mehr kommt es auch nicht an** one more person won't make any difference

Ess·ge·schirr[RR] *nt (Service)* dinner service; MIL *(Besteck)* mess tin [*or* AM kit] **Ess·ge·wohn·hei·ten**[RR] *pl* eating habits *pl*

Es·sig <-s, -e> [ˈɛsɪç, *pl:* ˈɛsɪɡə] *m (saure Flüssigkeit)* vinegar, acetum *spec;* ▸ WENDUNGEN: **mit etw *dat* ist es ~** *(fam)* it's all up with sth *fam;* **damit ist es nun ~** it's all off; **mit dem neuen Auto ist es ~** we/they etc. can forget the new car

Es·sig·es·senz *f* vinegar concentrate [*or* essence] **Es·sig·gur·ke** *f* [pickled] gherkin **es·sig·sau·er** *adj* CHEM acetic; **essigsaure Tonerde** [basic] aluminium acetate **Es·sig·säu·re** *f* acetic [*or spec* ethanoic] acid

Ess·kas·ta·nie[RR] [-kasta:niə] *f* sweet chestnut **Ess·kul·tur**[RR] *f kein pl* gastronomic culture **Ess·löf·fel**[RR] *m* ❶ *(Essbesteck)* dessert spoon; *(zum Suppeessen)* soup spoon ❷ *(Maßeinheit beim Kochen)* tablespoon; **man nehme einen ~ Zucker** take a tablespoon of sugar **Ess·stäb·chen**[RR] *nt meist pl* chopstick **Ess·stö·rung**[RR] *f meist pl* eating disorder **Ess·tisch**[RR] *m* dining table **Ess·wa·ren**[RR] *pl* food *no pl, no indef art,* provisions **Ess·zim·mer**[RR] *nt* dining room

Es·ta·blish·ment <-s, -s> [ɪsˈtɛblɪʃmənt] *nt* ▪ **das ~** the Establishment

Es·te, Es·tin <-n, -n> [ˈeːstə, ˈeːstɪn] *m, f* Estonian; *s. a.* **Deutsche(r)**

Es·ter <-s, -> [ˈɛstɐ] *m* CHEM ester

Est·land <-s> [ˈeːstlant] *nt* Estonia; *s. a.* **Deutschland**

est·nisch [ˈeːstnɪʃ] *adj* Estonian; *s. a.* **deutsch**

Es·tra·gon <-s> [ˈɛstraɡɔn] *m kein pl* tarragon

Es·tra·gon·es·sig *m* tarragon vinegar **Es·tra·gon·öl** *nt* tarragon oil

Est·rich <-s, -e> [ˈɛstrɪç] *m* ❶ *(Fußbodenbelag)* concrete floor ❷ SCHWEIZ *(Dachboden)* attic, loft

Es·zett <-, -> [ɛsˈtsɛt] *nt* eszett, [the letter] ß

eta·blie·ren [etaˈbliːrən] *(geh)* **I.** *vt* ▪ **etw ~** to establish sth **II.** *vr* ❶ *(einen festen Platz gewinnen)* ▪ **sich** [**fest**] **~** to become [firmly] established, to establish oneself ❷ *(sich niederlassen)* ▪ **sich ~** to settle down ❸ *(ein Geschäft gründen)* ▪ **sich als etw ~** to set oneself up as sth

eta·bliert *adj (geh)* established; **die ~e Oberschicht** the ruling class

Eta·blis·se·ment <-s, -s> [etablɪsəˈmãː] *nt (geh)* ❶ *(Lokal)* establishment ❷ *(euph: Bordell)* house of pleasure *euph,* bordello *liter*

Eta·ge <-, -n> [eˈtaːʒə] *f* floor; **auf** [*o* in] **der 5. ~** on the 5th floor BRIT, on the 6th floor AM

Eta·gen·bett [eˈtaːʒən-] *nt* bunk bed **Eta·gen·hei·zung** [eˈtaːʒən-] *f* single-storey heating system **Eta·gen·woh·nung** [eˈtaːʒən-] *f* flat BRIT, apartment AM *occupying a whole floor*

Etap·pe <-, -n> [eˈtapə] *f* ❶ *(Abschnitt)* phase; **in ~n**

arbeiten to work in stages ❷ *(Teilstrecke)* leg, stage ❸ MIL communications zone

Etap·pen·sieg *m* SPORT stage-win; *(fig)* partial victory **Etap·pen·sie·ger(in)** *m(f)* SPORT stage-winner

Etat <-s, -s> [eˈtaː] *m* POL budget; **einen ~ aufstellen** to prepare [*or sep* draw up] a budget; **den ~ kürzen** to trim the budget

etc. [ɛtˈtseːtera] *Abk von* **et cetera** etc.

ete·pe·te·te [ˈeːtəpeteˈteː] *adj pred (fam)* finicky *fam,* pernickety *fam*

Ethik <-> [ˈeːtɪk] *f kein pl* ❶ *(Wissenschaft)* ethics + *sing vb* ❷ *(moralische Haltung)* ethics *npl* ❸ *(bestimmte Werte)* ethic; **christliche ~** Christian ethic

ethisch [ˈeːtɪʃ] *adj* ethical

eth·nisch [ˈɛtnɪʃ] *adj* ethnic

Eth·no·gra·fie[RR] <-, -n> *f s.* **Ethnographie**

Eth·no·gra·phie <-, -n> [ɛtnograˈfiː, *pl:* -ˈfiːən] *f* ethnography

Eth·no·lo·ge, Eth·no·lo·gin [ɛtnoˈloːɡə, -ˈloːɡɪn] *m, f* ethnologist

Eth·no·lo·gie <-, -n> [ɛtnoloˈɡiː, *pl:* -ˈɡiːən] *f kein pl* ethnology *no pl*

Eth·no·lo·gin [ɛtnoˈloːɡɪn] *f fem form von s.* **Ethnologe**

Etho·gramm <-s, -e> [etoˈɡram] *nt* BIOL ethogram

Etho·lo·gie <-> [etoloˈɡiː] *f kein pl* ethology *no pl*

Ethos <-> [ˈeːtɔs] *nt kein pl (geh)* ethos; **berufliches ~** professional ethics *npl*

Eti·kett <-[e]s, -e> [etiˈkɛt] *nt* ❶ *(Preisschild)* price tag ❷ *(Aufnäher)* label

Eti·ket·te <-, -n> [etiˈkɛtə] *f (geh)* etiquette; **gegen die ~ verstoßen** to offend against etiquette

Eti·ket·ten·schwin·del *m* ❶ *(Etiketten vertauschen)* fraudulent exchange of labels ❷ *(fig: Augenwischerei)* conmanship; **was dieser Politiker redet ist reinster ~** this politician is purely juggling with names

eti·ket·tie·ren* [etikɛˈtiːrən] *vt* ▪ **etw ~** to label sth; *Preis* to price-tag sth

et·li·che(r, s) [ˈɛtlɪçə] *pron indef* ❶ *adjektivisch, sing/ pl* quite a lot of; **~ Mal** *(geh)* several [*or* quite a few] times ❷ *substantivisch, pl* quite a few ❸ *substantivisch, sing* ▪ **~s** quite a lot; **um ~s älter/größer als jdn** quite a lot older/bigger than sb

et·li·che·mal[ALT] *adv (geh) s.* **etliche(r, s) 1**

Etrus·ker(in) <-s, -> [eˈtrʊskɐ] *m(f)* Etruscan

Etrus·kisch [eˈtrʊskɪʃ] *adj* Etruscan

Etrus·kisch <-en> [eˈtrʊskɪʃ] *nt* LING ▪ ~**/ das ~e** Etruscan

Etü·de <-, -n> [eˈtyːdə] *f* MUS étude

Etui <-s, -s> [ɛtˈviː, eˈtyiː] *nt* case; *(verziert a.)* etui

et·wa [ˈɛtva] **I.** *adv* ❶ *(ungefähr, annähernd)* about; **in ~** more or less; **so ~** [*o* ~ **so**] roughly [*or* more or less] like this; **so ~ könnte es passiert sein** it could have happened roughly like this ❷ *(zum Beispiel)* for instance; **wie ~ mein Bruder** like my brother for instance **II.** *part* ❶ *(womöglich)* **ist das ~ alles, was Sie haben?** are you trying to tell me [*or* do you mean to say] that's all you've got?; **soll das ~ heißen, dass …?** is that supposed to mean [that] …?; **willst du ~ schon gehen?** [surely] you don't want to go already!; **das haben Sie wohl nicht mit Absicht gesagt, oder ~ doch?** you didn't say that on purpose – or did you?; **bleibst du nun hier oder kommst du ~ doch mit?** do you want to stay here, or are you coming after all? ❷ *(Verstärkung der Verneinung)* **ist das ~ nicht wahr?** do you mean to say it's not true?

et·wa·ig [ˈɛtva:ɪç] *adj attr* any

et·was [ˈɛtvas] *pron indef* ❶ *substantivisch (eine unbestimmte Sache)* something; **hast du nicht eben auch ~ gehört?** didn't you hear something then as well?; **hast du ~?** are you feeling all right?; **merken Sie ~?** do you notice anything?; **~ sein** to be something; **das ist doch schon mal ~!** that's something [*or* not bad] for a start! *fam;* **das will ~ heißen** that's saying something; **sein Wort gilt ~ beim Chef** his word counts for something with the boss; **~ miteinander haben** to have something going for each other ❷ *adjektivisch (nicht näher bestimmt)* something; **~ anderes** something else; **Dummes/Neues** something stupid/new; **dass ich das vergessen konnte, so ~ Dummes!** I'm an idiot for forgetting that; **~ Schöneres habe ich noch nie gesehen** I have never seen anything more beautiful; *(ein bisschen)* a bit; [**noch**] **~ Geld/Kaffee** some [more] money/coffee; **nimm dir ~ von dem Kuchen** have a bit of cake ❸ *adverbial (ein wenig)* a little, somewhat; **du könntest dich ruhig ~ anstrengen** you might make a bit of an effort; **kannst du dich nicht ~ beeilen?** can't you hurry up a little?; **sie scheint ~ sauer zu sein** she seems to be somewhat [*or* a little] annoyed; **~ seltsam ist das schon, oder?** that's a little strange, don't you think?

Et·was <·> [ˈɛtvas] *nt kein pl* **ein hartes/spitzes/ ... ~** something hard/sharp/...; **das gewisse ~** that certain something [*or liter* je ne sais quoi]; **ein winziges ~** a tiny little thing

Ety·mo·lo·gie <·, -n> [etymoloˈgiː, *pl:* -ˈgiːən] *f* ❶ *kein pl (Wissenschaft)* ▪ **die ~** etymology *no pl* ❷ *(Herkunft)* etymology *no pl;* **die ~ dieses Wortes ist unklar** the etymology of this word is unclear

ety·mo·lo·gisch [etymoˈloːgɪʃ] *adj* etymological

EU [eːˈuː] *f Abk von* **Europäische Union** EU

EU-Be·hör·de *f* EU authority **EU-Bei·tritt** *m* joining of the EU

euch [ɔʏç] **I.** *pron pers akk, dat von* **ihr** you; **wie ist das bei ~ in Frankreich mit den Ferien?** what are your holidays like in France?; **ein Freund/eine Freundin von ~** a friend of yours **II.** *pron refl* **beeilt ~!** hurry [up]!; **macht ~ fertig!** get [*fam* yourselves] ready!; **wascht ~!** get [*fam* yourselves] washed!; **putzt ~ die Zähne!** brush your teeth!

Eu·cha·ris·tie <·> [ɔʏçaʀɪsˈtiː] *f kein pl* REL Eucharist *no pl, no indef art*

eu·er [ˈɔʏɐ] **I.** *pron poss* your; **es ist ~/eu[e]re/~[e]s** it's yours; **viele Grüße, ~ Martin!** best wishes, [yours,] Martin; **E~** [*o* **Eu[e]re**] **Eminenz/Gnaden/ Majestät** Your Eminence/Grace/Majesty **II.** *pron pers gen von* **ihr** *(geh)* **wir werden ~ gedenken** we will think of you

eu·e·re(r, s) [ˈɔʏərə] *pron poss s.* **eure(r, s)**

Eu·ge·nik <·> [ɔʏˈgeːnɪk] *f kein pl* MED eugenics + *sing vb*

eu·ge·nisch [ɔʏˈgeːnɪʃ] *adj* MED eugenic

EU-Gip·fel *m* EU summit

Eu·ka·lyp·tus <·, -lypten> [ɔʏkaˈlʏptʊs] *m* ❶ *(Baum)* eucalyptus [tree] ❷ *(Öl)* eucalyptus [oil]

Eu·ka·lyp·tus·bon·bon [-bɔnbɔŋ, -böböː] *m o nt* eucalyptus lozenge **Eu·ka·lyp·tus·ho·nig** *m* eucalyptus honey

Eu·ka·ry·ont <-en, -en> [ɔʏkaˈrÿˀɔnt] *m* BIOL eukaryote

EU-Kom·mis·si·on *f* EU Commission

Eu·le <·, -n> [ˈɔʏlə] *f* ❶ *(Vogel)* owl ❷ *(pej: Frau)* **alte ~** old crow [*or pej* crone] ▸ WENDUNGEN: **~n nach Athen tragen** *(prov)* to carry coals to Newcastle BRIT *prov*

Eu·len·spie·gel [ˈɔʏlənʃpiːgl̩] *m* joker; **unser Sohn ist ein richtiger ~** our son is a right little rascal; **Till ~** Till Eulenspiegel *liter*

EU-Mit·glieds·land *nt* EU member-state **EU-Norm** *f* EU standard

Eu·nuch <-en, -en> [ɔʏˈnuːx] *m* eunuch

Eu·phe·mis·mus <·, -mismen> [ɔʏfeˈmɪsmʊs] *m* euphemism

eu·phe·mis·tisch [ɔʏfeˈmɪstɪʃ] *adj* euphemistic

Eu·pho·rie <·, -n> [ɔʏfoˈriː, *pl:* -ˈriːən] *f* euphoria

eu·pho·risch [ɔʏˈfoːrɪʃ] *adj* euphoric

Eu·ra·tom <·> [ɔʏraˈtoːm] *f Akr von* **Europäische Atomgemeinschaft** Euratom

eu·re(r, s) [ˈɔʏrə] *pron poss (geh)* ▪ [**der/die/das**] **E~** yours; [**stets** [*o* **immer**] | **der/die E~** yours [ever]; **Onkel August, immer der E~** yours ever, Uncle August; **tut ihr das E~** you do your bit; **kümmert ihr euch um das Eu[e]re!** you attend to your own business

Eu·re·ka <·> [ɔʏreka] *f Akr von* **European Research Coordination Agency** Eureka

eu·rer·seits [ˈɔʏreˈzaits] *adv (soweit es euch angeht)* for your part; *(von eurer Seite aus)* on your part

eu·res·glei·chen [ˈɔʏrəsˈglaiçn̩] *pron inv (pej)* your like [*or pej* sort]

eu·ret·we·gen [ˈɔʏrətˈveːgn̩] *adv (wegen euch)* because of you, on your account; *(euch zuliebe)* for your sake[s]

Eu·rhyth·mie <·> [ɔʏrʏtˈmiː] *f kein pl* eurhythmics + *sing vb*

EU-Richt·li·nie *f* EU directive

Eu·ro <·[-s], -[s]> [ˈɔʏro] *m* euro; **30 ~ 50** 30 euros fifty [cents] ▸ WENDUNGEN: **jeden ~ umdrehen** [*o* **mit jedem ~ rechnen**] **müssen** *(fam)* to think twice before spending anything

Eu·ro·an·lei·he *f*, **Eu·ro·bond** *m* Eurobond **Eu·ro·cheque** [-ʃɛk] *m* HIST *s.* **Euroscheck** **Eu·ro·ci·ty** [ˈɔʏrosɪti], **Eu·ro·ci·ty·zug**[RR] [ˈɔʏrosɪti-] *m* Eurocity train *(connecting major European cities)* **Eu·ro·dol·lar** *m* Eurodollar

Eu·ro·krat(in) <-en, -en> [ɔʏroˈkraːt] *m(f)* Eurocrat

Eu·ro·pa <-s> [ɔʏˈroːpa] *nt* Europe

Eu·ro·pa·ab·ge·ord·ne·te(r) *f(m) dekl wie adj* Member of the European Parliament, MEP **Eu·ro·pa·cup** [-kap] *m s.* **Europapokal**

Eu·ro·pä·er(in) <-s, -> [ɔʏroˈpɛːɐ] *m(f)* European

eu·ro·pä·isch [ɔʏroˈpɛːɪʃ] *adj* European; **E~e Atomgemeinschaft** [*o* **EURATOM**] European Atomic Energy Community, EURATOM; **E~e Einheitswährung** single European currency, euro; **E~e Gemeinschaft** [*o* **EG**] European Community, EC; **E~er Gerichtshof** European Court of Justice; **E~e Kommission** European Commission; **E~es Parlament** European Parliament; **E~er Rat** European Council; **E~e Union** European Union, EU; **E~es Währungssystem** [*o* **EWS**] European Monetary System, EMS; **E~e Währungsunion** [*o* **EWU**] European Monetary Union, EMU; **E~e Wirtschaftsgemeinschaft** [*o* **EWG**] European Economic Community, EEC, [European] Common Market; **E~er Wirtschaftsraum** [*o* **EWR**] European Economic Area, EEA; **E~e Zentralbank** [*o* **EZB**] European Central Bank, ECB

eu·ro·pä·i·sie·ren[*] [ɔʏropɛˈiˈziːrən] *vt* ▪ **etw/jdn ~** to Europeanize sth/sb

Eu·ro·pa·meis·ter(in) *m(f) (als Einzelner)* European champion; *(als Team, Land)* European champions *pl* **Eu·ro·pa·meis·ter·schaft** *f* European championship **Eu·ro·pa·mi·nis·ter(in)** *m(f)* minister for European affairs **Eu·ro·pa·par·la·ment** *nt* ▪ **das ~** the European Parliament **Eu·ro·pa·pass**[RR] *m* European passport **Eu·ro·pa·po·kal** *m* European cup **Eu·ro·pa·rat** *m kein pl* Council of Europe *no pl, no indef art* **Eu·ro·pa·stra·ße** *f main European arterial route* **Eu·ro·pa·wahl** *f* European elections *pl* **eu·ro·pa·weit** *adj* Europe-wide, pan-European

Eu·ro·pi·um <-s> [ɔʏˈroːpiʊm] *nt kein pl* europium

Eu·ro·scheck *m* HIST Eurocheque **Eu·ro·scheck·kar·te** *f* HIST Eurocheque card **Eu·ro·si·gnal** *nt* TELEK European call signal **Eu·ro·skep·ti·ker(in)** *m(f)* Eurosceptic **Eu·ro·tun·nel** *m* Channel tunnel **Eu·ro·vi·si·on** [ɔʏroviˈzi̯oːn] *f* Eurovision **Eu·ro·vi·si·ons·sen·**

dung [-vi-] *f* Eurovision broadcast [*or* BRIT programme], AM program **Eu·ro·Wäh·rung** *f* European currency

eu·ro·zen·trisch *adj* SOZIOL, POL, PHILOS Eurocentric

EU-Staat *m* EU country

Eu·ter <-s, -> [ˈɔytɐ] *nt o m* udder

Eu·tha·na·sie <-> [ɔytanaˈziː] *f kein pl* euthanasia *no pl, no art,* mercy killing *fam*

eu·troph [ɔyˈtroːf] *adj* ÖKOL eutrophic

Eu·tro·phie·rung <-, -en> [ɔytroˈfiːrʊŋ] *f* ÖKOL eutrophication

ev. *adj Abk von* **evangelisch**

e.V., E.V. [eːˈfaʊ] *m Abk von* **eingetragener Verein** registered association

Eva <-s> [ˈeːfa, ˈeːva] *f* ❶ *(Frauenname)* Eve ❷ *(hum fam: Frau)* **eine richtige kleine ~** a proper little madam BRIT *hum*

Eva·kos·tüm *nt s.* **Evaskostüm**

eva·ku·ie·ren* [evakuˈiːrən] *vt* ❶ *(an sicheren Ort bringen)* **jdn/etw ~** to evacuate sb/remove sth (**aus** +*dat* from; **in/auf** +*akk* to); **jdn aufs Land ~** to evacuate sb to the country ❷ *(auslagern)* ■ **etw ~** to remove sth (**in** +*akk* to)

Eva·ku·ier·te(r) *f(m) dekl wie adj* evacuee

Eva·ku·ie·rung <-, -en> [-va-] *f* evacuation

evan·ge·lisch [evaŋˈɡeːlɪʃ] *adj* Protestant; ■ **~ sein** to be a Protestant

evan·ge·lisch-lu·the·risch *adj* Lutheran-Protestant

Evan·ge·list <-en, -en> [evaŋɡeˈlɪst] *m* evangelist

Evan·ge·li·um <-s, -lien> [evaŋˈɡeːliʊm, *pl:* -liən] *nt* Gospel; *(fig)* gospel

Eva(s)·kos·tüm *nt* **im ~** *(hum)* in her birthday suit *hum,* in the altogether BRIT *hum*

Event·be·reich [ɪˈvɛnt-] *m* events area; *(Präsentationsräume)* presentation rooms *pl; (Partyräume)* party rooms *pl*

Even·tu·al·an·trag [evɛnˈtua̯l-] *m* POL secondary motion **Even·tu·al·bud·get** [evɛnˈtua̯lbʏdʒeː] *nt s.* **Eventualhaushalt Even·tu·al·fall** [evɛnˈtua̯l-] *m* eventuality, contingency; **für den ~ gerüstet sein** to be ready for the eventuality [*or* contingency]; **im ~** in the eventuality **Even·tu·al·haus·halt** [evɛnˈtua̯l-] *m* FIN, POL emergency [*or* contingency] budget

Even·tu·a·li·tät <-, -en> [evɛntua̯liˈtɛːt] *f* eventuality, contingency; **für alle ~en gerüstet sein** to be ready for all eventualities

even·tu·ell [evɛnˈtu̯ɛl] I. *adj attr* possible; **bei ~en Rückfragen wenden Sie sich bitte an die Direktion** if you have any queries please contact the management II. *adv* possibly, perhaps; **ich komme ~ etwas später** I might [possibly] come a little later; **könntest du mir ~ 500 Euro leihen?** could you lend me 500 euros, by any chance?

Ever·green <-s, -s> [ˈɛvɐɡriːn] *m* evergreen

evi·dent [eviˈdɛnt] *adj (geh)* obvious, patent *attr form;* ■ **~ sein, dass …** to be obvious that …

ev.-luth. *adj Abk von* **evangelisch-lutherisch**

Evo·lu·ti·on <-, -en> [evolu̯ˈtsi̯oːn] *f* evolution **Evo·lu·ti·ons·fak·tor** *m* BIOL evolution factor **Evo·lu·ti·ons·the·o·rie** *f* BIOL theory of evolution

evtl. *adj o adv Abk von* **eventuell**

E-Werk [ˈeːvɛrk] *nt s.* **Elektrizitätswerk**

EWG <-> [eːveːˈɡeː] *f Abk von* **Europäische Wirtschaftsgemeinschaft** EEC

ewig [ˈeːvɪç] I. *adj* ❶ *(immer während)* eternal; **~es Eis/~er Schnee** perpetual ice/snow; **das ~e Leben** eternal [*or* everlasting] life; **~e Liebe** undying love ❷ *(pej fam: ständig)* **~es Gejammer** never-ending [*or* non-stop] moaning and groaning II. *adv* ❶ *(dauernd)* eternally; *(seit jeher)* always; [**schon**] **~ bestehen** to have always existed; *(für immer)* for ever, forever; **jdm ~ dankbar sein** to be eternally grateful to

sb; **schwören, jdn ~ zu lieben** to swear one's undying love to sb; **auf ~** for ever ❷ *(fam: ständig)* always; **in der Kantine gibt es ~ denselben Fraß** *(fam)* the canteen always dishes up the same [old] grub *fam* ❸ *(fam: lange Zeitspanne)* for ages; **den habe ich schon ~ nicht mehr gesehen** I haven't seen him in [*or* for] ages *fam;* **das dauert** [**ja**] **~!** it's taking ages [and ages]! *fam* ► WENDUNGEN: **drum prüfe, wer sich ~ bindet** *(prov)* marry in haste, repent at leisure *prov*

Ewig·ges·tri·ge(r) *f(m) dekl wie adj (pej)* stick-in-the-mud *pej*

Ewig·keit <-, -en> [ˈeːvɪçkait] *f* eternity *no pl, no def art,* everlastingness *no pl, no def art;* **eine** [**halbe**] **~ dauern** *(hum fam)* to last an age [*or* an eternity]; **in die ~ eingehen** *(geh)* to pass into eternity *liter,* to enter into eternal life *liter;* **bis in alle ~** *(für alle Zeit)* for ever [*or liter* all eternity]; *(wer weiß wie lange)* for ever [and ever]; **soll ich vielleicht bis in alle ~ warten?** am I supposed to wait for ever?; **seit ~en** [*o* **einer ~**] *(fam)* for ages *fam*

EWS <-> [eːveːˈɛs] *nt kein pl Abk von* **Europäisches Währungssystem** EMS

EWU <-> [eːveːˈuː] *f Abk von* **Europäische Währungsunion** EMU

Ex <-, -> [ˈɛks] *m o f (früherer Freund, frühere Freundin)* ex *fam*

ex [ˈɛks] *adv* ❶ *(vorüber)* ■ **mit etw** *dat* **ist es ~** it's [all] over with sth; ■ **~ sein** *(fam)* to be done for *fam* ❷ *(auf einmal)* **etw** [**auf**] **~ trinken** to down sth in one; [**aber**] [**trink**] **~!** bottoms up!, down the hatch! *fam* ► WENDUNGEN: **~ und hopp** *(fam)* here today, gone tomorrow

Ex <-, -> [ˈɛks] *m o f (früherer Freund, frühere Freundin)* ex *fam*

ex·akt [ɛˈksakt] I. *adj* exact; **das ist ~, was ich gemeint habe** that's precisely [*or* exactly] what I meant II. *adv* exactly; **~ arbeiten** to be accurate [*or* exact] in one's work

Ex·akt·heit <-> *f kein pl* exactness *no pl,* precision *no pl*

ex·al·tiert [ɛksalˈtiːrt] *adj (geh)* effusive *form*

Ex·a·men <-s, - *o* Examina> [ɛˈksaːmən, *pl:* ɛˈksaːmina] *nt* final exam[ination]s *pl,* finals *npl;* **mündliches ~** oral exam[ination]; **schriftliches ~** [written] exam[ination]; **das** [*o* **sein**] **~ bestehen** to pass one's finals; **das** [*o* **sein**] **~ mit Auszeichnung bestehen** to pass one's finals with distinction; **das** [*o* **sein**] **~ mit Eins bestehen** [*o* **machen**] ≈ to get a First [*or* AM an A]; **durch das ~ fallen** to fail [in] one's finals; **~ machen** to do [*or* take] one's finals

Ex·a·mens·angst *f* pre-exam anxiety; **unter ~ leiden** to suffer from pre-exam anxiety **Ex·a·mens·kan·didat(in)** *m(f)* examinee, [examination] candidate

ex·a·mi·nie·ren* [ɛksamiˈniːrən] *vt (geh)* ❶ *(prüfen)* ■ **jdn in etw** *dat* **~** to examine sb [in sth]; **jdn über ein Thema ~** to examine sb in a subject; **eine examinierte Krankenschwester** a qualified nurse ❷ *(ausforschen)* **jdn** [**streng**] **~** to grill sb *fam,* to question sb closely

Ex·e·ge·se <-, -n> [ɛkseˈɡeːzə] *f (geh)* exegesis

exe·ku·tie·ren* [ɛksekuˈtiːrən] *vt (geh)* ■ **jdn ~** to execute sb; **jdn durch Erhängen ~** to hang sb; **jdn durch Erschießen ~** to execute sb by firing squad **Exe·ku·ti·on** <-, -en> [ɛksekuˈtsi̯oːn] *f (geh)* execution; **eine ~ vollziehen** to carry out an execution; **~ durch Erschießen** execution by firing squad **Exe·ku·ti·ons·kom·man·do** *nt (geh)* firing [*or* execution] squad

Exe·ku·ti·ve <-n, -n> [ɛksekuˈtiːvə] *f* JUR executive authority [*or* power]

Ex·em·pel <-s, -> [ɛˈksɛmpl̩] *nt* ❶ *(geh: Beispiel)* [warning] example; **an jdm/mit etw ein ~ statuie**

E

ren to make an example of sb/use sth as a warning ❷ *(veraltet: Übungsaufgabe)* [mathematical] problem

Ex·em·plar <-s, -e> [ɛksɛmˈplaːɐ̯] *nt* ❶ *(einzelnes Stück)* specimen; **ein besonders schönes/gut erhaltenes/seltenes ~** a particularly lovely/well-preserved/rare specimen; **Marc ist ein merkwürdiges ~** Marc is a funny character ❷ *(Ausgabe) Buch, Heft* copy; *Zeitung* issue, number

ex·em·pla·risch [ɛksɛmˈplaːrɪʃ] **I.** *adj* ❶ *(beispielhaft)* exemplary, model *attr* ❷ *(typisch)* ■ **~ für jdn/etw sein** to be typical [*or* characteristic] of sb/sth **II.** *adv* as an example; **jdn ~ bestrafen** to punish sb as an example [to others]

ex·er·zie·ren [ɛksɛrˈtsiːrən] MIL **I.** *vi* to drill **II.** *vt (geh)* ■ **etw ~** to practise [*or* AM -ice] sth

Ex·er·zier·platz *m* MIL parade ground

Ex·er·zi·ti·en [ɛksɛrˈtsiːtsi̯ən] *pl* REL spiritual exercise[s *pl*]

Ex·frau *f* fem form von **Exmann** ex[-wife] **Ex·freund** *m* ex[-boyfriend] **Ex·freun·din** *f* fem form von **Exfreund** ex[-girlfriend]

Ex·hi·bi·ti·o·nis·mus <-> [ɛkshibitsi̯oˈnɪsmʊs] *m kein pl* exhibitionism *no pl*

Ex·hi·bi·ti·o·nist(in) <-en, -en> [ɛkshibitsi̯oˈnɪst] *m(f)* exhibitionist, flasher *pej sl*

ex·hu·mie·ren [ɛkshuˈmiːrən] *vt (geh)* ■ **jdn ~** to exhume [*or* form disinter] sb

Ex·hu·mie·rung <-, -en> *f (geh)* exhumation *form*, disinterment *form*

Exil <-s, -e> [ɛˈksiːl] *nt* exile; **ins ~ gehen** to go into exile; **ins amerikanische ~ gehen** to be exiled to America; **[in Amerika] im ~ leben** to live in exile [in America]

Exil·li·te·ra·tur *f* literature written in exile **Exil·re·gie·rung** *f* government in exile

exis·tent [ɛksɪsˈtɛnt] *adj (geh)* existent

Exis·ten·ti·a·lis·mus <-> [ɛksɪstɛntsi̯aˈlɪsmʊs] *m kein pl s.* **Existenzialismus**

Exis·ten·ti·a·list(in) <-en, -en> [ɛksɪstɛntsi̯aˈlɪst] *m(f) s.* **Existenzialist**

exis·ten·ti·a·lis·tisch *adj s.* **existenzialistisch**

exis·ten·ti·ell [ɛksɪstɛntsi̯ɛl] *adj (geh) s.* **existenziell**

Exis·tenz <-, -en> [ɛksɪsˈtɛnts] *f* ❶ *kein pl (das Vorhandensein)* existence *no pl*; ■ **die ~ von jdm/etw** [*o* **jds ~/die ~ einer S.**] *gen* the existence of sb/sth ❷ *(Lebensgrundlage, Auskommen)* livelihood; **eine gesicherte ~** a secure livelihood ❸ *(Dasein, Leben)* life; **eine gescheiterte ~** [*o fam:* **verkrachte**] **~** a failure [in life]; **sich eine neue ~ aufbauen** to create a new life for oneself; **eine kärgliche ~ fristen** to eke out a meagre [*or* AM -er] existence

Exis·tenz·angst *f (geh)* angst, fear for one's existence **Exis·tenz·be·rech·ti·gung** *f kein pl* right to exist **Exis·tenz·grund·la·ge** *f* basis of one's livelihood **Exis·tenz·grün·dung** *f* founding of a business, setting up in business **Exis·tenz·grün·dungs·be·ra·tung** *f* ÖKON [business] start-up advice **Exis·tenz·grün·dungs·bör·se** *f* ÖKON forum for forging and promoting relations between established and start-up businesses **Exis·tenz·grün·dungs·se·mi·nar** *nt* ÖKON workshop for those wishing to set up on their own in business

Exis·ten·zi·a·lis·musRR <-> *m kein pl* existentialism *no pl*

Exis·ten·zi·a·list(in)RR <-en, -en> *m(f)* existentialist **exis·ten·zi·a·lis·tisch**RR *adj* existential[ist]

exis·ten·zi·ellRR *adj (geh)* existential; **von ~er Bedeutung/Wichtigkeit** of vital significance/importance **Exis·tenz·kampf** *m* struggle for survival **Exis·tenz·mi·ni·mum** *nt* subsistence level, bread line BRIT

exis·tie·ren [ɛksɪsˈtiːrən] *vi* ❶ *(vorhanden sein)* to exist, to be in existence ❷ *(sein Auskommen haben)*

■ **[von etw** *dat*] **~** to live [on sth], to keep alive [on sth] *iron*

Ex·i·tus <-> [ˈɛksitʊs] *m kein pl* MED *(fachspr)* death, exitus *spec*

Ex·kla·ve <-, -n> [ɛksˈklaːvə] *f* POL exclave

ex·klu·siv [ɛkskluˈziːf] *adj* exclusive, select

Ex·klu·siv·be·richt *m* exclusive [report [*or* story]]

ex·klu·si·ve [ɛkskluˈziːvə] **I.** *präp +gen* ÖKON exclusive of, excluding **II.** *adv (geh)* exclusively

Ex·klu·si·vi·tät <-> [ɛkskluziviˈtɛːt] *f kein pl (geh)* exclusiveness, selectness

Ex·klu·siv·recht *nt* exclusive rights *npl*, sole right

Ex·kom·mu·ni·ka·ti·on [ɛkskomunikaˈtsi̯oːn] *f* REL excommunication

ex·kom·mu·ni·zie·ren [ɛkskomuniˈtsiːrən] *vt* REL ■ **jdn ~** to excommunicate sb

Ex·kre·ment <-[e]s, -e> [ɛkskreˈmɛnt] *nt meist pl (geh)* excrement *no pl*, excreta *npl form*

Ex·kur·si·on <-, -en> [ɛkskʊrˈzi̯oːn] *f (geh)* study trip BRIT; SCH field trip

Ex·li·bris <-, -> [ɛksˈliːbriːs] *nt* ex libris, bookplate

Ex·mann *m* ex[-husband]

Ex·ma·tri·ku·la·ti·on <-, -en> [ɛksmatrikulaˈtsi̯oːn] *f* removal of sb's name from the university register

ex·ma·tri·ku·lie·ren [ɛksmatrikuˈliːrən] **I.** *vt* ■ **jdn ~** to take sb off the university register **II.** *vr* ■ **sich ~** to have one's name taken off the university register

Ex·o·cy·to·se <-, -n> [ɛksotsyˈtoːzə] *f* BIOL exocytosis

Ex·o·dus <-, -se> [ˈɛksodʊs, *pl:* -dʊsə] *m (geh)* exodus

Ex·on <-s, -s> [ˈɛkson] *nt* BIOL exon

ex·or·bi·tant [ɛksɔrbiˈtant] *adj (geh)* exorbitant

Ex·or·zist(in) <-en, -en> [ɛksɔrˈtsɪst] *m(f)* exorcist

Exot(in) <-en, -en> [ɛˈksoːt] *m(f)* ❶ *(aus fernem Land: Mensch)* exotic foreigner; *(Pflanze oder Tier)* exotic [plant/animal] ❷ *(fam: Rarität, ausgefallenes Exemplar)* rarity; *(Person)* eccentric; **wie ein ~ wirken** *(euph)* to look like something from outer space *hum*, to look out of place ❸ *pl (Wertpapiere)* exotics *npl*

exo·tisch [ɛˈksoːtɪʃ] *adj* ❶ *(aus fernem Land)* exotic ❷ *(fam: ausgefallen)* unusual, bizarre

Ex·pan·der <-s, -> [ɛksˈpandɐ] *m* chest expander

ex·pan·die·ren [ɛkspanˈdiːrən] *vi* to expand

Ex·pan·si·on <-, -en> [ɛkspanˈzi̯oːn] *f* expansion

Ex·pan·si·ons·po·li·tik *f kein pl* expansionism, expansionist policies *pl*

Ex·pe·di·ti·on <-, -en> [ɛkspediˈtsi̯oːn] *f* ❶ *(Forschungsreise)* expedition ❷ *(Versandabteilung)* forwarding department

Ex·pe·ri·ment <-[e]s, -e> [ɛksperiˈmɛnt] *nt* experiment; **ein ~/~e machen** to carry out [*or* do] an experiment/experiments

ex·pe·ri·men·tell [ɛksperimɛnˈtɛl] **I.** *adj* experimental **II.** *adv* by [way of] experiment; **etw ~ nachweisen** to prove sth by [way of] experiment

ex·pe·ri·men·tie·ren [ɛksperimɛnˈtiːrən] *vi* ■ **[an/mit etw** *dat*] **~** to experiment [on/with sth]

Ex·per·te, Ex·per·tin <-n, -n> [ɛksˈpɛrtə, ɛksˈpɛrtɪn] *m, f* expert

Ex·per·ten·an·hö·rung *f* specialist hearing **Ex·per·ten·aus·schuss**RR *m*, **Ex·per·ten·grup·pe** *f* panel of experts **Ex·per·ten·hea·ring** [-hiːrɪŋ] *nt* specialist hearing **Ex·per·ten·stab** *m* professional staff **Ex·per·ten·sys·tem** *nt* INFORM expert system

Ex·per·ti·se <-, -n> [ɛkspɛrˈtiːzə] *f* expert's report

ex·pli·zit [ɛkspliˈtsiːt] *adj (geh)* explicit

ex·plo·die·ren [ɛksploˈdiːrən] *vi sein* to explode *a. fig*, to detonate; **die Kosten/Preise ~** *(fig)* costs/prices are rocketing

Ex·plo·si·on <-, -en> [ɛksploˈzi̯oːn] *f* detonation, explosion *a. fig*; **etw zur ~ bringen** to detonate [*or* explode] sth

ex·plo·si·ons·ar·tig *adv* explosively

ex·plo·siv [ɛksplo'ziːf] *adj* explosive

Ex·plo·siv <-s, -e> *m*, **Ex·plo·siv·laut** [ɛksplo'ziːf-] *m* LING plosive

Ex·plo·siv·stoff *m* explosive

Ex·po·nat <-[e]s, -e> [ɛkspo'naːt] *nt* exhibit

Ex·po·nent <-en, -en> [ɛkspo'nɛnt] *m* MATH exponent

Ex·po·nent(in) <-en, -en> [ɛkspo'nɛnt] *m(f)* exponent, advocate

Ex·port <-[e]s, -e> [ɛks'pɔrt] *m* ❶ *kein pl (Ausfuhr)* export ❷ *(ausgeführte Ware)* exports *npl*

Ex·port·ab·tei·lung *f* export department **Ex·port·ar·ti·kel** *m* exported article [*or* item]; *pl* exports **Ex·port·aus·füh·rung** *f* export model [*or* version]

Ex·por·teur(in) <-s, -e> [ɛkspɔr'tøːɐ] *m(f)* exporter

ex·port·freu·dig *adj* export-minded **Ex·port·ge·schäft** *nt* export business **Ex·port·han·del** *m* export trade [*or* business]

ex·por·tie·ren* [ɛkspɔr'tiːrən] *vt* ▪ **etw ~** to export sth; **Arbeitslosigkeit in ein Land ~** to bring unemployment to a country; **Baumwolle/Bananen/Kaffee in ein Land ~** to export cotton/bananas/coffee to a country

Ex·port·kauf·mann, -kauf·frau *m, f* exporter, export merchant **Ex·port·schla·ger** *m (fam)* export hit **Ex·port·über·schuss**[RR] *m* export surplus **Ex·port·ver·bot** *nt* export ban **Ex·port·wa·re** *f* ❶ *(eine bestimmte Ware)* export commodity ❷ *kein pl (alle für den Export bestimmten Waren)* exports *pl*

Ex·po·sé <-s, -s> *nt s.* **Exposee**

Ex·po·see[RR] <-s, -s> [ɛkspo'zeː] *nt* memo[randum]

Ex·press[RR] <-es> *m kein pl*, **Ex·preß**[ALT] <-sses> [ɛks'prɛs] *m kein pl* ❶ *(Eilzug)* express [train] ❷ *(schnell)* **etw per ~ senden** [*o* **schicken**] to send sth [by] express [delivery]

Ex·press·gut[RR] *nt* express goods *npl* [*or* parcels] *pl*; **etw als ~ versenden** [*o* **verschicken**] to send sth [by] express [delivery]

Ex·pres·si·o·nis·mus <-> [ɛksprɛsi̯o'nɪsmʊs] *m kein pl* expressionism *no pl, no indef art*

Ex·pres·si·o·nist(in) <-en, -en> [ɛksprɛsi̯o'nɪst] *m(f)* expressionist

ex·pres·si·o·nis·tisch *adj* expressionist[ic]

Ex·pres·si·ons·vek·tor [ɛksprɛsi̯oːns-] *m* BIOL expression vector

ex·pres·sis ver·bis [ɛks'prɛsiːs 'vɛrbiːs] *adv (geh)* explicitly, expressly

ex·qui·sit [ɛkskvi'ziːt] *(geh)* **I.** *adj* exquisite, choice *attr* **II.** *adv* exquisitely; **~ essen** [*o geh:* **speisen**] to have an exquisite [*or* choice] meal

ex·tern [ɛks'tɛrn] *adj* external; **ein ~er Schüler/eine ~e Schülerin** a day boy/girl BRIT, a non-residential pupil

Ex·ter·ne(r) *f(m) dekl wie adj* SCH day boy/girl BRIT, non-residential pupil

ex·ter·ri·to·ri·al [ɛkstɛrito'ri̯aːl] *adj* JUR ex[tra]territorial

ex·tra ['ɛkstra] *adv* ❶ *(besonders)* extra, [e]specially ❷ *(zusätzlich)* extra, to boot; **ich gebe Ihnen noch ein Exemplar ~** I'll give you an extra copy [*or* a copy to boot] ❸ *(eigens)* just, [e]specially; **du brauchst mich nicht ~ anzurufen, wenn du ankommst** you don't need to call me just to say you've arrived ❹ *(fam: absichtlich)* on purpose, deliberately; **etw ~ machen** to do sth on purpose ❺ *(gesondert)* separately; **etw ~ berechnen** to charge sth separately; **etw ~ legen** to put sth in a separate place

Ex·tra <-s, -s> ['ɛkstra] *nt* extra; *Auto* optional extra

Ex·tra·aus·ga·be *f* ❶ MEDIA *(Sonderausgabe)* special edition ❷ FIN *(Zusatzkosten)* sundry expenses *npl* **Ex·tra·blatt** *nt* special supplement **Ex·tra·fahrt** *f* SCHWEIZ *(Sonderfahrt)* special excursion

ex·tra·hie·ren* [ɛkstra'hiːrən] *vt* ❶ MED *(entfernen)* ▪ **etw ~** to extract sth ❷ CHEM, PHARM ▪ **etw [aus etw** *dat*] ~ to extract sth [from sth] ❸ *(aus einem Text herausarbeiten)* ▪ **etw [aus etw** *dat*] ~ to extract sth [from sth]

Ex·trakt <-[e]s, -e> [ɛks'trakt] *m o nt* extract

ex·tra·va·gant [ɛkstrava'gant, 'ɛkstravagant] **I.** *adj* extravagant; **~e Kleidung** extravagant [*or* flamboyant] clothes **II.** *adv* extravagantly; **~ angezogen** flamboyantly dressed

Ex·tra·va·ganz <-, -en> [ɛkstrava'gants] *f* extravagance; *von Kleidung a.* flamboyance

ex·tra·ver·tiert [ɛkstravɛr'tiːɐt] *adj* extrovert[ed]

Ex·tra·wurst *f* ❶ *(fam: Sonderwunsch)* **jdm eine ~ braten** to make an exception for sb; **immer eine ~ [gebraten haben] wollen** to always want special treatment ❷ ÖSTERR *(Lyoner)* pork [*or* veal] sausage

ex·tra·zel·lu·lär [ɛkstratsɛlu'lɛːɐ] *adj* BIOL extracellular

Ex·tra·zug *f* SCHWEIZ *(Sonderzug)* special train

ex·trem [ɛks'treːm] **I.** *adj* extreme; **~e Anforderungen** excessive demands; **eine ~e Belastung für jdn darstellen** to be an excessive burden on sb **II.** *adv (sehr)* extremely; **~ links/rechts** POL ultra-left/right; **~ sinken/sich ~ verschlechtern** to drop/deteriorate drastically; **~ steigen/sich ~ verbessern** to rise/improve considerably

Ex·trem <-s, -e> [ɛks'treːm] *nt* extreme; **von einem ~ ins andere fallen** to go from one extreme to another [*or* the other]

Ex·trem·fall *m* extreme [case]; **im ~** in the extreme case

Ex·tre·mis·mus <-, <*selten* -men> [ɛkstre'mɪsmʊs] *m* extremism *no pl, no indef art*

Ex·tre·mist(in) <-en, -en> [ɛkstre'mɪst] *m(f)* extremist

ex·tre·mis·tisch *adj* extremist

Ex·tre·mi·tä·ten [ɛkstremi'tɛːtn] *pl* extremities *npl*

Ex·trem·sport·art *f* adventure sport

Ex·trem·tou·ris·mus *m* extreme sports tourism

Ex·und·Hopp <-s> *nt kein pl (fam)* **die ~-Mentalität** the mentality of the throwaway society

Ex·und·Hopp·Ver·pa·ckung *f (fam)* throwaway [*or* disposable] packaging

ex·zel·lent [ɛkstsɛ'lɛnt] *(geh)* **I.** *adj* excellent, superior *form* **II.** *adv* excellently; **sich ~ fühlen** to feel on top form; **~ speisen** to eat very well; **~ schmecken** to taste delicious [*or* divine]

Ex·zel·lenz <-, -en> [ɛkstsɛ'lɛnts] *f* Excellency; **Seine/Euer** [*o* **Eu[e]re**] **~** His/Your Excellency; **ganz wie Euer ~ wünschen!** as Your Excellency wishes!

ex·zen·trisch [ɛks'tsɛntrɪʃ] *adj (geh)* eccentric

ex·zer·pie·ren* [ɛkstsɛr'piːrən] *vt (geh)* ▪ **etw [aus etw** *dat*] ~ to extract [*or* select] sth [from sth]; *Textstelle* to excerpt [*or* extract] sth [from sth]

Ex·zerpt <-[e]s, -e> [ɛks'tsɛrpt] *nt (geh)* excerpt

Ex·zess[RR] <-es, -e> *m*, **Ex·zeß**[ALT] <-sses, -sse> [ɛks'tsɛs] *m meist pl* ❶ *(Ausschweifung)* excess, extremes *pl*; **etw bis zum ~ treiben** to take sth to extremes ❷ *(Ausschreitung)* excess, violence *no pl*

ex·zes·siv [ɛkstsɛ'siːf] *adj (geh)* excessive

Eye·li·ner <-s, -> ['aɪlaɪnɐ] *m* eyeliner

F f

F, f <-, - *o fam* -s, -s> [ɛf] *nt* ❶ *(Buchstabe)* F, f; **~ wie Friedrich** F for Frederick BRIT, F as in Fox AM; *s. a.* **A 1** ❷ MUS [the note] F; *s. a.* **A 2**

Fa. *Abk von* **Firma** Co.

Fa·bel <-, -n> ['faːbl̩] *f* ❶ LIT fable ❷ *(fam)* tale, story

fa·bel·haft ['faːbl̩haft] I. *adj* marvellous, AM marvelous, fabulous; **das ist ja ~!** *(fam)* that's marvellous II. *adv* marvellously

fa·beln ['faːbl̩n] I. *vt* ■ **etw ~** to fabricate [*or sep* make up] sth II. *vi* ■ **von etw** *dat*] **~** to fantasize [about sth]

Fa·bel·tier *nt*, **Fa·bel·we·sen** *nt* mythical creature

Fa·brik <-, -en> [faˈbriːk] *f* factory; **in die ~ gehen** *(fam)* to work in a factory

Fa·brik·an·la·ge *f* [manufacturing] plant

Fa·bri·kant(in) <-en, -en> [fabriˈkant] *m(f)* ❶ *(Fabrikbesitzer)* industrialist, factory owner ❷ *(Hersteller)* manufacturer, maker

Fa·brik·ar·beit *f* factory work **Fa·brik·ar·bei·ter(in)** *m(f)* industrial [*or* factory] worker

Fa·bri·kat <-[e]s, -e> [fabriˈkaːt] *nt* ❶ *(Marke)* make; *bes. von Autos* marque ❷ *(Produkt)* product; *(Modell)* model

Fa·bri·ka·ti·on <-, -en> [fabrikaˈtsi̯oːn] *f* production, manufacture

Fa·bri·ka·ti·ons·feh·ler *m* manufacturing defect [*or* fault]

Fa·brik·be·sit·zer(in) *m(f)* industrialist, factory owner [*or* proprietor] **Fa·brik·di·rek·tor(in)** *m(f)* plant manager **Fa·brik·er·zeug·nis** *nt* manufactured article, product **Fa·brik·ge·bäu·de** *nt* factory [building] **Fa·brik·ge·län·de** *nt* factory site [*or pl* premises] **Fa·brik·hal·le** *f* factory building; **in der ~** in the workshop **fa·brik·neu** *adj* brand-new **Fa·brik·schiff** *nt* factory ship **Fa·brik·schorn·stein** *m* [factory] smokestack, factory chimney

fa·bri·zie·ren [fabriˈtsiːrən] *vt (fam)* ■ **etw ~** ❶ *(anfertigen)* to manufacture sth ❷ *(anstellen)* **Blödsinn ~** to do sth silly; **was hast du denn da fabriziert?** what have you [gone and] done now?, what have you managed to do now?

Face·lif·ting <-s, -s> ['feːslɪftɪŋ] *nt (fig)* facelift

Fa·cet·te <-, -n> [faˈsɛtə] *f* facet

Fa·cet·ten·au·ge [faˈsɛtn-] *nt* compound eye

fa·cet·tie·ren' [fasɛˈtiːrən] *vt (geh)* ■ **etw ~** to dissect [*or* scrutinize] sth

Fach <-[e]s, Fächer> [fax, *pl*: fɛçɐ] *nt* ❶ *(Unterteilung)* Tasche, Brieftasche, Portmonee pocket; Schrank, Regal shelf; *(Ablegefach)* pigeonhole; Automat drawer ❷ *(Wissens-, Sachgebiet)* subject; **vom ~ sein** to be a specialist; **sein ~ verstehen** to understand one's subject, to know one's stuff [*or* BRIT onions] *fam;* **das ist nicht mein ~/ich bin nicht vom ~** that's not my line

Fach·ar·bei·ter(in) *m(f)* skilled worker **Fach·ar·bei·ter·brief** *m* certificate of proficiency **Fach·arzt, -ärz·tin** *m, f* specialist, [medical] consultant **(für** +*akk* in) **fach·ärzt·lich** I. *adj* specialist *attr;* **ein ~es Gutachten** a specialist's report; **ein ~es Attest** a [medical] certificate from a specialist; **eine ~e Untersuchung** an examination by a specialist II. *adv* **sich ~ behandeln/untersuchen lassen** to be examined/treated by a specialist **Fach·auf·sicht** *f* specialist [*or* expert] supervision **Fach·aus·druck** *m* technical [*or* specialist] term; **juristischer/medizinischer ~** legal/medical term **Fach·aus·schuss**RR *m* panel [*or* committee] of experts **Fach·be·ra·ter(in)** *m(f)* [technical] consultant **Fach·be·ra·tung** *f* expert advice **Fach·be·**

reich *m* ❶ *(Sachgebiet)* [specialist] field ❷ *(Fakultät)* faculty **fach·be·zo·gen** *adj* specialized **Fach·bib·li·o·thek** *f* specialist library **Fach·buch** *nt* reference book; *(Lehrbuch)* textbook; **ein juristisches/medizinisches ~** a specialist book on law/medicine **Fach·buch·hand·lung** *f* specialist bookshop; **~ für Medizin/Naturwissenschaften** bookshop specializing in medicine/the natural sciences

fä·cheln ['fɛçl̩n] *(geh)* I. *vt* ■ **etw ~** to fan sth; **sich/jdm den Kopf/die Stirn ~** to fan one's/sb's head/forehead II. *vi* to fan; **sich/jdm [mit Fächern/Palmwedeln] ~** to fan oneself/sb [with fans/palm leaves]

Fä·cher <-s, -> ['fɛçɐ] *m* fan; **ein zusammenklappbarer ~** a folding fan

Fä·cher·pal·me *f* fan palm

fä·cher·über·grei·fend *adj* interdisciplinary

Fach·frau *f fem form von* **Fachmann fach·fremd** I. *adj* **~e Aufgaben** tasks outside the/one's field; **~e Mitarbeiter** untrained staff, staff with no background in the field; **~en Unterricht erteilen** to give lessons in a subject other than one's own II. *adv* **jdn ~ beschäftigen/einsetzen** to employ sb in a field not his/her own; **~ unterrichten** to give lessons in a subject other than one's own **Fach·ge·biet** *nt s.* **Fachbereich 1 fach·ge·bun·den** *adj* related [to the/one's field *pred];* **ein ~es Studium** course of study related to a specialist field **fach·ge·recht** I. *adj* expert, professional II. *adv* expertly, professionally; **etw ~ ausführen** to make a professional [*or* an expert] job of sth **Fach·ge·schäft** *nt* specialist shop, stockist **Fach·grup·pe** *f* team of specialists **Fach·han·del** *m* specialist shop [*or* trade] **Fach·hoch·schu·le** *f* ≈ technical college of higher education

A **Fachhochschule (FH)** is a college which offers advanced courses in a special technical or arts subject leading, for instance, to a Diploma in Engineering or DipEng, and the title of *Diplom Ingenieur* shortened to *Dipl.Ing. (FH)*. In Austria, a Master's degree can also be attained. The focus of the curricula of a **Fachhochschule** as opposed to a university is on the practical application of the taught knowledge and not on the provided theoretical or scholarly skills.

Fach·idi·ot(in) *m(f) (pej sl)* blinkered specialist BRIT *(a specialist who is not interested in anything outside his/her field) fam* **Fach·jar·gon** *m* jargon, lingo *fam* **Fach·kennt·nis** *f meist pl* specialized knowledge **Fach·kraft** *f* qualified employee **Fach·krei·se** *pl* specialist circles *pl;* experts *pl;* **medizinische ~** medical experts; **in [maßgeblichen/wissenschaftlichen] ~n** among [leading/scientific] experts **fach·kun·dig** I. *adj* informed; ■ **~ sein** to be an expert II. *adv* **jdn ~ beraten** to give sb informed [*or* specialist] advice **fach·kund·lich** *adj* specialist *attr;* **~en Unterricht geben** to teach specialized subjects **Fach·leh·rer(in)** *m(f)* specialist [subject] teacher **Fach·lei·ter(in)** *m(f) Gymnasium* course supervisor; *Studienseminare* head of department, department head AM **Fach·leu·te** *pl* experts *pl*

fach·lich I. *adj* ❶ *(fachbezogen)* specialist ❷ *(kompetent)* informed; **ein ~er Rat** informed advice II. *adv* professionally; **~ qualifizierte Mitarbeiter** staff [members] who are qualified in their field; **~ auf dem**

Laufenden bleiben to keep up to date in one's field; **sich ~ qualifizieren** to gain qualifications in one's/ the field

Fach·li·te·ratur *f* specialist literature, specialized literature; **die ~ durcharbeiten** to work through the relevant specialist literature **Fach·mann, -frau** <-leute *o (selten)* -männer> *m, f* expert, specialist **fach·män·nisch** I. *adj* expert; **~e Ausführung** expert workmanship II. *adv* professionally; **jdn ~ beraten** to give sb expert advice; **etw ~ betrachten** to appraise sth with an expert's eye **Fach·mes·se** *f* trade [*or* AM show] fair **Fach·pres·se** *f* specialist publications *pl* **Fach·prü·fung** *f* professional [*or* qualifying] examination **Fach·rich·tung** *f* subject area **Fach·schaft** <-, -en> *f* students *pl* of a/the department **Fach·schu·le** *f* technical college **Fach·schul·rei·fe** *f* *leaving certificate awarded to students at a vocational training school*

Fach·sim·pe·lei [faxzɪmpəˈlaɪ] *f (fam)* shoptalk *no pl* **fach·sim·peln** [ˈfaxzɪmpl̩n] *vi (fam)* ■ **[mit jdm] ~** to talk shop [with sb]

fach·spe·zi·fisch I. *adj* subject-specific II. *adv* ■ **arbeiten** to work as a specialist; **jdn ~ ausbilden** to train sb in the field; **sich ~ weiterbilden** to gain further qualifications in one's/the field **Fach·spra·che** *f* technical jargon; **die mathematische ~** the jargon of mathematics **Fach·stu·di·um** *nt* specialized studies *npl* **Fach·text** *m* technical [*or* specialist] text **fach·über·grei·fend** *adj* interdisciplinary **Fach·ver·band** *m* professional association **Fach·vo·ka·bu·lar** *nt* technical [*or* specialist] vocabulary **Fach·welt** *f* experts *pl*

Fachwerk *nt kein pl* half-timbering; **in ~ ausgeführt sein** to be half-timbered

Fach·werk·haus *nt* half-timbered house

Fach·wis·sen *nt* specialized knowledge [of one's/the subject] **Fach·wort** *nt* technical [*or* specialist] word [*or* term] **Fach·wör·ter·buch** *nt* specialist [*or* AM technical] dictionary; **ein medizinisches ~** a dictionary of medical terms **Fach·zeit·schrift** *f* specialist journal; **eine medizinische ~** a medical journal; *(für bestimmte Berufe)* trade journal

Fa·ckel <-, -n> [ˈfakl̩] *f* torch

fa·ckeln [ˈfakl̩n] *vi (fam)* to dither [about], to faff about [*or* BRIT around] *fam*

Fa·ckel·schein *m* torchlight; **im ~** by torchlight **Fa·ckel·zug** *m* torchlight procession

Fac·to·ring <-s> [ˈfɛktərɪŋ] *nt kein pl* factoring

fad [faːt] *adj* SÜDD, ÖSTERR insipid, tasteless

Fäd·chen <-s, -> [ˈfɛːtçən] *nt dim von* **Faden** [small] thread

fa·de [ˈfaːdə] *adj* ❶ *(nach nichts schmeckend)* **~es Essen** bland [*or* tasteless] food; **~r Geschmack** insipid taste ❷ *(langweilig)* dull, colourless BRIT, colorless AM

fä·deln [ˈfɛːdl̩n] *vt* ■ **etw durch/auf etw** *akk* **~** to thread sth through/onto sth; **einen Faden in eine Nadel ~** to thread a needle

Fa·den <-s, Fäden> [ˈfaːdn̩, *pl:* fɛːdn̩] *m* ❶ *(Woll~, Zwirn~)* thread; *Marionette* string; **dünner/ dicker ~** fine/coarse thread ❷ MED stitch, suture *spec;* **die Fäden ziehen** to remove [*or sep* take out] the stitches [*or spec* sutures] ❸ *(von Raupe, Spinne)* thread, filament; *s. a.* **Leben** ❹ *(geh: einzelnes Haar)* strand ▸ WENDUNGEN: **alle Fäden [fest] in der Hand halten/behalten** to hold/hold on to the reins; **alle Fäden laufen in jds Hand zusammen** sb pulls all the strings; **keinen trockenen ~ am Leib haben** to be soaked to the skin; **keinen guten ~ an jdm/etw lassen** *(fam)* to tear sb/sth to pieces [*or* shreds], to rip into sb/sth; **der rote ~** the central [*or* recurrent] theme; **den ~ verlieren** to lose the thread

Fa·den·kreuz *nt* cross hairs *pl;* **jdn mit dem ~ anvisieren** to focus one's cross hairs on sb; **ins ~ geraten** *(fig)* to come under fire *fig;* **jdn/etw im ~ haben** *(fig)* to have sb/sth in one's sights **Fa·den·nu·deln** *pl* vermicelli + *sing/pl vb*

fa·den·schei·nig [ˈfaːdn̩ʃaɪnɪç] *adj* ❶ *(pej: nicht glaubhaft)* poor, full of holes *pred;* **eine ~e Ausrede** a poor [*or* lame] excuse ❷ *(abgetragen)* threadbare

Fa·den·schnei·der *m* KOCHK canelle knife **Fa·den·wurm** *m* threadworm, nematode *spec*

Fa·gott <-[e]s, -e> [faˈgɔt] *nt* bassoon

Fa·gott·blä·ser(in) *m(f)* bassoonist

Fa·gott·ist(in) <-en, -en> [fagɔˈtɪst] *m(f)* bassoonist

fä·hig [ˈfɛːɪç] *adj* able, competent; ■ **[nicht] ~ sein, etw zu tun** [not] to be able to do sth; *(imstande)* capable; ■ **zu etw [nicht] ~ sein** to be [in]capable of sth; **zu allem ~ sein** to be capable of anything

Fä·hig·keit <-, -en> *f* ability *no pl;* **schauspielerische ~en** acting talent [*or* ability] *no pl;* **die ~ haben, etw zu tun** to be capable of doing sth; **bei deinen ~en …** with your talents …

fahl [faːl] *adj (geh)* pale, wan *liter*

Fähn·chen <-s, -> [ˈfɛnçən] *nt* ❶ *dim von* **Fahne** [little] flag ❷ *(Wimpel)* pennant ❸ *(pej fam: Kleid)* flimsy dress ▸ WENDUNGEN: **sein ~ nach dem Wind hängen** to swim with the tide BRIT, to howl with the wolves BRIT, to go with the flow AM

fahn·den [ˈfaːndn̩] *vi* ■ **nach jdm/etw ~** to search [*or* hunt] for sb/sth

Fahn·dung <-, -en> *f* search (**nach** +*dat* for), hunt (**nach** +*dat* for); **eine ~ nach jdm einleiten** to conduct a search for sb, to put out an APB on sb AM; **jd ist zur ~ ausgeschrieben** a warrant for sb' arrest has been issued

Fahn·dungs·fo·to *nt* photo of a wanted person, mugshot *sl* **Fahn·dungs·lis·te** *f* wanted [persons] list; **auf der ~ stehen** to be on the wanted [persons] list

Fah·ne <-, -n> [ˈfaːnə] *f* ❶ *(Banner, National~)* flag, standard; MIL *a.* colours [*or* AM -ors] *npl* ❷ *(fig fam: Alkoholgeruch)* smell of alcohol; *(von Bier a.)* beery breath *no indef art;* **eine ~ haben** to smell of alcohol [*or* BRIT the bottle] ❸ TYPO galley [proof]; **~n lesen** to proofread ▸ WENDUNGEN: **mit fliegenden ~n zu jdm [über]wechseln** [*o* **wehenden**] to go over to sb quite openly; **etw auf seine ~ schreiben** to take up the cause of sth

Fah·nen·ab·zug *m* TYPO galley [proof] **Fahn·en·eid** *m* MIL oath of allegiance; **den ~ schwören** to take the oath [of allegiance] **Fah·nen·flucht** *f kein pl* MIL desertion; **~ begehen** to desert, to be a deserter **fah·nen·flüch·tig** *adj* MIL **ein ~er Soldat** a deserter; **~ sein** to be a deserter; **~ werden** to desert **Fah·nen·flüch·ti·ge(r)** *f(m) dekl wie adj* MIL deserter **Fah·nen·mast** *m* flagpole, [flag]staff **Fah·nen·stan·ge** *f* [flag]staff; *s. a.* **Ende** **Fah·nen·trä·ger(in)** *m(f)* standard-bearer, colour-bearer [*or* AM color-]

Fähn·lein <-s, -> [ˈfɛːnlaɪn] *nt* ❶ *(selten) dim von* **Fahne** [little] flag ❷ MIL, HIST troop

Fähn·rich <-s, -e> [ˈfɛːnrɪç] *m* MIL sergeant; **~ zur See** petty officer

Fahr·aus·weis *m* ❶ *(geh: Fahrkarte)* ticket; „**Kontrolle, die ~e bitte!**" "tickets please!" ❷ SCHWEIZ *(Führerschein)* driving licence [*or* AM -se] **Fahr·bahn** *f* road; **von der ~ abkommen** to leave the road **Fahr·bahn·ver·en·gung** *f* lane closure

fahr·bar *adj* mobile, on castors *pred;* **ein ~er Büro·schrank** an office cabinet on castors; *s. a.* **Untersatz**

fahr·be·reit *adj* in running order *pred;* **in einem ~en Zustand sein** to be in good running condition [*or* order] **Fahr·be·reit·schaft** *f* motor pool **Fahr·dienst·lei·ter(in)** *m(f)* BAHN train controller

Fäh·re <-, -n> [ˈfɛːrə] *f* ferry

fah·ren ['faːrən]

I. INTRANSITIVES VERB   II. TRANSITIVES VERB
III. REFLEXIVES VERB

I. INTRANSITIVES VERB   <fährt, fuhr, gefahren>

① *+sein (sich fortbewegen: als Fahrgast)* to go [by vehicle]; **mit dem Auto/Bus/Zug ~** to go by car/bus/train; **wie fährt man am besten zum Bahnhof?** what's the best way to the station?; *(als Fahrer)* to drive; **mit dem Auto ~** to drive, to go by car; **links/rechts ~** to drive on the left/right; **gegen etw** *akk* **~** to drive into sth; **~ Sie nach Heidelberg?** are you going to Heidelberg?; **wie lange fährt man von hier nach Basel?** how long does it take to get to Basel from here?; **dieser Wagen fährt sehr schnell** this car can go very fast, this car is a real goer *fam;* **das Auto hier fährt ruhig** this car is a quiet runner; **mein Auto fährt nicht** my car won't go; **heutzutage ~ alle Bahnen elektrisch** all railways are electrified these days; **die Rolltreppe fährt bis in den obersten Stock** the escalator goes up to the top floor; *s. a.* **Anhalter** *s. a.* **Aufzug** *s. a.* **Himmel** *s. a.* **Hölle** *s. a.* **Teufel**

② *+sein (losfahren)* to go, to leave; **wir ~ in 5 Minuten** we'll be going [or leaving] in 5 minutes

③ *+sein (verkehren)* to run; **der nächste Bus fährt [erst] in 20 Minuten** the next bus [only] leaves in twenty minutes; **die Bahn fährt alle 20 Minuten** the train runs [or goes] every 20 minutes; **diese Fähren ~ zwischen Ostende und Dover** these ferries run [or form ply] between Ostend and Dover

④ *+sein (reisen)* to go; **in [den] Urlaub ~** to go on holiday; **fährst du mit dem Auto nach Italien?** are you taking the car to Italy?, are you going to Italy by car?

⑤ *+sein (blitzschnell irgendwohin bewegen)* **aus dem Bett ~** to leap out of bed; **aus dem Schlaf ~** to wake with a start; **in seine Kleidung ~** to dress quickly; **blitzartig fuhr es ihm durch den Kopf, dass ...** the thought suddenly flashed through his mind that ...; **diese Idee fuhr mir durch den Kopf, als ...** I suddenly had this inspiration as ...; **der Schreck fuhr ihr in alle Glieder** the shock made her tremble all over; **was ist denn in dich gefahren?** what's got into you?

⑥ *+sein o haben (mit hastiger Bewegung streichen)* **sich** *dat* **mit der Hand über die Stirn ~** to pass one's hand over one's brow; **er fuhr mit der Hand/einem Tuch über den Tisch** he ran his hand/a cloth over the table

⑦ *+sein (zurechtkommen)* [mit [o bei] etw *dat*] **gut/schlecht ~** to do well/badly [with sth]; **mit jdm gut ~** to get on all right [or to fare well] with sb; **mit jdm schlecht ~** to not fare [or get on] very well with sb

II. TRANSITIVES VERB   <fährt, fuhr, gefahren>

① *+haben (lenken)* ■ **etw ~** to drive sth; **ein Fahrrad/Motorrad ~** to ride a bicycle/motorbike

② *+haben o sein (am Fahrzeug haben, verwenden)* ■ **etw ~** to use sth; **Sommerreifen ~** to use [or drive on] normal tyres

③ *+haben (befördern, mitnehmen)* ■ **jdn/etw ~** to take sb/sth, to drive sb/transport sth; **ich fahr' dich nach Hause** I'll take [or drive] you home, I'll give you a lift home

④ *+sein (eine bestimmte Geschwindigkeit haben)* ■ **eine bestimmte Geschwindigkeit ~** to be doing a certain speed; **90 km/h ~** to be doing 55 mph; **was/wie viel fährt der Wagen denn Spitze?** what's the car's top speed?

⑤ *+haben o sein* SPORT **die beste Zeit ~** to do [or clock] the best time; **mit nur 4 Stunden fuhr er Best-zeit** his time of only four hours was the best; **die Rennfahrerin fuhr einen neuen Weltrekord** the racing driver set a new world record; **die Wagen ~ jetzt die achte Runde** the cars are now on the eighth lap

⑥ *+haben (fachspr: betreiben, organisieren)* ■ **etw ~** to operate sth; **die Produktion mit 50% ~** to run production at 50%; **die Produktion nach oben/unten ~** to step up/cut down production; **ein neues Programm ~** to start [or launch] a new programme; **eine Sonderschicht in der Fabrik ~** to put on an extra shift at the factory; **ein Angebot/Sortiment nach oben/unten ~** to increase/reduce an offer/a product range; **Überstunden ~** to do overtime

⑦ *(loslassen)* **etw/jdn ~ lassen** to let go of sth/sb; *(verzichten, aufgeben)* to abandon sth/sb ▶ WENDUNGEN: **einen ~ lassen** *(fam)* to let [one] off *fam; s. a.* **Bruch** *s. a.* **Schrott** *s. a.* **schrottreif**

III. REFLEXIVES VERB   <fährt, fuhr, gefahren>

+haben ■ **sich ~:** **der Wagen/das Fahrrad fährt sich gut** it's nice to drive this car/to ride this bicycle; ■ **es fährt sich ...** it's ... to drive; **mit einer Servolenkung fährt es sich viel leichter** it's much easier to drive with power steering

fah·rend *adj* itinerant, wandering, peripatetic *form;* **ein ~es Volk** a wandering people + *pl vb*

Fah·ren·heit ['faːrənhait] *kein art* Fahrenheit

fah·ren|las·sen *vt irreg s.* **fahren** II. 7

Fah·rens·mann <-leute *o* -männer> *m* DIAL sailor; **ein alter ~** an old salt [or *BRIT fam* tar]

Fah·rer(in) <-s, -> ['faːrɐ] *m(f)* ① *(Auto~)* driver, motorist; *(Motorrad~)* motorbike rider, motorcyclist, biker *fam; (Renn~)* racing driver; *(Radrenn~)* racing cyclist ② *(Chauffeur)* driver, chauffeur *masc,* chauffeuse *fem*

Fah·re·rei <-, -en> ['faːrərai] *f (pej)* driving [about]; *(Fahren langer Strecken)* long hours of driving

Fah·rer·flucht *f* hit-and-run offence [or AM -se]; **~ begehen** to fail to stop after being involved in an accident, to be a hit-and-run driver; **wegen ~ verurteilt werden** to be convicted on a hit-and-run charge **Fah·rer·haus** *nt* [driver's] cab[in] **Fah·rer·la·ger** *nt* SPORT racer's quarters *npl*

Fahr·er·laub·nis *f (geh)* driving licence BRIT, driver's license AM

Fahr·gast *m* passenger

fahr·gast·arm *adj (geh)* not busy *pred;* **~e Zeiten** off-peak hours [or times] **Fahr·gast·auf·kom·men** *nt (geh)* number of passengers **Fahr·gast·zah·len** *pl (geh)* number of passengers **Fahr·gast·zel·le** *f* AUTO occupant cell *spec,* passenger compartment *spec*

Fahr·geld *nt* fare; **„bitte das ~ passend bereithal-ten"** "please tender the exact fare" *form,* "please have the exact fare ready" **Fahr·ge·le·gen·heit** *f* lift **Fahr·ge·mein·schaft** *f* **eine ~ bilden** to share a car to work, to car pool AM **Fahr·ge·stell** *nt s.* **Fahrwerk**

fahr·rig ['faːrɪç] *adj* jumpy, jittery *fam;* **~e Bewegun-gen** nervous movements; *(unkonzentriert)* distracted

Fahr·kar·te *f* ticket **(nach** +*dat* to); **eine ~ erster/zweiter Klasse** a first/second-class ticket

Fahr·kar·ten·aus·ga·be *f s.* **Fahrkartenschalter** **Fahr·kar·ten·au·to·mat** *m* ticket machine **Fahr·kar·ten·schal·ter** *m* ticket office

Fahr·kom·fort *m* [driving] comfort

fahr·läs·sig ['faːɐlɛsɪç] **I.** *adj* negligent; **~e Körperver-letzung** negligent bodily injury; **~e Tötung** negligent homicide, involuntary manslaughter; **grob ~** grossly negligent, reckless **II.** *adv* negligently; **~ handeln** to act with negligence

Fahr·läs·sig·keit <-, -en> *f* negligence *no pl;* **grobe ~** recklessness, gross negligence

Fahr·leh·rer(in) m(f) driving instructor

Fähr·mann <-männer o -leute> m ferryman

Fahr·plan m ① (Ankunfts-/Abfahrtstabelle) timetable, schedule AM ② (fam: Programm) plans pl

Fahr·plan·aus·zug m train timetable **Fahr·plan·mä·ßig** l. adj scheduled; **bei ~er Abfahrt/Ankunft des Zuges** if the train departs/arrives on time [or schedule] II. adv as scheduled; (rechtzeitig a.) on time [or schedule]

Fahr·pra·xis f kein pl driving experience no pl **Fahr·preis** m fare; **~ für eine einfache Fahrt** single fare **Fahr·preis·er·mä·ßi·gung** f fare reduction **Fahr·prü·fung** f driving test

Fahr·rad ['fa:ɐra:t] nt [bi]cycle, bike fam; **[mit dem] ~ fahren** to ride a bicycle [or fam bike], to cycle

Fahr·rad·fah·rer(in) m(f) cyclist, bicyclist form **Fahr·rad·händ·ler(in)** m(f) ① (Geschäftsmann/-frau) bicycle dealer ② (Laden) bicycle shop [or AM usu store] **Fahr·rad·ket·te** f bicycle [or fam bike] chain **Fahr·rad·klin·gel** f [bicycle] bell **Fahr·rad·ku·rier(in)** m(f) bicycle courier **Fahr·rad·pum·pe** f bicycle [or AM tire] pump **Fahr·rad·stän·der** m [bi]cycle [or fam bike] stand, kick stand AM **Fahr·rad·weg** m [bi]cycle [or fam bike] path, cycleway

Fahr·rich·tung f SCHWEIZ (Fahrtrichtung) direction of travel **Fahr·rin·ne** f shipping [or navigable] channel, fairway

Fahr·schein m ticket; **„Kontrolle, ~e bitte!"** 'tickets please!'

Fahr·schein·au·to·mat m ticket machine **Fahr·schein·ent·wer·ter** m ticket stamping machine

Fähr·schiff nt s. **Fähre**

Fahr·schu·le f ① (Firma eines Fahrlehrers) driving school; **in die** [o **zur**] **~ gehen** to take driving lessons ② (Fahrunterricht) driving lessons pl; **ich habe heute ~** I have a driving lesson today **Fahr·schü·ler(in)** m(f) ① (Schüler einer Fahrschule) learner [or AM student] driver ② SCH pupil who commutes to school **Fahr·spur** f [traffic] lane **Fahr·stil** m style of driving **Fahr·stuhl** m lift BRIT, elevator AM **Fahr·stuhl·schacht** m lift [or AM elevator] shaft **Fahr·stun·de** f driving lesson; **eine ~/~n nehmen** to take a driving lesson/driving lessons

Fahrt <-, -en> [fa:ɐt] f ① (das Fahren) journey; **„während der ~ nicht hinauslehnen"** 'do not lean out of the window while the train is in motion'; **freie ~** BAHN 'go' signal, green light; AUTO clear run; (fig) green light, go-ahead ② NAUT (Fahrgeschwindigkeit) speed; **halbe/volle/wenig ~ machen** to sail at half/full/reduced speed; **volle/halbe ~ voraus!** full/half speed ahead!; **~ aufnehmen** to pick up speed; **~ machen** to make headway; **mit voller ~** AUTO, BAHN at full [or top] speed ③ (Reise) journey; **gute ~!** bon voyage!, [have a] safe journey!; **eine einfache ~** a single [or AM one-way] [ticket [or fare]]; **was kostet eine ~/eine einfache ~ nach Stuttgart?** how much is it/a single [ticket] to Stuttgart?, what is the fare/the single fare to Stuttgart?; **eine ~/~en machen** to go on a trip/trips; **eine ~ ins Blaue** a mystery tour ④ (Kamera~) tracking shot ▶ WENDUNGEN: **jdn in ~ bringen** (fam) to get sb riled [up] fam, to wind sb up fam; **in ~ kommen** [o **geraten**] /**sein** (fam: wütend werden/sein) to get/be riled [up] fam; (in Schwung kommen) to get/have got going

fährt [fɛ:ɐt] 3. Person Präsens von **fahren**

Fahrt·an·tritt m (geh) start of a/the journey

fahr·taug·lich adj fit [or able] to drive pred

Fahr·taug·lich·keit f fitness [or ability] to drive

Fahrt·dau·er f journey time, duration of the journey; **eine ~ von drei Stunden** a three-hour journey, a journey of three hours

Fähr·te <-, -n> ['fɛːɐtə] f trail, tracks pl, spoor spec; **jdn**

auf die richtige ~ bringen (fig) to put sb on the right track fig; **jdn auf eine falsche ~ locken** (fig) to throw sb off the scent fig; **auf der falschen ~ sein** (fig) to be on the wrong track fig, to be barking up the wrong tree fig fam; **auf der richtigen ~ sein** (fig) to be on the right track fig; **eine ~ verfolgen** (a. fig) to follow a trail a. fig

Fahr·ten·buch nt driver's log; (Tagebuch) diary of a trip **Fahr·ten·mes·ser** nt sheath knife **Fahr·ten·schrei·ber** m tachometer, esp BRIT tachograph

Fahrt·kos·ten pl travelling [or AM traveling] expenses npl **Fahrt·rich·tung** f direction of travel; **ein Sitz in ~** a forward facing seat; **die Züge in ~ Norden/Süden** the northbound/southbound trains; **die Autobahn ist in ~ Norden gesperrt** the northbound carriageway [or section] of the motorway is closed; **entgegen der/in ~ sitzen** Bus to sit facing backwards/the front; Zug to sit with one's back to the engine/facing the engine **Fahrt·stun·de** f hour's travel; **bis Berlin müssen Sie von hier aus mit drei ~n rechnen** you should allow three hours for the journey from here to Berlin

fahr·tüch·tig adj **~er Wagen** roadworthy car; **~er Mensch** person who is fit [or able] to drive

Fahr·tüch·tig·keit f Wagen roadworthiness; Mensch fitness [or ability] to drive

Fahrt·un·ter·bre·chung f stop, break **Fahr(t)·wind** m headwind

fahr·un·tüch·tig adj **~er Mensch** person who is unfit [or unable] to drive; **~es Fahrzeug** unroadworthy vehicle **Fahr·ver·bot** nt driving ban; **befristetes ~** suspension of one's driving licence [or AM driver's license]; **[gegen jdn] ein [dreijähriges] ~ verhängen** to ban [or disqualify] sb from driving [for three years] **Fahr·ver·hal·ten** nt kein pl AUTO, TRANSP Fahrer behaviour [or AM -or] behind the wheel; Fahrzeug vehicle dynamics pl **Fahr·was·ser** nt NAUT s. **Fahrrinne** ▶ WENDUNGEN: **in ein ganz anderes ~ geraten** to get on[to] a completely different tack; **in gefährliches ~ geraten** to get on to dangerous ground, to tread on thin ice; **in die Politik[s] ~ geraten** to get involved in politics; **in jds ~ dat schwimmen** [o **segeln**] to follow in sb's wake **Fahr·wei·se** f **jds ~** sb's driving, the way sb drives **Fahr·werk** nt ① LUFT landing gear no pl, undercarriage; **das ~ ausfahren/einfahren** to let down sep/retract the landing gear [or undercarriage] ② AUTO chassis **Fahr·zeit** f s. **Fahrtdauer**

Fahr·zeug <-s, -e> nt vehicle

Fahr·zeug·brief m registration document **Fahr·zeug·hal·ter(in)** m(f) vehicle owner **Fahr·zeug·len·ker(in)** m(f) SCHWEIZ (Fahrer) driver of a/the vehicle **Fahr·zeug·num·mer** f vehicle identification number, VIN **Fahr·zeug·pa·pie·re** pl registration papers npl **Fahr·zeug·park** m (geh) [vehicle] fleet **Fahr·zeug·schein** m motor vehicle registration certificate

Fai·ble <-s, -s> ['fɛːbl] nt (geh) liking, foible liter; ■ **jds ~ für jdn/etw** sb's liking [or liter foible] for sb/sth; **ein ~ für jdn/etw haben** to be partial to sb/sth

fair [fɛːɐ] adj fair; ■ **[jdm gegenüber] ~ sein** to be fair [to sb]; **das ist nicht ~!** that's not fair!

Fair·nessRR, Fair·neßALT <-> ['fɛːɐnɛs] f fairness no pl; ■ **aus ~ [jdm gegenüber]** in fairness [to sb]

Fair·way <-s, -s> ['fɛːɐve:] nt (beim Golf) fairway

Fä·ka·li·en [fɛːka:liən] pl faeces BRIT, feces AM

Fa·kir <-s, -e> ['fa:kiːɐ] m fakir

Fak·si·mi·le <-s, -s> [fak'zi:mile] nt facsimile

Fak·si·mi·le·aus·ga·be f facsimile edition

Fak·ten ['faktn] pl facts pl; s. a. **Faktum**

fak·tisch ['faktɪʃ] I. adj attr real, effective II. adv basically, effectively, practically

Fak·tor <-s, -toren> ['fakto:ɐ̯, pl: fak'to:rən] m factor; **ein wesentlicher ~** an essential factor

Fak·to·tum <-s, -s o Faktoten> [fak'to:tʊm, pl: fak'to:tən] nt ❶ (Arbeitskraft) factotum a. hum ❷ (fam: älterer Mensch) funny old bird fam

Fak·tum <-s, Fakten> ['faktʊm, pl: 'faktn̩] nt (geh) [proven] fact

fak·tu·rie·ren [faktu'ri:rən] vt ÖKON ■ **etw ~** to invoice [or bill] sth

Fa·kul·tas <-, Fakultäten> [fa'kʊltas, pl: -'tɛtn̩] f (geh: Lehrbefähigung) ■ **~** [in etw dat] qualification to teach [sth]; **die ~ für etw** akk **haben** to be qualified to teach sth

Fa·kul·tät <-, -en> [fakʊl'tɛt] f (zusammengehörende Wissenschaftsgebiete) faculty; **medizinische ~** faculty of medicine ▸ WENDUNGEN: **von der anderen ~ sein** (hum: von anderer Weltanschauung sein) to be from the other camp iron; (homosexuell) to be queer pej, to be one of them pej

fa·kul·ta·tiv [fakʊlta'ti:f] adj inv (geh) optional

Fal·be <-n, -n> ['falbə] m BIOL dun [horse]

Falb·kat·ze f ZOOL African wild cat

Fal·ke <-n, -n> ['falkə] m falcon, hawk

Falk·land·in·seln ['falklant?ɪnzl̩n] pl ■ **die ~** the Falklands pl, the Falkland Islands pl; **auf den ~** on the Falklands; **auf die ~ fahren** to go to the Falklands; **auf den ~ leben** to live on the Falklands; **von den ~ stammen** to come from the Falklands

Falk·ner(in) <-s, -> ['falknɐ] m(f) falconer

Fall¹ <-[e]s, Fälle> [fal, pl: 'fɛlə] m ❶ kein pl (das Hinunterfallen) fall; **der freie ~** free fall; **im freien ~** in free fall ❷ (Sturz) fall; **jdn zu ~ bringen** (geh) to make sb fall, to trip up sb sep; **zu ~ kommen** (geh) to fall; **sich bei einem ~ verletzen** to fall and injure oneself, to injure oneself [when] falling ❸ (Untergang) downfall; Festung fall; **Aufstieg und ~** rise and fall; **etw zu ~ bringen** to bring down sth sep; **ein Gesetz zu ~ bringen** to defeat a bill; **jds Pläne zu ~ bringen** to thwart sb's plans; **eine Regierung zu ~ bringen** to bring down [or overthrow] a government

Fall² <-[e]s, Fälle> [fal, pl: 'fɛlə] m ❶ (Umstand, Angelegenheit) case, circumstance, instance; **ein hoffnungsloser/schwieriger ~ sein** to be a hopeless/difficult case; **klarer ~!** (fam) you bet! fam; **sollte der ~ eintreten, dass ...** if the case should arise that ...; [nicht] der ~ sein [not] to be the case; **sollte es der ~ sein, dass ...** if it's true that ...; **auf alle Fälle** in any case; (unbedingt) at all events; **auf jeden** [o in jedem] ~ always; **auf keinen** [o in keinem] ~ never, under no circumstances; **für alle Fälle** just in case; **für den ~ einer Notlage** in case of emergency [or pl emergencies]; **für den ~ meines/seines Todes** in case I die/he dies; **für den ~, dass jd etw tut** in case sb does sth; **gesetzt den ~, dass ...** assuming [or supposing] [that]...; **im äußersten ~[e]** at the worst; **im günstigsten/schlimmsten** [o ungünstigsten] ~[e] at best/worst; **im ~e eines ~es** if it comes [down] to it; **in diesem/dem ~** in this/that case; **in so einem ~** in a case like that; **von ~ zu ~** from case to case, as the case may be ❷ JUR case; **einen ~ übernehmen** to take on a case ❸ MED case ❹ LING (Kasus) case; **der erste/zweite ~** the nominative/genitive case ▸ WENDUNGEN: [nicht] jds ~ sein (fam) [not] to be to sb's liking, [not] to be sb's cup of tea fam

Fall·beil nt guillotine; **jdn durch das ~ hinrichten** to guillotine sb

Fall·bei·spiel nt example [for a particular case]

Fal·le <-, -n> ['falə] f ❶ (Fangmechanismus) trap; **~n legen** [o stellen] to lay [or set] traps a. fig; **eine ~ aufstellen** to set a trap a. fig; **jdm in die ~ gehen** [o in jds ~ geraten] [o gehen] to fall [or walk] into sb's

trap a. fig, to get caught in sb's trap a. fig; **jdn in eine ~ locken** to lure sb into a trap a. fig; **in der ~ sitzen** to be trapped a. fig; **jdm eine ~ stellen** to set a trap for sb a. fig; **in eine ~ tappen** (a. fig) to blunder into a trap a. fig ❷ (sl: Bett) bed, pit BRIT sl; **ab in die ~!** off to bed!; **in die ~ gehen** to turn in, to hit the sack fam; **in der ~e liegen** [o sein] to be [lying] in bed [or BRIT sl one's pit]

fal·len <fällt, fiel, gefallen> ['falən] vi sein ❶ (herunterfallen) Person to fall; **Achtung, auf dem nassen Boden kann man leicht ~!** be careful, it's easy to slip on the wet floor; Gegenstand to drop; **jdn/etw ~ lassen** (nicht mehr halten können) to let go of sb/sth, to drop sth; (versehentlich verlieren) to drop sth; **Sie haben Ihren Geldbeutel ~ gelassen** you've dropped your purse; **sich aufs Bett/auf einen Stuhl ~ lassen** to flop onto the bed/flop down onto a chair ❷ (niederkommen, -gehen) Beil to fall; Klappe, Vorhang to drop; (Hammer) to come down ❸ (stolpern) **über etw** akk ~ to trip over [or on] sth ❹ (fam: nicht bestehen) **durch etw** akk ~ to fail [or AM fam flunk] sth; **jdn durch eine Prüfung ~ lassen** to fail sb in an exam ❺ (sinken) Barometer, Preise to fall; Temperatur to drop [or fall]; Fieber, Wasserstand to go down, to subside ❻ (im Krieg ums Leben kommen) to fall, to be killed ❼ (erobert werden) to fall; **nach langem Kampf fiel die Stadt schließlich** after a prolonged fight the town finally fell ❽ (treffen) ■ **auf jdn ~** to fall [or form light] on sb; **der Verdacht fiel auf den Gärtner** the suspicion fell on the gardener; **die Wahl der Chefin fiel auf den ersten Bewerber** the boss chose the first applicant ❾ (durchdringen) ■ **auf/durch/in etw** akk ~ [Sonnen]strahlen to shine on[to]/through/into sth ❿ (stattfinden, sich ereignen) ■ **auf etw** akk ~ to fall on sth; **der 1. April fällt dieses Jahr auf einen Montag** April 1st falls on a Monday this year ⓫ (jdm zukommen, übergehen auf) ■ **an jdn ~** to be annexed by sb; **nach dem Krieg fielen viele Teile Ostdeutschlands an Polen** after the war many parts of East Germany were annexed by Poland; (nach Verhandlungen) to go to sb, to devolve on sb form; **nach seinem Tod fiel die Versicherungssumme an die Bank** after his death the insurance money went to the bank ⓬ (einbezogen werden) ■ **in etw** akk ~ to be channelled into sth; **sein Privatvermögen fällt nicht in das gemeinschaftliche Vermögen** his private means are not channelled into the collective property ⓭ (ergehen) to be reached; Urteil, Beschluss a. to be passed ⓮ SPORT to be scored; **das zweite Tor fiel fünf Minuten vor Spielende** the second goal was scored five minutes before the end ⓯ (abgegeben werden) Schuss to be fired; **sie hörten, wie die Schüsse fielen** they heard the shots being fired ⓰ (verlauten) to be spoken [or uttered]; **sein Name fiel während der Sitzung mehrere Male** his name was mentioned several times during the meeting; **bei dem Treffen seiner geschiedenen Eltern fiel kein einziges böses Wort** when his divorced parents met, not a single harsh word was said; **etw ~ lassen** (äußern) to let drop sth sep; **eine Bemerkung ~ lassen** to drop a remark ⓱ (aufgeben) **jdn/etw ~ lassen** [o fallenlassen] to abandon [or drop] sb/sth

fäl·len ['fɛlən] vt ■ **etw ~** ❶ (umhauen) to fell sth ❷ (entscheiden) to reach [or come to] sth; **ein Urteil ~** to reach [or pass] a verdict; s. a. Lot¹ 4

fal·len·las·sen vt irreg s. fallen 17

Fall·gru·be f pit[fall]

fäl·lig ['fɛlɪç] adj ❶ (anstehend) due usu pred; FIN a. payable; **die Zahlungen sind am 23. ~** the payments are due on 23rd form; **~e Beträge/Zahlungen** pl amounts/payments due; **längst ~** long overdue

② *(fam: dran sein, geliefert sein)* ■ ~ **sein** to be [in] for it *fam*

Fäl·lig·keit <-, -en> *f* FIN maturity, settlement date; **bei/nach ~ zahlen** to pay by/after the settlement date; **vor ~ zahlen** to pay in advance

Fall·obst *nt kein pl* windfall

Fall·outRR, **Fall·out** <-s, -s> [fo:lˈʔaut] *m* fall[-]out

Fall·reep <-s, -s> [ˈfalreːp] *nt* NAUT rope ladder

falls [fals] *konj* if; ~ **möglich/nötig** if possible/necessary

Fall·schirm *m* parachute, chute *fam;* **mit dem ~ abspringen** to parachute, to make a parachute jump; **etw mit dem ~ abwerfen** to drop sth by parachute

Fall·schirm·ab·sprung *m* parachute jump **Fall·schirm·jä·ger(in)** *m(f)* paratrooper; ■ **die ~** the paratroop[er]s **Fall·schirm·sprin·gen** *nt* parachuting **Fall·schirm·sprin·ger(in)** *m(f)* parachutist **Fall·si·che·rung** *f* SPORT security rope

Fall·strick *m* trap, snare; **jdm ~e legen** to set a trap [*or* snare] for sb, to ensnare sb

Fall·stu·die *f* case study

fällt [fɛlt] *3. pers pres von* **fallen**

Fall·tür *f* trapdoor **Fall·wind** *m* fall [*or spec* katabatic] wind

falsch [falʃ] **I.** *adj* ① *(verkehrt)* wrong; **einen ~en Ton anschlagen** to hit a wrong note; ~**e Vorstellung** wrong idea, misconception; **bei jdm an den F~en/ die F~e geraten** to pick the wrong person in sb; **Sie sind hier falsch** *(Ort)* you are in the wrong place; *(am Telefon)* you have the wrong number; **wie man's macht, ist es ~!** *(fam)* [regardless of] whatever I/you etc. do, it's [bound to be] wrong! ② *(unzutreffend)* false; **eine ~e Anschuldigung** a false accusation; **einen ~en Namen angeben** to give a false name ③ *(unecht, nachgemacht)* fake, imitation *attr;* ~**er Schmuck** fake [*or* paste] jewellery [*or* AM jewelry]; *(gefälscht)* forged, fake; ~**es Geld** counterfeit money; ~**e Würfel** loaded dice ④ *(pej: hinterhältig)* two-faced; **ein ~er Hund/eine ~e Schlange** a snake in the grass; *s. a.* **Spiel** ⑤ *(unaufrichtig, unangebracht)* false; ~**es Pathos** *(geh)* false pathos, bathos; ~**er Scham** false shame **II.** *adv* wrongly; **etw ~ aussprechen/schreiben/verstehen** to pronounce/spell/ understand sth wrongly, to mispronounce/misspell/ misunderstand sth; **jdn ~ informieren** to misinform sb, to give sb wrong information; **alles ~ machen** to do everything wrong; ~ **singen** to sing out of tune

Falsch·aus·sa·ge *f* JUR **eine [uneidliche] ~** false testimony **Falsch·bu·chung** *f* false [*or* fraudulent] entry **Falsch·eid** *m* false oath

fäl·schen [ˈfɛlʃn] *vt* **etw ~** to forge [*or* fake] sth; **gefälschte Papiere** forged [*or* fake] papers; ÖKON to falsify sth; **die Bücher ~** to falsify [*or* BRIT *fam* cook] the books; **Geld ~** to counterfeit money

Fäl·scher(in) <-s, -> *m(f)* forger; **Geld~** counterfeiter **Falsch·fahrer(in)** *m(f)* person driving on the wrong side of the road **Falsch·geld** *nt kein pl* counterfeit [*or* forged] money *no pl*

Falsch·heit <-> *f kein pl* falseness, falsity; *(pej)* Charakter falseness, deceitfulness

fälsch·lich **I.** *adj* ① *(irrtümlich)* mistaken, erroneous ② *(unzutreffend)* false **II.** *adv* ① **fälschlicherweise fälsch·li·cher·wei·se** *adv* ① *(irrtümlicherweise)* mistakenly, erroneously ② *(zu Unrecht)* wrongly

falsch|lie·gen *vi irr* [**mit etw** *dat*] [**bei jdm**] ~ *(fam)* to be wrong [about sb/in sth] **Falsch·mel·dung** *f* false report **Falsch·mün·zer(in)** <-s, -> *m(f)* counterfeiter, forger **Falsch·mün·ze·rei** <-> [falʃmʏntsəˈraɪ] *f kein pl* counterfeiting *no pl,* forgery **Falsch·par·ker(in)** *m(f)* parking offender **falsch|spie·len** *vi* to cheat **Falsch·spie·ler(in)** *m(f)* cheat; *(professioneller Falschspieler)* [card]sharp[er] BRIT, card shark AM

Fäl·schung <-, -en> *f* ① *kein pl (das Fälschen)* counterfeiting, forgery; **die ~ von Banknoten ist verboten** the counterfeiting of banknotes is forbidden ② *(gefälschte Sache)* forgery, fake

fäl·schungs·si·cher *adj* forgery-proof

Fal·sett <-[e]s, -e> [falˈzɛt] *nt* falsetto; ~ **singen** to sing falsetto

Fal·si·fi·kat <-[e]s, -e> [falzifiˈkaːt] *nt (geh)* forgery, fake

Falt·blatt *nt* leaflet **Falt·boot** *nt* collapsible boat

Fält·chen <-s, -> *nt* fine wrinkle [*or* line]; ~ **um die Augen** crow's feet

Fal·te <-, -n> [ˈfaltə] *f* ① *(in Kleidung: Knitter~, Bügel~)* crease; *(Rock~)* pleat; ~**n bekommen** to get [*or* become] creased; **etw in ~n legen** to pleat sth ② *(in Stoff, Vorhang)* fold; ~**n werfen** to fall in folds, to drape ③ *(Linie in der Haut)* wrinkle; **die Stirn in ~n legen** [*o* ziehen] to furrow [*or* BRIT knit] one's brows; **kaum/viele ~n haben** to have scarcely any/ many wrinkles; **tiefe ~n** deep lines [*or* furrows]; ~**n bekommen** to get wrinkles

fal·ten [ˈfaltn] *vt* ① *(zusammen~)* **etw ~** to fold sth; **die Hände ~** to fold one's hands ② *(in Falten legen)* **die Stirn ~** to furrow [*or* BRIT knit] one's brow

fal·ten·los *adj* unlined; ~**e Haut** unlined [*or* smooth] skin

Fal·ten·rock *m* pleated skirt

Fal·ter <-s, -> [ˈfaltɐ] *m (Tag~)* butterfly; *(Nacht~)* moth

fal·tig [ˈfaltɪç] *adj* ① *(zerknittert)* creased, crumpled ② *(das Gesicht voller Falten)* wrinkled

Falt·kar·ton *m* collapsible [*or* folding] box

Falz <-es, -e> [falts] *m* ① *(in Papier)* fold ② TECH join, [lock] seam

falz·en [ˈfaltsn] *vt* **etw ~** to fold sth

Fam. *Abk von* **Familie**

fa·mi·li·är [famiˈliɛɐ] **I.** *adj* ① *(die Familie betreffend)* family *attr;* **aus ~en Gründen** for family reasons ② *(zwanglos)* familiar; **in ~er Atmosphäre** in an informal atmosphere **II.** *adv* **mit jdm ~ verkehren** to be on close [*or* familiar] terms with sb

Fa·mi·lie <-, -n> [faˈmiːliə] *f* family; **aus guter ~ sein** to come from [*or* to be of] a good family, to be of good stock *form;* **eine kinderreiche ~** a large family, a family with many children; **eine vierköpfige ~** a family of four; **in[nerhalb] der ~ bleiben** to stay in the family; **zur ~ gehören** to be one of the family; **eine ~ gründen** *(geh)* to start a family; ~ **haben** *(fam)* to have a family; **das liegt in der ~** it runs in the family; **das kommt in den besten ~n vor** *(fam)* it can happen in the best of families; **„~ Lang"** "The Lang Family," "Mr and Mrs Lang and family"

Fa·mi·li·en·ähn·lich·keit *f* family resemblance **Fa·mi·li·en·al·bum** *nt* family album **Fa·mi·li·en·an·ge·hö·ri·ge(r)** *f(m) dekl wie adj* relative **Fa·mi·li·en·an·schluss**RR *m kein pl* **eine Unterkunft mit ~** accommodation with a family where one is treated as a member of the family **Fa·mi·li·en·aus·weis** *m* family pass **Fa·mi·li·en·be·ra·tung** *f* family counselling **Fa·mi·li·en·be·ra·tungs·stel·le** *f* family counselling office **Fa·mi·li·en·be·sitz** *m* family property; **in ~ sein** [*o* sich in ~ befinden] to be owned by the family **Fa·mi·li·en·be·trieb** *m* family concern [*or* business] **Fa·mi·li·en·buch** *nt* genealogical register **Fa·mi·li·en·fei·er** *f* family party [*or* BRIT *fam* do] **Fa·mi·li·en·fest** *nt* family celebration **Fa·mi·li·en·fra·gen** *pl* family issues *pl* **Fa·mi·li·en·glück** *nt* domestic bliss **Fa·mi·li·en·grab** *nt* family grave [*or* AM plot] **Fa·mi·li·en·gruft** *f* family vault **Fa·mi·li·en·hil·fe** *f* family assistance *(afforded by health insurance)* **Fa·mi·li·en·kreis** *m* family circle; **die Beerdigung fand im engsten ~ statt** only the immediate family were present at the funeral **Fa·mi·li·en·le·ben** nt kein pl family [or domestic] life no pl **Fa·mi·li·en·mi·nis·ter(in)** m(f) minister for family affairs BRIT **Fa·mi·li·en·mi·nis·te·ri·um** nt Ministry for Family Affairs BRIT **Fa·mi·li·en·mit·glied** nt member of the family; **ein neues ~ bekommen/bekommen haben** to be getting/to have had a new addition to the family **Fa·mi·li·en·na·me** m surname, last name **Fa·mi·li·en·ober·haupt** nt head of the family, pater familias masc form **Fa·mi·li·en·pa·ckung** f family[-size] pack **Fa·mi·li·en·pla·nung** f family planning no art **Fa·mi·li·en·po·li·tik** kein pl f family policy **Fa·mi·li·en·recht** nt family law **Fa·mi·li·en·ro·man** m [family] saga **Fa·mi·li·en·schmuck** m family jewels pl **Fa·mi·li·en·se·rie** f family series **Fa·mi·li·en·sitz** m family estate [or seat] **Fa·mi·li·en·stand** m marital status **Fa·mi·li·en·stück** nt family heirloom **Fa·mi·li·en·tra·gö·die** f family tragedy **Fa·mi·li·en·un·ter·neh·men** nt family business [or enterprise] **Fa·mi·li·en·un·ter·stüt·zung** f s. **Familienzulage Fa·mi·li·en·va·ter** m father [of a/the family] **Fa·mi·li·en·ver·hält·nis·se** pl family background no pl; **aus geordneten/zerrütte·ten ~n kommen** to come from a well-ordered background/broken home **Fa·mi·li·en·vor·stand** m (geh) s. **Familienoberhaupt Fa·mi·li·en·wap·pen** nt family coat of arms, family arms npl BRIT **Fa·mi·li·en·zu·la·ge** f family allowance **Fa·mi·li·en·zu·sam·men·füh·rung** f organized family reunion **Fa·mi·li·en·zu·wachs** m addition to the family; **~ erwarten/bekommen** [o fam: **kriegen**] **/bekommen haben** to be expecting/getting/have had an addition to the family

fa·mos [faˈmoːs] adj (veraltend fam) capital dated fam; **ein ~er Mensch** a brick dated fam

Fa·mu·lus <-, Famuli> [ˈfaːmʊlʊs, pl: ˈfaːmuli] m MED (veraltend geh) medical student doing practical work in a clinic

Fan <-s, -s> [fɛn] m fan; (Fußball~ a.) supporter

Fa·nal <-s, -e> [faˈnaːl] nt (geh) signal; **mit etw dat ein ~ setzen** to send a signal by doing sth

Fa·na·ti·ker(in) <-s, -> [faˈnaːtikɐ] m(f) fanatic; **ein politischer ~** an extremist; **ein religiöser ~** a religious fanatic, a [religious] zealot

fa·na·tisch [faˈnaːtɪʃ] I. adj fanatical; **ein ~er Anhänger** a fanatical [or pej rabid] supporter II. adv fanatically

fa·na·ti·siert [fanatiˈziːrt] adj fanaticized

Fa·na·tis·mus <-> [fanaˈtɪsmʊs] m kein pl fanaticism

Fan·club [ˈfɛnklʊb] m s. **Fanklub**

fand [fant] imp von **finden**

Fan·fa·re <-, -n> [fanˈfaːrə] f ① (Trompete) ceremonial trumpet, fanfare ② (Trompetensignal aus Dreiklangtönen) fanfare; **eine ~ schmettern** to play a fanfare ③ (Musikstück) fanfare ④ (zusätzliche Hupe im Auto) multi-tone horn

Fang¹ <-[e]s, Fänge> [faŋ, pl: ˈfɛŋə] m ① kein pl (das Fangen) catching, trapping; **zum ~ auslaufen** to go fishing ② kein pl (Beute) catch; Fisch haul ▶ WENDUNGEN: **[mit jdm/etw] einen guten ~ machen** to make a good catch [with sb/sth]

Fang² <-[e]s, Fänge> [faŋ, pl: ˈfɛŋə] m meist pl (Kralle) talon; (Reißzahn) fang; ▶ WENDUNGEN: **jd in seinen Fängen haben** (fam) to have sb in one's clutches

Fang·arm m tentacle

fan·gen <fängt, fing, gefangen> [ˈfaŋən] I. vt ① (festnehmen) **jdn ~** to catch [or apprehend] sb; **einen Dieb ~** to catch a thief ② (erjagen) **etw ~** to catch sth ③ (erhaschen) **etw ~** to catch sth II. vi ① (erhaschen) to catch ② (Spiel) **F~ spielen** to play catch III. vr ① (ver~) **sich in etw dat ~** to be caught in sth ② (das Gleichgewicht wiedererlangen) **sich ~**

to catch oneself; (seelisch) to pull oneself together [again]

Fang·flot·te f fishing fleet **Fang·fra·ge** f trick [or BRIT catch] question; **[jdm] eine ~ stellen** to ask [sb] a trick question **fang·frisch** adj **~e Fische** fresh fish **Fang·grün·de** pl fishing grounds npl **Fang·heu·schre·cke** f ZOOL mantis **Fang·netz** nt [fishing] net **Fang·quo·te** f [fishing] quota **Fang·schal·tung** f interception circuit **Fang·schiff** nt fishing boat **Fang·schuss**ᴿᴿ m finishing shot, coup de grâce

fängt [fɛŋt] 3. pers pres von **fangen**

Fang·vor·rich·tung f ① (Fangschaltung) intercepting device ② (Einrichtung in Aufzügen) gripping device, safety catch **Fang·zahn** m fang

Fan·klub [ˈfɛnklʊp] m fan club **Fan·post** f fan mail

Fan·ta·sieᴿᴿ¹, **Phan·ta·sie** <-, -n> [fantaˈziː, pl: -ˈziːən] f ① kein pl (Einbildungsvermögen) imagination no pl; **eine lebhafte** [o **blühende**] **/krankhafte/schmutzige ~ haben** to have a wild imagination/sick/filthy mind [or filthy imagination] ② meist pl (Fantasterei) fantasy

Fan·ta·sie² <-, -n> [fantaˈziː, pl: -ˈziːən] f MUS fantasia

fan·ta·sie·be·gabtᴿᴿ adj (geh) s. **fantasievoll Fan·ta·sie·ge·bil·de**ᴿᴿ nt fantastic form **Fan·ta·sie·lo·sig·keit**ᴿᴿ <-> f kein pl unimaginativeness no pl, lack of imagination no pl **Fan·ta·sie·preis**ᴿᴿ nt (fam) outrageous[ly high] price

fan·ta·sie·ren· ᴿᴿ, **phan·ta·sie·ren·** [fantaˈziːrən] I. vi ① (fabulieren) ▪ **[von jdm/etw] ~** to fantasize [about sb/sth] ② MED to be delirious II. vt ▪ **etw ~** to imagine sth, to dream sth up

fan·ta·sie·vollᴿᴿ adj [highly] imaginative

Fan·tast(in)ᴿᴿ <-en, -en> m(f), **Phan·tast(in)** <-en, -en> [fanˈtast] m(f) dreamer

Fan·tas·te·reiᴿᴿ <-, -en> f, **Phan·tas·te·rei** <-, -en> [fantastaˈrai] f (geh) fantasy

Fan·tas·tinᴿᴿ <-, -nen> f fem form von **Fantast**

fan·tas·tischᴿᴿ, **phan·tas·tisch** [fanˈtastɪʃ] I. adj ① (fam: toll) fantastic ② (fam: sagenhaft) fantastic ③ attr (unglaublich) incredible ④ (geh) unreal II. adv ① (fam: toll, sagenhaft) wonderfully, fantastically ② (unglaublich) incredibly; **das klingt ~** that sounds incredible

Fan·ta·sy·ro·manᴿᴿ [ˈfɛntəzi-] m fantasy novel

Fan·zi·ne <-s, -s> [ˈfɛnziːn] nt SOZIOL fanzine

Fa·rad <-[s], -> [faˈraːt] nt PHYS farad

Farb·band <-bänder> nt typewriter ribbon **Farb·beu·tel** m paint bomb

Far·be <-, -n> [ˈfarbə] f ① (Farbton) colour [or AM -or]; **in ~** in colour [or AM -or]; **sanfte ~n** soft hues ② (Anstreichmittel) paint; (Färbemittel) colour [or AM -or], dye ③ pl (optisches Symbol) colours [or AM -ors] ④ KARTEN suit; **~ bedienen** to follow suit ▶ WENDUNGEN: **etw in den schwärzesten ~n malen** [o **schildern**] to paint a black [or gloomy] picture of sth; **~ bekennen** to come clean, to put one's cards on the table; **~ bekommen** to get a [sun]tan

farb·echt adj colourfast

Fär·be·mit·tel nt dye

fär·ben [ˈfɛrbn] I. vt ① (andersfarbig machen) ▪ **etw ~** to dye sth; **sich dat die Haare blond ~** to bleach one's hair blond; **sich dat die Haare schwarz ~** to dye one's hair black ② (etw eine bestimmte Note geben) **etw humoristisch/politisch/rassistisch ~** to give sth humorous/political/racist overtones; ▪ **po·litisch/rassistisch gefärbt sein** to have political/racist overtones II. vi (ab~) to run III. vr ▪ **sich ~** to change colour [or AM -or]; Himmel to turn colour [or AM -or]; **die Blätter ~ sich gelb** the leaves are turning yellow

far·ben·blind adj colour blind **Far·ben·blind·heit** f BIOL colour blindness **far·ben·freu·dig** adj ① (bunt) colourful ❷ *(kräftige Farben bevorzugend)* loving bright colours **far·ben·froh** *adj* colourful **Far·ben·pracht** *f (geh)* blaze of colour **far·ben·präch·tig** *adj (geh)* s. **farbenfroh**

Fär·ber(in) <-s, -> |ˈfɛrbɐ| *m(f)* dyer

Fär·be·rei <-, -en> |fɛrbəˈrai| *f* dye·works

Farb·fern·se·hen *nt* colour television [*or* TV] **Farb·fern·se·her** *m (fam)* colour television [set] [*or fam* TV] **Farb·fern·seh·ge·rät** *nt* colour television [*or* TV] set **Farb·film** *m* colour film **Farb·fil·ter** *m* colour filter **Farb·fo·to** *nt* colour photograph

far·big |ˈfarbɪç| **I.** *adj* ❶ *(bunt)* coloured, colourful; *(für Farbabbildungen)* colour; **eine ~e Postkarte** a colour postcard; **ein ~es Passbild** a colour passport photo ❷ *(anschaulich)* colourful ❸ *attr (Hautfarbe betreffend)* coloured; **die ~e Bevölkerung** coloured people **II.** *adv* ❶ *(bunt)* in colour ❷ *(anschaulich)* colourfully

fär·big *adj* ÖSTERR *s.* **farbig 1**

Far·bi·ge(r) *f(m) dekl wie adj* coloured person, non-white

Farb·kas·ten *m* paint box **Farb·ko·pie·rer** *m* colour copier

farb·lich |ˈfarblɪç| **I.** *adj* colour **II.** *adv* in colour; **sie stimmte die Vorhänge ~ auf die Tapete ab** she matched the colours of the curtains and the carpet

farb·los |ˈfarbloːs| *adj* ❶ *(ohne Farbe)* colourless; **ein ~er Lippenstift** a clear lipstick ❷ *(unauffällig, langweilig)* dull; **eine ~ Frau** a drab woman

Farb·ska·la *f* colour range **Farb·stift** *m* coloured pen [*or* pencil] **Farb·stoff** *m* ❶ *(Färbemittel)* dye; *(in Nahrungsmitteln)* artificial colouring ❷ *(Pigment)* pigment **Farb·ton** *m* shade **Farb·tup·fer** *m* splash of colour

Fär·bung <-, -en> *f* ❶ *kein pl (das Färben)* colouring ❷ *(Tönung)* shade; *(von Blättern)* hue ❸ *(Einschlag)* bias, slant *fig*

Far·ce <-, -n> |ˈfarsə| *f* ❶ *(Lustspiel)* farce ❷ *(lächerliche Karikatur)* farce; **eine einzige ~ sein** it's just a farce! ❸ KOCHK *(Füllung für Fleisch- und Fischspeisen)* stuffing, filling

far·cie·ren |farˈsiːrən| *vt* KOCHK ▪ **etw ~** to stuff [*or* fill] sth

Fa·rin·zu·cker |faˈriːn-| *m s.* **Rohrzucker**

Farm <-, -en> |farm| *f* ❶ *(Bauernhof)* farm ❷ *(Zuchtbetrieb)* farm

Far·mer(in) <-s, -> |ˈfarmɐ| *m(f)* farmer

Farm·haus *nt* farmhouse

Farn <-[e]s, -e> |farn| *m*, **Farn·kraut** *nt* fern

Farn·pflan·ze *f* BOT fern

Fär·se <-, -n> |ˈfɛrzə| *f* heifer

Fa·san <-s, -e[n]> |faˈzaːn| *m* pheasant

fa·schie·renᐟ |faˈʃiːrən| *vt* ÖSTERR *(durch den Wolf drehen)* ▪ **etw ~** to mince [*or* grind] sth

Fa·schier·te(s) *nt dekl wie adj* ÖSTERR *(Hackfleisch)* mince, minced [*or* AM ground] meat

Fa·sching <-s, -e *o* -s> |ˈfaʃɪŋ| *m* SÜDD *(Fastnacht)* carnival

Fa·schings·diens·tag *m* Shrove Tuesday **Fa·schings·krap·fen** *m* jam [*or* AM jelly] doughnut

Fa·schis·mus <-> |faˈʃɪsmʊs| *m kein pl* fascism

Fa·schist(in) <-en, -en> |faˈʃɪst| *m(f)* fascist

fa·schis·tisch |faˈʃɪstɪʃ| *adj inv* POL, HIST ❶ *(den Faschismus betreffend)* fascist ❷ *(pej: vom Faschismus geprägt)* fascist

fa·schis·to·id |faʃɪstoˈiːd| *adj* POL *(pej)* fascistic *pej*

Fa·sel·boh·ne |ˈfaːzl-| *f s.* **Helmbohne**

Fa·se·lei <-, -en> |faːzəˈlai| *f (pej fam)* drivel *pej fam*

fa·seln |ˈfaːzl̩n| **I.** *vi (pej fam)* to babble *pej fam;* **hör auf zu ~!** stop babbling on! **II.** *vt (pej fam)* ▪ **etw ~** to spout on about sth *pej fam;* **was faselt er da ständig?** what's he going on about?

Fa·ser <-, -n> |ˈfaːzɐ| *f* ❶ *(synthetisch erzeugter Faden)* fibre [*or* AM -er] ❷ *(Gewebezelle)* fibre [*or* AM -er]

fa·se·rig |ˈfaːzərɪç|, **fas·rig** |ˈfaːzrɪç| *adj* fibrous

fa·sern |ˈfaːzɐn| *vi* to fray

Fas·nacht |ˈfaːznaxt| *f kein pl s.* **Fastnacht**

fas·rig |ˈfaːzrɪç| *adj s.* **faserig**

Fass^{RR} <-es, Fässer> *nt*, **Faß**^{ALT} <-sses, Fässer> |fas, *pl:* fɛsə| *nt (Gefäß)* barrel, vat, cask; **etw in Fässer füllen** to barrel sth, to put sth into barrels; **vom ~** on draught [*or* AM draft], on tap; **Bier vom ~** draught [*or* AM draft] beer; **Wein vom ~** wine from the wood ▶ WENDUNGEN: **ein ~ ohne Boden** a bottomless pit; **das schlägt dem ~ den Boden aus!** that really is the limit!; **das ~ zum Überlaufen bringen** to be the final [*or* last] straw, the straw that broke the camel's back

Fas·sa·de <-, -n> |faˈsaːdə| *f* ❶ *(Vorderfront eines Gebäudes)* façade, front ❷ *(äußerer Schein)* façade, front; **nur ~ sein** to be just [a] show

Fass·bier^{RR} *nt* draught [*or* AM draft] beer

Fäss·chen^{RR} <-s, -> *nt*, **Fäß·chen**^{ALT} <-s, -> |ˈfɛsçən| *nt dim von* **Fass** cask, keg

fas·sen |ˈfasn̩| **I.** *vt* ❶ *(ergreifen)* ▪ **etw ~** to grasp sth; **jds Hand ~** to take sb's hand; ▪ **jdn an/bei etw** *dat* **~** to seize sb by sth; **jdn am Arm ~** to seize sb's arm [*or* sb by the arm]; **jdn bei der Hand ~** to take sb by the hand; ▪ **etw an etw** *dat* **~** to take hold of sth by sth ❷ *(festnehmen)* ▪ **jdn ~** to apprehend [*or* seize] [*or* catch] sb; **die Täter konnten bisher nicht gefasst werden** so far the culprits have not been apprehended ❸ *(zu etw gelangen)* ▪ **etw ~** to take sth; **einen Entschluss ~** to make a decision; **einen Vorsatz ~** to make [*or* come to] a resolution; **keinen klaren Gedanken ~ können** not able to think clearly ❹ *(begreifen)* ▪ **etw ~** to comprehend sth; **er konnte sein Glück kaum fassen** he could scarcely believe his luck; **ich fasse es einfach nicht!** I just don't believe it!; **es nicht ~ können|, dass ...|** not to be able to understand [*or* believe] [that ...]; **[das ist] nicht zu ~!** it's incredible [*or* unbelievable!] ❺ *(etw enthalten)* ▪ **etw ~** to contain sth; **wie viel Liter Öl fasst der Tank?** how many litres of oil does the tank hold? ❻ *(ein~)* ▪ **etw |in etw** *akk|* **~** to mount [*or* set] sth [in sth]; *s.a.* **Wort II.** *vi* ❶ *(greifen)* to grip, to grasp; *Zahnrad, Schraube* to bite; **die Reifen fassen nicht in dem tiefen Schnee** the tyres won't grip in the deep snow ❷ *(berühren)* ▪ **an etw** *akk/***in etw** *akk* **~** to touch sth/to feel inside sth; **sie fasste in das Loch** she felt inside the hole ❸ *(schnappen) von Hund* to bite; **fass!** get [*or* grab] [him/her]! **III.** *vr* ▪ **sich ~** to pull oneself together; **sich kaum mehr ~ können** to scarcely be able to contain oneself

fäs·ser·wei·se *adv* by the barrel[ful] [*or* gallon]

Fas·set·te^{RR} <-, -n> |faˈsɛtə| *f s.* **Facette**

Fasson <-, -s> |faˈsõː| *f (normale Form)* shape; **aus der ~ geraten** *(fam)* to let oneself go *fam* ▶ WENDUNGEN: **jeder soll nach seiner [*o* auf seine] ~ selig werden** *(prov)* each must live as he sees fit

Fass·reif^{RR}, **Fass·rei·fen**^{RR} *m* [barrel] hoop

Fas·sung <-, -en> *f* ❶ *(Rahmen)* mounting, setting ❷ *(Brillengestell)* frame; **eine Brille mit einer goldenen ~** a pair of glasses with gold frames ❸ ELEK socket ❹ *(Bearbeitung)* version ❺ *kein pl (Selbstbeherrschung)* composure; **die ~ bewahren** to maintain one's composure, to keep one's cool *sl;* **jdn aus der ~ bringen** to unsettle [*or* disconcert] [*or* throw] sb; **außer ~ geraten** to lose one's composure [*or* self-control], to become rattled *fam;* **etw mit ~ tragen** to bear [*or* take] sth calmly; **trag es mit ~** don't let it get to you; **die ~ verlieren** to lose one's self-control, to lose one's cool *sl*

fas·sungs·los I. *adj* staggered, stunned II. *adv* in bewilderment; ~ **zusehen, wie ...** to watch in shocked amazement as ...

Fas·sungs·lo·sig·keit <-> *f kein pl* complete bewilderment

Fas·sungs·ver·mö·gen *nt* capacity

Fass·wein^RR *m* wine from the wood

fass·wei·se^RR *adv* by the barrel[ful]

fast [fast] *adv* almost, nearly; **ich konnte ~ nichts sehen** I almost couldn't see anything; **~ nie** hardly ever

fas·ten [ˈfastn̩] *vi* to fast

Fas·ten·kur *f* diet; **eine ~ machen** to go on a diet

Fas·ten·spei·se *f* KOCHK, REL fasting [*or* Lenten] food

Fas·ten·zeit *f* REL Lent, period of fasting

Fast Food^RR, **Fast·food**^RR, **Fast food**^ALT <-> [ˈfaːstfuːt] *nt kein pl* fast food

Fast·food·ket·te *f* chain of fast food restaurants

Fast·nacht [ˈfastnaxt] *f kein pl* DIAL carnival

Kultur

The Swabian-Allemannic carnival begins on January 6, on *Heilige Dreikönige – Three Kings Day* and is known as **Fastnacht** or *Fasnet*. It is characterized by the reversal of the usual rules and dressing up in masks and costumes. **Fastnacht** is held in Baden Württemberg, parts of Bavaria, Northern Switzerland and Alsace. The festival starts on *Shrovetide*, the Thursday before Ash Wednesday, known in these regions as *Schmutziger Donnerstag* or *Fettdonnerstag*. Elsewhere the day is called *Weiberfastnacht – Women's Carnival*, being the day when tradition says that women take control. In many towns women take over the town halls and, according to an old tradition, cut off the ties of male politicians, colleagues – whoever comes along, is male, and wears a tie.

Fast·nachts·diens·tag *m* Shrove Tuesday **Fast·nachts·krap·fen** *m* jam [*or* AM jelly] doughnut **Fast·nachts·zeit** *f* carnival season

Fast·tag *m* day of fasting; **einen ~ einlegen** to go on a day of fasting; **einen ~ machen** to fast for a day

Fas·zi·na·ti·on <-> [fastsinaˈtsi̯oːn] *f kein pl* fascination; **[eine] ~ auf jdn ausüben** to fascinate sb

fas·zi·nie·ren* [fastsiˈniːrən] I. *vt* ■ **jdn ~** to fascinate sb; **was fasziniert dich so an ihm?** why do you find him so fascinating?; **er war von ihrem Lächeln fasziniert** he was captivated by her smile II. *vi* to fascinate

fas·zi·nie·rend *adj* fascinating

fa·tal [faˈtaːl] *adj (geh)* ❶ *(verhängnisvoll)* fatal; **sich ~ [auf etw** *akk*] **auswirken** to have fatal repercussions; **~e Folgen haben** to have fatal repercussions ❷ *(peinlich)* embarrassing, awkward; **ein ~es Gefühl** an awkward feeling; **in eine ~e Lage geraten** to be in an awkward position

Fa·ta·lis·mus <-> [fataˈlɪsmʊs] *m kein pl (geh)* fatalism

Fa·ta·list(in) <-en, -en> [fataˈlɪst] *m(f)* fatalist

fa·ta·lis·tisch *adj (geh)* fatalistic

Fa·ta Mor·ga·na <- -, - Morganen *o* -s> [ˈfaːta mɔrˈgaːna, *pl:* -ˈgaːnən] *f* ❶ *(Luftspiegelung)* mirage ❷ *(Wahnvorstellung)* fata morgana, hallucination

Fatz·ke <-n *o* -s, -n> [ˈfatskə] *m (pej fam)* pompous twit

fau·chen [ˈfauxn̩] *vi* ❶ *(Tierlaut)* to hiss ❷ *(wütend zischen)* to spit

faul [faul] *adj* ❶ *(nicht fleißig)* idle, lazy ❷ *(verfault)* rotten [*or* bad]; *(verrottet)* decayed, rotten; **~e Blätter** dead leaves; *(faulig)* foul ❸ *(pej fam: nicht einwand-*

---

frei) feeble; **ein ~er Kompromiss** a shabby compromise; **ein ~er Kredit** a bad credit; **ein ~er Kunde** a shady customer; ■ **an etw** *dat* **ist etw ~** sth is fishy about sth; **an diesem Angebot ist irgendwas ~** there's something fishy about this offer ❹ *(ohne zu zögern)* **nicht ~** not slow ▸ WENDUNGEN: **etw ist ~ im Staate Dänemark** *(prov)* there's something rotten in the State of Denmark

Faul·baum *m* BOT black alder, alder buckthorn

fau·len [ˈfaulən] *vi sein o haben* to rot; *Kadaver* to decay; *Wasser* to stagnate; *Gemüse, Obst* to rot

fau·len·zen [ˈfaulɛntsn̩] *vi* to laze about [*or* around] BRIT, to loaf around [*or* BRIT about] *pej sl;* ■ **das F~** lazing about

Fau·len·zer(in) <-s, -> [ˈfaulɛntsɐ] *m(f) (pej)* layabout BRIT *pej fam*, lazybones *fam*

Fau·len·ze·rei <-, <*selten* -en>> [faulɛntsəˈrai] *f (pej)* idleness

Faul·heit <-> *f kein pl* idleness, laziness; **vor ~ stinken** *(pej fam)* to be bone idle BRIT *pej fam*

fau·lig [ˈfaulɪç] *adj* rotten; **ein ~er Geruch** a foul smell; **ein ~er Geschmack** a foul taste; **~es Wasser** stagnant water; **~ riechen/schmecken** to smell/taste foul

Fäul·nis <-> [ˈfɔylnɪs] *f kein pl* decay, rot; **man muss das Holz gegen ~ schützen** the wood must be protected from rotting; **im Zustand der ~** in a state of decay

Faul·pelz *m (pej fam)* layabout BRIT *pej fam*, loafer *pej fam*, lazybones *fam*, loafer *pej sl*, idler **Faul·schlamm** *m* sludge **Faul·tier** *nt* ❶ *(Tier)* sloth ❷ *(fam)* s. **Faulpelz**

Faun <-[e]s, -e> [faun] *m* faun

Fau·na <-, Faunen> [ˈfauna, *pl:* ˈfaunən] *f* fauna

Faust <-, Fäuste> [faust, *pl:* fɔystə] *f (geballte Hand)* fist; **die [Hand zur] ~ ballen** to clench one's fist ▸ WENDUNGEN: **wie die ~ aufs Auge passen** *(nicht passen)* to clash horribly; *(perfekt passen)* to be a perfect match; *(passend sein)* to be [very] convenient; **jds ~ im Nacken spüren** to have sb breathing down your neck; **die ~/Fäuste in der Tasche ballen** to hold [*or* choke] back [*or* bottle up] one's anger; **mit der ~ auf den Tisch schlagen** to bang [*or* thump] the table with one's fist; **auf eigene ~** off one's own bat BRIT, on one's own initiative [*or* under our own steam]; **mit eiserner ~** with an iron fist [*or* hand]

Faust·ball *m kein pl* fistball *(team game in which the ball is hit over a cord with the fist or forearm)*

Fäust·chen <-s, -> [ˈfɔystçən] *nt dim von* **Faust** little fist ▸ WENDUNGEN: **sich** *dat* **ins ~ lachen** *(fam)* to laugh up one's sleeve *fam*

faust·dick [ˈfaustˈdɪk] *adj (fam)* ❶ *(dick wie eine Faust)* s. **faustgroß** ❷ *(fam: unerhört)* whopping; **das ist eine ~e Lüge!** that's a real whopper!, that's a whopping lie! ▸ WENDUNGEN: **~ auftragen** *(fam)* to lay it on thick *fam;* **es ~ hinter den Ohren haben** to be crafty, to be a sly dog

Fäus·tel <-s, -> [ˈfɔystl̩] *m* mallet

Faust·feu·er·waf·fe *f* handgun **faust·groß** [ˈfaustˈɡroːs] *adj* the size of [*or* as big as] a fist **Faust·handschuh** *m* mitten **Faust·keil** *m* hand-axe

Fäust·ling <-s, -e> *m* s. **Fausthandschuh**

Faust·pfand *nt* security **Faust·recht** *nt kein pl* law of the jungle **Faust·re·gel** *f* rule of thumb **Faust·schlag** *m* blow, punch

Faux·pas <-, -> [foˈpa] *m (geh)* faux pas, gaffe; **einen ~ begehen** to make a gaffe, to make [*or* commit] a faux pas

Fa·ve <-, -n> [ˈfaːvə] *f* KOCHK young broad bean

fa·vo·ri·sie·ren* [favoriˈziːrən] *vt (geh)* ■ **jdn ~** to favour [*or* AM -or] sb

Fa·vo·rit(in) <-en, -en> [favoˈriːt, *pl:* -ˈriːtn̩] *m(f)* ❶ *(Liebling)* favourite [*or* AM -orite] ❷ SPORT favourite

[*or* AM -orite]

Fax <-, -e> [faks] *nt* ❶ *(Schriftstück)* fax ❷ *(Gerät)* fax [machine]; **schick mir den Vertrag per ~ zu** send me the contract by fax

fa·xen ['faksn] **I.** *vi* ■ [jdm] ~ to fax [sb], to send a fax to sb **II.** *vt* ■ **etw ~** to fax sth; ■ **etw an jdn** [*o* **jdm etw**] **~** to fax sth to sb [*or* sb sth], to send a fax to sb

Fa·xen ['faksn] *pl* ❶ *(Unsinn, Albereien)* clowning around; **lass die ~!** stop clowning around!; **nichts als** [**dumme**] **~ im Kopf haben** to still fool around; **~ machen** *(sl: Schwierigkeiten machen)* to give sb trouble ❷ *(fam: Grimassen)* grimaces *pl;* **lass die ~!** stop pulling [*or* making] faces!; **~ machen** to make [*or* BRIT pull] faces ▶ WENDUNGEN: **die ~ dick[e] haben** *(fam)* to have had it up to here *sl*

Fax·ge·rät *nt* fax **Fax·mo·dem** *nt* fax modem

Fa·yen·ce <-, -n> [fa'jã:s] *f* faïence

Fa·zit <-s, -s *o* -e> ['fa:tsɪt] *nt* result, upshot, summary, conclusion *fam;* **das ~ aus etw** *dat* **ziehen** to sum up sth *sep; (Bilanz ziehen)* to take stock of sth

FCKW <-s, -s> [ɛftse:ka:'ve:] *m Abk von* **Fluorchlor-kohlenwasserstoff** CFC

FCKW-frei *adj inv* CFC-free

FDP <-> [ɛfde:'pe:] *f Abk von* **Freie Demokratische Partei** FDP

Fea·ture <-s, -s> ['fi:tʃə] *nt* feature programme [*or* AM ·am]

Fe·ber <-s, -> ['fe:bɐ] *m* ÖSTERR *(Februar)* February

Feb·ru·ar <-[s], *<selten* -e> ['fe:brua:ɐ̯] *m* February; **Anfang/Ende ~** at the beginning/end of February; **Mitte ~** in the middle of February, mid-February; **~ sein** to be February; **~ haben** to be February; **jetzt haben wir** [*o* **ist es**] **schon ~ und ich habe noch immer nichts geschafft** it's February already and I still haven't achieved anything; **im ~** in February; **im Laufe des ~s** [*o* **des Monats ~**] during the course of February, in February; **im Monat ~** in [the month of] February; **in den ~ fallen/legen** to be in February/ to schedule for February; **diesen** [*o* **in diesem**] **~** this February; **jeden ~** every February; **bis in den ~ [hinein]** until [well] into February; **den ganzen ~ über** for the whole of February; **am 14. ~** *(Datumsangabe: geschrieben)* on [the] 14th February [*or* February 14th] BRIT, on February 14 AM; *(gesprochen)* on the 14th of February [*or* AM February the 14th]; **am Freitag, dem** [*o* **den**] **14. Februar** on Friday, February [the] 14th; **Jacob hat am 19. ~ Geburtstag** Jacob's birthday is on February 19th; **auf den 14. ~ fallen/legen** to fall on/to schedule for February 14th; **Hamburg, den 14. ~ 2000** Hamburg, 14th February 2000 BRIT, Hamburg, February 14, 2000 *esp* AM

fech·ten <fechtet *o* ficht, focht, gefochten> ['fɛçtn] *vi* ❶ SPORT ■ **[mit etw** *dat***]** **~** to fence [with sth]; ■ **gegen jdn ~** to fence against sb ❷ *(geh: kämpfen)* ■ **[für jdn/etw/unter jdm]** **~** to fight [for sb/sth/under sb]

Fech·ten <-s> ['fɛçtn] *nt kein pl* fencing

Fech·ter(in) <-s, -> ['fɛçtɐ] *m(f)* fencer

Fe·der <-, -n> ['fe:dɐ] *f* ❶ *(Teil des Gefieders)* feather; *(lange Hut~)* long feathers, plume; **leicht wie eine ~** as light as a feather ❷ *(Schreib~)* nib, quill; **eine spitze ~ führen** to wield a sharp pen; **zur ~ greifen** to put pen to paper; **aus jds ~ stammen** to come from sb's pen ❸ *(elastisches Metallteil)* spring ❹ *(Bett)* **noch in den ~n liegen** *(fam)* to still be in bed; **raus aus den ~n!** *(fam)* rise and shine! *fam* ▶ WENDUNGEN: **sich mit fremden ~n schmücken** to take the credit for sb else's efforts; **~n lassen müssen** *(fam)* not to escape unscathed

Fe·der·ball *m* ❶ *kein pl (Spiel)* badminton; **~ spielen** to play badminton ❷ *(leichter Gummiball)* shuttlecock **Fe·der·bein** *nt* TECH, AUTO suspension strut **Fe·**

der·bett *nt* continental quilt BRIT, duvet BRIT, comforter AM **Fe·der·busch** *m* ❶ *(Federn auf Vogelkopf)* crest ❷ *(Federn auf Kopfbedeckung)* plume **Fe·der·de·cke** *f* s. **Federbett Fe·der·fuch·ser(in)** <-s, -> *m(f) (pej)* petty pen pusher *pej* **fe·der·füh·rend** *adj* in charge; ■ **[bei etw/für etw]** **~ sein** to be in charge [of sth] **Fe·der·füh·rung** *f* overall control; **unter der ~ von jdm/etw ...** under the overall control of sb/sth ... **Fe·der·ge·wicht** *nt* SPORT ❶ *kein pl (niedrige Körpergewichtsklasse)* featherweight ❷ *(Sportler)* s. **Federgewichtler Fe·der·ge·wicht·ler(in)** <-s, -> *m(f)* SPORT featherweight **Fe·der·hal·ter** *m* fountain pen, pen holder **Fe·der·kern·ma·trat·ze** *f* interior sprung mattress, innerspring mattress AM **Fe·der·kiel** *m* ❶ *(Teil einer Feder)* quill ❷ *(Schreibgerät)* quill **Fe·der·kis·sen** *nt* feather pillow **fe·der·leicht** ['fe:dɐ'laɪçt] *adj* as light as a feather *pred* **Fe·der·le·sen** *nt* **ohne langes ~** without further ado; **ohne viel ~s** without much ceremony; **nicht viel ~s mit jdm/etw machen** to waste no time on sb/sth **Fe·der·mäpp·chen** <-s, -> *nt* pencil case

fe·dern ['fe:dɐn] **I.** *vi* ❶ *(nachgeben)* to give slightly, to be springy ❷ SPORT to flex; **[in den Knien]** **~** to bend [at the knees] **II.** *vt* ■ **etw ~** to fit sth with suspension

fe·dernd *adj* flexible, springy; **einen jugendlich-~en Gang haben** to have a youthful spring in one's step **Fe·der·strich** *m* stroke of the pen; **mit einem ~** with a single stroke of the pen

Fe·de·rung <-, -en> *f* springing; *(für Auto a.)* suspension

Fe·der·vieh *nt (fam)* poultry

Fe·der·wei·ße(r) ['fe:dɐ'vaɪsə, -sə] *m dekl wie adj* new wine

Fe·der·wild *nt* feathered game **Fe·der·zeich·nung** *f* pen-and-ink drawing

Fee <-, -n> [fe:, *pl:* 'fe:ən] *f* fairy; **die gute/böse ~** the good/bad fairy

Feed-backᴿᴿ, **Feed·back** <-s, -s> ['fi:tbɛk] *nt* feedback *no indef art, no pl;* **jdm [ein] ~ geben** to give sb feedback

Fee·ling <-s> ['fi:lɪŋ] *nt kein pl* ❶ *(Gefühl)* feeling ❷ *(Gefühl für etw)* feel; **ein ~ für etw** *akk* **haben** to have a feel for sth; **ein ~ für etw** *akk* **entwickeln** to develop a feel for sth

Fe·ge·feuer ['fe:gə-] *nt* ■ **das ~** purgatory

fe·gen ['fe:gn] **I.** *vt haben* ❶ *(kehren)* ■ **etw ~** to sweep sth; ■ **etw von etw** *dat* **~** to sweep sth off sth ❷ *(fortschieben)* ■ **etw ~** to sweep sth away ❸ SCHWEIZ *(feucht wischen)* ■ **etw irgendwohin ~** to wipe sth [with a damp cloth] **II.** *vi* ❶ *haben (ausfegen)* to sweep up ❷ *haben* SCHWEIZ *(feucht wischen)* to wipe ❸ *sein (fam: schnell fahren)* to sweep, to tear; **er kam um die Ecke gefegt** he came tearing round the corner ❹ *(stark wehen)* to sweep; **der Sturm fegte durch das Geäst** the storm swept through the boughs of the trees

Feh·de <-, -n> ['fe:də] *f* ❶ *(Konflikt)* feud; **eine ~ mit jdm austragen** [*o* **fechten**] *(geh)* to carry on a feud with sb; **mit jdm in ~ liegen** *(geh)* to be feuding with sb ❷ HIST *(privater Krieg im Mittelalter)* feud

Feh·de·hand·schuh *m* gauntlet; **jdm den ~ hinwerfen** *(fig geh)* to throw down the gauntlet to sb *fig;* **den ~ aufheben** [*o* **nehmen**] *(fig geh)* to pick up the gauntlet *fig*

fehl [fe:l] *adj* **~ am Platz[e]** **[sein]** [to be] out of place **Fehl** [fe:l] *m* **ohne ~** [und Tadel] *(geh)* to be immaculate; **ein Mensch ohne ~ und Tadel** a person without blemish or blame

Fehl·alarm *m* false alarm **Fehl·an·zei·ge** *f (fam)* dead loss *fam;* ■ **~!** wrong! **fehl·bar** *adj* fallible **Fehl·be·set·zung** *f* wrong appointment; **eine ~ machen** [*o* **vornehmen**] to make a wrong appointment; *(bei*

Schauspielern) miscasting; **als Hamlet ist er eine totale ~** he was totally miscast in the role of Hamlet **Fehl·be·stand** m deficiency **Fehl·be·trag** m ❶ FIN *(fehlender Betrag)* shortfall ❷ ÖKON *(Defizit)* deficit **Fehl·di·a·gno·se** f wrong [*or* false] diagnosis **Fehl·druck** m misprint **Fehl·ein·schät·zung** f misjudgement, false estimation

feh·len [ˈfeːlən] **I.** vi ❶ *(nicht vorhanden sein)* ■ **etw fehlt** [jdm] sth is missing [for sb]; **mir ~ noch einige Münzen** I'm still missing a few coins; **wie immer, das Zitat deiner Mutter, das durfte ja nicht ~!** *(iron)* you couldn't leave that out, you had to quote your mother! ❷ *(abhandengekommen sein)* ■ **jdm fehlt etw** sb is missing sth; **mir ~ 100 Euro** I'm missing 100 euros; **sie stellte fest, dass einige Bücher fehlten** she discovered that some books were missing ❸ *(abwesend sein)* ■ **[in etw dat] ~** to be missing [from sth]; **entschuldigt/unentschuldigt ~** *bes* MIL authorized/unauthorized absence; *(in Schule)* to be absent without/without an excuse ❹ *(schmerzlich vermissen)* ■ **jd fehlt jdm** sb misses sb; **du fehlst mir** I miss you ❺ *(an etw leiden)* **ich glaube, mir fehlt etwas** I think there is something wrong with me; **wenn ich nur wüsste, was mir fehlt** if I only knew what was wrong with me; **nein, mir fehlt wirklich nichts** no, there is nothing the matter with me; **fehlt Ihnen etwas?** is there anything wrong with you? **II.** vi impers ❶ *(abhandengekommen sein)* to be missing; **es ~ 500 Euro aus der Kasette** 500 euros are missing from the cashbox ❷ *(mangeln)* ■ **jdm fehlt es an etw** dat sb is lacking sth; **jetzt fehlt es sogar an Brot** there's even a lack of bread now; **das Haus müsste mal wieder gestrichen werden, aber es fehlt eben an Geld** the house should be repainted, but we just don't have enough money; **jdm fehlt es an [gar] nichts** *(geh)* sb wants for nothing; **während unserer Reise fehlte es uns an nichts** during our journey we wanted for nothing ▶ WENDUNGEN: **es fehlte nicht viel, und ... ...** almost ...; **es hat nicht viel gefehlt, und du hättest die Kaffeekanne umgestoßen!** you almost knocked the coffee pot over; **weit gefehlt!** way off the mark!, far from it!; **wo fehlt es** [o **'s**] **?** what's the matter?, what's wrong? *fam*

Feh·ler [ˈfeːlɐ] <-s, -> m ❶ *(Irrtum)* error, mistake; **einen ~ machen** [o **begehen**] to make a mistake; **jds ~ sein** to be sb's fault; **jdm ist ein ~ unterlaufen** sb has made a mistake ❷ SCH mistake ❸ *(Mangel)* defect; **einen ~ haben** to have a defect, to be defect ❹ *(schlechte Eigenschaft)* fault; **jeder hat [seine] ~** everyone has [their] faults; **den ~ [an sich** dat] **haben, etw zu tun** to have the fault of doing sth; **du hast den ~, dass du immer mehr verlangst** the trouble with you is, you're always asking for more ❺ SPORT fault; **auf ~ erkennen** [o **entscheiden**] to indicate a foul ❻ INFORM bug

feh·ler·an·fäl·lig adj prone to errors *pred;* **das ist ein sehr ~es Computerprogramm** this computer program is prone to errors **Feh·ler·an·zei·ge** f INFORM error message **feh·ler·frei** adj s. **fehlerlos feh·ler·haft** adj ❶ *(mangelhaft)* poor, imperfect, substandard; *(bei Waren)* defective ❷ *(falsch)* incorrect **feh·ler·los** adj faultless, perfect **Feh·ler·mel·dung** f INFORM error message **Feh·ler·quel·le** f source [*or* cause] of error **Feh·ler·quo·te** f error rate

Fehl·ge·burt f miscarriage; **eine ~ haben** [o **erleiden**] to have a miscarriage **fehl|ge·hen** vi irreg sein *(geh)* ❶ *(sich irren)* to be mistaken, to err; ■ **fehl in der Annahme gehen, dass ...** to be mistaken [or wrong] in assuming that ... ❷ *(sich verlaufen)* to go wrong

❸ *(das Ziel verfehlen)* to go wide, to miss **Fehl·griff** m mistake; **einen ~ tun** to make a mistake **Fehl·in·for·ma·ti·on** f incorrect [*or* false] information *no indef art, no pl* **Fehl·in·ter·pre·ta·ti·on** f misinterpretation **Fehl·in·ves·ti·ti·on** f bad investment **Fehl·kal·ku·la·ti·on** f miscalculation; **eine schwerwiegende ~** a grave miscalculation **Fehl·kon·struk·ti·on** f *(pej)* flawed product; **eine totale ~ sein** to be extremely badly designed **Fehl·leis·tung** f mistake, slip; **freudsche ~** Freudian slip **fehl·lei·ten** vt to misdirect **Fehl·pla·nung** f bad planning **Fehl·rip·pe** f KOCHK rib **Fehl·schlag** m failure **fehl|schla·gen** vi irreg sein to fail; **alle Bemühungen, den Streik zu verhindern, schlugen fehl** all efforts to avert the strike came to nothing **Fehl·start** m ❶ LUFT *(missglückter Start)* faulty launch ❷ SPORT false start **Fehl·tritt** m *(geh)* ❶ *(Fauxpas)* lapse, slip ❷ *(Ehebruch)* indiscretion **Fehl·ur·teil** nt ❶ JUR miscarriage of justice ❷ *(falsche Beurteilung)* misjudgement; **ein ~ fällen** to form [*or* come to] [*or* make] an incorrect judgement **Fehl·ver·hal·ten** nt ❶ *(falsches Verhalten)* inappropriate behaviour [*or* AM -or] ❷ PSYCH, SOZIOL aberrant [*or* abnormal] behaviour [*or* AM -or] **Fehl·zün·dung** f misfiring; **~ haben** to misfire

Fei·er <-, -n> [ˈfaɪɐ] f ❶ *(festliche Veranstaltung)* celebration, party; **zur ~ einer S.** gen to celebrate sth ❷ *(würdiges Begehen)* ceremony; **zur ~ des Tages** in honour [*or* AM -or] of the occasion

Fei·er·abend [ˈfaɪɐˈʔaːbnt] m ❶ *(Arbeitsschluss)* end of work, closing time *fam;* **hoffentlich ist bald ~** I hope it's time to go home soon; **so, für mich ist jetzt ~** OK, (it's) time for me to go!, OK, I think I'll call it a day!; ■ **~!** that's it for today!; **~ haben** to be time for sb to finish work; **~ machen** to finish work for the day; **nach ~** after work ❷ *(Zeit nach Arbeitsschluss)* evening; **schönen Feierabend!** have a nice evening! ▶ WENDUNGEN: **jetzt ist [damit] aber ~!** *(fam)* that's enough! *fam*

fei·er·lich [ˈfaɪɐlɪç] **I.** adj ❶ *(erhebend)* ceremonial, formal; **ein ~er Akt** a ceremonial act; **ein ~er Anlass** a formal occasion ❷ *(nachdrücklich)* solemn; **~e Beteuerungen** solemn declaration; **ein ~er Schwur** a solemn oath ▶ WENDUNGEN: **nicht mehr ~ sein** *(fam)* to go beyond a joke, to be no longer funny *fam* **II.** adv ❶ *(würdig)* formally; **etw ~ begehen** to celebrate sth ❷ *(nachdrücklich)* solemnly **Fei·er·lich·keit** <-, -en> f ❶ *kein pl (würdevolle Beschaffenheit)* solemnity, festiveness ❷ *meist pl (Feier)* celebrations, festivities

fei·ern [ˈfaɪɐn] **I.** vt ❶ *(festlich begehen)* ■ **etw ~** to celebrate sth; **seinen Geburtstag ~** to celebrate one's birthday; **eine Party ~** to have a party; *s. a.* **Abschied** *s. a.* **Wiedersehen** ❷ *(umjubeln)* ■ **jdn ~** to acclaim sb **II.** vi to celebrate, to have a party

Fei·er·schicht f *(ausgefallene Schicht)* cancelled [*or* AM canceled] shift; **eine ~ fahren** [o **einlegen**] to miss [*or* cancel] a shift **Fei·er·stun·de** f ceremony **Fei·er·tag** [ˈfaɪɐtaːk] m holiday; **na dann, schöne ~e!** have a nice holiday!

feig [faɪk], **fei·ge** [ˈfaɪɡə] **I.** adj cowardly; **los, sei nicht ~!** come on, don't be a coward! **II.** adv cowardly

Fei·ge <-, -n> [ˈfaɪɡə] f ❶ *(Baum)* fig tree ❷ *(Frucht)* fig

Fei·gen·baum m fig tree **Fei·gen·blatt** nt ❶ *(Blatt des Feigenbaums)* fig leaf ❷ *(dürftige Tarnung)* front; **etw als ~ benutzen** to use sth as a front [to hide sth]

Feig·heit <-, -en> f kein pl cowardice; **~ vor dem Feind** cowardice in the face of the enemy

Feig·ling <-s, -e> [ˈfaɪklɪŋ] m *(pej)* coward *pej*

Fei·le <-, -n> [ˈfaɪlə] f file

fei·len [ˈfaɪlən] **I.** vt ■ **etw ~** to file sth; **seine Finger-**

nägel ~ to file one's nails II. *vi* ■ **an etw** *dat* ~ ❶ *(mit einer Feile bearbeiten)* to file sth ❷ *(verbessern, vervollkommnen)* to polish, to make improvements, to improve; **ich muss noch etwas an meinem Referat** ~ I have to polish up my oral presentation

feil·schen ['failʃn̩] *vi (pej)* ■ **[mit jdm] [um etw** *akk*] ~ to haggle [with sth] [over sth]

fein ['fain] **I.** *adj* ❶ *(nicht grob)* fine; *(zart)* delicate; ~**es Haar** fine hair ❷ *(vornehm)* distinguished; ~**e Dame/**~**er Herr** a distinguished lady/gentleman; ~**er Pinkel** *(pej fam)* a person who gives himself airs BRIT; **sich** *dat* **für etw** *akk* **zu** ~ **sein** sth is beneath one; **sich** ~ **machen** to get dressed up, to do oneself up *fam (von hoher Qualität)* exquisite, excellent, choice; **das F~ste vom F~en** the best [of the best], the crème de la crème; **vom F~sten** of the highest quality; *(rein)* pure; **aus** ~**em Gold/Silber** made out of pure gold/silver ❸ *(fam: anständig)* decent; *(iron)* fine *iron;* **du bist mir ja ein** ~**er Freund!** you're a fine friend! *iron* ❹ *(scharf,* ~*sinnig)* keen, acute, sensitive; **eine** ~**e Nase haben** to have an acute sense of smell ❺ *(dezent)* delicate; ~**er Humor** delicate sense of humour [*or* AM -or]; ~**e Ironie** subtle irony ❻ *(fam: erfreulich)* fine, super, perfect, great; ~**!** great!; ~, **dass ...** it's great that ... ▶ WENDUNGEN: ~ **heraus** [*o* **raus] sein** *(fam)* to be in a nice position; *s. a.* **säuberlich II.** *adv* ❶ *vor adj, adv (Kindersprache: hübsch)* nice and ..., just *childspeak;* **seid** ~ **artig!** just be good now! ❷ *(genau)* fine, precise; ~ **säuberlich** accurate ❸ *(zart, klein)* finely; ~ **gemahlen** fine-ground, finely ground ❹ *(elegant)* ~ **angezogen sein** to be dressed up; **sich** ~ **machen** to dress up

Fein·ab·stim·mung *f* fine tuning **Fein·an·teil** *m* KOCHK fines *npl* **Fein·ar·beit** *f* precision work

Feind(in) <-[e]s, -e> ['faint, *pl:* faində] *m(f)* ❶ *(Gegner)* enemy, foe; **jdn zum** ~ **haben** to have sb as an enemy; **sich** *dat* **jdn zum** ~ **machen** to make an enemy of sb; **sich** *dat* ~**e schaffen** to make enemies ❷ *(Opponent)* opponent; ■ **ein** ~ **einer S.** *gen* an opponent of sth ▶ WENDUNGEN: **viel** ~ **viel Ehr** the greater the opposition, the greater the prestige; **liebet eure** ~**e** REL love thine enemies; **ran an den** ~**!** *(fam)* up and at them! *fam*

Feind·bild *nt* concept of an/the enemy

feind·lich I. *adj* ❶ *(gegnerisch)* enemy *attr;* **Stellung** enemy position ❷ *(feindselig)* hostile; **eine** ~**e Haltung gegenüber jdm/etw einnehmen** to be hostile towards [*or* to] sb/sth; **jdm/einer S.** ~ **gegenüberstehen** to be hostile to sb/sth **II.** *adv* **jdm/etw gegenüber** ~ **eingestellt sein** to have a hostile attitude towards [*or* to] sb/sth

Feind·schaft <-, -en> *f kein pl* animosity, hostility; **mit jdm in** ~ **leben** to be at daggers drawn with sb *fam*

feind·se·lig ['faintze:lɪç] **I.** *adj* hostile **II.** *adv* hostilely; **sich** ~ **verhalten** to behave in a hostile manner

Feind·se·lig·keit <-, -en> *f* ❶ *kein pl (feindselige Haltung)* hostility ❷ *pl (Kampfhandlungen)* hostilities *npl*

fein·füh·lig ['fainfy:lɪç] *adj* sensitive **Fein·ge·fühl** *nt kein pl* sensitivity, delicacy, tact; **etw mit viel** ~ **behandeln** to handle sth with a great deal of tact; **etw verlangt viel** ~ this requires [*or* demands] a great deal of tact **Fein·ge·halt** *m* fineness **fein·ge·mah·len** *adj attr s.* **fein II. 3 fein·glie·de·rig** ['fainɡli:dərɪç], **fein·glied·rig** ['fainɡli:drɪç] *adj* delicate, slender; **von** ~**er Gestalt sein** to have a slender figure **Fein·gold** *nt* pure gold

Fein·heit <-, -en> *f* ❶ *(Feinkörnigkeit)* fineness; *(Zartheit)* delicacy; *(von Stoff)* superior quality ❷ *(Schärfe,*

sinnigkeit) acuteness, keenness ❸ *(Dezentheit)* subtle ❹ *pl (Nuancen)* subtleties, nuances *pl;* **das sind eben die gewissen** ~**en, die man beachten muss** it's the little things that make the difference

fein·kör·nig *adj* ❶ *(aus kleinen Teilen)* fine-grained; ~**er Sand** fine sand ❷ FOTO fine-grain **Fein·kost** *f* delicacies **Fein·kost·ge·schäft** *nt* delicatessen **fein·machen** *vr s.* **fein II. 4 fein·ma·schig I.** *adj* fine; **ein** ~**er Pullover** a finely knitted sweater **II.** *adv* finely knitted **Fein·me·cha·nik** *f* precision engineering **Fein·me·cha·ni·ker(in)** *m(f)* precision engineer **fein·mo·to·risch** *adj inv* ANAT fine-motor *attr spec* **Fein·schme·cker(in)** <-s, -> *m(f)* gourmet **Fein·sil·ber** *nt* pure silver **fein·sin·nig** *adj (geh)* sensitive **Fein·wä·sche** *f* delicates *npl* **Fein·wasch·mit·tel** *nt* mild detergent

feist [faist] *adj* fat

fei·xen ['faiksn̩] *vi (fam)* to smirk

Fel·chen <-s, -> ['fɛlçn̩] *m* whitefish

Feld <-[e]s, -er> [fɛlt, *pl:* 'fɛldə] *nt* ❶ *(offenes Gelände, unbebautes Land)* field; **freies** [*o* **offenes]** [*o* **weites]** ~ open country; **auf freiem** ~ in the open country; *s. a.* **Wald** ❷ *(Acker)* field; **das** ~/**die** ~**er bestellen** to cultivate [*or* till] the land ❸ *(abgeteilte Fläche)* section, field; **die** ~**er in einem Formular ausfüllen** to fill out all the fields in a form; *(auf Spielbrett)* square; *(Hintergrund)* background; INFORM field ❹ *(Spiel~)* field ❺ *(Öl~)* oilfield ❻ *kein pl (Schlacht~)* [battle]field; **im** ~ in battle ❼ *(Bereich)* area, field; **ein weites** ~ **sein** to be a broad subject ❽ SPORT *(Gruppe)* field; **das** ~ **anführen** to lead the field ❾ PHYS field; **ein elektromagnetisches** ~ an electromagnetic field ▶ WENDUNGEN: **das** ~ **behaupten** to stand one's ground; **etw ins** ~ **führen** *(geh)* to put sth forward; **das** ~ **räumen** *(weggehen)* to quit the field, to leave; *(seine Stellung aufgeben)* to give up, to quit; **jdn aus dem** ~ **schlagen** to get rid of sb; **jdm/einer S. das** ~ **überlassen** to leave the field open to a thing/sb; **gegen jdn/etw zu** ~**e ziehen** *(geh)* to campaign against sb/sth

Feld·ahorn *m* common maple **Feld·ar·beit** *f* work in the fields **Feld·bett** *nt* camp bed **Feld·fla·sche** *f* canteen, water bottle **Feld·for·schung** *f* field research; ~ **betreiben** to carry out field research **Feld·frucht** *f meist pl* arable products *pl* **Feld·gril·le** *f* ZOOL field cricket **Feld·ha·se** *m* ZOOL hare **Feld·herr(in)** *m(f)* MIL, HIST general, strategist **Feld·huhn** *nt* partridge **Feld·jä·ger(in)** *m(f)* ❶ *pl (Truppe)* military police + *sing/pl vb* ❷ *(Truppenangehöriger)* military policeman **Feld·kü·che** *f* MIL field kitchen **Feld·la·za·rett** *nt* MIL field hospital **Feld·ler·che** *f* ORN skylark **Feld·mar·schall(in)** ['feltmarʃal] *m(f)* field marshall [*or* AM marshal] **Feld·maus** *f* field mouse **Feld·post** *f* MIL [*or* AM armed] forces' postal service **Feld·sa·lat** *m* lamb's lettuce **Feld·spat** ['feltʃpaːt] *m* feldspar **Feld·stär·ke** *f* field strength **Feld·ste·cher** <-s, -> *m* binoculars *npl; (beim Militär a.)* field glasses *npl* **Feld·stu·die** *f* field study **Feld·thy·mi·an** *m* wild thyme **Feld·ver·such** *m* field trial

Feld·we·bel(in) <-s, -> ['fɛltveːbl̩] *m(f)* sergeant-major

Feld·weg *m* field path, country lane **Feld·zug** *m* ❶ MIL campaign ❷ *([Werbe-]Kampagne)* campaign

Fel·ge <-, -n> ['fɛlɡə] *f* rim

Fel·gen·brem·se *f* rim brake

Fell <-[e]s, -e> [fɛl] *nt (Tierhaut)* fur; *(abgezogener Tierpelz)* hide; **einem Tier das** ~ **abziehen** to skin an animal ▶ WENDUNGEN: **jdm das** ~ **über die Ohren ziehen** *(fam)* to take sb to the cleaners; **ein dickes** ~ **haben** *(fam)* to be thick-skinned, to have a thick skin; **sich** *dat* **ein dickes** ~ **anschaffen** *(fam)* to grow a thick skin; **jdm das** ~ **gerben** [*o* **versohlen]** *(fam)* to give sb a good hiding [*or* spanking] *sl;* **jdn** [*o* **jdm]**

juckt das ~ *(fam)* sb's asking for it [*or* a good hiding]; **jdm schwimmen alle** |*o* **die**| **~e weg** *(fam)* |all| one's hopes are dashed

Fel·la·che, Fel·la·chin <-n, -n> |fɛˈlaxə, fɛˈlaxɪn| *m, f* fellah

Fel·la·tio <-> |fɛˈlaːtsi̯o| *f kein pl* fellatio *no pl*

Fels <-en, -en> |fɛls| *m* ❶ *(geh)* s. **Felsen** cliff ❷ *(Gestein)* rock; *s. a.* **Brandung**

Fels·block <-blöcke> *m* boulder **Fels·bro·cken** *m* lump of rock

Fel·sen <-s, -> *m* cliff

Fel·sen·bee·re *f* juneberry **fel·sen·fest** |ˈfɛlsn̩ˈfɛst| **I.** *adj* firm, rock solid, steadfast, solid as a rock **II.** *adv* firmly, steadfastly; **~ von etw** *dat* **überzeugt sein** to be firmly convinced of sth **Fel·sen·ge·bir·ge** *nt* rocky mountain range **Fel·sen·hahn** *m* ORN cock-of-the-rock **Fel·sen·riff** *nt*, **Fels·riff** *nt* rocky reef **Fel·sen·schlucht** *f*, **Fels·schlucht** *f* rocky gorge [*or* ravine] **Fel·sen·tau·be** *f* ORN rock dove

Fels·ge·stein *nt* rock

fel·sig |ˈfɛlzɪç| *adj* rocky

Fels·ma·le·rei *f* rock painting **Fels·spal·te** *f* cleft [*or* crevice] in the rock **Fels·wand** *f* rock face

Fe·me <-, -n> |ˈfeːmə| *f (mittelalterliches Gericht)* vehme

Fe·me·ge·richt *nt*, **Fem·ge·richt** |ˈfeːməgərɪçt| *nt (mittelalterliches Gericht)* vehmic court *(a court in mediaeval Westphalia famous for executing those accused immediately after finding them guilty)* **Fe·me·mord** *m* murder committed under the vehmic system, sectarian killing

Fe·mi·nat <-[e]s, -e> |femiˈnaːt| *nt* female committee

fe·mi·nin |femiˈniːn| *adj* ❶ LING feminine ❷ *(geh: fraulich)* feminine ❸ *(pej: weibisch)* effeminate *pej*

Fe·mi·ni·num <-s, Feminina> |ˈfeːminiːnʊm, *pl:* -na| *nt* LING feminine noun

Fe·mi·nis·mus <-> |femiˈnɪsmʊs| *m kein pl* feminism

Fe·mi·nist(in) <-en, -en> |femiˈnɪst| *m(f)* feminist

fe·mi·nis·tisch *adj* feminist

Fen·chel <-s> |ˈfɛnçl̩| *m kein pl* BOT fennel

Fen·chel·öl *nt* fennel oil **Fen·chel·sa·men** *m* fennel seed

Fen·nek <-s, -s> |ˈfɛnɛk| *m* ZOOL fennec

Fens·ter <-s, -> |ˈfɛnstɐ| *nt* ❶ *(zum Hinausschauen)* window ❷ INFORM window ▸ WENDUNGEN: **weg vom ~ sein** *(fam)* to be out of the running; *s. a.* **Geld**

Fens·ter·bank <-bänke> *f* window-sill **Fens·ter·brett** *nt* window-sill **Fens·ter·brief·um·schlag** *m* window envelope **Fens·ter·flü·gel** *m* casement **Fens·ter·front** *f* glass façade **Fens·ter·glas** *nt* window glass, window pane **Fens·ter·he·ber** <-s, -> *m* window regulator **Fens·ter·kreuz** *nt* mullion and transom **Fens·ter·la·den** *m* [window] shutter **Fens·ter·le·der** *nt* shammy (leather), chamois (leather)

fens·terln |ˈfɛnstɐln| *vi* SÜDD, ÖSTERR to climb in one's lover's window

fens·ter·los *adj* windowless

Fens·ter·platz *m* window seat **Fens·ter·put·zer(in)** <-s, -> *m(f)* window cleaner [*or* washer] **Fens·ter·rah·men** *m* window frame **Fens·ter·re·de** *f* SOZIOL, POL *(pej fam)* soapbox speech **Fens·ter·schei·be** *f* window pane **Fens·ter·sims** *m o nt* window ledge **Fens·ter·stock** *m* ÖSTERR *(Fensterrahmen)* window frame **Fens·ter·sturz** *m* ❶ ARCHIT [window] lintel ❷ *(Sturz aus einem Fenster)* fall from a window ▸ WENDUNGEN: **der Prager ~** HIST the Defenestration of Prague **Fens·ter·tech·nik** *f* INFORM windowing

Fe·ri·en |ˈfeːri̯ən| *pl* ❶ *(Schulferien)* [school] holidays *pl* BRIT, [school] summer vacation AM; **die großen ~** the summer holidays BRIT; **~ haben** to be on holiday [*or* AM vacation] ❷ *(Urlaub)* holidays *pl*, vacation AM;

habt ihr schon irgendwelche Pläne für die ~? have you made any plans for the holidays [*or* your vacation] ?; **in die ~ fahren** to go on holiday [*or* AM vacation]; **~ machen** to have [*or* take] a holiday, to go on vacation

Fe·ri·en·gast *m* holiday-maker **Fe·ri·en·haus** *nt* holiday home, cottage **Fe·ri·en·kurs** *m* vacation course BRIT, summer school AM **Fe·ri·en·la·ger** *nt* |children's| holiday camp; **in ein ~ gehen** |*o* **an einem ~ teilnehmen**| to join a summer [*or* BRIT a. holiday] camp **Fe·ri·en·ort** *m* holiday resort **Fe·ri·en·rei·se** *f* holiday BRIT, vacation AM **Fe·ri·en·tag** *m* holiday, day off work; **morgen ist der letzte ~** tomorrow is the last day of the holidays **Fe·ri·en·woh·nung** *f* holiday flat BRIT, vacation apartment AM **Fe·ri·en·zeit** *f* holiday period [*or* season]

Fer·kel <-s, -> |ˈfɛrkl̩| *nt* ❶ *(junges Schwein)* piglet ❷ *(pej fam: unsauberer Mensch)* pig, mucky pup BRIT *fam* ❸ *(pej fam: obszöner Mensch)* filthy pig *pej fam*

Fer·ke·lei <-, -en> *f (pej fam)* ❶ *(Unsauberkeit)* mess; *(unordentliches Benehmen)* filthy behaviour [*or* AM -or] ❷ *(obszöner Witz)* dirty joke

fer·keln |ˈfɛrkln̩| *vi* ❶ *(Ferkel werfen)* to litter ❷ *(Dreck machen)* to make a mess ❸ *(pej fam: sich unanständig benehmen)* to be acting like a pig, to be dirty [*or* disgusting] [*or* filthy]

Fer·ma·te <-, -n> |fɛrˈmaːtə| *f* MUS pause

Fer·ment <-s, -e> |fɛrˈmɛnt| *nt (veraltend)* enzyme

Fer·mi·um <-s> |ˈfɛrmi̯ʊm| *nt kein pl* CHEM fermium

fern |fɛrn| **I.** *adj* ❶ *(räumlich entfernt)* faraway, far off, distant; *Länder* distant lands; **von ~ beobachtet** to observe from afar [*or* a distance]; **von ~ betrachtet** viewed from a distance ❷ *(zeitlich entfernt)* distant; **in nicht allzu ~er Zeit** in the not too distant future ▸ WENDUNGEN: **das sei ~ von mir!** by no means!, far be it from me! **II.** *präp + dat* far [away] from; **~ einem Menschen/einer S.** far [away] from a person/thing; *s. a.* **Heimat**

Fern·amt *nt* telephone exchange **Fern·be·die·nung** *f* remote control **Fern·be·zie·hung** *f* long-distance relationship **fern|blei·ben** *vi irreg sein (geh)* ▪ |jdm/einer S.| ~ to stay away [from sb/sth] **Fern·blick** *m* vista, distant view, panorama

fer·ne |ˈfɛrnə| *adv (poet, geh)* s. **fern**

Fer·ne <-, <selten -n> |ˈfɛrnə| *f* ❶ *(Entfernung)* distance; **aus der ~** from a distance; **in der ~** in the distance ❷ *(geh: ferne Länder)* distant lands [*or* distant climes] *form;* **in die ~ ziehen** to seek out distant climes [*or* far-off shores]; **aus der ~** from abroad; **in der ~** abroad ❸ *(längst vergangen)* |schon| **in weiter ~ liegen** it already happened such a long time ago ❹ *(in ferner Zukunft)* |noch| **in weiter ~ liegen** there is still a long way to go

fer·ner |ˈfɛrnə| **I.** *adj* ❶ *comp von* **fern** more distant ❷ *(künftig, weiter)* in [the] future; **in der ~en Zukunft** in the long-term, in the distant future ▸ WENDUNGEN: **unter ~ liefen** *(fam)* to be amongst the also-rans BRIT, to be a runner-up AM **II.** *adv* in the future; ▪ **... auch ~ etw tun werden** to continue to do sth in the future; **ich werde auch ~ zu meinem Versprechen stehen** I shall continue to keep my promise **III.** *konj* furthermore, in addition; **~ möchte ich Sie daran erinnern, dass ...** furthermore I would like to remind you that ...

fer·ner·hin |ˈfɛrnəhɪn| **I.** *adv (veraltend geh)* s. **ferner II. II.** *konj (veraltend geh)* s. **ferner III.**

fer·ner|lie·gen *vi irreg* **nichts liegt** |*o* **läge**| **mir ferner, als ...** nothing could be further from my mind than to ...

Fern·fah·rer(in) *m(f)* long-distance lorry [*or* AM truck] driver **Fern·gas** *nt* gas from the national grid BRIT

fern·ge·lenkt *adj* remote-controlled, radio-controlled
Fern·ge·spräch *nt* long-distance call **fern·ge·steu·ert** *adj* remote-controlled, radio-controlled **Fern·glas** *nt* [pair of] binoculars
fern|hal·ten *irreg* **I.** *vt* **jdn von jdm/etw ~** to keep sb away from sb/sth **II.** *vr* **sich von jdm/etw ~** to keep away from sb/sth; **halte dich lieber von mir fern, ich habe eine Erkältung!** you better not come too close, I've got a bad cold
Fern·hei·zung *f* district heating **Fern·ko·pie** *f* s. **Telefax Fern·kurs** *m* correspondence course **Fern·las·ter** *m (fam)* long-distance lorry [*or* AM truck] **Fern·last·ver·kehr** *m* long-distance commercial haulage **Fern·last·zug** *m* long-distance road train **Fern·lei·he** <-, -> *f* SCH ① *kein pl (Leihverkehr zwischen Bibliotheken)* inter-library loan ② s. **Fernleihverkehr**
fern|len·ken *vt* ▨ **etw ~** to operate sth by remote control **Fern·len·kung** *f* remote control; **eine Rakete mit ~** a remote-controlled rocket **Fern·licht** *nt* full beam BRIT, high beams AM; **mit ~ fahren** to drive on full beam BRIT, to drive with your high beams on AM; [**das**] **~ an haben** to be on full beam BRIT, to have your high beams on AM
fern|lie·gen *vi irreg* **etw liegt jdm fern** sth is far from sb's mind; **jdm liegt es fern, etw zu tun** to be far from sb's thoughts; **jdm nicht ~** to not be far from one's thoughts
Fern·mel·de·amt *nt* telephone exchange **Fern·mel·de·dienst** *m* telecommunications service **Fern·mel·de·ge·heim·nis** *nt* confidentiality of telecommunications; **das ~ verletzen/wahren** to infringe/maintain the confidentiality of telecommunications **Fern·mel·de·sa·tel·lit** *m* communications satellite **Fern·mel·de·tech·nik** *f kein pl* telecommunications engineering **Fern·mel·de·trup·pe** *f* signals [*or* AM signal] corps **Fern·mel·de·turm** *m* communication tower **Fern·mel·de·we·sen** *nt kein pl* telecommunications + *sing vb*
fern·münd·lich **I.** *adj (geh)* by telephone **II.** *adv (geh)* by telephone; **wir haben uns ~ für den 18. verabredet** we set a date on the [tele]phone to meet on the 18th
Fern·ost [ˈfɛrnʔɔst] *kein art* **aus/in/nach ~** from/in/to the Far East
fern·öst·lich [ˈfɛrnʔœstlɪç] *adj* Far Eastern
Fern·rohr *nt* telescope **Fern·ruf** *m (geh)* telephone number; **Fernruf: 555-129** Telephone: 555 129 **Fern·schrei·ben** *nt* telex [message] **Fern·schrei·ber** *m* telex [machine] **Fern·seh·an·sa·ger(in)** *m(f)* television announcer **Fern·seh·an·stalt** *f* broadcasting company **Fern·seh·an·ten·ne** *f* television aerial **Fern·seh·ap·pa·rat** *m (geh) s.* **Fernseher**
fern|se·hen [ˈfɛrnzeːən] *vi irreg* to watch television; **stundenlang ~** to watch television for hours on end **Fern·se·hen** <-s> [ˈfɛrnzeːən] *nt kein pl* ① *(die Technik der Bildübertragung)* television ② *(die Sendeanstalten, das Programm)* television; **das ~ bringt nur Wiederholungen** they're only showing repeats [*or* reruns] on the TV; **beim ~ arbeiten** [*o* sein] to work [*or* be] in television; **~ gucken** *(fam)* to watch the boob tube AM; **im ~ kommen** to be on television; **was kommt heute im ~?** what's on telly [*or* TV] today?; **etw im ~ sehen** to see sth on television ③ *(fam: Fernsehapparat)* **~ haben** to have television **Fern·se·her** <-s, -> *m (fam)* television [set]; **vor dem ~ hocken** [*o* sitzen] to sit in front of the television **Fern·seh·frit·ze** *m* guy on the TV, TV bloke BRIT **Fern·seh·ge·bühr** *f meist pl* television licence fee BRIT **Fern·seh·ge·rät** *nt (geh)* television set **Fern·seh·jour·na·list(in)** *m(f)* television reporter **Fern·seh·ka·me·ra** *f* television camera **Fern·seh·kom·mis·sar** *m* detective or policeman in a TV series **Fern·seh·pro·**

gramm *nt* ① *(Programm im Fernsehen)* television programme [*or* AM -am] ② *(Kanal)* [television] channel **Fern·seh·sa·tel·lit** *m* television satellite **Fern·seh·sen·der** *m* television station **Fern·seh·sen·dung** *f* television programme [*or* AM -am] **Fern·seh·spiel** *nt* television play, made-for-TV movie **Fern·seh·stu·dio** *nt* television studio **Fern·seh·tru·he** *f* TV television cabinet **Fern·seh·turm** *m* television tower **Fern·seh·über·tra·gung** *f* television broadcast **Fern·seh·zeit·schrift** *f* television [*or* TV] guide **Fern·seh·zu·schau·er(in)** *m(f)* viewer
Fern·sicht *f* view; **gute/keine/schlechte ~ haben** to have a good/no/poor [*or* bad] view; **bei guter ~** by good visibility
Fern·sprech·an·la·ge *f (geh)* telephone **Fern·sprech·an·schluss**RR *m (geh)* telephone connection **Fern·sprech·auf·trags·dienst** *m* automatic telephone answering service **Fern·spre·cher** [ˈfɛrnʃprɛçɐ] *m* telephone **Fern·sprech·ge·bühr** *f (geh)* telephone charges *pl*
fern|ste·hen *vi irreg* **jdm/einer S. ~** *(geh)* to have no contact with sb/a thing
fern|steu·ern *vt* ▨ **etw ~** to operate sth by remote control; *s. a.* **ferngesteuert Fern·steu·e·rung** *f* ① *(das Fernsteuern)* remote control ② *(Gerät)* remote-control system; **~ haben** to be remote-controlled; **ein Fernseher mit ~** a TV with a remote control **Fern·stra·ße** *f* arterial road, highway, motorway BRIT, freeway AM, interstate AM; **auf den Autobahnen und ~n liegen keine Störungen vor** there are no delays on any motorways or major roads **Fern·stu·di·um** *nt* correspondence course **Fern·über·wa·chung** *f* remote monitoring **Fern·uni·ver·si·tät** *f* Open University **Fern·ver·kehr** *m* long-distance traffic **Fern·ver·kehrs·stra·ße** *f s.* **Fernstraße Fern·weh** <-[e]s> *nt kein pl (geh)* wanderlust **Fern·ziel** *nt* long-term objective
Fer·se <-, -n> [ˈfɛrzə] *f (Teil des Fußes)* heel; ▸ WENDUNGEN: **sich jdm an die ~n hängen** to stick close to sb; **sich an jds ~n heften** to stick hard on [*or* to dog] sb's heels; **jdm** [**dicht**] **auf den ~n sein** [*o* **bleiben**] to be [hot] on sb's tail
Fer·sen·bein *nt* calcaneum, heel bone **Fer·sen·geld** *nt* ▸ WENDUNGEN: **~ geben** *(fam)* to take to one's heels *fam*
fer·tig [ˈfɛrtɪç] **I.** *adj* ① *(abgeschlossen, vollendet)* finished; **das Essen ist in ein paar Minuten ~** the food will be done [*or* ready] in a few minutes; **etw ~ haben** to have finished sth; **haben Sie die Briefe schon ~?** have you finished the letters yet?; **etw ~ kaufen** to buy a finished product; **mit etw** *dat* **~ sein** to be finished with sth; **mit etw** *dat* **~ werden** to finish sth ② *(bereit)* ready; **ich bin schon lange ~!** I've been ready for ages!; **ich bin ~, wir können gehen** I'm ready, let's go ③ *(ausgebildet)* trained; **Lehrer** qualified ④ *(fam: erschöpft)* exhausted, shattered BRIT *fam*, knackered BRIT *sl*, dog-tired; *(verblüfft)* amazed, gobsmacked BRIT, shocked by surprise BRIT *fam* ⑤ *(fam: Beziehung beendet)* ▨ **mit jdm ~ sein** to be through [*or* finished] with sb ⑥ *(fam: basta)* **~!** that's that [*or* the end of it] ! **II.** *adv* ① *(zu Ende)* **etw ~ bekommen** [*o* *fam:* **kriegen**] *(vollenden)* to complete [*or* finish] sth; **etw/eine S.** *akk* **~ machen** [*o* **tun**] to finish sth; **lass mich wenigstens noch in Ruhe ~ frühstücken!** let me at least finish breakfast in peace; **etw ~ stellen** to finish [*or* complete] sth; **~ gestellt** completed ② *(tatsächlich ausführen)* **etw ~ bekommen** [*o* **bringen**] [*o* *fam:* **kriegen**] to carry out sth; *(etw schaffen)* to be capable of sth; **es ~ bekommen** [*o* **bringen**] **, etw zu tun** to manage to do sth; **der bringt es ~ und verlangt auch noch Geld dafür!** and he even has the cheek

[*or* audacity] to ask for money ❸ *(bereit)* [**jdm**] **etw ~ machen** to have sth ready [for sb]; **etw rechtzeitig ~ machen** to finish sth [*or* have sth ready] on time; **sich** [**für etw** *akk*] **~ machen** to get ready [for sth] ▶ WENDUNGEN: **auf die Plätze, ~, los!** on your marks, get set, go!, ready, steady, go!

Fer·tig·bau <-bauten> *m* ❶ *kein pl (Bauweise)* prefabricated construction ❷ *(Gebäude)* prefab **Fer·tig·bau·wei·se** *f kein pl* prefabricated building

fer·tig|be·kom·men *vt irreg (fam)* s. **fertig II. 1, 2**

fer·tig|brin·gen *vt irreg* s. **fertig II. 1, 2**

fer·ti·gen [ˈfɛrtɪgn] *vt (geh)* ■ **etw ~** to manufacture sth; **etw ~ lassen** to have sth manufactured

Fer·tig·ge·richt *nt* instant meal, ready-to-eat meal **Fer·tig·haus** *nt* prefabricated house, prefab *fam*

Fer·tig·keit <-, -en> *f* ❶ *kein pl (Geschicklichkeit)* skill ❷ *pl (Fähigkeiten)* competence, skills; **dafür braucht man besondere ~en** this requires special skills

fer·tig|krie·gen *vt (fam)* s. **fertig II. 1, 2**

fer·tig|ma·chen *vt* ❶ s. **fertig II. 1, 3** ❷ *(fam)* **etw macht jdn fertig** *(zermürben)* sth wears out sb *sep*; **jdn ~** *(schikanieren)* to wear sb down *sep*; *(sl: zusammenschlagen)* to beat up sb *sep*

Fer·tig·pro·dukt *nt* finished product **fer·tig|stel·len** *vt* s. **fertig II. 1 Fer·tig·stel·lung** *f* completion **Fer·tig·teil** *nt* prefabricated component [*or* part]

Fer·ti·gung <-, -en> *f* manufacture

Fer·ti·gungs·stra·ße *f* production line

fer·tig|wer·den^RR *vi irreg sein (fam: zurechtkommen)* **mit jdm/etw ~** to cope with sb/sth

Fes <-, -> [feːs] *nt* MUS F flat

fesch [fɛʃ] *adj* ❶ SÜDD, ÖSTERR *(fam: flott)* smart; **ein ~er Kerl** a smart-looking fellow ❷ ÖSTERR *(fam: nett)* **sei ~!** be a sport!

Fes·sel <-, -n> [ˈfɛsl] *f* ❶ *(Schnur)* bond, fetter; *(Kette)* shackles *npl;* **eiserne ~n** iron shackles; **jdm ~n anlegen** *aus Schnur* to tie sb up; **jdn in ~n legen** [*o liter:* **schlagen**] to put sb in chains *fig;* **seine ~n sprengen** to throw off one's chains *fig* ❷ ANAT *(geh: von Mensch)* ankle; *(von Huftier)* pastern

Fes·sel·bal·lon [-balɔŋ] *m* captive balloon

fes·seln [ˈfɛsln] *vt* ❶ *(Fesseln anlegen)* ■ **jdn** [**mit etw** *dat*] **~** to bind [*or* tie [up *sep*]] sb [with sth]; ■ **jdn an etw** *akk* **~** to bind [*or* tie] sb to sth; ■ **jdn an etw** *dat* **~** to bind [*or* tie [up *sep*]] sb with sth, to shackle, to handcuff; **er wurde mit gefesselten Händen vorgeführt** he was brought in with his hands tied ❷ *(geh: binden)* ■ **jdn an sich** *akk* **~** to tie sb to oneself ❸ *(faszinieren)* ■ **etw fesselt jdn** [**an jdm/etw**] sb is captivated [by sb/sth]; *(in Bann halten)* to captivate

fes·selnd *adj* captivating, spellbinding

fest [fɛst] **I.** *adj* ❶ *(hart, stabil)* strong, tough; *Schuhe* sturdy ❷ *(nicht flüssig)* solid; *Nahrung* solid; *(erstarrt)* solidified ❸ *(sicher, entschlossen)* firm; *Absicht* firm; *Zusage* definite; **wir treffen uns also morgen, ist das ~?** we'll meet tomorrow then, is that definite?; *s. a.* **Stimme** ❹ *(kräftig)* firm; **ein ~er Händedruck** a sturdy handshake ❺ *(nicht locker)* tight; *s. a.* **Schlaf** ❻ *(konstant, ständig)* permanent; **eine ~e Anstellung** a permanent job; **~e Mitarbeiter** permanent employee *no pl;* *(~gesetzt)* fixed; **~e Kosten** fixed costs; *(eng, dauerhaft)* lasting; *Freund, Freundin* steady; *s. a.* **Redewendung II.** *adv* ❶ *(kräftig)* firmly; **~ an·/zupacken** to firmly grasp; **jdn ~ an sich drücken** to give someone a big hug ❷ *(nicht locker)* tightly; **etw ~ anziehen** to screw in sth tightly; **etw ~ treten** to tread [*or* trample] sth down *sep;* **sich ~ treten** to become trodden down; **geht nicht quer durch das Beet! die Erde tritt sich sonst fest!** don't walk across the flower-bed, other-

wise the earth will get trodden down!; *s. a.* **verankern** ❸ *(mit Nachdruck)* definitely; **~ an etw** *akk* **gebunden sein** to be firmly tied to sth; **jdm etw ~ versprechen** to make sb a firm promise; **etw ~ zusagen** to promise firmly; *s. a.* **entschlossen** *s. a.* **schlafen** ❹ *(dauernd)* permanently; **Geld ~ anlegen** to invest in a fixed term deposit; **~ angestellt** permanently employed; **~ angestellt sein** to have a permanent job ❺ *(präzise)* **~ umrissen** clearly defined ▶ WENDUNGEN: **das tritt sich ~!** *(hum sl)* don't worry, you'll get used to it!

Fest <-[e]s, -e> [fɛst] *nt* ❶ *(Feier)* celebration; **ein ~ geben** to have [*or* throw] a party ❷ *(kirchlicher Feiertag)* feast, festival; **bewegliches/unbewegliches ~** movable/immovable feast; **frohes ~!** Happy [*or* Merry] Christmas/Happy Easter, etc.; **ein kirchliches ~** a religious festival [*or* feast] ▶ WENDUNGEN: **man soll die ~e feiern, wie sie fallen** *(prov)* one should make hay while the sun shines *prov*

Fest·akt *m* ceremony

fest·an·ge·stellt *adj* s. **fest II. 4**

Fest·an·ge·stell·te(r) *f(m) dekl wie adj* permanent employee

Fest·an·spra·che *f* s. **Festrede**

Fest·an·stel·lung *f* steady employment

fest|bei·ßen *vr irreg* ❶ *(sich verbeißen)* ■ **sich** [**an jdm/etw**] **~** to get a firm grip [on sb/sth] with one's teeth ❷ *(nicht weiterkommen)* ■ **sich** [**an etw** *dat*] **~** to get stuck [on sth]

Fest·be·leuch·tung *f* ❶ *(festliche Beleuchtung)* festive lighting [*or* lights] ❷ *(hum fam: zu helle Beleuchtung)* bright lights

fest|bin·den *vt irreg* ■ **jdn/etw/ein Tier** [**an etw** *dat*] **~** to tie [*or* fasten] sb/sth/an animal [to sth]

fest|blei·ben *vi irreg sein* to stand one's ground

fes·te [ˈfɛstə] *adv (fam)* like mad; **immer ~ drauf!** let him/them, etc. have it!

Fes·te <-, -n> [ˈfɛstə] *f (veraltet)* s. **Festung**

Fest·es·sen *nt* banquet

fest|fah·ren I. *vr irreg* ■ **sich** [**in etw** *dat*] **~** to get stuck [in sth]; ■ **sich an etw** *dat* **~** to get stuck [on sth] **II.** *vi irreg* to get stuck; **das Auto ist im Schlamm festgefahren** the car got stuck in the mud

fest|frie·ren *vi irreg sein* ■ **an etw** *dat* **~** to freeze [solid] [to sth] **fest|ga·ren** *vt* ■ **etw ~** to boil sth until firm

Fest·ge·la·ge *nt (geh)* banquet, feast

Fest·geld *nt* FIN fixed-term deposit **Fest·geld·kon·to** *nt* ÖKON, FIN term account, time deposit account

fest|ha·ken I. *vt (mit einem Haken befestigen)* ■ **etw** [**an etw** *dat*] **~** to hook sth [to sth] **II.** *vr (hängen bleiben)* ■ **sich an/in etw** *dat* **~** to get caught on/in sth

Fest·hal·le *f (festival)* hall

fest|hal·ten *irreg* **I.** *vt* ❶ *(fest ergreifen)* ■ **jdn** [**an etw** *dat*] **~** to grab [*or* seize] sb [by sth]; **er hielt sie am Ärmel fest** he grabbed her by the sleeve ❷ *(gefangen halten)* ■ **jdn ~** to detain [*or* hold] sb ❸ *(konstatieren)* ■ **~, dass …** to record the fact that …; ■ **etw ~** to record [*or* make a note of] sth; **diesen Punkt sollten wir unbedingt ~** we should certainly make a note of this point **II.** *vi* ■ **an etw** *dat* **~** to adhere [*or* stick] to sth; **hartnäckig an etw ~** to stubbornly cling to sth **III.** *vr* ■ **sich** [**an jdm/etw**] **~** to hold on [to sb/sth]

fes·ti·gen [ˈfɛstɪgn] **I.** *vt* ■ **etw ~** to strengthen sth; *Freundschaft* to establish; *Stellung* secure; *s. a.* **gefestigt II.** *vr (sich stabilisieren)* ■ **sich ~** to become more firmly established

Fes·ti·ger <-s, -> *m* setting lotion

Fes·tig·keit <-> [ˈfɛstɪçkait] *f kein pl* ❶ *(Stabilität)* strength ❷ *(Unnachgiebigkeit, Entschlossenheit)* resoluteness, steadfastness; **mit ~ auftreten** to appear resolute ⑤ *(Standhaftigkeit)* firmness; **die ~ von jds Glauben** sb's firm belief

Fes·ti·gung <-, -en> *f* consolidation

Fes·ti·val <-s, -s> ['fɛstivl] *nt* festival

fest|klam·mern I. *vt (mit Klammern befestigen)* ■ **etw [an etw** *dat*] **~** to clip sth [to sth] **II.** *vr (nicht mehr loslassen)* ■ **sich [an jdm/etw] ~** to cling [or hang on] [to sb/sth] **fest|kle·ben I.** *vt haben (durch Kleben befestigen)* ■ **etw ~** to stick sth [on]; **festge·klebt sein** to be stuck on [or to] **II.** *vi sein (klebend haften)* ■ **[an etw** *dat*] **~** to stick [to sth] **fest|kral·len** *vr* ■ **sich [an jdm/etw] ~** to cling [on] [to sb/sth]; **die Katze krallte sich an ihrem Pullover fest** the cat dug its claws into her pullover

Fest·land ['fɛstlant] *nt kein pl* ① *(Kontinent etc.)* continent, mainland; **nach Wochen auf See tauchte endlich das ~ auf** after weeks at sea land was finally sighted ② *(feste Erdoberfläche)* dry land

Fest·land(s)·so·ckel *m* continental shelf

fest|le·gen I. *vt* ① *(bestimmen)* ■ **etw ~** to determine [or establish] [or define] sth; ■ **~, dass ...** to stipulate that ...; **die Rechte der Bürger sind im Bürgerlichen Gesetzbuch festgelegt** the rights of every citizen are laid down in the Civil Code ② FIN *(unkündbar anlegen)* **Geld** to tie up *sep* ③ *(bindend verpflichten)* ■ **jdn [auf etw** *akk*] **~** to tie sb down [to sth]; **er will sich nicht ~ lassen** he does not want to commit himself to anything **II.** *vr (sich verpflichten)* ■ **sich [auf etw** *akk*] **~** to commit oneself [to sth]

Fest·le·gung <-, -en> *f* determining, establishing, fixing, laying down; **er war zuständig für die ~ der Tagesordnung** he was responsible for creating [or defining] the agenda

fest·lich I. *adj* ① *(feierlich)* festive ② *(glanzvoll)* magnificent, splendid; **Beleuchtung** festive **II.** *adv* festively; **etw ~ begehen** *(geh)* to celebrate sth; **~ gekleidet sein** to be dressed up

Fest·lich·keit <-, -en> *f* celebration, festivity, festive atmosphere

fest|lie·gen *vi irreg* ① *(festgesetzt sein)* to be determined [or established]; **die Termine liegen jetzt fest** the schedules have now been fixed ② *(nicht weiterkönnen)* to be stranded [or stuck] ③ FIN *(fest angelegt sein)* to be tied up **fest|ma·chen I.** *vt* ① *(befestigen)* ■ **etw [an etw** *dat*] **~** to fasten [or secure] sth [to sth] ② *(vereinbaren)* ■ **etw ~** to arrange sth; **ein Geschäft ~** to close a deal ③ *(ableiten, herleiten)* ■ **etw an etw** *dat* **~** to link sth to sth **II.** *vi* NAUT *(anlegen)* ■ **[an etw** *dat*] **~** to tie up [to sth], to moor **Fest·me·ter** *m o nt* cubic metre [*or* AM -er] **fest|na·geln** *vt* ① *(mit Nägeln befestigen)* ■ **etw [an etw** *dat*] **~** to nail sth [to sth] ② *(fam: festlegen)* ■ **jdn [auf etw** *akk*] **~** to nail [or pin] sb down [to sth]

Fest·nah·me <-, -n> ['fɛstnaːmə] *f* arrest; **vorläufige ~** provisional [or temporary] detention

fest|neh·men *vt irreg* **jdn ~** to take sb into custody; **jdn vorläufig ~** to take sb into [temporary] custody, to detain sb provisionally [or temporarily]; **Sie sind [vorläufig] festgenommen** I'm arresting you

Fest·plat·te *f* INFORM hard disk

Fest·plat·ten·lauf·werk *nt* INFORM hard disk drive

Fest·platz *m* fairground

Fest·preis *m* fixed price

Fest·re·de *f* official speech; **die ~ halten** to give a formal address **Fest·red·ner(in)** *m(f)* official speaker

Fest·saal *m* banquet hall

fest|sau·gen *vr* ■ **sich an jdm/etw ~** to cling to [sb/sth], to attach to sb/sth firmly **fest|schrau·ben** *vt* ■ **etw ~** to screw on sth *sep* **fest|schrei·ben** *vt irreg* ■ **etw ~** to establish sth; **das Abkommen schreibt den genauen Verlauf der Grenze zwischen den beiden Ländern fest** the treaty defines the exact bor-

ders between the two countries

Fest·schrift *f* commemorative publication

fest|set·zen I. *vt (bestimmen)* ■ **etw ~** to determine [or define] sth **II.** *vr (fest anhaften)* ■ **sich ~** to collect, to settle; **in den Ritzen hat sich Dreck festgesetzt** dirt has collected in the cracks

Fest·set·zung <-, -en> *f* determination, fixing

fest|sit·zen *vi irreg* ① *(sich nicht bewegen lassen)* to be stuck; **die Halterung muss richtig ~** the bracket must be secure ② *(festkleben)* to be stuck on ③ *(stecken geblieben sein)* to be stuck

Festspiele *pl* festival

Fest·spiel·haus *nt* festival theatre [*or* AM -er]

fest|ste·cken I. *vt* ■ **etw ~** to pin sth; **sich** *dat* **die Haare ~** to pin up one's hair **II.** *vi sein s.* **festsitzen 3**

fest|ste·hen *vi irreg* ① *(festgelegt sein)* to be fixed [or fixed]; **steht das genaue Datum schon fest?** has the exact date been fixed already? ② *(sich entschlossen haben)* to be firm; **mein Entschluss steht fest** my decision is firm [or final] ③ *(sicher sein)* ■ **~, dass ...** to be certain that ...; **eines steht jedenfalls fest – ...** one thing is for certain [or sure] ...

fest·ste·hend *adj attr* established, fixed

fest|stell·bar *adj* ① *(herauszufinden)* ■ **~ sein** to be ascertainable ② *(arretierbar)* lockable

fest|stel·len *vt* ① *(ermitteln)* ■ **jdn/etw ~** to identify sb/sth; **jds Personalien ~** to ascertain sb's personal data; **den Täter ~** to identify the guilty party ② *(bemerken)* ■ **etw ~** to detect sth ③ *(diagnostizieren)* ■ **[bei jdm] etw ~** to diagnose sb with sth; **haben Sie irgendetwas Ungewöhnliches festgestellt?** did you notice anything unusual?; ■ **~, dass ...** to see that ...; **zu meinem Erstaunen muss ich ~, dass ...** I am astounded to see that ... ④ *(arretieren)* ■ **etw ~** to lock sth

Fest·stell·tas·te *f* shift lock

Fest·stel·lung *f* ① *(Bemerkung)* remark; **erlauben Sie mir die ~, dass ..** allow me to comment that ... ② *(Ermittlung)* ascertainment, establishment ③ *(Wahrnehmung, Beobachtung)* observation; **~en machen** to make observations; **die ~ machen, dass ...** *(geh)* to see that ..., to notice that ... ④ *(Ergebnis)* **zu der ~ kommen** [*o* gelangen] **, dass ...** to come to the conclusion that ...

Fest·stim·mung *f* festive atmosphere; **in ~ sein** to be in a festive mood **Fest·ta·fel** *f (geh)* banquet table *form* **Fest·tag** *m* ① *(Ehrentag)* special day ② *(Feiertag)* holiday; **wir sind die ~e über verreist** we're away for the holiday period; **frohe ~e!** *(Ostern)* Happy Easter; *(Weihnachten)* Merry [or Happy] Christmas **Fest·tags·stim·mung** *f s.* **Feststimmung**

fest|tre·ten *vt, vr irreg s.* **fest II. 2** ▶ WENDUNGEN: **das tritt sich fest!** *(hum sl)* don't worry, you'll get used to it!

fest·um·ris·sen *adj attr s.* **fest II. 5**

Fes·tung <-, -en> ['fɛstʊŋ] *f* fortress

fest·ver·zins·lich *adj* fixed-interest

Fest·wie·se *f s.* **Festplatz Fest·zelt** *nt* marquee

fest|zie·hen *vt irreg* to tighten

Fest·zins *m* fixed interest

Fest·zug *m* procession, parade

fest|zur·ren *vt* ■ **etw ~** to lash sth down [or together]; **du musst den Sicherheitsgurt ~** you must tighten your seat-belt

Fe·te <-, -n> ['feːtə] *f* party; **eine ~ machen** [*o* feiern] to have [or throw] a party

Fe·tisch <-[e]s, -e> ['feːtɪʃ] *m* fetish

Fe·ti·schis·mus <-> [fetiˈʃɪsmʊs] *m kein pl* fetishism *no def art*

Fe·ti·schist(in) <-en, -en> [fetiˈʃɪst] *m(f)* fetishist

fett [fɛt] *adj* ① *(~haltig)* fatty; **Essen, Speisen** fatty

② *(pej: dick)* fat **③** TYPO bold; ~ **gedruckt** in bold [type] *pred; Überschrift* printed in bold **④** *(üppig)* fertile, rich; *Ackerboden* fertile; *Weide* rich; *Beute (fam)* rich; **die ~en Jahre** the fat years **⑤** *(von Auto)* rich; **wow, ist das ein fetter Wagen!** wow, what a car!

Fett <-[e]s, -e> *[fɛt] nt* **①** *(~gewebe)* fat; ~ **ansetzen** *Mensch* to gain weight; *Tier* to put on fat **②** *(zum Schmieren)* grease; **pflanzliches/tierisches ~** vegetable/animal fat; **etw in schwimmendem ~ backen** to deep-fry sth ▶ WENDUNGEN: **sein ~ abbekommen** [*o* **abkriegen**] *(fam)* to get one's come-uppance *fam;* **sein ~ [weg]haben** *(fam)* to get what is coming to you *fam*

Fett·an·satz *m* layers of fat; **zu ~ neigen** to tend to put on weight [easily] **fett·arm** I. *adj* low-fat II. *adv* low-fat; ~ **essen** to eat low-fat foods **Fett·au·ge** *nt* fatty globule **Fett·bauch** *m (pej fam)* **①** *(fetter Bauch)* paunch **②** *(fetter Mann)* fatso *pej fam* **Fett·cre·me** *f* skin cream with oil **Fett·druck** *m* bold [type] **Fett·em·bo·lie** *f* MED fat embolism

fet·ten *['fɛtn] I. vt (ein~)* to grease II. *vi (Fett absondern)* to become greasy

Fett·film *m* greasy film **Fett·fleck** *m,* **Fett·fle·cken** *m* grease mark [*or* spot], smudge **Fett·ge·ba·cke·nes** *nt* choux pastries *pl* **fett·ge·druckt** *adj attr s.* **fett 3 Fett·ge·halt** *m* fat content **Fett·ge·we·be** *nt* fatty tissue **Fett·grie·be** *f* crackling

fett·hal·tig *adj* fatty

Fett·hen·ne *f* BOT stonecrop

fet·tig *['fɛtɪç] adj* greasy

Fett·kil·ler *m* PHARM *(fam: mittel zur Reduzierung des Gewichts)* slimming product [*or* aid]

Fett·kloß *m (pej)* fatso *pej fam,* fatty *pej fam* **Fett·klum·pen** *m* lump of fat **Fett·kraut** *nt* BOT butterwort **Fett·le·ber** *f* fatty liver

fett·lei·big *['fɛtlaɪbɪç] adj (geh)* corpulent *form,* obese **Fett·lei·big·keit** *f (geh)* corpulence *form,* obesity

Fett·näpf·chen *nt (fam)* ▶ WENDUNGEN: **[bei jdm] ins ~ treten** to put one's foot in it [with sb] **Fett·pfänn·chen** *nt* butter pan **Fett·pols·ter** *nt (fam)* cushion of fat **Fett·pres·se** *f* grease gun **fett·reich** I. *adj* rich II. *adv* richly; ~ **essen** to eat foods with a very high fat content **Fett·sack** *m (sl)* fatso *pej fam;* **he, ~!** hey, fatso! **Fett·säu·re** *f* fatty acid **Fett·schicht** *f* layer of fat **Fett·schwein** *nt* porker **Fettstoffwechsel** *m* lipid metabolism **Fett·sucht** *f kein pl* obesity **fett·trie·fend**ᴿᴿ *adj* dripping with fat **Fett·wanst** *m (pej)* fatso *pej fam*

fet·zen *['fɛtsn] I. vt haben* **①** *(reißen)* ▬ **etw [von etw] [irgendwohin]** ~ to rip [*or* tear] sth [off sth] [and put it somewhere else] **②** *(fam: prügeln)* ▬ **sich** ~ to tear apart; **hört auf, euch zu ~!** stop tearing each other apart! II. *vi haben (sl: mitreißen)* ▬ **das fetzt** this is mind-blowing

Fet·zen <-s, -> *['fɛtsn] m* **①** *(abgerissenes) Stück)* scrap, shred; *Haut* patch, piece; **Papier/Stoff** scrap, piece; **etw in ~ reißen** to tear sth to pieces [*or* shreds] **②** *(zusammenhangsloser Ausschnitt)* snatches *pl* BRIT, fragments AM; **ab und zu drang ein ~ des Gesprächs an sein Ohr** now and again he heard snatches [*or* bits and pieces] of the conversation **③** *(sl: billiges Kleid)* rag ▶ WENDUNGEN: **... dass die ~ fliegen** *(fam)* ... like mad; **die beiden haben sich gestritten, dass die ~ flogen** the two of them had a row and the sparks flew

fet·zig *['fɛtsɪç] adj (sl: mitreißend)* fantastic; *Musik* hot; *(schick, flott)* trendy; *Typ* cool

feucht *[fɔyçt] adj* **①** *(leicht nass)* damp; *Hände, Stirn* clammy, sweaty; **ihre Augen wurden ~** her eyes were misty [*or* moist] **②** *(humid)* humid; *Klima, Luft* humid **③** *(nicht angetrocknet)* ▬ **noch ~ sein** to still be wet [*or* damp]; **Achtung, die Farbe ist noch ~!**

Attention, wet paint!

Feucht·bi·o·top *f* damp biotope **feucht·fröh·lich** *['fɔyçt'frøːlɪç] I. adj (hum fam)* merry II. *adv (hum fam)* merrily; ~ **feiern** to have a booze up BRIT, to go out drinking AM **feucht·heiß** *adj* hot and humid

Feuch·tig·keit <-> *['fɔyçtɪçkaɪt] f kein pl* **①** *(leichte Nässe)* dampness **②** *(Wassergehalt)* moisture, humidity; **die ~ der Luft** humidity [in the air]

Feuch·tig·keits·cre·me [-kreːm] *f* moisturizing cream **Feuch·tig·keits·ge·halt** *m* moisture content; **der ~ der Luft** the humidity in the air

feucht·kalt *adj* damp and cold **feucht·warm** *adj* warm and humid

feu·dal *[fɔy'daːl] adj* **①** HIST feudal **②** *(fam: prächtig)* magnificent; *Essen* sumptuous; *Wohnung* plush, exclusive, luxurious

Feu·dal·herr·schaft *f* feudalism

Feu·da·lis·mus <-> *[fɔyda'lɪsmʊs] m kein pl s.* **Feudalherrschaft**

Feu·er <-s, -> *['fɔye] nt* **①** *(Flamme)* fire; **bengalisches ~** Bengal light *(a thick sparkler with a wooden stem that burns with a green or red light);* **das olympische ~** the Olympic flame; ~ **speien** to spit fire; GEOL *Vulkan* to spew out fire; LIT *Drachen* to breathe fire; ~ **speiend** GEOL *Vulkan* spewing fire *pred;* LIT *Drachen* fire-breathing *attr;* ~ **machen** to make a fire; **am ~** by the fire **②** *(für Zigarette)* **jdm ~ geben** to give sb a light; ~ **haben** to have a light; **Entschuldigung, haben Sie mal ~?** excuse me please, have you got a light? **③** *(Kochstelle, Herd)* **etw auf offenem ~ kochen** to cook sth on an open fire; **etw vom ~ nehmen** to take sth off the heat; **etw aufs ~ stellen** to put sth on to cook **④** *(Brand)* fire; **~!** fire!; ~ **fangen** to catch [on] fire; ~ **[an etw** *akk*] **legen** to set alight [*or* fire] [to sth] [*or* to set sth on fire] **⑤** MIL *(Beschuss)* fire; **jdn unter ~ nehmen** to open fire on sb/sth; ~ **frei!** open fire!; **das ~ einstellen** to cease fire; **„~ einstellen!"** 'cease fire!'; **das ~ eröffnen** to open fire; ~ **geben** to open fire; **„[gebt] ~!"** 'fire!' **⑥** *(Schwung)* ardour [*or* AM -or]; **jugendliches ~** youthful vigour [*or* AM -or] **⑦** *(geh: Glanz)* *Augen* sparkle ▶ WENDUNGEN: ~ **und Flamme [für jdn/etw] sein** *(fam)* to be enthusiastic [about sb/sth]; **jdm ~ unter dem Hintern** [*or* AM **Arsch**] **machen** to put a rocket under sb *fam;* **wie ~ und Wasser sein** to be as different as night and day, to be as different as chalk and cheese BRIT; **wie ~ brennen** to sting like mad, to burn; **[bei jdm] ~ fangen** to be smitten [by sb]; **für jdn durchs ~ gehen** to go through hell and high water for sb; **mit dem ~ spielen** to play with fire; **jdn/etw unter ~ nehmen** *(fam)* to blast [*or* BRIT *fam* slate] sb/sth

Feu·er·alarm *m* fire alarm; ~ **geben** to give out the fire alarm **Feu·er·an·zün·der** *m* firelighter, AM *usu* fire starter **Feu·er·ball** *m* fireball **Feu·er·be·fehl** *m* MIL order to fire; **den ~ geben** to give the order to fire **feu·er·be·stän·dig** *adj* fireproof [*or* -resistant] **Feu·er·be·stat·tung** *f* cremation **Feu·er·boh·ne** *f* scarlet runner bean **Feu·er·ei·fer** *m* zeal[ousness]; **mit [wahrem]** ~ with [true] zest **Feu·er·ein·stel·lung** *f* MIL cease-fire **feu·er·fest** *adj* fireproof; **~es Geschirr** ovenproof [*or* heat-resistant] dishes **Feu·er·gas·se** *f* fire lane [*or* break] **Feu·er·ge·fahr** *f* fire hazard; **bei ~ benutzen Sie den Notausgang** please use the emergency exit in the event of fire **feu·er·ge·fähr·lich** *adj* [highly] [in]flammable [*or* combustible] **Feu·er·ge·fecht** *nt* MIL gun fight **Feu·er·glo·cke** *f (veraltet)* fire bell **Feu·er·ha·ken** *m* poker **Feu·er·holz** *nt kein pl* firewood *no pl* **Feu·er·land** *nt* ['fɔyelant] nt Tierra del Fuego **Feu·er·lei·ter** *f* **①** *(Fluchtweg)* fire escape **②** *(auf einem Feuerwehrauto)* [fire engine's] ladder **Feu·er·lö·scher** *m* fire extinguisher **Feu·er·mel·der**

`<-s, ->` *m* fire alarm
feu·ern I. *vi* ⬛ |**auf jdn/etw**| ~ to fire |at sb/sth| II. *vt*
(fam) ⓵ *(werfen)* ⬛ **etw irgendwohin** ~ to fling [*or*
sling] sth [somewhere] *fam* ⓶ *(fam: entlassen)*
⬛ **jdn** ~ to fire [*or* sack] sb; ⬛ **gefeuert werden** to be
fired, to get the sack
Feu·er·pat·sche *f* fire-beater **Feu·er·pau·se** *f* MIL
cease-fire **Feu·er·pro·be** *f* acid test; **die/eine** ~
bestehen to pass the acid test **Feu·er·qual·le** *f* stinging jellyfish **feu·er·rot** [ˈfɔyeˈroːt] *adj* ⓵ *(Farbe)* fiery
red, scarlet; **~es Haar** flaming [red] hair ⓶ *(sich schämen)* ⬛ ~ **werden** to turn crimson [*or* scarlet] **Feu·
er·sa·la·man·der** *m* [European] fire salamander **Feu·
er·säu·le** *f* pillar of fire
Feu·ers·brunst *f (geh)* conflagration
Feu·er·scha·den *m* s. **Brandschaden** **Feu·er·
schein** *m* glow of [a/the] fire **Feu·er·schiff** *nt* light-
ship **Feu·er·schlu·cker(in)** `<-s, ->` *m(f)* fire-eater
feu·er·si·cher [ˈfɔyeːzɪçɐ] *adj inv* ⓵ *(widerstandsfähig
gegen Feuer)* fireproof ⓶ *(geschützt vor Feuer)* safe
from fire *pred* **feu·er·spei·end** *adj attr s.* **Feuer 1**
Feu·er·sprit·ze *f* fire hose **Feu·er·stein** *m* ⓵ *(Zünd-
stein)* flint ⓶ GEOL flint, chert *spec* **Feu·er·stel·le** *f*
fireplace; *(draußen)* campfire site **Feu·er·sturm** *m*
kein pl MIL *(fam)* firestorm **Feu·er·tau·fe** *f kein pl* MIL
(fig a.) baptism of fire **Feu·er·tod** *m* ⬛ **der** ~ [death
at] the stake; **den** ~ **sterben** to be burned at the stake
Feu·er·trep·pe *f s.* **Feuerleiter 1**
Feu·e·rung `<-, -en>` *f* ⓵ *kein pl (Brennstoff)* fuel
⓶ *(Heizung)* heating system, heater AM
Feu·er·ver·si·che·rung *f* fire insurance **feu·er·ver·
zinkt** *adj* galvanized **Feu·er·wa·che** *f* fire station
Feu·er·waf·fe *f* firearm **Feu·er·was·ser** *nt (fam)*
firewater *hum fam*
Feu·er·wehr `<-, -en>` *f* ⓵ *(zur Feuerbekämpfung)* fire
brigade + *sing/pl vb*; **die freiwillige** ~ the voluntary
fire brigade + *sing/pl vb* ⓶ *(Nothelfer)* rescue; **jetzt
kann ich wieder** ~ **spielen** now I'm supposed to
come to the rescue again ▶ WENDUNGEN: **wie die** ~
fahren *(fam)* to drive like the clappers BRIT *fam*
Feu·er·wehr·au·to *nt* fire engine **Feu·er·wehr·mann,
-frau** `<-leute` *o* -männer*>* *m, f* firefighter, fireman
Feu·er·wehr·übung *f* firefighting exercise
Feu·er·werk *nt* fireworks *npl* [display *nsing*]; **ein** ~
veranstalten to have [*or* BRIT let off] [*or* AM set off] a
fireworks display **Feu·er·wer·ker(in)** `<-s, ->` *m(f)* fire-
work-maker **Feu·er·werks·kör·per** *m* firework **Feu·
er·zan·ge** *f* fire tongs *npl* **Feu·er·zan·gen·bow·le** *f* a
hot red wine punch with a sugar cone soaked in rum
lit above it
Feu·er·zeug *nt* [cigar/cigarette/pipe] lighter
Feu·er·zeug·ben·zin *nt* lighter fuel **Feu·er·zeug·
gas** *nt* lighter gas
Feuil·le·ton `<-s, -s>` [fœjaˈtõː] *nt (Zeitungsteil)* culture
[*or* feature] section [*or pl* pages]
feu·rig [ˈfɔyrɪç] *adj* ⓵ *(temperamentvoll)* fiery ⓶ *(veraltend: glühend)* glowing
Fez `<-[es], -[e]>` [feːts] *m* fez
ff. [ɛfˈʔɛf] *Abk von* **folgende Seiten:** |**auf**| **Seite 200** ~
from page 200, pages [*or* pp.|.|] 200 ff.|
FH [ɛfˈhaː] *f Akr von* **Fachhochschule**
Fi·a·ker `<-s, ->` [ˈfjakɐ] *m* ÖSTERR ⓵ *(Kutsche)* [BRIT
hackney] cab ⓶ *(Kutscher)* cab driver, cabby *fam*
Fi·as·ko `<-s, -s>` [ˈfjasko] *nt (fam)* fiasco; |**mit etw**
dat| **ein** ~ **erleben** to end [up] in a fiasco [over sth]
Fi·bel¹ `<-, -n>` [ˈfiːbl̩] *f (Lesebuch)* primer; *(Leitfaden)*
introduction; **„** ~ **für Gartenfreunde"** 'Introduction
to Gardening'
Fi·bel² `<-, -n>` [ˈfiːbl̩] *f* ARCHÄOL fibula
Fi·ber `<-, -n>` [ˈfiːbɐ] *f* ⓵ *(Faser)* fibre [*or* AM -er]
⓶ *kein pl (Kunstfaser)* [synthetic] fibre [*or* AM -er]
▶ WENDUNGEN: **mit jeder** ~ **ihres/seines Herzens**

(geh) with every fibre [*or* AM -er] of her/his heart
Fi·brin `<-s>` [fiˈbriːn] *nt kein pl* MED fibrin *spec*
Fi·brom `<-s, -e>` [fiˈbroːm] *nt* MED fibroma *spec*
fi·cel·lie·ren* *vt* KOCHK ⬛ **etw** ~ to secure sth with
kitchen string
Fiche `<-s>` [fiːʃ] *m o nt* [micro]fiche
ficht [fɪçt] *3. pers pres von* **fechten**
Fich·te `<-, -n>` [ˈfɪçtə] *f* spruce
fich·ten [ˈfɪçtn̩] *adj* spruce[wood]
Fich·ten·holz *nt* spruce[wood] **Fich·ten·kreuz·
schna·bel** *m* ORN red crossbill, common crossbill
Fich·ten·na·del·ex·trakt *m* pine essence **Fich·ten·
zap·fen** *m* spruce cone
Fick `<-s, -s>` [fɪk] *m (vulg)* fuck *vulg*
fi·cken [ˈfɪkn̩] *(vulg)* I. *vi* ⬛ |**mit jdm**| ~ to fuck
[sb] *vulg;* ⬛ **das F~** fucking *vulg* II. *vt* ⬛ **jdn** ~ to fuck
sb *vulg;* ⬛ **gefickt werden** to get [*or* be] fucked *vulg;*
⬛ **sich** ~ **lassen** to [let oneself] get fucked *vulg*
fi·cke·rig, fick·rig DIAL I. *adj* fidgety II. *adv* in a fluster
[*or* flutter]
fi·del [fiˈdeːl] *adj (fam)* merry, jolly *a. hum*
Fi·di·bus `<- o -ses, - o -se>` [ˈfiːdibʊs] *m* spill
Fi·dschi `<-s>` [ˈfɪdʒi] *nt* Fiji; *s. a.* **Sylt**
Fi·dschi·a·ner(in) `<-s, ->` [fɪdʒiˈaːnɐ] *m(f)* Fijian; *s. a.*
Deutsche(r)
fi·dschi·a·nisch [fɪdʒiˈaːnɪʃ] *adj* Fijian; *s. a.* **deutsch**
Fie·ber `<-s, ->` [ˈfiːbɐ] *nt* ⓵ *(erhöhte Temperatur)*
fever; ~ **haben** to have a temperature, to be feverish
[*or* running a fever [*or* temperature]]; |**jdm**| **das** ~
messen to measure [*or* take] sb's temperature ⓶ *(geh:
Besessenheit)* fever
Fie·ber·an·fall *m* bout [*or* attack] of fever, pyrexia *spec*
Fie·ber·fan·ta·si·enRR *pl* feverish wanderings [*or*
ravings] *npl* **fie·ber·frei** *adj* free of [*or* from] fever
pred, apyretic *spec;* ⬛ ~ **sein** to not have a fever **Fie·
ber·frost** *m* feverish chill [*or* shivering *no art, no pl*],
ague *spec*
fie·ber·haft I. *adj* ⓵ *(hektisch)* feverish, febrile *liter*
⓶ *(fiebrig)* feverish, febrile *form* II. *adv* feverishly
fie·be·rig [ˈfiːbərɪç], **fie·brig** [ˈfiːbrɪç] *adj* ⓵ *(krank)*
feverish, febrile *form;* **du siehst so** ~ **aus** you look as
though you might have a temperature ⓶ *(aufgeregt)*
feverish
Fie·ber·kur·ve *f* temperature curve **Fie·ber·mes·
ser** *m s.* **Fieberthermometer** **Fie·ber·mit·tel** *nt*
anti[-]fever drug, antipyretic [drug [*or* agent]] *spec*
fie·bern [ˈfiːbɐn] *vi* ⓵ *(Fieber haben)* to have a temperature [*or* fever] ⓶ *(aufgeregt sein)* **vor Erregung/
Ungeduld** ~ *dat* to be in a fever of excitement/impa-
tience ⓷ *(geh: sehnsüchtig verlangen)* ⬛ **nach etw**
dat ~ to long feverishly for sth **fie·ber·sen·kend** *adj*
fever-reducing, antipyretic *spec;* **~es Medikament**
medicine to reduce [*or sep* bring down] fever, antipyretic [drug [*or* agent]] *spec* **Fie·ber·ther·mo·me·
ter** *nt* [clinical] thermometer
fie·brig [ˈfiːbrɪç] *adj s.* **fieberig**
Fie·del `<-, -n>` [ˈfiːdl̩] *f (veraltet)* fiddle *fam*
fie·deln [ˈfiːdl̩n] *vt, vi (hum, pej)* ⬛ |**etw**| ~ to
fiddle *fam*, to play [sth] on the fiddle *fam*
Fie·der·blatt [ˈfiːdɐ-] *nt* BOT compound leaf
fiel [ˈfiːl] *imp von* **fallen**
fie·pen [ˈfiːpn̩] *vi* ⓵ *(kläglich tönen)* to whimper; *Vogel*
to cheep ⓶ *Pieper* to b[l]eep
fies [fiːs] *adj (pej fam)* ⓵ *(abstoßend)* horrible, horrid *fam*, nasty; *(gemein)* mean, nasty; **sei nicht so ~!**
don't be so mean [*or fam* horrid] ⓶ *(ekelhaft)* horrible,
disgusting
Fies·ling `<-s, -e>` *m (fam)* [mean] bastard *fam!*
Fi·fa, FI·FA `<->` [ˈfiːfa] *f kurz für* **Fédération Internationale de Football Association** Fifa
fif·ty-fif·ty [ˈfɪftɪˈfɪftɪ] *adv (fam)* fifty-fifty; ~ |**mit jdm**|
machen to go fifty-fifty [with sb]; ~ **stehen** to be fifty-

fifty; **es steht ~** it is [or the chances are] fifty-fifty
Fi·ga·ro <-s, -s> ['fi:garo] m (hum: Friseur) hairdresser
Fi·gur <-, -en> [fi'guːɐ̯] f ❶ (Bildwerk) figure ❷ (Karikatur) figure ❸ (Gestalt) figure, physique; **auf seine ~ achten** to watch one's figure; (sl: Typ) character fam ❹ FILM, LIT (Charakter) character ❺ SPORT figure ▸ WENDUNGEN: **eine gute/schlechte/jämmerliche ~ abgeben** [o **machen**] to cut a good/bad/sorry figure
fi·gu·ra·tiv [figura'ti:f] I. adj figurative II. adv figuratively
Fi·gür·chen <-s, -> [fi'gyːɐ̯çən] nt dim von **Figur** figure; **ein reizendes ~** a nice little figure
fi·gür·lich [fi'gyːɐ̯lɪç] adj ❶ (figurbezogen) regarding the/his/her figure ❷ (übertragen) figurative
Fik·ti·on <-, -en> [fɪk'tsi̯oːn] f (geh) fiction
fik·tiv [fɪk'ti:f] adj (geh) fictitious
Fi·let <-s, -s> [fi'le:] nt fillet; **falsches ~** clod, shoulder
Fi·let·steak [fi'le:ste:k] nt fillet steak
Filettiermesser nt filleting knife
Fi·lia <-, -s> ['fi:li̯a] f (hum) fem form von **Filius**
Fi·li·a·le <-, -n> [fi'li̯aːlə] f branch
Fi·li·al·ge·ne·ra·ti·on f BIOL (Nachkommen aus der Kreuzung reinerbiger Eltern) F1 generation **Fi·li·al·lei·ter(in)** m(f) branch manager
fi·lie·ren [fi'liːrən] vt KOCHK ▪ **etw ~** to fillet sth
Fi·lier·mes·ser nt s. **Filettiermesser**
fi·li·gran [fili'graːn] adj filigree attr
Fi·li·gran·ar·beit f filigree work no pl, piece of filigree work
Fi·li·pi·no, Fi·li·pi·na <-s, -s> [fili'pi:no, fili'pi:na] m, f Filipino; s. a. **Deutsche(r)**
Fi·li·us <-, -se> ['fi:li̯ʊs] m (hum) offspring hum, son
Film <-[e]s, -e> [fɪlm] m ❶ (Spiel~) film, motion picture, movie AM; **in einen ~ gehen** to go and see [or to go to] a film; **im Fernsehen läuft ein guter ~** there's a good film on television ❷ FOTO film; **einen ~ entwickeln lassen** to get [or have] a film developed ❸ (~branche) film industry; **beim ~ arbeiten** [o **sein**] to work in the film industry [or in films]; **zum ~ gehen** to go into films ❹ (dünne Schicht) film; **ein Fett-/Öl-/Staub~** a film of grease/oil/dust ▸ WENDUNGEN: **bei jdm reißt der ~** (fam: sich nicht erinnern) sb has a mental blackout; (ausflippen) something snaps [in sb]
Film·ar·chiv nt film archives pl **Film·auf·nah·me** f film recording, recording on film **Film·di·va** f screen goddess [or diva]
Fil·me·ma·cher(in) m(f) (sl) film-maker
Film·emp·find·lich·keit f FOTO film speed
fil·men ['fɪlmən] I. vt ▪ **jdn/etw ~** to film sb/sth II. vi to film; ▪ **das F~** filming
Fil·mer(in) ['fɪlmɐ] m(f) film-maker
Film·fes·ti·val nt film festival **Film·fest·spie·le** nt pl film festival nsing **Film·held(in)** m(f) screen [or AM movie] hero **Film·in·dust·rie** f film industry
fil·misch ['fɪlmɪʃ] I. adj cinematic II. adv from a cinematic point of view; **~ ausgezeichnet** superb from a cinematic point of view
Film·ka·me·ra f film [or AM movie] camera **Film·kar·rie·re** f career as an actor/actress **Film·kas·set·te** f film cassette **Film·kri·tik** f film review **Film·ma·te·ri·al** nt film [coverage] no pl **Film·pro·du·zent(in)** m(f) film [or AM movie] producer **Film·pro·jek·tor** m film projector **Film·rech·te** nt pl film rights npl **Film·re·gis·seur(in)** m(f) film [or AM movie] director **Film·riss**^RR m (sl) mental blackout; ▪ **einen ~ haben** to have a mental blackout **Film·rol·le** f ❶ (Part) [film] part [or role] [or role] in a/the film ❷ (Spule) roll [or spool] of film **Film·schaf·fen·de(r)** f(m) dekl wie adj film-maker **Film·schau·spie·ler(in)** m(f) film [or AM movie] actor masc [or fem actress] **Film·star** m

film [or AM movie] star **Film·stu·dio** nt film [or AM movie] studio **Film·the·a·ter** nt (geh) cinema, movie theater AM **Film·trans·port** m film transport **Film·ver·leih** m film distributors pl **Film·vor·füh·rer(in)** m(f) projectionist **Film·vor·füh·rung** f film showing **Film·vor·füh·ge·rät** nt (geh) projector **Film·vor·füh·rung** f film showing **Film·vor·schau** f [film] preview
Fi·lo·fax® <-, -e> ['failofɛks] nt filofax®, personal organizer
Filou <-s, -s> [fi'lu:] m (fam) devil fam
Fil·ter <-s, -> ['fɪltɐ] nt o m ❶ TECH filter ❷ (Kaffee-/Tee~) filter ❸ (Zigaretten~) filter
Fil·ter·an·la·ge f filter **Fil·ter·kaf·fee** m filter [or AM drip] coffee **Fil·ter·mund·stück** nt filtertip
fil·tern ['fɪltɐn] vt ▪ **etw ~** to filter sth
Fil·ter·pa·pier nt filter paper **Fil·ter·tü·te** f filter bag **Fil·ter·zi·ga·ret·te** f [filter-tipped] cigarette
Fil·trat <-[e]s, -e> [fɪltra:t] nt filtrate
fil·trie·ren^• [fɪltri:rən] vt ▪ **etw ~** to filter sth
Filz <-es, -e> [fɪlts] m ❶ (Stoff) felt ❷ (verwobene Masse) felt ❸ (fam: Bierdeckel) beer mat BRIT, coaster AM ❹ POL (pej) spoils system
fil·zen ['fɪltsn̩] I. vi to felt, to go felty II. vt (fam: durchsuchen) ▪ **jdn/etw ~** to search sb/sth, to frisk sb; ▪ **etw nach etw** dat ~ to go through sth for sth
fil·zig adj felty, feltlike
Filz·laus f crab [or pubic] louse **Filz·schrei·ber** m s. **Filzstift** **Filz·stift** m felt-tip [pen], BRIT a. fibre-tip [pen]
Fim·mel <-s, -> ['fɪml̩] m (fam) mania, obsession; **einen ~ haben** to have a screw loose hum fam, to be crazy [or esp BRIT mad] fam; **den ~ haben, etw zu tun** to have a thing about doing sth fam
fi·nal [fi'na:l] adj (geh) final
Fi·na·le <-s, -s o -> [fi'na:lə] nt ❶ (Endkampf) final ❷ MUS finale
Fi·nal·satz m LING final clause
Fi·nan·ci·er <-s, -s> [finã'si̯e:] m (geh) s. **Finanzier**
Fi·nanz·amt nt tax [and revenue] office; ▪ **das ~** the Inland Revenue BRIT, Internal Revenue Service AM **Fi·nanz·aus·gleich** m redistribution of revenue between the government, Länder and local authorities, ≈ revenue sharing AM **Fi·nanz·be·am·te(r), -be·am·tin** m, f tax official **Fi·nanz·be·hör·de** f tax authority **Fi·nanz·be·ra·ter(in)** m(f) s. **Steuerberater** **Fi·nanz·buch·hal·tung** f accounts [or AM accounting] department
Fi·nan·zen [fi'nantsn̩] pl ❶ (Einkünfte) finances npl ❷ (Geldmittel) ▪ **jds ~** sb's means npl; **jds ~ übersteigen** to be beyond sb's means
Fi·nanz·ex·per·te, -ex·per·tin m, f financial expert **Fi·nanz·ge·nie** nt financial genius [or wizard]; ▪ **ein ~ sein** to be a financial genius [or wizard], to have a genius for finance **Fi·nanz·ge·richt** nt tax [or form fiscal] court **Finanzgeschäfte** pl s. **Geldgeschäfte** **Fi·nanz·hil·fe** f financial assistance, financing aid **Fi·nanz·ho·heit** f financial sovereignty form
fi·nan·zi·ell [finan'tsi̯ɛl] I. adj financial; ▪ **das F~e** the financial aspect; **er beauftragte sie mit dem F~en** he charged her with the finances [or the financial side] II. adv financially
Fi·nan·zier <-s, -s> [finan'tsi̯e:] m (geh) financier
fi·nan·zi·ell·bar adj fin-, ÖKON able to be financed
fi·nan·zie·ren^• [finan'tsi:rən] vt ▪ **etw ~** ❶ (bezahlen) to finance sth; (sich leisten können) to be able to afford sth; **frei finanziert** privately financed ❷ (durch Kredit) to pay sth with credit; ▪ **finanziert sein** to be bought on credit
Fi·nan·zie·rung <-, -en> f ▪ **die ~** [einer S. gen [o von etw dat] financing [sth]; **für die ~ eines Eigenheimes braucht man erhebliche Fremdmittel** considerable outside means are necessary to finance buying a house

Fi·nan·zie·rungs·plan *m* financing plan [*or* scheme]
Fi·nanz·jahr *nt* financial [*or spec* fiscal] year **fi·nanz·kräf·tig** *adj* financially strong; **sehr ~** financially very strong **Fi·nanz·mi·nis·ter(in)** *m(f)* finance minister, chancellor of the exchequer BRIT, secretary of the treasury AM **Fi·nanz·mi·nis·te·ri·um** *nt* tax and finance ministry, treasury BRIT, Department of the Treasury AM **Fi·nanz·platz** *m* financial centre [*or* AM -er] **Fi·nanz·po·li·tik** *f kein pl* ① *(Teil der Politik)* financial policy/ policies ② *(Wissenschaft)* politics + *sing vb* of finance **fi·nanz·schwach** *adj* financially weak; **sehr ~** financially very weak **Fi·nanz·sprit·ze** *f* cash infusion [*or* injection], injection of fresh funds [*or* capital] **fi·nanz·stark** *adj s.* **finanzkräftig fi·nanz·tech·nisch** *adj* financial, fiscal *spec* **Fi·nanz·wirt·schaft** *f kein pl* public finance

Fin·del·kind [ˈfɪndl̩kɪnt] *nt (veraltet)* foundling

fin·den <fand, gefunden> [ˈfɪndn̩] **I.** *vt* ① *(entdecken)* ▪ jdn/etw ~ to find sb/sth; **es muss doch [irgendwo] zu ~ sein!** it has to be [found] somewhere!; **ich finde das [richtige] Wort nicht** I can't find [*or* think of] the [right] word ② *(heraus~)* ▪ etw ~ to find sth; **einen Anlass/Grund/Vorwand [für etw** *akk*] ~ to find an occasion/reason/ excuse [for sth] ③ *(feststellen)* ▪ etw ~ to find sth; **eine Ursache ~** to find a cause; ▪ etw an jdm ~ to see sth in sb; **in letzter Zeit finde ich unerklärliche Veränderungen an ihm** I see inexplicable changes in him recently ④ *(vor~)* ▪ jdn/etw ~ to find sb/sth; **jdn müde/bewusstlos/tot ~** to find sb tired/ unconscious/dead; **sie fanden ihre Wohnung durchwühlt** they found their apartment turned upside down ⑤ *in Verbindung mit subst siehe auch dort (erhalten)* ▪ etw [bei jdm] ~ to find sth [with sb]; **bei ihrem Vater fand sie immer Verständnis** she always found understanding with her father; [gro-ßen/reißenden] **Absatz ~** to sell [well/like hot cakes]; **Berücksichtigung ~** to be taken into consideration; **Unterstützung ~** to receive [*or* win] [*or* get] support; **Zustimmung [bei jdm] ~** to meet with approval [from sb] [*or* sb's approval]; **dieser Vorschlag fand bei den Delegierten breite Zustimmung** this suggestion met widespread support from the delegates ⑥ *(aufbringen)* ▪ etw ~ to find sth; **den Mut/die Kraft ~, etw zu tun** to find the courage/ strength to do sth ⑦ *(einschätzen, empfinden)* jdn **blöd/nett/angenehm ~** to think [that] sb is stupid/ nice/pleasant; **wie findest du das?** what do you think [of that]?; **etw gut/unmöglich/billig ~** to think sth is [*or* to find sth] good/impossible/cheap; **ich finde es nicht richtig, dass Frauen weniger verdienen** I don't think it's right that women earn less; **ich finde, die Ferien sind zu kurz** I find that the holidays are too short; **es kalt/warm ~** to find it cold/warm; **ich finde das Wetter gar nicht mal so übel** I find the weather is not too bad, I don't think the weather is all that bad; **ich fände es dumm, jetzt nachzugeben** I think it would be silly to give up now; **findest du es richtig, dich so zu verhalten?** do you think it's right for you to behave like this?; **das ist teuer, finde ich** that's expensive, I think ▶ WENDUNGEN: **nichts an etw** *dat* ~ to not think much of sth; **nichts dabei ~, etw zu tun** to think nothing of doing sth **II.** *vi* ① *(den Weg ~)* ▪ zu jdm/etw ~ to find one's way to sb/sth; **zu sich selbst ~** to find oneself, to sort oneself out ② *(meinen)* to think; ▪ ~, [dass] … to think that …; **ich fände es besser, wenn …** I think it would be better when [*or* if] …; **~ Sie?** [do] you think so? **III.** *vr* sich ~ ① *(wieder auftauchen)* to turn up; **es wird sich wieder ~** it will turn up again ② *(zu verzeichnen sein)* to be found; **es fand sich niemand, der es tun wollte** there was

nobody to be found who wanted to do it, nobody was willing to do it ③ *(in Ordnung kommen)* to sort itself out; **es wird sich schon alles ~** it will all sort itself out [in time]

Fin·der(in) <-s, -> *m(f)* finder; **der ehrliche ~** the honest finder
Fin·der·lohn *m* reward for the finder
Fin de SiècleRR, **Fin de siècle**ALT <-> [fɛ̃ də ˈzi̯ɛːkl̩] *nt kein pl* fin de siècle *no pl;* **die Kunst/Literatur des ~** fin de siècle art/literature
fin·dig [ˈfɪndɪç] *adj* resourceful
Fin·dig·keit <-> *f kein pl* resourcefulness
Find·ling <-s, -e> [ˈfɪntlɪŋ] *m* GEOL erratic [boulder] *spec*
Fi·nes·se <-, -n> [fiˈnɛsə] *f (geh)* ① *pl (Kunstgriffe)* finesse *nsing* ② *pl (Ausstattungsdetails)* refinement *nsing;* **mit allen ~n** with every refinement ③ *kein pl (Schlauheit)* finesse *no pl*

fing [ˈfɪŋ] *imp von* fangen
Fin·ger <-s, -> [ˈfɪŋɐ] *m* finger, digit[us] *spec;* **der kleine ~** the [*or* one's] little finger, the [*or* one's] pinkie AM *fam;* [nimm/lass die] **~ weg!** [get/take your] hands off!; **~ weg davon!** hands off [it]!; **den ~ am Abzug haben** to hold the trigger; **jdm mit dem ~ drohen** to wag one's finger at sb; **jdm was [o eins] auf die ~ geben** to rap sb's [*or* sb across [*or* on] the] knuckles, to give sb a rap across [*or* on] the knuckles; [sich *dat*] **den ~ in den Hals stecken** to stick one's finger down one's throat; **den ~ heben** to lift one's finger; **jdm auf die ~ klopfen** *(fig fam)* to give sb a rap across [*or* on] the knuckles, to rap sb's knuckles; **mit den ~n knipsen** [*o* schnippen] [*o* schnackeln] *(fam)* to snap one's fingers; **mit dem ~ auf jdn/etw zeigen** to point [one's [*or* a] finger] at sb/sth; **mit [den] ~n auf jdn zeigen** *(fig)* to point [one's finger] at sb ▶ WENDUNGEN: **ich hätte es mir/du hättest es dir etc. an den fünf** [*o* zehn] **~n abzählen können!** *(fam)* a five-year-old could have worked that out! *fam;* **etw in die ~ bekommen** [*o fam:* kriegen] to get one's fingers on sth; **jdn in die ~ bekommen** [*o fam:* kriegen] to get one's hands on sb, to get a hold of sb; **der elfte ~** *(hum)* one's third leg *hum fam;* **jdm in [o zwischen] die ~ geraten** to fall into sb's hands; **einen [o zehn] an jedem ~ haben** *(hum fam)* to have a woman/man for every day of the week; **überall seine ~ im Spiel** [*o sl:* drin] **haben** *(pej)* to have a finger in every pie *fam;* **wenn man ihm den kleinen ~ gibt, [dann] nimmt er [gleich] die ganze Hand** *(prov)* give him an inch and he'll take a mile; **jdn** [*o* jdm] **juckt** [*o* zuckt] **es in den ~n[, etw zu tun]** *(fam)* sb is dying [*or* fam itching] to do sth; **keinen ~ krumm machen** *(fam)* to not lift a finger; **lange ~ machen** *(hum fam)* to be light- [*or* nimble-] fingered; **die von jdm/etw lassen** *(fam)* to keep away from sb/sth; **sich** *dat* **die** [*o* alle] **~ nach etw lecken** *(fam)* to kill for sth; **für jdn keinen ~ rühren** to not lift a finger for sb; **sich** *dat* **etw aus den ~n saugen** *(fam)* to conjure up sth *sep;* **sich** *dat* **nicht die ~ schmutzig machen** to not get one's hands dirty; **jdm [scharf] auf die ~ sehen** *(fam)* to keep a watchful eye [*or* an eye] on sb; **mit spitzen ~n anfassen** to pick up sth with two fingers; **sich** *dat* **bei** [*o* an] **etw** *dat* **die ~ verbrennen** *(fam)* to get one's fingers burnt over sth; **jdn um den [kleinen] ~ wickeln** *(fam)* to wrap sb [a]round one's little finger; **sich** *dat* **die ~ wund schreiben** to write one's fingers to the bone
Fin·ger·ab·druck *m* fingerprint; **jds** [*o* von jdm die] **Fingerabdrücke nehmen** to fingerprint sb, to take sb's fingerprints **Fin·ger·bow·le** *f* finger basin **Fin·ger·breit** <-, -> *m* finger['s [b]readth; ▶ WENDUNGEN: **keinen ~** not an [*or* one] inch **fin·ger·dick I.** *adj* as

thick as a finger *pred* **II.** *adv* fingerthick **Fin·ger·far·be** *f* finger paint **fin·ger·fer·tig** *adj* nimble- [*or* quick-] fingered, dexterous **Fin·ger·fer·tig·keit** *f* dexterity **Fin·ger·ge·lenk** *nt* finger joint; *(Knöchel)* knuckle **Fin·ger·glied** *nt* phalanx [of a/the finger] *spec* **Fin·ger·ha·keln** *nt* finger-wrestling **Fin·ger·hand·schuh** *m* glove **Fin·ger·hut** *m* ❶ *(fürs Nähen)* thimble; **ein ~** [**voll**] a thimbleful ❷ BOT foxglove **Fin·ger·knö·chel** *m* knuckle **Fin·ger·kno·chen** *m* finger bone, phalanx *spec* **Fin·ger·kraut** *nt* BOT cinquefoil **Fin·ger·kup·pe** *f* fingertip

Fin·ger·ling <-s, -e> ['fɪŋɐlɪŋ] *m* fingerstall

fin·gern ['fɪŋɐn] **I.** *vi* ■ **an/mit etw** *dat* ~ to fiddle with sth; ■ **in etw** *dat* [**nach etw** *dat*] ~ to fumble around in sth [for sth] **II.** *vt* ❶ *(hervorholen)* ■ **etw aus etw** *dat* ~ to fish sth out of sth ❷ *(fam: tricksen)* ■ **etw ~** to fiddle sth *fam*

Fin·ger·na·gel *m* fingernail; **an den Fingernägeln kauen** to bite [*or* chew] one's nails **Fin·ger·spit·ze** *f* fingertip; ▶WENDUNGEN: **das muss man in den ~n haben** you have to have a feel for it; **jdm juckt** [*o* **kribbelt**] **es in den ~n, etw zu tun** sb is itching to do sth *fam* **Fin·ger·spit·zen·ge·fühl** *nt kein pl* fine feeling *no pl*, instinctive feel *no pl*, tact [and sensitivity] *no pl*; **das fordert sehr viel ~** that demands a lot of tact; **~/kein ~ haben** to be tactful/tactless **Fin·ger·zeig** <-s, -e> *m* hint, pointer; **von jdm einen ~ bekommen** [*o* **erhalten**] to get [*or* receive] a hint from sb; **jdm einen ~ geben** to give sb a hint; **etw als** [**einen**] **~** [**Gottes/des Schicksals**] **empfinden** to regard sth [meant] as a sign [from God/of fate]

fin·gie·ren˟ [fɪŋˈɡiːrən] *vt* ■ **etw ~** to fake [*or* fabricate] sth; ■ **fingiert** bogus, fictitious

Fi·nish <-s, -s> ['fɪnɪʃ] *nt* ❶ *(Politur)* finish ❷ SPORT finish

Fink <-en, -en> [fɪŋk] *m* finch

Fin·ne <-, -n> ['fɪnə] *f* ❶ ZOOL *(Stadium des Bandwurms)* bladder worm, cysticercus *spec* ❷ MED *(Mitesser)* pimple ❸ *(Flosse)* fin

Fin·ne, Fin·nin <-n, -n> ['fɪnə, 'fɪnɪn] *m, f* Finn, Finnish man/woman/boy/girl; ■ **~ sein** to be Finnish

fin·nisch ['fɪnɪʃ] *adj* Finnish; **auf ~** in Finnish; *s. a.* **Meerbusen**

Fin·nisch ['fɪnɪʃ] *nt dekl wie adj* Finnish; ■ **das ~e** Finnish, the Finnish language; **auf ~** in Finnish; **ins ~e/aus dem ~en übersetzen** to translate into/from Finnish [*or* the Finnish language]

Finn·land <-s> ['fɪnlant] *nt* Finland

Finn·wal *m* finback, rorqual

fins·ter ['fɪnstɐ] *adj* ❶ *(düster)* dark; **im F~en** in the dark ❷ *(mürrisch)* grim; ■ **entschlossen sein** to be grimly determined ❸ *(schrecklich)* dark; **das ~e Mittelalter** the Dark Ages *npl* ❹ *(unheimlich)* sinister, shady ▶WENDUNGEN: **~** [**für jdn**] **aussehen** to look bleak [for sb]

Fins·ter·nis <-, -se> ['fɪnstɐnɪs] *f* ❶ *kein pl (Dunkelheit)* darkness *no pl* ❷ *(Sonnen~)* eclipse; **partielle/totale ~** partial/total eclipse

Fin·te <-, -n> ['fɪntə] *f* subterfuge, trick

Fir·le·fanz <-es> ['fɪrləfants] *m kein pl (fam)* ❶ *(Krempel)* trumpery ❷ *(Quatsch)* nonsense *no art, no pl*

firm [fɪrm] *adj pred* ■ **in etw** *dat* ~ **sein** to have a sound knowledge of sth

Fir·ma <-, Firmen> ['fɪrma, *pl:* 'fɪrmən] *f* ❶ *(Unternehmen)* company, firm, business ❷ *(Handelsname)* company name

Fir·ma·ment <-s> [fɪrmaˈmɛnt] *nt kein pl (poet)* ■ **das ~** the firmament *liter,* the heavens *npl*

fir·men ['fɪrmən] *vt* ■ **jdn ~** to confirm sb

Fir·men ['fɪrmən] *pl von* **Firma**

Fir·men·chef(in) *m(f)* head of a/the company [*or* firm] [*or* business] **fir·men·ei·gen** *adj* company *attr;*

■ **~ sein** to belong to the company **Fir·men·grün·dung** *f* formation [*or* establishment] of a/the business [*or* company] **Fir·men·in·ha·ber(in)** *m(f)* owner [*or* proprietor] of a/the company **Fir·men·kon·zept** *nt* corporate concept **Fir·men·kopf** *m* business [*or* company] letterhead **Fir·men·lei·ter** *m s.* **Geschäftsleiter Fir·men·lei·tung** *f* company management [*or* direction] **Fir·men·lo·go** *nt* company [*or* business] logo **Fir·men·na·me** *m* company name **Fir·men·rech·ner** *m* INFORM company computer system **Fir·men·schild** *nt* company [*or* firm] [*or* business] plaque **Fir·men·sitz** *m* company seat, company headquarters AM **Fir·men·wa·gen** *m* company car **Fir·men·zei·chen** *nt* company logo, trademark **Fir·men·zu·ge·hö·rig·keit** *f* length [*or* period] of employment; **in seiner 12-jährigen ~ …** during [*or* in] his twelve years with the firm … **Fir·men·zu·sam·men·schluss**RR *m* company merger

fir·mie·ren˟ [fɪrˈmiːrən] *vi* ■ **als** [*o* **mit**] **XYZ ~** to trade under the name of XYZ

Firm·ling <-s, -e> ['fɪrmlɪŋ] *m* candidate for confirmation

Fir·mung <-, -en> *f* confirmation

Firn <-[e]s, -e> [fɪrn] *m* firn *spec,* névé *spec*

Fir·nis <-ses, -se> ['fɪrnɪs] *m* [oil-]varnish

fir·nis·sen ['fɪrnɪsn̩] *vt* ■ **etw ~** to varnish [*or* BRIT oil] sth

First <-[e]s, -e> [fɪrst] *m* roof ridge, crest of a/the roof **First·zie·gel** *m* ridge tile

Fis <-, -> [fɪs] *nt* MUS F sharp

Fisch <-[e]s, -e> [fɪʃ] *m* ❶ *(Tier)* fish; **~ verarbeitend** fish-processing *attr* ❷ *kein pl* ASTROL Pisces *no art, no pl;* [**ein**] **~ sein** to be [a] Pisces ❸ *(fam)* ▶ WENDUNGEN: **weder ~ noch Fleisch sein** to be neither fish nor fowl, to be in fine fettle BRIT; **ein großer** [*o* **dicker**] **~** a big fish; **ein kleiner ~** one of the small fry; **das sind kleine ~e** that's child's play; **ein** [**kalter**] **~ sein** to be a cold fish; **stumm wie ein ~ sein** [*o* **bleiben**] to be as silent as a post; **munter wie ein ~ im Wasser sein** to be as happy as a pig in mud *fam*

Fisch·ad·ler <-s, -> *m* osprey **fisch·arm** *adj* low in fish *pred* **Fisch·au·ge** *nt* ❶ *(Auge)* fish eye ❷ FOTO fish-eye lens **Fisch·bein** *nt kein pl* whalebone *no pl* **Fisch·be·stand** *m* fish population; *(kommerziell)* fish stock[s *pl*] **Fisch·bla·se** *f* air [*or* swim] bladder

fi·schen ['fɪʃn̩] **I.** *vi* to fish; ■ **das F~** fishing **II.** *vt* ❶ *(fangen)* ■ **etw ~** to catch sth ❷ *(herausnehmen)* ■ **etw** [**aus/von etw** *dat*] ~ to fish sth out of/from sth

Fi·scher(in) <-s, -> ['fɪʃɐ] *m(f)* fisher, fisherman *masc,* fisherwoman *fem*

Fi·scher·boot *nt* fishing boat **Fi·scher·dorf** *nt* fishing village

Fi·sche·rei <-> [fɪʃəˈrai] *f kein pl* fishing *no art, no pl* **Fi·sche·rei·ha·fen** *m* fishing port **Fi·sche·rei·we·sen** *nt* fishing *no art, no pl*

Fi·scher·netz *nt* fishing net

Fisch·fang *m kein pl* fishing *no art, no pl;* **zum ~ aus·laufen** to set off for the fishing grounds; **auf ~ gehen** to go fishing; **vom ~ leben** to live from [*or* by] fishing **Fisch·fang·flot·te** *f* fishing fleet **Fisch·fang·ge·biet** *nt* fishing grounds *npl*

Fisch·fi·let [-file:] *nt* fillet of fish **Fisch·fut·ter** *nt* fish food **Fisch·ge·ruch** *m* fishy smell, smell of fish **Fisch·ge·schäft** *nt* fishmonger's **Fisch·grä·te** *f* fish bone **Fisch·grä·ten·mus·ter** *nt* herringbone [pattern] **Fisch·grund** *m meist pl* NAUT fishery **Fisch·grün·de** *pl* fisheries *npl,* fishing grounds *npl* **Fisch·händ·ler(in)** *m(f)* ÖKON fishmonger BRIT, fish dealer AM; *(Groß-händler)* fish merchant **Fisch·he·ber** *m* fish lifter **Fisch·kes·sel** *m* fish steamer **Fisch·kut·ter** *m* fishing cutter **Fisch·markt** *m* fish market **Fisch·mehl** *nt* fish meal **Fisch·mes·ser** *nt* fish knife **Fisch·ot·ter** *m* otter **Fisch·pfan·ne** *f* fish frying pan **Fisch·reich·tum** *m kein pl* abundance of fish **Fisch·rei·her** *m* grey heron **Fisch·reu·se** *f* weir basket, fish trap **Fisch·ro·gen** *m* fish [*or spec* hard] roe **Fisch·schup·pe** *f* [fish] scale **Fisch·schwarm** *m* shoal of fish **Fisch·stäb·chen** *nt* fish-finger BRIT, fish stick AM **Fisch·ster·ben** *nt* dying [*or* death] of fish; *(als Statistik)* fish mortality *no indef art, no pl spec* **Fisch·sud** *m* fish stock **Fisch·teich** *m* fish pond **fisch·ver·ar·bei·tend** *adj attr s.* Fisch 1 **Fisch·zucht** *f* fish-farming **Fisch·zug** *m* raid; **einen** |**guten**| ~ **machen** to make a [good] foray

Fi·si·ma·ten·ten [fizima'tɛntn̩] *pl (fam)* ❶ *(Umstände)* fuss *nsing;* ~ **machen** to make [*or* create] [*or fam* kick up] a fuss, to mess about; **mach keine** ~! don't make [*or fam* kick up] |such| a fuss! ❷ *(Albernheiten)* nonsense *nsing*

Fis·kus <-, -se *o* Fisken> ['fɪskʊs, *pl:* 'fɪskən] *m* ■ **der** ~ the treasury, BRIT exchequer

Fisolen *pl* ÖSTERR green beans *pl*

Fis·sur <-, -en> [fɪ'suːɐ̯] *f* crack

Fis·tel <-, -n> ['fɪstl̩] *f* MED fistula *spec*

Fistelstimme *f* piping voice, falsetto [voice]

fit [fɪt] *adj pred* fit; **sich** ~ **halten/machen** to keep/ get fit

Fi·tis <-, -se> ['fiːtɪs] *m* ORN willow warbler

Fit·ness^RR, **Fit·neß**^ALT <-> ['fɪtnɛs] *f kein pl* ❶ *(Leistungsfähigkeit)* fitness *no art, no pl* ❷ BIOL fitness *no pl*, adaptive value

Fit·ness·cen·ter^RR [-sɛntɐ] *nt* health [*or* fitness] centre [*or* AM -er] **Fit·ness·raum**^RR *m* fitness room **Fit·ness·stu·dio**^RR *m s.* **Fitnesscenter Fit·ness·trai·ning**^RR *nt* fitness training

Fit·tich <-[e]s, -e> ['fɪtɪç] *m (liter)* wing; ▸ WENDUNGEN: **jdn unter die** [*o* **seine**] ~**e nehmen** *(hum)* to take sb under one's wing

Fit·zel ['fɪtsl̩] *m o nt*, **Fit·zel·chen** <-s, -> ['fɪtslçən] *nt* DIAL *(Stückchen)* little bit

fix [fɪks] **I.** *adj* ❶ *(feststehend)* fixed ❷ *(fam: flink)* quick, nippy BRIT *fam;* ~ **sein** to be quick [*or* BRIT *fam* nippy]; ~ **gehen** to not take long [doing [*or* to do] sth]; ~ **machen** to hurry up; **mach aber** ~! hurry up!, don't take your time about it! ▸ WENDUNGEN: ~ **und fertig sein** *(erschöpft)* to be exhausted [*or fam* shattered] [*or sl* BRIT *a.* knackered]; *(am Ende)* to be at the end of one's tether; **jdn** ~ **und fertig machen** *(fam: zusammenschreien)* to do in sb *sep fam; (erschöpfen)* to wear [*or* BRIT *fam* fag] out sb *sep;* ~ **und foxi sein** *(sl)* to be worn out [*or* BRIT *fam* shattered]; *s. a.* **Idee** II. *adv* quickly

Fi·xa ['fɪksa] *pl von* **Fixum**

fi·xen ['fɪksn̩] *vi (sl)* to fix *sl* [*or* to shoot] *sl*

Fi·xer(in) <-s, -> ['fɪksɐ] *m(f) (sl)* fixer BRIT *sl*, junkie AM

Fi·xer·be·steck *nt* fixing tools *pl* BRIT *sl*

fi·xie·ren* [fɪ'ksiːrən] *vt* ❶ *(anstarren)* ■ **jdn/etw** ~ to fix one's eyes [*or* one's gaze] on sb/sth, to stare [at sb/ sth] ❷ PSYCH *(auf jdn/etw völlig ausgerichtet sein)* ■ **auf jdn/etw fixiert sein** to be fixated on sb/sth; ■ **darauf fixiert sein, etw zu tun** to be fixated with doing sth ❸ FOTO ■ **etw** ~ to fix sth ❹ *(geh: festlegen)* ■ **etw** ~ to fix sth ❺ *(schriftlich niederlegen)* ■ **etw** ~ to record sth; **ich habe die Besprechung auf Montag fixiert** I've fixed the appointment for Monday ❻ SCHWEIZ *(befestigen)* ■ **etw** ~ to fix sth

Fi·xie·rung <-, -en> *f* ❶ *(Festlegung)* specification, specifying, recording, setting out *sep* ❷ PSYCH *(Ausrichtung)* fixation; ■ **jds** ~ **auf jdn/etw** sb's fixation on sb/sth

Fi·xing <-s, -s> *nt* fixing *no art, no pl*

Fix·kos·ten *pl* fixed costs *pl* **Fix·punkt** *m s.* **Festpunkt Fix·stern** *m* fixed star

Fi·xum <-s, Fixa> ['fɪksʊm, *pl:* 'fɪksa] *nt* basic salary; *(Zuschuss)* fixed allowance

Fjord <-[e]s, -e> [fjɔrt] *m* fjord, fiord

FKK [ɛfkaː'kaː] *kein art Abk von* **Freikörperkultur**

FKK-An·hän·ger(in) *m(f)* naturist, nudist; ~ **sein** to be a naturist [*or* nudist] **FKK-Strand** *m* nudist beach

flach [flax] *adj* ❶ *(eben, platt)* flat; *(nicht hoch)* low; *(nicht steil)* gentle; ~ |**zu etw** *dat*| **abfallen** to slope down gently [into [*or* towards] sth]; **sich** ~ **hinlegen** to lie [down] flat; ~ **liegen** [*o* **schlafen**] to sleep without a pillow ❷ *(nicht tief)* shallow; ~ **atmen** to take shallow breaths ❸ *(oberflächlich)* shallow

Flach·bau *m* low building **flach·brüs·tig** *adj* flat-chested **Flach·dach** *nt* flat roof; *(Terrasse)* terrace **Flach·druck** *m* TYPO ❶ *kein pl (Verfahren)* planography *no pl spec* ❷ *(Produkt)* planograph *spec*

Flä·che <-, -n> ['flɛçə] *f* ❶ *(flache Außenseite)* surface; *(Würfel~)* face ❷ *(Gebiet)* expanse; *(mit Maßangaben)* area

Flach·ei·sen *m* ❶ *(flaches Metall)* flat bar, flat *spec* ❷ *(Werkzeug)* flat-bladed chisel

Flä·chen·brand *m* wildfire; **sich zu einem** ~ **ausweiten** to spread to a large-scale fire; *(fig)* to spread like wildfire **flä·chen·de·ckend** *adj* covering the needs *pred;* **in unterentwickelten Ländern ist keine ~e medizinische Versorgung gewährleistet** there is no sufficient coverage of medical supplies in undeveloped countries **flä·chen·gleich** *adj* equal in area *pred* **Flä·chen·in·halt** *m* [surface] area **Flä·chen·land** *nt* large-area land with a low population density **Flä·chen·maß** *nt* [unit of] square measure **Flä·chen·nut·zungs·plan** *m* land utilization plan; *(in einer Stadt)* local [*or* AM zoning] plan **Flä·chen·staat** *m* state

flach|fal·len *vi sep irreg sein (fam)* to not come off *fam*

Flach·glas *nt* sheet glass *no pl*

Flach·heit <-> *f kein pl* flatness *no pl*, planeness *no pl spec*

flä·chig ['flɛçɪç] *adj* ❶ *(breit)* flat ❷ *(ausgedehnt)* extensive

Flach·kopf·schrau·be *f* TECH *(Blechschraube)* pan head screw AM *spec; (Senkschraube)* countersunk bolt/screw *spec*

Flach·land *nt* lowland, plain **flach|le·gen** *(fam)* **I.** *vt* ■ **jdn** ~ to knock out sb *sep*, to floor sb BRIT **II.** *vr* ■ **sich** ~ *(sich hinlegen)* to lie down; *(flach hinfallen)* to fall flat [on one's face] **flach|lie·gen** *vi irreg (fam)* to be laid up [in bed] **Flach·mann** *m (fam)* hipflask **Flach·mei·ßel** *m* flat [*or spec* cold] chisel

Flachs <-es> [flaks] *m kein pl* ❶ *(Pflanze)* flax *no art, no pl* ❷ *(fam: Witzelei)* kidding *no art, no pl fam,* joke; ~ **machen** to kid around *fam;* |**jetzt mal ganz**| **ohne** ~ joking aside

flachs·blond *adj* flax-coloured [*or* AM -ored], flaxen *liter*

Flach·schlitz·schrau·ben·dre·her *m* [slotted] screwdriver

flach·sen ['flaksn̩] *vi (fam)* to kid around *fam;* ■ |**mit jdn**| ~ to kid sb on *fam*

Flach·sinn *m kein pl* shallowness *no pl* **Flach·zan·ge** *f* flat[-nosed] pliers *npl*

fla·ckern ['flakɐn] *vi* to flicker

Fla·den <-s, -> ['flaːdn̩] *m* ❶ KOCHK round flat dough-cake ❷ *(fam: breiige Masse)* flat blob; *(Kuh~)* cowpat **Fla·den·brot** *nt* round flat loaf [of bread], ≈ Turkish bread *no art, no pl*

Fla·geo·lett·boh·ne [flaʒo'lɛt-] *f* flageolet bean

Flag·ge <-, -n> ['flagə] *f* flag; **die englische/französische** ~ **führen** to fly the English/French flag [*or* BRIT colours] [*or* AM colors]; **die** ~ **streichen** to strike the flag ▸ WENDUNGEN: ~ **zeigen** to nail one's colours [*or* AM -ors] to the mast

flag·gen ['flagn̩] *vi* to fly a flag/flags

Flag·gen·al·pha·bet *nt* semaphore *no art, no pl* Flag·gen·mast *m* flagpole, flagstaff Flag·gen·sig·nal *nt* flag signal; ein ~ geben to give a flag signal
Flagg·schiff *nt* flagship
fla·grant |fla'grant| *adj (geh)* flagrant; *s. a.* in flagranti
Flair <-s> |flɛːɐ̯| *nt o selten m kein pl (geh)* aura
Flak <-, -[s]> |flak| *f Akr von* Flugabwehrkanone ➊ *(Kanone)* anti-aircraft [*or hist* ack-ack] gun ➋ *(Einheit)* anti-aircraft [*or hist* ack-ack] unit
Flak·hel·fer(in) *m(f)* HIST anti-aircraft auxiliary
Fla·kon <-s, -s> |fla'kõ:| *nt o m (geh)* [small] bottle, flacon *spec*
fla·mbie·ren* |flam'biːrən| *vt* ■ etw ~ to flambé[e] sth
Flam·bier·pfan·ne *f* flaming [*or* flambéing] pan
Fla·me, Fla·min *o* Flä·min <-n, -n> |'flamə, fla:mɪn, flɛ:mɪn| *m, f* Fleming, Flemish man/woman/boy/girl
Fla·min·go <-s, -s> |fla'mɪŋgo| *m* flamingo
flä·misch |'flɛmɪʃ| *adj* Flemish; auf ~ in Flemish
Flä·misch |'flɛmɪʃ| *nt dekl wie adj* Flemish; ■ das ~e Flemish; auf ~ in Flemish, the Flemish language
Flam·me <-, -n> |'flamə| *f* ➊ *(Feuer)* flame; in ~n aufgehen to go up in flames; mit ruhiger/flackernder ~ brennen to burn with a steady/flickering flame; etw auf großer/kleiner ~ kochen to cook sth on a high/low heat; in |hellen| ~n stehen to be ablaze/in flames ➋ *(veraltend fam: Geliebte)* flame *dated*
flam·mend *adj (liter)* flaming
Flam·men·meer *nt (geh)* sea of flames [*or* fire] Flam·men·tod *m (geh)* ■ der ~ death by burning; den ~ erleiden to be burned [*or* burnt] to death; *(auf dem Scheiterhaufen)* to be burned [*or* burnt] at the stake Flam·men·wer·fer <-s, -> *m* flamethrower
Flan·dern <-s> |'flandən| *nt* Flanders + *sing vb*
fland·risch |'flandrɪʃ| *adj* Flemish
Fla·nell <-s, -e> |fla'nɛl| *m* flannel
fla·nie·ren* |fla'niːrən| *vi haben o sein* to stroll; *(bummeln)* to go for a stroll; sie flanierten an den Schaufenstern entlang they went window-shopping
Flan·ke <-, -n> |'flaŋkə| *f* ➊ ANAT flank ➋ AUTO *(selten)* side ➌ FBALL cross ➍ MIL *einer Stellung* flank; eine offene ~ an open flank
flan·ken |'flaŋkn̩| *vi* FBALL to centre [*or AM* -er]
Flan·ken·schutz *m* MIL protection on the flank; jdm ~ geben to give sb added support
flan·kie·ren* |flaŋ'kiːrən| *vt* ➊ *(begleiten)* ■ jdn ~ to flank [*or* accompany] sb ➋ *(seitlich begrenzen)* ■ etw ~ to flank sth ➌ *(ergänzen)* ■ etw |mit etw *dat*| ~ to support sth [with sth]
Flansch <-[e]s, -e> |flanʃ| *m* TECH flange
Flap·pe <-, -n> |'flapə| *f* DIAL pout; eine ~ ziehen to pout, to look petulant
flap·sig |'flapsɪç| *(fam)* I. *adj* cheeky BRIT; eine ~e Bemerkung an offhand [*or* a flippant] remark II. *adv* cheekily BRIT
Fläsch·chen <-s, -> |'flɛʃçən| *nt dim von* Flasche |small| bottle
Fla·sche <-, -n> |'flaʃə| *f* ➊ *(Behälter)* bottle; etw in ~n füllen to bottle sth, to fill sth into bottles; einem Kind die ~ geben to bottle-feed a child, to give [*or* feed] a child its bottle; aus der ~ trinken to drink straight from [*or* out of] the bottle; Bier/Wein auf ~n ziehen to bottle beer/wine ➋ *(fam: Versager)* dead loss *fam*; *(einfältiger Mensch)* pillock BRIT *pej fam*, dork AM *pej fam* ▶ WENDUNGEN: zur ~ greifen to take to [*or fam* hit] the bottle
Fla·schen·bier *nt* bottled beer Fla·schen·bürs·te *f* bottle-brush Fla·schen·gä·rung *f* fermentation in the bottle, secondary fermentation *spec* Fla·schen·hals *m* ➊ *(Teil einer Flasche)* bottleneck, neck [of a/ the bottle] ➋ *(fig)* bottleneck Fla·schen·kind *nt* bottle-fed baby Fla·schen·kür·bis *m* bottle gourd Fla·schen·milch *f* bottled milk, milk |sold| in bottles Fla·

schen·nah·rung *f* baby milk, formula AM Fla·schen·öff·ner *m* bottle-opener Fla·schen·pfand *m* deposit [*or* refund] on a/the bottle Fla·schen·post *f* message in a bottle Fla·schen·re·gal *nt* wine rack Fla·schen·to·ma·te *f* plum tomato Fla·schen·ver·schlussᴿᴿ *m* bottle top fla·schen·wei·se *adv* by the bottle Fla·schen·zug *m* TECH block and tackle [*or* pulley]
Flasch·ner(in) <-s, -> *m(f)* SÜDD, SCHWEIZ *(Klempner)* plumber
Flash·back <-s, -s> |'flɛʃbɛk| *m* flashback
Flat·ter·bin·se *f* BOT soft rush
flat·ter·haft *adj (pej)* fickle *pej*
Flat·ter·haf·tig·keit <-> *f kein pl (pej)* fickleness *no pl pej*
Flat·ter·mann <-männer> *m (hum fam)* chicken
flat·tern |'flatən| *vi* ➊ *haben (mit den Flügeln schlagen)* to flap [*or* flutter] |its wings| ➋ *haben (vom Wind bewegt)* ■ |im Winde| ~ to flutter [*or* flap] |in the wind|; *lange Haare* to stream |in the wind| ➌ *sein (durch die Luft getragen)* ■ irgendwohin ~ to fly [*or* float] [*or* be blown] somewhere ➍ *sein (fam: zugestellt werden)* ■ jdm |irgendwohin| ~ to land [*or* turn up] [*or* arrive] somewhere; heute flatterte eine Rechnung ins Haus a bill landed on the mat today ➎ *haben* AUTO *(hin und her schlagen)* to wobble, to shimmy AM
Flat·ter·satz *m* unjustified text [*or* print *no art, no pl*]
flau |flau| *adj* ➊ *(leicht unwohl)* queasy; jdm ist ~ |im Magen| sb feels queasy; mir wurde ganz ~ im Magen I started to feel queasy ➋ *(träge)* slack; heute war das Geschäft sehr ~ business was very slack today
Flaum <-[e]s> |flaum| *m kein pl* down *no art, no pl*
flau·mig |'flaumɪç| *adj* downy
Flausch <-[e]s, -e> |'flauʃ| *m* fleece *no pl*
flau·schig *adj* fleecy, soft
Flau·sen |'flauzən| *pl (fam)* ➊ *(Unsinn)* nonsense *nsing*; *(Illusionen)* fancy [*or* crazy] ideas *pl*; ~ im Kopf haben to have crazy ideas; jdm die ~ austreiben to get sb to return to reality, to knock some sense into sb *fam* ➋ *(Ausflüchte)* excuses *pl*; verschone mich mit deinen ~! save [*or* spare me] your excuses!
Flau·te <-, -n> |'flautə| *f* ➊ *(Windstille)* calm *no pl*; ■ ~n calm periods *pl* ➋ *(mangelnde Nachfrage)* lull, period of slackness [*or* reduced activity]
flä·zen |'flɛtsn̩| *vr (fam)* ■ sich |auf/in etw *akk*| ~ to sprawl |oneself *fam*| |on/in sth| *a. pej*
Flech·te <-, -n> |'flɛçtə| *f* ➊ BOT lichen ➋ MED lichen *no pl*; *(Herpes)* herpes *no pl*; *(Ekzem)* eczema *no pl* ➌ *(geh)* plait, *esp* AM braid
flech·ten <flocht, geflochten> |'flɛçtn̩| *vt* ■ etw ~ to plait [*or esp* AM braid] sth; sich/jdm die Haare |zu Zöpfen |*o* in Zöpfe| | ~ to plait [*or esp* AM braid] one's/sb's hair; einen Korb/Kranz/eine Matte ~ to weave [*or* make] a basket/wreath/mat; ■ etw zu etw *dat* ~ to plait [*or* weave] sth into sth; Blumen zu einem Kranz ~ to weave flowers into a garland; ■ geflochten woven
Flecht·werk *nt kein pl* wickerwork *no art, no pl*
Fleck <-[e]s, -e *o* -en> |flɛk| *m* ➊ *(Schmutz~)* stain; ~en machen to stain ➋ *(dunkle Stelle)* mark; *(auf Stirn vom Pferd)* blaze; ein blauer ~ a bruise; ~en haben to be bruised; *Apfel a.* to be blemished ➌ *(Stelle)* spot, place; sich nicht vom ~ rühren to not move [*or fam* budge] |an inch|; rühr dich nicht vom ~, ich bin sofort wieder da! stay where you are, I'll be right back! ▶ WENDUNGEN: einen ~ auf der |weißen| Weste haben to have blotted one's copybook BRIT; der blinde ~ the blind spot; |mit etw *dat*| nicht vom ~ kommen to not get any further [with sth]; vom ~ weg on the spot; *s. a.* Herz

Fleck·chen <-s, -> *nt* ❶ *dim von* **Fleck** mark, stain ❷ *(Gegend)* **ein schönes** [*o* **herrliches**] ~ **Erde** a nice [*or* lovely] little spot

Fle·cken <-s, -> ['flɛkn̩] *m* ❶ *(veraltet: Markt~)* small town ❷ *s.* **Fleck 1, 2**

Fle·cken·fal·ter *m* ZOOL fritillary

fle·cken·los *adj* spotless

Fleck·ent·fer·ner <-s, -> *m* stain remover

Fle·cken·was·ser *nt* stain remover

Fle·ckerl·tep·pich ['flɛkɐl-] *m* SÜDD, ÖSTERR rag rug

Fleck·fie·ber *nt* typhus [fever], fleckfieber *spec*

fle·ckig ['flɛkɪç] *adj* ❶ *(befleckt)* marked, stained ❷ *(voller dunkler Stellen)* blemished; **~e Haut** blotchy skin

fled·dern [ˈflɛdɐn] *vt* ❶ *(pej fam: durchwühlen)* ▦ **etw** ~ to rummage through sth; ▦ **jdn/etw** ~ to harm sb/sth ❷ **eine Leiche** ~ to rob a dead body

Fle·der·maus ['fleːdɐmaʊs] *f* ❶ *(Tier)* bat ❷ KOCHK ÖSTERR *(Fleischstück)* round steak

Fle·der·maus·är·mel *m* batwing sleeve

Fleece <-> [fliːs] *nt kein pl* fleece

Fleet <-[e]s, -e> [fleːt] *nt* NORDD canal

Fle·gel <-s, -> ['fleːgl̩] *m* *(pej: Lümmel)* lout *fam*, yob[bo] BRIT *fam*; *(ungezogenes Kind)* brat *pej fam*

Fle·gel·al·ter *nt* adolescence *no indef art, no pl;* ▦ **im** ~ **sein** to be [an] adolescent [*or* in one's adolescence]

Fle·ge·lei <-, -en> [fleːgəˈlaɪ] *f (pej)* uncouthness *no art, no pl*, uncouth [*or fam* loutish] behaviour [*or* AM -or] *no pl*

fle·gel·haft *adj (pej)* uncouth, loutish *fam*

fle·geln ['fleːgl̩n] *vr (pej)* ▦ **sich** [**auf/in etw** *akk*] ~ to sprawl [oneself *fam*] on [*or* [all] over] sth *a. pej*

fle·hen ['fleːən] *vi (geh)* ▦ **bei jdm** [**um etw** *akk*] ~ to beg [sb] [for sth]

fle·hent·lich ['fleːəntlɪç] **I.** *adj (geh)* pleading, imploring **II.** *adv* pleadingly; **jdn ~ bitten, etw zu tun** to implore [*or* entreat] sb to do sth

Fleisch <-[e]s> ['flaɪʃ] *nt kein pl* ❶ *(Nahrungsmittel)* meat *no art, no pl;* **~ fressend** carnivorous, meat-eating *attr* ❷ *(Gewebe, Muskel~)* flesh *no indef art, no pl* ❸ *(Frucht~)* flesh *no indef art, no pl* ▸ WENDUNGEN: **jds eigen[es]** ~ **und Blut** *(geh)* sb's own flesh and blood; **jdm in** ~ **und Blut übergehen** to become sb's second nature; **sich** *dat o akk* [**mit etw** *dat*] **ins eigene** ~ **schneiden** to cut off one's nose to spite one's face, to harm one's own interests; **vom** ~[e] **fallen** to lose a lot of weight

fleisch·arm *adj* low-meat *attr,* containing little meat *pred,* with a low meat content *pred;* [**sehr**] ~ **essen** to eat [very] little meat **Fleisch·be·schau** *f* ❶ ADMIN meat inspection ❷ *(hum fam)* cattle market *hum o pej,* meat market *hum o pej* **Fleisch·be·schau·er|in|** <-s, -> *m(f)* meat inspector **Fleisch·blut·ma·gen** *m* blood sausage **Fleisch·brat·ling** *m* rissole, burger **Fleisch·brü·he** *f* ❶ *(Bouillon)* bouillon, beef stock ❷ *(Fond)* meat stock **Fleisch·dau·er·wa·re** *f kein pl* preserved meats *pl* **Fleisch·dün·nung** *f* flank

Flei·scher|in| <-s, -> ['flaɪʃɐ] *m(f)* butcher

Flei·scher·beil *nt* [meat] cleaver

Flei·sche·rei <-, -en> [flaɪʃəˈraɪ] *f* butcher's [shop BRIT]

Flei·scher·mes·ser *nt* butcher's knife

Fleisch·es·ser|in| *m(f)* meat eater **Fleisch·ex·trakt** *m* meat extract **fleisch·far·ben** *adj* flesh-coloured [*or* AM -ored] **Fleisch·far·ce** *f* meat filling **Fleisch·fon·due** *nt* meat fondue **fleisch·fres·send** *adj s.* **Fleisch 1 Fleisch·fres·ser** <-s, -> *m* carnivore, meat-eater **Fleisch·ga·bel** *f* meat fork **Fleisch·ge·lee** *nt* meat jelly **Fleisch·glace** *nt s.* **Jus Fleisch·hau·er|in|** <-s, -> *m(f)* ÖSTERR *(Fleischer)* butcher's [shop BRIT] **Fleisch·hau·e·rei** <-, -en> *f* ÖSTERR *(Fleischerei)* butcher's [shop BRIT]

flei·schig ['flaɪʃɪç] *adj* fleshy

Fleisch·jus *m s.* **Jus Fleisch·kä·se** *m* meatloaf **Fleisch·klop·fer** <-s, -> *m* steak hammer **Fleisch·kloß** *m* ❶ KOCHK meatball ❷ *(fam: fetter Mensch)* mountain of flesh **Fleisch·klöß·chen** *nt* [small] meatball **Fleisch·knepp** *m* meat ball *(flavoured with herbs)* **Fleisch·kraut** *nt* BOT winter chicory

fleisch·lich *adj attr* ❶ *(von Fleisch)* consisting of/containing meat *pred;* **~e Genüsse** meat delicacies ❷ *(liter: sexuell)* carnal, of the flesh *pred;* **~e Begierden** carnal desires, desires of the flesh

fleisch·los **I.** *adj* vegetarian, meatless **II.** *adv* ~ **kochen** to cook vegetarian

Fleisch·no·ckerl [-nɔkɐl] *nt* SÜDD meat balls *(poached in pigs' stomach)* **Fleisch·pas·te·te** *f* meat vol-au-vent [*or* BRIT pasty] **Fleisch·saft** *m* meat juices *pl* **Fleisch·sa·lat** *m* a salad of diced sausage or ham, gherkins and mayonnaise **Fleisch·spieß** *m* meat skewer, skewered meat **Fleisch·stück** *nt,* **Fleisch·stück·chen** *nt* piece of meat **Fleisch·tee** *m* beef tea, Bovril® **Fleisch·ther·mo·me·ter** *nt* meat thermometer **Fleisch·to·ma·te** *f* beef[steak] tomato **Fleisch·topf** *m* meat pan **Fleisch·ver·gif·tung** *f* food poisoning *(from meat),* meat poisoning BRIT **Fleisch·vo·gel** *m* SCHWEIZ *(Roulade)* beef olive **Fleisch·wa·ren** *pl* meat produce *nsing [or pl* products] **Fleisch·wolf** *m* mincer BRIT, grinder AM; **etw durch den** ~ **drehen** to mince [*or* AM grind] sth ▸ WENDUNGEN: **jdn durch den** ~ **drehen** *(fam)* to put sb through the mill **Fleisch·wun·de** *f* flesh wound **Fleisch·wurst** *f* ≈ pork sausage

Fleiß <-[e]s> [flaɪs] *m kein pl* hard work *no art, no pl,* diligence *no art, no pl,* industriousness *no art, no pl,* application *no art, no pl form;* ▸ WENDUNGEN: **mit** ~ SÜDD on purpose; **ohne** ~ **kein Preis** *(prov)* success doesn't come easily; SPORT no pain, no gain!

Fleiß·ar·beit *f* laborious task; **eine** [**reine**] ~ *(pej)* a grind BRIT *fam*

flei·ßig ['flaɪsɪç] **I.** *adj* ❶ *(hart arbeitend)* industrious, hard-working ❷ *(Fleiß zeigend)* diligent, painstaking; **eine ~e Leistung** a painstaking effort ❸ *(fam: eifrig)* keen **II.** *adv* ❶ *(arbeitsam)* diligently, industriously ❷ *(fam: unverdrossen)* assiduously

flek·tie·ren' [flɛkˈtiːrən] **I.** *vt* LING ▦ **etw** ~ *(deklinieren)* to decline sth; *(konjugieren)* to conjugate sth *spec* **II.** *vi* to inflect; ▦ **schwach/stark** ~ to be [conjugated as] a weak/strong verb

flen·nen ['flɛnən] *vi (pej fam)* to blubber *pej,* to blub BRIT *pej fam*

flet·schen ['flɛtʃn̩] *vt* **die Zähne** ~ to show [*or* bare] one's/its teeth

fleucht [flɔyçt] *(veraltet poet)* 3. *pers sing von* **fliegen** *s.* **kreucht**

Fleu·rop® <-> ['flɔyrɔp] *f kein pl* Interflora® *no art, no pl*

fle·xi·bel [flɛˈksiːbl̩] *adj* ❶ *(anpassungsfähig)* flexible ❷ *(nicht fest)* flexible ❸ *(elastisch)* pliable

Fle·xi·bi·li·sie·rung <-, -en> *f* **die ~ der Altersgrenze/Arbeitszeit/Ladenschlusszeiten** the transition to a flexible age limit/to flexible opening/working hours

Fle·xi·bi·li·tät <-> [flɛksibiliˈtɛːt] *f kein pl* ❶ *(Anpassungsfähigkeit)* flexibility *no art, no pl* ❷ *(Elastizität)* pliability *no art, no pl*

Fle·xi·on <-, -en> [flɛˈksjoːn] *f (Deklinieren)* inflection; *(Konjugieren)* conjugation *spec*

Fle·xi·ons·en·dung *f* inflectional ending [*or* suffix]

flicht *imper sing and* 3. *pers sing pres von* **flechten**

fli·cken ['flɪkn̩] *vt* ▦ **etw** [**mit etw** *dat*] ~ to mend sth [with sth]; **einen Fahrradschlauch** ~ to patch [up *sep*] a bicycle tube; *s. a.* **Zeug**

Fli·cken <-s, -> ['flɪkn̩] *m* patch

Fli·cken·tep·pich *m* rag rug

Flick·schus·ter(in) m(f) (pej fam) bungler, bungling idiot pej **Flick·werk** nt kein pl (pej) **ein ~ sein** to have been carried out piecemeal **Flick·zeug** nt kein pl ❶ (für Fahrräder) [puncture] repair kit [or outfit] ❷ (Nähzeug) sewing kit

Flie·der <-s, -> ['fliːdɐ] m lilac
Flie·der·busch m lilac **flie·der·far·ben** adj lilac
Flie·ge <-, -n> ['fliːɡə] f ❶ (Insekt) fly ❷ MODE bow tie [or dickie [or dick[e]y] bow] BRIT fam ▶ WENDUNGEN: **zwei ~n mit einer Klappe schlagen** (fam) to kill two birds with one stone; **jdn stört die ~ an der Wand** sb is irritated by every little thing; **wie die ~n umfallen** to go down like ninepins BRIT, to drop [off] like flies; **die** [o sl: **'ne**] **~ machen** to beat [or leg] it fam; **he, mach die ~!** get lost!, piss off! BRIT fam!; **wie die ~n sterben** to fall [or drop [off]] like flies
flie·gen <flog, geflogen> ['fliːɡn̩] I. vi sein ❶ (mit Flügeln) to fly ❷ (im Flugzeug) ■ **[irgendwohin] ~** to fly [somewhere]; **wann fliegt die nächste Maschine [nach Paris]?** when is the next flight [to Paris]? ❸ (sl: hinausgeworfen werden) ■ **[aus etw** dat**] ~** to get kicked [or fam chucked] out [of sth]; **aus einer Firma ~** to get [or be given] the sack [or fam the boot] ❹ (fam: schnell fallen) ■ **jdm aus/von etw** dat **~** to fall out off sb's sth ❺ (fam: fallen) to fall; **von der Leiter ~** to fall off a ladder ❻ (wehen) to fly ❼ (eilen) to fly ❽ (geworfen werden) to fly, to be flung; **die Schneebälle flogen wild hin und her** snowballs were flying about all over the place ❾ (fam) ▶ WENDUNGEN: **auf jdn/etw ~** to go for sb/sth fam; **ich kann doch nicht ~!** (fam) I can't fly [or fam haven't got wings] , you know! II. vt ❶ haben o sein (steuern) ■ **etw ~** to fly sth ❷ haben (befördern) ■ **jdn/etw irgendwohin ~** to fly sb/sth somewhere ❸ haben o sein (zurücklegen) ■ **etw ~** to fly sth; **wir sind heute eine weite Strecke geflogen** we flew a long way today

flie·gend adj attr mobile; **die ~e Pommesbude** the chippie van BRIT fam, the roach coach AM; s. a. **Fisch** s. a. **Personal** s. a. **Start** s. a. **Untertasse**
Flie·gen·dreck m fly spot/spots, fly droppings npl
Flie·gen·fän·ger m flypaper **Flie·gen·fens·ter** nt [window with a] fly screen **Flie·gen·ge·wicht** nt ❶ kein pl (Gewichtsklasse) flyweight no indef art, no pl ❷ (Sportler) flyweight **Flie·gen·ge·wicht·ler(in)** <-s, -> m(f) flyweight **Flie·gen·git·ter** nt flyscreen BRIT, screen AM **Flie·gen·klat·sche** f fly swatter, BRIT a. fly swat **Flie·gen·pilz** m fly agaric no indef art, no pl spec
Flie·ger[1] <-s, -> m (sl) plane, bird sl
Flie·ger(in)[2] <-s, -> m(f) ❶ (Pilot) pilot, airman masc, airwoman fem ❷ (Dienstgrad) aircraftman BRIT, airman basic AM ❸ (fam: Luftwaffe) ■ **die ~** the air force + sing/pl vb
Flie·ger·alarm m air-raid warning **Flie·ger·an·griff** m air raid
Flie·ge·rei <-> [fliːɡəˈraɪ] f kein pl flying no art, no pl
Flie·ger·horst m military airfield [or BRIT a. aerodrome]
flie·ge·risch adj attr aeronautical
flie·hen <floh, geflohen> ['fliːən] I. vi sein ❶ (entkommen) to escape, to flee; **aus dem Gefängnis ~** to escape from prison ❷ (davoneilen) to flee; **vor der Polizei/einem Sturm ~** to flee from the police/ before a storm II. vt haben (liter) ■ **etw ~** to shun sth, to flee [or get away] from sth; **jds Gegenwart/ Nähe ~** to avoid sb
flie·hend adj receding; **ein ~es Kinn** a receding chin; **eine ~e Stirn** a sloping forehead
Flieh·kraft f kein pl centrifugal force
Flie·se <-, -n> [fliːzə] f tile; **etw mit ~n auslegen** to tile sth; **~n legen** to lay tiles
flie·sen ['fliːzn̩] vt ■ **etw ~** to tile sth; ■ **gefliest** tiled

Flie·sen·bo·den, **Flie·sen·fuß·bo·den** m tiled floor
Flie·sen·le·ger(in) <-s, -> m(f) tiler
Fließ·band <-bänder> nt assembly [or production] line; (Förderband) conveyer [belt]; **am ~ arbeiten** [o fam: **stehen**] to work on a/the production line
Fließ·band·ar·beit f work on a production [or assembly] line
flie·ßen <floss, geflossen> ['fliːsn̩] vi sein ❶ (strömen) to flow; **es fließt kein Wasser aus dem Hahn** there's no water coming from the tap; (sich dahinbewegen) to flow, to move; METEO (einströmen) to move ❷ (eingehen) **aus China ~ die Informationen immer spärlicher** the flow of information from China is getting minimal ▶ WENDUNGEN: **alles fließt** PHILOS all is in a state of flux
flie·ßend I. adj ❶ (flüssig) fluent; **eine ~e Rede** a fluent speech; **ein ~es Französisch sprechen** to speak fluent French [or French fluently] ❷ (übergangslos) fluid II. adv ❶ (bei Wasser) **~ warmes und kaltes Wasser** running hot and cold water ❷ (ohne zu stocken) fluently; **~ Französisch sprechen** to speak fluent French [or French fluently]
Fließ·heck nt AUTO fastback
flim·mer·frei adj flicker[-]free **Flim·mer·kis·te** f (fam) TV, telly BRIT fam; ■ **die ~** the box BRIT fam, boob tube AM fam
flim·mern ['flɪmɐn] vi ❶ (unruhig leuchten) to flicker ❷ (flirren) to shimmer; s. a. **Auge**
flink [flɪŋk] adj quick, nippy BRIT fam; **eine ~e Zunge/ ein ~es Mundwerk haben** to have a quick [or BRIT ready] tongue/mouth
Flin·te <-, -n> ['flɪntə] f (Schrot~) shotgun ❷ (veraltet: Gewehr) gun ▶ WENDUNGEN: **die ~ ins Korn werfen** (fam) to throw in the towel; **jdn/etw vor die ~ bekommen** (fam) to get hold of sb/sth
Flin·ten·weib nt (a. pej) gunwoman
Flip·chart <-, -s> ['flɪptʃart] f flipchart
Flip·per <-s, -> ['flɪpɐ] m pinball machine
flip·pern ['flɪpɐn] vi to play pinball
flip·pig adj (fam) hip fam
flir·ren ['flɪrən] vi to whirr [or esp AM whirl]; **~de Luft/ Hitze** shimmering air/heat
Flirt <-s, -s> [fløːɐt] m flirt[ation]
flir·ten ['fløːɐtn̩] vi ■ **[mit jdm] ~** to flirt [with sb]
Flit·tchen <-s, -> ['flɪtçən] nt (pej fam) slut pej, hussy a. hum
Flit·ter <-s, -> ['flɪtɐ] m ❶ (Pailletten) sequins pl ❷ kein pl (pej: Tand) trash no art, no pl pej fam, trumpery no pl
Flit·ter·wo·chen pl honeymoon nsing; **in die ~ fahren** to go on [one's] honeymoon; **in den ~ sein** to be on [one's] honeymoon; **die ~ in Paris verbringen** to [spend one's] honeymoon in Paris
Flitz·bo·gen [flɪts-] m, **Flit·ze·bo·gen** [flɪtsə-] m (fam) bow and arrow[s pl]; ▶ WENDUNGEN: **gespannt wie ein ~ sein** to be dying with suspense
flit·zen ['flɪtsn̩] vi sein ❶ (sich schnell bewegen) ■ **[irgendwohin] ~** to dash [or fam whizz [or esp AM whiz]] [somewhere] ❷ (fam: abhauen) to run off, to leg it fam ❸ (fam: nackt laufen) to streak
Flit·zer <-s, -> m (fam) snappy [or AM sharp] little sports car fam
floa·ten ['floːtn̩] vi ÖKON to float
Floa·ting <-> ['floːtɪŋ] nt kein pl ■ **das ~** [einer S. gen [o von etw dat]] floating [sth]
flocht ['flɔxt] imp von **flechten**
Flöck·chen <-s, -> ['flœkçən] nt ❶ dim von **Flocke** flake ❷ **ein ~ Butter** a knob [or AM hunk] of butter
Flo·cke <-, -n> ['flɔkə] f (Schnee~) snowflake ❷ (Staub~) ball of fluff
Flo·cken·blu·me f BOT knapweed
flo·ckig ['flɔkɪç] adj fluffy

flog [ˈfloːk] *imp von* **fliegen**
floh [floː] *imp von* **fliehen**
Floh <-[e]s, Flöhe> [floː, *pl:* ˈfløːə] *m* ⓘ *(Tier)* flea; **Flöhe haben/knacken** to have/squash fleas ② *pl (sl: Geld)* dough *nsing dated fam*, bread *nsing fam*, dosh BRIT *sl* ③ *(fam)* ▸ WENDUNGEN: **jdm einen ~ ins Ohr setzen** to put an idea into sb's head; **die Flöhe husten hören** to imagine things
Floh·kraut *nt* BOT pennyroyal **Floh·krebs** *m* ZOOL sand hopper **Floh·markt** *m* flea market, jumble [*or* AM rummage] sale **Floh·zir·kus** *m* flea circus
Flo·ka·ti <-s, -s> [floˈkaːti] *m (griechischer Teppich)* flokati
Flom <-s> [floːm] *m*, **Flo·men** <-s> [ˈfloːmən] *m kein pl* DIAL *(Schweineschmalz)* lard *no art, no pl*
Flop <-s, -s> [flɔp] *m (fam)* flop *fam;* **mit etw** *dat* **einen ~ landen** to suffer [*or* land] a flop with sth *fam*
flop·pen [ˈflɔpn̩] *vi* ÖKON *(fam)* Projekt, Film, CD to flop *fam*
Flop·py Disk^RR, **Flop·py disk**^ALT [ˈflɔpidɪsk] *f* floppy disk
Flor <-s, -e *o (selten)* Flöre> [floːɐ̯, *pl:* ˈfløːrə] *m* ⓘ *(dünnes Gewebe)* gauze ② *(Teppich-/Samt~)* pile
Flo·ra <-, Floren> [ˈfloːra, *pl:* ˈfloːrən] *f* flora *npl spec*
Flo·ren·reich *nt* BOT floral region
Flo·ren·ti·ner <-s, -> [florɛnˈtiːnɐ] *m* ⓘ *(Gebäck)* Florentine ② MODE *(Strohhut)* picture hat
Flo·renz <-> [floˈrɛnts] *nt kein pl* Florence
Flo·rett <-[e]s, -e> [floˈrɛt] *nt* foil; *(Sport)* foil-fencing
Flor·flie·ge *f* ZOOL lacewing
flo·rie·ren* [floˈriːrən] *vi* to flourish; ■ **~d** flourishing
Flo·rist(in) <-en, -en> [floˈrɪst] *m(f)* florist
Flos·kel <-, -n> [ˈflɔskl̩] *f* set phrase; *(klischeehaft)* cliché; **eine höfliche/abgedroschene ~** a polite but meaningless phrase, a hackneyed phrase *pej*
floss^RR, **floß**^ALT [flɔs] *imp von* **fließen**
Floß <-es, Flöße> [floːs, *pl:* ˈfløːsə] *nt* raft
Flos·se <-, -n> [ˈflɔsə] *f* ① *(Fisch~)* fin ② *(Schwimm~)* flipper ③ *(sl: Hand)* paw *hum fam*, mitt *pej fam*
Flös·sel·hecht *m* ZOOL bichir
flö·ßen [ˈfløːsn̩] *vt* ▸ **etw ~** to raft sth ② *(ein~)* **jdm die Suppe/Medizin in den Mund ~** to give sb his/her soup/medicine
Flö·ßer(in) <-s, -> [ˈfløːsɐ] *m(f)* raftsman *masc*, raftswoman *fem*
Flö·te <-, -n> [ˈfløːtə] *f* ⓘ *(Musikinstrument)* pipe; *(Quer~)* flute; *(Block~)* recorder; *(Pan~)* panpipes *npl;* **~ spielen** [*o* **blasen**] to play the pipe/flute/recorder/panpipes ② *(Kelchglas)* flute [glass] *spec*
flö·ten [ˈfløːtn̩] I. *vi* ⓘ *(Flöte spielen)* to play the flute ② *(trillern)* to whistle ③ *(hum fam: süß sprechen)* to warble, to flute ▸ WENDUNGEN: **etw geht jdm ~** sb loses sth II. *vt* ▸ **etw ~** ⓘ *(mit der Flöte)* to play sth on the flute ② *(pfeifen)* to whistle sth
flö·ten|ge·hen^ALT *vi irreg sein (sl) s.* **flöten I. 4**
Flö·ten·kes·sel *m* whistling kettle **Flö·ten·spiel** *nt* piece for the pipe/flute/recorder/panpipes **Flö·ten·spie·ler(in)** *m(f)* piper; *(Quer~)* flute player, flautist *form;* *(Block~)* recorder player **Flö·ten·ton** *m* sound of a/the flute/of flutes; ▸ WENDUNGEN: **jdm die Flötentöne beibringen** *(fam)* to tell [*or* teach] sb what's what *fam*
Flö·tist(in) <-en, -en> [fløˈtɪst] *m(f)* flautist *form*
flott [flɔt] I. *adj* ⓘ *(zügig)* quick, nippy BRIT *fam;* **eine ~e Fahrt** a fast drive; **ein ~es Tempo** [a] high speed; **eine ~e Bedienung** quick [*or* speedy] service; **aber ein bisschen ~!** *(fam)* make it snappy! *fam* ② *(schwungvoll)* lively ③ *(schick)* smart, chic ④ *(verschwenderisch)* fast-living; **ein ~es Leben führen** to live life in the fast lane ⑤ *pred (manövrierfähig)* in working order *pred;* **ein Auto wieder ~ machen** *(fam)* to get a car back on the road ⑥ *(flüssig)* racy

⓿ KOCHK **~e Lotte** mouli-légumes, food mill *s.* **Otto** *s.* **Heinrich** II. *adv* ⓘ *(zügig)* fast; *(hurtig a.)* quickly ② *(schick)* smartly, chic
flott|be·kom·men* *vt irreg* ▸ **etw ~** to get sth working; **ein Schiff ~** to float off *sep* a ship; **ein Auto ~** to get a car on the road
Flot·te <-, -n> [ˈflɔtə] *f* NAUT, LUFT fleet
Flot·ten·stütz·punkt *m* naval base **Flot·ten·verband** *m* naval unit
Flot·til·le <-, -n> [flɔˈtɪlə] *f* ⓘ MIL flotilla ② NAUT fleet
flott|krie·gen *vt (fam) s.* **flottbekommen flott|machen** *vt* ▸ **etw ~** to get sth back in working order; **ein Schiff** [**wieder**] **~** to [re]float a ship; **ein Auto ~** to get a car back on the road; **eine Firma** [**wieder**] **~** to get a company [back] on its feet **flott·weg** [ˈflɔtˈvɛk] *adv (fam)* non-stop
Flöz <-es, -e> [fløːts] *nt* BERGB seam
Fluch <-[e]s, Flüche> [fluːx, *pl:* ˈflyːçə] *m* ⓘ *(Schimpfwort)* curse, oath *dated* ② *(Verwünschung)* curse ▸ WENDUNGEN: **das** [**eben**] **ist der ~ der bösen Tat** *(prov)* evil begets evil *prov*
fluch·be·la·den *adj (geh)* cursed
flu·chen [ˈfluːxn̩] *vi* ⓘ *(schimpfen)* ■ [**auf/über jdn/etw**] **~** to curse [*or* swear] at sb/sth ② *(geh: verwünschen)* ■ **jdn/etw ~** to curse sb/sth
Flucht[1] <-, -en> [flʊxt] *f* escape; **jdm glückt die ~** sb escapes [successfully]; **die ~ vor der Realität/Verantwortung** an escape from reality/responsibility; ■ **die ~ in etw** *akk* refuge in sth; **die ~ in den Selbstbetrug** a resort to self-defiance; **die ~ ergreifen** *(geh)* to take flight, to flee; **auf der ~ erschossen werden** to be shot trying to escape [*or* on the run]; **auf der ~ sein** [*o* **sich auf der ~ befinden**] to be on the run; **jdn in die ~ schlagen** to put sb to flight, to chase away sb *sep;* **jdm zur ~ verhelfen** to help sb [to] escape; **auf der ~ vor jdm sein** to be fleeing [*or* on the run] from sb; **in kopfloser/wilder ~** in a stampede; **die ~ nach Ägypten** REL the flight to Egypt; **die ~ nach vorn antreten** to take the bull by the horns
Flucht[2] <-, -en> [flʊxt] *f* ⓘ *(~linie)* alignment; *(Häuser~)* row ② *(geh: Zimmer~)* suite
flucht·ar·tig I. *adj* hasty, hurried II. *adv* hastily, hurriedly, in a hurry **Flucht·au·to** *nt* getaway car *fam*, escape vehicle
flüch·ten [ˈflʏçtn̩] I. *vi sein* to flee, to get away; *(aus der Gefangenschaft, einer Gefahr)* to escape II. *vr haben* ⓘ *(Schutz suchen)* ■ **sich** [**vor etw** *dat*] **irgendwohin ~** to seek refuge [from sth] somewhere; **sich vor einem Unwetter in eine Scheune ~** to [seek] shelter from a storm in a barn ② ■ **sich in etw** *akk* **~** to take refuge in sth; **sich in Ausreden ~** to resort to excuses
Flucht·fahr·zeug *nt* getaway car *fam*, escape vehicle **Flucht·ge·fahr** *f* **bei jdm besteht ~** sb is always trying [*or* attempting] to escape **Flucht·hel·fer(in)** *m(f)* accomplice in an/the escape **Flucht·hil·fe** *f* escape aid
flüch·tig [ˈflʏçtɪç] I. *adj* ⓘ *(geflüchtet)* fugitive *attr;* ■ **~ sein** to be a fugitive [*or* on the run] [*or* at large] ② *(kurz)* fleeting, brief; **ein ~er Blick** a fleeting glance, a glimpse; **ein ~er Kuss/Gruß** a brief [*or* passing] [*or* perfunctory] kiss/hello ③ *(oberflächlich)* cursory, sketchy; **eine ~e Arbeit** a hurried piece of work; **eine ~e Bekanntschaft** a passing acquaintance ④ *(schnell verdunstend)* volatile II. *adv* ⓘ *(kurz)* briefly, perfunctorily ② *(oberflächlich)* cursorily; **~ arbeiten** to work hastily; **etw ~ erwähnen** to mention sth in passing; **jdn ~ kennen** to have met sb briefly; **etw ~ lesen** to skim through sth *sep*
Flüch·ti·ge(r) [ˈflʏçtɪgə, -gɐ] *f(m) dekl wie adj* fugitive
Flüch·tig·keit[1] <-> *f kein pl* ⓘ *(Kürze)* briefness *no pl,*

brevity *no pl* ❷ *(Oberflächlichkeit)* cursoriness *no pl,* sketchiness *no pl;* **mit ~ arbeiten** to work hastily [*or* with hastiness]

Flüch·tig·keit² <-, -en> *f (Unachtsamkeit)* carelessness *no pl;* **~en** careless mistakes *pl*

Flüch·tig·keits·feh·ler *m* careless mistake; **einen ~ machen** to make a careless mistake, to slip up

Flücht·ling <-s, -> ['flʏçtlɪŋ] *m* refugee

Flücht·lings·aus·weis *m* refugee's identity card **Flücht·lings·camp** <-s, -s> *nt* refugee camp **Flücht·lings·la·ger** *nt* refugee camp **Flücht·lings·strom** *m* flood of refugees

Flucht·ver·such *m* attempted [*or* attempt to] escape, escape attempt [*or* bid] **Flucht·weg** *m* escape route; *(fig)* means of escape + *sing vb*

fluf·fig ['flʊfɪç] *adj (fam)* fluffy

Flug <-[e]s, Flüge> [fluːk, *pl:* 'flyːgə] *m* ❶ *(durch die Luft)* flight ❷ *(mit einem Flugzeug)* flight; **ich hoffe, ihr hattet einen angenehmen ~?** I hope you had a good flight; **einen ~ [nach ...] buchen** to book a flight [to ...]; **einen ~ stornieren** to cancel a booking; **der ~ zum Mond/Mars/zu den Sternen** a/the journey to the moon/to Mars/to the stars ▶ WENDUNGEN: **wie im ~[e]** in a flash *fam*

Flug·ab·wehr *f* air defence [*or* AM -se]

Flug·ab·wehr·ka·no·ne *f* anti-aircraft [*or* hist ack-ack] gun **Flug·ab·wehr·ra·ke·te** *f* anti-aircraft missile

Flug·angst *f* fear of flying **Flug·asche** *f* flue ash **Flug·auf·kom·men** *nt kein pl* air traffic **Flug·bahn** *f* flight path; *(Kreisbahn)* orbit; *einer Kugel/Rakete* trajectory **Flug·be·glei·ter(in)** *m(f)* steward *masc,* stewardess *fem,* air-hostess *fem* **Flug·ben·zin** *nt* aviation fuel **Flug·be·reit·schaft** *f* LUFT readiness of plane[s] for take-off **Flug·be·trieb** *m kein pl* air traffic *no pl* **Flug·be·we·gung** *f* aircraft movement **Flug·blatt** *nt* leaflet, flyer, handbill **Flug·da·ten·schrei·ber** *m* flight recorder, black box *fam* **Flug·dau·er** *f* duration of a/the flight, flying time **Flug·dra·che** *m* ZOOL flying dragon

Flü·gel <-s, -> ['flyːgl̩] *m* ❶ *(zum Fliegen)* wing; **mit den ~n schlagen** to flap its wings; *(größer a.)* to beat its wings; *(Hubschrauber~)* rotor, blade ❷ TECH sail *spec,* vane *spec;* **Ventilator~** blade ❸ *(seitlicher Trakt)* wing, side; *eines Altars* sidepiece; *eines Fensters* casement ❹ ANAT *(Lungen~)* lung ❺ ARCHIT *(seitlicher Teil)* wing ❻ MIL *(seitlicher Truppenteil)* wing; SPORT *(Flanke)* wing ❼ POL *(extreme Gruppierung)* wing ❽ *(Konzert~)* grand piano, grand *fam;* **auf dem ~ spielen** to play the piano; **am ~: ...** at the piano: ... ▶ WENDUNGEN: **jdm die ~ beschneiden** [*o* stutzen] to clip sb's wings; **die ~ hängen lassen** *(fam)* to lose heart; **jdm ~ verleihen** *(geh)* to lend sb wings

Flü·gel·al·tar *m* winged altar **Flü·gel·boh·ne** *f* goa bean **Flü·gel·erb·se** *f* asparagus pea **Flü·gel·fens·ter** *nt* casement window **Flü·gel·horn** *nt* flugelhorn **Flü·gel·kämp·fe** *pl* factional disputes *pl* **flü·gel·lahm** *adj* injured at the wing[s] **Flü·gel·mann** <-männer *o* -leute> *m* ❶ FBALL wing forward ❷ MIL flank man ❸ POL person on the wing of a party **Flü·gel·mut·ter** <-muttern> *f* butterfly nut **Flü·gel·tür** *f* double door, French door

Flug·feld *nt* airfield **Flug·gast** *m* passenger

flüg·ge ['flʏgə] *adj pred* fledged; **[noch nicht] ~ sein** *(fig fam)* to be [not yet] ready to leave the nest

Flug·ge·päck *nt* luggage **Flug·ge·rät** *nt* flying machine **Flug·ge·sell·schaft** *f* airline **Flug·ha·fen** *m* airport; **auf dem ~ landen** to land at the airport **Flug·hö·he** *f* altitude; **„unsere ~ beträgt derzeit 32.000 Fuß"** "we are currently flying at an altitude of 32,000 feet" **Flug·hörn·chen** *nt* ZOOL flying squirrel **Flug·hund** *m* flying fox **Flug·ka·pi·tän(in)** *m(f)* captain **Flug·ki·lo·me·ter** *m* air kilometre [*or* AM -er]

Flug·kör·per *m* projectile **Flug·lärm** *m* aircraft noise **Flug·leh·rer(in)** *m(f)* flying instructor **Flug·li·nie** *f* ❶ *(Strecke)* air route ❷ *(Fluggesellschaft)* airline **Flug·lot·se, -lot·sin** *m, f* flight controller, air traffic controller **Flug·mus·kel** *m* ZOOL pectoralis **Flug·num·mer** *f* flight number **Flug·ob·jekt** *nt* unbekanntes ~ unidentified flying object, UFO **Flug·per·so·nal** *nt* aircrew **Flug·plan** *m* flight plan **Flug·platz** *m* airfield **Flug·raum** *m* air space **Flug·rou·te** *f* flight route

flugs [flʊks] *adv (veraltend)* at once, immediately

Flug·sand *m* shifting sand **Flug·schein** *m* ❶ *(Pilotenschein)* pilot's licence [*or* AM -se] ❷ *(Ticket)* [plane] ticket **Flug·schrei·ber** *m* flight recorder, black box *fam* **Flug·schü·ler(in)** *m(f)* pupil pilot **Flug·si·cher·heit** *f kein pl* air safety **Flug·si·che·rung** *f* flight control, air traffic control **Flug·si·mu·la·tor** *m* flight simulator **Flug·steig** <-s, -e> *m* gate **Flug·stun·de** *f* ❶ *(Flugzeit von einer Stunde)* hour's flight; **drei ~n entfernt sein** to be three hours away by air ❷ *(Unterricht)* flying lesson; **[bei jdm] ~n nehmen** to take flying lessons [with sb] **flug·taug·lich** *adj* fit to fly *pred* **Flug·ti·cket** *nt* [plane] ticket **Flug·ver·bin·dung** *f* [flight [*or* air]] connection **Flug·ver·kehr** *m* air traffic **Flug·waf·fe** *f* SCHWEIZ *(Luftwaffe)* Swiss Air Force **Flug·wild** *nt kein pl* feathered game **Flug·zeit** *f* flight time **Flug·zet·tel** *m* ÖSTERR leaflet

Flug·zeug <-[e]s, -e> *nt* [aero]plane BRIT, [air]plane AM; **einmotoriges/zweimotoriges/dreimotoriges ~** single/twin/three engine[d] [aero]plane; **im ~** in an/the aeroplane; **mit dem ~** by [aero]plane

Flug·zeug·ab·sturz *m* plane [*or* BRIT air] crash **Flug·zeug·bau** *m kein pl* aircraft construction **Flug·zeug·be·sat·zung** *f* flight [*or* air] crew **Flug·zeug·ent·füh·rer(in)** *m(f)* [aircraft] hijacker **Flug·zeug·ent·füh·rung** *f* [aircraft] hijacking **Flug·zeug·hal·le** *f* hangar **Flug·zeug·ka·ta·stro·phe** *f* air disaster **Flug·zeug·trä·ger** *m* aircraft carrier **Flug·zeug·un·glück** *nt* plane [*or* BRIT air] crash **Flug·zeug·wrack** *nt* aircraft wreckage *no pl*

Flug·ziel *nt* [flight] destination

Flu·i·dum <-s, Fluida> ['fluːidʊm, *pl:* -ida] *nt* Stadt, Ort atmosphere; *Person* aura

Fluk·tu·a·ti·on <-, -en> [flʊktua'tsi̯oːn] *f (geh)* fluctuation; **die ~ der Mitarbeiter** the turnover of staff

fluk·tu·ie·ren [flʊktu'iːrən] *vi (geh)* to fluctuate; **die Zahl der Beschäftigten fluktuiert sehr stark** there is a very high turnover of employees

Flun·der <-, -n> ['flʊndɐ] *f (Fisch)* flounder; ▶ WENDUNGEN: **platt wie eine ~ sein** *(fam)* to be [completely] flabbergasted *fam*

Flun·ke·rei <-, -en> [flʊŋka'rai̯] *f (fam)* ❶ *kein pl (das Flunkern)* fibbing *fam* ❷ *(kleine Lüge)* fib *fam*

flun·kern ['flʊŋkɐn] *vi (fam)* to fib *fam*

Flu·or <-s> ['fluːoːɐ̯] *nt kein pl* fluorine

Flu·or·chlor·koh·len·was·ser·stoff *m* chlorofluorocarbon, CFC

flu·o·res·zie·ren [fluorɛs'tsiːrən] *vi* to fluoresce

Flu·o·rid <-[e]s, -e> [fluo'riːt] *nt* fluoride

Flur¹ <-[e]s, -e> [fluːɐ̯] *m* corridor; *(Hausflur)* entrance hall

Flur² <-, -en> [fluːɐ̯] *f* ❶ *(im Bebauungsplan festgelegtes Gebiet)* plot ❷ *(geh: freies Land)* open fields *pl;* **durch Feld, Wald und ~ schweifen** to roam the open countryside ▶ WENDUNGEN: **allein auf weiter ~ sein** to be [all] on one's tod BRIT *fam;* **mit etw** *dat* **allein auf weiter ~ stehen** to be all on one's own with sth

Flur·be·rei·ni·gung *f* reallocation of agricultural land **Flur·buch** *nt* cadastral survey register **Flur·hü·ter** *m* s. **Feldhüter Flur·na·me** *m* plot name **Flur·scha·den** *m* damage to [fields and] crops

Flu·se <-, -n> ['fluːzə] *f* piece of fluff
Fluss^RR <-es, Flüsse> *m*, **Fluß**^ALT <-sses, Flüsse>
[flʊs, *pl:* 'flʏsə] *m* ❶ *(Wasserlauf)* river; **den ~ aufwärts-/abwärtsfahren** to travel upriver/downriver
[*or* upstream/downstream]; **jdn/etw über den ~
setzen** to ferry sb/sth across the river; **am ~** next to
the river ❷ *(kontinuierlicher Verlauf)* flow; **Verkehrs~** flow of traffic; **sich im ~ befinden** to be in a
state of flux; **etw [wieder] in ~ bringen** to get sth
going [again]; **[wieder] in ~ kommen, geraten** to get
going [again]; **[noch] im ~ sein** *(sich verändern)* to be
[still] in a state of flux; *(im Gange sein)* to be in progress
fluss·ab^RR [flʊs'?ap], **fluss·ab·wärts**^RR [flʊs'?apvɛrts]
adv downriver, downstream **Fluss·arm**^RR *m* arm [*or*
branch] of a river **fluss·auf·wärts**^RR [flʊs'?aufvɛrts]
adv upriver, upstream **Fluss·barsch**^RR *m* ZOOL common [*or* river] perch **Fluss·be·gra·di·gung**^RR *f* river
straightening **Fluss·bett**^RR *nt* riverbed **Fluss·biegung**^RR *f* bend in a/the river
Flüss·chen^RR <-s, -> *nt*, **Flüß·chen**^ALT <-s, ->
['flʏsçən] *nt dim von* **Fluss 1** stream
Fluss·del·ta^RR *nt* delta **Fluss·di·a·gramm**^RR *nt* flow
chart, flow diagram **Fluss·ebe·ne**^RR *f* flood plain
Fluss·fisch^RR *m* freshwater fish **Fluss·hecht**^RR *m*
ZOOL northern pike
flüs·sig ['flʏsɪç] **I.** *adj* ❶ *(nicht fest)* liquid; **~es Glas**
molten glass; **~er Stahl** molten steel; **etw ~ machen**
to melt sth; **~ werden** to melt ❷ *(fließend)* flowing;
ein ~er Stil a flowing [*or* fluid] style; **~er Verkehr**
moving traffic ❸ FIN *(fam)* liquid; **[nicht] ~ sein** [not]
to have a lot of money **II.** *adv* flowingly; **~ lesen** to
read effortlessly; **~ sprechen** to speak fluently;
~ Französisch sprechen to speak fluent French
Flüs·sig·ei *nt* egg mixture **Flüs·sig·gas** *nt* liquid gas
Flüs·sig·keit <-, -en> *f* ❶ *(flüssiger Stoff)* liquid, fluid
❷ *kein pl (fließende Beschaffenheit)* liquidity, liquidness; *Rede, Sprache* fluency
Flüs·sig·keits·brem·se *f* hydraulic brake **Flüs·sigkeits·maß** *nt* fluid [*or* liquid] measure **Flüs·sigkeits·men·ge** *f* amount of fluid [*or* liquid]
Flüs·sig·kris·tall *m* liquid crystal
Flüs·sig·kris·tall·an·zei·ge *f* liquid crystal display,
LCD
flüs·sig|**ma·chen** *vt (fam)* ■ **etw ~** to mobilize sth
Fluss·krebs^RR *m* crayfish **Fluss·land·schaft**^RR *f*
❶ *(Gebiet)* riverside [area] ❷ *(Bild)* riverside scene
Fluss·lauf^RR *m* course of a river **Fluss·mündung**^RR *f* river mouth **Fluss·neun·au·ge**^RR *nt* ZOOL
lamprey **Fluss·pferd**^RR *nt* hippopotamus **Fluss·regu·lie·rung**^RR *f* river control **Fluss·sand**^RR *m* riversand **Fluss·schiff·fahrt**^RR, **Fluss·schiffahrt**^ALT *f*
river navigation, shipping traffic **Fluss·see·schwalbe**^RR *f* ORN common tern **Fluss·spat**^RR ['flʊsʃpaːt] *m*
fluorite, fluorspar **Fluss·ufer**^RR *nt* river bank
flüs·tern ['flʏstɐn] **I.** *vi* to whisper; **miteinander ~** to
whisper to one another; **sich ~d unterhalten** to talk
in whispers [to one another] **II.** *vt* ❶ *(sehr leise sprechen)* ■ **etw ~** to whisper sth ❷ *(munkeln, sich
erzählen)* ■ **man flüstert** [*o* **es wird geflüstert**]**,
dass ...** it is whispered that ..., rumour [*or* AM -or] [*or*
word] has it that ... ▶ WENDUNGEN: **das kann ich
dir ~!** *(fam: darauf kannst du dich verlassen)* that's a
promise!; *(na und ob!)* you bet!; **jdm [et]was flüstern** *(fam)* to give sb a good talking-to; **dem werde
ich was ~!** I'll give him a piece of my mind!
Flüs·ter·pro·pa·gan·da *f* underground propaganda
Flüs·ter·stim·me *f* whispered voice; **mit [leiser] ~** in
a [soft] whisper **Flüs·ter·ton** *m* whisper; **im ~** in whispers **Flüs·ter·tü·te** *f (hum fam)* megaphone
Flut <-, -en> [fluːt] *f* ❶ *(angestiegener Wasserstand)*
high tide; *(ansteigender Wasserstand)* incoming tide;

die ~ geht zurück the tide is going out; **es ist** [*o*
herrscht] **~** the tide's in; **die ~ kommt** [*o* **steigt**] the
tide is coming in; **bei ~** at high tide; *s. a.* **Ebbe**
❷ *meist pl (geh: Wassermassen)* torrent; **sich in die
[kühlen] ~en stürzen** *(hum geh)* to jump in the
water ❸ *(große Menge)* ■ **eine ~ von etw** *dat* a
flood of sth
flu·ten ['fluːtn̩] **I.** *vi sein (geh)* **über die Dämme/in
den Keller ~** to flood the banks/cellar **II.** *vt haben*
■ **etw ~** to flood sth
Flut·ka·ta·stro·phe *f* flood disaster **Flut·licht** *nt kein
pl* floodlight **Flut·licht·an·la·ge** *f* floodlights *pl;* **die ~
anschalten** to turn on the floodlights
flut·schen ['flʊtʃn̩] **I.** *vi sein (fam: rutschen)* ■ [aus der
Hand/ins Wasser] **~** to slip [out of one's hand/into
the water] **II.** *vi impers haben o sein (fam)* to go
smoothly
Flut·wel·le *f* tidal wave
Fly-and-drive^RR, **fly and drive**^ALT [flaɪən'draɪv] *nt* flyand-drive [holiday]
focht ['fɔxt] *imp von* **fechten**
Fock <-, -en> [fɔk] *f* NAUT foresail
Fock·mast *m* foremast
Fö·de·ra·lis·mus <-> [fødera'lɪsmʊs] *m kein pl* federalism *no pl*
fö·de·ra·lis·tisch [fødera'lɪstɪʃ] *adj* federalist
Fö·de·ra·ti·on <-, -en> [fødera'tsi̯oːn] *f* federation
foh·len ['foːlən] *vi* to foal
Foh·len <-s, -> ['foːlən] *nt* foal; *(männlich a.)* colt;
(weiblich a.) filly
Föhn <-[e]s, -e> [føːn] *m* ❶ *(Wind)* föhn [*or* foehn];
bei ~ during a föhn wind ❷ *(Haartrockner)* hair-dryer
[*or* drier]
föh·nen *vt* [jdm/sich] **die Haare ~** to dry [sb's/
one's] hair with a hair drier [*or* dryer], to blow-dry
[sb's/one's] hair
Föhn·fes·ti·ger^RR *m* setting [*or* styling] lotion [*or* AM
gel] **Föhn·fri·sur**^RR *f* blow-dry style
föh·nig ['føːnɪç] *adj* ■ **es ist ~** there is a föhn [*or* foehn]
Föh·re <-, -n> ['føːrə] *f* DIAL pine tree
Fo·kus <-, -se> ['foːkʊs] *m* focus
Fol·ge <-, -n> ['fɔlɡə] *f* ❶ *(Auswirkung)* consequence;
für die ~n aufkommen to suffer [*or* take] the consequences; **ohne ~n bleiben** to have no [negative] consequences; **nicht ohne ~n bleiben** not to be without
consequences, to have repercussions; **etw zur ~
haben** to result in sth; **an den ~n einer S.** *gen* ster**ben, den ~n einer S.** *gen* **erliegen** *(geh)* to die as a
result of sth; **böse/unangenehme ~n nach sich
ziehen** to have nasty/unpleasant consequences; **als ~
von etw** *dat* as a consequence/result of sth ❷ *(Abfolge)* series; **von Bildern, Tönen a.** sequence; **in
rascher ~** in quick succession ❸ *(Teil einer TV-/
Radio-Serie)* episode; **ein Spielfilm in drei ~n** a film
in three parts ❹ *(geh: einer Aufforderung nachkommen)* **einer S.** *dat* **~ leisten** to comply with sth;
einer Einladung ~ leisten to accept an invitation;
einer Vorladung ~ leisten to answer a summons
❺ *(im Weiteren)* **in der** [*o* **für die**] **~** subsequently
Fol·ge·er·schei·nung *f* consequence **Fol·ge·kos·ten** *pl* FIN follow-up [*or* resulting] costs *pl* **Fol·ge·las·ten** *pl* resulting [*or* consequential] costs
fol·gen ['fɔlɡn̩] *vi* ❶ *sein (nachgehen/-fahren)* ■ jdm/
etw ~ to follow sb/sth; **~ Sie mir unauffällig!** follow
me quietly ❷ *sein (als Nächstes kommen)* ■ [auf
etw/jdn] **~** to follow [sth/sb]; **es folgt die Ziehung
der Lottozahlen** the lottery draw will follow; ■ **auf
etw** *akk* **~** to come after sth; **wie folgt** as follows; **wir
werden wie folgt vorgehen** we will proceed as follows ❸ *haben (gehorchen)* ■ [jdm] **~** to be obedient
[to sb]; **einer Anordnung/einem Befehl ~** to follow
[*or* obey] an order ❹ *sein (verstehen)* ■ jdm **~** to fol-

low sb; **jdm/einer S. ~ können** to be able to follow sb/sth ⑥ *sein (sich richten nach)* ■ **einer S.** *dat ~* to follow sth; **jds Kurs/eine Politik ~** to follow sb's line/pursue a policy; **einem Vorschlag ~** to act on a suggestion ⑥ *sein (hervorgehen)* ■ **es folgt, dass …** it follows that; ■ **aus etw folgt, dass …** the consequences of sth are that…

fol·gend ['fɔlgnt] *adj* following; **weitere Angaben entnehmen Sie bitte den ~en Erklärungen** for further information please refer to the following explanations; ■ **F~es** the following; ■ **im F~en** in the following [speech/text]

fol·gen·der·ma·ßen ['fɔlgndɐ'maːsn] *adv* as follows

fol·gen·los *adj pred* without consequence; **~ bleiben** not to have any consequences [or repercussions]; **nicht ~ bleiben** to have consequences [or repercussions]

fol·gen·schwer *adj* serious; **eine ~e Entscheidung treffen** to make a momentous decision

fol·ge·rich·tig *adj* logical

fol·gern ['fɔlgɐn] **I.** *vt* ■ **etw [aus etw** *dat]* **~** to conclude sth [from sth]; ■ **[aus etw** *dat]* **~, dass …** to conclude [from sth] that … **II.** *vi* to draw a conclusion [or conclusions]; **vorschnell ~** to jump to conclusions

Fol·ge·rung <-, -en> *f* conclusion; **eine ~ aus etw** *dat* **ziehen** to draw a conclusion from sth

Fol·ge·satz *m* consecutive clause **Fol·ge·scha·den** *m* JUR consequential loss **Fol·ge·zeit** *f (Zukunft)* future; *(darauf folgende Zeit)* following period; **für die ~** for the future; **in der ~** *(in der Zukunft)* in [the] future; *(in der darauf folgenden Zeit)* afterwards

folg·lich ['fɔlklɪç] *adv* therefore, consequently

folg·sam ['fɔlkzaːm] *adj* obedient

Folg·sam·keit <-> *f kein pl* obedience *no pl*

Fo·li·ant <-en, -en> [foˈljant] *m* tome

Fo·lie <-, -n> ['foːliə] *f* ① *(Plastikfolie)* [plastic] film; *(Metallfolie)* foil; **Kartoffeln/Fisch in der ~** potatoes/fish baked in foil ② *(Projektorfolie)* [projector] slide ③ *(geh: geistiger Hintergrund)* backdrop

Fo·li·en·schweiß·ge·rät *nt* sealing device

Fo·lio <-s, -s o Folien> ['foːljo, pl: -liən] *nt* folio

Folk·lo·re <-> [fɔlkˈloːrə] *f kein pl* folklore; *(folkloristische Tänze, Lieder etc.)* folk dance/songs etc.

folk·lo·ris·tisch *adj* folkloristic [or folklorist]

Folk·sän·ger(in) ['foːk-] *m(f)* folk singer **Folk·song** ['foːk-] *m* folk song

Fol·li·kel <-s, -> [fɔˈliːkl̩] *m* follicle

Fol·li·kel·sprung *m* ovulation

Fol·ter <-, -n> ['fɔltɐ] *f* torture; **die reinste ~ sein** *(fig)* to be sheer torture *fig;* **[bei jdm] die ~ anwenden** to use torture [on sb] ▶ WENDUNGEN: **jdn auf die ~ spannen** to keep sb on tenterhooks

Fol·ter·bank <-bänke> *f* rack

Fol·te·rer, Fol·te·rin <-s, -> *m, f* torturer

Fol·ter·in·stru·ment *nt* instrument of torture **Fol·ter·kam·mer** *f* torture chamber **Fol·ter·kel·ler** *m* torture chamber [in a cellar] **Fol·ter·knecht** *m* torturer

fol·tern ['fɔltɐn] **I.** *vt* ■ **jdn ~** to torture sb **II.** *vi* to use torture

Fol·ter·op·fer *nt* victim of torture

Fol·te·rung <-, -en> *f* ① *kein pl (das Foltern)* torture *no pl* ② *(das Gefoltertwerden)* torture *no pl*

Fol·ter·werk·zeug *nt* instrument of torture

Fon [foːn] *nt (fam) kurz für* **Telefon** phone

Fon^RR <-s, -s o nach Zahlenangabe: ->* [foːn] *nt s.* **Phon**

Fön® [føːn], **Föhn^RR** <-[e]s, -e> [føːn] *m* hair-dryer [or drier]

Fond <-s, -s> [fɔ̃ː] *m* ① *(Hintergrund)* background ② *(Untergrund bei Stoffen)* base, background ③ *(Fleischsaft)* meat juice ④ AUTO *(geh)* rear compartment

Fonds <-, -> [fɔ̃ː, *pl:* fɔ̃ːs] *m* ① FIN *(Geldreserve für bestimmten Zweck)* fund; *(Kapital)* funds *pl* ② *(geh: geistiger Grundstock)* wealth; **ein ~ an Erfahrung** a wealth of experience

Fonds·ma·na·ger(in) *m(f)* ÖKON, BÖRSE fund manager

Fon·due <-s, -s> [fɔ̃ˈdyː] *nt* fondue

Fo·nem^RR <-s, -e> *nt s.* **Phonem**

fö·nen^ALT ['føːnən] *vt s.* **föhnen**

Fo·ne·tik^RR <-> [foˈneːtɪk] *f s.* **Phonetik**

fo·ne·tisch^RR [foˈneːtɪʃ] *adj inv s.* **phonetisch**

Fön·fe·sti·ger^ALT *m s.* **Föhnfestiger Fön·fri·sur^ALT** *f s.* **Föhnfrisur**

Fo·no·lo·gie^RR <-> [fonoloˈgiː] *f s.* **Phonologie**

fo·no·lo·gisch^RR [fonoˈloːgɪʃ] *adj s.* **phonologisch**

Fo·no·ty·pist(in)^RR <-en, -en> [fono-] *m(f) s.* **Phonotypist**

Fon·tä·ne <-, -n> [fɔnˈtɛːnə] *f* fountain

Fon·ta·nel·le <-, -n> [fɔntaˈnɛlə] *f* fontanel[le]

fop·pen ['fɔpn] *vt (fam)* ■ **jdn [mit etw** *dat]* **~** to pull sb's leg [about sth] *fam*

Fo·ra ['foːra] *pl von* **Forum**

for·cie·ren* [fɔrˈsiːrən] *vt (geh)* ■ **etw ~** to push ahead with sth; **den Export/die Produktion ~** to boost exports/production

for·ciert [fɔrˈsiːrt] *adj (geh)* forced

För·de <-, -n> ['føːɐdə] *f* firth

För·der·band <-bänder> *nt* conveyor belt

För·de·rer, För·de·rin <-s, -> *m, f* sponsor

För·der·gel·der *pl* ADMIN development funds **För·der·klas·se** *f* SCH special class **För·der·korb** *m* hoisting cage **För·der·kos·ten** *pl* development costs *pl* **För·der·kreis** *m* sponsors' association **För·der·kurs** *m*, **För·der·kur·sus** *m* remedial course **För·der·land** *nt (im Bergbau)* coal producing country; *(für Ölförderung)* oil producing country

för·der·lich *adj* useful; ■ **einer S.** *dat ~* **sein** to be useful [or good] for sth

För·der·ma·schi·ne *f* hoist **För·der·mit·tel** *nt* winding means

for·dern ['fɔrdɐn] **I.** *vt* ① *(verlangen)* ■ **etw [von jdm]** ~ to demand sth [from sb] ② *(erfordern)* ■ **etw [von jdm]** ~ to require sth [of *[or* from] sb] ③ *(kosten)* ■ **etw ~** to claim sth; **der Flugzeugabsturz forderte 123 Menschenleben** the [aero]plane crash claimed 123 lives ④ *(Leistung abverlangen)* ■ **jdn/ein Tier ~** to make demands on sb/an animal ⑤ *(herausfordern)* ■ **jdn [zu etw** *dat]* **~** to challenge sb [to sth]; **jdn zum Duell/Kampf ~** to challenge sb to a duel/fight **II.** *vi (verlangen)* to make demands; ■ **[von jdm] ~, dass …** to demand [of sb] that …; **mit allem Nachdruck ~, dass …** to insist that …

för·dern ['fœrdɐn] *vt* ① *(unterstützen)* ■ **etw ~** to support sth; **den Handel ~** to promote trade; **jds Karriere/Talent ~** to further sb's career/talent; ■ **jdn ~** *Gönner, Förderer* to sponsor sb; *Eltern, Verwandte* to support sb ② *(förderlich sein)* ■ **etw ~** to help sth along; MED to stimulate; **den Stoffwechsel/die Verdauung ~** to aid the metabolism/digestion ③ *(steigern)* ■ **etw ~** to promote sth; **die Konjunktur/den Umsatz ~** to boost the economy/turnover ④ *(aus der Tiefe abbauen)* ■ **etw ~** to mine for sth; **Erdöl ~** to drill for oil

for·dernd I. *adj* overbearing, domineering *fam* **II.** *adv* in a domineering [or an overbearing] manner *pred*

För·der·pro·gramm *nt* ÖKON development programme

För·der·schacht *m* winding shaft **För·der·seil** *nt* winding cable [or rope] **För·der·stu·fe** *f* transition stage *(from junior to senior school)* **För·der·turm** *m* winding tower

For·de·rung <-, -en> *f* ① *(nachdrücklicher Wunsch)* demand; **jds ~ erfüllen** to meet sb's demands; **einer ~ nachkommen** to act as requested; **eine ~/~en**

nach etw *dat* **erheben** to demand sth; **~en** [an jdn] **haben** to demand sth [of sb]; **~en** [an jdn/etw] **stellen** to make demands [on sb/sth] ❷ ÖKON debt claim; **~en** [an jdn] **haben** to have claims against sb; **eine ~ einklagen** [*o* **eintreiben**] to sue for a debt ❸ *(Erfordernis)* requirement ❹ *(hist: Herausforderung zum Duell)* challenge to a duel

För·de·rung <-, -en> *f* ❶ *(Unterstützung)* promotion, support ❷ *(das Fördern)* promotion ❸ MED *(Anregung)* stimulation ❹ BERGB mining; **die ~ von Erdöl** drilling for oil

For·de·rungs·ab·tre·tung *f* JUR assignment of a claim [*or* debt] **for·de·rungs·be·rech·tigt** *adj* entitled to assert a claim

För·de·rungs·maß·nah·men *pl* assistance, supportive measures *pl* **För·de·rungs·mit·tel** *pl* aid *no pl*, funds for financial support **För·de·rungs·pro·gramm** *nt* aid [*or* financial support] programme [*or* AM -am] **för·de·rungs·wür·dig** *adj* worthy of aid [*or* financial support]

För·der·un·ter·richt *m kein pl* special tuition **För·der·ver·ein** *m* aid association

För·der·wa·gen *m* mine car

Fo·rel·le <-, -n> [foˈrɛlə] *f* trout

Fo·rel·len·barsch *m* black bass, moss bass AM **Fo·rel·len·teich** *m* trout pond **Fo·rel·len·zucht** *f* trout farming

Fo·ren [ˈforən] *pl von* **Forum**

fo·ren·sisch [foˈrɛnzɪʃ] *adj* forensic

For·ke <-, -n> [ˈfɔrkə] *f* NORDD pitch fork

Form <-, -en> [fɔrm] *f* ❶ *(äußere Gestalt)* shape; **etw in ~ bringen** to knock sth into shape; **eine bizarre/eigenwillige ~ haben** to have a bizarre/unconventional shape; **seine ~ verlieren** [*o* **aus der ~ geraten**] to lose shape ❷ *pl (Rundungen)* curves *pl* ❸ *(Kunst~)* form ❹ *(Substanz, Ausmaße)* ~ **annehmen** to take shape; **allmählich/langsam ~ annehmen** to be slowly/gradually taking shape; **in ~ einer S.** *gen*, **in ~ von etw** *dat* in the form of sth ❺ *(Art und Weise)* form; **welche ~ der Zusammenarbeit schlagen Sie vor?** what form of co-operation do you suggest?; **in mündlicher/schriftlicher ~** verbally/in writing ❻ *pl (Manieren)* manners ❼ *(fixierte Verhaltensweise)* conventions *pl;* **in aller ~** formally; **sich in aller ~ entschuldigen** to apologize formally, to make a formal apology; **um der ~ zu genügen** for form's sake, as a matter of form; **die ~ wahren** *(geh)* to remain polite; **der ~ wegen** [*o* **halber**] for form's sake, as a matter of form ❽ *(Kondition)* form, shape *fam;* **in ~ bleiben/kommen** to stay in form/get into form, to stay in shape/get into shape *fam;* **[nicht] in ~ sein** to be out of shape *fam;* **in guter/schlechter ~** in good/bad shape *fam;* **ich bin heute nicht gut in ~** I'm not really on form today ❾ *(Gussform)* mould, mold AM

for·mal [fɔrˈmaːl] **I.** *adj* ❶ *(die Gestaltung betreffend)* formal; **der ~e Aufbau eines Gedichts** the formal structure of a poem ❷ *(Formsache betreffend)* technical; **der Antrag wurde aus rein ~en Gründen abgelehnt** the application was refused for purely technical reasons **II.** *adv* ❶ *(der äußeren Gestaltung nach)* formally ❷ *(nach den Vorschriften)* formally, technically

Form·al·de·hyd <-s> [ˈfɔrmʔaldehyːt] *m kein pl* formaldehyde *no pl*

For·ma·lie <-, -n> [fɔrˈmaːli̯ə] *f meist pl* formality

For·ma·li·tät <-, -en> [fɔrmaliˈtɛt] *f* ❶ *(Formsache)* formality; **der Rest ist eine reine ~** the rest is a pure formality ❷ *(Vorschrift)* formality; **die/alle ~en erledigen** to complete [*or* go through] the/all the formalities

For·mat <-[e]s, -e> [fɔrˈmaːt] *nt* ❶ *(Größenverhältnis)*

format; **im ~ DIN A 4** in A 4 format ❷ *(Bedeutung)* distinction; **ein Komponist/eine Komponistin von ~** a composer of distinction ❸ *(Niveau)* quality; **ein Politiker/eine Politikerin von ~** a politician of stature; **internationales ~** international standing; **[kein] ~ haben** to have [no] class

for·ma·tie·ren [fɔrmaˈtiːrən] *vt* ▪ **etw ~** to format sth; **eine Diskette/eine Festplatte/einen Text ~** to format a disc/a hard disc/a text

For·ma·tie·rung *f* formatting

For·ma·ti·on <-, -en> [fɔrmaˈtsi̯oːn] *f* ❶ *(Gruppierung)* formation; **geschlossene ~** close formation; **in gestaffelter ~** in staggered formation ❷ GEOL formation

form·bar *adj* malleable

form·be·stän·dig *adj* dimensionally stable

Form·blatt *nt* form

For·mel <-, -n> [ˈfɔrml̩] *f* ❶ *(Kürzel)* formula ❷ *(Wortlaut)* wording ❸ *(kurz gefasster Ausdruck)* set phrase; **etw auf eine einfache ~ bringen** to reduce sth to a simple formula

For·mel-1-Pi·lot(in) [ˈfɔrml̩ʔains-] *m(f)* Formula One driver **For·mel-1-Ren·nen** *nt* Formula One racing **For·mel-1-Wa·gen** *m* Formula One racing car

for·mel·haft I. *adj* stereotyped **II.** *adv* in a stereotyped manner; **~ klingen** to sound stereotyped

For·mel·kram *m kein pl (pej fam)* stupid formulae [*or* formulas] *pl pej*

for·mell [fɔrˈmɛl] **I.** *adj* ❶ *(offiziell)* official; **eine ~e Stellungnahme** an official statement ❷ *(förmlich)* formal **II.** *adv* ❶ *(offiziell)* officially; **zu etw** *dat* **~ Stellung nehmen** to comment officially on sth ❷ *s.* **formal 2**

for·men [ˈfɔrmən] **I.** *vt* ❶ *(modellieren)* ▪ **etw [aus etw** *dat***] ~** to mould [*or* AM mold] sth [from sth]; **hübsch/wohl geformt** beautifully/well formed ❷ *(bilden)* ▪ **etw ~** to form sth; **Sätze ~** to form sentences ❸ *(prägen)* ▪ **jdn/etw ~** to mould [*or* AM mold] sb/sth **II.** *vr* ▪ **sich ~** to form

For·men·leh·re *f* ❶ LING morphology ❷ MUS musical form **For·men·reich·tum** *m* variety of forms **For·men·sinn** *m* sense of form

For·men·te·ra [fɔrmenˈtera] *nt* Formentera; *s. a.* **Sylt**

For·mer(in) <-s, -> *m(f)* TECH moulder, molder AM

For·me·rei <-, -en> [fɔrməˈrai] *f* TECH moulding [*or* AM molding] shop

Form·feh·ler *m* ❶ *(Verstoß gegen formale Vorschriften)* irregularity; JUR formal defect ❷ *(Verstoß gegen Etikette)* breach of etiquette, faux pas **Form·ge·bung** *f* design

for·mie·ren [fɔrˈmiːrən] **I.** *vr* ❶ *(sich ordnen)* ▪ **sich [zu etw** *dat***] ~** to form up [into sth] ❷ *(sich bilden/zusammentun)* ▪ **sich ~** to form **II.** *vt* ▪ **etw ~** to form sth; **eine Mannschaft ~** SPORT to position the players of a team

For·mie·rung <-, -en> *f* formation

förm·lich [ˈfœrmlɪç] **I.** *adj* ❶ *(offiziell)* official, formal; **~e Bitte/Entschuldigung** an official/a formal request/apology ❷ *(steif, unpersönlich)* formal **II.** *adv* ❶ *(steif, unpersönlich)* formally ❷ *(geradezu)* really

Förm·lich·keit <-, -en> *f* ❶ *kein pl (förmliche Art)* formality ❷ *meist pl (gesellschaftliche Umgangsformen)* formality *usu pl*

form·los *adj* ❶ *(gestaltlos)* formless; *(nur die äußere Gestalt betreffend)* shapeless ❷ *(zwanglos)* informal; **~e Begrüßung/Zeremonie** informal greeting/ceremony; **schicken Sie uns einfach einen ~en Antrag** just simply send us an informal application

Form·lo·sig·keit <-> *f kein pl* ❶ *(Gestaltlosigkeit)* formlessness; *(nur der äußeren Gestalt)* shapelessness ❷ *(Zwanglosigkeit)* informality

Form·sa·che *f* formality; **eine [reine] ~ sein** to be a

[mere] formality **form·schön** *adj* well-shaped, well-designed **Form·schwä·che** *f* ■ **eine ~ haben** to be in [*or* on] poor form **Form·tief** *nt* low; **sich in einem ~ befinden** *(geh)* **ein ~ haben** to experience a low **For·mu·lar** <-s, -e> [fɔrmuˈlaːɐ̯] *nt* form

for·mu·lie·ren [fɔrmuˈliːrən] **I.** *vt* ■ **etw ~** to formulate sth; **… wenn ich es mal so ~ darf** … if I might put it like that **II.** *vi* to express oneself

For·mu·lie·rung <-, -en> *f* ❶ *kein pl (das Formulieren)* wording; **kannst du mir mal bei der ~ dieses Briefes helfen?** can you help me with the wording of this letter? ❷ *(textlicher Ausdruck)* formulation, phraseology; **welche ~ würden Sie hier wählen?** what phraseology would you choose here?

For·mung <-, -en> *f kein pl* shaping; **~ des Charakters/der Persönlichkeit** moulding [*or* AM molding] [*or* shaping] of the character/personality

form·voll·en·det **I.** *adj* perfect[ly shaped] **II.** *adv* perfectly

forsch [fɔrʃ] **I.** *adj* bold **II.** *adv* boldly, in a bold manner; **~ daherreden** to waffle confidently; **~ klingen** to sound bold

for·schen [ˈfɔrʃn] *vi* ❶ *(Forschung betreiben)* to research, to conduct [*or* carry out] research ❷ *(suchen)* ■ **nach jdm/etw ~** to search for sb/sth; *(versuchen herauszufinden)* to investigate sb/sth

for·schend **I.** *adj* inquiring **II.** *adv* inquiringly

For·scher(in) <-s, -> *m(f)* ❶ *(Wissenschaftler)* researcher ❷ *(Forschungsreisender)* explorer **For·scher·drang** *m* urge to research **For·scher·team** *nt* research team, team of researchers

Forsch·heit <-> *f kein pl* boldness *no pl*

For·schung <-, -en> *f* ❶ *kein pl (die forschende Wissenschaft)* scientific research; **die moderne ~** modern research ❷ *(Untersuchung)* research; **~ und Lehre** research and teaching; **~en betreiben** to conduct [*or* carry out] research

For·schungs·ab·tei·lung *f* research and development department, R & D department **For·schungs·an·stalt** *f* research institution **For·schungs·auf·trag** *m* research assignment **For·schungs·be·reich** *m* *s.* **Forschungsgebiet For·schungs·be·richt** *m* research report **For·schungs·er·geb·nis** *nt* result of the research; **nach neuesten ~sen** according to the latest research **For·schungs·ge·biet** *nt* area of research **For·schungs·ge·mein·schaft** *f* research council **For·schungs·in·sti·tut** *nt* research institute **For·schungs·la·bo·ra·to·ri·um** *nt* research laboratory **For·schungs·me·tho·de** *f* research method **For·schungs·mi·nis·te·ri·um** *nt* Ministry of Research and Development BRIT **For·schungs·pro·gramm** *nt* research programme [*or* AM -am] **For·schungs·pro·jekt** *nt* research project **For·schungs·ra·ke·te** *f* research rocket **For·schungs·rei·se** *f* expedition **For·schungs·rei·se·nde(r)** *f(m) dekl wie adj* explorer **For·schungs·rich·tung** *f* branch of research **For·schungs·sa·tel·lit** *m* research satellite **For·schungs·schiff** *nt* research vessel **For·schungs·se·mes·ter** *nt* sabbatical term, sabbatical *fam* **For·schungs·sta·ti·on** *f* research station **For·schungs·stät·te** *f* research establishment **For·schungs·sti·pen·di·um** *nt* research grant **For·schungs·ur·laub** *m* sabbatical leave **For·schungs·vor·ha·ben** *nt* research project **For·schungs·zen·trum** *nt* research centre [*or* AM -er] **For·schungs·zweck** *m* purpose of the research **For·schungs·zweig** *m* branch of research

Forst <-[e]s, -e[n]> [fɔrst] *m* [commercial] forest

Forst·amt *nt* forestry office, forestry service AM **Forst·amts·chef(in)** *m(f)* head of a/the local forestry office; **der Murrhardter ~** head of the Murrhardt Forestry Office **Forst·be·am·te(r)**, **-be·am·tin** *m, f* forestry official

Förs·ter(in) <-s, -> [ˈfœrste] *m(f)* forester, forest warden

Förs·te·rei <-, -en> [fœrstəˈrai] *f* forest warden's [*or* AM forest ranger's] lodge

Forst·haus *nt* forester's house **Forst·recht** *nt kein pl* forest law **Forst·re·vier** *nt* forestry district **Forst·scha·den** *m* forest damage **Forst·schäd·ling** *m* forest pest **Forst·ver·wal·tung** *f* forest management **Forst·we·sen** *nt kein pl* forestry *no pl* **Forst·wirt(in)** *m(f)* forester **Forst·wirt·schaft** *f kein pl* forestry *no pl* **Forst·wis·sen·schaft** *f* forestry *no pl*, forest science

For·sy·thie <-, -n> [fɔrˈzyːtsi̯ə] *f* Forsythia

fort [fɔrt] *adv* ❶ *(weg)* **nur ~ von hier!** *(geh)* let's get away!; *(verreist)* away; **er wird noch eine Woche ~ sein** he will be away for another week; **~ sein** DIAL *(nicht zu Hause)* to be gone ❷ *(weiter)* **und so ~** and so on; **in einem ~** constantly; **gestern hat mein Telefon in einem ~ geklingelt** my telephone rang non-stop yesterday

Fort <-s, -s> [foːɐ̯] *nt* fort

fort·an [fɔrtˈʔan] *adv (geh)* from now on, henceforth **fort·be·ge·ben*** *vr irreg (geh)* ■ **sich |von irgendwo| ~** to depart [from somewhere] *form,* to leave [somewhere] **Fort·be·stand** *m kein pl* continued existence *no pl,* survival *no pl* **fort·be·ste·hen*** *vi irreg (weiterhin bestehen)* to survive; *(andauern)* to continue **fort·be·we·gen*** **I.** *vt* ■ **etw ~** to move sth, to convey sth **II.** *vr* ■ **sich ~** to move **Fort·be·we·gung** *f kein pl* movement, locomotion **Fort·be·we·gungs·mit·tel** *nt* means of locomotion

fort·bil·den *vt* ■ **sich ~** to take [*or* go on] [further] education courses, to take [*or* go on] [further] training courses; ■ **jdn ~** to provide sb with further education, to provide sb with further training **Fort·bil·dung** *f kein pl* [further] training [*or* education] **Fort·bil·dungs·kon·zept** *nt* further education programme **Fort·bil·dungs·kurs** *m,* **Fort·bil·dungs·kur·sus** *m* [further] training course **Fort·bil·dungs·se·mi·nar** *nt* further vocational training course

fort·blei·ben *vi irreg sein* ■ **|von irgendwo| ~** to stay away [from sth [*or* somewhere]], to stay out [of sth] **Fort·bleiben** <-s> *nt kein pl* absence **Fort·dau·er** *f* continuation **fort·dau·ern** *vi* to continue **fort·dau·ernd** **I.** *adj* continuous **II.** *adv* continuously, constantly

for·te [ˈfɔrtə] *adv* ❶ MUS forte ❷ PHARM extra

fort·ent·wi·ckeln **I.** *vt* ■ **etw ~** to develop sth [further] **II.** *vr* ■ **sich ~** to develop [further] **Fort·ent·wick·lung** *f kein pl* development **fort·fah·ren** **I.** *vi* ❶ *sein (wegfahren)* to go [*or* drive] [away/off]; **diesmal fahren wir im Urlaub nicht fort** we're not going away on holiday this time ❷ *sein o haben (weiterreden)* to continue ❸ *sein o haben (weitermachen)* ■ **~, etw zu tun** [*o* **mit etw** *dat* **~**] to continue to do [*or* doing] sth, to keep [on] doing sth **II.** *vt haben* ■ **jdn/etw ~** to drive sb/sth away **fort·fal·len** *vi irreg sein* ■ **etw fällt |für jdn| fort** sth does not apply [to sb] **fort·flie·gen** *vi sein* to fly away **fort·füh·ren** *vt* ❶ *(fortsetzen)* ■ **etw ~** to continue sth ❷ *(wegführen)* ■ **jdn ~** to lead sb away **Fort·füh·rung** *f* continuation **Fort·gang** *m kein pl* ❶ *(weiterer Verlauf)* continuation *no pl;* **der ~ der Verhandlungen ist noch völlig offen** it cannot yet be estimated how the negotiations will continue [*or* progress]; **seinen ~ nehmen** *(geh)* to progress ❷ *(Weggang)* departure **fort·ge·ben** *vt irreg s.* **weggeben fort·ge·hen** *vi sein* to leave, to go away **fort·ge·schrit·ten** *adj* advanced; **im ~en Alter** at an advanced age; *s. a.* **Stunde Fort·ge·schrit·te·ne(r)** *f(m) dekl wie adj* advanced student **Fort·ge·schrit·ten·en·kurs** *m,* **Fort·ge·schrit·ten·en·kur-**

sus *m* advanced course **fort·ge·setzt** *adj* constant
fort|ja·gen I. *vt haben* ▪ **jdn/ein Tier ~** to chase sb/
an animal away II. *vi sein* to scarper BRIT *sl*, run away
fort|kom·men *vi sein* ❶ *(fam: wegkommen)* ▪ **|aus-/
von etw** *dat|* **~** to get out of/away from sth; **mach,
dass du fortkommst!** *(fam)* get lost! *fam* ❷ *(abhandenkommen)* to go missing, to get lost ❸ *(beruflich
vorankommen)* to get on **Fort·kom·men** *nt* progress,
career *[or* professional] advancement; **jdn an jds ~
hindern** to hinder sb's career *[or* professional] ad-
vancement **fort|kön·nen** *vi irreg* to be able to go, to
be able to leave; **du kannst jetzt nicht fort, draußen gießt es in Strömen!** you can't leave now, it's
pouring down outside **fort|las·sen** *vt irreg* ❶ *(wegge-
hen lassen)* ▪ **jdn ~** to let sb go ❷ *(weg-/auslassen)*
▪ **etw ~** to leave sth out, to omit sth **fort|lau·fen** *vi
irreg sein* to run away; **von zu Hause ~** to run away
from home; ▪ **jdm ~** to go missing; **uns ist unsere
Katze fortgelaufen** our cat has gone missing; *(verlassen)* to leave sb; **ihm ist seine Frau fortgelaufen** his
wife has left him **fort·lau·fend** I. *adj (ständig wiederholt)* continual; *(ohne Unterbrechung)* continuous
II. *adv (ständig)* constantly; *(in Serie)* consecutively
fort|le·ben *vi (liter)* to live on; ▪ **in jdm/etw ~** to
live on in sb/sth **fort|lo·ben** *vt* ▪ **jdn ~** to get rid of sb
by praising them **fort|müs·sen** *vi irreg* ❶ *(weggehen
müssen)* to have to go *[or* leave] ❷ *(weggebracht wer-
den müssen)* to have to go **fort|neh·men** *vt irreg*
▪ **|jdm| etw ~** to take sth away [from sb]
fort|pflan·zen *vr* ▪ **sich ~** ❶ *(sich vermehren)* to
reproduce ❷ *(sich verbreiten)* to spread
Fort·pflan·zung *f kein pl* reproduction *no pl*
fort·pflan·zungs·fä·hig *adj* able to reproduce *pred;*
im ~en Alter sein to be at an age where reproduction is possible **Fort·pflan·zungs·ge·schwin-
dig·keit** *f* PHYS velocity of propagation **Fort·pflan-
zungs·me·di·zin** *f* reproductive medicine **Fort-
pflan·zungs·or·gan** *nt (geh)* reproductive organ
Fort·pflan·zungs·tech·no·lo·gie *f* reproductive
technology **fort·pflan·zungs·un·fä·hig** *adj* incapable
of reproduction *pred;* **~e Männer/Frauen** men who
cannot have children/women who cannot conceive
fort|räu·men *vt* ▪ **etw ~** to clear away sth *sep*
fort|rei·ßen *vt irreg* ▪ **jdn/etw mit sich** *dat* **~** to
sweep away sb/sth *sep;* **sich von seinen Gefühlen
~ lassen** to allow oneself to get swept away by one's
emotions **fort|ren·nen** *vi irreg sein (fam)* to run away
Fort·satz *m* ANAT process **fort|schaf·fen** *vt* ▪ **jdn/
etw ~** to get rid of sb/sth **fort|sche·ren** *vr (veraltet
fam)* ▪ **sich |von irgendwo| ~** to clear off [from
somewhere]; **scher dich fort von hier!** get lost!
fort|schi·cken *vt* ▪ **jdn/etw ~** to send sb/sth away
fort|schrei·ben *vt irreg* ▪ **etw ~** ❶ *(fortlaufend
ergänzen)* to update sth ❷ *(weiterführen)* to continue
sth **Fort·schrei·bung** *f* ❶ *(das Ergänzen)* updating
❷ *(Weiterführung)* continuation **fort|schrei·ten** *vi
irreg sein* to progress **fort·schrei·tend** *adj* progressive
Fort·schritt ['fɔrtʃrɪt] *m* ❶ *(Schritt nach vorn)* step for-
ward; *|gute|* **~e machen** to make progress *no pl*
❷ *(Verbesserung)* improvement
fort·schritt·lich I. *adj* progressive II. *adv* progressively;
eine ~ eingestellte Person a person with a progressive attitude, a forward-thinking person
Fort·schritt·lich·keit <-> *f kein pl* progressiveness
fort·schritts·feind·lich *adj* anti-progressive, opposed
to progress *pred* **Fort·schritts·glau·be** *m* belief in
progress *pred* **fort·schritts·gläu·big** *adj* having belief in
progress *pred*
fort|set·zen I. *vt* ▪ **etw ~** to continue *[or sep* carry on]
sth II. *vr (zeitlich, räumlich)* ▪ **sich ~** to continue, to
carry on

Fortset·zung <-, -en> ['fɔrtzɛtsʊŋ] *f* ❶ *kein pl (das
Fortsetzen)* continuation; **die Zeugen wurden zur
~ der Gerichtsverhandlung in den Saal gerufen**
the witnesses were summoned to the courtroom for
the continuation of the proceedings ❷ *(darauf folgen-
der Teil)* **die ~ eines Buches/Films** the sequel to *[or
of]* a book/film; **eine ~ einer Fernsehserie/eines
Hörspiels** an episode of a television series/radio play;
„~ folgt" 'to be continued'; **ein Roman in drei ~en**
a novel in three parts
Fort·set·zungs·rei·he *f* series **Fort·set·zungs·ro-
man** *m* serialized novel **Fort·set·zungs·se·rie** *f*
series
fort|trei·ben *irreg* I. *vt haben* ❶ *(verjagen)* ▪ **jdn/ein
Tier ~** to chase sb/an animal away ❷ *(an einen anderen Ort treiben)* ▪ **jdn/etw ~** to sweep sb/sth away;
der Sturm hat das Boot fortgetrieben the storm
swept the boat away II. *vi sein* to drift away
For·tu·na <-> [fɔr'tu:na] *f kein pl* Fortune
For·tü·ne <-> [fɔr'ty:nə] *f kein pl (geh)* [good] fortune
[or luck]; **~ haben** to be lucky; **keine ~ haben** to be
unlucky, to be out of luck
fort·wäh·rend ['fɔrtvɛ:rənt] I. *adj attr* constant II. *adv*
constantly; **bitte unterbrich mich nicht ~** please
don't keep interrupting me
fort|wir·ken *vi* to continue to have an effect **fort|wol-
len** *vi* ▪ **|aus/von etw** *dat|* **~** to want to leave [sth],
to want to go [away from somewhere] **fort|zie·hen**
irreg I. *vt haben* ▪ **jdn/etw ~** to pull sb/sth away
II. *vi sein* to move [away]
Fo·rum <-s, Foren *o* Fora> ['fo:rʊm, *pl:* 'fo:rən,
'fo:ra] *nt* ❶ *(Personenkreis)* audience; **vor einem ~
sprechen** to speak in front of an audience ❷ *pl
(öffentliche Diskussion)* public discussion ❸ *(Ort für
öffentliche Diskussion)* forum ❹ *(Platz in altrömi-
schen Stätten)* forum; **das ~ Romanum** the Forum
Fo·rums·dis·kus·si·on *f* forum discussion **Fo·rums-
ge·spräch** *nt* public discussion
fos·sil [fɔ'si:l] *adj attr* fossil
Fos·sil <-s, -ien> [fɔ'si:l, *pl:* -iən] *nt* ❶ *(Versteine-
rung)* fossil ❷ *(überalterte Person)* dinosaur
Fö·ten ['fø:tən] *pl von* **Fötus**
Fo·to <-s, -s> ['fo:to] *nt* photograph, photo *fam;* **ein ~
|von jdm/etw| machen** to take a photo [of sb/sth]
Fo·to·al·bum *nt* photo album **Fo·to·ap·pa·rat** *m*
camera **Fo·to·ar·chiv** *nt* photo archives **Fo·to·ar·ti-
kel** *m* item of photographic equipment **Fo·to·ate-
lier** *nt* photographic studio
Fo·to·bio·lo·gie[RR] *f s.* **Photobiologie Fo·to·che-
mie**[RR] *f s.* **Photochemie fo·to·che·misch**[RR] *adj s.*
photochemisch Fo·to·de·sign *nt* photo design **Fo-
to·ecke** *f* mounts *pl* **Fo·to·elek·tri·zi·tät** *f* photo-
electricity **Fo·to·ele·ment**[RR] *nt s.* **Photoelement**
Fo·to·fi·nish [-fɪnɪʃ] *nt* photo finish
fo·to·gen [foto'ge:n] *adj* photogenic
Fo·to·gra·f(in) <-en, -nen> [foto'gra:f] *m(f)* photographer
Fo·to·gra·fie <-, -n> [fotogra'fi:, *pl:* fotogra'fi:ən] *f*
❶ *kein pl (Verfahren)* photography *no pl* ❷ *(Bild)*
photograph
fo·to·gra·fie·ren* [fotogra'fi:rən] I. *vt* ▪ **jdn/etw ~** to
take a photograph/photographs of sb/sth; **sich |von
jdm| ~ lassen** to have one's photograph taken [by sb]
II. *vi* to take photographs
fo·to·gra·fisch [foto'gra:fɪʃ] I. *adj* photographic; **~e
Effekte/Tricks** photographic effects/trick photography II. *adv* photographically; **etw ~ abbilden** *[o* dar-
**stellen]* to illustrate sth with photographs
Fo·to·han·dy *nt* camera phone **Fo·to·in·dust·rie** *f*
photographic industry **Fo·to·ko·pie** [fotoko'pi:] *f* photocopy **fo·to·ko·pie·ren*** [fotoko'pi:rən] *vt (geh)*
▪ **etw ~** to photocopy sth **Fo·to·ko·pie·rer** *m (fam)*

fragen

Informationen erfragen	obtaining information
Wie komme ich am besten zum Hauptbahnhof?	What's the best way to the station?
Können Sie mir sagen, wie spät es ist?	Can you tell me what time it is?
Gibt es hier in der Nähe ein Café?	Is there a café anywhere round here?
Ist die Wohnung noch zu haben?	Is the flat still available?
Kennst/Weißt du einen guten Zahnarzt?	Do you know a good dentist?
Kennst du dich mit Autos aus?	Do you know anything about cars?
Weißt du Näheres über diese Geschichte?	Do you know any more/details about this story?

um Erlaubnis bitten	asking permission
Darf ich hereinkommen?	May I come in?
Störe ich gerade?	Am I disturbing you?

nach jemands Meinung fragen	asking someone's opinion
Was hältst du von dem neuen Gesetz?	What do you think of the new law?
Glaubst du, das ist so richtig?	Do you think that's right?
Hältst du das für möglich?	Do think it's possible?
Meinst du, sie hat Recht?	Do you think she's right?

photocopier, copier *fam* **Fo·to·ko·pier·ge·rät** *nt* photocopier **Fo·to·la·bor** *nt* photographic [processing] laboratory **Fo·to·ma·te·ri·al** *nt* photographic material **Fo·to·mo·dell** [ˈfoːtomodɛl] *nt* photographic model **Fo·to·mon·ta·ge** *f* photo montage
Fo·ton^{RR} <-s, -tonen> [foˈtɔn] *nt s.* **Photon Fo·to·pa·pier** *nt* photographic paper **Fo·to·re·por·ta·ge** *f* photo report **Fo·to·re·por·ter(in)** *m(f)* press photographer **Fo·to·sa·fa·ri** *f* photographic safari **Fo·to·satz** *m s.* **Filmsatz Fo·to·Shoo·ting** <-s, -s> [-ˈʃuːtɪŋ] *nt (Fototermin)* photo call [*or* shoot] **Fo·to·syn·the·se**^{RR} *f* photosynthesis **Fo·to·ter·min** *m* photo session
Fo·to·thek <-, -en> [fotoˈteːk] *f* photographic library **Fo·to·vol·ta·ik**^{RR} <-> [fotovɔlˈtaːɪk] *f s.* **Photovoltaik Fo·to·zeit·schrift** *f* photographic magazine **Fo·to·zel·le**^{RR} *f s.* **Photozelle**
Fö·tus <-[ses], Föten *o* -se> [ˈføːtʊs, *pl:* ˈføːtən, ˈføːtʊsə] *m* foetus BRIT, fetus AM
Fot·ze <-, -n> [ˈfɔtsə] *f (vulg)* cunt *vulg*
Foul <-s, -s> [faʊl] *nt* foul; **ein ~ begehen** to commit a foul
Foul·elf·me·ter [ˈfaʊl-] *m* penalty
fou·len [ˈfaʊlən] **I.** *vt* ■ **jdn ~** to foul sb **II.** *vi* to foul
Fox·trott <-s, -e *o* -s> [ˈfɔkstrɔt] *m* foxtrot
Fo·yer <-s, -s> [foaˈjeː] *nt* foyer
Fr. *Abk von* **Frau** Mrs, Ms *(feminist address)*
Fracht <-, -en> [fraxt] *f* ❶ *(Ladung)* cargo, freight; *(giftig, gefährlich)* load ❷ *(Beförderungspreis)* carriage, freight[age]
Fracht·brief *m* consignment note
Frach·ten·bahn·hof *m* ÖSTERR *(Güterbahnhof)* goods depot
Frach·ter <-s, -> [ˈfraxtɐ] *m* cargo boat [*or* ship], freighter
Fracht·flug·zeug *nt* cargo plane **Fracht·gut** *nt* freight **Fracht·kos·ten** *pl* carriage [costs], freight[age] **Fracht·luft·fahrt** *f* air freight [*or* cargo] transport **Fracht·raum** *m Schiff* cargo hold; *Flugzeug* cargo compartment **Fracht·schiff** *nt* cargo boat; *(groß)* cargo ship, freighter **Fracht·schiff·fahrt**^{RR} *f* freight shipping **Fracht·ver·kehr** *m* goods traffic **Fracht·ver·trag** *m* contract of carriage

Frack <-[e]s, Fräcke *o* -s> [frak, *pl:* ˈfrɛkə] *m* tails *npl;* **einen ~ tragen** to wear tails; **im ~** in tails
Frack·sau·sen <-s> *nt* ~ **haben/bekommen** *(fam)* to be/become scared stiff **Frackzwang** *nt kein pl* obligation to wear tails; **es herrscht ~** tails must be worn
Fra·ge <-, -n> [ˈfraːgə] *f* ❶ *(zu beantwortende Äußerung)* question; **das ist die [große] ~!** that's the [sixty-four thousand dollar] question; **gute ~!** [that's a] [very] good question!; **eine ~ zu etw** *dat* **haben** to have a question about [*or* concerning] sth; **eine ~/~n [an jdn] haben** to have a question/questions [for sb]; **mit einer ~/mit ~n kommen** to come with a question/questions; **jdm eine ~ stellen** [*o* **eine ~ an jdn stellen**] [*o geh:* **richten**] to ask sb a question, to put a question to sb ❷ *(Problem)* question, problem, issue; **das ist eine ~ des Anstandes/des Geldes/der Zeit** this is a question of decency/money/time; **keine ~** no problem; **ohne ~** without doubt; **etw steht** [*o ist*] **außer ~ [für jdn]** there is no question [*or* doubt] about sth [as far as sb is concerned]; **die großen ~n unserer Zeit** the great issues of our time; **eine strittige ~** a contentious issue; **ungelöste ~n** unsolved issues; **~n aufwerfen** to prompt [*or* raise] questions ❸ *(Betracht)* **[für jdn/etw] in ~ kommen** to be worthy of consideration [for sb/sth]; **für diese schwierige Aufgabe kommt nur eine Spezialistin/ein Spezialist in ~** only an expert can be considered for this difficult task; **[für jdn/etw] nicht in ~ kommen** to be out of the question [for sb/sth]; **[das] kommt nicht in ~!** that's [completely] out of the question!; **es steht** [*o ist*] **außer ~, dass ...** there is no question [*or* that] that ... ▶ WENDUNGEN: **auf eine dumme ~ gibt es [immer] eine dumme Antwort** *(prov)* ask a silly question[, get a silly answer]
Fra·ge·bo·gen *m* questionnaire **Fra·ge·für·wort** *nt* LING interrogative pronoun
fra·gen [ˈfraːgn̩] **I.** *vi* ❶ *(eine Frage stellen)* to ask; **da fragst du mich zu viel** *(fam)* you've got me there *fam;* **da müssen Sie woanders ~** you'll have to ask someone else; **man wird ja wohl noch ~ dürfen** *(fam)* I was only asking; **ohne [lange] zu ~** without asking [a lot of] questions; **ohne nach etw** *dat*

zu ~ without bothering about the consequences of sth ② *(sich erkundigen)* ■ nach jdm ~ to ask for sb; **hat während meiner Abwesenheit irgendwer nach mir gefragt?** did anyone ask for me while I was away?; ■ nach etw *dat* ~ to enquire [*or* ask] about sth; nach der Uhrzeit ~ to ask the time; nach dem Weg ~ to ask for directions; nach jds Gesundheit ~ to enquire [*or* ask] about [*or* BRIT *a.* after] sb's health; dürfte ich Sie wohl nach Ihrem Alter/Beruf ~? may I enquire how old you are/what you do for a living?; ■ nicht nach etw *dat* ~ to not be bothered about sth II. *vr* ■ sich ~, ob/wann/wie … to wonder whether/when/how …; ■ es fragt sich, ob … it is doubtful whether … III. *vt* ■ [jdn] etwas ~ to ask [sb] sth; ■ jdn ~, ob/wann/… to ask sb whether/when …

Fra·ge·satz *m* LING interrogative clause **Fra·ge·stel·ler(in)** <-s, -> *m(f)* questioner **Fra·ge·stel·lung** *f* ① *(Formulierung)* formulation of a question ② *(Problem)* problem **Fra·ge·stun·de** *f* question time **Fra·ge·wort** *nt* LING interrogative particle **Fra·ge·zei·chen** *nt* question mark; **ein ~ setzen** to write [*or* put] a question mark; **ein [dickes/großes] ~ hinter etw** *akk* **setzen** *(fig)* to call sth into question; **etw ist mit einem [dicken/großen] ~ versehen** *(fig)* a [big] question mark hangs over sth *fig*

fra·gil [fra'giːl] *adj (geh)* fragile
Fra·gi·li·tät <-> [fragili'tɛt] *f kein pl (geh)* fragility
frag·lich ['fraːklɪç] *adj* ① *(fragwürdig)* **eine ~e Angelegenheit** a suspect matter ② *(unsicher)* doubtful; **es ist ~, ob sie überhaupt noch kommen wird** it's doubtful [*or* I doubt] whether she's going to come at all ③ *attr (betreffend)* in question *pred;* **zur ~en Zeit** at the time in question
frag·los ['fraːkloːs] *adv* unquestionably, undoubtedly
Frag·ment <-[e]s, -e> [fra'gmɛnt] *nt* fragment
frag·men·ta·risch [fragmɛn'taːrɪʃ] I. *adj* fragmentary II. *adv* in fragments
frag·wür·dig ['fraːkvʏrdɪç] *adj (pej)* dubious, shady *fam*
Frag·wür·dig·keit <-, -en> *f (pej)* dubiousness, dubious nature
Frak·ti·on <-, -en> [frak'tsi̯oːn] *f* ① POL parliamentary party [*or* BRIT *a.* group], congressional faction AM ② *(Sondergruppe)* faction *pej*
Frak·ti·ons·aus·schussᴿᴿ *m* parliamentary party committee **Frak·ti·ons·be·schluss**ᴿᴿ *m* resolution adopted by a parliamentary party **Frak·ti·ons·bil·dung** *f* formation of a parliamentary party **Frak·ti·ons·chef(in)** *m(f) s.* **Fraktionsvorsitzende(r) Frak·ti·ons·füh·rer(in)** *m(f)* floor leader AM *s.* **Fraktionsvorsitzende(r) frak·ti·ons·los** *adj* POL independent **Frak·ti·ons·mit·glied** *nt* member of a parliamentary party **Frak·ti·ons·ord·nung** *f* parliamentary party rules **Frak·ti·ons·sit·zung** *f* parliamentary party meeting **Frak·ti·ons·spre·cher(in)** *m(f)* parliamentary party spokesmen **Frak·ti·ons·stär·ke** *f* ① *(Größe in Mitgliederzahlen)* party membership ② *(zur Parteibildung benötigte Mitgliederzahl)* numerical strength required to form a parliamentary party **Frak·ti·ons·sta·tus** *m* parliamentary party status **Frak·ti·ons·ver·samm·lung** *f s.* **Fraktionssitzung Frak·ti·ons·vor·sit·zen·de(r)** *f(m) dekl wie adj* chairman [*or* leader] of a parliamentary party **Frak·ti·ons·vor·stand** *m* party executive **Frak·ti·ons·zwang** *m* three-line whip BRIT *(obligation to vote according to parliamentary party policy);* **Abstimmung ohne ~** free vote
Frak·tur <-, -en> [frak'tuːɐ̯] *f* ① TYPO Gothic type ② MED fracture ▶ WENDUNGEN: **mit jdm ~ reden** *(fam)* to talk straight to sb
Franc <-, -s *o bei Zahlenangabe:* -> [frãː] *m* franc

Fran·chise <-, -n> ['frɛntʃais] *f* franchise
Fran·chise·neh·mer(in) ['frɛntʃaɪz-] *m(f)* ÖKON franchisee
Fran·chi·sing <-s> ['frɛntʃaizɪŋ] *nt kein pl* franchising
Fran·ci·um <-s> ['frantsi̯ʊm] *nt kein pl* francium *no pl*
frank [fraŋk] *adv* frank; **~ und frei antworten** to give a frank answer
Fran·ken <-s, -> ['fraŋkn] *m* franc
Frank·furt <-s> ['fraŋkfʊrt] *nt* Frankfurt
Frank·fur·ter <-, -> ['fraŋkfʊrtɐ] *f* Frankfurter [sausage]
Frank·fur·ter-Kranz-Form *f* savarin tin
fran·kie·ren [fraŋ'kiːrən] *vt* ■ etw ~ to stamp sth; *(mit Frankiermaschine)* to frank sth; **könnten Sie mir bitte diesen Brief ~?** could you frank this letter for me?; **„bitte mit 1 Euro ~"** "please put a one mark stamp on this"
Fran·kier·ma·schi·ne *f* franking machine
Fran·kie·rung <-, -en> *f* ① *(das Frankieren)* franking ② *(Porto)* postage
fran·ko ['fraŋko] *adv inv* ÖKON prepaid
Fran·ko·ka·na·di·er(in) ['fraŋkokana:diɐ] *m(f)* French-Canadian **fran·ko·ka·na·disch** *adj* French-Canadian
fran·ko·phil [fraŋko'fiːl] *adj (geh)* Francophile **Fran·ko·phi·lie** <-> [fraŋkofi'liː] *f kein pl (geh)* francophilia
fran·ko·phon [fraŋko'foːn] *adj (geh)* francophone
Frank·reich <-s> ['fraŋkraiç] *nt* France; *s. a.* **Deutschland**
Fran·se <-, -n> ['franzə] *f* fringe
fran·sen ['franzn] *vi* to fray
fran·sig ['franzɪç] *adj* frayed
Franz·brannt·wein *m* alcoholic liniment BRIT, rubbing alcohol AM
Fran·zis·ka·ner(in) <-s, -> [frantsɪs'ka:nə] *m(f)* Franciscan
Fran·zis·ka·ner·or·den *m* Franciscan Order
Fran·zo·se¹ <-n, -n> [fran'tso:zə] *m* adjustable spanner
Fran·zose, Fran·zö·sin² <-n, -n> [fran'tso:zə, fran'tsø:zɪn] *m, f* Frenchman *masc,* Frenchwoman *fem;* **~ sein** to be French [*or* from France]; ■ **die ~n** the French; *s. a.* **Deutsche(r)**
Fran·zo·sen·krank·heit *f (veraltet)* French pox *old*
fran·zö·sisch [fran'tsø:zɪʃ] *adj* ① *(Frankreich betreffend)* French; **~es Bett** double bed; *s. a.* **deutsch 1** *s. a.* **Revolution** ② LING French; **die f~e Schweiz** French Switzerland; *s. a.* **deutsch 2** ③ *(sl: Oralsex betreffend)* **~er Verkehr** Frenching *sl,* oral sex; **es jdm ~ machen** *Mann* to give sb a blow job *vulg sl; Frau* to go down on sb *vulg sl* ▶ WENDUNGEN: **sich ~ empfehlen** [*o* **verabschieden]** to leave without saying goodbye
Fran·zö·sisch [fran'tsø:zɪʃ] *nt dekl wie adj* ① LING French; *s. a.* **Deutsch 1** ② *(Fach)* French; *s. a.* **Deutsch 2** ▶ WENDUNGEN: **sich auf ~ empfehlen** [*o* **verabschieden]** to leave without saying goodbye
fran·zö·sisch·spra·chig *adj* French-speaking
frap·pant [fra'pant] *adj (geh)* frappant *form,* striking; **eine ~e Wendung nehmen** to take a surprising turn
Frap·pé, Frap·peeᴿᴿ <-s, -s> [fra'pe] *nt* SCHWEIZ milk shake
frap·pie·ren [fra'pi:rən] *vt* ① *(geh: überraschen)* ■ jdn ~ to amaze sb; *(stärker)* to stun sb ② KOCHK to cool sth rapidly with crushed ice
frap·pie·rend *adj* ① *(verblüffend)* amazing… ② *s.* **frappant**
Frä·se <-, -n> ['frɛːzə] *f* TECH mortising machine
frä·sen ['frɛːzn] *vt* ■ etw ~ to mill sth; **Holz ~** to sink wood
Frä·ser <-s, -> ['frɛːzə] *m* milling cutter
Frä·ser(in) <-s, -> ['frɛːzə] *m(f)* milling worker

Fräs·ma·schi·ne *f s.* **Fräse**

fraß ['fra:s] *imp von* **fressen**

Fraß <-es, <*selten* -e> [fra:s] *m* ❶ *(pej fam: schlechtes Essen)* muck *fam;* **einem Tier jdn/etw zum ~ vorwerfen** to feed sb/sth to an animal ❷ *(Schaden durch Insekten)* damage by insects

fra·ter·ni·sie·ren [fratɛrni'zi:rən] *vi (geh)* ▪ **mit jdm ~** to fraternize with sb

Fra·ter·ni·sie·rung <-> *f kein pl (geh)* fraternization

Fratz <-es, -e *o* ÖSTERR -en, -en> [frats] *m* ❶ *(fam: niedliches Kind)* little sweetie [*or* cutie] ❷ *bes* ÖSTERR, SÜDD *(pej: lästiges Kind)* little brat

Frat·ze <-, -n> ['fratsə] *f* ❶ *(ekelhaft hässliches Gesicht)* grotesque face ❷ *(pej sl: Typ)* [ugly] mug *pej sl* ❸ *(Grimasse)* grimace; [jdm] **eine ~ schneiden** to pull a face [at sb]

frau [frau] *pron* one *(feminist alternative to the German masculine form man);* **das sollte man/~ nicht so ernst nehmen** it should not be taken so seriously

Frau <-, -en> [frau] *f* ❶ *(weiblicher Mensch)* woman; **sie ist die ~ meines Lebens** she's the woman of my dreams; **selbst ist die ~!** self-reliance is the thing!; **eine ~ schneller Entschlüsse/der Tat** a woman who is quick to decide/act; **junge ~!** young lady!; **Unsere Liebe ~** REL our Lady; **eine verheiratete ~** a married woman; **eine ~ von Format** a woman of stature; **eine ~ mit Grundsätzen** a woman with principles, a principled woman; **die ~ von heute** today's woman; **eine ~ von Welt** a woman of the world; **jdn zur ~ machen** *(fig)* to take sb's virginity; **zur ~ werden** to become a woman ❷ *(Ehefrau)* wife; **darf ich vorstellen – meine ~!** may I introduce my wife; **jds** [ehemalige/zukünftige] ~ sb's [ex- [*or* former] / future] wife; **jdn zur ~ haben** to be married to sb; **jdn zur ~ nehmen** to take sb for one's wife; **willst du meine ~ werden?** will you be my wife? ❸ *(Anrede)* Mrs, Ms *(feminist version of Mrs);* ~ **Doktor** Doctor; **Ihre ~ Gemahlin** *(geh)* your lady wife BRIT *form;* **Ihre ~ Mutter** *(geh)* your mother; **gnädige ~** *(geh)* my dear lady *form;* **die gnädige ~** *(veraltend)* the lady of the house *dated*

Frau·chen <-s, -> ['frauçən] *nt (fam) dim von* **Frau** ❶ *(fam: Kosename)* wifie *fam* ❷ *(Haustierbesitzerin)* mistress; **komm zu ~!** come to your mistress

Frau·en·ar·beit *f* women's work; **schlecht bezahlte ~** poorly paid jobs for women **Frau·en·arzt, -ärz·tin** *m, f* gynaecologist BRIT, gynecologist AM **Frau·en·be·auf·trag·te(r)** *f(m) dekl wie adj* women's representative *(official responsible for woman's affairs)* **Frau·en·be·ra·tungs·stel·le** *f* women's advice centre [*or* AM -er] **Frau·en·be·ruf** *m* female profession

frau·en·be·wegt *adj inv* feminist **Frau·en·be·we·gung** *f kein pl* women's movement *no pl* **Frau·en·chor** *m* female voice choir **Frau·en·eman·zi·pa·ti·on** *f* women's [*or* female] emancipation **Frau·en·feind** *m* woman hater, misogynist **frau·en·feind·lich** *adj* anti-women, misogynist[ic] **Frau·en·funk** *m* radio programmes [*or* AM programs] for women **Frau·en·ge·fäng·nis** *nt* women's prison **Frau·en·ge·schich·ten** *pl* affairs **Frau·en·grup·pe** *f* women's group **Frau·en·haar** *nt* ❶ *(Haar von Frauen)* woman's hair ❷ *(Moos)* **Goldenes ~** haircap moss, golden maidenhair **Frau·en·hand** *f (geh)* **von** [zarter] ~ by the [delicate] hand of a woman **Frau·en·has·ser** *m s.* **Frau·enfeind** **Frau·en·haus** *nt* women's refuge **Frau·en·heil·kun·de** *f* gynaecology BRIT, gynecology AM **Frau·en·held** *m* ladies' man **Frau·en·ken·ner** *m* connoisseur of women **Frau·en·klei·dung** *f* women's [*or* ladies'] clothing **Frau·en·kli·nik** *f* gynaecological [*or* AM gynecological] clinic **Frau·en·klos·ter** *nt* convent **Frau·en·krank·heit** *f* female disease **Frau·en·lei·**

den *nt s.* **Frauenkrankheit** **Frau·en·mi·nis·te·ri·um** *nt* Ministry for Women's Affairs BRIT **Frau·en·mör·der** *m* murderer of women **Frau·en·or·den** *m* REL women's order **Frau·en·po·li·tik** *f kein pl* feminist politics *pl* **frau·en·po·li·tisch** *adj inv* feminist **Frau·en·quo·te** *f* proportion of women *(working in a certain sector)* **Frau·en·recht·ler(in)** <-s, -> *m(f)* women's rights' activist **Frau·en·schuh** *m kein pl* lady's slipper **Frau·en·stim·me** *f* ❶ *(Stimme einer Frau)* female voice ❷ *(weiblicher Wählerstimme)* woman's vote **Frau·en·ta·xi** *nt* women's taxi *(driven by female taxi drivers for women only)* **Frau·en·über·schuss**[RR] *m* surplus of women **Frau·en·ver·band** *m* women's association **Frau·en·ver·ein** *m s.* **Frauenverband** **Frau·en·wahl·recht** *nt* women's suffrage **Frau·en·zeit·schrift** *f* women's magazine **Frau·en·zim·mer** *nt* ❶ *(veraltet: weibliche Person)* woman ❷ *(pej: Frau)* bird

Fräu·lein <-s, -*o* -s> ['frɔylain] *nt (fam)* ❶ *(veraltend: unverheiratete weibliche Person)* young [unmarried] woman; **ein altes** [*o* **älteres**] ~ an old maid [*or pej* spinster] ❷ *(veraltend: Anrede)* Miss; **mein hochverehrtes ~** my dear Miss; **Ihr ~ Tochter** your daughter; **das ~ Braut** the [young] bride; *s. a.* **Frau** ❸ *(veraltend: Verkäuferin)* assistant; *(Kellnerin)* waitress; **~!** excuse me!, Miss!; **~, bitte zahlen!** excuse me, I'd/ we'd/etc. like to pay, please; **das ~ vom Amt** the girl on the switchboard

frau·lich ['fraulɪç] *adj* womanly **Frau·lich·keit** <-> *f kein pl* womanliness

Freak <-s, -s> [fri:k] *m (fam)* freak

frech [frɛç] **I.** *adj* ❶ *(dreist)* cheeky BRIT, fresh AM; **werd bloß nicht ~!** don't get cheeky [*or* fresh] !; **eine ~e Lüge** a barefaced lie ❷ *(kess)* daring; **eine ~e Frisur** a peppy hairstyle **II.** *adv* ❶ *(dreist)* cheekily BRIT, freshly AM; **jdn ~ anlügen** to tell sb a barefaced lie/barefaced lies; **jdm ~ kommen** to be cheeky [*or* AM fresh] to sb ❷ *(kess)* daringly; **~ angezogen sein** to be provocatively dressed; **~ frisiert sein** to have a peppy hairstyle

Frech·dachs *m (fam)* cheeky [little] monkey BRIT *fam,* cheeky chops + *sing vb* BRIT *fam*

Frech·heit <-, -en> *f* ❶ *kein pl (Dreistigkeit)* impudence, cheekiness BRIT; *(Unverfrorenheit)* barefacedness; **die ~ haben** [*o* **besitzen**] **, etw zu tun** to have the nerve [*or* BRIT cheek] to do sth, to be cheeky enough to do sth BRIT ❷ *(freche Äußerung)* cheeky remark BRIT; *(freche Handlung)* insolent [*or* BRIT *a.* cheeky] behaviour [*or* AM -or]; **sich einige ~en erlauben** to be a bit cheeky BRIT [*or* AM fresh]

free·clim·ben ['fri:klaimən] *vi* SPORT to free-climb **Freeflyer** ['fri:flaiɐ] *m* SPORT freeflyer **Freefly·ing** ['fri:flaiŋ] *nt* freeflying *(type of skydiving where the parachute is opened very late in the descent)*

Free·sie <-, -n> ['fre:ziə] *f* freesia

Fre·gat·te <-, -n> [fre'gatə] *f* frigate

frei [frai] **I.** *adj* ❶ *(nicht gefangen, unabhängig)* free; **~er Autor** freelance writer; **~e Kirche** free church; **ein ~er Mann/eine ~e Frau** a free man/woman; [**Recht auf**] **~e Meinungsäußerung** [right to] freedom of speech; **ein ~er Mensch** a free person; **~er**

Mitarbeiter/~e Mitarbeiterin freelance|r|; aus ~em Willen |o ~en Stücken| of one's own free will; es war sein ~er Wille auszuwandern he emigrated of his own free will; ~ und ungebunden footloose and fancy-free; sich von etw *dat* ~ machen to free oneself from sth ❸ *(freier Tag)* free; nächsten Donnerstag ist ~, da ist Feiertag we've got next Thursday off - it's a holiday; ~ haben to have time off; er hat heute ~ he's off |or not in| today; drei Tage/eine Woche ~ haben to have three days/a week off; |sich *dat*| ~ nehmen to take time off |or some holiday|; drei Tage/eine Woche ~ machen, |sich *dat*| drei Tage/eine Woche ~ nehmen to take three days/a week off; er hat sich ~ genommen, da seine Tochter krank ist he's taken |some| time off because his daughter is ill ❻ *(verfügbar)* available; es sind noch Mittel ~ für kulturelle Veranstaltungen there are still funds available for cultural events; sich |für jdn/etw| ~ machen to make oneself available |for sb/sth|; ■ ~ |für jdn| sein to be free |to see/speak to sb| ❼ *(nicht besetzt/belegt)* free; eine ~e Stelle/Toilette a vacant position/toilet; ein ~es Zimmer a vacant room; ist dieser Platz noch ~? is this seat |already| taken?; haben Sie noch ein Zimmer ~? do you still have a room available?; einen Platz ~ lassen to keep a seat free; einen Platz ~ machen to vacate a seat *form* ❽ *(kostenlos)* free; der Eintritt ist ~ entrance is free; „Eintritt ~" 'admission free'; „Lieferung ~ Haus" 'free home delivery' ❾ *(ohne etw)* ■ ~ von etw *dat* sein to be free of sth; ~ von Konservierungsstoffen free from preservatives; ~ von Schuld blameless ❿ *(ohne Hilfsmittel)* off-the-cuff; ~e Rede/~er Vortrag impromptu speech/lecture ❽ *(auslassen)* eine Zeile ~ lassen to leave a line free ⓫ *(offen)* open; ~es Gelände open country ⓬ *(ungezwungen)* free and easy; ihre Auffassungen sind mir doch etwas zu ~ her views are a little too liberal for me; ich bin so ~ *(geh)* if I may; ich bin so ~ und nehme mir noch ein Stück I'll have another piece if I may ⓭ *(unbekleidet)* bare; sich ~ machen to get undressed; machen Sie bitte Ihren Arm ~ please roll up your sleeve; machen Sie bitte ihren Bauch ~ please uncover your stomach ⓮ *(ungefähr)* ~ nach ... roughly quoting... II. *adv* ❶ *(unbeinträchtigt)* freely; der Baum sollte jetzt ~ gestellt werden a space should be cleared around the tree now; das Haus steht ganz ~ the house stands completely on its own; die Mörderin läuft immer noch ~ herum! the murderess is still on the loose!; ~ atmen to breathe easy ❷ *(uneingeschränkt)* casually; sich ~ bewegen können to be able to move in an uninhibited manner ❸ *(nach eigenem Belieben)* ~ erfunden to be completely made up ❹ *(ohne Hilfsmittel)* ~ sprechen to speak off-the-cuff; ~ in der Luft schweben to hover unsupported in the air ❺ *(nicht gefangen)* ~ laufend *Tiere* free-range; ~ lebend living in the wild

Frei·bad *nt* outdoor swimming pool, lido **frei|be·kom·men'** *vt irreg* ❶ *(fam: nicht ausreisen müssen)* einen Tag/eine Woche |von jdm| ~ to be given a day/a week off |by sb| ❷ *(befreien)* ■ jdn ~ to have sb released **frei·be·ruf·ler|in|** *<-s, ->* *m(f)* freelance|r| **frei·be·ruf·lich** I. *adj* freelance II. *adv* freelance **Frei·be·trag** *m* allowance **Frei·beu·ter|in|** *<-s, ->* ['fraibɔytɐ] *m(f)* buccaneer **Frei·beu·te·rei** *<-> f kein pl* piracy **Frei·bier** *nt* free beer **Frei·brief** *m (Urkunde)* charter; ▶ WENDUNGEN: jdm einen ~ für etw *akk* ausstellen to give sb carte blanche to do sth; etw als einen ~ für etw *dat* betrachten |o ansehen| to see sth as carte blanche to do sth; kein ~ für jdn sein to not give sb carte blanche **Frei·burg** *<-s>* ['fraibʊrk] *nt* ❶ *(in Deutschland)* Frei-

burg ❷ *(in der Schweiz)* Fribourg **Frei·den·ker|in|** *m(f)* freethinker **Frei·e|r|** *f/m| dekl wie adj* freeman **Frei·e|s|** *nt dekl wie adj* jdn ins ~ befördern to throw sb out; im ~n in the open air; bei schönem Wetter findet die Party im ~ statt the party takes place outdoors when the weather is fine; ins ~ outside **frei·en** ['fraiən] *(veraltet)* I. *vt* ■ jdn ~ to marry sb II. *vi* ■ um jdn ~ to court |or dated woo| sb; *s. a. jung* **Frei·er** *<-s, ->* *m* ❶ *(euph: Kunde einer Hure)* punter BRIT, John AM ❷ *(veraltet: Bewerber)* suitor **Frei·ers·fü·ße** *pl* ▶ WENDUNGEN: auf ~n wandeln |o gehen| *(hum)* to be on the lookout for a wife **Frei·ex·em·plar** *nt* free copy **Frei·fahr·kar·te** *f* free ticket **Frei·fahr·schein** *m s.* **Freifahrkarte Frei·fahrt** *f* free journey **frei·fi·nan·ziert** *adj* privately-financed **Frei·frau** *f fem form von* **Freiherr** baroness **Frei·ga·be** *f* release; FIN unblocking, unfreezing; ~ des Wechselkurses floating of the exchange rate; die ~ der Preise the lifting of price controls **Frei·gang** *m* day-release from imprisonment *(the prisoner may go out to work during the day but has to return for the night)* **Frei·gän·ger|in|** *<-s, ->* *m(f)* prisoner on day-release *(allowed to go out to work during the day but obliged to return at night)* **frei|ge·ben** *irreg* I. *vt* ❶ *(nicht mehr zurückhalten)* ■ etw ~ to unblock |or unfreeze| sth; Wechselkurs|e| ~ to float the exchange rate|s|; *(zur Verfügung stellen)* to make accessible; die Straße wurde wieder freigegeben the street was opened up again ❷ *(Urlaub geben)* jdm einen Tag/eine Woche etc. ~ to give sb a day/a week etc. off II. *vi* ■ jdm ~ to give sb time off **frei·ge·big** ['fraige:bɪç] *adj* generous **Frei·ge·big·keit** *<-> f kein pl* generosity **Frei·ge·he·ge** *nt* open-air enclosure **Frei·geist** ['fraigaist] *m s.* **Freidenker Frei·ge·päck** *nt* luggage allowance **Frei·gren·ze** *f* exemption limit **Frei·gut** *nt* duty-free goods **frei|ha·ben** *vi irreg* to have time off, to be off; ich habe heute frei I've got the day off today **Frei·ha·fen** *m* free port **frei|hal·ten** *vt irreg* ❶ *(nicht versperren)* ■ etw ~ to keep sth clear; „Einfahrt ~" 'do not obstruct the entrance', 'private entrance – no parking' ❷ *(reservieren)* |jdm/für jdn| einen Platz ~ to save |or reserve| |sb| a seat, to save |or reserve| a seat |for sb| ❸ *(jds Zeche begleichen)* ■ jdn ~ to pay for sb; sich ~ lassen to have one's bill paid; sich von jdm ~ lassen to let sb pay for one **Frei·han·del** *m* free trade **Frei·han·dels·zo·ne** *f* free trade area; die Europäische ~ European Free Trade Area **frei·hän·dig** ['fraihɛndɪç] I. *adj* ❶ *(ohne Hände)* with no hands *pred* ❷ *(ohne Hilfsmittel)* freehand; ~es Zeichnen to draw freehand; ~es Schießen offhand shooting II. *adv* ❶ *(ohne Hände)* without the use of one's hands; ~ Rad fahren to cycle with no hands ❷ *(ohne Hilfsmittel)* freehand; ~ zeichnen to draw freehand; ~ schießen to shoot offhand **Frei·heit** *<-, -en>* ['fraihait] *f* ❶ *kein pl (das Nichtgefangensein)* freedom *no pl*, liberty *no pl form*; ~, Gleichheit, Brüderlichkeit liberty, equality, fraternity; jdm/einem Tier die ~ schenken to free sb/an animal; in ~ lebende Tiere animals living in the wild; in ~ sein to have escaped ❷ *(|Vor|recht)* liberty, privilege; sich *dat* ~en erlauben to take liberties; besondere ~en genießen to enjoy certain liberties; sich *dat* die ~ nehmen |o herausnehmen| , etw zu tun to take the liberty of doing sth *form* ❸ *(nach eigenem Willen handeln können)* freedom *no pl*; dichterische ~ poetic licence |or AM -se|; sich in seiner persönlichen ~ eingeschränkt fühlen to feel one's personal freedom is restricted; alle ~en haben to be free to do as one pleases; **die ~ haben** [*o geh:* **genießen**] **, etw zu tun** to be at liberty to do sth *form* **frei·heit·lich** *adj* liberal; *s. a.* **Grundordnung**

Frei·heits·be·rau·bung *f* unlawful detention **Frei·heits·drang** *m* urge to be free, urge for freedom **Frei·heits·ent·zug** *m* imprisonment **Frei·heits·kampf** *m* struggle for freedom **Frei·heits·kämp·fer(in)** *m(f)* freedom fighter **Frei·heits·krieg** *m* HIST war of independence [*or* liberation]; ▪ **die ~e** the Wars of Liberation **Frei·heits·lie·be** *f* love of freedom **frei·heits·lie·bend** *adj* freedom-loving **Frei·heits·raum** *m* sphere of freedom [*or* liberty] **Frei·heits·sta·tue** *f* ▪ **die** [**amerikanische**] the [American] Statue of Liberty **Frei·heits·stra·fe** *f* prison sentence

frei·he·raus [fraihɛ'raus] *adv* frankly **Frei·herr** *m* baron **frei·herr·lich** *adj attr* baronial **Frei·kar·te** *f* free ticket **frei|kau·fen** *vt* ❶ *(loskaufen)* ▪ **jdn ~** to pay for sb's release; **eine Geisel ~** to pay for the release of a hostage; ▪ **sich ~** to buy one's freedom ❷ *(entledigen)* ▪ **sich von etw** *dat* **~** to buy one's way out of sth **Frei·kir·che** *f* free church **Frei·klet·tern** *nt* cliff hanging **frei|kom·men** *vi irreg sein* ▪ [**aus etw** *dat*] **~** to be freed [from sth], to be released [from sth] **Frei·kör·per·kul·tur** *f kein pl* nudism *no pl* **Frei·korps** *nt* volunteer corps

Frei·land *nt* open land; **auf/im/ins ~** outdoors, in the open

Frei·land·ge·mü·se *nt* vegetables grown outdoors **Frei·land·kul·tur** *f* cultivation of outdoor crops **Frei·land·mu·se·um** *nt* open-air museum **Frei·land·pflan·ze** *f* plant grown outdoors

frei|las·sen *vt irreg* ▪ **jdn/ein Tier ~** to free [*or* release] sb/an animal **Frei·las·sung** <-, -en> *f* release **Frei·lauf** *m* Fahrrad free-wheeling mechanism; *Maschinen* free-running mechanism **frei·lau·fend** *adj s.* **frei II. 5 frei·le·bend** *adj s.* **frei II. 5 frei|le·gen** *vt* ▪ **etw ~** *Grundmauern* to uncover [*or* unearth] sth; **ein Organ ~** to expose organ **Frei·le·gung** <-, -en> *f Grundmauern* uncovering, unearthing; *Organ* exposing **Frei·lei·tung** *f* overhead line

frei·lich ['frailɪç] *adv* ❶ *(allerdings)* though, however; **bei dem Preis kannst du ~ keine Spitzenqualität erwarten** at that price, though, you can't really expect to get top quality ❷ *bes* SÜDD *(natürlich)* [**ja**] **~!** [but] of course

Frei·licht·büh·ne *f* open-air theatre [*or* AM -er] **Frei·licht-Dis·co, Frei·licht-Dis·ko** *f* open-air disco **Frei·licht·ki·no** *nt* open-air cinema **Frei·licht·mu·se·um** *nt* open-air exhibition **Frei·licht·spie·le** *pl* open-air theatre *no pl* **Frei·licht·the·a·ter** *nt s.* **Freilichtbühne**

Frei·los *nt* free draw **frei|ma·chen** I. *vt* ▪ **etw ~** to stamp sth; *(without stamping)* to frank sth II. *vi (fam)* to take time off III. *vr (fam)* ▪ **sich** *akk* **~** to take time off; **kannst du dich morgen für ein paar Stunden ~?** can you take a couple of hours off tomorrow? **Frei·mau·rer** ['fraimauʀə] *m* Freemason **Frei·mau·re·rei** <-> [fraimauʀa'rai] *f kein pl* Freemasonry *no pl*

Frei·mau·rer·lo·ge *f* Masonic lodge **Frei·mut** ['fraimu:t] *m kein pl* frankness; **mit allem ~** in all frankness

frei·mü·tig ['fraimy:tɪç] *adj* frank **Frei·mü·tig·keit** <-> *f kein pl* frankness **Frei·plas·tik** *f* outdoors sculpture **Frei·platz** *m* ❶ *(kostenloser Platz)* free seat ❷ *(Stipendium)* scholarship **frei|pres·sen** *vt* ▪ **jdn ~** to secure sb's release by menaces **Frei·raum** *m* freedom; **mehr ~ brauchen** to need more freedom; **jdm viel ~ geben** to give sb a lot of freedom; **jdm den ~ nehmen** to invade sb's personal space **frei·re·li·gi·ös** *adj* non-denominational **frei·schaf·fend** *adj attr* freelance **Frei·schaf·fen·**

de(r) *f(m) dekl wie adj* freelance[r] **Frei·schär·ler(in)** <-s, -> ['fraiʃɛːɐ̯le] *m(f)* guer[r]illa **frei|schau·feln** *vt* ▪ **etw ~** to shovel sth free **frei|schie·ben** *vt* KOCHK Brot – to bake bread loaves freely spaced out to form dark crusts along the sides **frei|schie·ßen** *vt irreg* ▪ **jdn ~** to free sb in a shootout **frei|schwim·men** *vr irreg* ▪ **sich ~** to get one's swimming certificate *(certificate for which one must swim for 15 minutes)* **Frei·schwim·mer(in)** *m(f)* ❶ *(jd mit einem ~)* person who has his/her swimming certificate *(swimming certificate for which one must swim for 15 minutes)* ❷ *(fam: Bescheinigung)* swimming certificate *for which one must swim for 15 minutes;* **den ~ haben** to have one's swimming certificate; **den ~ machen** to do the test for the swimming certificate **Frei·schwim·mer·zeug·nis** *nt* swimming certificate **frei|set·zen** *vt* ❶ *(entfesseln)* ▪ [**bei jdm**] **etw ~** to release sth [in sb] ❷ CHEM ▪ **etw ~** to release sth ❸ *(euph: entlassen)* ▪ **jdn ~** to make sb redundant, to have to let sb go *euph* **Frei·set·zung** <-, -en> *f* ❶ *(Entfesselung)* release ❷ CHEM release ❸ *(euph: Entlassung)* redundancy **frei·sin·nig** *adj (veraltet)* liberal **frei|spre·chen** *vt irreg* ❶ JUR ▪ **jdn ~** to acquit sb; **sie wurde im Urteil in allen Punkten der Anklage freigesprochen** she was acquitted on all accounts ❷ *(lossprechen)* ▪ **jdn von etw** *dat* **~** to clear sb of sth ❸ *(zum Gesellen etc. erklären)* ▪ **jdn ~** to present sb with his/her skilled trades certificate etc. **Frei·sprech·mi·kro·fon** *nt,* **Frei·sprech·mi·kro·phon** *nt* TECH wireless headset **Frei·spruch** *m* acquittal; **~ beantragen** to apply for an acquittal; **auf ~ plädieren** to plead for an acquittal **Frei·staat** *m (veraltend)* free state; **der ~ Bayern** the Free State of Bavaria **Frei·statt** *f,* **Frei·stät·te** *f (geh)* sanctuary **frei|ste·hen** *vi irreg* ❶ *(überlassen sein)* ▪ **jdm steht es frei, etw zu tun** sb is free to do sth; **wenn du gehen willst, bitte, das steht dir völlig frei** if you want to go that's completely up to you ❷ *(leer stehen)* to be [*or* stand] empty **frei|stel·len** *vt* ❶ *(selbst entscheiden lassen)* ▪ **jdm etw ~** to leave sth up to sb ❷ *(euph: entlassen)* ▪ **jdn ~** to make sb redundant ❸ *(befreien)* ▪ **jdn von etw** *dat* **~** to exempt [*or* excuse] sb from sth; **jdn vom Wehrdienst ~** to exempt sb from military service; ▪ **jdn** [**für etw** *akk*] **~** to release sb [for sth] **Frei·stem·pel** *m* postmark

Frei·stil·rin·gen *nt* freestyle wrestling **Frei·stil·schwim·men** *nt* freestyle [swimming] **Frei·stoß** *m* free kick; **einen ~ verhängen, auf ~ entscheiden** to award a free kick; **einen ~ verwandeln** to put a free kick away; **direkter/indirekter ~** direct/indirect free kick **Frei·stück** *nt s.* **Freiexemplar Frei·stun·de** *f* SCH free period; **eine ~/~n haben** to have a free period/free periods

Frei·tag <- [e]s, -e> ['fraita:k, *pl:* -ta:gə] *m* Friday; *s. a.* **Dienstag**

Frei·tag·abend^{RR} *m* Friday evening; *s. a.* **Dienstag frei·tag·abends**^{RR} *adv* [on] Friday evenings **frei·tä·gig** *adj* on Friday **frei·täg·lich** *adj* [regular] Friday *attr* **Frei·tag·mit·tag**^{RR} *m* [around] noon on Friday; *s. a.* **Dienstag frei·tag·mit·tags**^{RR} *adv* [around] noon on Fridays **Frei·tag·mor·gen**^{RR} *m* Friday morning; *s. a.* **Dienstag frei·tag·mor·gens**^{RR} *adv* [on] Friday mornings **Frei·tag·nach·mit·tag**^{RR} *m* Friday afternoon; *s. a.* **Dienstag frei·tag·nach·mit·tags**^{RR} *adv* [on] Friday afternoons **Frei·tag·nacht**^{RR} *f* Friday night; *s. a.* **Dienstag frei·tag·nachts**^{RR} *adv* [on] Friday nights **frei·tags** ['fraita:ks] *adv* [on] Fridays; **~ abends/nachts/vormittags** on Friday evenings/nights/mornings

Frei·tag·vor·mit·tag^{RR} *m* Friday morning; *s. a.* **Diens-**

tag **frei·tag·vor·mit·tags**^RR *adv* [on] Friday mornings **Frei·tod** *m (euph)* suicide; **den ~ wählen** to commit suicide **frei·tra·gend** *adj* self-supporting **Frei·trep·pe** *f* flight of stairs **Frei·übung** *f* SPORT exercise; **~en machen** to exercise **Frei·um·schlag** *m* stamped addressed envelope

freiweg *adv (fam)* cooly

Frei·wild *nt* fair game

frei·wil·lig [ˈfraivɪlɪç] **I.** *adj* voluntary; **~er Helfer** voluntary helper; **~e Versicherung** voluntary insurance; *s. a.* **Feuerwehr II.** *adv* voluntarily; **etw ~ tun** to do sth voluntarily; **sich ~ versichern** to take out voluntary insurance

Frei·wil·li·ge(r) [ˈfraivɪlɪgə, ˈfraivɪlɪgə] *f(m) dekl wie adj a.* MIL volunteer; **~e vor!** volunteers, one pace forwards!

Frei·wil·lig·keit <-> *f kein pl* voluntary nature

Frei·wurf *m* free throw **Frei·zei·chen** *nt* ringing tone

Frei·zeit *f* ➊ *(arbeitsfreie Zeit)* free time, leisure [time] ➋ *(Zusammenkommen einer Gruppe)* weekend/holiday course; **auf eine ~ gehen** to attend a weekend/holiday course; **eine ~ veranstalten** to organize a weekend/holiday course

Frei·zeit·an·zug *m s.* **Freizeitkleidung Frei·zeit·aus·gleich** *m* time off in lieu **Frei·zeit·be·schäf·ti·gung** *f s.* **Freizeitgestaltung Frei·zeit·ge·stal·tung** *f* free-time activities, leisure activities **Frei·zeit·hemd** *nt* casual shirt **Frei·zeit·in·dust·rie** *f* leisure industry **Frei·zeit·klei·dung** *f* leisure wear **Frei·zeit·park** *m* amusement park **Frei·zeit·wert** *m* value in terms of leisure

frei·zü·gig *adj* ➊ *(großzügig)* liberal, generous ➋ *(moralisch liberal)* liberal, tolerant, permissive; *(offenherzig)* revealing *a. hum;* **~er Ausschnitt** a revealing[ly low] [*or* daring] neckline ➌ *(frei in der Wahl des Wohnsitzes)* free to move [*or* roam]

Frei·zü·gig·keit <-> *f kein pl* ➊ *(großzügige Beschaffenheit)* liberalness, generosity ➋ *(moralisch lockere Einstellung)* liberalness, permissiveness ➌ *(Freiheit in der Wahl des Wohnortes)* freedom of movement

fremd [frɛmt] *adj* ➊ *(anderen gehörig)* somebody else's; **ich schlafe nicht gern in ~en Betten** I don't like sleeping in strange beds; **~es Eigentum** somebody else's property, property of another *form; s. a.* **Hilfe** *s. a.* **Ohr** ➋ *(fremdländisch)* Gegend, Länder, Sitten foreign; *bes* ADMIN alien ➌ *(unbekannt)* strange, unfamiliar, alien; **ich bin hier ~** I'm not from round here [*or* these parts]

fremd·ar·tig [ˈfrɛmtʔaːɐtɪç] *adj (ungewöhnlich)* strange, outlandish; *(exotisch)* exotic

Fremd·ar·tig·keit <-> *f kein pl (Ungewöhnlichkeit)* strangeness, outlandishness; *(exotische Art)* exoticism

Fremd·be·ein·flus·sung *f* external [*or* outside] influence **Fremd·be·stäu·bung** *f* cross-pollination [*or* fertilization] **fremd·be·stimmt** *adj* heteronomous *spec*

Frem·de <-> [ˈfrɛmdə] *f kein pl (geh)* ▪ **die ~** foreign [*or* distant] parts *npl;* **in die ~ gehen** to go abroad; **in der ~ sein** to be abroad [*or* BRIT in foreign parts]

Frem·de(r) [ˈfrɛmdə, -eɐ] *f(m) dekl wie adj* stranger; *(Ausländer)* foreigner

Fremd·ein·wir·kung *f* outside [*or* external] influence **Fremd·ei·weiß** *nt* foreign protein

frem·deln [ˈfrɛmdl̩n] *vi* to be shy [*or* frightened] of strangers

frem·den [ˈfrɛmdn̩] *vi* SCHWEIZ *(fremdeln)* to be scared of strangers

frem·den·feind·lich *adj* hostile to strangers *pred,* xenophobic; **ein ~er Anschlag** a racist [*or* racially-provoked] attack **Frem·den·feind·lich·keit** *f* hostility to strangers, xenophobia **Frem·den·füh·rer(in)** *m(f)* [tourist] guide **Frem·den·le·gi·on** *f kein pl* ▪ **die ~**

the [French] Foreign Legion; **zur ~ gehen** to join the Foreign Legion **Frem·den·le·gi·o·när** *m* Foreign Legionnaire **Frem·den·ver·kehr** *m* ▪ [der] ~ tourism *no indef art, no pl,* [the] tourist trade **Frem·den·ver·kehrs·ver·ein** *m* tourist association **Frem·den·zim·mer** *nt* ➊ *s.* **Gästezimmer** ➋ *(veraltend: Zimmer in Pension)* room; „„~" 'vacancies'

Fremd·fi·nan·zie·rung *f* outside [*or spec* debt] financing **Fremd·fir·ma** *f* outside company

fremd|ge·hen *vi irreg sein (fam)* to be unfaithful, to two-time sb *fam*

Fremd·gen *nt* BIOL *(Gen, welches einem anderen Organismus übertragen worden ist)* heterologous gene

Fremd·heit <-, <*selten* -en> *f* strangeness, foreignness

Fremd·herr·schaft *f kein pl* foreign rule [*or* domination] **Fremd·ka·pi·tal** *nt* outside [*or* borrowed] capital **Fremd·kör·per** *m* ➊ MED foreign body; **einen ~ im Auge haben** to have a foreign body in one's eye ➋ *(fig: jd, der sich nicht dazugehörig fühlt)* alien element; **sich als** [*o* wie ein] **~ fühlen** to feel out of place **fremd·län·disch** [ˈfrɛmtlɛndɪʃ] *adj* foreign, exotic

Fremd·ling <-s, -e> [ˈfrɛmtlɪŋ] *m (veraltend geh)* stranger

Fremd·mit·tel *pl* FIN borrowed funds [*or* money *nsing*] **Fremd·spra·che** *f* foreign language; **~n studieren/unterrichten** to study/teach [modern] languages **Fremd·spra·chen·kor·res·pon·dent(in)** *m(f)* bilingual [*or* multilingual] secretary **Fremd·spra·chen·un·ter·richt** *m* language teaching; **~ geben** [*o geh:* **erteilen**] to give language classes

fremd·spra·chig *adj* foreign-language *attr;* **~e Literatur** foreign literature; **~e Texte** foreign-language texts **fremd·sprach·lich** *adj* foreign-language *attr;* **~er Unterricht** teaching in a foreign language **Fremd·wäh·rung** *f* FIN external [*or* foreign] currency **Fremd·wort** *nt* borrowed [*or* foreign] word, borrowing; **Höflichkeit ist für dich wohl ein ~!** politeness isn't part of your vocabulary!, I see you never went to charm school! *iron* **Fremd·wör·ter·buch** *nt* dictionary of borrowed [*or* foreign] words

fre·ne·tisch [freˈneːtɪʃ] **I.** *adj* frenetic, frenzied; **~er Beifall** wild applause **II.** *adv* frenetically; **jdn/etw ~ beklatschen** to applaud sb/sth wildly, to give sb/sth wild applause

fre·quen·tie·ren [frekvɛnˈtiːrən] *vt (geh)* ▪ **etw** [**häufig**] **~** *Kneipe, Lokal etc.* to [often] frequent sth [*or* patronize]

Fre·quenz [freˈkvɛnts] *f* ➊ *(Häufigkeit)* frequency ➋ PHYS frequency ➌ *(Zahl des Puls- o Herzschlags)* [pulse] rate ➍ *(Verkehrsstärke)* volume of traffic

Fre·quenz·mo·du·la·ti·on *f* RADIO frequency modulation, FM

Fres·ko <-s, Fresken> [ˈfrɛsko, *pl:* ˈfrɛskən] *nt* fresco

Fres·sa·li·en [frɛˈsaːliən] *pl (fam)* grub *no indef art, no pl fam,* nosh *no indef art, no pl fam*

Fres·se <-, -n> [ˈfrɛsə] *f (derb)* ➊ *(Mund)* gob BRIT *sl,* trap *sl,* cakehole BRIT *sl* ➋ *(Gesicht)* mug *fam,* phiz[og] BRIT *sl* ▸ WENDUNGEN: **eine große ~ haben** to shoot one's mouth off *sl,* to be a loudmouth *fam;* **die ~ halten** to shut one's gob BRIT *sl* [*or sl* face] [*or sl* mouth]; **halt die ~!** shut your face!; **jdm eins** [*o* **was**] **in die ~ hauen** jdm die ~ polieren to smash sb's face in *fam;* **ach du meine ~!** Jesus [*or hum sl* Jesus H.] Christ!

fres·sen <fraß, gefressen> [ˈfrɛsn̩] **I.** *vi* ➊ *(von Tieren: Nahrung verzehren)* to eat ➋ [**aus/von etw** *dat*] **~** to eat [*or* feed] [out of/from sth] ➋ *(pej derb: von Menschen: in sich hineinschlingen)* [**gierig**] **~** to guzzle *fam,* to scoff *fam;* **für drei ~** to eat enough for

Freude, Begeisterung

Freude ausdrücken	expressing joy
Wie schön, dass du gekommen bist!	**It's great of** you to come!
Ich bin sehr froh, dass wir uns wiedersehen.	**I'm really glad** to see you again.
Sie haben mir damit **eine große Freude bereitet.**	**You have made me very happy** (by doing that/this).
Ich könnte vor lauter Freude in die Luft springen. *(fam)*	**I could jump for joy.**

Begeisterung ausdrücken	expressing enthusiasm
Fantastisch!	**Fantastic!**
Toll! *(fam)***/Wahnsinn!** *(sl)***/Super!** *(sl)***/Cool!** *(sl)***/Krass!** *(sl)*	**Great!/Amazing!** *(fam)***/Super!** *(fam)***/Cool!** *(fam)***/Wicked!** *(fam)*
Auf diesen Sänger **fahre ich voll ab.** *(sl)*	**I'm really into** this singer.
Ich bin ganz hin und weg. *(fam)*	**I'm completely bowled over.** *(fam)*
Ihre Darbietung **hat mich richtig mitgerissen.**	**I got really carried away by** her performance.

a whole army *fam* ❸ *(fig: langsam zerstören)* ▪ **an etw** *dat* ~ to eat away at [*or* into] sth, to attack sth ❹ *(fig geh: an jdm nagen)* ▪ **in jdm** ~ to eat [*or* gnaw] at sb **II.** *vt* ▪ **etw** ~ ❶ *(von Tieren: Nahrung verzehren)* to eat sth; *(sich ernähren von)* to feed on sth; **etw leer** ~ to lick sth clean; **etw zu** ~ **bekommen** [*o* **kriegen**] *(pej fam: bei Menschen)* to get [*or* be given] sth to eat ❷ *(pej derb: von Menschen: in sich hineinschlingen)* to scoff [*or* guzzle] sth *fam* ❸ *(fig: verbrauchen)* to gobble up sth *sep fam;* **Benzin/Öl** ~ to gobble up *sep* [*or* guzzle] petrol/oil *fam;* [**viel**] **Geld** ~ *Anschaffungen, Vorhaben* sth is swallowing [up *sep*] [a lot of] money ▸ WENDUNGEN: **jdn zum F~ gernhaben** *(fam)* sb is good enough to eat *fam;* **jdn/etw gefressen haben** *(fam)* to have had one's fill with sb/sth, to have had just about as much as one can take of sb/sth; **endlich hat sie/er es gefressen!** *(fam)* she/he got there [*or* it] at last!, at last the penny's dropped! BRIT; **jdn ansehen, als ob man ihn/sie** ~ **will** *(fam)* to look daggers at sb BRIT, to give sb a murderous look; **ich werd' dich schon nicht gleich** ~ *(fam)* I'm not going to eat you *fam* **III.** *vr* ❶ *(fig: sich vorarbeiten)* ▪ **sich in/durch etw** *akk* ~ to work into/through sth ❷ *(fig: langsam zerstören)* ▪ **sich durch etw** *akk* ~ to eat through sth ❸ *(Nahrung aufnehmen)* **sich satt** ~ to eat one's fill, to gorge oneself; *(Menschen u.a.)* to stuff oneself

Fres·sen <-s> ['frɛsn̩] *nt kein pl* ❶ *(Tierfutter)* food ❷ *(pej sl: Fraß)* muck *fam,* yuk BRIT *fam; (Festessen)* blowout *fam,* nosh-up BRIT *fam* ▸ WENDUNGEN: **ein gefundenes** ~ **für jdn sein** *(fam)* to be handed to sb on a plate

Fres·ser|in <-s, -> *m(f) (fig sl)* glutton, greedyguts BRIT, bottomless pit AM *fam;* **ein unnützer** ~ an idle mouth to feed

Fres·se·rei <-, -en> [frɛsəˈrai] *f (pej sl)* guzzling *fam,* gluttony

Fress·gierRR *f (pej)* greediness, gluttony **Fress·korb**RR *m (fam)* food hamper [*or* AM basket]; *(für Picknick)* [picnic] basket [*or* BRIT hamper] **Fress·napf**RR *m* [feeding] bowl **Fress·pa·ket**RR *nt (fam)* food parcel **fresst**RR**, freßt**ALT *imper pl von* **fressen**

Fress·werk·zeu·geRR *pl (Organe von Tieren, bes Insekten)* mouthparts **Fress·zel·le**RR *f* MED phagocyte

Frett·chen <-s, -> ['frɛtçən] *nt* ferret

Freu·de <-, -n> ['frɔydə] *f* ❶ *kein pl (freudige Gemütsverfassung)* pleasure, joy, delight; **was für eine** ~,

dich wiederzusehen! what a pleasure to see you again!; **es ist mir eine** ~, **Ihnen behilflich sein zu können** it gives me [great *or* real] pleasure to be of help [to you]; **nur** [*o* **bloß**] **die halbe** ~ **sein** to be only half the pleasure; **seine helle** ~ **an etw** *dat* **haben** to get sheer pleasure out of sth; **sie hatte ihre helle** ~ **daran** she got sheer pleasure out of it; **keine reine** ~ **sein, etw zu tun, aber ...** to be not exactly a pleasure to do sth, but ... *a. iron;* **eine wahre** [*o* **die reinste**] ~ **sein, etw zu tun** it is a real joy [*or* pleasure] to do sth; ~ **an etw** *dat* **haben** to derive pleasure from sth; ~ **am Leben haben** to enjoy life; **keine** ~ **am Leben haben** to get no joy out of life; **da kommt** ~ **auf** it's a joy to see [*or* behold]; **jdm eine** [**große**] ~ **machen** [*o* geh: **bereiten**] to make sb [very] happy, to be a [great] joy to sb; **etw macht jdm** ~ sb enjoys [doing] sth; **das macht mir keine** ~ I don't enjoy it at all; **von** ~ **erfüllt werden** to be filled with pleasure [*or* joy] [*or* delight]; ▪ **jds** ~ **an etw** *dat* the joy [*or* pleasure] sb gets from sth; **aus** ~ **an der Sache** *(fam)* for the love of it; ▪ **jds** ~ **über etw** *akk* sb's joy [*or* delight] at sth; **vor** ~ with joy [*or* delight]; **vor** ~ **in die Luft springen können** to want to jump for joy; **vor** ~ **weinen** to weep for [*or* with] joy; **zu unserer großen** ~ to our great delight; **zu meiner** [**aller**]**größten** ~ **kann ich Ihnen mitteilen ...** it gives me the greatest of pleasure to be able to inform you ... ❷ *pl (Vergnügungen)* **die** ~**n des Ehelebens/der Liebe** the pleasures [*or* joys] of married life/of love; **die kleinen** ~**n** [**des Lebens**] the little pleasures [in life]; **mit** ~**n** with pleasure; **herrlich und in** ~**n leben** to live a life of ease [*or* in the lap of luxury]; **etw herrlich und in** ~**n genießen** to enjoy sth to the full ▸ WENDUNGEN: **Freud und Leid mit jdm teilen** to share one's joys and sorrows with sb; **in Freud und Leid zueinander halten** to stand by each other through thick and thin

Freu·den·bot·schaft *f (geh)* good news *no pl, no indef art,* glad tidings *npl liter* **Freu·den·fest** *nt* [joyful] celebration **Freu·den·feu·er** *nt* bonfire **Freu·den·ge·schrei** *nt* cries of joy, cheering *no indef art, no pl;* **ein** ~ **erheben** *(geh)* to give a cheer **Freu·den·haus** *nt (euph veraltend)* brothel **Freu·den·mäd·chen** *nt (euph veraltend)* prostitute, lady of the night *dated* **Freu·den·schrei** *m* joyful cry, cry of joy; **in** ~**e ausbrechen** to start cheering [for joy] **Freu·den·sprung** *m* joyful leap; **Freudensprünge/einen** ~ **machen** to jump for joy **Freu·den·tag** *m* happy [*or*

liter joyful] day, red-letter day BRIT **Freu·den·tanz** *m* dance of joy; **Freudentänze/einen ~ aufführen** [*o* **vollführen**] to dance with joy; **wilde Freudentänze aufführen** [*o* **vollführen**] to dance with wild abandon **Freu·den·tau·mel** *m* ecstasy [of joy], raptures *npl* [*or* euphoria]; **in einen** [**wahren**] **~ verfallen** to become [absolutely] euphoric, to go into raptures [*or* transports of delight] **Freu·den·trä·nen** *pl* tears of joy; **~ weinen** [*o* **vergießen**] to cry for joy, to shed tears of joy

freu·de·strah·lend I. *adj nicht pred* beaming [with delight], radiant II. *adv* joyfully, with great joy

freu·dig ['frɔɪdɪç] I. *adj* ❶ *(voller Freude)* joyful, happy; **in ~er Erwartung** looking forward to sth with great pleasure, in joyful expectation *form;* **ein ~es Gefühl** a delightful feeling ❷ *(erfreulich)* pleasant, joyful liter; **eine ~e Entwicklung** a happy [*or* pleasing] development; *s. a.* **Ereignis** II. *adv* with joy [*or* delight]; **~ erregt** excited; **~ überrascht** pleasantly surprised

freud·los ['frɔɪtloːs] *adj (pej)* cheerless, joyless, bleak **freu·en** ['frɔyən] I. *vr* ❶ *(voller Freude sein)* ■ **sich** [**über etw** *akk*] **~** to be glad [*or* pleased] [about sth]; **sich über ein Geschenk ~** to be pleased with a present; **sich sehr** [**über etw** *akk*] **~** to be delighted [with sth]; ■ **sich für jdn ~** to be pleased [*or* glad] for sb['s sake]; ■ **sich mit jdm ~** to share sb's happiness; **sich ~, etw tun zu dürfen/können** to be pleased to be able to do sth ❷ *(freudig erwarten)* ■ **sich auf jdn ~** to look forward to seeing sb; ■ **sich auf etw** *akk* **~** to look forward to [doing] sth ▸ WENDUNGEN: **sich zu früh ~** to get one's hopes up too soon; **freu dich nicht zu früh!** don't get your hopes up too soon!, don't count your chickens before they're hatched! *fig* II. *vt* ❶ *(erfreuen)* ■ **jdn ~** to please sb, to be a cause of pleasure to sb *form* ❷ *impers* ■ **es freut mich, dass …** I'm pleased [*or* glad] that …; **es freut mich, dir helfen zu können** I'm pleased to be able to help you; [**das**] **freut mich für dich** I'm pleased [*or* happy] for you, that's great; **freut mich[, Ihre Bekanntschaft zu machen**] [I'm] pleased to meet you

Freund(in) <-[e]s, -e> ['frɔynt, 'frɔyndɪn, *pl:* 'frɔyndə] *m(f)* ❶ *(Kamerad)* friend; **ist das ein ~ von dir?** is that a friend of yours?; **du bist mir ja ein schöner ~** *(iron fam)* a fine friend you are *iron;* **mein lieber ~!** *(iron)* my dear fellow! *iron dated;* **sie sind alte ~e** they're old friends; **~ und Feind** friend and foe; **jdn zum ~ gewinnen** to gain sb's friendship [*or* sb as a friend]; **mit jdm gut ~ sein** to be good friends with sb; **unter ~en** *(fam)* among friends ❷ *(intimer Bekannter)* boyfriend; *(intime Bekannte)* girlfriend; **jdn zum ~ haben** to be [going out] with sb ❸ *(fig: Anhänger)* lover; **ein ~ der Natur** a nature-lover, a lover of nature; **kein ~ von etw** *dat* **sein** to not be one for sth; **kein ~ von vielen Worten sein** to not be one for talking much, to be a man/woman of few words

Freund·chen <-s, -> *nt (fam)* my [fine] friend *iron,* sonny [Jim] BRIT *iron;* **~!** watch it, pal! [*or* BRIT mate] *fam*

freund·eid·ge·nös·sisch *adj* SCHWEIZ *(geh)* ≈ [politically] reconciliatory *(what is deemed proper for friends - Freunde - and politically responsible citizens - Eidgenossen - to promote unity between the disparate Swiss cantons)*

Freun·des·kreis *m* circle of friends; **im engsten ~** with one's closest friends

Freund-Feind-Den·ken *nt* attitude of 'if you're not for us, you're against us'

freund·lich ['frɔyntlɪç] I. *adj* ❶ *(liebenswürdig)* kind; ■ **~** [**zu jdm**] **sein** to be kind [to sb], to be good to sb; **das ist sehr ~ von Ihnen** that's very kind [*or* good] of

you; **würden Sie so ~ sein, mir zu helfen?** would you be so kind [*or* good] as to help me?; *s. a.* **Gruß** ❷ *(hell, heiter)* pleasant; **ein ~er Himmel** a beckoning sky; **~es Wetter** pleasant [*or* fine] weather; **bitte recht ~!** smile please!, say cheese! *fam; (ansprechend)* cheerful; **ein ~es Ambiente** a friendly [*or* congenial] atmosphere; **~e Farben** cheerful colours [*or* AM -ors] ❸ *(wohlwollend)* friendly; **eine ~e Einstellung gegenüber etw/jdm haben** to have a friendly [*or* an obliging] attitude towards sb/sth II. *adv* in a friendly way, kindly; **jdn ~ behandeln** to treat sb in a friendly [*or* kindly] way, to be friendly to[wards *form*] sb; **jdm ~ zunicken** *(geh)* to give sb a friendly nod

freund·li·cher·wei·se *adv* kindly; **er trug uns ~ die Koffer** he was kind enough to carry our cases [for us] **Freund·lich·keit** <-, -en> *f* ❶ *kein pl (liebenswürdige Art)* friendliness *no pl, no indef art* ❷ *(liebenswürdige Handlung)* kindness; **danke für die ~!** thank you for your kindness!; **würden Sie** [**wohl**] **die ~ haben, das zu tun?** would you be kind [*or* good] enough to do that? *form,* would you be so kind [*or* good] as to do that? *form* ❸ *meist pl (freundliche Bemerkung)* kind word [*or* remark]

Freund·schaft <-, -en> *f kein pl* friendship; **da hört die ~ auf!** *(fam)* friendship doesn't extend that far!; **auf gute ~ trinken** to drink to a lasting friendship; [**prost,**] **auf gute ~!** [cheers,] here's to good friends [*or* a lasting friendship] !; **jdm die ~ anbieten** to offer sb one's friendship; **jdm die ~ kündigen** to break off [*or liter* sever] one's friendship with sb; **eine ~ pflegen** to cultivate a friendship; [**mit jdm**] **~ schließen** to make [*or* become] friends [with sb], to form a friendship [with sb]; **in aller ~** in all friendliness

freund·schaft·lich I. *adj* friendly; **~e Gefühle** feelings of friendship II. *adv* **jdm ~ auf die Schulter klopfen** to give sb a friendly slap on the back; **jdm ~ gesinnt sein** to be well-disposed towards sb; **mit jdm ~ verbunden sein** to be close friends with sb; **mit jdm ~ verkehren** to be on friendly terms with sb

Freund·schafts·ban·de *pl (geh)* ties [*or* bonds] of friendship **Freund·schafts·dienst** *m* favour [*or* AM -or] [*or* good turn]; **jdm einen ~ erweisen** to do sb a favour [*or* AM -or] [*or* good turn] **Freund·schafts·preis** *m* [special] price for a friend; **ich mache dir einen ~** seeing as we're friends, I'll let you have it for a special price **Freund·schafts·spiel** *nt* friendly match [*or* game], friendly *fam*

Fre·vel <-s, -> ['freːfl̩] *m (geh)* ❶ *(Verstoß gegen menschliche Ordnung)* heinous crime, outrage; **einen ~ begehen** to commit a heinous crime [*or* an outrage] ❷ REL sacrilege, desecration; **einen ~ begehen** to commit an outrage

fre·vel·haft *adj (geh: schändlich)* flagrant, outrageous; **~er Leichtsinn** wanton carelessness; **eine ~e Tat** an outrageous [*or* a disgraceful] deed; **~e Verschwendung** wanton extravagance

Fre·vel·haf·tig·keit <-> *f kein pl (geh)* ❶ *(schändliche Handlung)* outrageousness, wantonness *liter* ❷ REL sinfulness *no pl, no indef art*

fre·veln ['freːfl̩n] *vi (geh)* ■ [**gegen jdn/etw**] **~** ❶ *(eine schändliche Tat begehen)* to commit a crime [*or* an outrage] [against sb/sth] ❷ REL to sin [against sb/sth]

Fre·vel·tat *f (geh)* ❶ *(schändliche Tat)* outrage, wicked deed; **~en/eine ~ begehen** to commit outrages/an outrage ❷ REL sacrilege; **~en/eine ~ begehen** to commit [a] sacrilege

Frev·ler(in) <-s, -> ['freːfle] *m(f)* REL *(geh)* sinner **frev·le·risch** ['freːflərɪʃ] *adj (veraltend) s.* **frevelhaft**

Frie·de <-ns, -n> ['friːdə] *m (veraltend)* peace; **~ seiner/ihrer Asche** God rest his/her soul; **~ sei mit euch!** peace be with [*or* old unto] you! ▸ WENDUNGEN:

~, Freude, Eierkuchen *(hum)* and everybody was happy *hum*

Frie·den <-s, -> ['friːdn̩] *m* ❶ *(Gegenteil von Krieg)* peace; **dauerhafter ~** lasting [*or* enduring] peace; **sozialer ~** social harmony; [**mit jdm**] **~ schließen** to make peace [with sb]; **im ~** in peacetime, in time[s] of peace; **in ~ leben** to live in peace ❷ *(Friedensschluss)* peace treaty; **den ~ diktieren** to dictate the peace terms; **über den ~ verhandeln** to hold peace negotiations; **der Westfälische ~** HIST the Peace of Westphalia ❸ *(Harmonie)* peace, tranquillity; **in ~ und Freundschaft** [*o* **Eintracht**] **leben** to live in peace and harmony; **der häusliche ~** domestic harmony; **seinen ~ mit jdm machen** *(geh)* to make one's peace with sb; **~** [**zwischen jdm**] **stiften** to bring about peace [between sb], to reconcile sb ❹ *(Ruhe)* peace [and quiet], peace of mind; **um des lieben ~s willen** *(fam)* for the sake of peace and quiet; **seinen ~ finden** to be at peace; **jdn in ~ lassen** to leave sb in peace; **lasst mich mit eurem Klatsch in ~!** spare me your gossip!; [**er/sie**] **ruhe in ~!** [may he/she] rest in peace, RIP, requiescat in pace *form;* **ich traue dem ~ nicht** *(fam)* there's something fishy going on *fam,* I smell a rat *fam*

Frie·dens·ak·ti·vist(**in**) *m(f)* peace campaigner, peacenik *sl* **Frie·dens·be·din·gun·gen** *pl* peace terms; **~ aushandeln** to negotiate [the] terms of peace **Frie·dens·be·reit·schaft** *f* readiness for [*or* openness to] peace **Frie·dens·be·we·gung** *f* peace movement **Frie·dens·bruch** *m* POL violation of the peace **Frie·dens·dik·tat** *nt* dictated peace, peace dictate **Frie·dens·fah·ne** *f* white flag **Frie·dens·for·scher**(**in**) *m(f)* peace researcher **Frie·dens·in·i·tia·ti·ve** *f* peace initiative **Frie·dens·kon·fe·renz** *f* peace conference **Frie·dens·kuss**[RR] *m* REL kiss of peace, pax **Frie·dens·lie·be** *f* love of peace **Frie·dens·no·bel·preis** *m* Nobel peace prize **Frie·dens·ord·nung** *f* keeping of the peace **Frie·dens·pfei·fe** *f* peace pipe, pipe of peace; **mit jdm/miteinander die ~ rauchen** *(hum fam)* to make [one's] peace with sb, to bury the hatchet **Frie·dens·pflicht** *f* ÖKON *obligation of the parties involved in a collective agreement to keep industrial peace;* **die ~ verletzen** to violate the obligation to keep industrial peace **Frie·dens·plan** *m* peace plan **Frie·dens·po·li·tik** *f* policy of peace; **eine aktive ~ verfolgen** [*o* **betreiben**] to proactively pursue a policy of peace **Frie·dens·rich·ter**(**in**) *m(f)* ❶ *(Einzelrichter in USA, Großbritannien)* justice of the peace, JP ❷ SCHWEIZ *(Laienrichter)* lay justice **Frie·dens·schluss**[RR] *m* peace agreement [*or* treaty] **Frie·dens·si·che·rung** *f* keeping of the peace **Frie·dens·stär·ke** *f* MIL peacetime strength **frie·dens·stif·tend** *adj* peacemaking **Frie·dens·tau·be** *f* dove of peace

frie·den·stif·tend *adj* peacemaking

Frie·dens·trup·pen *pl* peacekeeping force[s *npl*] **Frie·dens·ver·hand·lun·gen** *pl* peace negotiations **Frie·dens·ver·trag** *m* peace treaty; [**mit jdm**] **einen ~ schließen** to sign a peace treaty [with sb] **Frie·dens·vor·schlag** *m* peace proposal, proposal for peace **Frie·dens·wil·le** *m* desire [*or* wish] for peace **Frie·dens·zeit** *f* period of peace; **in ~en** in peacetime, in times of peace

fried·fertig *adj* peaceable, peace-loving

Fried·fer·tig·keit *f kein pl* peaceableness

Fried·hof *m* graveyard; *(in Städten)* cemetery; **auf den ~ gehen** to go to [*or* visit] the graveyard [*or* cemetery]; **auf dem ~** [**liegen**] [to be buried] in the graveyard [*or* cemetery]

Fried·hofs·ka·pel·le *f* cemetery chapel **Fried·hofs·ru·he** *f (liter)* peace of the graveyard [*or* cemetery]; *(fig)* deathly quiet [*or* silence]

fried·lich ['friːtlɪç] **I.** *adj* ❶ *(gewaltlos) Lösung* peaceful; **die ~e Nutzung von Kernenergie** the utilization of nuclear energy for peaceful purposes ❷ *(friedfertig)* peaceable, peace-loving; **er ist eigentlich ein ganz ~er Mensch** he's really a very amiable person; *Tier* placid, docile; **sei doch ~!** take it easy!, calm down!; **wirst du wohl ~ sein!** will you give it a rest!; *s. a.* **Weg** ❸ *(friedvoll, ruhig)* peaceful; **eine ~e Gegend** a peaceful area **II.** *adv* ❶ *(gewaltlos)* peacefully; **~ demonstrieren** to demonstrate peacefully; **einen Konflikt ~ lösen** to settle a conflict amicably ❷ *(friedvoll, in Ruhe)* **~ sterben** [*o euph:* **einschlafen**] to die in peace [*or* peacefully]

fried·lie·bend *adj* peace-loving

Fried·rich <-s> ['friːdrɪç] *m* Frederick; **~ der Große** Frederick the Great; **seinen ~ Wilhelm unter etw** *akk* **setzen** *(fam)* to put one's signature to [*or* AM *sl* one's John Hancock at the bottom of] sth

frie·ren <fror, gefroren> ['friːrən] **I.** *vi* ❶ *haben (sich kalt fühlen)* **jd friert** [*o* **jdn friert es**] sb is cold; ▪ **jd friert** [*o* **jdn friert es**] **an etw** *dat* sb's sth is cold; **mach das Fenster zu, mich friert es am ganzen Körper!** shut the window, I'm cold all over! [*or* through and through] ❷ *sein (gefrieren)* to freeze **II.** *vi* haben impers ▪ **es friert** it's freezing; **heute Nacht hat es gefroren** it was below zero [*or* freezing] last night

Fries <-es, -e> [friːs, *pl:* 'friːzə] *m* ARCHIT frieze

fri·gid [fri'giːt], **fri·gi·de** [fri'giːdə] *adj* frigid

Fri·gi·di·tät <-> [frigidi'tɛːt] *f kein pl* frigidity

Fri·ka·del·le <-, -n> [frika'dɛlə] *f* KOCHK rissole BRIT, meatball AM

Fri·kas·see <-s, -s> [frika'seː] *nt* fricassee

Fri·ka·tiv <-s, -e> [frika'tiːf] *m*, **Fri·ka·tiv·laut** *m* LING fricative, spirant

Frik·ti·on <-, -en> [frɪkˈtsi̯oːn] *f (a. fig geh)* friction *no pl*

Fris·bee® <-, -s> ['frɪsbi] *nt*, **Fris·bee-Schei·be** *f* frisbee®

frisch [frɪʃ] **I.** *adj* ❶ *(noch nicht alt)* fresh; **~e Bröt·chen** fresh[ly baked] rolls; **~es Obst** fresh[-picked] fruit ❷ *(neu, rein) Handtuch, Wäsche* fresh, clean; **ein ~es Blatt Papier** a new [*or* blank] sheet [of paper]; **sich ~ machen** to freshen up ❸ *(noch nicht getrocknet) Farbe* wet ❹ *(gesund) Hautfarbe* fresh, healthy; **~ und munter sein** *(fam)* to be [as] fresh as a daisy ❺ *(unverbraucht) Luft* fresh; **mit ~en Kräften** with fresh [*or* renewed] strength [*or* vigour] [*or* AM *-or*] ❻ *(gerade erst entstanden) Fleck, Wunde* fresh; **die Erinnerung ist noch ~** the memory is still fresh in my mind ❼ *(kühl) Brise, Wind* fresh, cool; *s. a.* **Luft** **II.** *adv* ❶ *(gerade erst, neu)* freshly; **die Betten ~ beziehen** to change the beds, to make the beds with fresh sheets; **~ gebacken** freshly-baked; **~ gefallener Schnee** freshly [*or* newly] fallen snow; **~ geschlachtet** freshly slaughtered; *Geflügel* freshly killed; **~ gestrichen** newly painted; **„~ gestrichen!"** 'wet paint'; **~ gewaschene Hände** clean hands; **ein ~ gewaschenes Hemd** a clean [*or* freshly washed [*or* laundered]] shirt; **Bier ~ vom Fass** beer on tap, beer [straight] from the barrel ❷ *(immer weiter)* **immer ~ drauflos!** keep at it!, don't hold back! ▸ WENDUNGEN: **~ gewagt ist halb gewonnen** *(prov)* a good start is half the battle *prov; s. a.* **Erinnerung**

Fri·sche <-> ['frɪʃə] *f* ❶ *(frische Beschaffenheit) Backwaren, Obst, etc* freshness ❷ *(Feuchtigkeit) von Farbe* wetness ❸ *(Kühle) der Luft, des Waldes, etc* freshness, coolness ❹ *(Sauberkeit, gutes Gefühl)* freshness, cleanness; **ein Gefühl von ~** a feeling of freshness, a fresh feeling ❺ *(volle körperliche und geistige Fitness)* health, vigour [*or* AM *-or*]; **in alter ~** *(fam)* as always; **in geistiger/körperli-**

cher ~ with perfect mental clarity/in perfect physical health; **in voller körperlicher und geistiger** ~ in perfect physical and mental health

Frisch·ei nt fresh [or newly laid] [or new-laid] egg **Frisch·fisch** m fresh fish **Frisch·fleisch** nt fresh meat **frisch·ge·ba·cken** adj ● s. **frisch** II. 1 ● (fig) **eine ~e Ehefrau** a newly married wife; **ein ~er Lehrer/Rechtsanwalt** a teacher/lawyer straight [or fresh] from university **Frisch·ge·mü·se** nt fresh vegetables pl

Frisch·hal·te·beu·tel m airtight bag **Frisch·hal·te·fo·lie** f cling film **Frisch·hal·te·pa·ckung** f airtight pack; **in einer** ~ vacuum-packed

Frisch·kä·se m cream cheese

Frisch·ling <-s, -e> ['frɪʃlɪŋ] m JAGD young wild boar (of less than one year)

Frisch·luft f fresh air **Frisch·was·ser** nt fresh [or drinking] water

frisch·weg [frɪʃ'vɛk] adv straight out [or off] fam

Frisch·wurst f unsmoked, undried sausage **Frisch·zel·le** f MED live cell **Frisch·zel·len·the·ra·pie** f MED Niehans' therapy spec

Fri·seur <-s, -e> [fri'zø:ɐ̯] m (Friseursalon) hairdresser's; (Herrensalon) barber's; **zum ~ gehen** to go to the hairdresser's/barber's

Fri·seur(in) <-s, -e> [fri'zø:ɐ̯] m(f), **Fri·seu·se** <-, -n> [fri'zø:zə] m(f) (Haarschneider) hairdresser; (Herrenfriseur) barber

Fri·seur·sa·lon [fri'zø:ɐ̯zalɔŋ] m hairdresser's, hairdressing salon

Fri·seu·se <-, -n> [fri'zø:zə] f fem form von **Friseur** 1

fri·sie·ren [fri'zi:rən] vt ● (formend kämmen) ▪ jdn/ sich ~ to do sb's/one's hair; [jdm] das Haar [o die Haare] [o den Kopf] ~ to do sb's hair; **elegant frisiert sein** to have an elegant hairstyle [or hairdo] fam; **sie ist stets gut frisiert** her hair is always beautifully done ● (fig fam: fälschen) ▪ etw ~ to fiddle sth; **einen Bericht/den Beweis** ~ to doctor a report/the evidence fam; **die Bilanzen** ~ to cook the books fam ● AUTO **ein Auto/Mofa** ~ to soup up a car/moped sep; **den Motor** ~ to hot up [or AM soup up] an engine sep

Fri·sier·kom·mo·de f dressing table **Fri·sier·spie·gel** m dressing [table] mirror

Fri·sör <-s, -e> [fri'zø:ɐ̯] m, **Fri·sö·se** <-, -n> [fri'zø:zə] f fem form von **Friseur**

frissRR, **friß**ALT imper sing von **fressen**

Frist <-, -en> [frɪst] f ● (festgelegte Zeitspanne) period; **festgesetzte** ~ fixed time; **gesetzliche** ~ statutory period; **innerhalb kürzester** ~ (geh) without delay; **innerhalb einer** ~ **von zwei Wochen/ Monaten** within [a period of] two weeks/ months form; **eine** ~ **einhalten** to pay within the stipulated period; **eine** ~ **verstreichen lassen** to not pay within the stipulated period ● (Aufschub) respite, period of grace; (bei Zahlung) extension; **jdm eine letzte** ~ **einräumen** to grant sb a final extension

fris·ten ['frɪstn̩] vt **sein Dasein** [o **Leben**] ~ to eke out an existence [or a living]; **ein kümmerliches Dasein** ~ to eke out a miserable existence, to scrape a living

Fris·ten·lö·sung f, **Fris·ten·re·ge·lung** f JUR law permitting an abortion within the first three months of pregnancy

frist·ge·recht I. adj (innerhalb vorgegebener Frist) within the stipulated period pred; **~e Entlassung** instant dismissal; (pünktlich) punctual; **nicht ~e Lieferungen** late deliveries II. adv (innerhalb vorgegebener Frist) within the stipulated period; (pünktlich) punctually, on time; **etw ~ bearbeiten** to process sth to meet [or for] the deadline [or on time]

frist·los I. adj instant, without notice pred; **~e Kündi-** **gung** instant dismissal II. adv at a minute's warning, without notice; **jdn ~ entlassen** [o **jdm ~ kündigen**] to fire sb on the spot; **Sie sind ~ entlassen!** you're fired!

Frist·ver·län·ge·rung f extension

Fri·sur <-, -en> [fri'zu:ɐ̯] f hairstyle, hairdo fam

Fri·teu·seALT <-, -n> [fri'tø:zə] f s. **Fritteuse**

fri·tie·renALT [fri'ti:rən] vt s. **frittieren**

Frit·ten ['frɪtn̩] pl (fam) chips BRIT, fries AM fam

Frit·ten·bu·de f (fam) chippie BRIT fam

Frit·teu·seRR <-, -n> [frɪ'tø:zə] f deep [or BRIT a. deep-fat] fryer

frittierenRR [frɪ'ti:rən] vt ▪ etw ~ to [deep-]fry sth

Frit·tier·pa·let·teRR f frying pallet

Frit·tü·reRR <-, -n> f ● (Fritteuse) deep-fat fryer ● (heißes Fett) fat ● (im Fett Gebackenes) fried food

Fri·tü·reALT <-, -n> [frɪ'ty:rə] f s. **Frittüre**

fri·vol [fri'vo:l] adj ● (anzüglich) suggestive, lewd, risqué ● (leichtfertig) irresponsible, frivolous; **in ~er Weise** irresponsibly, frivolously

Fri·vo·li·tät <-, -en> [frivoli'tɛ:t] f ● kein pl (anzügliches Verhalten) lewdness, suggestiveness ● kein pl (anzügliche Bemerkung) suggestive remark ● (Bedenkenlosigkeit) irresponsibility, frivolousness

Frl. nt Abk von **Fräulein** (veraltend) Miss

froh [fro:] adj ● (erfreut) happy; ▪ ~ [**über etw** akk [o SÜDD, ÖSTERR, SCHWEIZ **um etw** akk]] **sein** to be pleased [with/about sth]; ▪ ~ [**darüber**] **sein, dass** ... to be pleased [or glad] that ...; ~ **gelaunt** [o geh: **gestimmt**] cheerful, joyful liter ● (erfreulich) pleasing, joyful liter; **die F~e Botschaft** the Gospel; **eine ~e Nachricht** good [or pleasing] [or liter joyful] news ● (glücklich) **~e Feiertage!** have a pleasant [or nice] holiday!; **~e Ostern!** Happy Easter!; **~e Weihnachten!** Merry [or Happy] Christmas!

Froh·bot·schaft f (veraltend) ▪ **die** ~ the Gospel **froh·ge·launt** adj s. **froh** 1 **froh·ge·stimmt** adj (geh) s. **froh** 1

fröh·lich ['frø:lɪç] I. adj ● (von heiterem Gemüt) cheerful, merry; **ein ~er Mensch** a cheerful [or happy] person ● (vergnügt) merry; **Lieder, Musik** cheerful, jolly dated; **~es Treiben** merry-making liter, merriment, gaiety dated ● (glücklich) s. **froh** 3 II. adv (fam) merrily, cheerfully

Fröh·lich·keit <-> f kein pl cheerfulness, happiness

froh·lo·cken ['fro:lɔkn̩] vi (geh) ▪ [**über etw** akk] ~ ● (Schadenfreude empfinden) to gloat [over sth] ● (jubeln) to rejoice [over [or at] sth] liter

Froh·na·tur f (geh) ● (fröhliche Wesensart) cheerful [or happy-go-lucky] [or liter blithe] nature ● (fröhlicher Mensch) cheerful [or happy] soul **Froh·sinn** m kein pl s. **Frohnatur** 1

fromm <frömmer o -er, frömmste o -ste> [frɔm] adj ● (gottesfürchtig) religious, practising [or AM -icing], devout; **ein ~er Katholik** a devout Catholic ● (religiös) religious; s. a. **Betrug** s. a. **Lüge** s. a. **Wunsch**

Fröm·me·lei <-, -en> [frœmə'lai] f (pej) false piety, pietism pej

fröm·meln ['frœml̩n] vi (pej) to affect piety, to act piously

Fröm·mig·keit <-> ['frœmɪçkait] f kein pl devoutness, piety

Fron <-, -en> [fro:n] f ● (geh) drudge[ry] ● s. **Frondienst** 2

Fron·ar·beit f ● SCHWEIZ unpaid voluntary work ● s. **Frondienst** 2

Fron·de <-, -n> ['frõ:də] f (politische Opposition) faction

Fron·dienst ['fro:ndi:nst] m ● s. **Fronarbeit** 1 ● HIST soc[c]age no pl feudal tenure of lands by service fixed and determinate in quality

fro·nen ['fro:nən] vi (geh) to toil, to drudge

frö·nen ['frø:nən] *vi (geh)* ■ **einer S.** *dat* ~ to indulge in sth; **seiner |eigenen| Eitelkeit** ~ to indulge one's |own| vanity

Fron·leich·nam <-[e]s> [froːn'laiçnaːm] *m kein pl, meist ohne art* [the Feast of] Corpus Christi

Fron·leich·nams·fest *nt* ■ **das** ~ the Feast of Corpus Christi **Fron·leich·nams·pro·zes·sion** *f* Corpus Christi procession

Front <-, -en> [frɔnt] *f* ❶ *(Vorderseite) Gebäude* face, front, frontage; **die hintere** [*o* **rückwärtige**] ~ the back [*or* rear] ❷ MIL front; **auf breiter** ~ along a wide front; **die gegnerische** ~ the opposing front; **in vor·derster** ~ **stehen** to be in the front line; **jdn/etw an die** ~ **schicken** to send sb/sth to the front [lines] ❸ *(politische Opposition)* front; **eine geschlossene** ~ **bilden** to put up a united front; |**geschlossen**| ~ **gegen jdn/etw machen** to make a |united| stand against sb/sth ❹ METEO *(Wetterlage)* front ❺ SPORT *(Führung)* **in** ~ **liegen/gehen** to be in/go into [*or* take] the lead ▶ WENDUNGEN: **klare** ~**en schaffen** to clarify the/one's position; **die** ~**en verhärten sich** [the] attitudes are hardening; **eine** |**geschlossene**| ~ **bilden** to form a [continuous] front

Front·ab·schnitt *m* MIL section of the front

fron·tal [frɔn'taːl] I. *adj attr* frontal; **ein** ~**er Zusam·menstoß** a head-on collision II. *adv* frontally; ~ **zusammenstoßen** to collide head-on; **jdn** ~ **angreifen** to make a frontal attack on sb; **etw** ~ **dar·stellen** to depict sth from the front

Front·an·griff *m* frontal attack **Front·tal·un·ter·richt** *m* SCH didactic teaching, chalk and talk *fam* **Fron·tal·zu·sam·men·stoß** *m* head-on collision

Front·an·trieb *m* AUTO front-wheel drive, FWD *spec;* **mit** ~ with front-wheel drive **Front·be·richt** *m* report from the front **Front·hau·be** *f* AUTO bonnet BRIT, hood AM

Fron·ti·spiz <-es, -e> [frɔnti'spiːts] *nt* ARCHIT, TYPO frontispiece

Front·mo·tor *m* front[-mounted] engine **Front·pas·sa·gier(in)** *m(f)* front[-seat] passenger **Front·sitz** *m* AUTO front seat; *(geschrieben a.)* f/seat **Front·sol·dat(in)** *m(f)* front-line soldier **Front·spoi·ler** *m* AUTO front spoiler **Front·ur·laub** *m* leave |of absence| [*or* spec furlough] from the front **Front·wand** *f* frontage **Front·wech·sel** *m (fig)* about-turn, volte-face *liter*

fror ['froːɐ] *imp von* **frieren**

Frosch <-[e]s, Frösche> [frɔʃ, *pl:* 'frœʃə] *m* ❶ ZOOL frog ❷ *(Feuerwerkskörper)* [fire]cracker, jumping jack ▶ WENDUNGEN: **einen** ~ **im Hals haben** *(fam)* to have a frog in one's throat; **sei kein** ~! *(fam)* be a sport!, don't be a spoilsport! [*or fam* party-pooper]

Frosch·au·ge *nt* ❶ *(Auge des Frosches)* frog's eye; *(fig: Glupschaugen)* pop-eye ❷ AUTO frogeye *fam,* bugeye AM **Frosch·biss**^RR *m* BOT frogbit **Frosch·laich** *m* frogspawn **Frosch·mann** *m (Taucher)* frogman **Frosch·per·spek·ti·ve** *f* worm's-eye view; **etw aus der** ~ **betrachten** to have a worm's-eye view of sth; **etw aus der** ~ **fotografieren** to photograph sth from a worm's-eye view **Frosch·schen·kel** *m* frog's leg

Frost <-[e]s, Fröste> [frɔst, *pl:* 'frœstə] *m* frost; **es herrscht strenger** ~ there's a heavy [*or* hard] frost; **bei eisigem** ~ in heavy frost; ~ **abbekommen** to get [*or* become] frostbitten; ~ **vertragen können** to be able to stand the] frost

Frost·beu·le *f* chilblain

frös·te·lig ['frœstəlɪç], **fröst·lig** ['frœstlɪç] *adj (fam)* chilly; **sie ist ein** ~**er Mensch** she's a chilly soul, she feels the cold

frös·teln ['frœstl̩n] I. *vi* |**vor Kälte**| ~ to shiver [with cold] II. *vt impers* ■ **jdn fröstelt es** sb is shivering; **jdn fröstelt es vor Angst** sb is trembling with fear;

jdn fröstelt es vor Entsetzen sb is shuddering with horror

frost·frei I. *adj* frost-free, free of [*or* from] frost; **die Nacht war** ~ there was no frost overnight II. *adv* **Fundamente** ~ **gründen** to sink foundations to a frost-free depth; **Pflanzen** ~ **halten** to keep plants protected against [*or* from] [the] frost **Frost·ge·fahr** *f* danger of frost; **bei** ~ with frost expected

fros·tig ['frɔstɪç] *adj (a. fig geh)* frosty, chilly; **ein** ~**er Wind** an icy [*or* liter a chill] wind

Fros·tig·keit <-> *f kein pl (a. fig geh)* frostiness, chilliness; *(von Wind)* iciness

frost·klar *adj* clear and frosty **Frost·scha·den** *m* frost damage **Frost·schutz·mit·tel** *nt* AUTO antifreeze **Frost·wet·ter** *nt* frost[y weather]

Frot·tee <-s, -s> [frɔ'teː] *nt o m (Stoffart)* terry towelling [*or* AM cloth]

Frot·tee·hand·tuch *nt* [terry] towel **Frot·tee·kleid** *nt* towelling [*or* AM toweling] dress

frot·tie·ren [frɔ'tiːrən] *vt* ■ **jdn/sich** |**mit etw** *dat*| ~ to rub down *sep* sb/oneself [with sth]; *(massieren)* to massage sb [with sth]; ■ **etw** |**mit etw** *dat*| ~ to rub sth [with sth]; *(massieren)* to massage sth [with sth]

Frot·ze·lei <-, -en> [frɔtsə'lai] *f (fam)* ❶ *kein pl (anzüg·liches Necken)* |constant| ribbing [*or* teasing] ❷ *(an·zügliche Bemerkung)* sniggering [*or* barbed] remark

frot·zeln ['frɔtsl̩n] *vi (fam)* ■ **über jdn/etw**| ~ to tease [*or* rib] [sb/sth], to make fun of sb/sth

Frucht <-, Früchte> [frʊxt, *pl:* 'frʏçtə] *f* ❶ *(Teil von Pflanze)* fruit; ■ **Früchte** *(Obst)* fruit *no pl, no indef art;* **kandierte Früchte** candied fruit *no pl, no indef art;* SÜDD, SCHWEIZ *(Getreide)* crops *pl;* **die** ~ **steht gut** the crops are looking good; **Früchte tragen** to bear [*or* yield] fruit *no pl* ❷ *(fig geh: Ergebnis)* fruit, product; **Früchte tragen** to bear fruit ▶ WENDUNGEN: **ver·botene Früchte** forbidden fruit[s *pl*]

Frucht·an·satz *m* BOT fruit buds *pl*

frucht·bar ['frʊxtbaːɐ̯] *adj* ❶ *(vermehrungsfähig)* fertile, prolific ❷ *(ertragreich)* fertile, fecund *form* ❸ *(künstlerisch produktiv)* prolific, voluminous *form* ❹ *(fig: nutzbringend)* fruitful, productive; **eine** ~**e Aussprache** a fruitful discussion; **etw für jdn/etw** ~ **machen** to use sth for the benefit of sb/sth

Frucht·bar·keit <-> *f kein pl* ❶ *(Vermehrungsfähig·keit)* fertility ❷ *(Ertragreichtum)* fertility, fecundity *form*

Frucht·be·cher *m* ❶ BOT cup[ule] ❷ *(Eisbecher mit Früchten)* fruit sundae **Frucht·blatt** *nt* BOT *(Bestand·teil des Fruchtknotens)* carpel

Frücht·chen <-s, -> *nt (fam)* good-for-nothing; **du bist mir ja ein sauberes** ~ *(iron)* you're a [right] one BRIT

Früch·te·be·cher *m* s. **Fruchtbecher 2 Früch·te·brot** *nt* fruit loaf

fruch·ten ['frʊxtn̩] *vi meist negiert* ■ |**bei jdm**| ~ to be of use [to sb]; **nichts/wenig** ~ to be of no/little use [*or* avail]

Früch·te·tee *m* fruit tea

Frucht·fleisch *nt* [fruit] pulp [*or* flesh] **Frucht·flie·ge** *f* fruit fly **Frucht·fol·ge** *f* AGR crop rotation **Frucht·gum·mi** *nt (Bonbon)* fruit gum

fruch·tig *adj* fruity; ~ **schmecken** to taste fruity

Frucht·jo·ghurt *m o nt (Fruit yogurt* **Frucht·kap·sel** *f* BOT capsule **Frucht·kno·ten** *m* BOT ovary **frucht·los** *adj (fig)* fruitless **Frucht·mark** *nt* [concentrated] [fruit] pulp **Frucht·saft** *m* fruit juice **Frucht·säu·re** *f* fruit acid **Frucht·stand** *m* BOT multiple fruit, syncarp *spec* **Frucht·was·ser** *nt* MED amniotic fluid, the waters *pl* **Frucht·was·ser·un·ter·su·chung** *f* MED amniocentesis *spec* **Frucht·zu·cker** *m* fructose

fru·gal [fru'gaːl] I. *adj (geh)* frugal II. *adv* frugally

früh [fryː] I. *adj* ❶ *(nicht spät)* early; ~ **am** [*o* am ~**en**]

Morgen early in the morning; **in ~er/~[e]ster Kindheit** in one's early childhood/very early in one's childhood ❷ *(vorzeitig)* early; **ein ~er Tod** an early [or untimely] death ❸ *(am Anfang stehend) Person* young; **der ~e Goethe** the young Goethe; *Werke* early; **ein ~er Picasso** an early Picasso; **ein Werk des ~en Mozart** an early work by Mozart, a work by the young Mozart **II.** *adv* early; **Montag ~** Monday morning; **~ genug** in good time; **daran wirst du dich noch ~ genug gewöhnen müssen** there's no two ways about it. you'll just have to get used to it; **etw nicht ~ genug tun** to not do sth soon enough; **sich zu ~ freuen, zu ~ jubeln** to crow too soon; **freu' dich bloß nicht zu ~!** don't count your chickens before they're hatched *prov;* **von ~ bis spät** from morning till night, from dawn till dusk; *s. a.* **heute** *s. a.* **morgen**

Früh·an·ti·ke *f* early classical period **früh·auf** *adv* **von ~** from early childhood, from childhood on **Früh·auf·ste·her(in)** *<-s, ->* *m(f)* early riser [or hum bird] **Früh·beet** *nt* cold frame

Früh·chen *nt* premature baby

früh·christ·lich *adj* early Christian **Früh·di·a·gno·se** *f* early diagnosis **Früh·dienst** *m* early duty; *(in der Fabrik)* morning [or early] shift; **~ haben** to be on early duty; *(in der Fabrik)* to do [or have] [or be on] the morning shift

Frü·he *<->* ['fry:ə] *f kein pl* **in aller ~, gleich in der ~** at the crack of dawn, at the break of day; **in der ~** SÜDD, ÖSTERR early in the morning; **um sieben in der ~** at seven in the morning

frü·her ['fry:ɐ] **I.** *adj* ❶ *(vergangen)* earlier; **in ~en Jahren** [o *Zeiten*] in the past, in former times ❷ *(ehemalig)* former, previous; **~e Adresse** previous [or last] address; **~e Freundin/~er Freund** ex[-girlfriend]/ex[-boyfriend] **II.** *adv* ❶ *(eher)* earlier; **~ als 6 Uhr kann ich nicht kommen** I can't come before [or earlier than] 6 o'clock; **geht's nicht** it can't be done [or I/he/she etc. can't make it] any earlier; **~ oder später** sooner or later ❷ *(ehemals)* **ich habe ihn ~ [mal] gekannt** I used to know him; **~ hast du so etwas nie gemacht** you never used to do that kind of thing [before]; **~ war das alles anders** things were different in the old days; **Bekannte von ~** old acquaintances; **Erinnerungen an ~** memories of times gone by [or *liter* of bygone days]; **genau wie ~, als ...** exactly as it/he etc. used to [be/do] as ...; **von ~** from former times [or days]; **ich kenne sie von ~** I've known her for some time

Früh·er·ken·nung *f* MED early diagnosis [or recognition]

frü·hes·tens *adv* at the earliest; **~ in drei Wochen** in three weeks at the soonest [or earliest]

frü·hest·mög·lich *adj attr* earliest possible

Früh·ge·burt *f* ❶ *(zu frühe Geburt)* premature birth; **eine ~ haben** to give birth prematurely ❷ *(zu früh geborenes Kind)* premature baby; **eine ~ sein** to be premature [or born prematurely] **Früh·ge·schich·te** *f* ❶ *kein pl (Zeitabschnitt der Geschichte)* early [or ancient] history ❷ *(frühe Phase)* early stages *pl* **Früh·go·tik** *f* early Gothic period **Früh·herbst** *m* early autumn [or AM fall] **früh·herbst·lich** *adj* early autumn [or AM fall] *attr;* **~e Stimmung** an atmosphere of early autumn

Früh·jahr ['fry:ja:ɐ] *nt* spring; **im späten/zeitigen ~** in [the] late/early spring

Früh·jahrs·kol·lek·ti·on *f* MODE spring collection **Früh·jahrs·mü·dig·keit** *f* springtime lethargy **Früh·jahrs·putz** *m* spring-clean[ing]; [den] **~ machen** to do the spring-cleaning

Früh·ka·pi·ta·lis·mus *m* early capitalism **Früh·kartof·fel** *f* new potato **früh·kind·lich** *adj* **~e Entwick-**

lung/Sexualität development/sexuality in early childhood; **~e Erlebnisse/Traumen** experiences/traumas from early childhood **Früh·kul·tur** *f* early culture

Früh·ling *<-s, -e>* ['fry:lɪŋ] *m* spring[time]; **es wird ~** spring is coming; **im ~** in [the] spring[time]; **seinen zweiten ~ erleben** *(hum)* to go through one's second adolescence

Früh·lings·an·fang *m* first day of spring; **bei/nach ~** on/after the first day of spring; **vor ~** before [the] spring **Früh·lings·ge·fühl** *nt meist pl (Gefühl der Gelöstheit)* spring feeling; ▸ WENDUNGEN: **~ haben** [o **bekommen**] *(hum fam)* to be [or get] frisky **Früh·lings·haft** *adj* springlike **Früh·lings·rol·le** *f* KOCHK spring [or AM egg] roll **Früh·lings·zeit** *f kein pl (geh)* spring[time], springtide *liter*

früh·mor·gens [fry:'mɔrgns] *adv* early in the morning **Früh·ne·bel** *m* early morning mist [or fog] **Früh·pen·si·on** *f* early retirement; **~ nehmen, in ~ gehen** to take early retirement **früh·reif** *adj* precocious; *(körperlich)* [sexually] mature [at an early age *pred*]; **~es Früchtchen** *(pej)* a precocious little thing *pej;* *(Mädchen)* a proper little madam BRIT *pej* **Früh·rentner(in)** *m(f)* person who has retired early; **er ist ~** he has retired early **Früh·ro·man·tik** *f* early Romanticism **Früh·schicht** *f* early [or morning] shift; **~ haben** to do [or have] [or be on] the morning shift **Früh·schop·pen** *m* morning pint BRIT, eye-opener AM *fam* **Früh·som·mer** *m* early summer; **im ~** in [the] early summer **früh·som·mer·lich** *adj* early summer *attr;* **draußen ist es schon so richtig schön ~** there's already a real feel of early summer in the air **Früh·sport** *m* [early] morning workout [or exercise]; **~ treiben** [o **machen**] to have a[n early] morning workout, to get some [early] morning exercise **Früh·sta·di·um** *nt* early stage; **im ~** in the early stages *pl* **Früh·start** *m* SPORT false start; **~ begehen** [o **machen**] to jump the gun

Früh·stück *<-s, -e>* ['fry:ʃtʏk] *nt* breakfast; **um 8 Uhr gibt's ~** breakfast is at 8 o'clock; **zum ~** for breakfast; **die ganze Familie saß beim ~** the whole family were having breakfast; **der Preis versteht sich inklusive ~** the price includes breakfast; **zweites ~** midmorning snack, elevenses *npl* BRIT *fam;* **das zweite ~ einnehmen** to have [one's] elevenses BRIT *fam*

früh·stü·cken ['fry:ʃtʏkn̩] **I.** *vi* to have [one's] breakfast, to breakfast *form;* **sie ~ immer um 8 Uhr** they always have breakfast at 8 o'clock **II.** *vt* ▪ **etw ~** to have sth for breakfast, to breakfast on sth *form* **Früh·stücks·brett** *nt* wooden board *(on which breakfast is eaten)* **Früh·stücks·brot** *nt* sandwich *(for one's morning snack)* **Früh·stücks·bü·fett** *nt* breakfast buffet **Früh·stücks·fern·se·hen** *nt* breakfast television [or TV] **Früh·stücks·fleisch** *nt* luncheon [or AM lunch] meat **Früh·stücks·pau·se** *f* morning [or coffee] break; **~ machen** to have a morning [or coffee] break **Früh·stücks·zim·mer** *nt* breakfast room

Früh·warn·sys·tem *nt* early warning system **Früh·zeit** *f* early days; **die ~ einer Kultur** the early period of a culture; **die ~ des Christentums** early Christian times; **die ~ menschlicher Zivilisation** the early days of human civilization **früh·zei·tig** ['fry:tsaɪtɪç] **I.** *adj* early; *Tod* early, untimely **II.** *adv* ❶ *(früh genug)* in good time; **möglichst ~** as soon as possible ❷ *(vorzeitig)* prematurely

Frust *<-[e]s>* [frʊst] *m kein pl (fam)* frustration *no indef art, no pl;* **einen ~haben/bekommen** [o *fam:* **kriegen**] to be/become [or get] frustrated

frus·ten *vt (fam)* ▪ **jdn frustet es** sth is frustrating sb; **das hat mich total gefrustet** I found that very frustrating

Frus·tra·ti·on <-, -en> |frʊstra'tsi̯oːn| f frustration

frus·trie·ren ˈ|frʊsˈtriːrən| vt (fam) ■jdn **frustriert etw** sth is frustrating sb; ■ **~d** frustrating

frus·trie·rend adj frustrating

F-Schlüs·sel |ˈɛf-| m MUS F [or bass] clef

Fuchs, Füch·sin <-es, Füchse> |fʊks, ˈfʏksɪn, pl: ˈfʏksə| m, f ❶ (Tier) fox; (weibliches Tier) vixen ❷ (Fuchspelz) fox [fur] ❸ (Pferd) chestnut; (mit hellerem Schwanz und hellerer Mähne) sorrel ❹ (fam: schlauer Mensch) cunning [old] devil [or fox] fam; **ein alter** [o **schlauer**] **~** (fam) a cunning [old] devil [or fox] fam, a sly one ▶ WENDUNGEN: **wo sich Hase und ~ gute Nacht sagen** [o **wo sich die Füchse gute Nacht sagen**] (hum) at the back of beyond BRIT, out in the sticks [or AM boondocks] fam

Fuchs·bau m [fox's] earth

fuch·sen |ˈfʊksn̩| vt (fam) ■jdn **fuchst etw** sth is riling sb fam, to piss off sb sep sl

Fuch·sie <-, -n> |ˈfʊksi̯ə| f fuchsia

Füch·sin |ˈfʏksɪn| f fem form von **Fuchs** vixen

Fuchs·jagd f fox-hunt[ing]; **auf die ~ gehen** to go fox-hunting **Fuchs·pelz** m fox [fur] **Fuchs·schwanz** m ❶ (Schwanz des Fuchses) [fox's] tail [or brush] BRIT ❷ (Säge) [straight back] handsaw **Fuchs·schwanz·gras** nt BOT foxtail

fuchs·teu·fels·wild |ˈfʊksˈtɔy̯fls̩ˈvɪlt| adj (fam) mad as hell fam, hopping mad fam; **jdn ~ machen** to make sb mad [as hell] fam, to piss off sb sl

Fuch·tel <-, -n> |ˈfʊxtl̩| f ÖSTERR, SÜDD (fam) shrew pej; **unter jds ~ stehen** to be [well] under sb's control

fuch·teln |ˈfʊxtl̩n| vi (fam) ■ **mit etw** dat **~** to wave sth about [wildly] fam; (drohend) to brandish sth; [**mit den Händen**] **~** to wave one's hands about [wildly] fam

Fu·der <-s, -> |ˈfuːdɐ| nt ❶ (Wagenladung) cartload; **ein ~ Heu** a [cart]load of hay ❷ (Hohlmaß für Wein) tun [of wine]

fu·der·wei·se adv (hum fam) by the cartload; **~ belegte Brote vertilgen** to polish off tons of sandwiches fam

Fu·er·te·ven·tu·ra |fu̯ɛrteven'tura| nt Fuerteventura; s. a. **Sylt**

Füess·li <-, -s> |ˈfyːɛsli| nt SCHWEIZ (Schweinefuß) pig's trotter

Fuff·zi·ger <-s, -> |ˈfʊftsɪgɐ| m DIAL (Geldstück) fifty-cents piece [or coin]; (Geldschein) fifty-euros note; **ein falscher ~ sein** (pej sl) to be a real crook fam, to be [as] bent as they come BRIT sl

Fug |fuːk| m **mit ~ und Recht** (geh) with complete justification

Fu·ge¹ <-, -n> |ˈfuːgə| f join, gap; **aus den ~n geraten** (fig) Menschheit to go awry liter; Welt to be out of joint; **in allen ~n krachen** to creak at the joints [or in every joint]

Fu·ge² <-, -n> |ˈfuːgə| f MUS fugue

fü·gen |ˈfyːgn̩| I. vt ❶ (geh: anfügen) ■ **etw an etw** akk **~** to add sth to sth; ■ **etw auf etw** akk **~** to lay sth on sth; **Wort an Wort ~** to string words together, to cast a sentence ❷ (geh: bewirken) ■ **etw fügt etw** sth ordains sth; **der Zufall fügte es, dass wir uns wiedersahen** coincidence had it that we met [or saw each other] again II. vr ❶ (sich unterordnen) to toe the line; ■ **sich jdm/einer S. ~** to bow to sb/sth; **sich den Anordnungen ~** to obey instructions ❷ (geh: akzeptieren) ■ **sich in etw** akk **~** to submit to [or accept] sth ❸ ((hinein)passen) ■ **sich in etw** akk **~** to fit into sth ❹ impers (geh: geschehen) ■ **es fügt sich** it so happened; **sei getrost, es wird sich schon alles ~** never fear, it'll all work out in the end

fu·gen·los I. adj smooth II. adv without gaps [or BRIT joins] /a gap [or BRIT a join]

füg·sam |ˈfyːkzaːm| adj (geh) obedient; Kind a. tractable form

Fü·gung <-, -en> f ❶ (Bestimmung) stroke of fate; **eine ~ Gottes/des Schicksals** an act of divine providence/of fate; **eine göttliche ~** divine providence no indef art, no pl; **eine glückliche ~** a stroke of luck [or good fortune] ❷ LING (Wortgruppe) construction

fühl·bar adj (merklich) perceptible, noticeable, marked

füh·len |ˈfyːlən| I. vt ❶ (körperlich spüren, wahrnehmen) ■ **etw ~** to feel sth ❷ (seelisch empfinden) to feel sth; **Achtung/Verachtung für jdn ~** to feel respect/contempt for sb; **Erbarmen/Mitleid mit jdm ~** to feel pity/sympathy for sb; ■ **~, dass ...** to feel [that] ...; ■ **etw ~** to feel sth; **jds Puls ~** to take sb's pulse II. vi ■ **nach etw** dat **~** to feel for sth III. vr ■ **sich** [**in einer bestimmten Art**] **~** to feel [in a particular way] ❶ (das Empfinden haben) **wie ~ Sie sich?** how are you feeling [or do you feel] ?; **sich besser/benachteiligt/schuldig/unwohl/verantwortlich ~** to feel better/disadvantaged/guilty/unwell/responsible ❷ (sich einschätzen) ■ **sich als jd ~** to regard [or consider] oneself as sb; **wie ~ Sie sich jetzt als Direktorin?** how do you feel now [that] you're director? fam ❸ (stolz sein) ■ **sich** [**wunder wie** [o **was**]] **~** to think the world of oneself fam

Füh·ler <-s, -> m ❶ (Tastorgan) antenna, feeler; (von Schnecke) horn; **die ~ ausstrecken/einziehen** to put out [or extend] /retract its horns [or AM feelers] ❷ (Messfühler) sensor, probe ▶ WENDUNGEN: **seine** [o **die**] **~** [**nach etw** dat] **ausstrecken** (fam) to put out [one's] feelers [towards sth]

Füh·lung <-, -en> f contact; **mit jdm in ~ bleiben/stehen** to stay [or remain] /be in touch [or contact] with sb; **mit jdm ~ aufnehmen** to contact sb, to get in touch with sb

Füh·lung·nah·me <-, -n> f [an initial] contact

fuhr |fuːɐ̯| imp von **fahren**

Fuh·re <-, -n> |ˈfuːrə| f ❶ (Wagenladung) [cart]load; **zwei ~n Stroh** two [cart]loads of straw ❷ (Taxifahrt) fare

füh·ren |ˈfyːrən| I. vt ❶ (geleiten) **jdn** [**durch/über etw** akk] **~** to take sb [through/across sth]; (vorangehen) to lead sb [through/across sth]; **eine alte Dame über die Straße ~** to help an old lady across [or over] the road; **jdn durch ein Museum/Schloss ~** to show sb round a museum/castle; **jdn zu jdm ~** to take sb to sb; **was führt Sie zu mir?** (geh) what brings you to me? form ❷ (leiten) ■ **etw ~** Betrieb, Geschäft to run sth; Armee to command; Expedition, Gruppe to lead, to head ❸ (in bestimmte Richtung lenken) ■ **jdn auf etw** akk **~** to lead sb to sth; **der Hinweis führte die Polizei auf die Spur des Diebes** the tip put the police on the trail of the thief; **das führt uns auf das Thema ...** that brings [or leads] us on[to] the subject ...; **jdn auf Abwege ~** to lead sb astray ❹ (registriert haben) **jdn/etw in einem Verzeichnis/auf einer Liste ~** to have a record of sb/sth in a register/on a list; **wir ~ keinen Schmidt in unserer Kartei** we have no [record of a] Schmidt on our files ❺ (heranbringen, handhaben) **einen Bogen** [**über die Saiten**] **~** to wield a bow [across the strings]; **die Kamera** [**an etw** akk] **~** to guide the camera [towards sth]; (durch Teleobjektiv) to zoom in [on sth]; **die Kamera ruhig ~** to operate the camera with a steady hand; **etw zum Mund**[**e**] **~** to raise sth to one's mouth; **einen Pinsel** [**über etw** akk] **~** to wield a brush [over sth] ❻ (entlangführen) ■ **etw durch etw** akk**/über etw** akk **~** to lay sth through sth/across [or over] sth; **er führte das Satellitenkabel durch die Wand** he laid [or fed] the satellite cable through the wall ⑦ *(geh: steuern)* **ein Kraftfahrzeug/einen Zug ~** to drive a motor vehicle/a train ⑧ *(geh: einen Titel o. Namen tragen)* ▪ **etw ~** to bear sth; **verheiratete Frauen ~ oft ihren Mädchennamen weiter** married women often retain [*or* still go by] their maiden name; **einen Titel ~** to bear [*or* hold] a title ⑨ *(geh: haben)* **Gepäck bei** [*o* mit] **sich** *dat* ~ to be carrying luggage; **seine Papiere/eine Schusswaffe bei** [*o* mit] **sich ~** to carry one's papers/a firearm on one's person, to carry around *sep* one's papers/a firearm ⑩ *(im Angebot haben)* ▪ **etw ~** to stock [*or* spec carry] sth **II.** *vi* ① *(in Führung liegen)* **mit drei Punkten/einer halben Runde ~** to have a lead of [*or* to be in the lead by] three points/half a lap ② *(verlaufen)* **Weg,** *etc* to lead, to go; **wohin führt dieser Weg?** where does this path lead [*or* go] to?; **die Brücke führt über den Rhein** the bridge crosses [over] [*or* spans] the Rhine; ▪ **durch etw** *akk*/**über etw** *akk* ~ **Straße, Weg** to lead [*or* go] through/over sth; **Kabel, Pipeline** to run through/over sth; **Spuren** to lead through/across sth ③ *(als Ergebnis haben)* ▪ **zu etw** *dat* ~ to lead to sth, to result in sth; ▪ **dazu ~, dass ...** that will lead to ... + *gerund;* **das führte zu dem Ergebnis, dass er entlassen wurde** this led to [*or* resulted in] his [*or* him] being dismissed; [**all**] **das führt** [**doch**] **zu nichts** *(fam)* that will [all] come to nothing [*or* get you/us etc. nowhere] **III.** *vr (geh: sich benehmen)* ▪ **sich ~** to conduct oneself *form;* **sich gut/schlecht ~** to conduct oneself well/badly [*or* to misbehave]

füh·rend *adj* leading *attr;* **diese Firma ist im Stahlbau ~** this is one of the leading companies in steel construction; **eine ~e Persönlichkeit/Rolle** a prominent [*or* leading] personality/role; **der ~e Wissenschaftler auf diesem Gebiet** the most prominent scientist in this field

Füh·rer <-s, -> ['fy:rɐ] *m* guide[book]; **ein ~ durch Deutschland** a guide to Germany

Füh·rer(in) <-s, -> ['fy:rɐ] *m(f)* ① *(Leiter)* leader; *(Oberhaupt einer Bewegung etc.)* head [honcho AM *fam*]; **der ~** HIST *(Hitler)* the Führer [*or* Fuehrer] ② *(Fremdenführer, Bergführer)* guide ③ *(geh: Lenker)* driver; *(von Kran)* operator

Füh·rer·aus·weis *m* SCHWEIZ *(Führerschein)* driving licence AM, driver's license AM **Füh·rer·flucht** *m* SCHWEIZ *(Fahrerflucht)* a hit-and-run [accident] **Füh·rer·haus** *nt* AUTO [driver's] cab; *(von Kran)* cabin

füh·rer·los I. *adj* ① *(ohne Führung)* leaderless, without a leader *pred* ② *(geh: ohne Lenkenden)* driverless, without a driver *pred; (auf Schiff)* with no one at the helm **II.** *adv* without a driver; *(auf Schiff)* with no one at the helm

Füh·rer·schein *m* driving licence BRIT, driver's license AM; **jdm den ~ entziehen** to take away [*or* form withdraw] sb's driving licence, to disqualify sb from driving; **den** [*o* **seinen/ihren**] **~ machen** *(das Fahren lernen)* to learn to drive; *(die Fahrprüfung ablegen)* to take one's driving test

Füh·rer·schein·ent·zug *m* driving ban, disqualification from driving **Füh·rer·schein·prü·fung** *f* driving test

Füh·rer·stand *m* BAHN [driver's] cab

Fuhr·mann <-leute> *m* ① *(Lenkender)* carter; *(Kutscher)* coachman ② ASTRON ▪ **der ~** the Charioteer, Auriga **Fuhr·park** *m* fleet [of vehicles]

Füh·rung <-, -en> *f* ① *kein pl (Leitung)* leadership; MIL command; **innere ~** MIL morale; **unter jds ~** under sb's leadership of, led [*or* headed] by sb; MIL under command of sb, commanded by sb *(geh: die Direktion)* management, directors *pl;* MIL commanding officers *pl* ③ *(Besichtigung)* guided tour (**durch** +*akk* of) ④ *kein pl (Vorsprung)* lead; *(in einer Liga o.*

Tabelle) leading position; **seine ~ ausbauen** to increase one's lead; *(in einer Liga o. Tabelle)* to strengthen [*or* consolidate] one's leading position; **in ~ gehen** [*o* **die ~ übernehmen**] to go into [*or* take] the lead; **in ~ liegen** to be in the lead [*or* the leading position] ⑤ *kein pl (Betragen)* conduct; **bei** [*o* **wegen**] **guter ~** on/for good conduct; **wegen guter ~ vorzeitig entlassen werden** to get a couple of years'/a few months' etc. remission for good conduct ⑥ *kein pl (geh: Lenkung)* **der Führerschein berechtigt zur ~ eines Kraftfahrzeuges der angegebenen Klasse** to be licensed to drive a motor vehicle of a given class ⑦ TECH *(Schiene)* guide ⑧ *kein pl (das fortlaufende Eintragen)* **die ~ der Akten/Bücher** keeping the files/books ⑨ *kein pl (das Tragen eines Namens o. Titels)* use; **die ~ des Doktortitels ist erst nach Erhalt der Urkunde erlaubt** only after the awarding of the certificate is one permitted to have the title of doctor

Füh·rungs·an·spruch *m* claim to leadership **Füh·rungs·auf·ga·be** *f* executive duty [*or* function] **Füh·rungs·eli·te** *f* POL leadership [*or* governing] elite **Füh·rungs·gre·mi·um** *nt* controlling [*or* governing] body **Füh·rungs·kraft** *f* executive [officer] **Füh·rungs·macht** *f* leading power **Füh·rungs·qua·li·tä·ten** *pl* leadership qualities *pl* **Füh·rungs·rol·le** *f* leading role; **eine ~ spielen** to play a leading role [in sth] **Füh·rungs·schicht** *f* the ruling classes *pl* **Füh·rungs·schwä·che** *f* weak leadership **Füh·rungs·spit·ze** *f* higher echelons *pl; (von Unternehmen)* top[-level] management **Füh·rungs·stab** *m* MIL operations staff + *sing/pl vb* **Füh·rungs·stär·ke** *f* strong leadership **Füh·rungs·stil** *m* style of leadership; *(in einer Firma)* management style **Füh·rungs·wech·sel** *m* change of leadership; *(in einer Firma)* change of management **Füh·rungs·zeug·nis** *nt* good-conduct certificate; **polizeiliches ~** clearance certificate BRIT

Fuhr·un·ter·neh·men [fuːɐ̯-] *nt* haulage business BRIT, hauliers *pl* BRIT, trucking company AM **Fuhr·un·ter·neh·mer(in)** [fuːɐ̯-] *m(f)* haulage contractor BRIT, haulier BRIT, trucking company AM, trucker AM **Fuhr·werk** [fuːɐ̯-] *nt* wag[g]on; *(mit Pferden)* horse and cart; *(mit Ochsen)* oxcart **fuhr·wer·ken** [fuːɐ̯-] *vi (fam: ungestüm hantieren)* ▪ [**mit etw** *dat*] **~** to wave sth about

Fül·le <-> ['fʏlə] *f kein pl* ① *(Körperfülle)* corpulence *form,* portliness *hum* ② *(Intensität)* richness, ful[l]ness BRIT, fullness AM; *(Volumen)* float volume ③ *(Menge)* wealth, abundance; ▪ **eine ~ von etw** *dat* a whole host of sth; **in** [**Hülle und**] **~** in abundance

fül·len ['fʏlən] **I.** *vt* ① *(voll machen)* ▪ **etw** [**mit etw** *dat*] **~** to fill sth [with sth]; **halb gefüllt** half-full ② KOCHK *(eine Speise mit Füllung versehen)* ▪ **etw** [**mit etw** *dat*] **~** to stuff sth [with sth] ③ *(einfüllen)* ▪ **etw in etw** *akk* **~** to put sth into sth, to fill sth with sth; **etw in Flaschen ~** to bottle sth; **etw in Säcke ~** to put sth into sacks, to sack sth ④ *(Platz in Anspruch nehmen)* ▪ **etw ~** to fill sth; **meine Bücher ~ ganze drei Regale** my books take up the whole of three shelves **II.** *vr* ▪ **sich** [**mit etw** *dat*] **~** to fill [up] [with sth]; **sich** [**mit Menschen**] **~** to fill [up] [with people]

Fül·len <-s, -> ['fʏlən] *nt (veraltend) s.* **Fohlen**

Fül·ler <-s, -> ['fʏlɐ] *m* fountain pen; *(mit Tintenpatrone)* cartridge pen

Füll·fe·der·hal·ter *m s.* **Füller**

Füll·ge·wicht *nt* ① ÖKON net weight ② *(Fassungsvermögen einer Waschmaschine)* maximum load, capacity **Füll·horn** *nt* cornucopia

fül·lig ['fʏlɪç] *adj* ① *(von Mensch: rundlich)* plump, corpulent *form,* portly *hum;* **ein ~er Busen/eine ~e Figur** an ample [*or* a generous] bosom/figure ② *(volu-*

minös) **eine ~e Frisur** a bouffant hairstyle

Füll·sel [ˈfʏlzl̩] nt filler no indef art, no pl, padding no indef art, no pl

Fül·lung <-, -en> f ❶ KOCHK (Masse in einer Speise) stuffing ❷ (ausfüllende Masse) von Matratzen, Federbetten stuffing; (von Kissen a.) filling ❸ (Türfüllung) panel ❹ (Zahnfüllung) filling

Füll·wort <-wörter> nt filler [word], expletive spec

ful·mi·nant [fʊlmiˈnant] adj (geh) brilliant

Fum·mel <-s, -> [ˈfʊml̩] m (sl) cheap frock, rag pej

Fum·me·lei <-, -en> f (fam) fumbling, fiddling

fum·meln [ˈfʊml̩n] vi (fam) ❶ (hantieren) ■ |an/mit etw dat| ~ to fumble [around], to fiddle [about BRIT] [or fumble [around]] with sth ❷ (Petting betreiben) to pet, to grope fam

Fund <-[e]s, -e> [fʊnt, pl: ˈfʊndə] m ❶ kein pl (geh: das Entdecken) discovery ❷ (das Gefundene) find; **einen ~ machen** (geh) to make a find

Fun·da·ment <-[e]s, -e> [fʊndaˈmɛnt] nt ❶ (tragfähiger Untergrund) foundation[s npl] ❷ (fig: geistige Grundlage) basis, foundation[s npl]; **das ~ für etw akk sein** to form a basis for sth; **das ~ zu etw dat legen, das ~ für etw akk schaffen** to lay the foundations for sth

fun·da·men·tal [fʊndamɛnˈtaːl] I. adj fundamental II. adv fundamentally; **sich ~ irren** to make a fundamental error; **sich ~ unterscheiden** to be significantly different

Fun·da·men·ta·lis·mus <-> [fʊndamɛntaˈlɪsmʊs] m kein pl fundamentalism no pl, no indef art, no pl

Fun·da·men·ta·list(in) <-en, -en> [fʊndamɛnˈtaˈlɪst] m(f) fundamentalist

fun·da·men·ta·lis·tisch adj fundamentalist

fun·da·men·tie·ren [fʊndamɛnˈtiːrən] vi to lay the foundations

Fund·bü·ro nt lost property office BRIT, lost-and-found office AM **Fund·gru·be** f treasure trove

Fun·di <-s, -s> [ˈfʊndi] m POL fundamentalist, hardliner (of the Green Party)

fun·diert adj sound; **gut ~** well founded; **schlecht ~** unsound

fün·dig [ˈfʏndɪç] adj **~ werden** to discover what one is looking for

Fund·ort m ■ **der ~ von etw** dat [the place] where sth is/was found **Fund·sa·che** f found object; (in Fundbüro) piece [or item] of lost property; ■ **~** lost property no pl, no indef art **Fund·stät·te** f (geh) s. Fundort

Fun·dus <-, -> [ˈfʊndʊs] m ❶ (geistiger Grundstock) fund a. fig; **einen reichen ~ an Erfahrungen haben** to have a wealth of experience ❷ THEAT basic [or general] equipment

fünf [fʏnf] adj five; s. a. **acht**[1] ▶ WENDUNGEN: **es ist ~** [Minuten] **vor zwölf** it's almost too late, it's high time; [alle] **~**[e] **gerade sein lassen** (fam: etw nicht so genau nehmen) to turn a blind eye, to look the other way

Fünf <-, -en> [fʏnf] f ❶ (Zahl) five ❷ (Karten) five; s. a. **Acht**[1] [4] ❸ (Verkehrslinie) ■ **die ~** the [number] five ❹ (Zeugnisnote) "unsatisfactory" (the lowest examination grade in the German school system), ≈ F BRIT

fünf·bän·dig adj five-volume attr

Fünf·cent·stück, 5-Cent-Stück nt five-cent piece [or coin] **Fünf·eck** nt pentagon **fünf·eckig** adj pentagonal, five-cornered

fünf·ein·halb [ˈfʏnfʔainˈhalp] adj ❶ (Bruchzahl) five and a half; s. a. **anderthalb** ❷ (fam: Kurzform für: 5.500 Euro) five and a half thousand [or grand] [or K] [or AM G's] pej

Fün·fer <-s, -> [ˈfʏnfɐ] m (fam) ❶ SCH (Note: mangelhaft) "unsatisfactory", ≈ "E" BRIT ❷ (Lottogewinn) [score of] 5 correct ❸ (Geldstück) five-cents piece [or

coin]; (Geldschein) five-euro note

fün·fer·lei [ˈfʏnfɐˈlai] adj inv attr five |different|; s. a. **achterlei**

Fün·fer·pack m pack of five, five-pack

Fünf·eu·ro·schein, 5-Eu·ro-Schein m five-euro note [or AM usu bill]

fünf·fach, 5fach [ˈfʏnffax] I. adj fivefold; **die ~e Menge/Summe** five times the amount/sum II. adv fivefold, five times; **~ ausgefertigt** issued in five copies [or form quintuplicate]

Fünf·fa·che, 5fache nt dekl wie adj ■ **das ~** five times as much [or that amount]; s. a. **Achtfache**

Fünf·fü·ßer <-s, -> m ZOOL pentapedal **fünf·fü·ßig** adj (liter: Versmaß) pentametrical; **~er Jambus** iambic pentameter **Fünf·gang·ge·trie·be** nt five-speed gearbox [or transmission] **Fünf·gang-Schal·tung** f TECH [vehicle] gearbox with five gears

fünf·hun·dert [ˈfʏnfˈhʊndɐt] adj five hundred; s. a. **hundert**

Fünf·hun·dert·eu·ro·schein, 500-Eu·ro-Schein m five-hundred-euro note [or AM usu bill]

fünf·hun·dert·jäh·rig adj five hundred-year-old attr

fünf·jäh·rig, 5-jäh·rig[RR] adj ❶ (Alter) five-year-old attr, five years old pred; s. a. **achtjährig 1** ❷ (Zeitspanne) five-year attr; s. a. **achtjährig 2 Fünf·jäh·ri·ge(r), 5-Jäh·ri·ge(r)**[RR] f(m) dekl wie adj five-year-old **Fünf·kampf** m pentathlon **fünf·köp·fig** adj five-person attr; s. a. **achtköpfig**

Fünf·ling <-s, -e> m quin[tuplet]

fünf·mal, 5-mal[RR] adv five times; s. a. **achtmal fünf·ma·lig** adj fifth; s. a. **achtmalig Fünf·mark·schein** [fʏnfˈmark-] m (hist) five-mark note **Fünf·mark·stück** nt (hist) five-mark piece **Fünf·me·ter·brett** nt five-metre [or AM -er] [diving] board

Fünf·pro·zent·hür·de f POL five-percent hurdle **Fünf·pro·zent·klau·sel** f POL five-percent rule [or clause] **fünf·sei·tig** adj five-sided, pentagonal; (von Brief) five-page attr, of five pages pred **fünf·spal·tig** adj five-column attr, [extending] over five columns pred **fünf·stel·lig** adj five-digit attr; **ein ~es Einkommen** a five-figure income **fünf·stö·ckig** adj five-storey attr [or AM -story], with five storeys **fünf·stün·dig, 5-stün·dig**[RR] adj five-hour attr; s. a. **achtstündig fünf·stünd·lich** adj every five hours pred

fünft [fʏnft] adv **zu ~ sein** to be a party of five

fünf·tä·gig, 5-tä·gig[RR] adj five-day attr **fünf·tau·send** [ˈfʏnfˈtauznt] adj ❶ (Zahl) five thousand; s. a. **tausend 1** ❷ (fam: 5.000 Euro) five grand no pl, five thou no pl sl, five G's [or K's] no pl AM sl **Fünf·tau·sen·der** m five-thousand-metre [or AM -er] peak [or mountain]

fünf·te(r, s) [ˈfʏnftə, ˈfʏnftɐ, ˈfʏnftəs] adj ❶ (nach dem vierten kommend) fifth; **die ~ Klasse** [or fam: **die ~**] primary, elementary AM; s. a. **achte(r, s) 1** ❷ (Datum) fifth, 5th; s. a. **achte(r, s) 2**

Fünf·te(r) [ˈfʏnftə, ˈfʏnftɐ] f(m) dekl wie adj ❶ (Person) fifth; s. a. **Achte(r) 1** ❷ (bei Datumsangabe) ■ **der ~/am ~en** [o geschrieben: **der 5./am 5.**] the/on the fifth spoken, the 5th written; s. a. **Achte(r) 2** ❸ (Namenszusatz) **Ludwig der ~** gesprochen Louis the Fifth; **Ludwig V.** geschrieben Louis V

fünf·tei·lig adj five-part [or -piece] attr; **~ sein** to be in five parts, to consist of five pieces

fünf·tel [ˈfʏnftl̩] adj fifth

Fünf·tel <-s, -> [ˈfʏnftl̩] nt o SCHWEIZ m fifth; s. a. **Achtel**

fünf·tens [ˈfʏnftn̩s] adv fifth[ly], in [the] fifth place

fünf·tü·rig adj five-door; **ein ~es Auto** a five-door car attr; **~ sein** to have five doors **Fünf·uhr·tee** [fʏnfˈʔuːɐteː] m [afternoon] tea **Fünf·und·drei·ßig·stun·den·wo·che, 35-Stun·den·Wo·che** f thirty-five-hour week **fünf·wer·tig** adj CHEM pentavalent

fünf·wö·chig adj five-week; **von ~er Dauer sein** to

take [or last] five weeks **fünf·zehn** ['fʏnftseːn] *adj* fifteen; **~ Uhr** 3pm, 1500hrs *written,* fifteen hundred hours *spoken; s. a.* **acht¹ fünf·zehn·te(r, s)** *adj* fifteenth; *s. a.* **achte(r, s) Fünf·zei·ler** *m* LITER five-line poem/stanza, pentastich *spec* **fünf·zei·lig** *adj* LITER five-line *attr,* of five lines *pred*

fünf·zig ['fʏnftsɪç] *adj* ❶ *(Zahl)* fifty; *s. a.* **achtzig 1** ❷ *(Stundenkilometer)* thirty [kilometres [or AM -meters] an hour]; *s. a.* **achtzig 2**

Fünf·zig <-, -en> ['fʏnftsɪç] *f* fifty

Fünf·zig·cent·stück, 50-Cent-Stück *nt* fifty-cent piece [or coin]

fünf·zi·ger, 50er ['fʏnftsɪɡe] *adj attr, inv (das Jahrzehnt von 50 bis 60)* ■ **die ~ Jahre** the fifties; *(geschrieben a.)* the '50s

Fünf·zi·ger¹ <-s, -> ['fʏnftsɪɡe] *m* ❶ *(fam: Geldstück)* fifty-cents piece [or coin]; *(Geldschein)* fifty-euros note ❷ *(Wein aus dem Jahre '50)* ■ **ein ~** a fifties vintage

Fünf·zi·ger(in)² <-s, -> ['fʏnftsɪɡe] *m(f)* person in their fifties, fifty-year-old

Fünf·zi·ger·jah·re *pl* ■ **die ~** the fifties [or '50s]

Fünf·zig·eu·ro·schein, 50-Eu·ro-Schein *m* fifty-euro note [or AM usu bill]

fünf·zig·jäh·rig, 50-jäh·rig^{RR} *adj attr* ❶ *(Alter)* fifty-year-old *attr,* fifty years old *pred* ❷ *(Zeitspanne)* **~er Frieden** fifty years of peace; **nach ~er Besatzung** after a/the fifty-year occupation

Fünf·zig·jäh·ri·ge(r), 50-Jäh·ri·ge(r)^{RR} *f(m) dekl wie adj* fifty-year-old

fünf·zig·ste(r, s) *adj* fiftieth; *s. a.* **achte(r, s)**

fun·gie·ren* [fʊŋˈɡiːrən] *vi* ■ **etw fungiert als etw** sth functions as sth; **als Dach ~** to serve [or make do] as a roof; **als Mittelsmann ~** to function as a middleman

Fun·gi·zid <-s, -e> [fʊŋɡiˈtsiːt, *pl:* -'tsiːdə] *nt* fungicide

Funk <-s> [fʊŋk] *m kein pl* radio; **etw über ~ durch·geben** to announce sth on the radio

Funk·ama·teur(in) *m(f)* radio ham, amateur radio enthusiast **Funk·aus·stel·lung** *f* radio and television exhibition

Fünk·chen <-s, -> ['fʏnçən] *nt* ❶ *dim von* **Funke** [tiny] spark ❷ *(geringes Maß)* **es besteht ein/kein ~ Hoffnung** there's a glimmer of hope; **es besteht kein ~ Hoffnung** there's not a scrap of hope; **ein/kein ~ Wahrheit** *gen* a grain/not a shred of truth

Fun·ke <-ns, -n> ['fʊŋkə] *m,* **Funken** <-s, -> *m* ❶ *(glimmendes Teilchen)* spark *a. fig;* **~n sprühen** to emit [or sep send out] sparks, to spark; **~n sprühend** emitting sparks *pred,* sparking; **der zündende ~** *(fig)* the vital [or igniting] spark ❷ *(geringes Maß)* scrap; **ein ~ [von] Anstand** a scrap of decency; **ein ~ Hoffnung** a gleam [or glimmer] [or ray] of hope; **ein/kein ~ Wahrheit** a grain/not a shred of truth ▶ WENDUNGEN: **etw [so] tun, dass die ~n fliegen** *(fam)* to work like mad [or crazy] *fam;* **der ~ springt [zwischen zwei Menschen/den beiden] über** *(fam)* something clicked [between two people/the two] *fam*

fun·keln ['fʊŋkl̩n] *vi* to sparkle; *Sterne a.* to twinkle; *Edelsteine* to glitter, to flash; *Gold* to glitter, to gleam; **vor Freude ~ Augen** to gleam [or sparkle] with joy; **vor Zorn ~** to glitter [or flash] with anger

fun·kel·na·gel·neu ['fʊŋkl̩'naːɡl̩'nɔy] *adj (fam)* brand-new, spanking-new

funk·en ['fʊŋkn̩] **I.** *vt* ■ **etw ~** to radio sth; **SOS ~** to send out *sep* [or radio] an SOS **II.** *vi* ❶ *(senden)* to radio; **um Hilfe ~** to radio for help ❷ *(Funken sprühen)* to emit [or sep send out] sparks, to spark ❸ *(fam: richtig funktionieren)* to work; **das Radio funkt wieder** the radio's going again ❹ *(sich verlieben)* to click; **zwischen den beiden hat's gefunkt** there's a special chemistry between those two, those two have really clicked **III.** *vi impers (fam)* ❶ *(Prügel geben)* to

be in for it; **noch eine Bemerkung und es funkt!** another remark and you'll be in for it ❷ *(verstehen)* to click; **endlich hat es bei ihm gefunkt!** it finally clicked [with him] *fam*

Funk·en <-s, -> ['fʊŋkn̩] *m s.* **Funke**

Fun·ken·flug *m* flying sparks *pl* **fun·ken·sprü·hend** *adj s.* **Funke 1**

funk·ent·stört *adj* with noise suppression *pred*

Fun·ker(in) <-s, -> *m(f)* radio operator

Funk·feu·er *nt* radio beacon **Funk·ge·rät** *nt* ❶ *(Sende- und Empfangsgerät)* RT unit ❷ *(Sprechfunkgerät)* radio set, walkie-talkie **funk·ge·steu·ert** *adj* ELEK, TECH radio-controlled **Funk·haus** *nt* studios *pl,* broadcasting centre [or AM -er] **Funk·kol·leg** *nt* educational [or BRIT ≈ Open University] radio broadcasts **Funk·kon·takt** *m* radio contact **Funk·pei·lung** *f* [radio] direction finding **Funk·sprech·ge·rät** *nt* walkie-talkie **Funk·sprech·ver·kehr** *m* radio-telephony **Funk·spruch** *m* radio message **Funk·stil·le** *f* radio silence; **bei jdm herrscht ~** *(fig)* sb is [completely] incommunicado; **und dann herrschte ~** *(fig)* and then there was silence **Funk·strei·fe** *f* [police] radio patrol **Funk·strei·fen·wa·gen** *m (veraltend)* [police] radio patrol [or squad] car **Funk·ta·xi** *nt* radio taxi [or cab] **Funk·te·le·fon** *nt* cordless [tele]phone

Funk·ti·on <-, -en> [fʊŋkˈtsi̯oːn] *f* ❶ *kein pl (Zweck, Aufgabe)* function; **eine bestimmte ~ haben** to have a particular function ❷ *(Stellung, Amt)* position; **in ~ treten** *Gremium etc.* to come into operation; *Person* to begin [or take up] work; **in jds ~ als sth** in sb's capacity as sth ❸ MATH function ❹ *(Benützbarkeit)* function; **außer/in ~ sein** not to be working [or to be out of order] /to be working; *Stromkreis* not to be [or be switched on [or activated]; **etw außer/in/wieder in ~ setzen** *Stromkreis* to deactivate [or sep switch off] /activate [or sep switch on] / reactivate sth

funk·ti·o·nal [fʊŋktsi̯oˈnaːl] *adj s.* **funktionell**

Funk·ti·o·när(in) <-s, -e> [fʊŋktsi̯oˈnɛːɐ] *m(f)* functionary *form,* official; **ein hoher ~** a high-ranking official; **die [politischen] ~e** the [political] machine

funk·ti·o·nell [fʊŋktsi̯oˈnɛl] *adj* ❶ MED functional; **eine ~e Störung** a dysfunction *spec* ❷ *(funktionsgerecht)* practical, functional

funk·ti·o·nie·ren* [fʊŋktsi̯oˈniːrən] *vi* ❶ *(betrieben werden, aufgebaut sein)* to work; **wie funktioniert dieses Gerät?** how does this device work?; *Maschine a.* to operate, to function ❷ *(reibungslos ablaufen, intakt sein)* to work out; *Organisation* to run smoothly ❸ *(fam: gehorchen)* to obey [without question] ❹ *(fam: möglich sein)* **wie soll denn das ~?** how [on earth] is that going to work?

Funk·ti·ons·bild *nt* job profile **funk·ti·ons·fä·hig** *adj* in working order *pred; Anlage* operative; *Maschinen, Schusswaffen* in working order; **voll ~** fully operative, in full working order **Funk·ti·ons·stö·rung** *f* MED functional disorder, dysfunction *spec* **Funk·ti·ons·tas·te** *nt* function key **funk·ti·ons·tüch·tig** *adj s.* **funktionsfähig Funk·ti·ons·wei·se** *f* functioning *no pl;* **die ~ des Gehirns** the functioning of the brain

Funk·turm *m* radio tower **Funk·ver·bin·dung** *f* radio contact; **mit jdm/etw in ~ stehen** [o sein] to have [or be in] radio contact with sb/sth **Funk·ver·kehr** *m* radio communication [or traffic] *no art* **Funk·wa·gen** *m* radio car

Fun·zel <-, -n> ['fʊntsl̩] *f (pej fam)* dim light

für [fyːɐ̯] *präp +akk* ❶ *(Nutzen, Zweck, Bestimmung betreffend)* ■ **~ jdn/etw** for sb/sth; **kann ich sonst noch etwas ~ Sie tun?** will there be anything else?; **sind Sie ~ den Gemeinsamen Markt?** do you support the Common Market?; **~ was ist denn dieses**

Werkzeug? DIAL what's this tool [used] for?; **~ was soll es gut sein?** DIAL what good is that? *fam;* **~ ganz** SCHWEIZ *(für immer)* for good; **~ sich** [allein] for oneself; **~ sich bleiben** to remain by oneself ➋ *(als jd, in der Funktion als)* for; **~ ihr Alter ist sie noch erstaunlich rüstig** she's still surprisingly sprightly for her age; **~ jdn** *(jds Ansicht nach)* in sb's opinion, for sb ➌ MED *(gegen)* for; **gut ~ Migräne** good for migraine ➍ *(zugunsten)* for, in favour [*or* AM -or] of; **was Sie da sagen, hat manches ~ sich** there's something in what you're saying; **~ jdn stimmen** to vote for sb ➎ *(zahlend, in Austausch mit)* for; **er hat es ~ 45 Euro bekommen** he got it for 45 euros ➏ *(statt)* for, in place of, instead of ➐ *(als etw)* **ich halte sie ~ intelligent** I think she is intelligent **ich in Kombination mit „was"** was **~ ein Blödsinn!** what nonsense!; **was ~ ein Pilz ist das?** what kind [*or* sort] of mushroom is that? ▸ WENDUNGEN: **~ einmal** SCHWEIZ *(ausnahmsweise)* for once; *(einstweilen)* for the time being

Für <-> ['fyːɐ̯] *nt* **das ~ und Wider** [einer S. *gen*] the pros and cons [of sth], the reasons for and against [sth]
Fu·ran <-s, -e> [fu'raːn] *nt* CHEM fur[fur]an
Für·bit·te ['fyːɐ̯bɪtə] *f* REL a. intercession, plea; [bei jdm] **für jdn ~ einlegen** to intercede [*or* plead] [with sb] for [*or* on behalf of] sb
Fur·che <-, -n> ['fʊrçə] *f* ➊ *(Ackerfurche)* furrow; **~n ziehen** to plough [*or* AM plow] furrows ➋ *(Wagenspur)* rut ➌ *(Gesichtsfalte)* furrow
fur·chen ['fʊrçn] *vt (geh)* ▪ **etw ~** ➊ *(in Falten legen)* **Stirn** to furrow sth ➋ *(mit Furchen versehen)* to furrow sth
Furcht <-> ['fʊrçt] *f kein pl* fear; **jdm sitzt die ~ im Nacken** sb's frightened out of his/her wits; **~** [vor jdm/etw] **haben** [*o geh:* **empfinden**] to be afraid of sb/sth, to fear sb/sth; **hab' keine ~!** don't be afraid!, fear not! *hum;* **sei ohne ~!** *(geh)* do not fear! *form,* fear not! *hum;* **jdn in ~ versetzen** to frighten sb; **jdm ~ einflößen** to strike fear into sb *form;* **vor ~ zittern** to tremble with fear; **aus ~ vor jdm/etw** for fear of sb/sth
furcht·bar I. *adj* terrible, dreadful; **einen ~en Durst/ Hunger haben** to be parched/famished *form* [*or fam* terribly thirsty/hungry]; **~ aussehen** to look awful [*or* dreadful] II. *adv* ➊ *(äußerst)* terribly; **~ kalt/unangenehm** terribly cold/unpleasant ➋ *(schrecklich)* terribly, horribly; **~ durstig/hungrig sein** to be terribly thirsty/hungry
furcht·ein·flö·ßend *adj s.* **Furcht**
fürch·ten ['fʏrçtn] I. *vt* ➊ *(sich ängstigen)* ▪ **jdn/ etw ~** to fear [*or* be afraid of] sb/sth; ▪ **gefürchtet sein** to be feared; **jdn das F~ lehren** to teach sb the meaning of fear ➋ *(befürchten)* ▪ **etw ~** to fear sth; ▪ **~, dass …** to fear that …; ▪ **zum F~** *(furchtbar)* frightful; **zum F~ aussehen** to look frightful [*or fam* a fright]; **das ist ja zum F~** that's really frightful II. *vr* ▪ **sich** [vor jdm/etw] **~** to be afraid [of sb/sth]; **sich im Dunkeln ~** to be afraid of the dark; **fürchtet euch nicht!** don't be afraid!, fear not! *old* III. *vi* ▪ **um jdn/ etw ~** *(geh)* to fear for sb/sth *form*
fürch·ter·lich *adj s.* **furchtbar**
furcht·er·re·gend *adj s.* **Furcht**
furcht·los I. *adj* fearless, dauntless *liter; (von Mensch a.)* intrepid II. *adv* **~ kämpfen/einer S.** *dat* **~ standhalten** to fight/withstand sth fearlessly [*or* without fear]
Furcht·lo·sig·keit <-> *f kein pl* fearlessness
furcht·sam ['fʊrçtzaːm] *adj (geh)* timorous *liter,* fearful
Furcht·sam·keit <-, <*selten* -en>> *f (geh)* timorousness *liter,* fearfulness
für·der·hin ['fʏrdɐhɪn] *adv (veraltet)* in [the] future, hereafter *form*

für·ein·an·der [fyːɐ̯ʔai'nandɐ] *adv* for each other [*or form* one another]; **~ einspringen** to help each other [*or* one another] out
Fu·rie <-, -n> ['fuːrjə] *f (pej: wütende Frau)* hellcat, termagant *pej* ➋ *(mythisches Wesen)* fury; **… wie von ~n gejagt** [*o* **gehetzt**] … as if the devil himself were after him/her etc.; **sie gingen wie ~n aufeinander los** they went for each other['s throats] like [wild]cats
Fur·nier <-s, -e> [fʊr'niːɐ̯] *nt* veneer
fur·nie·ren* [fʊr'niːrən] *vt* ▪ **etw ~** to veneer sth; **mit Walnussholz furniert** with [a] walnut veneer
Fu·ro·re [fu'roːrə] ▸ WENDUNGEN: **~ machen** [*o* **für ~ sorgen**] *(fam)* to cause a sensation
Für·sor·ge ['fyːɐ̯zɔrgə] *f kein pl* ➊ *(Betreuung)* care ➋ *(fam: Sozialamt)* welfare services *npl,* welfare *no art fam* ➌ *(fam: Sozialhilfe)* social security *no art,* welfare *am;* **von der ~ leben** to live on benefits
Für·sor·ge·amt *nt* SCHWEIZ *(Sozialamt)* welfare services *npl* **Für·sor·ge·pflicht** *f* employer's obligation to provide welfare services
Für·sor·ger(in) <-s, -> *m(f) (veraltet) s.* **Sozialarbeiter**
für·sorg·lich ['fyːɐ̯zɔrklɪç] I. *adj* considerate (**zu** +*dat* towards); *(von Mensch a.)* solicitous *form* (**zu** +*dat* of) II. *adv* with [solicitous *form*] care
Für·sorg·lich·keit <-> *f kein pl* care; *(von Mensch a.)* solicitude *form*
Für·spra·che ['fyːɐ̯ʃpraːxə] *f* recommendation; [bei jdm] **~ für jdn einlegen** to recommend sb [to sb], to put in a word for sb [with sb] *fam;* **auf jds ~** on sb's recommendation
Für·spre·cher(in) ['fyːɐ̯ʃprɛçɐ] *m(f)* ➊ *(Interessenvertreter)* advocate ➋ JUR SCHWEIZ *(Anwalt)* barrister BRIT, attorney AM
Fürst(in) <-en, -en> [fʏrst] *m(f)* ➊ *(Adliger)* prince; **~ Bismarck** Prince Bismarck; **wie ein ~/die ~en leben** to live like a lord [*or* king] /lords [*or* kings] ➋ *(Herrscher)* ruler; **der ~ der Finsternis** [*o* dieser Welt] *(euph geh: Satan)* the Prince of Darkness *liter;* **geistlicher ~** prince bishop
Fürs·ten·ge·schlecht *nt,* **Fürs·ten·haus** *nt* house [*or* dynasty] of princes
Fürs·ten·tum *nt* principality; **das ~ Monaco** the principality of Monaco
Fürs·tin <-, -nen> *f fem form von* **Fürst** *(Adlige)* princess; *(Herrscherin)* ruler
fürst·lich ['fʏrstlɪç] I. *adj* ➊ *(den Fürsten betreffend)* princely; **eine ~e Kutsche/ein ~es Schloss** a prince's coach/castle; **eure ~e Durchlaucht/Gnaden** Your Highness ➋ *(fig: prächtig)* lavish; *Gehalt, Trinkgeld* lavish, handsome *form* II. *adv (prächtig)* lavishly; **jdn ~ bewirten** to entertain sb lavishly [*or* right] royally]; **~ leben/speisen** to live/eat like lords [*or* kings] /a lord [*or* king]
Furt <-, -en> ['fʊrt] *f* ford
Fu·run·kel <-s, -> [fu'rʊŋkl] *nt o m* MED boil, furuncle *spec*
für·wahr [fyːɐ̯'vaːɐ̯] *adv (veraltet)* forsooth *old liter,* in truth
Für·wort <-wörter> ['fyːɐ̯vɔrt, *pl:* -vœrtɐ] *nt* LING pronoun; *s. a.* **Pronomen**
Furz <-[e]s, Fürze> [fʊrts, *pl:* 'fʏrtsə] *m (derb)* fart *fam!;* **einen ~ lassen** to [let off a] fart *fam!*
fur·zen ['fʊrtsn] *vi (derb)* to fart *fam!*
Fu·sel <-s, -> ['fuːzl] *m (pej)* rotgut *sl,* bad liquor, hooch AM *fam*
Fu·si·on <-, -en> [fu'zi̯oːn] *f* ÖKON merger, amalgamation ➋ PHYS fusion
fu·si·o·nie·ren* [fuzi̯o'niːrən] *vi* ÖKON ▪ **zu etw** *dat* **~** to merge [*or* amalgamate] [into sth]; ▪ **mit etw** *dat* **~** to merge [*or* amalgamate] with sth

Fu·si·ons·re·ak·tor *m* PHYS fusion reactor

Fuß <-es, Füße> [fuːs, *pl:* ˈfyːsə] *m* ➊ *(Körperteil)* foot; **gut/schlecht zu ~ sein** to be steady/not so steady on one's feet; **Wanderer** to be a good/poor walker; **trockenen ~es** without getting one's feet wet; **etw ist zu ~ zu erreichen** sth is within walking distance; **an den Füßen** [*o* **die Füße**] **frieren** SÜDD to freeze one's feet off; **zu ~ gehen/kommen** to walk, to go/come on foot; **den ~ auf festen Boden/die Erde/den Mond setzen** to set foot on solid ground/ the earth/the moon; **den ~ in** [*o* **zwischen**] **die Tür stellen** to put [*or* get] one's foot in the door; **über seine** [eigenen] **Füße stolpern** to trip [*or* fall] over one's own feet; **jdm auf die Füße treten** to stand on sb's feet; *(fig: jdn beleidigen)* to step on sb's toes; **so schnell/weit ihn die** [*o* **seine/ihre**] **Füße trugen** as fast/far as his/her legs could carry him; **bei ~!** *(Befehl für Hunde)* ➋ SÜDD, ÖSTERR *(Bein)* ➌ *(Sockel)* base; *(vom Schrank, Berg)* foot; *(Stuhl-, Tischbein)* [chair/table] leg ➍ LITER *(Versfuß)* [metrical] foot ➎ *(Teil eines Strumpfes)* foot ➏ *kein pl (Längenmaß)* foot; **sie ist sechs ~ groß** she's six feet [*or* foot] tall; **ein sechs ~ großer Mann** a six-foot man, a six-footer *fam* ➐ KOCHK *(Schwein)* trotter; *(Lamm)* foot ▶ WENDUNGEN: **mit einem ~ im Grabe stehen** to have one foot in the grave; **die Füße unter jds Tisch strecken** to have one's feet under sb's table; **keinen ~ vor die Tür setzen** to not set foot outside; **auf eigenen Füßen stehen** to stand on one's own two feet; **wie eingeschlafene Füße schmecken** *(sl)* to taste of nothing; **jdn auf dem falschen ~ erwischen** to catch sb unprepared; **sich auf freiem ~ be·fin·den** to be free; **Ausbrecher** to be at large; **jdn** [wieder] **auf freien ~ setzen** to release sb, to set sb at liberty; **auf großem ~** [*o* **-e**] **leben** to live the high life; **mit jdm auf gutem ~ stehen** to be on good terms with sb; **kalte Füße bekommen** to get cold feet; **auf schwachen** [*o* **tönernen**] [*o* **wackligen**] **Füßen stehen** to rest on shaky foundations; **stehenden ~es** *(geh)* forthwith *form;* **sich** *dat* **die Füße wund lau·fen** *(fam)* to run one's legs off *fam;* **jdm zu Füßen fallen** [*o* **sinken**] to go down on one's knees to [*or* before] sb; [immer wieder] **auf die Füße fallen** to fall one's feet [again]; [festen] **~ fassen** to gain a [firm] foothold; **jdm/einer S. auf dem ~e folgen** to follow sb/sth closely; *(fig)* to follow hard on sb/sth *fig;* **sich auf die Füße getreten fühlen** to feel offended; **jdm zu Füßen liegen** to lie at sb's feet; **jdm auf die Füße treten** *(fam)* to step [*or* tread] on sb's toes; **jdn/etw mit Füßen treten** *(fig)* to trample all over sb, to treat sb/sth with contempt; **sich** *dat* **die Füße vertreten** to stretch one's legs; **sich jdm zu Füßen werfen** to throw oneself at sb's feet, to prostrate oneself before sb

Fuß·ab·druck <-abdrücke> *m* footprint **Fuß·ab·strei·fer** <-s, -> *m,* **Fuß·ab·tre·ter** <-s, -> *m* footscraper; *(Matte)* doormat **Fuß·an·gel** *f* mantrap **Fuß·bad** *nt* ➊ *(das Baden der Füße)* footbath; **ein ~ nehmen** to take a footbath, to wash one's feet ➋ *(Wasser zum Baden der Füße)* footbath ➌ *(hum fam: verschütteter Tee o. Kaffee)* tea/coffee spilt in the saucer

Fuß·ball [ˈfuːsbal] *m* ➊ *kein pl (Spiel)* football BRIT, soccer AM; **~ spielen** to play football ➋ *(Ball)* football BRIT, soccer ball AM

Fuß·ball·ler(in) <-s, -> [ˈfuːsbalɐ] *m(f) (fam)* footballer **Fuß·ball·fan** *m* football fan **Fuß·ball·mann·schaft** *f* football team **Fuß·ball·meis·ter·schaft** *f* football league championship **Fuß·ball·platz** *m* football pitch BRIT, soccer field AM **Fuß·ball·pro·fi** *m* professional footballer **Fuß·ball·row·dy** [-raudi] *m* football hooligan **Fuß·ball·spiel** *nt* football match **Fuß·ball·spie·ler(in)** *m(f)* football player **Fuß·ball·sta·di·on** *nt* foot-

ball stadium **Fuß·ball·to·to** *m o nt* the [football] pools *npl;* **~ spielen** to play the pools **Fuß·ball·ver·ein** *m* football club

Fuß·bank <-bänke> *f* footrest

Fuß·bo·den *m* floor

Fuß·bo·den·be·lag *m* floor covering **Fuß·bo·den·hei·zung** *f* [under]floor heating

Fuß·breit <-> [ˈfuːsbrait] *m kein pl* ➊ *(Breite des Fußes)* width of a foot, foot ➋ *(fig: bisschen)* inch *fig;* **keinen ~ weichen** to not budge an inch **Fuß·brem·se** *f* footbrake

fus·se·lig [ˈfʊsəlɪç] *adj* fluffy *attr,* full of fluff *pred;* **ein ~er Stoff** a fluffy material; *s. a.* **Mund**

fus·seln [ˈfʊsl̩n] *vi* to get fuzzy; *(von Wolle a.)* to pill *spec*

füßeln *vi* to play footsie *fam*

fu·ßen [ˈfuːsn̩] *vi* ▪ **auf etw** *dat* **~** to rest [*or* be based] on sth

Fuß·en·de *nt* foot [of a/the bed] **Fuß·fes·seln** *pl* shackles

Fuß·gän·ger(in) <-s, -> *m(f)* pedestrian

Fuß·gän·ger·am·pel *f* pedestrian [*or* BRIT pelican] crossing **Fuß·gän·ger·brü·cke** *f* footbridge **Fuß·gän·ger·strei·fen** *m* SCHWEIZ, **Fuß·gän·ger·über·weg** *m* pedestrian crossing **Fuß·gän·ger·zo·ne** *f* pedestrian precinct

Fuß·ge·lenk *nt* ankle **Fuß·he·bel** *m* TECH [foot] pedal **fuß·hoch** [ˈfuːshoːx] I. *adj* ankle-deep II. *adv* ankle-deep **fuß·kalt** *adj* **~ sein** *Boden* to be cold on one's/ the feet; *Wohnung* to have a cold floor **Fuß·lap·pen** *m* footcloth **fuß·läu·fig** *adj (zu Fuß)* on foot **Fuß·leis·te** *f* skirting [board] BRIT, baseboard AM

fuss·ligᴿᴿ, **fuß·lig**ᴬᴸᵀ [ˈfʊslɪç] *adj s.* **fusselig**

Fuß·marsch *m* ➊ MIL march ➋ *(anstrengender Marsch)* long hike **Fuß·mat·te** *f* doormat **Fuß·no·te** *f* LITER footnote **Fuß·pfad** *m* footpath **Fuß·pfle·ge** *f* care of one's/the feet; *(professionell)* pedicure **Fuß·pfle·ger(in)** *m(f)* chiropodist **Fuß·pilz** *m kein pl* athlete's foot **Fuß·pu·der** *m* foot powder **Fuß·re·flex·zo·nen·mas·sa·ge** *f* reflexology massage **Fuß·schal·ter** *m* foot[-operated] switch **Fuß·schweiß** *m* foot sweat; **an ~ leiden** to suffer from sweaty feet **Fuß·soh·le** *f* sole [of a/the foot] **Fuß·spit·ze** *f* toes *pl;* **passen die Schuhe? – nein, ich stoße mit der ~ an** do the shoes fit? no, my toes are pressing at the end **Fuß·spur** *f meist pl* footprints *pl* **Fuß·stap·fen** <-s, -> *m* footprint; **in jds ~ treten** *(fig)* to follow in sb's footsteps *fig* **Fuß·stüt·ze** *f* ➊ *(Stütze beim Sitzen)* footrest ➋ *(in Schuhen)* arch support **Fuß·tritt** *m* kick; **einen ~ bekommen** [*o fam:* **kriegen**] to get kicked [*or* a kick]; **jdm einen ~ geben** [*o geh:* **versetzen**] to give sb a kick, to kick sb **Fuß·volk** *nt kein pl* ➊ MIL *(veraltet)* infantry, foot soldiers *pl* ➋ *(pej: bedeutungslose Masse)* ▪ **das ~** the rank and file **Fuß·weg** *m* ➊ *(Pfad)* footpath ➋ *(beanspruchte Zeit zu Fuß)* **es sind nur 15 Minuten ~** it's only 15 minutes [*or* a 15-minute] walk

futsch [fʊtʃ] *adj pred* bust *fam;* **~ sein** to have had it *fam;* **~ sein** *Geld* a. to be gone *fam*

Fut·ter[1] <-s, -> [ˈfʊtɐ] *nt (tierische Nahrung)* [animal] feed; *von Pferd, Vieh a.* fodder; **dem Hund/der Katze ~ geben** to feed the dog/cat ▶ WENDUNGEN: **gut im ~ sein** [*o* **stehen**] to be well-fed [*or* -fattened]

Fut·ter[2] <-s, -> [ˈfʊtɐ] *nt kein pl* ➊ *(Innenstoff, Auskleidung)* lining ➋ *(Spannfutter)* chuck

Fut·te·ral <-s, -e> [fʊtaˈraːl] *nt* case

Fut·ter·ge·trei·de *nt* fodder [*or* forage] cereal **Fut·ter·krip·pe** *f (Futterbehälter)* manger; ▶ WENDUNGEN: **an der ~ sitzen** *(fam)* to have got it easy

fut·tern [ˈfʊtɐn] I. *vi (hum fam)* to stuff oneself *fam* II. *vt (hum fam)* ▪ **etw ~** to scoff sth

füt·tern[1] [ˈfʏtɐn] *vt* ▪ **jdn** [mit etw *dat*] **~** to feed sb [with [or on] sth]; ■ **ein Tier** [mit etw *dat*] ~ [o einem Tier etw ~] to feed an animal on sth, to give an animal sth [to eat]; „**F~ verboten**" "do not feed the animals"; **Hafer/Klee ~** to feed an animal with [or on] oats/clover

füt·tern² ['fʏtɐn] *vt (mit einem Stofffutter versehen)* ■ **etw** [mit etw *dat*] ~ to line sth [with sth]; **etw neu** ~ to re[-]line sth

Fut·ter·napf *m* [feeding] bowl **Fut·ter·neid** *m* ❶ ZOOL envy of another animal's food ❷ PSYCH jealousy; ~ **haben** *(fig)* to be jealous **Fut·ter·pflan·ze** *f* fodder crop, forage plant [or crop] **Fut·ter·sack** *m* nosebag

Fut·ter·stoff *m* lining [material] **Fut·ter·trog** *m* feeding trough
Füt·te·rung <-, -en> *f* feeding
Fu·tur <-s, -e> [fu'tuːɐ̯] *nt* LING future [tense]
fu·tu·risch [fu'tuːrɪʃ] *adj* LING future *attr*
Fu·tu·ris·mus <-> [futu'rɪsmʊs] *m kein pl* futurism
fu·tu·ris·tisch [futu'rɪstɪʃ] *adj* futurist[ic]
Fu·tu·ro·lo·ge, Fu·tu·ro·lo·gin <-n, -n> [futuro'loːgə, -'loːgɪn] *m, f* futurologist
Fu·tu·ro·lo·gie <-> [futurolo'giː] *f kein pl* futurology no pl

Gg

G, g <-, - *o fam* -s, -s> [geː] *nt* ❶ *(Buchstabe)* G, g; ~ **wie Gustav** G for [or AM as in] George; *s. a.* **A 1** ❷ MUS G, g; *s. a.* **A 2**

g g *Abk von* **Gramm** g, gram, gramme BRIT
G-8 [geːʔaxt] *f* ÖKON, POL *(Gemeinschaft führender Industrienationen)* G-8, Group of Eight; **~-Gipfel** G-8 summit; **~-Treffen** meeting of the G-8 members
gab ['gaːp] *imp von* **geben**
Ga·bar·di·ne <-s> ['gabardiːn] *m kein pl* gabardine, gaberdine
Ga·be <-, -n> ['gaːbə] *f* ❶ *(geh: Geschenk)* gift, present; REL offering; **eine milde ~** alms *pl*, a small donation *hum* ❷ *(Begabung)* gift; **die ~ haben, etw zu tun** to have a [natural] gift of doing sth ❸ *kein pl MED (das Verabreichen)* administering *no indef art, no pl* ❹ SCHWEIZ *(Preis, Gewinn)* prize
Ga·bel <-, -n> ['gaːbl̩] *f* ❶ *(Essens~)* fork ❷ *(Heu~, Mist~)* pitchfork ❸ *(~deichsel)* shafts *pl*; *(Rad~)* fork ❹ TELEK cradle, rest; **du hast den Hörer nicht richtig auf die ~ gelegt** you haven't replaced the receiver properly ❺ JAGD spire
Ga·bel·bis·sen *m* ❶ *(Heringsfilet)* rollmops ❷ *(Appetithappen)* canapé **Ga·bel·flug** *m* open-jaw flight **Ga·bel·früh·stück** *nt* mid-morning snack, elevenses + *sing/pl verb* BRIT *fam*
ga·beln ['gaːbl̩n] *vr* **sich ~** to fork; **hier gabelt sich der Weg** the path [or road] forks here
Ga·bel·stap·ler <-s, -> [-ʃtaːplɐ] *m* fork-lift truck
Ga·be·lung <-, -en> ['gaːbəlʊŋ] *f* fork
Ga·ben·tisch *m* table for laying out presents
Ga·bun <-s> [ga'buːn] *nt* Gabun, Gabon; *s. a.* **Deutschland**
Ga·bu·ner(in) <-s, -> [ga'buːnɐ] *m(f)* Gabonese; *s. a.* **Deutsche(r)**
ga·bu·nisch [ga'buːnɪʃ] *adj* Gabonese; *s. a.* **deutsch**
ga·ckern ['gakɐn] *vi* ❶ *Huhn* to cluck ❷ *(fig fam: kichern)* to cackle *fig*
Ga·do·li·ni·um <-s> [gado'liːni̯ʊm] *nt kein pl* CHEM gadolinium *no pl, no art*
gaf·fen ['gafn̩] *vi (pej)* ■ **[nach jdm/etw]** ~ *(fam)* to gape [or BRIT *pej fam* gawp] [at sb/sth], to stare [at sb/sth]; **was gaffst du so?** what are you gawping [or gaping] at!
Gaf·fer(in) <-s, -> *m(f) (pej)* gaper, gawper BRIT *pej*
Gag <-s, -s> [gɛk] *m (fam)* joke, gag; **~s über jdn/etw machen** to do gags about sb/sth; *(Spaß)* stunt, gag
ga·ga [ga'ga] *adj prädikativ, inv (pej fam)* gaga *pej fam*
Ga·ge <-, -n> ['gaːʒə] *f bes* THEAT fee
gäh·nen ['gɛːnən] *vi* ❶ *(Müdigkeit, Langeweile)* yawn; ■ **ein G~** a yawn; **das G~ unterdrücken** to stop oneself [from] yawning, to stifle a yawn; **zum G~** [langweilig] **sein** to be one big yawn ❷ *(geh: sich auftun)* to yawn; **ein ~es Loch** a gaping hole

GAL <-> *f kein pl Abk von* **Grün-Alternative-Liste** electoral pact of green and alternative parties
Ga·la <-, -s> ['gaːla] *f* ❶ *kein pl* formal [or festive] dress *no pl*; **sich in ~ werfen** [o *fam:* schmeißen] to get all dressed up [to the nines] *fam,* to put on one's Sunday best *fam* ❷ *s.* **Galavorstellung**
Ga·la·abend *m* gala evening **Ga·la·an·zug** *m kein pl* ❶ *(festliche Kleidung)* formal [or evening] dress ❷ MIL ceremonial dress **Ga·la·di·ner** [-dineː] *nt* formal dinner **Ga·la·emp·fang** *m* formal reception
ga·lak·tisch [ga'laktɪʃ] *adj* galactic
ga·lant [ga'lant] *adj (veraltend)* ❶ *(betont höflich gegenüber Damen)* chivalrous *dated* ❷ *(amourös)* amorous; **eine ~es Abenteuer** an amorous adventure
Ga·la·pa·gos·fink [ga'lapagɔs-] *m s.* **Darwinfink**
Ga·la·uni·form *f* ceremonial [or full dress] uniform **Ga·la·vor·stel·lung** *f* THEAT gala performance
Ga·la·xie <-, -n> [gala'ksiːən] *pl:* gala'ksi:ən] *f* galaxy
Ga·lee·re <-, -n> [ga'leːrə] *f* galley
Ga·lee·ren·skla·ve, -skla·vin *m, f* galley slave **Ga·lee·ren·sträf·ling** *m* galley slave
Ga·le·o·ne <-, -n> [gale'oːnə] *f* HIST galleon
Ga·le·rie <-, -n> [galə'riː, *pl:* -'riːən] *f* ❶ ARCHIT gallery ❷ *(Gemälde~)* art gallery; *(Kunsthandlung)* art dealer's ❸ *(a. hum: Menge, Reihe)* collection; **meine Oma besitzt eine ganze ~ hässlicher Vasen** my granny has quite a collection of ugly vases ❹ *(Geschäftspassage)* arcade ❺ ÖSTERR, SCHWEIZ *(Tunnel mit fensterartigen Öffnungen)* gallery
Ga·le·rist(in) <-en, -en> [galə'rɪst] *m(f)* proprietor of an art dealer's [shop], proprietor of a gallery
Gal·gen <-s, -> ['galgn̩] *m* ❶ *(zum Erhängen)* gallows + *sing vb,* gibbet; **jdn an den ~ bringen** to send sb to the gallows; **jdn am ~ hinrichten** to hang sb [from the gallows] ❷ FILM boom
Gal·gen·frist *f (fam)* stay of execution, reprieve; **eine ~ erhalten** to receive a stay of execution; **jdm eine ~** [o *geh:* **einräumen**] **geben** to grant sb a reprieve [or stay of execution] **Gal·gen·hu·mor** *m* gallows humour [or AM -or] **Gal·gen·vo·gel** *m (pej veraltend)* gallows bird *old,* rogue *dated*
Ga·li·cisch [ga'liːtsɪʃ] *nt dekl wie adj* Galician; *s. a.* **Deutsch**
Ga·li·ci·sche <-n> *nt* ■ **das ~** Galician, the Galician language; *s. a.* **Deutsche**
Ga·li·läa <-s> [gali'lɛːa] *nt kein pl* Galilee
Ga·li·ons·fi·gur [ga'li̯o:ns-] *f (a. fig)* figurehead *a. fig*
Gä·lisch ['gɛːlɪʃ] *nt decl wie adj* Gaelic; *s. a.* **Deutsch**

gä·lisch ['gɛːlɪʃ] *adj* ❶ *(keltisch)* Gaelic; *s. a.* **deutsch 1** ❷ LING Gaelic; *s. a.* **deutsch 2**

Gä·li·sche <-n> *nt* ◼**das** ~ Gaelic, the Gaelic language; *s. a.* **Deutsche**

Ga·li·zi·er <-s, -> *m,* **Ga·li·zi·er·krebs** <-, -e> [ga'li:tsi̯ɐ(-)] *m* freshwater crayfish

Gall·ap·fel ['gal-] *m* oak gall, oak apple, gallnut

Gal·le <-, -n> ['galə] *f* ❶ *(~nblase)* gall-bladder ❷ *(Eichen~) s.* **Gallapfel** ❸ *(Gallenflüssigkeit)* bile, gall; **bitter wie ~** as bitter as gall [*or old* wormwood] ▶WENDUNGEN: **jdm kommt die ~ hoch** sb's blood begins to boil; **jdm läuft die ~ über** sb is seething [*or* livid]; **~ verspritzen** to pour out one's venom

gal·le(n)·bit·ter ['galə(n)'bɪtɐ] *adj (äußerst bitter)* as bitter as gall, extremely bitter, caustic; **~er Humor** a caustic sense of humour [*or* AM -or] **Gal·len·bla·se** *f* gall bladder **Gal·len·gang** *m* bile duct **Gal·len·grieß** *m* small gallstones *pl* **Gal·len·ko·lik** *f* biliary colic **Gal·len·lei·den** *nt* gall bladder complaint **Gal·len·säu·re** *f* bile acid; BOT gallic acid **Gal·len·stein** *m* gallstone

Gal·lert <-[e]s, -e> ['galɐt, ga'lɛrt] *nt,* **Gal·ler·te** <-, -n> [ga'lɛrtə, 'galɐtə] *f* jelly

gal·lert·ar·tig [ga'lɛrt-] *adj* gelatinous

Gal·li·en <-s> ['gali̯ən] *nt* HIST Gaul

Gal·li·er(in) <-s, -> ['gali̯ɐ] *m(f)* HIST Gaul

gal·lig ['galɪç] *adj* caustic; **eine ~e Bemerkung** a caustic remark; **~er Humor** a caustic sense of humour [*or* AM -or]

gal·lisch ['galɪʃ] *adj* Gallic; *s. a.* **deutsch**

Gal·li·um <-s> ['gali̯ʊm] *nt kein pl* CHEM gallium *no pl*

Gal·lo·ne <-, -n> [ga'lo:nə] *f* gallon

Gall·wes·pe ['gal-] *f* ZOOL gall wasp

Ga·lopp <-s, -s *o* -e> [ga'lɔp] *m* ❶ *(Pferdegangart)* gallop; **in gestrecktem ~** at full gallop; **in ~ fallen** to break into a gallop; **im ~** *(a. fig)* at a gallop, at top [*or* full] speed *fig;* **sie erledigte die Einkäufe im ~** she did the shopping at top speed; **langsamer ~** canter ❷ *(Tanz)* galop

ga·lop·pie·ren* [galɔ'pi:rən] *vi* haben *o* sein to gallop

galt ['galt] *imp von* **gelten**

gal·va·nisch [gal'va:nɪʃ] *adj* galvanic

Gal·va·ni·seur(in) <-s, -e> [galvani'zø:ɐ] *m(f)* electroplater, galvanizer [*or* BRIT *a.* -iser]

gal·va·ni·sie·ren* [galvani'zi:rən] *vt* **etw ~** to electroplate sth, to galvanize sth

Ga·ma·sche <-, -n> [ga'maʃə] *f (veraltet)* gaiter *dated;* **kurze ~** spat; **Wickel~** puttee

Gam·be <-, -n> ['gambə] *f* MUS viola da gamba

Gam·bia <-s> ['gambi̯a] *nt* the Gambia; *s. a.* **Deutschland**

Gam·bi·er(in) <-s, -> ['gambi̯ɐ] *m(f)* Gambian; *s. a.* **Deutsche(r)**

gam·bisch ['gambɪʃ] *adj* Gambian; *s. a.* **deutsch**

Game·boy® <-s, -s> ['ge:mbɔy] *m* Gameboy®

Gam·ma·strah·len *pl* PHYS, MED gamma rays *pl*

gam·me·lig ['gaməlɪç] *adj (pej fam)* ❶ *(ungenießbar)* bad, rotten; **ein ~es Stück Käse** a piece of stale cheese ❷ *(unordentlich)* scruffy; **ein ~es Auto** an old banger *fam;* **~e Kleidung** scruffy [*or* grotty] clothes BRIT; **~ herumlaufen** to walk around looking scruffy

gam·meln ['gamln] *vi* ❶ *(ungenießbar werden)* to go off, to spoil ❷ *(fam: herumhängen)* to laze [*or fam* loaf] [*or sl* bum] around

Gamm·ler(in) <-s, -> ['gamlɐ] *m(f) (veraltend fam)* layabout *fam,* loafer *fam, sl*

Gams <-, -[en]> ['gams] *f* JAGD ÖSTERR, SÜDD *(Gämse)* chamois

Gams·bart, Gäms·bartRR *m* JAGD, MODE *tuft of chamois hair worn as a hat decoration* **Gams·bock, Gäms·bock**RR *m* chamois buck

Gäm·seRR <-, -n> ['gɛmzə] *f* chamois

Gams·le·der *nt,* **Gäms·le·der**RR *nt* chamois leather

gang ['gaŋ] *adj* **~ und gäbe sein** to be customary, to be the norm

Gang¹ <-[e]s, Gänge> ['gaŋ, *pl:* 'gɛŋə] *m* ❶ *kein pl (~art)* walk, gait, way of walking; **ich erkenne ihn schon am ~** I recognize him from the way he walks; **sie beschleunigte ihren ~** she quickened [*or* speeded up] her pace; **er verlangsamte seinen ~** he slowed down; **aufrechter ~** upright carriage; **einen federnden ~ haben** to have a spring in one's step; **einen hinkenden ~ haben** to walk with a limp; **einen schnellen ~ haben** to walk quickly; **einen unsicheren ~ haben** to be unsteady on one's feet ❷ *(Weg)* walk; **sein erster ~ war der zum Frühstückstisch** the first thing he did was to go to the breakfast table; **ich traf sie auf dem ~ zum Arzt** I bumped into [*or* met] her on the way to the doctor's; *(Besorgung)* errand; **einen ~ machen** [*o tun*] to go on an errand; **ich muss heute in der Stadt einige Gänge erledigen** I must do [*or go on*] a few errands in town today; **machst du für mich einen ~ zur Bank?** could you go to the bank for me?; **einen schweren ~ tun** to do sth difficult ❸ *kein pl* TECH *(Bewegung)* action, operation; **den Motor in ~ halten** to keep the engine running; **ihre Uhr hat einen gleichmäßigen ~** her clock operates smoothly; **etw in ~ bringen** [*o setzen*] to start [up *sep*] sth, to get sth going, to get sth off the ground [*or* running] *a. fig;* **den Motor wieder in ~ bringen** to get the engine going again; **in ~ kommen** to get off the ground; **die Vorbereitungen sind endlich in ~ gekommen** the preparations are finally underway; **mit diesem Schalter wird die Anlage in ~ gesetzt** this switch starts up the plant ❹ *(Ablauf)* course; **der ~ der Ereignisse** the course of events; **er verfolgte den ~ der Geschäfte** he followed the company's developments; **seinen gewohnten** [*o alten*] **~ gehen** to run its usual course; **alles geht wieder seinen gewohnten ~** everything is proceeding as normal; **im ~e** [*o in ~*] **sein** to be underway; *(Handlung [einer Erzählung/eines Filmes etc.]* development [of a narration's/film's etc. plot] ❺ *(in einer Speisenfolge)* course ❻ AUTO gear; *(Fahrrad)* a. speed; **einen ~ einlegen** to engage a gear; **vorsichtig den ersten ~ einlegen!** carefully engage first gear!; **hast du den zweiten ~ drin?** *(fam)* are you in second gear?; **den ~ herausnehmen** to engage neutral, to put the car into neutral; **in den 2. ~ schalten** to change into 2nd gear; **einen ~ zulegen** *(fig)* to get a move on *fig* ❼ *(eingefriedeter Weg)* passageway; **rings um das Atrium führte ein überdachter ~** there was a covered walkway all around the atrium; *(Korridor)* corridor; **bitte warten Sie draußen auf dem ~** please wait outside in the corridor; *Theater, Flugzeug, Kirche, Laden, Stadion* aisle; *(Säulen~)* colonnade, passage; *(Berg-werk~)* tunnel, gallery ❽ *(Erz~)* vein ❾ ANAT duct; *(Gehör~)* meatus ▶WENDUNGEN: **den ~ nach Canossa antreten** to eat humble pie *fam;* **in die Gänge kommen** *(fam)* to get going; **er braucht 6 Tassen Kaffee, um morgens in die Gänge zu kommen** he needs 6 cups of coffee to get going in the morning; **in [vollem] ~ sein** to be in full swing; **im ~e sein gegen jdn** to act against sb's interests; **es ist etwas im ~e** something's up *fam*

Gang² <-, -s> [gɛŋ] *f* gang

Gang·art *f* ❶ *(Art des Gehens)* gait, walk, way of walking; *(bei Pferden)* gait, pace; **er hat eine etwas schleppende ~** he drags his feet when he walks; **in eine andere ~ fallen** to change pace; **eine harte ~ anschlagen** *(fig)* to take a tough stance [*or* line] *fig;* **eine schnellere ~ anschlagen** to quicken one's pace, to walk faster ❷ SPORT *(Verhaltensweise)* action

gang·bar *adj* ❶ *(begehbar)* passable ❷ *(fig)* practicable; **etw für einen ~en Weg halten** to view sth as a practicable plan of action; **eine ~e Lösung** a practicable solution

Gän·gel·band <-[e]s, <*selten* -bänder> *nt* **jdn am ~ führen/haben/halten** *(pej)* to keep sb tied to one's apron strings *pej*

Gän·ge·lei <-, -en> [gɛŋəˈlai] *f (pej)* ≈ nagging *pej*

gän·geln [ˈgɛŋln] *vt (pej)* ▪ **jdn ~** to treat sb like a child *pej*

gän·gig [ˈgɛnɪç] *adj* ❶ *(üblich)* common; **ein ~er Brauch** a common custom ❷ *(gut verkäuflich)* in demand, popular; **die ~ste Ausführung** the bestselling model ❸ *(im Umlauf befindlich)* current; **die ~e Währung** the currency in circulation, the local currency

Gan·gli·en [ˈgaŋliən] *pl* ANAT ganglia *pl*

Gang·schal·tung *f* gears *pl*

Gangs·ter <-s, -> [ˈgɛnstɐ] *m (pej)* gangster *pej*

Gangs·ter·ban·de [ˈgɛnstɐ-] *f* gang [*or* band] of criminals **Gangs·ter·boss**ᴿᴿ [ˈgɛnstɐ-] *m* gangland boss **Gangs·ter·me·tho·den** [ˈgɛnstɐ-] *pl (pej)* gangster methods *pl pej*

Gang·way <-, -s> [ˈgɛnveː] *f* gangway

Ga·no·ve <-n, -n> [gaˈnoːvə] *m* ❶ *(pej fam: Verbrecher)* crook *pej fam* ❷ *(hum fam: listiger Kerl)* sly old devil *hum fam*

Ga·no·ven·eh·re *f* honour [*or* AM -or] among[st] thieves **Ga·no·ven·spra·che** *f* thieves' argot *no pl*

Gans <-, Gänse> [ˈgans, *pl:* ˈgɛnzə] *f* ❶ *(Tier)* goose; *(Gänsebraten)* roast goose ❷ *(Schimpfwort)* **blöde** [*o* **dumme**] **~** *(pej fam)* silly goose *pej fam*

Gans·bra·ten *m* ÖSTERR *(Gänsebraten)* roast goose

Gäns·chen <-s, -> [ˈgɛnsçən] *nt dim von* **Gans** gosling

Gän·se·blüm·chen *nt* daisy **Gän·se·bra·ten** *m* roast goose **Gän·se·brä·ter** *m* oval roasting tin for roasting goose **Gän·se·brust** *f* goose breast **Gän·se·con·fit** *nt* goose confit **Gän·se·fe·der** *f* goose feather [*or* quill] **Gän·se·fuß** *m* BOT goosefoot **Gän·se·füß·chen** *pl (fam)* inverted commas *pl,* quotation marks *pl,* quotes *pl fam* **Gän·se·gei·er** *m* griffon vulture **Gän·se·haut** *f kein pl* goose flesh *no pl, esp* AM goose bumps *pl;* **eine ~ bekommen** [*o fam:* **kriegen**] to go all goose-pimply, to get goose-pimples [*or esp* AM bumps] **Gän·se·keu·le** *f* leg of goose **Gän·se·kiel** *m* goose-quill **Gän·se·klein** <-s> *nt kein pl* goose giblets *pl* **Gän·se·le·ber** *f* goose liver **Gän·se·le·ber·pas·te·te** *f* pâté de foie gras **Gän·se·marsch** *m kein pl* **im ~** in single file; **im ~** in single file

Gän·se·rich <-s, -e> [ˈgɛnzərɪç] *m* gander

Gän·se·sä·ger *m* ORN goosander, common merganser **Gän·se·schmalz** *nt* goose dripping **Gän·se·wein** *m kein pl (hum veraltend: Wasser)* Adam's ale *hum dated*

Gan·ter <-s, -> [ˈgantɐ] *m* NORDD *(Gänserich)* gander

ganz [gants] **I.** *adj* ❶ *(vollständig)* all, entire, whole; **die ~e Arbeit** all the work; **die ~e Wahrheit** the whole truth; **die ~e Zeit** all the time, the whole time; **es regnet schon den ~en Tag** it's been raining all day; **man hat mir die ~en 500 Euro geklaut!** someone has pinched my entire 500 euros!; **ist das Ihre ~e Auswahl an CDs?** are those all the CDs you've got?; **~ Berlin schaute zu, als das letzte Stück Mauer entfernt wurde** the whole of [*or* all] Berlin looked on as the last piece of the wall was removed; **diese Verordnung gilt in ~ Bayern** this regulation applies to the whole of [*or* throughout] Bavaria; **wir fuhren durch ~ Italien** we travelled all over Italy; *(pej fam)* all; **der ~e Schrott wanderte in den Müll** all that rubbish ended up on the scrap heap; **das ~e Theater wegen einer Frau** all that fuss over a woman; *s. a.* **Ganze(s)** ❷ *(unbestimmtes Zahlwort)*

eine ~e Drehung a complete turn; **eine ~e Menge** quite a lot; **eine ~e Note** a semibreve; **~e Zahl** whole number, integer ❸ *(fam: unbeschädigt)* intact; **hoffentlich sind unsere guten Gläser noch ~** I hope our good glasses are still in one piece; **etw wieder ~ machen** to mend sth; **wieder ~ sein** to be mended; **das Auto ist wieder ~** the car has been repaired ❹ *(fam: nicht mehr als)* no more than; **sie verdient ~e 3.200 Euro im Monat** she earns all of 3,200 euros a month **II.** *adv* ❶ *(sehr, wirklich)* really; **das war ~ lieb von dir** that was really kind of you; **etwas ~ Dummes** something really stupid; **das hast du ja ~ toll hinbekommen!** *(iron)* you've made a really good job of that! *iron;* **der Kuchen ist dir ~ wunderbar gelungen** you've made a really good job of this cake; **~ besonders** especially, particularly; **das war ~ besonders ungeschickt von dir** that was particularly careless of you!; **ist das auch ~ bestimmt die Wahrheit?** are you sure you're telling the whole truth? ❷ *(ziemlich)* quite; **ich verdiene eigentlich ein ~ gutes Gehalt** I earn quite a good salary really; **der Vorschlag ist ~ interessant** the proposal is quite interesting ❸ *(vollkommen)* completely; **das Kind war ~ mit Schlamm bedeckt** the child was completely covered in mud; **du bist ~ nass** you're all wet; **er ist ~ der Vater** he is just like his father; **~ gewiss** definitely; **~ und gar** completely, utterly; **das ist ~ und gar etwas anderes** that is something completely different; **~ und gar nicht** not at all, not in the least; **etw ~ oder gar nicht machen** to do sth properly or not at all; **etw ~ lesen** to read sth from cover to cover; **ich habe die Zeitschrift noch nicht ~ gelesen** I haven't finished reading the magazine yet; **~ Recht haben** to be quite [*or* absolutely] right; **~ allein sein** to be all alone; **~ gleich, was passiert, ich bleibe bei dir** no matter what happens, I stay with you; **das ist mir ~ gleich** it's all the same to me; **ich muss diesen Wagen haben, ~ gleich, was er kostet!** I must have this car, no matter what it costs; **~ wie Sie wünschen/meinen** just as you wish/think best ❹ KOCHK **~ durch** well-done ❺ *(extreme räumliche Position ausdrückend)* **~ hinten/vorne** right at the back/front; *s. a.* **gleich**

Ganz·auf·nah·me *f* full-length photograph

Gan·ze(s) *nt decl wie adj* ❶ *(alles zusammen)* whole; **etw als ~ sehen** to see sth as a whole; **was macht das ~?** how much is that all together?; **im ~n** on the whole, all in all; **das Essen war im ~n gut** on the whole the meal was good ❷ *(die ganze Angelegenheit)* the whole business; **das ~ hängt mir zum Halse heraus** I've had it up to here with everything!; **das ist nichts ~s und nichts Halbes** that's neither one thing nor the other ▸ WENDUNGEN: **aufs ~ gehen** *(fam)* to go for broke; **es geht [für jdn] ums ~** everything is at stake [for sb]; **im Großen und ~n** on the whole; **im großen ~n** all in all; **das ~ halt!** MIL company halt!

Gän·ze <-> [ˈgɛntsə] *f kein pl (geh)* entirety; **in seiner/ihrer ~** in its entirety; **zur ~** completely, entirely

ganz·flä·chig *adj* all over

Ganz·heit <-, <*selten* -en> *f (Einheit)* unity; *(Vollständigkeit)* entirety; **in seiner/ihrer ~** in its entirety; **man muss das Ökosystem in seiner ~ betrachten** you have to look at the ecosystem as a whole

ganz·heit·lich **I.** *adj* integral *attr;* **eine ~e Betrachtungsweise** an integral way of viewing things **II.** *adv* all in all; **etw ~ betrachten** to look at sth in its entirety

Ganz·heits·me·di·zin *f kein pl* holistic medicine *no pl* **Ganz·heits·me·tho·de** *f kein pl* SCH 'look and say' method

ganz·jäh·rig *adj* all [the] year round

Ganz·kör·per·be·strah·lung f whole [or total] body irradiation

Ganz·lei·nen nt pure linen

gänz·lich ['gɛntslɪç] I. adj (selten) complete, total II. adv completely, totally; **jdm/einer S. ~ zustimmen** to unreservedly agree with sb/to sth

ganz·sei·tig adj full-page **ganz·tä·gig** I. adj all-day; **~e Betreuung** round-the-clock supervision; **eine ~e Stelle** a full-time job II. adv all day; **das Schwimmbad ist ~ geöffnet** the swimming pool is open all day **Ganz·tags·schu·le** f full-time day school **Ganz·ton** m MUS whole tone

gar¹ ['gaːɐ̯] adj ❶ KOCHK done, cooked; **etw ~ kochen** to cook [or boil] sth [until done]; **etw auf kleiner Flamme ~ kochen** to simmer sth until it's done; **~ sein/werden** to be done [or cooked]; **etw ~ schwenken** to sauté sth; **etw ~ ziehen** to poach sth ❷ (bei Leder) dressed, tanned

gar² ['gaːɐ̯] adv ❶ (überhaupt) at all, whatsoever; **~ keine[r]** no one at all [or whatsoever]; **~ keiner hat die Tat beobachtet** no one whatsoever saw the crime; **~ keinen/keine/keines** none at all [or whatsoever]; **hattest du denn ~ keine Angst?** weren't you frightened at all?; **~ nicht** not at all; **er hat sich ~ nicht gefreut** he wasn't at all pleased; **wir kommen ~ nicht voran** we're not making any progress whatsoever; **~ nichts** nothing at all [or whatsoever]; **du hast noch ~ nichts [dazu] gesagt** you still haven't said anything at all [about it]; **~ nie** never ever; **~ niemand** not a soul, nobody [or no one] at all [or whatsoever]; **~ mancher** (liter) many a person; **~ manchmal** many a time; s. a. **ganz** ❷ ÖSTERR, SCHWEIZ, SÜDD (sehr) really; **es war ~ so kalt** it really was so cold; **ein ~ feinfühliger Mensch** a very sensitive person ❸ (geh: etwa) perhaps, by any chance; **bin ich dir mit meiner Bemerkung ~ zu nahe getreten?** did my remark offend you by any chance?; **hast du eine Wohnung oder ~ ein eigenes Haus?** have you a flat or even your own house? ❹ (emph: erst) even worse, even more so, to say nothing of; **die Suppe schmeckte schon nicht und ~ das Hauptgericht!** the soup didn't taste nice and the main course was even worse; **sie ist schon hässlich genug, aber ~ ihr Mann!** she's ugly enough, to say nothing of her husband!

Ga·ra·ge <-, -n> [ga'raːʒə] f garage

ga·ra·gie·ren* [gara'ʒiːrən] vt ÖSTERR ■ **etw ~** to put sth in the garage

Ga·ra·gist(in) <-en, -en> ['garaʒɪst] m(f) SCHWEIZ garage owner

Ga·rant(in) <-en, -en> [ga'rant] m(f) guarantor

Ga·ran·tie <-, -n> [garan'tiː, pl: -'tiːən] f ❶ ÖKON guarantee, warranty; **jdm ~ auf [o für] etw** akk **geben** to guarantee sth for sb; **~ haben** to be guaranteed; **unsere Elektrogeräte haben ein Jahr ~** our electrical appliances are guaranteed for a year [or have a year's guarantee]; **die ~ läuft ab** the guarantee expires [or runs out]; **auf ~** under guarantee ❷ (Sicherheit) guarantee; **für etw** akk **~ übernehmen** to give a guarantee for sth; **unter ~** (fam: ganz bestimmt) absolutely certain

ga·ran·tie·ren* [garan'tiːrən] I. vt (zusichern) ■ [jdm] **etw ~** to guarantee [sb] sth; ■ **jdm ~, dass** to guarantee sb that II. vi (für etw stehen) ■ **für etw** akk **~** to guarantee sth; **für die Qualität ~** to guarantee good quality

ga·ran·tiert adv (fam) for sure; **er hat den Termin ~ vergessen** I bet he has forgotten the appointment fam

Ga·ran·tie·schein m guarantee [or warranty] [certificate]

Gar·aus ['gaːɐ̯ʔaus] m ▶WENDUNGEN: **jdm den ~ machen** (fam) to do sb in fam, to bump sb off fam; **einer S.** dat **den ~ machen** to put an end to [or stop] sth

Gar·be <-, -n> ['garbə] f ❶ (Getreidebündel) sheaf ❷ MIL **eine ~ abgeben** to fire a short burst

Gar·da·see ['garda-] m Lake Garda

Gar·de <-, -n> ['gardə] f guard; **die königliche ~** the household troops; **bei der ~** in the Guards; **noch von der alten ~ sein** (fig) to be one of the old guard fig **Gar·de·maß** nt kein pl eligible height to join the Guards; ▶WENDUNGEN: **~ haben** (fam) to be as tall as a tree fam **Gar·de·of·fi·zier** m Guards officer **Gar·de·re·gi·ment** nt Guards regiment

Gar·de·ro·be <-, -n> [gardə'roːbə] f ❶ (Kleiderablage) hall-stand; (Aufbewahrungsraum) cloakroom ❷ kein pl (geh: Kleidung) wardrobe ❸ THEAT (Ankleideraum) dressing-room

Gar·de·ro·ben·frau <-, -frauen> f fem form von **Garderobenmann Gar·de·ro·ben·ha·ken** m coat hook **Gar·de·ro·ben·mann, -frau** <-männer> m, f cloakroom attendant **Gar·de·ro·ben·mar·ke** f cloakroom disc [or number] **Gar·de·ro·ben·schrank** m hall cupboard **Gar·de·ro·ben·stän·der** m hat-stand

Gar·de·ro·bier <-s, -s> [gardəro'bie:] m THEAT dresser **Gar·de·ro·bie·re** <-, -n> [gardəro'bie:rə] f ❶ THEAT dresser ❷ (veraltend) s. a. **Garderobenfrau**

Gar·di·ne <-, -n> [gar'diːnə] f net curtain; ▶WENDUNGEN: **hinter schwedischen ~n** (hum fam) behind bars fam

Gar·di·nen·pre·digt f (hum fam) telling-off fam; **jdm eine ~ halten** to give sb a telling-off [or dressing down] **Gar·di·nen·stan·ge** f curtain rod

ga·ren ['gaːrən] I. vt ■ **etw ~** to cook sth II. vi to cook; **auf kleiner Flamme ~** to simmer

gä·ren ['gɛːrən] vi haben o sein ❶ (sich in Gärung befinden) to ferment ❷ (fig) to seethe; **etw gärt in jdm** sth is making sb seethe; **die Wut hatte schon lange in ihm gegärt** he had been seething with fury a long time

Ga·ret·te <-, -n> [ga'rɛtə] f SCHWEIZ wheelbarrow

Gar·flüs·sig·keit f cooking liquids pl **Gar·fo·lie** f baking foil **Gar|ko·chen** vt s. **gar¹** 1

Garn <-[e]s, -e> ['garn] nt ❶ (Faden) thread ❷ NAUT yarn; **ein ~ spinnen** to spin a yarn fig ▶WENDUNGEN: **jdm ins ~ gehen** to fall [or walk] into sb's trap; **jdn ins ~ locken** to lure sb into a trap

Gar·ne·le <-, -n> [gar'neːlə] f prawn

gar·ni [gar'niː] s. **Hotel garni**

gar·nie·ren* [gar'niːrən] vt ❶ **etw [mit etw** dat] **~** ❷ KOCHK (verzieren) to garnish sth [with sth] ❷ (fig: aufbessern) to embellish sth with sth

Gar·nier·kamm m decorating scraper **Gar·nier·mes·ser** nt citrus zester **Gar·nier·tül·le** f piping bag

Gar·nie·rung <-, -en> f ❶ kein pl (das Garnieren) garnishing ❷ (Material zur ~) garnish

Gar·ni·son <-, -en> [garni'zoːn] f garrison; **in ~ liegen** [o sein] /**legen** to be garrisoned

Gar·ni·son(s)·stadt f garrison town

Gar·ni·tur <-, -en> [garni'tuːɐ̯] f ❶ (Satz) set; **eine ~ Unterwäsche** a set of underwear; **eine Couch~** a three-piece suite ❷ (fam: Klasse, Kategorie) representative; **die erste ~** the pick of the bunch fig; **erste/zweite ~ sein** to be first-rate/second-rate

Garn·knäu·el m o nt ball of thread [or yarn] **Garn·rol·le** f cotton reel, spool of cotton

Ga·rot·te, Gar·rot·te <-, -n> [ga'rɔtə] f garrotte

gar|schwen·ken vt s. **gar¹** 1

gars·tig ['garstɪç] adj (veraltend) ❶ (ungezogen) bad; **ein ~es Kind** a naughty child ❷ (abscheulich) horrible, nasty; **ein ~er Wind** a biting wind

Gar·ten <-s, Gärten> ['gartn̩, pl: 'gɛrtn̩] m garden; **botanischer/zoologischer ~** botanical/zoological gardens; **im ~ arbeiten** to work in the garden, to do some gardening; **der ~ Eden** the Garden of Eden

Gar·ten·an·la·ge f gardens pl, park **Gar·ten·ar·beit** f gardening no pl **Gar·ten·ar·chi·tekt(in)** m(f) landscape gardener [or architect] **Gar·ten·bau** m kein pl horticulture no pl **Gar·ten·blu·me** f garden [or cultivated] flower **Gar·ten·erb·se** f garden pea **Gar·ten·fest** nt garden party **Gar·ten·ge·mü·se** nt garden vegetable **Gar·ten·ge·rät** nt gardening implement [or tool] **Gar·ten·ge·stal·tung** f landscaping, garden design **Gar·ten·hag** <-häge> [-ha:k, pl: -he:gə] m SCHWEIZ (Garteneinfriedung) garden hedge [or fence] **Gar·ten·haus** nt ❶ (kleines Haus im Garten) summer house; (Geräteschuppen) [garden] shed ❷ (fam: Hinterhaus mit Garten) building at the back [or rear] **Gar·ten·he·cke** f garden hedge **Gar·ten·kräu·ter** nt pl pot-herbs **Gar·ten·kres·se** f garden cress **Gar·ten·lau·be** f ❶ (Geräteschuppen) [garden] shed; (kleines Haus im Garten) summer house ❷ (Pergola) arbour [or AM -or], bower **Gar·ten·lo·kal** nt open-air restaurant, beer garden **Gar·ten·mö·bel** pl garden furniture **Gar·ten·rot·schwanz** m ORN redstart **Gar·ten·sa·lat** m round lettuce **Gar·ten·schau** f horticultural [or gardening] show **Gar·ten·sche·re** f garden [or pruning] shears npl, secateurs npl BRIT **Gar·ten·schlauch** m garden hose **Gar·ten·sitz·platz** m SCHWEIZ (Terrasse) patio **Gar·ten·tor** nt garden gate **Gar·ten·zaun** m ❶ HORT (den Garten abgrenzender Zaun) garden [or picket] fence; **eine Unterhaltung über den ~ haben** to have a conversation across the garden fence ❷ SPORT (Hindernis beim Pferdesprung) picket fence ❸ INFORM hash [sign] **Gar·ten·zwerg** m ❶ HORT garden gnome ❷ (pej: Kleinwüchsiger) little squirt pej

Gärt·ner(in) <-s, -> ['gɛrtnɐ] m(f) ❶ (Berufs~) horticulturist ❷ (Freizeit~) gardener; s. a. **Bock**[1]

Gärt·ne·rei <-, -en> [gɛrtnə'rai] f ❶ (Gartenfachbetrieb für Setzlinge) nursery; (für Obst, Gemüse, Schnittblumen) market garden ❷ kein pl (fam: Gartenarbeit) gardening

gärt·ne·risch I. adj attr gardening; **eine ~e Ausbildung** horticultural training; **~e Gestaltung** landscaping; **~e Pflege** upkeep of the garden II. adv in terms of gardening

gärt·nern ['gɛrtnɐn] vi (fam) to do [a bit of] gardening **Gä·rung** <-, -en> ['gɛ:rʊŋ] f fermentation; **in ~ sein** (a. fig) to be fermenting, to be in turmoil fig; **in ~ übergehen** to start to ferment

gar|zie·hen vt s. **gar**[1] **1**

Gas <-es, -e> ['ga:s, pl: 'ga:zə] nt ❶ (luftförmiger Stoff) gas; **mit ~ kochen** to have gas [for cooking]; **jdn mit ~ vergiften** to gas sb ❷ (fam: ~pedal) accelerator; **~ geben** to accelerate; **gib' ~!** put your foot down! fam; [das] **~ wegnehmen** to take one's foot off the accelerator, to decelerate

Gas·alarm m warning of a gas attack **Gas·an·griff** m gas attack **Gas·be·häl·ter** m gasometer, gasholder **Gas·bren·ner** m gas burner **Gas·ent·wick·lung** f generation of gas **Gas·er·zeu·gung** f gas production **Gas·feu·er·zeug** nt gas lighter **Gas·fla·sche** f gas canister, cylinder **gas·för·mig** adj gaseous **Gas·ge·ruch** m smell of gas **Gas·hahn** m gas tap; **den ~ auf·drehen** (euph) to stick one's head in the [gas] oven euph **Gas·hei·zung** f gas heater; (ganzes System) gas heating **Gas·herd** m gas cooker **Gas·hül·le** f atmosphere **Gas·kam·mer** f HIST gas chamber **Gas·ko·cher** m camping stove **Gas·krieg** m gas warfare **Gas·lam·pe** f gas lamp **Gas·la·ter·ne** f gas [street] lamp **Gas·lei·tung** f gas pipe; (Hauptrohr) gas main **Gas·licht** nt gaslight **Gas·mann** m (fam) gasman fam **Gas·mas·ke** f gas mask **Gas·ofen** m (Heizungsofen) gas-fired furnace; (Backofen) gas oven;

(Herd) gas cooker [or stove]

Ga·so·lin <-s> [gazo'li:n] nt kein pl petroleum ether **Ga·so·me·ter** <-s, -> [gazo'me:tɐ] m (veraltend) gasometer

Gas·pe·dal nt accelerator [pedal] **Gas·pel·dorn** ['gaspl-] m BOT gorse bush **Gas·pis·to·le** f tear gas gun **Gäss·chen**RR, **Gäß·chen**ALT <-s, -> ['gɛsçən] nt dim von **Gasse** small alley

Gas·se <-, -n> ['gasə] f ❶ (schmale Straße) alley [or alleyway] ❷ (Durchgang) way through; **eine ~ bilden** to clear a path [or make way]; SPORT line-out; **sich** dat **eine ~ bahnen** to force one's way through ❸ (die Bewohner einer ~) street ❹ ÖSTERR (Straße) street; **auf der ~** on the street; **über die ~** to take away

Gas·sen·hau·er m (veraltet fam: Lied) popular song; (einfach) (Musik) popular tune

Gas·si ['gasi] **mit einem Hund] ~ gehen** (fam) to take a dog for a walk [or fam BRIT a. walkies]

Gast <-es, Gäste> ['gast, pl: 'gɛstə] m ❶ (eingeladene Person) guest; **ein willkommener** [o gern gesehener] **~ sein** to be a welcome guest; **geladener ~** invited guest; **ungeladener ~** uninvited guest, gatecrasher fam; **betrachten Sie sich als mein ~!** this one's on me! fam; **jdn zu ~ haben** (geh) to have sb staying [or BRIT round]; **bei jdm zu ~ sein** (geh) to be sb's guest[s]; **jdn zu ~[e] laden** [o bitten] (geh) to request the pleasure of sb's company form; (~star) special guest; **Ehren~** guest of honour [or AM -or]; **ein seltener ~** a rare visitor ❷ (Besucher einer fremden Umgebung) ~ **in einer Stadt/einem Land sein** to be a visitor to a city/country ❸ (Besucher eines Lokals, Hotels) customer; **wir bitten alle Gäste, ihre Zimmer bis spätestens 12 Uhr zu räumen** all guests are kindly requested to vacate their rooms by midday; **einen ~ bedienen** to serve a customer **Gast·ar·bei·ter(in)** m(f) guest worker

Gastarbeiter are foreign workers, living and working in Germany on a temporary basis. During the economic boom of the 1950s and 1960s, workers from southern European countries and Turkey were invited to work in the FRG, many of whom have since made Germany their home.

Gast·do·zent(in) m(f) guest [or visiting] lecturer **Gäs·te·buch** nt visitors' [or guest] book **Gäs·te·hand·tuch** nt towel [reserved] for guests **Gäs·te·haus** nt guesthouse **Gäs·te·sei·fe** f soap [reserved] for guests **Gäs·te·to·i·let·te** f toilet [reserved] for guests **Gäs·te·zim·mer** nt guestroom, spare room

gast·freund·lich adj hospitable **Gast·freund·schaft** f hospitality; **danke für deine ~!** thanks for your hospitality [or having me] **Gast·ge·ber(in)** <-s, -> m(f) host masc, hostess fem **Gast·ge·schenk** nt present for one's host **Gast·haus** nt inn **Gasthof** m inn **Gast·hö·rer(in)** m(f) SCH observer, auditor AM

gas·tie·ren [gas'ti:rən] vi to make a guest appearance **Gast·kon·zert** nt guest concert **Gast·land** nt host country

gast·lich ['gastlɪç] (geh) I. adj hospitable; **ein ~es Haus** a welcoming place II. adv hospitably; **jdn ~ empfangen** [o aufnehmen] to welcome sb into one's home

Gast·mann·schaft f visiting team, visitors pl **Gast·tod** m death as a result of gas poisoning **Gast·pro·fes·sor(in)** m(f) visiting professor **Gast·pro·fes·sur** f SCH guest professorship **Gast·recht** nt kein pl right to hospitality; **~ genießen** to be accorded the right to hospitality; **das ~ missbrauchen** to abuse sb's right to hospitality

Gas·tri·tis <-, Gastritiden> [gasˈtriːtɪs, pl: gas-triˈtiːdn̩] f gastritis

Gast·rol·le f THEAT guest part [or role]; **eine ~ geben** [o **spielen**] to make a guest appearance

Gas·tro·nom(in) <-en, -en> [gastroˈnoːm] m(f) restaurateur, restaurant proprietor

Gas·tro·no·mie <-, -n> [gastronoˈmiː, pl: -ˈmiːən] f ● (geh: Gaststättengewerbe) catering trade ● (geh: Kochkunst) gastronomy

gas·tro·no·misch adj gastronomic

Gast·spiel nt ● THEAT guest performance; **auf ~reise sein** to be on tour; **ein ~ geben** to give a guest performance; (fig fam: nur kurz angestellt sein) to be with a company for a brief period ● SPORT (Auswärtsspiel) away game [or match]

Gast·stät·te f restaurant

Gast·stät·ten·ge·wer·be nt catering trade

Gast·stu·be f Bar lounge; Restaurant restaurant

Gas·tur·bi·ne f gas turbine

Gast·vor·le·sung f SCH guest lecture **Gast·wirt(in)** m(f) (Besitzer) restaurant owner, proprietor; (Pächter) restaurant manager; Kneipe landlord masc, landlady fem **Gast·wirt·schaft** f s. **Gaststätte**

Gas·uhr f (fam) s. **Gaszähler Gas·ver·brauch** m gas consumption **Gas·ver·gif·tung** f gas poisoning **Gas·ver·sor·gung** f gas supply **Gas·wol·ke** f gas cloud **Gas·zäh·ler** m gas meter

GATT <-> [ˈgat] nt kein pl ÖKON (allgemeines Zoll- und Handelsabkommen) Akr von **General Agreement on Tariffs and Trade** GATT

Gat·te, Gat·tin <-n, -n> [ˈgatə, ˈgatɪn] m, f (geh) spouse form

Gat·ter <-s, -> [ˈgatɐ] nt ● (Holztor) gate ● (Holzzaun) fence ● (Rost) grating, grid ● JAGD [game] preserve

Gat·tung <-, -en> [ˈgatʊŋ] f ● BIOL genus ● KUNST, LIT category, genre

Gat·tungs·be·griff m generic concept **Gat·tungs·na·me** m ● (Name einer Gattung) generic name ● LING appellative

Gau <-[e]s, -e> [ˈgau] m o nt HIST ● (Bezirk) district (administrative district during the Nazi period) ● (Siedlungsbereich eines germanischen Stammes) region, area (a tribal district in Germanic times)

GAU <-s, -s> [ˈgau] m Akr von **größter anzunehmender Unfall** MCA

Gauch·heil [ˈgauxhail] m BOT pimpernel

Gau·di <-> [ˈgaudi] f o nt kein pl ÖSTERR, SÜDD (fam: Spaß) fun; **das war eine ~!** that was such good fun!; **sich** dat **eine ~ aus etw** dat **machen** to get a kick out of doing sth fam

Gauk·ler(in) <-s, -> [ˈgauklɐ] m(f) ● (veraltet: Artist, Akrobat, Erzähler) travelling [or AM traveling] entertainer [or performer] ● ORN bateleur eagle

Gaul <-[e]s, Gäule> [ˈgaul, pl: ˈgɔylə] m (pej: minderwertiges Pferd) nag pej, hack pej; **Acker~** workhorse ▶WENDUNGEN: **einem geschenkten ~ sieht** [o **schaut**] **man nicht ins Maul** (prov) never look a gift-horse in the mouth prov; s. a. **Schwanz**

Gau·lei·ter(in) <-s, -> m(f) HIST head of an administrative district during the Nazi period

Gaul·lis·mus <-> [goˈlɪsmʊs] m kein pl Gaullism no pl

Gaul·list(in) <-en, -en> [goˈlɪst] m(f) Gaullist

Gau·men <-s, -> [ˈgaumən] m ANAT palate; **harter/weicher ~** hard/soft palate; **einen feinen ~ haben** to have a discerning palate, to enjoy good food; **etw für den** [o **seinen**] **verwöhnten ~** a delicacy for the gourmet [or connoisseur]

Gau·men·freu·de f (geh) culinary delight **Gau·men·kit·zel** m (fam) treat for the taste buds fam **Gau·men·laut** m LING palatal [sound] **Gau·men·se·gel** nt soft palate **Gau·men·zäpf·chen** nt uvula

Gau·ner(in) <-s, -> [ˈgaunɐ] m(f) (pej) ● (Betrüger) crook pej, rogue pej, scoundrel pej ● (Schelm) rogue, picaro liter ● (fam: gerissener Kerl) crafty customer

Gau·ne·rei <-, -en> [gaunəˈrai] f (pej) cheating no pl pej, swindling no pl pej

Gau·ner·spra·che f thieves' argot

Ga·za·strei·fen [ˈgaːza-] m Gaza Strip

Ga·ze <-, -n> [ˈgaːzə] f gauze

Ga·zel·le <-, -n> [gaˈtsɛlə] f gazelle; **flink wie eine ~** as light-footed as a gazelle

Ge·äch·te·te(r) <-n, -n> [gəˈʔɛçtətə] f(m) decl wie adj (a. fig) outlaw, outcast a. fig

ge·ädert [gəˈʔɛːdɐt] adj ANAT, BOT veined

ge·ar·tet [gəˈʔaːɐtət] adj ● (veranlagt) disposed, natured; **gut ~e Kinder** good-natured children ● (beschaffen) constituted; **dieser Fall ist anders ~** the nature of this problem is different

Ge·äst <-[e]s> [gəˈʔɛst] nt kein pl boughs pl, branches pl

geb. Abk von **geboren** née

Ge·bäck <-[e]s, -e> [gəˈbɛk] nt pl selten (Plätzchen) biscuits pl; (Teilchen) pastries pl; (kleine Kuchen) cakes pl

ge·ba·cken pp von **backen**[1]

Ge·bäck·zan·ge f pastry tongs npl

Ge·bälk <-[e]s, -e> [gəˈbɛlk] nt pl selten (Balkenwerk) timberwork no pl, beams pl; ▶WENDUNGEN: **es knistert im ~** (fam) there's trouble brewing [or afoot]

ge·ballt **I.** adj ● (konzentriert) concentrated; s. a. **Ladung** ● (zur Faust gemacht) **~e Fäuste** clenched fists **II.** adv in concentration; **solche Probleme treten immer ~ auf** these kinds of problems never occur singly

ge·bannt adj (gespannt) fascinated, spellbound; **mit ~em Interesse** with fascination; **vor Schreck ~** rigid with fear; **wie ~** as if spellbound

ge·bar [gəˈbaːɐ̯] imp von **gebären**

Ge·bär·de <-, -n> [gəˈbɛːɐ̯də] f gesture, gesticulation; **eine drohende/beschwichtigende ~ machen** to make a threatening/soothing [or calming] gesture

ge·bär·den [gəˈbɛːɐ̯dn̩] vr haben ■ **sich ~** to behave

Ge·bär·den·spra·che f LING sign language

Ge·ba·ren <-s> [gəˈbaːrən] nt kein pl behaviour [or AM -or]; **du legst ein sonderbares ~ an den Tag** you are behaving strangely today; **geschäftliches ~** business-like conduct; **ein weltmännisches ~ haben** to conduct oneself [or behave] like a man of the world

ge·bä·ren <gebiert, gebar, geboren> [gəˈbɛːrən] **I.** vt ● (zur Welt bringen) ■ **geboren werden** to be born; **das Kind wurde einen Monat zu früh geboren** the child was born four weeks premature; ● [jdm] ein Kind ~ (veraltend) to bear [sb] a child dated ● (eine natürliche Begabung haben) ■ **zu etw geboren sein** to be born to sth; **er ist zum Schauspieler geboren** he is a born actor; s. a. **geboren II.** **II.** vi (ein Kind zur Welt bringen) to give birth; ■ **eine/die G~de** a woman/the one giving birth, a/the woman in labour [or AM -or]

ge·bär·fä·hig adj capable of child-bearing; **im ~en Alter sein** to be of childbearing age

Ge·bär·mut·ter <-mütter> f ANAT uterus, womb

Ge·bär·mut·ter·hals m cervix, neck of the uterus [or womb] **Ge·bär·mut·ter·mund** m mouth of the uterus

ge·bauch·pin·selt [gəˈbauxpɪnzl̩t] adj (hum fam) flattered; **sich ~ fühlen** to feel flattered

Ge·bäu·de <-s, -> [gəˈbɔydə] nt ● (Bauwerk) building ● (Gefüge) structure; **ein ~ von Lügen** a web [or BRIT tissue] of lies; **ein ~ von fantastischen Ideen und Wahnvorstellungen** a mental edifice [or construct] of fantastic ideas and delusions

Ge·bäu·de·kom·plex m building complex **Ge·bäu·**

de·rei·ni·gung f ① *(das Reinigen)* industrial cleaning ② *(Betrieb)* cleaning contractors pl **Ge·bäu·de·sa·nie·rung** f building renovation *no indef art, no pl* **Ge·bäu·de·teil** m part of a building **Ge·bäu·de·ver·si·che·rung** f building insurance **Ge·bäu·de·zu·stand** m condition [*or* state] of a building

Ge·bäu·lich·kei·ten [gə'bɔylɪçkaɪtn̩] pl SÜDD, SCHWEIZ *(Gebäude)* buildings

ge·baut adj built; ■ **gut/stark ~ sein** to be well-built; **so wie jd ~ ist** *(hum fam)* sb like you/him/her

ge·be·freu·dig adj generous

Ge·bein <-[e]s, -e> [gə'baɪn] nt ① *(Skelett)* skeleton ② *(Knochen)* ■ **~e** pl bones pl, mortal remains pl form; *eines Heiligen* relics pl ▸ WENDUNGEN: **der Schreck fuhr ihm ins** [*o* durchs] **~** *(veraltet)* his body shook with fear

Ge·bell(e) <-s> [gə'bɛl(ə)] nt kein pl *(pej fam)* incessant barking, bellowing

---

ge·ben ['ge:bn̩]

I. TRANSITIVES VERB	**II.** INTRANSITIVES VERB
III. UNPERSÖNLICHES	**IV.** REFLEXIVES VERB
TRANSITIVES VERB	

I. TRANSITIVES VERB   <gibt, gab, gegeben>

① *(reichen)* ■ **jdm etw ~** to give sb sth, to give sth to sb; **gibst du mir bitte mal das Brot?** could you give [*or* hand] me the bread, please? [*or* pass]; **ich würde alles darum ~, ihn noch einmal zu sehen** I would give anything to see him again; *(beim Kartenspiel)* to deal; **du hast mir 3 Joker gegeben** you've dealt me 3 jokers; **wer gibt jetzt?** whose turn is it to deal? ② *(schenken)* to give [as a present] ③ *(mitteilen)* **jdm die** [*o* seine] **Telefonnummer ~** to give sb one's telephone number; ■ **sich** dat **etw** [von jdm] **~ lassen** to ask [sb] for sth number; **er ließ sich die Speisekarte ~** he asked for the menu ④ ÖKON *(verkaufen)* ■ **jdm etw ~** to get sb sth; *(bezahlen)* ■ [jdm] **etw für etw** akk **~** to give [sb] sth for sth; **was darf ich Ihnen ~?** what can I get you?; **darf ich Ihnen sonst noch was ~?** can I get you anything else?; **~ Sie mir bitte fünf Brötchen** I'd like five bread rolls please; **ich gebe Ihnen 500 Euro für das Bild** I'll give you [*or* let you have] 500 euros for the picture; **Preisnachlass/Skonto ~** to give a reduction/cash discount ⑤ *(spenden)* ■ **etw gibt jdm etw** sth gives [sb] sth; **Schutz/Schatten ~** to give [*or* provide] protection/shade ⑥ *(verleihen)* **einen Preis ~** to award a prize; **Titel/Namen ~** to give a title/name; **diese erfreuliche Nachricht gab ihr neue Zuversicht** this welcome piece of news gave her new confidence; **der Gedanke an eine Rettung gab uns immer wieder Kraft** the thought of being rescued always gave us strength ⑦ TELEK *(telefonisch verbinden)* ■ **jdm jdn ~** to put sb through to sb; **~ Sie mir bitte Frau Schmidt** can I speak to Mrs Smith, please ⑧ *(stellen)* ■ **jdm etw ~** to give [*or* set] sb sth; **eine Aufgabe/ein Problem/ein Thema ~** to set a task/problem/topic ⑨ *(abhalten)* ■ **etw ~** to give sth; **der Minister wird eine Pressekonferenz ~** the minister will give [*or* hold] a press conference ⑩ *(bieten, gewähren, zukommen lassen)* ■ **jd gibt** [jdm] **etw** sb gives [*or* allows] [sb] sth; **jdm einen Namen ~** to name a person; **jdm ein Interview ~** to grant sb an interview; **jdm eine Verwarnung ~** to give sb a warning; SPORT to book sb; **der Schiedsrichter gab dem Spieler eine Verwarnung wegen Foulspiels** the referee booked the player for a foul; **einen Freistoß ~** FBALL to award a free-kick; *s. a.* **Bescheid** *s. a.* **Nachricht**

⑪ *(aufführen)* **ein Theaterstück ~** to put on a play ⑫ *(feiern)* **ein Fest ~** to give a party ⑬ DIAL *(abgeben, vorübergehend weggehen)* ■ **etw/jdn irgendwohin ~** akk to send sth/sb somewhere; **sein Auto in** [die] **Reparatur ~** to have one's car repaired; **sein Kind in ein Internat ~** to send one's child to boarding school; **dürfen wir während unseres Urlaubs unsere Katze zu euch ~?** can you take care of our cat while we're away? ⑭ KOCHK *(fam: tun)* ■ **etw in/an etw** akk **~**, ■ **etw zu etw** dat **~** to add sth to sth; **Wein in die Soße ~** to add wine to the sauce ⑮ *(ergeben)* ■ **etw ~** to produce sth; **sieben mal sieben gibt neunundvierzig** seven times seven equals forty-nine, seven sevens are forty-nine; **Rotwein gibt Flecken** red wine stains [*or* leaves stains]; **keinen Sinn ~** that makes no sense; **ein Wort gab das andere** one word led to another ⑯ *(erteilen)* ■ **etw ~** to teach sth; **Nachhilfestunden ~** to give private tuition; **Unterricht ~** to teach; **jdm etw zu tun ~** to give sb sth to do ⑰ *(äußern)* ■ **etw von sich** dat **~** to utter sth; **er gab wenig Worte von sich** he said very little ⑱ *(euph fam: sich erbrechen)* ■ **etw** [wieder] **von sich** dat **~** to throw up [sth], to bring up sth sep [again] euph

▸ WENDUNGEN: **jdm etw zu tun ~** to give sb sth to do; **das wird ihm für die nächsten Monate zu tun geben!** that'll keep him busy for the next few months!; **das sollte der Firmenleitung zu denken ~** that should give the company management something to think about!; **jdm ist etw nicht gegeben** sth is not given to sb; **nicht allen ist es gegeben, einem solchen Ereignis beizuwohnen** not everybody gets the opportunity to be present at such an event; **es war ihm nicht gegeben, seine Heimatstadt wiederzusehen** he was not destined to see his home town again; **nichts auf etw** akk **~** to think nothing of sth; **viel/nicht viel auf etw** akk **~** to set great/not much store by sth; **ich gebe nicht viel auf die Gerüchte** I don't pay much attention to rumours; **es jdm ~** *(fam)* to let sb have it fam; **gib's ihm!** let him have it!

II. INTRANSITIVES VERB   <gibt, gab, gegeben>

① KARTEN *(austeilen)* to deal; **jetzt hast du genug gemischt, gib endlich!** you've shuffled enough now, just deal them! ② SPORT *(Aufschlag haben)* to serve; **du gibst!** it's your serve

III. UNPERSÖNLICHES TRANSITIVES VERB <gibt, gab, gegeben>

① *(gereicht werden)* ■ **es gibt etw** there is sth; **hoffentlich gibt es bald was zu essen!** I hope there's something to eat soon!; **was gibt es zum Frühstück?** what's for breakfast?; **freitags gibt es bei uns immer Fisch** we always have fish on Fridays ② *(eintreten)* ■ **es gibt etw** there is sth; **heute gibt es noch Regen** it'll rain today; **hat es sonst noch etwas gegeben, als ich weg war?** has anything else happened while I was away; **was wird das noch geben?** where will it all lead to?; **gleich gibt es was** *(fam)* there's going to be trouble ③ *(existieren, passieren)* ■ **etw/jdn gibt es** there's sth/sb; **das gibt es nicht!** *(fam)* no way!, nothing doing!, forget it!; **das gibt es nicht, dass du einfach meinen Wagen nimmst** there's no way that you're taking [*or* using] my car; **ein Bär mit zwei Köpfen? das gibt es nicht!** a bear with two heads? there's no such thing!; **das gibt es doch nicht!** *(fam)* that's unbelievable!; **so was gibt es bei uns nicht!** that's not on [as far as we're concerned]!; **was gibt es?**

{fam} what's the matter, what's up *fam;* **was es nicht alles gibt!** *{fam}* well, I'll be damned! *fam,* stone me! *sl,* stone the crows BRIT *sl*
▶ WENDUNGEN: **da gibt es nichts!** *{fam}* there are no two ways about it; **seine Lieder sind einmalig, da gibt es nichts!** there's no doubt about it, his songs are unique

IV. REFLEXIVES VERB   <gibt, gab, gegeben>

❶ *{nachlassen}* ■ **etw gibt sich** sth eases [off] [*or* lets up]; **das gibt sich** it will sort itself out; **die Kopfschmerzen werden sich ~** your headache will go off; **diese Aufsässigkeit wird sich bald von ganz alleine ~** this rebelliousness will soon die down of its own accord; *{sich erledigen}* to sort itself out; **manches gibt sich von selbst wieder** some things sort themselves out; **das wird sich schon ~** it will all work out [for the best]
❷ *{sich benehmen, aufführen}* ■ **sich als etw ~** to behave in a certain way; **sie gab sich sehr überrascht** she acted very surprised; **nach außen gab er sich heiter** outwardly he behaved cheerfully; **sie gibt sich, wie sie ist** she doesn't try to be anything she isn't; **sich von der besten Seite ~** to show one's best side
❸ *{sich finden, ergeben}* ■ **etw gibt sich** sth arises; **es wird sich schon noch eine Gelegenheit ~** there's sure to be another opportunity

Ge·be·ne·dei·te <-n> |gəbeneˈdaitə| *f kein pl* REL
■ **die ~** the Blessed Virgin

Ge·ber(in) <-s, -> *m(f)* ❶ KARTEN dealer ❷ TELEK transmitter

Ge·ber·lau·ne *f kein pl* generous mood; **in ~ sein** to be in a generous mood [*or* feeling generous]

Ge·bet <-[e]s, -e> |gəˈbeːt| *nt* *{religiöses Ritual}* prayer; **ein ~ sprechen** to say a prayer; **sein ~ sprechen** [*o* **verrichten**] to say one's prayers; **zum ~** in prayer; **den Kopf zum ~ neigen** to lower one's head in prayer; **das ~ des Herrn** *{geh}* the Lord's Prayer
▶ WENDUNGEN: **jdn ins ~ nehmen** *{fam}* to give sb a good talking to, to take sb to task

Ge·bet·buch *nt* ❶ *{Büchlein mit Gebeten}* prayer book ❷ *{hum fam: Spielkarten}* pack of [playing] cards
▶ WENDUNGEN: **das falsche ~ haben** to belong to the wrong denomination

ge·be·ten |gəˈbeːtn̩| *pp von* **bitten**

Ge·bets·müh·le *f* prayer wheel

ge·bets·müh·len·haft *inv* **I.** *adj (pej fam)* constant, continual **II.** *adv (pej fam)* constantly, continually

Ge·bets·tep·pich *m* prayer mat [*or* rug]

ge·beugt **I.** *adj* bowed, stooping; **ein ~er Kopf** a bowed head; **~e Schultern** rounded shoulders **II.** *adv* in a stooping posture; **~ sitzen** to sit hunched up

ge·biert |gəˈbiːɐt| *3. pers pres von* **gebären**

Ge·biet <-[e]s, -e> |gəˈbiːt| *nt* ❶ *{Fläche}* area; *{Region}* a. region; *{Staats~}* territory ❷ *{Fach}* field; **auf dem ~ der Kernphysik ist er Spezialist** he's a specialist in the field of nuclear physics

ge·bie·ten |gəˈbiːtn̩| *irreg (geh)* **I.** *vt* ❶ *{befehlen}* ■ [jdm] **etw ~** to command [*or* order] [sb] to do sth; **Einhalt ~** to put an end to [*or* stop] sth ❷ *{verlangen, erfordern}* ■ **etw ~** to demand sth; **der Anstand/ die Situation gebietet es** decency/the situation demands it; **es ist Vorsicht geboten** care must be taken **II.** *vi* ❶ *{herrschen}* ■ **über jdn/etw ~** to have control over sb/sth *liter,* to have dominion over sb/sth ❷ *{verfügen}* ■ **über etw** *akk* **~** to have sth at one's disposal; **über Geldmittel ~** to have financial resources at one's disposal; **über Wissen ~** to have knowledge at one's command

Ge·bie·ter(in) <-s, -> *m(f) (veraltet geh)* lord *form,* master *form; s. a.* **Herr**

ge·bie·te·risch |gəˈbiːtərɪʃ| *(geh)* **I.** *adj* domineering, peremptory **II.** *adv* domineeringly, in a domineering manner

Ge·biets·an·spruch *m* territorial claim; **einen ~/ Gebietsansprüche haben** [*o* **erheben**] [*o* **geltend machen**] to make a territorial claim/ territorial claims

Ge·biets·re·form *f* local government restructuring

ge·biets·wei·se *adv* locally, in places; **~ kann es auf einigen Strecken zu Glatteisbildung kommen** icy roads could develop in some places

ge·big *adj* SCHWEIZ ❶ *{praktisch}* practical ❷ *{prima}* terrific

Ge·bil·de <-s, -> |gəˈbɪldə| *nt* ❶ *{Ding}* thing, object ❷ *{Form}* shape; *{Struktur}* structure ❸ *{Muster}* pattern ❹ *{Schöpfung}* creation ❺ *{Staats~}* entity

ge·bil·det *adj* educated, learned, erudite *form;* **ein ~er Mensch** a refined [*or* cultured] person; **vielseitig ~ sein** to have a broad education; **ein ~es Benehmen** to be well bred

Ge·bil·de·te(r) *f(m) decl wie adj* educated person

Ge·bim·mel <-s> |gəˈbɪml̩| *nt kein pl (pej fam)* [continual] ringing

Ge·bin·de <-s, -> |gəˈbɪndə| *nt (geh)* bunch; **ein ~ aus Blumen und Zweigen** an arrangement of flowers and twigs; **ein großes ~ Möhren** a large bunch of carrots; *{Blumenkranz}* wreath; *{Getreide~}* sheaf

Ge·bir·ge <-s, -> |gəˈbɪrgə| *nt* mountains *pl,* mountain range

ge·bir·gig |gəˈbɪrgɪç| *adj* mountainous

Ge·birgs·bach *m* mountain stream **Ge·birgs·bahn** *f* mountain railway **Ge·birgs·be·woh·ner(in)** *m(f)* mountain dweller **Ge·birgs·jä·ger(in)** *m(f)* MIL ❶ *{einzelner Gebirgssoldat}* mountain soldier ❷ *pl {Einheit des Heeres}* mountain troops *npl* **Ge·birgs·kamm** *m* mountain ridge [*or* crest] **Ge·birgs·ket·te** *f* mountain chain [*or* range] **Ge·birgs·land·schaft** *f* mountainous region **Ge·birgs·mas·siv** *nt* massif **Ge·birgs·rü·cken** *m* mountain ridge **Ge·birgs·stra·ße** *f* mountain road **Ge·birgs·zug** *m* mountain range

Ge·bissᴿᴿ <-es, -e> *nt,* **Ge·biß**ᴬᴸᵀ <-sses, -sse> |gəˈbɪs| *nt* ❶ *{Zähne}* [set of] teeth; **ein gesundes/ kräftiges ~** to have healthy/strong teeth ❷ *{Zahnprothese}* dentures *npl;* **künstliches** [*o fam:* **falsches**] **~** false teeth *pl* ❸ *{Mundstück am Pferdezaum}* bit

Ge·biss·ab·druckᴿᴿ <-abdrücke> *m* dental impression

ge·bis·sen |gəˈbɪsn̩| *pp von* **beißen**

Ge·blä·se <-s, -> |gəˈblɛːzə| *nt* blower, fan

ge·bla·sen *pp von* **blasen**

ge·bli·chen |gəˈblɪxn̩| *pp von* **bleichen**

ge·blie·ben |gəˈbliːbn̩| *pp von* **bleiben**

Ge·blö·del <-s> |gəˈbløːdl̩| *nt kein pl (pej fam)* twaddle *pej,* baloney; *von Komikern* patter

ge·blumt |gəˈbluːmt| *adj* ÖSTERR *s.* **geblümt**

ge·blümt |gəˈblyːmt| *adj* ❶ *{mit Blumenmuster}* flowered, floral; **eine ~e Tischdecke** a tablecloth with a floral pattern; **~es Kleid** dress with a floral design ❷ *{fig: kunstvoll, blumenreich}* flowery; **ein ~er Stil** a flowery style

Ge·blüt <-[e]s> |gəˈblyːt| *nt kein pl* ❶ *{Abstammung}* descent, lineage; **von edlem ~** of noble blood *form* ❷ *{Veranlagung}* **etw liegt jdm im ~** sth is in sb's blood

ge·bo·gen |gəˈboːgn̩| **I.** *pp von* **biegen** **II.** *adj* bent; **ein ~es Kinn** a pointed chin; **eine ~e Nase** a hooked [*or* Roman] nose

ge·bo·ren |gəˈboːrən| **I.** *pp von* **gebären** **II.** *adj* ❶ *{gebürtig}* by birth; **ein ~er Prinz sein** to be a prince by birth, to be born a prince ❷ *{eine natürliche Begabung haben}* **der ~e Koch sein** to be a born cook

ge·bor·gen |gəˈbɔrgn̩| **I.** *pp von* **bergen** **II.** *adj* safe,

secure; **sich ~ fühlen** [*o geh: wissen*] to feel safe; **bei jdm ~ sein** to be safe and sound with sb
Ge·bor·gen·heit <-> *f kein pl* security; **häusliche ~** secure place
ge·bors·ten [gə'bɔrstn̩] *pp von* **bersten**
Ge·bot <-[e]s, -e> [gə'boːt] *nt* ➊ *(Regel, Vorschrift)* regulation, rule; **ein ~ missachten/befolgen** to break [*or* disregard] /obey [*or* observe] a rule ➋ REL *(moralische Regel o Gesetz)* commandment; **die zehn ~e** the ten commandments; **göttliches ~** divine law; **~ der Menschheit/Vernunft** law of humanity/ reason; **das ~ der Nächstenliebe** the commandment to love one's neighbour [*or* AM -or] ➌ *(geh: Erfordernis)* requirement; **das ~ der Stunde** the dictates of the moment; **ein ~ der Vernunft** the dictates of reason ➍ ÖKON *(Angebot)* bid; **gibt es ein höheres ~?** does anyone bid more? ➎ *(Gesetz)* law; *(Verordnung)* decree ▶ WENDUNGEN: **jdm zu ~[e] stehen** to be at sb's disposal
ge·bo·ten [gə'boːtn̩] **I.** ➊ *pp von* **gebieten** ➋ *pp von* **bieten** **II.** *adj (geh: notwendig)* necessary; *(angebracht)* advisable; **dringend ~** imperative; **bei aller ~en Achtung** with all due respect
Ge·bots·schild <-[e]s, -er> *nt* mandatory sign
Gebr. *Abk von* **Gebrüder** Bros.
Ge·brab·bel <-s> [gə'brabl̩] *nt kein pl (pej fam)* jabbering *pej fam*
ge·bracht [gə'braxt] *pp von* **bringen**
ge·brannt [gə'brant] **I.** *pp von* **brennen II.** *adj* burned, burnt; **~e Mandeln** roasted almonds
ge·bra·ten *pp von* **braten**
Ge·bra·te·ne(s) [gə'braːtənə] *nt decl wie adj* fried food
Ge·bräu <-[e]s, -e> [gə'brɔy] *nt (pej)* brew, concoction *pej*
Ge·brauch <-[e]s, Gebräuche> [gə'braux, *pl:* gə'brɔyçə] *m* ➊ *kein pl (Verwendung)* use; *(Anwendung)* application; **zum äußerlichen/innerlichen ~** to be applied externally/to be taken internally; **falscher ~** improper use, misuse; **etw in** [*o im*] **~ haben** to use sth; **außer/in ~ kommen** to become outdated/fashionable; **von etw** *dat* **~ machen** to make use of sth; **etw in ~ nehmen** *(geh)* to start using sth; **vor ~ schütteln** shake well before use; **in** [*o im*] **~ sein** to be used; *Auto* to be running; **nach ~** after use; LING usage ➋ *usu pl (Brauch, Gepflogenheit)* custom; **Sitten und Gebräuche** manners and customs
ge·brau·chen' [gə'brauxn̩] *vt* ➊ *(verwenden)* ■ **etw ~** to use sth; **ein gebrauchtes Auto** a used [*or* secondhand] car; **nicht mehr zu ~ sein** to be no longer [*of*] any use, to be useless; **das kann ich gut ~** I can really use that, I can make good use of that; **zu nichts zu ~ sein** to be no use at all; **sich zu etw** *dat* **~ lassen** to let oneself be used for sth ➋ *(fam: benötigen, brauchen)* ■ **etw/jd könnte etw ~** sth/sb could need sth; **dein Wagen könnte eine Wäsche ~** your car could do with a wash again
ge·bräuch·lich [gə'brɔyçlɪç] *adj* ➊ *(allgemein üblich)* customary, usual, common; *(in Gebrauch)* in use; LING in general use; **„okay" ist ein sehr ~er Ausdruck** 'okay' is a very common expression ➋ *(herkömmlich)* conventional
Ge·brauchs·an·lei·tung *f* directions [*or* instructions] [for use]; *s. a.* **Gebrauchsanweisung Ge·brauchsan·wei·sung** *f* ➊ *(Beipackzettel)* directions [*or* instructions] [for use] ➋ *(Betriebsanleitung)* operating instructions **Ge·brauchs·ar·ti·kel** *m* basic consumer item **ge·brauchs·fer·tig** *adj inv* ready for use **Gebrauchs·ge·gen·stand** *m* basic commodity **Gebrauchs·li·te·ra·tur** *f literature published for a particular purpose* **Ge·brauchs·wert** *m* utility value
ge·braucht *adj* second-hand
Ge·braucht·wa·gen *m* second-hand [*or* used] car

ge·bre·chen' [gə'brɛçn̩] *vi irreg haben (geh)* ■ **jdm gebricht es an etw** *dat* sb is lacking sth; **jdm gebricht es an Geld/Mut** sb lacks money/courage
Ge·bre·chen <-s, -> [gə'brɛçn̩] *nt (geh)* affliction; **ein körperliches/geistiges ~ haben** to have a physical/mental affliction
ge·brech·lich [gə'brɛçlɪç] *adj* frail, infirm
Ge·brech·lich·keit <-> *f kein pl* frailty, infirmity
ge·bro·chen I. *pp von* **brechen II.** *adj* ➊ *(völlig entmutigt)* broken, crushed; **ein ~er Mann** a broken man; **ein ~es Herz** *(fig)* a broken heart *fig* ➋ *(sehr fehlerhaft)* broken; **in ~em Englisch** in broken English ➌ MATH **~e Zahl** fraction **III.** *adv* imperfectly; **sie sprach nur ~ Deutsch** she only spoke broken German
Ge·brü·der [gə'bryːdɐ] *pl (veraltet)* brothers; **die ~ Grimm** the Brothers Grimm
Ge·brüll <-[e]s> [gə'brʏl] *nt kein pl* bellowing; *Esel* braying; *Löwe* roaring; *(pej) Kind* bawling; *Mensch* screaming; **auf ihn mit ~!** *(fam)* go get him! *fam*
Ge·brum·m[e] <-[e]s> [gə'brʊm(ə)] *nt kein pl (fam)* humming; *Flugzeug* droning
ge·bückt I. *pp von* **bücken II.** *adj* bowed, stooped; **einen ~en Gang haben** to walk with a stoop **III.** *adv* with bad posture
ge·bügelt I. *pp von* **bügeln II.** *adj (sl: baff)* gobsmacked BRIT *fam*, speechless; *s. a.* **geschniegelt**
Ge·bühr <-, -en> [gə'byːɐ̯] *f* charge; *(Honorar, Beitrag)* fee; *für eine Vermittlung* commission; **~ [be]zahlt Empfänger** postage to be paid by addressee; **ermäßigte ~** reduced charges/fee; **eine ~ erheben** to levy [*or* make] a charge; **eine ~ bezahlen** [*or* **entrichten**] to pay a charge/fee ▶ WENDUNGEN: **nach ~** appropriately, suitably; **über ~** excessively, unduly
ge·büh·ren [gə'byːrən] *(geh)* **I.** *vi (zukommen, zustehen)* ■ **jdm/etw gebührt etw** sb/sth deserves [*or* is due] sth; **ihm gebührt unsere Anerkennung** he deserves our recognition **II.** *vr* ■ **sich [für jdn] ~** to be fitting [*or* proper] [for sb]; **wie es sich gebührt** as is fitting [*or* proper]
Ge·büh·ren·an·sa·ge *f* TELEK "advise duration and charge" call **Ge·büh·ren·an·zei·ger** *m* call-charge indicator
ge·büh·rend I. *adj (zustehend)* due, owed; *(angemessen)* appropriate, fitting, suitable; **etw in ~er Weise würdigen** to show suitable appreciation of sth **II.** *adv (angemessen)* appropriately, fittingly, suitably
Ge·büh·ren·ein·heit *f* TELEK [tariff] unit **Ge·büh·ren·er·hö·hung** *f* increase in charges [*or* fees] **Ge·bühren·er·lass**^{RR} *m* remission of charges [*or* fees] **Gebüh·ren·er·mä·ßi·gung** *f* reduction of charges [*or* fees] **Ge·büh·ren·er·stat·tung** *f* refund of charges **ge·büh·ren·frei** *adj o adv* free of charge **Ge·büh·renmar·ke** *f* revenue stamp **Ge·büh·ren·ord·nung** *f* scale of charges [*or* fees], tariff **ge·büh·ren·pflich·tig I.** *adj* subject [*or* liable] to a charge; **~e Verwarnung** fine; **~e Straße** toll road **II.** *adv* **jdn ~ verwarnen** to fine sb **Ge·büh·ren·rück·er·stat·tung** *f* refund of charges **Ge·büh·ren·zäh·ler** *m* TELEK meter
ge·bun·den [gə'bʊndn̩] **I.** *pp von* **binden II.** *adj* fixed, set; **~es Buch** hardcover, BRIT *a.* hardback; **~e Preise** controlled prices; **durch Verpflichtungen ~ sein** to be tied down by duties; **anderweitig ~ sein** to be otherwise engaged; **vertraglich ~ sein** to be bound by contract; **zeitlich ~ sein** to be restricted as regards time
Ge·burt <-, -en> [gə'buːɐ̯t] *f* ➊ *(Entbindung)* birth; **bei der ~** at the birth; **von ~ an** from birth ➋ *(Abstammung)* birth; **von ~ Deutscher sein** to be German by birth; **von ~ niedriger/hoher ~** to be of low/noble birth; **die Gnade der späten ~** *to be lucky not to have been born at a certain time in his-*

tory, e.g. World War Two ▶ WENDUNGEN: **das war eine schwere ~!** *(fam)* that took some doing! *fam*

Ge·bur·ten·an·stieg *m* rise in the birth rate; **schlagartiger ~** baby boom **Ge·bur·ten·be·schrän·kung** *f* population control **Ge·bur·ten·kon·trol·le** *f kein pl* birth control **Ge·bur·ten·ra·te** *f* birth rate; **die ~ steigt** the birth rate is up; **die ~ fällt** the birth rate is falling **Ge·bur·ten·re·ge·lung** *f kein pl* birth control **Ge·bur·ten·rück·gang** *m* decline [*or* drop] in the birth rate **ge·bur·ten·schwach** *adj* with a low birth rate; **ein ~er Jahrgang** a year in which there is a low birth rate **ge·bur·ten·stark** *adj* with a high birth rate **Ge·bur·ten·über·schuss**^RR *m* excess of births over deaths **Ge·bur·ten·zahl** *f* birth rate **Ge·bur·ten·zu·wachs** *f* birth increase

ge·bür·tig [gəˈbʏrtɪç] *adj* by birth; **er ist ~er Londoner** he was born in London, he is a native Londoner; **aus Berlin ~ sein** to have been born in Berlin **Ge·burts·an·zei·ge** *f* birth announcement **Ge·burts·da·tum** *nt* date of birth **Ge·burts·feh·ler** *m* congenital defect **Ge·burts·haus** *nt* birthplace; **das ~ von Beethoven steht in Bonn** the house where Beethoven was born is in Bonn **Ge·burts·hel·fer(in)** *m(f)* obstetrician **Ge·burts·hel·fer·krö·te** *f* ZOOL midwife toad **Ge·burts·hil·fe** *f kein pl* obstetrics; **~ leisten** to assist at a birth **Ge·burts·jahr** *nt* year of birth **Ge·burts·land** *nt* country of origin **Ge·burts·ort** *m* birthplace, place of birth **Ge·burts·ra·te** *f* birth rate **Ge·burts·recht** *nt* JUR ■ **das ~** *right of a child born in Germany to claim German nationality irrespective of the parents' nationality* **Ge·burts·stadt** *f* hometown, native city [*or* town]

Ge·burts·tag *m* birthday; *(Geburtsdatum)* date of birth; **herzlichen Glückwunsch zum ~** happy birthday to you; [seinen/jds] **~ feiern** to celebrate one's/sb's birthday; **ein runder ~** *the number of years to be celebrated ends in a zero;* **jdm zum/zu jds ~ gratulieren** to wish sb many happy returns [*or* a happy birthday]; **~ haben** to be one's birthday; **wann hast du ~?** when is your birthday?; **jdm etw zum ~ schenken** to give sb a present for his/her birthday **Ge·burts·tags·fei·er** *f* birthday celebration *form* [*or* party] **Ge·burts·tags·ge·schenk** *nt* birthday present **Ge·burts·tags·kar·te** *f* birthday card **Ge·burts·tags·kind** *nt (hum)* birthday boy/girl **Ge·burts·tags·ku·chen** *m* birthday cake **Ge·burts·tags·par·ty** *f* birthday party **Ge·burts·tags·tor·te** *f* birthday cake

Ge·burts·ter·min *m* due date; **den ~ errechnen** [*o* **bestimmen**] to calculate the date of birth **Ge·burts·ur·kun·de** *f* birth certificate **Ge·burts·vor·be·rei·tung** *f* ante-natal preparation

Ge·büsch <-[e]s, -e> [gəˈbʏʃ] *nt* bushes *pl; (Unterholz)* undergrowth

Geck <-en, -en> [ˈɡɛk] *m (pej)* dandy *pej old,* fop *pej old,* twit BRIT *pej sl*

Ge·cko <-s, -s> [ˈɡɛko] *m* gecko

ge·dacht [gəˈdaxt] ❶ *pp von* **denken** ❷ *pp von* **gedenken**

Ge·dächt·nis <-ses, -se> [gəˈdɛçtnɪs, *pl:* gəˈdɛçtnɪsə] *nt* ❶ *(Informationsspeicherung im Gehirn)* memory; **ein gutes/schlechtes ~** [für etw *akk*] **haben** to have a good/poor memory [for sth]; **ein kurzes ~ haben** *(fam)* to have a short memory; **sein ~ anstrengen** to make a real effort to remember sth; **etw im ~ behalten** [*o geh:* **bewahren**] to remember sth; **jds ~ entfallen** to slip one's mind; **ein ~ wie ein Sieb haben** *(fam)* to have a memory like a sieve *fam;* **etw aus dem ~ hersagen** to recite [*or* quote] sth from memory; **wenn mich mein ~ nicht täuscht** [*o* **trügt**] if my memory serves me right; **sein ~ verlieren** to lose one's memory; **jdn/etw aus dem ~ ver-**

lieren to erase sb/sth from one's memory; **jdm/sich etw ins ~ zurückrufen** to remind sb of sth/to recall sth ❷ *(Andenken, Gedenken)* memory, remembrance; **zum ~ der Toten** in memory [*or* remembrance] of the dead

Ge·dächt·nis·hil·fe *f* aide-mémoire, mnemonic; **jdm eine ~ geben** to jog sb's memory; **als ~** as a reminder **Ge·dächt·nis·lü·cke** *f* gap in one's memory; **eine ~ haben** to not remember anything; MED localized amnesia **Ge·dächt·nis·pro·to·koll** *nt* minutes taken from memory **Ge·dächt·nis·schwund** *m* amnesia, loss of memory; **an ~ leiden** *(fam)* to suffer from amnesia, to suffer a loss of memory **Ge·dächt·nis·stüt·ze** *f* memory aid **Ge·dächt·nis·trai·ning** *nt kein pl* memory training **Ge·dächt·nis·ver·lust** *m kein pl* loss of memory

ge·dämpft *adj inv* low; **~er Schall/~e Stimme** muffled echo/voice; **~es Licht/~e Farbe** muted [*or* subdued] light/colour [*or* AM -or]; **~er Aufprall** softened impact

Ge·dan·ke <-ns, -n> [gəˈdaŋkə] *m* ❶ *(das Gedachte, Überlegung)* thought; **der bloße ~ an jdn/etw** the mere thought of sb/sth; **in ~n vertieft** [*o* **versunken**] [*o geh:* **verloren**] deep [*or* sunk] [*or* lost] in thought; **sich mit einem ~n vertraut machen** to get used to an idea; **jdn auf andere ~n bringen** to take sb's mind off sth; **jdn auf einen ~n bringen** to put an idea into sb's head; **einen ~n fassen** to form an idea; **ich kann keinen vernünftigen ~n fassen** I just can't think properly; **den ~n fassen, etw zu tun** to form [*or* have] the idea of doing sth; **jds ~n lesen** to read sb's thoughts; **sich über etw** *akk* **~n machen** to be worried about sth; **mach dir darüber keine ~n** don't worry [about it]; **sich** *dat* **so seine ~n machen** *(fam)* to begin to wonder; **jdn aus seinen ~n reißen** to interrupt sb's thoughts; **in ~n bei jdm/etw sein** to be in sb's thoughts/to have one's mind on sth; **in ~n bin ich stets bei dir** my thoughts are with you; **ganz in ~n sein** to be lost in thought; **mit seinen ~n woanders sein** to have one's mind on something else; **wo hast du nur deine ~n?** whatever are you thinking about?; **etw ganz in ~n tun** to do sth while lost in thought [*or* while one's thoughts are far away]; **kein ~** [daran]**!** certainly not!, no way!, out of the question! ❷ *(Einfall, Plan)* idea, plan; **einen ~n in die Tat umsetzen** to put a plan [*or* an idea] into action; **jdm kommt ein ~** the thought occurs to sb, sb has [*or* hits upon] an idea; **mir kommt da gerade ein ~!** I've just had an idea!; **der rettende ~** the idea that saves the day; **plötzlich kam mir der rettende ~** suddenly I came up with an idea to save the day; **auf einen ~n kommen** to have an idea; **auf dumme ~n kommen** *(fam)* to get up to mischief *fam;* **mit dem Gedanken spielen, etw zu tun** [*o geh:* **sich mit dem ~ tragen, etw zu tun**] to toy with the idea of doing sth ❸ *(Begriff)* concept; **der europäische ~ ist die Idee von einem vereinten Europa** the European idea is the concept of a united Europe

Ge·dan·ken·as·so·zi·a·ti·on *f* association of ideas **Ge·dan·ken·aus·tausch** *m* exchange of ideas **Ge·dan·ken·blitz** *m (hum fam)* brain wave *fam;* **einen ~ haben** to have a brain wave **Ge·dan·ken·frei·heit** *f kein pl* freedom of thought *no pl* **Ge·dan·ken·gang** *m* thought process, train of thought; **einem ~ folgen** to follow a train of thought **Ge·dan·ken·ge·bäu·de** *nt (geh)* edifice of ideas; *einer Philosophie* concepts *pl* **Ge·dan·ken·gut** *nt kein pl* philosophy; **christliches ~** Christian thinking; **braunes ~** *(fig)* National socialist ideas **Ge·dan·ken·ket·te** *f* chain of thought **Ge·dan·ken·klar·heit** *f* clarity of thought **ge·dan·ken·los** I. *adj (unüberlegt)* unconsidered, thoughtless **II.** *adv* thoughtlessly **Ge·dan·ken·lo·sig·keit** <-, -en> *f* ❶ *kein pl (Unüberlegtheit)* lack of thought *no pl; (Zerstreutheit)* absent-mindedness *no pl* ❷ *(unüberlegte Äußerung)* thoughtlessness *no pl* **Ge·dan·ken·schritt** *m* logical step **Ge·dan·ken·sprung** *m* jump from one idea to another, mental leap; **einen ~/Gedankensprünge machen** to jump from one idea to another **Ge·dan·ken·strich** *m* dash **Ge·dan·ken·über·tra·gung** *f* telepathy *no indef art,* thought transference **ge·dan·ken·ver·lo·ren** *(geh)* **I.** *adj* lost in thought **II.** *adv* lost in thought; **sie rührte ~ ihren Kaffee um** she stirred her coffee, completely lost in thought **ge·dan·ken·voll I.** *adj inv, attr* pensive **II.** *adv inv* pensively **Ge·dan·ken·welt** *f* thought *no pl;* **jds eigene ~** a world of one's own

ge·dank·lich [gəˈdaŋklɪç] *adj* intellectual; **eine ~e Anstrengung** a mental effort; **die ~e Klarheit** the clarity of thought; **in keinem ~en Zusammenhang stehen** to be disjointed [*or* incoherent]

Ge·därm <-[e]s, -e> *nt*, **Ge·där·me** [gəˈdɛrm(ə)] *nt (selten)* intestines *pl,* bowels *pl,* entrails *pl old liter;* **da drehen sich einem ja die ~e um!** it's enough to make your stomach turn!

Ge·deck <-[e]s, -e> [gəˈdɛk] *nt* ❶ *(Tisch~)* cover, place; **die ~e abräumen** to clear the table; **ein ~ auf·legen** to lay [*or* set] a place; **eine Tafel mit vier ~en** a table laid for four ❷ *(Menü)* set menu; **das ~ bestellen** to order the set menu ❸ *(obligates Getränk)* drink with a cover charge

ge·deckt I. *pp von* **decken II.** *adj* muted; **~e Farben** muted colours [*or* AM *-ors*]

Ge·deih [gəˈdai] ▸ WENDUNGEN: **auf ~ und Verderb** for better or [for] worse; **ich bin der Bank auf ~ und Verderb ausgeliefert** I am completely at the mercy of the bank

ge·dei·hen <gedieh, gediehen> [gəˈdaiən] *vi sein* ❶ *(sich gut entwickeln)* to flourish, to thrive ❷ *(vorankommen)* to make headway [*or* progress]

Ge·dei·hen <-s> [gəˈdaiən] *nt kein pl (geh)* ❶ *(gute Entwicklung)* flourishing, thriving ❷ *(Gelingen)* success; **jdm gutes ~ wünschen** to wish sb every success

ge·deih·lich [gəˈdailɪç] *adj (geh)* successful; *(vorteilhaft)* advantageous, beneficial

Ge·denk·aus·ga·be *f* commemorative edition **Ge·denk·aus·stel·lung** *f* commemorative exhibition

ge·den·ken [gəˈdɛŋkn] *vi irreg* ❶ *(geh: ehrend zurückdenken)* ▪ **jds/einer S.** *gen* **~** to remember [*or* commemorate] sb/sth; *(lobend erwähnen)* to mention sb/sth in glowing terms ❷ *(beabsichtigen)* ▪ **~, etw zu tun** to intend [*or* propose] to do sth; **was gedenkst du, jetzt zu tun?** what are you going to do now?

Ge·den·ken <-s> [gəˈdɛŋkn] *nt kein pl* memory, remembrance; **in ~** in memory [*or* remembrance]; **zum** [*o im*] **~ an jdn/etw** in memory [*or* remembrance] of sb/sth; **jdn/etw in gutem ~ behalten** to treasure the memory of sb/sth

Ge·denk·fei·er *f* commemorative ceremony **Ge·denk·got·tes·dienst** *m* commemorative [*or* memorial] service **Ge·denk·mar·ke** *f* commemorative stamp **Ge·denk·mi·nu·te** *f* minute's silence **Ge·denk·mün·ze** *f* commemorative coin **Ge·denk·re·de** *f* commemorative speech **Ge·denk·stät·te** *f* memorial **Ge·denk·stein** *m* commemorative [*or* memorial] stone **Ge·denk·stun·de** *f* hour of commemoration **Ge·denk·ta·fel** *f* commemorative plaque **Ge·denk·tag** *m* day of remembrance

Ge·dicht <-[e]s, -e> [gəˈdɪçt] *nt* poem; **ein ~ aufsagen** [*o geh:* **vortragen**] to recite a poem; **[jdm] ein ~ schreiben** to write [sb] a poem; **~e schreiben** to write poetry; **ein ~ sein** *(fig fam)* to be sheer poetry *fig*

Ge·dicht·band <-bände> *m* volume of poems **Ge·dicht·form** *f* poetic form; **in ~** in verse **Ge·dicht·in·ter·pre·ta·ti·on** *f* interpretation of verse [*or* the/a poem] **Ge·dicht·samm·lung** *f* collection of poems; *(von mehreren Dichtern)* anthology

ge·die·gen [gəˈdiːgn] *adj* ❶ *(rein)* pure; **~es Gold** pure gold ❷ *(solide gearbeitet)* solidly constructed, high quality ❸ *(geschmackvoll)* tasteful ❹ *(gründlich, gut)* sound; **~e Kenntnisse haben** to have sound knowledge ❺ *(gut und verlässlich)* **ein ~er Mensch** an upright person ❻ *(fam: lustig)* funny; *(wunderlich)* strange

Ge·die·gen·heit <-> *f kein pl* ❶ *(Solidität)* sound construction ❷ *(Gründlichkeit)* thoroughness

ge·dieh [gəˈdiː] *imp von* **gedeihen**

ge·die·hen [gəˈdiːən] *pp von* **gedeihen**

ge·dient *pp von* **dienen II.** *adj* having completed one's military service; **ein ~er Soldat** a former soldier

Ge·döns <-es> [gəˈdøːns] *nt kein pl* NORDD *(fam)* ❶ *(Krempel)* stuff, things; **lauter ~ kaufen** to buy a load of knick-knacks ❷ *(Aufheben)* **viel ~ [um etw** *akk*] **machen** to make a lot of fuss [about sth]; **was soll das ganze ~?** what's all the fuss about?

Ge·drän·ge <-s> [gəˈdrɛŋə] *nt kein pl* ❶ *(drängende Menschenmenge)* crowd, crush; **es herrscht ein ~** there is a crowd; **im ~ untertauchen** [*o* **verschwinden**] to disappear into the crowd ❷ *(das Drängen)* jostling; SPORT bunching; **ein offenes ~** an open scrum[mage] ▸ WENDUNGEN: **[mit etw** *dat*] **ins ~ geraten** [*o* **kommen**] to get into [*or a fix*] difficulties [with sth]

Ge·drän·gel <-s> [gəˈdrɛŋl] *nt kein pl (fam)* crush

ge·drängt I. *adj* ❶ *(kurz)* brief, concise, short ❷ *(voll)* packed **II.** *adv* ❶ *(kurz)* briefly, concisely ❷ *(voll)* packed; **~ voll sein** to be packed full [*or fam* jam-packed]

Ge·dröh·n[e] <-[e]s> [gəˈdrøː(ə)n] *nt kein pl (fam)* droning; *Musik, Kanonen* booming

ge·dro·schen [gəˈdrɔʃn] *pp von* **dreschen**

ge·druckt *adj (als Druckwerk)* printed; **wie ~** as if printed ▸ WENDUNGEN: **lügen wie ~** to lie one's head off *fam*

ge·drückt *adj* dejected, depressed; **~er Stimmung sein** to be in low spirits [*or* depressed]

Ge·drückt·heit <-> *f kein pl* dejection, depression

ge·drun·gen [gəˈdrʊŋən] **I.** *pp von* **dringen II.** *adj* stocky, sturdy; **von ~em Wuchs** of stocky build

Ge·drun·gen·heit <-> *f kein pl* stockiness, sturdiness

ge·duckt I. *adj* crouching; **mit ~em Kopf** with his/her head bowed **II.** *adv* crouching

Ge·du·del <-s> [gəˈduːdl] *nt kein pl (pej fam)* [incessant] tootling

Ge·duld <-> [gəˈdʊlt] *f kein pl (Ausdauer)* patience; **eine engelhafte ~ haben** to have the patience of a saint; **eine große ~ haben** to have great patience; **jds ~ ist erschöpft** sb has lost patience; **sich in ~ fassen** [*o* **üben**] *(geh)* to have patience *form;* **Sie müssen sich etwas in ~ üben** you must be patient for a while; **hab' ~!** be patient!; **mit jdm/etw ~ haben** to be patient with sb/sth; **keine ~ [zu etw** *dat*] **haben** to have no patience [with sth]; **jdm fehlt die ~** sb's patience is wearing thin; **jdm reißt die ~** *(fam)* sb runs out of patience; **gleich reißt mir die ~** you're trying my patience; **~ üben** [*o* **lernen**] *(geh)* to learn to be patient *form;* **die ~ verlieren** to lose one's patience; **sich mit ~ wappnen** *(geh)* to summon up one's patience; **~!** be patient! ▸ WENDUNGEN: **mit ~ und Spucke fängt man eine Mucke** *(prov)* patience and snare catch many a hare *rare*

ge·dul·den [gəˈdʊldn] *vr* ▪ **sich ~** to be patient

ge·dul·dig [gəˈdʊldɪç] *adj* patient; **~ wie ein Lamm**

meek as a lamb

Ge·dulds·fa·den *m* ▸ WENDUNGEN: **jdm reißt der ~** *(fam)* sb is at the end of his/her tether **Ge·dulds·pro·be** *f* test of one's patience **Ge·dulds·spiel** *nt* puzzle

ge·dun·gen [gəˈdʊŋən] *pp von* **dingen**

ge·dun·sen [gəˈdʊnzn̩] *adj* bloated

ge·durft [gəˈdʊrft] *pp von* **dürfen**

ge·ehrt *adj* honoured [*or* AM -ored]; **sehr ~e Damen, sehr ~e Herren!** ladies and gentlemen!; *(Anrede in Briefen)* dear; **sehr ~e Damen und Herren!** Dear Sir or Madam

ge·eig·net [gəˈʔaɪɡnət] *adj (passend)* suitable; **jetzt ist nicht der ~e Augenblick, darüber zu sprechen** it's not the right time to talk about it; ▪ **für etw** *akk/* **zu etw** *dat* **~ sein** to be suited to sth

Geest <-, -en> [ˈɡeːst] *f*, **Geest·land** [ˈɡeːstlant] *nt* sandy uplands on the German North Sea coast

Ge·fahr <-, -en> [gəˈfaːɐ̯] *f (Bedrohung)* danger; **die ~en des Straßenverkehrs/Dschungels** the dangers [*or* perils] [*or* hazards] of the traffic/jungle; **eine ~ abwenden** to avert danger; **sich ~en** [*o einer ~*] **aussetzen** to expose oneself to danger; **jdn in ~ bringen** to endanger sb; **eine ~ darstellen** to constitute [*or* pose] a threat; **außer ~ sein** to be out of danger; **in ~ sein** [*o geh:* **schweben**] to be in danger; **bei ~** in case of emergency; *(Risiko)* threat, risk; **auf eigene ~** at one's own risk; **sich in ~ begeben** to put oneself at risk; **es besteht die ~ einer S.** *gen* there is a risk of sth; **~ laufen, etw zu tun** to run the risk of doing sth; **auf die ~ hin, etw zu tun** at the risk of doing sth; **ich werde es tun, auch auf die ~ hin, zu scheitern** I'll do it even at the risk of failing ▸ WENDUNGEN: **wer sich in ~ begibt, kommt darin um** *(prov)* if you play with fire you get burnt *prov*

ge·fähr·den¹ [gəˈfɛːɐ̯dn̩] *vt* ▪ **sich/jdn/etw ~** to endanger oneself/sb/sth [*or* to jeopardize oneself/sb/sth]; **jds Leben ~** to endanger sb's life; **den Erfolg einer S.** *gen* ~ to jeopardize [*or* threaten] the success of sth

ge·fähr·det *adj* endangered; **eine ~e Tierart** an endangered species [of animal]

Ge·fähr·dung <-, -en> *f* danger, threat

ge·fah·ren *pp von* **fahren**

Ge·fah·ren·herd *m* source of danger, danger area **Ge·fah·ren·mo·ment** *nt* potential danger **Ge·fah·ren·quel·le** *f* source of danger **Ge·fah·ren·stel·le** *f* danger spot **Ge·fah·ren·zo·ne** *f* danger area [*or* zone] **Ge·fah·ren·zu·la·ge** *f* danger money BRIT, hazardous duty pay AM

Ge·fahr·gut *nt* hazardous [*or* dangerous] material

Ge·fahr·gut·trans·port *m* dangerous goods transport

ge·fähr·lich [gəˈfɛːɐ̯lɪç] **I.** *adj* dangerous; **für jdn/etw ~ sein** to be dangerous for sb/sth; **jdm ~ werden** *(eine Gefahr darstellen)* to be a threat to sb; *(fam: erotisch anziehend sein)* to fall for sb; **sich im ~en Alter befinden** *(a. fig, hum)* to be at a dangerous age *fig; (risikoreich)* risky; **ein ~er Plan** a risky plan **II.** *adv* dangerously; **~ aussehen** to look dangerous; **~ leben** to live dangerously

Ge·fähr·lich·keit <-> *f kein pl* danger, riskiness *no pl*

ge·fahr·los [gəˈfaːɐ̯loːs] *adj* safe, harmless

Ge·fährt <-[e]s, -e> [gəˈfɛːɐ̯t] *nt (geh)* vehicle, wagon, carriage *old*

Ge·fähr·te, Ge·fähr·tin <-n, -n> [gəˈfɛːɐ̯tə, gəˈfɛːɐ̯tɪn] *m, f (geh)* companion; **jds ~ sein** to be sb's companion; **ein treuer ~** a faithful companion; *(Lebens~)* partner [in life]; *(Spiel~)* playmate; **einen neuen ~n finden** to find a new friend

ge·fahr·voll *adj (geh)* dangerous, fraught with danger

ge·fakt [gəfɛkt] *adj inv (sl) Information* fake

Ge·fäl·le <-s, -> [gəˈfɛlə] *nt* ❶ *(Neigungsgrad)* gradient; **ein starkes ~** a steep gradient; *Land* slope;

Fluss drop ❷ *(fig: Unterschied)* difference; **geisti·ges ~** difference in intellect; **soziales ~** difference in social class

ge·fal·len¹ <gefiel, gefallen> [gəˈfalən] **I.** *vi* ▪ **jdm ~** to please sb; **gefällt dir mein Kleid?** do you like my dress?; ▪ **durch etw** *akk* **~** to be popular as a result of sth; ▪ **etw könnte jdm ~** sb could fancy sth; **so ein Sportwagen könnte mir auch ~** I could fancy a sports car like that; **du gefällst mir gar nicht** *(fig fam)* you don't look well; **die Sache gefällt mir nicht** *(fam)* I don't like the look of that; **das gefällt mir schon besser!** *(fam)* that's more like it! *fam;* **der Wunsch, zu ~** the desire to please **II.** *vr* ❶ *(etw hin·nehmen)* ▪ **sich** *dat* **etw ~ lassen** *(fam)* to put up with sth; *(etw akzeptabel finden)* to be happy with sth; **das lasse ich mir ~** there's nothing I like better, that'll do nicely, that's just the ticket ❷ *(sich mögen)* ▪ **sich** *dat* **[in etw** *dat*] **~** to fancy oneself [in sth] ❸ *(sich hervortun)* ▪ **sich** *dat* **in etw** *dat* **~** to like to play the part of sth; **er gefällt sich in der Rolle des Märtyrers** he likes to play the martyr

gefallen² *pp von* **fallen** *s.* **gefallen¹**

Ge·fal·len¹ <-s, -> [gəˈfalən] *m* favour [*or* AM -or]; **jdn um einen ~ bitten** to ask sb for a favour, to ask a favour of sb; **jdm einen ~ tun** [*o geh:* **erweisen**] to do sb a favour

Ge·fal·len² <-s> [gəˈfalən] *nt kein pl (geh)* pleasure; **an etw** *dat* **~ finden** [*o haben*] to enjoy sth/doing sth, to derive pleasure from sth/doing sth *form;* **allge·mein ~ finden** to go down well; **an jdm/aneinan·der ~ finden** [*o haben*] to become fond of sb/each other; **jdm/etw zu ~ tun** to do sth to please sb; **nach ~** arbitrarily

Ge·fal·le·ne(r) *f(m) decl wie adj* soldier killed in action

Ge·fal·le·nen·denk·mal *nt* war memorial

ge·fäl·lig [gəˈfɛlɪç] *adj* ❶ *(hilfsbereit)* helpful, obliging; ▪ **jdm ~ sein** to help [*or form* oblige] sb; **sich jdm ~ zeigen** [*o geh:* **erweisen**] to show oneself willing to help [*or form* oblige] ❷ *(ansprechend)* pleasant, pleas·ing; **~e Kleidung** smart clothes; **ein ~es Äußeres** a pleasant appearance ❸ *(gewünscht)* **Zigarette ~?** would you care for a cigarette? *form;* **wenn's ~ ist** *(iron)* if you don't mind *iron;* **wir würden jetzt gerne gehen, wenn's ~ ist** we would like to go now if you don't mind

Ge·fäl·lig·keit <-, -en> *f* ❶ *(Gefallen)* favour [*or* AM -or]; **jdm eine ~ erweisen** to do sb a favour ❷ *kein pl (Hilfsbereitschaft)* helpfulness; **aus ~** out of the kind·ness of one's heart

ge·fäl·ligst [gəˈfɛlɪçst] *adv (euph, pej fam)* kindly *euph, pej;* **sei ~ still!** kindly be quiet!; **würden Sie mich ~ ausreden lassen!** would you kindly let me finish [speaking]!

Ge·fäll·stre·cke *f* incline

ge·fan·gen [gəˈfaŋən] **I.** *pp von* **fangen** **II.** *adj* ❶ *(in Gefangenschaft)* ▪ **jdn ~ halten** to hold sb captive [*or* prisoner]; **ein Tier ~ halten** to keep an animal in cap·tivity; **jdn ~ nehmen** MIL to take sb prisoner, to cap·ture sb; JUR *(verhaften)* to arrest sb ❷ *(beeindruckt)* **jdn ~ halten** [*o* **nehmen**] to captivate sb; **ihre Bücher nehmen mich ganz ~** I find her books cap·tivating [*or* riveting]

Ge·fan·ge·ne(r) *f(m) decl wie adj* captive; *(im Gefäng·nis)* prisoner; *(im Krieg)* prisoner of war; **~ machen** to take prisoners; **keine ~n machen** *(euph, a. fig)* to take no prisoners [alive] *euph, a. fig*

Ge·fan·ge·nen·aus·tausch *m* exchange of prisoners **Ge·fan·ge·nen·be·frei·ung** *f* JUR aiding and abetting a gaolbreak [*or* AM jailbreak] **Ge·fan·ge·nen·la·ger** *nt* prisoner camp

ge·fan·gen·hal·tenALT *vt irreg s.* **gefangen 1, 2 Ge·fan·gen·nah·me** <-, -n> *f* ❶ MIL *(das Gefangenneh·*

men) capture ② JUR *(Verhaftung)* arrest **ge·fan·gen|neh·men**ᴬᴸᵀ *vt irreg s.* **gefangen 1, 2**

Ge·fan·gen·schaft <-, <*selten* -en> *f* ❶ MIL *(Kriegs~)* captivity; **in ~ geraten** [*o* **kommen**] to be taken prisoner; **in ~ sein** to be held in captivity; **aus der ~ zurückkehren** [*o* **heimkehren**] to return home from captivity ❷ *(im Käfig)* captivity; **in ~ gehalten werden** to be kept in captivity

Ge·fäng·nis <-ses, -se> [gəˈfɛŋnɪs, *pl:* gəˈfɛŋnɪsə] *nt* ❶ *(Haftanstalt)* prison, jail, gaol BRIT; **im ~ sein** [*o fam:* **sitzen**] to be in prison, to be inside *sl;* **jdm ins ~ bringen** to have sb sent to prison, to get sb sent down *fam;* **ins ~ kommen** to be sent to prison, to go down *sl;* **aus dem ~ ausbrechen** to break out of prison ❷ *kein pl (Haftstrafe)* imprisonment *no pl;* **zwei Jahre ~ bekommen** to get two years imprisonment [*or* in prison]; **auf etw akk steht ~** sth is punishable by imprisonment; **auf Mord steht lebenslänglich ~** murder carries a life sentence; **jdn zu zwei Jahren ~ verurteilen** to sentence sb to two years imprisonment [*or* in prison]

Ge·fäng·nis·auf·se·her(in) *m(f)* prison officer [*or* warder] BRIT, jailer *old,* corrections officer AM **Ge·fäng·nis·di·rek·tor(in)** *m(f)* prison governor BRIT, warden AM **Ge·fäng·nis·in·sas·se, -in·sas·sin** *m, f* inmate **Ge·fäng·nis·mau·er** *f* prison wall **Ge·fäng·nis·re·vol·te** *f* prison riot **Ge·fäng·nis·stra·fe** *f* prison sentence; **eine ~ verbüßen** [*o fam:* **absitzen**] to spend time in prison, to do time [*or* BRIT *fam* porridge]; **jdn zu einer ~ verurteilen** to give sb a prison sentence **Ge·fäng·nis·wär·ter(in)** *m(f) s.* **Gefängnisaufseher Ge·fäng·nis·zel·le** *f* prison cell

Ge·fa·sel <-s> [gəˈfaːzl̩] *nt kein pl (pej fam)* drivel *pej,* twaddle *pej*

Ge·fäß <-es, -e> [gəˈfɛːs] *nt* ❶ *(kleinerer Behälter)* container, receptacle *form;* **etw in ein ~ füllen** to fill a container with sth ❷ *(Ader)* vessel

Ge·fäß·chir·urg(in) *m(f)* vascular surgeon **ge·fäß·er·wei·ternd** MED, PHARM **I.** *adj* vasodilatory **II.** *adv* vasodilatory **Ge·fäß·in·nen·haut** *f* internal membrane of a vessel **Ge·fäß·krank·heit** *f* vascular disease **Ge·fäß·ope·ra·ti·on** *f* vascular operation **Ge·fäß·pflan·ze** *f* BOT vascular plant **ge·fäß·schä·di·gend** *adj* causing vascular damage **Ge·fäß·sys·tem** *nt* vascular system

ge·fasstᴿᴿ, **ge·faßt**ᴬᴸᵀ **I.** *adj* ❶ *(beherrscht)* composed, calm; **einen ~en Eindruck machen** to appear calm and collected ❷ *(eingestellt)* ■ **auf etw** *akk* **~ sein** to be prepared for sth; **sich auf etw** *akk* **~ machen** to prepare oneself for sth; **sich darauf ~ machen, dass** to be prepared [*or* ready] for sth; **sich auf etwas** *akk* **~ machen können** *(fam)* to be in for it *fam* **II.** *adv* with composure

Ge·fasst·heitᴿᴿ, **Ge·faßt·heit**ᴬᴸᵀ <-> *f kein pl* composure, calmness

ge·fäß·ver·en·gend MED **I.** *adj* vasoconstrictive **II.** *adv* **~ wirken** to have a vasoconstrictive effect **Ge·fäß·ver·en·gung** *f* vascular constriction **Ge·fäß·ver·let·zung** *f* vascular injury **Ge·fäß·ver·schluss**ᴿᴿ *m* embolism **Ge·fäß·ver·stop·fung** *f* embolism **Ge·fäß·wand** *f* vascular wall

Ge·fecht <-[e]s, -e> [gəˈfɛçt] *nt (a. fig)* battle; MIL engagement, encounter; **in schwere ~e verwickelt werden** to be engaged in fierce fighting; **etw ins ~ führen** *(geh)* to bring sth into the argument [*or* equation]; **jdm ein ~ liefern** to engage sb in battle, to do battle with sb; **jdn außer ~ setzen** to put sb out of action; *s. a.* **Eifer** *s. a.* **Hitze**

Ge·fechts·aus·bil·dung *f* MIL combat training **ge·fechts·be·reit** *adj* ready for action [*or* battle]; **etw ~ machen** to get sth ready for action *or* battle **ge·fechts·klar** *adj* NAUT cleared for action; **ein Schiff ~ machen** to clear a ship for action **Ge·fechts·kopf** *m* MIL warhead

Ge·fechts·pau·se *f* MIL lull [*or* break] in [the] fighting **Ge·fechts·stand** *m* MIL command post

ge·fei·ert *adj* celebrated

ge·feit [gəˈfait] *adj* ■ **gegen etw** *akk* **~ sein** to be immune to sth

ge·fes·tigt *adj* ❶ *(etabliert)* **~e Traditionen** established traditions ❷ *(sittlich stark)* staunch, steadfast

Ge·fie·del <-s> [gəˈfiːdl̩] *nt kein pl (pej fam)* fiddling *fam,* scraping, sawing *pej*

Ge·fie·der <-s, -> [gəˈfiːdɐ] *nt* plumage *no indef art, no pl,* feathers *pl*

ge·fie·dert [gəˈfiːdɐt] *adj* ❶ BOT pinnate ❷ *(geh)* feathered; **unsere ~en Freunde** our feathered friends

ge·fiel [gəˈfiːl] *imp von* **gefallen**¹

Ge·fil·de <-s, -> [gəˈfɪldə] *nt (geh)* scenery; **heimatliche ~** *(hum)* home pastures

ge·fin·kelt [gəˈfɪŋk̟lt] *adj* ÖSTERR *(schlau)* cunning, crafty, sly

Ge·flecht <-[e]s, -e> [gəˈflɛçt] *nt* ❶ *(Flechtwerk)* wickerwork ❷ *(Gewirr)* tangle

ge·fleckt *adj* spotted; **ein ~es Gefieder** speckled plumage; **eine ~e Haut** blotchy skin

Ge·flim·mer <-s> [gəˈflɪmɐ] *nt kein pl* ❶ FILM, TV flickering ❷ *(flimmernde Luft)* shimmering

ge·flis·sent·lich [gəˈflɪsn̩tlɪç] *adv (geh)* deliberately

ge·floch·ten [gəˈflɔxtn̩] *pp von* **flechten**

ge·flo·gen [gəˈfloːgn̩] *pp von* **fliegen**

ge·floh·en [gəˈfloːən] *pp von* **fliehen**

ge·flos·sen [gəˈflɔsn̩] *pp von* **fließen**

Ge·flü·gel <-s> [gəˈflyːgl̩] *nt kein pl* ❶ ORN poultry *no indef art, no pl,* fowl *no pl* ❷ KOCHK poultry *no indef art, no pl*

Ge·flü·gel·brü·he *f* chicken/turkey etc. broth **Ge·flü·gel·creme·sup·pe** *f* cream of chicken/turkey etc. soup **Ge·flü·gel·fleisch** *nt* poultry [meat] **Ge·flü·gel·hal·tung** *f* poultry farming **Ge·flü·gel·händ·ler(in)** *m(f)* poulterer, poultry dealer **Ge·flü·gel·hand·lung** *f* poulterer's **Ge·flü·gel·klein** *nt* giblets *npl* **Ge·flü·gel·le·ber** *f* chicken/turkey etc. liver **Ge·flü·gel·pres·se** *f* poultry press **Ge·flü·gel·sa·lat** *m* chicken/turkey etc. salad **Ge·flü·gel·sche·re** *f* poultry shears *npl*

ge·flü·gelt [gəˈflyːglt] *adj* winged; *s. a.* **Wort**

Ge·flü·gel·zucht *f* poultry farm[ing]

Ge·flun·ker <-s> [gəˈflʊŋkɐ] *nt kein pl (pej fam)* fibbing *fam*

Ge·flüs·ter <-s> [gəˈflʏstɐ] *nt kein pl* whispering

ge·foch·ten [gəˈfɔxtn̩] *pp von* **fechten**

Ge·fol·ge <-s, -> [gəˈfɔlgə] *nt* retinue, entourage; **etw im ~ haben** to lead to [*or* result in] sth; **im ~ einer S.** *gen (geh)* in the wake of sth

Ge·folg·schaft <-, -en> *f* ❶ *(Anhängerschaft)* followers *pl,* following *no pl* ❷ HIST retinue, entourage ❸ *kein pl (veraltend: Treue)* loyalty, allegiance **(gegenüber jdm** to sb); **jdm ~ leisten** to obey sb; **jdm die ~ verweigern** to refuse to obey sb

Ge·folgs·mann, -frau <-männer *o* -leute> *m, f* follower

ge·fragt *adj* in demand *pred;* **nicht ~ sein: du bist jetzt nicht ~** I'm not asking you

ge·frä·ßig [gəˈfrɛːsɪç] *adj* ❶ *(fressgierig)* voracious ❷ *(pej: unersättlich)* greedy, gluttonous

Ge·frä·ßig·keit <-> *f kein pl* ❶ *(Fressgier)* voracity, voraciousness ❷ *(pej: Unersättlichkeit)* gluttony

Ge·frei·te(r) [gəˈfraitə] *f(m) decl wie adj* ❶ MIL *sb holding the second lowest rank in the armed forces,* ≈ lance corporal BRIT, private AM ❷ NAUT able seaman ❸ LUFT leading aircraftman BRIT, airman first class AM

ge·fres·sen *pp von* **fressen**

Ge·frier·beu·tel *m* freezer bag

ge·frie·ren* [gəˈfriːrən] *vi irreg sein* to freeze; *s. a.* **Blut**

Ge·frier·fach *nt* freezer compartment **Ge·frier·fleisch** *nt* frozen meat **Ge·frier·ge·mü·se** *nt* frozen vegetables *pl* **ge·frier·ge·trock·net** *adj* freeze-dried **Ge·frier·punkt** *m* freezing point; **über dem ~** above freezing [*or* BRIT zero]; **um den ~** around freezing [*or* BRIT zero]; **unter dem/den ~** below freezing [*or* BRIT zero] **Ge·frier·schrank** *m* upright freezer **ge·frier·trock·nen** *vt* ▪ **etw ~** to freeze-dry sth **Ge·frier·trock·nung** *f* freeze-drying **Ge·frier·tru·he** *f* chest freezer

ge·fro·ren [gəˈfroːrən] *pp von* **frieren** *s.* **gefrieren**

Ge·fuch·tel <-s> [gəˈfʊxtl̩] *nt kein pl (pej)* gesticulating

Ge·fü·ge <-s, -> [gəˈfyːgə] *nt (geh)* structure; **das wirtschaftliche und soziale ~ eines Staates** a country's economic and social fabric

ge·fü·gig [gəˈfyːgɪç] *adj* submissive, compliant; [**sich** *dat*] **jdn ~ machen** to make sb submit [*or* bend] to one's will

Ge·fühl <-[e]s, -e> [gəˈfyːl] *nt* ❶ *(Sinneswahrnehmung)* feeling ❷ *(seelische Empfindung, Instinkt)* feeling; ▪ **ein ~ einer S.** *gen* a feeling [*or* sense] of sth; **das [...] ~ haben, dass/als ob** to have the [...] feeling that/as though; **das ~ nicht loswerden, dass** to not get rid of the feeling that; **ich werde das ~ nicht los, dass** I cannot help feeling that; **mit ~** with feeling [*or* sensitivity], carefully; **mit gemischten ~en** with mixed feelings; **mit widerstrebenden ~en** with [some] reluctance; **jds ~e erwidern** to reciprocate sb's feelings, to return sb's affections; **jds ~e verletzen** to hurt sb's feelings; **~[e] in jdn/etw investieren** *(fam)* to become emotionally involved with sb/sth; **etw im ~ haben** to feel sth instinctively; **mein ~ täuscht mich nie** my instinct is never wrong ❸ *(Sinn)* sense; **ein ~ für etw** *akk* **[haben]** [to have] a feeling for [*or* sense of] sth; **ein ~ für Zahlen/Kunst/Musik** a feeling for figures/art/music; **ein ~ für Gerechtigkeit** a sense of justice; **Tiere haben ein ~ dafür, wer sie mag** animals can sense who likes them ▶ WENDUNGEN: **das ist ein ~ wie Weihnachten** *(hum fam)* it feels [just] like Christmas; **seinen ~en keinen Zwang antun** *(fam)* to not hide one's feelings; **das höchste der ~e** *(fam)* the maximum, the final offer

ge·fühl·los I. *adj* ❶ *(ohne Sinneswahrnehmung)* numb ❷ *(herzlos)* insensitive, callous II. *adv* insensitively, callously

Ge·fühl·lo·sig·keit <-, -en> *f* ❶ *(Herzlosigkeit)* insensitivity, callousness ❷ *(physischer Zustand)* numbness

Ge·fühls·an·wand·lung *f* rush of emotion **Ge·fühls·aus·bruch** *m* outburst of emotion, emotional outburst **ge·fühls·be·tont** *adj* emotional **Ge·fühls·du·se·lei** <-, -en> [-duːzəˈlaɪ] *f (pej fam)* mawkishness, overweening sentimentality **ge·fühls·echt** *adj* ultrasensitive; **eine Packung Kondome „London ~"** a pack of 'London ultrasensitive' condoms **Ge·fühls·haus·halt** *m* emotional balance [*or* equilibrium] **ge·fühls·kalt** *adj* ❶ *(frigide)* frigid ❷ *(eiskalt)* cold, unfeeling **Ge·fühls·käl·te** *f* ❶ *(Frigidität)* frigidity ❷ *(Gefühllosigkeit)* coldness, unfeelingness **Ge·fühls·le·ben** *nt kein pl* emotional life; **das ~ abstumpfen** to numb one's emotions **ge·fühls·mä·ßig** *adv* instinctively, by instinct **Ge·fühls·mensch** *m* person guided [*or* ruled] by emotion, emotionalist **Ge·fühls·re·gung** *f* [stirring of] emotion **Ge·fühls·sa·che** *f* matter of feel [*or* instinct]

ge·fühl·voll I. *adj (empfindsam)* sensitive II. *adv* expressively, with feeling

ge·füllt *adj* ❶ *(mit einer Füllung versehen)* stuffed; **~e Paprikaschoten/Tomaten** stuffed peppers/tomatoes; **~e Kekse** biscuits with a filling; [**mit Kirschgeist, Weinbrand etc.**] **~e Pralinen** liqueur choco-

lates ❷ *(voll)* full; **eine gut ~e Brieftasche** a well-stuffed wallet

Ge·fum·mel <-s> [gəˈfʊml̩] *nt kein pl (fam)* ❶ *(lästiges Hantieren)* fiddling, fumbling ❷ *(sexuelle Berührung)* fumbling, groping *fam*, pawing *fam*

ge·fun·den [gəˈfʊndn̩] *pp von* **finden**

ge·füt·tert *adj inv* lined

Ge·ga·cker <-s> [gəˈgakə] *nt kein pl* cackling

ge·gan·gen [gəˈgaŋən] *pp von* **gehen**

ge·ge·ben [gəˈgeːbn̩] I. *pp von* **geben** II. *adj* ❶ *(geeignet)* right; *s. a.* **Zeit** ❷ *(vorhanden)* given; **die ~en Tatsachen** the facts at hand; **unter den ~en Umständen** under [*or* in] these circumstances; **in diesem ~en Fall** in this case; **unter Berücksichtigung der ~en Lage** in view of [*or* given] the situation; **etw als ~ voraussetzen** to take sth for granted; *s. a.* **Anlass** ❸ *(das Nächstliegende)* ▪ **das G~e sein** to be the right thing

ge·ge·be·nen·falls [gəˈgeːbənənˈfals] *adv* if necessary [*or* need be], should the need [*or* occasion] arise; **vielen Dank für Ihr Angebot, wir kommen ~ wieder darauf zurück** thank you for your offer, we may possibly come back to you on it [*or* we will get back to you if applicable]

Ge·ge·ben·heit <-, -en> *f meist pl (die Realitäten)* fact; **die wirtschaftlichen/sozialen ~en** the economic/social conditions; **die politischen ~en** the political reality

ge·gelt [gəˈgeːlt] *adj inv* MODE *Haare, Frisur* gelled

ge·gen [ˈgeːgn̩] I. *präp* +*akk* ❶ *(wider)* against; **ich brauche etw ~ meine Erkältung** I need sth for my cold ❷ SPORT ▪ **X ~ Y** X versus [*or* against] Y ❸ *(ablehnend)* ▪ **~ jdn/etw sein** to be against [*or* opposed to] sb/sth ❹ *(entgegen)* contrary to; **~ alle Vernunft** against all reason ❺ *(an)* against; **der Regen klatscht ~ die Fenster** the rain beats against the windows; **~ die Wand stoßen** to run into the wall; **~ die Tür schlagen** to hammer on the door ❻ *(gegenüber)* towards, to ❼ *(für)* for; **~ Kaution/Quittung** against a deposit/receipt ❽ *(verglichen mit)* compared with [*or* to], in comparison with ❾ *(zum ... zu)* towards; **~ Morgen/Mittag/Abend** towards morning/afternoon/evening II. *adv* about, around; **er kommt ~ drei Uhr an** he's arriving around three o'clock

Ge·gen·an·ge·bot *nt* counteroffer; **jdm ein ~ machen** to make sb a counteroffer **Ge·gen·an·griff** *m* counterattack **Ge·gen·an·sicht** *f* opposite [*or* different] opinion **Ge·gen·an·trag** *m* ❶ *(im Parlament)* countermotion ❷ JUR counterclaim **Ge·gen·an·zei·ge** *f* MED contraindication **Ge·gen·ar·gu·ment** *nt* counterargument **Ge·gen·be·haup·tung** *f* counterclaim; **eine ~ machen** [*o* **aufstellen**] to make [*or* bring] [*or* enter] a counterclaim **Ge·gen·bei·spiel** *nt* counterexample; [**jdm**] **ein ~ bringen** to provide [sb with] an example to the contrary **Ge·gen·be·such** *m* return visit; **jdm einen ~ machen** to return sb's visit **Ge·gen·be·we·gung** *f* countermovement **Ge·gen·be·weis** *m* counterevidence; [**jdm**] **den ~** [**zu etw** *dat*] **erbringen** [*o* **antreten**] to furnish [sb] with [*or* to offer sb] evidence to the contrary **Ge·gen·bu·chung** *f* FIN cross [*or* contra] entry

Ge·gend <-, -en> [ˈgeːgnt, *pl*: ˈgeːgndən] *f* ❶ *(geographisches Gebiet)* region, area ❷ *(Wohngegend)* area, neighbourhood BRIT, neighborhood AM, district; **die ~ unsicher machen** *(fam)* to be on the loose [in the area], to paint the town red *fam* ❸ *(fam: Richtung)* direction ❹ *(Nähe)* area; **in der Münchner ~** [*o* **~ von München**] in the Munich area; **in der ~ um etw** *akk (sl)* in the region of sth, approximately; **in der ~ um Ostern/um den 15.** around about Easter/the 15th ❺ ANAT region ❻ *(Gebiet um jdn herum)* in der ~ herumbrüllen to yell one's head off; **durch die ~ laufen/fahren** *(fam)* to stroll about/drive around; **in die ~** *(fam)* anywhere; **heb das Papier auf, das kannst du nicht einfach so in die ~ werfen** pick that paper up, you can't just throw it anywhere

Ge·gen·dar·stel·lung f ❶ MEDIA reply; **nach dem Pressegesetz sind wir verpflichtet, eine ~ abzudrucken** according to press law we are obliged to print a reply ❷ *(gegensätzliche Darstellung)* account [of sth] from an opposing point of view; **eine ~ machen** to dispute [sth] **Ge·gen·de·mon·stra·ti·on** f counterdemonstration **Ge·gen·dienst** m favour [*or* AM -or]; **jdm einen ~ erweisen** to do sb a favour [*or* AM -or] in return **Ge·gen·druck** m TECH counterpressure

ge·gen·ein·an·der [geːgn̩ʔaiˈnandɐ] adv ❶ *(eine(r, s) gegen den anderen)* against each other [*or* one another]; **etwas ~ haben** *(fam)* to have sth against each other; **habt ihr 'was ~?** have you got something against each other? ❷ *(für den anderen)* for each other [*or* one another]

Ge·gen·ein·an·der <-s> [geːgn̩ʔaiˈnandɐ] nt kein pl conflict

ge·gen·ein·an·der|hal·ten vt irreg **etw ~** to hold up side by side [*or* together] **ge·gen·ein·an·der|pral·len** vi sein to collide **ge·gen·ein·an·der|ste·hen** vi irreg to conflict; **~de Aussagen** conflicting statements **ge·gen·ein·an·der|sto·ßen** vi irreg sein to knock against one another, to collide

Ge·gen·ein·la·dung f return invitation **Ge·gen·er·klä·rung** f counter statement, counter declaration **Ge·gen·fahr·bahn** f oncoming carriageway BRIT; *(Fahrspur)* oncoming lane **Ge·gen·feu·er** nt FORST backfire **Ge·gen·for·de·rung** f counterdemand, counterclaim **Ge·gen·fra·ge** f counterquestion, question in return; **etw mit einer ~ beantworten** to answer a question with a[nother] question **Ge·gen·ge·ra·de** f SPORT back straight, backstretch AM **Ge·gen·ge·walt** f counterviolence; **Gewalt mit ~ beantworten** to meet force with force [*or* violence with violence] **Ge·gen·ge·wicht** nt counterweight, counterbalance **Ge·gen·gift** nt antidote; **ein/kein ~ gegen etw** akk **sein** to be an/no antidote to sth **ge·gen|hal·ten** vi irreg [**mit etw** dat] **~** to counter [with sth] **Ge·gen·kam·pa·gne** [-kampanjə] f rival campaign **Ge·gen·kan·di·dat(in)** m(f) rival candidate; **jdn als ~en/~in [zu jdm] aufstellen** to put sb up [*or* nominate sb] as a rival candidate [to [*or* against] sb] **Ge·gen·kla·ge** f JUR countercharge **Ge·gen·kö·nig(in)** m(f) HIST rival claimant to the throne **Ge·gen·kul·tur** f counterculture **Ge·gen·kurs** m opposite [*or* reciprocal] course; **einen ~ steuern** to take an opposing course of action

ge·gen·läu·fig adj ❶ TECH opposed, contra-rotating ❷ *(entgegengesetzt)* **eine ~e Entwicklung/Tendenz** an opposite [*or* reverse] development/trend **Ge·gen·leis·tung** f payment [*or* service] in return; **eine/keine ~ erwarten** to expect something/nothing in return; **als ~ für etw** akk in return for sth **ge·gen|len·ken** [ˈgeːgn̩lɛŋkn̩] vi to countersteer, to steer into a skid **ge·gen|le·sen** vt irreg to check through; **ein Manuskript ~** to check [through] a manuscript **Ge·gen·licht** nt light shining towards the viewer; **bei ~** against the light; **ein Foto bei ~ aufnehmen** to take a backlit [*or* contre-jour] photo[graph] **Ge·gen·lie·be** f kein pl **mit etw** dat [**bei jdm**] **keine/wenig ~ finden** to find no/little favour [*or* AM -or] [with sb] for sth; [**bei jdm**] **auf keine/wenig ~ stoßen** to meet with no/little approval [from sb] **Ge·gen·maß·nah·me** f countermeasure **Ge·gen·mehr** <-s> nt SCHWEIZ votes against; **ohne ~** unanimously **Ge·gen·**

mei·nung f opposite opinion **Ge·gen·mit·tel** nt *(gegen Gift)* antidote; *(gegen Krankheit)* remedy; ■ **ein ~ gegen etw** akk an antidote for [*or* to] [*or* a remedy for] sth **Ge·gen·of·fen·si·ve** f s. **Gegenangriff Ge·gen·papst** m HIST antipope **Ge·gen·par·tei** f other [*or* opposing] side **Ge·gen·pol** m opposite pole; ■ **jds ~** sb's opposite; ■ **der ~ zu jdm** the opposite of sb **Ge·gen·pro·be** f ❶ *(Überprüfung)* crosscheck; **die ~ zu etw** dat **machen** to carry out a crosscheck on sth, to crosscheck sth ❷ *(bei Abstimmung)* recount using the opposite motion **Ge·gen·re·ak·ti·on** f counter-reaction **Ge·gen·rech·nung** f contra account; [**jdm**] **die/eine ~ [für etw** akk] **aufmachen** [*o* aufstellen] to present the other side of the account [to sb] [*or* offset that against] **Ge·gen·re·for·ma·ti·on** f HIST Counter-Reformation **Ge·gen·re·gie·rung** f rival government **Ge·gen·rich·tung** f opposite direction

Ge·gen·satz m ❶ *(Gegenteil)* opposite; **einen [krassen] ~ zu etw** dat **bilden** to contrast [starkly] with sth, to be in stark contrast to sth; **im scharfen** [*o* schroffen] **~ zu etw** dat **stehen** to conflict sharply with sth, to be in sharp conflict with sth; **der [genaue] ~ zu jdm** **sein** to be the [exact] opposite of sb; **im ~ zu jdm/etw** in contrast to [*or* unlike] sb/sth ❷ pl differences; **unüberbrückbare Gegensätze** irreconcilable differences ▸ WENDUNGEN: **Gegensätze ziehen sich an** *(prov)* opposites attract

ge·gen·sätz·lich [ˈgeːgn̩zɛtslɪç] **I.** adj conflicting, differing; **den ~en Standpunkt vertreten** to represent the opposite point of view; **~e Menschen/Temperamente** different people/temperaments **II.** adv differently

Ge·gen·sätz·lich·keit <-, -en> f difference[s]; **bei aller ~** in spite of all [the] differences

Ge·gen·schlag m retaliation; **zum ~ ausholen** to prepare to retaliate **Ge·gen·seite** f ❶ *(gegenüberliegende Seite)* other [*or* opposite] side ❷ *(gegnerische Partei)* other [*or* opposing] side

ge·gen·sei·tig [ˈgeːgn̩zaitɪç] **I.** adj mutual; **in ~er Abhängigkeit stehen** to be mutually dependent; s. a. **Einvernehmen II.** adv mutually; **sich ~ beschuldigen/helfen/unterstützen** to accuse/help/support each other [*or* one another]

Ge·gen·sei·tig·keit <-> f kein pl mutuality; **auf ~ beruhen** to be mutual; **ein Abkommen/Vertrag auf ~** a reciprocal agreement/treaty

Ge·gen·sinn <-[e]s> m kein pl **im ~** in the opposite direction **Ge·gen·spie·ler(in)** m(f) opposite number **Ge·gen·spi·o·na·ge** f counterespionage **Ge·gen·sprech·an·la·ge** f two-way intercom, duplex system **Ge·gen·stand** <-[e]s, Gegenstände> m ❶ *(Ding)* object; **Gegenstände des täglichen Bedarfs** objects [*or* articles] of everyday use ❷ *(Thema)* subject ❸ *(Objekt)* ■ **der ~ einer S.** gen the object of sth; ~ **der Kritik** target of criticism; **sich zum ~ des Gespötts machen** *(geh)* to make oneself an object of ridicule [*or* a laughing stock]

ge·gen·ständ·lich [ˈgeːgn̩ʃtɛntlɪç] KUNST **I.** adj representational **II.** adv representationally

Ge·gen·stand·punkt m opposite point of view

ge·gen·stands·los adj ❶ *(unbegründet)* unfounded, groundless ❷ *(hinfällig)* invalid; **bitte betrachten Sie dieses Schreiben als ~, falls …** please disregard this notice if …

ge·gen|steu·ern vi s. **gegenlenken Ge·gen·stim·me** f ❶ *(bei einer Abstimmung)* vote against; **der Antrag wurde mit 323 Stimmen bei 142 ~n/ ohne ~ angenommen** the motion was carried by 323 votes to 142/unanimously ❷ *(kritische Meinungsäußerung)* dissenting voice **Ge·gen·stoß** m counterattack; **einen ~ führen** to counterattack **Ge·**

gen·strö·mung f countercurrent, crosscurrent; *(entgegengesetzte Opposition)* current of opposition **Ge·gen·stück** nt companion piece, counterpart; **jds ~ sein** to be sb's opposite **Ge·gen·teil** ['ge:gn̩tail] nt opposite; [mit etw dat] das [genaue [o genau das]] ~ **bewirken** to achieve the [exact] opposite [or [exactly] the opposite] effect [by sth]; **im ~!** on the contrary!; **ganz im ~!** quite the reverse [or opposite] !; **ins ~ umschlagen** to change completely; **sich in sein ~ verkehren** to change to the opposite, to twist right round **ge·gen·tei·lig** ['ge:gn̩tailɪç] I. adj opposite; ■ **etwas/nichts G~es** anything/nothing to the contrary II. adv to the contrary; **sich ~ entscheiden** to come to a different decision **Ge·gen·tref·fer** m goal against; **einen ~ erzielen** to score; **einen ~ hinnehmen** [o fam: **einstecken**] **müssen** to concede a goal **ge·gen·über** [ge:gn̩'?y:bɐ] I. präp +dat ❶ *(örtlich)* ■ **jdm/einer S.** ~ opposite sb/sth; **er saß ihr genau/schräg ~** he sat directly opposite [or facing] her/diagonally across from her ❷ *(in Bezug auf)* ■ **jdm/einer S.** ~ towards sb/sth; **er ist allem Neuen ~ wenig aufgeschlossen** he is not very open-minded about anything new ❸ *(vor ...)* ■ **jdm ~** in front of sb ❹ *(im Vergleich zu)* ■ **jdm ~** in comparison with [or compared to] sb; **jdm ~ im Vorteil sein** to have an advantage over sb II. adv opposite; **die Leute von ~** the people [from] opposite [or from across the road [or way]]

Ge·gen·über <-s, -> [ge:gn̩'?y:bɐ] nt ■ **jds** ❶ *(Mensch)* person opposite ❷ *(Terrain)* land opposite; **wir haben einen freien Ausblick und kein ~** we have an open view with no buildings opposite **ge·gen·über·lie·gen** irreg I. vi ■ **jdm/einer S.** ~ to be opposite [or face] sb/sth II. vr ■ **sich** dat ~ to face each other [or one another] **ge·gen·über·lie·gend** adj attr opposite; **das ~e Gebäude** the building opposite **ge·gen·über·se·hen** vr irreg ■ **sich jdm/einer S.** ~ to be faced with sb/sth; **sich einer Herausforderung/Aufgabe** ~ to be confronted with a challenge/task **ge·gen·über·sit·zen** vi irreg ■ **jdm/sich** ~ to sit opposite [or facing] sb/each other [or one another] **ge·gen·über·ste·hen** irreg I. vi ❶ *(zugewandt stehen)* ■ **jdm** ~ to stand opposite [or facing] sb; ■ **sich** dat ~ to stand opposite [or facing] each other [or one another] ❷ *(eingestellt sein)* ■ **jdm/einer S. [...]** ~ to have a [...] attitude towards sth II. vr ❶ *(konfrontiert sein)* ■ **sich** dat **als etw** ~ to face [or confront] each other [or one another] as sth ❷ *(widerstreiten)* ■ **sich** dat ~ to be in opposition to each other [or one another] **ge·gen·über·stel·len** vt ❶ *(konfrontieren)* ■ **jdm jdn** ~ to confront sb with sb ❷ *(vergleichen)* ■ **sich** dat **etw** ~ to compare sth with sth **Ge·gen·über·stel·lung** f ❶ *(Konfrontation)* confrontation ❷ *(Vergleich)* comparison **ge·gen·über·tre·ten** vi irreg sein ■ **jdm** ~ to face sb **Ge·gen·un·ter·schrift** f countersignature **Ge·gen·ver·kehr** m oncoming traffic **Ge·gen·vor·schlag** m counterproposal; **einen ~ haben/machen** to have/make a counterproposal

Ge·gen·wart <-> ['ge:gnvart] f kein pl ❶ *(jetziger Augenblick)* present; [ganz] **in der ~ leben** to live in [or for] the present [or for the day] ❷ *(heutiges Zeitalter)* present [time [or day]]; **unsere ~** the present day, this day and age; **die Literatur/Kunst/Musik der ~** contemporary literature/art/music ❸ LING present [tense] ❹ *(Anwesenheit)* presence; **in ~ der/des ...** in the presence of the ...; **in jds ~** in sb's presence, in the presence of sb **ge·gen·wär·tig** ['ge:gnvɛrtɪç] I. adj ❶ attr *(derzeitig)* present, current ❷ *(heutig)* present[-day]; **zur ~en Stunde** at the present time; **der ~e Tag** this day ❸ *(geh: erinnerlich)* ■ **etw ist jdm ~** to remember

[or recall] sth; **die Adresse ist mir im Augenblick nicht ~** I cannot remember [or recall] the address at the moment ❹ *(präsent)* ■ **irgendwo/in etw** dat ~ **sein** to be ever-present somewhere/in sth; **in diesen steinernen Zeugen ist die ruhmreiche Vergangenheit der Stadt stets ~** these stones bear constant witness to the town's glorious past II. adv at present, currently

ge·gen·warts·be·zo·gen adj relevant to the present day; **ein ~er Mensch** a person whose life revolves around the present **Ge·gen·warts·form** f LING present tense **ge·gen·warts·nah** I. adj *(geh)* relevant to the present day, topical II. adv in a way that is relevant to the present [day], topically **Ge·gen·warts·spra·che** f present-day language; **die deutsche ~** modern German

Ge·gen·wehr f resistance; [keine] ~ **leisten** to put up [no] resistance **Ge·gen·wert** m equivalent; **im ~ von etw** dat to the value of sth; **Dollar im ~ von 1.000 Euro** 1,000 euros' worth of dollars **Ge·gen·wind** m headwind; **sie hatten starken ~** they had a strong headwind against them, there was a strong headwind **ge·gen|zeich·nen** vt ■ **etw** ~ to countersign sth **Ge·gen·zeu·ge**, **-zeu·gin** m, f ❶ JUR witness for the other side ❷ *(Zeuge für gegenteilige Meinung)* sb who can witness to the contrary **Ge·gen·zug** m ❶ *(Reaktion)* counter[move]; **im ~** [zu etw dat] as a counter[move] [to sth] ❷ *(entgegenkommender Zug)* oncoming train; *(gleicher Zug in Gegenrichtung)* corresponding train in the opposite direction

ge·ges·sen [ɡə'ɡɛsn̩] pp von **essen**
ge·gli·chen [ɡə'ɡlɪçn̩] pp von **gleichen**
ge·glit·ten [ɡə'ɡlɪtn̩] pp von **gleiten**
ge·glom·men [ɡə'ɡlɔmən] pp von **glimmen**
Geg·ner(in) <-s, -> ['ge:gnɐ] m(f) ❶ *(Feind)* enemy; ■ **ein ~/eine ~in einer S.** gen an opponent of sth ❷ *(Gegenspieler)* opponent, adversary, rival ❸ JUR adversary, opponent ❹ SPORT opponent, opposing team **geg·ne·risch** adj attr ❶ MIL *(feindlich)* opposing, enemy attr; **die ~e Übermacht** the enemy's superior numbers ❷ JUR opposing, of the opposition [or opposing party] ❸ SPORT opposing; **das ~e Tor** the opponent's goal

Geg·ner·schaft <-, -en> f ❶ *(feindliche Einstellung)* opposition ❷ kein pl *(die Gegner)* opponents; ■ **die ~ einer S.** gen the opponents of sth **ge·gol·ten** [ɡə'ɡɔltn̩] pp von **gelten**
ge·go·ren [ɡə'ɡo:rən] pp von **gären**
ge·gos·sen [ɡə'ɡɔsn̩] pp von **gießen**
ge·gra·ben pp von **graben**
ge·grif·fen [ɡə'ɡrɪfn̩] pp von **greifen**
Ge·grö·le <-s> [ɡə'ɡrø:lə] nt kein pl *(pej fam)* raucous bawling
Ge·ha·be <-s> [ɡə'ha:bə] nt kein pl *(pej fam: Getue)* fuss; *(Gebaren)* affectation
ge·habt [ɡə'ha:pt] pp von **haben**
ge·hackt adj KOCHK chopped
Ge·hack·te(s) nt decl wie adj mince[d meat] BRIT, ground[meat] AM; **~s vom Schwein/Rind** minced [or AM ground] pork/beef
Ge·halt¹ <-[e]s, Gehälter> [ɡə'halt, pl: ɡə'hɛltɐ] nt o ÖSTERR m salary, pay no indef art, no pl
Ge·halt² <-[e]s, -e> [ɡə'halt] m ❶ *(Anteil)* content; ■ **der ~ an etw** dat the ... content; **der ~ an Kohlendioxid** the carbon dioxide content ❷ *(gedanklicher Inhalt)* content, meaning
ge·hal·ten [ɡə'haltn̩] I. pp von **halten** II. adj *(geh)* ■ ~ **sein, etw zu tun** to be required [or obliged] to do sth
ge·halt·los adj ❶ *(nährstoffarm)* non-nutritious ❷ *(oberflächlich)* insubstantial, lacking in substance, shallow, superficial

Ge·halts·ab·rech·nung f salary statement, pay slip **Ge·halts·an·spruch** m meist pl salary [or pay] claim; **Gehaltsansprüche** [an jdn] **haben** to have salary outstanding [against sb]; **Gehaltsansprüche geltend machen** to negotiate a salary claim **Ge·halts·be·schei·ni·gung** f salary declaration **Ge·halts·emp·fän·ger(in)** m(f) salaried employee, salary earner **Ge·halts·er·hö·hung** f salary increase, rise in salary, pay rise; **jährliche/regelmäßige ~en** annual/regular increments **Ge·halts·for·de·rung** f salary [or pay] claim **Ge·halts·fort·zah·lung** f continued payment of salary *(during illness)* **Ge·halts·grup·pe** f salary bracket **Ge·halts·kon·to** nt account into which a salary is paid **Ge·halts·kür·zung** f salary cut, cut in salary **Ge·halts·stu·fe** f salary bracket **Ge·halts·vor·rü·ckung** f ÖSTERR *(Gehaltserhöhung)* salary increase, rise in salary **Ge·halts·vor·stel·lung** f salary expectation **Ge·halts·wunsch** m salary requirement **Ge·halts·zah·lung** f salary payment **Ge·halts·zu·la·ge** f salary bonus

ge·halt·voll adj ❶ *(nahrhaft)* nutritious, nourishing ❷ *(gedankliche Tiefe aufweisend)* thought-provoking, stimulating

Ge·häm·mer <-s> [gəˈhɛmɐ] nt kein pl *(pej)* hammering

ge·han·di·kapt [gəˈhɛndikɛpt] adj handicapped; ◼ **durch etw** akk ~ **sein** to be handicapped by sth

Ge·hän·ge <-s, -> [gəˈhɛŋə] nt drop earring, ear pendant

ge·han·gen [gəˈhaŋən] pp von **hängen**

Ge·häng·te(r) f(m) decl wie adj hanged man/woman

Ge·hän·sel <-s> [gəˈhɛnzl̩] nt kein pl *(fam)* [constant] teasing

ge·har·nischt [gəˈharnɪʃt] adj ❶ *(fig)* strong, sharply-[or strongly-]worded; *s. a.* **Abfuhr** ❷ HIST *(gepanzert)* armour [or AM -or] -clad; **~e Ritter** knights in armour

ge·häs·sig [gəˈhɛsɪç] I. adj spiteful II. adv spitefully

Ge·häs·sig·keit <-, -en> f ❶ kein pl *(Boshaftigkeit)* spite[fulness] ❷ *(gehässige Bemerkung)* spiteful remark

ge·hau·en pp von **hauen**

ge·häuft I. adj ❶ *(hoch gefüllt)* heaped ❷ *(wiederholt)* frequent, repeated II. adv in large numbers

Ge·häu·se <-s, -> [gəˈhɔyzə] nt ❶ *(Schale)* casing; *Kamera a.* body; *Lautsprecher* cabinet ❷ *(Schneckengehäuse)* shell ❸ *(Kerngehäuse)* core

geh·be·hin·dert adj with a mobility handicap; **leicht/stark ~ sein** to have a slight/severe mobility handicap

Ge·he·ge <-s, -> [gəˈheːgə] nt ❶ *(im Zoo)* enclosure ❷ *(Wildgehege)* preserve ▸ WENDUNGEN: **jdm ins ~ kommen** *(fam)* to get in sb's way [or fam under sb's feet]

ge·hei·ligt adj sacred

ge·heim [gəˈhaim] I. adj ❶ *(verborgen)* secret; **im G~en** in secret, secretly ❷ *(nicht allen bekannt)* secret; „**Streng ~**" 'Top secret' ❸ *(nicht geäußert)* secret; **meine ~sten Gedanken/Wünsche** my most secret [or innermost] thoughts/desires II. adv secretly; **~ abstimmen** to vote by secret ballot; **etw [vor jdm] ~ halten** to keep sth secret [from sb]; **~ gehalten** classified

Ge·heim·ab·kom·men nt secret agreement **Ge·heim·agent(in)** m(f) secret agent **Ge·heim·bund** m secret society **Ge·heim·dienst** m secret service BRIT, intelligence service AM **Ge·heim·dienst·ler(in)** <-s, -> m(f) *(fam)* secret [or AM intelligence] service man/woman, spook fam; ◼ **die ~** the secret service BRIT, the intelligence services AM **Ge·heim·fach** nt secret compartment **Ge·heim·gang** m secret passage **ge·heim[hal·ten**ALT** vt irreg s. **geheim** II. **Ge·heim·hal·tung** f secrecy; **zur ~ verpflichtet werden** to be sworn to

secrecy **Ge·heim·kon·to** nt secret bank account

Ge·heim·nis <-ses, -se> [gəˈhaimnɪs, pl: gəˈhaimnɪsə] nt ❶ *(Wissen)* secret; **ein/jds ~ bleiben** to remain a/sb's secret; **vor jdm keine ~se haben** to have no secrets from sb; **aus etw** dat **ein/kein ~ machen** to make a [big/no secret of sth; **ein offenes ~** an open secret ❷ *(Rätsel)* ◼ **das ~ einer S.** gen the secret of sth; **das ~ des Lebens** the mystery of life; **das ganze ~ sein** *(fam)* to be all there is to it; **jdn in die ~se von etw** dat **einweihen** to initiate [or let] sb into the secrets of sth

Ge·heim·nis·krä·mer(in) <-s, -> m(f) *(fam)* s. **Geheimnistuer Ge·heim·nis·krä·me·rei** [gəhaimnɪskrɛːməˈrai] f *(pej fam)* cloak and daggers pej, secretiveness **Ge·heim·nis·trä·ger(in)** m(f) POL person cleared for classified information **Ge·heim·nis·tu·er(in)** <-s, -> m(f) *(fam)* mystery-monger **Ge·heim·nis·tu·e·rei** <-, -en> [gehaimnɪstuːəˈrai] f *(fam)* secretiveness, secrecy **ge·heim·nis·um·wit·tert** adj *(geh)* shrouded in mystery **ge·heim·nis·ver·rat** m divulgence of official secrets **ge·heim·nis·voll** I. adj mysterious II. adv mysteriously; **~ tun** to act mysteriously [or be mysterious]

Ge·heim·num·mer f ❶ TELEK ex-directory number ❷ FIN secret [account] number ❸ *(geheime Kombination)* secret combination **Ge·heim·po·li·zei** f secret police **Ge·heim·po·li·zist(in)** m(f) member of the secret police **Ge·heim·rat, -rä·tin** m, f HIST privy councillor [or AM councilor] **Ge·heim·rats·ecken** pl *(hum fam)* receding hairline; **er hat ~** he's receding [or going bald at the temples] **Ge·heim·re·zept** nt secret recipe **Ge·heim·sa·che** f classified information **Ge·heim·schrift** f code, secret writing no indef art, no pl **Ge·heim·sen·der** m secret transmitter **Ge·heim·tin·te** f invisible ink **Ge·heim·tipp**RR m inside tip **ge·heim[tun** vi irreg *(fam)* to be secretive **Ge·heim·tür** f secret door **Ge·heim·waf·fe** f secret weapon **Ge·heim·zahl** f FIN secret number [or code], PIN number

Ge·heiß <-es> [gəˈhais] nt kein pl *(geh)* behest form, command; **auf jds ~** at sb's behest [or bidding]

ge·hei·ßen pp von **heißen**

ge·hemmt I. adj inhibited II. adv **sich ~ benehmen** to be inhibited, to act self-consciously; **~ sprechen** to speak with inhibitions

---

ge·hen [ˈgeːən]

I. INTRANSITIVES VERB	**II.** UNPERSÖNLICHES
III. TRANSITIVES VERB	INTRANSITIVES VERB
IV. REFLEXIVES VERB	

I. INTRANSITIVES VERB <ging, gegangen> +*sein*

❶ *(sich fortbewegen)* ◼ [irgendwohin] ~ to go [somewhere]; *(zu Fuß)* to walk [somewhere]; **geh schon!** go on!; **~ wir!** let's go!; **~ wir oder fahren wir mit dem Auto?** shall we walk or drive?; **ich gehe raus, frische Luft schnappen** I'm going out for some fresh air; **gehst du heute in die Stadt/auf die Post/zur Bank?** are you going to town/to the post office/to the bank today?; **wann geht er nach Paris/ins Ausland?** when is he going to Paris/abroad?; **in Urlaub ~** to go on holiday [or AM vacation]; **auf die andere Straßenseite ~** to cross over to the other side of the street; **ich gehe eben mal schnell auf den Dachboden** I'm just going up to the loft quickly; [im Zimmer] **auf und ab ~** to walk up and down [or pace] [the room]; ◼ **in/an etw** akk ~ to go into/to sth; **ans Telefon ~** to answer the telephone; ◼ **über etw** akk ~ to go over [or cross] sth; ◼ **zu jdm/etw ~** to go to sb/sth; **wie lange geht man bis zur Haltestelle/zur Post?** how far is it to the bus stop/post office?; **kannst du für mich noch zum Metzger/Bäcker ~?** can/could you go to the

butcher['s]/baker['s] for me? *s.* **Stelzen** *s. a.* **Stock** *s. a.*
weit

② *(besuchen)* ■ **zu jdm ~** to go and visit [*or* see] sb;
■ **in etw** *akk* **~** to go to sth; **ins Theater/in die Kir-**
che/Messe/Schule ~ to go to the theatre/to
church/mass/school; ■ **zu etw** *dat* **~** to go to sth; **zu**
einem Vortrag/zu einer Messe/zur Schule ~ to
go to a lecture/to a [trade] fair/to school; ■ **an etw**
akk **~** to go to sth; **an die Uni ~** to go to university;
■ **auf etw** *akk* **~** to go to sth; **aufs Gymnasium/auf**
einen Lehrgang ~ to go to [a] grammar school/on a
course; ■ **etw tun ~** to go to do sth; **schwimmen/**
tanzen/einkaufen/schlafen ~ to go swimming/
dancing/shopping/to bed

③ *(tätig werden)* ■ **in etw** *akk* **~** to go into [*or* enter]
sth; **in die Industrie/Politik/Computerbranche ~**
to go into industry/politics/computers; **in die Par-**
tei/Gewerkschaft ~ to join the party/union; ■ **zu**
etw *dat* **~** to join sth; **zum Film/Radio/Theater/**
zur Oper ~ to go into films/radio/on the stage/
become an opera singer; ■ **an etw** *akk* **~** to join sth;
ans Gymnasium/an die Uni ~ to join the grammar
school/university [as a teacher/lecturer]

④ *(weggehen)* to go; *(abfahren a.)* to leave; **ich muss**
jetzt ~ I have to be off [*or* must go]; **wann geht der**
Zug nach Hamburg? when does the train to Hamburg leave?; **heute geht leider keine Fähre mehr**
there are no more ferries today, I'm afraid; **jdn ~ las-**
sen *(davongehen lassen)* to let sb go; **von uns**
gegangen sein *(euph: gestorben sein)* to have
departed from us *euph; s. a.* **Licht** *s. a.* **Weg**

⑤ *(blicken)* ■ **auf etw** *akk*/**nach etw** *akk* **~** to look
onto/towards sth; **die Fenster ~ auf das Meer/den**
Strand the windows look [out] onto the sea/beach;
der Balkon geht nach Süden/auf einen Parkplatz
the balcony faced south/overlooked a car park

⑥ *(führen)* ■ **irgendwohin ~** to go somewhere; **die**
Brücke geht über den Fluss the bridge crosses the
river; **ist das die Straße, die nach Oberstdorf**
geht? is that the road [*or* way] to Oberstdorf?; **wohin**
geht dieser Weg/Geheimgang? where does this
path/secret passage go [*or* lead [to]] ?; **die Tür geht**
direkt auf unseren Parkplatz the door leads [*or*
opens] directly onto our parking space; ■ **von ... bis/**
über etw *akk* **~** to go from ... to/via somewhere; **die**
nach Biberach ~de Reise the trip to Biberach; **die-**
ser Rundweg geht über die Höhen des Schwarz-
waldes this circular walk takes in the highest points
[*or* peaks] of the Black Forest

⑦ *(ausscheiden)* ■ [**zu jdm**] **~** to leave [for sb], to go
[to sb]; **er ist zu Klett gegangen** he left to go to Klett;
gegangen werden *(hum fam)* to be given the push
[*or fam* the sack]

⑧ *(funktionieren)* to work; **meine Uhr geht nicht**
mehr my watch has stopped

⑨ *(sich bewegen)* to move; **ich hörte, wie die Tür**
ging I heard the door [go]; **diese Schublade geht**
schwer this drawer is stiff; **vielleicht geht das**
Schloss wieder, wenn man es ölt perhaps the lock
will work again if you oil it

⑩ *(gelingen)* ■ [**irgendwie**] **~** to go [somehow]; **wie**
ist die Prüfung gegangen? how was the exam [*or*
did the exam go] ?; **zurzeit geht alles drunter und**
drüber things are a bit chaotic right now; **versuch's**
einfach, es geht ganz leicht just try it, it's really
easy; **kannst du mir bitte erklären, wie das Spiel**
geht? can you please explain the rules of the game to
me?; **wie soll das denn bloß ~?** just how is that supposed to work?

⑪ ÖKON *(laufen)* to go; **das Geschäft geht vor Weih-**
nachten immer gut business is always good before
Christmas; **wie ~ die Geschäfte?** how's business?;

der Export geht nur noch schleppend exports are
sluggish; *(sich verkaufen)* to sell; **diese teuren Zigar-**
ren ~ gut/nicht gut these expensive cigars sell/don't
sell well; **diese Pralinen ~ bei uns so schnell weg,**
wie sie reinkommen we sell these chocolates as
soon as they come in

⑫ *(verlaufen)* ■ [**irgendwie**] **vor sich ~** to go on [*or*
happen] [in a certain way]; **erkläre mir mal, wie das**
vor sich ~ soll now just tell me how that's going to
happen [*or* how it's going to work]; **das kann auf ver-**
schiedene Arten vor sich ~ it can proceed in a
variety of ways; **kannst du mir mal erklären, wie**
das vor sich geht, wenn man die deutsche Staats-
bürgerschaft annehmen will? can you explain the
procedure for taking up German citizenship to me?;
was geht hier vor sich? *(fam)* what's going on here?

⑬ *(hineinpassen)* ■ **in etw** *akk*/**durch etw** *akk* **~** to
go into/through sth; **es ~ über 450 Besucher in das**
neue Theater the new theatre holds over 450
people; **wie viele Leute ~ in deinen Wagen?** how
many people [can] fit in[to] your car?; *s. a.* **Kopf**

⑭ *(dauern)* to go on; **eine bestimmte Zeit ~** to
last a certain time; **dieser Film geht drei Stunden**
this film goes on for [*or* lasts] three hours; **der Film**
geht schon über eine Stunde the film has been on
for over an hour already [*or* started over an hour ago]

⑮ *(reichen)* to go; ■ [**jdm**] **bis zu etw** *dat* **~** to reach
[sb's]; **das Wasser geht einem bis zur Hüfte** the
water comes up to one's hips; **der Rock geht ihr bis**
zum Knie the skirt goes down to her knee; ■ **in etw**
akk **~** to run into sth; **in die Hunderte** [*o* hun-
derte]/**Tausende** [*o* **tausende**] **~** to run into [the]
hundreds/thousands

⑯ KOCHK *Teig* to rise

⑰ *(sich kleiden)* ■ **in etw** *dat* **~** to wear sth; *(verklei-*
det sein) ■ **als etw** **~** to go as sth; *(gekleidet sein)*
■ **mit/ohne etw** **~** to go with/without sth; **bei dem**
Nieselregen würde ich nicht ohne Schirm ~
I wouldn't go out in this drizzle without an umbrella;
sie geht auch im Winter nur mit einer dunklen
Brille she wears dark glasses even in winter; **ich gehe**
besser nicht in Jeans dorthin I'd better not go there
in jeans

⑱ *(ertönen)* to ring

⑲ *(möglich sein)* ■ [**bei jdm**] **~** to be all right [*or fam*
OK] [with sb]; **haben Sie am nächsten Mittwoch**
Zeit? – nein, das geht [**bei mir**] **nicht** are you free
next Wednesday? – no, that's no good [for me] [*or* I
can't manage that]; **das geht doch nicht!** that's not
on!; **ich muss mal telefonieren - geht das?** I have
to make a phone call - would that be alright?; **nichts**
geht mehr *(beim Roulette)* no more bets; *(hoffnungs-*
los sein) there's nothing more to be done

⑳ *(lauten)* to go; **weißt du noch, wie das Lied**
ging? can you remember how the song went [*or* the
words of the song] ?; **wie geht nochmal der**
Spruch? what's that saying again?, how does the saying go?

㉑ *(anfassen)* ■ **an etw** *akk* **~** to touch sth; **um ihre**
Schulden zu bezahlen, musste sie an ihr Erspar-
tes ~ she had to raid her savings to pay off her debts;
wer ist dieses Mal an meinen Computer gegan-
gen? who's been messing around with my computer
this time?

㉒ *(zufallen)* ■ **an jdn ~** to go to sb; **das Erbe/der**
Punkt ging an sie the inheritance/point went to her;
der Vorsitz ging turnusmäßig an H. Lantermann
H. Lantermann became chairman in rotation

㉓ *(beeinträchtigen)* ■ [**jdm**] **an etw** *akk* **~** to damage
[sb's]; **das geht** [**mir**] **ganz schön an die Nerven**
that really gets on my nerves; **das geht an die Kraft**
[*o* **Substanz**] that takes it out of you

G

㉔ *(fam: angreifen)* ■ **auf etw** *akk* **~** to attack sth; **das Rauchen geht auf die Lunge** smoking affects the lungs; **das Klettern geht ganz schön auf die Pumpe** climbing really puts a strain on the old ticker ㉕ *(gerichtet sein)* ■ **an jdn ~** to be addressed to sb; ■ **gegen jdn/etw ~** to be directed against sb/sth; **das geht nicht gegen Sie, aber die Vorschriften!** this isn't aimed at you, it's just the rules!; **das geht gegen meine Prinzipien/Überzeugung** that is [*or* goes] against my principles/convictions ㉖ *(fam: liiert sein)* ■ **mit jdm ~** to go out with sb ㉗ *(urteilen)* ■ **nach etw** *dat* **~** to go by sth; **der Richter ging in seinem Urteil nach der bisherigen Unbescholtenheit des Angeklagten** on passing sentence the judge took into account the defendant's lack of previous convictions; **nach dem, was er sagt, kann man nicht ~** you can't go by what he says ㉘ *(überschreiten)* ■ **zu weit ~** to go too far, to overstep the line; **das geht zu weit!** that's just too much! ㉙ *(übersteigen)* ■ **über jds Geduld ~** to exhaust sb's patience; **über jds Kräfte/Möglichkeiten ~** to be too much for [*or* beyond] sb; **das geht einfach über meine finanziellen Möglichkeiten** I just don't have the finances for that ㉚ *(hum: werden zu)* ■ **unter die Politiker/Künstler/Säufer ~** to join the ranks of politicians/artists/alcoholics ㉛ *(fam: akzeptabel sein)* to be OK; **er geht gerade noch, aber seine Frau ist furchtbar** he's just about OK [*or* tolerable] but his wife is awful; **wie ist das Hotel? – es geht [so]** how's the hotel? – it's ok; **ist das zu klein? – nein, das geht [so]** is it too small? – no, it's ok like this ㉜ *(Altersangabe)* ■ **auf die ... ~** *+ Zahl* to be approaching ...; **er geht auf die dreißig** he's approaching [*or* coming up for] thirty ▶ WENDUNGEN: **wo jd geht und steht** *(fam)* wherever [*or* no matter where] sb goes [*or* is]; **in sich** *akk* **~** to turn one's gaze inward, to take stock of oneself; **Mensch, geh in dich!** for heaven's sake, think again!; **~ Sie [mir] mit ...** *(fam)* spare [me] ...; **~ Sie [mir] doch mit Ihren Ausreden!** spare me your excuses, please!; **jdm über alles ~** to mean more to sb than anything else; **das Kind geht mir über alles!** that child means the whole world to me!; **es geht nichts über jdn/etw** nothing beats sb/sth, there's nothing better than [*or* to beat] [*or* like] sb/sth; **[ach] geh, ...!** *(fam)* [oh] come on, ...!; **ach geh, das kann doch nicht dein Ernst sein!** oh come on, you can't be serious!; **geh, so was kannst du sonst wem erzählen!** go and tell that to the marines!; **geh!** ÖSTERR, SÜDD get away!; **geh, was du nicht sagst!** go on, you're kidding!; *s. a.* **Konto**

II. UNPERSÖNLICHES INTRANSITIVES VERB
<ging, gegangen> *+sein*

❶ *+ adv (sich befinden)* ■ **jdm geht es ... sb** feels ...; **wie geht es Ihnen? – danke, mir geht es gut/ausgezeichnet!** how are you? – thank you, I am well/I'm feeling marvellous!; **mir ist es schon mal besser gegangen!** I have felt better!; **nach der Spritze ging es ihr gleich wieder besser** she soon felt better again after the injection; **wie geht's denn [so]?** *(fam)* how are things?, how's it going? ❷ *+ adv (verlaufen)* ■ **irgendwie ~** to go somehow; **wie war denn die Prüfung? – ach, es ging ganz gut** how was the exam? – oh, it went quite well; **es ging wie geschmiert** it went like clockwork ❸ *(sich handeln um)* ■ [**bei etw** *dat*] **um etw** *akk* **~** to be about sth; **um was geht's denn?** what's it about then?; **worum geht's denn?** what's it all about then?; **in dem Gespräch ging um die zugesagte**

Gehaltserhöhung the conversation was about the promised increase in salary; **worum geht es in diesem Film?** what is this film about?; **hierbei geht es um meinen guten Ruf** my reputation is at stake [*or* on the line] here; **hierbei geht es um Millionen** we're talking millions here *fam*, there are millions involved here; **wenn es um mein Glück geht, lasse ich mir von niemandem dreinreden** when it comes to my happiness I don't let anyone tell me what to do; **es geht hier um eine wichtige Entscheidung** there is an important decision to be made here; **wenn es nur um ein paar Minuten geht, warten wir** we'll wait if it's just a question [*or* matter] of a few minutes ❹ *(wichtig sein)* ■ **jdm geht es um etw** *akk* sth matters to sb; **worum geht es dir eigentlich?** what are you trying to say?; **es geht mir nur ums Geld/um die Wahrheit** I'm only interested in the money/truth; **es geht mir ums Prinzip** it's a matter [*or* question] of principle; *s. a.* **Leben** ❺ *(ergehen)* ■ **jdm geht es irgendwie** to be somehow with sb; **mir ist es ähnlich/genauso/nicht anders gegangen** it was the same [*or* like that] /just the same [*or* just like that] /no different with me, I felt the same/no different; **warum soll es dir etwa besser ~ als mir?** why should you have it better than me?; **lass es dir/lasst es euch gut ~!** look after [*or* take care of] yourself! ❻ *(sich machen lassen)* to be all right; **geht es, dass ihr uns zu Weihnachten besuchen kommt?** will it be possible for you to visit us at Christmas?; **das wird kaum ~, wir sind über Weihnachten verreist** that won't be possible [*or* work] , we're away for Christmas; **ich werde arbeiten, solange es geht** I shall go on [*or* continue] working as long as possible; **geht es, oder soll ich dir tragen helfen?** can you manage, or shall I help you carry it/them; **es geht einfach nicht mehr** it won't do any more ❼ *(führen)* ■ **nach/in etw** *akk* **~** to go [*or* lead] somewhere; **erst fahren Sie über drei Ampeln, dann geht es rechts ab** go past three traffic lights then turn right; **wohin geht's eigentlich im Urlaub?** just where are you off to on holiday?; **auf, Leute, es geht wieder nach Hause** come on people, it's time to go home; **das nächste Mal geht's in die Berge/an die See** we're off to [*or* heading for] the mountains/coast next time; **im Sommer geht es immer in den Süden** we always go [*or* head] south for the summer; **gleich geht's ins Wochenende** soon it'll be the weekend; **wo geht's hier zum Flughafen?** how do I get to the airport from here?; **wo geht es hier raus?** where is the exit?; *s. a.* **geradeaus** ❽ *(nach jds Kopf gehen)* ■ **nach jdm ~** to go by sb; **wenn es nach mir ginge** if it were up to me; **es kann nicht immer alles nach dir ~** you can't always have things your own way ▶ WENDUNGEN: **aber sonst geht's dir gut?** *(iron)* but you're OK otherwise?, are you feeling all right?, are you quite right in the head?; **auf geht's!** let's go!, come on!; **es geht das Gerücht/die Sage, dass ...** rumour/legend has it that ...; **geht's noch!?** SCHWEIZ *(iron)* are you crazy?!

III. TRANSITIVES VERB <ging, gegangen> *+sein*

■ **etw ~** to walk sth; **Sie haben aber noch drei Stunden/17 Kilometer zu ~!** you've still got another three hours/17 kilometres to go!; **ich gehe immer diesen Weg/diese Straße** I always walk this way/take this road

IV. REFLEXIVES VERB <ging, gegangen> *+haben*

❶ *impers* **es geht sich schlecht hier** it's hard going [*or* hard to walk] here; **in diesen Schuhen geht es**

sich bequem these shoes are very comfortable for walking [*or* to walk in] ⓐ *(sich nicht beherrschen)* **sich ~ lassen** to lose control of oneself [*or* one's self-control]; *(nachlässig sein)* to let oneself go

Ge·hen <-s> ['geːən] *nt kein pl* ① *(Zu-Fuß-~)* walking ② *(das Weggehen)* going, leaving; **schon im ~, wandte sie sich noch einmal um** she turned round once more as she left; **sein frühes/vorzeitiges ~** his early departure ③ SPORT walking

Ge·henk·te|r| [gə'hɛŋktə] *f(m) decl wie adj s.* **Gehäng·te(r)**

ge·hen|las·sen* ALT1 *vt irreg s.* **gehen I. 4**

ge·hen|las·sen*² *vr irreg s.* **gehen IV. 2**

Ge·her(in) <-s, -> ['geːɐ, 'geːərɪn] *m(f)* SPORT walker

ge·hetzt [gə'hɛtst] *adj* harassed

ge·heu·er [gə'hɔyɐ] *adj* **[jdm] nicht [ganz] ~ sein** to seem [a bit] suspicious [to sb]; **jdm ist nicht ganz ~ [bei etw** *dat*] sb feels a little uneasy [about sth]; **irgendwo ist es jdm nicht [ganz] ~** somewhere gives sb the creeps *fam;* **irgendwo ist es nicht ~** somewhere is eerie [*or* spooky]

Ge·heu·l|e| <-[e]s> [gə'hɔyl(ə)] *nt kein pl (pej)* howling

Ge·hil·fe, Ge·hil·fin <-n, -n> [gə'hɪlfə, gə'hɪlfɪn] *m, f* assistant, helper; **kaufmännischer ~** *(geh)* commercial assistant

Ge·hil·fen·brief *m* commercial assistant diploma **Ge·hil·fen·prü·fung** *f* commercial assistant examination **Ge·hil·fen·schaft** <-> *f kein pl* JUR SCHWEIZ *(Beihilfe)* aiding and abetting

Ge·hirn <-[e]s, -e> [gə'hɪrn] *nt* brain; ▸ WENDUNGEN: **kein ~ im Kopf haben** *(fam)* to have no sense; **sein ~ anstrengen** *(fam)* to use [*or* rack] [*or esp* AM wrack] one's brains

Ge·hirn·ak·ro·ba·tik *f (fam)* mental acrobatics *pl* **ge·hirn·am·pu·tiert** *adj (hum)* ▸ **~ sein** to be off one's head BRIT *fam* [*or* out of one's mind] **Ge·hirn·blu·tung** *f* brain [*or* cerebral] haemorrhage [*or* AM hemorrhage] **Ge·hirn·chir·ur·gie** *f* brain surgery **Ge·hirn·er·schüt·te·rung** *f* concussion **Ge·hirn·haut·ent·zün·dung** *f* meningitis **Ge·hirn·schlag** *m* MED stroke; **einen ~ bekommen** [*o geh:* **erleiden**] to have [*or form* suffer] a stroke **Ge·hirn·sub·stanz** *f* ANAT brain matter **Ge·hirn·tu·mor** *m* brain tumour [*or* AM -or] **Ge·hirn·wä·sche** *f* brainwashing *no indef art, no pl;* **eine ~ mitmachen** to undergo brainwashing, to be brainwashed; **jdn einer ~ unterziehen** to brainwash sb **Ge·hirn·zel·le** *f* brain cell

ge·ho·ben [gə'hoːbn̩] I. *pp von* **heben** II. *adj* ① LING elevated, refined; **sich ~ ausdrücken** to use elevated language ② *(anspruchsvoll)* sophisticated, refined ③ *(höher)* senior ④ *(froh)* festive; **in ~er Stimmung sein** to be in a festive mood [*or* high spirits]

Ge·höft <-[e]s, -e> [gə'hœft, gə'høːft] *nt* farm[stead]

ge·hol·fen [gə'hɔlfn̩] *pp von* **helfen**

Ge·hölz <-es, -e> [gə'hœlts] *nt (geh)* copse, wood

Ge·hör <-[e]s, <*selten* -e> [gə'høːɐ] *nt* ① *(das Hören)* hearing; **oder täuscht mich mein ~?** or do my ears deceive me?; **das ~ verlieren** to go deaf; [**jdn**] **um ~ bitten** to ask [sb] for attention [*or* a hearing]; [**mit etw** *dat*] [**bei jdm**] **~/kein ~ finden** to gain/not to gain a hearing [with sb] [for sth], to meet with [*or* get] a/no response [from sb] [to sth]; **ein gutes/schlechtes ~ haben** to have a good/bad hearing; **jdm zu ~ kommen** to come to sb's ears [*or* attention]; **jdm/einer S. ~/kein ~ schenken** to listen/not to listen to sb/sth, to lend/not to lend an ear to sb/sth; **sich** *dat* [**bei jdm**] [**mit etw** *dat*] **~ verschaffen** to make oneself heard [to sb] [with sth]; **nach dem ~ singen/spielen** to sing/play by ear ② MUS **absolutes ~** absolute [*or

fam perfect] pitch ③ MUS, THEAT *(geh)* **etw zu ~ brin·gen** to bring sth to the stage, to perform sth

ge·hor·chen* [gə'hɔrçn̩] *vi* ① *(gefügig sein)* ▸ [**jdm/einer S.**] **~** to obey [sb/sth]; **aufs Wort ~** to obey sb's every word ② *(reagieren)* ▸ **jdm ~** to respond to sb

ge·hö·ren* [gə'høːrən] I. *vi* ① *(jds Eigentum sein)* ▸ **jdm ~** to belong to sb, to be sb's; **ihm ~ mehrere Häuser** he owns several houses ② *(jdm zugewandt sein)* ▸ **jdm/einer S. ~** to belong to sb/sth; **ihre ganze Liebe gehört ihrem Sohn** she gives all her love to her son; **mein Herz gehört einem anderen** my heart belongs to another *poet* ③ *(den richtigen Platz haben)* ▸ **irgendwohin ~** to belong somewhere; **die Kinder ~ ins Bett** the children should be in bed; **wohin ~ die Hemden?** where do the shirts go? ④ *(angebracht sein)* ▸ **irgendwohin ~** to be relevant somewhere; **dieser Vorschlag gehört nicht zum Thema/hierher** this suggestion is not to [*or* off] the point/is not relevant here ⑤ *(Mitglied sein)* ▸ **zu jdm/einer S. ~** to belong to sb/sth; **zur Familie ~** to be one of the family; **~ sie wirklich alle zu unserer Verwandtschaft?** are they really all relatives [*or* relations] of ours [*or* related to us] ? ⑥ *(Teil sein von)* ▸ **zu etw** *dat* **~** to be part of sth; **es gehört zu meiner Arbeit/meinen Pflichten** it is part of my job/one of my duties; **gehört zu der Hose denn kein Gürtel?** shouldn't there be a belt with these trousers?; **zu einem grauen Mantel gehört entweder ein grauer oder ein schwarzer Hut** with a grey coat one should wear a grey or black hat, a grey or black hat goes with a grey coat ⑦ *(Voraussetzung, nötig sein)* ▸ **zu etw** *dat* **~** to be called for with sth; **zu dieser Arbeit gehört viel Konzentration** this work calls for [*or* requires] a lot of concentration; **es gehört viel Mut dazu, ...** it takes a lot of courage to ...; **dazu gehört nicht viel** that doesn't take much, that's no big deal *fam;* **dazu gehört [schon] einiges** [*o* **etwas**] that takes something [*or* some doing]; **dazu gehört [schon etwas] mehr** there's [a bit] more to it than that! ⑧ DIAL *(muss ... werden)* ▸ **... ~** to deserve ...; **er meint, dass sie ganz einfach wieder zurückgeschickt ~** he thinks they ought simply to be sent back again II. *vr* ▸ **sich ~** to be fitting [*or* proper] [*or* right]; **das gehört sich auch so** that's as it should be; **wie es sich gehört** as is right and proper, as one should; **sich [einfach/eben] nicht ~** to be [simply/just] not good manners; **das gehört sich einfach nicht** that's [*or* it's] just [*or* simply] not done

Ge·hör·feh·ler *m* ▸ **ein ~** defective hearing, a hearing defect **Ge·hör·gang** *m* ANAT auditory canal

ge·hö·rig [gə'høːrɪç] I. *adj* ① *attr (fam: beträchtlich)* good *attr;* **eine ~e Achtung vor jdm haben** to have a healthy respect for sb; **jdm einen ~en Schrecken einjagen** to give sb a good [*or* BRIT *fam* right] fright; **jdm eine ~e Tracht Prügel verpassen** to give sb a good [*or* sound] thrashing ② *attr (entsprechend)* proper ③ *(geh: gehörend)* ▸ **zu etw** *akk* **~** belonging to sth; **nicht zur Sache ~ sein** not to be relevant, to be irrelevant; **alle nicht zum Thema ~en Vorschläge** all suggestions not relevant to the topic II. *adv (fam)* good and proper *fam,* well and truly; **jdn ~ ausschimpfen** to tell sb off good and proper, to tell sb well and truly off; **du hast dich ~ getäuscht** you are very much mistaken

ge·hör·los *adj (geh)* deaf **Ge·hör·lo·se(r)** *f(m) decl wie adj (geh)* deaf person

Ge·hör·lo·sig·keit <-> *f kein pl (geh)* deafness **Ge·hör·nerv** *m* auditory nerve

ge·hörnt [gə'hœrnt] *adj* ① *(mit Geweih)* horned, antlered ② *(veraltend: betrogen)* cuckolded; **ein ~er Ehemann** a cuckold

ge·hor·sam [gəˈhoːɐ̯zaːm] **I.** *adj* obedient; ◼ [jdm] ~ **sein** to be obedient [to sb] **II.** *adv* obediently; **melde ~st, Befehl ausgeführt** respectfully report, order carried out

Ge·hor·sam <-s> [gəˈhoːɐ̯zaːm] *m kein pl* obedience; **sich** *dat* ~ **verschaffen** to gain [*or* win] obedience; **jdm den** ~ **verweigern** to refuse to obey sb

Ge·hör·scha·den *m* hearing defect **Ge·hör·sinn** *m kein pl* sense of hearing

Geh·rock *m* MODE frock coat

Geh·rung <-, -en> [ˈɡeːrʊŋ] *f* TECH ➊ *(das Gehren)* mitring [*or* AM -ering] ➋ *(Eckfuge)* mitre [*or* AM -er] [joint]

Geh·steig *m s.* Bürgersteig

Geht·nicht·mehr [ˈɡeːtnɪçtmeːɐ̯] *nt kein pl* **bis zum ~** ad nauseam; **ich habe ihr das bis zum ~ erklärt** I've explained it to her till I was blue in the face

ge·hupft *pp von* hupfen ▸ WENDUNGEN: **etw ist ~ wie gesprungen** it makes no difference at all [*or* odds]

Geh·weg *m* ➊ *s.* Bürgersteig ➋ *(Fußweg)* walk

Gei·er <-s, -> [ˈɡaiɐ] *m* vulture; ▸ WENDUNGEN: **weiß der ~!** *(sl)* God [*or* Christ] knows! *sl*

Gei·fer <-s> [ˈɡaifɐ] *m kein pl* slaver, slobber *esp* AM

gei·fern [ˈɡaifɐn] *vi* ➊ *(sabbern)* to slaver, to slobber *esp* AM ➋ *(pej: Gehässigkeiten ausstoßen)* ◼ [gegen jdn/etw] ~ to rail [against sb/sth], to rant [*or* rave] [at sb/sth], to revile [*or form* vilify] [sb/sth]

Gei·ge <-, -n> [ˈɡaigə] *f* violin, fiddle *fam;* ~ **spielen** to play the violin; **etw auf der** ~ **spielen** to play sth on the violin; **die zweite** ~ **spielen** to play second violin ▸ WENDUNGEN: **die erste** ~ **spielen** to call the tune; **die zweite** ~ **spielen** to play second fiddle

gei·gen [ˈɡaign̩] **I.** *vi* to play the violin, to [play the] fiddle *fam* **II.** *vt* ◼ **etw** ~ to play sth on the violin [*or fam* fiddle]

Gei·gen·bau·er(in) <-s, -> *m(f)* violin-maker **Gei·gen·bo·gen** *m* violin bow **Gei·gen·kas·ten** *m* violin case **Gei·ger(in)** <-s, -> [ˈɡaigɐ] *m(f)* violinist; **erster** ~ first violin

Gei·ger·zäh·ler *m* Geiger counter

geil [ɡail] **I.** *adj* ➊ *(lüstern)* lecherous; ◼ ~ **auf jdn sein** to lust after sb, to have the hots for sb; **jdn** ~ **machen** to make sb horny [*or* BRIT randy] *fam* ➋ *(sl: toll)* wicked *sl*, outstanding *sl* ➌ DIAL *(veraltet: üppig wuchernd)* Pflanzen rank, luxuriant **II.** *adv* ➊ *(lüstern)* lecherously ➋ *(sl)* wicked *sl*

Geil·heit <-, -en> *f* lecherousness, lechery

Gei·sel <-, -n> [ˈɡaizl̩] *f* hostage; **jdn als** ~ **nehmen** to take sb hostage; [**jdm**] **~n/jdn als** ~ **stellen** to provide [sb with] hostages/sb as a hostage

Gei·sel·dra·ma *nt* hostage drama [*or* crisis] **Geisel·gangs·ter** [-ˌɡɛŋstɐ] *m* [terrorist] hostage-taker **Gei·sel·haft** *f* captivity [as a hostage] **Gei·sel·nah·me** <-, -n> *f* hostage-taking **Gei·sel·neh·mer(in)** <-s, -> *m(f)* hostage-taker

Gei·sha <-, -s> [ˈɡeːʃa, ˈɡaiʃa] *f* geisha

Geiß <-, -en> [ˈɡais] *f* ➊ SÜDD, ÖSTERR, SCHWEIZ [nanny-] goat ➋ JAGD [roe deer, chamois or ibex] doe

Geiß·blatt *nt* honeysuckle, woodbine **Geiß·bock** *m* SÜDD, ÖSTERR, SCHWEIZ *(Ziegenbock)* billy goat

Gei·ßel <-, -n> [ˈɡaisl̩] *f* ➊ *(Peitsche)* scourge, whip ➋ *(geh: Plage)* scourge ➌ BIOL flagellum

gei·ßeln [ˈɡaisl̩n] *vt* ➊ *(mit der Geißel schlagen)* ◼ **jdn/sich** ~ to scourge [*or* flagellate] sb/oneself ➋ *(anprangern)* ◼ **etw** ~ to castigate sth

Gei·ßel·tier·chen *nt* BIOL flagellate

Gei·ße·lung, Geiß·lung <-, -en> *f* ➊ *(das Geißeln)* scourging, flagellation ➋ *(Anprangerung)* castigation

Geist <-[e]s, -er> [ˈɡaist] *m* ➊ *kein pl (Vernunft)* mind; **der menschliche** ~ [*o* **der** ~ **des Menschen**] the human mind; **die Rede zeugte nicht von großem** ~ the speech was no testament to a great mind ➋ *kein pl*

(Esprit) wit; **er sprühte vor** ~ he was as witty as could be; **ein Mann von** ~ a witty man; ~ **versprühen** to scintillate; ~ **haben** to have esprit ➌ *(Denker)* mind, intellect; **kleine ~er** *(pej)* small-minded people, people of limited intellect ➍ *kein pl (Wesen, Sinn, Gesinnung)* spirit; **in kameradschaftlichem** ~ in a spirit of camaraderie [*or* comradeship]; **in diesem Büro herrscht ein kollegialer** ~ there's a spirit of cooperation in this office; **wes ~es Kind jd ist** *(geh)* the kind of person sb is; **der** ~ **der Zeit** the spirit of the times, age ➎ *(körperloses Wesen)* spirit, ghost; **der** ~ **der Finsternis** *(geh)* the Prince of Darkness; **der** ~ **Gottes** the Spirit of God; **der gute** ~ **des Hauses** *(geh)* the moving [*or* guiding] spirit of the household; **der böse** ~ *(geh)* the Evil One; **dienstbarer** ~ ministering angel; **gute/böse ~er** good/evil spirits; **der Heilige** ~ the Holy Ghost [*or* Spirit] ▸ WENDUNGEN: **der** ~ **ist willig, aber das Fleisch ist schwach** *(prov)* the spirit is willing, but the flesh is weak; **von allen guten ~ern verlassen sein** *(fam)* to have taken leave of one's senses; **ein unruhiger** ~ *(fam)* a restive spirit, a restless creature; **verwandte ~er** kindred spirits; **jdm auf den** ~ **gehen** *(fam)* to get on sb's nerves; **seinen** [*o* **den**] ~ **aufgeben** *(fig fam)* to give up the ghost *a. fig fam;* **seinen** ~ **aushauchen** *(euph geh)* to breathe one's last; **da** [*o* **hier**] **scheiden sich die** ~ **er** opinions differ here; **etw im** ~ **e vor sich** *dat* **sehen** to see sth in one's mind's eye, to picture sth; **ich bin** [*o geh:* **weile**] **im ~e bei euch** I am with you in spirit

Geis·ter·bahn *f* ghost train **Geis·ter·bil·der** *pl* TV ghosts, ghost images **Geis·ter·fah·rer(in)** *m(f) (fam)* sb driving down a road [often a motorway] in the wrong direction **Geis·ter·glau·be** *m* belief in the supernatural

geis·ter·haft I. *adj* ghostly **II.** *adv* eerily

Geis·ter·hand *f* ▸ WENDUNGEN: **wie von** [*o* **durch**] ~ as if by magic

geis·tern [ˈɡaistɐn] *vi sein* ➊ *(herumgehen)* ◼ **durch etw** *akk* ~ to wander through sth like a ghost; **was geisterst du denn im Dunkeln durchs Haus?** what are you doing wandering about [*or* round] the house in the dark like a ghost? ➋ *(spuken)* ◼ **durch etw** *akk* ~ to haunt sth; **es geistert immer noch durch die Köpfe** it still haunts people's minds

Geis·ter·se·her(in) *m(f)* seer, visionary **Geis·ter·stadt** *f* ghost town **Geis·ter·stun·de** *f* witching hour

geis·tes·ab·we·send I. *adj* absent-minded **II.** *adv* absent-mindedly **Geis·tes·ab·we·sen·heit** *f* absent-mindedness **Geis·tes·blitz** *m (fam)* brainwave *fam*, brainstorm AM *fam*, flash of inspiration **Geis·tes·ge·gen·wart** *f* presence of mind **geis·tes·ge·gen·wär·tig I.** *adj* quick-witted **II.** *adv* with great presence of mind **Geis·tes·ge·schich·te** *f kein pl* intellectual history **geis·tes·ge·stört** *adj* mentally disturbed [*or* deranged]; [**wohl**] ~ **sein** *(fam)* to be not quite right in the head *fam* **Geis·tes·ge·stör·te(r)** *f(m) decl wie adj* mentally disturbed person **Geis·tes·grö·ße** *f(m)* ➊ *kein pl (überragende Fähigkeit)* greatness of mind, intellectual genius ➋ *(Genie)* genius, great mind **Geis·tes·hal·tung** *f* attitude [of mind] **geis·tes·krank** *adj* mentally ill; ◼ ~ **sein** to be mentally ill; [**wohl**] ~ **sein** *(fam)* to be crazy [*or fam* mad] **Geis·tes·kran·ke(r)** *f(m) decl wie adj* mentally ill person, mental patient; **wie ein ~r/eine** ~ *(fam)* like a madman/madwoman *fam* **Geis·tes·krank·heit** *f* mental illness **Geis·tes·stö·rung** *m* mental disorder **geis·tes·ver·wandt** *adj* spiritually akin; ~ **sein** to be kindred spirits **Geis·tes·ver·wir·rung** *f* mental aberration **Geis·tes·wis·sen·schaf·ten** *pl* arts, humanities **Geis·tes·wis·sen·schaft·ler(in)** *m(f)* ➊ *(Wissenschaftler)* arts [*or* humanities] scholar ➋ *(Student)* arts [*or* humanities] student **geis·tes·wis·sen·schaft·lich** *adj* arts **Geis·tes·zu·stand** *m* mental condition, state of mind; **jdn auf seinen ~ untersu·chen** to examine sb's mental state; **du solltest dich [mal] auf deinen ~ untersuchen lassen!** *(fam)* you need your head looking at! *fam!*

Geist·hei·ler(in) *m(f)* spiritual healer

geis·tig ['gaistrç] **I.** *adj* **①** *(verstandesmäßig)* intel·lectual, mental **②** *(nicht leiblich, spirituell)* spiritual **II.** *adv* **①** *(verstandesmäßig)* intellectually, mentally; **~ anspruchslos/anspruchsvoll** intellectually unde·manding/demanding, low-brow/high-brow *fam* **②** MED mentally; **~ auf der Höhe sein** to be mentally [fighting] fit; **~ behindert/zurückgeblieben** men·tally handicapped/retarded, with learning difficulties

geis·tig-mo·ra·lisch *adj* spiritual and moral

geist·lich ['gaistlrç] **I.** *adj* **①** *(religiös)* religious **②** *(kirchlich)* ecclesiastical; **~es Amt** religious office; **der ~e Stand** the clergy; **~er Beistand** spiritual sup·port **II.** *adv* spiritually

Geist·li·che(r) *f(m)* *decl wie adj* clergyman *masc,* minister, priest, woman priest *fem*

Geist·lich·keit <-> *f kein pl* clergy

geist·los *adj* **①** *(dumm)* stupid, witless **②** *(einfallslos)* inane

Geist·lo·sig·keit <-, -en> *f* **①** *kein pl (geistlose Art)* inanity **②** *(geistlose Äußerung)* inanity, stupid remark

geist·reich *adj* **①** *(intellektuell anspruchsvoll)* intel·lectually stimulating **②** *(voller Esprit) Mensch* witty **③** *(iron: dumm)* bright *iron;* **das war sehr ~ [von dir]!** that was very bright [of you]! **geist·tö·tend** *adj (pej fam)* soul-destroying **geist·voll** *adj* **①** *(scharfsin·nig)* astute, sagacious **②** *(intellektuell anspruchsvoll)* intellectual[ly stimulating]

Geiz <-es> ['gaits] *m kein pl* meanness BRIT, miserli·ness

gei·zen ['gaitsn] *vi* **①** *(knauserig sein)* ■ **mit etw** *dat* ~ to be mean [*or* BRIT stingy] with sth **②** *(zurück·haltend sein)* ■ **mit etw** *dat* ~ to be sparing with sth

Geiz·hals *m (pej)* miser, skinflint *fam*

gei·zig ['gaitsrç] *adj* mean BRIT, stingy *fam,* tight-fist·ed *fam,* miserly, cheap AM

Geiz·kra·gen *m (fam) s.* **Geizhals**

Ge·jam·mer <-s> [gə'jamɐ] *nt kein pl (pej fam)* yam·mering *fam*

Ge·joh·le <-s> [gə'joːlə] *nt kein pl (pej)* howling; **unter lautem ~** with loud howls

ge·kannt [gə'kant] *pp von* **kennen**

Ge·kei·fe <-s> [gə'kaifə] *nt kein pl (pej)* nagging, scolding

Ge·ki·cher <-s> [gə'kɪçɐ] *nt kein pl (pej fam)* giggling, tittering

Ge·klap·per <-s> [gə'klapɐ] *nt kein pl (pej fam)* clat·ter[ing]

ge·klei·det *adj (geh)* dressed; **eine weiß ~e Dame** a lady dressed in white; ■ **...** ~ **sein** to be ... dressed

Ge·klim·per <-s> [gə'klɪmpɐ] *nt kein pl (pej fam)* **①** *(auf dem Klavier)* plonking *fam* **②** *(mit Saitenin·strument)* twanging, twanking *fam*

Ge·klir·r|e <-[e]s> [gə'klɪr(ə)] *nt kein pl* clinking

ge·klom·men [gə'klɔmən] *pp von* **klimmen**

ge·klont *adj inv* cloned

ge·klun·gen [gə'klʊŋən] *pp von* **klingen**

Ge·knat·ter <-s> [gə'knatɐ] *nt kein pl (pej fam)* racket *fam*

ge·knickt *adj (fam)* glum, dejected

ge·knif·fen [gə'knɪfn] *pp von* **kneifen**

Ge·knis·ter <-s> [gə'knɪstɐ] *nt kein pl* **①** *(Papier)* rus·tling **②** *(Feuer)* crackling

ge·kom·men *pp von* **kommen**

ge·konnt [gə'kɔnt] **I.** *pp von* **können** **II.** *adj* masterly, accomplished; **ein ~er Schuss** an excellent shot

Ge·krächz, Ge·kräch·ze <-s> [gə'krɛçtsə] *nt kein pl*

① *(eines Vogels)* cawing **②** *(eines Menschen)* croak·ing

Ge·kra·kel <-s> [gə'kraːkl] *nt kein pl (pej fam)* **①** *(kra·kelige Schrift)* scrawl, scribble **②** *(lästiges Krakeln)* scrawling, scribbling

Ge·kreu·zig·te(r) *f(m) decl wie adj (gekreuzigter Mensch)* crucified person; **[Jesus] der ~** [Jesus] the Crucified

Ge·krit·zel <-s> [gə'krɪtsl] *nt kein pl (pej)* **①** *(Gekrit·zeltes)* scribble, scrawl **②** *(lästiges Kritzeln)* scrib·bling, scrawling

ge·kro·chen [gə'krɔxn] *pp von* **kriechen**

Ge·krö·se <-s, -> [gə'krøːzə] *nt* ANAT mesentery

ge·küns·telt **I.** *adj (pej)* artificial; **~es Lächeln** forced smile; **~e Sprache/~es Benehmen** affected language/behaviour [*or* AM -or] **II.** *adv (pej)* artificially, affectedly

Gel <-s, -e> ['geːl] *nt* gel

Ge·la·ber|e <-s> [gə'laːbɐ] *nt kein pl (pej fam: andauerndes Reden)* blabbering, rabbiting BRIT *fam;* **Schluss jetzt mit dem ~** stop blabbering [*or* BRIT rab·biting [on]]; *(dummes Gerede)* babbling [*or* babble], blather[ing], prattling [*or* prattle]

Ge·läch·ter <-s, -> [gə'lɛçtɐ] *nt* laughter; **in ~ ausbre·chen** to burst into laughter [*or* out laughing]; **jdn dem** [*o geh:* jds] ~ **preisgeben** to make sb a/the laughing stock

ge·lack·mei·ert [gə'lakmaiɐt] *adj (fam)* ■ ~ [*o der/die G~e*] **sein** to be the one who has been conned [*or* duped] [*or* had] *fam*

ge·la·den **I.** *pp von* **laden¹** *s.* **laden²** **II.** *adj (fam)* ■ ~ **sein [auf jdn]** to be furious [*or* livid] [with sb]

Ge·la·ge <-s, -> [gə'laːgə] *nt* blowout *fam,* binge *fam*

ge·la·gert **I.** *pp von* **lagern** **II.** *adj* in so **~en Fällen** in such cases; **der Fall ist etwas anders ~** the case is somewhat different

ge·lähmt **I.** *pp von* **lähmen** **II.** *adj* paralyzed; **ganzsei·tig/halbseitig ~** totally paralyzed down one side [*or* hemiplegic]; **spastisch ~ sein** to suffer from spastic paralysis

Ge·lähm·te(r) *f(m) decl wie adj* person who is para·lyzed, paralytic

Ge·län·de <-s, -> [gə'lɛndə] *nt* **①** *(Land)* ground, ter·rain; **das ~ fällt sanft/steil ab/steigt sanft/steil an** the ground falls [away]/rises gently/steeply; **freies** [*o* **offenes**] **~** open terrain [*or* country] **②** *(bestimmtes Stück Land)* site; **das ~ erkunden** to check out the area [*or* lie of the land]

Ge·län·de·auf·nah·me *f* land survey **Ge·län·de·fahrt** *f* cross-country [*or* off-road] drive **Ge·län·de·fahr·zeug** *nt* all-terrain vehicle, ATV, off-road vehicle **ge·län·de·gän·gig** *adj* suitable for off-road driving **Ge·län·de·lauf** *m* cross-country run

Ge·län·der <-s, -> [gə'lɛndɐ] *nt* railing[s]; *(Treppenge·länder)* banister[s]

Ge·län·de·rei·fen *m* cross-country [*or* all-terrain] tyre [*or* AM tire] **Ge·län·de·ren·nen** *nt* cross-country race **Ge·län·de·ritt** *m* cross-country riding **Ge·län·de·strei·fen** *m* strip of land **Ge·län·de·übung** *f* MIL field exercise **Ge·län·de·wa·gen** *m* all-terrain vehicle, ATV, off-road vehicle

ge·lang [gə'laŋ] *imp von* **gelingen**

ge·lan·gen* [gə'laŋən] *vi sein* **①** *(hinkommen)* ■ **ir·gendwohin ~** to reach somewhere; **ans Ziel/an den Bestimmungsort ~** to reach one's destination; **in die falschen Hände ~** to fall into the wrong hands **②** *(erwerben)* ■ **zu etw** *dat* ~ to achieve [*or* acquire] sth; **zu hohem Ansehen ~** to attain high standing; **zu hohen Ehren/zu Ruhm und Reichtum ~** to gain great honour [*or* AM -or] /fame and fortune **③** *(geh: getan werden)* ■ **zu etw** *dat* ~ to come to sth; **zum Abschluss ~** to come to an end [*or* reach a

Gelassenheit, Erleichterung

Gelassenheit ausdrücken	expressing composure
Nur keine Panik/Aufregung!	Don't panic/get excited!
Machen Sie sich keine Sorgen.	Don't you worry about a thing.
Keine Angst, das werden wir schon hinkriegen.	Don't worry, we'll manage (it) all right.
Abwarten und Tee trinken. *(fam)*	We'll just have to wait and see (what happens).
Es wird schon werden.	It'll be all right.
Alles halb so schlimm.	It's not as bad as all that.
Ganz ruhig bleiben!	Stay calm!/Keep cool! *(fam)*

Erleichterung ausdrücken	expressing relief
Bin ich froh, dass es so gekommen ist!	I'm so glad it turned out like this!
Mir fällt ein Stein vom Herzen!	That's a weight off my mind!
Ein Glück, dass du gekommen bist!	It's lucky you came!
Gott sei Dank!	Thank God!
Geschafft!	Done it!
Endlich!	At last!

G

conclusion]; **zum Einsatz ~** to be deployed; **zur Aufführung/Ausführung ~** to be performed/carried out ❹ SCHWEIZ ■ **[mit etw** *dat*] **an jdn ~** to turn to [or consult] sb [about sth]

ge·lang·weilt I. *adj* bored II. *adv* ~ **dasitzen** to sit there bored; **er gähnte ~** he gave a bored yawn, he yawned with boredom

ge·las·sen [gəˈlasn̩] I. *pp von* **lassen** II. *adj* calm, composed III. *adv* calmly, with composure

Ge·las·sen·heit <-> *f kein pl* calmness, composure

Ge·la·ti·ne <-> [ʒelaˈtiːnə] *f kein pl* gelatin[e]

ge·lau·fen *pp von* **laufen**

ge·läu·fig [gəˈlɔyfɪç] *adj* common, familiar; **dieser Ausdruck ist mir leider nicht ~** I'm afraid I'm not familiar with this expression

ge·launt [gəˈlaʊnt] *adj pred* **... ~ sein** to be in a ... mood

Ge·läu·t(e) <-[e]s> [gəˈlɔyt(ə)] *nt kein pl* pealing, chiming

gelb [gɛlp] *adj* yellow; **die Blätter werden ~** the leaves are turning yellow; *s. a.* **Seite**

Gelb <-s, - *o* -s> [gɛlp] *nt* ❶ *(gelbe Farbe)* yellow; **ein schreiendes/grelles ~** a loud/garish yellow ❷ *(bei Verkehrsampel)* amber; **die Ampel stand auf ~** the lights were amber

Gel·be(s) [ˈgɛlbə] *nt decl wie adj* ▸ WENDUNGEN: **nicht das ~ vom Ei sein** *(fam)* to be nothing to write home about, to not be exactly the bee's knees BRIT *fam*

Gel·ber FlussRR *m s.* **Huang-he**

Gelb·fie·ber *nt* yellow fever **Gelb·fil·ter** *m* FOTO yellow filter **gelb·grün** *adj* yellowish-green

gelb·lich [ˈgɛlplɪç] *adj* yellowish, yellowy; **eine ~e Gesichtsfarbe** a sallow complexion

Gelb·pflau·me *f* hog plum **gelb·sti·chig** *adj* ■ ~ **werden** to go [rather] yellow **Gelb·sucht** *f kein pl* jaundice, icterus **gelb·süch·tig** *adj* jaundiced; ■ ~ **sein** to have jaundice **Gelb·wurz, Gelb·wur·zel** *f kein pl* turmeric

Geld <-[e]s, -er> [gɛlt, *pl:* ˈgɛldɐ] *nt* ❶ *kein pl (Zahlungsmittel)* money; **für ~ ist alles zu haben** anything can be bought with money; **bares ~** cash; **das ist bares ~!** that's worth hard cash!; **falsches** [*o* **gefälschtes**] **~** counterfeit money; **großes/kleines ~** notes *pl*/change; **das ist doch hinausgeworfenes ~!** that is a waste of money [*or fam* money

down the drain] !; ~ **wie Heu haben** *(fam)* to have money to burn [*or fam* stacks of money]; **das große ~ verdienen** to earn big money *fam*; **schnelles ~** *(fam)* easy money *fam;* **etw für teures ~ kaufen** to pay a lot [of money] for sth; **nicht mit ~ zu bezahlen sein** *(fam)* to be priceless; **ins ~ gehen** [*o* **laufen**] *(fam)* to cost a pretty penny *fam;* **nicht für ~ zu haben sein** *(fam)* not to be had for money, not to be bought; **hinterm ~/hinter jds ~ her sein** *(fam)* to be a money-grabber/after sb's money; **nicht mit ~ umgehen können** not to be able to handle money, to be hopeless with money *fam;* **[mit etw** *dat*] ~ **machen** *(fam)* to make money [from sth]; **etw zu ~ machen** *(fam)* to turn sth into money [*or* cash], to cash on sth; ~ **aufnehmen** to raise money; **um ~ spielen** to play for money ❷ *pl (Mittel)* money, funds ▸ WENDUNGEN: **das ~ zum Fenster hinauswerfen** *(fam)* to throw money down the drain *fam;* **jdm das ~ aus der Tasche ziehen** *(fam)* to squeeze money out of sb; ~ **regiert die Welt** *(prov)* money makes the world go round *prov;* **nicht für ~ und gute Worte** *(fam)* not for love or money; ~ **allein macht nicht glücklich** *(prov)* money isn't everything *prov;* **gutes ~ dem Schlechten nachwerfen** to throw good money after bad; **in** [*o* **im**] ~ **schwimmen** *(fam)* to be rolling in money [*or* it] *fam;* ~ **stinkt nicht** *(prov)* money has no smell, there's nothing wrong with money, money is not to be sniffed at; **mit ~ um sich werfen** [*o fam:* **schmeißen**] to throw [*or fam* chuck] one's money about [*or* around]

Geld·ab·wer·tung *f* currency devaluation **Geld·adel** *m kein pl* financial aristocracy, plutocracy **Geld·an·ge·le·gen·heit** *f meist pl* financial [*or* money] matter; ■ **jds ~en** sb's financial affairs; **in ~en** when it comes to matters of money **Geld·an·la·ge** *f* [financial] investment **Geld·aris·to·kra·tie** *f s.* **Geldadel Geld·auf·wer·tung** *f* currency revaluation **Geld·au·to·mat** *m* cashpoint, cash dispenser, automated teller machine, ATM **Geld·be·schaf·fung** *f* obtaining [of] money **Geld·be·trag** *m* sum **Geld·beu·tel** *m* SÜDD *s.* **Geldbörse Geld·bom·be** *f* ≈ night-safe box **Geld·bör·se** *f* ÖSTERR *(sonst geh: Portmonee)* purse, wallet **Geld·brief·trä·ger(in)** *m(f)* postman who delivers items containing money or COD items **Geld·bu·ße** *f* JUR fine; **eine hohe/saftige** *(fam)* ~ a heavy/hefty fine **Geld·ent·wer·tung** *f* currency depreciation, inflation

Gel·der *pl* moneys *pl;* **über die nötigen ~ verfügen** to have the necessary means

Geld·er·werb *m* acquisition of money; **einem ~ nachgehen** to pursue an occupation, to work **Geld·for·de·rung** *f* claim [for money], demand for money; ■ **eine ~ an jdn haben** to have a claim against sb **Geld·ge·ber(in)** <-s, -> *m(f)* [financial] backer, sponsor **Geld·ge·schäft** *nt* financial transaction **Geld·ge·schenk** *nt* gift of money, gratuity **Geld·gier** *f* avarice **geld·gie·rig** *adj* avaricious, greedy for money **Geld·grün·de** *pl* ■ **aus ~n** for reasons of money, for [*or* because of] the money **Geld·gür·tel** *m* money belt **Geld·hahn** *m* ▸ WENDUNGEN: **jdm/einer S. den ~ zudrehen** to cut off sb's/sth's supply of money **Geld·hei·rat** *f (pej)* marriage for money **Geld·herr·schaft** *f* plutocracy **Geld·in·sti·tut** *nt* financial institution **Geld·kas·set·te** *f* cash box **Geld·knapp·heit** *f* shortage of money **Geld·kurs** *m* FIN buying [*or* bid] price

geld·lich [ˈɡɛltlɪç] *adj* financial

Geld·man·gel *m* lack [*or* shortage] of money **Geld·markt** *m* money [*or* financial] market **Geld·men·ge** *f* ❶ *(Geldsumme)* amount [*or* sum] of money ❷ *(Geldumlauf)* money supply **Geld·mit·tel** *pl* funds *pl* **Geld·not** *f* lack of money, financial straits *npl* [*or* difficulties] *pl* **Geld·po·li·tik** *f* financial [*or* monetary] policy **Geld·prä·mie** *f* [cash] bonus **Geld·preis** *m* cash prize, prize money **Geld·quel·le** *f* financial source, source of income **Geld·rol·le** *f* roll of coins **Geld·rück·ga·be** *f (an Automaten)* returned [*or* rejected] coins **Geld·schein** *m* banknote, bill AM **Geld·schrank** *m* safe **Geld·schwie·rig·kei·ten** *pl* financial straits *npl* [*or* difficulties] *pl* **Geld·se·gen** *m kein pl (emph fam)* welcome sum; *(unerwartet a.)* windfall **Geld·sor·gen** *pl* money troubles *pl,* financial worries *pl;* **~ haben** [*or* **in ~ sein**] to have money troubles [*or* financial worries] **Geld·spen·de** *f* [monetary] donation [*or* contribution] **Geld·spiel·au·to·mat** *m* slot machine **Geld·sprit·ze** *f* injection of money, cash injection **Geld·stra·fe** *f* fine; **jdn zu einer ~ verurteilen** [*o* **jdn mit einer ~ belegen**] to fine sb, to impose a fine on sb **Geld·stück** *nt* coin **Geld·summe** *f* sum of money **Geld·ta·sche** *f* money bag [*or* pouch] **Geld·trans·por·ter** *m* security van BRIT, armored car AM **Geld·um·lauf** *m* circulation of money, money supply **Geld·um·tausch** *m* exchange of money, foreign exchange **Geld·ver·die·ner(in)** <-s, -> *m(f)* money earner; **solange ich der einzige ~ in der Familie bin ...** as long as I'm the only one in the family earning any money ... [*or* the only breadwinner in the family ...] **Geld·ver·kehr** *m kein pl* money transactions *pl* **Geld·ver·le·gen·heit** *f* financial embarrassment *no pl;* **in ~en sein** to be short of money, to have a cash-flow problem *euph* **Geld·ver·lei·her(in)** <-s, -> *m(f)* moneylender **Geld·ver·schwen·dung** *f* waste of money **Geld·wasch·an·la·ge** *f* money-laundering operation [*or* outfit] **Geld·wä·sche** *f* money-laundering **Geld·wä·scher(in)** <-s, -> *m(f)* money launderer **Geld·wech·sel** *m* exchange of money, foreign exchange; „~" bureau de change **geld·wert** *adj* **~er Vorteil** perk *fam,* perquisite **Geld·wert** *m* ❶ *(Kaufkraft)* value of a currency ❷ *(eines Gegenstandes)* cash value **Geld·zu·wen·dun·gen** *pl* allowance

ge·leckt *adj* ▸ WENDUNGEN: **wie ~ aussehen** *Mensch* to be spruced up [*or* BRIT look spruce]; *Zimmer, Boden* to be [*or* look] spick and span

Ge·lee <-s, -s> [ʒeˈle:, ʒəˈle:] *m o nt* jelly

Ge·le·ge <-s, -> [ɡəˈle:ɡə] *nt* [clutch of] eggs

ge·le·gen [ɡəˈle:ɡn̩] I. *pp von* **liegen** II. *adj (passend)* convenient, opportune; **jdm gerade ~ kommen** *(iron)* du kommst mir gerade ~ your timing is brilliant *iron,* you do pick your time *iron;* **jdm ~ kommen** to come at the right time for sb; **diese Rechnung kommt mir nicht sehr ~** this bill comes just at the wrong time for me

Ge·le·gen·heit <-, -en> [ɡəˈle:ɡn̩haɪt] *f* ❶ *(günstiger Moment)* opportunity; **bei der nächsten** [*o* **ersten** [**besten**]] **~** at the first opportunity; **bei nächster ~** at the next opportunity; **bei passender ~** at an opportune moment, when the opportunity arises; **jdm die ~ bieten** [*o* **geben**] **, etw zu tun** to give sb the opportunity of doing [*or* to do] sth; **die ~ haben, etw zu tun** to have the opportunity of doing [*or* to do] sth; **bei ~** some time ❷ *(Anlass)* occasion; **bei dieser ~** on this occasion ❸ *(günstiges Angebot)* bargain ▸ WENDUNGEN: **~ macht Diebe** *(prov)* opportunity makes a thief; **die ~ beim Schopf[e] fassen** [*o fam:* **packen**] [*o geh:* **ergreifen**] to seize [*or* grab] the opportunity with both hands

Ge·le·gen·heits·ar·beit *f* casual work **Ge·le·gen·heits·ar·bei·ter(in)** *m(f)* casual labourer [*or* AM -orer] **Ge·le·gen·heits·dieb(in)** *m(f)* occasional thief **Ge·le·gen·heits·kauf** *m* bargain [purchase]

ge·le·gent·lich [ɡəˈle:ɡn̩tlɪç] I. *adj attr* occasional; **von ~en Ausnahmen abgesehen** apart from the odd exception II. *adv* ❶ *(manchmal)* occasionally ❷ *(bei Gelegenheit)* some time; **wenn Sie ~ in der Nachbarschaft sind ...** if you happen to be around here ...

ge·leh·rig [ɡəˈle:rɪç] I. *adj* quick to learn II. *adv* **sich ~ anstellen** to be quick to learn

Ge·leh·rig·keit <-> *f kein pl* ability to learn quickly

ge·lehr·sam *adj* ❶ *(geh)* s. **gelehrig** ❷ *(veraltet)* s. **gelehrt**

Ge·lehr·sam·keit <-> *f kein pl (geh)* s. **Gelehrtheit**

ge·lehrt *adj* ❶ *(gebildet)* learned, erudite ❷ *(wissenschaftlich)* scholarly

Ge·lehr·te(r) *f(m) decl wie adj* scholar; **darüber sind sich die ~n noch nicht einig, darüber streiten sich die ~n noch** *(hum)* the experts cannot agree on that, that's a moot point, the jury's still out on that one *fam*

Ge·lehrt·heit <-> *f kein pl* learning, erudition, scholarship

Ge·lei·se <-s, -> [ɡəˈlaɪzə] *nt* ÖSTERR, SCHWEIZ *(geh: Gleis)* platform

Ge·leit <-[e]s, -e> [ɡəˈlaɪt] *nt* **freies** [*o* **sicheres**] **~** safe-conduct; **jdm das ~ geben** *(geh)* to escort [*or* accompany] sb; **jdm das letzte ~ geben** *(fig geh)* to pay one's last respects to sb

ge·lei·ten* [ɡəˈlaɪtn̩] *vt (geh)* ■ **jdn** [**irgendwohin**] **~** to escort [*or* accompany] sb [somewhere]

Ge·leit·schutz *m* MIL escort; **jdm/einer S. ~ geben** to escort sb/sth

Ge·lenk <-[e]s, -e> [ɡəˈlɛŋk] *nt* ANAT, TECH joint **Ge·lenk·bus** *m* articulated bus **Ge·lenk·ent·zün·dung** *f* MED arthritis **Ge·lenk·fahr·zeug** *nt* articulated vehicle

ge·len·kig [ɡəˈlɛŋkɪç] *adj* agile, supple

Ge·len·kig·keit <-> *f kein pl* agility, suppleness **Ge·lenk·kopf** *m* s. **Gelenkkugel Ge·lenk·ku·gel** *f* ANAT head [of a bone], condyle *spec* **Ge·lenk·pfan·ne** *f* ANAT socket, glenoid *spec* **Ge·lenk·rheu·ma·tis·mus** *m* MED rheumatic fever, acute [*or* articular] rheumatism **Ge·lenk·schmie·re** *f* ANAT synovial fluid, synovia **Ge·lenk·wel·le** *f* TECH cardan shaft BRIT

ge·lernt *adj* skilled *attr*; *(qualifiziert)* trained *attr*

ge·le·sen *pp von* **lesen**

Ge·lich·ter <-s> [ɡəˈlɪçtɐ] *nt kein pl (pej geh)* riff-raff + *pl vb pej*

ge·liebt *adj* dear; **ihr ~er Mann** her dear [*or* form a. beloved] husband

Ge·lieb·te(r) f(m) decl wie adj lover, sweetheart

ge·lie·fert adj (fam) ■ ~ **sein** to have had it fam, to be history fam

ge·lie·hen [gə'liːən] pp von **leihen**

ge·lie·ren [ʒe'liːrən, ʒə'liːrən] vi to gel

Ge·lier·zu·cker m gelling sugar

ge·lin·d(e) [gə'lɪnt, gə'lɪndə] adj ❶ (geh: mäßig, mild) mild, light; **ein ~es Klima** a mild [or gentle] climate; **ein ~er Regen/Frost** a light rain/frost ❷ (fam: heftig) awful ▶ WENDUNGEN: ~ **gesagt** to put [or putting] it mildly

ge·lin·gen <gelang, gelungen> [gə'lɪŋən] vi sein ■ **jdm gelingt es, etw zu tun** sb succeeds in doing sth, sb manages to do sth; ■ **jdm gelingt es nicht, etw zu tun** sb fails to do sth; s. a. **gelungen**

Ge·lin·gen <-s> [gə'lɪŋən] nt kein pl (geh) success; **Projekt** successful outcome; **auf gutes ~!** to success!

ge·lit·ten [gə'lɪtn] pp von **leiden**

gell ['gɛl], **gel·le** ['gɛlə] interj SÜDD, SCHWEIZ (gelt?) right?

gel·len ['gɛlən] vi ■ [laut] ~ to ring [loudly]

gel·lend I. adj piercing, shrill II. adv piercingly, shrilly; ~ **um Hilfe schreien** to scream for help

ge·lo·ben [gə'loːbn] vt (geh) ■ [jdm] etw ~ to vow [or pledge] sth [to sb]; **jdm Gefolgschaft ~** to swear [or pledge] [or vow] [one's] allegiance to sb; **ein einsichtigeres Verhalten ~** to swear to behave more reasonably; ■ [jdm] ~, **etw zu tun** to swear [or vow] [to sb] that one will do sth

Ge·löb·nis <-ses, -se> [gə'løːpnɪs, pl: gə'løːpnɪsə] nt ❶ (geh) vow; **ein ~ ablegen** to take a vow ❷ MIL vow; **das ~ ablegen** to be sworn in

ge·lockt adj curly; **ein ~es Kind** a curly-haired child

ge·lo·gen [gə'loːgn] pp von **lügen**

ge·löst adj relaxed

Gel·se <-, -n> ['gɛlzə] f ÖSTERR gnat; (größer) mosquito

gelt ['gɛlt] interj SÜDD, ÖSTERR, SCHWEIZ (nicht wahr?) right?

Gel·te <-, -n> ['gɛltə] f SCHWEIZ (Bütte) vat, tub

gel·ten <gilt, galt, gegolten> ['gɛltn] I. vi ❶ (gültig sein) ■ [für jdn] ~ Regelung to be valid [for sb]; Bestimmungen to apply [to sb]; Gesetz to be in force; Preis, Gebühr, Satz, Angebot to be effective; Geld to be legal tender; s. a. **Wette** ❷ (bestimmt sein für) ■ jdm/einer S. ~ to be meant for sb/sth; Buhrufe to be aimed at sb/sth; Frage to be directed at sb; **der Applaus gilt dir!** the applause was for you! ❸ (geh: betreffen) ■ jdm/einer S. ~ to be for sb/sth; **eine ganze Liebe galt der Kunst** art was his greatest love ❹ (zutreffen) ■ **für jdn** ~ to go [or hold] for sb; **das gleiche gilt auch für mich** the same goes for [or is true of] me too ❺ (gehalten werden) ■ **als** [o selten: für] etw ~ to be regarded as sth; **er gilt als absolut zuverlässig** he is regarded as being absolutely reliable ▶ WENDUNGEN: **etw ~ lassen** to accept sth; **für diesmal werde ich es ausnahmsweise ~ lassen** I'll let it go this time II. vi impers (geh) ■ **es gilt, etw zu tun** it is necessary to do sth; **jetzt gilt es, zusammenzuhalten** it is now a matter of sticking together; **es gilt!** you're on!; **jetzt gilt's!** this is it!; **das gilt nicht!** that's not allowed!; **was gilt's?** what shall we bet for?, what do you bet?

gel·tend adj attr (gültig) current; (vorherrschend) prevailing; **es ist die ~e Meinung, dass …** it's the prevailing opinion that …; **etw ~ machen** (geh) to assert sth; **einen Einwand ~ machen** to raise an objection; **Ansprüche/Forderungen ~ machen** to make claims/demands; **sich ~ machen** to make itself noticeable [or felt]

Gel·tend·ma·chung <-> f kein pl (geh) enforcement no pl

Gel·tung <-, -en> f ❶ (Gültigkeit) validity no indef

art, no pl; ~ **erlangen/haben** to become/be valid ❷ (Ansehen) prestige no indef art, no pl; **etw zur ~ bringen** to show off sep sth to [its] advantage; ~ **haben** [o besitzen] to have influence; **[voll] zur ~ kommen** to be shown to [one's/its fullest] advantage; **sich/einer S.** dat ~ **verschaffen** to establish one's position/to enforce sth

Gel·tungs·be·dürf·nis nt kein pl need for admiration

gel·tungs·be·dürf·tig adj needing admiration pred; (stärker) desperate for admiration pred; ■ ~ **sein** to need to be admired/to be desperate for admiration

Gel·tungs·be·reich m Fahrkarte zone [or area] of validity; Gesetz scope, purview form **Gel·tungs·dau·er** f [period of] validity **Gel·tungs·drang** m kein pl PSYCH need for recognition **Gel·tungs·sucht** f kein pl PSYCH craving for recognition [or admiration] no pl **Gel·tungs·trieb** m s. **Geltungsbedürfnis**

Ge·lüb·de <-s, -> [gə'lʏpdə] nt (geh) vow; **ein/sein ~ ablegen** to take a/one's vow

ge·lun·gen [gə'lʊŋən] II. pp von **gelingen** II. adj attr successful; **das ist doch eine ~e Überraschung, oder?** wasn't that a great surprise?

Ge·lüst <-[e]s, -e> [gə'lʏst] nt, **Ge·lüs·te** <-s, -> [gə'lʏstə] nt (geh) craving; **ein ~** [auf etw akk/nach etw dat] **haben** to have a craving [for sth]

ge·lüs·ten [gə'lʏstn] vt impers (geh) ■ **jdn gelüstet es nach etw** dat sb craves for sth; (schwächer) sb fancies sth BRIT; ■ **jdn gelüstet es, etw zu tun** sb is tempted to do sth

ge·mach [gə'maːx] interj (liter) no rush!, take it easy!

Ge·mach <-[e]s, Gemächer> [gə'maːx, pl: gə'mɛːçɐ] nt (liter) chamber[s pl] old; **sich in seine Gemächer zurückziehen** (hum) to repair to bed hum old, to retire to one's chamber[s] hum old

ge·mäch·lich [gə'mɛːçlɪç] I. adj leisurely, unhurried; **ein ~es Leben** a quiet life II. adv leisurely; ~ **frühstücken** to have a leisurely breakfast

Ge·mahl(in) <-s, -e> [gə'maːl] m(f) (geh) spouse form, husband masc, wife fem; ■ **ihr Herr ~/Ihre Frau ~in** your husband/wife

ge·mah·nen [gə'maːnən] vt (geh) ❶ (denken lassen) ■ **jdn an etw** akk ~ to remind sb of sth ❷ (ernst erinnern) ■ [jdn] **an jdn** ~ to [cause sb to] remember sb

Ge·mäl·de <-s, -> [gə'mɛːldə] nt painting

Ge·mäl·de·aus·stel·lung f exhibition of paintings **Ge·mäl·de·ga·le·rie** f picture gallery **Ge·mäl·de·samm·lung** f art collection, collection of paintings

Ge·mar·kung <-, -en> [gə'markʊŋ] f district

ge·ma·sert adj grained

ge·mäß [gə'mɛːs] I. präp +dat in accordance with; ~ **§ 198** according to § 198; ~ **Ihrem Wunsch** [o Ihrem Wunsch ~] as per your wish II. adj ■ **jdm/einer S.** ~ appropriate to sb/sth; **einem Anlass ~e/~ere Kleidung** clothes suitable for the occasion; **ein ~es Benehmen** appropriate behaviour [or AM ~or]; **eine seinen Fähigkeiten ~e Beschäftigung** a job suited to one's abilities; **das einzig G~e** the only fitting thing

ge·mäßigt adj ❶ METEO **ein ~es Klima** a temperate climate ❷ (moderat) moderate

Ge·mäu·er <-s> [gə'mɔyɐ] nt kein pl (geh) masonry no indef art, no pl; walls pl; (Ruine) ruins pl

Ge·me·cker <-s> [gə'mɛkɐ] nt, **Ge·me·cke·re** <-s> [gə'mɛkərə] nt, **Ge·meck·re** <-s> [gə'mɛkrə] nt kein pl (pej) ❶ ([lästiges] Meckern) bleating[s pl] ❷ (fam: Nörgelei) moaning, whining pej, whinging no pl BRIT pej fam

ge·mein [gə'main] I. adj ❶ (niederträchtig) mean, nasty; **das war ~!** [von dir]! that was nasty [or mean] [of you]! ❷ (fam: unfair) mean; **das ist ~!** that's so mean! ❸ (böse) nasty ❹ attr, kein comp/superl BOT, ZOOL common ❺ pred (geh: gemeinsam) ■ jdm/

einer S. **~ sein** to be common to sb/sth; **etw mit jdm/etw ~ haben** to have sth in common with sb/sth ▸ WENDUNGEN: **sich mit jdm ~ machen** to be in cahoots with sb *fam* **II.** *adv (fam)* awfully *fam,* AM *a.* awful *fam,* horribly

Ge·mein·be·sitz *m* common property; **etw in ~ über-führen** to place sth in common property

Ge·mein·de <-, -n> [gəˈmaɪndə] *f* ➊ *(Kommune)* municipality ➋ *(fam: ~bewohner)* community + *sing/pl vb* ➌ *(Pfarr~)* parish; *(Gläubige a.)* parishioners *pl* ➍ *(Anhängerschaft)* following

Ge·mein·de·ab·ga·ben *pl* [local *or* county] | rates *pl* BRIT *hist,* municipal taxes *pl* AM **Ge·mein·de·am·mann** *m* SCHWEIZ *(Gemeindevorsteher)* community spokesperson [*or masc* spokesman] **Ge·mein·de·amt** *nt* local authority **Ge·mein·de·bann** *m* SCHWEIZ *(Gemeindegebiet)* district **Ge·mein·de·bau** *m* ÖSTERR council house BRIT, town hall AM **Ge·mein·de·be·am·te(r), -be·am·tin** *m, f* local government official [*or* officer] **Ge·mein·de·be·zirk** *m* [community [*or* municipal] | district, borough BRIT; ÖSTERR district **ge·mein·de·ei·gen** *adj* local authority *attr* **Ge·mein·de·haus** *nt* REL parish rooms *pl* **Ge·mein·de·hel·fer(in)** *m(f)* REL parish worker **Ge·mein·de·mit·glied** *nt* REL parishioner **Ge·mein·de·ord·nung** *f* by[e-]laws *pl* BRIT, municipal ordinance *no pl* AM **Ge·mein·de·prä·si·dent(in)** *m(f)* SCHWEIZ mayor, *fem a.* mayoress BRIT **Ge·mein·de·rat**[1] *m* district council **Ge·mein·de·rat, -rä·tin**[2] *m, f (~smitglied)* district councillor BRIT, councilman AM **Ge·mein·de·saal** *m* REL church hall **Ge·mein·de·schwes·ter** *f* REL *parish nun* operating as visiting nurse to the elderly and sick **Ge·mein·de·steu·er** *f* local tax **Ge·mein·de·ver·samm·lung** *f* SCHWEIZ community meeting **Ge·mein·de·ver·wal·tung** *f* district council **Ge·mein·de·vor·stand** *m* ➊ *(Verwaltungsgremium)* aldermen *pl* BRIT *hist (elected members of a local government)* ➋ *(Bürgermeister)* mayor **Ge·mein·de·vor·ste·her(in)** *m(f) s.* Gemeindevorstand 2 **Ge·mein·de·wahl** *f* local election **Ge·mein·de·zen·trum** *nt* REL parish rooms *pl*

Ge·mein·ei·gen·tum *nt* common property **ge·mein·ge·fähr·lich** *adj (pej)* constituting a public danger *pred form;* **ein ~er Krimineller** a dangerous criminal; ➋ **~ sein** to be [*or form* constitute] a danger to the public **Ge·mein·gut** *nt kein pl* common heritage [*or* property] *no pl*

Ge·mein·heit <-, -en> *f* ➊ *kein pl (Niedertracht)* meanness *no art, no pl* ➋ *(niederträchtiges Handeln)* meanness *no art, no pl;* **so eine ~!** that was a mean thing to do!; *(Bemerkung)* mean remark ➌ *(fam: ärgerlicher Umstand)* nuisance

ge·mein·hin *adv* generally

Ge·mein·kos·ten *pl* overheads *npl* BRIT, overhead AM **Ge·mein·nutz** [gəˈmaɪnnʊts] *m* ■ **der ~** the common good ▸ WENDUNGEN: **~ geht vor Eigennutz** *(prov)* service before self *prov* **ge·mein·nüt·zig** [gəˈmaɪnnʏtsɪç] *adj* charitable **Ge·mein·nüt·zig·keit** <-> *f kein pl* charitable benefit **Ge·mein·platz** *m* commonplace

ge·mein·sam [gəˈmaɪnzaːm] **I.** *adj* ➊ *(mehreren gehörend)* common; **ein ~es Konto** a joint account; **ein ~er Freund** a mutual friend ➋ *(von mehreren unternommen)* joint *attr;* **eine ~e Wanderung machen** to go on a hike together; ■ **das G~e** common ground; **etw ~ haben** to have sth in common; **jdm ist etw ~** sb has sth in common **II.** *adv* jointly, together

Ge·mein·sam·keit <-, -en> *f* ➊ *(gemeinsame Eigenschaft)* common ground *no art, no pl* ➋ *kein pl (Einvernehmen)* agreement *no pl*

Ge·mein·schaft <-, -en> *f* ➊ POL *(Zusammenschluss)* community; **in ~ mit jdm/etw** together [*or* jointly] with sb/sth; **~ unabhängiger Staaten** Common-wealth of Independent States ➋ *kein pl (gegenseitige Verbundenheit)* sense of community *no pl* ▸ WENDUNGEN: **die ~ der Heiligen/Gläubigen** REL the communion of saints/the faithful; **eheliche ~** matrimony *form*

ge·mein·schaft·lich *adj s.* gemeinsam

Ge·mein·schafts·an·ten·ne *f* TELEK block [*or* community] aerial BRIT **Ge·mein·schafts·ar·beit** *f* teamwork *no art, no pl;* **in ~** with teamwork **Ge·mein·schafts·er·zie·hung** *f kein pl* co-education *no art, no pl* **Ge·mein·schafts·ge·fühl** *nt kein pl* sense of community *no pl* **Ge·mein·schafts·geist** *m kein pl* community spirit *no pl* **Ge·mein·schafts·kun·de** *f kein pl* SCH social studies + *sing vb* **Ge·mein·schafts·le·ben** *nt kein pl* community life *no pl* **Ge·mein·schafts·pra·xis** *f* MED joint practice [*or* AM *a.* -se] **Ge·mein·schafts·pro·duk·ti·on** *f kein pl* joint production; **eine deutsch-französische ~** a joint Franco-German production ➋ RADIO, TV, FILM co-production *spec* **Ge·mein·schafts·raum** *m* common room **Ge·mein·schafts·schu·le** *f* inter-denominational school **Ge·mein·schafts·un·ter·neh·men** *nt* joint venture **Ge·mein·schafts·zel·le** *f* communal cell

Ge·mein·sinn *m kein pl* public spirit *no pl* **Ge·mein·spra·che** *f* LING standard language **ge·mein·ver·ständ·lich** *adj s.* allgemeinverständlich **Ge·mein·we·sen** *nt* community **Ge·mein·wohl** *nt* ■ **das ~** the public welfare; **dem ~ dienen** to be in the public interest

Ge·men·ge <-s, -> [gəˈmɛŋə] *nt* ➊ *(Mischung)* mixture; ■ **ein ~ aus etw** *dat* a mixture of sth ➋ *(Gewühl)* crowd, bustle ➌ *(Durcheinander)* jumble *no pl* ▸ WENDUNGEN: **mit jdm ins ~ kommen** to come to blows with sb

ge·mes·sen [gəˈmɛsn̩] **I.** *pp von* **messen II.** *adj (geh)* proper; *(würdig langsam)* measured

Ge·met·zel <-s, -> [gəˈmɛtsl̩] *nt* massacre, bloodbath **ge·mie·den** [gəˈmiːdn̩] *pp von* **meiden**

Ge·misch <-[e]s, -e> [gəˈmɪʃ] *nt* ➊ *(Mischung)* mixture; ■ **ein ~ aus etw** *dat* a mixture of sth ➋ *kein pl (Durcheinander)* jumble *no pl* ➌ AUTO [air/fuel [*or* A/F] | mixture *spec;* **ein mageres/fettes ~** a lean/rich mixture

ge·mischt *adj* mixed; *s. a.* **Gesellschaft** *s. a.* **Gefühl ge·mischt·spra·chig** *adj* multilingual **Ge·mischt·wa·ren·hand·lung** *f (veraltend)* [grocery and] general shop [*or* AM store]

Gem·me <-, -n> [ˈgɛmə] *f* cameo

ge·mocht [gəˈmɔxt] *pp von* **mögen**

ge·mol·ken [gəˈmɔlkŋ̍] *pp von* **melken**

ge·mop·pelt [gəˈmɔplt] *adj* ▸ WENDUNGEN: **doppelt ~** *(fam)* saying the same thing twice over

Ge·mot·ze <-s> [gəˈmɔtsə] *nt kein pl (fam)* nagging *fam*

Gems·bartALT *m s.* Gämsbart **Gems·bock**ALT *m s.* Gämsbock

Gem·seALT <-, -n> [ˈgɛmzə] *f s.* Gämse

Gems·le·derALT *nt s.* Gämsleder

Ge·mun·kel <-s> [gəˈmʊŋkl̩] *nt kein pl* rumour [*or* AM -or]; *(dauerndes Mukeln)* gossip

Ge·mur·mel <-s> [gəˈmʊrml̩] *nt kein pl* murmuring; *(unverständlich)* mumbling

Ge·mü·se <-s, <*selten* -> [gəˈmyːzə] *nt* vegetables *pl;* ■ **ein ~** a vegetable; **frisches ~** fresh vegetables *pl* ▸ WENDUNGEN: **junges ~** *(hum fam)* whippersnappers *pl hum dated*

Ge·mü·se·aus·höh·ler *m* sharp serrated knife for hollowing out cucumbers and courgettes etc. **Ge·mü·se·ba·na·ne** *f* cooking banana, plantain **Ge·mü·se·bei·la·ge** *f* vegetables *pl* **Ge·mü·se·boh·ne** *f* butter bean **Ge·mü·se·fach** *nt* vegetable compartment **Ge·mü·se·gar·ten** *m* vegetable garden, kitchen garden;

▶ WENDUNGEN: **quer durch den ~** (hum fam) everything but the kitchen sink hum **Ge·mü·se·händ·ler(in)** m(f) greengrocer BRIT, fruit and vegetable retailer **Ge·mü·se·ho·bel** m vegetable grater **Ge·mü·se·kar·de** [-kardə] f cardoon **Ge·mü·se·kon·ser·ve** f canned [or BRIT a. tinned] vegetables pl **Ge·mü·se·la·den** m fruit and vegetable store, greengrocer's BRIT **Ge·mü·se·mes·ser** nt vegetable knife **Ge·mü·se·plat·te** f assorted vegetables pl **Ge·mü·se·sor·te** f type of vegetable **Ge·mü·se·sup·pe** f vegetable soup [or broth] **Ge·mü·se·zwie·bel** f onion

ge·musstᴿᴿ, **ge·mußt**ᴬᴸᵀ [gə'mʊst] pp von **müssen**
ge·mus·tert adj patterned; **grün und braun ~ sein** to have a green and brown pattern

Ge·müt <-[e]s, -er> [gə'my:t] nt ❶ (Seele) soul ❷ (Mensch) soul ❸ (Emotionen) feelings pl; **ein sonniges ~ haben** (iron fam) to be gullible; **jds ~ bewegen** (geh) to stir sb's emotions [or heart]; **die ~er erregen** [o **erhitzen**] to cause a stir; **sich** dat **etw zu ~[e] führen** (hum: etw einnehmen) to indulge in sth; **etw beherzigen**) to take sth to heart; **viel ~ haben** [o **besitzen**] [o **zeigen**] to be sentimental; **jdm aufs ~ schlagen** to get to sb fam; **etwas fürs ~** (hum) something sentimental [or to tug at one's/sb's heartstrings]

ge·müt·lich I. adj ❶ (bequem) comfortable, comfy fam, cosy BRIT, AM usu cozy; **es sich/jdm ~ machen** to make oneself/sb comfortable, to get [oneself]/sb cosy fam ❷ (gesellig) pleasant; (ungezwungen) informal **II.** adv ❶ (gemächlich) leisurely ❷ (behaglich) comfortably

Ge·müt·lich·keit <-> f kein pl comfortableness no art, no pl, snugness no art, no pl, cosiness no art, no pl BRIT, coziness no art, no pl AM usu; (Ungezwungenheit) informality no art, no pl; **in aller ~** at one's leisure ▶ WENDUNGEN: **da hört doch die ~ auf!** (fam) that's going too far!

Ge·müts·art f disposition form, nature; **von stiller/heiterer/sanfter ~ sein** to have a quiet/happy/soft disposition [or nature] **Ge·müts·be·we·gung** f [signs pl of] emotion **Ge·müts·krank** adj emotionally disturbed **Ge·müts·kran·ke(r)** f(m) emotionally disturbed person **Ge·müts·krank·heit** f emotional disturbance no pl **Ge·müts·la·ge** f mood; **je nach ~** depending on one's mood, as the mood takes me/him etc. **Ge·müts·mensch** m (fam) good-natured person; **du bist vielleicht ein ~!** (iron) you're a fine one! BRIT fam **Ge·müts·re·gung** f s. **Gemütsbewegung Ge·müts·ru·he** f calmness no pl; **in aller ~** (fam) in one's own time, leisurely; **deine ~ möchte ich haben!** (iron) I'd like [to have] your cool! **Ge·müts·ver·fas·sung** f, **Ge·müts·zu·stand** m s. **Gemütslage**
ge·müt·voll adj sentimental
gen ['gɛn] präp + akk (veraltend) towards
Gen <-s, -e> ['ge:n] nt gene
ge·nannt [gə'nant] pp von **nennen**
ge·narbt adj grained
ge·nas [gə'na:s] imp von **genesen**
ge·nau [gə'nau] **I.** adj ❶ (exakt) exact; **haben Sie die ~e Uhrzeit?** have you got the right [or exact] time?; ■ **G~es/G~eres** particulars npl/further details pl; **man weiß noch nichts G~es** nobody knows any details as yet ❷ (gewissenhaft) meticulous; ■ **etw** dat] **~ sein** to be meticulous [in sth] **II.** adv ❶ (exakt) exactly, precisely; **~!** (fam) exactly!, precisely!, quite!; **~ in der Mitte** right in the middle; **~ genommen** strictly speaking; **etw ~er betrachten** to take a closer look at sth; **~ das Gegenteil trifft zu** just [or exactly] the opposite is true; **~estens, aufs ~este** [o G~este] [right] down to the last detail; **etw** [nicht] **~ wissen** to [not] know sth for certain [or sure]; **so ~ wollte ich es** [nun auch wieder] **nicht wissen!** (iron) [you can] spare me the details!; **auf den Millimeter ~**

accurate to the millimetre BRIT, dead nuts AM sl; **auf die Minute ~** exactly [or dead] on time ❷ (eben, gerade) just; **sie ist ~ die richtige Frau für diesen Job** she's just the right woman for the job ▶ WENDUNGEN: **es** [mit etw dat] [nicht] **~ nehmen** to [not] be very particular [about sth]; **wenn man es ~ nimmt** strictly speaking

ge·nau·ge·nom·men adv s. **genau II. 1**
Ge·nau·ig·keit <-> [gə'nauɪçkait] f kein pl exactness, precision; (Daten) accuracy; (Sorgfalt) meticulousness
ge·nau·so [gə'nauzo:] adv just [or exactly] the same; **mir geht es ganz ~** I feel exactly the same; **~ frech/kalt/klein etc. wie …** just as cheeky BRIT /cold/small etc. as …; **~ gut** just as well; **~ viel** just as much; **~ wenig** just as little; s. a. **ebenso**

Gen·bank f gene bank
Gen·darm <-en, -en> [ʒan'darm, ʒã'darm] m ÖSTERR (Polizist) gendarme
Gen·dar·me·rie <-, -n> [ʒandarmə'ri:, ʒãdarmə'ri:, 'ri:ən] f ÖSTERR (Polizeistation) gendarmerie
Ge·ne·a·lo·ge, Ge·ne·a·lo·gin <-n, -n> [genea'lo:gə, -'lo:gɪn] m, f genealogist
Ge·ne·a·lo·gie <-> [genealo'gi:, pl: -'gi:ən] f kein pl genealogy
ge·ne·a·lo·gisch [genea'lo:gɪʃ] adj genealogical
ge·nehm [gə'ne:m] adj (geh) suitable, acceptable; ■ **jdm** ~[er] **sein** to suit sb [better]; ■ **jdm** [nicht] **~ sein** to [not] be agreeable to sb; **wenn es ~ ist** if that is agreeable, if you don't mind
ge·neh·mi·gen* [gə'ne:mɪgn] **I.** vt ■ [jdm] **etw ~** to grant [sb] permission for sth, to approve sth; „**genehmigt**" "approved" **II.** vr ■ **sich** dat **etw ~** to indulge in sth; **sich** dat **etw von seinem Geld ~** to splash out on sth BRIT, to spend money freely; **sich** dat **einen ~** (hum fam) to have a little drink a. hum
Ge·neh·mi·gung <-, -en> f ❶ (das Genehmigen) approval no art, no pl ❷ (Berechtigungsschein) permit, permission no indef art, no pl, authorization no pl
Ge·neh·mi·gungs·pflicht f licence [or AM -se] requirement **ge·neh·mi·gungs·pflich·tig** adj requiring a licence [or AM -se] pred; ■ **~ sein** to need [or require] a licence **Ge·neh·mi·gungs·ver·fah·ren** nt authorization process
ge·neigt adj (geh) kind, friendly; ■ **jdm ~ sein** to be well [or favourably] [or AM favorably] disposed towards sb; ■ **~ sein, etw zu tun** to be inclined to do sth; **sich jdm ~ zeigen** to show sb kindness
Ge·neigt·heit <-> f kein pl (geh) ❶ (Wohlwollen) goodwill; ■ **jds ~ jdm gegenüber** sb's goodwill towards sb ❷ (Bereitwilligkeit) willingness; ■ **jds ~, etw zu tun** sb's willingness to do sth
Ge·ne·ra ['gɛnera] pl von **Genus**
Ge·ne·ral(in) <-[e]s, -e o Generäle> [genə'ra:l, pl: genə'rɛ:lə] m(f) general; **der kommandierende ~** the general in command
Ge·ne·ral·am·nes·tie f general amnesty **Ge·ne·ral·be·voll·mäch·tig·te(r)** f(m) decl wie adj general agent **Ge·ne·ral·bun·des·an·walt, -an·wäl·tin** m, f Federal Public Prosecutor BRIT, Chief Federal Prosecutor AM **Ge·ne·ral·di·rek·tor(in)** m(f) president, director general **Ge·ne·ral·in·spek·teur(in)** m(f) MIL inspector general **Ge·ne·ral·in·ten·dant(in)** m(f) THEAT, MUS director
ge·ne·ra·li·sie·ren* [genərali'zi:rən] vi (geh) to generalize
Ge·ne·ra·list(in) <-en, -en> [genəra'lɪst] m(f) generalist
Ge·ne·ra·li·tät <-, <selten -en> [genərali'tɛ:t] f MIL generals pl
Ge·ne·ral·kon·sul(in) m(f) consul general **Ge·ne·ral·kon·su·lat** nt consulate general **Ge·ne·ral·leut-**

nant(in) [genəˈraːlɔytnant] *m(f)* lieutenant general **Ge·ne·ral·ma·jor(in)** [genəˈraːlmajoːɐ̯] *m(f)* major general BRIT, brigadier general AM **Ge·ne·ral·pro·be** *f* THEAT dress rehearsal; MUS final rehearsal **Ge·ne·ral·sek·re·tär(in)** *m(f)* general secretary; *(höchster Beamter)* Secretary-General **Ge·ne·ral·staats·an·walt, -an·wäl·tin** *m, f* ≈ district attorney AM *(chief public prosecutor at a provincial high court)*

Ge·ne·ral·stab *m* MIL general staff + *sing/pl vb*

Ge·ne·ral·stabs·kar·te *f* ordnance survey map **ge·ne·ral·stabs·mä·ßig** *adv* meticulously

Ge·ne·ral·streik *m* general strike **ge·ne·ral·über·ho·len'** *vt nur infin und pp* ■ **etw ~** to completely overhaul sth; **generalüberholt werden** to have a complete overhaul; ■ **etw ~ lassen** to take sth in for a complete overhaul; ■ **generalüberholt** completely overhauled **Ge·ne·ral·über·ho·lung** <-> *f kein pl* TECH complete overhaul **Ge·ne·ral·ver·samm·lung** *f* general meeting **Ge·ne·ral·ver·tre·ter(in)** *m(f)* general representative **Ge·ne·ral·ver·tre·tung** *f* ÖKON sole [*or* general] agency **Ge·ne·ral·voll·macht** *f* general [*or* full] power of attorney

Ge·ne·ra·ti·on <-, -en> [genəraˈtsi̯oːn] *f* ❶ *(Menschenalter)* generation; **seit ~en** for generations ❷ *(Menschen einer ~)* generation + *sing/pl vb;* **die ältere ~** the older generation + *sing/pl vb;* **die heranwachsende ~** the adolescent generation + *sing/pl vb;* **die junge/jüngere ~** the young/younger generation + *sing/pl vb* ❸ SOZIOL generation ❹ TECH, INFORM generation

Ge·ne·ra·ti·o·nen·ver·trag *m younger generation's commitment to provide for the older generation, i.e. in form of pensions*

Ge·ne·ra·ti·ons·kon·flikt *m* generation gap **Ge·ne·ra·ti·ons·wech·sel** *m* ❶ SOZIOL change of generation ❷ BIOL alternation of generations

Ge·ne·ra·tor <-s, -toren> [genəˈraːtoːɐ̯, *pl:* genəraˈtoːrən] *m* TECH generator

ge·ne·rell [genəˈrɛl] **I.** *adj* general **II.** *adv* generally; **~ kann man sagen, ...** generally one can say, ...

ge·ne·rie·ren' [genəˈriːrən] *vt* INFORM ■ **etw ~** to generate sth

Ge·ne·ri·kum <-s, -ka> [geˈneːrɪkʊm, *pl:* geˈneːrɪka] *nt* PHARM generic [drug]

ge·ne·rös [genəˈrøːs, ʒenəˈrøːs] *adj (geh)* generous, munificent *form*

Ge·ne·se <-, -n> [geˈneːzə] *f* MED genesis *no pl form* **ge·ne·sen** <genas, genesen> [geˈneːzn̩] *vi sein (geh)* ■ [**nach/von etw** *dat*] **~** to recover [after/from sth], to convalesce

Ge·ne·sen·de(r) *f(m) decl wie adj* convalescent

Ge·ne·sis <-> [ˈgeːnɛzɪs] *f kein pl* REL ■ **die ~** [the Book of] Genesis

Ge·ne·sung <-, *selten* -en> [gəˈneːzʊŋ] *f (geh)* convalescence *no pl,* recovery *no pl;* **auf dem Wege der ~** on the road to recovery; [**jdm**] **baldige ~ wünschen** to wish [sb] a speedy recovery

Ge·ne·tik <-> [geˈneːtɪk] *f kein pl* genetics + *sing vb* **ge·ne·tisch** [geˈneːtɪʃ] *adj* genetic; **~er Code** genetic code; **~er Fingerabdruck** genetic [*or* DNA] fingerprint

Genf <-s> [ˈgɛnf] *nt* Geneva

Gen·fer See *m* Lake Geneva

Gen·for·scher(in) *m(f)* genetic researcher **Gen·for·schung** *f* genetic research

ge·ni·al [geˈni̯aːl] *adj* ❶ *(überragend)* brilliant; *(erfinderisch)* ingenious ❷ *(erfindungsreich)* inspired

Ge·ni·a·li·tät <-> [geni̯aliˈtɛːt] *f kein pl* ❶ *(überragende Art)* genius *no pl* ❷ *(Erfindungsreichtum)* ingenuity *no art, no pl*

Ge·nick <-[e]s, -e> [gəˈnɪk] *nt* neck; **ein steifes ~** *(fam)* a stiff neck; **jdm/sich das ~ brechen** to break

sb's/one's neck ▶ WENDUNGEN: **jdm das ~ brechen** *(fig)* to finish sb

Ge·nick·schuss^{RR} *m* shot in the neck **Ge·nick·star·re** *f* stiffness of the neck; **~ haben** *(fam)* to have a stiff neck; MED [cerebral] meningitis *no pl*

Ge·nie <-s, -s> [ʒeˈniː] *nt* ❶ *(Mensch)* genius; **ein verkanntes ~** an unrecognized genius ❷ *kein pl (Fähigkeit)* genius *no art, no pl*

Ge·ni·en [ˈgeːni̯ən] *pl von* **Genius**

ge·nie·ren' [ʒeˈniːrən] *vr* ■ **sich** [**vor jdm**] **~** to be embarrassed [*or* shy] [in front of sb]; **~ Sie sich nicht!** don't be shy!; ■ **sich für etw** *akk* **~** to be embarrassed about sth; ■ **sich ~, etw zu tun** to not like doing sth

ge·nieß·bar *adj (essbar)* edible; *(trinkbar)* drinkable; **nicht ~ sein** *(fam)* to be unbearable

ge·nie·ßen <genoss, genossen> [gəˈniːsn̩] *vt* ❶ *(auskosten)* ■ **etw ~** to enjoy [*or* relish] sth; *(bewusst kosten)* to savour [*or* AM -or] sth ❷ *(essen)* ■ **etw ~** to eat sth; ■ **nicht zu ~ sein** to be inedible; *(trinken)* to drink ❸ *(geh: erfahren)* ■ **etw ~** to enjoy sth ▶ WENDUNGEN: **nicht zu ~ sein** *(fam)* to be unbearable

Ge·nie·ßer(in) <-s, -> *m(f)* gourmet; **ein stiller ~** sb who knows how to enjoy life in his own quiet way [*or* BRIT on the quiet]; **ein stiller ~** to know how to enjoy life on the quiet [*or* in one's quiet way]; **ein stiller ~ von etw** *dat* **sein** to know how to enjoy sth in one's quiet way

ge·nie·ße·risch **I.** *adj* appreciative **II.** *adv* with pleasure [*or* relish]

Ge·nie·streich [ʒeˈniː] *m (iron fam)* a stroke of genius *a. iron* **Ge·nie·trup·pe** [ʒeˈniː-] *f* MIL SCHWEIZ engineer corps

ge·ni·tal [geniˈtaːl] **I.** *adj* genital **II.** *adv* **sie wurde ~ untersucht** her genitals were examined

Ge·ni·ta·li·en [geniˈtaːli̯ən] *pl* genitals *npl,* genitalia *npl spec*

Ge·ni·tiv <-s, -e> [ˈgeːnitiːf, *pl:* ˈgeːnitiːvə] *m* LING genitive [case]

Ge·ni·us <-, Genien> [ˈgeːni̯ʊs, *pl:* ˈgeːni̯ən] *m* ❶ *(Genie)* genius ❷ *(schöpferischer Geist)* genius

Gen·ma·ni·pu·la·ti·on *f* genetic manipulation

Ge·nom <-s, -e> [geˈnoːm] *nt* genome *spec*

Ge·nom·ana·ly·se *f* BIOL, MED genome analysis

ge·nom·men [gəˈnɔmən] *pp von* **nehmen**

ge·noppt [gəˈnɔpt] *adj* nubbly; **~es Garn** knopped yarn *spec*

ge·normt *adj inv* standardized

ge·noss^{RR}, ge·noß^{ALT} [gəˈnɔs] *imp von* **genießen**

Ge·nos·se, Ge·nos·sin <-n, -n> [gəˈnɔsə, gəˈnɔsɪn] *m, f* comrade; **... und ~n** *(pej)* ... and his/her posse *fam* [*or* pej cronies]

ge·nos·sen [gəˈnɔsn̩] *pp von* **genießen**

Ge·nos·sen·schaft <-, -en> [gəˈnɔsn̩ʃaft] *f* cooperative, co-op; **eingetragene ~** registered cooperative society

Ge·nos·sen·schaft·(l)er(in) <-s, -> *m(f)* member of a cooperative

ge·nos·sen·schaft·lich **I.** *adj* cooperative **II.** *adv* **~ organisiert** organized as a cooperative

Ge·nos·sen·schafts·bank <-banken> *f* cooperative [*or* AM mutual savings] bank

Ge·nos·sin [gəˈnɔsɪn] *f fem form von* **Genosse**

ge·nö·tigt *adj* forced; ■ **~ sein, etw zu tun** to be forced [*or* obliged] to do sth; **sich ~ sehen, etw zu tun** to feel obliged [*or* compelled] to do sth

Ge·no·typ <-s, -en> [ˈgeːnotyːp] *m* BIOL genotype

Ge·no·zid <-[e]s, -e *o* -ien> [genoˈtsiːt, *pl:* genoˈtsiːdə, genoˈtsiːdi̯ən] *m o nt (geh)* genocide *no art, no pl;* ■ **an jdm** genocide against sb

Gen·pool <-s, -e> [-puːl] *m* BIOL gene pool

Gen·re <-s, -s> [ˈʒãrə] *nt* KUNST, LITER genre *spec;* **nicht jds ~ sein** to not be sb's thing

Gen·re·bild [ˈʒãrə-] nt genre painting **Gen·re·ma·le·rei** [ˈʒãrə-] f genre painting no art, no pl

Gen·son·de f BIOL, MED DNA probe

Gent <-s> [ˈɡɛnt] nt Ghent

Gen·tech·nik f genetic engineering no art, no pl **Gen·tech·ni·ker(in)** m(f) genetic engineer **gen·tech·nisch I.** adj ~e **Methoden** methods in genetic engineering **II.** adv using genetic engineering; **etw ~ manipulieren** to genetically manipulate sth, to manipulate sth by means of genetic engineering **Gen·tech·no·lo·gie** f genetic engineering no art, no pl **Gen·the·ra·pie** f BIOL, MED gene therapy **Gen·trans·fer** m BIOL, MED gene transfer

Ge·nua <-s> [ˈgeːnŭa] nt Genoa

ge·nug [ɡəˈnuːk] adv enough; **~ jetzt/davon!** enough of that!; **es ist noch ~ Zeit** there's still enough [or sufficient] time; **alt/groß/gut/schlimm ~** old/big/good/bad enough; ■ **~ einer S.** gen enough of sth; **ich kann davon einfach nicht ~ bekommen** [o (fam) **kriegen**] ! I just can't get enough of it; **~ haben** to have [got] enough; [**von etw** dat] **~ haben** to have had enough [of sth]; **jetzt ist[ˈs] aber ~!** that's enough!, that does it!; **sich** dat **selbst ~ sein** to be happy with one's own company; s. a. **damit** s. a. **schlimm** s. a. **wenig**

Ge·nü·ge <-> [ɡəˈnyːɡə] f kein pl **einer S.** dat **~ tun** (geh) to satisfy [or meet [with]] sth; **zur ~** [quite] enough; (oft genug) often enough

ge·nü·gen [ɡəˈnyːɡn̩] vi ❶ (ausreichen) ■ [jdm] ~ to be enough [or sufficient] [for sb]; ■ **für jdn ~** to be enough for sb ❷ (gerecht werden) ■ **einer S.** dat ~ to fulfil [or AM usu -ll] sth

ge·nü·gend [ɡəˈnyːɡn̩t] adv enough, sufficient

ge·nüg·sam [ɡəˈnyːkzaːm] **I.** adj (bescheiden) modest; (pflegeleicht) undemanding **II.** adv modestly

Ge·nüg·sam·keit <-> f kein pl modesty, simple needs pl

Ge·nug·tu·ung <-, <selten -en>> [ɡəˈnuːktuːʊŋ] f ❶ (Befriedigung) satisfaction ❷ (geh: Wiedergutmachung) compensation; **für etw** akk **~ leisten** to make amends for sth

ge·nu·in [genuˈiːn] (geh) **I.** adj genuine **II.** adv genuinely

Ge·nus <-, Genera> [ˈɡɛnʊs, pl: ˈɡɛnera] nt LING gender

Ge·nuss^RR <-es, Genüsse> m, **Ge·nuß**^ALT <-sses, Genüsse> [ɡəˈnʊs, pl: ɡəˈnʏsə] m ❶ (Köstlichkeit) [culinary] delight ❷ kein pl (geh: das Zusichnehmen) consumption no art, no pl; **der übermäßige ~ von Tabak ist gesundheitsschädlich** excessive smoking is damaging to one's health ❸ (das Genießen) enjoyment; **in den ~ einer S.** gen [or fam: **von etw** dat] **kommen** to enjoy sth; (aus etw Nutzen ziehen a.) to benefit from sth; **mit ~** with relish; **etw mit ~ tun** to do sth with relish, to relish sth; **ein ~ sein, etw zu tun** to be a pleasure doing/to do sth

ge·nüss·lich^RR, **ge·nüß·lich**^ALT **I.** adj pleasurable **II.** adv with relish

Ge·nuss·mensch^RR m hedonist **Ge·nuss·mit·tel**^RR nt luxury foods, alcohol and tobacco **Ge·nuss·schein**^RR m FIN [profit] participating certificate spec **Ge·nuss·sucht**^RR [ɡəˈnʊszʊxt] f kein pl (pej) hedonism no art, no pl **ge·nuss·süch·tig**^RR adj (pej) hedonistic

Geo·bo·ta·nik [geoboˈtaːnɪk] f BOT plant geography **Ge·o·Drei·eck, Geo·drei·eck**® [ˈgeːodraiʔɛk] nt MATH (fam) set square

Ge·o·graf(in)^RR <-en, -en> [geoˈgraːf] m(f) s. **Geograph**

Ge·o·gra·fie^RR <-> [geograˈfiː] f kein pl s. **Geographie**

geografisch^RR adj s. **geographisch**

Ge·o·graph(in) <-en, -en> [geoˈgraːf] m(f) geographer

Ge·o·gra·phie <-> [geograˈfiː] f kein pl geography no art, no pl

ge·o·gra·phisch [geoˈgraːfɪʃ] adj geographic[al]

Ge·o·lo·ge, Ge·o·lo·gin <-n, -n> [geoˈloːɡə, -ˈloːɡɪn] m, f geologist

Ge·o·lo·gie <-> [geoloˈgiː] f kein pl geology no art, no pl

ge·o·lo·gisch [geoˈloːɡɪʃ] adj geological

Ge·o·me·trie <-> [geomeˈtriː] f kein pl geometry no art, no pl

ge·o·me·trisch [geoˈmeːtrɪʃ] adj geometric

Geo·phy·sik [geofyˈziːk] f geophysics no art, + sing vb **Geo·po·li·tik** [geopoliˈtiːk] f geopolitics no art, + sing vb **geo·po·li·tisch** [geopoˈliːtɪʃ] adj geopolitical

ge·ord·net adj ❶ (in einer bestimmten Weise angeordnet) arranged; **nach Größe ~ sein** to be ordered [or arranged] according to size ❷ (in angemessener Weise geregelt) orderly; **einen ~en Geschäftsablauf sichern** to insure an orderly course of business; **in ~en Verhältnissen leben** to live an orderly life; **ein ~er Rückzug** MIL an orderly retreat

George·town <-s> [ˈdʒɔːdʒtaʊn] nt George Town

Ge·or·gi·en <-s> [ɡeˈɔrgiən] nt Georgia; s. a. **Deutschland**

Ge·or·gi·er(in) <-s, -> [ɡeˈɔrgiɐ] m(f) Georgian; s. a. **Deutsche(r)**

Ge·or·gisch [ɡeˈɔrgɪʃ] nt decl wie adj Georgian; s. a. **Deutsch**

ge·or·gisch [ɡeˈɔrgɪʃ] adj Georgian; s. a. **deutsch**

Ge·or·gisch·e <-n> nt ■ **das ~** Georgian, the Georgian language; s. a. **Deutsche**

geo·ther·misch [geoˈtɛrmɪʃ] adj geothermal **Geo·wis·sen·schaft** [geoˈvɪsnʃaft] f geoscience no art, no pl spec **Geo·wis·sen·schaft·ler(in)** [geoˈvɪsnʃaftlɐ] m(f) geoscientist spec

Ge·päck <-[e]s> [ɡəˈpɛk] nt kein pl luggage no pl, baggage no pl esp AM

Ge·päck·ab·fer·ti·gung f ❶ kein pl (Vorgang) luggage [or esp AM baggage] check-in no pl ❷ (Schalter) luggage [or esp AM baggage] check-in **Ge·päck·ab·la·ge** f luggage rack **Ge·päck·an·nah·me** f ❶ kein pl (Vorgang) checking-in of luggage [or esp AM baggage] no pl ❷ (Schalter) luggage [or esp AM baggage] check-in **Ge·päck·auf·be·wah·rung** f ❶ (das Aufbewahren) looking after left-luggage ❷ (Schalter) left-luggage office BRIT, baggage room AM **Ge·päck·auf·ga·be** f BAHN ❶ kein pl (Aufgeben des Reisegepäcks) handing in of unaccompanied baggage ❷ (Schalter) [in-counter of the] luggage [or baggage] office **Ge·päck·aus·ga·be** f ❶ kein pl (Vorgang) giving out of left-luggage ❷ (Schalter) luggage reclaim BRIT, baggage pickup AM **Ge·päck·kar·ren** m luggage trolley BRIT, baggage cart AM **Ge·päck·kon·trol·le** f luggage [or AM ESP baggage] check [or control] **Ge·päck·netz** nt luggage rack **Ge·päck·schein** m luggage [or esp AM baggage] ticket **Ge·päck·stück** nt piece [or item] of luggage [or AM ESP baggage] **Ge·päck·trä·ger**[1] m (am Fahrrad) carrier **Ge·päck·trä·ger(in)**[2] m(f) porter, baggage handler **Ge·päck·wa·gen** m luggage van BRIT, baggage car AM

Ge·pard <-s, -e> [ˈgeːpart, pl: ˈgeːpardə] m cheetah

ge·pfef·fert adj (fam) ❶ (überaus hoch) steep fam ❷ (schwierig) tough

ge·pfif·fen [ɡəˈpfɪfn̩] pp von **pfeifen**

ge·pflegt adj ❶ (nicht vernachlässigt) well looked after; **ein ~es Aussehen** a well-groomed appearance; **ein ~er Garten** a well-tended garden; **ein ~er Park** a well-kept park ❷ (fam: kultiviert) civilized; **eine ~e Atmosphäre** a sophisticated atmosphere; **eine ~e Ausdrucksweise/ein ~es Gespräch** a cultured expression/conversation ❸ (erstklassig) first-rate, excellent; **ein ~es Restaurant** a first-rate Restaurant; **~e Weine** excellent [or select] wines **II.** adv ① (kultiviert) in a civilized way; **sich ~ ausdrücken** to have a cultured way of speaking; **sich ~ unterhalten** to have a civilized conversation ② (erstklassig) **~ essen gehen** to go to a first-rate restaurant; **~ wohnen** to live in style

Ge·pflo·gen·heit <-, -en> [gəˈpfloːɡn̩haɪt] f (geh) habit

ge·pierct [-pɪəst] adj pierced

Ge·plän·kel <-s> [gəˈplɛŋkl̩] nt kein pl ① MIL (veraltend: leichtes Gefecht) skirmish ② (harmlose Auseinandersetzung) squabble fam

Ge·plap·per <-s> [gəˈplapɐ] nt kein pl chatter[ing] no pl, babblings npl pej

Ge·plärr <-[e]s> [gəˈplɛr] nt, **Ge·plär·re** <-s> [gəˈplɛrə] nt kein pl (pej fam) bawling no def art, no pl

Ge·plät·scher <-s> [gəˈplɛtʃɐ] nt kein pl splashing no def art, no pl

Ge·plau·der <-s> [gəˈplaʊdɐ] nt kein pl chatt[er]ing

Ge·pol·ter <-s> [gəˈpɔltɐ] nt kein pl banging; (stumpf) thudding no pl

Ge·prä·ge <-s> [gəˈprɛːɡə] nt kein pl (geh) character no pl

ge·prie·sen [gəˈpriːzn̩] pp von **preisen**

ge·punk·tet adj ① (aus Punkten bestehend) dotted ② (mit Punkten versehen) spotted, polka-dot attr

ge·quält I. adj forced **II.** adv **~ lachen/seufzen** to give a forced [or to force a] smile/sigh

Ge·quas·sel <-s> [gəˈkvasl̩] nt kein pl (pej fam) yak fam, rabbiting BRIT pej fam

Ge·quat·sche <-s> [gəˈkvatʃə] nt kein pl (pej sl) chattering, gabbing no pl fam

ge·quol·len [gəˈkvɔlən] pp von **quellen**

ge·ra·de [gəˈraːdə] **I.** adj ① (nicht krumm, aufrecht) straight; (aufrecht) upright; **etw ~ biegen** to straighten out sth sep; **etw ~ halten** to hold [or keep] sth straight; **sich ~ halten** to hold oneself [up] straight; **~ sitzen** to sit up straight; **sitz ~!** sit up straight!; **~ stehen** to stand up straight ② (nicht ungerade) even ③ (aufrichtig) honest; **ein ~r Mensch** an upright [or honest] person **II.** adv (fam) ① (im Augenblick, soeben) just; **haben Sie ~ einen Moment Zeit?** do you have time just now?; **da du ~ da bist, ...** just while you're here, ...; **ich wollte mich ~ ins Bad begeben, da ...** I was just about to get into the bath when ...; **der Bus ist uns ~ vor der Nase weggefahren!** we've just missed the bus!; **da wir ~ von Geld sprechen, ...** talking of money, ...; **über was unterhaltet ihr euch denn da ~?** what are you talking about just now? ② (knapp) just; **sie verdient ~ so viel, dass sie davon leben kann** she earns just enough for her to live on; **sie hat die Prüfung ~ so bestanden** she only just passed the exam; **ich kam ~ [noch] rechtzeitig** I came just in time ③ (genau) just; **~ heute hab' ich an dich gedacht** I was thinking of you only today; **es war ~ umgekehrt!** it was just [or exactly] the opposite **III.** part (ausgerechnet) warum **~ er/ich?** why him/me of all people?; **~ heute/morgen** today/tomorrow of all days; **warum ~ jetzt?** why now of all times?; **~ du solltest dafür Verständnis haben** you of all people should understand that; **~ du kannst dich beklagen** (iron) what are you complaining about?; **~ deswegen** that's precisely why ▶ WENDUNGEN: **das hat ~ noch gefehlt!** (iron) that's all I need!; **so ist es ~ nicht!** that's just the way it isn't!; **nicht ~ billig etc.** not exactly cheap etc.; **~, weil ...** especially because ..., for the very reason that ...

Ge·ra·de <-n, -n> [gəˈraːdə] f ① MATH straight line ② SPORT straight ③ (beim Boxen) straight; **eine**

linke/rechte ~ a straight left/right

ge·ra·de·aus [gəraːdəˈʔaʊs] adv straight ahead; **~ fahren** to drive straight on **ge·ra·de·bie·gen** vt irreg ■ **etw ~** ① (in gerade Form biegen) s. **gerade I. 1** ② (fam: in Ordnung bringen) to straighten [or sort] out sth sep **ge·ra·de·hal·ten**ALT vt, vr irreg s. **gerade I. 1 ge·ra·de·her·aus** [gəraːdəhɛˈraʊs] **I.** adj pred (fam) straightforward, frank, plain-spoken **II.** adv (fam) frankly

ge·rä·dert adj (fam) ▶ WENDUNGEN: **wie ~ sein sich wie ~ fühlen** to be [or feel] completely [or absolutely] exhausted [or BRIT whacked] fam

ge·ra·de·sit·zenALT vi irreg s. **gerade I. 1**

ge·ra·de·so [gəˈraːdəzo] adv s. **ebenso**

ge·ra·de·so·vielALT adv s. **ebenso 1**

ge·ra·de·ste·henALT1 vi irreg (aufrecht stehen) s. **gerade I. 1**

ge·ra·de·ste·hen² vi irreg (einstehen) ■ **für jdn/ etw ~** to answer for sb/sth

ge·ra·de·wegs [gəˈraːdəveːks] adv straight; **~ nach Hause** straight home

ge·ra·de·zu [gəˈraːdətsuː] adv really, absolutely; **~ lächerlich etc.** really [or absolutely] [or nothing short of] ridiculous etc.

ge·rad·li·nig I. adj ① (in gerader Richtung) straight ② (aufrichtig) straight **II.** adv straight; **~ verlaufen** to run in a straight line

Ge·rad·li·nig·keit f ① (Verlaufen in gerader Richtung) straightness ② (fig: Aufrichtigkeit) straightness, straight-laced nature

ge·ram·melt adv **~ voll** (fam) jam-packed, chock-a-block BRIT fam

Ge·ran·gel <-s> [gəˈraŋl̩] nt kein pl ① (Balgerei) scrapping no art, no pl; (Geschubse) tussle ② (Auseinandersetzung) quarrelling [or AM usu quarreling] no art

Ge·ra·nie <-, -n> [gəˈraːni̯ə] f geranium

ge·rann [gəˈran] imp von **gerinnen**

ge·rannt [gəˈrant] pp von **rennen**

Ge·rant(in) <-en, -en> [ʒeˈrant] m(f) SCHWEIZ (Gastwirt) restaurant proprietor

Ge·ras·sel <-s> [gəˈrasl̩] nt kein pl (fam) rattling

Ge·rät <-[e]s, -e> [gəˈrɛːt] nt ① (Vorrichtung) device, gadget; (Garten~) tool ② ELEK, TECH piece of equipment, appliance; ■ **~e** equipment nsing; (Fernseh~, Radio~) set ③ SPORT (Turn~) [piece of] apparatus ④ kein pl (Ausrüstung) equipment no pl; **eines Handwerkers** tools pl

ge·ra·ten¹ <gerät, geriet, geraten> [gəˈraːtn̩] vi sein ① (zufällig gelangen) ■ **irgendwohin ~** to get to somewhere; **in schlechte Gesellschaft/eine Schlägerei/einen Stau ~** to get into bad company/a fight/a traffic jam; **an einen Ort ~** to get to a place ② (unbeabsichtigt kommen) ■ **[mit etw dat] an/in/ unter etw** akk **~** to get [sth] caught in/under sth; **unter einen Lastwagen ~** to fall under a lorry [or AM truck]; **in einen Sturm ~** to get caught in a storm ③ (sich konfrontiert sehen mit) ■ **in etw** akk **~** to get into sth; **in Armut ~** to end up in poverty; **in eine Falle ~** to fall into a trap; **in Gefangenschaft ~** to be taken prisoner; **in Schulden/Schwierigkeiten/ eine Situation ~** to get into debt[s]/difficulties/a situation ④ (erfüllt werden von) ■ **in etw** akk **~** to get into sth; **in Furcht/Verlegenheit/Wut ~** to get scared/embarrassed/angry; **in Panik ~** to start to panic ▶ Funktionsverb (beginnen, etw zu tun) ■ **in etw** akk **~** to begin to do sth; **in Bewegung ~** to begin to move; **in Brand ~** to catch fire; **ins Schleudern ~** to get into a skid; **ins Schwärmen/Träumen ~** to fall into a rapture/dream; **ins Stocken ~** to come to a halt; **in Vergessenheit ~** to fall into oblivion ⑤ (ausfallen) **der Pulli ist mir zu groß ~**

my jumper turned out too big; **das Essay ist zu kurz** ~ the essay turned out too short ❼ *(gelingen)* **das Soufflé ist mir** ~/**mir nicht** ~ my soufflé turned/didn't turn out well; **alle meine Kinder sind gut** ~ all my children turned out well ❽ *(fam: kennen lernen)* ■ **an jdn** ~ to come across sb ❾ *(arten)* ■ **nach jdm** ~ to take after sb ▶ WENDUNGEN: **[vor etw dat] [über jdn/etw] außer sich** ~ to be beside oneself [with sth] [over sb/sth]

ge·ra·ten² [gəˈraːtn̩] **I.** *pp von* **raten II.** *adj (geh)* advisable

Ge·rä·te·raum *m* equipment room **Ge·rä·te·schup·pen** *m* tool shed **Ge·rä·te·tur·nen** *nt* gymnastics + *sing vb (on apparatus); (Schulübung a.)* apparatus work *no pl*

Ge·ra·te·wohl [gəraːtəˈvoːl, gaˈraːtəvoːl] *nt* ▶ WENDUNGEN: **aufs** ~ *(fam: auf gut Glück)* on the off-chance; *(willkürlich)* randomly; **wir schlugen aufs** ~ **diesen Weg ein** we decided to trust our luck and came this way

Ge·rät·schaf·ten *pl* tools *pl*, equipment *sing*

Ge·rat·ter <-s> [gəˈrate] *nt kein pl (pej fam)* clatter[ing], rattle, rattling

Ge·räu·cher·te(s) *nt decl wie adj* smoked meat *no pl*

ge·raum [gəˈraum] *adj attr (geh)* some *attr;* **vor ~er Zeit** some time ago; **seit ~er Zeit** for some time

ge·räu·mig [gəˈrɔymɪç] *adj* spacious, roomy, capacious *form*

Ge·räu·mig·keit <-> *f kein pl* spaciousness, roominess, capaciousness *form*

Ge·räusch <-[e]s, -e> [gəˈrɔyʃ] *nt* sound; *(unerwartet, unangenehm a.)* noise

ge·räusch·arm *adj* quiet, low-noise *spec* **ge·räusch·emp·find·lich** *adj* sensitive to noise *pred;* TECH sound-sensitive **Ge·räusch·ku·lis·se** *f (Lärm)* background noise *no pl; (verschiedenartig a.)* background noise[s *pl*] ❷ FILM, RADIO, TV sound effects *pl* **ge·räusch·los I.** *adj* silent **II.** *adv* silently, noiselessly **Ge·räusch·min·de·rung** *f* noise reduction **Ge·räusch·pe·gel** *m* noise level[s *pl*] **ge·räusch·voll I.** *adj* loud; *(unangenehm a.)* noisy **II.** *adv* loudly; *(unangenehm a.)* noisily

Ge·räus·per <-s> [gəˈrɔyspe] *nt kein pl* throat-clearing

ger·ben [ˈgɛrbn̩] *vt* ■ **etw** ~ to tan sth; **eine gegerbte Haut** a tanned hide; **eines Menschen** a weather-beaten skin; ■ **das G~** tanning

Ger·ber(in) <-s, -> [ˈgɛrbe] *m(f)* tanner

Ger·be·rei <-, -en> [gɛrbəˈrai] *f* tannery

ge·recht [gəˈrɛçt] **I.** *adj* ❶ *(rechtgemäß)* just; ■ ~ **[gegen jdn] sein** to be fair [to sb], to be just; ■ **die G~en** the just + *pl vb old* ❷ *(verdient)* just, fair; **einen ~en Lohn** *(Geld)* a fair wage; *(Anerkennung)* a just reward; **es ist doch nur** ~ it's only fair [*or* right] [*or* just] ❸ *(berechtigt)* just, legitimate; **eine ~e Sache** a just cause; **in ~em Zorn** with righteous anger *form* ❹ *(angemessen beurteilen)* **jdm/einer S.** ~ **werden** to do justice to sb/sth ❺ *(eine Aufgabe erfüllen)* ■ **einer S.** *dat* ~ **werden** to fulfil [*or* AM *usu* -ll] sth; **den Anforderungen** [*o* Bedingungen] ~ **werden** to fulfil the demands; **Erwartungen** ~ **werden** to fulfil/meet/come up to expectations **II.** *adv* justly, fairly

ge·rech·ter·wei·se *adv* justifiably; ~ **muss gesagt/zugestanden werden, ...** to be fair, ...

ge·recht·fer·tigt *adj* justified

Ge·rech·tig·keit <-> [gəˈrɛçtɪçkait] *f kein pl* ❶ *(das Gerechtsein)* justice *no art, no pl; eines Urteils* just-ness *no art, no pl* ❷ *(Unparteilichkeit)* fairness *no art, no pl* ▶ WENDUNGEN: **die** ~ **nimmt ihren Lauf** justice takes its course; **ausgleichende** ~ poetic justice

Ge·rech·tig·keits·ge·fühl *nt* sense of justice **Ge·rech·tig·keits·lie·be** *f* love of justice **ge·rech·tig·keits·**

lie·bend *adj* just; **ein ~er Mensch** a lover of justice **Ge·rech·tig·keits·sinn** *m kein pl s.* **Gerechtigkeitsgefühl**

Ge·re·de <-s> [gəˈreːdə] *nt kein pl* gossip *no indef art, no pl*, talk *no indef art, no pl;* **kümmere dich nicht um das** ~ **der Leute** don't worry about what [other] people say; **jdn ins** ~ **bringen** to get sb gossiped [*or* talked] about; **ins** ~ **kommen** [*o* geraten] to get oneself gossiped [*or* talked] about

ge·re·gelt *adj* regular; **ein ~es Leben** a well-ordered life

ge·rei·chen [gəˈraiçn̩] *vi (geh)* **jdm zur Ehre** ~ to do sb honour [*or* AM -or]; **jdm/einer S. zum Nachteil/Vorteil** ~ to be an advantage to/a drawback for sb/sth; **jdm zum Nutzen/Schaden** ~ to be beneficial/damaging to sb

ge·reizt I. *adj (verärgert)* irritated; *(nervös)* edgy; **es herrschte eine ~e Stimmung** there was a strained atmosphere **II.** *adv* irritably, touchily

Ge·reizt·heit <-> *f kein pl (Verärgerung)* irritability, touchiness; *einer Stimmung* strainedness; *(Nervosität)* edginess

Ger·i·a·ter(in) <-s, -> [geˈri̯aːte] *m(f)* geriatrician

Ger·i·a·trie <-> [geˈri̯aˈtriː] *f kein pl* geriatrics *no art,* + *sing vb*

ger·i·a·trisch [geˈri̯aːtrɪʃ] *adj* geriatric

Ge·richt¹ <-[e]s, -e> [gəˈrɪçt] *nt (Speise)* dish

Ge·richt² <-[e]s, -e> [gəˈrɪçt] *nt* ❶ JUR *(Behörde)* court [of justice]; *(Gebäude)* court [house], law courts *pl;* **jdn/einen Fall vor** ~ **bringen** to take sb/a case to court; **[mit etw** *dat***] vor** ~ **gehen** *(fam)* to take legal action [*or* to go to court] about sth; **vor** ~ **kommen** to appear in [*or* come to] court, to appear [*or* come] before a/the court; *Fall* to come to court; **[etw] vor** ~ **aussagen** to testify in court; **[wegen etw** *dat***] vor** ~ **stehen** to appear in [*or* before a/the] court [for sth]; **jdn/einen Fall vor** ~ **vertreten** to represent sb/a case in court ❷ JUR *(die Richter)* court, bench ▶ WENDUNGEN: **Hohes ~!** My Lord! BRIT, Your Honor! AM; **das Jüngste** ~ REL the last Judg[e]ment, Judg[e]ment Day; **mit jdm ins** ~ **gehen** to sharply criticize sb; **über jdn/etw** ~ **halten** to pronounce judg[e]ment on sb/sth; **über jdn zu** ~ **sitzen** to sit in judgement on sb

ge·richt·lich I. *adj attr* judicial, court *attr;* **laut ~en Beschlusses** [*o* ~em Beschluss] according to a/the court decision [*or* decision of a/the court]; **eine ~e Klärung** a court settlement; **ein ~es Nachspiel** a court sequel **II.** *adv* legally, in court; **Schulden** ~ **ein-treiben** to recover debts through [a/the] court order; ~ **belangt werden** to be legally prosecuted; **etw** ~ **klären** to settle sth in court; ~ **gegen jdn vorgehen** to take sb to court, to take legal proceedings [*or* to litigate] against sb

Ge·richts·ak·ten *pl* court records *pl* **Ge·richts·as·ses·sor(in)** *m(f) (veraltet: Richter auf Probe)* trainee judge

Ge·richts·bar·keit <-, -en> *f* JUR ❶ *kein pl (Befugnis zur Rechtsprechung)* jurisdiction ❷ *pl (Ausübung der rechtsprechenden Gewalt)* jurisdiction

Ge·richts·be·schluss^RR *m* court decision, decision of a/the court **Ge·richts·be·zirk** *m* judicial district *form*, judicial circuit AM **Ge·richts·fe·ri·en** *pl* court recess *sing* **Ge·richts·hof** *m* law court, court of justice, court of law *esp* AM; **der Europäische** ~ the European Court of Justice; **der Internationale** ~ the International Court of Justice; **der Oberste** ~ the High Court of Justice BRIT, the Supreme Court [of Justice] AM **Ge·richts·kas·se** *f* taxing master's office BRIT *(court office where court fees and fines are paid); (Person)* court cashier **Ge·richts·kos·ten** *pl* court fees [*or* costs] *pl;* **jdm die** ~ **auferlegen** *(geh)* to order sb to pay the court fees [*or* costs] **Ge·richts·me·di·zin** *f* forensic medicine *no art, no pl,* medical jurisprudence *no art, no pl form* **Ge·richts·me·di·zi·ner(in)** *m(f)* forensic scientist, medical examiner AM **ge·richts·me·di·zi·nisch** I. *adj* forensic, medico-legal *form* II. *adv* **die Leiche wurde ~ untersucht** the body was examined by a forensic scientist **Ge·richts·ort** *m* town/city with a court; **der zuständige ~** the venue AM *spec* **Ge·richts·saal** *m* courtroom **Ge·richts·schrei·ber(in)** *m(f)* clerk [of a/the court], keeper of the records **Ge·richts·stand** *m* court of jurisdiction **Ge·richts·ter·min** *m* date of a/the trial **Ge·richts·ver·fah·ren** *nt* legal [*or* court] proceedings *pl*; **ein ~ gegen jdn einleiten** to take [*or form* institute] legal proceedings against sb **Ge·richts·ver·hand·lung** *f* trial; *(zivil)* hearing **Ge·richts·voll·zie·her(in)** <-s, -> *m(f)* bailiff BRIT, U.S. Marshal AM

ge·rie·ben [gəˈriːbn̩] I. *pp von* **reiben** II. *adj (fam: gerissen)* cunning, crafty; *(betrügerisch)* tricky
ge·riet [gəˈriːt] *imp von* **geraten**[1]
ge·ring [gəˈrɪŋ] I. *adj* ❶ *(niedrig)* low; METEO low; **eine ~e Anzahl/Menge** a small number/amount; **von ~em Wert** of little value; **~ gerechnet** at a modest estimate; **nicht das G~ste** nothing at all; **nicht im G~sten** not in the least [*or* slightest] [bit]; **das stört mich nicht im G~sten** it doesn't disturb me in the slightest [*or* least] [bit] ❷ *(unerheblich)* slight; **~e Bedeutung** minor significance; **eine ~e Chance** a slim [*or* slight] [*or* small] chance ❸ *(unzulänglich)* poor, low; **eine ~e Lebenserfahrung** little experience in life ▶ WENDUNGEN: **kein G~erer als ...** ... no less *a. hum,* no less a person than ... *a. hum* II. *adv* ❶ *(schlecht)* poorly; **~ von jdm denken/sprechen** to have a poor opinion/speak badly of sb ❷ *(wenig, kaum)* **jdn/etw ~ achten** [*o* schätzen] *(verachten)* to think little of sb/sth, to have a low opinion of sb/sth to have little regard for sth, to place little/no importance on sth; **etw ~ achten** [*o* schätzen] *(missachten)* to disregard sth; *(unterschätzen)* to underestimate sth
ge·ring|ach·ten *vt s.* **gering** II. 2
ge·rin·gelt *adj* ringed; **~e Socken** hooped socks
ge·ring·fü·gig [gəˈrɪŋfyːɡɪç] I. *adj* insignificant; **ein ~er Betrag/~es Einkommen** a small amount/income; **ein ~er Unterschied** a slight difference; **~e Verbesserungen** slight improvements; **ein ~es Vergehen/ein ~er Verstoß/eine ~e Verletzung** a minor [*or* trivial] offence/violation/injury II. *adv* slightly **Ge·ring·fü·gig·keit** <-, -en> *f* insignificance *no indef art, no pl,* slightness *no indef art, no pl,* triviality *no indef art, no pl;* **wegen ~ eingestellt werden** JUR to dismiss a case for want of sufficient ground *form* **ge·ring|schät·zen** *vt s.* **gering** II. 2 **ge·ring·schät·zig** [gəˈrɪŋʃɛtsɪç] I. *adj* contemptuous; **eine ~e Bemerkung** a disparaging remark II. *adv* contemptuously, disparagingly; **~ über jdn/etw sprechen** to speak disparagingly of sb/sth, to deprecate sth **Ge·ring·schät·zung** *f kein pl* disparagement *no indef art, no pl,* contempt[uousness] *no indef art, no pl;* *(Ablehnung)* disdain *no indef art, no pl;* **~ für jdn** a low opinion of sb **ge·ring·wer·tig** *adj* inferior; **~e Nahrung** poor [*or* low-value] food
ge·rin·nen <gerann, geronnen> [gəˈrɪnən] *vi sein* to coagulate; *Blut a.* to clot; *Milch a.* to curdle
Ge·rinn·sel <-s, -> [gəˈrɪnzl̩] *nt* [blood] clot, coagulum *spec*
Ge·rin·nung <-, *selten* -en> *f* coagulation *no pl; von Blut a.* clotting *no indef art, no pl; von Milch a.* curdling *no art, no pl*
Ge·rip·pe <-s, -> [gəˈrɪpə] *nt* ❶ *(Skelett)* skeleton ❷ *(innere Struktur)* skeleton, frame ❸ *(Grundplan)* framework
ge·rippt *adj* MODE ribbed

ge·ris·sen [gəˈrɪsn̩] I. *pp von* **reißen** II. *adj (fam)* crafty, cunning
Ge·ris·sen·heit <-> *f kein pl (fam)* craftiness *no art, no pl,* cunning *no art, no pl*
ge·rit·ten [gəˈrɪtn̩] *pp von* **reiten**
Germ <-s> [ˈɡɛrm] *m kein pl* ÖSTERR *(Hefe)* yeast
Ger·ma·ne, Ger·ma·nin <-n, -n> [ɡɛrˈmaːnə, ɡɛrˈmaːnɪn] *m, f* HIST Teuton
Ger·ma·nia <-> [ɡɛrˈmaːnia] *f* Germania *(symbol of the former German Reich: a female figure in armour)*
Ger·ma·ni·en <-s> [ɡɛrˈmaːniən] *nt* HIST Germania
Ger·ma·nin [ɡɛrˈmaːnɪn] *f fem form von* **Germane**
ger·ma·nisch [ɡɛrˈmaːnɪʃ] *adj* ❶ HIST Teutonic ❷ LING Germanic; ▪ **G~** [*o* **das G~e**] Germanic, the Germanic language
Ger·ma·nist(in) <-en, -en> [ɡɛrmaˈnɪst] *m(f)* ❶ *(Wissenschaftler)* Germanist ❷ *(Student)* student of German, German student; ▪ **~ sein** to study German
Ger·ma·nis·tik <-> [ɡɛrmaˈnɪstɪk] *f kein pl* German [studies *npl*]
ger·ma·nis·tisch *adj* German; **eine ~e Fachzeitschrift** a journal on German[ic] studies
Ger·ma·ni·um <-s> [ɡɛrˈmaːni̯ʊm] *nt kein pl* CHEM germanium *no art, no pl spec*
ger·n(e) <lieber, am liebsten> [ˈɡɛrn(ə)] *adv* ❶ *(freudig)* with pleasure; **~ gesehen** welcome; **ich mag ihn sehr ~** I like him a lot, I'm very fond of him; **etw ~ tun** to like doing/to do sth, to enjoy doing sth; **das mache ich doch ~ für dich!** of course I'll do it for you!; **seine Arbeit ~ machen** to enjoy one's work; **etw ~ essen** to like [eating] sth; **er sieht das nicht ~** he doesn't like that; **ich hätte ~ gewusst, ...** I would like to know ... ❷ *(ohne weiteres)* **das kannst du ~ haben** you're welcome to [have] it; **das glaube ich ~!** I can quite believe that!, I believe that straight away! ❸ *(gewöhnlich, oft)* **etw ~ tun** to tend to do sth; **morgens lässt sie sich ~ viel Zeit** she likes to leave herself a lot of time in the mornings; **ein ~ gehörtes Lied** a popular song; **ein ~ gelesenes Buch** a popular book ▶ WENDUNGEN: **aber ~!** of course!, please do!; **~ geschehen!** don't mention it!, my pleasure!; **wie hätten** [*o* **möchten**] **Sie es** [**denn**] **~?** how would you like that?; **ja, ~!** with pleasure!; **du kannst mich mal ~ haben!** *(iron fam)* you can go to hell! *hum* [*or* BRIT *hum fam* go and whistle]; **rasend ~!** *(fam)* I'd simply love to!; *s. a.* **sehen**
Ger·ne·groß <-, -e> *m (hum fam)* somebody who likes to act big, wannabe *pej fam;* ▪ **ein ~ sein** to like to act big, to be a wannabe *pej fam*
gern·ge·hört *adj s.* **gern** 3 **gern·ge·le·sen** *adj s.* **gern** 3 **gern·ge·se·hen** *adj attr s.* **gern** 1 **gern|ha·ben**[RR] *vt irreg* **jdn/sich ~** to be fond of sb/one another; **es ~, wenn ...** to like it when ...
Ge·rö·chel <-s> [gəˈrœçl̩] *nt kein pl* groaning, groans *pl*
ge·ro·chen [gəˈrɔxn̩] *pp von* **riechen**
Ge·röll <-[e]s, -e> [gəˈrœl] *nt* scree *no pl spec,* talus AM; *(größer)* boulders *pl*
ge·ron·nen[1] [gəˈrɔnən] *pp von* **rinnen** *s.* **gerinnen**
geronnen[2] *adj* congealed, coagulated; *(Milchprodukte)* clotted
Ge·ron·to·lo·ge, Ge·ron·to·lo·gin <-n, -n> [ɡerɔnto·loːɡə, -ˈloːɡɪn] *m, f* MED gerontologist *spec*
Ge·ron·to·lo·gie <-> [ɡerɔntolo·giː] *f kein pl* MED gerontology *no art, no pl spec*
Gers·te <-, -n> [ˈɡɛrstə] *f* BOT barley *no art, no pl*
Gers·ten·korn *nt* ❶ BOT barleycorn ❷ MED stye **Gers·ten·saft** *m kein pl (hum)* beer
Ger·te <-, -n> [ˈɡɛrtə] *f* switch; ▶ WENDUNGEN: **schlank wie eine ~ sein** to be as thin as a reed
ger·ten·schlank *adj* slim, willowy
Ge·ruch <-[e]s, Gerüche> [gəˈrʊx, *pl:* gəˈryçə] *m*

❶ *(Duft)* smell, odour *[or* AM -or]; *einer Blume, eines Parfüms* scent; *(Gestank)* stench **❷** *kein pl (~ssinn)* sense of smell ▸ WENDUNGEN: **in dem ~ stehen, etw zu tun** *(geh)* to be rumoured *[or* AM -ored] to be doing sth

ge·ruch·los *adj* odourless *[or* AM -orless]

Ge·ruch(s)·be·läs·ti·gung *f* **das ist eine ~** the smell is a real nuisance **Ge·ruch(s)·emp·fin·dung** *f s.* **Geruch(s)sinn Ge·ruch(s)·nerv** *m s.* **Riechnerv Ge·ruch(s)·or·gan** *nt s.* **Riechorgan Ge·ruch(s)·sinn** *m kein pl* sense of smell **Ge·ruch(s)·ver·schluss**ᴿᴿ *m* odour *[or* AM -or] trap, siphon *spec*

Ge·rücht <-[e]s, -e> [gəˈrʏçt] *nt* rumour *[or* AM -or]; **etw für ein ~ halten** *(fam)* to have [one's] doubts about sth; **ein ~ in die Welt setzen** to start a rumour; **es geht das ~, dass ...** there's a rumour [going round] that ...

Ge·rüch·te·kü·che *f* rumour- *[or* AM rumor-] mongers *pl*

ge·ru·fen *pp von* **rufen**

ge·ru·hen [gəˈruːən] *vt (geh)* ■ **~, etw zu tun** to deign *a. pej [or hum a. form* condescend] to do sth

ge·ruh·sam **I.** *adj* peaceful; **ein ~er Abend am Kamin** a quiet evening in front of the fireplace; **ein ~er Spaziergang** a leisurely walk **II.** *adv* leisurely, peacefully; **~ essen** to eat in peace [and quiet]

Ge·rüm·pel <-s> [gəˈrʏmpl] *nt kein pl (pej)* junk *no indef art, no pl*

Ge·run·di·um <-s, -ien> [geˈrʊndiǔm, *pl:* geˈrʊndiən] *nt* LING gerund *spec*

Ge·run·div <-s, -e> [gerʊnˈdiːf, *pl:* gerʊnˈdiːvə] *nt*, **Ge·run·di·vum** <-s, -diva> [gerʊnˈdiːvʊm, *pl:* gerʊnˈdiːva] *nt* LING gerundive *spec*

ge·run·gen [gəˈrʊŋən] *pp von* **ringen**

Ge·rüst <-[e]s, -e> [gəˈrʏst] *nt* **❶** BAU scaffold[ing *no pl*] **❷** *(Grundplan)* framework

Ge·rüst·bau *m kein pl* BAU erection of scaffolding *no indef art, no pl* **❷** *(Firma)* scaffolders *pl* **Ge·rüst·bau·er(in)** <-s, -> *m(f)* scaffolder **Ge·rüst·bau·fir·ma** *f* scaffolders *pl*

ge·rüt·telt *adj* ▸ WENDUNGEN: **~ voll** jam-packed, chock-a-block BRIT *fam*

ges, Ges <-, -> [ˈgɛs] *nt* MUS G flat

ge·sal·zen [gəˈzaltsn̩] **I.** *pp von* **salzen** **II.** *adj (fam:* überteuert) steep *fam*

ge·sam·melt *adj* **❶** *Werke* collected **❷** *Aufmerksamkeit, Kraft* collective

ge·samt [gəˈzamt] *adj attr* whole, entire; **die ~e Familie** the whole *[or* entire] family + *sing/pl vb*; **die ~en Kosten** the total costs; **die ~e Verwandtschaft** all the relatives

Ge·samt·an·sicht *f* general view **Ge·samt·ar·beits·ver·trag** *m* SCHWEIZ *(Tarifvertrag)* collective agreement **Ge·samt·auf·la·ge** *f eines Buchs* total edition; *einer Zeitschrift, Zeitung* total circulation **Ge·samt·aus·ga·be** *f* complete edition **Ge·samt·be·trag** *m* total [amount] **Ge·samt·bild** *nt* overall *[or* general] picture **ge·samt·deutsch** [gəˈzamtdɔytʃ] *adj* all-German; **die ~e Frage** the German Question **Ge·samt·ein·druck** *m* overall *[or* general] impression **Ge·samt·er·geb·nis** *nt* total outcome *[or* result] **ge·samt·eu·ro·pä·isch** *adj* all-European **ge·samt·ge·sell·schaft·lich** *adv* by society as a whole **Ge·samt·ge·wicht** *nt* AUTO laden *[or form* gross vehicle] weight; **zulässiges ~** gross vehicle weight rating *form,* GVWR *form*

Ge·samt·heit <-> *f kein pl* totality; ■ **die ~ der ...** all the ...; **in seiner ~** as a whole, in its entirety

Ge·samt·hoch·schu·le *f* amalgamated university, ≈ polytechnic *hist* **Ge·samt·in·ter·es·se** *nt* ■ **das ~** the general interest **Ge·samt·kos·ten** *pl* total costs **Ge·samt·kunst·werk** *nt* synthesis of the

arts **Ge·samt·scha·den** *m* total damage **Ge·samt·schu·le** *f* ≈ comprehensive school; **integrierte ~** ≈ comprehensive school **Ge·samt·sie·ger(in)** *m(f)* SPORT overall winner **Ge·samt·stra·fe** *f* JUR overall sentence *(covering individual sentences of several offences, but not exceeding maximum sentence)* **Ge·samt·sum·me** *f* total [amount] **Ge·samt·über·sicht** *f* general survey **Ge·samt·ver·brauch** *m kein pl* total consumption **Ge·samt·werk** *nt* complete works *pl* **Ge·samt·wert** *m* total value; **im ~ von ...** totalling *[or* AM *usu* totaling] ... [in value] **Ge·samt·wer·tung** *f* SPORT overall placings *pl*; **in der ~** in the overall placings

ge·sandt [gəˈzant] *pp von* **senden**[1]

Ge·sand·te(r) [gəˈzantə] *f(m) decl wie adj,* **Ge·sand·tin** [gəˈzantɪn] *f* envoy, legate; *(Botschafter)* ambassador; *päpstlicher ~r* nuncio *spec*

Ge·sandt·schaft <-, -en> [gəˈzantʃaft] *f* embassy

Ge·sang <-[e]s, Gesänge> [gəˈzaŋ, *pl:* gəˈzɛŋə] *m* **❶** *kein pl (das Singen)* singing *no art, no pl* **❷** *(Lied)* song; **geistliche Gesänge** religious hymns; **ein Gregorianischer ~** a Gregorian chant **❸** LIT book; *eines Gedichts* canto *spec*

Ge·sang·buch *nt* hymn book

ge·sang·lich *adj* vocal, singing *attr*

Ge·sang·stun·de *f* singing lesson; **~n geben/nehmen** to give/take singing lessons **Ge·sang·un·ter·richt** *m* singing lessons *pl* **Ge·sang·ver·ein** *m* choral society, glee club AM

Ge·säß <-es, -e> [gəˈzɛːs] *nt* seat, bottom, posterior *hum*

Ge·säß·ba·cke *f* buttock, cheek, bun AM *fam* **Ge·säß·mus·kel** *m* gluteal *[or* gluteus] muscle *spec* **Ge·säß·ta·sche** *f* back pocket

ge·sät·tigt *adj* CHEM saturated

Ge·säu·sel <-s> [gəˈzɔyzl] *nt kein pl* **❶** *(anhaltendes Säuseln)* rustling *no pl,* rustle *no pl; des Windes* murmur[ing], whisper[ing], sigh[ing] **❷** *(iron: einschmeichelndes Reden)* sweet talk *no art, no pl fam*

Ge·schä·dig·te(r) *f(m) decl wie adj* victim

ge·schaf·fen *pp von* **schaffen**[1]

Ge·schäft <-[e]s, -e> [gəˈʃɛft] *nt* **❶** *(Laden)* shop, AM *usu* store; *(Kaufhaus)* department store; **im ~** in the shop *[or* department store] **❷** *(Gewerbe, Handel)* business, trade; **[mit jdm] ~e machen** to do business [with sb]; *(Handel [mit jdm] betreiben)* to do a deal [with sb], to strike a bargain [with sb]; **mit etw** *dat* **~e machen** to trade in sth; *(Handel mit etw betreiben)* to do a deal in sth; **für jdn die ~e führen** to manage *[or* run] the business for sb; **im ~ sein** to be in business; **mit jdm ins ~ kommen** *(eine einmalige Transaktion)* to do a deal with sb; *(dauerhaftes Geschäft)* to do business with sb; **wie gehen die ~e?** how's business?; **das ~ mit der Angst** trading on [people's] fears; **~ ist ~** business is business; **sein ~ verstehen** to know one's onions *[or* AM stuff] *fam* **❸** *(Geschäftsabschluss)* deal, transaction; **ein ~ machen** to do [or *esp* AM make] a deal; **ein gutes ~ machen** to get a good *[or* real] bargain; **für jdn ein/kein ~ sein** to be a good deal/not much of a deal for sb; **[mit jdm] ein ~ abschließen** to complete a transaction *[or* deal] [with sb]; **[mit jdm] ein ~ tätigen** to do a deal [with sb] **❹** DIAL *(Firma)* work; **ich gehe um 8 Uhr ins ~** I go to work at 8 o'clock **❺** DIAL *(große, mühsame Arbeit)* job *fam,* job and a half *fam* **❻** *(Angelegenheit)* business, matter ▸ WENDUNGEN: **kleines/großes ~** *(Kindersprache)* number one *[or* pee] /number two *[or* big job] *[or* pooh] *vulg [or* AM poop] *vulg childspeak*; **sein ~ verrichten** to do a job BRIT *vulg,* to relieve oneself, to go to the toilet *euph*

ge·schäf·te·hal·ber *adv (in Geschäften)* on business; *(wegen der Geschäfte)* because of business **Ge·**

schäf·te·ma·cher(in) *m(f) (pej)* profiteer, sb who is out for what he/she can get; **er ist ein übler ~** he'd sell his own grandmother **Ge·schäf·te·ma·che·rei** <-, -en> *f (pej)* profit-seeking, profiteering **Ge·schäf·te·ma·che·rin** <-, -nen> *f fem form von* **Geschäftemacher**

ge·schäf·tig [gəˈʃɛftɪç] **I.** *adj* busy, industrious; **ein ~es Treiben** bustling activity **II.** *adv* busily, industriously **Ge·schäf·tig·keit** <-> *f kein pl* bustle; **was herrscht hier für eine ~?** what's all this hustle and bustle?

ge·schäft·lich [gəˈʃɛftlɪç] **I.** *adj* ① *(das Geschäft betreffend)* business *attr;* **etwas G~es besprechen** to discuss business [matters] ② *(unpersönlich)* business-like; **ein ~er Ton** a business-like [*or* brisk] tone **II.** *adv* on business; **~ verreist** away on business; **ich habe ~ hier zu tun** I'm here on business

Ge·schäfts·ab·lauf *m* course of business **Ge·schäfts·ab·schluss**^RR *m* conclusion of a deal **Ge·schäfts·an·teil** *m* share [in a business] **Ge·schäfts·auf·ga·be** *f* closing [*or* closure] of a/the business/shop **Ge·schäfts·auf·lö·sung** *f* closing [*or* closure] of a/ the business/shop; **„Räumungsverkauf wegen ~"** 'closing down sale' **Ge·schäfts·au·to** *nt* company car **Ge·schäfts·be·din·gun·gen** *pl* terms and conditions of trade *pl* **Ge·schäfts·be·reich** *m* ① *(Zuständigkeitsbereich)* portfolio ② *(Sparte)* division **Ge·schäfts·be·richt** *m* company [*or* management] report **Ge·schäfts·be·zie·hung** *f* business connection **Ge·schäfts·brief** *m* business letter **Ge·schäfts·buch** *nt* accounts *pl,* books *pl* **Ge·schäfts·er·öff·nung** *f* opening of a shop [*or* store] **Ge·schäfts·es·sen** *nt* business lunch/dinner **ge·schäfts·fä·hig** *adj* legally competent, competent to contract BRIT; **beschränkt/unbeschränkt ~ sein** to have limited/unlimited legal competence **Ge·schäfts·fä·hig·keit** *f* legal competence, capacity to contract BRIT **Ge·schäfts·frau** *f fem form von* **Geschäftsmann** businesswoman **Ge·schäfts·freund(in)** *m(f)* business associate **ge·schäfts·füh·rend** *adj attr* ① *(amtierend)* acting; **eine ~e Regierung** a caretaker government ② *(leitend)* **~er Direktor** managing [*or* executive] director **Ge·schäfts·füh·rer(in)** *m(f)* ① ADMIN manager ② *(in einem Verein)* secretary ③ POL chairperson **Ge·schäfts·füh·rung** *f* s. **Geschäftsleitung Ge·schäfts·ge·ba·ren** *nt* business practice **Ge·schäfts·ge·heim·nis** *nt* business [*or* trade] [*or* industrial] secret **Ge·schäfts·haus** *nt* ① *(Gebäude)* office block ② *(Firma)* company **Ge·schäfts·idee** *f* ÖKON business concept **Ge·schäfts·in·ha·ber(in)** *m(f)* owner, proprietor **Ge·schäfts·in·ter·es·se** *nt* business interest **Ge·schäfts·jahr** *nt* financial year **Ge·schäfts·ka·pi·tal** *nt* working capital **Ge·schäfts·kos·ten** *pl* expenses *pl;* **auf ~** on expenses **Ge·schäfts·le·ben** *nt* business life; **im ~ stehen** to be active in the business world; **sich aus dem ~ zurückziehen** to retire from the business world **Ge·schäfts·lei·tung** *f* ADMIN ① *kein pl* management ② *(Personen)* management, executive **Ge·schäfts·leu·te** *pl von* **Geschäftsmann/-frau** businessmen/-women **Ge·schäfts·lis·te** *f* SCHWEIZ *(Tagesordnung)* agenda **Ge·schäfts·mann** <-leute *o (selten)* -männer> *m* businessman **Ge·schäfts·ord·nung** *f* procedural rules [*or* rules of procedure] **Ge·schäfts·part·ner(in)** *m(f)* business partner **Ge·schäfts·raum** *m* office space, business premises *pl* **Ge·schäfts·rei·se** *f* business trip; **auf ~ sein** to be on a business trip **ge·schäfts·schä·di·gend I.** *adj* damaging to [the interests of] a/the company [*or* bad for business] **II.** *adv* in a way that may damage [the interests of] a/the company [*or* in a way that may be bad for business] **Ge·schäfts·schä·di·gung** *f* damage to [the interests of] a/the company **Ge·**

schäfts·schluss^RR *m* ① *(Ladenschluss)* closing time ② *(Büroschluss)* **nach ~** after work [*or* [business] hours]; **was machst du heute nach ~?** what are you doing after work today? **Ge·schäfts·sinn** *m* business acumen [*or* sense] **Ge·schäfts·sitz** *m* place of business; *(offizieller Sitz)* registered office **Ge·schäfts·stel·le** *f* ① *(Büro)* office; *(einer Bank, einer Firma)* branch ② JUR court office **Ge·schäfts·stra·ße** *f* shopping street **Ge·schäfts·stra·te·gie** *f* business strategy **Ge·schäfts·stun·den** *pl* business hours; **~ eines Büros** office hours; **~ eines Ladens** opening hours **Ge·schäfts·trä·ger(in)** <-s, -> *m(f)* chargé d'affaires **ge·schäfts·tüch·tig** *adj* business-minded; **eine ~e Frau** a capable [*or* an able] businesswoman **Ge·schäfts·ver·bin·dung** *f* s. **Geschäftsbeziehung Ge·schäfts·vier·tel** *nt* business district **Ge·schäfts·vo·lu·men** *nt* volume of business [*or* trade] **Ge·schäfts·wa·gen** *m* company car **Ge·schäfts·wert** *m* goodwill **Ge·schäfts·zeit** *f* opening [*or* business] hours **Ge·schäfts·zen·trum** *nt* shopping centre [*or* AM center] **Ge·schäfts·zim·mer** *nt* office **Ge·schäfts·zweig** *m* branch [of the business]

ge·schah [gəˈʃaː] *imp von* **geschehen**

ge·schätzt *adj inv* ① *(eingeschätzt, vermutet)* estimated ② *(sehr geachtet)* valued; **mein ~er Kollege** *(iron fam)* my esteemed [*or* dearest] colleague

Ge·schau·kel <-s> [gəˈʃaʊkl] *nt kein pl* rocking; **das ~ eines Busses/einer Kutsche/einer Straßenbahn** the bumpiness of a bus/a coach/a tram

ge·scheckt [gəˈʃɛkt] *adj* skewbald; **ein schwarz-weiß ~es Pferd** a piebald horse; **schwarz-weiß ~** black and white spotted

ge·sche·hen <geschah, geschehen> [gəˈʃeːən] *vi sein* ① *(stattfinden)* to happen, to occur; **es muss etwas ~** something's got to be done; *s. a.* **Unglück** *s. a.* **Wille** *s. a.* **Wunder** ② *(ausgeführt werden)* to be carried out [*or* done]; **ein Mord geschieht** a murder is committed ③ *(widerfahren)* ■ **jdm geschieht etw** sth happens to sb; **es wird Ihnen nichts ~** nothing will happen to you; **das geschieht dir recht!** it serves you right! ④ *(verfahren werden)* ■ **mit jdm/etw ~** to happen to sb/sth; **als sie ihn sah, war es um sie ~** she was lost the moment she set eyes on him; **um etw** *akk* **~ sein** sth is shattered; **nicht wissen, wie einem geschieht** to not know what is happening [to one] [*or* whether one is coming or going] **Ge·sche·hen** <-s, -> [gəˈʃeːən] *nt* events *pl;* **der Ort des ~s** the scene [of the event]

Ge·scheh·nis <-ses, -se> [gəˈʃeːnɪs] *nt (geh)* event, happening, occurrence

ge·scheit [gəˈʃaɪt] *adj* clever, quick-witted, bright; **eine ~e Idee** a brilliant [*or* clever] [*or* ingenious] idea; **ein ~er Vorschlag** a pertinent suggestion; ■ **etwas/ nichts G~es** sth/nothing sensible; **du bist wohl nicht [recht] ~?** *(fam)* are you off your head? *fam,* have you lost your marbles? *fam;* **sei ~!** be sensible!; **~er sein** *(fam)* to be more sensible; **aus etw** *dat* **nicht ~ werden** to be unable to make head or [*or* nor] tail of sth

Ge·schenk <-[e]s, -e> [gəˈʃɛŋk] *nt (Gabe)* present, gift; **jdm ein ~ machen** to give sb a present [*or* gift]; **jdm etw zum ~ machen** to make sb a present [*or* gift] of sth, to give sb sth as a present [*or* gift] ▶ WENDUNGEN: **kleine ~e erhalten die Freundschaft** *(prov)* small gifts help keep a friendship alive; **ein ~ des Himmels sein** to be heaven sent; *(eine Rettung sein)* to be a godsend

Ge·schenk·ar·ti·kel *m* gift [article] **Ge·schenk·gut·schein** *m* gift voucher **Ge·schenk·pa·ckung** *f* gift pack **Ge·schenk·pa·pier** *nt,* **Ge·schenks·pa·pier** *nt* ÖSTERR [gift] wrapping paper, gift wrap

Ge·schich·te <-, -n> [gəˈʃɪçtə] *f* ① *kein pl (Historie)*

history; **in die ~ eingehen** to go down in |the annals of| history; **Alte/Mittlere/Neue ~** ancient/medieval/modern history; **~ machen** to make history ② *(Erzählung)* story; **eine wahre ~** a true story; **eine ~ erzählen** to tell a story; **~n erzählen** *(fam)* to talk nonsense [*or* rubbish|; **mach keine ~n!** don't do anything stupid [*or* silly| !; **mach keine langen ~n!** stop messing [*or* dithering] about [*or* AM around] ! ③ *(fam: Angelegenheit, Sache)* business; **alte ~n sein** to be old hat [*or* water under the bridge|; **alte ~n wieder aufwärmen** to rake up old stories; **die ganze ~** the whole lot; **schöne ~n!** *(iron)* that's a fine state of affairs! *iron;* **~n mit jdm haben** to have an affair with sb

ge·schicht·lich [gəˈʃɪçtlɪç] **I.** *adj* ❶ *(die Geschichte betreffend)* historical ② *(bedeutend)* historic; **ein ~es Ereignis/ein ~er Vorgang** a historic occasion/event **II.** *adv* historically; **~ bedeutsam** of historic importance

Ge·schichts·at·las *m* historical atlas **Ge·schichts·auf·fas·sung** *f* conception of history **Ge·schichts·be·wusst·sein**ᴿᴿ *nt* awareness of history **Ge·schichts·epo·che** *f* historical epoch **Ge·schichts·fäl·schung** *f* falsification of history **Ge·schichts·for·scher(in)** *m(f)* historical researcher **Ge·schichts·for·schung** *f* historical research **Ge·schichts·kennt·nis** *f* knowledge of history **Ge·schichts·klit·te·rung** *f* historical misrepresentation **ge·schichts·los** *adj* ❶ *(ohne Geschichte)* with no past, without a history ② *(ohne Beziehung zur Vergangenheit)* with no sense of one's own history **Ge·schichts·phi·lo·so·phie** *f* philosophy of history **ge·schichts·phi·lo·so·phisch** *adj* **ein ~es Buch** a book on the philosophy of history **Ge·schichts·schrei·ber(in)** *m(f)* chronicler **Ge·schichts·schrei·bung** *f* historiography *no art, no pl,* writing of history **ge·schichts·träch·tig** *adj* historic; **ein ~er Moment** a historic moment **Ge·schichts·un·ter·richt** *m (das Unterrichten)* history teaching; *(Unterrichtsstunde)* history lesson **Ge·schichts·wis·sen·schaft** *f* [science of] history **Ge·schichts·wis·sen·schaft·ler(in)** *m(f)* historian **Ge·schichts·zahl** *f* [historical] date

Ge·schick[1] <-[e]s> [gəˈʃɪk] *nt kein pl* skill, expertise *no pl*

Ge·schick[2] <-[e]s, -e> [gəˈʃɪk] *nt (Schicksal)* fate; **ein furchtbares [*o* grässliches] ~** a cruel fate; **ein schlimmes ~** a fate worse than death *usu iron*

Ge·schick·lich·keit <-> *f kein pl* skill, skilfulness [*or* AM skillfulness] *no pl,* expertise *no pl*

ge·schickt I. *adj* skilled, skilful [*or* AM skillful], expert; ■ **mit den Händen ~ sein** to be clever with one's hands; **ein ~es Verhalten** diplomatic behaviour [*or* AM -or] **II.** *adv* cleverly, adroitly, skilfully

Ge·schickt·heit <-> *f kein pl s.* **Geschick**[1]

ge·schie·den [gəˈʃiːdn̩] **I.** *pp von* **scheiden II.** *adj* divorced; **jds ~e Frau/~er Mann** sb's ex-wife/husband

Ge·schie·de·ne(r) *f(m) decl wie adj* divorcee; **ihr ~r/seine ~** *(fam)* her/his ex *fam*

ge·schie·nen [gəˈʃiːnən] *pp von* **scheinen**

Ge·schimp·fe <-[e]s> [gəˈʃɪmpfə] *nt kein pl* cursing, scolding

Ge·schirr <-[e]s, -e> [gəˈʃɪr] *nt* ❶ *kein pl (Haushaltsgefäße)* crockery *no pl,* dishes *pl;* **das benutzte ~** the dirty crockery [*or* dishes]; **feuerfestes ~** ovenware ② *(Service)* [tea/dinner] service; **das gute ~** the best china ③ *(Riemenzeug)* harness; ■ **einem Tier ~ anlegen** to harness an animal, to put the harness on an animal

Ge·schirr·ab·la·ge *f* dish rack **Ge·schirr·auf·zug** *m* dumb waiter **Ge·schirr·schrank** *m* china cupboard **Ge·schirr·spü·len** *nt* washing-up **Ge·schirr·spü·ler**

<-s, -> *m (fam) s.* **Geschirrspülmaschine Ge·schirr·spül·ma·schi·ne** *f* dishwasher **Ge·schirr·spül·mit·tel** *nt* washing-up liquid BRIT, dish soap AM **Ge·schirr·tuch** *nt* tea towel BRIT, drying-up cloth BRIT, dish cloth AM **Ge·schirr·wasch·ma·schi·ne** *f* SCHWEIZ *(Geschirrspülmaschine)* dishwasher

Ge·schissᴿᴿ <-es> *nt,* **Ge·schiß**ᴬᴸᵀ <-sses> [gəˈʃɪs] *nt (Getue)* fuss; **er macht um jede Kleinigkeit ein ~** he makes a huge fuss about the slightest thing

ge·schis·sen [gəˈʃɪsn̩] *pp von* **scheißen**

ge·schla·fen *pp von* **schlafen**

ge·schla·gen *pp von* **schlagen**

Ge·schlecht <-[e]s, -er> [gəˈʃlɛçt] *nt* ❶ *kein pl* BIOL sex, gender; **das andere ~** the other [*or* opposite| sex; **beiderlei ~s** of both sexes; **männlichen/weiblichen ~s** *(geh)* male/female, of the male/female sex *form;* **das schwache/schöne/zarte ~** *(hum)* the weaker/fairer/gentle sex; **das starke ~** *(hum)* the stronger sex *iron* ② *(liter: Geschlechtsteile)* sex *liter* ③ *(Sippe)* family, lineage *form, liter;* **er stammt aus einem adligen/alten ~** he comes from a noble/ancient family, he is of noble/ancient lineage; **das menschliche ~** the human race; **zukünftige/spätere/die kommenden ~er** future generations ④ LING gender

Ge·schlech·ter·fol·ge *f* line **Ge·schlech·ter·kampf** *m* battle of the sexes **Ge·schlech·ter·kun·de** *f* genealogy **Ge·schlech·ter·rol·le** *f* gender role **Ge·schlech·ter·tren·nung** *f* separation [*or* segregation] of the sexes **Ge·schlech·ter·ver·hält·nis** *nt* SOZIOL sex [*or* gender] ratio

ge·schlecht·lich [gəˈʃlɛçtlɪç] **I.** *adj* ❶ *(sexuell)* sexual; **~e Aufklärung** sex education; **~e Lust** lust; **~es Verlangen** sexual desire ② BIOL sexual; **~e Entwicklung** sexual development; **~e Reifung** sexual maturation; **~e Fortpflanzung** sexual reproduction **II.** *adv* sexually; **~ verkehren** to have sexual intercourse; **sich ~ fortpflanzen** [*o* **vermehren**] to reproduce sexually

Ge·schlechts·akt *m* sex[ual] act, sexual intercourse *no pl,* coitus *no pl form;* **[mit jdm] den ~ vollziehen** *(geh)* to have [*or* enjoy] sexual intercourse [with sb] *hum* **Ge·schlechts·be·stim·mung** *f* sex determination **Ge·schlechts·chro·mo·som** *nt* sex chromosome **Ge·schlechts·drü·se** *f* sex gland **Ge·schlechts·er·zieh·ung** *f* sex education **Ge·schlechts·ge·nos·se, -ge·nos·sin** *m, f (hum)* sb of the same sex [*or* gender] **Ge·schlechts·hor·mon** *nt* sex hormone **ge·schlechts·krank** *adj* suffering from a sexually transmitted disease **Ge·schlechts·kran·ke(r)** *f(m) decl wie adj* sb with a sexually transmitted disease **Ge·schlechts·krank·heit** *f* sexually transmitted disease **Ge·schlechts·le·ben** *nt kein pl* sexual habits, form, sex life *fam* **ge·schlechts·los** *adj* asexual, sexless **Ge·schlechts·lust** *f kein pl* [sexual] lust **Ge·schlechts·merk·mal** *nt* sex[ual] characteristic; **äußere ~e** external sex [*or* sexual] organs, genitals *npl,* genitalia *npl;* **innere ~e** internal sex [*or* sexual] organs **ge·schlechts·reif** *adj* sexually mature **Ge·schlechts·rei·fe** *f* sexual maturity **Ge·schlechts·teil** *nt* genitals *npl* **Ge·schlechts·trieb** *m* sex [*or* sexual] drive [*or* urge] **Ge·schlechts·um·wand·lung** *f* sex change **Ge·schlechts·ver·kehr** *m* sexual intercourse, sex *fam* **Ge·schlechts·wort** *nt* LING article **Ge·schlechts·zel·le** *f* sexual cell

ge·schli·chen [gəˈʃlɪçn̩] *pp von* **schleichen**

ge·schlif·fen [gəˈʃlɪfn̩] **I.** *pp von* **schleifen**[2] **II.** *adj* polished, faultless; **~e Manieren** faultless [*or* impeccable] manners

ge·schlos·sen [gəˈʃlɔsn̩] **I.** *pp von* **schließen II.** *adj*

① *(gemeinsam)* united; **~e Ablehnung** unanimous rejection **②** *(zusammenhängend)* thick; **eine ~e Wolkendecke** [*o* **~e Bewölkung**] cloudy skies; **eine ~e Schneedecke** a layer of snow; *s. a.* **Gesellschaft** *s. a.* **Ortschaft ③** *(nicht geöffnet)* closed; **eine ~e Abteilung** a closed ward **④** *(abgerundet)* **eine ~e Persönlichkeit** a well-rounded character; **ein ~es Bild** a complete picture; **ein ~es Konzept** a [complete] concept **III.** *adv (einheitlich)* unanimously; **~ für etw** *akk* **stimmen** to vote unanimously for sth

Ge·schlos·sen·heit <-> *f kein pl* **①** *(gemeinsame Haltung)* unity **②** *(Einheitlichkeit)* uniformity

Ge·schluch·ze [gəˈʃlʊxtsə] *nt* sobbing

ge·schlun·gen [gəˈʃlʊŋən] *pp von* **schlingen¹** *s.* **schlingen²**

Ge·schmack <-[e]s, Geschmäcke *o (humfam)* Geschmäcker> [gəˈʃmak, *pl:* gəˈʃmɛkə, *pl:* gəˈʃmɛkə] *m* **①** *kein pl (Aroma)* taste; **einen ... ~ haben** *(schmecken)* to have a ... taste **②** *kein pl (Geschmackssinn)* sense of taste **③** *(ästhetisches Empfinden)* taste; **mit ~ eingerichtet** tastefully furnished; **mit sicherem ~** with unerring good taste; **einen guten/keinen guten ~ haben** to have good/bad taste; **etw ist nicht mein/nach meinem ~** sth is not to my taste, sth is not my cup of tea *fam;* **an etw** *dat* **~ finden** [*o* **einer S.** *dat* **~ abgewinnen**] to develop [*or* acquire] a taste for sth; **auf den ~ kommen** to acquire a taste for sth, to grow to like sth; **für meinen ~** for my taste; **etw ist im ~ ...** the taste of sth is ...; **je nach ~** according to taste; **die Geschmäcker sind verschieden** tastes differ ▶ WENDUNGEN: **über ~ lässt sich [nicht] streiten** *(prov)* there's no accounting for taste

ge·schmack·lich I. *adj* as regards [*or* in terms of] taste; **ein ~er Unterschied** a difference in taste; **eine ~e Veränderung/Verbesserung** a change/an improvement in taste **II.** *adv* as regards [*or* in terms of] taste; **etw ist ~ hervorragend** the taste of sth is excellent; **etw ~ verbessern** to improve the taste of sth

ge·schmack·los *adj* **①** KOCHK *(ohne Geschmack)* bland, tasteless **②** *(taktlos)* tasteless, in bad taste; **ein ~er Mensch** a person lacking in good taste **③** *(nicht ästhetisch)* in bad taste; **wie ~!** how tasteless!

Ge·schmack·lo·sig·keit <-, -en> *f* **①** *kein pl (Taktlosigkeit)* tastelessness, bad taste *no pl,* lack of good taste *no pl;* **ein Witz von seltener ~** a particularly tasteless joke **②** *(taktlose Bemerkung)* tasteless remark

Ge·schmacks·fra·ge *f* **eine ~ sein** to be a matter [*or* question] of taste; **in ~n** in matters of taste **Ge·schmacks·knos·pe** *f* taste bud **Ge·schmacks·rich·tung** *f* flavour [*or* AM -or]; **jds ~ sein** *(fig)* to be sb's cup of tea *fam,* to be just the thing [for sb] *fam;* **genau meine ~!** my favourite! **Ge·schmacks·sa·che** *f* **~ sein** to be a matter [*or* question] of taste **Ge·schmacks·sinn** *m* sense of taste **Ge·schmacks·ur·teil** *nt* **■ sein ~** [**in etw** *dat*] one's taste [in [*or* for] sth] **Ge·schmacks·ver·ir·rung** *f (pej)* bad taste, eccentric taste *euph;* **unter ~ leiden** *(fam)* to have bad taste [*or* no idea of good taste]

ge·schmack·voll I. *adj* tasteful; **~e Bemerkung** tasteful remark, remark in good taste **II.** *adv* tastefully

Ge·schmat·ze <-s> [gəˈʃmatsə] *nt kein pl* slurping, noisy eating

Ge·schmei·de <-s, -> [gəˈʃmaidə] *nt (geh)* jewellery *no pl* BRIT, jewelery *no pl* AM

ge·schmei·dig [gəˈʃmaidɪç] **I.** *adj* **①** *(schmiegsam)* sleek; **~es Haar/Fell** silky hair/coat; **~e Haut** soft [*or* smooth] skin; **~es Leder** supple leather; **~e Masse/~er Teig/~es Wachs** smooth mass/pastry/wax **②** *(biegsam)* supple, agile, lithe, lissom **③** *(anpassungsfähig)* adaptable **II.** *adv* **①** *(biegsam)* supply [*or*

supple[y], agilely, lithely

Ge·schmei·dig·keit <-> *f kein pl* **①** *(Schmiegsamkeit)* sleekness; *von Haar/Fell* silkiness; *von Leder* suppleness; *von Haut* smoothness, suppleness **②** *(Biegsamkeit)* suppleness, agility **③** *(Anpassungsfähigkeit)* adaptability

Ge·schmeiß <-es> [gəˈʃmais] *nt kein pl (pej)* **①** *(ekliges Ungeziefer)* bugs *pl fam,* vermin *no pl pej* **②** *(widerliche Menschen)* vermin *no pl,* scum *fam*

Ge·schmier·e [gəˈʃmiːɐ̯, gəˈʃmiːrə] *nt kein pl (pej fam)* **①** *(unleserliche Handschrift)* scribble, scrawl **②** *(kritisierter Artikel)* rubbish *no pl,* trash *no pl,* drivel *no pl* **③** *(schlechte Malerei)* rubbish *no pl,* mess *no pl*

ge·schmis·sen [gəˈʃmɪsn̩] *pp von* **schmeißen**

ge·schmol·zen [gəˈʃmɔltsn̩] *pp von* **schmelzen**

Ge·schmor·te <-es> *nt kein pl (fam)* braised meat

Ge·schmun·zel <-es> [gəˈʃmʊntsl̩] *nt kein pl* smiling; **der Witz löste allgemeines ~ aus** the joke caused everyone to smile [*or* raised a smile from everyone]

Ge·schmu·s·e <-es> [gəˈʃmuːs, gəˈʃmuːzə] *nt kein pl (fam)* kissing and cuddling *no pl,* canoodling *no pl* BRIT

Ge·schnat·ter <-s> [gəˈʃnatɐ] *nt kein pl (pej fam:* lästiges Schnattern*)* cackle *no pl,* cackling *no pl;* **~ der Menschen** chatter [*or* chattering] of people

Ge·schnet·zel·te⟨**s**⟩ *nt decl wie adj* thin strips of meat; **Zür[i]cher ~s** originating in Zurich, a way of preparing Geschnetzeltes in a sauce

ge·schnie·gelt [gəˈʃniːɡlt] *adj* **~ und gebügelt** *(pej fam)* [all] dressed-up, dressed to kill *pred,* dressed to the nines *pred*

ge·schnit·ten [gəˈʃnɪtn̩] *pp von* **schneiden**

ge·schno·ben [gəˈʃnoːbn̩] *(veraltend) pp von* **schnauben**

ge·scho·ben [gəˈʃoːbn̩] *pp von* **schieben**

ge·schol·ten [gəˈʃɔltn̩] *pp von* **schelten**

Ge·schöpf <-[e]s, -e> [gəˈʃœpf] *nt* **①** *(Lebewesen)* creature; **Gottes ~e** God's creatures **②** *(Person)* creature; **ein dummes ~** a silly [*or* stupid] [little] thing; **ein bezauberndes ~** a fascinating creature **③** *(Fantasiefigur)* creation; **jds ~ sein** to be sb's creation; *(jdm völlig ergeben sein)* to be sb's slave

ge·scho·ren [gəˈʃoːrən] *pp von* **scheren¹**

Ge·schossᴿᴿ¹ <-es, -e> *nt,* **Ge·schoß**ᴬᴸᵀ <-sses, -sse> [gəˈʃɔs] *nt* storey [*or* AM story], floor; **im ersten ~** on the first [*or* AM second] floor

Ge·schossᴿᴿ² <-es, -e> *nt,* **Ge·schoß**ᴬᴸᵀ <-sses, -sse> [gəˈʃɔs] *nt* **①** MIL projectile; **~ aus einer Pistole** bullet from a gun; **Hagel von ~en** hail of bullets; *(Granate)* grenade, shell **②** *(Wurfgeschoss)* missile

Ge·schoss·bahnᴿᴿ *f* trajectory

ge·schos·sen [gəˈʃɔsn̩] *pp von* **schießen**

ge·schraubt I. *adj (pej)* affected, pretentious **II.** *adv* affectedly, pretentiously, stiltedly

Ge·schrei <-s> [gəˈʃrai] *nt kein pl* **①** *(Schreien)* shouting, yelling *no pl;* **was ist denn da draußen für ein ~?** what's all that shouting [*or* yelling] [going on] outside?; *(von Verletzten)* screaming; *(schrill)* shrieking **②** *(fam: Lamentieren)* fuss *no pl;* **wegen einer S.** *gen* **ein [großes/riesiges] ~ machen** [*o geh:* **erheben**] to make [*or* kick up] a [big] fuss [*or fam* to start squawking] [*or sl* to bellyache [a lot]] [about sth]; **viel ~ um nichts** a lot of fuss about nothing

ge·schrie·ben [gəˈʃriːbn̩] *pp von* **schreiben**

ge·schrie(·e)n [gəˈʃriː(ə)n] *pp von* **schreien**

ge·schrit·ten [gəˈʃrɪtn̩] *pp von* **schreiten**

ge·schun·den [gəˈʃʊndn̩] *pp von* **schinden**

ge·schüt·telt *adj inv* shaken (**von** +*dat* by); **vom Jugendwahn ~** gripped in delusions of youth

Ge·schütz <-es, -e> [gəˈʃʏts] *nt* gun, piece of artillery; **schweres ~** big gun; **ein ~ auffahren** to bring a gun into position; **schweres [*o* grobes] ~ auffahren** *(a.*

fig) to bring up the big guns [*or* the artillery]
Ge·schütz·be·die·nung *f* gun crew **Ge·schütz·bet·tung** *f* gun bed **Ge·schütz·don·ner** *m* thunder of guns **Ge·schütz·feu·er** *nt* gunfire, artillery fire **Ge·schütz·rohr** *nt* barrel of a gun, gun-barrel **Ge·schütz·stand** *m* gun emplacement
ge·schützt I. *adj* ❶ *(abgeschirmt)* sheltered ❷ *(unter Naturschutz stehend)* protected ❸ JUR **gesetzlich ~** protected by law; *(eingetragen)* registered; **urheberrechtlich ~** protected by copyright; **nicht mehr ~ sein** to be in/pass into the public domain II. *adv* in a sheltered place; **~ stehen** to stand in a sheltered place
Ge·schütz·turm *m* gun turret
Ge·schwa·der <-s, -> [gəˈʃvaːdɐ] *nt* squadron
Ge·schwa·fel <-s> [gəˈʃvaːfl̩] *nt kein pl (pej fam)* hot air *no pl pej fam,* waffle *no pl* BRIT *pej fam,* twaddle *no pl pej fam;* **verschone mich bitte mit diesem dummen ~** spare me this stupid nonsense
Ge·schwätz <-es> [gəˈʃvɛts] *nt kein pl (pej fam)* ❶ *(dummes Gerede)* waffle *no pl* BRIT *pej fam,* hot air *no pl pej fam,* twaddle *no pl pej fam* ❷ *(Klatsch)* gossip *no pl*
ge·schwät·zig [gəˈʃvɛtsɪç] *adj (pej)* ❶ *(redselig)* talkative, garrulous ❷ *(Klatsch verbreitend)* gossipy *pej fam;* **ein ~er Mensch** a gossipmonger; **~ wie ein Marktweib sein** to be a real gossip
Ge·schwät·zig·keit <-> *f kein pl (pej)* ❶ *(Redseligkeit)* talkativeness, garrulousness ❷ *(Neigung zu klatschen)* love of gossip
ge·schwei·ge [gəˈʃvaigə] *konj* ■ ~ [*denn*] never mind, let alone; **ich erwarte von ihm kein Wort des Zuspruches, ~ denn, dass er mich finanziell unterstützt** I don't expect a word of encouragement from him, never mind [*or* let alone] financial support
ge·schwie·gen [gəˈʃviːgn̩] *pp von* **schweigen**
ge·schwind [gəˈʃvɪnt] I. *adj* SÜDD *(veraltet: rasch)* quick, swift, fast; *s. a.* **Schritt** II. *adv* quickly, swiftly, fast; **~!** quickly!, hurry up!
Ge·schwin·dig·keit <-, -en> [gəˈʃvɪndɪçkait] *f* speed; **die ~ erhöhen** to speed up; **die ~ herabsetzen** to slow down; **die ~ steigern/verringern** to increase/decrease speed; **an ~ zunehmen** to increase speed, to go faster; **mit affenartiger ~** *(fam)* at the speed of light, like lightning, at an incredible speed; **mit einer ~ von ...** at a speed of ...; **überhöhte ~** excessive speed; **er hat wegen überhöhter ~ einen Strafzettel bekommen** he was fined for exceeding the speed limit
Ge·schwin·dig·keits·be·gren·zung *f,* **Ge·schwin·dig·keits·be·schrän·kung** *f* speed limit; **die ~ nicht einhalten** to exceed the speed limit **Ge·schwin·dig·keits·kon·trol·le** *f* (auto) [*or* radar] trap **Ge·schwin·dig·keits·mes·ser** *m* tachometer, speedometer **Ge·schwin·dig·keits·über·schrei·tung** *f* exceeding the speed limit
Ge·schwirr [gəˈʃvɪr] *nt* buzzing
Ge·schwis·ter [gəˈʃvɪstɐ] *pl* brothers and sisters *pl,* siblings *pl form spec;* **wir sind zu Hause drei ~** there are three children in our family
ge·schwis·ter·lich I. *adj* brotherly/sisterly II. *adv* like brother and sister; **etw ~ teilen** to divide sth fairly
Ge·schwis·ter·lie·be *f* brotherly/sisterly love [*or* affection] **Ge·schwis·ter·paar** *nt* brother and sister
ge·schwol·len [gəˈʃvɔlən] I. *pp von* **schwellen** II. *adj (pej)* pompous *pej,* high-flown *pej,* inflated *pej* III. *adv* in a pompous [*or* high-flown] [*or* an inflated] way; **rede doch nicht so ~!** don't talk in such a pompous way!
ge·schwom·men [gəˈʃvɔmən] *pp von* **schwimmen**
ge·schwo·ren [gəˈʃvoːrən] I. *pp von* **schwören** II. *adj attr* sworn *attr;* **ein ~er Feind/Gegner** a sworn enemy/opponent

Ge·schwo·re·ne(r) *f(m) decl wie adj,* **Ge·schwor·ne(r)** *f(m) decl wie adj* ÖSTERR member of the jury; juror; **die ~n** the jury
Ge·schwo·re·nen·bank <-bänke> *f* jury box **Ge·schwo·re·nen·ge·richt** *nt* court with a jury; **vor ein ~ kommen** to be tried by a jury **Ge·schwo·re·nen·lis·te** *f* list of people from whom the jurors are taken
Ge·schwulst <-, Geschwülste> [gəˈʃvʊlst, *pl:* gəˈʃvʏlstə] *f* tumour [*or* AM -or]
ge·schwun·den [gəˈʃvʊndn̩] *pp von* **schwinden**
ge·schwun·gen [gəˈʃvʊŋən] I. *pp von* **schwingen** II. *adj* curved; **~e Augenbrauen** arched eyebrows; **eine ~e Nase** an aquiline nose
Ge·schwür <-s, -e> [gəˈʃvyːɐ̯] *nt* abscess; *(Furunkel)* boil; **Magen~** stomach ulcer
ge·segnet *adj (geh)* blessed; ■ **~e(s) ...!** happy [*or* blessed] ...! *form;* **~ Mahlzeit!** enjoy your meal!; **~s Neues Jahr!** Happy New Year!
ge·se·hen *pp von* **sehen**
Ge·selch·te(s) *nt decl wie adj* KOCHK SÜDD, ÖSTERR smoked meat
Ge·sel·le, Ge·sel·lin <-n, -n> [gəˈzɛlə, gəˈzɛlɪn] *m, f* ❶ *(Handwerksgeselle)* journeyman, worker who has completed an apprenticeship ❷ *(Kerl)* chap BRIT, guy AM
ge·sel·len [gəˈzɛlən] *vr (geh)* ❶ *(sich anschließen)* ■ **sich zu jdm ~** to join sb; **darf ich mich zu Ihnen ~?** may [*or* do you mind if] I join you? ❷ *(hinzukommen)* ■ **sich zu etw** *dat* ~ to add to sth
Ge·sel·len·brief *m* certificate of completion of an apprenticeship **Ge·sel·len·prü·fung** *f* examination at the end of an apprenticeship **Ge·sel·len·stück** *nt* piece of practical work which has to be produced at the end of an apprenticeship
ge·sel·lig [gəˈzɛlɪç] I. *adj* sociable, gregarious; **ein ~er Abend** a convivial evening; **ein ~es Beisammensein** [*o* **eine ~e Runde**] a friendly get-together II. *adv* sociably; **~ zusammensitzen** to sit together and chat [*or* talk]
Ge·sel·lig·keit <-, -en> *f* ❶ *kein pl (geselliges Leben)* **~ lieben** to enjoy company, to be a sociable sort of person ❷ *(geselliger Anlass)* social gathering, friendly get-together ❸ *(gesellige Art)* gregariousness, friendly manner
Ge·sel·lin <-, -nen> [gəˈzɛlɪn] *f fem form von* **Geselle**
Ge·sell·schaft <-, -en> [gəˈzɛlʃaft] *f* ❶ *(Gemeinschaft)* society ❷ ÖKON company BRIT, corporation AM; **~ mit beschränkter Haftung** limited liability company BRIT, close corporation AM ❸ *(Vereinigung)* society, association; **~ des bürgerlichen Rechts** JUR company constituted under civil law; **die ehrenwerte ~** *(Mafia)* the Cosa Nostra ❹ *(Fest)* party; **eine ~ geben** to have [*or* give] [*or* throw] a party; **Schild: geschlossene ~** sign: private function ❺ *(Oberschicht)* **jdn in die ~ einführen** to introduce sb to society life; **eine Dame der ~** a high-society lady ❻ *(Kreis von Menschen)* group of people, crowd, bunch *fam,* lot *fam;* **eine bunte ~** a mixed crowd; **gemischte ~** *pej* bad crowd; **sich [mit etw** *dat*] **in guter ~ befinden** to be in good company [with sth]; **in schlechte ~ geraten** to get in [*or* fall in] with the wrong crowd, to get into bad company; **in zweifelhafter ~** in doubtful company; **jdm ~ leisten** to join sb; **in ~** with sb; **in ~ von jdm** in the company of sb ❼ *(Umgang)* company
Ge·sell·schaf·ter(in) <-s, -> *m(f)* ❶ *(Unterhalter)* interesting [*or* good] company; *(euph: als Begleitung angestellt)* escort; **ein amüsanter/brillanter ~** an amusing/a brilliant conversationalist ❷ *(Teilhaber)* shareholder; **stiller ~** sleeping [*or* AM silent] partner
ge·sell·schaft·lich I. *adj* ❶ *(die Gesellschaft betreffend)* social; **~e Schicht** social class, class of society;

den **~en Aufstieg schaffen** to move up though the social classes; **ein ~er Missstand** a social evil ❷ *(in besseren Kreisen üblich)* socially acceptable; **~e Umgangsformen** [socially] acceptable manners **II.** *adv (in besseren Kreisen)* **sich ~ unmöglich machen** to behave outrageously, to be beyond the pale BRIT

Ge·sell·schafts·abend *m* social evening **Ge·sell·schafts·an·zug** *m* formal dress **ge·sell·schafts·fä·hig** *adj* socially acceptable **Ge·sell·schafts·form** *f* ❶ *(Gesellschaftsordnung)* social system, form of society ❷ ÖKON type of company **Ge·sell·schafts·ka·pi·tal** *nt* corporate *[or* share] capital **Ge·sell·schafts·klei·dung** *f* formal dress **Ge·sell·schafts·kri·tik** *f* social criticism **Ge·sell·schafts·mo·dell** *nt* POL, SOZIOL, PHILOS societal model **Ge·sell·schafts·ord·nung** *f* social order **Ge·sell·schafts·po·li·tik** *f* social policy **ge·sell·schafts·po·li·tisch** *adj* in terms of social policy *pred* **Ge·sell·schafts·schicht** *f* social class **Ge·sell·schafts·spiel** *nt* party game **Ge·sell·schafts·tanz** *m* ballroom dance **Ge·sell·schafts·ver·trag** *m* ❶ ÖKON partnership agreement, articles of partnership ❷ PHILOS social contract **Ge·sell·schafts·wis·sen·schaf·ten** *pl* social sciences *pl*

ge·ses·sen [gəˈzɛsn̩] *pp von* **sitzen**

Ge·setz <-es, -e> [gəˈzɛts] *nt* ❶ *(staatliche Vorschrift)* law; **gegen das ~ verstoßen** to break the law; **ein ~ verabschieden** to pass a law; **zum ~ werden** to become law; **das ~ beachten/einhalten** to observe/obey the law; **ein ~ brechen** to break *[or* violate] the law *form;* **das ~ missachten** to take the law into one's own hands; **nach dem ~** according to the law; **mit dem ~ in Konflikt geraten** to fall foul of the law; **kraft ~es** by law ❷ PHYS law; **Natur~** law of nature; **das ~ der Schwerkraft** the law of gravity ❸ *(fam: ~buch)* statute book ▶ WENDUNGEN: **das ~ des Dschungels** the law of the jungle; **das ~ des Handelns** the need to act, the necessity for action; **das ~ der Serie** the probability that a recurring event occurs again; **vor dem ~ sind alle gleich** we are all equal in the eyes of the law; **jdm oberstes ~ sein** to be sb's golden rule; **ein ungeschriebenes ~** an unwritten law

Ge·setz·blatt *nt* law gazette **Ge·setz·buch** *nt* statute book; **Bürgerliches ~** Civil Code **Ge·setz·ent·wurf** *m* bill, draft legislation

Ge·set·zes·bre·cher(in) <-s, -> *m(f)* law-breaker **Ge·set·zes·bruch** *m (geh)* violation of a/the law **Ge·set·zes·hü·ter(in)** *m(f) (hum)* long arm *iron [or* iron BRIT guardian] of the law **Ge·set·zes·ini·ti·a·ti·ve** *f* legislative initiative **Ge·set·zes·kraft** *f kein pl* force of the law, legal force; **~ haben** *[o* **erlangen]** to be legal, to have legal force **Ge·set·zes·lü·cke** *f* judicial loophole **Ge·set·zes·no·vel·le** *f* amendment *[or* to the law] **Ge·set·zes·samm·lung** *f* legal digest **Ge·set·zes·text** *m* text *[or* wording] of a law **ge·set·zes·treu** *adj inv* law-abiding **Ge·set·zes·treue** *f* law-abidance **Ge·set·zes·vor·la·ge** *f s.* **Gesetzentwurf**

ge·setz·ge·bend *adj attr* legislative **Ge·setz·ge·ber** <-s, -> *m* legislator, law-maker; *(Versammlung)* legislature, legislative body **Ge·setz·ge·bung** <-, -en> *f* legislation

ge·setz·lich [gəˈzɛtslɪç] **I.** *adj* legal, statutory; **~e Bestimmung** legal requirement; **~er Feiertag** statutory holiday; **~e Regelung** legal regulation; **~e Verpflichtung** statutory duty; *s. a.* **Unterhalt** *s. a.* **Vertreter** *s. a.* **Zahlungsmittel** *s.* **Zinsen II.** *adv* legally; **~ verankert sein** to be established in law **Ge·setz·lich·keit** <-> *f kein pl* ❶ *(Rechtmäßigkeit)* legality ❷ *(Rechtsordnung)* legal system **ge·setz·los** *adj* lawless

Ge·setz·lo·sig·keit <-> *f kein pl* lawlessness **ge·setz·mä·ßig I.** *adj (gesetzlich)* lawful; *(rechtmäßig)* rightful **II.** *adv (einem Naturgesetz folgend)* according to the law *[or* laws] of nature, according to natural law; *(rechtmäßig)* lawfully, legally **Ge·setz·mä·ßig·keit** <-, -en> *f (Gesetzlichkeit)* legality; *(Rechtmäßigkeit)* legitimacy, lawfulness

ge·setzt I. *adj* sober, dignified, staid *pej* **II.** *konj (angenommen, ...)* **~ ~, ...** assuming that ...; *(vorausgesetzt, dass ...)* providing that ...; *s. a.* **Fall Ge·setzt·heit** <-> *f kein pl* sedateness

ge·setz·wid·rig I. *adj* illegal, unlawful *form* **II.** *adv* illegally, unlawfully *form* **Ge·setz·wid·rig·keit** *f* illegality, unlawfulness *form*

ges. gesch. JUR *Abk von* **gesetzlich geschützt** protected by law; *(eingetragen)* registered

Ge·sicht[1] <-[e]s, -er> [gəˈzɪçt] *nt* ❶ *(Antlitz)* face; **jdm ins ~ schauen** to look sb in the face; **jdm ins ~ scheinen** to shine in sb's eyes; **mitten im ~** in the middle of sb's face; **er ist im ~ etwas mager geworden** his face has got rather thin, he's got thin in the face; **jdm ins ~ spucken** to spit in sb's face; **das ~ verzerren** to contort one's face; **jdm [in] das ~ schlagen** to slap sb's face; **ein anderes ~ machen** *(fam)* to put on a different expression; **mach doch ein anderes ~!** stop looking like that!; **grün im ~ werden** *(fam)* to go green in the face; **ein langes ~ machen** *[o* **ziehen]** to pull a long face; **ein langes ~ machen** *[o* **ziehen]** to pull a [long] face; **jdn/etw zu ~ bekommen** to set eyes on *[or* see] sb/sth; **diese Unterlagen dürfen nur wenige zu ~ bekommen** these papers are [intended] for the eyes of only a few; **jdm [...] ins ~ lachen** to laugh in sb's face; **jdm etw vom ~ ablesen** to see sth from sb's expression *[or* the expression *[or* look] on sb's face]; **jdm ins ~ lügen** to tell sb a downright *[or* an outright] lie; **ein ~ machen** *[o* **ziehen]** *(fam)* to make *[or* pull] a face; **was machst du denn für ein ~?** why are you looking like that?; **ein ... ~ machen** to look ...; **ein böses/trauriges/enttäuschtes ~ machen** to look angry/sad/disappointed; **jdm etw [direkt** *[o* **glatt]** **] ins ~ sagen** to say sth [straight] to sb's face; **jdm etw am ~ ansehen** to read from the expression on sb's face; **das ~ verziehen** to make *[or* pull] a face; **jdm das ~ zuwenden** to turn to sb, to look at sb; **über das ganze ~ strahlen** *(fam)* to be grinning like an idiot *fam,* to beam all over one's face ❷ *(Erscheinungsbild)* appearance; **die verschiedenen ~er Deutschlands** the different faces of Germany; **ein anderes ~ bekommen** to take on a different character ▶ WENDUNGEN: **ein ~ wie drei** *[o* **acht] Tage Regenwetter machen** *(fam)* to look as miserable as sin; **einer S.** *dat* **ein anderes ~ geben** *[o geh:* **verleihen]** *(etw anders erscheinen lassen)* to make sth look different, to give sth a different character; **sein wahres ~ zeigen** *[o geh:* **enthüllen]** to show one's true colours *[or* oneself in one's true colours], to show one's true character; **jdm wie aus dem ~ geschnitten sein** to be the spitting image of sb; **zwei ~er haben** to be two-faced; **einer S.** *dat* **ins ~ schlagen** to be a slap in the face for sth; **jdm im ~ geschrieben stehen** to be written on *[or* all over] sb's face; **das ~** *[o* **sein]** **~ verlieren** to lose face; **das** *[o* **sein]** **~ wahren** to keep up appearances, to save face

Ge·sicht[2] <-[e]s, -e> [gəˈzɪçt] *nt* sight; **etw zu ~ bekommen** to have sight of sth *form,* to see sth; **ich habe diese Unterlagen nie zu ~ bekommen** I have never had sight of *[or* seen] these papers; **das zweite ~ haben** *(veraltet)* to have second sight

Ge·sichts·aus·druck <-ausdrücke> *m* expression *[or* look] [on sb's face]; **jdm am ~ erkennen** to see from sb's expression *[or* the expression *[or* look] on sb's face] **Ge·sichts·creme** [-kreːm] *f* face cream **Ge-**

sichts·far·be f complexion; (vorübergehende Farbe) colour [or AM -or]; **eine blasse ~ haben** to look pale; **eine gesunde ~ bekommen** to acquire a healthy colour **Ge·sichts·feld** nt ❶ (Blickfeld) field of vision ❷ MED [circular] visual field [or field of vision] **Ge·sichts·hälf·te** f side [or half] of the face **Ge·sichts·kon·trol·le** f (fam) visual check carried out by some bars and discos so that only appropriate guests are allowed in **Ge·sichts·kreis** m ❶ (Umkreis) field [or range] of vision ❷ (geistiger Horizont) horizon, outlook; **ein umfassender ~** a broad outlook, wide horizons **ge·sichts·los** adj characterless, nondescript, faceless **Ge·sichts·mas·ke** f face mask; (kosmetisch) face pack; SPORT (Schutz für das Gesicht) face guard **Ge·sichts·milch** f moisturizing fluid no pl; (zur Reinigung) cleansing milk no pl **Ge·sichts·plas·tik** f cosmetic surgery **Ge·sichts·punkt** m point of view; **unter diesem ~ betrachtet** seen from this/that point of view **Ge·sichts·schlei·er** m [lace] veil; (einer Moslemin a.) yashmak **Ge·sichts·schnitt** m features pl; **ein ovaler ~** an oval face, oval features **Ge·sichts·ver·lust** m loss of face **Ge·sichts·wah·rung** f kein pl face-saving **Ge·sichts·was·ser** nt toner; (zur Reinigung) cleansing lotion **Ge·sichts·win·kel** m ❶ (Winkel) visual angle ❷ (Gesichtspunkt) angle, point of view **Gesichtszug** m meist pl [facial] feature
Ge·sims <-es, -e> [gəˈzɪms, pl: gəˈzɪmzə] nt cornice, ledge
Ge·sin·de <-s, -> [gəˈzɪndə] nt (veraltet) servants pl; (vom Bauernhof) farmhands pl
Ge·sin·del <-s> [gəˈzɪndl̩] nt kein pl (pej) riff-raff no pl pej, rabble no pl pej
ge·sinnt [gəˈzɪnt] adj meist pred minded; **demokratisch ~** democratically minded; **sozial ~** socially minded, public spirited; ▪ **jdm ... ~ sein** to feel ... towards sb; **jdm gut** [o **freundlich**] **~ sein** to be [or feel] well-disposed towards sb; **jdm übel** [o **feindlich**] **~ sein** to be [or feel] ill-disposed towards sb
Ge·sin·nung <-, -en> f ❶ (Einstellung) conviction, attitude; **eine miese ~** a cavalier attitude; **wegen seiner ~ verfolgt werden** to be persecuted for one's convictions ❷ (Charakter) **seine wahre ~ zeigen** [o geh: **enthüllen**] to show one's true colours [or AM -ors] [or oneself in one's true colours]
Ge·sin·nungs·ge·nos·se, -ge·nos·sin m, f like-minded person
ge·sin·nungs·los adj (pej) immoral, unprincipled, profligate form; ▪ **sich ~ verhalten** to behave in an unprincipled fashion [or immorally]
Ge·sin·nungs·schnüf·fe·lei [-ʃnʏfəlai] f snooping into people's political views **Ge·sin·nungs·tä·ter**[**in**] m(f) sb who breaks the law out of moral conviction **Ge·sin·nungs·wan·del** m change of [or shift in] attitude **Ge·sin·nungs·wech·sel** m s. **Gesinnungswandel**
ge·sit·tet [gəˈzɪtət] **I.** adj well-brought up, well-mannered **II.** adv **sich ~ aufführen** [o **benehmen**] to be well-behaved, to behave properly
Ge·söff <-[e]s, -e> [gəˈzœf] nt (pej sl) pigswill, muck no pl
ge·sof·fen [gəˈzɔfn̩] pp von **saufen**
ge·so·gen [gəˈzoːgn̩] pp von **saugen**
ge·son·dert [gəˈzɔndɐt] **I.** adj separate; (für sich) individual; **jeder Gewinner erhält eine ~e Benachrichtigung** each winner is informed individually; **eine ~e und bevorzugte Behandlung** special, individual treatment uncountable **II.** adv separately; (für sich) individually
ge·son·nen [gəˈzɔnən] **I.** pp von **sinnen II.** adj ❶ (geh: gewillt) ▪ **~ sein, etw zu tun** to feel inclined to do sth; **keineswegs ~ sein, etw zu tun** to have no intention of doing sth, to feel in no way inclined to do sth ❷ (eingestellt) s. **gesinnt**

ge·spal·ten pp von **spalten**
Ge·spann <-[e]s, -e> [gəˈʃpan] nt ❶ (Zugtiere) team [of oxen/horses] ❷ (Wagen und Zugtier) horse and carriage [or cart] ❸ (fam: Paar) pair, couple
ge·spannt adj ❶ (sehr erwartungsvoll) expectant; **mit ~er Aufmerksamkeit** with rapt [or undivided] attention; **~e Erwartung** great [or high] expectations pl; ▪ **~ sein, ob/was/wie ...** to be anxious [or keen] to see [or to know] whether/what/how ...; **ich bin sehr ~, wie er darauf reagiert** I'm very keen [or I'm dying] [or I'm all agog] to see [or to know] how he reacts; ▪ **~** [**auf etw** akk] **sein: ich bin auf seine Reaktion ~** I wonder what his reaction will be a. iron; s. a. **Regenschirm** s. **Flitzebogen** ❷ (konfliktträchtig) tense; **eine ~e Lage** a tense [or explosive] [or volatile] situation
Ge·spannt·heit <-> f ❶ (Erwartung) curiosity ❷ (Konfliktträchtigkeit) tension
Ge·spenst <-[e]s, -er> [gəˈʃpɛnst] nt ❶ (Geist) ghost, apparition, spook; **an ~er glauben** to believe in ghosts; **wie ein ~ aussehen** (fam) to look like a ghost ❷ (Gefahr) spectre [or AM -er]; **das ~ eines neuen Krieges** the spectre of a new war ▸ WENDUNGEN: **~er sehen** (fam) to imagine [or see] things
Ge·spens·ter·ge·schich·te f ghost story
ge·spens·ter·haft adj ghostly, eerie, unearthly
ge·spens·tisch [gəˈʃpɛnstɪʃ] adj ❶ (bizarr, unheimlich) uncanny, weird, eerie; (grausam) grotesque ❷ s. **gespensterhaft**
ge·spie(·**e**)**n** [gəˈʃpiː(ə)n] pp von **speien**
ge·spielt adj feigned, assumed, pretended, sham pej
Ge·spinst <-[e]s, -e> [gəˈʃpɪnst] nt gossamer; **~** [**eines Insekts**] cocoon [of an insect]
ge·spon·nen [gəˈʃpɔnən] pp von **spinnen**
ge·spornt [gəˈʃpɔrnt] adj s. **gestiefelt**
Ge·spött <-[e]s> [gəˈʃpœt] nt kein pl mockery, ridicule; **jdn/sich zum ~** [**der Leute**] **machen** to make sb/oneself a laughing stock; **zum ~** [**der Leute**] **werden** to be/become a laughing stock
Ge·spräch <-[e]s, -e> [gəˈʃprɛːç] nt ❶ (Unterredung) conversation, chat pej; **sich in ein ~ einmischen** to interfere in a conversation; **jdn in ein ~ einwickeln** to engage sb in conversation; **ein ~ mit jdm führen** to have [or hold] a conversation with sb, to have a chat with sb fam; **das ~ auf etw** akk **bringen** to steer a conversation on to [the subject of] sth; **mit jdm ins ~ kommen** to get into conversation with sb; [**mit jdm**] **im ~ bleiben** to stay [or keep] in touch with sb; **ein ~ unterbrechen** to interrupt a conversation; **die Missverständnisse in einem ~ ausräumen** to overcome differences by talking about them; **ein ~ unter Frauen/Männern** a word [or chat] from woman to woman/man to man; **im ~ sein** to be under consideration [or still being considered]; **ein ~ unter vier Augen** a private conversation [or fam chat] ❷ (Vorstellungsgespräch) [job] interview ❸ pl (Verhandlungen) talks pl; **~e aufnehmen** to begin [or commence] talks form; **ein ~ abbrechen** to break off talks; **mit jdm ins ~ kommen** to begin talks [or a dialogue] ❹ (Anruf) [telephone/phone] call; **ein ~ führen** to make a [telephone/phone] call; **ein ~ für dich!** it's for you!, there's a call for you! ❺ (Gesprächsstoff) **das ~ der Stadt/des Tages sein** to be the talk of the town/ the subject of the day
ge·sprä·chig [gəˈʃprɛːçɪç] adj garrulous, talkative; **du bist aber heute nicht sehr ~** you haven't got much to say for yourself today; **jdn ~ machen** to loosen sb up, to make sb more expansive
Ge·sprä·chig·keit <-> f kein pl garrulousness, talkativeness
Ge·sprächs·ba·sis f kein pl basis for talks [or discussions] **ge·sprächs·be·reit** adj ready to talk; (bereit zu

verhandeln) ready to begin talks **Ge·sprächs·be·reit·schaft** *f (geh)* readiness to talk, willingness to negotiate **Ge·sprächs·dau·er** *f* ❶ *(Dauer einer Unterredung)* discussion time ❷ *(Dauer eines Telefonates)* length of a [telephone/phone] call **Ge·sprächs·ein·heit** *f* TELEK unit **Ge·sprächs·fa·den** *m* thread of a conversation; **den ~ abreißen lassen** to break off a conversation **Ge·sprächs·fet·zen** *m* scrap [*or* snippet] of conversation **Ge·sprächs·ge·bühr** *f* call charge **Ge·sprächs·ge·gen·stand(in)** *m(f)* topic [*or* subject] of conversation **Ge·sprächs·kon·takt(in)** *m(f)* contact for talks [*or* discussions] **Ge·sprächs·no·tiz** *f* telephone memo **Ge·sprächs·part·ner(in)** *m(f)* **die ~ bei einer Fernsehdiskussion** the guests in a TV panel discussion; **ein angenehmer ~** a pleasant person to talk to **Ge·sprächs·pau·se** *f* break in a/the conversation **Ge·sprächs·stoff** *m* topics of conversation, things to talk about *fam;* **viel ~** plenty to talk about **Ge·sprächs·teil·neh·mer(in)** *m(f)* participant in a conversation [*or* discussion] **Ge·sprächs·the·ma** *nt* conversation topic, subject of discussion **Ge·sprächs·the·ra·pie** *f* discussion therapy

ge·sprächs·wei·se *adj* in conversation

ge·spreizt *adj s.* **affektiert**

ge·spren·kelt *adj* mottled; **ein ~es Vogelei** a speckled bird's egg; **~er Stoff** spotted cloth, cloth with spots [*or* dots] on it; **ein [rot, weiß und grün] ~es Kleidungsstück** a [red, white and green] spotted piece of clothing

Ge·spritz·te(r) *m decl wie adj* SÜDD, ÖSTERR spritzer AM *(wine mixed with mineral water)*

ge·spro·chen [gəˈʃprɔxn̩] *pp von* **sprechen**

ge·spros·sen [gəˈʃprɔsn̩] *pp von* **sprießen**

ge·sprun·gen [gəˈʃprʊŋən] *pp von* **springen**

Ge·spür <-s> [gəˈʃpyːɐ̯] *nt kein pl* instinct; **ein ~ für etw** *akk* **entwickeln** to develop a feel for sth; **ein gutes ~ für etw** *akk* **haben** to sense sth by intuition; **ein gutes ~ für Farben** a good feel for colours [*or* AM -ors]

Ge·sta·de <-s, -> [gəˈʃtaːdə] *nt (liter)* shores *pl;* **unbekannte ~** foreign shores

Ges·ta·gen <-s, -e> [gɛstaˈgeːn] *nt* gestagen, progestogen

Ge·stalt <-, -en> [gəˈʃtalt] *f* ❶ *(Mensch)* figure; **eine verdächtige ~** a suspicious character ❷ *(Wuchs)* build; **eine ebenmäßige ~** an evenly proportioned build; **... von ~ sein** [*o* **von einer ... ~ sein**] to be of a ... build ❸ *(Person, Persönlichkeit)* figure, character; **in ~ von jdm** [*o* **in jds ~**] in the form of sb ▶ WENDUNGEN: **sich in seiner wahren ~ zeigen** to show one's true character [*or* true colours] [*or* AM colors]; [**feste] ~ annehmen** to take [definite] shape; **einer S.** *dat* **~ geben** [*o geh:* **verleihen**] to give shape and form to sth

ge·stal·ten* [gəˈʃtaltn̩] **I.** *vt* ▪ **etw irgendwie ~** ❶ *(einrichten)* to design; **einen Garten/einen Gartenteich/eine Terrasse ~** to lay out [*or* plan] a garden/a garden pond/a terrace; **ein Schaufenster ~** to dress a shop window; **etw neu/anders ~** to redesign sth ❷ *(darbieten, präsentieren)* to arrange; **ein Programm/einen Abend/Unterricht ~** to arrange [*or* organize] a programme [*or* AM -am] /an evening/lesson [*or* lessons]; **einen Text ~** to formulate a text ❸ *(organisieren)* to arrange, to organize ❹ ARCHIT *(konstruieren)* to build; **eine Terrasse ~** to lay out a terrace; **einen Einrichtungsgegenstand/einen Gebrauchsgegenstand ~** to design a fitting [*or pl* furnishings] /an object of use; **ein Kunstwerk ~** to design a piece of art **II.** *vr (geh)* ▪ **sich irgendwie ~** to turn out [*or* prove] to be somehow

Ge·stal·ter(in) <-s, -> *m(f)* designer

ge·stal·te·risch [gəˈʃtaltərɪʃ] **I.** *adj (Design betreffend)* **eine ~e Frage/ein ~es Problem** a question/problem of design; **eine ~e Begabung/ein ~es Talent** a creative [*or* an artistic] gift/talent **II.** *adv (Design betreffend)* from the point of view of design; **~ einmalig** uniquely designed; **~ gelungen** well-designed; **~ hervorragend** excellently designed; *(schöpferisch)* artistically, creatively

ge·stalt·los *adj* formless

Ge·stalt·psy·cho·lo·gie <-> *f* Gestalt psychology

Ge·stal·tung <-, -en> *f* ❶ *(das Einrichten)* planning, design; **die ~ eines Gartens** the laying-out of a garden; **die ~ eines Schaufensters** window dressing ❷ *(Darbietung)* arrangement, organization ❸ *(das Organisieren)* organization ❹ ARCHIT building ❺ *(Design)* design

Ge·stam·mel <-s> [gəˈʃtaml̩] *nt kein pl* stammering and stuttering

ge·stand [gəˈʃtant] *imp von* **gestehen**

ge·stan·den I. *pp von* **stehen** *s.* **gestehen II.** *adj attr* experienced; **ein ~er Kämpfer/Parlamentarier** a seasoned campaigner/parliamentarian; **ein ~es Mannsbild** an older, more experienced man

ge·stän·dig [gəˈʃtɛndɪç] *adj* **ein ~er Täter** a culprit who has confessed [*or* admitted his/her crime]; ▪ **~ sein** to have confessed

Ge·ständ·nis <-ses, -se> [gəˈʃtɛntnɪs, *pl:* gəˈʃtɛntnɪsə] *nt (das Zugeben)* admission; *(das Zugeben eines Verbrechens)* confession; [**vor jdm] ein ~ ablegen**, **jdm ein ~ machen** to admit sth to sb, to confess [sth] [*or num* to make a confession [about sth]] to sb

Ge·stän·ge <-s, -> [gəˈʃtɛŋə] *nt (Gerüst)* bars, struts, rods; *(Gerüst für Kletterpflanzen)* trellis[work]; **das ~ eines Himmelbetts** the posts of a four-poster bed

Ge·stank <-[e]s> [gəˈʃtaŋk] *m kein pl* stench, stink *fam*

Ge·sta·po <-> [geˈʃtaːpo, gəˈʃtaːpo] *f kein pl s.* **Geheime Staatspolizei** Gestapo

ge·stat·ten* [gəˈʃtatn̩] **I.** *vt* ❶ *(geh: erlauben)* to allow, to permit *form;* ▪ **jdm etw ~** to allow [*or form* permit] sb sth; ▪ **jdm ~, etw zu tun** to allow [*or form* permit] sb to [*or* let sb] do sth; **etw ist jdm gestattet** sb is allowed [*or form* permitted] to do sth; **das Fotografieren ist Unbefugten nicht gestattet** no photographs are to be made without authorization ❷ *(geh: möglich machen)* ▪ **etw gestattet jdm etw** sth allows [*or form* permits] sb sth; ▪ **etw gestattet jdm, etw zu tun** sth allows [*or form* permits] sb to [*or* lets sb] do sth ❸ *(geh: als Höflichkeitsformel)* **jdm eine Frage ~** to allow [*or form* permit] sb to [*or* let sb] ask [*or* put] a question; **~ Sie mir den Hinweis, dass das Rauchen hier verboten ist** may I point out that smoking is not allowed here; ▪ **jdm ~, etw zu tun** to allow sb to do sth **II.** *vi (geh)* to not mind; **wenn Sie ~, das war mein Platz!** if you don't mind, that was my seat! **III.** *vr (geh)* ❶ *(sich erlauben)* ▪ **sich** *dat* **etw ~** to allow oneself sth; **wenn ich mir eine Bemerkung/eine Frage ~ darf** if I may be so bold as to say something/ask a question *form,* if you don't mind me saying/asking *a. hum form;* ▪ **sich** *dat* **~, etw zu tun** to allow [*or* permit] oneself to do sth *form,* to take the liberty of doing sth *form* ❷ *(zu sich nehmen)* ▪ **sich** *dat* **etw ~** to allow oneself sth

Ges·te <-, -n> [ˈgeːstə, ˈgɛstə] *f* ❶ *(Körperbewegung)* gesture; **eine ablehnende/auffordernde ~** a gesture of refusal/invitation; **eine eindringliche/ warnende ~** an urgent/ a warning gesture ❷ *(Ausdruck von etw)* gesture; **eine ~ der Höflichkeit** a mark of politeness

Ge·steck <-[e]s, -e> [gəˈʃtɛk] *nt* flower arrangement

ge·ste·hen <gestand, gestanden> [gəˈʃteːən] **I.** *vi* to confess; ▪ [**jdm] ~, etw getan zu haben** to confess to

G

having done sth [to sb] **II.** *vt* ❶ *(zugeben)* ▪ **jdm|
etw ~** to confess [*or* make a confession of] sth [to sb];
eine Tat ~ to confess to having done sth, to confess to
a deed *liter* ❷ *(offenbaren)* ▪ **jdm|** **etw ~** to confess
sth [to sb]; **jdm seine Gefühle ~** to reveal [*or* confess]
one's feelings to sb; ▪ **jdm| ~, dass ...** to confess to
sb that ...

Ge·ste·hungs·kos·ten *pl* production costs
Ge·stein <-[e]s, -e> [gə'ʃtain] *nt* rock
Ge·steins·kun·de *f* petrography **Ge·steins·pro·be** *f*
rock sample **Ge·steins·schicht** *f* rock stratum
Ge·stell <-[e]s, -e> [gə'ʃtɛl] *nt* ❶ *(Bretterregal)* rack,
shelves *pl* ❷ *(Rahmen)* frame ❸ *(Unter~)* frame; **das
~ eines Theodolites** the tripod of a theodolite
❹ *(Fahr~)* chassis ❺ *(Flugzeug~)* undercarriage, landing gear ❻ *(hum fam: Beine)* legs *pl*, pins *pl*
ge·stellt *adj* arranged
ge·stelzt **I.** *pp von* **stelzen** **II.** *adj* stilted **III.** *adv* stiltedly
ges·tern [gɛstɐn] *adv* ❶ *(der Tag vor heute)* yesterday;
~ vor einer Woche/acht Tagen a week ago yesterday; **~ in einer Woche/acht Tagen** a week yesterday; **~ Abend/Morgen/Nachmittag** yesterday
evening/morning/afternoon; **~ Mittag** yesterday
lunchtime ❷ *(von früher)* yesterday's *attr*, of yester-
year *liter*, outdated; **nicht von ~ sein** *(fig fam)* to be
not born yesterday; *s. a.* **Schnee**
Ges·tern <-> [gɛstɐn] *nt kein pl* ▪ **das ~** yesterday, the
past
ge·stie·felt *adj* *(Stiefel tragend)* booted, boot-
clad *liter*; ▪ **~ sein** to have one's boots on
▶ WENDUNGEN: **~ und gespornt** *(fam)* ready and waiting, ready to go
ge·stie·gen [gə'ʃtiːgn̩] *pp von* **steigen**
Ges·tik <-> ['geːstɪk, 'gɛstɪk] *f kein pl* gestures *pl*; **aus-
drucksstarke ~** expressive body language
Ges·ti·ku·la·ti·on [gɛstikula'tsi̯oːn] *f* gesticulation
ges·ti·ku·lie·ren [gɛstiku'liːrən] *vi* to gesticulate
ge·stimmt *adj* **heiter ~** cheerful, in a cheerful mood
[*or* frame of mind]; **du bist ja heute so froh ~!**
you're happy [*or* in a happy mood [*or* frame of mind]]
today!
Ge·stirn <-[e]s, -e> [gə'ʃtɪrn] *nt* *(geh: Himmelskörper)*
heavenly body *form*; *(Stern)* star; *(Sternbild)* constellation
ge·sto·ben [gə'ʃtoːbn̩] *pp von* **stieben**
ge·sto·chen [gə'ʃtɔxn̩] **I.** *pp von* **stechen** **II.** *adj* *(sehr
exakt)* exact; **eine ~e Handschrift** [extremely] neat
handwriting **III.** *adv* **~ scharf** crystal clear; **wie ~
schreiben** to write [extremely] neatly
ge·stoh·len [gə'ʃtoːlən] *pp von* **stehlen**
Ge·stöh·n|e| <-s> [gə'ʃtøːn(ə)] *nt kein pl* groaning,
moaning
ge·stor·ben [gə'ʃtɔrbn̩] *pp von* **sterben**
ge·stört *adj* PSYCH ❶ *(beeinträchtigt)* disturbed; **eine
~e Ehe** an unhappy [*or fam* a rocky] marriage; **eine
~e Familie** a disturbed [*or* problematic] family background; **ein ~es Verhältnis** an uneasy [*or* unhappy]
relationship; **geistig ~ sein** to be mentally unbalanced [*or* disturbed] ❷ *(fam: verrückt)* crazy *fam*,
insane *fam*, nuts *fam pred*
ge·sto·ßen [gə'ʃtoːsn̩] *pp von* **stoßen**
Ge·stot·ter <-s> [gə'ʃtɔtɐ] *nt kein pl* stammering, stuttering
Ge·sträuch <-[e]s, -e> [gə'ʃtrɔyç] *nt* bushes *pl*
ge·streift **I.** *pp von* **streifen** **II.** *adj* ❶ *(mit Streifen versehen)* striped ❷ *(fam: Kleidung mit Streifen)* striped
clothes; **ihr steht ~ gut** stripes suit her
ge·streng [gə'ʃtrɛŋ] *adj (veraltend)* stern, strict
ge·stresst^RR, **ge·streßt**^ALT *adj* stressed
ge·stri·chen [gə'ʃtrɪçn̩] **I.** *pp von* **streichen** **II.** *adj*
level; **ein ~er Löffel** a level spoon[ful] **III.** *adv* **~ voll**

full to the brim ▶ WENDUNGEN: **die Nase ~ voll haben**
to be fed up to the back teeth; **die Hose ~ voll haben**
to be shaking in one's shoes
ge·strie·gelt *adj* ▶ WENDUNGEN: **~ und gebügelt** *s.*
geschniegelt
ges·trig ['gɛstrɪç] *adj attr* yesterday's *attr*, [of] yesterday
pred; **das ~e Gespräch** yesterday's conversation;
unser ~es Telefonat our phone call [of] yesterday;
der ~e Abend yesterday evening; **der ~e Tag** yesterday; **die ewig G~en** those who [constantly] live in
the past [*or* who refuse to live in the present]
ge·strit·ten [gə'ʃtrɪtn̩] *pp von* **streiten**
Ge·strüpp <-[e]s, -e> [gə'ʃtrʏp] *nt* ❶ *(Strauchwerk)*
undergrowth ❷ *(undurchsichtiger Wirrwarr)* maze
ge·stuft **I.** *pp von* **stufen** **II.** *adj* ❶ *(in Stufen)* terraced
❷ *(zeitlich abgestuft)* staggered, phased
Ge·stüm·per <-s> [gə'ʃtʏmpɐ] *nt* bungling; **~ auf
dem Klavier** plonking away on the piano
ge·stun·ken [gə'ʃtʊŋkn̩] *pp von* **stinken**
Ge·stüt <-[e]s, -e> [gə'ʃtyːt] *nt* stud farm
Ge·such <-[e]s, -e> [gə'zuːx] *nt* *(veraltend)* request;
(Antrag) application; **[bei jdm] ein ~ |auf/um etw
akk| einreichen** to hand in [*or* submit] an application
[for sth] [to sb]
ge·sucht *adj (gefragt)* in demand *pred*, much sought-
after
Ge·sül·ze <-s> [gə'zʏltsə] *nt kein pl (sl)* waffle BRIT *sl*,
drivel *sl*, claptrap
Ge·summ <-[e]s> [gə'zʊm] *nt kein pl* buzzing, humming
ge·sund <gesünder, gesündeste> [gə'zʊnt] *adj*
healthy; **geistig und körperlich ~** sound in mind
and body; **~e Organe** healthy [*or* sound] organs; **~e
Zähne** healthy [sound] teeth; **~ und munter** to be fit,
in fine fettle, in good shape, in the pink BRIT *fam*; **eine
~e Firma** a healthy [*or* viable] company; **wirtschaftlich ~** financially sound; **Rauchen ist nicht ~** smoking is unhealthy; **sonst bist du ~?** *(iron fam)* are you
feeling OK? *fam*, have you lost your marbles? *sl*, are
you off your chump? BRIT *sl*; **bleib [schön] ~!** take
care [of yourself!], look after yourself!; **jdn ~ pflegen**
to nurse sb back to health; **jdn ~ schreiben** to pass sb
as fit; **wieder ~ werden** to get well again, to get better
Ge·sun·de(r) *f(m) decl wie adj* healthy person
ge·sun·den [gə'zʊndn̩] *vi sein* ❶ *(geh: genesen)* to
recover, to get better, to regain one's health *form*
❷ *(sich erholen)* to recover, to bounce back
Ge·sund·heit <-> *f kein pl* health; **was macht die ~?**
how are you?; **sich ausgezeichneter/guter/bester
~ erfreuen** to be in excellent/good/the best of
health; **eiserne/robuste ~** good/robust health;
zarte ~ frail health; **schlechte ~** poor [*or* ill] health;
**hoffentlich geht es mit deiner ~ bald wieder bes-
ser** I hope you feel [*or* get] better soon; **bei bester/
guter ~** in the best of/in good health; **eine ... ~
haben** to have a ... constitution; **eine eiserne ~
haben** to have an iron [*or* rugged] constitution; **eine
unerschütterliche ~ haben** to have a strong constitution; **auf Ihre ~!** your health!; **[ich erhebe das
Glas] auf Ihre ~!** [a toast] to your health!; **~!** bless
you!
ge·sund·heit·lich **I.** *adj* **das ~e Befinden** the state of
health; **ein ~es Problem** a health problem; **aus ~en
Gründen** for health reasons [*or* reasons of health]; **in
~er Hinsicht** with regard to [one's] health **II.** *adv (hinsichtlich der Gesundheit)* as regards health; **wie geht
es Ihnen ~?** how are you?
Ge·sund·heits·amt *nt* local public health department
[*or* BRIT office] **Ge·sund·heits·apos·tel** *m (iron)*
health freak [*or* fanatic] *pej* **Ge·sund·heits·be-
wusst·sein**^RR *nt kein pl* health awareness **Ge·sund·**

heits·drink [-drɪŋk] m health drink **ge·sund·heits·för·dernd** adj healthy, good for one's health pred **Ge·sund·heits·mi·nis·ter(in)** m(f) minister of health BRIT, health minister BRIT, Secretary of Health AM **Ge·sund·heits·mi·nis·te·ri·um** nt ministry of health BRIT, health ministry BRIT, Department of Health AM **Ge·sund·heits·pfle·ge** f hygiene; **öffentliche ~** public health [care] **Ge·sund·heits·re·form** f POL [national] health reform **ge·sund·heits·schäd·lich** adj detrimental [or damaging] to one's health pred; **Rauchen ist ~** smoking damages your health **Ge·sund·heits·wel·le** f wave of health awareness **Ge·sund·heits·we·sen** nt health system [or service] **Ge·sund·heits·zeug·nis** nt certificate of health, health certificate **Ge·sund·heits·zu·stand** m kein pl state of health; **ein ausgezeichneter/guter ~** a clean bill of health; **der ~ eines Patienten** a patient's condition

ge·sund│schrump·fen I. vt ▪ **etw ~** to slim down sth sep [or streamline] **II.** vr ▪ **sich ~** to slim down **ge·sund│sto·ßen** vr irreg (sl) ▪ **sich ~** to make some money (to improve one's financial state or economic condition); **sich an jdm ~** to get rich [quick] at sb's expense

Ge·sun·dung <-> f kein pl recovery

ge·sun·gen [ɡəˈzʊŋən] pp von **singen**

ge·sun·ken [ɡəˈzʊŋkn̩] pp von **sinken**

ge·tan [ɡəˈtaːn] pp von **tun**

Ge·tier <-s> [ɡəˈtiːɐ̯] nt kein pl animals pl; (Insekten) creepy crawlies pl fam

ge·ti·gert adj striped; **ein ~es Fell** fur striped like a tiger's

Ge·tö·se <-s> [ɡəˈtøːzə] nt kein pl crash [or din]; des Verkehrs roar[ing], rumble, rumbling, thunder[ing]; eines Wasserfalls roar[ing], thunder[ing]; (anhaltender Lärm) racket; einer Menschenmenge roar[ing]; **mit ~** loudly, noisily; **eine Tür mit ~ zuschlagen** to slam a door noisily

ge·tra·gen [ɡəˈtraːɡn̩] **I.** pp von **tragen II.** adj ① (feierlich) solemn; **ein ~es Tempo** a stately tempo ② (gebraucht) second-hand

Ge·tram·pel <-s> [ɡəˈtrampl̩] nt kein pl (fam) tramping; (als Beifall) stamping

Ge·tränk <-[e]s, -e> [ɡəˈtrɛŋk] nt drink, beverage form; **alkoholische** [o geh: **geistige**] **~e** alcoholic drinks; **nichtalkoholische ~e** soft [or non-alcoholic] drinks

Ge·trän·ke·ab·tei·lung f drinks department **Ge·trän·ke·au·to·mat** m drinks dispenser [or machine] **Ge·trän·ke·in·dus·trie** f drinks industry **Ge·trän·ke·kar·te** f list of drinks [or beverages]; (in einem Restaurant) wine list **Ge·trän·ke·markt** m off licence [or AM -se] **Ge·trän·ke·steu·er** f alcohol tax

Ge·trap·pel <-s> [ɡəˈtrapl̩] nt kein pl clatter

Ge·trat·sch(e) <-[e]s> [ɡəˈtraːtʃə] nt kein pl (pej) gossip[ing]

ge·trau·en [ɡəˈtrauən] vr (wagen) ▪ **sich ~, etw zu tun** to dare to do sth; (wagen, etw Unangenehmes zu tun) to face [up to] doing sth; ▪ **sich irgendwohin ~** to venture [or dare to go] somewhere

Ge·trei·de <-s, -> [ɡəˈtraidə] nt cereal; (geerntet) grain, corn, cereal

Ge·trei·de·(an·)bau m kein pl farming [or cultivation] [or growing] of cereal **Ge·trei·de·art** f kind [or type] of cereal **Ge·trei·de·ern·te** f grain [or corn] harvest **Ge·trei·de·feld** nt field of corn BRIT, cornfield BRIT, field of grain AM, grain field AM **Ge·trei·de·han·del** m cereal trade **Ge·trei·de·kaf·fee** m cereal coffee **Ge·trei·de·korn** nt grain, corn **Ge·trei·de·land** nt ① (Land, in dem viel Getreide angebaut wird) cereal-producing country ② kein pl (Acker) cereal [or corn] land **Ge·trei·de·müh·le** f mill [for grinding grain] **Ge·trei·de·pro·dukt** nt cereal [product] **Ge·trei·de·si·**

lo nt o m [grain] silo **Ge·trei·de·spei·cher** m s. **Getreidesilo Ge·trei·de·vor·rat** m cereal [or grain] supply, supply of cereal [or grain] [or corn]

ge·trennt I. adj separate; **~e Haushalte** separate [or independent] households **II.** adv separately; **~ leben** [o **wohnen**] to live apart [or to be separated] [from one another]; **~ schlafen** to sleep in separate rooms ▶ WENDUNGEN: **~ marschieren, vereint schlagen** united we stand, divided we fall

Ge·trennt·schrei·bung f writing sth as two or more words

ge·tre·ten pp von **treten**

ge·treu¹ [ɡəˈtrɔy] adj ① (genau, entsprechend) exact; **eine ~e Wiedergabe** a true [or faithful] reproduction ② (geh: treu) faithful, loyal; **ein ~er Freund** a true [or real] [or faithful] [or loyal] friend

ge·treu² [ɡəˈtrɔy] präp + dat (gemäß) ▪ **~ einer S.** dat in accordance with sth form, according to sth

Ge·treue(r) f(m) decl wie adj (geh) faithful [or loyal] follower

Ge·trie·be <-s, -> [ɡəˈtriːbə] nt ① TECH transmission, gear[s] pl; **automatisches ~** automatic transmission [or gears]; Uhrwerk movement, works; **das ~ umschalten** to change gear; **da stimmt was nicht mit dem ~!** there's something wrong with the gears!; s. a. **Sand** ② (lebhaftes Treiben) bustle, hustle and bustle, bustling activity

Ge·trie·be·brem·se f gear brake

ge·trie·ben [ɡəˈtriːbn̩] pp von **treiben**

Ge·trie·be·öl nt gear[box] oil **Ge·trie·be·rad** nt gearwheel **Ge·trie·be·scha·den** m damage to the gear box [or transmission]

Ge·tril·ler [ɡəˈtrɪlə] nt warbling

Ge·trip·pel [ɡəˈtrɪpl̩] nt pitter-patter

ge·trof·fen [ɡəˈtrɔfn̩] pp von **treffen** s. **triefen**

ge·tro·gen [ɡəˈtroːɡn̩] pp von **trügen**

Ge·trom·mel <-s> [ɡəˈtrɔml̩] nt kein pl drumming

ge·trost [ɡəˈtroːst] **I.** adj confident, sure, positive; **sei ~** never fear, look on the bright side **II.** adv ① (geh: in ruhiger Gewissheit) ▪ **~ etw tun** to have no qualms [or sl worries] about doing sth ② (ruhig, ohne weiteres) safely; **du kannst dich ~ auf ihn verlassen** take my word for it [or believe me] , you can rely on him; **~ behaupten, dass …** to safely say that …

ge·trun·ken [ɡəˈtrʊŋkn̩] pp von **trinken**

Get·to <-s, -s> [ˈɡɛto] nt ghetto

get·to·i·sie·ren [ɡɛtoiˈziːrən] vt ▪ **jdn ~** to ghettoize

Get·to·i·sie·rung f (pej) ghettoization pej

Ge·tue <-s> [ɡəˈtuːə] nt kein pl (pej) fuss pej; **ein ~ machen** to make [or kick up] a fuss; **ein vornehmes ~ machen** to give oneself [or put on] airs

Ge·tüm·mel <-s> [ɡəˈtʏml̩] nt kein pl commotion, hubbub; **ein dichtes ~** a dense mob [or crush] [or throng] [of people]; **sich ins ~ stürzen** (hum) to enter [or join] the fray hum

Ge·tu·schel <-s> [ɡəˈtʊʃl̩] nt kein pl whispering

ge·übt adj experienced; **ein ~es Auge/Ohr/~er Griff** a practised [or trained] eye/ear/touch; **ein ~er Pianist/Sportler/Koch** an accomplished pianist/ sportsman/cook; **ein ~er Rhetoriker** a proficient speaker; **in einem Handwerk/einer Kunst ~ sein** to be accomplished in a craft/in an art form

Ge·vat·ter [ɡəˈfatɐ] nt ~ **Tod** the [grim] reaper

Ge·viert [ɡəˈfiːɐ̯t] nt square; **4 Meter im ~** 4 metres [or AM -ers] square

Gew. Abk von **Gewerkschaft**

GEW <-> [ˈɡeːeːveː] f Abk von **Gewerkschaft Erziehung und Wissenschaft** trade union representing workers in education and science

Ge·wächs <-es, -e> [ɡəˈvɛks] nt ① (Pflanze) plant ② (Weinsorte) wine ③ (Geschwulst) growth, tumour [or AM -or]; **ein bösartiges/gutartiges ~** a malig-

nant/benign growth [*or* tumour] [*or* AM -or]
ge·wach·sen [gəˈvaksn̩] **I.** *pp von* **wachsen**[1] **II.** *adj*
(ebenbürtig) equal; ■ **jdm ~ sein** to be sb's equal;
einem Gegner ~ sein to be a match for an opponent;
■ **einer S.** *dat* **~ sein** to be up to [*or* be able to cope
with] sth
Ge·wächs·haus *nt* greenhouse, glasshouse; *(Treib-haus)* hothouse
Ge·wa·ckel <-s> [gəˈvakl] *nt kein pl (pej fam)* rocking
[backwards and forwards]; *Schwanz* wagging
ge·wagt *adj* ❶ *(kühn)* rash, audacious; *(gefährlich)*
risky, dangerous ❷ *(freizügig)* risqué, daring
ge·wählt I. *adj* elegant, refined, polished **II.** *adv* in an
elegant [*or* a refined] way
Ge·wählt·heit *f* elegance
ge·wahr [gəˈvaːɐ̯] *adj (geh: wahrnehmen)* ■ **jdn** [*o*
jds] **~ werden** to catch sight of [*or* become aware of]
sb; ■ **etw/einer S.** *dat o (geh) gen* **~ werden** to
become aware of [*or* notice] sth
Ge·währ <-> [gəˈvɛːɐ̯] *f kein pl* guarantee; [**jdm**] **die ~**
[**dafür**] **bieten** [*o* **geben**] **, dass** to give [sb] a guarantee that, to guarantee [sb] that; **die ~ ist gegeben,**
dass it is guaranteed that; **die ~ haben, dass** to have
a guarantee that; **~ leisten** to guarantee; **keine ~ für**
etw *akk* **übernehmen** to be unable to guarantee [*or*
offer a guarantee for] sth; „**ohne ~**" subject to
change; **die Angaben erfolgen wie immer ohne ~!**
no responsibility can be taken for the correctness of
this information
ge·wah·ren[·] [gəˈvaːrən] *vt (liter)* ■ **jdn ~** to catch sight
of [*or* become aware of] sb; ■ **etw ~** to become aware
of sth
ge·wäh·ren[·] [gəˈvɛːrən] *vt* ❶ *(einräumen)* ■ [**jdm**]
etw ~ to grant [sb] sth; **jdm einen Rabatt ~** to give sb
a discount; **ein Zahlungsziel ~** to allow a credit
period; **jdm einen Versuch ~** to give sb [*or* let sb
have] a go; **jdn ~ lassen** *(geh)* to let sb do [*or* allow sb
to do] what he/she likes [*or* wants], to give sb free [*or*
full] rein *form* ❷ *(zuteilwerden lassen)* ■ [**jdm**] **etw ~**
to grant [*or* give] [sb] sth; **Sicherheit ~** to provide [*or*
ensure] security; **Trost ~** to afford [*or* offer] consolation
ge·währ·leis·ten[·] [gəˈvɛːɐ̯laɪstn̩] *vt (sicherstellen)*
■ [**jdm**] **etw ~** to guarantee [sb] sth; ■ **etw ~** to
ensure [*or* guarantee] sth; **Zahlung ~** to guarantee [sb]
payment
Ge·währ·leis·tung *f* ❶ *(das Sicherstellen)* guarantee;
zur ~ einer Zahlung as [a] guarantee of payment
❷ *(Mängelhaftung)* liability for defects; **~ auf etw**
akk guarantee against [*or* warranty for] sth
Ge·wahr·sam <-s> [gəˈvaːɐ̯zaːm] *m kein pl* ❶ *(Ver-wahrung)* place; **jdm** [*o* **bei jdm**] **etw in ~ geben** to
give sb sth for safekeeping; **etw in ~ nehmen/**
haben to take sth into/have sth in safekeeping; **in ~**
sein, sich in ~ befinden to be in safekeeping
❷ *(Haft)* custody; **jdn in ~ nehmen** to take sb into
custody; **in ~ sein** to be in custody; **sich in ~ befin-**
den to find oneself [*or* be] in custody
Ge·währs·mann <-männer *o* -leute> *m* informant,
source
Ge·walt <-, -en> [gəˈvalt] *f* ❶ *(Machtbefugnis, Macht)*
power; **die oberste ~ im Staat** the highest authority
[*or* power] in the country; **mit unbeschränkter ~**
ausgestattet sein to be vested with unlimited
power[s] [*or* authority]; **~ ausüben** to exercise power
[*or* authority]; **~ über etw** *akk* **ausüben** to exert
power over sth, to hold sway [*or* dominion] over
sth *liter;* **~ über Leben und Tod bei jdm haben** to
decide whether sb should live or die; **mit aller ~**
(fam) with everything in one's power; **etw mit aller**
~ erreichen to move heaven and earth [*or* do every-

thing in ones power] [*or* do everything one can] to get
sth to happen; **die drei ~en** the executive, legislative
and judicial powers; **die vollziehende/gesetzge-**
bende/richterliche ~ the executive/legislative/
judicial power; **elterliche ~** parental authority;
höhere ~ force majeure, act of God, circumstances
beyond one's control; **jdn in seine ~ bringen** to
catch sb; **ein Land/ein Gebiet in seine ~ bringen**
to bring a country/a region under one's control, to
seize power over a country/a region; **jdn in seiner ~**
haben to have sb in one's power; **~ über jdn haben**
[*o* **besitzen**] to exercise [complete] power over sb, to
have [complete] control over sb; **sich in der ~ haben**
to have oneself under control; **in jds ~ sein** to be in
sb's hands [*or* power]; **die ~ über etw** *akk* **verlieren**
to lose control of sth ❷ *kein pl (gewaltsames Vorge-*
hen) force; *(Gewalttätigkeit)* violence; **nackte ~**
brute force; **nackte** [*o* **rohe**] **~** [sheer] brute force; **mit**
sanfter ~ gently but firmly; **einer S.** *dat* **~ antun** to
force sth; **den Tatsachen/der Wahrheit ~ antun** to
distort the truth/the facts; **einer Frau ~ antun** *(geh)*
to violate a woman *euph form;* **sich** *dat* **~ antun** to
force oneself; **~ anwenden** to use force; **mit ~** *(hef-*
tig) forcefully, with force; *(gewaltsam)* with force;
(fam: unbedingt) desperately ❸ *kein pl (Heftigkeit,*
Wucht) vehemence, force; **die ~ der Brecher hat**
die Mauer zerstört the force [*or* impact] of the
waves has destroyed the wall
Ge·walt·akt *m* act of violence **Ge·walt·an·dro·hung** *f*
threat of violence; **unter ~** by threatening to use force
Ge·walt·an·wen·dung *f* use of violence [*or* force]
ge·walt·be·reit *adj inv* ready for forceful intervention
Ge·walt·be·reit·schaft *f* willingness to use violence
[*or* force] **Ge·walt·ein·wir·kung** *f* effect of violence
[*or* force]
Ge·wal·ten·tei·lung *f* separation [*or* independency] of
executive, legislative and judicial powers
ge·walt·frei *adj inv* violence-free *attr,* free of violence
pred **Ge·walt·frei·heit** *f* freedom from violence **Ge-**
walt·herr·schaft *f kein pl* tyranny, dictatorship, despotism **Ge·walt·herr·scher(in)** *m(f)* tyrant, dictator,
despot
ge·wal·tig [gəˈvaltɪç] **I.** *adj* ❶ *(heftig)* enormous, tremendous; **ein ~er Orkan** a violent [*or* severe] hurricane; **eine ~e Überschwemmung** a raging flood
❷ *(wuchtig)* powerful; **ein ~er Anblick** a tremendous sight; **ein ~er Eindruck** a profound [*or* strong]
impression; **eine ~e Last** a heavy load; *(riesig)* huge,
tremendous, massive, colossal; **~e Bauwerke** monumental structures ❸ *(fam: sehr groß)* enormous, tremendous, colossal; **eine ~e Hitze** intense [*or*
extreme] heat *no pl;* **ein ~er Unterschied** a huge [*or*
substantial] difference; **eine ~e Veränderung** a
sweeping change ❹ *(geh: mächtig)* powerful,
mighty *form* **II.** *adv (fam: sehr)* considerably; **sich ~**
ändern to change drastically; **sich ~ irren** to be very
much mistaken; **sich ~ in jdn verknallen** to fall
head over heels in love with sb
Ge·walt·kri·mi·na·li·tät *f* violent crime **Ge·walt·kur** *f*
drastic treatment [*or pl* measures]
ge·walt·los I. *adj* non-violent, without violence *pred*
II. *adv* without violence, peaceably
Ge·walt·lo·sig·keit <-> *f kein pl* non-violence
Ge·walt·marsch *m* route march, forced march **Ge-**
walt·maß·nah·me *f* violent measure **Ge·walt·mo-**
no·pol *nt* monopoly on [the use of] force **Ge·walt·po-**
ten·zi·alRR *nt* potential for violence
ge·walt·sam [gəˈvaltzaːm] **I.** *adj* violent; **~es Aufbre-**
chen forced opening; **ein ~es Ende nehmen** to
meet a violent death; **~e Vertreibung** forcible expulsion **II.** *adv* by force; **etw ~ aufbrechen** to break sth
open by force, to force sth open; **~ vertrieben** to

drive out by force [*or* to forcibly drive out]

Ge·walt·tat *f* act of violence **Ge·walt·tä·ter(in)** *m(f)* violent criminal **ge·walt·tä·tig** *adj* violent; ■ **~ werden** to become [*or* get] violent **Ge·walt·tä·tig·keit** *f* ➊ *(Gewalttaten)* [acts *pl* of] violence; **es kam zu ~en** there were violent incidents ➋ *kein pl (Brutalität)* violence **Ge·walt·tour** [-tuːɐ̯] *f* route march **Ge·walt·ver·bre·chen** *nt* violent crime [*or* crime of violence] **Ge·walt·ver·bre·cher(in)** *m(f)* violent criminal **Ge·walt·ver·zicht** *m* non-aggression; **ein ~sabkommen** a treaty of non-aggression

Ge·wand <-[e]s, Gewänder> [ɡəˈvant, *pl*: ɡəˈvɛndə] *nt (geh)* robe; **festliche Gewänder** ceremonial robes; *Akademiker* gown; **liturgisches ~** vestments *pl*; **in neuem ~** in a new look

ge·wan·det [ɡəˈvandət] *adj (hum geh)* clothed, clad *form*; **in Seide ~** clad [*or* clothed] in silk; **ausgefallen ~** unusually dressed

ge·wandt [ɡəˈvant] **I.** *pp von* **wenden II.** *adj* skilful BRIT, skillful AM; **ein ~es Auftreten** a confident manner; **eine ~e Bewegung** a deft [*or* agile] movement; **ein ~er Redner** a good [*or* articulate] speaker [*or* an effective] **III.** *adv* skilfully BRIT, skillfully AM; **sehr ~** with great skill; **~ auftreten** to have a confident manner; **sich ~ ausdrücken** to express oneself articulately [*or* skilfully]; **sich ~ bewegen** to move agilely **Ge·wandt·heit** <-> *f kein pl* skill, skilfulness; **die ~ eines Redners** the articulateness [*or* skill] of a speaker; **die ~ einer Bewegung** the agility of a movement

ge·wann [ɡəˈvan] *imp von* **gewinnen**

ge·wär·tig [ɡəˈvɛrtɪç] *adj pred (geh)* prepared; ■ **einer S.** *gen* **~ sein** to be prepared for sth; ■ **~ sein, dass etw passiert/jd etw tut** to be prepared for sth to happen/sb to do sth

ge·wär·ti·gen [ɡəˈvɛrtɪɡn̩] *vt (geh)* to expect, to anticipate; ■ **etw/nichts [von jdm] ~** to expect sth/nothing [from sb]; **etw zu ~ haben** to be able to expect sth; **etw ~ müssen** to have to expect [*or* reckon with] sth

Ge·wäsch <-[e]s> [ɡəˈvɛʃ] *nt kein pl (pej fam)* rubbish *fam*, drivel *fam*, claptrap *fam*

ge·wa·schen *pp von* **waschen**

Ge·wäs·ser <-s, -> [ɡəˈvɛsɐ] *nt* stretch of water; **Verschmutzung der ~** water pollution; **in internationalen ~n** in international waters; **ein fließendes/stehendes ~** a stretch of running/standing water; **ein geschlossenes ~** an enclosed stretch of water **Ge·wäs·ser·kun·de** *f* hydrography *no pl, no article* **Ge·wäs·ser·schutz** *m* prevention of water pollution *no pl*

Ge·we·be <-s, -> [ɡəˈveːbə] *nt* ➊ *(Stoff)* cloth, material, fabric ➋ ANAT, BIOL tissue **Ge·we·be·ent·nah·me** *f* tissue removal; **eine ~ durchführen** to remove a sample of tissue **Ge·we·be·kul·tur** *f* BIOL, MED tissue culture **Ge·we·be·pro·be** *f* sample of tissue, tissue sample **Ge·webs·flüs·sig·keit** *f* tissue fluid, lymph **Ge·webs·trans·plan·ta·ti·on** *f* tissue graft

Ge·wehr <-[e]s, -e> [ɡəˈveːɐ̯] *nt* rifle; *(Schrotflinte)* shotgun; **~ bei Fuß stehen** to stand at order arms; *(fig)* to be ready [*or* at the ready], to be standing by; **präsentiert das ~!** present arms!; **~ ab!** order arms!; **an die ~e!** to arms!; **das ~ über!** shoulder [*or* BRIT slope] arms! **Ge·wehr·kol·ben** *m* butt of a rifle [*or* shotgun] **Ge·wehr·lauf** *m* barrel of a rifle [*or* shotgun] **Ge·wehr·mün·dung** *f* muzzle of a rifle [*or* shotgun] **Ge·wehr·schrank** *m* ≈ safe storage for guns etc

Ge·weih <-[e]s, -e> [ɡəˈvai̯] *nt* antlers *pl*, set of antlers **Ge·wer·be** <-s, -> [ɡəˈvɛrbə] *nt* [commercial] business, [industrial] business; *(Handwerk, Handel)* trade; **in welchem ~ sind Sie beschäftigt** [*o* **tätig**] **?** what

line of business are you in?; **ein ~ [be]treiben** [*o* **ausüben**] to be in business/trade; **das älteste ~ [der Welt]** *(hum)* **das horizontale ~** *(hum)* the oldest profession [in the world] *hum*

Ge·wer·be·auf·sicht *f* state enforcement of laws and regulations regarding working conditions and health and safety at work **Ge·wer·be·auf·sichts·amt** *nt* ≈ health and safety executive *(office with responsibility for enforcing laws regarding working conditions and health and safety at work)* **Ge·wer·be·betrieb** *m* business, business enterprise **Ge·wer·be·flä·che** *f floor space used for a business* **Ge·wer·be·frei·heit** *f freedom of trade* **Ge·wer·be·ge·biet** *nt* industrial estate **Ge·wer·be·leh·rer(in)** *m(f)* vocational school teacher **Ge·wer·be·ord·nung** *f* laws regulating commercial and industrial business **Ge·wer·be·schein** *m* business [*or* trade] licence [*or* AM -se] **Ge·wer·be·schu·le** *f* vocational school **Ge·wer·be·steu·er** *f* trade tax **Ge·wer·be·trei·ben·de(r)** *f(m) decl wie adj* business person; *(Handwerker)* tradesperson **Ge·wer·be·zweig** *m* branch of business [*or* trade]

ge·werb·lich I. *adj (handwerkliches Gewerbe)* trade; *(kaufmännisches Gewerbe)* commercial; *(industrielles Gewerbe)* industrial **II.** *adv* **Wohnräume dürfen nicht ~ genutzt werden** residential rooms are not to be used for commercial/trade/industrial purposes; **~ tätig sein** to work

ge·werbs·mä·ßig I. *adj* professional; **~e Unzucht** prostitution **II.** *adv* professionally, on a commercial basis, for gain

Ge·werk·schaft <-, -en> [ɡəˈvɛrkʃaft] *f* [trade] union; **in die ~ gehen** to join a/the union; **~ Erziehung und Wissenschaft** union representing workers in education and science; **Gewerkschaft für Handel, Banken und Versicherungen** union representing workers in commerce, banking and insurance **Ge·werk·schaft·(·l)er(in)** <-s, -> [ɡəˈvɛrkʃaft(l)ɐ] *m(f)* trade unionist

ge·werk·schaft·lich I. *adj* [trade] union; **~er Organisationsgrad** level[s] of trade union membership **II.** *adv* **~ organisiert sein** to be a member of [*or* belong to] a [trade] union; **~ organisierte Beschäftigte** employees who are [trade] union members; **~ tätig sein** to work for a/the union

Ge·werk·schafts·be·we·gung *f* trade union movement **Ge·werk·schafts·boss**^{RR} [-bɔs] *m (pej)* trade union boss **Ge·werk·schafts·bund** *m* federation of trade unions, Trades Union Congress BRIT **Ge·werk·schafts·füh·rer(in)** *m(f)* trade union leader **Ge·werk·schafts·funk·ti·o·när(in)** *m(f)* [trade] union official **Ge·werk·schafts·mit·glied** *nt* [trade] union member, member of a/the [trade] union **Ge·werk·schafts·sek·re·tär(in)** *m(f)* secretary of a/the [trade] union **Ge·werk·schafts·vor·sit·zen·de(r)** *f(m)* [trade] union chairperson **Ge·werk·schafts·zei·tung** *f* [trade] union journal

ge·we·sen [ɡəˈveːzn̩] **I.** *pp von* **sein**[1] **II.** *adj attr (ehemalig)* former *attr*

ge·wi·chen [ɡəˈvɪçn̩] *pp von* **weichen**[2]

Ge·wicht <-[e]s, -e> [ɡəˈvɪçt] *nt* ➊ *kein pl (Schwere eines Körpers)* weight *no indef art, no pl, + sing vb*; **spezifisches ~** PHYS specific weight [*or* gravity]; **~ haben** to be heavy, to weigh a lot; **ein ~ von 100 kg haben** to weigh 100 kg; **ein großes ~ haben** to weigh a great deal, to be very heavy; **ein geringes ~ haben** to weigh little, to be very light; **etw nach ~ verkaufen** to sell sth by weight; **an ~ verlieren/zunehmen** to lose/put on [*or* gain] weight; **sein ~ halten** to stay [*or* remain] the same weight; **zu viel/zu wenig ~ auf die Waage bringen** to weigh in too heavy/too light; **unter dem ~ einer S.** *(a. fig)* under the weight of sth ❷ *kein pl (fig: Wichtigkeit, Bedeutung)* weight; **~ haben** to carry weight; **sein ganzes ~ [für jdn/etw]** in die Waagschale werfen to bring all one's influence to bear [for sb/sth], to put one's weight [behind sb/sth]; **ins ~ fallen** to count, to make a difference; **[kaum/nicht] ins ~ fallen** to [hardly/not] count [*or* make a difference]; **auf etw** *akk* **[großes] ~ legen, einer S.** *dat* **[großes] ~ beimessen** to attach [great *or* much] | significance [*or* importance] [*or* consequence] to sth, to set [great [*or* much]] store by sth; *(hervorheben)* to lay stress on sth; **[nicht] von ~** of [no] importance, [in]significant, [un]important, of [no] great consequence *form;* **eine Person von ~** a person who carries a lot of weight ❸ *(Metallstück zum Beschweren)* weight

ge·wich·ten′ [gə′vɪçtn̩] *vt* ■ **etw ~** to weight sth; **etw anders/neu ~** to re-evaluate sth

Ge·wicht·he·ben <-s> *nt* SPORT *kein pl* weightlifting *no pl* **Ge·wicht·he·ber(in)** <-s, -> *m(f)* SPORT weightlifter

ge·wich·tig [gə′vɪçtɪç] *adj* ❶ *(bedeutsam)* weighty, significant ❷ *(veraltend: schwer u. wuchtig)* heavy, hefty **Ge·wichts·ab·nah·me** *f* loss of weight **Ge·wichts·klas·se** *f* SPORT weight category **Ge·wichts·kon·trol·le** *f* weight check [*or* control]; **eine regelmäßige ~** a regular weight check **Ge·wichts·ver·lust** *m* weight loss, loss of weight **Ge·wichts·zu·nah·me** *f* increase [*or* gain] in weight

Ge·wich·tung <-, -en> *f* evaluation; **eine andere ~** a re-evaluation

ge·wieft [gə′viːft] **I.** *adj (fam)* crafty, cunning, wily **II.** *adv (fam)* with cunning

ge·wie·sen [gə′viːzn̩] *pp von* **weisen**

ge·willt [gə′vɪlt] *adj* ■ **~ sein, etw zu tun** to be willing [*or* inclined] to do sth; *(entschlossen)* determined

Ge·wim·mel <-s> [gə′vɪml̩] *nt kein pl* Insekten swarm[ing mass]; Menschen milling crowd, throng

Ge·wim·mer <-s> [gə′vɪmɐ] *nt kein pl* Kranke, Verletzte, etc. whimpering; *(fig: nervendes Klagen)* whining

Ge·win·de <-s, -> [gə′vɪndə] *nt* TECH [screw *spec*] thread; **ein ~ schneiden** to cut a thread, to tap *spec* **Ge·win·de·boh·rer** *m* TECH [screw-]tap **Ge·win·de·gang** *m* TECH thread, turn *spec* **Ge·win·de·schnei·der** *m* TECH thread cutter, tap *spec*

Ge·winn <-[e]s, -e> [gə′vɪn] *m* ❶ ÖKON profit[s *pl*]; **der ~ vor Steuern** the pretax profit[s *pl*]; **~e abschöpfen** to skim [*or* cream] off profits *sep;* **~ bringend** profitable; **~ aufweisen** to show a profit; **~ bringen** [*o* abwerfen] to make a profit; **[mit etw** *dat*] **~e** [*o* einen **~**] **erzielen** to make a profit [with sth]; **mit ~ rechnen** to look to profit; **etw mit ~ verkaufen** to sell sth at a profit; **eine Firma mit ~ wirtschaften** to manage a company profitably; *s. a.* **gewinnbringend** ❷ *(Preis)* prize; *(beim Lotto, Wetten)* winnings *npl;* **einen ~ machen** to win a prize; *(beim Lotto/Wetten)* to win; **einen großen ~ machen** to win a lot/a big prize ❸ *kein pl ([innere] Bereicherung, Vorteil)* gain; **die neue Spielerin ist ein großer ~ für die Mannschaft** the new player is a valuable addition to the team

Ge·winn·an·teil *m* ÖKON dividend **Ge·winn·aus·schüt·tung** *f* ÖKON division [*or* distribution] of profit[s *pl*] **Ge·winn·be·tei·li·gung** *f* ÖKON share of the profits **ge·winn·brin·gend** *adj* profitable; **äußerst ~** extremely profitable, lucrative; **etw ~ verkaufen** to sell sth at a profit **Ge·winn·chan·ce** [-ʃãːsə, -ʃãːs, -ʃãns(ə)] *f* chance of winning; **■ ~n** chances of winning; *(beim Wetten)* odds **Ge·winn·ein·bu·ßen** *pl* profit losses *pl*

ge·win·nen <gewann, gewonnen> [gə′vɪnən] **I.** *vt* ❶ *(als Gewinn erhalten)* ■ **etw ~** to win sth ❷ *(für*

sich entscheiden) ■ **etw ~** to win sth; **ein Spiel gegen jdn ~** to beat sb in a game ❸ *(überzeugen)* ■ **jdn [für etw** *akk*] **~** to win sb over [to sth]; **jdn als Freund ~** to win [*or* gain] sb as a friend; **jdn als Kunden ~** to win [*or* gain] sb's custom ❹ *(erzeugen)* to obtain; **Erz/Kohle/Metall [aus etw** *dat*] **~** to extract [*or spec* win] ore/coal/metal [from sth]; **recycelte Stoffe ~** to reclaim [*or* recover] recyclable materials ▸ WENDUNGEN: **wie gewonnen, so zerronnen** *(prov)* easy come, easy go *prov* **II.** *vi* ❶ *(Gewinner sein)* ■ **[bei/in etw]** **~** to win [at sth] ❷ *(Gewinn bringen)* to be a winner ❸ *(profitieren)* ■ **[bei etw** *dat*] **~** to profit [from sth] ❹ *(zunehmen)* to gain; **an Einfluss/Gewicht/Selbstsicherheit ~** to gain [in] influence/importance/self-confidence; **an Erfahrung/Weisheit/innerer Reife ~** to gain in experience/wisdom/maturity, to become more experienced/wiser/more mature ❺ *(besser wirken)* to improve; **sie gewinnt durch ihre neue Frisur** her new hairstyle does something for her

ge·win·nend *adj* captivating, charming, winning *attr* **Ge·win·ner(in)** <-s, -> *m(f)* winner; MIL *a.* victor **Ge·win·ner·stra·ße** *f* ■ **auf der ~ sein** SPORT *(sl)* to be on the road to [*or* heading for] victory

Ge·winn·klas·se *f* prize category **Ge·winn·mar·ge** <-, -n> [-′marʒə] *f* ÖKON profit margin **Ge·winn·ma·xi·mie·rung** *f* maximization of profit[s *pl*], profit planning **Ge·winn·num·mer**RR *f* winning number **Ge·winn·span·ne** *f* profit margin **Ge·winn·stre·ben** *nt kein pl* profit aspirations *pl* **Ge·winn·sucht** *f* profit-seeking; **aus ~** for motives of [financial/material] gain **ge·winn·süch·tig** *adj* profit-seeking *attr;* greedy for profit *pred* **ge·winn·träch·tig** *adj* profitable, profit-bearing *attr* **Ge·winnum·mer**ALT *f s.* **Gewinnnummer**

Ge·win·nung <-> *f kein pl* ❶ GEOL *(Gewinnen von Bodenschätzen)* extraction ❷ CHEM ■ **die ~ von etw** *dat* **aus etw** *dat* the extraction of sth from sth

Ge·winn·zahl *f* winning number

Ge·winn·zo·ne *f* ÖKON break-even point; **in der ~ sein** to break even, to be in the black; **eine Firma wieder in die ~ bringen** to bring back *sep* a company into the black

Ge·win·sel <-s> [gə′vɪnzl̩] *nt kein pl (pej)* [constant] whining *pej*

Ge·wirr <-[e]s> [gə′vɪr] *nt kein pl* Drähte, Fäden, etc. tangle; Gefühle, Eindrücke maze, confusion; Stimmen babble; Straßen maze

Ge·wis·per <-s> [gə′vɪspɐ] *nt kein pl* whispering

ge·wissRR, **ge·wiß**ALT [gə′vɪs] **I.** *adj* ❶ *attr (nicht näher bezeichnet)* certain; **eine ~e Frau Schmidt** a [certain] Ms Schmidt; **[bis] zu einem ~en Grad[e]** to a certain degree ❷ *(sicher, ohne Zweifel)* certain, sure *pred;* ■ **sich** *dat* **einer S.** *gen* **~ sein** *(geh)* to be certain [*or* sure] of sth **II.** *adv (geh)* certainly, surely; **ganz ~** quite [*or* most] certainly [*or* surely]; **[ja] ~! ~ doch! aber ~!** but of course!, *esp* AM sure!

Ge·wis·sen <-s> [gə′vɪsn̩] *nt kein pl* conscience; **ein reines ~ haben** to have a clear conscience; **etw ruhigen ~s** [*o* mit gutem **~**] **tun** to do sth with an easy conscience; **ein schlechtes ~ haben** to have a bad conscience; **schwer auf jds** [*o* dem] **~ lasten** to lie heavy [*or* weigh heavily] on sb's conscience; **etw mit seinem ~ ausmachen** to settle sth with one's conscience; **[etw] vor seinem ~ verantworten** to answer to one's own conscience [about sth]; **sein ~ erforschen** to examine [*or* search] one's conscience; **sein ~ erleichtern, sich** *dat* **das ~ erleichtern** to ease [*or* lighten] one's conscience; **jdn/etw auf dem ~ haben** to have sb/sth on one's conscience; **kein ~ haben** to have no conscience [*or pl* qualms]; **sich** *dat* **aus etw** *dat* **kein ~ machen** to have no qualms [*or* scruples] where sth is concerned; **sich** *dat* **daraus kein ~ machen, etw zu tun** to have no qualms [*or* scruples] about doing sth; **jdm ins ~ reden** to appeal to sb's conscience ► WENDUNGEN: **ein gutes ~ ist ein sanftes Ruhekissen** *(prov)* a clear conscience ensures that one sleeps well at night

ge·wis·sen·haft *adj* conscientious

Ge·wis·sen·haf·tig·keit <-> *f kein pl* conscientiousness

ge·wis·sen·los I. *adj* unscrupulous, unprincipled, without [a] conscience *pred;* ■ **~ sein** to have no conscience; **~es Handeln** irresponsible acts *pl* **II.** *adv* without scruple[s *pl*]

Ge·wis·sen·lo·sig·keit <-, -en> *f* ❶ *kein pl (skrupellose Einstellung)* unscrupulousness ❷ *(skrupellose Handlung)* unscrupulous act, act without scruple[s *pl*]

Ge·wis·sens·bis·se *pl* pangs of conscience; [**wegen einer S.** *gen*] **~ bekommen/haben** to get/have a guilty conscience [about sth]; **sich** *dat* [**wegen einer S.** *gen*] **~ machen** to blame oneself [for sth]; **ohne** [**die geringsten**] **~** without feeling [the slightest bit] guilty [*or form* [the slightest] compunction] **Ge·wis·sens·ent·schei·dung** *f* question of conscience, matter for one's conscience to decide **Ge·wis·sens·er·for·schung** *f* examination [*or* searching] of [one's] conscience **Ge·wis·sens·fra·ge** *f s.* Gewissensentscheidung **Ge·wis·sens·frei·heit** *f* freedom of conscience **Ge·wis·sens·grün·de** *pl* conscientious reasons; **den Wehrdienst aus ~n verweigern** to be a conscientious objector **Ge·wis·sens·kon·flikt** *m* moral [*or* inner] conflict

ge·wis·ser·ma·ßen *adv* so to speak, as it were

Ge·wiss·heit^{RR}, **Ge·wiß·heit**^{ALT} <-, -en> *f selten pl* certainty; **~ haben** to be certain [*or* sure]; **sich** *dat* ~ [**über etw** *akk*] **verschaffen** to find out for certain [about sth]; ~ [**über etw** *akk*] **erlangen** to attain certainty [*or* certain knowledge] of sth; **jdm** **die ~ geben, dass ...** to convince sb that ...; [**volle** [*o* **absolute**]] **~ über etw** *akk* **haben** to be [fully [*or* completely]] certain [*or* sure] about [*or* of] sth; **zur ~ reifen, sich zur ~ verdichten** *(geh)* to become a [*or liter* harden into] certainty; **mit ~** with certainty; **etw mit ~ wissen** to know sth for certain [*or* sure]

Ge·wit·ter <-s, -> [gəˈvɪtɐ] *nt* thunderstorm; **ein ~ braut sich zusammen** [*o* **zieht herauf**] a storm is brewing [*or* gathering]; **es liegt ein ~ in der Luft** there's a thunderstorm gathering; *(Streit)* storm

Ge·wit·ter·front *f* storm [*or* thundery] front **Ge·wit·ter·him·mel** *m* stormy sky, thunderclouds *pl*

ge·wit·te·rig [gəˈvɪtərɪç] **I.** *adj* thundery; **~e Luft** [*o* **Schwüle**] [thundery and] oppressive air **II.** *adv* **~ drückend** [*o* **schwül**] [thundery and] oppressive

ge·wit·tern [gəˈvɪtɐn] *vi impers* **~ es gewittert** it's thundering, there's a thunderstorm

Ge·wit·ter·re·gen *m*, **Ge·wit·ter·schau·er** *m* thunder[y] shower **Ge·wit·ter·wol·ke** *f* thundercloud, cumulonimbus *spec*

ge·wit·zigt [gəˈvɪtsɪçt] *adj pred* wiser [*or* wary] [from experience]; ■ [**durch etw** *akk*] **~ sein** to have learnt from experience [with sth]

ge·witzt [gəˈvɪtst] *adj* cunning, wily

Ge·witzt·heit <-> *f kein pl* cunning, wiliness

ge·wo·ben [gəˈvoːbn̩] *pp von* **weben**

ge·wo·gen¹ [gəˈvoːgn̩] *pp von* **wägen** *s.* **wiegen²**

ge·wo·gen² [gəˈvoːgn̩] *adj (geh)* well-disposed, favourably [*or* AM favorably] disposed [*or* inclined]; **ein mir ~er Mensch** a person favourably disposed [*or* inclined] toward[s] me; ■ **jdm/einer S. ~ sein** to be well-disposed [*or* favourably disposed [*or* inclined]] toward[s] sb/sth

Ge·wo·gen·heit <-> *f kein pl (geh)* favourable [*or* AM favorable] attitude; *(persönlicher)* affection; ■ **jds ~**

[**jdm gegenüber**] sb's favourable attitude [toward[s] sb], sb's affection [for sb]

ge·wöh·nen [gəˈvøːnən] **I.** *vt* ■ **jdn an etw** *akk* **~** to make sb used [*or* accustomed] to [*or* accustom sb to] sth; **ein Tier an sich/etw** *akk* **~** to make an animal get used to one/sth; **ein Haustier an Sauberkeit ~** to house-train a pet; ■ **an jdn/etw gewöhnt sein**, ■ **jdn/etw gewöhnt sein** *(fam)* to be used [*or* accustomed] to sb/sth **II.** *vr* ■ **sich an jdn/etw ~** to get [*or* become] used to sb/sth; *Mensch a.* to accustom oneself to sth; ■ **sich daran ~, etw zu tun** to get used to doing sth; *Mensch a.* to get accustomed to doing sth

Ge·wohn·heit <-, -en> *f* habit; **die ~ haben, etw zu tun** to have a [*or* have got into the] habit of doing sth; **sich** *dat* **etw zur ~ machen** to make a habit of sth; **sich** *dat* **es** [*o* **es sich** *dat*] **zur ~ machen, etw zu tun** to make a [*or* get into the] habit of doing sth; **jdm zur ~ werden** to become a habit with sb; **aus** [**lauter** [*o* **reiner**]] **~** from [sheer] force of habit

ge·wohn·heits·mä·ßig I. *adj* habitual **II.** *adv* habitually, out of habit **Ge·wohn·heits·mensch** *m* creature of habit **Ge·wohn·heits·recht** *nt* JUR ❶ *(im Einzelfall)* established [*or* customary] right ❷ *(als Rechtssystem)* common law *no art* **Ge·wohn·heits·tier** *nt* creature of habit; **der Mensch ist ein ~** *(hum fam)* we're all creatures of habit **Ge·wohn·heits·trin·ker(in)** *m(f)* habitual drinker **Ge·wohn·heits·ver·bre·cher(in)** *m(f)* habitual offender [*or* criminal]

ge·wöhn·lich [gəˈvøːnlɪç] **I.** *adj* ❶ *attr (gewohnt, üblich)* usual, customary; **zur ~en Stunde** at the usual hour ❷ *(durchschnittlich, normal)* normal, ordinary, everyday ❸ *(pej: ordinär)* common, common as muck BRIT *pred pej fam*, a dime a dozen AM **II.** *adv* ❶ *(üblicherweise)* usually, normally; **für ~** usually, normally; **wie ~** as [per *fam*] usual ❷ *(pej: ordinär)* common *pred;* **sich ~ ausdrücken** to use common language, to talk common *fam*

ge·wohnt [gəˈvoːnt] *adj* usual; **in ~er Umgebung** in familiar surroundings; **zu ~er Stunde/Zeit** at the usual hour/time; ■ **etw ~ sein** to be used to sth; ■ **es ~ sein, etw zu tun** to be used to doing sth; ■ **es ~ sein, dass jd etw tut** to be used to sb['s] doing sth

ge·wohn·ter·ma·ßen *adv* usually

Ge·wöh·nung <-> *f kein pl* habituation *form;* ■ **jds ~ an etw** *akk* sb's habituation to sth *form;* **das ist eine Sache der ~ das ist** [**alles**] **~** it's [all] a question of habit

ge·wöh·nungs·be·dürf·tig *adj* requiring getting used to

Ge·wöl·be <-s, -> [gəˈvœlbə] *nt* ❶ *(gewölbte Decke, a. fig Firmament)* vault ❷ *(gewölbter Raum)* vault[s *pl*], camera *spec*

ge·wollt I. *adj (gekünstelt)* forced, artificial; *(absichtlich)* deliberate **II.** *adv (gekünstelt)* artificially; *(absichtlich)* deliberately

ge·won·nen [gəˈvɔnən] *pp von* **gewinnen**

ge·wor·ben [gəˈvɔrbn̩] *pp von* **werben**

ge·wor·den [gəˈvɔrdn̩] *pp von* **werden**

ge·wor·fen [gəˈvɔrfn̩] *pp von* **werfen**

ge·wrun·gen [gəˈvrʊŋən] *pp von* **wringen**

Ge·wühl <-[e]s> [gəˈvyːl] *nt kein pl* ❶ *(Gedränge)* throng, crowd, crush; **sich ins ~ stürzen** to throw oneself into the throng ❷ *(pej: andauerndes Kramen)* rooting [*or* rummaging] around

ge·wun·den [gəˈvʊndn̩] **I.** *pp von* **winden¹** **II.** *adj* ❶ *(in Windungen verlaufend)* winding, serpentine *liter* ❷ *(umständlich)* roundabout, tortuous

ge·wun·ken [gəˈvʊŋkn̩] DIAL *pp von* **winken**

Ge·würm <-[e]s> [gəˈvʏrm] *nt kein pl (pej)* worms *pl*

Ge·würz <-es, -e> [gəˈvʏrts] *nt* spice; *(Gewürzzubereitung)* condiment; *(Kräutersorte)* herb

Ge·würz·brot *nt* spiced rye bread *(with coriander*

and/or caraway seed) **Ge·würz·es·sig** m seasoned vinegar; *(mit Kräutern)* herb vinegar **Ge·würz·fen·chel** m fennel seed **Ge·würz·gur·ke** f pickled gherkin **Ge·würz·han·del** m *(hist)* ■ der ~ the spice trade **Ge·würz·he·ring** m pickled, spiced herring **Ge·würz·kör·ner** pl spice seeds pl **Ge·würz·kräu·ter** pl herbs pl **Ge·würz·ku·chen** m s. **Lebkuchen Ge·würz·mi·schung** f mixed spices pl; *(Kräutersorte)* mixed herbs pl **Ge·würz·nel·ke** f [mother form] clove **Ge·würz·öl** nt seasoned oil **Ge·würz·pap·ri·ka** m paprika **Ge·würz·pflan·ze** f spice plant; *(Kräutersorte)* herb **Ge·würz·plätz·chen** pl ginger biscuits pl **Ge·würz·prin·te** [-ˈprɪntə] f hard ginger bread *(with herbs and sugar crystals)* **Ge·würz·salz** nt seasoned salt **Ge·würz·schin·ken** m spiced, cured ham **Ge·würz·senf** m German mustard **Ge·würz·stän·der** m spice rack; *(auf dem Tisch)* cruet [set] **Ge·würz·sträuß·chen** nt bouquet garni

Ge·wu·sel <-s> [ɡəˈvuːzl̩] nt kein pl DIAL milling mass, crush

ge·wusstᴿᴿ, **ge·wußt**ᴬᴸᵀ [ɡəˈvʊst] pp von **wissen**

Gey·sir <-s, -e> [ˈgaizɪr] m geyser

gez. adj Abk von **gezeichnet**

ge·zackt adj jagged; *Hahnenkamm* toothed; *Blatt* serrated, dentate spec

ge·zahnt, ge·zähnt adj ❶ BOT serrated, dentate spec ❷ TECH cogged, toothed ❸ *(perforiert)* perforated

Ge·zänk [ɡəˈtsɛŋk] nt, **Ge·zan·ke** <-s> [ɡəˈtsaŋkə] nt kein pl *(pej fam)* quarrelling *[or* AM a. quarreling] no pl, squabbling

ge·zeich·net adj marked; **von etw** dat ~ **sein** to be marked by sth

Ge·zei·ten [ɡəˈtsaitn̩] pl tide[s pl]

Ge·zei·ten·kraft·werk nt tidal power station *[or* plant] **Ge·zei·ten·ta·fel** f tide table, table of [the] tides **Ge·zei·ten·wech·sel** m turn of the tide; **beim** ~ at the turn of the tide

Ge·zer·re <-s> [ɡəˈtsɛrə] nt kein pl pulling [and tugging] no pl **(um** at)

Ge·ze·ter <-s> [ɡəˈtseːtə] nt kein pl *(pej fam)* rumpus fam, racket fam, commotion, clamour *[or* AM -or]; **in** ~ **ausbrechen** to set up a clamour, to start a commotion

ge·zieh·en pp von **zeihen**

ge·zielt I. adj ❶ *(zielgerichtet)* well-directed; ~e **Fragen** specific questions ❷ MIL well-aimed; ~e **Bombardierung** precision *[or* spec surgical] bombing II. adv ❶ *(zielgerichtet)* specifically; **etw** ~ **forschen** to research [the] specific aspects of sth; ~ **fragen** to ask questions with a specific aim in mind; **jdm** ~ **helfen** to offer sb specific aid ❷ MIL ~ **schießen** to shoot with great precision; *(mit Tötungsabsicht)* to shoot to kill *[or* with deadly accuracy]

ge·zie·men˙ [ɡəˈtsiːmən] vr *(geh)* impers *(veraltend)* ■ **es geziemt** it is proper *[or* form fitting] *[or* form seemly]; ■ **es geziemt sich** [nicht] **[für jdn]**, **etw zu tun** it is [not] fitting [for sb] to do sth form, it is [not] proper that sb does sth, it [ill] befits sb to do sth dated form; **wie es sich geziemt** as is proper; **wie es sich für ein artiges Kind geziemt** as befits a well-behaved child form

ge·zie·mend adj *(geh)* proper, due

ge·ziert I. adj *(pej)* affected pej, la·di·da pred fam II. adv affectedly pej

ge·zo·gen [ɡəˈtsoːɡn̩] pp von **ziehen**

Ge·zücht <-[e]s, -e> [ɡəˈtsʏçt] nt *(pej)* ❶ *(fam)* riffraff + pl verb, rabble + pl verb ❷ *(veraltend: widerliche Kriechtiere)* creepy-crawlies pl fam

Ge·zwit·scher <-s> [ɡəˈtsvɪtʃə] nt kein pl twittering, chir[rup]ping

ge·zwun·gen [ɡəˈtsvʊŋən] I. pp von **zwingen** II. adj *(gekünstelt)* forced; *Atmosphäre* strained; *Benehmen*

stiff, unnatural III. adv *(gekünstelt)* stiffly, unnaturally; ~ **lachen** to give a forced *[or* force a] laugh; **sich** ~ **benehmen** to behave stiffly *[or* unnaturally]

ge·zwun·ge·ner·ma·ßen adv of necessity; ■ **etw** ~ **tun** to be forced to do sth, to do sth of necessity

ggf. adv Abk von **gegebenenfalls**

Gha·na <-s> [ˈɡaːna] nt Ghana; s. a. **Deutschland**

Gha·na·er(in) <-s, -> [ˈɡaːnaɐ] m(f) Ghanaian; s. a. **Deutsche(r)**

gha·na·isch [ˈɡaːnaɪʃ] adj Ghanaian; s. a. **deutsch**

Ghet·to <-s, -s> [ˈɡɛto] nt s. **Getto**

ghet·to·i·sie·ren˙ [ɡɛtoiˈziːrən] vt s. **gettoisieren**

Ghet·to·i·sie·rung f *(pej)* s. **Gettoisierung**

Ghost·wri·ter(in) <-s, -> [ˈɡoːstraitɐ] m(f) *(geh)* ghostwriter (+gen for)

gib [ɡiːp] imper sing von **geben**

Gib·bon <-s, -s> [ˈɡɪbɔn] m gibbon

Gi·bral·tar [ɡiˈbraltɐ] nt Gibraltar; s. a. **Sylt**

Gicht <-> [ɡɪçt] f kein pl gout, arthrolithiasis spec; **die** ~ **haben** to suffer from gout

Gicht·kno·ten m gouty node *[or* knot], tophus spec **gicht·krank** adj gouty, suffering from gout pred **Gicht·kran·ke(r)** f(m) decl wie adj gout sufferer

Gie·bel <-s, -> [ˈɡiːbl̩] m gable [end]

Gie·bel·dach nt gable[d] roof **Gie·bel·fens·ter** nt gable window **Gie·bel·haus** nt gabled house **Gie·bel·sei·te** f gable[d] end **Gie·bel·wand** f gable wall *[or* end] **Gie·bel·zim·mer** nt attic room; *(klein und ungemütlich)* garret liter

Gier <-> [ɡiːɐ̯] f kein pl greed no pl **(nach** for); *(nach Reichtum a.)* avarice no pl **(nach** for); *(nach etw Ungewöhnlichem)* craving **(nach** for)

gie·ren[1] [ˈɡiːrən] vi ■ **nach etw** dat ~ to hunger for *[or* crave [for *[or* after]] sth; **nach Macht/Reichtum** ~ to crave [for] *[or* lust after] power/riches

gie·ren[2] [ˈɡiːrən] vi NAUT to yaw

gie·rig [ˈɡiːrɪç] I. adj greedy; ~ **nach Macht/Reichtum sein** to crave [for] *[or* lust after] power/riches II. adv greedily; **etw** ~ **essen** *[o* **verschlingen]** to devour sth greedily, to guzzle [down sep] sth fam; **etw** ~ **trinken** to gulp down sth sep

Giersch <-es> [ˈɡiːɐ̯ʃ] m kein pl BOT goutweed no pl, ground elder

Gieß·bach [ˈɡiːsbax] m *(geh)* [mountain] torrent

gie·ßen <goss, gegossen> [ˈɡiːsn̩] I. vt ■ **etw** ~ ❶ *(bewässern)* to water sth ❷ *(schütten)* to pour sth; **ein Glas [nicht] voll** ~ to [not] fill [up sep] a glass; **ein Glas randvoll** ~ to fill [up sep] a glass to the brim; ■ **etw in etw** akk ~ to pour sth in[to] sth; ■ **etw auf/über etw** akk ~ to pour sth on/over sth; *(verschütten)* to spill sth on/over sth; **etw [daneben]** ~ to spill sth ❸ TECH *(zu Gast sth;* **etw [in Barren/Bronze/Wachs]** ~ to cast sth [into bars/in bronze/in wax] II. vi impers *(stark regnen)* ■ **es gießt** it's pouring; **es gießt in Strömen** it's pouring [down] [with rain] *[or* fam tipping it down]

Gie·ßer(in) <-s, -> m(f) TECH caster, founder

Gie·ße·rei <-, -en> [ɡiːsəˈrai] f foundry

Gie·ße·rei·ar·bei·ter(in) m(f) foundry worker **Gie·ße·rei·be·trieb** m s. **Gießerei**

Gie·ße·rin <-, -nen> f fem form von **Gießer**

Gieß·kan·ne f watering can

Gieß·kan·nen·prin·zip nt kein pl the principle of giving everybody an equal share [of sth]; **etw nach dem** ~ **verteilen** *(fam)* to give everybody an equal share of sth; **Subventionen nach dem** ~ **verteilen** to give everyone a slice of the budget

Gift <-[e]s, -e> [ɡɪft] nt ❶ *(giftige Substanz)* poison, toxin spec; *(Schlangengift)* venom; **jdm** ~ **geben** to poison sb; **ein schleichendes** ~ a slow[-acting] poison; **[wie]** ~ **für jdn sein** *(fam)* to be very bad *[or* liter poisonous] for sb; ~ **nehmen** to poison oneself;

darauf kannst du ~ nehmen *(fig fam)* you can bet your life [*or* AM *a.* bottom dollar] on that *fig fam* ❷ *(fig: Bosheit)* venom; **~ und Galle spucken** [*o* speien] *(fam)* to vent one's rage [*or* spleen]; **sein ~ verspritzen** to be venomous [*or* vitriolic]

Gift·am·pul·le *f* poison ampoule [*or* AM *a.* ampul[e]] **Gift·be·cher** *m* cup of poison **Gift·drü·se** *f* venom gland

gif·ten ['gɪftn̩] *vi (fam)* ■ |**gegen jdn/etw**| ~ to rile [at sb/sth]

Gift·fracht *f* toxic freight **Gift·gas** *nt* poison gas **gift·grün** *adj* bilious [*or* garish] green **gift·hal·tig** *adj*, **gift·häl·tig** *adj* ÖSTERR poisonous, toxic; **stark ~** highly poisonous [*or* toxic]

gif·tig ['gɪftɪç] **I.** *adj* ❶ *(Gift enthaltend)* poisonous; **~e Stoffe/Chemikalien** toxic [*or* poisonous] substances/chemicals ❷ *(boshaft)* venomous, vitriolic ❸ *(grell)* garish, loud *fam*, bilious *liter* **II.** *adv (pej: boshaft)* viciously; **~ antworten** to give a catty [*or* an unkind] reply

Gift·kü·che *f (hum: Labor)* devil's workshop; *(pej: Gerüchteküche)* gossipmonger's **Gift·mi·scher(in)** <-s, -> *m(f) (pej, a. fig)* preparer of poison **Gift·mord** *m* [murder by] poisoning **Gift·mör·der(in)** *m(f)* poisoner

Gift·müll *m* toxic waste

Gift·müll·ex·port *m* toxic waste export **Gift·müll·ver·bren·nungs·an·la·ge** *f* toxic waste incineration plant **Gift·nu·del** *f (pej fam)* spiteful old devil [*or* BRIT *a.* git] *pej fam* **Gift·pfeil** *m* poison[ed] arrow; *(in Blasrohr)* poison[ed] dart **Gift·pflan·ze** *f* poisonous plant **Gift·pilz** *m* poisonous fungus, toadstool **Gift·pro·duk·ti·on** *f* production of poison **Gift·schlan·ge** *f* venomous [*or* poisonous] snake **Gift·schrank** *m* ❶ *(in Apotheken und Krankenhäusern)* poison cupboard [*or* cabinet] ❷ *(hum veraltet fam)* the hidey-hole for porn [mags *pl*] *fam* **Gift·sprit·ze** *f (fam)* spiteful old devil [*or* BRIT *a.* git] *fam* **Gift·stoff** *m* toxic [*or* poisonous] substance, toxin *spec* **Gift·un·fall** *m* accident causing the release of toxic substances into the environment **Gift·wol·ke** *f* cloud of toxins **Gift·zahn** *m* [poison] fang **Gift·zwerg(in)** *m(f) (pej fam)* poison[ed] dwarf *pej fam*

Gi·ga·hertz ['gi:gahɛrts] *nt* PHYS gigahertz, GHz

Gi·gant(in) <-en, -en> [gi'gant] *m(f)* giant; *(fig a.)* colossus

gi·gan·tisch [gi'gantɪʃ] *adj* gigantic, colossal

Gi·gan·to·ma·nie <-> [gigantoma'ni:] *f kein pl (geh)* craze for things big

Gi·gerl <-s, -[n]> ['gi:gɐl] *m o nt* SÜDD, ÖSTERR *(fam)* dandy *dated*

Gi·go·lo <-s, -s> ['ʒi:golo, 'ʒɪgolo] *m* gigolo

Gi·got <-s, -s> [ʒi'go:] *nt* KOCHK leg of lamb

gil·ben ['gɪlbn̩] *vi sein (geh)* to [go *or* become] yellow

Gil·de <-, -n> ['gɪldə] *f* guild

gilt ['gɪlt] *3. pers pres von* **gelten**

Gim·mick <-s, -s> ['gɪmɪk] *m* gimmick *fam*

Gim·pel <-s, -> ['gɪmpl̩] *m* ❶ ORN bullfinch ❷ *(einfältiger Mensch)* dimwit *fam*

Gin <-s, -s> [dʒɪn] *m* gin; **~ Tonic** gin and tonic

ging ['gɪŋ] *imp von* **gehen**

Gink·go <-s, -s> ['gɪŋko] *m* BOT gingko, maidenhair tree

Gin·seng <-s, -s> ['gɪnzɛŋ] *m* BOT ginseng

Gins·ter <-s, -> ['gɪnstɐ] *m* BOT broom

Gip·fel <-s, -> ['gɪpfl̩] *m* ❶ *(Bergspitze)* peak; *(höchster Punkt)* summit; DIAL *(Wipfel)* treetop ❷ *(fig: Zenit)* peak; **auf dem ~ der Macht/des Ruhmes angelangt sein** to have reached the peak of one's power/fame; *(Höhepunkt)* height; **der ~ der Vollkommenheit sein** to be the epitome of perfection; **der ~ der Frechheit sein** to be the height of cheek; **der ~ der**

Geschmacklosigkeit/Perversion the depths [*or* the height] of bad taste/perversion; **das ist der ~!** *(fam)* that's the limit, that [really] takes the biscuit [*or* AM cake] *fam* ❷ POL summit [conference]

Gip·fel·kon·fe·renz *f* POL summit conference **Gip·fel·kreuz** *nt* cross on the summit [of a mountain]

gip·feln ['gɪpfl̩n] *vi* ■ **in etw** *dat* ~ to culminate in sth **Gip·fel·punkt** *m* ❶ *(höchstes erreichbares Maß)* zenith, high point ❷ *(höchster Punkt eines Flugkörpers)* maximum altitude **Gip·fel·tref·fen** *nt* POL summit [meeting]

Gips <-es, -e> ['gɪps] *m* ❶ *(Baumaterial)* plaster; *(in Mineralform)* gypsum; *(zum Modellieren)* plaster of Paris ❷ *(Kurzform für Gipsverband)* [plaster] cast; **den Arm/Fuß in ~ haben** to have one's arm/foot in a [plaster] cast; **einen Arm/Fuß in ~ legen** to put an arm/foot in plaster [*or* in a [plaster] cast]

Gips·ab·druck <-abdrücke> *m*, **Gips·ab·guss**^RR <-abgüsse> *m* plaster cast **Gips·arm** *m (fam)* arm in plaster [*or* a cast] **Gips·bein** *nt (fam)* leg in plaster [*or* a cast] **Gips·büs·te** *f* plaster [of Paris] bust

gip·sen ['gɪpsn̩] *vt* ■ **etw ~** ❶ *(mit Gips reparieren)* to plaster sth ❷ MED to put sth in plaster [*or* a cast]

Gip·ser(in) <-s, -> *m(f)* plasterer

gip·sern ['gɪpsɐn] *adj attr (aus Gips)* plaster

Gips·fi·gur *f* plaster [of Paris] figure **Gips·kor·sett** *nt* MED plaster [of Paris] jacket **Gips·ver·band** *m* MED plaster cast [*or* bandage]; **jdm einen ~ anlegen** to put a [plaster] cast on sb's arm/leg; **den Arm/Fuß im ~ tragen** to have one's arm/foot/etc. in plaster [*or* in a [plaster] cast]

Gi·raf·fe <-, -n> [gi'rafə] *f* giraffe

Gir·lan·de <-, -n> [gɪr'landə] *f* garland (**aus** *of*)

Gir·lie <-s, -s> ['gɜ:li] *nt (sl)* girlie *sl*, girly *sl*

Gir·litz <-es, -e> ['gɪrlɪts] *m* ORN canary

Gi·ro <-s, -s *o* Giri> ['ʒi:ro, *pl:* 'ʒi:ri] *nt* FIN ÖSTERR [bank] assignment [*or* transfer]; **etw per ~ überweisen** to transfer sth

Gi·ro·kon·to ['ʒi:ro-] *nt* current [*or* AM checking] account

gir·ren ['gɪrən] *vi (a. fig liter: zwitschern)* to coo *a. fig*

Gis <-, -> ['gɪs] *nt* MUS G sharp

Gischt <-[e]s, -e> ['gɪʃt] *m pl selten* [sea] spray

Gi·tar·re <-, -n> [gi'tarə] *f* guitar

Gi·tar·re(n)·spiel *nt* guitar-playing **Gi·tar·re(n)·spie·ler(in)** *m(f)* guitarist, guitar-player

Gi·tar·rist(in) <-en, -en> [gita'rɪst] *m(f)* guitarist

Git·ter <-s, -> ['gɪtɐ] *nt* ❶ *(Absperrung)* fencing *no pl, no indef art*; *(vor Türen, Fenstern: engmaschig)* grille; *(grobmaschig)* grating; *(parallel laufende Stäbe)* bars *pl*; *(vor dem Kamin)* fireguard; *(für Gewächse)* lattice, trellis; *(am Rohrende)* grid, grating ❷ *(fig fam)* bars *fam*; **jdn hinter ~ bringen** to put sb behind bars, to lock sb up; **hinter ~ kommen** to land [*or* be put] behind bars; **hinter ~n sitzen** to be behind bars [*or* doing time] ❸ MATH grid ❹ PHYS, CHEM lattice

Git·ter·bett *nt* cot BRIT, crib AM **Git·ter·fens·ter** *nt* barred window **Git·ter·mast** *m* ELEK [lattice spec] pylon **Git·ter·stab** *m* bar **Git·ter·zaun** *m* lattice [*or* trellis] fence

giv·rie·ren* [ʒifri:rən] *vt* KOCHK **einen Behälter/ein Glas ~** to cool a container/glass with ice cubes; **eine Speise ~** to cover a dish with grated, sugared ice; **eine ausgehöhlte Orange ~** to fill a hollowed orange with orange sorbet

Glace <-, -n> ['glasə] *f* SCHWEIZ ice cream, BRIT *a.* ice

Gla·cee·hand·schuh^RR *m*, **Gla·cé·hand·schuh** [gla'se:-] *m* kid glove; **jdn/etw mit ~en anfassen** to handle sb/sth with kid gloves [*or* very carefully]

gla·cie·ren* [gla'si:rən] *vt* KOCHK ■ **etw ~** to glaze sth; **einen Kuchen ~** to frost [*or* ice] a cake

Gla·cis <-, -> [gla'si:, *pl:* gla'si:s] *nt* MIL glacis

G

Gla·di·a·tor <-s, -toren> [glaˈdi̯aːtoːɐ̯, *pl:* gla·di̯aˈtoːrən] *m* gladiator

Gla·di·o·le <-, -n> [glaˈdi̯oːlə] *f* BOT gladiolus

Gla·mour <-s> [ˈglɛmɐ] *m o nt kein pl* glamour [*or* AM *a.* -or]

Gla·mour·girl [ˈglɛmɐgœrl] *nt* glamour [*or* AM *a.* -or] girl

Glanz <-es> [glants] *m kein pl* ❶ *(das Glänzen)* gleam, shine; *Augen* sparkle, brightness; *Haar* glossiness, sheen; *Lack* gloss; *Perlen, Seide* sheen, lustre [*or* AM -er]; *(heller Schein)* light; **blendender ~** glare, dazzle ❷ *(herrliche Pracht)* splendour [*or* AM -or]; **welch ~ in meiner Hütte!** *(iron)* to what do I owe the honour [of this visit [to my humble abode]]? *iron;* **mit ~ und Gloria** *(iron fam)* in grand style *a. iron;* **ein Examen mit ~ und Gloria bestehen** to pass an exam with flying colours [*or* AM -ors]; **mit ~ und Gloria durch eine Prüfung fallen** *(iron)* to fail an exam miserably

Glanz·ab·zug *m* FOTO gloss[y] print

glän·zen [ˈglɛntsn̩] *vi* ❶ *(widerscheinen)* to shine; *(von polierter Oberfläche)* to gleam; *Augen* to sparkle; *Nase* to be shiny; *Wasseroberfläche* to glint, to glisten; *(scheinen)* to shine; *Sterne* to twinkle ❷ *(sich hervortun)* to shine; *s. a.* **Abwesenheit**

glän·zend [ˈglɛntsn̩t] **I.** *adj* ❶ *(widerscheinend)* shining; **~e Oberfläche** gleaming [*or* shiny] surface; **~e Augen** sparkling [*or* bright] eyes; **~es Haar** shiny [*or* lustrous] hair; **~es Papier** glossy [*or* shiny] paper; **~e Perlen** bright [*or* lustrous] pearls; **~e Seide** shining [*or* lustrous] silk; **~er See** glittering [*or* glistening] lake ❷ *(blendend, hervorragend)* brilliant; **ein ~es Aussehen** dazzling looks *npl* **II.** *adv (hervorragenderweise)* brilliantly, splendidly; **sich ~ amüsieren** to have a great [*or* marvellous] time [of it]

Glanz·le·der *nt* patent leather **Glanz·leis·tung** *f* brilliant achievement [*or* performance] *a. iron;* **eine literarische/wissenschaftliche ~** a brilliant literary/scientific achievement **Glanz·licht** *nt* highlight; **einer S. dat ~er/ein ~ aufsetzen** to add highlights/a highlight to sth **glanz·los** *adj* dull, lacklustre [*or* AM -er] **Glanz·num·mer** *f* star attraction, pièce de résistance **Glanz·pa·pier** *nt* glossy paper **glanz·voll** *adj* brilliant; **~e Aufführung/Darstellung** sparkling [*or* brilliant] performance/depiction **Glanz·zeit** *f* prime [of life]; **■ jds <->** sb's heyday [*or* prime]

Gla·rus <-> [ˈglaːrʊs] *nt* Glarus

Glas <-es, Gläser> [glaːs, *pl:* ˈglɛːzə] *nt* ❶ *(Werkstoff)* glass *no indef art, + sing vb;* **buntes ~** stained glass; **„Vorsicht ~!"** 'glass – handle with care'; **unter** [*o* **hinter**] **~** under [*or* behind] glass ❷ *(Trinkgefäß)* glass; **zwei ~ Wein** two glasses of wine; **ein ~ über den Durst trinken, zu tief ins ~ schauen** *(fam)* to have one too many [*or fam* one over the eight] ❸ *(Konservenglas)* jar, pot; **ein ~ Honig** a jar [*or* pot] of honey ❹ *kein pl (Maßeinheit)* glass ❺ *(Brillenglas)* lens; *(Fernglas)* binoculars *npl,* [field] glasses *npl; (Opernglas)* lorgnette, opera glasses *npl*

Glas·aal *m* ZOOL, KOCHK elver, silver eel **Glas·au·ge** *nt* glass eye **Glas·bau·stein** *m* glass block [*or* brick] **Glas·blä·ser(in)** *m(f)* glassblower **Glas·blä·se·rei** *f* glassworks *+ sing/pl verb* **Glas·bruch** *m kein pl* [glass] breakage

Gläs·chen [ˈglɛːsçən] *nt dim von* **Glas 2** *(Maßeinheit o. Getränk)* nip, drop, tot, dram; **darauf müssen wir ein ~ trinken** we must drink to that, this calls for a little drink

Glas·con·tai·ner [-kɔntɛːnɐ] *m* bottle bank BRIT, container for depositing bottles for recycling AM

Gla·sen [ˈglaːzn̩] *pl* NAUT bells *pl*

Gla·ser(in) <-s, -> [ˈglaːzə] *m(f)* glazier

Gla·se·rei [glaːzəˈraɪ] *f* glazier's workshop

Gla·se·rin <-, -nen> [ˈglaːzərɪn] *f fem form von* **Glaser**

glä·sern [ˈglɛːzɐn] *adj* ❶ *(aus Glas)* glass *attr,* [made] of glass *pred* ❷ *(fig: seine Einnahmequellen offenlegend)* transparent ❸ *(fig: ausdruckslos)* **~e Augen/~er Blick** glassy eyes/gaze

Glas·fa·brik *f* glassworks *+ sing/pl verb* **Glas·fa·ser** *f meist pl* glass fibre [*or* AM -er]; *(als Isolierungsstoff)* fibreglass *no pl* BRIT, fiberglass *no pl* AM **Glas·fa·ser·ka·bel** *nt* fibre [*or* AM -er] optic cable **Glas·fa·ser·lei·tung** *f* optical fibre [*or* AM -er] cable **Glas·fens·ter** *nt* [glass] window **Glas·fi·ber·stab** *m* SPORT glass fibre [*or* AM -er] pole **Glas·ge·schirr** *nt* glassware **Glas·haus** *nt* greenhouse; *(in botanischen Gärten)* glass house; ▶ WENDUNGEN: **wer [selbst] im ~ sitzt, soll nicht mit Steinen werfen** *(prov)* people living [*or* who live] in glass houses shouldn't throw stones *prov* **Glas·her·stel·ler(in)** *m(f)* glass producer [*or* manufacturer] **Glas·her·stel·lung** *f* glass production **Glas·hüt·te** [ˈglaːshʏtə] *f* glassworks *+ sing/pl verb*

gla·sie·ren [glaˈziːrən] *vt* **■ etw ~** ❶ *(Keramik: mit Glasur überziehen)* to glaze [*or spec* enamel] sth ❷ KOCHK *s.* **glacieren**

gla·sig [ˈglaːzɪç] *adj* ❶ *(ausdruckslos)* glassy ❷ KOCHK transparent

Glas·in·dus·trie *f* glass industry **Glas·ke·ra·mik·koch·feld** *nt* ceramic hob **glas·klar** **I.** *adj* ❶ *(durchsichtig)* transparent, [as] clear as glass *pred* ❷ *(fig: klar und deutlich)* crystal-clear **II.** *adv (klar und deutlich)* in no uncertain terms **Glas·kol·ben** *m* [glass] flask **Glas·kör·per** *m* ANAT vitreous body **Glas·ma·le·rei** *f* glass painting

Glas·nost <-> [ˈglasnɔst] *f kein pl* POL, HIST glasnost

Glas·nu·deln *pl* Chinese noodles **Glas·plat·te** *f* glass top **Glas·scha·le** *f* glass bowl [*or* dish] **Glas·schei·be** *f* ❶ *(dünne Glasplatte)* glass sheet, sheet of glass ❷ *(Fensterscheibe)* [glass] pane, pane of glass **Glas·scher·be** *f* [glass] shard, shard of glass **Glas·schlei·fer(in)** *m(f)* ❶ *(von Ornamenten)* glass cutter ❷ *(optische Zwecke)* glass [*or* lens] grinder **Glas·schnei·der(in)** *m(f)* glass cutter **Glas·schrank** *m* vitrine, glass cabinet **Glas·schüs·sel** *f* glass bowl **Glas·split·ter** *m* glass splinter, splinter of glass **Glas·tür** *f* glass door

Gla·sur [glaˈzuːɐ̯] *f* ❶ *(Keramik~)* glaze, glazing ❷ KOCHK icing, *esp* AM frosting

Glas·ver·si·che·rung *f* [plate-]glass insurance **Glas·wol·le** *f* glass wool

glatt <-er *o fam* glätter, -este *o fam* glätteste> [ˈglat] **I.** *adj* ❶ *(eben) Fläche, Haut* smooth; *Fisch* slippery; **ein ~es Gesicht** an unlined face; **~es Haar** straight hair; **~e See** calm [*or* smooth] [*or* unruffled] sea; **~er Stoff** uncreased fabric; **~ rasiert** clean-shaven; **etw ~ bügeln** to iron [*out sep*] sth, to iron sth smooth; **etw ~ feilen** to file sth smooth; **etw ~ hobeln/schmirgeln** to plane down/sand down sth; **sich die Haare ~ kämmen** to comb one's hair straight; **etw ~ pürieren/rühren** to purée/stir sth until smooth; **etw ~ schleifen** to grind sth smooth; **etw ~ stoßen** TYPO *Papier* to jog [*or sep* knock up] sth; **etw ~ streichen** to smooth out sth *sep;* **Haare ~ streichen** to smooth [*or* pat] down one's hair *sep;* **~ rechts stricken** to knit garter stitch; **etw ~ walzen** to flatten sth; **etw ~ ziehen** to smooth out sth; *Betttuch a.* to straighten [out] sth ❷ *(rutschig) Straße, Weg* slippery, icy ❸ *(problemlos)* smooth; **ein ~er Bruch** MED a clean break; **eine ~e Landung** a smooth landing; **~ aufgehen** *Rechnung* to work out exactly ❹ *attr (fam: eindeutig)* outright, sheer; **eine ~e Lüge** a downright [*or* blatant] [*or* barefaced] lie; **~er Unsinn** sheer [*or* utter] nonsense; **eine ~e Eins/Fünf [schreiben]** SCH [to get] an A/E BRIT [*or* AM *an* A/F] ❺ *(pej: aalglatt)*

glauben, vermuten

Glauben ausdrücken	expressing belief

Ich glaube, dass sie die Prüfung bestehen wird.

I **believe/think** she will pass the exam.

Ich glaube an den Sieg unserer Mannschaft.

I **believe** our team will win.

Ich halte diese Geschichte **für wahr.**

I **think** this story **is true.**

Vermutungen ausdrücken	expressing assumption

Ich vermute, sie wird nicht kommen.

I **suspect** she's not going to come.

Ich nehme an, dass er mit seiner neuen Arbeit zufrieden ist.

I **assume/suppose** he's happy with/in his new job.

Ich halte einen Börsenkrach in der nächsten Zeit **für (durchaus) denkbar/möglich.**

I **consider it to be a distinct possibility** that the stockmarket will crash in the near future.

Ich habe da so eine Ahnung.

I**'ve got a feeling about it.**

Es kommt mir so vor, als würde er uns irgendetwas verheimlichen.

It **feels to me as if** he's keeping something from us.

Ich habe da so den Verdacht, dass sie bei der Abrechnung einen Fehler gemacht hat.

I **suspect/I have a suspicion** she might have made a mistake with the final bill.

Ich habe das Gefühl, dass sie das nicht mehr lange mitmacht.

I **have the feeling** she won't stand it much longer.

---

slick, smooth **II.** *adv (fam: rundweg)* clearly, plainly; *(ohne Umschweife)* straight out; *leugnen* flatly; **jdm etw ~ ins Gesicht sagen** to say sth [straight] to sb's face; **etw ~ ablehnen** to turn sth down flat; **etw ~ abstreiten** [*o leugnen*] to flatly deny sth; **etw ~ [und sauber] vergessen** to clean forget sth

glatt│bü·geln *vt s.* **glatt I. 1**

Glatt·butt *m* ZOOL, KOCHK bonnet fluke, brill

Glät·te <-> ['glɛtə] *f kein pl* ❶ *(Ebenheit)* smoothness; *von Haar* sleekness ❷ *(Rutschigkeit) von Straße, Weg, etc.* slipperiness ❸ *(fig: aalglatte Art)* slickness, smoothness

Glatt·eis *nt* [thin sheet of] ice; **„Vorsicht ~!"** "danger, black ice" ▸ WENDUNGEN: **aufs ~ geraten/sich auf ~ begeben** to skate on thin ice; **jdn aufs ~ führen** to trip up sb *sep*, to catch sb out

Glatt·eis·ge·fahr <-> *f kein pl* danger of black ice

glät·ten ['glɛtn̩] **I.** *vt* ❶ **etw ~** ❶ *(glatt streichen)* to smooth out sth *sep;* **sich die Haare ~** to smooth [*or* pat] down one's hair *sep* ❷ *(besänftigen)* to allay sth *form;* **jds Zorn ~** to calm sb's anger; **jds aufgebrachte Stimmung ~** to smooth sb's ruffled feathers **II.** *vr* **sich ~** ❶ *(glatt werden) Meer, Wellen* to subside, to become calm ❷ *(fig: sich beruhigen) Wut, Erregung* to subside, to die away

glatt│fei·len *vt s.* **glatt I. 1 glatt│ge·hen** *vi irreg sein (fam)* to go smoothly [*or fam* OK] **Glatt·ha·fer** *m* BOT false oat grass **Glatt·hai** *m* smooth dogfish **glatt│käm·men** *vt s.* **glatt I. 1 glatt│pü·rie·ren** *vt s.* **glatt I. 1 glatt·ra·siert** *adj s.* **glatt I. 1 glatt│rüh·ren** *vt s.* **glatt I. 1 glatt│schlei·fen** *vt irreg s.* **glatt I. 1 glatt│strei·chen** *vt irreg s.* **glatt I. 1**

glatt·weg ['glatvɛk] *adv (fam)* simply, just like that *fam;* **etw ~ ablehnen** to turn sth down flat [*or* AM *a.* flat out]; **etw ~ abstreiten** [*o leugnen*] to flatly deny sth

glatt│zie·hen *vt s.* **glatt I. 1**

Glat·ze <-, -n> ['glatsə] *f* ❶ *(ohne Haare)* bald head [*or hum* pate]; **eine ~ bekommen/haben** to go/be bald; **sich** *dat* **eine ~ schneiden** [*o fam:* **scheren**] **lassen** to have one's head shaved; **mit ~** with a bald head, bald[-headed] ❷ *(pej sl: Skinhead)* skinhead *pej*

Glatz·kopf *m (fam)* ❶ *(kahler Kopf)* bald head [*or hum* pate] ❷ *(fam: Mann mit Glatze)* bald[-headed] man, baldie *fam*, baldy *fam*

glatz·köp·fig ['glatskœpfɪç] *adj* bald[-headed]

Glau·be <-ns> ['glaubə] *m kein pl* ❶ *(Überzeugung)* belief (**an** +*akk* in); *(gefühlsmäßige Gewissheit)* faith (**an** +*akk* in); **der ~ versetzt Berge** [*o* **kann Berge versetzen**] faith can move mountains; **ein blinder/ fanatischer/unerschütterlicher ~** an ardent/a fanatical/an unshakeable belief; **ein törichter ~** a false [*or* mistaken] belief; **den festen ~n haben, dass ...** to be of the firm belief [*or* conviction] that ...; **im guten ~n, in gutem ~n** in good faith; **guten ~ns sein, dass ...** to be convinced that ...; **den ~n aufgeben, dass** to give up [*or* stop] believing that ...; **jdn von seinem ~n abbringen** to dissuade sb, to shake sb's faith; **jdn bei** [*o* **in**] **dem ~n [be]lassen, dass ...** to leave sb in the belief [*or* let sb believe] that ...; **[bei jdm] ~n finden** to find credence [with sb]; **in dem ~n leben, dass ...** to live in the belief that ...; **des ~ns** [*o* **in dem ~n] sein, dass ...** to believe [*or* be of the opinion] that ...; **jdm/einer S. [keinen] ~n schenken** to [not] believe [*or form* give [no] credence to] sb/sth; **den ~n an jdn/etw verlieren** to lose faith in sb/sth; **jdn in dem ~n wiegen, dass ...** to make sb believe [wrongly] that ...; **sich in dem ~n wiegen, dass ...** to labour [*or* AM -or-] under the illusion [*or* believe [wrongly]] that ... ❷ REL [religious] faith [*or* belief]; **der christliche/jüdische/muslimische etc. ~** the Christian/Jewish/Muslim etc. faith; **ein Mensch muslimischen/etc ~ns** a person of the Muslim/etc. faith; **vom ~n abfallen** *(geh)* to renounce one's [*or* lapse from the] faith *form,* to apostatize *spec;* **seinen ~n bekennen** to profess one's faith; **für seinen ~n sterben müssen** to die for one's beliefs; **den ~n verlieren** to lose one's faith

glau·ben ['glaubn̩] **I.** *vt* ❶ *(für wahr halten)* ▪ [jdm] **etw ~** to believe sth [of sb's]; **das glaubst du doch selbst nicht!** you don't really believe that, do you! [*or* can't be serious!]; **ob du es glaubst oder nicht, aber...** believe it or not, but...; **jdm jedes Wort ~** to believe every word sb says; **kaum** [*o* **nicht**] **zu ~** unbelievable, incredible; **etw nicht ~ wollen** to not want to believe sth; **jdn etw ~ machen wollen** *(fam)* to try to make sb believe sth ❷ *(wähnen)* **sich in der Mehrzahl/im Recht ~** to believe oneself in the majority/to think [that] one is right; **sich allein/ unbeobachtet ~** to think [that] one is alone/nobody is watching one; *s.a.* **selig II.** *vi* ❶ *(vertrauen)*

■ **jdm** ~ to believe sb; **jdm aufs Wort** ~ to take sb's word for it; ■ **an jdn/etw** ~ to believe in sb/sth; **an jds Ehrlichkeit/das Gute im Menschen** ~ to believe in sb's honesty/the good in people; **an sich selbst** ~ to believe [or have faith] in oneself ➋ *(für wirklich halten)* ■ **an etw** ~ to believe in sth; **an Gott/Gespenster/den Weihnachtsmann/Wunder** ~ to believe in God/ghosts/Father Christmas [or AM Santa Claus] /miracles ➌ *(gläubig sein)* **fest/unerschütterlich** ~ to have a strong/an unshakeable faith ▶ WENDUNGEN: **dran** ~ **müssen** *(sl: sterben müssen)* to kick the bucket *sl,* to snuff [or AM buy] it *sl; (weggeworfen werden müssen)* to get chucked out *sl; (etw tun müssen)* to be stuck with it *sl; (getrunken/gegessen werden müssen)* to have to go [or *hum* be sacrificed]; **wer's glaubt, wird selig** a likely story *iron,* only an idiot would buy it

Glau·ben <-s> [ˈglaʊbn̩] *m kein pl s.* **Glaube**

Glau·bens·be·kennt·nis *nt* ➊ *(Religionszugehörigkeit)* profession [of faith] ➋ *kein pl (formelhafte Glaubenslehre)* creed, confession [of faith]; ■ **das** ~ the Creed **Glau·bens·fra·ge** *f* question of faith; **eine reine** ~ purely a question of faith; **in** ~**n** in questions of faith **Glau·bens·frei·heit** *f* freedom of worship, religious freedom **Glau·bens·ge·mein·schaft** *f* denomination **Glau·bens·krieg** *m* religious war **Glau·bens·kri·se** *f* religious crisis **Glau·bens·rich·tung** *f* religious persuasion **Glau·bens·zwei·fel** *m meist pl* religious doubt[s *pl*]

glaub·haft I. *adj* believable, credible; **eine ~e Ausrede/Story** a plausible excuse/story; ~**e Informationsquellen** sound [or reliable] sources of information II. *adv* convincingly

Glaub·haf·tig·keit <-> *f kein pl* credibility

gläu·big [ˈɡlɔʏbɪç] *adj* ➊ *(religiös)* religious ➋ *(vertrauensvoll)* trusting

Gläu·bi·ge(r) *f(m) decl wie adj* believer; ■ **die ~n** the faithful + *pl verb*

Gläu·bi·ger(in) <-s, -> [ˈɡlɔʏbɪɡɐ] *m(f)* ÖKON creditor

Gläu·bi·ger·bank *f* ÖKON creditor bank

Gläu·bi·ge·rin <-, -nen> [ˈɡlɔʏbɪɡərɪn] *f fem form von* **Gläubiger**

glaubl·ich *adj* credible; **kaum** [*o* **wenig**] ~ **klingen/scheinen/sein** to sound/seem/be scarcely [or scarcely sound/seem/be] credible

glaub·wür·dig *adj* credible

Glaub·wür·dig·keit *f kein pl* credibility

Glau·kom <-s, -e> [ɡlaʊˈkoːm] *nt* MED glaucoma

gleich [ˈɡlaɪç] I. *adj* ➊ *(in allen Merkmalen übereinstimmend)* same; **der/die/das ~e wie ..** the same ... as you; **zwei mal zwei** [ist] ~ **vier** two times two is [or equals] four; ■ **der/die/das G~e/die G~en** the same [one/ones]; ~**e Dreiecke** congruent triangles; **G~es mit G~em vergelten** to pay like with like, to give tit for tat *sl;* ~ **Rechte/Pflichten** equal rights/responsibilities; **in** ~**er** [*o* **auf die ~e**] **Weise** in the same way; **zur ~en Zeit** at the same time; ~ **alt** the same age; ~ **groß/lang** equal in [or the same] size/length; ~ **schwer** equally heavy, the same weight; **mit etw** *dat* ~ **bedeutend sein** to be synonymous with sth; *(so gut wie)* to be tantamount to sth; ~ **bezahlt werden** to be paid the same, to receive the same pay; ~ **gelagert** comparable; ~ **gesinnt** [*o* **denkend**] like-minded, of like minds; ~ **gestimmte Seelen** kindred spirits [or souls]; ~ **lautend** identical; ~ **teuer** equally expensive; **ein Gleiches tun** *(iron geh)* to do the same ➋ *(unverändert)* ■ **der/die/das G~e** [...] **wie** the same [...] as; **es ist immer das** [ewig] **G~e** it's always the same [old thing]; [**sich** *dat*] ~ **bleiben** to stay [or remain] the same [or unchanged]; ~ **bleibend gut** consistent[ly] good; **aufs G~e hinauslaufen** [*o* **hinauskommen**] it comes [or

boils] down [*or* amounts] to the same thing ➌ *(gleichgültig)* ■ **jdm** ~ **sein** to not care, to be all the same to sb; ■ **ganz** ~ **wer/was** [...] no matter who/what [...] ▶ WENDUNGEN: **G~ und G~ gesellt sich gern** *(prov)* birds of a feather flock together *prov* II. *adv* ➊ *(sofort, bald)* just, straightaway, in a minute; **bis** ~**!** see you then! [or later!]; *(sofort)* see you in a minute! [or moment!]; **ich komme ~!** I'm just coming!, I'll be right there!; **habe ich es nicht ~ gesagt!** what did I tell you?; **warum nicht ~ so?** why didn't you say/do that in the first place?; ~ **danach** [*o* **darauf**] soon afterward[s]; *(sofort)* right away, straight [or right] afterward[s]; ~ **jetzt** [right] now; ~ **heute/morgen** [first thing] today/tomorrow; ~ **nach dem Frühstück** right [or straight] after breakfast ➋ *(unmittelbar daneben/danach)* immediately, right; ■ ~ **als** [*o* **nachdem**] ... as soon as ...; ~ **daneben** right beside [or next to] it; ~ **danach** just [or immediately] after it ➌ *(zugleich)* at once [or the same time]; **sie kaufte sich** ~ **zwei Paar** she bought two pairs! III. *part* ➊ in *Aussagesätzen (emph)* just as well; **du brauchst deswegen nicht** ~ **zu weinen** there's no need to start crying because of that ➋ in *Fragesätzen (noch)* again; **wie war doch** ~ **Ihr Name?** what was your name again? IV. *präp + dat (geh: wie)* like

gleich·al·te·rig [ˈɡlaɪçʔaltərɪç], **gleich·alt·rig** [ˈɡlaɪçʔaltrɪç] *adj* [of] the same age *pred* **gleich·ar·tig** *adj* of the same kind *pred; (ähnlich)* similar **gleich·auf** *adv* SPORT equal; **sie liegen/sind** ~ *(wertungsgleich)* they're [lying] equal [or BRIT a. on level pegging]; *(auf gleicher Höhe)* they're neck and neck **gleich·be·deu·tend** *adj s.* **gleich** I. 1 **Gleich·be·hand·lung** *f* equal treatment **gleich·be·rech·tigt** *adj* with equal [or the same] rights *pred;* ■ ~ **sein** to have equal rights **Gleich·be·rech·ti·gung** *f kein pl* equality *no pl,* equal rights + *sing/pl verb* **gleich|blei·ben**ALT *vi, vr irreg sein s.* **gleich** I. 2 **gleich·blei·bend** *adj o adv s.* **gleich** I. 2

glei·chen <glich, geglichen> [ˈɡlaɪçn̩] *vt* ■ **jdm/einer S.** ~ to be [just] like sb/sth; ■ **sich** *dat* ~ to be alike [or similar]

glei·chen·tags *adv* SCHWEIZ on the same day

glei·cher·ma·ßen, glei·cher·wei·se *adv* equally; ■ ~ ... **und** ... **sein** to be both ... and ...

gleich·falls *adv* likewise, also; **danke ~!** thank you, [and] the same to you *a. iron* **gleich·far·big** *adj* [of] the same colour [or AM -or] *pred* **gleich·för·mig** I. *adj* uniform; ~**e Struktur** symmetrical structure II. *adv* uniformly; ~ **strukturiert sein** to have a symmetrical structure **gleich·ge·la·gert** *adj s.* **gleich** I. 1 **gleich·ge·schlech·tig** *adj* same-sex *attr,* of the same sex *pred;* ~**e Zwillinge** same-sex twins; ~**e Pflanzen** homogamous plants *spec* **gleich·ge·schlecht·lich** *adj* ➊ *(homosexuell)* homosexual ➋ *s.* **gleichgeschlechtig gleich·ge·sinnt** *adj s.* **gleich** I. 1

Gleich·ge·wicht *nt kein pl* ➊ *eines Körpers* balance, equilibrium; **sein** [*o* **das**] ~ **halten** to keep [or maintain] one's balance, to maintain one's equilibrium; **im** ~ **sein** to be balanced [or *form* in equilibrium]; **wieder im** ~ **sein, sich wieder im** ~ **befinden** to regain [or recover] one's balance, to restore one's equilibrium; **das** ~ **verlieren, aus dem** ~ **kommen** [*o* **geraten**] to lose one's balance ➋ *(Stabilität, Ausgewogenheit)* balance; **militärisches/politisches** ~ military/political stability; **natürliches** ~ natural balance; ÖKOL balance of nature; **ökologisches** ~ ecological [or environmental] balance; **das** ~ **der Kräfte** the balance of power; **ein** ~ **zwischen ... und ... halten** to maintain a proper balance between ... and ... ➌ *(innere Ausgeglichenheit)* **das innere** [*o* **seelische**] ~ one's equilibrium [or emotional balance]; **im** ~ in equilibrium; **jdn aus dem** ~ **bringen** to throw sb off balance; **aus dem ~ geraten, das ~ verlieren, aus dem ~ kommen** to lose one's equilibrium [*or* balance]

gleich·ge·wich·tig *adj* ❶ *(ausgeglichen)* balanced ❷ *(gleich schwer)* equal in weight *pred*

Gleich·ge·wichts·or·gan *nt* organ of equilibrium, vestibular organ *spec* **Gleich·ge·wichts·sinn** *m* sense of balance, vestibular sense *spec* **Gleich·ge·wichts·stö·rung** *f* impaired balance *no pl*, vestibular disorder *spec*

gleich·gül·tig **I.** *adj* ❶ *(uninteressiert)* indifferent (**gegenüber** +*gen* to[wards]), uninterested (**gegenüber** +*gen* to[wards]); *(apathisch)* apathetic (**gegenüber** +*gen* towards); **ein ~es Gesicht machen** to look impassive [*or* disinterested]; **~e Stimme** expressionless [*or* uninterested] voice ❷ *(unwichtig)* trivial, immaterial; ■ **etw ist jdm ~** sb couldn't care [less] about sth; **jdm nicht ~ bleiben/sein** to not remain/be unimportant to sb **II.** *adv (uninteressiert)* with indifference [*or* a lack of interest]; *(apathisch)* with apathy, apathetically

Gleich·gül·tig·keit ['glaɪçɡʏltɪçkaɪt] *f kein pl (Desinteresse)* indifference; *(Apathie)* apathy; ■ **jds ~ gegenüber jdm/etw** [*o* **gegen jdn/etw**] sb's indifference to[wards]/apathy towards sb/sth

Gleich·heit <-, -en> *f* ❶ *(Übereinstimmung)* correspondence, similarity ❷ *kein pl (gleiche Stellung)* equality **Gleich·heits·zei·chen** *nt* MATH equals sign

gleich|kom·men *vi irreg sein* ❶ *(Gleiches erreichen)* ■ **jdm/einer S.** [**an etw** *dat*] **~** to equal [*or* match] [*or* be a match for] sb/sth [in sth] ❷ *(gleichbedeutend sein)* ■ **einer S.** *dat* **~** to be tantamount [*or* equivalent] [*or* to amount] to sth **gleich·lau·tend** *adj* ≈

gleich I. 1 **gleich|ma·chen** *vt* ■ **etw/alles ~** to make sth/everything the same **Gleich·ma·cher**(**in**) *m(f) (pej)* egalitarian, leveller *pej*, AM *usu* leveler *pej* **Gleich·ma·che·rei** <-, -en> [glaɪçmaxə'raɪ] *f (pej)* egalitarianism, levelling [*or* AM *usu* leveling] down *pej* **Gleich·ma·che·rin** <-, -nen> *f fem form von* **Gleichmacher**

Gleich·maß *nt kein pl* ❶ *(Ebenmaß)* evenness; *von Proportionen* symmetry ❷ *(Regelmäßigkeit)* regularity, monotony *pej*

gleich·mä·ßig **I.** *adj* regular, even; **~e Bewegungen** synchronized [*or* regular] movements; **~er Puls** steady [*or* regular] [*or* even] pulse; **mit ~en Schritten** at a steady pace; **in ~em Tempo** at a steady speed [*or* pace]; **~ atmen** to breathe regularly; **~ schlagen** *Herz, Puls, etc.* to beat steadily [*or* regularly] [*or* evenly] **II.** *adv (in gleicher Stärke/Menge)* evenly, equally; **Farbe ~ auftragen** to apply an even coat of paint [*or* paint evenly] ❷ *(ohne Veränderungen)* consistently

Gleich·mä·ßig·keit ['glaɪçmɛːsɪçkaɪt] *f* evenness, regularity; *von Puls, Herzschlag a.* steadiness; *von Bewegungen* regularity, synchronization; *von Tempo, Schritte* steadiness

Gleich·mut *m* composure, serenity, equanimity *form* **gleich·mü·tig** ['glaɪçmyːtɪç] *adj* composed, serene **gleich·na·mig** *adj* of the same name *pred; Buch* of the same title *pred; s. a.* **Bruch**

Gleich·nis <-ses, -se> ['glaɪçnɪs, *pl:* 'glaɪçnɪsə] *nt* allegory; *(aus der Bibel)* parable

gleich·ran·gig *adj inv* equal in rank *pred,* at the same level *pred*

gleich·sam ['glaɪçzaːm] *adv (geh)* so to speak, as it were; ■ **~, als ob ...** [just] as if ...

gleich|schal·ten *vt* POL *(pej)* ■ **etw ~** to bring [*or* force] sth into line; **eine gleichgeschaltete Presse** a party mouthpiece **Gleich·schal·tung** *f* POL *(pej)* bringing [*or* forcing] into line; *(unter den Nazis a.)*

Gleichschaltung *spec,* elimination of all opposition **Gleich·schritt** *m kein pl* MIL marching *no pl* in step; **aus dem ~ kommen** [*o* **geraten**] to fall out of step; **im ~ marschieren** to march in step; **im ~, marsch!** forward, march! **gleich|se·hen** *vi irreg* DIAL ❶ *[ähnlich sehen]* ■ **jdm/etw ~** to look like [*or* resemble] sb/sth ❷ *(fam)* ■ **jdm ~** to be typical of [*or* just like] sb **gleich·sei·tig** ['glaɪçzaɪtɪç] *adj* equilateral **gleich|set·zen** *vt* ■ **etw** [**mit etw** *dat*] **~** to equate sth [with sth] **Gleich·stand** *m kein pl* SPORT tie; **den ~ erzielen** [*o* **herstellen**] to draw level BRIT, to tie up the score [*or* game] AM; *(im Fußball)* to score the equalizer [*or* AM tying goal] **gleich|ste·hen** *vi irreg haben o* SÜDD, ÖSTERR, SCHWEIZ *sein* ■ **jdm/etw ~** to be on a par with sb/sth **gleich|stel·len** *vt* ■ **jdn jdm ~** to give sb the same rights as sb **Gleich·stel·lung** *f kein pl* equality (+*gen* of/for) **Gleich·strom** *m* ELEK DC, direct current **Gleich·strom·ag·gre·gat** *nt* ELEK DC system **gleich|tun** *vt impers irreg* ❶ *(imitieren, sich ebenso benehmen)* ■ **es jdm ~** to copy [*or* follow] sb['s example], to follow suit ❷ *(gleichkommen)* ■ **es jdm** [**in etw** *dat*] **~** to match [*or* equal] sb [in [*or* at] sth], to be a match for sb [in [*or* at] sth]

Glei·chung <-, -en> ['glaɪçʊŋ] *f* MATH equation; **eine ~ auflösen** to solve an equation; **eine ~ n-ten Grades** an equation of the nth degree; **eine ~ mit einer Unbekannten** an equation with one unknown

gleich·viel ['glaɪçfiːl] *adv (geh: einerlei)* nonetheless, nevertheless, notwithstanding *form;* **~ ob/wie/wie sehr/wohin** no matter whether [*or* if] /how/how much/where **gleich·warm** *adj* homeotherm **gleich·wer·tig** *adj* equal; ■ **jdm/etw ~ sein** to be a match for sb/sth; **~ sein** to be equally matched; **ein ~er Gegner** an equally [*or* evenly] matched opponent **Gleich·wer·tig·keit** *f kein pl* equal value; *von Gegner, Armee* equivalence **gleich·wohl** ['glaɪçvoːl] *adv (geh: dennoch)* nonetheless, nevertheless, notwithstanding *form* **gleich·zei·tig** **I.** *adj* simultaneous, concurrent **II.** *adv* ❶ *(zur gleichen Zeit)* simultaneously, at the same time ❷ *(ebenso, zugleich)* also, at the same time **Gleich·zei·tig·keit** *f* simultaneity, concurrence **gleich|zie·hen** *vi irreg (fam)* ■ **[mit jdm] ~** to catch up [*or* draw even [*or* level]] [with sb]

Gleis <-es, -e> ['glaɪs, *pl:* 'glaɪzə] *nt* BAHN line, track, rails *pl; (einzelne Schiene)* rail; *(Bahnsteig)* platform; **~ ...** platform ..., AM *a.* track ...; **aus dem ~ springen** to jump the rails, to be derailed ▸ WENDUNGEN: **aufs falsche ~ geraten** to stray from the straight and narrow, to go astray; **jdn auf ein totes ~ schieben** to kick sb upstairs, to put sb out of harm's way; **etw auf ein totes ~ schieben** to shelve sth, to file sth away; **jdn [ganz] aus dem ~ bringen** [*o* **werfen**] to throw sb *fam,* to send sb off the rails *fam;* **etw ins [rechte] ~ bringen** to straighten [*or* sort] sth out; **[völlig] aus dem ~ geraten** [*o* **kommen**] to go off the rails [*or* astray]; **aus dem ~ kommen** to go off the rails *fam;* **wieder ins [rechte] ~ kommen** *(ins Lot kommen)* to sort oneself out again; *(auf die richtige Bahn kommen)* to get back on the right track; **[wieder] im ~ sein** to be all right [*or* back to normal] [*or* straightened out] [again]

Gleis·an·la·ge *f* track system **Gleis·an·schluss**[RR] *m* siding **Gleis·ar·bei·ten** *pl* line [*or* AM *a.* track] repairs *pl,* work on the line *no pl*

glei·ßend *adj* glaring, dazzling

Gleit·boot *nt* hydroplane

glei·ten <glitt, geglitten> ['glaɪtn̩] *vi* ❶ *sein (schweben)* ■ **[durch/über etw** *akk o.* **etw]** to glide [through/over sth]; *Wolke* to sail [through/over sth] ❷ *sein (sich leicht dahinbewegen)* ■ **[durch/in/über etw** *akk*] **gleiten** to glide [through/into/over sth]; *Schlange a.* to slide [*or* slip] [through/into/over sth] ❸ *sein (streichen, huschen)* ■**über etw** *akk* ~ *Augen* to wander [*or* travel] over sth; *Blick* to pass [*or* range] over sth; *Finger* to explore sth; *Hand* to slide over sth; **die Finger/Hand über etw** *akk* ~ **lassen** to glide [*or* slide] [*or* run] one's fingers/hand over [*or* across] sth ❹ *sein (rutschen)* to slide, to slip; **zu Boden** ~ to slip to the floor/ground; **ins Wasser** ~ to slip into the water; **etw ins Wasser** ~ **lassen** to let sth slip into the water; **jdm aus den Fingern/der Hand** ~ *(fig a.)* to slip out of sb's fingers/hand; **jdm auf den Boden** ~ to fall to the floor [on sb *hum fam*] ❺ *haben [o ablaufen] [o verlaufen]* to pass [off] *fam; s. a.* **Arbeitszeit**

Gleit·flug *m* glide; LUFT *a.* power-off glide; **im** ~ **niedergehen** to glide [*or* plane] down; **im** ~ **schweben** to glide; **eine Landung im** ~ **versuchen** LUFT to attempt a landing from a glide **Gleit·klau·sel** *f* ÖKON escalator [*or* rise-and-fall] clause **Gleit·ku·fe** *f* LUFT landing skid **Gleit·mit·tel** *nt* TECH, MED lubricant **Gleit·schirm** *m* hang-glider **Gleit·schirm·flie·gen** *nt* hang-gliding, paragliding **Gleit·schirm·flie·ger(in)** *m(f)* [pilot of a] hang-glider [*or* paraglider] **Gleit·zeit** *f* ADMIN ❶ *(fam)* flexitime, flexihours *pl* ❷ *(Zeitspanne außerhalb der Fixzeit)* set periods outside fixed working hours in which an employee may choose to start/end work **Glen·check** <-[s], -s> ['glɛntʃɛk] *m* [[schottisches] *Karomuster)* glen check, Scottish check fabric **Glet·scher** <-s, -> ['glɛtʃɐ] *m* glacier **Glet·scher·brand** *m* glacier sunburn **Glet·scher·kun·de** *f kein pl* glaciology *no pl* **Glet·scher·spal·te** *f* crevasse **Glib·ber** <-s> ['glɪbɐ] *m kein pl* NORDD *(fam)* slime **glib·be·rig** *adj* NORDD *(fam)* slimy **glich** ['glɪç] *imp von* **gleichen** **Glied** <-[e]s, -er> ['gliːt, *pl:* 'gliːdɐ] *nt* ❶ *(Körperteil)* limb, member *form; (Fingerglied, Zehenglied)* joint; *(Fingerspitze)* fingertip; **seine ~er recken** to stretch [oneself]; **kein** ~ **mehr rühren können** to not be able to move a muscle; **etw in allen ~ern spüren** *[o geh:* **beben]** to be trembling in every limb [*or* all over], to be shivering [*or* shaking] all over ❷ *(euph: Penis)* penis, [male] member *form* ❸ *(Ketten~)* link *a. fig* ❹ *(Teil)* part, link ❺ *(Mitglied)* member ❻ *(Rang)* rank ❼ *(Generation)* generation **Glie·der·fü·ßer** <-s, -> *m* ZOOL arthropod **glie·dern** ['gliːdɐn] I. *vt* ■**etw [in etw** *akk]* ~ *(unterteilen)* to [sub]divide sth [into sth]; *(ordnen)* to organize sth [into sth]; *(einordnen)* to classify sth [under sth]; ■[**in etw** *akk]* **gegliedert sein** to be divided [into sth]; **eine straff gegliederte Hierarchie** a tight hierarchy; **ein weitläufig [*o* schwach] gegliedertes Unternehmen** a company with little structure II. *vr* ■**sich in etw** *akk* ~ to be [sub]divided into sth **Glie·der·pup·pe** *f* jointed doll; *(Marionette)* [string] puppet **Glie·der·schmerz** *m meist pl* rheumatic pains *pl* **Glie·de·rung** <-, -en> *f* ❶ *kein pl (das Gliedern)* structuring *no pl* (**in** +*akk* into), organization (**in** +*akk* into); *(das Unterteilen)* subdivision (**in** +*akk* into); *(nach Eigenschaften a.)* classification ❷ *(Aufbau)* structure **Glied·ma·ßen** *pl* limbs, arms and legs **Glied·staat** *m* member [*or* constituent] state **glim·men** <glomm *o (selten)* glimmte, geglommen *o (selten)* geglimmt> ['glɪmən] *vi* ❶ *(schwach glühen)* to glow; *Feuer, Asche a.* to smoulder, AM *usu* to smolder; **~de Asche** embers, hot ashes ❷ *(schwach vorhanden sein)* ■**in jdm** ~ *Hoffnung, etc.* to glimmer within sb

Glim·mer <-s, -> ['glɪmɐ] *m* ❶ GEOL mica ❷ *(selten: Schimmer)* [faint] gleam [*or* glow] **Glimm·stän·gel**[RR], **Glimm·sten·gel**[ALT] *m (hum fam)* cig[gy] *fam*, smoke *fam*, coffin nail *hum sl*, BRIT *a.* fag *fam* **glimpf·lich** ['glɪmpflɪç] I. *adj* ❶ *(ohne schlimmere Folgen)* without serious consequences *pred;* [*weniger*] ~ **sein** to be [more] serious, to have [*or form* entail] [more] serious consequences ❷ *(mild)* lenient, light, mild II. *adv* ❶ *(ohne schlimmere Folgen)* ~ **davonkommen** to get off lightly; **~/weniger ~/~er abgehen** *[o* **ablaufen]** *[o* **verlaufen]** to pass [off] without/ with more/with less serious consequences ❷ *(mild)* **mit jdm** ~ **umgehen** *[o* **verfahren]** to treat sb leniently [*or* mildly]; **jdn** ~ **bestrafen** to give sb a mild [*or* lenient] sentence **glit·schen** ['glɪtʃn] *vi sein (fam)* ■**aus etw** *dat*/**in etw** *akk*/**auf etw** *akk* ~ to slip out of/into/on[to] sth; **jdm aus der Hand** ~ to slip out of sb's hand; **von der Hand** ~ to slip out of sb's hand **glit·schig** ['glɪtʃɪç] *adj (fam)* slippery; **~er Fisch** slithery fish **glitt** ['glɪt] *imp von* **gleiten** **Glit·ter** <-s, -> ['glɪtɐ] *m kein pl* glitter **glit·zern** ['glɪtsɐn] *vi* to sparkle, to glitter; *Stern* to twinkle; ■**das G~** the sparkle [*or* glitter] **Glit·zer·welt** *f* SOZIOL *(iron)* glitter world **glo·bal** [glo'baːl] I. *adj* ❶ *(weltweit)* global, worldwide ❷ *(umfassend)* **~e Vorstellung/~es Wissen** general idea/knowledge II. *adv* ❶ *(weltweit)* ~ **verbreitet** global, worldwide; ~ **vorhanden** found worldwide [*or* throughout the world] ❷ *(ungefähr)* generally; **sich etw** ~ **vorstellen** to have a general idea about sth **glo·ba·li·siert** [globali'ziːrt] *adj inv* globalized; **die ~e Finanzwelt** globalized finance **Glo·ba·li·sie·rung** <-> *f* globalization **Glo·ben** ['gloːbn̩] *pl von* **Globus** **Glo·be·trot·ter(in)** <-s, -> ['gloːbətrɔtɐ, 'gloːptrɔtɐ] *m(f)* globetrotter **Glo·bus** <- *o* -ses, Globen *o* -se> ['gloːbʊs, *pl:* 'gloːbn̩] *m* globe **Glöck·chen** <-s, -> ['glœkçən] *nt dim von* **Glocke** [little] bell **Glo·cke** <-, -n> ['glɔkə] *f* ❶ *(Läutewerk)* bell; **die ~n läuten** to ring the bells; *(vor dem Feind)* to ring the tocsin ❷ *(glockenförmiger Deckel)* [glass] cover ▶ WENDUNGEN: **etw an die große** ~ **hängen** *(fam)* to shout sth from the rooftops, to broadcast sth loudly; **etw nicht an die große** ~ **hängen** *(fam)* to keep mum [*or* BRIT *a.* shtumm] about sth *fam* **Glo·cken·bal·ken** *m* [bell] yoke **Glo·cken·blu·me** *f* bellflower, campanula **glo·cken·för·mig** *adj* bell-shaped; BOT *a.* campanulate *spec* **Glo·cken·ge·läu·t(e)** *nt kein pl* bells *pl*, peal [*or* ringing] of bells **Glo·cken·gie·ßer(in)** *m(f)* bell-founder **Glo·cken·hei·de** *f* BOT cross-leaved heather **Glo·cken·klang** *m* ringing [*or* pealing] [*or* bells] *(einzelnes Gebäude)* campanile **Glo·cken·läu·ten** *nt s.* **Glockengeläut(e)** **Glo·cken·rock** *m* flared skirt **Glo·cken·schlag** *m* stroke [of a/the bell]; **mit dem** ~ **kommen/gehen** to arrive/leave dead on time [*or* on the dot]; **auf den** *[o* **mit dem]** ~ on the dot, precisely **Glo·cken·spiel** *nt* ❶ *(in Kirch- oder Stadttürmen)* carillon ❷ *(Musikinstrument)* glockenspiel **Glo·cken·stuhl** *m* bell cage [*or* frame] **Glo·cken·tier·chen** *nt* ZOOL vorticella **Glo·cken·turm** *m* belfry, bell-tower; *(einzelnes Gebäude)* campanile **glo·ckig** ['glɔkɪç] *adj s.* **glockenförmig** **Glöck·ner(in)** <-s, -> ['glœknɐ] *m(f)* bellringer; *(Kirchendiener)* sexton; „**Der** ~ **von Notre-Dame**" 'The Hunchback of Notre Dame' **glomm** ['glɔm] *imp von* **glimmen**

Glo·rie <-> [ˈgloːri̯ə] *f kein pl (geh)* glory, splendour [*or* AM -or]

Glo·ri·en·schein [ˈgloːri̯ən-] *m s.* **Heiligenschein**

glo·ri·fi·zie·ren' [glorifiˈtsiːrən] *vt* ■ jdn/etw ~ to glorify sb/sth (**als** +*akk* as)

Glo·ri·fi·zie·rung <-, -en> *f* glorification

Glo·ri·o·le <-, -n> [gloˈri̯oːlə] *f (geh) s.* **Heiligenschein**

glo·ri·os [gloˈri̯oːs] *adj s.* **glorreich 1**

glor·reich *adj* ① *(meist iron)* magnificent *a. iron;* **eine ~e Idee** a terrific idea *iron* ② *(großartig, ruhmreich)* glorious

Glos·sar <-s, -e> [glɔˈsaːɐ̯] *nt* glossary

Glos·se <-, -n> [ˈglɔsə] *f* ① *(knapper Kommentar)* gloss, commentary; *(polemisch)* ironic comment[ary]; *(schriftlich a.)* lampoon, squib ② *pl (fam: spöttische Bemerkung)* snide comments [*or* remarks]; **seine ~n über jdn/etw machen** to make snide comments [*or* remarks] about sb/sth

glos·sie·ren' [glɔˈsiːrən] *vt* ■ etw ~ ① *(kurz kommentieren)* to commentate on sth ② *(spöttische Bemerkungen machen)* to sneer at sth

Glotz·au·ge *nt meist pl (fam)* goggle eye *fam;* **~n machen** to stare [goggle-eyed *fam*], to gawk *fam,* BRIT *a.* to gawp *fam;* **mit ~n auf etw** *akk* **starren** *(fam)* to stare at sth [goggle-eyed *fam*], to gawk [*or* BRIT *a.* gawp] at sth *fam*

Glot·ze <-, -n> [ˈglɔtsə] *f (sl: Fernseher)* one-eyed monster *pej fam,* goggle-box BRIT *fam,* telly BRIT *fam,* boob tube AM *fam; (Computerbildschirm)* [computer] screen

glot·zen [ˈglɔtsn̩] *vi (pej fam)* ■ **auf jdn/etw** ~ to stare [*or* gape] [*or fam* BRIT *a.* gawp] [at sb/sth]; **in etw** *akk* [**hinein**] ~ to put [*or* stick] one's nose into sth

Glück <-[e]s> [glʏk] *nt kein pl* ① *(günstige Fügung)* luck; *(Fortuna)* fortune; **ein ~!** *(fam)* how lucky!, what a stroke of luck!; **ein ~, dass ...** it is/was lucky that ...; **jdm zum Geburtstag ~ wünschen** to wish sb [a] happy birthday; **ein Kind des ~s sein** *(geh)* to have been born under a lucky star; **jdm ~ und Segen wünschen** *(geh)* to wish sb every good fortune; **mehr ~ als Verstand** [*o* **als sonst was**] **haben** *(fam)* to have more luck than sense [*or* brains]; **~ bringend** lucky; **großes/seltenes ~** a great/rare stroke of luck; **~ verheißend** auspicious, propitious; **wahres ~ sein, dass ...** to be really lucky [*or* a good thing] that ...; **auf sein** ~ **bauen** to rely on [*or* trust to] one's good fortune; **jdm ~ bringen** to bring sb luck; **viel ~** [**bei/in etw**]**!** good [*or* the best of] luck [with/in sth]!; **~/kein ~ haben** to be lucky [*or* in luck] /unlucky [*or* to not be in luck]; **~ gehabt!** *(fam)* that was lucky! [*or* a close shave!]; **das ~ haben, etw zu tun** to be lucky enough [*or* have the good fortune] to do sth; **das ist dein ~!** *(fam)* lucky for you!; **~ bei jdm haben** to be successful with sb; **in sein ~ hineinstolpern** *(fam)* to have the luck of the devil, to be incredibly lucky; **dem ~ ein bisschen nachhelfen** to improve [*or* help] one's/sb's luck; *(mogeln)* to cheat a bit; **sein ~** [**bei jdm**] **probieren** [*o* **versuchen**] to try one's luck [with sb]; **von ~ reden** [*o* **sagen**] **können, dass ...** to count [*or* consider] oneself lucky [*or fam* thank one's lucky stars] that ...; **das ~ ist jdm gewogen** [*o* **hold**] *(geh)* luck was with them, fortune smiled upon [*or form* favoured [*or* AM -ored]] them; **sein ~ verscherzen** to throw away one's good fortune [*or* chance]; **auf sein ~ vertrauen** to trust to one's luck; **noch nichts von seinem ~ wissen** [*o* **ahnen**] *(iron)* to not know what's in store for one [*or* anything about it] yet; **jdm** [**viel**] ~ [**bei/zu etw dat**] **wünschen** to wish sb [good] luck [with/in sth]; **~ ab!** *(Fliegergruß)* good luck!, happy [*or* safe] landing!; **~ auf!** *(Bergmannsgruß)* good luck!; **zu jds ~** luckily [*or* fortunately] for

sb; **zum** ~ luckily, fortunately, happily; **zu seinem/ihrem etc.** ~ luckily for/her etc. ② *(Freude)* happiness, joy; **jdm** ~ [**und Zufriedenheit**] **wünschen** to wish sb joy; **in** ~ **und Unglück zusammenhalten** to stick together through thick and thin [*or* come rain or come shine]; **echtes/großes** ~ true/great happiness; **eheliches/häusliches** ~ marital [*or* wedded] / domestic bliss; **junges** ~ young love; **kurzes** ~ short-lived happiness; **ein stilles** ~ bliss, a serene sense of happiness; **das vollkommene** ~ perfect bliss; **tiefes** ~ **empfinden** to feel great [*or* deep] joy; **sein** ~ **genießen** to enjoy [*or* bask in] one's happiness; **jds ganzes** ~ **sein** to be sb's [whole] life, to mean the whole world to sb; **nach** ~ **streben** to pursue happiness ▸ WENDUNGEN: **sein** ~ **mit Füßen treten** to turn one's back on fortune; **~ und Glas, wie leicht bricht das!** *(prov)* glass and luck, brittle muck *prov;* **~ muss der Mensch** [*o* **man**] **haben!** *(fam)* this must be my/your/our etc. lucky day!, my/your/our etc. luck must be in!; **jeder ist seines ~es Schmied** *(prov)* life is what you make [of] it *prov,* everyone is the architect of his own fortune *prov;* **das war das** ~ **des Tüchtigen** he/she deserved his/her good luck [*or* fortune], he/she deserved the break *fam;* ~ **im Unglück haben** it could have been much worse [for sb], to be quite lucky in [*or* under] the circumstances; **etw auf gut** ~ **tun** to do sth on the off-chance, to trust to chance; **jdm lacht das** ~ fortune smiles on [*or* favours [*or* AM -ors]] sb; **sein** ~ **machen** to make one's fortune; **man kann niemanden zu seinem** ~ **zwingen** *(prov)* you can lead a horse to water but you cannot make him drink *prov; s. a.* **Pech**

Glu·cke <-, -n> [ˈglʊkə] *f* ① *(brütende Henne)* sitting [*or* broody] hen ② *(fig: besorgte Mutter)* mother hen

glü·cken [ˈglʏkn̩] *vi* ① *(gelingen)* to be successful [*or* a success]; **nicht** ~ to be a failure, to not be successful [*or* a success]; **Plan** *a.* to miscarry; ■ **jdm glückt etw** sb succeeds in sth; ■ **jdm glückt es, etw zu tun** sb manages to do sth; ■ **geglückt** successful; **eine geglückte Überraschung** a real surprise ② *(vorteilhaft werden)* to turn out well; ■ **etw ist jdm** [**gut**] **geglückt** sb's sth has turned out [very] well

glu·cken·haft *adj (iron fam)* mollycoddling *pej fam*

glu·ckern [ˈglʊkɐn] *vi* ① *(Geräusch machen)* ■ [**in etw** *dat*] ~ *Wasser* to glug [*or* gurgle] [in sth]; **~d fließen** to gurgle ② *(fließen)* ■ **in etw** *akk* ~ *Wein* to gurgle [*or* glug] into sth

glück·lich [ˈglʏklɪç] **I.** *adj* ① *(vom Glück begünstigt, erfolgreich)* lucky, fortunate; **ihr G~en!** lucky you! *a. iron;* **sich** ~ **schätzen können, dass ...**/**etw getan zu haben** to consider [*or* count] oneself lucky that .../ to have done sth ② *(vorteilhaft, erfreulich)* happy, fortunate; **ein ~es Ende** [*o* ~**er Ausgang**] a happy ending; **eine ~e Nachricht** [some] good news + *sing vb;* **ein ~er Umstand** a fortunate circumstance; **ein** ~**er Zufall** a stroke of luck; **ein** [**wenig**] ~**er Zeitpunkt** a [not very] happy moment ③ *(froh)* happy; ■ ~ **mit jdm/etw sein** to be happy with sb/sth; ■ ~ **über jdn/etw sein** to be happy about sb/sth; **wunschlos** ~ **sein** to be happy beyond all one's wishes; **jdn** ~ **machen** to make sb happy, to bring sb happiness ▸ WENDUNGEN: **dem G~en schlägt keine Stunde** time stands still for those who are happy **II.** *adv* ① *(vorteilhaft, erfreulich)* happily; ~ **gelingen** to turn out happily [*or* a success] ② *(froh und zufrieden)* happily; ~ [**mit jdm**] **liiert/verheiratet sein** to be happily united [with sb]/married [to sb] ③ *(fam: zu guter Letzt)* after all

glück·li·cher·wei·se *adv* luckily, fortunately

glück·los *adj* hapless, luckless

Glücks·brin·ger <-s, -> *m* lucky charm

glück·se·lig [glʏkˈzeːlɪç] *adj* blissful[ly happy]; ~**es**

Lächeln rapturous smile

Glück·se·lig·keit <-, -en> *f* **①** *kein pl (überglücklicher Zustand)* bliss; **in ~ schwelgen** to float in bliss **②** *(beglückendes Ereignis)* blissful occasion

gluck·sen ['glʊksn̩] *vi s.* **gluckern**

Glücks·fall *m* stroke of luck; **durch einen ~** by a lucky chance **Glücks·ge·fühl** *nt* ▪ **ein ~** [a feeling of] happiness **Glücks·göt·tin** *f* goddess of luck [*or* fortune], Fortune *no art, + sing vb* **Glücks·kind** *nt (fam)* a lucky person; **sie war ein ~** she was born lucky **Glücks·klee** *m* four-leaf[ed] clover **Glücks·pfen·nig** *m* lucky penny **Glücks·pilz** *m (fam)* lucky devil [*or* BRIT *a.* beggar] *fam* **Glücks·rad** *nt* wheel of fortune **Glücks·rit·ter** *m* adventurer, soldier of fortune **Glücks·sa·che** *f* ▪ **etw ist [reine] ~** sth's a matter of [sheer] luck **Glücks·schwein(·chen)** *nt* good-luck pig *(pig as a symbol of good luck)* **Glücks·spiel** *nt* game of chance; ▪ **~e** gambling *no pl* **Glücks·spie·ler(in)** *m(f)* gambler **Glücks·sträh·ne** *f* lucky streak, run of good luck **Glücks·tag** *m* lucky [*or* red-letter] day **Glücks·tref·fer** *m* stroke of luck; *(beim Schießen)* lucky shot **Glücks·zahl** *f* **①** *(Zahl, die Glück bringen soll)* lucky number **②** *(Lottotreffer)* winning [lottery] number

Glück·wunsch *m* congratulations *npl* **(zu** +*dat* on); **jdm seinen ~ zu etw** *dat* **aussprechen** to offer sb one's congratulations on sth; **herzlichen ~!, meinen ~!** congratulations!; **herzlichen ~ zum Geburtstag!** happy birthday, many happy returns [of the day]

Glück·wunsch·kar·te *f* greetings [*or* AM greeting] card **Glück·wunsch·te·le·gramm** *nt* greetings [*or* AM greeting] telegram

Glu·co·se <-> [glu'ko:zə] *f kein pl s.* **Glukose**

Glüh·bir·ne *f* [electric] light bulb

glü·hen ['gly:ən] *vi* **①** *(rot vor Hitze sein)* to glow **②** *(sehr heiß sein)* to burn; *Wangen* to glow **③** *(geh)* ▪ **vor etw** *dat* **~** to burn with sth; **vor Scham ~** to be flushed [*or* to burn] with shame

glü·hend I. *adj* **①** *(rot vor Hitze)* glowing; **~e Kohlen** glowing [*or* red-[hot] coals; **~es Metall** [red-]hot metal **②** *(brennend, sehr heiß)* burning; **~e Hitze** blazing heat; **~e Wangen** burning [*or* flushed] cheeks; **~er Hass** *(fig)* burning hatred **II.** *adv* **~ heiß** scorching [hot]; **jdn ~ lieben** to love sb passionately; **jdn ~ hassen** to have a burning hatred for sb

Glüh·lam·pe *f (geh)* [electric] light bulb **Glüh·wein** *m* glühwein, [hot] mulled wine

> **Kultur**
>
> **Glühwein** – hot red wine, spiced with cinnamon, aniseed and cloves – is sold in winter, especially on the Christmas markets.

Glüh·würm·chen <-s, -> *nt* glow-worm; *(fliegend)* firefly

Glu·ka·gon <-s> [gluka'go:n] *nt* BIOL glucagon *no pl*

Glu·ko·se <-> [glu'ko:zə] *f kein pl* glucose *no pl*

Glut <-, -en> ['glu:t] *f* **①** *(glühende Masse)* embers *npl; Tabak* burning ash **②** *(geh)* ardour [*or* AM -or] *form,* fervour [*or* AM -or] *form*

Glu·ta·mat <-[e]s, -e> [gluta'ma:t] *nt* [sodium] glutamate

Glu·ta·min <-s, -e> [gluta'mi:n] *nt* glutamine

Glu·ta·min·säu·re *f* glutam[in]ic acid

glut·äu·gig *adj (geh)* fiery-eyed *attr,* with smouldering [*or* fiery] eyes *pred* **Glut·hit·ze** *f* sweltering heat

Gly·ko·gen <-s> [glyko'ge:n] *nt kein pl* BIOL glycogen *no pl*

Gly·kol <-s, -e> [gly'ko:l] *nt* glycol

Gly·ze·rin <-s> [glytse'ri:n] *nt kein pl* CHEM glycerin[e]

GmbH <-, -s> [ge:ʔɛmbe:ha:] *f Abk von* **Gesellschaft**

mit beschränkter Haftung ≈ Ltd BRIT

Gna·de <-, -n> ['gna:də] *f* **①** *(Gunst)* favour [*or* AM -or]; **~ vor jds Augen finden** to find favour in sb's eyes [*or* with sb]; **von jds/Gottes ~n** by the grace of sb/God [*or* sb's/God's grace]; **Euer ~n!** Your Grace! **②** *(Milde, Nachsicht)* mercy; **etw aus ~ und Barmherzigkeit tun** to do sth out of the kindness [*or* goodness] of one's heart [*or* out of Christian charity]; **~ vor Recht ergehen lassen** to temper justice with mercy; **um ~ bitten** to ask [*or* beg] [*or* liter crave] for mercy; **die ~ haben, etw zu tun** *(iron)* to graciously consent to do sth *iron;* **ohne ~** without mercy; **~!** mercy!, spare me!

Gna·den·akt *m* act of mercy [*or* clemency] **Gna·den·brot** *nt kein pl* charity; **bei jdm das ~ bekommen** to be provided for by sb [in one's old age]; *(beim Pferd)* to have been put out to grass [by sb] **Gna·den·frist** *f* [temporary] reprieve; **jdm eine ~ geben** [*o* gewähren] to give sb a [temporary] reprieve **Gna·den·ge·such** *nt* plea [*or* petition] for clemency; **ein ~ [bei jdm] einreichen** to present a plea [*or* petition] for clemency [to sb], to petition for clemency **gna·den·los I.** *adj* merciless; ▪ **~ [gegen jdn] sein** to be merciless [with sb] **II.** *adv* mercilessly, without mercy **Gna·den·schuss**^RR *m,* **Gna·den·stoß** *m* coup de grâce; **einem Tier den ~ geben** to put an animal out of its misery, to kill an animal out of mercy **Gna·den·weg** *m* JUR pardon; **auf dem ~** by a pardon

gnä·dig ['gnɛ:dɪç] **I.** *adj* **①** *(herablassend)* gracious *a. iron* **②** *(Nachsicht zeigend)* merciful; **Gott sei ihm ~** [may] God have mercy on him **③** *(veraltend: verehrt)* **~e Frau** madam, ma'am; **~es Fräulein** madam; *(jünger)* miss; **~er Herr** *(veraltet)* sir; **die ~e Frau/das ~e Fräulein/der ~e Herr** the lady/young lady/master [*or* young] gentleman]; **meine G~ste** *(hum)* my dear madam, your ladyship *iron* **II.** *adv* **①** *(herablassend)* graciously **②** *(milde)* leniently; **~ davonkommen** to get off lightly; **mach es ~** don't be too hard

Gneis <-es, -e> ['gnais, *pl:* 'gnaizə] *m* GEOL gneiss

Gnom <-en, -en> ['gno:m] *m (pej)* gnome; *(kleiner Mensch)* dwarf, little squirt *pej fam; (Giftzwerg)* poison[ed] dwarf *pej fam*

Gnos·tik <-> ['gnɔstɪk] *f kein pl* REL Gnosticism

Gnos·ti·ker(in) <-s, -> ['gnɔstɪkɐ] *m(f)* REL Gnostic

gnos·tisch ['gnɔstɪʃ] *adj* REL gnostic

Gnu <-s, -s> ['gnu:] *nt* gnu, wildebeest

Goa·boh·ne ['go:a-] *f* asparagus pea, winged bean

Goal <-s, -s> ['go:l] *nt* FBALL ÖSTERR, SCHWEIZ goal

Goal·get·ter <-s, -> ['go:lgɛtɐ] *m* FBALL ÖSTERR, SCHWEIZ scorer **Goal·kee·per** <-, -s> ['go:lki:pɐ] *m,* **Goal·mann** ['go:l-] *m* FBALL ÖSTERR, SCHWEIZ goalkeeper, goalie *fam*

Go·be·lin <-s, -s> [gobə'lɛ̃:] *m* Gobelin [tapestry]

Go·ckel <-s, -> ['gɔkl] *m bes* SÜDD cock

Go·go-Tän·ze·rin ['go:go-] *f* go-go dancer [*or* girl]

Go·kart^RR, **Go-Kart**^ALT <-[s], -s> ['go:kart] *m* go-cart [*or* -kart]

Go·lan·hö·hen [go'la:n-] *pl* ▪ **die ~** the Golan Heights

Gold <-[e]s> ['gɔlt] *nt* **①** *(Edelmetall)* gold *no pl;* **etw mit ~ überziehen** to gold-plate sth, to plate sth with gold; **schwarzes ~** black gold, crude [oil]; **treu wie ~ sein** to be faithful and loyal; **nicht mit ~ zu bezahlen** [*o* aufzuwiegen] **sein** to be worth one's/its weight in gold; **aus ~** gold; **in ~** in gold; *(ungemünzt)* in bullion **②** SPORT *(sl)* gold, a/the gold medal (**in** +*dat* in); **~ holen** *(sl)* to fetch gold [*or* a/ the gold medal] ▶ WENDUNGEN: **es ist nicht alles ~, was glänzt** *(prov)* all that glitters [*or* glisters] is not gold *prov,* all is not gold that glitters *prov;* **~ in der Kehle haben** *(fig fam)* to have a golden voice, sb's voice is his/her fortune [*or* a goldmine]; **nicht für alles ~ der Welt** not for all the money in the world

Gold·ader f vein of gold; **eine ergiebige ~** a rich vein of gold, a bonanza **Gold·am·mer** ['gɔltʔamɐ] f yellowhammer **Gold·am·sel** f [golden] oriole **Gold·arm·band** nt gold bracelet **Gold·bar·ren** m gold ingot **Gold·barsch** m redfish **gold·be·stickt** adj embroidered with gold [thread] pred **Gold·bras·se** f ZOOL, KOCHK gilthead **Gold·de·ckung** f FIN gold backing [or cover]

Gold·du·blee [-dublɛː] nt gold-plated metal

gol·den ['gɔldn] I. adj attr ❶ (aus Gold) gold[en liter] ❷ (poet: goldfarben) golden; s. a. **Herz** s. a. **Hochzeit** s. a. **Mitte** s. a. **Wort** II. adv like gold

Gold·esel m ❶ LIT as which rained gold coins ❷ (fig fam) bottomless source of money **Gold·fa·den** ['gɔlt·faːdn] m gold thread **gold·far·ben, gold·far·big** adj golden, gold-coloured **Gold·fa·san** m golden pheasant **Gold·fisch** m gold fish **Gold·fund** m discovery of gold **Gold·ge·halt** m gold content **gold·gelb** adj golden yellow; KOCHK golden brown **Gold·gier** f greed for gold **gold·gie·rig** adj greedy for gold pred **Gold·grä·ber(in)** <-s, -> m(f) gold-digger **Gold·grä·ber·stim·mung** f kein pl SOZIOL, ÖKON euphoria **Gold·gru·be** f ❶ (fig: Fundgrube) goldmine ❷ (liter) s. **Gold·mine Gold·hähn·chen** nt ORN goldcrest **gold·hal·tig** adj, **gold·häl·tig** adj ÖSTERR gold-bearing, auriferous spec **Gold·hams·ter** m [golden] hamster

gol·dig ['gɔldɪç] adj ❶ (fam: allerliebst) sweet, cute ❷ pred DIAL (fam: rührend nett) frightfully nice a. iron ❸ DIAL (iron fam) **du bist aber ~!** you're a right one [or card] [, you are]! BRIT iron fam, you're [or very] funny! AM iron fam

Gold·jun·ge, -mäd·chen m, f (fam) ❶ (Kind, das man besonders lieb hat) blue-eyed [or golden] boy, mother's little boy/girl ❷ SPORT gold medallist **Gold·klum·pen** m gold nugget **Gold·kro·ne** f gold crown **Gold·lack** m BOT wallflower, gillyflower **Gold·mäd·chen** nt (fam) fem form von **Goldjunge Gold·ma·kre·le** f KOCHK, ZOOL dorado, dolphinfish **Gold·mark** ['gɔltmark] f HIST [German] gold mark **Gold·me·dail·le** [-medaljə] f SPORT gold [medal] **Gold·me·dail·len·ge·win·ner(in)** [-medaljən-] m(f) SPORT gold medallist **Gold·mi·ne** f gold mine **Gold·nes·sel** f BOT yellow archangel **Gold·pa·pier** nt gold [or gilt] paper **Gold·rah·men** m gilt frame **Gold·rand** m gold edge; (auf Tassen) gold [or gilt] rim; **mit/ohne ~** with/without a gold edge [or gold [or gilt] rim] **Gold·rausch** m gold fever **Gold·rau·te** f BOT spiked wormwood **Gold·re·gen** m ❶ BOT laburnum, golden rain ❷ (Feuerwerkskörper) Roman candle **Gold·re·gen·pfei·fer** m ORN golden plover **Gold·reif** m (geh) gold bracelet **Gold·re·ser·ve** f FIN gold reserves **gold·rich·tig** adj (fam) ❶ (völlig richtig) dead right [or on] fam; **sich ~ verhalten** to behave exactly right ❷ pred (in Ordnung) all right fam **Gold·schatz** m ❶ (Schatz aus goldenen Gegenständen) golden treasure ❷ (Kosewort) treasure fam

Gold·schmied(in) m(f) goldsmith

Gold·schmie·de·ar·beit f worked gold article **Gold·schmie·de·kunst** f kein pl goldsmith's art **Gold·schmie·de·kurs** m goldsmith[e]ry course

Gold·schmie·din <-, -nen> f fem form von **Goldschmied**

Gold·schnitt m kein pl gilt edging **Gold·schnit·te** f KOCHK sweet French toast **Gold·staub** m gold dust **Gold·stück** nt ❶ (veraltet) gold coin [or piece], piece of gold ❷ s. **Goldschatz 2 Gold·uhr** f gold watch **Gold·vor·kom·men** nt gold deposit **Gold·waa·ge** f gold balance [or BRIT scales pl] [or AM scale]; **[bei jdm] jedes Wort [o alles] auf die ~ legen müssen** to have to weigh one's words [with sb], to have to watch what one says [to sb]; **du darfst [bei ihm] nicht jedes Wort auf die ~ legen** you should take him with a

pinch of salt, you shouldn't take what he says too seriously **Gold·wa·ren** pl gold articles **Gold·wä·scher(in)** <-s, -> m(f) gold panner

Go·lem <-s> ['goːlɛm] m kein pl golem

Golf¹ <-[e]s, -e> ['gɔlf] m GEOL gulf; **der ~ von Alaska/Genua/Guinea/Mexiko** the Gulf of Alaska/Genoa/Guinea/Mexico; **der ~ von Bengalen/Biskaya** the Bay of Bengal/Biscay; **der Persische ~, der ~** (fam) the [Persian] Gulf

Golf² <-s> ['gɔlf] nt kein pl SPORT golf no pl; **~ spielen** to [play] golf

Golf·ball m golf ball **Golf·club** [-klʊp] m golf club **Gol·fer(in)** <-s, -> ['gɔlfɐ] m(f) (fam) s. **Golfspieler** golfer

Golf·krieg m gulf war; ■ **der ~** the Gulf War **Golf·kri·se** f ■ **die ~** the Gulf Crisis

Golf·platz m golf course [or links] + sing/pl verb; **ein ~ mit 18 Löchern** an 18-hole golf course

Golf·po·li·tik f Gulf policies pl

Golf·schlä·ger m golf club **Golf·spie·ler(in)** m(f) golfer, golf player; **~ sein** to play golf

Golf·staat m ■ **die ~en** the Gulf States **Golf·strom** m GEOL ■ **der ~** the Gulf Stream

Golf·ta·sche f golf bag

Gol·ga·tha <-s> ['gɔlgata] nt Golgotha

Gol·gi-Ap·pa·rat ['gɔldʒi-] m BIOL Golgi apparatus [or body]

Go·li·ath <-s, -s> ['goːli̯at] m ❶ (Riese in der Bibel) Goliath ❷ (fig fam) giant, goliath

Go·me·ra [goˈmeːra] nt Gomera; s. a. **Sylt**

Go·na·de <-, -n> [goˈnaːdə] f BIOL gonad

Gon·del <-, -n> ['gɔndl] f ❶ (Boot in Venedig) gondola ❷ (Seilbahn~) [cable-]car ❸ (Ballon~) gondola, basket **Gon·del·bahn** f SCHWEIZ cable railway

gon·deln ['gɔndln] vi sein (fam) ■ **mit etw** dat **durch etw** akk ~ (per Boot reisen) to go [or cruise] [leisurely] through sth [in sth], to cruise around sth

Gon·do·li·e·re <-, Gondolieri> [gɔndoˈli̯eːrə, pl: gɔndoˈli̯eːri] m gondolier

Gong <-s, -s> ['gɔŋ] m gong; SPORT bell

gon·gen ['gɔŋən] I. vi impers **das Essen ist fertig, es hat schon gegongt!** it's mealtime, the gong has already sounded! II. vi to sound the gong

Gong·schlag m sound [or stroke] of the gong

gön·nen ['gœnən] I. vt ❶ (gern zugestehen) ■ jdm **etw ~** not to begrudge sb sth; **ich gönne ihm diesen Erfolg von ganzem Herzen!** I'm absolutely delighted that he has succeeded ❷ (iron: es gern sehen) ■ **es jdm ~, dass** to be pleased [to see] that sb iron; **ich gönne ihm, dass er auch mal reingefallen ist!** I'm pleased [to see] that he's been taken for a ride for once II. vr ■ **sich** dat **etw ~** to allow oneself sth; **sich ein Glas Wein/etwas Kaviar/ein paar Pralinen ~** to treat oneself to [or allow oneself] a glass of wine/some caviar/a few chocolates

Gön·ner(in) <-s, -> ['gœnɐ] m(f) patron

gön·ner·haft I. adj (pej) patronizing [or BRIT a. -ising]; **ein ~es Lächeln** a patronizing smile II. adv patronizingly [or BRIT a. -isingly]; **sich ~ geben, ~ tun** to play the big benefactor

Gön·ne·rin <-, -nen> ['gœnərɪn] f fem form von **Gönner**

Gön·ner·lau·ne f generous mood; **ich gebe heute Champagner aus, ich bin in ~** the Champagne's on me today, I'm [feeling] in a generous mood [or fam feeling flush] **Gön·ner·mie·ne** f (pej) patronizing expression [or air]; **eine ~ aufsetzen** to put on a patronizing expression [or air]; **mit ~** with a patronizing expression [or air]

Go·no·kok·kus <-, -kokken> [gonoˈkɔkʊs, pl: gonoˈkɔkn̩] m meist pl MED gonococcus

Go·nor·rhö(e) <-, -en> [gonoˈrøː] f MED gonorrhoea

BRIT, gonorrhea AM

Good·will <-s> ['gudwil] *m kein pl* ❶ ÖKON *(Firmenwert)* goodwill *no pl* ❷ *(Wohlwollen)* goodwill *no pl*

Good·will·tour ['gudwiltuːɐ] *f* goodwill trip

gor ['goːɐ̯] *imp von* **gären**

gor·disch ['gɔrdɪʃ] *adj s.* **Knoten**

Gö·re <-, -n> ['gøːrə] *f (fam)* | BRIT cheeky] little madam *fam*, brat *pej fam*

Go·ril·la <-s, -s> [goˈrɪla] *m* ❶ *(Menschenaffe)* gorilla ❷ *(sl: Leibwächter)* heavy *sl*

Gos·pel·song <-s, -s> [-zɔŋ] *m* gospel song

gossRR, **goß**ALT ['gɔs] *imp von* **gießen**

Gos·se <-, -n> ['gɔsə] *f (veraltend: Rinnstein)* gutter; ▸WENDUNGEN: **jdn aus der ~ auflesen** [*o* holen] to drag [*or* pull] sb [up] out of the gutter; **in der ~ aufwachsen** to grow up in the gutter; **in der ~ enden** [*o* landen] to end up in the gutter; **aus der ~ kommen** [*o* stammen] to come from the gutter; **jdn** [*o* jds Namen] **durch die ~ ziehen** to drag sb's name through the mud

Go·te, Go·tin <-n, -n> ['goːtə, 'goːtɪn] *m, f* Goth

Go·tik <-> ['goːtɪk] *f kein pl* ARCHIT, KUNST Gothic period

Go·tin <-, -nen> ['goːtɪn] *f fem form von* **Gott**

go·tisch ['goːtɪʃ] *adj* ❶ HIST, LING Gothic ❷ ARCHIT, ART *(die Epoche der Gotik betreffend)* Gothic [style]; *s. a.* **Schrift**

Go·tisch ['goːtɪʃ] *nt* LING Gothic; ▪ **das ~e** [the] Gothic [language]

Gott, Göt·tin <-es, Götter> ['gɔt, 'gœtɪn, *pl:* 'gœtə] *m, f* ❶ *no pl (das höchste Wesen)* God; **vor ~ sind alle Menschen gleich** all men are equal before God; *(christlicher ~)* God; **~ sei Dank!** *(a. fig fam)* thank God! *a. fig*; **~ im Himmel!** *(emph fam)* heavens above!, goodness gracious!; **~ sei gepriesen** God be praised; **was ~ zusammengefügt hat, soll der Mensch nicht scheiden** those whom God hath joined together let no man put asunder; **~ der Allmächtige** Almighty God; **~ der Herr** the Lord; **~ [der] Vater], der Sohn und der Heilige Geist]** God the Father[, Son and Holy Ghost]; **im Namen ~es** in the name of God; **der liebe ~** *(Kindersprache)* the good Lord; **bete zu ~, dass …!** *(a. fig)* pray to God that …! *a. fig*; **zu ~ beten** to pray to God; **an ~ glauben** to believe in God; **bei ~ schwören** to swear by Almighty God; **so ~ will** *(geh)* God willing; **~ steh' mir bei!** *(emph fam)* God help me!; **~ ist mein Zeuge** *(geh)* as God is my witness; **~ hab' ihn selig!** God rest his soul!; **~ sei mit dir/euch!** *(veraltend)* God be with you! *dated;* **da sei ~ vor!** *(emph)* God [*or* Heaven] forbid!; **vergelt's ~!** *(veraltend)* God bless you!; **großer** [*o* **gütiger**] [*o* **gerechter**] **~!** [*o* God]! ❷ *(ein ~)* god ▸WENDUNGEN: **wie ~ in Frankreich leben** *(fam)* to live in the lap of luxury; **den lieben ~ einen guten Mann sein lassen** *(fam)* to live for the day [*or* take things as they come]; **~es Mühlen mahlen langsam** *(prov)* the mills of the Lord grind slowly[, but they grind exceeding small] *prov;* **in ~es Namen!** *(fam)* in the name of God; **halte dich in ~es Namen etwas zurück, wenn du mit ihnen sprichst** for heaven's [*or* goodness] sake go easy on them when you speak to them; **über ~ und die Welt reden** [*o* sprechen] **sich über ~ und die Welt unterhalten** *(fam)* to talk about everything under the sun; **ach du lieber ~!** oh heavens [*or* Lord] !; **ach du lieber ~, wie siehst du denn aus?** good heavens, what do you look like?; **~ behüte** [*o* bewahre] **!** God [*or* Heaven] forbid!; **gebe ~, dass** pray [*or* please] God that; **[nackt,] wie ~ ihn/sie geschaffen hat** *(hum fam)* naked as the day he/she was born, in his/her birthday suit *hum fam* [*or* fam the altogether]; **gnade dir ~, wenn … … dann gnade dir ~!** woe betide you, if…;

grüß ~! *bes* SÜDD, ÖSTERR hello!, hallo!, good day [*or* morning] [*or* afternoon] [*or* evening] !; **jds ~ sein** to be sb's god; **~ weiß was/wie viel/wann …** *(fam)* God knows what/how much/when …; **da kann man ~ weiß was finden** one can find all sorts of [*or* God knows how many] things there; **weiß ~ nicht …** *(fam)* certainly not …; **das ist weiß ~ nicht zu teuer** that is certainly not too expensive; **das wissen die Götter** *(fam)* Heaven only knows; **ach ~** *(resignierend)* oh God [*or* Lord] !; *(tröstend)* oh dear; **bei ~** *(fam)* by God!; **leider ~es** *(emph)* unfortunately, I'm afraid; **leider ~es, ja/nein!** I'm afraid so/not!; **mein ~** *(emph fam)* [my] God!; **o ~** *(entsetzt)* oh God!; *(empört)* my God!; **um ~es willen!** *(emph: o je!)* [oh] my God!; *(bitte)* for God's [*or* Heaven's] sake!

Got·te <-, -n> ['gɔtə] *f* SCHWEIZ *fem form von* **Götti** godmother

Gott·er·bar·men *nt* ▸WENDUNGEN: **zum ~** *(fam: Mitleid erregend)* pitifully, pathetically; *(pej: fürchterlich)* atrociously, dreadfully, terribly

Göt·ter·bild *nt* idol **Göt·ter·bo·te** *m* messenger of the Gods **Göt·ter·däm·me·rung** *f* Götterdämmerung, twilight of the gods **Göt·ter·gat·te, -gat·tin** *m, f (hum fam)* ▪ **jds ~** sb's better half *hum*

gott·er·ge·ben I. *adj* meek **II.** *adv* meekly

Göt·ter·spei·se *f* KOCHK jelly BRIT

Got·tes·acker *m (veraltet)* God's acre *dated no art,* graveyard **Got·tes·an·be·te·rin** *f* ZOOL praying mantis **Got·tes·dienst** *m* REL [church] service; **zum ~ gehen** to go to church **Got·tes·furcht** *f kein pl* REL fear of God *no pl* **got·tes·fürch·tig** ['gɔtəsfʏrçtɪç] *adj (veraltend)* God-fearing *dated* **Got·tes·haus** *nt* REL house of God *esp liter, form,* place of worship, church **Got·tes·läs·te·rer, -läs·te·rin** *m, f* blasphemer **got·tes·läs·ter·lich** *adj* blasphemous **Got·tes·läs·te·rung** *f* blasphemy **Got·tes·mut·ter** *f kein pl* REL ▪ **[Maria,] die ~** [Mary,] Mother of God **Got·tes·sohn** *m kein pl* REL ▪ **[Jesus Christus,] der ~** [Jesus Christ,] Son of God **Got·tes·ur·teil** *nt* HIST trial by ordeal

gott·ge·wollt *adj inv* REL willed by God, divinely ordained

Gott·heit <-, -en> *f* deity

Göt·ti <-s, -> ['gœti] *m* SCHWEIZ *(Pate)* godfather

Göt·tin <-, -nen> ['gœtɪn] *f fem form von* **Gott** goddess

gött·lich ['gœtlɪç] *adj* ❶ *(von Gott gegeben)* divine; **~e Gnade/Vorsehung** divine mercy/providence ❷ *(einer Gottheit ähnlich)* divine, godlike ❸ *(fam: extrem gut)* divine

gott·lob [gɔtˈloːp] *adv (veraltend)* thank God [*or* goodness] [*or* heaven[s]]

gott·los *adj* godless **Gott·lo·sig·keit** *f* godlessness

Gott·sei·bei·uns [gɔtzaiˈbaiʔʊns] *m (euph veraltend)* ▪ **der [leibhaftige] ~** the Evil One [himself], the devil [incarnate]

gotts·er·bärm·lich ['gɔtsʔɛrˈbɛrmlɪç] **I.** *adj (emph fam)* dreadful, terrible; **eine ~e Hitze** a dreadful [*or* terrible] heat **II.** *adv* terribly; **du zitterst ja ~!** you're shaking terribly!

Gott·va·ter [gɔtˈfaːtɐ] *m kein pl* God the Father *no pl* **gott·ver·dammt** *adj attr (emph sl)* damn[ed] *sl,* goddamn[ed] *esp* AM *fam* **gott·ver·las·sen** *adj (emph fam)* god-forsaken *pej* **Gott·ver·trau·en** *nt kein pl* trust in God *no pl*

Göt·ze <-n, -n> ['gœtsə] *m (pej)* ❶ *(heidnischer Gott)* idol, false god ❷ *s.* **Götzenbild**

Göt·zen·bild *nt (pej)* idol, graven image **Göt·zen·die·ner(in)** *m(f) (pej)* idolater, worshipper of idols

Götz·zi·tat ['gœts-] *nt* ▪ **das ~** the verbal equivalent of the V-sign *vulg*

Gour·mand <-s, -s> [gʊrˈmãː] *m* gourmand, glutton

Gour·met <-s, -s> [gʊrˈmeː] *m* gourmet

Gou·ver·nan·te <-, -n> [guvɛrˈnantə] *f (veraltet)*

governess *dated*

Gou·ver·ne·ment <-s, -s> |guvɛrnə'mã:| *nt* HIST prov·
ince

Gou·ver·neur|in) <-s, -e> |guvɛr'nø:ɐ| *m(f)* ① POL
*(höchster Verwaltungsbeamter eines Bundesstaats
der USA)* governor ② HIST *(Befehlshaber einer Provinz
eines Reiches)* governor

Grab <-[e]s, Gräber> |'gra:p, *pl:* 'grɛ:bɐ| *nt (letzte
Ruhestätte)* grave; **ein ~ in fremder Erde finden**
(geh) to be buried in foreign soil; **sein ~ in den Wel-
len finden, ein feuchtes** |*o* nasses| **~ finden** *(geh)*
to go to a watery grave [*or liter* meet a watery end];
das Heilige ~ REL the Holy Sepulchre [*or* AM *a.* -er]
▶ WENDUNGEN: **ein Geheimnis mit ins ~ nehmen** to
carry a secret |with one| to the grave; **das bringt
mich/dich noch ins ~!** *(fam)* it'll be the death of
me/you yet!; **du bringst mich noch ins ~!** *(fam)*
you'll send me to an early grave!; **sich** *dat* **sein ~
selbst schaufeln** |*o* graben| **sich** *dat* **sein eigenes
~ schaufeln** |*o* graben| to dig one's own grave; **etw
mit ins ~ nehmen** to take sth |with one| to the grave;
schweigen können wie ein ~ to be |as| silent as the
grave [*or* |be able to| keep quiet]; **jdn zu ~e tragen**
(geh) to carry [*or* bear] sb to the grave, to bury sb; **jd
würde sich im ~|e| umdrehen, wenn …** *(fam)* sb
would turn in their grave if …; *s. a.* **Hoffnung**

Grab·bei·ga·be *f* ARCHÄOL burial object

Grab·bel·tisch |'grabl-| *m* DIAL *(fam)* counter with
cheap goods

gra·ben <grub, gegraben> |'gra:bn| **I.** *vi* ① *(Erde aus-
heben)* to dig ② *(durch Graben suchen)* ■ **nach etw**
dat **~** to dig for sth **II.** *vt* ① *(ausheben)* ■ **etw ~**
Grube, Loch to dig sth ② *(geh: versenken)* ■ **etw in
etw** *akk* **~** to sink sth into sth; **sie grub mir ihre Fingernägel in den Arm** she dug her fingernails into my
arm **III.** *vr* ■ **sich in etw** *akk* **~** to sink into sth; **ihre
Fingernägel gruben sich in seine Haut** her nails
dug into his skin

Gra·ben <-s, Gräben> |'gra:bn, *pl:* 'grɛ:bn| *m* ① *(aus-
gehobene, längliche Vertiefung in der Erde)* ditch
② MIL *(Schützen~)* trench ③ HIST *(Festungsgraben)*
moat ④ GEOL rift valley; **der ~ der Marianen** GEOL the
Marianas Trench

Gra·bes·rand *m* graveside **Gra·bes·ru·he** *f*, **Gra·bes·
stil·le** *f (geh)* deathly hush [*or* silence] **Gra·bes·stim·
me** *f* ▶ WENDUNGEN: **mit ~** *(fam)* in a sepulchral voice

Grab·ge·wöl·be *nt (Krypta)* crypt, vault, tomb; *(Gruft)*
tomb **Grab·hü·gel** *m* ARCHÄOL barrow, grave-mound,
tumulus **Grab·in·schrift** *f* epitaph, inscription on a/
the gravestone **Grab·kam·mer** *f* ARCHÄOL burial
chamber **Grab·kreuz** *nt* cross on a/the grave **Grab·
mal** <-|e|s -mäler *o* geh -e> *nt* ① *(Grabstätte)* mausoleum
② *(Gedenkstätte)* memorial; ▶ WENDUNGEN: **das ~ des
Unbekannten Soldaten** the tomb of the Unknown
Soldier [*or* BRIT Warrior] **Grab·mil·be** *f* ZOOL mange
mite **Grab·plat·te** *f* memorial slab **Grab·schän·
dung** *f* desecration of a grave-/|the| graves; **~ bege·
hen** to desecrate a grave-/|the| graves

grab·schen |'grabʃn| *vt, vi s.* **grapschen**

Grab·scher <-s, -> *m*, **Grapscher** <-s, -> |'grabʃe| *m*
SOZIOL *(pej fam)* groper *pej fam*

Grab·stät·te *f (geh)* grave, tomb, sepulchre [*or* AM *a.*
-er] *dated* **Grab·stein** *m* gravestone, tombstone
Grab·stel·le *f* burial plot

Gra·bung <-, -en> *f* ARCHÄOL excavation

Grab·wes·pe *f* ZOOL sand wasp

Gracht <-, -en> |'graxt| *f* canal *(a navigable canal in
Dutch towns)*

Grad <-[e]s, -e> |'gra:t, *pl:* 'gra:də| *m* ① MATH degree
② GEOG degree ③ PHYS degree; **… ~ unter null** |*o*
minus| [*or* **Kälte**] degree/s below |zero|; **… ~ über
null** |*o* plus| [*or* **Wärme**] … degree/s above zero [*or*

freezing|; **Wasser gefriert bei null ~/kocht bei
100 ~ Celsius** water freezes at zero/boils at 100
degrees Celsius ④ SCH degree; **akademischer ~** |uni-
versity| degree ⑤ *(Maß, Stufe)* level; **ersten/zwei-
ten/dritten ~es** MED first-/second-/third-degree;
Verbrennungen ersten ~es first-degree burns; **eine
Tante/ein Onkel etc. ersten ~es** an immediate
uncle/aunt etc.; **eine Tante/ein Onkel etc. zwei-
ten/dritten ~es** an aunt/uncle etc. once/twice
removed; **bis zu einem gewissen ~|e|** to a certain
degree [*or* extent]; **im höchsten/in hohem ~|e|**
extremely/to a great [*or* large] extent ▶ WENDUNGEN:
der dritte ~ *(euph)* the third degree *fam*; **um
|ein|hundertachtzig ~** *(fam)* complete|ly|; **die
Regierung hat sich in Bezug auf ihre politische
Linie um 180 ~ gedreht** the government has made a
u-turn in respect of their policies

gra·de |'gra:də| *adj o adv (fam) s.* **gerade**

Grad·ein·tei·lung *f* MATH, SCI calibration, graduation

Gra·di·ent <-en, -en> |gra'djɛnt| *m (fachspr: Konzen-
trationsgefälle)* gradient

Grad·mes·ser <-s, -> *m* gauge, yardstick; **ein ~ für
etw** *akk* **sein** a yardstick for sth

gra·du·ell |gra'dʊɛl| *adj* ① *(gering)* slight ② *(allmäh-
lich)* gradual

gra·du·iert |gradu'i:rt| *adj* SCH graduate; **ein ~er
Betriebswirt** a business management graduate

Graf, Grä·fin[1] <-en, -en> |'gra:f, 'grɛ:fɪn| *m, f* count,
earl BRIT; ▶ WENDUNGEN: **~ Rotz** *(fam)* Lord Muck
BRIT *hum fam*

Graf[RR2] <-en, -en> |'gra:f| *m* MATH *s.* **Graph**

Graf·fi·to <-[s], Graffiti> |gra'fi:to, *pl:* gra'fi:ti| *m o nt*
① KUNST graffito ② *pl (auf Mauerwerk aufgesprüht)*
■ **Graffiti** graffiti

Gra·fik |'gra:fɪk| *f* ① KUNST *(grafische Technik)*
graphic arts *pl* ② KUNST *(grafische Darstellung)*
graphic ③ *(Schaubild)* diagram

Gra·fi·ker|in) <-s, -> |'gra:fɪkɐ| *m(f)* graphic artist

Gra·fik·kar·te *f* INFORM graphics card

Grä·fin <-, -nen> |'grɛ:fɪn| *f fem form von* **Graf** coun-
tess

gra·fisch |'gra:fɪʃ| *adj o adv s.* **graphisch**

Gra·fit[RR] <-s, -e> |gra'fi:t| *m* CHEM *s.* **Graphit**

gräf·lich |'grɛ:flɪç| *adj* count's *attr,* earl's *attr* BRIT, of [*or*
belonging to] the count [*or* earl] *pred*

Gra·fo·lo·ge[RR], Gra·fo·lo·gin <-n, -n> |grafo'lo:gə,
-'lo:gɪn| *m, f s.* **Graphologe**

Gra·fo·lo·gie[RR] <-> |grafolo'gi:| *f kein pl s.* **Grapholo·
gie**

Gra·fo·lo·gin[RR] <-, -nen> |grafo'lo:gɪn| *f fem form
von* **Graphologin** *fem form von* **Graphologe**

Graf·schaft <-, -en> *f* ① HIST count's land, earldom
BRIT ② *(Verwaltungsbezirk in Großbritannien)* county

Gra·ham·brot |'gra:hambro:t| *nt* graham bread *(type
of wholemeal bread made from unbolted wheat flour)*

Gral <-s> |'gra:l| *m kein pl* LIT **der |heilige| ~** the
|Holy| Grail

Grals·hü·ter|in) *m(f)* ① LIT keeper of the |Holy| Grail
② *(Hüter)* guardian **Grals·rit·ter** *m* LIT knight of the
|Holy| Grail **Grals·sa·ge** *f* LIT legend of the |Holy|
Grail

gram |'gra:m| *adj pred (geh)* ■ **jdm ~ sein** to have a
grievance against sb, to bear sb ill-will

Gram <-[e]s> |'gra:m| *m kein pl (geh)* grief, sorrow

grä·men |'grɛ:man| *(geh)* **I.** *vr* ■ **sich |über/um jdn/
etw| ~** to grieve [over sb/sth] **II.** *vt* ■ **jdn ~** to worry
[*or* trouble] sb

gram·er·füllt *adj (geh)* sorrowful, grief-stricken

Gramm <-s, -e *o* bei Zahlenangaben: -> |'gram| *nt* ①
gram, BRIT *a.* gramme

Gram·ma·tik <-, -en> |gra'matɪk| *f* ① *(Teil der
Sprachwissenschaft)* grammar ② *(Lehrbuch der ~)*

grammar [book] ❸ PHILOS, LING *(gesetzmäßige Struktur)* framework

gram·ma·ti·ka·lisch [gramati'ka:lɪʃ] *adj s.* **grammatisch**

Gram·ma·tik·re·gel *f* grammatical rule, rule of grammar

gram·ma·tisch [gra'matɪʃ] *adj* grammatical

Gram·mo·phon®, Gram·mo·fon^RR <-s, -e> [gramo-'fo:n] *nt (veraltet)* gramophone *dated,* phonograph *old*

gram·voll *adj s.* **gramerfüllt**

Gra·nat <-[e]s, -e *o* ÖSTERR -en> [gra'na:t] *m* garnet

Gra·nat·ap·fel *m* BOT pomegranate

Gra·na·te <-, -n> [gra'na:tə] *f* MIL shell

Gra·nat·split·ter *m* shell splinter **Gra·nat·wer·fer** <-s, -> *m* MIL mortar

Gran Ca·na·ria [graŋ ka'na:ri̯a] *nt* Gran Canary; *s. a.* **Sylt**

Gran·de <-n, -n> ['grandə] *m* grandee

Grand·hotel ['grã:hotɛl] *nt* luxury [*or* five-star] hotel

gran·di·os [gran'di̯o:s] *adj* magnificent; **ein ~er Erfolg** a brilliant [*or* tremendous] success; **eine ~e Idee** a grandiose [*or* brilliant] idea; **ein ~er Vorschlag** an excellent suggestion

Grand Prix, Grand·prix^RR <- -, - -> [grã'pri:] *m* SPORT Grand Prix

Grand·prix-Stim·mung^RR [grã'pri:-] *f* **trotz des Dauerregens herrschte weiterhin ~** even the persistent rain couldn't dampen the crowd's enthusiasm for the Grand Prix

Gra·nit <-s, -e> [gra'ni:t] *m* GEOL granite; ▶ WENDUNGEN: **bei jdm** [**mit etw** *dat*] **auf ~ beißen** *(fam)* to get nowhere with sb [with sth]

Gran·ne <-, -n> ['granə] *f* BOT awn, beard

gran·teln ['grantln] *vi* SÜDD *(fam)* to grumble

gran·tig ['grantɪç] *adj (fam)* grumpy

Gra·nu·lat <-[e]s, -e> [granu'la:t] *nt* granules *pl;* **als ~** in granulated form

gra·nu·lie·ren` [granu'li:rən] *vt* ■ **etw ~** to granulate sth

Grape·fruit <-, -s> ['gre:pfru:t] *f* grapefruit

Grape·fruit·mes·ser *nt* grapefruit knife

Graph <-en, -en> [gra:f] *m* MATH graph

Gra·phik(er(in) <-s, -> ['gra:fikə] *m(f) s.* **Grafiker**

Gra·phik·kar·te *f* INFORM *s.* **Grafikkarte**

gra·phisch ['gra:fɪʃ] **I.** *adj* ❶ KUNST graphic ❷ *(schematisch)* diagrammatic **II.** *adv* diagrammatically

Gra·phit <-s, -e> [gra'fi:t] *m* CHEM graphite

Gra·pho·lo·ge, Gra·pho·lo·gin <-n, -n> [grafo'lo:gə, -'lo:gɪn] *m, f* graphologist

Gra·pho·lo·gie <-> [grafolo'gi:] *f kein pl* graphology *no pl*

Gra·pho·lo·gin <-, -nen> [grafo'lo:gɪn] *f fem form von* **Graphologe**

grap·schen ['grapʃn] **I.** *vr (fam)* ❶ *(an sich raffen)* ■ **sich** *dat* **etw ~** to grab sth [for oneself] ❷ *(packen)* ■ **sich** *dat* **jdn ~** to grab hold of sb **II.** *vi (fam)* ■ **nach etw** *dat* ~ to make a grab for sth

Gras <-es, Gräser> ['gra:s, *pl:* 'grɛ:zə] *nt* ❶ *kein pl (Gesamtheit von Gräsern)* grass ❷ *meist pl (~pflanze)* grass ▶ WENDUNGEN: **ins ~ beißen** *(sl)* to kick the bucket *sl,* to bite the dust; **das ~ wachsen hören** *(jdm entgeht nicht das Geringste)* to have a sixth sense; *(zu viel in etwas hineindeuten)* to read too much into things; **über etw** *akk* **wächst ~** *(fam)* [the] dust settles on sth; [**wo der hinhaut**], **da wächst kein ~ mehr** *(fam)* he puts the kiss of death on everything he touches

gras·be·wach·sen *adj* grass-covered, grassy **Gras·bü·schel** *nt* tuft of grass

gra·sen ['gra:zn] *vi* to graze

Gras·frosch *m* grass frog **gras·grün** *adj* grass-green **Gras·halm** *m* blade of grass **Gras·hüp·fer** <-s, -> *m (fam)* grasshopper **Gras·land** *nt kein pl* grassland **Gras·mü·cke** *f* ORN warbler **Gras·nar·be** *f* turf **Gras·nel·ke** *f* BOT thrift **Gras·pflan·ze** *f* grass, gramin[ac]eous plant

Grass <-> ['gra:s] *nt kein pl (sl)* grass *sl*

Gras·sa·men *m* grass seed

gras·sie·ren` [gra'si:rən] *vi* ❶ *(sich verbreiten)* to rage [*or* be rampant] ❷ *(um sich greifen)* to be rife

gräss·lich^RR, gräß·lich^ALT ['grɛslɪç] **I.** *adj* ❶ *(furchtbar)* horrible, terrible; **ein ~es Verbrechen** a heinous [*or* horrible] crime; **~e Verwüstungen** complete [*or* total] [*or* utter] devastation; **~e Kopfschmerzen haben** to have a splitting headache ❷ *(fam: widerlich)* horrible, beastly *fam;* **was für ein ~es Wetter!** what foul [*or fam* beastly] weather!; **einen ~en Geschmack haben** to have awful taste **II.** *adv (fam)* terribly; **sich ~ langweilen** to be bored stiff [*or* to death] [*or* to tears] *fam;* **~ müde** dead tired, dog-tired *fam*

Gräss·lich·keit^RR, Gräß·lich·keit^ALT <-, -en> *f* ❶ *kein pl (grässliche Art)* horribleness, terribleness; **die ~ eines Verbrechens** the heinousness [*or* horrible nature] of a crime ❷ *(grässliche Tat etc.)* atrocity

Gras·step·pe *f (grassy)* steppe, savanna[h]

Grat <-[e]s, -e> ['gra:t] *m* ❶ *(oberste Kante)* ridge ❷ TECH *(scharfkantiger Rand)* burr ❸ ARCHIT *(Schnittlinie)* hip

Grä·te <-, -n> ['grɛ:tə] *f* [fish]bone; ▶ WENDUNGEN: **sich** *dat* **die ~n brechen** *(sl)* to break sth; **jdm alle ~n** [**im Leib**] **brechen** *(sl)* I'll break every bone in your body!

Gra·ti·fi·ka·ti·on <-, -en> [gratifika'tsi̯o:n] *f* ÖKON bonus

gra·ti·nie·ren` [grati'ni:rən] *vt* KOCHK ■ **etw ~** to brown [the top of] sth; **gratinierte Zwiebelsuppe** onion soup au gratin

Gra·tin·pfan·ne [gra'tɛ̃:-] *f* gratin dish

gra·tis ['gra:tɪs] *adv* free [of charge], gratis

Gra·tis·ak·tie *f* BÖRSE bonus share [*or* AM stock] **Gra·tis·an·zei·ger** *m* SCHWEIZ *(Wochenblatt)* free [weekly] advertiser **Gra·tis·kar·te** *f* free [*or* complimentary] ticket **Gra·tis·pro·be** *f* free sample

Grät·sche <-, -n> ['grɛ:tʃə] *f* ❶ SPORT straddle-vault; **in die ~ gehen** to [adopt the] straddle [position]

grät·schen ['grɛ:tʃn] **I.** *vi sein* SPORT to straddle[-vault]; ■ **das G~** [**der Beine**] straddle-vaulting; ■ **über etw** *akk* ~ to straddle-vault over sth **II.** *vt haben* SPORT ■ **etw ~** to straddle sth; **die Beine ~** to straddle one's legs

Grätsch·sprung *m* SPORT straddle-vault

Gra·tu·lant(in) <-en, -en> [gratu'lant] *m(f)* well-wisher

Gra·tu·la·ti·on <-, -en> [gratula'tsi̯o:n] *f* ❶ *(das Gratulieren)* congratulating ❷ *(Glückwunsch)* congratulations

gra·tu·lie·ren` [gratu'li:rən] *vi (Glück wünschen)* ■ [**jdm**] [**zu etw** *dat*] ~ to congratulate [sb] [on sth]; **jdm zum Geburtstag ~** to wish sb many happy returns; [**ich**] **gratuliere** [my] congratulations! ▶ WENDUNGEN: **sich** *dat* ~ **können** to be able to congratulate oneself, to be pleased [with oneself]

Grat·wan·de·rung *f* tightrope walk *fig,* balancing act

grau ['grau] *adj* ❶ *(Farbe)* grey, AM ESP gray; ■ **~ werden/sein** to go [*or* turn] /be grey; **~ gestreift** grey-striped; **~ meliert** *(leicht ergraut)* greying; MODE *(grau und weiß)* flecked with grey *pred* ❷ *(trostlos)* dull, drab; **der ~e Alltag** the dullness [*or* drabness] [*or* dull monotony] of everyday life; **die ~e Realität** [*o* Wirklichkeit] the grim [*or* harsh] reality; ■ **in ~** gloomy, bleak; **alles** [**nur noch**] ~ **in ~ sehen/malen** to [just] look on the black side BRIT /paint a gloomy picture of everything ❸ *(fam: nicht ganz legal)* grey, AM ESP gray

Grau <-s, -[s]> [ˈgrau] *nt* grey *[or* AM ESP gray] *[colour [or* AM *-or]]*

grau·äu·gig [ˈgrauʔɔygɪç] *adj* grey-eyed **Grau·bart** *m (fam)* greybeard **grau·bär·tig** *adj* grey-bearded, with a grey beard **grau·blau** *adj* grey-blue, greyish blue **Grau·brot** *nt* DIAL *(Mischbrot)* bread made from rye and wheat flour

Grau·bün·den <-s> [grauˈbʏndn] *nt* GEOG the Grisons
Grau·bünd·ner(in) <-s, -> [grauˈbʏndnɐ] *m(f)* GEOG inhabitant of the Grisons

Gräu·elRR <-s, -> *m (geh: ~tat)* atrocity; **die ~ des Krieges** the horrors of war ▸ WENDUNGEN: **jdm ist es ein ~, etw zu tun** sb detests *[or* loathes] doing sth; **jdm ein ~ sein** to be detestable *[or* loathsome] *[for* sb]

Gräu·el·mär·chenRR *nt (pej)* horror story **Gräu·el·pro·pa·gan·da**RR *f (pej)* atrocity *[or* horror] propaganda *(using horror stories for propaganda purposes)* **Gräu·el·tat**RR *f (pej)* atrocity

grau·en¹ [ˈgrauən] *vi (geh: dämmern)* to dawn; **der Morgen/Tag graut** morning is breaking/day is breaking *[or* dawning]; ◼ **es graut** it's getting light

grau·en² [ˈgrauən] *vi impers* ◼ **jdm vor jdm/etw** ~ to be terrified of sb/sth; ◼ **es graut jdm vor jdm/etw** sb is terrified of sb/sth

Grau·en <-s> [ˈgrauən] *nt kein pl* ❶ *(Entsetzen)* horror; ◼ **jds** ~ **vor jdm/etw** sb's dread of sb/sth; ~ **erregend** terrible ❷ *(grauenhaftes Ereignis)* horror; **die ~ des Krieges** the horrors of war

grau·en·er·re·gend *adj* s. **Grauen 1**

grau·en·haft, grau·en·voll *adj* ❶ *(furchtbar)* terrible; **ein ~es Verbrechen** a terrible crime ❷ *(fam: schlimm)* terrible, dreadful; **er hat eine ~e Aussprache** his pronunciation is dreadful *[or* terrible] ❸ *s.* **Grauen 1**

grau·er Star <-[e]s> *m kein pl* cataract

Grau·gans *f* ORN greylag [goose] **grau·ge·streift** *adj s.* **grau 1 grau·grün** *adj* grey *[or esp* AM gray] -green, greyish green **grau·haa·rig** *adj* grey-haired; ◼ ~ **wer·den** to go *[or* turn] grey

grau·len [ˈgraulən] I. *vi impers (fam)* ◼ **jdm** *[o* **jdn]** ~ **vor jdm/etw** to dread sb/sth; **mir grault vor morgen** I'm dreading tomorrow II. *vr (fam)* ◼ **sich vor jdm/etw** ~ to be scared *[or* frightened] *[or* afraid] of sb/sth III. *vt* ◼ **jdn aus etw** *dat* ~ to drive sb out of sth

gräu·lich¹ [ˈgrɔylɪç] *adj* greyish, grayish *esp* AM
gräu·lichRR² *adj s.* **grässlich**

grau·me·liert *adj attr s.* **grau 1**

Grau·pe <-, -n> [ˈgraupə] *f meist pl* KOCHK grain of pearl barley

Grau·pel <-, -n> [ˈgraupl̩] *f meist pl* METEO soft hail

Grau·pel·schau·er *m* METEO sleet shower

Grau·pen·sup·pe *f* pearl barley soup *[or* broth]

Grau·rei·her *m* ORN grey *[or esp* AM gray] *[or* common] heron

Graus <-es> [ˈgraus] *m kein pl* ▸ WENDUNGEN: **es ist ein ~** *[mit* jdm/etw] sb/sth is terrible; **es ist wirklich ein ~ mit dir!** you're really terrible!; **o ~!** *(hum)* oh horror! *hum*

grau·sam [ˈgrauzaːm] I. *adj* ❶ *(brutal)* cruel ❷ *(furchtbar)* terrible ❸ *(fam: schlimm)* terrible; **eine ~e Hitze** a terrible heat II. *adv* cruelly

Grau·sam·keit <-, -en> *f* ❶ *kein pl (Brutalität)* cruelty ❷ *(grausame Tat)* act of cruelty

Grau·schim·mel *m* grey *[or esp* AM gray] *[horse]* **Grau·schlei·er** *m* grey tinge

grau·sen [ˈgrauzn̩] *vi impers s.* **grauen**²

Grau·sen <-s> [ˈgrauzn̩] *nt kein pl (Entsetzen)* horror; ▸ WENDUNGEN: **da kann man das große** *[o* kalte] ~ **kriegen** *(fam)* it's enough to give you the creeps! *fam;* **jdm kommt das** ~ *(fam)* sb is horrified

grau·sig [ˈgrauzɪç] *adj s.* **grauenhaft**

graus·lich *adj bes* ÖSTERR *(grässlich)* terrible, horrible

Grau·specht *m* ORN grey *[or esp* AM gray] -headed woodpecker **Grau·zo·ne** *f* grey area *fig*

Gra·veur(in) <-s, -e> [graˈvøːɐ] *m(f)* engraver

Gra·vier·an·stalt *f* engraving establishment, engraver's **Gra·vier·ar·beit** *f* engraving

gra·vie·ren [graˈviːrən] *vt* ❶ *(mit einer Gravur verse·hen)* ◼ **etw** ~ to engrave sth ❷ *(ein~)* ◼ **etw in etw** *akk* ~ to engrave sth on sth

gra·vie·rend [graˈviːrənt] *adj* serious; **~e Unter·schiede** considerable *[or* marked] differences

Gra·vier·ma·schi·ne *f* engraving machine **Gra·vier·na·del** *f* engraving needle

Gra·vie·rung <-, -en> *f* ❶ *kein pl (das Gravieren)* engraving ❷ *(Eingraviertes)* engraving

Gra·vis <-, -> [ˈgraːvɪs] *m* LING grave *[accent]*

Gra·vi·ta·ti·on <-> [gravitaˈtsi̯oːn] *f kein pl* PHYS gravity, gravitation[al pull]

Gra·vi·ta·ti·ons·feld *nt* PHYS gravitational field **Gra·vi·ta·ti·ons·ge·setz** *nt* PHYS law of gravitation

gra·vi·tä·tisch [graviˈtɛːtɪʃ] I. *adj* dignified, solemn II. *adv* ~ **einhergehen** *[o* **schreiten]** to move [about] with dignity

Gra·vur <-, -en> [graˈvuːɐ] *f* engraving

Graz <-> [ˈgraːts] *nt* Graz

Gra·zie¹ <-> [ˈgraːtsi̯ə] *f kein pl (geh: Liebreiz)* grace[fulness]

Gra·zie² <-, -n> [ˈgraːtsi̯ə] *f* ❶ *(hum: schöne junge Frau)* lovely *hum dated sl* ❷ *(eine der drei römischen Göttinnen der Anmut)* Grace; **die drei ~n** the Three Graces

gra·zil [graˈtsiːl] *adj (geh)* delicate

gra·zi·ös [graˈtsi̯øːs] *adj (geh)* graceful

Green·cardRR, **Green Card**RR, **Green card**ALT <-, -s> [ˈɡriːŋkaːd] *f* ADMIN green card, Green Card

Green·fee <-s, -s> [ˈgriːnfiː] *nt* SPORT *Golf* green *[or* AM *a.* greens] fee

Green·kee·per <-s, -> [ˈgriːnkiːpɐ] *m* SPORT green·keeper, AM *a.* greenskeeper

Green·wi·cher Zeit [ˈgrɪnɪdʒə-] *f* ◼ **[die]** ~ Greenwich Mean Time, GMT

gre·go·ri·a·nisch [gregoˈri̯aːnɪʃ] *adj* Gregorian

Greif <-[e]s *o* -en, -e[n]> [ˈgraif] *m* ◼ **ein/der** *[Vogel]* ~ a/the griffin *[or* gryphon]

Greif·arm *m* TECH claw *[or* grip] arm **Greif·bag·ger** *m* TECH grab dredger *[or* excavator]

greif·bar *adj* ❶ *pred (verfügbar)* available; **etw** ~ **haben/halten** to have/keep sth to hand ❷ *(konkret)* tangible, concrete; **~e Vorteile** genuine advantages

grei·fen <griff, gegriffen> [ˈgraifn̩] I. *vt* ❶ *(nehmen, packen)* ◼ *[sich dat]* **etw** ~ to take hold of sth; **er griff ein Buch** he took hold of a book ▸ WENDUNGEN: **sich** *[mal]* **jdn** ~ *(fam)* to give sb a good talk·ing-to *fam; s. a.* **nahe** II. *vi* ❶ *(fassen)* ◼ **vor/hinter/über/unter/neben etw/sich** *akk* ~ to reach in front of/behind/above/under/beside sth/one; ◼ **in etw** *akk* ~ to reach into sth; ◼ **jdn bei etw** *dat* ~ to grasp sb's sth; **sie griff mich bei der Hand** she took my hand; **der Fahrlehrer griff ihr ins Steuer** the driving instructor grabbed the wheel from her; ◼ **nach etw** *dat* ~ to reach for sth; **er wollte nach dem Revolver ~, doch der andere war schneller** he made a grab for his revolver, but the other person was quicker; **hätte sie nicht nach seiner Hand gegriffen, wäre sie gestürzt** if she hadn't grabbed his hand she would have fallen ❷ *(geh: er~)* ◼ **zu etw** *dat* ~ to reach for sth; **in den Ferien greift sie gerne mal zum Buch** during the holidays she occa·sionally enjoys reading a book ❸ *(einsetzen)* **zu etw** *dat* ~ to resort to sth ❹ *(festen Griff haben)* ◼ **etw greift** sth grips ❺ *(wirksam werden)* to take effect

▸ WENDUNGEN: **um sich ~** to spread
Grei·fer <-s, -> m TECH grab[-bucket]
Greif·trupp m riot squad **Greif·vo·gel** m bird of prey
grei·nen ['grainən] vi (pej fam) to whine pej, to grizzle pej
greis ['grais] adj (geh) very aged; **ein ~es Paar** a very old couple
Greis(in) <-es, -e> ['grais, pl: 'graizə] m(f) very old man
Grei·sen·al·ter nt extreme old age
grei·sen·haft adj like [that of] a very old man/woman pred
Grei·sin <-, -nen> ['graizɪn] f fem form von **Greis** very old woman
Greis·kraut nt BOT ragwort
grell ['grɛl] I. adj ❶ (sehr hell) dazzling, glaring ❷ (schrill klingend) shrill, piercing ❸ (sehr intensiv) bright, brilliant ❹ (Aufsehen erregend) flashy, loud II. adv ❶ (sehr hell) dazzlingly; **~ beleuchtet** dazzlingly lit ❷ (schrill) **~ klingen** [o **tönen**] to sound shrill [or piercing]
grell·be·leuch·tet adj attr s. grell II. 1
Grell·heit f ❶ (blendende Helligkeit) dazzling brightness, glare ❷ (Schrillheit) shrillness ❸ (große Intensität) brightness, brilliancy
grell·rot I. adj bright red II. adv **etw ~ anmalen/lackieren/schminken** to paint sth bright red
Gre·mi·um <-s, -ien> ['gre:mi̯ʊm, pl: 'gre:mi̯ən] nt committee
Gre·na·da <-s> [gre'na:da] nt Grenada; s. a. **Sylt**
Gre·na·der(in) <-s, -> m(f) Grenadian; s. a. **Deutsche(r)**
gre·na·disch adj Grenadian; s. a. **deutsch**
Grenz·bahn·hof m border [or frontier] [railway [or train]] station **Grenz·be·las·tung** f TECH limit load [or stress] **Grenz·be·reich** m ❶ kein pl (Umkreis der Grenze) border [or frontier] area [or zone] ❷ (äußerste Grenze) fringe range, limit[s] **Grenz·be·zirk** m border [or frontier] district
Gren·ze <-, -n> ['grɛntsə] f ❶ (Landes~) border, frontier; **die ~ zwischen Spanien und Frankreich** the border between Spain and France, the Spanish-French border; **die ~ zu einem Land** the border with sth; **an der ~** on [or along] the border [or frontier]; **über die ~ gehen/fahren** to cross the border [or frontier] ❷ ADMIN, JUR (Trennlinie) border, boundary; **an der ~** at the boundary ❸ (natürliche Abgrenzung) boundary; **das Gebirge bildet eine natürliche ~ zwischen den beiden Ländern** the mountain range forms a natural boundary between the two countries ❹ (äußerstes Maß) limit; **eine zeitliche ~** a deadline; **die oberste/unterste ~** the upper/lower limit; **alles hat seine ~n** there is a limit [or are limits] to everything; **etw kennt keine ~n** sth knows no bounds; **seine ~n kennen** to know one's limitations; **an ~n stoßen** to come up against limiting factors; **die ~ des Machbaren/Möglichen/Sittlichen** the bounds of feasibility/possibility/morality; **jdm/einer S. sind [keine/enge] ~n gesetzt** [no/tight] restrictions are placed on sb/a thing; **eurer Fantasie sind keine ~n gesetzt** your imagination knows no bounds ❺ (gedachte Trennlinie) boundary, dividing line ▸ WENDUNGEN: **grüne ~** unguarded border [or frontier] area [or zone]; **nasse ~** river forming the/a border [or frontier], water border [or frontier]; **sich in ~n halten** to be limited, to keep within limits
gren·zen ['grɛntsn̩] vi ❶ (angrenzen) ■ **an etw** akk **~** to border on sth ❷ (beinahe sein) ■ **an etw** akk **~** to border [or verge] on sth fig; **das grenzt ja an Wahnsinn!** that borders on madness!
gren·zen·los I. adj ❶ (unbegrenzt) endless; **eine ~e Weite** an endless expanse ❷ (maßlos) extreme; **~e**

Dummheit extreme foolishness, sheer stupidity; **~e Verachtung** utter contempt; **~es Vertrauen** blind [or unquestioning] trust II. adv extremely
Gren·zen·lo·sig·keit <-> f kein pl ❶ (ungeheure Weite) immensity ❷ (Maßlosigkeit) extremeness
Gren·zer(in) <-s, -> m(f) (fam) ❶ (Zöllner) customs officer ❷ (Grenzsoldat) border [or frontier] guard
Grenz·fall m borderline case **Grenz·gän·ger(in)** <-s, -> m(f) regular cross-border commuter; **illegaler ~** illegal border [or frontier] crosser **Grenz·ge·biet** nt ❶ POL (direkt an einer Landesgrenze liegendes Gebiet) border [or frontier] area [or zone] ❷ (marginales Sachgebiet) adjacent field **Grenz·kon·flikt** m POL border [or frontier] conflict **Grenz·kon·trol·le** f ❶ (amtliche Kontrolle an der Grenze) border [or frontier] control ❷ (Polizeibeamte) border [or frontier] guards **Grenz·land** nt s. **Grenzgebiet 1 Grenz·li·nie** f SPORT line [marking the edge of the playing area] **Grenz·mau·er** f border [or frontier] wall **grenz·nah** adj close to the border [or frontier] **Grenz·pos·ten** m border [or frontier] guard **Grenz·schutz** m ❶ (Sicherung der Landesgrenze) border [or frontier] protection ❷ (fam: Bundesgrenzschutz) Federal Border Guard, border [or frontier] police **Grenz·stein** m ADMIN boundary stone **Grenz·strei·tig·keit** f meist pl border [or frontier] dispute **Grenz·über·gang** m ADMIN ❶ (Stelle) border [or frontier] crossing-point ❷ (Überschreiten einer Grenze) crossing of the border [or frontier] **grenz·über·schrei·tend** adj attr JUR, ÖKON **~er Handel** international trade; **~er Verkehr** cross-border [or cross-frontier] traffic **Grenz·ver·kehr** m [cross-]border [or cross-]frontier] traffic; **kleiner ~** local [cross-]border [or cross-]frontier] traffic **Grenz·ver·lauf** m course of the border **Grenz·ver·let·zung** f border [or frontier] violation **Grenz·wall** m border [or frontier] rampart **Grenz·wert** m ❶ (äußerster Wert) limiting value ❷ MATH (Limes) limit, limiting value **Grenz·zwi·schen·fall** m border [or frontier] incident
Gret·chen·fra·ge ['gre:tçən-] f (Gewissensfrage) crucial [or fam sixty-four-thousand-dollar] question; **jdm die ~ stellen** to ask sb the crucial [or fam sixty-four-thousand-dollar] question, to put the crucial [or fam sixty-four-thousand-dollar] question to sb
Greu·elᴬᴸᵀ <-s, -> ['grɔi̯əl] m s. **Gräuel**
greu·lichᴬᴸᵀ adj s. **gräulich²**
Grey·er·zer <-s, -> ['grai̯etsə] m KOCHK ■ **~ [Käse]** Gruyère [cheese]
Grie·be <-, -n> ['gri:bə] f meist pl [bacon] crackling
Grie·ben·schmalz nt lard with [bacon] crackling
Grie·che, Grie·chin <-n, -n> ['gri:çə, 'gri:çɪn] m, f Greek
Grie·chen·land <-s> ['gri:çn̩lant] nt Greece
Grie·chin <-, -nen> ['gri:çɪn] f fem form von **Grieche**
grie·chisch ['gri:çɪʃ] adj ❶ (aus Griechenland) Greek; **~e Kleidung/Tempel/Vasen** Greek [or Grecian] clothing/temples/vases ❷ LING Greek; **auf ~** in Greek
Grie·chisch ['gri:çɪʃ] nt decl wie adj LING Greek; **~ lernen/sprechen/studieren** to learn/speak/study Greek; ■ **das G~e** [the] Greek [language]; **auf ~** in Greek
grie·chisch-or·tho·dox ['gri:çɪʃʔɔrto'dɔks] I. adj REL Greek Orthodox II. adv REL **~ heiraten** to marry in the Greek Orthodox religion; **ein Kind ~ taufen** to baptize a child in the Greek Orthodox religion **grie·chisch-rö·misch** adj SPORT Graeco-Roman
grie·nen ['gri:nən] vi NORDD (fam: grinsen) to grin
Gries·gram <-[e]s, -e> ['gri:sgra:m] m (pej) grouch pej
gries·grä·mig ['gri:sgrɛ:mɪç] adj grumpy, grouchy
Grieß <-es, -e> ['gri:s] m semolina no pl
Grieß·brei m semolina no pl **Grieß·klöß·**

chen [-kløːsçən] *nt* semolina dumpling **Grieß·pudding** [-pʊdɪŋ] *m* semolina pudding

griff ['grɪf] *imp von* **greifen**

Griff <-[e]s, -e> ['grɪf] *m* ❶ *(Zu~)* grip, grasp; **mit festem ~** with a firm grip, firmly; **~ in die** [Laden]kasse **tun** *(fam)* to put one's hand in the till; **ein rascher/flinker ~** [nach etw *dat*] a quick-/grab [at sth] ❷ *(Hand~)* movement; **mit einem ~** in a flash [*or* the twinkling of an eye]; **mit wenigen ~en** with very little effort ❸ SPORT hold; **einen ~ ansetzen** to apply a hold ❹ *(Öffnungsmechanismus)* Tür, Fenster, Pistole, Revolver handle; Messer, Dolch, Schwert hilt; *(Gewehr)* butt ▸ WENDUNGEN: **der ~ nach der Macht** the attempt to seize power; **mit jdm/etw einen glücklichen** [*o* guten] **~ tun** to make a good [*or* wise] choice with sb/sth; **etw in den ~ bekommen** [*o fam:* kriegen] to get the hang [*or* knack] of sth *fam;* **jdn/etw im ~ haben** to have sb/sth under control; **~e kloppen** MIL *(fam)* to do rifle drill; **der ~ zu etw** *dat (euph: die Verwendung von etw)* to reach for sth; *(die Hinwendung zu etw)* to turn to sth; **der ~ zur Droge/Flasche** turning to drugs/the bottle

griff·be·reit *adj* ready to hand *pred;* **etw ~ haben** to have [*or* keep] sth ready to hand; **~ liegen** to be ready to hand

Grif·fel <-s, -> ['grɪfl] *m* ❶ SCH *(Schreibstift für Schiefertafeln)* slate-pencil ❷ BOT style ❸ *meist pl (sl: Finger)* finger, mitt *sl,* paw *fam*

Grif·fel·kas·ten *m* SCH pencil box [*or* case]

grif·fig ['grɪfɪç] *adj* ❶ *(festen Griff ermöglichend)* easy to grip *pred* ❷ *(Widerstand bietend)* non-slip; Fußboden, Fahrbahn, Profil non-skid, anti-skid ❸ *(eingängig)* useful, handy; **ein ~er Slogan** a catchy slogan

Griff·loch *nt* MUS finger-hole

Grill <-s, -s> ['grɪl] *m* ❶ *(Gerät zum Rösten von Nahrungsmitteln)* grill ❷ *(~rost)* barbecue; **vom ~** grilled ❸ AUTO *(Kühler~)* [radiator] grille

Gril·le <-, -n> ['grɪlə] *f* cricket; ▸ WENDUNGEN: **nichts als ~n im Kopf haben** *(veraltend fam)* to have one's head full of silly ideas

gril·len ['grɪlən] I. *vi* to have a barbecue; ■ **das G~** having a barbecue II. *vt* ■ **etw ~** to grill sth

Grill·ge·richt *nt* grill[ed dish] **Grill·hähn·chen** *nt* grilled chicken **Grill·koh·le** *f* barbecue coal, charcoal **Grill·pfan·ne** *f* grilling pan **Grill·re·stau·rant** [-ˌrɛstoraː] *nt* grill [room] **Grill·würst·chen** *nt* barbecue sausage

Gri·mas·se <-, -n> [griˈmasə] *f* grimace; **~n schneiden** [*o* ziehen] [*o* machen] to make [*or* pull] faces

Grimm <-[e]s> ['grɪm] *m kein pl (veraltend geh)* fury; **voller ~** [auf jdn] **sein** to be furious [with sb]

grim·mig ['grɪmɪç] I. *adj* ❶ *(zornig)* furious; **ein ~es Gesicht** an angry face; **ein ~es Lachen** grim laughter; *s. a.* **Humor** ❷ *(sehr groß, heftig)* severe; Hunger ravenous II. *adv* angrily; **~ lächeln** to smile grimly

Grind <-[e]s, -e> ['grɪnt, *pl:* 'grɪndə] *m* ❶ MED *(krustiger Hautausschlag)* impetigo; *(Verkrustung von heilender Wunde)* scab ❷ JAGD SÜDD, SCHWEIZ *(Kopf von Gämse oder Hirsch)* head

grin·sen ['grɪnzn] *vi* to grin; **frech ~** to smirk; **höhnisch ~** to sneer; **schadenfroh** [*o* vor Schadenfreude] **~** to gloat

Grin·sen <-s> ['grɪnzn] *nt kein pl* grin; **freches ~** smirk; **höhnisches ~** sneer

grip·pal [grɪˈpaːl] *adj* MED influenzal

Grip·pe <-, -n> ['grɪpə] *f* influenza, flu *fam;* **mit ~ im Bett liegen** to be [laid up] in bed with [the] flu; *(fam: grippaler Infekt)* flu bug *fam;* [die/eine] **~ haben** to have [the] flu

Grip·pe·epi·de·mie *f* influenza [*or* flu] epidemic **Grip·pe·schutz·imp·fung** *f* influenza vaccination **Grip·**

pe·vi·rus *nt o m* influenza virus **Grip·pe·wel·le** *f* wave of influenza [*or fam* flu]

Grips <-es, -e> ['grɪps] *m (fam)* intelligence *no pl,* brains *pl,* nous *fam no pl;* **~ haben** to have plenty up top *fam;* **seinen ~ anstrengen** to use one's grey [*or esp* AM gray] matter *fam* [*or pl* brains]

Gris·li·bär[RR], **Grizz·ly·bär** ['grɪsli-] *m* grizzly bear

grob <gröber, gröbste> ['groːp] I. *adj* ❶ *(nicht fein)* coarse; **~e Hände** coarse [*or* rough] hands; ■ **das G~e** the dirty work ❷ *(derb)* coarse, uncouth; **~e Manieren** coarse manners ❸ *(ungefähr)* rough; **eine ~e Erklärung** an approximate explanation; **in ~en Umrissen** [*o* Zügen] roughly ❹ *(unhöflich)* rude; ■ **~ werden** to become rude [*or* abusive] ❺ *(unsanft, unsensibel)* rough; **ein ~er Mensch** a rough person ❻ *(schlimm)* bad, serious; **eine ~e Lüge** a terrible lie ▸ WENDUNGEN: **aus dem Gröbsten heraus sein** to be over the worst [of it] [*or* able to see the light at the end of the tunnel] II. *adv* ❶ *(nicht fein)* coarsely; **~ gemahlen** coarsely ground *pred,* coarse-ground ❷ *(in etwa)* roughly; **~ gemessen** [*o* gerechnet] [*o* geschätzt] at a rough estimate; **etw ~ erklären** to give a rough explanation of sth [*or* explain sth roughly]; **etw ~ skizzieren** [*o* umreißen] to make a rough outline of sth [*or* outline sth roughly]; **etw ~ wiedergeben** to give a rough account of sth ❸ *(unhöflich)* rudely; **jdn ~ zurechtweisen** to rudely reprimand sb ❹ *(unsanft, unsensibel)* roughly; **jdn ~ behandeln** to treat sb roughly ❺ *(schlimm)* **sich ~ täuschen** to be badly mistaken; **jdn ~ belügen** to lie barefaced to sb

grob·fa·se·rig *adj* coarse-fibred [*or* AM *usu* -ered]; **~es Holz** coarse-grained wood **grob·ge·mah·len** *adj attr s.* **grob** II. 1

Grob·heit <-, -en> *f* ❶ *(gefühllose Art)* rudeness *no pl* ❷ *(grobe Äußerung)* rude remark ❸ *(unsanfte Art, Benehmen)* roughness

Gro·bi·an <-[e]s, -e> ['groːbiaːn] *m (pej: ungehobelter Mensch)* boor; *(unsanfter Mensch)* rough person

grob·kno·chig *adj* big-boned **grob·kör·nig** *adj* ❶ *(von grober Körnung)* coarse-grained ❷ FOTO **ein ~er Film** a coarse-grained film

gröb·lich ['grøːplɪç] I. *adj (geh, form)* gross; **~e Missachtung** wilful [*or* AM willful] disregard; **~e Verletzung einer S.** *gen,* **~er Verstoß gegen etw** *akk* brazen [*or* flagrant] violation of sth II. *adv (geh, form:* in grober Weise, heftig) grossly; **~ missachten** to wilfully [*or* AM willfully] disregard; **etw ~ verletzen, gegen etw** *akk* **~ verstoßen** to brazenly [*or* flagrantly] violate sth

grob·ma·schig I. *adj* ❶ *(mit weiten Maschen)* widemeshed ❷ MODE *(grob gestrickt)* loose-knit II. *adv* **~ gehäkelt/gestrickt** loose-crocheted/knit **grob·schläch·tig** *adj (pej)* heavily built **Grob·struk·tur** *f* basic structure

Grog <-s, -s> ['grɔk] *m* grog

grog·gy ['grɔgi] *adj pred* ❶ SPORT *(schwer angeschlagen)* groggy ❷ *(fam: erschöpft)* exhausted, all in BRIT, knackered BRIT *sl*

grö·len ['grøːlən] I. *vi (pej fam)* to shout [loudly]; ■ **~d** raucous[ly]; ■ **das G~** the bawling; **unter lautem G~ zogen die angetrunkenen Fans durch die Straßen** shouting loudly the drunken fans made their way through the streets II. *vt (pej fam)* ■ **etw ~** to bawl sth

Groll <-[e]s> ['grɔl] *m kein pl (geh)* resentment, rancour [*or* AM -or] *form;* [einen] **~ gegen jdn hegen** to bear [*or* harbour [*or* AM -or]] resentment [*or* a grudge] against sb

grol·len ['grɔlən] *vi (geh)* ❶ *(zürnen)* ■ **jdm** [wegen **etw** *dat*] **~** to be resentful [of sb] [*or* angry [with sb]] [because of sth] ❷ *(dumpf hallen)* to roll [*or* rumble]; ■ **das G~** the rumbling

Grön·land [ˈgrøːnlant] *nt* Greenland; *s. a.* **Deutschland**

Grön·län·der(in) <-s, -> [ˈgrøːnlɛndɐ] *m(f)* Greenlander; *s. a.* **Deutsche(r)**

grön·län·disch [ˈgrøːnlɛndɪʃ] *adj* Greenlandic; *s. a.* **deutsch**

Grön·land·see *f* Greenland Sea

groo·ven [ˈgruːvən] *vi (sl)* ■ **zu etw** *dat]* ~ to groove [to sth] *sl*

Grop·pe <-, -n> [ˈgrɔpə] *f (Fisch)* bullhead

Gros <-, -> [groː] *nt* ■ **das** ~ the majority

Gro·schen <-s, -> [ˈgrɔʃn] *m* ÖSTERR groschen; ▸WENDUNGEN: **der** ~ **fällt** [*o* **ist gefallen**] *(hum fam)* the penny has dropped BRIT *fam,* the big light has went on AM; **seine [paar]** ~ **zusammenhalten** to hang on to one's money; **sich** *dat* **ein paar** ~ [**dazu**]**verdienen** to earn [oneself] a bit of [extra] pocket money

Gro·schen·blatt *nt (pej)* tabloid, [cheap] rag BRIT *pej fam* **Gro·schen·grab** *nt (hum veraltend: Parkuhr, Spielautomat etc.)* penny-eater BRIT *hum fam* **Gro·schen·heft** *nt (pej veraltend)* BRIT *dated,* dime novel AM *dated*

groß <größer, größte> [groːs] **I.** *adj* ❶ *(flächenmäßig, räumlich ausgedehnt)* large, big ❷ *(~es Glas)* large, big; **ein ~es Bier** ≈ a pint [of beer] BRIT, *rare* a large beer; **nach den drei ~en Bier war ich ziemlich angeheitert** I felt quite merry *fam* [*or fam* tipsy] after three pints [of beer]; ■ **ein G~es** ≈ a pint [of beer] BRIT, *rare* a large beer ❸ *(lang)* long; **ein ~er Mast/Turm/Kirchturm** a high pylon/tower/church steeple ❹ *(das Maß oder Ausmaß betreffend)* great; **in ~en/größeren Formaten/Größen** in large/larger formats/sizes; **mit ~er Geschwindigkeit** at high [*or* great] speed; **im G~ einkaufen** to buy in bulk ❺ *(hoch, hoch gewachsen)* tall; **du bist ~ geworden** you've grown; **er ist 1,78 m** ~ he is 5 foot 10 [*or* 1.78m] [tall]; **ein ~er Baum/eine ~e Vase** a tall tree/vase ❻ *(älter)* big, elder, older; **ein die G~en** *(die Erwachsenen)* the grown-ups; *(ältere Kinder)* the older children; ■ **jds G~e/jds G~er** *(fam)* sb's eldest [*or* oldest] [daughter/son]; **das ist Anita, unsere G~e** this is Anita, our eldest; **wenn ich** ~ **bin** when I'm grown up; **G~ und Klein** young and old [alike]; **mit etw** *dat* ~ **geworden sein** to have grown up with sth ❼ *(zeitlich ausgedehnt)* long, lengthy; **auf große[r] Fahrt** on a long journey ❽ *(bevölkerungsreich)* large, big; *(zahlreich)* large; **die ~e Masse** most [*or* the majority] of the people; **ein ~er Teil der Bevölkerung** a large part of the population ❾ *(erheblich)* great; **ein ~er Aufstieg** a meteoric rise; **ein ~er Durchbruch/Reinfall** a major breakthrough/disaster; **ein ~er Misserfolg** an abject [*or* a dismal] failure ❿ *(hoch)* large; **ein ~er Betrag** a large amount; **eine ~e Preissteigerung** a massive price rise [*or* increase] ⓫ *(beträchtlich)* great; **~e Angst haben** [*o* **empfinden**] to be terribly afraid [*or* frightened]; **eine ~e Beeinträchtigung** a major impairment; **eine ~e Dummheit** sheer stupidity; [**eine**] **~e Enttäuschung** [a] great [*or* deep] disappointment; **~es Leid** great [*or* deep] [*or* profound] sorrow; **~e Nachfrage** a big demand; **ein ~er Schrecken** a nasty fright; **~e Schwierigkeiten** serious [*or* real] trouble; **~e Wut** unbridled fury; **~er Zorn** deep [*or* profound] anger; **was für eine ~e Freude!** how delightful!; **du redest ganz ~en Unsinn** you're talking complete rubbish ⓬ *(bedeutend)* great; **ein ~er Konzern/Supermarkt/ein** ~**es Unternehmen** a leading [*or* major] group/supermarket/company; ■ [**etwas/nichts**] **G~es** [something/nothing] great; **sie hat in ihrem Leben nichts G~es geleistet** she never achieved anything great [*or* major] in her life, she did not achieve great things in her life; **mit diesem**

Gemälde hat sie etwas G~es geschaffen she has created something great [*or* profound] with this painting; *s. a.* **klein** ⓭ *(laut)* loud; **was ist denn da auf der Straße für ein ~er Lärm?** what's all that noise in the street?; **wir bekamen ~en Beifall** we received loud applause; **macht doch nicht so einen ~en Lärm!** don't make so much noise! ⓮ *(in Eigennamen)* ■ **...** **der G~e ...** the Great; **Friedrich der G~e** Frederick the Great ⓯ *(besonders [gut])* big; **im Meckern ist sie ganz** ~ she's quite good at moaning; **ich bin kein ~er Esser/Trinker** I'm not a big eater/drinker; **ich bin kein ~er Redner** I'm no [*or* not a] great speaker ▸WENDUNGEN: **im G~en und Ganzen** [**gesehen**] on the whole, by and large; *s. a.* **Terz** *s. a.* **Geld** *s. a.* **Masse** **II.** *adv* ❶ *(fam: besonders)* **was ist da jetzt schon** ~ **dabei!** big deal! *fam;* **er hat sich aber nicht gerade** ~ **für uns eingesetzt!** he didn't exactly do very much [*or* put himself out much] for us!; **was soll man da schon** ~ **sagen?** you can't really say very much; **ich habe mich nie** ~ **für Politik interessiert** I've never been particularly interested in politics; ~ **einsteigen** to go in for sth in a big way; **sie ist ganz** ~ **in die Politik eingestiegen** she's gone into politics in a big way; [**mit etw** *dat]* [**ganz**] ~ **rauskommen** to have a real success [*or* big hit] with sth ❷ MODE **etw größer machen** to let out sth *sep* ❸ *(von weitem Ausmaß)* ~ **angelegt** large-scale; **eine** ~ **angelegte Offensive** a full-scale offensive [*or* attack] ❹ *(nicht klein)* ~ **kariert** MODE large-checked *attr* ▸WENDUNGEN: ~ **und breit** *(fam)* at great length; ~ **machen** *(fam)* to do number two [*or* BRIT a poo] *fam childspeak*

Groß·ab·neh·mer(in) *m(f)* bulk buyer [*or* purchaser] **Groß·ak·ti·o·när(in)** *m(f)* major shareholder **Groß·alarm** *m* red alert; ~ **geben** [*o* **auslösen**] to sound a red alert **groß·an·ge·legt** *adj attr s.* **groß II. 3**

groß·ar·tig [ˈgroːsʔaːɐtɪç] **I.** *adj* ❶ *(prächtig)* magnificent, splendid ❷ *(hervorragend)* brilliant, superb; **ein ~es Angebot** a superb offer ❸ *(wundervoll)* wonderful ▸WENDUNGEN: ~ **tun** *(pej fam)* to put on airs [and graces] *pej* **II.** *adv* magnificently, splendidly

Groß·ar·tig·keit <-> *f kein pl* magnificence, splendour [*or* AM -or]

Groß·auf·nah·me *f* FOTO, FILM close-up **Groß·auftrag** *m* *(von Produkt)* bulk order; *(von Dienstleistung)* major commission, major contract **Groß·bank** *f* big [*or* major] bank **Groß·bau·er** *m* big [*or* large] farmer **Groß·bau·stel·le** *f* large building site **Groß·be·trieb** *m* *(großer Gewerbe- oder Industriebetrieb)* large enterprise [*or* business]; AGR *(großer landwirtschaftlicher Betrieb)* large [*or* big] farm **Groß·bild·lein·wand** *f* MEDIA large-scale video display **Groß·brand** *m* large fire [*or* blaze] **Groß·bri·tan·ni·en** <-s> [groːsbriˈtanjən] *nt* Great Britain; *s. a.* **Deutschland**

groß·bri·tan·nisch [groːsbriˈtanɪʃ] *adj* British

Groß·buch·sta·be *m* capital [letter], upper-case letter *spec* **Groß·bür·ger·tum** *nt kein pl* upper classes *pl* **Groß·com·pu·ter** [-kɔmpjuːtɐ] *m* mainframe [computer]

Grö·ße <-, -n> [ˈgrøːsə] *f* ❶ *(Flächeninhalt oder räumliche Ausdehnung)* size; **in voller** ~ in full size ❷ *(Höhe, Länge)* height ❸ MODE *(Format, Maßeinheit)* size; **ich suche einen Mantel** ~ **56** I'm looking for a size 56 coat ❹ *kein pl (Körper~)* height; **sich zu voller** ~ **aufrichten** to draw oneself up to one's full height ❺ MATH, PHYS *(Wert)* quantity; **unbekannte** ~ *(a. fig)* unknown quantity *a. fig* ❻ *kein pl (Bevölkerungsreichtum)* population, size ❼ *kein pl (Erheblichkeit)* magnitude; **Problem** seriousness *no pl; Erfolg* extent *no pl* ❽ *kein pl (Bedeutsamkeit)* significance *no pl,* importance *no pl* ❾ *(bedeutender*

Mensch) important figure, leading light BRIT *fam;* **zu seiner Zeit war er einer der ~n des Showgeschäfts** in his time he was one of the show business greats ❶ *kein pl (Höhe)* size ❷ *kein pl (Beträchtlichkeit)* strength; *Interesse* a. keenness; *Kummer, Leid, Zorn* depth; *Schmerz* intensity ❸ ASTRON **erster/ zweiter/dritter/etc. ~** first/second/third/etc. magnitude

Groß·ein·kauf *m* bulk purchase **Groß·ein·satz** *m* large-scale operation **groß·el·ter·lich** *adj attr* [one's] grandparents', grandparental *form;* **das ~e Vermögen betrug einst viele Millionen** the grandparental estate was once worth several million **Groß·el·tern** *pl* grandparents *pl* **Groß·en·kel(in)** *m(f)* great-grandchild, great-grandson

Grö·ßen·ord·nung *f* ❶ *(Dimension)* order of magnitude ❷ MATH, PHYS *(Zahlenbereich)* order [of magnitude]

gro·ßen·teils *adv* largely, for the most part **Grö·ßen·un·ter·schied** *m* ❶ *(Unterschied in der Länge)* difference in length ❷ *(Unterschied im Wuchs)* difference in height **Grö·ßen·ver·hält·nis** *nt* ❶ *(Maßstab)* scale; **im ~ von 1:100** on a/the scale of 1:100 ❷ *(Proportion)* proportions *pl* **Grö·ßen·wahn(·sinn)** *m (pej)* megalomania; **an ~ leiden** to suffer from megalomania **grö·ßen·wahn·sin·nig** *adj (pej)* megalomaniac[al]; ■ **~ sein** to be a megalomaniac

grö·ßer ['grøːsɐ] *adj comp von* **groß** **Groß·er·eig·nis** *nt* major event **grö·ße·r(e)n·teils** *adv s.* **großenteils** **Groß·fahn·dung** *f* large-scale search, manhunt **Groß·fa·mi·lie** *f* SOZIOL extended family **groß·flä·chig** *adj* ❶ *(sich über eine große Fläche erstreckend)* extensive; **~e Verwüstungen** widespread devastation *sing* ❷ *(eine große Fläche aufweisend)* large **Groß·for·mat** *nt* large format; **im ~** in large format **groß·for·ma·tig** *adj* large-format **Groß·fürst(in)** ['groːsfʏrst] *m(f)* HIST Grand Duke **Groß·ge·mein·de** *f* ADMIN municipality made up of several, formerly independent municipalities **Groß·grund·be·sitz** *m* large estate [holdings], extensive landed property **Groß·grund·be·sit·zer(in)** *m(f)* big landowner, owner of a large estate

Groß·han·del *m* wholesale trade; **etw im ~ kaufen** to buy sth wholesale; **im ~ einkaufen** to buy wholesale **Groß·han·dels·kauf·mann, -kauf·frau** *m, f* wholesaler, wholesale trader **Groß·han·dels·preis** *m* wholesale price

Groß·händ·ler(in) *m(f)* wholesaler, wholesale trader; **beim ~** at the wholesaler's **Groß·hand·lung** *f* wholesale business [*or* firm] **groß·her·zig** *adj (geh)* magnanimous *form,* generous **Groß·her·zig·keit** <-> *kein pl (geh)* magnanimity *form,* generosity **Groß·her·zog(in)** ['groːshɛrtsoːk] *m(f)* Grand Duke **Groß·her·zog·tum** *nt* Grand Duchy **Groß·hirn** *nt* cerebrum, great brain **Groß·hirn·rin·de** *f* cerebral cortex **Groß·in·dus·tri·el·le(r)** *f(m)* big industrialist, industrial magnate **Groß·in·qui·si·tor** *m* HIST Grand Inquisitor **Gros·sist(in)** <-en, -en> [grɔˈsɪst] *m(f) s.* **Großhändler**

Groß·ka·pi·ta·list(in) *m(f)* big capitalist, tycoon **groß·ka·riert** *adj s.* **groß II. 4 Groß·kat·ze** *f* big cat **Groß·kind** *nt* SCHWEIZ *(Enkelkind)* grandchild **Groß·kop·fe(r)·te(r)** ['groːskɔpfətə, 'groːskɔpfetə] *m decl wie adj* ÖSTERR, SÜDD *(pej)* bigwig *fam,* big gun *fam* **groß·kot·zig** *adj (pej sl)* swanky *pej fam* **Groß·kü·che** *f* large kitchen **Groß·kun·de** *m* major customer **Groß·kund·ge·bung** *f* mass rally [*or* [public] meeting] **Groß·macht** *f* POL Great Power **Groß·ma·ma** *f (fam) s.* **Großmutter Groß·markt** *m* central [*or* wholesale] market **Groß·mast** *m* NAUT mainmast **Groß·maul** *nt*

(pej fam) bigmouth *pej fam,* loudmouth *pej fam* **groß·mäu·lig** ['groːsmɔylɪç] *adj (pej fam)* big-mouthed *pej fam,* loudmouthed *pej fam* **groß·mehr·heit·lich** *adj* SCHWEIZ *(mit großer Mehrheit)* with a large majority *pred* **Groß·meis·ter(in)** *m(f)* grand master **Groß·mo·gul** *m* HIST Great [*or* Grand] Mogul **Groß·muf·ti** *m* HIST grand mufti **Groß·mut** *f s.* **Großherzigkeit groß·mü·tig** ['groːsmyːtɪç] *adj s.* **großherzig Groß·mut·ter** *f* ❶ *(Mutter jds Vaters oder jds Mutter)* grandmother, grandma *fam,* granny *fam;* **jds ~ mütterlicherseits/väterlicherseits** sb's grandmother on one's mother's/father's side; **~ werden** to become a grandmother ❷ *(alte Frau)* grandma ► WENDUNGEN: **das kannst du deiner ~ erzählen!** *(fam)* [you can] tell that to the marines *fam* **groß·müt·ter·lich** *adj attr* ❶ *(der Großmutter gehörend)* [one's] grandmother's ❷ *(in der Art einer Großmutter)* grandmotherly **Groß·nef·fe** *m* great-nephew **Groß·nich·te** *f* great-niece **Groß·on·kel** *m* greatuncle, grand-uncle **Groß·pa·pa** *m (fam) s.* **Großvater Groß·rat, -rä·tin** *m, f* SCHWEIZ *(Mitglied eines schweizerischen Kantonsparlaments)* ≈ Great Councilor [*or* AM *usu* Councilor] *(member of a [Swiss] cantonal [Great Council] parliament)*

Groß·raum *m* conurbation; **im ~ Berlin** in the Berlin conurbation [*or* area], in Greater Berlin, in Berlin and its environs [*or* the surrounding area]

Groß·raum·bü·ro *nt* open-plan office **Groß·raum·flug·zeug** *nt* wide-bodied [*or* large-capacity] aircraft **groß·räu·mig I.** *adj* ❶ *(mit viel Platz, geräumig)* spacious, roomy; **~e Büros** spacious offices ❷ *(große Flächen betreffend)* extensive **II.** *adv* **die Polizei empfiehlt, das Gebiet ~ zu umfahren** the police recommend making a wide detour around the area **Groß·raum·wa·gen** *m* ❶ BAHN open-plan carriage ❷ TRANSP *(Straßenbahnwagen mit zwei oder drei Gelenken)* articulated tram [carriage] BRIT

Groß·rech·ner *m* mainframe [computer] **Groß·rei·ne·ma·chen** <-s> [groːsˈraɪnəmaxn̩] *nt kein pl (fam)* spring clean **groß|schrei·ben**[RR] *vt irreg* ❶ *(mit großem Anfangsbuchstaben)* **etw ~** to write sth with a[n initial] capital letter ❷ *(fam: besonders schätzen)* ■ **etw wird [bei jdm] großgeschrieben** to be high on the[/sb's] list of priorities; **Pünktlichkeit wird bei Hahn & Haehnle großgeschrieben** punctuality is high on Hahn & Haehnle's [*or* the Hahn & Haehnle] list of priorities **Groß·schrei·bung** *f* LING capitalization **Groß·se·gel** *nt* NAUT mainsail **groß·spu·rig** *adj (pej)* boastful *pej* **Groß·stadt** ['groːsʃtat] *f* city, large town **Groß·stadt·be·völ·ke·rung** *f* city population **Groß·städ·ter(in)** ['groːsʃtɛːtɐ] *m(f)* city-dweller **groß·städ·tisch** ['groːsʃtɛːtɪʃ] *adj* big-city *attr* **Groß·stadt·mensch** *m* city-dweller **Groß·tan·te** *f* great-aunt, grand-aunt **Groß·tat** *f* great feat, achievement **grö·ßte(r, s)** ['grøːstə] *adj superl von* **groß groß·tech·nisch** *adj* large-scale; **~e Anlage/Produktion/Erzeugung** large scale [*or* industrial] installations/production/manufacture **Groß·teil** *m* ❶ *(ein großer Teil)* ■ **ein ~** a large part ❷ *(der überwiegende Teil)* ■ **der ~** the majority; **zum ~** for the most part **größ·ten·teils** *adv* for the most part **größt·mög·lich** ['groːstˈmøːklɪç] *adj attr* greatest possible

Groß·un·ter·neh·men *nt s.* **Großbetrieb Groß·va·ter** *m* grandfather, grandpa *fam;* **~ werden** to become a grandfather **groß·vä·ter·lich** *adj* ❶ *(dem Großvater gehörend)* [one's] grandfather's *attr* ❷ *(in der Art eines Großvaters)* grandfatherly **Groß·ver·an·stal·tung** *f* big event **Groß·ver·die·ner(in)** *m(f)* big earner **Groß·we·sir** *m* HIST grand vizier

Groß·wild *nt* big game **Groß·wild·jagd** *f* big-game hunting; ■ **eine ~** a big-game hunt; **auf ~ gehen** to go big-game hunting

groß|zie·hen ['gro:stsiːən] *vt irreg* ■ **ein Kind** ~ to raise [*or sep* bring up] a child; ■ **ein Tier** ~ to rear an animal

groß·zü·gig I. *adj* ❶ *(generös)* generous; **ein ~es Trinkgeld** a generous [*or* handsome] tip ❷ *(nachsichtig)* lenient ❸ *(in großem Stil)* grand; **ein ~er Plan** a large-scale plan **II.** *adv* ❶ *(generös)* generously ❷ *(nachsichtig)* leniently ❸ *(weiträumig)* spaciously **Groß·zü·gig·keit** <-> *f kein pl* ❶ *(Generosität)* generosity ❷ *(Toleranz)* leniency ❸ *(Weiträumigkeit)* spaciousness *no pl*; *Park, Planung* large scale

gro·tesk [groˈtɛsk] *adj* grotesque

Gro·tesk <-> [groˈtɛsk] *f kein pl* TYPO grotesque, sanserif

Gro·tes·ke <-, -n> [groˈtɛskə] *f* ❶ KUNST grotesquerie ❷ LIT grotesque tale

Grot·te <-, -n> ['grɔtə] *f* grotto

Grot·ten·olm <-s, -e> *m* ZOOL olm

Grou·pie <-s, -s> ['gruːpi] *nt (sl)* groupie *sl*

grub ['gruːp] *imp von* **graben**

Grüb·chen <-s, -> ['gryːpçən] *nt* dimple

Gru·be <-, -n> ['gruːbə] *f* ❶ *(größeres Erdloch)* pit, [large] hole ❷ *(Bergwerk)* pit, mine ▶ WENDUNGEN: **in die ~ fahren** *(veraltet geh)* to give up the ghost; **wer andern eine ~ gräbt, fällt selbst hinein** *(prov)* you can easily fall into your own trap *prov*

Grü·be·lei <-, -en> [gryːbəˈlai] *f* brooding

grü·beln ['gryːbl̩n] *vi* ■ **[über etw** *dat o akk*] ~ to brood [over [*or* about] sth]; ■ **das G~** brooding; **ins G~ geraten** [*o kommen*] to begin to brood

Gru·ben·ar·bei·ter *m* miner, mineworker **Gru·ben·aus·bau** *m* support of mine workings **Gru·ben·bau** *m* excavation chamber **Gru·ben·brand** *m* pit fire **Gru·ben·feld** *nt* mining field **Gru·ben·gas** *nt* firedamp, methane **Gru·ben·holz** *nt* mine [*or* pit] props **Gru·ben·lam·pe** *f* miner's lamp **Gru·ben·licht** *nt s.* Grubenlampe **Gru·ben·un·glück** *nt* pit [*or* mine] disaster

Grüb·ler(in) <-s, -> ['gryːblɐ] *m(f)* brooder, broody person

grüb·le·risch ['gryːblərɪʃ] *adj* broody

Gruft <-, Grüfte> ['grʊft, *pl:* 'grʏftə] *f* ❶ *(Grabgewölbe)* vault, tomb; *(Kirche)* crypt ❷ *(offenes Grab)* grave

Gruf·ti <-s, -s> ['grʊfti] *m (sl)* old fogy [*or* fogey] *fam*, crumbly BRIT *fam*

grum·meln ['grʊml̩n] *vi (fam)* ❶ *(brummeln)* to mumble [*or* mutter] ❷ *(leise rollen)* to rumble

grün ['gryːn] *adj* ❶ *(die Farbe des Chlorophylls)* green ❷ *(unreif)* green; *Tomaten, Pflaumen* green, immature; **~er Junge** greenhorn; **~e Weihnachten** a snow-free Christmas ❸ POL green ▶ WENDUNGEN: **jdn ~ und blau schlagen** *(fam)* to beat sb black and blue; **sich ~ und blau ärgern** to be furious; **jdm nicht ~ sein** *(fam)* to dislike [*or* not like] sb; **sich** *dat* **nicht ~ sein** *(fam)* to dislike [*or* not like] each other; *s. a.* **Gesicht**

Packaging materials such as cartons, cans, bottles and yoghurt pots carry a characteristic **grüner Punkt** – *green spot* which indicates that they can be collected, sorted and re-used, according to the *Duales System* – *recycling system* – thus avoiding large mountains of waste.

Grün <-s, - *o fam* -s> ['gryːn] *nt* ❶ *(Farbe)* green; **ein grelles/schreiendes** ~ a bright/garish green; **~ haben** to be [at [*or* on]] green; **die Ampel zeigt ~** the [traffic] lights are [at [*or* on]] green ❷ *(~flächen)* green spaces [*or* areas]; **ein ~ am Golfplatz** a green

on a/the golf course ❸ *(grüne Pflanzen)* greenery; **das erste ~ nach dem Winter** the first green shoots of spring ❹ *(Spielfarbe im deutschen Kartenspiel)* spades *npl* ▶ WENDUNGEN: **das ist dasselbe in ~** *(fam)* it's one and the same [thing]

Grün·al·ge *f* BOT green alga [*or* algae] **grün·al·ter·na·tiv** *adj* POL green alternative; **Grün-Alternative-Liste** electoral pact of green and alternative parties **Grün·an·la·ge** *f* green space [*or* area] **grün·äu·gig** *adj* green-eyed; ■ **~ sein** to have green eyes **grün·bär·tig** *adj* ZOOL green-gilled

Grund <-[e]s, Gründe> ['grʊnt, *pl:* 'grʏndə] *m* ❶ *(Ursache, Veranlassung)* reason; **jede Naturkatastrophe hat einen ~** every natural disaster has a cause; **habt ihr denn einen ~ zum Feiern?** have you got [a] cause [*or* a reason] to celebrate?; **der ~ des schlechten Wetters ist ein Tiefdruckgebiet** the reason for [*or* cause of] the bad weather is an area of low pressure; **keinen/nicht den geringsten ~** no/ not the slightest reason; **eigentlich besteht kein ~ zur Klage** there is no [real] cause for complaint; **du hast keinen ~, dich zu beklagen** you have no reason to complain; **jdm ~ [zu etw** *dat*] **geben** to give sb reason [*or* cause] [to do sth]; **sehr wohl ~ zu etw** *dat* **haben** to have every [*or* very good] reason [*or* good cause] to do sth; **ohne ~** without reason; ■ **ein/kein ~ zu etw** *dat* [no] reason for sth; *(Beweg~, Motiv)* **Gründe** *pl*, reason; **Eifersucht ist schon oft der ~ für eine Bluttat gewesen** jealousy is often the motive for a bloody deed; ■ **zu der Annahme haben, dass** to have reason to believe [*or* grounds for believing] that; **Gründe und Gegengründe** pros and cons; **berechtigten/guten/keinen/nicht den geringsten ~ haben, etw zu tun** to have a legitimate/good/no/not the slightest reason for doing sth; **du hast wirklich keinen ~, dich ihm gegenüber so ablehnend zu verhalten** you have no real cause to be so stand-offish towards him; **aus dem einfachen ~, weil** for the simple reason that; **aus finanziellen Gründen** for financial reasons; **aus gesundheitlichen Gründen** for reasons of health, on health grounds; **aus gutem ~** with good reason; **aus unerfindlichen Gründen** for some obscure reason; **sie hat die Gründe für ihre Entscheidung genau dargelegt** she has detailed the reasons for her decision; **die Gründe für und wider genau abwägen** to closely weigh up the arguments for and against; **aus Gründen einer S.** *gen* for reasons of sth; **aus Gründen der Diplomatie** for reasons of diplomacy; **aus diesem ~[e]** for this reason; **aus welchem ~[e]** for what reason; **auf ~ einer S.** *gen* owing to [*or* because of] sth; *s. a.* **aufgrund** ❷ *kein pl (Erdboden)* ground; **etw bis auf den ~ abtragen** to raze sth to the ground; **ein Schiff auf ~ setzen** to scuttle a ship; **auf ~ laufen** [*o geraten*] NAUI to run aground ❸ DIAL *(Land, Acker)* land; ■ **~ erwerben** to acquire land; **den ~ bewirtschaften** to cultivate [*or* work] the land; **~ und Boden** land ❹ *(veraltend: Erdreich)* soil; **für solche Pflanzen muss der ~ sehr feucht sein** the soil must be very moist for plants like these ❺ *(Boden eines Gewässers)* bed, bottom; **am ~e des Sees** on the seabed, at the bottom of the sea; **ich habe keinen ~ mehr unter den Füßen** I can't touch the bottom [*or* feel the bottom under my feet] any longer; **steiniger/felsiger ~** a stony/rocky bottom; **auf den ~ sinken** to sink to the bottom ❻ *kein pl (geh: Gefäßboden)* bottom; **sich auf dem ~ des Glases absetzen** to settle to the bottom of the glass; **etw bis auf den ~ auspumpen/austrinken/leeren** to pump sth out/ drain/empty sth completely ❼ *kein pl (Unter~)* background; **ein weißes Kreuz auf rotem ~** a white cross on a red background ▶ WENDUNGEN: **in ~ und**

Boden thoroughly; **du solltest dich in ~ und Boden schämen!** you should be thoroughly [*or* completely] ashamed of yourself; **jdn in ~ und Boden reden** to shoot sb's arguments to pieces *fam;* **im ~e jds Herzens** *(geh)* in one's heart of hearts; **einer S.** *dat* **auf den ~ gehen** [*o* **kommen**] to get to the bottom of sth; **den ~ zu etw** *dat* **legen** to lay the foundations *pl* of [*or* for] sth; **auf ~ von etw** *dat* [*o* **einer S.** *gen*] on the strength [*or* basis] of sth; **im ~e** [**genommen**] basically; **von ~ auf** [*o* **aus**] completely; *(von Anfang an)* from scratch

Grund·ak·kord *m* MUS common chord, basic triad **grund·an·stän·dig** *adj* thoroughly decent **Grund·aus·bil·dung** *f* basic training **Grund·aus·stat·tung** *f* basic equipment **Grund·be·din·gung** *f* basic condition **Grund·be·griff** *m meist pl* ❶ *(elementarer Begriff)* basic [*or* fundamental] notion ❷ SCH *(Minimalvoraussetzung)* rudiments *npl* **Grund·be·sitz** *m* landed property **Grund·be·sit·zer(in)** *m(f)* landowner **Grund·buch** *nt* JUR land register **Grund·buch·amt** *nt* land registry, land registration office **grund·ehr·lich** [ɡrʊntʔeːɐlɪç] *adj (emph)* thoroughly honest **Grund·ei·gen·tü·mer(in)** *m(f) s.* **Grundbesitzer**

grün·den [ɡrʏndn̩] I. *vt* ❶ *(neu schaffen)* **etw ~** to found sth; **einen Betrieb/eine Firma ~** to establish [*or* set up] a business/firm; **eine Partei ~** to form [*or* establish] a party; **eine Universität ~** to found [*or* establish] a university ❷ *(fußen lassen)* **etw auf etw** *akk* **~** to base [*or* found] sth on sth; **worauf gründet er seine Entscheidung?** what does he base his decision on? II. *vr* **sich auf etw** *akk* **~** to be based [*or* founded] on sth

Grün·der(in) <-s, -> *m(f)* founder
Grün·der·jah·re *pl,* **Grün·der·zeit** *f* HIST *period in the last third of the last century when many industrial firms were established in Germany*

Grund·er·werb *m* acquisition [*or* purchase] of land **Grund·er·werb(s)·steu·er** *f* land transfer tax **grund·falsch** [ɡrʊntˈfalʃ] *adj (emph)* completely [*or* totally] wrong; **eine ~e Annahme** a completely false assumption **Grund·far·be** *f* ❶ *(Primärfarbe)* primary colour [*or* AM -or] ❷ *(als Untergrund aufgetragene Farbe)* ground colour [*or* AM -or] **Grund·fes·ten** *pl* [very] foundations; **etw bis in die ~** [*o* **in seinen ~**] **erschüttern** to shake sth to its [very] foundations; **an den ~ von etw** *dat* **rütteln** to shake the [very] foundations of sth **Grund·flä·che** *f* area **Grund·form** *f* ❶ *(elementare Form)* basic form ❷ LING basic form **Grund·frei·be·trag** *m* FIN basic exemption, tax-free [*or* BRIT personal] allowance **Grund·ge·bühr** *f* FIN basic charge **Grund·ge·dan·ke** *m* basic idea **Grund·ge·halt** *nt* basic salary **Grund·ge·setz** *nt* ❶ *(Grundprinzip)* basic [*or* fundamental] law; **physikalische/chemische ~e** the fundamental laws of physics/chemistry ❷ *(deutsche Verfassung)* Basic Law

Kultur

The **Grundgesetz** is the constitution of the Federal Republic of Germany. It outlines Germany's legal and political system, defining amongst other things the basic rights of people living in Germany and the relationship between the *Länder* – *the federal states* and the national government.

grund·ge·setz·wi·drig *adj* violating [*or* contrary to] the Basic Law **grund·gü·tig** *adj* kind-hearted **Grund·hal·tung** *f* basic attitude **Grund·herr** *m* HIST lord of the manor

grun·die·ren' [ɡrʊnˈdiːrən] *vt* **etw ~** to prime sth
Grun·die·rung <-, -en> *f* ❶ *kein pl (das Grundieren)* priming ❷ *(erster Anstrich)* primary [*or* priming] coat
Grund·ka·pi·tal *nt* share capital BRIT, stock capital AM

Grund·kennt·nis *f meist pl* basic knowledge **Grund·kon·sens** *m* SOZIOL, POL fundamental consensus **Grund·kon·zep·ti·on** *f* basic [*or* fundamental] conception [*or* idea] **Grund·kurs** *m* SCH basic course; *(Einführungskurs)* foundation course **Grund·la·ge** *f* basis, foundation; **als ~ für etw** *akk* **dienen** to serve as a basis for sth; **jeder ~ entbehren** to be completely unfounded [*or* without foundation]; **auf der ~ von etw** *dat* on the basis of sth; **eine gute ~** *(fam)* a good lining for one's stomach **Grund·la·gen·for·schung** *f* basic research **Grund·last** *f* ELEK base load

grund·le·gend I. *adj* ❶ *(wesentlich)* fundamental, basic ❷ *(die Grundlage bildend)* standard II. *adv* fundamentally; **das hat sich ~ geändert** that has fundamentally changed

gründ·lich [ˈɡrʏntlɪç] I. *adj* ❶ *(gewissenhaft)* thorough ❷ *(umfassend)* thorough; **eine ~e Bildung** a broad education II. *adv* ❶ *(fam: total)* completely; **sich ~ täuschen** to be completely mistaken ❷ *(gewissenhaft)* thoroughly

Gründ·lich·keit <-> *f kein pl* thoroughness
Gründ·ling <-s, -e> [ˈɡrʏntlɪŋ] *m* ZOOL gudgeon
Grund·li·nie *f* ❶ MATH ground-line ❷ SPORT baseline **Grund·li·ni·en·spiel** *nt* SPORT baseline play **Grund·lohn** *m* basic pay [*or* wage] **grund·los** I. *adj* ❶ *(unbegründet)* groundless, unfounded; **~es Lachen** laughter for no reason [at all] ❷ *(ohne festen Boden)* bottomless II. *adv* groundlessly; **~ lachen** to laugh for no reason [at all] **Grund·mau·er** *f (Fundament)* foundation wall; **etw bis auf die ~n niederbrennen** to burn sth to the ground; **etw bis auf die ~n niederreißen/zerstören** to raze sth to the ground **Grund·nah·rungs·mit·tel** *nt* basic food[stuff]

Grün·don·ners·tag [ɡryːnˈdɔnɛstaːk] *m* REL Maundy Thursday

Grund·ord·nung *f* basic [*or* fundamental] order **Grund·pfei·ler** *m* ❶ BAU *(tragender Pfeiler)* supporting pillar; *Brücke* supporting pier ❷ *(fig: wesentliches Element)* cornerstone **Grund·re·chen·art** *f* fundamental rule of arithmetic **Grund·recht** *nt* basic [*or* fundamental] right **Grund·ren·te** *f* ❶ *(Mindestrente)* basic pension ❷ FIN *(Einkommen aus Eigentum von Grund und Boden)* ground rent **Grund·riss^{RR}** *m* ❶ BAU ground-plan ❷ *(Abriss)* sketch, outline, summary

Grund·satz [ˈɡrʊntzats] *m* principle; **es sich** *dat* **zum ~ machen, etw zu tun** to make it a matter of principle to do sth; **aus ~** on principle

Grund·satz·dis·kus·si·on *f* debate on [fundamental] principles **Grund·satz·ent·schei·dung** *f* decision of general principle **Grund·satz·er·klä·rung** *f* POL declaration of principles

grund·sätz·lich [ˈɡrʊntzɛtslɪç] I. *adj* ❶ *(grundlegend)* fundamental; **~e Bedenken/Zweifel** serious [*or* strong] misgivings/doubts ❷ *(prinzipiell)* in principle *pred* II. *adv* ❶ *(völlig)* completely; **~ anderer Meinung sein** to be of a completely different opinion ❷ *(prinzipiell)* in principle ❸ *(kategorisch)* absolutely **Grund·satz·pa·pier** *nt* written declaration of principles **Grund·satz·ur·teil** *nt* JUR leading decision

Grund·schrift *f* TYPO base type **Grund·schuld** *f* FIN, JUR land charge **Grund·schu·le** *f* primary [*or* AM elementary] [*or* AM grade] school **Grund·schü·ler(in)** *m(f)* primary school [*or* AM elementary school] [*or* AM grade school] pupil **Grund·schul·leh·rer(in)** *m(f)* primary[·school] teacher BRIT **Grund·si·che·rung** *f* basic [insurance] cover **grund·so·li·d[e]** *adj* very respectable **Grund·stein** *m* foundation-stone; [**mit etw** *dat*] **den ~ zu etw** *dat* **legen** to lay the foundations for [*or* of] sth [with sth]; **der ~ zu etw** *dat* **sein** to form the foundations for [*or* of] sth **Grund·stein·le·gung** *f* lay-

ing of the foundation stone **Grund·stel·lung** f ❶ SPORT *(Ausgangsstellung für eine Turnübung)* normal position ❷ *(Stellung der Schachfiguren am Spielanfang)* starting positions pl **Grund·steu·er** f FIN [local] property tax, ≈ council tax BRIT **Grund·stock** m basis, foundation **Grund·stoff** m ❶ *(Rohstoff)* raw material ❷ CHEM *(Element)* element
Grund·stück nt ❶ *(Bau~)* plot [of land]; **bebaute ~e** developed plots [or sites] ❷ *(Anwesen)* estate, property
Grund·stücks·ei·gen·tü·mer(in) m(f) property owner **Grund·stücks·mak·ler(in)** m(f) estate agent **Grund·stücks·preis** m land price
Grund·stu·di·um nt basic course **Grund·stu·fe** f SCH years 3 and 4 of primary/elementary school in Germany **Grund·sub·stanz** f basic substance, base **Grund·ton** m ❶ MUS *(eines Akkords)* root; *(einer Tonleiter)* keynote ❷ *(Grundfarbe)* ground colour [or AM -or]
Grund·über·zeu·gung f PHIL, SOZIOL fundamental conviction
Grün·dung <-, -en> f ❶ *(das Gründen)* foundation, founding; *Betrieb* establishment, setting up; *Familie* [the] starting; *Schule, Universität* establishment, founding, foundation ❷ BAU *(Fundament)* foundation[s]; *kein pl (das Anlegen des Fundaments)* laying of the foundation[s]
Grün·dungs·fei·er f foundation ceremony **Grün·dungs·jahr** nt year of [the] foundation **Grün·dungs·ju·bi·lä·um** nt anniversary of the foundation
grund·ver·kehrt adj completely wrong **grund·ver·schie·den** ['grʊntfɛɐ̯ˈʃiːdn̩] adj *(emph)* completely different **Grund·was·ser** nt ground water; **auf ~ sto·ßen** to come across underground water **Grund·was·ser·spie·gel** m ground-water level, water table **Grund·wehr·dienst** m national service BRIT; **den ~ leisten** to do one's national service **Grund·wis·sen** nt basic knowledge **Grund·wort** nt LING root, etymon *spec* **Grund·wort·schatz** m basic vocabulary **Grund·zahl** f MATH s. **Kardinalzahl Grund·zug** m ❶ *(wesentliches Merkmal)* essential feature; **etw in seinen Grundzügen darstellen/erläutern** to outline/explain the essentials of sth ❷ pl *(Abriss)* the basics [or fundamentals]
Grü·ne(r) ['gryːnə] f/m *(fam)* decl wie adj POL [member of the] Green [Party]; **die ~n** the Green Party [or Greens]
Grü·ne(s) ['gryːnə(s)] nt decl wie adj ❶ *(Schmuckreisig)* ■ ~s greenery *sing* ❷ *(Gemüse)* ■ ~s greens ▶ WENDUNGEN: **ins ~ fahren** *(fam)* to drive [or take a trip] into the country; **im ~n** in the country
grü·nen ['gryːnən] vi *(geh)* to become [or turn] green; **ist es nicht schön, dass es wieder grünt und blüht?** isn't it nice that spring is here again?
Grün·fink m greenfinch **Grün·flä·che** f green [or open] space **Grün·fut·ter** nt green fodder no pl, no indef art, herbage [or silage] no pl, no indef art *spec* **Grün·gür·tel** m green belt **Grün·kern** m dried unripe spelt grain no indef art **Grün·kohl** m [curly] kale no pl, no indef art **Grün·land** nt kein pl meadowland, pastureland
grün·lich ['gryːnlɪç] adj greenish
Grün·ling ['gryːnlɪŋ] m s. **Grünfink**
Grün·pflan·ze f non-flowering plant **Grün·schen·kel** m ORN greenshank **Grün·schna·bel** m *(fam)* greenhorn *fam* **Grün·span** ['gryːnʃpaːn] m kein pl verdigris no pl; **~ ansetzen** to become covered with verdigris **Grün·specht** m green woodpecker **Grün·strei·fen** m central reservation, median strip AM; *(am Straßenrand)* grass verge
grun·zen ['grʊntsn̩] I. vi to grunt; ■ **das G~** grunting II. vt *(fam)* ■ **etw ~** to grunt sth
Grüpp·chen <-s, -> ['grʏpçən] nt dim von **Gruppe**

(bes pej) small group [or pej clique]
Grup·pe <-, -n> ['grʊpə] f ❶ *(Anzahl von Personen, Dingen)* group; **in ~n zu sechs [Leuten]** in groups of six ❷ *(Zusammenschluss)* group ❸ SPORT group ❹ *(Kategorie)* category, class
Grup·pen·ak·kord m ÖKON group piecework no pl, no indef art **Grup·pen·ar·beit** f kein pl teamwork no pl, no indef art **Grup·pen·auf·nah·me** f, **Grup·pen·bild** nt group photograph **Grup·pen·dy·na·mik** f PSYCH group dynamics + *sing/pl vb*, no art **Grup·pen·füh·rer(in)** m(f) ❶ *(Leiter)* team [or group] leader ❷ HIST *(in der SS)* lieutenant-general **Grup·pen·iden·ti·tät** f SOZIOL group identity **Grup·pen·lei·ter(in)** m(f) team leader **Grup·pen·mo·ral** f ❶ *(sittliches Empfinden einer Gruppe)* group morals pl, morals of a/the group; **gegen die ~ verstoßen** to contravene group morals ❷ *(innere Haltung)* group morale no pl, no indef art **Grup·pen·rei·se** f group travel no pl, no art **Grup·pen·sex** m group sex no pl, no art **Grup·pen·sieg** m first place in the group **Grup·pen·the·ra·pie** f ❶ MED group treatment no pl, no indef art ❷ PSYCH group therapy no pl, no indef art **Grup·pen·un·ter·richt** m group learning no pl, no art
grup·pen·wei·se adv in groups
Grup·pen·zwang m [peer] group pressure no pl, no indef art
grup·pie·ren* [grʊˈpiːrən] I. vt ■ **etw [um etw] ~** to group sth [around sth] II. vr ■ **sich [zu etw] ~** to be grouped [into sth]
Grup·pie·rung <-, -en> f ❶ *(Gruppe 3)* group ❷ kein pl *(Aufstellung)* grouping
Gru·sel·film m horror film **Gru·sel·ge·schich·te** f horror story
gru·se·lig ['gruːzəlɪç] adj gruesome, spine-chilling; **~ zumute werden** to have a creepy feeling
gru·seln ['gruːzl̩n] I. vt, vi impers ■ **jdn** [o **jdm**] **gruselt es** sb gets the creeps; ■ **das G~** fear; **nachts in einem unheimlichen Schloss kann man das G~ lernen** one learns what fear is in an eerie castle at night II. vr ■ **sich [vor jdm/etw] ~** to shudder [at the sight of sb/sth]
Gruß <-es, Grüße> ['gruːs, pl: 'gryːsə] m ❶ *(Begrüßung/Verabschiedung)* greeting/farewell; MIL salute; **jdm Grüße übermitteln** [o **bestellen**] to pass on/give [one's] regards [or best wishes] to sb; **einen [schönen] ~ an Ihre Gattin** [please] give my [best] regards to your wife; **liebe Grüße auch an die Kinder** give my love to the children, too; **jdm seine Grüße entbieten** *(geh)* to present one's compliments to sb *form;* **ohne ~** without saying hello/goodbye; **zum ~** as a greeting; **sie reichten die Hände zum ~** they shook hands ❷ *([Floskeln am] Briefschluss)* regards; **mit besten Grüßen** [o **bestem Gruß**] Yours sincerely; **mit freundlichen Grüßen** [o **freundlichem ~**] Yours sincerely [or faithfully]; **mit kollegialen Grüßen** Yours sincerely; **herzliche Grüße** best wishes; **~ und Kuss** *(fam)* love [and kisses] ▶ WENDUNGEN: **der Deutsche ~** HIST the Nazi salute; **der Englische ~** REL the Ave Maria; **viele Grüße aus Davos** *(hum)* they say Davos [in the Alps] is good for coughs *hum;* **viele Grüße vom Getriebe, Gang kommt nach!** *(hum)* greetings from the gearbox, how about using the clutch! *hum;* **Gruß und Kuss, dein Julius** *(hum)* time to close/go, with love from Rose/Joe *hum*
Gruß·adres·se f, **Gruß·bot·schaft** f message of greetings
grü·ßen ['gryːsn̩] I. vt ❶ *(be~)* ■ **jdn ~** to greet sb; MIL to salute sb; **sei [mir] gegrüßt!** *(geh)* greetings! *form;* **grüß dich!** *(fam)* hello there! *fam* ❷ *(Grüße übermitteln)* ■ **jdn von jdm ~** to send sb sb's regards; **jdn lassen** to say hello to sb II. vi ❶ *(einen Gruß sagen)*

to say hello; **~ lassen** to send one's regards; MIL to salute; ■ **das G~** saluting ❷ *(geh: locken, winken)* to greet; **die Berge grüßten aus der Ferne** the mountains greeted us from afar **III.** *vr* ■ **sich ~** to say hello to one another

Gruß·for·mel *f* salutation

gruß·los *adv* without a word of greeting/farewell; **er ging ~ an mir vorbei** he went past me without saying hello

Gruß·wort <-worte> *nt* welcoming speech; **ein ~ an jdn richten** to address a few words of welcome to sb

Grüt·ze <-, -n> ['grʏtsə] *f* groats *npl*, grits *npl* AM; **rote ~** *red fruit slightly stewed and thickened* ▶ WENDUNGEN: **~ im Kopf haben** *(fam)* to have a bit of nous *sl*

Gu·am [gʊam] *nt* Guam; *s. a.* **Sylt**

Gu·ar·kern·mehl *nt*, **Gu·ar·mehl** ['gʊar-] *nt* guar gum [flour]

Gu·a·te·ma·la <-s> [gʊate'maːla] *nt* Guatemala; *s. a.* **Deutschland**

Gu·a·te·ma·la-Stadt <-> *nt* Guatemala City

Gu·a·te·mal·te·ke, **Gu·a·te·mal·te·kin** <-n, -n> [gʊatemal'teːkə, gʊatemal'teːkɪn] *m, f* Guatemalan; *s. a.* **Deutsche(r)**

gu·a·te·mal·te·kisch [gʊatemal'teːkɪʃ] *adj* Guatemalan; *s. a.* **deutsch**

Gu·a·ve <-, -n> ['gʊaːvə] *f* guava

gu·cken ['gʊkn̩] *vi* ❶ *(sehen)* ■ **[in/durch etw** *akk*/**aus etw] ~** to look [in/through/out of sth]; **was guckst du so dumm!** take that silly look off your face!; **ich habe schon Weihnachtsgeschenke gekauft, aber nicht ~!** I've already bought the Christmas presents, so no peeping! ❷ *(ragen)* ■ **aus etw ~** to stick out of sth; **was guckt denn da aus der Tasche?** what's that sticking out of your pocket?

Guck·loch *nt* peephole

Gue·ril·la¹ <-, -s> [ɡeˈrɪlja] *f* guer[r]illa war

Gue·ril·la² <-[s], -s> [ɡeˈrɪlja] *m* guer[r]illa

Guern·sey <-[s]> ['ɡəːnzɪ] *nt* Guernsey

Gu·gel·hopf ['ɡuːɡlhɔpf] *m* SCHWEIZ, **Gu·gel·hopf·form** *f* SCHWEIZ, **Gu·gel·hupf** ['ɡuːɡlhʊpf] *m* SÜDD, ÖSTERR, **Gu·gel·hupf·form** *f* SÜDD, ÖSTERR kugelhopf [tin]

Guil·lo·ti·ne <-, -n> [ɡɪljoˈtiːnə, ɡijoˈtiːnə] *f* guillotine; **auf die ~ kommen** to go to the guillotine

guil·lo·ti·nie·ren [ɡɪljotiˈniːrən, ɡijotiˈniːrən] *vt* ■ **jdn ~** to guillotine sb

Gui·nea <-s> [ɡiˈneːa] *nt* Guinea; *s. a.* **Deutschland**

Gui·nea-Bis·sau <-s> [ɡiˈneːa-bɪˈsaʊ] *nt* Guinea-Bissau; *s. a.* **Deutschland**

Gui·nea-Bis·sau·er(in) <-s, -> *m(f)* Guinea-Bissauan, Bissau Guinean; *s. a.* **Deutsche(r)**

gui·nea-bis·sau·isch *adj* Guinea-Bissauan, Bissau Guinean; *s. a.* **deutsch**

Gui·ne·er(in) <-s, -> [ɡiˈneːɐ] *m(f)* Guinean; *s. a.* **Deutsche(r)**

gui·ne·isch [ɡiˈneːɪʃ] *adj* Guinean; *s. a.* **deutsch**

Gu·lasch <-[e]s, -e** *o* -s> ['ɡʊlaʃ] *nt o m* KOCHK goulash

Gu·lasch·ka·no·ne *f (sl)* field kitchen **Gu·lasch·sup·pe** *f* goulash soup

Gul·den <-s, -> ['ɡʊldn̩] *m* guilder; ▶ WENDUNGEN: **nie·derländischer ~** [the/a] Dutch guilder

gül·den ['ɡʏldn̩] *adj (poet)* golden

Gül·le <-> ['ɡʏlə] *f kein pl* liquid manure *no pl, no indef art*, slurry *no pl*

Gul·ly <-s, -s> ['ɡʊli] *m o nt* drain

gül·tig ['ɡʏltɪç] *adj* ❶ *(Geltung besitzend)* valid; **diese Fahrkarte ist zwei Monate ~** this ticket is valid for two months; **ein ~er Vertrag** a valid contract; **der Sommerfahrplan ist ab dem 1.4. ~** the summer timetable comes into effect from 1.4. ❷ *(allgemein anerkannt)* universal; **eine ~e Maxime** a universal

maxim

Gül·tig·keit <-> *f kein pl* ❶ *(Geltung)* validity *no pl*; **der Ausweis besitzt nur noch ein Jahr ~** the identity card is only valid for one more year ❷ *(gesetzliche Wirksamkeit)* legal force

Gül·tig·keits·dau·er *f* period of validity

Gum·mi <-s, -s> ['ɡʊmi] *nt o m* ❶ *(Material)* rubber *no pl, no indef art* ❷ *(fam: Radiergummi)* rubber ❸ *(fam: ~band)* elastic [*or* rubber] band ❹ *(~zug)* elastic *no pl, no indef art* ❺ *(fam: Kondom)* rubber *sl*

Gum·mi·band <-bänder> *nt* elastic [*or* rubber] band

Gum·mi·bär·chen <-s, -> [-bɛːɐçən] *nt* jelly bear, ≈ jelly baby **Gum·mi·baum** *m* ❶ *(Kautschukbaum)* rubber tree ❷ *(Zimmerpflanze)* rubber plant

gum·mie·ren [ɡʊˈmiːrən] *vt* ■ **etw ~** ❶ *(Klebstoff schicht auftragen)* to gum sth; **gummierte Etiketten/Briefumschläge** gummed labels/envelopes ❷ *(Gummischicht auftragen)* to rubberize sth

Gum·mie·rung <-, -en> *f* ❶ *kein pl (das Gummieren)* gumming *no pl; (von Textilien)* rubberizing *no pl* ❷ *(Klebstoffschicht)* gummed surface; *(Gummischicht)* rubberized surface

Gum·mi·knüp·pel *m* rubber truncheon **Gum·mi·pa·ra·graph** *m (fam)* flexible [*or* ambiguous] clause **Gum·mi·stie·fel** *m* rubber boot, wellington [boot], wellie BRIT *fam* **Gum·mi·strumpf** *m* elastic stocking **Gum·mi·zel·le** *f* padded cell **Gum·mi·zug** *m* elastic *no pl, no indef art*; **einen ~ einziehen** to insert a piece of elastic

Gun·der·mann ['ɡʊndɐman] *m* BOT ground ivy

Gün·sel <-s> ['ɡʏnzl̩] *m kein pl* BOT bugle

Gunst <-> ['ɡʊnst] *f kein pl* ❶ *(Wohlwollen)* goodwill *no pl, no indef art*; **jds ~ besitzen** [*o* genießen] to enjoy sb's favour [*or* AM -or]; **jdm eine ~ erweisen** *(geh)* to do [*or* grant] sb a favour; **sich** *dat* **jds ~ verscherzen** to lose sb's favour ❷ *(Vergünstigung)* favour [*or* AM -or]; **zu jds ~en** in sb's favour; **er schloss eine Lebensversicherung zu ~en seiner Tochter ab** he took out a life assurance policy for the benefit of his daughter ❸ *(günstige Konstellation)* ■ **die ~ einer S.** *gen* the advantageousness of sth; **er nutzte die ~ des Augenblicks aus** he took advantage of the favourable moment

Gunst·be·weis *m*, **Gunst·be·zei·gung** *f* mark of favour

güns·tig ['ɡʏnstɪç] **I.** *adj* ❶ *(zeitlich gut gelegen)* convenient; **Mittwoch ist nicht so ~** Wednesday is not so convenient ❷ *(begünstigend)* favourable [*or* AM -orable] ❸ *(preis~)* reasonable **II.** *adv* ❶ *(preis~)* reasonably ❷ *(passend, geeignet)* favourably; **es trifft sich ~, dass** it's a stroke of luck that

güns·tigs·ten·falls *adv* at best

Günst·ling <-s, -e> ['ɡʏnstlɪŋ] *m (pej)* favourite [*or* AM -orite]

Günst·lings·wirt·schaft *f kein pl (pej)* favouritism [*or* AM -oritism] *no pl pej*

Gupf <-[e]s, -e> ['ɡʊpf] *m* SÜDD, ÖSTERR, SCHWEIZ *(fam)* peak; *(Kuppe)* rounded hilltop

Gup·py <-s, -s> ['ɡʊpi] *m* ZOOL guppy

Gur·gel <-, -n> ['ɡʊrɡl̩] *f* throat; **jdm an die ~ gehen** [*o* springen] *(fam)* to go for sb's throat ▶ WENDUNGEN: **sich die ~ ölen** [*o* schmieren] *(hum fam)* to wet one's whistle *hum fam*

Gur·gel·mit·tel *nt* gargle

gur·geln ['ɡʊrɡl̩n] *vi* ❶ *(den Rachen spülen)* ■ **mit etw ~** to gargle [with sth]; ■ **das G~** gargling ❷ *(von ablaufender Flüssigkeit)* to gurgle; ■ **~d** gurgling

Gürk·chen <-s, -> ['ɡʏrkçən] *nt dim von* **Gurke** small [*or* cocktail] gherkin

Gur·ke <-, -n> ['ɡʊrkə] *f* ❶ *(Frucht)* cucumber; *(Essig~)* gherkin; **eingelegte** [*o* **saure] ~n** pickled gherkins ➁ *(Pflanze)* cucumber plant ➂ *(hum fam: Nase)* conk BRIT *hum fam*, hooter BRIT *hum fam* ➃ *(sl: Penis)* knob BRIT *sl*, dick *sl*

Gur·ken·ho·bel *m* cucumber slicer **Gur·ken·sa·lat** *m* cucumber salad

gur·ren [ˈgʊrən] *vi Tauben* to coo; *(fam) Mensch* to purr

Gurt <-[e]s, -e> [ˈgʊrt] *m* ➊ *(Riemen)* strap ➋ *(Sicherheitsgurt)* seat belt ➌ *(breiter Gürtel)* belt

Gür·tel <-s, -> [ˈgʏrtl̩] *m* ➊ *(Hosen~)* belt ➋ *(Ring, Zone)* belt ▸ WENDUNGEN: **den ~ enger schnallen** *(fam)* to tighten one's belt

Gür·tel·li·nie [liːniə] *f* waist[line]; ▸ WENDUNGEN: **unter die ~ zielen** to aim below the belt; *s. a.* **Schlag Gür·tel·rei·fen** *m* radial[-ply] tyre *[or* AM *tire]* **Gür·tel·ro·se** *f* MED shingles *no art,* + *sing/pl verb* **Gür·tel·schnal·le** *f* belt buckle **Gür·tel·tier** *nt* armadillo

Gurt·muf·fel *m (fam) person who refuses or does not like to wear a seat belt* **Gurt·pflicht** *f* compulsory wearing of seat belts

Gu·ru <-s, -s> [ˈguːru] *m* guru

GUS <-> [gʊs, geːʔuːˈʔɛs] *f Akr von* **Gemeinschaft Unabhängiger Staaten** CIS

GussRR <-es, Güsse> *m*, **Guß**ALT <-sses, Güsse> [ˈgʊs, *pl:* ˈgʏsə] *m* ➊ *(fam: Regenguss)* downpour ➋ *(Zuckerguss)* icing ➌ *kein pl* TECH *(das Gießen)* casting ➍ *kein pl (~eisen)* cast iron; **aus ~** made from cast iron ➎ MED **kalte Güsse** cold effusions ▸ WENDUNGEN: **[wie] aus einem ~** forming a uniform and integrated whole

Guss·ei·senRR *nt* cast iron **guss·ei·sern**RR *adj* cast-iron **Guss·form**RR *f* mould *[or* AM mold]

Gus·to <-s, -s> [ˈgʊsto] *m* ▸ WENDUNGEN: **nach eigenem ~** to one's own taste; **|ganz| nach ~** *(geh)* [just] as one pleases

gut <besser, beste> [ˈguːt] **I.** *adj* ➊ *(ausgezeichnet, hervorragend)* good; **eine ~e Ausbildung** a good education; **ein ~es Gedächtnis** a good memory; SCH *(zweitbeste Note)* "B"; **jdn/etw ~ finden** to think sb/sth is good; **jdm geht es ~/nicht ~** sb is well/not well; **lass es dir ~ gehen!** *(fam)* look after yourself! ➋ *(fachlich qualifiziert)* good; **den Rechtsanwalt kann ich dir empfehlen, der ist ~** I can recommend this lawyer to you, he's good ➌ *attr (lieb)* good; *(intim)* close, good; **wir sind ~e Bekannte** we are close acquaintances ➍ *meist attr (untadelig)* good ➎ *(nicht übel, vorteilhaft)* good; **eine ~e Idee** a good idea; **ein ~es Angebot** a good offer; **mit jdm geht es ~** to turn out well for sb; **das geht auf die Dauer nicht ~** it won't turn out well in the long run; **das kann nicht ~ gehen!** that just won't work!, it has to go wrong! ➏ *(reichlich)* good; **bis Mürzwiehlen gehen wir noch eine ~e Stunde** we've got another good hour's walk until we get to Murzwiehlen ➐ *(in Wünschen)* good; **lass es ~ gehen** *(fam)* have a great time; **~e Fahrt/Reise** have a good trip; **~e Erholung/Besserung** get well soon; **~en Appetit** enjoy your meal; **~es Gelingen** good luck; **einen ~en Rutsch ins neue Jahr** happy New Year!; **ein ~es neues Jahr** happy New Year!; **~e Unterhaltung** enjoy the programme; **auf ~e Zusammenarbeit!** here's to our successful co-operation!; **auf ~e Nachbarschaft!** here's to us as neighbours! ▸ WENDUNGEN: **~ beieinander sein** SÜDD to be a bit tubby *[or* chubby] *fam;* **~ und schön** *(fam)* well and good; **das ist ja alles ~ und schön, aber ...** *(fam)* that's all very well, but ...; **du bist ~!** *(iron fam)* you're a fine one! *(iron fam)* **jdm wieder ~ sein** to be friends again with sb; **~ draufsein** *(fam)* to be in good spirits; **für etw ~ sein** to be good for sth; **sich für etw zu ~ sein** to be too good for sth; **manchmal packt der Chef auch mal selbst mit an, dafür er ist er sich nicht**

zu ~ sometimes the boss lends a hand too, that's not beneath him; **~ gegen** *[o* **für] etw sein** *(fam)* to be good for sth; **trinke einen heißen Tee mit Rum, der ist ~ gegen Erkältung!** drink hot tea with rum, it's good for colds; **~ in etw** *dat* **sein** to be good at sth; **in Mathematik bin ich immer ~ gewesen** I have always been good at mathematics; **es ist ganz ~, dass** it's good that; **noch/nicht mehr ~ sein** to still be/no longer be any good; **es wird ~ ~ sein lassen** to leave sth at that; **mit dieser Verwarnung will ich es für heute ~ sein lassen!** having warned you I'll leave it at that for today!; **lass mal ~ sein!** *(fam)* let's drop the subject!; **wer weiß, wozu es ~ ist** perhaps it's for the best; **~ werden** to turn out all right; **sind die Fotos ~ geworden?** did the photos turn out all right?; **wieder ~ werden** to be all right; **sorge dich nicht um die Zukunft, es wird alles wieder ~** don't worry about the future, everything will be all right; **also** *[o* und *[o* na] **~!** well, all right then!; **schon ~!** *(fam)* all right!; **~ so** to be just as well; **~ so!** that's it!; **fein gemacht, ~ so!** well done, that's it!; **und das ist auch ~ so** and a good thing too; **sei so ~ und ...** would you be kind enough to; **wenn du in die Stadt gehst, sei so ~ und nimm die Post mit** if you're going into town would you be good enough to take my post?; **|aber| sonst geht's dir ~?** *(iron)* you must be mad *[or* AM crazy]! *iron;* **wozu ist das ~?** *(fam)* what's the use of that?; **|wie| ~, dass** it's a good job that; **wie ~, dass er das nicht gehört hat!** it's a good job he didn't hear that!; **~!** *(in Ordnung!)* good!, OK!; **~, ~!** yes, all right! **II.** *adv* ➊ *(nicht schlecht)* well; **~ aussehend** *inv, attr* good-looking; **~ bezahlt** *attr* well-paid; **~ dotiert** *attr (geh)* well-paid; **~ gehend** *attr* flourishing, thriving; **~ gelaunt** in a good mood, cheerful; **~ gemeint** *attr* well-meant, well-intentioned; **~ situiert** *attr* well-to-do; **~ unterrichtet** *attr* well-informed; **du sprichst aber ~ Englisch!** you really can speak good English; **~ verdienend** *attr* high-income *attr* ➋ *(geschickt)* well ➌ *(reichlich)* good; **es dauert noch ~ eine Stunde, bis Sie an die Reihe sind** it'll be a good hour before it's your turn ➍ *(einfach, recht)* easily; ▪ **nicht ~** not very well; **ich kann ihn jetzt nicht ~ im Stich lassen** I can't very well leave him in the lurch now ➎ *(leicht, mühelos)* well; **hast du die Prüfung ~ hinter dich gebracht?** did you get through the exam all right?; **~ leserlich** *Schrift* very legible, well-legible BRIT ➏ *(angenehm)* good; **hm, wonach riecht das denn so ~ in der Küche?** hm, what's making the kitchen smell so lovely?; **schmeckt es dir auch ~?** do you like it too? ➐ *(wohltuend sein)* ▪ **|jdm| ~ tun** to do [sb] good; **das hat mir unheimlich ~ getan** that did me a power *[or* world] of good; ▪ **es tut jdm ~, etw zu tun** It does sb good to do sth; **~ tun** *(fam: sich einordnen)* to fit in ▸ WENDUNGEN: **~ und gern** easily; **so ~ es geht** as best one can; **wir haben den Vertrag übersetzt, so ~ es geht** we translated the contract as best we could; **|das hast du| ~ gemacht!** well done!; **es ~ haben** to be lucky; **er hat es in seiner Jugend nicht ~ gehabt** he had a hard time when he was young; **das kann ~ sein** that's quite possible; **du kannst** *[o* hast] **~ reden!** *(fam)* it's easy for you to talk!; **mach's ~!** *(fam)* bye!, cheerio! BRIT; **pass ~ auf!** be very careful!; **sich ~ mit jdm stellen** to get into sb's good books; **~ daran tun, etw zu tun** to do well to do sth; **du tätest ~ daran, vor dem Examen noch etwas zu lernen** you would do well to learn something before the exam; *s. a.* **so**

Gut <-[e]s, Güter> [ˈguːt, *pl:* ˈgyːtə] *nt* ➊ *(Landgut)* estate ➋ *(Ware)* commodity; ▪ **Güter** *(Frachtgut)* goods *npl;* **unbewegliche Güter** immovables *npl;*

geistige Güter intellectual wealth *no pl, no indef art;* **irdische Güter** *(geh)* worldly goods *npl* ⓔ *kein pl (das Gute)* good *no pl, no indef art;* ~ **und Böse** good and evil ▸ WENDUNGEN: **jenseits von** ~ **und Böse sein** *(iron)* to be past it *fam*

Gut·ach·ten <-s, -> [ˈguːtʔaxtn̩] *nt* |expert's| report

Gut·ach·ter|in <-s, -> *m/f|* expert

gut·ar·tig *adj* ① MED benign ② *(nicht widerspenstig)* good-natured

gut·bür·ger·lich [ˈguːtˈbʏrɡɐlɪç] *adj* middle-class; KOCHK home-made; **~e Küche** home-style cooking; ~ **essen** |gehen| to have some good home cooking

Gut·dün·ken <-s> *nt kein pl* discretion *no pl, no indef art;* **nach** |eigenem| ~ at one's own discretion

Gu·te(r) *f|m| decl wie adj (guter Mensch)* ▪ **der/die** ~ the good man/woman; **mein ~r/meine** ~ my dear fellow/my dear *fam;* **die ~n und die Bösen** the good and the bad, the goodies and the baddies BRIT *fam*

Gu·te(s) *nt decl wie adj* ① *(Positives)* ▪ **~s** good; **man hört viel ~s über ihn** you hear a lot of good things about him; ▪ **etwas ~s** something good; **ich habe im Schrank etwas ~s für dich** I've got something nice for you in the cupboard; ▪ **etwas/nichts ~s** *(eine gute/keine gute Tat)* something/nothing good; **er tat in seinem Leben viel ~s** he did a lot of good in his life; |auch| **sein ~s haben** to have its good points [*or* good side] |too|; **ein ~s hat die Sache** there is one good thing about it; **jdm schwant nichts ~s** sb has a nasty feeling about sth; **nichts ~s versprechen** to not sound very promising, to bode ill [*or* no good]; **jdm** ~**s tun** to be good to sb; **was kann ich dir denn ~s tun?** how can I spoil [*or* what can I do for] you?; **sich zum ~n wenden** to take a turn for the better; **alles** ~! all the best!; **alles** ~ **und viele Grüße an deine Frau!** all the best and give my regards to your wife; **das** ~ **daran** the good thing about it ② *[friedlich]* **im ~n** amicably; **lass dir's im ~n gesagt sein, dass ich das nicht dulde** take a bit of friendly advice, I won't put up with it!; **sich im ~n trennen** to part on friendly [*or* good] terms ③ *(gute Charakterzüge)* **das** ~ **im Menschen** the good in man; **~s tun** to do good ▸ WENDUNGEN: **~s mit Bösem/~m vergelten** *(geh)* to return evil/good for good; **des ~n zu viel sein** to be too much [of a good thing]; **das ist wirklich des ~n zu viel!** that's really overdoing things!; **alles hat sein ~s** *(prov)* every cloud has a silver lining *prov;* **im ~n wie im Bösen** *(mit Güte wie mit Strenge)* every way possible; *(in guten und schlechten Zeiten)* through good |times| and bad; **ich habe es im ~n wie im Bösen versucht, aber sie will einfach keine Vernunft annehmen** I've tried to do everything I can, but she simply won't see sense

Gü·te <-> [ˈɡyːtə] *f kein pl* ① *(milde Einstellung)* kindness; **die** ~ **haben, zu …** *(iron geh)* to be so kind as to … *iron form* ② *(Qualität)* |good| quality ▸ WENDUNGEN: **erster** ~ *(fam)* of the first order; **ach du liebe** [*o* meine] ~! *(fam)* oh my goodness! *fam;* **in** ~ amicably

Gü·te·klas·se *f* grade, class

Gu·te·nacht·ge·schich·te *f* bedtime story **Gu·te·nacht·kuss** [ɡuːtəˈnaxtkʊs] *m* goodnight kiss

Gü·ter·ab·fer·ti·gung *f* ① *kein pl (das Abfertigen von Gütern)* dispatch of goods ② *(Abfertigungsstelle)* goods office, dispatch office **Gü·ter·bahn·hof** *m* goods [*or* freight] depot **Gü·ter·fern·ver·kehr** *m* long-distance haulage *no pl, no art* **Gü·ter·ge·mein·schaft** *f* JUR community of property; **in** ~ **leben** to have community of property

Gu·ter Hein·rich [-ˈhainrɪç] *m* BOT Good King Henry **Gü·ter·nah·ver·kehr** *m* short-distance haulage *no pl, no indef art* **Gü·ter·schiff** *nt* cargo ship **Gü·ter·tren·nung** *f* JUR separation of property; **in** ~ **leben** to have

separation of property **Gü·ter·ver·kehr** *m* goods traffic *no pl, no indef art* **Gü·ter·wa·gen** *m* goods truck [*or* van], freight car [*or* wagon] **Gü·ter·zug** *m* goods [*or esp* AM freight] train

Gü·te·sie·gel *nt* seal [*or* mark] of quality, kite mark BRIT **Gü·te·ver·hand·lung** *f* JUR conciliation proceedings **Gü·te·zei·chen** *nt* mark of quality, kite mark BRIT

gut·gläu·big *adj* trusting, gullible **Gut·gläu·big·keit** *f* gullibility *no pl* **gut|ha·ben** *vt irreg* ▪ **etw bei jdm** ~ to be owed sth by sb; **du hast ja noch 125 Euro/einen Gefallen bei mir gut** I still owe you 125 euros/a favour **Gut·ha·ben** <-s, -> *nt* credit balance **gut|hei·ßen** *vt irreg* ▪ **etw** ~ to approve of sth **gut·her·zig** *adj (geh)* kind-hearted

gü·tig [ˈɡyːtɪç] *adj* kind; **würden Sie so** ~ **sein, zu …** *(geh)* would you be so kind as to … *form;* |danke,| **zu** ~! *(iron)* |thank you,| you're too kind! *iron*

güt·lich [ˈɡyːtlɪç] I. *adj* amicable II. *adv* amicably; ▸ WENDUNGEN: **sich an etw** *dat* ~ **tun** to help oneself freely to sth

gut|ma·chen *vt* ① *(in Ordnung bringen)* ▪ **etw** ~ to put sth right; **etw an jdm gutzumachen haben** to have sth to make up to sb for ② *(entgelten)* ▪ **etw** ~ to repay sth; **wie kann ich das jemals** ~? how can I ever repay you? ③ *(wettmachen)* ▪ **etw mit etw** ~ to make sth up again with sth; ▪ **etw bei etw** ~ to make sth from sth

Gut·mensch *m (pej fam)* starry-eyed idealist *usu pej* **gut·mü·tig** [ˈɡuːtmyːtɪç] *adj* good-natured **Gut·mü·tig·keit** <-> *f kein pl* good-naturedness *no pl* **Guts·be·sit·zer|in|** *m/f|* landowner

Gut·schein *m* coupon, voucher **gut|schrei·ben** *vt irreg* ▪ **jdm etw** ~ to credit sb with sth

Gut·schrift *f* ① *kein pl (Vorgang)* crediting *no pl* ② *(Bescheinigung)* credit note ③ *(Anlage)* credit slip ④ *(im Haben gebuchter Betrag)* credit entry [*or* item] **Guts·haus** *nt* manor house **Guts·herr|in|** *m/f|* lord/lady of the manor **Guts·her·ren·art** *f kein pl (pej fam)* **nach** ~ in the style of lord of the manor; **nach** ~ **regieren** to rule as one pleases **Guts·hof** *m* estate, manor

Guts·ver·wal·ter|in| *m/f|* estate manager, steward, bailiff BRIT

gut·tu·ral [ɡʊtuˈraːl] *adj* guttural

gut·wil·lig I. *adj (entgegenkommend)* willing, obliging II. *adv (freiwillig)* voluntarily

Gu·ya·na <-s> [ɡuˈjaːna] *nt* Guyana; *s. a.* **Deutschland**

Gu·ya·ner|in| <-s, -> [ɡuˈjaːnɐ] *m/f|* Guyanese; *s. a.* **Deutsche(r)**

gu·ya·nisch [ɡuˈjaːnɪʃ] *adj* Guyanese; *s. a.* **deutsch** **gym·na·si·al** [ɡʏmnaˈzi̯aːl] *adj attr* ≈ grammar-school *attr* BRIT, ≈ high-school *attr* AM

Gym·na·si·al·leh·rer|in| *m/f|*, **Gym·na·si·al·pro·fes·sor|in|** *m/f|* ÖSTERR ≈ grammar-school [*or* AM ≈ high-school] teacher

Gym·na·si·ast|in| <-en, -en> [ɡʏmnaˈzi̯ast] *m/f|* ≈ grammar-school pupil [*or* ≈ high-school student] AM **Gym·na·si·um** <-s, -ien> [ɡʏmˈnaːzi̯ʊm, *pl:* ɡʏmˈnaːzi̯ən] *nt* ≈ grammar school BRIT, ≈ high school AM; **humanistisches/mathematisch-naturwissenschaftliches** ~ ≈ grammar school specializing in humanities/mathematics and natural science

German schoolchildren who after primary school go to the **Gymnasium** are trained to achieve the necessary academic standard required for university entrance between Years 5 and 13. In Austria, this takes eight years and in Switzerland the pupils have to spend at least eight years (and in some cantons nine) at *Maturitätsschule – grammar school*. Traditionally, there are several types of grammar school: those that specialize in classical languages (Latin and Greek), those that emphasize modern languages (with or without Latin), those that specialize in maths and science or economics, and those that put emphasis on music and art.

Gym·nas·tik <-> [gʏmˈnastɪk] *f* gymnastics + *sing vb*
Gym·nas·tik·un·ter·richt *m* gymnastics + *sing vb*

gym·nas·tisch *adj* gymnastic
Gy·nä·ko·lo·ge, Gy·nä·ko·lo·gin <-n, -n> [gynɛko'lo:gə, -'lo:gɪn] *m, f* gynaecologist BRIT, gynecologist AM
Gy·nä·ko·lo·gie <-> [gynɛkolo'gi:] *f kein pl* gynaecology *no pl, no art* BRIT, gynecology *no pl, no art* AM
Gy·nä·ko·lo·gin <-, -nen> [gynɛko'lo:gɪn] *f fem form von* **Gynäkologe**
gy·nä·ko·lo·gisch [gynɛko'lo:gɪʃ] *adj* gynaecological BRIT, gynecological AM

H h

H, h <-, - *o fam* -s, -s> [ha:] *nt* ❶ *(Buchstabe)* H [*or* h]; **~ wie Heinrich** H for [*or* AM as in] Harry [*or* AM How]; *s. a.* **A 1** ❷ MUS B; *s. a.* **A 2**
h *Abk von* **hora|e|** hr ❶ *gesprochen: Uhr (Stunde der Uhrzeit)* hrs; **Abfahrt des Zuges: 9 h 17** train departure: 9.17 a.m. ❷ *gesprochen: Stunde (Stunde)* h.; **130 km/h ist auf deutschen Autobahnen empfohlene Richtgeschwindigkeit** 130 kph is the recommended speed on German motorways
ha¹ [ha:] *Abk von* **Hektar** ha
ha² [ha] *interj* ❶ *(triumphierend)* ha!; **~, wusste ich's doch!** ha! I knew it! ❷ *(überrascht, erstaunt)* oh!; **~, guck mal, was ich da entdeckt habe!** oh! look what I've found here!
hä *interj* SÜDD, ÖSTERR, SCHWEIZ *(fam)* eh
Haag [ha:k] *m* ■ **Den ~** The Hague
Haar <-[e]s, -e> [ha:ɐ̯] *nt* ❶ *(einzelnes Körperhaar)* hair *o sing o pl (gesamtes Kopfhaar)* hair *no pl, no indef art;* **sie hat schönes, blondes ~** she's got lovely blonde hair; **graue ~e bekommen** to go grey BRIT [*or esp* AM gray]; **sich** *dat* **die ~e legen lassen** to have one's hair set; **sich** *dat* **die ~e** [*o* **das ~**] **schneiden lassen** to get [*or* have] one's hair cut *s.* **Schulden** ▶ WENDUNGEN: **jdm stehen die ~e zu Berge** *(fam)* sb's hair stands on end; **jdm die ~e vom Kopf fressen** *(fam)* to eat sb out of house and home *fam;* **ein ~ in der Suppe finden** *(fam)* to find fault with sth; **~e auf den Zähnen haben** *(fam)* to be a tough customer *fam;* **um kein ~ besser** not a bit better; **sich** *dat* **über etw** *akk* **keine grauen ~e wachsen lassen** not to lose any sleep over sth; **an jdm/etw kein** [*o* **nicht ein**] **gutes ~ lassen** [*or* pull] sb/sth to pieces; **krauses ~, krauser Sinn** frizzy hair, muddled mind; **lange ~e, kurzer Verstand** long hair, stunted mind; **sich** *dat* **die ~e ausraufen** *(fam)* to tear one's hair out; **sich** *dat* [**über etw** *akk*] **in die ~e geraten** [*o fam:* **kriegen**] to quarrel [*or* squabble] [about sth]; **jdm kein ~ krümmen** *(fam)* not to touch a hair on sb's head; **~e lassen müssen** *(fam)* not to escape unscathed; **sich** *dat* [**wegen etw**] **in den ~en liegen** *(fam)* to be at loggerheads [about sth]; **sich** *dat* **die ~e raufen** to tear one's hair; **da sträuben sich einem ja die ~e!** *(fam)* it's enough to make your hair stand on end!; **etw an den ~en herbeiziehen** *(fam)* to be far-fetched; **aufs ~ exactly; **die Zwillinge gleichen sich aufs ~** the twins are as alike as two peas in a pod; **um ein** [*o* **ums**] **~ within a hair's breadth
Haar·an·satz *m* hairline **Haar·aus·fall** *m* hair loss *no pl* **Haar·band** *nt* hairband **Haar·breit** *nt* ▶ WENDUNGEN: **nicht** [**um**] **ein** [*o* **um kein**] **~ not an inch; **er wollte um kein ~ zurückweichen** he

wouldn't give an inch **Haar·bürs·te** *f* hairbrush **Haar·bü·schel** *nt* tuft of hair
haa·ren ['ha:rən] *vi* to moult BRIT [*or* AM molt]; **haart der Pelzmantel?** is the fur coat losing it's hair?
Haar·ent·fer·ner <-s, -> *m* hair remover
Haa·res·brei·te *f inv* ▶ WENDUNGEN: [**nur**] **um ~** [only] by a hair's breadth [*or* a whisker]
Haar·far·be *f* colour [*or* AM -or] of one's hair **Haar·fes·ti·ger** <-s, -> *m* setting lotion **Haar·ge·fäß** *nt* capillary **haar·ge·nau** *adj* exact; **die Beschreibung trifft ~ auf ihn zu** the description fits him to a T
haa·rig ['ha:rɪç] *adj* ❶ *(stark behaart)* hairy ❷ *(fam: heikel, vertrackt)* tricky *fam;* **eine ~e Angelegenheit** a tricky matter ❸ *(riskant, gefährlich)* hairy *fam* ❹ *(fam: extrem)* tough *fam;* **das sind aber ~e Preise** these prices are really steep
Haar·klam·mer *f* hair clip **haar·klein** ['ha:ɐ̯'klain] *adv* in minute detail **Haar·klem·me** *f s.* **Haarklammer Haar·kno·ten** *m* bun, knot **Haar·lack** *m* hairspray **haar·los** *adj* hairless **Haar·na·del** *f* hairpin **Haar·na·del·kur·ve** *f* hairpin bend **Haar·netz** *nt* hairnet; **flüssiges ~** extra-hold hairspray **Haar·pfle·ge** *f* hair care; **zur ~** for the care of one's hair **Haar·pracht** *f* splendid head of hair **Haar·pro·be** *f* hair analysis **Haar·reif** *m* Alice band **Haar·riss**ᴿᴿ *m* hairline crack **haar·scharf** *adv* ❶ *(ganz knapp)* by a hair's breadth ❷ *(sehr exakt)* exactly **Haar·schlei·fe** *f* bow, hair ribbon **Haar·schnitt** *m* ❶ *(Frisur)* hairstyle, haircut ❷ *(das Haareschneiden)* haircut **Haar·schopf** *m* mop [*or* BRIT shock] of hair **Haar·sieb** *nt* extra-fine sieve **Haar·spal·te·rei** <-, -en> [ha:ɐ̯ʃpaltəˈrai] *f (pej)* splitting hairs *no pl, no art* **Haar·span·ge** *f* hair slide **Haar·spit·ze** *f* end of a hair; **gespaltene ~n** split ends **Haar·spray** *nt o m* hairspray **Haar·stern** *m* ZOOL feather star **Haar·sträh·ne** *f* strand of hair **haar·sträu·bend** ['ha:ɐ̯ʃtrɔybn̩t] *adj* hair-raising **Haar·teil** *nt* hairpiece **Haar·tracht** *f (veraltend geh)* hairstyle **Haar·trock·ner** *m* hair dryer **Haar·wä·sche** *f* hair wash **Haar·wasch·mit·tel** *nt* shampoo **Haar·was·ser** *nt* hair lotion **Haar·wild** *nt kein pl* furred game *no pl* **Haar·wuchs** *m* growth of hair; **einen ... ~ haben** to have a ... head of hair; **in meiner Jugend hatte ich einen dichteren ~ als heute** I had a lot more hair in my youth than I have today **Haar·wuchs·mit·tel** *nt* hair restorer **Haar·wur·zel** *f* root of a/the hair
Hab [ha:p] *nt* **~ und Gut** *(geh)* belongings *npl*, possessions *pl*
Hab·acht·stel·lung *f* MIL attention *no pl, no indef art;* **in ~ gehen** to stand to attention
Ha·be <-> ['ha:bə] *f kein pl (geh)* belongings *npl*, possessions *pl;* **bewegliche ~** movables *pl*

ha·ben [ˈhaːbn̩]

I.	TRANSITIVES VERB	II.	REFLEXIVES VERB
III.	UNPERSÖNLICHES	IV.	AUXILIARVERB
	REFLEXIVES VERB		

I. TRANSITIVES VERB   <hatte, gebabt>

① *(besitzen)* ▪ etw/jdn ~ to have sth/sb; **wir ~ zwei Autos** we've got two cars; **die/wir ~'s** [ja] *(fam)* they/we can afford it; *(iron a.)* [well] what's to them/us!; **wer hat, der hat** *(fam)* I'd/we'd rather have it than not; **~ wir noch etwas Käse?** have we still got some cheese?; **er hat eine erwachsene Tochter** he's got a grown-up daughter; **sie hatte gestern Geburtstag** it was her birthday yesterday; **jdm zur Frau/zum Mann ~ wollen** to want to make sb one's wife/husband

② *(erhalten)* **ich hätte gern eine größere Wohnung** I'd like a bigger flat; **könnte ich mal das Salz ~?** could I have the salt please?; **ich hätte gern ein Pfund Zucker** I'd like a pound of sugar, can I have a pound of sugar, please; **ich hätte gern ein Bier** I'd like a beer, please, can I have a beer, please; **wie hätten Sie es gern?** how would you prefer it?; **woher hast du das?** where did you get that?

③ *(fam: bekommen)* ▪ etw ~ to have sth; **wir ~ um zwei eine Besprechung** we've got a meeting at two; **ein Glück, wir ~ morgen keine Schule** that's lucky, there's no school for us tomorrow; **was hast du diesmal in Französisch?** what did you get for French this time?; **in der Schule hat sie immer gute Noten gehabt** she always got good marks at school; **wen habt ihr eigentlich in Mathe?** who have you got for maths?

④ *(aufweisen)* ▪ etw ~ to have sth; **sie hat eine Narbe am rechten Kinn** she has a scar on the right-hand side of her chin; **leider hat der Wagen eine Beule** unfortunately the car has a dent; **hat das Haus einen Swimmingpool?** has the house got a swimming pool?; **er hat Beziehungen** he's got connections

⑤ *(zur Verfügung haben)* ▪ etw ~ to have sth; **hast du heute Abend ein Stündchen Zeit für mich?** could you spare me a little time this evening?; **ich habe morgen leider keine Zeit** I'm afraid I don't have time tomorrow

⑥ ÖKON *(führen)* ▪ etw ~ to have sth; **bedaure, den Artikel ~ wir leider nicht** sorry, unfortunately we don't have this item; **das Buch ist noch zu ~** the book is still available; **dieser Artikel ist leider nicht mehr zu ~** this item is unfortunately no longer available

⑦ *in Maßangaben* ▪ etw ~ to have sth; **ein Meter hat 100 Zentimeter** there are 100 centimetres in a metre; **die Kugel hat einen Inhalt von 600 Kubikmeter** the sphere has a capacity of 600 cubic metres; **das Grundstück dürfte über 4000 Quadratmeter ~** the plot should be over 4,000 square metres

⑧ *(von etw erfüllt sein)* ▪ etw ~ to have sth; **ich habe Fieber/eine Erkältung** I've got a temperature/a cold; **ich habe doch noch einige Zweifel** I've still got a few doubts; **hast du Lust, mit ins Theater zu kommen?** do you feel like coming to the theatre with us?; **Durst/Hunger ~** to be thirsty/hungry; **gute/schlechte Laune ~** to be in a good/bad mood; **Angst/Sorgen ~** be afraid/worried; **hast du was?** is something [or what's] the matter [or wrong] ?; **ich hab nichts!** nothing's the matter!; **was hat er/sie denn** [o bloß] [o nur] **?** what's up with him/her? *fam,* whatever's [or fam what on earth's] the matter with him/her?

⑨ *(herrschen)* **wie viel Uhr ~ wir bitte?** what time is it, please?; **wir ~ heute den 13.** it's the 13th today;

in Australien ~ sie jetzt Winter it's winter now in Australia; **morgen sollen wir über 35° C im Schatten ~** it's supposed to be over 35 in the shade tomorrow; **in Bayern ~ wir seit Tagen strengen Frost** we've had a severe frost in Bavaria for days

⑩ *mit adj* ▪ es ... ~: **ihr habt es sicher sehr angenehm in dieser Wohngegend** it must certainly be very pleasant for you in this residential area; **so hast du es bequemer** you'll be more comfortable that way; **ich habe es kalt im Haus** my house is a bit cold; **es bei jdm gut ~** to be well off with sb; *s. a.* **leicht** *s. a.* **schlecht** *s. a.* **schwer**

⑪ *in Infinitivkonstruktion mit zu (tun müssen)* ▪ etw zu tun ~ to have to do sth; **du hast zu tun, was ich sage!** you're to do what [or as] I say!; **Sie ~ hier keine Fragen zu stellen!** it's not for you to ask questions here!; **ich habe noch zu arbeiten** I've still got work to do; **als Rekrut ~ Sie sich nicht zu beschweren!** as a recruit it's not your place to complain!

⑫ *in Infinitivkonstruktion mit Raumangabe* **im Schlafzimmer hat er ein Bild hängen** he's got a picture hanging in his bedroom; **ich habe über 4000 Bücher in den Regalen stehen** I've got over 4,000 books on the shelves

⑬ DIAL *(geben)* ▪ es hat there is/are; **im Sommer hat es dort immer reichlich Obst** there's always an abundance of fruit there in the summer; ▪ jdm etw ~ to have sth for sb; **geh zu deinem Opa, der hat dir was** go and see grandad, he's got something for you

⑭ *mit präp* ▪ etw an sich *dat* ~ to have sth about one; **sie hat so etwas an sich, das sie sehr anziehend macht** she has something about her that makes her very attractive; **ich weiß nicht, was er an sich hat, dass alle ihn so mögen** I don't know what it is about him that makes everyone like him so much; **das hat er/sie/es so an sich** *dat* that's [just] the way he/she/it is; **das hat sie so an sich** that's just the way she is; ▪ etw an jdm ~: **jetzt weiß ich, was ich an ihr habe** now I know how lucky I am to have her; **an diesen Idioten habe ich doch nichts!** these idiots are useless to me!; **an den Kindern habe ich eine große Hilfe** the children are a great help to me; **es an/in etw** *dat* ~ *(fam: leiden)* to have trouble with sth; **ich habe es im Rücken!** I've got trouble with my back!; **er hat es am Herz** he's got heart trouble; **was hat es damit auf sich?** what's all this about?; **für etw zu haben/nicht zu ~ sein** to be/not to be keen on sth; **für einen schönen Videoabend bin ich schon immer zu ~ gewesen** I've always been keen on a nice video evening; **er ist immer für einen Spaß zu ~** he's always on for a laugh; **etwas für sich ~: keine schlechte Idee, sie hat etwas für sich** not a bad idea, there's something to be said for it; **jdn/etw gegen sich** *dat* ~ to have sb/sth against one; **jetzt hat sie die ganze Firma gegen sich** now she's got the whole firm against her; **etwas/nichts gegen jdn/etw ~** to have something/nothing against sb/sth; **hast du was gegen mein neues Kleid?** have you got something against my new dress?; **es in sich ~** *(fam)* to be tough; **der Trick hat es in sich!** the trick's a tough one!; **der Wein hat es aber in sich!** the wine has really got some punch!; **das Essen muss es wohl in sich gehabt ~** the food must have been really rich; **etwas mit jdm ~** *(euph)* to have something [or a thing] going with sb *euph;* **der Chef hat wohl etwas mit seiner Sekretärin** there's something [going on] between the boss and his secretary; **es mit etw ~** to have a thing about sth; ▪ etw von jdm ~ to have sth from sb; **die blauen Augen hat sie vom Vater** she has her father's blue eyes, she gets her blue eyes from her father; **er hat etwas von**

einem Bengel |an sich| he's a bit of a rascal; **ihre Skulpturen ~ etwas von Rubin** her sculpture owes much to Rubin; **von wem hast du deine schlechten Manieren?** from whom did you get your bad manners?; **mehr/viel/wenig von jdm/etw ~** to get more/a lot/little from [*or* out of] sb/sth; **die Kinder ~ bisher wenig von ihrem Vater gehabt** the children have seen little of their father so far; ■ **etw von etw ~** to get sth out of sth; **das hast du nun von deiner Kompromisslosigkeit** that's what comes of being unwilling to compromise; **das Kleid hat etwas von Eleganz** the dress has a certain elegance about it; **nichts davon ~** not to gain anything from it; **warum tut sie das? davon hat sie doch gar nichts!** why does she do it? she doesn't gain anything from it; **das hast du jetzt davon[, dass ...]** *(fam)* that's what you get for ...; **das hast du jetzt davon!** now see where it's got you!; **das hast du nun davon, dass du immer so schnell fährst!** that's what you get for speeding all the time!; ▶ WENDUNGEN: **das nicht ~ können** *(fam)* not to be able to stand that; **hör auf mit diesen Ausdrücken, ich kann das nicht haben!** stop using these expressions, I can't stand it!; **noch/nicht mehr zu ~ sein** *(fam)* to be still/no longer available; **ich habe mich von meiner Freundin getrennt, ich bin jetzt wieder zu ~** my girlfriend and I have split up, so now I'm available again; **da hast du/~ Sie ...** there you are; **da hast du zehn Euro!** there you are, there's ten euros!; **also gut, da ~ Sie das Geld** right, well there you are, there's the money; **da hast du's/~ wir's!** *(fam)* there you are [*or fam* go] !; **da ~ wir's, genau wie ich es vorausgesagt hatte!** there you go! exactly as I predicted!; **ich hab's!** *(fam)* I've got it! *fam;* **lass mich nachdenken, ich hab's!** let me think, yes, I've got it!; **wie gehabt** as usual; **hat sich was geändert? – nein, es ist alles noch wie gehabt** has anything changed? – no, it's still just as it was

---

II. REFLEXIVES VERB ‹hatte, gehabt›

❶ *(fam) (sich aufregen)* ■ sich |mit/wegen etw| ~ to make a fuss [about sth]; **musst du dich immer so haben?** must you always make such a fuss?

❷ *(fam) (sich streiten)* to argue; **sie ~ sich mal wieder gehabt** they have been arguing [*or* fighting] again

---

III. UNPERSÖNLICHES REFLEXIVES VERB ‹hatte, gehabt›

(fam) (wieder in Ordnung sein) ■ **es hat sich wieder** it's all right again; **er gab ihr einen Kuss, und es hatte sich wieder** he gave her a kiss and it was all right again; **hat es sich wieder, oder bist du immer noch wütend?** is everything OK now or are you still furious? ▶ WENDUNGEN: **und damit hat es sich** *(fam)* and that's it! *fam;* **hier sind noch mal 500 Euro, und damit hat es sich!** here's another 500 euros, but that's it!; **hat sich was!** *(fam)* you must be joking!; **Ihr Schirm? hat sich was, das ist meiner!** your umbrella? don't make me laugh, that's mine!

VI. AUXILIARVERB ‹hatte, gehabt›

■ **etw getan ~** to have done sth; **ich habe das nicht getan, das war meine Schwester!** I didn't do that, it was my sister!; **hätten Sie das nicht voraussehen können?** could you not have foreseen that?; **du hättest den Brief früher schreiben können** you could have written the letter earlier; **also, ich hätte das nicht gemacht** well, I wouldn't have done that; ■ **etw getan ~ wollen** to claim to have done sth; **sie will ihn in einem Laden gesehen ~** she claims to

have seen him in a shop; **ich will nichts gesagt haben, verstanden?** I didn't say anything, OK?

Ha·ben ‹-s› ['ha:bn̩] *nt kein pl* credit; **mit etw im ~ sein** to be in credit by sth

Ha·be·nichts ‹-[es], -e› ['ha:bənɪçts] *m (fam)* have-not *usu pl,* pauper

Ha·ben·sei·te *f* credit side **Ha·ben·zin·sen** *pl* credit interest, interest on credit

Hab·gier ['ha:pgiːɐ̯] *f (pej)* greed *no pl,* avarice *no pl* **hab·gie·rig** ['ha:pgiːrɪç] *adj (pej)* greedy, avaricious

hab·haft *adj (geh)* ■ **jds** *gen* ~ **werden** to catch sb; ■ **einer S.** *gen* ~ **werden** get hold of sth

Ha·bicht ‹-s, -e› ['ha:bɪçt] *m* ORN hawk

Ha·bichts·kraut *nt* BOT hawkweed

ha·bil. [ha'biːl] *adj Abk von* **habilitatus** *qualified to lecture at a university*

Ha·bi·li·ta·ti·on ‹-, -en› [habilita'tsi̯oːn] *f* habilitation *(qualification as a university lecturer)*

Ha·bi·li·ta·ti·ons·schrift *f postdoctoral thesis relating to qualification as a university lecturer*

ha·bi·li·tie·ren [habili'tiːrən] **I.** *vr* ■ **sich** ~ to qualify as a university lecturer **II.** *vt* ■ **jdn** ~ to award sb the qualification of university lecturer

Ha·bit ‹-s, -e› [ha'biːt] *nt o m* ❶ *(Ordenskleid)* habit ❷ *(geh: Aufzug)* attire *no pl, no indef art*

Ha·bi·tat ‹-s, -e› [habi'taːt] *nt* habitat

Habs·bur·ger(in) ‹-s, -› ['ha:psbʊrgɐ] *m(f)* Hapsburg **habs·bur·gisch** ['ha:psbʊrgɪʃ] *adj* Hapsburg *attr*

Ha·be·se·lig·kei·ten ['ha:pzeːlɪçkaitn̩] *pl* [meagre [*or* AM -er] | belongings *npl* [*or* possessions *pl*] [*or* effects *npl*]

Hab·sucht *f s.* **Habgier**

hab·süch·tig ['ha:pzʏçtɪç] *adj s.* **habgierig**

hach [hax] *interj* huh

Ha·chel ‹-, -n› ['haxl̩] *f* ÖSTERR *(Küchenhobel)* slicer

ha·cheln ['haxl̩n] *vt, vi* ÖSTERR *(hobeln)* ■ |etw| ~ to chop [*or* slice] |sth|

Hach·se ‹-, -n› ['haksə] *f* KOCHK DIAL *(Haxe)* knuckle [of lamb]

Hack·beil *nt* chopper, cleaver **Hack·block** *m s.* **Hackklotz Hack·bra·ten** *m* meat loaf **Hack·brett** *nt* ❶ KOCHK chopping board ❷ MUS dulcimer

Ha·cke¹ ‹-, -n› ['hakə] *f* ❶ DIAL *(Ferse)* heel; **die ~n zusammenschlagen** [*or* zusammenklappen] MIL to click one's heels ❷ DIAL *(Ferse an Socken, Strümpfen)* heel ▶ WENDUNGEN: **sich** *dat* **die ~n [nach etw] ablaufen** *(fam)* to run [*or* walk] one's legs off [*or* wear oneself out] looking for something; **jdm nicht von den ~n gehen** to dog sb; **die ~n voll haben** [*o* einen im ~n haben] NORDD *(fam)* to be tanked up *fam;* **sich jdm an die ~n hängen** [*o* heften] to stick to sb's heels; **jdm [dicht] auf den ~n sein** [*o* bleiben] [*o* sitzen] *(fam)* to be [*or* stay] hard on sb's heels

Ha·cke² ‹-, -n› ['hakə] *f* ❶ *(Gartengerät)* hoe ❷ ÖSTERR *(Axt)* axe

Ha·cke·beil *nt s.* **Hackbeil**

ha·cken ['hakn̩] **I.** *vt* ❶ *(zerkleinern)* ■ **etw** ~ to chop [up *sep*] sth ❷ *(hackend lockern)* ■ **etw** ~ to hoe sth ❸ *(durch Hacken herstellen)* ■ **etw [in etw** *akk*] ~ to hack sth [in sth] **II.** *vi* ❶ *(mit dem Schnabel schlagen)* ■ |nach jdm/etw| ~ to peck [sb/sth] ❷ *(mit der Hacke arbeiten)* ■ |in/zwischen etw| ~ to hoe [in/between sth] ❸ INFORM *(sl)* ■ **auf etw** *dat* ~ to sit at sth hacking away; **er hackt schon seit Stunden auf seinem Computer** he's been hacking away on his computer for hours; **das H~** hacking

Ha·cken ‹-s, -› ['hakn̩] *m s.* **Hacke¹** 1

Ha·cke·pe·ter ‹-s, -› *m* ❶ NORDD *(Hackfleisch)* mince BRIT, minced [*or* AM ground] meat ❷ KOCHK steak tartare *(seasoned lean minced beef, eaten raw)*

Ha·cker(in) ‹-s, -› ['hakɐ] *m(f)* INFORM *(sl: Computerpirat)* hacker; *(Computerfan)* computer freak

Hack·fleisch nt mince, minced [or AM ground] meat; ▶ WENDUNGEN: ~ **aus jdm machen** [o **jdn zu ~ machen**] (sl) to make mincemeat of sb fam **Hack·frucht** f usu pl AGR root crop **Hack·klotz** m chopping block **Hack·ord·nung** f (fig a.) pecking order

Häck·sel <-s> ['hɛksl̩] nt o m kein pl chaff no pl, no indef art

Hack·steak ['hakste:k] nt hamburger **Hack·stock** m ÖSTERR (Hackklotz) chopping block

Ha·der <-s> ['ha:dɐ] m kein pl (geh) discord no pl, no indef art form; **mit jdm in ~ leben** to live in strife with sb

Ha·der·lump m ÖSTERR, SÜDD (pej) waster BRIT pej, good-for-nothing pej

ha·dern ['ha:dɐn] vi (geh) ■ **[mit etw]** ~ to quarrel [with sth]; **mit seinem Schicksal ~** to rail against one's fate

Ha·des <-> ['ha:dɛs] m kein pl Hades no pl, no art

Ha·fen[1] <-s, Häfen> ['ha:fn̩, pl: 'hɛ:fn̩] m ① (größerer Ankerplatz) harbour [or AM -or], port; **ein Schiff läuft in den ~ ein/läuft aus dem ~** a ship enters/ leaves port ② (geh: Zufluchtsort) [safe] haven ▶ WENDUNGEN: **den ~ der Ehe ansteuern** to be looking to get married; **in den ~ der Ehe einlaufen** (hum fam) to finally tie the knot hum fam; **im ~ der Ehe landen** (hum fam) to get married [or hitched] [or BRIT hum fam spliced]

Ha·fen[2] <-s, Häfen o -> ['ha:fn̩, pl: 'hɛ:fn̩] m o nt DIAL, bes ÖSTERR ① (größerer Topf) pan, pot ② (Nachttopf) chamber pot, potty BRIT

Hä·fen <-s, -> ['hɛ:fn̩] m ÖSTERR ① s. **Hafen**[2] ② (sl: Gefängnis) clink sl

Ha·fen·amt nt port [or harbour [or AM -or]] authority **Ha·fen·an·la·gen** pl docks pl **Ha·fen·ar·bei·ter(in)** m(f) docker **Ha·fen·be·hör·de** f harbour [or port] authority **Ha·fen·ein·fahrt** f harbour entrance **Ha·fen·knei·pe** f (fam) dockland [or harbour] bar [or BRIT pub] **Ha·fen·meis·ter(in)** m(f) harbour master **Ha·fen·po·li·zei** f dock [or port] police + sing/pl vb **Ha·fen·rund·fahrt** f boat trip round the harbour **Ha·fen·stadt** f port **Ha·fen·vier·tel** nt dock area, docklands pl

Ha·fer <-s, -> ['ha:fɐ] m oats pl; ▶ WENDUNGEN: **jdn sticht der ~** (fam) sb is feeling his oats AM sl, sb has the wind up his tail BRIT fam

Ha·fer·brei m porridge no pl, no indef art **Ha·fer·flo·cken** pl oat flakes pl, rolled oats pl **Ha·fer·grüt·ze** f groats npl, grits npl AM **Ha·fer·kleie** f oat bran no pl, no indef art **Ha·fer·korn** nt oat grain **Ha·fer·küm·mel** m cumin **Ha·fer·mehl** nt oatmeal no pl, no indef art **Ha·fer·sack** m nosebag **Ha·fer·schleim** m gruel no pl **Ha·fer·wurz** f salsify, vegetable oyster

Haff <-[e]s, -s o -e> ['haf] nt lagoon

Haf·ni·um <-s> ['ha:fniʊm] nt kein pl CHEM hafnium no pl, no indef art

Haft <-> [haft] f kein pl (~strafe) imprisonment no pl; (~zeit) prison sentence, term of imprisonment; **in ~ sein** [o **sich in ~ befinden**] to be in custody [or prison]; **aus der ~ entlassen werden** to be released from custody [or prison]; **jdn in ~ nehmen** to take sb into custody

Haft·an·stalt f detention centre [or AM -er], prison **Haft·aus·set·zung** <-, -en> f parole no pl, no art

haft·bar ['haftba:ɐ̯] adj ■ **für etw ~ sein** to be liable for sth; **jdn für etw ~ machen** to hold sb [legally] responsible for sth

Haft·be·fehl m [arrest] warrant; **einen ~ gegen jdn ausstellen** to issue a warrant for sb's arrest; **jdn mit ~ suchen** to have a warrant out for sb's arrest **Haft·dau·er** f term of imprisonment

Haf·tel <-s, -n> ['haftl̩] nt MODE ÖSTERR (Häkchen und Öse) hook and eye

Haf·tel·ma·cher m ÖSTERR ▶ WENDUNGEN: **wie ein ~ aufpassen** to watch like a hawk

haf·ten[1] ['haftn̩] vi ① ÖKON ■ **[mit etw]** ~ to be liable [with sth]; **sie haftet mit ihrem ganzen Vermögen** she is liable with the whole of her property; **auf Schadenersatz ~** to be liable for compensation ② (die Haftung übernehmen) ■ **für jdn/etw** ~ to be responsible for sb/sth; **im Falle von Schäden ~ Eltern für Ihre Kinder** parents are responsible for their children in cases of damage; **jdm dafür ~, dass ...** to provide sb with a guarantee that ...

haf·ten[2] ['haftn̩] vi ① (festkleben) ■ **[auf etw** dat] ~ to adhere [or stick] [to sth] ② (sich festsetzen) ■ **an etw** dat ~ to cling to sth; ■ **[an/auf etw** dat] ~ **bleiben** to adhere [or stick] [to sth] ③ (hängen bleiben) ■ **an jdm** ~ to stick to sb ④ (verinnerlicht werden) ■ **bei jdm** ~ to stick in sb's mind; ■ **[in jdm]** ~ **bleiben** [o **haftenbleiben**] to stick [in sb's mind]; **die Eindrücke des Krieges werden für immer in ihm** ~ the impressions of war will stay with him for ever

haf·ten|blei·ben[ALT1] vi irreg sein s. **haften**[2] **2**

haf·ten|blei·ben[2] vi irreg sein (verinnerlicht werden) s. **haften**[2] **4**

Haft·ent·las·sung f release from custody [or prison] **Haft·ent·schä·di·gung** f compensation for wrongful imprisonment

haft·fä·hig[1] adj (klebend) adhesive

haft·fä·hig[2] adj JUR fit for a custodial sentence

Haft·fä·hig·keit[1] f von Reifen roadholding no pl, no indef art

Haft·fä·hig·keit[2] f JUR fitness for a custodial sentence

Häft·ling <-s, -e> ['hɛftlɪŋ] m prisoner

Haft·no·tiz f self-adhesive note

Haft·pflicht f ② (Schadenersatzpflicht) liability ② (fam: Haftpflichtversicherung) personal [or AM public] liability insurance no pl, no art; AUTO third-party insurance no pl, no art

haft·pflich·tig adj liable

haft·pflicht·ver·si·chert adj ■ ~ **sein** to have personal liability insurance; AUTO to have [or be covered by] third-party insurance **Haft·pflicht·ver·si·che·rung** f personal [or AM public] liability insurance no pl, no art; AUTO third-party insurance no pl, no art

Haft·rich·ter(in) m(f) magistrate **Haft·stra·fe** f (veraltend) s. **Freiheitsstrafe haft·un·fä·hig** adj unfit for a custodial sentence

Haf·tung[1] <-, -en> ['haftʊŋ] f JUR liability; **für Garderobe übernehmen wir keine ~** articles are left at the owner's risk

Haf·tung[2] <-> ['haftʊŋ] f kein pl roadholding no pl, no indef art

Haf·tungs·be·schrän·kung f JUR limitation of liability **Haft·ur·laub** m parole no pl, no art **Haft·ver·kür·zung** f JUR shortened sentence **Haft·ver·scho·nung** f conditional discharge **Haft·zeit** f term of imprisonment

Ha·ge·but·te <-, -n> ['ha:gəbʊtə] f rose hip **Ha·ge·but·ten·tee** m rose-hip tea **Ha·ge·dorn** ['ha:gədɔrn] m NORDD (Weißdorn) hawthorn

Ha·gel <-s> ['ha:gl̩] m kein pl ① METEO hail no pl, no indef art ② (Schauer) hail; ■ **ein ~ von etw** a hail of sth ③ (Kanonade) torrent; ■ **der/ein ~ von etw** the/a stream [or torrent] of sth; ~ **von Flüchen und Schimpfwörtern** [o **Beschimpfungen**] torrent of abuse

Ha·gel·korn <-körner> nt hailstone

ha·geln ['ha:gl̩n] I. vi impers to hail II. vt impers (fam) ■ **es hagelt etw** there is a hail of sth

Ha·gel·scha·den m damage caused by hail **Ha·gel·schau·er** m hail shower **Ha·gel·schlag** m hailstorm **Ha·gel·zu·cker** m white sugar crystals

ha·ger [ˈhaːgɐ] *adj* gaunt, thin; **ein ~es Gesicht** a gaunt face; **~e Arme** thin arms

Ha·ge·stolz <-es, -e> [ˈhaːgəʃtɔlts] *m (hum veraltend)* confirmed bachelor

Ha·gi·o·gra·phie, Ha·gi·o·gra·fieRR <-, -n> [hagi̯o·graˈfiː, *pl:* -ˈfiːən] *f (fachspr)* hagiography

ha·ha [haˈhaː], **ha·ha·ha** [hahaˈhaː] *interj* haha; ha, ha, ha

Hä·her <-s, -> [ˈhɛːhɐ] *m* ORN jay

Hahn¹ <-[e]s, Hähne> [haːn, *pl:* ˈhɛːnə] *m* ① *(männliches Haushuhn)* cock, rooster AM; *(jünger)* cockerel ② *(Wetterhahn)* weathercock ▶ WENDUNGEN: **bei jdm] der ~ im Korbe sein** *(fam)* to be the only male in a group of females, to be cock of the walk *fam;* **der gallische ~** the French cockerel; **ein guter ~ wird selten fett** a sexually active man remains fit; **jdm den roten ~ aufs Dach setzen** to set sb's house on fire; **nach etw kräht kein ~ mehr** *(fam)* no one cares two hoots about sth anymore *fam*

Hahn² <-[e]s, Hähne *o* -en> [haːn, *pl:* ˈhɛːnə] *m* ① *(Wasserhahn)* tap, faucet AM ② *pl* Hähne *(Vorrichtung an Schusswaffen)* hammer, cock ▶ WENDUNGEN: **[jdm] den ~ zudrehen** to stop sb's money supply

Hähn·chen <-s, -> [ˈhɛːnçən] *nt* chicken

Hähn·chen·brust *f* chicken breast

Hah·nen·fuß *m* BOT buttercup **Hah·nen·fuß·ge·wächs** *nt* BOT ranunculus **Hah·nen·kamm** *m (Frisur a.)* cockscomb **Hah·nen·kampf** *m* cockfight **Hah·nen·schrei** *m* cockcrow; **beim** [*o* **mit dem**] **ersten ~** at first cockcrow **Hah·nen·tritt·mus·ter** *nt* MODE dogtooth check

Hah·ni·um <-s> [ˈhaːni̯ʊm] *nt kein pl* CHEM hahnium *no pl, no indef art*

Hahn·rei <-[e]s, -e> [ˈhaːnrai] *m (hum veraltet)* cuckold *dated;* **jdn zum ~ machen** to cuckold sb *dated*

Hai <-[e]s, -e> [hai] *m* shark

Hai·fisch [ˈhaifɪʃ] *m* s. **Hai**

Hai·fisch·flos·sen·sup·pe *f* shark-fin soup

Hain <-[e]s, -e> [hain] *m (poet, geh)* grove; **ein heiliger ~** a sacred grove

Hain·bu·che *f* BOT hornbeam **Hain·sim·se** <-, -n> *f* BOT woodrush

Ha·i·ti <-s> [haˈiːti] *nt* Haiti; *s. a.* **Sylt**

Ha·i·ti·a·ner(in) <-s, -> [haiˈti̯aːnɐ] *m(f)* Haitian; *s. a.* **Deutsche(r)**

ha·i·ti·a·nisch [haiˈti̯aːnɪʃ] *adj* Haitian; *s. a.* **deutsch**

ha·i·tisch [haˈiːtɪʃ] *adj s.* **haitianisch**

Häk·chen <-s, -> [ˈhɛkçən] *nt dim von* **Haken** ① *(kleiner Haken)* [small] hook ② *(v.-förmiges Zeichen)* tick ③ LING *(fam)* diacritic ▶ WENDUNGEN: **was ein ~ werden will, krümmt sich beizeiten** *(prov)* there's nothing like starting young

Hä·kel·ar·beit [ˈhɛkəl-] *f* ① *(Handarbeit)* crochet[ing] ② *(gehäkelter Gegenstand)* [piece of] crochet [work] **Hä·kel·garn** *nt* crochet thread

ha·keln [ˈhaːkln̩] I. *vi* DIAL to finger-wrestle II. *vt* SPORT ■ **jdn ~** to hook sb

hä·keln [ˈhɛkln̩] I. *vi* to crochet; ■ **das H~** crocheting II. *vt* ■ **etw ~** to crochet sth

Hä·kel·na·del *f* crochet hook

ha·ken [ˈhaːkn̩] I. *vi* ① *(fest~)* to have got caught [*or* stuck]; **der Schlüssel hakt irgendwie im Schloss** somehow the key's got stuck in the lock ② *impers (fam: schwierig sein)* ■ **es hakt** [**bei jdm**] sb is stuck II. *vt* ① *(befestigen)* ■ **etw an/auf/in etw** *akk* **~** to hook sth to/on[to]/in[to] sth ② SPORT to hook

Ha·ken <-s, -> [ˈhaːkn̩] *m* ① *(gebogene Halterung)* hook ② *(beim Boxen)* hook ③ *(hakenförmiges Zeichen)* tick ④ *(fam: hindernde Schwierigkeit)* catch, snag; **einen ~ haben** *(fam)* to have a catch ▶ WENDUNGEN: **mit/ohne ~ und Ösen** with/with no strings attached; **mit ~ und Ösen** by hook or by crook; **~ schlagen** to change tactics; **ein Hase schlägt einen ~** a hare doubles back [*or* darts sideways]

ha·ken·för·mig *adj* hooked, hook-shaped **Ha·ken·kreuz** *nt* swastika **Ha·ken·na·se** *f* hooked nose, hooknose **Ha·ken·wurm** *m* MED hookworm **Ha·ken·wurm·krank·heit** *f* hookworm disease, ancylostomiasis *spec*

Ha·la·li <-s, -[s]> [halaˈliː] *nt* JAGD mort

halb [halp] I. *adj* ① *(die Hälfte von)* half; **die ~e Flasche ist leer** the bottle is half empty ② *inv (halbe Stunde der Uhrzeit)* **es ist genau ~ sieben** it is exactly half past six; ■ **... nach/vor ~ ...** after/before half past; **es ist erst fünf nach/vor ~** it's only twenty-five to/past ③ *inv, kein art (ein Großteil)* ■ **~ ...** half of ...; **~ Deutschland verfolgt die Fußballweltmeisterschaft** half of Germany is following the World Cup; ■ **der/die/das ~e ...** half the ... ④ *(fam: fast)* ■ **eine ~e/ein ~er/ein ~es ...** something of a ...; **du bist ja ein ~er Elektriker** you're something of an electrician ⑤ *(halbherzig)* half-hearted; *s. a.* **Weg** ⑥ KOCHK *(Garstufe)* half-done ▶ WENDUNGEN: **nichts H~es und nichts Ganzes** *(fam)* neither one thing nor the other II. *adv* ① *vor Verb (zur Hälfte)* half; ■ **nur ~** only half; **ich habe nur ~ verstanden, was sie sagte** I only half understood what she said; **etw nur ~ machen** to only half-do sth; **ein Glas ~ vollgießen** to fill [up *sep*] a glass halfway [*or* to the halfway mark]; **~ so ... sein** to be half as ...; **er ist nicht ~ so schlau wie sein Vorgänger** he's not nearly as crafty as his predecessor; **~ ..., ~ ...** half ..., half ...; **diese Nachricht quittierte sie ~ lachend, ~ weinend** she took this news half laughing, half crying ② *vor adj, adv (~wegs)* half; **~ nackt** half-naked; **~ offen** half-open; **~ voll** half-filled, half-full; **~ tot** *(fam)* half-dead; **~ wach** half-awake; **der Braten ist erst ~ gar** the roast is only half-done; **die Straße knickt hier ~ rechts ab** the street forks off to the right here ▶ WENDUNGEN: **[mit jdm] ~ und** [*o* **~e-~e**] **machen** *(fam)* to go halves with sb; **das ist ~ so schlimm** it's not as bad as all that; **~ und ...** *(fam)* sort of

Halb·af·fe [ˈhalpˀafə] *m* ① ZOOL prosimian ② *(pej sl: blödes Arschloch)* silly arse [*or* AM ass] *pej sl* **Halb·bildung** *f (pej)* superficial education **halb·bit·ter** *adj* Schokolade plain **Halb·blut** *nt kein pl* ① *(Mensch)* half-caste ② *(Tier)* crossbreed **Halb·bru·der** *m* half-brother **Halb·dun·kel** *nt* semi-darkness *no pl* **Halb·edel·stein** *m* semi-precious stone

hal·ber [ˈhalbɐ] *präp +gen nachgestellt (geh)* ■ **der ... ~** for the sake of ...

halb·er·wach·sen *adj attr* adolescent **Halb·fab·ri·kat** *m* ÖKON semi-finished product **halb·fer·tig** *adj attr* half-finished **halb·fest** *adj attr* semi-solid **halb·fett** I. *adj* ① TYPO semibold ② KOCHK medium-fat II. *adv* TYPO in semibold **Halb·fi·na·le** *nt* semi-final **halb·ge·bil·det** *adj attr* half-educated **Halb·ge·schwis·ter** *pl* half-brother[s] and -sister[s] **Halb·gott, -gött·in** *m, f* demigod *masc,* demigoddess *fem*

Halb·hei·ten *pl (pej)* half measures *pl* **halb·her·zig** *adj* half-hearted

Halb·her·zig·keit *f* half-heartedness *no pl*

hal·bie·ren [halˈbiːrən] I. *vt* ① *(teilen)* ■ **etw ~** to divide sth in half ② *(um die Hälfte vermindern)* ■ **etw ~** to halve sth II. *vr (sich um die Hälfte verringern)* ■ **sich ~** to halve

Hal·bie·rung <-, -en> *f* halving *no pl, no indef art*

Halb·in·sel [ˈhalpˀɪnzl̩] *f* peninsula **Halb·jahr** *nt* half-year **halb·jäh·rig** *adj* ① *(ein halbes Jahr dauernd)* six-month *attr;* **eine ~e Probezeit wurde vereinbart** a six-month trial period was agreed ② *(ein halbes Jahr alt)* six-month-old *attr*

halb·jähr·lich [ˈhalpjɛːɐ̯lɪç] **I.** *adj* half-yearly, six-monthly **II.** *adv* every six months, twice a year **Halb·ju·de, -jü·din** *m, f* half-Jew/Jewess; ~ **sein** to be half-Jewish **Halb·kan·ton** *m* SCHWEIZ demicanton **Halb·kreis** *m* semicircle; **im** ~ in a semicircle **Halb·ku·gel** *f* hemisphere; **nördliche/südliche** ~ northern/southern hemisphere **halb·lang** *adj* MODE *Mantel, Rock* mid-calf length; *Haar* medium-length; ▸ WENDUNGEN: [**nun**] **mach mal** ~! *(fam)* cut it out! *fam,* stop exaggerating! **halb·laut I.** *adj* quiet **II.** *adv* in a low voice, quietly **Halb·le·der·band** *m* VERLAG half-leather bound [*or* half-bound] edition **Halb·lei·nen·band** *m* VERLAG half-linen bound [*or* half-cloth] edition **Halb·lei·ter** *m* ELEK semiconductor **halb·mast** [ˈhalpmast] *adv* at half mast; **auf** ~ at half mast **Halb·mes·ser** *m* s. **Radius Halb·me·tall** *nt* CHEM semimetal **Halb·mond** *m* ① ASTRON half-moon ② *(Figur)* crescent ▸ WENDUNGEN: **der Rote** ~ the Red Crescent **halb·mond·för·mig** *adj* crescent-shaped **halb·part** [ˈhalppart] *adv* [**mit jdm**] ~ **machen** *(fam)* to go halves [with sb] **Halb·pen·si·on** *f* half-board *no pl, no art* **Halb·schat·ten** *m* half shade *no pl, no indef art;* ASTRON penumbra **Halb·schlaf** *m* light sleep *no pl;* **im** ~ **sein** to be half-asleep **Halb·schuh** *m* shoe **Halb·schwer·ge·wicht** [ˈhalpʃveːɐ̯ɡəvɪçt] *nt* SPORT ① *kein pl (Gewichtsklasse)* light heavyweight *no pl, no art* ② *(Sportler)* light heavyweight **Halb·schwer·ge·wicht·ler(in)** *m(f)* s. **Halbschwergewicht 2 Halb·schwes·ter** *f* half-sister **halb·sei·tig** [ˈhalpzaɪtɪç] **I.** *adj* ① MEDIA, TYPO *(eine halbe Seite umfassend)* half-page ② *(eine Seite betreffend)* on [*or* down] one side; MED hemiplegic; **~e Lähmung** hemiplegia **II.** *adv* ① MEDIA, TYPO in half-page format ② MED on [*or* down] one side; ~ **gelähmt** hemiplegic **Halb·star·ke(r)** *f(m) decl wie adj (veraltend fam)* [young] hooligan **halb·stün·dig** [ˈhalpʃtʏndɪç] *adj attr* half-hour *attr,* lasting half an hour; **im ~en Intervallen** at half-hourly intervals **halb·stünd·lich** [ˈhalpʃtʏntlɪç] **I.** *adj* half-hourly **II.** *adv* every half-hour **Halb·stür·mer(in)** *m(f) bes* FBALL attacking midfielder **halb·tags** *adv* on a part-time basis; **sie arbeitet wie·der** ~ **im Büro** she's working half-day at the office again **Halb·tags·ar·beit** *f* ① *kein pl (Arbeit an halben Tagen)* part-time work *no pl, no indef art* ② *s.* **Halb·tagsbeschäftigung Halb·tags·be·schäf·ti·gung** *f* half-day [*or* part-time] job, part-time employment *no pl, no indef art* **Halb·tags·kraft** *f* part-time worker [*or* employee] **halb·tro·cken** *adj* **~er Wein** medium dry wine **Halb·vo·kal** *m* semivowel **Halb·wahr·heit** *f kein pl* half-truth **Halb·wai·se** *f* child without a father/mother; ~ **sein** to be fatherless/motherless **halb·wegs** [ˈhalpˈveːks] *adv* ① *(einigermaßen)* partly; **jetzt geht es mir wieder ~ besser/gut** I'm feeling a bit better/reasonably well again now ② *(nahezu)* almost ③ *(veraltend: auf halbem Wege)* halfway **Halb·welt** *f kein pl* demimonde **Halb·wert(s)·zeit** *f* PHYS half-life **Halb·wis·sen** *nt (pej)* superficial knowledge *no pl,* smattering [of knowledge] **halb·wüch·sig** *adj* adolescent **Halb·wüch·si·ge(r)** *f(m) decl wie adj* adolescent **Halb·zeit** *f* half-time **Hal·de** <-, -n> [ˈhaldə] *f* ① *(Müllhalde)* landfill, rubbish tip BRIT ② *(Kohlehalde)* coal tip; *(Abraumhalde)* slagheap ③ *(unverkaufte Ware)* stockpile; **etw auf** ~ **fertigen** [*o* **produzieren**] to manufacture sth for stock; **etw auf** ~ **legen** [*o* **lagern**] to stockpile sth ④ SÜDD *(Hang)* slope **half** [ˈhalf] *imp von* **helfen Hälf·te** <-, -n> [ˈhɛlftə] *f (der halbe Teil)* half; **die ~ von dem, was sie sagt, ist frei erfunden** half of

what she says is pure invention; ■ **eine/die** ~ **der/des …** half [of] …; **wenn nur die** ~ **von dem, was man liest, stimmt, wäre das ja schon entsetzlich** if only half of what one reads were true, that would be terrible enough; **die erste/zweite** ~ **einer S.** *gen* the first/second half of sth; **die kleinere/größere** ~ the smaller/larger half; **die vordere/hintere** ~ the front/back half; **um die** ~ by half, by 50%; **die Inflation ist um die** ~ **gestiegen** inflation has increased by half [*or* by 50%]; **zur** ~ half, 50%; **wieso lässt du ein noch zur** ~ **volles Glas stehen?** why are you leaving a glass that's half-full? ▸ WENDUNGEN: **jds bessere** ~ *(hum fam)* sb's better half *hum fam;* **meine bessere** ~ **ist zu Hause geblieben** my better half has stayed at home; [**von etw**] **die** ~ **abstreichen können** [*o* **müssen**] *(fam)* to disregard half of sth **hälf·ten** [ˈhɛlftn̩] *vt (selten) s.* **halbieren Half·ter¹** <-s, -> [ˈhalftɐ] *m o nt (Zaum)* halter **Half·ter²** <-s, - *o* -, -n> [ˈhalftɐ] *nt o f (Tasche für Pistolen)* holster **Hall** <-[e]s, -e> [hal] *m* ① *(dumpfer Schall)* reverberation ② *(Widerhall)* echo **Hal·le** <-, -n> [ˈhalə] *f* ① *(Ankunfts~)* hall ② *(Werks~)* workshop ③ *(Ausstellungs-, Messe~)* hall ④ *(Hangar)* hangar ⑤ *(Sport~)* sports hall; **in der** ~ indoors, inside ⑥ *(großer Saal)* hall ▸ WENDUNGEN: **in diesen heiligen ~n** *(iron)* within these hallowed halls *iron* **hal·le·lu·ja** [halɛˈluːja] *interj* ① REL hallelujah! ② *(fam: ein Glück!)* hurray! [*or hum fam* hallelujah!] **hal·len** [ˈhalən] *vi* ① [**durch/über etw** *akk*] ~ to echo [*o* reverberate] [through/across sth] **Hal·len·bad** *nt* indoor swimming pool **Hal·len·kir·che** *f* church with nave and side aisles of equal height **Hal·len·sport** *m kein pl* indoor sport **Hal·lig** <-, -en> [ˈhalɪç] *f* small flat island *(esp off Schleswig-Holstein)* **Hal·li·masch** <-[e]s, -e> [ˈhalimaʃ] *m* BOT honey agaric **hal·lo** [haˈloː] *interj* ① *betont:* 'hallo *(zur Begrüßung)* hello ② *betont: hal'lo (überrascht)* hello **Hal·lo** <-s, -s> [haˈloː] *nt* hello **Hal·lo·dri** <-[s], -[s]> [haˈloːdri] *m* ÖSTERR, SÜDD *(fam)* playboy *fam* **Hal·lu·zi·na·ti·on** <-, -en> [halutsinaˈtsi̯oːn] *f* hallucination; **~en haben** to have hallucinations; [**wohl**] **an ~en leiden** *(iron fam)* to suffer from hallucinations **hal·lu·zi·no·gen** [halutsinoˈgeːn] *adj* hallucinogenic **Hal·lu·zi·no·gen** <-s, -e> [halutsinoˈgeːn] *nt* hallucinogen **Halm** <-[e]s, -e> [halm] *m* ① *(Stängel)* stalk, stem; **die Felder stehen hoch im** ~ the corn etc. is almost ready for harvesting ② *(Trinkhalm)* straw **Ha·lo** <-[s], -s *o* Halonen> [ˈhaːlo, *pl:* haˈloːnən] *m* PHYS halo **Ha·lo·gen** <-s, -e> [haloˈgeːn] *nt* halogen **Ha·lo·gen·bir·ne** *f* halogen bulb **Ha·lo·gen·lam·pe** *nt* halogen lamp **Ha·lo·gen·leuch·te** *f* halogen lamp **Ha·lo·gen·schein·wer·fer** *m* AUTO halogen headlamp **Hals** <-es, Hälse> [hals, *pl:* ˈhɛlzə] *m* ① ANAT neck; *von Knochen* collum; *(von Gebärmutter)* cervix; **sich** *dat* **den** ~ **brechen** *(fam)* to break one's neck; **den** ~ **recken** to crane one's neck; **einem Tier den** ~ **umdrehen** to wring an animal's neck; **jdm um den** ~ **fallen** to fling one's arms around sb's neck; **~-Nasen-Ohren-Arzt** ear, nose and throat specialist ② *(Kehle)* throat; **jdm im** ~ **stecken bleiben** to become stuck in sb's throat; **es im** ~ **haben** *(fam)* to have a sore throat ③ KOCHK *vom Kalb, Rind* neck; *vom Lamm* a. scrag ④ *(Flaschen~)* neck ▸ WENDUNGEN: ~ **über Kopf** in a hurry [*or* rush]; **etw in den falschen** ~ **bekommen** *(fam)* to take sth the wrong way *fam; (etw missverstehen)* to take sth wrongly; **einen langen** ~ **machen** *(fam)* to crane one's neck;

aus vollem ~[e] at the top of one's voice; **den ~ nicht voll [genug] kriegen können** *(fam)* not to be able to get enough of sth; **jdm mit etw vom ~[e] bleiben** *(fam)* not to bother sb with sth; **jdn auf dem [o am] ~ haben** *(fam)* to be saddled [*or* BRIT lumbered] with sb *fam*; **jdm hängt etw zum ~e heraus** *(fam)* sb is sick to death of sth; **immer Spinat, langsam hängt mir das Zeug zum ~e heraus!** spinach again! I'm getting sick to death of the stuff!; **jdn [o jdm] den ~ kosten** [o **jdm den ~ brechen**] *(fam)* to finish sb; **jdm/sich etw auf den ~ laden** *(fam)* to saddle [*or* BRIT lumber] sb/oneself with sth *fam*; **sich/jdm jdn vom ~ schaffen** *(fam)* to get sb off one's/sb's back; **jdm jdn auf den ~ schicken** [o **hetzen**] *(fam)* to get [*or* put] sb onto sb; **dem hetze ich die Polizei auf den ~!** I'll get the police onto him!; **sich** *dat* **nach jdm/etw den ~ verrenken** *(fam)* to crane one's neck to see sb/sth; **sich jdm an den ~ werfen** *(pej fam)* to throw oneself at sb; **jdm etw an den ~ wünschen** *(fam)* to wish sth upon sb; **bis über den ~** *(fam)* up to one's ears [*or* neck]; **ich stecke bis über den ~ in Schulden** I'm up to my ears in debt

Hals·ab·schnei·der(in) *m(f) (pej fam)* shark *pej fam* **Hals·aus·schnitt** *m* neckline **Hals·band** *nt* ❶ *(für Haustiere)* collar ❷ *(Samtband)* choker **hals·bre·che·risch** ['halsbrɛçərɪʃ] *adj* breakneck *attr* **Hals·bund** *m* neckband **Hals·bünd·chen** *nt* neckband **Hals·ent·zün·dung** *f* sore throat **Hals·ket·te** *f* necklace **Hals·krau·se** *f* ❶ MODE, ZOOL ruff ❷ MED surgical collar **Hals·Na·sen·Oh·ren·Arzt, -ärz·tin** *m, f* ear, nose and throat specialist **Hals·schlag·ader** *f* carotid [artery] **Hals·schmer·zen** *pl* sore throat **Hals·schmuck** *m* neck jewellery [*or* AM jewelry] [*or* adornment]

hals·star·rig ['halsʃtarɪç] *adj (pej)* obstinate, stubborn **Hals·star·rig·keit** <-> *f kein pl (pej)* obstinacy *no pl*, stubbornness *no pl*

Hals·tuch *nt* scarf, cravat, neckerchief **Hals- und Bein·bruch** *interj* good luck!, break a leg! **Hals·weh** *nt* s. **Halsschmerzen** **Hals·wei·te** *f* neck size **Hals·wir·bel** *m* ANAT cervical vertebra

halt¹ [halt] *interj* MIL halt!

halt² [halt] *adv* DIAL *(eben)* just, simply; **du musst es ~ noch mal machen** you'll just have to do it again

Halt <-[e]s, -e> [halt] *m* ❶ *(Stütze)* hold; **jdm/einer S. ~ geben** to support sb/sth; **an jdm ~/keinen ~ haben** to have support/no support from sb; **keinen ~ haben** not to be supported ❷ *(inneres Gleichgewicht)* stability, security; **sie ist sein moralischer ~** she is his moral support ❸ *(Stopp)* stop; **ohne ~** without stopping; **~ machen** to stop, to pause; **vor nichts ~ machen** to stop at nothing; **vor niemandem ~ machen** to spare nobody

halt·bar ['haltbaːɐ̯] *adj* ❶ *(nicht leicht verderblich)* non-perishable; **~ sein** to keep; **nur begrenzt ~** perishable; **etw ~ machen** to preserve sth ❷ *(widerstandsfähig)* durable, hard-wearing; **~ sein** to be durable [*or* hard-wearing] ❸ *(aufrechtzuerhalten)* tenable

Halt·bar·keit <-> *f kein pl* ❶ *(Lagerfähigkeit)* shelf life ❷ *(Widerstandsfähigkeit)* durability **Halt·bar·keits·da·tum** *nt* sell-by date

Hal·te·griff *m* [grab] handle; *(an Badewanne)* bath handle [*or* rail]; *(am Gewehr)* grip; *(Riemen)* [grab] strap

---

hal·ten ['haltn̩]

I. TRANSITIVES VERB	II. INTRANSITIVES VERB
III. REFLEXIVES VERB	

I. TRANSITIVES VERB   <hielt, gehalten>

❶ *[festhalten]* ▪ [jdm] **jdn/etw ~** to hold sb/sth [for sb]

❷ *(zum Bleiben veranlassen)* ▪ **jdn ~** to stop sb; ▪ **jdn irgendwo ~** to keep sb somewhere; **warum bleibst du noch bei dieser Firma, was hält dich noch da?** why do you stay with the firm, what's keeping you there?

❸ *(in eine bestimmte Position bringen)* ▪ **etw irgendwohin/irgendwie ~** to put sth somewhere/ in a certain position; **er hielt den Arm in die Höhe** he put his hand up

❹ *(tragen, stützen)* ▪ **etw ~** to hold sth

❺ *(zurückhalten)* ▪ **etw ~** to hold [*or* retain] sth; **das Ventil konnte den Überdruck nicht mehr ~** the valve could no longer contain the excess pressure

❻ SPORT ▪ **etw ~** to save sth; **der Tormann konnte den Ball nicht ~** the goalkeeper couldn't stop the ball

❼ *(angestellt haben)* ▪ **[sich** *dat]* **jdn ~** to employ [*or* have] sb; ▪ **[sich** *dat]* **etw ~** to keep sth; **er hält sich ein Privatflugzeug, eine Segeljacht und ein Rennpferd** he keeps a private aircraft, a yacht and a racehorse

❽ *(behandeln)* ▪ **jdn irgendwie ~** to treat sb in a certain way; **er hält seine Kinder sehr streng** he is very strict with his children

❾ *(weiter innehaben)* ▪ **etw ~** to hold on to sth; **hoffentlich kann ich den Weltrekord noch ~** hopefully I can still hold on to the world record; *s. a.* **Kurs** *s. a.* **Melodie**

❿ *(verteidigen)* ▪ **etw [gegen jdn] ~** to hold sth [in the face of sb]; **die Verteidiger hielten ihre Stellungen weiterhin** the defenders continued to hold their positions

⓫ *(in einem Zustand erhalten)* ▪ **etw irgendwie ~** to keep sth in a certain condition; **die Fußböden hält sie immer peinlich sauber** she always keeps the floors scrupulously clean; *s. a.* **besetzt**

⓬ *(handhaben)* ▪ **es [mit etw] irgendwie ~** to do sth in a certain way; **wir ~ es ähnlich** we do things in a similar way

⓭ *(gestalten)* ▪ **etw in etw** *dat* **~** to be done in sth; **das Haus war innen und außen ganz in Weiß gehalten** the house was completely white inside and out

⓮ *(abhalten)* ▪ **etw ~** to give sth; **er hielt eine kurze Rede** he made a short speech; *s. a.* **Wache**

⓯ *(einhalten, erfüllen)* ▪ **etw ~** to keep sth; **der Film hält nicht, was der Titel verspricht** the film doesn't live up to its title ▶ WENDUNGEN: **nicht zu ~ sein** not to be able to stop sth; **wenn sie etwas von Sahnetorte hört, ist sie nicht mehr zu ~** if she hears cream gateau mentioned there's no holding her!; **das kannst du ~, wie du willst** that's completely up to you; **nichts/viel davon ~, etw zu tun** to think nothing/a lot of doing sth; **nicht viel davon ~, etw zu tun** to not think much of doing sth; **jdn/etw für jdn/etw ~** to take sb/sth for sb/sth; **ich habe ihn für seinen Bruder gehalten** I mistook him for his brother; **das halte ich nicht für möglich** I don't think that's possible; **es [mehr/lieber/eher] mit jdm/etw ~** to like [*or* prefer] sb/sth; **etw von jdm/etw ~** to think sth of sb/sth; **vom Sparen hält er scheinbar nicht viel** he doesn't appear to think much of saving; **wofür ~ Sie mich?** who do you take me for!

II. INTRANSITIVES VERB   <hielt, gehalten>

❶ *(festhalten)* to hold; **kannst du mal 'n Moment ~?** can you hold that for a second?

❷ *(haltbar sein)* to keep [*or* last]; **wie lange hält der Fisch noch?** how much longer will the fish keep?

❸ *(stehen bleiben, anhalten)* to stop; **~ Sie bitte an der Ecke!** stop at the corner, please; **etw zum H~ bringen** to bring sth to a stop [*or* standstill]

❹ SPORT to make a save; **unser Tormann hat heute**

wieder großartig gehalten our goalkeeper made some great saves today
❺ *(zielen)* ■ [mit etw] **irgendwohin ~** to aim at sth [with sth]; **Sie müssen mit dem Bogen mehr nach links ~** you must aim the bow more to the left ► WENDUNGEN: **an sich** *akk* **~** to control oneself; **ich musste an mich ~, um nicht zu lachen** I had to force myself not to laugh; **auf etw** *akk* **~** to attach a lot of importance to sth; **auf sich** *akk* **~** to take [a] pride in oneself; **zu jdm ~** to stand [*or* stick] by sb; **halt mal, ...** hang [*or* hold] on, ...

III. REFLEXIVES VERB   <hielt, gehalten>

❶ *(sich festhalten)* ■ **sich an etw** *dat* **~** to hold on to sth
❷ *(nicht verderben)* ■ **sich ~** to keep [*or* last]; **im Kühlschrank hält sich Milch gut drei Tage** milk keeps for a good three days in the fridge
❸ METEO *(konstant bleiben)* ■ **sich ~** to last; **manchmal kann der Nebel sich bis in die späten Vormittagsstunden ~** sometimes the fog can last until the late morning
❹ *(eine Richtung beibehalten)* ■ **sich irgendwo/nach ...** **~** to keep to somewhere/heading towards ...; **~ Sie sich immer in dieser Richtung** keep going in this direction
❺ *(sich richten nach)* ■ **sich an etw** *akk* **~** to keep [*or* stick] to sth; **ich halte mich immer an die Vorschriften** I always stick to the rules
❻ *(haften)* ■ **sich ~** to linger
❼ *(sich behaupten)* ■ **sich** [noch] [mit etw] **~** to prevail [with sth]; **trotz der hauchdünnen Mehrheit hielt sich die Regierung noch über ein Jahr** despite its wafer-thin majority the government lasted [*or* kept going for] over a year
❽ *(eine bestimmte Haltung haben)* ■ **sich irgendwie ~** to carry [*or* hold] oneself in a certain manner; **es ist nicht leicht, sich im Gleichgewicht zu ~** it's not easy to keep one's balance
► WENDUNGEN: **sich gut gehalten haben** *(fam)* to have worn well *fam;* **für seine 50 Jahre hat er sich gut gehalten** he has worn well for a 50-year-old; **gut/besser ~** to do well/better; **sich nicht ~ können** not to be able to control oneself; **sich an etw** *akk* **~** *(bei etw bleiben)* to stay with [*or* stick to] sth; **ich halte mich lieber an Mineralwasser** I prefer to stay with mineral water; **sich an jdn ~** *(sich wenden)* to refer to sb; *(sich richten nach)* to stay [*or* stick] with sb; **sich für jdn/etw ~** to think one is sb/sth; **er hält sich für besonders klug** he thinks he's really clever

Hal·te·punkt *m* stop
Hal·ter <-s, -> *m* holder
Hal·ter(in) <-s, -> *m(f)* ❶ AUTO [registered] keeper BRIT, owner ❷ *(Tier~)* owner
Hal·te·rung <-, -en> *f* mounting, support
Hal·te·schlau·fe *f (im Bus)* [hanging] strap; *(im Auto a.)* assist strap **Hal·te·stel·le** *f* stop **Hal·te·ver·bot** *nt* ❶ *kein pl* no stopping; **hier ist ~** this is a no stopping area; **im ~ parken** [*o* stehen] [*o* halten] to park [*or* wait] [*or* stop] in a no stopping area ❷ *(Verkehr)* **absolutes** [*o* **uneingeschränktes**] **~** strictly no stopping; **eingeschränktes ~** limited waiting **Hal·te·ver·bot(s)·schild** *nt* "no stopping" sign
halt·los *adj* ❶ *(labil)* weak; *Mensch* unsteady, unstable ❷ *(unbegründet)* groundless, unfounded
Halt·lo·sig·keit <-> *f kein pl* ❶ *(Labilität)* instability ❷ *(Unbegründetheit)* groundlessness
Hal·tung¹ <-, -en> ['haltʊŋ] *f* ❶ *(Körperhaltung)* posture; *bes* SPORT *(typische Stellung)* stance, style; **für schlechte ~ wurden ihr Punkte abgezogen** she lost marks for poor stance ❷ *(Einstellung)* attitude

❸ *kein pl (Verhalten)* manner, behaviour [*or* AM -or], conduct ► WENDUNGEN: **~ bewahren** to keep one's composure; **~ annehmen** MIL to stand to [*or* at] attention
Hal·tung² <-> ['haltʊŋ] *f kein pl* keeping; **der Mietvertrag untersagt die ~ von Haustieren** the tenancy agreement forbids the keeping of pets
Hal·tungs·feh·ler *m* bad posture **Hal·tungs·schaden** *m* damaged posture
Ha·lun·ke <-n, -n> [ha'lʊŋkə] *m* ❶ *(pej: Gauner)* scoundrel ❷ *(hum: Schlingel)* rascal
Hä·ma·tom <-s, -e> [hɛma'toːm] *nt* haematoma BRIT, AM hematoma
Ham·burg <-s> ['hambʊrk] *nt* Hamburg
Ham·bur·ger¹ <-s, -> ['hambʊrgɐ] *m* hamburger
Ham·bur·ger² ['hambʊrgɐ] *adj attr* Hamburg; **Blankenese ist ein nobler ~ Stadtteil** Blankenese is a posh Hamburg suburb
Ham·bur·ger(in) <-s, -> ['hambʊrgɐ] *m(f)* native of Hamburg
Hä·me <-> ['hɛːmə] *f kein pl* malice
hä·misch ['hɛːmɪʃ] **I.** *adj* malicious, spiteful **II.** *adv* maliciously
Hämm·chen <-s, -> ['hɛmçən] *nt* KOCHK cured knuckle of pork
Ham·mel <-s, - *o (selten)* Hämmel> ['haml, *pl:* 'hɛml] *m* ❶ *(kastrierter Schafbock)* wether ❷ *kein pl (~fleisch)* mutton ❸ *(pej: Dummkopf)* idiot, ass *pej*
Ham·mel·bei·ne *pl* ► WENDUNGEN: **jdm die ~ lang ziehen** *(fam)* to give sb a good telling off [*or* dressing down]; **jdn bei den ~n kriegen** [*o* nehmen] *(fam)* to take sb to task **Ham·mel·bra·ten** *m* roast mutton **Ham·mel·fleisch** *nt* mutton **Ham·mel·keu·le** *f* leg of mutton **Ham·mel·sprung** *m* POL division
Ham·mer <-s, Hämmer> ['hamɐ, *pl:* 'hɛmɐ] *m* ❶ *(Werkzeug)* hammer ❷ SPORT *(Wurfgerät)* hammer ❸ ANAT hammer, malleus ❹ MUS hammer ❺ *(sl: schwerer Fehler)* howler, AM ESP major error, clanger BRIT ❻ *(Unverschämtheit)* outrageous thing ► WENDUNGEN: **zwischen Amboss und ~ geraten** to be under attack from both sides; **~ und Sichel** hammer and sickle; **du hast einen ~!** *(sl)* you must be round the bend! BRIT *sl,* you must be off your rocker! AM *sl;* **das ist ein ~!** *(sl)* that's fantastic!; **ein ~ sein** *(sl)* to be absurd; **diese Unterstellung ist ja ein dicker ~!** this insinuation is really absurd!; **unter den ~ kommen** *(fam)* to come under the hammer *fam*
Häm·mer·chen <-s, -> ['hɛmɐçən] *nt dim von* **Hammer** small hammer
Ham·mer·hai *m* ZOOL hammerhead
häm·mern ['hɛmɐn] **I.** *vi* ❶ *(mit dem Hammer arbeiten)* to hammer, to forge; ■ **das H~** hammering ❷ *(wie einem Hammer schlagen)* to hammer, to pound ❸ *(wie Hammerschläge ertönen)* to make a hammering noise ❹ *(fam: auf dem Klavier spielen)* to hammer away at the piano; ■ **auf etw ~** *dat* to hammer on sth ❺ *(rasch pulsieren)* to pound **II.** *vt* ❶ *(mit dem Hammer bearbeiten)* ■ **etw ~** to hammer sth ❷ *(wiederholt schlagen)* ■ **jdm etw auf etw ~** *akk* to pound a part of sb's body with sth; **jdm** *dat* **etw ins Bewusstsein ~** to hammer [*or* knock] sth into sb's head
Ham·mer·schlag *m* hammer blow **Ham·mer·stiel** *m* shaft [*or* handle] of a hammer **Ham·mer·wer·fen** <-s> *nt kein pl* hammer-throwing **Ham·mer·werfer(in)** <-s, -> *m(f)* hammer-thrower **Ham·mer·zehe** *f* MED hammertoe
Ham·mond·or·gel ['hɛmənt-] *f* Hammond organ
Hä·mo·glo·bin <-s> [hɛmoglo'biːn] *nt kein pl* haemoglobin BRIT, hemoglobin AM
Hä·mo·ly·se <-, -n> [hɛmo'lyːzə] *f* MED *(Auflösung roter Blutkörperchen)* haemolysis BRIT, hemolysis AM

Hä·mo·phi·lie <-, -n> [hɛmofiˈliː, *pl:* -ˈliːən] *f* haemophilia BRIT, hemophilia AM

Hä·mor·ri·de <-, -n> [hɛmɔˈriːdə] *f*, **Hä·mor·rho·i·de** <-, -n> [hɛmɔroˈiːdə] *f meist pl* haemorrhoids *pl* BRIT, hemorrhoids *pl* AM

Ham·pel·mann <-männer> [ˈhampl̩man, *pl:* -mɛnə] *m* ❶ *(Spielzeug)* jumping jack ❷ *(pej fam: labiler Mensch)* gutless person, spineless creature, puppet; **ich bin doch nicht dein ~!** I'm not your puppet!; **jdn zu einem ~ machen, aus jdm einen ~ machen** to make sb sb's puppet

ham·peln [ˈhampl̩n] *vi (fam)* to fidget

Hams·ter <-s, -> [ˈhamstɐ] *m* hamster

Hams·ter·ba·cken *pl (fam)* chubby cheeks *fam*

Hams·te·rer, Hams·te·rin <-s, -> *m, f (fam)* hoarder

Hams·ter·kauf *m* panic-buying; **Hamsterkäufe machen** to panic-buy

hams·tern [ˈhamstɐn] *vt, vi* to hoard; ▪ [etw] **~ to** panic-buy [sth]

Hand <-, Hände> [hant, *pl:* ˈhɛndə]

SUBSTANTIV FEMININ

❶ ANAT hand; **die ~ zur Faust ballen** to clench one's fist; **die Hände in die Seiten stemmen** to put one's hands on one's hips; **eine ~/zwei Hände breit** six inches/a foot wide; **es ist nur noch etwa eine ~ breit Wein im Fass** there's only about six inches of wine left in the barrel; **mit der flachen ~** with the flat of one's hand; **Hände hoch!** hands up!; **eine hohle ~ machen** to cup one's hands; **aus der hohlen ~** from one's cupped hands; **sie tranken an der Quelle aus der hohlen ~** they drank at the spring from their cupped hands; **linker/rechter ~** on the left/right; **links liegt der See, der Gutshof liegt rechter ~** the lake is on the left and the estate on the right; **zur linken/rechten ~** on the left-hand/right-hand side; **zur linken ~ sehen Sie das Rathaus** on the left-hand side you can see the town hall; **eine ruhige [o sichere] ~** a steady hand; **mit sanfter ~** with a gentle hand; **sie versteht es, ihre Abteilung mit sanfter ~ zu führen** she knows how to run her department with a calm hand; **jdm die ~ drücken [o schütteln]** to shake sb's hand; **jdm etw in die ~ drücken** to press sth into sb's hand; **jdm die ~ geben [o geh: reichen]** to shake sb's hand; **etw in Händen halten** *(geh)* to have sth in one's hands; **das ist ein interessantes Buch, das Sie da gerade in Händen halten** that's an interesting book that you've got there at the moment; **jdn an der [o bei der] ~ haben [o nehmen] [o fassen]** to take hold of sb's hand; **etw aus der ~ essen** to eat sth out of one's hand; **in die Hände klatschen** to applaud [or clap]; **jdm die ~ küssen** to kiss sb's hand; **etw aus der ~ legen** to put down sth *sep;* **lege jetzt die Zeitung aus der ~, wir frühstücken!** put the paper down now, we're having breakfast; **jdm die ~ auflegen** to lay one's hand on sb; **Jesus hat Kranke geheilt, indem er ihnen die ~ auflegte** Jesus healed the sick by laying his hands on them; **etw in die ~ nehmen** to pick up sth *sep;* **er nimmt niemals ein Buch in die ~** he never picks up a book; *(sich darum kümmern)* to attend to sth; **lass mich die Sache mal in die ~ nehmen** let me take care of the matter; **jdm etw aus der ~ nehmen** to take sth from [or off] sb, to take sth out of sb's hand; **sie nahm ihrem Kind das Messer aus der ~** she took the knife away from her child; **der Fall ist dem Richter aus der ~ genommen worden** the judge has been relieved of the case; **sich** *dat* **die Hände reiben** to rub one's hands [together]; **jdm die ~ reichen** [o geh: **bieten**] to give sb one's hand; **sie reichten sich zur Begrüßung die Hände** they greeted each other by shaking hands; **jdm etw aus der ~ schlagen**

to knock sth out of sb's hand; **Hände weg!** hands off!; **die ~ nicht vor den Augen sehen können** not to be able to see one's hand in front of one's face

❷ *kein pl* SPORT *(Handspiel)* handball; **der Schiedsrichter erkannte auf ~** the referee blew for handball

❸ *(Besitz, Obhut)* hands; **der Besitz gelangte in fremde Hände** the property passed into foreign hands

❹ POL **die öffentliche ~** *(der Staat)* [central] government; *(die Gemeinde)* local government; **das Vorhaben wird durch die öffentliche ~ finanziert** the project is being financed by the public sector

▶ WENDUNGEN: **mit seiner Hände Arbeit** with one's own hands; **die Firma hat er mit seiner Hände Arbeit aufgebaut** he built the firm up with his own hands; **seine Hände mit Blut beflecken** *(geh)* to have blood on one's hands; **für jdn/etw seine [o die] ~ ins Feuer legen** *(fam)* to vouch for sb/sth; **~ und Fuß haben** to be purposeful; **weder ~ noch Fuß haben** to have no rhyme or reason, to make no sense; **dieser Plan hat weder ~ noch Fuß** there's no rhyme or reason to this plan; **mit Händen und Füßen** *(fam)* tooth and nail; **gegen diese Pläne werde ich mich mit Händen und Füßen wehren** I will fight these plans tooth and nail; **~ aufs Herz!** *(fam)* cross your heart, word of honour [or honor] AM; **~ aufs Herz, hast du wirklich nichts davon gewusst?** give me your word of honour, did you really know nothing about it?; **die Hände überm Kopf zusammenschlagen** to throw one's hands up in amazement; **wenn man sieht, wie sie sich benimmt, kann man nur noch die Hände überm Kopf zusammenschlagen** when you see how she behaves you can only throw your hands up in amazement [or horror]; **von der ~ in den Mund leben** to live from hand to mouth; **die Hände in den Schoß legen** to sit back and do nothing; [bei etw] **die [o seine] Hände im Spiel haben** to have a hand in sth; **dieser Geschäftemacher hat überall seine Hände im Spiel!** this wheeler dealer has his finger in every pie; **seine Hände in Unschuld waschen** to wash one's hands of a matter; **ich hatte damit nichts zu tun, ich wasche meine Hände in Unschuld!** I had nothing to do with it, I wash my hands of the matter; **bei jdm [mit etw] in besten Händen sein** to be in safe hands with sb [regarding sth]; **bei ihr sind Sie damit in besten Händen** you're in safe hands with her as far as that is concerned; **mit der bloßen ~** with one's bare hands; **aus erster/zweiter ~** first-hand/second-hand; **Informationen aus zweiter ~ sind meist wenig verlässlich** second-hand information is in most cases unreliable; *(vom ersten/zweiten Eigentümer)* with one previous owner/two previous owners; **er kauft Gebrauchtwagen, aber nur aus erster ~** he buys second-hand cars but only with one previous owner; **in festen Händen sein** *(fam)* to be spoken for; **bei der kannst du nicht mehr landen, die ist schon in festen Händen** you won't get anywhere with her, she's already spoken for; **fleißige Hände** hard workers; **freie ~ haben** to have a free hand; **jdm freie ~ lassen** to give sb a free hand; **bei der Regelung dieser Angelegenheit will Ihnen unser Konzern freie ~ lassen** our company will give you free reign in settling this matter; **von fremder ~** from a stranger; **die Unterschrift stammt von fremder ~** this is a stranger's signature; **in fremde Hände übergehen** to change hands; **bei etw eine glückliche ~ haben** to have the Midas touch with sth; **sie hat bei all ihren Geschäftsabschlüssen immer eine glückliche ~ gehabt** she has always had the Midas touch in all of her business deals; **von langer ~** well in advance; **der Bankraub muss von langer ~**

geplant gewesen sein the bank robbery must have been planned well in advance; **mit leeren Händen** empty-handed; **eine leitende** [*o* **lenkende**] **~** a guiding hand; **letzte ~ an etw legen** *akk* to put the finishing touches to sth; **eine lockere ~ haben** *(fam)* to let fly at the slightest provocation *fam;* **gib ihm ja keine Widerworte, du weißt, er hat eine lockere ~!** don't contradict him, you know he likes to let fly; **aus** [*o* **von**] **privater ~** privately; **haben Sie den Leuchter aus einem Antiquitätengeschäft? – nein, aus privater ~** did you get the candelabra from an antique shop? – no, from a private individual; **jds rechte ~ sein** to be sb's right-hand man; **mit etw schnell** [*o* **flink**] [*o* **gleich**] **bei der ~ sein** *(fam)* to be quick to do sth; **sie ist mit abfälligen Bemerkungen schnell bei der ~** she's quick to make disparaging remarks; **eine starke** [*o* **feste**] **~** a firm hand; **jdm etw zu treuen Händen übergeben** to give sth to sb for safekeeping, to entrust sth to sb; **alle Hände voll zu tun haben** to have one's hands full; **mit vollen Händen** excessively, plentifully, lavishly; **er gab das Geld mit vollen Händen aus** he spent his money left, right and centre [*or* AM center]; **sie verteilte das Geld mit vollen Händen unter den Bedürftigen** she gave generously to the needy; **hinter vorgehaltener ~** in confidence; **man erzählt sich hinter vorgehaltener ~ davon** people are telling each other about it in confidence; **jdm/einer S. in die ~ arbeiten** to play into sb's hands/the hands of sth; **jdm in die Hände** [*o* **in jds Hände**] **fallen** to fall into sb's hands; **schaut mal, was mir zufällig in die Hände gefallen ist!** look what I came across by chance; **jdm aus der ~ fressen** *(fam)* to eat out of sb's hand; **jdm sind die Hände gebunden** jds Hände sind gebunden sb's hands are tied; **ich würde dir gerne helfen, aber meine Hände sind gebunden** I would like to help you, but my hands are tied; **jdm zur** [*o* **an die**] **~ gehen** to lend sb a [helping] hand; **durch jds Hände** [*o* **~**] **gehen** to pass through sb's hands; **jdm ... von der ~ gehen** to be ... for sb; **am Computer gehen einem viele Textarbeiten leicht von der ~** working with texts is easy on a computer; [**mit etw**] **~ in ~ gehen** to go hand in hand [with sth]; **das Ansteigen der Massenarbeitslosigkeit geht mit der Rezession ~ in ~** the rise in mass unemployment goes hand in hand with the recession; **von ~ zu ~ gehen** to pass from hand to hand; **in jds Hände** *akk* **übergehen** to pass into sb's hands; **jdm etw auf die ~ geben** to promise sb sth faithfully; **etw aus der ~ geben** to let sth out of one's hands; **Bücher gebe ich nicht aus der ~** I don't lend people books; **sie musste vorübergehend die Konzernleitung aus der ~ geben** she had to relinquish the management of the group temporarily; **mit Händen zu greifen sein** to be as plain as the nose on your face [*or* BRIT as a pikestaff] *fam;* **die ~ auf etw halten** *akk (fam)* to keep a tight rein on sth; **um jds ~ anhalten** *(geh)* to ask for sb's hand in marriage *form;* **die** [*o* **seine** [**schützende**]] **~ über jdn halten** *(geh)* to protect sb; **die** [*o* **seine**] **~ hinhalten** [*o* **aufhalten**] *(fam)* to hold out one's hand [for money]; **jdn** [**für etw**] **an der ~ haben** *(fam)* to have sb on hand [for sth]; **für Autoreparaturen habe ich jdn an der ~** I've got someone on hand who can fix cars; **etw bei der** [*o* **zur**] **~ haben** to have sth to hand; **ich möchte zu gerne wissen, welche Erklärung er diesmal bei der ~ hat!** I'd like to know what explanation he's got to hand this time!; **etw in der ~ haben** to have sth in one's hands; **ich habe diese Entscheidung nicht in der ~** this decision is not in my hands; **etw gegen jdn in der ~ haben** to have sth on sb; **die Staatsanwaltschaft hat gegen den Konzern nicht genü-**

gend Beweise in der **~** the state prosecution didn't have sufficient evidence on the company; **jdn** [**fest**] **in der ~ haben** to have sb [well] in hand; **in jds Händen sein** to be in sb's hands; **die Geiseln sind in den Händen der Terroristen** the hostages are in the hands of the terrorists; **der Vertrag wird morgen in Ihren Händen sein** the contract will be in your hands tomorrow; [**bei jdm**] **in ... Händen sein** to be in ... hands [with sb]; **sie wird bei Ihnen in guten Händen sein** she will be in good hands with you; **bei uns ist Ihr Wagen in den richtigen Händen** your car is in the right hands with us; **zur ~ sein** to be at hand; **der Brief ist gerade nicht zur Hand** the letter is not at hand at the moment; **jdn/etw in die ~** [*o* **Hände**] **kriegen** [*o* **bekommen**] to get one's hands on sb/sth; **als Zollbeamter kriegt man so manche Waffe in die ~** customs officers come across quite a few weapons in their job; [**bei etw**] **mit ~ anlegen** to lend a hand [with sth]; **~ an sich legen** *akk (geh)* to kill oneself; [**klar**] **auf der ~ liegen** *(fam)* to be [perfectly] obvious; **in jds ~** *dat* **liegen** [*o* **sein**] *(geh)* to be in sb's hands; **mein Schicksal liegt in Gottes ~** my fate lies in God's hands; **jdm** [**etw**] **aus der ~ lesen** to read [sth] from sb's hand; **die Wahrsagerin las ihm aus der ~** the fortune teller read his palm; **etw** [**alleine/selber**] **in die** [**eigene**] **~ nehmen** to take sth in hand [oneself] [*or* into one's own hands]; **ich muss die Sache selber in die ~ nehmen** I'm going to have to take the matter into my own hands; **etw zur ~ nehmen** *(geh)* to pick up sth *sep;* **nach dem Essen nahm er die Zeitung zur ~** after the meal he picked up the paper; **sich** [*o geh:* **einander**] **die Hände reichen können** to be two of a kind; **was Schusseligkeit angeht, können die beiden sich die Hände reichen** when it comes to being clumsy they're two of a kind; **sich die ~ reichen können ach, du hältst das auch für das Beste? dann können wir uns ja die Hände reichen, uns nämlich auch!** oh, you think that's for the best? well, great, so do I!; **keine ~ rühren** not to lift a finger; **ich arbeite mich halb zu Tode, und er sitzt da und rührt keine ~** I'm working myself half to death and he just sits there and doesn't lift a finger!; **jdm ist die ~ ausgerutscht** *(fam)* sb could not resist slapping sb; **wenn er gar zu frech ist, kann ihr schon mal die ~ ausrutschen** if he gets too cheeky sometimes she can't resist slapping him; **jdm etw in die ~** [*o* **Hände**] **spielen** to pass sth on to sb; **der Verräter spielte ihnen diese Unterlagen in die Hände** the traitor passed these documents on to them; **in die Hände spucken** to roll up one's sleeves *sep;* **so, jetzt heißt es in die Hände gespuckt und frisch an die Arbeit gegangen!** okay, let's roll up our sleeves and get cracking!; **jdm unter der ~** [*o* **den Händen**] **wegsterben** to die while under sb's care; **der Patient starb den Chirurgen unter den Händen weg** the patient died while under the surgeons' care; **jdn auf Händen tragen** to fulfil [*or* AM fulfill] sb's every wish; **jdm etw in die ~ sprechen** to promise sb sth; **eine ~ wäscht die andere** you scratch my back I'll scratch yours; **sich nicht von der ~ weisen lassen** nicht von der ~ zu weisen sein not to be able to be denied; **dieses Argument hat etwas für sich, es lässt sich nicht von der ~ weisen** there's something in this argument, there's no denying it; **die Erklärung klingt plausibel, sie ist also nicht von der ~ zu weisen** the explanation sounds plausible, there's no getting away from it; **es ist nicht von der ~ zu weisen, dass ...** there's no getting away from the fact that ...; **es ist nicht von der ~ zu weisen, dass die Verhandlungen in einer Sackgasse angelangt sind** there's no getting away from the fact that the negotiations have reached an impasse; **jdm unter den Händen zerrinnen** [*o* **wegschmelzen**] to slip through sb's fingers; **jdm zuckt es in der ~** sb's itching to hit sb; **an ~ einer S.** *gen* with the aid of sth; **sie erklärte die Aufgabe an ~ eines Beispiels** she explained the task with the aid of an example; [**bar**] **auf die ~** *(fam)* cash in hand; **das Bestechungsgeld wurde ihm bar auf die ~ gezahlt** the bribe was paid to him in cash; **ich will die 10.000 Euro aber auf die ~** I want the 10,000 euros in cash; **aus der ~** offhand; **aus der ~ weiß ich auch keine Antwort** I don't know the answer offhand either; **als Lehrerin muss man in der Lage sein, Schülern etwas aus der ~ erklären zu können** as a teacher you have to be able to explain something to pupils straight off the bat; **~ in ~** hand in hand; **sie gingen ~ in ~ spazieren** they went for a walk hand in hand; **unter der ~** secretly, on the quiet *fam;* **etw unter der ~ erfahren** to hear sth through the grapevine; **von ~** by hand; **ein von ~ geschriebener Lebenslauf** a handwritten curriculum vitae; **von jds ~** *(geh)* at sb's hand *form;* **von jds ~ sterben** to die at sb's hand; **zu jds Händen zu Händen von jdm** for the attention of sb, attn: sb; **„An Fa. Duss & Dümmler GmbH & Co KG, zu Händen von Herrn Weissner"** Duss & Dümmler GmbH & Co. KG. Attn: Mr. Weissner

Hand·ap·pa·rat *m* reference books **Hand·ar·beit** *f* ① *(von Hand gefertigter Gegenstand)* handicraft, handiwork; **~ sein** to be handmade, to be made by hand; **in ~** by hand ② *kein pl (körperliche Arbeit)* manual labour [*or* AM -or] ③ *(Nähen, Stricken etc)* sewing and knitting; **neben dem Fernsehen mache ich immer irgendwelche ~en** I always sew or knit in front of the television; SCH needlework; *(Gegenstand)* needlework **Hand·ar·bei·ten** *nt kein pl* needlework **Hand·auf·he·ben** <-s> *nt kein pl* show of hands; **durch ~** by a show of hands; **abgestimmt wird durch ~** voting takes place by a show of hands **Hand·auf·le·gen** <-s> *nt,* **Hand·auf·le·gung** <-> *f kein pl* laying on of hands; **durch ~** by the laying on of hands **Hand·ball** *m o fam nt* SPORT ① *kein pl (Spiel)* handball; **~ spielen** to play handball ② *(Ball)* handball **Hand·bal·len** *m* ball of the thumb **Hand·bal·ler(in)** <-s, -> *m(f) (fam) s.* **Handballspieler Hand·ball·spiel** *nt* SPORT ① *(Spiel)* game of handball ② *kein pl (Sportart)* handball **Hand·ball·spie·le(in)** *m(f)* handball player **Hand·be·die·nung** *f* manual operation; **mit ~** hand-operated **Hand·be·trieb** *m kein pl* manual operation **Hand·be·we·gung** *f* movement of the hand, motion, gesture; **eine ~ machen** to move one's hand **Hand·bib·li·o·thek** *f* reference library **Hand·boh·rer** *m* gimlet **hand·breit** ['hantbrait] **I.** *adj* a few centimetres [*or* AM -ers] wide **II.** *adv* a few centimetres [*or* AM -ers]; **die Tür ließ sich nur ~ öffnen** the door could only be opened a few centimetres **Hand·breit** <-, -> ['hantbrait] *f* a few centimetres; **das Wasser im Keller stand zwei ~ hoch** there was a foot of water in the cellar **Hand·brem·se** *f* handbrake **Hand·buch** *nt* handbook, manual, guide, textbook

Händ·chen <-s, -> ['hɛntçən] *nt dim von* **Hand** little hand; **~ geben** to shake hands; **für etw ein ~ haben** *(fam)* to have a knack for sth *fam;* **~ halten** *(fam)* to hold hands; **~ haltend** holding hands

Hand·creme [-kre:m] *f* hand cream

Hän·de·druck <-drücke> *m* ① *kein pl (jds Art, jdm die Hand zu geben)* handshake; **Sie haben aber einen kräftigen ~!** you really have a firm handshake ② *(Handschlag)* handshake; **die Gäste wurden jeweils mit ~ begrüßt** each of the guests was greet-

ed with a handshake ▸ WENDUNGEN: **nur einen warmen ~ bekommen** *(fam)* to get just a pat on the back *fam* **Hän·de·klat·schen** *nt* applause *no pl,* clapping *no pl*

Han·del¹ <-s> ['handl] *m kein pl* ① *(Wirtschaftszweig der Händler)* commerce ② *(Warenverkehr)* trade ③ *(fam: Abmachung, Geschäft)* deal, transaction; **auf so einen unsicheren ~ würde ich mich nicht einlassen** I wouldn't let myself in for such a risky deal ④ *(das Handeln)* dealing, trading; **■ der ~ mit etw** dealing [*or* trading] in sth; **der ~ mit Drogen ist illegal** drug trafficking is illegal; [**mit jdm/etw**] **~ treiben** [*o* **betreiben**] to do business [with sb], to trade [in sb/sth] ⑤ *(Laden)* business; **etw in den ~ bringen** to put sth on the market; **im ~ sein** to be on the market; **etw aus dem ~ ziehen** to take sth off the market

Han·del² <-s, Händel> ['handl, *pl:* 'hɛndl] *m meist pl* argument, quarrel

han·deln ['handln] **I.** *vi* ① *(kaufen und verkaufen)* **■ mit/in etw** *dat* to trade with/in sth; **sie hat einen Laden, in dem sie mit Bioprodukten handelt** she owns a shop selling natural foods; **er soll mit Drogen gehandelt haben** he is supposed to have been trafficking drugs; **■ mit jdm** *(als Person)* to trade with sb; *(Sklave)* to trade in sb; **die alten Ägypter haben mit Ländern des gesamten Mittelmeerraumes gehandelt** the ancient Egyptians traded with countries throughout the Mediterranean area; **im Orient soll immer noch mit Frauen gehandelt werden** the Orient is still supposed to trade in women ② *(feilschen)* **■ [um etw]** ~ to haggle [over sth]; **auf dem Basar wird um den Preis der Ware lange gehandelt** a lot of haggling goes on at the bazaar over the price of goods; **es ist immer peinlich, mit einem Verkäufer zu ~** it's always embarrassing to haggle with a salesman; **mit sich** [**über etw** *akk*] **~ lassen** to be prepared to negotiate [sth]; **wenn Sie alles nehmen, lasse ich auch noch mit mir über einen Rabatt ~** if you take everything I'm prepared to negotiate a discount; **über den Preis lasse ich nicht mit mir ~** the price is not open to negotiation; **meine Entscheidung steht, da lasse ich nicht mit mir ~** my decision stands, I'm not open to any suggestions ③ *(agieren)* to act; **wir müssen ~, ehe es zu spät ist** we must act before it is too late; **er ist ein schnell ~der Mensch** he is a quick-acting person; **■ irgendwie ~** to act in a certain manner; **die Regierung hätte entschlossener ~ müssen** the government should have acted in a more decisive manner; **■ aus etw ~** to act out of sth; **die Frau handelte aus purer Eifersucht** the woman acted out of pure jealousy ④ *(geh: sich verhalten)* **■ irgendwie** [**an jdm/gegen jdn**] **~** to act [*or* behave] [towards sb] in a certain manner; **wie konntest du so übel an ihr ~** how could you behave so badly towards her; **sie hat barmherzig gegen ihn gehandelt** she acted in a compassionate way towards him ⑤ *(befassen)* **■ von** *dat* [*o* **über** *akk*] **etw ~** to be about sth, to deal with sth; **der Zeitungsartikel handelte von dem Streik** the newspaper article dealt with the strike; **ein neues Buch? über was handelt es?** a new book? what's it about? **II.** *vr impers* ① *(etw Bestimmtes sein)* **■ sich um jdn/etw ~** to be a matter of sth, to concern sb/sth; **hoffentlich ist Ihnen klar, dass es sich hier um etwas sehr Ernstes handelt** hopefully you appreciate that something very serious is involved here; **es handelt sich bei diesen angeblichen UFOs um optische Täuschungen** these alleged UFOs are simply optical illusions; **die Polizei vermutet, dass es sich nicht um Selbstmord handelt** the police suspect that it was not suicide; **bei den Tätern**

soll es sich um Angehörige einer Terrorgruppe ~ the culprits are said to be members of a terrorist group ② *(betreffen)* ▪ **sich um etw ~** to be about sth, to concern sth; **worum handelt es sich, bitte?** what's it about, please?; **es handelt sich um einige Beobachtungen, die ich gemacht habe** it's about some observations that I have made; ▪ **sich darum ~, dass ...** to be a matter of ...; **es handelt sich jetzt darum, dass wir die veranschlagten Kosten reduzieren** it's a matter now of reducing the estimated costs ③ *(darauf ankommen)* ▪ **sich darum ~, etw zu tun** to be a question of doing sth; **es handelt sich einzig und allein darum, über die Runden zu kommen** it is purely and simply a question of getting by **III.** *vt* ① *(angeboten und verkauft werden)* ▪ |**für etw**| **gehandelt werden** to be traded [at sth]; **Silber wird für etwa 216 Euro das Kilo gehandelt** silver is trading at 216 euros a kilo; **an den Börsen werden Aktien gehandelt** shares are traded on the stock exchanges ② *(im Gespräch sein)* ▪ **als jd/für etw gehandelt werden** to be touted as sb/for sth; **er wird schon lange als Nachfolger für Dr. Alle gehandelt** he has been touted for a long time as Dr Alle's successor

Han·deln <-s> ['hand|n] *nt kein pl* ① *(Feilschen)* haggling ② *(das Handeltreiben)* trading; ▪ **das ~ mit etw** trading sth; **das ~ mit Drogen ist verboten** drug trafficking is against the law ③ *(Verhalten)* behaviour [*or* AM -or] ④ *(das Tätigwerden)* action
Han·dels·ab·kom·men *nt* trade agreement **Han·dels·aka·de·mie** *f* ÖSTERR *(höhere Handelsschule)* ≈ business school **Han·dels·ar·ti·kel** *m s.* **Handelsware Han·dels·at·ta·ché** *m* commercial attaché **Han·dels·be·schrän·kung** *f* trade restriction **Han·dels·be·zie·hun·gen** *pl* trade relations **Han·dels·bi·lanz** *f* ÖKON balance of trade; **aktive ~** balance of trade surplus; **passive ~** balance of trade deficit **Han·dels·bi·lanz·de·fi·zit** *nt* balance of trade deficit **han·dels·ei·nig** ['hand|s?ainɪç], **han·dels·eins** ['hand|s?ains] *adj pred* ▪ **~ sein/werden** to agree terms, to come to an agreement; ▪ **mit jdm ~ sein/werden** to agree terms with sb; ▪ |**sich**| **~ sein/werden** to agree terms [with each other] **Han·dels·em·bar·go** *nt* ÖKON trade embargo; **ein ~ gegen einen Staat verhängen** to impose a trade embargo on a state **Han·dels·flot·te** *f* TRANSP, ÖKON merchant fleet **Han·dels·frei·heit** *f kein pl* ① ÖKON freedom of trade, free trade ② *(selten: Handlungsfreiheit)* freedom of action [*or* to act] **Han·dels·ge·sell·schaft** *f* ÖKON commercial company, trading company; **offene ~** general partnership **Han·dels·kam·mer** *f* ÖKON chamber of commerce **Han·dels·klas·se** *f* grade **Han·dels·ma·ri·ne** *f kein pl* TRANSP, ÖKON merchant navy [*or* AM marine] **Han·dels·mar·ke** *f* trademark, brand **Han·dels·mis·si·on** *f* trade mission **Han·dels·po·li·tik** *f kein pl* ÖKON, POL trade [*or* commercial] policy **Han·dels·re·gis·ter** *nt* Register of Companies [*or* Corporations], registrar of business names BRIT **Han·dels·schran·ke** *f meist pl* trade barrier *usu pl* **Han·dels·schu·le** *f* ÖKON business school; **höhere ~** commercial college BRIT **Han·dels·schü·ler(in)** *m(f)* student at a business school **Han·dels·span·ne** *f* profit margin **Han·dels·stra·ße** *f* HIST trade route **Han·dels·üb·lich** *adj* in accordance with standard commercial practice; **250 Gramm für Konservendosen ist eine ~e Größe** 250 grammes is a standard size for tinned food **Han·dels·ver·tre·ter(in)** *m(f)* ÖKON commercial agent **Han·dels·wa·re** *f* commodity, merchandise, [commercial] article; **ausländische ~n sind ziemlich billig** foreign goods are fairly cheap **Han·dels·wert** *m* ÖKON market [*or* commercial] value **Han·dels·zweig** *m* ÖKON branch [*or* sector] [of indus-

try]
Hän·de·rin·gen <-s> *nt kein pl* wringing of one's hands **hän·de·rin·gend** **I.** *adj* wringing one's hands **II.** *adv* ① *(die Hände ringend)* **er flehte ~ um Gnade** wringing his hands he pleaded for mercy ② *(fam: dringend)* desperately, urgently; **ich brauche ~ Facharbeiter** I urgently need skilled workers
Hän·de·schüt·teln *nt kein pl* handshaking *no pl, no indef art*

Nur in informellen Situationen begrüßt man sich in England mit einem kurzen, festen Händedruck. Ansonsten sollte man es möglichst vermeiden, zur **Begrüßung** oder beim Abschied Hände zu schütteln.

Hän·de·trock·ner *m* hand drier [*or* dryer] **Hän·de·wa·schen** *nt kein pl* washing one's hands
Hand·fe·ger <-s, -> *m* hand brush **Hand·fer·tig·keit** *f* dexterity **hand·fest** *adj* ① *(deftig)* substantial; ▪ **etwas H~es** something substantial; **ich bestelle mir etwas H~eres als einen Salat** I'm ordering something more substantial than a salad ② *(robust)* sturdy; ▪ **etwas H~es** something well-built ③ *(ordentlich)* proper, real; **die Affäre wuchs sich zu einem ~en Skandal aus** the affair turned into a full-blown scandal ④ *(hieb- und stichfest)* well-founded; **ich hoffe, Sie haben ~e Beweise für Ihre Behauptung** I hope you've got solid proof for your allegation **Hand·feu·er·lö·scher** *m* (hand) fire extinguisher **Hand·feu·er·waf·fe** *f* hand-gun, portable firearm **Hand·flä·che** *f* palm of one's hand **hand·ge·ar·bei·tet** *adj inv* handmade **Hand·geld** *nt* ① SPORT signing-on fee [*or* transfer fee] ② HIST bounty **Hand·ge·lenk** *nt* wrist; ▸ WENDUNGEN: **etw aus dem ~ schütteln** *(fam)* to do sth straight off, to do sth effortlessly; **aus dem ~** *(fam)* with the greatest of ease, just like that, off the cuff **hand·ge·macht** *adj* handmade **hand·ge·mein** *adj* ▪ |**mit jdm**| **~ werden** to come to blows [with sb]; ▪ **miteinander ~ werden** to come to blows with each other **Hand·ge·men·ge** *nt* fight, scuffle **Hand·ge·päck** *nt* hand luggage **Hand·ge·rät** *nt* ① *(handwerkliches Gerät)* small [hand-held] device ② SPORT hand apparatus **hand·ge·schrie·ben** *adj inv* handwritten **hand·ge·strickt** *adj* ① *(von Hand gestrickt)* hand-knitted ② *(amateurhaft gemacht)* homespun **Hand·gra·na·te** *f* hand grenade
hand·greif·lich ['hantgraiflɪç] *adj* ① *Auseinandersetzung, Streit* violent; ▪ |**gegen jdn**| **~ werden** to become violent [towards sb] ② *(offensichtlich)* clear **Hand·greif·lich·keit** <-, -en> *f* ① *(konkrete Fassbarkeit)* obviousness *no pl*, palpability *no pl* ② *kein pl (Tätlichkeit)* fight *no pl*; **bei dem Streit kam es zu ~en** the argument became violent
Hand·griff *m* ① *(Aktion)* movement; **das ist mit ein paar ~en wieder in Ordnung gebracht** that can be repaired with a few simple touches ② *(Griff)* handle; *(Tragegriff)* handle ▸ WENDUNGEN: **mit einem ~** with a flick of the wrist; **das Fenster lässt sich mit einem ~ öffnen** the window can be opened with a flick of the wrist; **mit ein paar ~en** in no time; **das haben wir mit ein paar ~en wieder repariert** we'll have that repaired again in no time
Hand·ha·be *f* tangible evidence; |**gegen jdn**| **eine/keine ~ haben** to have something/nothing on sb
hand·ha·ben ['hantha:bn] *vt* ① *(bedienen)* ▪ **etw ~** to handle sth; **die Maschine lässt sich leicht ~** the machine can be operated easily ② *(anwenden)* ▪ **etw ~** to apply sth; **die Vorschriften müssen strenger gehandhabt werden** the regulations must be applied more strictly ③ *(verfahren)* ▪ **etw irgend-**

wie ~ to manage sth in a certain way; **so wurde es hier schon immer gehandhabt** we've always dealt with it here in this way

Hand·ha·bung <-> f kein pl ➊ (Bedienung) operation ➋ (Anwendung) application

Hand·har·mo·ni·ka f accordion

Han·di·kap <-s, -s> nt, **Han·di·cap** ['hɛndikɛp] nt ➊ (Behinderung, Nachteil) handicap ➋ SPORT handicap

han·di·ka·pen, han·di·ca·pen ['hɛndikɛpn̩] vt ■ jdn ~ to handicap sb

hän·disch ['hɛndɪʃ] adj ÖSTERR (manuell) manual

Hand·kan·te f the side of the [or one's] hand **Hand·kan·ten·schlag** m karate chop **Hand·kä·se** m DIAL (small flat round curd cheese formed by hand); ▸ WENDUNGEN: **Handkäs mit Musik** (hand-formed small round cheese coated in marinade) **Hand·kof·fer** m small suitcase **Hand·kuss**RR m kiss on the hand; ▸ WENDUNGEN: **etw mit ~ tun** (fam) to do sth with pleasure

Hand·lan·ger(in) <-s, -> ['hantlaŋɐ] m(f) ➊ (ungelernter Helfer) labourer [or AM -orer] ➋ (pej: Erfüllungsgehilfe) stooge pej

Hand·lan·ger·dienst m dirty work; ▸ WENDUNGEN: **jdm ~e leisten** to do sb's dirty work

Hand·lauf m handrail

Händ·ler(in) <-s, -> ['hɛndlɐ] m(f) ➊ (Fachhändler) dealer ➋ AUTO (Vertragshändler) dealer ▸ WENDUNGEN: **fliegender ~** street trader

Hand·le·se·kunst f ■ [die] ~ palmistry no pl, no art **hand·lich** ['hantlɪç] adj ➊ (bequem zu handhaben) easy to handle, manageable ➋ (leicht lenkbar) manoeuvrable BRIT, maneuverable AM

Hand·lich·keit <-> f kein pl handiness, manageability; **dieser Koffer lässt sich dank seiner ~ gut auf allen Reisen mitnehmen** you can take this suitcase with you on any journey thanks to its convenient size

Hand·li·nie f line on the palm of the hand

Hand·li·ni·en·deu·tung f ■ [die] ~ s. **Handlesekunst**

Hand·lung <-, -en> ['handlʊŋ] f ➊ (Tat, Akt) act ➋ (Geschehen) action, plot, story ➌ **kriegerische ~** act of war; **strafbare ~** criminal offence [or AM -se], punishable act; **unzüchtige ~** indecent act

Hand·lungs·ab·lauf m plot **Hand·lungs·be·darf** m need for action; **es besteht ~/kein ~** there is a need/no need for action **Hand·lungs·be·voll·mäch·tig·te(r)** f(m) authorized agent, proxy **hand·lungs·fä·hig** adj ➊ (fähig und in der Lage, tätig zu werden) capable of acting; **eine ~e Mehrheit** a working majority ➋ JUR having the capacity to act on one's own account **Hand·lungs·fä·hig·keit** f ➊ (Möglichkeit zu handeln) ability to act ➋ JUR capacity to act on one's own account **Hand·lungs·frei·heit** f kein pl freedom of action **Hand·lungs·spiel·raum** m room for manoeuvre BRIT [or AM maneuver] **hand·lungs·un·fä·hig** adj ➊ (nicht handlungsfähig) incapable of acting ➋ JUR (unfähig zu handeln) not having the capacity to act on one's own account **Hand·lungs·un·fä·hig·keit** f ADMIN, POL inability to act ➋ JUR without the capacity to act on one's own account **Hand·lungs·voll·macht** f power of attorney **Hand·lungs·wei·se** f conduct, way of acting

Hand·mi·xer m hand mixer **Hand·or·gel** f SCHWEIZ (Handharmonika) accordion **Hand·pfle·ge** f (Maniküre) care of the hands, manicure **Hand·pres·se** f hand press **Hand·pup·pe** f glove [or AM hand] puppet **Hand·rei·chung** <-, -en> f ➊ (Hilfe) helping hand, assistance ➋ (Instruktion, Richtlinien) recommendation; (Handout) handout **Hand·rü·cken** m back of the [or one's] hand **Hand·rüh·rer** m s. **Handmixer Hand·satz** m kein pl hand composition **Hand·schel·le** f meist pl handcuffs pl; **jdm ~n anlegen** to hand-

cuff sb; **in ~n** in handcuffs, handcuffed; **~n tragen** to be handcuffed [or in handcuffs]; **jdn in ~n abführen** to take [or lead] sb away in handcuffs **Hand·schlag** m (Händedruck) handshake; **mit** [o durch] **~** with a handshake ▸ WENDUNGEN: **goldener ~** golden handshake; **einen ~ tun** (fam) to lend a hand; **keinen ~ tun** (fam) not to lift a finger fam; **er hat im Garten gelegen und keinen ~ getan!** he lay in the garden and didn't lift a finger! **Hand·schrei·ben** nt handwritten letter

Hand·schrift ['hantʃrɪft] f ➊ (Schrift) handwriting; **eine bestimmte ~ haben** to have a certain style of handwriting ➋ (Text) manuscript ▸ WENDUNGEN: **jds ~ tragen** [o verraten] to bear sb's [trade]mark

Hand·schrif·ten·deu·tung f ■ [die] ~ graphology no art

hand·schrift·lich I. adj ➊ (von Hand geschrieben) handwritten ➋ (als Handschrift überliefert) in manuscript form II. adv ➊ (von Hand) by hand; **die Korrekturen im Text waren ~ eingefügt worden** the corrections to the text were entered by hand ➋ (in Form von Handschriften) in manuscript form

Hand·schuh m glove; ▸ WENDUNGEN: **den ~ aufheben** to take up the gauntlet

Hand·schuh·fach nt, **Hand·schuh·kas·ten** m glove compartment

Hand·spiel nt kein pl handball **Hand·stand** m handstand; **einen ~ machen** to do a handstand **Hand·stand·über·schlag** m handspring; **einen ~ machen** to do a handspring **Hand·streich** m coup de main; ▸ WENDUNGEN: **in einem** [o durch einen] **~** in a surprise coup **hand·streich·ar·tig** adj coup-style action **Hand·ta·sche** f handbag, purse AM **Hand·tel·ler** m palm [of one's [or the] hand]

Hand·tuch <-tücher> nt towel; ▸ WENDUNGEN: **das ~ werfen** [o sl: **schmeißen**] SPORT to give up, to throw in the towel

Hand·tuch·hal·ter m towel rack **Hand·tuch·spen·der** m towel dispenser

Hand·um·dre·hen ['hantʔʊmdre:ən] nt ▸ WENDUNGEN: **im ~** in a jiffy, in no time, in a trice BRIT

hand·ver·le·sen adj (mit der Hand gepflückt) hand-picked ➋ (sorgfältig überprüft) hand-picked; **nur ~e Gäste waren zugelassen** only specially invited guests were admitted

Hand·voll <-, -> f handful; **eine ~ Freiwilliger** a handful of volunteers **Hand·wa·gen** m handcart **hand·warm** I. adj tepid, lukewarm; **zum Spülen nimmt sie nur ~es Wasser** she only uses lukewarm water for rinsing II. adv **das darf nur ~ gewaschen werden** this may only be washed in lukewarm water **Hand·wasch·be·cken** nt washbasin, sink **Hand·wä·sche** f ➊ (Vorgang) hand-wash ➋ kein pl (Wäschestücke) item for hand-washing

Hand·werk nt ➊ (handwerklicher Beruf) trade ➋ (Beschäftigung) business ➌ kein pl (Berufsstand der Handwerker) trade ▸ WENDUNGEN: **das ~ nährt seinen Mann** a trade will always provide; **jdm das ~ legen** to put an end to sb's game; **jdm ins ~ pfuschen** to encroach on sb's activities; **sein ~ verstehen** [o beherrschen] to know one's job [or sl stuff]

Hand·wer·ker(in) <-s, -> m(f) tradesman

hand·werk·lich I. adj relating to a trade; **eine ~e Ausbildung machen** to undergo training for a skilled trade; **~es Können** craftsmanship II. adv concerning craftsmanship

Hand·werks·be·ruf m skilled trade **Hand·werks·be·trieb** m workshop **Hand·werks·kam·mer** f Chamber of Handicrafts **Hand·werks·meis·ter(in)** m(f) ÖKON master craftsman **Hand·werks·zeug** nt kein pl tools of the trade, equipment

Hand·wur·zel f carpus, wrist

Hand·wur·zel·kno·chen *m* carpal bone

Han·dy <-s, -s> ['hɛndi] *nt* TELEK mobile [phone]

Hand·zei·chen *nt* (*Geste*) gesture, sign; **durch ~** by gesturing; **sie konnten sich nur durch ~ verständigen** they could only make themselves understood by using their hands **Hand·zet·tel** *m* leaflet

ha·ne·bü·chen *adj* (*veraltend geh*) outrageous

Hanf <-[e]s> [hanf] *m kein pl* ❶ (*Faser, Pflanze*) hemp ❷ (*Samen*) hempseed

Hänf·ling <-s, -e> ['hɛnflɪŋ] *m* ❶ ORN linnet ❷ (*fam: schwächlicher Mensch*) weakling *pej*

Hang <-[e]s, Hänge> [haŋ, *pl:* 'hɛŋə] *m* ❶ (*Abhang*) slope; **schräg zum ~ fahren** SKI to ski at an angle to the slope ❷ *kein pl* (*Neigung*) tendency; ■ **jds ~ zu etw** sb's tendency towards sth; **einen ~ zu jdm/etw haben** to have a penchant for sb/sth; **sie hat einen deutlichen ~ zu Übertreibungen** she has a marked tendency to exaggerate; **den ~ haben, etw zu tun** to be inclined to do sth

Han·gar <-s, -s> ['haŋga:ɐ̯] *m* hangar

Hän·ge·bir·ke *f* BOT white birch, silver birch

Hän·ge·glei·ter <-s, -> *m* hang-glider

han·geln ['haŋln] *vi, vr vi: sein und haben* ■ |**sich**| **irgendwohin ~** to proceed hand over hand; **er hangelte** |**sich**| **an einem Tau über den Abgrund** he made his way across an abyss hand over hand along a rope

Hän·ge·map·pe *f* suspension file **Hän·ge·mat·te** *f* hammock

hän·gen ['hɛŋən]

I.   INTRANSITIVES VERB   II.   TRANSITIVES VERB
III.   REFLEXIVES VERB

I. INTRANSITIVES VERB   <hing, gehangen>

❶ (*mit dem oberen Teil angebracht sein*) to hang; **das Bild hängt nicht gerade** the picture's not hanging straight; ■ **an etw** *dat*/**über etw** *dat*/**von etw ~** to hang on sth/over sth/from sth; **hängt die Wäsche noch an der Leine?** is the washing still hanging on the line?; **die Spinne hing an einem Faden von der Decke** the spider hung by a thread from the ceiling; **die Lampe hing direkt über dem Tisch** the lamp hung directly above the table; **voller ... hängen** to be full of ...; **warum muss die Wand nur so voller Bilder ~?** why must there be so many pictures on the wall?; **der Baum hängt voller Früchte** the tree is laden with fruit; [**an etw** *dat*] **~ bleiben** (*befestigt bleiben*) to stay on [sth]; **ob das Gemälde an dem Nagel ~ bleiben wird?** I wonder if the painting will stay on that nail; (*kleben bleiben*) to stick to sth; **der Kaugummi blieb an der Wand hängen** the chewing gum stuck to the wall

❷ (*gehenkt werden*) **jd muss/soll ~** sb must/ought to be hanged; **Mörder müssen ~!** murderers must be hanged; **an den Galgen mit ihm, er muss ~!** to the gallows with him, he must hang!; ■ **das H~** hanging; **der Richter verurteilt Verbrecher gerne zum H~** the judge likes sentencing criminals to hang

❸ (*sich neigen*) ■ **in eine bestimmte Richtung ~** to lean in a certain direction; **das Bücherregal hängt nach vorne** the bookshelf is tilting forwards; **der Wagen hängt nach rechts** the car leans to the right

❹ (*befestigt sein*) ■ **an etw ~** *dat* to be attached to sth; **der an dem Wagen ~de Wohnwagen schlingerte bedenklich** the caravan attached to the car swayed alarmingly

❺ (*fam: angeschlossen, verbunden sein*) ■ **an etw ~** *dat* to be connected to sth; **der Patient hängt an allen möglichen Apparaturen** the patient is connected to every conceivable apparatus

❻ (*fam: emotional verbunden sein*) ■ **an jdm/etw ~**
---
to be attached to sb/sth; **die Schüler hingen sehr an dieser Lehrerin** the pupils were very attached to this teacher

❼ (*festhängen*) ■ |**mit etw**| **an etw ~** *dat* to be caught [by sth] on sth; **ich hänge mit dem Pullover an einem Haken!** my pullover's caught on a hook; |**mit etw**| **an etw** *dat* **~ bleiben** to get caught on sth [by sth]; **halt, nicht weiter, du bist mit dem Pullover an einem Nagel ~ geblieben!** wait, stay there! you've got your sweater caught on a nail

❽ (*fam: sich aufhalten*) ■ **an/vor etw ~** *dat* to remain on/in front of sth; **musst du stundenlang am Telefon ~!** must you spend hours on the phone!; **er hängt den ganzen Tag vorm Fernseher** he spends all day in front of the television; **~ bleiben** to be kept down; **bist du irgendwann in einer Klasse ~ geblieben?** did you ever have to repeat a year of school at some stage?

❾ (*fam: zu erledigen sein*) **an jdm ~ bleiben** to be down to sb; **ja, ja, das Putzen bleibt wie üblich an mir ~!** oh yes, the cleaning's down to me as usual!

❿ (*sich festsetzen*) |**an jdm**| **~ bleiben** to rest on sb; **der Verdacht blieb an ihm ~** the suspicion rested on him

⓫ (*fam: in der Erinnerung bleiben*) ■ |**bei jdm**| **bleiben** to stick [in sb's mind]; **vom Lateinunterricht ist bei ihm nicht viel ~ geblieben** not much of the Latin registered in his case; **ich hoffe, dass es nun ~ bleibt** I hope that's sunk in now!

▶ WENDUNGEN: **mit H~ und Würgen** (*fam*) by the skin of one's teeth (*fam*); **die Klassenarbeit ist noch ausreichend, aber auch nur mit H~ und Würgen** your test is satisfactory, but only just; **etw ~ lassen** to dangle sth; **sie ließ die Beine ins Wasser ~** she dangled her legs in the water; **er war müde und ließ den Kopf etwas ~** he was tired and let his head droop a little; **wo|ran| hängt es denn?** (*fam*) why is that then?; **woran hängt es denn, dass du in Mathe immer solche Schwierigkeiten hast?** how come you always have so much trouble in maths?; *s. a.* **Kopf**

II. TRANSITIVES VERB
<hängte *o* DIAL hing, gehängt *o* DIAL gehangen>

❶ (*anbringen*) ■ **etw an/auf etw** *akk* **~** to hang sth on sth; **wir müssen noch die Bilder an die Wand ~** we still have to hang the pictures on the wall; **sie hängt die Hemden immer auf Kleiderbügel** she always hangs the shirts on clothes hangers; **lass bitte die Wäsche nicht auf der Leine ~!** please don't leave the washing on the line; **wir können die Gardinen doch nicht noch länger ~ lassen!** we simply can't leave the curtains up any longer!; ■ **etw in etw** *akk* **~** to hang sth in sth; **hast du die Jacke in den Kleiderschrank gehängt?** have you hung your jacket in the wardrobe [*or* closet] ? AM

❷ (*henken*) ■ **jdn ~** to hang sb; **die meisten Kriegsverbrecher wurden gehängt** most of the war criminals were hanged

❸ (*hängen lassen*) ■ **etw in etw ~** *akk* to dangle sth in sth; **er hängte den Schlauch in den Teich** he dangled the hose in the pond; **hoffentlich hast du deinen Schal nicht irgendwo ~ lassen** I hope you haven't left your scarf behind somewhere

❹ (*anschließen*) ■ **etw an etw** *akk* **~** to attach sth to sth

❺ (*im Stich lassen*) ■ **jdn ~ lassen** to leave sb in the lurch, to let sb down

III. REFLEXIVES VERB
<hängte *o* DIAL hing, gehängt *o* DIAL gehangen>

❶ (*sich festsetzen*) ■ **sich an jdn/etw ~** *akk* to hang on to sb/sth; **das Kind hängte sich ihr an den Arm** the child hung on to her arm; **Blutegel hatten sich ihr an Waden und Arme gehängt** leeches had attached themselves to her calves and arms; **diese Bettler ~ sich an einen wie die Blutsauger!** these beggars latch on to you like leeches!

② *(sich gefühlsmäßig binden)* ■ **sich an jdn/etw ~** to become attached to sb/sth

③ *(verfolgen)* ■ **sich an jdn/etw ~** to follow sb/sth

④ *(sl: sich einmischen)* ■ **sich in etw ~** *akk* to meddle in sth; **~ Sie sich nicht immer in fremder Leute Angelegenheiten!** stop meddling in other people's affairs!

⑤ *(sich gehen lassen)* ■ **sich ~ lassen** to let oneself go; **nach ihrer Heirat begann sie, sich ~ zu lassen** after her marriage she began to let herself go

Han·gen <-s> [ˈhaŋən] *nt* ▶ WENDUNGEN: **mit ~ und Bangen** *(geh)* with fear and dread

Hän·ge·ohr *nt* lop-ear, drooping ears **Hän·ge·par·tie** *f* **①** SCHACH adjourned game **②** *(hinausgezögerte Entscheidung)* long-drawn-out affair

Hän·ger <-s, -> *m* **①** AUTO *(fam: Anhänger)* trailer **②** *(sl: Formtief)* downer *sl;* **ich hab irgendwie gerade 'nen ~** somehow I'm on a bit of a downer at the moment

Hän·ge·schrank *m* wall-cupboard **Hän·ge·schultern** *pl* round [*or* drooping] shoulders *pl*

hän·gig [ˈhɛŋɪç] *adj* SCHWEIZ **①** JUR *s.* **anhängig** pending **②** *(geh: unerledigt)* unresolved

Hang·la·ge *f* hillside location; **in ~** in a hillside location

Han·no·ver <-s> [haˈnoːfɐ] *nt* Hanover

Han·no·ve·ra·ner <-s, -> [hanovaˈraːnɐ] *m* AGR Hanoverian horse

Han·no·ve·ra·ner(in) <-s, -> [hanovaˈraːnɐ] *m(f)* Hanoverian

han·no·versch [haˈnoːfɐʃ] *adj attr* Hanoverian

Ha·noi <-s> [haˈnɔy] *nt* Hanoi

Hans <- *o* -ens> [hans] *m (Name)* Hans; ▶ WENDUNGEN: **~ im Glück** *(fam)* lucky so-and-so *fam;* **der blanke ~** *(poet)* the North Sea

Han·sa·plast® <-[e]s> [hanzaˈplast] *nt kein pl* [sticking] plaster, Elastoplast®, Band-Aid®

Häns·chen <-s> [ˈhɛnsçən] *nt dim von* **Hans** ▶ WENDUNGEN: **was ~ nicht lernt, lernt Hans nimmermehr** *(prov)* you can't teach an old dog new tricks *prov*

Hans·dampf <-[e]s, -e> [hansˈdampf] *m* Jack-of-all-trades; ▶ WENDUNGEN: **ein ~ in allen Gassen sein** *(fam)* to be a Jack-of-all-trades *fam*

Han·se <-> [ˈhanzə] *f kein pl* HIST Hanseatic league

The **Hanse** or Hanseatic League was originally an association of towns lying on important trade routes. The aim of these *Hansestädte* was to protect and control trade. The German Hanse had a trade monopoly on the Baltic for 200 years. Today, there are still seven north German towns which call themselves *Hansestädte*: Hamburg, Bremen, Lübeck, Greifswald, Rostock, Stralsund and Wismar.

Han·se·at(in) <-en, -en> [hanzeˈaːt] *m(f)* **①** *(fam)* inhabitant of a Hanseatic city **②** HIST Hanseatic merchant

han·se·a·tisch *adj* Hanseatic

Han·sel <-s> [ˈhanzl̩] *m* DIAL *(pej fam)* twit *pej fam*

Hän·sel <-s> [ˈhɛnzl̩] *m dim von* **Hans** ▶ WENDUNGEN: **~ und Gretel** Hansel and Gretel

Hän·se·lei <-, -en> *f* [relentless] teasing

hän·seln [ˈhɛnzl̩n] *vt* ■ **jdn [wegen etw] ~** to tease sb [constantly] [about sth]

Han·se·stadt *f* **①** *(Bremen, Hamburg und Lübeck)* Hanseatic city **②** HIST city of the Hanseatic league

Hans·wurst <-[e]s, -e *o* -würste> [hansˈvʊrst] *m (hum fam)* buffoon, clown

Han·tel <-, -n> [ˈhantl̩] *f* SPORT dumb-bell, barbell

han·teln [ˈhantl̩n] *vi* SPORT to exercise with dumb-bells; ■ **[das] H~** exercising with dumb-bells

han·tie·ren* [hanˈtiːrən] *vi* **①** *(sich beschäftigen)* ■ **[mit etw] ~** to be busy [with sth]; **ich hörte ihn im Keller mit Werkzeug ~** I heard him using tools in the cellar **②** *(herum~)* ■ **[mit etw] an etw ~** *dat* to work on sth [with sth]

ha·pern [ˈhaːpɐn] *vi impers (fam)* **①** *(fehlen)* ■ **an etw ~** *dat* to be lacking sth; **es hapert bei uns etwas an Geld** we're somewhat short of money **②** *(schlecht bestellt sein)* ■ **es hapert [bei jdm] mit etw** sb has a problem with sth; **leider hapert es bei uns im Augenblick mit der Ersatzteilversorgung** unfortunately we have a problem at the moment with the supply of spare parts; ■ **es hapert [bei jdm] mit/in etw** *dat* sb is weak in sth; **in Mathe hapert es bei ihr noch etwas** she's still a bit weak in maths

Häpp·chen <-s, -> [ˈhɛpçən] *nt dim von* **Happen** morsel, titbit BRIT *fam,* AM tidbit

häpp·chen·wei·se *adv (fam)* in small mouthfuls; *(nach und nach)* bit by bit

Hap·pen <-s, -> [ˈhapn̩] *m (fam) (kleine Mahlzeit)* snack; **ich habe heute noch keinen ~ gegessen** I haven't eaten a thing all day! ▶ WENDUNGEN: **ein fetter ~** *(fam)* a good [*or* fine] catch

Hap·pe·ning <-s, -s> [ˈhɛpənɪŋ] *nt* happening; **ein ~ machen** [*o* **veranstalten**] to stage a happening

hap·pig [ˈhapɪç] *adj* **①** *(fam: hoch)* steep; **550 Euro für eine Bluse, das ist mir einfach zu ~** 550 euros for a blouse, that's simply too expensive for me; ■ **[ganz schön] ~ sein** to be [pretty] steep **②** *(schwierig)* tough, difficult

hap·py [ˈhɛpi] *adj (fam)* happy

Happy End^RR <-s, -s> *nt,* **Hap·py·end** [ˈhɛpiˈʔɛnt] *nt* ÖSTERR happy ending

Ha·ra·ki·ri <-[s], -s> [haraˈkiːri] *nt* hara-kiri; **~ begehen** to commit hara-kiri

Ha·rass^RR <-es, -e> *m,* **Ha·raß^ALT** <-sses, -sse> [ˈharas] *m* SCHWEIZ **①** *(Lattenkiste)* crate **②** *(Getränkekiste)* crate

Här·chen <-s, -> [ˈhɛːrçən] *nt dim von* **Haar** tiny hair

Hard·core-|Por·no) <-s> [ˈhaːɐ̯tkɔːɐ̯-] *m kein pl* hardcore [porn]

Hard·core-Strei·fen <-s> [ˈhaːɐ̯tkɔːɐ̯-] *m* hard-core film

Hard·co·ver^RR, Hard Co·ver^RR, Hard co·ver^ALT <-s, -s> [ˈhaːɐ̯tkavɐ] *nt* hardback BRIT, hardcover AM

Hard·li·ner(in) <-s, -> [ˈhaːɐ̯tlainɐ] *m(f)* hardliner

Hard·top <-o, o> [ˈhaːɐ̯ttɔp] *nt* AUTO **①** *(abnehmbares Dach)* hardtop **②** *(Cabrio mit ~)* cabriolet [*or esp* AM convertible] with a hardtop

Hard·ware <-, -s> [ˈhaːɐ̯tvɛɐ] *f* INFORM hardware

Ha·rem <-s, -s> [ˈhaːrɛm] *m* harem

Hä·re·ti·ker(in) <-s, -> [hɛˈreːtikɐ] *m(f)* heretic

hä·re·tisch [hɛˈreːtɪʃ] *adj* heretical

Har·fe <-, -n> [ˈharfə] *f* harp; **[auf der] ~ spielen** to play the harp

Har·fe·nist(in) <-en, -en> [harfəˈnɪst] *m(f)* harpist

Har·fen·spiel *nt kein pl* harp-playing

Har·ke <-, -n> [ˈharkə] *f bes* NORDD *(Gerät zur Garten- und Feldarbeit)* rake; ▶ WENDUNGEN: **jdm zeigen, was eine ~ ist** *(fam)* to show sb what's what

har·ken [ˈharkn̩] *vt bes* NORDD *Beet* ■ **etw ~** *(mit der Harke bearbeiten)* to rake sth; *(mit der Harke entfernen)* to rake sth [together]; ■ **geharkt** raked

Har·le·kin <-s, -e> [ˈharlekiːn] *m* Harlequin

harm·los I. *adj* **①** *(ungefährlich)* harmless **②** *(arglos)*

innocent; *Frage* innocent; *Mensch* harmless **II.** *adv*
❶ *(ungefährlich)* harmlessly ❷ *(arglos)* innocently
Harm·lo·sig·keit <-, -en> *f* ❶ *kein pl (Ungefährlich-keit)* harmlessness ❷ *(Arglosigkeit)* innocence; **in aller ~** in all innocence
Har·mo·nie <-, -n> [harmo'ni:, *pl:* -'ni:ən] *f* harmony
har·mo·nie·ren [harmo'ni:rən] *vi* ❶ *(angenehm zusammenklingen)* to harmonize; ■ **sie ~** they harmonize ❷ *(zueinander passen)* ■ **|mit etw|** ~ to go with sth, to match |sth| ❸ *(gut zusammenpassen)* to get on well |with each other|, to gel together BRIT *sl;* ■ **sie ~ |miteinander|** they get on well with each other
har·mo·nie·süch·tig *adj* seeking harmony
Har·mo·ni·ka <-, -s *o* Harmoniken> [har'mo:nika] *f* accordion
har·mo·nisch [har'mo:nɪʃ] **I.** *adj (wohlklingend, ausgewogen, einträchtig)* harmonious; **eine ~e Ehe** a harmonious marriage **II.** *adv* harmoniously
har·mo·ni·sie·ren [harmoni'zi:rən] *vt* ■ **etw ~** to harmonize sth
Har·mo·ni·sie·rung <-, -en> *f* harmonization
Har·mo·ni·um <-s, -ien> [har'mo:njʊm, *pl:* -niən] *nt* harmonium
Harn <-[e]s, -e> [harn] *m* urine; **~ lassen** *(geh)* to urinate
Harn·bla·se *f* bladder **Harn·drang** *m (geh)* urge to urinate
har·nen ['harnən] *vi (veraltend geh)* to urinate
Har·nisch <-[e]s, -e> ['harnɪʃ] *m (Ritterrüstung)* armour [*or* AM -or]; ▸ WENDUNGEN: **jdn in ~ bringen** to enrage [*or* infuriate] sb, to get sb's back up BRIT; |**wegen etw|in ~ sein** to be furious about sth, to be in a fury |about sth|
Harn·las·sen <-s> *nt kein pl (geh)* urination **Harn·lei·ter** *m* ureter **Harn·röh·re** *f* urethra **Harn·säu·re** *f* uric acid **Harn·stoff** *m* urea **harn·trei·bend I.** *adj (geh)* diuretic **II.** *adv (geh)* having a diuretic effect **Harn·ver·gif·tung** *f* MED uraemia BRIT, AM uremia **Harn·we·ge** *pl* urinary tract
Har·pu·ne <-, -n> [har'pu:nə] *f* harpoon
Har·pu·nier(in) <-s, -e> [harpu'ni:ɐ] *m(f)* harpooner
har·pu·nie·ren [harpu'ni:rən] *vt* ■ **ein Tier ~** to harpoon an animal
har·ren ['harən] *vi (geh)* ❶ *(darauf warten)* ■ **jds/einer S.** [*o* **auf jdn/etw**] ~ to await sb/a thing [*or* to wait for sb/a thing] ❷ *(bevorstehen)* ■ **jds** [*o* **auf jdn**] ~ to await sb
Harsch <-[e]s> [harʃ] *m kein pl* compacted snow
harsch [harʃ] *adj* ❶ *inv (mit einer Eiskruste überzogen)* hard-frozen, hard-packed ❷ *inv (selten: rau, eisig)* biting, cutting, raw ❸ *(geh: unfreundlich, barsch)* harsh
har·schig *adj* hard-packed
hart <härter, härteste> [hart] **I.** *adj* ❶ *(nicht weich)* hard; *(straff)* firm, KOCHK *(fest im Zustand)* hard; **ich schlafe auf einer härteren Matratze als du** I sleep on a firmer mattress than you; **dein Bett ist mir zu ~** your bed is too hard for me; **eine Decke auf dem Fußboden wird ein ~es Nachtlager sein** a blanket on the floor will be a hard surface to sleep on; **diese Früchte haben eine sehr ~e Schale** these fruits have a very hard skin; *s. a.* **Nuss** ❷ *(heftig)* severe; **ein ~er Aufprall** a severe impact; **ein ~er Ruck** a severe jolt; **ein ~er Winter** a harsh [*or* severe] winter ❸ *(unmelodisch)* harsh; **er spricht mit einem ~en Akzent** he has a harsh accent; *s. a.* **Konsonant** ❹ *(vehement)* violent; **die Konflikte werden immer härter** the conflicts are becoming increasingly violent ❺ *(drastisch)* strong; *Schnaps* strong; *Drogen* hard; *Pornografie* hard-core ❻ *(brutal)* violent; **das war der härteste Film, den ich je gesehen habe** that

was the most violent film I have ever seen ❼ *(abgehärtet, robust)* tough; **Söldner sind ~e Kerle** mercenaries are tough fellows; ■ **~ werden** to become tough ❽ *(stabil, sicher)* stable; **sie hat ihre Ersparnisse in ~en Währungen angelegt** she invested her savings in hard currencies ❾ *(streng, unerbittlich)* hard; **seine Mutter ist immer eine ~e Frau gewesen** his mother has always been a hard woman; **das sind aber ~e Worte!** those are harsh words!; *Regime* harsh; *Strafe* severe; *Gesetze* harsh; *(intensiv)* severe; *Winter* severe; ■ **~ mit jdm sein** to be hard on sb ⑪ *(schwer zu ertragen)* cruel, hard; **der Tod ihres Mannes war für sie ein ~er Schlag** the death of her husband was a cruel blow for her; *Zeiten* hard; *Realität* harsh; *Wahrheit* harsh; ■ **~ für jdn sein, dass ...** to be hard on sb that ...; **es war sehr ~ für sie, dass ihr gekündigt worden war** it was very hard on her that she had been handed her notice [*or* had been fired] ⑫ *(mühevoll)* hard, tough; **20 Jahre ~er Arbeit** 20 years of hard work; **die Tarifverhandlungen werden härter als gewohnt werden** wage negotiations will be tougher than usual ▸ WENDUNGEN: |**in etw** *dat*| ~ **bleiben** to remain [*or* stand] firm [about sth]; **~ auf ~ gehen** [*o* **kommen**] to come to the crunch; **wir werden keinen Deut nachgeben, auch wenn es ~ auf ~ geht** we're not going to give an inch, even if it comes to the crunch; **~ im Nehmen sein** *(beim Boxen)* to be able to take a lot of punishment; **dieser Boxer ist wirklich ~ im Nehmen!** this boxer really can take a lot of punishment; *(mit Schicksalsschlägen gut fertigwerden)* to be resilient **II.** *adv* ❶ *(nicht weich)* hard; **~ gefroren** attr frozen hard *pred,* frozen; **der Boden ist bis in zwei Meter Tiefe ~ gefroren** the ground is frozen solid to a depth of two metres; **~ gekocht** attr hard-boiled; **möchtest du ein weiches oder ein ~es Ei?** would you like a soft-boiled or hard-boiled egg?; **~ gesotten** hard-bitten; **ich schlafe lieber ~** I prefer to sleep on a firm surface ❷ *(heftig)* **bei dem Sturz ist er so ~ gefallen, dass er sich das Bein brach** he had such a severe fall that he broke his leg; **sie prallte ~ auf die Windschutzscheibe auf** she hit the windscreen with tremendous force; **~ bedrängt** *Gegner* strong, powerful ❸ *(rau)* harshly; **die Sprache klingt in europäischen Ohren ganz ~** the language sounds quite harsh to a European ear ❹ *(streng)* severely; **du verhältst dich ihr gegenüber zu ~** you're behaving too harshly towards her ❺ *(mühevoll)* hard; **wir werden in Zukunft noch härter arbeiten müssen** we'll have to work even harder in future ❻ *(unmittelbar)* close; ■ **~ an etw** *dat* close to sth; **das Auto kam ~ an dem steilen Abhang zum Stehen** the car came to a halt just before the steep slope; *s. a.* **Grenze** *s. a.* **Wind** ▸ WENDUNGEN: **jdn ~ anfassen** to treat sb severely; **~ aneinandergeraten** to come to blows, to have a real set-to, to have a fierce argument; **~ gesotten** hardened; **er ist ein ~ gesottener Geschäftsmann, der alle Tricks kennt** he's a hardened businessman who knows all the tricks; **~ durchgreifen** to take tough [*or* rigorous] action; **jdn ~ ankommen** *(geh)* to be hard for sb; **auch wenn es mich ~ ankommt, ich muss bei meiner Entscheidung bleiben** even if I find it hard I must stick by [*or* to] my decision; **jdn ~ zusetzen** to press sb hard; **jdn ~ treffen** to hit sb hard; **der Tod seiner Frau hat ihn doch ~ getroffen** the death of his wife has hit him very hard
hart·be·drängt *adj attr s.* **hart II. 2**
Här·te <-, -n> ['hɛrtə] *f* ❶ *(Härtegrad)* hardness ❷ *kein pl (Wucht)* force ❸ *kein pl (Robustheit)* robustness ❹ *kein pl (Stabilität)* stability ❺ *kein pl (Strenge)* severity; *(Unerbittlichkeit)* relentlessness ❻ *(schwere Erträglichkeit)* cruelty, harshness ❼ *(Kalkgehalt)* hard-

ness; **die ~ des Wassers** the hardness of the water ▸ WENDUNGEN: **soziale ~n** cases of social hardship; **die ~ sein** *(sl)* to be the absolute limit

Här·te·fall *m* ❶ *(bei strenger Anwendung von Vorschriften eintretender Fall von sozialer Belastung)* case of hardship ❷ *(fam)* Person case of hardship **Här·te·fonds** *m (geh)* hardship fund **Här·te·grad** *m* degree of hardness **Här·te·klau·sel** *f* hardship clause

här·ten [ˈhɛrtn̩] I. *vt (hart machen)* ▪ **etw ~** to harden sth II. *vi (er~)* to harden

Här·ter <-s, -> [ˈhɛrtɐ] *m* hardener, hardening agent

Här·te·ska·la *f* scale of hardness **Här·te·test** *m* endurance test; **jdn/etw einem ~ unterziehen** to subject sb/sth to an endurance test

Hart·fa·ser·plat·te *f* hardboard BRIT, fiberboard AM **Hart·geld** *nt (geh)* coins *pl* **Hart·gum·mi** *nt* hard rubber **hart·her·zig** *adj* hard-hearted **Hart·her·zig·keit** <-> *f* ❶ *kein pl (Gefühllosigkeit)* hard-heartedness ❷ *(hartherzige Tat)* hard-hearted deed **Hart·holz** *nt* hardwood **Hart·kä·se** *m* KOCHK hard cheese **hart·lei·big** *adj* constipated **Hart·lei·big·keit** <-> *f kein pl* constipation

hart·nä·ckig I. *adj* ❶ *(beharrlich)* persistent ❷ *(langwierig)* stubborn; **der Schnupfen ist doch ~er als ich dachte** the cold is more stubborn than I thought II. *adv (beharrlich)* persistently

Hart·nä·ckig·keit <-> *f kein pl* ❶ *(Beharrlichkeit)* persistence ❷ *(Langwierigkeit)* stubbornness, obstinacy, doggedness

Hart·platz *m* TENNIS hard court **Hart·rie·gel** *m kein pl* BOT dogwood **Hart·scha·len·kof·fer** *m* hard-top suitcase

Här·tung <-, -en> *f* hardening

Hart·wei·zen *m* durum wheat **Hart·wurst** *f* hard sausage

Harz¹ <-es, -e> [haːɐ̯ts] *nt* resin

Harz² <-es> [haːɐ̯ts] *m* ▪ **der ~** the Harz mountains

har·zen [ˈhaːɐ̯tsn̩] I. *vt (mit Harz versetzen)* ▪ **etw ~** to resinate sth II. *vi* ❶ *(Harz gewinnen)* to tap for resin ❷ *(Harz absondern)* to exude resin

Har·zer <-s, -> [ˈhaːɐ̯tsɐ] *m* Harz cheese; *s. a.* **Käse** *s. a.* **Roller**

har·zig [ˈhaːɐ̯tsɪç] *adj* resinous

Ha·sard <-s> [haˈzart] *nt kein pl* **[mit etw] ~ spielen** *(geh)* to gamble [with sth]

Ha·sar·deur(in) <-s, -e> [hazarˈdøːɐ̯] *m(f) (pej geh)* gambler

Ha·sard·spiel *nt (geh)* game of chance, gamble

Hasch <-[s]> [haʃ] *nt kein pl (fam)* hash

Ha·schee <-s, -s> [haˈʃeː] *nt* hash

ha·schen¹ [ˈhaʃn̩] *vi (veraltend geh)* ▪ **nach etw ~** ❶ *(greifen)* to make a grab for sth ❷ *(streben)* to angle *[or* fish] for sth; **nach Lob ~** to fish for compliments

ha·schen² [ˈhaʃn̩] *vt (fam)* to smoke hash

Ha·schen <-s> [ˈhaʃn̩] *nt kein pl* DIAL *(Fangen)* catch

Hä·schen <-s, -> [ˈhɛːsçən] *nt* ❶ *dim von* **Hase** young hare, bunny, leveret ❷ *(fam: Kosename)* sweetheart

Hä·scher <-s, -> [ˈhɛʃɐ] *m (veraltend geh)* bailiff

Ha·scherl <-s, -[n]> [ˈhaʃɐl] *nt* ÖSTERR *(fam: bedauernswertes Wesen)* poor soul; **armes ~** poor little thing

Ha·schisch <-[s]> [ˈhaʃɪʃ] *nt o m kein pl* hashish, hash *no pl, no indef art*

Ha·se <-n, -n> [ˈhaːzə] *m* ❶ *(wild lebendes Nagetier)* hare ❷ KOCHK *(~nbraten)* roast hare ❸ DIAL *(Kaninchen)* rabbit ▸ WENDUNGEN: **da liegt der ~ im Pfeffer** *(fam)* that's the crux of the matter, that's the real cause, there's the rub BRIT; **ein alter ~ sein** *(fam)* to be an old hand; **falscher ~** KOCHK meat loaf; **sehen** *[or* **wissen]** **, wie der ~ läuft** *(fam)* to see *[or* know] which way the wind blows

Ha·sel <-, -n> [ˈhaːzl̩] *f* hazel

Ha·sel·huhn *nt* ORN hazel *[or* black] grouse **Ha·sel·**

kätz·chen *nt* hazel catkin, lamb's-tail **Ha·sel·maus** *f* ZOOL [common] dormouse **Ha·sel·nuss**ᴿᴿ [ˈhaːzl̩nʊs] *f* ❶ *(Nuss)* hazelnut ❷ *(Hasel)* hazel **Ha·sel·nuss·öl**ᴿᴿ *nt* hazelnut oil **Ha·sel·strauch** *m s.* **Hasel**

Ha·sen·bra·ten *m* roast hare **Ha·sen·fuß** *m (fam)* chicken *sl*, coward **Ha·sen·pa·nier** *nt* ▸ WENDUNGEN: **das ~ ergreifen** *(veraltend fam)* to take to one's heels **Ha·sen·pfef·fer** *m* jugged hare BRIT, Hasenpfeffer AM **Ha·sen·schar·te** *f* MED harelip

Hä·sin *f* doe, female hare

Häs·ling <-s, -e> *m* ZOOL dace

Has·pel <-, -n> [ˈhaspl̩] *f* windlass, winch; *Garn* reel

has·peln [ˈhaspl̩n] I. *vt (wickeln)* ▪ **etw ~** to reel sth, to wind sth II. *vi (fam: hastig sprechen)* to gabble

Hassᴿᴿ <-es> *m*, **Haß**ᴬᴸᵀ <-sses> [has] *m kein pl* hate, hatred, animosity, rancour *[or* AM -or], loathing; **einen ~ auf jdn haben/kriegen** *(fam)* to be/ become angry with sb; **aus ~** out of hatred; **sich** *dat* **jds ~ zuziehen, jds ~ auf sich** *akk* **ziehen** to incur sb's wrath

has·sen [ˈhasn̩] *vt* ❶ *(voller Hass ablehnen)* ▪ **jdn ~** to hate sb ❷ *(nicht mögen)* ▪ **etw ~** to hate *[or* loathe] *[or* detest] sth ❸ *(widerwillig sein)* ▪ **es ~, etw zu tun** to hate doing sth; *s. a.* **Pest**

hass·er·fülltᴿᴿ I. *adj* full of hate, filled *[or* seething] with hatred II. *adv* full of hate

häss·lichᴿᴿ, **häß·lich**ᴬᴸᵀ [ˈhɛslɪç] I. *adj* ❶ *(unschön)* ugly, hideous; **sie wohnen in einer ~en Gegend** they don't live in a very nice area ❷ *(gemein)* nasty; ▪ **~ zu jdm sein** to be nasty *[or* mean] to sb; ▪ **~ von jdm sein** to be nasty *[or* mean] of sb ❸ *(unerfreulich)* nasty, ugly, unpleasant II. *adv (gemein)* nastily

Häss·lich·keitᴿᴿ, **Häß·lich·keit**ᴬᴸᵀ <-, -en> *f* ugliness, nastiness, hideousness

Hass·lie·beᴿᴿ *f* love-hate relationship **Hass·ti·ra·de**ᴿᴿ *f (pej)* tirade of hate **hass·ver·zerrt**ᴿᴿ *adj* twisted with hatred *[or* hate]

hast [hast] *2. pers sing pres von* **haben**

Hast <-> [hast] *f kein pl (Eile)* haste, hurry; **nur keine ~!** there's no rush!; **ohne ~** without rushing; **voller ~** in a great hurry *[or* rush]; **sie zog sich voller ~ an** she dressed in a great hurry ▸ WENDUNGEN: **in fliegender ~** in a tearing hurry

has·te ▸ WENDUNGEN: **~ was, biste was** *(prov)* wealth brings status; **[was] ~ was kannste** *(fam)* as quick as possible

has·ten [ˈhastn̩] *vi sein (geh)* ❶ *(hastig sein)* to hurry *[or* rush] ❷ *(eilen)* ▪ **irgendwohin ~** to hurry *[or* rush] somewhere

has·tig [ˈhastɪç] I. *adj* hurried, rushed; **nicht so ~!** not so fast! II. *adv (eilends)* hastily, hurriedly; **er schlang sein Essen ~ hinunter** he bolted down his meal

hat *3. pers sing pres von* **haben**

hät·scheln [ˈhɛːtʃl̩n] *vt* ❶ *(liebkosen)* ▪ **jdn ~** to caress sb, to cuddle sb ❷ *(gut behandeln)* ▪ **jdn ~** to pamper sb ❸ *(gerne pflegen)* ▪ **etw ~** to cherish sth; **eine gehätschelte Ideologie** a cherished ideology

hat·schi [haˈtʃiː] *interj* atishoo, atchoo, AM achoo; **~ machen** *(Kindersprache)* to sneeze

hat·te [ˈhatə] *imp von* **haben**

Hat·trick <-s, -s> [ˈhɛttrɪk] *m* ❶ SPORT *(Dreifachtreffer)* hat-trick; *(dreifacher Gewinn)* hat-trick ❷ *(Dreifacherfolg)* third success

Hatz <-, -en> [hats] *f* ❶ SÜDD, ÖSTERR *(Hetze)* rush; **immer diese ~!** this constant rushing around! ❷ *(Hetzjagd)* hunt, chase; **die ~ auf Bären** bear hunting

Hau·be <-, -n> [ˈhaubə] *f* ❶ *(weibliche Kopfbedeckung)* bonnet ❷ *(Trockenhaube)* hair dryer ❸ *(Motorhaube)* bonnet ❹ ÖSTERR, SÜDD *(Mütze)* cap ❺ ÖSTERR *(Auszeichnung von Restaurants)* star ❻ *(Büschel von Kopffedern)* crest ❼ *(Aufsatz)* covering ▶ WENDUNGEN: **jdn unter die ~ bringen** *(hum fam)* to marry sb off; **unter der ~ sein** *(hum fam)* to be married; **unter die ~ kommen** *(hum fam)* to get married; **es wird Zeit, dass du unter die ~ kommst** it's time you got married

Hau·ben·ler·che *f* crested lark **Hau·ben·mei·se** *f* crested tit *[or esp* AM titmouse] **Hau·ben·tau·cher** *m* great crested grebe

Hau·bit·ze <-, -n> |hauˈbɪtsə] *f* MIL howitzer

Hauch <-[e]s, -e> [haux] *m (geh, poet)* ❶ *(Atemhauch)* breath ❷ *(Luftzug)* breath of air ❸ *(leichter Duft)* waft, whiff ❹ *(Flair)* aura ❺ *(Andeutung, Anflug)* hint, trace, touch

hauch·dünn [ˈhaux'dyn] I. *adj* ❶ *(äußerst dünn)* wafer-thin ❷ *(äußerst knapp)* extremely narrow; *Mehrheit* narrow; *Sieg* extremely narrow II. *adv* extremely thin

hau·chen [ˈhauxn̩] I. *vi (sanft blasen)* ▪ **auf/gegen/in etw ~** to breathe on/against/into sth II. *vt* ❶ *(blasen)* ▪ **jdm etw in etw ~** *akk* to blow sth into sb's sth … ❷ *(flüstern)* ▪ **etw ~** to whisper sth; ▪ **jdm etw in etw ~** *akk* to whisper sth in sb's sth …

Hauch·laut *m* aspirate

hauch·zart [ˈhaux'tsaːɐt] *adj* ❶ *(butterweich)* extremely delicate ❷ MODE *(sehr leicht)* very light

Hau·de·gen [ˈhaude:gn̩] *m* old soldier *[or* warhorse]

Haue <-, -n> [ˈhauə] *f* ❶ SÜDD, SCHWEIZ, ÖSTERR *(Hacke)* hoe ❷ *kein pl (fam: Prügel)* thrashing; **~ kriegen** *(fam)* to get a good hiding, to get a thrashing; **es gibt ~** *(fam)* you'll get a good hiding

hau·en <haute, gehauen *o* DIAL gehaut> [ˈhauən] I. *vt* ❶ *pret: hieb (fam: schlagen)* ▪ **etw auf etw** *akk*/**gegen etw ~** to hit sth against sth ❷ *(fam: verprügeln)* ▪ **jdn ~** to hit *[or* clout] sb; ▪ **sie ~ sich** they are fighting each other; **bitte hau mich nicht, ich tu es ja auch nicht wieder!** don't hit me please, I won't do it again!; **du blutest ja, hat dich einer von deinen Schulkameraden ge~?** you're bleeding, did one of your classmates hit you? ❸ *(meißeln)* ▪ **etw in etw ~** *akk* to carve sth in sth; **der Künstler hat diese Statue in Marmor ge~** the artist carved this statue in marble; **um fischen zu können, mussten sie ein Loch ins Eis ~** in order to fish they had to cut a hole in the ice; **die Stufen waren von Hand in den harten Fels ge~ worden** the steps had been hewn by hand in the hard rock ❹ *(fam: stoßen)* ▪ **etw an/auf etw ~** *akk* to hit sth on sth; **au verdammt, ich habe mir das Knie an die Tischkante ge~!** ow damn it, I've hit my knee on the edge of the table II. *vi* ❶ *pret: hieb (fam: schlagen)* ▪ [mit etw] **auf etw** *akk*/**gegen etw ~** to smash sth against sth; **er nahm die Axt und hieb damit gegen das Türschloss** he picked up the axe and smashed it against the door lock; **hau doch nicht so auf die Klaviertasten!** don't thump the piano keys like that!; ▪ **jdm auf/in/gegen/vor etw** *akk* **~** to hit sb on sth/in sth; **sie hieb ihm mit der Faust ins Gesicht** she slapped his face; **er hieb ihm mit dem Schlagstock auf den Kopf** he hit him on the head with the baton ❷ *(fam: prügeln)* **bitte hau nicht ~!** please don't hit me! ❸ *sein (fam: stoßen)* ▪ [mit etw] **gegen etw ~** to bang sth against *[or* on] sth; **er ist mit dem Fuß gegen einen Stein ge~** he banged his foot on a rock III. *vr (fam: sich setzen, legen)* ▪ **sich auf/in etw ~** *akk* to throw oneself onto/into sth; **hau dich nicht so aufs Sofa!** don't throw yourself onto the sofa like that!

Hau·er¹ <-s, -> [ˈhauə] *m* ❶ *(Eckzahn)* tusk ❷ *(hum: großer Zahn)* fang

Hau·er² <-s, -> [ˈhauə] *m* faceworker

Häuf·chen <-s, -> [ˈhɔyfçən] *nt dim von* **Haufen** small pile *[or* heap] ▶ WENDUNGEN: **ein ~ Elend** *(fam)* a picture of misery; **ein ~ machen** *(koten)* to do one's toilet BRIT, to go to the bathroom AM

häu·feln [ˈhɔyfl̩] *vt* ▪ **etw ~** to hill up sth BRIT; *(aufhäufen) Essen* to heap *[or* pile] up sth

Hau·fen <-s, -> [ˈhaufn̩] *m* ❶ *(Anhäufung)* heap, pile ❷ *(fam: große Menge)* load, accumulation, mass; *Arbeit* load; **du erzählst da einen ~ Quatsch!** what a load of rubbish! ❸ *(Schar)* crowd ❹ *(Gruppe, Gemeinschaft)* crowd, bunch ▶ WENDUNGEN: **einen ~ machen** *(euph)* to do one's business; **Vorsicht, da hat ein Hund einen ~ gemacht!** watch out for that dog poop *[or* poo] *[or* doo]; **jdn/ein Tier über den ~ rennen/fahren** *(fam)* to run over sb/an animal *sep*; **jdn/ein Tier über den ~ schießen** *[o* knallen] *(fam)* to shoot sb/an animal down; **etw über den ~ werfen** *[o* schmeißen] *(fam)* to throw out sth *sep*; [jdm] **etw über den ~ werfen** *[o* schmeißen] *(fam)* to mess up sth *[for* sb] *sep*; **auf einem ~** *(fam)* in one place

häu·fen [ˈhɔyfn̩] I. *vt (auf~)* ▪ [jdm] **etw auf etw ~** *akk* to pile sth on sth *[for* sb]; *s. a.* **gehäuft** I. II. *vr* ❶ *(zahlreicher werden)* ▪ **sich ~** to become more frequent, to accumulate, to multiply, to increase; *s. a.* **gehäuft** II. ❷ *(sich türmen)* ▪ **sich** |irgendwo| **~** to pile up [somewhere] ❸ *(türmen)* ▪ **sich** *dat* **etw auf etw ~** *akk* to pile sth on sth

Hau·fen·dorf *nt* village that has evolved haphazardly

hau·fen·wei·se *adv* ❶ *(in Haufen)* in heaps *[or* piles] ❷ *(fam)* in great quantities; **etw ~ haben** *[o* besitzen] to have loads *[or* piles] of sth; **sie besitzt ~ Antiquitäten** she owns loads of antiques

Hau·fen·wol·ke *f* cumulus [cloud]

häu·fig [ˈhɔyfɪç] I. *adj* frequent II. *adv* frequently, often **Häu·fig·keit** <-, -en> *f* frequency; **abnehmende/zunehmende ~** decreasing/increasing frequency **Häu·fig·keits·zahl, Häu·fig·keits·zif·fer** *f* frequency **Häu·fung** <-, -en> *f* increasing number

Haupt <-[e]s, Häupter> [haupt, *pl:* ˈhɔyptɐ] *nt (geh)* ❶ *(Kopf)* head ❷ *(zentrale Figur)* head ▶ WENDUNGEN: **an ~ und Gliedern** totally, drastically; **die gesamte Verwaltung dieses Staates ist verfault an ~ und Gliedern** the entire administration of this state is totally corrupt; **entblößten ~es mit bloßem ~** bareheaded; **gesenkten/erhobenen ~es** with one's head bowed/raised; **jdn aufs ~ schlagen** to vanquish sb; **zu jds Häupten** at sb's head

Haupt·ak·zent *m* LING *(stärkste Betonung)* main stress; ▶ WENDUNGEN: **den ~ auf etw legen** *akk* to place the main emphasis on sth **Haupt·al·tar** *m* high altar **haupt·amt·lich** I. *adj* full-time; *(im Hauptberuf ausgeübt)* full-time; **neben ihrer ~en Tätigkeit als Lehrerin gibt sie noch Unterricht an Volkshochschulen** in addition to her full-time job as a teacher she teaches at adult education centres II. *adv* on a full-time basis **Haupt·an·klag·te(r)** *f(m)* main *[or* principal] defendant **Haupt·an·schluss**RR *m* TELEK main extension **Haupt·auf·ga·be** *f* main duty *[or* task] **Haupt·au·gen·merk** *f kein pl* **sein ~ auf etw richten** to pay particular attention to sth **Haupt·ausgang** *m* main exit **Haupt·bahn·hof** *m* central *[or* main] station **Haupt·be·las·tungs·zeu·ge, -zeugin** *m, f* JUR chief witness for the prosecution **Haupt·be·ruf** *m* chief *[or* main] occupation; **im ~** as one's main occupation **haupt·be·ruf·lich** I. *adj* full-time II. *adv s.* **hauptamtlich** II. **Haupt·be·stand·teil** *m* main component **Haupt·buch** *nt* ÖKON [general] ledger **Haupt·dar·stel·ler(in)** *m(f)* leading man *[or* actor] **Haupt·deck** *nt* main deck **Haupt·ein·gang** *m* main entrance **Haupt·ein·nah·me·quel·le** *f* ÖKON main *[or* principal] source of income

Häup·tel <-s, -[n]> [ˈhɔyptl̩] *nt* KOCHL ÖSTERR head; **drei ~ Kopfsalat, bitte!** three heads of lettuce, please **Häup·tel·sa·lat** *m* ÖSTERR *(Kopfsalat)* lettuce **Haup·tes·län·ge** *f* ▶ WENDUNGEN: **jdn um ~ überragen**

(geh) to be a head taller than sb

Haupt·fach nt SCH ❶ (Studienfach) main [or principal] subject, major AM; **etw im ~ studieren** to study sth as one's main subject, to major in sth AM ❷ SCH (wichtigstes Schulfach) major subject **Haupt·fi·gur** f LIT central [or main] [or principal] character **Haupt·film** m main [or feature] film **Haupt·gang** m ❶ (Hauptgericht) main course; **im ~ as a main course** ❷ (zentraler Gang) main corridor ❸ (Waschgang) main wash **Haupt·ge·bäu·de** nt main building **Haupt·ge·frei·ter** m lance corporal **Haupt·ge·richt** nt main course **Haupt·ge·schäft** nt main branch **Haupt·ge·schäfts·stel·le** f ÖKON head office, headquarters npl **Haupt·ge·schäfts·zeit** f peak shopping hours, main business hours **Haupt·ge·wicht** nt main emphasis; **das ~ auf etw legen** akk to place the main emphasis on sth **Haupt·ge·winn** m first prize **Haupt·haar** nt kein pl (geh) hair [on the head] **Haupt·hahn** m main cock [or esp AM tap] **Haupt·last** f main load; **die ~ der Steuererhöhungen werden die mittleren Einkommensgruppen zu tragen haben** the middle-income groups will have to bear the main burden of tax increases

Haupt·leu·te pl von **Hauptmann**
Häupt·ling <-s, -e> ['hɔyptlɪŋ] m chief
Haupt·mahl·zeit f main meal
Haupt·mann <-leute> ['hauptman] m captain
Haupt·me·nü nt INFORM main menu **Haupt·merk·mal** nt main feature **Haupt·mie·ter(in)** m(f) main tenant **Haupt·nah·rungs·mit·tel** nt KOCHK staple food **Haupt·nen·ner** m common denominator **Haupt·per·son** f ❶ (wichtigste Person) central figure, most important person ❷ (die tonangebende Person) centre [or AM -er] of attention; (wichtigste Person) main person; **er ist eindeutig die ~ bei diesem Projekt** he's the main person on this project **Haupt·pla·ti·ne** f INFORM motherboard **Haupt·por·tal** nt main portal **Haupt·post** f (fam), **Haupt·post·amt** nt main post office **Haupt·pro·blem** nt main problem **Haupt·quar·tier** nt headquarters **Haupt·rei·se·zeit** f peak travel period **Haupt·rol·le** f leading [or main] role; [in etw dat] **die ~ spielen** to play the leading role [in sth] ▸ WENDUNGEN: [bei etw] **die ~ spielen** to play a leading part [in sth] **Haupt·sa·che** ['hauptzaxə] f (das Wichtigste) main thing [or point]; **in der ~** in the main, mainly, on the whole; **~, ...** the main thing is ...; **~, du bist glücklich!** the main thing is that you're happy!

haupt·säch·lich ['hauptzɛçlɪç] **I.** adv mainly, principally, especially, essentially, above all **II.** adj main, principal, chief, most important, essential; **in den ~en Punkten sind wir uns einig** we agree on the main points

Haupt·sai·son f peak season; **~ haben** to be one's peak season; **vom 23.4. bis zum 15.9. haben wir ~** 23/04 - 15/09 is our peak season **Haupt·satz** m LING main clause **Haupt·schal·ter** m main [or master] switch **Haupt·schiff** nt ARCHIT nave **Haupt·schlag·ader** f aorta **Haupt·schlüs·sel** m master key, passkey **Haupt·schul·ab·gän·ger(in)** m(f) SCH school-leavers/graduates from a Hauptschule **Haupt·schuld** f kein pl main blame; ▪ **die/jds ~ an etw** dat the/sb's principal fault regarding sth **Haupt·schul·di·ge(r)** f(m) person mainly to blame, person mainly at fault, major offender **Haupt·schu·le** f ≈ secondary modern school BRIT, ≈ junior high school AM (covering years 5 to 9 or the last 5 years of the compulsory nine years at school in Germany or years 5 to 8 in Austria)

The **Hauptschule** – roughly equivalent to the old secondary modern school in the UK runs from Years 5 to 9. It caters for pupils whose average mark at the end of primary school does not satisfy the requirements of the Realschule or the Gymnasium – grammar school. School leavers with only a Hauptschule certificate often find it difficult to obtain the further training required for most kinds of employment. In Austria, it is possible, given the necessary academic achievement, to switch to a grammar school after completing four years in a Hauptschule.

Haupt·schü·ler(in) m(f) ≈ secondary modern school pupil BRIT, ≈ junior-high student AM **Haupt·schul·leh·rer(in)** m(f) ≈ secondary modern [or AM ≈ junior high] school teacher **Haupt·se·mi·nar** nt seminar for advanced students **Haupt·sen·de·zeit** f TV, RADIO peak viewing time **Haupt·si·che·rung** f ELEK, TECH, BAU main fuse **Haupt·sitz** m headquarters npl, head office **Haupt·spei·cher** m INFORM main memory **Haupt·stadt** f capital [city] **Haupt·stra·ße** f main street **Haupt·stre·cke** f main line, main route **Haupt·stu·di·um** nt SCH main [part of a university] course **Haupt·teil** m main [or major] part **Haupt·tref·fer** m jackpot; **den ~ erzielen** to hit the jackpot **Haupt·ur·sa·che** f main [or chief] [or principal] cause **Haupt·ver·hand·lung** f main hearing **Haupt·ver·kehrs·stra·ße** f arterial road, main road [or highway] [or thoroughfare] **Haupt·ver·kehrs·zeit** f rush hour **Haupt·ver·samm·lung** f general meeting **Haupt·ver·wal·tung** f ADMIN head office, headquarters npl **Haupt·wa·che** f main police station **Haupt·wä·sche** f main wash **Haupt·wasch·gang** m main wash **Haupt·wasch·mit·tel** nt strong-action detergent **Haupt·wohn·sitz** m main place of residence **Haupt·wort** nt noun **Haupt·zeu·ge, -zeu·gin** m, f chief [or principal] witness

hau ruck ['hau 'rʊk] interj heave; **so, jetzt ziehen wir alle gemeinsam an dem Seil – ~! ~!** right, let's all pull on the rope together – heave-ho! heave-ho!
Hau·ruck <-s, -s> [hau'rʊk] nt heave ho
Hau·ruck·ver·fah·ren nt any old how; **die haben das Gebäude im ~ hochgezogen** they just threw up the building any old how
Haus <-es, Häuser> [haus, pl: 'hɔyzɐ] nt ❶ (Gebäude) house; **das Internat bestand aus mehreren Häusern** the boarding school consisted of several buildings; **wie geht's zu ~e?** how are things at home?; **das ~ Gottes** [o geh: **des Herrn**] the house of God [or form the Lord]; **~ und Hof** (geh) house and home; **das Weiße ~** the White House; **für jdn ein offenes ~ haben** to keep open house for sb; **jdn nach ~e bringen** to see [or take] sb home; **kannst du mich mit dem Auto nach ~e bringen?** can you drive me home?; **jdn ans ~ fesseln** to confine sb to the house; **seit sie krank ist, ist sie ans ~ gefesselt** since she's been ill she's been confined to the house; **sich [irgendwo/bei jdm] wie zu ~e fühlen** to feel at home [somewhere/in sb's house]; **fühlen Sie sich wie zu ~e!** make yourself at home; **aus dem ~ gehen** to leave the house; **das ~ hüten müssen** to have to stay at home; **ich muss wegen einer Grippe das ~ hüten** I have to stay in due to a bout of flu; **außer ~ essen** to eat out; **am Wochenende essen sie außer ~** they eat out at weekends; **aus dem ~ sein** to have left home; **irgendwo zu ~e [o] sein** to live [or come from] somewhere; **wo sind Sie eigentlich zu ~e?** tell me, where are you from?; **der Pandabär ist nur in China zu ~e** the panda bear can only be found in China; **jd/etw kommt jdm nicht ins ~** sb does not allow sb/sth in the house; **eine Katze kommt mir nicht ins ~!** I'm not having a cat

in the house!; |**etw**| **ins ~ liefern** to deliver |sth| to the door; **liefern Sie ins ~?** do you make home deliveries?; **frei ~ liefern** to deliver free of charge; **jdn ins ~ nehmen** to take sb in|to one's home|; **jdn nach ~e schicken** *(fam)* to send sb packing *fam,* to send sb home; **ich habe den Vertreter gleich wieder nach ~e geschickt** I sent the rep packing straight away; **die Lehrerin schickte den Schüler nach ~e** the teacher sent the pupil home; **jdm das ~ verbieten** to not allow sb in the house; **~ an ~** next door; **wir wohnen ~ an ~** we live next door to each other; **im ~|e|** in the house; **bei der Kälte bleibe ich lieber im ~** I prefer to stay indoors |*or* inside| when it's cold; **nichts mehr im ~ haben** to have nothing |left| |to eat/drink| in the house; **ins ~** into the house, indoors; **es wird schon kühl, lass uns ins ~ gehen** it's getting cool, let's go indoors |*or* inside|; **meine Klavierlehrerin kommt immer ins ~** my piano teacher always comes to our house; **nach ~e,** ÖSTERR, SCHWEIZ *a.* **nachhause**ʳʳ home; **komm nicht so spät nach ~e!** don't come home so late!; **es ist nicht mehr weit bis nach ~e!** we're not far from home now!; **ich muss nach ~e!** I must |*or* have to| go home!; **von ~ zu ~ gehen/wandern/ziehen** to go/wander/roam from house to house |*or* door to door|; **zu ~e,** ÖSTERR, SCHWEIZ *a.* **zuhause**ʳʳ at home; **seid unbedingt vor Mitternacht wieder zu ~e!** make sure you're back home before midnight!; **wir können schon in drei Stunden zu ~e sein** we can be home in three hours; **bei jdm zu ~e,** ÖSTERR, SCHWEIZ *a.* **zuhause** in sb's home; **bei euch zu ~e ist es so gemütlich** there's such a relaxed atmosphere in your home; **bei uns zu ~e wurde vor dem Essen gebetet** we always said prayers before a meal in our house ❷ *(Villa, Pension)* house; **„~ Talblick"** "Talblick House"; **das beste ~ am Platze** the best hotel in town; **ein gepflegtes |***o*** gut geführtes|** ~ a well-run restaurant ❸ *(Familie)* household; **er ist ein alter Freund des ~es** he's an old friend of the family; **die Dame/der Herr des ~es** the lady/master of the house; **aus bürgerlichem/gutem/schlechtem ~e stammend** from a middle-class/good/bad family; **aus adligem ~e** from a noble family; **aus angesehenem ~e** from a respectable family; **von ~e aus** by birth; **von ~e aus ist sie musikalisch** she comes from a musical family ❹ *(Dynastie)* house; **die Kaiser von Österreich stammten aus dem ~e Habsburg** the Emperors of Austria came from the House of the Hapsburgs ❺ *(geh: Unternehmen)* firm, company; **Rauchen ist im ganzen ~ verboten!** smoking is not allowed anywhere in the company buildings; **das erste ~ am Platze** the best firm in the area; **im ~e sein** to be in; **Sie können mich jederzeit im Büro erreichen, ich bin den ganzen Tag im ~e** you can get me at the office any time, I'm in |*or* there| all day ❻ *(geh: Saal, Publikum)* house; **das große/kleine ~** the large/small theatre; **vor vollem |***o*** ausverkauftem| /leerem ~e spielen** to play to a full |*or* packed| /empty house ❼ POL *(Kammer)* House; **das Gesetz passierte das ~ ohne Gegenstimmen** the act passed through the House without opposition; **Hohes ~!** *(geh)* honourable members! ❽ ZOOL *(Schnecken~)* house, shell ❾ ASTROL *(Kraftfeld)* house ▶ *(Haushalt)* **ein großes ~ führen** *(geh)* to entertain in style; **jdm das ~ führen** to keep house for sb ▸ WENDUNGEN: **~ und Herd verlassen** *(geh)* to leave one's home and family; **|du| altes ~!** *(fam)* old chap *dated;* **das europäische ~** the family of Europe; **sein ~ bestellen** to put |*or* set| one's house in order; **~ halten** *(sparsam wirtschaften)* to be economical; *(dosiert einsetzen)* to conserve; **für jdn/niemanden zu ~ sein** to be at home to sb/nobody; **in etw** *dat* **zu ~e**

sein to be at home in sth; **in der Physik bin ich nicht so zu ~e wie Sie!** I'm not as much at home in physics as you are; **jdm ins ~ schneien** *(fam)* to descend on sb; **|jdm| ins ~ stehen** to be in store |for sb|; **vielleicht steht uns ein großer Lottogewinn ins ~** perhaps we're in store for a big win on the lottery; **von ~e aus** originally

Haus·al·tar *m* family altar **Haus·an·ge·stell·te|r|** *f(m)* domestic servant, domestic *esp fem* **Haus·an·schluss**ᴿᴿ *m* private connection, mains |*or* AM utilities| connection **Haus·an·ten·ne** *f* outside aerial |*or esp* AM antenna| **Haus·an·zug** *m* leisure suit **Haus·apo·the·ke** *f* medicine cabinet **Haus·ar·beit** *f* ❶ *(Arbeit im Haushalt)* housework ❷ SCH *(Schulaufgaben)* homework ❸ SCH *(wissenschaftliche Arbeit)* |academic| assignment **Haus·ar·rest** *m* ❶ *(Verbot)* confinement to the house; **~ haben** to be grounded ❷ *(Strafe)* house arrest **Haus·arzt, -ärz·tin** *m, f* family doctor, GP **Haus·auf·ga·be** *f* piece of homework; ■ **-n** homework *no pl;* **seine ~n machen** *(a. fig)* to do one's homework; **seine ~n nicht gemacht haben** *(a. fig)* not to have done one's homework **Haus·auf·satz** *m* homework essay **haus·ba·cken** |'hausbakn| *adj* plain, unadventurous **Haus·bar** *f* ❶ *(eine Bar zu Hause)* home bar ❷ *(Inhalt)* range of drinks at home **Haus·bau** *m* building of a/the house **Haus·be·set·zer|in|** <-s, -> *m(f)* squatter **Haus·be·set·zer·sze·ne** *f* SOZIOL, POL squatting fraternity **Haus·be·set·zung** *f* squatting **Haus·be·sit·zer|in|** *m(f)* homeowner; *(Vermieter)* landlord **Haus·be·sor·ger|in|** <-s, -> *m(f)* ÖSTERR *(Hausmeister)* janitor **Haus·be·such** *m* home visit **Haus·be·woh·ner|in|** *m(f)* tenant, occupant of a house **Haus·bib·li·o·thek** *f* library **Haus·boot** *nt* houseboat **Haus·brief·kas·ten** *m* letter box

Häus·chen <-s, -> |'hɔysçən| *nt* ❶ *dim von* **Haus** little |*or* small| house, cottage ❷ SCHWEIZ *(Kästchen auf kariertem Papier)* square ▸ WENDUNGEN: **jdn |ganz| aus dem ~ bringen** *(fam)* to drive sb wild with excitement; **|über etw** *akk*| **ganz aus dem ~ geraten** *(fam)* to go completely wild with excitement |about sth|; **ganz aus dem ~ sein** *(fam)* to be beside oneself |with excitement|

Haus·dach *nt* roof **Haus·da·me** *f* housekeeper **Haus·de·tek·tiv|in|** *m(f)* store detective **Haus·dra·chen** *m (pej fam)* battleaxe *pej fam,* dragon *pej fam* **Haus·durch·su·chung** *f* ÖSTERR house search **Haus·durch·su·chungs·be·fehl** *m* JUR, ADMIN ÖSTERR *(Legitimation zu einer Haussuchung)* search warrant **haus·ei·gen** *adj* belonging to the establishment; **die Gäste können den ~en Tennisplatz benutzen** the guests can use the hotel's own tennis court **Haus·ei·gen·tü·mer|in|** *m(f) (geh) s.* **Hausbesitzer Haus·ein·fahrt** *f* drive|way| of a/the house **Haus·ein·gang** *m* entrance |to a/the house|

hau·sen |'hauzn̩| *vi* ■ **irgendwo ~** ❶ *(pej fam: erbärmlich wohnen)* to live |in poor conditions| somewhere ❷ *(wüten)* to wreak havoc somewhere **Häu·ser·block** *m* block |of houses| **Häu·ser·front** *f* terrace front **Häu·ser·meer** *nt (geh)* sea of houses **Häu·ser·rei·he** *f* row of houses **Häu·ser·zei·le** *f* row of houses

Haus·flur *m* entrance hall **Haus·frau** *f* ❶ *(nicht berufstätige Frau)* housewife ❷ ÖSTERR, SÜDD *(Zimmerwirtin)* landlady **Haus·frau·en·art** *f* home-made style; ■ **nach ~** in a home-made style **haus·frau·lich** *adj* housewifely; **~e Aufgaben** a housewife's duties **Haus·freund|in|** *m(f)* ❶ *(Freund der Familie)* friend of the family ❷ *nur m (euph fam: Liebhaber der Ehefrau)* man-friend *euph* **Haus·frie·de|n|** *m* domestic peace; *(zwischen Hausbewohnern)* harmonious relations between tenants **Hausfriedensbruch** *m* trespassing **Haus·ge·brauch** *m* domestic use; **für den ~**

for domestic use; *(fam: für durchschnittliche Ansprüche)* for average requirements **Haus·ge·burt** *f* home birth **Haus·ge·hil·fe, -ge·hil·fin** *m, f* home help **haus·ge·macht** *adj* ❶ *(im eigenen Haushalt hergestellt)* home-made ❷ *(intern begründet)* created by domestic factors; **Experten bezeichnen die Inflation als zum Teil ~** experts ascribe inflation partially to domestic factors **Haus·ge·mein·schaft** *f* household; **mit jdm in ~ leben, in einer ~ mit jdm leben** to live together with sb **Haus·gott** *m* household god **Haus·halt** <-[e]s, -e> *m* ❶ *(Hausgemeinschaft)* household ❷ *(~sführung)* housekeeping; **[jdm] den ~ führen** to keep house [for sb] ❸ MED, BIOL *(Kreislauf)* balance ❹ ÖKON *(Etat)* budget

haus|hal·ten *vi irreg* ❶ *(sparsam wirtschaften)* ◼ [mit **etw]** ~ to be economical [with sth] ❷ *(dosiert einsetzen)* ◼ **mit etw** ~ to conserve sth

Haus·häl·ter(in) <-s, -> *m(f)* housekeeper

haus·häl·te·risch ['haushɛltərɪʃ] **I.** *adj* economical, thrifty **II.** *adv* economically

Haus·halts·ar·ti·kel *m* household article [*or* item] **Haus·halts·buch** *nt* housekeeping book **Haus·halts·de·bat·te** *f* budget debate **Haus·halts·de·fi·zit** *nt* POL, ÖKON budget[ary] deficit **Haus·halts·füh·rung** *f* housekeeping; **doppelte ~** running two households **Haus·halts·geld** *nt* housekeeping money **Haus·halts·ge·rät** *nt* household [*or* domestic] appliance **Haus·halts·hil·fe** *f* home help **Haus·halts·jahr** *nt* financial [*or* fiscal] year **Haus·halts·kas·se** *f kein pl* budget account **Haus·halts·loch** *nt* budgetary gap **Haus·halts·mit·tel** *nt* ÖKON, ADMIN budget[ary] funds *npl* **Haus·halts·pa·ckung** *f* famil[y-size] pack **Haus·halts·plan** *m* budget **Haus·halts·po·li·tik** *f* budgetary policy **Haus·halts·raf·fi·na·de** *f* granulated sugar **Haus·halts·rei·ni·ger** *m* CHEM household cleaner **Haus·halts·waa·ge** *f* kitchen scales *npl* **Haus·halts·wa·ren** *pl* household goods *npl*

Haus·hal·tung *f* ❶ *kein pl (Haushaltsführung)* housekeeping *no pl, no indef art* ❷ *kein pl (der sparsame Einsatz)* ◼ **die ~ mit etw** economizing with sth ❸ *(geh: Haushalt 1)* household

Haus·herr(in) <-en, -en> *m(f)* head of the household; *(der Gastgeber)* host **haus·hoch** ['haushox] **I.** *adj* ❶ *(euph: sehr hoch)* as high as a house; **haushohe Flammen** gigantic [*or* huge] flames; **haushohe Wellen** mountainous waves ❷ SPORT *(eindeutig)* clear, definite; **eine haushohe Niederlage** a crushing defeat; **ein haushoher Sieg** an overwhelming victory; **ein haushoher Favorit** a hot favourite [*or* AM -orite] **II.** *adv (eindeutig)* clearly, definitely; **die gegnerische Mannschaft wurde ~ geschlagen** the opposition was decisively defeated

hau·sie·ren* [hau'ziːrən] *vi* ◼ [mit **etw]** ~ to hawk [*or* peddle] [sth]; **H~ verboten!** no hawkers!; **mit etw ~ gehen** to peddle sth around; **sie geht mit allen möglichen Gerüchten ~** she peddles every rumour possible around

Hau·sie·rer(in) <-s, -> *m(f)* hawker, peddler

Haus·ja·cke *f* casual jacket **Haus·ka·pel·le** *f* private chapel **Haus·kat·ze** *f* domestic cat **Haus·kauf** *m* house-buying *no pl, no indef art,* house purchase **Haus·kleid** *nt* house dress **Haus·leh·rer(in)** *m(f)* private tutor

häus·lich ['hɔylɪç] **I.** *adj* ❶ *(die Hausgemeinschaft betreffend)* domestic; **der ~e Frieden** domestic peace; **~e Pflichten** domestic duties ❷ *(das Zuhause liebend)* homely, home-loving **II.** *adv* **sich irgendwo ~ einrichten** to make oneself at home somewhere; **sich irgendwo ~ niederlassen** to settle down somewhere

Häus·lich·keit <-> *f kein pl* domesticity *no pl*

Haus·ma·cher·art *f* home-made style; **nach ~** home-made-style *attr* **Haus·ma·cher·kost** *f kein pl* home cooking *no pl, no indef art*

Haus·macht *f kein pl* ❶ *(fig: Macht)* power base ❷ HIST *(Territorien)* allodium **Haus·mann** ['hausman] *m* house husband **Haus·manns·kost** *f kein pl* ❶ s. **Hausmacherkost** ❷ *(fam: durchschnittliche Leistung)* average performance **Haus·man·tel** *m* housecoat **Haus·mar·ke** *f* ❶ *(Sekt eines Gastronomiebetriebes)* sparkling house wine ❷ *(bevorzugte Marke)* favourite [*or* AM -orite] brand **Haus·maus** *f* ZOOL house mouse **Haus·meis·ter(in)** *m(f)* caretaker, janitor **Haus·mit·tei·lung** *f* ❶ *(firmeninterne Mitteilung)* [internal] memo ❷ *(periodische Druckschrift für Kunden)* company newsletter **Haus·mit·tel** *nt* household remedy **Haus·müll** *m* domestic refuse *no pl, no indef art (fam)* [*or* (geh)] dustbin BRIT, garbage can AM *(for non-recyclable and non-toxic waste)* **Haus·mu·sik** *f* music within the family circle **Haus·mut·ter** *f* housemother; *(im Internat)* housemistress **Haus·müt·ter·chen** *nt (pej)* little housewife *pej; (hum: Mädchen)* little mother *hum* **Haus·num·mer** *f* house number **Haus·ord·nung** *f* house rules *pl* **Haus·putz** *m* clean-out of the house **Haus·rat** *m kein pl* household contents *pl* **Haus·rat·te** *f* ZOOL black rat **Haus·rat·ver·si·che·rung** *f* household contents insurance *no pl* BRIT, home owner's [*or* renter's] insurance AM **Haus·recht** *nt* authority as a householder *no pl (to deny sb entry)*; **von seinem ~ Gebrauch machen** to ask sb to leave **Haus·rot·schwanz** *m* ORN black redstart **Haus·samm·lung** *f* door-to-door [*or* house-to-house] collection **Haus·schlach·tung** *f* on-site domestic slaughtering **Haus·schlüs·sel** *m* front-door key **Haus·schuh** *m* slipper **Haus·schwamm** *m* dry rot

Hausse <-, -n> ['hoːsə] *f* BÖRSE bull market; **auf ~ spekulieren** to bull

Haus·se·gen *m* house blessing; ▶ WENDUNGEN: **der ~ hängt [bei jdm] schief** *(hum fam)* there is a strained atmosphere [in sb's home] **Haus·sper·ling** *m* ORN house sparrow **Haus·stand** *m (geh)* household; **einen [eigenen] ~ gründen** to set up house [*or* home] [on one's own] **Haus·su·chung** <-, -en> *f s.* **Hausdurchsuchung Haus·su·chungs·be·fehl** *m* search warrant **Haus·ta·rif** *m* company wage structure **Haus·te·le·fon** *nt* internal telephone **Haus·tier** *nt* pet, domestic animal *form* **Haus·tür** *f* front door; **direkt vor der ~** *(fam)* right on one's doorstep **Haus·tür·ge·schäft** *nt* door-to-door selling **Haus·ty·rann(in)** *m(f) (pej fam)* tyrant at home **Haus·va·ter** *m* house father **Haus·ver·bot** *nt* ban from entering one's/sb's premises; **jdm ~ erteilen** to ban sb from entering one's/sb's premises; **[irgendwo/bei jdm] ~ haben** to be banned [*or* barred] [from somewhere/sb's home] **Haus·ver·wal·ter(in)** *m(f)* manager of a tenement block **Haus·ver·wal·tung** *f* management of a tenement block **Haus·wart(in)** <-s, -e> *m(f) s.* **Hausmeister Haus·wirt(in)** *m(f)* landlord

Haus·wirt·schaft *f kein pl* domestic science *no pl, no indef art,* home economics + *sing vb* **Haus·wirt·schaf·ter(in)** <-s, -> *m(f)* housekeeper **haus·wirt·schaft·lich** *adj* domestic **Haus·wirt·schafts·schu·le** *f* domestic science college

Haus·zelt *nt* frame tent

Haut <-, Häute> [haut, *pl:* 'hɔytə] *f* ❶ ANAT skin; **nass bis auf die ~** soaked to the skin; **viel ~ zeigen** *(hum)* to reveal a lot *hum; (gegerbtes Fell)* hide ❷ BOT, HORT *(dünne Schale)* peel, skin ❸ *(Außen~)* skin ❹ *(erstarrte Schicht)* skin ▶ WENDUNGEN: **mit ~ und Haar[en]** *(fam)* completely, totally; **nur ~ und Knochen sein** *(fam)* **nur noch aus ~ und Knochen**

bestehen *(fam)* to be nothing but skin and bone; |**für jdn/etw**| **seine ~ zu Markte tragen** to risk one's neck [for sb/sth]; **eine ehrliche ~ sein** *(fam)* to be an honest sort; **auf der faulen ~ liegen** *(fam)* **sich auf die faule ~ legen** *(fam)* to laze around [*or* BRIT about]; **mit heiler ~ davonkommen** *(fam)* to escape unscathed; **seine ~ so teuer wie möglich verkaufen** *(fam)* to make things as difficult as possible; **sich nicht wohl in seiner ~ fühlen** *(fam)* not to feel too good; **jdm ist nicht wohl in seiner ~** *(fam)* sb is not feeling too good; **aus der ~ fahren** *(fam)* to hit the roof *fam;* **etw geht |jdm| unter die ~** *(fam)* sth gets under one's skin *fam;* **jd kann nicht aus seiner ~ heraus** *(fam)* a leopard cannot change its spots *prov;* **seine |eigene| ~ retten** *(fam)* to save one's own skin; **jd möchte nicht in jds ~ stecken** sb would not like to be in sb's shoes; **ich möchte nicht in seiner ~ stecken** I wouldn't like to be in his shoes; **sich seiner ~ wehren** *gen (fam)* to stick up for oneself *fam*
Haut·ab·schür·fung *f* graze **Haut·at·mung** *f* cutaneous respiration *no pl* **Haut·aus·schlag** *m* [skin] rash
Häut·chen <-s, -> ['hɔytçən] *nt dim von* **Haut** ❶ *(dünne Haut)* thin skin; *(schuppend)* flaky skin; *(Nagelhaut)* cuticle ❷ ORN, ZOOL membrane ❸ *(erstarrte Schicht: auf Milch etc.)* skin
Haut·creme *f* skin cream
Haute Cou·ture <- -> [(h)oːt kuˈtyːɐ̯] *f kein pl* haute couture *no pl, no art*
häu·ten ['hɔytn] I. *vt* ▪ **etw ~** to skin sth II. *vr (die Haut abstreifen)* ▪ **sich ~** to shed its skin
haut·eng I. *adj* skintight II. *adv* skintight
Haute·vo·lee <-> [oːtvoˈleː] *f kein pl* upper crust *no pl, no indef art fam*
Haut·far·be *f* skin colour [*or* AM -or] **haut·far·ben** *adj* flesh-coloured **haut·freund·lich** *adj* kind to the skin **Haut·kli·nik** *f* MED dermatological clinic [*or* hospital] **Haut·kon·takt** *m* physical contact **Haut·krank·heit** *f* MED skin disease, dermatosis *spec,* dermatopathy *spec* **Haut·krebs** *m* MED skin cancer *no pl,* skin [*or* cutaneous] carcinoma *spec* **Haut·lo·ti·on** *f* skin lotion **haut·nah** I. *adj* ❶ *(sehr eng)* very close ❷ *(fam: wirklichkeitsnah)* vivid II. *adv* ❶ *(sehr eng)* very closely ❷ *(fam: wirklichkeitsnah)* vividly **Haut·pfle·ge** *f* skin care *no pl* **Haut·pilz** *m* fungal skin disorder **Haut·rei·ni·gung** *f kein pl* skin cleansing *no pl, no indef art* **Haut·rei·zung** *f* skin irritation **haut·scho·nend** *adj* MED kind to the [*or* one's] skin *pred* **Haut·trans·plan·ta·ti·on** *f* skin graft **Haut·typ** *m* PHARM, MED skin type
Häu·tung <-, -en> *f* ❶ *(das Häuten)* skinning, flaying ❷ *(das Sichhäuten)* shedding of the skin *no pl*
Haut·un·rein·heit *f* MED, PHARM skin blemish **Haut·ver·bren·nung** *f* burns to the skin **Haut·ver·pflan·zung** *f* skin graft
Ha·van·na <-, -s> [haˈvana] *f,* **Ha·van·na·zi·gar·re** *f* Havana [cigar]
Ha·va·rie <-, -n> [havaˈriː, *pl:* ˈriːən] *f* ❶ *(Schiffsunglück)* accident ❷ ÖSTERR *(Autounfall)* [car] accident **ha·va·riert** [havaˈriːɐ̯t] *adj* ❶ NAUT *(verunglückt)* wrecked ❷ ÖSTERR *(im Autounfall verunglückt)* damaged
Ha·waii <-s> [haˈvai] *nt* Hawaii; *s. a.* **Sylt**
Ha·waii·gi·tar·re *f* Hawaiian guitar
ha·wai·isch [haˈvaiɪʃ] *adj* Hawaiian
Ha·xe <-, -n> ['haksə] *f* ❶ KOCHK SÜDD *(Beinteil von Kalb/Schwein)* leg ❷ *(fam: Fuß)* foot
Hbf. *Abk von* **Hauptbahnhof**
H-Bom·be ['haː] *f* H-bomb
HBV [haːbeːˈfau] *f Abk von* **Gewerkschaft für Handel, Banken und Versicherungen** union for commerce, banking and insurance
h.c. [haːˈʔtseː] *Abk von* **honoris causa** h.c.
HDTV <-s> [haːdeːteːˈfau] *nt kein pl Abk von* **High Definition Television** HDTV

he [heː] *interj (ärgerlicher Ausruf)* oi! BRIT *fam,* hey! AM *fam;* **~, können Sie nicht besser aufpassen!** oi! can't you be more careful!; *(erstaunter Ausruf)* cor!; *(Aufmerksamkeit erregend)* hey!
Head·hun·ter(in) <-s, -> ['hɛthantɐ] *m(f)* ÖKON headhunter
Hea·ring <-[s], -s> ['hiːrɪŋ] *nt* hearing
hea·vy ['hɛvi] *adj pred (sl)* unbelievable *sl*
Hea·vy·me·tal, Hea·vy Me·tal <- -> ['hɛviˈmɛtl] *nt kein pl* heavy metal *no pl, no indef art*
Heb·am·me <-, -n> ['heːpʔamə] *f* midwife
He·be·büh·ne *f* hydraulic lift
He·bel <-s, -> ['heːbl] *m* ❶ *(Griff)* lever ❷ SPORT *s.* **Hebelgriff** ▸ WENDUNGEN: **alle ~ in Bewegung setzen, um etw zu tun** *(fam)* to move heaven and earth to do sth, to set all wheels in motion to do sth; **den ~ an der richtigen Stelle ansetzen** to set about [*or esp* AM tackle] sth in the right way; **am längeren ~ sitzen** *(fam)* to hold the whip hand; **an vielen ~n sitzen** to occupy several positions of power and influence; |**an etw**| **den ~ so ansetzen, dass ...** *(fam)* to tackle sth in such a way that ...; **am ~ sitzen** to be in charge [*or* control]
He·bel·griff *m* SPORT lever hold; ▸ WENDUNGEN: |**bei jdm**| **einen ~ ansetzen** to get a lever hold [on sb] **He·bel·kraft** *f* leverage *no pl*
he·ben <hob, gehoben> ['heːbn] I. *vt* ❶ *(nach oben bewegen)* ▪ **etw ~** to lift [*or* raise] sth; **den Kopf ~** to raise [*or* lift] one's head; **den Arm/das Bein ~** to raise one's arm/leg; **50 kg/eine Last ~** to lift 50 kg/load; **sie griff zum Fernglas und hob es vom Tisch** she picked the binoculars up off the table; **hebt eure Füße!** pick your feet up! ❷ *(liften)* ▪ **jdn/etw |aus/von/auf/in etw| ~** to lift sb/sth [out of/onto/into sth] ❸ *(ans Tageslicht befördern)* ▪ **etw ~** to dig sth up; **ein Wrack ~** to raise a wreck ❹ *(verbessern)* ▪ **etw ~** to improve sth; **jds Stimmung ~** to lift [*or* improve] sb's mood, to cheer sb up *fam;* **ein Niveau ~** to improve [*or* raise] a standard ❺ SÜDD *(halten)* ▪ **etw ~** to hold sth; **kannst du mal schnell das Baby ~** can you hold the baby for a second? ❻ *(Alkohol trinken)* **einen ~ gehen** *(fam)* to go for a drink; **einen |auf etw** *akk*| **~** *(fam)* to have a drink [to sth]; **darauf müssen wir einen ~!** we'll have to drink to that!; **gern einen ~** *(fam)* to like to have a drink II. *vr (sich nach oben bewegen)* ▪ **sich ~** to rise; **der Vorhang hob sich** the curtain rose III. *vi* ❶ *(Lasten hochhieven)* to lift loads; **er musste den ganzen Tag schwer ~** he had to do a lot of heavy lifting all day ❷ SÜDD *(haltbar sein)* to keep [*or* last]; **bei dem Wetter hebt die Milch halt nicht** the milk won't keep in this weather
He·ber <-s, -> ['heːbɐ] *m* CHEM pipette
He·ber(in) <-s, -> ['heːbɐ] *m(f) (fam) s.* **Gewichtheber**
He·be·satz *m* rate of assessment
He·brä·er(in) <-s, -> ['heːbrɛːɐ] *m(f)* Hebrew
he·brä·isch [heˈbrɛːɪʃ] *adj* Hebrew; **auf ~** in Hebrew
He·brä·isch [heˈbrɛːɪʃ] *nt decl wie adj* Hebrew; ▪ **das ~e** Hebrew
He·bung <-, -en> *f* ❶ *(das Hinaufbefördern)* raising *no pl* ❷ GEOL elevation *no pl* ❸ *(Verbesserung)* improvement; **eine ~ des Lebensstandards** a rise in the standard of living ❹ LIT *(betonte Silbe im Vers)* accented [*or* stressed] syllable
he·cheln ['hɛçln] *vi* ❶ *(keuchen)* Hund *a.* to pant ❷ *(fam: herziehen)* ▪ **über jdn/etw ~** to pick sb/sth to pieces
Hecht <-[e]s, -e> [hɛçt] *m* pike; ▸ WENDUNGEN: **der ~ im Karpfenteich sein** *(fam)* to create a stir; **ein toller ~** *(fam)* an incredible bloke [*or* AM guy], a remarkable fellow

Hecht·barsch *m* pikeperch, AM *usu* walleye

hech·ten ['hɛçtn̩] *vi sein* ■ **von etw/in etw** *akk* ~ to dive off/into sth; ■ **über etw** *akk* ~ to do a forward dive over sth; ■ **irgendwohin** ~ to dive full length somewhere

Hecht·rol·le *f* dive roll **Hecht·sprung** *m* forward dive **Hecht·sup·pe** *f* ▶ WENDUNGEN: **es zieht wie** ~ *(fam)* there's a terrible draught [*or* AM draft]

Heck <-[e]s, -e *o* -s> [hɛk] *nt* AUTO back, rear; NAUT stern; LUFT tail

Heck·an·trieb *m* rear-wheel drive *no pl;* **mit** ~ with rear-wheel drive

He·cke <-, -n> ['hɛkə] *f* hedge

He·cken·brau·nel·le <-, -n> *f* ORN dunnock, house sparrow **He·cken·kir·sche** *f* BOT honeysuckle **He·cken·ro·se** *f* dog rose **He·cken·sche·re** *f* hedge clippers *npl* **He·cken·schüt·ze, -schüt·zin** *m, f (pej)* sniper

Heck·fens·ter *nt* AUTO rear window [*or* windscreen] **Heck·flos·se** *f* AUTO tail fin **Heck·hau·be** *f* AUTO boot BRIT, trunk AM **Heck·klap·pe** *f* AUTO tailgate **heck·las·tig** *adj* tail-heavy; **ein ~es Boot** a boat weighed down at the stern

Heck·meck <-s> ['hɛkmɛk] *m kein pl (fam)* fuss *no pl;* **keinen ~ machen** to not make [*or fam* kick up] a fuss **Heck·mo·tor** *m* AUTO rear engine

Heck·schei·be *f* AUTO rear window [*or* windscreen] **Heck·schei·ben·hei·zung** *f* rear window heater **Heck·schei·ben·wi·scher** *m* rear windscreen wiper **Heck·spoi·ler** *m* rear spoiler **Heck·tür** *f* tailgate

he·da ['he:da] *interj (veraltet)* hey there

Hedge·ge·schäft ['hɛtʃ-] *nt* ÖKON hedge transaction

He·do·nis·mus <-> [hedo'nɪsmʊs] *m kein pl* hedonism *no pl*

he·do·nis·tisch [hedo'nɪstɪʃ] *adj* hedonistic

Heer <-[e]s, -e> [he:ɐ̯] *nt* ❶ *(Armee)* armed forces *npl; (Bodenstreitkräfte)* ground forces *npl;* **stehen·des** ~ standing army; **beim** ~ in the armed forces ❷ *(große Anzahl)* army; **ein** ~ **von Touristen** an army of tourists

Hee·res·be·richt *m* military communiqué **Hee·res·zug** *m* ❶ *(Kolonne)* army on the march ❷ *(Feldzug)* campaign

Heer·füh·rer *m* HIST military leader **Heer·la·ger** *nt* army camp; **einem ~ gleichen** to resemble a military camp **Heerschar** *f meist pl* ❶ MIL *(veraltet: Truppe)* troop[s], legion[s]; **ganze ~en** *(fam)* horde ❷ REL **die himmlischen ~en** the heavenly host **Heer·stra·ße** *f* HIST military road

He·fe <-, -n> ['he:fə] *f* yeast; ▶ WENDUNGEN: **die ~** [**des Volkes**] *(pej geh)* the scum [of the earth] *pej*

He·fe·ge·bäck *nt kein pl* pastries *pl (made from yeast dough)* **He·fe·ku·chen** *m* yeast cake **He·fo·pilz** *m* yeast fungus **He·fe·teig** *m* yeast dough **He·fe·teil·chen** *nt* pastry *(made with yeast dough)*

Heft[1] <-[e]s, -e> [hɛft] *nt* ❶ *(Schreib~)* exercise book ❷ *(Zeitschrift)* magazine; *(Ausgabe)* issue, number ❸ *(geheftetes Büchlein)* booklet

Heft[2] <-[e]s, -e> [hɛft] *nt (Griffstück)* handle, grip; ▶ WENDUNGEN: **das ~ in der Hand halten/behalten** *(geh)* to remain in control; **das ~ aus der Hand geben** *(geh)* to hand over control; **jdm das ~ aus der Hand nehmen** *(geh)* to seize control from sb

Heft·chen <-s, -> *nt dim von* **Heft**[1] ❶ *(kleinformatiges Schreibheft)* [small] notebook, booklet ❷ *(Comic~)* comic

hef·ten ['hɛftn̩] **I.** *vt* ❶ *(befestigen)* ■ **etw an etw** *akk* ~ to pin [*or* stick] sth to sth; **er heftete einen Zettel an die Haustür** he stuck a note on the front door; ■ **jdm etw an etw** ~ *akk* to pin sth on sb ❷ *(nähen)* ■ **etw** ~ to tack [up *sep*] sth ❸ *(klammern)* ■ **etw** ~ to staple sth **II.** *vr* ❶ *(sich unverwandt rich-*

ten] ■ **sich auf jdn/etw** ~ to fix one's eyes on sb/sth ❷ *(ständig verfolgen)* ■ **sich an jdn** ~ to stay on sb's tail

Hef·ter <-s, -> *m* ❶ *(Mappe)* [loose-leaf] file ❷ *(Heftmaschine)* stapler

Heft·fa·den *m,* **Heft·garn** *nt* tacking thread

hef·tig ['hɛftɪç] **I.** *adj* ❶ *(stark, gewaltig)* violent; **ein ~er Aufprall/Schlag** a violent impact/blow; **~e Kopfschmerzen** an intense [*or* a splitting] headache; **~e Schneefälle** heavy snowfalls; **~e Seitenstiche** a severe stitch in one's side; **ein ~er Sturm** a violent storm; **eine ~e Tracht Prügel** *(fam)* a good thrashing *fam* ❷ *(intensiv)* intense; **~e Auseinandersetzungen** fierce arguments; **nach ~en Kämpfen** after heavy fighting; **eine ~e Sehnsucht/Leidenschaft** an intense longing/passion ❸ *(unbeherrscht)* violent; *(scharf)* vehement; **ich hatte eine ~ere Reaktion befürchtet** I had feared a more vehement reaction; ■ ~ **werden** to fly into a rage **II.** *adv* violently; **es schneite** ~ it snowed heavily; **die Vorwürfe wurden** ~ **dementiert** the accusations were vehemently denied

Hef·tig·keit <-> *f kein pl* ❶ *(Stärke)* violence *no pl;* **im Tagesverlauf nahm die ~ des Sturmes noch zu** the severity of the storm increased during the day ❷ *(Intensität)* intensity; *Diskussion* ferocity; *Widerstand* severity ❸ *(Unbeherrschtheit)* violence; *(Schärfe)* vehemence; **die ~ seiner Reaktion war überraschend** the vehemence of his reaction was surprising ❹ *(heftige Äußerung)* fierceness

Heft·klam·mer *f* staple **Heft·ma·schi·ne** *f* stapler

Heft·pflas·ter *nt* [sticking] plaster **Heft·strei·fen** *m* subject divider

Heft·zwe·cke *f* drawing pin

He·ge·mo·nie <-, -n> [hegemo'ni:, *pl:* -'ni:ən] *f* hegemony *no pl*

he·gen ['he:gn̩] *vt* ❶ JAGD *(sorgsam schützen)* **Wild** ~ to preserve wildlife ❷ HORT *(pflegen)* ■ **etw** ~ to tend sth ❸ *(sorgsam bewahren)* ■ **etw** ~ to look after sth; **jdn** ~ **und pflegen** to lavish care and attention on sb ❹ *(geh: empfinden, haben)* ■ **etw gegen jdn** ~ to feel sth towards sb; **Zweifel/Bedenken [an etw]** ~ to have doubts/misgivings [about sth]; **diese Hoffnung habe ich schon lange gehegt** I've cherished this hope for a long time

Hehl [he:l] *nt o m* ▶ WENDUNGEN: **kein[en] ~ aus etw machen** to make no secret of sth

Heh·ler(in) <-s, -> *m(f)* receiver [of stolen goods], fence *sl;* ▶ WENDUNGEN: **der ~ ist schlimmer als der Stehler** *(prov)* the fence is worse than the thief

Heh·le·rei <-, -en> [he:lə'raɪ] *f* receiving *no pl* stolen goods

Heh le rin <-, -nen> *f fem form von* **Hehler**

hehr [he:ɐ̯] *adj (veraltet geh)* ❶ *(erhaben)* noble; **~e Ideale** noble ideals ❷ *(erhebend)* impressive; **ein ~er Anblick** an impressive sight

hei [haɪ] *interj* wow

Hei·de <-, -n> ['haɪdə] *f* ❶ *(Heideland)* heath, moor; **die Lüneburger** ~ the Lüneburg Heath ❷ *(Heidekraut)* heather

Hei·de, Hei·din <-n, -n> ['haɪdə, 'haɪdɪn] *m, f* heathen, pagan

Hei·de·ho·nig *m* heather honey **Hei·de·kraut** *nt* heather **Hei·de·land** *nt* heathland, moorland

Hei·del·bee·re ['haɪdl̩be:rə] *f* bilberry

Hei·de·ler·che *f* ORN woodlark

Hei·den·angst *f* mortal fear *no pl;* ■ **eine ~ vor jdm/ etw haben** to be scared stiff of sb/sth *fam* **Hei·den·ar·beit** *f kein pl (fam)* a [*or* one] hell of a job *fam;* ■ **eine ~** a devil of a job

Hei·den·be·keh·rung *f* conversion of pagans

Hei·den·geld *nt kein pl (fam)* **ein ~** a packet [*or* heck [*or fam* hell] of a lot of money] **Hei·den·lärm** *m* awful racket **Hei·den·schreck** *m* terrible fright **Hei·den·spaß** *m (fam)* terrific fun *no pl;* **einen ~ haben** to have terrific fun

Hei·den·tum *nt kein pl* ▪ **das ~** paganism *no pl; (die Heiden)* heathens *pl,* pagans *pl*

Hei·din <-, -nen> *f fem form von* **Heide**

heid·nisch ['haidnɪʃ] **I.** *adj* heathen, pagan **II.** *adv* in a pagan manner

Heid·schnu·cke <-, -n> ['haitʃnʊkə] *f German moorland sheep*

hei·kel ['haikl] *adj* ① *(schwierig, gefährlich)* delicate, awkward; **eine heikle Angelegenheit** a delicate matter; **eine heikle Frage/Situation** a tricky [*or* delicate] question/situation ② DIAL ▪ **in etw** *dat* **~ sein** to be particular [*or fam* fussy] about sth

heil [hail] **I.** *adj* ① *(unverletzt, gesund)* unhurt, uninjured; ▪ **noch ~ sein** to not have broken any bones ② *(unbeschädigt)* intact; *Tasse* unbroken; ▪ **noch/wieder ~ sein** to be still intact/mended again; **hoffentlich bleiben die Gläser bei dem Umzug ~** I hope the glasses stay in one piece during the move; **etw ~ machen** *(fam)* to repair sth **II.** *adv (unverletzt)* uninjured, unscathed; *(unbeschädigt)* undamaged, intact

Heil [hail] **I.** *nt* <-s> *kein pl* welfare *no pl,* well-being; **sein ~ in der Flucht suchen** to seek refuge in flight; **jds seelisches ~** sb's spiritual well-being; **sein ~ in etw suchen** *dat* to seek one's salvation in sth ▶ WENDUNGEN: **sein ~ bei jdm versuchen** *(fam)* to try one's luck with sb **II.** *interj* **~ Hitler!** HIST hail Hitler!; **~! hail!; ~ dem Kaiser!** hail to the emperor!; **~ dir!** hail to thee! *old*

Hei·land <-[e]s, -e> ['hailant] *m* Saviour [*or* AM -or]

Heil·an·stalt *f (veraltet)* ① *(Trinker~)* sanatorium ② *(Irrenanstalt)* mental hospital **Heil·bad** *nt* health spa

heil·bar *adj* curable

Heil·bar·keit <-> *f kein pl* MED curability

Heil·butt <-s, -e> ['hailbʊt] *m* halibut

hei·len ['hailən] **I.** *vi sein (gesund werden)* to heal [up] **II.** *vt* ① *(gesund machen)* ▪ **jdn [von etw] ~** to cure sb [of sth]; ▪ **geheilt** cured; ▪ **etw ~** to cure sth ② *(kurieren)* ▪ **von jdm/etw geheilt sein** to have got over sb/sth

Heil·er·de *f* MED dried mud used for its therapeutic properties **Heil·er·folg** *m* successful cure **Heil·fas·ten** *nt kein pl* therapeutic fasting *no pl* **heil·froh** ['hail'fro:] *adj pred (fam)* jolly [*or* AM really] glad *fam* **Heil·gym·nas·tik** *f s.* **Krankengymnastik Heil·haut** *f* **eine gute/keine gute ~ haben** to have skin that heals well/badly

hei·lig ['hailɪç] *adj* ① REL *(geweiht)* holy; **die ~e katholische Kirche** the Holy Catholic Church; **die ~e Kommunion** Holy Communion; ▪ **jdm ist etw ~** sth is sacred to sb; ▪ **jdm ist nichts ~** nothing is sacred to sb; **bei allem, was jdm ~ ist** by all that is sacred to sb ② *(bei Namen von Heiligen)* saint; **der ~e Matthäus/die ~e Katharina** Saint Matthew/Saint Catherine; **die H~e Jungfrau** the Blessed Virgin ③ *(ehrfürchtig)* awed ④ *(fam: groß)* incredible; **ein ~er Zorn** incredible anger; **ein ~er Respekt** healthy respect ▶ WENDUNGEN: **etw ist jds ~e Pflicht es ist deine ~e Pflicht, dich um deine alten Eltern zu kümmern** it's your solemn duty to look after your old parents; *s. a.* **Ernst**

Hei·lig·abend [hailɪç'ʔaːbn̩t] *m* Christmas Eve

Hei·li·ge(r) ['hailɪɡə, -ɡə] *f(m) decl wie adj* saint; ▶ WENDUNGEN: **ein sonderbarer** [*o* wunderlicher] **~r** *(fam)* a funny customer *fam;* **nicht gerade ein ~r/eine ~ sein** *(fam)* not to be exactly a saint *fam;* **bei allen ~n!** *(fam)* for heaven's sake! *fam*

hei·li·gen ['hailɪɡn̩] *vt* ① *(weihen)* ▪ **etw ~** to hallow [*or* sanctify] sth; ▪ **geheiligt** hallowed ② *(heilig halten)* ▪ **etw ~** to keep sth holy

Hei·li·gen·bild *nt* picture of a saint **Hei·li·gen·bild·chen** *nt small picture of a saint printed on paper detailing his/her life with a prayer on the back* **Hei·li·gen·schein** *m* halo; **seinen ~ einbüßen** to lose one's aura of respectability; **jdn/sich mit einem ~ umgeben** to paint a saintly picture of sb/oneself **Hei·li·gen·ver·eh·rung** *f* veneration of the saints

hei·lig·hal·ten *vt irreg* **etw ~** to keep sth holy

Hei·lig·keit <-> *f kein pl* holiness *no pl;* **Eure/Seine ~** Your/His Holiness

hei·lig·spre·chen *vt irreg* **jdn ~** to canonize sb **Hei·lig·spre·chung** <-, -en> *f* canonization

Hei·lig·tum <-[e]s, -tümer> ['hailɪçtuːm, *pl:* -tyːmɐ] *nt* shrine; **jds ~ sein** *(fam)* to be sb's sanctuary

Heil·kli·ma *nt* healthy climate **Heil·kraft** *f* healing power **heil·kräf·tig** *adj* medicinal **Heil·kraut** *nt meist pl* medicinal herb **Heil·kun·de** *f kein pl* medicine *no pl* **heil·kun·dig** *adj (geh)* skilled in the art of healing **Heil·kun·di·ge(r)** *f(m) decl wie adj* person skilled in the art of healing

heil·los ['hailoːs] **I.** *adj* terrible **II.** *adv* hopelessly

Heil·mit·tel *nt* remedy; **ein ~ gegen etw** a remedy for sth; *(Präparat)* medicine **Heil·pflan·ze** *f* medicinal plant **Heil·prak·ti·ker(in)** *m(f)* non-medical practitioner **Heil·quel·le** *f* medicinal [*or* mineral] spring

heil·sam ['hailzaːm] *adj* salutary

Heils·ar·mee *f kein pl* Salvation Army

Heil·stät·te *f (geh)* sanatorium

Hei·lung <-, -en> ['hailʊŋ] *f* ① *(das Kurieren)* curing *no pl* ② *(Genesung)* recovery *no pl* ③ *(das Abheilen)* healing *no pl*

Hei·lungs·pro·zessRR *m* healing process

Heil·ver·fah·ren *nt* [course of] treatment **Heil·was·ser** *nt* NATURMED mineral [spring] water; *(mit angeblich heilender Wirkung)* medicinal water

heim [haim] *adv* DIAL home; **~ geht's!** let's head home!; *s. a.* **Reich**

Heim <-[e]s, -e> [haim] *nt* ① *(Zuhause)* home ② *(Senioren~)* home ③ ADMIN *(Jugendanstalt)* home ④ *(Stätte eines Clubs)* club[house] ⑤ *(Erholungs~)* convalescent home

Heim·abend *m* social evening **Heim·ar·beit** *f kein indef art* work at home, outwork BRIT; **in ~ angefertigt** manufactured by homeworkers **Heim·ar·bei·ter(in)** *m(f)* homeworker

Hei·mat <-, -en> ['haimaːt] *f* ① *(Gegend, Ort)* native country, home town; *(~land)* home; **jds engere ~** sb's immediate home town; **fern der ~** far from home; **jdm zur zweiten ~ sein/werden** to be/become one's second home ② BOT, ZOOL *(Herkunftsland)* natural habitat ③ *(Zugehörigkeit)* home; **jds geistige ~** sb's spiritual home

Hei·mat·an·schrift *f* home address **hei·mat·be·rech·tigt** *adj* SCHWEIZ *(mit Bürgerrecht)* having civil rights **Hei·mat·dich·ter(in)** *m(f)* regional writer [*or* poet] **Hei·mat·er·de** *f kein pl* native soil *no pl* **Hei·mat·film** *m* sentimental film in a regional setting **Hei·mat·flug·ha·fen** *m* regional airport **Hei·mat·ge·mein·de** *f* native town **Hei·mat·ha·fen** *m* home port **Hei·mat·kun·de** *f kein pl* local geography and history **Hei·mat·land** *nt* native country

hei·mat·lich **I.** *adj* ① *(zur Heimat gehörend)* native; **~es Brauchtum/~e Lieder** local customs/songs ② *(an die Heimat erinnernd)* native **II.** *adv* of home; **die Landschaft mutet mich ~ an** the countryside reminds me of home

Hei·mat·lie·be *f* love of one's native country **hei·mat·los** *adj* homeless; POL stateless **Hei·mat·lo·se(r)** *f(m) decl wie adj* stateless person; *(durch den Krieg)* displaced person **Hei·mat·mu·se·um** nt museum of local history **Hei·mat·ort** m home town [or village] **Hei·mat·recht** nt kein pl right of domicile no pl **Hei·mat·schein** m SCHWEIZ certificate of citizenship **Hei·mat·stadt** f home town **Hei·mat·ver·ein** m local history club **hei·mat·ver·trie·ben** adj displaced **Hei·mat·ver·trie·be·ne(r)** f(m) decl wie adj displaced person, expellee

heim|be·ge·ben* vr irreg (geh) ■ sich ~ to make one's way home **heim|brin·gen** vt irreg DIAL ■ jdn ~ to see [or take] sb home

Heim·chen <-s, -> ['haimçən] nt cricket; ▶ WENDUNGEN: ~ am Herd (pej) little housewife pej

Heim·com·pu·ter f home computer

hei·me·lig ['haiməlıç] adj cosy

heim|fah·ren irreg DIAL I. vi sein to drive home II. vt haben ■ jdn ~ to drive sb home **Heim·fahrt** f journey home, return journey **heim|fin·den** vi irreg DIAL to find one's way home **heim|füh·ren** vt (geh) ① (nach Hause geleiten) ■ jdn ~ to take sb home ② (nach Hause ziehen) ■ jdn ~ to bring sb home ③ (veraltet: heiraten) ■ jdn [als jdn] ~ to take sb as one's wife **heim|ge·hen** vi irreg sein DIAL to go home; **es geht heim** we're going home **Heim·in·dust·rie** f cottage industry **Heim·in·sas·se, -in·sas·sin** m, f resident of a home

hei·misch ['haimıʃ] adj ① (einheimisch) indigenous, native; **die ~en Bäche** the local streams; **die ~e Bevölkerung** the native population; **die ~e Tier- und Pflanzenwelt** the indigenous flora and fauna; **etw [in etw** dat] **~ machen** to establish sth [in sth]; **sich irgendwo ~ fühlen/sein** to feel/be at home somewhere ② (bewandert) ■ in etw dat ~ sein to be at home with sth; **sie ist in diesem Fachgebiet recht ~** she's really at home in this specialist field

Heim·kehr <-> f kein pl homecoming no pl, return home no pl

heim|keh·ren ['haimke:rən] vi sein (geh) ■ [aus/von etw] ~ to return home [from sth] **Heim·keh·rer(in)** <-s, -> m(f) homecomer; (Kriegs~) repatriated prisoner of war; (Gastarbeiter) returnee **Heim·kind** nt child raised in a home; **als ~ aufwach·sen** to grow up in a home **Heim·ki·no** nt ① (Filmvorführung zu Hause) home movies pl ② (Ausrüstung) home movie kit **heim|kom·men** vi irreg sein DIAL to come [or return] home **Heim·lei·ter(in)** m(f) warden of a home [or hostel] **heim|leuch·ten** vi (fam) ■ jdm ~ to give sb a piece of one's mind

heim·lich ['haimlıç] I. adj ① (geheim, verborgen) secret; **ein ~es Treffen** a secret [or clandestine] meeting ② (verstohlen) furtive; **sie tauschten ~e Blicke** they exchanged furtive glances ③ (inoffiziell) unofficial II. adv ① (unbemerkt) secretly ② (verstohlen) furtively; **~, still und leise** (fam) on the quiet fam **Heim·lich·keit** <-, -en> f ① kein pl (heimliche Art) secrecy no pl; **in aller ~** secretly, in secret ② (Geheimnis) secret; **~en vor jdm haben** to keep something from sb **Heim·lich·tu·er(in)** <-s, -> m(f) (pej) secretive person **Heim·lich·tu·e·rei** <-, -en> [haimlıçtu:əˈrai] f (pej) secrecy no pl, secretiveness no pl **Heim·lich·tu·e·rin** <-, -nen> f fem form von **Heimlichtuer heim·lich|tun** vi irreg ■ [mit etw] ~ (pej) to be secretive [about sth]

heim|müs·sen vi irreg DIAL to have to go home; **es wird mir zu spät, ich muss jetzt heim** it's getting late for me, I must go home now **Heim·nie·der·la·ge** f SPORT home defeat; **die Mannschaft erlitt eine ~** the team suffered a home defeat [or were beaten [or lost] at home] **Heim·rei·se** f homeward journey, journey home **heim|rei·sen** vi sein (geh) to travel home **Heim·sau·na** f home sauna **heim|schi·**

cken vt DIAL ■ jdn ~ to send sb home **Heim·sieg** m SPORT home win [or victory] **Heim·spiel** nt SPORT home game [or match] **Heim·statt** f (geh) home **Heim·stät·te** f ① pl selten (Heimstatt) home ② (Siedlung für Vertriebene) homestead

heim|su·chen ['haimzu:xn] vt ① (überfallen) ■ jdn/etw ~ to strike sb/sth; **von Armut/Dürre heimgesucht** poverty-/drought-stricken ② (pej fam: besuchen) ■ jdn ~ to descend on sb fam ③ (bedrängen) ■ jdn ~ to haunt sb; **sie wurde von grässlichen Albträumen heimgesucht** she was haunted by hideous nightmares **Heim·su·chung** <-, -en> f affliction **Heim·trai·ner** [trɛ:nɐ] m home exercise kit **heim|trau·en** vr DIAL ■ sich ~ to dare to go home **Heim·tü·cke** ['haimtʏkə] f kein pl ① (heimtückische Art) malice no pl, treachery ② (verborgene Gefährlichkeit) insidiousness no pl **heim·tü·ckisch** ['haimtʏkɪʃ] I. adj ① (verborgen tückisch) malicious; **eine ~e Aktion** a malicious operation; **ein ~er Kollege** an insidious colleague ② (verborgen gefährlich) insidious; **Glatteis ist besonders ~** black ice is particularly treacherous II. adv maliciously **Heim·vor·teil** m kein pl SPORT home advantage no pl **heim·wärts** ['haimvɛrts] adv (geh) homeward[s]; **wir sollten uns langsam ~ begeben** we should start making our way home **Heim·weg** m way home; **auf dem ~** on the way home; **sich auf den ~ machen** to set out [or head] for home **Heim·weh** <-[e]s> nt kein pl homesickness; no art, no pl ~ [nach jdm/etw] haben/bekommen to be/become homesick [for sb/sth] **heim·weh·krank** adj homesick **heim|wer·ken** vi meist Inf und 1. Part to do some DIY [or AM work around the house] **Heim·wer·ker(in)** m(f) DIY enthusiast BRIT, handyman esp AM **heim|wol·len** vi DIAL to want to go home **heim|zah·len** vt ■ jdm etw ~ to pay sb back for sth, to get even with sb for sth; **das werd ich dir noch ~!** I'm going to get you for that! **heim|zie·hen** irreg I. vi sein (geh) to return home II. vt impers haben (geh) ■ jdn ~ to make sb want to go home **Hei·ni** <-s, -s> ['haini] m (fam) fool, idiot **Hein·zel·männ·chen** nt brownie **Hei·rat** <-, -en> ['haira:t] f marriage **hei·ra·ten** ['haira:tn] I. vt ■ jdn ~ to marry sb; ■ sich ~ to get married II. vi to get married; **wir wollen nächsten Monat ~** we want to get married next month; **irgendwie ~** to marry in a certain way; **sie hat reich geheiratet** she married into money; **„wir ~"** 'we are getting married'; **irgendwohin ~** to end up somewhere as a result of marriage; **in eine reiche Familie ~** to marry into a rich family **Hei·ra·ten** <-s> ['haira:tn] nt kein pl marriage no pl, getting married no pl **Hei·rats·ab·sich·ten** pl marriage plans pl; **~ haben** to intend to get married **Hei·rats·al·ter** nt JUR minimum age for marriage; **im besten ~ sein** (fam) to be at the prime age to marry **Hei·rats·an·trag** m [marriage] proposal; **jdm einen ~ machen** to propose to sb **Hei·rats·an·zei·ge** f ① (Briefkarte) announcement of a forthcoming marriage ② (Annonce für Partnersuche) lonely-hearts advertisement, advertisement for a marriage partner **hei·rats·fä·hig** adj (veraltet) of marriageable age; s. a. **Alter Hei·rats·kan·di·dat(in)** m(f) suitor **Hei·rats·schwind·ler(in)** m(f) person who proposes marriage for fraudulent reasons **Hei·rats·ur·kun·de** f marriage certificate [or AM license] **Hei·rats·ver·mitt·ler(in)** m(f) marriage broker **Hei·rats·ver·mitt·lung** f marriage bureau

hei·schen ['haɪʃn̩] *vt (geh)* ▪ **etw ~** to demand sth

hei·ser ['haizɐ] **I.** *adj* ❶ *(von rauer Stimme)* hoarse ❷ *(dunkel klingend)* husky, throaty **II.** *adv* hoarsely, in a hoarse voice

Hei·ser·keit <-, <*selten* -en> *f* hoarseness *no pl*

heiß [haɪs] **I.** *adj* ❶ *(sehr warm)* hot; |jdm| **etw ~ machen** to heat [*or* warm] up sth *sep* [for sb]; ▪**jdm ist/wird es ~** sb is/gets hot; **ist das ~!** it's so hot!; **~!** *(fam: beim Erraten)* you're getting warm *fam* ❷ *(heftig)* heated; **eine ~e Debatte** a heated debate; **ein ~er Kampf** a fierce fight ❸ *(innig)* fervent; **eine ~e Liebe** a burning love; **ein ~er Wunsch** a fervent wish ❹ *(fam: aufreizend)* hot; *Kleid* sexy ❺ *(fam: gestohlen)* hot *fam* ❻ *(brisant)* explosive; **ein ~es Thema** an explosive issue ❼ *(fam: konfliktreich)* hot *fam* ❽ *attr (fam: aussichtsreich)* hot *fam;* **die Polizei ist auf einer ~en Fährte** the police are on a hot trail ❾ *(sl: großartig)* fantastic; *(rasant)* fast ❿ *(fam: brünstig)* on [*or* AM in] heat ⓫ *(neugierig)* ▪ **auf etw** *akk* **~ sein** *(fam)* to be dying to know about sth *fam* **II.** *adv* ❶ *(sehr warm)* hot; **~ laufen** *(fam)* ⟶ to overheat ❷ *(innig)* ardently, fervently; **~ ersehnt** much longed for; **~ geliebt** dearly beloved; **mein ~ geliebter Mann** my dearly beloved husband ❸ *(erbittert)* fiercely; **~ umkämpft** fiercely contested; **~ umstritten** hotly disputed; *(Person)* highly controversial ▶ WENDUNGEN: **es geht ~ her** *(fam)* things are getting heated, sparks are beginning to fly; **jdn überläuft es ~ und kalt** sb feels hot and cold all over; **es wird nichts so ~ gegessen, wie es gekocht wird** *(prov)* things are not as bad as they first seem

heißa ['haɪsa] *interj (veraltet)* s. **hei**

heiß·blü·tig ['haɪsbly:tɪç] *adj* ❶ *(impulsiv)* hot-tempered ❷ *(leidenschaftlich)* ardent, passionate

hei·ßen <hieß, geheißen> ['haɪsn̩] **I.** *vi* ❶ *(den Namen haben)* to be called; **wie ~ Sie?** what's your name?; **ich heiße Schmitz** my name is Schmitz; **wie soll das Baby denn ~?** what shall we call [*or* will we name] the baby?; **so heißt der Ort, in dem ich geboren wurde** that's the name of the place where I was born; **ich glaube, der Bach heißt Kinsbeke oder so ähnlich** I think the stream is called Kinsbeke or something like that; **wie hieß die Straße noch, wo Sie wohnen?** what did you say was the name of the street where you live?; ▪**nach jdm ~** to be named after sb; *s. a.* **wahr** ❷ *(bedeuten)* to mean; **ich kann die Schrift nicht lesen, was soll das ~?** I can't read the script, what is that meant to read?; **„ja" heißt auf Japanisch „hai"** 'hai' is Japanese for 'yes'; **was heißt eigentlich „Liebe" auf Russisch?** tell me, what's the Russian for 'love'? ❸ *(bedeuten, besagen)* to mean; **gut, er will sich darum kümmern, aber was heißt das schon** good, he wants to take care of it, but that doesn't mean anything; **heißt das, Sie wollen mehr Geld?** does that mean you want more money?; **was soll das |denn| ~?** what does that mean?, what's that supposed to mean?; **soll** |*o will*| **~:** in other words; **das will nichts/nicht viel ~** that means nothing/doesn't really mean much; **das heißt, ...** that is to say ...; *(vorausgesetzt)* that is, ...; *(sich verbessernd)* or should I say, ..., or what I really mean is, ...; **was es heißt, ...** what it means; **ich weiß, was es heißt, allein zu sein** I know what it means to be alone ❹ *(lauten)* ▪**irgendwie ~** to go somehow; **du irrst dich, das Sprichwort heißt anders** you're wrong, the proverb goes something else; **jetzt fällt mir wieder ein, wie der Spruch heißt** now I remember how the motto goes ▶ WENDUNGEN: **dann will ich ... ~!** *(fam)* then I'm a Dutchman! **II.** *vi impers* ❶ *(zu lesen sein)* ▪**irgendwo/in etw/bei jdm heißt es ...** it says

somewhere/in sth/in sb's ...; **in ihrem Brief heißt es, dass sie die Prüfung bestanden hat** it says in her letter that she's passed the exam; **Auge um Auge, wie es im Alten Testament heißt** an eye for an eye, as it says in the Old Testament; **bisher hieß es doch immer, dass wir eine Gehaltserhöhung bekommen sollten** it has always been said up to now that we were to get a pay rise; **wie es im Faust heißt** quote from Faust; **in der Firma heißt es, dass Massenentlassungen geplant sind** there's talk in the company that mass redundancies are planned; **es soll nicht ~, dass ...** never let it be said that ...; **hier hast du hundert Euro, es soll nicht ~, dass ich geizig bin** here's a hundred euros for you, never let it be said that I'm tight-fisted ❷ *(als Gerücht kursieren)* ▪**es heißt, dass ...** it seems that ..., there is a rumour [*or* AM rumor] that ... ❸ *(geh: nötig sein)* ▪**es heißt, etw zu tun** I/we/you must do sth; **nun heißt es handeln** now is the time for action **III.** *vt (geh)* ❶ *(nennen)* ▪**jdn irgendwie ~** to call sb sth ❷ *(auffordern)* ▪**jdn etw tun ~** to tell sb to do sth; **sie hieß ihn hereinkommen** she asked him to come in; *s. a.* **willkommen**

Heiß·hun·ger *m* ravenous hunger *no pl;* **einen ~ auf etw haben/verspüren** to have/feel a craving for sth; **mit ~** ravenously **heiß·hung·rig I.** *adj* ravenous **II.** *adv* ravenously, voraciously

Heiß·luft *f kein pl* hot air *no pl*

Heiß·luft·dämp·fer *m* steam oven, combination oven **Heiß·luft·grill** *m* hot air grill **Heiß·luft·hei·zung** *f* hot-air heating *no pl* **Heiß·luft·herd** *m* fan-assisted [*or* esp AM convection] oven **Heiß·luft·trock·ner** *m* hot-air dryer

heiß|ma·chen^{RR} *vt* **jdn |auf etw** *akk*| **~** *(fam)* to get sb really interested [in sth]; **was nicht weiß, macht mich nicht heiß** *(prov)* what the eye does not see, the heart does not grieve over *prov*

Heiß·man·gel <-mangeln> *f* heated mangle *esp* AM *(machine with heated rollers used to dry and press sheets and other fabrics)* **Heiß·sporn** *m* hothead **Heiß·was·ser·be·rei·ter** <-s, -> *m* water heater **Heiß·was·ser·spei·cher** *m* hot water tank

hei·ter ['haɪtɐ] *adj* ❶ *(fröhlich)* cheerful; **sie ist von Natur aus ein ~er Mensch** she is a cheerful person by nature ❷ *(fröhlich stimmend)* amusing ❸ METEO *(wolkenlos und hell)* bright; ▪**~ werden** to brighten up ▶ WENDUNGEN: **das kann ja ~ werden!** *(iron)* that'll be a hoot! *iron*

Hei·ter·keit <-> *f kein pl* ❶ *(heitere Stimmung)* cheerfulness *no pl* ❷ *(Belustigung)* amusement *no pl;* **die Bemerkung rief allgemeine ~ hervor** the remark caused general amusement

Heiz·an·la·ge *f* BAU, TECH heating system, heater *esp* AM

heiz·bar ['haɪtsbaːɐ̯] *adj* ❶ *(beheizbar)* heated; **eine ~e Heckscheibe** a heated rear windscreen [*or* AM window] ❷ *(zu heizen)* able to be heated

Heiz·bett·de·cke, Heiz·de·cke *f* electric blanket

hei·zen ['haɪtsn̩] **I.** *vi* ❶ *(die Heizung betreiben)* ▪**|mit etw| ~:** **„womit heizt ihr zu Hause?" – „wir ~ mit Gas"** 'how is your house heated?' – 'it's gas-heated' ❷ *(Wärme abgeben)* to give off heat **II.** *vt* ▪**etw ~** ❶ *(be~)* to heat sth ❷ *(an~)* to stoke sth

Hei·zer|in <-s, -> *m(f)* stoker

Heiz·kes·sel *m* boiler **Heiz·kis·sen** *nt* heating pad **Heiz·kör·per** *m* radiator **Heiz·kos·ten** *pl* heating costs *pl* **Heiz·leis·tung** *f* TECH heating [*or* calorific] power **Heiz·lüf·ter** *m* fan heater **Heiz·ma·te·ri·al** *nt* TECH fuel [for heating] **Heiz·ofen** *m* heater **Heiz·öl** *nt* fuel oil **Heiz·son·ne** *f* electric fire **Heiz·strah·ler** *m* radiant heater

Hei·zung <-, -en> *f* ❶ *(Zentral~)* heating *no pl* ❷ *(fam: Heizkörper)* radiator

Hei·zungs·an·la·ge f heating system **Hei·zungs·kel·ler** m boiler room **Hei·zungs·mon·teur(in)** m(f) heating engineer **Hei·zungs·rohr** nt heating pipe

Heiz·wert m calorific value

Hekt·ar <-s, -e o bei Maßangabe: -> [hɛkt'a:ɐ̯] nt o m hectare

Hekt·a·re <-, -n> ['hɛkta:rə] f SCHWEIZ hectare

Hek·tik <-> ['hɛktɪk] f kein pl hectic pace no pl, mad rush fam; [eine] ~ verbreiten [o fam: machen] to do sth at a frantic pace; mit einer [solchen] ~ at [such] a hectic pace, in [such] a mad rush; nur keine ~! take it easy!

hek·tisch ['hɛktɪʃ] I. adj hectic; nur mal nicht so ~! (fam) take it easy! II. adv frantically; ~ leben to lead a hectic life; du isst zu ~! you're bolting your food down

Hek·to·graf^{RR} [hɛkto'gra:f] m s. **Hektograph**

Hek·to·gra·fie^{RR} [hɛktogra'fi:] m s. **Hektographie**

hek·to·gra·fie·ren^{RR} [hɛktogra'fi:rən] vt s. **hektographieren**

Hek·to·gramm [hɛkto'gram] nt hectogramme [or AM -am] **Hek·to·graph** <-en, -en> [hɛkto'gra:f] m hectograph **Hek·to·gra·phie** <-, -n> [hɛktogra'fi:] f kein pl (Verfahren) hectography o (Vervielfältigung) hectograph copy **hek·to·gra·phie·ren**' [hɛktogra'fi:rən] vt ■ etw ~ to hectograph sth **Hek·to·li·ter** [hɛkto'li:te] m o nt hectolitre [or AM -er] **Hek·to·me·ter** [hɛkto'me:te] m o nt hectometre [or AM -er] **Hek·to·pas·cal** [hɛkto'paskal] nt hectopascal **Hek·to·watt** ['hɛktovat] nt hectowatt

he·lau [he'lau] interj form of greeting during the carnival period

Held(in) <-en, -en> [hɛlt] m(f) ❶ (kühner Recke) hero; in etw dat kein [o nicht gerade ein] ~ sein to be no great shakes at sth BRIT, to not be very good at sth AM; den ~en spielen (fam) to play the hero ❷ LIT, FILM (Hauptperson) hero, heroine fem; der ~/die ~in des Tages sein to be the hero/heroine of the hour ▶ WENDUNGEN: die ~en sind müde (hum) our heroes have had enough hum; du bist mir ein […] ~! (iron fam) a fine one you are! iron fam

Hel·den·dar·stel·ler(in) m(f) actor/actress playing a heroic role **Hel·den·dich·tung** f kein pl epic [or heroic] poetry no pl **Hel·den·epos** nt heroic epic

hel·den·haft adj heroic, valiant

Hel·den·lied nt epic [or heroic] song **Hel·den·mut** m heroic courage no pl, valour [or AM -or] no pl **hel·den·mü·tig** ['hɛldn̩my:tɪç] adj s. **heldenhaft Hel·den·rol·le** f part [or role] of a hero **Hel·den·sa·ge** f heroic saga **Hel·den·tat** f heroic deed [or feat] **Hel·den·te·nor** m heroic tenor **Hel·den·tod** m (euph geh) death in battle; den ~ sterben to die in battle

Hel·den·tum <-s> nt kein pl heroism no indef art, no pl

Hel·din <-, -nen> f fem form von **Held**

hel·fen <half, geholfen> ['hɛlfn̩] vi ❶ (unterstützen) ■ jdm [bei/in etw dat] ~ to help sb [with/in sth]; warte mal, ich helfe dir wait, I'll help you; können/könnten Sie mir mal/bitte ~? could/would you help me please/a minute?; ■ jdm aus/in etw ~ to help sb out of/into sth; darf ich Ihnen in den Mantel ~? may I help you into your coat?; ■ jdm aus etw ~ to help sb out of sth; er half mir aus der schwierigen Lage he helped me out of the difficult situation ❷ (dienen, nützen) ■ jdm ~ to help sb, to be of help to sb; ■ jdm ist mit etw geholfen/nicht geholfen sth is of help/no help to sb; damit ist mir nicht geholfen that's not much help to me; da hilft alles nichts [o es hilft nichts] , … there's nothing for it, … ❸ MED (heilen) ■ [jdm] ~ to help [sb]; ■ jdm ist nicht [mehr] zu ~ sb is beyond help; (ein hoffnungsloser Fall) sb is a hopeless case ❹ MED (heilsam

sein) ■ [gegen/bei etw] ~ to help [relieve sth]; Knoblauch soll gegen Arteriosklerose ~ garlic is supposed to be good for arteriosclerosis ▶ WENDUNGEN: ich kann mir nicht ~, [aber] … I'm sorry, but…; ich werde dir/euch/… ~, etw zu tun! (fam) I'll teach you to do sth!; man muss sich auf nur zu ~ wissen (prov) you just have to be resourceful; was hilft's? what can I/we/you do about it?; s. a. **wissen**

Hel·fer(in) <-s, -> ['hɛlfe] m(f) ❶ (unterstützende Person) helper; (Komplize) accomplice; ein ~ in der Not a friend in need ❷ (fam: nützliches Gerät) aid

Hel·fers·hel·fer(in) m(f) accomplice

Hel·fer·syn·drom m helpers' syndrome no pl **Hel·fer·zel·le** f MED helper cell

Hel·go·land ['hɛlgolant] nt Heligoland no pl

He·li·kop·ter <-s, -> [heli'kɔpte] m helicopter

He·li·um <-s> ['he:liʊm] nt kein pl helium no pl

hell [hɛl] I. adj ❶ (nicht dunkel) light; ~ bleiben to stay light; es wird ~ it's getting light ❷ (kräftig leuchtend) bright ❸ (gering gefärbt) light-coloured [or AM -ored]; ~es Haar/~e Haut fair hair/skin; ~es Holz light-coloured wood ❹ (hoch klingend) clear; eine ~e Stimme a clear, high voice ❺ (fam: aufgeweckt) bright; du bist ein ~es Köpfchen you've got brains ❻ attr (rein, pur) sheer, pure; ~e Freude sheer joy II. adv ❶ (licht) brightly; ~ leuchtend attr bright; die Fenster des Hauses waren ~ erleuchtet the windows of the house were brightly lit ❷ (hoch) high and clear

Hel·las ['hɛlas] nt Hellas no pl

hell·auf ['hɛl'ʔauf] adv extremely; ~ begeistert extremely enthusiastic

hell·blau adj light-blue **hell·blond** I. adj blonde II. adv blonde; sind die Haare ~ gefärbt? is your hair dyed blonde?

Hel·le <-> ['hɛlə] f kein pl (geh) s. **Helligkeit**

Hel·le(s) ['hɛlə(s)] nt decl wie adj ≈ lager; ein kleines ~s half a lager

Hel·le·bar·de <-, -n> [hɛlə'bardə] f HIST halberd

Hel·le·ne, Hel·le·nin <-n, -n> [hɛ'le:nə, hɛ'le:nɪn] m, f Hellene, Greek

hel·le·nisch [hɛ'le:nɪʃ] adj Hellenic

Hel·le·nis·mus <-> [hɛle'nɪsmʊs] m kein pl Hellenism no pl

hel·le·nis·tisch adj Hellenistic

Hel·ler <-s, -> ['hɛle] m HIST heller; ▶ WENDUNGEN: auf ~ und Pfennig (fam) down to the last penny; bis auf den letzten ~ (fam) down to the last penny; seine Rechnung ist korrekt, bis auf den letzten ~ his invoice is correct down to the last penny; keinen roten [o lumpigen] [o nicht einen] ~ wert sein (fam) not to be worth tuppence [or AM a dime]; keinen roten [o lumpigen] ~ besitzen [o haben] (fam) to not have a penny to one's name [or two pennies to rub together]

hell·grün adj light-green **hell·haa·rig** adj fair-haired **hell·häu·tig** adj fair-skinned **hell·hö·rig** ['hɛlhø:rɪç] adj badly soundproofed; ▶ WENDUNGEN: ~ werden to prick up one's ears; jdn ~ machen to make sb prick up their ears

hellicht^{ALT} adj attr s. **helllicht**

Hel·lig·keit <-, -en> f ❶ kein pl (Lichtfülle) lightness no pl; (helles Licht) [bright] light ❷ (Lichtstärke) brightness no pl ❸ ASTRON (Leuchtkraft) luminosity no pl

Hel·lig·keits·reg·ler m brightness control

hell·licht^{RR} ['hɛllɪçt] adj attr es ist ~er Tag it's broad daylight; am ~en Tag in broad daylight

Hell·raum·pro·jek·tor m SCHWEIZ (Tageslichtprojektor) overhead projector

hell·rot adj bright red

hell·se·hen vi nur infin ~ können to be clairvoyant, to

have second sight; **du kannst wohl ~!** *(fam)* you must be clairvoyant!; **ich kann doch nicht ~!** *(iron fam)* I'm not clairvoyant! *iron fam*

Hell·se·her|in |'hɛlzeːɐ| *m(f)* clairvoyant

hell·se·he·risch **I.** *adj attr* clairvoyant **II.** *adv* using clairvoyant powers; **dieser Mann muss ~ begabt sein!** this man must have the gift of clairvoyance

hell·wach |'hɛl'vax| *adj* wide-awake

Hell·wer·den <-s> *nt kein pl* daybreak *no pl*

Helm <-[e]s, -e> |'hɛlm| *m* helmet

Helm·boh·ne *f* young runner bean **Helm·busch** *m* plume **Helm·pflicht** *f* compulsory wearing of a helmet *no pl* **Helm·schmuck** *m* crest

Hel·sin·ki <-s> |'hɛlzɪŋki| *nt* Helsinki *no pl, no art*

Hemd <-[e]s, -en> |hɛmt, *pl:* 'hɛmdən| *nt* shirt; *(Unter~)* vest; **nass bis aufs ~** soaked to the skin [*or* AM bone], wet through; *(Nacht~)* nightshirt ▶ WENDUNGEN: **das ~ ist jdm näher als der Rock** *(prov)* charity begins at home *prov;* **mach dir nicht [gleich] ins ~!** don't make such a fuss!; **jdn/etw wie das** [*o* sein] **~ wechseln** to change sb/sth with monotonous regularity; **jdn bis aufs ~ ausziehen** *(fam)* to have the shirt off sb's back; **sich bis aufs [letzte] ~ ausziehen** *(fam)* to spend every last penny, to give the shirt off one's back [for sth] *fam*

Hemd·blu·se *f* shirt **Hemd·blu·sen·kleid** *nt* shirt dress **Hemd·brust** *f* shirt front, dickey

Hem·den·knopf *m* shirt button **Hem·den·matz** <-es, Hemdenmätze> *m (hum fam)* bare bum [*or* AM butt] *hum fam (small child dressed only in a vest)* **Hem·den·stoff** *m* shirt material *no pl*

Hemd·ho·se *f (veraltend)* combinations *npl dated,* coms *npl dated* **Hemd·kra·gen** *m* shirt collar

Hemds·är·mel *m* shirt sleeve; **in ~n** *(fam)* in shirt sleeves

hemds·är·me·lig |'hɛmtsʔɛrməlɪç| *adj (fam)* casual

He·mis·phä·re <-, -n> |hemi'sfɛːrə| *f* ⓘ *(Erdhalbkugel)* hemisphere; **die nördliche/südliche ~** the northern/southern hemisphere ⓔ *(Gehirnhälfte)* hemisphere; **die linke/rechte ~** the left/right hemisphere

hem·men |hɛmən| *vt* ⓘ *(ein Hemmnis sein)* ▪ **etw ~** to hinder sth ⓔ *(bremsen)* ▪ **etw ~** to stop sth ⓖ PSYCH *(inhibieren)* ▪ **jdn ~** to inhibit sb

Hemm·nis <-ses, -se> |'hɛmnɪs| *nt* obstacle

Hemm·schuh *m* ⓘ *(keilförmige Vorrichtung)* chock ⓔ *(fig: Hemmnis)* obstacle **Hemm·schwel·le** *f* inhibition level; **seine ~ überschreiten** to overcome one's inhibitions

Hemm·mung <-, -en> *f* ⓘ *kein pl (das Hemmen)* obstruction ⓔ *pl* PSYCH inhibitions *pl* ⓖ *(Bedenken, Skrupel)* inhibition, scruple; **~en haben** to have scruples; **ich habe ein bisschen ~en, ihr das so ohne weiteres ins Gesicht zu sagen** I feel a bit awkward about saying it straight to her face; **keine ~ kennen** to have no scruples; **nur keine ~en!** don't hold back!; **es ist für jeden genug da, nur keine ~en!** there's enough for everybody there, have as much as you like!

hem·mungs·los **I.** *adj* ⓘ *(zügellos)* uncontrolled, unrestrained ⓔ *(skrupellos)* unscrupulous **II.** *adv* ⓘ *(zügellos)* unrestrainedly, without restraint ⓔ *(skrupellos)* unscrupulously

Hem·mungs·lo·sig·keit <-> *f kein pl* ⓘ *(Zügellosigkeit)* lack of restraint ⓔ *(Skrupellosigkeit)* unscrupulousness

Hendl <-s, -[n]> |'hɛndl| *nt* ÖSTERR *(Brathähnchen)* roast chicken

Hengst <-[e]s, -e> |hɛŋst| *m* stallion; *(Esel, Kamel)* male

Hen·kel <-s, -> |'hɛŋkl| *m* handle

Hen·kel·glas *nt* glass with a handle **Hen·kel·korb** *m*

basket with a handle **Hen·kel·krug** *m* jug [with a handle] **Hen·kel·mann** *m (fam)* portable set of stacked containers holding hot food **Hen·kel·topf** *m* pot/pan with a handle/handles

hen·ken |'hɛŋkn| *vt (veraltet)* ▪ **jd ~** to hang sb

Hen·ker <-s, -> *m* executioner; ▶ WENDUNGEN: **scher dich** [*o* geh] **zum ~!** *(fam)* go to blazes! *dated;* **zum ~!** *(fam)* hang it all! *dated;* **hol's der ~!** *(veraltend)* damn [it]!; **was zum ~ ...** *(fam)* what the devil ... *fam*

Hen·ker|s|·beil *nt* executioner's axe **Hen·kers·knecht** *m* executioner's assistant **Hen·kers·mahl** *nt*, **Hen·kers·mahl·zeit** *f* ⓘ *(vor der Hinrichtung)* last meal [before one's/sb's execution] ⓔ *(hum fam: vor einem großen Ereignis)* final square meal

Hen·na <- *o* -[s]> |'hɛna| *f o nt kein pl* henna *no pl*

Hen·ne <-, -n> |'hɛnə| *f* hen

He·pa·ti·tis <-, Hepatitiden> |hepa'tiːtɪs, *pl:* hepati'tiːdn| *f* hepatitis *no pl*

her |heːɐ| *adv* ⓘ *(raus)* here, to me; **~ damit!** *(fam)* give it here! *fam;* **immer ~ damit!** *(fam)* keep it/them coming! *fam* ⓔ *(herum)* ▪ **um jdn ~** all around sb ⓖ *(von einem Punkt aus)* ▪ **von etw ~** räumlich from sth; **von weit ~** from a long way away [*or* off]; **wo kommst du so plötzlich ~?** where have you come from suddenly?; **~ zu mir!** come here!; ▪ **irgendwo ~ sein** to come [*or* be] from somewhere; ▪ **von ... ~** *zeitlich* from; **ich kenne ihn von meiner Studienzeit ~** I know him from my time at university; **lange/nicht lange/drei Wochen ~ sein** to be long/not so long/three weeks ago; **unser letztes Treffen ist jetzt genau neun Monate her** we last met exactly nine months ago; **längere Zeit ~ sein, dass ...** to be a long time [ago] since ...; **lang ~ sein, dass ...** to be long ago since ...; **nicht [so] lange ~ sein, dass ...** to not be such a long [ago] since ...; **wie lange ist es ~, dass wir uns das letzte Mal gesehen haben?** how long is it since we last saw each other?, how long ago did we last see each other?, when did we last see each other?; ▪ **von etw ~ kausal** as far as sth is concerned [*or* goes]; **von der Technik ~ ist dieser Wagen Spitzenklasse** as far as the technology is concerned this car is top class ⓕ *(verfolgen)* ▪ **hinter jdm/einem Tier/etw ~ sein** to be after sb/an animal/sth *fam* ⓖ *(haben wollen)* ▪ **hinter jdm/etw ~ sein** to be after sb/sth *fig fam;* **hinter jdm ~ sein, etw zu tun** to keep on at sb to do sth, to keep an eye on it to see that sth is done ▶ WENDUNGEN: **es ist nicht weit ~ mit jdm/etw** *(fam)* sb/sth is not up to much *fam*

he·rab |hɛ'rap| *adv (geh)* down

he·rab|bli·cken *vi (geh)* s. **herabsehen he·rab|fle·hen** *vt (geh)* ▪ **etw auf jdn ~** to call down sth *sep* on sb; **der Pfarrer flehte den Segen Gottes auf seine Gemeinde herab** the priest called down God's blessing on his congregation **he·rab|flie·ßen** *vi irreg sein* ▪ **|von etw| ~** to flow down [from sth] **he·rab|hän·gen** |hɛ'raphɛŋən| *vi irreg* |von etw| |auf etw akk| ~ to hang down [from sth] [on sth] **he·rab|las·sen** *irreg* **I.** *vt (geh: herunterlassen)* ▪ **etw** |von etw| ~ to let down [*or* lower] sth [from sth]; **den Schrank müssen wir aus dem Fenster ~** we'll have to lower the cupboard from the window **II.** *vr* ▪ **sich** |zu etw| ~ to lower oneself [to sth]; ▪ **sich** |dazu| ~, etw zu tun to condescend [*or* deign] to do sth **he·rab|las·send I.** *adj* condescending, patronizing; ▪ **|zu jdm|** ~ **sein** to be condescending [*or* patronizing] [towards sb] **II.** *adv* condescendingly, patronizingly

He·rab·las·sung <-> *f kein pl* condescension *no pl*

he·rab|min·dern *vt* ▪ **etw ~** ⓘ *(schlechtmachen)* to belittle [*or* disparage] sth ⓔ *(bagatellisieren)* to trivial-

ize sth **he·rab|se·hen** *vi irreg* ■ **auf jdn/etw** ~
❶ *(geh: heruntersehen)* to look down on sb/sth
❷ *(abschätzig betrachten)* to look down on sb/sth
he·rab|set·zen *vt* ■ **etw** ~ ❶ *(reduzieren)* to reduce
sth; **die Geschwindigkeit** ~ to reduce speed; **herab-
gesetzte Preise** reduced prices ❷ *(herabmindern)* to
belittle [*or* disparage] sth **He·rab·set·zung** <-, -en> *f*
❶ *kein pl (das Herabsetzen)* belittling *no pl*, disparagement *no pl* ❷ *(Kränkung)* slight, snub **he·
rab|stei·gen** *vi irreg sein (geh)* ■ **[von etw]** ~ to
climb down [*or* descend] [from sth] **he·rab|wür·di·
gen** I. *vt* ■ **jdn/etw** ~ to belittle [*or* disparage] sb/sth
II. *vr* ■ **sich** ~ to degrade [*or* lower] oneself **He·rab·
wür·di·gung** *f* belittling *no pl*, disparagement *no pl*
He·ral·dik <-> [he'raldɪk] *f kein pl* heraldry *no pl*, *no
indef art*

he·ral·disch [he'raldɪʃ] *adj* heraldic

he·ran [hɛ'ran] *adv verstärkend* close up, near; **wir
müssen ganz dicht an die Mauer** ~ we must go
right up to the wall

he·ran|ar·bei·ten *vr* ■ **sich an jdn/etw** ~ to work
one's way towards sb/sth **he·ran|fah·ren** *vi irreg sein*
■ **[an etw** *akk*] ~ to drive up [to sth] **he·ran|füh·ren**
I. *vt* ❶ *(hinbringen)* ■ **jdn/etw [an jdn/etw]** ~ to
bring sb/sth [up to sb/sth]; **er führte das Heer bis
auf eine Meile an den Feind** he brought the army
to within a mile of the enemy ❷ *(einweihen in)* ■ **jdn
an etw** *akk* ~ to introduce sb to sth II. *vi* ■ **an etw**
akk ~ to lead to sth; **der Weg führte fast bis ans
Haus heran** the path lead almost up to the house **he·
ran|ge·hen** *vi irreg sein* ❶ *(zu etw hingehen)* ■ **[an
jdn/etw]** ~ to go [up to sb/sth]; **lass uns lieber
nicht zu nahe ~!** don't let's get too close! ❷ *(in
Angriff nehmen)* ■ **an etw** *akk* ~ to tackle sth; **wir
müssen anders an die Sache** ~ we'll have to tackle
the matter differently **he·ran|kom·men** *vi irreg sein*
❶ *(herbeikommen)* ■ **[an jdn/etw]** ~ to come up [to
sb/sth], to approach [sb/sth]; *(bis an etw kommen)* to
get to sth; **sie kamen nicht an die Stellungen
heran** they didn't get to the enemy positions ❷ *(he-
rangelangen können)* ■ **an jdn/etw** ~ to reach sb/
sth; **man kommt nur schwer an diese Stelle
heran** it's a difficult spot to reach ❸ *(sich beschaffen
können)* ■ **an etw** *akk* ~ to get hold of sth ❹ *(in persönlichen Kontakt kommen)* ■ **an jdn** ~ to get hold
of sb; **man kommt einfach sehr schwer an sie
heran** it's so difficult to really get to know her
❺ *(gleichwertig sein)* ■ **[in etw** *dat*] **an jdn/etw** ~
to be up to the standard of sb/sth [in sth]; **in Leistung
kommt das Modell an das Konkurrenzfahrzeug
fast heran** the model is almost up to the standard of
the competition in performance ▶ WENDUNGEN: **alles
an sich** ~ **lassen** *(fam)* to cross a bridge when one
comes to it; **nichts an sich** ~ **lassen** *(fam)* not to let
anything get to one *fam;* **sie lässt nichts an sich** ~
she doesn't let anything get to her **he·ran|ma·chen** *vr
(fam)* ■ **sich an jdn** ~ to approach sb **he·ran|na·hen**
vi sein (geh) to approach **he·ran|rei·chen** *vi*
❶ *(gleichkommen)* ■ **an jdn/etw** ~ to measure up to
[the standard of] sb/sth ❷ *(bis an etw reichen)* ■ **an
etw** ~ to reach [as far as] sth **he·ran|rei·fen** *vi sein
(geh)* ❶ *(allmählich reifen)* to ripen ❷ *(durch Wachstum werden)* ■ **[zu jdm]** ~ to mature [into sb] ❸ *(sich
langsam konkretisieren)* ■ **[zu etw]** ~ to mature [into
sth] **he·ran|rü·cken** I. *vi sein* ❶ *(sich nähern)* ■ **[an
jdn/etw]** ~ to approach [sb/sth] ❷ *(dicht aufrücken)*
■ **[mit etw] [an jdn/etw]** ~ to bring [*or* draw] sth [up
to sb/sth]; **sie rückte mit ihrem Stuhl dicht an ihn
heran** she drew her chair right up to him II. *vt* ❶ *an
etw rücken)* ■ **etw an jdn/etw** ~ to move sth closer
[*or* nearer] to sb/sth **he·ran|schaf·fen** *vt* ■ **[jdm]
jdn/etw** ~ to bring sb/sth [to sb] **he·ran|schlei·chen**

vi, vr irreg vi: sein ■ **|sich|** **[an jdn/etw|** ~ to creep
up [to [*or* on] sb/sth] **he·ran|tas·ten** *vr* ❶ *(sich tas-
tend nähern)* ■ **sich an jdn/etw** ~ to feel [*or* grope]
one's way towards sb/sth ❷ *(sich vorsichtig heranar-
beiten)* ■ **sich an etw** *akk* ~ to approach sth cau-
tiously **he·ran|tra·gen** *vt irreg* ❶ *(nahe an etw tra-
gen)* ■ **jdn/etw an etw** *akk* ~ to take [*or* bring] sth
up to sb/sth ❷ *(geh: vorbringen)* ■ **etw an jdn** ~ to
approach sb with sth; **dieser Wunsch ist schon ver-
schiedentlich an die Regierung herangetragen
worden** the government has been approached with
this request on several occasions **he·ran|tre·ten** *vi
irreg sein* ❶ *(in die Nähe treten)* ■ **an jdn/etw** ~ to
come [*or* go] up to sb/sth ❷ *(konfrontieren)* ■ **an
jdn** ~ to confront sb ❸ *(geh: sich wenden an)* ■ **[mit
etw] an jdn** ~ to approach sb [with sth]; **sie ist schon
mit dieser Bitte an uns herangetreten** she has
already approached us with this request **he·
ran|wach·sen** *vi irreg sein (geh)* ■ **[zu jdm]** ~ to
grow up [into sb]; **sein Sohn war zu einem fast aus-
sehenden jungen Mann herangewachsen** his son
had grown up into a handsome young man **He·ran·
wach·sen·de** *pl* adolescents *pl* **he·ran|wa·gen** *vr*
❶ *(heranzukommen wagen)* ■ **sich an ein/ein
Tier** ~ to dare to come [*or* go] near sb/an animal
❷ *(sich zu beschäftigen wagen)* ■ **sich an etw** *akk* ~
to dare to attempt sth **he·ran|zie·hen** *irreg* I. *vt*
❶ *(näher holen)* ■ **jdn/etw [an etw** *akk/*sich/zu
sich]** ~ to pull sb/sth [to sth/to oneself] ❷ *(einsetzen)*
■ **jdn/etw [zu etw]** ~ to bring sb/sth in [for sth]; **sie
wurde in der Firma zu allen möglichen niedri-
gen Jobs herangezogen** she was used to do all the
menial jobs possible ❸ *(anführen)* ■ **etw [für/zu
etw]** ~ to consult sth [for sth]; **für seine Promotion
hat er griechische Zitate herangezogen** he consulted Greek quotations for his PhD ❹ *(aufziehen)* ■ **jdn
[zu etw]** ~ to raise sb [until he/she is/becomes sth];
ein Tier [zu etw] ~ to rear an animal [to be sth];
■ **etw [zu etw]** ~ to grow sth [until it becomes sth];
**den Baum habe ich mir aus einem kleinen Säm-
ling herangezogen** I grew the tree from a seedling;
■ **[sich** *dat*] **jdn** ~ to raise sb to be somebody II. *vi
sein* MIL *(näher ziehen)* to advance

he·rauf [hɛ'rauf] I. *adv* ❶ *(in Richtung oben)* ■ **von
... ~:** **was, von da unten soll ich den Sack bis
oben** ~ **schleppen?** what, I'm supposed to drag this
sack from down here all the way up there? ❷ *(fam: in
Richtung Norden)* **vom Süden** ~ up from the south
II. *präp + akk* up; **sie ging die Treppe** ~ she went up
the stairs

he·rauf|be·schwö·ren* *vt irreg* ❶ *(wachrufen)* ■ **etw
[in jdm]** ~ to evoke [*or* stir up] sth [in sb] ❷ *(herbeiführen)* ■ **etw** ~ to cause [*or* give rise to] sth **he·
rauf|brin·gen** *vt irreg* ❶ *(nach oben tragen)* ■ **etw
[zu jdm]** ~ to bring sth up [to sb]; **vergiss nicht, die
Zeitung mit heraufzubringen!** don't forget to bring
the newspaper up with you ❷ *(nach oben mitbringen)* ■ **jdn [zu jdm]** ~ to bring sb up [to sb]; **bring
doch deine Freunde mal mit herauf in die Wohnung!** why don't you bring your friends up to the flat
with you **he·rauf|füh·ren** *vt* ■ **jdn** ~ to show sb up;
führen Sie die Herren zu mir herauf please show
the gentlemen up to my office **he·rauf|kom·men** *vi
irreg sein* ❶ *(von unten kommen)* ■ **[zu jdm]** ~ to
come up [to sb]; **komm doch später auf einen Kaffee zu mir herauf!** come up [to my place] for a coffee
later, if you like ❷ *(geh: aufziehen)* to approach [*or*
gather]; *Nebel* to form **he·rauf|set·zen** *vt* ■ **etw** ~ to
put up *sep [or* increase] sth **he·rauf|stei·gen** *vi irreg
sein* ❶ *(nach oben steigen)* ■ **zu jdm** ~ to
climb up to sb; **einen Berg/eine Treppe** ~ to climb
[up] a mountain/flight of stairs ❷ *(aufsteigen)* to rise;

von der Niederung stiegen Nebelschwaden herauf veils of mist rose out of the depression **he·rauf|zie·hen** *irreg* I. *vt haben* |**jdn** |**zu sich**| ~ to pull up *sep* sb/sth |to one| II. *vi sein (aufziehen)* to approach, to gather

he·raus |hɛˈraʊs| *adv* ❶ *(nach draußen)* out; ~ **aus etw** ~ out of sth; **sie betrank sich aus einem Gefühl der Einsamkeit** ~ she got drunk out of a feeling of loneliness; ~ **da!** *(fam)* get out!; ~ **damit!** *(fam: mit einer Antwort)* out with it!; *(mit Geld)* give it here!; ~ **mit ihm/ihr!** *(fam)* get him/her out! ❷ *(entfernt sein)* ▪ ~ **sein** to have been taken out |*or* removed| ❸ MEDIA *(veröffentlicht sein)* ▪ ~ **sein** to be out ❹ *(entschieden sein)* ▪ ~ **sein** to have been decided ❺ *(hinter sich haben)* ▪ **aus etw** ~ **sein** to leave behind sth *sep;* **aus dem Alter bin ich schon** ~ that's all behind me ❻ *(gesagt worden sein)* ▪ ~ **sein** to have been said, to be in the open; **die Wahrheit ist** ~ the truth has come out |*or* is out|

he·raus|ar·bei·ten I. *vt* ❶ *(plastisch hervorheben)* ▪ **etw** |**aus etw**| ~ to carve sth |out of sth| ❷ *(hervorheben)* ▪ **etw** |**deutlicher/besser**| ~ to bring out sth *sep* |more clearly/better| II. *vr* ▪ **sich aus etw** ~ to work one's way out of sth **he·raus|be·kom·men*** *vt irreg* ❶ *(entfernen)* ▪ **etw** |**aus etw**| ~ to get sth out |of sth| ❷ *(herausziehen)* ▪ **etw** |**aus etw**| ~ to get sth out |of sth|, to remove sth |from sth| ❸ *(herausfinden)* ▪ **etw** ~ to find out sth *sep* ❹ *(ausgezahlt bekommen)* ▪ **etw** ~ to get sth back **he·raus|bil·den** ▪ **sich** |**aus etw**| ~ to develop |*or* form| |out of sth| **he·raus|bre·chen** I. *vt haben* ▪ **etw** |**aus etw**| ~ to knock sth out |of sth| II. *vi sein* ▪ **aus jdm** ~ to erupt from sb **he·raus|brin·gen** *vt irreg* ❶ *(nach draußen bringen)* ▪ |**jdm**| **etw** ~ to bring out sth |to sb| ❷ *(auf den Markt bringen)* ▪ **etw** ~ to launch sth ❸ *(der Öffentlichkeit vorstellen)* ▪ **etw** ~ to publish sth ❹ *(hervorbringen)* ▪ **etw** ~ to say |*or* utter| sth; **sie brachte keinen Ton heraus** she didn't utter a sound ❺ *(fam: ermitteln)* ▪ **etw** ~ *s.* **herausbekommen 3** **he·raus|dre·hen** *vt* ▪ **etw** |**aus etw**| ~ to unscrew sth |from sth| **he·raus|drü·cken** *vt* ❶ *(durch Drücken hervorkommen lassen)* ▪ **etw** ~ to squeeze sth out of sth ❷ *(durch Drücken vorwölben)* ▪ **etw** ~ to stick out sth *sep* **he·raus|fah·ren** *irreg* I. *vi sein* ❶ *(nach draußen fahren)* ▪ |**aus etw**| ~ to drive out |of sth| ❷ *(entschlüpfen)* ▪ **jdm** ~ to slip out II. *vt haben* ❶ *(nach draußen fahren)* ▪ **etw** |**aus etw**| ~ to drive sth out |of sth| ❷ *(erzielen)* ▪ **etw** ~ to achieve sth **he·raus|fil·tern** *vt* ▪ **etw** |**aus etw**| ~ ❶ *(durch Filtern entnehmen)* to filter sth out |of sth| ❷ *(als brauchbar aussondern)* to sift sth out |of sth| **he·raus|fin·den** *irreg* I. *vt* ❶ *(dahinterkommen)* ▪ **etw** ~ to find out |*or* discover| sth ❷ *(herauslesen)* ▪ **etw** |**aus etw**| ~ to find sth |from amongst sth| II. *vi* ▪ |**aus etw**| ~ to find one's way out |of sth|; **ich begleite Sie noch zur Tür! – danke, ich finde selbst heraus** I'll accompany you to the door – thank you, but I can find my own way out **he·raus|fi·schen** I. *vt (fam)* ▪ **etw** |**aus etw**| ~ to fish sth out |of sth| II. *vr (fam)* ▪ **sich** *dat* **etw** |**aus etw**| ~ to pick out sth *sep* |from amongst sth| **he·raus|flie·gen** *irreg* I. *vi sein* ❶ *(nach draußen fliegen)* ▪ |**aus etw**| ~ to fly out |of sth| ❷ SPORT *(fam: herausfallen)* ▪ |**aus etw**| ~ to be thrown out |of sth| II. *vt haben* LUFT *(ausfliegen)* ▪ |**jdn/etw**| |**aus etw**| ~ to fly sb/sth out |of sth|

He·raus·for·de·rer, **-for·d|r|e·rin** <-s, -> *m, f* challenger; **sich seinem** ~ **stellen** to take on one's |*or* the| challenger

he·raus|for·dern I. *vt* ❶ SPORT *(zum Kampf fordern)* ▪ **jdn** ~ to challenge sb ❷ *(auffordern)* ▪ **jdn zu etw** ~ to challenge sb to sth ❸ *(provozieren)* ▪ **jdn** |**zu etw**| ~ to provoke sb |into doing sth| ❹ *(herausbe-*

schwören) ▪ **etw** ~ to invite sth; **Gefahr** ~ to court danger; **Kritik** ~ to invite |*or* provoke| criticism; **das Schicksal** ~ to tempt fate II. *vi* ▪ **zu etw** ~ to invite sth

he·raus·for·dernd I. *adj* provocative, challenging, inviting II. *adv* provocatively

He·raus·for·de·rung *f* ❶ *(Aufforderung)* challenge ❷ *kein pl* SPORT *(das Herausfordern)* challenge ❸ *(Provokation)* provocation, open defiance ❹ *(Bewährungsprobe)* challenge; **sich einer** ~ **stellen** *dat* to take up |*or* respond to| |*or* accept| a challenge; **die** ~ **annehmen** to accept the challenge, to take up the gauntlet

he·raus|füh·ren I. *vt* ▪ **jdn** |**aus etw**| ~ to lead sb out |of sth| II. *vi* ▪ |**aus etw**| ~ to lead out |of sth|

He·raus·ga·be <-, -n> *f* ❶ MEDIA *(Veröffentlichung)* publication ❷ *(Rückgabe)* return; *Wechselgeld* to give |back| ❸ ADMIN issue, issuing; *neue Banknoten* to issue; *(von |Brief|marken)* issue, issuing

he·raus|ge·ben *irreg* I. *vt* ❶ MEDIA ▪ **etw** ~ *(veröffentlichen)* to publish sth; *(editieren)* to edit sth ❷ *(zurückgeben)* ▪ **jdn/etw** |**an jdn**| ~ to return |*or* sep hand back| |*or* sep give back| sb/sth |to sb|, to surrender sb/sth |to sb| *usu form*, to hand over sb/sth |to sb| *sep;* ▪ **jdm etw** ~ to give sb sth |back|; **Sie haben mir nur 12 statt 22 Euro herausgegeben!** you've only given me |back| 12 euros instead of 22 ❸ *(herausreichen)* ▪ **jdm etw** ~ to pass |*or* hand out| sth to sb, to pass |*or* hand out| sb sth II. *vi* ▪ |**jdm**| |**auf etw** *akk*| ~ to give |sb| change |out of sth|; **können Sie mir auf 100 Euro ~?** can you give me change out of 100 euros?; *falsch* ~ to give the wrong change |back|

He·raus·ge·ber(in) <-s, -> *m(f)* MEDIA *(Verleger)* publisher; *(editierender Lektor)* editor

he·raus|ge·hen *vi irreg sein* ❶ *(herauskommen)* ▪ |**aus/von etw**| ~ to go out |of sth|; **ich sah ihn um 19 Uhr** |**aus der Wohnung**| ~ I saw him leave |the flat| at 7 pm ❷ *(entfernt werden können)* ▪ |**aus etw**| ~ to come out |of sth| ❸ *(herausgezogen werden können)* ▪ |**aus etw**| ~ to come out |of sth| ❹ *(lebhaft werden)* ▪ **aus sich** ~ to come out of one's shell **he·raus|grei·fen** *vt irreg* ▪ |**sich** *dat*| **jdn** |**aus etw**| ~ to pick |*or* single| out *sep* |*or* select| sb |from sth|; ▪ |**sich** *dat*| **etw** |**aus etw**| ~ to choose sth |from sth|; **morgens greife ich mir irgendetwas aus dem Schrank heraus** in the morning|s| I just grab any old thing out of the wardrobe **he·raus|ha·ben** *vt irreg (fam)* ❶ *(entfernt haben)* ▪ **etw** |**aus etw**| ~ to have got sth out |of sth| ❷ *(gekündigt haben)* ▪ **jdn aus etw** ~ to get sb out of sth ❸ *(begriffen haben)* ▪ **etw** ~ to get |*or* have| the knack |*or* hang| of sth ❹ *(herausgefunden haben)* ▪ **etw** ~ to have solved sth; **ein Geheimnis/einen Namen/die Ursache** ~ to have found out a secret/name/the cause; ▪ **~, wann/wer/wie/warum/wo/wohin ...** to have found out when/who/how/why/where ... **he·raus|hal·ten** *irreg* I. *vt* ❶ *(nach draußen halten)* ▪ **etw** |**aus etw**| ~ to hold |*or* put| sth out |of sth| |*or* fam *stick*| ❷ *(nicht verwickeln)* ▪ **jdn/etw** |**aus etw**| ~ to keep sb/sth out |of sth| ❸ *(fernhalten)* ▪ **jdn/ein Tier** |**aus etw**| ~ to keep sb/an animal out |of sth| II. *vr* ▪ **sich** |**aus etw**| ~ to keep |*or* stay| out of sth; **halt du dich** |**da**| **mal heraus!** you |just| keep |*or* stay| out of it |*or* this| ▪ **he·raus|hän·gen** I. *vi* ▪ |**aus etw**| ~ to hang out |of sth| ▶ WENDUNGEN: **jdm hängt die Zunge schon heraus** sb is completely exhausted II. *vt* ▪ **etw** |**aus etw**| ~ ❶ *(nach außen hängen)* to hang out sth *sep*, to hang sth out of sth ❷ *(herauskehren, zeigen)* to show off; **in solchen Situation, hängt sie immer die Akademikerin heraus** she always shows |*or* likes to show| off about being an academic in such situations ❸ DIAL *(protzen mit etw)* to show off sth; **ich denke, er hängt sein Geld zu sehr heraus** I think he shows his money off too much **he·raus|he·ben** vr irreg ■ **sich aus etw ~** dat Masse, Hintergrund to stand out from sth **he·raus|hel·fen** vi irreg ■ **jdm [aus etw] ~ ❶** (auszusteigen helfen) to help sb out [of sth]; **jdm aus dem Bus/Zug ~** to help sb off the bus/train **❷** (zu überwinden helfen) to help sb out [of sth] **he·raus|ho·len** vt **❶** (nach draußen holen) ■ **etw [aus etw] ~** to bring [or get] sth out [of sth]; ■ **jdn [aus etw] ~** to get sb out [of sth] **❷** (als Aussage bekommen) ■ **etw [aus jdm] ~** to get sth out [of sb]; **eine Information aus jdm ~** to extract a piece of information from sb **❸** (durch Bemühungen erreichen) ■ **[bei etw] etw ~** to get sth [out of sth] **❹** SPORT (durch körperlichen Einsatz erzielen) ■ **etw ~** to gain [or win] sth; **ein gutes Ergebnis ~** to achieve a good result; **den dritten Platz ~** to take third place; **eine gute Zeit ~** to achieve [or record] a good time **❺** (fam: an Leistung abgewinnen) ■ **[aus etw/jdm] etw ~** to get sth out [of sb/sth] **he·raus|hö·ren** vt **❶** (durch Hinhören wahrnehmen) ■ **jdn/etw [aus etw] ~** to hear sb/sth [in sth] **❷** (abwägend erkennen) ■ **etw [aus etw] ~** to detect sth [in sth] **he·raus|keh·ren** vt ■ **jdn/etw ~** to play [or parade] [or act] sb; **den Chef/väterlichen Freund/reichen Gönner ~** to play the boss/fatherly friend/rich patron **he·raus|kit·zeln** vt (fam) ■ **etw ~** to provoke sth

he·raus|kom·men [hɛraʊskɔmən] vi irreg sein **❶** (nach draußen kommen) ■ **[aus etw] ~** to come out [of sth] **❷** (nach außen dringen) ■ **[irgendwo] ~** to come out [somewhere] **❸** (etw ablegen können) ■ **aus etw kaum/nicht ~** to hardly/not have sth off [or be out of sth] **❹** (etw verlassen können) ■ **aus etw ~** to get out of sth; **viele Bewohner sind noch nie aus diesem Dorf herausgekommen** many of the residents have never [even] left [or been out of] this village **❺** (aufhören können) ■ **aus etw kaum/nicht ~** to hardly/not be able to stop doing sth; **da kommt man aus dem Staunen/der Verwunderung kaum mehr heraus** one can hardly get over one's astonishment/surprise **❻** (fam: überwinden können) ■ **aus etw ~** to get out of sth; **aus den Problemen ~** to solve one's problems; **aus den Schulden ~** to get out of debt, to settle [or to clear] one's debts; **aus Schwierigkeiten/Sorgen ~** to get over one's difficulties/worries **❼** (auf den Markt kommen) to come out [or be launched]; ■ **mit etw ~** to come out with [or sep bring out] [or launch] sth; (erscheinen) to come out [or be published] **❽** (bekannt gegeben werden) to be published; Gesetz, Verordnung to be enacted **❾** (bekannt werden) to come out; ■ **es kam heraus, dass/warum/wer/wo** … it came out that/why/who/where … **❿** (zur Sprache bringen) ■ **mit etw ~** to come out with sth **⓫** (Resultat haben) ■ **bei etw ~** to come of sth; **und was soll dabei ~?** and what good will that do? [or what good is supposed to come of that?]; **auf eins [o dasselbe] ~, auf das [o aufs] Gleiche ~** to [all] amount to the same thing **⓬** (fam: aus der Übung kommen) ■ **[aus etw] ~** to get out of practice [in sth], to get rusty **⓭** KARTEN (die erste Karte ausspielen) to lead **⓮** (zur Geltung kommen) ■ **irgendwie ~** to show [off] somehow; **bei Tageslicht kommt das Muster viel besser heraus** you can see the pattern much better in the daylight ▸ WENDUNGEN: **[mit etw] groß ~** (fam) to be a great success, to have a great success with sth

he·raus|krie·gen vt (fam) s. a. **herausbekommen** s. a. **rauskriegen he·raus|kris·tal·li·sie·ren** I. ■ **etw [aus etw] ~** to extract sth [from sth] II. vr ■ **sich ~** to crystallize **he·raus|las·sen** vt irreg **❶** (aus etw fortlassen) ■ **jdn/ein Tier ~** to let out

sb/an animal sep; ■ **jdn/ein Tier [aus etw] ~** to let sb/an animal out [of sth] **❷** (fam: weglassen) ■ **etw [aus etw] ~** to leave out sth sep, to leave sth out [of sth] **❸** (fam: mitteilen) ■ **etw ~** to announce sth **he·raus|lau·fen** irreg I. vi sein **❶** (nach draußen laufen) ■ **[aus etw] ~** to run out [of/through sth] **❷** (herausfließen) ■ **[aus etw] ~** to run out [of sth] II. vt SPORT ■ **etw ~** to gain sth; **den ersten Platz ~** to take first place, to come first; **einen Sieg ~** to win a victory; **einen Vorsprung ~** to build up a lead **he·raus|le·sen** vt irreg **❶** (durch Lesen deuten) ■ **etw aus etw ~** to read sth into sth **❷** (aussondern) ■ **etw [aus etw] ~** to pick out sth [from sth] sep **he·raus|lo·cken** vt **❶** (nach draußen locken) ■ **jdn/ein Tier ~** to lure out sb/an animal sep; ■ **jdn/ein Tier aus etw ~** to lure out [or to entice] sb/an animal out of sth **❷** (entlocken) ■ **etw aus jdm ~** to worm sth out of sb **he·raus|ma·chen** I. vt (fam) ■ **etw [aus etw] ~** to get sth out [of sth] [or remove sth [from sth]] II. vr (fam) ■ **sich irgendwie ~** to turn out [or develop] somehow; **Ihre Tochter hat sich aber in den letzten Jahren herausgemacht** your daughter has really blossomed in the last few years **he·raus|müs·sen** vi irreg (fam) **❶** MED (entfernt werden müssen) to have to come out [or be removed] **❷** (gesagt werden müssen) to have to come out; **das musste mal heraus!** I had to get that off my chest! **❸** (nach draußen müssen) ■ **[aus etw] ~** to have to get out [of sth]; **ab und zu muss ich einfach aus der Wohnung heraus** sometimes I just have to get out of the apartment **he·raus·nehm·bar** adj removable; ■ **[aus etw] ~ sein** to be removable [from sth] **he·raus|neh·men** irreg I. vt **❶** (entnehmen) ■ **etw [aus etw] ~** to take sth out [of sth] **❷** MED (fam: operativ entfernen) ■ **[jdm] etw ~** to take out sep [or remove] [sb's] sth; **Zahn** to pull [or take out] [or extract] [sb's] sth; ■ **sich** dat **etw ~ lassen** to have one's sth taken out [or removed] **❸** (aus einer Umgebung entfernen) ■ **jdn aus etw ~** to take sb away [or remove sb] from sth II. vr **❶** (pej: frech für sich reklamieren) ■ **sich** dat **etw ~** to take liberties; **also, sie hat sich in letzter Zeit ja einiges herausgenommen!** well, she's been taking some real liberties recently!; **sich zu viel ~** to go too far **❷** (sich erlauben) ■ **sich** dat **~, etw zu tun** to have the nerve to do sth **he·raus|pau·ken** vt (fam) ■ **jdn [aus etw] ~** to bail sb out [of sth] **he·raus|pi·cken** vt ■ **[sich** dat**] etw [aus etw] ~** to pick sth out [of sth] **he·raus|plat·zen** vi sein (fam) **❶** (lachen) to burst out laughing **❷** (spontan sagen) ■ **mit etw ~** to blurt out sth sep **he·raus|put·zen** vt ■ **jdn ~** to smarten up sb sep; ■ **etw ~** to deck out sth sep; ■ **sich ~** to dress [or spruce] oneself up **he·raus|ra·gen** vi s. **hervorragen he·raus|re·den** vr ■ **sich [mit etw] ~** to talk one's way out of it [by using sth as an excuse]; ■ **sich auf etw** akk **~** to use sth as an excuse **he·raus|rei·ßen** vt irreg **❶** (aus etw reißen) ■ **etw [aus etw] ~** to tear out sth sep, to tear sth out [of sth]; **einen Baum/eine Wurzel ~** to pull [or root] out a tree/root; **eine Seite [aus einem Buch/einer Zeitung] ~** to tear [or rip] a page out [of a book/newspaper]; **einen Zahn ~** to pull [or extract] a tooth **❷** (ablenken) ■ **jdn aus etw ~** to tear sb away from sth; **jdn aus seiner Arbeit ~** to interrupt sb in their work; **jdn aus seiner Konzentration ~** to disrupt sb's concentration; **jdn aus seiner Meditation/seinen Träumen ~** to startle sb out of their meditation/dreaming **❸** (fam: aus Bedrängnis befreien) ■ **jdn ~** to get sb out of it fam, to save sb **❹** (fam: wettmachen) ■ **etw ~** to save sth **he·raus|rü·cken** I. vt haben (fam) ■ **etw [wieder] ~** to hand over [or back] sth sep; **komm, rück das Buch wieder heraus, das gehört mir!** come on, give me back the book, it belongs to me! **II.** *vi sein (fam)* ■ **mit etw** ~ to come out with sth; *s. a.* **Sprache he·raus|rut·schen** *vi sein* ① *(aus etw rutschen)* ■ **jdm rutscht etw heraus** sth slips out, sb lets sth slip out ② *(fam: ungewollt entschlüpfen)* ■ **jdm** ~ to let slip out; **entschuldige, das ist mir nur so herausgerutscht!** sorry, it just slipped out! **he·raus|schä·len I.** *vt* ■ **etw |aus etw| ~** ① *(aus etw schälen)* to scrape out sth |from sth| *sep* ② *(ausschneiden)* to cut out sth |from sth| *sep;* **MED** to cut away sth |from sth| *sep* **II.** *vr* ■ **sich |aus etw| ~** to become evident |or apparent| |from sth|, to crystallize **he·raus|schau·en** *vi* **DIAL** ① *(zu sehen sein)* ■ |**aus etw|** ~ to be showing |through sth| ② *(nach draußen schauen)* ■ |**aus etw|** ~ to look out |of sth| ③ *(fam: als Gewinn zu erwarten sein)* **etw schaut |für jdn| dabei heraus** sth is in it |for sb|; **dabei schaut wenig/nichts heraus** there's not much/nothing in it **he·raus|schla·gen** *irreg* **I.** *vt haben* ① *(aus etw schlagen)* ■ **etw |aus etw| ~** to knock sth out |of sth| ② *(durch Schlagen entfernen)* ■ **etw ~** to knock out sth *sep* ③ *(fam: geschickt erhandeln)* ■ |**bei jdm/ etw|** etw **|für sich|** ~ to make sth |out of sb/sth| |for oneself|; **Erlaubnis/Konzessionen** ~ to get permission/concessions; **Vorteile/Zeit** ~ to gain advantages/time; **möglichst viel aus etw** ~ to get the most out of sth **II.** *vi sein* ■ **aus/zu etw** ~ to leap out of sth **he·raus|schleu·dern** *vt* ① *(aus etw schleudern)* ■ **etw ~** to hurl |or fling| out sth *sep;* ■ **etw aus etw** ~ to hurl |or fling| sth out of sth; ■ |**aus etw|** **herausgeschleudert werden** to be thrown |or catapulted| from |or out of| sth; **aus einem Sitz/einer Kanzel herausgeschleudert werden** to be ejected from a seat/cockpit ② *(erregt aussprechen)* ■ **etw ~** to hurl out sth *fig sep* **he·raus|schlüp·fen** *vi sein* ① *(aus etw schlüpfen)* ■ |**aus etw|** ~ to hatch |out of sth| ② *(herausrutschen)* ■ **jdm schlüpft etw heraus** sth slips out, sb lets sth slip out **he·raus|schme·cken I.** *vt* ■ **etw |aus etw| ~** to be able to taste sth |in sth| **II.** *vi* to taste; **das Majoran schmeckt etwas zu stark heraus** the marjoram tastes a bit too strong |or the taste of |the| marjoram is too strong| **he·raus|schnei·den** *vt irreg* ■ **etw ~** to cut out sth *sep;* ■ **etw aus etw** ~ to cut out sth of sth **he·raus|schrei·ben** *vt irreg* ■ **etw |aus etw| ~** to copy out sth *sep* |from sth| **he·raus|schrei·en** *vt irreg* ■ **etw ~** to vent |or give vent to| sth

he·rau·ßen *adv* **SÜDD, ÖSTERR** *(hier draußen)* out here **he·raus|sprin·gen** *vi irreg sein* ① *(aus etw springen)* ■ |**aus etw|** ~ to jump |or leap| out |of sth| ② *(abbrechen)* ■ |**aus etw|** ~ to chip off |sth| ③ **ELEK** *(den Kontakt unterbrechen)* to blow ④ *(fam)* **s. heraus-schauen 3 he·raus|spru·deln I.** *vi sein* ■ |**aus etw|** ~ to bubble out |of sth| **II.** *vt haben* ■ **etw ~** to blurt out sth *sep* **he·raus|ste·hen** *vi irreg* ■ |**aus etw|** ~ to stick out |of sth|, to protrude |from sth| **he·raus|stel·len I.** *vt* ① *(nach draußen stellen)* ■ **etw ~** to put out sth *sep,* to put sth outside ② *(hervorheben)* ■ **etw |irgendwie|** ~ to emphasize sth |somehow|, to point out sth **II.** *vr* ■ **sich** ~ to come to light, to emerge, to become apparent; **jds Unschuld wird sich** ~ sb's innocence will be proven; ■ **sich als etw** ~ to be shown |or proven| to be sth; ■ **es stellte sich heraus, dass ...** it turned out |or it was found| |or it became apparent| that ...; **ob Sie im Recht sind, muss sich erst noch** ~ we must wait and see whether you're right; **hat sich eigentlich schon herausgestellt, wer der Täter war?** have they already found out who the culprit was? **he·raus|stre·cken** *vt* ■ **etw ~** to stick out sth *sep;* ■ **etw aus/zu etw** ~ to stick sth out |of sth| **he·raus|strei·chen** *irreg* ① *(aus etw tilgen)* ■ **etw ~** to cross out sth *sep;* ■ **etw aus etw** ~ to delete sth |or cross out sth| from

sth ② *(betonen)* ■ **etw ~** to stress sth **he·raus|stür·zen** *vi sein* ■ |**aus etw|** ~ to rush out |of sth| **he·raus|su·chen** *vt* ■ |**jdm|** etw **|aus etw|** ~ to pick out sth *sep* |from sth| |for sb|; **kannst du mir mal die Textstelle ~, wo ...** can you find me the place |in the text| where ...; ■ **jdn** ~ to pick out sb *sep,* to choose |or select| sb **he·raus|tre·ten** *vi irreg sein* ① *(nach außen treten)* ■ |**aus etw|** ~ to step out |of sth|; **jeder, der sich freiwillig meldet, ~!** any volunteers step forward! ② *(anschwellen)* to stand out **he·raus|wa·gen** *vr* ■ **sich |aus etw|** ~ to venture out |of sth|, to venture forth |from sth| **he·raus|win·den** *vr irreg* ■ **sich |aus etw|** ~ to wriggle |or **AM** wiggle| out |of sth| **he·raus|wol·len** *vi* ■ |**aus etw|** ~ to want to get out |of sth|; *s. a.* **Sprache**

herb |hɛrp| **I.** *adj* ① *(bitter-würzig)* sharp, astringent; *Duft, Parfüm* tangy; *Wein* dry ② *(schmerzlich)* bitter; *Erkenntnis* sobering ③ *(etwas streng)* severe; *Schönheit* austere ④ *(scharf)* harsh **II.** *adv* ~ **schmecken** to taste sharp, to have an astringent taste; ~ **duften/riechen** to smell tangy; **der Wein schmeckt etwas ~** this wine tastes somewhat dry

Her·ba·ri·um <-s, -ien> |hɛrˈbaːri̯ʊm, *pl:* -ri̯ən| *nt* herbarium

her·bei |hɛɐˈbai̯| *adv (geh)* come |over| here |or old hither|

her·bei|brin·gen *vt irreg (geh)* ■ **jdn/etw** ~ to bring over sb/sth *sep* **her·bei|ei·len** *vi sein* to rush |or hurry| over **her·bei|füh·ren** |hɛɐˈbai̯fyːrən| *vt* ■ **etw** ~ ① *(bewirken)* to bring about sth *sep* ② **MED** *(verursachen)* to cause sth, to lead to sth **her·bei|ho·len** *vt (geh)* ■ **jdn/etw** ~ to fetch sb/sth; **holen Sie bitte einen Arzt herbei** please call |or fetch| |or send for| a doctor **her·bei|las·sen** *vr irreg* ■ **sich zu etw** ~ to deign |or condescend| to do sth; ■ **sich dazu ~, etw zu tun** to bring oneself to do sth **her·bei|re·den** *vt* ■ **etw** ~ to talk sth into happening; **Panik** ~ to create panic; **den Tod** ~ to conjure up death; **hör auf, Probleme herbeizureden** stop trying to find problems where there are none **her·bei|ru·fen** *vt irreg (geh)* ■ **jdn** ~ to call sb |over|; ■ **etw** ~ to call for sth; **rasch, rufen Sie einen Arzt/die Polizei herbei!** call a doctor/the police at once! **her·bei|schaf·fen** *vt (geh)* ■ **jdn/etw** ~ to bring sb/sth here; **schnell, wir müssen einen Feuerlöscher** ~ hurry, we need to get a fire extinguisher **her·bei|sehn·en** *vt (geh)* ■ **jdn/etw** ~ to long for sb/sth **her·bei|strö·men** *vi (geh)* ■ **jdn** ~ to come flocking **her·bei|win·ken** *vt* ■ **jdn** ~ to beckon |or motion| over sb *sep;* **ein Taxi** ~ to hail a taxi **her·bei|wün·schen** *vt* ■ **jdn/etw** ~ to long for sb/sth

her|be·kom·men *vt irreg (fam)* ■ **etw** ~ to get hold of sth *fam* **her|be·mü·hen I.** *vr (geh)* ■ **sich** ~ to take the trouble to come |here|; **ich habe mich schließlich extra herbemüht** after all, I did take the trouble to come here **II.** *vt (geh)* ■ **jdn** ~ to trouble sb to come |here|; **wir werden den Minister persönlich ~ müssen** we will have to trouble the minister to come here in person

Her·ber·ge <-, -n> |ˈhɛrbɛrɡə| *f* ① *(Jugend-~)* hostel ② *kein pl (veraltend: Unterkunft)* lodging, shelter *no pl* ③ *(veraltet: einfaches Gasthaus)* inn

Her·bergs·el·tern *pl* |youth| hostel wardens *pl* **Her·bergs·mut·ter** *f (female)* |youth| hostel warden **Her·bergs·va·ter** *m* |male| |youth| hostel warden

her|be·stel·len *vt* ■ **jdn** ~ to ask sb to come, to send for sb **her|be·ten** *vt (pej)* ■ **etw** ~ to recite sth mechanically, to reel |or rattle| sth off

Herb·heit <-> *f kein pl* sharpness, tanginess, acerbity; **die ~ eines Dufts/Parfüms** the tanginess of a smell/ perfume; **der Wein ist von zu großer ~** this wine is too dry

her|bit·ten vt irreg ■ **jdn** ~ to ask sb to come

her·bi·vor [hɛrbi'vo:ɐ̯] adj (Pflanzen fressend) herbivorous

Her·bi·vor <-s, -en> [hɛrbi'vo:ɐ̯] m ZOOL herbivore

Her·bi·zid <-[e]s, -e> [hɛrbi'tsi:t] nt herbicide

her|brin·gen vt irreg ■ **jdn** ~ to bring sb [here]; ■ **jdm etw** ~ to bring sb sth

Herbst <-[e]s, -e> [hɛrpst] m autumn, fall AM; **im** ~ in [the] autumn; **der** ~ **des Lebens** (liter) the autumn of [one's] life liter

Herbst·an·fang m beginning of autumn **Herbst·as·ter** f BOT Michaelmas daisy **Herbst·en·de** nt end of autumn **Herbst·far·ben** pl autumn [or autumnal] colours [or AM -ors] [or hues] [or tints] pl **Herbst·fe·ri·en** pl SCH [autumn] half-term holiday[s] BRIT, [fall] midterm vacation AM **Herbst·kol·lek·ti·on** f MODE autumn collection **Herbst·laub** nt autumn leaves pl, fall foliage + sing vb AM

herbst·lich ['hɛrpstlɪç] adj autumn attr, autumnal; ■ ~ **sein/werden** to be/become autumnal

Herbst·mo·de f autumn fashion **Herbst·mo·nat** m autumn month **Herbst·sturm** m autumn storm **Herbst·tag** m autumn day **Herbst·wet·ter** nt kein pl autumn[al] weather no pl **Herbst·zeit·lo·se** <-n, -n> f BOT meadow saffron, autumn crocus

Herd <-[e]s, -e> [he:ɐ̯t, pl: 'he:ɐ̯də] m ❶ (Küchen~) cooker, stove, range AM; **am heimischen** ~ (geh) in the comfort of one's [own] home, by one's own fireside ❷ MED (Krankheits~) focus ❸ GEOL (Zentrum) focus, epicentre [or AM -er] ► WENDUNGEN: **eigener** ~ **ist Goldes wert** (prov) there's no place like home prov

Her·de <-, -n> ['he:ɐ̯də] f (Anzahl von Tieren gleicher Art) herd; Schafe flock; ► WENDUNGEN: **mit der** ~ **lau·fen** (pej) to follow the crowd [or pej herd]

Her·den·tier nt ❶ (Tier) gregarious animal ❷ (pej: unselbstständiger Mensch) sheep pej, person who follows the crowd [or pej herd] **Her·den·trieb** m (pej) herd instinct pej

Herd·plat·te f hotplate, [electric] ring, burner, stove top

he·rein [hɛ'rain] adv in [here]; „**dort** ~?“ – „**nein, diese Tür!**“ 'in there?' – 'no, it's this door!'; **nur** |o **immer**| ~! come on in!; ~! come in!

he·rein|be·kom·men` vt irreg ■ **etw** ~ to get in sth sep **he·rein|bit·ten** vt irreg ■ **jdn** [**zu sich**] ~ to ask sb [to come] in|to one's office), to invite sb in|to one's office); **darf ich Sie gleich zu mir** ~ would you like to come straight in [or into my office] **he·rein|bre·chen** [hɛ'rainbrɛçn̩] vi irreg sein ❶ (gewaltsam zusammenstürzen) ■ **über jdn/etw** ~ to collapse [over sb/sth] ❷ (hart treffen) ■ **über jdn/etw** ~ Katastrophe, Krieg, Unglück to befall [or overtake] sb/sth ❸ (geh: anbrechen) to fall; **der Winter bricht herein** winter is setting in **he·rein|brin·gen** vt irreg ❶ (nach drinnen bringen) ■ **etw** ~ akk to bring in sb/sth sep ❷ (fam: wettmachen) **etw wieder** ~ to recoup sth; **Verluste** ~ to recoup [or make up] losses **he·rein|dür·fen** vi irreg (fam) to be allowed [to come] in; **darf ich herein?** can [or may] I come in? **he·rein|fah·ren** irreg I. vi sein to drive in II. vt haben ■ **etw** [**in etw** akk] ~ to drive sth in|to sth]; **er fuhr das Auto in die Garage herein** he drove the car into the garage **he·rein|fal·len** vi irreg sein ❶ (nach innen fallen) ■ [**in etw** akk] ~ to fall in|to sth] ❷ (fam: betrogen werden) ■ |**auf jdn/etw**| ~ to be taken in [by sb/ sth]; ■ **mit jdm/etw** ~ to be taken for a ride by sb/ with sth **he·rein|füh·ren** vt ■ **jdn** [**in etw** akk] ~ to lead [or bring] sb in|to sth] **he·rein|ho·len** vt ■ **jdn/ etw** ~ to bring in sb/sth sep **he·rein|kom·men** vi irreg sein ■ [**in etw** akk] ~ to come in|to sth]; **wie bist du hier hereingekommen?** how did you get in here? **he·rein|krie·gen** vt (fam) s. **hereinbekom-**

men he·rein|las·sen vt irreg ■ **jdn** ~ to let sb in **he·rein|lau·fen** vi irreg ■ **in etw** akk to run in **he·rein|le·gen** vt ❶ (fam: betrügen) ■ **jdn** [**mit etw**] ~ to cheat [or swindle] sb [with sth], to take sb for a ride [with sth] ❷ (nach drinnen legen) ■ |**jdm**| **etw** [**in et** akk] ~ to put sth in [sth] [for sb] **he·rein|neh·men** vt irreg ❶ (mit hereinbringen) ■ **etw** [**mit**] ~ to bring sth in; **nimm den Hund nicht mit ins Haus herein** don't bring the dog into the house ❷ (zusätzlich aufnehmen) ■ **etw** [**in etw** akk] [**mit**] ~ to include sth [in sth] **he·rein|plat·zen** vi sein (fam) ■ |**bei jdm**| ~ to burst in [on sb]; ■ **bei etw** ~ to burst into sth **he·rein|pol·tern** vi to come crashing [or clattering] in **he·rein|reg·nen** vi impers sep ■ **es regnet herein** the rain's coming [or getting] in **he·rein|rei·ten** irreg I. vt haben (fam) ■ **jdn/sich** [**in etw** akk] ~ to land sb/oneself in it [or fam in the soup] II. vi sein ■ [**in etw**] ~ to ride in [to sth] **he·rein|ru·fen** vt irreg (nach drinnen holen) ■ **jdn** [**zu sich**] ~ to call sb in; **ich rufe mal die Kinder zum Essen herein** I'll call the children in to [or for] dinner **he·rein|schau·en** vi ❶ DIAL (hereinsehen) to look in ❷ (fam: besuchen) ■ |**bei jdm**| ~ to look in [or drop in] [on sb], to drop by [sb's place] **he·rein|schnei·en** I. vi impers haben ■ **es schneit herein** the snow's coming in II. vi sein (fam) ❶ (unverhofft zu Besuch kommen) to turn up out of the blue [or suddenly] [or unexpectedly] ❷ (unverhofft angeliefert werden) ■ **jdm** ~ to be received by sb out of the blue **he·rein|se·hen** vi irreg ❶ (nach drinnen sehen) ■ |**in etw** akk| ~ to look [or see] in|to sth] ❷ s. **herein·schauen 2 he·rein|spa·zie·ren`** vi sein (fam) ■ |**in etw** akk| ~ to walk [or breeze] in|to sth]; ■ **herein·spaziert!** come right in! **he·rein|ste·cken** vt ■ **etw** [**in etw** akk] ~ to put sth [into sth]; **schau mal, wen da den Kopf zu uns hereinsteckt!** look who's popped his/her head through [or round] the door! **he·rein|strö·men** vi sein ■ **in etw** akk ~ ❶ (geströmt kommen) to pour [or flood] in|to sth] ❷ (eilig gedrängt kommen) to pour in|to sth/through sth] **he·rein|stür·men** vi to rush [or dash] in, to come rushing [or dashing] in; **wütend kam er ins Zimmer hereingestürmt** he stormed into the room angrily **he·rein|stür·zen** vi sein ■ |**in etw** akk| ~ to rush [or burst] in|to sth] **he·rein|wa·gen** vr ■ **sich** [**in etw** akk] ~ to venture in|to sth], to dare to come in|to sth]; **hast du dich schon zu ihm hereingewagt?** have you ventured into his office yet? **he·rein|wol·len** vi (fam) ■ [**in etw** akk/**zu jdm**] ~ to want to come in|to sth/ to sb]

her|fah·ren irreg I. vi sein ❶ (gefahren kommen) to drive [or come] here; **wir sind gestern erst hergefahren** we only just drove here yesterday ❷ (fahrend verfolgen) ■ **hinter jdm/etw** ~ to follow sb/sth [by car], to drive behind sb/sth ❸ (entlangfahren) ■ **vor jdm/etw** ~ to drive [along] in front of sb/sth II. vt haben ■ **jdn/etw** ~ to drive [or bring] sb/sth here

Her·fahrt f journey [or trip] here; **die** ~ **war ganz schön anstrengend** it was [or I had] a tough journey getting here; **auf** [o **während**] **der** ~ on the way [or journey] here

her|fal·len vi irreg sein ❶ (überfallen) ■ **über jdn** ~ to attack sb ❷ (bestürmen) ■ [**mit etw**] **über jdn** ~ to besiege [or pounce upon] sb [with sth] ❸ (sich herma·chen) ■ **über jdn/etw** ~ to attack sb/sth ❹ (sich stürzen) ■ **über etw** akk ~ to fall upon sth

her|fin·den vi irreg to find one's way here; **hast du gut hergefunden?** did you find your way here alright?

Her·gang <-[e]s> m kein pl course of events; **schildern Sie mir genau den** ~ **dieses Unfalls** tell me exactly what happened in this accident

her|ge·ben irreg I. vt ❶ (weggeben) ■ **etw** ~ to give away sth sep, to part with [or relinquish] sth ❷ (überreichen, aushändigen) ▪ |jdm| etw ~ to hand over sth |to sb| *sep* ❸ *(fam: erbringen)* ▪ etw ~ to say sth *fam;* **der Artikel gibt eine Fülle an Information her** the article contains a lot of information ❹ *(leihen)* **seinen guten Ruf** |*o* **Namen**| **für etw ~** to stake one's reputation |*or* name| on sth **II.** *vr* ▪ **sich zu** |*o* **für**| **etw ~** to have something to do with sth

her·ge·bracht *adj s.* **althergebracht**

her|ge·hen *irreg* **I.** *vi sein* ❶ *(entlanggehen)* ▪ |hinter/neben/vor jdm| ~ to walk |along| |behind/ beside/in front of sb| ❷ *(sich erdreisten)* ▪ ~ **und ...** to just go and ...; **du kannst doch nicht einfach ~ und meine Anweisungen ignorieren!** you can't just go and ignore my instructions! ❸ SÜDD, ÖSTERR *(herkommen)* to come |here| **II.** *vi impers sein (fam)* ❶ *(zugehen)* **bei der Diskussion ging es heiß her** it was a heated discussion |*or* sparks flew during the discussion|; **bei ihren Feten geht es immer toll/ lustig her** her parties are always great fun ❷ *(kritisiert werden)* **es geht scharf über jdn/etw her** sb/sth is being pulled |*or* picked| to pieces *fam*

her|ge·hö·ren *vi s.* **hierher**

her|ge·lau·fen *adj attr (pej) s.* **dahergelaufen**

her|ha·ben *vt irreg (fam)* ▪ **etw irgendwo ~** to get sth |from| somewhere; **wo haben Sie das her?** where did you get that |from|?

her|hal·ten *irreg* **I.** *vt* ▪ |jdm| etw ~ to hold sth out |to sb| **II.** *vi* ▪ **als etw ~ müssen** to be used |*or* serve| as sth; **als Prellbock ~ müssen** to act |*or* be used| as a buffer

her|ho·len *vt (fam)* ▪ **jdn/etw ~** to fetch |*or fam* get hold of| sb/sth; **wo soll ich denn jetzt um Mitternacht noch Champagner und Kaviar ~?** where am I supposed to get hold of champagne and caviar at midnight?; *s. a.* **weit**

her|hö·ren *vi (fam)* to listen, to pay attention; **alle** |*o* **alles**| **mal ~!** listen everybody!

He·ring <-s, -e> |'heːrɪŋ| *m* ❶ ZOOL, KOCHK *(Fisch)* herring; **mager** |*o* **dünn**| **wie ein ~** *(fam)* as thin as a rake ❷ *(Zeltpflock)* |tent| peg

He·rings·hai *m* ZOOL, KOCHK porbeagle, beaumaris shark *esp* BRIT **He·rings·kö·nig** *m* KOCHK, ZOOL John Dory **He·rings·mö·we** *f* ORN lesser black-headed gull **He·rings·sa·lat** *m* herring salad **He·rings·topf** *m* a dish of pickled herring, pickled gherkin, onion and apple, covered in a fresh cream sauce and traditionally served in a small earthenware pot

he·rin·nen |hɛ'rɪnən| *adv* SÜDD, ÖSTERR *(drinnen, innen)* in here

her|ja·gen **I.** *vt haben* ▪ **jdn/ein Tier ~** to drive |*or* chase| sb/an animal |here|; ▪ **jdn vor sich** *dat* ~ to drive sb along in front of one **II.** *vi sein* ▪ **hinter jdm/ einem Tier ~** to chase after sb/an animal

her|kom·men *vi irreg sein* ❶ *(herbeikommen)* to come here; **kannst du mal ~?** can you come here a minute?; **von wo kommst du denn so spät noch her?** where have you come from at |*or* been until| this late hour? ❷ *(herstammen)* ▪ **von irgendwo ~** to come from somewhere ❸ *(hergenommen werden können)* ▪ **irgendwo ~** to come from somewhere; **ich weiß beim besten Willen nicht, wo das Ersatzteil so schnell ~ soll** I honestly don't know where I'm going to get my hands on the spare part so quickly

her·kömm·lich *adj* traditional, conventional

Her·ku·les <-, -se> |'hɛrkuːlɛs| *m* Hercules; **ein wahrer ~** a regular Hercules

Her·ku·les·ar·beit *f* Herculean task **Her·ku·les·käfer** *m* ZOOL Hercules beetle

Her·kunft <-, *selten* -künfte> |'heːɐkʊnft, *pl:* -kʏnftə| *f* ❶ *(Abstammung)* origins *pl,* descent, background; **ihrer ~ nach ist sie Baskin** she is of Basque

descent |*or* extraction|; **von ... ~ sein** *gen* to be of ... origin |*or* stock|; **er ist von bäuerlicher ~** he comes from a family of farmers ❷ *(Ursprung)* origin; **von ... ~ sein** *(Ursprung)* to have a/an ... origin; **dieses Wort ist von unklarer ~** this word has an unclear origin

Her·kunfts·land *nt* ÖKON country of origin

her|lau·fen *vi irreg sein* ❶ *(entlanglaufen)* ▪ **irgendwo ~** to run along somewhere ❷ *(gelaufen kommen)* ▪ **zu jdm ~** to run over here to sb ❸ *(im Laufe begleiten)* ▪ **hinter/neben/vor jdm ~** to run |along| behind/beside/in front of sb

her|lei·ten I. *vt* ▪ **etw aus etw ~** ❶ *(ableiten)* to derive sth from sth ❷ *(folgern)* to deduce |*or* infer| |*or* conclude| sth from sth **II.** *vr* ▪ **sich von etw ~** to derive |*or* be derived| from sth

her|ma·chen I. *vr (fam)* ❶ *(energisch beschäftigen)* ▪ **sich über etw** *akk* ~ to get stuck into sth *fam;* **ich will mich doch gleich über den neuen Computer ~!** I want to get my hands on the new computer right away! ❷ *(Besitz ergreifen)* ▪ **sich über etw** *akk* ~ to fall upon sth *fam;* **er machte sich über die Kekse her, als hätte er seit Tagen nicht gegessen** he fell upon the cookies as if he hadn't eaten in days ❸ *(herfallen)* ▪ **sich über jdn ~** to attack |*or* fall |up|on| sb **II.** *vt (fam)* to be impressive; **das macht doch nichts/nicht viel her!** that's not very impressive!, that's not impressive at all!; **in dem neuen Kleid machst du wirklich viel her** you look great |*or* really good| in the new dress; **viel von sich ~** to be full of oneself *pej;* **wenig** |*o* **nichts**| **von sich ~** to be modest

Her·ma·phro·dit <-en, -en> |hɛrmafroˈdiːt| *m* MED, BIOL hermaphrodite

Her·ma·phro·di·tis·mus, Her·ma·phro·dis·mus <-> |hɛrmafrodiˈtɪsmʊs| *m kein pl* BIOL *(Zwittrigkeit)* hermaphroditism

Her·me·lin¹ <-s, -e> |hɛrməˈliːn| *nt* ZOOL *(braun)* stoat; *(weiß)* ermine

Her·me·lin² <-s, -e> |hɛrməˈliːn| *m* MODE ermine

Her·me·neu·tik <-> |hɛrmeˈnɔytɪk| *f kein pl* hermeneutics + *sing vb*

her·me·neu·tisch |hɛrmeˈnɔytɪʃ| *adj* hermeneutic[al]

her·me·tisch |hɛrˈmeːtɪʃ| **I.** *adj (geh)* hermetic **II.** *adv* hermetically, airtight; ~ **verschlossen** hermetically sealed; ~ **abgeriegelt** |*o* **abgeschlossen**| |*o* **geschlossen**| completely sealed |*or* shut| |*or* closed off|

her|müs·sen *vi irreg (fam)* to be needed urgently

her·nach |hɛɐˈnaːx| *adv* DIAL *(danach)* afterwards, after that

her|neh·men *vt irreg* ❶ *(beschaffen)* ▪ **etw irgendwo ~** to get |*or* find| sth somewhere; **ich weiß nicht, wo ich so viel Geld ~ soll** I don't know where I'm going to find |*or* get my hands on| that much money ❷ *(aufbringen)* ▪ **etw irgendwo ~** to find sth somewhere ❸ DIAL *(fam: stark fordern, belasten)* ▪ **jdn ~** to overwork sb ❹ DIAL *(fam: mitnehmen)* ▪ **jdn ~** to take it out of sb ❺ DIAL *(sich vornehmen)* ▪ |**sich** *dat*| **jdn ~** to give sb a good talking-to *fam* ► WENDUNGEN: **woher nehmen und nicht stehlen?** where on earth am I going to get hold of it?

her·nie·der |hɛɐˈniːdɐ| *adv (liter)* down

He·ro·in <-s> |heroˈiːn| *nt kein pl* heroin

He·ro·i·ne <-, -n> |heroˈiːnə| *f* THEAT heroine

he·ro·isch |heˈroːɪʃ| **I.** *adj (geh)* heroic **II.** *adv (geh)* heroically

He·rold <-[e]s, -e> |'heːrɔlt, *pl:* -ldə| *m* ❶ HIST *(Bote eines Fürsten)* herald ❷ *(Vorbote)* ▪ **der ~ einer S.** *gen* the harbinger of sth

He·ros <-, Heroen> |'heːrɔs, *pl:* heˈroːən| *m* ❶ *(geh: Held)* hero ❷ *(Halbgott)* demigod

Her·pes <-> [ˈhɛrpɛs] *m kein pl* herpes
Her·pes·vi·rus *nt* herpes virus
her|plap·pern *vt (fam)* ■ **etw ~** to say sth without thinking, to reel [*or* rattle] off sth *sep*
Herr(in) <-n, -en> [hɛr] *m(f)* ❶ *nur m (männliche Anrede: vor Eigennamen)* Mr; **die ~en Schmidt und Müller** Messrs Schmidt and Müller; **der ~ Botschafter/Professor** the Ambassador/Professor; **~ Doktor/Kollege …** Dr/Mr …; **tut mir leid, der ~ Doktor ist heute Nachmittag nicht in der Praxis** I'm sorry, but the doctor is not in his office this afternoon; **~ Präsident/Vorsitzender** Mr President/Chairman; **sehr geehrter ~ …** Dear Mr …; **sehr geehrte ~en!** Dear Sirs; **gnädiger ~** *(veraltend)* sir; **der ~ wünscht?** what can I do for you, sir?; **der ~ sir; hat der ~ schon gewählt?** is sir ready to order? ❷ *(iron: sarkastisch)* sir *iron;* **wenn sich der ~ für so etwas zu fein ist** if this is beneath you, sir; **mein ~** *(geh)* sir *form;* **bitte, mein ~, nach Ihnen** after you, sir; **meine ~en** *(geh)* [**aber**] **meine ~en!** gentlemen, please!; **„~en"** "gentlemen", "men", "gents" BRIT ❸ *nur m (in Anrede ohne Namen)* **jds ~ Onkel/ Vater/Sohn etc** sb's uncle/father/son etc; **ach, das ist Ihr ~ Onkel auf dem Foto?** oh, that's your uncle in the picture? ❹ *nur m (Tanzpartner, Begleiter)* [gentleman] companion, partner ❺ *nur m (geh: Mann)* gentleman; **wir führen alles für den modebewussten ~n** we stock everything for the well-dressed man; **ein geistlicher ~** *(geh)* a clergyman ❻ *(Herrscher)* ruler, sovereign; ■ **~/~in über jdn/ etw sein** to be ruler of sb/sth; *(Gebieter)* master, mistress *fem;* **~ über** [jds] **Leben und Tod sein** to have the power of life and death [over sb]; **der ~ des Hauses** the master of the house; **~ im eigenen Hause sein** to be master in one's own house; **der gnädige ~** *(veraltet)* the master [of the house]; **der junge ~** *(geh)* the young master; **~ der Lage sein** to be master of the situation, to have the situation under control; **nicht mehr ~ seiner Sinne sein** to no longer be in control of oneself; **sein eigener ~ sein** to be one's own master [*or* boss]; **nicht ~ über jdn werden** to not be able to control [*or* master] sb ❼ *(Besitzer)* master; **sind Sie der ~ dieses Hundes?** do you own this dog?, are you the owner of this dog?, does this dog belong to you?, is this your dog? ❽ REL *(Gott)* Lord; ■ **der ~** the Lord God; **der ~ der Heerscharen** the Lord of hosts ▶ WENDUNGEN: **mein ~ und Gebieter** [*o* Meister] *(hum)* my lord and master *hum;* **wie der ~, so 's Gescherr!** *(prov)* like master, like man! *prov;* **~ des Himmels!** *(emph)* good Lord!; **aus aller ~en Länder[n]** from all over the world, from the four corners of the earth; **die ~en der Schöpfung** *(hum)* their lordships *hum;* **jds alter ~** *(hum fam)* sb's old man *sl;* **den großen ~n spielen** [*o* **markieren**] *(fam)* to act like the lord of the manor; **man kann nicht** [*o* niemand kann] **zwei ~en dienen** *(prov)* no man can serve two masters *prov;* [mein] **~! sir!**
Herr·chen <-s, -> *nt (fam)* [young] master
Her·ren·aus·stat·ter <-s, -> *m* [gentle]men's outfitters
Her·ren·be·glei·tung *f (geh)* **in ~** in the company of [*or* accompanied by] a gentleman, with a male companion **Her·ren·be·kannt·schaft** *f* gentleman acquaintance; **eine ~ machen** to make the acquaintance of a gentleman **Her·ren·be·klei·dung** *f* menswear **Her·ren·be·such** *m* ❶ *(Besucher)* gentleman visitor [*or* caller] ❷ *(Besuch durch einen Herrn)* visit from a gentleman **Her·ren·dop·pel** *nt* TENNIS men's doubles *pl* **Her·ren·ein·zel** *nt* TENNIS men's singles *pl* **Her·ren·[fahr·]rad** *nt* men's bicycle [*or* bike] **Her·ren·fri·seur, -fri·seu·se** *m, f* barber, men's hairdresser **Her·ren·ge·sell·schaft** *f* ❶ *(gesellige Runde von Herren)* all-male [*or* [gentle]men only] party [*or* gathering] ❷ *(Her-*

renbegleitung) **in ~** in the company of [*or* accompanied by] a gentleman, with a male companion **Her·ren·haus** *nt* manor house **Her·ren·hemd** *nt* men's shirt **Her·ren·ho·se** *f* men's trousers [*or* AM pants] *npl* **Her·ren·hut** *m* men's hat **her·ren·los** *adj* abandoned; *Hund, Katze* stray **Her·ren·mo·de** *f* men's fashion **Her·ren·sitz** *m* manor house **Her·ren·to·i·let·te** *f* men's toilet[s] [*or* AM restroom], gents BRIT
Herr·gott [ˈhɛrgɔt] *m (fam)* SÜDD, ÖSTERR *(Gott)* ■ **der/ unser ~** God, the Lord [God] ▶ WENDUNGEN: **~ Sakrament!** SÜDD *(fam)* **~ noch mal!** *(fam)* **~!** *(fam)* for God's [*or* Heaven's] sake!
Herr·gotts·frü·he [ˈhɛrgɔtsfryːə] *f* **in aller ~** at the crack of dawn, at an unearthly hour of the morning **Herr·gotts·schnit·zer(in)** *m(f)* SÜDD, ÖSTERR *(Holzbildhauer für Kruzifixe)* carver of crucifixes **Herr·gotts·win·kel** *m* SÜDD, ÖSTERR *corner of a room [decorated] with a crucifix and other devotional objects*
her|rich·ten I. *vt* ❶ *(vorbereiten)* to arrange, to prepare; ■ [jdm/für jdn] **etw ~** to get sth ready [for sb]; **den Tisch ~** to set the table ❷ *(in Stand setzen, ausbessern)* ■ **etw ~** to repair [*or* fix] sth II. *vr* DIAL *(sich zurechtmachen)* ■ **sich ~** to get [oneself] ready
Her·rin <-, -nen> *f fem form von* **Herr** mistress, lady
her·risch [ˈhɛrɪʃ] I. *adj* domineering, overbearing; *Ton* imperious, commanding, peremptory II. *adv* imperiously, peremptorily
herr·je(h) [hɛrˈjeː], **herr·je·mi·ne** [hɛrjeˈmiːnə] *interj* goodness gracious!, cripes!
herr·lich I. *adj* ❶ *(prächtig)* marvellous, AM marvelous; **eine ~e Aussicht** a beautiful [*or* magnificent] [*or* superb] view; **~er Sonnenschein** glorious sunshine; **~er Urlaub** delightful [*or* wonderful] holiday; *(wunderschön)* magnificent; **ist das Wetter wieder ~ heute!** what gorgeous [*or* excellent] weather we're having again today! ❷ *(köstlich)* delicious, exquisite ❸ *(iron)* wonderful *iron;* **das ist ja ~** *(iron)* oh great! *iron* II. *adv* ❶ *(prächtig)* **sich ~ amüsieren** to have a marvellous [*or* AM marvelous] [*or* excellent] time, to have great fun ❷ *(köstlich)* **~ munden** [*o* **schmecken**] to taste delicious
Herr·lich·keit <-, -en> *f* ❶ *kein pl (Schönheit, Pracht)* magnificence, splendour [*or* AM -or], grandeur; **die ~ der Landschaft** the beauty [*or* magnificence] of the landscape; **die ~ Gottes** REL the glory of God; **ist das die ganze ~?** *(iron)* is that [all there is to] it?; **die ~ wird nicht lange dauern** [*o* anhalten] *(fam)* it's too good to last ❷ *meist pl (prächtiger Gegenstand)* treasure ❸ *(Köstlichkeit)* delicacy
Herr·schaft <-, -en> [ˈhɛrʃaft] *f* ❶ *kein pl (Macht, Kontrolle)* power, rule, reign; **eine totalitäre ~** totalitarian rule; **sich der ~ bemächtigen** [*o* **die ~ usurpieren**] to seize power; **an die ~ gelangen** [*o* **kommen**] to come to power; **die ~ über etw/sich verlieren** *akk* to lose control of sth/oneself; **unter der ~ der/des …** under the rule of the … ❷ *pl (Damen und Herren)* ■ **die ~en** ladies and gentlemen; **guten Abend, meine ~en!** good evening, ladies and gentlemen!; **darf ich den ~en sonst noch etwas bringen?** can I bring sir and madam anything else? ❸ *(veraltend: Dienstherr)* master *no indef art;* *(hum)* lordship, ladyship; **und wann gedenken die ~en, wieder nach Hause zu kommen?** and *when* do his lord- and ladyship expect to come home again? ▶ WENDUNGEN: **jds alte ~en** *(hum fam)* sb's old man and old woman *sl,* sb's folks *esp* AM
herr·schaft·lich *adj* grand, elegant
Herr·schafts·an·spruch *m* claim to power; **der ~ des Thronfolgers** the heir's claim to the throne **Herr·schafts·be·reich** *m* territory, jurisdiction
herr·schen [ˈhɛrʃn] I. *vi* ❶ *(regieren)* ■ **über jdn/**

etw| ~ to rule [*or* govern] |[over] sb/sth]; **diese Partei herrscht seit 1918** this party has been in power since 1918 ❷ *(walten, in Kraft sein)* to hold sway ❸ *(vorhanden sein)* to prevail, to be prevalent; *Ruhe, Stille* to reign; *Hunger, Krankheit, Not* to be rampant [*or* rife], to be raging; **hoffentlich herrscht hier bald wieder Ruhe!** hopefully we'll soon be having a bit of quiet here!; **seit Tagen herrscht in Mitteleuropa eine drückende Hitze** there has been an oppressive heatwave in central Europe for [some] days [now]; **was herrscht hier wieder für eine schreckliche Unordnung!** what a terrible mess this place is in again! II. *vi impers* **es herrscht Zweifel, ob ...** there is doubt whether ...; *Bedenken, Zweifel* to prevail; **es herrscht Stille** silence reigns; **es herrscht Unklarheit, wann/warum/wer/wie/ob ...** there is [some] doubt as to when/why/who/how/whether ...

herr·schend *adj* ❶ *(regierend)* ruling, dominant ❷ *(Machthaber)* ▪ **die H~en** the rulers, those in power ❸ *(in Kraft befindlich)* prevailing ❹ *(obwaltend)* prevailing, prevalent

Herr·scher|in <-s, -> *m(f)* ruler, sovereign, monarch; ▪ ~ **über jdn/etw** ruler of sb/sth

Herr·scher·ge·schlecht *nt*, **Herr·scher·haus** *nt* [ruling] dynasty

Herr·sche·rin <-, -nen> *f fem form von* **Herrscher**

Herrsch·sucht *f* thirst [*or* lust] for power; PSYCH domineering nature

herrsch·süch·tig *adj* domineering

her|ru·fen *vt irreg* ❶ *(zu jdm rufen)* ▪ **jdn/ein Tier** [**zu sich**] ~ to call [over *sep*] sb/an animal ❷ *(nachrufen)* ▪ **etw hinter jdm** ~ to call sth after sb

her|rüh·ren *vi (geh)* ▪ **von etw** ~ to come from sth; **von einem Albtraum/einer Feindschaft/einem Gegensatz** ~ to stem from a nightmare/animosity/a paradox

her|sa·gen *vt* ▪ **etw** ~ to recite sth

her|schau·en *vi* DIAL *(hersehen)* ▪ [**zu jdm**] ~ to look over [at sb]; **der Mann schaut schon die ganze Zeit zu uns her!** that man has been looking over at us the whole time! ▸ WENDUNGEN: **da schau her!** ÖSTERR *(fam: sieh mal an!)* well, I never!

her|schi·cken *vt* ❶ *(zu jdm schicken)* ▪ **jdn/etw** [**zu jdm**] ~ to send sb/sth [here [*or* over]] [to sb] ❷ *(nachschicken)* ▪ **jdn/etw hinter jdm/etw** ~ to send sb/sth after sb/sth

her|se·hen *vi irreg* ❶ *(in jds Richtung sehen)* ▪ [**zu jdm**] ~ to look this way [*or* over here] [at sb]; **sieh doch mal gerade her, ich will dir was zeigen!** look this way [*or* over here] , I want to show you something! ❷ *(nachsehen)* ▪ **hinter jdm/etw** ~ to follow sb/sth with one's eyes

her|stam·men *vi* ❶ *(herkommen)* ▪ **irgendwo** ~ to come [*or* be] from somewhere ❷ *(herrühren)* ▪ **von etw** ~ to come from sth ❸ *(herkommen)* ▪ **von jdm/etw** ~ to come from sb/sth; **diese Aussage stammt von der Geschäftsleitung her** that statement came from the management

her|stel·len *vt* ❶ *(erzeugen)* ▪ **etw** ~ to produce [*or* manufacture] sth; **die Schnitzereien sind alle von Hand hergestellt** the carvings are all made [*or* produced] by hand ❷ *(zustande bringen)* ▪ **etw** ~ to establish [*or* make] sth ❸ *(gesundheitlich)* ▪ **jdn wieder** ~ to restore sb back to health; **ich fühle mich noch etwas schlapp, sonst bin ich wieder einigermaßen hergestellt** I still feel a little run-down, but other than that I feel much better ❹ *(irgendwohin stellen)* ▪ **etw** [**zu jdm/etw**] ~ to put sth here [next to sb/sth]

Her·stel·ler|in <-s, -> *m(f)* ❶ *(Produzent)* manufacturer, producer ❷ *(Mitarbeiter der Herstellung)* production department employee [*or* worker]

Her·stel·ler·fir·ma *f* manufacturer, manufacturing firm

Her·stel·le·rin <-, -nen> *f fem form von* **Hersteller**

Her·stel·lung *f kein pl* ❶ ÖKON *(das Herstellen)* production, manufacturing, making; *(Produktion)* production, manufacture; **am Design merkt man gleich, dass die Schuhe aus italienischer** ~ **sind** you can immediately tell from the design that the[se] shoes are [*or* were] made in Italy ❷ *(Aufbau)* establishing, establishment; **die ~ von Kontakten** establishing [*or* making] contacts; **seine Reise nach China diente vornehmlich der ~ von Kontakten** the main purpose of his trip to China was to establish new contacts ❸ *(Produktionsabteilung)* production department

Her·stel·lungs·kos·ten *pl* production [*or* manufacturing] costs *pl*, cost of production **Her·stel·lungs·land** *nt s.* **Herkunftsland**

her|tra·gen *vt irreg* ❶ *(herbeitragen)* ▪ **jdn/etw** [**zu jdm**] ~ to carry sth [over] here [to sb] ❷ *(entlangtragen)* ▪ **etw hinter/neben/vor jdm** ~ to carry sth [along] behind/beside/in front of sb

her|trau·en *vr* ▪ **sich** [**zu jdm**] ~ to dare to come [here] [to sb]; **er traut sich nicht mehr her** he doesn't dare come here any more

Hertz <-, -> |hɛrts| *nt* hertz

he·rü·ben *adv* SÜDD, ÖSTERR *(auf dieser Seite)* over here

he·rü·ber |hɛ'ry:be| *adv* over here; **die Flussfähre fährt ans andere Ufer hinüber und dann wieder zu uns** ~ the river boat travels over to the other bank and then back over [*or* across] [here] to us

he·rü·ber|bit·ten *vt irreg* ▪ **jdn** [**zu jdm/sich**] ~ to ask sb [to come] over [to sb] **he·rü·ber|brin·gen** *vt irreg* ▪ **jdn/etw** [**zu jdm**] ~ to bring sb/sth over [to sb] **he·rü·ber|dür·fen** *vi irreg* ▪ [**zu jdm**] ~ to be allowed [to come] over [*or* across] [to sb]; **darf ich zu Ihnen herüber?** may I come over to you [*or* where you are] ? **he·rü·ber|fah·ren** *irreg* I. *vi sein* ▪ [**zu jdm**] ~ to drive [*or* come] over [*or* across] [to sb] II. *vt haben* ▪ **jdn/etw** ~ to drive sb/sth over **he·rü·ber|ge·ben** *vt irreg* ▪ **etw** [**zu jdm**] ~ to pass [*or* hand] over sth *sep* [to sb] [*or* sth over [here]] **he·rü·ber|ho·len** *vt* ▪ **jdn/etw** [**zu jdm/sich**] ~ to bring sb/sth over [to sb], to fetch sb/sth **he·rü·ber|kom·men** |hɛ'ry:bekɔmən| *vi irreg sein* ▪ [**zu jdm**] ~ *(hierher kommen)* to come over [here] [to sb] ❷ *(hierher gelangen)* to get over [*or* across] [to sb] **he·rü·ber|las·sen** *vt irreg* ▪ **jdn/etw** ~ to allow sb/sth [to come] over [*or* across] **he·rü·ber|lau·fen** *vi irreg sein* ▪ [**zu jdm**] ~ to run over [here] [to sb] **he·rü·ber|rei·chen** I. *vt (geh) s.* **herübergeben** II. *vi* [**irgendwohin**] ~ to extend [*or* reach] over [somewhere] **he·rü·ber|ret·ten** *vt s.* **hinüberretten** **he·rü·ber|schi·cken** *vt* ▪ **jdn/etw** [**zu jdm**] ~ to send sb/sth over [here] [to sb] **he·rü·ber|schwim·men** *vi irreg sein* ▪ [**über etw** *akk*] [**zu jdm**] ~ to swim across [sth] [to sb] **he·rü·ber|se·hen** *vi irreg* ▪ [**zu jdm**] ~ to look over [*or* across] [here] [at sb] **he·rü·ber|wer·fen** *vt irreg* ▪ **etw** [**zu jdm**] ~ to throw sth over [*or* across] [here] [to sb] **he·rü·ber|wol·len** *vi* ▪ [**zu jdm**] ~ to want to come over [*or* across] [to sb] **he·rü·ber|zie·hen** *vt irreg* ▪ **jdn/etw** [**zu jdm/sich**] ~ *akk* to pull sb/sth over [here] [to oneself]

he·rum |hɛ'rʊm| *adv* ❶ *(um etw im Kreis)* ▪ **um etw** ~ [a]round sth ❷ *(überall in jds Nähe)* ▪ **um jdn** ~ [all] around sb; ▪ **um jdn** ~ **sein** to be [a]round sb ❸ *(gegen)* ▪ ~ around [*or* about] ...; **es mögen um 45.000 Zuschauer** ~ **im Stadion gewesen sein** there must have been around [*or* about] 45,000 spectators in the stadium; *(um zirka)* [at] about ... [*or* around]; „**wieviel Uhr mag es jetzt sein?**" – „**ich schätze, um 17 Uhr 30 ~**" "what time is it?" – "I'd guess that it's about [*or* around] half past five" ❹ *(vorüber sein)* ▪ ~ **sein** to be over ❺ *(verbreitet worden*

sein) ■ ~ **sein** to have got [a]round [or about]
he·rum|al·bern vi (fam) to fool [or clown] around [or
about]; ■ **jds H~** sb's fooling around [or about] **he·
rum|är·gern** vr (fam) ■ **sich mit jdm/etw ~** to keep
getting worked up about [or annoyed with] sb/sth, to
have constant trouble with sb/sth fam **he·rum|be·
kom·men'** vt irreg ■ **jdn [zu etw]** ~ to talk sb round
[or esp AM around] [to sth] **he·rum|blät·tern** vi ■ **in
etw** dat ~ to leaf through sth **he·rum|brül·len** vi
(fam) to shout [or scream] one's head off fam **he·
rum|bum·meln** vi (fam) ① haben (trödeln) to dawdle
② sein (herumspazieren) ■ **[irgendwo]** ~ to stroll [or
wander] [a]round [somewhere] **he·rum|dok·tern** vi
(fam) ① (zu kurieren versuchen) ■ **an jdm/etw ~** to
try treating [or curing] sb/sth ② (zu reparieren versuchen) ■ **an etw** dat ~ to tinker [or fiddle] about with
sth **he·rum|dre·hen** I. vt ① (um die Achse drehen)
■ **etw ~** to turn sth ② (wenden) ■ **jdn/etw ~** to turn
sb/sth over II. vr ■ **sich [zu jdm]** ~ to turn [a]round
[to sb] **he·rum|drü·cken** I. vr (fam) ① (ohne Ziel auf-
halten) ■ **sich irgendwo ~** to hang [a]round [or
about] [or out] somewhere fam ② (drücken) ■ **sich
um etw ~** to dodge sth fig; **wir können uns nicht
länger um eine Entscheidung ~!** we can't dodge
making a decision any longer! II. vi ■ **an etw** dat ~ to
[try and] squeeze sth **he·rum|druck·sen** vi (fam) to
hum and haw BRIT, to hem and haw AM **he·rum|er·
zäh·len'** vt (fam) ■ **etw ~** to spread sth [a]round **he·
rum|fah·ren** irreg I. vi ① sein (umherfahren) ■ **ir-
gendwo ~** to drive [a]round somewhere; **ich bin um
bisschen in der Stadt herumgefahren** I drove [or
went] [a]round [the] town for a while ② sein (im Kreis
darum fahren) ■ **um jdn/etw ~** to drive [a]round sb/
sth ③ sein (sich rasch umdrehen) to spin [or turn]
[a]round quickly ④ haben o sein (ziellos streichen,
wischen) ■ **[mit etw] auf/in etw** dat ~ to wipe sth
[with sth]; **er fuhr sich nervös mit den Händen im
Haar herum** he ran his hands nervously through his
hair II. vt haben ■ **jdn ~** to drive sb [a]round **he·
rum|fle·geln** vr (fam) ■ **sich [irgendwo]** ~ to loll
[a]round [or about] [somewhere] **he·rum|fra·gen** vi
(fam) to ask around, to make inquiries **he·rum|fuch·
teln** vi (fam) ■ **[mit etw]** ~ to wave sth around [or
about], to fidget with sth **he·rum|füh·ren** I. vt
① (durch die Gegend führen) ■ **jdn [in etw** dat] ~ to
show sb [a]round [sth] ② meist passiv (darum herum
bauen) ■ **etw um etw ~** to build sth [a]round sth
II. vi ■ **um etw ~** to go [a]round sth **he·rum|fuhr·
wer·ken** vi (fam) ■ **[mit etw]** ~ to fiddle [or farm
mess] about [or around] [with sth] **he·rum|fum·meln**
vi (fam) ① (anhaltend hantieren) ■ **[an etw** dat] ~ to
fiddle [or farm mess] about [or around] [with sth] ② (anfassen) ■ **an jdm/etw ~** to fiddle [or fumble] about
with sb/sth; (mit sexueller Absicht) to touch [or feel]
sb up fam, to grope sb **he·rum|ge·ben** vt irreg
■ **etw ~** to pass [or hand] sth [a]round, to circulate sth
he·rum|ge·hen vi irreg sein (fam) ① (einen Kreis
gehen) ■ **um jdn/etw ~** to go [or walk] [a]round sb/
sth ② (ziellos umhergehen) ■ **[in etw** dat] ~ to go for
a walk [a]round [sth], to wander [or walk] around [sth]
③ (herumgereicht werden) to be passed [or handed]
[a]round; ■ **etw ~ lassen** to circulate sth ④ (weiterer-
zählt werden) to go [a]round; s. a. **Kopf** ⑤ (vorüberge-
hen) to pass, to go by **he·rum|geis·tern** vi sein (fam)
■ **[in etw** dat] ~ ① (ziellos umhergehen) to wander
[a]round [sth] ② s. **herumspuken he·rum|ha·cken** vi
(fam) ■ **auf jdm** ~ to pick on sb, to get [on] at sb fam
he·rum|hän·gen vi irreg sein (sl) ① (ständig zu fin-
den sein) ■ **irgendwo/in etw** dat ~ to hang
[a]round [or about] [or out] in sth/somewhere fam
② (untätig sein) to lounge [a]round [or about], to bum
[a]round [or about] fam **he·rum|hor·chen** vi (fam) to

ask around, to keep one's ears open **he·rum|hu·ren** vi
(sl) to sleep around fam, to go whoring dated, to put it
about BRIT sl; **die hurt doch mit jedem herum!** she
sleeps with anybody! **he·rum|ir·ren** vi sein to wander
[a]round [or about] **he·rum|kom·man·die·ren'** I. vt
(fam) ■ **jdn ~** to boss pej fam [or order] sb about [or
around] II. vi (fam) to give orders

he·rum|kom·men vi irreg sein (fam) ① (herumfahren
können) ■ **um etw ~** to get [a]round sth; **kommen
Sie mit Ihrem Gepäckwagen um die Säule
herum?** are you able to get around this pillar with
your luggage trolley? ② (vermeiden können) ■ **um
etw ~** to get out of sth; **die Regierung kam um
Steuererhöhungen nicht herum** the government
was unable to get [a]round raising taxes; ■ **darum ~,
etw zu tun** to get out of doing sth; **wir kommen um
die Tatsache nicht herum, dass er nun mal einfach kompetenter ist** we can't get [a]round the fact
that he is simply more competent ③ (reisen) ■ **[ir-
gendwo]** ~ to get around [or about] [somewhere];
viel ~ to see a great deal, to do a lot of travelling; **in
Dänemark bin ich auf meinen Reisen viel
herumgekommen** I saw a lot of Denmark on my
travels

he·rum|kra·men vi (fam) ■ **in etw ~** to rummage
about [or around] in sth **he·rum|kreb·sen** vi (fam) to
struggle [on] **he·rum|krie·gen** vt (fam) s. **herumbe-
kommen he·rum|kut·schie·ren'** vt (fam) ■ **jdn [in
etw** dat] ~ to drive sb [a]round [in sth] **he·rum|lau·
fen** vi irreg sein ① (herumführen) ■ **um etw ~** to run
[or go] [a]round sth ② (Kreis laufen) ■ **um etw ~** to
run [a]round sth ③ (fam: umherlaufen) to go [a]round
[or about]; **um Gottes Willen, wie läufst du denn
herum?** for heaven's sake, what do you look like!;
[noch] frei ~ to be [still] at large **he·rum|lie·gen** vi
irreg (fam) to lie about [or around]; ■ **etw ~ lassen**
to leave sth lying about [or around] **he·rum|lun·gern** vi
(fam) ■ **irgendwo ~** to loaf [or loiter] [or hang] about
[or around] somewhere fam **he·rum|ma·chen** I. vi
(fam) ① (herumtasten) ■ **an etw** dat ~ to fiddle
[about [or around]] with sth, to monkey with sth
② (herumnörgeln) ■ **an etw ~** to find fault with sth;
■ **an jdm ~** to nag sb fam II. vt (fam) ■ **etw um
etw ~** to put sth [a]round sth **he·rum|nör·geln** vi (pej
fam) ■ **[an jdm]** ~ to nag [[at] sb]; ■ **an etw ~** to find
fault with sth **he·rum|quä·len** vr (fam) ① (sich qual-
voll befassen) ■ **sich mit jdm/etw ~** to battle
against [or with] sb/sth, to struggle with sb/sth
② (qualvoll leiden) ■ **sich [mit etw]** ~ to be plagued
[by sth] **he·rum|rät·seln** vi ■ **[an etw** dat] ~ to try to
figure out [sth] fam sep **he·rum|re·den** vi (fam)
① (ausweichend reden) ■ **um etw ~** to talk round [or
AM around] sth, to dodge the issue, to beat about [or
AM around] the bush ② (belangloses Zeug reden)
■ **[nur]** ~ to waffle on pej **he·rum|rei·chen** vt
① (geh) s. **herumgeben** ② (fam: allen möglichen
Leuten vorstellen) ■ **jdn ~** to introduce sb to every-
body [or everyone] **he·rum|rei·sen** vi sein to travel
about [or around] **he·rum|rei·ßen** vt irreg ■ **etw ~** to
pull sth round [or esp AM around] hard **he·rum|rei·ten**
vi irreg sein ① (umherreiten) ■ **[in etw** dat] ~ to ride
around [or about] [[in] sth] ② (reitend umgehen)
■ **um etw ~** to ride [a]round sth ③ (fam: herumhacken) ■ **auf jdm ~** to get at sb fam; ■ **auf etw** dat ~
(pej) to harp on about sth pej fam, to keep bringing
sth up, to keep going on about sth fam **he·rum|ren·
nen** vi irreg sein ① (fam: umherrennen) to run
around [or about] ② s. **herumlaufen 2 he·
rum|schar·wen·zeln'** vi sein (pej fam) ■ **um jdn ~**
to dance attendance on sb BRIT, to grovel **he·
rum|schla·gen** irreg I. vt (geh) s. **herumwickeln**
II. vr (fam) ■ **sich mit jdm/etw ~** to keep battling

against [or with] sb/sth, to struggle with sb/sth **he·rum|schlep·pen** vt (fam) ❶ (umherschleppen) ■ **etw [mit sich]** ~ to lug sth [a]round [or about] fam ❷ (belastet sein) ■ **etw mit sich** ~ to be worried [or troubled] by sth; **eine Krankheit/Infektion/ein Virus mit sich** ~ to go [a]round [or about] with an illness/a cold/a virus **he·rum|schnüf·feln** vi (anhaltend schnüffeln) ■ **[an etw** dat] ~ to sniff [a]round [sth] ❷ (pej fam: spionierend wühlen) ■ **[in etw** dat] ~ to snoop around [or about] [in sth] pej fam **he·rum|schrei·en** vi irreg (fam) to scream and shout **he·rum|sit·zen** vi irreg sein ❶ (fam: untätig dasitzen) ■ **[nur]** ~ to sit [a]round [or about] fam ❷ (sitzend gruppiert sein) ■ **um jdn/etw** ~ to sit [a]round sb/ sth; **sie saßen um den Tisch herum** they sat around the table **he·rum|spre·chen** vr irreg ■ **sich [bei jdm/in etw** dat] ~ to get [a]round [or about] [sth], to reach sb; ■ **es hat sich herumgesprochen, dass/ was …** it has got [a]round [or about] that/what … **he·rum|sprin·gen** vi (fam) to jump [or leap] around [or about] **he·rum|spu·ken** vi ■ **irgendwo** ~ to go around somewhere; **mir spukt da wieder so eine Idee im Kopf herum** I've got this idea going [or floating] around in my head **he·rum|ste·hen** vi irreg sein ❶ (fam: in der Gegend stehen) to stand [or loiter] [a]round [or about] ❷ (stehend gruppiert sein) ■ **um jdn/etw** ~ to stand [a]round sb/sth **he·rum|stö·bern** vi (fam) ❶ (wahllos stöbern) ■ **[in etw** dat] ~ to rummage around [or about] [in sth] ❷ s. **herumschnüffeln 2 he·rum|sto·chern** vi (fam) ■ **in etw** dat ~ to poke [a]round [or about] in sth; **er stocherte im Essen herum** he picked at [or poked around in] his food **he·rum|sto·ßen** vt irreg (fam) ■ **jdn** ~ to push sb about [or a]round] **he·rum|strei·ten** vr irreg (fam) ■ **sich [mit jdm]** ~ to keep quarrelling [with sb], to wrangle with sb **he·rum|streu·nen** vi sein (pej) to roam around [or about] **he·rum|tan·zen** vi sein ❶ (umhertanzen) ■ **[in/auf etw** dat] ~ to dance [a]round [or about] [sth] ❷ (im Kreis um jdn/etw tanzen) ■ **um jdn/etw** ~ to dance [a]round sb/sth; s. a. **Nase he·rum|to·ben** vi (fam) ❶ sein o haben (ausgelassen umherlaufen) ■ **[irgendwo/in/auf etw** dat] ~ to romp around [or about] [somewhere/sth] ❷ haben (wüst schimpfen) to rant and rave **he·rum|tra·gen** vt irreg ❶ (bei sich tragen) ■ **etw mit sich** ~ to carry [a]round [or about] sth sep ❷ (weitererzählen) ■ **etw** ~ to spread sth [a]round [or about] **he·rum|tram·peln** vi sein ❶ (fam: umhertrampeln) ■ **[irgendwo/auf etw** dat] ~ to trample around [or about] [somewhere/on sth]; s. a. **Kopf** ❷ (mit Füßen treten) ■ **auf jdm/etw** ~ to trample on sb/sth; ■ **auf jdm** ~ (fig) to walk all over sb fig; **auf jds Gefühlen** ~ to trample on sb's feelings **he·rum|trei·ben** vr irreg ❶ (ziellos aufhalten) ■ **sich irgendwo** ~ to hang [a]round [or about] [or out] somewhere fam; **wo er sich nur wieder herumtreibt?** where's he got to now? ❷ (müßig die Zeit verbringen) ■ **sich mit jdm** ~ to hang [a]round [or about] [or out] with sb fam **He·rum·trei·ber(in)** <-s, -> m/f (pej) ❶ (Mensch ohne feste Arbeit, Wohnsitz) down-and-out, tramp, loafer, vagrant esp dated ❷ (fam: Streuner) layabout, good-for-nothing

he·rum|trö·deln vi (fam) to dawdle around [or about] **he·rum|tur·nen** vi sein (fam) ■ **auf/in etw** dat ~ to climb around [or about] on/in sth **he·rum|wer·fen** irreg I. vt ❶ (achtlos umherstreuen) ■ **etw [irgendwo]** ~ to throw sth [a]round [or about] [somewhere] ❷ (herumreißen) ■ **etw** ~ to pull sth round [or esp AM around] hard; **schnell den Hebel ~!** pull down the lever quickly! II. vr ■ **sich auf/in etw** dat ~ to toss and turn on/in sth **he·rum|wi·ckeln** vt ■ **etw [um jdn/etw]** ~ to wrap sth [a]round [sb/sth];

eine Binde [um jdn] ~ to wind [or wrap] a bandage [a]round [sb]; **Faden/Kordel/Schnur [um etw]** ~ to wind thread/cord/string [a]round [sth] **he·rum|wie·seln** vi sein (fam) to scurry [a]round [or about]; ■ **um jdn** ~ to scurry [a]round sb **he·rum|wüh·len** vi ■ **[in etw** dat] ~ to rummage [or BRIT root] around [or about] [in sth]; **in jds Vergangenheit** ~ (fam) to dig into sb's past **he·rum|zei·gen** vt ■ **etw** ~ to show sth around **he·rum|zie·hen** irreg I. vi sein ❶ (von Ort zu Ort ziehen) ■ **[mit jdm/etw]** ~ to move about [or around] [with sb/sth] ❷ (um etw ziehen) ■ **um etw** ~ to go [a]round sth II. vr haben ■ **sich um etw** ~ to run [a]round sth

he·run·ten [hɛˈrʊntn̩] adv SÜDD, ÖSTERR (hier unten) down here

he·run·ter [hɛˈrʊntɐ] I. adv ❶ (hinab) down; **sie liefen den Berg ~ bis zum Fluss** they ran down the hill to the river; **~ mit den Waffen/Händen!** drop your weapons/hands!; **~ mit dir!** come [or get] down from there at once! ❷ (heruntergeklettert sein) ■ **[von etw]** ~ **sein** to be down [from sth]; **bist du wohl bald vom Baum herunter!** get down from that tree, now! ❸ (heruntergelassen sein) ■ **~ sein** to be down ❹ (reduziert sein) ■ **~ sein** to be down; **wenn die 16 Kilogramm nur herunter wären** if only I could lose these 16 kilograms II. präp nachgestellt ■ **etw** akk ~ down sth; **den Berg ~ geht es leichter als hinauf** it's easier to go down the hill than up it

he·run·ter|be·kom·men vt irreg ❶ (herunterschlucken können) ■ **etw** ~ to get sth down, to be able to eat sth ❷ (abbekommen) ■ **etw** ~ to get sth off ❸ (heruntertransportieren können) ■ **etw** ~ to get sth down **he·run·ter|bren·nen** vi irreg ❶ haben (intensiv herniederscheinen) ■ **auf jdn/etw** ~ to burn [or beat] down on sb/sth ❷ sein (völlig abbrennen) to burn down; Feuer to burn out **he·run·ter|brin·gen** vt irreg ❶ (nach hier unten bringen) ■ **jdn/etw** ~ to bring down sth [to sb] fam ❷ (fam) s. **herunterbekommen 2** to get sth off **he·run·ter|drü·cken** vt irreg ❶ (nach unten drücken) ■ **etw** ~ to press down sth sep ❷ (auf ein niedrigeres Niveau zwingen) ■ **etw [auf etw** akk] ~ to force down sth sep [to sth] **he·run·ter|fah·ren** irreg I. vi sein ■ **[zu jdm]** ~ to drive [or come] down [to sb]; **wir sind zu meinen Eltern in den Schwarzwald** ~ we drove down to see my parents in the Black Forest; ■ **[irgendwo] heruntergefahren kommen** to drive [or come] down [somewhere]; **in einem höllischen Tempo kam sie die Piste heruntergefahren** she came skiing down the piste at a hellish speed II. vt haben ❶ (transportieren) ■ **jdn/ etw** ~ to bring [or drive] down sb/sth; **die Seilbahn hat uns heruntergefahren** we came down on the cable car ❷ (drosseln) ■ **etw** ~ to reduce [or sep cut back] sth **he·run·ter|fal·len** vi irreg sein ■ **[von etw]** ~ to fall off [sth]; **dass du mir bloß nicht von der Leiter herunterfällst!** just [be careful that you] don't fall off the ladder!; **mir ist der Hammer heruntergefallen** I've dropped the hammer **he·run·ter|ge·ben** vt irreg ■ **[jdm] etw** ~ to pass [or hand] down sth sep [to sb]; **gib mir den Eimer herunter** pass [or hand] me down the bucket, hand [or pass] the bucket down to me **he·run·ter|ge·hen** vi irreg sein ❶ (hierher nach unten gehen) ■ **[etw]** ~ to go down [sth]; **die Treppen** ~ to go down the stairs ❷ (aufstehen und weggehen) ■ **von etw** ~ to get off sth; **was machst du da auf der Mauer? geh da sofort herunter!** what are you doing [up there] on the wall? get down [off [or from] it] at once! ❸ (sinken) to drop, to fall, to go down; **die Löhne/Preise gehen [auf etw] herunter** the wages/prices are dropping [or falling] [or coming down] [to sth] ❹ (Flughöhe verringern) to descend; **auf 5000 m ~** to descend to

5000 m ⑤ *(fam: abrücken)* ■ **von etw** ~ to soften sth; **kommt gar nicht in Frage, von den drei Millionen gehen wir nicht herunter!** it's out of the question, we won't go any lower than three million! ⑥ *(reduzieren)* to reduce, to lower; **mit der Geschwindigkeit/dem Tempo [auf etw]** ~ to slow down [*or* reduce [one's] speed] [to sth]; **er ging mit dem Verkaufspreis noch auf Euro 10.200 herunter** he brought the sales price down to 10,200 euros **he·run·ter·ge·kom·men** *adj (pej)* ① *(abgewohnt)* rundown, dilapidated ② *(verwahrlost)* down-at-[the-]heel BRIT, down-and-out

he·run·ter|han·deln *vt (fam)* ■ ~ *akk* to knock down sth *sep*; **einen Preis von ... auf ...** ~ to knock down a price from ... to ...; **ich habe noch 20 Euro vom Verkaufspreis ~ können** I managed to get 20 euros knocked off the sales price **he·run·ter|hän·gen** *vt irreg* ■ **[von etw/auf etw** *akk*] ~ to hang down [from sth/over sth], to dangle [from sth/over sth] **he·run·ter|hau·en** *vt irreg (fam)* ■ **jdm eine** ~ to slap sb, to give sb a slap **he·run·ter|ho·len I.** *vt* ① *(fam: abschießen)* **einen Vogel** ~ to shoot [*or* bring] down a bird *sep* ② *(von oben holen)* ■ **etw [von irgendwo]** ~ to fetch down sth [from somewhere] *sep*; **eine Flagge** ~ to take down a flag; **er hat die Katze vom Baum heruntergeholt** he rescued the cat from [up] the tree **II.** *vr (vulg)* s. **runterholen he·run·ter|klap·pen** *vt* ■ **etw** ~ to put down sth *sep*; **einen Sitz** ~ to put [*or* fold] down a seat; **einen Kragen** ~ to turn down a collar; **einen Deckel** ~ to close a lid **he·run·ter|klet·tern** *vi sein* ■ **[von etw/irgendwohin]** ~ to climb down [from sth/somewhere] **he·run·ter|kom·men** *vt irreg sein* ① *(hierher nach unten kommen)* to come [*or fam* get] down; **ohne Hilfe wird sie den steilen Weg wohl kaum** ~ she will have trouble getting down this steep path on her own ② *(fam: verfallen)* to become run-down [*or* dilapidated] ③ *(fam: verwahrlosen)* to become down-and-out [*or* BRIT down-at-heel]; **sie sieht völlig heruntergekommen aus** she looks completely down-and-out ④ *(fam: wegkommen)* ■ **von etw** ~ to get off [*or* give up] sth; **von einer Gewohnheit** ~ to kick a habit *sl*; **vom Rauchen** ~ to quit *fam* [*or* give up] smoking, to kick the habit *sl*; **von einer schlechten Zensur** ~ to improve on a bad mark **he·run·ter|kön·nen** *vi irreg* ■ **[von etw]** ~ to be able to get down [[from] sth]; ■ **zu jdm** ~ to be able to come down to sb **he·run·ter|krie·gen** *vt (fam)* ■ **etw** ~ s. **herunterbekommen he·run·ter|kur·beln** *vt* ■ **etw** ~ to wind down sth *sep* **he·run·ter|las·sen** *vt irreg* ① *(abseilen)* ■ **jdn/etw [irgendwo]** ~ to lower [*or* let down] sb/sth [somewhere]; **etw [an etw** *dat*] ~ to lower oneself [on sth] *sep* ② *(nach unten gleiten lassen)* ■ **etw** ~ to lower sth; *s. a.* Hose **he·run·ter|lei·ern** *vt (pej fam)* ■ **etw** ~ to drone out sth *sep*, to recite sth monotonously, to rattle [*or* BRIT reel] off sth **he·run·ter|ma·chen** *vt (fam)* ① *(schlechtmachen)* ■ **jdn/etw** ~ to run down sb/sth; **im Testbericht ist der Wagen sehr heruntergemacht worden** the car received a terrible [*or* real] slating in the test report ② *(zurechtweisen)* ■ **jdn** ~ to tell sb off, to tear sb off a strip BRIT; **der Chef machte sie so herunter, dass sie heulend aus dem Büro lief** she received such a telling off from the boss that she ran from the office in tears **he·run·ter|neh·men** *vt irreg* ■ **etw [von etw]** ~ to take sth off [sth], to remove sth [from sth]; **jdn von der Schule** ~ *(fam)* to take sb out of [*or* remove sb from] school **he·run·ter|put·zen** *vt (sl)* ■ **jdn** ~ s. **heruntermachen 2 he·run·ter|ras·seln** *vt (fam)* ■ **etw** ~ ① *(rasch aufsagen)* to rattle [*or* BRIT reel] off sth *sep* ② s. **herunterleiern he·run·ter|rei·chen I.** *vt (geh)*

■ **[jdm] etw** ~ s. **heruntergeben** to pass [*or* hand] down sth [to sb] *sep* **II.** *vi* ■ **[bis zu jdm/etw]** ~ to reach down [to sb/sth] **he·run·ter|rei·ßen** *vt irreg* ① *(abreißen)* ■ **[jdm] etw** ~ to pull off [sb's] sth *sep*; **ein Foto von der Wand** ~ to tear down a photo from the wall ② *(sl: absitzen)* ■ **etw** ~ to get through sth **he·run·ter|schal·ten** *vi* AUTO to change down; **in den zweiten etc Gang** ~ to change down [*or* AM down shift] into second gear **he·run·ter|schie·ßen** *vt irreg* **einen Vogel** ~ to shoot down a bird *sep* **he·run·ter|schlu·cken** *vt (fam)* s. **hinunterschlucken he·run·ter|schrau·ben** *vt* ① *(reduzieren)* ■ **etw** ~ to lower sth ② s. **abschrauben he·run·ter|se·hen** *vt irreg* ① *(herabsehen)* ■ **[zu jdm]** ~ to look down [at sb] ② *(mustern)* ■ **an jdm** ~ to look sb up and down ③ *(pej)* s. **herabsehen he·run·ter|stei·gen** *vi irreg sein* ■ **[von etw]** ~ to climb [*or* come] down [from sth]; **von einer Leiter** ~ to come down off a ladder **he·run·ter|stür·zen I.** *vi sein (herunterfallen)* ■ **[von etw]** ~ to fall off [sth] **II.** *vt haben* ① *(hierher nach unten stürzen)* ■ **jdn/etw [von etw]** ~ to push sb/sth off [sth] ② *(fam)* s. **hinunterstürzen** to dash [*or* rush] down **III.** *vr haben* ■ **sich [von etw]** ~ to throw oneself off [sth] **he·run·ter|wer·fen** *vt irreg* ■ **etw [zu jdm] [von etw]** ~ to throw down sth *sep* [to sb] [from sth] **he·run·ter|wirt·schaf·ten** *vt (pej fam)* ■ **etw** ~ to ruin sth; **die Firma ist durch schlechtes Management bis fast zum Konkurs heruntergewirtschaftet worden** bad management has brought the firm to the brink of bankruptcy **he·run·ter|wol·len** *vi (fam)* ■ **[zu jdm] [von etw]** ~ to want to get [*or* come] down [to sb] [from sth]

her·vor [hɛɐ̯ˈfoːɐ̯] *interj* ■ ~ **mit dir/euch!** *(geh)* out you come!, come on out!

her·vor|brin·gen *vt irreg* ■ **jdn/etw** ~ to produce sb/sth **her·vor|ge·hen** *vi irreg sein* ① *(geh: entstammen)* ■ **aus etw** ~ to come from sth; **aus der Ehe gingen vier Kinder hervor** the marriage produced four children; *s. a.* **siegreich** *s. a.* **Sieger** ② *(sich ergeben, zu folgern sein)* to follow; **aus etw geht heraus ...** it follows from sth ..., sth proves that ...; **aus etw geht heraus, wann/wer/wie/dass/ob ...** it is clear from sth when/who/how/that/whether ... **her·vor|gu·cken** *vi (fam)* ■ **unter etw** *dat* ~ to peep out from [*or* show] under sth; **dein Unterrock guckt unterm Rock hervor** your slip is showing under your dress **her·vor|he·ben** *vt irreg* ① *(betonen)* ■ **etw** ~ to emphasize sth, to stress sth; ■ **~, wann/warum/wer/wie/dass/ob ...** to emphasize [*or* stress] when/why/who/how/that/whether ... ② *(besonders kennzeichnen)* ■ **etw** ~ to make sth stand out; **die Einträge werden durch Fettdruck hervorgehoben** the entries stand out in bold type **her·vor|ho·len** *vt* ■ **etw [aus etw]** ~ to take out sth [from sth] *sep* **her·vor|keh·ren** *vt (geh)* ■ **etw** ~ to emphasize sth, to accentuate sth. **herauskehren her·vor|kom·men** *vi irreg sein* ■ **[aus/hinter etw** *dat*] ~ to come out [of sth/from behind sth], to emerge [*or* appear] [from sth] **her·vor|lo·cken** *vt* ■ **ein Tier [irgendwo]** ~ to entice [*or* lure] out *sep* an animal [from somewhere] **her·vor|lu·gen** *vi* to look [*or* peep] out **her·vor|ra·gen** [hɛɐ̯ˈfoːɐ̯aːɡn] *vi* ① *(sich auszeichnen)* ■ **unter ihnen** [durch etw] ~ to stand out [among [*or* from] sb] [because of sth] ② *(weit vorragen)* ■ **aus etw** ~ to jut out [*or* protrude] [from sth]

her·vor·ra·gend I. *adj* excellent, outstanding, first-rate **II.** *adv* excellently

her·vor|ru·fen *vt irreg* to evoke; ■ **[bei jdm [***o* **jds]] etw** ~ to arouse [*or* stir up] [sb's] sth; **[bei jdm] Bestürzung** ~ to cause consternation [in sb]; **[jdm] Unmut** ~ to incur [sb's] displeasure **her·vor|se·hen** *vi irreg* ■ **[irgendwo]** ~ to peep out [from

H

somewhere]; **dein Unterrock sieht unterm Rock hervor** your slip is showing under your dress **her·vor|spä·hen** *vi* to look [*or* peep] out **her·vor|sprin·gen** *vi irreg sein* ❶ *(mit einem Sprung hervorkommen)* ▪ [**hinter etw** *dat*] ~ to jump [*or* leap] out [from behind sth] ❷ *s.* **hervorragen 1**

her·vor·ste·chend *adj inv* ❶ *(spitz aus etw heraussteehend)* protruding; **sie ist ziemlich dürr und hat ~e Schulterblätter** she's pretty skinny and has protruding shoulder blades [*or* shoulder blades which stick out] ❷ *(sich abhebend)* Schönheit, Eigenschaft striking

her·vor|sto·ßen *vt irreg* ▪ etw ~ to utter sth **her·vor|tre·ten** *vi irreg sein* ❶ *(heraustreten)* ▪ [**hinter etw** *dat*] ~ to step out [*or* emerge] [from behind sth] ❷ *(erhaben werden)* to stand out; *Wangenknochen, Kinn* to protrude ❸ *(erkennbar werden)* to become evident ❹ *(in Erscheinung treten)* to make a name for oneself, to distinguish oneself **her·vor|tun** *vr irreg (fam)* ❶ *(sich auszeichnen)* ▪ **sich** [**mit etw**] ~ to distinguish oneself [with sth] ❷ *(sich wichtigtun)* ▪ **sich** ~ to show off **her·vor|wa·gen** *vr* ▪ **sich** ~ to dare to come out, to venture forth **her·vor|zau·bern** *vt* ▪ etw [aus etw] ~ to conjure up *sep* [*or* produce] sth [from sth]; **es braucht Zeit, so was lässt sich nicht einfach aus dem Ärmel ~!** it'll take time, I can't just conjure up [*or* produce] something like that from nothing! **her·vor|zie·hen** *vt irreg* ▪ jdn/etw [aus etw] ~ to pull out sb/sth *sep;* ▪ jdn/etw [hinter/zwischen etw] ~ to pull sb/sth [from behind/ from between sth]

her|wa·gen *vr* ▪ **sich** ~ to dare [*or* venture] to come here

Her·weg *m* way here; **auf dem** ~ on the way here

Herz <-ens, -en> [hɛrts] *nt* ❶ ANAT heart; **ihr ~ pochte/hämmerte** her heart was pounding; **am offenen ~** open-heart; *Chirurgie* [*o* **eine Operation**] **am offenen ~** open-heart surgery ❷ KOCHK *(Gericht aus einem Tierherzen)* heart; **zwei Kilo ~** [**vom Ochsen**] **bitte!** two kilos of [ox] heart, please! ❸ *(Gemüt, Gefühl)* **du regelst immer alles nur mit dem Verstand, wo bleibt das/dein ~?** you always listen to the voice of reason, can't you ever let your heart rule [*or* can't you follow your heart] ?; **zeigen Sie mehr Verständnis, mehr ~!** show more understanding, more sensitivity!; **mit ganzem ~en** wholeheartedly; **wenn sie ein neues Projekt beginnt, ist sie immer mit ganzem ~en dabei** when she starts a new project, she always puts her heart and soul into it!; **von ganzem ~en** sincerely; **etw mit ganzem ~en bejahen/unterstützen/zustimmen** to approve of/support/agree with sth wholeheartedly; **an/mit gebrochenem ~en** of/with a broken heart; **von ~en gern!** with pleasure!, I'd love to!; **jdn von ~en gernhaben** to love sb dearly; **etw von ~en gern tun** to love doing sth; **ein gutes ~ haben** to have a good heart, to be good-hearted; **ein hartes ~ haben** to have a hard heart, to be hard-hearted; **im Grunde seines ~ens** in his heart of hearts; **leichten ~ens** with a light heart, light-heartedly; **jdm wird leicht ums ~** sb has a load lifted from one's mind; **schweren** [*o* **blutenden**] **~ens** with a heavy heart; **jdm das ~ schwer machen** to sadden sb's heart; **jdm ist das ~ schwer** sb has a heavy heart [*or* is heavy-hearted]; **aus tiefstem ~en** *(geh)* with all one's heart; **traurigen ~ens** with a heavy heart; **ein weiches ~ haben** to have a soft heart; **jdm/sich sein ~ erleichtern** to get sth off sb's/one's chest *fam;* **jds ~ erweichen** to soften up sb *sep;* **jdm bis ins ~ gehen** [*o* **jdm zu ~en gehen**] to make sb's heart bleed; **ein ~ für jdn/Tiere haben** to have a love of sb/animals; **er hat ein ~ für Kinder** he loves chil-

dren; **haben Sie doch ein ~!** have a heart!; **hast du denn kein ~?** haven't you got [*or* don't you have] a heart?; **jdm ist irgendwie ums ~** sb feels somehow; **von ~en kommen** to come from the heart; **ohne ~** without feeling ❹ KOCHK *(innerer Teil)* heart; **von diesem Salat verwende ich nur die ~en** I'll only use the heart of this lettuce ❺ *(Zentrum)* heart ❻ *(Schatz)* **mein ~** my dear, my love ❼ *(Nachbildung)* heart ❽ KARTEN hearts *pl; (~karte)* heart; **ich habe ~ ausgespielt, du musst auch ~ bedienen!** I led with hearts, [so] you have to follow suit [with hearts]! ▸ WENDUNGEN: **das ~ auf dem** [*o* am] **rechten Fleck haben** to have one's heart in the right place; **ein ~ aus Gold haben** to have a heart of gold; **jdm schlägt das ~ bis zum Hals** sb's heart is in one's mouth; **jdm rutscht** [*o* **fällt**] **das ~ in die Hose** *(fam)* sb's heart sank into his/her boots BRIT *fam;* **jdm lacht das ~ im Leibe** sb's heart jumps for joy; **jdm dreht sich das ~ im Leib um** jdm tut das ~ im Leibe weh sb's heart turns over; **seinem ~en Luft machen** *(fam)* to give vent to one's feelings; **aus einem ~en keine Mördergrube machen** to speak frankly, to not make a secret of one's thoughts; **jdn/etw auf ~ und Nieren prüfen** *(fam)* to examine sb/sth thoroughly; **ein ~ und eine Seele sein** to be the best of friends; **ein ~ aus Stein haben** to have a heart of stone; **seinem ~en einen Stoß geben** to [suddenly] pluck up courage; **jetzt gib deinem ~en einen Stoß, versöhn dich wieder mit ihm!** go on, pluck up the courage and make up with him!; **alle ~en** [*o* **die ~en aller**] **im Sturm erobern** to capture everybody's heart; **das ~ auf der Zunge tragen** to speak one's mind; **jdm wird bang ums ~** sb's heart sinks; **jds ~ höher schlagen lassen** to make sb's heart beat faster; **jds ~ schlägt höher** sb's heart beats faster; **alles, was das ~ begehrt** *(geh)* everything one's heart desires; **jdm blutet das ~** jds ~ blutet *(verspürt großes Mitleid)* sb's heart bleeds [for sb]; *(iron)* sb's heart bleeds [for sb] *iron;* **jdm ~ brechen** *(geh)* to break sb's heart; **etw nicht übers ~ bringen** to not have the heart [*or* be able to bring oneself] to do sth; **jdn an sein ~ drücken** to clasp sb to one's breast; **sich** *dat* [*o* **nehmen**] **ein ~ fassen** to pluck up courage [*or* take one's courage in both hands]; **jds ~ gehört jdm** *(geh)* sb's heart belongs to sb; **jds ~ gehört einer S.** *dat (geh)* sth is sb's first love; **jds ~ gewinnen** *(geh)* to win sb's heart; **etw auf dem ~en haben** to have sth on one's mind; **nicht das ~ haben, etw zu tun** to not have the heart to do sth, to not be able to bring oneself to do sth; **sein ~ an jdn/etw hängen** *(geh)* to devote oneself to sb/sth; **häng dein ~ nicht an ihn, er spielt doch nur mit den Gefühlen der Frauen!** don't give your heart to him, he only plays with women's feelings!; **jds ~ hängt an etw** *dat* sb is attached to sth; **jds ~ hängt an Geld** sb is preoccupied with money; **jdm etw ans ~ legen** to entrust sb with sth; **jdm ans ~ legen, etw zu tun** to strongly recommend sb to do sth; **jdm liegt etw am ~** sth concerns [*or* troubles] sb; **sich** *dat* **etw zu ~en nehmen** to take sth to heart; **sich** *dat* **etw vom ~en reden** *(geh)* to get sth off one's chest *fam;* **jdm sein ~ schenken** *(liter)* to give sb one's heart; **jdn in sein ~ schließen** to take sb to one's heart; **jdm sein ~ ausschütten** *(geh)* to pour out one's heart to sb *sep;* **jdm aus dem ~en sprechen** to say just what sb was thinking; **sein ~ sprechen lassen** to listen to one's heart; **jd wächst jdm ans ~** sb grows fond of [*or* becomes attached to] sb; **jdm das ~ zerreißen** *(geh)* to break sb's heart

herz·al·ler·liebst ['hɛrts?alɐ'liːpst] *adj (geh)* beloved, darling; **ist dieser süße Säugling nicht ganz einfach ~?** isn't this sweet little baby simply adorable?;

das ist mein ~es Spielzeug that's my most favourite toy **Herz·al·ler·liebs·te(r)** ['hɛrts?ale'liːpstə] *f(m) decl wie adj (geh)* [my] darling [or beloved] **Herz·an·fall** *m* heart attack; **einen ~ haben** to have a heart attack **Herz·ass**RR *nt* KARTEN ace of hearts **Herz·be·schwer·den** *pl* heart trouble; **~ haben** to have heart trouble **Herz·beu·tel** *m* ANAT heart sac, pericardium *spec* **herz·be·we·gend** *adj s.* herzerweichend **Herz·blatt** *nt* ① HORT *(inneres Blatt einer Pflanze)* inner leaf ② *(fam: Schatz)* darling; **mein ~!** my darling! **Herz·blut** *nt* ▸ WENDUNGEN: **sein ~ für jdn hin·geben** *(poet)* to sacrifice [or give] one's lifeblood [or all] for sb; **etw mit [seinem] ~ schreiben** to put one's heart and soul in one's writing *fig* **Herz·bu·be** *m* KARTEN jack [or knave] of hearts

Herz·chen <-s, -> *nt (fam)* darling

Herz·chi·rurg(in) *m(f)* heart [or cardiac] surgeon

Herz·chi·rur·gie *f* heart [or cardiac] surgery

Herz·chi·rur·gin <-, -nen> *f fem form von* **Herzchi·rurg Herz·da·me** *f* KARTEN queen of hearts

her|zei·gen *vt* ▪ **[jdm] etw ~** to show [sb] sth [or sth [to sb]]; **zeig doch mal her, was du da in der Hand hast!** let me see what you've got in your hand!; **zeig mal her!** let me [or let's] see! *fam*

her·zen ['hɛrtsn] *vt (geh)* ▪ **jdn ~** to cuddle sb, to embrace [or hug] sb

Her·zens·an·ge·le·gen·heit *f* ① *(wichtiges Anliegen)* matter close to one's heart; **jdm eine ~ sein** to be a matter very close to sb's heart ② *(Liebe betreffende Angelegenheit)* affair of the heart, affaire de coeur **Her·zens·be·dürf·nis** *nt* **jdm ein ~ sein** to be a matter very close to sb's heart **Her·zens·bil·dung** *f kein pl (geh)* nobleness of heart *form* **Her·zens·bre·cher(in)** *m(f)* heartbreaker, ladykiller *dated* **Her·zens·gut** ['hɛrtsns'guːt] *adj* good-hearted, kind-hearted **Her·zens·gü·te** *f kein pl (geh)* kind-heartedness, good-heartedness; **er ist ein Mensch von großer ~** he's a very kind-hearted [or good-hearted] person **Her·zens·lust** *f kein pl* **nach ~** to one's heart's content **Her·zens·wunsch** *m* dearest wish, heart's desire

herz·er·fri·schend *adj* refreshing **herz·er·grei·fend** *adj* heart-rending **herz·er·wei·chend** I. *adj* heart-rending II. *adv* heart-rendingly **Herz·er·wei·te·rung** *f* MED dila[ta]tion of the heart, cardiectasis *spec* **Herz·feh·ler** *m* heart [or cardiac] defect **Herz·flat·tern** *nt kein pl* MED ventricular flutter *usu pl spec* **Herz·flim·mern** *nt kein pl* ① MED *(Kontraktionsstörungen am Herzmuskel)* fibrillation [of the heart], cardiac fibrillation ② *(Erregung)* heart flutter; **wenn ich ihn sehe, kriege ich ~** when I see him my heart flutters **herz·för·mig** *adj* heart-shaped **Herz·ge·räu·sche** *nt pl* heart [or cardiac] murmurs *pl*

herz·haft I. *adj* ① *(würzig-kräftig)* tasty, savoury [or AM -ory]; **~es Essen** hearty [or substantial] meal; **~er Eintopf** hearty stew ② *(kräftig)* hearty; **ein ~er Kuss** a passionate kiss II. *adv* ① *(würzig-kräftig)* **~ schmecken** to be tasty ② *(kräftig)* heartily; **~ gähnen** to yawn loudly; **~ küssen** to kiss passionately

her|zie·hen *irreg* I. *vt haben* ① *(heranziehen)* ▪ **jdn/etw [zu sich] ~** to pull [or draw] sb/sth closer [or nearer] ② *(mitschleppen)* ▪ **jdn/etw hinter/neben sich** *dat* **~** to pull [or drag] sb/sth [along] behind/beside one II. *vi* ① *sein (herlaufen)* ▪ **hinter/neben/vor jdm ~** to walk along behind/beside/in front of sb ② *sein (hierhin ziehen)* to move here ③ ▸ *haben (fam: sich auslassen)* ▪ **über jdn/etw ~** to run sb/sth down, to pull sb/sth to pieces

her·zig ['hɛrtsɪç] *adj* sweet, dear, lovely, cute AM

Herz·in·farkt *m* MED ① *(Verstopfung eines Herzkranzgefäßes)* heart attack, cardiac infarct[ion] *spec;* **einen ~ bekommen/haben** to have/suffer a heart attack ② *(sl: Patient)* heart attack [patient] **Herz·in·nen·**

haut *f* ANAT endocardium **Herz·in·nen·haut·ent·zün·dung** *f* MED endocarditis **Herz·in·suf·fi·zi·enz** *f* MED cardiac insufficiency **Herz·ja·gen** *nt* MED tachycardia **Herz·kam·mer** *f* ANAT ventricle; **linke/rechte ~** left/right ventricle **Herz·kir·sche** *f* HORT heart-cherry **Herz·klap·pe** *f* heart [or cardiac] valve; **künstliche ~** artificial heart [or cardiac] valve **Herz·klap·pen·feh·ler** *m* MED valvular [heart] defect **Herz·klop·fen** *nt kein pl* pounding of the heart, palpitations *pl;* **mit ~** with a pounding heart **Herz·kö·nig** *m* KARTEN king of hearts **herz·krank** *adj* suffering from a heart condition [or heart trouble] *pred;* ▪ **~ sein** to have a heart condition **Herz·krank·heit** *f* heart [or cardiac] disease **Herz·kranz·ge·fäß** *nt meist pl* ANAT coronary vessel [or artery] **Herz·kranz·ge·fäß·ver·kal·kung** *f* MED sclerosis [or hardening] of the arteries **Herz-Kreis·lauf-Er·kran·kung** *f* MED cardiovascular disease [or complaint] **Herz-Kreis·lauf-Sys·tem** *nt* MED cardiovascular system **Herz·lei·den** *nt (geh) s.* **Herzkrankheit**

herz·lich I. *adj* ① *(warmherzig)* warm; *Begrüßung* warm, friendly, cordial; **ein ~es Lächeln** a sunny [or cheerful] [or happy] smile; **ein ~es Lachen** a hearty laugh; **ein ~es Willkommen** a warm [or hearty] welcome ② *(in Grußformeln: aufrichtig)* kind; *s. a.* **Dank** *s. a.* **Gruß** II. *adv* ① *(aufrichtig)* warmly, with pleasure; **sich bei jdm ~ bedanken** to thank sb sincerely, to express one's sincere thanks to sb *form;* **jdm ~ Glück wünschen** to sincerely wish sb the best of luck; **jdm ~ gratulieren** to congratulate sb heartily [or sincerely] [or warmly]; **... verbleibe ich als Ihr ~/ ~st grüßender A. Lang** ... Yours sincerely,/kind[est] regards, A. Lang ② *(recht)* thoroughly, really *fam;* **~ wenig** precious little *fam*

Herz·lich·keit <-> *f kein pl* ① *(herzliches Wesen)* warmth ② *(Aufrichtigkeit)* sincerity, cordiality

herz·los *adj* heartless, unfeeling

Herz·lo·sig·keit <-, -en> *f* heartlessness *no pl*

Herz-Lun·gen-Ma·schi·ne *f* MED heart-lung machine **Herz·mas·sa·ge** *f* MED heart [or cardiac] massage **Herz·mit·tel** *nt* MED cardiac stimulant **Herz·mu·schel** *f* ZOOL common cockle, winkle AM **Herz·mus·kel** *m* ANAT heart [or cardiac] muscle, myocardium *spec* **Herz·mus·kel·schwä·che** *f* ANAT myocardial insufficiency

Her·zog(in) <-s, Herzöge o (selten) -e> ['hɛrtsoːk, pl: -tsøːgə] *m(f)* duke; **~ Christian von Braunschweig** Christian, Duke of Brunswick

her·zog·lich ['hɛrtsoːklɪç] *adj attr* ducal, of the/a duke *pred*

Her·zog·tum <-s, -tümer> *nt* duchy, dukedom

Herz·pa·ti·ent(in) *m(f)* heart [or cardiac] patient **Herz·ra·sen** *nt kein pl* MED ventricular tachycardia *no pl spec* **Herz·rhyth·mus** *m* heart [or cardiac] rhythm **Herz·rhyth·mus·stö·rung** *f* MED deviation of the heart [or cardiac] rhythm, ar[r]hythmia *spec;* **~en haben** to suffer from heart rhythm [or cardiac] deviations [or ar[r]hythmia] **Herz·schei·de·wand** *f* ANAT interventricular septum **Herz·schlag** *m* MED ① *(Kontraktion des Herzmuskels)* heartbeat, beating of the heart; **einen ~ lang** *(geh)* for one [or a] fleeting moment ② *(Herzstillstand)* cardiac arrest, heart failure **Herz·schritt·ma·cher** *m* MED pacemaker **Herz·schwä·che** *f s.* **Herzinsuffizienz Herz·spe·zi·a·list(in)** *m(f)* MED heart specialist, cardiologist **herz·stär·kend** I. *adj* MED, PHARM stimulating to the heart II. *adv* **~ wirken** to have a stimulatory effect on the heart **Herz·stich** *m meist pl* stabbing pain in the chest; MED cardialga *no pl spec,* cardiodynia *no pl spec;* **~e bekommen/haben** to get/have stabbing pains in the chest **Herz·still·stand** *m* MED cardiac arrest **Herz·stück** *nt* heart [or core] **Herz·tä·tig·**

keit f MED activity of the heart, cardiac activity **Herz·tod** m MED death by heart [or cardiac] failure, cardiac death **Herz·ton** m meist pl heart [or cardiac] sound usu pl **Herz·trans·plan·ta·ti·on** f MED heart transplant **Herz·ver·fet·tung** f MED fatty degeneration of the heart, cardiomyoliposis spec **Herz·ver·sa·gen** nt kein pl MED heart [or cardiac] failure no pl **Herz·wand** f ANAT heart [or cardiac] wall **herz·zer·rei·ßend** adj s. **herzerweichend**

Hes·se <-, -n> ['hɛsə] f KOCHK [beef] shin

Hes·se, Hes·sin <-n, -n> ['hɛsə, 'hɛsɪn] m, f GEOG Hessian

Hes·sen <-s> ['hɛsn̩] nt GEOG Hesse

Hes·sin <-, -nen> f fem form von **Hesse**

hes·sisch ['hɛsɪʃ] adj Hessian; **ihre Aussprache klingt ~** she speaks with a Hessian accent, she sounds Hessian

He·te·ro <-s, -s> ['he:tero] m (sl) hetero fam, heterosexual

he·te·ro·gen [hetero'ge:n] adj (geh) heterogeneous

He·te·ro·ge·ni·tät <-> [heterogeni'tɛ:t] f kein pl heterogeneity no pl

He·te·ro·se·xu·a·li·tät <-> [heterozɛksu̯ali'tɛ:t] f kein pl heterosexuality no pl

he·te·ro·se·xu·ell [heterazɛ'ksu̯ɛl] adj heterosexual

he·te·ro·zy·got [heterotsy'go:t] adj BIOL heterozygous

He·thi·ter(in) <-s, -> [he'ti:tɐ] m(f) HIST Hittite

Hetz·blatt ['hɛts-] nt MEDIA (pej) [political] smearsheet

Het·ze <-, -n> ['hɛtsə] f ⓵ kein pl (übertriebene Hast) mad rush ⓶ pl selten (pej: Aufhetzung) smear campaign; (gegen Minderheiten) hate campaign

het·zen ['hɛtsn̩] I. vi ⓵ haben (sich abhetzen) to rush about [or around] ⓶ sein (eilen) ▪ **[irgendwohin]** ~ to rush [or race] [somewhere] ⓷ haben (pej: Hass schüren) ▪ **[gegen jdn/etw]** ~ to stir up hatred [against sb/sth]; **gegen eine Regierung ~** to agitate against a government II. vt haben ⓵ JAGD (jagen) ▪ **ein Tier** ~ to hunt an animal ⓶ (losgehen lassen) ▪ **jdn/einen Hund auf jdn** ~ to sick [or set] sb/a dog [up]on sb ⓷ (fam: antreiben) ▪ **jdn** ~ to rush [or hurry] sb ⓸ (vertreiben) ▪ **jdn von etw** ~ **lassen** to have sb chased off sth III. vr ▪ **sich** ~ to rush [or hurry]

Het·zer(in) <-s, -> ['hɛtsɐ] m(f) (pej) agitator, rabble-rouser

Het·ze·rei <-, -en> f ⓵ kein pl (ständige Hetze) mad rush, rushing around fam; **immer diese ~ morgens – kannst du nicht eine halbe Stunde früher aufstehen?** it's always a mad rush every morning – can't you wake up half an hour earlier? ⓶ (ständiges Hetzen) [continual] stirring up of hatred, malicious agitation

Het·ze·rin <-, -nen> f fem form von **Hetzer**

het·ze·risch adj inflammatory, virulent, slanderous, incendiary

Hetz·jagd f ⓵ JAGD (Wildjagd) hunt ⓶ (pej: Hetze) smear campaign; (auf Minderheiten) hate campaign; **zur ~ auf jdn blasen** to stir up a hate/smear campaign against sb ⓷ (übertriebene Hast) mad rush **Hetz·kam·pa·gne** f (pej) smear campaign, hate campaign

Heu <-[e]s> [hɔy] nt kein pl AGR hay; **ins ~ gehen** to harvest the hay; **~ machen** to hay [or make hay] ▶ WENDUNGEN: **Geld wie ~ haben** to have heaps of money

Heu·bal·len m AGR hay bale **Heu·bo·den** m hayloft

Heu·che·lei <-, -en> [hɔyçə'lai] f (pej) ⓵ (ständiges Heucheln) hypocrisy ⓶ (heuchlerische Äußerung) hypocritical remark

heu·cheln ['hɔyçl̩n] I. vi to play the hypocrite, to be a hypocrite II. vt ▪ **etw** ~ to feign sth

Heu·chler(in) <-s, -> ['hɔyçlɐ] m(f) (pej) hypocrite

heuch·le·risch I. adj (pej) ⓵ (unaufrichtig) insincere ⓶ (geheuchelt) hypocritical II. adv (pej) hypocritically

heu·en ['hɔyən] vi AGR DIAL (Heu ernten) to [make] hay; ▪ **das H~** haymaking [or haying]

heu·er ['hɔyɐ] adv SÜDD, ÖSTERR, SCHWEIZ (in diesem Jahr) this year

Heu·er <-, -n> ['hɔyɐ] f NAUT (sailor's] pay [or pl wages)

Heu·ern·te f AGR (das Einbringen des Heus) harvesting of [the] hay, hay harvest, haymaking ⓶ (Ertrag) hay crop [or harvest] **Heu·ga·bel** f AGR hay fork, pitchfork **Heu·hau·fen** m AGR (angehäuftes Heu) haystack, hayrick; ▶ WENDUNGEN: **eine Stecknadel im ~ suchen** to look for a needle in a haystack

Heul·bo·je f NAUT whistling buoy

heu·len ['hɔylən] vi ⓵ (fam: weinen) to howl fam, to wail, to cry; **vor Enttäuschung ~** to cry with disappointment; **es ist [einfach/wirklich] zum H~** (fam) it's enough to make you cry [or weep] ⓶ (lang gezogene Laute produzieren) to howl; Motor to wail; Motorrad, Flugzeug to roar; Sturm to rage

Heu·len <-s> ['hɔylən] nt kein pl ⓵ (fam: das Weinen) howling fam, wailing, crying, bawling ⓶ (das Geheul) howling ▶ WENDUNGEN: **~ und Zähneklappern** weeping and gnashing of teeth

Heu·ler <-s, -> m ZOOL (junger Seehund) seal pup; ▶ WENDUNGEN: **das ist ja der letzte ~** (sl) that's the last [or final] straw

Heul·su·se <-, -n> f (pej fam) crybaby pej fam **Heul·ton** m wail[ing sound]

Heu·ri·ge(r) m decl wie adj ÖSTERR ⓵ (Weinlokal) wine tavern ⓶ (Wein der letzten Lese) new wine, wine of the latest vintage

Heu·schnup·fen m MED hay fever **Heu·scho·ber** <-s, -> m SÜDD, ÖSTERR, SCHWEIZ (großer Heuhaufen) haystack **Heu·schre·cke** <-, -n> f grasshopper; (Wander~) locust **Heu·schre·cken·krebs** m mantis shrimp, squill **Heu·sta·del** <-s, -> m SÜDD, ÖSTERR, SCHWEIZ (Scheune für Heu) barn

heut adv (fam) s. **heute**

heu·te ['hɔytə] adv ⓵ (an diesem Tag) today; **~ Abend** this evening, tonight; **~ Morgen/Nachmittag** this morning/afternoon; **~ Mittag** this lunchtime, today at noon, [at] midday today; **~ Nacht** tonight; **~ früh** [early] this morning; **bis ~** until today; **er hat die Rechnung leider bis ~ nicht bezahlt** unfortunately, he still hasn't paid the bill to this day; **ab ~** from today; **~ in/vor acht Tagen** a week [from] today/ago today, BRIT today week; **von ~ auf morgen/nächste Woche** akk until tomorrow/next week; **können wir das Gespräch nicht von ~ auf morgen verschieben?** could we not postpone the talks until tomorrow?; **von ~ ab** [o an] from [or as of] today; **etw von ~** today's sth; **das Brot/die Post/die Zeitung von ~** today's bread/mail/newspaper ⓶ (der Gegenwart) today; **das Deutschland von ~** Germany [of] today; **lieber ~ als morgen** (fam) sooner today than tomorrow; **von ~ auf morgen** overnight, all of a sudden; **von ~ auf morgen ändert er seine Meinung** he changes his mind from one day to the next ⓷ (heutzutage) nowadays, today ▶ WENDUNGEN: **was du ~ kannst besorgen, das verschiebe nicht auf morgen** (prov) never put off till tomorrow what you can do today prov

Heu·te <-> ['hɔytə] nt kein pl the present, today; **viele Menschen leben ganz im H~** many people live just for today [or the present]

heu·tig ['hɔytɪç] adj attr ⓵ (heute stattfindend) today's; **die ~e Veranstaltung** today's event ⓶ (von heute) Zeitung, Nachrichten today's; **der ~e Abend** this evening; **der ~e Anlass** this occasion; **der ~e Geburtstag: ich gratuliere zu deinem ~en Geburtstag recht herzlich** congratulations on your birthday; **der ~e Tag** today; **am ~en Tag** today; **bis zum ~en Tag** to date, to this very day ❺ *(gegenwärtig)* **die ~e Zeit** nowadays; **der ~e Stand der Technik** today's state of the art ❻ *(von heute stammend)* **die ~e Jugend** the youth of today; *s. a.* **Sicht** *s. a.* **Tag**

heut·zu·ta·ge ['hɔʏttsuta:gə] *adv* nowadays, these days

Heu·wa·gen *m* hay cart [*or* liter wain]

He·xa·de·zi·mal·sys·tem *nt* hexadecimal system [*or* notation] **He·xa·e·der** <-s, -> [hɛksa'?e:dɐ] *nt* hexagon **he·xa·go·nal** [hɛksago'na:l] *adj* hexagonal **He·xa·me·ter** [hɛ'ksa:metɐ] *m* hexameter

He·xe <-, -n> ['hɛksn̩] *f* ❶ *(böses Fabelwesen)* witch ❷ *(pej fam: bösartige Frau)* witch *pej;* *(schlecht gelaunte und zeternde Frau)* virago *pej,* shrew *pej;* **eine alte ~** an old crone [*or* hag] [*or* bag] *pej;* **eine kleine ~** a little minx, sexy little bitch

he·xen ['hɛksn̩] **I.** *vi* to cast spells, to perform magic; **ich kann doch nicht ~** *(fig fam)* I can't work miracles **II.** *vt* ▪ **jdn ~** to cast a spell on sb; **weicht von hinnen, oder ich hexe euch die Pest an den Hals!** go or I will bring the plague down upon you!; ▪ **jdn irgendwohin ~** to magic sb somewhere; **die Hexe im Märchen hat ihn in die Wüste gehext** the witch in the fairy tale magicked him to the desert; **wie gehext** like magic

He·xen·häus·chen *nt sort of gingerbread in the shape of a witch's cottage* **He·xen·jagd** *f (pej)* witchhunt *pej* **He·xen·kes·sel** *m (pej)* madhouse *pej* **He·xen·meis·ter** *m (veraltend) s.* **Zauberer He·xen·pro·zess**RR *m* witch trial **He·xen·schuss**RR *m kein pl* MED *(fam)* lumbago *no pl* **He·xen·ver·bren·nung** *f* burning [at the stake] of a witch/witches; **Millionen unschuldiger Frauen wurden Opfer der kirchlichen ~en** millions of innocent women were burnt at the stake by the church **He·xen·wahn** *m irrational belief in the evil power of witches*

He·xe·rei <-, -en> [hɛksə'raɪ] *f* magic, sorcery *pej,* witchcraft *pej*

hg. *Abk von* **herausgegeben** ed.

HG <-, -s> [ha:'ge:] *f Abk von* **Handelsgesellschaft**

Hi·bis·kus <-, Hibisken> [hi'bɪskʊs, *pl:* -skən] *m* hibiscus

hick [hɪk] *interj (Geräusch beim Schluckauf)* hic; **~ machen** to hiccup

Hick·hack <-s, -s> ['hɪkhak] *m o nt (fam)* bickering, squabbling, wrangling

hie [hi:] *adv* ▸ WENDUNGEN: **~ und da** *(stellenweise)* here and there, in places; *(von Zeit zu Zeit)* now and then; **~ Tradition, da Fortschritt** on the one hand tradition, on the other progress

hieb *imp von* **hauen**

Hieb <-[e]s, -e> [hi:p, *pl:* 'hi:bə] *m* ❶ *(Schlag)* blow; *(Peitschen~)* lash [of a whip]; **jdm einen ~ versetzen** to deal sb a blow; *(mit einer Peitsche)* to lash sb with a whip; *(mit der Faust)* to punch sb ❷ *pl (Prügel)* beating *sing,* hiding *sing;* **der Vater drohte ihm ~e an** his father threatened him with a beating; **noch ein so freches Wort, und es gibt/setzt ~e!** one more cheeky remark like that and you'll get walloped *fam* [*or* a beating] [*or* a hiding] ! ❸ DIAL *(veraltend: Schluck Alkohol)* ▪ **ein ~ etw** a drop of sth; **einen ~ Wein trinken** to drink a drop of wine ❹ DIAL *(veraltend: leichter Alkoholrausch)* **einen ~ haben** to be tipsy ❺ *kein pl* FORST *(Fällen von Bäumen zur Verjüngung)* cut[ting], felling ❻ TECH DIAL *(an Feilen)* cut ▸ WENDUNGEN: **auf den ersten ~** at the first attempt; **einen ~ haben** *(sl)* to be out of one's mind; **der ~ saß** the blow [*or* gibe] hit [*or* struck] home; **auf einen ~** *(fam)* at [*or* in] one go

hieb- und stich·fest *adj* conclusive, irrefutable, incontestable; **ein ~es Alibi** a cast-iron [*or* watertight] alibi

Hieb·waf·fe *f* cutting weapon

Hie·fer·scher·zel *nt* KOCHK ÖSTERR *(Bürgermeisterstück)* topside, round AM **Hie·fer·schwanzl** *nt* KOCHK ÖSTERR *(Kugel vom Rind)* silverside, round AM

hielt ['hi:lt] *imp von* **halten**

hier [hi:ɐ] *adv* ❶ *(an diesem Ort)* here; **sehen Sie mal ~! entdecken Sie an dem Bild nichts Auffälliges?** have a look at this! can you see anything strange about the picture?; **wo sind wir denn ~?** I'm afraid, **wir haben uns verlaufen!** where have we landed? I'm beginning to think we're lost!; **er müsste doch schon längst wieder ~ sein!** he should have been back ages ago!; **~ draußen/drinnen** out/in here; **~ entlang** this way; **~ oben/unten** up/down here; **~ vorn/hinten** here at the front/at the back; **~ ist/spricht Dr. Maier** [this is] Dr Maier, Dr Maier speaking; **nach ~** here; **von ~ ab** from here on, from here on in *fam;* **von ~ aus** from here; **~!** MIL, SCH here!, present! ❷ *(in diesem Land, in dieser Stadt)* here; ▪ **~ sein** to be [*or* arrive] here; **wann soll der Zug ~ sein?** when is the train due?; **~ bei uns/in Deutschland** here in this country/Germany; *(in dieser Gegend)* here; **von ~ sein** to be from here; **nicht von ~ sein** to be a stranger here, to not be from here; **es jdn nach ~ verschlagen** to end up [*or* land] here; **irgendwie scheint es mir, als sei ich früher schon mal ~ gewesen** somehow I have the feeling that I've been here before ❸ *(da!)* here; **gib mal die Akten rüber! – ~! – danke!** pass me the files! – here you are! – thanks! ❹ *(in diesem Moment)* at this point; **~ versagte ihm die Stimme** at this point his voice failed him; **~ und heute** *(geh)* here and now; **von ~ an** from now on, from here on in *fam* ▸ WENDUNGEN: **~ und da** *(stellenweise)* here and there; *(gelegentlich)* now and then; **ein bisschen ~ sein** *(sl)* to be daft [*or* nuts] *fam,* to be off one's trolley BRIT *sl;* **jdm steht etw bis ~ [oben]** *(fam)* sb is sick of [*or* fed up with] sth; **Herr/Frau ... ~, Herr/Frau ... da** *(iron)* Mr/Mrs ... this, Mr/Mrs ... that

hier·an ['hi:'ran] *adv* ❶ *(an diesem Gegenstand)* on here; **ich erinnere mich, ~ schon früher mal vorbeigekommen/vorübergegangen zu sein** I can remember passing this way [*or* being here] once ❷ *(an diesen Gegenstand)* on here; **Sie können das Gerät ~ anschließen** you can connect the machine here; **etw ~ werfen** to throw sth here ❸ *(an diesem Sachverhalt)* here; **~ kann es keinen Zweifel geben** there can be no doubt of that ❹ *(an dieses Ereignis)* **sich ~ erinnern** to remember this; **ein wundervolles Fest, ~ werde ich mich sicher noch lange erinnern** a wonderful party, I won't forget it for a long time

Hie·rar·chie <-, -n> [hierar'çi:, *pl:* -'çi:ən] *f* hierarchy **hie·rar·chisch** [hie'rarçɪʃ] **I.** *adj* hierarchical **II.** *adv* hierarchically; **viele Großunternehmen sind streng ~ aufgebaut** many large companies have a strict hierarchy

hie·rauf ['hi:'raʊf] *adv* ❶ *(auf diesem Gegenstand herauf)* [on] here ❷ *(auf diesen Gegenstand obendrauf)* down here, down on this; **setz dich doch einfach ~** just sit yourself down on this [*or* here] *fam;* **etw ~ stellen** to put sth down here ❸ *(daraufhin)* as a result of this/that, thereupon, whereupon

hie·raus ['hi:'raʊs] *adv* ❶ *(aus diesem Gegenstand)* from [*or* out of] here ❷ *(aus diesem Material)* out of [*or* from] this ❸ *(aus dem Genannten)* from this; **~ folgt/geht hervor ...** it follows from this ... ❹ *(aus diesem Werk)* from this

hier·be·hal·ten* *vt irreg* **jdn/etw ~** to keep sb/sth here

hier·bei ['hi:ɐ'baɪ] *adv* ❶ *(bei diesem Anlass, währenddessen)* while doing this [*or* that]; **sei vorsichtig**

beim Holzhacken, ~ **hat sich schon mancher verletzt!** be careful when you're chopping wood, it's easy to hurt yourself doing it! ② *(nahe bei etw)* in the same place; ~ **lag auch das Zeugnis, das ich jetzt suche** the certificate I was looking for was in the same place ③ *(dabei)* here; **das ist also die Vorgehensweise;** ~ **sind gewisse Punkte besonders zu beachten** so that's the procedure; particular attention should be paid to certain points here

hier·blei·ben *vi irreg sein* to stay here; **hiergeblieben!** you stay here!

hier·durch [ˈhiːɐ̯ˈdʊrç] *adv* ① *(hier hindurch)* through here ② *(dadurch)* in this way; **das waren meine Vorschläge; ich hoffe, ich konnte Ihnen** ~ **etwas weiterhelfen** those were my suggestions; I hope they are of use to you

hie·rein [ˈhiːˈraɪn] I. *adv (in dieses Behältnis hinein)* in/into here II. *interj (in dieses Gebäude hinein)* in here

hier·für [ˈhiːɐ̯ˈfyːɐ̯] *adv* ① *(im Austausch für etw)* [in exchange] for this ② *(für diese Sache)* for this; ~ **interessiere ich mich nicht** I'm not interested in this

hier·ge·gen [ˈhiːɐ̯ˈgeːgn̩] *adv* ① *(gegen diesen Gegenstand)* against this; **er ist** ~, **gegen diesen Pfeiler, gefahren** he drove into this pillar ② *(gegen diesen Sachverhalt)* against this; **diese Behauptung ist falsch,** ~ **muss ich mich ausdrücklich verwehren** this allegation is false, I refuse to accept it ③ *(im Vergleich zu diesem)* compared to this; **wir haben auch einen Weinkeller, aber der ist** ~ **doch sehr bescheiden** we have a wine cellar too but it's pretty modest compared to this

hier·her [ˈhiːɐ̯ˈheːɐ̯] *adv* here; ~**!** come here!; **jdn/etw** ~ **bringen** to bring sb/sth here; ~ **gehören** *(hier angestammt sein)* to belong here; *(hier an diese Stelle gehören)* to belong here; *(zum Thema gehören)* to be relevant; **jdn/etw** ~ **holen** to bring sb/sth here; **ich habe Sie alle** ~ **holen lassen, um Ihnen eine erfreuliche Mitteilung zu machen** I've had you all called here so that I can give you some good news; ~ **kommen** to come [over] here; **jdn/etw** ~ **schaffen** to bring sb/sth here, to get sb/sth here *pej*; **schaffen Sie mir die Frau** ~, **die kann was erleben!** get the woman here, she's in for it now!; **jdn/etw** ~ **schicken** to send sb/sth here; ▪ **etw** ~ **setzen** to put sth here; ▪ **sich** ~ **setzen** to sit here; **setz dich mal** ~ **zu mir** come and sit [here] next to me; ▪ **etw** ~ **stellen** to put sth here; **stell doch bitte mal die Leiter** ~ **an die Wand!** please stand the ladder here against the wall!; ▪ **sich** ~ **stellen** to stand here; **musste der Laster sich** ~ **vor meine Einfahrt stellen!** did the lorry have to park here in front of my drive?; **bis** ~ up to here; *(so weit)* so far; **bis** ~ **und nicht weiter** this far and no further

hier·he·rauf [ˈhiːɐ̯hɛˈraʊf] *adv* up here; **bis** ~ up here
hier·he·rum [ˈhiːɐ̯hɛˈrʊm] *adv* ① this way; round *[or esp* AM around*]* this way ② *(fam: in dieser Gegend)* around here **hier·hin** [ˈhiːɐ̯ˈhɪn] *adv* here; **setz dich ruhig** ~ **auf den Sessel!** you sit [right] here in the armchair!; ~ **und dorthin** here and there; **bis** ~ up to here *[or* to this point*]*; **bis** ~ **und nicht weiter** up to here *[or* this far*]* and no further **hier·hi·nab** *adv* down here **hier·hi·nauf** *adv* up here **hier·hi·naus** *adv* ① *(an dieser Stelle hinaus)* out here; **zum Garten geht es** ~ this is the way to the garden ② *(aus etw hinaus)* from here; **wo ist der Ausgang? – bitte** ~**!** where is the exit? – this way out! **hier·hi·nein** *adv* ① *(an dieser Stelle hinein)* in here; **wir müssen** ~ we have to go in here ② *(in etw hinein)* in; **der Umschlag ist zu klein, die Unterlagen passen nicht alle** ~ the envelope is too small, the documents won't all fit in here **hier·hin·ter** *adv* behind here **hier·hi·nun·ter** *adv* ① *(unter diesem Gegenstand)* under here

② *(an dieser Stelle hinunter)* s. **hierhinab hie·rin** [ˈhiːˈrɪn] *adv* ① *(in diesem Raum, Gegenstand)* in here ② *(was das angeht)* in this

hier·las·sen *vt irreg* **jdn/etw** ~ to leave sb/sth here
hier·mit [ˈhiːɐ̯ˈmɪt] *adv* ① *(geh: durch dieses Schriftstück)* with this; ~ **erkläre ich, dass ...** I hereby declare that ...; ~ **wird bescheinigt, dass ...** this is to certify that ... ② *(mit diesem Gegenstand/diesen Gegenständen)* with this/these ③ *(mit dieser Angelegenheit)* with this/these; **das sind unsere Vorschläge, sind Sie** ~ **einverstanden?** those are our proposals, are you in agreement with them? ④ *(somit)* with this; ~ **möchte ich dann auch die Konferenz beenden** I declare this conference closed *form,* now I would like to bring this conference to a close; ~ **ist die Angelegenheit abgeschlossen/erledigt** that is the end of the matter **hier·nach** [ˈhiːɐ̯ˈnaːx] *adv* after this

Hie·ro·gly·phe <-, -n> [hiero'gly:fə] *f* ① *(Zeichen der ägyptischen Bilderschrift)* hieroglyph ② *pl (hum: schwer entzifferbare Schrift)* hieroglyphics *pl*

Hier·ro [ˈjɛrro] *nt* Hierro; *s. a.* **Sylt**

Hier·sein *nt (geh)* ▪ **jds** ~ sb's presence *[or* being here*]*; **ich hatte sie ausdrücklich um ihr** ~ **gebeten** I expressly asked her to be here

hie·rü·ber [ˈhiːˈryːbə] *adv* ① *(hier über diese Stelle)* over here ② *(genau über diese Stelle)* above here ③ *(geh: über diese Angelegenheit)* about this *[or form* this matter*]* **hie·rum** [ˈhiːˈrʊm] *adv* ① *(um diese Angelegenheit)* about this; ~ **geht es mir nicht** that's not what I'm worried about ② *s.* **hierherum 1 hie·run·ter** [ˈhiːˈrʊntɐ] *adv* ① *(unter diesem Gegenstand)* under here ② *(unter diesen Gegenstand)* under here ③ *(in diese Gruppe)* among it/them; ~ **fallen** to fall into this category **hier·von** [ˈhiːɐ̯ˈfɔn] *adv* ① *(von diesem Gegenstand)* of this/these; **wenn Sie diesen Teppichboden nehmen wollen,** ~ **habe ich noch reichlich** if you would like this carpet, I've still got a lot [of it] ② *(davon)* among them **hier·vor** [ˈhiːɐ̯ˈfoːɐ̯] *adv* ① *(vor dieser Stelle)* in front of here ② *(vor diese Stelle)* in front of here ③ *s.* **davor hier·zu** [ˈhiːɐ̯ˈtsuː] *adv* ① *(dazu)* with it; **hmm, Lachs,** ~ **gehört eigentlich ein trockener Weißwein!** hmm, salmon, you should really drink dry white wine with it! ② *(zu dieser Kategorie)* ~ **gehören** *[o* **zählen***]* to belong to *[or* in] this category; ~ **gehört** *[o* **zählt***]* **...** this includes ... ③ *(zu diesem Punkt)* to this; **sich** ~ **äußern** to say something/anything about this; ~ **vergleichen Sie bitte die Anmerkung auf Seite 23** please compare this to the note on page 23 **hier·zu·lan·de, hier zu Lan·de** [ˈhiːɐ̯tsuˈlandə] *adv* here in this area, here in these parts, round *[or esp* AM around*]* here *fam; (in diesem Land)* [here] in this country

hie·sig [ˈhiːzɪç] *adj attr* ① *(hier heimisch)* local; ~**e Freunde/Verwandte** friends/relatives [who live around] here ② *(hier herrschend)* local

Hie·si·ge(r) *f(m) decl wie adj* local

hieß [ˈhiːs] *imp von* **heißen**

hie·ven [ˈhiːfn̩] *vt* ① *(hochwinden)* ▪ **etw** [irgendwohin] ~ to hoist sth [somewhere]; **den Anker** ~ to weigh anchor; **den Anker an Deck** ~ to bring the anchor on deck ② *(hum fam: heben)* ▪ **jdn irgendwohin** ~ to heave sb somewhere *fam*

Hi-Fi [ˈhaifi] *f* TECH *kurz für* **High Fidelity** hi-fi
Hi-Fi-An·la·ge [ˈhaifi-] *f* stereo *[or* sound] system, hi-fi
Hi-Fi-Fan [ˈhaifi-] *m* hi-fi fan **Hi-Fi-Qua·li·tät** [ˈhaifi-] *f* hi-fi quality **Hi-Fi-Ton** [ˈhaifi-] *m* hi-fi sound **Hi-Fi-Turm** [ˈhaifi-] *m* hi-fi *[or* sound] system *(placed one on top of the other to form a tower)*

Hift·horn [ˈhɪfthɔrn] *nt* hunting horn made out of a cattle horn

high [hai] *adj pred (sl)* ① *(von Drogen berauscht)* high, as high as a kite *fig,* loaded *fam,* stoned *fig sl,* on a trip *fig fam* ❷ *(euphorisch)* euphoric, ecstatic, high *fig*

High De·fi·ni·tion Te·le·vi·sion [haɪdɛfɪˈnɪʃn teleˈvɪʃn] *nt* TV, TECH high-definition television

High·fly·er <-s, -> [ˈhaɪˈflaɪɐ] *m* high-flyer

High·heelsᴿᴿ, **High Heels** [ˈhaɪˈhiːls] *pl* high heels, stilettos

High·life [ˈhaɪlaɪf], **High Life** <-s> [haɪˈlaɪf] *nt kein pl* **irgendwo/bei jdm ist** [*o* **herrscht**] ~ *(fam)* somewhere/at sb's place they are living it up *fam* [*or* making merry] *or fam* whooping it up]; ~ **machen** *(fam)* to live it up *fam,* to make merry, to whoop it up *fam*

High·light <-s, -s> [ˈhaɪlaɪt] *nt* MUS *(geh: Höhepunkt)* highlight

High So·cie·tyᴿᴿ, **High-So·cie·ty**ᴬᴸᵀ <-> [ˈhaɪzoˈsaɪtɪ] *f kein pl* high society

High·techᴿᴿ, **High-Tech**ᴬᴸᵀ <-[s]> [ˈhaɪˈtɛk] *nt kein pl* high-tech *fam*

High·tech-Aus·rüs·tungᴿᴿ [ˈhaɪˈtɛk-] *f* high-tech equipment **High·tech-Ge·rät**ᴿᴿ [ˈhaɪˈtɛk-] *nt* high-tech device **High·tech-Kom·po·nen·te**ᴿᴿ [ˈhaɪˈtɛk-] *f* high-tech component **High·tech-Pro·dukt**ᴿᴿ [ˈhaɪˈtɛk-] *nt* high-tech product

hi·hi [hiˈhiː] *interj* hee hee; ~, **reingefallen!** hee hee, got you!

hi·ja·cken [ˈhaɪdʒɛkn] *vt (fam)* ■ **ein Flugzeug ~** to hijack a plane

Hi·ja·cker(in) <-s, -> [ˈhaɪdʒɛkɐ] *m(f)* hijacker

hilf [hɪlf] *imper sing von* **helfen**

Hil·fe <-, -n> [ˈhɪlfə] *f* ❶ *kein pl (Beistand, Unterstützung)* help *no pl,* assistance *no pl;* **lauf und hole ~!** go and get help!; **jds Gedächtnis zu ~ kommen** to jog sb's memory; **eine ~ für das Gedächtnis sein** to jog the memory; **jdm seine ~ anbieten** to offer sb one's help; **auf jds ~ angewiesen sein** to be dependent on sb's help; **jds ~ bedürfen** *(geh)* to need sb's help; **jdn um ~ bitten** to ask sb for help [*or* assistance]; **jdm eine [wertvolle] ~ sein** to be a [great] help to sb; **jdm zu ~ kommen** to come to sb's assistance; **[jdm] ~ leisten** *(geh)* to help [*or* assist] [sb]; **etw zu ~ nehmen** *gen* to use [*or* make use of] sth; **um ~ rufen** [*o* **schreien**] to call [*or* shout] for help; **jdn zu ~ rufen** to call sb [to help]; **sich ~ suchend umsehen** to look round for help; **sich ~ suchend an jdn/etw wenden** to turn to sb/sth for help; **ein ~ suchender Blick** a pleading look; **ein ~ suchender Mensch** a person seeking help; **jdm seine ~ verweigern** to refuse to help sb; **mit jds ~** with sb's help [*or* assistance]; **mit ~ einer S.** *gen* with [the help of] sth; **ohne [jds] ~** without [sb's] help; [zu] ~! help!; **du bist mir eine schöne ~!** *(iron)* well, you're a great help! *iron;* **ohne fremde ~** without outside help; **erste ~** first aid; **jdm erste ~ leisten** to give sb first aid ❷ *(Zuschuss)* **finanzielle ~** financial assistance; *(für Notleidende)* relief, aid; **wirtschaftliche ~** economic aid ❸ *(Hilfsmittel)* aid ❹ *(Haushalts~)* help

Hil·fe·leis·tung *f (geh)* help, assistance; **zur ~ verpflichtet** obliged to help [*or* give [*or* form] render] assistance; **unterlassene ~** JUR failure to render assistance in an emergency **Hil·fe·ruf** *m* cry [*or* call] [*or* shout] for help **Hil·fe·schrei** *m s.* **Hilferuf Hil·fe·stel·lung** *f* ❶ *(Unterstützung bei einer Turnübung)* **ohne ~ springe ich nicht über das Pferd!** I'm not jumping over that horse without help!; **jdm ~ geben** to give sb a hand ❷ *(Mensch)* somebody to help; **jdm ~ geben** to help sb, to give sb a hand **Hil·fe·su·chen·de(r)** *f(m) decl wie adj* sb looking for [*or* seeking] help; **als Pfarrer bin ich stets für ~ da** as a priest, I'm always available for those seeking help

hilf·los [ˈhɪlfloːs] I. *adj* ❶ *(auf Hilfe angewiesen)* help-

less ❷ *(ratlos)* at a loss *pred;* **ein ~er Eindruck** a confused [*or* helpless] [*or* nonplussed] impression; **ich muss gestehen, ich bin etwas ~** I must admit I don't know what to do [*or* I'm at a loss] [*or* I'm a bit nonplussed] II. *adv* ❶ *(schutzlos)* helplessly; **jdm/ etw ~ ausgeliefert sein** to be at the mercy of sb/sth ❷ *(ratlos)* helplessly, at a loss; **offensichtlich [sehr] ~** obviously at a [complete] loss

Hilf·lo·sig·keit <-> *f kein pl* ❶ *(völlige Hilfsbedürftigkeit)* helplessness ❷ *(Ratlosigkeit)* helplessness, bafflement, perplexity; **ich muss meine ~ eingestehen** I have to confess I'm baffled [*or* at a loss]

hilf·reich *adj* ❶ *(hilfsbereit)* helpful ❷ *(nützlich)* helpful, useful; ■ **es wäre ~, wenn ...** it would be a help if ...

Hilfs·ak·ti·on *f* aid [*or* relief] programme [*or* AM -am] **Hilfs·ar·bei·ter(in)** *m(f) (veraltend)* labourer [*or* AM -orer]; *(in einer Fabrik)* unskilled worker **Hilfs·ar·beits·kräf·te** *pl* unskilled labour [*or* AM -or] **hilfs·be·dürf·tig** *adj* ❶ *(auf Hilfe angewiesen)* in need of help ❷ FIN *(bedürftig)* needy, in need *pred,* on one's uppers *fam pred* BRIT, short of cash *esp* AM **Hilfs·be·dürf·tig·keit** *f* need, neediness, hardship, privation **hilfs·be·reit** *adj* helpful; **sich ~ zeigen** to be willing to help **Hilfs·be·reit·schaft** *f* helpfulness, willingness to help **Hilfs·fonds** *m* aid [*or* relief] fund **Hilfs·kraft** *f* help *no pl;* **in der Hauptsaison beschäftigen wir mehrere Hilfskräfte** in the high season we employ several extra staff; **~ im Haus** domestic help; **wissenschaftliche ~** *(Assistent eines Hochschullehrers)* assistant [lecturer] **Hilfs·maß·nah·me** *f* aid [*or* relief] measure *usu pl* **Hilfs·mit·tel** *nt* ❶ MED [health] aid ❷ *pl (Geldmittel zur Unterstützung)* [financial] aid [*or* relief] **Hilfs·mo·tor** *m* auxiliary engine/motor; **ein Fahrrad mit ~** a motor-assisted bicycle **Hilfs·or·ga·ni·sa·ti·on** *f* aid [*or* relief] organization **Hilfs·pro·gramm** *nt* POL, SOZIOL relief [*or* aid] programme [*or* AM -am] **Hilfs·quel·le** *f* resource **Hilfs·trieb·werk** *nt* auxiliary gear **Hilfs·trupp** *m* troop of helpers; MIL reserve troop **Hilfs·verb** *nt* auxiliary verb **Hilfs·werk** *nt* SOZIOL relief organization **Hilfs·wil·lig** *adj* helpful, willing to help *pred* **Hilfs·wil·li·ge(r)** *f(m) decl wie adj* [willing] helper, person willing to help

Hi·ma·la·ja <-s> [hiˈmaːlaja, himaˈlaːja] *m* Himalaya, Himalayas *npl*

Him·bee·re [ˈhɪmbeːrə] *f* ❶ *(Strauch)* raspberry [cane] ❷ *(Frucht)* raspberry

Him·beer·geist *m kein pl* schnapps made out of raspberries **Him·beer·ge·lee** *nt* raspberry jelly **Him·beer·saft** *m* raspberry juice **Him·beer·si·rup** *m kein pl* KOCHK raspberry syrup *no pl* **Him·beer·strauch** *m s.* **Himbeere 1**

Him·mel <-s, *(poet)* -> [ˈhɪml] *m* ❶ *(Firmament)* sky; **der ~ hellt** [*o* **klärt**] **klärt sich auf** the sky is brightening [*or* clearing] up; **der ~ bezieht sich** the sky [*or* it] is clouding over; **zwischen ~ und Erde** between the earth and sky; **unter freiem ~** under the open sky, outdoors, in the open air; **am ~ stehen** to be [up] in the sky; **ist das der Polarstern, der da oben am ~ steht?** is that the Pole Star up there [in the sky]?; **am ~** in the sky; **bei wolkenlosem/wolkenverhangenem ~** when the sky is clear/cloudy; **bei klarem/trübem/bedecktem ~** when the sky is clear/dull/overcast; **unter italienischem/südlichem ~** under Italian/southern skies *liter;* **die Sonne steht hoch am ~** the sun is high in the sky; **den Blick gen ~ richten** *(geh)* to raise one's eyes towards the heavens; **der ~ lacht** *(geh)* the sun is shining brightly; **der ~ öffnet seine Schleusen** *(geh)* the heavens open ❷ *(Himmelreich)* heaven; **den ~ auf Erden haben** *(geh)* to be heaven [*or* paradise] on earth for one; **der ~ ist** [*o* **sei**] **mein Zeuge**

(veraltend) as heaven is my witness *old;* **zum ~ auffahren** *[o* **in den ~ fahren]** to ascend into heaven; **in den ~ kommen** to go to heaven; **im ~** in heaven; **dem ~ sei Dank** *(veraltend)* thank heaven[s]; **jdm hängt der ~ voller Geigen** *(geh)* sb is in paradise *[or* is walking on air] *[or* is [walking] on cloud nine] *[or* is over the moon] ⑤ *(Baldachin)* canopy ④ AUTO [interior] roof ▶ WENDUNGEN: **~, Arsch und Zwirn!** *(sl)* bloody hell! BRIT *sl,* Christ almighty! *vulg;* **den ~ für eine Bassgeige** *[o* **einen Dudelsack] ansehen** DIAL *(fam: völlig betrunken sein)* to be three sails *[or* AM sheets] to the wind; **~ und Erde** KOCHK NORDD *north German dish of fried black pudding and liver sausage, puréed potato and apple;* **~ und Hölle** hopscotch; **~ und Hölle in Bewegung setzen** *(fam)* to move heaven and earth; **~ und Menschen** DIAL hordes of people; **gerechter** *[o* **gütiger] ~!** good heavens!; **aus heiterem ~** *(fam)* out of the blue; **[ach] du lieber ~!** *(fam)* [oh] heavens!; **im sieb[en]ten ~ sein** *[o* **sich fühlen wie im siebenten ~]** *(fam)* to be in seventh heaven; **jdn/etw in den ~ heben** *(fam)* to praise sb/sth [up] to the skies; **nicht [einfach] vom ~ fallen** to not fall out of the sky; **zum ~ schreien** to be scandalous *[or* a scandal]; **es schreit zum ~, wie … …** it's a scandal that …; **zum ~ stinken** *(fam)* to stink to high heaven; **eher stürzt der ~ ein, als dass … …** won't happen in a million years; **eher stürzt der ~ ein, als dass er das täte** he wouldn't do that in a million years; **[das] weiß der ~!** *(fam)* heaven knows!; **um ~s willen** *(fam)* for heaven's *[or* goodness'] sake; **~ [noch mal]!** *(fam)* for heaven's *[or* goodness'] sake

him·mel·angst ['hɪml'ʔaŋst] *adj pred* ■ **jdm ist/ wird ~** sb is scared to death; *(Angst in einer bestimmten Situation)* sb is shaking in their shoes **Him·mel· bett** *nt* four-poster [bed] **him·mel·blau** ['hɪml̩blau] *adj* sky-blue, azure [blue]; **~e Augen** blue eyes **Him·mel·don·ner·wet·ter** ['hɪml̩'dɔnɐ'vɛtɐ] *interj* ▶ WENDUNGEN: **~ [noch [ein]mal]!** *(sl)* for heaven's sake!, for crying out loud!

Him·mel·fahrt *f* ascension into heaven; **Christi ~stag** Ascension Day; *s. a.* **Christus** *s.* **Mariä**

Him·mel·fahrts·kom·man·do *nt* MIL *(fam)* ① *(selbstmörderisches Unternehmen)* suicide *[or* kamikaze] mission *[or* operation] ② *(Angehörige eines ~s)* suicide *[or* kamikaze] squad **Him·mel·fahrts·na·se** *f (hum fam)* turned-up nose **Him·mel·fahrts·tag** *m* Ascension Day; ■ **der ~** Ascension Day

Him·mel·herr·gott *interj* ▶ WENDUNGEN: **~ [noch [ein]mal]!** *(sl)* God in heaven!, [God] give me strength!, for crying out loud! *fam* **him·mel·hoch** ['hɪml̩'hoːx] **I.** *adj* sky-high, soaring, sky-scraping **II.** *adv* **jdm/etw ~ überlegen sein** to be far superior to sb/sth, to be a million times *[or* BRIT miles] better than sb/sth *fam* ▶ WENDUNGEN: **~ jauchzend[, zu Tode betrübt]** on top of the world *[or* over the moon] [, down in the dumps]; **ihre Stimmung schwankt zwischen ~ jauchzend und zu Tode betrübt** her moods change from being up one minute to down the next, one minute she's as high as a kite, the next she's down in the dumps **Him·mel·reich** *nt kein pl* REL heaven, paradise, kingdom of God; **ins ~ kommen** *[o* **eingehen]** *(geh)* to go to heaven ▶ WENDUNGEN: **ein ~ für etw** *(fam)* **ein ~ für einen Schluck Wasser – ich sterbe vor Durst!** I'd give my right arm *[or* my eye teeth] *[or* anything] for a drink of water! I'm dying of thirst! **him·mel·schrei·end** *adj* ① *(unerhört)* downright *attr,* appalling, monstrous; **das ist ein ~es Unrecht!** it's just downright wrong! ② *(skandalös)* scandalous, appalling; **die hygienischen Verhältnisse in den Lagern waren ~** the standard of hygiene in the camps was disgraceful

Him·mels·kör·per *m* heavenly *[or* celestial] body **Him·**

mels·rich·tung *f* direction; **die vier ~en** the four points of the compass; **aus allen ~en** from all directions *[or liter* all four corners of the earth]; **in alle ~en** in all directions; **in alle ~en senden** to send to all four corners of the earth *liter* **Him·mels·schlüssel** *m o nt s.* **Schlüsselblume** **Him·mels·zelt** *nt (poet)* dome of the sky *liter,* firmament *liter dated*

him·mel·weit I. *adj (fam)* enormous; **ein ~er Unterschied** a considerable *[or* world of] *[or* vast] difference **II.** *adv* **sich ~ unterscheiden** to be completely different, to differ greatly *[or* considerably]; **~ voneinander entfernt** far apart from one another; **~ voneinander verschieden** to be completely different

himm·lisch ['hɪmlɪʃ] **I.** *adj* ① *attr (göttlich)* heavenly, divine; **ich nehme das als ein ~es Zeichen!** I take that as a sign from heaven! ② *(herrlich)* divine, heavenly; **einfach ~** perfectly divine *[or* heavenly]; **der Urlaub war [einfach] ~** the holiday was just heavenly *[or* divine]; *s. a.* **Geduld** *s. a.* **Vater II.** *adv* divinely, wonderfully; **~ munden/schmecken** to taste divine *[or* wonderful]

Himm·li·sche[r] *f(m) decl wie adj* ■ **die ~n** the gods **hin** [hɪn] *adv* ① *räumlich (dahin)* **die Geschäfte schließen gleich, jetzt aber noch schnell ~!** the shops will close soon, we'll have to get there quick!; **wie kommen wir dorthin? – mit dem Fahrrad ~ und dann mit dem Dampfer zurück** how are we going to get there? – there by bicycle and back by steamer; **wo der so plötzlich ~ ist?** where's he gone *[or fam* disappeared to] all of a sudden?; **bis/nach … ~** to *[or* as far as] …; **bis zu euch ~ werde ich es heute nicht schaffen** I won't make it to you *[or* as far as your place] today; **er hat es bis München ~ geschafft** he made it as far as *[or* to] Munich; **~ und her laufen** to run to and fro; **nach rechts ~** to the right; **bis zu dieser Stelle ~** up to here; **über etw** *akk* **~** over sth; **von hier aus gesehen, erstreckt sich die Wüste noch über 200 Kilometer ~** from here, the desert stretches another 200 kilometres; **zu jdm/etw ~** to sb/sth; **der Balkon liegt zur Straße ~** the balcony faces the street ② *(einfache Fahrt)* **eine Fahrkarte nach Bärben-Lohe! – nur ~ oder auch zurück?** a ticket to Bärben-Lohe! – just a single or a return [ticket]?; **~ und zurück** there and back, a return [ticket]; **was kostet eine Fahrkarte nach Bad Tiefenbleichen ~ und zurück?** what does a return [ticket] to Bad Tiefenbleichen cost? ③ *zeitlich (sich hinziehend)* **das ist lange ~** that's a long time; **wann fährt der Zug? um 21 Uhr 13? das sind ja noch fast zwei Stunden ~!** when does the train leave? at 9.13? that's almost another two hours [to wait]!; **wie lange ist es noch ~ bis zu deiner Prüfung?** how long *[or* much longer] is it to your exam *[or* before you take your exam] ?; **über etw** *akk* **~** over sth; **über die Jahre ~** over the years; **über eine Woche ~** for a week; **es ist fraglich, ob sie sich über diese lange Zeit ~ noch daran erinnern wird** it's doubtful whether she will remember that after all this time; **zu jdm/etw ~** towards sb/sth; **zum Frühjahr ~ führen die Flüsse oft Hochwasser** the rivers are often flooded as spring approaches ④ *(fig)* **auf jds Bitte/Vorschlag ~** at sb's request/ suggestion; **auf jds Rat ~** on sb's advice; **auf die Gefahr ~, dass ich mich wiederhole** at the risk of repeating myself; **auf das Versprechen ~, die Schuld in drei Wochen zurückzuzahlen, hat sie ihm das Geld geliehen** she agreed to lend the money when he promised to repay it within three weeks; ■ **auf etw** *akk* **~** *(mit etw als Ziel)* **auf lange Sicht/einen langen Zeitraum ~ etw planen** to make long-term plans; **jdn/etw auf etw ~ prüfen/ untersuchen** to test *[or* examine] sth for sth; **du bist**

H

immer müde? vielleicht solltest du dich mal auf **Eisenmangel ~ untersuchen lassen** you're always tired? perhaps you should have tested yourself for iron deficiency ❻ *(fam: kaputt sein)* ■ **~ sein** to have had it *fam,* to be bust *sl; (mechanische Geräte)* to be a write-off *fam,* to be kaputt ❻ *(sl: tot sein)* ■ **~ sein** to have kicked the bucket *fam,* to have snuffed it *fam,* to have popped one's clogs *sl* ❼ *(verloren sein)* ■ **~ sein** to be gone *[or* a thing of the past] ❻ *(fasziniert sein)* ■ **|von jdm/etw|** **~ sein** to be bowled over *[by sb/* sth], to be taken [with sb/sth]; ■ **von jdm ~ sein** to be smitten by sb ▶ WENDUNGEN: **das H~ und Her** *(Kommen und Gehen)* to-ing and fro-ing; **ich wollte im Wartezimmer lesen, aber bei dem ständigen H~ und Her konnte ich mich nicht konzentrieren** I wanted to read in the waiting room but with all the constant to-ing and fro-ing I couldn't concentrate; *(der ständige Wechsel)* backwards and forwards; **nach einigem/langem H~ und Her** after some/a lot of discussion; **auf Wirkung nach außen ~ bedacht sein** to be concerned about the impression one makes; **still vor sich ~** quietly to oneself; **nicht ~ und nicht her reichen** *(fam)* to be nowhere near *[or* nothing like] enough *fam;* **nach außen ~** outwardly; **nach außen ~ ruhig wirken** to appear calm; **~ oder her** *(fam)* more or less; **auf einen Tag ~ oder her kommt es nun auch nicht mehr an** one day [more or less] won't make any difference; **... ~, ... her ...** or not *[or* no ...]; **Arbeit ~, Arbeit her, irgendwann musst du auch mal an etwas anderes denken!** work is all very well, but you've got to think about other things some of the time; **nichts wie ~** *(fam)* let's go!, what are we/you waiting for!; **~ ist ~** *(fam)* what's bust is bust; **~ und wieder** from time to time, every now and then *[or* again]; **vor sich ~ stieren** to stare [vacantly] into space; **vor sich ~ trödeln** to wander along [absent-mindedly]; **bis dahin noch |lange|** ~ there's some/a long time to go until then

hi·nab [hɪˈnap] *adv (geh)* s. **hinunter**

hin|ar·bei·ten *vi* ■ **auf etw** *akk* ~ to work [one's way] towards sth; **auf ein Examen** ~ to work for an exam; **gezielt auf etw** ~ to expressly work towards sth; ■ **darauf ~, dass ...** to work with the aim of ...; **wir sollten darauf ~, dass eine Einigung doch noch möglich wird** we should work with the aim of making an agreement possible after all

hi·nauf [hɪˈnaʊf] *adv* up; **|die Treppe| ~gehen** to go up[stairs]; **den Fluss ~** up the river, upstream; **bis ~ zu etw** *(im Rang nach oben bis zu etw)* up to sth

hi·nauf|be·glei·ten* *vt* ■ **jdn ~** to go up [to the top] with sb; **jdn die Treppe ~** to go upstairs with sb, to accompany sb upstairs; **schaffst du es alleine die Treppe hoch, oder soll ich dich ~?** can you manage the stairs alone, or shall I come with you? **hi·nauf|bli·cken** [hɪˈnaʊfblɪkn] *vi (geh)* to look up; **zum Himmel ~** to look [up] at the sky; **da/dort ~** to look up there; ■ **an jdm ~** to look up at sb **hi·nauf|brin·gen** *vt irreg* ■ **jdn ~** to take sb up; ■ **|jdm| etw ~** to take sth up [to sb], to take [sb] sth up **hi·nauf|fah·ren** *irreg* **I.** *vi sein (nach oben fahren)* ■ **|in etw** *dat***/mit etw|** ~ to go up [in sth/by sth]; **im Auto zur Burg ~** to drive up to the castle, to go up to the castle by car; **mit dem Aufzug in den 3. Stock ~** to go up in the lift *[or* AM elevator] to the third *[or* AM second] floor; **beim H~** during the ascent, while sb/sth is going up; ■ **irgendwo ~** to go up somewhere; **ob der Lastwagen es schafft, auf diese Rampe hinaufzufahren?** do you think the lorry will manage to get *[or* drive] up this ramp? **II.** *vt haben* ■ **jdn |mit etw| ~** to take sb up [in sth] **hi·nauf|füh·ren I.** *vi* ■ **|auf etw** *akk***/ irgendwo|** ~ to lead *[or* go] up [to sth/somewhere]; **auf den Berg ~** to lead *[or* go] up the mountain; **aufs**

Dach ~ to lead *[or* go] up onto the roof **II.** *vt (geh)* ■ **jdn |irgendwo|** ~ to take sb [up] somewhere, to accompany sb [somewhere] *form* **hi·nauf|ge·hen** *vi irreg sein* ❶ *(nach oben gehen)* ■ **|auf etw** *akk***/ irgendwo|** ~ to go up [to something/somewhere]; **die Treppe ~** to go up the stairs *[or* upstairs] ❷ *(steigen)* to go up, to increase, to rise ❸ *(hochgehen)* ■ **mit etw ~** to put sth up; **mit dem Preis ~** to put the price up, to raise the price **hi·nauf|klet·tern** *vi sein (nach oben klettern)* ■ **|etw** *akk***/auf etw** *akk***/ irgendwo|** ~ to climb [up] [sth/onto sth/somewhere]; **an dieser Stelle** *[o* **hier|** ~ to climb up here **hi·nauf|kom·men** *vi irreg sein* ❶ *(nach oben kommen)* ■ **|etw** *akk***/in etw** *akk***/zu jdm|** ~ to come up [sth/ into sth/to sb] ❷ *(es nach oben schaffen)* ■ **|etw** *akk|* ~ [to manage] to get *[or* go/come] up [sth/to sth]; **die Treppe ~** to manage *[or* get up] *[or* get up] the stairs **hi·nauf|lau·fen** *vi irreg sein (nach oben laufen)* ■ **|etw** *akk***/zu jdm|** ~ to run up [sth/to sb] **hi·nauf|rei·chen I.** *vi* ❶ *(nach oben reichen)* ■ **|mit etw| |bis zu etw|** ~ to reach [up] [to sth] [with sth] ❷ *(sich erstrecken)* ■ **|bis zu etw|** ~ to reach [up to sth] **II.** *vt (geh: nach oben angeben)* ■ **jdm etw |auf etw** *akk|* ~ to hand *[or* pass] sb up sth [on sth] **hi·nauf|schau·en** *vi (geh)* s. **hinaufsehen** **hi·nauf|schrau·ben I.** *vt (konstant steigern)* ■ **etw ~** to raise *[or* increase] sth; **Forderungen ~** to continue to increase demands **II.** *vr* to wind upwards **hi·nauf|se·hen** *vi irreg* ■ **|zu jdm/etw|** ~ to look up [to sb/sth] **hi·nauf|set·zen** *vt (erhöhen)* s. **heraufsetzen hi·nauf|stei·gen** *vi irreg sein* ■ **|etw** *akk***/auf etw** *akk|* ~ to climb *[or* go] up [sth/onto sth] **hi·nauf|tra·gen** *vt irreg* ■ **|jdm| etw |irgendwohin|** ~ to carry *[or* take] sth up [somewhere] [for sb]

hi·naus [hɪˈnaʊs] **I.** *interj (nach draußen)* get out! **II.** *adv* ❶ *(von hier nach draußen)* out; **hier/da/dort ~ bitte!** this/that way out, please!; **da hinten/ vorne ~** out the back/front way!; **die Hintertür ist verriegelt, also geht's nur da vorne ~** the back door is locked so we'll have to go out the front [door/ way]; **zum Ausgang die zweite Tür links ~!** the exit is out through the second door on the left; ■ **~ sein** to have gone outside; ■ **aus** *dat* **etw ~** out of sth; **er trat aus dem Haus ~ in den Garten** he stepped out of the house into the garden; ■ **durch** *[o* **zu|** **etw ~** out of sth; **die Katze muss durch das/ zum Fenster ~ entwischt sein** the cat must have got out of the window; **nach hinten/vorne ~ liegen** to be [situated] at the back/front [of a house]; **das Schlafzimmer geht nach hinten ~** the bedroom is at the back; **nach hinten/vorne ~ wohnen** to live at the back/front ❷ *(fig)* ■ **über etw** *akk* ~ *(weiter gehend als etw)* including sth; ■ **über etw** *akk* ~ **sein** *(hinter sich haben)* to be past sth; **über ein bestimmtes Stadium ~ sein** to have got beyond a particular stage; ■ **über etw** *akk* ~ **sein** *(zu weit gefahren sein)* to have gone past sth; **über etw ~ rei·chen** to include sth; *(sich über etw erstreckend)* extending beyond sth; **sich über etw ~ hinziehen** to extend *[or* fam drag on] beyond sth; **über das Notwendigste ~** beyond what is immediately necessary; **er hat darüber ~ nichts Neues zu sagen** other than that he has nothing new to say ❸ *(zeitlich)* **auf Jahre ~** for years to come; **über Mittag ~** till after midday; **über die Zwanzig ~** well into the *[or* one's] twenties, well over twenty; ■ **über etw ~** *(etw übersteigend)* more than sth, well over sth; *s. a.* **darüber hi·naus|be·för·dern*** *vt (fam: nach draußen beförderdern)* ■ **jdn |aus etw|** ~ to propel *[or* throw] *[or* outside] chuck] sb out of sth *fam;* ■ **jdn ~ lassen** to have sb thrown *[or* fam chucked] out **hi·naus|be·glei·ten*** *vt* ■ **jdn ~** to see sb out; **bleiben Sie ruhig**

sitzen, Sie brauchen mich nicht **hinauszubeglei-ten** [you] stay where you are [or in your seat] , you don't have to see me [or I can see myself] out **hi·naus|beu·gen** *vr, vt* ■ **sich/etw** [**zu etw**] **~** to lean out [of sth]; **er beugte den Kopf zum Fenster hinaus** he stuck his head out of the window **hi·naus|bli·cken** *vi (geh)* s. hinaussehen **hi·naus|brin·gen** *vt irreg* ➊ *(nach draußen begleiten)* ■ **jdn ~** to see sb out; **jdn zur Tür ~** to see sb to the door; **jdn zum Haus/zur Wohnung ~** to see sb out of the house/the flat ➋ *(nach draußen bringen)* ■ **etw ~** to take sth out **hi·naus|drän·gen** I. *vt haben (nach draußen drängen)* ■ **jdn** [**aus etw**] **~** to push [or propel] sb out [of sth] II. *vi sein (nach draußen drängen)* to push [or force] one's way out; *(hetzen)* to champ at the bit *fig* **hi·naus|dür·fen** *vi irreg* ➊ *(nach draußen dürfen)* ■ [**auf etw** *akk*/**in etw** *akk*] **~** to be able/allowed to go outside [to sth/in sth] ➋ *(nach draußen gebracht werden dürfen)* ■ **etw darf** [**auf etw** *akk*] **hinaus** sth can be taken/put outside [on sth] **hi·naus|ekeln** *vt (fam)* ■ **jdn** [**aus etw**] **~** to drive sb out [of sth] **hi·naus|fah·ren** *irreg* I. *vi sein* ➊ *(nach draußen fahren)* ■ [**aus etw**] **~** to drive out [of sth]; ■ **beim H~** when driving out; **beim H~ aus der Garage solltest du erst gucken, ob die Straße frei ist** when you drive out of the garage, you should look first to see if the road is clear ➋ *(irgendwohin fahren)* ■ [**auf etw** *akk*/**zu jdm/etw**] **~** to drive [out] [to sth/ to sb] ➌ *(überfahren)* ■ **über etw** *akk* **~** to drive over sth II. *vt haben (nach draußen fahren)* ■ **etw** [**aus etw**] **~** to drive sth out [of sth] **hi·naus|fin·den** *irreg* ■ [**aus etw**] **~** to find one's way out [of sth]; **fin-den Sie alleine hinaus?** can you find your own way out? **hi·naus|flie·gen** *vi irreg sein* ➊ *(nach draußen fliegen)* ■ [**aus etw**] **~** to fly out [of sth] ➋ *(fam: hinausfallen)* ■ [**aus etw**] **~** to fall out [of sth] ➌ *(fam: hinausgeworfen werden)* to be kicked [or fam chucked] out **hi·naus|füh·ren** I. *vi* ➊ *(nach draußen füh-ren)* ■ [**aus etw**] **~** to lead out [of sth] ➋ *(überschrei-ten)* ■ **über etw** *akk* **~** to go [or extend] beyond sth II. *vt (hinausgeleiten)* ■ **jdn** [**aus etw**] **~** to show sb out [of sth] **hi·naus|ge·hen** [hɪˈnaʊsɡeːən] *irreg* I. *vi sein* ➊ *(nach draußen gehen)* ■ [**aus etw/auf etw** *akk*] **~** to go out [of sth]; **aus einem Gebäude ~** to go out of [or leave] a building; **auf die Straße ~** to go out to the road ➋ *(führen)* ■ **zu etw ~** to lead [out] to sth ➌ *(abgeschickt werden)* ■ [**zu jdm**] **~** to be sent off [to sb] ➍ *(gerichtet sein)* ■ **auf** *akk* [*o* **nach**] **etw ~** to look out on/onto sth; **nach Osten ~** to face east ➎ *(überschreiten)* ■ [**weit**] **über etw** *akk* **~** to go [far] beyond sth, to exceed sth II. *vi impers sein* **wo geht es auf die Straße hinaus?** which is the way out [or how can I get out] to the road?; **es geht dort hinaus!** that's the way out! **hi·naus|ge·lei·ten** *vt (geh)* ■ **jdn** [**aus/zu etw**] **~** to show sb out [of sth/to sth] **hi·naus|gu·cken** *vi (fam)* s. hinaussehen **hi·naus|hal-ten** *vt irreg* ■ **jdn/etw** [**zu etw**] **~** to hold sb/sth out [of sth]; **den Kopf zum Fenster ~** to put [or fam stick] one's head out of the window **hi·naus|hän·gen** *vt* ■ **etw** [**zu etw/auf etw** *akk*] **~** to hang sth out [of/ on sth] **hi·naus|ja·gen** I. *vt haben* ■ **jdn/ein Tier** [**aus etw/zu etw/auf etw** *akk*] **~** to chase [or drive] sb/an animal out [of/to sth]; ■ **jdn** [**aus etw**] **~ las-sen** to have sb removed [or chased] [or driven] [from sth] II. *vi sein* to rush [or form hasten] out **hi·naus|ka·ta·pul·tie·ren** *vt POL (sl)* ■ **jdn** [**aus etw**] **~** to catapult [or eject] sb [out of sth] **hi·naus|klet·tern** *vi sein* ■ [**aus etw**] **~** to climb out [of sth] **hi·naus|kom·men** *vi irreg sein* ➊ *(nach draußen kom-men)* to get out/outside; ■ [**zu jdm**] **~** to come out [to sb] ➋ *(gelangen)* ■ **über etw** *akk* **~** to get beyond sth ➌ *(gleichbedeutend mit etw sein)* ■ **etw kommt auf**

etw *akk* **hinaus** sth amounts to sth; **das kommt auf dasselbe hinaus** it's all the same **hi·naus|kom·pli·men·tie·ren*** *vt* ■ **jdn** [**aus etw**] **~** to bow sb out [of sth], to usher out sb *sep* **hi·naus|las·sen** *vt irreg* ■ **jdn/ein Tier** [**aus etw**] **~** to let sb/an animal out [of sth] **hi·naus|lau·fen** *vi irreg sein* ➊ *(nach draußen laufen)* ■ [**durch etw/auf etw** *akk*] **~** to run out [through/to sth]; **hiergeblieben, lauf mir ja nicht auf die Straße hinaus!** stay here, don't run out onto the road! ➋ *(gleichbedeutend mit etw sein)* ■ **auf etw** *akk* **~** to be [or mean] the same as sth; **auf was soll das ~?** what's that supposed to mean?; **auf das-selbe** [*o* **aufs Gleiche**] **~** to be [or mean] the same, to come [or amount] to the same thing; **darauf ~, etw zu tun** to lead to sth being done **hi·naus|leh·nen** *vr* ■ **sich** [**aus etw**] **~** to lean out [of sth] **hi·naus|po·sau·nen*** *vt (fam)* s. ausposaunen **hi·naus|ra·gen** *vi sein* ➊ *(nach oben ragen)* to rise; ■ **über etw** *akk* **~** to tower over sth ➋ *(nach außen ragen)* ■ [**auf etw** *akk*] **~** to jut [or fam stick] out [onto sth] ➌ *(überra-gen)* ■ **über jdn/etw ~** to stand out over sb/sth; **über ein Zeitalter ~** to stand out in a time **hi·naus|rei·chen** I. *vt (geh)* ■ **jdm] etw** [**durch etw/ zu etw**] **~** to pass [or hand] out sth *sep* [to sb] [through sth], to pass [or hand] [sb] out sth [through sth]; **etw durch das Fenster ~** to pass [or hand] sth out of [or through] the window II. *vi* ➊ *(bis nach draußen rei-chen)* to reach; ■ **bis zu etw ~** to reach [as far as] [or stretch as far as] sth ➋ *(weiterhin reichen)* ■ **über etw** *akk* **~** to be more than sth; **der Betrag reicht weit über das hinaus, was ich kalkuliert hatte** the amount is a lot more than what I had calculated; **über einen bestimmten Zeitraum ~** to last beyond a par-ticular period of time **hi·naus|ren·nen** *vi irreg sein (fam)* to run [or rush] out **hi·naus|schaf·fen** *vt (hinausbringen)* ■ **jdn/etw** [**aus etw/auf etw** *akk*] **~** to take sb/sth out [of sth]; **eine lästige Per-son ~** to get a troublesome person out **hi·naus|schau·en** *vi (geh)* s. hinaussehen **hi·naus|schi·cken** *vt (nach draußen schicken)* ■ **jdn** [**aus etw/auf etw** *akk*/**in etw** *akk*] **~** to send sb out [of/to/into sth] **hi·naus|schie·ben** *vt irreg* ➊ *(nach draußen schieben)* ■ **etw** [**aus etw/auf etw** *akk*] **~** to push sth out [of/into/onto sth] ➋ *(hinausdrängen)* ■ **jdn** [**zu etw/auf etw** *akk*] **~** to push [or force] sb out [of/into/onto sth] ➌ *(auf später verschieben)* ■ **etw** [**bis irgendwann**] **~** to postpone sth [or put sth off] [until some time] **hi·naus|schie·ßen** *vi irreg sein* ➊ *(nach draußen schießen)* ■ [**aus etw**] **~** to fire [from sth] ➋ *(fam: hinausjagen)* ■ [**aus etw/auf etw** *akk*] **~** to shoot out [of/onto/into sth]; s. a. Ziel **hi·naus|schmei·ßen** *vt irreg (fam)* ■ **jdn/etw** [**aus etw/auf etw** *akk*] **~** to throw [or fam chuck] sb/sth out [of/into/onto sth]

Hi·naus·schmiss^RR <-sses, -sse> *m* s. Rausschmiss **hi·naus|schmug·geln** *vt* ■ **jdn/etw** [**aus etw**] **~** to smuggle sb/sth out [of sth] **hi·naus|schrei·en** *irreg* I. *vi* ■ [**zu etw**] **~** to scream [out of sth] II. *vt (geh: schreiend kundtun)* ■ **etw ~** to cry out sth *form* **hi·naus|schwim·men** *vi irreg sein* ■ [**zu etw**] **~** to swim out [to sth] **hi·naus|se·hen** *vi irreg* ■ [**zu etw/ auf etw** *akk*/**in etw** *akk*] **~** to look [or take a look] out [of/at sth] **hi·naus|set·zen** I. *vt* ➊ *(nach draußen setzen)* ■ **jdn/etw ~** to put sb/sth out ➋ *(hinauswer-fen)* ■ **jdn ~** to throw [or fam chuck] sb out II. *vr (sich nach draußen setzen)* ■ **sich** [**auf etw** *akk*/**in etw** *akk*] **~** to sit outside [on/in sth] **hi·naus|steh·len** *vr irreg (geh)* ■ **sich** [**auf etw** *akk*/**in etw** *akk*] **~** to slip [or liter steal] [or pej sneak] out [to/in sth] **hi·naus|stei·gen** *vi irreg sein (nach draußen steigen)* ■ [**durch/zu etw**] **~** to get out [through sth] **hi·naus|stel·len** *vt* ■ [**jdm/einem Tier**] **etw** [**auf etw**

akk] ~ to put out sth *sep* [in/on sth] [for sb/an animal]

hi·naus|stre·cken *vt* ■ **etw** [aus/zu etw] ~ to stretch out sth *sep* [out of sth], to stick sth out [of sth] *fam;* **den Kopf** ~ to put [*or fam* stretch] one's head out **hi·naus|stür·men** *vi sein* ■ [aus/zu/auf etw *akk*] ~ to rush out [of/to sth]; **zur Tür** ~ to rush out of the door; **in Wut** ~ to storm out **hi·naus|stür·zen I.** *vi sein* ❶ *(geh: hinausfallen)* to fall out; **zum Fenster** ~ to fall out of the window ❷ *(kopflos hinauseilen)* ■ [aus/zu etw/auf etw *akk*] ~ to rush [*or* dash] out [of/to/into sth]; **zur Tür** ~ to rush [*or* dash] out of the door **II.** *vr haben* **sich zum Fenster** ~ to throw oneself out of the window **hi·naus|tra·gen** *vt irreg* ❶ *(nach draußen tragen)* ■ jdn/etw [aus/zu etw/auf etw *akk*] ~ to carry sb/sth out [of/to sth]; **jdn/etw zur Tür** ~ to carry sb/sth out of the door ❷ *(geh: nach außen verbreiten)* ■ **etw** ~ to broadcast sth ❸ *(weiter tragen, treiben)* ■ jdn/etw **über etw** ~ to carry sb/sth beyond sth; **der Wagen wurde nach einer Rechtskurve über die Straßenmitte hinausgetragen** after the right hand bend, the car was carried across the middle of the road **hi·naus|trei·ben** *vt irreg* ❶ *(nach draußen treiben)* ■ jdn/ein Tier [aus etw] ~ to drive sb/an animal out [of sth] ❷ *(vom Ufer weg treiben)* **das Kanu wurde langsam hinausgetrieben** the canoe drifted gently away **hi·naus|tre·ten I.** *vi irreg sein (geh: nach draußen treten)* ■ [aus/zu etw/auf etw *akk*/in etw *akk*] ~ to go out [of/into/onto/to sth]; **auf den Hof/in den Garten** ~ to go out into the yard [*or* garden]; **aus/zur Tür** ~ to go out of the door **II.** *vt* **einen Ball** ~ to kick a ball into touch **hi·naus|wach·sen** *vi irreg sein* ❶ *(durch Leistung übertreffen)* ■ **über jdn** ~ to surpass [*or* outstrip] [*or* outshine] sb ❷ *(überwinden)* ■ **über etw** *akk* ~ to rise above sth **hi·naus|wa·gen** *vr* ■ sich [aus/zu etw/auf etw *akk*/in etw *akk*] ~ to venture out[side] [of/to sth]; **sich auf den Hof/in den Garten** ~ to venture out into the garden; **sich auf die Straße** ~ to venture out onto the street/road; **sich aus der/zur Tür** ~ to venture out of the door; **sich aus einem Versteck** ~ to venture out of a hiding place; **sich in die Kälte** ~ to venture out into the cold **hi·naus|wer·fen** *vt irreg* ❶ *(nach draußen werfen)* ■ **etw** [aus etw/auf etw *akk*] ~ to throw [*or fam* chuck] sth out [of/onto/into sth]; **etw zur Tür** ~ to throw sth out of the door ❷ *(fam: fristlos kündigen)* ■ jdn [aus etw] ~ to throw [*or fam* chuck] sb out [of sth]; *(entlassen)* to throw [*or fam* chuck] sb out [of sth], to sack sb [from sth] ▸ WENDUNGEN: **Geld zum Fenster** ~ to throw [*or* chuck] money out of the window [*or* down the drain] **hi·naus|wol·len** *vi* ❶ *(nach draußen wollen)* ■ [aus etw/auf etw *akk*/in etw *akk*/zu jdm]   to want to go out [of/to sth/to sb]; **auf den Hof/in den Garten** ~ to want to go out into the yard/garden; **auf die Straße** ~ to want to go out to the street/road; **aus der/zur Tür** ~ to want to go out of the door; *s. a.* **hoch** ❷ *(etw anstreben)* ■ [mit etw] **auf etw** *akk* ~ to get [*or* drive] at sth [with sth]; **Sie haben Recht, genau auf diesen Punkt wollte ich ja hinaus** you're right, that's just what I was getting [*or* driving] at **hi·naus|zie·hen** *irreg* **I.** *vt haben* ❶ *(nach draußen ziehen)* ■ jdn/ein Tier/etw [aus etw] ~ to drag [*or* pull] sb/an animal out [of sth]; **jdn am Rockärmel** ~ to pull sb outside by their sleeve; **jdn sanft** ~ to draw sb outside; **ein Tier/ein Kind mit Gewalt** ~ to haul an animal/a child outside ❷ *(mit sich fort ziehen)* ■ jdn [auf etw *akk*] ~ to carry sb out [to sth] **II.** *vi sein* ❶ *(nach draußen abziehen)* to get out; **öffne die Fenster, damit der Rauch** ~ **kann!** open the window so we can get rid of this smoke! ❷ *(nach außerhalb ziehen)* ■ [auf

etw *akk*/in etw *akk*] ~ to go off [to/into sth]; **in die weite Welt** ~ to go out into the wide world; **wir werden [aufs Land]** ~ we will be moving out [to live in the country] **III.** *vr haben (sich verzögern)* ■ **sich** ~ to be delayed **IV.** *vt impers haben* ■ **es zieht jdn hinaus** [in etw *akk*] sb feels an urge [*or* sb is driven] to go out [in sth]; **bei dem schönen Wetter zog es sie förmlich hinaus** the beautiful weather awakened a great urge [*or* desire] in her to go out, the beautiful weather positively drove her outside **hi·naus|zö·gern I.** *vt (durch Verzögern hinausschieben)* ■ **etw** ~ to put off sth *sep,* to delay sth **II.** *vr (sich durch Verzögerung verschieben)* ■ **sich** ~ to be delayed

Hi·naus·zö·ge·rung <-, -en> *f* delay

hin|be·kom·men* *vt irreg s.* **hinkriegen hin|be·stel·len*** *vt* ■ **jdn** [irgendwo] ~ to tell sb to go/be somewhere **hin|bie·gen** *vt irreg (fam)* ❶ *(bereinigen)* ■ **etw** ~ to sort out sth *sep;* **ein Problem** ~ to iron out a problem ❷ *(pej: drehen)* ■ **es so** ~**, dass ...** to manage [*or* BRIT *fam* wangle] [*or fam* work] it [*or* things] so that ... ❸ *(entsprechend beeinflussen)* ■ **jdn** ~ to lick [*or* knock] sb into shape *fam* **hin|blät·tern** *vt (fam: hinzahlen)* ■ **etw** ~ to pay out sth; *(viel Geld bezahlen)* to shell [*or* fork] out sth *fam,* to stump up sth BRIT *fam*

Hin·blick *m* ❶ *(angesichts)* **im** [*o* in] ~ **auf etw** *akk* in view of [*or* considering] sth ❷ *(in Bezug auf)* with regard to; **im** ~ **darauf, dass ...** in view of the fact that ...

hin|brei·ten *vt (geh)* ■ **etw** [vor jdn] ~ to spread out sth [in front of sth], to display sth [to sb] **hin|brin·gen** *vt irreg* ❶ *(bringen)* ■ [jdm] **etw** ~ to bring/take sth [to sb]; ■ **etw zu jdm** ~ **lassen** to have sth brought/delivered to sb ❷ *(begleiten)* ■ **jdn** ~ to take sb [to sth] **hin|den·ken** *vi irreg* **wo denkst du/wo denken Sie hin!** what an idea!, what are you talking about?

hin·der·lich ['hɪndɐlɪç] **I.** *adj* ❶ *(behindernd)* cumbersome; ■ [bei etw] ~ **sein** to be a hindrance [*or* a nuisance] [with sth/in doing sth], to get in sb's [*or* the] way [when doing sth]; **die Stiefel sind beim schnellen Gehen doch zu** ~! I can't walk fast in these boots! ❷ *(ein Hindernis darstellend)* ■ jdm/für etw ~ **sein** to be an obstacle for sb/sth **II.** *adv (geh: als Hinderungsgrund)* as an obstacle; **sich** ~ **auswirken** to prove to be an obstacle

hin·dern ['hɪndɐn] *vt* ❶ *(von etw abhalten)* ■ jdn [an etw *dat*/etw zu tun] ~ to stop [*or* prevent] [*or* hinder] sb [from doing sth]; **machen Sie, was Sie wollen, ich kann Sie nicht** ~ do what you want, I can't stop you ❷ *(stören)* ■ jdn [bei etw] ~ to be a hindrance to sb [in sth/when sb is doing sth], to hamper [*or* hinder] sb [in sth/when sb is doing sth]

Hin·der·nis <-ses, -se> ['hɪndɐnɪs] *nt* ❶ *(Hemmnis)* obstacle, hindrance, stumbling block [*or* stone] *fig;* **ein** ~ **für etw** an obstacle [*or* a hindrance] to sth; **jdm** ~**se in den Weg legen** to put obstacles in sb's way; **gesetzliches** ~ legal impediment ❷ *(behindernder Gegenstand)* obstacle ❸ SPORT *(Barriere beim Hindernislauf)* obstacle, jump; *(bei Leichtathletik)* hurdle; *(bei Jagdrennen)* fence; *(bei Hürdenrennen)* hurdle

Hin·der·nis·lauf *m* hurdle race **Hin·der·nis·läu·fer(in)** *m(f)* steeplechaser **Hin·der·nis·ren·nen** *nt (Jagdrennen)* steeplechase; *(Hürdenrennen)* hurdle race, hurdles

Hin·de·rungs·grund *m* reason [why sth cannot happen]

hin|deu·ten *vi (vermuten lassen)* ■ **auf etw** *akk* ~ to suggest [*or* point to] sth, to be suggestive of sth; ■ **da·rauf** ~**, dass ...** to point to the fact [*or* suggest] that ...; **alles deutet darauf hin, dass es zu einer baldigen Einigung kommen wird** everything points to [*or* suggests] a speedy agreement

Hin·di <-> ['hɪndi] *nt kein pl* LING Hindi; **auf** ~ in Hindi
Hin·din <-, -nen> ['hɪndɪn] *f (liter)* hind
Hin·du <-[s], -[s]> ['hɪndu] *m* Hindu
Hin·du·gott, -göt·tin *m, f* Hindu god *masc,* Hindu goddess
Hin·du·is·mus <-> [hɪndu'ɪsmʊs] *m kein pl* Hinduism *no art*
hin·du·is·tisch [hɪndu'ɪstɪʃ] I. *adj* Hindu II. *adv* **ein Kind** ~ **erziehen** to bring a child up as a Hindu
Hin·du·ka·len·der *m* Hindu calendar
Hin·du·my·tho·lo·gie *f* **die** ~ Hindu mythology
hin·durch [hɪn'dʊrç] *adv* ➊ *räumlich (ganz durch)* through; **durch etw** ~ through sth; **durch ein Moor** ~ across a moor; *s. a.* **mitten** *s. a.* **quer** ➋ *zeitlich* **etw** ~ through [*or* throughout] sth; **all die langen Jahre** ~ through [*or* throughout] all those long years; **das ganze Jahr** ~ throughout the year; **Monate** ~ for months; **die ganze/halbe Nacht** ~ the whole night [*or* all night long] /half the night; **den ganzen Tag** ~ the whole day [through], all day long; **die ganze Zeit** ~ all the [*or* the whole] time
hin·durch|ge·hen *vi irreg sein* ➊ *(durchschreiten)* **irgendwo/durch/unter etw** *dat* ~ to go [*or* walk] [*or* get] through/under sth somewhere; **ohne Sonderausweis dürfen Sie durch diesen Eingang nicht** ~ you are not allowed to go through [*or* use] this entrance without a special permit ➋ *(durchdringen)* **durch jdn/etw** ~ to go [*or* pass] through sb/sth ➌ *(durch etw passen)* **|durch etw|** ~ to go through [sth]
hin|dür·fen *vi irreg* **irgendwo/zu jdm** ~ to be able [*or* allowed] to go somewhere/to sb; **morgen ist Kirmes, dürfen wir [auch] hin?** it's the fair tomorrow, can [*or* are we allowed to] [*or form* may] we go?
hin|ei·len *vi sein (geh)* ➊ *(irgendwohin eilen)* ~ **|zu jdm|** ~ to hurry [*or* rush] somewhere [to sb]; **ich bin sofort hingeeilt** I hurried over there at once ➋ *s.* **dahineilen**
hi·nein [hɪ'naɪn] *adv* **irgendwo/in etw** *akk* ~ in somewhere/in sth; **wo geht's entlang? – da/dort/drüben/hier ~, bitte!** which way? – that way/over there/this way, please!; **~ mit dir!** *(fam)* in/into [somewhere] with you!; **nur ~!** *(fam)* come on in! *fam; s. a.* **bis** II.
hi·nein|be·ge·ben *vr irreg (geh: sich in etw begeben)* **sich** ~ to go [on] in [*or* inside]; **sich in etw** *akk* ~ to go [on] into [*or* enter] sth **hi·nein|be·kom·men** *vt irreg (fam)* **etw |in etw** *akk|* ~ to get sth in, to get sth into **hi·nein|bli·cken** *vi (geh)* to look in; **durch etw/in etw** *akk* ~ to look through sth/in/into sth, to have [*or* take] a look through sth/at sth; **da sie keine Vorhänge haben, kann jeder in ihr Wohnzimmer** ~ since they haven't got any curtains, everyone can look [*or* see] into their living room; **in etw kurz** ~ to have [*or* take] a quick look [*or* to glance] at sth **hi·nein|brin·gen** *vt irreg* ➊ *(hineintragen)* **|jdm| etw |in etw** *akk|* ~ to bring/take sth in *sep* [sth] [to sb] ➋ *s.* **hineinbekommen hi·nein|bug·sie·ren*** *vt (fam)* **etw |in etw** *akk|* ~ to manoeuvre [*or* AM maneuver] sth [in-/into sth] **hi·nein|den·ken** *vr irreg* **sich in jdn** ~ to put oneself in sb's position, to try to understand sb/sb's position; **sich in etw** ~ to think one's way into sth **hi·nein|deu·ten** *vt* **etw in etw** *akk* ~ to look for sth in sth, to read sth into sth; **allzu viel in etw** ~ to read too much into sth **hi·nein|drän·gen I.** *vt haben (in etw drängen)* **jdn [in etw** *akk|* ~ to push [*or fam* shove] sb [into sth] II. *vi sein* **|in etw** *akk|* ~ to push one's way in[to sth] III. *vr haben* **sich |irgendwo|** ~ to push one's way in [somewhere]; *(sich in eine Menschenschlange drängen)* to push in **hi·nein|fal·len** *vi irreg sein* **|in etw** *akk|* ~ to fall in[to sth] **hi·nein|fin·den** *irreg* I. *vi*

|in etw *akk|* ~ to find one's way [in] [into sth]; **danke, ich finde alleine/selbst hinein!** thanks, I can find my own way [in]! II. *vr* ➊ *(mit etw vertraut machen)* **sich |in etw** *akk|* ~ to familiarize oneself [with sth]; **sich in etw** *akk* ~ to make oneself familiar [*or* to get to grips] with sth; *(mit einer neuen Situation)* to get used to sth ➋ *(sich mit etw abfinden)* **sich in etw** *akk* ~ to get used [*or* to become reconciled] to [*or* to come to terms with] sth **hi·nein|fres·sen** I. *vt irreg* ➊ *(fam: verschlingen)* **etw in sich** *akk* ~ to gobble sth [up [*or* down]], to devour [*or* BRIT bolt] sth, to wolf sth down, to guzzle [*or* scoff] sth *fam* ➋ *(unterdrücken)* **etw in sich** *akk* ~ to bottle up *sep* [*or* suppress] [*or* stifle] sth II. *vr* **sich in etw** ~: **die Motten haben sich in den Pullover hineingefressen** moths have eaten their way into the pullover **hi·nein|ge·hen** *vi irreg sein* ➊ *(etw betreten)* **|in etw** *akk|* ~ to go in[to sth], to enter [sth]; **geht bitte schon hinein, ich komme gleich nach** please go on in, I'll follow in a minute ➋ *(fam: hineinpassen)* **in etw** *akk* ~ to fit into sth; **wie viele Leute gehen in den Bus hinein?** how many people does the bus hold? **hi·nein|ge·ra·ten*** *vi irreg sein* **|in etw** *akk|* ~ to be drawn in[to sth]; **in eine Demonstration/Schlägerei/Unannehmlichkeit** ~ to get into [*or* to find oneself in] a demonstration/a fight/difficulties **hi·nein|gie·ßen** *vt irreg* ➊ *(in etw gießen)* **etw |in etw** *akk|* ~ to pour sth [into sth]; **etw in den Abguss** ~ to pour sth down the drain ➋ *(sl: sich mit etw abfüllen)* **etw in sich** *akk* ~ to pour sth down one's throat, to gulp sth down **hi·nein|grei·fen** *vi irreg* **|in etw** *akk|* ~ to put one's hand in[to sth] **hi·nein|gu·cken** *vi (fam) s.* **hineinsehen hi·nein|hal·ten** *vt (in etw halten)* **etw |in etw** *akk|* ~ to put sth in[to sth]; **sie hielt ihre Hand in das Badewasser, um zu fühlen, ob es richtig temperiert war** she tested the temperature of the bathwater with her hand II. *vi (fam: in etw feuern)* **|mit etw|** in etw *akk* ~ to fire into sth [with sth]; **mitten in die Menge** ~ to fire into the crowd **hi·nein|in·ter·pre·tie·ren*** *vt* **etw in etw** *akk* ~ to read sth into sth **hi·nein|klet·tern** *vi sein (in etw klettern)* **|durch etw| |in etw** *akk|* ~ to climb [*or* get] in[to sth] [through sth] **hi·nein|kni·en** *vr (fam)* **sich |in etw** *akk|* ~ to get stuck in[to sth], to get on [*or* BRIT *fig fam!* run] sth: one's finger out] [with sth] **hi·nein|kom·men** *vi irreg sein* ➊ *(hineingelangen können)* **|in etw** *akk|/auf etw akk|* ~ to get in[to sth] ➋ *(fam: in etw gehören)* **irgendwo/in etw** *akk* ~ to go [*or* belong] somewhere/ in sth; **die Briefe kommen hier hinein** the letters go in [*or* belong] here **hi·nein|kom·pli·men·tie·ren*** *vt (höflich hineinbitten)* **jdn |in etw** *akk|* ~ to welcome sb in[to sth] **hi·nein|krie·gen** *vt (fam) s.* **hineinbekommen hi·nein|la·chen** *vi* **in sich** *akk* ~ to laugh to oneself **hi·nein|las·sen** *vt irreg* **jdn/ein Tier |in etw** *akk|* ~ to let sb/an animal in[to sth]; **die Wachen werden Sie nicht ins Labor** ~ the guards won't allow [*or* let] you into the laboratory **hi·nein|lau·fen** *vi irreg sein* ➊ *(in etw laufen)* **|in etw** *akk|* ~ to run/walk in[to sth]; **in etw genau** ~ to run/walk straight into sth ➋ *(hineinfließen)* **etw in sich** *akk* ~ **lassen** *(sl)* to swill beer; **Bier in sich** ~ **lassen** to swill beer **hi·nein|le·gen** I. *vt* ➊ *(in etw legen)* **etw |in etw** *akk|* ~ to put sth in[to sth/sth]; **etw wieder** ~ to put sth back ➋ *(investieren)* **etw** ~ to put sth into it[to] sth] ➌ *(hineindeuten)* **etw in etw** *akk* ~ to read sth into sth II. *vr (sich in etw legen)* **sich |in etw** *akk|* ~ to lie down [in sth] **hi·nein|ma·nö·vrie·ren*** *vt* ➊ *(in etw manövrieren)* **etw in etw** *akk* ~ to manoeuvre [*or* AM maneuver] sth in[to sth] ➋ *(durch Ungeschicktheit bringen)* **jdn/sich in etw** *akk* ~ to put [*or* manage to get] sb/oneself in sth **hi·nein|pas·sen** *vi* ❶ *(in etw passen)* ▪ |**in etw** *akk*| ~ to fit in|to sth|; ▪ **jd passt in etw** *akk* **hinein** sth fits sb; **jd passt mit den Füßen in Schuhe hinein** sb gets their feet into shoes, shoes fit [sb] ❷ *(harmonieren)* ▪ **irgendwo/in etw** *akk* ~ to fit in somewhere/with sth **hi·nein|pfu·schen** *vi (fam)* ▪ **jdm** |**in etw** *akk*| ~ to meddle [*or* interfere] with sb's sth, to poke [*or* stick] one's nose in sb's sth *fam* **hi·nein|plat·zen** *vi sein (fam)* ▪ |**in etw** *akk*| ~ to burst in [on sth] **hi·nein|pres·sen** *vt* ▪ **etw** |**in etw** *akk*| ~ to force sth in|[to] sth| **hi·nein|pum·pen** *vt* ▪ **etw** |**in etw** *akk*| ~ to pump sth in|[to] sth| **hi·nein|ra·gen** *vi sein* ▪ **in etw** *akk* ~ ❶ *(in etw ragen)* to rise up into sth, to project into sth ❷ *(sich in etw strecken)* to stick out into sth **hi·nein|re·den I.** *vi (dreinreden)* ▪ **jdm** |**in etw** *akk*| ~ to tell sb what to do [about sth], to interfere in sth **II.** *vr (sich durch Reden in etw versetzen)* **sich in Wut** ~ to talk oneself [*or* work oneself up] into [a state of] fury **hi·nein|reg·nen** *vi impers* ▪ **es regnet** |**in/durch etw** *akk*| **hinein** the rain gets in [sth/through sth] **hi·nein|rei·chen I.** *vt* ▪ |**jdm**| **etw** |**zu etw/durch etw/in etw** *akk*| ~ to pass [sb] sth [through sth/into/in sth]; **etw zum Fenster** ~ to pass sth through the window **II.** *vi* ❶ *(lang genug ausreichen)* ▪ |**bis**| **in etw** *akk* ~ to last [until] through sth; **bis in den Januar** ~ to last into January ❷ *(sich bis hinein erstrecken)* ▪ |**irgendwo/bis in etw** *akk*| ~ to extend [*or* reach] [somewhere/into sth] **hi·nein|rei·ßen** *vt irreg (fam)* ▪ **jdn** |**in etw** *akk*| ~ to drag sb in|to sth| **hi·nein|rei·ten** *irreg* **I.** *vi sein* ▪ |**in etw** *akk*| ~ to ride in|to sth| **II.** *vt haben (fam)* ▪ **jdn** |**in etw** *akk*| ~ to drag sb in|to sth| **hi·nein|ren·nen** *vi irreg sein (fam) s.* **hineinlaufen hi·nein|schaf·fen** *vt* ▪ **jdn/etw** |**in etw** *akk*| ~ to get sb/sth in|to sth|; **schaffen Sie den Verletzten hier hinein!** bring the injured man in here! **hi·nein|schau·en** *vi (fam: kurz zu Besuch kommen)* ▪ |**bei jdm**| ~ to look [*or* drop] in [on sb] ❷ DIAL *(hineinsehen)* to look in **hi·nein|schla·gen** *vt irreg* ▪ **etw** |**in etw** *akk*| ~ to knock [*or* drive] sth in|to sth| **hi·nein|schlei·chen** *vi, vr irreg vi: sein* ▪ |**sich**| |**in etw** *akk*| ~ to creep [*or* steal] [*or* fam sneak] in|to sth| **hi·nein|schlin·gen** *vt irreg (in sich schlingen)* ▪ **etw in sich** *akk* ~ to devour sth, to scoff sth down, to gobble sth [up |*or* down|] *| fam* **hi·nein|schlit·tern** *vi sein (fam)* ▪ *(unversehens hineingeraten)* ▪ **in etw** *akk* ~ to get [oneself] into sth; **in die Arbeitslosigkeit** ~ to become [*or* find oneself] unemployed, to have one's job disappear ❷ *(schlitternd in etw gleiten)* ▪ **in etw** *akk* ~ to slide [*or* slither] into sth **hi·nein|schlüp·fen** *vi sein* ❶ *(sich rasch anziehen)* ▪ |**in etw** *akk*| ~ to slip sth on, to slip into sth ❷ *(in etw schlüpfen)* ▪ |**in/durch etw** *akk*| ~ to slip in|to sth/through sth|; **ins Loch/in den Bau** ~ to disappear into the hole/warren **hi·nein|schmug·geln I.** *vt (in etw schmuggeln)* ▪ **etw** |**in etw** *akk*| ~ to smuggle sth in|to sth| **II.** *vr (sich in etw schmuggeln)* ▪ **sich** |**in etw** *akk*| ~ to worm one's way in|to sth|, to infiltrate sth **hi·nein|schrei·ben** *vt irreg* ▪ |**jdm**| **etw** |**in etw** *akk*| ~ to write sth [in sth] [for sb] **hi·nein|schüt·ten** *vt (in etw schütten)* ▪ **etw** |**in etw** *akk*| ~ to pour sth in|to sth| **hi·nein|se·hen** *vi irreg* ▪ |**in etw** *akk*| ~ to look in|to sth|; **in einen Garten/in ein Zimmer** ~ **können** to be able to look [*or* see] into a garden/a room **hi·nein|set·zen I.** *vt (in etw setzen)* ▪ **jdn** |**in etw** *akk*| ~ to put sb in|[to] sth| **II.** *vr (sich in etw setzen)* ▪ **sich** |**in etw** *akk*| ~ to sit down [in sth]; **sich in ein Fahrzeug** ~ to get in|to| a vehicle **hi·nein|spa·zie·ren*** *vi sein (fam)* ▪ |**in etw** *akk*| ~ to walk in|[to] sth|; **nur hineinspaziert!** just go [on] in! **hi·nein|spie·len I.** *vi (bei etw zur Geltung kommen)* ▪ **irgendwo/in etw** *akk* |**mit**| ~ to play a role [somewhere/in sth];

etw spielt in etw hinein sth is a contributory factor in sth; **es spielen noch andere Aspekte in diese Entscheidung hinein** other factors have also contributed to this decision **II.** *vt* SPORT **den Ball in den Strafraum** ~ to play the ball into the area **hi·nein|ste·cken** *vt* ❶ *(in etw stecken)* ▪ **etw** |**zu etw/durch etw/in etw** *akk*| ~ to put sth in|to sth/through sth/ sth|; **eine CD/Videokassette** ~ to put on a CD/a video; **einen Füller in die Verschlusskappe** ~ to put the cap back on a [fountain] pen; **eine Injektionsnadel** |**in/durch etw**| ~ to stick a needle in|to sth/ sth/through sth|; **den Kopf** |**zum Fenster**| ~ to stick [*or* put] one's head in the window; **ein Glied ins Wasser** ~ to stick [*or* put] a limb in|to| the water ❷ *(in etw investieren)* ▪ **etw** |**in etw** *akk*| ~ to put sth in|[to] sth| **hi·nein|stei·gern** *vr* ▪ **sich in etw** *akk* ~ to get into sth, to allow oneself to be overwhelmed by sth; **sich in Wut/Hysterie** ~ to work oneself [up] into a rage [*or* state of rage] / into a state of hysteria **hi·nein|stop·fen** *vt* ❶ *(in etw stopfen)* ▪ **etw** |**in etw** *akk*| ~ to stuff sth in|[to] sth| ❷ *(in sich stopfen)* ▪ **etw in sich** *akk* ~ to stuff sth down, to gobble sth down [*or* up] **hi·nein|sto·ßen** *vt irreg* ❶ *(in etw stoßen)* ▪ **jdn** |**in etw** *akk*| ~ to push [*or* fam shove] sb in|[to] sth| ❷ *(in etw schieben)* ▪ **etw** |**in etw** *akk*| ~ to put sth in|to sth|; **ein Messer in jds Leib** ~ to stab sb [with a knife]; **eine Waffe in die Scheide** ~ to sheath a weapon **II.** *vi sein* **in eine Lücke** ~ to steer smartly into a space; **in ein Gebiet** ~ to penetrate a region **hi·nein|strö·men** *vi sein* ▪ |**in/durch etw** *akk*| ~ to pour in|to sth/through sth| **hi·nein|stür·zen I.** *vi sein* ❶ *(unversehens hineinfallen)* ▪ |**in etw** *akk*| ~ to fall in|[to] sth| ❷ *(nach dort drin eilen)* to rush in|[to] sth|, to rush [*or* burst [*or* rush] into a room **II.** *vt haben (geh) s.* **hineinstoßen I. 1:** ▪ **jdn** |**in etw** *akk*| ~ to push [*or* fam shove] sb in|[to] sth| **III.** *vr haben (sich in etw stürzen)* ▪ **sich** |**in etw** *akk*| ~ to throw oneself in|[to] sth|; **sich in eine Menschenmenge** ~ to plunge into a crowd **hi·nein|tap·pen** *vi sein (fam)* ▪ |**in etw** *akk*| ~ to tread in sth; **in Pfützen** ~ to walk into/through puddles; **in Pfützen absichtlich** ~ to paddle in puddles; **in eine Falle** ~ to walk right into a trap **hi·nein|tra·gen** *vt irreg* ▪ **jdn/etw** |**in etw** *akk*| ~ to carry sb/sth in|[to] sth| **hi·nein|tun** *vt irreg* ▪ **etw** |**in etw** *akk*| ~ to put sth in|[to] sth|; **etw wieder** |**in etw**| ~ to put sth back in|[to] sth|; *s. a.* **Blick hi·nein|ver·set·zen*** *vr* ❶ *(sich hineindenken)* ▪ **sich in jdn** ~ to put oneself in sb's place [*or* position] [*or* shoes] ❷ *(sich hineindenken)* ▪ **sich in etw** *akk* ~ to acquaint oneself with sth, to familiarize oneself with sth; **sich in jds Lage** ~ to put oneself in sb's place [*or* position] [*or* shoes]; **sich in etw** *akk* **hineinversetzt fühlen** to feel as though [*or* if] one is in sth; **sich in frühere Zeiten/in das Zeitalter der Renaissance hincinversetzt fühlen** to feel one has been transported back in time/to the Renaissance **hi·nein|wach·sen** *vi irreg sein* ❶ *(sich durch Wachstum in etw ausdehnen)* ▪ **in etw** *akk* ~ to grow in|to sth|; **ein in den Zeh hineingewachsener Nagel** an ingrowing toenail ❷ *(langsam mit etw vertraut werden)* ▪ **in etw** *akk* ~ to get used to sth **hi·nein|wa·gen** *vr* ▪ **sich** |**in etw** *akk*| ~ to dare to go in|[to] sth|; **sich zu jdm** ~ to have the courage to go and see sb **hi·nein|wol·len** *vi (fam)* ▪ |**in etw** *akk*| ~ to want to go in|[to] sth|, to want to enter [sth] *form* **hi·nein|zie·hen** *irreg* **I.** *vt haben* ▪ **jdn mit** |**in etw** *akk*| ~ to involve sb [in sth]; ▪ **jdn mit in etw** ~ to drag sb into sth *fam;* ▪ **jd wird in etw hineingezogen** sb gets involved in sth, sb gets drawn [*or* fam dragged] into sth **II.** *vi sein (in etw dringen)* ▪ |**in etw** *akk*| ~ to drift [*or* get] in|to sth| **hi·nein|zwän·gen I.** *vt (in etw zwängen)* ▪ **etw** |**in etw** *akk*| ~ to force sth in‖[to] sth] **II.** *vr (sich in etw zwängen)* ■ **sich** [in etw *akk*] ~ to push [one's way] in‖[to] sth], to squeeze in‖[to] sth]; **sich in ein Kleidungstück** ~ to force [or squeeze] oneself into an item of clothing; **obwohl der Saal schon überfüllt war, versuchten sich noch viele hineinzuzwängen** although the hall was already overcrowded a lot of people were still trying to squeeze their way in **hi·nein‖zwin·gen** *vt irreg (in etw zu gehen zwingen)* ■ **jdn** [in etw *akk*] ~ to force sb to go in‖[to] sth]

hin‖fah·ren *irreg* **I.** *vi sein* ■ [zu jdm/irgendwo] ~ to go [to see sb/somewhere]; ■ **irgendwo** ~ to go [or drive] somewhere; **ich muss sofort zu ihr** ~ I must go and see [or drive over to] her at once **II.** *vt haben (mit dem Auto hinbringen)* ■ **jdn** [zu jdm/ irgendwo] ~ to drive sb [to sb/somewhere]

Hin·fahrt *f* drive, trip; *(lange ~)* journey; **gute ~!** have a good trip [or journey] !; **auf der** ~ on the way, during the drive [or trip] /journey

hin‖fal·len *vi irreg sein* ❶ *(zu Boden fallen)* to fall [over] ❷ *(auf den Boden fallen)* to fall; ■ **jdm fällt etw hin** sb drops sth

hin·fäl·lig *adj* ❶ *(gebrechlich)* frail, infirm *form* ❷ *(ungültig)* invalid; **ein ~es Argument** a spurious argument; **etw ~ machen** to make [or form render] sth invalid

Hin·fäl·lig·keit <-> *f kein pl* infirmity *no pl,* frailness *no pl*

hin‖fin·den *vi irreg (fam)* ■ [zu jdm/etw] ~ to find one's [or the] way [to sb/sth]; **finden Sie alleine hin?** can you find your own way [or the way on your own] ? **hin‖flä·zen** *vr*, **hin‖fle·geln** *vr (fam)* ■ **sich** ~ to flop [or plump] [or AM plop] down *fam* **hin‖flie·gen** **I.** *vi irreg sein* ❶ *(irgendwohin fliegen)* ■ [zu jdm/ irgendwo] ~ to fly [to see sb/somewhere] ❷ *(fam: hinfallen)* to fall; ■ **jdm fliegt etw hin** sb drops sth **II.** *vt* ■ **jdn/etw irgendwo** ~ to fly sb/sth somewhere **Hin·flug** *m* flight; **guten ~!** have a good flight!; **auf dem** ~ on [or during] the flight **hin‖füh·ren** **I.** *vt (irgendwohin geleiten)* ■ **jdn** [zu jdm/ irgendwo] ~ to take sb [to sb/somewhere] **II.** *vi (in Richtung auf etw verlaufen)* ■ [zu etw] ~ to lead [or go] [to sth] ▶ WENDUNGEN: **wo soll das ~?** where will it [all] end?, what will it [all] lead to?

hing ['hɪŋ] *imp von* **hängen**

Hin·ga·be *f kein pl (rückhaltlose Widmung)* dedication; *(Widmung zu einem Mensch)* devotion; **sie spielt die Flöte mit ~** she plays the flute with passion [or all her soul]

hin‖ge·ben *irreg* **I.** *vt (geh)* ■ **etw** ~ to give sth; **einen guten Ruf** ~ to sacrifice one's reputation [or one's good name] **II.** *vr* ❶ *(sich überlassen)* ■ **sich einer S.** *dat* ~ to abandon oneself to sth; *s. a.* **Hoffnung** *s. a.* **Illusion** ❷ *(euph geh: den Sexualakt vollziehen)* ■ **sich jdm** ~ to give oneself to sb *euph form*

Hin·ge·bung <-> *f kein pl s.* **Hingabe**

hin·ge·bungs·voll **I.** *adj* dedicated; **mit ~em Blick** with a devoted look; **~e Pflege** devoted care **II.** *adv* with dedication; ~ **lauschen** to listen raptly [or with rapt attention]; **jdn** ~ **pflegen** to care for sb devotedly [or selflessly]; **sich einem Menschen** ~ **widmen** to devote oneself [selflessly] to a person

hin·ge·gen [hɪn'geːgn̩] *konj (geh)* but, however; **er raucht, seine Frau** ~ **nicht** he smokes but his wife doesn't

hin·ge·gos·sen *adj* wie ~ *(fam)* draped; **auf etw wie** ~ **liegen/sitzen** to drape oneself over sth **hin‖ge·hen** *vi irreg sein* ❶ *(dorthin gehen)* to go ❷ *(geh: vergehen)* to pass, to go by, to elapse *form;* **über eine Entscheidung können noch Monate** ~ a decision could take months yet ❸ *(angehen)* ■ [noch] ~: **diesmal mag es noch** ~ this time we'll let it pass [or go];

■ **nicht ~, dass ...** to not be all right [or acceptable] that ... ▶ WENDUNGEN: [jdm] **etw** ~ **lassen** to let [sb's] sth pass; **jdm etw** ~ **lassen** to let sb get away with sth; **du lässt dem Kind zu viel** ~**!** you let that child get away with too much! **hin‖ge·hö·ren** *vi (fam)* ■ **ir·gendwo** ~ to belong [or go] somewhere; ■ **jd gehört irgendwo hin** sb belongs somewhere **hin‖ge·ra·ten** *vi irreg sein (an einen bestimmten Ort geraten)* ■ **ir·gendwo** ~ to land [or get] somewhere; **wo ist meine Tasche** ~**?** where has my bag got to?; **wo bin ich denn hier** ~**?** what [on earth] am I doing here?, what's going on here?

hin·ge·ris·sen **I.** *adj* spellbound; **er war von der Geschichte** ~ he was carried away by the story **II.** *adv* raptly, with rapt attention; ~ **lauschen** to listen spellbound [or raptly] [or with rapt attention]

hin‖gu·cken *vi (fam)* to look

hin‖hal·ten *vt irreg* ❶ *(entgegenhalten)* ■ **jdm etw** ~ to hold sth out to sb ❷ *(aufhalten)* ■ **jdn** ~ to hold sb up, to keep sb waiting; ■ **sich von jdm** [mit etw] ~ **lassen** to be [or to let oneself be] fobbed off by sb [with sth]; **jdn mit faulen Ausreden** ~ to fob sb off with [glib] excuses

Hin·hal·te·tak·tik *f* delaying tactics

hin‖hau·en *irreg* **I.** *vi (fam)* ❶ *(gut gehen)* to work, to be all right; **Sie halten das Werkzeug falsch, das haut so nicht hin** you're holding the tool wrong, you won't manage it like that ❷ *(ausreichen)* to be enough ❸ *(zuschlagen)* to lash out, to take a swing; **mit einer Axt** ~ to take a swing with an axe, to swing an axe **II.** *vr (sl)* ❶ *(schlafen)* ■ **sich** [eine bestimmte Zeit] ~ to lie down [for a certain length of time], to lie down and have a snooze [or BRIT *fam* kip], to turn in *fam,* to hit the sack *fam;* **er schläft schon, er hat sich vor einer halben Stunde hingehauen** he's already asleep, he went to bed [or turned in] half an hour ago ❷ *(sich hinflegeln)* ■ **sich** ~ to plonk down **III.** *vt (fam: schlampig erledigen)* ■ **etw** ~ to rush through sth; *(ein Schriftstück schlampig erledigen)* to dash off sth; ■ **hingehauen** rushed through **hin‖hö·ren** *vi* to listen; **genau** ~ to listen carefully **hin‖kau·ern** *vr* ■ **sich** [irgendwo] ~ to crouch [or squat] [somewhere]; *(ängstlich)* to cower [somewhere]

Hin·ke·bein, **Hinkefuß** *m (fam)* ❶ *(hinkendes Bein)* gammy [or AM bum] leg [or foot] *fam* ❷ *(Mensch mit einem Hinkefuß)* person who walks with a limp

Hin·kel·stein *m* standing stone, menhir *form*

hin·ken ['hɪŋkn̩] *vi* ❶ *haben (das Bein nachziehen)* ■ [auf etw *dat*/mit etw] ~ to limp [with sth]; **mit einem Bein** ~ to have a gammy leg [or a limp]; ■ **~d** limping ❷ *sein (sich ~d fortbewegen)* ■ **irgendwohin** ~ to limp [or hobble] somewhere ❸ *haben (nicht ganz zutreffen)* to not work; **der Vergleich hinkt** the comparison doesn't work, you can't compare them

hin‖knal·len **I.** *vi sein (fam)* to fall heavily, to come a cropper BRIT *fam; (ohnmächtig hinfallen)* to crash to the ground, to fall heavily on the ground; **der Länge nach** ~ to measure one's length on the ground *liter* **II.** *vt haben (fam)* ■ [jdm] **etw** ~ to throw [or slam] sth down [in front of sb] **hin‖kni·en** *vi, vr vi: sein (niederknien)* ■ [sich *akk*] [auf etw *akk*/vor jdn] ~ to kneel down [on sth/before sb] **hin‖kom·men** *vi irreg sein* ❶ *(irgendwohin gelangen)* ■ **irgendwo** ~ to get [or go] somewhere; **wie komme ich zu euch hin?** how do I get to you? ❷ *(verloren gehen)* ■ **ir·gendwo** ~ to get to, to go; **ich weiß nicht, wo die Brille hingekommen ist** I don't know where the glasses have got to [or gone] ❸ *(an bestimmten Platz gehören)* ■ **irgendwo** ~ to belong [or go] somewhere ❹ *(fam: auskommen)* ■ [mit etw] ~ to manage [with sth] ❺ *(fam: stimmen)* to be [about] right ▶ WENDUNGEN: **wo kämen wir denn** [da] **hin,**

wenn …! *(fam)* where would we be [or finish up] if …!; gegessen wird erst, wenn alle am Tisch sitzen! wo kämen wir denn *da* hin! you can start when everybody is at the table! whatever are you thinking of! **hin|krie·gen** *vt (fam)* ➊ *(richten)* ■ **etw wieder ~** to mend [or fix] sth, to put sth to rights ➋ *(fertig bringen)* ■ **es/etw ~** to manage it/sth; **etw gut** [o sl: **toll**] **~** to make a good [or great] job of sth; **es ist schon erstaunlich, was man so alles hinkriegt, wenn man nur will!** it's amazing what you can do if you try!; ■ **es ~, dass …** to manage it/things so that … ➌ *(kurieren)* ■ **jdn wieder ~** to put sb right **hin|lan·gen** *vi (fam)* ➊ *(nach etw greifen)* to reach across/over ➋ *(zuschlagen)* to hit [or lash] out, to take a swipe ➌ *(sich bedienen)* to help oneself ➍ *(viel Geld verlangen)* **da haben die aber ganz schön hingelangt!** that's daylight robbery! ➏ *(ausreichen)* to be enough ➏ *(auskommen)* ■ **mit etw ~** to manage with sth; *(mit Geld auskommen)* to manage on sth

hin·läng·lich I. *adj* sufficient, adequate II. *adv* sufficiently, adequately; **~ bekannt** sufficiently well-known

hin|las·sen *vt irreg* ■ **jdn ~** to let sb [or allow sb to] go; *(in die Nähe)* to let sb near [or get near], to allow sb near [or to get near] **hin|lau·fen** *vi irreg sein* ➊ *(an eine bestimmte Stelle eilen)* ■ **[irgendwo/zu jdm] ~** to run [somewhere/to sb] ➋ DIAL *(fam: zu Fuß gehen)* ■ **irgendwo ~** to walk somewhere, to go somewhere on foot **hin|le·gen** I. *vt* ➊ *(niederlegen)* ■ **jdn/etw ~** to put sb/sth down, to leave sb/sth ➋ *(vorlegen)* ■ **jdm etw ~** to put sth [down] in front of sb ➌ *(flach lagern)* ■ **jdn ~** to lay sb down ➍ *(ins Bett bringen)* ■ **jdn ~** to put sb to bed ➎ *(fam: bezahlen müssen)* ■ **etw [für etw] ~** to pay sth [for sth], to shell [or fork] out sth [for sth] *fam*, to stump up sth [for sth] BRIT *fam* ➏ *(fam: eindrucksvoll darbieten)* ■ **etw ~** to do sth *fam*; **eine brillante Rede ~** to make [or do] a brilliant speech *fam*; **eine Solonummer ~** to do a solo [number] II. *vr* ➊ *(schlafen gehen)* ■ **sich [eine bestimmte Zeit] ~** to have a lie-down [for a certain length of time] ➋ *(fam: hinfallen)* ■ **sich ~** to fall [over], to come a cropper BRIT ▶ WENDUNGEN: **da legst du dich [lang] hin!** *(fam)* rate mal, was passiert ist! **da legst du dich hin!** guess what's happened! you won't believe your ears [or what I'm going to tell you] !; **~!** MIL down [on the ground]! **hin|lüm·meln** *vr (fam) s.* **hinflegeln**

hin|ma·chen I. *vt (fam: anbringen)* ■ **[jdm] etw ~** to put [or fam stick] sth somewhere [for sb]; **ein Bild/ eine Lampe ~** to put [or fam stick] up a picture/a lamp; **irgendwo Farbe ~** to put [or fam stick] paint on somewhere II. *vi (fam: Notdurft verrichten)* ■ **[da] ~** to do a job [there] [or one's business] [or fam a mess], to have [or AM take] a crap/piss *vulg* **hin|mor·den** *vt (geh)* ■ **jdn ~** to butcher [or slaughter] sb; **viele Menschen ~** to massacre a lot of people **hin|müs·sen** *vi irreg* to have to go [somewhere] **Hin·nah·me** <-> *f kein pl* acceptance **hin|neh·men** *vt irreg* ➊ *(ertragen)* ■ **etw [als etw] ~** to accept [or tolerate] [or to put up with] [or suffer] sth [as sth]; **etw als selbstverständlich ~** to take sth for granted; **etw ~ müssen** to have to accept [or put up with] sth ➋ *(einstecken)* **eine Niederlage ~** to [have to] suffer a defeat; **einen Verlust ~** to [have to] suffer [or sustain] a loss ➌ *(fam: irgendwohin mitnehmen)* ■ **jdn/etw mit ~** to take sb/sth [with one]; **ich fahre jetzt dorthin, soll ich Sie mit ~?** I'm going there now, shall I take you [or would you like to come] [with me]?

hin|nei·gen I. *vr* ■ **sich [zu jdm] ~** to lean over [to[wards] sb [or in sb's direction] | II. *vt (in eine*

bestimmte Richtung neigen)* ■ **etw zu jdm ~** to incline sth to[wards] sb; **den Kopf [zu jdm] ~** to bend [or incline] one's head [towards sb [or in sb's direction]]; **den Körper ~** to lean over III. *vi* ■ **zu etw ~** *(eine Neigung haben zu)* to incline towards sth **hin·nen** ['hınən] *adv* ▶ WENDUNGEN: **von ~ scheiden** *(veraltend geh)* to pass [or move] on *euph;* **von ~** from here; **wir müssen nun wieder von ~** we have to leave here

hin|pas·sen *vi* ➊ *(sich gut einfügen)* ■ **irgendwo ~** to go somewhere; **die Vase würde hier gut/besser ~** the vase would look good/better here; ■ **jd passt irgendwo hin** sb fits in somewhere ➋ *(Platz haben)* ■ **irgendwo ~** to go [or fit] somewhere **hin|pfef·fern** *vt (fam)* ➊ *(hinschleudern)* ■ **[jdm] etw ~** to fling [or fam chuck] sth down [in front of sb] ➋ *(in scharfer Form äußern)* **einen Artikel ~** to write [or produce] a scathing [or withering] article; **jdm eine Kritik ~** to level biting [or harsh] criticism at sb **hin|plump·sen** *vi sein (fam)* to plump [or AM plop] down, to fall with a thud; ■ **etw ~ lassen** to drop sth with a thud [or clunk] [or thump], to plunk sth down; ■ **sich ~ lassen** to plump BRIT down, to plunk [or AM plop] oneself down **hin|raf·fen** *vt s.* **dahinraffen hin|rei·chen** I. *vt (geh: geben)* ■ **jdm etw ~** to pass [or hand] sth to sb II. *vi (geh: ausreichen)* to last, to hold out **hin·rei·chend** I. *adj* sufficient; **ein ~es Gehalt/Einkommen** an adequate salary/income II. *adv* ➊ *(genügend)* **~ lange/oft** long/often enough ➋ *(zur Genüge)* sufficiently, adequately **Hin·rei·se** *f* trip [or journey] [somewhere], outward trip [or journey]; *(mit dem Auto)* drive; *(mit dem Schiff)* voyage; **auf der ~** on the way [or trip] [or journey] [or drive] [there], during the trip [or journey] [or drive] there; **Hin- und Rückreise** both ways *fam,* [the journey] there and back *fam; (Fahrkarte)* return journey **hin|rei·ßen** *vt irreg* ➊ *(begeistern)* ■ **jdn ~** to send sb into transports of delight *form,* to enchant [or captivate] [or enrapture] sb; ■ **[von jdm/etw] hingerissen sein** to be enchanted [or captivated] [or enraptured] [by sb/sth]; **von jdm hingerissen sein** *(verliebt sein)* to be smitten [or infatuated] with sb; **hin- und hergerissen sein** to be unable to decide [or unable to make up one's mind]; **was meinst du? — ich bin ganz hin- und hergerissen** what do you think? — oh! I don't know [or I can't make up my mind] !; *s. a.* **hingerissen** ➋ *(spontan verleiten)* ■ **jdn zu etw ~** to drive sb to sth, to provoke sb to sth; **sich zu etw ~ lassen** to allow oneself to be [or to let oneself be] driven to sth/ into doing sth [or provoked into doing sth]; **sich ~ lassen** to allow oneself to be carried away, to let oneself be carried away; **sich dazu ~ lassen, etw zu tun** to allow oneself [or to let oneself] be provoked into doing [or be driven to] sth **hin·rei·ßend** I. *adj* enchanting, captivating; **von ~er Schönheit** of striking beauty II. *adv* enchantingly; **~ aussehen** to look enchanting [or captivating] **hin|ren·nen** *vi irreg sein s.* **hinlaufen** 1

hin|rich·ten *vt* ■ **jdn ~** to execute sb; **jdn durch den Strang ~** to put sb to death by hanging; **jdn durch den elektrischen Stuhl ~** to execute sb on the electric chair; **hingerichtet werden** to be executed **Hin·rich·tung** *f* execution; **eine ~ vollziehen** *(geh)* to carry out an execution **hin|rot·zen** *vt (sl)* ■ **[jdm] etw ~** to dash sth off [for sb] BRIT, to do sth [for sb] in a hurry **hin|schaf·fen** *vt* ■ **etw [zu jdm] ~** to get sth somewhere/there [to sb]; *(liefern)* to deliver sth [to sb]; ■ **irgendwo hingeschafft werden** to be taken somewhere/there **hin|schau·en** *vi* DIAL *(hinsehen)* to look **hin|schi·cken** *vt* ■ **jdn [zu jdm] ~** to send sb [to sb]

Hin·schied <-s, -e> *m* SCHWEIZ *(geh: Tod)* passing *euph,* demise *form*

hin|schla·gen *vi irreg* ➊ *sein (hinfallen)* to fall [flat on one's face *fam*], to collapse ➋ *haben (zuschlagen)* to strike; **mit einem Gegenstand ~** to strike out with an object **hin|schlei·chen** *vi, vr irreg vi: sein* ■ |**sich**| ~ to creep [*or* sneak] over [there]/to somewhere **hin|schlep·pen I.** *vr* ➊ *(sich mühselig an einen bestimmten Ort bewegen)* ■ **sich ~** to drag oneself along; ■ **sich irgendwo/zu jdm ~** to drag oneself somewhere/to sb ➋ *(sich hinziehen)* ■ **sich ~** to drag on **II.** *vt* ➊ *(an einen bestimmten Ort schleppen)* ■ **etw** |**zu jdm**| ~ to drag [*or fam* lug] [*or fam* cart] sth over [to sb]; ■ **etw irgendwo ~** to drag [*or fam* lug] [*or fam* cart] sth somewhere ➋ *(fam: mitnehmen)* ■ **jdn mit ~** to drag [*or fam* cart] sb along **hin|schlu·dern** *vt (pej fam)* ■ **etw ~** to dash sth off; **einen Artikel ~** to scribble off [*or* scrawl] [*or* BRIT dash off] an article **hin|schmei·ßen** *vt irreg (fam) s.* **hinwerfen hin|schmel·zen** *vi irreg sein (hum fam)* ■ |**vor etw** *dat*| ~ to [practically] swoon [with sth]; **vor Rührung ~** to be overcome with emotion; **wenn er sie nur sieht, schmilzt er schon hin** when he sees her, he practically swoons **hin|schmie·ren** *vt (fam)* ➊ *(an eine bestimmte Stelle schmieren)* ■ |**jdm**| **etw ~** to smear sth [somewhere]; **schmier mir bloß diesen ganzen Dreck nicht an die Tapete** don't [you dare] smear all that dirt on the wallpaper ➋ *(pej: flüchtig malen)* ■ **etw ~** to daub sth; **eine Parole an eine Wand ~** to scrawl a slogan on a wall **hin|schrei·ben** *irreg* **I.** *vt (niederschreiben)* ■ |**sich** *dat*| **etw ~** to write [*or* note] sth down **II.** *vi (fam: an eine bestimmte Stelle schreiben)* to write [in]; **vor einer Woche habe ich hingeschrieben, ob sie mir wohl bald zurückschreiben?** it's a week since I wrote; I wonder if they'll write back soon? **hin|se·hen** *vi irreg* to look; **ich kann/mag gar nicht ~!** I can't [bear to] look!; **vom bloßen H~** just the sight [of sth]; **vom bloßen H~ wird mir schon übel!** just the sight of it makes me feel sick!; **bei genauerem** [*o* **näherem**] **H~** on closer inspection

hin|set·zen I. *vr* ➊ *(sich niederlassen)* ■ **sich ~** to sit down; ■ **sich irgendwie ~** to sit somehow ➋ *(fam: sich bemühen)* ■ **sich ~** to get down to it, to get one's finger out BRIT *fam!* **II.** *vt* ➊ *(absetzen)* ■ **etw ~** to put [*or* dated set] sth down ➋ *(niedersetzen)* ■ **jdn ~** to put [*or* sit] sb down

Hin·sicht *f kein pl* **in beruflicher ~** with regard to a career, career-wise *fam;* **in finanzieller ~** financially, with regard to finances, finance-wise *fam;* **in anderer ~** in other respects; **in gewisser ~** in certain respects; **in jeder ~** in every respect; **in mancher ~** in some respects; **in sonstiger ~** in other respects

hin·sicht·lich *präp +gen (geh)* with regard to

hin|sin·ken *vi irreg sein (geh)* to sink down/to the ground *liter* **hin|sit·zen** *vi irreg sein* SÜDD, SCHWEIZ *(hinsetzen I)* to sit [down]

Hin·spiel *nt* first game [*or* leg] *(of a series of two games)*

hin|ste·hen *vi irreg sein* SÜDD, SCHWEIZ *(hinstellen)* to stand up straight **hin|stel·len I.** *vt* ➊ *(an einen bestimmten Platz stellen)* ■ |**jdm**| **etw ~** to put [*or* dated set] sth [for sb]; **einen Sonnenschirm ~** to put up a parasol [*or* sun umbrella] ➋ *(fam: bauen)* ■ |**jdm**| **etw ~** to put up sth [for sb] *fam* ➌ *(abstellen)* ■ **etw ~** to park [*or fam* put] sth ➍ *(charakterisieren)* ■ **etw/ jdn als etw/jdn ~** to make sb out to be sth; **jdn als Beispiel ~** to hold sb up as an example; **er versucht, den Betrug als ein Versehen hinzustellen** he's trying to make his fraud out to be a simple mistake **II.** *vr* ➊ *(sich aufrichten)* ■ **sich ~** to stand up straight ➋ *(sich an eine bestimmte Stelle stellen)* ■ **sich vor jdn ~** to plant oneself in front of sb **hin|steu·ern** *vi*

sein ■ |**mit etw**| **auf etw** *akk* ~ to aim at sth [with sth]; ■ **auf etw** ~ to make [*or* head] for sth; **worauf steuern Sie eigentlich** |**mit Ihrer Argumentation**| **hin?** what are you getting at [with your argumentation]? **hin|strö·men** *vi sein* ■ |**zu etw**| ~ to flock [*or* swarm] somewhere; **am Sonntag ist Pokalendspiel, da werden Zehntausende ~!** on Sunday it's the Cup Final, there'll be thousands flocking [*or* swarming] to the game! **hin|stür·zen** *vi sein* ➊ *(eilends hinlaufen)* to rush somewhere ➋ *(hinfallen)* to fall [heavily]

hintan|stel·len [hɪntˈʔan-] *vt (geh)* ■ **etw ~** to put sth last [*or* at the bottom of the list]

hin·ten [ˈhɪntn̩] *adv* ➊ *(entfernt)* at the end; **er sitzt ganz ~ in der vorletzten Reihe** he's sitting at the back in the last row but one; **~ im Buch** at the back of the book; **ein Buch von vorn**[**e**] **bis ~ lesen** to read a book from cover to cover; **~ im Garten** at the bottom of the garden; **sich ~ anstellen** to join the back [of a queue [*or* AM line]]; **weit ~ liegen** to be tailed off BRIT; **das wird weiter ~ erklärt** that's explained further towards the end ➋ *(auf der abgewandten Seite)* at the back; **hast du schon bemerkt, dass du ~** |**an der Hose/am Hemd**| **einen Fleck hast?** have you seen that there's a stain on the back [of your trousers/ shirt]?; **~ ein Geschwür haben** *(euph fam)* to have a boil on one's derrière *euph;* **ein Zimmer nach ~** a room at the back; **nach ~ abgehen** THEAT to leave the stage; **nach ~ ausschlagen** *(Pferd)* to kick out; **~ ein paar draufkriegen** *(fam)* to get a spanking; **nach ~ durchgehen** TRANSP to go to the back; **von ~ kommen** to come from behind; **vorn**[**e**] **und ~ nichts haben** *(fam)* to be flat and skinny; **nach ~ wohnen/ gelegen sein** to live/be at the back of the house ▸ WENDUNGEN: **~ und vorn**[**e**] *(fam)* left, right and centre [*or* AM -er]; **jdn ~ und vorn**[**e**] **bedienen** to wait on sb hand and foot; **weder ~ noch vorn**[**e**] **~ und vorn**[**e**] **nicht** *(fam)* no way *fam;* **das reicht doch ~ und vorne nicht!** that's nothing like enough!; **das stimmt doch ~ und vorn**[**e**] **nicht/das stimmt weder ~ noch vorn**[**e**] that can't [*or* there's no way that can] be right; **nicht mehr wissen, wo ~ und vorn**[**e**] **ist** to not know if one's on one's head or one's heels [*or* if one's coming or going]; **Frau/Herr ... ~, Frau/Herr ... vorn** *(fam)* it's Mrs/Mr ... this, Mrs/ Mr ... that, it's yes Mrs/Mr ... , no Mrs/Mr ..., [three bags full, Mrs/Mr ...]; **~ nicht mehr hochkommen** *(fam)* to be [utterly] shattered *fam* [*or* exhausted] [*or* BRIT *sl* knackered] [*or* BRIT *fam* dead beat]; **jdn ~ reinkriechen** *(fam)* to crawl [*or* grovel] to sb, to lick [*or* AM kiss] sb's arse [*or* AM ass] *vulg;* **jdn am liebsten von ~ sehen** *(fam)* to be glad to see the back of sb **hin·ten·dran** [ˈhɪntn̩ˈdran] *adv (fam)* on the back **hin·ten·drauf** [ˈhɪntn̩ˈdrauf] *adv (fam)* ➊ *(hinten auf der Ladefläche)* at the back ➋ *s.* **hintendran** ▸ WENDUNGEN: **jdm eins ~ geben** to smack sb's bottom [*or* behind]; **eins** |**von jdm**| **~ kriegen** to be [*or* have one's bottom] smacked [by sb] **hin·ten·he·rum** [ˈhɪntn̩hɛˈrʊm] *adv* ➊ *(von der hinteren Seite)* round [*or* esp AM around] the back ➋ *(fam: auf Umwegen)* indirectly, in a roundabout way; **ich habe es ~ erfahren** a little bird told me *prov* ➌ *(fam: illegal)* through the back door; **diese Handtücher hat er ~ bekommen** these towels fell off the back of a lorry *fig fam* **hin·ten·nach** [ˈhɪntn̩ˈnax] *adv* ÖSTERR, SÜDD *(hinterdrein)* behind, at the back **hin·ten·rum** [ˈhɪntn̩rʊm] *adv (fam) s.* **hintenherum hin·ten·über** [ˈhɪntn̩ˈʔyːbɐ] *adv* backwards

hin·ter [ˈhɪntɐ] **I.** *präp* ➊ *+dat räumlich (an der Rückseite von etw)* at the back of, behind ➋ *+akk räumlich (auf die Rückseite von etw)* behind; **etw fällt/ rutscht ~ ein Sofa/einen Schrank** sth falls/slips behind [*or* down the back of] a sofa/a cupboard; **20**

km ~ **sich haben** to have covered 20 km ❸ +*dat räumlich (jenseits von etw)* behind; ~ **diesem Berg/ Hügel** on the other side of this mountain/hill; ~ **der Grenze** on the other side of [*or* beyond] the border ❹ +*dat räumlich (am Schluss von etw)* after ❺ +*dat zeitlich (nach)* after; ~ **jdm an die Reihe kommen** to come after sb; **das Studium** ~ **sich haben** to have completed one's studies; **5 Minuten hinter der Zeit sein** to be 5 minutes late; **etw** ~ **sich bringen** to get sth over with ❻ +*akk (selten: zeitlich)* **die Probleme reichten bis** ~ **den 2. Weltkrieg zurück** the problems reached back to pre-war days ❼ +*dat (in Rangfolge)* ~ **den Erwartungen/Anforderungen zurückbleiben** to not live up to expectations/requirements ❽ +*dat;* ~ **etw kommen** to find out about sth; **endlich kamen wir hinter dieser komischen Geschichte** we finally got to the bottom of this strange story; **sich** ~ **jdn stellen** to back sb up II. *adv inv* SÜDD, ÖSTERR *(nach hinten)* **wenn du** ~ **in den Garten gehst, bring uns ein paar Zwiebeln mit!** when you go out to the garden, can you fetch a few onions? III. *part (fam)* s. **dahinter** s. **wohinter**

Hin·ter·ach·se *f* back [*or* rear] axle **Hin·ter·aus·gang** *m* back [*or* rear] exit; *(zu einem privaten Haus)* back door **Hin·ter·ba·cke** *f meist pl (fam) (Hälfte eines Gesäßes)* buttock; ~**n** buttocks, backside *fam,* bum BRIT *fam,* butt AM ▸ WENDUNGEN: **sich auf die ~n setzen** to get one's finger out BRIT *fam!,* to put one's shoulder to the wheel BRIT, to go all out **Hin·ter·bänk·ler(in)** <-s, -> ['hɪntɛbɛŋklɐ] *m(f)* POL *(pej)* ≈ backbencher *(insignificant member of parliament)* **Hin·ter·bein** *nt* ZOOL hind [*or* back] leg; ▸ WENDUNGEN: **sich auf die ~e stellen** [*o* setzen] *(fam)* to put up a fight, to take a stand

Hin·ter·blie·be·ne(r) [hɪntɐ'bliːbənə, -nə] *f(m) dekl wie adj* bereaved [family]; **seine Tochter war die einzige** ~ his daughter was his only survivor; ▪ **die/ jds ~n** the/sb's surviving dependants

Hin·ter·blie·be·nen·ren·te *f* surviving dependant's pension

hin·ter·brin·gen ['hɪntɐbrɪŋən] *vt irreg (geh: heimlich in Kenntnis setzen)* ▪ **jdm etw** ~ to tell sb sth confidentially, to whisper sth in sb's ear *fig*

Hin·ter·deck *nt* NAUT afterdeck

hin·ter·drein [hɪntɐ'drain] *adv* at the back, behind

hin·te·re(r, s) ['hɪntərə, -rə, -rəs] *adj* ▪ **der/die/das** ~ **...** the rear ...; **der** ~ **Teil eines Käses/Schinkens** the back of a cheese/ham; **das** ~ **Stück eines Käses/Schinkens** the last part of a cheese/ham

hin·ter·ein·an·der [hɪntɐʔain'andɐ] *adv* ❶ *räumlich (einer hinter dem anderen)* one behind the other ❷ *zeitlich (aufeinanderfolgend)* one after the other; **drei/mehrere Tage/Wochen/Monate** ~ three/ several days/weeks/months running [*or* BRIT *fam* on the trot] [*or* in succession], on three/several consecutive *form* days/weeks/months

hin·ter·ein·an·der|fah·ren *vi irreg sein* to go/drive/ ride one behind [*or* after] the other **hin·ter·ein·an·der|ge·hen** *vi irreg sein* to go/walk one behind [*or* after] the other, to walk in single file

hin·ter·ein·an·der·her *adv* one behind [*or* after] the other

hin·ter·ein·an·der|steh·en *vi irreg* to stand one behind the other; **die Kunden mussten stundenlang** ~ the customers had to queue for hours

Hin·ter·ein·gang *m* the rear [*or* back] entrance, tradesmen's entrance *old; (zu einem privaten Haus)* back door

hin·ter·fot·zig ['hɪntɐfɔtsɪç] *adj* DIAL *(fam)* underhand, devious; **ein** ~**er Mensch** an underhand [*or* a devious] [*or* a shifty] person; **eine** ~**e Bemerkung** a snide remark

hin·ter·fra·gen [hɪntɐ'fraːɡn̩] *vt (geh)* ▪ **etw** ~ to analyse [*or* question] sth

Hin·ter·fuß *m* ZOOL hind [*or* back] foot **Hin·ter·gau·men·laut** *m* velar [*or* back] consonant **Hin·ter·ge·bäu·de** *nt* building situated behind another; **die Pferde werden in dem** ~ **gehalten** the horses are housed in the building at the rear [*or fam* out the back] **Hin·ter·ge·dan·ke** *m* ulterior motive; **ich kann mir kaum vorstellen, dass sie ohne** ~**n auf einmal so zuvorkommend ist** I can't imagine that she can be so obliging without [having] an ulterior motive

hin·ter·ge·hen [hɪntɐ'ɡeːən] *vt irreg* ❶ *(betrügen)* ▪ **jdn** ~ to deceive sb, to go behind sb's back; *(jdn betrügen, um Profit zu machen)* to cheat [*or* doublecross] sb; **wie er mich hintergangen hat, und ihm habe ich so vertraut!** I was so taken in [by him] and I really trusted him! ❷ *(sexuell betrügen)* ▪ **jdn** [**mit jdm**] ~ to be unfaithful to sb, to two-time sb *fam*

Hin·ter·glas·ma·le·rei [hɪntɐ'ɡlaːsmaːlərai] *f* KUNST ❶ *(Bild)* pictures painted on the back of glass ❷ *kein pl (Technik)* technique of painting at the back of glass

Hin·ter·grund *m* ❶ *(hinterer Teil des Blickfeldes)* background; **der** ~ **einer Bühne/eines Raums/ eines Saals** the back of a stage/a room/a hall; **im** ~ in the background; **im** ~ **eines Raums/eines Saals** at the back of a room/a hall; **im** ~ **bleiben** [*o* **sich halten**] to stay in the background ❷ *(Bedingungen und Umstände)* ▪ **der** ~ **einer S.** *gen* the background to sth; **der** ~ **einer Geschichte** the backdrop *liter* [*or liter* setting] [*or* background] to a story; **der Hexenwahn und der Teufelsglaube bildeten den** ~ **der Hexenverfolgungen** fear of witches and belief in the devil led up to [*or* formed the background to] the witch hunts ❸ *pl (verborgene Zusammenhänge)* ▪ **die Hintergründe einer S.** *gen* the [true] facts [*or* story] about sth; **vor dem** ~ **einer S.** *gen* in/ against the setting of sth, against the backdrop *liter* [*or* background] of sth ▸ WENDUNGEN: **jdn in den** ~ **drängen** [*o* **spielen**] to push [*or* thrust] sb into [*or* to relegate sb to] the background, to steal the limelight from sb; **im** ~ **stehen** to remain in the background, to be part of the furniture BRIT *fam;* **in den** ~ **treten** [*o* **geraten**] [*o* **rücken**] to fade [*or* recede] [*or* retreat] into the background

hin·ter·grün·dig I. *adj* enigmatic, mysterious II. *adv* enigmatically, mysteriously

Hin·ter·grund·mu·sik <-> *f kein pl* background music *no pl;* FILM soundtrack

hin·ter|ha·ken *vi (fam)* to question sth; **mit dieser Antwort würde ich mich nicht zufriedengeben, da musst du** ~ I wouldn't be satisfied with that answer, you'll have to ask a few probing questions

Hin·ter·halt *m (pej)* ambush; **in einen** ~ **geraten** to be ambushed, to be the victim of an ambush; **im** ~ **liegen** [*o* **lauern**] to lie in wait [*or* ambush]; **jdn in einen** ~ **locken** to lure sb into an ambush; **aus dem** ~ **anfallen/angreifen** to attack without warning, to make a surprise attack

hin·ter·häl·tig ['hɪntɐhɛltɪç] I. *adj (pej)* underhand, devious, shifty II. *adv (pej)* in an underhand [*or* devious] [*or* shifty] manner [*or* way]

Hin·ter·häl·tig·keit <-, -en> *f (pej)* ❶ *kein pl (Heimtücke)* underhandedness, deviousness, shiftiness ❷ *(heimtückische Tat)* underhand [*or* devious] [*or* shifty] act [*or fam* thing to do]

Hin·ter·hand *f* ZOOL hindquarters *npl;* ▸ WENDUNGEN: **etw in der** ~ **haben** to have sth up one's sleeve [*or* in reserve] **Hin·ter·haus** *nt* back [part] of a building *(also a separate building at the back of another)*

hin·ter·her [hɪntɐ'heːɐ̯] *adv* ❶ *räumlich* after; **da haut einer mit deinem Fahrrad ab, los,** ~**!** there's someone stealing your bike, come on, after him!;

■ **jdm ~ sein** to be after sb ❷ *zeitlich* after that, afterwards; ~ **ist man immer schlauer!** it's easy to be clever in retrospect [*or* after the event] ! ❸ *(intensiv suchen)* ■ **hinter etw** *dat* ~ **sein** to be after [*or* look for] sth

hin·ter·her|fah·ren *vi irreg sein* ■ [**jdm/einer S.**] ~ to follow [*or* drive behind] [sb/sth]; **fahren Sie hinter diesem Taxi hinterher!** follow that taxi! **hin·ter·her|he·cheln** *vi (pej fam)* ■ **jdm/etw** ~ to try to catch up with sb/sth *fig* **hin·ter·her|hin·ken** *vi sein* ❶ *(hinter jdm/etw herhinken)* ■ **jdm/einer S.** ~ to limp after sb/sth ❷ *(mit Verzögerung nachfolgen)* ■ **einer S.** *dat* ~ to lag behind sth **hin·ter·her|kom·men** *vi irreg sein* ❶ *(folgen)* ■ [**jdm**] ~ to follow [behind] [sb], to come after [sb]; **nicht so schnell, ich komme nicht hinterher!** not so fast, I can't keep up! ❷ *(danach kommen)* to follow, to happen afterwards ❸ *(als Letzter kommen)* ■ [**noch**] ~ to bring up the rear **hin·ter·her|lau·fen** [hɪntɐˈheːɡlaʊfn̩] *vi irreg sein* ❶ *(im Lauf folgen)* ■ **jdm** ~ to run [*or* chase] after sb ❷ *(fam: sich eifrig bemühen)* ■ **jdm/einer S.** ~ to run [*or* chase] after sb/sth **hin·ter·her|schi·cken** *vt (nachschicken)* ■ **jdm etw** ~ to send sth [on] after sb

Hin·ter·hof *m* courtyard, back yard; *(Garten)* back garden **Hin·ter·in·di·en** *nt* Indochina **Hin·ter·kopf** *m* *(hinterer Teil des Kopfes)* back of one's/the head; ▶ WENDUNGEN: **etw im ~ haben/behalten** *(fam)* to keep [*or* bear] sth in mind; **ich habe noch im ~, dass wir damals ...** I can vaguely remember that ... **Hin·ter·la·der** <-s, -> *m* breech-loading gun **Hin·ter·land** *nt kein pl* hinterland

hin·ter·las·sen* [hɪntɛˈlasn̩] *vt irreg* ❶ *(vermachen)* ■ **jdm etw** ~ to leave [*or* form bequeath] [*or* will] sb sth ❷ *(als Hinterbliebene übrig lassen)* ■ **jdn** ~ to leave sb; **er hinterlässt eine Frau und drei Kinder** he leaves a wife and three children, he is survived by a wife and three children ❸ *(als Erbschaft übrig lassen)* ■ **etw** ~ to leave sth ❹ *(als literarisches Vermächtnis übrig lassen)* ■ **etw** ~ to leave sth behind; **die ~e Werke** the posthumous works ❺ *(hinterlegen)* ■ [**jdm**] **etw** ~ to leave sth [for sb] ❻ *(nach dem Verlassen zurücklassen)* ■ **etw irgendwie** ~ to leave sth somehow; **wie die Kinder ihr Zimmer ~!** the way these children leave their room!; **etw in Unordnung** ~ to leave sth in a mess [*or* a muddle] ❼ *(übrig lassen)* ■ [**bei jdm**] **etw** ~ to leave [sb with] sth; **bei jdm einen Eindruck** ~ to make an impression on sb **Hin·ter·las·sen·schaft** <-, -en> *f* ❶ *(literarisches Vermächtnis)* posthumous works ❷ *(fam: übrig gelassene Dinge)* leftovers *pl* ❸ JUR **jds** ~ **antreten** to inherit sb's estate

Hin·ter·las·sung <-> *f kein pl* **ohne** ~ **einer S.** *gen (geh)* without leaving sth; **unter** ~ **einer S.** *gen (geh)* leaving behind sth *sep;* **er verstarb unter** ~ **einer Unmenge von unbezahlten Rechnungen** he died, leaving behind a lot of unpaid bills **Hin·ter·lauf** *m* hind [*or* back] leg

hin·ter·le·gen* [hɪntɛˈleːɡn̩] *vt* ■ **etw** [**bei jdm**] ~ to leave [with sb]; **einen Betrag/eine Unterschriftsprobe/eine Sicherheitsleistung** [**bei jdm**] ~ to supply [sb with] an amount/a signature/security **Hin·ter·le·gung** <-, -en> *f* leaving behind; **das Gericht setzte im Urteil die** ~ **einer Summe bei der Gerichtskasse fest** the court ordered that an amount be deposited with the court cashier; **gegen** ~ **einer S.** *gen* against a deposit of sth; **jdn gegen** ~ **einer Kaution auf freien Fuß setzen** to release sb on bail

Hin·ter·list *f kein pl* ❶ *(Heimtücke)* deceit *no pl, no art,* deception *no pl, no art,* craftiness *no pl, no art,*

duplicity *no pl, no art* ❷ *(Trick, List)* trick, ploy, ruse **hin·ter·lis·tig** I. *adj* deceitful, deceptive, crafty, shifty II. *adv* deceitfully, deceptively, craftily, shiftily; **aufs H~ste** in the most deceitful [*or* deceptive] [*or* crafty] [*or* shifty] way [*or* manner]

hin·term [ˈhɪntɐm] = **hinter dem** *s.* **hinter**

Hin·ter·mann <-männer> *m* ❶ *(Mensch hinter jdm in der Reihe)* ■ **jds** ~ the person behind sb ❷ *pl (pej fam)* person pulling the strings *pej,* brains [behind the operation]

Hin·ter·mann·schaft *f* defence [*or* AM -se]

hin·tern [ˈhɪntɐn] = **hinter den** *s.* **hinter**

Hin·tern <-s, -> [ˈhɪntɐn] *m (fam) (Gesäß)* bottom, behind, backside, bum BRIT *sl;* **ein paar auf den ~ bekommen** to have one's bottom smacked; [**von jdm**] **den ~ voll bekommen** to have one's bottom [*or* behind] [*or* backside] [*or* hide] tanned; **sich auf den ~ setzen** *(fam)* to fall on one's bottom [*or* behind] [*or* backside]; **jdm den ~ versohlen** to tan sb's bottom [*or* behind] [*or* backside] [*or* hide] ▶ WENDUNGEN: **jd kann sich in den ~ beißen** *(sl)* sb can kick themselves; **jdm in den ~ kriechen** *(pej sl)* to grovel [*or* fam suck up] to sb, to lick [*or* AM kiss] sb's arse [*or* AM ass] *vulg;* **sich auf den ~ setzen** *(fam)* to get one's finger out BRIT *fam,* to knuckle down to [*or* fam get stuck into] sth

Hin·ter·pfo·te *f* ZOOL hind [*or* back] paw **Hin·ter·rad** *nt* rear [*or* back] wheel **Hin·ter·rad·an·trieb** *m* rear-wheel drive

hin·ter·rücks [ˈhɪntɐʀʏks] *adv* ❶ *(von hinten)* from behind ❷ *(im Verborgenen)* behind sb's back

hin·ters [ˈhɪntɐs] = **hinter das** *s.* **hinter**

Hin·ter·schin·ken *m* KOCHK ham **Hin·ter·sei·te** *f* ❶ *(Rückseite)* back, rear; **an der/zur ~ des Hauses** at/to the back [*or* rear] of the house ❷ *s.* **Hintern Hin·ter·sinn** *m* hidden [*or* deeper] meaning **hin·ter·sin·nen*** [hɪntɐˈzɪnən] *vr irreg* SCHWEIZ ❶ *(grübeln)* ■ **sich wo/warum/warum** ~ to rack [*or* esp AM wrack] one's brains as to where/when/why ❷ *(sich Gedanken machen)* ■ **sich** ~ to think [*or* speculate] [about sth]; **es hat keinen Wert, sich jetzt zu** ~ there's no point thinking [*or* speculating] about it now **hin·ter·sin·nig** *adj* with a deeper [*or* profound] meaning; **eine ~e Bemerkung** a profound [*or* subtle] remark, a remark with a deeper meaning; *(Bemerkung mit verschleierter Gemeinheit)* a veiled remark; **manchmal ist er sehr** ~ sometimes he's very profound; **ein ~er Sinn für Humor** a subtle sense of humour [*or* AM -or]

hin·ters·te(r, s) [ˈhɪntɐstə, -tə, -təs] *adj superl von* **hintere(r, s)** *(entlegenste)* farthest [*or* furthest], deepest *hum,* the wildest parts of *hum;* ▶ WENDUNGEN: **das H~ zuvorderst kehren** *(fam)* to turn everything upside down

Hin·ter·ste·ven [-ʃteːvn̩] *m* ❶ NORDD *(Gesäß)* behind, bottom *fam* ❷ *s.* **Achtersteven Hin·ter·teil** *nt (fam) s.* **Hintern 1 Hin·ter·tref·fen** *nt kein pl* [**gegenüber jdm**] **ins ~ geraten** [*o* **kommen**] to fall behind [sb]; [**jdm gegenüber/im Vergleich mit jdm**] **im ~ sein** [*o* **sich befinden**] to be [*or* find oneself] at a disadvantage [to sb/in comparison to sb]

hin·ter·trei·ben* *vt irreg* ■ **etw** ~ to thwart [*or* prevent] sth, to oppose sth successfully; **einen Plan** ~ to foil [*or* frustrate] [*or* thwart] a plan

Hin·ter·trep·pe *f* back stairs [*or* steps] **Hin·ter·tup·fin·gen** <-s> [ˈhɪntɐˈtʊpfɪŋən] *nt kein pl (fam: Topos für rückständigen Ort)* the back of beyond BRIT, Timbuktu **Hin·ter·tür** *f,* **Hin·ter·türl** <-s, -[n]> *nt* ÖSTERR ❶ *(hintere Eingangstür)* back entrance; *(zu einem privaten Haus)* back door ❷ *(fam: Ausweg)* back door, loophole *fig* ▶ WENDUNGEN: **sich** *dat* [**noch**] **eine Hintertür** [*o* **ein Hintertürchen**] [*o* **ein Hintertürl**] **offen**

H

halten [*o* **offen lassen**] to leave a back door open, to leave a loophole; **durch die Hintertür** by the back door **Hin·ter·wäld·ler(in)** <-s, -> [ˈhɪntɐvɛltlɐ] *m(f) (pej fam)* country bumpkin *pej fam*, yokel *pej fam* **hin·ter·wäld·le·risch** *adj (pej fam)* country bumpkin, provincial BRIT; **~e Ansichten** country bumpkin [*or* provincial] mentality BRIT; ■**~ sein** to be a country bumpkin [*or* provincial] BRIT

Hin·ter·zie·hen° [ˈhɪntɐtsiːən] *vt irreg* ■**etw ~** to evade sth

Hin·ter·zie·hung *f* evasion

Hin·ter·zim·mer *nt* ❶ *(nach hinten liegendes Zimmer)* back room, room at the back ❷ ÖKON back office **hin|tra·gen** *vt irreg* ■**jdn/etw** [**zu jdm/etw**] **~** to carry sb/sth [to sb/sth] **hin|tre·ten** *vi irreg sein* ❶ *(jdm gegenübertreten)* ■**vor jdn ~** to go up to sb, to face [*or* confront] sb ❷ *(sich jdm nähern)* ■**zu jdm ~** to go/come up to sb ❸ *(zutreten)* to kick, to put the boot in *sl* **hin|tun** *vt irreg (fam: hinlegen)* ■[**jdm**] **etw irgendwohin ~** to put sth somewhere [for sb]; **wer hat mir diesen Zettel hingetan?** who's left this note for me?

hi·nü·ber [hɪˈnyːbɐ] *adv* ❶ *(nach drüben)* across, over; **bis zu den Hügeln ~ war die Erde kahl und ausgetrocknet** the earth up to the hills was bare and arid; **eine Mauer/einen Zaun ~** over a wall/a fence; **~ und herüber** back and forth, backwards and forwards; ■[**zu jdm**] **~ sein** *(fam)* to have gone across [*or* over] [to sb]; **Mutter ist nur kurz ~ zu Frau Lang** mother has popped over to Mrs Lang's *fam* ❷ *(fam: verdorben sein)* ■**~ sein** to be [*or* have gone] off, to be bad ❸ *(fam: defekt sein)* ■**~ sein** to have had it; *(ruiniert sein)* to be done for ❹ *(fam: ganz hingerissen sein)* ■**~ sein** to be bowled over; **völlig ~ sein** to be completely bowled over ❺ *(fam: tot sein)* ■**~ sein** to have had it

hi·nü·ber|bli·cken *vi* ■[**zu jdm/etw**] **~** to look [*or* have a look] across [*or* over] [at/to sb/sth] **hi·nü·ber|brin·gen** [hɪˈnyːbɐbrɪŋən] *vt irreg* ■**etw** [**zu jdm/etw**] [**über etw** *akk*] **~** to take across [*or* over] sth *sep* [to sb/sth] **hi·nü·ber|fah·ren** *irreg* **I.** *vt haben* ■**jdn/etw** [**auf etw** *akk*] **~** to drive [*or* take] sb/sth [to sth]; **jdn/etw mit der Fähre ~** to take sb/sth by ferry **II.** *vi sein (nach drüben fahren)* ■[**nach etw** *dat*/**über etw** *akk*] **~** to drive [*or* go] across [*or* over] [to sth]/across [*or* over] [sth]; **über die Wolga ~** to drive [*or* go] across [*or* over] the Volga; **über die Wolga mit einem Boot ~** to go over [*or* across] [*or* to cross] the Volga by boat **hi·nü·ber|füh·ren I.** *vt (nach drüben geleiten)* ■**jdn** [**auf etw** *akk*/**in/über etw** *akk*] **~** to take sb across [*or* over] [to sth]/across [*or* over] [sth]; **wenn Sie meinen Arm nehmen, führe ich Sie gerne auf die andere Straßenseite hinüber** if you take my arm, I'll be happy to take you to the other side of the road **II.** *vi (nach drüben verlaufen)* ■[**auf etw** *akk*/**über etw** *akk*] **~** to go across [*or* over] [*or* to cross] [to sth]/to go across [*or* over] [*or* to cross] [sth]; **die Brücke führt über das Tal hinüber** the bridge goes over [*or* across] [*or* the bridge crosses] a valley **hi·nü·ber|ge·hen** *vi irreg sein (nach drüben gehen)* ■[**auf etw** *akk*/**in/über etw** *akk*] **~** to go over [*or* across] [*or* to cross] [to sth]/to go over [*or* across] [*or* to cross] [sth]; **man darf erst bei Grün auf die andere Straßenseite ~** you have to wait for the green light before you cross the road **hi·nü·ber|hel·fen** *vi irreg* ■**jdm ~** to help sb over [*or* across] [sth]; **jdn über die Straße ~** to help sb over [*or* across] the road **hi·nü·ber|kom·men** *vi irreg sein* ■**zu jdm ~** to come/go over [*or* across] [to sb]; **über die Brücke ~** to come/go over [*or* across] the bridge **hi·nü·ber|las·sen** *vt irreg* ■**jdn ~** to let sb go/drive over [*or* across] [*or* to let sb cross] [sth] **hi·nü·ber|rei·chen I.** *vt (geh)*

■[**jdm**] **etw** [**über etw** *akk*] **~** to pass sth across [*or* over] [sth] [to sb] **II.** *vi* ■[**über etw** *akk*] **~** to reach over [sth]; **der Ast reicht drei Meter in Nachbars Garten hinüber!** the branch reaches three metres over the neighbour's garden [*or* overhangs the neighbour's garden by three metres] **hi·nü·ber|ret·ten I.** *vt (nach drüben in Sicherheit bringen)* ■**etw ~** to save sth by getting/taking it across [*or* over]; **die Habseligkeiten in ein anderes Land ~** to save one's worldly goods by getting/taking them to another country ❷ *(erhalten und übernehmen)* ■**etw** [**in etw** *akk*] **~** to preserve [*or* keep] [*or* maintain] sth [in sth] **II.** *vr* ❶ *(sich in Sicherheit bringen)* ■**sich** [**über etw** *akk*] **~** to reach safety [*or* save oneself] [by crossing sth] ❷ *(sich erhalten und übernommen werden)* ■**sich ~** *akk* to survive [in sth] **hi·nü·ber|schwim·men** *vi irreg sein* ■**zu jdm ~** to swim across [*or* over] [to sth]; ■**über etw** *akk* **~** to swim over [*or* across] sth **hi·nü·ber|stei·gen** *vi irreg sein* ■**auf/in/über etw** *akk* **~** to climb over [onto sth/into sth/sth] **hi·nü·ber|wer·fen** *vt irreg* ■**etw ~** to throw over sth *sep* [onto/into sth]; ■[**jdm**] **etw** *akk* **über etw** *akk* **~** to throw sth over sth [to sb]; **er warf den Kindern den Ball über die Mauer hinüber** he threw the ball over the wall to the children

hin- und her·be·we·gen° [ˈhɪn ʊnt ˈheːɐ̯-] *vt* ■**etw ~** to move sth back and forth [*or* to and fro]; ■**sich ~** to move back and forth; **sich** *akk* **zur Musik ~** to rock [*or* move back and forth] to music/the music **hin- und her·fah·ren** *irreg* **I.** *vi sein* to travel back and forth [*or* to and fro] **II.** *vt* ■**jdn ~** to drive sb back and forth [*or* to and fro] **Hin·und·her·ge·re·de, Hin-und-Her-Ge·re·de** *nt (fam)* aimless chatter; *(Streit)* argy-bargy BRIT *fam*

Hin- und Rück·fahrt *f* return journey; **einfache Fahrt oder ~?** single or return? **Hin- und Rück·flug** *m* return flight **Hin- und Rück·weg** *m* round trip

hi·nun·ter [hɪˈnʊntɐ] *adv* down; **die Treppe ~ ist es leichter als umgekehrt** going down the stairs is easier than going up; **~ damit!** get it down!; *(Bier a.)* get it down your neck! *fam; s. a.* **bis**

hi·nun·ter|bli·cken *vi (geh)* to look down; **vom Turm kann man schön in den Ort ~** you get a lovely view of the place looking down from the tower **hi·nun·ter|brin·gen** *vt irreg* ❶ *(nach unten tragen)* ■**jdn/etw ~** to take/bring down sb/sth *sep;* **kannst du den schweren Sack alleine ~?** can you bring/take that heavy sack down alone? ❷ *(fam: hinunterschlucken)* **ich weiß nicht, ob ich das scheußliche Zeug hinunterbringe** don't know if I can get that hideous stuff down **hi·nun·ter|fah·ren** *irreg* **I.** *vi sein* to go down; **fährt der Fahrstuhl hoch oder hinunter?** is the lift going up or down? **II.** *vt* ❶ *haben* ■**jdn/etw** [**irgendwohin**] **~** to drive [*or* take] down sb/sth *sep* [somewhere]; **ich kann Sie in die Stadt ~** I can drive [*or* take] you down to town ❷ *sein* ■**etw ~** to go down sth; **diesen Abhang fahre ich nicht hinunter!** I'm not going down that slope! **hi·nun·ter|fal·len** *irreg sein* **I.** *vi* ■**etw fällt** [**jdm**] **hinunter** sth falls down/off; *(aus den Händen)* sb drops sth; **aus dem 8. Stock/von der Fensterbank ~** to fall from the 8th floor/off the window sill **II.** *vt* ■**etw ~** to fall down sth **hi·nun·ter|flie·ßen** *irreg sein* **I.** *vi* ■[**in etw** *akk*] **~** to flow down [into sth] **II.** *vt* ■**etw ~** to flow down sth **hi·nun·ter|ge·hen** [hɪˈnʊntɐgeːən] *irreg sein* **I.** *vi* ❶ *(von hier nach unten gehen)* to go down; **geh mal schnell hinunter und hol mir eine Flasche Wein aus dem Keller** nip down and get me a bottle of wine from the cellar ❷ *(die Flughöhe verringern)* ■[**auf etw** *akk*] **~** to descend [to sth] **II.** *vt* ■ **etw** ~ to go down sth **hi·nun·ter|kip·pen** *vt (fam)* ■ **etw** ~ to gulp down sth *sep;* **Schnaps** ~ to knock back schnapps *sep fam* **hi·nun·ter|klet·tern** *sein* **I.** *vi* to climb down **II.** *vt* ■ **etw** ~ to climb down sth **hi·nun·ter|las·sen** *vt irreg* ➊ *(nach unten hinablassen)* ■ **jdn/etw** ~ to lower sb/sth ➋ *(fam: nach unten gehen lassen)* ■ **jdn** [**in etw** *akk*] ~ to let sb down [[in]to sth] ➌ *(fam: auf den Boden lassen)* ■ **jdn** [**auf etw** *akk*] ~ to set down sb *sep* [onto sth] **hi·nun·ter|lau·fen** *irreg sein* **I.** *vi* ■ [**zu jdm/irgendwohin**] ~ to run down [to sb/ somewhere] **II.** *vt* ■ **etw** ~ to run down sth; **die Treppe** ~ to run downstairs; *s. a.* **Rücken hi·nun·ter|rei·chen** **I.** *vt* ■ **jdm etw** *akk* ~ to hand [*or* pass] down sth *sep* to sb **II.** *vi* ■ [**jdm**] **bis zu etw** *dat* ~ to reach down to sb's sth; **das Kleid reicht mir bis zu den Knöcheln hinunter** the dress reaches down to my ankles **hi·nun·ter|schal·ten** *vi* [**in den ersten/ zweiten etc. Gang**] ~ *akk* to change [*or* AM shift] down [into first/second etc. gear] **hi·nun·ter|schau·en** *vi* DIAL *s.* **hinuntersehen hi·nun·ter|schlin·gen** *vt irreg (fam)* ■ **etw** ~ to devour sth; **Essen** ~ to gobble [*or* BRIT bolt] down food **hi·nun·ter|schlu·cken** *vt* ■ **etw** ~ ➊ *(ganz schlucken)* to swallow [down *sep*] sth, to swallow sth whole ➋ *(fam: sich verkneifen)* to suppress [*or sep* choke back] sth; **eine Erwiderung** ~ to stifle [*or sep* bite back] a reply **hi·nun·ter|schmei·ßen** *vt irreg (fam)* ■ [**jdm**] **etw** *akk* ~ to sling [*or fam* chuck] down *sep* sth [to sb] **hi·nun·ter|schüt·ten** *vt (fam)* ■ **etw** ~ to gulp down sth *sep* **hi·nun·ter|se·hen** *vi irreg* ■ [**zu jdm/auf etw** *akk*] ~ to look down [at sb/sth]; **sieh doch mal hinunter, wer unten gerade bei uns klingelt!** have a look down and see who's ringing our doorbell **hi·nun·ter|spü·len** *vt* ➊ *(nach unten wegspülen)* ■ **etw** ~ to flush down sth *sep* ➋ *(mit einem Getränk hinunterschlucken)* ■ **etw** [**mit etw** *dat*] ~ to wash down sth *sep* [with sth] ➌ *(fam: verdrängen)* ■ **etw** [**mit etw** *dat*] ~ to ease sth [with sth] **hi·nun·ter|stür·zen** **I.** *vi sein* ➊ *(heftig hinunterfallen)* ■ [**auf etw** *akk***/von etw** *dat*] ~ to fall [down] [onto sth/from/off sth] ➋ *(eilends hinunterlaufen)* to dash [*or* rush] down; **sie stürzte hinunter, um die Tür aufzumachen** she rushed down[stairs] to answer the door **II.** *vt* ■ **sein** *(schnell hinunterlaufen)* ■ **etw** ~ to dash [*or* rush] down sth; **die Treppe** ~ to rush [*or* dash] down[the]stairs ➌ *haben (nach unten stürzen)* ■ **jdn** ~ to throw down sb *sep* ➍ *haben (fam: in einem Zug hastig schlucken)* ■ **etw** ~ to gulp down sth *sep;* **einen Schaps** ~ to knock back a schnapps *sep fam* **III.** *vr* ■ **sich** ~ to throw oneself down/off; **sich** *akk* **eine Brücke/die Treppe** ~ to throw oneself off a bridge/down the stairs **hi·nun·ter|wer·fen** *vt irreg* ■ [**jdm**] **etw** *akk* ~ to throw down sth *sep* [to sb]; **wirf mir den Schlüssel hinunter!** throw me the key! **hi·nun·ter|wür·gen** *vt* ■ **etw** ~ to choke down sth *sep* **hi·nun·ter|zie·hen** *irreg* **I.** *vt haben* ■ **jdn/etw** ~ to pull down sb/sth *sep* **II.** *vi sein* ➊ *(nach unten umziehen)* ■ [**in etw** *akk*] ~ to move down [into sth]; **ich ziehe in eine Einzimmerwohnung im zweiten Stock hinunter** I'm moving down into a one-room flat on the second floor ➋ *(nach Süden ziehen)* to move [down] south **III.** *vr haben (abwärtsverlaufen)* ■ **sich** ~ to stretch [*or* extend] down; **ihre Narbe zieht sich vom Oberschenkel bis zum Knie hinunter** her scar stretches from the thigh down to the knee

hin|wa·gen *vr* ■ **sich** [**zu jdm/etw**] ~ to dare [to] go [up to sb/sth]; ■ **sich** *akk* **zu einem Tier** ~ to dare [to] approach [*or* go up to] an animal

hin·weg [hɪnˈvɛk] *adv (veraltend geh)* ■ ~! away with you!, begone! *liter old;* ■ ~ **mit jdm/etw** away with sb/sth; **über jdn/etw** ~ **sein** to have got over sb/

sth; **über etw** *akk* ~ **sein** to be over sth; **über lange Jahre** ~ for [many [long]] years

Hin·weg [ˈhɪnveːk] *m* way there; **der** ~ **wird zehn Stunden dauern** the journey there will take ten hours; **auf dem** ~ on the way there; **hoffentlich werden wir auf dem** ~ **nicht aufgehalten!** hopefully we won't get held up on our way

hin·weg|brin·gen *vt irreg* ■ **jdn über etw** *akk* ~ to help sb [to] get over sth; **jdn über schwere Zeiten** ~ to help sb [[to] get] through difficult times **hin·weg|ge·hen** [hɪnˈvɛkgeːən] *vi irreg sein* ■ **über etw** *akk* ~ to disregard [*or* pass over] sth **hin·weg|hel·fen** *vi irreg* ■ **jdm über etw** *akk* ~ to help sb [to] get over sth; **jdm über schwierige Zeiten** ~ to help sb [[to] get] through difficult times **hin·weg|kom·men** *vi irreg sein* ■ **über etw** *akk* ~ to get over sth; ■ **darüber** ~, **dass ...** to get over the fact that ... **hin·weg|raf·fen** *vt (geh)* ■ **jdn** ~ to carry off sb *sep* **hin·weg|se·hen** *vi irreg* ➊ *(unbeachtet lassen)* ■ **über etw** *akk* ~ to ignore [*or* overlook] sth; ■ **darüber** ~, **dass jd etw** *akk* [**nicht**] **tut** to ignore [*or* overlook] the fact that sb is[n't] doing sth, to overlook sb's [not] doing sth *form* ➋ *(ignorieren)* ■ **über jdn/etw** ~ to ignore sb/sth, to cut sb ➌ *(darüber sehen)* ■ **über jdn/ etw** ~ to see over [*or* past] sb['s head]/sth **hin·weg|set·zen** *vr* ■ **sich** *akk* **über etw** *akk* ~ to disregard [*or* dismiss] sth **hin·weg|täu·schen** *vt* ■ **jdn über etw** *akk* ~ to deceive [*or* mislead] sb about sth; ■ **jdn darüber** ~, **dass ...** to blind sb to the fact that ...; ■ **darüber** ~, **dass ...** to hide [*or* obscure] the fact that ...; ■ **sich** *akk* [**nicht**] **darüber** ~ **lassen, dass ...** to [not] be blind to the fact that ... **hin·weg|trös·ten** *vt* ■ **jdn über etw** *akk* ~ to console sb [about sth]

Hin·weis <-es, -e> [ˈhɪnvais, *pl:* -vaizə] *m* ➊ *(Rat)* advice *no pl, no art,* piece of advice, tip; **ich erlaube mir den** ~, **dass ...** I must point out that ...; **detaillierte** ~**e finden Sie in der Gebrauchsanleitung** you will find detailed information in the operating instructions; **unter** ~ **auf etw** *akk* with reference to sth ➋ *(Anhaltspunkt)* clue, indication; **für** ~**e, die zur Ergreifung der Täter führen, ist eine Belohnung in Höhe von 23.000 Euro ausgesetzt** there is a reward of 23,000 euros for information leading to the arrest of the perpetrators

hin|wei·sen *irreg* **I.** *vt* ■ **jdn auf etw** *akk* ~ to point out sth *sep* to sb; ■ **jdn darauf** ~, **dass ...** to point out [to sb] that ... **II.** *vi* ■ **auf jdn/etw** ~ to point to sb/sth; ■ **darauf** ~, **dass ...** to indicate that ...; *s. a.* **Fürwort**

Hin·weis·schild *nt* sign **Hin·weis·ta·fel** *f* information board

hin|wen·den *irreg (geh)* **I.** *vt* ■ **etw zu jdm** ~ to turn sth to[wards] sb **II.** *vr* ■ **sich** *akk* **zu jdm/etw** ~ to turn to[wards] sb/sth

Hin·wen·dung *f* **eine** ~ **zum Besseren** a turn for the better

hin|wer·fen *irreg* **I.** *vt* ➊ *(zuwerfen)* ■ **jdm/einem Tier etw** *akk* ~ to throw sth to sb/an animal ➋ *(irgendwohin werfen)* ■ [**jdm**] **etw** *akk* ~ to throw down sth [to sb] *sep; (fallen lassen)* to drop sth ➌ *(fam: aufgeben)* ■ **etw** ~ to give up sth *sep,* to chuck [in *sep*] sth *fam* ➍ *(flüchtig erwähnen)* ■ **etw** ~ to drop sth *fam;* **das war nur so hingeworfen** that was just a casual remark ➎ *(flüchtig zu Papier bringen)* ■ **etw** ~ to dash off sth *sep;* ■ **hingeworfen** hurried **II.** *vr* ■ **sich** [**vor jdn/etw**] ~ to throw oneself down [in front of [*or form* before] sb/sth]

hin|wir·ken *vi* ■ [**bei jdm**] **auf etw** *akk* ~ to work towards [getting sb to do] sth; **ich werde darauf** ~, **dass du eingestellt wirst** I'll work towards getting you appointed

hin·wol·len vi (fam) ■ [zu jdm/etw] ~ to want to go [to sb/sth]

Hinz [hɪnts] m ▸ WENDUNGEN: ~ **und Kunz** (pej fam) every Tom, Dick and Harry [or BRIT Harriet] pej; **von ~ zu Kunz** (pej fam) in a fruitless manner, from pillar to post BRIT

hin·zäh·len vt ■ **jdm etw** akk ~ to count out sth sep to sb **hin·zau·bern** vt (fam) ■ [jdm] **etw** akk ~ to whip [or rustle] up sth sep [for sb]; **eine Mousse au Chocolat** ~ to conjure up a chocolate mousse

hin·zie·hen irreg I. vt haben ❶ (zu sich ziehen) ■ **jdn/etw zu sich** ~ to pull [or draw] sb/sth towards one; s. a. **fühlen** ❷ (anziehen) ■ **es zieht jdn zu etw** dat **hin** sb is attracted to sth; **es hatte sie immer nach Köln hingezogen** she had always been attracted to Cologne ❸ (hinauszögern) ■ **etw** ~ to delay sth **II.** vi sein ❶ (sich hinbewegen) ■ [zu etw dat] ~ to move [or go] [to sth]; **da zieht sie hin, die Karawane!** there goes the caravan! ❷ (umziehen) ■ **zu jdm/nach etw** ~ to move in with sb/to move to sth; **du könntest doch zu uns** ~ you could move in with us **III.** vr ❶ (sich verzögern) ■ **sich** ~ to drag on ❷ (sich erstrecken) ■ **sich** akk **entlang einer S.** gen ~ to extend [or stretch] along sth

hin·zie·len vi ❶ (zum Ziel haben) ■ **auf etw** akk ~ to aim at sth ❷ (auf etw gerichtet sein) ■ **auf etw** akk ~ to be aimed at sth, to refer to sth ❸ (entstehen lassen wollen) ■ [mit etw dat] **auf etw** akk ~ to aim at sth [using sth]

hin·zu [hɪnˈtsuː] adv in addition, besides

hin·zu·fü·gen vt ❶ (beilegen) ■ **etw** [etw dat] ~ to add sth [to sth], to enclose sth [with sth]; **einen Scheck einem Brief** ~ to enclose a cheque [or AM check] in [or with] a letter ❷ (zusätzlich bemerken) ■ [einer S. dat] **etw** akk ~ to add sth [to sth]; **das ist meine Meinung, dem habe ich nichts mehr hinzuzufügen!** that is my opinion, I have nothing further to add to it ❸ (nachträglich hineingeben) ■ **etw** ~ to add sth

Hin·zu·fü·gung f addition; **unter** ~ **einer S.** gen (geh) with the addition of sth

hin·zu·ge·ben vt ❶ (zusätzlich geben) ■ **jdm etw** akk ~ to add sth for sb ❷ (beigeben) ■ [einer S. dat] **etw** akk ~ to add sth [to sth] **hin·zu·ge·win·nen** vt irreg ■ **jdn** ~ to gain sb **hin·zu·kom·men** [hɪnˈtsuː-kɔmən] vi irreg sein ❶ (zusätzlich eintreffen) to arrive; (aufkreuzen) to appear [on the scene]; **die anderen Gäste kommen dann später hinzu** the other guests are coming along [or arriving] later ❷ (sich noch ereignen) ■ **es kommt** [noch] **hinzu, dass ...** there is also the fact that ... ❸ (dazukommen) **die Mehrwertsteuer kommt noch hinzu** that's not including VAT; **kommt sonst noch etwas hinzu?** will there be anything else? **hin·zu·rech·nen** vt ■ **etw** [mit] ~ to add sth on sep, to include sth; **Bedienung nicht hinzugerechnet** service not included **hin·zu·zäh·len** vt ❶ (als dazugehörig ansehen) ■ **jdn/etw** [mit] ~ to include sb/sth ❷ s. **hinzurechnen** **hin·zu·zie·hen** vt irreg ■ **jdn/etw** [mit] ~ to consult sb/sth **Hin·zu·zie·hung** f kein pl consultation; **unter** ~ **einer Person/einer S.** gen by/after consulting a person/sth; **ich kann mich zu der Angelegenheit nur unter** ~ **eines Sachverständigen äußern** I can only comment on the matter after consulting an expert

Hi·obs·bot·schaft [ˈhiːɔps-] f bad news no pl, no indef art

hip [hɪp] adj (sl) hip sl

Hip-Hop <-s> [ˈhɪphɔp] m kein pl MUS, MODE hip-hop no pl, no art

hipp, hipp, hur·ra [ˈhɪp ˈhɪp hʊˈraː] interj hip, hip, hurrah [or hurray]

hip·pe(r, s) [ˈhɪpə, -pɐ, -pəs] adj (emph sl) hip fam

Hipp·hipp·hur·ra <-s, -s> [hɪphɪphʊˈraː] nt cheer; **ein dreifaches** ~ [auf jdn/etw] three cheers pl [for sb/sth]

Hip·pie <-s, -s> [ˈhɪpi] m hippie

Hips·ter <-s, -> [ˈhɪpstɐ] m (fam) ❶ (cooler Typ) hipster fam, hip cat sl ❷ MODE hipster ❸ (Hip-Hopper) hip-hopper

Hirn <-[e]s, -e> [hɪrn] nt ❶ (Ge~) brain; **jds** ~ **entspringen** [o **entstammen**] to be sb's idea ❷ (~masse) brains pl ❸ KOCHK brains pl

Hirn·an·hang·drü·se f pituitary [gland] **Hirn·ge·fäß** nt cerebral blood vessel **Hirn·ge·spinst** nt fantasy; ■ ~**e** figments of the imagination **Hirn·ge·we·be** nt brain tissue **Hirn·haut** f meninx spec, meninges npl spec **Hirn·haut·ent·zün·dung** f meningitis **hirn·los** adj (fam) brainless **Hirn·mas·se** f cerebral mass spec **Hirn·rin·de** f cerebral cortex spec

hirn·ris·sig adj (pej fam) hare-brained, half-baked pej fam, half-arsed [or AM -assed] fam!

Hirn·stamm m ANAT brainstem **Hirn·tod** m brain death no pl, no art **hirn·tot** adj brain-dead **Hirn·to·te**(r) f(m) decl wie adj brain-dead person, brain death spec sl; ■ **ein ~r/eine** ~ **sein** to be brain-dead **Hirn·tu·mor** m brain tumour [or AM -or]

hirn·ver·brannt adj (fam) s. **hirnrissig**

Hirn·win·dung f convolution [of the brain] spec, gyrus spec

Hirsch <-es, -e> [hɪrʃ] m ❶ (Rot~) deer ❷ (Fleisch) venison no art, no pl

Hirsch·bra·ten m roast venison no art, no pl **Hirsch·fän·ger** <-s, -> m hunting knife **Hirsch·füt·te·rung** f deer feeding no art, no pl; „~ **verboten!**" "don't feed the deer" **Hirsch·ge·weih** nt antlers pl **Hirsch·horn** m horn **Hirsch·jagd** f ❶ (Blutsport) **die** ~ deer [or stag] hunting ❷ (einzelne Jagd) deer [or stag] hunt **Hirsch·kä·fer** m stag beetle **Hirsch·kalb** nt [male] fawn **Hirsch·kuh** f hind **Hirsch·le·der** nt buckskin no art, no pl, deerskin no art, no pl **Hirsch·zie·gen·an·ti·lo·pe** f ZOOL blackbuck **Hirsch·zun·ge** f BOT hart's tongue

Hir·se <-, -n> [ˈhɪrzə] f millet no pl, no art

Hir·se·brei m millet gruel no pl **Hir·se·korn** nt millet seed

Hirt(in) <-en, -en> [ˈhɪrt] m(f) herdsman masc; (Schaf~) shepherd, shepherdess fem; ▸ WENDUNGEN: **wie der ~**[e]**, so die Herde** (prov) like master, like man prov

Hir·te <-n, -n> [ˈhɪrtə] m ❶ (geh) s. **Hirt** ❷ REL pastor ▸ WENDUNGEN: **der Gute** ~ the Good Shepherd

Hir·ten·brief m REL pastoral letter **Hir·ten·flö·te** f shepherd's pipe **Hir·ten·hund** m sheepdog **Hir·ten·stab** m ❶ (geh) eines Hirten shepherd's crook ❷ eines Bischofs crosier, crozier **Hir·ten·tä·schel** <-s, -> [ˈhɪrtntɛʃl] nt, **Hir·ten·tä·schel·kraut** nt BOT shepherd's-purse

Hir·tin <-, -nen> f s. **Hirt** shepherd[ess]

his, His <-, -> [hɪs] nt MUS B sharp

His·bol·lah <-> [hɪsˈbɔla] f kein pl Hezbollah no pl, + sing/pl vb

His·pa·nis·tik <-> [hɪspaˈnɪstɪk] f kein pl SCH Spanish [language and literature] no pl

his·sen [ˈhɪsn] vt ■ **etw** ~ to hoist [or fly] sth

His·ta·min <-s> [hɪstaˈmiːn] nt kein pl histamine no pl, no art

His·to·lo·gie <-> [hɪstoloˈgiː] f kein pl histology no pl, no art spec

his·to·lo·gisch [hɪstoˈloːgɪʃ] adj histological spec

His·ton <-s, -e> [hɪsˈtoːn] nt BIOL histone

His·to·ri·ker(in) <-s, -> [hɪsˈtoːrikɐ] m(f) historian

His·to·ri·o·gra·phie, His·to·ri·o·gra·fie[RR] <-> [hɪstoriɔgraˈfiː] f kein pl historiography no pl, no art spec

his·to·risch [hɪsˈtoːrɪʃ] **I.** adj ① (die Geschichte betreffend) historical ② (geschichtlich bedeutsam) historic ③ (geschichtlich belegt) historical **II.** adv historically; ~ **belegt sein** to be historically proven [or a historical fact]; **etw** ~ **betrachten** to look at sth from a historical perspective

Hit <-s, -s> [hɪt] m (fam) ① (erfolgreicher Schlager) hit ② (Umsatzrenner) roaring success

Hit·ler·gruß [ˈhɪtlɐ-] m HIST Nazi [or Hitler] salute **Hit·ler·ju·gend** f HIST ■ **die** ~ the Hitler Youth **Hit·ler·zeit** f HIST Hitler era no pl, no indef art

Hit·lis·te f charts npl **Hit·pa·ra·de** f ① (Musiksendung) chart show, top of the pops no indef art BRIT ② s. **Hitliste**

Hit·ze <-, <fachspr -n> [ˈhɪtsə] f ① (große Wärme) heat no pl, no indef art; **bei einer bestimmten** ~ KOCHK at a certain oven temperature; **bei starker/mittlerer/mäßiger** ~ **backen** to bake in a hot/medium/moderate oven ② (heiße Witterung) heat no pl, no indef art, hot weather no pl, no indef art; **eine** ~ **ist das!** (fam) it's really hot!; **brütende** [o **sengende**] ~ sweltering [or scorching] heat; **vor** ~ **umkommen** (fam) to die of the heat ② ZOOL (Zeit der Läufigkeit) heat no pl, no art ▸ WENDUNGEN: **in der** ~ **des Gefecht[e]s** in the heat of the battle; [leicht] **in** ~ **geraten** to [easily] get heated [or worked up]

hit·ze·be·stän·dig adj heat-resistant **Hit·ze·be·stän·dig·keit** f heat resistance **Hit·ze·bläs·chen** nt MED heat spot [or blister] **hit·ze·emp·find·lich** adj heat-sensitive, sensitive to heat pred **hit·ze·frei** adj pred SCH **heute haben wir** ~! school's out today because of the heat **Hit·ze·pe·ri·o·de** f ① METEO hot spell, spell [or period] of hot weather ② BIOL heat no pl **Hit·ze·schild** m heat shield **Hit·ze·wal·lung** f meist pl hot flush **Hit·ze·wel·le** f heat wave

hit·zig [ˈhɪtsɪç] **I.** adj ① (leicht aufbrausend) hotheaded, quick-tempered; ■ ~ **sein/werden** to be quick-tempered/to flare up; **eine** ~**e Reaktion** a heated reaction; **ein** ~**es Temperament** a fiery temperament ② (leidenschaftlich) passionate; **eine** ~**e Debatte** a heated [or passionate] debate ▸ WENDUNGEN: **nicht so** ~! don't get so excited! **II.** adv passionately

Hitz·kopf m (fam) hothead **hitz·köp·fig** adj (fam) hotheaded; ■ ~ **sein** to be hot-headed [or a hothead] **Hitz·schlag** m heatstroke; (von der Sonne a.) sunstroke; **einen** ~ **bekommen** [o geh: **erleiden**] [o fam: **kriegen**] to get heatstroke/sunstroke

HIV <-[s]> [haːʔiːˈfau] nt Abk von **Human Immunodeficiency Virus** HIV no pl, no art

HIV-Fall [haːʔiːˈfau-] m HIV case **HIV-in·fi·ziert** [haːʔiːˈfau-] adj inv MED HIV-positive **HIV-ne·ga·tiv** [haːʔiːˈfau-] adj HIV-negative **HIV-po·si·tiv** [haːʔiːˈfau-] adj HIV-positive **HIV-Test** [haːʔiːˈfau-] m HIV test

Hi·wi <-s, -s> [ˈhiːvi] m (sl) assistant

hl. adj Abk von **heilig: der hl. Petrus** St Peter

Hl. Abk von **Heilige(r)** St

hm interj ① (anerkennendes Brummen) hm; ~, **das schmeckt aber gut** hm, that really tastes good ② (fragendes Brummen) er[m] ③ (bejahendes Brummen) hm; **na, gefällt dir mein neues Kleid? – ~, nicht schlecht!** well, do you like my new dress? – hm, not bad!

H-Milch [ˈhaː] f long-life milk

h-Moll [ˈhaːˈmɔl] nt MUS B minor

HNO [haːʔɛnˈʔoː] Abk von **Hals, Nasen, Ohren** ENT

HNO-Arzt, -Ärz·tin [haːʔɛnˈʔoː-] m, f ENT specialist **HNO-Pra·xis** f ENT practice [or AM a. -se]

hob [ˈhoːp] imp von **heben**

Hob·by <-s, -s> [ˈhɔbi] nt hobby; **etw als** ~ **betreiben** to do sth as [or for] a hobby

Hob·by·fil·mer(in) m(f) amateur film-maker **Hob·by-**

fun·ker(in) m(f) radio ham **Hob·by·gärt·ner(in)** m(f) amateur gardener **Hob·by·kel·ler** m hobby room in a cellar **Hob·by·koch, -kö·chin** m, f amateur cook **Hob·by·ma·ler(in)** m(f) amateur artist **Hob·by·raum** m hobby room, workroom

Ho·bel <-s, -> [ˈhoːbl̩] m ① (Werkzeug) plane ② (Küchengerät) slicer

Ho·bel·bank <-bänke> f carpenter's [or joiner's] bench

ho·beln [ˈhoːbl̩n] **I.** vt ■ **etw** ~ ① (mit dem Hobel glätten) to plane sth ② (mit dem Hobel schneiden) to slice sth **II.** vi ■ [an etw dat] ~ to plane [sth]

Ho·bel·span m ① meist pl (Holz, Metall) [wood] shaving ② pl KOCHK ÖSTERR (gebackene Süßspeise) baked desserts pl

hoch <attr: hohe(r, s), höher, attr: höchste(r, s)> [hoːx] **I.** adj ① (groß an vertikaler Ausdehnung) high, tall; **ein hoher Turm** a tall [or high] tower; **ein hoher Baum/Mensch** a tall tree/person; **eine hohe Decke** a high ceiling; **eine hohe Schneedecke** deep snow; [gut] **20 Meter** ~ **sein** to be [a good] 20 metres [or AM -ers] tall/high [or in height] /deep; Aufhängung, Dach to be [a good] 20 metres [or AM -ers] off the ground; **ein Mann von hohem Wuchs** (liter) a man of tall stature a. form; **ein 125 Meter hoher Turm** a 125 metre [high] tower ② (beträchtlich) high, large; **hohe Beträge** large amounts; **hohe Kosten** high costs; **ein hoher Lotteriegewinn** a big lottery win ③ (stark gesteigert) high; **etw einem hohen Druck aussetzen** to expose sth to a high pressure; **hohes Fieber haben** to be running a high temperature ④ (erheblich) extensive, severe; **hohe Verluste** severe losses; **ein hoher Sachschaden** extensive damage to property ⑤ (groß) great, high; **ein hoher Lebensstandard** a high standard of living; **du hast aber hohe Ansprüche!** you're very demanding [or form exigent] !; **eine hohe Freude** a great pleasure; **die Gesundheit ist ein hohes Gut** health is a precious commodity ⑥ (bedeutend) great, high; **hohe Ämter/ein hohes Amt bekleiden** to hold high office; **hohes Ansehen** great respect; **ein hoher Feiertag** an important public holiday; **ein hoher Funktionär/eine hohe Funktionärin** a high-level official; **hohe Offiziere** high-ranking officers; **ein hohe Position in der Firma** a senior position in the firm ⑦ (sehr) highly; ~ **angesehen** (geh) highly regarded [or form esteemed]; ~ **begabt** highly gifted [or talented]; ~ **beladen** heavily laden; ~ **besteuert** highly taxed; ~ **bezahlt** highly paid, well paid; ~ **dotiert** highly remunerated form; **eine** ~ **dotierte Stelle** a highly remunerative position form; ~ **empfindlich** extremely [or very] delicate; TECH highly sensitive; FOTO high speed, fast attr; ~ **entwickelt** (weit fortgeschritten) highly developed [or evolved]; **eine** ~ **entwickelte Kultur** a highly developed civilization; (verfeinert) sophisticated; ~ **favorisiert sein** to be the strong favourite [or AM -orite]; ~ **geehrt** (geh) highly honoured [or AM -ored]; ~ **geehrter Herr Präsident!** dear Mr President!; ~ **gelobt** highly praised; ~ **geschätzt** highly esteemed [or valued] [or prized]; ~ **infektiös** highly infectious; ~ **industrialisiert** highly industrialized; ~ **kompliziert** highly complicated; ~ **konzentriert arbeiten** to be completely focused on one's work; ~ **motiviert** highly motivated; ~ **qualifiziert** highly qualified; ~ **radioaktiv** highly radioactive; ~ **rentabel** highly profitable; ~ **sensibel** highly sensitive; ~ **stehend** advanced; **eine** ~ **stehende Kultur** an advanced civilization; **wirtschaftlich/wissenschaftlich** ~ **stehend** economically/scientifically advanced; **gesellschaftlich** ~ **stehende Leute** people of high social standing; ~ **versichert** heavily insured; ~ **verschuldet** deep in debt pred;

wie ~ bist du verschuldet? how much [or deep] in debt are you?; ■ **jdn** |**als jdn/etw**| ~ **achten** to respect sb highly [or greatly] [as sb/sth]; ~ **geachtet** highly [or greatly] respected; **etw** ~ **achten** to respect sth highly [or greatly]; **jdm etw** ~ **anrechnen** to give sb a great credit for sth; **jdn/etw** ~ **einschätzen** to have a high opinion of sb/sth; ~ **eingeschätzt werden** to be thought highly [or highly thought] [or well] of; **jdn/etw zu** ~ **einschätzen** to overestimate sb/sth; **jdn/etw** ~ **schätzen** to appreciate sb/sth very much, to value sb/sth highly ❻ *pred* **jdm zu** ~ **sein** *(fam)* to be above sb's head; *s. a.* **Schule** *s. a.* **C** *s. a.* **Haus** *s. a.* **Herrschaft** **II.** *adv* <höher, am höchsten> ❶ *(nach oben)* **wie** ~ **kannst du den Ball werfen?** how high can you throw the ball?; **der Berg ragt 5000 Meter** ~ **empor** the mountain towers to a height of 5000 metres; **etw** ~ **halten** *(in die Höhe halten)* to hold up sth *sep;* ~ **zum Himmel zeigen** to point up at [or to] the sky; ~ **gewachsen** tall; **einen Gang** ~ **schalten** AUTO to shift [up] gears; |**zu**| ~ **singen** MUS to sing [too] high ❷ *(in einiger Höhe)* ~ **auf dem Berg befindet sich eine Jagdhütte** there's a hunting lodge high up on the mountain; **die Sterne stehen** ~ **am Himmel** the stars are high up in the sky; **wir fliegen 4000 Meter** ~ we're flying at a height of 4,000 metres; ~ **gelegen** high-lying [or -altitude] *attr;* **im** ~ **gelegenen Gebirgstal** high up in the mountains; ~ **oben** high up; **im Keller steht das Wasser 3 cm** ~ the water's 3 cm deep in the cellar; **wie** ~ **steht das Thermometer?** how high is the temperature?; *s. a.* **Ross** ❸ *(äußerst)* extremely, highly, very; **der Vorschlag ist mir** ~ **willkommen** I very much welcome the suggestion ❹ *(eine hohe Summe umfassend)* highly; ~ **gewinnen** to win a large amount; ~ **wetten** to bet heavily ❺ MATH *(Bezeichnung der Potenz)* **2** ~ **4** 2 to the power of 4 *spec;* **x** ~ **3** x to the power of 3 *spec,* x cubed *spec* ▶ WENDUNGEN: **zu** ~ **gegriffen sein** to be an exaggeration; ~ **und heilig** *(fam)* faithfully; ~ **und heilig schwören, dass …** to swear blind that …; **etw** ~ **und heilig versprechen** to promise sth faithfully; ~ **hergehen** *(fam)* to be lively; **auf ihren Partys geht es immer** ~ **her** there's always a lively atmosphere at her parties; ~ **hinauswollen** *(fam)* to aim high; **jd ist** ~ **in den Fünfzigern/Sechzigern etc.** sb's in his/her late fifties/sixties etc.; **wenn es** ~ **kommt** *(fam)* at the most; |**bei etw**| ~ **pokern** [o **reizen**] *(fam)* to take a big chance [with sth]; ~ **stehen** to be high up; **er stand in der Rangordnung recht** ~ he was very high up in the hierarchy; ~**! ihr** get up!; ~**, ihr Faulpelze!** [get] up, you lazy so-and-sos!

Hoch¹ <-s, -s> [ho:x] *nt* cheer; **ein dreifaches** ~ **dem glücklichen Brautpaar** three cheers for the happy couple; **ein** ~ **auf jdn ausbringen** to give sb a cheer

Hoch² <-s, -s> [ho:x] *nt* METEO high **Hoch·ach·tung** *f* deep respect; **mit vorzüglicher** ~ *(veraltend geh)* your obedient servant *dated form;* **jdm seine** ~ **für etw zollen** to pay tribute to sb for sth; **bei aller** ~ **vor jdm/etw** with the greatest respect for sb/sth; **bei aller** ~**, die ich vor Ihnen habe, …** with all due respect to you, …; **meine** ~**!** my compliments!, well done! **hoch·ach·tungs·voll** *adv (geh)* your obedient servant *dated form* **Hoch·adel** *m* high/higher nobility **hoch·ak·tu·ell** *adj* ❶ *(äußerst aktuell)* highly topical ❷ MODE *(topmodern)* highly fashionable, all the rage *pred* **Hoch·al·tar** *m* high altar **Hoch·amt** *nt* ■ **das** ~ High Mass **hoch·an·stän·dig** *adj* very decent; ■ ~ **von jdm sein** to be very decent of sb; **etw** ~ **von jdm finden** to find sth very decent of sb **hoch|ar·bei·ten** *vr* ■ **sich** |**bis zu etw** *dat*| ~ to work one's way up [to [the position of] sth] **hoch·auf·lö·send** *adj* INFORM, TV high-resolution *attr;* ■ ~ **sein** to

have a high resolution **Hoch·bahn** *f* elevated [or overhead] railway [or AM railroad], el AM *fam* **Hoch·bau** *m kein pl* structural engineering *no pl, no art* **hoch|be·kom·men*** *vt irreg* ■ **etw** ~ to [manage to] get [or lift] up sth *sep;* **ich bekomme kaum mehr den Arm hoch** I can scarcely lift my arm up any more **hoch·be·rühmt** *adj* very famous **hoch·be·tagt** *adj (geh)* aged; ~ **sterben** to die at an advanced age **Hoch·be·trieb** *m* intense activity *no pl;* **abends herrscht bei uns immer** ~ we are always very busy in the evenings; |**einen**| ~ **haben** to be very busy **hoch|bin·den** *vt irreg* ■ **etw** ~ to tie up sth *sep* **hoch|bli·cken** *vi (geh) s.* **hochsehen Hoch·blü·te** *f* golden age; **seine** ~ **haben** [o **erleben**] to have its golden age, to be at its zenith **hoch|bo·cken** *vt* ■ **etw** ~ to jack up sth *sep* **hoch|brin·gen** *vt irreg (fam)* ❶ *(nach oben bringen)* ■ |**jdm**| **jdn/etw** ~ to bring/take up sb/sth *sep* [to sb] ❷ *(fam: hochheben können)* ■ **etw** ~ to manage to lift [up *sep*] sth ❸ *(zuversichtlich machen)* ■ **jdn** |**wieder**| ~ to get sb [back] on his/her feet ❹ *(sl: Erektion haben)* **kriegt er denn** |**k**|**einen hoch?** can['t] he get it up? *fam* **Hoch·burg** *f* stronghold **hoch·deutsch** ['ho:xdɔytʃ] *adj* High [or standard] German **Hoch·deutsch** ['ho:xdɔytʃ] *nt* High [or standard] German

The term **Hochdeutsch** describes spoken German free of regional accents or dialects. Although **Hochdeutsch** is spoken in most public institutions, the language used around the city of Hanover is thought to best represent this kind of German.

hoch|dre·hen *vt* ❶ AUTO ■ **etw** ~ to rev sth; **den Motor auf 7000 U/min** ~ to rev the engine to 7000 rpm ❷ *s.* **hochkurbeln**

Hoch·druck¹ *m kein pl* ❶ MED high blood pressure *no pl* ❷ PHYS high pressure ▶ WENDUNGEN: **mit** ~ |**an etw** *dat*| **arbeiten** to work flat out [on sth] *fam;* **etw mit** ~ **betreiben** to carry out sth *sep* at a terrific rate

Hoch·druck² *m kein pl* TYPO letterpress [or surface] [or spec relief] printing *no pl, no art*

Hoch·druck·ge·biet *nt* METEO area of high pressure, high-pressure area

Hoch·ebe·ne *f* plateau **hoch·er·freut** *adj inv* overjoyed, delighted **hoch·er·ho·ben** *adj attr* raised high *pred;* ~**en Hauptes** with [one's] head held high **hoch·ex·plo·siv** *adj* highly explosive

hoch|fah·ren *irreg* **I.** *vi sein* ❶ *(in ein oberes Stockwerk fahren)* to go up; **fahren Sie hoch oder nach unten?** are you going up or down? ❷ *(nach oben fahren)* ■ |**zu etw** *dat*| ~ to go up [to sth]; **mit der Bergbahn** ~ to go up by mountain railway ❸ *(sich plötzlich aufrichten)* **aus dem Schlaf** ~ to start up from one's sleep, to wake up with a start ❹ *(aufbrausen)* to flare up **II.** *vt sein* ■ **etw** ~ to go up sth *sep;* **etw mit dem Rad** ~ to cycle up sth *sep* **III.** *vt haben* ❶ *(nach oben fahren)* ■ **jdn/etw** |**zu jdm/irgendwohin**| ~ to drive [or take] up sb/sth *sep* [to sb/somewhere]; **können Sie uns nach Hamburg** ~**?** can you drive us up to Hamburg? ❷ *(auf volle Leistung bringen)* **die Produktion** ~ to raise [or increase] production; **einen Computer** ~ to boot [up *sep*] a computer *spec;* **einen Computer neu** ~ to reboot a computer

hoch·fah·rend *adj* ❶ *(geh: überheblich)* arrogant ❷ *s.* **hochfliegend**

Hoch·fi·nanz *f* high finance *no pl, no art* **Hoch·flä·che** *f s.* **Hochebene hoch|flie·gen** *vi irreg sein* ❶ *(in die Höhe fliegen)* to fly up [into the air]; *Vogel a.* to soar [up]; **einige Wildenten flogen verschreckt hoch** a few wild ducks flew off in alarm ❷ *(in die Luft geschleudert werden)* to be hurled upwards [or thrown up[wards]] **hoch·flie·gend** *adj (geh)* ambitious **Hoch·form** *f* top [*or* peak] form; **in ~ sein, sich in ~ befinden** to be in top [*or* peak] form; **zur ~ auf·laufen** *(fam)* to approach top [*or* peak] form **Hoch·for·mat** *nt* portrait [*or* vertical] format; **im ~** in portrait format **Hoch·fris·ur** *f* upswept hairstyle; **eine ~ haben** to wear up one's hair *sep* **Hoch·ga·ra·ge** *f s.* **Parkhochhaus**

Hoch·ge·bir·ge *nt* high mountains *pl*
Hoch·ge·birgs·for·ma·ti·on *f* formation of mountains **Hoch·ge·birgs·ve·ge·ta·ti·on** *f* alpine vegetation **Hoch·ge·fühl** *nt* elation; **ein ~ haben** to feel elated, to have a feeling of elation **hoch|ge·hen** *irreg sein* I. *vi* ❶ *(hinaufgehen)* to go up; **ich gehe wieder hoch in mein Büro** I'll go up to my office ❷ *(fam: detonieren)* to go off; **etw ~ lassen** to blow up sth *sep* ❸ *(fam: wütend werden)* to blow one's top *fam* ❹ *(fam)* **Preise** to go up; *s. a.* **Welle** ❺ *(fam: enttarnt werden)* to get caught [*or* BRIT *fam* nicked]; **jdn/etw ~ lassen** to bust sb/sth *sl* II. *vt* **etw** [**zu etw** *dat*] **~** to go up sth [to sth] **hoch·geis·tig** I. *adj attr* highly intellectual II. *adv* intellectually; **der Schriftsteller schreibt mir zu ~** the author writes in a way that is much too intellectual for me **hoch·ge·lehrt** *adj (geh)* erudite *form*, very learned **Hoch·ge·nuss**ᴿᴿ *m* real delight; **jdm einen ~ bereiten** to be a real [*or* great] [*or* special] treat for sb; **[jdm] ein ~ sein** to be a real delight [for sb] **hoch·ge·schlos·sen** *adj* MODE high-necked

Hoch·ge·schwin·dig·keits·tras·se *f* BAHN high-speed track **Hoch·ge·schwin·dig·keits·zug** *m* high-speed train
hoch·ge·stellt *adj attr* high-ranking, important **hoch·ge·sto·chen** I. *adj (pej fam)* ❶ *(geschraubt)* highbrow *pej;* **dieser Autor schreibt einen sehr ~en Stil** this author has a very highbrow style ❷ *(eingebildet)* conceited *pej,* stuck-up *pej fam* II. *adv* in a highbrow way [*or* manner]
Hoch·glanz *m* FOTO high gloss; **etw auf ~ bringen** [*o* polieren] to polish sth till it shines; **ein Zimmer auf ~ bringen** to make a room spick and span
Hoch·glanz·fo·to *nt* glossy print **Hoch·glanz·lack** *m* glossy varnish **Hoch·glanz·pa·pier** *nt* high-gloss paper **Hoch·glanz·po·li·tur** *f* ❶ *(Poliermittel)* furniture polish ❷ *einer Oberfläche* mirror polish [*or* finish]
hoch·gra·dig I. *adj* extreme II. *adv* extremely **hoch|gu·cken** *vi (fam) s.* **hochsehen hoch·ha·ckig** *adj* high-heeled; **~ sein** to have high heels **hoch|hal·ten** *vt irreg* ❶ *(in die Höhe halten)* **etw ~** to hold up sth *sep* ❷ *(ehren)* **etw ~** to uphold sth **Hoch·haus** *nt* high-rise [*or* multi-storey] [*or* AM multi-story] building **hoch|he·ben** *vt irreg* ❶ *(in die Höhe heben)* **jdn/etw ~** to lift up sb/sth *sep* ❷ *(emporstrecken)* **etw ~** to put [*or* hold] up sth *sep,* to raise [*or* lift] sth **hoch·herr·schaft·lich** *adj* palatial, grand
hoch·her·zig *adj (geh)* generous, magnanimous *form*
Hoch·her·zig·keit <-> *f kein pl (geh)* generosity *no pl, no art,* magnanimity *no pl, no art form* **hoch·in·tel·li·gent** *adj* highly intelligent **hoch·in·te·res·sant** *adj* most interesting **hoch|ja·gen** *vt* ❶ *(fam: sprengen)* **etw ~** to blow up sth *sep* ❷ *(fam: hochdrehen)* **etw ~** to rev up sth *sep* ❸ *(aufwecken)* **jdn ~** to get sb up ❹ *(aufscheuchen)* **Vögel ~** to scare [up *sep*] birds; JAGD to flush out birds *sep* **hoch|ju·beln** *vt (fam)* **jdn/etw ~** to hype sb/sth *fam*
hoch·kant ['hoːxkant] *adv* on end; **~ stehen** to stand on end; **etw ~ stellen** to stand sth on end
hoch·kan·tig ['hoxkantɪç] *adv s.* **achtkantig**
hoch·ka·rä·tig *adj* ❶ *(mit einem hohen Karatgewicht)*

high-carat ❷ *(mit einem hohen Feingewicht)* high-carat ❸ *(fam: äußerst qualifiziert)* top-flight, top-notch *fam* **hoch·klapp·bar** *adj* folding *attr,* foldable; **ein ~er Sitz** a tip-up seat; **die Luke ist hydraulisch ~** the hatch is folded hydraulically **hoch|klap·pen** I. *vt haben* **etw ~** to fold up sth *sep;* **mit hochgeklapptem Kragen** with one's collar turned up II. *vi sein* to tip up **hoch|klet·tern** *sein* I. *vi* **|an etw** *dat*| **~** to climb up sth II. *vt* **etw ~** to climb up sth **hoch|kom·men** *irreg sein* I. *vi* ❶ *(fam: nach oben kommen)* to come up ❷ *(hin-, heraufkommen)* **|zu jdm| ~** to come up [*or* in] [to sb]; **kommen Sie doch zu mir ins Büro hoch** come up to my office ❸ *(an die Oberfläche kommen)* **|wieder| ~** to come up [again]; *Taucher a.* to [re]surface ❹ *(fam: aufstehen können)* **|aus/von etw** *dat*| **~** to get up [out of/from sth] ❺ *(fam)* **es kommt jdm hoch** it makes sb sick; **wenn ich nur daran denke, kommt es mir schon hoch!** it makes me sick just thinking about it! ❻ *(in Erscheinung treten)* **|in jdm| ~** to well up [in sb]; *Betrug* to come to light ▶ WENDUNGEN: **niemanden neben sich** *dat* **~ lassen** to allow no competition II. *vt* **etw ~** to come up sth **Hoch·kon·junk·tur** *f* [economic] boom **hoch|kön·nen** *vi irreg (fam)* ❶ *(aufstehen können)* **kannst du alleine hoch, oder soll ich dir helfen?** can you get up on your own, or should I help you? ❷ *(hochklettern können)* **ich kann nicht |auf den Baum| hoch** I can't get up [the tree] **hoch·kon·zen·triert** *adj Säure* highly concentrated; *z. a.* **hoch** I. 7 **hoch|krem·peln** *vt* **|sich** *dat*| **etw** *akk* **~** to roll up sth *sep;* **die Hemdsärmel ~** to roll up one's shirt-sleeves; **mit hochgekrempelten Hosenbeinen** with one's trouser [*or* AM pant] legs rolled up **hoch|krie·gen** *vt (fam) s.* **hochbekommen Hoch·kul·tur** *f* [very] advanced civilization [*or* culture] **hoch|kur·beln** *vt* **etw ~** to wind up sth *sep* **Hoch·land** ['hoːxlant] *nt* highland *usu pl;* **das schottische ~** the Scottish Highlands *npl* **hoch|le·ben** ['hoːxleːbn] *vi* **jd/etw lebe hoch!** three cheers for sb/sth!; **hoch lebe der/die …!** three cheers for the …!; **hoch lebe der Kaiser!** long live the emperor!; **jdn ~ lassen** to give three cheers for sb [*or* sb three cheers] **hoch|le·gen** *vt* **etw ~** ❶ *(höher lagern)* to put up sth *sep;* **die Beine ~** to put up one's feet ❷ *(fam: nach oben legen)* to put sth high up; **etw auf etw** *akk* **~** to put sth [up] on top of sth; **ich habe die Geschenke auf den Schrank hochgelegt** I've put the presents up on top of the cupboard

Hoch·leis·tung *f* top-class [*or* -rate] [*or* first-class [*or* -rate]] performance
Hoch·leis·tungs·mo·tor *m* high-performance engine **Hoch·leis·tungs·sport** *m* top-level sport **Hoch·leis·tungs·sport·ler(in)** *m(f)* top athlete **Hoch·leis·tungs·trai·ning** *nt* hard [*or* intensive] training *no pl, no art*
Hoch·lohn·land *nt* country with high wage costs **hoch·mo·dern** I. *adj* ultra-modern; **~ sein** to be the latest fashion II. *adv* in the latest fashion[s]; **~ eingerichtet** furnished in the latest style **Hoch·moor** *nt* [upland] moor **Hoch·mut** ['hoːxmuːt] *m (pej)* arrogance; ▶ WENDUNGEN: **~ kommt vor dem Fall** *(prov)* pride goes [*or* comes] before a fall *prov*
hoch·mü·tig ['hoːxmyːtɪç] *adj (pej)* arrogant
Hoch·mü·tig·keit <-> *f kein pl s.* **Hochmut**
hoch·nä·sig ['hoːxnɛːzɪç] I. *adj (pej fam)* conceited *pej,* stuck-up *pej fam,* snooty *fam* II. *adv (pej fam)* conceitedly *pej,* snootily *fam*
Hoch·nä·sig·keit <-> *f kein pl (pej fam)* conceitedness *no pl, no art pej,* snootiness *no pl, no art fam*
Hoch·ne·bel *m* METEO [low] stratus *spec* **hoch|neh·men** *vt irreg* ❶ *(abheben)* **etw ~** to lift [up *sep*] sth ❷ *(nach oben heben)* **jdn/etw ~** to lift [*or* pick] up

sb/sth *sep* ➌ *(fam: auf den Arm nehmen)* ■ **jdn** ~ to have [*or* AM put] sb on *fam* ➍ *(sl: verhaften)* ■ **jdn** ~ to pick up sb *sep* **Hoch·ofen** *m* blast furnace **hoch|päp·peln** *vt (fam)* ■ **jdn/ein Tier** ~ to feed up sb/an animal *sep* **Hoch·par·ter·re** *nt* raised ground floor **Hoch·pla·teau** *nt s.* **Hochebene**

Hoch·preis·ap·par·te·ment *nt* apartment in the upper price bracket **Hoch·preis·au·to** *nt* car in the upper price range, upmarket car **Hoch·preis·markt** *m* upper price range of a/the market

hoch·pro·zen·tig *adj* ➊ *(Alkohol enthaltend)* high-proof ➋ *(konzentriert)* highly concentrated **hoch|pu·schen** *vt (sl)* ■ **etw** ~ to jack up sth *sep fam* **hoch|ra·gen** *vi sein o haben* to rise [*or* tower] [up]; **die Berge ragen 4000 Meter hoch** the mountains tower to a height of 4000 metres; ■ **~d** projecting **hoch·ran·gig** <höherrangig, höchstrangig> *adj attr* high-ranking **hoch|rech·nen** *vt* ■ **etw** [bis zu etw *dat*] ~ to project sth [to sth] **Hoch·rech·nung** *f* projection **Hoch·re·gal** *nt* ÖKON high rack [*or* shelf] **hoch|rei·ßen** *vt irreg* ■ **etw** ~ to lift sth quickly; **sie riss blitzschnell die Arme hoch, um den Ball zu fangen** her arms shot up to catch the ball; LUFT to put sth into a steep climb, to hoick sth *spec fam* **Hoch·rip·pe** *f* KOCHK foreribs *pl* **hoch·rot** ['ho:x'ro:t] *adj* bright red; **mit ~em Gesicht** with a bright red face, with one's face as red as a beetroot [*or* AM beet] **Hoch·ruf** *m* cheer **hoch|rüs·ten** *vt* ■ **etw** ~ to increase the weaponry of sth; **die Streitkräfte mit etw** ~ to equip the armed forces with sth **Hoch·rüs·tung** *f* arms build-up **hoch|rut·schen** *vi sein* ➊ *Kleidungsstück* ■ **[jdm]** ~ to ride up; **dein Hemd ist hochgerutscht** your shirt has ridden up ➋ *(aufrücken)* to move up **Hoch·sai·son** *f* ➊ *(Zeit stärksten Betriebes)* the busiest time; **bei heißem Wetter haben die Eisdielen** ~ the busiest time for ice-cream parlours is during hot weather ➋ *(Hauptsaison)* high [*or* peak] season **hoch|schau·keln** I. *vt* ■ **etw** ~ to blow up sth *sep* II. *vr* ■ **sich** [gegenseitig] ~ to get [each other] worked up **hoch|schie·ßen** *irreg* I. *vi sein* to shoot up [into the air] II. *vt haben* ■ **etw** ~ to send up sth *sep* **hoch|schla·gen** *irreg* I. *vt haben* ■ **etw** ~ to turn up sth *sep;* **mit hochgeschlagenem Kragen** with one's collar turned up II. *vi sein* to surge; *Flammen* to leap up; ■ **~d** surging/leaping **hoch|schnel·len** *vi sein* [von etw *dat*] ~ to leap up [from/out of sth]; *Sprungfeder* to pop up [out of sth] **hoch|schrau·ben** *vt* ■ **etw** ~ ➊ *(immer mehr steigern)* to force up sth *sep* ➋ *(immer größer werden lassen)* to raise sth; **seine Ansprüche** ~ to increase one's demands **hoch|schre·cken** I. *vt haben* ■ **jdn/etw** ~ *(aus dem Schlaf)* to wake sb rudely II. *vi irreg sein* to start up; *(aus dem Schlaf a.)* to awake with a start **Hoch·schul·ab·schluss**^RR *m* degree; **mit/ohne** ~ with/without a degree **Hoch·schul·ab·sol·vent(in)** <-en, -en> *m(f)* SCH college [*or* university] graduate **Hoch·schul·bil·dung** *f* university/college education; **mit/ohne** ~ with/without a university/college education **Hoch·schu·le** ['ho:xʃu:lə] *f* ➊ *(Universität)* university ➋ *(Fach~)* college [of higher education]; **pädagogische** ~ teacher training college **Hoch·schü·ler(in)** *m(f)* student **Hoch·schul·ge·bäu·de** *nt* university/college building **Hoch·schul·leh·rer(in)** *m(f)* university/college lecturer **Hoch·schul·pro·fes·sor(in)** *m(f)* university/college professor **Hoch·schul·re·form** *f* university reform **Hoch·schul·rei·fe** *f entrance requirement for higher education;* **mit/ohne** ~ with/without the requirements for further education **Hoch·schul·stu·di·um** *nt* university/college [*or* higher] education; **ein naturwissenschaftliches** ~ a university science

course; **mit/ohne** ~ with/without a university/college [*or* higher] education **Hoch·schul·we·sen** *nt kein pl* SCH [system of] higher education, university and college [system] **Hoch·schul·zu·las·sung** *f* SCH entrance requirement

hoch·schwan·ger *adj* in an advanced stage of pregnancy *pred,* well advanced in pregnancy *pred* **Hoch·see** *f kein pl* high seas[s *npl*]; **auf hoher See** on the high seas [*or* the open sea]

Hoch·see·damp·fer *m* ocean[-going] steamer **Hoch·see·fi·sche·rei** *f* deep-sea fishing *no pl, no art* **Hoch·see·flot·te** *f* deep-sea fleet **Hoch·see·schiff·fahrt**^RR *f* deep-sea shipping *no pl, no indef art;* **zur** ~ **geeignet sein** to be suitable for navigating the high seas **hoch·see·tüch·tig** *adj* ocean-going, seagoing; ■ ~ **sein** to be suitable for the high seas **hoch|se·hen** *vi irreg* to look up **Hoch·seil** *nt* high wire, tightrope **Hoch·seil·akt** *m* high-wire [*or* tight-rope] act **Hoch·si·cher·heits·ge·fäng·nis** *nt* high-security prison **Hoch·si·cher·heits·la·bor** *nt* high-security laboratory

Hoch·sitz *m* JAGD [raised] hide **Hoch·som·mer** *m* high summer *no pl, no art,* height of summer *no pl, no indef art,* midsummer *no pl, no indef art;* **im** ~ in midsummer, at the height of summer **hoch·som·mer·lich** I. *adj* midsummer-like; **~e Temperaturen** midsummer-like temperatures II. *adv* as in midsummer; **es ist fast** ~ **warm** it's almost as hot as in midsummer

Hoch·span·nung *f* ➊ ELEK high voltage; „**Vorsicht** ~!" 'danger – high voltage' ➋ *kein pl (Belastung)* enormous tension; **mit** ~ with a great deal of tension **Hoch·span·nungs·lei·tung** *f* high-voltage [*or* form high-tension] [transmission] line **Hoch·span·nungs·mast** *m* pylon **Hoch·span·nungs·trans·for·ma·tor** *m* high-voltage transformer

hoch|spie·len *vt* ■ **etw** ~ to blow up [the importance of] sth; **etw künstlich** ~ to blow up sth *sep* out of all proportion **Hoch·spra·che** *f* standard language **hoch|sprin·gen** *vi irreg sein* ➊ *(fam: aufspringen)* ■ [von etw *dat*] ~ to jump up [from/out of sth]; ■ **auf etw** *akk* ~ to jump up onto sth ➋ *(nach oben springen)* ■ **an jdm/etw** ~ to jump up at sb/sth ➌ *nur infin und pp* SPORT to do the high jump **Hoch·sprin·ger(in)** *m(f)* high jumper **Hoch·sprung** *m* high jump **höchst** [hø:çst] I. *adj s.* **höchste(r, s)** II. *adv* most, extremely; ~ **erfreut** extremely delighted **Höchst·al·ter** *nt* maximum age **Höchst·stand** *m s.* **Hochsitz**

Hoch·sta·pe·lei <-, -en> [ho:xʃta:pə'lai] *f (pej)* fraud *no pl, no art* **hoch|sta·peln** *vi (pej)* to practise [*or* AM *usu* -ice] fraud; **sie stapelt gerne hoch und gibt sich als Managerin aus** she likes to deceive people and pass herself off as a manager **Hoch·stap·ler(in)** <-s, -> ['ho:xʃta:ple] *m(f) (pej)* con man *fam,* confidence trickster [*or* man] BRIT

Höchst·bei·trag *m* maximum contribution **Höchst·be·trag** *m* maximum amount **Höchst·bie·ten·de(r)** *f(m) decl wie adj* highest bidder

höchs·te(r, s) *attr* I. *adj superl von* **hoch** ➊ *(die größte Höhe aufweisend)* highest, tallest; **die ~n Bäume/Menschen** the tallest trees/people; **der** ~ **Berg** the highest mountain ➋ *(dem Ausmaß nach bedeutendste)* highest; **die ~n Profite** the biggest profits; **die bisher** ~ **zu zahlende Entschädigung** the largest amount of compensation payable to date; **aufs H~** extremely, most; **das H~, was ...** the most [that] ...; **zu jds ~n/~r ...** to sb's great ...; **zu meiner** ~**n Bestürzung** to my great consternation; *s. a.* **Wesen** ➌ *(gravierendste)* severest, most severe; **die ~n Verluste** the highest [*or* greatest] losses ➍ *(dem Rang* *nach bedeutendste)* highest; **das ~ Amt** the highest office; **von ~m Ansehen** of the highest repute; **der ~ Feiertag** the most important public holiday; **der ~ Offizier** the highest-ranking officer; **die ~n Würdenträger** dignitaries of the highest level ❸ *(der Qualität nach bedeutendste)* greatest; **die ~n Ansprüche** the most stringent demands; **von ~r Bedeutung sein** to be of the utmost importance; **die Freiheit ist das ~ Gut** freedom is the most precious commodity **II.** *adv* ❶ *(in größter Höhe)* the highest; **mittags steht die Sonne am ~n** the sun is highest at midday ❷ *(in größtem Ausmaß)* the most, most of all; **er war von den Bewerbern am ~n qualifiziert** he was the most qualified of the applicants ❸ *(die größte Summe umfassend)* the most; **die am ~n versicherten Firmen** the most heavily insured firms

hoch|ste·cken *vt* ▪ **etw ~** to put [*or* pin] [*or* wear] up sth *sep;* **mit hochgesteckten Haaren** with one's hair pinned [*or* worn] up **hoch|stei·gen** *vi irreg* PSYCH *(fam)* ▪ **in jdm ~** *Wut, Angst, Freude* to well up in sb **hoch|stel·len** *vt* ▪ **etw ~** to put up sth *sep*

höchs·tens ['høːçstn̩s] *adv* ❶ *(bestenfalls)* at the most, at best; **er besucht uns selten, ~ zweimal im Jahr** he seldom visits us, twice a year at the most ❷ *(außer)* except **Höchst·fall** *m* **im ~** at the most, at best **Höchst·form** *f* top form **Höchst·ge·bot** *nt* highest bid **Höchst·ge·schwin·dig·keit** *f* ❶ *(höchste mögliche Geschwindigkeit)* maximum speed; *eines Autos a.* top speed ❷ *(höchste zulässige Geschwindigkeit)* speed limit **Höchst·gren·ze** *f* upper limit

hoch|sti·li·sie·ren *vt* ▪ **etw** *[*zu **etw** *dat]* ~ to build up sth *sep* [into sth]; ▪ **hochstilisiert** souped-up *attr fam,* souped up *pred fam* **Hoch·stim·mung** *f kein pl* high spirits *npl;* **in ~** in high spirits; **in festlicher ~** in a festive mood

Höchst·leis·tung *f* maximum [*or* best] performance *no pl;* **etw auf ~** *akk* **trimmen** to tune sth to maximum performance **Höchst·maß** *nt* maximum amount; **ein ~ an Bequemlichkeit** a maximum amount of comfort; **ein ~ an Verantwortung** a maximum degree of responsibility **Höchst·men·ge** *f* maximum amount [*or* quantity] **höchst·per·sön·lich** *adv* personally, in person; **es war die Königin ~** it was the Queen in person **Höchst·preis** *m* maximum [*or* top] price **höchst·rich·ter·lich** *adj* of the supreme court *pred;* **ein ~es Urteil** a ruling of the supreme court **Höchst·satz** *m* maximum rate **Höchststand** *m* ❶ *(höchstes Niveau)* highest level; **beim ~ der Flut** when the tide is at its highest ❷ ÖKON *(höchster Stand)* highest level; **absolute Höchststände verzeichnen** to be [at] an all-time high **Höchst·steuer·satz** *m* maximum tax rate **Höchst·stra·fe** *f* maximum penalty **höchst·wahr·schein·lich** ['høːçstvaːɐ̯ʃaɪnlɪç] *adv* most likely [*or* probably] **Höchst·wert** *m* maximum value **höchst·zu·läs·sig** *adj attr* maximum [permissible]; **das ~e Achsgewicht** the maximum [permissible] axle weight

Hoch·tech·no·lo·gie *f* high technology **Hoch·tempe·ra·tur·re·ak·tor** *m* high-temperature reactor **Hoch·tour** *f* ❶ SPORT *(Hochgebirgstour)* mountain climbing in a high mountain range [*or* area]; **eine ~ machen** to go mountain climbing in a high mountain range [*or* area] ❷ *pl* TECH *(größte Leistungsfähigkeit)* **auf ~en laufen** [*o* **arbeiten**] to operate [*or* work] at full speed [*or fig* run]; *(unter großer Hektik und unter Aufbringen aller Kraftreserven vonstattengehen)* to be in full swing; **die Werbekampagne lief auf ~** the election campaign was in full swing ▶ WENDUNGEN: **jdn auf ~ bringen** *(fam)* to get sb working flat out; **etw auf ~ bringen** *(fam)* to increase sth to full capacity **hoch·tou·rig** ['hoːxtuːrɪç] **I.** *adj* high-revving **II.** *adv* at high revs **hoch·tra·bend** *(pej)* **I.** *adj* pompous *pej*

II. *adv* pompously *pej* **hoch|trei·ben** *vt irreg* ▪ **etw ~** to drive up sth *sep;* **Kosten/Löhne/Preise ~** to force [*or* drive] up costs/wages/prices *sep* **Hoch- und Tief·bau** *m* structural and civil engineering **hoch·ver·ehrt** *adj attr* highly respected [*or* form esteemed]; **~er Herr Vorsitzender!** dear Mr Chairman!; **meine ~en Damen und Herren!** ladies and gentlemen! **Hoch·ver·rat** *m* high treason *no pl, no art* **hoch·ver·zins·lich** *adj* yielding [*or* bearing] a high interest rate *pred* **Hoch·wald** ['hoːxvalt] *m* high forest

Hoch·was·ser *nt* ❶ *(Flut)* high tide ❷ *(überhoher Wasserstand)* high [level of] water; **~ führen** [*o* **haben**] to be in flood ❸ *(Überschwemmung)* flood **Hoch·was·ser·damm** *m* dyke BRIT, dike AM **Hochwas·ser·ge·fahr** *f* danger of flooding *no pl, no indef art* **Hoch·was·ser·ka·ta·stro·phe** *f* flood disaster **Hoch·was·ser·scha·den** *m* flood damage *no pl, no indef art* **Hoch·was·ser·schutz** *m* flood protection *no pl* **Hoch·was·ser·stand** *m* METEO high-water level **hoch|wer·fen** *vt irreg* ▪ **jdm** *(etw akk ~* to throw up sth *sep* [to sb] **hoch·wer·tig** ['hoːxveːɐ̯tɪç] *adj* ❶ *(von hoher Qualität)* [of *pred*] high quality; **~er Stahl** high-grade steel ❷ *(von hohem Nährwert)* highly nutritious **Hoch·wild** *nt* big game *no pl, no art* **hoch·willkom·men** ['hoːxvɪlkɔmən] *adj attr* most [*or* very] welcome **Hoch·zahl** *f* exponent *spec*

Hoch·zeit[1] <-, -en> ['hɔxtsaɪt] *f* wedding; **~ feiern** [*o veraltend:* **halten**] to have a wedding; **~ haben** [*o machen*] to get married; **diamantene/eiserne/goldene/silberne ~** diamond/65th/gold/silver wedding anniversary; **grüne ~** wedding day ▶ WENDUNGEN: **man kann nicht auf zwei ~en tanzen** *(prov)* you can't have your cake and eat it; *(an zwei Orten gleichzeitig sein wollen)* you can't be in two places at once **Hoch·zeit**[2] <-, -en> ['hoːxtsaɪt] *f (geh: Blütezeit)* golden age

Hoch·zeits·fei·er *f* wedding reception **Hoch·zeitsgast** *m* wedding guest **Hoch·zeits·ge·schenk** *nt* wedding present [*or* gift] **Hoch·zeits·kleid** *nt* ❶ MODE wedding [*or* bridal] dress [*or* gown] ❷ ZOOL nuptial coloration; *(von Vögeln)* nuptial plumage, nuptial display **Hoch·zeits·nacht** *f* wedding night **Hoch·zeitsrei·se** *f* honeymoon *no pl;* **auf ~ sein** to be on [one's] honeymoon **Hoch·zeits·schuh** *m* wedding shoe **Hoch·zeits·ta·fel** *f* wedding table **Hoch·zeits·tag** *m* ❶ *(Tag der Hochzeit)* wedding day ❷ *(Jahrestag)* wedding anniversary

hoch|zie·hen *irreg* **I.** *vt* ▪ **etw ~** ❶ *(nach oben ziehen)* to pull up sth *sep;* ▪ **sich** *akk* [an etw *dat]* ~ to pull oneself up [on sth] ❷ *(höher ziehen)* to pull up sth *sep; s. a.* **Augenbraue** ❸ LUFT *(steil steigen lassen)* to pull up sth *sep* ❹ *(fam: rasch bauen)* to build sth [rapidly] **II.** *vr (pej sl: sich an etw aufgeilen)* ▪ **sich** *akk* **an etw** *dat* ~ to get a kick out of sth

Hoch·zins·pha·se *f* period of high interest [rates] **Hoch·zins·po·li·tik** *f* high interest rate policy, policy of high interest rates [*or* of keeping interest rates high] **Ho·cke** <-, -n> ['hɔkə] *f* ❶ *(Körperhaltung)* crouching [*or* squatting] position; **in die ~ gehen** to crouch [*or* squat] [*or* AM hunker] down; **in der ~ sitzen** to crouch, to squat ❷ SPORT *(Turnübung)* squat vault

ho·cken ['hɔkn̩] **I.** *vi* ❶ *haben (kauern)* to squat ❷ *haben (vor etw dat)* ~ to crouch [*or* squat] [at sth/in front of sth]; **sie hockte gebückt vor dem Feuer, um sich zu wärmen** she crouched over the fire to get warm ❷ *haben (fam: sitzen)* ▪ [an/auf/vor etw *dat]* ~ to sit [at/on sth/in front of sth]; **hock nicht so krumm am Tisch!** don't slouch at the table! ❸ *sein* SPORT *(in der Hocke springen)* ▪ **über etw** *akk* ~ to squat-vault over sth **II.** *vr* DIAL *(fam: sich setzen)* ▪ **sich** *akk* [an etw *akk/***zu jdm**] ~ to sit down [at sth/next to sb];

hock dich hin, hier ist noch Platz! plonk *fam* yourself down, there's room for you here

Ho·cker <-s, -> *m* ❶ *(Stuhl ohne Lehne)* stool; *(in einer Kneipe a.)* bar stool ❷ ARCHÄOL *(Sitzgrab)* seated burial ▸ WENDUNGEN: **jdn vom ~ hauen** *(fam)* to bowl sb over *fam*

Hö·cker <-s, -> ['hœkɐ] *m* ❶ *(Wulst)* hump ❷ *(fam: Buckel)* hump ❸ *(kleine Wölbung)* bump

Hö·cker·schwan *m* ORN mute swan

Ho·ckey <-s> ['hɔki] *nt kein pl* hockey *no pl, no art,* field hockey AM *no pl, no art*

Ho·ckey·ball *m* hockey ball **Ho·ckey·mann·schaft** *f* hockey team **Ho·ckey·schlä·ger** *m* hockey stick **Ho·ckey·spiel** *nt* game of hockey **Ho·ckey·spie·ler** *m* hockey player **Ho·ckey·sta·di·on** *nt* hockey stadium

Ho·den <-s, -> ['hoːdn̩] *m* testicle

Ho·den·krebs *m kein pl* MED testicular cancer *no pl*

Ho·den·sack *m* MED scrotum

Hof <-[e]s, Höfe> [hoːf, *pl:* 'høːfə] *m* ❶ *(Innen~)* courtyard; *(Schul~)* schoolyard, playground; **auf dem/den ~** in/into the courtyard/on the playground ❷ *(Bauern~)* farm ❸ HIST *(Fürstensitz)* court; **bei** [*o* **am**] **~e** at court ❹ HIST *(~staat)* court ❺ *(Halo)* halo ▸ WENDUNGEN: **jdn den ~ machen** *(veraltend)* to woo sb *dated*

Hof·arzt *m* HIST court physician **Hof·aus·fahrt** *f* courtyard exit **Hof·ball** *m* HIST court ball **Hof·ein·fahrt** *f* courtyard entrance, entrance to a/the courtyard

hof·fen ['hɔfn̩] **I.** *vi* ❶ *(von Hoffnung erfüllt sein)* to hope ❷ *(erwarten)* ■ **~, dass ...** to hope [that] ... ❸ *(er~)* ■ **auf etw** *akk* **~** to hope for sth ❹ *(auf jdn bauen)* ■ **auf jdn ~** to put one's trust in sb; **auf Gott ~** to trust in God ▸ WENDUNGEN: **H~ und Harren macht manchen zum Narren** *(prov)* some people never give up hoping, he who lives in hope dances to an ill tune *prov; (als Antwort auf Unmögliches)* [and] pigs might fly *iron* **II.** *vt* ■ **etw ~** to hope for sth; **ich hoffe es wenigstens** at least I hope so; **es bleibt zu ~, dass ...** the hope remains that ...; **nichts mehr zu ~ haben** to have no hope left; **das will ich/wollen wir ~** I/let's hope so; *s. a.* **Beste**

Hof·fens·ter *nt* courtyard window

hof·fent·lich ['hɔfn̩tlɪç] *adv* hopefully; ■ **~ nicht** I/we hope not; **~!** let's hope so!

Hoff·nung <-, -en> ['hɔfnʊŋ] *f* hope **(auf** +*akk* for/of); **seine ~en begraben** to abandon [*or* form relinquish] one's hopes; **es besteht noch ~** [**auf etw** *akk*] there is still hope [of sth]; **zu den besten ~en berechtigen** to give rise to the best hopes; **sich** *akk* **von der ~ auf etw** *akk* **blenden lassen** to be blinded by one's hope for sth; **jds einzige** [*o* **letzte**] **~ sein** to be sb's only [*or* last] hope; **alle ~ fahrenlassen** to abandon all hope; **sich** *akk* **an eine falsche ~ klammern** to cling to a false hope; **in seinen ~en getäuscht** [*o* **getrogen**] **werden** to have one's hopes dashed; **~ auf etw** *akk* **haben** to have hopes of sth; **hast du denn noch ~ auf ein Gelingen unserer Pläne?** do you still have hopes that our plans will succeed?; **sich** *akk* **bestimmten ~en hingeben** to cherish certain hopes; **in der ~,** [**dass**] **...** *(geh)* in the hope [that] ...; **in der ~, recht bald wieder von Ihnen zu hören, ...** hoping to hear from you again shortly, ...; **seine** [**letzte**] **~ auf jdn/etw setzen** to pin one's [last] hopes on sb/sth; **sich** *dat* **~en machen** to have hopes; **sich** *dat* **keine ~en machen** to not hold out any hopes; **machen Sie sich keine großen ~en** don't hold out any great hopes; **jdm ~ machen** to hold out hope to sb; **die ersten Informationen machen mir ~** the initial information gives me reason to hope; **jdm ~ machen, dass ...** to hold out hope to sb that ...; **jdm ~ auf etw** *akk* **machen** to raise sb's hopes of sth; **jdm seine ~[en] nehmen** [*o* **rauben**] to

rob sb of his/her hopes; **neue ~** [**aus etw**] **schöpfen** to find fresh hope [in sth], to draw new hope from sth; **die ~ sinken lassen** *(geh)* to lose hope; **sich** *akk* **in trügerischen ~en wiegen** to nurture false hopes; **die ~ verlieren** [*o* **aufgeben**] to lose [*or* give up] hope; **guter ~ sein** *(euph)* to be expecting

Hoff·nungs·fun·ke(n) *m s.* **Hoffnungsschimmer**

hoff·nungs·los I. *adj* hopeless; *s. a.* **Fall II.** *adv* ❶ *(ohne Hoffnung)* without hope ❷ *(völlig)* hopelessly; **~ veraltet** hopelessly out of date, antediluvian *hum* ❸ *(fam: ausweglos)* hopelessly; **sich** *akk* **~ in jdn verlieben** to fall hopelessly [*or* head over heels] in love with sb

Hoff·nungs·lo·sig·keit <-> *f kein pl* hopelessness *no pl, no art; (Verzweiflung)* despair *no pl, no art*

Hoff·nungs·schim·mer *m (geh)* glimmer of hope **Hoff·nungs·trä·ger(in)** *m(f)* sb's hope; **sie ist unsere ~in** she's our hope, we've pinned our hopes on her **hoff·nungs·voll I.** *adj* hopeful; **eine ~e Karriere** a promising career **II.** *adv* full of hope

Hof·hund *m* watchdog

ho·fie·ren [hoˈfiːrən] *vt* ■ **jdn ~** to pay court to sb

hö·fisch ['høːfɪʃ] *adj* courtly

Hof·knicks *m* HIST court [*or* formal] curts[e]y **Hof·le·ben** *nt* HIST court life *no pl, no art*

höf·lich ['høːflɪç] **I.** *adj* courteous, polite **II.** *adv* courteously, politely; **wir teilen Ihnen ~[st] mit, ...** we beg to inform you ... *form*

Höf·lich·keit <-, -en> *f kein pl (höfliche Art)* courtesy *no pl, no art,* courteousness *no pl, no art,* politeness *no pl, no art;* **aus** [**reiner**] **~** out of [pure] courtesy [*or* politeness]; **ich sage das nicht nur aus ~** I'm not just saying that to be polite; **mit aller ~** courteously, politely, with the utmost politeness; **er lehnte dankend und mit aller ~ ab** expressing his thanks he politely declined ❷ *(höfliche Bemerkung)* compliment

Im täglichen Leben ist **Höflichkeit** von größter Bedeutung. Immer wenn man jemanden ansprechen möchte, sagt man *Excuse me, ...* Es gilt übrigens als äußerst unhöflich, wenn man versucht, sich irgendwo vorzudrängen. Bevor man in öffentlichen Verkehrsmitteln, z.B. im Bus oder im Zug, das Fenster öffnet, sollte man unbedingt vorher fragen, ob es jemanden stört: *Do you mind if I open the window? – Macht es Ihnen etwas aus, wenn ich das Fenster öffne?*

Höf·lich·keits·be·such *m* courtesy visit; **jdm einen ~ abstatten** to pay sb a courtesy visit **Höf·lich·keits·flos·kel** *f* polite phrase

Hof·lie·fe·rant *m* supplier [*or* form purveyor] to the court

Höf·ling <-s, -e> ['høːflɪŋ] *m* ❶ HIST courtier ❷ *(pej: Schmeichler)* sycophant *pej form*

Hof·narr *m* HIST court jester **Hof·rat** *m* ÖSTERR honorary title conferred on a senior civil servant **Hof·staat** *m kein pl* HIST [royal] court **Hof·tor** *nt* courtyard gate

Hö·he <-, -n> ['høːhə] *f* ❶ *(Ausdehnung nach oben)* height; **die Wand hat eine ~ von 3 Metern** the wall is 3 metres high [*or* in height]; **er schätzte die Wand auf eine ~ von 3 Metern** he estimated the wall to be 3 metres [*or* AM -ers] high [*or* in height]; **aus der ~** from above; **auf halber ~** halfway up; **in einer ~ von** at a height of; **in der ~** up there; **in die ~** into the air; **in die ~ sehen** to look up; **in die ~ schießen** to shoot up *fam;* **in schwindelnder ~** at a dizzy[ing] height; **in die ~ wachsen** to grow tall ❷ *(Tiefe)* depth; **diese Schicht hat eine ~ von 80 Zentime-**

tern this layer is 80 centimetres deep ❸ *(vertikale Entfernung)* height; **der Adler erhob sich in die ~** the eagle rose into the air; **an ~ gewinnen** LUFT to gain height; **sich** *akk* **in die ~ schwingen** *(geh)* to soar up into the air ❹ *(Gipfel)* summit, top ❺ *(Ausmaß)* amount, level; **die ~ des Drucks** the amount of pressure; **die ~ seines Gehalts** the size of one's salary; **die ~ der Preise** [the] price levels; **die ~ des Schadens** the extent of the damage; **Schulden in ~ von 45.000 Euro** debts of 45,000 euros; **in die ~ gehen** *Preise* to rise; **etw in die ~ schrauben** to push up sth *sep;* **seine Forderungen in die ~ schrauben** to increase one's demands; **Löhne/Preise in die ~ treiben** to force up wages/prices; **in unbegrenzter ~** of an unlimited amount; **er hat bei uns Kredit in unbegrenzter ~** there is no restriction on the amount of credit he has with us ❻ *(Größe)* level; **die ~ seines Lebensstandards** one's standard of living ❼ *(Ton~)* treble ❽ *(Breitenlage)* latitude; **auf der gleichen ~ liegen** to be located in the same latitude ▸ WENDUNGEN: **nicht ganz auf der ~ sein** to be a bit under the weather; **das ist doch die ~!** *(fam)* that's the limit!; **auf der ~ sein** to be in fine form; **die ~n und Tiefen des Lebens** the ups and downs in life; **auf der ~ der Zeit** up-to-date

ho·he(r, s) ['hoːə, -e, -əs] *adj s.* **hoch**

Ho·heit <-, -en> ['hoːhait] *f* ❶ *(Mitglied einer fürstlichen Familie)* member of a/the royal household [*or* family]; **Seine/Ihre Kaiserliche/Königliche ~** His/Your Imperial/Royal Highness ❷ *kein pl (oberste Staatsgewalt)* sovereignty *no pl, no art;* **die ~ über etw** *akk* **haben** to have sovereignty over sth

ho·heit·lich *adj* sovereign *attr*

Ho·heits·ad·ler *m* national eagle; **der deutsche ~** the German national eagle **Ho·heits·ge·biet** *nt* sovereign territory **Ho·heits·ge·walt** *f* sovereignty *no pl, no art* **Ho·heits·ge·wäs·ser** *pl* territorial waters *npl* **Ho·heits·recht** *nt meist pl* POL sovereign right, rights of sovereignty **ho·heits·voll** *adj (geh)* majestic **Ho·heits·zei·chen** *nt* national emblem

Hö·hen·an·ga·be *f* altitude reading; **Wanderkarten sind immer mit genauen ~n versehen** maps of trails always indicate the exact height of the land **Hö·hen·angst** *f* fear of heights *no pl* **Hö·hen·flug** *m* ❶ LUFT high-altitude flight ❷ *(Fantasiererei)* flight of fancy; **zu Höhenflügen ansetzen** to have lofty thoughts **Hö·hen·leit·werk** *nt* LUFT tailplane **Hö·hen·li·nie** *f* contour [line] **Hö·hen·mes·ser** *m* LUFT altimeter **Hö·hen·ru·der** *nt* LUFT elevator **Hö·hen·son·ne** *f* ❶ *(im Gebirge)* mountain sun ❷ *(UV-Strahler)* sun lamp **Hö·hen·un·ter·schied** *m* difference in altitude **hö·hen·ver·stell·bar** *adj* height-adjustable **Hö·hen·zug** *m* range of hills; *(größer)* mountain range

Ho·he·pries·ter(in) [hoːə'priːstə] *m(f)* high priest, high priestess *fem*

Hö·he·punkt *m* ❶ *(bedeutendster Teil)* high point; *einer Veranstaltung* highlight ❷ *(Gipfel)* height, peak; **auf dem ~ seiner Karriere** at the height of one's career; **der ~ seiner Macht** the peak of one's power; **den/seinen ~ erreichen/überschreiten** to reach/pass the/its critical stage; **bald hatte die Krise ihren ~ erreicht** the crisis had soon reached its climax; *(Zenith)* zenith ❸ *(Orgasmus)* climax; **jdn zum ~ bringen** to bring sb to a climax; **zum ~ kommen** to reach a climax

hö·her ['høːɐ] I. *adj comp von* **hoch** ❶ *(größer an vertikaler Ausdehnung)* higher, taller; **~e Bäume/Menschen** taller trees/people; **eine ~e Decke** a higher ceiling ❷ *(dem Ausmaß nach bedeutender)* greater, larger; **ein ~er Druck** a greater pressure; **~e Forderungen** greater demands; **~e Gewinne** higher profits; **~e Preise** higher prices; **eine ~e Strafe** a severer

[*or* more severe] fine; **~e Temperaturen** higher temperatures; **~e Verluste** greater losses ❸ *(dem Rang nach bedeutender)* higher; **eine ~e Funktionärin** a more senior official; **ein ~er Offizier** a higher-ranking officer ❹ *(der Qualität nach bedeutender)* higher; **die Gesundheit ist ein ~es Gut als der Reichtum** health is a more precious commodity than wealth ▸ WENDUNGEN: **sich** *akk* **zu H~em berufen fühlen** to feel destined for higher things II. *adv comp von* **hoch** ❶ *(weiter nach oben)* higher/taller ❷ *(mit gesteigertem Wert)* higher; **sich** *akk* **~ versichern** to increase one's insurance

hö·her·ge·stellt *adj* more senior **hö·her|schrau·ben** *vt* ❶ **etw ~** to increase [*or sep* step up] sth; **seine Anforderungen ~** to increase one's demands; **Preise ~** to force up prices *sep* **hö·her|stu·fen** *vt* ❷ **jdn [um etw** *akk*] **~** to upgrade sb [by sth]

hohl [hoːl] I. *adj* ❶ *(leer)* hollow ❷ *(eine Mulde bildend)* hollow; **in der ~en Hand** in the hollow of one's hand; **mit der ~en Hand** with cupped hands; **~e Wangen** sunken cheeks; *s. a.* **Gasse** ❸ *(dumpf klingend)* hollow ❹ *(pej: nichts sagend)* empty, hollow; **~e Phrasen** empty phrases II. *adv* hollow; **das Fass klingt ~** the barrel sounds empty

hohl·äu·gig *adj* hollow- [*or* sunken-] eyed

Höh·le <-, -n> ['høːlə] *f* ❶ *(Fels~)* cave ❷ *(Tierbehausung)* cave, lair ❸ *(Höhlung)* hollow ❹ *(Augen~)* socket, orbit *spec* ▸ WENDUNGEN: **sich** *akk* **in die ~ des Löwen begeben** [*o* **wagen**] to venture into the lion's den

Höh·len·be·woh·ner(in) *m(f)* ❶ *(in Höhlen lebendes Tier)* cave-dwelling animal; ▪ **ein ~ sein** to live in caves ❷ *s.* **Höhlenmensch Höh·len·for·scher(in)** *m(f)* cave explorer, speleologist **Höh·len·for·schung** *f* cave exploration, speleology **Höh·len·gang** *m* underground passage **Höh·len·ge·stein** *nt* cave rock **Höh·len·kun·de** *f* speleology **Höh·len·ma·le·rei** *f* cave painting **Höh·len·mensch** *m* cave dweller, caveman *masc,* cavewoman *fem,* troglodyte *spec*

Hohl·heit <-> *f kein pl* ❶ *(pej: Geistlosigkeit)* emptiness *no pl, no art,* hollowness *no pl, no art,* vacuousness *no pl, no art form* ❷ *(selten: hohle Beschaffenheit)* emptiness *no pl, no art*

Hohl·hip·pe *f* KOCHK biscuit made of eggs, flour, almonds, cream, cinnamon and sugar **Hohl·kopf** *m (pej fam)* blockhead *fam,* airhead AM *fam* **Hohl·kör·per** *m* hollow body **Hohl·kreuz** *nt* MED hollow back; **ein ~ haben** to have a hollow back **Hohl·maß** *nt* ❶ *(Maßeinheit für Rauminhalt)* measure of capacity, cubic measure *spec* ❷ *(Messgefäß)* dry measure **Hohl·raum** *m* cavity, hollow space **Hohl·spie·gel** *m* concave mirror **Hohl·stun·de** *f* SCH free period **Hohl·tau·be** *f* ORN stock dove **Hohl·tier** *nt* ZOOL coelenterate

Hohl·lung <-, -en> *f* hollow

hohl·wan·gig ['hoːlvaŋɪç] *adj* hollow- [*or* sunken-] cheeked; ▪ **~ sein** to have hollow [*or* sunken] cheeks, to be hollow- [*or* sunken-] cheeked **Hohl·weg** *m* narrow pass [*or liter* defile] **Hohl·zie·gel** *m* perforated [*or* BRIT air] brick

Hohn <-[e]s> [hoːn] *m kein pl* scorn *no pl, no art,* derision *no pl, no art,* mockery *no pl, no art;* **das ist blanker** [*o* **der rein[st]e**] **~!** *(fam)* this is utterly absurd [*or* sheer [*or* utter] mockery]; **nur ~ und Spott ernten** to receive [*or* get] nothing but scorn and ridicule [*or* but derision]; **jdn mit ~ und Spott überschütten** to heap [*or* pour] scorn on sb; ▪ **lachen** to laugh scornfully; **jdm ~ sprechen** to mock [at] [*or* deride] sb; **einer S.** *dat* **~ sprechen** *(etw verballhornen)* to make a mockery of sth; *(einen krassen Gegensatz zu etw bilden)* to be contrary to sth; **dieses Vorgehen spricht dem gesunden Menschen-**

verstand ~ this action is contrary to [*or* goes against] all common sense; **jeder Vernunft ~ sprechen** to fly in the face of all reason

höh·nen *vi* to sneer; ■ **das H~** sneering, jibes *pl*, AM *usu* gibes *pl*

Hohn·ge·läch·ter *nt* scornful [*or* derisive] [*or* sneering] laughter

höh·nisch ['høːnɪʃ] **I.** *adj* scornful, mocking, sneering **II.** *adv* scornfully, mockingly, sneeringly **Hohn·la·chen** *nt* scornful laughter *no pl;* **unter lautem ~** with loud scornful laughter

hoho [hoˈhoː] *interj* oho

Ho·kai·do·kür·bis [hɔˈkaido-] *m* Hubbard squash

Ho·kus·po·kus <-> [hɔːkʊsˈpoːkʊs] *m kein pl* ➊ *(Zauberformel)* abracadabra; *(vor dem Schluss)* hey presto BRIT *fam;* ~ **fidibus!** abracadabra!, hey presto! BRIT *fam* ➋ *(fam: fauler Zauber)* hocus-pocus ➌ *(fam: Brimborium)* fuss, palaver *fam;* **einen ~ veranstalten** to make [such] a fuss [*or fam* palaver]

hold [hɔlt] *adj* ➊ *(hum: lieb)* dear, beloved, fair *hum* ➋ *(veraltend geh: anmutig)* sweet ➌ *(gewogen)* ■ **jdm/etw ~ bleiben/sein** *(geh)* to be kind to sb/sth; **mir ist Fortuna nie ~!** [good] fortune never smiles on me!; **meine H~e** *(iron)* [my] dear *a. iron*

Hol·der <-s, -> ['hɔldɐ] *m* SCHWEIZ, SÜDD *(Holunder)* elder

Hol·ding <-, -s> ['hoːldɪŋ] *f*, **Hol·ding·ge·sell·schaft** *f* ÖKON holding company

ho·len ['hoːlən] **I.** *vt* ➊ *(hervor~)* ■ **etw** [aus/von **etw**] ~ to get sth [out of/from sth] ➋ *(herein~)* ■ **jdn** [irgendwohin] ~ to send sb [somewhere]; **Sie können den Patienten jetzt ~** you can send for the patient now; ■ **jdn ~ lassen** to fetch sb ➌ *(herbeirufen)* ■ **jdn/etw ~** to send for sb/sth; **Hilfe ~** to get help ➍ SPORT *(sl: erringen)* ■ **etw** [für **etw**] ~ to win sth [for sth]; **das Team hat ein olympisches Gold für Deutschland geholt** the team won an Olympic gold for Germany ▸ WENDUNGEN: **bei jdm ist etwas/nichts zu ~** *(fam)* to get something/nothing out of sb; **bei dem ist nichts mehr zu ~** you won't get any more out of him **II.** *vr (fam) (sich nehmen)* ■ **sich** *dat* **etw** [aus/von **etw**] ~ to get oneself sth [out of/from sth]; *(selbstverständlich)* to help oneself to sth [out of/from sth] ➋ *(sich zuziehen)* ■ **sich** *dat* **etw** [an **etw** *dat*/bei **etw**] ~ to get [*or* catch] sth [from/in sth]; **bei dem kalten Wetter holst du dir eine Erkältung** you'll catch a cold in this chilly weather; **au verdammt, ich habe mir an dem blöden Gerät einen Schlag geholt!** ow damn, I've got a shock from this stupid appliance!; *s. a.* **Tod** ➌ *(sich einhandeln)* ■ **sich** *dat* **etw** [von **jdm**] ~ to get sth; **er hat sich einen Anschnauzer vom Chef geholt** he got a rollicking from the boss

hol·la ['hɔla] *interj* ~, **wen haben wir denn da?** hallo, who have we here?; ~, **nicht so hastig!** hey, not so fast!

Hol·land <-s> ['hɔlant] *nt* ➊ *(Niederlande)* Holland, the Netherlands *npl; s. a.* **Deutschland** ➋ *(Provinz der Niederlande)* Holland

Hol·län·der <-s, -> ['hɔlɛndɐ] *m kein pl* Dutch cheese *no pl*

Hol·län·der(in) <-s, -> ['hɔlɛndɐ] *m(f)* Dutchman *masc*, Dutchwoman *fem;* ■ **die ~** the Dutch + *pl vb;* ~ **sein** to be Dutch [*or* a Dutchman/Dutchwoman]; **der Fliegende ~** the Flying Dutchman; *s. a.* **Deutsche(r)**

hol·län·disch ['hɔlɛndɪʃ] *adj* ➊ *(Holland betreffend)* Dutch; **eine ~e Frau/ein ~er Mann** a Dutchwoman/Dutchman; *s. a.* **deutsch 1** ➋ LING Dutch; **auf ~ in** Dutch; *s. a.* **deutsch 2**

Hol·län·disch ['hɔlɛndɪʃ] *nt decl wie adj* Dutch; *s. a.* **Deutsch**

Höl·le <-, -n> ['hœlə] *f (pl selten)* hell *no pl, no art;* **in die ~ kommen** to go to hell; **in der ~** in hell; **jdn zur ~ jagen** *(pej fam)* to tell sb to go to hell *fam; s. a.* **Leben** ▸ WENDUNGEN: **die ~ auf Erden** hell on earth; **die grüne ~** *(geh)* the tropical jungle; **jdm die ~ heißmachen** *(fam)* to give sb hell *fam;* **die ~ ist los** *(fam)* all hell has broken loose *fam;* **fahr zur ~!** *(geh)* go to hell [*or* the devil] ! *fam;* **die** [reinste] ~ **sein** *(fam)* to be [sheer *or* pure] hell; **zur ~ mit jdm!** *(fam)* to hell with sb! *fam*

Höl·len·angst ['hœlən?aŋst] *f (fam)* awful [*or* terrible] fear; **jdm eine ~ einjagen** to frighten sb to death; **eine ~ haben** to be terribly afraid, to be shitting bricks *fam!* **Höl·len·durst** *m (fam)* raging thirst **Höl·len·fürst** *m (geh)* ■ **der ~** the Prince of Darkness *liter* **Höl·len·ge·stank** *m* awful stench **Höl·len·hund** *m* hellhound **Höl·len·lärm** ['hœlənlɛrm] *m* hell of a noise *no pl, no def art fam*, terrible [*or* hellish] [*or* infernal] racket *no pl* **Höl·len·ma·schi·ne** *f (fam)* time bomb **Höl·len·qual** *f (fam)* agony *no pl, no art* **Höl·len·spek·ta·kel** *nt s.* **Höllenlärm Höl·len·stein** *m* CHEM silver nitrate *no pl, no art*

höl·lisch ['hœlɪʃ] **I.** *adj* ➊ *attr* infernal; **das ~e Feuer** the fires *pl* of hell ➋ *(fam: fürchterlich)* dreadful, terrible, hell *pred;* **eine ~e Angst haben** to be scared stiff; **ein ~er Lärm** a terrible racket **II.** *adv (fam)* dreadfully, terribly; ~ **brennen/schmerzen** to burn/hurt terribly [*or fam* like hell]

Holl·y·wood·schau·kel ['hɔlivʊt-] *f* garden swing

Holm <-[e]s, -e> [hɔlm] *m* ➊ SPORT *(Stange)* bar ➋ *(Rahmen)* side piece; *einer Leiter* upright ➌ *(Handlauf)* rail ➍ AUTO *(tragende Leiste)* cross member; LUFT spar ➎ *(Stiel)* shaft

Hol·mi·um <-s> ['hɔlmjʊm] *nt kein pl* CHEM holmium *no pl, no art*

Ho·lo·caust <-s> ['hoːlokaust] *m kein pl* holocaust

Ho·lo·caust-Mahn·mal ['hoːlokaust-] *nt* Holocaust memorial

Ho·lo·gramm <-e> [holoˈgram] *nt* hologram

Ho·lo·gra·phie, Ho·lo·gra·fie^RR <-, -n> [hologra'fiː, *pl:* -'fiːən] *f* holography *no pl, no art*

hol·pe·rig ['hɔlpərɪç] *adj s.* **holprig**

hol·pern ['hɔlpɐn] *vi* ➊ **haben** *(holperig sein)* to bump, to jolt; **auf der unebenen Straße hat es unterwegs sehr geholpert** it was a very bumpy journey on the uneven road; ~**d über etw** *akk* **fahren** to jolt across/over sth ➋ **sein** *(sich rüttelnd fortbewegen)* ■ **durch/über etw** *akk* ~ to jolt [along] across/over sth

holp·rig ['hɔlprɪç], **hol·pe·rig** ['hɔlpərɪç] *adj* ➊ *(sehr uneben)* bumpy, uneven ➋ *(ungleichmäßig)* clumsy, halting; **ein ~ Versmaß** a clumsy metre [*or* AM -er]; **in ~em Deutsch** in halting German

Hol·schuld *f* debt for collection at the debtor's address

hol·ter·die·pol·ter [hɔltɐdiˈpɔltɐ] *adv* helter-skelter; **die Blechdose fiel ~ die Treppe hinunter** the tin can clattered down the stairs; **etw ~ hinunterfahren** to hurtle down sth

Ho·lun·der <-s, -> [hoˈlʊndɐ] *m* elder

Ho·lun·der·bee·re *f* elderberry **Ho·lun·der·blü·te** *f* elder blossom **Ho·lun·der·busch** *m*, **Ho·lun·der·strauch** *m* elder bush **Ho·lun·der·wein** *m* elderberry wine

Holz <-es, Hölzer> [hɔlts, *pl:* 'hœltsɐ] *nt* ➊ *kein pl (Substanz der Bäume)* wood *no pl, no art;* **neues ~** fresh wood; ~ **verarbeitend** wood-processing *attr;* ~ **fällen** to cut down trees *sep;* ~ **sägen** to saw wood ➋ *(~art)* wood *no pl, no art;* **tropische Hölzer** tropical wood ➌ *pl (Bauhölzer)* timber; **aus ~ wooden;** **ein Haus ganz aus ~** a completely wooden house; **massives ~** solid wood ➍ SPORT *Golf* wood; **ein**

Zweier ~ a [number] 2 wood ▸ WENDUNGEN: [**ordentlich**] ~ **vor der Hütte**[**n**] **haben** /sl/ to have [really] big breasts [or fam!' knockers]; **aus anderem/aus dem gleichen** ~ **geschnitzt sein** to be cast in a different/in the same mould [or AM mold]; **aus hartem** [o **härterem**] [o **grobem**] ~ **geschnitzt sein** to be a tough character

Holz·ap·fel ['hɔlts?apfl] m BOT crab apple **Holz·art** f type [or kind] of wood; **eine tropische** ~ a type [or kind] of tropical wood **Holz·au·ge** nt ▸ WENDUNGEN: ~, **sei wachsam** [fam] better watch out [or be careful] **Holz·bank** f wooden bench **Holz·bau** m ❶ kein pl (das Bauen mit Holz] construction with timber ❷ (Gebäude aus Holz] wooden building **Holz·be·ar·bei·tung** f wood processing, processing of wood **Holz·bein** nt wooden leg, peg leg dated fam **Holz·blä·ser**(**in**) m(f) woodwind player **Holz·blas·in·stru·ment** nt woodwind instrument **Holz·bock** m ❶ (Stützgestell) wooden stand [or trestle] ❷ (Bockkäfer] wood [or dog] tick ❸ (fam) s. **Zecke Holz·boh·rer** m wood drill

Hölz·chen <-s, -> ['hœltsçən] nt dim von **Holz 3** small piece of wood; ▸ WENDUNGEN: **vom** ~ **aufs Stöckchen kommen** (fam) to keep digressing

hol·zen ['hɔltsn] vi FBALL (pej) to hack; **beim Match wurde mächtig geholzt** it was a dirty match

höl·zern ['hœltsən] **I.** adj ❶ (aus Holz) wooden ❷ (steif) wooden **II.** adv awkwardly, woodenly; ~ **tanzen** to have two wooden legs hum

Holz·fäl·len <-s> nt kein pl tree-felling no pl, no art, lumbering no pl, no art AM **Holz·fäl·ler**(**in**) <-s, -> m(f) woodcutter, lumberjack AM, woodsman masc **Holz·fäl·ler·hemd** nt MODE lumberjack shirt **Holz·fa·ser** f wood fibre [or AM -er] **Holz·fa·ser·plat·te** f fibreboard BRIT, fiberboard AM **Holz·fi·gur** f wooden figure **holz·frei** adj wood-free **Holz·ha·cken** nt kein pl chopping wood no pl, no art **Holz·ha·cker**(**in**) m(f) ÖSTERR s. **Holzfäller holz·hal·tig** adj woody **Holz·ham·mer** m mallet; ▸ WENDUNGEN: **etw mit dem** ~ **abgekriegt haben** (pej sl) to be a bit touched fam; **jdm etw mit dem** ~ **beibringen** (fam) to hammer sth home to sb **Holz·ham·mer·me·tho·de** f (fam) sledgehammer approach **Holz·han·del** m timber [or AM lumber] trade **Holz·haus** nt wooden [or timber] house

hol·zig ['hɔltsɪç] adj KOCHK stringy

Holz·kitt m wood cement **Holz·klotz** m ❶ (Klotz aus Holz) wooden block, block of wood ❷ (Spielzeug) wooden brick **Holz·koh·le** f charcoal no pl, no art **Holz·koh·len·grill** m charcoal grill **Holz·kopf** m ❶ (pej fam: Schwachkopf) blockhead fam ❷ einer Spielfigur wooden head **Holz·la·dung** f load [consisting] of wood **Holz·pflock** m wooden stake; (kleiner) [wooden] peg **Holz·scheit** nt log, piece of [fire]wood **Holz·schnitt** m ❶ kein pl (grafisches Verfahren) wood engraving no pl, no art ❷ (Abzug) woodcut **holz·schnitt·ar·tig** **I.** adj simplistic **II.** adv simplistically **Holz·schnit·zer**(**in**) m(f) wood carver **Holz·schuh** m clog, wooden shoe **Holz·schutz·mit·tel** nt wood preservative **Holz·split·ter** m splinter [of wood]; (größer) sliver of wood **Holz·stich** m s. **Holzschnitt 2 Holz·stoß** m pile [or stack] of wood **Holz·ver·tä·fe·lung** f wood[en] panelling [or AM usu paneling] **Holz·wa·ren** pl wooden articles pl **Holz·weg** m ▸ WENDUNGEN: **auf dem** ~ **sein** (fam) to be on the wrong track, to be barking up the wrong tree fam **Holz·wol·le** f wood wool, excelsior no pl, no art AM **Holz·wurm** m woodworm

ho·me·risch [ho'me:rɪʃ] adj Homeric

Home·trai·ner [homtrɛ:nɐ] m SPORT, MED s. **Heimtrainer**

Hom·ma·ge <-, -n> [ɔ'ma:ʃ] f (geh) homage no pl

Ho·mo <-s, -s> ['ho:mo] m (veraltend fam) homo fam

ho·mo·gen [homo'ge:n] adj (geh) homogen[e]ous

ho·mo·ge·ni·sie·ren* [homogeni'zi:rən] vt ▪ **etw** ~ to homogenize sth spec

Ho·mo·ge·ni·tät [homogeni'tɛ:t] f (geh) homogeneity no pl

Ho·mo·graph, Ho·mo·grafRR <-s, -e> [homo'gra:f] nt homograph spec

Ho·mo·nym <-[e]s, -e> [homo'ny:m] nt homonym spec

ho·mo·nym [homo'ny:m] adj inv LING homonym

Ho·mö·o·path(**in**) <-en, -en> [homøo'pa:t] m(f) hom[o]eopath

Ho·mö·o·pa·thie <-> [homøopa'ti:] f kein pl hom[o]eopathy no pl, no art; s. a. **Facharzt**

ho·mö·o·pa·thisch [homøo'pa:tɪʃ] adj hom[o]eopathic

ho·mo·phob [homo'fo:p] adj PSYCH homophobic

Ho·mo·phon, Ho·mo·fonRR <-s, -e> [homo'fo:n] nt homophone spec

Ho·mo·se·xu·a·li·tät [homozɛksu̯ali'tɛ:t] f homosexuality no pl, no art

ho·mo·se·xu·ell [homozɛ'ksu̯ɛl] adj homosexual

Ho·mo·se·xu·el·le(**r**) f(m) decl wie adj homosexual

Hon·du·ra·ner(**in**) <-s, -> [hɔndu'ra:nɐ] m(f) GEOL Honduran

hon·du·ra·nisch [hɔndu'ra:nɪʃ] adj inv GEOL Honduran

Hon·du·ras <-> [hɔn'du:ras] nt GEOG Honduras; s. a. **Deutschland**

Hong·kong ['hɔŋkɔŋ] nt Hong Kong; s. a. **Deutschland**

Ho·nig <-s, -e> ['ho:nɪç] m honey no pl, no art; **türkischer** ~ halva[h] no pl, no art ▸ WENDUNGEN: **jdm** ~ **ums Maul** [o **um den Bart** [o **Mund**]] **schmieren** (fam) to butter up sb sep fam

Ho·nig·bie·ne f honeybee **ho·nig·far·ben** adj honey-coloured [or AM -ored] **ho·nig·gelb** adj honey-yellow **Ho·nig·gras** nt BOT Yorkshire fog **Ho·nig·ku·chen** m honey cake **Ho·nig·ku·chen·pferd** nt simpleton; ▸ WENDUNGEN: **wie ein** ~ **grinsen** (hum fam) to grin like a Cheshire cat **Ho·nig·le·cken** nt ▸ WENDUNGEN: **kein** ~ **sein** (fam) to be no picnic, to not be a piece of cake fam **Ho·nig·me·lo·ne** f honeydew melon **ho·nig·süß** (pej) **I.** adj honeyed; **mit** ~**er Stimme sprechen** to speak with [or in] honeyed [or liter or hum dulcet] tones **II.** adv as sweet as honey [or AM pie] pej; **er lächelte** ~ he smiled as sweetly as honey **Ho·nig·tau** m honeydew **Ho·nig·tau·ho·nig** m honeydew honey **Ho·nig·wa·be** f honeycomb **Ho·nig·wein** m mead no pl, no art

Ho·no·rar <-s, -e> [hono'ra:ɐ] nt fee; eines Autors royalties npl; **gegen** ~ on payment of a fee

Ho·no·rar·pro·fes·sor(**in**) m(f) honorary professor

Ho·no·ra·ti·o·ren [honora'tsi̯o:rən] pl dignitaries pl

ho·no·rie·ren* [hono'ri:rən] vt ❶ (würdigen) ▪ **etw** ~ to appreciate sth; **sein Chef wusste seine Einsatzbereitschaft zu** ~ his boss appreciated his willingness to become involved ❷ (bezahlen) ▪ **jdm etw** akk [**mit etw** akk] ~ to pay sb [sth] for sth ❸ ÖKON (akzeptieren) ▪ **etw** ~ to honour [or AM -or] sth

ho·no·rig [ho'no:rɪç] adj (geh) honourable [or AM -orable]

ho·no·ris cau·sa [ho'no:rɪs 'kauza] adv honorary; **Dr.** ~ honorary doctor

Hool <-s, -s> ['hu:l] m (sl: Hooligan) hooligan

Hoo·li·gan <-s, -s> ['hu:lɪgən] m hooligan

Hop·fen <-s, -> ['hɔpfn] m hop; ▸ WENDUNGEN: **bei** [o **an**] **jdm ist** ~ **und Malz verloren** (fam) sb is a hopeless case [or dead loss]

Hop·fen·an·bau m hop-growing no pl, no art **Hopfen·stan·ge** f hop pole; ▸ WENDUNGEN: **eine** [**richtige**] ~ **sein** (fam) to be a [real] beanpole hum fam **Hop·fen·zu·satz** m addition of hops

hopp [hɔp] *(fam)* **I.** *interj* jump to it!; ~, **auf! wir müssen los!** get a move on, we must be off! **II.** *adv* ▸ WENDUNGEN: **bei jdm muss alles ~ ~ gehen** everything has to be done in a tearing hurry with sb BRIT *fam;* **mach mal ein bisschen ~!** put a sock in it! *hum fam;* **mach mal ein bisschen ~, dass wir loskommen!** put a sock in it, then we can get away!; ~, ~! look lively!

hop·peln [ˈhɔpl̩n] *vi sein* to lollop [along] *fam*

hopp·la [ˈhɔpla] *interj* ❶ *(o je!)* [wh]oops! *fam* ❷ *(Moment!)* hang on! *fam;* ~, **wer kommt denn da?** hallo, who's this coming?

hops [hɔps] **I.** *interj* jump! **II.** *adj (fam)* ■ ~ **sein** to be lost

Hops <-es, -e> [hɔps] *m (fam)* short jump; *(auf einem Bein)* hop; **mit einem** ~ with a hop

hop·sa·la [ˈhɔpsala], **hop·sa·sa** [ˈhɔpsasa] *interj (Kindersprache)* [wh]oops-a-daisy *childspeak*

hop·sen [ˈhɔpsn̩] *vi sein (fam)* ■ **[durch etw** *akk]* ~ to skip [through sth]; *(auf einem Bein)* to hop [through sth]; **auf einem Bein** ~ to hop on one leg

Hop·ser <-s, -> *m (fam)* jump

hops|ge·hen *vi irreg sein (sl)* ❶ *(umkommen)* to snuff it BRIT, to kick the bucket *fam* ❷ *(verloren gehen)* to go missing

hör·bar *adj* audible

Hör·bril·le *f* hearing-aid glasses *npl*

hor·chen [ˈhɔrçn̩] *vi* ❶ *(lauschen)* ■ **[an etw** *dat]* ~ to listen [at sth]; *(heimlich a.)* to eavesdrop [at sth] ❷ *(durch Hinhören achten)* ■ **horch!** listen!; ■ **auf etw** *akk* ~ to listen [out] for sth

Hor·cher(in) <-s, -> *m(f)* eavesdropper; ▸ WENDUNGEN: **der ~ an der Wand hört seine eigne Schand** *(prov)* eavesdroppers always hear ill [*or* never hear any good] of themselves

Horch·pos·ten *m* MIL listening post; ▸ WENDUNGEN: **auf ~ sein** *(fam)* to keep one's ear cocked [*or* one's ears open], to be listening out for sth

Hor·de¹ <-, -n> [ˈhɔrdə] *f* ❶ *(wilde Schar)* horde ❷ *(wandernder Volksstamm)* horde

Hor·de² <-, -n> [ˈhɔrdə] *f* HORT rack

hö·ren [ˈhøːrən] **I.** *vt* ❶ *(mit dem Gehör vernehmen)* ■ **jdn/etw** ~ to hear sb/sth; ■ **jdn etw tun** ~ to hear sb doing sth; **ich habe dich ja gar nicht kommen** ~! I didn't hear you coming at all; ■ **etw tun** ~ to hear sth being done; **ich habe es sagen** ~ I've heard it said; **sich gern reden** ~ to like the sound of one's own voice *iron*, to like to hear oneself talking *iron;* **etw** ~ **müssen, etw zu** ~ **bekommen** to [get to] hear about sth; **was bekomme ich da zu** ~? what are you telling me!; **nichts gehört haben wollen** *(fam)* to pretend not to have heard anything; **das ist geheim, ich will nichts gehört haben!** that's confidential, I'll pretend I didn't hear that!; **etwas nicht gehört haben wollen** to ignore sth; **das will ich nicht gehört haben!** I'll ignore that comment; **sie behauptete, [von] nichts gehört zu haben** she maintained that she didn't hear anything; **nie gehört!** *(fam)* never heard of him/her/it etc.!; **gehört werden wollen** to want to be heard; **nichts [davon] wollen** to not want to hear anything [about it]; **ich will nichts davon** ~! I don't want to hear anything about it; ~ **Sie mich [noch]?/ können Sie mich [noch] ~?** are you [still] able to hear me?; **ich höre Sie nicht [gut]** I can't understand [*or* hear] you [very well] ❷ *(an~)* ■ **etw** ~ to listen to sth; **einen Vortrag** ~ to hear a lecture ❸ RADIO *(empfangen)* ■ **etw** ~ to get sth; **Radio Luxemburg/ausländische Stationen** ~ to tune into Radio Luxemburg/to listen in to foreign stations ❹ *(durch das Gehör feststellen)* ■ **etw an etw** *dat* ~ to hear [*or* tell] sth from sth; **schon an deinem Tonfall kann ich** ~, **dass du nicht die Wahr-**

heit sagst! I can tell from the tone of your voice that you're lying ❺ *(erfahren)* ■ **etw [über jdn/etw]** ~ to hear sth [about sb/sth]; **so etwas habe ich ja noch nie gehört!** I've never heard anything like that before!; **..., wie ich höre** I hear ...; **wie man hört, ..., wie zu ~ ist, ...** I/we hear ...; **soviel man hört, ...** word has it ...; **der neue Nachbar soll Arzt sein, soviel man hört** our new neighbour is said to be a doctor, by all accounts ▸ WENDUNGEN: **etwas [von jdm]** ~ *bekommen* [*o fam:* kriegen] to get a rollicking [from sb] BRIT *fam*, to get chewed out [by sb] BRIT *fam;* **ich kann das nicht mehr** ~! I'm fed up with it!; **etwas/nichts von sich** ~ **lassen** to get/ to not get in touch; **hat sie in letzter Zeit mal was von sich** ~ **lassen?** has she been in touch recently?; **sich [schon eher]** ~ **lassen** *(fam)* to sound [*or* be] a bit] more like it; **180.000 p.a.? hm, das lässt sich** ~ 180,000 p.a.? hm, that sounds good; **das lässt sich schon eher** ~! that's a bit more like it! **II.** *vi* ❶ *(zu~)* to listen; **jetzt hör doch endlich!** just listen will you!; **hör mal!** ~ **Sie mal!** listen [up *fam*]! ❷ *(vernehmen)* ■ ~, **was/wie ...** to hear what/how ...; ■ ~, **dass jd etw tut** to hear sb doing sth; **gut/schlecht** ~ to have good/poor hearing ❸ *(erfahren)* ■ ~, **dass ...** to hear [that] ...; ■ **von jdm/etw** ~ to hear of [*or* about] sb/sth ❹ *(gehorchen)* to listen; **ich sagte, herkommen! kannst du nicht** ~? I said come here! can't you do as you're told? ❺ *(sich nach jdm/etw richten)* ■ **auf jdn/etw** ~ to listen to sb/sth; **auf dich hört er!** he listens to you! ❻ *(jds Worte befolgen)* ■ **auf etw** *akk* ~ to answer to the name of sth ▸ WENDUNGEN: **du hörst wohl schwer [o schlecht] !** *(fam)* are you deaf or something?; **na hör/~ Sie mal!** *(euph)* now look here!; **wer nicht ~ will, muss fühlen** *(prov)* if he/she/you etc. won't listen, he/she/ you must suffer the consequences; **hört, hört!** hear! hear!; **lass von dir/lassen Sie von sich ~!** keep in touch!; **von sich ~ lassen** to be in touch; **ich lasse jedenfalls von mir ~** I'll be in touch anyway; **man höre und staune!** would you believe it!; **Sie werden [noch] von mir ~!** you'll be hearing from me!

Hö·ren <-s> [ˈhøːrən] *nt kein pl* ❶ *(das Vernehmen mit dem Gehör)* hearing *no pl, no art* ❷ *(das An~)* listening *no pl, no art* ▸ WENDUNGEN: **..., dass jdm ~ und Sehen vergeht** that sb doesn't/won't know what day it is

Hö·ren·sa·gen [ˈhøːrənzaːgn̩] *nt* hearsay; **vom ~** from hearsay; **etw vom ~ wissen** to get to know sth from hearsay, to have heard sth on [*or* through] the grapevine

Hö·rer <-s, -> *m (Telefon~)* receiver; **den ~ auflegen** to replace the receiver, to hang up [on sb]; **den ~ auf die Gabel knallen** [*o fam:* schmeißen] to slam down the phone *sep*

Hö·rer(in) <-s, -> *m(f)* ❶ *(Zu~)* listener ❷ *(Student in einer Vorlesung)* student

Hö·rer·brief *m* listener's letter, letter from a listener

Hö·rer·schaft <-, -en> *f meist sing* audience; *(Radio~)* listeners *pl*, audience, listenership

Hör·feh·ler *m* hearing defect; **das habe ich nicht gesagt, das war ein ~!** I didn't say that, you misheard [me] **Hör·funk** *m* radio **Hör·ge·rät** *nt* hearing aid

hö·rig [ˈhøːrɪç] *adj* ❶ *(sexuell abhängig)* sexually dependent; ■ **jdm ~ sein** to be sexually dependent on sb; **sich** *dat* **jdn ~ machen** to make sb sexually dependent on one ❷ HIST *(an die Scholle gebunden)* in serfdom *pred*

Hö·ri·ge(r) *f(m) decl wie adj* HIST serf

Hö·rig·keit <-, *<selten* -en> *f* ❶ *(sexuelle Abhängigkeit)* sexual dependence *no pl* ❷ *kein pl* HIST *(Rechtsverhältnis Höriger)* bondage *no pl*, serfdom *no pl*

Ho·ri·zont <-[e]s, -e> [horiˈtsɔnt] *m* horizon; **am ~** on the horizon; **künstlicher ~** LUFT artificial horizon; **ein begrenzter** [*o* **beschränkter**] **~** a limited horizon; **einen begrenzten** [*o* **beschränkten**] **~ haben** to have a limited horizon; **über jds ~** *akk* **gehen** to be beyond sb['s comprehension]

ho·ri·zon·tal [horitsɔn'taːl] *adj* horizontal; **das ~e Gewerbe** *(hum fam)* the oldest profession in the world *hum*

Ho·ri·zon·ta·le [horitsɔn'taːlə] *f decl wie adj* horizontal [line]; **sich in die ~ begeben** *(hum fam)* to lie down, to have a [bit of a] lie-down BRIT *fam*

Hor·mon <-s, -e> [hɔr'moːn] *nt* hormone

hor·mo·nal [hɔrmo'naːl], **hor·mo·nell** [hɔrmo'nɛl] **I.** *adj* hormone *attr,* hormonal **II.** *adv* hormonally; **~ gesteuert** controlled by hormones

Hor·mon·aus·schüt·tung *f* hormone release **Hor·mon·be·hand·lung** *f* hormone treatment, hormonotherapy *spec* **Hor·mon·haus·halt** *m* hormone [*or* hormonal] balance **Hor·mon·kur** *f* hormone treatment **Hor·mon·prä·pa·rat** *nt* MED, PHARM, CHEM hormone preparation **Hor·mon·pro·duk·ti·on** *f* hormone production **Hor·mon·sprit·ze** *f* hormone injection [*or* BRIT *fam* jab] **Hor·mon·sys·tem** *nt* MED hormonal system

Hör·mu·schel *f* TELEK earpiece

Horn <-[e]s, Hörner> [hɔrn, *pl:* 'hœrnə] *nt* ❶ *(Auswuchs)* horn; **das ~ von Afrika** the Horn of Africa; **das Goldene ~** the Golden Horn ❷ *(Material aus ~)* horn ❸ MUS horn; **ins ~ stoßen** to sound the horn ❹ AUTO *(Hupe)* hooter BRIT, horn; *(Martinshorn)* siren ▶ WENDUNGEN: **sich** *dat* **die Hörner abstoßen** *(fam)* to sow one's wild oats; **jdm Hörner aufsetzen** *(fam)* to cuckold sb *pej dated;* **ins gleiche ~ stoßen** *(fam)* to sing the same tune

Horn·blä·ser(in) *m(f)* MUS horn player **Horn·blen·de** *f* GEOL hornblende *spec* **Horn·bril·le** *f* horn-rimmed glasses [*or* spectacles] *npl*

Hörn·chen <-s, -> ['hœrnçən] *nt* ❶ *dim von* **Horn 1** small [*or* little] horn ❷ *(Gebäck)* horn-shaped bread roll of yeast pastry; *(aus Blätterteig)* croissant

Hör·ner·klang *m (geh)* sound of horns [*or* bugles] **Hör·nerv** *m* auditory nerve *spec*

Horn·ge·stell *nt* spectacle frames [made] of horn; **eine Brille mit ~** horn-rimmed glasses [*or* spectacles] *npl* **Horn·griff** *m* horn handle

Horn·haut *f* ❶ *(des Auges)* cornea ❷ *(der Haut)* hard skin *no pl, no art,* callus

Horn·haut·bil·dung *f* MED callous formation, callosity **Horn·haut·ent·zün·dung** *f* inflammation of the cornea *no pl,* keratitis *no pl, no art spec* **Horn·haut·ho·bel** *m* MED callus clipper *usu pl* **Horn·haut·trans·plan·ta·ti·on** *f* corneal transplant [*or* grafting] *spec* **Horn·haut·trü·bung** *f* corneal opacity *spec*

Horn·hecht *m* ZOOL, KOCHK garfish, needlefish

Hor·nis·se <-, -n> [hɔr'nɪsə] *f* hornet

Hor·nis·sen·nest *nt* hornets' nest **Hor·nis·sen·schwarm** *m* swarm of hornets **Hor·nis·sen·stich** *m* sting from a hornet

Hor·nist(in) <-en, -en> [hɔr'nɪst] *m(f)* horn player

Horn·kamm *m* horn comb **Horn·klee** *m* BOT bird's foot trefoil **Horn·ochs(e)** *m (fam)* stupid [*or* blithering] idiot

Ho·ro·skop <-s, -e> [horo'skoːp] *nt* horoscope; **jdm das ~ stellen** to cast sb's horoscope; **sich** *dat* **sein ~ erstellen lassen** to have one's horoscope cast

hor·rend [hɔ'rɛnt] *adj* horrendous; **~ sein, was/wie viel ...** to be horrendous what/how much ...

Hör·rohr *nt* ❶ HIST *(Hörgerät)* ear trumpet ❷ *(veraltend) s.* **Stethoskop**

Hor·ror <-s> ['hɔroːɐ̯] *m kein pl* horror; **einen ~ vor jdm/etw haben** to have a horror of sb/sth

Hor·ror·bild *nt* grisly scene **Hor·ror·er·leb·nis** *nt* hor-

rific experience **Hor·ror·film** *m* horror film [*or* AM *a.* movie] **Hor·ror·ro·man** *m* horror story **Hor·ror·sze·ne** *f* horrific [*or* horror] scene, scene of horror **Hor·ror·trip** *m* ❶ *(grässliches Erlebnis)* nightmare ❷ *(negativer Drogenrausch)* bad trip

Hör·saal *m* ❶ *(Räumlichkeit)* lecture hall [*or* BRIT theatre] ❷ *kein pl (Zuhörerschaft)* audience; **der ~ tobte** the audience went wild

Hors·d'oeu·vre <-s, -s> [(h)ɔr'døːvrə] *nt* hors d'oeuvre

Hör·spiel *nt* RADIO ❶ *kein pl (Gattung)* radio drama, drama for radio ❷ *(Stück)* radio play, play for radio

Horst <-[e]s, -e> [hɔrst] *m* ❶ *(Nest)* nest, eyrie [*or* AM *a.* aerie] ❷ MIL *(Fliegerhorst)* military airbase [*or* airfield] ❸ BOT thicket, shrubbery; *(Gras~, Bambus~)* tuft

Hör·sturz *m* sudden deafness, acute hearing loss

Hort <-[e]s, -e> [hɔrt] *m* ❶ *(Kinder~)* crèche BRIT, after-school care center AM *(place for school children to stay after school if parents are at work)* ❷ *(geh: Zufluchtsort)* refuge, shelter; **ein ~ der Bedürftigen** a shelter for the poor and needy [*or* homeless]; **ein ~ des Lasters** a hotbed of vice; **ein ~ des Friedens** a haven of peace, a sanctuary ❸ *(Goldschatz)* hoard, treasure

hor·ten ['hɔrtn̩] *vt* ▪ **etw ~** to hoard sth; **Rohstoffe ~** to stockpile raw materials

Hor·ten·sie <-, -n> [hɔr'tɛnziə] *f* hortensia, lacecap [hydrangea]

Hör·ver·mö·gen <-s> *nt kein pl* MED hearing *no pl, no indef art;* **durch laute Musik kann das ~ geschädigt werden** one's hearing can be damaged by loud music, loud music can damage one's hearing **Hör·wei·te** *f* hearing range, earshot; **in/außer ~** within/out of hearing range [*or* earshot]

Hös·chen <-s, -> ['høːsçən] *nt dim von* **Hose** ❶ *(fam: Damenslip)* knickers *npl* BRIT, panties *npl* AM; **heiße ~** *(fam)* saucy knickers *npl* BRIT; *(Kinderhose)* [pair of] trousers *npl* [*or* AM pants]; *(Kinderunterhose)* pants *npl; (Strampel~)* [pair of] rompers *npl* ❷ ZOOL *(Bienen~)* pollen load

Hös·chen·win·del *f* disposable nappy BRIT [*or* AM diaper]

Ho·se <-, -n> ['hoːzə] *f* trousers *npl,* pants *npl* AM; *(Unterhose)* [under]pants *npl;* **eine enge ~** [a pair of] tight-fitting trousers; **kurze ~[n]** shorts *npl;* **die ~n voll haben** *(fam)* to have pooed [*or fam* AM *a.* pooped] one's pants ▶ WENDUNGEN: **jdm rutscht das Herz in die ~** *(fam)* sb's heart was in their mouth; **die ~[n] [gestrichen] voll haben** *(sl)* to be scared shitless *vulg,* to shit oneself *vulg,* to shit bricks *vulg;* **tote ~** *(sl)* dead boring *fam;* **die Fete war tote ~** *(fam)* the party was a washout [*or* dead loss]; **die ~n anhaben** *(fam)* to wear the trousers; **in die ~ gehen** *(sl)* to fail, to be a failure [*or* flop]; **hoffentlich geht die Prüfung nicht in die ~!** hopefully I/you, etc. won't make a mess [*or fam* cock-up] of the exam!; [**sich** *dat*] **in die ~[n] machen** *(Angst haben)* to wet oneself *sl,* to shit oneself *vulg;* **sich** *dat* **vor Lachen fast in die ~ machen** to nearly wet oneself laughing; **die ~[n] runterlassen** [**müssen**] *(fam)* to come clean *fam,* to put one's cards on the table; **jdm die ~n strammziehen** *(fam)* to give sb a [good] hiding *hum;* **die ~n voll kriegen** *(fam)* to get a [good] hiding; *s. a.* **hochkrempeln**

Ho·sen·an·zug *m* trouser suit **Ho·sen·auf·schlag** *m* turn-up **Ho·sen·band** *nt* kneeband **Ho·sen·band·or·den** *m* Order of the Garter **Ho·sen·bein** *nt* trouser leg **Ho·sen·bo·den** *m (Gesäßteil der Hose)* seat [of trousers]; ▶ WENDUNGEN: **den ~ voll kriegen** *(fam)* to get a [good] hiding *hum;* **sich** *akk* **auf den ~ setzen** *(fam)* to buckle down, to pull one's socks up BRIT, to get stuck in BRIT *fam;* **jdm den ~ strammziehen**

(fam) to give sb a [good] hiding *hum* **Ho·sen·bü·gel** *m* trouser [*or* AM pants] hanger **Ho·sen·bund** *m* [trouser] waistband **Ho·sen·gür·tel** *m* [trouser] belt **Ho·sen·klam·mer** *f* cycle clip **Ho·sen·knopf** *m* [trouser] button **Ho·sen·latz** *m* ❶ *(Latz)* flap; *von Latzhosen* bib ❷ DIAL *(Hosenschlitz)* flies *npl,* fly **Ho·sen·matz** <-es, -mätze> *m (hum fam)* nipper *fam,* little nipper **Ho·sen·naht** *f* [trouser] seam; **die Hände an die ~ legen** to stand to attention, thumbs on trouser seams **Ho·sen·rock** *m* culottes *npl* **Ho·sen·schei·ßer** *m (sl)* ❶ *(hum: kleines Kind)* ankle-biter ❷ *(pej: Feigling)* chicken, scaredy[-cat] *pej sl* **Ho·sen·schlitz** *m* flies *npl,* fly; **dein ~ ist offen!** your flies are down! **Ho·sen·span·ner** *m s.* **Hosenbügel Ho·sen·stall** *m (hum fam) s.* **Hosenschlitz Ho·sen·ta·sche** *f* trouser [*or* AM pants] pocket; ▸ WENDUNGEN: **etw** *akk* **aus der linken ~ bezahlen** to pay [for sth] out of one's loose change; **etw** *akk* **wie seine ~ kennen** to know sth like the back of one's hand **Ho·sen·trä·ger** *pl* [a pair of] braces *npl* BRIT, suspenders *npl* AM **Ho·sen·tür·chen** *nt (hum fam) s.* **Hosenschlitz**

ho·si·an·na [ho'zi̯ana] *interj* hosanna

Hos·pi·tal <-s, -e *o* Hospitäler> [hɔspi'taːl, *pl:* hɔspi'tɛːlə] *nt* ❶ DIAL hospital ❷ *(veraltet: Pflegeheim)* old people's home

Hos·pi·ta·lis·mus <-> [hɔspita'lɪsmʊs] *m kein pl* ❶ *(psychische o physische Schädigung)* hospitalism, institutionalism ❷ MED *infection picked up during a stay in hospital*

Hos·pi·tant(in) <-en, -en> [hɔspi'tant] *m(f)* ❶ SCH *(Referendar)* PGCE student who sits in on sb's classes; *(Gasthörer)* student permitted to attend a course who is not enrolled at the university/institute ❷ POL *independent member of parliament who is the guest of a parliamentary party*

hos·pi·tie·ren* [hɔspi'tiːrən] *vi* ■ [**bei jdm**] **~** to sit in on [sb's] classes

Hos·piz <-es, -e> [hɔs'piːts] *nt* ❶ *(Sterbeheim)* hospice ❷ *(christlich geführtes Hotel)* hotel run by a religious organization ❸ *(Pilgerunterkunft in einem Kloster)* hospice, guests' hostel

Hos·tess <-, -en> ['hɔstɛs] *f* ❶ *(im Flugzeug)* stewardess, flight attendant; *(auf dem Flughafen)* airline representative ❷ TOURIST *(Reiseführerin auf Reisen, Messen, in Hotels o.ä.)* [female] tour guide ❸ *(euph: Prostituierte)* hostess *euph*

Hos·tie <-, -n> ['hɔsti̯ə] *f* REL host

Hot·dogRR, **Hot Dog**RR, **Hot dog**ALT <-s, -s> ['hɔt'dɔk] *nt o m* hot dog

Ho·tel <-s, -s> [h'tɛl] *nt* hotel

Ho·tel·boy *m* page[boy] [*or* AM bellboy] [*or* AM bellhop] **Ho·tel·ein·gang** *m* hotel entrance **Ho·tel·fach** *nt kein pl s.* **Hotelgewerbe Ho·tel·fach·schu·le** *f* school of hotel management **Ho·tel·füh·rer** *m* hotel guide **Ho·tel·gar·ni** <- -, -s -s> [hoˈtɛl garˈni:] *nt* bed and breakfast [hotel] **Ho·tel·ge·wer·be** *nt* hotel trade [*or* business] **Ho·tel·hal·le** *f* hotel foyer [*or* lobby]

Ho·te·lier <-s, -s> [hotɛ'li̯e:] *m* hotelier

Ho·tel·ket·te *f* chain of hotels **Ho·tel·re·zep·ti·on** *f* hotel reception [desk] **Ho·tel- und Gast·stät·ten·ge·wer·be** *nt* hotel and restaurant trade **Ho·tel·zim·mer** *nt* hotel room

Hot·line <-, -s> ['hɔtlaɪn] *f* hotline

hott [hɔt] *interj* gee up! BRIT, giddyap! AM; **einmal hü und einmal ~ sagen** to chop and change BRIT, to hum and haw BRIT *fam,* to be indecisive

House [haus] *nt o m* MUS house [music]

Hr. *Abk von* **Herr**

Hrn. *dat und akk Abk von* **Herrn** *Abk von* **Herr**

hrsg. *Abk von* **herausgegeben** ed.

Hrsg. *Abk von* **Herausgeber** ed.

hu [hu:] *interj (Ausruf des Schauderns)* ugh; *(Ausruf der Kälte)* brrr

hü [hy:] *interj s.* **hott**

Huang-he <-s> [xµaŋxʌ] *m* Huang He [*or* Ho] River, Yellow River

Hub <-[e]s, Hübe> [hu:p, *pl:* 'hy:bə] *m* ❶ *(das Heben)* lifting capacity; **der ~ von Lasten** lifting [*or* hoisting] capacity of loads ❷ *(Kolben~)* [piston] stroke

Hu(b)·bel <-s, -> ['hʊbl] *m* DIAL *(fam)* bump

hub·be·lig ['hʊbəlɪç] *adj* DIAL *(fam)* bumpy

Hubble-Te·le·skop *nt* Hubble telescope

Hub·brü·cke *f* lifting [*or* lift] bridge

hü·ben ['hy:bn] *adv (selten: auf dieser Seite)* over here, on this side; **~ wie** [*o* **und**] **drüben** both here and there, on both sides

Hub·raum *m* cubic capacity

hübsch [hʏpʃ] *adj* ❶ *(Aussehen)* pretty; **ein ~es Mädchen/Kleid** a pretty little girl/dress; **eine ~e Gegend** a lovely area; **na, ihr zwei** [*o* **beiden**] **H~en?** *(fam)* well, my two lovelies? *fam;* **sich** *akk* **~ machen** to get all dressed up; **sich** *akk* **~ anziehen** *(fam)* to dress smartly; **ein ~es Lied** a pretty [*or* nice] song ❷ *(fam: beträchtlich)* real, pretty; **ein ~es Sümmchen** a pretty penny, a tidy sum; **ein ~es Stück Arbeit** pretty hard work ❸ *(fam: sehr angenehm)* nice and …; **fahr ~ langsam** drive nice and slow[ly]; **sind die Kinder auch ~ leise gewesen?** were the children nice and quiet?; **das wirst du ~ bleiben lassen** you'll do no such thing; **immer ~ der Reihe nach!** everyone must wait his turn! ❹ *(iron fam: unschön)* fine *iron;* **das ist ja eine ~e Geschichte** that is a real [*or* fine] mess; **da hast du dir etwas H~es eingebrockt!** that's a fine mess [*or* pretty kettle of fish] you've got yourself into!

Hub·schrau·ber <-s, -> *m* helicopter

Hub·schrau·ber·cock·pit *nt* helicopter cockpit **Hub·schrau·ber·lan·de·platz** *m* heliport, helipad **Hub·schrau·ber·lärm** *m* helicopter noise **Hub·schrau·ber·ro·tor** *m* helicopter blade

huch [hʊx] *interj (Ausruf der Überraschung)* oh!; *(Ausruf bei unangenehmen Empfindungen)* ugh!

Hu·chen <-s, -> ['hu:xn] *m* ZOOL, KOCHK Danube salmon, huchen

Hu·cke <-, -n> ['hʊkə] *f* ▸ WENDUNGEN: **die ~ voll kriegen** to get beaten up, to get done over *fam;* **jdm die ~ voll hauen** to beat sb up *sep,* to give sb a thrashing [*or* hiding] *fam,* to beat the shit *fam!* [*or* living daylights] out of sb; **jdm die ~ voll lügen** to tell sb a pack of lies, to lie one's head off; **sich** *dat* **die ~ voll saufen** to get hammered [*or* plastered]

hu·cke·pack ['hʊkəpak] *adv* piggy back, pickaback BRIT; **etw/jdn ~ nehmen** [*o* **tragen**] to give sb/sth a piggy back [ride]; **bei** [*o* **mit**] **jdm ~ machen** to have sb give one a piggy back [ride]

Hu·cke·pack·ver·fah·ren *nt* piggyback system; CHEM piggyback process **Hu·cke·pack·ver·kehr** *m kein pl* piggyback transport; **im ~** by means of piggyback transport

hu·deln ['hu:dln] *vi bes* SÜDD, ÖSTERR *(fam: schlampen)* to work sloppily [*or* slipshod] **nur nicht ~!** don't rush into things!, take your time!

Hud·ler(in) <-s, -> ['hu:dle] *m(f) bes* SÜDD, ÖSTERR *(fam)* sloppy worker

hud·lig ['hu:dlɪç] *adj bes* SÜDD, ÖSTERR *(fam)* sloppy, slipshod

Hud·son·bai <-> ['hʌdsnbeɪ] *f* Hudson Bay

Huf <-[e]s, -e> [hu:f] *m* hoof; **einem Pferd die ~e beschlagen** to shoe a horse

Huf·ei·sen *nt* horseshoe

huf·ei·sen·för·mig *adj* horseshoe[-shaped], in [the shape of] a horseshoe

Hü·fer·scher·zel *nt* KOCHK ÖSTERR *s.* **Hieferscherzel Hü·fer·schwanzl** *nt* KOCHK ÖSTERR *s.* **Hiefer-**

schwanzl

Huf·lat·tich <-s, -e> *m* coltsfoot, foalfoot

Huf·na·gel *m* horseshoe nail **Huf·schlag** *m* ❶ *(Geräusch von Pferdehufen beim Gang)* clatter of hooves ❷ *(Stoß mit dem Huf)* kick [by a hoof]; **der blaue Fleck stammt von einem ~** the bruise is the result of being kicked by a horse **Huf·schmied(in)** *m(f)* blacksmith, farrier **Huf·schmie·de** *f* blacksmith's [*or* farrier's] workshop, smithy **Huf·schmie·din** *f fem form von* **Hufschmied**

Hüft·bein *nt* hip bone

Hüf·te <-, -n> ['hʏftə] *f* ❶ *(Körperpartie)* hip; **die Arme in die ~n stemmen** to put one's hands on one's hips, to stand [with] arms akimbo; *Tier* haunch; **mit den ~n wackeln, die ~n wiegen** to wiggle one's hips; **aus der ~ schießen** to shoot from the hip; **bis an die ~en reichen** to come up to the waist; **wir standen bis an die ~ im Wasser** we stood waist-deep [*or* up to the waist] in water; *s. a.* **Arm** ❷ *kein pl* KOCHK *(Fleischstück)* topside; *(vom Rind)* top rump; *(Schinkenspeck)* back bacon

Hüft·ge·lenk *nt* hip joint **Hüft·gür·tel** *m* girdle **Hüft·hal·ter** *m* girdle **hüft·hoch** *adj* reaching to the hips *pred,* waist-high; **das Wasser ist hier nur ~** the water is only waist-high [*or* waist-deep] here

Huf·tier *nt* hoofed animal, ungulate *spec*

Hüft·kno·chen *m s.* **Hüftbein Hüft·lei·den** *nt* hip complaint [*or* trouble] **Hüft·steak** *nt* top rump, topside

Hü·gel <-s, -> ['hy:gl] *m (größere Anhöhe)* hill; *(kleiner a.)* hillock; *(Erdhaufen)* mound

hü·ge·lig ['hy:gəlɪç] *adj* hilly; **eine ~e Landschaft** rolling [*or* undulating] countryside

Hü·gel·land *nt* hilly land [*or* country]

Hu·ge·not·te, Hu·ge·not·tin <-n, -n> [hugəˈnɔtə, hugəˈnɔtɪn] *m, f* Huguenot

huh [hu:] *interj s.* **hu**

hüh [hy:] *interj s.* **hü**

Huhn <-[e]s, Hühner> [hu:n, *pl:* ˈhy:nɐ] *nt* ❶ *(Haushuhn)* hen, chicken; **Hühner halten** to keep hens; **frei laufende Hühner** free-range chickens [*or* hens] ❷ *(Hühnerfleisch)* chicken; **gekochtes/gebratenes ~** boiled/roast chicken ❸ *(Person)* **dummes ~!** *(pej fam)* [you] silly [*or* stupid] idiot! *pej;* **armes ~** *(fam)* you poor little thing; **ein komisches** [*or* **verrücktes**] [*or* **ulkiges**] **~** *(fam)* a nutcase, a queer fish [*or* bird] BRIT ► WENDUNGEN: **mit den Hühnern aufstehen** *(fam)* to get up at the crack of dawn; **mit den Hühnern zu Bett gehen** *(fam)* to go to bed [nice and] early; **ein blindes ~ findet auch einmal ein Korn** *(prov)* every dog has its day *prov;* **wie ein aufgescheuchtes ~ herumlaufen** to run round like a headless chicken; **da lachen ja die Hühner!** *(fam)* pull the other one, you must be joking!

Hühn·chen <-s, -> ['hy:çən] *nt dim von* **Huhn¹** spring chicken AM; ► WENDUNGEN: **mit jdm ein ~ zu rupfen haben** *(fam)* to have a bone to pick with sb

Hühn·chen·brust *f* chicken breast

Hüh·ner·au·ge *nt* corn; ► WENDUNGEN: **jdm auf die ~n treten** *(hum fam: an einer empfindlichen Stelle treffen)* to tread on sb's corns [*or* toes], to offend sb; *(jdm die Meinung sagen)* to give sb a talking-to **Hüh·ner·au·gen·pflas·ter** *nt* corn plaster **Hüh·ner·bouil·lon** [-bʊlˈjɔŋ] *m* chicken stock, consommé **Hüh·ner·brü·he** *f* chicken broth **Hüh·ner·brust** *f* ❶ *(Fleisch)* chicken breast ❷ *(hum fam: sehr schmaler Brustkorb)* pigeon's chest [*or* breast]; **eine ~ haben** to be pigeon breasted ❸ MED pigeon-breast **Hüh·ner·ei** *nt* chicken egg **Hüh·ner·farm** *f* chicken farm **Hüh·ner·fe·der** *f* chicken feather **Hüh·ner·fleisch** *nt* chicken [meat] **Hüh·ner·fond** *m* chicken stock **Hüh·ner·fut·ter** *nt* chicken feed **Hüh·ner·ha·bicht** *m* goshawk **Hüh-**

ner·hof *m* chicken run **Hüh·ner·keu·le** *f* chicken leg **Hüh·ner·klein** <-s> *nt kein pl* chicken giblets and trimmings **Hüh·ner·schen·kel** *m* chicken thigh **Hüh·ner·stall** *m* hen [*or* chicken] coop **Hüh·ner·sup·pe** *f* chicken soup **Hüh·ner·topf** *m* chicken casserole **Hüh·ner·zucht** *f* chicken rearing [*or* farming]

hui [hui] *interj (lautmalerisch für schnelle Bewegung)* whoosh; **im** [*o* **in einem**] **H~** *(fam)* in a flash [*or* BRIT *fam* trice]; **im H~ war sie fertig** she was finished in no time at all; **oben ~, unten pfui** outside swank, inside rank, nice outside but filthy underneath

Huld <-> [hʊlt] *f kein pl (veraltet: Gunst)* favour [*or* AM -or]; **jdm seine ~ erweisen** to bestow one's favour on sb; *(Güte)* graciousness, grace

hul·di·gen ['hʊldɪgn] *vi (geh)* ❶ *(anhängen)* ▪ **einer S.** *dat* ~ to subscribe to sth; *Glauben, Sitte* to embrace sth; *Verein* to be devoted to sth ❷ *(verfallen)* ▪ **einer S.** *dat* ~ to indulge in sth; **er huldigt dem Alkohol** *(iron)* he is addicted to alcohol ❸ *(veraltend: seine Reverenz erweisen)* ▪ **jdm ~** to pay homage to sb, to pay tribute to sb

Hul·di·gung <-, -en> *f (veraltet)* homage, tribute; **jdm seine ~ darbringen** to pay homage to sb, to pay tribute to sb, to show one's respect to sb; **ich möchte dieser Dame meine ~ darbringen** I would like to pay my addresses to this lady; **jds ~ entgegennehmen** to accept sb's tribute

huld·voll I. *adj (veraltend geh)* gracious; *(a. iron)* patronizing **II.** *adv (geh)* graciously; **~ tun** *(iron)* to act patronizingly [*or* BRIT *a.* -isingly]

Hül·le <-, -n> ['hʏlə] *f (Umhüllung)* cover; *Ausweis* wallet; *(Plattenhülle a.)* sleeve; **jds sterbliche ~** *(geh)* sb's mortal remains *npl form* ► WENDUNGEN: **die** [**letzten**] **~n fallen lassen** *(fam)* to strip off one's clothes; **in ~ und Fülle** *(geh)* in abundance [*or* plenty]

hül·len ['hʏlən] *vt (geh)* ▪ **jdn/etw in etw** *akk* ~ to wrap sb/sth in sth; **sie hüllte das Kind in eine Decke** she wrapped the child up in a blanket; **in etw** *akk* **gehüllt** shrouded in sth; **in Dunkelheit gehüllt** shrouded in darkness; ▪ **sich** *akk* **in etw** *akk* ~ to wrap oneself [up] in sth; **sich** *akk* **in Schweigen ~** to maintain one's silence, to keep mum *fam*

hül·len·los *adj* ❶ *(nackt)* naked, in one's birthday suit *hum fam,* starkers BRIT *hum fam,* in the altogether BRIT *fam* ❷ *(unverhüllt, offen)* plain, clear; **erst nach einer Weile trat sein Charakter ~ zu Tage** only after a while was his true character revealed

Hüll·wort <-wörter> *nt* euphemism

Hül·se <-, -n> ['hʏlzə] *f* ❶ BOT pod ❷ *(röhrenförmige Hülle)* capsule; *(Patronenhülle)* case; *(Film-, Zigarrenhülle)* container

Hül·sen·frucht ['hʏlzn̩-] *f meist pl* pulse

hu·man [huˈma:n] *adj* ❶ *(menschenwürdig)* humane; **eine ~e Behandlung** humane treatment; **eine ~ Strafe** lenient punishment ❷ *(nachsichtig)* considerate; **ein ~er Lehrer/Chef** a considerate teacher/boss ❸ *(Menschen betreffend)* human

Hu·man·ge·ne·tik *f* human genetics + *sing vb* **Hu·man·in·su·lin** *nt* human insulin

Hu·ma·ni·sie·rung <-> *f kein pl* humanization *no pl*

Hu·ma·nis·mus <-> [humaˈnɪsmʊs] *m kein pl (geh)* humanism *no pl;* **sozialistischer ~** socialist humanism

Hu·ma·nist(in) <-en, -en> [humaˈnɪst] *m(f)* ❶ *(Mensch)* humanist ❷ *(veraltend: humanistisch gebildete Person)* humanist, classicist

hu·ma·nis·tisch *adj* ❶ *(im Sinne des Humanismus)* humanistic; **der ~e Geist** the spirit of humanism ❷ HIST *(dem Humanismus angehörend)* humanist ❸ *(altsprachlich)* humanistic, classical; **eine ~e Bildung** a classical education; *s. a.* **Gymnasium**

hu·ma·ni·tär [humaniˈtɛːɐ̯] *adj* humanitarian

Hu·ma·ni·tät |humani'tɛːt| *f kein pl (geh)* humanity
Hu·ma·ni·täts·du·se·lei <-, -en> *f (pej)* sentimentalism
Hu·man·me·di·zin *f kein pl* human medicine
Hu·man·me·di·zi·ner(in) *m(f)* doctor of human medicine
Hum·bug <-s> |'hʊmbʊk| *m kein pl (pej fam)* ❶ *(Unfug)* rubbish *no pl* BRIT, trash *no pl* AM; **er redet nur ~** he's talking rubbish ❷ *(Schwindel)* humbug *no pl;* **Zauberei ist doch nur ~** magic is a load of humbug [*or* stuff and] nonsense]
Hum·mel <-, -n> |'hʊml| *f* bumblebee; ▸ WENDUNGEN: **~n im** [*o* unterm] **Hintern** [*o sl:* **Arsch**] **haben** *(fam)* to have ants in one's pants *hum*
Hum·mer <-s, -> |'hʊme| *m* lobster
Hum·mer·cock·tail [-kɔkteːl] *m* lobster cocktail **Hummer·ga·bel** *f* lobster fork **Hum·mer·kopf** *m* lobster head **Hum·mer·krab·be** *f* freshwater [*or* giant river] prawn **Hum·mer·pas·te·te** *f* lobster vol-au-vent **Hum·mer·sche·re** *f* lobster claw [*or* BRIT *pl* prongs] **Hum·mer·schwanz** *m* lobster tail
Hu·mor¹ <-s, <*selten* -e> |hu'moːɐ̯| *m* ❶ *(Laune)* good humour [*or* AM -or], cheerfulness; **einen goldenen ~ haben** to be irrepressibly good-humoured ❷ *(Witz, Wesensart)* [sense of] humour [*or* AM -or]; **etw** *akk* **mit ~ nehmen** [*o* tragen] to take sth goodhumouredly; **den ~ verlieren** to become bad-tempered [*or* ill-humoured]; **der rheinische ~** the Rhineland brand of humour; **du hast** [vielleicht] **~!** *(iron)* you're a funny one! *iron;* [einen Sinn für] **~ haben** to have a sense of humour; **keinen** [Sinn für] **~ haben** to not have a sense of humour, to be humourless; **schwarzer ~** black humour ▸ WENDUNGEN: **~ ist, wenn man trotzdem lacht** *(prov)* you've got to laugh
Hu·mor² <-s, -es> |'huːmɔːɐ̯| *m* MED *(Körperflüssigkeit)* [cardinal] humour [*or* AM -or]
Hu·mo·res·ke <-, -n> |humo'rɛskə| *f* ❶ LIT *(kleine humoristische Erzählung)* humorous story [*or* sketch] ❷ MUS *(heiteres Musikstück)* humoresque
Hu·mo·rist(in) <-en, -en> |humo'rɪst| *m(f)* ❶ *(Komiker)* comedian ❷ *(humoristischer Autor/Künstler)* humorist
hu·mo·ris·tisch *adj* ❶ *(humorvoll)* humorous, amusing ❷ *(witzig)* comic; **eine ~e Geschichte/Darbietung** a funny [*or* humorous] story/sketch
hu·mor·los *adj* humourless BRIT, humorless AM; **ein ~er Mensch** a cantankerous person, BRIT a crosspatch *fam;* **er hat recht ~ auf den Witz reagiert** he didn't find the joke at all funny
Hu·mor·lo·sig·keit *f kein pl* humourlessness *no pl,* lack of a sense of humour
hu·mor·voll *adj* humorous; **er hat eine sehr ~e Art, Geschichten zu erzählen** he has a very amusing way of telling stories
hum·peln |'hʊmpln| *vi* ❶ *haben o sein (hinken)* to limp, to hobble ❷ *sein (fam: sich hinkend fortbewegen)* ▪ **irgendwohin ~** to limp somewhere
Hum·pen <-s, -> |'hʊmpn| *m* tankard; *(Ton~)* stein; **einen ~ Bier trinken** to drink a tankard of beer
Hu·mus |'huːmʊs| *m kein pl* humus
Hu·mus·bo·den *m,* **Hu·mus·er·de** *f* humus soil
Hund <-[e]s, -e> |hʊnt, *pl:* 'hʊndə| *m* ❶ *(Tier)* dog; *(Jagd~)* hound; **zur Familie der ~e gehören** to be a canine; **fliegender ~** flying fox; „[Vorsicht,] bissiger ~!" "beware of the dog!"; „~e müssen draußen bleiben" "no dogs allowed"; **einen ~ auf jdn hetzen** to set [*or* AM *usu* sick] one's dog on sb; **einen ~ auf jds Spur** [*o* Fährte] **setzen** to put a dog on sb's trail; **ein ~ schlägt an** a dog gives a warning bark; **der Große/Kleine ~** ASTROL Canis Major/Canus Minor, the Great Dog/the Little Dog ❷ *(Mensch)*

swine, bastard *fam!;* **ein armer ~ sein** *(fam)* to be a poor soul *fam,* to be a poor sod *sl;* **blöder ~!** *(sl)* stupid idiot, dickhead *fam!;* [du] **gemeiner** [*o sl:* **räudiger**] **~** [you] dirty rat!; [du] **gemeiner** [*o sl:* **räudiger**] **~** [you] dirty [*or* low-down] dog; **krummer ~** *(sl)* rogue, villain; **ein räudiger ~** a mang[e]y dog; **wie einen räudigen ~** like a mad dog; **ein scharfer ~** a vicious dog; *(fam)* a tough customer [*or* cookie]; [du] **schlauer** [*o* **gerissener**] **~** *(sl)* [you] sly dog *sl* [*or* crafty devil] ▸ WENDUNGEN: **kein ~ nimmt ein Stückchen Brot von ihm** *(fam)* everyone avoids him like the plague; **viele ~e sind des Hasen Tod** *(prov)* as one against many you don't stand a chance; **wie ~ und Katze leben** *(fam)* to be at each other's throats, to fight like cats and dogs; **den Letzten beißen die ~e** the last one [out] has to carry the can BRIT; **mit etw** *dat* **keinen ~ hinterm Ofen hervorlocken können** *(fam)* to not be able to tempt a single soul with sth; **da wird der ~ in der Pfanne verrückt** *(fam)* it's enough to drive a person mad [*or* BRIT sb round the twist]; **bekannt sein wie ein bunter ~** *(fam)* to be known far and wide; **das ist ja ein dicker ~** *(sl)* that is absolutely outrageous; [ja] **zum Junge-~e-Kriegen sein** *(fam)* to be maddening, to be enough to drive one around the bend [*or* AM off of the deep end]; **schlafende ~e wecken** *(fam)* to wake sleeping dogs, to stir something up; **schlafende ~e soll man nicht wecken** one should let sleeping dogs lie; **da liegt der ~ begraben** *(fam)* that's the crux of the matter, that's what's behind it; **jdn wie einen ~ behandeln** *(fam)* to treat sb like a dog; **~e, die** [viel] **bellen, beißen nicht** *(prov)* sb's bark is worse than their bite *fam;* **jdn auf den ~ bringen** *(fam)* to be sb's ruin *fam,* to bring about sb's downfall; **vor die ~e gehen** *(sl)* to go to the dogs; **er ist mit allen ~en gehetzt** *(fam)* he knows all the tricks; **auf den ~ kommen** *(fam)* to go to the dogs
Hünd·chen <-s, -> |'hʏntçən| *nt dim von* **Hund** *(kleiner Hund)* little dog; *(junger Hund)* puppy
Hun·de·biss^RR *m* dog bite **hun·de·elend** |'hʊndə'ʔeːlɛnt| *adj* [jan] **sich ~ fühlt** *akk* ~ sb feels [BRIT bloody] awful [*or* terrible] [*or* lousy] **Hunde·fän·ger(in)** <-s, -> *m(f)* dog catcher **Hun·defell** *nt* dog fur **Hun·de·floh** *m* dog flea **Hun·de·futter** *nt* dog food **Hun·de·ge·bell** *nt* barking **Hun·dehaft·pflicht·ver·si·che·rung** *f* dog owner's liability insurance **Hun·de·hals·band** *nt* dog collar **Hun·dehal·ter(in)** *m(f) (geh)* dog owner **Hun·de·hal·tung** *f (geh)* dog-owning, dog-keeping; **die ~ ist in diesem Haus streng verboten** dogs are not allowed to be kept in this house, it is forbidden to keep dogs in this house **Hun·de·hüt·te** *f* [dog] kennel **Hun·de·käl·te** |'hʊndə'kɛltə| *f (fam)* bitter cold; **eine ~ ist das draußen wieder!** it's bloody cold again outside! *fam* **Hunde·korb** *m* dog basket **Hun·de·ku·chen** *m* dog biscuit **Hun·de·le·ben** *nt (pej fam)* dog's life; **ein ~ führen** to lead a dog's life **Hun·de·lei·ne** *f* dog lead [*or* leash] **Hun·de·lohn** *m (pej fam)* miserly wage[s *pl*] **Hun·de·mar·ke** *f (a. fig, hum)* dog tag **hun·de·müde** |'hʊndə'myːdə| *adj pred (fam)* dog-tired, dead beat BRIT **Hun·de·ras·se** *f* breed of dog
hun·dert |'hʊndɐt| *adj* ❶ *(Zahl)* [a [*or* one]] hundred; **die Linie ~ fährt zum Bahnhof** the No. 100 goes to the station; **ich wette mit dir ~ zu eins, dass er verliert** I'll bet you a hundred to one [*or* anything] that he loses; ~ [Jahre alt] **sein** to be a hundred [years old]; **mit ~** [Jahren] at the age of a hundred, at a hundred years of age, as a hundred-year-old; **über ~ sein** to be over [*or* older than] a hundred; **einige ~ Euro** several hundred euros; **einer von ~ Menschen** one in every hundred people; **von eins bis ~ zählen** to count from one to a hundred; **in ~ Jahren** in one hun-

dred years [from now] ❷ *(fam: sehr viele)* a hundred, hundreds; **sie macht ~ Dinge gleichzeitig** she does a hundred [and one] things all at the same time ❸ *(fam: Stundenkilometer)* [a] hundred [kilometres [or AM -ers] an hour]; *s. a.* **achtzig 2** ❹ *pl, auch großgeschrieben (viele hundert)* hundreds *pl; s. a.* **Hundert¹ 2** ▸ WENDUNGEN: **jdn auf ~ bringen** *(fam)* to drive sb up the wall; **auf ~ kommen** *(fam)* to blow one's top; **auf ~ sein** *(fam)* to be hopping mad [*or* livid]; *s. a.* **Sache**

Hun·dert¹ <-s, -e> ['hʊndɐt] *nt* ❶ *(Einheit von 100)* hundred; **ein halbes ~** fifty; **mehrere ~** several hundred; [**zehn/zwanzig etc.**] **vom ~** [ten/twenty etc.] per cent [*or* out of every hundred]; **das ~ voll machen** to round up to the next hundred ❷ *pl, auch kleingeschrieben (viele hundert)* hundreds *pl;* **einige/viele ~e ...** a few/several hundred ...; **~e von ...** hundreds of ...; **~e von Fliegen** [*o* ~er Fliegen] hundreds of flies; **einer unter ~en** one in a hundred; **das kann von ~en nur einer** only one out of all these hundreds can do that; **in die ~e gehen** *(fam) Kosten, Schaden* to run into the hundreds; **zu ~en** in [their] hundreds, by the hundred; **~e und aber ~e** hundreds upon hundreds

Hun·dert² <-, -en> ['hʊndɐt] *f* [one [*or* a]] hundred

Hun·der·ter <-s, -> ['hʊndɐtɐ] *m* ❶ *(fam: Banknote zu 100 Euro)* hundred euro note; **es hat mich einen ~ gekostet** it cost me a hundred euros ❷ *(100 als Zahlenbestandteil)* hundred

hun·der·ter·lei ['hʊndɐtɐ'laɪ] *adj inv (fam)* a hundred [different]; **ich habe ~ zu tun heute** I've a hundred and one things to do today; *s. a.* **achterlei**

Hun·dert·eu·ro·schein, 100-Eu·ro·Schein *m* hundred-euro note [*or* AM *usu* bill]

hun·dert·fach, 100fach ['hʊndɐtfax] **I.** *adj* hundredfold; *s. a.* **achtfach II.** *adv* hundredfold, a hundred times over

Hun·dert·fa·che, 100fache *nt decl wie adj* a hundred times the amount, the hundredfold *rare; s. a.* **Achtfache**

hun·dert·fün·fzig·pro·zen·tig *adj (fam)* fanatical, outand-out, overzealous; **er ist ein ~er Tierschützer** he's a fanatical animal rights activist; **ein H~er/eine H~e sein** to be a fanatic

Hun·dert·fü·ßer <-s, -> *m* ZOOL centipede **Hun·dertjahr·fei·er** [hʊndɐt'jaːɐfaɪɐ] *f* centenary [celebrations *pl*] **hun·dert·jäh·rig, 100-jährig**RR ['hʊndɐtjɛːrɪç] *adj (Alter)* hundred-year-old *attr;* one hundred years old *pred; s. a.* **achtjährig 1** ❷ *(Zeitspanne)* hundred-year *attr; s. a.* **achtjährig 2** *s. a.* **Kalender** *s. a.* **Krieg Hun·dert·jäh·ri·ge(r), 100-Jährige(r)**RR *f(m) decl wie adj* hundred-year-old [person], centenarian

hun·dert·mal, 100-malRR ['hʊndɐtmaːl] *adv* ❶ *(Wiederholung)* a hundred times; *s. a.* **achtmal** ❷ *(fam: sehr viel, sehr oft)* a hundred times; **ich kann das ~ besser als du** I can do that a hundred times better than you; **das habe ich dir schon ~ gesagt** if I've told you once I've told you a hundred times ❸ *(fam: noch so sehr)* **auch wenn du ~ Recht hast, keiner wird dir glauben** even if you are right, nobody will believe you

Hun·dert·mark·schein *m (hist)* hundred-mark note **Hun·dert·me·ter·lauf** *m* hundred-metre [*or* AM -er] race [*or* sprint] **hun·dert·pro·zen·tig** ['hʊndɐtprotsɛntɪç] **I.** *adj* ❶ *(100% umfassend)* one hundred percent; *(Alkohol)* pure ❷ *(fam: typisch)* through and through; **er ist ein ~er Bayer** he's a Bavarian through and through, he's a true Bavarian; *(absolut, völlig)* absolute, complete; **es gibt keine ~e Sicherheit** there's no such thing as absolute security; **du hast ~ Recht** you're absolutely right; **er galt als ~** he was thought to be totally reliable; **sich** *dat* **~ sicher sein**

to be absolutely sure **II.** *adv (fam)* absolutely, completely; **auf sie kannst du dich ~ verlassen** you can always rely on her completely; **das weiß ich ~** I know that for certain, that's a fact **Hun·dert·satz** ['hʊndɐtzats] *m (geh) s.* **Prozentsatz**

Hun·dert·schaft <-, -en> *f* hundred-strong unit

hun·derts·te(r, s) ['hʊndɐtstə, -tɐ, -təs] *adj* [one] hundredth; *s. a.* **achte(r, s)**

Hun·derts·te(r, s) ['hʊndɐtstə, -tɐ, -təs] *nt* the [one] hundredth; ▸ WENDUNGEN: **vom H~n ins Tausendste kommen** *(fam)* to get carried away

Hun·derts·tel <-s, -> ['hʊndɐtstl] *nt o* SCHWEIZ *m* hundredth

hun·dert·tau·send ['hʊndɐt'tauznt] *adj* ❶ *(Zahl)* a [*or* one] hundred thousand; *s. a.* **tausend** ❷ *auch großgeschrieben (ungezählte Mengen)* hundreds of thousands; **H~e von jungen Menschen** [*o* junger Menschen] hundreds of thousands of young people

Hun·de·sa·lon *m* dog parlour [*or* AM -or], grooming salon [*or* parlour] for dogs **Hun·de·schei·ße** *f (derb)* dog shit **Hun·de·schlit·ten** *m* dog sleigh [*or* sled[ge]] **Hun·de·schnau·ze** *f* muzzle; **kalt wie eine ~ sein** *(fam)* to be as cold as ice **Hun·de·sohn** *m (pej fam)* son of a bitch; LIT cur **Hun·de·steu·er** *f* dog licence [*or esp* AM -se] fee **Hun·de·wet·ter** *nt (fam) s.* **Sauwetter Hun·de·zwin·ger** *m* kennels *npl*

Hün·din ['hyːndɪn] *f* bitch

hün·disch ['hyːndɪʃ] *adj (pej)* ❶ *(unterwürfig)* sycophantic, fawning, grovelling, groveling AM; **mit ~em Gehorsam** with slavish obedience ❷ *(niederträchtig)* **eine ~e Gemeinheit** despicable meanness

Hünd·lein <-s, -> *nt (selten) dim von* **Hund** little dog, doggy

hunds·ge·mein ['hʊntsɡə'maɪn] **I.** *adj (fam)* ❶ *(niederträchtig)* low-down, rotten *fam;* **eine ~e Lüge** a malicious lie; **er kann ~ sein** he can be really nasty ❷ *(sehr groß)* severe; **eine ~e Kälte** a biting [*or* bitter] cold **II.** *adv (fam)* **es tut ~ weh** it hurts like hell *fam* **hunds·mi·se·ra·bel** ['hʊntsmɪzə'raːbl] *adj (fam)* ❶ *(niederträchtig)* low-down, rotten; **er ist ein hundsmiserabler Typ** he's a nasty piece of work, he's a real bastard *fam!* ❷ *(äußerst schlecht)* awful; **jdm geht es ~, jdm ist ~** [zumute] sb feels really lousy *sl;* **sich** *akk* **~ fühlen** to feel really lousy **Hunds·ta·ge** *pl* dog days *pl*

Hü·ne <-n, -n> ['hyːnə] *m (riesenhafter Mensch)* giant; **ein ~ von Mann** [*o* **Mensch**] *(fam)* a giant of a man **Hü·nen·grab** *nt (fam)* megalithic tomb

hü·nen·haft *adj* gigantic, colossal; **von ~er Gestalt** a titanic [*or* colossal] figure

Hun·ger <-s> ['hʊŋɐ] *m kein pl (~gefühl)* hunger; **~ bekommen/haben** to get/be hungry; **keinen richtigen ~ haben** to not really be hungry; **~ auf etw** *akk* **haben** *(Appetit)* to feel like [eating] sth, to fancy [eating] sth; **~ leiden** *(geh)* to starve, to go hungry; **etw macht ~** sth makes sb hungry; **Holzfällen macht ~!** woodcutting helps you work up an appetite; **seinen ~ stillen** to satisfy one's hunger; **~ wie ein Wolf** [*o* **Bär**] **haben** *(fam)* to be ravenous[ly hungry]; **guten ~!** DIAL *(fam)* bon appetit!, enjoy your meal!; **vor ~ sterben** [*o fam:* **umkommen**] to be starving, to die of hunger; **der ~ treibt es rein** [*o* **hinein**] *LIT* if you're hungry enough you'll eat anything ❷ *(Hungersnot)* famine; **es herrschte großer ~** the area was stricken by famine ❸ *(geh: großes Verlangen)* jds ~ **nach etw** sb's thirst for sth; **ihr ~ nach Wissen war unstillbar** her thirst for knowledge was insatiable ▸ WENDUNGEN: **~ ist der beste Koch** *(prov)* hunger is the best sauce *prov*, a hungry stomach will eat anything

Hun·ger·ge·fühl *nt* feeling of hunger **Hun·ger·jahr** *nt* year of famine [*or* hunger] **Hun·ger·kur** *f* MED starvation diet **Hun·ger·lei·der(in)** <-s, -> *m(f)* *(fam)* starving wretch **Hun·ger·lohn** *m (pej)* starvation wage *pej*, pittance; **für einen ~ arbeiten** to work for a pittance

hun·gern I. *vi* ➊ *(Hunger leiden)* to go hungry, to starve; **jdn ~ lassen** to let sb starve; *(fam: fasten)* to fast; **nach Weihnachten muss ich erst einmal ein paar Wochen ~** after Christmas I'll have to fast for a few weeks ➋ *(geh: dürsten)* ■ **nach etw** *dat* **~** to thirst after [*or* for] sth *fig*, to hunger after [*or* for] sth; **sie hungerte nach Aufmerksamkeit** she yearned for attention **II.** *vt impers (poet)* ■ **es hungert jdn nach etw** *dat* sb hungers [*or* thirsts] after [*or* for] sth; **es hungerte ihn nach Liebe** he was hungry for love; **ihn hungert nach Macht** he's hungry for power **III.** *vr (hungernd verbringen)* **sich** *akk* **durch etw** *akk* **~** to starve one's way through sth; **sich** *akk* **gesund ~** to go on a starvation diet; **sich** *akk* **zu Tode ~** to starve oneself to death; *s. a.* **schlank**

Hun·gers·not *f* famine

Hun·ger·streik *m* hunger strike; **in den ~ treten** to go on hunger strike **Hun·ger·tod** *m kein pl* death by starvation; **den ~ sterben** *(geh)* to starve to death **Hun·ger·tuch** *nt* ▶ WENDUNGEN: **am ~ nagen** *(hum fam)* to be starving [*or* on the breadline]

hun·grig ['hʊŋrɪç] *adj* ➊ *(Hunger verspürend)* hungry; **~ sein** to be hungry; **ein ~es Kind** a hungry child; **~ ins Bett gehen müssen** to have to go to bed hungry; **~ machen** to work up an appetite; **allein der Gedanke macht mich ~** just the thought [of it] makes me feel hungry; **~ nach** [*o auf*] **Süßigkeiten sein** to feel like eating sweets, to fancy some sweets ➋ *(geh: verlangend)* hungry; **nach Anerkennung/ Erfolg ~ sein** to long [*or* yearn] for recognition/success

Hun·ne, Hun·nin <-n -n> ['hʊnə, 'hʊnɪn] *m, f* Hun

Huns·rück <-s> ['hʊnsrʏk] *m* ■ **der ~** the Hunsrück Mountains

Hu·pe <-, -n> ['huːpə] *f* horn; **die ~ betätigen** *(geh)* to sound the [*or* one's] horn; **auf die ~ drücken** to beep [*or* press] the [*or* one's] horn

hu·pen ['huːpn̩] *vi* to sound the [*or* one's] horn, to beep [*or* hoot] [*or* honk] the [*or* one's] horn; ■ **das H~** horn-beeping

hüp·fen ['hʏpfn̩] *vi sein* to hop; *Lamm, Zicklein* to frisk, to gambol; *Ball* to bounce; **vor Freude ~** to jump for joy; **mein Herz hüpfte vor Freude** *(liter)* my heart leapt for joy

hup·fen ['hʊpfn̩] *vi sein bes* SÜDD, ÖSTERR *s.* **hüpfen** ▶ WENDUNGEN: **das ist gehupft wie gesprungen** *(fam)* it's six of one and half a dozen of the other

Hüp·fer *m*, **Hup·fer** <-s, -> *m* SÜDD, ÖSTERR hop, skip; **einen ~ machen** to hop; **mein Herz machte einen ~** my heart missed a beat

Hup·kon·zert *nt (fam)* cacophony of car horns; **ein ~ veranstalten** *(fig fam)* to honk like mad **Hup·sig·nal** *nt* beep, hoot **Hup·ton** *m* sound of a horn [*or* BRIT hooter] **Hup·zei·chen** *nt* **jdm ein ~ geben** [*o* **machen**] to hoot [*or* sound one's horn] at sb

Hur·de <-, -n> ['hʊrdə] *f* SCHWEIZ, SÜDD fruit and vegetable rack

Hür·de <-, -n> ['hʏrdə] *f* ➊ *(Leichtathletik, Reitsport)* hurdle; **eine ~ nehmen** [*o* **überspringen**] to take [*or* clear] a hurdle; **110 Meter ~n laufen** to run the 110 metres [*or* AM -ers] hurdles ➋ *(tragbare Einzäunung für Tiere)* fold, pen ▶ WENDUNGEN: **eine ~ nehmen** to overcome an obstacle

Hür·den·lauf *m* hurdling, hurdles *npl* **Hür·den·ren·nen** *nt* steeplechase

Hu·re <-, -n> ['huːrə] *f* ➊ *(pej: Frau)* whore, loose woman ➋ *(veraltend: Prostituierte)* whore *vulg sl*

hu·ren ['huːrən] *vi (pej fam)* to whore, to go whoring,

to sleep around *fam*

Hu·ren·bock *m (pej vulg)* randy goat *dated fam*, randy bugger BRIT *sl*, horny bastard AM *sl*, vulg **Hu·ren·sohn** *m (pej vulg)* son of a bitch, bastard

Hu·ron·see ['hjʊərən-, hu'roːn-] *m* Lake Huron

hur·ra [hʊ'raː] *interj* hurray [*or* hooray] [*or* hurrah]; **~ schreien** to yell hurray, to cheer

Hur·ra <-s, -s> [hʊ'raː] *nt* cheer; **ein dreifaches ~ [auf jdn/etw]** three cheers [for sb/sth]

Hur·ra·ruf *m* cheer [*or* hurray] [*or* hurrah]

Hur·ri·kan <-s, -e> [hʊrikan, 'harikŋ] *m* hurricane

hur·tig ['hʊrtɪç] *adj* DIAL *(veraltend)* quick, nimble; **sich** *akk* **~ davonmachen** to make a speedy exit

Hu·sar <-en, -en> [hu'zaːɐ̯] *m* hussar

husch [hʊʃ] *interj (fam: los, fort!)* shoo; **~, weg mit dir!** shoo, get away with you; *(schnell)* whoosh; **~, war er schon wieder verschwunden** and whoosh he'd gone again; **etw geht ~ ~** sth is done in a flash [*or fam* jiffy], sth is done at the double *dated fam*

hu·schen ['hʊʃn̩] *vi sein* to dart, to flit; *Maus* to scurry; *Licht* to flash; **ein Lächeln huschte über ihr Gesicht** a smile flitted across her face; **die Katze huscht von Baum zu Baum** the cat darts from tree to tree

hüs·teln ['hyːstl̩n] *vi* to cough [slightly]; **nervös ~** to clear one's throat

hus·ten ['huːstn̩] **I.** *vi* to cough; **wie lange hustest du schon?** how long have you had that cough?; **stark ~** to have a bad [*or* nasty] cough; ■ **auf etw** *akk* **~** *(fam)* to not give a damn about sth **II.** *vt (auswerfen)* ■ **etw** *akk* **~** to cough up sth *sep;* **Schleim/Blut ~** to cough up mucus/blood ▶ WENDUNGEN: **dem werde ich eins** [*o* **was**] **~** *(sl)* he can go jump in a lake [*or* go take a running jump], he can get lost

Hus·ten <-s> ['huːstn̩] *m kein pl* cough; **~ stillend** cough-relieving; **~ stillend wirken** to relieve a cough **Hus·ten·an·fall** *m* coughing fit **Hus·ten·bon·bon** *m o nt* cough drop [*or* BRIT sweet] **Hus·ten·mit·tel** *nt* cough medicine **Hus·ten·reiz** *m* tickly throat **Hus·ten·saft** *m* cough syrup [*or* mixture] **Hus·ten·tee** *m* herbal tea to relieve cough **Hus·ten·trop·fen** *pl* cough mixture

Hut¹ <-[e]s, Hüte> [huːt, *pl:* 'hyːtə] *m* ➊ *(Kopfbedeckung)* hat; **den ~ aufsetzen/abnehmen** to put on/ take off one's hat ➋ BOT *(oberer Teil bei Hutpilzen)* cap ▶ WENDUNGEN: **mit dem ~[e] in der Hand kommt man durch das ganze Land** *(prov)* a little politeness goes a long way; **ein alter ~ sein** *(fig)* to be old hat; **vor jdm/etw den ~ abnehmen** [*o* **ziehen**] to take one's hat off to sb/sth; **~ ab** [**vor jdm**]**!** *(fam)* hats off to sb!, well done!, I take my hat off [to sb]; **etw** *akk* **unter einen ~ bringen** [*o* **kriegen**] *(fam)* to reconcile sth, to accommodate sth; *(Termine)* to fit in sth; **man kann nicht alle Menschen unter einen ~ bringen** you can't please everyone all of the time; **mit jdm/etw nichts/nicht viel am ~ haben** *(fam)* to not have anything in common with/to not [really] go in for sb/sth; **eins auf den ~ kriegen** *(fam)* to get a dressing-down [*or* telling-off] *fam;* **den** [*o* **seinen**] **~ nehmen müssen** *(fam)* to have to pack one's bags *fig*, to have to step [*or* stand] down, to be dismissed; **etw** *akk* **an den ~ stecken können** *(fam)* to stick [*or* keep] sth *sl;* **da geht einem ja der ~ hoch** it's enough to make you blow your top

Hut² <-s> [huːt] *f (geh)* protection; **irgendwo/bei jdm in besser** [*o* **sicherer**] **~ sein** to be in safe hands somewhere/with sb; **ich habe die Diamanten in meiner ~** I have the diamonds in safe keeping; **auf der ~** [**vor jdm/etw**] **sein** to be on one's guard [against sb/sth]

Hut·ab·la·ge *f* hat shelf [*or* rack]; *(im Auto)* rear parcel shelf **Hut·band** *nt* hatband

Hüt·chen <-s, -> [ˈhyːtçən] *nt dim von* **Hut**[1] little hat
hü·ten [ˈhyːtn̩] **I.** *vt* ❶ *(beaufsichtigen)* ▪ jdn/etw ~ to look after sb/sth, to mind sb/sth; **Schafe** ~ to mind [*or* tend] sheep ❷ *(geh: bewahren)* ▪ etw ~ to keep sth; **etw sorgsam** ~ to look after sth carefully; **ein Geheimnis** ~ to keep [*or* guard] a secret; *s. a.* **Bett** *s. a.* **Haus II.** *vr (sich in Acht nehmen)* ▪ **sich** *akk* **vor** jdm/etw ~ to be on one's guard against sb/sth; **hüte dich vor unüberlegten Entscheidungen** beware of making rash decisions; ▪ **sich** *akk* ~, **etw zu tun** to take care not to do sth; **ich werde mich** [**schwer**] ~! *(fam)* not [bloody] likely! *sl*, I'll do nothing of the kind
Hü·ter(in) <-s, -> *m(f) (geh)* guardian; ~ **des Schatzes** custodian of the treasure; **ein** ~ **des Gesetzes** *(hum)* a custodian of the law; **Vieh~** herdsman
Hut·fe·der *f* [hat] feather **Hut·ge·schäft** *nt* ÖKON hat shop; *(für Herren)* hatter's; *(für Damen)* hat shop, milliner's **Hut·krem·pe** *f* brim [of a/the hat] **Hut·ma·cher(in)** *m(f)* hatter, hat maker; *für Damen* milliner **Hut·ma·te·ri·al** *nt* [hat] fabric **Hut·na·del** *f* hatpin **Hut·schach·tel** *f* hatbox
Hut·sche <-, -n> [ˈhʊtʃə] *f* SÜDD, ÖSTERR *(fam)* ❶ *(Schaukel)* swing ❷ *(pej sl: alte Schlampe)* old tart *pej fam*, old floozie [*or* floosie] [*or* floozy] *pej*, hum fam
hut·schen [ˈhʊtʃn̩] **I.** *vi* SÜDD, ÖSTERR *(fam: schaukeln)* to swing **II.** *vr (verschwinden, weggehen)* ▪ **sich** *akk* ~ to disappear; **hutsch dich!** get lost!
Hut·schnur *f* hat string [*or* cord]; ▶ WENDUNGEN: **etw geht jdm über die** ~ *(fam)* sth goes too far, sth oversteps the mark; **das geht mir über die** ~! now you've/she's, etc. really gone too far! **Hut·stän·der·m** hatstand
Hüt·te <-, -n> [ˈhʏtə] *f* ❶ *(kleines Haus)* hut; *(ärmliches Häuschen)* shack, humble abode *hum;* **eine** ~ **bauen** to build a hut; **die** ~ **der Eingeborenen** the natives' huts ❷ *(Berghütte)* [mountain] hut; *(Holzhütte)* cabin; *(Hundehütte)* kennel; *(Jagdhütte)* hunting lodge ❸ *(industrielle Anlage)* **Eisen~** iron and steel works; **Glas~** glassworks; **Ziegel~** brickworks **Hüt·ten·kä·se** *m* cottage cheese **Hüt·ten·schuh** *m* slipper sock
hut·ze·lig [ˈhʊtsəlɪç], **hutz·lig** [ˈhʊtslɪç] *adj (fam)* shrivelled [*or* AM *usu* shriveled]; **~es Obst** shrivelled fruit; **ein ~es Gesicht** a wizened [*or* wrinkled] [*or* wrinkly] face
Hy·ä·ne <-, -n> [hyɛ̃ːnə] *f (hundeähnliches Raubtier)* hy[a]ena ❷ *(pej fam: profitgieriger, skrupelloser Mensch)* unscrupulous rogue
Hy·ä·nen·hund *m* ZOOL African hunting dog
Hy·a·zin·the <-, -n> [hyaˈtsɪntə] *f* hyacinth
hy·brid [hyˈbriːt] *adj* ❶ *(fachspr)* hybrid ❷ *(geh: hochmütig)* arrogant
Hy·brid·an·trieb *m* hybrid drive
Hy·bri·de <-, -n> [hyˈbriːdə] *f* hybrid
Hy·brid·rech·ner *m* hybrid computer **Hy·brid·züchtung** *f* ❶ *(Vorgang der Züchtung)* hybrid breeding *no pl*, hybridizing ❷ *(Ergebnis der Züchtung)* hybrid
Hy·bris <-> [ˈhyːbrɪs] *f kein pl (geh)* hubris *form*
Hy·dra[1] <-> [ˈhyːdra] *f* ❶ *(griechisches Fabelwesen)* Hydra ❷ *kein pl (fig: gefährliches Phänomen)* hydra; **die gefährliche** ~ **des Imperialismus** the treacherous hydra of imperialism ❸ *(Sternbild)* Hydra the water serpent]
Hy·dra[2] <-, Hydren> [ˈhyːdra, *pl:* -drən] *f (Süßwasserpolyp)* hydra
Hy·drant <-en, -en> [hyˈdrant] *m* hydrant
Hy·drau·lik <-> [hyˈdraʊlɪk] *f kein pl* ❶ *(hydraulisches System)* hydraulic system, hydraulics *npl;* **die** ~ **der Bremse** the brake's hydraulics ❷ *(wissenschaftliche Lehre)* hydraulics + *sing vb*
hy·drau·lisch [hyˈdraʊlɪʃ] *adj* hydraulic

Hy·dro·kul·tur *f* hydroponics + *sing vb spec* **Hy·dro·ly·se** <-, -n> [hydroˈlyːzə] *f* hydrolysis **hy·dro·phil** [hydroˈfiːl] *adj* BIOL, CHEM hydrophilic **hy·dro·phob** [hydroˈfoːp] *adj* BIOL, CHEM hydrophobic **Hy·dro·tech·nik** [hydroˈtɛçnɪk] *f* hydraulic engineering **hy·dro·tech·nisch** *adj* hydraulic engineering *attr* **hy·dro·the·ra·peu·tisch** [hydroteraˈpɔʏtɪʃ] *adj* hydrotherapeutic **Hy·dro·the·ra·pie** [hydrotɛraˈpiː] *f* hydrotherapy, hydrotherapeutics + *sing vb*
Hy·gi·e·ne <-> [hyˈgɪeːnə] *f kein pl* hygiene *no pl*
hy·gi·e·nisch [hyˈgɪeːnɪʃ] *adj* hygienic; **eine** ~ **Überwachung** hygienic precautions; **eine** ~ **Aufbewahrung ist sehr wichtig** this must be kept in hygienic conditions
Hy·gro·me·ter <-s, -> [hygroˈmeːtɐ] *nt* hygrometer
Hy·men <-s, -> [ˈhyːmən] *nt o m (fachspr)* hymen, maidenhead
Hym·ne <-, -n> [ˈhʏmnə] *f* ❶ *(Loblied)* hymn ❷ *(feierliches Gedicht)* literary hymn; **eine** ~ **auf die Liebe** a literary hymn to love ❸ *(kurz für Nationalhymne)* national anthem; **die** ~ **spielen** to play the [national] anthem
hy·per·ak·tiv *adj* hyperactive
Hy·per·bel <-, -n> [hyˈpɛrbl̩] *f* ❶ MATH hyperbola *spec* ❷ LING *(rhetorische Figur)* hyperbole
hy·per·bo·lisch [hypɛˈboːlɪʃ] *adj* ❶ MATH hyperbolic ❷ LING *(Hyperbeln aufweisend)* hyperbolic[all]; **eine ~e Wendung** a hyperbolic phrase [*or* expression]
hy·per·kor·rekt [ˈhypɐkɔrɛkt] *adj inv* ❶ *(übertrieben korrekt)* hypercorrect, excessively correct ❷ LING hypercorrect **hy·per·mo·dern** [hypɐ-] *adj (fam)* ultramodern **hy·per·sen·si·bel** [hypɐ-] *adj* hypersensitive
Hy·per·to·nie <-, -n> [hypɐtoˈniː, *pl:* -ˈniːən] *f* MED ❶ *(Bluthochdruck)* hypertension *spec*, high blood pressure ❷ *(gesteigerte Muskelspannung)* hypertonia ❸ *(erhöhte Spannung im Augapfel)* hypertonia
hy·per·troph [hypɐˈtroːf] *adj (fachspr)* ❶ MED *(Hypertrophie aufweisend)* hypertrophic[al] *spec;* **~es Gewebe** hypertrophic tissue ❷ *(geh: übersteigert, übermäßig)* hypertrophied *liter;* **ein ~es Geltungsbedürfnis** an excessive need to be admired
Hy·per·tro·phie <-, -n> [hypɐtroˈfiː, *pl:* -ˈfiːən] *f (fachspr)* ❶ MED, BIOL hypertrophy *spec;* ~ **der Muskeln** muscular hypertrophy ❷ *(geh: Übermaß)* excess; **eine** ~ **des Selbstbewusstseins** an enormous ego
Hy·per·ven·ti·la·ti·on [hypɐvɛntilaˈtsi̯oːn] *f* MED hyperventilation
Hyp·no·se <-, -n> [hʏpˈnoːzə] *f* hypnosis; **in** ~ **fallen** to fall [*or* go] into a hypnotic trance; **unter** ~ **stehen** to be under hypnosis; **jdn in** ~ **versetzen** to hypnotize sb, to put sb under hypnosis; **in** ~ under hypnosis; **aus der** ~ **erwecken** to come out of a hypnotic trance
hyp·no·tisch [hʏpˈnoːtɪʃ] *adj* hypnotic; **ein ~er Schlaf** a hypnotic trance; **~e Kräfte** hypnotic powers; **die ~e Wirkung von Musik** the hypnotic effect of music
Hyp·no·ti·seur(in) <-s, -e> [hʏpnotiˈzøːɐ̯] *m(f)* hypnotist
hyp·no·ti·sier·bar *adj* hypnotizable; **manche Menschen sind leichter** ~ **als andere** some people are easier to hypnotize than others
hyp·no·ti·sie·ren [hʏpnotiˈziːrən] *vt* ▪ jdn ~ to hypnotize sb; **wie hypnotisiert** as if hypnotized; **hypnotisiert von etw** *dat* **sein** *(fig)* to be hypnotized by sth; **sie war ganz hypnotisiert von seinen Worten** she was hypnotized [*or* entranced] by his words
Hy·po·chon·der <-s, -> [hypoˈxɔndɐ] *m* hypochondriac
Hy·po·phy·se <-, -n> [hypoˈfyːzə] *f* ANAT pituitary gland *spec*
Hy·po·te·nu·se <-, -n> [hypoteˈnuːzə] *f* hypotenuse

Hy·po·tha·la·mus <-, Hypothalami> [hypo'ta:lamʊs, *pl:* -mi] *m* ANAT hypothalamus

Hy·po·thek <-, -en> [hypo'te:k] *f* ❶ *(Grundpfandrecht)* mortgage; **die erste/zweite/dritte ~** the first/second/third mortgage; **eine ~ auf seinem Haus haben** to have mortgaged one's house; **eine ~** [auf etw *akk*] **aufnehmen** to take out a mortgage [on sth]; **eine ~ eintragen** to register a mortgage ❷ *(geh: Belastung)* burden; *(fig a.)* millstone around one's neck

Hy·po·the·ken·bank <-banken> *f* bank dealing primarily with mortgage business **Hy·po·the·kenbrief** *m* mortgage certificate [*or* deed] **Hy·po·theken·gläu·bi·ger(in)** *m(f)* mortgagee **Hy·po·the·ken·**

schuld *f* ÖKON mortgage debt **Hy·po·the·kenschuld·ner(in)** *m(f)* mortgagor **Hy·po·the·ken·zinsen** *pl* mortgage interest

Hy·po·the·se <-, -n> [hypo'te:zə] *f* hypothesis; **eine ~ aufstellen/widerlegen** to advance/refute a hypothesis

hy·po·the·tisch [hypo'te:tɪʃ] *adj* hypothetical

Hys·te·rie <-, -n> [hʏste'ri:] *f* ❶ MED hysteria ❷ *(Erregung)* hysteria; **man spürte eine allgemeine ~** there was a general air of hysteria

hys·te·risch [hʏs'te:rɪʃ] *adj* ❶ MED hysterical; **einen ~en Anfall haben** to have hysterics ❷ *(nervös)* hysterical

---

I i

I, i <-, - *o fam* -s, -s> [i:] *nt (Buchstabe)* I, i; **~ wie Ida** I for Isaac BRIT, I as in Item AM; *s. a.* **A 1** ▶ WENDUNGEN: **das Tüpfelchen auf dem ~** the final touch, the cherry on top

i [i:] *interj* ❶ *(fam: Ausdruck von Ablehnung, Ekel)* ugh; **~, wie ekelig** ugh, that's horrible ❷ *(abwertend)* **~ wo!** no way! *fam*

i.A. *Abk von* **im Auftrag** *pp*

iah [i'i:'a:] *interj* hee-haw

ibe·risch [i'be:rɪʃ] *adj* Iberian

Ibis <-, -se> ['i:bɪs] *m* ORN ibis

Ibi·za [i'bɪtsa] *nt* Ibiza; *s. a.* **Sylt**

IC <-s, -s> [i:'tse:] *m Abk von* **Intercity**

ICE <-s, -s> [i:tse:'ʔe:] *m Abk von* **Intercity Express** *a high speed train*

ICE-Zu·schlag *m* Intercity Express surcharge

ich <*gen:* meiner, *dat:* mir, *akk:* mich> [ɪç] *pron pers* I, me; **~ bin/war es** it's/it was me; **~ bin es, dein Onkel Hans** it's me, Uncle Hans; **~ nicht!** not me!; **~, der/die ...** me, who ...; **~, der immer putzt ...** me, who always cleans ...; **~ selbst** I myself; **nicht einmal ~ selbst könnte** die beiden Bilder ausenanderhalten not even I could tell the difference between the two pictures; *s. a.* **meiner** *s. a.* **mir** *s. a.* **mich** *s. a.* **immer**

Ich <-[s], -s> [ɪç] *nt* ❶ *(das Selbst)* self ❷ PSYCH *(Ego)* ego; **jds anderes** [*o* zweites] **~** sb's alter ego; **jds besseres ~** sb's better self

ich·be·zo·gen *adj* egocentric; *Äußerung* egotistic **Icher·zäh·lung** *f* first-person narrative **Ich·form** *f* first person form; **in der ~** in the first person

Icon <-s, -> ['aɪkən] *nt* INFORM icon

IC-Zu·schlag *m* Intercity surcharge

ide·al [ide'a:l] **I.** *adj* ideal; **eine ~e Lage** an ideal position; **~e Bedingungen** ideal conditions **II.** *adv* ideally; **~ wohnen** to live in an ideal location

Ide·al <-s, -e> [ide'a:l] *nt* ❶ *(erstrebenswerte Idee)* ideal; **das künstlerische ~** the artistic ideal; [noch] **~e haben** to [still] have ideals; **keine ~e mehr haben** to no longer have any ideals ❷ *(Idealbild)* ideal; **das ~ einer Frau** the ideal woman; **das ~ der Schönheit** the ideal of beauty; **eine ~ an Gerechtigkeit** an ideal vision of justice

Ide·al·bild *nt* ideal **Ide·al·fall** *m* ideal case; **im ~[e]** ideally **Ide·al·fi·gur** *f* ideal figure **Ide·al·ge·wicht** *nt* ideal [*or* optimum] weight

ide·a·li·sie·ren* [ideali'zi:rən] *vt* ■ jdn/etw ~ to idealize sb/sth; **ein idealisierendes Bild von etw** *dat* **haben** to have an idealized picture of sth

Ide·a·li·sie·rung <-, -en> *f* idealization

Ide·a·lis·mus <-> [idea'lɪsmʊs] *m kein pl* idealism

Ide·a·list(in) <-en, -en> [idea'lɪst] *m(f)* idealist

ide·a·lis·tisch *adj* idealistic

Ide·al·maß *nt* ideal shape **Ide·al·vor·stel·lung** *f* ideal **Ide·al·zu·stand** *m* ideal situation

Idee <-, -n> [i'de:, *pl:* i'de:ən] *f* ❶ *(Einfall, Vorstellung)* idea; **eine blendende** [*o* glänzende] **~** *(fam)* a bright idea; **eine fixe ~** obsession; **eine ~ haben** *(fig)* to have an idea; **du hast manchmal ~n!** the ideas [*or* things] you come up with!; **keine** [*o fam:* nicht die leiseste] **~ haben** to have no idea, to not have the faintest idea; **hast du eine ~, wo er sein könnte** do you have any idea where he might be?; **jdn auf eine ~ bringen** to give sb an idea; **eine ~ aufgreifen/übernehmen** to pick up on an idea; **wer hat Sie denn auf diese ~ gebracht?** who put this idea into your head?; **jdn auf die ~ bringen, etw** *akk* **zu tun** to give sb the idea of doing sth; **jdn auf andere ~n bringen** to take sb's mind off of sth/ it; **auf eine ~ kommen** to get [*or* hit upon] an idea, to come up with an idea; **wie kommst du denn auf die ~?** whatever gave you that idea?; **jdm kommt eine ~** sb gets an idea, sb comes up with an idea; **mir kommt da gerade eine ~** I've just had an idea; **auf die ~ kommen, etw** *akk* **zu tun** *(fam)* to decide to do sth, to come up with the idea of doing sth ❷ *(ideale Vorstellung, Leitbild)* ideal; **humanistische ~n** humanistic ideas; **für seine ~ kämpfen** to fight for one's ideals; **die ~ eines vereinten Europas** the idea of a united Europe [*or* European Union] ❸ *(ein wenig)* **keine ~ besser sein** *(fam)* to be not one bit better; **eine ~ ...** a touch ..., a tad ... *fam;* **die Hose ist eine ~ zu eng** these trousers are a bit too tight

ide·ell [ide'ɛl] *adj* spiritual; **der ~e Wert zählt** the intrinsic value counts

ide·en·arm *adj* unimaginative **Ide·en·ge·halt** *m* ideal **Ide·en·gut** *nt kein pl* set of ideas **ide·en·los** *adj* unimaginative, devoid of ideas **Ide·en·lo·sig·keit** <-> *f kein pl* unimaginativeness *no pl*, lack of imagination **ide·en·reich** *adj* imaginative, full of ideas **Ide·en·reich·tum** *m kein pl* imaginativeness *no pl*, inventiveness *no pl* **Ide·en·welt** *f* world of ideas; **die ~ der Antike** the ideas of the ancient world

Iden ['i:dn] *pl* Ides + *sing/pl vb*; **die ~ des März** the Ides of March

Iden·ti·fi·ka·ti·on <-, -en> [idɛntifika'tsi̯on] *f* ❶ PSYCH identification; ■ jds ~ [mit jdm/etw] sb's identification [with sb/sth] ❷ *s.* **Identifizierung**

Iden·ti·fi·ka·tions·fi·gur f role model
iden·ti·fi·zie·ren' [idɛntifi'tsi:rən] I. vt ⓐ (die Identität feststellen) ■ jdn/etw [als etw akk] ~ to identify sb/sth [as sth]; **bitte ~ Sie sich** please identify yourself ⓑ (gleichsetzen) ■ jdn mit etw dat ~ to identify sb with sth II. vr ■ sich akk mit jdm/etw ~ to identify with sb/sth; **sich akk mit seinem Beruf ~** to be married to one's job; **ich kann mich nicht mit den Idealen der Partei ~** I can't relate to the party's ideals
Iden·ti·fi·zie·rung <-, -en> f identification
iden·tisch [i'dɛntɪʃ] adj identical; ■ [mit jdm] ~ sein to be identical [to sb]; **die Bilder sind völlig ~** the pictures are indistinguishable [or identical]
Iden·ti·tät <-> [idɛnti'tɛ:t] f kein pl ⓐ (Echtheit) identity; **seine ~ suchen/finden** to look for/find one's identity ⓑ (Übereinstimmung) identicalness
Iden·ti·täts·kar·te f bes SCHWEIZ (Personalausweis) identity card **Iden·ti·täts·kri·se** f PSYCH identity crisis
iden·ti·täts·stif·tend adj inv SOZIOL (geh) serving identity development **Iden·ti·täts·ver·lust** m kein pl PSYCH loss of identity no pl
Ideo·lo·ge, Ideo·lo·gin <-n, -n> [ideo'lo:gə, -'lo:gɪn] m, f ⓐ (Vertreter einer Ideologie) ideologist, ideologue ⓑ (veraltend: weltfremder Schwärmer) hopeless idealist
Ideo·lo·gie <-, -n> [ideolo'gi:, pl: ideolo'gi:ən] f ideology; **demokratische ~** democratic ideology; **politische ~n** political ideology sing
ideo·lo·gie·frei adj POL, SOZIOL, PHILOS free of ideologies
Ideo·lo·gin <-, -nen> f fem form von **Ideologe**
ideo·lo·gisch [ideo'lo:gɪʃ] I. adj ⓐ (eine Ideologie betreffend) ideologic[al]; **~e Vorgaben** ideological premises; **~ gefestigt sein** to be ideologically sound ⓑ (pej veraltend: weltfremden Theorien anhängend) idealist II. adv ideologically
Idi·om <-s, -e> [i'di̯o:m] nt ⓐ (geh: eigentümlicher Sprachgebrauch einer Gruppe) idiom; **ein schwer verständliches ~** an almost incomprehensible idiom ⓑ (Redewendung) idiom, saying
Idio·ma·tik <-> [idi̯o'ma:tɪk] f kein pl ⓐ (Wissenschaft) idiomology ⓑ (Aufstellung von Redewendungen) glossary of idioms
idio·ma·tisch [idi̯o'ma:tɪʃ] I. adj idiomatic II. adv idiomatically
Idi·ot(in) <-en, -en> [i'di̯o:t] m(f) ⓐ (pej fam: Dummkopf) idiot, prat BRIT ⓑ MED (veraltet: Schwachsinniger) idiot
Idi·o·ten·hü·gel m (hum fam) nursery [or beginner's] slope **idi·o·ten·si·cher** I. adj (hum fam) foolproof II. adv (fam) effortlessly
Idio·tie <-, -n> [idi̯o'ti:] f ⓐ (pej fam: dummes Verhalten) idiocy ⓑ MED (veraltet: Schwachsinn) idiocy
Idio·tin <-, -nen> f fem form von **Idiot**
idio·tisch [i'di̯o:tɪʃ] adj (fam) idiotic, stupid; **etw ~ finden** to find sth idiotic; **wie ~ von mir** how stupid [or idiotic] of me
Idol <-s, -e> [i'do:l] nt ⓐ (Vorbild) idol; **in jdm ein ~ sehen** to see sb as one's idol; **zum ~ werden** to become an idol ⓑ KUNST (Götzenbild) idol
Idyll <-s, -e> [i'dʏl] nt idyll; **ein ländliches ~** a rural [or pastoral] idyll
Idyl·le <-, -n> [i'dʏlə] f ⓐ LIT (Darstellung) idyll ⓑ (Zustand) idyll, idyllic situation
idyl·lisch [i'dʏlɪʃ] I. adj ⓐ (einem Idyll gemäß) idyllic; **eine ~e Landschaft** an idyllic countryside ⓑ LIT (pastoral friedlich) idyllic II. adv idyllically
IG <-, -s> f Abk von **Industriegewerkschaft**
Igel <-s, -> ['i:gl̩] m ⓐ (Stacheltier) hedgehog ⓑ (hum fam: sehr kurzer Haarschnitt) crew cut
igitt, igitt·igitt [i'gɪt(igɪt)] interj ugh, yuk
Ig·lu <-s, -s> ['i:glu] m o nt igloo
Ig·no·rant(in) <-en, -en> [ɪgno'rant] m(f) (pej geh)

ignoramus hum form; **künstlerischer ~** sb with no idea about art
Ig·no·ranz <-> [ɪgno'rants] f kein pl (pej geh) ignorance no pl
ig·no·rie·ren' [ɪgno'ri:rən] vt ■ jdn/etw ~ to ignore sb/sth; ■ ~, dass to ignore the fact that
IHK <-, -s> [i:ha:'ka:] f Abk von **Industrie- und Handelskammer**
ihm [i:m] pron pers dat von **er**, s. **es¹** ⓐ (dem Genannten) him; **es geht ~ nicht gut** he doesn't feel very well; nach Präpositionen him; **ich war gestern bei ~** I was at his place yesterday; **das ist ein Freund von ~** he's a friend of his ⓑ bei Tieren und Dingen (dem genannten Tier oder Ding) it; bei Haustieren him
ihn [i:n] pron pers akk von **er** ⓐ (den Genannten) him; **ich liebe ~** I love him ⓑ bei Tieren und Dingen (das genannte Tier oder Ding) it; bei Haustieren him
ih·nen ['i:nən] pron pers dat pl von **sie** them; nach Präpositionen them; **ich war die ganze Zeit bei ~** I was at their place the whole time
Ih·nen ['i:nən] pron pers dat sg o pl von **Sie** you; **schönes Wochenende! ~ ~ auch** have a nice weekend! – you too [or and you]; nach Präpositionen you
ihr¹ <gen: euer, dat: euch, akk: euch> [i:ɐ̯] pron pers 2. pers pl nomin von **sie** you ⓐ (Anrede an Personen, die man duzt) ~ **seid herzlich willkommen** you're very welcome; **~ Lieben!** my dears! ⓑ (veraltet: Anrede an Einzelperson) thou hist
ihr² [i:ɐ̯] pron pers dat sing von **sie** (der Genannten) her; **ich habe ~ vertraut** I trusted her
ihr³ [i:ɐ̯] pron poss, adjektivisch ⓐ sing her; **~ Kleid** her dress; **~ letzter Film** her last film ⓑ pl their; **Eltern mit ~en Kindern** parents with their children
Ihr [i:ɐ̯] pron poss, adjektivisch ⓐ sing your; **~ Brief hat mich sehr berührt** your letter was very touching ⓑ pl your; **wir freuen uns über ~ zahlreiches Erscheinen** we are pleased to see so many of you here today
ih·re(r, s) pron poss, substantivisch ⓐ sing (dieser weiblichen Person) hers; **das ist nicht seine Aufgabe, sondern ~** that isn't his task, it's hers; ■ der/die/das ~ hers ⓑ pl theirs
Ih·re(r, s)¹ pron poss, substantivisch, auf Sie bezüglich ⓐ sing your; ■ der/die/das ~ yours; **ich bin ganz/stets der ~** I am always at your service ⓑ pl your; ■ der/die/das ~ yours ⓒ sing und pl (Angehörige) ■ die ~n your loved ones ⓓ sing und pl (Eigentum) ■ das ~ yours; (was Ihnen zukommt) what you deserve; **Sie haben alle das ~ getan** they have all done their bit
Ih·re(r, s)² pron poss, substantivisch, auf sie sing bezüglich ⓐ (Angehörige) ■ der/die| ~[n] her loved one[s]; **sie dachte immer an die ~n** she always thought of her family ⓑ (Eigentum) ■ das ~ hers ⓒ (was ihr zukommt) **das ~ besteht darin, sich um die Korrespondenz zu kümmern** it's her job to deal with the correspondence
Ih·re(r, s)³ pron poss, substantivisch, auf sie pl bezüglich ⓐ (Angehörige) ■ der/die| ~[n] their loved ones ⓑ (Eigentum) ■ das ~ their things ⓒ (was ihnen zukommt) **nun müssen die Mitarbeiter das ~ tun** now the workers have to do their bit
ih·rer pron pers gen von **sie** ⓐ sing (geh) her ⓑ pl (geh) them; **es waren ~ sechs** there were six of them
Ih·rer pron pers (geh) gen von **Sie** ⓐ sing [of] you ⓑ pl you
ih·rer·seits ['i:re'zaits] adv ⓐ sing for her [or its] part ⓑ pl for their part
Ih·rer·seits ['i:re'zaits] adv sing o pl (von Ihrer Seite aus) for your part

ih·res·glei·chen ['iːrəs'glaiçn̩] *pron inv* ❶ *sing (Leute wie sie [sing f])* her [own] kind, people like her, her sort, the likes of her *pej;* **sie pflegt nur Kontakte zu ~** she only has contact with her own kind ❷ *pl (Leute wie sie)* their [own] kind

Ih·res·glei·chen ['iːrəs'glaiçn̩] *pron inv* ❶ *sing (Leute wie Sie)* people like you; **Sie umgeben sich nur mit ~** you are only surrounded by your own sort ❷ *pl (pej: Leute wie Sie)* your [own] kind ❸ *(solches Pack wie Sie)* your sort, the likes of you *a pej;* **ich kenne [Sie und] ~** I know your kind!

ih·ret·hal·ben ['iːrət'halbn̩] *adv (veraltend) s.* **ihretwegen**

Ih·ret·hal·ben ['iːrət'halbn̩] *adv (veraltend) s.* **Ihretwegen**

ih·ret·we·gen ['iːrət'veːgn̩] *adv* ❶ *fem sing (wegen ihr)* as far as she is/was concerned; **~ brauchen wir uns keine Sorgen zu machen** we don't need to worry about her ❷ *pl (wegen ihnen)* as far as they are/were concerned; **ich mache mir ~ schon Sorgen** I'm starting to worry about them

Ih·ret·we·gen ['iːrət'veːgn̩] *adv sing/pl* because of you, for you; **ich bin nur ~ hiergeblieben** I've only stayed here for you

ih·ret·wil·len ['iːrət'vɪlən] *adv* ▪ **etw** *akk* **um ~ tun** *(ihr zuliebe)* to do sth for her [sake]; *(ihnen zuliebe)* for them, for their sake

Ih·ret·wil·len ['iːrət'vɪlən] *adv sing und pl* ▪ **etw** *akk* **um ~ tun** to do sth for you, for your sake; **das tue ich nur um ~** I'm only doing it because it's you

ih·ri·ge(r, s ⟨-n, -n⟩ ['iːrɪgə, 'iːrɪgɐ, 'iːrɪgəs] *pron poss (veraltend geh) s.* **ihre(r, s)**

Ih·ri·ge(r, s ⟨-n, -n⟩ ['iːrɪgə, 'iːrɪgɐ, 'iːrɪgəs] *pron poss (veraltend geh) s.* **Ihre(r, s)**

i. J. *Abk von* **im Jahre** in the year of

Iko·ne ⟨-, -n⟩ [i'koːnə] *f* icon

Iko·nen·blick *m* expression in the eyes of icons; **ein schwermütiger ~** melancholy eyes typical of icons

Ilex ⟨-⟩ ['iːlɛks] *m kein pl* BOT holly

il·le·gal ['ɪlegaːl] *adj* illegal

Il·le·ga·li·tät ⟨-, -en⟩ ['ɪlegalitɛːt, ɪlegali'tɛːt] *f* ❶ *kein pl (Gesetzwidrigkeit)* illegality; **in der ~ leben** to lead a life of crime ❷ *(illegale Tätigkeit)* something illegal; **ich beteilige mich nicht an ~en** I'm not getting involved in anything illegal

il·le·gi·tim ['ɪlegitiːm, ɪlegi'tiːm] *adj* ❶ *(unrechtmäßig)* unlawful, illegitimate; **eine ~e Thronfolge** an illegitimate line of succession ❷ *(unehelich)* illegitimate; **ein ~es Kind** an illegitimate child ❸ *(nicht berechtigt)* wrongful; **eine ~e Forderung** an unjust demand

il·li·quid ['ɪlikviːt, ɪlik'viːt] *adj (fachspr)* illiquid *spec*

il·lo·yal ['ɪlɔaːjaːl, ɪlɔa'jaːl] I. *adj (geh)* disloyal; **eine ~e Einstellung gegenüber jdm/etw haben** to have a disloyal attitude towards sb/sth II. *adv* disloyally; **sich** *akk* **~ gegenüber jdm/etw verhalten** to behave disloyally towards sb/sth

Il·lo·ya·li·tät ⟨-, -en⟩ ['ɪlɔajalitɛːt, ɪlɔajali'tɛːt] *f pl selten (geh)* disloyalty

Il·lu·mi·na·ti·on ⟨-, -en⟩ [ɪlumina'tsi̯oːn] *f* ❶ *(Beleuchtung)* illumination *form* ❷ REL *(göttliche Erleuchtung)* enlightenment ❸ KUNST *(Buchmalerei)* illumination

il·lu·mi·nie·ren˚ [ɪlumi'niːrən] *vt (geh)* ❶ *(festlich beleuchten)* ▪ **etw ~** to illuminate sth *form* ❷ KUNST *(mit Buchmalerei versehen)* to illuminate

Il·lu·si·on ⟨-, -en⟩ [ɪlu'zi̯oːn] *f* illusion; **kindliche ~en** childish illusions; **~en haben** to have illusions, to delude oneself; **sich** *akk* **einer ~** *dat* **hingeben** to be under an illusion; **sich** *akk* **der ~ hingeben, [dass]** to be under the illusion [that]; **sich** *dat* **[über etw** *akk*] **~en machen** to harbour [*or* AM -or] illusions [about sth]; **einer ~ nachjagen** to chase dreams; **sich**

dat **keine ~en machen** to not have any illusions; **jdm alle ~en nehmen** [*o* **rauben**] to dispel [*or* strip sb of] all of sb's illusions

il·lu·si·o·när [ɪluzi̯o'nɛːɐ̯] *adj (geh)* ❶ *(auf Illusionen beruhend)* illusory *form;* **er hat völlig ~e Vorstellungen vom Leben** he has totally illusory conceptions of life ❷ KUNST illusionary

il·lu·si·ons·los *adj* without any illusions *pred,* having no illusions *pred*

il·lu·so·risch [ɪlu'zoːrɪʃ] *adj* ❶ *(trügerisch)* illusory ❷ *(zwecklos)* pointless, futile

il·lus·ter [ɪ'lʊstɐ] *adj (geh)* illustrious *fam;* **ein illustrer Kreis** an illustrious circle

Il·lus·tra·ti·on ⟨-, -en⟩ [ɪlʊstra'tsi̯oːn] *f* ❶ *(Abbildung zu einem Text)* illustration ❷ *(Veranschaulichung)* illustration; **zur ~ von etw** to illustrate sth

il·lus·tra·tiv [ɪlʊstra'tiːf] *adj (geh)* ❶ *(als Illustration dienend)* illustrative; **eine ~e Zeichnung** an illustrational drawing ❷ *(anschaulich)* illustrative, illustratory

Il·lus·tra·tor(in) ⟨-s, -toren⟩ [ɪlʊs'traːtoɐ̯, *pl:* ɪlʊstra'toːrən] *m(f)* illustrator

il·lus·trie·ren˚ [ɪlʊs'triːrən] *vt* ❶ *(bebildern)* ▪ **etw [mit etw** *dat*] **~** to illustrate sth [with sth] ❷ *(geh: veranschaulichen)* ▪ **[jdm] etw ~** to illustrate sth [to/for sb]

Il·lus·trier·te ⟨-n, -n⟩ *f* magazine, illustrated *dated*

Il·lus·trie·rung ⟨-, -en⟩ *f* illustration

Il·tis ⟨-ses, -se⟩ ['ɪltɪs] *m* ❶ *(Raubtier)* polecat ❷ *(Fell des ~)* polecat [fur], fitch; **[einen] ~ tragen** to wear [a] polecat fur

im [ɪm] = **in dem** ❶ *(sich dort befindend)* in the; **~ Bett** in bed; **~ Haus** at the house; **~ Januar** in January; **~ Begriff sein, etw zu tun** to be about to do sth; **~ Prinzip** in principle; **~ Bau sein** to be under construction ❷ *(dabei seiend, etw zu tun)* while; **etw ist ~ Kommen** sth is coming; **er ist noch ~ Wachsen** he is still growing; *s. a.* **in¹**

IM ⟨-s, -s⟩ [iː'ʔɛm] *m o f Abk von* **inoffizieller Mitarbeiter** [Stasi] collaborator

Image ⟨-[s], -s⟩ ['ɪmɪtʃ] *nt* image; **ein gutes/ schlechtes ~ haben** to have a good/poor image; **jds ~ aufpolieren** to improve sb's image; **sein ~ pflegen** to be image-conscious

Image·pfle·ge *f kein pl* image-making *no pl;* **~ treiben** to maintain an image **Image·ver·lust** *m* blow to one's image, loss of face *fam*

ima·gi·när [imagi'nɛːɐ̯] *adj (geh)* imaginary

Ima·gi·na·ti·on ⟨-, -en⟩ [imagina'tsi̯oːn] *f (geh)* imagination

Imam ⟨-s, -e⟩ [i'maːm] *m* Imam

Im·biss [ˈɪmbɪs] RR ⟨-es, -e⟩ ['ɪmbɪs] *m,* **Im·biß** ALT ⟨-sses, -sse⟩ *m* ❶ *(kleine Mahlzeit)* snack; **einen ~ zu sich nehmen** to have a snack; **einen ~ reichen** to offer a snack ❷ *(fam) s.* **Imbissstand**

Im·biss·hal·le RR *f* fast food restaurant **Im·biss·stand** RR *m* fast food stall **Im·biss·stu·be** RR *f* snack bar, cafe

Imi·ta·ti·on ⟨-, -en⟩ [imita'tsi̯oːn] *f* imitation

Imi·ta·tor(in) ⟨-s, -toren⟩ [imi'taːtoɐ̯, *pl:* imi-ta'toːrən] *m(f)* imitator; *(von Personen)* impressionist

imi·tie·ren˚ [imi'tiːrən] *vt* ▪ **etw ~** to imitate sth; ▪ **jdn ~** to imitate sb; *(im Kabarett)* to impersonate sb; **imitierter Schmuck** imitation jewellery [*or* AM *usu* jewelry]

Im·ker(in ⟨-s, -⟩ ['ɪmkɐ] *m(f)* bee-keeper, apiarist

Im·ke·rei ⟨-, -en⟩ [ɪmkə'rai] *f (Betrieb)* apiary; *(Beruf, Bienenzucht)* beekeeping, apiculture

Im·ke·rin ⟨-, -nen⟩ *f fem form von* **Imker**

im·ma·te·ri·ell ['ɪmateɾi̯ɛl, ɪmateɾ'i̯ɛl] *adj (geh)* immaterial

Im·ma·tri·ku·la·ti·on ⟨-, -en⟩ [ɪmatrikula'tsi̯oːn] *f* matriculation; *(an der Universität)* registration

im·ma·tri·ku·lie·ren˚ [ɪmatriku'liːrən] **I.** *vt* ❶ *(einschreiben)* ▪ **jdn** ~ to matriculate [*or* register] sb; ▪ **immatrikuliert sein** to be matriculated *form,* to be registered ❷ SCHWEIZ *(zulassen)* **ein Fahrzeug** ~ to register a vehicle **II.** *vr (sich einschreiben)* ▪ **sich** *akk* ~ to matriculate, to register

im·mens [ɪ'mɛns] *adj (geh)* immense, huge

im·mer ['ɪmɐ] **I.** *adv* ❶ *(ständig, jedes Mal)* always, all the time; **hier scheint** ~ **die Sonne** the sun always shines here [*or* the sun shines all the time here]; **das wollte ich** ~ **schon einmal tun** I've always wanted to do that; **für** ~ forever; ~ **und ewig** for ever and ever; **wie** ~ as usual; ~ **weiter** just [you] carry on, go ahead; ~ **langsam voran!** take your time!; ~ **mit der Ruhe** take it easy; **nur** ~ **her damit** hand it over; ~**, wenn** every time; ~**, wenn ich spazieren will, regnet es** why does it always rain when I want to go for a walk?; ~ **wieder** again and again, over and over [again]; **etw** ~ **wieder tun** to keep on doing sth ❷ *(zunehmend)* increasingly; ~ **häufiger** more and more frequently; ~ **mehr** more and more ❸ *(fam: jeweils)* each; ~ **am vierten Tag** every fourth day; **er nahm** ~ **zwei Stufen auf einmal** he took two steps at a time **II.** *part [nur]* ~ **her damit!** *(fam)* let's have it/them then! *fam,* hand it/them over! *fam;* ~ **mal** *(fam)* now and again; ~ **noch** still; ~ **noch nicht** still not; **ist er denn** ~ **noch nicht zurück?** is he still not back?; **wann/was/wer/wie/wo** [auch] ~ whenever/whatever/whoever/however/wherever

im·mer·dar ['ɪmɐ'daːɐ̯] *adv (geh)* forever; **jetzt und** ~ for now and ever more; **"~ und in alle Ewigkeit, Amen!"** 'forever and ever, amen' **im·mer·fort** ['ɪmɐ'fɔrt] *adv* continually, constantly **im·mer·grün** ['ɪmɐgryːn] *adj attr* evergreen **Im·mer·grün** ['ɪmɐgryːn] *nt* evergreen, periwinkle; **das große/kleine** ~ the periwinkle/lesser periwinkle **im·mer·hin** ['ɪmɐ'hɪn] *adv* ❶ *(wenigstens)* at least ❷ *(schließlich)* after all; ~ **ist er älter als du** after all he is older than you ❸ *(allerdings, trotz allem)* all the same, at any rate, anyhow; ~**!** all the same! **im·mer·wäh·rend** *adj attr (geh)* continuous; **ein** ~**er Kampf** a perpetual battle; *s. a.* **immer**[1] *s. a.* **Kalender im·mer·zu** ['ɪmɐ'tsuː] *adv s.* **immerfort**

Im·mi·grant(in) <-en, -en> [ɪmi'grant] *m(f)* immigrant **Im·mi·gra·ti·on** <-, -en> [ɪmigra'tsi̯oːn] *f* immigration **im·mi·grie·ren**˚ [ɪmi'griːrən] *vi sein* to immigrate **Im·mis·si·on** <-, -en> [ɪmɪ'sjoːn] *f* immission **im·mo·bil** ['ɪmobiːl] *adj (geh)* ❶ *(unbeweglich)* immobile; ÖKON *(bei Vermögen)* real, immovable ❷ MIL *(nicht kriegsbereit)* not on a war footing; ~**e Truppe/ Einheit** troops/unit unable to engage the enemy **Im·mo·bi·lie** <-, -n> [ɪmo'biːli̯ə] *f meist pl* real estate *no pl;* ▪ ~**n** property *no pl;* **eine** ~ **veräußern** to dispose of a property; **Geld in** ~**n anlegen** to invest money in property

Im·mo·bi·li·en·be·stand *m* real estate **Im·mo·bi·li·en·fonds** *m* property fund **Im·mo·bi·li·en·händ·ler(in)** *m(f)* property dealer, real estate dealer, realtor AM **Im·mo·bi·li·en·mak·ler(in)** *m(f)* estate agent **Im·mo·bi·li·en·markt** *m* ÖKON property market **Im·mor·tel·le** <-, -n> [ɪmɔr'tɛlə] *f* BOT immortelle, everlasting [flower]

im·mun [ɪ'muːn] *adj* ❶ *(gefeit)* ▪ [gegen etw *akk*] ~ **sein** *(a. fig)* to be immune [to sth] ❷ *(vor Strafverfolgung geschützt)* immune

Im·mun·ab·wehr *f* immune defence [*or* AM -se] [system] **Im·mun·glo·bu·lin** <-s, -e> [ɪmunglobu'liːn] *nt* MED, CHEM immunoglobin **im·mu·ni·sie·ren**˚ [ɪmuni'ziːrən] *vt* ▪ **jdn** [gegen etw *akk*] ~ to immunize sb [against sth] **Im·mu·ni·sie·rung** <-, -en> *f* immunization

Im·mu·ni·tät <-, *<selten* -en> [ɪmuni'tɛːt] *f* ❶ *(Unempfänglichkeit)* ▪ **die/eine/jds** ~ [gegen etw *akk*] [sb's] immunity [to sth]; ~ **gegen Krankheitserreger** immunity to pathogenes ❷ *(Schutz vor Strafverfolgung)* immunity; **jds** ~ **aufheben** to withdraw sb's immunity; **diplomatische** ~ **genießen** to have diplomatic immunity

Im·mu·no·lo·ge, Im·mu·no·lo·gin <-n, -n> [ɪmuno'loːgə, -'loːgɪn] *m, f* immunologist **Im·mun·re·ak·ti·on** *f* MED immune response **Im·mun·schwä·che** *f* immunodeficiency *spec* **Im·mun·schwä·che·krank·heit** *f* MED immune deficiency syndrome **Im·mun·sys·tem** *nt* immune system **Im·pa·la** <-, -s> [ɪm'paːla] *f* ZOOL impala **Im·pe·ra·tiv** <-s, -e> ['ɪmperatiːf, *pl:* -tiːvə] *m* ❶ LING *(Verb in der Befehlsform)* imperative [form] *spec* ❷ PHILOS *(sittliches Gebot)* **kategorischer** ~ categorical imperative **Im·per·fekt** <-s, -e> ['ɪmpɛrfɛkt] *nt* imperfect [tense] *spec s.* **Präteritum**

Im·pe·ri·a·lis·mus <-, *<selten* -lismen> [ɪmperi̯a'lɪsmʊs] *m* imperialism **Im·pe·ri·a·list(in)** <-en, -en> [ɪmperi̯alɪst] *m(f) (pej)* imperialist **im·pe·ri·a·lis·tisch** [ɪmperi̯a'lɪstɪʃ] *adj (pej)* imperialist[ic]; ~**e Machtpolitik** imperialistic power politics **Im·pe·ri·um** <-s, -rien> [ɪm'peːri̯ʊm] *nt* ❶ HIST *(Weltreich, Kaiserreich)* empire ❷ *(geh: Machtbereich)* imperium *fig;* **das** ~ **der großen Konzerne** the imperium of the multinationals **im·per·ti·nent** [ɪmpɛrti'nɛnt] *adj (geh)* impertinent, impudent **Im·per·ti·nenz** <-, -en> [ɪmpɛrti'nɛnts] *f (geh)* ❶ *kein pl (Unverschämtheit)* impertinence, impudence ❷ *(selten: unverschämte Äußerung)* impertinent/ impudent remark **Im·pe·tus** <-> ['ɪmpetʊs] *m (geh: Schwungkraft)* verve, zest **Impf·aus·weis** *f* MED vaccination certificate **imp·fen** ['ɪmpfn̩] *vt* ❶ *(mit Impfstoff spritzen)* ▪ **jdn** [gegen etw *akk*] ~ to inoculate sb [against] sth, to vaccinate sb [against sth]; ▪ **jdn/sich** ~ **lassen** to have sb/oneself inoculated/vaccinated; **jd ist geimpft worden** *(fig)* sb has been indoctrinated ❷ BIOL *(Mikroorganismen einbringen)* ▪ **etw** [mit etw *dat*] ~ to inoculate sth [with sth] **Impf·ling** <-s, -e> ['ɪmpflɪŋ] *m (geh)* child who is to be or who has just been inoculated **Impf·pass**ᴿᴿ *m* vaccination card, vaccination certificate **Impf·pis·to·le** *f* vaccination gun **Impf·scha·den** *m* adverse effect of vaccination **Impf·stoff** *m* vaccine, serum **Imp·fung** <-, -en> *f* inoculation, vaccination **Im·plan·tat** <-[e]s, -e> [ɪmplan'taːt] *nt* implant **Im·plan·ta·ti·on** <-, -en> [ɪmplanta'tsi̯oːn] *f* MED implantation **im·plan·tie·ren**˚ [ɪmplan'tiːrən] *vt* ▪ [jdm] **etw** ~ to implant sth [into sb] **im·pli·zie·ren**˚ [ɪmpli'tsiːrən] *vt (geh)* ▪ **etw** ~ to imply sth **im·pli·zit** [ɪmpli'tsiːt] *adj inv (geh)* implicit **im·plo·die·ren**˚ [ɪmplo'diːrən] *vi sein (fachspr)* to implode *spec* **Im·plo·si·on** <-, -en> [ɪmplo'zjoːn] *f (fachspr)* implosion *spec* **Im·pon·de·ra·bi·li·en** <-> [ɪmpɔndera'biːli̯ən] *f pl (geh)* imponderables *pl* **im·po·nie·ren**˚ [ɪmpo'niːrən] *vi* ▪ [jdm] ~ to impress [sb] **im·po·nie·rend** *adj* impressive; **eine** ~**e Leistung** an impressive performance **Im·po·nier·ge·ha·be** *nt* ❶ ZOOL display pattern ❷ *(fig,*

pej) show, exhibitionism *pej;* **das ist bloßes/rei-
nes ~** that's all show

Im·port <-[e]s, -e> [ɪm'pɔrt] *m* ❶ *kein pl (Einfuhr)*
import[ation]; **der ~ von Rohstoffen** raw material
imports ❷ *(Importware)* import; **zollpflichtige ~e**
dutiable imports

Im·port·ab·ga·ben *pl* ÖKON import duties **Im·port·ar·
ti·kel** *m* imported item, imported product **Im·port·
be·schrän·kung** *f* import restriction

Im·por·teur(in) <-s, -e> [ɪmpɔr'tøːɐ] *m(f)* importer

Im·port·han·del *m* import trade [*or* business]

im·por·tie·ren* [ɪmpɔr'tiːrən] *vt* ■ **etw ~** to import sth

Im·port·wa·re *f* imported item, imported product

im·po·sant [ɪmpo'zant] *adj* imposing, impressive;
Stimme commanding; **eine ~e Figur** an imposing
figure; **~ wirken** to be imposing/impressive

im·po·tent ['ɪmpotɛnt] *adj* impotent; **~ sein** to be
impotent; **etw macht ~** sth causes impotence; **jdn ~
machen** to render sb impotent

Im·po·tenz <-> ['ɪmpotɛnts] *f kein pl* impotence

im·präg·nie·ren* [ɪmprɛgniːrən] *vt* ■ **etw [mit etw
dat] ~** ❶ *(wasserabweisend machen)* to waterproof
sth [with sth] ❷ *(behandeln)* to impregnate sth [with
sth]

Im·präg·nie·rung <-, -en> *f* ❶ *(das Imprägnieren)*
impregnation ❷ *(behandelter Zustand)* impregnated
finish

Im·pres·si·on <-, -en> [ɪmprɛ'si̯oːn] *f (geh)* impression; **~en wiedergeben/schildern** to recount/de-
scribe impressions

Im·pres·si·o·nis·mus <-> [ɪmprɛsi̯o'nɪsmʊs] *m*
Impressionism

Im·pres·si·o·nist(in) <-en, -en> [ɪmprɛsi̯o'nɪst] *m(f)*
Impressionist

im·pres·si·o·nis·tisch *adj* Impressionist

Im·pres·sum <-s, Impressen> [ɪm'prɛsʊm] *nt* imprint

Im·pro·vi·sa·ti·on <-, -en> [ɪmproviza'tsi̯oːn] *f*
❶ *(das Improvisieren)* improvisation ❷ *(Stegreif-
schöpfung)* improvisation, extemporization; **~en
spielen** to play improvisations

im·pro·vi·sie·ren* [ɪmprovi'ziːrən] I. *vi* to improvise
II. *vt* ■ **etw ~** to improvise sth; **ein Essen ~** to make
an improvised meal; **eine Rede ~** to give an improvised speech

Im·puls <-es, -e> [ɪm'pʊls] *m* ❶ *(Anstoß, Auftrieb)*
stimulus, impetus; **etw** *akk* **aus einem ~ heraus tun**
to do sth on impulse ❷ ELEK *(Stromstoß von kurzer
Dauer)* pulse ❸ PHYS impulse, momentum

im·pul·siv [ɪmpʊl'ziːf] *adj* impulsive; **ein ~er Mensch**
an impulsive person

im·stan·de, im Stan·de [ɪm'ʃtandə] *adj pred* ■ **zu
etw** *dat* **~ sein** to be capable of doing sth, to be able
to do sth, to be in a position to do sth; **~ sein, etw zu
tun** to be able to do sth; **er ist sehr wohl ~, sich zu
benehmen** he can behave when he wants to; **sich**
akk **~ fühlen, etw zu tun** to feel able to do sth, to
feel capable of doing sth; **zu allem ~ sein** *(fam)* to be
capable of anything; **zu nichts mehr ~ sein** *(fam)* to
be shattered BRIT *sl;* **jd ist ~ und**
tut etw *(iron fam)* you can bet sb will do sth; **sie ist ~
und glaubt alles, was er sagt** she is quite capable of
believing everything he says

in¹ [ɪn] *präp* ❶ *+dat (darin befindlich)* in; **sie wohnt ~
Berlin** she lives in Berlin; **bist du schon mal in New
York gewesen?** have you ever been to New York?;
ich arbeite seit einem Jahr ~ dieser Firma I've
been working for this company for a year; **du siehst ~
diesem Kleid toll aus** you look great in that dress; **es
stand gestern ~ der Zeitung** it was in the newspaper yesterday ❷ *+akk (hin zu einem Ziel)* into; **wir
fahren ~ die Stadt** we're going into town; **er warf
die Reste ~ den Mülleimer** he threw the leftovers

in the bin; **~ die Kirche/Schule gehen** to go to
church/school ❸ *+dat (innerhalb von)* in; **~ diesem
Sommer** this summer; **~ diesem Augenblick** at the
moment; **~ diesem Jahr/Monat** this year/month;
~ einem Jahr bin ich 18 in a year I'll be 18 ❹ *+akk
(bis zu einer Zeit)* until; **wir haben bis ~ die Nacht
getanzt** we danced until the early hours ❺ *+dat o akk
(Verweis auf ein Objekt)* at; **es ~ sich haben** to have
what it takes; **der Schnaps hat es ~ sich** the
schnapps packs a punch, that's some schnapps!; **sich
~ jdm täuschen** to be wrong about sb; **er ist Fachmann ~ seinem Beruf** he is an expert in his field
❻ *(fachspr: mit)* in; **er handelt ~ Textilien** he deals
in textiles ❼ *+dat (auf eine Art und Weise)* in;
~ Schwierigkeiten sein [*o* stecken] to be in difficulties; **~ Wirklichkeit** in reality; **haben Sie nichts ~
Blau?** haven't you got anything in blue?; *s. a.* **im** *s. a.*
ins

in² [ɪn] *adj (fam)* in *fam;* ■ **~ sein** to be in; **diese
Musik ist gerade ~** this kind of music is really in at
the moment

in·ak·zep·ta·bel ['ɪnʔaktsɛpta:bl] *adj (geh)* unacceptable

In·an·spruch·nah·me <-> *f kein pl (geh)* ❶ *(Nutzung)*
use, utilization; **nur durch die ~ eines Kredits
kann ich das Projekt verwirklichen** I can only
realize the project if I can get a loan; **auf ~ seiner
Rechte verzichten** to waive one's rights; **die ~ von
Rechtsbeistand/Vergünstigungen/Sozialhilfe**
claims for legal aid/privileges/social security ❷ *(Belastung, Beanspruchung)* demand; **die berufliche ~**
the demands of one's job; **die starke ~ führt zu
hohem Verschleiß** frequent use leads to rapid signs
of wear and tear

In·be·griff ['ɪnbəɡrɪf] *m kein pl* epitome, quintessence
(+*gen* of); **der ~ von Eleganz** the epitome of elegance; **der ~ des Schreckens** the quintessence of
terror; **der ~ von einem Spießer** the epitome of a
square

in·be·grif·fen ['ɪnbəɡrɪfn̩] *adj pred* inclusive; ■ **in etw**
dat **~ sein** to be included in sth; **die Bedienung ist
im Preis ~** service is included in the price

In·be·trieb·nah·me <-, -n> *f (geh)* ❶ *(erstmalige Nutzung)* opening; **die ~ des neuen Supermarkts** the
opening of the new supermarket ❷ *(Einschaltung)*
operation; **die ~ des Kraftwerks** the commissioning
of the power station; **die ~ einer Maschine** bringing
a machine into service

In·brunst <-> *f kein pl (geh)* fervour [*or* AM -or], ardour
[*or* AM -or]; **mit ~** ardently; **voller ~** full of ardour

in·brüns·tig ['ɪnbrʏnstɪç] *adj (geh)* fervent, ardent

In·bus·schlüs·sel ['ɪnbʊs-] *m* Allen key® *spec* **In·bus·
schrau·be** *f* Allen screw®

in·dem [ɪn'deːm] *konj* ❶ *(dadurch, dass)* by; **ich halte
mich gesund, ~ ich viel Sport treibe** I stay healthy
by doing lots of sport ❷ *(während)* while, whilst
BRIT *form*

In·der(in) <-s, -> ['ɪndɐ] *m(f)* Indian; **~ sein** to be
Indian [*or* from India]; ■ **die ~** the Indian; *s. a.* **Deut-
sche(r)**

in·des [ɪn'dɛs], **in·des·sen** [ɪn'dɛsn̩] I. *adv* ❶ *(inzwischen)* in the meantime, meanwhile ❷ *(jedoch)*
however; **einige Tierarten passen sich an, andere
sterben ~ aus** some species adapt but others die out
[*or* become extinct] II. *konj (geh)* ❶ *(während [tem-
poral])* while ❷ *(wohingegen)* while; **ich trinke
gerne Bier, ~ meine Frau Wein bevorzugt** I like to
drink beer while my wife prefers wine

In·dex <-[es], -e *o* Indizes> ['ɪndɛks, *pl:* 'ɪnditseːs] *m*
❶ *(alphabetisches Verzeichnis)* index ❷ *(statistischer
Messwert)* index; **die Miete ist an den ~ der
Lebenshaltungskosten gekoppelt** the rent is linked

to the cost-of-living index ❸ LING, MATH *(Hochzahl, Tiefzahl)* index ❹ REL index [librorum prohibitorum] [*or* [expurgatorius]]; **etw** *akk* **auf den ~ setzen** to put something on the index; **auf dem ~ stehen** to be on the blacklist

In·di·a·ner(in) <-s, -> [ɪn'diːaːnɐ] *m(f)* Indian *esp pej*, Native American

In·di·a·ner·boh·ne *f* kidney bean

in·di·a·nisch [ɪn'diaːnɪʃ] *adj* Native American, Indian *esp pej*

In·di·a·nisch [ɪn'diaːnɪʃ] *nt decl wie adj* Indian; ■ **das ~e** [the] Indian [language]

In·di·en <-s> ['ɪndiən] *nt* India; *s. a.* **Deutschland**

in·dif·fe·rent ['ɪndɪfərɛnt, ɪndɪfə'rɛnt] *adj (geh)* indifferent; ■ **[einer S.** *dat* **gegenüber]** ~ **sein** to be indifferent [towards sth]

in·di·gniert [ɪndɪgni:ɐt] *adj (geh)* indignant

In·di·go <-s, -s> ['ɪndigo] *nt o m* indigo

in·di·go·blau *adj* indigo [blue]

In·dik <-> ['ɪndɪk] *m* Indian Ocean

In·di·ka·ti·on <-, -en> [ɪndika'tsi̯oːn] *f* ❶ MED *(Heilanzeige)* indication *spec* ❷ JUR *(Grund für einen Schwangerschaftsabbruch)* grounds for the termination of a pregnancy; **ethische/medizinische/soziale ~** ethical/medical/social grounds for the termination of a pregnancy

In·di·ka·tiv <-s, -e> ['ɪndikati:f] *m* indicative [mood] *spec*

In·di·ka·tor <-s, -toren> [ɪndi'ka:to:ɐ, *pl:* ɪndika'to:rən] *m* ❶ *(geh: Anzeichen)* indicator, sign; **ein ~ für etw** *akk* **sein** to be an indicator/sign of sth ❷ CHEM *(Substanz)* indicator *spec* ❸ TECH indicator

In·dio <-s, -s> ['ɪndi̯o] *m* Indian *(from Central or Latin America)*

in·di·rekt ['ɪndirɛkt, ɪndi'rɛkt] *adj* indirect; **einen ~en Freistoß ausführen** to take an indirect free kick; *s. a.* **Rede**

in·disch ['ɪndɪʃ] *adj* ❶ *(Indien betreffend)* Indian; *s. a.* **deutsch 1** ❷ LING Indian; *s. a.* **deutsch 2**

In·disch ['ɪndɪʃ] *nt decl wie adj* ❶ LING Indian; *s. a.* **Deutsch 1** ❷ *(Fach)* Indian; *s. a.* **Deutsch 2**

In·di·sche <-n> *nt* ■ **das ~** Indian; *s. a.* **Deutsche**

in·dis·kret ['ɪndɪskreːt, ɪndɪs'kreːt] *adj* indiscreet

In·dis·kre·ti·on <-, -en> [ɪndɪskre'tsi̯oːn, 'ɪndɪskretsi̯oːn] *f* ❶ *(Mangel an Verschwiegenheit)* indiscretion; **eine gezielte ~** a deliberate/intentional indiscretion ❷ *(Taktlosigkeit)* tactlessness

in·dis·ku·ta·bel ['ɪndɪskuta:bl̩] *adj (geh)* unworthy of discussion; **eine indiskutable Forderung** an absurd demand; **dieser Vorschlag ist einfach ~** this suggestion is simply not worth discussing

In·di·um <-s> ['ɪndi̯ʊm] *nt kein pl* indium *spec*

In·di·vi·du·a·lis·mus <-> [ɪndividu̯a'lɪsmʊs] *m kein pl* individualism *no pl*

In·di·vi·du·a·list(in) <-en, -en> [ɪndividu̯a'lɪst] *m(f) (geh)* individualist

in·di·vi·du·a·lis·tisch *adj (geh)* individualistic

In·di·vi·du·a·li·tät <-, en> [ɪndividu̯ali'tɛːt] *f* ❶ *(Besonderheit eines Menschen)* individuality *no pl*; **seine ~ aufgeben** to give up one's individuality; **seine ~ entfalten** to express one's individuality; **seine ~ verlieren** to lose one's individuality ❷ *(Persönlichkeit)* personality

In·di·vi·du·al·ver·kehr *m* private transport

in·di·vi·du·ell [ɪndivi'du̯ɛl] *adj* individual; **Begabungen sind ~ verschieden** people's gifts vary; **~e Lösungsansätze** individual ways of solving sth; **eine ~e Behandlung** individual treatment; **etw ~ gestalten** to give sth one's personal touch; **~es Eigentum** private property

In·di·vi·du·um <-s, Individuen> [ɪndi'vi:duʊm, *pl:* ɪndi'vidu̯ən] *nt (a. pej geh)* individual; **ein verdäch-**

tiges **~** a suspicious individual [*or* character]

In·diz <-es, -ien> [ɪn'diːts, *pl:* ɪn'diːtsi̯ən] *nt* ❶ JUR *(Verdachtsmoment)* piece of circumstantial evidence ❷ *(Anzeichen)* ■ **ein ~ für etw** *akk* **sein** to be a sign of sth

In·di·zes *pl von* **Index**

In·di·zi·en·be·weis *m* circumstantial evidence *no pl*

In·di·zi·en·ket·te *f* chain of circumstantial evidence

In·di·zi·en·pro·zess^RR *m* trial based on circumstantial evidence **In·di·zi·en·ur·teil** *nt* verdict based on circumstantial evidence

in·di·zie·ren^* [ɪndi'tsiːrən] *vt* ■ **etw ~** ❶ *(geh: erkennen lassen)* to indicate sth; **der Erfolg indiziert ihre Kompetenz** this success is an indication of her competence ❷ MED *(angezeigt sein lassen)* to indicate sth; ■ **[bei etw** *dat*] **indiziert sein** to be indicated [for sth]; **etw** *akk* **für indiziert halten** MED to consider sth to be indicated ❸ REL *(auf den Index setzen)* to put sth on the index [librorum prohibitorum] [*or* [expurgatorius]] ❹ *(als moralisch bedenklich verbieten)* to ban sth on moral grounds; **dieser Film ist indiziert** this film has been banned on moral grounds

in·di·ziert *adj* censored, placed on the Index *hist*

In·do·chi·na [ɪndo'çi:na] *nt* Indo-China

in·do·ger·ma·nisch [ɪndogɐr'ma:nɪʃ] *adj* HIST Indo-European; **der ~e Sprachraum** the Indo-European language area

In·do·ger·ma·nisch [ɪndogɛr'ma:nɪʃ] *nt decl wie adj* Indo-Germanic, Indo-European; ■ **das ~e** [the] Indo-Germanic [language]

In·dok·tri·na·ti·on <-, -en> [ɪndɔktrina'tsi̯oːn] *f (pej)* indoctrination

in·dok·tri·nie·ren^* [ɪndɔktri'ni:rən] *vt haben (pej)* ■ **jdn ~** to indoctrinate sb

In·do·ne·si·en <-s> [ɪndo'ne:zi̯ən] *nt* Indonesia; *s. a.* **Deutschland**

In·do·ne·si·er(in) <-s, -> [ɪndo'ne:zi̯ɐ] *m(f)* Indonesian; *s. a.* **Deutsche(r)**

in·do·ne·sisch [ɪndo'ne:zɪʃ] *adj* Indonesian; *s. a.* **deutsch**

In·duk·ti·on <-, -en> [ɪndʊktsi̯oːn] *f* induction

In·duk·ti·ons·herd *m* MED focus of a pulmonary [*or* lung] disease **In·duk·ti·ons·koch·feld** *nt* induction hob

in·dus·tri·a·li·sie·ren^* [ɪndʊstriali'zi:rən] *vt* ■ **etw ~** to industrialize sth

In·dus·tri·a·li·sie·rung <-, -en> *f* industrialization

In·dus·trie <-, -n> [ɪndʊs'triː] *f* industry *no art*; **die britische ~** British industry; **in der ~ sein** [*o* arbeiten] to be [*or* work] in industry; **in die ~ gehen** to go into industry; **die chemische/pharmazeutische ~** the chemical/pharmaceutical industry

In·dus·trie·ab·wäs·ser *pl* ÖKOL, ÖKON industrial waste water *no pl, no indef art* [*or* effluent] *no pl, no indef art* **In·dus·trie·an·sied·lung** *f* establishment of industries **In·dus·trie·be·trieb** *m* industrial plant, company **In·dus·trie·er·zeug·nis** *nt* industrial product, manufactured good **In·dus·trie·flä·che** *f* industrial area **In·dus·trie·ge·biet** *nt* industrial area [*or* region] **In·dus·trie·ge·sell·schaft** *f* SOZIOL, POL, ÖKON industrial society **In·dus·trie·ge·werk·schaft** *f* industrial trade union **In·dus·trie·hal·le** *f* factory **In·dus·trie·kauf·mann, -kauf·frau** *m, f* industrial [*or* sales] [*or* purchase] clerk **In·dus·trie·land** *nt* POL, ÖKON industrial country **In·dus·trie·land·schaft** *f* industrial landscape

in·dus·tri·ell [ɪndʊstri'ɛl] *adj* industrial; **~e Fertigung** industrial production; **die ~e Revolution** the Industrial Revolution

In·dus·tri·el·le(r) [ɪndʊstri'ɛlə, ɪndʊstri'ɛlɐ] *f(m) decl wie adj* industrialist

In·dus·trie·me·la·nis·mus *m* BIOL industrial melanism

In·dus·trie·müll *m* ÖKOL, ÖKON industrial waste **In·dus·trie·na·ti·on** *f*, **Industriestaat** *m* industrial nation **In·dus·trie·norm** <-, -en> *m* industry standard **In·dus·trie·pro·dukt** *nt* industrial product **In·dus·trie·spi·o·na·ge** *f* industrial espionage **In·dus·trie·staat** *m* industrial nation [*or* country] **In·dus·trie·stadt** *f* industrial town [*or* city] **In·dus·trie- und Han·dels·kam·mer** *f* Chamber of Commerce **In·dus·trie·un·ter·neh·men** *nt* industrial enterprise [*or* concern] **In·dus·trie·wirt·schaft** *f* ÖKON industrial economy **In·dus·trie·zen·trum** *nt* ÖKON industrial centre [*or* AM -er] **In·dus·trie·zweig** *m* branch of industry

in·ef·fek·tiv ['ɪn?ɛfɛktiːf] *adj* ineffective

in·ef·fi·zi·ent ['ɪn?ɛfitsi̯ɛnt] *adj inv (geh)* inefficient

In·ef·fi·zi·enz <-, -en> ['ɪn?ɛfitsi̯ɛnts] *f (geh)* inefficiency

in·ein·an·der [ɪnʔai̯'nandɐ] *adv* in each other, in one another; **~ verliebt sein** to be in love with one another; **~ aufgehen** to complement each other perfectly; **~ übergehen** to merge

in·ein·an·der|flie·ßen *vi irreg sein* to flow into one another, to merge; *Farben, Farbtöne* to run into each other **in·ein·an·der|grei·fen** *vi irreg* to mesh **in·ein·an·der|schie·ben** *vi irreg etw* ~ to telescope up sth *sep* BRIT, to telescope sth AM; **sich** ~ **lassen** to be telescopic

in·fam [ɪn'faːm] *adj (pej)* ❶ *(geh: bösartig)* malicious, vicious; **ein ~er Kerl** *(veraltend)* a nasty piece of work; **eine ~e Verleumdung** vicious slander ❷ *(fam: negative Sachverhalte verstärkend)* disgraceful; **~e Schmerzen** dreadful pain; **heute ist es aber ~ heiß!** today it's terribly [*or* awfully] hot

In·fa·mie <-, -n> [ɪnfa'miː] *f (pej geh)* ❶ *kein pl (niederträchtige Art)* maliciousness *no pl,* viciousness *no pl* ❷ *(Niederträchtigkeit)* infamy

In·fan·te·rie <-, -n> [ɪnfantə'riː] *f* infantry **In·fan·te·rie·aus·rüs·tung** *f* infantry equipment **In·fan·te·rie·ba·tail·lon** *nt* infantry batallion **In·fan·te·rie·be·waff·nung** *f* infantry weapons *pl* **In·fan·te·rie·di·vi·si·on** *f* infantry division **In·fan·te·rie·re·gi·ment** *nt* infantry regiment **In·fan·te·rie·waf·fe** *f* infantry weapon

In·fan·te·rist|in| <-en, -en> [ɪnfantə'rɪst] *m(f)* infantryman

in·fan·til [ɪnfan'tiːl] *adj* ❶ *(pej)* infantile *pej,* childish *pej* ❷ *(fachspr)* early; **eine ~e Entwicklungsstufe** an early stage in development

In·farkt <-[e]s, -e> [ɪn'farkt] *m* ❶ MED infarction *spec;* **ein ~ in der Lunge** an infarct in the lung ❷ *(Herzinfarkt)* coronary

In·fekt <-[e]s, -e> [ɪn'fɛkt] *m* infection; **grippaler ~** influenza

In·fek·ti·on <-, -en> [ɪnfɛk'tsi̯oːn] *f* ❶ *(Ansteckung)* infection; **eine ~ der Nieren** a kidney infection ❷ *(fam: Entzündung)* inflammation; **eine ~ am Finger/Auge** inflammation of the finger/eye

In·fek·ti·ons·be·hand·lung *f* treatment [of an infection] **In·fek·ti·ons·er·re·ger** *m* causal agent of an infection **In·fek·ti·ons·ge·fahr** *f* risk [*or* danger] of infection **In·fek·ti·ons·herd** *m* focus [*or* seat] of [an] infection **In·fek·ti·ons·krank·heit** *f* infectious disease, contagious disease **In·fek·ti·ons·pro·phy·la·xe** *f* prophylaxis **In·fek·ti·ons·ra·te** *f* rate of infection **In·fek·ti·ons·ri·si·ko** *nt* risk of infection

in·fek·ti·ös [ɪnfɛk'tsi̯øːs] *adj* infectious, contagious

in·fer·na·lisch [ɪnfɛr'naːlɪʃ] *adj (pej geh)* ❶ *(teuflisch, höllisch)* infernal; **ein ~es Gelächter** demonic [*or* evil] laughter; **ein ~er Lärm** a dreadful [*or* awful] noise ❷ *(widerlich)* fetid *form,* foul-smelling; **~ stin·ken** to be foul-smelling, to stink something terrible *fam*

In·fer·no <-s> [ɪn'fɛrno] *nt kein pl (geh)* ❶ *(entsetzliches Geschehen)* calamity, disaster, cataclysm *liter;* **das ~ des Krieges** the ravages of war ❷ *(entsetzlicher Zustand)* predicament; **ein ~ der Gefühle durchmachen** to go through the whole gamut of emotions

in·fil·trie·ren [ɪnfɪl'triːrən] *vt (geh)* ■ **etw ~** to infiltrate sth

In·fi·ni·tiv <-s, -e> ['ɪnfiniṭiːf] *m* infinitive *spec*

in·fi·zie·ren [ɪnfi'tsiːrən] I. *vt* ■ **jdn [mit etw** *dat*] ~ to infect sb [with sth]; **mit einem Gedanken infiziert sein** to be infected by an idea II. *vr* ■ **sich** *akk* [an **etw** *dat***/bei jdm**] ~ to catch an infection [from sth/sb]; **er hat sich im Urlaub mit Malaria infiziert** he caught malaria on holiday

in fla·gran·ti [ɪn fla'granti] *adv (geh)* in flagrante

In·fla·ti·on <-, -en> [ɪnfla'tsi̯oːn] *f* ÖKON inflation; **eine fortschreitende ~** growing inflation ❷ *(übermäßig häufiges Auftreten)* upsurge, proliferation

in·fla·ti·o·när [ɪnflatsi̯oˈnɛːɐ] *adj* ❶ *(eine Inflation vorantreibend)* inflationary; **eine ~e Preisentwicklung** an inflationary price increase; **~e Tendenzen** inflationary tendencies ❷ *(übertrieben häufig)* excessive

in·fla·ti·o·nis·tisch [ɪnflatsi̯o'nɪstɪʃ] *adj* inflationary

In·fla·ti·ons·ra·te *f* ÖKON inflation rate, rate of inflation; **die ~ steigt** the rate of inflation [*or* inflation rate] is rising [*or* increasing]; **die ~ sinkt** the rate of inflation [*or* inflation rate] is falling

in·fle·xi·bel ['ɪnflɛksiːbl̩] *adj* inflexible

In·fo <-s, -s> ['ɪnfo] *f (fam) kurz für* **Information** info *fam no pl*

In·fo·abend *m (fam)* information evening **In·fo·bro·ker** <-s, -> *m* ÖKON, INET infobroker **In·fo·bro·schü·re** *f (fam)* information brochure

in·fol·ge [ɪn'fɔlgə] I. *präp +gen* owing to, consequently II. *adv* ■ **~ von etw** *dat* as a result of sth; **~ von starken Schneefällen waren die Straßen unpassierbar** owing to heavy snowfalls the roads were impassable

in·fol·ge·des·sen [ɪnfɔlgə'dɛsn̩] *adv* consequently, therefore

In·fo·ma·te·ri·al *nt (fam)* information material *no pl*

In·fo·ma·tik <-> [ɪnfɔr'maːtɪk] *f kein pl* computing science

In·for·ma·ti·ker|in| <-s, -> [ɪnfɔr'maːtikɐ] *m(f)* computer specialist

In·for·ma·ti·on <-, -en> [ɪnfɔrma'tsi̯oːn] *f* ❶ *(Mitteilung, Hinweis)* [a piece of] information *no pl;* **~en liefern/sammeln** to give/collect [*or* gather] information ❷ *(das Informieren)* informing; **zu Ihrer ~** for your information ❸ *(Informationsstand)* information desk; **melden Sie sich bitte bei der ~** please report to the information desk

in·for·ma·ti·o·nell [ɪnfɔrmatsi̯o'nɛl] *adj* informational **In·for·ma·ti·ons·aus·tausch** *m* exchange of information **In·for·ma·ti·ons·fluss**^RR <-es> *m kein pl* flow of information *no pl* **In·for·ma·ti·ons·flut** *f* flood of information **In·for·ma·ti·ons·ge·sell·schaft** *f* SOZIOL information society **In·for·ma·ti·ons·ma·te·ri·al** *nt* informative material *no pl* **In·for·ma·ti·ons·po·li·tik** *f* POL policy of disclosure **In·for·ma·ti·ons·quel·le** *f* source of information **In·for·ma·ti·ons·stand** *m* ❶ *(Stand)* information stand ❷ *kein pl (Kenntnisstand)* the way things stand **In·for·ma·ti·ons·sys·tem** *nt* MED, INFORM information system **In·for·ma·ti·ons·ta·fel** *f* information board

in·for·ma·tiv [ɪnfɔrma'tiːf] *(geh)* I. *adj* informative; **ein ~es Gespräch** an informative talk II. *adv* in an informative manner *pred*

in·for·mell ['ɪnfɔrmɛl] *adj* informal

in·for·mie·ren [ɪnfɔr'miːrən] I. *vt* ■ **jdn [über etw**

akk| ~ to inform sb [about/of sth]; **jd ist gut infor-miert** sb is well-informed **II.** *vr* ■ **sich** *akk* [**über etw** *akk*] ~ to find out [about sth], to inform oneself
In·for·mie·rung <-, *selten* -en> *f* process of inform-ing
In·fo·stand *m (fam)* information stand
In·fo·tain·ment <-s> [ɪnfoˈteːnmənt] *nt kein pl* MEDIA, TV infotainment *no pl*
in·fra·rot [ˈɪnfraroːt] *adj* infrared
In·fra·rot·fern·be·die·nung *f* infrared remote control **In·fra·rot·grill** *m* infrared grill **In·fra·rot·lam·pe** *f* infrared lamp **In·fra·rot·licht** *nt kein pl* PHYS, MED infra·red light *no pl* **In·fra·rot·strah·ler** *m* infrared radiator
In·fra·struk·tur [ˈɪnfraʃtrʊktuːɐ̯] *f* infrastructure
In·fu·si·on <-, -en> [ɪnfuˈzi̯oːn] *f* infusion; **eine ~ bekommen** to receive a transfusion
Ing. *Abk von* **Ingenieur**
In·ge·ni·eur(in) <-s, -e> [ɪnʒeˈni̯øːɐ̯] *m(f)* engineer
In·ge·ni·eur·bü·ro *nt* engineering firm
In·ge·ni·eu·rin <-, -nen> *f fem form von* **Ingenieur**
In·ge·ni·eur·schu·le *f* technical college
In·gre·di·enz <-, -en> [ɪŋɡreˈdi̯ɛnts] *f* PHARM, KOCHK ingredient
Ing·wer <-s> [ˈɪŋvɐ] *m kein pl* ginger
Inh. *Abk von* **Inhaber**
In·ha·ber(in) <-s, -> [ˈɪnhaːbɐ] *m(f)* ● *(Besitzer)* owner ● *(Halter)* holder; *Scheck* bearer
in·haf·tie·ren [ɪnhafˈtiːrən] *vt* ■ **jdn** ~ to take sb into custody, to detain sb; ■ **inhaftiert sein** to be in cus-tody
In·haf·tie·rung <-, -en> *f* ● *(das Inhaftieren)* arrest, detention ● *(Haft)* imprisonment, detention
in·ha·lie·ren [ɪnhaˈliːrən] **I.** *vt* ■ **etw** ~ to inhale sth **II.** *vi* to inhale
In·halt <-[e]s, -e> [ˈɪnhalt] *m* ● *(enthaltene Gegen-stände)* contents *pl* ● *(Sinngehalt)* content ● *(we-sentliche Bedeutung)* meaning, significance; *Leben* meaning ● MATH *(Flächeninhalt)* area; *(Volumen)* volume, capacity ● INFORM **aktiver ~** active content
in·halt·lich **I.** *adj* in terms of content **II.** *adv* with regard to content
In·halts·an·ga·be *f* summary; *Buch, Film, Theater-stück* outline, synopsis **in·halts·los** *adj (geh)* lacking in content; **~es Leben/~er Satz** meaningless [*or* empty] life/sentence **in·halts·schwer** *adj (geh)* sig-nificant **In·halts·ver·zeich·nis** *nt* list [*or* table] of con-tents, contents *pl*
in·hu·man [ˈɪnhumaːn] *adj* ● *(menschenunwürdig)* inhumane; **~e Zustände** inhumane conditions ● *(un-menschlich)* inhuman; **~e Grausamkeit** inhuman cruelty; ■ **~ sein, etw zu tun** to be inhuman to do sth
In·hu·ma·ni·tät <-, -en> [ɪnhumaniˈtɛːt] *f* ● *kein pl (inhumanes Wesen)* inhumanity *no pl* ● *(inhumane Handlung)* inhumane act
In·i·ti·a·le <-, -n> [iniˈtsi̯aːlə] *f (geh)* initial [letter]
in·i·ti·a·li·sie·ren [initsi̯aliˈziːrən] *vt* INFORM ■ **etw** ~ to initialize sth
In·i·ti·a·li·sie·rung <-, -en> *f* INFORM initialization
In·i·ti·a·ti·on <-, -en> [initsi̯aˈtsi̯oːn] *f* SOZIOL initiation
In·i·ti·a·ti·ons·ri·tus *f* SOZIOL initiation rite
in·i·ti·a·tiv [initsi̯aˈtiːf] *adj* ● *(Initiative besitzend)* with initiative; ■ **~ sein** to be pro-active; **Sie sollten nicht passiv, sondern ~ sein** you should be pro-active ra-ther than passive ● *(Schritte ergreifen)* ■ [**in etw** *dat*] **~ werden** to take the initiative [in sth]
In·i·ti·a·tiv·be·wer·bung *f* speculative application [*or* letter]
In·i·ti·a·ti·ve <-, -n> [initsi̯aˈtiːvə] *f* ● *(erster Anstoß)* initiative; **aus eigener ~** on one's own initiative; [**in** etw *dat*] **die ~ ergreifen** to take the initiative [in sth];

auf jds *akk* **~ hin** on sb's initiative ● *kein pl (Unter-nehmungsgeist)* drive, initiative ● *(Bürgerinitiative)* pressure group ● SCHWEIZ *(Volksbegehren)* demand for a referendum
In·i·ti·a·tor(in) <-s, -toren> [iniˈtsi̯aːtoːɐ̯, *pl*: ini-tsi̯aˈtoːrən] *m(f) (geh)* ■ **der ~/die ~in einer S.** *gen* the initiator of a thing
in·i·ti·ie·ren [initsiˈiːrən] *vt (geh)* ■ **etw** ~ to initiate sth
In·jek·ti·on <-, -en> [ɪnjɛkˈtsi̯oːn] *f* injection; **jdm eine ~ geben** [*o geh:* **verabreichen**] to give sb an injection
in·ji·zie·ren [ɪnjiˈtsiːrən] *vt (geh)* ■ [**jdm**] **etw** ~ to inject [sb with] sth
In·ka <-[s], -s> [ˈɪŋka] *m* Inca
In·kar·na·ti·on <-, -en> [ɪnkarnaˈtsi̯oːn] *f* incarnation
In·kas·so <-s, -s *o* ÖSTERR Inkassi> [ɪnˈkaso] *nt* FIN col-lection
In·kauf·nah·me <-> *f* acceptance; **bei ~ einer S.** *gen (geh)* with the acceptance of sth; **ohne ~ einer S.** *gen (geh)* without accepting sth; **unter ~ einer S.** *gen (geh)* [by] accepting sth
inkl. *präp Abk von* **inklusive** incl.
in·klu·si·ve [ɪnkluˈziːvə] **I.** *präp* +*gen* inclusive [of]; **die genannten Preise sind** [*o* **verstehen sich**] **~ Trans-port und Verpackung** the prices quoted include [*or* are inclusive of] packing and transport **II.** *adv* includ-ing; **bis ~** up to and including; **vom 25. bis zum 28. ~** from 25th to 28th inclusive
in·kog·ni·to [ɪnˈkɔɡnito] *adv (geh)* incognito
In·kog·ni·to <-s, -s> [ɪnˈkɔɡnito] *nt (geh)* incognito; **sein ~ lüften** [*o* **preisgeben**] to reveal one's identity
in·kom·pa·ti·bel [ˈɪnkɔmpatiːbl̩] *adj inv* MED, INFORM, JUR, LING incompatible
in·kom·pe·tent [ˈɪnkɔmpetɛnt] *adj (geh)* incompe-tent; ■ [**in etw** *dat*] **~ sein** to be incompetent [at [*or* in] sth]; **er ist in diesen Dingen völlig ~** he is com-pletely incompetent in these matters
In·kom·pe·tenz [ˈɪnkɔmpetɛnts, ɪnkɔmpeˈtɛnts] *f (geh)* incompetence
in·kon·gru·ent [ˈɪnkɔŋɡruɛnt, ɪnkɔŋɡruˈɛnt] *adj* MATH incongruent
in·kon·se·quent [ˈɪnkɔnzekvɛnt, ɪnkɔnzeˈkvɛnt] *adj (geh)* inconsistent
In·kon·se·quenz [ˈɪnkɔnzekvɛnts, ɪnkɔnzeˈkvɛnts] *f (geh)* inconsistency
in·kon·sis·tent [ˈɪnkɔnzɪstɛnt, ɪnkɔnzɪˈstɛnt] *adj inv (geh)* inconsistent
In·kon·sis·tenz <-> [ˈɪnkɔnzɪstɛnts, ɪnkɔnzɪˈstɛnts] *f kein pl* inconsistency
In·kon·ti·nenz <-, -en> [ˈɪnkɔntinɛnts, ɪnkɔntiˈnɛnts] *f* MED incontinence *no pl, no art*
in·kor·rekt [ˈɪnkɔrɛkt, ɪnkɔˈrɛkt] *adj (geh)* incorrect
In·kraft·tre·ten <-s> *nt kein pl* coming into effect [*or* force]; ■ **das ~ einer S.** *gen* the coming into effect [*or* force] of sth; **das ~ der neuen Vorschrift wurde für den 1.1. beschlossen** 1st Jan[uary] has been decided as the date on which the new regulation comes into force
In·ku·ba·ti·ons·zeit *f* incubation period
In·land [ˈɪnlant] *nt kein pl* ● *(das eigene Land)* home; **für das ~ bestimmte Waren** goods for the domestic market ● *(Binnenland)* inland, interior; **an der Küste ist der Winter milder als weiter im ~** the winter is milder on the coast than further inland
In·land·flug *m* domestic [*or* internal] flight
in·län·disch [ˈɪnlɛndɪʃ] *adj* domestic, home; **~e Indus-trie/Produkte** home industry/products
In·lands·ge·spräch *nt* TELEK inland call **In·lands-markt** *m* ÖKON home [*or* domestic] market **In·lands-preis** *m* domestic market price **In·lands·wa·re** *f* domestic commodity

In·laut ['ɪnlaut] *m* LING medial sound
In·lett <-[e]s, -e> ['ɪnlɛt] *nt* MODE tick[ing]
in·li·nen ['ɪnlaɪnən] *vi* to go inlining, to blade
in·mit·ten [ɪn'mɪtn̩] **I.** *präp* +gen (geh) in the middle [or midst] of **II.** *adv* (geh) in the midst of; ■ ~ **von etw** in the midst of sth; **das Haus lag ~ von Feldern und blühenden Wiesen** the house was surrounded by fields and meadows in bloom
in na·tu·ra [ɪn na'tuːra] *adv* ❶ (in Wirklichkeit) in real life; **du siehst ~ ganz anders aus** you look quite different in real life [or in the flesh] ❷ (geh: in Naturalien) in kind; **jdn ~ bezahlen** to pay sb in kind; (hum: mit Koseeinheiten) to offer one's services as payment *euph*
in·ne|ha·ben ['ɪnə-] *vt irreg* (geh) ■ **etw ~** to hold sth
in·ne|hal·ten ['ɪnə-] *vi irreg* (geh) ■ [**in etw** *dat*] ~ to pause, to stop [doing sth] for a moment; **er hielt in seinem Vortrag inne** he paused in the middle of his lecture
in·nen ['ɪnən] *adv* ❶ (im Inneren) on the inside; **das Haus ist ~ ganz mit Holz verkleidet** the interior of the house has wood panelling throughout; **~ und außen** on the inside and outside; **nach ~** indoors, inside; **die Tür geht nach ~ auf** the door opens inwards; **von ~** from the inside; **ein Computer von ~ ist recht verwirrend** the inside of a computer is extremely confusing ❷ (auf der Innenseite) on the inside ❸ bes ÖSTERR (drinnen) inside
In·nen·ar·chi·tekt(in) *m(f)* interior designer **In·nen·ar·chi·tek·tur** *f* interior design **In·nen·aus·stat·tung** *f* ❶ (Gestaltung eines Innenraums) interior decor *no pl*; Auto interior fittings *npl* [or no pl trim] ❷ MODE Jacke inside **In·nen·bahn** *f* SPORT inside lane **In·nen·be·leuch·tung** *f* interior lighting **In·nen·dienst** *m* office work; **~ haben** to work in an office; **im ~** [**sein**] [to work] in an office **In·nen·ein·rich·tung** *f* ❶ (das Einrichten) interior furnishing *no pl* ❷ (die Einrichtung) interior fittings *pl* **In·nen·hof** *m* inner courtyard **In·nen·kur·ve** *f* inside bend **In·nen·le·ben** *nt kein pl* ❶ (fam: Seelenleben) inner feelings *pl* ❷ (fam: innere Struktur) inner workings *pl*; **das ~ eines Computers ist für Laien unverständlich** the inner workings of a computer are incomprehensible to a layperson **In·nen·mi·nis·ter(in)** *m(f)* Minister [or AM Secretary] of the Interior, BRIT ≈ Home Secretary **In·nen·mi·nis·te·ri·um** *nt* Ministry [or AM Department] of the Interior, BRIT ≈ Home Office **In·nen·ohr** *nt* ANAT inner ear **In·nen·po·li·tik** *f* home affairs *pl* BRIT, domestic policy AM **in·nen·po·li·tisch** ['ɪnənpɔlitɪʃ] **I.** *adj* concerning home affairs [or AM domestic policy] **II.** *adv* with regard to home affairs [or AM domestic policy]; **die Regierung hat ~ versagt** the government has failed on the issue of home affairs **In·nen·raum** *m* ❶ ARCHIT interior ❷ AUTO (Fahrgastraum) interior **In·nen·sei·te** *f* ❶ (die innere Seite) inside ❷ ANAT inside **In·nen·ske·lett** *nt* BIOL endoskeleton **In·nen·stadt** *f* city/town centre [or AM -er] **In·nen·ta·sche** *f* inside pocket **In·nen·tem·pe·ra·tur** *f* inside temperature **in·ner·be·trieb·lich I.** *adj* in-house; **~e Angelegenheit/~er Konflikt** internal matter/conflict **II.** *adv* internally **in·ner·deutsch** *adj* German domestic; **eine ~e Angelegenheit** an internal German matter **in·ner·dienst·lich** *adj* internal; **~e Angelegenheiten** internal office matters
in·ne·re(r, s) ['ɪnərə, 'ɪnərə, 'nərəs] *adj* ❶ räumlich (das innen Gelegene betreffend) inner; **die ~n Wände wurden komplett entfernt** the inner walls were completely removed ❷ MED, ANAT internal; s. a. **Abteilung** s. a. **Station** ❸ (innewohnend) internal; eines Konzerns internal structure ❹ POL internal ❺ PSYCH inner; **~e Spannung/Ruhe** inner tension/calm
In·ne·re(s) ['ɪnərə, 'ɪnərəs] *nt decl wie adj* ❶ (innerer

Teil) inside ❷ GEOL centre [or AM -er], middle ❸ PSYCH heart; **sein ganzes ~s ausbreiten** to bare one's soul; **in jds** dat **~n** in sb's soul; **tief in seinem ~n war ihm klar, dass es nur so funktionieren konnte** deep down he knew that it could only work in this way
In·ne·rei·en [ɪnər'aɪən] *pl* KOCHK innards *npl*
in·ner·halb ['ɪnɛhalp] **I.** *präp* +gen ❶ (in einem begrenzten Bereich) inside, within; **~ der Wohnung war es sehr dunkel** it was very dark inside the flat ❷ (binnen eines gewissen Zeitraums) within; **~ einer Minute** within a minute **II.** *adv* ❶ (in einem begrenzten Bereich) within sth ❷ (binnen eines gewissen Zeitraums) within sth; **ich brauche diese Auskunft ~ von drei Tagen** I need this information within three days
in·ner·lich ['ɪnɛlɪç] **I.** *adj* ❶ MED internal ❷ PSYCH inner **II.** *adv* ❶ (im Inneren des Körpers) internally; **etw ~ verabreichen** to administer sth internally ❷ PSYCH inwardly; **~ war er sehr aufgewühlt** he was in inner turmoil
in·ner·orts *adv* SCHWEIZ in a built-up area **in·ner·par·tei·lich** *adj* within the party
in·ners·te(r, s) ['ɪnɛstə, 'ɪnɛstə, 'ɪnɛstəs] *adj superl von* **innere(r, s)** ❶ GEOL (am weitesten innen befindlich) Stadtbezirk, Landesteil, etc innermost ❷ PSYCH (jds tiefes Inneres betreffend) innermost; **entspricht diese Äußerung deiner ~n Überzeugung?** does this statement represent your innermost conviction?
In·ners·te(s) ['ɪnɛstə, 'ɪnɛstəs] *nt decl wie adj* core being; **tief in ihrem ~n wusste sie, dass er recht hatte** deep down inside she knew he was right
in·nert ['ɪnɛt] *präp* +gen o dat ÖSTERR, SCHWEIZ ■ **~ eines gewissen Zeitraums** within a certain period of time; **~ eines Jahres, ~ einem Jahr** within a year
in·ne|woh·nen *vi* ■ **jdm/einer S. ~** to be inherent in sb/a thing
in·nig ['ɪnɪç] **I.** *adj* ❶ (tief empfunden) deep, heartfelt; **unser ~er Dank** our heartfelt thanks; **er verspürte für sie eine ~e Zuneigung** he felt deep affection for her; **aufs I~ste** most sincerely ❷ (sehr eng) intimate; **eine ~e Beziehung** (fig) an intimate relationship **II.** *adv* deeply, intimately; **jdn ~ lieben** to love sb deeply
In·nig·keit <-> *f kein pl* sincerity, warmth
in·nig·lich ['ɪnɪklɪç] *adv* (geh) deeply, sincerely; **jdm ~ verbunden sein** to be deeply attached to sb; **jdn treu und ~ lieben** to love sb truly and deeply
In·no·va·ti·on <-, -en> [ɪnova'tsi̯oːn] *f* innovation
in·no·va·tiv [ɪnova'tiːf] **I.** *adj* innovative **II.** *adv* innovatively
Inns·bruck <-s> ['ɪnsbrʊk] *nt* Innsbruck
In·nung <-, -en> ['ɪnʊŋ] *f* ÖKON guild; ► WENDUNGEN: **die ganze ~ blamieren** (hum fam) to let the whole side [or AM everyone] down *fam*
In·nungs·be·trieb *m* business belonging to a guild
in·of·fi·zi·ell *adj* unofficial
in·ope·ra·bel [ɪn'?opera:bl̩, ɪn?ope'ra:bl̩] *adj* MED inoperable
in·op·por·tun ['ɪn?ɔpɔrtuːn, ɪn?ɔpɔr'tuːn] *adj* (geh) inopportune, ill-timed; **es für ~ halten, etw zu tun** to consider it inappropriate to do sth
in pet·to [ɪn 'pɛto] *adv* **etw** [**gegen jdn**] ~ **haben** (fam) to have sth up one's sleeve [for sb] *fam*
in punc·to [ɪn 'pʊŋkto] *adv* (fam) concerning, with regard to; ■ **~ einer S.** gen concerning [or with regard to] sth, in so far as sth is concerned
In·put <-s, -s> ['ɪnpʊt] *m* ❶ INFORM (eingegebenes Material) input ❷ (Anregung) stimulus; (Einsatz) commitment; **in unserer Beziehung ist mein ~ wesentlich größer als der seine** I bring consider-

ably more to the relationship than he does

In·qui·si·ti·on <-> [ɪnkvizi'tsi̯oːn] *f kein pl* HIST Inquisition *no pl*

In·qui·si·tor <-s, -toren> [ɪnkvi'ziːtoːɐ̯, *pl:* ɪnkvizi'toːrən] *m* HIST inquisitor

in·qui·si·to·risch [ɪnkvizi'toːrɪʃ] **I.** *adj (geh)* inquisitorial *form* **II.** *adv (geh)* in an inquisitorial manner *form*

ins [ɪns] = **in das** *s.* **in**

In·sas·se, In·sas·sin <-n, -n> ['ɪnzasə, 'ɪnzasɪn] *m, f* ● *(Fahrgast)* passenger ● *(Heimbewohner)* resident ● *(Bewohner einer Heilanstalt)* patient, resident ● *(Gefängnis- o Lager~)* inmate

In·sas·sen·ver·si·che·rung *f* passenger insurance

In·sas·sin <-, -nen> ['ɪnzasɪn] *f fem form von* **Insasse**

ins·be·son·de·re [ɪnsbə'zɔndərə] *adv* especially, in particular, particularly

In·schrift ['ɪnʃrɪft] *f* inscription

In·sekt <-[e]s, -en> [ɪn'zɛkt] *nt* insect

In·sek·ten·au·ge *nt* insect eye **In·sek·ten·be·fall** *m* infestation of insects **In·sek·ten·bein** *nt* insect leg **In·sek·ten·be·kämp·fung** *f* insect control **In·sek·ten·be·stäu·bung** *f* BOT insect pollination **In·sek·ten·flü·gel** *m* insect wing **In·sek·ten·fres·ser** <-s, -> *m* insect-eater **In·sek·ten·gift** *nt* insecticide **In·sek·ten·kun·de** *f* entomology **In·sek·ten·pla·ge** *f* plague of insects **In·sek·ten·pul·ver** *nt* insect powder **In·sek·ten·spray** *nt* insect spray **In·sek·ten·staat** *m* BIOL insect society **In·sek·ten·stich** *m* insect sting; *Mücke, Moskito etc.* insect sting **In·sek·ten·ver·til·gungs·mit·tel** *nt* insecticide

In·sek·ti·zid <-s, -e> [ɪnzɛkti'tsiːt] *nt* insecticide

In·sel <-, -n> ['ɪnzl̩] *f* island; **Langerhansche ~n** islets of Langerhans

In·sel·be·woh·ner(in) *m(f)* inhabitant of an island, islander; **~ sein** to be an islander

In·sel·chen <-s, -> *nt dim von* **Insel** small island, islet

In·sel·flug·ha·fen *m* island airport **In·sel·grün** *nt* SPORT *Golf* island green **In·sel·grup·pe** *f* archipelago, group of islands **In·sel·ju·gend** *f* **die** the youth [*or* young people] + *pl vb* of an/the island **In·sel·küs·te** *f* island coast **In·sel·strand** *m* island beach **In·sel·welt** *f* islands *pl*

In·se·rat <-[e]s, -e> [ɪnze'raːt] *nt* advertisement, ad[vert] *fam*

In·se·rent(in) <-en, -en> [ɪnze'rɛnt] *m(f)* advertiser

in·se·rie·ren* [ɪnze'riːrən] **I.** *vi (annoncieren)* ■ [in etw *dat*] ~ to advertise [in sth]; **sie inserierte in der Tageszeitung** she placed an advert in the newspaper **II.** *vt (etw annoncieren)* ■ **etw** [in etw *dat*] ~ to advertise sth [in sth]; **inseriere doch mal dein Auto in der Zeitung!** why don't you advertise your car in the newspaper!

ins·ge·heim [ɪnsgə'haɪm] *adv* in secret, secretly

ins·ge·samt [ɪnsgə'zamt] *adv* ● *(alles zusammen)* altogether ● *(im Großen und Ganzen)* all in all, on the whole

In·si·der(in) <-s, -> ['ɪnzaɪdɐ] *m(f)* ● *(Eingeweihter)* insider; **der Witz war nur für ~ verständlich** the joke could only be understood by those in the know ● BÖRSE insider

In·si·der·ge·schäft *nt* BÖRSE insider trading

In·si·de·rin <-, -nen> *f fem form von* **Insider**

In·sig·nien [ɪn'zɪgni̯ən] *pl* insignia *pl*

in·sis·tie·ren* [ɪnzɪs'tiːrən] *vi (geh)* ■ [auf etw *dat*] ~ to insist [on sth]; ■ **darauf ~, dass** to insist that

In·skrip·ti·on <-, -en> [ɪnskrɪp'tsi̯oːn] *f* SCH ÖSTERR enrolment BRIT, enrollment AM

in·so·fern [ɪnzo'fɛrn, 'ɪnzoːfɛrn] **I.** *adv* in this respect; **~ ... als** inasmuch as, in that **II.** *konj* ÖSTERR *(vorausgesetzt, dass)* if; **~ sie Zeit hat, hilft sie dir bestimmt** if she's got time, she'll undoubtedly help you; **~ als** in so far [*or* as much] as

in·sol·vent ['ɪnzɔlvɛnt, ɪnzɔl'vɛnt] *adj* insolvent

in·sol·venz <-, -en> ['ɪnzɔlvɛnts, ɪnzɔl'vɛnts] *f* insolvency

in·so·weit [ɪnzo'vait, 'ɪnzoːvait, ɪn'zoːvait] **I.** *adv* in this respect; **~ sind wir uns einig geworden** we've reached agreement in this respect **II.** *konj bes* ÖSTERR **~ als** if

in spe [ɪn 'spe] *adj (fam)* future, to be; ■ **der/die/jds ...** ~ the/sb's ... to be; **das ist meine Braut ~** this is my future bride [*or* bride to be]

In·spek·teur(in) <-s, -e> [ɪnspɛk'tøːɐ̯] *m(f)* MIL Chief of Staff

In·spek·ti·on <-, -en> [ɪnspɛk'tsi̯oːn] *f* ● *(technische Wartung)* service ● *(Überprüfung)* inspection

In·spek·tor, In·spek·to·rin <-s, -toren> [ɪn'spɛktoːɐ̯, ɪnspɛk'toːrɪn, *pl:* ɪnspɛk'toːrən] *m, f* ● ADMIN *(unterste Rangstufe des gehobenen Dienstes)* executive officer; *Kriminalpolizei* inspector ● *(Prüfer)* supervisor

In·spi·ra·ti·on <-, -en> [ɪnspira'tsi̯oːn] *f (geh)* inspiration

in·spi·rie·ren* [ɪnspi'riːrən] *vt* ■ **jdn** [zu etw] ~ to inspire sb [to do sth]; ■ **sich von etw** [zu etw] ~ **las·sen** to get one's inspiration from sth [to do sth]

In·spi·zi·ent(in) <-en, -en> [ɪnspi'tsi̯ɛnt] *m(f)* stage manager

in·spi·zie·ren* [ɪnspi'tsiːrən] *vt (geh)* ■ **etw** ~ to inspect sth

in·sta·bil ['ɪnstabiːl] *adj (geh)* unstable

In·sta·bi·li·tät <-, <*selten* -en> ['ɪnstabilitɛːt, ɪnstabili'tɛːt] *f (geh)* instability

In·stal·la·teur(in) <-s, -e> [ɪnstala'tøːɐ̯] *m(f)* *(Elektroinstallateur)* electrician; *(Klempner)* plumber

In·stal·la·ti·on <-, -en> [ɪnstala'tsi̯oːn] *f* ● *kein pl (das Installieren)* installation; *(installierte Leitungen od. Anlage)* installations *pl* ● SCHWEIZ *(Amtseinsetzung)* installation

in·stal·lie·ren* [ɪnsta'liːrən] *vt* ● TECH *(einbauen)* ■ [jdm] **etw** ~ to install sth [for sb]; ■ **sich** *dat* **etw ... lassen** to have sth installed ● INFORM *(einprogrammieren)* ■ [jdm] **etw** [auf etw *akk*] ~ to load sth [for sb]; **der Computer wird von uns mit fertig installierter Software geliefert** the computer is supplied by us with software already loaded

in·stand, in Stand [ɪn'ʃtant] *adj* in working order; **etw ~ halten** to keep sth in good condition; **ein Haus ~ besetzen** *(fam)* illegally to occupy and renovate a house that is scheduled for demolition; **etw ~ set·zen** to repair sth

In·stand·hal·tung *f (geh)* maintenance

In·stand·hal·tungs·kos·ten *pl* maintenance costs *pl*

in·stän·dig ['ɪnʃtɛndɪç] **I.** *adj Bitte, etc* urgent **II.** *adv* urgently; **~ um etw bitten** to beg for sth

In·stand·set·zung <-, -en> *f (geh)* repair

In·stant·kaf·fee ['ɪnstnt-] *m* KOCHK instant coffee

In·stanz <-, -en> [ɪn'stants] *f* ● ADMIN authority ● *(Stufe eines Gerichtsverfahrens)* instance; **in erster/zweiter/oberster/letzter ~, in der ersten/zweiten/obersten/letzten ~** trial court/appellate court/supreme court of appeal/court of last instance

In·stan·zen·weg <-[e]s, -e> *m meist sing* official channels *pl*; JUR stages of appeal; **den ~ durchlaufen** [*o* **nehmen**] to go through the official channels

In·stinkt <-[e]s, -e> [ɪn'stɪŋkt] *m (unbewusster Antrieb)* instinct; *(Gefühl der Gewissheit)* instinct, gut feeling *fam*; [mit etw] [den richtigen] ~ **bewei·sen** to show one's instincts [are correct] [about sth]

In·stinkt·hand·lung *f* BIOL instinct

in·stink·tiv [ɪnstɪŋk'tiːf] *adj* instinctive; **ein ~es Gefühl** an instinctive feeling, instinctive; **die ~en Verhaltensweise von Tieren** the instinctive behaviour [*or* AM -or] of animals

In·sti·tut <-[e]s, -e> [ɪnstiˈtuːt] *nt* **①** *(öffentliche Anstalt)* institute **②** *(geh: Internat)* boarding-school

In·sti·tu·ti·on <-, -en> [ɪnstitutsˈjoːn] *f* institution; **die ~ der Ehe/Familie/etc.** the institution of marriage/ of the family/etc.; **religiöse/wissenschaftliche ~** religious/scientific institution; **zu einer** [*o* **zur**] **~ werden** *(fig)* to become an institution *fig*

in·sti·tu·ti·o·nell [ɪnstitutsjoˈnɛl] *adj inv (geh)* institutional

In·sti·tuts·an·ge·hö·ri·ge(r) *f(m) decl wie adj* member of the institute **In·sti·tuts·an·schrift** *f* institute address **In·sti·tuts·bib·li·o·thek** *f* institute library **In·sti·tuts·di·rek·tor(in)** *m(f)* director of the institute **In·sti·tuts·ver·wal·tung** *f* administration of the institute

in·stru·ie·ren [ɪnstruˈiːrən] *vt* **①** *(in Kenntnis setzen)* ■ **jdn** [**über** *etw akk*] **~** to advise sb [about sth]; ■ [**über** *etw akk*] **instruiert sein** to be informed [about sth] **②** *(Anweisungen geben)* ■ **jdn ~**[**,** *etw* **zu tun**] to instruct sb [to do sth]

In·struk·ti·on <-, -en> [ɪnstrʊkˈtsjoːn] *f (Anweisung)* instruction; *(Anleitung)* instruction[s] *usu pl;* **laut ~** according to instructions

In·stru·ment <-[e]s, -e> [ɪnstruˈmɛnt] *nt* **①** MUS instrument; *(Gerät für wissenschaftliche Zwecke)* instrument **②** *(a. fig geh: Werkzeug)* tool; **sich zum ~ einer S.** *gen* **machen** *(fig geh)* to become the instrument of sth

in·stru·men·tal [ɪnstrumɛnˈtaːl] **I.** *adj* instrumental; **~e Musik** instrumental music **II.** *adv* instrumentally

In·stru·men·tal·be·glei·tung *f* instrumental accompaniment; **mit/ohne ~** with/without instrumental accompaniment

in·stru·men·ta·li·sie·ren [ɪnstrumɛntaliˈziːrən] *vt (geh)* **①** MUS ■ **etw ~** to arrange [for instruments] **②** *(fig: als Mittel zum Zweck benutzen)* ■ **etw/jdn ~** to exploit [*or* instrumentalize] sth/sb

In·stru·men·tal·mu·sik *f* instrumental music **In·stru·men·tal·stück** *nt* MUS instrumental piece

In·stru·men·ta·ri·um <-, -rien> [ɪnstrumɛnˈtaːrjʊm, *pl:* ɪnstrumɛnˈtaːrjən] *nt (geh)* **①** *(Gesamtheit der Ausrüstung)* instruments *pl,* apparatus, equipment; *(medical equipment)* equipment **②** MUS range of instruments **③** *(Gesamtheit von Mittel o Möglichkeiten)* range [*or* series] of measures

in·stru·men·ta·to·risch [ɪnstrumɛntaˈtoːrɪʃ] *adj attr, inv* MUS instrumental

In·stru·men·ten·flug *m* LUFT instrument flight

In·suf·fi·zi·enz <-, -en> [ˈɪnzufitsjɛnts, ɪnzufiˈtsjɛnts] *f* MED *(geh)* insufficiency

In·su·la·ner(in) <-s, -> [ɪnzuˈlaːnɐ] *m(f)* islander

In·su·lin <-s> [ɪnzuˈliːn] *nt kein pl* insulin *no pl*

In·su·lin·prä·pa·rat *nt* insulin preparation **In·su·lin·sprit·ze** *f* insulin injection

in·sze·nie·ren [ɪnstseˈniːrən] *vt* ■ **etw ~** **①** *(dramaturgisch gestalten)* ■ **etw ~** to stage sth **②** *(pej)* to stage-manage [*or* engineer] sth

In·sze·nie·rung <-, -en> *f* **①** FILM, MUS, THEAT production **②** *(pej: Bewerkstelligung)* stage-managing, engineering

in·takt [ɪnˈtakt] *adj* **①** *(unversehrt)* intact **②** *(voll funktionsfähig)* in working order; ■ **~ sein** to be one hundred percent

In·tar·sia <-, -> [ɪnˈtarzja] *f,* **In·tar·sie** <-, -n> [ɪnˈtarzjə] *f meist pl (Einlegearbeit in Holz)* wood inlay [work], marquetry, intarsia

in·te·ger [ɪnˈteːgɐ] **I.** *adj (geh)* of integrity; ■ **~ sein** to have integrity **II.** *adv (geh)* with integrity; **sich ~ verhalten** to behave with integrity

in·te·gral [ɪnteˈgraːl] *adj attr* MATH integral

In·te·gral <-s, -e> [ɪnteˈgraːl] *nt* MATH integral

In·te·gral·rech·nung *f kein pl* MATH integral calculus

In·te·gra·ti·on <-, -en> [ɪntegraˈtsjoːn] *f* **①** SOZIOL inte-

gration; ■ **jds ~** [**in** *etw akk*] sb's integration [into sth] **②** *(Verbindung zu einer Einheit)* integration; ■ **die ~ von** *etw* [**zu** *etw*] the integration of sth [into sth]; **die wirtschaftliche ~ Osteuropas zu einer einheitlichen Gemeinschaft wird sich schwer gestalten** the economic integration of Eastern Europe into a single community will prove difficult

In·te·gra·ti·ons·fi·gur *f (geh)* unifying figure

in·te·grie·ren* [ɪnteˈgriːrən] **I.** *vt (eingliedern)* ■ **jdn/ etw** [**in** *etw akk*] **~** to integrate sb/sth [into sth] **II.** *vr (sich einfügen)* ■ **sich** [**in** *etw akk*] **~** to become integrated [into sth]

In·te·grie·rung <-, -en> *f s.* **Integration**

In·te·gri·tät <-> [ɪntegriˈtɛːt] *f kein pl (geh) (untadeliger Charakter)* integrity **②** POL, JUR *(Unverletzlichkeit)* integrity

In·tel·lekt <-[e]s> [ɪntɛˈlɛkt] *m kein pl* intellect

in·tel·lek·tu·ell [ɪntɛlɛkˈtu̯ɛl] *adj* intellectual; **eine ~e Diskussion** an intellectual discussion

In·tel·lek·tu·el·le(r) *f(m) decl wie adj* intellectual

in·tel·li·gent [ɪntɛliˈgɛnt] *adj* **①** *(mit Verstand begabt)* intelligent; *(strategisch klug)* clever, smart; ■ **~** [**von jdm**] **sein**[**, etw zu tun**] to be clever [of sb] [to do sth]; **das war nicht gerade sehr ~ von dir!** that wasn't exactly very clever of you! **②** INFORM intelligent; **eine ~e Bombe** an intelligent bomb

In·tel·li·genz <-, -en> [ɪntɛliˈgɛnts] *f* **①** *kein pl (Verstand)* intelligence *no pl* **②** *kein pl (Gesamtheit der Intellektuellen)* intelligentsia *no pl* **③** *(vernunftbegabtes Lebewesen)* intelligence; **ständig suchen Radioteleskope nach Signalen außerirdischer ~ ab** radio telescopes are constantly searching for signals from an extraterrestrial intelligence **④** INFORM **künstliche ~** artificial intelligence, AI

In·tel·li·genz·bes·tie *f (fam)* brainbox *fam*

In·tel·li·gen·zi·ja <-> [ɪntɛliˈgɛntsija] *f kein pl* Russian intelligentsia + *sing vb*

In·tel·li·genz·quo·ti·ent [-kvotsiɛnt] *m* intelligence quotient **In·tel·li·genz·test** *m* intelligence test; **einen ~ machen** to sit an intelligence test; **jdn einem ~ unterziehen** to subject sb to an intelligence test

In·ten·dant(in) <-en, -en> [ɪntɛnˈdant] *m(f)* THEAT artistic director, theatre- [*or* AM theater-] manager; RADIO, TV director-general

In·ten·danz <-, -en> [ɪntɛnˈdants] *f* **①** THEAT directorship; RADIO, TV director-generalship **②** THEAT *(Büro des Intendanten)* director's office; RADIO, TV director-general's office

in·ten·die·ren* [ɪntɛnˈdiːrən] *vt (geh: beabsichtigen)* ■ **etw ~** to intend sth

In·ten·si·tät <-, <*selten* -en> [ɪntɛnziˈtɛːt] *f* **①** *(Stärke, Eindringlichkeit)* intensity, intenseness **②** PHYS intensity

in·ten·siv [ɪntɛnˈziːf] **I.** *adj* **①** *(gründlich)* intensive **②** *(eindringlich, durchdringend)* intense, strong; **~er Duft** strong fragrance; **~er Schmerz** strong pain **II.** *adv* **①** *(gründlich)* intensively; **~ bemüht sein, etw zu tun** to make intense efforts to do sth **②** *(eindringlich, durchdringend)* strongly, intensely; **die Suppe schmeckt ~ nach Curry** the soup has a strong taste of curry

In·ten·siv·be·hand·lung *f* MED intensive care treatment

in·ten·si·vie·ren* [ɪntɛnziˈviːrən] *vt* ■ **etw ~** to intensify sth

In·ten·si·vie·rung <-, <*selten* -en> *f* intensification

In·ten·siv·kurs *m* intensive course **In·ten·siv·sta·ti·on** *f* MED intensive care unit

In·ten·ti·on <-, -en> [ɪntɛnˈtsjoːn] *f (geh)* intent, intention; **jds ~ geht dahin, dass...** it is sb's intention that...

in·ten·ti·o·nal [ɪntɛntsjoˈnaːl] *adj (geh: zweckbe-*

stimmt) intentional
in·ter·ak·tiv [ɪntɐʔak'tiːf] *adj* interactive
In·ter·ci·ty® <-s, -s> [ɪntɐ'sɪti] *m*, **In·ter·ci·ty·zug**ᴿᴿ [ɪntɐ'sɪti-] *m* inter-city [train]
In·ter·ci·ty·ex·press®ᴿᴿ *m*, **Intercity-Express**ᴬᴸᵀ *m* ʙᴀʜɴ inter-city express
in·ter·dis·zi·pli·när [ɪntɐdɪstsipliˈnɛːɐ̯] *adj* interdisciplinary
in·ter·es·sant [ɪntɐrɛˈsant] **I.** *adj* ❶ *(Interesse erweckend)* interesting; ▪ [**für jdn**] ~ **sein** to be interesting [for sb]; **gibt es in der Zeitung von heute irgendwas I~es?** is there anything interesting in today's paper?; **sich** [**bei jdm**] ~ **machen** to attract [sb's] attention; **sie will sich nur bei ihm ~ machen** she's only trying to attract his attention; **wie ~!** how interesting! ❷ ÖKON ~**es Angebot/Gehalt** attractive offer/salary **II.** *adv* interestingly; **der Vorschlag hört sich ~ an** the proposal sounds interesting; **das liest sich äußerst ~** that's extremely interesting to read
in·ter·es·san·ter·wei·se *adv* interestingly enough
In·ter·es·se <-s, -n> [ɪntɐ'rɛsə] *nt* ❶ *kein pl (Aufmerksamkeit)* interest; ~ [**an jdm/etw** [*o* **für jdn/etw**]] **haben** to have an interest [in sb/sth]; **wir haben ~ an Ihrem Angebot** we are interested in your offer; **bedauere, ich habe kein ~!** sorry, I'm not interested!; ~ **daran haben, etw zu tun** to be interested in doing sth; **hätten Sie ~ daran, für uns tätig zu werden?** would you be interested in working for us? ❷ *pl (Neigungen)* interests *pl;* **aus** ~ out of interest; **mit** ~ with interest; **sie lauschte dem Redner mit großem** ~ she listened to the speaker with great interest ❸ *pl (Belange)* interests *pl* ❹ *(Nutzen)* interest; [**für jdn**] **von** ~ **sein** to be of interest [to sb]; **in jds** [*o* **sein**] *dat* ~ **liegen** to be in sb's interest; **in jds** *dat* ~ **liegen, etw zu tun** to be in sb's interest to do sth; **im** ~ **einer S.** *gen* in the interest of sth; **im** ~ **des Friedens sollte weltweit abgerüstet werden** in the interest of peace there should be global disarmament; **in jds** *dat* ~ in sb's interest
in·ter·es·se·los *adj* indifferent; **jd ist** [**völlig**] ~ sb is [completely] indifferent
In·ter·es·sen·ge·biet *nt* area of interest **In·ter·es·sen·ge·mein·schaft** *f* community of interests, syndicate **In·ter·es·sen·kon·flikt** *m* conflict of interests **In·ter·es·sen·sphä·re** *f* sphere of influence
In·ter·es·sent·in <-en, -en> [ɪntɐrɛˈsɛnt] *m(f)* ❶ *(an einer Teilnahme Interessierter)* interested party ❷ ÖKON *(an einem Kauf Interessierter)* potential buyer [*or* purchaser]
In·ter·es·sen·ver·band *m* POL, SOZIOL interest [*or* pressure] group **In·ter·es·sen·ver·tre·tung** *f* ❶ POL, SOZIOL interest group ❷ *kein pl* JUR representation of interests
in·ter·es·sie·ren [ɪntɐrɛˈsiːrən] **I.** *vt* ❶ *(jds Interesse hervorrufen)* ▪ **jdn** ~ to interest sb; **dein Vorschlag interessiert mich sehr** your suggestion interests me greatly; **das hat Sie nicht zu ~!** that's no concern of yours! ❷ *(jds Interesse auf etw lenken)* ▪ **jdn für etw** ~ to interest sb in sth **II.** *vr (mit Interesse verfolgen)* ▪ **sich für jdn/etw** ~ to be interested in sb/sth
in·ter·es·siert I. *adj* ❶ *(Interesse zeigend)* interested; ▪ [**irgendwie**] ~ **sein** to be interested [in sth] [in a certain way]; **sie ist politisch** ~ she is interested in politics ❷ *(mit ernsthaften Absichten)* ▪ **an jdm/etw** ~ **sein** to be interested in sb/sth; ▪ **daran** ~ **sein, etw zu tun** to be interested in doing sth; **ich bin sehr daran ~, mehr darüber zu erfahren!** I'm very interested in learning more about it! **II.** *adv* with interest
In·ter·face <-, -s> ['ɪntɐfeɪs] *nt* INFORM interface
In·ter·face·de·sign ['ɪntɐfeːsdɪˈzaɪn] *nt* INFORM interface design
In·ter·fe·renz <-, -en> [ɪntɐfeˈrɛnts] *f* PHYS interference *no pl*

In·ter·fe·ron <-s, -e> [ɪntɐfeˈroːn] *nt* BIOL interferon
In·te·ri·eur <-s, -s *o* -e> [ɛ̃teˈrjøːɐ̯] *nt (geh)* interior
In·te·rim <-s, -s> ['ɪntɐrɪm] *nt (geh)* interim
In·te·rims·lö·sung *f (geh)* interim solution **In·te·rims·re·gie·rung** *f (geh: Übergangsregierung)* interim government
In·ter·jek·ti·on <-, -en> [ɪntɐjɛkˈtsi̯oːn] *f* LING interjection
in·ter·kon·ti·nen·tal [ɪntɐkɔntinɛnˈtaːl] *adj* GEOG intercontinental
In·ter·kon·ti·nen·tal·ra·ke·te *f* MIL intercontinental ballistic missile
In·ter·mez·zo <-s, -s *o* -mezzi> [ɪntɐˈmɛtso] *nt* ❶ MUS intermezzo ❷ *(geh)* incident
in·tern [ɪn'tɛrn] **I.** *adj (im eigenen Bereich liegend)* internal; *(innenpolitisch)* domestic, internal **II.** *adv* internally; **etw** ~ **regeln** [*o* **klären**] to resolve sth internally
In·ter·na [ɪn'tɛrna] *pl (geh)* internal matters *pl*
In·ter·nat <-[e]s, -e> [ɪntɐ'naːt] *nt* boarding-school
in·ter·na·ti·o·nal [ɪntɐnatsi̯oˈnaːl] **I.** *adj* international **II.** *adv* internationally
In·ter·na·ti·o·na·le <-, -n> [ɪntɐnatsi̯oˈnaːlə] *f* ❶ „**die** ~" 'the Internationale'; **die sozialistische** ~ the Internationale
in·ter·na·ti·o·na·li·sie·ren [ɪntɐnatsi̯onaliˈziːrən] *vt* ▪ **etw** ~ ❶ *(geh)* to internationalize sth ❷ JUR to internationalize sth; ▪ **internationalisiert werden** to become internationalized
In·ter·na·ti·o·na·li·sie·rung *f kein pl* SOZIOL internationalization
In·ter·nats·lei·ter·in *m(f)* principal of a boarding-school
In·ter·naut·in <-en, -en> [ɪntɐ'naut] *m(f)* INET *(euph)* internaut euph
In·ter·net <-s, -s> ['ɪntɐnɛt] *nt* INFORM, TELEK Internet; **im** ~ **surfen** to surf the Internet [*or fam* net]
In·ter·net·agen·tur *f* INET Internet agency **In·ter·net·auf·tritt** *m* INET presentation of a firm through an Internet website **In·ter·net·dienst** *m* internet service **In·ter·net-Kon·takt·bör·se** *f* INET Internet personal ads
in·ter·nie·ren [ɪntɐ'niːrən] *vt* ▪ **jdn** ~ ❶ *(in staatlichen Gewahrsam nehmen)* to intern sb ❷ MED to isolate sb, to put sb into isolation
In·ter·nier·te(r) *f(m) decl wie adj* internee
In·ter·nie·rung <-, -en> *f* ❶ *(Einsperrung)* internment ❷ MED isolation
In·ter·nie·rungs·la·ger *nt* internment camp
In·ter·nist·in <-en, -en> [ɪntɐ'nɪst] *m(f)* MED internist
In·tern·ver·bin·dung *f* TELEK internal connection
in·ter·par·la·men·ta·risch [ɪntɐparlamɛnˈtaːrɪʃ] *adj* interparliamentary
in·ter·pla·ne·ta·risch [ɪntɐplaneˈtaːrɪʃ] *adj* interplanetary
In·ter·pol <-> ['ɪntɐpoːl] *f* Interpol
In·ter·pret·in <-en, -en> [ɪntɐ'preːt] *m(f)* MUS, THEAT *(geh)* interpreter
In·ter·pre·ta·ti·on <-, -en> [ɪntɐpretaˈtsi̯oːn] *f* LIT, MUS, THEAT *(inhaltliche Erläuterung)* interpretation
in·ter·pre·tie·ren [ɪntɐpreˈtiːrən] *vt* ❶ LIT, MUS ▪ [**jdn**] **etw** ~ to interpret sth [for sb]; **diesen Satz kann man unterschiedlich** ~ this sentence can be interpreted in different ways ❷ *(geh: auslegen)* ▪ **etw irgendwie** ~ to interpret sth in a certain way
In·ter·punk·ti·on <-, -en> [ɪntɐpʊŋkˈtsi̯oːn] *f* LING punctuation
In·ter·punk·ti·ons·re·gel *f* punctuation rule **In·ter·punk·ti·ons·zei·chen** *nt* punctuation mark
In·ter·rail·kar·teᴿᴿ ['ɪntɐrɛl-] *f*, **In·ter·rail-Kar·te**ᴬᴸᵀ *f* inter-rail ticket
In·ter·re·gio® <-s, -s> [ɪntɐ'reːgi̯o] *m* regional city

stopper *(train that travels between regional centres)*
In·ter·reg·num <-s, -regnen *o* -regna> [ɪnte'rɛg-
nʊm] *nt* interregnum
in·ter·re·li·gi·ös *adj* interreligious
In·ter·ro·ga·tiv·pro·no·men [ɪnteroga'tiːf-] *nt* LING
interrogative pronoun **In·ter·ro·ga·tiv·satz** *m* interrogative sentence
in·ter·stel·lar [ɪntɛstɛ'laːɐ̯] *adj* ASTRON interstellar
In·ter·vall <-s, -e> [ɪnte'val] *nt (geh)* interval
In·ter·vall·schal·tung *f* AUTO intermittent wiper control
in·ter·ve·nie·ren* [ɪnteve'niːrən] *vi* ❶ *(geh: protestie-
rend einschreiten)* ■ [**bei jdm**] [**für jdn**] ~ to intervene [on sb's behalf] [with sb] ❷ POL ■ **irgendwo**
dat ~ to intervene somewhere
In·ter·ven·ti·on <-, -en> [ɪntɛvɛn'tsi̯oːn] *f* ❶ *(geh)*
intervention ❷ POL *(das aktive Intervenieren)* intervention; **militärische** ~ military intervention
In·ter·view <-s, -s> ['ɪntɐvjuː, ɪnte'vjuː] *nt* interview;
[jdm] **ein ~/~s geben** [*o geh:* **gewähren**] to give [*or*
grant] [sb] an interview/interviews
in·ter·view·en* [ɪnte'vjuːən, 'ɪntɐvjuːən] *vt* ❶ *(durch
ein Interview befragen)* ■ **jdn** [**zu etw**] ~ to interview
sb [about sth]; ■ **sich** [**von jdm**] ~ **lassen** to give [sb]
an interview ❷ *(hum fam: befragen)* ■ **jdn** ~ [**ob/
wann/wo etc.**] to consult sb about [whether/when/
where etc.]
In·ter·view·er(in) <-s, -> [ɪnte'vjuːɐ, 'ɪntɐvjuːɐ] *m(f)*
interviewer
In·ti·fa·da <-> [ɪnti'faːda] *f kein pl* intifada; ■ **die** ~ the
intifada
in·tim [ɪn'tiːm] *adj* ❶ *(innig)* intimate; **~er Freund/
Bekannter** close friend/acquaintance ❷ *(persönlich)*
intimate; **~e Einzelheiten** intimate details ❸ *(geh:
vertraut)* intimate; **aus ~er Kenntnis** from intimate
knowledge ❹ *(sexuell liiert)* ■ **mit jdm** ~ **sein/mit-
einander** ~ **sein** to have intimate relations with sb
[*or* to be intimate with sb] /to be intimate with each
other; ■ [**mit jdm**] ~ **werden** to become intimate
[with sb] ❺ *(geh: tief innerlich)* intimate; **~e Gefühle**
intimate feelings ❻ *(geh: gemütlich)* intimate; **ich
kenne ein kleines, sehr ~es Lokal** I know a small,
very intimate [*or* cosy] pub
In·ti·ma <-, Intimae> ['ɪntima, *pl:* -mɛ] *f fem form von*
Intimus
In·tim·be·reich *m* ❶ *(euph: Bereich der Geschlechtsorgane)* private parts *pl euph* ❷ *s.* **Intimsphäre In-
tim·feind(in)** *m(f) (geh)* devil one knows **In·tim·hy-
gi·e·ne** *f (euph)* feminine hygiene
In·ti·mi·tät <-, -en> [ɪntimi'tɛːt] *f (geh)* ❶ *kein pl (Vertrautheit)* intimacy *no pl* ❷ *pl (private Angelegenheit)* intimate affairs *pl* ❸ *usu pl (sexuelle Handlung o
Äußerung)* intimacy ❹ *kein pl (gemütliche Atmosphäre)* Kneipe, Lokal etc. intimacy
In·tim·kon·takt *m* intimate contact **In·tim·lo·ti·on** *f*
feminine hygiene lotion **In·tim·sphä·re** *f (geh)* private life **In·tim·spray** *nt* feminine deodorant spray
In·ti·mus, In·ti·ma <-, Intimi> ['ɪntimʊs, 'ɪntima, *pl:*
-mi] *m, f (hum geh)* confidant *liter*
In·tim·ver·kehr *m kein pl (euph)* intimate relations
pl euph; [**mit jdm**] ~ **haben** to have intimate relations [with sb]
in·to·le·rant ['ɪntolerant, ɪntole'rant] **I.** *adj (geh)* intolerant **II.** *adv* intolerantly
In·to·le·ranz ['ɪntolerants, ɪntole'rants] *f (geh)* intolerance
In·to·na·ti·on <-, -en> [ɪntona'tsi̯oːn] *f* LING, MUS intonation
in·to·nie·ren* [ɪnto'niːrən] *vt* ■ **etw** ~ MUS to begin
singing sth
in·tran·si·tiv ['ɪntranzitiːf] *adj* LING intransitive
in·tra·ve·nös [ɪntrave'nøːs] *adj* intravenous

in·tra·zel·lu·lär [ɪntratsɛlu'lɛːɐ̯] *adj* BIOL, MED intracel-
lular
In-Treff *m (fam)* fashionable [*or* trendy] pub [*or* AM bar]
in·tri·gant [ɪntri'gant] *adj (pej geh)* scheming; ■ ~ **sein**
to be a schemer *pej*
In·tri·gant(in) <-en, -en> [ɪntri'gant] *m(f) (pej geh)*
schemer *pej*
In·tri·ge <-, -n> [ɪn'triːgə] *f (pej geh)* conspiracy, intrigue; **eine ~ einfädeln, eine ~ spinnen** to conspire, to intrigue, to hatch a plot
in·tri·gie·ren* [ɪntri'giːrən] *vi (pej geh)* ■ [**gegen jdn**] ~
to intrigue [*or* scheme] [against sb]
In·tron <-s, -s> ['ɪntrɔn] *nt* BIOL intron
in·tro·ver·tiert [ɪntrovɐ'tiːɐ̯t] *adj* introverted
In·tu·i·ti·on <-, -en> [ɪntuits'tsi̯oːn] *f* intuition
in·tu·i·tiv [ɪntui'tiːf] *adj* intuitive
in·tus ['ɪntʊs] *adj* ❶ Alkohol, Essen **etw ~ haben**
(fam: zu sich genommen haben) to have had sth;
einen [*o einiges*] ~ **haben** *(fam: leicht betrunken
sein)* to have had a few ❷ *(verstanden haben)* to have
got sth into one's head; **hast du es jetzt endlich ~?**
have you finally got that into your head now?
In·va·li·de, In·va·li·din <-n, -n> [ɪnva'liːdə,
ɪnva'liːdɪn] *m, f* invalid; ■ ~ **sein** to be an invalid
In·va·li·di·tät <-> [ɪnvalidi'tɛːt] *f kein pl* disability
in·va·ri·a·bel ['ɪnvari̯aːbl̩, ɪnva'ri̯aːbl̩] *adj* invariable
In·va·si·on <-, -en> [ɪnva'zi̯oːn] *f* ❶ MIL, POL *(kriege-
rischer Einfall)* invasion ❷ *(hum fam)* inva-
sion *hum fam*
In·va·sor, In·va·so·rin <-s, -soren> [ɪn'vaːzoːɐ̯,
ɪnva'zoːrɪn, *pl:* ɪnva'zoːrən] *m, f meist pl (geh)*
invader
In·ven·tar <-s, -e> [ɪnvɛn'taːɐ̯] *nt* ❶ FIN *(bilanziertes
Firmenvermögen)* inventory; **das ~ erstellen** [*o* **aufstellen**] to draw up an inventory [*or* a list of assets and
liabilities]; **lebendes** ~ Vieh livestock; **totes** ~ Gegenstände, Mobiliar fixtures and fittings ❷ JUR *(Verzeichnis des Nachlasses)* inventory ▶ WENDUNGEN: [**schon**]
zum ~ **gehören** *(fam)* to be part of the furniture *hum fam*
In·ven·tur <-, -en> [ɪnvɛn'tuːɐ̯] *f* stocktaking;
~ **machen** to stocktake, to do the stocktaking
In·ver·si·ons·wet·ter·la·ge *f* inverted atmospheric
conditions *pl*
In·vert·zu·cker [ɪn'vɛrttsʊkɐ] *m* inverted sugar
in·ves·tie·ren* [ɪnvɛs'tiːrən] *vt* ❶ FIN *(anlegen)* ■ **etw**
[**in etw** *akk*] ~ to invest sth [in sth] ❷ *(fig fam: aufwenden)* ■ **etw** [**in jdn/etw**] ~ to invest sth [in sb/
sth]; **er hat so viel Zeit in dieses Projekt investiert**
he has invested so much time in this project
In·ves·ti·ti·on <-, -en> [ɪnvɛstitsi̯oːn] *f* FIN investment; **eine ~/~en vornehmen** [*o* **tätigen**] to invest;
(Geldausgabe) investment
In·ves·ti·ti·ons·an·lei·he *f* investment loan **In·ves·ti-
ti·ons·an·reiz** *m* ÖKON incentive to invest, investment
incentive **In·ves·ti·ti·ons·be·darf** *m* capital expenditure requirements *pl* **In·ves·ti·ti·ons·be·reit·schaft** *f*
willingness to invest **in·ves·ti·ti·ons·freu·dig** *adj*
eager to invest **In·ves·ti·ti·ons·gü·ter** *pl* capital
equipment *no pl* **In·ves·ti·ti·ons·kos·ten** *pl* investment costs *pl* **In·ves·ti·ti·ons·pro·gramm** *nt* investment programme [*or* AM -am]
In·vest·ment <-s, -s> [ɪn'vɛstmənt] *nt (Geldanlage)*
investment; *(Geldanlage in Investmentfonds)* invest-
ing in investment funds
In·vest·ment·be·ra·ter(in) *m(f)* ÖKON, BÖRSE investment
adviser **In·vest·ment·fonds** *m* investment fund **In-
vest·ment·ge·sell·schaft** *f* investment trust **In-
vest·ment·pa·pier** *nt* investment fund certificate **In-
vest·ment·trust** *m* investment trust **In·vest·ment-
zer·ti·fi·kat** *nt* investment fund certificate
In·ves·tor(in) <-s, -en> [ɪn'vɛstoːɐ̯, *pl:* ɪnvɛs-

'to:rən] *m(f)* ÖKON investor

in vi·tro [ɪn ˈviːtro] *adv* MED, BIOL in vitro

In-vi·tro-Fer·ti·li·sa·ti·on <-, -en> [-fɛrtilizaˈtsi̯oːn] *f* MED, BIOL in vitro fertilization, I.V.F.

in·vol·vie·ren' [ɪnvɔlˈviːrən] *vt (geh)* ■ etw ~ to involve sth

in·wen·dig [ˈɪnvɛndɪç] **I.** *adv* inside; **jdn/etw in- und auswendig kennen** *(fam)* to know sb/sth inside out *fam* **II.** *adj (selten)* inside; **der Mantel besitzt drei ~e Taschen** the coat has three inside pockets

in·wie·fern [ɪnviˈfɛrn] *adv Interrogativpronomen* how, in what way; **„Sie haben mich da falsch verstanden"** – „~"? 'you've misunderstood me' – 'in what way?'

in·wie·weit [ɪnviˈvait] *adv* how far, to what extent; **Sie können selbst entscheiden, ~ Sie meinem Rat folgen wollen** you can decide yourself how far you're going to follow my advice

In·zah·lung·nah·me <-, -n> *f* ■ **die ~ einer S.** *gen* the acceptance of a thing in part exchange [*or* payment]

In·zest <-[e]s, -e> [ɪnˈtsɛst] *m (geh)* incest *no pl*

In·zucht [ˈɪntsʊxt] *f* inbreeding; ▶ WENDUNGEN: **verfluchte ~!** *(derb sl)* sod [*or* damn] it!, the hell with it AM *fam!*, bugger! *vulg*

in·zwi·schen [ɪnˈtsvɪʃn] *adv* ❶ *(in der Zwischenzeit)* in the meantime, meanwhile; **so, da bin ich wieder, waren ~ irgendwelche Anrufe?** right, I'm back, have there been any calls in the meantime? ❷ *(mittlerweile)* in the meantime, since then; **ich hoffe, du hast dich ~ wieder erholt** I hope you've recovered in the meantime

IOK <-s> [iːˈʔoːkaː] *nt kein pl Abk von* **Internationales Olympisches Komitee** IOC

Ion <-s, -en> [i̯oːn] *nt* PHYS, CHEM ion

Io·nen·bin·dung *f* CHEM ionic bond

Io·ni·sa·ti·on <-, -en> [i̯onizaˈtsi̯oːn] *f* PHYS, CHEM ionization

io·nisch [ˈi̯oːnɪʃ] *adj* ❶ ARCHIT, KUNST ionic ❷ MUS Ionian

Io·ni·sches Meer *nt* Ionian Sea

Io·no·sphä·re [i̯onoˈsfɛrə] *f kein pl* PHYS, CHEM ionosphere

i-Punkt [ˈiː-] *m (i-Tüpfelchen)* dot on the "i"; ▶ WENDUNGEN: **bis auf den ~** down to the last detail

IQ <-[s], -[s]> [iːˈkuː] *m Abk von* **Intelligenzquotient** IQ

i.R. *Abk von* **im Ruhestand** ret. *(retired)*, BRIT a. retd. *(retired)*

Irak <-s> [iˈraːk] *m* ■ [der] ~ Iraq; *s. a.* **Deutschland**

Ira·ker(in) <-s, -> [iˈraːke] *m(f) s.* Iraki

Ira·ki <-s, -s> *m fem form gleich* Iraqi; ~ **sein** to be [an] Iraqi; *s. a.* **Deutsche(r)**

ira·kisch [iˈraːkɪʃ] *adj* Iraqi; *s. a.* **deutsch**

Iran <-s> [iˈraːn] *m* ■ **der** ~ Iran; *s. a.* **Deutschland**

Ira·ner(in) <-s, -> [iˈraːne] *m(f)* Iranian; ~ **sein** to be [an] Iranian; *s. a.* **Deutsche(r)**

ira·nisch [iˈraːnɪʃ] *adj* ❶ *(den Iran betreffend)* Iranian; *s. a.* **deutsch 1** ❷ LING Iranian; **auf I~** in Iranian; *s. a.* **deutsch 2**

Ira·nisch [iˈraːnɪʃ] *nt decl wie adj* Iranian; ■ **das ~e** Iranian; *s. a.* **Deutsch**

ir·den [ˈɪrdn̩] *adj (veraltend: aus Ton)* earthenware

ir·disch [ˈɪrdɪʃ] *adj* earthly

Ire, Irin <-n, -n> [ˈiːrə, ˈiːrɪn] *m, f* Irishman *masc*, Irishwoman *fem*; ■ **die ~n** the Irish; [ein] ~ **sein** to be Irish

ir·gend [ˈɪrgnt] *adv* at all; **wenn ~ möglich** if at all possible; **wenn ich ~ kann, werde ich Sie am Bahnhof abholen** if I possibly can, I'll pick you up at the station; ~ **so ein/e …** some … or other; **„wer war am Apparat?"** – **„ach, wieder ~ so ein Spinner!"** 'who was that on the 'phone?' – 'oh, some lunatic or other again'

ir·gend·ein [ˈɪrgnt̚ʔain], **ir·gend·ei·ne(r, s)** [ˈɪrgnt̚ʔainə, -aine, -ainəs], **ir·gend·eins** [ˈɪrgnt̚ʔains] *pron indef* ❶ *adjektivisch (was auch immer für ein)* some; **haben Sie noch irgendeinen Wunsch?** would you like anything else?; **nicht irgendein/e …** *adjektivisch* not any [old] …; **ich will nicht irgendein Buch, sondern diesen Roman** I don't just want any old book, I want this novel ❷ *substantivisch (ein Beliebiger)* any [old] one; **welchen Wagen hätten Sie denn gern?** – **ach, geben Sie mir ~en, Hauptsache er fährt** which car would you like then? – oh, [just] give me any old one, so long as it goes; **nicht irgendeine(r, s)** *substantivisch* not just anybody; **ich werde doch nicht irgendeinen einstellen** I'm not going to appoint just anybody

ir·gend·ein·mal [ˈɪrgnt̚ʔainˈmaːl] *adv* sometime, some time or other; **kommt doch ~ wieder vorbei!** drop in again some time or other!

ir·gend·et·was[RR] [ˈɪrgnt̚ɛtvas] *pron indef* something; **haben wir noch ~ zu essen im Kühlschrank?** have we still got something to eat in the fridge?; **gibt es ~ Neues zu berichten?** is there anything new to report?; ~ **anderes** something else; **nicht [einfach] ~** not just anything

ir·gend·je·mand[RR] [ˈɪrgnt̚jeːmant] *pron indef* somebody, someone, anybody *after a negative,* anyone *after a negative;* **hallo, ist dort ~?** hallo, is anybody there?; ~ **anderer** somebody else; **gib das ~ anderem** give that to somebody else; **nicht [einfach] ~** not just anybody; **wissen Sie überhaupt, mit wem Sie es zu tun haben?** schließlich bin ich Direktor und nicht ~! do you know who you're dealing with? I'm the director, not just anybody!

ir·gend·wann [ˈɪrgnt̚van] *adv* sometime, some time or other; **ich hoffe, wir sehen uns ~ einmal wieder** I hope we'll see each other again some time or other

ir·gend·was [ˈɪrgnt̚vas] *pron indef (fam)* anything, something; **hast du schon ~ Neues über diese Angelegenheit erfahren?** have you learned anything new about this matter?; **was soll ich ihr nur sagen, wenn sie mich fragt?** – **ach, erzähle ihr ~!** what should I tell her if she asks me? – oh, tell her anything!

ir·gend·wel·che(r, s) [ˈɪrgnt̚vɛlçə, -ˈvɛlçe, -ˈvɛlçəs] *pron indef* ❶ *(welche auch immer)* any, some; **brauchst du noch irgendwelche Sachen aus der Stadt?** do you need any bits and pieces from town? ❷ *(irgendein, beliebig)* some; *substantivisch* anything; **was für ein Rasierwasser soll ich dir mitbringen?** – **egal, irgendwelches!** what sort of aftershave shall I get you? – it doesn't matter, anything!

ir·gend·wer [ˈɪrgnt̚veːɐ̯] *pron indef (fam)* anybody, somebody; **hat da nicht eben ~ gerufen?** didn't somebody or other just call out?; **hallo! aufmachen! hört mich denn nicht ~?** hallo! open up! can no one hear me?; **nicht [einfach] ~** not just anybody; **ich bin nicht ~, ich habe Beziehungen!** I'm not just anybody, I have connections!

ir·gend·wie [ˈɪrgnt̚viː] *adv* somehow [*or* other]; ~ **kommt mir das komisch vor** somehow or other I find that funny; **Sie kommen mir ~ bekannt vor, haben wir uns früher schon mal getroffen?** I seem to know you somehow, have we met before?

ir·gend·wo [ˈɪrgnt̚voː] *adv* ❶ *(wo auch immer)* somewhere [*or* other]; ~ **muss der verdammte Schlüsselbund doch sein!** the damned key ring must be somewhere [*or* other]! ❷ *(in irgendeiner Weise)* somehow [*or* other]; ~ **versteh ich das nicht** somehow I don't understand [that]

ir·gend·wo·her [ˈɪrgnt̚voˈheːɐ̯] *adv (woher auch immer)* from somewhere [*or* other]; **ich kenne Sie**

doch ~! I know you from somewhere or other; **von ~** from somewhere [or other]; **woher dieses Brummen nur kommt, von ~ muss es doch kommen!** where's this humming coming from, it must be coming from somewhere or other

ir·gend·wo·hin ['ɪrgn̩tvo'hɪn] *adv (wohin auch immer)* somewhere [or other]; **die Brille habe ich ~ gelegt** I've put my glasses down somewhere [or other] ▸ WENDUNGEN: **~ müssen** *(euph fam)* to have to spend a penny [*or* pay a visit] BRIT *euph fam,* to have to go AM *euph fam*

Iri·di·um <-s> [i'ri:djʊm] *nt kein pl* CHEM iridium *no pl*

Irin <-, -nen> ['i:rɪn] *f fem form von* **Ire** Irishwoman

Iris¹ <-, -> ['i:rɪs] *f* BOT iris

Iris² <-, - *o* Iriden> ['i:rɪs, *pl:* i'ri:dən] *f* ANAT iris

irisch ['i:rɪʃ] *adj* ❶ *(Irland betreffend)* Irish; *s. a.* **deutsch 1** ❷ LING Irish; *s. a.* **deutsch 2**

Irisch ['i:rɪʃ] *nt decl wie adj* Irish; *s. a.* **Deutsch**

Iri·sche <-n> *nt* ▪ **das ~** Irish, the Irish language; *s. a.* **Deutsche**

Ir·land ['ɪrlant] *nt* Ireland, Eire; *s. a.* **Deutschland**

Iro·nie <-, <*selten* -n> [iro'ni:, *pl:* -i:ən] *f* ❶ *(gegenteilige Bedeutung einer Äußerung)* irony; **ich sage das ganz ohne jede ~** I'm not being at all ironic when I say that ❷ *(Paradoxie)* irony; ▪ **die ~ einer S.** *gen* the irony of sth; **es war eine der vielen ~n des Lebens** it was one of life's many ironies

iro·nisch [i'ro:nɪʃ] **I.** *adj* ironic[al]; ▪ **das I~e** [the] irony; **das I~e an seinem Unterton war ihr keineswegs entgangen** she did not fail to notice the ironical undertone in his voice; **irgendwie hatte diese Äußerung etwas I~es** somehow this statement had an ironical flavour about it **II.** *adv* ironically; **~ lächeln** to give an ironic smile

irr [ɪr] *adj s.* **irre**

ir·ra·ti·o·nal ['ɪratsi̯onaːl, ɪratsi̯o'naːl] *adj (geh)* irrational

ir·re [ɪrə] **I.** *adj* ❶ *(verrückt)* crazy, insane, mad; **der Kerl muss ~[e] sein!** the bloke must be mad!; **jdn für ~[e] erklären** *(fam)* to call sb mad; **jdn für ~[e] halten** *(fam)* to think sb is mad ❷ *(verstört)* crazy; **so ein Blödsinn! du redest ~es Zeug!** what nonsense! this is just crazy talk!; **jdn [noch] ganz ~ machen** *(fam)* to drive sb crazy *fam;* **dieser Partylärm macht mich noch ganz ~** the noise from this party is driving me crazy [*or* mad] ❸ *(sl: toll)* fantastic, terrific ▸ WENDUNGEN: **an jdm/etw ~ werden** *(geh)* to lose one's faith in sb/sth **II.** *adv* ❶ *(verrückt, verstört)* insanely, in a crazy way; **was fällt dir ein, mitten in der Nacht so ~e rumzubrüllen!** all this crazy yelling in the middle of the night, what [the hell] do you think you're doing!; **hör nicht auf ihn, der redet ~!** don't listen to him, he comes out with all this crazy talk!; **wie ~** *(fam)* like crazy [*or* mad]; **ich musste arbeiten wie ~** I had to work like mad ❷ *(sl: ausgeflippt)* wild, crazy, wacky *sl,* way-out *sl; (toll)* fantastically *fam,* terrifically *fam* ❸ *(sl: äußerst)* incredibly; **der Witz ist ja ~e komisch!** the joke is incredibly funny!

Ir·re <-> ['ɪrə] *f* **jdn in die ~ führen** to mislead sb, to lead sb up the garden path, to take sb for a ride; **da geht es doch nie und nimmer nach Bremen, du führst uns in die ~!** that's never the way to Bremen, you're taking us for a ride!; **in die ~ gehen** to go wrong; **halt, die andere Richtung, Sie gehen sonst in die ~!** stop, the other direction, otherwise you'll be going wrong!

Ir·re(r) ['ɪrə, -rə] *f(m) decl wie adj (irrer Mensch)* lunatic, madman; ▸ WENDUNGEN: **armer ~r** *(fam)* poor fool; **du armer ~r, der Kerl hat dich reingelegt!** you poor fool, the bloke's taken you for a ride!

ir·re·al ['ɪreaːl] *adj (geh)* unreal; **die Vorstellung, es**

würde sich irgendwie schon alles fügen, ist einfach ~ this idea that everything is going to work out somehow is simply unrealistic

ir·re|füh·ren *vt* **jdn ~** to mislead sb; ▪ **sich von jdm/etw ~ lassen** to be misled by sb/sth

ir·re·füh·rend *adj* misleading

Ir·re·füh·rung *f* deception; **die bewusst mehrdeutige Erklärung stellt eine vorsätzliche ~ der Delegierten dar** the intentionally ambiguous statement represents a deliberate attempt to mislead the delegates

ir·re|ge·hen *vi irreg sein (geh)* ❶ *(sich irren)* ▪ **~, wenn** to be mistaken, if; **gehe ich irre in der Annahme, dass Sie mein Angebot ablehnen?** am I mistaken in assuming that you're declining my offer? ❷ *(selten)* to go astray

ir·re·gu·lär ['ɪreguːlɐ] *adj (geh)* irregular; **~e Methode** irregular method

ir·re|lei·ten *vt (geh)* **jdn ~** ❶ *(falsch leiten)* to misdirect sb; **hier geht es ja gar nicht nach Ochsenhausen, man hat uns irregeleitet!** this isn't the way to Ochsenhausen, we've been wrongly directed! ❷ *(schlecht beeinflussen)* to lead sb astray; **durch Propaganda sind viele schlecht unterrichtete Menschen irregeleitet worden** many people who are ill-informed have been led astray by propaganda; ▪ **irregeleitet** misguided; **die irregeleiteten Sektenmitglieder setzten sich für verlogene Werte ein** the misguided members of the sect supported dishonest values

ir·re·le·vant ['ɪrelevant, ɪrele'vant] *adj (geh)* irrelevant; ▪ **~ [für etw] sein** to be irrelevant [for *or* to] sth]; **zusätzliche Einwände sind für die Urteilsfindung des Gerichts ~** additional objections are irrelevant to the verdict of the court

Ir·re·le·vanz ['ɪrelevants, ɪrele'vants] *f (geh)* irrelevance

ir·re|ma·chen *vt* **jdn ~** to confuse sb; ▪ **sich [durch jdn/etw] nicht ~ lassen** not to be put off [by sb/sth]

ir·ren¹ ['ɪran] *vi sein* ▪ **durch/über etw** *akk* **~** to wander through/across sth

ir·ren² ['ɪran] **I.** *vi (fig: sich täuschen)* to be mistaken [*or* wrong]; ▸ WENDUNGEN: **I~ ist menschlich** *(prov)* to err is human *prov* **II.** *vr (sich täuschen)* ▪ **sich ~** to be mistaken [*or* wrong]; **da irrst du dich** you're wrong there; **ich irre mich bestimmt nicht, ich weiß, was ich gesehen habe** I'm definitely not wrong, I know what I saw; ▪ **sich in jdm/etw ~** to be mistaken [*or* wrong] about sb/sth; **so kann man sich in jdm ~!** it shows you how wrong you can be about someone!; **wenn ich mich nicht irre, ...** if I am not mistaken ...

Ir·ren·an·stalt *f (pej veraltend)* lunatic asylum, funny farm *pej sl,* loony bin *pej sl;* **der Kerl spinnt ja, der gehört in die ~!** the bloke's crackers, he should be locked up! **Ir·ren·haus** *nt (veraltet o pej)* lunatic asylum, funny farm *pej sl,* loony bin *pej sl;* **wie im ~** *(fam)* like a madhouse *fam;* **schreit nicht alle durcheinander, das ist ja hier wie im ~!** don't all start shouting at once, it's like a madhouse in here! ▸ WENDUNGEN: **[bald] reif fürs ~ sein** *(fam)* to be cracking up *fam,* to need putting away *sl*

ir·re·pa·ra·bel ['ɪrepaːrə̩bl, ɪrepa'ra:bl] **I.** *adj (geh)* irreparable; **~e körperliche/nervliche/seelische Schäden** irreparable physical/nerve/psychological damage; **irreparabler Maschinenschaden** engine damage beyond repair **II.** *adv (geh)* irreparably

ir·re|re·den *vi (geh)* to rant, to rave; **Blödsinn! rede nicht so irre!** rubbish! stop ranting [on] like that! **Ir·re·sein** *nt* insanity

ir·re·ver·si·bel ['ɪrevɛrziːbl̩, ɪrevɛr'ziːbl̩] *adj (fachspr)* irreversible

Irr·fahrt f wandering; **warum kommt ihr erst so spät? – es war eine lange ~, bis wir zu eurem Haus gelangten** why are you so late? – we've been all around the houses trying to get to your place; **Odysseus erreichte Ithaka erst nach zehnjähriger ~** Odysseus reached Ithaka after having wandered for ten years **Irr·gang** m meist pl twists and turns pl **Irr·gar·ten** m labyrinth, maze **Irr·glau·be(n)** m ❶ (irrige Ansicht) mistaken belief ❷ (veraltend: falscher religiöser Glaube) heresy, heretical belief **irr·gläu·big** adj heretical; ■ **die I~en** the heretics

ir·rig ['ɪrɪç] adj (geh) incorrect, wrong

Ir·ri·ta·ti·on <-, -en> [ɪrita'tsi̯o:n] f (geh) ❶ MED irritation ❷ (das Erregtsein, Verärgerung) irritation no pl ❸ (selten: auf jdn/etw ausgeübter Reiz) irritation no pl

ir·ri·tie·ren* [ɪri'ti:rən] vt ❶ jdn ~ ❶ (verwirren) to confuse sb ❷ (stören) to annoy sb; **lassen Sie sich von seinen Fragen nicht ~** don't let his questions annoy you

Irr·läu·fer m misdirected item; **das ist hier ein ~, die Mappe ist für Abteilung A 13** this file's for department A 13, it's been misdirected **Irr·leh·re** f false doctrine, heresy **Irr·licht** ['ɪrlɪçt] nt jack-o'-lantern, will-o'-the wisp

Irr·sinn ['ɪrzɪn] m kein pl ❶ (veraltet: psychische Krankheit) insanity, madness no pl ❷ (fam: Unsinn) lunacy, madness no pl; **es wäre kompletter ~, ohne finanzielle Sicherheiten eine Luxusvilla bauen zu wollen** it would be complete lunacy to try and build a luxury villa without financial security

irr·sin·nig ['ɪrzɪnɪç] I. adj ❶ (veraltet: psychisch krank) insane, mad; **wie ein I~er/eine I~e** (fam) like a madman/madwoman; **wir haben gearbeitet wie die I~en, um rechtzeitig fertig zu werden** we worked like crazy to get finished in time; **er lief wie ein I~er, hat den Zug aber trotzdem verpasst** he ran like crazy, but still missed the train ❷ (fam: völlig wirr, absurd) crazy, mad; **wer ist denn auf diese ~e Idee gekommen?** who thought up this crazy idea?; **völliger Quatsch, der Vorschlag ist ganz einfach ~** utter rubbish, the suggestion is quite simply crazy; **■ ~ sein/werden** to be/go crazy [or mad]; **ich werde noch völlig ~ in diesem Haushalt!** I'll go completely crazy in this household! ❸ (fam: stark, intensiv) terrific, tremendous; **~ Hitze/Kälte** incredible heat/cold; **Kälte** incredible; **um diese Zeit ist immer ein ~er Verkehr** there's always an incredible amount of traffic around this time; **ich habe ~e Kopfschmerzen** I've got a terrible headache II. adv (fam: äußerst) terrifically, tremendously; **draußen ist es wieder ~ heiß** it's terrifically hot outside again; **mit meinem dünnen Hemd habe ich ~ gefroren** I was terribly cold with my thin shirt on; **der Zahn tut ~ weh** the tooth is hurting terribly; **wie ~** (fam) like crazy [or mad]; **das schmerzt wie ~!** it's hurting like mad!

Irr·sinns·hit·ze f (fam) incredible heat **Irr·sinns·käl·te** f (fam) incredible cold; **was ist das heute wieder für eine ~!** what incredible cold again today! **Irr·sinns·tat** f (fam) act of lunacy [or madness], insanity

Irr·tum <-[e]s, -tümer> ['ɪrtu:m, pl: 'ɪrty:me] m ❶ (irrige Annahme) error, mistake; **[schwer] im ~ sein** [o **sich [schwer] im ~ befinden**] to be [badly] mistaken; **~!** (fam) wrong! fam, you're wrong there! ❷ (fehlerhafte Handlung) error, mistake; **einen ~ begehen** to make a mistake; **diese Akte ist durch einen ~ auf meinem Tisch gelandet** this file has landed on my desk by mistake; **~ vorbehalten!** ÖKON errors and omissions excepted!

irr·tüm·lich ['ɪrty:mlɪç] I. adj attr (versehentlich) erroneous, mistaken; **ich muss meine Meinung als ~**

korrigieren I'll have to alter my mistaken belief II. adv erroneously, mistakenly; **ich habe Sie ~ für jemand anders gehalten** I mistakenly took you for somebody else

irr·tüm·li·cher·wei·se adv erroneously, mistakenly, in error, by mistake; **ich bin ~ zu früh von der Autobahn abgefahren** I turned off the motorway too early by mistake

Irr·weg m wrong track; **für manche Studenten erweist sich das Studium als ~** some students find that study is not the right course for them; **diese Vorgehensweise ist ein ~** we're not on the right track with this procedure; **auf einem ~ sein** [o **sich auf einem ~ befinden**] to be on the wrong track **Irr·wisch** <-es, -e> ['ɪrvɪʃ] m (fam) little rascal

irr·wit·zig adj ridiculous, absurd

ISBN <-, -s> [i:?ɛsbe:'?ɛn] f Abk von **Internationale Standardbuchnummer** ISBN

Is·chi·as <-> ['ɪʃi̯as] m o nt kein pl sciatica no pl; **~ haben** to suffer from sciatica **Is·chi·as·nerv** m sciatic nerve

ISDN <-s> [i:?ɛsde:'?ɛn] nt kein pl Abk von **Integrated Services Digital Network** ISDN

ISDN-An·schluss^RR m INFORM, TELEK ISDN connection **Is·lam** <-s> [ɪs'la:m, 'ɪslam] m kein pl Islam; **■ der ~** Islam no pl

is·la·misch [ɪs'la:mɪʃ] adj Islamic

is·la·mi·sie·ren* [ɪslami'zi:rən] vt GEOL, REL **■ jdn/etw ~** to Islamize sb/sth

Is·la·mi·sie·rung f GEOL, REL Islamization

Is·la·mist(in) <-en, -en> [ɪsla'mɪst] m(f) Islamist **is·la·mis·tisch** [ɪsla'mɪstɪʃ] adj Islamist attr

Is·land ['i:slant] nt Iceland; s. a. **Deutschland**

Is·län·der(in) <-s, -> ['i:slɛnde] m(f) Icelander; **~ sein** to be an Icelander; s. a. **Deutsche(r)**

Is·län·disch ['i:slɛndɪʃ] nt dekl wie adj Icelandic; s. a. **Deutsch**

is·län·disch ['i:slɛndɪʃ] adj ❶ (Island betreffend) Icelandic; s. a. **deutsch 1** ❷ LING Icelandic; **auf I~** in Icelandic; s. a. **deutsch 2**

Iso·ba·re <-, -n> [izo'ba:rə] f PHYS isobar

Iso·la·ti·on <-, -en> [izola'tsi̯o:n] f ❶ (das Abdichten) insulation; **nach der Verlegung der Heizungsrohre erfolgt deren ~** after the heating pipes have been laid they are insulated; (isolierende Schicht) insulation ❷ (das Isolieren) Patienten, Häftlingen, etc. isolation ❸ (Abgeschlossenheit) isolation; **~ von der Außenwelt** isolation from the outside world

Iso·la·ti·o·nis·mus <-> [izolatsi̯o'nɪsmʊs] m kein pl POL isolationism

Iso·la·ti·ons·haft f solitary confinement; **jdn in ~ halten** to keep sb in solitary confinement

Iso·la·tor <-s, -toren> [izo'la:to:ɐ, pl: izola'to:rən] m TECH, PHYS insulator

Iso·lier·band <-bänder> [izo'li:ɐ-] nt insulating tape **iso·lie·ren*** [izo'li:rən] I. vt ❶ TECH (mit Isoliermaterial versehen) **■ etw [gegen etw] ~** to insulate sth [against sth] ❷ JUR, MED (von anderen) absondern) **■ jdn [von jdm/etw] ~** to isolate sb [from sb/sth]; **die Virusträger wurden von den anderen Patienten isoliert** the carriers of the virus were isolated from the other patients II. vr (sich absondern) **■ sich [von jdm/etw] ~** to isolate oneself [from sb/sth]; **warum isolierst du dich von der Außenwelt?** why do you cut yourself off from the outside world?

Iso·lier·fla·sche f insulated [or thermos] flask **Iso·lier·kan·ne** f thermos flask **Iso·lier·ma·te·ri·al** nt insulating material **Iso·lier·schicht** f insulating layer **Iso·lier·sta·ti·on** f isolation ward

iso·liert I. adj (aus dem Zusammenhang gegriffen) isolated; **eine ~e Betrachtungsweise von Problemen verleitet rasch zu Fehlschlüssen** an isolated way of looking at problems quickly leads to wrong conclusions **II.** *adv* ❶ *(abgeschlossen, abgesondert)* isolated; **so weit draußen auf dem Land wohnt ihr doch völlig ~!** you're completely isolated so far out in the country! ❷ *(aus dem Zusammenhang gegriffen)* in an isolated way; **diese Erscheinung darf man nicht ~ betrachten** you shouldn't look at this phenomenon in an isolated way

Iso·lie·rung <-, -en> *f s.* **Isolation**

Iso·mat·te *f* insulating underlay

Iso·me·trie <-> [izome'tri:] *f kein pl* ❶ BOT isometrics ❷ MED isometry

iso·me·trisch [izo'me:trɪʃ] *adj* isometric

iso·to·nisch [-'to:nɪʃ] *adj inv* CHEM isotonic

Iso·top <-s, -e> [izo'to:p] *nt* PHYS isotope

Is·ra·el <-s> ['ɪsrae:l, 'ɪsraɛl] *nt* Israel; *s. a.* **Deutschland**

Is·ra·e·li <-[s], -[s]> [ɪsra'e:li] *m*, **Is·ra·e·li** <-s, -[s]> *f* Israeli; *s. a.* **Deutsche(r)**

is·ra·e·lisch [ɪsra'e:lɪʃ] *adj* Israeli; *s. a.* **deutsch**

isst^{RR} [ɪst], **ißt**^{ALT} *3. pers sing pres von* **essen**

ist [ɪst] *3. pers sing pres von* **sein**¹

Ist·be·stand^{RR} [ɪstbəʃtant] *m*, **Ist-Be·stand** *m* ÖKON actual stock

Isth·mus <-, Isthmen> ['ɪstmʊs] *m* GEOL *(Landenge)* isthmus

Ist·stär·ke^{RR} *f*, **Ist-Stär·ke** *f* MIL actual [*or* effective] strength

Ita·li·en <-s> [i'ta:li̯ən] *nt* Italy; *s. a.* **Deutschland**

Ita·li·e·ner(in) <-s, -> [ita'li̯e:nɐ] *m(f)* Italian; **~ sein** to be [an] Italian; ■ **die ~** the Italian; *s. a.* **Deutsche(r)**

ita·li·e·nisch [ita'li̯e:nɪʃ] *adj* ❶ *(Italien betreffend)* Italian; *s. a.* **deutsch 1** ❷ LING Italian; *s. a.* **deutsch 2**

Ita·li·e·nisch [ita'li̯e:nɪʃ] *nt decl wie adj* ❶ LING Italian; *s. a.* **Deutsch 1** ❷ *(Fach)* Italian; *s. a.* **Deutsch 2**

Ita·li·e·ni·sche <-n> *nt* ■ **das ~** Italian; *s. a.* **Deutsche**

Ita·lo·wes·tern ['ɪtalo-] *m* spaghetti western

IT-Bran·che [aɪ'ti:'brā:ʃə] *f* ÖKON IT sector

i-Tüp·fel·chen <-s, -> ['i:-] *nt* finishing touch; **ein Kronleuchter über dem Esstisch, das wäre das ~!** a chandelier over the dining room table, that would be the finishing touch! ▶ WENDUNGEN: **bis aufs ~** down to the last detail

i.V. *Abk von* **in Vertretung** p.p.

IVF [aɪvi:'ef] *f* MED *Abk von* **In-vitro-Fertilization** IVF

Ivo·rer(in) <-s, -> [i'vo:rɐ] *m(f)* Ivorian; *s. a.* **Deutsche(r)**

ivo·risch [i'vo:rɪʃ] *adj* Ivorian; *s. a.* **deutsch**

Iwan <-s> ['i:va:n] *m kein pl (meist pej veraltend fam)* ■ **der ~** the Russkies *pl*

IWF <-> [i:ve:'ɛf] *m kein pl Abk von* **Internationaler Währungsfonds** IMF

J j

J, j <-, - *o fam* -s, -s> [jɔt] *nt* J, j; **~ wie Julius** J for Jack BRIT, J as in Jig AM; *s. a.* **A 1**

ja [ja:] *part* ❶ *(bestätigend: so ist es)* yes; **ist da wer? – ~, ich bin's** is someone there? – yes, it's me; **~, bitte?** yes, hallo?; **ist dort Prof. Schlüter am Apparat? – – bitte?** is that Prof. Schlüter speaking? – yes, hallo?; **einen Moment mal! – ~, bitte? – Sie haben da was fallen gelassen!** just a moment! – yes, what is it? – you've dropped something!; **das sag' ich ~!** *(fam)* that's exactly what I say!; **das sag' ich ~ die ganze Zeit!** that's exactly what I've been saying the whole time!; **zu etw ~ sagen** to say yes to sth, to agree to sth; **aber ~!** yes, of course!; **kommt ihr zu der Party von Wilhelm? – aber ~!** are you coming to Wilhelm's party? – yes, of course! ❷ *(fragend: so? tatsächlich?)* really?; **„ich habe die Nase voll, ich kündige!" – „~?"** 'I've had a bellyful, I'm handing in my notice' – 'really?'; **ach ~?** really?; **ich wandre aus – ach ~?** I'm emigrating – really? ❸ *(warnend: bloß)* make sure; **kommen Sie ~ pünktlich!** make sure you arrive on time!; **sei ~ vorsichtig mit dem Messer!** do be careful with the knife!; **geh ~ nicht dahin!** don't go there whatever you do! ❹ *(abschwächend, einschränkend: schließlich)* after all; **weine nicht, es ist ~ alles nur halb so schlimm!** don't cry, after all it's not that bad; **ich kann es ~ mal versuchen** I can try it of course; **das ist ~ richtig, doch sollten wir trotzdem vorsichtiger sein** that's certainly true, but we should be more careful anyhow ❺ *(revidierend, steigernd: und zwar)* in fact; **ich muss das anerkennen, ~ mehr noch, es loben** I have to recognize that, praise it in fact ❻ *(anerkennend, triumphierend: doch)* of course; **du bist ~ ein richtiges Schlitzohr!** you really are a crafty devil!; **siehst du, ich habe es ~ immer gesagt!** what did I tell you? I've always said that, you know; **es musste ~ mal so kommen!** it just had to turn out like that!;

auf Sie haben wir ~ die ganze Zeit gewartet we've been waiting for you for the whole time, you know; **wo steckt nur der verfluchte Schlüssel? ach, da ist er ~!** where's the damned key? oh, that's where it's got to! ❼ *(bekräftigend: allerdings)* admittedly, certainly, to be sure; **ach ~!** oh yes!; **„so war das doch damals, erinnerst du dich?" – „ach ~!"** 'that's how it was in those days, do you remember?' – 'oh yes!'; **was Sie mir da berichten, ist ~ kaum zu glauben!** what you're telling me certainly is scarcely believable!; **Ihr Mann ist bei einem Flugzeugabsturz ums Leben gekommen? das ist ~ entsetzlich!** your husband died in a plane crash? why, that's just terrible!; **ich verstehe das ~, aber trotzdem finde ich's nicht gut** I understand that admittedly, even so, I don't think it's good; **das ist ~ die Höhe!** that's the absolute limit!; **es ist ~ immer dasselbe** it's always the same, you know ❽ *(na)* well; **~, wenn das so ist, komme ich natürlich mit!** well, if that's the case, I'll surely come with you!; **~, was du nicht sagst, kaum zu glauben!** well, you don't say! it's scarcely believable! ❾ *(als Satzabschluss: nicht wahr?)* isn't it?; **es bleibt doch bei unserer Abmachung, ~?** our agreement does stand though, doesn't it?; **aber du hältst zu mir, wenn es brenzlig wird, ~?** but you'll stand by me when things get hot, won't you? ❿ *(ratlos: nur)* **ich weiß ~ nicht, wie ich es ihm beibringen soll** I'm sure I don't know how I'm going to get him to understand that ⓫ *(beschwichtigend)* **„he, wo bleibst du denn nur so lange?" – „ich komm ~ schon!"** 'hey, where have you been all this time?' – 'all right! all right! I'm coming!'; **~ doch!** yes, all right! ▶ WENDUNGEN: **~ und amen** [*o* J~ und Amen] **zu etw sagen** *(fam)* to give sth one's blessing; **wenn die Geschäftsleitung ~ und amen zu dem Plan sagt, können wir loslegen** if the management gives it's blessing to the plan, we can get going; **nun ~** well; „**wie schmeckt das Essen?" – „nun ~, eigentlich gar nicht so übel"** 'how's the food?' – 'well, not bad at all really'; **wenn** [o **falls**] ~ if so; **hoffentlich trifft das nicht zu, falls ~, werden wir noch einige Probleme bekommen** hopefully that won't apply, if it does we'll have a few more problems; **~! ~!** go on! go on! go on!; **~, ~, gib's ihm!** go on! go on! let him have it!

Ja <-s, -[s]> [jaː] *nt* yes; POL O DIAL aye; **mit ~ stimmen** to vote yes

Jacht <-, -en> [jaxt] *f* yacht

Jacht·klub *m* yacht club

Jäck·chen <-s, -> ['jɛkçən] *nt dim von* **Jacke** small jacket

Ja·cke <-, -n> ['jakə] *f (Stoffjacke)* jacket; *(Strickjacke)* cardigan; ▸ WENDUNGEN: **das ist ~ wie Hose** *(fam)* it makes no odds [either way], it's six of one and half a dozen of the other

Ja·cken·är·mel *m* jacket sleeve **Ja·cken·fut·ter** *nt* jacket lining **Ja·cken·knopf** *m* jacket button **Ja·cken·ta·sche** *f* jacket pocket

Ja·cket·kro·ne ['dʒɛkɪt-] *f* MED jacket crown

Ja·ckett <-s, -s> [ʒa'kɛt] *nt* jacket

Jack·pot <-s, -s> ['dʒɛkpɔt] *m* ❶ KARTEN stake [money] ❷ *(Lottogewinn)* jackpot

Ja·de <-> ['jaːdə] *m o f kein pl* jade

Jagd <-, -en> ['jaːkt] *f* ❶ *(das Jagen)* hunting; ■ **die ~ auf ein Tier** hunting an animal; **auf die ~** [*nach einem Tier*] **gehen** to go out hunting [an animal]; **hohe/niedere ~** big/small game hunting; **in wilder ~** in headlong flight [or a mad rush]; **zur ~** [auf **ein Tier**] **blasen** to sound the horn for the start of the hunt; **auf der ~ sein** to be [out] hunting; **~ auf jdn/ etw machen** *(pej)* to hunt for sb/sth *pej* ❷ *(Jagdrevier)* preserve, BRIT *a.* shoot ❸ *(Verfolgung)* hunt; ■ **die ~ auf jdn** the hunt for sb ❹ *(pej: wildes Streben)* pursuit; ■ **die ~ nach etw** the pursuit of sth; **die ~ nach Erfolg** the pursuit of success; **die ~ nach Gold** the quest for gold

Jagd·auf·se·her(in) *m(f)* game warden **Jagd·bom·ber** *m* MIL fighter-bomber **Jagd·flie·ger(in)** *m(f)* MIL fighter pilot **Jagd·flin·te** *f* shotgun **Jagd·flug·zeug** *nt* MIL fighter plane [or aircraft] **Jagd·ge·schwa·der** *nt* MIL fighter squadron **Jagd·ge·sell·schaft** *f* hunting [or shooting] party **Jagd·ge·wehr** *nt* hunting rifle **Jagd·glück** *nt* good fortune [during the hunt]; **ich hatte heute kein ~!** I was out of luck today during the hunt **Jagd·grün·de** *pl* hunting grounds *pl;* ▸ WENDUNGEN: **in die ewigen ~ eingehen** *(euph geh)* to go to the happy hunting grounds *euph* **Jagd·haus** *nt* hunting lodge **Jagd·horn** *nt* hunting horn **Jagd·hund** *m* hound, hunting dog **Jagd·klei·dung** *f* hunting attire **Jagd·mes·ser** *nt* hunting knife **Jagd·re·vier** [-reviːɐ̯] *nt* preserve, BRIT *a.* shoot **Jagd·schein** *m (Berechtigung zur Jagd)* hunting licence [or AM -se]; **den ~ haben** to have a hunting licence; **den ~** to prepare for a hunting licence exam ▸ WENDUNGEN: **einen ~ haben** *(hum sl)* to be certified **Jagd·schloss**ᴿᴿ *nt* hunting lodge **Jagd·zeit** *f* hunting [or shooting] season

ja·gen ['jaːgn] I. *vt haben* ❶ *(auf der Jagd verfolgen)* ■ **ein Tier ~** to hunt an animal ❷ *(hetzen)* ■ **jdn ~** to pursue sb ❸ *(fam: antreiben, vertreiben)* ■ **jdn aus etw** *dat* **/in etw** *akk* ~ to drive sb out of/into sth; **los, aufstehen, oder muss ich euch erst aus dem Bett ~?** come on, up! or do I have to chase you out of bed?; **eine Sache jagt die andere** [o **nächste**] one thing comes after another; **bei mir jagt im Augenblick ein Unglück das nächste** I'm suffering one misfortune after another at the moment ❹ *(fam: jdm einen Körperteil)* stoßen ■ **jdm etw durch/in etw** *akk* ~ to stick sth through/in sb's sth; **jeden Tag**

kriegte ich eine Spritze in den Hintern gejagt I got a syringe stuck in my backside everyday; ■ **sich** *dat* **etw in etw** *akk* ~ to jab sth into one's sth *fam* ▸ WENDUNGEN: **jdn mit etw ~ können** *(fam)* to not be able to abide [*or* stand] sth; **ich esse nie Hamburger, damit könnte man mich ~** I never eat hamburgers, I wouldn't touch them with a barge pole *fam* II. *vi* ❶ *haben (auf die Jagd gehen)* to hunt, to go hunting ❷ *sein (rasen)* ■ **aus etw** *dat* **/durch etw** *akk* **/in etw** *akk* ~ to race [*or* tear] out of sth/through sth/ into sth; **er kam plötzlich aus dem Haus gejagt** he suddenly came racing out of the house

Jä·ger <-s, -> ['jɛːgɐ] *m* MIL, LUFT fighter [plane]

Jä·ger(in) <-s, -> ['jɛːgɐ] *m(f)* hunter

Jä·ger·la·tein *nt (fam)* hunter's jargon

Ja·gu·ar <-s, -e> ['jaːgua̯ɐ̯] *m* jaguar

jäh ['jɛː] I. *adj (geh)* ❶ *(abrupt, unvorhergesehen)* abrupt; **~e Bewegung** sudden movement ❷ *(steil)* sheer, steep II. *adv (geh)* ❶ *(abrupt, unvorhergesehen)* abruptly, suddenly ❷ *(steil)* steeply; **der Abhang fiel ~ ab** the slope fell steeply away

jäh·lings ['jɛːlɪŋs] *adv (geh)* ❶ *(abrupt)* suddenly ❷ *(steil)* steeply

Jahr <-[e]s, -e> ['jaːɐ̯] *nt* ❶ *(Zeitraum von 12 Monaten)* year; **die 20er-/30er-~e etc.** the twenties/thirties etc. + *sing/pl vb;* **anderthalb ~e** a year and a half; **ein dreiviertel ~** nine months; **ein halbes ~** six months, half a year; **das ganze ~ über** throughout the whole year; **ein viertel ~** three months; **letztes** [o **im letzten**] ~ last year; **nächstes** [o **im nächsten**] ~ next year; **das neue ~** the new year; **alles Gute zu Weihnachten und viel Glück im neuen ~!** merry Christmas and a happy new year; **~ für** [o **um**] ~ year after year; **noch früh im ~ sein** to be at the beginning of the year; **im ~e ...** in [the year] ...; **... im** [o **pro**] **~** ... a year; **ich gehe zweimal im ~ zum Arzt** I go to the doctor's twice a year; **in diesem/im nächsten ~** this/next year; **in einem ~/in ... ~en** in a year/in ... years; **mit den ~en** as the years go by, over the years; **mit ... ~en** at ... [years of age]; **nach einem ~** after a year; **nach ~en** for years; **vor einem ~** a year ago; **vor [...] ~en** [...] years ago; **alle ... ~e** every ... years; **alle hundert ~e** ändert sich das Klima the climate changes every hundred years; **alle ~e wieder** every year; **der/die/das ... des ~es** the ... of the year; **dieser Bestseller wurde zum Buch des ~es gekürt** this bestseller was chosen as book of the year; **soziales ~** *year spent by young people doing work in the area of social services;* **auf ~e hinaus** for years to come ❷ *(Lebensjahre)* ... [years old]; **... ~e jung sein** *(hum)* ... years young *hum;* **sie ist 80 ~e jung** she's 80 years young ▸ WENDUNGEN: **im ~e des Heils** *(veraltet)* in the year of grace *old;* **im ~e des Herrn** anno domini, in the year of our Lord; **nach/seit ~ und Tag** *(geh)* after/for many years; **in den besten ~en** [sein] [to be] in one's prime; **das verflixte siebte ~** *(fam)* the seven-year itch; **in die ~e kommen** *(euph fam)* to be getting on [in years]

jahr·aus [jaː'ɐ̯ʔaʊs] *adv* **jahrein, ~** year in, year out

Jahr·buch *nt* yearbook

Jähr·chen <-s, -> ['jɛːɐ̯çən] *nt (hum fam) dim von* **Jahr** year

jah·re·lang ['jaːrəlaŋ] I. *adj attr* lasting for years; **das Ergebnis war die Frucht ~er Forschungen** the result was the fruits of years of research II. *adv* for years; **ich hoffe, es dauert nicht ~, bis ich an die Reihe komme** I hope it won't take years before it's my turn

jäh·ren ['jɛːrən] *vr (geh)* ■ **sich ~** to be the anniversary of; **im Juni jährt sich sein Hochzeitstag** it'll be his wedding anniversary in June

Jah·res·abon·ne·ment [-abɔnəmãː] *nt* annual subscription **Jah·res·ab·schluss**^RR *m* annual [*or* year-end] accounts; [jdm] **den ~ machen** [*o* **erstellen**] to produce annual [*or* year-end] accounts [for sb] **Jah·res·an·fang** *m*, **Jah·res·be·ginn** *m* beginning of the year; **bei/nach/vor ~** at/after/before the beginning of the year **Jah·res·aus·stoß** *m* annual output **Jah·res·bei·trag** *m* annual subscription **Jah·res·be·richt** *m* annual report **Jah·res·best·zeit** *f* SPORT fastest time for the year **Jah·res·bi·lanz** *f* ÖKON, BÖRSE annual balance sheet **Jah·res·durch·schnitt** *m* annual [*or* yearly] average **Jah·res·ein·kom·men** *nt* annual income **Jah·res·en·de** *nt* end of the year, year's end; **es ist ~, wir haben ~** it's the end of the year; **bis zum/vor ~** by/before the end of the year **Jah·res·etat** *m* ÖKON annual budget **Jah·res·frist** *f* **nach ~** after a period of one year; **vor** [*o geh:* **binnen**] **~** within a period of one year, before the year is out **Jah·res·ge·bühr** *f* annual fee **Jah·res·ge·halt** *nt* annual salary **Jah·res·kar·te** *f* ① (*ein Jahr gültige Eintrittskarte*) annual membership card, [annual] season ticket ② TRANSP (*ein Jahr gültige Fahrkarte*) [annual] season ticket **Jah·res·pro·duk·ti·on** *f* annual production **Jah·res·ring** *m* BOT annual ring **Jah·res·tag** *m* anniversary **Jah·res·ur·laub** *m* annual holiday [*or* leave]; **seinen ~ nehmen** to take one's annual holiday [*or* leave]; **seinen ~** [**bei jdm**] **einreichen** to apply [to sb] for one's annual holiday [*or* leave] **Jah·res·ver·trag** *m* one-year contract **Jah·res·wa·gen** *m* car which can be bought by company employees at a discount and resold after one year **Jah·res·wech·sel** *m* turn of the year; **zum ~** at the turn of the year **Jah·res·zahl** *f* year **Jah·res·zeit** *f* season **Jah·res·zeit·raum** *m* whole year

Jahr·gang <-gänge> *m* ① (*Personen eines Geburtsjahrs*) age-group; (*Gesamtheit der Schüler eines Schuljahres*) [school] year; **~ ... sein** to have been born in ...; **ich bin ~ 1962** I was born in 1962; **jds ~ sein** to be born in the same year as sb; **ein ~ sein** to be born in the same year; **wir sind ein ~, beide 1974** we were born in the same year, both 1974 ② VERLAG (*Publikationen eines gesamten Jahres*) year ③ (*Erntejahr*) vintage, year; (*Herstellungsjahr*) year **Jahr·hun·dert** <-s, -e> [jaːɐ̯ˈhʊndɐt] *nt* century; **~e, über ~e** for centuries
jahr·hun·der·te·alt *adj* centuries-old *pred;* **~ wer·den** to live to be centuries-old; **Eichen werden ~** oaks live to be centuries-old **jahr·hun·der·te·lang** I. *adj* [lasting] for centuries *pred;* **es hat einer ~en Entwicklung bedurft** centuries of development were required II. *adv* for centuries **Jahr·hun·dert·wech·sel** *m* turn of the century **Jahr·hun·dert·wen·de** *f* turn of the century
jähr·lich [ˈjɛːɐ̯lɪç] *adj* annual, yearly
Jahr·markt *m* [fun]fair
Jahr·markts·bu·de *f* fairground booth [*or* stall]
Jahr·mil·li·o·nen [jaːɐ̯mɪˈljoːnən] *pl* millions of years; **in/vor ~** in millions of years/millions of years ago
Jahr·tau·send <-s, -e> [jaːɐ̯ˈtauznt] *nt* millennium; **das kommende ~** the coming millennium; **~e** thousands of years; **die menschliche Zivilisation existiert erst seit wenigen ~en** human civilization has only existed for a few thousand years
jahr·tau·sen·de·lang I. *adj* thousands of years of; **nach einer ~en Entwicklung hat diese Kultur ihre höchste Blüte erreicht** after thousands of years of development this civilization reached its highest peak II. *adv* for millennia, for thousands of years
Jahr·tau·send·wen·de *f* turn of the millennium
Jahr·zehnt <-[e]s, -e> [jaːɐ̯ˈtseːnt] *nt* decade
jahr·zehn·te·lang I. *adj* decades of *attr;* **durch diesen Vertrag wurde der Konflikt nach ~er Dauer beendet** decades of conflict were ended by this treaty

II. *adv* for decades
Jäh·zorn [ˈjɛːtsɔrn] *m* outburst of anger [*or* temper], violent outburst; **im ~** in an outburst of temper [*or* rage]
jäh·zor·nig *adj* violent-tempered, irascible *form*
Ja·kob <-s> [ˈjaːkɔp] *m* Jacob; ▶ WENDUNGEN: **ein billiger ~** (*fam*) a cheap-jack; **das ist** [**auch**] **nicht der wahre ~** (*fam*) that's no great shakes *fam*
Ja·ko·bi·ner(in) <-s, -> [jakoˈbiːnɐ] *m(f)* HIST Jacobin
Ja·ko·bi·ner·müt·ze *f* HIST liberty cap
Ja·kobs·kraut *nt* tansy ragwort **Ja·kobs·lei·ter** *f* NAUT rope ladder **Ja·kobs·mu·schel** *f* ZOOL scallop shell
Ja·lou·sie <-, -n> [ʒaluˈziː, *pl:* -ˈziːən] *f* venetian blind
Ja·mai·ka <-s> [jaˈmaika] *nt* Jamaica; *s. a.* **Sylt**
Ja·mai·ka·ner(in) <-s, -> [jamaiˈkaːnɐ] *m(f)* Jamaican; *s. a.* **Deutsche(r)**
ja·mai·ka·nisch *adj* Jamaican; *s. a.* **deutsch**
Ja·mai·ka·pfef·fer *m* allspice, pimento **Ja·mai·ka·rum** *m* Jamaican rum
Ja·mai·ker(in) <-s, -> [jaˈmaike] *m(f)* *s.* **Jamaikaner**
Jam·bus <-, Jamben> [ˈjambʊs, *pl:* ˈjambən] *m* LIT iambus
Jam·mer <-s> [ˈjame] *m* *kein pl* ① (*Kummer*) misery, sorrow; **es ist ein ~, dass/wie** (*fam*) it is a terrible shame that/how; *(skandalös)* disgraceful; **es ist ein ~, wie wenig Zeit wir haben** it's deplorable how little time we have ② (*das Wehklagen*) wailing, lamentation *form;* **in wilden ~ ausbrechen** to begin to sob uncontrollably, to burst into uncontrollable sobbing
Jam·mer·bild *nt* (*geh*) picture of misery, wretched [*or* pitiful] sight **Jam·mer·ge·schrei** *nt* (*geh*) wailing, lamentation *form* **Jam·mer·ge·stalt** *f* ① (*jämmerliche Gestalt*) pitiful figure ② *s.* **Jammerlappen Jam·mer·lap·pen** *m* (*pej sl*) sissy *pej*, scaredy-cat *pej fam*, BRIT *a.* cowardy-custard *pej fam*, BRIT *a.* big [*or* great] girl's blouse *pej sl*
jäm·mer·lich [ˈjɛmɐlɪç] I. *adj attr* ① (*beklagenswert*) pitiful, wretched; **das Haus war in einem ~en Zustand** the house was in a wretched state ② (*kummervoll*) sorrowful ③ (*fam: äußerst dürftig*) pathetic; **eine ~e Ausrede** a pathetic excuse ④ (*pej fam: verächtlich*) miserable II. *adv* ① (*elend*) miserably, pitifully ② (*fam: erbärmlich*) terribly, awfully
jam·mern [ˈjamen] I. *vi* ① (*lamentieren*) ▪ [**über etw** *akk*/**wegen etw** *dat*] **~** (*a. pej*) to whine [about sth] *pej;* **warum musst du wegen jeder Kleinigkeit immer so ~!** why do you have to moan about every little thing!; ▪ **das J~** moaning, wailing; **lass das J~** stop moaning ② (*wimmernd verlangen*) ▪ **nach jdm/etw ~** to beg [*or* moan] [*or* plead] for sb/sth II. *vt* (*geh: dauern*) ▪ **jdn ~** to distress sb; **so etwas kann einen wirklich ~** something like that can be really distressing
jam·mer·scha·de [ˈjameˈʃaːdə] *adj (fam)* ▪ **~** [**sein**], **dass/wenn/wie** to be a terrible pity that/if/how; **es ist ~, wie er seinen Garten verwildern lässt** it's a terrible pity how he's letting his garden go to rack and ruin; ▪ **es ist ~ um jdn** it's an awful pity about sb
jam·mer·voll *adj (geh) s.* **jämmerlich 4**
Jang·tse·ki·ang <-s> [ˈjaŋtsəkiˌaŋ] *m* Yangtze River
Jan·ker <-s, -> [ˈjaŋke] *m* SÜDD, ÖSTERR ① (*dicke Strickjacke*) thick cardigan ② (*Trachtenjacke*) mountain jacket
Jän·ner <-s, -> [ˈjɛnɐ] *m* ÖSTERR January
Ja·nu·ar <-[s], -e> [ˈjanuaːɐ̯] *m* January; *s. a.* **Februar**
Ja·pan <-s> [ˈjaːpan] *nt* Japan; *s. a.* **Deutschland**
Ja·pa·ner(in) <-s, -> [jaˈpaːnɐ] *m(f)* Japanese; ▪ **die ~** the Japanese; **~ sein** to be Japanese; *s. a.* **Deutsche(r)**
ja·pa·nisch [jaˈpaːnɪʃ] *adj* ① (*Japan betreffend*) Japanese; *s. a.* **deutsch 1** ② LING Japanese; *s. a.* **deutsch 2**

Ja·pa·nisch [ja'paːnɪʃ] *nt decl wie adj* LING Japanese; *s. a.* **Deutsch 1**

Ja·pa·ni·sches Meer *nt* Sea of Japan

Ja·pan·kohl *m s.* **Chinakohl**

Ja·pa·no·lo·gie <-> [japanolo'giː] *f kein pl* Japanese [linguistic] studies

jap·sen ['japsn] *vi (fam)* ▪|**nach etw**| ~ to gasp [for sth]; **er tauchte aus dem Wasser und japste nach Luft** he surfaced gasping for air

Jar·gon <-s, -s> [ʒar'gõː] *m* ❶ *(Sondersprache von Gruppen)* jargon ❷ *(saloppe Sprache)* slang

Ja·sa·ger(in) <-s, -> *m(f) (pej)* yes-man *pej;* **ein ~ sein** to be a [little] yes-man; **eine ~in sein** to be a [little] yes-girl

Jas·min <-s, -e> [jas'miːn] *m* jasmine; **echter ~** jasmine; **falscher ~** mock orange

Jas·pis <-[ses], -se> ['jaspɪs, *pl:* 'jaspɪsə] *m* jasper

Ja·stim·me *f* yes-vote; **es gab 23 ~n und 17 Neinstimmen** there were 23 votes in favour and 17 against

jä·ten ['jɛːtn] **I.** *vt* ▪ **etw ~** ❶ *(aushacken)* to hoe sth; **von Hand Unkraut zu ~ ist eine mühselige Angelegenheit** pulling up weeds by hand is an arduous affair ❷ *(von Unkraut befreien)* to weed sth; **die Beete müssen in regelmäßigen Abständen gejätet werden** the flower-beds must be weeded at regular intervals **II.** *vi* to weed, to do the weeding

Jau·che <-, -n> ['jauxə] *f* liquid manure

Jauche·gru·be *f* liquid manure pit

jau·chen ['jauxn] **I.** *vt (mit Jauche düngen)* ▪ **etw ~** to manure sth **II.** *vi* to spread manure

jauch·zen ['jauxtsn] *vi (geh)* to rejoice *liter,* to shout with glee

Jauch·zer <-s, -> *m* jubilant cheer

jau·len ['jaulən] *vi* to howl

Ja·un·de <-s> [ja'ʔʊndə] *nt* Yaoundé

Jau·se <-, -n> ['jauzə] *f* ÖSTERR *(Imbiss)* snack; **zur ~ einladen** *(Nachmittagskaffee)* to invite sb for coffee

jau·sen ['jauzn] *vi* ÖSTERR *(einen Imbiss einnehmen)* to have a snack

ja·wohl [ja'voːl] *adv* yes; **„stimmt das auch wirklich?"** – **"~, ganz sicher!"** 'is that really right?' – 'yes, absolutely!'

ja·woll [ja'vɔl] *interj* MIL *(a. hum)* yes, sir!, yes, sir?

Ja·wort *nt* **jdm das ~ geben** to say yes to sb's marriage proposal, to consent to marry sb; *(bei Trauung)* to say I do

Jazz <-> [dʒɛs, jats] *m kein pl* jazz *no pl*

Jazz·fes·ti·val ['dʒɛs-, 'jats-] *nt* jazz festival **Jazz·gym·nas·tik** ['dʒɛsɡʏmnastɪk] *f* ≈ jazz dance *no pl*

jaz·zig ['dʒɛsɪç, 'jatsɪç] *adj inv* MUS jazzy; *(pej fam)* jazz-like

Jazz·kel·ler ['dʒɛs-, 'jats-] *m* [cellar] jazz club **Jazz·trom·pe·ter** ['dʒɛs-, 'jats-] *m* jazz trumpeter

je ['jeː] **I.** *adv* ❶ *(jemals)* ever ❷ *(jeweils)* each, every; **die Mietshäuser haben ~ sechs Wohnungen** the tenement blocks each have six flats **II.** *präp + akk (pro)* per; **~ verkauftes Stück erhält er 50 Euro Provision** he gets 50 euros commission per item sold **III.** *konj* **~ ... desto** the more ... the more; **~ öfter du übst, desto besser kannst du dann spielen** the more you practice the better you will be able to play; **~ nach ...** according to ..., depending on ...; **~ nach Belieben liefern wir sofort oder zum gewünschten Termin** we'll deliver straight away or at the required time, just as you wish; **~ nachdem!** it [all] depends!; **hast du morgen für mich Zeit? – ~ nachdem!** can you spare me a bit of time tomorrow? – it depends!; **~ nachdem, wann/wie/ob ...** depending on when/how/whether ...; **~ nachdem, wie lange die Konferenz dauert, bin ich um 19 Uhr zu Hause oder später** I'll be back home at 7 p.m. or

later depending on how long the conference lasts; *s. a.* **seit**

Jeans <-, -> ['dʒiːnz] *f meist pl* jeans *npl*

Jeans·hemd ['dʒiːnz-] *nt* denim shirt **Jeans·ja·cke** ['dʒiːnz-] *f* denim jacket **Jeans·rock** ['dʒiːnz-] *m* denim skirt

Jeck <-en, -en> ['jɛk] *m* DIAL carnival jester

je·de(r, s) ['jeːdə, 'jeːdɐ, 'jeːdəs] *pron indef* ❶ *attr (alle einzelnen)* each, every; **sie saß ~ Woche 60 Stunden am Computer** she sat 60 hours each week in front of the computer; **es ist doch ~s Mal das Gleiche** it's the same every time; **~s Mal, wenn** whenever, each [*or* every] time that ❷ *attr (jegliche)* any; **es wäre abwegig, zu glauben, man könne das Ziel ohne ~ Anstrengung erreichen** it would be a mistake to believe that the objective could be achieved without any effort ❸ *attr (in einem/einer beliebigen)* any; **Sie können mich zu ~r Zeit anrufen** you can call me at any time ❹ *substantivisch* everybody, everyone; **von mir aus kannst du ~n fragen, du wirst immer das Gleiche hören** as far as I'm concerned you can ask anyone, you'll get the same answer; ▪ **~r der** [*o* ~ **von den]** /**meiner/seiner/etc.** each of the/my/his/her/etc.; **ich kann doch nicht ~n meiner Angestellten rund um die Uhr kontrollieren!** I can't supervise each one of my employees round the clock!; **ein ~r/eine ~** each one; **das weiß doch ein ~r!** everybody knows that!; DIAL **~r gegen ~n** dog-eat-dog; **~e[r, s] zweite/dritte/...** one in two/ three ...

je·den·falls ['jeːdn̩fals] *adv* ❶ *(immerhin)* anyhow, in any case, nevertheless; **~ weiß ich davon!** I know about it anyway! ❷ *(auf jeden Fall)* anyhow, at any rate; **egal, was du als Entschuldigung vorbringst, es war ~ nicht richtig von dir** it doesn't matter what excuse you've got, in any event it was wrong of you

je·der·mann ['jeːdɐman] *pron indef substantivisch* everybody, everyone; *(jeder [beliebige])* anyone, anybody; **das kann doch ~** anyone can do that; *s. a.* **Frau** *s. a.* **Mann**

je·der·zeit ['jeːdɐtsait] *adv* ❶ *(zu jeder beliebigen Zeit)* at any time; **ihr seid uns ~ willkommen** you're welcome at any time ❷ *(jeden Augenblick)* at any minute [*or* moment]; **wir erwarten ihn ~** we're expecting him at any moment

je·des·malᴬᴸᵀ *adv s.* **jede(r, s)**

je·doch [je'dɔx] *konj o adv* however

jed·we·de(r, s) ['jeːt've·də, -ve·dɐ, -ve·dəs] *pron indef (veraltend)* each, every

Jeep® <-s, -s> [dʒiːp] *m* jeep; *(fam: irgendein Geländewagen)* jeep

jeg·li·che(r, s) ['jeːklɪçə, 'jeːklɪçɐ, 'jeːklɪçəs] *pron indef* any

je·her ['jeːhɛr] *adv* **seit** [*o* **von]** ~ *(geh)* always; **das ist von ~ nicht anders gewesen** that has always been the same

jein [jain] *adv (hum)* yes and no

Je·län·ger·je·lie·ber <-s, -> [je'lɛŋeje'liːbɐ] *nt* BOT honeysuckle

je·mals ['jeːmaːls] *adv* ever; **hast du ihn ~ anders erlebt?** have you ever known him to be any different?

je·mand ['jeːmant] *pron indef* somebody, someone; *(bei Fragen, Negation, etc.)* anybody, anyone; **da ist ~ für dich an der Tür** there's somebody at the door for you; **ist da ~?** is anyone there?; **~ andere[r, s]** [*o* **anders]** somebody [*or* someone] else

Je·men <-s> ['jeːmən] *m* ▪ **der ~** Yemen; *s. a.* **Deutschland**

Je·me·nit(in) <-en, -en> [jeme'niːt] *m(f)* Yemeni; *s. a.* **Deutsche(r)**

je·me·ni·tisch [jeme'ni:tɪʃ] *adj* Yemeni; *s. a.* **deutsch**

je·ne(r, s) ['je:nə, 'je:nɐ, 'je:nəs] *pron dem (geh)* ➊ *(der/die/das Bewusste)* that *sing,* those *pl* ➋ *(der/die/das dort)* that *sing,* those *pl*

jen·seits ['je:nzaits] **I.** *präp +gen (auf der anderen Seite)* ■ **~ einer S.** *gen* on the other side of sth; **~ der Alpen beginnt Norditalien** Northern Italy begins on the other side of the Alps; **~ der zwanzig/dreißig/ etc.** on the other side of twenty/thirty/etc. **II.** *adv (über … hinaus)* ■ **~ von etw** beyond sth; *s. a.* **gut**

Jen·seits <-> ['je:nzaits] *nt kein pl* hereafter, next world; ■ **das/ein ~** the/a hereafter [*or* next world], the beyond; **jdn/ein Tier ins ~ befördern** *(euph fam)* to dispatch sb/an animal *euph*

Je·re·mi·as <-> [jere'mi:as] *m* REL Jeremiah

Je·re·wan <-s> [jɪrɪ'van] *nt s.* **Eriwan**

Jer·sey <-[s], -s> ['dʒø:ɐzi, 'dʒœrzi] *m* MODE jersey

Je·ru·sa·lem <-s> [je'ru:zalɛm] *nt* Jerusalem

Jes·ses ['jɛsəs] *interj (fam)* good Lord!, Jesus! *fam!*

Je·su·it <-en, -en> [jezu'i:t] *m* Jesuit

Je·su·i·ten·or·den *m* ■ **das ~** the Christ Child, the Infant Jesus **Je·su·i·ten·schu·le** *f* Jesuit school

Je·sus <*gen/dat:* Jesu, *akk:* Jesum> ['je:zʊs] *m* REL Jesus; **~ Christus** Jesus Christ ▸ WENDUNGEN: **Maria [und Josef]!** DIAL *(fam)* holy mother of God! *fam!;* **bin ich ~? ich bin doch nicht ~!** *(fam)* I'm not the fount of all knowledge!; **was soll ich nicht noch alles tun, bin ich ~?** the things I have to do, I'm not a miracle worker!

Je·sus·kind *nt* ■ **das ~** the Christ Child, the Infant Jesus **Je·sus·lat·schen** *pl (fam)* Jesus sandals *pl fam*

Jet <-[s], -s> [dʒɛt] *m* LUFT *(fam)* jet

Jet·lagRR, **Jet·lag**ALT <-s, -s> ['dʒɛtlɛg] *m pl selten* jet lag

Je·ton <-s, -s> [ʒə'tõ] *m* chip

Jet·setRR, **Jet·set**ALT <-s, -s> ['dʒɛtsɛt] *m pl selten (fam)* jet set *fam*

jet·ten ['dʒɛtn] *vi sein (fam)* ■ **irgendwohin ~** to jet off somewhere *fam*

jet·zig ['jɛtsɪç] *adj attr* current, present; **die ~e Situation ist kritisch** the current situation is critical

jetzt ['jɛtst] *adv* ➊ *(zurzeit)* now; **es ist ~ genau 13 Uhr** it's now exactly 1 p.m.; **~ gleich** right now, straight away; **~ oder nie!** [it's] now or never!; **von ~ auf nachher** momentarily, instantly; **~ noch?** now?; **~ schon?** already?; **beeil dich, wir müssen los! – ~ schon?** hurry up, we must be off! – what, already?; **bis ~** so far, up till now; **ich habe bis ~ gewartet** I've been waiting up till now; **für ~** for now, for the present; **für ~ wollen wir erst mal Schluss machen!** let's call it a day for now! ➋ *(verstärkend: nun)* now; **habe ich ~ den Brief eingeworfen oder nicht?** now, have I posted the letter or not?; **hast du es ~ endlich kapiert?** has it finally registered now?; **wer ist das ~ schon wieder?** who on earth is that now? ➌ *(heute)* now[adays], these days; **wo sich früher die alte Schule befand, steht ~ ein Kaufhaus** there's a department store now where the old school used to be; **das Verfahren ist auch ~ noch das gleiche wie vor fünf Jahren** the procedure these days is exactly the same as it was five years ago; **das ist ~ nicht mehr der Fall** that's no longer the case [now]

Jetzt <-> ['jɛtst] *nt kein pl (geh)* present; ■ **das ~** the present, the moment

je·wei·lig ['je:vailɪç] *adj attr* current, prevailing; **es gibt Geschichtswerke, in denen zu jeder Epoche Bilder der ~en Mode gezeigt werden** there are historical works showing pictures of the prevailing fashions for each epoch

je·weils ['je:vails] *adv* ➊ *(jedes Mal)* each [*or* every] time; **die Miete ist ~ monatlich im Voraus fällig** the rent is due each month in advance; **die ~ Betrof-**

fenen können gegen die Bescheide Einspruch einlegen each of the persons concerned can lodge an objection to the decisions taken ➋ *(immer zusammengenommen)* each; **die Schulklassen haben ~ einen Klassensprecher zu wählen** the classes must each elect a class spokesperson; **~ drei Pfadfinder mussten sich einen Teller Eintopf teilen** in each instance three scouts had to share one plate of stew ➌ *(zur entsprechenden Zeit)* at the time; **historische Uniformen wurden aus den ~ existierenden Staaten ausgestellt** historical uniforms were exhibited from the states existing at the time

Jg. *Abk von* **Jahrgang** year

Jh. *Abk von* **Jahrhundert** century

JH *Abk von* **Jugendherberge** YH

jid·disch ['jɪdɪʃ] *adj* Yiddish; **auf J~** in Yiddish; *s. a.* **deutsch**

Jid·disch ['jɪdɪʃ] *nt decl wie adj* Yiddish; ■ **das ~e** Yiddish; *s. a.* **Deutsch**

Jiu-Jit·su <-s> ['dʒi:u'dʒɪtsu] *nt kein pl* j[i]u-jitsu

Job <-s, -s> [dʒɔp] *m (fam)* job; *([vorübergehende] Beschäftigung)* job, work *no pl*

job·ben ['dʒɔbn] *vi (fam)* ■ **[irgendwo] ~** to do casual work [somewhere]; **in den Schulferien jobbe ich immer etwas** I always do some sort of casual work in the school holidays

Job·bör·se ['dʒɔb-] *f* ÖKON [graduate] job fair **Job·sharing**RR, **Job-sha·ring**ALT <-[s]> ['dʒɔbʃɛ:rɪŋ] *nt kein pl* ÖKON jobsharing *no pl, no art* **Job·su·che** ['dʒɔb-] *f kein pl* ÖKON *(fam)* job-hunting *no pl, no art,* job-seeking *no pl, no art;* **auf ~ sein** to be looking for a job **Job·ver·mitt·lung** ['dʒɔb-] *f* ÖKON employment agency

Joch <-[e]s, -e> ['jɔx] *nt* ➊ *(Teil des Geschirrs von Zugtieren)* yoke ➋ ARCHIT bay ➌ GEOL col, pass ▸ WENDUNGEN: **jds/das ~ einer S. abwerfen** [*o* **abschütteln]** *gen (liter)* to shake [*or* throw] off the yoke of sb/of sth; **sich jds** *dat* **~ beugen** *(liter)* to submit to the yoke of sb *liter*

Joch·bein *nt* ANAT cheek-bone

Jo·ckei, Jo·ckey <-s, -s> ['dʒɔke, 'dʒɔki] *m* jockey **Jo·ckey·müt·ze** ['dʒɔke-, 'dʒɔki-] *f* jockey cap

Jod <-s> ['jo:t] *nt kein pl* iodine

jo·deln ['jo:dln] *vi* to yodel

jod·hal·tig *adj inv* iodic, containing iodine *pred*

Jod·ler <-s, -> ['jo:dlɐ] *m* yodel; **er beendete das Liedchen mit einem ~** he finished the short song with a yodel

Jod·ler(in) <-s, -> ['jo:dlɐ] *m(f)* yodeller

Jod·man·gel *m kein pl* MED iodine deficiency *no pl* **Jod·salz** *nt kein pl* CHEM iodate; KOCHK, MED, PHARM iodized salt **Jod·tink·tur** *f* tincture of iodine

Jo·ga <-[s]> ['jo:ga] *m o nt kein pl* yoga *no pl*

jog·gen ['dʒɔgn] *vi* ➊ *haben (als Jogger laufen)* to jog; **ich halte mich fit, indem ich regelmäßig jogge** I keep fit by jogging regularly ➋ *sein* ■ **irgendwohin ~** to jog somewhere

Jog·ger(in) <-s, -> ['dʒɔgɐ] *m(f)* jogger

Jog·ging <-s> ['dʒɔgɪŋ] *nt kein pl* jogging *no pl*

Jog·ging·an·zug ['dʒɔgɪŋ-] *m* tracksuit **Jog·ging·hose** ['dʒɔgɪŋ-] *f* tracksuit bottoms *pl* **Jog·ging·schuh** ['dʒɔgɪŋ-] *m* trainer BRIT, running shoe AM; **meine ~e sind aus leichtem Material** my trainers are made of a light material

Jo·ghurt, Jo·gurtRR <-[s], -[s]> ['jo:gʊrt] *m o nt* yog[h]urt, yoghourt

Jo·ghurt·ge·rät *nt,* **Jo·gurt·ge·rät**RR *nt* yoghurt maker

Jo·gi <-s, -s> ['jo:gi] *m* yogi

Jo·han·na <-> [jo'hana] *f* Joanna; **[die heilige] ~ von Orléans** HIST Joan of Arc

Jo·han·nes <-> [jo'hanəs, jo'hanɛs] *m* John; **~ der**

Täufer John the Baptist

Jo·han·nes·evan·ge·li·um *nt* Gospel according to St. John

Jo·han·nis·bee·re [jo'hanɪs-] *f* currant; **rote/schwarze ~** redcurrant/blackcurrant **Jo·han·nis·brot·baum** [jo'hanɪs-] *m* BOT carob, locust tree **Jo·han·nis·kä·fer** [jo'hanɪs-] *m (fam)* glow-worm **Jo·han·nis·kraut** [jo'hanɪs-] *nt* BOT St. John's wort

joh·len ['joːlən] *vi* to yell

Joint <-s, -s> [dʒɔɪnt] *m (sl: Haschzigarette)* joint *sl*

Joint Ven·tureRR, **Joint-ven·ture**ALT <-[s], -s> [dʒɔynt'vɛntʃe] *nt* ÖKON joint venture

Jo-Jo <-s, -s> [jo'joː] *nt* yo-yo

Jo-Jo-Ef·fekt *m (erneute Gewichtszunahme nach Diät)* yo-yo effect

Jo·ker <-s, -> ['joːke, 'dʒoːke] *m* KARTEN joker

Jol·le <-, -n> ['jɔlə] *f* NAUT ① *(Beiboot)* jolly [boat] ② *(kleines Segelboot mit Schwert)* small sailing yacht

Jon·gleur(in) <-s, -e> [ʒɔŋ'løːɐ] *m(f)* juggler

jon·glie·ren [ʒɔŋ'liːrən] *vi* ① *(werfen und auffangen)* ■ |**mit etw**| ~ to juggle [with sth] ② *(geh: spielerisch umgehen)* ■ **mit etw** ~ to juggle with sth

Jop·pe <-, -n> ['jɔpə] *f* DIAL jacket

Jor·dan <-s> ['jɔrdan] *m* Jordan; ▶ WENDUNGEN: **über den ~ gehen** *(euph fam)* to pass away *euph;* **jdn über den ~ gehen lassen** to have sb bumped off *fam*

Jor·da·ni·en <-s> [jɔr'daːnɪən] *nt* Jordan; *s. a.* **Deutschland**

Jor·da·ni·er(in) <-s, -> [jɔr'daːnɪ̯ɐ] *m(f)* Jordanian; *s. a.* **Deutsche(r)**

jor·da·nisch [jɔr'daːnɪʃ] *adj inv* Jordanian; *s. a.* **deutsch**

Jo·sef, Jo·seph <-s> ['joːzɛf] *m* Joseph

Jot <-, -> ['jɔt] *nt* J, j

Jo·ta <-s, -> ['joːta] *nt* iota; ▶ WENDUNGEN: **kein** [*o* **nicht ein**] **~** *(geh)* not one iota [*or* a jot]; **er ist nicht ein ~ anders als sein Bruder** there's not a jot of difference between him and his brother

Joule <-[s], -> [ʒuːl] *nt* PHYS joule

Jour fixe <- -, -s -s> [ʒuːɐ̯'fɪks] *m (geh)* regular meeting

Jour·nail·le <-> [ʒur'naljə] *f kein pl (pej geh)* gutter [*or* yellow] press *pej*

Jour·nal <-s, -e> [ʒur'naːl] *nt* ① *(Tagebuch)* daybook, journal ② *(geh: Zeitschrift)* magazine, periodical, journal *form*

Jour·na·lis·mus <-> [ʒurna'lɪsmʊs] *m kein pl* ① *(Pressewesen)* press ② *(journalistische Berichterstattung)* journalism *no pl*

Jour·na·list(in) <-en, -en> [ʒurna'lɪst] *m(f)* journalist

Jour·na·lis·tik <-> [ʒurna'lɪstɪk] *f kein pl* journalism *no pl*

Jour·na·lis·tin <-, -nen> [ʒurna'lɪstɪn] *f fem form von* **Journalist**

jour·na·lis·tisch [ʒurna'lɪstɪʃ] I. *adj (das Pressewesen betreffend)* journalistic II. *adv* journalistically; **ich habe bisher freiberuflich ~ gearbeitet** I've worked up till now as a freelance journalist

jo·vi·al [jovi'aːl] *adj (geh)* jovial; ■ **~ |zu jdm| sein** to be jovial [towards sb]

Jo·vi·a·li·tät <-> [joviali'tɛːt] *f kein pl (geh)* joviality

Joy·stick <-s, -s> ['dʒɔystɪk] *m* joy-stick

jr. *adj Abk von* **junior** jnr., jr.

Ju·bel <-s> ['juːbl̩] *m kein pl (Jubelrufe)* cheering *no pl;* ▶ WENDUNGEN: **~, Trubel, Heiterkeit** *(fam)* laughter and merriment

Ju·bel·ge·schrei *nt* cry of jubilation *liter,* shouting and cheering **Ju·bel·hoch·zeit** *f (fam)* |silver, golden etc.| wedding anniversary **Ju·bel·jahr** *nt (Jubiläumsjahr)* jubilee; ▶ WENDUNGEN: **nur alle ~e |einmal|** *(fam)* once in a blue moon *fam*

ju·beln ['juːbl̩n] *vi* ■ |**über etw** *akk*| **~** to celebrate

[sth]; „**juhu! ich habe gewonnen!**" jubelte sie freudestrahlend "yippee, I've won", she cheered, beaming with joy; **eine ~e Menge** a cheering crowd **Ju·bel·ruf** *m* cheer; **unter ~en** accompanied by cheers

Ju·bi·lar(in) <-s, -e> [jubi'laːɐ̯] *m(f) person celebrating an anniversary*

Ju·bi·lä·um <-s, Jubiläen> [jubi'lɛːʊm, *pl:* jubi'lɛːən] *nt* anniversary

Ju·bi·lä·ums·es·sen *nt* anniversary dinner **Ju·bi·lä·ums·gast** *m* guest invited to the anniversary **Ju·bi·lä·ums·ku·chen** *m* anniversary cake

ju·bi·lie·ren [jubi'liːrən] *vi (geh)* ① ■ |**über etw** *akk*| ~ *(jubeln)* to celebrate [sth]; **wenn meine Bewerbung erfolgreich ist, besteht Anlass, zu ~** if my application is successful, there'll be cause for celebration ② *(frohlocken)* to rejoice *liter*

juch·he [jʊx'heː], **juch·hei·ßa** [jʊx'haisa], **juch·hu** ['juːxhu] *interj (fam)* hooray!, yippee!, hurrah!

Juch·ten <-s> ['jʊxtn̩] *nt o m kein pl* ① *(wasserdichtes Leder)* Russia leather ② *(Parfümduft)* Russian leather

juch·zen ['jʊxtsn̩] *vi (fam)* to shout with joy; ■ **das J~** joyous shouts

ju·cken ['jʊkn̩] I. *vi (Juckreiz erzeugen)* to itch II. *vi impers* to itch; **zeig mir mal genau, wo es juckt!** show me where it's itching! III. *vt impers* ① *(zum Kratzen reizen)* ■ **es juckt jdn |irgendwo|** sb has an itch |somewhere|; **mich juckt's am Rücken** my back's itching; **genau da, da juckt es mich immer!** right there, I always get an itch there! ② *(fam: reizen)* ■ **jdn juckt es, etw zu tun** sb's itching to do sth; **es juckte sie schon, ihn zu korrigieren** she was itching to correct him IV. *vt* ① *(kratzen)* ■ **jdn ~** to make sb itch; **das Unterhemd juckt mich** the vest makes me itch ② *(reuen)* ■ **jdn juckt etw** sb regrets sth; ■ **jdn juckt es, etw getan zu haben** sb regrets having done sth; **hinterher hat es ihn gehörig gejuckt, nichts gesagt zu haben** afterwards he really regretted having said nothing [*or* not having said anything] ③ *meist verneint (fam: kümmern)* ■ **jdn juckt etw |nicht|** sth is of [no] concern to sb; **das juckt mich doch nicht** I couldn't care less *fam;* **die Firma will nach Leipzig umziehen! – na und, wen juckt das?** the company intends to move to Leipzig! – so what, who cares about that? V. *vr (fam: sich kratzen)* ■ **sich |an etw** *dat*| **~** to scratch [one's sth]; **ich muss mich immer so am Kopf ~** I keep on having to scratch my head

Ju·cken <-s> ['jʊkn̩] *nt kein pl* itching *no pl*

Juck·pul·ver *nt* itching powder **Juck·reiz** *m* itch[ing *no pl*]

Ju·das <-, -se> ['juːdas, *pl:* 'juːdasə] *m* ① REL Judas ② *(pej geh: Verräter)* Judas *pej*

Ju·das·lohn *m (pej geh)* thirty pieces of silver

Ju·de, Jü·din <-n, -n> ['juːdə, 'jyːdɪn] *m, f* Jew *masc,* Jewess *fem;* ■ **die ~n** the Jews; **der Ewige ~** *(geh)* the Wandering Jew; **~ sein** to be a Jew/Jewess, to be Jewish

Ju·den·hassRR *m* anti-Semitism **Ju·den·stern** *m* HIST star of David

Ju·den·tum <-s> *nt kein pl* ① *(Gesamtheit der Juden)* Jewry *no pl,* Jews *pl* ② *(jüdische Wesensart)* Jewishness

Ju·den·ver·fol·gung *f* HIST persecution of [the] Jews **Ju·den·ver·nich·tung** *f kein pl* POL, SOZIOL, REL extermination of the Jews; *(im 3. Reich)* Holocaust *no pl*

Jü·din <-, -nen> ['jyːdɪn] *f fem form von* **Jude** Jewess

jü·disch ['jyːdɪʃ] *adj* Jewish

Ju·do <-s> ['juːdo] *nt kein pl* judo *no pl*

Ju·do·ka <-s, -s> [ju'doːka] *m* judoist

Ju·gend <-> ['juːɡn̩t] *f kein pl* ① *(Jugendzeit)* youth *no pl;* **frühe/früheste ~** early/earliest youth; **in jds** *dat* **~** in sb's youth; **in meiner ~ kostete ein Bröt-**

chen sechs **Pfennige** when I was young a roll cost six pfennigs; **von ~ an** [*o* **auf**] from one's youth; **wir haben schon von ~ auf immer zusammen gespielt** we have always played together right from our youth ② *(Jungsein)* youthfulness ③ *(junge Menschen)* ■ **die ~** young people *pl;* **die europäische ~** the youth [*or* young people] of Europe; **die ~ von heute, die heutige ~** young people [*or* the youth of] today; **die reifere ~** *(hum)* the young at heart *hum;* **auch die reifere ~ war zugegen** the older age-group were also present; **die studentische ~** young students; **die weibliche/männliche ~** *(geh)* young women/men *pl*

Ju·gend·al·ko·ho·lis·mus *m kein pl* youth alcoholism *no pl* **Ju·gend·ar·beits·lo·sig·keit** *f kein pl* youth unemployment *no pl* **Ju·gend·aus·tausch** *m kein pl* SOZIOL student exchange programme [*or* AM -am] [*or* BRIT *a.* scheme] **Ju·gend·be·we·gung** *f* HIST ■ **die ~** the German Youth Movement **Ju·gend·bild** *nt* photograph of sb as a young person **Ju·gend·bild·nis** *nt* KUNST portrait of a young person **Ju·gend·buch** *nt* book for young readers **ju·gend·frei** *adj (veraltend) Film* U-cert[ificate] BRIT, [rated] G AM **Ju·gend·freund(in)** *m(f)* childhood friend **ju·gend·ge·fähr·dend** *adj* morally damaging to juveniles **Ju·gend·ge·richt** *nt* juvenile court **Ju·gend·grup·pe** *f* youth group **Ju·gend·hel·fer(in)** *m(f)* youth worker **Ju·gend·her·ber·ge** *f* youth hostel **Ju·gend·her·bergs·werk** *nt* **Deutsches ~** German youth hostelling association **Ju·gend·hil·fe** *f kein pl* JUR *organization offering support and various services such as counselling to young people* **Ju·gend·jah·re** *pl* youth *sing;* ■ **jds ~** sb's youth **Ju·gend·kri·mi·na·li·tät** *f kein pl* juvenile delinquency *no pl* **Ju·gend·kult** *m kein pl* youth cult *no pl*

ju·gend·lich ['ju:gṇtlɪç] **I.** *adj* ① *(jung)* young ② *(durch jds Jugend bedingt)* youthful; **~er Leichtsinn** youthful carelessness ③ *(jung wirkend)* youthful **II.** *adv* youthfully

Ju·gend·li·che(r) *f(m) decl wie adj* young person

Ju·gend·lich·keit <-> *f kein pl* ① *(jugendliches Alter)* youth *no pl* ② *(jugendliches Erscheinungsbild)* youthfulness *no pl*

Ju·gend·lie·be *f* childhood sweetheart **Ju·gend·mann·schaft** *f* youth team **Ju·gend·pfle·ge** *f (veraltend)* youth welfare **Ju·gend·rich·ter(in)** *m(f)* magistrate in a juvenile court **Ju·gend·schutz** *m kein pl* JUR protection of children and young persons **Ju·gend·sek·te** *f* youth sect **Ju·gend·stil** *m* KUNST, ARCHIT Art Nouveau **Ju·gend·straf·an·stalt** *f* JUR *(geh)* youth detention centre [*or* AM -er] **Ju·gend·stra·fe** *f* JUR sentence for young offenders **Ju·gend·straf·tä·ter, -tä·te·rin** *m, f* JUR, SOZIOL young offender **Ju·gend·sün·de** *f* youthful misdeed **Ju·gend·tor·heit** *f* youthful folly **Ju·gend·traum** *m* childhood dream **Ju·gend·wahn** *m kein pl* SOZIOL *(pej fam)* delusions *pl* of youth **Ju·gend·wohn·heim** *nt* hostel for young workers **Ju·gend·zeit** *f kein pl* youth *no pl* **Ju·gend·zen·trum** *nt* youth centre [*or* AM -er]

Ju·go·sla·we, Ju·go·sla·win <-n, -n> [jugo'sla:və, -'sla:vɪn] *m, f* Yugoslav; *s. a.* **Deutsche(r)**

Ju·go·sla·wi·en <-s> [jugo'sla:vi̯ən] *nt* Yugoslavia; *s. a.* **Deutschland**

Ju·go·sla·win <-, -nen> [jugo'sla:vɪn] *f fem form von* **Jugoslawe**

ju·go·sla·wisch [jugo'sla:vɪʃ] *adj* Yugoslav[ian]; *s. a.* **deutsch**

Ju·lei <-s, -s> [ju'lai] *m bes* COM *(Juli)* July; *s. a.* **Februar**

Ju·li¹ <-[s], -s> ['ju:li] *m* July; *s. a.* **Februar**

Ju·li² <-s, -s> ['ju:li] *m* POL *kurz für* **Jungliberale(r)**

Jum·bo, Jum·bo·jet^RR, Jum·bo-Jet <-s, -s> ['jʊm-

bodʒɛt] *m* jumbo [jet]

jun. *adj Abk von* **junior**

jung <jünger, jüngste> ['jʊŋ] **I.** *adj* ① *(noch nicht älter)* young; ■ **jünger** [**als jd**] **sein** to be younger [than sb]; **~ und alt** young and old alike; *s. a.* **Jahr** ② *(jung wirkend)* youthful; **das hält ~!** it keeps you young! ③ *(später geboren)* young; ■ **der/die Jüngere/der/die Jüngste** the younger/youngest ④ *(erst kurz existierend)* new **II.** *adv (in jungen Jahren)* young; **~ heiraten/sterben** to marry/die young; **von ~ auf** since one's youth, from an early age ▶ WENDUNGEN: **~ gefreit, nie gereut** *(prov)* he who marries young won't regret it

Jung·brun·nen *m* ① *(revitalisierender Umstand)* tonic; **der Urlaub war ein wahrer ~** the holiday was a real tonic ② LIT fountain of youth

Jun·ge <-n, -n> ['jʊŋə] *m* ① *(männliches Kind)* boy ② *(Laufbursche)* errand boy ③ *(fam)* ■ **Jungs,** ■ **Jungens** *pl (veraltend fam: Leute)* lads *pl* BRIT, chaps *pl* BRIT, guys *pl* AM ▶ WENDUNGEN: **alter ~** *(fam)* old chap [*or* AM fellow], BRIT *a.* [old] mate; **dummer ~** wet behind the ears; **wie ein dummer ~** like a child [*or* an idiot]; **ein schwerer ~** *(fam)* big-time crook; **mein ~!** *(fam)* my dear boy!; **~, ~!** *(fam)* boy oh boy! *fam*

Jun·ge(s) ['jʊŋə(s)] *nt decl wie adj* ① ZOOL *(Jungtier)* young ② ORN *(Jungvogel)* young

Jun·gen·ge·sicht *nt* boyish face

jun·gen·haft *adj* boyish

jün·ger ['jʏŋɐ] *adj* ① *comp von* **jung** younger ② *(noch nicht allzu alt)* youngish ③ *(wenig zurückliegend)* recent

Jün·ger(in) <-s, -> ['jʏŋɐ] *m(f)* ① REL *(Schüler Jesu)* disciple ② *(Anhänger)* disciple

jün·ge·re(r) *f(m) decl wie adj* ① *(jüngerer Mensch)* younger person ② *(Junior)* junior; **Breughel der ~** Breughel junior [*or esp* BRIT the junior]

Jün·ge·rin <-, -nen> ['jʏŋərɪn] *f fem form von* **Jünger**

Jung·fer <-, -n> ['jʊŋfɐ] *f (veraltet)* mistress *hist;* **eine alte ~** *(pej)* an old maid *pej*

Jung·fern·fahrt *f* NAUT maiden voyage **Jung·fern·flug** *m* LUFT maiden flight **Jung·fern·häut·chen** *nt* ANAT hymen **Jung·fern·in·seln** *pl* **die amerikanischen/britischen ~** the US/British Virgin Islands; *s. a.* **Falklandinseln** **Jung·fern·re·de** *f* POL maiden speech

Jung·frau ['jʊŋfrau] *f* ① *(Frau vor ihrem ersten Koitus)* virgin; **die ~ Maria** the Virgin Mary; **die ~ von Orléans** Joan of Arc, the Maid of Orleans; **die Heilige ~** the Holy [*or* Blessed] Virgin; **die Eiserne ~** HIST the Iron Maiden ② ASTROL *(Tierkreiszeichen)* Virgo; ■ *eine* ~ **sein** to be a Virgo ▶ WENDUNGEN: **zu etw kommen wie die ~ zum Kind[e]** *(hum fam)* to fall into sb's lap; **zu dem Job kam sie wie die ~ zum Kinde** the job just fell into her lap

jung·fräu·lich ['jʊŋfrɔylɪç] *adj (geh)* ① *(Zustand)* virgin ② *(noch unberührt)* virgin; **~er Schnee** virgin snow

Jung·fräu·lich·keit <-> *f kein pl (geh)* ① *(Zustand)* virginity *no pl* ② *(Unberührtheit)* virginity *no pl,* purity *no pl*

Jung·ge·sel·le, -ge·sel·lin ['jʊŋgəzɛlə, -gəzɛlɪn] *m, f* bachelor; **ein eingefleischter ~ sein** to be a confirmed bachelor

Jung·ge·sel·len·bu·de *f (fam)* bachelor pad *fam* **Jung·ge·sel·len·da·sein** *nt* bachelor existence **Jung·ge·sel·len·le·ben** *nt* bachelor life **Jung·ge·sel·len·woh·nung** *f* bachelor flat **Jung·ge·sel·len·zeit** *f kein pl* bachelor days *pl*

Jung·ge·sel·lin <-, -nen> ['jʊŋgəzɛlɪn] *f fem form von* **Junggeselle** a single woman

Jung·li·be·ra·le(r) *f(m) decl wie adj* POL Young Liberal

Jüng·ling <-s, -e> ['jʏŋlɪŋ] *m (geh: junger Mann)*

youth; ▸ WENDUNGEN: [auch] **kein ~ mehr sein** to be no spring chicken anymore

Jung·mast·hähn·chen nt young poulard[e] **Jung·so·zi·a·list, -so·zia·lis·tin** m, f POL Young Socialist

jüngst ['jʏŋst] adv (geh) recently

jüngs·te(r, s) adj ➊ superl von **jung** youngest; [auch] **nicht mehr der/die Jüngste sein** (hum) to be no spring chicken anymore [either] ➋ (nicht lange zurückliegend) [most] recent ➌ (neueste) latest; s. a. **Gericht** s. a. **Tag**

Jung·stein·zeit f Neolithic period, New Stone Age

jüngs·tens ['jʏŋstn̩s] adv (veraltend geh) s. **jüngst**

Jung·tier nt ZOOL young animal **Jung·ver·hei·ra·te·te(r)** f(m) decl wie adj newly-wed; ▪ **die ~n** the newly-weds **Jung·ver·mähl·te(r)** f(m) decl wie adj (geh) s. **Jungverheiratete(r)** **Jung·vieh** nt young cattle + pl vb **Jung·wäh·ler, -wäh·le·rin** m, f young voter **Jung·wild** nt young game

Ju·ni <-[s], -s> ['juːni] m June; s. a. **Februar**

ju·ni·or ['juːnoːɐ̯] adj (geh) junior

Ju·ni·or, Ju·ni·o·rin <-s, -en> ['juːnoːɐ̯, ju'nioːrɪn, pl: ju'njoːrən] m, f ➊ ÖKON (~-chef) son masc/daughter fem of the boss ➋ (fam: Sohn) junior ➌ pl SPORT (junge Sportler zwischen 18 und 23) juniors npl

Ju·ni·or·chef, -che·fin m, f ÖKON boss' [or owner's] son masc/daughter fem

Ju·ni·o·ren·aus·weis m BAHN young persons' railcard BRIT

Ju·ni·o·rin <-, -nen> [ju'njoːrɪn] f fem form von **Junior**

Ju·ni·or·part·ner, -part·ne·rin m, f junior partner **Ju·ni·or·pass**ᴿᴿ m BAHN young person's railcard BRIT

Junk-Bond <-s, -s> ['dʒaŋkbɔnt] m FIN (Risikoanleihe) junk bond

Junk·food <-s> ['dʒaŋkfuːd] nt kein pl, **Junk-food** <-s> ['dʒaŋkfuːd] nt kein pl junk food no pl

Jun·kie <-s, -s> ['dʒaŋki] m (sl) junkie sl

Junk·tim <-s, -s> ['jʊŋktɪm] nt POL package deal; **zwischen Dingen besteht ein ~** different things are dependent upon [or go hand-in-hand with] each other

Ju·no <-s, -s> [ju'noː] m bes COM Juno; s. a. **Julei**

Jun·ta <-, Junten> ['xʊnta, 'jʊnta, pl: 'xʊntn̩, 'jʊntn̩] f POL junta

Jupe <-s, -s> [ʒyːp] m SCHWEIZ (Rock) skirt

Ju·pi·ter <-s> ['juːpitɐ] m Jupiter

jur. adj Abk von **juristisch**

Ju·ra¹ ['juːra] kein art SCH law

Ju·ra² <-s> ['juːra] m GEOL Jurassic [period/system]

Ju·ra³ <-s> ['juːra] nt kein pl GEOG ➊ (Gebirge in der Ostschweiz) Jura Mountains pl ➋ (Schweizer Kanton) Jura

Ju·ra·stu·di·um nt law studies pl

Ju·ris·dik·ti·on <-, <selten -en> [jʊrɪsdɪk'tsioːn] f (geh) jurisdiction

Ju·ris·pru·denz <-> [jʊrɪspru'dɛnts] f kein pl (geh) jurisprudence no pl

Ju·rist(in) <-en, -nen> [ju'rɪst] m(f) ➊ JUR (Akademiker) jurist ➋ SCH (fam: Jurastudent) law student

Ju·ris·ten·deutsch nt, **Ju·ris·ten·spra·che** f kein pl legal jargon

Ju·ris·te·rei <-> [jʊrɪstə'raɪ] f kein pl JUR law no pl, legal practice no pl; (Studium der Rechtswissenschaft) law no pl

Ju·ris·tin <-, -nen> [ju'rɪstɪn] f fem form von **Jurist**

ju·ris·tisch [ju'rɪstɪʃ] I. adj ➊ SCH (Jura betreffend) legal; **~es Studium** law studies; **die ~e Fakultät** Faculty of Law ➋ JUR (die Rechtsprechung betreffend) law attr; **ein ~es Problem** a juridical problem; s. a.

Person II. adv JUR **~ argumentiert/betrachtet** argued/seen from a legal point of view

Ju·ror, Ju·ro·rin <-s, Juroren> ['juːroːɐ̯, ju'roːrɪn, pl: ju'roːrən] m, f meist pl juror, member of the jury

Ju·ry <-, -s> [ʒy'riː, 'ʒyːri, 'dʒuːri] f jury

Jus¹ <-> ['juːs] nt kein art ÖSTERR (Jura¹) law

Jus² <-> [ʒyː] m o nt kein pl ➊ SCHWEIZ (Fruchtsaft) fruit juice ➋ (Bratensaft) [meat] juices pl

Ju·so <-s, -s> ['juːzo] m kurz für **Jungsozialist**

just ['jʊst] adv ➊ (veraltet: eben gerade) just; **da fällt mir ~ ein** I've just remembered ➋ (liter: genau) exactly; **~ in dem Moment** at that very [or just at that] moment

jus·tier·bar adj TECH adjustable; **elektrisch ~e Sitze** electrically adjustable [or power-adjusted] seats

jus·tie·renᐟ [jʊs'tiːrən] vt **etw ~** to adjust sth

Jus·tie·rung <-, -en> f ➊ (das Justieren) adjustment ➋ (Einstellmechanismus) adjustment

Jus·ti·tia <-s> [jʊs'tiːtsia] f kein pl ➊ (geh: das personifizierte Recht) the law ➋ (römische Göttin der Gerechtigkeit) Justice

Jus·ti·ti·ar(in) <-s, -e> [jʊsti'tsia:ɐ̯] m(f) s. **Justiziar**

Jus·tiz <-> [jʊs'tiːts] f kein pl JUR ➊ (Gerichtsbarkeit) justice no pl ➋ (~-behörden) legal authorities pl

Jus·tiz·ap·pa·rat m kein pl JUR, POL (pej fam) judicial machinery **Jus·tiz·be·am·te(r)** f(m) decl wie adj JUR, ADMIN judicial officer **Jus·tiz·be·hör·de** f legal authority **Jus·tiz·ge·bäu·de** nt JUR, ADMIN court-house

Jus·ti·zi·ar(in)ᴿᴿ <-s, -e> [jʊsti'tsia:ɐ̯] m(f) ➊ (für Rechtliches zuständiger Angestellter) in-house lawyer ➋ HIST (Gerichtsherr in der Patrimonialgerichtsbarkeit) lord of the manor **Jus·tiz·irr·tum** m miscarriage of justice **Jus·tiz·mi·nis·ter, -mi·nis·te·rin** m, f Minister of Justice BRIT, Attorney General AM **Jus·tiz·mi·nis·te·ri·um** nt Ministry of Justice BRIT, Department of Justice AM, Justice Department AM **Jus·tiz·mord** m judicial murder **Jus·tiz·voll·zugs·an·stalt** [jʊs'tiːtsfɔl'tsuːks-] f (geh) place of detention

Ju·te <-> ['juːtə] f kein pl ➊ BOT (~ liefernde Pflanze) jute ➋ MODE (Bastfaser aus ~) jute

Ju·ve·nil·hor·mon [juve'ni:l-] nt ZOOL juvenile hormone

Ju·wel¹ <-s, -en> [ju've:l] m o nt ➊ (Schmuckstein) gem[stone], jewel ➋ pl (Schmuck) jewellery no pl, jewelry no pl

Ju·wel² <-s, -e> [ju've:l] nt ➊ (geschätzte Person oder Sache) gem; **ein ~ von einer Köchin sein** to be a gem of a cook ➋ (prachtvoller Ort) gem, jewel; **der Schwarzwald ist ein Juwel unter den deutschen Landschaften** the Black Forest is one of the jewels of the German countryside ➌ (kostbares Exemplar) gem, jewel; **das Juwel der Sammlung** the jewel [or gem] of the collection

Ju·we·lier(in) <-s, -e> [juve'li:ɐ̯] m(f) ➊ (Besitzer eines ~geschäftes) jeweller BRIT, jeweler AM ➋ (Juweliergeschäft) jeweller's BRIT, jeweler's AM

Ju·we·lier·ge·schäft nt jeweller's [or AM jeweler's] [shop [or AM usu store]]

Ju·we·lie·rin <-, -nen> [juve'li:rɪn] f fem form von **Juwelier**

Jux <-es, -e> ['jʊks] m (fam: Scherz) joke; **aus [lauter] ~ und Tollerei** (fam) out of sheer fun; **sich** dat **einen ~ aus etw machen** to make a joke out of sth; **aus ~** as [or BRIT a. for] a joke

ju·xen ['jʊksn̩] vi (fam) to joke

jwd [jɔtve:'de:] adv (hum fam) Abk von **ganz weit draußen** in the middle of nowhere fam, miles from anywhere fam

K, k <-, - o fam -s, -s> [kaː] nt K, k; ~ **wie Kaufmann** K for [or AM as in] King; s. a. **A 1**
Ka·ba·rett <-s, -e o -s> [kabaˈrɛt] nt ❶ kein pl (Klein-kunst) cabaret ❷ (Kleinkunstbühne) cabaret ❸ (En-semble) cabaret ensemble
Ka·ba·ret·tist(in) <-en, -en> [kabarɛˈtɪst] m(f) cabaret artist
ka·ba·ret·tis·tisch adj cabaret
Ka·bäus·chen <-s, -> [kaˈbɔysçən] nt DIAL (fam) hut, cabin
kab·beln [ˈkabl̩n] vr (fam) to squabble, to bicker; ■ **sie ~ sich** they're squabbling [or bickering]
Ka·bel <-s, -> [ˈkaːbl̩] nt ❶ ELEK (Elektroleitung) wire ❷ TELEK, TV (Leitung) cable ❸ NAUT (starkes Tau) rope ❹ BAU (Drahtseil) cable
Ka·bel·an·schluss[RR] m TV cable connection **Ka·bel·baum** m cable harness **Ka·bel·fern·se·hen** nt TV cable TV
Ka·bel·jau <-s, -e o -s> [ˈkaːbl̩jau] m ZOOL, KOCHK cod **Ka·bel·ka·nal** m TV, RADIO cable channel **Ka·bel·netz** nt TV cable network **Ka·bel·rol·le** f TECH cable drum **Ka·bel·trom·mel** f ELEK cable drum
Ka·bi·ne <-, -n> [kaˈbiːnə] f ❶ (Umkleidekabine) changing room ❷ TELEK booth ❸ NAUT (Passagierunter-kunft) cabin ❹ TRANSP (Gondel) cable-car
Ka·bi·nett[1] <-s, -e> [kabiˈnɛt] nt ❶ POL (Kollegium der Minister) cabinet ❷ KUNST (kleiner Raum im Museum) gallery
Ka·bi·nett[2] <-s, -e> m KOCHK special quality German wine
Ka·bi·netts·be·schluss[RR] m POL Cabinet decision **Ka·bi·netts·sit·zung** f POL Cabinet meeting
Ka·bi·nett·stück nt masterstroke
Ka·bi·netts·um·bil·dung f cabinet reshuffle
Ka·bi·nett·wein m s. **Kabinett**[2]
Kab·rio <-[s], -s> [ˈkaːbrio] nt AUTO convertible
Ka·bri·o·lett <-s, -s> [kabrioˈlɛt] nt ÖSTERR, SÜDD (geh: Kabrio) convertible
Ka·buff <-s, -e o -s> [kaˈbʊf] nt (fam) boxroom BRIT, cubbyhole AM
Ka·chel <-, -n> [ˈkaxl̩] f tile
ka·cheln [ˈkaxl̩n] vt to tile; ■ **etw ~** to tile sth
Ka·chel·ofen [ˈkaxl̩ʔoːfn̩] m tiled stove
Ka·cke <-> [ˈkakə] f kein pl ❶ (derb: menschliche Exkremente) shit vulg, crap vulg ❷ (sl: Hundekot) dog shit vulg ▶ WENDUNGEN: **dann ist die ~ am Dampfen** (sl) then the shit will really hit the fan vulg
ka·cken [ˈkakn̩] vi (vulg) to shit vulg, to crap vulg
Ka·cker <-s, -> m (pej sl) shithead vulg
Ka·da·ver <-s, -> [kaˈdaːvɐ] m carcass
Ka·da·ver·ge·hor·sam m (pej) blind obedience
Ka·denz <-, -en> [kaˈdɛnts] f MUS cadenza
Ka·der <-s, -> [ˈkaːdɐ] m ❶ MIL (Kerntruppe des Heers) cadre ❷ SPORT squad ❸ (Spezialistentruppe) group of specialists ❹ (Angehöriger einer Spezialis-tentruppe) specialist
Ka·dett <-en, -en> [kaˈdɛt] m MIL cadet
Ka·di <-s, -s> [ˈkaːdi] m (islamischer Richter) Kadi, cadi; ▶ WENDUNGEN: **jdn vor den ~ bringen** [o schleppen] (fam) to take sb to court
Kad·mi·um <-s> [ˈkatmiʊm] nt kein pl cadmium
Kä·fer <-s, -> [ˈkɛfɐ] m ❶ ZOOL (Insekt) beetle ❷ AUTO (fam: Volkswagen) beetle ▶ WENDUNGEN: **ein flotter** [o hübscher] ~ (veraltend sl) a nice bit of skirt BRIT fam, a hot chick AM fam
Kaff <-s, -s o -e> [ˈkaf] nt (pej fam) dump fam, hole fam

Kaf·fee <-s, -s> [ˈkafe] m ❶ (Getränk) coffee; ~ **und Kuchen** coffee and cake; ~ **mit Milch** white coffee; **koffeinfreier ~** decaffeinated coffee; **schwarzer ~** black coffee; **den/seinen ~ schwarz trinken** to drink one's coffee black; [jdm einen] ~ **machen** to make [sb a] coffee; ~ **trinken** to have [or drink] [a] cof-fee ❷ kein pl BOT (Strauch) coffee ❸ (~einladung) cof-fee ▶ WENDUNGEN: **kalter ~ sein** (pej fam) to be old hat
Kaf·fee·baum m BOT coffee tree **Kaf·fee·boh·ne** f cof-fee bean **kaf·fee·braun** adj coffee-coloured [or AM -ored] **Kaf·fee-Er·satz** m, **Kaf·fee·er·satz**[RR] m cof-fee substitute **Kaf·fee-Ex·trakt** m, **Kaf·fee·ex·trakt**[RR] m coffee essence **Kaf·fee·fahrt** f promotion-al trip **Kaf·fee·fil·ter** m ❶ (Vorrichtung) coffee filter ❷ (fam: Filterpapier) filter paper **Kaf·fee·ge·schirr** nt s. **Kaffeeservice Kaf·fee·haus** nt ÖSTERR coffee-house **Kaf·fee·kan·ne** f coffeepot **Kaf·fee·klatsch** m kein pl (fam) coffee morning BRIT, coffee klat[s]ch AM, kaffeeklatsch AM **Kaf·fee·kränz·chen** <-, -s> nt (hum veraltend) ≈ coffee morning BRIT; (die Gruppe, die sich trifft) ≈ coffee morning circle [or group] [of friends] **Kaf·fee·löf·fel** m coffee spoon **Kaf·fee·ma·schi·ne** f coffee machine **Kaf·fee·müh·le** f coffee grinder **Kaf·fee·pau·se** f coffee break; ~ **machen** to have a coffee break **Kaf·fee·satz** m cof-fee grounds npl; **aus dem ~ wahrsagen** to read the coffee grounds **Kaf·fee·ser·vice** nt coffee set **Kaf·fee·sieb** nt coffee sieve **Kaf·fee·strauch** m coffee tree **Kaf·fee·tas·se** f coffee cup **Kaf·fee·was·ser** nt hot water for coffee; ~ **aufsetzen** to put the kettle on for coffee
Kaf·fer <-n, -n> [ˈkafe] m (pej) nigger pej
Kaf·fern·büf·fel m ZOOL African buffalo
Kä·fig <-s, -e> [ˈkɛːfɪç] m ❶ (Vogelbauer) [bird]cage ❷ (vergittertes Gehege) cage; **faradayscher ~** PHYS Faraday cage ▶ WENDUNGEN: **im goldenen ~ sitzen** to sit in a gilded cage
Kä·fig·hal·tung f caging
Kaf·tan <-s, -e> [ˈkaftan] m caftan
kahl [kaːl] I. adj ❶ (ohne Kopfhaar) bald; ■ ~ **sein/werden** to be/become bald; ~ **geschoren** shorn, shaven ❷ (leer) bare; ~**e Wände** bare walls ❸ (ohne Blätter) bare ❹ (ohne Bewuchs) barren, bleak II. adv etw ~ **fressen** to strip sth bare; **jdn ~ scheren** to shave sb's head
Kahl·heit <-> f kein pl ❶ (Kahlköpfigkeit) baldness no pl ❷ (Blattlosigkeit) bareness no pl ❸ (kahle Beschaf-fenheit) bleakness no pl, barrenness no pl
Kahl·kopf m ❶ (kahler Kopf) bald head ❷ (fam: Glatz-kopf) baldy fam
kahl·köp·fig adj bald-headed, bald
Kahl·köp·fig·keit <-> f kein pl baldness no pl
Kahl·schlag m ❶ FORST (abgeholzte Fläche) clearing ❷ kein pl (das Abholzen) deforestation ❸ (fam: völli-ger Abriss) demolition
Kahn <-[e]s, Kähne> [kaːn, pl: ˈkɛːnə] m ❶ NAUT (fla-ches Boot) small boat; (Schleppkahn) barge; (fam: alter Dampfer) old tub ❷ pl (fam: große Schuhe) clodhoppers pl fam
Kahn·fahrt f trip in a rowing-boat; (durch Stoßen) trip in a punt; **eine ~ machen** to go boating; (durch Sto-ßen) to go punting
Kai <-s, -e o -s> [kai] m quai
Kai·man <-s, -e> [ˈkaiman] m ZOOL cayman
Kai·man·in·seln nt ■ **die ~** the Cayman Islands pl; s. a. **Falklandinseln**
Kains·mal [ˈkains-] nt mark of Cain

Kai·ro <-s> ['kairo] *nt* Cairo

Kai·ser(in) <-s, -> ['kaizɐ] *m(f)* *(Herrscher eines Reiches)* emperor *masc*, empress *fem;* **der letzte deutsche ~** the last German Emperor; **zum ~ gekrönt werden** to be crowned emperor ▶ WENDUNGEN: **sich um des ~s Bart streiten** to split hairs; **wo nichts ist, hat der ~ sein Recht verloren** *(prov)* you can't get blood out of a stone *prov;* **dem ~ geben, was des ~s ist** to render unto Caesar that which is Caesar's

Kai·ser·ad·ler *m* ORN imperial eagle **Kai·ser·granat** *m* ZOOL, KOCHK Dublin Bay prawn, scampi **Kaiser·kro·ne** *f* ① *(Krone des Kaisers)* imperial crown ② BOT crown imperial

kai·ser·lich ['kaizɐlɪç] **I.** *adj* ① *(dem Kaiser gehörend)* imperial ② *(das Kaiserreich betreffend)* imperial ③ *(einem Kaiser angemessen vornehm oder reichlich)* **ein ~es Frühstück** a breakfast fit for a king **II.** *adv* *(dem Kaiser treu)* imperialistic, monarchistic

kai·ser·lich-kö·nig·lich *adj* imperial and royal *(referring to the Austro-Hungarian Empire)*

Kai·ser·pfalz *f* HIST imperial palace **Kai·ser·pin·guin** *m* ORN emperor penguin **Kai·ser·reich** *nt* HIST empire **Kai·ser·schmar·ren** *m* KOCHK ÖSTERR, SÜDD shredded pancake

Kai·ser·schnitt *m* MED Caesarean [section] **Kai·serscho·te** *f* KOCHK sugar-snap pea

Kai·ser·tum <-[e]s, -tümer> *nt* empire

Ka·jak <-s, -s> ['ka:jak] *m o nt* NAUT, SPORT Kayak

Ka·jal·stift [ka'ja:l] *m* MODE, PHARM eyeliner pencil

Ka·jü·te <-, -n> [ka'jy:tə] *f* NAUT cabin

Kakadu <-s, -s> *m* ORN cockatoo

Ka·kao <-s, -s> [ka'kau] *m* ① *(Getränk)* cocoa, chocolate milk; *(heiss)* hot chocolate; *(Pulver)* cocoa [powder] ② BOT cocoa palm ▶ WENDUNGEN: **jdn/etw durch den ~ ziehen** *(fam)* to take the mickey out [*or* AM make fun] of sb/sth

Ka·kao·boh·ne *f* cocoa bean **Ka·kao·but·ter** *f kein pl* cocoa butter *no pl* **Ka·kao·pul·ver** *nt* cocoa powder

Ka·ker·la·ke <-, -n> ['ka:kɐlak] *f* cockroach

Ka·ki <-, -s> ['ka:ki] *f* khaki

Ka·ki·pflau·me *f* BOT, KOCHK Japanese persimmon, kaki, date plum

Kak·tee <-, -n> [kak'te:ə] *f*, **Kak·tus** <-, Kakteen *o fam* -se> ['kaktʊs, *pl:* kak'te:ən, -ʊsə] *m* cactus

Ka·la·mi·tät <-, -en> [kalami'tɛːt] *f meist pl (geh)* ① *(Schwierigkeiten)* predicament; **sich** *akk* **in einer ~ befinden** to be in a predicament ② *(Unglück)* calamity; **jdn in ~en bringen** to get sb into deep trouble; **in ~en kommen** to get into deep trouble

Ka·lasch·ni·kow <-, -s> [ka'laʃnikɔf] *f* Kalashnikov

Ka·lau·er <-s, -> ['ka:lauɐ] *m* corny joke

Kalb <-[e]s, Kälber> [kalp, *pl:* 'kɛlbə] *nt* ① ZOOL *(junges Rind)* calf; **das Goldene ~** the golden calf ② ZOOL *(Junges)* calf; *(Rehwild)* fawn ③ *(~fleisch)* veal ▶ WENDUNGEN: **wie ein abgestochenes ~ glotzen** *(sl)* to look goggle-eyed at sth

kal·ben ['kalbn̩] *vi* ① *(ein Kalb gebären)* to calve ② GEOG *(kleinere Stücke abbrechen lassen)* to calve

Kalb·fisch *m s.* **Heringshai Kalb·fleisch** *nt* veal

Kalbs·beu·schel *nt* KOCHK DIAL veal lights *npl* **Kalbsblan·kett** *nt* KOCHK veal ragout **Kalbs·far·ce** *nt* veal stuffing *(bound with egg and cream)* **Kalbs·fond** *m* veal stock **Kalbs·fri·kan·deau** *nt* veal flank **Kalbsfri·kas·see** *nt* veal fricassee **Kalbs·fuß** *m* calf's foot

Kalbs·ge·krö·se *nt* calf's mesentery **Kalbs·gre·nadin** *nt* KOCHK lardened veal chump **Kalbs·hach·se** [-ks-], **Kalbs·ha·xe** *f* knuckle of veal **Kalbs·karree** *nt* veal loin **Kalbs·kä·se** *m* meat loaf of finely-ground veal **Kalbs·le·der** *nt* calfskin **Kalbs·lun·ge** *f* calf's lights *npl* **Kalbs·nuss**[RR] *f* flank of veal **Kalbsschnit·zel** *nt* veal cutlet **Kalbs·stel·ze** *f* KOCHK ÖSTERR *(Kalbshachse)* veal knuckle

Kal·dau·ne <-, -n> [kal'daunə] *f meist pl* DIAL entrails *npl*

Ka·lei·dos·kop <-s, -e> [kalaido'sko:p] *nt* kaleidoscope

ka·len·da·risch [kalɛn'da:rɪʃ] *adj* calendrical

Ka·len·der <-s, -> [ka'lɛndɐ] *m* calendar; **der gregorianische ~** the Gregorian Calender; **der julianische ~** the Julian Calendar

Ka·len·der·jahr *nt* calendar year

Ka·le·sche <-, -n> [ka'lɛʃə] *f* HIST barouche

Ka·li <-s, -s> ['ka:li] *nt* potash *no pl*

Ka·li·ber <-s, -> [ka'li:bɐ] *nt* ① TECH *(Laufdurchmesser)* calibre [*or* AM -er] ② TECH *(Geschoßdurchmesser)* calibre [*or* AM -er] ③ *(pej fam: Sorte)* calibre [*or* AM -er]; **ein Politiker von unzureichendem ~** a politician of insufficient calibre

Ka·lif <-en, -en> [ka'li:f] *m* HIST caliph

Ka·li·fat <-[e]s, -e> [kali'fa:t] *nt* HIST ① *(Amt eines Kalifen)* caliphate ② *(Herrschaftsbereich)* caliphate

Ka·li·um <-s> ['ka:liʊm] *nt kein pl* potassium *no pl*

Kalk <-[e]s, -e> [kalk] *m* ① BAU *(~milch)* whitewash *no pl;* **gebrannter ~** quicklime *no pl,* slaked lime *no pl* ② *(Kalziumkarbonat)* lime *no pl* ③ MED *(Kalzium)* calcium *no pl*

Kalk·ab·la·ge·rung *f* ① CHEM *(Ablagerung von Kalkstein)* [lime]scale *no pl, no indef art,* [deposit of] calcium carbonate *no pl form* ② MED *(Ablagerung von Kalksalzen im Körpergewebe)* calcification *no pl,* calcific deposit **Kalk·bil·dung** <-> *f kein pl* CHEM build-up of [lime]scale *no pl,* calcification *no pl* **Kalkbo·den** *m* lime soil

kal·ken ['kalkn̩] *vt* ① etw ~ ① *(tünchen)* to whitewash sth ② AGR, FORST *(düngen)* to lime sth

kalk·hal·tig *adj* chalky; *(Wasser)* hard

Kalk·man·gel *m kein pl* ① MED *(Mangel an Kalzium)* calcium deficiency *no pl* ② AGR, FORST, HORT *(Mangel an Kalk)* lime deficiency *no pl* **Kalk·stein** *m* limestone

Kal·kül <-s, -e> [kal'ky:l] *m o nt* calculation; **etw [mit] ins ~ ziehen** to take sth into consideration; **ins ~ ziehen, dass …** to consider, that …

Kal·ku·la·ti·on <-, -en> [kalkula'tsi̯oːn] *f* ① ÖKON *(Kostenberechnung)* costing ② *(Schätzung)* calculation; **falsche ~** miscalculation; **nach jds ~** according to sb's calculations

kal·ku·lier·bar *adj inv* calculable

kal·ku·lie·ren[*] [kalku'li:rən] **I.** *vi* ① ÖKON *(veranschlagen)* ▪ [**mit etw** *dat*] **~** to calculate [with sth] ② *(fam: schätzen)* ▪ **~,** [**dass**] **…** to calculate, [that] … **II.** *vt* ÖKON *(veranschlagen)* ▪ etw **~** to calculate sth

Kal·kut·ta <-s> [kal'kʊta] *nt* Calcutta

Kal·li·gra·fie[RR] [kaligra'fiː], **Kal·li·gra·phie** <-> *f kein pl* calligraphy *no pl*

Kal·mar <-s, Kalmare> ['kalmar, *pl:* kal'ma:rə] *m* ZOOL squid

Kal·ma·re [kal'ma:rə] *f* calamari, squid

Kal·me <-, -n> ['kalmə] *f* METEO calm

kal·mie·ren[*] [kal'mi:rən] *vt (geh)* ▪ jdn **~** to appease *pej form*

Ka·lo·rie <-, -n> [kalo'riː, *pl:* kalo'ri:ən] *f* calorie

ka·lo·ri·en·arm **I.** *adj* low-calorie **II.** *adv* low-calorie

Ka·lo·rien·be·darf *m kein pl* MED calorific requirement **Ka·lo·rien·bom·be** *f (fam)* **eine echte ~** a food or drink packed with calories **Ka·lo·rien·ge·halt** *m*

calorie content ka·lo·ri·en·re·du·ziert *adj* reduced-calorie **ka·lo·ri·en·reich** I. *adj* high-calorie II. *adv* ~ **essen** to eat foods high in calories

kalt <kälter, kälteste> [kalt] I. *adj* ❶ *(nicht warm)* cold; ■ **etwas K~es** something cold; ■ **im K~en** in the cold; **mir ist** ~ I'm cold ❷ *(fam: ohne Nebenkosten)* not including heating and other costs; *s. a.* **Krieg** II. *adv* ❶ *(mit kaltem Wasser)* with cold water; ~ **duschen** to have a cold shower; **sich** *akk* ~ **waschen** to wash in cold water ❷ *(in einem ungeheizten Raum)* in an unheated room; ~ **schlafen** to sleep in an unheated room ❸ *(ohne Aufwärmen)* cold; **etw** ~ **essen** to eat sth cold ❹ *(an einen kühlen Ort)* in a cool place; **etw** ~ **stellen** to chill sth ❺ *(ungerührt)* ~ **lächelnd** *(pej)* cool and calculating *pej;* ~ **bleiben** to remain unmoved [*or* cold] ▶ WENDUNGEN: **jdn** ~ **erwischen** *(fam)* to catch sb out; **jdn überläuft es** ~ cold shivers run down sb's back

Kalt·blut *nt kein pl* carthorse

Kalt·blü·ter <-s, -> [ˈkaltblyːtɐ] *m* cold-blooded animal **kalt·blü·tig** [ˈkaltblyːtɪç] I. *adj* ❶ *(emotionslos)* cold ❷ *(skrupellos)* cold-blooded II. *adv* ❶ *(ungerührt)* coolheaded, coolly ❷ *(skrupellos)* unscrupulously; **jdn** ~ **ermorden** to kill sb cold-bloodedly

Kalt·blü·tig·keit <-> *f kein pl* ❶ *(Emotionslosigkeit)* coolness *no pl,* cool-headedness *no pl* ❷ *(Skrupellosigkeit)* unscrupulousness *no pl; (Mörder)* cold-bloodedness *no pl*

Käl·te <-> [ˈkɛltə] *f kein pl* ❶ *(niedrige Temperatur)* cold *no pl,* coldness *no pl;* **vor** ~ with cold; **arktische** [*o* **polare**] [*o* **sibirische**] ~ arctic cold, polar conditions, Siberian temperatures; **zehn Grad** ~ ten below [zero] ❷ METEO *(~welle)* cold spell

Käl·te·be·hand·lung *f* MED frigotherapy *no pl,* cry[m]otherapy *no pl* **Käl·te·be·stän·dig** *adj* ❶ *(unempfindlich gegen Kälteeinwirkung)* cold-resistant ❷ *(nicht gefrierend)* non-freezing **Käl·te·brü·cke** *f* ARCHIT cold spot **Käl·te·ein·bruch** *m* cold spell **Käl·te·emp·find·lich** *adj* sensitive to cold *pred* **Käl·te·grad** *m* ❶ *(Grad der Kälte)* degree of coldness ❷ *(fam: Minusgrad)* degrees *pl* below zero **Käl·te·pe·ri·o·de** *f* METEO spell of cold weather **Käl·te·tech·nik** *f* refrigeration technology **Käl·te·wel·le** *f* cold spell

kalt·ge·presst *adj* Öl cold pressed, virgin **kalt·her·zig** *adj* cold-hearted **kalt‖las·sen** *vi irreg* **jdn** ~ to leave sb cold **Kalt·luft** *f* cold air **Kalt·luft·front** *f* METEO cold front **kalt‖ma·chen** *vt (umbringen)* ▶ WENDUNGEN: **jdn** ~ to do sb in **Kalt·mie·te** *f* rent exclusive of heating costs **Kalt·scha·le** *f* cold fruit compote **kalt·schnäu·zig** I. *adj (fam)* cold, callous II. *adv (fam)* callously, coldly **Kalt·schnäu·zig·keit** *f kein pl (fam)* callousness *no pl,* coldness *no pl* **Kalt·start** *m* AUTO cold start **kalt‖stel·len** *vt* ❶ *(kühlen) s.* **kalt** II. **4** ❷ *(ausschalten)* ■ **jdn** ~ to put sb out of the running, to sideline sb; **die Konkurrenz** ~ to sideline the competition

Kal·vi·nis·mus <-> [kalviˈnɪsmʊs] *m kein pl* REL Calvinism *no pl*

Kal·vi·nist(in) <-en, -en> [kalviˈnɪst] *m(f)* REL Calvinist **kal·vi·nis·tisch** *adj* REL calvinist[ic]

Kal·zi·um <-s> [ˈkaltsi̯ʊm] *nt kein pl* calcium *no pl*

Kal·zi·um·man·gel <-s> *m kein pl* MED calcium deficiency *no pl,* calcipenia *no pl, no indef art spec*

kam *imp von* **kommen**

Kam·bi·um <-s, Kambien> [ˈkambi̯ʊm, *pl:* -i̯ən] *nt* BOT cambium

Kam·bod·scha <-s> [kamˈbɔdʒa] *nt* Cambodia; *s. a.* **Deutschland**

Kam·bod·scha·ner(in) <-s, -> [kambɔˈdʒanɐ] *m(f)* Cambodian; *s. a.* **Deutsche(r)**

kam·bod·scha·nisch [kambɔˈdʒaːnɪʃ] *adj* Cambo-

dian; *s. a.* **deutsch**

Kam·bri·um <-s> [ˈkambriʊm] *nt kein pl* GEOL *(Erdzeitalter)* cambian *no pl*

Kam·cor·der <-s, -> [ˈkamkɔrdɐ] *m s.* **Camcorder**

Ka·mee <-, -n> [kaˈmeːə] *f* cameo

Ka·mel <-[e]s, -e> [kaˈmeːl] *nt* ❶ ZOOL camel ❷ *(pej fam: Dummkopf)* idiot

Ka·mel·haar *nt kein pl* camel hair

Ka·mel·haar·man·tel *m* camel hair coat

Ka·me·lie <-, -n> [kaˈmeːli̯ə] *f* BOT camellia

Ka·mel·len [kaˈmɛlən] *pl* carnival sweets; ▶ WENDUNGEN: **das sind alte** [*o* **olle**] ~ *(fam)* that's old hat

Ka·me·ra <-, -s> [ˈkaməra] *f* camera; **vor die ~[s] treten** to make oneself available to the reporters; **vor der** ~ on television; **jdn vor die** ~ **bringen** to bring sb in front of the camera

Ka·me·ra·au·ge *nt* FILM, FOTO *(fam)* lens

Ka·me·rad(in) <-en, -en> [kaməˈraːt, *pl:* -a:dn̩] *m(f)* comrade; *(veraltend: Klassenkamerad)* classmate, friend; *(Vereinskamerad)* friend

Ka·me·rad·schaft <-, -en> [kaməˈraːtʃaft] *f* camaraderie *no pl;* **aus** ~ out of camaraderie

ka·me·rad·schaft·lich I. *adj* ❶ *(in der Art von Kameraden)* comradely ❷ *(rein freundschaftlich)* friendly, platonic II. *adv* on a friendly basis

Ka·me·rad·schafts·geist *m kein pl* spirit of comradeship *no pl,* esprit de corps *no pl*

Ka·me·ra·fahrt *f* FILM tracking shot

Ka·me·ra·frau *f fem form von* **Kameramann** camerawoman *fem* **Ka·me·ra·füh·rung** *f* FILM, TV camera work **Ka·me·ra·mann, -frau** *m, f* cameraman **ka·me·ra·scheu** *adj* camera-shy

Ka·me·run <-s> [ˈkaməruːn] *nt* GEOL Cameroon **Ka·me·ru·ner(in)** <-s, -> [ˈkaməruːnɐ] *m(f)* Cameroonian; *s. a.* **Deutsche(r)**

ka·me·ru·nisch *adj* Cameroonian; *s. a.* **deutsch**

Ka·mi·ka·ze <-, -> [kamiˈkaːtsə] *m* Kamikaze

Ka·mil·le <-, -n> [kaˈmɪlə] *f* camomile

Ka·mil·len·tee *m* camomile tea

Ka·min <-s, -e> [kaˈmiːn] *m o* DIAL *nt* ❶ *(offene Feuerstelle)* fireplace ❷ *(Schornstein)* chimney ❸ GEOL *(Felsspalt)* chimney ▶ WENDUNGEN: **etw in den** ~ **schreiben** to write sth off

Ka·min·be·steck *nt* fireside companion set **Ka·min·fe·ger(in)** <-s, -> *m(f)* DIAL, **Ka·min·keh·rer(in)** <-s, -> *m(f)* DIAL *(Schornsteinfeger)* chimney sweep **Ka·min·feu·er** *nt* open fire; **ein** ~ **machen** to light the fireplace **Ka·min·sims** *m o nt* mantelpiece

Kamm <-[e]s, Kämme> [kam, ˈkɛmə] *m* ❶ *(Frisier~)* comb ❷ ORN, ZOOL comb; *(Pferdenacken)* crest ❸ KOCHK *(Nackenstück)* neck; *(von Schweinefleisch)* spare rib ❹ *(Bergrücken)* crest ❺ *(Wellenkamm)* crest ▶ WENDUNGEN: **alle/alles über einen** ~ **scheren** to lump everyone/everything together; **jdm schwillt der** ~ *(fam)* sb is getting big-headed

käm·men [ˈkɛmən] *vt* ❶ *(Kamm oder Bürste benutzen)* ■ **[jdm] etw** ~ to comb [sb's] sth; ■ **sich** *akk* ~ to comb one's hair ❷ *(aus~)* ■ **[jdm] etw aus etw** *dat* ~ to comb sth out of [sb's] sth; **ich kämme dir das Stroh aus den Haaren** I'll comb the straw out of your hair

Kam·mer <-, -n> [ˈkamɐ] *f* ❶ *(kleiner Raum)* small room, BRIT *a.* boxroom ❷ POL *(parlamentarische Instanz)* chamber, house ❸ JUR *(Richtergremium)* chamber ❹ ADMIN *(Berufsvertretung)* professional association ❺ ANAT *(Herzkammer)* ventricle

Kam·mer·chor *m* MUS chamber choir

Käm·me·rer <-s, -> *m* ADMIN treasurer

Kam·mer·ge·richt *nt* JUR Supreme Court **Kam·mer·jä·ger(in)** *m(f)* pest controller **Kam·mer·kon·zert** *nt* MUS chamber concert

Käm·mer·lein <-s, -> nt dim von **Kammer 1** (poet) chamber ► WENDUNGEN: **im stillen ~** in private
Kam·mer·mu·sik f chamber music **Kam·mer·or·ches·ter** nt chamber orchestra **Kam·mer·sän·ger(in)** m(f) title awarded to a singer of outstanding ability **Kam·mer·schau·spie·ler(in)** m(f) title awarded to an actor of outstanding ability **Kam·mer·ton** m kein pl concert pitch no pl **Kam·mer·zo·fe** f HIST chambermaid
Kamm·garn nt worsted **Kamm·molch**[RR] m ZOOL crested newt **Kamm·mu·schel**[RR] f ZOOL, KOCHK deep sea [or bay] scallop **Kammolch**[ALT] m ZOOL s. **Kammmolch Kammuschel**[ALT] f s. **Kammmuschel**
Kam·pag·ne <-, -n> [kam'panjə] f campaign; **eine ~ für/gegen jdn/etw führen** to run a campaign for/against sb/sth
Käm·pe <-n, -n> ['kɛmpə] m (hum) campaigner; **alter ~** old soldier [or campaigner]
Kampf <-[e]s, Kämpfe> [kampf, pl: 'kɛmpfə] m ① MIL (Gefecht) battle; **den ~ aufnehmen** to go into battle; **den ~** [o **die Kämpfe**] **einstellen** (geh) to cease fighting; **im ~ fallen** to fall in battle, to be killed in action; **zum ~ kommen** a fight breaks out, clashes occur; **sich** akk [jdm] **zum ~ stellen** to be prepared to go into battle; **in den ~** [**gegen jdn/etw**] **ziehen** to take up arms [against sb/sth]; (eine Herausforderung annehmen) to accept a challenge ② (Sport) fight; **den ~ abbrechen** to stop the fight; **einen ~ kämpfen** to put up a fight ③ (Auseinandersetzung) fight; (innere Auseinandersetzung) struggle; **innere Kämpfe** inner struggles; **der ~ der Geschlechter** the battle of the sexes; **ein ~ auf Leben und Tod** a life and death struggle ④ (das Ringen) **der ~ für** [o **um**] **/gegen etw** akk the fight [or struggle] for/against sth; **der ~ ums Dasein** the struggle for existence; **den ~ aufgeben** to give up the struggle ► WENDUNGEN: **jdm/einer S. den ~ ansagen** to declare war on sb/sth; **auf in den ~!** (hum fam) let's get cracking!
Kampf·ab·stim·mung f POL crucial vote **Kampf·an·sa·ge** f declaration of war; ■ **eine ~ an jdn/etw** a declaration of war against sb/sth **Kampf·bahn** f sports stadium [or arena] **kampf·be·reit** adj ready for battle; **sich** akk **~ machen** to prepare oneself for battle **Kampf·bom·ber** m fighter bomber **Kampf·ein·satz** f ① MIL [military] action no pl, no indef art ② SPORT (Kampfgeist) commitment no pl
kämp·fen ['kɛmpfn] I. vi ① MIL **[für/gegen jdn/etw] ~** to fight [for/against sb/sth]; **bis auf den letzten Mann ~** to fight to the last man ② SPORT **[gegen jdn] ~** to fight [against sb], to contend [with sb]; ■ **um etw** akk **~** to fight for sth ③ (sich angestrengt einsetzen) ■ **für/gegen etw** akk **~** to fight for/against sth ④ (ringen) ■ **mit sich/etw** dat **~** to struggle with oneself/sth; **mit einem Problem ~** to struggle with a problem; s. a. **Träne** II. vr ■ **sich** akk **durch etw** akk **~** to struggle through sth
Kamp·fer <-s> m kein pl camphor no pl
Kämp·fer(in) <-s, -> ['kɛmpfe] m(f) ① MIL (Krieger) fighter, warrior ② SPORT fighter, contender ③ (engagierter Streiter) **ein ~ für/gegen etw** akk a fighter for/against sth; **ein echter ~** a real fighter; **ein großer ~/eine große ~in** a great fighter; **kein großer ~/keine große ~in sein** to not be a great fighter
kämp·fe·risch I. adj ① SPORT (einsatzfreudig) attacking ② (Kampfgeist aufweisend) aggressive ③ MIL (den Kampf betreffend) fighting II. adv MIL aggressively
Kämp·fer·na·tur f fighter; **er ist eine ~** he is a fighter [by nature] [or has a fighting nature]
kampf·fä·hig adj pred fit to fight [or for active service] **Kampf·fisch** m ZOOL fighting fish **Kampf·flug·zeug** nt combat aircraft **Kampf·gas** nt poison gas

Kampf·geist m kein pl fighting spirit no pl **Kampf·ge·wicht** nt SPORT fighting weight **Kampf·grup·pe** f MIL ① (Einsatzgruppe) task force ② HIST (Brigade der Waffen-SS) combat group **Kampf·hand·lung** f meist pl MIL fighting no pl, no indef art, clash, hostilities pl; **die ~en einstellen** to cease hostilities, to stop fighting **Kampf·hub·schrau·ber** m combat helicopter **Kampf·hund** m fighting dog **Kampf·kraft** f kein pl military strength **Kampf·läu·fer** m ORN ruff **kampf·los** I. adj peaceful II. adv peacefully, without conflict **kampf·lus·tig** adj belligerent **Kampf·maß·nah·me** f offensive measure **Kampf·mit·tel** pl weapons pl **Kampf·mon·tur** <-, -en> f ADMIN, MIL (fam) combat gear **Kampf·platz** m SPORT stadium, arena **Kampf·preis** m ÖKON cut-throat price **Kampf·rich·ter(in)** m(f) referee **Kampf·sa·tel·lit** m military satellite **Kampf·sport** m kein pl martial arts pl **Kampf·sport·art** f martial art **Kampf·stär·ke** f MIL combat strength **Kampf·stoff** m MIL warfare agent **Kampf·trup·pe** f MIL fighting unit ② (kampfbereite Gruppe von Personen) fighting unit **kampf·un·fä·hig** adj unable to fight; MIL unfit for battle [or active service]; **jdn/etw ~ machen** MIL (a. fig) to put sb/sth out of action; **jdn ~ schießen** to cripple sb **Kampf·wa·gen** m MIL (geh) combat vehicle; HIST chariot
kam·pie·ren* [kam'pi:rən] vi ■ **irgendwo ~** ① (sich lagern) to camp [out] somewhere ② (fam: vorübergehend wohnen) to doss [or AM crash [out]] [down] somewhere fam
Ka·na·da <-s> ['kanada] nt Canada; s. a. **Deutschland**
Ka·na·da·gans f ORN Canada goose
Ka·na·di·er <-s, -> [ka'na:di̯ɐ] m SPORT Canadian canoe
Ka·na·di·er(in) <-s, -> [ka'na:di̯ɐ] m(f) Canadian; s. a. **Deutsche(r)**
ka·na·disch [ka'na:dɪʃ] adj ① (Kanada betreffend) Canadian; s. a. **deutsch 1** ② LING Canadian; s. a. **deutsch 2**
Ka·nail·le <-, -n> [ka'naljə] f (pej) scoundrel pej
Ka·na·ke <-n, -n> [ka'na:kə] m ① (Südseeinsulaner) Kanaka ② (pej sl: exotischer Asylant) dago pej sl ③ (pej sl: türkischer Arbeitnehmer) Turkish immigrant worker
Ka·nal <-s, Kanäle> [ka'na:l, pl: ka'nɛlə] m ① NAUT, TRANSP (Binnenschifffahrtsweg) canal ② (Abwasserkanal) sewer ③ kein pl GEOG (Ärmelkanal) ■ **der ~** the [English] Channel ④ RADIO, TV, TELEK (Frequenzbereich) channel; **einen anderen ~ wählen** to change channels ⑤ pl (Wege) channel; **dunkle Kanäle** dubious channels; **etw in die richtigen Kanäle leiten** to lead sth [or have sth go] through the proper channels ► WENDUNGEN: **den ~ voll haben** (sl: betrunken sein) to be tanked up; (es satthaben) to have had enough [or it up] to here]
Ka·nal·ar·bei·ter(in) m(f) ① (Arbeiter für das Abwassernetz) sewerage worker ② POL (sl: im Hintergrund Agierender) member of the back-room staff
Ka·nal·in·seln pl ■ **die ~** the Channel Islands pl; s. a. **Falklandinseln**
Ka·na·li·sa·ti·on <-, -en> [kanaliza'tsi̯o:n] f ① (Abwassernetz) sewerage system, sewers pl ② kein pl (geh: das Kanalisieren) canalization no pl, no indef art
ka·na·li·sie·ren* [kanali'zi:rən] vt ① etw ~ ① (schiffbar machen) to canalize sth ② (mit einer Kanalisation versehen) to lay sewers pl, to install a sewerage system ③ (geh: in Bahnen lenken) to channel sth
Ka·nal·tun·nel m ■ **der ~** the Channel Tunnel
Ka·na·pee <-s, -s> ['kanape] nt ① (hum: Sofa) couch, settee, sofa ② KOCHK (belegtes Schnittchen) canapé
Ka·na·ren [ka'na:rən] pl s. **Kanarische Inseln**

Ka·na·ri·en·vo·gel [ka'naːrɪ̯ənfoːgl̩] *m* canary

Ka·na·ri·sche In·seln *pl* ■ **die ~** the Canary Islands *pl; s. a.* **Falklandinseln**

Kan·da·re <-, -n> [kan'daːrə] *f (Gebissstange)* bit; ▶ WENDUNGEN: [**bei**] **jdm die ~ anziehen** to draw in the rein on sb; **jdn** [**fest**] **an der ~ haben** to have sb [firmly] under one's thumb; **jdn an die ~ nehmen** to keep a tight rein on sb

Kan·de·la·ber <-s, -> [kande'laːbɐ] *m* candelabra

Kan·di·dat(in) <-en, -en> [kandi'daːt] *m(f)* ❶ *(Bewerber)* candidate, applicant; **jdn als ~en** [**für etw** *akk*] **aufstellen** POL to nominate sb [for sth], to put sb forward as a candidate ❷ SCH *(Student)* candidate

Kan·di·da·tur <-, -en> [kandida'tuːɐ̯] *f* application; **seine ~ anmelden/zurückziehen** to forward/withdraw one's application

kan·di·die·ren⁺ [kandi'diːrən] *vi* POL ■ [**für etw** *akk*] **~** to stand [*or* run] [for sth]

kan·die·ren⁺ [kan'diːrən] *vt* KOCH ■ **etw ~** to gláce [*or* candy] sth; **Obst ~** to crystallize fruit

kan·diert *adj* candied

Kan·dis <-> ['kandɪs] *m*, **Kan·dis·zu·cker** ['kandɪs-] *m kein pl* rock candy *no pl*

Kän·gu·ruᴿᴿ, **Kän·gu·ruh**ᴬᴸᵀ <-s, -s> ['kɛŋguru] *nt* kangaroo

Ka·nin·chen <-s, -> [ka'niːnçən] *nt* rabbit

Ka·nin·chen·bau <-[e]s, -baue> *m* burrow **Ka·nin·chen·stall** *m* rabbit hutch

Ka·nis·ter <-s, -> [ka'nɪstɐ] *m* ❶ *(Behälter)* canister, can ❷ AUTO *(Reservekanister)* canister

Kann·be·stim·mung *f* JUR discretionary provision

Känn·chen <-s, -> ['kɛnçən] *nt dim von* **Kanne** ❶ *(kleine Kanne)* jug ❷ *(im Café)* pot; **ein ~ Kaffee** a pot of coffee

Kan·ne <-, -n> ['kanə] *f* ❶ *(Behälter mit Tülle)* pot ❷ HORT *(Gießkanne)* watering can ▶ WENDUNGEN: **volle ~ gegen etw** *akk* **fahren** *(fam)* to crash into sth; **die ~ voll haben** *(fam)* to be plastered *fam*

kan·ne·lie·ren [kanə'liːrən] *vt* KOCH **Gemüse ~** to peel vegetables decoratively using a canelle knife

Kan·ne·lier·mes·ser *nt* canelle knife

Kan·ni·ba·le <-n, -n> [kani'baːlə] *m* cannibal

Kan·ni·ba·lis·mus <-> [kaniba'lɪsmʊs] *m kein pl* cannibalism *no pl*

kann·te ['kantə] *imp von* **kennen**

Ka·non <-s, -s> ['kaːnɔn] *m* canon

Ka·no·na·de <-, -n> [kano'naːdə] *f* ❶ HIST *(Beschuss durch Kanonen)* barrage ❷ *(Flut)* tirade; **eine** [**wahre**] **~ von etw** *dat* a [real] tirade of sth

Ka·no·ne <-, -n> [ka'noːnə] *f* ❶ HIST *(Geschütz)* cannon; **~n auffahren** HIST to bring up the big guns ❷ *(sl: Pistole)* rod *sl* ▶ WENDUNGEN: **mit ~n auf Spatzen schießen** *(fam)* to take a sledgehammer to crack a nut; **unter aller ~ sein** *(fam)* to be lousy [*or* dreadful]

Ka·no·nen·boot *nt* gunboat **Ka·no·nen·don·ner** *m* rumbling of guns **Ka·no·nen·fut·ter** *nt (sl)* cannon fodder **Ka·no·nen·ku·gel** *f* HIST cannonball **Ka·no·nen·ofen** *m* cylindrical iron stove **Ka·no·nen·rohr** *nt* HIST gun barrel; ▶ WENDUNGEN: [**ach du**] **heiliges ~!** *(veraltend fam)* good grief! *fam*

Ka·no·nier <-s, -e> [kano'niːɐ̯] *m* MIL artilleryman, gunner

Ka·no·ni·ker <-s, -> [ka'noːnikɐ] *m*, **Ka·no·ni·kus** <-, Kanoniker> [ka'noːnikʊs] *m* REL canon

Ka·no·ni·sa·ti·on <-, -en> [kanoniza'tsɪ̯oːn] *f* REL canonization

ka·no·nisch [ka'noːnɪʃ] *adj* REL canonical

ka·no·ni·sie·ren⁺ [kanoni'ziːrən] *vt* REL ■ **jdn ~** to canonize sb

Ka·nos·sa <-s> [ka'nɔsa] *nt (geh)* **nach ~ gehen** to eat humble pie *fam*

Ka·nos·sa·gang <-gänge> *m*, **Ca·nos·sa·gang**

<-gänge> *m (geh)* humble pie; **einen ~ antreten** to eat humble pie

Kan·ta·te <-, -n> [kan'taːtə] *f* MUS cantata

Kan·te <-, -n> ['kantə] *f* ❶ *(Rand)* edge ❷ MODE *(Rand)* border ▶ WENDUNGEN: **etw auf die hohen ~ haben** *(fam)* to have sth put away; **etw** [**für etw** *akk*] **auf die hohe ~ legen** *(fam)* to put sth away [for a rainy day]

Kan·ten <-s, -> ['kantn̩] *m* NORDD crust

Kant·ha·ken *m* ▶ WENDUNGEN: **jdn beim ~ nehmen** [*o* **kriegen**] *(veraltend fam)* to haul sb over the coals *fam* **Kant·holz** *nt* squared timber

kan·tig ['kantɪç] *adj* ❶ *(Kanten besitzend)* squared ❷ *(markant)* angular

Kan·ti·ne <-, -n> [kan'tiːnə] *f* canteen

Kan·ton <-s, -e> [kan'tɔːn] *m* ADMIN canton

kan·to·nal [kanto'naːl] *adj* cantonal

Kan·to·nist <-en, -en> [kanto'nɪst] *m* ▶ WENDUNGEN: **ein unsicherer ~ sein** to be unreliable

Kan·tor, Kan·to·rin <-s, -toren> ['kantoːɐ̯, kan'toːrɪn, *pl:* kan'toːrən] *m, f* ❶ *(Organist)* choirmaster ❷ REL *(Vorsänger)* cantor

Kan·to·rei <-, -en> [kanto'raɪ] *f (church)* choir

Kan·to·rin <-, -nen> *f fem form von* **Kantor**

Ka·nu <-s, -s> ['kaːnu] *nt* canoe

Ka·nü·le <-, -n> [ka'nyːlə] *f* cannula

Ka·nu·te, Ka·nu·tin <-n, -n> [ka'nuːtə, ka'nuːtɪn] *m, f* SPORT canoeist

Kan·zel <-, -n> ['kantsl̩] *f* ❶ REL pulpit ❷ LUFT *(veraltend: Cockpit)* cockpit

kan·ze·ro·gen [kantsero'geːn] *adj* carcinogenic

Kanz·lei <-, -en> [kants'laɪ] *f* ❶ *(Büro)* office ❷ HIST *(Behörde)* chancellery

Kanz·ler(in) <-s, -> ['kantslɐ] *m(f)* ❶ POL *(Regierungschef)* chancellor; **der Eiserne ~** the Iron Chancellor ❷ POL *(Verwaltungschef einer Auslandsvertretung)* chief secretary ❸ SCH *(Verwaltungschef)* vice-chancellor

Kanz·ler·amt *nt* POL Chancellery **Kanz·ler·bo·nus** *m* advantage of being the incumbent chancellor during elections

Kanz·le·rin <-, -nen> *f fem form von* **Kanzler**

Kanz·ler·kan·di·dat(in) *m(f)* POL candidate for the position of chancellor

Ka·o·lin <-s, -e> [kao'liːn] *m o nt* kaolin *no pl*

Kap <-s, -s> [kap] *nt (Landspitze)* cape; **~ der Guten Hoffnung** Cape of Good Hope; **~ Hoorn** Cape Horn

Ka·paun <-s, -e> [ka'paʊn] *m* ZOOL, KOCH capon

Ka·pa·zi·tät <-, -en> [kapatsi'tɛt] *f* ❶ *kein pl (Fassungsvermögen)* capacity ❷ *kein pl (Produktionsvermögen)* [production] capacity ❸ ÖKON *(Produktionsanlagen)* capacity ❹ INFORM capacity ❺ *kein pl (geh: Begriffsvermögen)* mental capacity ❻ *(kompetente Person)* expert

Ka·pel·le¹ <-, -n> [ka'pɛlə] *f* chapel

Ka·pel·le² <-, -n> [ka'pɛlə] *f* MUS band, orchestra

Ka·pell·meis·ter(in) *m(f)* MUS ❶ *(Orchesterdirigent)* conductor ❷ *(Leiter einer Kapelle²)* director of music; *(Tanzkapelle)* band leader

Ka·per <-s, -> ['kaːpɐ] *f* caper

ka·pern ['kaːpɐn] *vt* ❶ *(fam: sich angeln)* ■ **sich** *dat* **jdn ~** to hook [oneself] sb ❷ HIST ■ **etw ~** to capture [*or* seize] sth

Ka·per·schiff *nt* HIST privateer

ka·pie·ren [kaˈpiːrən] **I.** *vi (fam)* to get *fam;* ■ ~, **dass/was/wie/wo ...** to understand that/what/how/where ...; **kapiert?** understood?, got it? **II.** *vt (fam: begreifen)* ■ **etw** ~ to get [*or* understand] sth

Ka·pil·lar·ge·fäß *nt* ANAT capillary

ka·pi·tal [kapiˈtaːl] *adj* ① JAGD *(gewaltig)* royal ② *(veraltend: groß)* major; **ein ~er Irrtum** a real howler; **ein ~er Spaß** great fun; *s. a.* **Bock**

Ka·pi·tal <-s, -e *o* -ien> [kapiˈtaːl, *pl:* -liən] *nt* ① *kein pl* FIN *(Geldvermögen)* capital; ~ **aufnehmen** FIN to take up credit; ~ **auflösen** to unlock capital; ~ **aus etw schlagen** *(pej)* to cash in on sth; **totes** ~ *(geh)* dead assets, unproductive capital ② ÖKON *(Gesellschaftskapital)* capital

Ka·pi·tal·ab·flussᴿᴿ *m* capital outflow **Ka·pi·tal·ab·wan·de·rung** *f kein pl* ÖKON exodus of capital **Ka·pi·tal·an·la·ge** *f* FIN capital investment **Ka·pi·tal·an·le·ger(in)** *m(f)* FIN investor **Ka·pi·tal·de·cke** *f* capital resources *pl* **Ka·pi·tal·er·trag(s)·steu·er** *f* capital gains tax **Ka·pi·tal·flucht** *f* flight of capital **Ka·pi·tal·ge·sell·schaft** *f* joint-stock company

ka·pi·ta·li·sie·ren [kapitaliˈziːrən] *vt* ■ **etw** ~ to make capital out of sth; **Profit** ~ to realize profits

Ka·pi·ta·lis·mus <-> [kapitaˈlɪsmʊs] *m kein pl* capitalism

Ka·pi·ta·list(in) <-en, -en> [kapitaˈlɪst] *m(f)* capitalist

ka·pi·ta·lis·tisch *adj* capitalist

Ka·pi·tal·kräf·tig *adj* financially strong **Ka·pi·tal·markt** *m* money market

Ka·pi·tal·ver·bre·chen *nt* JUR capital offence

Ka·pi·tän(in) <-s, -e> [kapiˈtɛːn] *m(f)* captain; ~ **zur See** MIL captain

Ka·pi·tän·leut·nant [kapiˈtɛːnlɔytnant] *m* MIL lieutenant-commander

Ka·pi·täns·pa·tent *nt* master's certificate

Ka·pi·tel <-s, -> [kaˈpɪtl] *nt* ① *(Abschnitt)* chapter ② *(Angelegenheit)* chapter of events, story; **ein anderes** ~ **sein** to be another story; **ein ~ für sich sein** to be a story in itself; **dieses ~ wäre nun erledigt** that's the end of that then ③ REL *(Domkapitel)* chapter

Ka·pi·tell <-s, -e> [kapiˈtɛl] *nt* ARCHIT capital

Ka·pi·tu·la·ti·on <-, -en> [kapitulaˈtsi̯oːn] *f* ① MIL *(das Kapitulieren)* capitulation, surrender; **bedingungslose** ~ unconditional surrender ② *(Resignation)* ■ **eine** ~ **vor jdm/etw** capitulating to sb/sth

ka·pi·tu·lie·ren [kapituˈliːrən] *vi* ① MIL *(sich ergeben)* ■ **[vor jdm/etw]** ~ to capitulate [*or* surrender] [to sb/sth] ② *(fam: aufgeben)* ■ **[vor etw** *dat***]** ~ to give up [in the face of sth]; **vor Terroristen/jds Forderungen** ~ to give in to terrorists/sb's demands

Ka·plan <-s, Kapläne> [kaˈplaːn, *pl:* kaˈplɛːnə] *m* REL chaplain

Ka·po <-s, -s> [ˈkapo] *m* ① MIL *(sl: Unteroffizier)* sarge *sl* ② *(beaufsichtigender Häftling)* overseer, gaffer *sl*

Ka·pok <-s> [ˈkapɔk] *m kein pl (Pflanzenfaser)* kapok *no pl*

Ka·po·si-Sar·kom <-s, -e> [kaˈpoːsi-zarˈkoːm] *nt* MED Kaposi's sarcoma

Kap·pe <-, -n> [ˈkapə] *f* ① *(Mütze)* cap ② *(Verschluss)* top; *eines Autoreifens* hubcap ③ *(Schuhaufsatz: vorne)* toecap; *(hinten)* heel ▶ WENDUNGEN: **auf jds** ~ **gehen** *(fam)* to be sb's responsibility; *(die Bezahlung übernehmen)* to be on sb *fam;* **das Essen geht auf meine ~!** the meal's on me!; **etw [jdm gegenüber] auf seine ~ nehmen** *(fam)* to take responsibility [*or* the blame] for sth

kap·pen [ˈkapn̩] *vt* ① *(durchtrennen)* ■ **etw** ~ to cut sth; **jdm das Telefon** ~ to cut sb's phone off ② *(fam: beschneiden)* ■ **[jdm] etw [um etw** *akk***]** ~ to cut

back [sb's] sth [by sth]; **dem Unternehmen wurden vom Ministerium die Zuschüsse gekappt** the ministry cut back the company's subsidies

Kap·pes <-> [ˈkapəs] *m kein pl* DIAL ① *(Weißkohl)* cabbage ② *(sl: Unsinn)* rubbish BRIT, nonsense AM

Kapp·hahn *m* ZOOL, KOCHK *s.* **Kapaun**

Käp·pi <-s, -s> [ˈkɛpi] *nt* cap

Ka·pri·o·le <-, -n> [kapriˈoːlə] *f* ① *(ausgelassener Streich)* capriole, caper ② *(Luftsprung)* caper

ka·pri·zi·ös [kapriˈtsi̯øːs] *adj (geh)* capricious

Kap·sel <-, -n> [ˈkapsl̩] *f* ① PHARM, BOT, RAUM capsule ② *(kleiner Behälter)* small container

Kap·stadt <-s> [ˈkapʃtat] *nt* Cape Town

ka·putt [kaˈpʊt] *adj (fam)* ① *(defekt)* broken ② *(beschädigt)* damaged; *(Kleidung: zerrissen)* torn; ■ ~ **sein** to be damaged, to have had it *fam* ③ *(erschöpft)* shattered, knackered *sl;* **total** ~ **sein** to be completely shattered [*or* knackered] *sl* ④ *(ruiniert)* ruined, in ruins; *s. a.* **Typ** ⑤ MED *(schwer geschädigt)* damaged; *(verletzt)* injured; *(gebrochen)* broken

ka·putt|fah·ren *vt irreg (fam)* ■ **[jdm] etw** ~ to smash [into] [sb's] sth *fam;* **ein Auto** ~ to write off a car **ka·putt|ge·hen** *vi irreg sein (fam)* ① *(defekt werden)* ■ **[von etw** *dat***]** ~ to break down [as a result of sth]; **pass' auf! das geht [davon] kaputt!** careful! it'll break! ② *(beschädigt werden)* to become damaged ③ *(ruiniert werden)* ■ **[an etw** *dat***]** ~ to be ruined [*or* go bust] [because of sth]; *(Ehe, Partnerschaft)* to break up [because of sth] ④ *(eingehen: Blume, Pflanze)* ■ **[jdm]** **[an etw** *dat***]** ~ to die [off] [as a result of sth] ⑤ *(sl: sich erschöpfen)* ■ **[bei etw** *dat***]** ~ to be worn out [from sth]; **bei dieser Schufterei geht man ja kaputt!** this work does you in! **ka·putt|krie·gen** *vt (fam: ruinieren können)* ~ *(Spielzeug, Gerät)* to break sth; *(Kleidungsstück, Möbelstück)* to ruin sth; *(Geschirr)* to smash sth; **nicht kaputtzukriegen sein** to last forever **ka·putt|la·chen** *vr (fam)* ■ **sich** *akk* ~ to die laughing *fam;* **du lachst dich kaputt!** what a laugh! **ka·putt|ma·chen I.** *vt (fam)* ① *(zerstören)* ■ **[jdm] etw** ~ *(Gerät, Auto)* to break [sb's] sth; *(Kleidungsstück, Möbelstück)* to ruin [sb's] sth; *(Geschirr)* to smash [sb's] sth ② *(ruinieren)* ■ **etw/jdn** ~ to ruin sth/sb ③ *(erschöpfen)* ■ **jdn** ~ to wear sb out **II.** *vr (fam: sich verschleißen)* ■ **sich** *akk* **[mit etw** *dat***]** ~ to wear oneself out [*or sl* knacker oneself] [with sth], to slog oneself into the ground *fam* **ka·putt|schla·gen** *vt irreg (fam)* ■ **[jdm] etw** ~ to smash [sb's] sth

Ka·pu·ze <-, -n> [kaˈpuːtsə] *f* hood; *(Kutte)* cowl

Ka·pu·zi·ner <-s, -> [kapuˈtsiːnɐ] *m* ① REL *(Mönch)* Capucin [monk] ② ÖSTERR *(Milchkaffee)* milk coffee

Ka·pu·zi·ner·af·fe *m* ZOOL capuchin **Ka·pu·zi·ner·kres·se** *f* BOT, KOCHK nasturtium

Kap Ver·de <-s> [ˈkap ˈvɛrdə] *nt,* **Kap·ver·den** [kapˈvɛrdn̩] *pl* SCHWEIZ, BRD *(fam),* **Kap·ver·di·sche In·seln** *pl* Cape Verde [Islands]; *s. a.* **Sylt** *s. a.* **Falklandinseln**

Kap·ver·di·er(in) <-s, -> [kapˈvɛrdiɐ] *m(f)* Cape Verdean; *s. a.* **Deutsche(r)**

kap·ver·disch [kapˈvɛrdɪʃ] *adj* Cape Verdean; *s. a.* **deutsch**

Kar <-[e]s, -e> [kaːɐ̯] *nt (Mulde zwischen Bergen im Gebirge)* col

Ka·ra·bi·ner <-s, -> [karaˈbiːnɐ] *m* ① *(Gewehr)* carbine ② ÖSTERR *(~haken)* karabiner, snap link

Ka·ra·cho <-s> [kaˈraxo] *nt kein pl* **mit** ~ *(fam)* full tilt; **sie fuhr mit** ~ **gegen die Hauswand** she drove smack into the wall

Ka·raf·fe <-, -n> [kaˈrafə] *f* decanter, carafe

Ka·ram·bo·la·ge <-, -n> [karamboˈlaːʒə] *f* AUTO *(fam)* pile-up *fam*

Ka·ram·bo·le <-, -n> [karamˈboːlə] *f* BOT, KOCHK star

fruit, carambola

Ka·ra·melᴬᴸᵀ, **Ka·ra·mell**ᴿᴿ <-s> [kara'mɛl] *m kein pl* caramel

Ka·ra·mel·le <-, -n> [kara'mɛlə] *f* caramel toffee

Karaoke <-[s]> [kara'o:kə] *nt kein pl* ᴍᵁˢ karaoke *no pl*

Ka·ra·see ['karaze:] *f* Kara Sea

Ka·rat <-[e]s, -e *o* -> [ka'ra:t] *nt* carat

Ka·ra·te <-[s]> [ka'ra:tə] *nt kein pl* ˢᴾᴼᴿᵀ karate *no pl*

Ka·rau·sche <-, -n> [ka'rauʃə] *f* ᶻᴼᴼᴸ, ᴷᴼᶜᴴᴷ crucian carp

Ka·ra·vel·le <-, -n> [kara'vɛlə] *f* ʜɪˢᵀ, ᴺᴬᵁᵀ caravel

Ka·ra·wa·ne <-, -n> [kara'va:nə] *f* caravan

Kar·bid <-[e]s, -e> [kar'bi:t] *nt* ᶜʜᴱᴹ ❶ *kein pl (stechend riechende Masse)* carbide *no pl* ❷ *(Kohlenstoffverbindung)* carbide

Kar·bol <-s> [kar'bo:l] *nt kein pl* carbolic acid *no pl*

Kar·bon <-s> [kar'bo:n] *nt kein pl* ᴳᴱᴼᴸ [the] Carboniferous *no pl*

Kar·bo·nat <-[e]s, -e> [karbo'na:t] *nt* carbonate

Kar·bun·kel <-s, -> [kar'bʊŋkl̩] *m* ᴹᴱᴰ carbuncle

Kar·da·mom <-s> [karda'mo:m] *m o nt kein pl* cardamom *no pl*

Kar·dan·ge·lenk [kar'da:n-] *nt* ᵀᴱᶜʜ universal joint **Kar·dan·tun·nel** *m* ᵀᴱᶜʜ transmission tunnel **Kar·dan·wel·le** *f* ᵀᴱᶜʜ propeller shaft

Kar·di·nal <-s, Kardinäle> [kardi'na:l, *pl:* -'nɛ:lə] *m* ᴿᴱᴸ, ᴼᴿᴺ cardinal

Kar·di·nal·feh·ler *m* cardinal error **Kar·di·nal·fra·ge** *f (geh)* essential question **Kar·di·nal·tu·gend** *f* ᴿᴱᴸ, ᴾʜɪᴸᴼˢ cardinal virtue **Kar·di·nal·zahl** *f* cardinal number

Kar·di·o·gramm <-s, -gramme> [kardi̯o'gram] *nt* cardiogram

Kar·di·o·lo·ge, **Kar·di·o·lo·gin** <-n, -n> [kardi̯o'lo:gə, -'lo:gɪn] *m, f* ᴹᴱᴰ cardiologist

Kar·di·o·lo·gie <-> [kardi̯o'lo:gi:] *f kein pl* ❶ *(Wissenschaft)* cardiology *no pl* ❷ *(sl: Station)* cardiology [ward]

Kar·di·o·lo·gin <-, -nen> *f* ᴹᴱᴰ *fem form von* **Kardiologe**

Kar·do·ne <-, -n> [kar'do:nə] *f* ᶻᴼᴼᴸ, ᴷᴼᶜᴴᴷ cardoon

Ka·renz·tag *m* day of unpaid sick leave **Ka·renz·zeit** *f* ❶ *(Wartezeit)* waiting period ❷ Öˢᵀᴱᴿᴿ *(Mutterschaftsurlaub)* maternity leave

Kar·fi·ol <-s> [kar'fi̯o:l] *m kein pl* ˢÜᴰᴰ, Öˢᵀᴱᴿᴿ *(Blumenkohl)* cauliflower

Kar·frei·tag [ka:g'fraita:k] *m* Good Friday

Kar·fun·kel <-s, -> [kar'fʊŋkl̩] *m*, **Kar·fun·kel·stein** [kar'fʊŋkl̩-] *m* ᴸɪᵀ carbuncle

karg [kark] **I.** *adj* ❶ *(unfruchtbar)* barren ❷ *(dürftig)* sparse; *(Einkommen, Mahl)* meagre [*or* ᴬᴹ -er] ❸ *(geh: geizig)* sparing, stingy *fam*, tight-fisted; ■ ~ **mit etw** *dat* **sein** to be sparing with [*or* in] sth; **er ist** ~ **mit seinem Lob** he is sparing in his praise **II.** *adv* ❶ *(dürftig)* sparsely ❷ *(knapp)* ~ **bemessen** stingy with sth; **die Portionen sind** ~ **bemessen** they're stingy with the helpings

Karg·heit <-> *f kein pl* ❶ *(Unfruchtbarkeit)* barrenness *no pl* ❷ *(Dürftigkeit)* sparseness *no pl; Essen, Mahl* meagreness [*or* ᴬᴹ -erness] *no pl*

kärg·lich ['kɛrklɪç] *adj* ❶ *(ärmlich)* shabby, meagre [*or* ᴬᴹ -er]; ~**e Kleidung** cheap clothing; **ein** ~**es Leben führen** to live a life of poverty ❷ *(sehr dürftig)* meagre [*or* ᴬᴹ -er], sparse; ~**e Mahlzeit** frugal meal; **der** ~**e Rest** the last [pathetic] scrap; **ein** ~**er Lohn** pittance

Ka·ri·bik <-> [ka'ri:bɪk] *f* ■ **die** ~ the Caribbean

Ka·ri·bi·sche In·seln *pl* ■ **die** ~**n** ~ the Caribbean Islands

Ka·ri·bi·sches Meer *nt* Caribbean Sea

Ka·ri·bu <-s, -s> ['ka:ribu:] *nt* ᶻᴼᴼᴸ caribou

ka·riert [ka'ri:rt] **I.** *adj* ❶ *(mit Karos gemustert)* checked ❷ *(quadratisch eingeteilt)* squared **II.** *adv (veraltend fam)* ~ **reden** to talk rubbish [*or* ᴬᴹ nonsense]; ~ **gucken** to look puzzled

Ka·ri·es <-> [ka:ri̯ɛs] *f kein pl* tooth decay *no pl*, caries *no pl spec*

Ka·ri·ka·tur <-, -en> [karika'tu:ɐ] *f (a. pej)* caricature; ■ **eine** ~ **einer S.** *gen* a caricature of sth

Ka·ri·ka·tu·rist(in) <-en, -en> [karikatu'rɪst] *m(f)* cartoonist

ka·ri·kie·ren* [kari'ki:rən] *vt* ■ **jdn/etw** ~ to caricature sb/sth

ka·ri·ös [ka'ri̯ø:s] *adj* ᴹᴱᴰ decayed, carious *spec*

ka·ri·ta·tiv [karita'ti:f] **I.** *adj* charitable **II.** *adv* charitably

Kar·kas·se <-, -n> [kar'kasə] *f* ᴬᵁᵀᴼ casing

Karl <-s> [karl] *m* Charles; ~ **der Große** Charlemagne

Kar·me·li·ter(in) <-s, -> [karme'li:tə] *m(f)* ᴿᴱᴸ Carmelite

Kar·me·sin <-s> [karme'zi:n] *nt kein pl* crimson

kar·me·sin·rot, kar·min·rot *adj* crimson

Kar·ne·val <-s, -e *o* -s> ['karnəval] *m* carnival

Kar·ne·vals·kos·tüm *nt* carnival costume **Kar·ne·vals·sit·zung** *f* carnival session **Kar·ne·vals·ver·ein** *m* carnival society **Kar·ne·vals·zeit** *f* carnival period **Kar·ne·vals·zug** *m* carnival procession

Kar·ni·ckel <-s, -> [kar'nɪkl̩] *nt (fam)* bunny [rabbit]; **sich akk wie die** ~ **vermehren** *(pej fam)* to breed like rabbits

Kär·nten <-s> ['kɛrntn̩] *nt* Carinthia

Ka·ro <-s, -s> ['ka:ro] *nt* ❶ *(Raute)* check ❷ *kein pl* ᴷᴬᴿᵀᴱᴺ *(Spielfarbe)* diamonds *pl*

Ka·ro·lin·ger(in) <-s, -> ['ka:rolɪŋɐ] *m(f)* ʜɪˢᵀ Carolingian

ka·ro·lin·gisch ['ka:rolɪŋɪʃ] *adj* ʜɪˢᵀ Carolingian

Ka·ro·mus·ter *nt* checked pattern

Ka·ros·se <-, -n> [ka'rɔsə] *f* ❶ *(Prunkkutsche)* state coach ❷ *(veraltend fam: große Limousine)* limo *fam* ❸ *s.* **Karosserie**

Ka·ros·se·rie <-, -n> [karɔsə'ri:, *pl:* -'ri:ən] *f* ᴬᵁᵀᴼ bodywork

Ka·ros·se·rie·bau·er(in) *m(f)*, **Ka·ros·sier(in)** <-s, -> [karɔ'sje:, -'sje:ɪn] *m(f)* body maker, ʙᴿɪᵀ *a.* coachbuilder

Ka·ros·se·rie·be·trieb *m* coachworks *pl*, coach bodybuilder

Ka·ro·tin <-s, -e> [karo'ti:n] *nt* carotene

Ka·rot·te <-, -n> [ka'rɔtə] *f* carrot

Kar·pa·ten [kar'pa:tn̩] *pl* ■ **die** ~ the Carpathian Mountains *pl*

Karp·fen <-s, -> ['karpfn̩] *m* ᶻᴼᴼᴸ, ᴷᴼᶜᴴᴷ carp

Karp·fen·milch *f* ᴷᴼᶜᴴᴷ soft roe of carp **Karp·fen·teich** *m* carp pond; *s. a.* **Hecht**

Kar·re <-, -n> ['karə] *f* ❶ *(fam: Auto)* old banger [*or* ᴬᴹ clunker] *fam* ❷ *s.* **Karren**

Kar·ree <-s, -s> [ka're:] *nt* ❶ *(Geviert)* square; **im** ~ in a square ❷ *(Häuserblock)* block; **ums** ~ *(fam)* around the block ❸ Öˢᵀᴱᴿᴿ *(Rippenstück)* loin

kar·ren ['karən] *vt* ❶ *(fam: fahren)* to cart, to drive; ■ **jdn irgendwohin** ~ to cart [*or* drive] sb somewhere ❷ *(mit der Schubkarre bringen)* ■ **etw** *akk* **irgendwohin** ~ to cart sth somewhere

Kar·ren <-s, -> ['karən] *m* ❶ *(Schubkarre)* wheelbarrow ❷ *(offener Pferdewagen)* cart ▶ ᵂᴱᴺᴰᵁᴺᴳᴱᴺ: **den** ~ **in den Dreck fahren** *(pej fam)* to mess things up; **der** ~ **steckt im Dreck** *(pej fam)* things are in a real mess; **den** ~ [**für jdn**] **aus dem Dreck ziehen** *(fam)* to get [sb] out of a mess; **der** ~ **ist total verfahren** *(fam)* things are in a real mess; **jdm an den** ~ **fahren** [*o* **pinkeln**] *(fam)* **jdm an den** ~ **pissen** *(sl)* to come down hard on sb; **den** ~ [**einfach**] **laufen lassen** *(fam)* to let things slide *fam;* **jdn vor seinen** ~ **spannen** to use sb for one's own purposes; **sich** *akk* **nicht**

vor jds ~ spannen lassen to not allow oneself to be used by sb

Kar·rie·re <-, -n> |ka'rɪ̯eːrə| *f* career; **~ machen** to make a career [for oneself]

kar·rie·re·be·wusstRR *adj* career-minded [*or* -oriented] **Kar·rie·re·frau** *f* career woman **Kar·rie·re·knick** *m* setback in one's career **Kar·rie·re·ma·cher(in)** *m(f)*, **Kar·rie·rist(in)** <-en, -en> |kari̯'rɪst| *m(f) (pej)* careerist

Kar·sams·tag |ka:ɐ̯'zamsta:k| *m* Easter Saturday

Karst <-[e]s, -e> |karst| *m* GEOL karst

kars·tig |'karstɪç| *adj* karstic

Kar·te <-, -n> |'kartə| *f* ① *(Ansichts~)* |post|card; *(Eintritts~)* ticket; *(Fahr~)* ticket; *(Kartei~)* index card; *(Telefon~)* phone card; *(Visiten~)* |business| card; INFORM *(Grafik~, Sound~)* card; **die gelbe/rote ~** FBALL the yellow/red card; **die grüne ~** AUTO international car insurance card; **statt ~n** *announcement in the press instead of sending out individual announcements* ② *(Auto-/Landkarte)* map; **nach der ~** according to the map; NAUT *(Seekarte)* chart; HIST *(Geschichtskarte)* historical map ③ *(Speisekarte)* menu ④ *(Spielkarte)* card; **~n spielen** to play cards; **eine ~ aufspielen** [*o* **ausspielen**] to play a card; **die ~n mischen** to shuffle the cards; **jdm die ~n legen** to tell sb's fortune from the cards ▶ WENDUNGEN: **auf die falsche/ ~ setzen** to back the wrong horse; **auf die richtige ~ setzen** to back the winner, to back the right horse; **gute/schlechte ~n haben** *(bei etw)* to have a good/bad chance of winning, to have good/bad prospects; *(bei jdm)* to be in sb's good/bad books; **mit offenen ~n spielen** to play with one's cards on the table; **mit verdeckten ~n spielen** to play with one's cards close to one's chest; **seine ~n aufdecken** to show one's cards; **jdm in die ~n sehen** [*o* **schauen**] *(fam)* to look at sb's cards; **sich** *dat* **nicht in die ~n sehen** [*o* **schauen**] **lassen** *(fam)* to play with one's cards close to one's chest; **alles auf eine ~ setzen** to stake everything on one chance [*or* card]

Kar·tei <-, -en> |kar'tai| *f* card index; **eine ~** [**über jdn/etw**] **führen** to maintain a card index [on sb/sth]; **eine ~** [**zu etw** *dat*] **anlegen** to start an index card [on sth]

Kar·tei·kar·te *f* index card **Kar·tei·kas·ten** *m* card index box **Kar·tei·lei·che** *f (hum)* inactive member **Kar·tei·schrank** *m* filing cabinet

Kar·tell <-s, -e> |kar'tɛl| *nt* ÖKON cartel; **ein ~ bilden** to form a cartel

Kar·tell·amt *nt* monopolies [*or* AM antitrust] commission **Kar·tell·ge·setz** *nt* JUR monopolies [*or* AM antitrust] law

Kar·ten·be·sit·zer(in) *m(f)* card holder **Kar·ten·haus** *nt* ① *(Figur aus Spielkarten)* house of cards; **wie ein ~ zusammenstürzen, wie ein ~ in sich zusammenfallen** to collapse like a house of cards ② NAUT *(Raum für Seekarten)* chart room **Kar·ten·in·ha·ber(in)** *m(f)* ticketholder **Kar·ten·kunst·stück** *nt* card trick **Kar·ten·le·gen** <-s> *nt* fortune telling using cards **Kar·ten·le·ger(in)** <-s, -> *m(f)* fortuneteller [who uses cards] **Kar·ten·le·se·ge·rät** *nt* INFORM card reader **Kar·ten·or·ga·ni·sa·ti·on** *f* credit card company **Kar·ten·spiel** *nt* ① *(ein Spiel mit Karten)* game of cards ② *(Satz Karten)* pack of cards **Kar·ten·te·le·fon** *nt* cardphone **Kar·ten·vor·ver·kauf** *m* advance ticket sale **Kar·ten·vor·ver·kaufs·stel·le** *f* THEAT, SPORT, MUS |advance| ticket [*or* booking] office **Kar·ten·werk** *nt* map book

Kar·tof·fel <-, -n> |kar'tɔfl̩| *f* potato; **neue ~n** new potatoes ▶ WENDUNGEN: **jdn/etw wie eine heiße ~ fallen lassen** *(fam)* to drop sb/sth like a hot potato **Kar·tof·fel·acker** *m* potato field **Kar·tof·fel·aus·ste·cher** *m* Parisienne-potato cutter **Kar·tof·fel·brei** *m*

kein pl mashed potatoes *pl* **Kar·tof·fel·chips** *pl* |potato| crisps [*or* AM chips] *pl* **Kar·tof·fel·ern·te** *f* potato harvest **Kar·tof·fel·ho·bel** *m* potato slicer **Kar·tof·fel·kä·fer** *m* Colorado beetle **Kar·tof·fel·klö·ße** *f pl* potato dumplings **Kar·tof·fel·knol·le** *f* potato tuber **Kar·tof·fel·kraut** *nt* potato foliage **Kar·tof·fel·mes·ser** *nt* potato peeling knife **Kar·tof·fel·pres·se** *f* potato press **Kar·tof·fel·puf·fer** <-s, -> *m* potato fritter **Kar·tof·fel·pü·ree** *nt* s. **Kartoffelbrei Kar·tof·fel·sack** *m* potato sack **Kar·tof·fel·sa·lat** *m* potato salad **Kar·tof·fel·scha·le** *f* potato peel **Kar·tof·fel·stamp·fer** *m* potato masher **Kar·tof·fel·stär·ke** *f* potato starch **Kar·tof·fel·sup·pe** *f* potato soup

Kar·to·graf(in)RR |karto'gra:f|, **Kar·to·graph(in)** <-en, -en> *m(f)* cartographer

Kar·to·gra·fieRR |kartogra'fi:|, **Kar·to·gra·phie** <-> *f kein pl* cartography

Kar·to·gra·finRR, **Kar·to·gra·phin** <-, -nen> *f fem form von* **Kartograf**

kar·to·gra·fischRR, **kar·to·gra·phisch** *adj* cartographical

kar·to·gra·phie·ren*, **kar·to·gra·fie·ren*** RR *vt* GEOG map

Kar·ton <-s, -s> |kar'tɔŋ| *m* ① *(Schachtel)* carton, cardboard box ② *(Pappe)* cardboard, card

Kar·to·na·ge <-, -n> |karto'na:ʒə| *f* cardboard packaging

kar·to·niert *adj* paperback; **~e Bücher** paperbacks *pl*

Kar·tu·sche <-, -n> |kar'tuʃə| *f* ① TECH *(Behälter)* cartouche ② *(Tonerpatrone)* cartridge ③ KUNST *(Zierornament)* cartouche ④ MIL *(Geschosshülse)* cartridge

Ka·rus·sell <-s, -s *o* -e> |karʊ'sɛl| *nt* merry-go-round, carousel; |**mit dem**| **~ fahren** to ride [*or* go] on the merry-go-round ▶ WENDUNGEN: **mit jdm ~ fahren** to give sb hell

Kar·wen·del·ge·bir·ge <-s> |kar'vɛndl̩| *nt* Karwendel Mountains

Kar·wo·che |ka:ɐ̯vɔxə| *f* REL Holy Week

Ka·ry·a·ti·de <-, -n> |kari̯a'ti:də| *f* ARCHIT caryatid

Ka·ry·o·gramm <-s, -e> *nt* BIOL, MED karyogram

Kar·zer <-s, -> |'kartsə| *m* ① *(Zelle)* detention cell ② *kein pl (veraltet: Strafe)* detention

kar·zi·no·gen |kartsino'ge:n| **I.** *adj* MED carcinogenic **II.** *adv* MED carcinogenically

Kar·zi·nom <-s, -e> |kartsi'no:m| *nt* MED carcinoma, malignant growth

Ka·sa·che, Ka·sa·chin <-n, -n> |ka'zaxə, ka'zaxɪn| *m*, *f* Kazak[h]|stani; *s. a.* **Deutsche(r)**

ka·sa·chisch |ka'zaxɪʃ| *adj* Kazak[h]; *s. a.* **deutsch**

Ka·sa·chisch |ka'zaxɪʃ| *nt decl wie adj* Kazakh; *s. a.* **Deutsch**

Ka·sa·chi·sche <-n> |ka'zaxɪʃə| *nt* ■*das* ~ Kazakh, the Kazakh language; *s. a.* **Deutsche**

Ka·sach·stan <-s> |'kazaxsta:n| *nt* Kazakhstan; *s. a.* **Deutschland**

Ka·schem·me <-, -n> |ka'ʃɛmə| *f (pej fam)* dive *pej fam*

ka·schie·ren* <-s> |ka'ʃi:rən| *vt* ① *(überdecken)* ■ **etw ~** to conceal sth ② *(überziehen)* ■ **etw** |**mit etw** *dat*| **~** to laminate sth [with sth]

Kasch·mir[1] <-s> |'kaʃmi:ɐ̯| *nt* GEOG Kashmir

Kasch·mir[2] <-s, -e> |'kaʃmi:ɐ̯| *m* cashmere

Kä·se <-s, -> |'kɛ:zə| *m* ① *(Lebensmittel)* cheese; **Harzer ~** Harz cheese; **weißer ~** DIAL quark *(low-fat curd cheese)*; **mit ~ überbacken** au gratin ② *(pej fam: Quatsch)* rubbish BRIT, nonsense AM ▶ WENDUNGEN: **~ schließt den Magen** cheese rounds off a meal nicely

Kä·se·blatt *nt (pej fam)* local rag **Kä·se·brot** *nt* cheese sandwich **Kä·se·fon·due** *nt* cheese fondue **Kä·se·ge·bäck** *nt* cheese savouries [*or* AM -ories] *pl* **Kä·se·ge·ruch** *m* smell of cheese, cheesy smell **Kä·**

se·glo·cke f cheese cover **Kä·se·har·fe** f cheese wire **Kä·se·her·stel·lung** f cheese production
Ka·se·in <-s, -e> [kazeˈiːn] nt casein
Kä·se·kohl m (selten: Blumenkohl) cauliflower **Kä·se·ku·chen** m cheesecake **Kä·se·laib** m cheese loaf
Kä·se·mat·te <-, -n> [kazeˈmatə] f HIST casemate
Kä·se·rei <-, -en> f cheese dairy
Kä·se·rin·de f cheese rind
Ka·ser·ne <-, -n> [kaˈzɛrnə] f MIL barracks pl
Ka·ser·nen·hof m MIL barrack square
ka·ser·nie·ren [kazɛrˈniːrən] vt ❶ MIL (in Kasernen unterbringen) ■ jdn ~ to quarter sb in barracks ❷ (in Gemeinschaftsunterkünften unterbringen) ■ jdn ~ to house sb in mass accommodation
Kä·se·schei·be f slice of cheese **Kä·se·schnit·te** f s. **Käsebrot Kä·se·the·ke** f cheese counter **Kä·se·was·ser** nt whey **kä·se·weiß, kä·sig** [ˈkɛsɪç] adj (fam) white, pasty, pale
Ka·si·no <-s, -s> [kaˈziːno] nt ❶ (Spielkasino) casino ❷ (Speiseraum: für Offiziere) [officers'] mess; (in einem Betrieb) cafeteria
Kas·ka·de <-, -n> [kasˈkaːdə] f ❶ (künstlicher Wasserfall) cascade, waterfall ❷ (fig geh: Flut) cascade
Kas·ko·ver·si·che·rung f AUTO fully comprehensive insurance
Kas·per <-s, -> [ˈkaspɐ] m, **Kas·perl** <-s, -[n]> [ˈkaspɛl] m o nt ÖSTERR, SÜDD, **Kas·per·le** <-s, -> [ˈkaspɛlə] m o nt SÜDD ❶ (Holzfigur) Punch ❷ (hum fam: albernes Kind) clown
Kas·per·Hau·ser·Ver·such m BIOL, PSYCH Kasper-Hauser-experiment
Kas·per·le·the·a·ter nt Punch and Judy show
Kas·pi·sches Meer [ˈkaspɪʃəs meːɐ̯] nt Caspian Sea
Kas·sa <-, Kassen> [ˈkasa, pl: ˈkasən] f bes ÖSTERR (Kasse 1) cash desk, till
Kas·san·dra·ruf [kaˈsandra-] m (geh) prophecy of doom
Kas·se <-, -n> [ˈkasə] f ❶ (Zahlstelle) cash desk, till; (Supermarkt) check-out; **netto ~** net cash; **gegen ~** for cash; s. a. **Loch** ❷ (Kartenverkauf) ticket office ❸ (Registrierkasse) cash register, till; **jdn [für etw akk] zur ~ bitten** to ask sb to pay [for sth]; **~ machen** to cash up BRIT; (sl) to close out a register AM; (fig) to earn a packet; **die ~ stimmt** (fam) the money's ok fam; **die ~n klingeln** (fam) the tills are ringing ❹ (fam: Sparbank) savings bank; **gut/schlecht bei ~ sein** (fam) to be well/badly off; **knapp/nicht bei ~ sein** to be short of cash/hard up ❺ (Krankenkasse) health insurance fund ❻ (Stahlkiste zur Geldaufbewahrung) cash box; **gemeinsame/getrennte ~ machen** to have joint/separate housekeeping
Kas·se·ler <-s, -> [ˈkasələ] nt smoked pork loin
Kas·sen·arzt, -ärz·tin m, f MED National Health doctor (who treats non-privately insured patients) **Kas·sen·au·to·mat** m automatic cash register [or till] **Kas·sen·be·leg** m s. **Kassenbon Kas·sen·be·stand** m cash balance **Kas·sen·bon** m [sales] receipt **Kas·sen·er·folg** m s. **Kassenschlager Kas·sen·ge·stell** nt (fam) ≈ National Health glasses [or fam specs] (spectacles frame paid for by the German equivalent of the National Health Service) **Kas·sen·knül·ler** <-s, -> m (emph fam: CD) smash hit; (Film) box office hit **Kas·sen·leis·tung** f MED, ÖKON health insurance benefits pl **Kas·sen·pa·ti·ent(in)** m(f) MED National Health [or AM Medicaid] patient **Kas·sen·schla·ger** m (fam) (erfolgreicher Film) box-office hit ❷ ÖKON (Verkaufsschlager) best-seller **Kas·sen·stun·den** pl cash desk opening hours BRIT, business hours AM **Kas·sen·sturz** m cashing-up BRIT, closing out a [cash] register/the [cash] registers AM; **einen ~ machen** [o geh: **vornehmen**] to cash up BRIT, to close out a [cash] register/the [cash] registers AM; **~ machen**

(fam) to check one's finances **Kas·sen·wart(in)** <-s, -e> m(f) treasurer **Kas·sen·zet·tel** m s. **Kassenbon**
Kas·se·rol·le <-, -e> [kasəˈrɔlə] f casserole
Kas·set·te <-, -n> [kaˈsɛta] f ❶ (Videokassette) video tape [or cassette]; (Musikkassette) [cassette] tape, cassette; (Filmkassette) [camera] film; **etw akk auf ~ haben** to have sth on cassette/tape/video; **[jdm/sich] etw** akk **auf ~ aufnehmen** to record [or fam tape] [sb/oneself] sth on cassette/video ❷ (Kästchen) case ❸ (Schutzkarton) box; (für bibliophile Blätter) set; (für Bücher) library case ❹ ARCHIT panel, coffer
Kas·set·ten·deck nt cassette [or fam tape] deck **Kas·set·ten·de·cke** f ARCHIT coffered ceiling **Kas·set·ten·ra·dio** nt radio cassette player **Kas·set·ten·re·kor·der** m, **Kas·set·ten·re·cor·der** m cassette [or fam tape] recorder
Kas·si·ber <-s, -> [kaˈsiːbɐ] m (veraltend sl) secret message
Kas·sier(in) <-s, -e> [kaˈsiːɐ̯] m(f) SÜDD, ÖSTERR, SCHWEIZ (Kassierer) cashier
kas·sie·ren [kaˈsiːrən] I. vt ❶ FIN (einziehen) ■ etw [bei jdm] ~ to collect sth [from sb] ❷ (fam: einstreichen) ■ etw ~ to pick up sth fam; **sie kassierte den ersten Preis** she picked up first prize ❸ (fam: einbehalten) ■ etw ~ to confiscate sth, to take sth away ❹ (fam: einstecken müssen) ■ etw ~ müssen to have to take [or swallow] sth fam ❺ JUR ■ etw ~ to quash sth; **ein Urteil ~** to quash a verdict II. vi ❶ (abrechnen) ■ [bei jdm] ~ to settle the bill [with sb]; **darf ich schon [bei Ihnen] ~?** would you mind settling the bill now? ❷ (sl: verdienen) to clean up sl; **gut [o ganz schön] ~** to clean up nicely
Kas·sie·rer(in) <-s, -> [kaˈsiːrɐ] m(f) ❶ (in Geschäft) cashier; (Bankkassierer) clerk, teller ❷ s. **Kassenwart**
Kas·so·let·te f KOCHK cassolette (small casserole)
Kas·ta·gnet·te <-, -n> [kastanˈjɛtə] f castanet
Kas·ta·nie <-, -n> [kasˈtaːnjə] f ❶ (Rosskastanie) [horse]chestnut; (Esskastanie) chestnut ❷ (Frucht der Rosskastanie) [horse]chestnut, conker fam; (Marone) chestnut ▶ WENDUNGEN: **[für jdn] die ~n aus dem Feuer holen** (fam) to pull sb's chestnuts out of the fire
Kas·ta·ni·en·baum m s. **Kastanie 1 kas·ta·ni·en·braun** adj maroon
Käst·chen <-s, -> [ˈkɛstçən] nt dim von **Kasten** ❶ (kleiner Kasten) little box, case ❷ (Karo) square, rectangle; **im ~ ankreuzen** to put a cross in the box
Kas·te <-, -n> [ˈkastə] f caste
kas·tei·en [kasˈtaɪən] vr (veraltend) ■ sich akk ~ ❶ (geh: auf Genüsse verzichten) to deny oneself, to abstain ❷ (büßen) to castigate oneself
Kas·tei·ung <-, -en> f (veraltend) castigation, self-denial
Kas·tell <-s, -e> [kasˈtɛl] nt HIST ❶ (Burg) castle ❷ (befestigtes Lager) fort
Kas·tel·lan <-s, -e> [kastɛˈlaːn] m ❶ ADMIN (Aufsichtsbeamter) steward ❷ HIST (Burgwart) castellan
Kas·ten <-s, Kästen> [ˈkastn, pl: ˈkɛstn] m ❶ (kantiger Behälter) box ❷ (offene Kiste) crate, case; **ein ~ Bier** a crate of beer ❸ ÖSTERR, SCHWEIZ (Schrank) cupboard ❹ (fam: Briefkasten) letterbox BRIT, mailbox AM ❺ SPORT (Turngerät) vaulting horse ❻ (fam: großes Gebäude) barrack ❼ (Schaukasten) showcase ❽ (unförmiges Fahrzeug) tank ▶ WENDUNGEN: **etwas/viel/nichts auf dem ~ haben** (fam) to be/not be on the ball fam
Kas·ten·brot nt sandwich loaf, pan bread **Kas·ten·form** f ❶ (die Formen eines Kastens) box-like shape ❷ (Backform) baking tin
Kas·ten·geist m kein pl SOZIOL (pej) caste spirit
Kas·ten·rei·be f KOCHK box grater **Kas·ten·wa·gen** m

AUTO [box] van, truck

Kas·ten·we·sen nt REL caste system

Kas·ti·li·en <-s> [kas'ti:lịən] nt Castile

Kas·tor·zu·cker ['kastoːɐ̯-] m KOCHK castor [or caster] sugar

Kas·trat <-en, -en> [kas'traːt] m eunuch; MUS castrato

Kas·tra·ti·on <-, -en> [kastra'tsi̯oːn] f castration

kas·trie·ren* [kas'triːrən] vt ■ **ein Tier ~** to castrate an animal; ■ **jdn/sich selbst ~** to castrate sb/oneself

Ka·su·ar <-s, -e> [ka'zu̯aːɐ̯] m ORN cassowary

Ka·su·is·tik <-> [ka'zu̯ɪstɪk] f kein pl ❶ (geh: Haarspalterei) casuistry ❷ MED (Fallstudien) case studies pl

ka·su·is·tisch adj (geh) casuistic

Ka·sus <-, -> ['kaːzʊs] m LING case

Kat <-s, -s> [kat] m kurz für **Katalysator** cat

Ka·ta·bo·lis·mus <-> [katabo'lɪsmʊs] m kein pl BIOL catabolism no pl

Ka·ta·falk <-s, -e> [kata'falk] m catafalque

Ka·ta·kom·be <-, -n> [kata'kɔmbə] f catacomb

Ka·ta·la·ne, Ka·ta·la·nin <-n, -n> [kata'laːnə, kata'laːnɪn] m, f Catalan

ka·ta·la·nisch [kata'laːnɪʃ] adj inv Catalan

Ka·ta·la·nisch [kata'laːnɪʃ] nt decl wie adj Catalan; s. a. **Deutsch**

Ka·ta·la·ni·sche <-n> [kata'laːnɪʃə] nt ■ **das ~** Catalan, the Catalan language; s. a. **Deutsche**

Ka·ta·log <-[e]s, -e> [kata'loːk, pl: -loːgə] m catalogue [or AM -og]

ka·ta·lo·gi·sie·ren* [katalogi'ziːrən] vt ■ **etw ~** to catalogue [or AM -og] sth

Ka·ta·lo·gi·sie·rung <-, -en> f cataloguing [or AM -oging]

Ka·ta·ly·sa·tor <-s, -toren> [kataly'zaːtoːɐ̯, pl: -za'toːrən] m ❶ AUTO (Abgaskatalysator) catalytic converter, cat; **geregelter ~** AUTO regulated catalytic converter ❷ CHEM (Reaktionen auslösender Stoff) catalyst

Ka·ta·ly·sa·tor·au·to nt car with catalytic converter

Ka·ta·ly·se <-, -n> [kata'lyːzə] f CHEM catalysis

ka·ta·ly·tisch [kata'lyːtɪʃ] adj CHEM catalytic

Ka·ta·ma·ran <-s, -e> [katama'raːn] m NAUT catamaran

Ka·ta·pult <-[e]s, -e> [kata'pʊlt] nt o m catapult

ka·ta·pul·tie·ren* [katapʊl'tiːrən] I. vt ■ **jdn/etw irgendwohin ~** (a. fam) to catapult sb/sth somewhere II. vr ■ **sich** akk **irgendwohin ~** ❶ (sich schleudern) to eject oneself somewhere; **sich** akk **aus einem Flugzeug ~** to eject oneself from an aircraft ❷ (fam: sich rasch versetzen) to catapult oneself somewhere

Ka·tar <-s> [ka'taːr] nt Qatar; s. a. **Deutschland**

Ka·ta·rakt <-[e]s, -e> [kata'rakt] m GEOG, MED cataract

Ka·ta·rer(in) <-s, -> [ka'taːrɐ] m(f) Qatari; s. a. **Deutsche(r)**

ka·ta·risch [ka'taːrɪʃ] adj Qatari; s. a. **deutsch**

Ka·tarrh, Ka·tarrRR <-s, -e> [ka'tar] m MED catarrh

Ka·tas·ter <-s, -> [ka'tastɐ] m o nt land register

Ka·tas·ter·amt nt land registry

ka·ta·stro·phal [katastro'faːl] I. adj (pej) ❶ (verheerend) catastrophic, devastating ❷ (fam: furchtbar) dreadful, awful II. adv (pej) ❶ (verheerend) catastrophically, devastatingly ❷ (furchtbar) awfully, dreadfully

Ka·ta·stro·phe <-, -n> [kata'stroːfə] f catastrophe, disaster; **eine ~ sein** (fam) to be a disaster

Ka·ta·stro·phen·ab·wehr f disaster prevention **Ka·ta·stro·phen·alarm** m emergency alert **Ka·ta·stro·phen·ein·satz** m emergency aid operation; **für den ~** for use in emergency aid operations **Ka·ta·stro·phen·ge·biet** nt disaster area **Ka·ta·stro·phen·hil·fe** f kein pl POL aid for disaster victims; **~ leisten** to provide aid for disaster victims **Ka·ta·stro·phen·op·fer** nt disaster victim, victim of a disaster **Ka·ta·stro·**

phen·schutz m ❶ (Schutz gegen Katastrophen) disaster control ❷ (Organisation) disaster control organization **Ka·ta·stro·phen·stim·mung** f hysteria no pl

Ka·te <-, -n> ['kaːtə] f NORDD cottage, croft

Ka·te·chis·mus <-, Katechismen> [katɛ'çɪsmʊs] m REL catechism

Ka·te·go·rie <-, -n> [katego'riː, pl: -riːən] f ❶ (Gattung) category; **unter eine ~ fallen** to belong to a certain category ❷ (Gruppe) sort; **er gehört nicht zu dieser ~ von Menschen** he is not that sort of person

ka·te·go·risch [kate'goːrɪʃ] I. adj (emph) categorical II. adv (emph) categorically

Ka·ter¹ <-s, -> ['kaːtɐ] m tomcat; **der Gestiefelte ~** LIT Puss-in-Boots ▸ WENDUNGEN: **wie ein verliebter ~** like an amorous tomcat

Ka·ter² <-s, -> ['kaːtɐ] m hangover; **einen ~ bekommen** to get a hangover; **einen ~ haben** to have a hangover

Ka·ter·früh·stück <-[e]s> nt kein pl KOCHK breakfast [[which is] supposed] to cure a hangover

Ka·ter·stim·mung f (fam) morning-after feeling

kath. adj Abk von **katholisch**

Ka·the·der <-s, -> [ka'teːdɐ] m o nt ❶ (veraltend: Podium) podium ❷ (veraltet: Lehrerpult) lectern

Ka·the·dra·le <-, -n> [kate'draːlə] f cathedral

Ka·the·ter <-s, -> [ka'teːtɐ] m MED catheter

Ka·tho·de <-, -n> [ka'toːdə] f PHYS cathode

Ka·tho·lik(in) <-en, -en> [kato'liːk] m(f) [Roman] Catholic

ka·tho·lisch [ka'toːlɪʃ] I. adj Roman Catholic; ■ **~ sein** to be [Roman] Catholic II. adv Catholic; **sie wuchs streng ~ auf** she had a strict Catholic upbringing

Ka·tho·li·zis·mus <-> [katoli'tsɪsmʊs] m kein pl Catholicism no pl

Kat·man·du <-> [katman'duː] nt Kathmandu

Katz <-> [kats] f kein pl SÜDD (Katze) cat; ▸ WENDUNGEN: **~ und Maus mit jdm spielen** (fam) to play cat and mouse with sb; **für die ~ sein** (fam) to be a waste of time [or all for nothing]

katz·bu·ckeln ['katsbʊkln] vi (pej fam) ❶ [**vor jdm**] **~** to grovel [before sb]; ■ **das K~** grovelling

Kätz·chen <-s, -> ['kɛtsçən] nt ❶ dim von **Katze** kitten ❷ BOT (Blütenstand) catkin

Kat·ze <-, -n> ['katsə] f ❶ ZOOL (Hauskatze) cat; **siamesische ~** ❷ ZOOL (weibliche ~) [female] cat ❸ ZOOL (Raubkatze) cat ▸ WENDUNGEN: **wie die ~ um den heißen Brei herumschleichen** to beat about [or AM a. around] the bush; **wenn die ~ aus dem Haus ist, tanzen die Mäuse** (prov) when the cat's away, the mice come out to play prov; **die ~ lässt das Mausen nicht** (prov) a leopard never changes its spots prov; **die ~ aus dem Sack lassen** (fam) to let the cat out of the bag; **die ~ im Sack kaufen** to buy a pig in a poke prov; s. a. **Kater**

Kat·zen·au·ge nt ❶ (veraltend fam: Rückstrahler) reflector ❷ BERGB (schillernder Halbedelstein) cat's-eye ❸ ZOOL (Auge einer Katze) a cat's eye **kat·zen·freund·lich** adj (pej veraltend fam) overfriendly, nice as pie fam

kat·zen·haft adj cat-like, feline

Kat·zen·hai m ZOOL sandy dogfish **Kat·zen·jammer** m (fam) ❶ (jämmerliche Stimmung) the blues + sing vb ❷ (veraltend: Kater²) hangover **Kat·zen·mu·sik** f kein pl (pej fam) racket, din, caterwauling **Kat·zen·schrei·syn·drom** nt MED (letaler Erbfehler) cri-du-chat-syndrome **Kat·zen·sprung** m (fam) a stone's throw; [**nur**] **einen ~ entfernt sein** to be [only] a stone's throw away **Kat·zen·streu** f cat litter **Kat·zen·wä·sche** f (hum fam) cat's lick fam **Kat·zen·wels** m ZOOL, KOCHK catfish, bullhead **Kat·zen·zun·ge** f ❶ (Schokoladenspezialität) langue de chat ❷ ZOOL cat's tongue

Katz-und Maus-Spiel *nt* cat-and-mouse game
Kau·der·welsch <-[s]> [ˈkaʊdɐvɛlʃ] *nt kein pl (pej)*
❶ *(Sprachgemisch)* a hotchpotch [*or* AM *usu* hodge-podge] *(of different languages)* ❷ *(Fachsprache)* jargon
kau·en [ˈkaʊən] I. *vt* ▪ etw ~ to chew sth; *s. a.* **Nagel**
II. *vi (mit den Zähnen bearbeiten)* ▪ **[an etw** *dat***]** ~
to chew [on sth]; **an den Fingernägeln** ~ to chew [*or* bite] one's nails ▸ WENDUNGEN: **gut gekaut ist halb verdaut** *(prov)* you should chew your food well for better digestion; **an etw** *dat* **zu ~ haben** to have sth to chew on [*or* over], to have some food for thought
kau·ern [ˈkaʊən] I. *vi sein* ▪ **irgendwo** ~ to be huddled [up] somewhere; **sie kauerten rund um das Feuer** they were huddled around the fire II. *vr haben* ▪ **sich** *akk* **in etw** *akk***/hinter etw** *akk* ~ to crouch in/behind sth
Kauf <-[e]s, Käufe> [kauf, *pl:* ˈkɔyfə] *m* ❶ *(das Kaufen)* buying *no pl,* purchasing *no pl form;* **ich würde Ihnen vom ~ dieses Anzugs abraten** I would advise you against buying [*or* not to buy] this suit; **so, jetzt ist der ~ perfekt!** right, that's the purchase concluded!; **etw zum ~ anbieten** to offer sth for sale; **zum ~ stehen** to be [up] for sale; **einen ~ tätigen** *(geh)* to conclude [*or* effect] a purchase *form* ❷ *(Ware)* buy, purchase *form;* **der Computer war ein sehr guter ~** the computer was a very good buy ▸ WENDUNGEN: **etw in ~ nehmen** to put up with [*or* accept] sth; **ein Risiko in ~ nehmen** to accept a risk; **in ~ nehmen, dass …** to accept that …
Kauf·be·reit·schaft <-> *f kein pl* ÖKON disposition to buy
kau·fen [ˈkaʊfn̩] I. *vt* ❶ *(ein~)* ▪ [jdm/sich] etw ~ *dat* to buy [sb/oneself] sth, to buy [*or form* purchase] sth [for sb/oneself]; **er hat sich ein neues Auto gekauft** he['s] bought [himself] a new car; ▪ **das K~ von etw** [the] buying [of] sth; **ich fange mit dem ~ der Geschenke immer viel zu spät an** I always start buying the presents much too late ❷ *(pej: bestechen)* ▪ **jdn ~** to buy [off *sep*] [*or* bribe] sb ▸ WENDUNGEN: **gekauft ist gekauft!** a deal is a deal; **dafür kann ich mir nichts ~!** *(iron)* a [*fam* fat] lot of use that is to me!; **den/die kaufe ich mir/werde ich mir kaufen!** I'll tell him/her what's what! II. *vi* to shop; **auf dem Markt kauft man billiger** it costs less to shop at the market, shopping at the market is cheaper; ▪ **das K~** [the] shopping III. *vr (fam)* ▪ **sich** *dat* **jdn ~** to give sb a piece of one's mind
Käu·fer(in) <-s, -> [ˈkɔyfɐ] *m(f)* buyer, purchaser *form;* **ein solches Buch wird zu wenige ~ finden** a book like this won't sell very well
Kauf·frau *f fem form von* **Kaufmann Kauf·haus** *nt* department store **Kauf·haus·de·tek·tiv(in)** *m(f)* ÖKON store detective **Kauf·kraft** *f* ÖKON ❶ *(Wert)* purchasing [*or* buying] power ❷ *(Finanzkraft)* spending power **kauf·kräf·tig** *adj* with money to spend *pred;* **Studenten und Auszubildende sind nicht sehr ~** Students and trainees haven't got much money to spend **Kauf·la·den** *m* ❶ *(Spielzeug)* [child's] toy shop [*or* AM *usu* store] ❷ *(veraltend: Laden)* [corner *or* small] shop [*or* AM *usu* store], small grocer's shop **Kauf·leu·te** *pl s.* **Kaufmann**
käuf·lich I. *adj* ❶ *(zu kaufen)* for sale *pred* ❷ *(pej: bestechlich)* bribable, corruptible, venal *form;* ▪ ~ **sein** to be easily bought; **ich bin nicht ~!** I can't be bought! II. *adv (geh)* ~ **erwerben** to purchase *form* [*or* buy]
Käuf·lich·keit <-> *f kein pl (pej)* corruptibility, venality *form*
Kauf·lust *f* inclination [*or* desire] to buy **kauf·lus·tig** *adj* eager [*or* keen] to buy *pred* **Kauf·lus·ti·ge(r)** *f(m) decl wie adj* prospective [*or* would-be] buyer

Kauf·mann, -frau <-leute> [ˈkaʊfman] *m, f* ❶ *(Geschäftsmann)* businessman; **gelernter ~/gelernte Kauffrau** *person with qualifications in business or commerce;* **ehrliche Kaufleute** honest businessmen ❷ *(veraltend: Einzelhandelskaufmann)* grocer, [corner [*or* small]] shopkeeper
kauf·män·nisch I. *adj* commercial, business *attr;* **der ~e Leiter ist für den Vertrieb zuständig** the commercial director is responsible for sales; ▪ **das K~e** commerce, business; **leider bin ich mit dem K~en weniger vertraut** unfortunately, I'm not very well up on the business side of things II. *adv* commercially; ~ **tätig sein** to be in business
Kauf·preis *m* purchase price **Kauf·rausch** *m kein pl* spending spree **Kauf·sum·me** *f* amount [of purchase] **Kauf·ver·trag** *m* contract [*or* bill] of sale **Kauf·zwang** *m* **kein** ~ no obligation [to buy]; **ohne** ~ without obligation [to buy]
Kau·gum·mi *m* chewing gum; ~ **kauen** to chew gum **Kau·ka·sus** <-> [ˈkaʊkazʊs] *m* Caucasus
Kaul·kopf *m* ZOOL, KOCHK bullhead, miller's thumb
Kaul·quap·pe <-, -n> [ˈkaʊlkvapə] *f* tadpole
kaum [kaum] I. *adv* ❶ *(gerade [erst])* hardly, scarcely; **sie war ~ aus der Tür, da fingen sie schon an zu lästern** she had hardly [*or* scarcely] gone out the door before they started making nasty remarks about her, no sooner was she out the door than they started making nasty remarks about her ❷ *(höchstwahrscheinlich nicht)* hardly, scarcely; [**wohl**] ~**!** certainly not!, I don't think so!; *s. a.* **wohl** ❸ *(fast nicht)* hardly, scarcely; **ich habe euch dieses Jahr ~ gesehen** I've scarcely seen you this year; **das ist ja wohl ~ anzunehmen!** you'd scarcely credit it!; ~ **jemals** [*o* **je**] hardly ever; ~ **noch/mehr** hardly [*or* scarcely] … any more; **seit vier Tagen hat er ~ etwas gegessen** he has hardly [*or* scarcely] eaten anything for four days [now]; **wir haben ~ noch Zeit** we've hardly [*or* scarcely] got any time left; **wir hatten ~ noch damit gerechnet** we scarcely expected that!; ~ **eine[r]** [*o* **jemand**] [*o* **wer**] hardly [*or* scarcely] anyone [*or* anybody]; ~ **eine Rolle spielen** to be scarcely of any importance; *s. a.* **glauben** II. *konj* ▪ ~ **dass** no sooner … than; ~ **dass sie sich kennen gelernt hatten, heirateten sie auch schon** no sooner had they met than they were married, they had hardly [*or* scarcely] met before they were married
Kau·mus·kel *m* masticatory muscle, muscle of mastication; **seine ~n anstrengen** *(hum fam)* to get chomping *hum fam*
kau·sal [kaʊˈzaːl] I. *adj* ❶ *(geh: ursächlich)* causal; **ein ~er Zusammenhang** a causal connection ❷ LING *(begründend)* causal II. *adv (geh)* causally
Kau·sa·li·tät <-, -en> [kaʊzaliˈtɛt] *f (geh)* causality
Kau·sal·zu·sam·men·hang *m (geh)* causal connection
Kau·ta·bak *m* chewing tobacco
Kau·ti·on <-, -en> [kaʊˈtsi̯oːn] *f* JUR *(Sicherheitsleistung)* bail; **eine ~ stellen** to stand [*or* put up] bail; **gegen ~** on bail ❷ *(Mietkaution)* deposit
Kau·tschuk <-s, -e> [ˈkaʊtʃʊk] *m* [India] rubber, caoutchouc
Kauz <-es, Käuze> [kauts, *pl:* ˈkɔytsə] *m* ❶ *(Eulenvogel)* [tawny] owl ❷ *(Sonderling)* [odd [*or* strange]] character
kau·zig [ˈkautsɪç] *adj* odd, strange
Ka·va·lier <-s, -e> [kavaˈliːɐ] *m* gentleman; ▸ WENDUNGEN: **der ~ genießt und schweigt** a gentleman does not boast about his conquests
Ka·va·liers·de·likt *nt* trifling [*or* trivial] [*or* minor] [*or* petty] offence [*or* AM -se]
Ka·va·lier·spitz *m* KOCHK clod
Ka·va·lier(s)·start *m* AUTO racing start

Ka·val·le·rie <-, -n> ['kavaləri:, *pl:* -'ri:ən] *f* HIST, MIL cavalry

Ka·val·le·rie·an·griff *m* cavalry charge **Ka·val·le·rie·ein·heit** *f* cavalry unit **Ka·val·le·rie·of·fi·zier** *m* cavalry officer

Ka·vi·ar <-s, -e> ['ka:vi̯ar] *m* caviar|e|; **deutscher ~** lumpfish roe

KB ['ka:'be:] *nt Abk von* **Kilobyte** kbyte

kcal *f Abk von* **Kilokalorie** kcal

Ke·bab <-[s], -[s]> [ke'bap] *m* KOCHK kebab

keck [kɛk] *adj* ❶ *(vorlaut)* cheeky, saucy ❷ *(provokant)* bold

Keck·heit <-, -en> *f* cheek|iness|, sauciness

Ke·fir <-s> ['ke:fɪr] *m kein pl* kefir

Ke·gel <-s, -> ['ke:gl̩] *m* ❶ *(Spielfigur)* skittle, pin, ninepin, tenpin; **~ spielen** to play skittles, to go |tenpin/ninepin| bowling; **kommt ihr mit ~ spielen?** are you coming bowling? |*or* for a game of skittles?| ❷ MATH cone ❸ GEOG *(kegelförmige Erhebung)* cone; **der ~ des Berges** the mountain peak ❹ *(Strahl)* beam |of light|; *s. a.* **Kind**

Ke·gel·bahn *f* ❶ *(Anlage)* |ninepin/tenpin| bowling alley, skittle alley ❷ *(einzelne Bahn)* |bowling| lane **Ke·gel·bru·der** *m (fam)* fellow skittle |*or* bowling| club member **ke·gel·för·mig** *adj* conical, cone-shaped **Ke·gel·ku·gel** *f* bowl, skittle |*or* bowling| ball **ke·geln** ['ke:gl̩n] *vi* to play skittles, to go |ninepin/tenpin| bowling, to bowl; **hast du schon mal gekegelt?** have you ever played skittles |*or* been bowling| |*or* bowled| |before|?; ■**das K~** game of skittles, |ninepin/tenpin| bowling

Ke·gel·schnitt *m* MATH conic section **Ke·gel·stumpf** *m* MATH frustum |of a cone|

Keg·ler|in <-s, -> ['ke:glə] *m(f)* skittle player, |ninepin/tenpin| bowler

Keh·le <-, -n> ['ke:lə] *f* ❶ *(Kehlkopf)* throat; **in die falsche ~ geraten** to go down the wrong way; **etw in die falsche ~ bekommen** *(fam)* to have sth go down the wrong way; **eine raue ~ haben** to be hoarse, to have a hoarse voice ❷ ANAT *(Gurgel)* throat; **in der ~ stecken bleiben** to stick |*or* get stuck| in one's throat; **jdm die ~ zudrücken** to throttle sb; **jdm/einem Tier an die ~ springen** to leap at |*or* go for| sb's/an animal's throat; **aus voller ~** at the top of one's voice ▶ WENDUNGEN: **sich** *dat* **die ~ aus dem Hals schreien** *(fam)* to scream one's head off; **es geht jdm an die ~** sb's life is at stake; **jdm an die ~ springen können** *(fam)* to want to leap at |*or* go for| sb's throat; **jdm die ~ zusammenschnüren** to make sb freeze with fear

keh·lig ['ke:lɪç] *adj* guttural; **ein ~es Lachen/eine ~e Stimme** a guttural |*or* throaty| laugh/voice

Kehl·kopf *m* larynx

Kehl·kopf·ent·zün·dung *f* MED laryngitis *no pl, no indef art* **Kehl·kopf·ka·tarrh** *m* laryngeal catarrh **Kehl·kopf·krebs** *m* cancer of the larynx, laryngeal cancer

Kehr·aus <-> ['ke:ɐ̯ʔaus] *m kein pl* SÜDD last dance *(after Carnival celebrations on Shrove Tuesday);* ▶ WENDUNGEN: |**den**| **~ feiern** to have a farewell celebration

Kehr·be·sen *m* SÜDD *(Besen)* broom **Kehr·blech** *nt* SÜDD *(Handschaufel)* small shovel

Keh·re <-, -n> ['ke:rə] *f* hairpin bend

keh·ren[1] ['ke:rən] **I.** *vt* ❶ *(wenden)* ■ **etw irgendwohin ~** to turn sth somewhere; **kehre die Innenseite nach außen** turn it inside out; **in sich** *akk* **gekehrt** pensive, lost in thought; **er ist ein stiller, in sich gekehrter Mensch** he is a quiet, introverted person; *s. a.* **Rücken** ❷ *(veraltend: kümmern)* ■ **jdn ~** to matter to sb **II.** *vr* ❶ *(sich wenden)* ■ **sich gegen jdn ~** *(geh)* to turn against sb; ■ **sich zu etw ~** to

turn out |in| a certain way; **du wirst sehen, es wird sich alles zum Guten ~** you'll see, everything will turn out for the best ❷ *(sich kümmern)* ■ **sich an etw ~** *dat* to take notice of |*or* care about| sth; **am Geschwätz der Leute habe ich mich noch nie groß gekehrt** I've never really taken much notice of |*or* cared much about| people's gossiping

keh·ren[2] ['ke:rən] *vt, vi bes* SÜDD *(fegen)* ■ |**etw**| **~** to sweep |sth|

Keh·richt <-s> ['ke:rɪçt] *m o nt kein pl* ❶ *(geh: zusammengefegter Dreck)* sweepings *npl*, rubbish BRIT, garbage AM ❷ SCHWEIZ *(Müll)* refuse, AM *usu* garbage ▶ WENDUNGEN: **jdn einen feuchten ~ angehen** *(sl)* not to be any of sb's |damned |*or* BRIT a. bloody| | business *fam;* **das geht Sie einen feuchten ~ an!** that's none of your |damned |*or* bloody| | business!, mind your own |damned |*or* bloody| | business!

Kehr·ma·schi·ne *f* ❶ *(Straßenkehrmaschine)* road-sweeper, street-sweeper ❷ *(Teppichkehrmaschine)* carpet-sweeper

Kehr·reim *m* LIT refrain

Kehr·schau·fel *f* dustpan

Kehr·sei·te *f* ❶ *(veraltend: Rückseite)* back ❷ *(Schattenseite)* downside, drawback; **alles hat seine ~** there's a downside to everything, everything has its drawbacks ❸ *(hum: Rücken, Gesäß)* back; **jdm die ~ zuwenden** to turn one's back on sb ▶ WENDUNGEN: **die ~ der Medaille** the other side of the coin

kehrt [ke:ɐ̯t] *interj* MIL **~ marsch!** about turn |*or* AM face| , forward march!

kehrt|ma·chen *vi* ❶ *(den Rückweg antreten)* to turn |round |*or* AM around| and go| back; **wenn ein Gewitter kommt, müssen wir sofort ~!** if there is a storm, we'll have to turn around and go straight back ❷ MIL *(eine Kehrtwendung machen)* to about-turn |*or* AM -face| **Kehrt·wen·de** *f* about-face **Kehrt·wen·dung** *f* ❶ MIL *(Drehung um sich selbst)* about-turn |*or* -face| *am* ❷ *(scharfer Positionswechsel)* about-turn |*or* AM -face| *fig,* U-turn *fig fam*

Kehr·wo·che *f* SÜDD ≈ cleaning week *(a week in which it is a resident's turn to keep clean the communal areas in and around a block of flats);* **die ~ machen** to carry out cleaning duties for a week

---

Kultur

The **Kehrwoche** – *cleaning, or literally sweeping, week* is a Swabian invention. Residents in an apartment block take turns to clean the communal areas in and around their building, such as the stairwell and the pavement.

---

kei·fen ['kaifn̩] *vi (pej)* to nag; **musst du immer gleich so ~?** must you keep nagging all the time like that?; ■ **das K~** nagging; ■ **~d** nagging

Keil <-[e]s, -e> [kail] *m* ❶ AUTO *(Unterlegkeil)* chock ❷ TECH, FORST wedge; **einen ~ in etw treiben** *akk* to drive a wedge into sth ❸ *(Zwickel)* gusset ▶ WENDUNGEN: **einen ~ zwischen sie treiben** to drive a wedge between them

Kei·le ['kailə] *pl* DIAL *(fam: Prügel)* thrashing *sing,* hiding *sing fam;* **~ bekommen** |*o* kriegen| |*o* beziehen| to get |*or* be given| a |good| thrashing |*or* hiding| *fam*

kei·len ['kailən] **I.** *vt* FORST ■ **etw ~** to split sth with a wedge **II.** *vt* DIAL *(fam: sich prügeln)* ■ **sie ~ sich** they are scrapping *sl* |*or* fighting| **III.** *vi* to kick

Kei·ler <-s, -> ['kailɐ] *m* JAGD wild boar

Kei·le·rei <-, -en> [kailə'rai] *f (fam)* scrap *sl,* fight, BRIT *a.* punch-up

keil·för·mig *adj* wedge-shaped; **~e Schriftzeichen** cuneiform characters **Keil·ho·se** *f* ski pants *npl* **Keil·kis·sen** *nt* wedge-shaped bolster **Keil·rie·men** *m*

AUTO V-belt **Keil·schrift** *f* HIST cuneiform script
Keim <-[e]s, -e> |kaim| *m* ❶ BOT *(Trieb)* shoot ❷ *(befruchtete Eizelle)* embryo ❸ *(Erreger)* germ, pathogen *spec* ❹ *(fig: Ausgangspunkt)* seed *usu pl;* **der kleinste ~ der Hoffnung** the faintest flicker [*or* glimmer] [*or* ray] of hope; **den ~ zu etw legen** to sow the seeds of sth ❺ PHYS *(Ausgangspunkt für einen Prozess)* nucleus ▸ WENDUNGEN: **etw im ~[e] ersticken** to nip sth in the bud
Keim·bahn *f* BIOL germ line **Keim·bahn·the·ra·pie** *f* MED germ line gene therapy **Keim·blatt** *nt* BOT seedleaf, cotyledon *spec* **Keim·drü·se** *f* ANAT gonad
kei·men ['kaimən] *vi* ❶ BOT *(Keime bilden)* to germinate; **die alten Kartoffeln/Zwiebeln fangen an zu ~** the old potatoes/onions are beginning to sprout/put out shoots; ■ **das K~** [the] germination; **diese chemische Behandlung soll die Kartoffeln am K~ hindern** this chemical treatment is supposed to prevent the potatoes [from] sprouting ❷ *(geh: zu entstehen beginnen)* to stir; **diese Bemerkung ließ bei ihr einen ersten, leisen Verdacht ~** this comment aroused a first sneaking [*or* slight] suspicion in her
keim·frei *adj* sterile, sterilized; **eine ~e Infusionslösung** a sterile infusion solution; **eine ~e Umgebung** a sterile [*or* germ-free] environment; **etw ~ machen** to sterilize sth
Keim·ling <-s, -e> *m* ❶ *(keimende Pflanze)* shoot ❷ *(Embryo)* embryo
Keim·saat *m* germinating seed **keim·tö·tend** *adj* germicidal
Kei·mung <-, -en> *f* BIOL, BOT germination
Keim·zel·le *f* ❶ BIOL germ cell, gamete ❷ *(geh: Ausgangspunkt)* nucleus; **sie verstanden sich als ~ der Revolution** they viewed themselves as a seedbed for revolution
kein |kain| **I.** *pron indef, attr* ❶ *([verneint ein Substantiv] nicht [irgend]ein, niemand)* no; **er sagte ~ Wort** he didn't say a word; **auf ~en Fall** [*o* **unter ~en Umständen**] no way, under no circumstances; **darauf lasse ich mich auf ~en Fall ein!** there's no way I'm [*or* under no circumstances am I] going to get involved in that!; **in ~ster Weise** in no way; **~ andere*r/*~e andere/anderes** no other; **gibt es ~en anderen Zug?** isn't there another train?; **~ anderer/ ~e andere als ...** none other than ...; *s. a.* **einzig** ❷ *([bezieht sich auf ein Singularetantum, meist auf ein Abstraktum oder einen Sammelbegriff] nichts davon, nichts an)* not ... any; **ich habe jetzt wirklich ~e Zeit [für Sie]!** I really haven't got any time [for you] now!; **ich habe heute einfach ~e Lust, ins Kino zu gehen** I just don't fancy going to the cinema today ❸ *([kehrt das zugehörige Adjektiv ins Gegenteil])* not; **das ist ~ dummer Gedanke** that's not a [*or* no] bad idea; **das ist ~ großer Unterschied** that's not much of a difference ❹ *(fam: [vor Zahlwörtern] nicht ganz, [noch] nicht einmal)* not, less than; **die Reparatur dauert ~e 5 Minuten** it won't take 5 minutes to repair; **er wartete ~e drei Minuten** he waited [for] less than three minutes **II.** *pron indef, substantivisch* ❶ *(niemand, nichts aus einer nicht ausdrücklich bestimmten Menge: von Personen)* nobody, no one; *(von Gegenständen)* none; **~er sagte etwas** nobody [*or* no-one] said a thing; **mir kann ~er!** *(fam)* nobody [*or* no-one] can touch me!; **will ~er von euch mitkommen?** don't any of you want to come along?; **die Vorstellung war zu Ende, aber ~er klatschte** the performance was over, but no one [or nobody] clapped; **~[r, s] von beiden** neither [of them]; **ich habe es noch ~er von beiden gesagt** I've told neither [*or* I haven't told either] of them yet ❷ *([durch hervorhebende Umstellung aus eigentlichem attributiven Gebrauch verselbständigt] [über-*

haupt] nicht) any; **ich gehe zu der Verabredung, aber Lust hab' ich ~e** I'm going to keep the appointment, but I don't feel like going; **Lust habe ich schon, aber Zeit habe ich ~e** I'd like to, it's just that I don't have the time
kei·ner·lei ['kaine'lai] *adj attr inv* no ... at all [*or* what[so]ever]; **er scheint ~ Interesse daran zu haben** he appears to have no interest what[so]ever in it, he doesn't appear to have any interest at all in it
kei·ner·seits ['kaine'zaits] *adv* ❶ *(selten: von niemandem)* from any side [*or* anybody] ❷ *(bei niemandem)* on any [*or* either] side, anybody
kei·nes·falls ['kainəs'fals] *adv* on no account, under no circumstances
kei·nes·wegs ['kainəs've:ks] *adv* not at all, by no means
kein·mal ['kainma:l] *adv* not once, never [once]; **ich habe ~ gewonnen** not once have I ever won
keins *pron s.* **keine(r, s)**
Keks <-es, -e> |ke:ks| *m o nt (selten)* ❶ *kein pl (Dauergebäck)* biscuit BRIT, cookie AM ❷ *(Stück ~)* biscuit BRIT, cookie AM ▸ WENDUNGEN: **jdm auf den ~ gehen** *(sl)* to get on sb's nerves [*or* BRIT *fam a.* up sb's nose]
Kelch <-[e]s, -e> |kɛlç| *m* ❶ *(Sektkelch)* [champagne] glass ❷ REL *(Messkelch)* chalice, [communion-]cup ❸ BOT *(Blütenkelch)* calyx ▸ WENDUNGEN: **den [bitteren] ~ bis zur Neige leeren [müssen]** *(geh)* [to have] to drain the [bitter] cup of sorrow to the dregs; **der [*or* dieser] ~ geht an jdm vorüber** sb is spared the [*or* this] ordeal; **dieser ~ ist Gott sei Dank an mir vorübergegangen** I've been spared this ordeal, thank God!
Kelch·blatt *nt* BOT *(äußere grüne Blätter einer Blüte)* sepal **kelch·för·mig** *adj* cup-shaped; **~e Blüten** cup-shaped [*or spec* calyciform] flowers **Kelch·glas** *nt s.* **Kelch 1**
Kel·le <-, -n> ['kɛlə] *f* ❶ *(Schöpflöffel)* ladle ❷ BAU *(Maurerkelle)* trowel ❸ *(Signalstab)* signalling [*or* AM signaling] disc
Kel·ler <-s, -> ['kɛlɐ] *m* cellar
Kel·ler·as·sel *f* woodlouse
Kel·le·rei <-, -en> [kɛlə'rai] *f* wine producer's, winery **Kel·ler·fens·ter** *nt* cellar window **Kel·ler·geschoss**[RR] *nt* basement **Kel·ler·ge·wöl·be** *nt* [underground [*or* cellar]] vault **Kel·ler·kind** *nt (fam)* slum kid **Kel·ler·lo·kal** *nt* cellar bar **Kel·ler·meis·ter(in)** *m(f)* [wine] cellarman **Kel·ler·spei·cher** *m* INFORM last-in-first-out memory, push-down store **Kel·ler·tür** *f* cellar door
Kell·ner(in) <-s, -> ['kɛlnɐ] *m(f)* waiter
kell·nern ['kɛlnɐn] *vi (fam)* to work as a waiter [*or* waitress]
Kel·te, Kel·tin <-n, -n> ['kɛltə, 'kɛltɪn] *m, f* HIST Celt
Kel·ter <-, -n> ['kɛltɐ] *f* winepress
kel·tern ['kɛltɐn] *vt* ■ **etw ~** to press sth; ■ **das K~** [the] pressing
Kel·ter·obst *nt* fruit for juicing
Kel·tin <-, -nen> *f fem form von* **Kelte**
kel·tisch ['kɛltɪʃ] *adj* Celtic
Ke·me·na·te <-, -n> [keme'na:tə] *f* HIST *(Frauengemächer)* ladies' heated apartment[s] [in a medieval castle] ❷ *(hum fam: Damenzimmer)* boudoir
Ke·nia <-s> ['ke:nia] *nt* Kenya; *s. a.* **Deutschland**
Ke·nia·boh·ne *f* Kenya bean
Ke·nia·ner(in) <-s, -> [ke'nia:nɐ] *m(f)* Kenyan; *s. a.* **Deutsche(r)**
ken·i·a·nisch [ke'nia:nɪʃ] *adj* Kenyan; *s. a.* **deutsch**
ken·nen <kannte, gekannt> ['kɛnən] *vt* ❶ *(jdm bekannt sein)* to know sb/sth; **ich kenne ihn noch von unserer gemeinsamen Studienzeit** I know him from our time at college together; **kennst du das Buch/diesen Film?** have you

read this book/seen this film?; **ich kenne das Gefühl** I know the feeling; **jdn als jdn ~** to know sb as sb; **ich kannte ihn nicht als Liedermacher** I didn't know he was a songwriter; **das ~ wir [schon]** *(iron)* we've heard all that before; **immer die gleichen Ausreden, das ~ wir schon!** always the same old excuses, we've heard them all before!; **du kennst dich doch!** you know what you're like!; **kein[e] ... ~** to know no ...; **kennst du mich noch?** do you remember me?; **jdn ~ lernen** to meet sb, to make sb's acquaintance *form;* **sich ~ lernen** to meet; **jdn als jdn ~ lernen** to come to know sb as sb; **ich habe ihn als einen sehr eigensinnigen Menschen ~ gelernt** I have come to know him as a very stubborn person; **wie ich ihn/sie kenne ...** if I know him/her ...; **jdn so [noch] gar nicht ~** to have never seen sb like this [before]; **so kenne ich dich gar nicht** I've never seen you like this; ■ **sich ~** to know one another [*or* each other] ② *(vertraut sein)* ■ **etw ~** to be familiar with sth; **die Leute dort ~ keinen Schnee** the people there have no experience of snow; **jdn/etw ~ lernen** to get to know [*or* become acquainted with] sb/sth; **sich ~ lernen** *(miteinander vertraut werden)* to get to know one another [*or* each other] ③ *(gut verstehen)* ■ **etw ~** to know sth ④ *(wissen)* ■ **etw ~** to know sth; **~ Sie hier ein gutes Restaurant?** do you know [of] a good restaurant here? ▸ WENDUNGEN: **sich nicht mehr vor etw ~** *dat* to be beside oneself with sth; **er kannte sich kaum noch vor Wut** he was almost beside himself with rage; **jdn nicht mehr ~** to have nothing more to do with sb; **jdn nicht mehr ~ wollen** to not want anything more to do with sb; **jdn noch ~ lernen** *(fam)* to have sb to reckon with; **sofort das Geld zurück, sonst lernst du mich noch ~!** give me the money back right now or you'll have me to reckon with!

Ken·ner(in) <-s, -> ['kɛnɐ] *m(f)* expert, authority; ■ **ein ~ einer S.** *gen* an expert [*or* authority] on a thing; ■ **ein ~ von etw** an expert on [*or* in] [*or* authority on] sth; **was gute Weine angeht, ist er ein absoluter ~** as far as good wine is concerned, he's an absolute connoisseur; **da zeigt sich der [wahre] ~** you can tell who the [real] expert is [*or* who's the [real] expert]

Ken·ner·blick *m* expert eye; **mit ~** with an expert eye

ken·ner·haft, **ken·ne·risch** I. *adj* discerning II. *adv* discerningly

Ken·ne·rin <-, -nen> *f fem form von* **Kenner**

Ken·ner·mie·ne *f* air of expertise; **mit ~** with the air of an expert

kennt·lich ['kɛntlɪç] *adj* ■ **[an etw** *dat]* **~ sein** to be recognizable [*or* BRIT *a.* -isable] by sth; **etw [durch etw] [als etw] ~ machen** to identify [*or* mark] sth [as sth] [with [*or* by [means of]] sth], to label sth [as sth] [with sth]

Kennt·nis <-se> ['kɛntnɪs] *f* ① *kein pl (Vertrautheit)* knowledge; **sich jds ~ entziehen** *(geh)* sb has no knowledge of [*or* doesn't know anything about] sth; **~ von etw erhalten** *(geh)* to learn [*or* be informed] of [*or* about] sth; **von etw ~ haben** *(geh)* to have knowledge of [*or* know about] sth; **etw zur ~ nehmen** to take note of sth; **zur ~ nehmen, dass** to note that; **jdn von etw in ~ setzen** *(geh)* to inform [*or* notify] sb of sth; **jdn davon in ~ setzen, dass** *(geh)* to inform sb that; **ohne ~ einer S.** *gen* without knowing sth; **ohne ~ der familiären Situation können wir nicht viel tun** we can't do much without knowing about the family situation ② *pl (Wissen)* knowledge *no pl;* **Sie sollten Ihre ~se vertiefen** you should broaden your knowledge; **[gründliche] ~se in etw haben** to have a [thorough] knowledge of sth; **über ~se [in etw] verfügen** *(geh)* to be knowledgeable [*or* know] [about sth]; **von etw ~**

haben *(geh)* to have knowledge of [*or* know about] sth

Kennt·nis·nah·me <-> *f kein pl (geh)* **nach ~** after perusal; **zur ~** for sb's attention

kennt·nis·reich I. *adj (geh)* knowledgeable, well-informed II. *adv (geh)* knowledgeably

Kenn·wort <-wörter> *nt* ① *(Codewort)* code name ② *(Losungswort)* password **Kenn·zahl** *f* ① TELEK *(Ortsnetzkennzahl)* dialling [*or* AM area] code ② *(charakteristischer Zahlenwert)* index

Kenn·zei·chen *nt* ① *(Autokennzeichen)* number plate BRIT, registration number BRIT, license plate AM; **amtliches ~** *(geh)* license plate, BRIT *a.* registration number ② *(Merkmal)* mark; **in Pässen wird auch nach besonderen oder unveränderlichen ~ gefragt** there is a section in passports for distinguishing marks [*or* features] ③ *(Markierung)* insignia *npl;* **der Wanderweg ist durchgängig mit diesem ~ markiert** the ramblers' footpath is marked with this sign along the whole route

kenn·zeich·nen ['kɛntsaiçnən] I. *vt* ① *(markieren)* ■ **etw [als etw] ~** to mark [*or* label] sth [as sth]; ■ **etw/ein Tier [durch/mit etw] ~** to mark sth [with [*or* by [means of]] sth] [*or* label sth [with sth]] / tag an animal [with sth]; **Pakete mit Gläsern müssen als „zerbrechlich" gekennzeichnet werden** packages containing glasses must be marked "fragile" ② *(charakterisieren)* ■ **jdn als jdn/etw ~** to characterize [*or* describe] sb as sb/sth; ■ **durch etw gekennzeichnet sein** to be characterized by sth II. *vr* ■ **sich durch etw ~** to be characterized by sth; **ihre Kunstwerke ~ sich durch Präzision** precision is a hallmark of her works of art

kenn·zeich·nend *adj* characteristic, characteristic; **ein ~es Charakteristikum** a typical characteristic; **ein ~es Merkmal** a distinguishing mark [*or* feature]; ■ **~ für jdn/etw sein** to be typical [*or* characteristic] of sb/etw

Kenn·zif·fer *f* ÖKON box number

ken·tern ['kɛntɐn] *vi sein* to capsize; **etw zum K~ bringen** to capsize sth

Ke·ra·mik <-, -en> [ke'raːmɪk] *f* ① *kein pl (Töpferwaren)* ceramics *npl,* pottery *no indef art* ② *(Kunstgegenstand)* ceramic, piece of pottery ③ *kein pl (gebrannter Ton)* fired [*or* baked] clay

ke·ra·misch [ke'raːmɪʃ] *adj* ceramic, pottery *attr*

Ke·ra·tin <-s, -e> [kera'tiːn] *nt* BIOL keratin

Ker·be <-, -n> ['kɛrbə] *f (Einkerbung)* notch; ▸ WENDUNGEN: **in die gleiche [o dieselbe] ~ hauen** [*o* **schlagen]** *(fam)* to take the same line

Ker·bel <-s> ['kɛrbl] *m kein pl* chervil

ker·ben ['kɛrbn] *vt* ■ **etw ~** *akk* to carve sth

Kerb·holz *nt* ▸ WENDUNGEN: **etw auf dem ~ haben** *(fam)* to have blotted one's copybook *fam* [*or* committed a few dirty deeds in the past]

Kerb·tier *nt* insect

Ker·ker <-s, -> ['kɛrkɐ] *m* ① HIST *(Verlies)* dungeon ② *(Strafe)* imprisonment *no pl* ③ ÖSTERR *(Zuchthaus)* prison, jail, BRIT *a.* gaol

Ker·ker·meis·ter *m* HIST jailer, BRIT *a.* gaoler

Kerl <-s, -e *o* -s> [kɛrl] *m (fam)* ① *(Bursche)* fellow *fam,* BRIT *a.* chap *fam,* BRIT *a.* bloke *fam* ② *(Mensch)* person; **er ist ein anständiger/toller ~** he's a decent/terrific bloke [*or* fellow] *fam* ③ *(Freund)* guy *fam,* fellow *fam,* BRIT *a.* bloke *fam;* **ihr ~ gefällt mir nicht** I don't like her fellow [*or* bloke]

Kern <-[e]s, -e> [kɛrn] *m* ① BOT, HORT *Kernobst)* pip; *Steinobst)* stone; **in ihr steckt ein guter ~** *(fig)* she's good at heart; **einen wahren ~** *(fig)* to contain a core of truth ② *(Nusskern)* kernel ③ *(Atomkern)* nucleus ④ *(Zellkern)* nucleus ⑤ *(der zentrale Punkt)* heart, crux; **der ~ eines Problems** the crux

of a problem; **zum ~ eines Problems kommen** to get to the heart of a problem; **kommen wir zum ~ der Sache!** let's get to the point! ❷ *(zentraler Teil)* centre [*or* AM -er]; *(Familie)* nucleus; *(wichtigster Teil)* core, nucleus ▸ WENDUNGEN: **der harte ~** the hard core **Kern·ar·beits·zeit** *f* core work time [*or* working hours] **Kern·bei·ßer** <-s, -> *m* ORN hawfinch **Kern·be·stand** *m* core [constituents *pl*] **Kern·brenn·stoff** *m* nuclear fuel **Kern·ener·gie** *f* nuclear [*or* atomic] energy **Kern·ex·plo·si·on** *f* nuclear explosion **Kern·fach** *nt* SCH core subject **Kern·fa·mi·lie** *f* nuclear family **Kern·for·schung** *f* nuclear research **Kern·for·schungs·zent·rum** *nt* nuclear research centre [*or* AM -er] **Kern·fra·ge** *f* central issue, crucial question **Kern·frucht** *f* pome [fruit], pomaceous [*or* hard pip] [*or* seed] fruit **Kern·fu·si·on** *f* nuclear fusion **Kern·ge·dan·ke** *m* central idea **Kern·ge·häu·se** *nt* BOT, HORT core
kern·ge·sund *adj* fit as a fiddle *pred*, fighting fit *pred* **Kern·holz** *nt* FORST heartwood **Kern·hül·le** *f* BIOL nuclear membrane
ker·nig ['kɛrnɪç] *adj* ❶ *(markig)* robust; **der Auspuff dieses Sportwagens hat einen satten, ~en Klang** this sports car's exhaust makes a lovely, powerful noise ❷ *(urwüchsig)* earthy; **die haben ~e Sprüche drauf** they come out with some earthy language ❸ *(voller Obstkerne)* full of pips *pred*
Kern·kraft *f* nuclear power

Kern·kraft·be·für·wor·ter(in) *m(f)* advocate [*or* supporter] of nuclear power **Kern·kraft·geg·ner(in)** *m(f)* opponent of nuclear power **Kern·kraft·werk** *nt* nuclear power plant [*or* station]
Kern·land *nt* heartland **kern·los** *adj* pipless; **~ Trauben** seedless grapes **Kern·obst** *nt* pome [fruit], pomaceous [*or* hard pip] [*or* seed] fruit **Kern·phy·sik** *f* nuclear physics + *sing vb, no art* **Kern·phy·si·ker(in)** *m(f)* nuclear physicist **Kern·pro·blem** *nt* central problem **Kern·punkt** *m* s. **Kern 5 Kern·re·ak·ti·on** *f* nuclear reaction **Kern·re·ak·tor** *m* nuclear reactor **Kern·schat·ten** *m* ASTRON umbra, total shadow **Kern·schmel·ze** *f* core meltdown, meltdown of the core **Kern·sei·fe** *f* washing [*or* hard] soap **Kern·spal·tung** *f* PHYS nuclear fission *no pl, no indef art* **Kern·spin·to·mo·graf**ᴿᴿ, **Kern·spin·to·mo·graph** *m* magnetic resonance imaging scanner, MRI **Kern·stück** *nt* crucial [*or* central] part [*or* element] **Kern·tech·nik** *f* nuclear engineering **Kern·tech·no·lo·gie** *f* PHYS nuclear technology **Kern·tei·lung** *f* BIOL nuclear division **Kern·ver·schmel·zung** *f* ❶ PHYS *s.* **Kernfusion** ❷ BIOL cell union, karyogamy *spec* **Kern·ver·suchs·an·la·ge** *f* nuclear test site **Kern·waf·fe** *f meist pl* MIL, PHYS nuclear [*or* atomic] weapon
kern·waf·fen·frei *adj* nuclear-free **Kern·waf·fen·ver·such** *m* nuclear [*or* atomic] weapons test
Kern·zeit *f* core work time [*or* working hours]
Ke·ro·sin <-s, -e> [kero'zi:n] *nt* kerosene
Ker·ze <-, -n> ['kɛrtsə] *f* ❶ *(Wachskerze)* candle; *(elektrische Kerze)* electric Christmas-tree light ❷ AUTO *(Zündkerze)* spark [*or* BRIT a. sparking] plug ❸ SPORT *(Bodenübung)* shoulder stand; **eine ~ machen** to do a shoulder stand ❹ BOT *(Blütenstand)* candle, thyrus *spec*
Ker·zen·be·leuch·tung *f s.* **Kerzenlicht Ker·zen·docht** *m* [candle]wick **ker·zen·ge·ra·de** I. *adj* erect II. *adv* as straight as a die **Ker·zen·hal·ter** *m* candleholder **Ker·zen·leuch·ter** *m* candlestick; **ein fünfarmiger ~** a candelabrum with five branches **Ker·zen·licht** *nt kein pl* candlelight; **bei ~** by candlelight **Ker·zen·schlüs·sel** *m* AUTO [spark [*or* BRIT a. sparking]] plug spanner **Ker·zen·stän·der** *m* candlestick, candelabrum

Ke·scher <-s, -> ['kɛʃɐ] *m* fishing-net
kessᴿᴿ, **keß**ᴬᴸᵀ [kɛs] I. *adj* ❶ *(frech und pfiffig)* cheeky, cocky; **eine kesse Antwort** a cheeky answer; **kesse Sprüche** cheeky language ❷ *(hübsch)* pert ❸ *(flott)* pert, jaunty; **eine kesse Hose** a natty pair of trousers II. *adv* cheekily
Kes·sel <-s, -> ['kɛsəl] *m* ❶ *(Wasserkessel)* kettle; **sie setzte den ~ auf** she put the kettle on ❷ *(großer Kochtopf)* pot ❸ *(Heizkessel)* boiler ❹ GEOG *(Mulde)* basin, basin-shaped valley ❺ MIL *(Einschlussring)* encircled area
Kes·sel·fli·cker(in) <-s, -> *m(f)* tinker **Kes·sel·haus** *nt* boiler house **Kes·sel·pau·ke** *f* kettledrum **Kes·sel·stein** *m kein pl* scale, fur **Kes·sel·trei·ben** *nt* witch-hunt
Keß·heitᴿᴿ <-, -en> *f*, **Keß·heit**ᴬᴸᵀ <-, -en> *f* cheek[iness], sauciness
Ket·chup <-[s], -s> ['kɛtʃap] *m o nt s.* **Ketschup**
Ketsch <-, -en> [kɛtʃ] *f* NAUT ketch
Ket·schupᴿᴿ <-[s], -s> ['kɛtʃap] *m o nt* ketchup
Ket·te <-, -n> ['kɛta] *f* ❶ *(Gliederkette)* chain; **einen Hund an die ~ legen** to chain up a dog *sep*, to put a dog on a chain; **jdn an die ~ legen** *(fig)* to keep sb on a tight [*or* short] leash *fig*; **jdn in ~n legen** to put sb in chains, to clap sb in irons; **in ~n liegen** *(geh)* to be in chains; **seine ~n zerreißen** [*o* sprengen] *(fig geh)* to throw off [*or* break] one's chains [*or* shackles] [*or* fetters]; *(Fahrradkette)* [bicycle] chain; *(Schmuckkette)* necklace ❷ *(ununterbrochene Reihe)* line; **viele tausende Demonstranten hatten eine ~ gebildet** several thousand demonstrators had formed a human chain; *(Reihe von Gleichartigem)* Blumen row; *Bergen* chain; **eine ~ von Beweisen/Indizien** a body of evidence; **eine ~ von Ereignissen** a chain of events; **eine ~ von Unglücksfällen** a series [*or* chapter] of accidents ❸ ÖKON chain; **dieses Restaurant gehört zu einer ~** this restaurant is part of a chain ❹ *(in Längsrichtung verlaufende Fäden)* warp
ket·ten ['kɛtn̩] *vt* ❶ *(mit einer Kette befestigen)* ■ **jdn/ein Tier an etw ~** *akk* to chain sb/an animal to sth ❷ *(fest binden)* ■ **jdn an sich ~** *akk* to bind [*or* tie] sb to oneself *fig*; ■ **jdn an jdn ~** to bind [*or* tie] sb to sb *fig*
Ket·ten·brief *m* chain letter **Ket·ten·fahr·zeug** *nt* tracked vehicle, Caterpillar® [vehicle] **Ket·ten·glied** *nt* link **Ket·ten·hemd** *nt* HIST coat of chain mail **Ket·ten·hund** *m* [chained-up] guard dog [*or* watchdog] **Ket·ten·ka·rus·sell** *nt* merry-go-round **Ket·ten·rau·chen** *nt* chain-smoking **Ket·ten·rau·cher(in)** *m(f)* chain-smoker **Ket·ten·re·ak·ti·on** *f* ❶ NUKL chain reaction ❷ *(aufeinanderfolgende Ereignisse)* chain reaction *fig* **Ket·ten·schal·tung** *f* derailleur gear **Ket·ten·schutz** *m* chain guard
Ket·zer(in) <-s, -> ['kɛtsɐ] *m(f)* ❶ REL *(Häretiker)* heretic ❷ *(geh: Abweichler)* heretic *fig*
Ket·ze·rei <-, -en> [kɛtsə'rai] *f* ❶ REL *(Häresie)* heresy ❷ *(geh: Abweichlertum)* heresy *fig*
Ket·ze·rin <-, -nen> *f fem form von* **Ketzer**
ket·ze·risch *adj* ❶ REL *(häretisch)* heretical, heterodox *form* ❷ *(geh: abweichlerisch)* heretical *fig*, heterodox *fig form*
keu·chen ['kɔyçn̩] *vi* ❶ *haben (schwer atmen)* to puff [*or* pant] ❷ *sein (sich schwer atmend fortbewegen)* ■ **irgendwohin ~** to puff [*or* pant] somewhere
Keuch·hus·ten *m* whooping cough *no art*, pertussis *spec*
Keu·le <-, -n> ['kɔylə] *f* ❶ *(Waffe)* club, cudgel; **chemische ~** *(fig, euph)* Chemical Mace® ❷ SPORT Indian club ❸ KOCH *(Schenkel)* leg
Keu·len·schlag *m* blow with a club [*or* cudgel]; ▸ WENDUNGEN: **jdn wie ein ~ treffen** to hit sb like a thunderbolt

keusch [kɔyʃ] *adj* chaste
Keusch·heit <-> *f kein pl* chastity, chasteness; ~ **gelo·ben** to take a vow of chastity
Keusch·heits·ge·lüb·de *nt* vow of chastity; **das ~ ablegen** to take a vow of chastity **Keusch·heits·gür·tel** *m* HIST chastity belt
Key·board <-s, -s> ['ki:bɔ:ɐt] *nt* keyboard
Kfor ['ka:fo:ɐ] *f Akr von* **Kosovo-Friedenstruppe** Kfor *(NATO peacekeeping force in Kosovo)*
K-Fra·ge ['ka:-] *f kurz für* **Kanzlerfrage** *issue concerning who was to be the CDU/CSU's chancellor candidate in the 2002 German elections*
Kfz <-[s], -[s]> [ka:ɛftsɛt] *nt Abk von* **Kraftfahrzeug**
Kfz-Brief *m* [vehicle] registration document, BRIT *a.* logbook **Kfz-Me·cha·ni·ker(in)** *m(f)* motor [*or* AM car] mechanic **Kfz-Ver·si·che·rung** *f* motor [vehicle] insurance BRIT, motor vehicle [*or* car] insurance AM **Kfz-Werk·statt** *f* motor vehicle workshop **Kfz-Zu·be·hör** *nt* motor vehicle accessories
kg *Abk von* **Kilogramm** kg
KG <-, -s> [ka:'ge:] *f Abk von* **Kommanditgesellschaft**
kgl. *adj Abk von* **königlich**
K-Grup·pe *f* POL Communist splinter group
Kha·ki[1] <-s> ['ka:ki] *m kein pl* khaki
Kha·ki[2] <-s> ['ka:ki] *nt kein pl (Farbe)* khaki
kha·ki·far·ben *adj* khaki[-coloured [*or* AM -ored]]
Khar·t[o]um ['kartʊm, kar'tu:m], **Khartoum** <-s> *nt* Khartoum
Khmer [kme:ɐ] *nt decl wie adj* Khmer, Cambodian; *s. a.* **Deutsch**
kHz *Abk von* **Kilohertz** kHz
KI *f* INFORM *Abk von* **Künstliche Intelligenz** AI
Kib·buz <-, Kibbuzim *o* -e> [kɪ'bu:ts, *pl:* kɪbu'tsi:m] *m* GEOG kibbutz
Ki·cher·erb·se ['kɪçɐʔɛrpsə] *f* chick-pea
ki·chern ['kɪçɐn] *vi* to giggle; ■ **das K~** [the] [giggling
Kick [kɪk] *m* ❶ SPORT kick ❷ *(fam:* Nervenkitzel*)* kick
ki·cken ['kɪkn̩] FBALL **I.** *vi (fam)* to play football; [**für einen Verein**] ~ to play [football] [for a club] **II.** *vt (fam)* **den Ball** ~ to kick the ball
Ki·cker(in) ['kɪkɐ] *m(f)* FBALL *(fam)* football [*or* AM soccer] player
Kick·star·ter *m* TECH kick-start[er]
Kid <-s, -s> [kɪt] *nt (sl)* kid *fam*, youngster *fam*
kid·nap·pen ['kɪtnɛpn̩] *vt* ■ **jdn** ~ to kidnap sb
Kid·nap·per(in) <-s, -> ['kɪtnɛpɐ] *m(f)* kidnapper
Kid·nap·ping <-s, -s> ['kɪtnɛpɪŋ] *nt* kidnapping
kie·big ['ki:bɪç] *adj* DIAL ❶ *(frech)* cheeky, saucy, fresh *fam* ❷ *(aufgebracht)* ■ ~ **sein/werden** to be/get annoyed
Kie·bitz <-es, -e> ['ki:bɪts] *m* lapwing, pe[e]wit
Kie·bitz·ei·er *pl* lapwing eggs *pl*
Kie·fer[1] <-, -n> ['ki:fɐ] *f* ❶ *(Baum)* pine [tree] ❷ *kein pl (Holz)* pine[wood]
Kie·fer[2] <-s, -> ['ki:fɐ] *m* ANAT jaw[-bone]
Kie·fer·bruch *m* MED fracture of the jaw, jaw fracture **Kie·fer·chi·rurg(in)** *m(f)* oral surgeon **Kie·fer·chi·rur·gie** *f* oral surgery **Kie·fer·chi·rur·gin** *f fem form von* **Kieferchirurg Kie·fer·ge·lenk** *nt* ANAT, MED [temporo]mandibular joint *spec* **Kie·fer·höh·le** *f* ANAT maxillary sinus **Kie·fer·höh·len·ent·zün·dung** *f* maxillary sinusitis, antritis *spec*
Kie·fern·ast *m* pine[-tree] branch **Kie·fern·holz** *nt* pine[wood] **Kie·fern·kreuz·schna·bel** *m* ORN parrot crossbill **Kie·fern·na·del** *f* pine needle **Kie·fern·rin·de** *f* bark of the pine [tree], pine[-tree] bark **Kie·fern·stamm** *f* pine[-tree] trunk **Kie·fern·wald** *m* pine wood **Kie·fern·zap·fen** *m* pine cone **Kie·fern·zweig** *m* pine[-tree] twig
Kie·fer·or·tho·pä·de, -or·tho·pä·din <-n, -n> *m, f* MED orthodontist

kie·ken ['ki:kn̩] *vi* NORDD *(gucken)* to look
Kie·ker <-s, -> ['ki:kɐ] *m* ▶ WENDUNGEN: **jdn auf dem ~ haben** *(fam: sich jdn herausgepickt haben, um auf ihm herumhacken zu können)* to have it in for sb *fam;* *(jdn seit längerem mit Misstrauen beobachten)* to have one's eye on sb; *(an jdm sehr interessiert sein)* to have one's eye on sb
kie·ksen *vi* to squeak
Kiel <-[e]s, -e> [ki:l] *m* ❶ *(Schiffskiel)* keel ❷ *(Federkiel)* quill ▶ WENDUNGEN: **ein Schiff auf ~ legen** NAUT to lay down [the keel of] a ship *sep*
kiel·ho·len *vt* ■ **gekielholt werden** ❶ NAUT to be careened ❷ HIST to be keel-hauled **kiel·oben** [ki:l'ʔo:bn̩] *adv* bottom [*or* keel] up **Kiel·raum** *m* bilge **Kiel·was·ser** *nt* wake, wash; **in jds ~ segeln** [*o* schwimmen] *(fig)* to follow in sb's wake *fig*
Kie·me <-, -n> ['ki:mə] *f* gill
Kie·men·schne·cke *f* ZOOL whelk
Kien <-[e]s> ['ki:n] *m*, **Kien·span** ['ki:n-] *m kein pl* pine[wood] spill
Kie·pe <-, -n> ['ki:pə] *f* NORDD pannier, dosser
Kies <-es, -e> [ki:s] *m* ❶ *(kleines Geröll)* gravel *no pl* ❷ *kein pl (sl: Geld)* dough *sl no indef art,* bread *sl no indef art,* BRIT *a.* dosh *sl no indef art*
Kie·sel <-s, -> ['ki:zl] *m s.* **Kieselstein**
Kie·sel·säu·re *f* CHEM silicic acid **Kie·sel·stein** *m* pebble **Kie·sel·strand** *m* shingle [*or* pebble] beach
Kies·gru·be *f* gravel pit **Kies·weg** *m* gravel path
Kie(t)z <-es, -e> [ki:ts] *m* ❶ *(Berliner Stadtviertel)* neighbourhood BRIT, neighborhood AM, area of town ❷ *(sl: Strich)* red-light district; **auf dem ~** *(sl)* in the neighbourhood [*or* AM neighborhood]
Kiew <-s> ['ki:ɛf] *nt* Kiev
kif·fen ['kɪfn̩] *vi (sl)* to smoke pot *fam* [*or fam* dope] [*or sl* grass]
Kif·fer(in) <-s, -> *m(f) (sl)* pot-smoker *fam*, pot-head *fam*, dope-head *fam*
ki·ke·ri·ki [kikəri'ki:] *interj* cock-a-doodle-doo
kil·len ['kɪlən] *vt (sl)* ■ **jdn** ~ to bump off [*or* do in] sb *sep sl*, to kill sb
Kil·ler(in) <-s, -> ['kɪlɐ] *m(f) (sl)* hit man
Kil·ler·in·stinkt *m (sl)* killer instinct **Kil·ler·zel·le** *f* MED *(Zellen des Immunsystems, die Fremdsubstanzen unschädlich macht)* T cytotoxic cell
Ki·lo <-s, -[s]> ['ki:lo] *nt (fam) s.* **Kilogramm** kilo
Ki·lo·byte ['ki:lobait] *nt* kilobyte **Ki·lo·gramm** *nt* kilogramme [*or* AM -am] **Ki·lo·hertz** *nt* PHYS kilohertz, kilocycle [per second] **Ki·lo·joule** ['ki:lodʒaul, -dʒu:l] *nt* kilojoule **Ki·lo·ka·lo·rie** ['ki:lokalori:] *f* PHYS kilocalorie
Ki·lo·me·ter [kilo'me:tɐ] *m* ❶ *(1000 Meter)* kilometre [*or* AM -er]; **bei ~ ...** SPORT after ... kilometres; **bei ~ 15 gab es den ersten Getränkestand** the first drinks stand came after 15 kilometres ❷ *(fam: Stundenkilometer)* ... [kilometres [*or* AM -ers] per hour]; **auf dieser Strecke herrscht eine Geschwindigkeitsbeschränkung von 70 ~n** there's a speed limit of 70 [kilometres per hour] on this stretch [of road]
Ki·lo·me·ter·geld *nt* FIN mil[e]age [allowance] **Ki·lo·me·ter·lang I.** *adj* stretching for miles *pred;* **eine ~e Autoschlange/Fahrzeugschlange/ein ~er Stau** a line of cars/vehicles/a traffic jam stretching [back] [*or* BRIT *a.* tailback stretching] for miles; **ein ~er Strand** a beach stretching for miles [and miles] **II.** *adv* for miles [and miles], for miles on end **Ki·lo·me·ter·pau·scha·le** *f* FIN [tax] mil[e]age allowance **Ki·lo·me·ter·stand** *m* mil[e]age reading of ..., with ... on the clock, after ... kilometres [*or* AM -ers] [*or* miles]; **bei ~ 25.000 haben Sie die nächste Inspektion!** your next service is due at [*or* after] 25,000 kilometres! **Ki·lo·me·ter·stein** *m* milestone **ki·lo·me·ter·weit I.** *adj* for miles [and miles] *pred;* **sie machen gerne ~e Wanderungen** they

like taking walks which last for many miles [*or* walking for miles] **II.** *adv* for miles [and miles]; **von der Bergkuppe kann man ~ sehen** you can see for kilometres [*or* miles] from the top of the mountain **Ki·lo·me·ter·zäh·ler** *m* milometer, odometer, mil[e]age counter [*or* indicator]

Ki·lo·watt [kilo'vat, 'kilo-] *nt* kilowatt

Ki·lo·watt·stun·de [kilo'vat-, 'kilo-] *f* kilowatt-hour

Kim·me <-, -n> ['kımə] *f* back [*or* rear] sight; **über ~ und Korn zielen** to aim over notch and bead sight [*or* open sights]

Kind <-[e]s, -er> [kınt, *pl:* kındɐ] *nt* ① *(Nachkomme)* child; **ihre ~er sind drei und vier Jahre alt** her children are three and four years old; **~er Gottes** *(fig)* God's children; **ein ~ in die Welt setzen** [*o geh:* **zur Welt bringen**] to bring a child into the world; **das ist nichts für kleine ~er** that's not for your young eyes/ears; [**du bist aber ein**] **kluges ~!** *(iron)* oh, aren't you clever! *iron;* **jds leibliches ~** sb's own child; **ein uneheliches** [*o* **nicht eheliches**] **~** an illegitimate child, a child born out of wedlock; **bei jdm ist ein ~ unterwegs** sb is expecting [a baby] [*or* pregnant]; **ein ~** [**von jdm**] **bekommen** [*o* **erwarten**] [*o* **kriegen**] to be expecting a baby [*or* pregnant] [by sb], to be with child *form*, to be pregnant with sb's child; **wir bekommen ein ~!** we're going to have a baby!; **jdm ein ~ machen** *(sl)* to put sb in the club *fam* [*or* BRIT *sl* up the duff], to put a bun in sb's oven *hum sl,* to get sb in the family way *fam,* to knock sb up *sl;* **sich** *dat* **ein ~ wegmachen lassen** *(sl)* to get rid of a baby *euph;* **das weiß doch jedes ~!** *(fam)* any child [*or* five-year-old] knows [*or* could tell you] that; **von ~ auf** [*o* **an**] from childhood [*or* an early age]; **aber ~!** child, child!; **das ~ im Manne** *(fig)* he's a boy at heart; **jdn an ~es Statt annehmen** JUR to adopt sb; **ein ~ des Todes sein** *(fig veraltend geh)* to be as good as dead; **ein großes ~ sein** to be a big baby; **noch ein halbes ~ sein** to be still almost a child; **sich wie ein ~ freuen** to be as pleased as Punch; **kein ~ mehr sein** not to be a child any more ② *pl (fam: Leute)* folks *pl;* **~er, ~er!** *(fam)* dear oh dear!, goodness me! ▶ WENDUNGEN: **das ~ mit dem Bade ausschütten** to throw out the baby with the bathwater; **jdm ein ~ in den Bauch reden** *(fam)* to talk the hind legs off a donkey; **reden Sie mir kein ~ in den Bauch, ich kaufe Ihnen sowieso nichts ab** I'm not going to buy anything off you, however much you try and soft-soap me; **mit ~ und Kegel** *(hum fam)* with the whole family; **aus ~ern werden Leute** *(prov)* children grow up [all too] quickly; **das ~ muss einen Namen haben** it must be called something; **das ~ beim** [**rechten**] **Namen nennen** to call a spade a spade; **~er und Narren** [*o* **Betrunkene**] **sagen die Wahrheit** *(prov)* children and fools speak the truth *prov;* **kleine ~er, kleine Sorgen, große ~er, große Sorgen** *(prov)* when they are little make parents fools, when great, mad [*or* they are great they make them mad] *prov;* **kein ~ von Traurigkeit sein** *(hum)* to be sb who enjoys life; **ich bin kein ~ von Traurigkeit** I [like [*or* know how] to] enjoy life; **ein ~ seiner Zeit sein** to be a child of one's time; [**ein**] **gebranntes ~ scheut das Feuer** once bitten, twice shy *prov;* **was Glücksspiele angeht, bin ich ein gebranntes ~!** I've learned my lesson as far as games of chance are concerned; **bei jdm lieb ~ sein** *(fam)* to be sb's favourite [*or* blue-eyed boy] [*or* girl]; **sich bei jdm lieb ~ machen** *(fam)* to [try and] get on the right side of sb [*or* in sb's good books]; **wie sag' ich's meinem ~e?** *(hum)* I don't know how to put it, how should I put it?; **ich kann ihm nicht helfen, aber wie sag' ich's meinem ~e?** I can't help him, but how am I going to tell him?; **wir werden das ~ schon schaukeln**

(fam) we'll manage to sort it [*or* everything] out

Kind·bett *nt (veraltend)* s. **Wochenbett**

Kind·bett·fie·ber *nt* s. **Wochenbettfieber**

Kind·chen <-s, -> ['kıntçən] *nt dim von* **Kind** ① *(Baby)* baby ② *(mein liebes Kind)* my dear child, little one

Kind·chen·sche·ma *nt* PSYCH baby schema

Kin·der·ar·beit *f* child labour [*or* AM -or] **Kin·der·arzt, -ärz·tin** *m, f* paediatrician BRIT, pediatrician AM **Kin·der·au·gen** *pl* children's [*or* child's] eyes; [**vor Erstaunen**] **~ bekommen** [*o* **machen**] to be wide-eyed [with astonishment] **Kin·der·be·klei·dung** *f* children's wear **Kin·der·bett** *nt* cot **Kin·der·bild** *nt* childhood photograph **Kin·der·buch** *nt* children's book **Kin·der·bü·ro** *nt* children's advice centre [*or* AM -er]

Kin·der·chen *pl dim von* **Kind** kiddie

Kin·der·chor [-koːɐ] *m* children's choir **Kin·der·dorf** *nt* children's village **Kin·der·ehe** *f* child marriage

Kin·de·rei <-, -en> [kındə'raɪ] *f* childishness *no pl, no indef art*

Kin·der·er·zie·hung *f* bringing up [*or* raising] [*or* rearing] children **Kin·der·fahr·kar·te** *f* child's ticket **Kin·der·fahr·rad** *nt* child's bicycle [*or fam* bike] **kin·der·feind·lich I.** *adj* anti-children; **eine ~e Architektur/Planung** architecture/planning which does not cater for children [*or* take children into account] **II.** *adv* with little thought [*or* regard] [*or* without regard] for children **Kin·der·feind·lich·keit** *f* anti-children attitude; **die ~ von Architektur/Gesellschaft** the failure of architecture/society to cater for children [*or* take children into account] **Kin·der·fest** *nt* children's party **Kin·der·film** *m* children's film **Kin·der·frei·be·trag** *m* child [*or* children's] allowance **Kin·der·freund(in)** *m(f)* sb who loves children; ▶ WENDUNGEN: **ein ~ sein** to be [very] fond of children **kin·der·freund·lich I.** *adj* child-orientated [*or* AM -oriented] [*or* -friendly]; **~e Architektur** architecture which caters for children [*or* takes children into account] **II.** *adv* with children in mind **Kin·der·gar·ten** *m* kindergarten, nursery school

Kin·der·gärt·ner(in) *m(f)* kindergarten [*or* nursery-school] teacher **Kin·der·ge·burts·tag** *m* child's birthday **Kin·der·geld** *nt* child benefit, family allowance *dated* **Kin·der·ge·sicht** *nt* ① *(Gesicht eines Kindes)* child's face; **beim Fest sah man nur frohe/glückliche ~er** one could see only happy children's faces at the party ② *(kindliches Gesicht)* childlike face **Kin·der·got·tes·dienst** *m* children's service **Kin·der·heil·kun·de** *f* paediatrics BRIT *no art, + sing vb,* pediatrics AM *no art, + sing vb* **Kin·der·heim** *nt* children's home **Kin·der·hort** *m* day-nursery, BRIT *a.* crèche **Kin·der·kli·nik** *f* MED children's [*or* paediatric [*or* AM pediatric]] clinic **Kin·der·kran·ken·haus** *nt* s. **Kinderklinik Kin·der·krank·heit** *f* ① *(Krankheit)* childhood disease [*or* illness] ② *meist pl (fig: Anfangsprobleme)* teething troubles *pl fig* **Kin·der·krie·gen** <-s> *nt kein pl (fam: das Gebären)* giving birth *no art,* having children *no art;* ▶ WENDUNGEN: **zum ~ sein** to be enough to drive one up the wall [*or* round [*or* AM around] the bend] *fam* **Kin·der·krip·pe** *f* day-nursery, BRIT *a.* crèche **Kin·der·la·den** *m* anti-authoritarian kindergarten [or nursery school] **Kin·der·läh·mung** f polio, poliomyelitis spec, infant[ile] paralysis dated **kin·der·leicht** ['kɪndɐ'laiçt] I. adj very [or BRIT a. fam dead] easy; ■ ~ **sein** to be child's play fam II. adv very easily; **etw ist ~ zu bedienen/montieren** sth is very [or BRIT a. fam dead] easy to operate/assemble **Kin·der·lein** pl s. **Kinderchen**

kin·der·lieb ['kɪndɐliːp] adj fond of children pred **Kin·der·lie·be** f love of children **Kin·der·lied** nt nursery rhyme

kin·der·los adj childless

Kin·der·lo·sig·keit <-> f kein pl childlessness

Kin·der·mäd·chen f nanny, nursemaid **Kin·der·mär·chen** nt (fam) fairy story, fairy-tale **Kin·der·mo·de** f children's fashion **Kin·der·mord** m (Mord an einem Kind) child murder, infanticide; **einen ~ begehen** to murder a child, to commit child murder [or infanticide] **Kin·der·mör·der(in)** m/f child murderer **Kin·der·mund** m (Mund eines Kindes) child's mouth; ▶ WENDUNGEN: **~ tut Wahrheit kund** (prov) out of the mouths of babes and sucklings prov, children are never shy about telling the truth **Kin·der·narr, -när·rin** m, f sb who loves children **Kin·der·por·no·gra·phie, Kin·der·por·no·gra·fie**RR f child pornography **Kin·der·pro·gramm** nt TV, RADIO children's programme [or AM -am] **Kin·der·pros·ti·tu·ti·on** f child prostitution **Kin·der·psy·cho·lo·gie** f child psychology **Kin·der·reich** adj with many children pred; **eine ~e Familie** a large family **Kin·der·reich·tum** m kein pl abundance of children **Kin·der·reim** m nursery rhyme **Kin·der·schän·der(in)** <-s, -> m/f JUR, SOZIOL child molester [or abuser] **Kin·der·schar** f crowd of children **Kin·der·schreck** m kein pl (pej) bog[e]yman **Kin·der·schuh** m (Schuh für Kinder) child's shoe; **den ~en entwachsen sein** (geh) to have grown up [or become an adult]; **noch in den ~en stecken** (fig) to be still in its infancy; **dieses Verfahren steckt noch in den ~en** this process is still in its infancy **Kin·der·se·gen** m (bes hum) large number of children **Kin·der·si·che·rung** f AUTO child[proof] safety catch **Kin·der·sitz** m ❶ AUTO (Rücksitzaufsatz) child safety seat ❷ (Fahrradaufsatz) childcarrier seat **Kin·der·spiel** nt children's game; [für jdn] **ein ~ sein** (fig) to be child's play [to sb] **Kin·der·spiel·platz** m [children's] playground **Kin·der·spiel·zeug** nt [children's [or child's]] toy **Kin·der·spra·che** f child [or children's] language **Kin·der·sterb·lich·keit** f infant mortality **Kin·der·stim·me** f child's voice **Kin·der·stu·be** f DIAL (Kinderzimmer) children's room, nursery; ▶ WENDUNGEN: **eine/keine gute ~ gehabt haben** to have been well/badly brought up [or had a good/bad upbringing] **Kin·der·ta·ges·stät·te** f s. **Kinderhort Kin·der·tel·ler** m child [or children's] portion **Kin·der·vers** m s. **Kinderreim Kin·der·wa·gen** m pram BRIT, pushchair BRIT, perambulator BRIT dated, baby carriage AM **Kin·der·zahl** f number of children **Kin·der·zim·mer** nt children's room **Kin·der·zu·schlag** m FIN [additional] child benefit [or dated family allowance]

Kin·des·al·ter nt **seit frühestem ~** from a very early age; **im ~ sein** to be a child; **sich noch im ~ befin·den** (geh) to be still a child **Kin·des·bei·ne** pl **von ~n an** from childhood [or an early age] **Kin·des·ent·füh·rung** f kidnapping [or abduction] of a child, child abduction **Kin·des·kind** ['kɪndəskɪnt] nt (veraltet: Enkelkind) grandchild; ▶ WENDUNGEN: **Kind und ~er** [all] sb's [or one's] children and grandchildren **Kin·des·miss·brauch**RR m JUR child abuse no pl [or molestation] no pl **Kin·des·miss·hand·lung**RR f child abuse no pl **Kin·des·mord** m child murder, murder of a child, infanticide, murder of one's own child [or children] **Kin·des·mör·der(in)** m/f child-murderer

kind·ge·mäß I. adj suitable for children pred II. adv suitably for children

kind·haft adj childlike

Kind·heit <-> f kein pl childhood; **von ~ an** from childhood [or an early age]

Kind·heits·er·in·ne·rung f childhood memory usu pl

kin·disch ['kɪndɪʃ] adj (pej) childish pej; **~es Beneh·men/Verhalten** childish [or infantile] behaviour [or AM -or]

kind·lich ['kɪntlɪç] I. adj childlike; **ein ~es Gesicht** a childlike face [or baby-faced]; **eine ~e Verhaltens·weise** a childlike way of behaving II. adv ~ schei·nen/wirken to appear/seem childlike; **sich ~ ver·halten** to behave in a childlike way

Kinds·kopf ['kɪntskɔpf] m (fam) big kid; **ihr seid viel·leicht Kindsköpfe!** you really are childish! **Kind(s)·tau·fe** f christening **Kinds·tod** m infant death; **plötz·licher ~** sudden infant death syndrome

Ki·ne·ma·thek <-, -en> [kinema'te:k] f film library [or archive]

Ki·ne·tik <-> [ki'ne:tɪk] f kein pl kinetics + sing vb, no art

ki·ne·tisch [ki'ne:tɪʃ] adj kinetic

King <-s> [kɪŋ] m **der ~ sein** (sl) to be [the] top dog fam

Kin·ker·litz·chen ['kɪŋkɐlɪtsçən] pl (fam) trifles pl, trivialities pl

Kinn <-[e]s, -e> [kɪn] nt chin; **ein eckiges/kanti·ges ~** a square chin; **ein energisches ~** a strong [or firm] chin; **ein spitzes ~** a pointed chin; **ein vor·springendes ~** a prominent [or projecting] chin

Kinn·bart m goatee [beard] **Kinn·ha·ken** m hook to the chin **Kinn·la·de** f jaw[-bone], mandible spec; **vor Verblüffung klappte ihm die ~ hinunter** his jaw dropped [open] in amazement **Kinn·rie·men** m chin-strap

Ki·no <-s, -s> ['ki:no] nt cinema, AM usu [movie] theater; (Filmvorführung) film; **im ~ kommen** [o spie·len] to be on [or AM playing] at the cinema [or AM a. movies npl [or AM usu [movie] theater]

Ki·no·be·such m visit to the cinema [or AM usu movie theater] **Ki·no·be·su·cher(in)** m/f cinema-goer **Ki·no·film** m cinema film BRIT, movie AM **Ki·no·gän·ger(in)** <-s, -> m/f cinema-goer **Ki·no·kar·te** f [cinema] ticket **Ki·no·kas·se** f cinema box-office **Ki·no·pro·gramm** nt cinema [or film] guide **Ki·no·vor·hang** m [cinema [or AM usu movie theater]] curtain **Ki·no·wer·bung** f cinema advertising

Ki·osk <-[e]s, -e> ['ki:ɔsk] m kiosk

Kip·fe(r)l <-s, -[n]> ['kɪpfl, -fel] nt KOCHK ÖSTERR (Hörn·chen) croissant

Kip·pe <-, -n> ['kɪpə] f ❶ (fam: Deponie) tip BRIT, dump AM ❷ (fam: Zigarettenstummel) dog- [or fag-] end BRIT sl, cigarette end [or AM butt]; (Zigarette) fag BRIT sl, snout sl, cigarette AM ▶ WENDUNGEN: **auf der ~ stehen** (fam) to hang in the balance; [in etw dat] **auf der ~ stehen** (fam) to be on the borderline [in sth]; **sie steht in mehreren Fächern auf der ~** she's on the borderline [or a borderline case] in several subjects; **auf der ~ stehen, ob …** (fam) it's touch and go whether …

kip·pen ['kɪpn] I. vt haben ❶ (schütten) ■ etw irgend·wohin ~ to tip sth somewhere ❷ (schräg stellen) ■ etw ~ to tilt [or tip [up sep]] sth; **ein Fenster ~** to tilt a window; **„bitte nicht ~"** "please do not tilt" ❸ (scheitern lassen) ■ jdn/etw ~ to topple sb/to halt sth; **einen Artikel/eine Reportage ~** to pull an article/a report; **eine Gesetzesvorlage ~** to vote down a bill; **ein Urteil ~** to overturn a judgement ▶ WENDUNGEN: **[gerne] einen/ein paar kippen** (fam) to like a drink [or two] II. vi sein ❶ (aus dem Schräg·stand umfallen) to tip [or topple] over; ■ **[von etw] ~**

to fall [off sth]; **er kippte ganz plötzlich nach vorne/vom Sessel** he suddenly toppled forwards/ fell off his chair ❷ *(zurückgehen)* to fall, to go down; **hoffentlich kippt das Wetter nicht** hopefully the weather won't change for the worse ❸ *(nicht mehr funktionieren) Ökosystem* to collapse ▸ WENDUNGEN: **aus den Latschen ~** to fall through the floor

Kipp·fens·ter *nt* laterally pivoted window **Kipp·lo·re** *f* BERGB tipper wagon BRIT, dumper [*or* AM dump] truck **Kipp·schal·ter** *m* ELEK toggle [*or* tumbler] switch

Kir·che <-, -n> ['kɪrçə] *f* ❶ *(Gebäude, Gottesdienst)* church ❷ *(bestimmte Glaubensgemeinschaft)* Church, religion; **die Bekennende ~** HIST the Confessional [*or* Confessing] Church *(in Germany under National Socialism);* **die evangelische ~** the Protestant Church; **die katholische ~** the Catholic Church; **aus der ~ austreten** to leave the Church ❸ *(Institution)* Church ▸ WENDUNGEN: **die ~ im Dorf lassen** *(fam)* to not get carried away; **die ~ ums Dorf tragen** to do things in a roundabout way

Kir·chen·äl·tes·te(r) *f(m) decl wie adj* [church-]elder **Kir·chen·asyl** *nt* REL religious asylum *no pl* **Kir·chen·aus·tritt** *m* secession from [*or* leaving [of]] the Church **Kir·chen·bank** *f* [church] pew **Kir·chen·bann** *m* REL excommunication **Kir·chen·buch** *nt* parish register **Kir·chen·chor** *m* church choir **kir·chen·feind·lich** *adj* REL anticlerical **Kir·chen·fens·ter** *nt* church window **Kir·chen·ge·mein·de** *f* parish **Kir·chen·ge·schich·te** *f* ❶ REL *(Geschichte der christlichen Kirche)* church [*or* ecclesiastical] history ❷ HIST history of the church **Kir·chen·glo·cke** *f* church bell **Kir·chen·kup·pel** *f* cathedral['s] dome, dome of a/the cathedral **Kir·chen·licht** *nt* ▸ WENDUNGEN: **kein [großes] ~ sein nicht gerade ein großes ~ sein** *(fam)* to be not very bright [*or fam* a bit dim] **Kir·chen·lied** *nt* hymn **Kir·chen·maus** *f* ▸ WENDUNGEN: **arm wie eine ~ sein** *(fam)* to be as poor as a church mouse *fam* **Kir·chen·mu·sik** *f* church [*or* sacred] music **Kir·chen·pfle·ger** *m* church warden **Kir·chen·por·tal** *nt* church portal **Kir·chen·recht** *nt* canon [*or* ecclesiastical] law **Kir·chen·schiff** *nt* ARCHIT *(Längsschiff)* nave; *(Querschiff)* transept **Kir·chen·staat** *m* HIST Papal States *pl* **Kir·chen·steu·er** *f* church tax

Kirchensteuer – *church tax* is equivalent to about 8% of earnings and is payable, in addition to income tax, by everyone who belongs to the Protestant or Catholic churches. It is usually forwarded directly to the relevant churches by the Inland Revenue. In Austria, the churches themselves collect the contributions in varying amounts and in Switzerland, church tax is regulated by cantonal law.

Kir·chen·tag *m* Church congress **Kir·chen·va·ter** *m* Church Father **Kir·chen·volk** *nt kein pl* REL, SOZIOL church members *pl* **Kir·chen·vor·stand** *m* parochial church council

Kirch·gang <-gänge> *m* church-going, going to church; **der sonntägliche ~** going to church on Sunday[s] **Kirch·gän·ger(in)** <-s, -> *m(f)* church-goer **Kirch·hof** *m (veraltend)* church graveyard

kirch·lich ['kɪrçlɪç] **I.** *adj* REL ❶ *(von der Kirche ausgehend)* church *attr,* ecclesiastical; **ein ~er Dispens** an ecclesiastical dispensation, a dispensation from the church; **ein ~er Feiertag** a religious holiday; **auf ~e Missbilligung treffen** to meet with ecclesiastical disapproval [*or* the disapproval of the church] ❷ *(nach den Riten der Kirche)* church *attr;* **ein ~es Begräbnis** a church burial **II.** *adv* **~ bestattet werden** to

have a church funeral [*or* Christian burial]; **sich ~ trauen lassen/~ heiraten** to get married in church [*or* have a church wedding]

Kirch·spiel *nt* REL, ADMIN *(veraltend)* parish **Kirch·turm** *m* [church] steeple, church tower **Kirch·turm·po·li·tik** *f (pej)* parish-pump politics + *sing vb* **Kirch·turm·spit·ze** *f* church spire **Kirch·weih** <-, -en> *f,* **Kirch·wei·he** *f (ländlicher Jahrmarkt)* [country] fair

Kir·gi·se, Kir·gi·sin <-n, -n> [kɪr'giːzə, kɪr'giːzɪn] *m, f* Kyrgyz[stani], Kirghiz; *s. a.* **Deutsche(r)** **Kir·gi·sisch** [kɪr'giːzɪʃ] *nt decl wie adj* Kyrgyz, Kirghiz; *s. a.* **Deutsche(r)**

kir·gi·sisch [kɪr'giːzɪʃ] *adj* Kyrgyz[stani]; *s. a.* **deutsch** **Kir·gi·si·sche** <-n> [kɪr'giːzɪʃə] *nt* ■ **das ~** Kyrgyz, the Kyrgyz language; *s. a.* **Deutsche** **Kir·gi·sis·tan** <-s> [kɪr'giːzɪstaːn] *nt* Kyrgyzstan, Kirghizia; *s. a.* **Deutschland**

Ki·ri·ba·ti <-s> [kiri'baːti] *nt* Kiribati; *s. a.* **Sylt** **Ki·ri·ba·ti·er(in)** <-s, -> *m(f)* I-Kiribati; *s. a.* **Deutsche(r)**

ki·ri·ba·tisch *adj* I-Kiribati; *s. a.* **deutsch** **Kir·mes** <-, -sen> ['kɪrmɛs] *f* DIAL *(Kirchweih)* fair *(held on the anniversary of the consecration of a church)*

kir·re ['kɪrə] *adj pred (fam)* **jdn ~ machen** to bring sb to heel; *(verrückt machen)* to drive sb mad [*or* up the wall] *fam;* **~ werden** to get [*or* become] confused

Kirsch <-[e]s, -> [kɪrʃ] *m* DIAL *(Kirschwasser)* kirsch **Kirsch·baum** ['kɪrʃbaum] *m* ❶ *(Baum)* cherry tree ❷ *kein pl (Holz)* cherry[-wood] *no pl* **Kirsch·blü·te** *f* cherry blossom

Kir·sche <-, -n> ['kɪrʃə] *f* ❶ *(Frucht des Kirschbaums)* cherry *(Kirschbaum 1)* ❸ *kein pl (Kirschholz)* cherry[-wood] *no pl* ▸ WENDUNGEN: **mit jdm ist nicht gut ~n essen** *(fam)* it's best not to tangle with sb

Kirsch·ent·ker·ner <-s, -> *m* cherry-stoner **Kirsch·ge·schmack** *m* cherry flavour [*or* AM -or] **Kirsch·kern** *m* cherry stone **Kirsch·li·kör** *m* cherry brandy [*or* liqueur] **Kirsch·mar·me·la·de** *f* cherry jam **kirsch·rot** ['kɪrʃroːt] *adj* cherry[-red] **Kirsch·stän·gel**[RR] *m* cherry stalk **Kirsch·to·ma·te** *f* cherry tomato **Kirsch·tor·te** *f* cherry gateau [*or* AM cake]; **Schwarzwälder ~** Black Forest gateau **Kirsch·was·ser** *nt* kirsch **Kirsch·zweig** *m* cherry-tree twig

Kis·sen <-s, -> ['kɪsn] *nt (Kopfkissen)* pillow; *(Zierkissen)* cushion

Kis·sen·be·zug *m (Kopfkissenbezug)* pillowcase, pillowslip; *(Zierkissenbezug)* cushion cover **Kis·sen·schlacht** *f (fam)* pillow-fight

Kis·te <-, -n> ['kɪstə] *f* ❶ *(hölzerner Behälter)* box, crate; **eine ~ Wein/Champagner** a case of wine/ champagne; **eine ~ Zigarren** a box of cigars ❷ *(sl: Auto)* crate *fam,* [old] banger [*or* AM clunker] *fam; (Flugzeug)* old crate *fam; (Boot)* old tub *fam* ❸ *(Fernseher)* the box *fam; (Computer)* computer ❹ *(Bett)* sack; **ab in die ~!** hit the sack! ▸ WENDUNGEN: **eine faule ~** a fishy business; **fertig ist die ~!** *(fam)* that's it! [*or* that], BRIT *a.* Bob's your uncle! *fam;* **eine tolle ~** a big spree; **in die ~ springen** [*o* hüpfen] *(sl)* to kick the bucket *fam,* BRIT *a.* to snuff it *sl,* BRIT *a.* to peg out *sl* **kis·ten·wei·se** *adv* ❶ *(viele Kisten umfassend)* several cases [*or* boxes] of; **~ Champagner** several cases of champagne ❷ *(in Kisten verpackt)* by the case [*or* box] **Ki·su·a·he·li, Kis·wa·hi·li** [kizʊa'heːli] *nt decl wie adj* Swahili

Kitsch <-es> [kɪtʃ] *m kein pl* kitsch **kit·schig** ['kɪtʃɪç] **I.** *adj* kitschy **II.** *adv* kitschily **Kitt** <-[e]s, -e> [kɪt] *m* putty **Kitt·chen** <-s, -> ['kɪtçən] *nt (fam)* jail, clink *sl,* stir *sl,* BRIT *a.* nick *sl*

Kit·tel <-s, -> ['kɪtl̩] m ❶ *(Arbeitskittel)* overall; **der ~ eines Arztes/Laboranten** a doctor's/lab technician's white coat ❷ SÜDD *(Jacke)* jacket

Kit·tel·schür·ze f overall

kit·ten ['kɪtn̩] vt ❶ *(ver~)* ▪ **etw** [**mit etw**] ~ to fill sth [with sth] ❷ *(mit Kitt kleben)* ▪ **etw** ~ to stick sth together with cement; ▪ **etw** [**an etw** akk] ~ to cement sth [to sth] ❸ *(in Ordnung bringen)* ▪ **etw** [**wieder**] ~ to patch up sth sep [again] *fig*

Kitz <-es, -e> [kɪts] nt kid

Kit·zel <-s, -> ['kɪtsl̩] m ❶ *(Juckreiz)* tickling feeling ❷ *(Lust auf Verbotenes)* thrill

kit·ze·lig ['kɪtsəlɪç] adj ❶ *(gegen Kitzeln empfindlich)* ticklish; ▪ [**irgendwo/an etw** dat] ~ **sein** to be ticklish [somewhere/on sth] ❷ *(heikel)* ticklish; **eine ~e Angelegenheit** a delicate matter

kit·zeln ['kɪtsl̩n] **I.** vt ❶ *(einen Juckreiz hervorrufen)* ▪ **jdn** [**irgendwo/an etw** dat] ~ to tickle sb [somewhere/on sth] ❷ *(reizen)* ▪ **jdn** ~ to titillate sb ❸ *(die Sinne reizen)* ▪ **etw** ~ to arouse sth **II.** vi ▪ [**irgendwo/an etw** dat] ~ to tickle [somewhere]; **hör auf, das kitzelt!** stop it, it [or that] tickles! **III.** vt impers ❶ *(jucken)* ▪ **es kitzelt jdn** [**irgendwo**] sth is tickling somewhere ❷ *(reizen)* ▪ **es kitzelt jdn**[**, etw zu tun**]: **es kitzelt mich sehr, da mitzumachen** I'm really itching to join in

Kit·zeln <-s> ['kɪtsl̩n] nt kein pl tickling

Kitz·ler <-s, -> m ANAT clitoris

kitz·lig ['kɪtslɪç] adj s. **kitzelig**

Ki·wi <-, -s> ['ki:vi] f kiwi [fruit]

KKW <-s, -s> [ka:ka:'ve:] nt Abk von **Kernkraftwerk**

Kla·bau·ter·mann <-männer> m *(guter Geist)* protective spirit *(watching over a ship)*; *(Kobold)* ship's kobold

klack [klak] interj *(Geräusch zweier aufeinandertreffender harter Gegenstände)* clack; ~ **machen** to go clack; *(platschendes Geräusch)* splosh

kla·cken ['klakn̩] vi *(fam)* to click, to clack; **die Billardkugel stieß ~d gegen die andere** the billiard balls hit each other with a clack

klacks [klaks] interj splat

Klacks <-es, -e> [klaks] m *(fam)* ❶ *(platschendes Geräusch)* splat, splosh ❷ *(kleines bisschen)* dab, blob ▸ WENDUNGEN: [**für jdn**] **ein ~ sein** *(einfach)* to be a piece of cake [for sb]; *(wenig)* to be nothing [to sb]

Klad·de <-, -n> ['kadə] f NORDD *(Notizbuch)* rough book BRIT, notebook AM

klaf·fen ['klafn̩] vi to yawn, to gape; **vor ihm klaffte eine Gletscherspalte** a crevasse yawned in front of him; **der Schnitt/die Wunde klaffte** the cut/wound gaped [open]

kläf·fen ['klɛfn̩] vi to yap pej; ▪ **das K~** [the] yapping

klaf·fend adj ❶ *(gähnend)* yawning, gaping ❷ *(auseinander~)* gaping

Kläf·fer <-s, -> m *(pej fam)* yapper pej

Klaff·mu·schel f soft-shelled [or sand] clam

Klaf·ter <-s, - o selten veraltet -, -n> ['klaftɐ] m o nt o selten veraltet f ❶ *(Maß für Holz)* cord ❷ *(altes Längenmaß)* fathom

Kla·ge <-, -n> ['kla:gə] f ❶ *(geh: Ausdruck von Trauer)* lament[ation] *form;* ▪ **~ um jdn/etw** lamentations for sb/sth ❷ *(Beschwerde)* complaint; **ein berechtigter Grund zur ~** reasonable grounds for complaint; **dass mir keine ~n kommen!** *(fam)* don't let me hear any complaints [about you]! ❸ JUR [legal] action, suit; [**über jdn/etw**] ~**n vorbringen** to make complaints [or complain] [about sb/sth]; [**bei jdm**] **über jdn/etw** ~ **führen** to make [or lodge] a complaint [with sb] [or complain [to sb]] about sb/sth; **eine ~** [**gegen jdn**] **einreichen** to institute [legal] proceedings [against sb], to bring [or enter] [or file] an action [against sb], to take legal action [against sb]; **eine ~**

[**gegen jdn**] **anstrengen** to file a suit [or bring an action] [against sb]; **eine ~ abweisen** to dismiss a suit [or an action]; **eine ~ auf etw** akk an action for sth; **eine ~ auf Schadenersatz** a claim for compensation

Kla·ge·ge·schrei nt wailing; **ein** [**lautes/jämmerliches**] ~ **anstimmen** to start [a loud/pitiful] wailing [or wailing [loudly/pitifully]] **Kla·ge·laut** m plaintive cry; … ~**e von sich geben** to give [or utter] … plaintive cries **Kla·ge·lied** nt **ein** ~ [**über jdn/etw**] **anstimmen/singen** to start to moan [about sb/sth] **Kla·ge·mau·er** f REL ▪ **die ~** the Wailing Wall

kla·gen ['kla:gn̩] **I.** vi ❶ *(jammern)* ▪ [**über etw** akk] ~ to moan [or grumble] [or complain] [about sth]; **sie klagt regelmäßig über Kopfschmerzen** she regularly complains of having headaches ❷ *(geh: trauern)* ▪ **um jdn/etw** ~ to mourn [for [or over]] sb/for [or over] sth; ▪ **über etw** ~ to mourn sth ❸ *(sich beklagen)* ▪ [**bei jdm**] **über jdn/etw** ~ akk to complain about sb/sth [to sb]; **nicht ~ können** *(fam)* to not be able to complain; **ich kann nicht ~** I can't complain, BRIT a. [I] mustn't grumble; **ohne zu ~** without complaining [or complaint] ❹ JUR *(prozessieren)* ▪ [**gegen jdn**] ~ to take legal [or bring an] action [or institute legal proceedings] [against sb], to sue [sb]; ▪ **auf etw** ~ akk to sue for sth **II.** vt ❶ *(Bedrückendes erzählen)* ▪ **jdm etw** ~ to pour out one's sth to sb ❷ ÖSTERR ▪ **jdn** ~ *(verklagen)* to take legal [or bring an] action [or institute legal proceedings] against [or sue] sb

kla·gend adj ❶ *(jammernd)* moaning, grumbling, complaining ❷ JUR *(den Kläger darstellend)* **die ~e Partei/der ~e Teil** the plaintiff

Klä·ger(in) <-s, -> m(f) JUR *(jd, der klagt)* plaintiff; ▸ WENDUNGEN: **wo kein ~ ist, ist auch kein Richter** *(prov)* without complaint, there is no redress

Kla·ge·schrift f JUR statement of claim, plaint **Kla·ge·weg** m JUR **den ~ beschreiten** *(geh)* to institute legal proceedings, to take legal action; **auf dem** *(geh)* ~[**e**] by instituting [or taking] legal proceedings, by way of legal action **Kla·ge·weib** nt *(professional)* mourner

kläg·lich ['klɛ:klɪç] **I.** adj ❶ *(Mitleid erregend)* pathetic, pitiful; **ein ~er Anblick** a pitiful sight ❷ *(miserabel)* **eine ~e Darbietung** a wretched [or pathetic] performance; **~es Verhalten** despicable behaviour [or AM -or] ❸ *(dürftig)* pathetic; **ein ~er Rest** a few pathetic remains [or remnants] ❹ *(jammervoll)* pitiful **II.** adv pitifully; ~ **durchfallen/scheitern/versagen** *(pej)* to fail miserably; ~ **zu Tode kommen** to die a wretched death

Kläg·lich·keit <-, <selten -en> f *(pej)* pitifulness, patheticness rare

klag·los ['kla:klo:s] adv uncomplainingly, without complaint [or complaining]

Kla·mauk <-s> [kla'mauk] m kein pl *(pej fam)* ❶ *(Albernei)* tomfoolery; ~ **machen** to fool [or mess] around [or about], to lark about; *(lärmen)* to make a racket [or din] [or BRIT a. row], to kick up a racket ❷ *(Getöse)* racket, din, BRIT a. row ❸ *(übertriebene Komik)* slapstick

klamm [klam] adj ❶ *(steif vor Kälte)* numb ❷ *(nass und kalt)* dank ❸ *(sl: knapp bei Kasse)* ▪ ~ **sein** to be hard up [or fam [a bit] strapped [for cash]]

Klamm <-, -en> [klam] f GEOG ravine, [deep] gorge

Klammer <-, -n> ['klamɐ] f ❶ *(Wäscheklammer)* [clothes-]peg; *(Heftklammer)* staple; *(Haarklammer)* [hair-]grip; MED *(Wundklammer)* clip ❷ *(Zahnklammer)* brace ❸ *(einschließendes Textsymbol)* bracket; **eckige/runde/spitze** ~ square/round/pointed brackets; **geschweifte ~n** braces; ~ **auf/zu** open/close brackets; **in ~n** in brackets

Klam·mer·griff m *(fig)* [tight] grip *fig*

klam·mern ['klamɐn] **I.** vt ❶ *(zusammenheften)* ▪ **etw** [**an etw** akk] ~ to staple sth [to sth] ❷ MED *(mit* einer Klammer schließen) ■ **etw ~** to close sth with clips II. *vr* ❶ *(sich hängen an)* ■ **sich an jdn/etw ~** to cling to sb/sth ❷ *(sich festhalten an)* ■ **sich an jdn/etw ~** *(fig)* to cling to sb/sth *fig* III. *vi* SPORT to clinch

klamm·heim·lich ['klam'haɪmlɪç] I. *adj (fam)* clandestine, on the quiet *pred fam* II. *adv (fam)* on the quiet *fam;* **sich ~ fortstehlen** [*o* **davonmachen**] to slip away [unseen [*or* silently]]

Kla·mot·te <-, -n> [kla'mɔtə] *f meist pl* ❶ *(fam: Kleidung)* clothes *npl,* BRIT *a.* clobber *nsing sl* ❷ *(alte Sachen)* stuff

Kla·mot·ten·kis·te *f* ▶ WENDUNGEN: **aus der ~** *(fam)* out of the ark *fam*

Klamp·fe <-, -n> ['klampfə] *f (veraltend fam)* guitar

klang [klaŋ] *imp von* **klingen**

Klang <-[e]s, Klänge> [klaŋ, *pl:* 'klɛŋə] *m* ❶ *(Ton)* sound, tone ❷ *pl (harmonische Klangfolgen)* sounds ❸ *s. a.* **Name**

Klang·ef·fekt *m* sound effect **Klang·far·be** *f* MUS tone [*or* harmonic] colour [*or* AM -or], timbre **Klang·fol·ge** *f* sequence of tones

klang·lich ['klaŋlɪç] I. *adj* tonal II. *adv* tonally; **sich ~ unterscheiden** to be different in tone

klang·los *adj* toneless **Klang·reg·ler** *m* tone control

klang·voll *adj* ❶ *(volltönend)* sonorous; **eine ~e Melodie** a tuneful melody; **eine ~e Sprache** a melodious language; **eine ~e Stimme** a melodious [*or* sonorous] voice ❷ *(wohltönend)* fine-sounding

Klapp·bett *nt* folding bed

Klap·pe <-, -n> ['klapə] *f* ❶ *(klappbarer Deckel)* flap ❷ MODE *(Verschluss einer Tasche)* flap ❸ *(sl: Mund)* mouth, trap *sl,* BRIT *a.* gob *sl;* **die** [*o* **seine**] **~ halten** *(sl)* to shut one's mouth [*or* sl trap] [*or* BRIT *a. sl* gob]; **halt die ~!** shut your trap! [*or* gob] [*or* mouth]; **die ~ aufreißen** *(sl)* to talk big, to brag, to boast; **eine große ~ haben, die** [ganz] **große ~ schwingen** *(sl)* to have a big mouth *fam* ❹ MUS key; **die ~n einer Trompete** a trumpet's valves, the valves on a trumpet ❺ *(sl: Schwulentreffpunkt)* gay bar [*or* club] ▶ WENDUNGEN: **bei jdm geht eine** [*o* **die**] [*o fam:* **fällt die**] **~ runter** sb clams up *fam*

klap·pen ['klapn̩] I. *vt haben* ■ **etw irgendwohin ~** to fold sth somewhere; **einen Deckel/eine Klappe nach oben/unten ~** to lift up [*or* raise] /lower a lid/ flap II. *vi* ❶ *haben (fam: funktionieren)* ■ [**irgend-wie**] **~** to work out [somehow]; **alles hat geklappt** everything went as planned [*or* [off] all right]; [**ein bisschen Glück und**] **es könnte ~** it might work [with a bit of luck], we might succeed [with a bit of luck] ❷ *sein (schnappen)* ■ **irgendwohin ~** to fold somewhere; ■ **an/gegen etw ~** to bang against sth; ■ **jdm an/vor/gegen/auf etw ~** to hit sb on sth

Klap·pen·text *m* TYPO blurb

Klap·per <-, -n> ['klapɐ] *f* rattle

klap·per·dürr ['klapɐ'dʏr] *adj (fam)* [as] thin as a rake *pred* **Klap·per·ge·stell** *nt (hum fam: sehr dünner Mensch)* bag of bones; *(altes, klappriges Fahrzeug)* boneshaker *fam*

klap·pe·rig ['klapərɪç] *adj (fam)* ❶ *(gebrechlich)* infirm, frail ❷ *(instabil und wacklig)* rickety

Klap·per·kis·te *f (pej: Auto)* boneshaker *fam; (altes Gerät)* pile [*or* heap] of junk *fam*

klap·pern ['klapɐn] *vi* ❶ *(hin- und herschlagen)* to clatter, to rattle ❷ *(ein ~des Geräusch erzeugen)* ■ **mit etw ~** to rattle sth; **sie klapperte vor Kälte mit den Zähnen** her teeth chattered with [the] cold ❸ *(klappernd fahren)* to clatter [*or* rattle] along

Klap·per·schlan·ge *f* rattlesnake **Klap·per·storch** *m (Kindersprache)* stork; [**immer noch**] **an den ~ glauben** to [still] believe that babies are brought by the stork [*or* found under the gooseberry bush]

Klapp·fahr·rad *nt* folding bicycle **Klapp·mes·ser** *nt* flick-knife

klapp·rig ['klaprɪç] *adj s.* **klapperig**

Klapp·sitz *m* folding [*or* tip-up] seat **Klapp·stuhl** *m* folding chair, camp-chair **Klapp·tisch** *m* folding table **Klapp·ver·deck** *nt* AUTO folding [*or* convertible] [*or* collapsible] top

Klaps <-es, -e> [klaps] *m (leichter Schlag)* slap, smack; ▶ WENDUNGEN: **einen ~ haben** *(sl)* to have a screw loose *fam*

Klaps·müh·le *f (sl)* loony-bin *sl,* nuthouse *sl,* funny farm *sl*

klar [klaːɐ] I. *adj* ❶ *(ungetrübt)* clear; **eine ~e Flüssig-keit** a clear [*or* colourless [*or* AM -orless]] liquid; **ein ~er Schnaps** a [colourless [*or* white]] schnap[p]s, a colourless spirit; **eine ~e Nacht** a clear night; *s. a.* **Brühe** ❷ *(deutlich zu sehen)* clear; **~e Konturen** clear contours ❸ *(unmissverständlich)* clear; **eine ~e Antwort** a straight answer; **eine ~e Frage** a direct question ❹ *(eindeutig)* clear; **ein ~es Ergebnis** a clear-cut result; **ein ~er Nachteil/Vorteil** a clear [*or* decided] advantage/disadvantage; **~er Fall** *(fam)* sure thing *fam;* **~ wie Kloßbrühe** *(fam)* as plain as the nose on your face *fam* ❺ *(deutlich vernehmbar)* clear; **ein ~er Empfang** clear reception ❻ *(bewusst)* ■ **jdm ~ sein/werden** to be/become clear to sb; ■ **sich** *dat* **über etw** *akk* **im K~en sein** to realize sth, to be aware of sth; ■ **sich** *dat* **darüber im K~en sein, dass ...** to realize [*or* be aware of the fact] that; ■ **jdm ~ sein, dass ...** to be clear to sb that ...; ■ **jdm ~ sein** to be [jdm] ~ werden to become clear [to sb]; ■ **sich** *dat* **über etw** *akk* **~ werden** to get sth clear in one's mind; **alles ~?** *(fam)* is everything clear? ❼ *(selbstverständlich)* of course; **na ~!** *(fam)* of course!; **aber ~ doch!** of course [you/they etc. can]! ❽ *(bereit)* ready; **~ zur Landung** ready [*or* cleared] for landing; **~ Schiff machen** *(fig a.)* to clear the decks II. *adv* ❶ *(deutlich)* clearly; **~ hervortre-ten/zu Tage treten** to become clear; **~ im Nach-teil/Vorteil sein** to be at a clear disadvantage/advantage; **jdm etw ~ sagen/zu verstehen geben** to have a clear picture [of sth], to make sth clear to sb; **~ und deutlich** clearly and unambiguously ❷ *(ein-deutig)* soundly; **jdn ~ besiegen** to defeat sb soundly, to enjoy a clear victory over sb; **etw ~ beurteilen** [**können**] to [be able to] make a sound judgement of sth; **etw ~ erkennen** to see sth clearly ❸ *(ungetrübt)* clearly; **~ denkend** clear-thinking; **~ sehen** to see clearly

Klär·an·la·ge *f* sewage-works

Klar·ap·fel *m* HORT early season dessert apple

Kla·re(r) *m decl wie adj (fam)* [colourless [*or* AM -orless] [*or* white]] schnap[p]s, colourless spirit

klä·ren ['klɛːrən] I. *vt* ❶ *(auf~)* ■ **etw ~** to clear up sth *sep;* **eine Frage ~** to settle a question; **ein Pro-blem ~** to resolve [*or* settle] [*or* solve] a problem; **eine Sachlage ~** to clarify a situation; **den Tatbestand ~** to determine the facts [of the matter] ❷ *(reinigen)* **Abwässer, Luft** ■ **geklärt werden** to be treated ❸ KOCHK ■ **etw ~** to clarify [*or* settle] sth II. *vr* ❶ *(sich auf~)* ■ **sich ~** to be cleared up; **das Problem wird sich schon eventuell** [**von selber**] **~** the problem will probably resolve [*or* settle] itself [of its own accord] ❷ *(sauber werden)* ■ **sich** [**wieder**] **~** *Wasser* to become clear [again]

klar|ge·hen *vi irreg sein (fam)* to go OK *fam;* [**alles**] **geht klar!** everything's OK!

Klar·heit <-, -en> *f* ❶ *(Deutlichkeit)* clarity; **über etw** *akk* **besteht ~** sth is clear; **über etw ~ gewinnen** to become clear about sth; **~** [**über etw** *akk*] **haben** to be clear [about sth]; **sich** *dat* **~** [**über etw** *akk*] **ver-schaffen** to find out the facts [about sth]; **in aller ~**

quite clearly; **jdm etw in aller ~ sagen/zu verstehen geben** to make sth perfectly clear [*or sep* spell out sth] to sb ❷ *(Reinheit)* clearness

Kla·ri·net·te <-, -n> [klari'nɛtə] *f* clarinet

Kla·ri·net·tist(in) <-en, -en> [klarinɛ'tɪst] *m(f)* clarinettist

klar|ko·chen *vt* KOCHK **eine Suppe/Sauce ~** *to cook a soup/sauce until all residues can be skimmed off the surface*

klar|kom·men *vi irreg sein (fam)* ❶ *(bewältigen)* ▪ [mit etw] ~ to manage [sth], to cope [with sth]; **kommst du klar?** can you cope? [*or* manage] ❷ *(zurechtkommen)* ▪ **mit jdm ~** to cope with sb

Klar·lack *m* clear varnish

klar|ma·chen *vt* ▪ **jdm etw ~** to make sth clear to sb; ▪ **jdm ~, dass/wie/wo …** to make it clear to sb that/how/where …; ▪ **sich** *dat* **etw ~** to get sth clear in one's mind; ▪ **sich** *dat* **~, dass/wie/wo …** to realize that/how/where …

Klar·na·me *m* real name

Klär·schlamm *m* sludge

klar|se·hen *vi irreg* **in etw** *dat* **~** to have understood sth

Klar·sicht·fo·lie *f* transparent film **Klar·sicht·hül·le** *f* transparent folder [*or* file]

klar·sich·tig *adj* clear-sighted

Klar·sicht·pa·ckung *f* transparent [*or* see-through] pack, blister pack

klar|spü·len *vt, vi* ▪ [etw] ~ to rinse [sth]

klar|stel·len *vt* ▪ **etw ~** to clear up sth *sep;* ▪ **~, dass** to make [it] clear that

Klar·stel·lung *f* clarification

Klar·text *m* clear [*or* plain] text, text in clear; **mit jdm ~ reden** [*o* **sprechen**] *(fam)* to give sb a piece of one's mind [*or* [real] talking-to]; **im ~** *(fam)* in plain [*or* simple] English

Klä·rung <-, -en> *f* ❶ *(Aufklärung)* clarification; *Frage* settling; *Problem* resolving, settling, solving; *Tatbestand* determining ❷ *(Reinigung)* *Abwässer* treatment

Klä·rungs·be·darf *m kein pl (geh)* need for clarification; **~ haben** to seek clarification *form*

klas·se ['klasə] *adj inv (fam)* great *fam,* wicked *fam;* **das war wirklich ~ von ihm** that was really good of him

Klas·se <-, -n> ['klasə] *f* ❶ *(Schulklasse)* class, BRIT *a.* form; **eine ~ wiederholen/überspringen** to repeat/skip a year; *(Klassenraum)* classroom ❷ SOZIOL *(Gesellschaftsgruppe)* class; **die herrschende ~** the ruling classes *pl;* **zur ~ der Arbeiter gehören** to belong to the [*or* to be] working class ❸ *(Güte~)* class; **Champignons der ~ III** class III mushrooms; **ein Wagen der gehobenen ~** a top-of-the-range car; **ein Spieler der besten ~** a first-class player ❹ BIOL category ❺ POL *(Rangstufe)* rank, class; **das Bundesverdienstkreuz erster ~** the Order of Merit of the Federal Republic of Germany first-class ❻ *(Wagenklasse, Schiffsklasse)* class; **wir fahren immer erster ~** we always travel first-class ❼ SPORT league; *Boxen* division, class ❽ *(Fahrzeuggruppe)* class; **der Führerschein ~ III** a class III driving licence [*or* AM -se] ❾ MED *(Pflegeklasse)* class ❿ *(Lotteriegruppe)* class ▶ WENDUNGEN: **erster ~** first-class [*or* -rate]; **[ganz] große ~!** [sein] *(fam)* [that's] [just] great! *fam*

Klas·se·frau *f (euph fam)* [real] looker *fam,* stunner *fam* **Klas·se·mann** *m (euph fam)* [real] looker *fam,* good-looking guy *fam*

Klas·se·ment <-s, -s> [klasə'mã:] *nt* SPORT list of rankings, ranking list

Klas·sen·ar·beit *f* [written] class test **Klas·sen·ausflug** *m* class outing **Klas·sen·bes·te(r)** *f(m) decl wie adj* SCH top pupil in the class **Klas·sen·be·wusst-**

sein[RR] *nt kein pl* SOZIOL class-consciousness *no pl* **Klas·sen·buch** *nt* SCH [class] register **Klas·sen·fahrt** *f* class outing **Klas·sen·ka·me·rad(in)** *m(f)* classmate **Klas·sen·kampf** *m* POL, SOZIOL *(Kampf zwischen den gegensätzlichen Klassen [der herrschenden bzw. ausgebeuteten Klasse] um die Entscheidungsgewalt in der Gesellschaft)* class struggle; ▶ WENDUNGEN: **das ist Aufreizung zum ~!** *(prov, hum fam)* that's well [*or* BRIT *a. fam* bang] out of order **Klas·sen·lehrer(in)** *m(f)* class [*or* BRIT *a.* form] teacher, BRIT *a.* form master *masc* [*or fem* mistress]

klas·sen·los *adj* SOZIOL classless; **ein ~es Krankenhaus** a single-class hospital

Klas·sen·los *nt* ≈ lottery ticket *(a ticket for the Klassenlotterie)* **Klas·sen·lot·te·rie** *f* ≈ lottery *(a lottery in which there are draws on a number of different days and for which tickets can be bought for each individual draw)*; **in der ~ spielen** ≈ to play the lottery *(to take part in the Klassenlotterie)* **Klas·sen·raum** *m s.* **Klassenzimmer Klas·sen·sprecher(in)** *m(f)* SCH class spokesman **Klas·sen·stär·ke** *f* SCH size of a [*or* the] class [*or* the classes] **Klas·sen·tref·fen** *nt* SCH class reunion **Klas·sen·tür** *f* classroom door

klas·sen·wei·se *adv (nach Schulklassen)* in classes; *(Klassenraum um Klassenraum)* class[room] by class[room]

Klas·sen·ziel *nt* required standard [for a class]; **das ~ erreichen** *(geh)* to reach the required standard **Klas·sen·zim·mer** *nt* classroom

Klas·se·weib *nt (euph fam)* [real] looker *fam,* stunner *fam*

Klas·si·fi·ka·ti·on <-, -en> [klasifika'tsi̯o:n] *f s.* **Klassifizierung**

klas·si·fi·zier·bar *adj* classifiable; ▪ **nicht ~ sein** to be unclassifiable

klas·si·fi·zie·ren* [klasifi'tsi:rən] *vt* ▪ **etw [nach etw] ~** to classify sth [according to sth]; ▪ **etw [als etw] ~** to classify sth [as sth]

Klas·si·fi·zie·rung <-, -en> *f* classification

Klas·sik <-> ['klasɪk] *f kein pl* ❶ *(kulturelle Epoche)* classical age [*or* period] ❷ *(die antike ~)* Classical Antiquity ❸ *(fam: klassische Musik)* classical music **Klas·si·ker(in)** <-s, -> ['klasɪkɐ] *m(f)* ❶ *(klassischer Schriftsteller)* classical writer ❷ *(klassischer Komponist)* classical composer ❸ *(maßgebliche Autorität)* leading authority ❹ *(zeitloses Werk)* classic; **dieses Buch ist ein echter ~** this book is a real classic

klas·sisch ['klasɪʃ] *adj* ❶ *(die antike Klassik betreffend)* classical ❷ KUNST, ARCHIT, LITER, MUS *(aus der Klassik 1 stammend)* classical ❸ *(ideal)* classic

Klas·si·zis·mus <-, -smen> [klasi'tsɪsmʊs] *m* ARCHIT classicism

klas·si·zis·tisch [klasi'tsɪstɪʃ] *adj* ARCHIT, KUNST classical

klatsch [klatʃ] *interj* smack!; **~ machen** to make a smacking noise

Klatsch <-[e]s, -e> [klatʃ] *m* ❶ *kein pl (pej fam: Gerede)* gossip, tittle-tattle; **~ und Tratsch** gossip ❷ *(klatschender Aufprall)* smack

Klatsch·ba·se *f (pej fam)* gossip[-monger]

Klat·sche <-, -n> ['klatʃə] *f (fam)* ❶ *(Fliegenklappe)* fly-swat [*or* -swatter] ❷ DIAL *(fam: Petze)* tell-tale *fam*

klat·schen ['klatʃn] **I.** *vi* ❶ *haben (applaudieren)* to clap, to applaud ❷ *haben (einen Klaps geben)* ▪ [jdm] [irgendwohin] ~ to smack [*or* slap] [sb] [somewhere]; **jdm/sich auf die Hände/Hand ~** to smack sb/oneself on the hands/hand; **jdm eine ~** to slap sb across the face ❸ *sein (mit einem Platsch auftreffen)* ▪ **auf/in etw ~** to land with a splat on/in sth; ▪ **gegen etw ~** to smack into sth *fam;* **die Regentropfen klatschten ihr ins Gesicht** the raindrops beat against her face ❹ *haben (pej fam: tratschen)* ◼|**mit jdm**| |**über jdn/etw**| ~ to gossip |about sb/sth| |to sb|; DIAL *(petzen)* to tell tales **II.** *vi impers haben* to smack; **wenn du das nochmal machst, klatscht es!** if you do that again, you'll get a slap **III.** *vt haben* ❶ *(~d schlagen)* ◼ **etw** ~ to beat out sth *sep* ❷ *(sl: werfen)* ◼ **etw irgendwohin** ~ to chuck sth somewhere *fam* ❸ *(verprügeln)* ◼ **jdn** ~ to slap sb

Klat·schen <-s> [ˈklatʃn̩] *nt kein pl* ❶ *(Applaus)* applause ❷ *(fam: das Tratschen)* gossiping, tittle-tattling *fam*

Klat·sche·rei <-, -en> [klatʃəˈraɪ] *f (pej fam)* ❶ *(ständiges Applaudieren)* constant applause |*or* clapping| *no indef art, no pl* ❷ *(Tratscherei)* gossiping *no indef art, no pl*, gossip-mongering *no indef art, no pl*

klatsch·haft *adj (pej fam)* gossipy; ◼ ~ **sein** to be fond of |a| gossip, to like a good gossip

Klatsch·haf·tig·keit <-> *f kein pl (pej)* fondness for gossip

Klatsch·maul *nt (pej fam)* ❶ *(Mund)* big mouth |*or* BRIT *fam!* gob| ❷ *(klatschfreudiger Mensch)* gossip|-monger|; *(bösartig a.)* scandalmonger *pej*

Klatsch·mohn *m* |corn |*or* field| | poppy

klatsch·nass^RR *adj (fam)* soaking |*or* dripping| |*or fam* sopping| wet; ◼ ~ **sein/werden** to be/get soaked; **bis auf die Haut** ~ **werden** to get soaked to the skin

Klatsch·pres·se *f kein pl (fam)* MEDIA gossip press; ◼ **die** ~ the gossip columns *pl*

Klatsch·spal·te *f (pej fam)* gossip column|s *pl*| **Klatsch·sucht** *f kein pl (pej)* gossip-mongering **klatsch·süch·tig** *adj (pej)* extremely gossipy; ◼ ~ **sein** to be a compulsive gossip|-monger| **Klatsch·tan·te** *f*, **Klatsch·weib** *nt s.* **Klatschbase**

klau·ben [ˈklaʊbn̩] *vt* SÜDD, ÖSTERR, SCHWEIZ ❶ *(pflücken)* ◼ **etw** |**von etw**| ~ to pick sth |from sth| ❷ *(sammeln)* ◼ **etw** |**in etw** *akk*| ~ to collect sth |in sth|; **Holz/Pilze** ~ to gather wood/mushrooms; **Kartoffeln** ~ to dig potatoes ❸ *(auslesen)* ◼ **etw aus/von etw** ~ to pick sth out of/from sth; **etw vom Boden** ~ to pick up sth *sep* |off the floor|

Klaue <-, -n> [ˈklaʊə] *f* ❶ *(Krallen)* claw; *(Vogel~ a.)* talon ❷ *(pej sl: Hand)* paw *hum fam*, mitt *fam!* ❸ *(pej sl: Handschrift)* scrawl ▸ WENDUNGEN: **die ~n des Todes** *(geh)* the jaws of death; **jdn in seinen ~n haben** to have sb in one's clutches; **in jds ~n sein** |*o* **sich** *dat* **befinden**| to be in sb's clutches

klau·en [ˈklaʊən] *(fam)* **I.** *vt* ◼ |**jdm**| **etw** ~ to pinch |*or* BRIT *a.* nick| sth |from sb| *fam* **II.** *vi* to pinch |*or* BRIT *a.* nick| things *fam;* ◼ **das K~** thieving, stealing, pinching |*or* BRIT *a.* nicking| things *fam*

Klau·se <-, -n> [ˈklaʊzə] *f* ❶ *(Einsiedelei)* hermitage ❷ *(hum: kleines Zimmer)* den, retreat

Klau·sel <-, -n> [ˈklaʊzl̩] *f* ❶ *(Inhaltsbestandteil eines Vertrags)* clause ❷ *(Bedingung)* condition ❸ *(Vorbehalt)* proviso

Klaus·ner·(in) <-s, -> [ˈklaʊsnɐ] *m(f) (veraltet) s.* **Einsiedler**

Klaus·tro·pho·bie <-, -n> [klaʊstrofoˈbiː, *pl:* -iːən] *f* claustrophobia *no indef art, no pl spec*

Klau·sur <-, -en> [klaʊˈzuːɐ̯] *f* ❶ SCH |written| exam |*or* paper|; **etw in** ~ **schreiben** to write |*or* take| sth under exam|ination *form*| conditions; **eine** ~ **korrigieren** |*o* **verbessern**| to mark BRIT |*or* grade| exam papers ❷ REL cloister, enclosure; **in** ~ **gehen** to retreat (from the world) ❸ POL private session, closed-door meeting

Klau·sur·ta·gung *f* POL closed|-door| meeting

Kla·vi·a·tur <-, -en> [klavi̯aˈtuːɐ̯] *f* ❶ MUS keyboard ❷ *(geh: Sortiment)* range; **die ganze** ~ **der Tricks** the whole gamut of tricks

Kla·vi·chord <-[e]s, -e> [klaviˈkɔrt] *nt* clavichord

Kla·vier <-s, -e> [klaˈviːɐ̯] *nt* piano; ~ **spielen** to play

the piano; **ein hervorragendes** ~ **spielen** *(sl)* to be great on |the| piano; **jdn am** |*o* **auf dem**| ~ **begleiten** to accompany sb on the piano; **etw auf dem** ~ **improvisieren/vortragen** to extemporize/perform sth on the piano; **das** ~ **stimmen** to tune the piano

Kla·vier·bau·er *m* piano maker **Kla·vier·be·glei·tung** *f* piano accompaniment **Kla·vier·de·ckel** *m* piano lid **Kla·vier·her·stel·ler** *m* piano maker |*or* manufacturer| **Kla·vier·ho·cker** *m* piano stool **Kla·vier·kon·zert** *nt* ❶ *(Musikstück)* piano concerto ❷ *(Veranstaltung)* piano recital **Kla·vier·leh·rer·(in)** *m(f)* piano teacher **Kla·vier·so·na·te** *f* piano sonata **Kla·vier·spiel** *nt* piano playing **Kla·vier·spie·ler·(in)** *m(f)* pianist, piano player **Kla·vier·stim·mer·(in)** <-s, -> *m(f)* piano tuner **Kla·vier·un·ter·richt** *m kein pl* piano lessons *pl*

Kle·be·band <-bänder> [ˈkleːbə-] *nt* adhesive |*or* BRIT *a.* sticky| tape **Kle·be·bin·dung** *f* TYPO adhesive |*or* perfect| binding; **in** ~ perfect bound

kle·ben [ˈkleːbn̩] **I.** *vi* ❶ *(klebrig sein)* to be sticky ❷ *(festhaften)* |**an etw** *dat*| ~ to stick |to sth|; **an der Tür** ~ to stick on the door; |**an jdm/etw/in etw** *dat*| ~ **bleiben** to stick |to sb/sth/in sth| ❸ *(festhalten)* ◼ **an etw** *dat* ~ to stick to sth; **an alten Überlieferungen und Bräuchen** ~ to cling to old traditions and customs; **an jdm** ~ **bleiben** to remain with |*or* rest on| sb ❹ *(fam: hängen bleiben)* **die ganze Hausarbeit bleibt immer an mir** ~ I am always lumbered with all the housework BRIT *fam* ❺ SCH *(fam: sitzen bleiben)* |**in etw** *dat*| ~ **bleiben** to stay down |a year|, to have to repeat a year ❻ *(veraltet fam: Beitragsmarken auf~)* to pay stamps **II.** *vt* ❶ *(mit Klebstoff reparieren)* ◼ **etw** ~ to glue sth; ◼ **sich irgendwie** ~ **lassen** to stick together somehow; **es lässt sich schlecht** ~ it's not easy to glue, it doesn't stick together well ❷ *(mit Klebstreifen zusammenfügen)* ◼ **etw** ~ to stick together sth *sep;* **Film** ~ to splice film ❸ *(durch K~ befestigen)* ◼ **etw irgendwohin** ~ to stick sth somewhere; **Tapete an eine Wand** ~ to paste paper on|to| a wall ▸ WENDUNGEN: **jdn eine** ~ *(fam)* to clock |*or* clout| sb one

Kle·ber <-s, -> [ˈkleːbɐ] *m* ❶ *(fam)* glue *no indef art, no pl* ❷ SCHWEIZ *(Auf~)* sticker

Kle·ber·stär·ke *f* KOCHK gluten starch

Kle·be·stift *m* Prittstick® BRIT, UHU® AM

Kleb·flä·che *f* adhesive surface, sticky side **Kleb·reis** *m* glutinous rice

kleb·rig [ˈkleːbrɪç] *adj* sticky; ~**e Farbe** tacky paint; *(klebfähig)* adhesive; ◼ |**von etw**| ~ **sein** to be sticky |with sth|

Kleb·rig·keit <-> *f kein pl* stickiness *no indef art, no pl; Farbe* tackiness; *(Klebfähigkeit)* adhesiveness

Kleb·stoff *m* adhesive; *(Leim)* glue *no indef art, no pl* **Kleb·strei·fen** *m* ❶ *(selbstklebender Streifen)* adhesive |*or* BRIT *a.* sticky| tape ❷ *(Klebefläche)* gummed strip

Kle·cker·be·trag *m meist pl* peanuts *pl fam*

Kle·cke·rei <-, -en> *f (pej fam)* mess

kle·ckern [ˈklɛkɐn] **I.** *vt* ◼ **etw irgendwohin** ~ to spill sth somewhere **II.** *vi* ❶ *haben (tropfen lassen)* to make a mess; ◼ **das K~** making a mess; **kannst du das K~ nicht lassen?** can't you stop making a mess? ❷ *haben (tropfen)* to drip, to splash; *volles Gefäß* to spill; **gekleckert kommen** to come spilling out ❸ *sein (tropfen)* ◼ |**jdm**| **irgendwohin** ~ to spill |*or* splash| somewhere ❹ *sein (in geringen Mengen kommen)* to come in dribs and drabs; *s. a.* **klotzen**

kle·cker·wei·se *adv* in dribs and drabs

Klecks <-es, -e> [ˈklɛks] *m* ❶ *(großer Fleck)* stain ❷ *(kleine Menge)* blob; **ein** ~ **Senf** a dab of mustard

kleck·sen [ˈklɛksn̩] **I.** *vi* ❶ *haben (Kleckse verursachen)* ◼ |**mit etw**| ~ to make a mess |with sth| ❷ *ha-*

ben *(tropfen)* to blot, to make blots; *Farbe* to drip ➌ *sein (tropfen)* ■ |jdm| **irgendwohin ~** to spill somewhere **II.** *vt haben* ■ |jdm| **etw auf etw ~** to splatter sth on |sb's| sth

Klee <-s> |kle:| *m kein pl* clover *no indef art, no pl;* ▶ WENDUNGEN: **jdn/etw über den grünen ~ loben** *(fam)* to praise sb/sth to the skies

Klee·blatt *nt* ➊ BOT cloverleaf; **vierblättriges ~** four-leaf |*or* -leaved| clover ➋ *(Autobahnkreuz)* cloverleaf ➌ *(Trio)* threesome, trio **Klee·ho·nig** *m* clover honey *no indef art, no pl*

Klei·ber <-s, -> |'klaibɐ| *m* ORN nuthatch

Kleid <-[e]s, -er> |klait, *pl:* 'klaidɐ| *nt* ➊ *(Damen~)* dress ➋ *pl (Bekleidungsstücke)* clothes *npl,* clothing *no indef art, no pl;* **jdm/sich die ~er vom Leibe reißen** to rip |*or* tear| the clothes off sb/oneself ▶ WENDUNGEN: **~er machen Leute** *(prov)* fine feathers make fine birds *prov;* **nicht aus den ~ern kommen** to not go to bed

Kleid·chen <-s, -> |'klaitçən| *nt dim von* **Kleid** little dress

klei·den |'klaidn̩| *vt* ➊ *(anziehen)* **sich gut/ schlecht ~** to dress well/badly; **sich schick ~** to dress up; ■ |in etw *akk*| **gekleidet sein** to be dressed |in sth| ➋ *(jdm stehen)* ■ **jdn ~** to suit |*or* look good on| sb ➌ *(geh: durch etw zum Ausdruck bringen)* ■ **etw in etw** *akk* **~** to express |*or* form couch| sth in sth ➍ *(veraltend geh: Kleidung geben)* ■ **jdn ~** to clothe sb

Klei·der·bü·gel *m* coat- |*or* clothes-| hanger **Klei·der·bürs·te** *f* clothes brush **Klei·der·ha·ken** *m* coat-hook, BRIT *a.* coat peg **Klei·der·kam·mer** *f* MIL uniform |*or* clothing| store **Klei·der·kas·ten** *m* ÖSTERR, SCHWEIZ *(Kleiderschrank)* wardrobe **Klei·der·mot·te** *f* clothes moth **Klei·der·ord·nung** *f* dress code **Klei·der·sack** *m* ➊ MIL kitbag ➋ *([Plastik]sack für Kleidung)* old clothes sack **Klei·der·schrank** *m* ➊ *(Schrank)* wardrobe; **ein begehbarer ~** a walk-in wardrobe ➋ *(fam: Breitschultriger)* great hulk |of a man|; ■ **ein ~ sein** to be a great hulk |of a man|, to be built like a brick outhouse |*or fam!* shithouse| **Klei·der·stän·der** *m* coat-stand

kleid·sam *adj (geh)* becoming, flattering

Klei·dung <-, *<selten* -en>> *f* clothes *npl,* clothing *no indef art, no pl*

Klei·dungs·stück *nt* article of clothing, garment; ■ **~e** clothes, togs *fam*

Kleie <-, -n> |'klaiə| *f* bran *no indef art, no pl*

klein |klain| **I.** *adj* ➊ *(von geringer Größe)* little, small; **haben Sie es nicht ~er?** haven't you got anything smaller?; **im ~en Format** in a small format; **im K~en** on a small scale; **ein ~[es] bisschen, ein ~ wenig** a little bit; **bis ins K~ste** |right| down to the smallest detail, in minute detail; **ein richtiges K~ Amsterdam/Venedig** a real little |*or* a miniature| Amsterdam/Venice; **der ~e Peter/die ~e Anna** little Peter/Anna; **etw ~ hacken** to chop up sth *sep;* **~ gehackte Zwiebeln** finely chopped onions; |jdm| **etw ~ machen** *(fam)* to chop |*or* cut| up sth *sep* |for sb|; |jdm| **etw ~ schneiden** to cut up sth *sep* |into small pieces| |for sb|; ■ **~ geschnitten** finely chopped; *s. a.* **Bier** *s. a.* **Buchstabe** *s. a.* **Finger** *s. a.* **Terz** *s. a.* **Zeh** ➋ *(Kleidung)* small; **haben Sie das gleiche Modell auch in ~er?** do you have the same style but in a size smaller?; ■ **jdm zu ~ sein** to be too small for sb; **etw ~er machen** to make sth smaller, to take in/ up sth *sep* ➌ *(jung)* small; *(~wüchsig a.)* short; **von ~ auf** from childhood |*or* an early age|; **sich ~ machen** to make oneself small, to curl |oneself| up ➍ *(kurz)* short; **ein ~er Vorsprung** a short |*or* small| start ➎ *(kurz dauernd)* short; **eine ~e Pause machen** to have a short |*or* little| break ➏ *(gering)* small; **ein ~es**

Gehalt a small |*or* low| salary ➎ *(geringfügig)* small; **die ~ste Bewegung** the slightest movement; **eine ~e Übelkeit** a slight feeling of nausea; **ein ~er Verstoß** a minor violation ➏ *(pej: unbedeutend)* minor; *(ungeachtet)* lowly; **ein ~er Ganove** a petty |*or* small-time| crook; **die ~en Leute** ordinary people ▶ WENDUNGEN: **~, aber fein** small but sweet, quality rather than quantity *a. hum;* **die K~en** |*o* ~en Gauner| **hängt man, die Großen lässt man laufen** *(prov)* the small fry get caught, while the big fish get away; **im K~en wie im Großen** in little things as well as in big ones; **~, aber oho** *(fam)* small but eminently capable |*or* he/she packs a powerful punch|; **~ machen** *(Kindersprache)* to do |*or* have| a wee[·wee] *childspeak;* **sich ~ machen** to belittle oneself; *s. a.* **Fakultas** *s. a.* **Latinum** *s.* **Graecum** *s.* **Verhältnisse** **II.** *adv* ➊ *(in ~er Schrift)* **~ gedruckt** *attr* in small print *pred* ➋ *(auf ~e Stufe)* on low, on a low heat; **etw ~/~er drehen/stellen** to turn down sth *sep/*to turn sth lower ▶ WENDUNGEN: **~ anfangen** *(fam: seine Karriere ganz unten beginnen)* to start at the bottom; *(mit ganz wenig beginnen)* to start off in a small way; **~ beigeben** to give in |quietly|

Klein·ak·ti·o·när(in) *m(f)* small |*or* minor| shareholder **Klein·an·le·ger(in)** *m(f)* small investor **Klein·an·zei·ge** *f* classified advertisement |*or* ad|, small ad *fam;* *(Kaufgesuch a.)* want ad *fam;* **„~n"** 'small ads', 'classified section' **Klein·ar·beit** *f kein pl* detailed work; **in mühevoller ~** with painstaking |*or* rigorous| attention to detail **Klein·asi·en** <-s> |klain'?a:zjən| *nt* Asia Minor **Klein·bahn** *f* narrow-gauge |*or* light| railway **Klein·bau·er, -bäu·e·rin** *m, f* small farmer, smallholder **klein|be·kom·men** |'klainbəkɔmən| *vt irreg s.* **kleinkriegen Klein·be·trieb** *m* small business; **ein handwerklicher/industrieller ~** a small workshop/factory **Klein·bild·ka·me·ra** *f* 35 mm |*or* miniature| camera **Klein·buch·sta·be** *m* small letter, lower-case |letter| **Klein·bür·ger(in)** *m(f)* ➊ *(pej: Spießbürger)* petit |*or* BRIT *a.* petty| bourgeois *pej* ➋ *(Angehöriger des unteren Mittelstandes)* lower middle-class person **Klein·bür·ger·lich** *adj* ➊ *(pej: spießbürgerlich)* petit |*or* BRIT *a.* petty| bourgeois *pej* ➋ *(den unteren Mittelstand betreffend)* lower middle-class **Klein·bür·ger·tum** *nt kein pl* lower middle class, petite |*or* petty| bourgeoisie *no pl,* + *sing/pl vb* **Klein·bus** *m* minibus **Klein·de·likt** *nt* JUR petty offence |*or* AM -se|

Klei·ne(r) *f|m| decl wie adj* ➊ *(kleiner Junge)* little boy |*or* one|; *(kleines Mädchen)* little girl |*or* one|; **eine hübsche** |*o* **nette**| **~** a little beauty, a pretty little thing; **die lieben ~n** *(iron)* the dear |*or* sweet| little things ➋ *(Jüngster)* ■ **jds ~/~r** sb's youngest |*or* sb's little one| ➌ *(Liebling)* love

Klei·ne(s) *nt decl wie adj* ➊ *(kleines Kind)* little one; **etwas ~s bekommen** *(fam)* to have a little one |*or fam* bundle| ➋ *(fam: liebe kleine Frau)* ■ **~s** darling, *esp* AM baby

Klein·fa·mi·lie *f* nuclear family **Klein·for·mat** *nt* small format; **im ~** small-format **Klein·gar·ten** *m* garden plot; *(zum Mieten)* allotment BRIT **Klein·gärt·ner(in)** *m(f)* garden plot holder; *(Mieter)* allotment holder BRIT **Klein·ge·bäck** *nt* small pastries *pl;* *(Kekse)* biscuits *pl* BRIT, cookies *pl* AM **Klein·ge·druck·te(s)** *nt decl wie adj (in kleiner Schrift Gedrucktes)* small print *no indef art, no pl;* **etwas ~s** something in small print ▶ WENDUNGEN: **das ~** the small print *(details of a contract)* **Klein·geist** *m (pej)* small- |*or* narrow-| minded person *pej;* ■ **ein ~ sein** to be small- |*or* narrow-| minded *pej* **klein·geis·tig** *adj (pej)* small- |*or* narrow-| minded *pej,* petty[·minded]; ■ **~ sein** to be small- |*or* narrow-| minded *pej* **Klein·geld** *nt* |small |*or* loose| | change *no indef art,* *no pl;* **das nötige ~ haben/nicht haben** *(fam)* to have/lack the wherewithal **klein·ge·wach·sen** *adj* short, small; **eine ~e Pflanze** a small plant **Klein·ge·wer·be·trei·ben·de(r)** *f(m) decl wie adj* ÖKON small businessman **Klein·grup·pe** *f* small group **Klein·heit** <-> *f kein pl* small size, smallness *no indef art, no pl*

Klein·hirn *nt* cerebellum *spec* **Klein·holz** *nt kein pl* chopped wood *no indef art, no pl,* firewood *no indef art, no pl,* kindling *no indef art, no pl;* **~ machen** to chop [fire]wood; **aus etw ~ machen, etw zu ~ machen** *(hum fam)* to make matchwood of sth, to smash sth to matchwood; *(durch Sturm)* to reduce sth to matchwood ▸ WENDUNGEN: **aus jdm machen jdn zu ~ machen** *(fam)* to make mincemeat [out] of sb *fam*

Klei·nig·keit <-, -en> ['klaɪnɪçkaɪt] *f* ➊ *(Bagatelle)* small matter [*or* point]; **es ist nur eine ~, ein Kratzer, nicht mehr** it's only a trifle, no more than a scratch; [**für jdn**] **eine/keine ~ sein** to be a/no simple matter [for sb]; **wegen** [*o* bei] **jeder** [*o der geringsten*] **~** at every opportunity, for the slightest reason; **sich mit ~en abgeben** to concern oneself with small matters; **sich an ~en** *dat* **stoßen** to take exception to small matters ➋ *(Einzelheit)* minor detail; **muss ich mich um jede ~ kümmern?** do I have to do every little thing myself? ➌ *(ein wenig)* ◾ **eine ~** a little [bit]; **eine ~ zu hoch/tief** a little [*or* touch] too high/low; **eine ~ essen** to have a bite to eat, to eat a little something; **sich eine ~ nebenher verdienen** to earn a little bit on the side; **um eine ~ verschieben** to move sth a little bit ◆ *(kleiner Artikel)* little something *no def art, no pl;* **ein paar ~en** a few little things ▸ WENDUNGEN: [**jdn**] **eine ~ kosten** *(iron)* to cost [sb] a pretty penny [*or fam* a tidy sum]; **die ~ von etw** *(iron)* the small matter of sth *iron*

Klei·nig·keits·krä·mer(in) *m(f) (pej)* stickler for detail *fam*

Klei·nig·keits·krä·me·rei *f (pej)* pernicketiness *pej,* AM *usu* persnicketiness *pej,* pedantry *pej*

Klein·ka·li·ber *nt* small bore; **ein Schuss mit ~** a shot from a small bore **Klein·ka·li·ber·ge·wehr** *nt* small-bore rifle **klein·ka·lib·rig** *adj* small-bore *attr* **Klein·ka·me·ra** *f s.* **Kleinbildkamera Klein·ka·riert** I. *adj* ➊ *(mit kleinen Karos)* ◾ **klein kariert** finely checked [*or* BRIT *a.* chequered] [*or* AM *a.* checkered] ➋ *(fam: engstirnig)* narrow-minded, small-minded, petty-minded *pej* II. *adv* narrow-mindedly *pej,* in a narrow-minded way *pej;* **~ denken** to have narrow-minded opinions [*or* views] *pej* **Klein·kind** *nt* small child, toddler, infant, rug rat AM *fam* **Klein·kle·ckers·dorf** *nt kein pl (hum fam)* back of beyond; **er lebt in ~** he lives at the back of beyond [*or pej fam* out in the sticks] [*or* AM *fam* in the boonies] **Klein·kli·ma** *nt* microclimate **Klein·kram** *m (fam)* ➊ *(Zeug)* odds and ends *fam* [*or* BRIT *fam!* sods] *npl* ➋ *(Trivialitäten)* trivialities *pl* ➌ *(kleinere Arbeiten)* little [*or* odd] jobs *pl* **Klein·kre·dit** *m* personal [*or* short-term] [*or* small] loan **Klein·krieg** *m* ➊ *(Guerillakrieg)* guer[r]illa warfare *no indef art, no pl,* guer[r]illa war; **jdm einen ~ liefern** to engage sb in a guer[r]illa war [*or* in guer[r]illa warfare] ➋ *(dauernde Streitereien)* running battle; **einen** [**regelrechten**] **~ mit jdm führen** to have [*or* carry on] a [real [*or* veritable]] running battle with sb

klein|krie·gen *vt (fam)* ➊ *(zerkleinern)* ◾ **etw ~** to chop up sth *sep;* **Fleisch ~** to cut up meat *sep* ➋ *(kaputtmachen)* ◾ **etw ~** to smash [*or* break] sth ➌ *(gefügig machen)* ◾ **jdn ~** to bring sb into line, to make sb toe the line **Klein·kri·mi·na·li·tät** *f kein pl* small-time [*or* petty] crime **Klein·kri·mi·nel·le(r)** *f(m) decl*

wie adj petty [*or* small-time] criminal **Klein·kunst** *f kein pl* cabaret *no indef art, no pl* **Klein·kunst·büh·ne** *f* cabaret *no indef art, no pl*

klein·laut I. *adj* sheepish; *(gefügig)* subdued II. *adv* sheepishly; **~ fragen** to ask meekly; **etw ~ gestehen** to admit sth shamefacedly

Klein·le·be·we·sen *nt* microorganism; *(Milbe)* mite **klein·lich** ['klaɪnlɪç] *adj (pej)* ➊ *(knauserig)* mean, stingy *pej fam,* tight[-fisted] *pej fam* ➋ *(engstirnig)* petty[-minded] *pej,* small- [*or* narrow-] minded *pej;* **sei doch nicht so ~!** don't be so petty! *pej*

Klein·lich·keit <-, -en> *f (pej)* ➊ *kein pl (Knauserigkeit)* meanness *no indef art, no pl,* stinginess *no indef art, no pl pej fam* ➋ *(Engstirnigkeit)* pettiness *no indef art, no pl pej,* small-mindedness *no indef art, no pl pej,* narrow-mindedness *no indef art, no pl pej*

klein|ma·chen *vt* ➊ *(wechseln)* ◾ **etw ~** to change sth [for sb]; **können Sie mir wohl den Hunderter ~?** can you give me change for a hundred? ➋ *(erniedrigen)* **jdn ~** to make sb look small **Klein·mö·bel** *pl* small pieces [*or* smaller items] of furniture

Klein·mut *m (geh)* faint-heartedness *no indef art, no pl,* timidity *no indef art, no pl*

klein·mü·tig ['klaɪnmyːtɪç] *adj (geh: zaghaft)* faint-hearted; *(furchtsam)* timorous; *(scheu)* timid **Klein·od** <-[e]s, -odien *o* -e> ['klaɪnʔoːt, *pl:* klaɪnʔoːdiən, 'klaɪnʔoːdə] *nt* ➊ *pl* -ode *(geh: Kostbarkeit)* jewel, gem; **jds ~ sein** to be sb's treasure [*or* pride and joy] ➋ <*pl:* -odien> *(veraltend: Schmuckstück)* jewel, gem

Klein·rech·ner *m* microcomputer, micro *fam;* *(größer)* minicomputer **klein|re·den** *vt* ◾ **etw ~** Problem, Gefahr, Schuld to play down sth *sep* **klein|schrei·ben**[RR] *vt irreg* ➊ *(mit kleinem Anfangsbuchstaben)* **etw ~** to write sth with small initial letters/a small initial letter ➋ *(nicht wichtig nehmen)* **etw ~** to set little [*or* to not set much] store by sth; **kleingeschrieben werden** to count for little **Klein·schrei·bung** *f* use of small initial letters **Klein·specht** *m* ORN lesser spotted woodpecker **Klein·staat** *m* small state, ministate **Klein·stadt** *f* small town **Klein·städ·ter(in)** *m(f)* small-town dweller; ◾ **~/~in sein** to live in a small town **klein·städ·tisch** *adj* ➊ *(einer Kleinstadt entsprechend)* small-town *attr* ➋ *(pej: provinziell)* provincial *pej*

kleinst·mög·lich *adj* smallest possible **Klein·tier** *nt* small [domestic] animal **Klein·vieh** *nt* small farm animals *pl,* small livestock + *pl vb;* ▸ WENDUNGEN: **~ macht auch Mist** *(prov)* many a mickle makes a muckle *prov,* every little helps **Klein·wa·gen** *m* small car, runabout, runaround **Klein·woh·nung** *f* small flat BRIT, flatlet BRIT, efficiency [*or* small] apartment AM **klein·wüch·sig** *adj (geh)* small, of small stature *pred;* ◾ **~ sein** to be small [in stature] **Kleis·ter** <-s, -> ['klaɪstɐ] *m* paste **kleis·tern** ['klaɪstɐn] *vt* ◾ **etw an etw** *akk* **~** to paste sth onto sth **Kle·men·ti·ne** <-, -n> [klemɛnˈtiːnə] *f* clementine **Klemmap·pe** *f* ALT *f getrennt: Klemm·mappe s.* **Klemm·mappe Klemm·brett** *nt* clipboard **Klem·me** <-, -n> ['klɛmə] *f* ➊ *(Haarklammer)* [hair] clip ➋ ELEK terminal; *(Batterie a.)* clip ➌ *(fam: schwierige Lage)* fix *fam,* jam *fam;* **jdm aus der ~ helfen** to help sb out of a fix [*or* jam] *fam;* **in der ~ sitzen** [*o* sein] [*o* stecken] [*o* sich in der ~ befinden] *(fam)* to be in a fix [*or* jam] *fam*

klem·men ['klɛmən] I. *vt* ➊ *(zwängen)* ◾ **etw irgendwohin ~** to stick [*or* wedge] sth somewhere ➋ *(fam: stehlen)* ◾ **jdm etw ~** to pinch [*or* BRIT *a.* nick] sth from sb *fam* II. *vr* ➊ *(sich quetschen)* ◾ **sich ~** to get squashed [*or* trapped]; ◾ **sich** *dat* **etw** [**in/zwischen**

etw *dat*| ~ to catch [*or* trap] one's sth [in/between sth], to get one's sth caught [*or* trapped] [in/between sth] ❷ *(fam: etw zu erreichen suchen)* ▪ **sich hinter jdn ~** to get on to sb ❸ *(fam: Druck machen)* ▪ **sich hinter etw** *akk* ~ to get stuck in[to sth] BRIT *fam;* **ich werde mich mal hinter die Sache ~** I'll get onto it [*or* the job] **III.** *vi* ❶ *(blockieren)* to stick, to jam ❷ *(angeheftet sein)* ▪ **irgendwo ~** to be stuck somewhere ▸ WENDUNGEN: **es klemmt** *(fam: die Zeit fehlt)* time is [really] tight; *(das Geld fehlt)* money is [really] tight

Klemm·map·peᴿᴿ *f* clip file, spring binder [*or* folder]

Klemp·ner(in) <-s, -> ['klɛmpnɐ] *m(f)* metal roofer *spec,* plumber *fam*

Klemp·ne·rei <-, -en> ['klɛmpnə'rai] *f* ❶ *(Handwerk)* plumbing ❷ *(Werkstatt)* plumber's workshop

Klemp·ne·rin <-, -nen> *f fem form von* **Klempner**

Klemp·ner·la·den *m (hum fam)* chestful of medals

klemp·nern ['klɛmpnɐn] *vi* to do [a spot of BRIT] plumbing

Klemp·ner·werk·statt *f* plumber's workshop

Klep·per <-s, -> ['klɛpɐ] *m (pej)* [old] nag *pej*

Klep·to·ma·ne, Klep·to·ma·nin <-n, -n> [klɛpto'ma:nə, -'ma:nɪn] *m, f* kleptomaniac

Klep·to·ma·nie <-> [klɛptoma'ni:] *f kein pl* kleptomania *no indef art, no pl*

Klep·to·ma·nin <-, -nen> *f fem form von* **Kleptomane**

kle·ri·kal [kleri'ka:l] *adj (pej geh)* clerical, churchy *pej fam*

Kle·ri·ker <-s, -> ['kle:rikɐ] *m* cleric

Kle·rus <-> ['kle:rʊs] *m kein pl* clergy *no indef art, no pl*

Klett·band <-bänder> ['klɛt-] *nt* Velcro®

Klet·te <-, -n> ['klɛtə] *f* ❶ *(Pflanze)* burdock; *(Blütenkopf)* bur[r]; **wie [die] ~n zusammenhalten** *(fam)* to stick together [like glue], to be inseparable; **an jdm wie eine ~ hängen** *(fam)* to cling to sb like a limpet [*or esp pej* leech] ❷ *(pej fam: zu anhänglicher Mensch)* nuisance, pest

Klet·te·rer, Klet·te·rin <-s, -> *m, f* climber

Klet·ter·ge·rüst *nt* climbing frame

Klet·te·rin <-, -nen> *f fem form von* **Kletterer**

klet·tern ['klɛtɐn] *vi* ❶ *sein (klimmen)* ▪ [auf etw *akk o dat*] ~ to climb [[on] sth]; *(mühsam)* to clamber [up [*or* on] sth]; **auf einen Baum ~** to climb a tree; **aufs Dach ~** to climb onto the roof ❷ *sein o haben* SPORT to climb; **~ gehen** to go climbing; **in eine/einer Wand ~** to climb a face/on a face; **das K~** climbing; **frei ~** to free-climb ❸ *sein (fam)* ▪ **aus einem/ in ein Auto ~** to climb out of/into a car ❹ *sein (fam: steigen)* ▪ [auf etw *akk*] ~ *Zeiger* to climb [to sth]

Klet·ter·par·tie *f* ❶ *(Bergsteigen)* difficult climb; **die reinste ~ sein** *(fam)* to be a real climbing expedition *fam* ❷ *(fam: anstrengende Wanderung)* climbing trip [*or* outing] **Klet·ter·pflan·ze** *f* climbing plant, climber **Klet·ter·stan·ge** *f* climbing pole

Klett·ver·schlussᴿᴿ *m* Velcro® fastener

Klick <-s, -s> [klɪk] *m* INFORM click

kli·cken [klɪkn̩] *vi* ❶ *(metallisch federn)* to click; **man hörte es ~** there was an audible click; ▪ **~d** with a click; ▪ **das K~** clicking; ▪ **das K~ von etw** the click[ing] of sth ❷ *(ein K~ verursachen)* ▪ **mit etw ~** to click sth, to make a clicking noise with sth ❸ INFORM to click; **mit der Maus ~** to click with the mouse; ▪ **auf etw** *akk* ~ to click on sth

Kli·cker <-s, -> ['klɪkɐ] *m* NORDD marble; *(Spiel)* marbles + *sing vb*

kli·ckern ['klɪkɐn] *vi* NORDD to play marbles

Kli·ent(in) <-en, -en> [kli'ɛnt] *m(f)* client

Kli·en·tel <-, -en> [kliɛn'te:l] *f* clientele + *sing/pl vb,* clients *pl*

Kli·en·tin <-, -nen> *f fem form von* **Klient**

Klie·sche ['kli:ʃə] *f* ZOOL, KOCHK sand dab

Kliff <-[e]s, -e> [klɪf] *nt* cliff

Kli·ma <-s, -s *o* Klimate> ['kli:ma, kli'ma:tə] *nt* ❶ METEO climate ❷ *(geh: Stimmung)* **ein entspanntes/angespanntes ~** a relaxed/tense atmosphere; **das politische/wirtschaftliche ~** the political/economic climate

Kli·ma·an·la·ge *f* air-conditioning *no indef art, no pl* [system]; **mit ~ [versehen]** air-conditioned, fitted with air-conditioning

Kli·mak·te·ri·um <-s> [klimak'te:ri̯ʊm] *nt kein pl* menopause *no indef art, no pl,* climacteric *no indef art, no pl spec*

kli·ma·tisch [kli'ma:tɪʃ] **I.** *adj attr* climatic **II.** *adv* climatically

kli·ma·ti·sie·renˣ [klimati'zi:rən] *vt* ▪ **etw ~** to air-condition sth; ▪ **klimatisiert** air-conditioned

kli·ma·ti·siert *adj inv* air-conditioned

Kli·ma·to·lo·gie <-> [klimatolo'gi:] *f kein pl* climatology *no art, no pl*

Kli·ma·um·schwung *m* [drastic] change in climate **Kli·ma·ver·än·de·rung** *f* change in climate **Kli·ma·wech·sel** *m* change of/in climate; **ein ~ täte Ihnen sicher gut!** a change of climate would undoubtedly do you good!; **den ~ überstehen** to get over the change in climate

Kli·max <-> ['kli:maks] *f kein pl (geh)* climax

Klim·bim <-s> [klɪm'bɪm] *m kein pl (fam: Krempel)* junk *no indef art, no pl,* odds and ends [*or* BRIT *fam* sods] *npl;* ▸ WENDUNGEN: **einen ~ [um etw] machen** to make a fuss [about sth]

klim·men <klomm *o* klimmte, geklommen *o* geklimmt> ['klɪmən] *vi sein (geh)* ▪ **irgendwohin ~** to clamber [*or* scramble] up somewhere

Klimm·zug *m* ❶ SPORT pull-up; **Klimmzüge machen** to do pull-ups ❷ *meist pl (Verrenkung)* contortions *pl;* [geistige] **Klimmzüge machen** to do [*or* perform] mental acrobatics

Klim·per·kas·ten *m (fam)* piano

klim·pern ['klɪmpɐn] *vi* ❶ *(Töne erzeugen)* ▪ **auf etw** *dat* ~ to plonk [*or* AM *usu* plunk] away on sth *fam;* **auf einer Gitarre ~** to plunk away on [*or* twang] a guitar ❷ *(klirren)* Münzen to jingle, to chink; *(Schlüssel)* to jangle ❸ *(erklingen lassen)* ▪ **mit etw ~** to jingle [*or* chink] [with] sth; **mit seinen Schlüsseln ~** to jangle one's keys

kling [klɪŋ] *interj* ting, ding, clink; **~ machen** to clink

Klin·ge <-, -n> ['klɪŋə] *f* ❶ *(Schneide)* blade; *(Schwert)* sword; **miteinander die ~n kreuzen** to fence, [*or* fight]; **mit jdm die ~[n] kreuzen** to fence with [*or* fight [with]] sb ❷ *(Rasier~)* [razor] blade; **die ~ wechseln** to change the blade ▸ WENDUNGEN: **eine scharfe ~ führen** *(geh)* to be a trenchant [*or* dangerous] opponent; **mit jdm die ~n kreuzen** to cross swords with sb; **jdn über die ~ springen lassen** *(veraltend: jdn töten)* to put sb to death *form* [*or liter* to the sword], to dispatch sb *hum form; (jdn zugrunde richten)* to ruin sb

Klin·gel <-, -n> ['klɪŋl̩] *f* bell

Klin·gel·beu·tel *m* REL collection [*or spec* offertory] bag **Klin·gel·knopf** *m* bell-push, ·button

klin·geln ['klɪŋl̩n] **I.** *vi* ❶ *(läuten)* ▪ [an etw *dat*] ~ to ring [sth]; **an der Tür ~** to ring the doorbell; ▪ **das K~** ring; **etw ~ lassen** to let sth ring ❷ *(durch Klingeln herbeirufen)* ▪ [nach] **jdm ~** to ring for sb; *s. a.* Bett **II.** *vi impers* **hör mal, hat es da nicht eben geklingelt?** listen, wasn't that the phone/doorbell just then? ▸ WENDUNGEN: **hat es jetzt endlich geklingelt?** *(fam)* has the penny finally dropped? BRIT *fam*

Klin·gel·zei·chen *nt* ring; **auf das/ein/jds ~ hin** at the/a ring of the bell, at sb's ring

klin·gen <klang, geklungen> [ˈklɪŋən] *vi* ❶ *(er~) Glas* to clink; **die Gläser ~ lassen** to clink glasses [in a toast]; *Glocke* to ring; **dumpf/hell ~** to have a dull/ clear ring ❷ *(tönen)* to sound; **die Wand klang hohl** the wall sounded [*or* rang] hollow [*or* made a hollow sound] ❸ *(sich anhören)* to sound; **das klingt gut/ interessant/vielversprechend** that sounds good/ interesting/promising
Kli·nik <-, -en> [ˈkliːnɪk] *f* clinic, specialist hospital
Kli·nik·all·tag *m* routine hospital practice, routine [work] at a/the clinic
Kli·ni·kum <-s, Klinika *o* Kliniken> [ˈkliːnikʊm, *pl*: ˈkliːnika, ˈkliːnikən] *nt* ❶ *(Universitätskrankenhaus)* university hospital ❷ *(Hauptteil der medizinischen Ausbildung)* clinical training *no indef art, no pl*
kli·nisch [ˈkliːnɪʃ] **I.** *adj* clinical **II.** *adv* clinically; **~ tot** clinically dead
Klin·ke <-, -n> [ˈklɪŋkə] *f* [door-]handle; ▸ WENDUNGEN: **sich die ~ in die Hand geben** to come in a never-ending stream; **die Bewerber gaben sich die ~ in die Hand** there was an endless coming and going of applicants; **~n putzen** *(fam)* to go [*or* sell] from door to door
Klin·ken·put·zer(in) <-s, -> *m(f)* *(fam)* door-to-door salesman, hawker; *(Hausierer)* peddler, AM *a.* pedlar
Klin·ker <-s, -> [ˈklɪŋkɐ] *m* clinker [brick]
Klipp <-s, -s> [klɪp] *m* ❶ MODE clip-on [ear-ring] ❷ *(Klemme) am Kugelschreiber* clip
klipp [klɪp] *adv* ▸ WENDUNGEN: **~ und klar** quite clearly [*or* frankly]; **etw ~ und klar zum Ausdruck brin-gen** to express sth quite clearly [*or* in no uncertain terms]
Klip·pe <-, -n> [ˈklɪpə] *f (Fels~)* cliff; *(im Meer)* [coastal] rock; **tückische ~n** treacherous rocks ▸ WENDUNGEN: **die [*o* alle] ~n [erfolgreich] umschif-fen** to negotiate [all] the obstacles [successfully]
Klipp·fisch *m* salted dried cod
Klips [klɪps] *m s.* **Klipp 1**
klir·ren [ˈklɪrən] *vi* ❶ *(vibrieren) Gläser* to tinkle; *Fens-terscheiben* to rattle; *Lautsprecher, Mikrophon* to crackle; **das K~** the tinkling/rattling/crackling [noise [*or* sound]]; **das K~ einer S.** *gen* [*o* von etw] the tinkling/rattling/crackling of sth ❷ *(metal-lisch ertönen) Ketten, Sporen* to jangle; *(Waffen)* to clash; **~d** jangling/clashing, clashing; **das K~ [von etw]** the jangling/clashing [of sth]
klir·rend I. *adj* **~er Frost** severe frost; **~e Kälte** biting [*or* piercing] cold **II.** *adv* bitterly; **~ kalt** bitterly cold
Kli·schee <-s, -s> [kliˈʃeː] *nt* ❶ TYPO plate, block ❷ *(pej: eingefahrene Vorstellung)* cliché, stereo-type *pej* ❸ *(pej geh: Leerformel)* cliché
kli·schee·haft *adj (pej geh)* clichéd, stereotyped *pej*, stereotypical *pej*; **eine ~e Rede** a cliché-ridden speech
Kli·schee·vor·stel·lung *f s.* **Klischee 2**
Klis·tier <-s, -e> [klɪsˈtiːɐ̯] *nt* enema *spec*
Klis·tier·sprit·ze *f* enema syringe *hist spec*
Kli·to·ris <-, - *o* Klitorides> [ˈkliːtɔrɪs, *pl*: kliˈtoːrideːs] *f* clitoris
Klit·sche <-, -n> [ˈklɪtʃə] *f (pej fam)* small-time outfit
klitsch·nass^RR [ˈklɪtʃˈnas] *adj (fam) s.* **klatschnass**
klit·ze·klein [ˈklɪtsəˈklain] *adj (fam)* teen[s]y [ween[s]y] *fam*, itsy-bitsy *hum*, AM *a.* itty-bitty *hum*
Kli·vie <-, -n> [ˈkliːviə] *f* BOT clivia *spec*
Klo <-s, -s> [kloː] *nt (fam)* loo BRIT *fam*, john AM *fam*; **aufs ~ gehen/rennen** to go/run [*or* dash] to the loo
Klo·a·ke <-, -n> [kloˈaːkə] *f (fam)* sewer, cloaca, cess-pool *a. fig*
Klo·a·ken·tier *nt* ZOOL monotreme
Klo·be·cken *nt (fam)* toilet [*or* lavatory] bowl [*or* pan]
Klo·ben <-s, -> *m (Holzklotz)* log
klo·big [ˈkloːbɪç] *adj* hefty, bulky; **~e Hände** massive hands

Klo·bril·le *f (fam)* toilet [*or sl* bog] seat **Klo·bürs·te** *f (fam)* toilet [*or* BRIT *fam a.* loo] brush **Klo·de·ckel** *m (fam)* toilet lid **Klo·mann, -frau** *m, f (fam)* toilet attendant
klomm [klɔm] *imp von* **klimmen**
Klon <-s, -e> [kloːn] *m* clone
klo·nen [ˈkloːnən] *vt* **jdn/etw ~** to clone sb/sth
klö·nen [ˈkløːnən] *vi (fam)* **[mit jdm]** ~ to [have a] chat [*or* natter] [with sb] BRIT *fam*
Klon·tech·no·lo·gie *f* BIOL clone technology
Klo·pa·pier *nt (fam)* toilet paper
klop·fen [ˈklɔpfn̩] **I.** *vi* ❶ *(pochen)* **[mit etw] [an/auf etw** *akk***/gegen etw]** ~ to knock [at/on/against sth] [with sth] ❷ ORN *Specht* **gegen etw]** ~ to hammer [against sth] ❸ *(mit der flachen Hand)* **jdm auf etw** *akk* ~ to pat sb on sth; *(mit dem Finger)* to tap sb on sth; **jdm auf die Knöchel ~** to rap sb [*or* give sb a rap] on [*or* across] the knuckles **II.** *vi impers* **es klopft [an etw** *dat***/gegen etw]** there is a knock [at/ against sth]; **es klopft!** there's somebody [*or* some-body is] knocking at the door!; **das K~** knocking **III.** *vt* ❶ *(schlagen)* **etw ~** to beat [*or* hit] sth; **den Teppich ~** to beat the carpet; **jdm/sich] etw aus/von etw ~** to knock sth out of/off sth [for sb]; **den Staub aus dem Teppich ~** to beat the dust out of the carpet ❷ KOCHK **ein Steak ~** to beat [*or* tender-ize] a steak; *s. a.* **Takt**
Klop·fer <-s, -> *m (Teppich~)* carpet beater; *(Tür~)* [door-]knocker; *(Fleisch~)* [meat] mallet
Klopf·zei·chen *nt* knock
Klop·pe [ˈklɔpə] *f* ▸ WENDUNGEN: **[von jdm] ~ kriegen** NORDD to get [*or* be given] a walloping [*or hum a* hiding] [from sb] *fam*
Klöp·pel <-s, -> [ˈklœpl̩] *m* ❶ *(Glocken~)* clapper ❷ *(Spitzen~)* bobbin ❸ *(Taktstock)* [drum]stick
klöp·peln [ˈklœpln̩] *vt* **etw ~** to make [*or* work] sth in pillow [*or* bobbin] lace; **geklöppelt** pillow-lace *attr*; **geklöppelte Spitze** pillow [*or* bobbin] lace
Klöp·pel·spit·ze *f* pillow [*or* bobbin] lace
klop·pen [ˈklɔpn̩] **I.** *vt* NORDD *(fam)* **etw ~** to hit sth; **Steine/einen Teppich ~** to break stones/beat a car-pet **II.** *vr* NORDD *(fam)* **sich [mit jdm] ~** to fight [*or* scrap] [with sb]
Klop·pe·rei <-, -en> [klɔpəˈrai] *f* NORDD *(fam)* fight; *(schneller a.)* scrap; *(mit mehreren Personen a.)* brawl
Klöpp·ler(in) <-s, -> *m(f)* [pillow *or* bobbin]] lace maker
Klops <-es, -e> [klɔps] *m* ❶ *(Fleischkloß)* meatball; **Königsberger ~e** Königsberg meatballs *(meatballs in a caper sauce)* ❷ *(fam: Schnitzer)* howler, boob BRIT *fam*; **sich** *dat* **einen ~ leisten** to make a real howler
Klo·sett <-s, -e *o* -s> [kloˈzɛt] *nt (veraltend) s.* **Toi-lette** privy *old*
Klo·spü·lung *f (fam)* flush; **die ~ betätigen** to flush the toilet [*or* BRIT *fam a.* loo]
Kloß <-es, Klöße> [kloːs, *pl*: ˈkløːsə] *m* KOCHK dump-ling; ▸ WENDUNGEN: **einen ~ im Hals haben** *(fam)* to have a lump in one's throat
Kloß·brü·he *f* ▸ WENDUNGEN: **klar wie ~ sein** *(fam)* to be as clear as day [*or* crystal-clear]
Klos·ter <-s, Klöster> [ˈkloːstɐ, *pl*: ˈkløːstɐ] *nt (Mönchs~)* monastery; *(Nonnen~)* convent, nunnery *dated;* **ins ~ gehen** to enter a monastery/convent, to become a monk/nun
Klos·ter·bib·li·o·thek *f* monastery/convent library **Klos·ter·bru·der** *m (veraltet) s.* **Mönch Klos·ter·frau** *f (veraltet) s.* **Nonne Klos·ter·gar·ten** *m* monas-tery/convent garden **Klos·ter·ka·pel·le** *f* monas-tery/convent chapel **Klos·ter·kir·che** *f* monastery/

convent church

klös·ter·lich ['klø:stɛlɪç] *adj* ❶ *(einem Kloster entsprechend)* monastic/conventual; **~e Einsamkeit** cloistered seclusion ❷ *(dem Kloster gehörend)* monastery/convent *attr,* of a/the monastery/convent *pred*

Klos·ter·pfor·te *f* monastery/convent gate [*or* door] **Klos·ter·schu·le** *f* monastery [*or* monastic] /convent school

Klö·ten ['klø:tn] *pl* NORDD *(sl)* balls *npl fam!*

Klotz <-es, Klötze> [klɔts, *pl*: 'klœtsə] *m* ❶ *(Holz~)* block [of wood] ❷ *(pej fam: großes hässliches Gebäude)* monstrosity ▸ WENDUNGEN: **sich** *dat* [**mit jdm/etw**] **einen ~ ans Bein binden** *(fam)* to tie a millstone round one's neck [by getting involved with sb/by doing sth] *fig;* [**jdm** [*o* **für jdn**]] **ein ~ am Bein sein** *(fam)* to be a millstone round sb's neck, to be a heavy burden [for sb]; **auf einen groben ~ gehört ein grober Keil** *(prov)* rudeness must be met with rudeness *prov;* **wie ein ~ schlafen** *(fam)* to sleep like a log *fam*

Klötz·chen <-s, -> ['klœtsçən] *nt dim von* **Klotz** 1 ❶ *(kleiner Holzklotz)* small block [*or* piece] of wood ❷ *(Bauklotz)* building brick

klot·zen ['klɔtsən] *(sl)* I. *vi* ❶ *(hart arbeiten)* to slog [away] *fam;* *(schnell arbeiten)* to work like hell *fam* [*or* *fam!* stink] ❷ *(Mittel massiv einsetzen)* ▪ [**bei etw**] **~** to splurge [out] on sth *fam,* to splash [*or* BRIT *fam* push the boat] out [on sth] ▸ WENDUNGEN: **~, nicht kleckern** to think big, to do things in a big way II. *vt* ▪ [**jdm**] **etw irgendwohin ~** to stick [*or* shove] sth up somewhere *fam*

klot·zig ['klɔtsɪç] *(sl)* I. *adj* ❶ *(ungefüge)* large and ugly; **ein ~es Hochhaus** an ugly great high-rise [*or* skyscraper]; ▪ **~ sein** to be bulky ❷ *(aufwändig)* extravagant II. *adv* ❶ *(überreichlich)* extremely; **~ reich sein** to be rolling in it *fam;* **~** [**viel Geld**] **verdienen** to be raking it in ❷ *(aufwändig)* lavishly, extravagantly

Klub <-s, -s> [klʊp] *m* ❶ *(Verein)* club; **die Mitgliedschaft im ~** membership of the club, club membership ❷ *(fam: Klubgebäude/-raum)* club; **im/in seinem ~** at the/one's club

Klub·bei·trag *m* club subscription [*or* membership fee] **Klub·haus** *nt* club-house **Klub·ja·cke** *f* blazer **Klub·kas·se** *f* club [bank] account **Klub·mit·glied** *nt* club member **Klub·ses·sel** *m* club chair **Klub·vor·stand** *m* club committee

Kluft¹ <-, Klüfte> [klʊft, *pl*: 'klʏftə] *f* ❶ GEOG cleft, [deep] fissure ❷ *(scharfer Gegensatz)* gulf; **tiefe ~** deep rift ❸ KOCHK shank

Kluft² <-, -en> [klʊft] *f* DIAL *(hum)* uniform, garb *no pl liter*

Kluft·scha·le *f* KOCHK [beef] topside **Kluft·steak** *nt* KOCHK sirloin steak

klug <klüger, klügste> [klu:k] I. *adj* ❶ *(vernünftig)* wise; *(intelligent)* intelligent; *(schlau)* clever; *(scharfsinnig)* shrewd, astute; **eine ~e Entscheidung** a prudent decision; **~er Rat** sound advice; **es wäre klüger, ...** it would be more sensible ...; **ein ganz K~er** *(iron)* a real clever clogs + *sing vb* [*or* dick] BRIT *pej fam;* [**wieder**] **so ~ gewesen sein** *(iron)* to have been so bright [again]; **da soll einer draus ~ werden** I can't make head [n]or tail of it; **ich werde einfach nicht ~ aus ihm/daraus** I simply don't know what to make of him/it, I simply can't make [*or* BRIT *fam* suss] him/it out ❷ *(iron: dumm)* clever *iron,* bright *iron;* **genauso ~ wie zuvor** [*o* **vorher**] **sein** to be none the wiser ▸ WENDUNGEN: **aus Schaden wird man ~** you learn from your mistakes; **hinterher** [*o* **im nachhinein**] **ist man immer klüger** it's easy to be wise after the event; **der Klügere gibt nach** *(prov)* discretion is the better part of valour *prov*

II. *adv* ❶ *(intelligent)* cleverly, intelligently ❷ *(iron)* cleverly *iron;* **~ reden** to talk as if one knows it all, to talk big, to pontificate *pej*

klu·ger·wei·se *adv* [very] cleverly [*or* wisely]

Klug·heit <-, -en> ['klu:khait] *f* ❶ *kein pl* cleverness; *(Intelligenz)* intelligence; *(Vernunft)* wisdom; *(Scharfsinn)* astuteness, shrewdness; *(Überlegtheit)* prudence ❷ *(iron)* clever remark/remarks *iron*

Klug·red·ner·in *m(f)* *(fam)* know-all, wise guy *pej fam,* clever dick [*or* + *sing vb* clogs] BRIT *pej fam* **klug·schei·ßen** *vi irreg (sl)* to be a smart-ass [*or* BRIT *a.* -arse] *fam* **Klug·schei·ßer·in** <-s, -> *m(f) (sl)* smart-ass [*or* BRIT *a.* -arse] *fam*

Klump [klʊmp] *m* ▸ WENDUNGEN: **etw zu** [*o* **in**] **~ fahren** *(fam)* to drive sth into the ground, to write off sth *sep,* to smash up sth *sep;* **jdn zu ~ hauen** *(fam)* to beat sb to a pulp *fam*

Klumpatsch <-s> *m kein pl (fam)* junk *no indef art, no pl,* shit *no indef art, no pl pej fam!*

Klümp·chen <-s, -> ['klʏmpçən] *nt dim von* **Klumpen** ❶ *(kleiner Klumpen)* little lump ❷ NORDD *(Bonbon)* sweetie BRIT *fam*

klum·pen ['klʊmpn] *vi* to go [*or* become] lumpy; *Salz* to cake

Klum·pen <-s, -> ['klʊmpn] *m* lump; **ein ~ Erde** a lump [*or* clod] of earth; **~ bilden** to go lumpy

Klump·fuß *m* club foot

klump·fü·ßig *adj* club-footed; ▪ **~ sein** to be club-footed [*or* have a club foot]

klum·pig ['klʊmpɪç] *adj* lumpy; ▪ **~ sein/werden** to be/go [*or* get] [*or* become] lumpy

Klün·gel <-s, -> ['klʏŋl] *m* NORDD *(pej fam)* old boys' network BRIT; *(zwischen Verwandten)* nepotistic web *pej*

Klün·ge·lei <-, -en> ['klʏŋəlai] *f* SOZIOL *(pej)* cronyism

Klun·ker <-s, -> ['klʊŋkɐ] *m (sl: Edelstein)* rock AM *sl*

km [ka:'ɛm] *m Abk von* **Kilometer** km

km/h [ka:ɛm'ha:] *m Abk von* **Kilometer pro Stunde** kmph, km/h

knab·bern ['knabɐn] I. *vi* ▪ **an etw** *dat* **~** ❶ *(knabbernd verzehren)* to nibble [at] sth ❷ *(etw geistig/emotional verarbeiten)* to chew on sth, to mull sth over; [**noch**] **an etw** *dat* **zu ~ haben** *(fam)* to have sth to chew on [*or* over] *fam* II. *vt* ▪ **etw ~** to nibble sth; **etwas zum K~** something to nibble; **nichts zu ~ haben** *(fam)* to have nothing to eat

Kna·be <-n, -n> ['kna:bə] *m (veraltend geh)* boy, lad; **na, alter ~!** *(fam)* well, old boy [*or* BRIT *dated fam* chap] *!*

Kna·ben·chor *m (veraltend geh)* boys' choir

kna·ben·haft *adj* boyish

Kna·ben·in·ter·nat *nt (veraltend geh)* boys' boarding school **Kna·ben·kraut** *nt* [wild] orchid, orchis *spec* **Kna·ben·schu·le** *f (veraltend geh)* boys' school **Kna·ben·stim·me** *f* boy's voice, treble

knack [knak] *interj* crack

Knack <-[e]s, -e> [knak] *m* crack; **~ machen** to [go] crack

Knä·cke·brot *nt* crispbread *no indef art, no pl*

kna·cken ['knakn] I. *vt* ❶ *(aufbrechen)* ▪ **etw** [**mit etw**] **~** to crack sth [with sth] ❷ *(fam: dechiffrieren)* **einen Kode ~** to crack a code ❸ *(fam: in etw eindringen)* ▪ **etw ~** to break into sth; **den Safe ~** to crack [open] the safe ❹ MIL *(sl: zerstören)* ▪ **etw ~** to knock out sth *sep* ❺ *(sl)* ▪ **etw ~** to do away with sth; **Vorurteile ~** to eliminate [*or* sep break down] prejudice II. *vi* ❶ *(Knacklaut von sich geben)* to crack; *Diele, Knie* to creak; *Zweige* to snap; **es knackt hier immer im Gebälk** the beams are always creaking here ❷ *(Knackgeräusche machen)* ▪ **mit etw ~** to crack sth; **mit den Fingern ~** to crack one's fingers [*or* knuckles] ❸ *(fam: schlafen)* to sleep; **eine**

Runde ~ to have forty winks [*or* BRIT *a.* a kip] ▶ WENDUNGEN: [**noch**] **an etw** *dat* **zu** ~ **haben** *(fam)* to have sth to think about [*or fam* chew on [*or* over]] **III.** *vi impers* ■ **es knackt** there's a crackling noise; **in Dachstühlen knackt es oft** roof trusses often creak

Kna·cker <-s, -> *m* DIAL *(fam)* ❶ *(pej)* guy *fam*, bloke BRIT *fam;* **ein alter** ~ an old codger *pej, hum* [*or* feller] *fam;* **ein blöder** ~ a stupid [*or* silly] so-and-so; **ein komischer** ~ a strange character ❷ *s.* **Knackwurst**

Knack·erb·se *f* sugar-snap pea

Kna·cki <-s, -s> ['knaki] *m (sl)* ex-con *sl*, old lag BRIT *fam*

kna·ckig ['knakɪç] **I.** *adj* ❶ *(knusprig)* crunchy, crisp[y] ❷ *(fam: drall)* well-formed, sexy ❸ *(fam: zünftig)* real; **ein ~er Typ** a natural type [*or* person] **II.** *adv (fam)* really; **sie kam** ~ **braun aus dem Urlaub wieder** she came back from holiday really brown; ~ **rangehen** to get really stuck in *fam*, to really go for it *fam*

Knack·laut *m* ❶ *(knackendes Geräusch)* crack[ing noise], creak ❷ LING glottal stop **Knack·punkt** *m (fam)* crucial point; **und da ist der** ~ and there's the crunch *fam*

knacks [knaks] *interj s.* **knack**

Knacks <-es, -e> [knaks] *m* ❶ *(knackender Laut)* crack ❷ *(Sprung)* crack; **einen** ~ **haben** *(fam)* to have a problem; *Ehe* to be in difficulties; *Freundschaft* to be suffering; **etw** *dat* **einen** ~ **geben** to damage sth ❸ *(fam: seelischer Schaden)* psychological problem; **einen** ~ **bekommen** *(fam)* to suffer a minor breakdown; **einen** ~ **haben** *(fam)* to have a screw loose *hum* [*or* be a bit whacky [*or* AM *usu* wacky]] *fam*

Knack·wurst *f* knackwurst *spec*, knockwurst *spec (sausage which is heated in water and whose tight skin makes a cracking noise when bitten)*

Knäk·ente ['knɛkʔɛntə] *f* ZOOL, KOCHK sarcelle duck

Knall <-[e]s, -e> [knal] *m* ❶ *(Laut)* bang; *Korken* pop; *Tür* bang, slam ❷ *(fam: Krach)* trouble *no indef art, no pl* ▶ WENDUNGEN: ~ **auf** [*o* **und**] **Fall** *(fam)* all of a sudden; **jdn** ~ **auf** [*o* **und**] **Fall entlassen** to dismiss sb on the spot [*or* without warning]; **einen** ~ **haben** *(sl)* to be crazy [*or fam* off one's rocker] [*or fam* crackers]

Knall·bon·bon *nt* cracker, AM *usu* bonbon **knall·bunt** ['knal'bʊnt] *adj* gaudy **Knall·ef·fekt** *m (fam)* surprising twist; ■ **einen** ~ **haben** to come as a bombshell

knal·len ['knalən] **I.** *vi* ❶ **haben** *(stoßartig ertönen)* to bang; *Auspuff* to misfire, to backfire; *Feuerwerkskörper* to [go] bang; *Korken* to [go] pop; *Schuss* to ring out; *(laut zuschlagen)* to bang, to slam ❷ **haben** ■ **mit etw** ~ to bang sth; **mit der Peitsche** ~ to crack the whip; **mit der Tür** ~ to slam [*or* bang] the door [shut]; ■ **etw** ~ **lassen** to bang sth; **die Sektflaschen** ~ **lassen** to make the Sekt bottles pop ❸ **sein** *(fam: hart auftreffen)* ■ **auf/gegen/vor etw** *akk* ~ to bang on/against sth; **der Ball knallte gegen die Latte** the ball slammed against the crossbar ▶ WENDUNGEN: **die Korken** ~ **lassen** to pop the corks, to celebrate; *s. a.* **Sonne II.** *vi impers haben* ■ **es knallt** there's a bang; **..., sonst knallt's!**, ..., **oder/und es knallt!** *(fam: oder/und es gibt eine Ohrfeige!)* ... or/and you'll get a good clout! *fam*; *(oder/und ich schieße!)* ... or/and I'll shoot! *fam*; **III.** *vt* ❶ *(zuschlagen)* ■ **etw** ~ to bang [*or* slam] sth ❷ *(hart werfen)* ■ **etw irgendwohin** ~ to slam sth somewhere; **er knallte den Ball gegen den Pfosten** he slammed [*or* hammered] the ball against the post ❸ *(fam: schlagen)* ■ **jdm eine** ~ *(fam)* to clout sb, to give sb a clout *fam*

knall·eng *adj (fam)* skin-tight

Knal·ler <-s, -> *m (fam)* ❶ *(Knallkörper)* firecracker, BRIT *a.* banger ❷ *(Sensation)* sensation, smash *fam*

Knall·erb·se *f* cap bomb, toy torpedo AM

Knal·le·rei <-, -en> *f (fam: Schießerei)* shooting *no*

indef art, no pl; (Feuerwerk) banging [of fireworks]

Knall·frosch *m* jumping jack **Knall·gas** *nt* oxyhydrogen *no indef art, no pl spec* **knall·hart** ['knal'hart] *(fam)* **I.** *adj* ❶ *(rücksichtslos)* really tough, [as] hard as nails *pred* ❷ *(sehr kraftvoll)* really hard; **ein ~er Schuss/Schlag** a fierce shot/crashing blow **II.** *adv* quite brutally; **etw** ~ **sagen** to say sth straight out [*or* without really pulling any punches]; ~ **verhandeln** to negotiate really hard, to drive a hard bargain **knall·heiß** *adj (fam)* boiling [hot], baking *fam*

knal·lig ['knalɪç] *adj (fam)* gaudy, loud *pej*

Knall·kopf *m (fam)*, **Knall·kopp** *m (fam)* idiot, jerk *pej fam!*, pillock BRIT *pej fam* **Knall·kör·per** *m* firecracker **knall·rot** ['knal'roːt] *adj (fam)* bright red; ■ ~ [**im Gesicht**] **sein/werden** to be/become [*or* turn] bright red [in the face]

knapp [knap] **I.** *adj* ❶ *(gering)* meagre [*or* AM -er], low; **~e Vorräte** meagre [*or* scarce] supplies; **~e Stellen** scarce jobs; **~es Geld** tight money; ■ ~ **sein/werden** to be scarce [*or* in short supply] /to become scarce; ■ [**mit etw**] ~ **sein** to be short [of sth]; **..., aber/und das nicht zu** ~! *(fam)* ..., and how!, ..., good and proper! BRIT *fam; s. a.* **Kasse** ❷ *(eng [sitzend])* tight[-fitting]; ■ **jdm zu** ~ **sein** to be too tight for sb ❸ *(noch genügend)* just enough; **eine ~e Mehrheit** a narrow [*or* bare] [*or* very small] majority; **ein ~er Sieg** a narrow victory; **ein ~es Ergebnis** a close result ❹ *(nicht ganz)* almost; **in einer ~en Stunde** in just under an hour; ■ [**jdm**] **zu** ~ **sein** to be too tight [for sb] ❺ *(gerafft)* concise, succinct; **in wenigen ~en Worten** in a few brief words; **er gab ihr nur eine ~e Antwort** he replied tersely **II.** *adv* ❶ *(mäßig)* sparingly; ~ **bemessen sein** to be not very generous; **seine Zeit ist** ~ **bemessen** his time is limited [*or* restricted], he only has a limited amount of time ❷ *(nicht ganz)* almost; ~ **eine Stunde** almost [*or* just under] [*or* not quite] an hour ❸ *(haarscharf)* narrowly; **die Wahl ist denkbar** ~ **ausgefallen** the election turned out to be extremely close; ~ **gewinnen/verlieren** to win/lose narrowly [*or* by a narrow margin]; **wir haben** [**nur**] ~ **verloren** we [only] just lost

Knap·pe <-n, -n> ['knapə] *m* ❶ BERGB [qualified] miner ❷ HIST squire

knapp|hal·ten *vt irreg* **jdn** [**mit etw**] ~ to keep sb short [of sth]

Knapp·heit <-> *f kein pl* ❶ *(Versorgungsengpass)* shortage *no pl*, scarcity *no pl* ❷ *(Beschränktheit)* shortage *no pl*; **die** ~ **der öffentlichen Gelder/finanziellen Mittel** the shortage [*or* lack] of public money/finance; **bei der** ~ **der zur Verfügung stehenden Zeit** ... with [*or* because of] the limited amount of time available ...

Knapp·schaft <-> *f kein pl* BERGB miners' guild

knap·sen ['knapsn] *vi (fam)* ❶ *(knauserig sein)* to watch the pennies, to scrimp and save; ■ **mit etw** ~ to scrimp on sth ❷ *(mit etw schwer fertigwerden)* ■ **an etw** *dat* ~ to have difficulty getting over sth

Knar·re <-, -n> ['knarə] *f (sl)* gun, shooter, rod AM *sl*

knar·ren ['knarən] *vi* to creak; ■ **das K~** creaking

Knast <-[e]s, Knäste> [knast, *pl:* 'knɛstə] *m (sl)* prison; ■ **im** ~ in the slammer *sl* [*or fam* clink] [*or* AM *fam* can]; **im** ~ **sitzen** to do [*or* serve] time; ~ **schieben** *(fam)* to do [*or* serve] time

Knatsch <-es> [knaːtʃ] *m kein pl (fam)* trouble; **ständiger** ~ **mit seinen Eltern** constant disagreements with one's parents; **es** [*o* **das**] **gibt** ~ there's going to be [*or* that means [*or* spells]] trouble; **das könnte** ~ **geben** there could be trouble

knat·schig ['knaːtʃɪç] *adj (fam: quengelig)* whingy BRIT *pej fam; (brummig)* grumpy, crotchety *fam*

knat·tern ['knatɐn] *vi* to clatter; *Motorrad* to roar;

Maschinengewehr to rattle, to clatter; *Schüsse* to rattle out; ■**~d** roaring/clattering; ■**das K~** the roar/clatter/rattle

Knäu·el <-s, -> ['knɔyəl] *m o nt* ball; **ein ~ von Menschen** a knot of people

Knäu·el·gras *nt* BOT common cocksfoot

Knauf <-[e]s, Knäufe> [knauf, *pl:* 'knɔyfə] *m (Messer-/Schwert~)* pommel; *(Tür~)* knob; *Spazierstock* knob; *Schläger* butt [end]

Knau·ser(in) <-s, -> ['knauze] *m(f) (pej fam)* scrooge *pej*, skinflint *pej fam*

knau·se·rig ['knauzərıç] *adj (pej fam)* stingy *pej fam*, tight[-fisted] *pej fam*

Knau·se·rin <-, -nen> *f fem form von* **Knauser**

knau·sern ['knauzen] *vi (pej fam)* ■**[mit etw]** ~ to be stingy [*or* tight-fisted] [with sth] [*or* tight with sth] *pej fam*

Knaus-Ogi·no-Me·tho·de *f kein pl* MED rhythm [*or* Knaus-Ogino] method *no indef art, no pl*

knaut·schen ['knautʃn] I. *vi* to crease, to get creased II. *vt* ■**etw ~** to crumple sth

knaut·schig ['knautʃıç] *adj (fam)* crumpled; ■**~ sein** to be crumpled [up] [*or* all creased [*or fam* crumply]]

Knautsch·le·der *nt* patterned [patent [*or* wet-look]] leather **Knautsch·zo·ne** *f* AUTO crumple zone

Kne·bel <-s, -> ['kne:bl] *m* gag

Kne·bel·bart *m (am Kinn)* Vandyke beard; *(an der Oberlippe)* handlebar moustache

kne·beln ['kne:bln] *vt* ❶ *(mit einem Knebel versehen)* ■**jdn ~** to gag sb ❷ *(geh: mundtot machen)* ■**jdn/etw ~** to gag [*or* muzzle] sb/sth

Kneb(e)·lung <-, -en> *f* ❶ *kein pl (das Knebeln)* gagging *no indef art, no pl* ❷ *(Knebel)* gag ❸ *(geh: Unterdrückung der Berichterstattung)* gagging *no indef art, no pl*, muzzling *no indef art, no pl*

Kne·bel·ver·trag *m (pej)* gagging [*or* oppressive] contract

Knecht <-[e]s, -e> [lnɛçt] *m* ❶ *(veraltend: Landarbeiter)* farmhand ❷ *(pej: Diener)* servant, slave; *(Trabant)* minion *a. pej* ▶ WENDUNGEN: **~ Ruprecht** *helper to St Nicholas*

knech·ten ['knɛçtn] *vt (pej geh)* ■**jdn ~** to enslave sb, to reduce sb to servitude *form;* ■**geknechtet** enslaved; **ein geknechtetes Volk** an oppressed people

knech·tisch *adj (pej geh)* slavish, servile *pej;* ■**[jdm]** **~ sein** to be slavish [*or a. pej* servile] [to sb]

Knecht·schaft <-, <*selten* -en> *f (pej)* slavery, servitude *form*, bondage *liter;* **die Babylonische ~** HIST Babylonian captivity

Knech·tung <-, -en> *f (pej geh)* enslavement *no pl;* ■**~ durch jdn** enslavement [*or form* subjugation] by sb

knei·fen <kniff, gekniffen> ['knaifn] I. *vt* ■**jdn ~** to pinch sb; ■**jdn** [*o* **jdm**] **in etw** *akk* ~ to pinch sb's sth II. *vi* ❶ *(zwicken)* to pinch ❷ *(fam: zurückscheuen)* ■**[vor etw** *dat*] ~ to chicken out [of sth] *pej fam*, to duck [out of] sth *fam;* ■**vor jdm ~** to shy away from [*or* to avoid] sb *fam;* III. *vi impers* ■**es kneift** [jdn] [**irgendwo**] it hurts [*or* pinches] [sb] [somewhere]

Knei·fer <-s, -> ['knaife] *m* pince-nez

Kneif·zan·ge *f (Zangenart)* pincers *npl;* **mit einer ~** with [a pair of] pincers ▶ WENDUNGEN: **etw nicht mit der ~ anfassen** *(fam)* not touch sth with a barge [*or* AM *a.* ten-foot] pole

Knei·pe <-, -n> ['knaipe] *f (fam)* pub BRIT, boozer BRIT *fam,* AM *usu* bar

Knei·pen·bum·mel *m* pub crawl BRIT *fam,* bar hop AM **Knei·pen·mo·bi·li·ar** *nt* pub [*or* AM *usu* bar] furnishings *pl* **Knei·pen·tisch** *m* pub [*or* AM *usu* bar] table *pl* **Knei·pen·wirt(in)** *m(f)* barkeeper, [pub] landlord *masc/*landlady *fem* BRIT, publican BRIT

Knei·pier <-s, -s> [knai'pi̯e:] *m (hum fam)* s. **Knei-**

---

penwirt

kneip·pen ['knaipn] *vi (fam)* to take [*or* undergo] a Kneipp cure

Kneipp·kur *f* MED Kneipp['s] cure, kneippism *no art, no pl spec (predominantly hydropathic treatment combined with compresses, diet and exercise)*

Knes·set(h) <-> ['knɛsɛt] *f kein pl (israelisches Parlament)* Knesset

knet·bar *adj* workable; **~er Teig** kneadable dough; **schlecht ~** difficult to work with/knead

Kne·te <-> ['kne:tə] *f kein pl* ❶ *(sl: Geld)* dough dated *sl*, dosh BRIT *sl* ❷ *(fam) s.* **Knetgummi**

kne·ten ['kne:tn] I. *vt* ❶ *(durchwalken)* ■**etw ~** to knead [*or* work] sth ❷ *(durch K~ formen)* ■**[sich** *dat*] **etw ~** to model [*or* form fashion] sth; **etw aus Lehm ~** to model [*or* form fashion] sth out of clay; ■**das K~** modelling [*or* fashioning] ❸ *(massieren)* ■**[jdm]** **etw ~** to knead sb's sth II. *vi* to play with Plasticine® [*or* AM Play-Doh®]

Knet·gum·mi *m o nt*, **Knet·mas·se** *f* Plasticine®, Play-Doh® AM

Knick <-[e]s, -e *o* -s> [knık] *m* ❶ *(abknickende Stelle)* [sharp] bend; *(im Schlauch/Draht)* kink; **einen ~ machen** to bend [sharply] ❷ *(Kniff)* crease ▶ WENDUNGEN: **einen ~ im Auge** [*o* in der Linse] [*o* in der Optik] **haben** *(sl)* to have sth wrong with one's eyes; **du hast wohl einen ~ in der Optik!** can't you see straight?, are you blind?

kni·cken ['knıkn] I. *vt haben* ❶ *(falten)* ■**etw ~** to fold [*or* crease] sth; „**nicht ~!**" "[please] do not bend [*or* fold] !" ❷ *(ein~)* ■**etw ~** to snap sth ❸ *(schwächen)* **jds Stolz ~** to humble sb['s pride] II. *vi sein* to snap/crease

Kni·cker <-s, -> *m* DIAL ❶ *(Geizhals)* scrooge *pej*, skinflint *pej fam* ❷ *(Murmel)* marble; *(Murmelspiel)* marbles + *sing vb*

Kni·cker·bo·cker *pl* knickerbockers *npl*, AM *a.* knickers *npl*

kni·cke·rig ['knıkərıç], **knick·rig** ['knıkrıç] *adj* DIAL *(knauserig)* mean, stingy *pej fam*, tight[-fisted] *pej fam*

Kni·cke·rig·keit, Knick·rig·keit <-> *f kein pl (Knauserigkeit)* meanness *no indef art, no pl*, stinginess *no indef art, no pl*

knick·rig ['knıkrıç] *adj s.* **knickerig**

Knick·rig·keit <-> *f kein pl s.* **Knickerigkeit**

Knicks <-es, -e> [knıks] *m* curts[e]y, bob; [**vor jdm**] **einen ~ machen** to make a curts[e]y [*or* bob] [to sb]

knick·sen ['knıksn] *vi* ■**[vor jdm]** ~ to [bob [*or* drop] a] curts[e]y [*or* to bob [a curts[e]y] to sb

Knie <-s, -> [kni:, *pl:* 'kni:ə] *nt* ❶ *(Körperteil)* knee; **auf ~n** on one's knees, on bended knee[s]; **jdn auf ~n bitten** to go down on bended knee[s] to [*or* and beg] sb; **jdm auf ~n danken** to go down on one's knees and thank sb; **die ~** [**vor jdm/etw**] **beugen** *(geh)* to go down on one's knees/one knee [before sb *form*]; [**vor jdm**] **auf die ~ fallen** *(geh)* to fall [*or* go down] on one's knees [before sb *form*]; **in die ~ gehen** to sink to [*or* down on] one's knees; **jdn übers ~ legen** *(fam)* to put sb across [*or* over] one's knee; **vor jdm auf den ~n liegen** *(geh)* to kneel [*or* be one one's knees] before sb *form*; **in die ~ sacken** to sag at the knees; **sich vor jdm auf die ~ werfen** *(geh)* to throw oneself on one's knees in front of [*or* form before] sb; **jdm zittern die ~** sb's knees are shaking; *(aus Angst)* sb's knees are knocking; **jdn in die ~ zwingen** *(geh)* to force sb to his/her knees *a. fig* ❷ *(Kniebereich einer Hose)* knee ❸ *(Biegung)* bend ❹ *(eines Rohres)* elbow ▶ WENDUNGEN: **weiche ~ bekommen** *(fam)* to go weak at the knees; **etw übers ~ brechen** *(fam)* to rush into sth; **in die ~ gehen** to submit, to give in

Knie·beu·ge *f* knee-bend; **in die ~ gehen** to bend

Knie·bund·ho·se *f* [knee] breeches [*or* AM britches] *npl* **Knie·fall** *m (geh)* genuflection *form;* **einen ~ vor jdm tun** [*o machen*] to go down on one's knees before sb *form,* to kneel before sb *form* **knie·fäl·lig** *adv (veraltend)* on bended knee[s], on one's knees **knie·frei** *adj* above-the-knee *attr,* [worn] above the knee *pred* **Knie·ge·lenk** *nt* knee joint **knie·hoch** **I.** *adj* knee-high; **kniehoher Schnee/kniehohes Wasser** knee-deep snow/water **II.** *adv* up to the/ one's knees; **der Schnee liegt ~** the snow was knee-deep **Knie·ho·se** *f* [knee] breeches [*or* AM britches] *npl* **Knie·keh·le** *f* back [*or* hollow] of the knee, popliteal space *spec* **knie·lang** *adj* knee-length

knien [kni:n] **I.** *vi* [auf etw *akk*/vor jdm/etw] ~ to kneel [on sth/in front of [*or form* before] sb/sth]; **im K~** on one's knees, kneeling [down] **II.** *vr* ❶ *(auf die Knie gehen)* ◼ **sich auf etw** *akk* ~ to kneel [down] on sth; ◼ **sich hinter/neben/vor jdn/etw** ~ to kneel down behind/next to/in front of [*or form* before] sb/ sth ❷ *(fam: sich intensiv beschäftigen)* ◼ **sich in etw** *akk* ~ to get down to sth, to get stuck in[to sth] BRIT *fam*

Knies <-> [kni:s] *m kein pl* DIAL *(Knatsch)* argument, quarrel, *esp* BRIT row; *(schwächer)* tiff *fam*

Knie·schei·be *f* kneecap, patella *spec;* **jdm die ~[n] durchschießen** to kneecap sb **Knie·seh·nen·re·flex** *m* MED knee jerk **Knie·strumpf** *m* knee-length sock **knie·tief** ['kni:ti:f] *adj* knee-deep

kniff [knɪf] *imp von* **kneifen**

Kniff [knɪf] <-[e]s, -e> [knɪf] *m* ❶ *(Kunstgriff)* trick ❷ *(Falte)* fold; *(unabsichtlich a.)* crease ❸ *(Zwicken)* pinch **kniff·fe·lig** ['knɪfəlɪç], **kniff·lig** ['knɪflɪç] *adj (fam)* tricky, fiddly *fam*

Knig·ge <-[s], -> ['knɪgə] *m* book [*or* guide] on etiquette, etiquette manual

Knilch <-s, -e> [knɪlç] *m (pej sl: Scheißkerl)* bastard *fam!,* bugger BRIT *fam!; (Niete)* plonker BRIT *fam*

knip·sen ['knɪpsn] **I.** *vt* ❶ *(fam: fotografieren)* ◼ **jdn/ etw** ~ to take a photo of sb/sth *fam; Radarfalle* to flash [*or* get] sb *fam* ❷ *(durch Lochen entwerten)* **eine Fahrkarte** ~ to punch [*or* clip] a ticket **II.** *vi (fam)* to take photos *fam; (willkürlich)* to snap away *fam*

Knirps <-es, -e> [knɪrps] *m* ❶ *(fam: kleiner Junge)* little fellow [*or* fellow] *fam,* little squirt *pej* ❷ *(Faltschirm)* folding [*or* telescopic] umbrella

knir·schen ['knɪrʃn] *vi* to crunch; *Getriebe* to grind; *s. a.* **Zahn**

knis·tern ['knɪstən] **I.** *vi* ❶ *(rascheln) Feuer* to crackle; *Papier* to rustle; ◼ **das K~ des Feuers/von Papier** the crackle [*or* crackling] of the fire/rustle [*or* rustling] of paper ❷ *(~de Geräusche verursachen)* ◼ **mit etw** ~ to rustle sth **II.** *vi impers* ❶ *(Geräusch verursachen)* ◼ **es knistert irgendwo** there is a crackling/ rustling somewhere ❷ *(kriseln)* ◼ **es knistert** there is trouble brewing ❸ *(Spannung aufweisen)* ◼ **es knis·tert** [zwischen Menschen] there is a feeling of tension [*or* suspense] [between people]

Knit·tel·vers ['knɪtl-] *m* rhyming couplets *pl* [of fourstress lines]

knit·ter·arm *adj* crease-resistant **knit·ter·frei** *adj* noncrease **knit·ter·freu·dig** *adj* prone to creasing **knit·tern** ['knɪtən] **I.** *vi* to crease, to crumple **II.** *vt* ◼ **etw** ~ to crease [*or* crumple] sth

Kno·bel·be·cher ['kno:bl-] *m* ❶ *(Würfelbecher)* [dice] shaker [*or* cup] ❷ *(sl: Soldatenstiefel)* army boot **kno·beln** ['kno:bln] *vi* ❶ *(würfeln)* ◼ **[um etw]** ~ to play dice [*or* to decide] sth] ❷ *(nachgrübeln)* ◼ **[an etw** *dat*] ~ to puzzle [over sth]

Knob·lauch <-[e]s> *m kein pl* garlic *no indef art, no pl*

Knob·lauch·pres·se *f* garlic press **Knob·lauch·ze·he** *f* clove of garlic

Knö·chel <-s, -> ['knœçl] *m* ❶ *(Fuß~)* ankle; **bis zu den ~n** up to the ankles; **bis über die ~** to above the [*or* one's] ankles [*or* one's]; **kräftige ~** fetlocks *hum fam* ❷ *(Finger~)* knuckle

Knö·chel·bruch *m (Fuß~)* broken ankle; *(Finger~)* broken knuckle **knö·chel·lang** *adj* ankle-length **knö·chel·tief** **I.** *adj* ankle-deep **II.** *adv* ankle-deep

Kno·chen <-s, -> ['knɔxn] *m* ❶ *(Teil des Skeletts)* bone; **jdm alle ~ brechen** *(sl)* to break every bone in sb's body; **sich** *dat* [bei etw] **den ~ brechen** to break a bone [*or* one's leg/arm etc.] [doing sth]; **brich dir nicht die ~!** *(fam)* don't break anything! ❷ KOCHK bone ❸ *pl (Gliedmaßen)* bones *pl,* limbs *pl* ▶ WENDUNGEN: **jdm steckt** [*o sitzt*] **etw in den ~** *(fam)* sb is full of sth; **der Schreck sitzt mir jetzt noch in den/allen ~!** I'm still scared stiff even now!; **bis auf die ~** *(fam)* to the bone, utterly; **bis auf die ~ abgemagert sein** to be all [*or* just] skin and bone[s]; **bis auf die ~ nass werden** to get soaked to the skin

Kno·chen·ar·beit *f (fam)* backbreaking work *no indef art, no pl,* BRIT a. hard graft *no indef art, no pl* **Kno·chen·bau** *m kein pl* bone structure **Kno·chen·bruch** *m* fracture **Kno·chen·fisch** *m* bony fish **Kno·chen·ge·rüst** *nt* skeleton **kno·chen·hart** ['knɔxn'hart] *(fam)* **I.** *adj* ❶ *(sehr hart)* rock-hard *fam* ❷ *(anstrengend)* extremely hard [*or* strenuous] ❸ *(unnachgiebig)* pigheaded *pej;* **eine ~e Forde·rung** a tough demand **II.** *adv* ~ **arbeiten** to work extremely hard; to graft away BRIT **Kno·chen·haut** *f* ANAT periosteum *spec* **Kno·chen·mann** *m kein pl (liter)* ◼ **der ~** Death **Kno·chen·mark** *nt* bone marrow *no indef art, no pl* **Kno·chen·mehl** *nt* bone meal *no indef art, no pl* **Kno·chen·schin·ken** *m* ham on the bone **kno·chen·tro·cken** ['knɔxn'trɔkn] *adj (fam)* ❶ *(völlig trocken)* bone dry; ◼ ~ **sein** to be bone dry [*or* as dry as a bone] ❷ *(Humor, Bemerkung)* very dry [*or* wry]; **ein ~er Vortrag** a very dry [*or* dull] lecture

knö·chern ['knœçən] *adj* ❶ *(beinern)* bone *attr,* of bone *pred; (knochenhaltig)* osseous *spec* ❷ *(knochig)* bony

kno·chig ['knɔxɪç] *adj* bony

knock-out, knock·out [nɔk'ʔaut] *adj* KO *fam;* ◼ ~ **sein** to be knocked out

Knock-out, Knock·out <-[s], -s> [nɔk'ʔaut] *m* knock-out, KO *fam*

Knö·del <-s, -> ['knø:dl] *m* SÜDD, ÖSTERR dumpling

Knöll·chen <-s, -> ['knœlçən] *nt (fam)* [parking] ticket

Knol·le <-, -n> ['knɔlə] *f* ❶ BOT nodule, tubercule *spec; Kartoffel* tuber; *Krokus* corm *spec* ❷ *(fam: rundliche Verdickung)* large round lump [*or* growth] ❸ *(hum: Nase)* bulbous nose, conk BRIT *hum fam*

Knol·len <-s, -> ['knɔlən] *m* DIAL *s.* **Knolle**

Knol·len·blät·ter·pilz *m* amanita *no indef art, no pl spec;* **gelber/grüner/weißer ~** false death cap/ death cap [*or* angel] [*or* no indef art, no pl] deadly amanita] /destroying angel **Knol·len·ge·mü·se** *nt kein pl* tuber vegetables **Knol·len·na·se** *f (fam)* bulbous nose, conk BRIT *hum fam* **Knol·len·ziest** *m* BOT, KOCHK artichoke betony

knol·lig ['knɔlɪç] *adj* bulbous; **~er Auswuchs** knobbly

[or AM knobby] outgrowth

Knopf <-[e]s, Knöpfe> [knɔpf, pl: knœpfə] m ① (an Kleidungsstück etc) button ② (Drucktaste) [push]button ③ (Akkordeon) button ④ SCHWEIZ, SÜDD (Knoten) knot ▸ WENDUNGEN: **sich** dat **an den Knöpfen abzählen können, dass …** (fam) to be easy to work out that [or plain to see [that]] …

Knopf·druck m kein pl push of a button; **auf ~** at the push of a button

knöp·fen ['knœpfn] vt ▪ **etw auf etw ~** akk to button sth [on]to sth; ▪ **etw in etw** akk/**aus etw ~** to button sth into sth/to unbutton sth from sth; **zum K~** that [or which] buttons up

Knopf·loch nt ① buttonhole; **eine Blume im ~ tragen** to wear a flower in one's buttonhole, esp BRIT to wear a buttonhole ② (fam) ▸ WENDUNGEN: **ihm/ihr guckt die Neugier aus allen Knopflöchern** he's/she's simply burning with curiosity; **aus allen Knopflöchern platzen** to be bursting at the seams; **aus allen Knopflöchern schwitzen** to sweat like a pig; **aus allen Knopflöchern stinken** to stink to high heaven, to reek from every pore **Knopf·zel·le** f round cell battery

Knor·pel <-s, -> ['knɔrpl] m cartilage no indef art, no pl; KOCHK gristle no indef art, no pl

Knor·pel·fisch m cartilaginous fish

knor·pe·lig ['knɔrpəlɪç] adj ANAT cartilaginous spec; KOCHK gristly

Knor·ren <-s, -> ['knɔrən] m burl, gnarl liter

knor·rig ['knɔrɪç] adj ① (mit Knollen versehen) gnarled ② (eigenwillig) gruff

Knos·pe <-, -n> ['knɔspə] f ① (Teil einer Pflanze) bud; **~n ansetzen** [o treiben] to bud, to put forth buds form ② (Anfang) **die zarte ~ ihrer Liebe** the tender bud[ding] of their love

knos·pen vi to bud

Knöt·chen <-s, -> ['knø:tçən] nt dim von Knoten ① KOCHK little lump ② MED nodule, small lump

kno·ten ['kno:tn] vt ▪ **etw ~** to knot sth, to tie a knot in sth, to tie sth into a knot; **jdm/sich die Krawatte ~** to tie sb/one's tie

Kno·ten <-s, -> ['kno:tn] m ① (Verschlingung) knot; ▪ [sich/jdm] **einen ~ in etw** akk **machen** to tie a knot in one's/sb's sth ② MED (kugelige Verdickung) lump, node spec ③ (Haar~) bun, knot ④ (Ast~) knot, burl ⑤ NAUT knot ▸ WENDUNGEN: **der gordische ~** HIST the Gordian knot; **den gordischen ~ durchhauen** [o durchschlagen] [o durchtrennen] to cut [or untie] the Gordian knot; **der ~ ist [bei jdm] geplatzt** [o gerissen] (fam) the penny [has] dropped fam, sb has suddenly caught on [or sorted sth out]; **der ~ schürzt sich** LIT the plot thickens

Kno·ten·punkt m AUTO, EISENB junction

Knö·te·rich <-s, -e> ['knø:tərɪç] m knotgrass no indef art, no pl, polygonum spec

kno·tig ['kno:tɪç] adj ① (Knoten aufweisend) knotted, knotty; ▪ **~ sein** to be full of knots ② (knorrig) gnarled ③ MED nodular

Know-how <-s> [no:'hau] nt kein pl know-how no indef art, no pl fam

Knub·bel <-s, -> ['knʊbl] m DIAL lump

knud·deln ['knʊdln] vt (fam: umarmen, drücken und küssen) ▪ **jdn ~** to hug and kiss sb ② DIAL (zerknüllen) ▪ **etw ~** to crumple [or scrunch] sth up

Knuff <-[e]s, Knüffe> [knʊf, pl: 'knʏfə] m (fam) nudge, push; (mit dem Finger/Ellenbogen) poke; (sanfter: mit dem Ellenbogen) nudge

knuf·fen ['knʊfn] vt (fam) **jdn** [**in die Rippen/Seite etc.**] **~** to nudge sb [or give sb a nudge [or push]] [in the ribs/side etc.]

knül·le ['knʏlə] adj NORDD (fam) ▪ **~ sein** to be pieeyed fam [or sl] sloshed]

knül·len ['knʏlən] I. vt ▪ **etw ~** to crumple [up sep] sth, to crease sth II. vi to crumple, to crease

Knül·ler <-s, -> ['knʏlɐ] m (fam) sensation; (Nachricht) scoop

knüp·fen ['knʏpfn] I. vt ① (verknoten) ▪ **etw ~** to tie sth; **ein Netz ~** to mesh a net; **einen Teppich ~** to knot [or make] a carpet ② (hineinknoten) ▪ [**sich** dat] **etw in etw** akk **~** to tie [or knot] sth in[to] [one's] sth ③ (gedanklich verbinden) ▪ **etw an etw** akk **~** to tie [or knot] sth to sth; **eine Bedingung an etw** akk **~** to attach a condition to sth; **Hoffnungen an etw** akk **~** to pin hopes on sth II. vr ▪ **sich an etw** akk **~** to be linked [or connected] with sth

Knüp·pel <-s, -> ['knʏpl] m cudgel, club; (Polizei~) truncheon BRIT, nightstick AM; ▸ WENDUNGEN: **jdm** [**einen**] **~ zwischen die Beine werfen** (fam) to put a spoke in sb's wheel fam, to throw a spanner in the works, to throw a monkey wrench in sth AM

Knüp·pel·damm m corduroy [or log] road **knüp·pel·dick** ['knʏpl'dɪk] adv (fam) excessively; **~ auftragen** to lay it on thick fam; **wenn's mal losgeht, dann kommt's auch gleich ~** it never rains but it pours prov **knüp·pel·hart** adj (fam) s. **knochenhart**

knüp·peln ['knʏpln] I. vt ▪ **jdn ~** to beat sb [with a club [or cudgel] /truncheon] II. vi to club [or cudgel] away; (Polizei) to use one's truncheon/nightstick; Fußballspieler to foul

Knüp·pel·schal·tung f floor[-mounted] gear change, stick [or floor] shift AM

knur·ren ['knʊrən] I. vi to growl; (wütend) to snarl; s. a. **Magen** II. vt ▪ **etw ~** to growl sth

Knur·ren <-s, -> ['knʊrən] nt kein pl growl[ing no pl]; (wütend) snarl[ing no pl]

Knurr·hahn m ZOOL gurnard

knur·rig ['knʊrɪç] adj grumpy

Knus·per·häus·chen nt LIT gingerbread house

knus·pe·rig ['knʊspərɪç] adj ① (mit einer Kruste) crisp[y] ② (kross) crusty; **ein ~es Gebäck** a crunchy pastry ③ (jung, frisch) scrumptious hum

knus·pern ['knʊspɐn] vi ▪ **an etw** dat **~** to nibble [at] sth; (geräuschvoll) to crunch away at sth; **etwas zum K~** something to nibble

Knust <-[e]s, -e o Knüste> [knu:st, pl: 'kny:stə] m NORDD [end] crust [of a loaf]

Knu·te <-, -n> ['knu:tə] f lash, knout hist; **jds ~ zu spüren bekommen** to feel sb's lash; **jdn mit der ~ schlagen** to lash sb ▸ WENDUNGEN: **jdn unter seine ~ bringen** to get sb in one's clutches; **unter jds ~** dat **leben/stehen** to live/be under sb's heel [or yoke]

knut·schen ['knu:tʃn] (fam) I. vt ▪ **jdn ~** to kiss [or fam smooch with] sb; ▪ **sich ~** to smooch fam, to pet fam, to canoodle hum dated II. vi ▪ [**mit jdm**] **~** to smooch [or pet] [with sb] fam; ▪ **~d** smooching

Knut·sche·rei <-, -en> [knu:tʃə'rai] f (fam) smooching fam, petting fam, canoodling hum dated fam

Knutsch·fleck m (fam) love bite

Knüt·tel <-s, -> ['knʏtl] m (veraltend) s. **Knüppel**

Knüt·tel·vers ['knʏtlfɛrs] m s. **Knittelvers**

k. o. [ka:'ʔo:] adj Abk von **knock-out** ① (bewusstlos geschlagen) ▪ **~ sein** to have been KO'd, to be knocked out [or unconscious]; **~ gehen** to be knocked out [or unconscious]; **jdn ~ schlagen** to knock sb out sep ② (fam: völlig ermattet) ▪ [**völlig**] **~ sein** to be [totally] knackered BRIT fam, to be [totally] exhausted AM; **sich ~ fühlen** to feel knackered [or AM exhausted] fam

K. o. <-[s], -s> [ka:'ʔo:] m Abk von **Knockout** knockout, KO fam; **ein technischer ~** a technical knockout; **durch ~** by a knockout

Ko·a·la <-s, -s> [ko'a:la] m, **Ko·a·la·bär** [ko'a:la-] m koala [bear]

ko·a·lie·ren [koʔa'li:rən] vi ▪ [**mit jdm/etw**] **~** to form a coalition [with sb/sth]

Ko·a·li·ti·on <-, -en> [koʔali'tsi̯oːn] f coalition; **eine große/kleine ~** a grand/little coalition

Ko·a·li·ti·ons·ge·spräch nt coalition talks npl **Ko·a·li·ti·ons·par·tei** f POL coalition party **Ko·a·li·ti·ons·part·ner** m coalition partner **Ko·a·li·ti·ons·re·gie·rung** f coalition government **Ko·a·li·ti·ons·ver·ein·ba·rung** f agreement on a/the coalition

ko·a·xi·al [koʔa'ksi̯aːl] adj coaxial

Ko·balt <-s> ['koːbalt] nt kein pl cobalt no art, no pl

ko·balt·blau adj cobalt blue

Ko·ben <-s, -> ['koːbn̩] m sty, pen

Kob·lenz <-> ['koːblɛnts] nt Koblenz, Coblenz

Ko·bold <-[e]s, -e> ['koːbɔlt, pl: -ldə] m imp, goblin, kobold

Kob·ra <-, -s> ['koːbra] f cobra

Koch, Kö·chin <-s, Köche> [kɔx, 'kœçɪn, pl: 'kœçə] m, f cook; (Küchenchef) chef; **~ lernen** to be a trainee chef ▸ WENDUNGEN: **zu viele Köche verderben den Brei** (prov) too many cooks spoil the broth prov

Koch·buch nt cook[ery]book **Koch·ecke** f kitchenette, cooking [or kitchen] area

kö·cheln ['kœçl̩n] vi ➊ (leicht sieden) to simmer ➋ (hum: kochen) to cook

Kö·chel·ver·zeich·nis nt kein pl MUS Köchel [or K] catalogue [or AM usu -og] [or index] spec

ko·chen ['kɔxn̩] I. vi ➊ (Speisen zubereiten) to cook; **dort kocht man sehr scharf/pikant** the food there is very hot/spicy ➋ (brodeln) to boil; **etw zum K~ bringen** to bring sth to the boil; **~d heiß** boiling hot; **eine ~d heiße Suppe** a piping hot soup ➌ (in Aufruhr befinden) to seethe; **vor Wut** dat **~** to seethe [or boil] with rage s. **Volksseele** II. vt ➊ (heiß zubereiten) ▪ [jdm/sich] **etw ~** to cook [sb/oneself] sth; **Suppe/Kaffee ~** to make [some] soup/coffee ➋ (als Kochwäsche waschen) ▪ **etw ~** to boil sth

Ko·cher <-s, -> ['kɔxɐ] m [small] stove, cooker

Kö·cher <-s, -> ['kœçɐ] m ➊ (Pfeil~) quiver ➋ (für Fernglas) case

Kö·cher·flie·ge nt ZOOL caddis fly

Koch·feld nt ceramic hob

koch·fest adj suitable for washing at 90° pred

Koch·ge·le·gen·heit f cooking facilities pl **Koch·ge·schirr** nt bes MIL mess tin **Koch·herd** m (veraltend) s. **Herd**

Kö·chin <-, -nen> ['kœçɪn] f fem form von **Koch**

Koch·kä·se m soft cheese made from quark, salt and spices **Koch·kunst** f ➊ kein pl (Gastronomie) culinary art no pl, art of cooking no pl ➋ pl (Fähigkeit, gut zu kochen) culinary skill[s pl] **Koch·kur·sus** m cookery course **Koch·löf·fel** m [wooden] cooking spoon, wooden spoon **Koch·mes·ser** nt cook's knife **Koch·ni·sche** f kitchenette **Koch·plat·te** f ➊ (Herdplatte) hotplate ➋ (transportabel Herdplatte) [small [electric] stove **Koch·re·zept** nt recipe **Koch·sa·lat** m Chinese leaf **Koch·salz** nt kein pl common [or cooking] salt no indef art, no pl; CHEM sodium chloride no indef art, no pl spec **Koch·topf** m [cooking] pot; (mit Stiel) saucepan **Koch·wä·sche** f washing that can be boiled

kod·de·rig ['kɔdərɪç], **kodd·rig** ['kɔdrɪç] adj NORDD (fam: unverschämt) impertinent, impudent, insolent; ▪ **jdm ist ~** [zumute] (unwohl) sb feels sick [or queasy]

Kode <-s, -s> [koːt] m code

Ko·de·in <-s> [kode'iːn] nt kein pl codeine no indef art, no pl

Kö·der <-s, -> ['køːdɐ] m bait; (Lockvogel) lure; **einen ~ auslegen** to put down bait; **einen ~ anbeißen** to take the bait

kö·dern ['køːdɐn] vt ➊ (verlocken) ▪ **jdn** [mit etw] **~**

to lure sb [with sth]; **jdn** [mit etw] **zu ~ versuchen** to woo sb [with sth]; **sich von jdm/etw ~ lassen** to be tempted by sb/sth ➋ (anlocken) ▪ **Fische ~** to lure fish

Kö·der·wurm m ZOOL lugworm

Ko·dex <- o -es, -e o Kodizes> ['koːdɛks, pl: 'koːditse:s] m ➊ kein pl (Verhaltens~) [moral] code ➋ HIST (Handschrift) codex

Ko·di·ak·bär ['koːdi̯ak-] m ZOOL kodiak bear

ko·die·ren [ko'diːrən] vt ▪ **etw ~** to [en]code sth

Koedukation <-, -en> ['koːʔedukatsi̯oːn] f co-education no indef art, no pl

Ko·en·zym ['koːʔɛntsyːm] nt BIOL coenzyme

Ko·evo·lu·ti·on f BIOL coevolution

Ko·exis·tenz ['koːʔɛksɪstɛnts] f kein pl coexistence no indef art, no pl; **friedliche ~** peaceful coexistence

Kof·fe·in <-s> [kɔfe'iːn] nt kein pl caffeine no indef art, no pl

kof·fe·in·frei adj decaffeinated, decaf fam

kof·fe·in·hal·tig adj inv containing caffeine pred

Kof·fer <-s, -> ['kɔfɐ] m ➊ (Reise~) [suit]case; ▪ **die ~ pl** the luggage [or esp AM baggage] + sing vb; **den/die ~ packen** to pack [one's bags] ➋ (Tragebehälter) [carrying] case ▸ WENDUNGEN: **aus dem ~ leben** to live out of a suitcase; **die ~ packen** to pack one's bags [and leave]

Kof·fer·an·hän·ger m luggage tag [or label]

Köf·fer·chen <-s, -> ['kœfɐçən] nt dim von **Koffer**

Kof·fer·far·be f suitcase colour [or AM -or] **Kof·fer·griff** m suitcase handle **Kof·fer·grö·ße** f suitcase size **Kof·fer·her·stel·ler** m suitcase manufacturer **Kof·fer·ku·li** m [luggage] trolley [or AM cart] **Kof·fer·ra·dio** nt portable radio **Kof·fer·raum** m AUTO ➊ boot BRIT, trunk AM ➋ (Volumen) luggage space **Kof·fer·schreib·ma·schi·ne** f portable [typewriter]

Kog·ge <-, -n> ['kɔgə] f HIST, NAUT cog spec

Ko·gnak <-s, -s o -e> ['kɔnjak] m brandy

Ko·gnak·schwen·ker <-s, -> m balloon glass, brandy glass [or AM snifter]

kog·ni·tiv [kɔgni'tiːf] adj PSYCH, SCH cognitive attr form spec

ko·hä·rent [kohɛ'rɛnt] adj inv ➊ (geh: zusammenhängend) coherent ➋ PHYS coherent

Ko·hä·renz <-> [kohɛ'rɛnts] f kein pl ➊ (geh: Zusammenhang) coherence no pl ➋ PHYS coherence no pl, coherency no pl

Ko·hä·si·on <-> [kohɛ'zi̯oːn] f kein pl PHYS cohesion no indef art, no pl, cohesiveness no indef art, no pl

Kohl <-[e]s, -e> [koːl] m ➊ (Gemüse) cabbage ➋ (fam: Quatsch) nonsense no indef art, no pl, rubbish no indef art, no pl, codswallop no indef art, no pl BRIT sl; **das ist doch alles ~!** that's all nonsense [or rubbish] [or BRIT sl] a load of codswallop]; **~ reden** to talk rubbish [or nonsense] [or fam! shit] ➌ (fam) ▸ WENDUNGEN: **das macht den ~ auch nicht fett** that doesn't help a lot, that's not much help; **den** [alten] **~ aufwärmen** to bring up the old story again

Kohl·dampf m ➊ ▸ WENDUNGEN: **~ haben** [o schieben] (fam) to be starving [or famished] fam; **~ schieben müssen** to have to go hungry

Koh·le <-, -n> ['koːlə] f ➊ (Brennstoff) coal no indef art, no pl; **~ führend** coal-bearing ➋ TECH (Aktiv~) carbon no indef art, no pl ➌ KUNST charcoal no indef art, no pl ➍ (sl: Geld) dosh BRIT fam, dough dated fam ▸ WENDUNGEN: **feurige ~n auf jds Haupt sammeln** (geh) to heap coals of fire on sb's head; **wie auf [glühenden] ~n sitzen** to be like a cat on a hot tin roof [or BRIT dated] on hot bricks], to be on tenterhooks

Koh·le·hy·drat <-[e]s, -e> nt, **Koh·len·hy·drat** nt carbohydrate **Koh·le·kraft·werk** nt coal-fired power station

koh·len vi (fam) to fib fam, to tell fibs fam

Koh·len·berg·bau *m* coal-mining *no indef art, no pl* **Koh·len·berg·werk** *nt* coal mine, colliery, pit **Koh·len·di·o·xid** *nt kein pl* carbon dioxide *no indef art, no pl* **Koh·len·ei·mer** *m* [coal] scuttle **Koh·len·för·de·rung** *f* coal-mining *no indef art, no pl*, extraction *no pl* of coal **Koh·len·hal·de** *f* coal pile [*or* heap], pile of coal **Koh·len·kas·ten** *m* coal box **Koh·len·lie·fe·rung** *f* coal delivery; *(an ein Kraftwerk)* coal supply **Koh·len·mo·no·xid** *nt kein pl* carbon monoxide *no indef art, no pl* **Koh·len·ofen** *m* [coal-burning] stove **Koh·len·pott** *m (fam)* ■ **der** ~ the Ruhr [area] **koh·len·sau·er** *adj* carbonic *spec;* **kohlensaures Natron/Kalzium** sodium/calcium carbonate *spec* **Koh·len·säu·re** *f* carbonic acid *no indef art, no pl;* **mit** ~ carbonated, fizzy; **ohne** ~ still *attr* **koh·len·säu·re·hal·tig** *adj* carbonated **Koh·len·staub** *m* coal dust **Koh·len·stoff** *m* carbon *no indef art, no pl* **Koh·len·was·ser·stoff** *m* hydrocarbon; **chlorierte ~e** chlorinated hydrocarbons *spec*, organochlorines *spec* **Koh·len·zan·ge** *f* coal [*or* fire] tongs *npl*

Koh·le·pa·pier *nt* carbon paper **Koh·le·pfen·nig** *m kein pl* ÖKON *surcharge imposed in 1974 on electricity consumers in Germany to subsidize domestic coal production*

Köh·ler(in) <-s, -> ['kø:le] *m(f)* charcoal burner **Köh·ler** ['kø:le] *m* ZOOL, KOCHK coalfish, coaley, saithe **Koh·le·stift** *m* KUNST charcoal stick **Koh·le·ta·blet·te** *f* PHARM, MED charcoal tablet **Koh·le·zeich·nung** *f* charcoal drawing

Kohl·kopf *m* [head of] cabbage **Kohl·mei·se** *f* great titmouse

kohl·pech·ra·ben·schwarz ['ko:lpɛçˈraːbn̩ˈʃvarts] *adj* jet-black; **~es Haar** jet-black [*or liter* raven] hair

Kohl·ra·bi <-[s], -[s]> [ko:lˈraːbi] *m* kohlrabi *no indef art, no pl* **Kohl·rou·la·de** [-rulaˈdə] *f* stuffed cabbage **Kohl·rü·be** *f s.* **Steckrübe**

kohl·schwarz ['ko:lˈʃvarts] *adj s.* **kohlpechrabenschwarz**

Kohl·weiß·ling <-s, -e> *m (Schmetterlingsart)* cabbage white [butterfly]

Ko·hor·te <-, -n> [koˈhɔrtə] *f* cohort

ko·i·tie·ren [koiˈtiːrən] *vi (geh)* ■ [mit jdm] ~ to engage in sexual intercourse [*or* coitus] [with sb] *form;* ■ **~d** copulating

Ko·i·tus <-, -o -se> ['ko:itʊs] *m (geh)* coitus *no art, no pl form* [*or* coition] *no art, no pl spec;* ~ **a tergo** sex doggy-style [*or* with rear-entry position]; ~ **interruptus** coitus interruptus; ~ **per anum** anal sex

Ko·je <-, -n> ['ko:jə] *f* ① NAUT berth, bunk ② *(fam: Bett)* bed; **sich in die ~ hauen** to hit the sack [*or* hay] ③ *(Messestand)* stand, booth

Ko·jo·te <-n, -n> [koˈjoːtə] *m* coyote, prairie wolf

Ko·ka·in <-s> [kokaˈiːn] *nt kein pl* cocaine *no indef art, no pl, no pl fam*

ko·ka·in·süch·tig *adj* addicted to cocaine [*or fam* coke] *pred*

Ko·ka·in·süch·ti·ge(r) *f(m) decl wie adj* cocaine addict; ■ **ein ~r/eine ~ sein** to be a cocaine addict [*or* addicted to cocaine] [*or fam* coke]

Ko·kar·de <-, -n> [koˈkardə] *f (an Uniformmützen)* cockade; *(an Militärflugzeugen)* insignia, markings *npl*

ko·keln ['ko:kln̩] *vi (fam)* to play with fire; **mit Kerzen/Streichhölzern** ~ to play with [lighted] candles/matches

Ko·ke·rei <-, -en> [ko:kəˈrai] *f* coking plant

ko·kett [koˈkɛt] *adj* flirtatious, *esp liter* coquettish

Ko·ket·te·rie <-, -n> [kokɛtəˈriː, *pl:* -riːən] *f* ① *kein pl (Verhalten)* flirtatiousness *no indef art, no pl,* coquetry *no indef art, no pl esp liter,* coquettishness *no indef art, no pl esp liter* ② *(Bemerkung)* coquettish [*or*

flirtatious] remark, *esp liter* coquetry

ko·ket·tie·ren* [kokɛˈtiːrən] *vi* ① *(flirten)* ■ [mit jdm] ~ to flirt [*or* play the coquette] [with sb] ② *(geh: liebäugeln)* ■ **mit etw** ~ to flirt [*or* toy] with sth; **mit dem Gedanken/einem Plan** ~ to toy with the idea/a plan ③ *(scherzhaft entschuldigen)* ■ **mit etw** ~ to make much play with sth, to play up[on] sth

Ko·ko·lo·res <-> [kokoˈloːrɛs] *m kein pl (fam)* ① *(Quatsch)* nonsense *no indef art, no pl,* rubbish *no indef art, no pl* ② *(Umstände)* fuss *no pl,* palaver *no pl fam*

Ko·kon <-s, -s> [koˈkõː] *m* cocoon

Ko·kos·but·ter [ko:kɔs-] *f* coconut butter **Ko·kos·cre·me** *f* coconut cream **Ko·kos·fa·ser** *f* coconut fibre [*or* AM -er] **Ko·kos·fett** *nt* coconut butter *no indef art, no pl* **Ko·kos·flo·cken** *pl* desiccated coconut **Ko·kos·milch** *f* coconut milk *no indef art, no pl* **Ko·kos·nuss**[RR] *f* coconut **Ko·kos·öl** *nt* coconut oil *no indef art, no pl* **Ko·kos·pal·me** *f* coconut palm [*or* tree] **Ko·kos·ras·peln** *pl* desiccated coconut

Koks[1] <-es, -e> [ko:ks] *m* ① *(Brennstoff)* coke *no indef art, no pl* ② *kein pl (sl: Geld)* dosh BRIT *fam,* dough *dated fam*

Koks[2] <-es> [ko:ks] *m o nt kein pl (sl: Kokain)* coke *fam;* ~ **schnupfen** to snort coke *fam*

kok·sen [ko:ksn̩] *vi (sl)* to snort [*or* take] coke *fam*

Kok·ser(in) <-, -> *m(f) (sl)* cocaine [*or fam* coke] addict, snowbird AM *sl*

Ko·la <-, -> ['ko:la] *f (fam)* cola

Kol·ben <-s, -> ['kɔlbn̩] *m* ① AUTO piston ② *(Gewehr~)* butt ③ *(einer Spritze etc.)* plunger ④ CHEM retort ⑤ BOT spadix *spec; (Mais~)* cob ⑥ *(sl: Nase)* bulbous nose, conk BRIT *hum fam*

Kol·ben·en·te *f* ORN red-crested pochard **Kol·ben·fres·ser** <-s, -> *m (fam)* piston seizure; **den/einen ~ haben** to have piston seizure, a seized[-up] piston

Kol·chi·zin <-s> [kɔlçiˈtsiːn] *nt kein pl* BIOL colchicine **Kol·cho·se** <-, -n> [kɔlˈçoːzə] *f* HIST kolk[h]oz, kolkhos *(Soviet collective farm)*

Ko·li·bak·te·ri·en ['ko:libakteːrɪ̯ən] *pl* coli[form bacteria] *pl spec*

Ko·li·bri <-s, -s> [ko:libri] *m* hummingbird

Ko·lik <-, -en> ['ko:lɪk] *f* colic *no indef art, no pl;* **eine ~** [*o* **-en**] **haben** to have colic

Kolk·ra·be [kɔlk-] *m* raven

kol·la·bie·ren* [kɔlaˈbiːrən] *vi sein* ① MED to collapse ② PHYS to collapse ③ *(geh: zusammenbrechen)* to collapse

Kol·la·bo·ra·teur(in) <-s, -e> [kɔlaboraˈtøːɐ̯] *m(f)* POL *(pej)* collaborator *pej*

Kol·la·bo·ra·ti·on <-, -en> [kɔlaboraˈtsɪ̯oːn] *f* POL *(pej)* collaboration *no pl* ■ **mit jdm** (mit) with)

kol·la·bo·rie·ren* [kɔlaboˈriːrən] *vi* POL *(pej)* ■ [mit jdm] ~ to collaborate [with sb] *pej*

Kol·la·gen <-s, -e> [kɔlaˈgeːn] *nt* BIOL collagen

Kol·laps <-es, -e> ['kɔlaps] *m* ① MED *(Kreislauf~)* collapse; **einen ~ erleiden** *(geh)* to collapse ② PHYS collapse ③ *(geh: Zusammenbruch)* collapse

Kol·leg <-s, -s *o* -ien> [kɔlˈeːk, *pl:* kɔlˈeːgɪ̯ən] *nt* ① SCH *(Schule des zweiten Bildungsweges)* college ② REL theological college ③ *(veraltend: Vorlesung)* lecture

Kol·le·ge, Kol·le·gin <-n, -n> [kɔlˈeːgə, kɔlˈeːgɪn] *m, f* colleague; *(Arbeiter)* workmate *fam;* **der ~ kommt gleich!** *(im Restaurant)* somebody will be with you in a moment!

Kol·le·gen·ra·batt *m* trade discount

kol·le·gi·al [kɔleˈgɪ̯aːl] I. *adj* considerate and friendly *(towards one's colleagues)* II. *adv* in a considerate and friendly way; **~ eingestellt sein** to be considerate and friendly [*or* a good colleague]

Kol·le·gi·a·li·tät <-> [kɔlegɪ̯aliˈtɛːt] *f kein pl* cooperativeness *no pl,* friendly cooperation *no pl*

Kol·le·gin <-, -nen> *f fem form von* **Kollege**
Kol·le·gi·um <-s, -gien> [kɔ'le:gi̯um, *pl:* -gi̯ən] *nt* group [of colleagues]; *(Lehrkörper)* [teaching] staff + *sing/pl vb;* **ein ~ von Ärzten** a team of doctors + *sing/pl vb*
Kol·leg·map·pe *f* document case, portfolio
Kol·lek·te <-, -n> [kɔ'lɛktə] *f* REL ❶ *(Sammlung während der Messe)* collection, offering, offertory *spec* ❷ *(gesammelter Betrag)* collection, offertory [money]
Kol·lek·ti·on <-, -en> [kɔlɛk'tsi̯o:n] *f* collection
kol·lek·tiv [kɔlɛk'ti:f] *adj (geh)* collective
Kol·lek·tiv <-s, -e *o* -s, -s> [kɔlɛk'ti:f, *pl:* -i:və] *nt* ❶ SOZIOL collective ❷ ÖKON *(Gruppe, Team)* collective, co-operative ❸ POL, ÖKON *(Arbeits- und Produktionsgemeinschaft)* collective ❹ MATH population ❺ PHYS statistical ensemble [*or* population]
Kol·lek·tiv·ar·beit *f (geh)* collective work *no indef art, no pl,* joint effort **Kol·lek·tiv·be·wusst·sein**[RR] *nt kein pl* SOZIOL collective consciousness *no pl;* **das ~ stärken** to raise the collective consciousness
kol·lek·ti·vie·ren*[ ] [kɔlɛkti'vi:rən] *vt* HIST ▪ **etw ~** to collectivize sth *spec*
Kol·lek·tiv·schuld *f kein pl* collective guilt *no pl*
Kol·ler <-s, -> ['kɔlɐ] *m (fam)* rage; **einen** [*o* **seinen**] **~ bekommen** to fly [*or* get] into a rage/one of one's rages; **einen** [*o* **seinen**] **~ haben** to be in a rage, to throw a wobbly BRIT *fam*
kol·lern[1] ['kɔlɐn] **I.** *vi* to gobble **II.** *vi impers* ▪ **es kollert irgendwo** it is rumbling somewhere
kol·lern[2] ['kɔlɐn] *vi sein* DIAL ▪ **irgendwohin ~** to roll somewhere
kol·li·die·ren*[ ] [kɔli'di:rən] *vi (geh)* ❶ *sein (zusammenstoßen)* ▪ **mit jdm/etw ~** to collide with sb/sth ❷ *sein o haben (unvereinbar sein)* ▪ **mit etw ~** to clash with sth ❸ *sein o haben (nicht im Einklang stehen)* ▪ **[miteinander] ~** to conflict, to clash, to be in conflict [with each other]
Kol·lier <-s, -s> [kɔ'li̯e:] *nt* necklace
Kol·li·si·on <-, -en> [kɔli'zi̯o:n] *f (geh)* collision
Kol·li·si·ons·kurs *m* collision course; **mit jdm/etw auf ~ gehen** to be heading for a confrontation with sb/sth; **auf ~ steuern** to be on a collision course; *(fig)* to be heading for trouble
Kol·lo·id <-s, -e> [kɔlo'i:t, *pl:* -i:də] *nt* CHEM colloid *spec*
Kol·lo·ka·ti·on <-, -en> [kɔlokta'tsi̯o:n] *f* ❶ LING *(inhaltliche Kombinierbarkeit)* collocation ❷ LING *(Inhalte einer lexikalischen Einheit)* collocation ❸ *(veraltet: Anordnung der Reihenfolge)* collocation
Kol·lo·qui·um <-s, -ien> [kɔ'lo:kvi̯um, *pl:* -kvi̯ən] *nt* ❶ *(wissenschaftliches Gespräch)* colloquium *form* ❷ ÖSTERR *(kleinere Prüfung)* test ❸ *(Symposium)* symposium *form*
Köln [kœln] *nt* Cologne
Köl·nisch·was·ser *nt,* **Köl·nisch Was·ser** ['kœlnɪʃvasɐ] *nt* [eau de] cologne *no indef art, no pl*
Ko·lo·fo·ni·um[RR] <-s> [kolo'fo:ni̯ʊm] *nt s.* **Kolophonium**
ko·lo·ni·al [kolo'ni̯a:l] *adj* colonial
Ko·lo·ni·al·be·sitz *m* colonial possessions *pl,* colony/colonies; **~ sein** [*o* **sich in ~ befinden**] to be a colony **Ko·lo·ni·al·herr·schaft** *f* colonial rule *no art, no pl* **Ko·lo·ni·a·lis·mus** <-> [koloni̯a'lɪsmʊs] *m kein pl* colonialism *no indef art, no pl* **Ko·lo·ni·al·macht** *f* colonial power **Ko·lo·ni·al·reich** *nt* colonial empire **Ko·lo·ni·al·stil** *m kein pl* colonial [style] **Ko·lo·ni·al·zeit** *f* colonial times *pl,* colonial era [*or* past]
Ko·lo·nie <-, -n> [kolo'ni:, *pl:* -'ni:ən] *f* ❶ *(Besitz einer Kolonialmacht)* colony ❷ *(Personengruppe)* colony, community ❸ BOT, ZOOL colony
Ko·lo·ni·sa·ti·on <-, -en> [koloniza'tsi̯o:n] *f* coloniza-

tion, settlement
ko·lo·ni·sie·ren*[ ] [koloni'zi:rən] *vt* ❶ *(zur Kolonie machen)* ▪ **etw ~** to colonize sth ❷ *(bevölkern)* ▪ **etw ~** to settle in sth ❸ *(veraltet: urbar machen)* ▪ **etw ~** to reclaim sth; **einen Wald ~** to clear and cultivate a forest
Ko·lon·na·de <-, -n> [kɔlɔn'na:də] *f* colonnade
Ko·lon·ne <-, -n> [kɔ'lɔnə] *f* ❶ AUTO queue [*or* line] [of traffic]; ▪ **von Polizei** convoy; **in ~ fahren** to drive in a [long] line of traffic ❷ *(lange Reihe von Menschen)* column ❸ *(eingeteilte Arbeitsgruppe)* gang, team ❹ *(senkrechte Zahlenreihe)* column ► WENDUNGEN: **die fünfte ~** POL the fifth column
Ko·lon·nen·sprin·ger(in) *m(f) (fam)* queue-jumper *(in traffic)* BRIT *pej* **Ko·lon·nen·ver·kehr** *m* [long] line[s *pl*] of traffic
Ko·lo·pho·ni·um <-s> *nt kein pl* rosin *no indef art, no pl,* colophony *no indef art, no pl spec*
Ko·lo·ra·tur <-, -en> [kolora'tu:ɐ] *f* MUS coloratura *spec,* colorature *spec*
ko·lo·rie·ren*[ ] [kolo'ri:rən] *vt* ▪ **etw ~** to colour [*or* AM -or] sth
Ko·lo·rit <-[e]s, -e> [kolo'ri:t] *nt* ❶ KUNST *(Farbgebung)* colouring [*or* AM -or] ❷ MUS [tone] colour [*or* AM -or] ❸ *(geh: besondere Atmosphäre)* atmosphere, colour [*or* AM -or]
Ko·loss[RR] <-es, -e> *m,* **Ko·loß**[ALT] <-sses, -sse> [ko'lɔs] *m* ❶ *(fam: riesiger Mensch)* colossus; **der ~ von Rhodos** HIST the Colossus of Rhodes ❷ *(gewaltiges Gebilde)* huge object, colossal thing
ko·los·sal [kolɔ'sa:l] **I.** *adj* ❶ *(riesig)* colossal, enormous ❷ *(fam: gewaltig)* huge, colossal; **eine ~e Dummheit begehen** to do something incredibly stupid; **sich in einem ~en Irrtum befinden** to be massively mistaken **II.** *adv (fam: gewaltig)* tremendously, enormously; **sich ~ verschätzen** to make a huge miscalculation
Ko·los·sal·film *m* epic film, [film] epic **Ko·los·sal·ge·mäl·de** *nt* huge painting
Ko·los·trum <-s> [ko'lɔstrʊm] *nt kein pl (erste Muttermilch)* colostrum
Kol·por·ta·ge <-, -n> [kɔlpɔr'ta:ʒə] *f (pej)* [sensationalist] trash *no indef art, no pl pej,* cheap sensationalism *no indef art, no pl pej*
kol·por·tie·ren*[ ] [kɔlpɔr'ti:rən] *vt (geh)* ▪ **etw ~** to spread [*or* circulate] sth
Kölsch <-, -> [kœlʃ] *nt* Kölsch *(top-fermented pale beer brewed in Cologne) no art, no pl spec*
Ko·lum·bi·a·ner(in) <-s, -> [kolʊm'bi̯anɐ] *m(f)* Colombian; *s. a.* **Deutsche(r)**
ko·lum·bi·a·nisch [kolʊm'bi̯anɪʃ] *adj* Colombian; *s. a.* **deutsch**
Ko·lum·bi·en <-s> [ko'lʊmbi̯ən] *nt* Colombia *no art, no pl*
Ko·lum·bi·er(in) <-s, -> [ko'lʊmbi̯ɐ] *m(f) s.* **Kolumbianer**
Ko·lum·bus <-> [ko'lʊmbʊs] *m* HIST Columbus; *s. a.* **Ei**
Ko·lum·ne <-, -n> [ko'lʊmnə] *f* ❶ *(Druckspalte)* column ❷ *(regelmäßiger Beitrag)* column
Ko·lum·nen·ti·tel *m* running head[line] [*or* title]
Ko·lum·nist(in) <-en, -en> [kolʊm'nɪst] *m(f)* columnist
Ko·ma <-s, -s *o* -ta> [ko:ma] *nt* coma; **im ~ liegen** to lie [*or* be] in a coma
Kom·bat·tant(in) <-en, -en> [kɔmba'tant] *m(f)* combatant
Kom·bi <-s, -s> ['kɔmbi] *m (fam)* estate [car] BRIT, station wagon AM
Kom·bi·nat <-[e]s, -e> [kɔmbi'na:t] *nt* HIST combine + *sing/pl vb,* collective + *sing/pl vb*
Kom·bi·na·ti·on <-, -en> [kɔmbina'tsi̯o:n] *f* ❶ *(Zusammenstellung)* combination ❷ *(Zahlen~)* combi-

K

nation ❸ *(Schlussfolgerung)* deduction, conclusion ❹ MODE *(Zusammenstellung von Kleidungsstücken)* combination[s *pl*]; *(Overall)* flying suit, jumpsuit; **nordische ~** SKI Nordic combination

Kom·bi·na·ti·ons·ga·be *f kein pl* powers *pl* of deduction [*or* reasoning] **Kom·bi·na·ti·ons·schloss**RR *nt* combination lock

kom·bi·na·to·risch [kɔmbinaˈtoːrɪʃ] *adj* deductive

kom·bi·nie·ren [kɔmbiˈniːrən] **I.** *vt* ▪ **etw [mit etw] ~** to combine sth [with sth] **II.** *vi* to deduce; **gut ~ können** to be good at deducing [*or* deduction]; **falsch/richtig ~** to come to the wrong/right conclusion

Kom·bi·wa·gen *m s.* **Kombi Kom·bi·zan·ge** *f* combination pliers *npl;* **eine ~** a pair of combination pliers **Kom·bü·se** <-, -n> [kɔmˈbyːzə] *f* NAUT galley

Ko·met <-en, -en> [koˈmeːt] *m* comet

ko·me·ten·haft *adj* meteoric

Kom·fort <-s> [kɔmˈfoːɐ̯] *m kein pl* comfort *no indef art, no pl;* **ein Hotel mit durchschnittlichem ~** a hotel of average standard; **ohne jeglichen/jeden ~** without any luxury features [*or* extras] [*or* BRIT *fam* mod cons]; **dieses Luxusappartement bietet allen nur erdenklichen ~** this luxury apartment has every conceivable amenity [*or* [modern] convenience]

kom·for·ta·bel [kɔmfɔrˈtaːbl̩] **I.** *adj* ❶ *(großzügig ausgestattet)* luxurious ❷ *(bequem)* comfortable ❸ *(beruhigend)* comfortable **II.** *adv* luxurious

Kom·fort·bett *nt* comfortable [*or* luxury] bed **Kom·fort·li·mou·si·ne** *f* luxury limousine **Kom·fort·mö·bel** *f* comfortable [*or* luxury] furniture *no indef art, no pl* **Kom·fort·woh·nung** *f* luxury flat [*or* AM apartment]

Ko·mik <-> [ˈkoːmɪk] *f kein pl* comic

Ko·mi·ker(in) <-s, -> [ˈkoːmɪkɐ] *m(f)* comedian, comedienne, comic; **Sie ~** you comedian, you!, you clown!

ko·misch [ˈkoːmɪʃ] **I.** *adj* ❶ *(zum Lachen reizend)* funny, amusing, comical; **das K~e daran** the funny thing [about it]; *(das Sonderbare an etw)* the funny [*or* strange] [*or* weird] thing [about it] ❷ *(sonderbar)* funny, strange, weird; **~, dass er noch nicht da ist** strange [*or* funny] , that he's not here yet?; ▪ **[so] ~ sein/werden** to be/become [sort of] strange/weird; **[so] ~ [zumute] sein/werden** *(fam)* to feel/start to feel funny; **[schon] ~, dass** funny that **II.** *adv (eigenartig)* strangely; **dein Parfüm riecht aber ~** your perfume smells funny; **sich** *akk* **~ fühlen** to feel funny; **jdm ~ vorkommen** *(eigenartig)* to seem funny/strange to sb; *(suspekt)* to seem fishy/funny

ko·mi·scher·wei·se *adv (fam)* funnily [*or* strangely] enough

Ko·mi·tee <-s, -s> [komiˈteː] *nt* committee; **Nationales Olympisches ~** National Olympic Committee

Kom·ma <-s, -s *o* -ta> [ˈkɔma, *pl:* -ta] *nt* ❶ *(Satzzeichen)* comma ❷ MATH [decimal] point

Kom·man·dant(in) <-en, -en> [kɔmanˈdant] *m(f)* ❶ *(Militär)* commanding officer ❷ *(einer Stadt)* commandant ❸ *(Marine)* captain

Kom·man·dan·tur <-, -en> [kɔmandanˈtuːɐ̯] *f* headquarters *+ sing/pl vb*

Kom·man·deur(in) <-s, -e> [kɔmanˈdøːɐ̯] *m(f)* commander

kom·man·die·ren [kɔmanˈdiːrən] **I.** *vt* ❶ *(befehligen)* ▪ **etw ~** to command sth, to have command over [*or* be in command of] sth ❷ *(befehlen)* ▪ **jdn wohin ~** to order sb somewhere **II.** *vi* ❶ *(befehlen)* to be in command ❷ *(fam: Anweisungen erteilen)* ▪ **[gern] ~** [to like] to give [the] orders

Kom·man·dit·ge·sell·schaft [kɔmanˈdiːtgəzɛlʃaft] *f* limited partnership

Kom·man·di·tist(in) <-en, -en> [kɔmandiˈtɪst] *m(f)* limited partner

Kom·man·do <-s, -s> [kɔˈmando] *nt* ❶ *(Befehl)* com-

mand, order; **auf ~** on command; **auf ~ gehorchen** to obey orders ❷ *kein pl (Befehlsgewalt)* command; **das ~ [über jdn/etw] haben** [*o* **führen**] to be in command [of sb/sth] ❸ *(abkommandierte Gruppe)* commando ❹ *(Militärdienststelle)* command

Kom·man·do·brü·cke *f* bridge **Kom·man·do·kap·sel** *f* command module **Kom·man·do·stab** *m* command [staff] **Kom·man·do·stel·le** *f* command post

---

kom·men <kam, gekommen> [ˈkɔmən]

I. INTRANSITIVES VERB	II. UNPERSÖNLICHES VERB
III. TRANSITIVES VERB	INTRANSITIVES VERB

I. INTRANSITIVES VERB   **+sein**

❶ *(eintreffen)* to come, to arrive; **ich bin gerade ge~** I just arrived [*or* got here]; **ich komme schon!** I'm coming!; **sie ~ morgen aus Berlin** they're arriving [*or* coming] from Berlin tomorrow; **der Zug kommt aus Paris** the train is coming from Paris; **da kommt Anne/der Bus** there's Anne/the bus; **der Bus müsste jeden Augenblick ~** the bus is due any minute; **ich komme um vier und hole Sie ab** I'll come and fetch you at four; **der Wind kommt von Osten/von der See** the wind is blowing [*or* coming] from the East/off the sea; **sie kam in Begleitung ihres Mannes** she was accompanied by her husband; **ich bin ge~, um zu helfen** I've come [*or* I'm here] to help; **du kommst wie gerufen!** you've come just at the right moment!; **wann soll das Baby ~?** when's the baby due?; **das Baby kam am 1. Mai** the baby arrived [*or* was born] on the 1 May; **zurzeit ~ laufend Anfragen zur neuen Software** we keep receiving queries about the new software at the moment; **seine Antwort kam zögernd** his answer was hesitant, he answered hesitantly; **jede Hilfe kam zu spät** help came [*or* arrived] too late; **früh/pünktlich/rechtzeitig/spät ~** to arrive early/on time [*or* punctually] /in time/late; **als Erster/Letzter ~** to be the first/last to arrive, to arrive first/last; **angereist ~** to arrive; **angefahren/angeflogen/angerannt ~** to arrive by car/by plane/at a run; **sie kamen gestern aus Rom angefahren/angeflogen** they drove up/flew in from Rome yesterday; **mit dem Auto/Fahrrad ~** to come by car/bike, to drive/cycle; **zu Fuß ~** to come on foot, to walk

❷ *(gelangen)* ▪ **irgendwohin ~** to get [*or* reach] somewhere; **kommt man hier zum Bahnhof?** is this the way to the station?; **wie komme ich von hier zum Bahnhof?** how do I get to the station from here?; **zu Fuß kommt man am schnellsten dahin** the quickest way [to get] there is to walk; **sie kommt kaum noch aus dem Haus** she hardly gets out of the house these days; **nach Hause ~** to come [*or* get] home; **unter's Messer ~** *(hum)* to have an operation; **[sicher] ans Ufer ~** to [safely] reach the bank; **ans Ziel ~** to reach the finishing [*or* AM finish] line

❸ *(sich begeben)* to come; **kommst du mit uns ins Kino?** are you coming to the cinema with us?; **meine Kollegin kommt sofort zu Ihnen** my colleague will be with you [*or* be along] immediately; **nach London/England ~** to come to London/England; **nach draußen/oben/unten ~** to come outside/upstairs/downstairs

❹ *(passieren)* ▪ **durch/über etw** *akk***/einen Ort ~** to pass [*or* come] through sth/a place

❺ *(teilnehmen)* ▪ **zu etw ~** Kongress, Party, Training to come to [*or form* attend] sth

❻ *(besuchen)* ▪ **zu jdm ~** to visit sb, to come and see [*or* visit] sb; **ich komme gerne einmal zu Ihnen** I'd be delighted to visit you sometime; **komm doch mal, ich würde mich sehr freuen!** [come and] stop by sometime, I'd love to see you!

❼ *(herstammen)* ▪ **irgendwoher ~** to come [*or* be]

[or hail] from somewhere; **sie kommt aus New York/Australien** she's [or she comes] [or she hails] from New York/Australia, she's a New Yorker/an Australian

🔵 *(folgen, an der Reihe sein)* to come; **wer kommt [jetzt]?** whose turn [or go] is it?; ■ **nach etw ~** to come after [or follow] sth; **die Schule kommt kurz nach der Kreuzung** the school is just after the crossroads; ■ **nach/vor jdm ~** to come after/before sb; **an die Reihe ~** to be sb's turn [or go]; **ich komme zuerst [an die Reihe]** I'm first, it's my turn [or go] first; **zuerst** [o **als Erster**] **/als Nächster/zuletzt** [o **als Letzter**] **~** to come first/next/last; **noch ~** to be still [or yet] to come; **da wird noch mehr Ärger ~** there'll be more trouble yet; **das Schlimmste kommt noch** the worst is yet to come

🔵 *(untergebracht werden)* **ins Gefängnis/Krankenhaus ~** to go to prison/into hospital; **vor Gericht ~** *Fall* to come to court; *Mensch* to come [or appear] before the court; **in die Schule/Lehre ~** to start school/an apprenticeship

🔟 *(erlangen)* ■ **zu etw ~** to achieve sth; **wie komme ich zu dieser Ehre?** *(iron, hum)* to what do I owe this honour?; **zu der Erkenntnis ~, dass ...** to realize [or come to the realization] that ...; **zu Geld ~** to come into money; **zu Kräften ~** to gain strength; **zu Ruhm ~** to achieve [or win] fame; **zu sich ~** to come to, to regain consciousness; **[wieder] zu sich selbst ~** to get out of one's head, to come back to [or find] oneself again; ■ **an jdn/etw ~** to get hold of sb/ sth; **wie bist du an das viele Geld ge~?** how did you get hold of [or come by] all that money?; *s. a.* **Besinnung** *s. a.* **Ruhe**

⓫ *(verlieren)* ■ **um etw ~** to lose sth; **ums Leben ~** to lose one's life, to be killed, to die

⓬ *(erreichen)* to reach; **auf den 2. Platz ~** to reach 2nd place, to come [in] 2nd

⓭ *(gebracht werden)* to come; **kam Post für mich?** was there any post for me?

⓮ *(veranlassen, dass jd kommt)* **den Arzt/Klempner/ein Taxi ~ lassen** to send for [or call] the doctor/plumber/a taxi

⓯ *(hingehören)* to go, to belong; **die Tasse kommt dahin** the cup belongs there

⓰ *(herannahen)* to approach; *(eintreten, geschehen)* to come about, to happen; **heute kommt noch ein Gewitter** there'll be a thunderstorm today; **der Winter kommt mit Riesenschritten** winter is fast approaching; **der Termin kommt etwas ungelegen** the meeting comes at a somewhat inconvenient time; **das habe ich schon lange ~ sehen!** I saw that coming a long time ago; **das kam doch anders als erwartet** it/that turned out [or happened] differently than expected; **es kam eins zum anderen** one thing led to another; **und so kam es, dass ...** and that's why/how ..., and that's how it came about [or happened] that ...; **wie kommt es, dass ...?** how is it that...?, how come...?; **es musste ja so ~** it/that was bound to happen; **es hätte viel schlimmer ~ können** it could have been much worse; **es zu etw ~ lassen** *zum Streit* to let it come to sth; **so weit ~, dass ...** to get to the stage [or point] where ...; **so weit kommt es noch!** *(iron fam)* that'll be the day! *fam;* **komme, was da wolle** come what may; **was auch immer ~ mag** whatever happens; **wie's kommt so kommt's** whatever happens happens; ■ **zu etw ~** to happen; **zum Prozess ~** to come to trial; **[wieder] im K~ sein** to be[come] fashionable again

⓱ *(in Erscheinung treten)* *Pflanzen* to come on [or along]; **die ersten Tomaten ~ schon** the first tomatoes are appearing

⓲ *(jdn erfassen)* ■ **über jdn ~** *Gefühl* to come over sb; **eine gewaltige Traurigkeit kam über mich** I was overcome by a tremendous sadness; **es kam einfach so über mich** it just came over me

⓳ *(sich bei jdm zeigen)* **jdm ~ die Tränen** sb is overcome by tears, sb starts to cry; **jdm ~ Zweifel, ob ...** sb is beset [or overcome] by doubts [or sb doubts] whether ...

⓴ *(in einen Zustand geraten)* ■ **in etw ~** to get into sth; **wir kamen plötzlich ins Schleudern** we suddenly started to skid; **in Fahrt** [o **Schwung**] **~** to get going; **in Gefahr/Not ~** to get into danger/difficulty; **in Sicherheit ~** to get to safety; **in Verlegenheit ~** to get [or become] embarrassed; *s. a.* **Stillstand**

㉑ *(sich verhalten)* to be; **so lasse ich mir nicht ~!** I won't have [or stand for] that!; **so kommst du mir nicht!** don't you take that line with me!; **jdm frech ~** to be cheeky to sb

㉒ *(fam: jdn belästigen)* ■ **jdm mit etw ~** to start telling sb about sth; **komm' mir nicht schon wieder damit!** don't give me [or start] that again!; **da kann könnte] ja jeder ~** *(fam)* anyone could say that; **der soll nur ~!** *(fam)* just let him try!

㉓ *(seinen Grund haben)* to come from; **wie kommt es, dass ...** how come ..., how is it that [that] ...; **daher kommt es, dass ...** that's why ...; **das kommt davon!** *(fam)* it's your own fault!; **das kommt davon, dass/weil ...** that's because ...; **das kommt davon, wenn ...** that's what happens when ...

㉔ *(sich an etw erinnern)* ■ **auf etw** *akk* **~** to remember sth, to recall sth; **ich komme beim besten Willen nicht darauf** I just can't seem to remember [or recall] it

㉕ *(einfallen)* ■ **jdm ~** to think of, to occur; **jdm kommt der Gedanke, dass ...** it occurs to sb that ...; **na, das kommt dir aber früh!** *(iron)* why didn't that occur to you sooner?

㉖ *(sich verschaffen)* ■ **an etw** *akk* **~** to get hold of sth; **wie bist du an das Geld ge~?** where did you get the money?

㉗ *(etw herausfinden)* ■ **hinter etw** *akk* **~** *Pläne* to find out sth *sep*, to get to the bottom of sth; **hinter ein Geheimnis ~** to uncover [or *sep* find out] a secret; **dahinter ~, dass/was/wer/wie ...** *(fam)* to find out that/what/who/how ...; **wie kommst du darauf?** what gives you that idea?, what makes you think that?; *s. a.* **Schliche** *s. a.* **Spur**

㉘ FILM, RADIO, TV *(gesendet werden)* to be on; **was kommt heute im Fernsehen?** what's on [television] tonight?; **als Nächstes ~ die Nachrichten** the news is [on] next

㉙ *(Zeit für etw finden)* ■ **zu etw ~** to get around to doing sth; **ich komme zu nichts mehr!** I don't have time for anything else!

㉚ *(entfallen)* ■ **auf jdn/etw** *akk* **~** to be allotted to sb/sth; **auf jeden Studenten kamen drei Studentinnen** for every male student there were three female students, the ratio of male to female students was 3:1

㉛ *(fam: ähnlich sein)* ■ **nach jdm ~** to take after sb

㉜ *(fam: kosten)* to cost; **die Reparatur kam sehr teuer** the repairs cost a lot [of money]; ■ **auf etw** *akk* to come to sth

㉝ *(überfahren werden)* **unter ein Auto/einen Lastwagen ~** to be knocked down by a car/lorry [or AM truck]; **unter die Räder ~** to get knocked [or run] down [or run over]

㉞ *(ansprechen)* **auf etw** *akk* **zu sprechen ~** to get [a]round to [talking about] sth; **jetzt, wo wir auf das Thema Gehaltserhöhung zu sprechen ~, ...** now that we're on [or we've got round to] the subject of

payrises ...; **ich werde gleich darauf ~** I'll come [*or* get] to that in a moment; **auf einen Punkt/eine Angelegenheit ~** to broach [*or* get onto] a point/matter
⓴ *(reichen)* ▪ **an etw** *akk* **~** to reach sth
⓵ *(sl: Orgasmus haben)* to come *fam*
⓺ *(fam: eine Aufforderung verstärkend)* **komm, sei nicht so enttäuscht** come on, don't be so disappointed; **komm, lass uns gehen!** come on [*or* hurry up] , let's go!; **komm, komm, werd nicht frech!** now now, don't get cheeky!; **ach komm!** *(fam)* come on!
▶ WENDUNGEN: **erstens kommt es anders und zweitens als man denkt** *(hum fam)* things never turn out the way you expect; **zu kurz ~** to come off badly, to get a raw deal; **komm' ich heut' nicht, komm' ich morgen** *(prov)* you'll see me when you see me; **wer zuerst kommt, mahlt zuerst** *(prov)* first come, first served; **auf jdn/etw nichts ~ lassen** *(fam)* to not hear a [bad] word said against sb; *s. a.* **achtzig** *s. a.* **halten** *s. a.* **nahe** *s. a.* **Zeit**

II. UNPERSÖNLICHES INTRANSITIVES VERB   +*sein*

⓵ *(sich einfinden)* ▪ **es kommt jd** sb is coming; **es kommt jetzt der berühmte Magier Obrikanus!** and now the famous magician, Obrikanus!; **es scheint keiner mehr zu ~** nobody else seems to be coming
⓶ *(beginnen)* ▪ **es kommt etw** sth is coming; **es kommt auch mal wieder schöneres Wetter** the weather will turn nice again
⓷ *(sl: Orgasmus haben)* to come; ▪ **es kommt jdm** *(veraltet)* sb comes

III. TRANSITIVES VERB   +*sein*

(fam: kosten) ▪ **jdn etw ~** to cost sb sth; **die Reparatur kam mich sehr teuer** I paid a lot [of money] for the repairs, the repairs cost a lot [of money]

kom·mend *adj* ⓵ *(nächste)* coming, next; **wir treffen uns ~en Mittwoch um 20 Uhr** we're meeting next Wednesday at 8 p.m. ⓶ *(künftig)* future; **in den ~en Jahren** in years to come ⓷ *(sich demnächst durchsetzend)* of the future *pred*
Kom·men·sa·lis·mus <-> [kɔmɛnza'lɪsmʊs] *m kein pl* BIOL commensalism
Kom·men·tar <-s, -e> [kɔmɛn'taːɐ̯] *m* ⓵ *(Stellungnahme)* opinion, statement; **was du davon hältst, interessiert mich nicht, ich habe dich nicht um deinen ~ gebeten!** I'm not interested in what you think, I didn't ask [for] your opinion!; **~ überflüssig!** there's nothing else to say!, need I say more?; **einen ~** [**zu etw** *dat*] **abgeben** to comment [on] sth; **jeden** [**weiteren**] **~ ablehnen** to refuse to make any [further] comment; **kein ~!** no comment! ⓶ *(kommentierendes Werk)* commentary
kom·men·tar·los **I.** *adj inv* without comment *pred* **II.** *adv inv* **etw ~ zur Kenntnis nehmen** to note [*or* take note of] sth without comment
Kom·men·ta·tor(in) <-s, -toren> [kɔmɛn'taːtoːɐ̯, kɔmɛnta'toːrɪn, *pl:* -'toːrən] *m(f)* commentator
kom·men·tie·ren [kɔmɛn'tiːrən] *vt* ⓵ *(Stellung nehmen)* ▪ **etw ~** to comment [*or* give one's opinion] on sth; **etw kritisch ~** to criticize sth ⓶ *(erläutern)* ▪ **etw ~** to furnish sth with a commentary, to annotate sth; ▪ **kommentiert** with a commentary *pred*, annotated
Kom·ment·kampf *m* BIOL ritualized fight
Kom·mers <-es, -e> [kɔ'mɛrs] *m* ⓵ *(Feier)* festive reception held on the occasion of a special event ⓶ ÖSTERR meeting of extreme right-wing students' associations
Kom·merz [kɔ'mɛrts] *m (pej)* commerce

Kom·merz·fern·se·hen *nt* commercial television
kom·mer·zi·a·li·sie·ren* [kɔmɛrtsi̯ali'ziːrən] *vt* ⓵ ÖKON *(Dinge wirtschaftlichen Interessen unterordnen)* ▪ **etw ~** to commercialize sth ⓶ ÖKON *(öffentliche Schulden umwandeln)* **eine öffentliche Schuld ~** to convert a public debt into a private one
Kom·mer·zi·a·li·sie·rung *f* commercialization
Kom·mer·zi·al·rat *m* ÖSTERR *(Kommerzienrat)* honorary title for a businessman
kom·mer·zi·ell [kɔmɛr'tsi̯ɛl] **I.** *adj* commercial **II.** *adv* commercially; **~ denken** to be business-minded
Kom·mer·zi·en·rat [kɔ'mɛrtsi̯ənraːt] *m* HIST honorary title for a businessman
Kom·mi·li·to·ne, Kom·mi·li·to·nin <-n, -n> [kɔmili'toːnə, -'toːnɪn] *m, f* fellow student
Kom·miss[RR] <-es> *m,* **Kom·miß**[ALT] <-sses> [kɔ'mɪs] *m kein pl (fam)* the army; **beim ~ sein** to be in the army
Kom·mis·sar(in) <-s, -e> [kɔmɪ'saːɐ̯] *m(f)* ⓵ *(Polizeikommissar)* inspector ⓶ *(bevollmächtigter Beamter)* commissioner ⓷ *(bevollmächtigter Beamter)* commissioner ⓸ *(EU-Kommissar)* Commissioner
Kom·mis·sär(in) <-s, -e> [kɔmɪ'sɛːɐ̯] *m(f)* ÖSTERR, SCHWEIZ *s.* **Kommissar 1**
Kom·mis·sa·ri·at <-[e]s, -e> [kɔmɪ'saːri̯aːt] *nt* ⓵ *(Amtszimmer des Kommissars)* commissioner's office ⓶ ÖSTERR *(Polizeidienststelle)* police station
Kom·mis·sa·rin <-, -nen> *f fem form von* **Kommissar**
Kom·mis·sä·rin <-, -nen> *f fem form von* **Kommissär**
kom·mis·sa·risch [kɔmɪ'saːrɪʃ] **I.** *adj* temporary **II.** *adv* temporarily
Kom·miss·brot[RR] *nt* a rectangular rye bread with a coarse texture
Kom·mis·si·on <-, -en> [kɔmɪ'si̯oːn] *f* ⓵ *(Gremium)* committee ⓶ *(Untersuchungsausschuss)* commission, committee ⓷ *(EU-Kommission)* Commission ⓸ *(Auftrag)* commission; **etw in ~ geben** to commission sb to sell sth; **jdm etw** *akk* **in ~ geben** to give sth to sb for sale on commission; **etw in ~ haben** to be commissioned to sell sth; **etw** [**für jdn**] **in ~ nehmen** to take on the task of selling sth on commission [for sb]
Kom·mis·si·o·när(in) <-s, -e> [kɔmɪsi̯o'nɛːɐ̯] *m(f)* wholesale bookseller
kom·mis·si·o·nie·ren* [kɔmɪsi̯o'niːrən] *vt* ADMIN ÖSTERR ▪ **etw ~** to approve and accept sth
Kom·mis·si·ons·ba·sis *f* **auf ~** on commission **Kom·mis·si·ons·ge·schäft** *nt* commission business
Kom·mo·de <-, -n> [kɔ'moːdə] *f* chest of drawers
kom·mu·nal [kɔmu'naːl] *adj* local, municipal; **die Müllabfuhr ist eine der ~en Aufgaben** refuse collection is one of the local authority's tasks; *s. a.* **Ebene**
Kom·mu·nal·ab·ga·ben *pl* local rates [and taxes] **Kom·mu·nal·be·hör·de** *f* local authorities *pl* **Kom·mu·nal·po·li·tik** *f* ⓵ *(Politik der Kommunalbehörde)* municipal [*or* council] policy ⓶ *(politisches Handeln)* local [government] politics *pl* **Kom·mu·nal·ver·wal·tung** *f* local government **Kom·mu·nal·wahl** *f* local [government] elections *pl*
Kom·mu·nar·de, Kom·mu·nar·din <-n, -n> [kɔmu'nardə, -'nardɪn] *m, f* Communard
Kom·mu·ne <-, -n> [kɔ'muːnə] *f* ⓵ *(Gemeinde)* municipality, local authority ⓶ HIST *(Wohngemeinschaft)* commune **die Pariser ~** the Paris Commune ⓷ *(Wohngemeinschaft)* commune
Kom·mu·ni·ka·ti·on <-, -en> [kɔmunika'tsi̯oːn] *f* communication
Kom·mu·ni·ka·ti·ons·mit·tel *nt* means of communication + *sing vb* **Kom·mu·ni·ka·ti·ons·mög·lich·keit** *f* way of communicating **Kom·mu·ni·ka·ti·ons·sa·tel·lit** *m* communications satellite **Kom·mu·ni·ka·ti·ons·**

wis·sen nt kein pl knowledge of communications + sing vb **Kom·mu·ni·ka·ti·ons·wis·sen·schaf·ten** pl communications theory + sing vb

kom·mu·ni·ka·tiv [kɔmunika'tiːf] adj communicative

Kom·mu·ni·on <-, -en> [kɔmu'ni̯oːn] f (Sakrament der katholischen Kirche) Holy Communion; **zur ~ gehen** to attend Holy Communion; (Erstkommunion) first Communion

Kom·mu·ni·on·bank <-bänke> f communion rail **Kom·mu·ni·on·kind** nt communicant

Kom·mu·ni·qué, Kom·mu·ni·kee <-s, -s> [kɔmy·ni'keː] nt communiqué

Kom·mu·nis·mus <-> [kɔmu'nɪsmʊs] m kein pl communism

Kom·mu·nist(in) <-en, -en> [kɔmu'nɪst] m(f) communist

kom·mu·nis·tisch [kɔmu'nɪstɪʃ] adj communist; **Deutsche K~e Partei** [o **DKP**] German Communist Party

kom·mu·ni·zie·ren [kɔmuni'tsiːrən] vi ❶ (geh: sich verständigen) **mit jdm ~** to communicate with sb ❷ REL (geh: zur Kommunion gehen) to receive/take Holy Communion

Kom·ö·di·ant(in) <-en, -en> [kɔmø'di̯ant] m(f) ❶ (pej: jd, der sich verstellt) play-actor ❷ (veraltend: Schauspieler) actor

Ko·mö·die <-, -n> [ko'møːdi̯ə] f ❶ (Bühnenstück) comedy ❷ (Verstellung) play-acting pej; **~ spielen** to play-act; **jdm eine ~ vorspielen** to play-act to sb

Ko·mo·do·wa·ran [ko'modo-] m ZOOL komodo dragon

Ko·mo·ren [ko'moːrən] pl **die ~** the Comoros npl, the Comoro Islands pl; s. a. **Falklandinseln**

Ko·mo·rer(in) <-s, -> m(f) Comoran; s. a. **Deutsche(r)**

ko·mo·risch adj Comoran; s. a. **deutsch**

Kom·pag·non <-s, -s> ['kɔmpanjɔŋ] m partner

kom·pakt [kɔm'pakt] adj ❶ (klein in den Ausmaßen) compact ❷ (solide) compact, dense ❸ (Mensch) stocky

Kom·pakt·ge·rät nt compact device **Kom·pakt·ka·me·ra** f compact camera **Kom·pakt·kurs** m crash [or intensive] course **Kom·pakt·pu·der** m MODE, PHARM pressed powder

Kom·pa·nie <-, -n> [kɔmpa'niː, pl: -'niːən] f company **Kom·pa·nie·chef(in)** [-ʃɛf] m(f) company commander **Kom·pa·ra·tiv** <-s, -e> ['kɔmparatiːf] m comparative

Kom·par·se, Kom·par·sin <-n, -n> [kɔm'parzə, kɔm'parzɪn] m, f extra

Kom·pass^RR <-es, -e> m, **Kom·paß**^ALT <-sses, -sse> ['kɔmpas] m compass; **nach dem ~** by the compass

Kom·pass·na·del^RR f compass needle

kom·pa·ti·bel [kɔmpa'tiːbl̩] adj compatible; **[mit etw** dat] **~ sein** to be compatible [with sth]

Kom·pa·ti·bi·li·tät <-, -en> [kɔmpatibili'tɛt] f compatibility no pl

Kom·pen·di·um <-s, -dien> [kɔm'pɛndi̯ʊm, pl: -di̯ən] nt compendium

Kom·pen·sa·ti·on <-, -en> [kɔmpɛnza'tsi̯oːn] f compensation no pl

Kom·pen·sa·ti·ons·ge·schäft <-es, -e> nt barter

kom·pen·sie·ren [kɔmpɛn'ziːrən] vt ❶ (entschädigen) **etw [durch etw** akk] **~** to compensate for sth [with sth] ❷ (ausgleichen) **etw ~** to compensate for sth

kom·pe·tent [kɔmpe'tɛnt] I. adj ❶ (sachverständig) competent; **[für etw** akk] **~ sein** to be competent [at/in sth] ❷ (zuständig) responsible II. adv competently

Kom·pe·tenz <-, -en> [kɔmpe'tɛnts] f ❶ (Befähigung) competence ❷ (Befugnis) responsibility; **das liegt außerhalb meiner ~** that's outside my responsibility **Kom·pe·tenz·be·reich** m area of responsibility, juris-

diction **Kom·pe·tenz·ge·ran·gel** nt quarrel about responsibilities [or jurisdiction] **Kom·pe·tenz·strei·tig·kei·ten** pl dispute over responsibilities [or jurisdiction] **Kom·pe·tenz·über·schrei·tung** f exceeding of one's area of responsibility [or jurisdiction]

kom·pi·lie·ren [kɔmpi'liːrən] vt (geh) **etw [aus etw** dat] **~** to compile sth [from sth]

Kom·ple·men·tär <-s, -e> [kɔmplemɛn'tɛg] m ÖKON unlimited partner

Kom·ple·men·tär·far·be f complementary colour [or AM -or]

kom·plett [kɔm'plɛt] I. adj ❶ (vollständig) complete ❷ (fam: völlig) complete, total II. adv ❶ (vollständig) fully ❷ (insgesamt) completely ❸ (fam: völlig) completely, totally

kom·plet·tie·ren [kɔmplɛ'tiːrən] vt (geh) **etw ~** to complete sth

Kom·plett·lö·sung f ideal [or perfect] solution

kom·plex [kɔmplɛks] I. adj (geh) complex, complicated II. adv (geh) complexly, in a complicated manner pred; **~ aufgebaut sein** to have a complex structure **Kom·plex** <-es, -e> [kɔmplɛks] m ❶ (Gesamtheit von Gebäuden) complex ❷ (Gesamtheit) complex ❸ PSYCH complex; **~e [wegen etw] haben** to have a complex [about sth]

Kom·plex·au·ge nt BIOL (Augenform der Insekten) compound eye

Kom·ple·xi·tät <-> [kɔmplɛksi'tɛt] f kein pl (geh) complexity

Kom·pli·ka·ti·on <-, -en> [kɔmplika'tsi̯oːn] f complication; **ohne ~en** without any complications, smoothly

Kom·pli·ment <-[e]s, -e> [kɔmpli'mɛnt] nt compliment; **jdm ein ~ [o ~e] machen** to pay sb a compliment [or compliments]; **jdm ein ~ [o ~e] wegen etw** dat **machen** to compliment sb on sth; **mit ~en um sich** akk **werfen** to throw compliments around; **[mein] ~!** my compliments

Kom·pli·ze, Kom·pli·zin <-n, -n> [kɔm'pliːtsə, kɔm'pliːtsɪn] m, f accomplice

kom·pli·zie·ren [kɔmpli'tsiːrən] I. vt (geh) **etw ~** to complicate sth II. vr **sich ~** to become complicated

kom·pli·ziert I. adj complicated II. adv in a complicated manner pred

Kom·pli·ziert·heit <-> f kein pl complexity, complicated nature

Kom·pli·zin <-, -nen> f fem form von **Komplize**

Kom·plott <-[e]s, -e> [kɔm'plɔt] nt plot; **ein ~ schmieden** to hatch a plot

Kom·po·nen·te <-, -n> [kɔmpo'nɛntə] f ❶ (Bestandteil) component ❷ (Gesichtspunkt) aspect

kom·po·nie·ren [kɔmpo'niːrən] I. vt ❶ (musikalisch erstellen) **etw ~** to compose sth ❷ (geh: zusammenstellen) **etw [aus etw** dat] **~** to create sth [from sth] II. vi to compose; **das K~** composition, composing

Kom·po·nist(in) <-en, -en> [kɔmpo'nɪst] m(f) composer

Kom·po·si·ta [kɔm'poːzita] pl von **Kompositum**

Kom·po·si·ti·on <-, -en> [kɔmpozi'tsi̯oːn] f ❶ (komponiertes Musikstück) composition ❷ (geh: Zusammenstellung) creation ❸ (zusammengestelltes Kleidungsstück) creation

Kom·po·si·tum <-s, Komposita> [kɔm'poːzitʊm, pl: kɔm'poːzita] nt compound

Kom·post <-[e]s, -e> [kɔm'pɔst] m compost no pl

Kom·post·hau·fen m compost heap

Kom·po·s·tier·an·la·ge f ÖKOL compost[ing] plant

kom·pos·tier·bar adj inv ÖKOL degradable

kom·pos·tie·ren [kɔmpɔs'tiːrən] vt **etw ~** to compost sth

Kom·pos·tie·rung <-> f kein pl ÖKOL compost-

ing *no pl*
Kom·pott <-[e]s, -e> [kɔmˈpɔt] *nt* compote
Kom·pres·se <-, -n> [kɔmˈprɛsə] *f* compress
Kom·pres·si·on <-, -en> [kɔmˈprɛˈsi̯oːn] *f* compression
Kom·pres·sor <-s, -pressoren> [kɔmˈprɛsoːɐ̯, *pl:* ˈsoːrən] *m* compressor
kom·pri·mie·ren* [kɔmpriˈmiːrən] *vt* ■ etw ~ to compress [*or* condense] sth; ■ **komprimiert** compressed
Kom·pri·mie·rung <-, -en> *f* compression *no pl; eines Textes* condensing *no pl*
Kom·pro·miss^{RR} <-es, -e> *m*, **Kom·pro·miß**^{ALT} <-sses, -sse> [kɔmproˈmɪs] *m* compromise; **fauler ~** false compromise; [mit jdm] einen ~ schließen to come to a compromise [with sb]
kom·pro·miss·be·reit^{RR} *adj* willing to compromise *pred;* **eine ~e Haltung** a willingness to compromise; ■ [in etw *dat*] ~ **sein** to be willing to compromise [on sth] **Kom·pro·miss·be·reit·schaft**^{RR} *f* willingness to compromise **kom·pro·miss·los**^{RR} *adj* ① *(zu keinem Kompromiss bereit)* uncompromising ② *(uneingeschränkt)* unqualified, unconditional **Kom·pro·miss·lö·sung**^{RR} *f* compromise **Kom·pro·miss·vor·schlag**^{RR} *m* compromise proposal [*or* suggestion]
kom·pro·mit·tie·ren* [kɔmprɔmɪˈtiːrən] *vt* ■ jdn ~ to compromise sb; ■ sich ~ to compromise oneself, to put oneself in a compromising position
kom·pro·mit·tie·rend *adj* compromising
Kon·den·sat <-[e]s, -e> [kɔndɛnˈzaːt] *nt* condensation *no pl,* condensate *spec*
Kon·den·sa·ti·on <-, -en> [kɔndɛnzaˈtsi̯oːn] *f* condensation *no pl*
Kon·den·sa·tor <-s, -toren> [kɔndɛnˈzaːtoːɐ̯, *pl:* -zaˈtoːrən] *m* condenser; ELEK a. capacitor
kon·den·sie·ren* [kɔndɛnˈziːrən] I. *vi haben o sein* ■ [an etw *dat*] ~ to condense [on sth] II. *vt haben* ■ etw ~ to condense sth
Kon·dens·milch *f* condensed milk **Kon·dens·strei·fen** *m* condensation [*or* vapour [*or* AM -or]] trail **Kon·dens·was·ser** *nt kein pl* condensation
Kon·di·ti·on <-, -en> [kɔndiˈtsi̯oːn] *f* ① *(Leistungsfähigkeit)* [physical] fitness [*or* condition]; ~/keine ~ **haben** to be/not be fit; **seine ~ halten** to keep fit ② *pl (Bedingungen)* conditions
Kon·di·ti·o·nal·satz [kɔndiˈtsi̯oˈnaːl-] *m* conditional clause
Kon·di·ti·o·nie·rung <-, -en> *f* BIOL, PSYCH *(Verknüpfung eines Reizes mit einer neuen, d.h. gelernten Reaktion)* conditioning
Kon·di·ti·ons·schwä·che *f* poor level of fitness **Kon·di·ti·ons·trai·ning** *nt* fitness training *no pl*
Kon·di·tor(in) <-s, -toren> [kɔnˈdiːtoːɐ̯, kɔndiˈtoːrɪn, *pl:* -ˈtoːrən] *m(f)* confectioner
Kon·di·to·rei <-, -en> [kɔndiˈtoˈraɪ] *f* confectioner's, cake shop
Kon·di·to·rin <-, -nen> *f fem form von* **Konditor**
Kon·do·lenz·be·such *m (geh)* visit of condolence; [bei jdm] einen ~ **machen** to pay [sb] a visit of condolence **Kon·do·lenz·brief** *m* letter of condolence **Kon·do·lenz·schrei·ben** *nt* letter of condolence
kon·do·lie·ren* [kɔndoˈliːrən] *vi (geh)* ■ [jdm] ~ to pay one's condolences [to sb]
Kon·dom <-s, -e> [kɔnˈdoːm] *m o nt* condom
Kon·dor <-s, -e> [ˈkɔndoːɐ̯] *m* condor
Kon·duk·teur(in) <-s, -e> [kɔndʊkˈtøːɐ̯] *m(f)* SCHWEIZ *(Schaffner)* conductor
Ko·nen *pl von* **Konus**
Kon·fekt <-[e]s, -e> [kɔnˈfɛkt] *nt* confectionery
Kon·fek·ti·on <-, *selten* -en> [kɔnfɛkˈtsi̯oːn] *f* ready-made clothing *no pl*
Kon·fek·ti·ons·grö·ße *f* MODE size
Kon·fe·renz <-, -en> [kɔnfeˈrɛnts] *f* ① *(Besprechung)*

meeting, conference; **eine ~ anberaumen** to arrange a meeting ② *(Komitee)* committee ③ *(Lehrerkonferenz)* staff meeting
Kon·fe·renz·ort *m* conference location [*or* venue] **Kon·fe·renz·schal·tung** *f* TELEK conference circuit **Kon·fe·renz·teil·neh·mer(in)** *m(f)* conference participant **Kon·fe·renz·zim·mer** *nt* conference room
kon·fe·rie·ren* [kɔnfeˈriːrən] *vi (geh)* ■ mit jdm [über etw *akk*] ~ to confer with sb [about sth]
Kon·fes·si·on <-, -en> [kɔnfɛˈsi̯oːn] *f* denomination
kon·fes·si·o·nell [kɔnfɛsi̯oˈnɛl] I. *adj* denominational II. *adv* denominationally
kon·fes·si·ons·los *adj* ■ ~ **sein** not belonging to any denomination
Kon·fes·si·ons·schu·le *f s.* **Bekenntnisschule**
Kon·fet·ti <-s> [kɔnˈfɛti] *nt kein pl* confetti
Kon·fir·mand(in) <-en, -en> [kɔnfɪrˈmant, *pl:* -mandn] *m(f)* confirmand
Kon·fir·man·den·un·ter·richt *m* confirmation lessons [*or* classes] *pl*
Kon·fir·man·din <-, -nen> *f fem form von* **Konfirmand**
Kon·fir·ma·ti·on <-, -en> [kɔnfɪrmaˈtsi̯oːn] *f* confirmation
kon·fir·mie·ren* [kɔnfɪrˈmiːrən] *vt* ■ jdn ~ to confirm sb
Kon·fi·se·rie <-, -n> [kɔnfizəˈriː] *f* SCHWEIZ ① *(Konditorei)* confectioner's, cake shop ② *(Konfekt)* confectionery *no pl*
kon·fis·zie·ren* [kɔnfɪsˈtsiːrən] *vt* ■ etw ~ to confiscate sth
Kon·fi·tü·re <-, -n> [kɔnfiˈtyːrə] *f* preserve
Kon·flikt <-s, -e> [kɔnˈflɪkt] *m* ① *(Auseinandersetzung)* conflict; **bewaffneter ~** armed conflict; **~ verhütend** which prevent conflict; **mit etw *dat* in ~ geraten** to come into conflict with sth; **mit dem Gesetz in ~ geraten** to clash with the law ② *(innerer Zwiespalt)* [inner] conflict; **sich akk in einem ~ befinden** to be in a state of inner conflict
Kon·flikt·herd *m* area of conflict, political hot spot **Kon·flikt·stoff** *m* cause of conflict
Kon·fö·de·ra·ti·on <-, -en> [kɔnføderaˈtsi̯oːn] *f* confederation
kon·form [kɔnˈfɔrm] *adj* concurrent, corresponding; **mit jdm [in etw *dat*] ~ gehen** to agree with sb [on sth]
Kon·for·mis·mus <-> [kɔnfɔrˈmɪsmʊs] *m kein pl (pej geh)* conformity
Kon·for·mist(in) <-en, -en> [kɔnfɔrˈmɪst] *m(f) (pej geh)* conformist
kon·for·mis·tisch *adj (pej geh)* conformist
Kon·fron·ta·ti·on <-, -en> [kɔnfrɔntaˈtsi̯oːn] *f* confrontation
Kon·fron·ta·ti·ons·kurs *m* confrontational course; **auf ~ [mit jdm] gehen** to adopt a confrontational course [towards sb]
kon·fron·tie·ren* [kɔnfrɔnˈtiːrən] *vt* ■ jdn mit jdm/etw ~ to confront sb with sb/sth; ■ mit etw *dat* **konfrontiert sein** to be confronted with sth
kon·fus [kɔnˈfuːs] I. *adj* confused, muddled; jdn [ganz] ~ **machen** to [completely] confuse sb II. *adv* confusedly; ■ **klingen** to sound confused
Kon·fu·zi·us <-> [kɔnˈfuːtsi̯ʊs] *m* Confucius
Kon·glo·me·rat <-[e]s, -e> [kɔnglomeˈraːt] *nt* conglomeration; ■ ein ~ aus [*o* von] etw *dat* a conglomeration of sth
Kongo <-s> *m* Congo, Zaire River
Kon·go <-s> [ˈkɔŋɡo] *m* ① *(Fluss)* Congo ② *(Staat)* the Congo
Kon·go·le·se(in) <-n, -n> [kɔŋɡoˈleːzə] *m(f)* Congolese; *s. a.* **Deutsche(r)**
kon·go·le·sisch [kɔŋɡoˈleːzɪʃ] *adj* Congolese; *s. a.*

K

deutsch

Kon·gre·ga·ti·on <-en> [kɔngrega'tsi̯oːn] f congregation

Kon·gressRR <-es, -e> m, **Kon·greß** <-sses, -sse> [kɔn'grɛs] m ❶ *(Fachtagung)* congress; **der Wiener ~** the Congress of Vienna ❷ *(Parlament der USA)* ■ **der ~** Congress *no art*

Kon·gress·bü·roRR *nt* congress office **Kon·gress·hal·le**RR f conference hall **Kon·gress·mit·glied**RR *nt* Congressman, Congresswoman **Kon·gress·pla·nung**RR f congress planning *no pl* **Kon·gress·stät·te**RR f congress centre [*or* AM -er] **Kon·gress·teil·neh·mer**RR m congress participant **Kon·gress·wahl**RR f Congressional election

kon·gru·ent [kɔngru'ɛnt] *adj* congruent

Kon·gru·enz <-en> [kɔngru'ɛnts] f ❶ *(geh)* identity, concurrence ❷ MATH congruence ❸ LING agreement

kon·gru·ie·ren [kɔngru'iːrən] *vi* ❶ *(geh)* to coincide ❷ MATH to be congruent ❸ LING to agree

K.-o.-Nie·der·la·ge f knock-out defeat

Ko·ni·fe·re <-, -n> [koni'feːrə] f conifer

Ko·nig <-s, -e> ['køːnɪç] m king; **des ~s Rock** the King's uniform; **der ~ der Tiere/Lüfte** the king of beasts/birds; **die Heiligen Drei ~e** the three Wise Men ▸ WENDUNGEN: **der Kunde ist ~** the customer is always right

Kö·ni·gin <-, -nen> ['køːnɪgɪn] f *fem form von* **König** ❶ *(Herrscherin eines Königreiches)* queen ❷ *(Bienen~)* queen[-bee] ❸ BOT **die ~ der Nacht** Queen of the Night

Kö·ni·gin·mut·ter f queen-mother

kö·nig·lich ['køːnɪklɪç] I. *adj* ❶ *(dem König gehörend)* royal ❷ *(großzügig)* generous, handsome II. *adv* ❶ *(fam: köstlich)* enormously; ■ **sich** *akk* ~ **amüsie·ren** to have a whale of a time ❷ *(großzügig)* generously, handsomely

Kö·nig·reich ['køːnɪkraɪç] *nt* kingdom; **das Verei·nigte ~** the United Kingdom

Kö·nigs·fisch m ZOOL, KOCHK Jerusalem haddock, kingfish, moonfish **Kö·nigs·ker·ze** f BOT mullein **Kö·nigs·kro·ne** f crown **Kö·nigs·ku·chen·form** f [12 · 14 inch] loaf tin **Kö·nigs·paar** *nt* royal couple **Kö·nigs·sohn** m *(liter)* prince **Kö·nigs·ti·ger** m Bengal tiger **Kö·nigs·toch·ter** f *(liter)* princess **kö·nigs·treu** *adj* loyal to the king *pred*, royalist **Kö·nigs·weg** m ideal solution

Kö·nig·tum <-, -tümer> ['køːnɪçtuːm] *nt* ❶ *kein pl (Monarchie)* monarchy ❷ *(veraltend) s.* **Königreich**

ko·nisch ['koːnɪʃ] I. *adj* conical II. *adv* conically

Kon·ju·ga·ti·on <-, -en> [kɔnjuga'tsi̯oːn] f ❶ LING conjugation ❷ BIOL *(Zusammenlagerung von Bakterienzellen)* bacterial conjugation

kon·ju·gie·ren [kɔnju'giːrən] *vt* ■ **etw ~** to conjugate sth

Kon·junk·ti·on <-, -en> [kɔnjʊnk'tsi̯oːn] f conjunction

Kon·junk·ti·o·nal·satz [kɔnjunkts i̯o'naːl-] m LING conjunctional clause

Kon·junk·tiv <-s, -e> ['kɔnjʊŋktiːf] m LING subjunctive

Kon·junk·tur <-, -en> [kɔnjʊŋk'tuːɐ̯] f economy, economic situation, state of the economy; **steigende/ rückläufige ~** [economic] boom/slump; **~ haben** to be in great demand [*or* selling [very] well]

Kon·junk·tur·ab·schwung m ÖKON economic downturn [*or* downswing], [economic] recession **Kon·junk·tur·auf·schwung** m ÖKON economic upturn [*or* upswing], [economic] recovery **Kon·junk·tur·ba·ro·me·ter** *nt* ÖKON ❶ *(Darstellung der wirtschaftlichen Entwicklung)* graph of leading economic indicators ❷ *(Anhaltspunkt der wirtschaftlichen Entwicklung)* economic [*or* business] barometer, economic indicator **Kon·junk·tur·be·le·bung** f *kein pl*

ÖKON economic upturn [*or* upswing], [economic] recovery **Kon·junk·tur·ein·bruch** m ÖKON [economic] slump, steep downturn [in the economy]

kon·junk·tu·rell [kɔnjʊŋktuˈrɛl] *adj* economic; **die ~e Lage** the state of the economy

Kon·junk·tur·flau·te f [economic] slump **Kon·junk·tur·la·ge** f ÖKON economic situation, state of the economy **Kon·junk·tur·po·li·tik** f ÖKON economic policy **Kon·junk·tur·rück·gang** m ÖKON economic downturn [*or* downswing], [economic] recession **Kon·junk·tur·schwan·kung** f *meist pl* ÖKON fluctuation in [the level of] economic activity

kon·kav [kɔn'kaːf] I. *adj* concave II. *adv* concavely

Kon·kla·ve <-s, -n> [kɔn'klaːvə] *nt* conclave

Kon·kor·danz <-, -en> [kɔnkɔr'dants] f concordance **Kon·kor·dat** <-[e]s, -e> [kɔbkɔr'daːt] *nt* concordat

kon·kret [kɔn'kreːt] I. *adj* ❶ *(klar umrissen)* concrete, definite, specific; **~e Ergebnisse** tangible results ❷ *(eindeutig)* concrete II. *adv* definitely, specifically; **das kann ich Ihnen noch nicht ~ sagen** I can't tell you for definite yet

kon·kre·ti·sie·ren [kɔnkreti'ziːrən] *vt (geh)* ■ **etw ~** to clearly define sth

Kon·ku·bi·nat <-[e]s, -e> [kɔnkubi'naːt] *nt* concubinage; [**mit jdm**] **im ~ leben** to live in concubinage [with sb]

Kon·ku·bi·ne <-, -n> [kɔnku'biːnə] f *(geh)* concubine

Kon·kur·rent(in) <-en, -en> [kɔnkʊ'rɛnt] m(f) ❶ *(Mitbewerber)* competitor ❷ *(Rivale)* competitor, rival

Kon·kur·renz <-, -en> [kɔnkʊ'rɛnts] f ❶ *(Konkurrenzunternehmen)* competitor; **zur ~ gehen** to go over to the competitor; **mit jdm in ~ stehen** [*o* liegen] to be in competition with sb ❷ *kein pl (Konkurrenten)* competition; **keine ~** [**für jdn**] **sein** to be no competition [for sb]; **die ~ schläft nicht** *(fam)* my/your, etc. rivals never rest ❸ *(sportliche Disziplin)* competition, contest ❹ *kein pl (Wettbewerb)* competition; **jdm ~ machen** to compete against sb; **außer ~** unofficially

Kon·kur·renz·den·ken *nt* competitive thinking *no pl* **Kon·kur·renz·druck** m pressure of competition; **unter ~ stehen** to face pressure of competition **kon·kur·renz·fä·hig** *adj* competitive

kon·kur·ren·zie·ren *vt, vi* ÖSTERR, SCHWEIZ ■ **jdn** [*o* **jdm**] /**etw** [*o* **einer S.**] **~** to compete against sb/sth

Kon·kur·renz·kampf m competition; *(zwischen Menschen)* rivalry **kon·kur·renz·los** I. *adj* ■ **~ sein** to have no competition II. *adv* incomparably; **mit unseren Preisen sind wir ~ billig** nobody can match our cheap prices **Kon·kur·renz·neid** m jealousy [towards one's rival[s]] *no pl* **Kon·kur·renz·pro·dukt** *nt* ÖKON competing [*or* rival] product **Kon·kur·renz·un·terneh·men** *nt* ÖKON competitor, rival company **Kon·kur·renz·ver·bot** *nt* ban on competition

kon·kur·rie·ren [kɔnkʊ'riːrən] *vi* ❶ *(in Wettbewerb treten)* ■ **mit jdm/etw ~** to compete with sb/sth ❷ *(geh: sich gleichzeitig bewerben)* ■ [**mit jdm**] **um etw ~** to compete [against sb] for sth

Kon·kurs <-es, -e> [kɔn'kʊrs] m ❶ *(Zahlungsunfähigkeit)* bankruptcy; **~ machen** *(fam)* to go bankrupt; **vor dem ~ stehen** to be about to go bankrupt ❷ *(Verfahren)* bankruptcy proceedings *pl*; [**über etw** *akk*] **den ~ eröffnen** to open bankruptcy proceedings [concerning sth]; **~ anmelden** to declare oneself bankrupt, to file a bankruptcy petition

Kon·kurs·mas·se f bankrupt's estate **Kon·kurs·ver·fah·ren** *nt* bankruptcy proceedings *pl* **Kon·kurs·ver·schlep·pung** f JUR, ÖKON [criminal] delay in filing bankruptcy petition **Kon·kurs·ver·wal·ter(in)** m(f) official receiver

kön·nen ['kœnən] I. *vt* <konnte, gekonnt> *(beherrschen)* ■ **etw ~** to know sth; **kannst du eigentlich Schach?** can you/do you know how to play chess?;

eine Sprache ~ to know [*or* speak] a language; |et|**was/nichts ~** *(fam)* to be good/useless; **man merkt, du kannst was** it's obvious you know your stuff; *(Fähigkeiten haben)* to be able to/not be able to do sth; |et|**was/nichts für etw ~** *(verantwortlich sein)* to be able/not be able to do anything about sth; **etw nie/nicht tun ~** to never/not be able to do sth; **... was jd kann** as best sb can; **sie liefen, was sie nur konnten** they ran as quickly as they could ▶ WENDUNGEN: **du kannst mich |mal|** *(euph sl)* get lost! *fam,* |go and| take a running jump! BRIT *fam,* kiss my ass! AM *sl* **II.** *vi* <konnte, gekonnt> to be able; **ich würde ja gerne kommen, aber ich kann leider nicht** I would love to come but I can't; **nicht mehr ~** *(erschöpft sein)* to not be able to go on; *(überfordert sein)* to have had enough; *(satt sein)* to not be able to eat any more, to have had enough, to be full [up]; **noch ~** *(weitermachen ~)* to be able to carry on; *(weiteressen ~)* to be able to eat more; **wie konntest du nur!** how could you?!; **da ~ Sie nichts |da|für** it's not your fault ▶ WENDUNGEN: |**erst einmal|** ~ **vor Lachen** I would if [*or* I wish] I could, [that's] easier said than done; **mit jdm |gut|** ~ to get on [well] with sb; **mir kann keiner** nobody can touch me **III.** *vb aux* <konnte, können> *modal* ❶ *(vermögen)* ▪ **etw tun ~** to be able to do sth ❷ *(als Fertigkeit haben)* ▪ **etw tun ~** to be able to do sth ❸ *(dürfen)* ▪ **jd kann etw tun** sb can do sth; **kann ich das Foto sehen?** can/may I see the photo? ❹ *(möglicherweise sein)* ▪ **jd kann etw tun** sb could do sth; ▪ **etw tun ~** to be able to do sth; **solche Dinge können eben manchmal passieren** these things [can] happen sometimes; **sein ~, dass** to be possible that; |**schon| sein ~** *(fam)* to be possible; |**ja,| kann sein** [yes,] that's possible [*or* possibly]; **nicht sein ~** to not be possible; **könnte es nicht sein, dass ...?** could it not be that ...?

Kön·nen <-s> [ˈkœnən] *nt kein pl* ability, skill; **spielerisches/schauspielerisches ~** sportsmanship/acting ability [*or* skill]

Könn·er(in) <-s, -> *m(f)* skilled person; **ein ~ sein** to be skilled

konn·te [ˈkɔntə] *imp von* **können**

Kon·rek·tor(in) [ˈkɔnrɛktoːɐ̯] *m(f)* deputy headmaster

Kon·se·ku·tiv·satz *m* consecutive clause

Kon·sens <-es, -e> [kɔnˈzɛns] *m (geh)* ❶ *(Übereinstimmung)* consensus *no pl;* **einen ~ |in etw *dat*| erreichen |zu erzielen|** to reach a consensus [on sth] ❷ *(Einwilligung)* approval; **seinen ~ |zu etw *dat*| geben** to give one's approval [to sth]; **mit/ohne jds ~** with/without sb's approval

kon·se·quent [kɔnzeˈkvɛnt] **I.** *adj* ❶ *(folgerichtig)* consistent; ▪ |**bei/in etw *dat*| ~ sein** to be consistent [in sth] ❷ *(unbeirrbar)* resolute, steadfast **II.** *adv* ❶ *(folgerichtig)* consistently, logically ❷ *(entschlossen)* resolutely

Kon·se·quenz <-, -en> [kɔnzeˈkvɛnts] *f* ❶ *(Folge)* consequence; **in letzter ~** in the final analysis; **~en |für jdn| haben** to have consequences [for sb]; **die ~en tragen** to take the consequences; |**aus etw *dat*| die ~en ziehen** to take the necessary action [*or* appropriate measures] [as a result of sth] ❷ *kein pl (Folgerichtigkeit)* consistency ❸ *kein pl (Unbeirrbarkeit)* resoluteness, steadfastness

kon·ser·va·tiv [ˈkɔnzɛrvatiːf] **I.** *adj* ❶ *(politisch rechts liegend)* conservative ❷ *(die ~ Partei)* Conservative ❸ *(geh: zurückhaltend)* conservative **II.** *adv* **~ wählen** to vote Conservative; **~ eingestellt sein** to have a conservative attitude

Kon·ser·va·ti·ve(r) [kɔnzɛrvaˈtiːvə] *f(m) decl wie adj* ❶ *(Anhänger einer konservativen Partei)* conservative ❷ *(die konservative Partei)* ▪ **die ~n** the Con-

servatives

Kon·ser·va·tor(in) <-s, -toren> [kɔnzɛrˈvaːtoːɐ̯] *m(f)* curator

Kon·ser·va·to·ri·um <-s, -rien> [kɔnzɛrvaˈtoːri̯ʊm, *pl:* -ri̯ən] *nt* conservatoire, conservatorium

Kon·ser·ve <-, -n> [kɔnˈzɛrvə] *f* ❶ *(haltbar abgefülltes Lebensmittel)* preserved food *no pl,* tinned [*or* AM canned] food *no pl* ❷ *meist pl* MED *(Blutkonserve)* banked blood *no pl*

Kon·ser·ven·büch·se [-vən-] *f*, **Kon·ser·ven·do·se** *f* tin BRIT, can AM

kon·ser·vie·ren [kɔnzɛrˈviːrən] *vt* ❶ *(haltbar machen)* ▪ **etw |in etw *dat*| ~** to preserve sth [in sth] ❷ *(geh: erhalten)* ▪ **etw ~** to preserve sth

Kon·ser·vie·rung <-, -en> [kɔnzɛrˈviːrʊŋ] *f* ❶ *(das Konservieren)* preserving *no pl* ❷ *(die Erhaltung)* preservation *no pl*

Kon·ser·vie·rungs·mit·tel *nt* CHEM preservative

Kon·sis·tenz <-> [kɔnzɪsˈtɛnts] *f kein pl (geh)* consistency

Kon·so·le <-, -n> [kɔnˈzoːlə] *f* ❶ *(Bord)* shelf ❷ *(Vorsprung)* console ❸ *(Bediener~)* console

kon·so·li·die·ren [kɔnzoliˈdiːrən] **I.** *vt (geh)* ▪ **etw ~** to consolidate sth **II.** *vr (geh)* ▪ **sich ~** to consolidate

Kon·so·li·die·rung <-, -en> *f* consolidation *no pl*

Kon·so·li·die·rungs·mit·tel *nt (geh)* means of consolidation

Kon·so·nant <-en, -en> [kɔnzoˈnant] *m* consonant

Kon·sor·te <-, -n> [kɔnˈzɔrtə] *f (pej fam: Leute)* **... und ~ ...** and co.

Kon·sor·ti·um <-s, -ien> [kɔnˈzɔrtsi̯ʊm, *pl:* -tsi̯ən] ÖKON consortium, syndicate; **ein ~ bilden |*o* gründen|** sich *akk* **zu einem ~ zusammenschließen** to form a consortium [*or* syndicate], to organize a consortium

Kon·spi·ra·ti·on <-, -en> [kɔnspiraˈtsi̯oːn] *f (geh)* conspiracy

kon·spi·ra·tiv [kɔnspiraˈtiːf] *adj (geh)* conspiratorial

kon·spi·rie·ren [kɔnspiˈriːrən] *vi (geh)* ▪ |**mit jdm| |gegen jdn| ~** to conspire [with sb] [against sb]

kon·stant [kɔnˈstant] **I.** *adj* constant **II.** *adv* constantly

Kon·stan·te <-[n], -n> [kɔnˈstantə] *f* constant

Kon·stan·ti·no·pel <-s> [kɔnstantiˈnoːpl̩] *nt* Constantinople

Kon·stanz <-> [ˈkɔnstants] *nt* Constance

kon·sta·tie·ren [kɔnstaˈtiːrən] *vt (geh)* ▪ **etw ~** to establish sth

Kon·stel·la·ti·on <-, -en> [kɔnstɛlaˈtsi̯oːn] *f* ❶ *(geh: Kombination)* constellation *form* ❷ ASTROL, ASTRON constellation

kon·ster·nie·ren [kɔnstɛrˈniːrən] *vt (geh)* ▪ **jdn ~** to consternate sb; ▪ **konsterniert** consternated

kon·sti·tu·ie·ren [kɔnstituˈiːrən] **I.** *vt (geh: gründen)* ▪ **etw ~** to constitute, to form; ▪ **~d** constituent **II.** *vr (geh)* ▪ **sich ~** *akk* to be set up, to be constituted; ▪ **sich als etw ~** to form sth

Kon·sti·tu·ti·on <-, -en> [kɔnstituˈtsi̯oːn] *f* constitution

kon·sti·tu·ti·o·nell [kɔnstitutsi̯oˈnɛl] *adj inv* constitutional; **~e Monarchie** constitutional monarchy

kon·stru·ie·ren [kɔnstruˈiːrən] *vt* ❶ *(planerisch erstellen)* ▪ **etw ~** to design sth ❷ *(zeichnen)* ▪ **etw ~** to draw sth ❸ *(pej geh: gezwungener Gedankenaufbau)* ▪ **etw ~** to fabricate sth, to make sth up

Kon·struk·teur(in) <-s, -e> [kɔnstrukˈtøːɐ̯] *m(f)* designer

Kon·struk·ti·on <-, -en> [kɔnstrukˈtsi̯oːn] *f* ❶ *(planerische Erstellung)* design ❷ *(Aufbau)* construction

Kon·struk·ti·ons·bü·ro *nt* design office **Kon·struk·ti·ons·feh·ler** *m* ❶ *(Fehler im Entwurf)* design fault ❷ *(herstellungsbedingter Fehler)* construction [*or* manufacture] fault

kon·struk·tiv [kɔnstrʊk'tiːf] **I.** *adj* ❶ *(geh: förderlich)* constructive ❷ *(entwurfsbedingt)* design **II.** *adv* constructively

Kon·sul <-s, -n> ['kɔnzʊl] *m (Beamter der römischen Republik)* consul

Kon·sul, **Kon·su·lin** <-s, -n> ['kɔnzʊl, kɔn'zuːlɪn] *m, f (Leiter(in) eines Konsulats)* consul

kon·su·la·risch *adj* consular

Kon·su·lat <-[e]s, -e> [kɔnzu'laːt] *nt (Amt des Konsuls)* consulate ❷ *(Amtszeit eines Konsuls)* consulship

Kon·su·lin <-, -nen> *f fem form von* **Konsul**

Kon·sul·ta·ti·on <-, -en> [kɔnzʊlta'tsi̯oːn] *f (geh)* consultation

kon·sul·tie·ren* [kɔnzʊl'tiːrən] *vt (geh)* ❶ *(um Rat fragen)* ■ **jdn [wegen etw** *dat*] ~ to consult sb [about sth] ❷ *(hinzuziehen)* ■ **etw** ~ to consult sth

Kon·sum <-s> [kɔn'zuːm] *m kein pl* consumption

Ko·nsum·ar·ti·kel *m* consumer good

Kon·su·ment(in) <-en, -en> [kɔnzu'mɛnt] *m(f)* consumer

Kon·su·men·ten·le·ben *nt* consumer life

Kon·sum·ge·nos·sen·schaft *f* cooperative society **Kon·sum·ge·sell·schaft** *f* consumer society **Kon·sum·gü·ter** *pl* COM consumer good

kon·su·mie·ren* [kɔnzu'miːrən] *vt (geh)* ❶ *(verbrauchen)* ■ **etw** ~ to consume sth ❷ *(in sich aufnehmen)* ■ **etw** ~ to consume sth

kon·sum·ori·en·tiert *adj inv* ÖKON consumer-orientated [*or* AM -oriented] **Kon·sum·rausch** *m* frenzy of consumerism **Kon·sum·tem·pel** *m* ÖKON *(pej fam)* shrine to consumerism **Kon·sum·ter·ror** *m* SOZIOL *(pej)* pressure to consume *no pl* **Kon·sum·ver·hal·ten** *nt* ÖKON consumer behaviour [*or* AM -or] *no pl, no indef art,* consumer habits *pl* **Kon·sum·zwang** *m* pressure to consume *no pl*

Kon·takt <-[e]s, -e> [kɔn'takt] *m* ❶ *(Verbindung)* contact; **sexuelle** [*o euph:* intime] **~e** sexual contact; **mit jdm ~ bekommen, ~ zu jdm finden** to establish contact with sb; [**mit jdm] in ~ bleiben,** [**mit jdm**] **~ halten** to stay in contact [*or* touch] with sb; **~ zu jdm haben** to be in contact with sb; **keinen ~ mehr [zu jdm] haben** to no longer be in contact [with sb], to have lost contact [with sb]; **mit jdm in ~ kommen** to come into contact with sb; **mit jdm ~ aufnehmen** to get in contact with sb; **den ~ [zu jdm] herstellen** to establish [*or* set up] contact [with sb]; [**mit jdm**] **in ~ stehen** to be in contact [with sb]; **den ~ mit jdm suchen** to attempt to establish [*or* set up] contact with sb ❷ *(Berührung)* contact ❸ ELEK contact, point

Kon·takt·ad·res·se *f* contact address **Kon·takt·an·zei·ge** *f* lonely hearts advertisement BRIT, personal [ad] AM **kon·takt·arm** *adj* ■ **~ sein** to have little contact with other people **Kon·takt·ar·mut** *f kein pl (geh)* lack of [human] contact **Kon·takt·bild·schirm** *m* touch screen **Kon·takt·bör·se** *f* personals section **kon·takt·freu·dig** *adj* ■ **~ sein** to enjoy contact with other people, to be sociable **Kon·takt·grill** *m* griddle **Kon·takt·lin·se** *f* contact lens **Kon·takt·lin·sen·pfle·ge·mit·tel** *nt* contact lens solution **Kon·takt·mann** *m* contact [person] **Kon·takt·per·son** *f* contact [person]

Kon·ta·mi·na·ti·on <-, -en> [kɔntamina'tsi̯oːn] *f* contamination *no pl*

kon·ta·mi·nie·ren* [kɔntami'niːrən] *vt* ■ **etw** ~ to contaminate sth

Kon·ten ['kɔntṇ] *pl von* **Konto**

Kon·ten·be·we·gung *f s.* **Kontobewegung**

Kon·ter·ad·mi·ral ['kɔntɐʔatmiraːl] *m* NAUT rear-admiral

Kon·ter·fei <-s, -s *o* -e> ['kɔntɐfai] *nt (hum)* picture

kon·ter·ka·rie·ren* [kɔntɐka'riːrən] *vt (geh)* ■ etw ~ to impede sth

kon·tern ['kɔntɐn] **I.** *vt* ■ **etw** ~ to counter sth **II.** *vi* to counter

Kon·ter·re·vo·lu·ti·on [kɔntɐrevolutsi̯oːn] *f* counterrevolution

Kon·text <-[e]s, -e> ['kɔntɛkst] *m* ❶ *(umgebender Text)* context ❷ *(geh: Zusammenhang)* context

Kon·ti·nent <-[e]s, -e> ['kɔntinɛnt] *m* continent

kon·ti·nen·tal [kɔntinɛn'taːl] *adj* continental

Kon·ti·nen·tal·eu·ro·pa *nt* Continental Europe **Kon·ti·nen·tal·kli·ma** *nt* continental climate **Kon·ti·nen·tal·so·ckel** *m* continental terrace **Kon·ti·nen·tal·sper·re** *f kein pl* ■ **die** ~ the Continental System

Kon·tin·gent <-[e]s, -e> [kɔntɪŋ'gɛnt] *nt* ❶ *(Truppenkontingent)* contingent ❷ *(Teil einer Menge)* quota

kon·tin·gen·tie·ren* [kɔntɪŋgɛn'tiːrən] *vt* ■ **etw** ~ to fix a quota for sth

kon·ti·nu·ier·lich [kɔntinu'iːɐlɪç] **I.** *adj (geh)* constant, continuous **II.** *adv (geh)* constantly, continuously

Kon·to <-s, Konten *o* Konti> ['kɔnto, *pl:* 'kɔntṇ, 'kɔnti] *nt* account; **auf jds ~ gehen** *(fam: etw zu verantworten haben)* to be sb's fault; *(für etw aufkommen)* to be on sb; **das Bier geht auf mein ~!** the beer's on me!; **etw auf sein ~ verbuchen können** to put sth down to one's [own] efforts; **auf jds ~** into sb's account

Kon·to·aus·zug *m* bank statement; *(kurzer ~)* mini-statement **Kon·to·be·we·gung** *f* account transaction **Kon·to·er·öff·nung** *f* opening of an account **kon·to·füh·rend** *adj* which manages an account *pred* **Kon·to·füh·rung** *f* keeping [of] an account, account management *no pl* **Kon·to·füh·rungs·ge·bühr** *f* account management charge **Kon·to·in·ha·ber(in)** *m(f)* account holder **Kon·to·num·mer** *f* account number **Kon·to·stand** *m* account balance

kon·tra ['kɔntra] *adv* against; **er ist dazu ~ eingestellt** he is against it

Kon·tra <-s, -s> ['kɔntra] *nt* double; ■ **~ sagen** to double; **jdm ~ geben** *(fam)* to contradict

Kon·tra·bass^RR *m* double bass

Kon·tra·hent(in) <-en, -en> [kɔntra'hɛnt] *m(f) (geh)* opponent, adversary

kon·tra·hie·ren* [kɔntra'hiːrən] *vi, vr* [**sich**] ~ to contract

Kon·tra·in·di·ka·ti·on ['kɔntraʔɪndikatsi̯oːn] *f* contra-indication

Kon·trakt <-[e]s, -e> *m* contract

Kon·trak·ti·on <-, -en> [kɔntrak'tsi̯oːn] *f* contraction

kon·tra·pro·duk·tiv ['kɔntraprodʊktiːf] *adj (geh)* counterproductive

Kon·tra·punkt ['kɔntrapʊŋkt] *m* counterpoint

kon·trär [kɔn'trɛːɐ] *adj (geh)* contrary

Kon·trast <-[e]s, -e> [kɔn'trast] *m* ❶ *(Gegensatz)* contrast; **im ~ zu etw** *dat* **stehen** to contrast with sth ❷ *(Helligkeitsunterschied)* contrast *no pl*

Kon·trast·brei *m* radiopaque material *no pl spec* **Kon·trast·far·be** *f* contrasting colour [*or* AM -or]

kon·tras·tie·ren* [kɔntras'tiːrən] *vi* against ■ [**mit/zu** etw *dat*] ~ to contrast [with sth]

Kon·trast·mit·tel *nt* contrast medium **Kon·trast·pro·gramm** *nt* alternative programme [*or* AM -am]

Kon·tra·zep·ti·on <-> [kɔntratsɛp'tsi̯oːn] *f kein pl (geh)* contraception

Kon·troll·ab·schnitt *m* tab, stub **Kon·trollam·pe**^ALT *f s.* **Kontrolllampe**

Kon·trol·le <-, -n> [kɔn'trɔlə] *f* ❶ *(Überprüfung)* check, inspection; **die ~n an einem Flughafen** checks at an airport; **eine ~ durchführen** to conduct an inspection ❷ *(passive Überwachung)* monitoring ❸ *(aktive Überwachung)* supervision; **etw unter ~ bringen** to bring sth under control; **jdn/etw unter ~**

haben [*o* **halten**] *(Gewalt über jdn/etw haben)* to have sb/sth under control; *(jdn/etw überwachen)* to have sb/sth monitored; **die ~ über etw verlieren** *(Gewalt)* to lose control of sth; **die ~ über sich** *akk* **verlieren** to lose control of oneself ● *(Kontrollstelle)* checkpoint

Kon·trol·leur(in) <-s, -e> [kɔntrɔ'løːɐ̯] *m(f)* inspector

Kon·troll·funk·ti·on *f* supervisory [*or* monitoring] function **Kon·troll·gang** *m* patrol

kon·trol·lier·bar *adj* ● *(beherrschbar)* controllable ● *(überprüfbar)* checkable, verifiable

kon·trol·lie·ren* [kɔntrɔ'liːrən] *vt* ● *(überprüfen)* ■ **jdn/etw ~** to check sb/sth; ■ **etw auf etw** *akk* **~** to check sth for sth; **haben Sie Ihre Wertsachen auf Vollständigkeit kontrolliert?** have you checked your valuables to make sure they're all there? ● *(überwachen)* ■ **jdn/etw ~** to monitor sb/sth; ■ **jdn/etw** [**auf etw** *akk*] **~** to check sb/sth [for sth] ● *(beherrschen)* ■ **etw ~** to control sth

Kon·troll·lis·te[ALT] *f* s. **Kontrollliste Kon·troll·lam·pe**[RR] *f* indicator light; **rote ~** red warning light

Kon·troll·lis·te[RR] *f* checklist **Kon·troll·or·gan** *nt* POL controlling body **Kon·troll·punkt** *m* checkpoint **Kon·troll·stel·le** *f* checkpoint **Kon·troll·turm** *m* control tower **Kon·troll·zen·trum** *nt* control centre [*or* AM -er]

kon·tro·vers [kɔntro'vɛrs] I. *adj (geh)* ● *(gegensätzlich)* conflicting, opposing ● *(umstritten)* controversial II. *adv (geh)* in an argumentative manner *pred*

Kon·tro·ver·se <-, -n> [kɔntro'vɛrzə] *f (geh)* conflict; **eine ~ austragen** to resolve a conflict

Kon·tur <-, -en> [kɔn'tuːɐ̯] *f meist pl* contour; **~ gewinnen** *(geh)* to take shape; **an ~ verlieren** *(geh)* to become less clear

Ko·nus <-, -se *o* Konen> ['koːnʊs, *pl:* -ʊsə, -nən] *m* cone

Kon·vek·to·mat <-s, -e> *m* convector oven

Kon·vent <-[e]s, -e> [kɔn'vɛnt] *m* ● *(Zusammenkunft)* convention, meeting ● *(Klostergemeinschaft)* convent; *(Mönchs~)* monastery

Kon·ven·ti·on <-, -en> [kɔnvɛn'tsi̯oːn] *f* ● *meist pl (Verhaltensnormen)* convention; **sich** *akk* **über alle/gängige ~en hinwegsetzen** to ignore all/the normal conventions ● *(Übereinkunft)* convention; **die Genfer ~** the Geneva Convention; **die Haager ~en** the Hague Conventions

Kon·ven·ti·o·nal·stra·fe *f* fixed penalty

konventionell [kɔnvɛntsi̯o'nɛl] I. *adj* ● *(geh: dem Durchschnitt entsprechend)* conventional ● MIL conventional II. *adv* ● *(geh: in althergebrachter Weise)* conventionally ● MIL conventionally

Kon·ver·genz <-, -en> [kɔnvɛr'gɛnts] *f* BIOL convergence

Kon·ver·sa·ti·on <-, -en> [kɔnvɛrza'tsi̯oːn] *f (geh)* conversation; **~ machen** to make conversation

Kon·ver·sa·ti·ons·le·xi·kon *nt (veraltend)* encyclop[a]edia

kon·ver·ti·bel [kɔnvɛr'tiːbl̩], **kon·ver·tier·bar** *adj* convertible

Kon·ver·tier·bar·keit <-> *f kein pl* convertibility

kon·ver·tie·ren* [kɔnvɛr'tiːrən] *vi* haben *o* sein ■ [**zu etw** *dat*] **~** to convert [to sth]

Kon·ver·tit(in) <-en, -en> [kɔnvɛr'tiːt] *m(f)* convert

kon·vex [kɔn'vɛks] I. *adj* convex II. *adv* convexly

Kon·voi <-s, -s> ['kɔnvɔy] *m* convoy; **im ~ fahren** to travel in [*or* as a] convoy

Kon·vo·lut <-[e]s, -e> [kɔnvo'luːt] *nt (geh)* bundle

Kon·vul·si·on <-, -en> [kɔnvʊl'zi̯oːn] *f meist pl* convulsion

kon·ze·die·ren* [kɔntse'diːrən] I. *vt (geh)* ■ [**jdm**] **etw** *akk* **~** to concede sth [to sb], to admit sth II. *vi (geh: zugestehen)* ■ [**jdm**] **~, dass** to concede [*or* admit] [to

sb] that

Kon·zen·trat <-[e]s, -e> [kɔntsɛn'traːt] *nt* concentrate

Kon·zen·tra·ti·on <-, -en> [kɔntsɛntra'tsi̯oːn] *f* ● *kein pl (angestrengtes Nachdenken)* concentration ● *(Zusammenballung)* concentration ● *kein pl (Bündelung)* concentration ● *kein pl* ■ **die ~ einer S.** *gen* **auf etw** *akk* the concentration of sth on sth ● *(Stärke)* concentration

Kon·zen·tra·ti·ons·fä·hig·keit *f kein pl* ability to concentrate **Kon·zen·tra·ti·ons·gra·di·ent** *m* BIOL, CHEM concentration gradient **Kon·zen·tra·ti·ons·la·ger** *nt* concentration camp **Kon·zen·tra·ti·ons·man·gel** *m* *kein pl* lack of concentration **Kon·zen·tra·ti·ons·schwä·che** *f* loss of concentration *no pl* **Kon·zen·tra·ti·ons·stö·rung** *f* PSYCH, MED weak [*or* poor] concentration; **an ~en leiden** to suffer from weak [*or* poor] concentration

kon·zen·trie·ren* [kɔntsɛn'triːrən] I. *vr* ■ **sich** *akk* [**auf etw** *akk*] **~** to concentrate [on sth] II. *vt* ● *(bündeln)* ■ **etw** [**auf etw** *akk*] **~** to concentrate sth [on sth] ● *(massieren)* ■ **etw ~** to concentrate sth

kon·zen·triert I. *adj* ● *(angestrengt)* concentrated ● *(eingedickt)* concentrated ● CHEM concentrated II. *adv* in a concentrated manner

kon·zent·risch [kɔn'tsɛntrɪʃ] I. *adj* concentric II. *adv* concentrically

Kon·zept <-[e]s, -e> [kɔn'tsɛpt] *nt* ● *(Entwurf)* draft; **als** [*o* **im**] **~** in draft [form] ● *(Plan)* plan; **jdn aus dem ~ bringen** to put sb off; **aus dem ~ geraten** [*o* **kommen**] to lose one's train of thought; **jdm nicht ins ~ passen** to not fit in with sb's plans; **jdm das ~ verderben** *(fam)* to foil sb's plan

Kon·zep·ti·on <-, -en> [kɔntsɛp'tsi̯oːn] *f (geh)* concept

kon·zep·ti·ons·los I. *adj (geh)* without basis *pred*, unmethodical II. *adv* unmethodically

Kon·zep·ti·ons·lo·si·gkeit *f* lack of [any] underlying structure [*or* plan]

Kon·zept·pa·pier *nt* draft paper

Kon·zern <-s, -e> [kɔn'tsɛrn] *m* group

Kon·zert <-[e]s, -e> [kɔn'tsɛrt] *nt* MUS ● *(Komposition)* concerto ● *(musikalische Aufführung)* concert **Kon·zert·abend** *m* concert **Kon·zert·agen·tur** *f* concert agency **Kon·zert·be·su·cher(in)** *m(f)* concertgoer **Kon·zert·flü·gel** *m* concert grand **kon·zer·tiert** *adj (geh)* concerted **Kon·zer·ti·na** <-, -s> [kɔntsɛr'tiːna] *f* concertina **Kon·zert·meis·ter(in)** *m(f)* concert master **Kon·zert·pi·a·nist(in)** *m(f)* concert pianist **Kon·zert·saal** *m* concert hall **Kon·zert·sän·ger(in)** *m(f)* concert singer

Kon·zes·si·on <-, -en> [kɔntse'si̯oːn] *f* ● *(geh: Zugeständnis)* concession; ■ **eine ~ an etw** *akk* a concession to sth; ■ [**jdm**] [**in etw** *dat*] **~en machen** to make concessions [to sb] [in sth] ● *(Gewerbeerlaubnis)* concession

Kon·zes·si·o·när(in) <-s, -e> [kɔntsesi̯o'nɛːɐ̯] *m(f)* concessionaire

kon·zes·si·ons·be·reit *adj (geh)* willing to make concessions

Kon·zes·si·ons·be·reit·schaft *f kein pl (geh)* willingness to make concessions

Kon·zes·siv·satz [kɔntse'siːf-] *m* concessive clause

Kon·zil <-s, -e *o* -ien> [kɔn'tsiːl, *pl:* -i̯ən] *nt* ● *(Versammlung höherer Kleriker)* [ecclesiastical] council ● *(Hochschulgremium)* council

kon·zi·li·ant [kɔntsi'li̯ant] I. *adj (geh)* complaisant *form*, obliging II. *adv (geh)* complaisantly *form*, obligingly; **er ist heute ~ gestimmt** he's in an obliging mood today

kon·zi·li·anz [kɔntsi'li̯ants] *f* complaisance

kon·zi·pie·ren* [kɔntsi'piːrən] *vt* ■ **etw** [**als etw** *akk*] **~** to plan sth [as sth]

Koog <-es, Köge> [koːk, *pl:* 'køːgə] *m* NORDD *(Polder)*

polder

Ko·o·pe·ra·ti·on <-, -en> |ko?opera'tsi̯o:n] *f* coopera-tion *no indef art, no pl*

ko·o·pe·ra·tiv |ko?opera'ti:f] *adj (geh)* co-operative

ko·o·pe·rie·ren* |ko?ope'ri:rən] *vi* ■ |mit jdm| ~ to cooperate [with sb]

Ko·or·di·na·te <-, -en> |ko?ɔrdi'na:tə] *f* ❶ *(geometri-sche Angabe)* coordinate ❷ *meist pl (geografische Angabe)* coordinate

Ko·or·di·na·ten·ach·se |-aksə] *f* coordinate axis **Ko·or·di·na·ten·sys·tem** *nt* coordinate system

Ko·or·di·na·ti·on <-, -en> |ko?ɔrdina'tsi̯o:n] *f (geh)* coordination

Ko·or·di·na·tor(in) <-s, -toren> |ko?ɔrdi'na:toɐ̯, ko?ɔrdina'to:rɪn, *pl:* -'to:rən] *m(f) (geh)* coordinator

ko·or·di·nie·ren* |ko?ɔrdi'ni:rən] *vt (geh)* ■ etw ~ to coordinate sth

Ko·pe·ke <-, -n> |ko'pe:kə] *f* kopeck, copeck

Ko·pen·ha·gen <-s> |ko:pn̩'ha:gn̩] *nt* Copenhagen

Kopf <-[e]s, Köpfe> |kɔpf, *pl:* 'kœpfə]

SUBSTANTIV MASKULIN

❶ *(Haupt)* head; **von ~ bis Fuß** from head to toe [*or* toe]; **den ~ in die Hände stützen** to rest one's head in one's hands; **den ~ in den Nacken werfen** to throw one's head back; **mit besoffenem ~** *(sl)* in a sozzled state, drunk out of one; **mit bloßem ~** bareheaded; **einen dicken** [*o* **schweren**] **~ haben** *(fam)* to have a sore head *fam,* to have a hangover *fam;* **einen heißen ~ haben** to have a hot forehead, to have a tempera-ture; **einen roten ~ bekommen** to go red in the face; **einen** |halben| **~ größer/kleiner als jd sein** to be [half a] head taller/smaller than sb; **~ an ~** shoulder to shoulder; *(beim Pferderennen)* neck and neck; **~ bei ~** jam-packed; **bis über den ~** above one's head; *(fig: ganz tief)* up to one's neck; **~ runter!** duck!; |**mit dem**| **~ voraus** [*o* **voran**] headfirst, headlong AM, AUS; **~ weg!** *(fam)* out the way! *fam;* **jdm den ~ abschla-gen** to behead sb, to cut off sb's head; **jdm brummt der ~** *(fam)* sb's head is thumping *fam;* **den ~ einzie-hen** to lower one's head; **sich** [*o* **schlagen**] **an den ~ fassen** *dat (fam)* to shake one's head; **jds ~ fordern** to demand sb be beheaded; **wir fordern seinen Kopf!** off with his head!; *(fig)* to demand sb's resignation; **den ~ hängen lassen** *(a. fig)* to hang one's head; **jdn den ~ kosten** to cost sb his/her head; *(fig)* to cost sb his/her job; **mit dem ~ nicken** to nod one's head; **den ~ schütteln** to shake one's head; **jdm schwin-delt der ~, jds ~ schwindelt** sb's head is spinning; **den ~ sinken lassen** to lower one's head; **jdm auf den ~ spucken können** *(fam)* to be head and shoul-ders above sb *fam,* to be miles taller than sb; **auf dem ~ stehen** to stand on one's head; **jdm über den ~ wachsen** to grow taller than sb; *(fig)* to be too much for sb; **sich** *dat* **den ~ waschen** to wash one's hair; **die Köpfe zusammenstecken** *(fam)* to huddle to-gether; **sich den ~ zuschütten** [*o* **zuziehen**] *(fam)* to get tanked up *fam*

❷ *(oberer Teil)* head; *(Briefkopf)* letterhead, head; *(vom Plattenspieler)* head, pick-up; **~ oder Zahl?** *(bei Münzen)* heads or tails?; **ein ~ Salat/Kohl** a head of lettuce/cabbage; **auf dem ~ stehen** to be upside down; **die Köpfe hängen lassen** Blumen to droop

❸ *(Gedanken)* head, mind; **etw will jdm nicht aus dem ~** sb can't get sth out of his/her head; **sich** *dat* **etw durch den ~ gehen lassen** to consider sth, to mull sth over; **im ~** in one's head; **etw im ~ haben** [*o* **behalten**] to have made a mental note of sth; **die Ein-zelheiten kann ich nicht alle im ~ behalten** I can't remember all the details; **etw im ~ haben** *(fam: sich mit etw beschäftigen)* to think about sth; **anderes** [*o* **andere Dinge**] **im ~ haben** to have other things to

worry about; **nichts als** [*o* **nur**] **Fußball/Arbeit im ~ haben** to think of nothing but football/work; **in den ~ kommen, dass** to remember that; **mir ist neulich in den Kopf gekommen, dass ...** it crossed my mind the other day, that ...; **es will jdm nicht in den Kopf, wie/warum/dass** *(fam)* to not be able to understand how/why/that; **will das dir denn nicht in den Kopf?** can't you get that into your head?; **den ~ voll** |**mit etw**| **haben** *(fam)* to be preoccupied [with sth|; **ich habe den Kopf voll genug!** I've got enough on my mind; **etw im ~ rechnen** to calculate sth in one's head; **jdm durch den ~ schwirren** *(fam: gehen)* to buzz around sb's head; **in den Köpfen spuken** to haunt one's/their, etc. thoughts; **sich** *dat* |**über etw** *akk*| **den ~ zerbrechen** *(fam)* to rack one's brains [over sth]

❹ *(Verstand, Intellekt)* mind; **du bist ein kluger Kopf!** you are a clever boy/girl!; **du hast wohl was am Kopf!** *(sl)* you're not quite right in the head!; **ein heller** [*o* **kluger**] [*o* **schlauer**] **~ sein** *(fam)* to have a good [*or* clever] head on one's shoulders; **einen kla-ren ~ behalten** to keep a clear head; **einen kühlen ~ bewahren** [*o* **behalten**] to keep a cool head; **nicht ganz richtig** [*o* **klar**| **im ~ sein** *(fam)* to be not quite right in the head *fam;* **über jds ~ hinweg sein** to be over sb's head; **etw im ~ nicht aushalten** *(sl)* to not be able to bear sth; **dafür muss man's im ~ haben** you need brains for that/to do that *fam;* **etw geht jdm nicht in den ~** [*o* **etw will jdm nicht in den ~ gehen**| sb just can't understand sth; **jdm schwirrt der ~** *(fam)* sb's head is buzzing *fig;* **kaum wissen, wo jdm der ~ steht** *(fam)* to not know whether one is coming or going; **den ~ verlieren** *(fam)* to lose one's head; **jdm den ~ zurechtsetzen** [*o* **zurechtrü-cken**] *(fam)* to make sb see sense

❺ *(Wille)* mind; **seinen eigenen ~ haben** *(fam)* to have a mind of one's own; **seinen ~ durchsetzen** to get one's way; **nach jds ~ gehen** to go [*or* be] the way sb wants; **sich** *dat* **etw aus dem ~ schlagen** to get sth out of one's head; **sich** *dat* **in den ~ setzen, etw zu tun** to get it into one's head to do sth

❻ *(Person)* head, person; ■ **der ~ einer S.** *gen* the person behind sth; **eine Summe/Belohnung auf jds ~** *akk* **aussetzen** to put a price on sb's head; **auf den ~ dieses Mörders waren $500 Belohnung ausge-setzt** a reward of $500 had been offered for the mur-derer's capture; **pro ~** per head, per capita *form* ▶ WENDUNGEN: |**bei etw**] **~ und Kragen riskieren** *(fam)* to risk life and limb [doing sth]; **den ~ in den Sand stecken** to bury one's head in the sand; **den ~ aus der Schlinge ziehen** to dodge danger; **mit dem ~ durch die Wand** |**rennen**| **wollen** *(fam)* to be determined to get one's way; **sich** *dat* **die Köpfe heißreden** *(fam)* to talk oneself into a frenzy; **den ~ hoch tragen** to hold one's head held high; **~ hoch!** [keep your] chin up!; **jdn einen ~ kürzer machen** *(sl)* to chop sb's head off; **den ~ oben behalten** to keep one's chin up, to not loose heart; **halt' den ~ oben, Junge** chin up, kid; **jdm nicht** |**gleich**| **den ~ abreißen** *(fam)* to not bite sb's head off *fam;* **nicht auf den ~ gefallen sein** *(fam)* to not have been born yesterday *fam;* **wie vor den ~ geschlagen sein** *(fam)* to be dumbstruck; **etw auf den ~ hauen** *(fam)* to spend all of sth; **jdm auf dem ~ herumtanzen** *(fam)* to do as one likes with sb; **den ~** |**für jdn/etw**| **hinhalten** *(fam)* to put one's head on the line; **jdm raucht der ~** *(fam)* sb's head is spinning; **sich um seinen ~ reden** to talk oneself straight into a prison cell/one's grave; **Köpfe werden rollen heads** will roll; **jdm in den ~ steigen jdm zu Kopf|e| steigen** to go to sb's head; **und wenn du dich auf den ~ stellst, ... du kannst dich auf den ~ stellen, ...**

(fam) you can talk until you're blue in the face... *fam;* **etw auf den ~ stellen** *(etw gründlich durchsuchen)* to turn sth upside down *[or inside out]; (etw ins Gegenteil verkehren)* to turn sth on its head; **jdn vor den ~ stoßen** to offend sb; **jdm den ~ verdrehen** *(fam)* to turn sb's head; **jd vergisst noch mal seinen ~** *(fam)* sb would forget his/her head if it wasn't screwed on *fam;* **jdm den ~ waschen** to give sb a telling-off; **seinen ~ darauf wetten, dass** *(fam)* to bet one's bottom dollar that; **jdm etw an den ~ werfen** *[o fam:* **schmeißen]** to chuck *[or sling]* sth at sb; **jdm Beleidigungen an den ~ werfen** to hurl insults at sb; **jdm etw auf den ~ zusagen** to tell sb sth to his/her face

Kopf-an-Kopf-Ren·nen *nt (a. fig)* neck-and-neck race **Kopf·ar·beit** *f* brain-work **Kopf·bahn·hof** *m* BAHN station where trains cannot pass through but must enter and exit via the same direction **Kopf·ball** *m* header **Kopf·be·de·ckung** *f* headgear *no indef art, no pl;* **ohne ~** bareheaded
Köpf·chen <-s, -> ['kœpfçən] *nt dim von* **Kopf** *(kleiner Kopf)* [little] head; ▶ WENDUNGEN: **~ haben** *(fam)* to have brains; **~, ~!** *(fam)* very clever!
köp·fen ['kœpfn] **I.** *vt* ● *(fam: enthaupten)* ▪ **jdn ~** to behead sb; *s. a.* **Flasche** ● *(die Triebe beschneiden)* ▪ **etw ~** to prune sth **II.** *vi* to head the ball
Kopf·en·de *nt* head **Kopf·frei·heit** *f* AUTO headroom **Kopf·fü·ßer** <-s, -> *m* cuttlefish **Kopf·ge·burt** *f (pej fam)* unrealistic proposal **Kopf·geld** *nt* head money *no pl,* **Kopf·geld·jä·ger(in)** *m(f)* bounty hunter **Kopf·haar** *nt* ● *kein pl (Haupthaar)* hair ● *(einzelnes Haar)* hair **Kopf·haut** *f* scalp **Kopf·hö·rer** *m* headphones *pl* **Kopf·jä·ger(in)** *m(f)* headhunter **Kopf·kis·sen** *nt* pillow **Kopf·kis·sen·be·zug** *m* pillowcase **kopf·las·tig** *adj* ● *(vorn zu stark beladen)* nose-heavy; *(oben zu stark beladen)* top-heavy ● *(zu viel Leitungspersonal aufweisend)* top-heavy ● *(zu intellektuell)* overly intellectual **Kopf·laus** *f* head louse **kopf·los** **I.** *adj* ● *(ganz verwirrt)* bewildered, confused; ▪ **~ sein/werden** to be/become hysterical; **jdn ~ machen** to confuse sb ● *(enthauptet)* headless, beheaded **II.** *adv* in a bewildered *[or confused]* manner **Kopf·lo·sig·keit** <-> *f kein pl* hysterical confusion **Kopf·mensch** *m* PSYCH *(fam)* cerebral person **Kopf·ni·cken** *nt kein pl* nod [of the head] **Kopf·rech·nen** *nt* mental arithmetic *no pl* **Kopf·sa·lat** *m* lettuce **kopf·scheu** *adj* ▶ WENDUNGEN: **jdn ~ machen** *(fam)* to confuse sb; **~ werden** *(fam)* to get confused **Kopf·schmerz** *m meist pl* headache; **jdm ~en bereiten** *[o fam:* **machen]** to give sb headaches *[or* a headache]; **~en haben** to have a headache; **sich** *dat* **über/um etw** *akk/***wegen etw** *akk* **~en/keine ~en machen** *dat* to worry/not worry about sth **Kopf·schmerz·ta·blet·te** *f* headache tablet **Kopf·schup·pen** *pl* MED dandruff *no pl, no indef art* **Kopf·schuss**[RR] *m* shot in the head **kopf·schüt·teln** *nt kein pl* shake of the head **kopf·schüt·telnd** **I.** *adj* shaking his/her, etc. head *pred* **II.** *adv* with a shake of the head **Kopf·sprung** *m* header; **einen ~ machen** to take a header *[or* [head] dive] **Kopf·stand** *m* headstand; **einen ~ machen** to do a headstand, to stand on one's head
Kopf·stein *m* cobblestone **Kopf·stein·pflas·ter** *nt* cobblestones *pl,* cobbled surface **Kopf·stim·me** *f* MUS head-voice, falsetto **Kopf·stüt·ze** *f* headrest **Kopf·tuch** *nt* headscarf **kopf·über** [kɔpfˈʔyːbɐ] *adv* head first **Kopf·ver·band** *m* head dressing **Kopf·ver·let·zung** *f* head injury **Kopf·weh** *nt s.* **Kopfschmerz** **Kopf·wun·de** *f s.* **Kopfverletzung** **Kopf·zer·bre·chen** *nt* ▶ WENDUNGEN: **jdm ~ bereiten** *[o machen]* to cause sb quite a headache; **sich** *dat* **über jdn/etw**

~ machen to worry about sb/sth
Ko·pie <-, -n> [koˈpiː, *pl:* koˈpiːən] *f* ● *(Nachbildung)* copy, replica ● *(Fotokopie)* photocopy; **eine ~ [von etw** *dat***] machen** to make a photocopy [of sth] ● *(Durchschrift)* [carbon] copy ● *(Abschrift)* copy ● *(Abzug eines Fotos)* copy, print ● *(Doppel eines Films)* copy, print
ko·pie·ren [koˈpiːrən] *vt* ● *(foto~)* ▪ **etw ~** to photocopy sth; *(pausen)* to trace sth ● FOTO, FILM *(Abzüge machen)* ▪ **etw ~** to print sth ● *(Doppel herstellen)* ▪ **etw ~** to copy sth ● *(nachbilden)* ▪ **etw ~** to copy *[or* replicate] sth ● *(nachahmen)* ▪ **jdn/etw ~** to imitate *[or* copy] sb/sth; **oft kopiert, nie erreicht** often imitated but never equalled *[or* AM *a.* duplicated]
Ko·pie·rer <-s, -> *m (fam) s.* **Kopiergerät**
Ko·pier·ge·rät *nt* [photo]copier **Ko·pier·pa·pier** *nt* [photo]copy paper *no pl* **Ko·pier·schutz** *m* copy protection *no pl* **Ko·pier·stift** *m* indelible pencil
Ko·pi·lot(in) ['koːpiloːt] *m(f)* co-pilot
Kop·pel[1] <-s, -> ● ÖSTERR -, -n> ['kɔpl] *nt o* ÖSTERR *f* belt
Kop·pel[2] <-, -n> ['kɔpl] *f* pasture
kop·peln ['kɔpln] *vt* ● *(anschließen)* ▪ **etw an etw** *akk* **~** to connect sth to sth ● *(miteinander verbinden)* ▪ **etw [an etw** *akk***] ~** to couple sth [onto sth] ● *(mit etw verknüpfen)* ▪ **etw an etw** *akk* **~** to make sth dependent on sth; ▪ **etw mit etw** *dat* **~** to link sth with sth
Kop·pel·schloss[RR] *nt* belt buckle
Kop·pe·lung <-, -en> *f* ● *(das Anschließen)* connection ● RAUM *(Verbindung)* docking
Kop[·]p[e]·lungs·ma·nö·ver *nt* RAUM docking manoeuvre *[or* AM maneuver]; **ein ~ durchführen** to carry out a docking manoeuvre
Köp·per <-s, -> ['kœpɐ] *m* DIAL *(fam)* header; **einen ~ machen** to take a header
Kopp·lung <-, -en> *f s.* **Koppelung**
Kopplungsgruppe *f* BIOL linkage group
Ko·pra <-> ['koːpra] *f kein pl* copra
Ko·pro·duk·ti·on ['koːprodʊktsi̯oːn] *f* co-production; **in ~ mit etw** *dat* in cooperation with sth
Ko·pro·du·zent(in) ['koːprodutsɛnt] *m(f)* co-producer
Kop·te, Kop·tin <-n, -n> ['kɔptə, 'kɔptɪn] *m, f* Copt
kop·tisch ['kɔptɪʃ] *adj* Coptic
Ko·pu·la·ti·on <-, -en> [kopulaˈtsi̯oːn] *f* copulation
ko·pu·lie·ren [kopuˈliːrən] *vi* to copulate
kor [koːɐ̯] *imp von* **küren**
Ko·ral·le <-, -n> [koˈralə] *f* coral
Ko·ral·len·bank <-bänke> *f* coral reef **Ko·ral·len·in·sel** *f* coral island **Ko·ral·len·ket·te** *f* coral necklace **Ko·ral·len·riff** *nt* coral reef **Ko·ral·len·see** *f* Coral Sea
Ko·ran <-s> [koˈraːn] *m kein pl* Koran
Ko·ran·schu·le *f* Koran[ic] school
Korb <-[e]s, Körbe> [kɔrp, *pl:* 'kœrbə] *m* ● *(Behälter aus Geflecht)* basket; **ein ~ Äpfel** a basket[ful] of apples ● *(Papierkorb)* wastepaper basket, bin ● *(Ring mit Netz)* basketball; **einen ~ erzielen** *[o schießen]* to score a goal ● *kein pl (Weidengeflecht)* wicker ● *(fam: Abfuhr)* rejection; *[bei/von jdm]* **einen ~ bekommen, sich** *dat* *[bei/von jdm]* **einen ~ holen** *(fam)* to be rejected [by sb]; **jdm einen ~ geben** *(fam)* to reject sb, to turn sb down
Korb·ball *m kein pl* korfball **Korb·blüt·[l]er** <-s, -> *m* composite
Körb·chen <-s, -> ['kœrpçən] *nt* ● *dim von* **Korb 1** *(kleiner Korb)* small basket ● MODE *(bei Büstenhaltern)* cup
Korb·fla·sche *f* demijohn **Korb·ma·cher(in)** *m(f)* basket-maker **Korb·mö·bel** *nt* piece of basketwork *[or* wickerwork] furniture
Kord <-[e]s, -e> [kɔrt] *m s.* **Cord**
Kor·del <-, -n> ['kɔrdl] *f* cord

Kor·dil·leren [kɔrdɪl'jeːrən] *pl* ■ **die** ~ the Cordillera [Central, Occidental and Oriental]
Kor·don <-s, -s *o* ÖSTERR -e> [kɔr'dō] *m* cordon
Ko·rea [ko're:a] *nt* Korea
Ko·re·a·ner(in) [kore'aːnɐ] *m(f)* Korean
Ko·re·a·nisch [kore'aːnɪʃ] *nt decl wie adj* Korean; *s. a.* **Deutsch**
ko·re·a·nisch [kore'aːnɪʃ] *adj inv* Korean
Ko·re·a·ni·sche <-n> [kore'aːnɪʃə] *nt* ■ **das** ~ Korean, the Korean language; *s. a.* **Deutsche**
Ko·re·fe·rent(in) ['koːreferɛnt] *m(f) s.* **Korreferent**
Ko·ri·an·der <-s, -> [ko'rjandɐ] *m* coriander *no pl*
Ko·rinth [ko'rɪnt] *nt* Corinth
Ko·rin·the <-, -n> [ko'rɪntə] *f* currant
Ko·rin·then·ka·cker(in) <-s, -> *m(f) (pej sl)* hair-splitter *pej fam*, nitpicker *pej fam*
Ko·rin·ther(in) [ko'rɪntə] *m(f)* Corinthian
ko·rin·thisch *adj* ❶ *(zu Korinth)* Corinthian ❷ KUNST Corinthian
Kork <-[e]s, -e> [kɔrk] *m* ❶ *(Material aus Korkeichenrinde)* cork *no pl;* **aus** ~ cork *attr,* made of cork *pred* ❷ DIAL *(Korken)* cork
Kork·ei·che *f* cork-oak
Kor·ken <-s, -> ['kɔrkn̩] *m* cork; ~ **haben** to be corked
Kor·ken·geld *nt (veraltend)* corkage **Kor·ken·zie·her** <-s, -> *m* corkscrew **Kor·ken·zie·her·lo·cken** *pl* corkscrew curls **Kork·fuß·bo·den** *m* cork floor
kor·kig I. *adj* corked II. *adv* **der Wein schmeckt** ~ the wine tastes corked
Kork·plat·te *f* cork panel **Kork·ta·pe·te** *f* cork panelling [*or* AM paneling] *no pl* **Kork·un·ter·set·zer** *m* cork coaster
Kor·mo·ran <-s, -e> [kɔrmo'raːn] *m* cormorant
Korn¹ <-[e]s, Körner *o* -e> [kɔrn, *pl:* 'kœrnɐ] *nt* ❶ *(Samenkorn)* grain ❷ *(hartes Teilchen)* grain ❸ *(Getreide)* corn *no pl,* grain *no pl* ❹ *kein pl* FOTO *(Feinstruktur)* grain
Korn² <-[e]s, - *o* -s> [kɔrn] *m (Kornbranntwein)* corn brandy, schnapps
Korn³ <-[e]s, -e> [kɔrn] *nt* front sight; **etw aufs** ~ **nehmen** to draw a bead on sth; *(fig fam)* to attack [*or* hit out at] sth; **jdn aufs** ~ **nehmen** *(fig fam)* to have it in for sb *fam,* to start keeping tabs on sb *fam*
Korn·äh·re *f* ear of corn **Korn·blu·me** *f* cornflower **korn·blu·men·blau** *adj* cornflower blue **Korn·brannt·wein** *m (geh)* corn brandy
Körn·chen <-s, -> ['kœrnçən] *nt dim von* **Korn¹** grain; **ein** ~ **Wahrheit** a grain of truth
Kör·ner·fut·ter *nt* grain feed *no pl*
Kor·nett <-s, -e *o* -s> [kɔr'nɛt] *nt* cornet
Korn·feld ['kɔrnfɛlt] *nt* cornfield **Korn·halm** *m* stalk **kör·nig** ['kœrnɪç] *adj* ❶ *(aus Körnchen bestehend)* granular ❷ *(nicht weich)* grainy ❸ *(eine raue Oberfläche habend)* granular
Korn·kam·mer *f (geh)* granary **Korn·si·lo** *m* grain silo **Kör·nung** <-, -en> *f* ❶ *(körnige Oberfläche)* grain ❷ FOTO *(körnige Struktur)* granularity
Korn·wei·he *f* ORN hen harrier
Ko·ro·na <-, Koronen> [ko'roːna, *pl:* -nən] *f* ❶ TECH corona ❷ *(Strahlenkranz der Sonne)* corona ❸ *(geh: Schar)* bunch, crowd
Ko·ro·nar·ge·fäß *nt* coronary vessel **Ko·ro·nar·in·suf·fi·zi·enz** *f* coronary failure **Ko·ro·nar·skle·ro·se** *f* coronary arteriosclerosis *spec*
Kör·per <-s, -> ['kœrpɐ] *m* ❶ *(Leib)* body; ~ **und Geist** body and mind; **am ganzen** ~ all over ❷ *(Organismus)* body ❸ *(Leiche)* body, corpse ❹ *(Gebilde)* body, object ❺ *(Stoffdichte)* body; **der Wein hat** ~ the wine has a good body, it is a full-bodied wine
Kör·per·bau *m kein pl* physique **Kör·per·be·herr·schung** *f kein pl* body control **kör·per·be·hin·dert** *adj (geh)* physically disabled [*or* handicapped] **Kör-**

per·be·hin·der·te(r) *f(m) decl wie adj (geh)* physically disabled [*or* handicapped] person **kör·per·be·tont** *adj* clinging, emphasizing [*or* BRIT *a.* -ising] one's contours *pred* **kör·per·ei·gen** *adj inv, attributiv* MED endogenic, body's own, in-built **Kör·per·er·tüch·ti·gung** *f (geh)* physical training **Kör·per·ge·fühl** *nt* MED, PSYCH perception of one's own body **kör·per·ge·recht** *adj* shaped to fit the contours of the body *pred* **Kör·per·ge·ruch** *m* body odour [*or* AM -or], B.O. **Kör·per·ge·wicht** *nt* weight **Kör·per·grö·ße** *f* size **Kör·per·hal·tung** *f* posture **Kör·per·kon·takt** *m* body contact **Kör·per·kraft** *f* strength **Kör·per·län·ge** *f s.* **Körpergröße**
kör·per·lich I. *adj* ❶ *(den Leib betreffend)* physical ❷ *(geh: stofflich)* material, corporeal *form* II. *adv* ❶ *(mit Hilfe der Muskeln)* physically; ~ **arbeiten** to do physical work ❷ *(an Körperkraft)* physically
kör·per·los *adj* immaterial, incorporeal *form*
Kör·per·lo·ti·on *f* PHARM, MED body lotion **Kör·per·öff·nung** *f* orifice [of the body] **Kör·per·pfle·ge** *f* personal hygiene
Kör·per·schaft <-, -en> *f* corporation
Kör·per·schaft·steu·er *f* corporation tax
Kör·per·spra·che *f* body language **Kör·per·teil** *m* part of the body **Kör·per·tem·pe·ra·tur** *f* body temperature **Kör·per·ver·let·zung** *f* bodily harm *no indef art, no pl;* **fahrlässige** ~ bodily injury caused by negligence; **schwere** ~ grievous bodily harm **Kör·per·wär·me** *f* body heat [*or* warmth] *no pl*
Kor·po·ra ['kɔrpora] *pl von* **Korpus²**
Kor·po·ra·ti·on <-, -en> [kɔrpora'tsjoːn] *f* ❶ *(Studentenverbindung)* association, club, AM *a.* fraternity ❷ *(geh) s.* **Körperschaft**
kor·po·riert [kɔrpo'riːrt] *adj (einer Studentenverbindung angehörend)* ■ ~ **sein** to be a member of an association/a club
Korps <-, -> [koːɐ] *nt* ❶ MIL, POL corps; **diplomatisches** ~ diplomatic corps ❷ *(schlagende Studentenverbindung)* duelling [*or* AM dueling] association
Korps·geist *m kein pl (geh)* community spirit **Korps·stu·dent** *m* member of a student [duelling [*or* AM dueling]] association
kor·pu·lent [kɔrpu'lɛnt] *adj (geh)* corpulent
Kor·pu·lenz <-> [kɔrpu'lɛnts] *f kein pl (geh)* corpulence
Kor·pus¹ <-, -se> ['kɔrpʊs] *m* ❶ *kein pl (tragende Basis)* base ❷ *(hum fam: Körper)* body ❸ *kein pl (der Gekreuzigte)* crucifix
Kor·pus² <-, Korpora> ['kɔrpʊs, *pl:* 'kɔrpora] *nt* ❶ *(Sammlung von Textmaterialien)* corpus ❷ *kein pl (Klangkörper)* body
Kor·re·fe·rat ['kɔreferaːt] *nt* ❶ *(weiteres Referat)* follow-up [*or* BRIT *a.* supplementary] paper ❷ *(weitere Begutachtung)* second assessment
Kor·re·fe·rent(in) *m(f)* ❶ *(weiterer Redner)* co-speaker ❷ *(zweiter Gutachter)* co-marker
kor·rekt [kɔ'rɛkt] I. *adj* ❶ *(richtig)* correct ❷ *(vorschriftsmäßig auftretend)* upright, upstanding; ■ **in etw** *dat* ~ **sein** to be correct [in sth] ❸ *(vorschriftsmäßig)* correct, punctilious II. *adv* ❶ *(richtig)* correctly ❷ *(vorschriftsmäßig)* correctly, uprightly, punctiliously
kor·rek·ter·wei·se *adv* properly speaking
Kor·rekt·heit <-> *f kein pl* ❶ *(Richtigkeit)* correctness ❷ *(vorschriftsmäßiges Auftreten)* correctness ❸ *(vorschriftsmäßige Art)* correctness, punctiliousness
Kor·rek·tor, Kor·rek·to·rin <-s, -toren> [kɔ'rɛktoːɐ, -to:rɪn] *m, f* ❶ *(Korrektur lesen)* proof-reader ❷ *(korrigierender Prüfer)* marker
Kor·rek·tur <-, -en> [kɔrɛk'tuːɐ] *f* ❶ *(geh: das Korrigieren)* correction; [etw] ~ **lesen** to proof-read [sth] ❷ *(geh: Veränderung)* adjustment ❸ *(Korrektur-*

fahne) galley [proof] *spec*

Kor·rek·tur·band <-bänder> *nt* correction ribbon **Kor·rek·tur·fah·ne** *f* galley [proof] *spec* **Kor·rek·tur·flüs·sig·keit** *f* correction fluid **Kor·rek·tur·tas·te** *f* correction key **Kor·rek·tur·zei·chen** *nt* proof-readers' mark

Kor·re·lat <-[e]s, -e> [kɔreˈlaːt] *nt (fachspr geh: ergänzende Entsprechung)* correlate

Kor·res·pon·dent(in) <-en, -en> [kɔrɛspɔnˈdɛnt] *m(f)* ⓘ *(Reporter)* correspondent ② *(Handelskorrespondent)* correspondence clerk

Kor·res·pon·denz <-, -en> [kɔrɛspɔnˈdɛnts] *f* correspondence *no pl*

kor·res·pon·die·ren *vi* ⓘ *(in Briefwechsel stehen)* ▪ [mit jdm] ~ to correspond [with sb] ② *(geh: entsprechen)* ▪ **mit etw** *dat* ~ to correspond to [or with] sth

Kor·ri·dor <-s, -e> [kɔridoːɐ̯] *m* corridor; **der [Polnische]** ~ HIST the Polish Corridor

kor·ri·gier·bar *adj* correctable, correctible

kor·ri·gie·ren [kɔriˈgiːrən] *vt* ⓘ SCH, MEDIA *(berichtigen)* ▪ **etw** ~ to correct sth; **eine Klassenarbeit/einen Aufsatz** ~ to mark a test/an essay; **ein Manuskript** ~ to proofread a manuscript; ▪ **korrigiert** corrected; *Aufsatz, Arbeit* marked; **etw nach oben/unten** ~ to adjust sth upwards/downwards; *Aufsatz, Arbeit* to mark sth up/down ② MED *(verändern)* ▪ **etw** ~ to correct sth ③ *(verändern)* ▪ **etw** ~ to alter [or change] sth ④ *(verbessern)* ▪ **jdn** ~ to correct sb

kor·ro·die·ren [kɔroˈdiːrən] *vi sein* to corrode; ▪ **korrodiert** corroded

Kor·ro·si·on <-, -en> [kɔroˈzi̯oːn] *f* ⓘ *(das Korrodieren)* corrosion ② GEOL *(Zersetzung)* corrosion

kor·ro·si·ons·be·stän·dig *adj* non-corrosive; ▪ ~ **sein** to be non-corrosive **Kor·ro·si·ons·schutz** *m* corrosion prevention

kor·rum·pie·ren [kɔrʊmˈpiːrən] *vt (pej geh)* ▪ **jdn** ~ to corrupt sb

kor·rupt [kɔˈrʊpt] *adj (pej)* ⓘ *(bestechlich)* corrupt ② *(moralisch verkommen)* corrupt

Kor·rup·ti·on <-, -en> [kɔrʊpˈtsi̯oːn] *f (pej)* corruption

Kor·rup·ti·ons·sumpf *m* POL *(pej fam)* circle of corruption

Kor·se, Kor·sin <-n, -n> [ˈkɔrzə, ˈkɔrzɪn] *m, f* GEOG Corsican; ~ **sein** to be [a] Corsican

Kor·sett <-s, -s *o* -e> [kɔrˈzɛt] *nt* ⓘ MODE, MED corset ② *(fig)* straitjacket

Kor·si·ka <-s> [ˈkɔrzika] *nt kein pl* Corsica

Kor·sin <-, -nen> *f fem form von* **Korse**

kor·sisch [ˈkɔrzɪʃ] *adj* Corsican

Kor·so <-s, -s> [ˈkɔrzo] *m* ⓘ *(Umzug)* procession, parade ② *(selten: Prachtstraße)* boulevard

Kor·ti·son <-s, -e> [kɔrtiˈzoːn] *nt* MED cortisone

Kor·ti·son·be·hand·lung *f* MED cortisone treatment *no pl*, treatment with cortisone *no pl*

Kor·vet·te <-, -n> [kɔrˈvɛtə] *f* NAUT corvette

Kor·vet·ten·ka·pi·tän *m* NAUT lieutenant commander

Ko·ry·phäe <-, -n> [koryˈfɛːə] *f (geh: Spezialist)* leading authority

Ko·sak(in) <-en, -en> [koˈzak] *m(f)* Cossack

Ko·sa·ken·müt·ze *f* Cossack hat

Ko·sa·kin <-, -nen> *f fem form von* **Kosak**

ko·scher [ˈkoːʃɐ] **I.** *adj* ⓘ REL kosher ② *(fam: einwandfrei)* kosher *fam* ▸ WENDUNGEN: **nicht [ganz]** ~ **sein** to be not [quite] kosher [or on the level] **II.** *adv* REL according to kosher requirements

K.-o.-Schlag [kaːˈʔoː-ʃlaːk] *m* knockout blow

Ko·se·form [ˈkoːzə-] *f* LING affectionate form *(of a name)*

ko·sen [ˈkoːzn̩] **I.** *vi (veraltend liter)* ▪ **mit jdm** ~ to canoodle with sb **II.** *vt (veraltend geh)* ▪ **jdn** ~ to caress sb

Ko·se·na·me *m* pet name **Ko·se·wort** *nt* ⓘ *(Kosename)* pet name ② *(zärtliche Worte)* term of endearment, sweet nothing *fam*

K.-o.-Sieg *m* knockout victory

Ko·si·nus <-, -u *o* -se> [ˈkoːzinʊs] *m* MATH cosine

Kos·me·tik <-> [kɔsˈmeːtɪk] *f kein pl* ⓘ *(Schönheitspflege)* cosmetics *pl* ② *(pej geh)* **diese Maßnahmen sind reine** ~ these measures are purely cosmetic

Kos·me·ti·ker(in) <-s, -> [kɔsˈmeːtikɐ] *m(f)* cosmetician, beautician

Kos·me·tik·kof·fer *m* vanity case

Kos·me·ti·kum <-s, -metika> [kɔsˈmeːtikʊm, *pl:* -ka] *nt* cosmetic

kos·me·tisch [kɔsˈmeːtɪʃ] **I.** *adj* ⓘ *(die Schönheitspflege betreffend)* cosmetic ② *(pej geh)* cosmetic **II.** *adv* cosmetically

kos·misch [ˈkɔsmɪʃ] *adj* ⓘ *(den Kosmos betreffend)* cosmic ② *(im Kosmos vorhanden)* cosmic ③ *(geh: umfassend)* cosmic

Kos·mo·naut(in) <-en, -en> [kɔsmoˈnaut] *m(f)* cosmonaut

Kos·mo·po·lit(in) <-s, -en> [kɔsmopoˈliːt] *m(f) (geh)* cosmopolitan

kos·mo·po·li·tisch *adj (geh)* cosmopolitan

Kos·mos <-> [ˈkɔsmɔs] *m kein pl* ▪ **der** ~ the cosmos

Ko·so·va·re, Ko·so·va·rin <-n, -n> [kozoˈvaːrə, kozoˈvaːrɪn] *m, f* Kosovan

ko·so·va·risch *adj (aus dem Kosovo stammend)* Kosovan

Ko·so·vo <-s> [ˈkɔsɔvo] *m* ▪ [**der**] ~ Kosovo

Ko·so·vo-Ab·kom·men *nt* Kosovo peace agreement **Ko·so·vo-Al·ba·ner(in)** *m(f)* Kosovo-Albanian, Kosovo Albanian **ko·so·vo-al·ba·nisch** *adj* Kosovo-Albanian **Ko·so·vo-Flücht·ling** *m* Kosovo [or Kosovan] refugee, refugee from Kosovo **Ko·so·vo-Frie·dens·trup·pe** *f* Kosovo Force **Ko·so·vo-Krieg** *m* ▪ **der** ~ the Kosovo war, the war in Kosovo **Ko·so·vo-Kri·se** *f* POL ▪ **die** ~ the Kosovo crisis

Kost <-> [kɔst] *f kein pl* food; **jdn in** ~ **geben** to board sb out; **jdn in** ~ **nehmen** to board sb, to take sb as a boarder; [**freie**] ~ **und Logis** [free] board and lodging; **geistige** ~ intellectual fare; **leichte** ~ light fare; **reichliche** ~ plentiful diet; **schmale** ~ meagre [or AM -er] fare

kost·bar [ˈkɔstbaːɐ̯] *adj* ⓘ *(wertvoll)* valuable; ▪ **jdm** ~ **sein** to mean a lot [or the world] to sb ② *(unentbehrlich)* precious; ▪ [**jdm**] **zu** ~ **sein** to be too precious ▸ WENDUNGEN: **sich** ~ **machen** *(fam: selten kommen)* to stay away

Kost·bar·keit <-, -en> *f* ⓘ *(wertvoller Gegenstand)* treasure, precious object ② *(Erlesenheit)* preciousness

kos·ten¹ [ˈkɔstn̩] **I.** *vt* ⓘ *(als Preis haben)* ▪ **etw** ~ to cost sth ② *(als Preis erfordern)* ▪ **jdn etw** ~ to cost sb sth; **der Computer hat mich 1.000 Euro gekostet** the computer cost me 1,000 euros; **sich** *dat* **etw etwas** ~ **lassen** *(fam)* to be prepared to spend a lot on sth *fam* ③ *(erfordern)* ▪ **jdn etw** ~ to take [up] sb's sth; **das kann uns viel Zeit** ~ it could take us a [good] while ④ *(rauben)* ▪ **jdn etw** ~ to cost sb sth ▸ WENDUNGEN: **koste es, was es wolle** whatever the cost **II.** *vi* to cost

kos·ten² [ˈkɔstn̩] **I.** *vt (geh)* ▪ **etw** ~ ⓘ *(probieren)* to taste [or try] sth ② *(aus~)* to make the most of [or enjoy] sth **II.** *vi (geh)* ▪ [**von etw**] ~ to have a taste [of sth], to taste [or try] [sth]

Kos·ten [ˈkɔstn̩] *pl* costs *pl*, expenses *pl*; ~ **sparend** *adjektivisch* economical; *adverbial* economically; ~ **treibend** cost-increasing; **auf seine** ~ **kommen** to get one's money's worth, to enjoy oneself; **die** ~ **tragen** [*o* **übernehmen**] to bear the costs; **auf** ~ **von jdm/etw** [*o* **einer S.** *gen*] at the expense of sb/sth

Kos·ten·auf·wand *m* expense; **mit** [**einem**]

bestimmtem ~ at a certain expense; **mit einem ~ von etw** at a cost of sth **Kos·ten·be·tei·li·gung** f ÖKON cost sharing *no pl,* [assuming [*or* assumption of] *no pl* a] share of the costs **kos·ten·be·wusst**ᴿᴿ *adj* cost-conscious **Kos·ten·dämp·fung** f curb on expenditure **kos·ten·de·ckend** I. *adj* cost-effective II. *adv* cost-effectively, to cover one's costs **Kos·ten·ein·spa·rung** f ÖKON cost saving **Kos·ten·er·stat·tung** f reimbursement of expenses **Kos·ten·ex·plo·si·on** f (fam) costs explosion **Kos·ten·fak·tor** m cost factor **kos·ten·frei** *adj* JUR cost-free, free of cost **Kos·ten·grund** m financial reason **kos·ten·güns·tig** *adj* economical, less expensive, lower-cost, favourably [*or* AM -orably] priced **kos·ten·in·ten·siv** *adj* cost-intensive **Kos·ten·kal·ku·la·ti·on** f calculation of costs, cost-calculation **kos·ten·los** I. *adj* ■ **~ sein** to be free [of charge] II. *adv* free [of charge] **kos·ten·neu·tral** *adj* self-financing
Kos·ten-Nut·zen-Fak·tor m ÖKON cost-benefit factor **Kos·ten-Nut·zen-Rech·nung** f cost-benefit calculation
kos·ten·pflich·tig I. *adj* liable to costs; ■ **~ sein** to bear a charge, to be liable to costs; *s. a.* **Verwarnung** II. *adv* at cost; **Fahrzeuge werden ~ abgeschleppt** vehicles will be towed away at owner's expense
Kos·ten·pla·nung f ÖKON cost planning **Kos·ten·punkt** m cost item; **~?** (fam) how much? **Kos·ten·rah·men** m ÖKON budget **Kos·ten·rech·nung** f ÖKON cost accounting, costing **Kos·ten·rück·er·stat·tung** f ÖKON reimbursement of costs, refund of expenses **Kos·ten·selbst·be·tei·li·gung** f own cost-contribution **Kos·ten·stei·ge·rung** f ÖKON increase in cost[s], cost increase *no pl* **Kos·ten·stel·le** f cost centre [*or* AM -er] **Kos·ten·trä·ger** m cost bearer **Kos·ten·trei·ber** m ÖKON factor that drives costs up[wards] **Kos·ten·über·nah·me** f agreement to cover costs **Kos·ten·vor·an·schlag** m estimate, quotation; **sich** *dat* **einen ~** [**von jdm**] **machen lassen**, [**von jdm**] **einen ~ einholen** to get [*or* obtain] an estimate [from sb]; **jdm einen ~ machen** to give sb an estimate **Kos·ten·wirk·sam·keit** f ÖKON cost-effectiveness *no pl*
Kost·geld *nt* board
köst·lich [ˈkœstlɪç] I. *adj* ❶ (herrlich) delicious, exquisite ❷ (fam: amüsant) priceless II. *adv* ❶ (herrlich) delicious, exquisitely ❷ (in amüsanter Weise) **sich ~ amüsieren** to have a wonderful time
Köst·lich·keit <-, -en> f ❶ *kein pl* (geh: herrliche Art) exquisiteness ❷ (Delikatesse) delicacy
Kost·pro·be f ❶ (etwas zum Probieren) taste ❷ (Vorgeschmack, Beispiel) taste, sample; **eine ~ seines Könnens** a sample of his skill
kost·spie·lig *adj* costly, expensive
Kos·tüm <-s, -e> [kɔsˈtyːm] *nt* ❶ MODE suit ❷ HIST costume ❸ THEAT costume
Kos·tüm·ball m fancy-dress [*or* costume] ball **Kos·tüm·bild·ner(in)** <-s, -> m(f) costume designer
kos·tü·mie·ren* [kɔstyˈmiːrən] *vt* **sich** [**als etw**] **~** ❶ (sich verkleiden) to dress up [as sth] ❷ (pej fam: sich unpassend anziehen) **wie hast du dich denn kostümiert!** why on earth have you rigged yourself out like that!
Kos·tüm·pro·be f THEAT dress rehearsal
Kost·um·stel·lung f change of diet
Kos·tüm·ver·leih m costume hire [*or* AM rental]
Kost·ver·äch·ter(in) <-s, -> m(f) ▶ WENDUNGEN: **kein ~/keine ~in sein** (hum) to enjoy one's food; (etwas für Sex übrig haben) to relish the opposite sex
Kot <-[e]s> [koːt] m *kein pl* ❶ (geh) excrement, faeces BRIT *form*, feces AM *form* ❷ (veraltend: aufgeweichte Erde) mud ▶ WENDUNGEN: **etw/jdn mit ~ bewerfen** to sling mud at sth/sb; **etw in** [*o* durch]

den ~ ziehen to drag sth through the mire
Ko·tan·gens [ˈkoːtaŋɛns] m MATH cotangent
Ko·tau <-s, -s> [koˈtau] m ▶ WENDUNGEN: **einen ~** [**vor jdm**] **machen** (pej geh) to kowtow [to sb]
Ko·te·lett <-s, -s *o* (selten) -e> [kɔtˈlɛt] *nt* KOCHK chop, cutlet
Ko·te·let·ten [kɔtəˈlɛtn] *pl* MODE sideburns *npl,* sidewhiskers *npl old,* BRIT *a.* sideboards *npl*
Kö·ter <-s, -> [ˈkøːtɐ] m (pej) mutt
Kot·flü·gel m AUTO wing
Kotz·bro·cken m (pej sl) slimy git BRIT *sl,* slimeball AM *sl*
Kot·ze <-> [ˈkɔtsə] f *kein pl* (vulg) puke *sl;* **die ~ kriegen** it makes you want to puke
kot·zen [ˈkɔtsn] *vi* (vulg: sich erbrechen) to puke; **das ist zum K~** (sl) it makes you sick *sl;* **das finde ich zum K~** it makes me sick ▶ WENDUNGEN: **da kann man das** [**kalte**] **K~ kriegen** (sl) it makes you want to puke *sl*
kotz·übel [ˈkɔtsˈʔyːbl] *adj* (fam) ■ **jdm ~ sein/werden** sb feels like they're going to puke *sl*
KP <-, -s> [kaːˈpeː] f *Abk von* **Kommunistische Partei** Communist Party
KPD <-> [kaːpeːˈdeː] f *kein pl Abk von* **Kommunistische Partei Deutschlands** German Communist Party
KPdSU <-> [kaːpeːdeːˈʔɛsˈʔuː] f *kein pl* (hist) *Abk von* **Kommunistische Partei der Sowjetunion** Communist Party of the Soviet Union
Krab·be <-, -n> [ˈkrabə] f ❶ ZOOL (Taschenkrebs) crab ❷ KOCHK (Garnele) prawn ❸ (fam: kleines Mädchen) sweet little girl *fam*
krab·beln [ˈkrabln] I. *vi sein* (sich mit den Beinen fortbewegen) to crawl II. *vt* (fam: kitzeln) to crawl
Krach <-[e]s, Kräche *o* -s> [krax, *pl:* ˈkrɛçə] m ❶ *kein pl* (Lärm) noise, racket *fam;* **~ machen** to make a noise [*or* fam racket] ❷ (lauter Schlag) bang ❸ *pl* Kräche (fam: Streit) quarrel, BRIT *a.* row; **~** [**mit jdm**] **haben** (fam) to have a row [with sb] *fam;* **mit jdm ~ kriegen** (fam) to get into trouble with sb ❹ (fam: wirtschaftlicher Zusammenbruch) crash ▶ WENDUNGEN: **~ machen** [*o* schlagen] (fam) to make a fuss *fam*
kra·chen [ˈkraxn] I. *vi* ❶ (laut hallen) to crash; *Ast* to creak; *Schuss* to ring out ❷ *sein* (fam: prallen) to crash onto/against/into/in front of sth; ■ **auf etw** *akk***/gegen/in etw** *akk***/vor etw** *akk* **~** to crash onto/against/into/in front of sth II. *vi impers* **haben** ❶ (ein Krachen verursachen) **es kracht** there is a crashing noise; *Unfall:* **verursachen auf der Kreuzung hat es gekracht** there's been a crash on the intersection ❷ (fam: Börsenkrach geben) **der Betrieb kracht** the company is going bankrupt ▶ WENDUNGEN: **dass es nur so kracht** (fam) with a vengeance *fam;* **sonst kracht's! und es kracht!** (fam) or/and there'll be a row III. *vr* (fam) to have a row BRIT *fam* [*or* AM an argument]; ■ **sie ~ sich** they're having a row; ■ **sich mit jdm ~** to have a row with sb
kra·chend *adv* with a crash [*or* bang], crashing
Kra·cher <-s, -> [ˈkraxɐ] m banger BRIT, firecracker AM; **alter ~** old codger
Krach·ma·cher(in) m(f) (pej fam) noisy character
Krach·sa·lat m iceberg lettuce
kräch·zen [ˈkrɛçtsn] I. *vi* ❶ ORN to caw; ■ **~d** cawing ❷ (fam: heiser sprechen) to croak *fam* ❸ (sich geräuschvoll räuspern) to clear one's throat noisily II. *vt* (fam) ■ **etw ~** to croak sth
Kräch·zen <-s> [ˈkrɛçtsn] *nt kein pl* ❶ ORN (einer Krähe, Rabe) cawing ❷ (fam: heiseres Sprechen) croaking
Krä·cker <-s, -> m cracker
kraft [kraft] *präp* +gen (geh) ■ **~ einer S.** by virtue of

sth *form*

Kraft <-, Kräfte> [kraft, *pl:* 'krɛftə] *f* ① *([körperliche] Stärke)* strength; **wieder zu Kräften kommen** to regain one's strength; **seine Kräfte [mit jdm] messen** to try [*or* pit] one's strength [against sb]; **nicht wissen wohin mit seiner ~** *(fam)* to be brimming with energy; **wieder bei Kräften sein** to have got one's strength back; **über jds Kräfte gehen** *akk* to be more than sb can cope with; **seine Kräfte sammeln** to gather one's strength; **die ~ aufbringen, etw zu tun** to find the strength to do sth; **mit seinen Kräften Haus halten müssen** to have to conserve one's strength ② *(Geltung)* power; **außer ~ sein** to be no longer in force; **in ~ sein** to be in force; **etw außer ~ setzen** to cancel sth; **in ~ treten** to come into force [*or* effect] ③ *(Potenzial)* potential, power, strength; **mit aller ~** with all one's strength; **mit letzter ~** with one's last ounce of strength; **die treibende ~** the driving force; **mit vereinten Kräften** with combined efforts, in a combined effort; *(Truppen)* to gather one's troops; **in jds Kräften stehen** to be within sb's powers; **ich will Ihnen gerne behilflich sein, so weit es in meinen Kräften steht** I will do everything within my power to help you ④ PHYS *(Energie)* power; **aus eigener ~** by oneself; **mit frischer ~** with renewed energy; **halbe/volle ~ voraus!** NAUT half/full speed ahead!; **magnetische Kräfte** magnetic attraction *sing* ⑤ *meist pl (Einfluss ausübende Gruppe)* force ⑥ *(Arbeitskraft)* employee, worker ▸ WENDUNGEN: **vor ~ nicht mehr laufen können** *(hum fam)* to be too muscle-bound to move; **nach [besten] Kräften** as much as possible, to the best of one's ability

Kraft·akt *m* act of strength **Kraft·an·stren·gung** *f* exertion **Kraft·aus·druck** *m* swear word; **Kraftausdrücke** strong language; **mit Kraftausdrücken um sich werfen** to swear continuously **Kraft·brü·he** *f* beef stock

Kräf·te·ver·hält·nis *nt* POL balance of power **Kräf·te·ver·schleiß** *m* loss of energy

Kraft·fah·rer(in) *m(f)* *(geh)* ① TRANSP *(Führer eines Kraftfahrzeuges)* motorist *form,* driver ② *(Lkw-Fahrer)* driver

Kraft·fahr·zeug *nt* AUTO *(geh)* motor vehicle *form*

Kraft·fahr·zeug·brief *m s.* **Fahrzeugbrief Kraft·fahr·zeug·haft·pflicht·ver·si·che·rung** *f (geh)* third-party car insurance **Kraft·fahr·zeug·kas·ko·ver·si·che·rung** *f* AUTO *(geh)* vehicle third party fire and theft insurance **Kraft·fahr·zeug·me·cha·ni·ker(in)** *m(f)* vehicle mechanic **Kraft·fahr·zeug·pa·pie·re** *pl (geh)* vehicle registration papers **Kraft·fahr·zeug·schein** *m s.* **Fahrzeugschein Kraft·fahr·zeug·steu·er** *f* vehicle tax

Kraft·feld *nt* PHYS force field **Kraft·fut·ter** *nt* AGR concentrated feed stuff

kräf·tig ['krɛftɪç] **I.** *adj* ① *(physisch stark)* strong, powerful ② *(stark ausgeformt)* strong; ■ **~ werden** to become strong ③ *(wuchtig)* firm, powerful ④ *(intensiv)* strong ⑤ KOCHK *(nahrhaft)* nourishing; **eine ~e Suppe** a nourishing soup ⑥ *(ausgeprägt)* strong; *Haarwuchs* healthy ⑦ *(drastisch)* strong; **eine ~e Sprache führen** to use strong language ⑧ *(groß)* large, substantial **II.** *adv* ① *(angestrengt)* hard, vigorously; **etw ~ rühren** to give sth a good stir; **~ niesen** to sneeze violently ② METEO *(stark)* heavily ③ *(deutlich)* substantially ④ *(sehr)* very; **~ jdm die Meinung sagen** to strongly express one's opinion

kräf·ti·gen ['krɛftɪgn̩] *vt (geh)* ① *(die Gesundheit festigen)* ■ **jdn/etw ~** to build up sb's/sth's strength; ■ **gekräftigt** invigorated ② *(stärken)* ■ **jdn/etw ~** to strengthen [*or* fortify] sb/sth

Kräf·ti·gung <-, -en> *f (geh)* ① *(gesundheitliche Festigung)* strengthening, invigoration ② *(das Stärken)* strengthening, fortification

Kräf·ti·gungs·mit·tel *nt* tonic

Kraft·la·ckel <-s, -> *m* SÜDD, ÖSTERR *(pej sl: Kraftprotz)* musclehead *pej,* muscle-bound arsehole [*or* AM asshole] *sl; (Flucher)* foul- [*or* mealy-] mouthed idiot; ■ **ein ~ sein** *(ein Kraftprotz sein)* to have more muscles than brains; *(fluchen)* to use unnecessary foul language

Kraft·li·ni·en [-liːniən] *pl* PHYS lines of force

kraft·los I. *adj* weak **II.** *adv* feebly

Kraft·lo·sig·keit <-> *f kein pl* weakness **Kraft·mei·e·rei** <-, -en> *f (pej fam)* swagger **Kraft·pro·be** *f* test of strength **Kraft·protz** <-es, -e> *m (fam)* muscle man *fam* **Kraft·rad** *nt (geh)* motorcycle **Kraft·sport** *m* power sport **Kraft·stoff** *m (geh)* fuel **Kraft·stoff·ge·misch** *nt* fuel mixture **kraft·strot·zend** *adj (geh)* exuding vitality [*or* vigour] [*or* AM -or] **Kraft·trai·ning** *nt* SPORT strength training **kraft·voll I.** *adj (geh)* ① *(stark)* strong ② *(sonor)* powerful **II.** *adv* powerfully, forcefully; **~ zubeißen** to take a hearty bite **Kraft·wa·gen** *m (geh)* motor vehicle **Kraft·werk** *nt* power station **Kraft·werks·be·trei·ber** *m* company running a power station

Kra·gen <-s, - *o* Krägen> ['kraːgən, *pl:* 'krɛːgn̩] *m* SÜDD, SCHWEIZ MODE collar; **den ~ nach oben schlagen** [*o* **stülpen**] to turn up one's collar; **jdn am** [*o fam:* **beim**] **~ packen** to collar sb, to take sb by the scruff of his neck *fam* ▸ WENDUNGEN: **jdm geht es an den ~** *(fam)* sb is in for it *fam;* **etw kostet jdn den ~** *(fam)* sth is sb's downfall; **jdm platzt der ~** *(fam)* sb blows their top *fam;* **jetzt platzt mir aber der ~!** *(fam)* that's it, I've had enough!; **dem könnte ich den ~ umdrehen!** I could wring his neck!

Kra·gen·bär *m* ZOOL Asian black bear **Kra·gen·knopf** *m* collar button **Kra·gen·spie·gel** *m* MIL collar patch **Kra·gen·wei·te** *f* MODE collar size; ▸ WENDUNGEN: **[genau] jds ~ sein** *(fam)* to be [just] sb's cup of tea *fam*

Krä·he <-, -n> ['krɛːə] *f* ORN crow; ▸ WENDUNGEN: **eine ~ hackt der anderen kein Auge aus** *(prov)* birds of a feather flock together *prov*

krä·hen ['krɛːən] *vi* ① ORN to crow ② *(fam)* to squeal *fam*

Krä·hen·fü·ße *pl* crow's feet **Krä·hen·schar·be** <-, -n> *f* ORN shag

Kra·kau <-s> ['kraːkau] *nt* Cracow

Kra·kau·er <-, -> *f polish garlic sausage*

Kra·ke <-n, -n> ['kraːkə] *m* ① ZOOL octopus ② *(sagenhaftes Meerungeheuer)* kraken

kra·kee·len* [kra'keːlən] *vi (pej fam)* to make a racket *fam;* ■ **~d** noisy; ■ **das K~** rowdyness

Kra·kee·ler(in) <-s, -> *m(f) (pej fam)* rowdy *fam*

Kra·kel <-s, -> ['kraːkl̩] *m (pej fam)* scrawl, scribble

kra·ke·lig ['kraːkəlɪç] **I.** *adj* scrawly **II.** *adv* scrawly

Kral <-s, -e> [kraːl] *m* kraal SA

Kral·le <-, -n> ['kralə] *f* ① ORN, ZOOL claw ② *pl selten (fam: Parkkralle)* wheel clamp ▸ WENDUNGEN: **bar auf die ~** *(sl)* cash in hand *fam;* **jdn in seine ~n bekommen** [*o fam:* **kriegen**] to get one's claws into sb *fam;* **jdn in seinen ~n haben** *(fam)* to have sb in one's clutches *fam;* **jdn/etw nicht aus den ~n lassen** *(fam)* to not let sb/sth out of one's clutches *fam;* **[jdm] die ~n zeigen** *(fam)* to show [sb] one's claws *fam*

kral·len ['kralən] **I.** *vr* ① *(sich fest~)* ■ **sich an jdn/etw ~** to cling onto [*or* claw at] sb/sth ② *(fest zupacken)* ■ **sich in etw** *akk***/um etw ~** to cling onto/around sth **II.** *vt* ① *(fest bohren)* ■ **etw in etw ~** *akk* to dig sth into sth ② *(sl: klauen)* ■ **[sich** *dat***] etw ~** to pinch sth *fam* ③ *(sl: sich kaufen)* ■ **sich** *dat* **jdn ~** to get sb between one's fingers

Kram <-[e]s> [kraːm] *m kein pl (fam)* ① *(Krempel)*

junk ❷ *(Angelegenheit)* affairs *pl,* things *pl fam;* **den ~ satthaben** to be fed up with the whole thing; **mach doch deinen ~ allein!** [why don't you] do it [*or* sort it out by] yourself!; **den ganzen ~ hinschmeißen** to pack the whole thing in; **jdm in den ~ passen** to suit sb *fam;* **jdm nicht in den ~ passen** to be a real nuisance to sb

kra·men ['kra:mən] **I.** *vi* ❶ *(fam)* ▪ **[in etw** *dat*] **[nach etw]** ~ to rummage around [in sth] [for sth]; **er kramte in der Schublade nach alten Fotos** he rummaged around in the drawer for old photos ❷ SCHWEIZ *(Kleinhandel betreiben)* to hawk **II.** *vt* ▪ **etw aus etw ~** to fish sth out of sth

Krä·mer(in) <-s, -> ['krɛːmɐ] *m(f)* ❶ DIAL *(veraltet)* grocer's, general store ❷ *(pej: kleinlicher Mensch)* s. **Krämerseele**

Krä·mer·see·le *f* ▶ WENDUNGEN: **eine ~ sein** *(pej)* to be petty-minded

Kram·la·den *m (pej fam)* ❶ *(Trödelladen)* junk shop ❷ *(pej: Ramschladen)* crummy little shop

Kram·pe <-, -n> ['krampə] *f* staple

Kram·pen <-s, -> *m* ÖSTERR *(Spitzhacke)* pickaxe

Krampf <-[e]s, Krämpfe> [krampf, *pl:* 'krɛmpfə] *m* ❶ MED *(Muskelkrampf)* cramp; **einen ~ bekommen** to get a cramp; **einen ~ haben** to have a cramp ❷ MED *(Kolik)* cramp; **sich in Krämpfen winden** to double up in cramps; *Epileptiker* to double up in convulsions ▶ WENDUNGEN: **einen ~ drehen** *(sl)* to pull off a scam; **[ein] ~ sein** *(fam)* to be a pain in the neck

Krampf·ader *f* varicose vein

kramp·fen ['krampfn̩] **I.** *vt* ❶ *(geh)* ▪ **etw um etw ~** to clench sth around sth ❷ DIAL ▪ **etw ~** to get one's hands on **II.** *vr (geh)* ▪ **sich um etw ~** to clench sth

krampf·haft I. *adj* ❶ *(angestrengt)* frantic, desperate ❷ MED convulsive **II.** *adv* frantically, desperately

krampf·lin·dernd, krampf·lö·send *adj* antispasmodic; ▪ **~ sein** to relieve cramp, to have antispasmodic properties *spec*

Kran <-[e]s, Kräne *o* -e> [kraːn, *pl:* 'krɛːnə] *m* ❶ TECH *(Vorrichtung zum Heben)* crane ❷ DIAL *(Wasserhahn)* tap

Kran·füh·rer(in) *m(f)* crane operator

krän·gen ['krɛŋŋən] *vi* NAUT to heel over

Kra·nich <-s, -e> ['kraːnɪç] *m* ORN crane

krank <kränker, kränkste> [kraŋk] *adj* ❶ MED *(nicht gesund)* ill, sick; **ein ~es Bein/Herz** a bad leg/heart ❷ *(leidend)* ▪ **~ vor etw sein** *dat* to be sick with sth ❸ FORST, HORT *(leidend)* ▪ **~ sein** to be diseased ❹ ÖKON *(wirtschaftlich nicht gesund)* ailing ❺ JAGD wounded ▶ WENDUNGEN: **du bist wohl ~! bist du ~?** *(iron fam)* are you out of your mind? *fam;* **jdn [mit etw] ~ machen** *(fam)* to get on sb's nerves [with sth]

Kran·ke(r) *f(m) decl wie adj* sick person, patient, invalid; **ein eingebildeter ~r** a hypochondriac; **ein unheilbar ~r** a terminally ill person

krän·keln ['krɛŋkl̩n] *vi* ❶ *(nicht ganz gesund sein)* to be unwell [*or* sickly] [*or* in poor health] ❷ ÖKON *(marode)* to be ailing

kran·ken ['kraŋkn̩] *vi (pej)* ▪ **an etw ~** *dat* to suffer from sth

krän·ken ['krɛŋkn̩] *vt* ▪ **jdn [mit etw] ~** to hurt sb's feelings [with sth]; **gekränkt sein** to feel hurt; ▪ **es kränkt jdn, dass** it hurts sb['s feelings], that; ▪ **~d** hurtful

Kran·ken·an·stal·ten *pl (veraltend geh)* hospital, clinic **Kran·ken·be·richt** *m* medical report **Kran·ken·be·such** *m* [patient] visit, sick call; **einen ~ [bei jdm] machen** to go on a sick call [to sb] **Kran·ken·bett** *nt* ❶ MED *(Krankenhausbett)* hospital bed ❷ *(geh: Krankenlager)* sickbed **Kran·ken·geld** *nt* sick pay **Kran·ken·ge·schich·te** *f* medical history **Kran·ken·gym·nast(in)** <-en, -en> *m(f)* physiotherapist **Kran·ken·**

gym·nas·tik *f* physiotherapy

Kran·ken·haus *nt* hospital, clinic; **ins ~ kommen/müssen** to go/have to go into hospital [*or* AM the hospital]; **[mit etw] im ~ liegen** to be in [*or* AM in the] hospital [with sth] **Kran·ken·haus·auf·ent·halt** *m* hospital stay **Kran·ken·haus·kos·ten** *pl* hospital costs [*or* charges] *pl* **kran·ken·haus·reif** *adj* requiring hospital treatment; ▪ **~ sein** to require hospital treatment; **jdn ~ schlagen** to put sb into [*or* AM into the] hospital

Kran·ken·kas·se *f* health insurance company; **in einer ~ sein** to have health insurance **Kran·ken·lager** *nt (geh)* sickbed; **ans ~ gefesselt sein** to be confined to bed **Kran·ken·pfle·ge** *f* nursing **Kran·ken·pfle·ger(in)** *m(f)* [male] nurse **Kran·ken·sal·bung** *f* REL anointing of the sick **Kran·ken·schein** *m* health insurance voucher; **auf ~** under health insurance cover **Kran·ken·schwes·ter** *f* nurse **Kran·ken·stand** *m kein pl* ❶ ÖKON number of persons on sick leave ❷ ÖSTERR **im ~ sein** to be on sick leave **Kran·ken·tran·sport** *m* ambulance service **Kran·ken·ver·si·cher·ten·kar·te** *f* health insurance card **Kran·ken·ver·si·che·rung** *f* health insurance; **gesetzliche/private ~** national/private health insurance

In Germany, everybody who is gainfully employed and either not registered to a business or is self-employed must have a **Krankenversicherung** – *health insurance.* The same is true for Austria, but in Switzerland, health insurance is voluntary. Nevertheless, over 95% of Swiss do have health insurance.

Kran·ken·wa·gen *m* ambulance **Kran·ken·zim·mer** *nt* ❶ MED *(Krankenhauszimmer)* hospital room ❷ *(Zimmer für erkrankte Insassen)* sickbay ❸ *(geh: Zimmer mit einem Kranken)* sickroom

krank|fei·ern *vi (fam)* to skive off work BRIT *fam,* to call in sick AM *fam;* **das K~** skiving BRIT, calling in sick AM

krank·haft I. *adj* ❶ MED *(durch eine Erkrankung bedingt)* morbid; ▪ **~ sein** to show signs of disease, to be morbid ❷ *(unnormal)* morbid, sick, pathological; ▪ **~ sein** to be morbid [*or* chronic] **II.** *adv* morbidly

Krank·heit <-, -en> *f* ❶ MED *(Erkrankung)* illness; **eine akute/chronische ~** an acute/chronic illness; **Alzheimer ~** Alzheimer's disease; **englische ~** *(veraltend)* rickets *pl;* **parkinsonsche ~** Parkinson's disease; **wegen ~** due to illness ❷ *(Zeit einer Erkrankung)* illness ❸ FORST, HORT disease ▶ WENDUNGEN: **eine ~ sein** *(fam)* to be unbearable [*or* an impossible situation]; **es ist eine ~ mit jdm** *(fam)* sb is impossible [*or* unbearable]

Krank·heits·bild *nt* symptoms *pl* **Krank·heits·er·re·ger** *m* pathogen **Krank·heits·stand** *m kein pl (selten)* ❶ *(Krankheitsstadium)* stage of an/the illness ❷ *(Stand, Situation des Krankseins)* disease levels *pl,* levels of disease **Krank·heits·ver·lauf** *m kein pl* MED course of a disease *no pl,* pathogenesis *no pl spec,* pathogeny *no pl spec*

krank|la·chen *vr (fam)* ▪ **sich [über etw/jdn] ~** to almost die laughing [about sb/sth]

kränk·lich ['krɛŋklɪç] *adj* sickly, in poor health

krank|ma·chen *vi (fam)* s. **krankfeiern krank|mel·den**[RR] *vr* ▪ **sich [bei jdm] ~** to report sick [to sb], to call in sick **Krank·mel·dung** *f* notification of sickness **krank|schrei·ben**[RR] *vt* ▪ **jdn ~** MED to give sb a sick note *(excusing them from work)*

Krän·kung <-, -en> *f* insult; **jdm eine ~ zufügen** to insult [*or* offend] sb

Kranz <-es, Kränze> [krants, *pl:* 'krɛntsə] *m* ❶ *(Ring*

aus Pflanzen) wreath ② *(geh)* ring, circle ❸ KOCHK DIAL *(Hefekranz)* ring *(of white sweet bread)*
Kränz·chen <-s, -> ['krɛntsçən] *nt* ① *dim von* **Kranz** 1 wreath, garland ② *(regelmäßige weibliche Runde)* coffee circle BRIT, coffee klat[s]ch AM
Kranz·ge·fäß *nt* ANAT *s.* **Herzkranzgefäß Kranz·nie·der·le·gung** *f (geh)* wreath laying
Krap·fen <-s, -> ['krapfn] *m* ① KOCHK fritter ② DIAL *(frittiertes Hefegebäck)* ≈ doughnut BRIT, ≈ donut AM
Kras·no·jarsk <-s> [krɔsnˈjarsk] *nt* Krasnoyarsk
krass^RR, **kraß**^ALT [kras] **I.** *adj* ① *(auffallend)* glaring, obvious; **ein krasser Gegensatz** a stark contrast; **ein krasser Fall** an extreme case ② *(unerhört)* blatant, gross ❸ *(extrem)* complete, rank **II.** *adv* crassly
Kra·ter <-s, -> ['kraːtɐ] *m* crater
Kra·ter·land·schaft *f* crater[ed] landscape **Kra·ter·see** *m* crater lake
Kratz·bürs·te *f (pej fam)* prickly person *fam*
kratz·bürs·tig ['kratsbʏrstɪç] *adj (pej fam)* prickly *fam*
Krät·ze <-> ['krɛtsə] *f kein pl* MED scabies
krat·zen ['kratsn] **I.** *vt* ① *(mit den Nägeln ritzen)* ▪ **jdn/etw ~** to scratch sb/sth ② *(jucken)* ▪ **sich** [irgendwo] ~ to scratch oneself [somewhere] ❸ *(ab-)* ▪ **etw von etw ~** to scratch sth off sth ④ *(fam: kümmern)* ▪ **jdn ~** to bother sb; **das kratzt mich nicht** I couldn't care less about that ❺ *(in Fasern auflösen)* **Wolle ~** to card wool **II.** *vi* ① [irgendwo] ~ to scratch [somewhere]; **das Unterhemd kratzt so sehr** the vest is terribly scratchy ② *(scharren)* to scratch; ▪ **mit etw über etw ~** *akk* to scratch over sth with sth ❸ *(mit den Nägeln ritzen)* to scratch ④ *(beeinträchtigen)* ▪ **an etw ~** *dat* to scratch away at sth; **an jds Ehre ~** to impugn sb's honour [*or* AM -or]; **an jds Stellung ~** to undermine sb's position ❺ *(spielen)* **auf der Geige ~** to scrape away on a violin **III.** *vt impers* **es kratzt mich im Hals** my throat feels rough
Krat·zer <-s, -> ['kratsɐ] *m* scratch
Krätz·mil·be *f* ZOOL itch mite
Kratz·wun·de *f* scratch wound
Kraul <-[s]> [kraul] *nt kein pl* SPORT crawl
krau·len[1] ['kraulən] **I.** *vi haben o sein* to swim [*or* do] the crawl; ▪ **das K~** the crawl **II.** *vt haben o sein* ▪ **etw ~** to swim sth using the crawl
krau·len[2] ['kraulən] *vt* ▪ **jdn** [irgendwo] ~ to scratch sb lightly [somewhere]; **jdm das Kinn ~** to chuck sb under the chin; **einen Hund zwischen den Ohren ~** to tickle a dog between its ears
kraus [kraus] *adj* ① *(stark gelockt)* crinkly, frizzy; *s. a.* **Stirn** ② *(zerknittert)* crumpled, wrinkled ❸ *(pej: verworren)* muddled
Krau·se <-, -n> ['krauzə] *f* ① MODE *(gefältelter Saum)* ruffle; *(gekräuselter Kragen)* ruffled collar ② *(fam: künstliche Wellung)* frizzy perm
kräu·seln ['krɔyzln] **I.** *vt* ① MODE *(mit künstlichen Locken versehen)* ▪ **etw ~** to crimp sth; ▪ **gekräuselt** frizzy ② *(leicht wellig machen)* ▪ **etw ~** to ruffle sth **II.** *vr* ① *(leicht kraus werden)* ▪ **sich ~** to frizz ② *(leichte Wellen schlagen)* ▪ **sich ~** to ruffle
kraus·haa·rig *adj* ▪ ~ **sein** to have frizzy hair **Kraus·kopf** *m (fam)* ① *(krause Frisur)* frizzy hairstyle ② *(Mensch mit krausen Haaren)* frizzy head **Kraus·sa·lat** *m* curly lettuce
Kraut <-[e]s, Kräuter> [kraut, *pl:* krɔytɐ] *nt* ① BOT herb ② *kein pl* HORT *(grüne Teile von Pflanzen)* foliage, herbage; **ins ~ schießen** to go to seed ❸ *kein pl* KOCHK DIAL *(Kohl)* cabbage; *(Sauerkraut)* pickled cabbage ④ *(pej fam: primitiver Tabak)* tobacco ❺ *kein pl* DIAL *(Sirup)* syrup ▶ WENDUNGEN: ▪ **wie und Rüben durcheinanderliegen** *(fam)* to lie about all over the place *fam;* **gegen etw ist kein ~ gewachsen** *(fam)* there's no remedy for sth; **ins ~ schießen** *(fam)* to

get out of control
Kräu·ter·but·ter *f* herb butter **Kräu·ter·kä·se** *m* herb cheese **Kräu·ter·li·kör** *m* herb liqueur **Kräu·ter·öl** *nt* herbal oil **Kräu·ter·pil·le** *f (fam)* [natural] herbal pill **Kräu·ter·sträuß·chen** *nt* bouquet garni **Kräu·ter·tee** *m* herbal tea
Kraut·kopf *m* SÜDD, ÖSTERR *(Kohlkopf)* head of cabbage **Kraut·sa·lat** *m* coleslaw *(without carrot)*
Kra·wall <-s, -e> [kra'val] *m* ① *(Tumult)* riot; ~ **schlagen** to kick up a row [*or* AM an argument] ② *kein pl (fam: Lärm)* racket; ~ **machen** *(pej fam)* to make a racket
Kra·wall·ma·cher(in) *m(f) (pej fam)* hooligan
Kra·wat·te <-, -n> [kra'vatə] *f* ① MODE tie ② SPORT headlock ❸ MED *(Gips~)* plaster collar ▶ WENDUNGEN: **sich einen hinter die ~ gießen** *(fam)* to down a pint; **jdm die ~ zuziehen** *(erwürgen)* to throttle sb; *(erhängen)* to string sb up
Kra·wat·ten·fut·ter *nt* lining of a tie **Kra·wat·ten·kno·ten** *m* tie knot **Kra·wat·ten·mo·de** *f* tie fashion **Kra·wat·ten·mus·ter** *nt* pattern on a tie **Kra·wat·ten·na·del** *f* tiepin **Kra·wat·ten·trä·ger(in)** *m(f)* ▪ ~ **sein** to wear ties
kra·xeln ['kraksln] *vi sein* SÜDD, ÖSTERR ▪ [auf etw akk] ~ to clamber [onto sth]
Kre·a·ti·on <-, -en> [krea'tsi̯oːn] *f* MODE creation
kre·a·tiv [krea'tiːf] **I.** *adj* creative **II.** *adv (geh)* creatively
Kre·a·tiv·di·rek·tor(in) *m(f)* creative director
Kre·a·ti·vi·tät <-> [kreativi'tɛt] *f kein pl (geh)* creativity, creativeness
Kre·a·tiv·ur·laub *m* holiday with emphasis on creative pursuits
Kre·a·tur <-, -en> [krea'tuːɐ] *f* ① *(Geschöpf)* creature; **alle** ~ *(geh)* all creatures *pl* ② *(pej: willenloses Werkzeug)* minion ▶ WENDUNGEN: **die stumme** ~ *(geh)* dumb creatures *pl*
Krebs[1] <-es, -e> [kreːps] *m* ① ZOOL crayfish, crawfish ② *kein pl* KOCHK *(Krebsfleisch)* crab; **rot wie ein ~** red as a lobster ❸ *kein pl* ASTROL Cancer; [ein] ~ **sein** to be [a] Cancer
Krebs[2] <-es, -e> [kreːps] *m* ① MED *(Tumor)* cancer; ~ **erregend** carcinogenic; ~ **erregend wirken** to cause cancer; ~ **haben, an** ~ **leiden** *dat* to have [*or* suffer from] cancer ② HORT canker
kreb·sen ['kreːpsn] *vi (fam)* ① *(Krebse fangen)* to catch crayfish ② *(nicht gut abschneiden)* to struggle; ▪ **vor sich hin** ~ to languish ❸ *(mühsam leben)* ▪ [irgendwo] ~ to struggle [somewhere]; **mit etw** ~ **gehen** DIAL to try to turn sth to one's advantage
Krebs·er·re·ger *m* MED carcinogen **Krebs·for·schung** *f kein pl* MED, SCH cancer research *no pl* **Krebs·früh·er·ken·nung** *f kein pl* MED early cancer diagnosis
Krebs·gang *m kein pl* regression; ▶ WENDUNGEN: **den** ~ **gehen** *(geh)* to go backwards
Krebs·ge·schwulst *f* cancerous tumour [*or* AM -or] **Krebs·ge·schwür** *nt* MED cancerous ulcer **krebs·krank** *adj* suffering from cancer; ▪ ~ **sein** to suffer from [*or* have] cancer **Krebs·kran·ke(r)** *f(m) decl wie adj* person suffering from cancer, cancer victim **Krebs·pa·ti·ent(in)** *m(f)* cancer patient **Krebs·ri·si·ko·fak·tor** *m* MED cancer risk factor
krebs·rot ['kreːpsroːt] *adj* red as a lobster
Krebs·vor·sor·ge *f kein pl* MED, ADMIN precautions *pl* against cancer **Krebs·vor·sor·ge·un·ter·su·chung** *f* cancer check-up **Krebs·zel·le** *f* cancer cell
Kre·denz <-, -en> [kre'dɛnts] *f (veraltet)* sideboard
kre·den·zen^* [kre'dɛntsn] *vt (geh)* ▪ **jdm etw** ~ to pour sb sth
Kre·dit[1] <-[e]s, -e> [kre'diːt] *m* credit; *(Darlehen)* loan; **jdm ~ geben** [*o* gewähren] to give [*or* offer] sb credit; [bei jdm] ~ **haben** to be given credit [*or* con-

sidered financially trustworthy] by sb; |**für etw**| **einen ~** |**bei jdm**| **aufnehmen** to take out a loan [for sth] [with sb]; **auf ~** on credit ▸ WENDUNGEN: |**seinen**| **~ verspielen** to lose one's good repute [or standing]
Kre·dit² <-s, -s> |kreˈdiːt| nt credit
Kre·dit·ge·ber(in) m(f) creditor **Kre·dit·hai** m (fam) loanshark **Kre·dit·in·sti·tut** nt bank **Kre·dit·kar·te** f credit card; **mit ~ bezahlen** to pay by [or have sth put on one's] credit card **Kre·dit·lauf·zeit** f ÖKON term [or duration] of a [or the] loan **Kre·dit·li·nie** f s. **Kredit·rahmen Kre·dit·neh·mer(in)** <-s, -> m(f) borrower **Kre·dit·rah·men** m credit limit **kre·dit·wür·dig** adj creditworthy
Kre·do <-s, -s> |ˈkreːdo| nt REL ① (Apostolisches Glaubensbekenntnis) creed, credo ② (Teil der Messe) credo
Krei·de <-, -n> |ˈkraidə| f ① (weicher Kalkstein) chalk ② (zum Schreiben und Malen) chalk ③ GEOL (Kreidezeit) Cretaceous [period] ▸ WENDUNGEN: **in die ~ geraten** to fall into debt; **auf ~ leben** to live on tick [or AM credit]; |**bei jdm**| |**tief**| **in der ~ stehen** (fam) to owe sb [a lot of] money, to be [deep] in debt to sb
krei·de·bleich adj ▪ **~ sein/werden** to be/become as white as chalk [or a sheet] **Krei·de·fel·sen** m chalk cliff **Krei·de·for·ma·ti·on** f GEOL Cretaceous formation **krei·de·weiß** adj s. **kreidebleich Krei·de·zeich·nung** f chalk drawing
kre·ie·ren |kreˈiːrən| vt KUNST, MODE **etw ~** to create sth

Kreis¹ <-es, -e> |krais, pl: ˈkraizə| m ① MATH circle; **einen ~ beschreiben** [o schlagen] [o ziehen] to draw a circle; **einen ~ um jdn bilden** to form a circle around [or encircle] sb; **sich im ~|e| drehen** [o **bewegen**] to turn round in a circle, to move in circles; **im ~ gehen** to go round in circles; **den ~ um etw schließen** to close the circle around sth; **im ~** in a circle; **ein Vogel zieht seine ~e** (geh) a bird is circling ② (Gruppe) circle ③ pl (gesellschaftliche Gruppierung) circles pl; **aus den besten ~en** from the best circles; **in den besten ~en vorkommen** to happen in the best of circles; **im engen** [o **kleinen**] /**engeren/engsten ~e** in a small/smaller/very small circle; **die Hochzeit fand im engsten Kreise statt** only close friends and family were invited to the wedding; **im ~e seiner Familie** in the bosom of his family ④ (umgrenzter Bereich) range, scope ▸ WENDUNGEN: **ein magischer ~** a magic circle; **weite ~e** wide sections; **jdm dreht sich alles im ~e** everything is going round and round in sb's head, sb's head is spinning; **den ~ schließen** to close the circle; **der ~ schließt sich** the wheel turns [or we've come] full circle; **störe meine ~e nicht!** (hum) leave me in peace!; **~e ziehen** to have repercussions
Kreis² <-es, -e> |krais, pl: ˈkraizə| m ADMIN district
Kreis·ab·schnitt m segment **Kreis·aus·schnitt** m sector **Kreis·bahn** f orbit **Kreis·bo·gen** m arc
krei·schen |ˈkraiʃn| vi ① ORN (hell krächzen) to squawk ② (hysterisch schreien) to squeal, to shriek ③ (quietschen) to screech
Krei·sel <-s, -> |ˈkraizl| m ① (Spielzeug) spinning top; **den ~ schlagen** to spin the top ② TRANSP (fam) roundabout
Krei·sel·kom·passᴿᴿ m gyroscopic compass
krei·seln |ˈkraizln| vi ① sein o haben (sich drehen) ▪ |**irgendwohin**| **~** to spin around [somewhere] ② haben (einen Kreisel ~) to spin a top
krei·sen |ˈkraizn| vi ① sein o haben ASTRON, RAUM (sich in einer Kreisbahn bewegen) ▪ **um etw ~** to orbit [or revolve around] sth ② sein o haben LUFT, ORN (Kreise ziehen) ▪ |**über etw** dat| **~** to circle [over sth] ③ sein o haben (in einem Kreislauf befindlich sein) ▪ |**in etw** dat| **~** to circulate [through sth] ④ haben o sein

(sich ständig drehen) ▪ **um jdn/etw ~** to revolve around sb/sth ⑤ haben (herumgereicht werden) to go [or be passed] around
Kreis·flä·che f area of a circle **kreis·för·mig I.** adj circular; ▪ **~ sein** to be circular, to form a circle **II.** adv in a circle
kreis·frei adj ADMIN ▪ **~ sein** to be independent from a district administration
Kreis·in·halt m s. **Kreisfläche Kreis·in·sel** f TRANSP central traffic-free area on roundabout **Kreis·kol·ben·mo·tor** m AUTO rotary piston engine **Kreis·kran·ken·haus** nt district hospital
Kreis·lauf m ① MED (Blutkreislauf) circulation ② (Zirkulation) cycle
Kreis·lauf·kol·laps m circulatory collapse; **einen ~ bekommen** [o geh: **erleiden**] to have [or suffer from] a circulatory collapse **Kreis·lauf·mit·tel** nt cardiac stimulant **Kreis·lauf·still·stand** m kein pl MED circulatory arrest no pl **Kreis·lauf·stö·run·gen** pl circulatory disorder, circulation [or circulatory] problems pl; **~ haben** [o **an ~ leiden**] to have [or suffer from] circulatory problems
kreis·rund adj ▪ **~ sein** to be perfectly circular **Kreis·sä·ge** f circular saw
krei·ßen |ˈkraisn| vi MED (veraltend) to be in labour [or AM -or]; s. a. **Berg**
Kreiß·saal m delivery room
Kreis·stadt f district principal town **Kreis·tag** m district assembly
Kreis·um·fang m circumference **Kreis·um·la·ge** f FIN county rates pl BRIT hist (communities' contribution to the local authority's budget) **Kreis·ver·band** m POL local branch of a political party, made up of members from one particular Kreis or administrative district **Kreis·ver·kehr** m roundabout
Kreis·wehr·er·satz·amt nt district |army| recruiting office
Kre·ma·to·ri·um <-s, -rien> |kremaˈtoːrɪ̯ʊm, pl: -ˈtoːrɪən| nt crematorium
Kre·meᴿᴿ <-, -s> |ˈkreːmə| f s. **Creme**
kre·mig |ˈkreːmɪç| **I.** adj KOCHK creamy **II.** adv **etw ~ schlagen/rühren** to whip/stir sth until creamy, to cream sth
Kreml <-s> |ˈkrɛml| m ▪ **der ~** the Kremlin
Krem·pe <-, -n> |ˈkrɛmpə| f MODE brim
Krem·pel <-s> |ˈkrɛmpl| m kein pl (pej fam) ① (ungeordnete Sachen) mess fam, stuff fam; **überall liegt irgendwelcher ~ herum** there's stuff lying around all over the place ② (Ramsch) junk ▸ WENDUNGEN: **er kann seinen ~ allein machen** he can |damn well fam| do it himself; **den ganzen ~ hinwerfen** to chuck it all in fam
Kren <-s> |kreːn| m kein pl BOT, KOCHK SÜDD, ÖSTERR horseradish
kre·pie·renˣ |kreˈpiːrən| vi sein ① (sl: zugrunde gehen) to croak sl; ▪ **jdm ~** to die on sb fam ② MIL (zerplatzen) to go off, to explode
Krepp¹ <-s, o -s> |krɛp| m crepe
Kreppᴿᴿ² <-s, -e o -s> |krɛp| m KOCHK crêpe
Krepp·pa·pierᴿᴿ nt crepe paper **Krepp·soh·le** f crepe sole
Kres·se <-, -en> |ˈkrɛsə| f cress
Kre·ta |ˈkreːta| nt Crete; s. a. **Sylt**
Kre·thi und Ple·thi |ˈkreːti ʊnt ˈpleːti| pl mit Verb im Singular oder Plural (geh) every Tom, Dick and Harry fam
Kre·tin <-s, -s> |kreˈtɛ̃ː| m ① (pej geh: Dummkopf) cretin ② MED cretin
Kre·ti·nis·mus <-> |kretiˈnɪsmʊs| m kein pl cretinism
kreucht |krɔʏçt| vi ▸ WENDUNGEN: **alles, was da ~ und fleucht** (hum) all creatures great and small
kreuz |krɔʏts| ▸ WENDUNGEN: **~ und quer** hither and

thither *form,* all over the place *fam,* all over, in all directions; **wir sind ~ und quer durch Boston gelaufen** we walked all over [*or* around] Boston

Kreuz <-es, -e> [krɔyts] *nt* ❶ REL *(Folterbalken)* cross; **jdn ans ~ schlagen** to nail sb to the cross, to crucify sb ❷ *(Symbol)* crucifix; **das Eiserne ~** the Iron Cross; **das Rote ~** the Red Cross; **das ~ nehmen** to embark on a crusade ❸ *(Zeichen in Form eines Kreuzes)* cross; **ein ~ schlagen** [*o* **machen**] to cross oneself, to make the sign of the cross; **über|s| ~** crosswise ❹ ANAT *(Teil des Rückens)* lower back; **es im ~ haben** *(fam)* to have back trouble; **eine Frau aufs ~ legen** *(sl)* to lay a woman ❺ TRANSP *(Kreuzung)* intersection ❻ *kein pl* KARTEN clubs *pl* ❼ MUS sharp ► WENDUNGEN: **das ~ des Südens** the Southern Cross; **fast** [*o* **beinahe**] **aufs ~ fallen** to be flabbergasted; **zu ~e kriechen** to eat humble pie *fam;* **jdn aufs ~ legen** *(fam)* to fool sb; **mit jdm über ~ liegen** to be on bad terms [*or* at daggers drawn] with sb; **drei ~e machen** *(fam)* to be so relieved; **sein ~ auf sich nehmen** *akk (geh)* to take up one's cross; **ein ~ hinter jdm schlagen** [*o* **machen**] *(fam)* to be glad when sb has left, to bid sb good riddance; **ein ~ mit jdm/etw sein** *(fam)* to be a constant bother with sb/sth *fam;* **es ist ein Kreuz mit ihm** he's a real plaghet; **sein ~** |**geduldig**| **tragen** *(geh)* to bear one's cross

Kreuz·ass^RR [krɔyts?as] *nt* KARTEN ace of clubs **Kreuz·band** *nt* ANAT cruciate ligament **Kreuz·bein** *nt* ANAT sacrum **Kreuz·blüt·ler** <-s, -> *m* BOT cruciferous plant **Kreuz·dorn** *m* BOT buckthorn

kreu·zen [krɔytsn] **I.** *vt haben* ❶ BIOL *(durch Paarung kombinieren)* ■ **etw** |**mit etw**| **~** to cross sth [with sth] ❷ TRANSP *(queren)* ■ **etw ~** to cross sth ❸ *(verschränken)* ■ **etw ~** to cross sth; **die Beine/Arme ~** to cross one's legs/arms ❹ *(sich überschneiden)* ■ **etw ~** to cross sth **II.** *vr haben* ■ **sie kreuzen sich** ❶ *(sich entgegenstehen)* to oppose, to clash; *s. a.* **Weg** ❷ *(sich begegnen)* to cross; **ihre Wege kreuzten sich** their paths crossed ❸ *(sich überschneiden)* to cross, to intersect; **unsere Briefe kreuzten sich** our letters crossed **III.** *vi haben o sein* ❶ NAUT *(Zickzackkurs steuern)* to tack ❷ *(sich hin- und herbewegen)* to cruise; **Flugzeuge kreuzten über dem Gebiet** planes cruised over the area

Kreu·zer <-s, -> [krɔytsɐ] *m* ❶ NAUT *(gepanzertes Kriegsschiff)* cruiser ❷ HIST *(kleine Scheidemünze)* kreutzer

Kreu·zes·tod *m (geh)* [death by] crucifixion; **den ~ erleiden** to die on the cross

Kreuz·fah·rer(in) *m(f)* HIST crusader **Kreuz·fahrt** *f* cruise; **eine ~ machen** to go on a cruise **Kreuz·feu·er** *nt* crossfire; ► WENDUNGEN: |**von allen Seiten**| **ins ~** |**der Kritik**| **geraten** to come under fire [from all sides]; **im ~** |**der Kritik**| **stehen** to be under fire **kreuz·fi·del** [krɔytsfi'de:l] *adj (fam)* ■ ~ **sein** happy as a pig in muck *fam* **kreuz·för·mig** **I.** *adj* cross-shaped **II.** *adv* in the shape of a cross **Kreuz·gang** *m* cloister **Kreuz·ge·wöl·be** *nt* cross vault

kreu·zi·gen [krɔytsɪgn] *vt* ■ **jdn ~** to crucify sb **Kreu·zi·gung** <-, -en> *f* HIST crucifixion

Kreuz·küm·mel *m* cumin **Kreuz·ot·ter** *f* ZOOL adder, viper **Kreuz·rit·ter** *m* HIST ❶ *(Ritter als Kreuzfahrer)* crusader ❷ *(Deutschordensritter)* knight of the Teutonic Order **Kreuz·schlitz·schrau·be** *f* Phillips screw **Kreuz·schlitz·schrau·ben·dre·her** *m* Phillips screwdriver® **Kreuz·schlüs·sel** *m* wheel brace **Kreuz·schmer·zen** *pl* backache, lower back pain; **~ haben** [*o* **bekommen**] [*o fam:* **kriegen**] to have [*or* get] backache [*or* lower back pain] **Kreuz·schna·bel** *m* ORN crossbill **Kreuz·spin·ne** *f* cross spider **Kreuz·stich** *m* cross-stitch

Kreu·zung <-, -en> *f* ❶ TRANSP *(Straßenkreuzung)*

crossroad *meist pl* ❷ *kein pl* BIOL *(das Kreuzen)* crossbreeding ❸ ZOOL, BIOL *(Bastard)* mongrel

Kreu·zungs·ex·pe·ri·ment *nt* BIOL cross

kreu·zungs·frei **I.** *adj* TRANSP without [*or* free of] crossroads **II.** *adv* TRANSP without [*or* free of] crossroads

Kreuz·ver·hör *nt* JUR cross-examination; **jdn ins ~ nehmen, jdn einem ~ unterziehen** to cross-examine sb **Kreuz·weg** [krɔytsve:k] *m* ❶ TRANSP *(Wegkreuzung)* crossroad ❷ KUNST, REL *(Darstellung der Passion)* way of the Cross; **den ~ beten** to do the stations of the Cross ► WENDUNGEN: **am ~ stehen** to be at the crossroads

kreuz·wei·se *adv* crosswise; ► WENDUNGEN: **du kannst mich/leck mich ~!** *(derb)* fuck off! *fam!,* get stuffed! BRIT *sl*

Kreuz·wort·rät·sel *nt* crossword [puzzle]; |**ein**| **~ lösen** [*o* **machen**] to solve [*or fam* do] a crossword **Kreuz·zei·chen** *nt* the sign of the cross **Kreuz·zug** *m* ❶ HIST crusade; **einen ~ machen** [*o* **unternehmen**] to make [*or* go on] a crusade ❷ *(geh: fanatische Kampagne)* crusade

Kre·vet·te <-, -n> [kre'vɛtə] *f* shrimp

krib·be·lig [krɪbəlɪç] *adj (fam)* ❶ *(unruhig)* edgy *fam;* **jdn** |**ganz**| **~ machen** to make sb [very] nervous [*or fam* edgy] ❷ *(prickelnd)* tingly *fam*

krib·beln [krɪbln] **I.** *vi* ❶ *haben (jucken)* ■ |**jdm** [*o* **jdn**| | irgendwo kribbeln** to be itching somewhere; **mir kribbelt es am Rücken** my back is itching ❷ *haben (prickeln)* ■ |**jdm** [*o* **jdn**| | irgendwo kribbeln** to be tingly somewhere; **das kribbelt so schön auf der Haut** it's so nice and tingly on the skin ❸ *sein (krabbeln)* to crawl; **~ und krabbeln** to scurry, to swarm around **II.** *vi impers haben* ■ |**von etw**| **~** to be swarming [with sth]

Kri·cket <-s, -s> [krɪkət] *nt* SPORT cricket

krie·chen <kroch, gekrochen> [kri:çn] *vi* ❶ *sein (sich auf dem Bauch vorwärtsbewegen)* ■ |**irgendwohin**| **~** to crawl [somewhere]; **nicht mehr ~ können** to be on one's last legs ❷ *sein (sehr langsam vergehen)* to creep by ❸ *sein* AUTO *(langsam fahren)* to creep [*or* crawl] [along] ❹ *sein o haben (pej: unterwürfig sein)* ■ |**vor jdm**| **~** to grovel [before sb], to crawl [*or* go crawling] [to sb]

Krie·cher(in) <-s, -> *m(f) (pej fam)* bootlicker *fam,* groveller, lickspittle

krie·che·risch *adj (pej fam)* grovelling, bootlicking, servile

Kriech·spur *f* TRANSP crawler [*or* AM slow] lane **Kriech·tier** *nt* ZOOL reptile

Krieg <-[e]s, -e> [kri:k, *pl:* 'kri:gə] *m* ❶ MIL war; **ein atomarer/konventioneller ~** a nuclear/conventional war; **ein heiliger Krieg** a holy war; **der Dreißigjährige ~** the Thirty Years' War; **der Hundertjährige ~** the Hundred Year War; **der Siebenjährige ~** the Seven Year War; **sich im ~** |**mit jdm**| **befinden, im ~** |**mit jdm**| **sein** MIL to be at war [with sb]; **jdm/einem Land den ~ erklären** to declare war on sb/a country; **~** |**gegen jdn/mit jdm**| **führen** to wage war [on sb]; **~ führend** warring, belligerent; **aus dem ~ heimkehren** to come home from the war; **für den ~ rüsten** to arm for war; **~ sein, ~ haben** to be [*or* have a] war; **in den ~ ziehen** to go [*or* enter into] war ❷ *(Art der Kriegsführung)* warfare ► WENDUNGEN: **häuslicher ~** domestic strife; **der kalte ~** the Cold War; **jdm/einer S. den ~ ansagen** to declare war on sb/sth

krie·gen^1 [kri:gn] **I.** *vt (fam)* ❶ *(bekommen)* ■ **etw** |**von jdm**| **~** to get sth [from sb]; **ich nehme diesen Ring, was ~ Sie dafür** |**von mir**|? I'll take this ring, what do you want for it [*or* what do I owe you for it] ?; **ich kriege noch 20 Euro von dir** you still owe me 20 euros; **das Buch ist nirgends zu ~** you can't get

that book anywhere; ■ **etw getan kriegen** to get sth done; **hast du die Arbeit auch bezahlt gekriegt?** did you get paid for the work?; **er hat das Auto ausgeliehen gekriegt** he got to borrow the car, he got the loan of the car; **den Schrank in den Aufzug ~** to get the cupboard into the lift [*or* AM elevator]; **etw zu sehen ~** to get to see sth ❷ TRANSP *(noch erreichen)* ■ **etw ~** to catch sth; **den Zug ~** to catch the train ❸ *(erwischen)* ■ **jdn ~** to catch [*or* get a hold of] sb ❹ MED *(befallen werden)* **eine Krankheit ~** to get [*or* catch] [*or* come down with] an illness ❺ MED *(verabreicht bekommen)* **eine Spritze/ein Präparat ~** to get an injection/medication ❻ *(zur Welt bringen)* **ein Kind ~** to have a baby; **sie kriegt ein Kind** she's going to have a baby ❼ *(bedacht werden)* **Prügel/ eine Ohrfeige ~** to get a hiding [*or* slap] in the face, to get a clip round the ears [*or* AM on the ear] ❽ *(dazu veranlassen)* ■ **jdn dazu ~, etw zu tun** to get sb to do sth ❾ *(es schaffen)* ■ **etw gemacht ~** to get sth done, to manage to do sth; **ich kriege das schon geregelt** I'll get it sorted; **den Satz kriegt er bestimmt nicht übersetzt** he won't manage to translate that sentence ▸ WENDUNGEN: **es mit jdm zu tun ~** to be in trouble with sb; **es nicht über sich ~, etw zu tun** to not be able to bring oneself to do sth; **zu viel ~ ich krieg' zu viel!** that's really too much!
II. *vr (fam)* ■ **sie ~ sich** they get it together *fam*
krie·gen² ['kri:gn] *vi (Krieg führen)* to make war
Krie·ger(in) <-s, -> ['kri:gɐ] *m(f)* warrior; ▸ WENDUNGEN: **ein müder ~ sein** *(hum fam)* to have nothing left in one
Krie·ger·denk·mal *nt* war [*veteran*] memorial
krie·ge·risch I. *adj* ❶ *(kämpferisch)* warring, belligerent ❷ *(militärisch)* military; **eine ~e Auseinandersetzung** a military conflict; **im Verlauf der ~en Ereignisse** during the fighting **II.** *adv* belligerently
Krie·ger·wit·we *f (veraltend)* war widow
Krieg·füh·rung *f s.* **Kriegsführung**
Kriegs·an·lei·he *f* HIST war loan **Kriegs·aus·bruch** *m* outbreak of war **Kriegs·be·ginn** *m* start of the war **Kriegs·beil** *nt* tomahawk; ▸ WENDUNGEN: **das ~ ausgraben** to start a fight; **das ~ begraben** to bury the hatchet **Kriegs·be·ma·lung** *f* HIST war paint; ▸ WENDUNGEN: **in [voller] ~** *(hum fam: sehr stark geschminkt)* in [full] war paint *fam; (mit Orden behangen)* decorated like a Christmas tree *fam* **Kriegs·be·reit·schaft** *f kein pl* readiness for war *no pl* **Kriegs·be·richt·er·stat·ter(in)** *m(f)* war correspondent **kriegs·be·schä·digt** *adj* war-disabled **Kriegs·be·schä·dig·te(r)** *f(m) decl wie adj* war-disabled person **Kriegs·dau·er** *f* duration of the war **Kriegs·dienst** *m (veraltend)* military service; **den ~ verweigern** to be a conscientious objector **Kriegs·dienst·ver·wei·ge·rer** <-s, -> *m* conscientious objector **Kriegs·dienst·ver·wei·ge·rung** *f* conscientious objection **Kriegs·en·de** *nt* end of the war **Kriegs·er·klä·rung** *f* declaration of war **Kriegs·film** *m* war film **Kriegs·fol·ge** *f* consequence of war **Kriegs·füh·rung** *f* warfare; *(Art)* conduct of war; **psychologische ~** psychological warfare **Kriegs·fuß** *m* ▸ WENDUNGEN: **mit jdm auf ~ stehen** *(fam)* to be at loggerheads with sb; **mit etw auf ~ stehen** to be no good with sth **Kriegs·gebiet** *nt* war zone **Kriegs·ge·fahr** *f* MIL, POL ❶ *kein pl (Gefahr des Ausbruchs eines Krieges)* danger of war [*breaking out*] *no pl* ❷ *(Gefahr während eines Krieges)* danger of war **Kriegs·ge·fan·ge·ne(r)** *f(m) decl wie adj* prisoner of war, POW **Kriegs·ge·fan·genschaft** *f* captivity; **in ~ geraten** to become a prisoner of war; **in ~ sein** [*o geh:* **sich befinden**] to be [held] in captivity [*or* a prisoner of war] **Kriegs·gegner(in)** *m(f)* ❶ POL *(Pazifist)* pacifist ❷ MIL *(Feind)*

enemy **Kriegs·ge·rät** *nt* military equipment **Kriegsge·richt** *nt* court martial; **jdn vor ein** [*o fam:* **vors**] **~ stellen** to court-martial sb **Kriegs·ge·winn·ler** *m (pej)* war-profiteer **Kriegs·gott, -göt·tin** *m, f* god of war *masc,* goddess of war *fem* **Kriegs·grä·ber·fürsor·ge** *f* War Graves Commission **Kriegs·gräuel^RR** *pl (geh)* war atrocities **Kriegs·jahr** *nt* year of the war, war year **Kriegs·ka·me·rad** *m (veraltend)* wartime comrade **Kriegs·kas·se** *f* POL *(fam)* war chest **Kriegs·list** *f* stratagem **kriegs·lüs·tern** *adj (pej)* war-hungry; ■ **~ sein** to be hungry for war **Kriegs·opfer** *nt (geh)* victim of war **Kriegs·pfad** *m* ▸ WENDUNGEN: **auf dem ~ sein** to be on the warpath **Kriegs·rat** *m kein pl* ▸ WENDUNGEN: **~ halten** *(hum)* to hold a council of war, to put one's heads together **Kriegs·recht** *nt kein pl* martial law *sing;* **das ~ verhängen** to impose martial law **Kriegs·re·gi·on** *f* war zone **Kriegs·re·por·ter(in)** *m(f)* war correspondent [*or* reporter] **Kriegs·scha·den** *m* war damage **Kriegs·schau·platz** *m* war arena, theatre [*or* AM theater] of war [*or* operations] **Kriegs·schiff** *nt* war ship **Kriegs·spiel** *nt* ❶ *(einen Krieg simulierendes Spiel)* war game ❷ MIL *(militärisches Planspiel)* war game **Kriegs·spiel·zeug** *nt* war toy **Kriegs·stär·ke** *f* war establishment **Kriegs·teil·neh·mer(in)** *m(f)* ❶ *(aktiv im Krieg)* combatant ❷ *(Staat)* belligerent country ❸ *(Veteran)* war veteran **kriegs·trau·ma·ti·siert** *adj* traumatized by war **Kriegs·trei·ber(in)** *m(f)* POL *(pej)* warmonger *pej* **Kriegs·ver·bre·chen** *nt* war crime **Kriegs·ver·bre·cher(in)** *m(f)* war criminal **Kriegsver·letz·te(r)** *m* wounded soldier **Kriegs·ver·letzung** *f* war wound **kriegs·ver·sehrt** *adj s.* **kriegsbeschädigt** **Kriegs·ve·te·ran** *m* MIL war veteran **Kriegs·zeit** *f* wartime; **in ~en** in times of war **Kriegs·zer·stö·rung** *f* war destruction **Kriegs·zustand** *m* state of war; **sich im ~** [**mit etw**] **befinden** to be at war [with sth]
Krill <-[e]s, -e> [krɪl] *m* ZOOL krill
Kri·mi <-s, -s> ['krɪmi] *m (fam)* ❶ *(Kriminalroman)* detective novel, murder mystery ❷ TV *(Kriminalfilm)* thriller
Kri·mi·nal·be·am·te(r), -be·am·tin [krimiˈnaːl-] *m, f (geh)* detective, BRIT *a.* CID officer **Kri·mi·nal·di·rektor(in)** *m(f)* JUR chief-inspector of the Kriminalpolizei **Kri·mi·nal·film** *m* thriller **Kri·mi·nal·ge·schich·te** *f* criminal history
kri·mi·na·li·sie·ren [kriminaliˈziːrən] *vt* ❶ *(als kriminell hinstellen)* ■ **etw ~** to criminalize sth ❷ *(zum Kriminellen machen)* ■ **jdn ~** to criminalize sb
Kri·mi·na·list(in) <-en, -en> [krimiˈnalɪst] *m(f)* ❶ *(Mitglied der Kriminalpolizei)* detective ❷ *(Experte für Verbrechen)* criminologist
Kri·mi·na·lis·tik <-> [krimiˈnalɪstɪk] *f kein pl* criminology
kri·mi·na·lis·tisch I. *adj* criminological, detective-like **II.** *adv* **~ begabt sein** to be a good detective
Kri·mi·na·li·tät <-> [kriminaliˈtɛt] *f kein pl* ❶ *(Straffälligkeit)* criminality ❷ *(Rate der Straffälligkeit)* crime rate
Kri·mi·nal·kom·mis·sar(in) *m(f)* detective superintendent BRIT **Kri·mi·nal·po·li·zei** *f* ❶ *(Abteilung für Verbrechensbekämpfung)* Criminal Investigation Department BRIT, CID BRIT, plainclothes police AM ❷ *(Beamte der ~)* CID officers *pl* BRIT, plainclothes police officers *pl* AM **Kri·mi·nal·po·li·zist(in)** *m(f)* CID [*or* AM plainclothes police] officer **Kri·mi·nal·ro·man** *m* detective novel **Kri·mi·nal·sta·tis·tik** *f* crime statistics *npl* [*or* figures *pl*]
kri·mi·nell [krimiˈnɛl] *adj* ❶ *(verbrecherisch)* criminal; ■ **~ werden** to turn to crime, to become criminal [*or* delinquent] ❷ *(fam: gefährlich)* criminal, outrageous *hum fam*

Kritik, Geringschätzung

kritisieren, negativ bewerten	criticizing, evaluating negatively
Das gefällt mir gar nicht.	I don't like this at all.
Das sieht aber nicht gut aus.	This doesn't look good.
Das hätte man aber besser machen können.	That could have been done better.
Dagegen lässt sich einiges sagen.	Several things can be said against that.
Da habe ich so meine Bedenken.	I have my doubts about that.

Geringschätzung/Missfallen ausdrücken	expressing disdain/displeasure
Ich halte nicht viel von dieser Theorie.	I don't think much of this theory.
Davon halte ich gar/überhaupt nichts.	I don't think much of that at all./I'm not in the least impressed by that.
Komm mir bloß nicht mit Psychologie! *(fam)*	Don't give me any of that psychology **nonsense**!
(Es tut mir leid, aber) **ich habe für** diese Typen **nichts übrig.** *(fam)*	(I'm sorry but) **I've got no time for** these sorts of people.
Ich kann mit modelner Kunst **nichts anfangen.** *(fam)*	Modern art **doesn't do a thing for me** *(fam)*/**is not my cup of tea.**

missbilligen	disapproving
Das kann ich nicht gutheißen.	I can't approve of that.
Das war aber gar nicht nett von dir.	That wasn't at all nice of you.
Da bin ich absolut dagegen.	I'm utterly opposed to/against it.

Kri·mi·nel·le(r) [krimi'nɛlə, -lɐ] *f(m) decl wie adj* criminal

Kri·mi·no·lo·gie <-> [kriminolo'giː] *f kein pl* criminology

Krim·krieg *m* HIST the Crimean War

Krims·krams <-es> ['krɪmskrams] *m kein pl (fam)* junk

Krin·gel <-s, -> ['krɪŋl] *m* ① KOCHK *(ringförmiges Gebäck)* ring-shaped biscuit [*or* AM cookie], ring ② *(Schnörkel, kleiner, nicht exakt gezeichneter Kreis, kleiner Ring)* squiggle, [round] doodle; **beim Telefonieren malt er immer** ~ he always [draws] doodles when he's on the phone

krin·geln ['krɪŋln] *vr* ① *(sich umbiegen)* ■ **sich** ~ to curl [up] ② *(fam)* ■ **sich** [**vor Lachen**] ~ to kill oneself [laughing]; ■ **zum** ~ hilarious

Kri·no·li·ne <-, -n> [krino'liːnə] *f* HIST, MODE crinoline

Kri·po <-, -s> ['kriːpo] *f (fam) kurz für* **Kriminalpolizei** ① *(Institution Kriminalpolizei)* ■ **die** ~ the CID [*or* AM plainclothes police] ② *(Beamte der Kriminalpolizei)* CID [*or* AM plainclothes police] officers

Krip·pe <-, -n> ['krɪpə] *f* ① *(Futterkrippe)* hayrack, manger ② REL *(Weihnachtskrippe)* crib, manger ③ *(Kinderkrippe)* crèche BRIT, day nursery AM ▸ WENDUNGEN: **an der** ~ **sitzen** to have one's snout in the trough *pej*

Krip·pen·spiel *nt* REL nativity play **Krip·pen·tod** *m* MED cot [*or* AM crib] death

Kri·se <-, -n> ['kriːzə] *f* ① *(schwierige Situation)* crisis ② MED crisis

kri·seln ['kriːzln] *vi impers (fam)* **es kriselt** there's a crisis looming *fam*

kri·sen·an·fäl·lig *adj Unternehmen, Regierung* crisis-prone **kri·sen·fest** *adj* stable, crisis-proof **Kri·sen·ge·biet** *nt* crisis zone **Kri·sen·herd** *m* trouble spot **Kri·sen·hil·fe** *f* crisis aid **Kri·sen·in·ter·ven·ti·on** *f* crisis intervention **Kri·sen·ma·na·ge·ment** *nt* crisis management **kri·sen·si·cher** *adj Arbeitsplatz, Branche* crisis-proof **Kri·sen·stab** *m kein pl* action [*or* crisis] committee **Kri·sen·zeit** *f* period of crisis

Kris·tall[1] <-s, -e> [krɪs'tal] *m* crystal; ~**e bilden** to form crystals

Kris·tall[2] <-s> [krɪs'tal] *nt kein pl* ① *(Kristallglas)* crystal ② *(Gegenstände aus ~ 1)* crystal

kris·tal·len [krɪs'talən] *adj* crystal

Kris·talleuch·ter[ALT] *m s.* **Kristallleuchter Kris·tall·git·ter** *nt* crystal lattice **Kris·tall·glas** *nt* ① *kein pl (hochwertiges Glas)* crystal glass ② *(kristallenes Trinkglas)* crystal glass

kris·tal·lin [krɪsta'liːn] *adj* crystalline

Kris·tal·li·sa·ti·on <-, -en> *f* crystallization

Kris·tal·li·sa·ti·ons·punkt *m* ① CHEM crystallization point ② *(fig)* focal point

kris·tal·li·sie·ren[*] I. *vt* [**zu etw**] ~ to crystallize [into sth] II. *vr* ■ **sich** [**zu etw**] ~ to crystallize [into sth]

kris·tall·klar *adj* crystal-clear **Kris·tall·leuch·ter**[RR] *m* crystal chandelier **Kris·tall·nacht** *f kein pl* HIST ■ **die** ~ 'Crystal night' *s.* **Reichskristallnacht Kris·tall·va·se** *f* crystal vase **Kris·tall·zu·cker** *m* refined sugar

Kri·te·ri·um <-s, -rien> [kri'teːriʊm, *pl:* -'teːriən] *nt (geh)* criterion; [**bei etw**] **bestimmte Kriterien anlegen** to apply certain criteria [to sth]

Kri·tik <-, -en> [kri'tiːk] *f* ① *kein pl (Tadel)* ■ ~ [**an jdm/etw**] criticism [of sb/sth]; **sich der** ~ **stellen** to make oneself available to answer criticism; **an jdm/etw** ~ **üben** *(geh)* to criticize sb/sth; **ohne jede** ~ uncritically ② *(Beurteilung)* critique; **gute/schlechte** ~**en bekommen** [*or* **haben**] to receive [*or* have] good reviews ③ MEDIA *(Rezension)* review ▸ WENDUNGEN: **unter aller** ~ **sein** *(pej fam)* to be beneath contempt

Kri·ti·ker(in) <-s, -> ['kriːtikɐ] *m(f)* ① *(jd, der jdn/etw kritisiert)* critic ② MEDIA *(Rezensent)* critic

Kri·tik·fä·hig·keit *f kein pl* ability to be critical

kri·tik·los I. *adj* uncritical II. *adv* uncritically

kri·tisch ['kriːtɪʃ] I. *adj* ① *(kritisierend)* critical ② *(bedenklich)* critical; ■ [**für jdn**] ~ **werden** to become critical [for sb] II. *adv* critically

kri·ti·sie·ren[*] I. *vt* ■ **jdn/etw** ~ to criticize sb/sth; **an jdm/etw etwas zu** ~ **haben** [*o* **finden**] to have [or find] sth to criticize about sb/sth **II.** *vi* to criticize

Krit·ze·lei <-, -en> [krɪtsəˈlai] *f (pej fam)* ❶ *kein pl (das Kritzeln)* scribbling ❷ *(Gekritzel)* scribble

krit·zeln [ˈkrɪtsl̩n] **I.** *vi* to scribble **II.** *vt* ■ **etw ~** to scribble sth; **er hatte mir eine Nachricht auf einen Notizzettel gekritzelt** he had scribbled a note for me on his notepad

Kro·a·te, Kro·a·tin <-n, -n> [kroˈaːtə, kroˈaːtɪn] *m, f* Croat; *s. a.* **Deutsche(r)**

Kro·a·ti·en <-s> [kroˈaːtsi̯ən] *nt* Croatia; *s. a.* **Deutschland**

kro·a·tisch [kroˈaːtɪʃ] *adj* Croatian; *s. a.* **deutsch 1, 2**

kroch [krɔx] *imp von* **kriechen**

Kro·kant <-s> [kroˈkant] *m kein pl* KOCHK ❶ *(Masse)* chopped and caramelized nuts ❷ *(gefüllte Praline)* [praline filled with] cracknel

Kro·ket·te <-, -n> [kroˈkɛtə] *f* croquette

Kro·ko <-s> [ˈkroːko] *nt kein pl (fam)* croc *fam*

Kro·ko·dil <-s, -e> [krokoˈdiːl] *nt* crocodile

Kro·ko·dil·le·der *nt* crocodile leather

Kro·ko·dils·trä·nen *pl (fam)* crocodile tears *pl;* ~ **weinen** [o **vergießen**] to cry [or shed] crocodile tears

Kro·kus <-, -o -se> [ˈkroːkʊs, *pl:* -ʊsə] *m* BOT crocus

Kro·ne <-, -n> [ˈkroːnə] *f* ❶ *(Kopfschmuck eines Herrschers)* crown ❷ *(das Herrscherhaus)* ■ **die [...] ~ the** [...] crown ❸ BOT *(Baumkrone)* top ❹ MED *(Zahnkrone)* crown, cap ❺ *(Währungseinheit: in Skandinavien)* krone; *(in der Tschechei)* crown ❻ *(Einstellknopf einer Uhr)* winder ▸ WENDUNGEN: **die ~ des Ganzen** on top of everything else; **die ~ der Schöpfung** *(hum)* the crowning glory of creation; **etw fährt jdm in die ~** sth gets on sb's nerves; **einen in der ~ haben** *(fam)* to have had one too many *fam;* **die ~ sein** *(fam)* to beat everything; **einer S.** *dat* **die ~ aufsetzen** *(fam)* to crown [or top] sth

krö·nen [ˈkrøːnən] *vt* ❶ *(durch die Krone inthronisieren)* ■ **jdn [zu etw]** ~ to crown sb [sth] ❷ ARCHIT *(überspannen)* ■ **etw ~** to crown [or cap] sth ❸ *(geh: Höhepunkt sein)* ■ **etw ~** to crown sth; **seine Rede krönte den Abend** his speech was the highlight of the evening; **der köstliche Nachtisch krönte das Menü** the delicious dessert was the crowning glory of the meal

Kro·nen·bra·ten *m* KOCHK crown roast **Kro·nen·korken** *m* crown cap **Kro·nen·rei·be** *f* abrading grater **Kron·fleisch** *nt* KOCHK boiled beef skirt **Kron·leuch·ter** *m* chandelier **Kron·prinz, -prin·zes·sin** *m, f* ❶ *(Thronfolger)* crown prince *masc,* crown princess *fem* ❷ *(fig)* heir apparent

Krons·bee·re [ˈkroːnsbeːrə] *f* NORDD *(Preiselbeere)* cranberry

Krö·nung <-, -en> *f* ❶ *(Höhepunkt)* high point ❷ *(das Krönen)* coronation

Kron·zeu·ge, -zeu·gin *m, f* JUR ~ **sein** to give King's/Queen's evidence; [in etw *dat*] **als ~ auftreten** to turn King's/Queen's evidence [in sth]

Kron·zeu·gen·re·ge·lung *f* JUR law governing the practice of King's/Queen's evidence

Kropf <-[e]s, Kröpfe> [krɔpf, *pl:* ˈkrœpfə] *m* ❶ MED *(Schilddrüsenvergrößerung)* goitre [or AM -er] ❷ ORN *(vom Vogel)* crop ▸ WENDUNGEN: **so unnötig** [o **überflüssig**] **wie ein ~ sein** *(fam)* to be totally unnecessary [or superfluous], to be as much as a hole in the head

Kropf·band *nt* MED goitre [or AM -er] band

Kropp·zeug [ˈkrɔptsɔyk] *nt kein pl* NORDD *(pej sl)* scum *pej*

krossRR, **kroß**ALT [krɔs] **I.** *adj* KOCHK crusty **II.** *adv* KOCHK crustily

Krö·sus <-, -se> [ˈkrøːzʊs] *m (reicher Mensch)* Croesus; ▸ WENDUNGEN: **doch kein ~ sein** *(fam)* to not be

made of money *fam*

Krö·te <-, -n> [ˈkrøːtə] *f* ❶ ZOOL toad ❷ *pl (sl: Geld)* pennies *pl* ❸ *(fam)* brat *fam; (pej: Miststück)* bugger BRIT *masc pej fam,* asshole AM *masc pej fam,* bitch *fem pej fam* ▸ WENDUNGEN: **eine ~ schlucken müssen** to have to swallow a bitter pill

Krü·cke <-, -n> [ˈkrʏkə] *f* ❶ *(Stock für Gehbehinderte)* crutch; **an ~n gehen** *dat* to walk on crutches ❷ *(sl: Nichtskönner)* washout ❸ *(fam: untaugliches Gerät)* piece [or fam heap] of junk

Krück·stock *m* walking stick

Krug[1] <-[e]s, Krüge> [kruːk, *pl:* ˈkryːgə] *m (Gefäß zur Aufbewahrung)* jug; *(Trinkgefäß)* tankard, mug; ▸ WENDUNGEN: **der ~ geht so lange zum Brunnen, bis er bricht** *(prov)* what goes around comes around *prov*

Krug[2] <-es, Krüge> [kruːk, *pl:* ˈkryːgə] *m* NORDD inn, pub

Krüll·boh·ne [ˈkrʏl-] *f* flageolet bean

Kru·me <-, -n> [ˈkruːmə] *f* ❶ *(geh: Krümel)* crumb ❷ AGR *(Ackerkrume)* topsoil

Krü·mel <-s, -> [ˈkryːml̩] *m* ❶ *(Brösel)* crumb; ~ [auf etw *akk*] **machen** to make crumbs [on sth] ❷ DIAL *(fam)* tiny tot *fam*

krü·me·lig [ˈkryːməlɪç] *adj* crumbly

krü·meln [ˈkryːml̩n] *vi* ❶ *(Krümel machen)* to make crumbs ❷ *(leicht zerbröseln)* to crumble; ■ **~d** crumbly

krumm [krʊm] **I.** *adj* ❶ *(verbogen)* bent, crooked; **~ und schief** askew ❷ *(gebogen)* Nase hooked; Rücken hunched, crooked; Beine bandy ❸ *(pej fam: unehrlich)* crooked, bent; **ein ~es Ding drehen** to pull off sth crooked; **es auf die ~e Tour versuchen** to try to fiddle sth ❹ *(nicht rund)* odd **II.** *adv* *(gebogen)* **etw ~ biegen** to bend sth; **~ gehen** to walk with a stoop; **~ sitzen/stehen** to slouch; **etw ~ machen** to bend sth ▸ WENDUNGEN: **sich ~ und schief lachen** *(fam)* to split one's sides laughing; *s. a.* **Finger**

krumm·bei·nig *adj* bow- [or bandy-] legged

krüm·men [ˈkrʏmən] **I.** *vt* ❶ *(biegen)* ■ **etw ~** to bend sth; **den Rücken ~** to arch one's back; **die Schultern ~** to slouch one's shoulders ❷ MATH, PHYS **gekrümmt** curved **II.** *vr* ❶ *(eine Biegung machen)* ■ **sich ~** Fluss to wind; Straße to bend ❷ *(sich beugen)* ■ **sich ~** to bend ❸ *(sich winden)* ■ **sich ~** to writhe; **sich vor Schmerzen ~** to writhe in pain ❹ *(fam: sich krumm und schief lachen)* ■ **sich [vor Lachen] ~** to double up [with laughter]

krumm||la·chen *vr (fam)* ■ **sich [über etw** *akk*] ~ to laugh one's head off [at sth]

krumm||le·gen *vr (fam)* ■ **sich ~** to skimp and save *fam* **krumm·na·sig** *adj (pej)* ■ **~ sein** to have a crooked nose **krumm||neh·men** *vt irreg (fam)* [jdm] **etw ~** to take offence [or AM -se] at sth [sb said or did]; **es jdm ~, dass ...** to hold it against sb, that ... **Krumm·sä·bel** *m* scimitar **Krumm·stab** *m* REL crozier

Krüm·mung <-, -en> *f* ❶ *(Biegung)* bend; Weg turn ❷ ANAT, MED *(gekrümmte Form)* curvature ❸ MATH, PHYS curvature

Krup·pe <-, -n> [ˈkrʊpə] *f* ZOOL croup, crupper

Krüp·pel <-s, -> [ˈkrʏpl̩] *m* cripple; **jdn zum ~ schlagen/schießen** to cripple sb

krüp·pe·lig [ˈkrʏpəlɪç], **krüpp·lig** [ˈkrʏplɪç] *adj* deformed, crippled

Krus·pel·spitz *m* KOCHK ÖSTERR *(Fleischstück aus der Rinderschulter)* tough beef cut from below the shoulder, used for boiling

Krus·te <-, -n> [ˈkrʊstə] *f* crust; *(Bratenkruste)* crackling

krus·tig [ˈkrʊstɪç] *adj* ❶ *(Verkrustungen aufweisend)* encrusted ❷ MED *(eine Kruste habend)* encrusted

Kru·zi·fix <-es, -e> [ˈkruːtsifɪks] *nt* REL *(Kreuz mit Kor-*

pus) crucifix; **~!** *(veraltet fam)* swounds! *dated fam*
Kru·zi·tür·ken |krutsi'tʏrkn̩| *interj (sl)* bloody hell!
  BRIT *fam,* damn it! *fam*
Kryp·ta <-, Krypten> |'krʏpta, *pl:* -tən| *f* crypt
kryp·tisch |'krʏptɪʃ| *adj* cryptic
Kryp·ton <-s> |'krʏptɔn| *nt kein pl* krypton
KSZE <-> |ka:?ɛs?tsɛt'ʔe:| *f kein pl Abk von* **Konferenz über Sicherheit und Zusammenarbeit in Europa** CSCE, Conference on Security and Cooperation in Europe
Ku·ba <-s> |'ku:ba| *nt* Cuba; *s. a.* **Sylt**
Ku·ba·ner(in) <-s, -> |ku'ba:nɐ| *m(f)* Cuban; *s. a.* **Deutsche(r)**
ku·ba·nisch |ku'ba:nɪʃ| *adj* Cuban; *s. a.* **deutsch**
Kü·bel <-s, -> |'ky:bl̩| *m* ❶ *(großer Eimer)* bucket, pail ❷ HORT *(Pflanzkübel)* container ❸ *(Ersatz-WC im Gefängnis)* toilet bucket, crapper *sl* ▶ WENDUNGEN: |**wie**| **aus/in/mit ~n regnen** |*o* **gießen**| |*o* **schütten**| to rain |in| buckets
Ku·ben |'ku:bən| *pl von* **Kubus**
Ku·bik·me·ter |ku'bi:k-| *m o nt* cubic metre |*or* AM -er| **Ku·bik·wur·zel** *f* cube root **Ku·bik·zahl** *f* cube number
ku·bisch |'ku:bɪʃ| *adj (geh)* cubic
Ku·bis·mus <-> |ku'bɪsmʊs| *m kein pl* cubism
Ku·bist(in) <-en, -en> |ku'bɪst| *m(f)* cubist
ku·bis·tisch *adj* cubist
Ku·bus <-, Kuben *o* -> |'ku:bʊs, *pl:* ku:bən| *m (geh)* cube
Kü·che <-, -n> |'kʏçə| *f* ❶ *(Raum für das Kochen)* kitchen ❷ *(Gesamtheit der Küchenmöbel)* kitchen ❸ KOCHK *(Art des Kochens)* cuisine; **gutbürgerliche ~** homestyle cooking; **warme/kalte ~** hot/cold food ❹ *(Küchenpersonal)* kitchen staff
Ku·chen <-s, -> |'ku:xn̩| *m* cake; **backe, backe ~** *(Kinderreim)* pat a cake, pat a cake …
Kü·chen·ab·fall *m meist pl* kitchen waste *no pl* **Kü·chen·be·leuch·tung** *f* kitchen lighting
Ku·chen·blech *nt* baking sheet
Kü·chen·bul·le *m* MIL *(sl)* cookhouse wallah *sl* **Kü·chen·chef(in)** *m(f)* chef **Kü·chen·fens·ter** *nt* kitchen window
Ku·chen·form *f* baking tin
Kü·chen·fuß·bo·den *m* kitchen floor
Ku·chen·ga·bel *f* pastry fork
Kü·chen·ge·rät *nt* kitchen utensil **Kü·chen·handtuch** *nt* hand towel **Kü·chen·krepp** *m* kitchen roll **Kü·chen·ma·schi·ne** *f* food processor **Kü·chen·mes·ser** *nt* kitchen knife
Ku·chen·mes·ser *nt* cake knife **Ku·chen·pa·let·te** *f* cake pallet
Kü·chen·per·so·nal *nt* kitchen staff **Kü·chen·re·gal** *nt* kitchen shelf **Kü·chen·rei·ni·ger** *m* kitchen cleaner **Kü·chen·rol·le** *f* kitchen roll **Kü·chen·scha·be** *f* cockroach **Kü·chen·schel·le** *f* BOT pasqueflower **Kü·chen·sche·re** *f* kitchen knife **Kü·chen·schrank** *m* kitchen cupboard **Kü·chen·schub·la·de** *f* kitchen drawer **Kü·chen·sieb** *nt* sieve
Ku·chen·teig *m* cake mixture
Kü·chen·tisch *m* kitchen table **Kü·chen·tür** *f* kitchen door **Kü·chen·waa·ge** *f* kitchen scales *pl*
Küch·lein¹ <-s, -> |'ky:çlain| *nt* DIAL *(veraltend: Küken)* chick
Küch·lein² <-s, -> |'ky:çlain| *nt* DIAL little cake
Kü·cken <-s, -> |'kʏkn̩| *nt* ÖSTERR *(Küken)* chick
ku·cken |'kʊkn̩| *vi* NORDD *(fam) s.* **gucken**
ku·ckuck |'kʊkʊk| *interj* ❶ *(Ruf des Kuckucks)* cuckoo ❷ *(fam: hallo)* cuckoo
Ku·ckuck <-s, -e> |'kʊkʊk| *m* ❶ ORN cuckoo ❷ *(fam: Pfandsiegel)* bailiff's seal ▶ WENDUNGEN: **ein ~ unter Nachtigallen** an amateur among professionals; **geh** |*o* **scher dich**| **zum ~!** *(euph fam)* go to hell! *fam,*

---

clear off! *fam,* beat it! *fam;* **hol's der ~!** *(euph fam)* botheration! BRIT *fam,* damn! AM *fam;* **der ~ soll dich holen!** *(fam)* get lost! *fam;* **bei jdm ist der ~ los** everything is topsy-turvy with sb; |**das**| **weiß der ~!** *(euph fam)* God only knows! *fam;* **jdn zum ~ wünschen** to wish sb would get lost; **zum ~** |**noch mal**|! *(euph fam)* damn it! *fam*
Ku·ckucks·ei *nt* ❶ ORN *(das Ei eines Kuckucks)* cuckoo's egg ❷ *(fam)* unpleasant surprise ❸ *(fam: Pflegekind)* another man's child in one's family **Ku·ckucks·uhr** *f* cuckoo clock
Kud·del·mud·del <-s> *m o nt kein pl (fam)* muddle *fam;* *(Unordnung)* mess; *(Verwirrung)* confusion
Ku·du <-s, -s> |'ku:du| *m* ZOOL kudu
Ku·fe <-, -n> |'ku:fə| *f* ❶ *(Schiene)* sledge *o* runner; *Schlittschuh)* blade ❷ LUFT skid
Kü·fer(in) <-s, -> |'ky:fɐ| *m(f)* ❶ SÜDD *(Böttcher)* cooper ❷ *(Weinküfer)* cellarman
Ku·gel <-, -n> |'ku:gl̩| *f* ❶ MATH sphere ❷ SPORT ball; *(Kegelkugel)* bowl; **die ~ rollt** *(bei Roulette)* the roulette wheels are spinning; *(beim Kegeln)* the ball is rolling ❸ *(Geschoss)* bullet; **sich** *dat* **eine ~ durch den Kopf jagen** |*o* **schießen**| to shoot a bullet through one's head, to blow one's brains out *sl* ❹ HIST *(Kanonenkugel)* cannonball ❺ KOCHK rump; *(Eis~)* scoop ▶ WENDUNGEN: **eine ruhige ~ schieben** *(fam)* to have a cushy time *sl,* BRIT *a.* to be on a cushy number *sl;* **bei ihrem Job schiebt sie eine ruhige ~** her job is a cushy number
Ku·gel·aus·ste·cher *m* butter scoop *(for scooping little balls from butter, fruit or avocados)* **Ku·gel·blitz** *m* METEO ball lightning
Kü·gel·chen <-s, -> |'ky:glçən| *nt dim von* **Kugel** small ball
Ku·gel·fang *m* ❶ *(Vorrichtung)* bullet screen ❷ *(Person)* person acting as a bullet screen **ku·gel·för·mig** *adj* spherical **Ku·gel·ge·lenk** *nt* ❶ ANAT ball-and-socket joint ❷ TECH ball-and-socket joint **Ku·gel·ha·gel** *m* hail of bullets
ku·ge·lig |'ku:gəlɪç| *adj s.* **kugelförmig**
Ku·gel·kopf *m* TECH golf ball **Ku·gel·kopf·schreib·ma·schi·ne** *f* golf ball typewriter **Ku·gel·la·ger** *nt* ball bearing
ku·geln |'ku:gl̩n| *vi sein (rollen, fallen)* ▪ **irgendwohin ~** to roll somewhere ▶ WENDUNGEN: **zum K~ sein** *(fam)* to be hilarious |*or* a scream|
ku·gel·rund |'ku:gl̩'rʊnt| *adj (kugelförmig)* ▪ **~ sein** to be round as a ball ❷ *(fam: feist und rundlich)* tubby *fam* **Ku·gel·schrei·ber** *m* ballpoint, Biro® BRIT, Bic® AM **Ku·gel·schrei·ber·mi·ne** *f* ballpoint refill **ku·gel·si·cher** *adj* bullet-proof **Ku·gel·sto·ßen** <-s> *nt kein pl* SPORT shot put **Ku·gel·sto·ßer(in)** <-s, -> *m(f)* shot-putter
Kuh <-, Kühe> |ku:, *pl:* 'ky:ə| *f* ❶ ZOOL cow ❷ *(weibliches Tier)* cow ❸ *(pej fam: Frau)* bitch *fam,* cow BRIT *pej fam;* **blöde** |*o* **dumme**| **~** stupid |*or* silly| cow BRIT *pej fam* ▶ WENDUNGEN: **die ~ ist vom Eis** *(fam)* that's settled; **die ~ ist noch lange nicht vom Eis** it's not over by a long shot; **wie die ~ vorm Berg** |*o* **neuen Scheunentor**| *(fam)* **dastehen** to be completely baffled *fam;* **heilige ~** sacred cow; **melkende ~** milk cow
Kuh·dorf *nt (pej fam)* one-horse town *fam* **Kuh·erb·se** *f* black-eye bean **Kuh·fla·den** *m* cow-pat BRIT, cow patty AM **Kuh·glo·cke** *f* cow bell **Kuh·han·del** *m (pej fam)* horse trade *pej fam* **Kuh·haut** *f (Fell eines Rindes)* cowhide; ▶ WENDUNGEN: **das geht auf keine ~** *(sl)* that's going too far *fam* **Kuh·her·de** *f* herd of cows **Kuh·hir·te, -hir·tin** *m, f* cowherd, cowboy **Kuh·horn** *nt* cow's horn
kühl |ky:l| **I.** *adj* ❶ *(recht kalt)* cool, chilly; **draußen**

wird es ~ it's getting chilly outside; *s. a.* **Grund** *s. a.* **Kopf** ② *(reserviert)* cool II. *adv* ① *(recht kalt)* **etw ~ lagern** to store sth in a cool place; **etw ~ servieren** KOCHK to serve sth cool [*or* chilled]; **etw ~ stellen** KOCHK to leave sth in a cool place ② *(reserviert)* coolly

Kühl·box *f* cooler

Kuh·le <-, -n> ['kuːlə] *f* hollow

Küh·le <-> ['kyːlə] *f kein pl (geh)* ① *(kühle Beschaffenheit)* cool ② *(Reserviertheit)* coolness

küh·len ['kyːlən] I. *vt* **etw ~** to cool [*or* chill] sth; ■**gekühlt** cooled, chilled ▶ WENDUNGEN: **sein Müt·chen an jdm ~** to take it out on sb II. *vi* to cool

Küh·ler <-s, -> ['kyːlɐ] *m* ① AUTO bonnet; **jdm vor den ~ rennen** [*o* **laufen**] *(fam)* to run into sb's car ② *(Sektkühler)* ice bucket

Küh·ler·fi·gur *f* AUTO bonnet mascot **Küh·ler·hau·be** *f* AUTO *s.* **Motorhaube**

Kühl·haus *nt* refrigerated storage building **Kühl·kreis·lauf** *m* TECH cooler circuit **Kühl·mit·tel** *nt* coolant, cooling agent **Kühl·raum** *m* refrigerated storage room **Kühl·rip·pe** *f* AUTO cooling fin **Kühl·schiff** *nt* refrigerator ship **Kühl·schrank** *m* refrigerator, fridge *fam* **Kühl·ta·sche** *f* cool bag **Kühl·tru·he** *f* freezer chest **Kühl·turm** *m* TECH cooling tower

Küh·lung <-, -en> ['kyːlʊŋ] *f* ① *(Abkühlung)* cooling ② *(geh: Erfrischung)* cooling; **zur ~** to cool down

Kühl·wa·gen *m* ① BAHN *(Waggon mit Kühlanlage)* refrigerator [*or* cold-storage] wagon, Brit [*or* AM car] ② AUTO *(Lkw mit Kühlaggregat)* refrigerator [*or* cold-storage] truck **Kühl·was·ser** *nt kein pl* coolant

Kuh·milch *f* cow's milk **Kuh·mist** *m* cow dung

kühn [kyːn] I. *adj* ① *(wagemutig)* brave ② *(gewagt)* bold II. *adv* **eine ~ geschwungene Nase** an aquiline nose

Kühn·heit <-, -en> *f* ① *kein pl (Wagemut)* bravery ② *kein pl (Gewagtheit)* boldness ③ *(Dreistigkeit)* audacity

Kuh·stall *m* cowshed

ku·jo·nie·ren [kujoˈniːrən] *vt (geh)* ■**jdn ~** to harass [*or* bully] sb

k.u.k. [ˈkaːʔʊntˈkaː] ÖSTERR *Abk von* **kaiserlich und königlich** imperial and royal

Kü·ken <-s, -> ['kyːkn̩] *nt* ① ORN *(junges Huhn)* chick ② *(fam: junges Mädchen)* young goose *fam* ③ *(fam: Nesthäkchen)* baby of the family ④ *(fam: unerfahrener Mensch)* baby

Ku-Klux-Klan <-> [kuklʊksˈklaːn] *m kein pl* Ku Klux Klan

Ku·ku·ruz <-[es]> ['kʊkurʊts] *m kein pl* ÖSTERR *(Mais)* [sweet] corn

ku·lant [kuˈlant] *adj* ÖKON obliging, accommodating; **es war ~ von ihm, die Arbeitskosten nicht zu berechnen** it was obliging of him/on his part not to charge anything for labour

Ku·lanz <-> [kuˈlants] *f kein pl* ÖKON willingness to oblige, accommodating behaviour [*or* AM -or]; **auf** [*o* **aus**] ~ at the firm's expense

Ku·li¹ <-s, -s> ['kuːli] *m (fam)* Biro® BRIT, Bic® AM

Ku·li² <-s, -s> ['kuːli] *m* ① *(chinesischer Lohnarbeiter)* coolie ② *(fam: Knecht)* slave, BRIT *a.* dogsbody

ku·li·na·risch [kuliˈnaːrɪʃ] *adj* culinary

Ku·lis·se <-, -n> [kuˈlɪsə] *f* ① THEAT *(verschiebbare Bühnendekoration)* scenery ② *(Hintergrund)* backdrop ▶ WENDUNGEN: **hinter die ~n blicken** [*o* **schauen**] to look behind the scenes; **nur ~ sein** *(pej fam)* to be merely a facade

Kul·len·mes·ser *nt* smoked salmon knife

Kul·ler·au·gen *pl (fam)* big wide eyes *pl*

kul·lern ['kʊlɐn] *vi sein (fam)* ■**irgendwohin ~** to roll somewhere

kul·mi·nie·ren [kʊlmiˈniːrən] *vi (geh)* ■**in etw ~** *dat* to culminate in sth

Kult <-[e]s, -e> [kʊlt] *m* cult; **einen ~ mit jdm/etw treiben** to make a cult out of sb/sth; **der christli·che ~** Christian worship

Kult·bild *nt* religious image **Kult·buch** *nt* cult book **Kult·fi·gur** *f* MUS, FILM, MEDIA cult figure **Kult·film** *m* cult film **Kult·hand·lung** *f* REL ritual act

kul·tig ['kʊltɪç] *adj (sl)* cult; **~e Fernsehserie** cult TV series

kul·tisch *adj* REL ritual

kul·ti·vie·ren [kʊltiˈviːrən] *vt* ① *(geh: bewusst pflegen)* to cultivate, to keep up ② AGR *(urbar machen)* ■**etw ~** to cultivate sth ③ *(geh)* ■**etw ~** to cultivate sth

kul·ti·viert [kʊltiˈviːɐt] I. *adj* ① *(gepflegt)* cultivated, refined; ■**~ sein** to be refined [*or* sophisticated] ② *(von feiner Bildung)* ■**~ sein** to be cultured II. *adv* ① *(gepflegt)* sophisticatedly ② *(zivilisiert)* in a refined manner

Kul·ti·vie·rung <-, -en> [kʊltiˈviːrʊŋ] *f* AGR ① *(die Urbarmachung)* cultivation ② AGR *(geh: der Anbau)* cultivation

Kult·ob·jekt *nt* cult object **Kult·stät·te** *f* REL place of ritual worship **Kult·sta·tus** *m kein pl* cult status; **~ erreichen/genießen** to gain/enjoy cult status

Kul·tur <-, -en> [kʊlˈtuːɐ] *f* ① *(Zivilisation)* civilization, culture ② *kein pl (Zivilisationsniveau)* culture; **die Bewohner hatten eine hohe ~ erreicht** the inhabitants had developed a high degree of civilization; **die politische ~** the political culture; **~/keine ~ haben** to be/not be cultured ③ FORST, HORT *(angebauter Bestand)* plantation ④ BIOL *(auf Nährböden gezüchtete Mikroorganismen)* culture ⑤ *kein pl* BIOL *(das Kultivieren)* cultivation

Kul·tur·ab·kom·men *nt* cultural agreement **Kul·tur·amt** *nt* [local] cultural affairs office; **das ~ Ettlingen** the Ettlingen Cultural Affairs Office **Kul·tur·at·ta·ché** *m* cultural attaché **Kul·tur·aus·tausch** *m* cultural exchange **Kul·tur·ba·nau·se** *m* *(pej fam)* philistine *fam* **Kul·tur·be·trieb** *m* cultural activity **Kul·tur·beu·tel** *m* toilet [*or* AM toiletries] bag **Kul·tur·denk·mal** *nt* cultural monument

kul·tu·rell [kʊltuˈrɛl] I. *adj* cultural II. *adv* culturally

Kul·tur·fes·ti·val *nt* cultural festival **Kul·tur·film** *m* documentary [film] **Kul·tur·ge·schich·te** *f kein pl* cultural history, history of civilization **kul·tur·ge·schicht·lich** I. *adj* historico-cultural, relating to history of civilization II. *adv* **~ interessant** [*o* **bedeutsam**] interesting [*or* significant] in terms of cultural history, interesting [*or* significant] from a [*or* AM *usu* an] historico-cultural point of view **Kul·tur·gut** *nt* cultural asset **kul·tur·his·to·risch** *adj s.* **kulturgeschichtlich Kul·tur·ho·heit** *f kein pl* ADMIN control over the domain of education and culture **Kul·tur·kampf** *m kein pl* HIST ■**der ~** the Kulturkampf *(conflict between Prussian state and RC church 1871-87)* **Kul·tur·kreis** *m* cultural environment **kul·tur·kri·tisch** *adj* SOZIOL, PHILOS *(geh)* critical of contemporary culture **Kul·tur·land·schaft** *f* ① *(vom Menschen veränderte Naturlandschaft)* artificial landscape ② *(fig)* cultural scene **Kul·tur·le·ben** *nt kein pl* cultural life **kul·tur·los** *adj (pej)* ■**~ sein** to be uncultured [*or* BRIT *a. fam* yobbish] **Kul·tur·pes·si·mis·mus** *m kein pl (geh)* cultural pessimism **Kul·tur·pflan·ze** *f* cultivated plant **Kul·tur·po·li·tik** *f kein pl* cultural and educational policy **kul·tur·po·li·tisch** I. *adj* cultural and educational policy; **eine ~e Angelegenheit** a matter of cultural and educational policy; **der ~e Ausschuss des Landtags** the cultural and educational policy committee of the regional parliament II. *adv* with regard to cultural and educational policy; **von der Opposition kamen ~ bedeutsame Vorschläge** important proposals regarding cultural and educational policy came from the opposition **Kul·tur·pro·gramm** nt ❶ MEDIA *(Programm kultureller und künstlerischer Darbietungen)* cultural programme [*or* AM -am] *no pl* ❷ TV, RADIO *(Programm, das aus kulturellen Beiträgen besteht)* cultural programme [*or* AM -am] **Kul·tur·re·vo·lu·ti·on** f POL cultural revolution **Kul·tur·schaf·fen·de(r)** f(m) *decl wie adj* creative artist **Kul·tur·scha·le** f Petri dish **Kul·tur·schan·de** f *(pej fam)* ignominy for a civilized nation *pej* **Kul·tur·schock** m culture shock **Kul·tur·stu·fe** f level of civilization **Kul·tur·volk** nt civilized nation **Kul·tur·zen·trum** nt ❶ *(Mittelpunkt, wichtiger Ort des kulturellen Lebens)* cultural centre [*or* AM -er], centre of cultural life ❷ *(größere Anlage mit verschiedenen kulturellen Einrichtungen)* arts centre [*or* AM -er] **Kul·tus·ge·mein·de** [ˈkʊltʊs-] f religious community **Kul·tus·mi·nis·ter(in)** m(f) Minister of Education and the Arts BRIT, Secretary of Education and Cultural Affairs AM **Kul·tus·mi·nis·te·ri·um** nt Ministry of Education and the Arts BRIT, Department of Education and Cultural Affairs AM

Ku·ma·rin <-s> [kumaˈriːn] nt *kein pl* CHEM coumarin **Küm·mel** <-s, -> [ˈkʏml] m ❶ *(Pflanze)* caraway ❷ *kein pl (Gewürz)* caraway [seed] ❸ *(fam: Schnaps)* kümmel

Kum·mer <-s> [ˈkʊmɐ] m *kein pl* ❶ *(Betrübtheit)* grief ❷ *(Unannehmlichkeiten)* problem, trouble; **gibt es irgendwelchen ~?** are there any problems?; **wenn das dein einziger ~ ist** *(fam)* if that's your only problem; [**an**] **~ gewöhnt sein** *(fam)* to be used to trouble; **~ haben** to have worries; **ich sehe doch, dass du ~ hast** I can see that you're worried about something; **jdm ~ machen** [*o* **bereiten**] to cause sb trouble [*or* worry]; **irgend etwas muss ihr wohl ~ bereiten** she must be worried about something or other

Kum·mer·kas·ten·on·kel, -tan·te m, f MEDIA *(fam)* agony aunt BRIT, dear Abby columnist AM

küm·mer·lich [ˈkʏmɐlɪç] **I.** *adj* ❶ *(pej: armselig)* miserable, poor; **eine ~e Mahlzeit** a paltry meal; *(dürftig)* meagre [*or* AM -er]; **von einer ~en Rente leben** ❷ to live on a meagre pension ❷ *(miserabel)* pitiful; **mit dieser ~en Leistung kann sie die Prüfung nicht bestehen** she won't pass the exam with this pitiful effort; **ein ~er Aufsatz** an extremely pathetic essay ❸ *(unterentwickelt)* puny; **ein ~er Baum** a stunted tree **II.** *adv (notdürftig)* in a miserable way; **sie leben sehr ~ von der Arbeitslosenunterstützung** they scrape an existence on unemployment benefit; **Sozialhilfeempfänger müssen sich sehr ~ ernähren** people on benefits must live on a very meagre diet **Küm·mer·ling** <-s, -e> m *(pej fam)* weakling

küm·mern [ˈkʏmɐn] **I.** *vt* ■ **etw/jd kümmert jdn** sth/sb concerns sb; **was kümmert mich das?** what concern is that of mine?; **es hat ihn noch nie gekümmert, was andere von ihm dachten** it never worried him what other people thought of him; **das traurige Kind kümmert mich** I feel sorry for the sad child **II.** *vi (schlecht gedeihen)* to become stunted **III.** *vr* ❶ *(sich jds annehmen)* ■ **sich um jdn ~** to look after sb; **sich um seine Gäste ~** to look after one's guests ❷ *(etw besorgen)* ■ **sich um etw ~** to take care of sth; **wenn du die Hausarbeit machst, kümmere ich mich um den Garten** if you do the housework I'll see to the garden; **ich kann mich nicht um alles ~!** I can't take care of everything!; ■ **sich darum ~, dass** to see to it that; **ich habe mich noch nie darum gekümmert, was andere von mir denken** I've never cared what other people think of me; **kümmere dich um deine eigenen Angelegenheiten** mind your own business **Kum·mer·speck** m *(hum fam)* excess weight due to

emotional problems; **~ ansetzen** to put on weight due to emotional problems **kum·mer·voll** *adj (geh)* sorrowful, woeful *form*, woebegone *liter;* **dein Gesicht ist so ~** you look so sad

Kum·pan(in) <-s, -e> [kʊmˈpaːn] m(f) *(pej fam)* pal *fam*, mate BRIT *fam*, buddy AM *fam* **Kum·pel** <-s, -> m ❶ *(Bergmann)* miner ❷ *(fam: Kamerad)* friend, pal, mate BRIT *fam*, buddy AM *fam;* **Veronika ist ein toller ~** Veronika is a fantastic friend

Ku·mu·la·ti·on <-, -en> [kumulaˈtsi̯oːn] f accumulation

ku·mu·lie·ren [kumuˈliːrən] **I.** *vr (sich anhäufen)* ■ **sich ~** to accumulate **II.** *vt* ■ **etw ~** to amass sth **Ku·mu·lie·rung** <-, -en> f accumulation **Ku·mu·lus·wol·ke** f METEO cumulus [cloud]

künd·bar [ˈkʏntbaːɐ̯] *adj* ❶ *(sich kündigen lassend)* terminable; *Arbeitsvertrag* subject to termination [*or* notice]; ■ **[irgendwie] ~ sein** to be terminable in a certain way; **Angestellte sind nur unter Einhaltung bestimmter Fristen ~** employees can only be dismissed after a certain period of notice; **ältere Mitarbeiter sind nicht mehr ~** older employees can no longer be dismissed ❷ JUR *(Möglichkeit der Kündigung enthaltend)* subject to notice; **bei der Police handelt es sich um einen nach fünf Jahren ~en Vertrag** the policy involves a contract that is subject to five years notice; **das Abonnement ist nur mit Dreimonatsfrist ~** the subscription can only be terminated with three months notice

Kun·de <-, *selten* -en> [ˈkʊndə] f *kein pl (veraltend geh)* news + *sing vb*, tidings *npl;* **jdm eine betrübliche/erfreuliche ~ bringen** to have some bad/good news for sb; **von etw ~ erhalten** to receive news about sth; **von etw ~ geben** [*o* **ablegen**] to bear witness to sth

Kun·de, Kun·din <-n, -n> [ˈkʊndə, ˈkʊndɪn] m, f ❶ *(Käufer)* customer; *(für Dienstleistungen)* client ❷ *(pej fam: Kerl)* customer *pej fam;* **ein ganz übler ~ sein** to be a real nasty customer

kün·den [ˈkʏndn̩] **I.** *vt* ❶ *(geh: ver~)* ■ **etw ~** to presage sth *form* ❷ SCHWEIZ *(kündigen)* to resign **II.** *vi (geh: Zeugnis von etw ablegen)* ■ **von etw ~** to bear witness to sth

Kun·den·be·ra·ter(in) m(f) customer consultant **Kun·den·be·ra·tung** f customer advisory service **Kun·den·dienst** m ❶ *kein pl (Service)* after-sales [*or* customer] service ❷ *(Stelle für Service)* customer support office **Kun·den·dienst·ab·tei·lung** f customer service department **Kun·den·dienst·mit·ar·bei·ter(in)** m(f) customer service employee **Kun·den·dienst·netz** nt customer service [*or* support] network **Kun·den·fang** m *kein pl (pej)* touting for customers *pej;* **auf ~ gehen** to go out touting for customers *pej* **Kun·den·kar·te** f ÖKON store card **Kun·den·kar·tei** f customer file **Kun·den·kreis** m customers *pl; (bei Dienstleistungen)* clients *pl*, clientele **Kun·den·num·mer** f customer account number **Kun·den·ori·en·tie·rung** f *kein pl* ÖKON customer-oriented approach **Kun·den·stock** m ÖSTERR customers *pl* **Kun·den·zeit·schrift** f customer magazine

kund|ge·ben *vt irreg (geh)* ■ **[jdm] etw ~** to make sth known [*or* announce sth] [to sb]; **den Behörden eine Demonstration ~** to announce a demonstration to the authorities **Kund·ge·bung** <-, -en> f POL rally, demonstration

kun·dig [ˈkʊndɪç] *adj* ❶ *(geh: sach~)* knowledgeable, well-informed; **sie ist ~er als ihr Vorgänger** she's better informed than her predecessor; **sich in einer S./auf einem Gebiet ~ machen** to inform oneself about sth/a subject ❷ *(veraltend geh: etw beherr-*

schen) ■ **einer S. gen ~ sein** to be an adept at sth **kün·di·gen** ['kʏndɪɡn] **I.** vt ➊ *(Arbeitsverhältnis vorschriftsmäßig beenden)* ■ **etw ~** to hand in one's notice, to quit; **seine Arbeit/seinen Job/seine Stelle ~** to hand in one's notice ➋ *(die Aufhebung von etw anzeigen)* to cancel, to terminate; ■ **[jdm] etw ~** to give [sb] notice of cancellation with regards to sth; **Zeitschriftenabonnements können nur mit einer Frist von drei Monaten gekündigt werden** magazine subscriptions can only be cancelled by giving three months notice; **etw unter Einhaltung der Frist ~** to cancel sth by observing the period of notice; **ich habe der Vermieterin die Wohnung gekündigt** I've given the landlady notice that I'm vacating [the flat] ➌ FIN ■ **[jdm] etw ~** to give [sb] notice of withdrawal of sth; **ich habe erst mal 4.000 Euro von meinem Sparbuch gekündigt** I've given notice to withdraw 4,000 euros from my savings book; **jdm den Kredit ~** to discontinue sb's credit ➍ *(die Entlassung ankündigen)* ■ **jdn ~** to dismiss [*or* lay off] sb *sep;* **jdn fristlos ~** to dismiss sb instantly; **laut Vertrag kann man sie nur mit einer Frist von sechs Monaten ~** according to the contract she has to be given six months notice **II.** vi ➊ *(das Ausscheiden ankündigen)* ■ **[jdm] ~** to hand in one's notice [to sb]; **sie hat ihrem Arbeitgeber gekündigt** she handed in her notice to her employer; ■ **bei jdm ~** to give sb one's notice ➋ *(die Entlassung ankündigen)* ■ **jdm ~** to give sb his/her notice, to lay off sb *sep* ➌ JUR ■ **jdm ~** to give sb notice to quit; **die Vermieterin hat mir gekündigt** the landlady gave me notice to quit; **denke daran, dass du dem Vermieter mit Dreimonatsfrist ~ musst** don't forget you have to give the landlord three months notice

Kün·di·gung <-, -en> f ➊ *(das Kündigen)* cancelling ➋ JUR cancellation; **die ~ der Versicherung ist erst nach einem Jahr möglich** you can only cancel the insurance after a year ➌ FIN notice of withdrawal; **der Betrag kann erst nach erfolgter ~ abgehoben werden** the amount can only be withdrawn after having given prior notice; **wenn sich die Ertragslage eines Unternehmens verschlechtert, kann es zur ~ des Kredites durch die Bank kommen** if the profitability of a firm deteriorates the bank may withdraw credit ➍ *(Beendigung des Arbeitsverhältnisses durch den Arbeitnehmer)* handing in [or giving] one's notice; **was hat dein Chef zu deiner ~ gesagt?** what did your boss say about your handing in your notice?; *(durch den Arbeitgeber)* dismissal; **die ~ eines älteren Arbeitnehmers ist kaum noch möglich** it is almost impossible to dismiss older employees any more; **mit seiner ~ rechnen** to expect to be fired

Kün·di·gungs·frist f period of notice **Kün·di·gungs·grund** m grounds [*or* reason] for giving notice; **ohne ~ kann keinem Beschäftigten gekündigt werden** no employee can be given notice without reason **Kün·di·gungs·schutz** m protection against unfair dismissal

Kun·din <-, -nen> f fem form von **Kunde**
Kund·schaft <-, -en> ['kʊntʃaft] f ➊ *(Kundenkreis)* customers *pl; (bei Dienstleistungen)* clientele ➋ *(Kunden)* customers *pl*, clients *pl*, clientele
Kund·schaf·ter(in) <-s, -> m(f) MIL *(veraltend)* scout
kund|tun vt irreg *(veraltend geh)* ■ **[jdm] etw ~** to make sth known [to sb]
künf·tig ['kʏnftɪç] **I.** adj ➊ *(zu~)* future, prospective; **jds ~e Ehefrau/~er Ehemann** sb's future wife/husband ➋ *(kommend)* future, to come; **~e Generationen** generations to come **II.** adv *(in Zukunft)* in [*or* AM in the] future; **etw ~ vermeiden** to avoid sth in future

Kun·ge·lei <-, -en> [kʊŋə'lai] f *(pej fam)* wheeling and dealing *pej fam;* **geheime ~** secret wheeling and dealing
kun·geln ['kʊŋln] vi *(pej fam)* ■ **mit jdm [um etw] ~** to strike a bargain with sb [about sth]
Kunst <-, Künste> [kʊnst, *pl:* 'kʏnstə] f ➊ KUNST art; **abstrakte ~** abstract art; **die bildende ~** graphic art; **die schönen Künste** the fine arts ➋ *kein pl (Schulfach)* art ➌ *(Fertigkeit)* art, skill; **das ist eine ~ für sich** that's an art in itself; **die schwarze ~** black magic; **eine brotlose ~ sein** *(fam)* to be unprofitable; **Dichten ist eine brotlose ~** there's no money in poetry; **mit seiner ~ am Ende sein** to be at a total loss; **seine ~ an etw versuchen** dat to try one's hand at sth ▶ WENDUNGEN: **das ist [o darin besteht] die ganze ~** that's all there is to it; **was macht die ~?** *(fam)* how's it going?, BRIT a. how are tricks?; **keine ~ sein** *(fam)* to be easy [or simple] [or nothing]
Kunst·aka·de·mie f academy of arts, art college **Kunst·aus·stel·lung** f art exhibit[ion] **Kunst·ba·nau·se** m *(pej)* philistine *pej* **Kunst·druck** m art print[ing] **Kunst·dün·ger** m artificial fertilizer [*or* manure] **Kunst·er·zie·her(in)** m(f) *(geh)* art teacher **Kunst·er·zie·hung** f *(geh)* art teaching **Kunst·fa·ser** f synthetic fibre [*or* AM -er] **Kunst·feh·ler** m malpractice, professional error **kunst·fer·tig I.** adj *(geh)* skilful BRIT, skillful AM, expert **II.** adv skilfully BRIT, skillfully AM **Kunst·fer·tig·keit** f *(geh)* skill, skilfulness BRIT, skillfullness AM, craftsmanship **Kunst·film** m artistic film; *(als Teil einer Reihe a.)* genre film **Kunst·flug** m aerobatics + *sing vb* **Kunst·freund(in)** m(f) art lover **Kunst·ga·le·rie** f art gallery **Kunst·gat·tung** f KUNST genre **Kunst·ge·gen·stand** m objet d'art **kunst·ge·recht** adj skilful BRIT, skillful AM, expert; **sie legte ihm einen ~en Kopfverband an** she expertly bandaged his head **Kunst·ge·schich·te** f ➊ *kein pl (Geschichte der Kunst)* history of art, art history ➋ *(Werk über ~)* work on the history of art **Kunst·ge·wer·be** nt kein pl ➊ *(Wirtschaftszweig)* arts and crafts ➋ *(kunstgewerbliche Gegenstände)* crafts **kunst·ge·werb·lich** adj craft; **~e Erzeugnisse** craft products, crafts **Kunst·griff** m trick, dodge **Kunst·han·del** m art trade **Kunst·händ·ler(in)** m(f) art dealer **Kunst·hand·werk** nt kein pl KUNST, ÖKON craft[work] *no pl* **Kunst·harz** nt synthetic resin **Kunst·herz** nt artificial heart **Kunst·his·to·ri·ker(in)** m(f) KUNST, HIST, SCH art historian **kunst·his·to·risch I.** adj art-historical; **ein ~es Werk** an art-historical work **II.** adv as far as the history of art is concerned; **diese Veröffentlichung ist ~ von großem Interesse** this publication is of great interest as far as the history of art is concerned; **sie ist ~ interessiert** she is interested in art history **Kunst·ho·nig** m artificial honey **Kunst·ken·ner(in)** m(f) art connoisseur **Kunst·kri·ti·ker(in)** m(f) art critic **Kunst·le·der** nt imitation leather **Kunst·le·der·ses·sel** m imitation [*or* artificial] leather armchair **Kunst·leh·rer(in)** m(f) art teacher
Künst·ler(in) <-s, -> ['kʏnstlɐ] m(f) ➊ *(bildender ~)* [visual] artist, artiste; **freischaffender ~** free-lance artist ➋ *(Könner)* genius, wizard
künst·le·risch ['kʏnstlərɪʃ] adj artistic; **eine ~e Begabung** an artistic talent
Künst·ler·ko·lo·nie f colony of artists **Künst·ler·na·me** m pseudonym; *Schauspieler* stage name **Künst·ler·pech** nt kein pl *(hum fam)* hard luck *no pl*
künst·lich ['kʏnstlɪç] **I.** adj ➊ *(industriell hergestellt)* artificial, synthetic; **~e Wimpern/Zähne** false lashes/teeth; **ist der Rubin echt oder ~?** is that an imitation ruby or a genuine one? ➋ *(nicht natürlich)* artificial ➌ MED *(nicht natürlich erfolgend)* artificial; **~e Befruchtung** artificial insemination ➍ *[fam: aufge-*

setzt) feigned, false, faked, spurious; **~ Erregung** feigned excitement; ■ **~ sein** to be affected [*or* feigned]; **ob ihre Erregung echt oder nur ~ ist?** I wonder if she's really excited or just putting it on **II.** *adv* ❶ *(fam: beabsichtigt)* affectedly; **rege dich doch nicht ~ auf, so schlimm ist es nicht!** stop making out you're upset, it's not that bad!, stop getting all worked up about nothing! ❷ *(industriell)* artificially, synthetically ❸ *(mit Hilfe von Apparaten)* artificially **Kunst·licht** *nt* artificial light **Kunst·lieb·ha·ber(in)** *m(f)* KUNST art lover **Kunst·lied** *nt* art song **Kunst·ma·ler(in)** *m(f) (geh)* artist, painter **Kunst·ne·bel** *m* dry ice *no pl* **Kunst·pau·se** *f* deliberate [*or* dramatic] pause, pause for effect; **eine ~ machen** to pause deliberately **Kunst·pro·dukt** *nt* artificial product **Kunst·rich·tung** *f* KUNST trend in art **Kunst·samm·lung** *f* art collection **Kunst·schät·ze** *pl* art treasures *pl* **Kunst·schnee** *m* artificial [*or* synthetic] snow **kunst·sin·nig** *adj (geh)* appreciative of art; ■ **~ sein** to be appreciative of art **Kunst·spra·che** *f* artificial language
Kunst·stoff *m* synthetic material, plastic
Kunst·stoff·fo·lieRR *f*, **Kunst·stoffo·lie**ALT *f* plastic foil **Kunst·stoff·ge·häu·se** *nt* plastic housing **Kunst·stoff·pan·zer** *m* SPORT plastic protector **Kunst·stoff·ra·sen** *m* synthetic lawn
Kunst·stück *nt* ❶ *(artistische Leistung)* trick ❷ *(schwierige Leistung)* feat; **kein ~ sein** to not be anything special; **das ist doch kein ~!** there's nothing to it!, it's a piece of cake! [*or* BRIT *a.* doddle!]; **~!** *(iron)* so what! **Kunst·tisch·ler(in)** *m(f)* cabinetmaker **Kunst·un·ter·richt** *m* art lesson[s] **Kunst·ver·stand** *m* appreciation of art **kunst·ver·stän·dig** *adj* appreciative of art; **ich sehe, dass Sie ein ~er Mensch sind** I see you're a person who appreciates art **kunst·voll I.** *adj* ornate, elaborate, artistic **II.** *adv* ornately **Kunst·werk** *nt* work of art **Kunst·wis·sen·schaft** *f* aesthetics *+ sing vb,* AM *a.* esthetics *+ sing vb* **Kunst·wort** *nt* invented [*or* coined] word
kun·ter·bunt ['kʊntɐbʊnt] **I.** *adj* ❶ *(vielfältig)* varied ❷ *(sehr bunt)* multi-coloured [*or* AM -colored] ❸ *(wahllos gemischt)* motley; **ein ~es Durcheinander** a jumble **II.** *adv (ungeordnet)* **~ durcheinander** completely jumbled up
Kup·fer <-s, -> ['kʊpfɐ] *nt* ❶ *kein pl* CHEM copper *no pl* ❷ *(Kupferstich)* copperplate engraving [*or* print]; **etw in ~ stechen** to engrave [*or* etch] sth on copper **Kup·fer·dach** *nt* copper roof **Kup·fer·draht** *m* copper wire
kup·fer·hal·tig *adj inv* GEOL, CHEM containing copper *pred,* cupriferous *spec;* **die Lösung ist ~** the [*or* this] solution contains copper, this is a cupriferous *spec* solution
Kup·fer·ka·bel *nt* copper cable **Kup·fer·mün·ze** *f* copper coin
kup·fern ['kʊpfɐn] *adj* copper
Kup·fer·rohr *nt* copper pipe **Kup·fer·schmied(in)** *m(f)* coppersmith **Kup·fer·ste·cher(in)** <-s, -> *m(f)* copperplate engraver **Kup·fer·stich** *m* copperplate engraving [*or* print]
Ku·pon <-s, -s> [ku'põː] *m s.* **Coupon**
Kup·pe <-, -n> ['kʊpə] *f* ❶ *(Bergkuppe)* [rounded] hilltop ❷ *(Straßenwölbung)* hump, crest ❸ *(Fingerkuppe)* tip
Kup·pel <-, -n> ['kʊpl̩] *f* dome, cupola
Kup·pel·dach *nt* domed roof
Kup·pe·lei <-, -en> [kʊpə'lai] *f* JUR procuration
kup·peln[1] ['kʊpl̩n] *vi* AUTO to operate the clutch
kup·peln[2] ['kʊpl̩n] *vt* ■ **etw an etw ~** *akk* to couple sth to sth
Kupp·ler(in) <-s, -> ['kʊplɐ] *m(f) (pej)* matchmaker
Kupp·lung <-, -en> ['kʊplʊŋ] *f* ❶ AUTO clutch; **die ~**

kommen lassen to let the clutch out, to release the clutch; **die ~ schleifen lassen** to let the clutch slip; **die ~ treten** [*o durchtreten*] to depress [*or sep* push down] the clutch; **die ~ ganz durchtreten** to depress the clutch fully, to push down the clutch all the way ❷ *(Anhängevorrichtung)* coupling
Kupp·lungs·be·lag *m* clutch lining **Kupp·lungs·pe·dal** *nt* clutch pedal **Kupp·lungs·schei·be** *nt* clutch plate **Kupp·lungs·seil** *nt* clutch cable
Kur <-, -en> [kuːɐ̯] *f* ❶ *(Heilverfahren)* course of treatment; **in** [*o zur*] **~ fahren** to go to a health resort; **zur ~ sein** to stay at a health resort; **eine ~ machen, sich einer ~ unterziehen** to undergo a course of treatment; **jdn zur ~ schicken** to send sb to a health resort ❷ *(Haarkur)* conditioner
Kür <-, -en> [kyːɐ̯] *f* SPORT free style [*or* section]; **eine ~ laufen/tanzen/turnen** to complete the free section
Kur·an·trag *m* application for a course of treatment **Kur·arzt, -ärz·tin** *m, f* doctor at a health resort [*or* spa]
Ku·ra·tor(in) <-s, -toren> [ku'raːtoːɐ̯, *pl:* kura'toːrən] *m(f)* ❶ *(Treuhänder)* trustee ❷ *(Museum)* curator ❸ SCH *(Justitiar)* registrar ❹ *(veraltet: Vormund)* guardian
Ku·ra·to·ri·um <-s, -rien> [kura'toːri̯ʊm, *pl:* -riən] *nt* committee
Kur·auf·ent·halt *m* stay at a health resort
Kur·bel <-, -n> ['kʊrbl̩] *f* crank; *altes Automobil* starting handle
kur·beln ['kʊrbl̩n] **I.** *vi (die Kurbel drehen)* to wind, to crank **II.** *vt (mit der Kurbel bewegen)* ■ **etw ~** to wind sth; **kurble bitte die Markise über die Terrasse** wind the awning down over the terrace, please
Kur·bel·wel·le *f* crankshaft
Kür·bis <-ses, -se> ['kʏrbɪs] *m* ❶ BOT pumpkin ❷ *(sl: Kopf)* nut *sl*
Kür·bis·kern *m* pumpkin seed **Kür·bis·kern·öl** *nt* pumpkin seed oil
Kur·dau·er *f* duration of the course of treatment **Kur·di·rek·tor(in)** *m(f)* manager of a health resort
Kur·disch ['kʊrdɪʃ] *nt decl wie adj* Kurdish; *s. a.* **Deutsch**
kur·disch ['kʊrdɪʃ] *adj* Kurdish; *s. a.* **deutsch**
Kur·di·sche <-n> ['kʊrdɪʃə] *nt* ■ **das ~** Kurdish, the Kurdish language; *s. a.* **Deutsche**
ku·ren ['kuːrən] *vi (fam)* to go on a health cure
kü·ren <kürte *o (selten)* kor, gekürt> ['kyːrən] *vt (geh)* ■ **jdn** [*zu etw*] **~** to elect sb to [*or* choose sb for] sth; **sie wurde von der Jury zur besten Eisläuferin gekürt** she was chosen by the judges as the best iceskater
Kur·fürst *m* HIST elector
Kur·fürs·ten·tum *nt* HIST electorate
Kur·gast *m* visitor to a health resort **Kur·haus** *nt* assembly rooms [at a health resort]
Ku·rie <-, -n> ['kuːri̯ə] *f* REL Curia
Ku·ri·en·kar·di·nal *m* REL cardinal of the Roman curia
Ku·rier <-s, -e> [ku'riːɐ̯] *m* ❶ *(Bote)* courier, messenger ❷ *(Schnelllieferant)* courier ❸ *(Überbringer)* courier; **er hat für die Mafia den ~ gemacht und Drogen geschmuggelt** he was a drugs runner for the Mafia
Ku·rier·dienst *m (Dienstleistung)* courier service; *(Firma)* courier firm
ku·rie·ren' [ku'riːrən] *vt* ❶ *(heilen)* ■ **jdn** [**von etw**] **~** to cure sb [of sth] ❷ *(fam: befreien)* ■ **jdn von jdm/ etw ~** to cure sb of sb/sth; **dieser Schock hat sie von ihren Fantastereien kuriert** this shock cured her of her fantasies; ■ **von jdm/etw] kuriert sein** to have got over [*or* be cured of] [sb/sth]; **ich bin von ihm kuriert** I've got over him
ku·ri·os [ku'ri̯oːs] **I.** *adj (geh)* curious, odd, strange,

funny **II.** *adv (geh)* curiously, oddly; **warum bist du so ~ gekleidet?** why are you dressed so oddly?

Ku·ri·o·si·tät <-, -en> [kurˌioziˈtɛt] *f (geh)* ➊ *(Merkwürdigkeit)* oddity, peculiarity ➋ *(merkwürdiger Gegenstand)* curiosity

Ku·ri·o·sum <-s, Kuriosa> [kuˈri̯oːzʊm, *pl:* -za] *nt s.* **Kuriosität 1**

Kur·kon·zert *nt* concert at a health resort

Kur·ku·ma [ˈkʊrkuma, *pl:* -ˈkuːmən] *nt* BOT curcuma

Kurkuma *f kein pl* turmeric

Kur·mit·tel *nt* health resort treatment **Kur·ort** *m* health resort, spa **Kur·park** *m* gardens of a health resort **Kur·pfu·scher(in)** *m(f) (pej fam)* quack *pej fam* **Kur·pfu·sche·rei** [kuːɐ̯pfʊʃəˈrai] *f kein pl (pej fam)* quackery *pej fam* **Kur·pfu·sche·rin** <-, -nen> *f fem form von* **Kurpfuscher**

Kurs¹ <-es, -e> [kʊrs, *pl:* ˈkʊrzə] *m* ➊ LUFT, NAUT *(Richtung)* course; **jdn/etw vom ~ abbringen** to put sb/sth off course; **der Sturm hat uns um drei Grad vom ~ abgebracht** the storm has put us off course by three degrees; **vom ~ abkommen** to deviate from one's/its course; **den/seinen ~ beibehalten** [*o* **halten**] to maintain [one's] course; **auf bestimmten ~ gehen** to set a certain course; **wenn wir auf südsüdöstlichen ~ gehen, müssten wir die Insel in drei Tagen erreichen** if we set a south-south-easterly course we should reach the island in three days; **~ auf etw haben** *akk* to be heading for sth; **~ auf etw nehmen** *akk* to set course for sth; **einen [bestimmten] ~ steuern** to steer a certain course; **es war nicht mehr feststellbar, welchen ~ das Schiff steuerte** it was no longer possible to determine which course the ship was steering; **den ~ wechseln** to change course ➋ *(Zielsetzung)* course; **jdn vom ~ abbringen** to throw sb off course; **den/seinen ~ beibehalten** to maintain [one's] course; **jdn auf ~ bringen** to bring sb into line; **ihre Kollegen werden sie schon auf ~ bringen** their colleagues will bring them into line; **einen bestimmten ~ einschlagen** to take a certain course; *(politische Linie)* policy, course; **harter/weicher ~** hard/soft line ➌ *(Wechselkurs)* exchange rate; **der ~ Dollar zu Euro steht im Moment bei eins zu 1,75** the exchange rate between the dollar and the euro is currently 1.75; **zu einem bestimmten ~ at a certain rate; **Schwarzhändler tauschen dir den Euro zu einem günstigen ~** you'll get a favourable rate for your euros on the black market; **etw außer ~ setzen** to take sth out of circulation; **Zahlungsmittel, die außer ~ gesetzt wurden, sind nicht länger gültig** currency taken out of circulation is no longer valid ➍ BÖRSE *(Marktpreis)* price; **die Maßnahmen der Bundesbank haben die ~ einiger Aktien gestärkt** measures taken by the Bundesbank have strengthened the price of some shares; **hoch im ~ [bei jdm] stehen** *(a. fig)* to be very popular [with sb] *a. fig*, to be at a high rate; **antike Vasen stehen derzeit hoch im ~** antique vases are currently very popular; **im ~ fallen** to fall [*or* drop] in price; **die Aktien der Schlüter AG sind letztens etwas im ~ gefallen** Schlüter AG shares have fallen somewhat recently

Kurs² <-es, -e> [kʊrs, *pl:* ˈkʊrzə] *m (Lehrgang)* course, class; **einen ~ [in etw** *dat*] **besuchen** to attend a course [in sth]

Kurs·ab·wei·chung *f* course deviation **Kurs·än·de·rung** *f* change in course **Kurs·an·stieg** *m* rise in [market] prices

Kurs·be·ginn *m* commencement of a course; **~ ist der 01.04.** the course starts on 01/04

Kurs·bei·be·hal·tung *f* staying on course; **bei schlechtem Wetter ist die ~ schwierig** maintaining course is difficult in bad weather; **der Autopilot** sorgt für die ständige ~ the autopilot keeps the course constant **Kurs·buch** *nt* [railway] timetable **Kur·schat·ten** *m (hum fam)* romance at a health resort **Kürsch·ner(in)** <-s, -> [ˈkʏrʃnɐ] *m(f)* furrier **Kurs·dau·er** *f* course duration

Kur·se [ˈkʊrzə] *pl von* **Kursus**

Kurs·ein·bruch *m* ÖKON slump [*or* sharp [*or* sudden] fall] in prices; **der Dollar erlitt einen ~** the value of the dollar slumped [*or* fell sharply]

Kurs·en·de *nt* end of a course

kur·sie·ren* [kʊrˈziːrən] *vi* ➊ *(umgehen)* ■ [**unter jdm**] **~** to circulate [*or* go around] [among people]; **da ~ vielleicht Gerüchte unter den Studenten!** rumours are really circulating among the students! ➋ *(umlaufen)* ■ [**irgendwo**] **~** to be in circulation [somewhere]; **seit einiger Zeit ~ in der Stadt falsche Hunderteuroscheine** forged one hundred euro notes have been in circulation in the town for some time

kur·siv [kʊrˈziːf] **I.** *adj* italic; ■ **~ sein** to be in italics **II.** *adv* in italics

Kur·si·ve <-, -n> [kʊrˈziːvə] *f*, **Kur·siv·schrift** [kʊrˈziːf-] *f* italics

Kurs·kor·rek·tur *f* course correction

Kurs·lei·ter(in) *m(f)* course director

Kurs·no·tie·rung *f* ÖKON quoted price, [price] quotation **kur·so·risch** [kʊrˈzoːrɪʃ] **I.** *adj (geh)* cursory **II.** *adv (geh)* cursorily

Kurs·rück·gang *m* BÖRSE fall [*or* decline] in prices [*or* the exchange rate]; **der ~ hat verheerende Wirkung auf die Wirtschaft des armen Landes** the fall in the exchange rate had a devastating effect on the economy of the poor country **Kurs·schwan·kungen** *pl* BÖRSE price fluctuation **Kurs·stei·ge·rung** *f* BÖRSE rise [*or* increase] in prices [*or* the exchange rate]; **durch die ~ wurde er noch reicher als zuvor** thanks to the rise in the exchange rate [*or* prices] , he was even richer than before

Kur·stadt *f* spa town

Kurs·teil·neh·mer(in) *m(f)* course participant, participant in a course

Kur·sus <-, Kurse> [ˈkʊrzʊs, *pl:* ˈkʊrzə] *m (geh) s.* **Kurs²**

Kurs·ver·lust *m* BÖRSE price loss, loss on the exchange **Kurs·wa·gen** *m* BAHN through coach

Kur·ta·xe *f* health resort tax on visitors

Kur·ti·sa·ne <-, -n> [kʊrtiˈzaːnə] *f* HIST courtesan **Kur·tscha·to·vi·um** <-s> [kʊrtʃaˈtoːvi̯ʊm] *nt kein pl* CHEM kurtschatovium

Kur·ve <-, -n> [ˈkʊrvə] *f* ➊ TRANSP bend; **aus der ~ fliegen** *(fam)* to leave the road on the bend; **sich in die ~ legen** to lean into the bend; **eine ~ machen** to bend; **die Straße macht eine scharfe ~** the road bends sharply; **die ~ schneiden** to cut the corner ➋ *(gekrümmte Linie)* curve; **die Temperatur wird in einer ~ aufgezeichnet** the temperature is recorded in a curve ➌ *pl (fam: Körperrundung)* curves *pl;* **du darfst nicht nur auf ihre ~n schauen, sie hat doch auch andere Qualitäten** you shouldn't just look at her curves, she has other qualities too ▶ WENDUNGEN: **die ~ kratzen** *(fam)* to clear off; **die ~ kriegen** *(fam)* to get around to doing sth

kur·ven [ˈkʊrvn̩] *vi sein (fam)* ➊ *(sich in einer gekrümmten Linie bewegen)* to turn; **der Radfahrer kam plötzlich um die Ecke gekurvt** the cyclist suddenly turned the corner; **was kurvt der Flieger so niedrig über der Gegend?** why is the pilot circling so low over the area? ➋ *(ziellos fahren)* ■ **durch etw ~** to drive around sth; **wir sind ein paar Wochen durch Spanien gekurvt** we drove around Spain for a few weeks

Kur·ven·li·ne·al *nt* curve template **kur·ven·reich** *adj*

❶ *(viele Kurven aufweisend)* winding, full of bends, curvy; ■ ~ **sein** to be winding; **im Gebirge sind Straßen ~er** there are more bends in mountain roads ❷ *(hum fam: weibliche Formen habend)* shapely

Kur·ver·wal·tung *f* administrative authority of a health resort

kur·vig [ˈkʊrvɪç] *adj s.* **kurvenreich 1**

kurz <kürzer, kürzeste> [kʊrts] **I.** *adj* ❶ *(räumlich von geringer Länge)* short; ■ [**zu**] ~ **sein** to be [too] short; **das Kleid ist doch ein wenig ~** the dress is a little short; *s. a.* **Hose** ❷ *(zeitlich von geringer Länge)* brief, short; **ein ~er Blick reichte** a brief glance was sufficient; **die Pause von fünf Minuten war mir einfach zu ~** the five minute break was simply too short for me; *s. a.* **Gedächtnis** ❸ *(knapp)* brief; **bitte etwas kürzer** please be a little briefer; **der Artikel war zwar ~, aber dafür umso prägnanter** although the article was short, it was all the more succinct for it; **~ und bündig** brief and succinct; *s. a.* **Wort** ❹ *(nicht lang betont)* short; **~e Silben** short syllables ▶ WENDUNGEN: [**in etw** *dat*] **den Kürzeren ziehen** *(fam)* to come off worst **II.** *adv* ❶ *(räumlich)* short; **unsere Artillerie schießt zu ~!** our artillery is falling short!; **~ geschnitten** *attr* cut short *pred;* **mit ~ geschnittenen Haaren brauche ich nicht stundenlang vor dem Spiegel zu stehen** with my hair cut short I don't need to spend hours in front of the mirror; **das ~ geschnittene Haar steht dir besser** short hair suits you better; [**jdm**] **etw kürzer machen** MODE to shorten sth [for sb]; **können Sie mir die Hose etwas kürzer machen?** can you shorten my trousers for me? ❷ *(zeitlich)* for a short time; **etw ~ braten** to flash-fry sth; **sich ~ fassen, es ~ machen** to be brief; **jdn ~ sprechen** to have a quick word with sb; **bis vor ~em** up until a short while ago; **bis vor ~em hatte ich noch eine gute Meinung von ihr** I still had a good opinion of her up until a short while ago; **seit ~em** for a short while, lately; **wir sind erst seit ~em verlobt** we've only been engaged for a short while; **seit ~em kommt er sehr früh von der Arbeit** lately he's been coming home very early from work; **vor ~em** a short while [*or* time] ago; **~ bevor** just before; **~ gesagt** in a word; **~ nachdem** shortly after; **über ~ oder lang** sooner or later ❸ *(wenig)* shortly; **die Konferenz wird ~ vor Pfingsten stattfinden** the conference will take place shortly before Whitsun ▶ WENDUNGEN: **~ angebunden sein** *(fam)* to be abrupt [*or* curt] [*or* short-spoken]; **was bist du denn immer so ~ angebunden mit mir?** why are you always so abrupt with me?; **~ entschlossen** without a moment's hesitation; **wenn es um Entscheidungen geht, ist sie immer ~ entschlossen** when decisions have to be made there's never any hesitation on her part; **~ und gut** in a word; **~ und gut, ich bin pleite** in a word, I'm broke; **etw ~ und klein hauen** [*o* **schlagen**] *(fam)* to smash sth to pieces; **~ und schmerzlos** *(fam)* quick and painlessly, simply and plainly *fam;* **du bringst es ihr am besten ~ und schmerzlos bei, dass du ihr Geld verloren hast** you had best tell her straight out that you've lost her money; [**bei etw**] **zu ~ kommen** to lose out [with sth]; **Angst haben, zu ~ zu kommen** to be afraid one will miss out

Kurz·ar·beit *f kein pl* short-time work **kurz|ar·bei·ten** *vi* to work short-time **Kurz·ar·bei·ter(in)** *m(f)* short-time worker **kurz·är·me·lig, kurz·ärm·lig** *adj* short-sleeved **kurz·at·mig** *adj* short-winded; ■ **~ sein** to be short of breath **Kurz·brief** *m* brief memo

Kur·ze(r) [ˈkʊrtsə, -tsə] *m decl wie adj (fam)* ❶ *(Schnaps)* schnapps ❷ *(Kurzschluss)* short-circuit

Kür·ze <-, <*selten* -n> [ˈkʊrtsə] *f* ❶ *kein pl (kurze räumliche Länge)* shortness ❷ *kein pl (kurze Dauer)*

shortness; **in der ~ der zur Verfügung stehenden Zeit sind die Arbeiten nicht zu erledigen** the work cannot be completed in the short time available; **in ~** shortly, soon, in the near future ❸ *kein pl (Knappheit)* brevity, shortness; **in aller ~** very briefly ❹ LIT *(kurze Silbe)* ▶ WENDUNGEN: **in der ~ liegt die Würze** *(prov)* brevity is the soul of wit *prov*

Kür·zel <-s, -> [ˈkʏrtsl̩] *nt* ❶ *(stenografisches ~)* shorthand symbol ❷ *(Kurzwort)* abbreviation

kür·zen [ˈkʏrtsn̩] *vt* ❶ *(in der Länge verringern)* ■ **etw** [**um etw**] ~ to shorten sth [by sth]; **können Sie mir die Hose um einen Zentimeter ~?** can you shorten these trousers for me by a centimetre? ❷ *(im Umfang verringern)* ■ **etw ~** to shorten sth; **ich habe meinen Artikel um die Hälfte gekürzt** I've shortened my article by fifty percent; **das Buch wurde vom Verlag auf lediglich 150 Seiten gekürzt** the publishers shortened the book to a mere 150 pages; **eine gekürzte Fassung eines Buches** the abridged edition of a book ❸ *(verringern)* ■ **etw** [**um/auf etw** *akk*] ~ to cut [*or* reduce] [*or* slash] sth [by/to sth]; **die Opposition verlangt, den Etat um drei Prozent auf 289 Millionen Euro zu ~** the opposition is demanding that the budget be cut by three percent to 289 million euros ❹ MATH **einen Bruch ~** to reduce a fraction

kur·zer·hand [ˈkʊrtsɐˈhant] *adv* there and then, without further ado; **jdn ~ entlassen** to dismiss somebody on the spot

Kurz·fas·sung *f* abridged version; **in ~** in an abridged version; **in den Kurznachrichten werden die Meldungen des Tages noch einmal in ~ gebracht** in news bulletins the day's news is broadcast again in brief; **also, jetzt noch mal ganz ruhig und in ~, was ist passiert?** okay, just calm down and tell me briefly what happened **Kurz·film** *m* short film **Kurz·form** *f* shortened form **kurz·fris·tig** [ˈkʊrtsfrɪstɪç] **I.** *adj* ❶ *(innerhalb kurzer Zeit erfolgend)* at short notice; **bei ~er Bestellung des Artikels können wir Ihnen Lieferung bis zum 31. zusagen** if the item is ordered quickly we can promise delivery by the 31st; **jds ~e Anreise** sb's sudden arrival; **die ~e Programmänderung bitten wir zu entschuldigen** we apologize for the programme alteration that occurred at such short notice; **Ihre Zusage war zu ~** you didn't give enough notice for your consent ❷ *(für kurze Zeit geltend)* short-term, of short duration; **ich kann mir nur einen ~en Urlaub genehmigen** I can only permit myself a short holiday; **die ~e Wettervorhersage** the short-range weather forecast **II.** *adv* ❶ *(innerhalb kurzer Zeit)* within a short [period of] time; **wegen unvorhergesehener Probleme mussten wir den Plan ~ ändern** because of unforeseen problems we had to change the plan at short notice; **jdn etw ~ wissen lassen** to let sb know without delay ❷ *(für kurze Zeit)* briefly, for a short time; **wir unterbrechen unser Programm ~ für eine wichtige Durchsage** we are briefly interrupting our programme for an important announcement; **~ gesehen** viewed in the short term **Kurz·geschich·te** *f* short story **kurz·haa·rig** *adj* short-haired; **eine ~e Frisur** a short haircut **kurz|hal·ten** *vt irreg* **jdn ~** to keep sb short **kurz·le·big** [ˈkʊrtsleːbɪç] *adj* ❶ *(nicht lange lebend)* short-lived, ephemeral; **ich möchte keine ~en Bäume im Garten** I don't like trees in the garden that only live for a short time; ■ **~ sein** to be short-lived ❷ MODE *(nur vorübergehend modisch)* short-lived; **diese engen Hosen haben sich als ~ herausgestellt** these narrow trousers have proved to be short-lived ❸ ÖKON *(nicht lange haltend)* non-durable, perishable; ■ **~ sein** to be non-durable; **Konsumgüter werden immer ~er** consumer goods are becoming less and less durable ❹ NUKL *(nur kurze Zeit existierend)* having a short life; **~e Teilchen** particles that have a short life

kürz·lich ['kʏrtslɪç] *adv* recently, not long ago

Kurz·mel·dung *f* newsflash **Kurz·nach·rich·ten** *pl* news in brief + *sing vb,* summary of the news **Kurz·par·ker(in)** <-s, -> *m(f)* short-term parking; **die Parkplätze sind für ~ bestimmt** the parking spaces are for short-term parking; **nur für ~** short-term parking only

kurz|schlie·ßen *irreg* **I.** *vt (unter Umgehung verbinden)* ▪ **etw ~** to short-circuit sth **II.** *vr (sich in Verbindung setzen)* ▪ **sich mit jdm ~** to get in touch with sb

Kurz·schluss^{RR} *m* ❶ ELEK short-circuit; **einen ~ haben** to short-circuit ❷ PSYCH *(Affekthandlung)* panic, moment of madness, rash action **Kurz·schluss·re·ak·ti·on**^{RR} *f* knee-jerk reaction

Kurz·schrift *f* shorthand, stenography **kurz·sich·tig** **I.** *adj* ❶ *(an Kurzsichtigkeit leidend)* short *[or esp* AM near] -sighted ❷ *(einen begrenzten Horizont habend)* short-sighted, myopic **II.** *adv (beschränkt)* in a short-sighted manner; **du denkst zu ~** you're too short-sighted in your thinking **Kurz·sich·tig·keit** <-, -en> *f* ❶ *(Art der Fehlsichtigkeit)* short-sightedness, myopia ❷ *(beschränkte Art)* short-sightedness

Kurz·stre·cken·flug *m* LUFT short-haul flight **Kurz·stre·cken·läu·fer(in)** *m(f)* sprinter **Kurz·stre·cken·ra·ke·te** *f* short-range missile

kurz|tre·ten *vi irreg (fam)* to go easy *fam,* to mark time **kurz·um** [kʊrts'ʔʊm] *adv* in a word, in short, to cut a long story short

Kür·zung <-, -en> *f* ❶ *(das Kürzen)* abridgement, shortening; **nach einer ~ um 15 bis 20 Prozent können wir diesen Artikel veröffentlichen** we will be able to publish this article once it has been shortened by 15 to 20 percent ❷ FIN *(Verringerung)* cut, reduction, curtailment; **eine ~ des Etats ist leider nicht zu vermeiden** unfortunately a budget cut is unavoidable

Kurz·ur·laub *m* short holiday **Kurz·wa·ren** *pl* haberdashery BRIT, dry goods AM, notions AM **Kurz·wa·ren·ge·schäft** *nt* ÖKON haberdashery [shop] BRIT, dry goods store AM

Kurz·weil *f* pastime, diversion, amusement; **aus** *[o* **zur]** ~ for amusement; **etw aus** *[o* **zur]** ~ **machen** to pass the time idly with sth

Kurz·wel·le *f* short wave **Kurz·wel·len·sen·der** *m* short-wave transmitter **Kurz·wort** *nt* abbreviation, abbreviated word, contraction **Kurz·zeit·ge·dächt·nis** *m* short-term memory

kusch [kʊʃ] *interj* ❶ *(an Hund: brav!)* [lie] down! ❷ ÖSTERR *(an Menschen: still!)* [be] quiet!

ku·sche·lig ['kuʃəlɪç] *adj (fam)* cosy BRIT, cozy AM, snug **ku·scheln** ['kʊʃln] **I.** *vr (fam: sich schmiegen)* ▪ **sich an jdn ~** to cuddle *[or* snuggle] up to sb; ▪ **sich in etw** ~ *akk* to snuggle up in sth **II.** *vi (schmusen)* ▪ **[mit jdm]** ~ to cuddle up to [sb]

Ku·schel·tier *nt* cuddly toy

ku·schen ['kʊʃn] *vi* ▪ **[bei jdm]** ~ to knuckle under [to sb], to obey [sb]

Ku·si·ne <-, -n> [ku'zi:nə] *f fem form von* **Cousin** cousin

Kuss^{RR} <-es, Küsse> *m,* **Kuß**^{ALT} <-sses, Küsse>

[kʊs, *pl:* 'kʏsə] *m* kiss; **jdm einen ~ geben** to give sb a kiss

Küss·chen^{RR} <-s, -> ['kʏsçən] *nt* brief kiss, peck; **gib ~!** give us a kiss!

kuss·echt^{RR} *adj inv* MODE kiss-proof

küs·sen ['kʏsn] **I.** *vt* ▪ **jdn/etw [auf etw** *akk]* ~ to kiss sb/sth [on sth]; ▪ **sich** ~ to kiss each other; ▪ **jdm etw** ~ to kiss sb's sth; **er küsste ihr die Hand** he kissed her hand; **beim K~** when kissing; *s. a.* **Hand** **II.** *vi* to kiss; **ich küsse so gerne** I like kissing so much

Kuss·hand^{RR} *f* ▸ WENDUNGEN: **jdm eine ~/Kusshände zuwerfen** to blow sb a kiss/kisses; **mit ~** *(fam)* gladly, with the greatest of pleasure

Küs·te <-, -n> ['kʏstə] *f* ❶ *(Meeresufer)* coast, shore ❷ *(Gegend in Meeresnähe)* coast

Küs·ten·be·fes·ti·gung *f* sea defences *[or* AM -ses] *pl* **Küs·ten·be·reich** *m* coastal region **Küs·ten·be·woh·ner(in)** *m(f)* coastal inhabitant, inhabitant of the coastal region, coastal dweller **Küs·ten·fi·sche·rei** *f* inshore fishing **Küs·ten·ge·biet** *nt* coastal area *[or* region] **Küs·ten·ge·wäs·ser** *pl* coastal waters *pl* **Küs·ten·ha·fen** *m* seaport **Küs·ten·ort** *m* coastal town **Küs·ten·see·schwal·be** *f* ORN Arctic tern **Küs·ten·strei·fen** *m* GEOL stretch of coast, coastal strip **Küs·ten·wacht** *f* coastguard

Küs·ter(in) <-s, -> ['kʏstɐ] *m(f)* sexton, verger

Kus·to·de, **Kus·to·din** <-n, -n> [kʊs'to:də, kʊs'to:dɪn] *m, f,* **Kus·tos** <-, Kustoden> ['kʊstɔs, *pl:* kus'to:dən] *m, f* curator

Ku·ti·ku·la <-, -s> [ku'ti:kula] *f* BIOL cuticle

Kutsch·bock *m* coach-box

Kut·sche <-, -n> ['kʊtʃə] *f* carriage, coach

Kut·scher(in) <-s, -> ['kʊtʃɐ] *m(f)* coachman, coachdriver

kut·schie·ren [kʊtʃi:rən] **I.** *vi sein (fam: gemütlich fahren)* ▪ **irgendwohin** ~ to go for a drive somewhere; **lass uns doch ein wenig durch die schöne Landschaft** ~ let's go for a drive in the lovely countryside for a bit **II.** *vt haben (fam: fahren)* ▪ **jdn irgendwohin** ~ to give sb a lift somewhere *fam;* **steig ein, ich kutschiere dich zum Bahnhof** jump in, I'll give you a lift to the station

Kut·te <-, -n> ['kʊtə] *f* REL habit

Kut·tel <-> ['kʊtl] *f meist pl* tripe *sing*

Kut·ter <-s, -> ['kʊtɐ] *m* NAUT cutter

Ku·vert <-s, -s *o* -[e]s, -e> [ku've:ɐ̯] *nt* envelope

Ku·ver·tü·re <-, -n> [kuvɛr'ty:rə] *f* chocolate coating

Ku·wait <-s> [ku:'vait] *nt* Kuwait

Ku·wai·ter(in) *m(f)* Kuwaiti; *s. a.* **Deutsche(r)**

ku·wai·tisch [ku'vaitɪʃ] *adj inv* GEOL Kuwaiti

kW <-, -> [ka:'ve:] *nt Abk von* **Kilowatt** kW

kWh <-, -> [ka:ve:'ha:] *f Abk von* **Kilowattstunde** kWh

Ky·ber·ne·tik <-> [kybɛr'ne:tɪk] *f kein pl* cybernetics + *sing vb*

ky·ber·ne·tisch [kybɛr'ne:tɪʃ] *adj* cybernetic

Ky·kla·den [ky'kla:dən] *pl* ▪ **die** ~ the Cyclades

Ky·ril·lisch [ky'rɪlɪʃ] *nt kein pl* Cyrillic; ▪ **in** ~ in Cyrillic

ky·ril·lisch [ky'rɪlɪʃ] *adj* Cyrillic

KZ <-s, -s> [ka:'tsɛt] *nt Abk von* **Konzentrationslager** **KZ-Ge·denk·stät·te** *f* HIST, POL memorial for the victims of the Nazi concentration camps **KZ-Häft·ling** *m* concentration camp prisoner

L

L, l <-, - o fam -s, -s> [ɛl] nt L, l; ~ **wie Ludwig** L for Lucy BRIT, L as in Love AM; s. a. **A 1**

l [ɛl] Abk von **Liter** l

Lab <-[e]s, -e> [laːp] nt rennet, rennin

lab·be·rig [ˈlabərɪç], **labb·rig** [ˈlabrɪç] adj DIAL (fam) ➊ (fade) watery; **eine ~e Suppe** a watery soup ➋ (schlaff) sloppy; **ein ~er Pullover** a sloppy pullover

La·bel <-s, -> [ˈleːbl] nt ➊ (Preisetikett) label, price tag ➋ (Etikett) label ➌ MUS label

La·bel·lo® <-s, -s> [laˈbɛlo] m PHARM Lypsyl® BRIT, Chap Stick® AM

la·ben [ˈlaːbn̩] **I.** vt (geh: erquicken) ■ jdn ~ to refresh [or revive] sb **II.** vr (geh: sich gütlich tun) ■ sich [an etw dat] ~ to feast [on sth]

la·bern [ˈlaːbɐn] **I.** vi (pej fam) ■ [über etw akk] ~ to prattle on [about sth] **II.** vt (pej fam) ■ etw ~ to talk sth; **was labert die da für einen Unsinn?** what nonsense is she talking there?

la·bi·al [laˈbi̯aːl] adj ➊ (die Lippen betreffend) labial ➋ LING (mit den Lippen gebildet) labial

La·bi·al <-s, -e> m, **La·bi·al·laut** m LING labial

la·bil [laˈbiːl] adj ➊ MED (instabil) Gesundheit, Kreislauf etc. poor ➋ (psychisch nicht gefestigt) unstable ➌ (geh: instabil) unstable; **eine ~ Lage** an unstable situation

La·bi·li·tät <-, <selten -en> [labiliˈtɛːt] f ➊ MED (Instabilität) frailty ➋ PSYCH (labile Veranlagung) instability ➌ (geh: Instabilität) instability

Lab·kraut [ˈlaːpkraut] nt BOT bedstraw

La·bor <-s, -s o -e> [laˈboːɐ̯] nt laboratory, lab

La·bo·rant(in) <-en, -en> [laboˈrant] m(f) laboratory technician [or assistant]

La·bo·ra·to·ri·um <-s, -rien> [laboraˈtoːri̯ʊm, pl: -toːri̯ən] nt (geh) s. **Labor**

La·bor·be·fund m CHEM [laboratory] test results

la·bo·rie·ren* [laboˈriːrən] vi (geh) ■ an etw ~ dat to be plagued by sth

La·bor·ver·such m CHEM laboratory experiment [or test]

Lab·quark m rennet curd

Lab·ra·dor·see f Labrador Sea

La·by·rinth <-[e]s, -e> [labyˈrɪnt] nt labyrinth, maze

La·by·rinth·ver·such m BIOL, PSYCH maze [or labyrinth] experiment

La·che¹ <-, -n> [ˈla(ː)xə] f puddle

La·che² <-, -n> [ˈlaxə] f (pej fam) laugh[ter]

lä·cheln [ˈlɛçl̩n] vi ➊ (freundlich lächeln) to smile ➋ (sich lustig machen) ■ [über jdn/etw] ~ to grin [or smirk] [at sb]

Lä·cheln <-s> [ˈlɛçl̩n] nt kein pl smile; **ein müdes ~** a weary smile

la·chen [ˈlaxn̩] vi ➊ (auf~) to laugh; ■ über etw akk ~ to laugh at sth; **breit ~** to roar with laughter; **jdn zum L~ bringen, jdn ~ machen** (geh) to make sb laugh; **jdm ist nicht zum L~** [zumute] sb is not in a laughing mood; **zum L~ sein** (pej fam) to be laughable pej; **so ein Unsinn, das ist doch zum L~** what nonsense, that's ridiculous; **lach du nur!** (fam) you can laugh! fam; **das wäre doch gelacht** (fam) it would be ridiculous ➋ (aus~) ■ über jdn/etw ~ to laugh at sb/sth; **da gibt es gar nichts zu ~** it's no laughing matter; **was gibt es denn da zu ~?** what's there to laugh about?; **dass ich nicht lache!** don't make me laugh! ► WENDUNGEN: **gut ~ haben** to be all right for sb to laugh; **jd hat nichts zu ~** sb's life is no bed of roses; **wer zuletzt lacht, lacht am besten**

(prov) he who laughs last, laughs longest prov; [bei jdm] **nichts zu ~ haben** (fam) to have a hard time of it [with sb]; s. a. **Ast**

La·chen <-s> [ˈlaxn̩] nt kein pl ➊ (Gelächter) laughter; **er brach in lautes ~ aus** he burst out laughing; **jdm wird das ~ [schon] noch vergehen** (fam) sb will be laughing on the other side of their face; **sich** dat **das ~ verkneifen** to stifle one's laughter; **vor ~ with** laughter; **ich bin vor ~ bald geplatzt** I nearly split my sides with laughter ➋ (Lache) laugh; **ein breites ~** a guffaw

La·cher(in) <-s, -> [ˈlaxɐ] m(f) laugher; **die ~ auf seiner Seite haben** to score by getting the laughs

lä·cher·lich [ˈlɛçɐlɪç] **I.** adj ➊ (albern) absurd, ridiculous; ■ ~ sein/werden to be/become absurd [or ridiculous]; **jdn/sich ~ machen** to make a fool of sb/oneself; **etw ins L~e ziehen** to ridicule [or make fun of] sth ➋ (geringfügig) trivial, trifling; **ein ~er Preis** a ridiculously low price **II.** adv (sehr) ridiculously

Lä·cher·lich·keit <-, -en> f ➊ kein pl (Albernheit) absurdity, ridiculousness, farce ➋ (Geringfügigkeit) triviality, trifle ► WENDUNGEN: **jdn/etw der ~ preisgeben** (geh) to make sb/sth look ridiculous [or sb the laughing stock]

Lach·fal·ten pl laughter-lines pl **Lach·gas** nt laughing gas

lach·haft adj laughable, ridiculous; ■ ~ sein to be laughable [or ridiculous]

Lach·krampf m ➊ MED paroxysm [or violent fit] of laughter ➋ (Lachanfall) **einen ~ bekommen** to go into fits of laughter **Lach·mö·we** f black-headed gull

Lachs <-es, -e> [laks] m salmon

lachs·far·ben adj, **lachs·far·big** adj salmon pink **Lachs·fo·rel·le** f sea trout **Lachs·mes·ser** nt smoked salmon knife **Lachs·mousse** nt salmon mousse **Lachs·röll·chen** pl salmon roulades **Lachs·schin·ken** m cured and rolled filet of pork

Lack <-[e]s, -e> [lak] m ➊ (Lackierung) paint[work] ➋ (Lackfarbe) gloss paint, lacquer; (transparent) varnish ► WENDUNGEN: **der ~ ist ab** (sl) he/she is getting on a bit; **und fertig ist der ~!** (sl) and that's the end of it!

Lack·af·fe m (pej fam) dandy pej

La·ckel <-s, -> [ˈlakl] m SÜDD, ÖSTERR (fam: Tölpel) oaf

la·cken [ˈlakn̩] vt s. **lackieren**

Lack·far·be f gloss paint **Lack·gür·tel** m patent leather belt

la·ckie·ren* [laˈkiːrən] vt ➊ (mit Lack versehen) ■ etw ~ to paint [or lacquer] sth; (Holz mit transparentem Lack versehen) to varnish; **Warnhinweis: frisch lackiert!** warning notice: wet paint! ➋ (mit Nagellack versehen) ■ jdm/sich etw ~ to paint sb's/one's sth; **sich/jdm die Fingernägel ~** to paint one's/sb's fingernails ► WENDUNGEN: **der/die Lackierte sein** (fam) to be the dupe [or sucker] sl

La·ckie·rer(in) <-s, -> m(f) painter, varnisher

La·ckie·re·rei <-, -en> [laki·rəˈrai] f paint shop

La·ckie·re·rin <-, -nen> f fem form von **Lackierer**

La·ckie·rung <-, -en> f ➊ (das Lackieren) painting ➋ (aufgetragener Lack) paintwork

Lack·le·der <-s> nt inv MODE patent leather no pl, no indef art

Lack·mus <-> [ˈlakmʊs] nt o m kein pl litmus no pl, no indef art

Lack·mus·pa·pier nt litmus paper

Lack·scha·den m damage to the paintwork **Lack·schuh** m patent leather shoe **Lack·stie·fel** m patent

leather boot
La·de <-, -n> ['la:də] f (fam) drawer
La·de·baum m NAUT derrick **La·de·flä·che** f AUTO
loading space **La·de·ge·wicht** nt [carrying] capacity
La·de·gut nt load **La·de·hem·mung** f Feuerwaffe
jam, stoppage; **~ haben** to be jammed ► WENDUNGEN:
~ haben (fam) to have a mental block **La·de·kan·te** f
AUTO [boot] sill [or AM trunk]; (als Testkriterium a.) lift-
over height **La·de·klap·pe** f LUFT cargo door **La·de·
lu·ke** f NAUT cargo [or loading] hatch
la·den¹ <lädt, lud, geladen> ['la:dn] **I.** vt ❶ (packen)
■ **etw auf etw** akk/**in etw** akk ~ to load sth on[to]
sth/in[to] sth; **die Kisten müssen alle auf den Lkw
geladen werden** all the crates must be loaded onto
the lorry; **etw ins Auto ~** to load sth into the car;
■ **etw aus etw ~** to unload sth from sth; **die Container werden aus dem Schiff direkt auf die Wag-
gons geladen** the containers are unloaded from the
ship straight onto the goods wagons; ■ **jdn/etw auf
etw ~** akk to load sb/sth on[to] sth; ■ **etw geladen
haben** to be loaded with sth; **zu viel geladen haben**
to be overloaded ❷ (sich aufbürden) ■ **etw auf
sich ~** akk to saddle oneself with sth; **Schulden auf
sich ~** to saddle oneself with debts ❸ (mit Munition
versehen) ■ **etw [mit etw] ~** to load sth [with sth]
❹ INFORM ■ **etw ~** to load sth ❺ ELEK (mit Strom versehen) ■ **etw [mit etw] ~** to charge sth [with sth], to
electrify sth **II.** vi ❶ (mit Munition versehen) to load;
selbsttätig ~ to be self-loading ❷ ELEK (auf~) to
charge ► WENDUNGEN: **geladen haben** DIAL (sl) to be
tanked up sl; **der hat aber geladen! wie der
schwankt!** he's well tanked up [or loaded] , look at
him swaying!; **geladen sein** (fam) to be hopping mad
la·den² <lädt, lud, geladen> ['la:dn] vt ❶ (geh: ein~)
■ **jdn [zu etw] ~** to invite [or ask] sb [to sth]; **geladene Gäste** invited guests ❷ JUR (geh: vor~) ■ **jdn
[als etw] [zu etw] ~** to summon sb [to sth] [as sth]; **er
wurde als Zeuge zur Verhandlung geladen** he was
summoned to the hearing as a witness
La·den¹ <-s, Läden> ['la:dn] pl m ❶ (Geschäft) shop,
AM usu store ❷ (fam: Betrieb) business; **der ~ läuft**
(fam) business is going well; **[jdm] den ~ zumachen**
[o fam: **dichtmachen**] to close down the[/sb's] business ► WENDUNGEN: **den [ganzen] ~ hinschmeißen**
(fam) to chuck the whole thing in; **den ~ schmeißen**
(sl) to run the [whole] show sl; **notfalls können wir
den ~ alleine schmeißen** if need be, we can run the
show on our own
La·den² <-s, Läden o -> ['la:dn, pl: 'lɛ:dn] m shutter
La·den·be·leuch·tung f shop [or AM usu store] lighting
La·den·be·sit·zer(in) m(f) shop owner, shopkeeper
La·den·dieb(in) m(f) shoplifter **La·den·dieb·stahl** m
shoplifting **La·den·hü·ter** m (pej) slow-moving line,
shelf warmer pej **La·den·kas·se** f till, cash register
La·den·ket·te f chain shop **La·den·preis** m retail
[or selling] price **La·den·re·gal** nt shop shelf
La·den·schlussᴿᴿ m kein pl closing time; **wann ist
am Samstag bei Ihnen ~?** when do you close on
Saturdays?; **bei/nach/vor ~** at/after/before closing
time
La·den·schluss·ge·setzᴿᴿ nt Hours of Trading Act
La·den·schluss·zeitᴿᴿ f closing time
La·den·tisch m (Verkaufstheke) shop [or AM usu store]
counter; **über den ~/die ~e gehen** (fam) to be sold
► WENDUNGEN: **unter dem ~** (fam) under the counter fam **La·den·toch·ter** f SCHWEIZ (Verkäuferin) sales
[or shop] assistant, sales associate AM, salesclerk AM,
salesperson AM **La·den·tür** f shop door
La·de·ram·pe f loading ramp **La·de·raum** m LUFT,
NAUT hold, cargo space
lä·die·ren* [lɛ'di:rən] vt ■ **[jdm] etw ~** to damage [sb's]
sth; **lädiert sein** (hum) to be [or look] the worse for

wear hum
La·dung¹ <-, -en> f ❶ (Fracht) load, freight; Schiff,
Flugzeug cargo ❷ (fam: größere Menge) load; **ihr fiel
eine ~ Schnee auf den Kopf** a load of snow fell on
her head ❸ (bestimmte Menge von Munition o
Sprengstoff) charge; **eine ~ Dynamit** a charge of
dynamite ❹ ELEK, NUKL charge; **negative/positive
~en** negative/positive charge
La·dung² <-, -en> f JUR summons + sing vb, citation,
subpoena
La·fet·te <-, -n> [la'fɛtə] f gun carriage [or mount]
Laf·fe <-n, -n> ['lafə] m (veraltend) s. Lackaffe
lag [la:k] imp von **liegen**
La·ge <-, -n> ['la:gə] f ❶ (landschaftliche Position)
location, situation; **in bestimmter ~** in a certain location ❷ (Liegeposition) position ❸ (Situation) situation; **die ~ peilen** [o **sondieren**] (fam) to see how
the land lies; **zu etw in der ~ sein, in der ~ sein,
etw zu tun** to be in a position to do sth; **sich in der ~
sehen, etw zu tun** to be in a position to do sth; **sich
in jds ~ versetzen** akk to put oneself in sb's position;
jdn in die ~ versetzen, etw zu tun to enable sb to
do sth; **sich in die ~ versetzen, etw zu tun** to put
oneself in a position to do sth ❹ (Schicht) layer ❺ AGR
(Wein~) location ❻ (fam: Runde) round; **eine ~ Bier
ausgeben** to buy a round of beer; **eine ~ schmeißen**
(sl) to buy a round, to get a round in sl
La·ge·be·richt m status report **La·ge·be·spre·
chung** f discussion regarding the situation **La·ge·
bild** nt situational description **La·ge·plan** m ❶ (Ka-
tasterplan) survey map ❷ (Skizze der Lage von etw)
map of the area
La·ger <-s, -> ['la:gɐ] nt ❶ (Waren~) warehouse,
storehouse, depot; **etw auf [o auf] ~ haben** to have
sth in stock; **am [o auf] ~ sein** to be in stock ❷ (vorübergehende Unterkunft) camp ❸ (euph: Konzentrati-
ons~) concentration camp ❹ (ideologische Gruppierung) camp; **sie standen politisch in ganz unterschiedlichen ~n** they were in completely different
political camps ❺ TECH (Lagerung) bearing ❻ (geh:
Bett) **die Erkrankung hatte sie für mehrere
Wochen an ihr ~ gefesselt** the illness confined her
to bed for several weeks ► WENDUNGEN: **etw auf ~
haben** (fam) to have sth at the ready fam; **er hat
immer einen Witz auf ~** he always has a joke at the
ready [or up his sleeve]
La·ger·feu·er nt campfire **La·ger·ge·bühr** f storage
charge **La·ger·hal·le** f warehouse **La·ger·haus** nt
warehouse
La·ge·rist(in) <-en, -en> [la:gə'rɪst] m(f) (geh) s.
Lagerverwalter(in)
la·gern ['la:gɐn] **I.** vt ❶ (aufbewahren) ■ **etw irgend-
wie/irgendwo ~** to store sth in a certain way/
somewhere ❷ MED (hinlegen) ■ **jdn/etw irgendwie ~** to lay sb/sth in a certain way; **die Beine
hoch ~** to lie with one's legs up **II.** vi ❶ (aufbewahrt
werden) ■ **irgendwo/irgendwie ~** to be stored
somewhere/in a certain way; **dunkel/kühl ~** to be
stored in the dark/a cold place ❷ (liegen) ■ **auf
etw ~** dat to lie on sth ❸ (sich niederlassen) ■ **irgendwo ~** to camp somewhere; s. a. **gelagert III.** vr
(geh: sich niederlassen) ■ **sich irgendwo ~** to settle
down somewhere
La·ger·raum m ❶ (Raum) storeroom ❷ (Fläche) storage space **La·ger·statt** f (veraltend geh) bed
La·ge·rung <-, -en> f ❶ (das Lagern) warehousing,
storage ❷ TECH (Lager 5) bearing
La·ger·ver·wal·ter(in) m(f) storekeeper, store supervisor
La·go Mag·gio·re ['la:go mad'dʒo:re] m Lake Maggiore
La·gu·ne <-, -n> [la'gu:nə] f lagoon

lahm |la:m| *adj* ❶ *(gelähmt) Arm, Bein* lame; ■ |**in/ auf etw** *dat*| ~ **sein** to be lame [in sth]; **der Mann war auf dem rechten Bein** ~ the man's right leg was lame ❷ *(fam: steif)* stiff; **einen ~en Rücken von etw bekommen** to have got a stiff back from doing sth ❸ *(fam: ohne Schwung arbeitend)* sluggish; **sei nicht so ~, streng dich mal ein bisschen an!** don't be so sluggish, make a bit of an effort! ❹ *(fam: schwach)* lame; *Erklärung* feeble

Lahm·arsch *m (derb)* lazybones, slowcoach BRIT, slowpoke AM

lahm·ar·schig *adj (sl)* bloody idle BRIT *sl*, extremely slow AM

Lah·me(r) *f(m) dekl wie adj (veraltend)* cripple, lame person

lah·men |'la:mən| *vi (lahm sein)* ■ |**auf etw** *dat*| ~ to be [*or* go] lame [in sth], to walk with a limp; **der Hund lahmt auf einem Bein** the dog's lame in one leg

läh·men |'lɛ:mən| *vt* ❶ MED *(außer Funktion setzen)* ■ **jdn/etw** ~ to paralyse sb/sth; **durch den Unfall ist ihr linkes Bein gelähmt worden** her left leg is paralyzed as a result of the accident; **wie gelähmt sein** as if paralysed; **vor Schreck war sie wie gelähmt** it was as if she were paralyzed with fear; *s. a.* **gelähmt** ❷ *(zum Stillstand bringen)* ■ **etw** ~ to paralyse sth; **der Streik hatte den öffentlichen Nahverkehr gelähmt** the strike had paralyzed local public transport

lahm‖le·gen *vt* **etw** ~ to paralyse [*or* AM -ze] sth, to bring sth to a standstill

Lahm·le·gung <-, -en> *f* paralysis

Läh·mung <-, -en> *f* paralysis; **eine halbseitige** ~ paralysis on one side

Laib <-[e]s, -e> |laip, *pl:* 'laibə| *m bes* SÜDD loaf; *Käse* block

Lai·bach <-s> |'laibax| *nt* Ljubljana

Laich <-[e]s, -e> |laiç| *m* spawn

lai·chen |'laiçn̩| *vi* to spawn

Laie, Lai·in <-n, -n> |'laiə, 'laiɪn| *m, f* ❶ *(kein Experte)* layman ❷ REL *(nicht zum Klerus gehörender Christ)* lay person ▶ WENDUNGEN: **da staunt der ~, und der Fachmann wundert sich** *(fam)* it's unbelievable

lai·en·haft *adj* unprofessional, amateurish

Lai·en·pre·di·ger(in) *m(f)* lay preacher

Lai·in <-, -nen> *f fem form von* **Laie**

Lais·ser·faire <-> |lɛseˈfɛːr| *nt kein pl (geh)* laissez-faire

la·i·zis·tisch |lai'tsɪstɪʃ| *adj inv* POL laical

La·kai <-en, -en> |la'kai| *m* ❶ *(pej geh: willfähriger Mensch)* lackey *pej* ❷ HIST *(livrierter Diener)* footman

La·ke <-, -n> |'la:kə| *f* brine

La·ken <-s, -> |'la:kn̩| *nt* sheet

la·ko·nisch |la'ko:nɪʃ| *adj* laconic

La·krit·ze <-, -n> |la'krɪtsə| *f*, **La·kritz** <-es, -e> |la'krɪts| *m* DIAL liquorice BRIT, licorice AM

Lak·to·se <-> |lak'to:zə| *f kein pl* lactose

lal·len |'lalən| I. *vi* to slur II. *vt* ■ **etw** ~ to slur sth

La·ma¹ <-s, -s> |'la:ma| *nt* ZOOL llama

La·ma² <-[s], -s> |'la:ma| *m* REL lama

La·ma·is·mus <-> |lama'ɪsmʊs| *m kein pl* lamaism

La·mäng <-> |la'mɛŋ| *f kein pl* ■ **aus der** ~ *(hum fam)* off the top of one's head *fam*

Lam·ba·da <-s> |lam'ba:da| *m kein pl* lambada *no pl, no art*

Lamb·da·son·de |lambda-| *f* AUTO lambda probe

La·mé <-s, -s> |la'me:| *m* lamé

La·mel·le <-, -n> |la'mɛlə| *f* ❶ *(dünne Platte)* slat ❷ *(Segment)* rib; **die ~n eines Heizkörpers** the ribs of a radiator ❸ BOT *(Rippe)* lamella

la·men·tie·ren |lamɛnˈtiːrən| *vi (geh)* ■ |**wegen etw/ über etw** *akk*| ~ to complain [*or* moan] [about sth], to lament [sth]

La·men·to <-s, -s> |laˈmɛnto| *nt (geh)* moan, lament *liter, form;* |**wegen etw**| **ein ~ anstimmen** |*o* **erheben**| to kick up a stink [about sth] *fam*

La·met·ta <-s> |la'mɛta| *nt kein pl* ❶ *(Weihnachtsbaumschmuck)* tinsel ❷ *(hum fam: Orden)* gongs *pl* BRIT *fam*

la·mi·nie·ren* |lami'ni:rən| *vt* ■ **etw** ~ to laminate sth

Lamm <-[e]s, Lämmer> |lam, *pl:* 'lɛmɐ| *nt* ❶ *(junges Schaf)* lamb; **geduldig/sanft wie ein** ~ as patient/ gentle as a lamb; **sich wie ein** ~ **zur Schlachtbank führen lassen** *(geh)* to be led like a lamb to the slaughter; **das** ~ **Gottes** the Lamb of God ❷ *kein pl (Fleisch)* lamb ❸ *kein pl (Lammfell)* lambskin ▶ WENDUNGEN: **ein unschuldiges** ~ a little innocent

Lamm·bra·ten *m* roast lamb **Lamm·fell** *nt* lambskin **Lamm·fleisch** *nt* lamb **lamm·fromm** *adj* as meek as a lamb; **eine ~e Miene** an expression as meek as a lamb **Lamm·wol·le** *f* lambswool

Lam·pe <-, -n> |'lampə| *f* lamp, light

Lam·pen·fas·sung *f* light socket **Lam·pen·fie·ber** *nt* stage fright; ■ **haben** to have stage fright **Lam·pen·fuß** *m* lampstand **Lam·pen·schirm** *m* lampshade

Lam·pi·on <-s, -s> |lamˈpiɔn, 'lampiɔn| *m* Chinese lantern

lan·cie·ren* |lāˈsiːrən| *vt (geh)* ❶ *(publik werden lassen)* ■ **etw** ~ *Nachricht* to leak [*or sep* put out] sth ❷ *(auf den Markt bringen)* ■ **etw** ~ to launch sth ❸ *(platzieren)* ■ **jdn** ~ to place sb; **einflussreiche Freunde haben sie in diesen Posten lanciert** influential friends placed her in this job

Land <-[e]s, Länder> |lant, *pl:* 'lɛndɐ| *nt* ❶ *(Staat)* country, state, nation; **aus aller Herren Länder[n]** from all corners of the earth; ~ **und Leute** the country and its people; **andere Länder, andere Sitten** every country has its own customs; **das** ~ **der unbegrenzten Möglichkeiten** the land of opportunity; **das** ~ **der aufgehenden Sonne** the land of the rising sun; **das** ~ **der Verheißung, das Gelobte** ~ the promised land; **das Heilige** ~ the Holy Land; **durch die ~e ziehen** *(geh)* to travel around; **außer ~es** abroad, out of the country; **bei jdm zu** ~e where sb comes from, in sb's country ❷ *(Bundesland)* federal state ❸ NAUT land; ~ **in Sicht!** land ahoy!; ~ **unter!** NORDD land under water!; **zu ~e und zu Wasser** on land and at sea; **an ~ gehen, ~ sehen** to sight land, to go ashore; **jdn ~ setzen** to put sb ashore; **jdn/ etw an ~ spülen** to wash sb/sth ashore; **jdn/etw an ~ ziehen** to pull sb/sth ashore; **an** ~ *akk* ashore ❹ *kein pl (Gelände)* land, property; **das ~ bestellen** to till the soil ❺ *kein pl (ländliche Gegend)* country; **auf dem flachen** [*o* **platten**] ~[**e**] on the plains; **aufs** ~ **ziehen** to move to the country; **auf dem** ~[**e**] in the country ▶ WENDUNGEN: **das ~, wo Milch und Honig fließt** the land of milk and honey; **bleibe im ~e und nähre dich redlich** *(prov)* enjoy the trappings of home; |**wieder**| ~ **sehen** *(fam)* to get things sorted [again]; **endlich sehe ich wieder** ~ I'm finally getting things sorted again; **etw an** ~ **ziehen** *(fam)* to land sth *fam;* **ins** ~ **ziehen** [*o* **gehen**] *(geh)* to pass; **die Jahre zogen ins** ~ the years went by either *Kantonsrat* or *Landsrat – cantonal council* or *Großer Rat – great council*.

Land·adel *m* [landed] gentry **Land·am·mann** *m* SCHWEIZ *most senior official in a Swiss canton* **Land·ar·beit** *f kein pl* agricultural work *no pl, no indef art* **Land·ar·bei·ter(in)** *m(f)* agricultural worker, farm hand **Land·arzt, -ärz·tin** *m, f* country doctor **Land·be·sitz** *m* landed property, real estate; **~ haben** to own landed property [*or* real estate] **Land·be·völ·ke·rung** *f* rural population

Lan·de·bahn *f* landing strip, runway **Lan·de·er·laub·nis** *f* landing permission, permission to land **Lan·de·fäh·re** *f* landing module

land·ein·wärts [lant'ʔainvɛrts] *adv* inland

Lan·de·klap·pe *f* [landing] flap

lan·den ['landn̩] **I.** *vi sein* ❶ *(niedergehen) Flugzeug, Raumschiff, Vogel* to land; ▪ [auf etw *dat*/in einer Stadt] ~ to land [on sth/in a city]; **auf dem Mond** ~ to land on the moon ❷ NAUT *(ankommen)* ▪ **ir·gendwo ~** to land somewhere; **das Schiff ist auf einer Sandbank gelandet** the ship ran aground on a sandbank ❸ *(fam: hingelangen o enden)* ▪ **ir·gendwo ~** to end up somewhere; **die Beschwerde ist in einer ganz anderen Abteilung gelandet** the complaint ended up in a completely different department ❹ TELEK *(fam: verbunden werden)* ▪ **bei jdm ~** to get through to sb ❺ *(fam: Eindruck machen)* ▪ **bei jdm ~** to make an impression on sb; **mit deinen Schmeicheleien kannst du bei mir nicht ~** your flattery won't get you very far with me **II.** *vt haben* ❶ LUFT, RAUM *(niedergehen lassen)* ▪ **etw ~** to land sth; **einen Hubschrauber ~** to land a helicopter ❷ LUFT, MIL *(aus der Luft absetzen)* ▪ **jdn ~** to land sb; **es gelang ihnen, Verstärkungen hinter den feindlichen Linien zu ~** reinforcements were successfully landed behind enemy lines

Land·en·ge *f* isthmus

Lan·de·pis·te *f* landing strip **Lan·de·platz** *m* ❶ *(kleiner Flugplatz)* airstrip ❷ *(Landungsplatz)* landing place, mooring point ❸ NAUT *(Werft)* quay, wharf, pier

Län·de·rei·en [lɛndə'raiən] *pl* estates *pl*, landed property

Län·der·fi·nanz·aus·gleich *m* financial equalization among the federal states

Lan·des·bank *f* regional bank **Lan·des·be·hör·de** *f* regional authorities *pl* **Lan·des·ebe·ne** *f* regional state level; ▪ **auf ~** at regional state level **lan·des·ei·gen** *adj* owned by a regional state, state-owned **Lan·des·far·ben** *pl* ❶ *(eines Staates)* national colours [*or* AM -ors] ❷ *(eines Bundeslandes)* regional state colours [*or* AM -ors] **Lan·des·ge·biet** *nt* national territory **Lan·des·gren·ze** *f* ❶ *(Staatsgrenze)* national border, frontier ❷ *(Grenze eines Bundeslandes)* federal state boundary **Lan·des·haupt·mann** *m* ÖSTERR head of a provincial government **Lan·des·haupt·stadt** *f* state capital **Lan·des·in·ne·re(s)** *nt dekl wie adj* interior **Lan·des·kir·che** *f* regional [*or* national] church **Lan·des·kun·de** *f kein pl* regional studies *pl* **lan·des·kun·dig** *adj* knowledgeable about the country **lan·des·kund·lich** *adj* relating to the geography, history and institutions of a country **Lan·des·lis·te** *f* regional list of candidates for election to the Federal Parliament **Lan·des·meis·ter(in)** *m(f)* national champion **Lan·des·mi·nis·te·ri·um** *nt* state ministry **Lan·des·rat, -rä·tin** *m, f* ÖSTERR member of the government of a province **Lan·des·recht** *nt* regional state law **Lan·des·re·gie·rung** *f* state government **Lan·des·spra·che** *f* national [*or* native] language **Lan·des·stra·ßen·bau·amt** *nt* state road construction authority **Lan·des·teil** *m* area, region **Lan·des·tracht** *f* national costume [*or* dress] **lan·des·üb·lich**

adj customary **Lan·des·ver·rat** *m* treason **Lan·des·ver·tei·di·gung** *f* national [*or* BRIT *a.* home] defence [*or* AM -se] **Lan·des·wehr** *f* national defence [*or* AM -se] force **lan·des·weit** *adv o adj inv* nationwide

Lan·de·ver·bot *nt* refusal of permission to land; ~ **haben** to be refused landing permission [*or* permission to land]

Land·fah·rer(in) *m(f)* *(geh)* vagrant **Land·flucht** *f* migration to the cities, rural exodus **Land·flüch·ti·ge(r)** *f(m) dekl wie Adj* SOZIOL one who migrates to the cities **Land·frau** *f fem form von* **Landmann** **Land·frie·dens·bruch** *m* breach of the public peace **Land·funk** *m* farming programme [*or* AM -am] [on the radio] **Land·gang** *m* <-gänge> *m* NAUT shore leave **Land·ge·richt** *nt* district court **land·ge·stützt** *adj* land-based **Land·gut** *nt* estate **Land·haus** *nt* country house, cottage **Land·jä·ger** *m small seasoned flat sausage* **Land·kar·te** *f* map **Land·kreis** *m* administrative [*or* rural] district **Land·krieg** *m* land warfare **land·läu·fig** *adj* generally accepted, popular; **nach ~er Ansicht** according to popular opinion; **eine ~e Mei·nung** a generally accepted view

Land·le·ben *nt* country life

Länd·ler <-s, -> ['lɛntlɐ] *m* ÖSTERR *country dance*

länd·lich ['lɛntlɪç] *adj* country, rural, rustic; **eine ~e Idylle** a pastoral idyll

Land·luft *f* ❶ *(Luft auf dem Land)* country air ❷ *(iron: nach Jauche stinkende Luft)* smell of the country, fresh country air *iron, hum* **Land·mann, -frau** <-männer> ['lantman, -frau, *pl:* -mɛnɐ] *m, f* farmer **Land·ma·schi·ne** *f* agricultural machinery, farm equipment **Land·pla·ge** *f (pej)* plague *pej*, pest, [public] nuisance; **die Wespen sind eine echte ~** there's a real plague of wasps **Land·pra·xis** *f* MED country practice **Land·rat** *m* SCHWEIZ *(Parlament eines Kantons)* parliament of a canton **Land·rat, -rä·tin** *m, f* ❶ *administrative head of a Landkreis* ❷ SCHWEIZ parliament of a canton **Land·rat·te** *f (hum fam)* landlubber *hum dated fam* **Land·re·gen** *m* steady rain **Land·rü·cken** *m* ridge of land

Land·schaft <-, -en> ['lantʃaft] *f* ❶ *(Gegend)* countryside, scenery ❷ *(Situation)* landscape, situation, scene; **die politische ~** the political landscape ❸ *(Gemälde einer ~)* landscape

land·schaft·lich I. *adj* ❶ *(die Landschaft betreffend)* scenic ❷ LING *(regional)* regional **II.** *adv* ❶ *(geographisch)* scenically; **diese Gegend ist ~ sehr abwechslungsreich** this area is very varied in terms of scenery ❷ LING *(regional)* regionally [different]; **die Bezeichnung dieses Gegenstandes ist ~ verschieden** the name of this object varies from region to region

Land·schafts·gärt·ner(in) *m(f)* landscape gardener, landscaper **Land·schafts·ma·ler(in)** *m(f)* landscape painter **Land·schafts·schutz·ge·biet** *nt* nature reserve, conservation area

Land·sitz *m* country estate

Lands·knecht *m* HIST lansquenet **Lands·mann, Lands·män·nin** <-leute> *m, f* compatriot, fellow countryman/countrywoman; ▪ **ein ~ [von jdm] sein** to be a compatriot [*or* fellow countryman/countrywoman] [of sb]

Land·stra·ße ['lantʃtraːsə] *f* secondary [*or* country] [*or* BRIT *a.* B] road **Land·strei·cher(in)** <-s, -> *m(f)* tramp, vagabond, vagrant **Land·strei·che·rei** <-> *f kein pl* vagrancy **Land·strei·che·rin** <-, -nen> *f prime form von* **Landstreicher** **Land·streit·kräf·te** *pl* land [*or* ground] forces *pl* **Land·strich** *m* area, region **Land·tag** *m* federal state parliament

Lan·dung <-, -en> *f* ❶ *(das Landen)* landing; **vor der ~** before landing ❷ *bes* MIL *(das Niedersetzen)*

landing
Lan·dungs·boot *nt* landing craft **Lan·dungs·brü·cke** *f* jetty, landing stage, pier **Lan·dungs·steg** *m* landing stage **Lan·dungs·trup·pen** *pl* land assault forces *pl*
Land·ur·laub *m* shore leave **Land·weg** *m* ➊ *(der Weg über das Festland)* overland route ➋ *(Weg auf dem Lande)* country road; **auf dem ~** by the overland route **Land·wehr** *f* ➊ MIL *(veraltend)* militia *old* ➋ GEOG, HIST *(Grenzbefestigung)* border fortifications *pl* **Land·wein** *m* ordinary wine from the locality **Land·wind** *m* inland breeze **Land·wirt(in)** *m(f)* farmer
Land·wirt·schaft *f* ➊ *kein pl (bäuerliche Tätigkeit)* agriculture, farming; **~ betreiben** to farm ➋ *(landwirtschaftlicher Betrieb)* farm; **zu Hause betrieb die Familie eine kleine ~** the family had a farm at home **land·wirt·schaft·lich** I. *adj* agricultural; **~er Betrieb** farms II. *adv* agriculturally; **~ geprägt** characterized by agriculture
Land·wirt·schafts·aus·stel·lung *f* agricultural show **Land·wirt·schafts·kam·mer** *f* Chamber of Agriculture **Land·wirt·schafts·ver·band** *m* Agricultural Association **Land·wirt·schafts·wis·sen·schaft** *f* agricultural science
Land·zun·ge *f* spit [of land], headland
lang <länger, längste> [laŋ] I. *adj* ➊ *(räumlich ausgedehnt)* long; **seine Haare sind jetzt länger als früher** he has longer hair than he used to; **die Schraube ist 4,5 Zentimeter ~** the screw is 4.5 centimetres long [*or* in length]; **etwas ~ sein** to be a little bit too long; **[jdm] etw länger machen** MODE to make sth longer [for sb] ➋ *(zeitlich ausgedehnt)* long; **eine ~e Zeit brauchen** to take a long time; **wohnen Sie schon seit längerem hier?** have you been living here long?; **noch ~[e]** for a long time; **bleibst du noch ~ in Stuttgart?** are you staying in Stuttgart for long?; **noch ~[e] nicht** not by any means [*or* a long shot]; **schon ~[e]** for a long time; **ich weiß das schon ~** I've known that for a long time; **seit ~em/längerem** for a long time/lengthy period; **wie ~[e]?** how long? ➌ *(fam: groß gewachsen)* tall II. *adv* ➊ *(eine lange Dauer)* long; **diese fürchterliche Kälte kann man nicht ~ aushalten** you can't stand this terrible cold for long; **die Verhandlungen ziehen sich schon ~e hin** negotiations have been dragging on for a long time; **wir können hier nicht länger bleiben** we can't stay here any longer; **dauert das noch viel länger?** is this going to last much longer?; **des L~en und Breiten** *(geh)* **~ und breit** at length, in great detail; **~ ersehnt** longed-for, long-hoped-for, long-desired; **~ gehegt** *(geh)* long-cherished *form*; **~ haftend** *Lippenstift* long-lasting; *Maskara* long-wearing; **es nicht mehr ~[e] machen** *(sl)* to not last much longer; **~ auf sich warten lassen** to keep people waiting; **wo bist du denn so ~e geblieben?** where have you been all this time?; **da** [*o* **darauf**] **kannst du ~[e] warten!** *(iron)* you can whistle for it *iron* ➋ *(für die Dauer von etw)* **eine bestimmte Zeit ~** for a certain period of time; **sie hielt einen Moment ~ inne** she paused for a moment; **wir haben sieben Monate ~ nichts mehr von dir gehört** we haven't heard anything from you for seven months! ➌ *(der Länge nach)* **~ gestreckt** long, extended; **~ gezogen** prolonged; **~ hinschlagen** to fall flat on one's face ▶ WENDUNGEN: **was ~e währt, wird endlich gut** *(prov)* the wait is worth it; **je länger, je lieber** the longer, the better; **~[e] nicht so …** not nearly as; **der Film war ~ nicht so spannend wie erhofft** the film was nowhere near as exciting as people had expected
lang·är·me·lig, lang·ärm·lig *adj* long-sleeved **lang-**

ar·mig *adj* long-armed **lang·at·mig** *adj (pej)* long-winded *pej* **Lang·at·mig·keit** <-> *f kein pl (pej)* long-windedness *pej* **lang·bei·nig** *adj* long-legged
lan·ge [ˈlaŋə] *adv s.* **lang II. 1**
Län·ge <-, -n> [ˈlɛŋə] *f* ➊ *(räumliche Ausdehnung)* length; **in die ~ wachsen** to shoot up; **auf eine ~ von etw** for sth; **die Autobahn war auf eine ~ von 45 Kilometern blockiert** the motorway was blocked for 45 kilometres; **der ~ nach** lengthways, lengthwise; *(in ganzer ~)* flat on one's face; **die Frau fiel der ~ nach hin** the woman fell flat on her face; **das Regal stürzte der ~ nach zu Boden** the shelf fell flat on the floor; **von bestimmter ~** of a certain length; **ich benötige Pfähle von drei Metern ~** I need posts three metres in length ➋ *(zeitliche Ausdehnung)* length, duration; **in voller ~** in its entirety; **etw in die ~ ziehen** to drag out sth *sep;* **er zog das Gespräch in die ~** he dragged the conversation out; **sich in die ~ ziehen** to drag on; **die Verhandlungen zogen sich in die ~** the negotiations dragged on ➌ *(fam: Größe)* height; **was hast du eigentlich für eine ~?** how tall are you? ➍ SPORT *(Strecke einer Boots~)* length ➎ FILM, LIT, MEDIA *(langatmige Stelle)* long-drawn-out passage [*or* scene] ➏ *(Abstand vom Nullmeridian)* longitude; **die Insel liegt 38° östlicher ~** the longitudinal position of the island is at 38° east ➐ LING *(lange Silbe)* long syllable
lan·gen [ˈlaŋən] I. *vi (fam)* ➊ *([aus]reichen)* **[jdm] ~** to be enough [*or* sufficient] [for sb], to suffice ➋ *(sich erstrecken)* **bis zu etw/über etw ~** *akk* to reach sth/over sth; **der Vorhang langt bis ganz zum Boden** the curtain reaches right down to the floor ➌ *(fassen)* **mit etw] an etw** *akk* **~** to reach for sth [with sth]; **mit etw] irgendwohin ~** to reach somewhere [with sth]; **lange bloß nicht mit der Hand an die Herdplatte** make sure you don't touch the hotplate with your hand; **ich kann mit der Hand bis ganz unter den Schrank ~** I can reach right under the cupboard with my hand ➍ DIAL *(auskommen)* **mit etw ~** to get by [*or* manage] on sth; **mit dem Brot ~ wir bis morgen** the bread will last us until tomorrow ➎ *impers (fam)* **etw langt [jdm]** it is enough [for sb], sb is fed up with sth; **jetzt langt's aber!** I've just about had enough! II. *vt (fam) (reichen)* **jdm etw ~** to hand [*or* pass] sb sth ▶ WENDUNGEN: **jdm eine ~** *(fam)* to give sb a clip round the ear [*or* AM on the ears]
Län·gen·grad *m* degree of longitude **Län·gen·maß** *nt* unit of length, linear measure **Län·gen·see** *m s.* Lago Maggiore
län·ger [ˈlɛŋɐ] *adj o adv s.* **lang** *s.* **lange**
län·ger·fris·tig I. *adj* fairly long-term II. *adv* on a fairly long-term basis
Lan·ge·wei·le <gen: - *o* Langerweile, *dat:* Langenweile> [ˈlaŋəvaɪlə] *f kein pl* boredom *no pl,* tedium, ennui; **~ haben** to be bored; **aus [lauter] ~** out of [sheer] boredom; **vor [lauter] ~** out of [sheer] boredom; **die ~ vertreiben** to while away time [*or* the hours], to kill time
lang·fä·dig *adj* SCHWEIZ *(langatmig)* long-winded *pej* **Lang·fin·ger** [ˈlaŋfɪŋɐ] *m (hum)* pickpocket **Lang·for·mat** *nt* long format; **im ~** in long format **lang·fris·tig** I. *adj* long-term II. *adv* on a long-term basis
lang|ge·hen [ˈlaŋɡeːən] *vi irreg sein (fam) (entlanggehen)* **irgendwo ~** to go along somewhere ▶ WENDUNGEN: **merken, wo's langgeht** to notice how things are; **jdm sagen, wo's langgeht** to tell sb from where the wind is blowing
lang·haa·rig *adj (lange Haare habend)* long-haired; **eine ~e Hunderasse** a long-haired dog breed **Lang·haa·ri·ge(r)** *f(m) dekl wie adj* long-haired person **lang·jäh·rig** *adj (viele Jahre bestehend)* of many

years' standing; **sie ist meine ~e Freundin** she has been my girl-friend for many years; **~e Erfahrung** many years of experience; **eine ~e Freundschaft** long-standing friendship; **~e Mitarbeiter** employees of many years' standing

Lang·korn·reis m long grain rice **Lang·lauf** m kein pl cross-country skiing no pl **Lang·läu·fer(in)** m(f) cross-country skier **Lang·lauf·ski** m cross-country ski

lang·le·big adj ❶ (lange lebend) long-lived ❷ (lange Zeit zu gebrauchen) durable, long-lasting ❸ (hartnäckig) persistent

Lang·le·big·keit <-> f kein pl ❶ (Anlage für langes Leben) longevity ❷ (lange Gebrauchsfähigkeit) durability ❸ (Hartnäckigkeit) persistence

langlle·gen vr (fam) ■ sich [auf etw dat] ~ ❶ (hinfallen) to fall flat on one's face [on sth] ❷ (sich niederlegen) to lie down [on sth]

läng·lich ['lɛŋlɪç] adj elongated, oblong, longish

langllie·gen vi irreg (fam) to have a lie down fam [or short rest]

lang·mäh·nig adj (fam) long-haired

Lang·mut <-> f kein pl (geh) forbearance form

lang·mü·tig I. adj (geh) forbearing, patient II. adv patiently

längs [lɛŋs] I. präp +gen; ■ ~ einer S. gen along sth, alongside [of] sth II. adv (der Länge nach) lengthways, lengthwise; ~ **gestreift** with vertical stripes

Längs·ach·se f longitudinal axis

lang·sam ['laŋza:m] I. adj ❶ (nicht schnell) slow ❷ (allmählich) gradual II. adv ❶ (nicht schnell) slowly; **immer [schön] ~!, ~, ~!** (fam) take it easy!, not so fast! ❷ (fam: allmählich) gradually; **es ist ~ an der Zeit, dass wir uns auf den Weg machen** it's about time we were thinking of going ▸ WENDUNGEN: **~, aber sicher** slowly but surely

Lang·sam·keit <-> f kein pl slowness

Lang·schlä·fer(in) m(f) late riser; ~ **sein** to be a late riser

Lang·spiel·plat·te f long-playing record, LP

Längs·rich·tung f longitudinal direction; ■ **in** ~ lengthways, lengthwise **Längs·schnitt** m longitudinal section **Längs·sei·te** f ❶ (die längere Seite von etw) long side ❷ NAUT (Flanke) broadside

längs·seits I. präp +gen NAUT ■ ~ [einer S. gen] alongside [a thing] II. adv ■ ~ **an etw** dat alongside sth; **der Lastkahn ankerte ~ am Kai** the barge anchored alongside the quay

Längs·strei·fen pl vertical stripes pl

längst [lɛŋst] adv ❶ (lange) long since, for a long time; **die Familie ist schon ~ umgezogen** the family moved a long time ago ❷ (bei weitem) ■ ~ **nicht** not by a long way [or long shot]; **das ist ~ nicht alles** that's not everything by a long shot, that's just the tip of the iceberg; **diese Informationen reichen uns ~ nicht** this information is by no means sufficient

längs·te(r, s) adj o adv superl von **lang**

längs·tens ['lɛŋstns] adv ❶ (höchstens) at the most, at the longest ❷ (spätestens) at the latest

lang·stie·lig [-ʃti:lɪç] adj long-handled [or -stemmed]; ~**e Gläser/Rosen** long-stemmed glasses/roses

Lang·stre·cken·flug m long-haul flight

Lang·stre·cken·flug·zeug nt long-haul aircraft **Lang·stre·cken·lauf** m long-distance race [or run] **Lang·stre·cken·läu·fer(in)** m(f) long-distance runner **Lang·stre·cken·ra·ke·te** f long-range missile

Lan·gus·te <-, -n> [laŋ'gʊstə] f crayfish

lang·wei·len ['laŋvailən] I. vt ■ jdn ~ to bore sb; **langweile ich Sie?** am I boring you?; **der Film langweilte mich** the film bored me II. vi (pej) to be boring pej III. vr ■ sich akk ~ to be bored; **bei dem Vortrag/in dem Film habe ich mich schrecklich**

gelangweilt I was terribly bored during the lecture/film; s. a. **gelangweilt**

Lang·wei·ler(in) <-s, -> m(f) (pej fam) ❶ (jd, der langweilt) bore ❷ (langsamer Mensch) slowcoach BRIT, slowpoke AM

lang·wei·lig ['laŋvailɪç] I. adj boring, dull II. adv boringly

Lang·wel·le f long wave

lang·wie·rig ['laŋvi:rɪç] adj lengthy, long-drawn-out **Lang·wie·rig·keit** <-, <selten -en> f lengthiness, long duration

Lang·zeit·ar·beits·lo·se(r) f(m) dekl wie adj long-term unemployed person; ■ **die ~n** the long-term unemployed **Lang·zeit-EKG** nt MED long-term ECG **Lang·zeit·ge·dächt·nis** nt long-term memory **Lang·zeit·maß·nah·me** f long-term measure **Lang·zeit·pa·ti·ent(in)** m(f) long-term patient **Lang·zeit·pro·gramm** nt long-term programme [or AM -am]

La·no·lin <-s> [lano'li:n] nt kein pl CHEM lanolin

Lan·than <-s> [lan'ta:n] nt kein pl CHEM lanthanum

Lan·za·ro·te [lanθa'rote] nt Lanzarote; s. a. **Sylt**

Lan·ze <-, -n> ['lantsə] f HIST lance, spear; ▸ WENDUNGEN: **für jdn/etw eine ~ brechen** (geh) to go to bat for sb, to stand up for sb/sth

Lan·zet·te <-, -n> [lan'tsɛtə] f MED lancet

La·os <-> ['la:ɔs] nt Laos; s. a. **Deutschland**

La·o·te, La·o·tin <-n, -n> [la'o:tə, la'o:tɪn] m, f Laotian; s. a. **Deutsche(r)**

la·o·tisch [la'o:tɪʃ] adj Lao(tian); s. a. **deutsch**

La Pal·ma [lə'pa:lmə] nt La Palma; s. a. **Sylt**

la·pi·dar [lapi'da:ɐ̯] adj (geh) terse

La·pis·la·zu·li <-, -> [lapɪs'la:tsuli] m lapis lazuli

Lap·pa·lie <-, -n> [la'pa:liə] f petty affair, trifle, bagatelle

Lap·pen <-s, -> ['lapn] m ❶ (Stück Stoff) cloth, rag ❷ (sl: Banknote) note; pl (Moneten) dough no pl, no indef art ▸ WENDUNGEN: **jdm durch die ~ gehen** (fam) to slip through sb's fingers

läp·pern ['lɛpɐn] vr impers (fam) ■ sich ~ to mount [or add] up

läp·pisch ['lɛpɪʃ] I. adj ❶ (fam: lächerlich) ridiculous; **ein ~er Betrag** a ridiculous sum ❷ (pej: albern) silly, foolish II. adv (pej) in a silly manner

Lap·sus <-, -> ['lapsʊs] m (geh) mistake, slip; **jdm unterläuft ein ~** sb makes a mistake; ~ **Linguae** (Versprecher) slip of the tongue

Lap·tew·see ['laptɛf-] f Laptev Sea

Lap·top <-s, -s> ['lɛptɔp] m laptop

Lär·che <-, -n> ['lɛrçə] f larch

large [larʒ] adj SCHWEIZ (generös) generous

Lar·go <-s, -s o Larghi> ['largo, pl: 'largi] nt MUS largo

La·ri·fa·ri <-s> [lari'fa:ri] nt kein pl (pej fam) nonsense no pl pej, BRIT a. rubbish no pl pej

Lärm <-[e]s> [lɛrm] m kein pl noise, racket; ~ **machen** to make a noise ▸ WENDUNGEN: **viel ~ um nichts [machen]** [to make] a lot of fuss about nothing

Lärm·art f type of noise **lärm·be·ein·träch·tigt** adj disturbed by noise **Lärm·be·ein·träch·ti·gung** f noise disturbance **Lärm·be·kämp·fung** f noise abatement **Lärm·be·läs·ti·gung** f noise pollution **Lärm·be·las·tung** f noise pollution **lärm·dämp·fend** adj noise-reducing **lärm·emp·find·lich** adj sensitive to noise

lär·men ['lɛrmən] vi to make noise [or a racket], to be noisy

Lärm·ent·ste·hung f generation of noise **lärm·ge·plagt** adj plagued with noise **lärm·ge·schä·digt** adj suffering physical impairment as a result of noise **Lärm·pe·gel** m noise level **Lärm·quel·le** f source of a/the noise **Lärm·schä·di·gung** f noise induced injury

Lärm·schutz m protection against noise

Lärm·schutz·wall *m* noise protection embankment
Lärm·schutz·wand *f* noise barrier
Lärm·stär·ke *f* intensity of noise **Lärm·ur·sa·che** *f* cause of a noise **Lärm·ver·hin·de·rung** *f* noise prevention
Lar·ve <-, -n> ['larfə] *f* ❶ *(Insekten~)* larva, grub ❷ *(veraltet: Maske)* mask ❸ *(veraltet: nichtssagendes Gesicht)* empty face
las [laːs] *imp von* **lesen**
La·sa·gne <-, -> [laˈzanjə] *f* lasagne, AM *a.* lasagna
lasch [laʃ] **I.** *adj (fam)* ❶ *(schlaff)* feeble, limp; **ein ~er Händedruck** a limp handshake ❷ *(nachsichtig)* lax, slack ❸ KOCHK *(fade)* insipid **II.** *adv (fam: schlaff)* limply
La·sche <-, -n> ['laʃə] *f* flap; *Kleidung* loop
Lasch·heit <-, -en> *f* laxity; *Händedruck* limpness
La·ser <-s, -> ['leɪzɐ] *m* laser
La·ser·chir·ur·gie *f* laser surgery **La·ser·dru·cker** *m* laser printer **La·ser·im·puls** *m* laser pulse **La·ser·in·ten·si·tät** *f* laser intensity **La·ser·licht·show** *f* laser show **La·ser·skal·pell** *nt* laser scalpel **La·ser·strahl** *m* laser beam
la·sie·ren* [laˈziːrən] *vt* ▪ **etw ~** to varnish [*or* glaze] sth
Lä·si·on <-, -en> [lɛˈzi̯oːn] *f* MED lesion
lass^{RR}, **laß**^{ALT} [las] *imper sing von* **lassen**

---

las·sen ['lasn̩]

I. TRANSITIVES VERB   **II.** MODALVERB
III. INTRANSITIVES VERB

I. TRANSITIVES VERB   <lässt, ließ, gelassen>
❶ *(unterlassen)* ▪ **etw ~** to stop sth, to refrain from doing sth; **ich hatte Ihnen das doch ausdrücklich aufgetragen, warum haben Sie es dann gelassen?** I expressly instructed you to do that, why didn't you do it?; **wirst du das wohl ~!** will you stop that!; **lass das, ich mag das nicht!** stop it, I don't like it!; **wenn du keine Lust dazu hast, dann ~ wir es eben** if you don't feel like it we won't bother; **wenn du keine Lust dazu hast, dann lass es doch** if you don't feel like it, then don't do it; **es/etw nicht ~ können** not to be able to stop it/sth
❷ *(zurücklassen)* ▪ **jdn/etw irgendwo ~** to leave sb/sth somewhere; **etw hinter sich** *akk* **~** to leave sth behind one
❸ *(über, behalten lassen)* ▪ **jdm etw ~** to let sb have sth; **man ließ ihm nur eine winzige Rente** they only let him have a small pension
❹ *(gehen lassen)* ▪ **jdn/ein Tier irgendwohin ~** to let sb/an animal go somewhere; **lass den Hund nicht nach draußen** don't let the dog go outside; **mit 13 lasse ich meine Tochter nicht in die Disko** I wouldn't let my daughter go to a disco at 13
❺ *(in einem Zustand lassen)* ▪ **etw irgendwie ~** to leave sth somehow; **ich möchte den Garten heute nicht schon wieder ungespritzt ~** I don't want to leave the garden unwatered again today; **jdn ohne Aufsicht ~** to leave sb unsupervised; **es dabei ~** to leave sth at that; **~ wir's dabei** let's leave it at that; **etw ~, wie es ist** to leave sth as it is
❻ *(fam: loslassen)* ▪ **jdn/etw ~** to let sb/sth go; **lass mich, ich will nicht, dass du mich vor aller Augen umarmst!** let me go, I don't want you putting your arms around me in front of everybody!
❼ *(in Ruhe lassen)* ▪ **jdn ~** to leave sb alone
❽ *(gewähren lassen)* ▪ **jdn ~** to let sb; **Mama, ich möchte so gerne auf die Party gehen, lässt du mich?** Mum, I really want to go to the party, will you let me?
❾ *(hineinlassen)* ▪ **etw in etw ~** to let sth into sth; **kannst du mir das Wasser schon mal in die Wanne ~?** can you run a bath for me?; **frische Luft ins Zimmer ~** to let a bit of fresh air into the room

---

❿ *(hinauslassen)* ▪ **etw aus etw ~** to let sth escape from somewhere; **sie haben mir die Luft aus den Reifen gelassen!** they've let my tyres down!
⓫ *(zugestehen)* **das/eines muss jd jdm ~** sb must give sb that/one thing; **eines muss man ihm ~, er versteht sein Handwerk** you've got to give him one thing, he knows his job
▶ WENDUNGEN: **alles unter sich ~** *dat (euph veraltend)* to mess the bed; **einen ~** *(fam)* to let one rip *fam*

II. MODALVERB   <lässt, ließ, gelassen>
❶ *(veranlassen)* ▪ **jdn etw tun ~** to have sb do sth; **jdn kommen ~** to send for sb; **sie wollen alle ihre Kinder studieren ~** they want all of their children to study; **wir sollten den Arzt kommen ~** we ought to send for the doctor; **~ Sie Herrn Braun hereinkommen** send Mr. Braun in; **der Chef hat es nicht gerne, wenn man ihn warten lässt** the boss doesn't like to be kept waiting; ▪ **etw machen ~** to have sth done; **etw reparieren ~** to have sth repaired; **wir ~ uns zurzeit ein Haus bauen** we're currently having a house built; **die beiden werden sich wohl scheiden ~** the two will probably get a divorce; **er lässt ihr regelmäßig eine Kiste Champagner schicken** he has a crate of Champagne regularly sent to her; **ich muss mir einen Zahn ziehen ~** I must have a tooth pulled; **ich lasse mir die Haare schneiden** I'm having my hair cut
❷ *(zulassen)* ▪ **jdn etw tun ~** to let sb do sth; **lass sie gehen!** let her go!; **lass mich doch bitte ausreden!** let me finish speaking, please!; ▪ **sich** *dat* **etw geschehen ~** to let sth be done to one, to allow sth to be done to one; **ich lasse mich nicht länger von dir belügen!** I won't be lied to by you any longer!; **wie konnten Sie sich nur so hinters Licht führen ~!** how could you allow yourself to be led up the garden path like that!; **ich lasse mich nicht belügen!** I won't be lied to!; **er lässt sich nicht so leicht betrügen** he won't be taken in so easily; **du solltest dich nicht so behandeln ~** you shouldn't allow yourself to be treated like that; **das lasse ich nicht mit mir machen** I won't stand for it!; **viel mit sich machen ~** to put up with a lot
❸ *(belassen)* ▪ **etw geschehen ~** to let sth happen; **das Wasser sollte man eine Minute kochen ~** the water should be allowed to boil for a minute; **man sollte die Maschinen nicht zu lange laufen ~** the machine shouldn't be allowed to run too long; ▪ **sich** *dat* **etw geschehen ~** to let sth happen to one; **er lässt sich zurzeit einen Bart wachsen** he's growing a beard at the moment
❹ *(Möglichkeit ausdrückend)* ▪ **sich tun ~** to be able to be done; **das lässt sich machen!** that can be done!; **dieser Witz lässt sich nicht ins Deutsche übersetzen** this joke cannot be translated into German; **der Text lässt sich nur schwer übersetzen** the text can only be translated with difficulty; **dass sie daran beteiligt war, wird sich nicht leicht beweisen ~** it will not be easy to prove that she was involved
❺ *als Imperativ* ▪ **lass uns/lasst uns etw tun** let's do sth; **lass uns jetzt lieber gehen** let's go now; **lasset uns beten** let us pray; **lass uns das nie wieder erleben!** don't ever let's go through that again!; **lass dich hier nie wieder blicken!** don't ever show your face around here again!; **~ Sie sich das gesagt sein, so etwas dulde ich nicht** let me tell you that I won't tolerate anything like that; **lass dich bloß nicht von ihm ärgern** just don't let him annoy you; ▪ **lass dir/~ Sie sich ... let...; **lass dir darüber keine grauen Haare wachsen** don't get any grey hairs over it

III. INTRANSITIVES VERB <lässt, ließ, gelassen>

(ablassen) ■ **von jdm/etw** ~ to leave [*or* part from] sb/sth; **sie ist so verliebt, sie kann einfach nicht von ihm** ~ she is so in love, she simply can't part from him; **vom Alkohol** ~ to give up alcohol; **wenn du nur von diesen fetten Sachen** ~ **würdest!** if only you would leave these fatty things alone!; ~ **Sie mal!** that's all right!; **soll ich das gleich bezahlen? – ach, ~ Sie mal, das reicht auch nächste Woche noch** shall I pay it right now? – oh, that's all right, next week will do

läs·sig ['lɛsɪç] **I.** *adj* ❶ *(ungezwungen)* casual; **~e Kleidung** casual clothes ❷ *(fam: leicht)* **die Fragen waren total ~!** the questions were dead easy! **II.** *adv* ❶ *(ungezwungen)* casually; **du musst das ~er sehen** you must take a more casual view ❷ *(fam: mit Leichtigkeit)* no problem *fam;* **das schaffen wir ~!** we'll manage that easily!

Läs·sig·keit <-> *f kein pl* casualness *no pl*

Las·so <-s, -s> ['laso] *m o nt* lasso

lasstᴿᴿ, **laßt**ᴬᴸᵀ [last] *imper pl von* **lassen**

Last <-, -en> [last] *f* ❶ *(zu tragender Gegenstand)* load ❷ *(schweres Gewicht)* weight; **das Brett biegt sich unter der ~ der Bücher** the shelf is bending under the weight of the books ❸ *(Bürde)* burden; **jd hat seine ~ mit jdm/etw** sb/sth is a burden on sb; **mit dir hat man so seine ~!** you're a real burden on a person! ❹ *pl (finanzielle Belastung)* burden; **zu jds ~en gehen** to be charged to sb; **die zusätzlichen Kosten gehen zu Ihren ~en** you will have to pay the additional costs ▸ WENDUNGEN: **jdm zur ~ fallen** to become a burden on sb; **jdm etw** *akk* **zur ~ legen** to accuse sb of sth; **jdm zur ~ legen, etw getan zu haben** to accuse sb of doing sth

las·ten ['lastn] *vi* ❶ *(als Last liegen auf)* ■ **auf etw** *dat* ~ to rest on sth ❷ *(eine Bürde sein)* ■ **auf jdm** ~ to rest with sb; **diese Verantwortung lastet auf mir** the responsibility rests with me ❸ *(finanziell belasten)* ■ **auf etw** *dat* ~ to encumber sth; **auf dem Haus ~ Schulden** the house is encumbered with debts ❹ *(stark belasten)* ■ **auf etw** *dat* ~ to weigh heavily on sth; **die Folgen des Krieges ~ schwer auf dem Land** the consequences of the war weigh heavily on the country

Last·en·auf·zug *m* goods lift BRIT, freight elevator AM

las·tend *adj (geh)* oppressive

Las·ter¹ <-s, -> ['lastɐ] *m (fam: Lastwagen)* lorry BRIT, truck AM

Las·ter² <-s, -> ['lastɐ] *nt (schlechte Gewohnheit)* vice

Läs·te·rei <-, -en> *f (fam)* derisive *form* [*or fam* nasty] remarks *pl*

Läs·te·rer, Läs·te·rin <-s, -> ['lɛstərɐ, 'lɛstərɪn] *m, f* detractor *form,* knocker *sl*

las·ter·haft *adj (geh)* depraved

Las·ter·haf·tig·keit <-> *f kein pl (geh)* depravity

Las·ter·höh·le *f (pej fam)* den of vice [*or* iniquity]

Läs·te·rin <-, -nen> *f fem form von* **Lästerer**

Läs·ter·maul *nt (pej fam) s.* **Lästerer**

läs·tern ['lɛstɐn] *vi* ■ **über jdn/etw** ~ to make derisive [*or* disparaging] remarks [about sb/sth]

Last·esel *m* ❶ *(Tier)* pack mule ❷ *(fam: jd, der sich Lasten aufbürden lässt)* packhorse

läs·tig ['lɛstɪç] *adj* ❶ *(unangenehm)* Husten, Kopfschmerzen etc. annoying, irritating, pesky *fam* ❷ *(störend)* annoying; **dass wir jetzt auch noch warten müssen ist wirklich ~!** the fact that we have to wait as well is really annoying; ■ **jdm ~ sein/werden** to find/begin to find annoying; **wird dir der Gipsverband nicht ~?** don't you find the plaster cast a nuisance? ❸ *(nervend, aufdringlich) Mensch* annoying;

du wirst mir allmählich ~! you're beginning to become a nuisance!; **jdm ~ sein/fallen** *(geh)* to annoy sb, to become a nuisance to sb

Läs·tig·keit <-> *f kein pl* tiresomeness *no pl,* troublesomeness *no pl*

Last·kahn *m* barge **Last·kraft·wa·gen** *m (geh) s.* **Lastwagen**

Last-Mi·nute-Flug [la:st'mɪnɪt-] *m* last-minute flight **Last-Mi·nute-Tarif** [la:st'mɪnɪt-] *m* last-minute price **Last-Mi·nute-Ur·laub** [la:st'mɪnɪt-] *m* last-minute holiday

Last·schrift *f (Abbuchung)* debit entry; *(Mitteilung über Abbuchung)* debit advice **Last·tier** *nt* pack animal **Last·wa·gen** *m* lorry BRIT, truck AM **Last·wa·gen·fah·rer(in)** *m(f)* lorry driver **Last·zug** *m* lorry with trailer

La·sur <-, -en> [la'zu:ɐ̯] *f* [clear] varnish

las·ziv [las'tsi:f] **I.** *adj (geh)* ❶ *(sexuell herausfordernd)* lascivious, wanton *hum,* sexy ❷ *(anstößig)* rude, offensive **II.** *adv (geh)* lasciviously, wantonly *hum,* sexily

La·zi·vi·tät <-> [lastsivi'tɛ:t] *f kein pl (geh)* ❶ *(laszive Art)* lasciviousness, wantonness *hum,* sexiness ❷ *(Anstößigkeit)* rudeness, offensiveness

La·tein <-s> [la'tain] *nt* Latin; ▸ WENDUNGEN: **mit seinem ~ am Ende sein** to be at one's wits' end

La·tein·ame·ri·ka *nt* Latin America
la·tein·ame·ri·ka·nisch *adj* Latin American
la·tei·nisch *adj* Latin; **auf L~** in Latin
La·tei·nisch *nt dekl wie adj* Latin; ■ **das ~e** Latin, the Latin language

la·tent [la'tɛnt] **I.** *adj (geh)* latent **II.** *adv (geh)* latently
La·tenz·zeit *f s.* **Inkubationszeit**

La·ter·ne <-, -n> [la'tɛrnə] *f* ❶ *(Straßen~)* streetlamp ❷ *(Lichtquelle mit Schutzgehäuse)* lantern ❸ *(Lampion)* Chinese lantern
La·ter·nen·pfahl *m* lamppost

La·tex <-, Latizes> ['la:tɛks, *pl:* 'la:titse:s] *m* latex

La·ti·num <-s> [la'ti:nʊm] *nt kein pl* ■ **das ~** *(the examination proving)* knowledge of Latin; **das ~ haben** to have one's Latinum certificate; **das kleine/große ~** *(Latinum certificate awarded after three or six years of study)*

La·tri·ne <-, -n> [la'tri:nə] *f* latrine
La·tri·nen·pa·ro·le *f (pej fam)* wild rumour [*or* AM -or]
Lat·sche <-, -n> ['la:tʃə] *f s.* **Latschenkiefer**
lat·schen ['la:tʃn] *vi sein (fam)* ❶ *(schwerfällig gehen)* to trudge, to traipse; **latsch nicht durch alle Pfützen!** don't traipse through all the puddles!; *(lässig gehen)* to wander; **wir sind 'ne Weile durch die Stadt gelatscht** we wandered through the town for a bit; *(unbedacht gehen)* to clump; **er ist mit seinen dreckigen Schuhen über den Teppich gelatscht** he clumped across the carpet in his dirty shoes ❷ DIAL *(eine Ohrfeige geben)* ■ **jdm eine** ~ to give sb a smack round the head BRIT, to slap sb in the face AM
Lat·schen <-s, -> ['la:tʃn] *m (fam)* ❶ *(ausgetretener Hausschuh)* worn-out slipper ❷ *(pej: ausgetretener Schuh)* worn-out shoe ▸ WENDUNGEN: **aus den ~ kippen** *(fam)* to keel over *fam; (sehr überrascht sein)* to be bowled over

Lat·schen·kie·fer *f* mountain pine

Lat·te <-, -n> ['latə] *f* ❶ *(kantiges Brett)* slat ❷ SPORT bar ❸ *(Tor~)* crossbar ❹ *(sl: erigierter Penis)* stiffy BRIT *sl,* woody AM *sl* ▸ WENDUNGEN: **eine ganze ~ von etw** *dat* a heap of sth, a load of sth *fam;* **eine lange ~** *(fam)* beanpole *hum fam*

Lat·ten·rost *m* slatted frame; *(auf dem Boden)* duckboards *pl* **Lat·ten·zaun** *m* paling, picket fence

Lat·tich <-s, -e> ['latɪç] *m* lettuce

Latz <-es, Lätze *o* ÖSTERR -e> [lats, *pl:* 'lɛtsə] *m* ❶ *(Hosen~)* flap ❷ *(Tuch zum Vorbinden)* bib ▸ WENDUNGEN:

jdm eins [*o* **einen**] **vor den ~ knallen** [*o* **ballern**] *(sl)* to thump [*or fam* wallop] sb

Lätz·chen <-s, -> ['lɛtsçən] *nt dim von* **Latz** bib

Latz·ho·se *f* dungarees *npl*

lau |lau| *adj* ❶ *(mild)* mild ❷ *(lauwarm)* lukewarm; *(mäßig)* moderate ❸ *(halbherzig)* lukewarm, half-hearted ▸ WENDUNGEN: **für ~** DIAL *(fam)* for nothing [*or* free]

Laub <-[e]s> |laup| *nt kein pl* foliage *no pl, no indef art;* **~ tragend** deciduous

Laub·baum *m* deciduous tree

Lau·be <-, -n> ['laubə] *f* ❶ *(Häuschen)* arbour [*or* AM -or] ❷ ZOOL, KOCHK bleak ▸ WENDUNGEN: **und fertig ist die ~!** *(fam)* and Bob's your uncle! [*or* AM that's that!] *fam*

Lau·ben·ko·lo·nie *f (veraltend)* colony of arbours [*or* AM -ors]

Laub·frosch *m* tree frog **Laub·heu·schre·cke** *f* ZOOL bush cricket **Laub·höl·zer** *pl* deciduous trees **Laub·hüt·ten·fest** *nt* Feast of Tabernacles [*or* Ingathering], Sukkoth **Laub·moos** *nt* BOT moss **Laub·sä·ge** *f* fretsaw **Laub·sän·ger** *m* ORN warbler **Laub·wald** *m* deciduous forest

Lauch <-[e]s, -e> |laux| *m* ❶ BOT allium ❷ *(Porree)* leek

Lauch·zwie·bel *f* spring onion

Lau·da·tio <-, Laudationes> |lau'da:tsio, *pl:* lauda'tsio:ne:s| *f (geh)* laudatory speech *form,* eulogy *form;* **die ~** [**auf jdn**] **halten** to make a speech in sb's honour [*or* AM -or]

Lau·er <-> ['lauɐ] *f sich* **auf die ~ legen** to lie in ambush; **auf der ~ liegen** [*o* **sein**] to lie in wait

lau·ern |'lauɐn| *vi* ❶ *(in einem Versteck warten)* to lie in wait; ▪ **auf etw** *akk* **~** to lie in wait for sth; ▪ **darauf ~, dass ...** to lie in wait for ...; **auf so einer Reise ~ alle möglichen Gefahren** there are all kinds of dangers lurking on a journey like this; **~d** lurking; **die Löwen umkreisten ~d die Herde** the lions lurked around the herd ❷ *(fam: angespannt warten)* ▪ **auf jdn ~** to wait impatiently for sb; ▪ **auf etw** *akk* **~** to wait in anticipation for sth; ▪ **darauf ~, dass ...** to wait in anticipation for ...; **die anderen lauerten nur darauf, dass sie einen Fehler machte** the others were just waiting for her to make a mistake

Lauf <-[e]s, Läufe> |lauf, *pl:* 'lɔyfə| *m* ❶ *kein pl (das Laufen)* run ❷ SPORT *(Durchgang)* round; *(Rennen)* heat ❸ *kein pl (Gang)* Maschine operation; **der Motor hat einen unruhigen ~** the engine is not running smoothly ❹ *kein pl* GEOG *(Ver~, Bahn)* course; **der obere/untere ~ eines Flusses** the upper/lower course of a river; **der ~ dieses Sterns** the track [*or* path] of this star ❺ *(Ver~, Entwicklung)* course; **das ist der ~ der Dinge** that's the way things go; **der ~ der Welt** the way of the world; **seinen ~ nehmen** to take its course; **die Ereignisse nehmen ihren ~** events take their course; **im ~e einer Sache** *gen* in the course of [*or* during] sth; **im ~e der Jahrhunderte** over the centuries ❻ *(Gewehr~)* barrel; **ein Tier vor den ~ bekommen** to have an animal in one's sights ❼ JAGD *(Bein)* leg ▸ WENDUNGEN: **einer S.** *dat* **freien** [*o* **ihren**] **~ lassen** to give free rein to sth; **lasst eurer Fantasie freien ~** let your imagination run wild; **man sollte den Dingen ihren ~ lassen** one should let things take their course

Lauf·bahn *f* career **Lauf·band** *nt* SPORT treadmill **Lauf·bur·sche** *m* ❶ *(veraltend: Bote)* errand boy ❷ *(pej: Lakai)* flunk[e]y

lau·fen <läuft, lief, gelaufen> *m* SPORT ❶ *(rennen)* to run; **sie lief in den Garten** she ran into the garden ❷ *(fam: gehen)* to go; **seit dem Unfall läuft er mit Krücken** since the accident he gets around on

crutches; **sie läuft ständig zum Arzt** she's always going to the doctor's; **mir sind Kühe vors Auto gelaufen** cows ran in front of my car ❸ *(zu Fuß gehen)* to walk; **fahrt ihr mal! Ich laufe lieber** you go by car, I'd rather walk; **kann sie schon ~?** has she started walking already?; ▪ **das L~** walking; **beim L~ tut mir die Hüfte so weh** my hip hurts so much when I walk; **sie musste das L~ wieder lernen** she had to learn [how] to walk again ❹ *(gehend an etw stoßen)* to walk into sth; **ich bin an einen Pfosten gelaufen** I walked into a post ❺ *(fließen)* to run; **das Blut lief ihm übers Gesicht** the blood ran down his face; **lass bitte schon einmal Wasser in die Badewanne ~** start filling the bath please; **mir läuft die Nase** my nose is running; **jdm eiskalt über den Rücken ~** *(fig)* a chill runs up sb's spine ❻ SPORT to run; **er läuft für ...** he runs for ...; **wie bist du gelaufen?** how did you run? ❼ *(funktionieren)* to work; *Getriebe, Maschine, Motor* to run; *(eingeschaltet sein)* to be on; *(sich gleitend bewegen)* to run; **täglich ~ 6.000 Stück vom Band** 6,000 units a day come off the line; **die Miniaturbahn läuft auf winzigen Schienen** the miniature railway runs on tiny rails ❽ FILM, THEAT *(gezeigt werden)* to be on ❾ *(in Bearbeitung sein)* to go [on]; **der Prozess läuft nun schon zwei Jahre** the trial has been going on for two years now ❿ *(gültig sein)* to run, to last; **mein Vertrag läuft bis Ende Juli** my contract runs until the end of July ⓫ *(ver~)* to flow, to run; **ab hier ~ die Kabel alle unterirdisch** all of the cables run underground from here on ⓬ *(seinen Gang gehen)* to run; **„was macht das Geschäft?" – „es könnte besser ~"** 'how's business?' – 'could be better'; **wie läuft es?** how's it going?; **läuft etwas zwischen euch?** is there anything going on between you? ⓭ *(geführt werden)* **auf jds Namen ~** to be issued in sb's name; **unter einer bestimmten Bezeichnung ~** to be called sth; **diese Einnahmen ~ unter „Diverses** [*o* **Sonstiges**]**"** this income comes under the category of 'miscellaneous' ⓮ *(gut verkäuflich sein)* to sell well; **das neue Produkt läuft gut/nicht so gut** the new product is selling well/not selling well ⓯ *(fahren)* to run; **auf Grund ~** to run aground ▸ WENDUNGEN: **die Sache ist gelaufen** it's too late now, it's pointless to do anything about it now; **das läuft bei mir nicht!** that's not on with me!, I'm not having that!; **das läuft so nicht!** that's not on! **II.** *vt haben o sein* ❶ SPORT ▪ **etw ~** to run sth; **einen Rekord ~** to set a record ❷ *(zurücklegen)* ▪ **etw** [**in etw** *dat*] **~** to run sth [in sth]; **er will den Marathon in drei Stunden ~** he wants to run the marathon in three hours ❸ *(fahren)* **Rollschuh/Schlittschuh/Ski ~** to go roller-skating/ice-skating/skiing, to rollerskate/ice-skate/ski **III.** *vr impers haben* **mit diesen Schuhen wird es sich besser ~** walking will be easier in these shoes; **auf dem Teppichboden läuft es sich weicher als auf dem Fliesen** a carpet is softer to walk on than tiles

lau·fend I. *adj attr* ❶ *(geh: derzeitig)* current ❷ *(ständig)* constant ▸ WENDUNGEN: **jdn** [**über etw** *akk*] **auf dem L~en halten** to keep sb up-to-date [about [*or on*] sth] [*or* informed [about sth]]; **mit etw** *dat* **auf dem L~en sein** to be up-to-date with sth; **auf dem L~en sein** [*o* **bleiben**] to be [*or* keep] up-to-date **II.** *adv (fam)* constantly, continually

Läu·fer <-s, -> ['lɔyfɐ] *m* ❶ SCHACH bishop ❷ *(Teppich)* runner

Läu·fer(in) <-s, -> ['lɔyfɐ] *m(f)* runner

Lau·fe·rei <-, -en> |laufəˈrai| *f (pej fam)* running around

Läu·fe·rin <-, -nen> *f fem form von* **Läufer**

Lauf·feu·er *nt* ▸ WENDUNGEN: **sich** *akk* **wie ein ~ verbreiten** to spread like wildfire **Lauf·git·ter** *nt s.* **Lauf-**

stall Lauf·ho·nig *m* liquid honey

läu·fig ['lɔyfɪç] *adj* on heat

Lauf·kä·fer *m* ZOOL grand beetle **Lauf·kund·schaft** *f kein pl* passing trade *no pl*, occasional customers *pl* **Lauf·ma·sche** *f* ladder **Lauf·pass**ᴿᴿ *m kein pl* ▸ WENDUNGEN: **jdm den ~ geben** *(fam)* to give sb their marching orders *fam* **Lauf·plan·ke** *f* gangplank, gangway **Lauf·schritt** *m* **im ~** at a run; MIL at *[or on]* the double; **sie verließ das Haus im ~** she left the house at a run; **im ~, marsch!** *(langsamer werden)* quick *[or* AM quick-time*]* , march!; *(schneller werden)* double-time, march **Lauf·stall** *m* playpen **Lauf·steg** *m* catwalk **Lauf·vo·gel** *f* BIOL flightless bird, ratite **Lauf·werk** *nt Maschine* drive mechanism; *Uhr* clockwork; *Computer* disc drive **Lauf·zeit** *f* term **Lauf·zet·tel** *m* control slip

Lau·ge <-, -n> ['laugə] *f* ① *(Seifen~)* soapy water ② *(wässrige Lösung einer Base)* lye ③ *(veraltend: Salz~)* salt solution

Lau·gen·bre·zen *f* SÜDD pretzel **Lau·gen·sem·mel** *f* SÜDD pretzel roll **Lau·gen·stan·ge** *f* SÜDD pretzel stick

Lau·heit <-> ['lauhait] *f kein pl (geh)* ① *(Milde)* mildness *no pl* ② *(Halbherzigkeit)* lukewarmness *no pl,* half-heartedness *no pl*

Lau·ne <-, -n> ['launə] *f* ① *(Stimmung)* mood; **blendende/gute ~ haben** *[o geh:* |**bei**| **blendender/ guter ~ sein**| to be in a wonderful/good mood; **miese/schlechte ~ haben** *[o geh:* |**bei**| **mieser/ schlechter ~ sein**| to be in a foul/bad mood; **jdn bei** |**guter**| **~ halten** *(fam)* to keep sb happy; |**je**| **nach** |**Lust und**| **~** depending on how one feels; *(wechselnde Stimmung a.)* temper; **seine ~n an jdm auslassen** to take one's temper out on sb; **deine ~n sind unerträglich!** your moods are unbearable! ② *(abwegige Idee)* whim; **das war eine ~ der Natur** that was a whim of nature; **aus einer ~ heraus** on a whim

lau·nen·haft *adj* ① *(kapriziös)* moody ② *(wechselhaft) Wetter* changeable, unsettled

Lau·nen·haf·tig·keit <-> *f kein pl* ① *(kapriziöse Art)* moodiness *no pl* ② *(Wechselhaftigkeit) Wetter* changeability, unsettled nature

lau·nisch ['launɪʃ] *adj s.* **launenhaft**

Laus <-, Läuse> [laus, *pl:* 'lɔyzə] *f* ① *(Blut saugendes Insekt)* louse; **Läuse haben** to have lice ② *(Blatt~)* aphid ▸ WENDUNGEN: **jdm ist eine ~ über die Leber gelaufen** *(fam)* sb got out of the wrong side of bed *fam;* **jdm/sich eine ~ in den Pelz setzen** *(fam)* to land sb/oneself in it

Lau·sanne <-s> [lo'zan] *nt* Lausanne

Laus·bub *m* SÜDD *(fam)* rascal

Lausch·an·griff *m* bugging

lau·schen ['lauʃn] *vi* ① *(heimlich zuhören)* to eavesdrop ② *(geh: zuhören)* to listen

Lau·scher <-s, -> ['lauʃe] *m* JAGD ear; **sperr deine ~ auf!** *(fig fam)* listen up!

Lau·scher(in) <-s, -> ['lauʃe] *m(f)* eavesdropper; ▸ WENDUNGEN: **der ~ an der Wand hört seine eigene Schand** *(prov)* eavesdroppers seldom hear good of themselves

lau·schig ['lauʃɪç] *adj (veraltend)* ① *(gemütlich)* cosy BRIT, cozy AM, snug ② *(einsam)* secluded

Lau·se·ben·gel *m (veraltend fam) s.* **Lausbub Lau·se·jun·ge** *m (fam)* rascal

Läu·se·mit·tel *nt* PHARM lousicide

lau·sen ['lauzn] *vt* ① **jdn/ein Tier ~** to delouse sb/an animal; ■ **sich** *akk* **~** to delouse oneself

lau·sig ['lauzɪç] **I.** *adj (pej fam)* ① *(entsetzlich) Arbeit, Zeiten etc.* awful ② *(geringfügig)* lousy, measly; **wegen diesen ~en paar Euro!** all for these measly few euros! **II.** *adv (pej fam)* ① *(entsetzlich)* terribly; **es ist ~ kalt!** it's terribly cold ② *(lumpig)* lousily,

badly; **als Lehrer wird man ~ bezahlt** a teacher's pay is lousy

laut[1] |laut| **I.** *adj* ① *(weithin hörbar)* loud; **etw ~/~er stellen** to turn up sth *sep;* **musst du immer gleich ~ werden?** do you always have to blow your top right away?; **~e Farben** *(fig)* loud colours [*or* AM -ors] *fig* ② *(voller Lärm)* noisy; **ist es dir hier zu ~?** is it too noisy for you here? ▸ WENDUNGEN: **etw ~ werden lassen** to make sth known; **~ werden** to become public knowledge **II.** *adv (weithin hörbar)* loudly; **kannst du das ~er sagen?** can you speak up?; **~ denken** to think out loud; **sag das nicht ~!** don't let anyone hear you say that!

laut[2] |laut| *präp* +*gen o dat* according to; **~ Zeitungsberichten/den letzten Meldungen ...** according to newspaper reports/latest reports ...

Laut <-[e]s, -e> |laut| *m* ① *(Ton)* noise; **keinen ~ von sich geben** to make no noise, to not make a sound ② *pl (Sprachfetzen)* tone ▸ WENDUNGEN: **~ geben** JAGD to bark

Lau·te <-, -n> ['lautə] *f* lute

lau·ten ['lautn] *vi* ① *(zum Inhalt haben)* to read, to go; **wie lautet der letzte Absatz?** how does the final paragraph go?; **die Anklage lautete auf Erpressung** the charge is blackmail ② *(ausgestellt sein)* ■ **auf jdn/jds Namen ~** to be in sb's name

läu·ten ['lɔytn] **I.** *vi* ① *(klingend erschallen) Klingel, Telefon* to ring; *Glocke a.* to chime, to peal; *(feierlich)* to toll, to knell ② *(durch Klingeln herbeirufen)* ■ **nach jdm ~** to ring for sb ▸ WENDUNGEN: **ich habe davon ~ gehört** [*o* **hören**] **, dass ...** I have heard rumours that ... **II.** *vi impers* ① DIAL *(Glocken ertönen)* ■ **es läutet** the bell is/bells are ringing ② *impers (die Türklingel/Schulglocke ertönt)* the bell is ringing; **es hat geläutet** the bell rang, there was a ring at the door; **es läutet sechs Uhr** the clock's striking six

Lau·te·nist(in) <-en, -en> [lautə'nɪst] *m(f)*, **Lau·ten·spie·ler(in)** *m(f)* lutenist, lute player

lau·ter[1] ['laute] *adj inv* just, nothing but; **das sind ~ Lügen** that's nothing but lies; **vor ~ ...** because of ...; **vor lauter Arbeit ...** because of all the work I've got ...

lau·ter[2] ['laute] *adj* ① *(geh: aufrichtig)* sincere ② *(veraltend liter: rein)* pure *s.* **Wahrheit**

Lau·ter·keit <-> *f kein pl (geh)* sincerity *no pl*

läu·tern ['lɔytɐn] *vt (geh)* ■ **jdn/etw ~** to reform sb/ sth

Läu·te·rung <-, -en> *f (geh)* reformation

Läu·te·werk *nt* signal bell

laut·hals ['lauthals] *adv* at the top of one's voice *pred*

Laut·leh·re *f kein pl* phonetics + *sing vb*

laut·lich ['lautlɪç] **I.** *adj* phonetic **II.** *adv* phonetically

laut·los ['lautlo:s] **I.** *adj* noiseless, silent **II.** *adv* noiselessly, silently

Laut·lo·sig·keit <-> *f kein pl* noiselessness *no pl,* silence

Laut·ma·le·rei |lautma:lə'rai] *f* onomatopoeia **laut·ma·le·risch** *adj inv* LING onomatopoeic **Laut·schrift** *f* phonetic alphabet

Laut·spre·cher *m* loudspeaker; **über ~** by loudspeaker

Laut·spre·cher·box *f* speaker **Laut·spre·cher·durch·sa·ge** *f* loudspeaker announcement; **die Information wurde mittels ~n weitergegeben** the information was passed on over the loudspeaker[s] [*or* in loudspeaker announcements] **Laut·spre·cher·ka·bel** *f* speaker cable **Laut·spre·cher·wa·gen** *m* car with a loudspeaker on top

laut·stark *I.* *adj* ① **ein ~er Protest/Widerspruch** a strong protest **II.** *adv* loudly, strongly

Laut·stär·ke *f* ① *(Schallpegel)* volume; **bei voller ~** at full volume; **etw** *akk* **auf volle ~ stellen** to turn

sth up to full volume [*or* right [*or* AM all the way] up];
die ~ regeln to adjust the volume ● *(laute Art)* loudness; **~ allein wird dich nicht ans Ziel bringen** you won't get anywhere by just shouting
Laut·stär·ke·reg·ler *m* volume control
Laut·ver·schie·bung *f* LING consonant shift; **die erste/zweite ~** the first/second consonant shift
lau·warm ['lauvarm] *adj* lukewarm
La·va <-, Laven> ['la:va, *pl:* 'la:vən] *f* lava
La·va·bo <-[s], -s> [la'va:bo] *nt* SCHWEIZ *(Waschbecken)* washbasin
La·va·lam·pe *f* lava lamp
La·ven·del <-s, -> [la'vɛndl] *m* lavender
La·ven·del·ho·nig *m* lavender honey **La·ven·del·öl** <-[e]s> *nt kein pl* lavender oil *no pl, no indef art*
la·vie·ren [la'vi:rən] I. *vi (geh)* to manoeuvre BRIT, to maneuver AM II. *vr* ■ **sich** *akk* **aus etw** *dat* ~ to worm one's way out of sth; **wie er sich wohl aus dieser prekären Lage ~ wird?** I wonder how he's going to get out of this precarious situation
La·wi·ne <-, -n> [la'vi:nə] *f* ● *(Schneemasse)* avalanche ● *(sehr große Anzahl)* Anrufe, Briefe avalanche, deluge; **eine ~ ins Rollen bringen/auslösen** to start an avalanche; **eine ~ von Protesten lostreten** to unleash a storm of protest
la·wi·nen·ar·tig I. *adj* like an avalanche II. *adv* like an avalanche; **die Zahl der Beschwerden schwoll ~ an** the number of complaints snowballing
La·wi·nen·ge·fahr *f kein pl* risk of avalanches
Law·ren·ci·um <-s> [lo'rɛntsiʊm] *nt kein pl* lawrencium *no pl, no indef art spec*
lax [laks] *adj* lax
Lax·heit <-> *f kein pl* laxity, laxness
Lay·outRR, **Lay·out** <-s, -s> [leɪˈaʊt] *nt* layout
Lay·ou·ter(in) <-s, -> ['le:ˀaʊtɐ, le:ˈˀaʊtə] *m(f)* layout man
La·za·rett <-[e]s, -e> [latsa'rɛt] *nt* military hospital
LCD-An·zei·ge *f* LCD display **LCD-Bild·schirm** *m* LCD screen **LCD-Mo·ni·tor** *m* LCD monitor **LCD-Spiel** *nt* LCD game
LCR [ɛltse:ˈˀɛr] *m Abk von* **Least-Cost-Router** LCR
lea·sen ['li:zn] *vt* ■ **etw ~** to lease sth
Lea·sing <-s, -s> ['li:zɪŋ] *nt* leasing
Lea·sing·be·ra·ter(in) *m(f)* leasing consultant **Lea·sing·fahr·zeug** *nt* leased vehicle **Lea·sing·fir·ma** *f* leasing company **Lea·sing·kun·de, -kun·din** *m, f* lessee **Lea·sing·ra·te** *f* lease instalment [*or* AM installment] **Lea·sing·ver·trag** *m* lease agreement
Least-Cost-Rou·ter ['li:stkɒstruːtə] *m* TELEK least cost router
Le·be·da·me *f (pej) fem form von* **Lebemann** courtesan **Le·be·hoch** <-[s], -[s]> [le:bə'ho:x] *nt* cheer
Le·be·mann *m (pej)* playboy, man-about-town, bon viveur
le·ben ['le:bn] I. *vi (lebendig sein)* to live; **Gott sei Dank, er lebt** [noch] Thank God, he's [still] alive; **lang** [*o* es] **lebe der/die/das …!** long live the …!; **von etw nicht ~ und nicht sterben können** not to be able to live on sth ● *(ein bestimmtes Leben führen)* to live; **christlich ~** to lead a Christian life; **getrennt ~** to live apart; **vegetarisch ~** to be vegetarian; **jeder Mensch will glücklich und zufrieden ~** everyone wants to have [*or* lead] a happy and satisfied life ● *(seinen Lebensunterhalt bestreiten)* ■ **von etw ~** to make one's living doing sth; **wovon lebt der überhaupt?** however does he make his living?, **vom Schreiben ~** to make a living as a writer ● *(wohnen)* to live; **im Ausland/in der Stadt ~** to live abroad/in town ● *(da sein)* ■ **[für jdn/etw] ~** to live [for sb/sth]; **sie lebte nur für ihre Kinder/ihren Beruf** she only lived for her children/job; **mit etw ~ können/müs-**

sen to be able to/have to live with sth; **~ und ~ lassen** to live and let live; **man lebt** [so] *(fam)* so, so *fam* ▶ WENDUNGEN: **leb[e] wohl!** farewell!; **hoch soll er/sie ~!** for he/she's a jolly good fellow! II. *vt* ● *(verbringen)* ■ **etw ~** to live sth; **ich lebe doch nicht das Leben anderer Leute!** I have my own life to lead! ● *(verwirklichen)* to live; **seine Ideale/seinen Glauben ~** to live according to one's ideals/beliefs III. *vi impers* **wie lebt es sich denn als Millionär** what's it like living the life of a millionaire?, what's life as a millionaire like?; **lebt es sich hier besser als dort?** is life better here than there?, is it better living here than there?
Le·ben <-s, -> ['le:bn] *nt* ● *(Lebendigsein)* life; **jdn** [künstlich] **am ~ erhalten** to keep sb alive [artificially]; **jdn vom ~ zum Tode befördern** *(geh)* to put sb to death *form;* **etw mit dem** [*o* seinem] **~ bezahlen** *(geh)* to pay for sth with one's life; **jdn ums ~ bringen** *(geh)* to take sb's life; **sein ~ aushauchen** *(geh)* to breathe one's last *liter;* **am ~ sein** [*o* bleiben] to be [*or* remain] alive; **mit dem ~ davonkommen** to escape with one's life; **[bei etw/während einer S.]** **ums ~ kommen** to die [in sth/during sth], to lose one's life [in sth/during sth]; **jdn das ~ kosten** *(geh)* to cost sb his/her life; **sein ~ [für jdn/etw] lassen** *(geh)* to give one's life [for sb/sth]; **jdn am ~ lassen** to let sb live; **um sein ~ laufen** [*o* rennen] to run for one's life; **sich** *dat* **das ~ nehmen** *(euph)* to take one's life *euph;* **seinem ~ ein Ende setzen** *(euph)* to take one's life *euph;* **jdm das** [*o* jds] **~ retten** to save sb's life; **aus dem ~ scheiden** *(geh)* to depart this world *form;* **jdm das ~ schenken** *(geh: jdn gebären)* to give birth to sb; *(jdn am Leben lassen)* to let sb live; **mit seinem ~ spielen** to put one's life at risk; **[bei/während etw] das** [*o* sein] **~ verlieren** to lose one's life [in/during sth] ● *(Existieren)* life; **das/sein ~ hinter sich haben** to have one's life behind one, to have had one's innings *fam;* **das/sein ~ vor sich haben** to have one's [whole] life before one; **ein** [*o* jds] **~ lang** one's [*or* sb's] whole life; **das tägliche ~** everyday life; **das ~ zu zweit** life as a couple; **sein ~ genießen/verpfuschen** to enjoy/ruin one's life; **ein geruhsames/hektisches ~ führen** to lead a quiet/hectic life; **am ~ hängen** to love life; **sich seines ~s freuen** to enjoy [one's] life; **jdm/sich das ~ schwer machen** to make life difficult for sb/oneself; **das ~ geht weiter** life goes on; **ein ~ in etw** *dat* a life of sth; **zeit jds ~s** for the rest of one's life; **das/ein ~ nach dem Tod[e]** life after death; **das ewige ~** eternal life; **das süße ~** the life of Riley *fam;* **so ist das ~** [eben] that's life, such is life; **sich** [mit etw] **durchs ~ schlagen** to struggle to make a living [doing sth]; **wie das ~ so spielt** *(fam)* as is the way of the world; **nie im ~** [*o* im ~ nicht] never ● *(Geschehen, Aktivität)* life; **etw zum/zu neuem ~ erwecken** to bring sth back to life, to revive sth; **etw ins ~ rufen** to found sth, to establish sth; **das öffentliche ~** public life; **eine Figur** [*o* Person] **des öffentlichen ~s** a public figure ● *(Lebensinhalt)* life; ■ **jds ~ sein** to be sb's life; **ihr Garten war ihr ~** her garden was her life ▶ WENDUNGEN: **jds ~ hängt an einem dünnen** [*o* seidenen] **Faden** sb's life is hanging by a thread; **jdm das ~ zur Hölle machen** to make sb's life hell; **[bei etw] sein ~ aufs Spiel setzen** to risk one's life [doing sth]; **jds ~ steht auf dem Spiel** sb's life is at risk; **es geht um ~ und Tod** it's a matter of life and death; **wie das blühende ~ aussehen** to look in the pink *hum;* **seines ~s nicht mehr froh werden** to have a rotten life; **etw für sein/ihr ~ gern tun** to love doing sth; **wenn jdm sein ~ lieb ist** if sb's life means sth to them; **das nackte ~ retten** [*o* mit dem nackten ~ davonkommen] to barely escape with

one's life; **seines ~s nicht mehr sicher sein** *(fam)* to fear for one's life; **jdm nach dem ~ trachten** to be out to kill sb

le·bend I. *adj* ➊ *(nicht tot)* living; ■ **die L~en** the living; **nicht mehr unter den L~en weilen** *(geh)* to no longer be with us *form;* **eine ~e Sprache** a living language; **die in Berlin ~e Autorin** the author living in Berlin ➋ *(belebt)* living ▶ WENDUNGEN: **es von den L~en nehmen** to make people pay through the nose **II.** *adv* alive; **~ gebärend** ZOOL live-bearing, bearing live young, viviparous; **etw ~ überstehen** to get through sth alive, to survive sth

Le·bend·ge·wicht *nt kein pl (fachspr)* live-weight

le·ben·dig [leˈbɛndɪç] **I.** *adj* ➊ *(lebend)* living; ■ **~ sein** to be alive ➋ *(anschaulich, lebhaft)* vivid; **~ werden/wirken** to come to life/appear lifelike; **ein ~es Kind** a lively child ➌ *(noch praktiziert)* alive *pred;* **wieder ~ werden** to come alive again ▶ WENDUNGEN: **es von den L~en nehmen** *(hum fam)* to be daylight robbery *hum fam; s. a.* **Leib II.** *adv* ➊ *(lebend)* alive ➋ *(lebhaft)* **etw ~ gestalten/schildern** to organize sth in a lively way/give a lively description of sth

Le·ben·dig·keit <-> *f kein pl* vividness *no pl*

Le·bens·abend *m (geh)* twilight years *pl* **Le·bens·ab·schnitt** *m* chapter in one's life **Le·bens·al·ter** *nt* age **Le·bens·ar·beits·zeit** *f* ÖKON working life **Le·bens·art** *f kein pl* manners *pl;* **keine ~ haben** to have no manners; *s. a.* **Lebensweise Le·bens·auf·ga·be** *f* lifelong task; **sich** *dat* **etw** *akk* **zur ~ machen** to make sth one's life's work **Le·bens·baum** *m* ➊ BOT arbor vitae ➋ REL, KUNST tree of life **Le·bens·be·din·gun·gen** *pl* living conditions **le·bens·be·dro·hend** *adj inv* life-threatening **Le·bens·dau·er** *f* ➊ *(Dauer des Lebens)* lifespan ➋ *(Dauer der Funktionsfähigkeit)* [working] life **Le·bens·eli·xier** *nt* elixir of life **Le·bens·en·de** *nt kein pl* death; **bis ans/an jds ~** until one's/sb's death; **als sie ihr ~ nahen fühlte, ...** when she felt her life was drawing to a close ... **Le·bens·er·fah·rung** *f* experience of life **Le·bens·er·in·ne·run·gen** *pl* memoirs **Le·bens·er·war·tung** *f* life expectancy **le·bens·fä·hig** *adj* ➊ MED *(fähig, zu überleben)* capable of surviving; **[nicht] ~ sein** *(fig)* [not] to be viable ➋ BIOL *(in der Lage, zu existieren)* viable, capable of living *pred* **Le·bens·fä·hig·keit** *f kein pl* viability *no pl*, ability to live *no pl* **Le·bens·form** *f* ➊ *(Lebensweise)* way of life ➋ *(Organisation von biol. Leben)* life-form **Le·bens·freu·de** *f kein pl* joie de vivre *no pl form*, love of life *no pl* **le·bens·froh** *adj* full of the joys of life [*or* joie de vivre] *pred* **Le·bens·ge·fahr** *f* **es besteht ~** there is a risk of death; **jd ist** [*o* **schwebt**] [*o* **befindet sich**] [*o* **gerät**] **in ~** sb's life is in danger; **jd ist** [*o* **befindet sich**] **außer ~** sb's life is no longer in danger; **mit ~ verbunden sein** to entail risk of death; **unter ~** *dat* at the risk of one's life; **~!** danger! **le·bens·ge·fähr·lich I.** *adj* extremely dangerous; *(Krankheiten)* life-threatening **II.** *adv* ➊ *(in das Leben bedrohender Weise)* critically ➋ *(fam: sehr gefährlich)* dangerously, hazardously **Le·bens·ge·fähr·te, -ge·fähr·tin** *m, f (geh)* partner **Le·bens·ge·fühl** *nt kein pl* awareness of life *no pl* **Le·bens·geis·ter** *pl* jds ~ sind erwacht sb's spirits are revived; **jds ~ erwecken** [*o* **wecken**] to liven sb up **Le·bens·ge·mein·schaft** *f* ➊ *(das dauernde Zusammenleben)* long-term relationship ➋ BIOL *(Biozönose)* biocoenosis BRIT, biocenosis AM **Le·bens·ge·nuss**^RR *m* enjoyment of life **Le·bens·ge·schich·te** *f* life story **Le·bens·ge·wohn·hei·ten** *pl* habits **le·bens·groß** *adj* life-size[d] **Le·bens·grö·ße** *f* real size; ■ **~ in** [**voller**] **~** *(hum fam)* in person [*or fam* the flesh], as large as life *hum fam* **Le·bens·hal·tung** *f*

kein pl standard of living; **die ~ wird immer teurer** the cost of living is ever increasing **Le·bens·hal·tungs·kos·ten** *pl* cost of living *no pl, no indef art* **le·bens·hung·rig** *adj* with a zest for life *attr;* ■ **~ sein** to have a zest for life **Le·bens·in·halt** *m* purpose in life; **ist das dein einziger ~?** does your whole life revolve around that?; **etw** *akk* **zu seinem ~ machen** to dedicate one's life's to sth **Le·bens·jahr** *nt* year [of one's life]; **nach/vor dem vollendeten ... ~** *(geh)* after/before sb's ... birthday; **im** [*o* **in jds**] **... ~:** **bereits im 14. ~ verlor sie ihre Eltern** she lost her parents when she was only fourteen **Le·bens·kampf** *m kein pl* struggle for survival **Le·bens·kraft** *f kein pl* vitality **Le·bens·künst·ler(in)** *m(f)* **ein richtiger ~** a person who knows how to make the best of life **Le·bens·la·ge** *f* situation [in life]; **in allen ~n** in any situation

le·bens·lang [ˈleːbn̩slaŋ] **I.** *adj* ➊ *(das ganze Leben dauernd)* lifelong ➋ JUR *(lebenslänglich)* life *attr;* for life *pred* **II.** *adv (das ganze Leben)* all one's [*or* one's whole] life

le·bens·läng·lich [ˈleːbn̩slɛŋlɪç] **I.** *adj* JUR life *attr,* lifelong, for life *pred;* **„~“ bekommen** *(fam)* to get 'life'; **„~“** [**für jdn**] **verlangen** [*o* **verlangen**] to demand 'life' for sb [*or* that sb gets 'life'] **II.** *adv* all one's life

Le·bens·läng·li·che(r) *f(m) dekl wie adj* lifer *fam*

Le·bens·lauf *m* ➊ *(schriftliche Lebensbeschreibung)* curriculum vitae BRIT, resumé AM ➋ *(Lebensgeschichte)* life story **Le·bens·li·nie** *f* life line **Le·bens·lü·ge** *f* sham existence; **eine ~ leben** to live a lie **Le·bens·lust** *f s.* **Lebensfreude le·bens·lus·tig** *adj s.* **lebensfroh Le·bens·mit·te** *f kein pl* middle age *no pl, no indef art*

Le·bens·mit·tel *nt meist pl* food

Le·bens·mit·tel·ab·tei·lung *f* food department **Le·bens·mit·tel·al·ler·gie** *f* MED food allergy **Le·bens·mit·tel·be·strah·lung** *f* food irradiation **Le·bens·mit·tel·che·mie** *f* food chemistry **Le·bens·mit·tel·far·be** *f* food colouring [*or* AM coloring] **Le·bens·mit·tel·ge·schäft** *nt* grocer's, grocery shop [*or* AM *usu* store] **Le·bens·mit·tel·händ·ler(in)** *m(f)* ÖKON grocer **Le·bens·mit·tel·kar·te** *f* food ration card **Le·bens·mit·tel·ver·gif·tung** *f* food poisoning **Le·bens·mit·tel·ver·sor·gung** *f* food supply **Le·bens·mit·tel·vor·rat** *m* food stock, provisions *npl* **Le·bens·mit·tel·zu·satz** *m* food additive **Le·bens·mot·to** *nt* ■ **~ sein** one's motto in life

le·bens·mü·de *adj* weary of life *pred;* **bist du ~? du bist wohl ~!** *(hum fam)* are you tired of living? **Le·bens·mü·de(r)** *f(m) dekl wie adj* person who is weary of life **Le·bens·mut** *m kein pl* courage to face life *no pl*, optimism *no pl* **Le·bens·nerv** *m* vital lifeline **le·bens·not·wen·dig** *adj s.* **lebenswichtig Le·bens·part·ner(in)** *m(f) s.* **Lebensgefährte Le·bens·qua·li·tät** *f kein pl* quality of life **Le·bens·raum** *m* ➊ *kein pl (Entfaltungsmöglichkeiten)* living space; HIST Lebensraum ➋ *(Biotop)* biotope, habitat **Le·bens·ret·ter(in)** *m(f)* ➊ *(zur Rettung Ausgebildeter)* rescuer ➋ *(jd, der jds Leben rettet)* life-saver; **mein ~!** you saved my life! **Le·bens·si·tu·a·ti·on** *f* life situation **Le·bens·stan·dard** *m kein pl* standard of living **Le·bens·stel·lung** *f* job for life **Le·bens·stil** *m* lifestyle **le·bens·tüch·tig** *adj* able to cope with life *attr* **Le·bens·un·ter·halt** *m kein pl* subsistence; **das deckt noch nicht einmal meinen ~** that doesn't even cover my basic needs; **für jds ~ aufkommen** [*o* **sorgen**] to provide for [*or* keep] sb; **mit .../als ... seinen ~ verdienen** to earn one's keep by .../as ... **le·bens·un·tüch·tig** *adj inv* unable to cope with life *pred* **Le·bens·ver·hält·nis·se** *pl* SOZIOL, BIOL living conditions *pl* **Le·bens·ver·si·che·rung** *f* ➊ *(Versicherungspolice)* life insurance [*or* BRIT *a.* assurance] ➋ *(Gesell-*

schaft) life insurance [*or* BRIT *a.* assurance] company **Le·bens·wan·del** *m kein pl* way of life; **einen einwandfreien/lockeren ~ führen** to lead an irreproachable/a dissolute life **Le·bens·weg** *m (geh)* journey through life *form* **Le·bens·wei·se** *f* lifestyle; **sitzende ~** sedentary way of life **Le·bens·weis·heit** *f* ❶ *(weise Lebenserfahrung)* wordly wisdom ❷ *(weise Lebensbeobachtung)* maxim **Le·bens·werk** *nt* life('s) work **le·bens·wert** *adj* worth living *pred;* **jdm ist das Leben nicht mehr ~** life is not worth living for sb anymore **le·bens·wich·tig** *adj* vital, essential, essential to life *pred* **Le·bens·wil·le** *m kein pl* will to live **Le·bens·zei·chen** *nt (a. fig)* sign of life; **kein ~** [*mehr*] **von sich geben** to show no sign of life [any longer]; **ich habe schon lange kein ~ mehr von ihm bekommen** I've not had any sign of life from him for a long time **Le·bens·zeit** *f* lifetime; **auf ~** for life; **auf ~ im Gefängnis sitzen** to serve a life sentence; **eine Rente wird meist auf ~ gezahlt** pensions are usually paid until the pensioner's death **Le·bens·ziel** *nt* goal [*or* aim] in life **Le·bens·zweck** *m* purpose in life

Le·ber <-, -n> ['le:bɐ] *f* ❶ *(Organ)* liver; **es an** [*o* mit] **der ~ haben** *(fam)* to have a liver problem ❷ *kein pl (Essen)* liver ▶ WENDUNGEN: **frei** [*o* frisch] **von der ~ weg reden** *(fam)* to speak frankly; **sich** *dat* **etw** *akk* **von der ~ reden** *(fam)* to get sth off one's chest *fam; s. a.* **Laus**

Le·ber·blüm·chen *nt* liverwort, hepatica **Le·ber·egel** *m* ZOOL fluke **Le·ber·ent·zün·dung** *f* MED hepatitis *no pl, no art,* inflammation of the liver **Le·ber·er·kran·kung** *f* liver disease **Le·ber·fleck** *m* liver spot **Le·ber·funk·ti·ons·stö·rung** *f* MED liver disorder **Le·ber·ge·fäß** *nt* hepatic vessel **Le·ber·kä·se** *m kein pl* meatloaf made out of finely-ground liver and other meat **Le·ber·knö·del** *m* liver dumpling **le·ber·krank** *adj* having liver disease *pred* **Le·ber·kran·ke(r)** *f(m) dekl wie adj* person suffering from liver disease **Le·ber·krebs** *m kein pl* MED cancer of the liver *no pl, no art,* hepatic cancer *no pl, no art spec* **Le·ber·lap·pen** *m* lobe of the liver **Le·ber·lei·den** *nt* liver complaint **Le·ber·moos** *nt* BOT liverwort **Le·ber·pas·te·te** *f* liver pâté **Le·ber·tran** *m* cod-liver oil **Le·ber·wert** *m meist pl* MED liver function reading **Le·ber·wurst** *f* liver sausage; ▶ WENDUNGEN: **die beleidigte ~ spielen** *(fam)* to get all in a huff *fam* **Le·ber·zel·le** *f* liver cell **Le·ber·zir·rho·se** *f* cirrhosis of the liver *no pl, no art,* hepatic cirrhosis *no pl, no art spec*

Le·be·we·sen *nt* living thing; **menschliches ~** human being

Le·be·wohl <-[e]s, -s *o geh* -e> [le:bə'vo:l] *nt (geh)* farewell *form;* **jdm ~ sagen** to say farewell to sb

leb·haft ['le:phaft] **I.** *adj* ❶ *(temperamentvoll)* lively, vivacious ❷ *(angeregt)* lively; **eine ~e Auseinandersetzung** a lively debate; **~er Beifall** thunderous applause; **eine ~e Fantasie** an active imagination; *s. a.* **Interesse** ❸ *(belebt)* lively; **~er Verkehr** brisk traffic ❹ *(anschaulich)* vivid ❺ *(kräftig)* vivid **II.** *adv* ❶ *(anschaulich)* vividly ❷ *(sehr stark)* intensely

Leb·haf·tig·keit <-> *f kein pl* ❶ *(temperamentvolle Art)* liveliness, vivacity, vivaciousness ❷ *(Anschaulichkeit)* vividness

Leb·ku·chen ['le:pku:xn] *m* gingerbread

leb·los ['le:plo:s] *adj (geh)* lifeless

Leb·tag *m* ['le:pta:k] **jds ~** [*lang*] *(fam)* for the rest of sb's days; **daran würde sie sich ihr ~ erinnern** she would remember that for the rest of her days; **jds ~ nicht** *(fam)* never, never in all sb's life; **das hätte ich mein ~ nicht gedacht** never in all my life would I have thought that **Leb·zei·ten** *pl* **zu jds ~** *(Zeit)* in sb's day; *(Leben)* in sb's lifetime

lech·zen ['lɛçtsn] *vi (geh)* ■ **nach etw** *dat* **~** ❶ *(vor*

Durst verlangen) to long for sth ❷ *(dringend verlangen)* to crave sth

Le·ci·thin <-s> [letsi'ti:n] *nt kein pl s.* **Lezithin**

leck [lɛk] *adj* leaky

Leck <-[e]s, -s> [lɛk] *nt* leak

le·cken¹ ['lɛkn] *vi* to leak

le·cken² ['lɛkn] **I.** *vi* ■ [**jdm an etw** *dat*] **~** to lick [sb's sth]; ■ **an jdm/etw ~** to lick sb/sth; **willst du mal** [**an meinem Eis**] **~?** do you want a lick [of my ice cream]? **II.** *vt (mit der Zunge aufnehmen)* ■ **etw** [**aus/von etw** *dat*] **~** to lick sth [out of/off [of] sth]; **die Hündin leckte ihre Jungen** the bitch licked her young; ■ **sich** *akk* **~** to lick oneself; ■ **sich** *dat* **etw** [**von etw** *dat*] **~** to lick [sth off] one's sth; **sie leckte sich das Eis von der Hand** she licked the ice-cream off her hand ▶ WENDUNGEN: **leck mich doch** [*mal*]**!** **leckt mich doch** [**alle**] [*mal*]**!** *(derb)* go to hell! *pej*

le·cker ['lɛkɐ] **I.** *adj* delicious, scrumptious, tasty; ■ **etwas L~es** sth delicious **II.** *adv* deliciously, scrumptiously, tastily; **den Braten hast du wirklich ~ zubereitet** your roast is really delicious

Le·cker·bis·sen *m* delicacy, titbit

Le·cke·rei <-, -en> [lɛkə'rai] *f* ❶ KOCHK *s.* **Leckerbissen** ❷ *kein pl (pej fam: das Lecken)* licking

Le·cker·maul *nt (fam)* ■ **ein ~ sein** to be sweet-toothed, to have a sweet tooth; *(Feinschmecker)* to be a gourmet

leck|schla·gen *vi irreg sein* to be holed; ■ **leckgeschlagen** holed

Le·der <-s, -> ['le:dɐ] *nt* ❶ *(gegerbte Tierhaut)* leather; **zäh wie ~** tough as old boots *fam;* **etw** *akk* **in ~ binden** to bind sth in leather ❷ *(Ledertuch)* shammy *fam,* chamois, shammy [*or* chamois] leather ❸ *(fam: Fußball)* leather *fam,* football ▶ WENDUNGEN: **jdm ans ~ wollen/gehen** *(fam)* to have it in for sb/ to lay into sb *fam;* [**gegen jdn/etw**] **vom ~ ziehen** *(fam)* to rant and rave [about sb/sth] *fam*

Le·der·band *m* ❶ <-bänder> *(ledernes Band)* leather strap ❷ <-bände> *(in Leder gebundenes Buch)* leather-bound book **Le·der·fett** *nt* dubbin *no pl, no art* **Le·der·gar·ni·tur** *f* leather suite **Le·der·ho·se** *f* ❶ *(lederne Trachtenhose)* lederhosen *npl* ❷ *(Bundhose aus Leder)* leather trousers *npl* **Le·der·ja·cke** *f* leather jacket **Le·der·kom·bi** *f* SPORT leather overall[s *pl*]

le·dern¹ ['le:dɐn] *adj* ❶ *(aus Leder gefertigt)* leather ❷ *(zäh)* leathery

le·dern² ['le:dɐn] *vt (ab~)* ■ **etw ~** to buff sth with a shammy [*or* chamois] leather

Le·der·na·cken *pl* leathernecks *sl* **Le·der·schild·krö·te** *f* ZOOL leatherback [turtle] **Le·der·so·fa** *nt* leather sofa [*or* settee] **Le·der·soh·le** *f* MODE leather sole **Le·der·tuch** *nt* shammy [*or* chamois] leather, shammy *fam,* chamois **Le·der·wa·ren** *pl* leather goods

le·dig ['le:dɪç] *adj* ❶ *(unverheiratet)* single, unmarried ❷ *(frei [von etw])* ■ **einer S.** *gen* **~ sein** to be free of sth

Le·di·ge(r) ['le:dɪgə, -gə] *f(m) dekl wie adj* single [*or* unmarried] person

le·dig·lich ['le:dɪklɪç] *adv (geh)* merely, simply

Lee <-> [le:] *f kein pl* lee; **nach ~** leeward *no pl*

leer [le:ɐ] **I.** *adj* ❶ *(ohne Inhalt)* empty; **etw ~ machen** to empty sth ❷ *(menschenleer)* empty; **ein ~er Saal** an empty hall; **das Haus steht schon lange ~** the house has been empty for a long time ❸ *(nicht bedruckt)* blank; **etw ~ lassen** to leave sth blank ❹ *(ausdruckslos)* blank, vacant; **seine Augen waren ~** he had a vacant look in his eyes; **sich** *akk* **~ fühlen** to have an empty feeling, to feel empty inside; **~e Versprechungen/Worte** *(pej)* empty promises/ words *pej* ▶ WENDUNGEN: **ins L~e** into thin air; **ins**

L~e gehen/laufen to be to no avail, to come to nothing **II.** *adv* **den Teller ~ essen** to finish one's meal; **das Glas/die Tasse ~ trinken** to finish one's drink; **wie ~ gefegt sein** to be deserted; **~ stehend** empty, vacant ▶ WENDUNGEN: **[bei etw** *dat***] ~ ausgehen** to go away empty-handed

Lee·re <-> ['le:rə] *f kein pl* emptiness *no pl;* **gähnende ~** a gaping void; *(leerer Raum)* vacuum

lee·ren ['le:rən] **I.** *vt* ❶ *(entleeren)* ▪ **etw ~** to empty sth; **sie leerte ihre Tasse nur halb** she only drank half a cup ❷ DIAL, ÖSSTER *(aus~)* ▪ **etw in etw** *akk* **~** to empty sth into sth **II.** *vr* ▪ **sich** *akk* **~** to empty; **der Saal leerte sich** the hall emptied

Leer·for·mel *f (pej geh)* empty phrase **Leer·ge-wicht** *nt* empty weight; **das ~ eines Fahrzeugs** the kerb *[or* AM curb*]* weight of a vehicle **Leer·gut** *nt kein pl* empties *pl fam* **Leer·lauf** *m* ❶ *(Gangeinstellung)* neutral gear; **im ~** in neutral; **jetzt in den ~ schalten!** change into neutral now! ❷ *(unproduktive Phase)* unproductiveness *no pl* **leer|lau·fen** *vi irreg sein* to run dry; ▶ WENDUNGEN: **jdn ~ lassen** SPORT to sell sb a dummy, to send sb in the wrong direction **Leer·schlag** *m* TYPO hitting *[of]* the space-bar *no pl* **Leer·tas·te** *f* space-bar

Lee·rung <-, -en> *f* emptying *no pl; Post* collection; **Briefkästen mit stündlicher ~** post boxes with hourly collections

Leer·zei·chen *nt* TYPO blank, blank space *[or* character*]* **Leer·zei·le** *f* TYPO blank line

Lef·ze <-, -n> ['lɛftsə] *f meist pl* ZOOL lip

le·gal [le'ga:l] **I.** *adj* legal **II.** *adv* legally

le·ga·li·sie·ren [legali'zi:rən] *vt* ▪ **etw ~** to legalize sth **Le·ga·li·tät** <-> [legali'tɛ:t] *f kein pl* legality; **[etwas] außerhalb der ~** *(euph)* [slightly] outside the law

Le·gas·the·nie <-, -n> [legaste'ni:, *pl:* -'ni:ən] *f* dyslexia *no pl, no art*

Le·gas·the·ni·ker(in) <-s, -> [legas'te:nikɐ] *m(f)* dyslexic

le·gas·the·nisch *adj* dyslexic

Le·gat¹ <-[e]s, -e> [le'ga:t] *nt* JUR legacy, bequest

Le·gat² <-en, -en> [le'ga:t] *m* REL legate

Le·ge·bat·te·rie ['le:gə-] *f (pej)* laying battery

le·gen ['le:gn̩] **I.** *vt* ❶ *(hin~)* ▪ **jdn/etw irgendwohin ~** to put sb/sth somewhere; **man legte sie zu ihrem Mann ins Grab** she was laid to rest beside her husband; **sich einen Schal um den Hals ~** to wrap a scarf around one's neck; **seinen Arm um jdn ~** to put one's arm around sb; **sie legte ihren Sohn an die Brust** she breast-fed her son; **sie haben sie auf die Intensivstation gelegt** they've taken her to intensive care; **legst du die Kleine schlafen?** will you put the little one to bed?; **die Betonung auf ein Wort ~** to stress a word; ▪ **jdn ~** SPORT to bring down sb *sep* ❷ *(in Form bringen)* ▪ **etw ~** to fold sth; **ein Stück Stoff ~** to fold a piece of material; **die Stirn in Falten ~** to frown; **sich** *dat* **die Haare ~ lassen** to have one's hair set ❸ *(produzieren)* ▪ **[etw] ~** to lay *[*sth*]*; **Eier ~** to lay eggs ❹ *(einlegen)* **Lebensmittel** ▪ **etw in etw ~** to preserve sth in sth ❺ *(lagern)* **etw in den Kühlschrank ~** to put sth in the fridge ❻ *(ver~)* **einen Teppich/Rohre/Kabel ~** to lay a carpet/pipes/cables; **Kartoffeln ~** to plant potatoes **II.** *vr* ❶ *(hin~)* ▪ **sich** *akk* **~** to lie down; **sich ins Bett/in die Sonne/auf den Rücken ~** to go to bed/lay down in the sun/lie on one's back; **"leg dich!"** "lie!"; **der Motorradfahrer legte sich in die Kurve** the motorcyclist leaned into the bend ❷ *(sich niederlassen)* ▪ **sich auf etw** *akk* **~** to settle on sth; **dichter Bodennebel legte sich auf die Straße** thick fog formed in the street; *(schädigen)* ▪ **sich** *akk* to settle in sth; **sich auf die Nieren/Bronchien/Schleimhäute ~** to settle in one's kidneys/bronchial tubes/mucous mem-

brane ❸ *(nachlassen)* ▪ **sich ~** *Aufregung, Empörung, Sturm, Begeisterung* to subside; *Nebel* to lift

le·gen·där [legɛn'dɛ:ɐ] *adj* legendary

Le·gen·de <-, -n> [le'gɛndə] *f* ❶ *(fromme Sage)* legend ❷ *(Lügenmärchen)* myth ❸ *(Erläuterung verwendeter Zeichen)* legend, key

le·ger [le'ʒe:ɐ] **I.** *adj* ❶ *(bequem)* casual, loose-fitting ❷ *(ungezwungen)* casual **II.** *adv* ❶ *(bequem)* casually; **sie zieht sich gerne ~ an** she likes to dress casually ❷ *(lässig)* casually

Leg·gings ['lɛgɪŋs] *pl* leggings

le·gie·ren [le'gi:rən] *vt* ▪ **etw [mit etw** *dat***] ~** ❶ *(zu einer Legierung verbinden)* to alloy sth *[*and sth*]* ❷ *(verdicken)* to thicken sth *[*with sth*]*

Le·gie·rung <-, -en> *f* ❶ *(Mischung von Metallen)* alloy ❷ *kein pl (das Legieren)* alloying

Le·gi·on <-, -en> [le'gi̯o:n] *f* ❶ HIST legion; **die ~** the legion of volunteers ❷ *(riesige Mengen)* **eine ~ von etw** *dat* legions of sth

Le·gi·o·när <-s, -e> [legi̯o'nɛ:ɐ] *m* legionary, legionnaire

Le·gi·o·närs·krank·heit *f* legionnaires' disease

Le·gis·la·ti·ve <-n, -n> [legɪsla'ti:və] *f* legislature, legislative power

Le·gis·la·tur·pe·ri·o·de [legɪsla'tu:ɐ-] *f* legislative period

le·gi·tim [legi'ti:m] *adj (geh)* legitimate

Le·gi·ti·ma·ti·on <-, -en> [legitima'tsi̯o:n] *f (geh)* ❶ *(abstrakte Berechtigung)* authorization ❷ *(Ausweis)* permit, pass ❸ JUR *(Ehelichkeitserklärung)* legitimation

le·gi·ti·mie·ren [legiti'mi:rən] **I.** *vt (geh)* ❶ *(berechtigen)* ▪ **jdn [zu etw** *dat***] ~** to authorize sb to do sth; **zu Kontrollen legitimiert sein** to be authorized to carry out checks; ▪ **[dazu] legitimiert sein, etw zu tun** to be authorized *[or* entitled*]* to do sth ❷ *(für gesetzmäßig erklären)* ▪ **[durch jdn/etw] legitimiert werden** to be legitimized *[*by sb/sth*]*; ▪ **etw ~** ❸ *(für ehelich erklären)* to legitimate; **ein Kind ~** to legitimate a child **II.** *vr (geh)* ▪ **sich** *akk* **[jdm gegenüber] [als jd/etw] ~** to identify oneself *[*to sb*]* *[*as sb/sth*]*

Le·gi·ti·mi·tät <-> [legitimi'tɛ:t] *f kein pl (geh)* legitimacy *no pl*

Le·go® <-s, -s> ['le:go] *nt* Lego® *no pl*

Le·go·bau·kas·ten® *m* Lego® kit **Le·go·stein®** *m* Lego® brick

Le·gu·an <-s, -e> [le'gu̯a:n, 'le:gu̯a:n] *m* iguana

Le·hen <-s, -> ['le:ən] *nt* fief; **jdm etw zu ~ geben** to grant sb sth in fief

Lehm <-[e]s, -e> [le:m] *m* clay

Lehm·bo·den *m* clay soil **Lehm·hüt·te** *f* clay hut

leh·mig ['le:mɪç] *adj (aus Lehm bestehend)* clay; *(voller Lehm)* clayey, claylike; **ein ~er Weg** a muddy path

Lehm·zie·gel *m* clay brick

Leh·ne <-, -n> ['le:nə] *f* ❶ *(Arm~)* armrest ❷ *(Rücken~)* back

leh·nen ['le:nən] **I.** *vt (an~)* ▪ **etw an/gegen etw** *akk* **~** to lean sth against sth **II.** *vi (schräg angelehnt sein)* ▪ **an etw** *dat* **~** to lean against sth **III.** *vr (sich beugen)* ▪ **sich** *akk* **an jdn/etw ~** to lean on sb/sth; ▪ **sich** *akk* **über etw** *akk* **~** to lean over sth; ▪ **sich** *akk* **gegen etw ~** to lean against sth; **sich** *akk* **aus dem Fenster ~** to lean out of the window

Lehns·herr(in) ['le:ns-] *m(f)* feudal lord **Lehns·mann** <-männer *o* -leute> *m* vassal

Lehn·stuhl *m* armchair

Lehn·über·set·zung *f* loan translation, calque *spec* **Lehn·wort** <-wörter> *nt* loan word

Lehr·amt ['le:r-] *nt (geh)* ▪ **das ~** the post of teacher; *(Studiengang)* teacher-training course; **das höhere/ öffentliche ~** the post of grammar school/state

school teacher
Lehr·amts·an·wär·ter(in) m(f) SCH, ADMIN trainee teacher (newly qualified teacher waiting for his/her first permanent teaching post) **Lehr·amts·kan·di·dat(in)** m(f) (geh) candidate for a teaching post **Lehr·amts·stu·di·um** nt SCH, ADMIN teacher training
Lehr·auf·trag m teaching assignment; **einen ~** [**für etw** akk] **haben** to have a teaching assignment [for sth] **Lehr·be·auf·trag·te(r)** f(m) dekl wie adj temporary lecturer **Lehr·be·fä·hi·gung** f teaching qualification **Lehr·be·helf** m ÖSTERR (Lehrmittel) teaching aid **Lehr·be·ruf** m teaching profession **Lehr·buch** nt textbook
Leh·re[1] <-, -n> ['leːrə] f ([handwerkliche] Ausbildung) apprenticeship, traineeship; [**bei jdm**] **in die ~ gehen** to serve one's apprenticeship [with [or under] sb], to be trained [by sb]; **bei jdm** [**noch**] **in die ~ gehen können** to be [still] able to learn a thing or two from sb; **jdn in die ~ nehmen** (fig) to bring up sb sep strictly; **eine ~** [**als etw**] **machen** to serve an apprenticeship [or train] [as a/an sth] ② (Erfahrung, aus der man lernt) lesson; **jdm eine ~ sein** to teach sb a lesson; **das soll dir eine ~ sein!** let that be a lesson to you!; **sich** dat **etw eine ~ sein lassen** to let sth be a lesson to one; **jdm eine ~ erteilen** to teach sb a lesson; **sich** dat **etw eine ~ sein lassen** to learn a lesson from sth; **eine ~ aus etw ziehen** to learn a lesson from sth; (Ratschlag) [piece of] advice no pl ③ (ideologisches System) doctrine ④ (Theorie) theory
Leh·re[2] <-, -n> ['leːrə] f ga[u]ge
leh·ren ['leːrən] vt ❶ (unterrichten) ▪ **etw ~** to teach sth; (an der Uni) to lecture in sth ② (beispielhaft zeigen) ▪ **jdn** [**etw** akk] **~** to teach sb [sth]; **wer hat dich zeichnen gelehrt?** who taught you to draw?; **das lehrte ihn das Fürchten** that put the fear of God into him!; ▪ **jdn ~, etw zu tun** to teach sb to do sth; **das hat mich gelehrt, besser aufzupassen** that taught me to pay more attention; **ich werde dich ~, zu stehlen!** (iron) I'll teach you to steal! iron ② (zeigen) ▪ **jdn ~, dass …** to teach [or show] sb that …; **die Erfahrung hat uns gelehrt, dass …** experience has taught [or shown] us that …
Leh·rer(in) <-s, -> ['leːrɐ] m(f) ❶ (an der Schule) teacher; **~ am Gymnasium/an Grund- und Hauptschulen** grammar school/primary school/comprehensive school teacher; **jdn als ~ haben** to have sb as a teacher ② (Lehrmeister) teacher
Leh·rer·kol·le·gi·um nt teaching staff + sing/pl vb **Leh·rer·kon·fe·renz** f school staff meeting **Leh·rer·man·gel** m shortage of teachers
Leh·rer·schaft <-, <selten -en> f (geh) teachers pl
Leh·rer·über·schuss[RR] m surplus of teachers **Leh·rer·zim·mer** nt staffroom
Lehr·fach nt subject **Lehr·film** m educational film **Lehr·gang** <-gänge> m course; **auf einem ~ sein, sich auf einem ~ befinden** to be on a course **Lehr·geld** nt (Bezahlung einer Lehre) apprenticeship fee; ▸ WENDUNGEN: **sich** dat **sein ~ zurückgeben lassen** (fam) to obviously not have learnt a thing at school/college, etc.; [**für etw** akk] **~ zahlen** [**müssen**] to [have to] learn the hard way **Lehr·herr** m (veraltend) master **Lehr·jahr** nt (Jahr einer Lehre) year as an apprentice [or a trainee]; ▸ WENDUNGEN: **~e sind keine Herrenjahre** (prov) an apprentice is not his own master **Lehr·jun·ge** m (veraltet) s. **Auszubildender Lehr·kör·per** m teaching staff + sing/pl vb **Lehr·kraft** f (geh) teacher
Lehr·ling <-s, -e> ['leːɐlɪŋ] m (veraltend) s. **Auszubildende(r)**
Lehr·mäd·chen nt (veraltet) fem form von **Auszubildende Lehr·mei·nung** f (geh) expert opinion **Lehr·meis·ter(in)** m(f) teacher; KUNST (Vorbild) master

Lehr·mit·tel nt (fachspr) teaching aid **Lehr·mit·tel·frei·heit** f kein pl SCH free provision of teaching aids **Lehr·ob·jekt** nt SCH teaching aid **Lehr·plan** m syllabus **Lehr·pro·be** f assessed teaching practice no pl; [**in etw** dat] **eine ~ halten** to give an assessed lesson [in sth]
lehr·reich adj instructive
Lehr·satz m theorem **Lehr·stel·le** f apprenticeship, traineeship **Lehr·stoff** m (fachspr) syllabus [content] **Lehr·stuhl** m (geh) chair **Lehr·werk** nt (geh) textbook **Lehr·werk·statt** nt training workshop **Lehr·zeit** f (veraltend) s. **Lehre**[1] 1
Leib <-[e]s, -er> [laɪp] m ❶ (Körper) body; **etw** akk **am eigenen ~e erfahren** [or [ver]spüren] [o zu spüren bekommen] to experience sth first hand; **am ganzen ~e zittern** [o beben] (geh) to shake [or quiver] all over, to be all in a quiver; **am ganzen ~e frieren** to be frozen all over [or from head to foot]; **bei lebendigem ~e** alive; **jdm** [**mit etw** dat] **vom ~e bleiben** (fam) not to bother sb [with sth]; **jdm jdn vom ~e halten** to keep sb away from sb; **sich** dat **jdn vom ~e halten/schaffen** to keep sb at arm's length/ get sb off one's back; **jdm etw vom ~e halten** (fig) to not bother sb with sth; **sich** dat **etw** akk **vom ~e halten** (fig) to avoid sth; **etw** akk **auf dem ~e tragen** (geh) to wear sth ② (geh) stomach ▸ WENDUNGEN: **der ~ des Herrn** the body of Christ; **mit ~ und Seele** whole-heartedly; **sie ist mit ~ und Seele bei der Sache** she is fully focused on the task; **jdm wie auf den ~ [zu]geschnitten sein** to suit sb down to the ground; **jdm wie auf den ~ geschrieben sein** to be tailor-made for sb; **einer S.** dat **zu ~e rücken** [o gehen] (fam) to tackle sth
Leib·arzt, -ärz·tin m, f personal physician form **Leib·chen** <-s, -> ['laɪpçən] nt ❶ ÖSTERR (Herrenunterhemd) vest ② (veraltet: Mieder für Kinder) bodice **leib·ei·gen** ['laɪpʔaɪɡn̩] adj HIST adscript, enslaved **Leib·ei·ge·ne(r)** f(m) dekl wie adj HIST serf **Leib·ei·gen·schaft** <-> f kein pl HIST ▪ **die ~** serfdom **lei·ben** ['laɪbn̩] vi ▸ WENDUNGEN: **wie jd leibt und lebt** through and through
Leibes·frucht f (geh) foetus BRIT, fetus AM **Leibes·kraft** f **aus** [o **nach**] **Leibeskräften** with all one's might **Lei·bes·übun·gen** pl (veraltend) physical education no pl, P.E. **Lei·bes·vi·si·ta·ti·on** f (geh) body search; **sich** akk **einer ~ gen unterziehen müssen** (geh) to have to undergo a body search; **jdn einer ~ unterziehen** [o **eine ~ bei jdm vornehmen**] (geh) to subject sb to a body search
Leib·gar·de f bodyguard **Leib·gar·dist** <-en, -en> m [member of] the bodyguard **Leib·ge·richt** nt favourite [or AM favorite] meal
leib·haf·tig [laɪp'haftɪç] **I.** adj ❶ (echt) ▪ **ein ~er/ eine ~e …** a real …; **ich habe einen ~en Wolf im Wald gesehen!** I saw a real live wolf in the forest! ② (verkörpert) ▪ **der/die ~e …** … personified; **sie ist die ~e Sanftmut** she is gentleness personified ▸ WENDUNGEN: **der L~e** (euph) the devil incarnate **II.** adv in person pred
Leib·koch, -kö·chin m, f personal chef **leib·lich** ['laɪplɪç] adj ❶ (körperlich) physical ② (blutsverwandt) natural; **jds ~e Verwandten** sb's blood relations
Leib·ren·te f life annuity **Leib·spei·se** f s. **Leibgericht Leib·wa·che** f bodyguard no pl **Leib·wäch·ter(in)** m(f) bodyguard **Leib·wä·sche** f (veraltend) s. **Unterwäsche**
Lei·che <-, -n> ['laɪçə] f (toter Körper) corpse; **aussehen wie eine wandelnde ~** (fam) to look deathly pale [or as white as a sheet] ▸ WENDUNGEN: **eine ~ im Keller haben** (fam) to have a skeleton in the closet; **über ~n gehen** (pej fam) to stop at nothing; **nur**

über meine ~! *(fam)* over my dead body!
Lei·chen·be·schau·er(in) <-s, -> *m(f)* doctor who carries out post-mortems **Lei·chen·bit·ter·mie·ne** *f kein pl (iron)* doleful expression [*or* look]; **mit** ~ with a doleful expression [*or* look] **lei·chen·blass**^RR ['laiçn̩'blas] *adj* deathly pale **Lei·chen·bläs·se** *f* deathly paleness *no pl* **Lei·chen·fled·de·rei** <-, -en> *f* stealing from the dead *no pl* **Lei·chen·fled·de·rer, -fled·de·rin** <-s, -> *m, f* sb who steals from the dead **Lei·chen·hal·le** *f* mortuary **Lei·chen·haus** *nt* mortuary, morgue **Lei·chen·schän·dung** *f* ➊ *(grober Unfug mit einer Leiche)* desecration of a corpse *no pl* ➋ *(sexuelle Handlungen an Leichen)* necrophilia, necrophilism *no pl, no art* **Lei·chen·schau·haus** *nt* mortuary, *esp* AM morgue **Lei·chen·schmaus** *m* wake **Lei·chen·star·re** *f s.* Totenstarre **Lei·chen·wa·gen** *m* ➊ *(Wagen, der Särge befördert)* hearse ➋ *(Kutsche, die Särge befördert)* funeral carriage **Lei·chen·zug** *m (geh)* funeral procession
Leich·nam <-s, -e> ['laiçna:m] *m (geh)* corpse
leicht [laiçt] **I.** *adj* ➊ *(geringes Gewicht habend)* light; ▪ **jd/etw ist ... ~er** [als jd/etw] sb/sth is ... lighter [than sb/sth]; ~ **wie eine Feder sein** to be as light as a feather ➋ *(eine dünne Konsistenz habend)* light ➌ *(einfach)* easy, simple; **jdm ein Leichtes sein** *(geh)* to be easy for sb; **jdm ein Leichtes sein, etw zu tun** to be easy for sb to do sth; **nichts ~er als das!** no problem; *s. a.* **Hand** ➍ METEO *(schwach)* light; **eine ~e Brandung** low surf; **ein ~er Donner** distant thunder; **eine ~e Strömung** a weak current; **~er Regen/Schneefall** light rain/a light fall of snow ➎ *(sacht)* light, slight; **ein ~er Schlag** a gentle slap; **er hat einen sehr ~en Akzent** he has a very slight accent ➏ *(nicht schlimm)* minor; **ein ~er Eingriff** a minor operation; **eine ~e Verbrennung** minor burns; *s. a.* **Schlaf** ➐ *(nicht belastend)* light; **eine ~e Zigarette/ein ~er Tabak** a mild cigarette/tobacco; **eine ~e Nachspeise** a light dessert ➑ *(einfach verständlich)* easy; **~e Lektüre** light reading; *s. a.* **Muse** ➒ *(unbeschwert)* ▪ **jdm ist ~er** sb is [*or* feels] relieved, sb feels better; **jdm ist ~ zumute** [*o* ums Herz] [*o* **jd fühlt sich** ~] sb is light-hearted; **~en Herzens/Schrittes** with a light heart/sprightly step ➓ *(nicht massiv)* lightweight; ~ **gebaut** having a lightweight construction **II.** *adv* ➊ *(mit nicht schwerem Stoff)* lightly; ~ **bekleidet** dressed in light clothing ➋ *(einfach)* easily; **sich ~ tun** to be easy to do; **das ist ~er gesagt als getan** that's easier said than done; **es** [**im Leben**] ~ **haben** to have it easy [in life], to have an easy time of it; **etw geht** [**ganz**] ~ sth is [quite] easy; **es nicht ~ haben** to not have it easy, to have a hard time of it; **es ~ mit jdm haben** to have one's work cut out with sb; **es jdm ~ machen** to make it easy for sb; **es sich** *dat* ~ **machen** to make it easy for oneself ➌ METEO *(schwach)* lightly ➍ *(nur wenig, etwas)* lightly; **etw ~ salzen** to salt sth lightly; ~ **humpeln** to have a slight limp; ~ **verärgert sein** to be slightly annoyed ➎ *(schnell)* easily; **das sagst du so ~!** that's easy for you to say!; **etw ~ glauben** to believe sth readily; **der Inhalt ist ~ zerbrechlich** the contents are easy to break [*or* very delicate] ➏ *(problemlos)* easily; **etw ~ schaffen/begreifen** to manage/grasp sth easily; *s. a.* **möglich** ▸ WENDUNGEN: ~ **reden haben** [*o* **können**] to be easy for sb to talk; **du hast ja ~ reden** it's easy [*or* all right] for you to talk
Leicht·ath·let(in) *m(f)* athlete BRIT, track and field athlete AM
Leicht·ath·le·tik *f* athletics BRIT + *sing vb, no art,* track and field AM + *sing vb, no art*
Leicht·ath·le·tin *f fem form von* Leichtathlet
leicht·ath·le·tisch I. *adj* athletic[s] BRIT, track and field

AM; **ein ~er Wettbewerb** an athletics [*or* AM a track and field] competition **II.** *adv* **sich** *akk* ~ **betätigen** to do athletics [*or* AM track and field [events]]
Leicht·bau·wei·se *f* lightweight construction; **in ~** made of lightweight materials; **ein in ~ errichtetes Haus** a house constructed using lightweight materials
Leich·te <-s, -> ['laiçta] *m* NORDD lighter
leicht|fal·len *vi irreg sein* **etw fällt jdm leicht** sth is easy for sb; **es fällt jdm leicht, etw zu tun** it's easy for sb to do sth **leicht·fer·tig I.** *adj* thoughtless **II.** *adv* thoughtlessly **Leicht·fer·tig·keit** *f kein pl* thoughtlessness *no pl, no indef art* **Leicht·fuß** *m (hum fam)* careless person **Leicht·ge·wicht** *nt* ➊ *kein pl (Gewichtsklasse)* lightweight category ➋ *(Sportler)* lightweight ➌ *(bedeutungsloser Mensch)* lightweight **Leicht·ge·wicht·ler(in)** <-s, -> *m(f) s.* **Leichtgewicht 2 leicht·gläu·big** *adj* gullible **Leicht·gläu·big·keit** *f kein pl* gullibility *no pl, no indef art*
Leicht·heit <-> *f kein pl* ➊ *(geringes Gewicht)* lightness *no pl, no indef art* ➋ *(selten) s.* **Leichtigkeit 1 leicht·hin** ['laiçt'hɪn] *adv* ➊ *(ohne langes Nachdenken)* unthinkingly, lightly ➋ *(so nebenbei)* easily
Leich·tig·keit <-> *f* ➊ *kein pl (Einfachheit)* simplicity *no pl, no indef art;* **mit ~** effortlessly, easily ➋ *(Leichtheit)* lightness *no pl, no indef art*
leicht·le·big *adj* happy-go-lucky **Leicht·lohn·grup·pe** *f* low wage group **Leicht·ma·tro·se** *m* ordinary seaman **Leicht·me·tall** *nt* light metal
leicht|neh·men *vt irreg* **etw ~** to take sth lightly **Leicht·öl** *nt* light [crude] oil, light crude
Leicht·sinn ['laiçtzɪn] *m kein pl* carelessness *no pl, no indef art*, imprudence *no pl, no indef art form;* **in jds jugendlichem ~** *(fam)* in sb's naivety; **aus** [**purem**] ~ out of [pure] imprudence; **so** [*o* **was für**] **ein ~!** how imprudent!
leicht·sin·nig ['laiçtzɪnɪç] **I.** *adj* careless, imprudent *form;* **so ~ sein, etw zu tun** to be as careless/imprudent as to do sth; ~ [**von jdm**] **sein, etw zu tun** to be careless/imprudent [of sb] to do sth **II.** *adv* carelessly, imprudently *form*
Leicht·sin·nig·keit <-> *f kein pl s.* **Leichtsinn Leicht·ver·letz·te(r)** *f(m) dekl wie adj* slightly injured person, person with a minor injury **Leicht·ver·wun·de·te(r)** *f(m) dekl wie adj* slightly wounded soldier **Leicht·was·ser·re·ak·tor** *m* light water reactor
leid [lait] *adj pred* **jdn/etw ~ sein/werden** to have had enough of/grown tired of sb/sth; **es ~ sein, etw tun zu müssen** to have had enough [*or* be tired] of having to do sth
Leid <-[e]s> [lait] *nt kein pl* distress, sorrow; **jdm sein ~ klagen** to tell sb one's troubles ▸ WENDUNGEN: **geteiltes ~ ist halbes ~** *(prov)* a sorrow shared is a sorrow halved *prov*
Lei·de·form *f* passive
lei·den <litt, gelitten> ['laidn̩] **I.** *vi* ➊ *(Schmerzen ertragen)* to suffer ➋ *(an einem Leiden erkrankt sein)* ▪ **an etw** *dat* ~ to suffer from sth ➌ *(seelischen Schmerz empfinden)* to suffer; ▪ **unter jdm** ~ to suffer because of sb; ▪ **unter etw** *dat* ~ to suffer from sth; ▪ **darunter ..., dass ....** to suffer as a result of ... ➍ *(in Mitleidenschaft gezogen werden)* Beziehung, Gesundheit to suffer; Möbelstück, Stoff to get damaged; Farbe to fade **II.** *vt* ➊ *(erdulden)* ▪ **etw ~** to suffer [*or* endure] sth ➋ *(geh: nicht dulden)* ▪ **etw nicht ~** not to tolerate sth; ▪ **jd wird es nicht ~, dass jd etw tut** sb will not tolerate sb's doing sth ▸ WENDUNGEN: **jdn/etw** [**gut**]/**nicht** [**gut**] ~ **können** [*o* **mögen**] to like/not like sb/sth; *s. a.* **wohl**
Lei·den¹ <-s, -> ['laidn̩] *nt* ➊ *(chronische Krankheit)* complaint, ailment ➋ *pl (leidvolle Erlebnisse)* suffering *no pl, no indef art* ▸ WENDUNGEN: **aussehen wie das ~ Christi** *(fam)* to look like hell *fam*

Lei·den[2] <-s> ['laidn̩] *nt* Leiden, Leyden

lei·dend *adj* ❶ *(geplagt)* pitiful, mournful ❷ *(geh: chronisch krank)* ▪ ~ **sein** to be ill

Lei·den·schaft <-, -en> ['laidn̩ʃaft] *f* ❶ *(Emotion)* emotion ❷ *(intensive Vorliebe)* ▪ **eine/jds ~ für jdn/etw** a/sb's passion for sb/sth; **jd ist etw aus ~** sb is passionate about being sth; **ich bin Briefmarkensammler aus ~** I'm a passionate stamp collector; **mit |großer/wahrer| ~** passionately ❸ *kein pl (starke Zuneigung)* passion; **sie spürte seine ~** she felt his passion

lei·den·schaft·lich I. *adj* ❶ *(feurig)* passionate ❷ *(begeistert)* passionate ❸ *(emotional)* passionate, emotional **II.** *adv* ❶ *(feurig)* passionately ❷ *(sehr intensiv)* passionately ❸ *(besonders)* ▪ **etw ~ gern tun** to be passionate about sth; **ich esse ~ gern Himbeereis** I adore raspberry ice-cream

Lei·den·schaft·lich·keit <-> *f kein pl* ❶ *(Feurigkeit)* passion ❷ *(große innere Anteilnahme)* emotion

lei·den·schafts·los I. *adj* dispassionate **II.** *adv* dispassionately

Lei·dens·druck *m kein pl* psychological stress **Lei·dens·ge·fähr·te**, **-ge·fähr·tin** *m, f*, **Lei·dens·ge·nos·se**, **-ge·nos·sin** *m, f* fellow-sufferer **Lei·dens·ge·schich·te** *f* story of suffering; **die ~** |**Christi**| the Passion |of Christ| **Lei·dens·mie·ne** *f* dejected expression; **mit ~** with a dejected expression **Lei·dens·weg** *m (geh)* period of suffering; **der ~ Christi** Christ's way of the Cross

lei·der ['laidɐ] *adv* unfortunately; **~ ja!** unfortunately yes; **~ nein!** |*o nicht*| no, unfortunately, unfortunately not; **das kann ich dir ~ nicht sagen** unfortunately, I can't help you there; **ich habe das ~ vergessen** I'm sorry, I forgot about it; **das ist ~ so** that's just the way it is

leid·ge·prüft *adj* **eine ~e Mutter** a sorely tried |*or* afflicted| mother

lei·dig ['laidɪç] *adj attr (pej)* tedious, irksome; **immer das ~e Geld!** it always comes down to money!

leid·lich ['laitlɪç] **I.** *adj attr* reasonable, fair, passable **II.** *adv* more or less; **~ davonkommen** to get away more or less unscathed; **„wie geht's?" „danke, ~!"** *(fam)* "how are you?" "so, so" *fam*

Leid·tra·gen·de(r) *f(m) dekl wie adj*, **Leid·Tra·gen·de(r)**[RR] *f(m) dekl wie adj* ❶ *(Betroffene)* ▪ **der/die ~** the one to suffer ❷ *(selten: Hinterbliebene eines Verstorbenen)* bereaved

leid|tun[RR] *vi irreg* **jdm tut etw leid** sb is sorry about sth; **es tut jdm leid, dass ...** sb is sorry that ...; **es tut mir/uns leid, aber ...** I'm/we're sorry, but ...; **tut mir leid!** |I'm| sorry!; **etw wird jdm noch ~** sb will be sorry |*or* regret sth|; **jd tut jdm leid** sb feels sorry for sb; **der kann einem ~** *(iron)* you can't help feeling sorry for him; **es tut jdm leid um jdn/ein Tier** sb feels sorry for sb/an animal

leid·voll *adj (geh)* sorrowful *liter* **Leid·we·sen** *nt kein pl* ▪ **zu jds ~** much to sb's regret

Lei·er <-, -n> ['laie] *f* ❶ MUS lyre ❷ *(Kithara)* cithara ❸ *(Sternbild)* ▪ **die ~** Lyra ▸ WENDUNGEN: |**es ist**| |**immer**| **dieselbe** |*o* **die alte**| |*o* **die gleiche**| **~** *(pej fam)* |it's| |always| the same old story

Lei·er·kas·ten *m (fam) s.* **Drehorgel**

Lei·er·kas·ten·mann, **-frau** <-männer> *m, f (fam) s.* **Drehorgelspieler**

Leih·ar·beit ['lai-] *f kein pl* subcontracted employment *no pl* **Leih·ar·bei·ter(in)** *m(f)* subcontracted worker **Leih·bü·che·rei** *f* lending library

lei·hen <lieh, geliehen> ['laiən] *vt* ❶ *(aus~)* ▪ **jdm etw ~** to lend sb sth; ▪ **geliehen** borrowed ❷ *(borgen)* ▪ **sich** *dat* **etw** *akk* |**von jdm**| **~** to borrow sth |from sb|

Leih·ga·be *f* loan **Leih·ge·bühr** *f* hire charge BRIT,

rental fee AM; *(Buch)* lending fee **Leih·haus** *nt* pawn shop, pawnbroker's **Leih·mut·ter** *f* surrogate mother **Leih·schein** *m* ❶ *(Formular für entliehenes Buch)* lending form ❷ *(Pfandquittung)* pawn ticket **Leih·stim·me** *f (fam)* floating voter's vote **Leih·wa·gen** *m* hire |*or* AM rental| car

leih·wei·se *adv* on loan; ▪ **jdm etw** *akk* **~ überlassen** *(geh)* to give sb sth on loan

Leim <-[e]s, -e> [laim] *m (zäher Klebstoff)* glue, adhesive; ▸ WENDUNGEN: **jdn auf den ~ führen** to take sb in; **jdm auf den ~ gehen** |*o* **kriechen**| *(fam)* to fall for sb's tricks; **aus dem ~ gehen** *(fam)* to fall apart

lei·men ['laimən] *vt* ❶ *(mit Leim zusammenfügen)* ▪ **etw ~** to glue sth together ❷ *(fam: hereinlegen)* ▪ **jdn ~** con sb, to take sb for a ride; **der/die Geleimte** the dupe

Leim·kraut *nt* BOT campion, catchfly

Lein <-[e]s, -e> |lain| *m* flax

Lei·ne <-, -n> ['lainə] *f* ❶ *(dünnes Seil)* rope ❷ *(Wäsche~)* |washing |*or* AM laundry| | line; **etw** *akk* **auf die ~ hängen** to hang sth on the line; **etw** *akk* **von der ~ nehmen** to take sth off the line ❸ *(Hunde~)* lead, leash; **ein Tier an die ~ nehmen** to put an animal on a lead; **ein Tier an der ~ führen** to keep an animal on a lead; **jdn an die ~ legen** *(fig)* to get sb under one's thumb *fig*; **jdn an der ~ halten** *(fig)* to keep a tight rein on sb *fig* ▸ WENDUNGEN: **~ ziehen** *(sl)* to scarper *sl*, to beat it AM; **zieh ~!** *(sl)* take a hike! *fam*, BRIT *a.* piss off! *fam!*

lei·nen ['lainən] *adj* linen

Lei·nen <-s, -> ['lainən] *nt* linen; **aus ~** made of linen; **in ~** linen-bound

Lei·nen·band <-bände> *m* linen-bound volume **Lei·nen·beu·tel** *m* linen bag **Lei·nen·ja·cke** *f* linen jacket **Lei·nen·ta·sche** *f* linen bag **Lei·nen·we·ber(in)** *m(f)* linen weaver

Lein·kraut *nt* BOT toadflax **Lein·öl** *nt* linseed oil **Lein·sa·men** *m* linseed

Lein·tuch <-tücher> *nt* SÜDD, ÖSTERR, SCHWEIZ *(Laken)* sheet **Lein·wand** *f* ❶ *(Projektionswand)* screen ❷ *kein pl (Gewebe aus Flachsfasern)* canvas ❸ *(Gewebestück für Gemälde)* canvas

Leip·zig <-s> ['laiptsɪç] *nt* Leipzig

lei·se ['laizə] **I.** *adj* ❶ *(nicht laut)* quiet; **etw ~ stellen** to turn down sth *sep* ❷ *(gering)* slight; **es fiel ~r Regen** it was raining slightly; **eine ~ Ahnung/ein ~r Verdacht** a vague idea/suspicion; **nicht im L~sten** not at all **II.** *adv* ❶ *(nicht laut)* quietly ❷ *(kaum merklich)* slightly; **der Regen fiel ~** it was raining gently

Leis·te <-, -n> ['laistə] *f (schmale Latte)* strip; **eine ~ aus etw** *dat* a strip of sth ❷ *(Übergang zum Oberschenkel)* groin

leis·ten ['laistn̩] **I.** *vt* ❶ *(an Arbeitsleistung erbringen)* **ganze Arbeit ~** to do a good job; **viel/nicht viel ~** to get/not get a lot done, to be/not be very productive; **für heute haben wir genug geleistet** we've done enough for today; **ich habe heute nicht viel geleistet** I haven't been very productive today; **ich hatte gehofft, sie würde mehr ~** I had hoped she would do a better job; **etw Anerkennenswertes/Bewundernswertes/Besonderes/ Erstaunliches ~** to accomplish sth commendable/admirable/special/ amazing ❷ TECH, PHYS *(an Energie erbringen)* ▪ **etw ~** to produce sth, to generate sth ❸ *Funktionsverb* **Hilfe ~** to render assistance *form;* **eine Anzahlung ~** to make a down payment; **gute Dienste ~** to serve sb well; **Gehorsam/Widerstand ~** to obey/offer resistance; **Zivildienst/Wehrdienst ~** to do one's community/military service; **einen Eid ~** to swear an oath; **eine Unterschrift ~** to sign sth **II.** *vr* ❶ *(sich gönnen)* ▪ **sich** *dat* **etw ~** to treat oneself to sth

② *(sich herausnehmen)* ■ **sich** *dat* **etw** ~ to permit oneself sth; **wenn Sie sich noch einmal nur das geringste Zuspätkommen ~, …** if you dare to be late again …; **da hast du dir ja was geleistet!** you've really outdone yourself [this time]!; *(tragen können)* to carry sth off; **tolles Kleid – sie kann es sich ~, bei der Figur!** great dress – she can certainly carry it off with a figure like that! ③ *(finanziell in der Lage sein)* ■ **sich** *dat* **etw/jdn** ~ to allow oneself the luxury of sth/sb; **heute leiste ich mir mal ein richtig gutes Essen** I'll treat myself today to a really good meal; **sich** *dat* **etw/jdn** ~ **können** to be able to afford sth/sb; **es sich** *dat* ~ **können, etw zu tun** to be able to afford to do sth

Leis·ten <-s, -> ['laistn] *m (Schuh~)* last; ► WENDUNGEN: **alles über einen ~ schlagen** *(fam)* to measure everything by the same yardstick
Leis·ten·bruch *m* hernia **Leis·ten·ge·gend** *f* groin, inguinal region *spec*
Leis·tung <-, -en> *f* ① *kein pl (das Leisten 1)* performance; **nach** ~ performance-based, based on performance *pred* ② *(geleistetes Ergebnis)* accomplishment; **eine hervorragende/sportliche** ~ an outstanding piece of work/athletic achievement; **schulische ~en** results [*or* performance] at school; **ihre ~en lassen zu wünschen übrig** her work leaves a lot to be desired; **reife ~!** *(fam)* not bad! *fam* ③ TECH, PHYS power; *(Produktivität)* Fabrik output, production capacity ④ FIN *(Entrichtung)* payment; **soziale ~en** fringe benefits; **sie bezieht seit Jahren staatliche ~en** she has been receiving state benefits for years ⑤ *(Dienst~)* service
Leis·tungs·ab·fall *m* reduction in productivity **Leis·tungs·bau·stein** *m* element of performance **Leis·tungs·be·reit·schaft** *f kein pl* commitment **leis·tungs·be·zo·gen** *adj inv* performance-orientated [*or* AM -oriented] **Leis·tungs·bi·lanz** *f* balance of [current] transactions [*or* goods and services] [*or* payments on current account] **Leis·tungs·druck** *m kein pl* pressure to perform **leis·tungs·fä·hig** *adj* ① *(zu hoher Arbeitsleistung fähig)* efficient ② *(zu hoher Produktionsleistung fähig)* productive ③ *(zur Abgabe großer Energie fähig)* powerful ④ FIN competitive **Leis·tungs·fä·hig·keit** *f kein pl* ① *(Arbeitsleistung)* performance ② *(Produktionsleistung)* productivity ③ *(Abgabe von Energie)* power ④ FIN competitiveness **Leis·tungs·ge·sell·schaft** *f* SOZIOL meritocracy, achievement-orientated society **Leis·tungs·kon·trol·le** *f* productivity [*or* efficiency] [*or* performance] check; **Klassenarbeiten dienen der ~** [written] schoolwork are a form of performance assessment; **zur ~** [in order] to check productivity [*or* efficiency] [*or* to assess performance] **Leis·tungs·kraft** *f kein pl* capability *usu pl*; **jds berufliche/schulische** ~ sb's performance at work/in school **Leis·tungs·kurs** *m* SCH advanced course *(course which seeks to impart additional knowledge to a basic course using a style similar to university teaching)* **Leis·tungs·min·de·rung** *f* SCH reduction in payments **Leis·tungs·nach·weis** *m* SCH evidence of academic achievement **leis·tungs·ori·en·tiert** *adj* performance-orientated [*or* AM -oriented] **Leis·tungs·prin·zip** *nt kein pl* performance [*or* achievement] principle **Leis·tungs·prü·fung** *f* ① SCH achievement test ② SPORT trial ③ AGR, TECH performance test **leis·tungs·schwach** *adj* weak; **eine ~e Maschine/ein ~er Motor** a low-performance [*or* -power] machine/engine **Leis·tungs·sport** *m* competitive sport *no art* **leis·tungs·stark** *adj* ① *(große Produktionskapazität besitzend)* [highly-]efficient [*or* productive] *attr*, [highly] efficient [*or* productive] *pred* ② AUTO, ELEK, TECH [very] powerful; **ein ~er Motor** a high-performance [*or*

[very] powerful] engine **Leis·tungs·stei·ge·rung** *f* increase in performance **Leis·tungs·trä·ger(in)** *m(f)* SPORT, ÖKON go-to guy *fam* **Leis·tungs·ver·mö·gen** *nt kein pl* capability *usu pl*
Leit·ar·ti·kel *m* MEDIA leading article, leader, editorial **Leit·ar·tik·ler(in)** <-s, -> ['lait?artikle] *m(f)* MEDIA leader- [*or* editorial-] writer **Leit·bild** *nt* [role] model **Leit·bün·del** *nt* BOT vascular bundle
lei·ten ['laitn] **I.** *vt* ① *(verantwortlich sein)* ■ **etw** ~ to run [*or* be in charge of] sth; **eine Abteilung** ~ to be head of [*or* run] a department; **eine Firma** ~ to run [*or* manage] a company; **ein Labor/eine Redaktion** ~ to be head [*or* in charge] of a laboratory/an editorial office; **eine Schule** ~ to be head [*or* headmaster] [*or* head teacher] of [*or* at] a school ② *(den Vorsitz führen)* ■ **etw** ~ to lead [*or* head] sth; **eine Sitzung** ~ to chair a meeting ③ TECH *(transportieren, strömen lassen)* ■ **etw** ~ to conduct sth; **das Erdöl wird in Pipelines quer durchs Land geleitet** the oil is piped across country ④ TRANSP *(lenken)* ■ **etw wohin** ~ to route [*or* divert] sth somewhere; **der Zug wurde auf ein Nebengleis geleitet** the train was diverted to a siding ⑤ *(führen)* ■ **jdn** [**wohin**] ~ to lead [*or* guide] sb [somewhere]; ■ **sich** *akk* **durch etw** *akk* ~ **lassen** to [let oneself] be guided by sth; ■ **sich** *akk* **von etw** *dat* ~ **lassen** to [let oneself] be governed by sth **II.** *vi* PHYS to conduct; **gut/schlecht** ~ to be a good/bad conductor
lei·tend I. *adj* ① *(führend)* leading ② *(in hoher Position)* managerial; **~er Angestellter** executive; **~er Redakteur** editor-in-chief ③ PHYS conductive **II.** *adv* ~ **tätig sein** to hold a managerial position
Lei·ter[1] <-, -n> ['laite] *f* ① *(Sprossen~)* ladder ② *(Steh~)* step-ladder
Lei·ter[2] <-s, -> ['laite] *m* PHYS conductor
Lei·ter(in) <-s, -> ['laite] *m(f)* ① *(leitend Tätiger)* head; ~ **einer Firma/eines Geschäfts sein** to be [the] manager [*or fam* boss] [*or* [at the] head] of a company/business; ~ **einer Schule** head[master] [of a school], head teacher [at a school]; **kaufmännischer/technischer** ~ commercial manager [*or* sales director] /technical director ② *(Sprecher)* leader, head; ~ **einer Delegation** head of a delegation; ~ **einer Diskussion/Gesprächsrunde** person chairing a discussion/round of talks
Lei·ter·plat·te *f* ELEK, INFORM printed circuit board
Lei·ter·spros·se *f* rung [of a/the ladder], step [on a/ the ladder] **Lei·ter·stück** *nt* **abgedecktes** ~ KOCHK toprib, thick ribs *pl* **Lei·ter·wa·gen** *m* AGR [hand]cart
Leit·fa·den *m* MEDIA manual, [introductory] guide, introduction, compendium
leit·fä·hig *adj* PHYS conductive
Leit·fä·hig·keit *f* PHYS conductivity
Leit·ge·dan·ke *m* central idea [*or* theme] **Leit·ham·mel** *m (fam)* bellwether *fig* **Leit·mo·tiv** *nt* ① *(Grundgedanke)* central [*or* dominant] theme ② MUS, LITER leitmotif, leitmotiv **Leit·plan·ke** *f* crash barrier **Leit·satz** *m* guiding principle **Leit·tier** *nt* ZOOL leader [of a/the herd]
Lei·tung <-, -en> *f* ① *kein pl (Führung)* management, leadership; **sie wurde mit der ~ der Abteilung betraut** she was put in charge of the department; ■ **die ~ einer S. übernehmen** to take over the leadership of sth; *(Vorsitz)* chairing; **die ~ einer Sitzung/Diskussion haben** to chair a meeting/discussion; **unter der ~ von jdm** MUS [to be] conducted by sb ② *(leitendes Gremium)* management ③ TECH *(Rohr)* pipe ④ ELEK *(Kabel)* cable ⑤ TELEK line; **die ~ ist gestört** it's a bad line; **in der ~ sein** *(fam)* to be on the line ► WENDUNGEN: **eine lange ~ haben** *(hum fam)* to be slow on the uptake; **auf der ~ stehen** *(fam)* to be slow to catch on *fam*

Lei·tungs·draht m ELEK |electric [or conducting] | wire **Lei·tungs·mast** m ELEK |electricity] pylon **Lei·tungs· netz** nt ❶ *(System von Stromkabeln, Rohrleitungen)* system of mains, supply network, mains npl BRIT ❷ *(System von Telefonkabeln)* |telephone] network **Lei·tungs·rohr** nt pipe **Lei·tungs·was·ser** nt tap water

Leit·wäh·rung f FIN leading [or key] currency **Leit· werk** nt LUFT tail unit, tailplane; *einer Rakete* control surfaces pl **Leit·wolf** m *(fig)* leader **Leit·zins** m FIN [central bank] discount rate, prime rate

Lek·ti·on <-, -en> |lɛk'tsi̯oːn] f ❶ SCH *(Kapitel)* chapter; *(Stunde)* lesson ❷ *(geh: Lehre)* lesson; **jdm eine ~ erteilen** to teach sb a lesson

Lek·tor, Lek·to·rin <-s, -toren> |'lɛktoːɐ̯, lɛk'toːrɪn, pl: lɛk'toːrən] m, f ❶ *(in einem Verlag)* editor ❷ *(an der Universität)* foreign language assistant

Lek·to·rat <-[e]s, -e> |lɛkto'raːt] nt ❶ *(Verlagsabteilung)* editorial office ❷ *(Lehrauftrag)* post as [a] foreign language assistant

Lek·to·rin <-, -nen> f fem form von **Lektor**

Lek·tü·re <-, -n> |lɛk'tyːrə] f ❶ kein pl *(das Lesen)* reading no pl, no indef art; **dieses Buch wird zur ~ sehr empfohlen** this book is recommended as a [very] good read ❷ *(Lesestoff)* reading matter no pl, no indef art

Lem·ma <-s, -ta> |'lɛma] nt LING lemma, headword **Lem·ming** <-s, -e> |'lɛmɪŋ] m ZOOL lemming; **wie die ~e** like lemmings

Le·mu·re <-n, -n> |le'muːrə] m ZOOL lemur

Len·de <-, -n> |'lɛndə] f ❶ ANAT loin ❷ KOCHK loin, sirloin

Len·den·bra·ten m KOCHK roast loin **Len·den·schnit· te** f KOCHK filet steak **Len·den·schurz** m loincloth **Len·den·stück** nt KOCHK piece of loin, tenderloin **Len·den·wir·bel** m ANAT lumbar vertebra

Leng·fisch |'lɛŋ-] m ZOOL, KOCHK ling, buffalo cod **lenk·bar** |'lɛŋkbaːɐ̯] adj steerable; **gut** [o **leicht**] **~ sein** to be easy to steer

len·ken |'lɛŋkn̩] **I.** vt ❶ *(steuern)* ■ **etw ~** to steer sth; **so, jetzt lenke das Auto nach rechts** right, now turn [the car] off to the right ❷ *(dirigieren)* ■ **jdn ~** to direct [or guide] sb ❸ *(beeinflussen)* ■ **jdn/etw ~** to control sb/sth; **die staatlich gelenkte Presse** the state-controlled press ❹ *(geh: wenden)* ■ **etw wohin ~** to direct sth somewhere; **seinen Blick auf jdn/etw ~** to turn one's gaze on sb/sth ❺ *(richten)* ■ **etw auf etw** akk **~** to direct sth to sth; **jds Aufmerksamkeit auf etw ~** to draw sb's attention to sth; **geschickt lenkte sie das Gespräch/die Unterhaltung auf ein weniger heikles Thema** she cleverly steered the conversation round to a less controversial subject **II.** vi to drive; ▸ WENDUNGEN: **der Mensch denkt, Gott lenkt** *(prov)* man proposes, God disposes prov

Len·ker <-s, -> m handlebars pl **Len·ker(in)** <-s, -> m(f) *(geh)* driver **Lenk·kon·so·le** f AUTO steering wheel console **Lenk·rad** nt steering-wheel; **jdm ins ~ greifen** to grab the steering-wheel from sb

Lenk·rad·schal·tung f AUTO steering-column [gear]change [or AM gearshift] **Lenk·rad·schloss**RR nt steering[-wheel] lock **Lenk·rad·sper·re** f steering lock

Lenk·stan·ge f *(geh)* handlebars pl **Len·kung** <-, -en> f ❶ AUTO steering no pl, no indef art ❷ kein pl *(Beeinflussung)* controlling no pl, no indef art

Lenz <-es, -e> |lɛnts] m ❶ *(liter: Frühling)* spring[time], springtide poet ❷ pl *(hum: Lebensjahre)* years pl, summers pl poet ▸ WENDUNGEN: **sich** dat **einen faulen** [o **lauen**] [o **schönen**] **~ machen**

(fam) to take it easy, BRIT a. to swing the lead sl

len·zen |'lɛntsn̩] vt NAUT ■ **etw ~** to pump out sth sep **Lenz·pum·pe** f NAUT bilge-pump

Le·o·pard <-en, -en> |leo'part] m ZOOL leopard

Le·pra <-> |'leːpra] f kein pl MED leprosy no pl, no art **le·pros** |le'proːs], **le·prös** |le'prøːs] adj MED leprous; ■ **L~e[r]** leper

Ler·che <-, -n> |'lɛrçə] f ORN lark

lern·bar adj learnable; **leicht/schwer ~** easy/difficult to learn

lern·be·gie·rig adj eager to learn pred **lern·be·hin· dert** adj with learning difficulties [or special needs] pred; ■ **~ sein** to have learning difficulties [or special needs] **Lern·ei·fer** m eagerness to learn **lern·eif·rig** adj eager to learn pred

ler·nen |'lɛrnən] **I.** vt ❶ *(sich als Kenntnis aneignen)* ■ **etw** [**bei/von jdm**] **~** to learn sth [from sb]; ■ **etw zu tun ~** to learn [how] to do sth; **von jdm noch** [**etwas**] **~ können** to be able to learn a thing or two from sb; **von ihr können wir alle noch etwas ~** we could all learn a thing or two from her, she could teach us all a thing or two; **jd lernt's nie** [o **wird es nie ~**] sb'll never learn; **manche lernen's eben nie!** some people will never learn! ❷ *(im Gedächtnis speichern)* ■ **etw ~** to learn sth [by heart] ❸ *(fam: eine Ausbildung machen)* ■ **etw ~** to train as [or to be] sth, to learn the trade of sth; **ich habe Kfz-Mechaniker gelernt** I trained as a car mechanic; **was haben Sie denn gelernt?** which trade did you learn?; s. a. **gelernt** ▸ WENDUNGEN: **gelernt ist** [**eben**] **gelernt** once learned, never forgotten; **etw will gelernt sein** sth takes [a lot of] practice [or has to be learned] **II.** vi ❶ *(Kenntnisse erwerben)* ■ [**für etw**] **~** to study [or work] [for sth]; **exemplarisches L~** learning by example ❷ *(beim Lernen unterstützen)* ■ **mit jdm ~** to help sb with their [school]work ❸ *(eine Ausbildung machen)* ■ [**bei jdm**] **~** to train [at sb's], to be apprenticed to sb; **er hat bei verschiedenen Firmen gelernt** he's been an apprentice with several companies; **sie lernt noch** she's still an apprentice

Ler·ner(in) <-s, -> m(f) LING learner **Ler·ner·wör·ter·buch** nt SCH, VERLAG learner's dictionary

lern·fä·hig adj ■ **~ sein** to be capable of learning [or able to learn] **Lern·fä·hig·keit** f kein pl PSYCH, SOZIOL, SCH learning ability **Lern·fahr·aus·weis** m SCHWEIZ *(Führerschein für Fahrschüler)* provisional [driving] licence [or AM -se] **Lern·mit·tel** nt meist pl SCH learning aid **Lern·mit·tel·frei·heit** f kein pl SCH free provision of learning aids *(schoolbooks and equipment)* **Lern·pro·gramm** nt INFORM learning program **Lern· pro·zess**RR m learning process **Lern·schwes·ter** f student nurse **Lern·soft·ware** f INFORM, SCH educational software **Lern·ziel** nt SCH [educational] goal [or aim]

Les·art f ❶ *(Variante)* version ❷ *(abweichende Darstellung)* version

les·bar |'leːsbaːɐ̯] adj ❶ *(~e Handschrift)* legible ❷ *(verständlich)* clear, comprehensible

Les·be <-, -n> |'lɛsbə] f *(fam)*, **Les·bi·e·rin** <-, -nen> |'lɛsbi̯ərɪn] f lesbian, dyke pej sl

les·bisch |'lɛsbɪʃ] **I.** adj lesbian; ■ **~ sein** to be a lesbian **II.** adv ■ **veranlagt sein** to have lesbian tendencies

Le·se <-, -n> |'leːzə] f AGR harvest

Le·se·bril·le f reading-glasses npl **Le·se·buch** nt SCH reader **Le·se·ecke** f reading corner **Le·se·ge·rät** nt INFORM reader **Le·se·kopf** m INFORM read[ing] head **Le·se·lam·pe** f ❶ *(Schreibtischlampe)* reading lamp ❷ *(Klemmleuchte)* [clip-on] reading lamp

le·sen[1] <liest, las, gelesen> |'leːzn̩] **I.** vt ❶ *(durch~)* ■ **etw ~** to read sth; s. a. **Korrektur** s. a. **Messe** s. **Noten** ❷ *(korrigieren)* ■ **etw ~** to proofread [or read through [and correct]] sth ❸ *(leserlich sein)* **einfach/ kaum/nicht/schwer zu ~ sein** to be easy/almost impossible/impossible/difficult to read ❹ INFORM ■ **etw |in etw** *akk|* **~** to read sth [into sth] ❺ *(entnehmen)* ■ **etw aus etw** *dat* **~** to see sth in sth; *s. a.* **Gedanke II.** *vi* ❶ *(als Lektüre)* to read; ■ **an etw** *dat* **~** to read sth; ■ **|das| L~** reading ❷ SCH *(eine Vorlesung halten)* ■ **über jdn/etw ~** to lecture on sb/ sth **III.** *vr* **etw liest sich leicht** sth is easy to read [*or* easy-going]; **etw liest sich nicht leicht** sth is quite difficult to read [*or* heavy-going]

le·sen² <liest, las, gelesen> ['le:zn] *vt* ❶ *(sammeln)* ■ **etw ~** to pick sth; **Ähren ~** to glean [[ears of] corn] ❷ *(auf~)* ■ **etw von etw** *dat* **~** to pick sth off sth; **etw vom Boden ~** to pick sth up *sep off* [*or* from] the floor

le·sens·wert *adj* worth reading *pred;* **ein ~es Buch** a book [which [*or* that] is] worth reading, a good read *fam*

Le·ser(in) <-s, -> ['le:zɐ] *m(f)* reader

Le·se·rat·te *f (hum fam)* bookworm

Le·ser·brief *m* reader's letter; **,~e'** 'letters to the editor'

Le·se·rin <-, -nen> *f fem form von* **Leser**

le·ser·lich *adj* legible; **gut/kaum/schwer ~ sein** to be easy/almost impossible/difficult to read

Le·ser·lich·keit <-> *f kein pl* legibility *no pl, no indef art*

Le·ser·schaft <-, <*selten* -en> *f (geh)* readership

Le·se·saal *m* reading room **Le·se·stift** *m* INFORM wand, magnetic wand reader **Le·se·stoff** *m* reading matter *no pl, no indef art* **Le·se·zei·chen** *nt* bookmark[er] **Le·se·zir·kel** *m* magazine subscription service *(company which loans magazines to readers)*

Le·so·ther(in) <-s, -> [le'zo:tɐ] *m(f)* Mosotho *sing,* Basotho *pl; s. a.* **Deutsche(r)**

le·so·thisch [le'zo:tɪʃ] *adj* Basotho; *s. a.* **deutsch**

Le·so·tho <-s> [le'zo:to] *nt* Lesotho; *s. a.* **Deutschland**

Le·sung <-, -en> *f* ❶ MEDIA *(Dichter~)* reading ❷ POL *(Beratung)* reading ❸ REL lesson; **die ~ halten** to read the lesson

Le·thar·gie <-> *f kein pl* lethargy *no pl, no indef art*

le·thar·gisch [le'targɪʃ] *adj* lethargic

Let·te, Let·tin <-n, -n> ['lɛtə, 'lɛtɪn] *m, f* Latvian, Lett; *s. a.* **Deutsche(r)**

Let·ter <-, -n> ['lɛtɐ] *f* ❶ *(Druckbuchstabe)* letter ❷ TYPO *(Drucktype)* type

Let·tin <-, -nen> *f fem form von* **Lette**

let·tisch ['lɛtɪʃ] *adj* Latvian, Lettish; **auf L~** in Latvian [*or* Lettish]; *s. a.* **deutsch**

Lett·land ['lɛtlant] *nt* Latvia; *s. a.* **Deutschland**

Let·ze·bur·gesch ['lɛtsəbʊrkəʃ] *nt dekl wie adj (fachspr) s.* **Luxemburgisch**

Let·ze·bur·ge·sche <-n> *nt (fachspr) s.* **Luxemburgische**

Letzt [lɛtst] *f* ▶ WENDUNGEN: **zu guter ~** finally, in the end

letz·te(r, s) *adj* ❶ *(den Schluss bezeichnend)* last; **in der Klasse saß sie in der ~n Reihe** she sat in the back row in class/the classroom; **der L~** the last [day] of the month; **als ~[r]** last; **als L~[r] kommen/gehen/fertig sein** to arrive/leave/finish last, to be the last to arrive/leave/finish ❷ *(das zuletzt Mögliche bezeichnend)* last; **der ~e Versuch** the final [*or* last] attempt; ■ **jd ist der L~, die/der ...** sb is the last person that ...; **diese Klatschbase wäre die L~, der ich mich anvertrauen würde** that old gossip is the last person I would confide in; ■ **etw ist das L~, was ...** sth is the last thing that ... ❸ SPORT *(den Schluss einnehmend)* last; **sie ging als ~ Läu-**

ferin durchs Ziel she was the last runner to finish [the race]; ■ **L~ werden** to finish [in] last [place] ❹ TRANSP *(späteste)* last ❺ *(restlich)* last ❻ *(vorige)* last; **es ist das ~ Mal, dass ...** this is the last time that ...; **beim ~n Mal** last time; **zum ~n Mal** the last time; **den ganzen ~n Monat war ich auf Dienstreise** I was away on a business trip for the whole of last month; **im ~n Jahr** last year ❼ *(an ~r Stelle erwähnt)* last ❽ *(neueste)* latest; *s. a.* **Schrei** ❾ *(fam: schlechteste)* absolute, out-and-out; **das ist doch der ~ Kerl!** what an absolute [*or* sl out-and-out] sleazeball!, what an absolute cad! *pej dated* ▶ WENDUNGEN: **die L~n werden die Ersten [und die Ersten werden die L~n] sein** *(prov)* the last shall be first [and the first shall be last] *prov;* **den L~n beißen die Hunde** *(prov)* [the] devil take the hindmost *prov;* **bis ins L~** right down to the last detail; *s. a.* **Hund**

Letz·te(s) *nt dekl wie adj (letzte Bemerkung)* ■ **ein ~s** one last thing ▶ WENDUNGEN: **sein ~s |her|geben** to give one's all; **das ist ja wohl das ~!** *(fam)* that really is the limit! [*or* that really takes the biscuit! [*or* AM cake] *fam*

letzt·end·lich ['lɛtst?ɛntlɪç] *adv* in the end, when all's said and done, at the end of the day

letz·tens ['lɛtstns] *adv* recently; **erst ~** just the other day; **... und ~** ... and lastly [*or* finally]; **drittens und ~** thirdly and lastly [*or* finally]

letz·te·re(r, s) ['lɛtstərə, -tərə, -tərəs] *adj (geh)* latter; **L~s würde zutreffen** the latter would apply; **könnten Sie das L~ wohl noch einmal wiederholen?** could you just repeat the last thing you said please?

letzt·ge·nannt *adj* last-mentioned *attr;* **die letztgenannte Person** the last-named person **letzt·jäh·rig** *adj attr* last year's

letzt·lich ['lɛtstlɪç] *adv* in the end

letzt·mög·lich *adj attr* latest possible

Leucht·bo·je *f* NAUT light-buoy **Leucht·di·o·de** *f* light-emitting diode, LED

Leuch·te <-, -n> ['lɔyçtə] *f (Stehlampe)* standard lamp; ▶ WENDUNGEN: **|bei·n etw** *dat|* **eine ~ sein** *(fam)* to be brilliant [*or* a genius] [at sth]; **nicht gerade eine ~ sein wirklich keine ~ sein** *(fam)* to not be all that [*or* at all] bright, to not [exactly] be a genius

leuch·ten ['lɔyçtn] *vi* ❶ *(Licht ausstrahlen)* to shine; **die Abendsonne stand rot ~d am Horizont** the evening sun glowed red on the horizon ❷ *(Licht reflektieren)* to glow ❸ *(auf~)* ■ **vor etw** *dat* **~** to light up with sth; **die Kinder hatten vor Freude ~de Augen** the children's eyes were sparkling [*or* lit up] with joy ❹ *(strahlen)* shine; **leuchte mit der Lampe mal hier in die Ecke** can you shine the light here in the corner

leuch·tend *adj* ❶ *(strahlend)* bright ❷ *(herrlich)* shining *fig;* **~e Farben** glowing colours [*or* AM -ors]

Leuch·ter <-s, -> *m* candlestick; *(mehrarmig)* candelabra, candelabrum

Leucht·far·be *f* luminous [*or* fluorescent] paint **Leucht·feu·er** *nt* LUFT, NAUT beacon, signal light; *(auf der Landebahn)* runway lights **Leucht·kä·fer** *m* ZOOL glow-worm **Leucht·kraft** *f kein pl* ❶ ELEK brightness *no pl,* luminosity *no pl,* luminous power *no pl* ❷ ASTRON luminosity *no pl* **Leucht·ku·gel** *f* flare **Leucht·pis·to·le** *f* flare pistol [*or* gun] **Leucht·ra·ke·te** *f* [rocket] flare, signal rocket **Leucht·re·kla·me** *f* neon sign **Leucht·schrift** *f* neon letters *pl* **Leucht·spur·mu·ni·ti·on** *f* MIL tracer ammunition [*or* bullets] **Leucht·stift** *m* highlighter **Leucht·stoff·röh·re** *f* TECH fluorescent tube [*or* lamp] **Leucht·turm** *m* lighthouse **Leucht·zif·fer·blatt** *nt* luminous dial

leug·nen ['lɔygnən] **I.** *vt* ■ **etw ~** to deny sth; ■ **~, etw** *akk* **getan zu haben** to deny having done sth; **es ist nicht zu ~, dass ...** there is no denying the fact that …, it cannot be denied that …; **etw lässt sich nicht ~** sth cannot be denied **II.** *vi* to deny it; ▪ **jds L~** sb's denial

Leug·nung <-, -en> *f* denial

Leu·kä·mie <-, -n> [lɔykɛ'miː, *pl:* lɔykɛ'miːən] *f* MED leukaemia BRIT, leukemia AM

leu·kä·misch [lɔy'kɛːmɪʃ] *adj* MED leukaemic BRIT, leukemic AM, suffering from leukaemia [*or* AM leukemia] *pred*

Leu·ko·plast® <-[e]s, -e> [lɔyko'plast] *nt* sticking plaster BRIT, Band-Aid® AM

Leu·ko·zyt <-en, -en> [lɔyko'tsyːt] *m meist pl* ANAT leucocyte

Leu·mund ['lɔymʊnt] *m kein pl* reputation

Leu·munds·zeug·nis *nt* [character] reference

Leu·te ['lɔytə] *pl* ❶ *(Menschen)* people *npl;* **alle/ keine/kaum ~** everybody/nobody/hardly anybody; **unter ~ gehen** to get out and about [a bit] ❷ *(fam: Kameraden, Kollegen)* people *npl*, folks *npl fam* ❸ *(Mitarbeiter)* workers *pl;* **die ~ von der Feuerwehr/Müllabfuhr** the firemen/dustbin men ▪ MIL, NAUT men *pl* ❹ *(fam: Eltern)* ▪ **jds ~** sb's parents [*or* fam folks] *pl* ▶ WENDUNGEN: **die kleinen ~ kleine ~** *(einfache Menschen)* [the] ordinary people; *(hum fam: die Kinder)* the little ones; **etw unter die ~ bringen** *(fam)* to spread sth around; **ein Gerücht unter die ~ bringen** to spread [*or* circulate] a rumour [*or* AM -or]

Leu·te·schin·der(in) <-s, -> *m(f)* *(pej fam)* slave-driver *fig*

Leut·nant <-s, -s *o* -e> ['lɔytnant] *m* MIL second lieutenant; **~ zur See** NAUT sub-lieutenant BRIT, ensign AM

leut·se·lig *adj* affable

Leut·se·lig·keit *f kein pl* affability *no pl, no indef art*

Le·vel <-s, -s> ['lɛvl] *m (geh)* level

Le·vi·ten [le'viːtən] *pl* ▶ WENDUNGEN: **jdm die ~ lesen** *(fam)* to read sb the Riot Act

Lev·ko·je <-, -n> [lɛf'koːjə] *f* HORT stock

Lex <-, Leges> [lɛks, *pl:* 'leːgeːs] *f* POL ▪ **die ~ … the … Act**

Le·xem <-s, -e> [lɛ'kseːm] *nt* LING lexeme

le·xi·ka·lisch [lɛksi'kaːlɪʃ] *adj* LING lexical

Le·xi·ko·graph(in), Le·xi·ko·graf^RR(in)^RR <-en, -en> [lɛksiko'graːf] *m(f)* LING lexicographer

Le·xi·ko·gra·phie, Le·xi·ko·gra·fie^RR <-> [lɛksiko·gra'fiː] *f kein pl* LING lexicography *no pl, no indef art*

Le·xi·ko·gra·phin, Le·xi·ko·gra·fin^RR <-, -nen> *f fem form von* **Lexikograph**

le·xi·ko·gra·phisch, le·xi·ko·gra·fisch^RR **I.** *adj* LING lexicographical **II.** *adv* LING lexicographically; **~ tätig sein** to work as a lexicographer

Le·xi·ko·lo·ge, Le·xi·ko·lo·gin <-n, -n> *m, f* LING lexicologist

Le·xi·ko·lo·gie <-> [lɛksikolo'giː] *f kein pl* LING lexicology *no pl, no indef art*

Le·xi·ko·lo·gin <-, -nen> *f fem form von* **Lexikologe**

Le·xi·kon <-s, Lexika> ['lɛksikɔn, *pl:* 'lɛksika] *nt* ❶ *(Nachschlagewerk)* encyclopaedia BRIT, encyclopedia AM ❷ *(Wortschatz)* lexicon

Le·zi·thin, Le·ci·thin <-s> [letsi'tiːn] *nt kein pl* lecithin

Li·ai·son <-, -s> [liɛ'zõː] *f (geh)* ❶ *(Verhältnis)* liaison; **eine ~ [mit jdm] haben** to have a liaison [with sb] ❷ *(Person)* lover

Li·a·ne <-, -n> ['li̯aːnə] *f* BOT liana, liane

Li·ba·ne·se, Li·ba·ne·sin <-n, -n> [liba'neːzə, liba'neːzɪn] *m, f* Lebanese; *s. a.* **Deutsche(r)**

li·ba·ne·sisch [liba'neːzɪʃ] *adj* Lebanese; *s. a.* **deutsch**

Li·ba·non <-[s]> ['liːbanɔn] *m* GEOG ❶ *(Land)* ▪ **der ~** the Lebanon; *s. a.* **Deutschland** ❷ *(Gebirge)* the Lebanon Mountains *pl*

Li·bel·le <-, -n> [li'bɛlə] *f* ❶ ZOOL dragonfly ❷ TECH *(Teil eines Messinstruments)* bubble tube; *(bei einer Was-*

serwaage) spirit level ❸ MODE [type of] hair slide

li·bel·lie·ren [libɛ'liːrən] *vt* TECH ▪ **etw ~** to check [*or* measure] sth with a/the spirit level

li·be·ral [libe'raːl] **I.** *adj* ❶ POL liberal; **die ~e Partei** the Liberal Party; **~e Politik** liberal policies; **ein ~er Politiker** a Liberal [politician] ❷ *(tolerant)* liberal **II.** *adv* liberally; **~ eingestellt/gestaltet sein** to be liberally minded/have a liberal structure

Li·be·ra·le(r) *f(m) dekl wie adj* POL Liberal

li·be·ra·li·sie·ren* [liberali'ziːrən] *vt* ▪ **etw ~** to liberalize sth

Li·be·ra·li·sie·rung <-, -en> *f* liberalization

Li·be·ra·lis·mus <-> [libera'lɪsmʊs] *m kein pl* POL liberalism

Li·be·ria <-s> [li'beːri̯a] *nt* Liberia; *s. a.* **Deutschland**

Li·be·ri·a·ner(in) <-s, -> [libe'ri̯aːnɐ] *m(f)* Liberian; *s. a.* **Deutsche(r)**

li·be·ri·a·nisch [libe'ri̯aːnɪʃ] *adj* Liberian; *s. a.* **deutsch**

Li·be·ri·er(in) <-s, -> [li'beːri̯ɐ] *m(f) s.* **Liberianer**

Li·be·ro <-s, -s> ['liːbero] *m* FBALL sweeper, libero *rare, spec*

Li·bi·do <-> ['liːbido, li'biːdo] *f kein pl* PSYCH libido

Li·bret·tist(in) <-en, -en> [librɛ'tɪst] *m(f)* MUS librettist

Li·bret·to <-s, -s *o* Libretti> [li'brɛto, *pl:* li'brɛti] *nt* MUS libretto

Li·by·en <-s> ['liːbỹən] *nt* Libya; *s. a.* **Deutschland**

Li·by·er(in) <-s, -> ['liːbỹɐ] *m(f)* Libyan; *s. a.* **Deutsche(r)**

li·bysch ['liːbỹʃ] *adj* Libyan; *s. a.* **deutsch**

lic. *m(f)* SCHWEIZ *Abk von* **Lizenziat(in)** licentiate

licht [lɪçt] *adj* ❶ *(hell)* light ❷ *(spärlich)* sparse, thin; **an der Stirn ist sein Haar schon ~** he already has a receding hairline ❸ ARCHIT, BAU **~e Höhe/Weite** headroom/clear width [*or* span]

Licht <-[e]s, -er> [lɪçt] *nt* ❶ *kein pl (Helligkeit)* light *no pl*, brightness ❷ *(veraltend: Kerze)* candle ❸ ELEK light; **elektrisches ~** electric light[s] [*or* lighting]; **das ~ brennt** the light is [*or* lights are] on; **das ~ brennen lassen** to leave the light[s] on; **das ~ ausschalten** [*o fam:* **ausknipsen**] to turn out [*or* switch off] the light *sep;* **etw gegen das ~ halten** to hold sth up to the light; **[jdm] ~ machen** to turn [*or* switch] [*or* put] on the light *sep* [for sb]; **jdm im ~ stehen** to stand in sb's light ▶ WENDUNGEN: **~ am Ende des Tunnels** light at the end of the tunnel; **das ~ der Erkenntnis** *(geh)* the light of knowledge; **das ~ [der Öffentlichkeit] scheuen** to shun publicity; **wo ~ ist, ist auch Schatten** *(prov)* every light has its shadow *prov*, there's no joy without sorrow *prov;* **sein ~ unter den Scheffel stellen** to hide one's light under a bushel; **das ~ der Welt erblicken** *(geh)* [to] [first] see the light of day; **etw erscheint in einem anderen ~** sth appears in a different light; **etw lässt etw** *akk* **in einem anderen ~ erscheinen** sth shows sth in a different light; **das ewige ~** ▪ REL the Sanctuary Lamp; **etw ins falsche ~ rücken** to show sth in a false light; **kein großes ~ sein** *(fam)* to be no great genius; **grünes ~ [für etw** *akk]* **geben** to give the go-ahead [*or* green light] [for sth]; **im günstigen ~ in einem günstigeren ~** in a [more] favourable [*or* AM favorable] light; **etw ins rechte ~ rücken** to show sth in its correct light; **etw in rosigem ~ sehen** to see sth through rose-coloured [*or* AM -ored] spectacles; **bei ~ besehen** [*o* **betrachtet**] on closer consideration; **~ in etw** *akk* **bringen** to shed [some] light on sth; **etw ans ~ bringen** to bring sth to light; **jdn hinters ~ führen** to pull the wool over sb's eyes [*or* take sb in] [*or* hoodwink sb]; **[jdm] aus dem ~ gehen** to move [*or* get] out of the/sb's light; **mir geht ein ~ auf** *(fam)* now I see, it's suddenly dawned on me; **ans ~ kommen** to come to light; **es werde ~! und es ward ~** REL let there be light: and there was light; **etw**

wirft ein bestimmtes ~ auf jdn sth shows sb in a certain light

licht·be·stän·dig *adj s.* **lichtecht** **Licht·bild** *nt (veraltend)* ❶ *(geh: Passbild)* passport photograph ❷ *(Dia)* slide **Licht·blick** *m* bright spot, ray of hope **Licht·bre·chung** *f* refraction of light **licht·durch·läs·sig** *adj* translucent, pervious to light, light-transmissive **licht·echt** *adj* non-fading **Licht·ef·fekt** *m* lighting effect **licht·emp·find·lich** *adj* sensitive to light *pred;* FOTO photosensitive

lich·ten ['lɪçtn̩] **I.** *vt* FORST, HORT ■ **etw ~** to thin out sth *sep; s. a.* **Anker II.** *vr* ■ **sich ~** ❶ *(dünner werden)* to [grow] thin ❷ *(spärlicher werden)* to go down ❸ *(klarer werden)* to be cleared up; **die Angelegenheit lichtet sich immer mehr** this matter is becoming ever more clear

Lich·ter·baum *m (geh)* Christmas tree **Lich·ter·glanz** *m (geh)* blaze of lights **Lich·ter·ket·te** *f* chain of lights **lich·ter·loh** ['lɪçtɐ'lo:] *adv* **~ brennen** to be ablaze **Lich·ter·meer** *nt (geh)* sea of lights **Licht·ge·schwin·dig·keit** *f kein pl* ■ **die ~** the speed of light; **mit ~** at the speed of light **Licht·hof** *m* ❶ ARCHIT inner court, courtyard, quadrangle ❷ ASTRON halo ❸ TECH halation **Licht·hu·pe** *f* AUTO flash of the headlights **Licht·jahr** *nt* ❶ ASTRON light year ❷ *pl (fam: sehr weit/lange)* light years *pl fam* **Licht·ke·gel** *m* cone [*or* beam] of light **Licht·man·gel** *m kein pl* lack of light *no pl;* **aus ~** as a result of a lack of light **Licht·ma·schi·ne** *f* AUTO alternator, dynamo, generator **Licht·mast** *m* TRANSP lamppost, lamp-standard **Licht·nel·ke** *f* BOT campion, catchfly **Licht·quel·le** *f* light source, source of light **Licht·re·ak·ti·on** *f* BIOL light reaction **Licht·re·kla·me** *f s.* **Leuchtreklame** **Licht·schacht** *m* ARCHIT light-well **Licht·schal·ter** *m* light switch **Licht·schein** *m* gleam of light **licht·scheu** *adj* BOT, ZOOL **eine ~e Pflanze** a shade-loving plant; **ein ~es Tier** an animal that shuns the light ❷ *(fig)* **~es Gesindel** shady characters *pl fig* **Licht·schran·ke** *f* light [*or* photoelectric] barrier [*or* beam] **Licht·schutz·fak·tor** *m* [sun] protection factor **Licht·spiel·haus** *nt* FILM *(veraltend)* cinema, picture-house [*or* ·palace] [*or* ·theatre] *dated* **licht·stark** *adj* ❶ PHYS light-intense ❷ FOTO **ein ~es Objektiv** a fast [*or* high-speed] lens **Licht·stär·ke** *f* ❶ PHYS light [*or* luminous] intensity ❷ FOTO *Objektiv* speed **Licht·strahl** *m* beam [*or* ray] of light **licht·un·durch·läs·sig** *adj* opaque, impervious to light, light-proof

Lich·tung <-, -en> *f* FORST clearing, glade **Licht·ver·hält·nis·se** *pl* lighting conditions *pl* **Lid** <-[e]s, -er> [li:t] *nt* ANAT [eye]lid **Lid·schat·ten** *m* eye shadow **Lid·stift** *m* eyeliner **Lid·strich** *m* **einen ~ ziehen** to apply eyeliner

lieb [li:p] *adj* ❶ *(liebenswürdig)* kind, nice; **das war nicht gerade ~ von dir!** that wasn't very kind [*or* nice] of you!; ■ **~ zu jdm sein** to be nice to sb; **sei/seien Sie so ~ und ...** would you be so good [*or* kind] as to ...; *s. a.* **Gruß** ❷ *(artig)* good; **sei jetzt ~/sei ein ~es Kind!** be a good boy/girl! ❸ *(niedlich)* sweet, cute, lovable ❹ *(geschätzt)* dear, beloved; **L~er Karl, L~e Amelie!** *(als Anrede in Briefen)* Dear Karl and Amelie,; **meine L~e/mein L~er** my dear girl/man [*or* fellow] [*or* chap] [*or* boy]; **[mein] L~es** [my] love, darling; **[aber] meine L~e/mein L~er!** *(iron)* [but] my dear!; **[ach] du ~er Gott/~e Güte/~er Himmel/~e Zeit/~es bisschen!** *(fam)* good heavens [*or* Lord] ! *fam,* goodness gracious [*or* me] !; **jdn/ein Tier ~ haben** to love [*or* be fond of] sb/an animal; **jdn/etw ~ gewinnen** to grow fond of sb/sth; **~ geworden** which one has grown very fond *pred;* **man muss ihn einfach ~ haben** it's impossible not to like him ❺ *(angenehm)* welcome,

pleasant; **solche ~e Gäste haben wir lange nicht gehabt** it's a long time since we had such pleasant guests; ■ **etw/jd ist jdm ~** sb welcomes [*or* appreciates] sth/sb, sb is grateful for sth; **das wäre mir gar nicht/weniger ~** I'd [much] rather you didn't [do it]; **am ~sten** best [*or* most] [of all]; **ich mag Vollmilch-schokolade am ~sten** my favourite is milk chocolate; **am ~sten hätte ich ja abgelehnt** I would have liked to have said [*or* preferred to say] no; *s. a.* **lieber** **lieb·äu·geln** ['li:pʔɔygl̩n] *vi* ■ **mit etw dat ~** to have one's eye on sth; ■ **damit ~, etw akk zu tun** to toy [*or* flirt] with the idea of doing sth

Lieb·chen <-s, -> ['li:pçən] *nt (veraltend)* my darling [*or* sweet], sweetheart

Lie·be <-, -n> ['li:bə] *f* ❶ *(Gefühl starker Zuneigung)* love; ■ **jds ~ zu jdm** sb's love for sb; **aus ~ zu jdm** out of love for sb; **ich werde aus ~ heiraten** I'm going to marry for love; **er war blind vor ~** he was blind with love ❷ *kein pl (Leidenschaft)* ■ **die/jds ~ zu etw dat** the/sb's love of sth; **aus ~ zu etw dat** for the love of sth ❸ *(Mensch)* love; **meine große ~** [*o* **die ~ meines Lebens**] the love of my life; **eine alte ~** an old flame ❹ *(Sex)* making love; **gut in der ~ sein** to be good in bed *fam* [*or* at making love]; **käufliche ~** *(geh)* prostitution, venal love; **platonische ~** platonic love; **~ [mit jdm] machen** *(fam)* to make love [to [*or* with] sb] ▸ WENDUNGEN: **~ auf den ersten Blick** love at first sight; **~ geht durch den Magen** *(prov)* the way to a man's heart is through his stomach *prov;* **alte ~ rostet nicht** *(prov)* old love does not rust *prov,* old love [*or* an old flame] never dies *prov;* **~ macht blind** *(prov)* love is blind *prov;* **in ~, dein(e) ...** [with] all my love, ...; **mit [viel] ~** with loving care

lie·be·be·dürf·tig *adj* in need of love [*or* affection] *pred,* needing a lot of affection *pred* **Lie·be·lei** <-, -en> [li:bə'lai] *f (fam)* flirtation **lie·ben** ['li:bn̩] **I.** *vt* ❶ *(Liebe entgegenbringen)* ■ **jdn ~** to love sb; ■ **sich ~** to love each other [*or* one another]; **jdn/etw ~ lernen** to come [*or* learn] to love sb/sth; ■ **sich ~ lernen** to come [*or* learn] to love each other [*or* one another]; *s. a.* **geliebt** ❷ *(gerne mögen)* ■ **etw ~** to love sth; **es nicht ~, wenn jd etw** *akk* **tut/wenn etw** *gen* **geschieht** to not like it when sb does sth/when sth happens ❸ *(euph: Geschlechtsverkehr miteinander haben)* ■ **jdn ~** to make love to sb; ■ **sich ~** to make love ▸ WENDUNGEN: **was sich liebt, das neckt sich** *(prov)* lovers like to tease each other **II.** *vi* to be in love

lie·bend I. *adj* loving **II.** *adv* **~ gern** with great pleasure; **ich würde ja ~ gerne bleiben, aber ich muss gehen** I'd love to stay [here], but I've got to go; **„willst du mich nicht begleiten?"** – **„aber ~ gern"** 'would you like to come with me?' – 'I'd love to'

Lie·ben·de(r) *f(m) dekl wie adj* lover **lie·bens·wert** *adj* likeable, lovable **lie·bens·wür·dig** *adj* kind, friendly; ■ **~ von jdm sein** to be kind of sb; **wären Sie wohl so ~ und ...?** would you be so kind as to ...? **lie·bens·wür·di·ger·wei·se** *adv* kindly; **ob Sie mich wohl ~ vorlassen würden?** would you be so kind as to let me go first? **Lie·bens·wür·dig·keit** <-, -en> *f* kindness; **würden Sie die ~ haben[, das zu tun [***o* **und das tun]]?** *(geh)* would you be so kind [as to do sth]? *form;* **die ~ in Person** kindness personified; **du bist heute wieder von einer ~!** *(iron)* you're in a pleasant mood again today! *iron*

lie·ber ['li:bɐ] **I.** *adj comp von* **lieb:** ■ **jdm ~ sein** to be preferable to sb; **mir wäre es ~, wenn Sie nichts darüber verlauten ließen** I would prefer it if [*or* I would rather [*or* sooner]] you didn't tell anybody about this; **was ist Ihnen ~, das Theater oder das Kino?** would you prefer to go to the theatre or the cinema? II. *adv* ❶ *comp von* **gern** rather, sooner; **etw ~ mögen** to prefer sth; **ich würde ~ in der Karibik als an der Ostsee Urlaub machen** I would rather [*or* sooner] take a holiday in the Caribbean than on the Baltic ❷ *(besser)* better; **darüber schweige ich ~** I think it best to [*or* I'd better] remain silent; **wir sollten ~ gehen** we'd better [*or* we should] be going; **das hätten Sie ~ nicht gesagt** you shouldn't have said that; **das möchte ich dir ~ nicht sagen** I'd rather not tell you that; **ich wüsste nicht, was ich ~ täte!** there's nothing I'd rather do, I'd love to; **nichts ~ als das** I'd love to

Lie·bes·aben·teu·er *nt* amorous adventure, romance **Lie·bes·af·fä·re** *f* love affair **Lie·bes·akt** *m (geh)* act of love **Lie·bes·ap·fel** *m (veraltet)* tomato **Lie·bes·ban·de** *pl* ▶ WENDUNGEN: |**zarte**| **~ knüpfen** *(geh)* to tie tender bonds of love **form Lie·bes·be·zie·hung** *f* loving [*or* romantic] relationship, love affair **Lie·bes·brief** *m* love letter **Lie·bes·dienst** *m (geh)* favour [*or* AM ·or]; **jdm einen ~ erweisen** to do sb a favour [*or* kindness] **Lie·bes·er·klä·rung** *f* declaration of love; **jdm eine ~ machen** to make a declaration of [*or* declare] one's love to sb **Lie·bes·film** *m* romantic film **Lie·bes·ge·dicht** *nt* love-poem **Lie·bes·ge·schich·te** *f* ❶ LITER love story ❷ *(fam: Liebesaffäre)* love affair **Lie·bes·gott, -göt·tin** *m, f* god/goddess of love **Lie·bes·hei·rat** *f* love match **Lie·bes·kum·mer** *m* lovesickness *no pl;* **~ haben** to be lovesick; **aus ~** out of [*or* for] lovesickness **Lie·bes·le·ben** *nt* love life **Lie·bes·lied** *nt* love song **Lie·bes·mü·he** *f* ▶ WENDUNGEN: **vergebliche** [*o* **verlorene**] **~ sein** to be a waste of effort [*or* time] **Lie·bes·nest** *nt (fam)* love nest **Lie·bes·paar** *nt* lovers *pl* **Lie·bes·ro·man** *m* romantic novel **Lie·bes·spiel** *nt* love play **Lie·bes·sze·ne** *f* love scene **lie·bes·toll** *adj* love-crazed; **~ sein/werden** to be/become love-crazed **Lie·bes·trank** *m* love potion **Lie·bes·ver·hält·nis** *nt s.* **Liebesbeziehung Lie·bes·zau·ber** *m* love spell

lie·be·voll I. *adj* loving; **ein ~er Kuss** an affectionate kiss; **ein ~er Mensch** a loving [*or* affectionate] person II. *adv* ❶ *(zärtlich)* affectionately ❷ *(mit besonderer Sorgfalt)* lovingly; **~ dekorieren/verpacken/zubereiten** to decorate/wrap up/prepare lovingly [*or* with loving care]

Lieb·ha·ber(in) <-s, -> ['liːphaːbɐ] *m(f)* ❶ *(Partner)* lover ❷ *(Freund)* enthusiast

Lieb·ha·be·rei <-, -en> [liːphaːbəˈrai] *f* hobby

Lieb·ha·be·rin <-, -nen> *f fem form von* **Liebhaber Lieb·ha·ber·preis** *m* collector's price **Lieb·ha·ber·stück** *nt* collector's piece [*or* item] **Lieb·ha·ber·wert** *m kein pl* collector's value *no pl*

lieb·ko·sen' [liːpˈkoːzn] *vt (geh)* **jdn ~** to caress sb **Lieb·ko·sung** <-, -en> *f (geh)* caress

lieb·lich ['liːplɪç] I. *adj* ❶ *(angenehm süß)* sweet; **~er Wein** soft [*or* medium sweet] wine ❷ *(erhebend)* lovely, delightful, charming; **~e Töne** melodious sounds II. *adv* **~ duften/schmecken** to smell/taste sweet

Lieb·lich·keit <-> *f kein pl* sweetness *no pl*

Lieb·ling <-s, -e> ['liːplɪŋ] *m* ❶ *(Geliebte(r))* darling ❷ *(Favorit)* favourite [*or* AM favorite]

Lieb·lings·be·schäf·ti·gung *f* favourite [*or* AM favorite] hobby [*or* pastime] **Lieb·lings·ge·richt** *nt* favourite dish **Lieb·lings·plat·te** *f* favourite record **Lieb·lings·treff·punkt** *m* preferred [*or* favourite] [*or* AM favorite] rendezvous **Lieb·lings·wein** *m* favourite wine

lieb·los ['liːploːs] I. *adj* ❶ *(keine liebevolle Zuwendung gebend)* unloving ❷ *(Nachlässigkeit zeigend)* unfeel-

---

ing II. *adv* any old how *fam;* **gehen Sie nicht so ~ mit dem teuren Geschirr um!** be a bit more careful with that expensive crockery!

Lieb·lo·sig·keit <-, -en> *f* ❶ *kein pl (Mangel an liebevoller Zuwendung)* lack of loving [*or* feeling] [*or* care] *no pl* ❷ *(Verhalten)* unkind [*or* unfeeling] act

Lieb·reiz *m kein pl (geh)* charm

Lieb·schaft <-, -en> *f (veraltend) s.* **Liebesaffäre**

liebs·te(r, s) ['liːpstə, 'liːpstɐ, 'liːpstəs] *adj superl von* **lieb** dearest; **am ~n** best of all; **das mag ich am ~n** I like that [the] best [*or* the most] [*or* best of all]; **am ~n möchte ich schlafen** most of all I'd [*or* I'd just really] like to sleep

Liebs·te(r) ['liːpstə, 'liːpstɐ] *f(m) dekl wie adj* **jds ~** sb's sweetheart

Lieb·stö·ckel <-s, -> ['liːpʃtœkl] *m o nt* BOT lovage

Liech·ten·stein <-s> ['lɪçtnʃtain] *nt* Liechtenstein

Liech·ten·stei·ner(in) <-s, -> ['lɪçtnʃtainɐ] *m(f)* Liechtensteiner

liech·ten·stei·nisch *adj* Liechtenstein

Lied <-[e]s, -er> [liːt] *nt* song; ▶ WENDUNGEN: **es ist immer das alte** [*o* **gleiche**] **~** *(fam)* it's always the same old story; **ein ~ von etw** *dat* **singen können/zu singen wissen** to be able to tell sb a thing or two about sth

Lie·der·abend *m* song recital evening **Lie·der·buch** *nt* songbook

lie·der·lich ['liːdɐlɪç] *adj (veraltend pej)* slovenly

Lie·der·ma·cher(in) *m(f)* singer-songwriter *(about topical subjects)*

lief [liːf] *imp von* **laufen**

Lie·fer·ab·kom·men *nt* ÖKON delivery [*or* supply] contract

Lie·fe·rant(in) <-en, -en> [lifəˈrant] *m(f)* ❶ *(Firma)* supplier ❷ *(Auslieferer)* deliveryman *masc,* deliverywoman *fem*

Lie·fe·ran·ten·ein·gang *m* goods [*or* AM delivery] [*or* AM receiving] entrance; *(in einem Wohnhaus)* tradesmen's entrance BRIT, side [*or* back] door AM

Lie·fe·ran·tin <-, -nen> *f fem form von* **Lieferant**

lie·fer·bar *adj* ❶ *(erhältlich)* available, in stock; **dieser Artikel ist derzeit nicht ~** this item is not available [*or* in stock] at the moment ❷ *(zustellbar)* **~ sein** to be able to be supplied [*or* delivered]; **Ihre Bestellung ist leider erst später ~** we won't be able to meet your order until a later date

Lie·fer·be·din·gun·gen *pl* terms [*or* conditions] of delivery **Lie·fer·fir·ma** *f* ❶ *(Lieferant)* supplier ❷ *(Auslieferer)* delivery firm **Lie·fer·frist** *f* delivery [*or* lead] time, delivery deadline

lie·fern ['liːfɐn] I. *vt* ❶ *(aus~)* **|jdm| etw** *akk* **~** to deliver sth [to sb], to supply [sb with] sth; **etw an jdn/etw ~** to deliver sth to sb/sth ❷ *(erbringen)* **|jdm| etw** *akk* **~** to provide sth [for sb] ❸ *(erzeugen)* **etw ~** to yield sth; **viele Rohstoffe werden aus dem Ausland geliefert** many raw materials are imported from abroad ❹ SPORT *(zur Schau stellen)* **jdm etw** *akk* **~** to put on sth for sb; **die Boxer lieferten dem Publikum einen spannenden Kampf** the boxers put on an exciting bout for the crowd II. *vi* to deliver; *s. a.* **geliefert**

Lie·fer·schein *m* delivery note BRIT, packing slip AM **Lie·fer·schwie·rig·kei·ten** *f* difficulties in [making a] delivery **Lie·fer·stopp** *m* ÖKON suspension of deliveries **Lie·fer·ter·min** *m* delivery date

Lie·fe·rung <-, -en> *f* ❶ *(das Liefern)* delivery; **bei/vor ~** on/prior to delivery; **zahlbar bei ~/innerhalb von zehn Tagen nach ~** payable on delivery/within 10 days of delivery ❷ *(gelieferte Ware)* consignment ❸ VERLAG *(vorab ausgelieferter Teil)* instalment BRIT, installment AM

Lie·fer·ver·trag *m* supply contract, contract of sale

Lie·fer·wa·gen *m* delivery van; *(offen)* pickup truck
Lie·fer·zeit *f s.* **Lieferfrist**
Lie·ge <-, -n> ['liːgə] *f* ① *(Bett ohne Fuß-/Kopfteil)* daybed ② *(Liegestuhl)* [sun-]lounger

lie·gen <lag, gelegen> ['liːgn̩] INTRANSITIVES VERB
+*haben o* SÜDD +*sein*

① *(sich in horizontaler Lage befinden)* ■ irgendwo ~ to lie somewhere; **ich liege noch im Bett** I'm still [lying] in bed; **hast du irgendwo meinen Schlüsselbund ~ gesehen?** have you seen my key ring lying [around] anywhere?; **deine Brille müsste eigentlich auf dem Schreibtisch ~** your glasses should be [lying] on the desk; ■ irgendwie ~ to lie in a certain manner; **Herzkranke müssen hoch-/höher ~** people with heart problems should lie with their heads raised; **auf Latexmatratzen liegt man weich/weicher** latex mattresses are soft/softer for lying on; **in diesem Liegestuhl liegt man am bequemsten** this is the most comfortable lounger to lie in; ■ das L~ lying; ~ bleiben *(nicht aufstehen)* to stay in bed; *(nicht mehr aufstehen)* to remain lying [down]; **etw ~ lassen** to leave sth [there]

② *(sich abgesetzt haben)* ■ irgendwo ~ to lie somewhere; **hier in den Bergen liegt oft bis Mitte April noch Schnee** here in the mountains the snow often lies on the ground until mid-April; **auf den Autos liegt weißer Reif** there is a white [covering of] frost on the cars; **bei euch liegt aber viel Staub** it's very dusty [in] here; **über allen Möbeln lag eine dicke Staubschicht** there was a thick layer of dust over all the furniture

③ *(lagern)* ■ irgendwo ~ to lie [or hang] somewhere; |irgendwo| ~ bleiben *(nicht weggenommen werden)* to be left [somewhere]; **Hände weg, das Buch bleibt** |da| ~! hands off, the [or that] book's going nowhere!; ~ bleiben *(nicht verkauft werden)* to remain unsold; **etw ~ lassen** to leave sth [undone]

④ *(vergessen)* irgendwo ~ bleiben to be [or get] left behind somewhere; **mein Hut muss in dem Restaurant ~ geblieben sein** I must have left my hat in the restaurant; **etw ~ lassen** to leave sth behind; **verflixt, ich muss meinen Schirm in der U-Bahn ~ gelassen haben!** damn, I must have left my umbrella [behind] on the underground!

⑤ GEOG *(geografisch gelegen sein)* ■ irgendwo ~ to be somewhere

⑥ *(eine bestimmte Lage haben)* ■ irgendwie ~ to be [situated *or* located] | | |*or* to lie] in a certain manner; **ihr Haus liegt an einem romantischen See** their house is situated by a romantic lake; ■ gelegen situated; **eine bildhübsch/ruhig/verkehrsgünstig gelegene Villa** a villa in a picturesque/quiet/easily accessible location; ■ irgendwohin ~ to face somewhere; **diese Wohnung ~ nach zur Straße** |hinaus| this flat faces [out onto] the street

⑦ *(begraben sein)* ■ irgendwo ~ to be [*or* lie] buried somewhere

⑧ NAUT *(festgemacht haben)* ■ irgendwo ~ to be [moored] somewhere

⑨ AUTO *(nicht weiterfahren können)* ~ bleiben to break down [*or* have a breakdown]

⑩ SPORT *(einen bestimmten Rang haben)* ■ irgendwo ~ to be [*or* lie] somewhere; **wie ~ unsere Schwimmer eigentlich im Wettbewerb?** how are our swimmers doing in the competition?; **die Mannschaft liegt jetzt auf dem zweiten Tabellenplatz** the team is now second in the division

⑪ *(angeordnet sein)* to lie, to stay; **gut ~** to stay in place [well]; **richtig/nicht richtig ~** to be/not be in the right place; **Haar** to stay in place

⑫ *(angesiedelt sein)* ■ bei/um etw ~ to cost sth; **der**

Preis dürfte |irgendwo| **bei 4.500 Euro ~** the price is likely to be [around] 4,500 euros; ■ irgendwo ~ to cost sth; **damit ~ Sie um 185.000 Euro höher** that would put the price up by 185,000 euros; **damit ~ Sie schnell bei 1,3 Millionen Euro Baukosten** that would soon push the building costs up to 1.3 million euros; ■ zwischen ... und ... ~ to cost between ... and ..., to be priced at between ... and ...

⑬ MODE *(eine bestimmte Breite haben)* ■ irgendwie ~ to be a certain size; **wie breit liegt dieser Seidenstoff?** how wide is this silk material?

⑭ *(verursacht sein)* ■ an jdm/etw ~ to be caused by sb/sth; **woran mag es nur ~, dass mir immer alles misslingt?** why is it that everything I do goes wrong?

⑮ *(wichtig sein)* ■ irgendetwas an jdm/etw ~ to attach a certain importance to sb/sth; **du weißt doch, wie sehr mir daran liegt** you know how important it is to me; ■ jdm ist etwas/nichts/viel an jdm/etw gelegen sb/sth means sth/nothing/a lot to sb; **an diesem uninteressanten Stellenangebot war mir nichts gelegen** I didn't bother [even] considering this unappealing job offer

⑯ *(meist verneint (zusagen)* ■ jdm ~ sb likes sth; *(entspricht nicht jds Begabung)* sb is good at sth; **körperliche Arbeit liegt ihr nicht/weniger** she's not really cut out for physical work

⑰ *(lasten)* ■ auf jdm ~ to weigh down [up]on sb

⑱ *(abhängig sein)* ■ bei jdm ~ to be up to sb; ■ in jds etw *dat* ~ to be in sb's sth; **das liegt leider nicht in meiner Hand/Macht** unfortunately that is out of my hands/not within my power

⑲ *(begründet sein)* ■ irgendwo ~ to lie somewhere

⑳ *(nicht ausgeführt werden)* ~ bleiben to be left undone

▸ WENDUNGEN: **an mir/uns soll es nicht ~!** don't let me/us stop you!; *s. a.* **Ding**

lie·gend I. *adj* reclining, recumbent *form* II. *adv* ① *(flach)* **etw ~ aufbewahren/lagern** to store sth flat/on its side ② *(im Liegen)* in a lying position, whilst lying down
Lie·gen·schaft <-, -en> *f meist pl* ADMIN real estate, real [*or* landed] property
Lie·gen·schafts·amt *nt* ADMIN, JUR land office
Lie·ge·platz *m* NAUT berth, moorings *pl* **Lie·ge·sitz** *m* reclining seat **Lie·ge·stuhl** *m* *(Liege)* [sun-]lounger; *(Stuhl)* deckchair **Lie·ge·stütz** <-es, -e> *m* SPORT press- [*or* AM push-] up; **~e machen** to do press-ups **Lie·ge·wa·gen** *m* BAHN couchette [*or* car] coach **Lie·ge·wie·se** *f* lawn for sunbathing **Lie·ge·zeit** *f* NAUT lay days *pl*
lieh [liː] *imp von* **leihen**
Lies·chen <-s, -> ['liːsçən] *nt dim von* **Elisabeth** ≈ Lizzie ▸ WENDUNGEN: **~ Müller** *(fam)* the average woman in the street; **Fleißiges ~** BOT busy Lizzie
Lie·sen <-s, -> ['liːzn̩] *nt* lard
ließ [liːs] *imp von* **lassen**
liest 3. *pers pres von* **lesen**
Lift <-[e]s, -e *o* -s> [lɪft] *m* ① *(Aufzug)* lift BRIT, elevator AM ② *(Ski~)* [ski] lift
Lift·boy <-s, -s> ['lɪftbɔy] *m* TOURIST liftboy BRIT, elevator boy AM
lif·ten ['lɪftn̩] *vt* MED ■ **etw ~** to lift [*or* tighten] sth; **sich** *dat* **das Gesicht ~ lassen** to have a facelift
Li·ga <-, Ligen> ['liːga, *pl:* 'liːgn̩] *f* ① *(Vereinigung)* league ② SPORT *(Spielklasse)* league, division ③ *kein pl* HIST ■ **die ~** [Catholic] League
Li·ga·tur <-, -en> [liga'tuːɐ̯] *f* MUS, MED, TYPO ligature
Light·pro·dukt ['lait-] *nt* low-fat [*or* -calorie] product
Li·gus·ter <-s, -> [li'gʊstɐ] *m* BOT privet
li·ie·ren * [li'iːrən] *vr* ① *(geh: ein Liebesverhältnis eingehen)* ■ **sich ~** to become close friends with each

other [*or* one another] *euph;* ▪|mit jdm| **liiert sein** to have a relationship [with sb] ➋ÖKON *(sich zusammenschließen)* ▪ **sich** *akk* |**zu etw** *dat*| ~ to join forces with each other [*or* one another] [to establish sth]

Li·kör <-s, -e> |li'køːɐ̯| *m* liqueur

li·la |'liːla| *adj inv* purple, lilac

Li·la <-s, - *o fam* -s> |'liːla| *nt (fam)* purple, lilac

Li·lie <-, -n> |'liːli̯ə| *f* BOT lily

Li·li·pu·ta·ner(in) <-s, -> |lilipu'taːnɐ| *m(f)* dwarf, midget

Li·ma·boh·ne |'liːma-| *f* Lima bean

Li·mes <-, -> |'liːmɛs| *m* ➊ MATH *(Grenzwert)* limit ➋ *kein pl* HIST *(römischer Grenzwall)* ▪ **der** ~ the limes

Li·met·ten·saft *m* lime juice

Li·mit <-s, -s *o* -e> |'lɪmɪt| *nt* ➊ FIN, BÖRSE *(Höchstgebot)* limit, ceiling ➋ *(höchster Einsatz)* limit ➌ *(Beschränkung)* limit; **jdm ein** ~ **setzen** to set sb a limit

li·mi·tie·ren |limi'tiːrən| *vt* KUNST, MEDIA ▪ **etw** ~ to limit sth; **limitierte Auflage** limited edition

Li·mo <-, -s> |'lɪmo, 'liːmo| *f (fam)* lemonade

Li·mo·na·de <-, -n> |limo'naːdə| *f* lemonade

Li·mo·ne <-, -n> |li'moːnə| *f* BOT lime

Li·mou·si·ne <-, -n> |limu'ziːnə| *f* AUTO saloon [car] BRIT, sedan AM; *(größerer Luxuswagen)* limousine, limo *fam*

lind |lɪnt| *adj (geh)* mild, balmy

Lin·de <-, -n> |'lɪndə| *f* ➊ BOT lime [*or* linden] [tree] ➋ *(Holz)* lime[wood]; **aus** ~ made [out] of limewood

Lin·den·blü·ten·ho·nig *m* lime blossom honey **Lin·den·blü·ten·tee** *m* lime blossom tea

Kultur

Having celebrated its thousandth episode in January 2005, **Lindenstraße** is the longest-running TV soap opera in Germany. The popular series is aired on Sunday evenings by the *ARD* television group.

lin·dern |'lɪndɐn| *vt* ➊ MED *(mildern)* ▪ **etw** ~ to alleviate [*or* relieve] [*or* ease] sth; *Husten, Sonnenbrand etc* to soothe ➋ *(erträglicher machen)* ▪ **etw** ~ to alleviate [*or* relieve] sth

Lin·de·rung <-> *f kein pl* ➊ MED *(Milderung)* alleviation *no pl*, relief *no pl*, easing *no pl*; **diese Salbe dient der** ~ **eines Sonnenbrandes/von lästigem Juckreiz** this ointment is [good] for soothing sunburn/relieving irritating itches ➋ *(das Lindern)* alleviation *no pl*, relief *no pl*; **jdm** ~ **verschaffen** to bring sb relief

lind·grün **I.** *adj* lime-green *attr*, lime green *pred* **II.** *adv* **etw** ~ **lackieren/streichen** to paint sth lime green

Lind·wurm |'lɪntvʊrm| *m* lindworm *(type of wingless dragon)*

Li·ne·al <-s, -e> |line'aːl| *nt* ruler

li·ne·ar |line'aːɐ̯| *adj* linear; ~**e Abschreibung** FIN straight-line depreciation; ~**e Gleichung** MATH linear equation

Lin·gu·ist(in) <-en, -en> |lɪŋ'ɡu̯ɪst| *m(f)* linguist

Lin·gu·is·tik <-> |lɪŋ'ɡu̯ɪstɪk| *f kein pl* linguistics + *sing vb, no art*

Lin·gu·is·tin <-, -nen> *f fem form von* **Linguist**

lin·gu·is·tisch *adj* linguistic

Li·nie <-, -n> |'liːni̯ə| *f* ➊ *(längerer Strich)* line; **eine geschlängelte/gestrichelte** ~ a wavy/broken line; **eine** ~ **ziehen** to draw a line ➋ SPORT, TRANSP *(lang gezogene Markierung)* line ➌ TRANSP *(Verkehrsverbindung)* route; **eine Bus-/U-Bahn~** a bus/underground line [*or* route]; **nehmen Sie am besten die** ~ **19** you'd best take the [*or* a] number 19 ➍ *pl* MIL *(Frontstellung)* line; **die feindlichen** ~**n durchbrechen** to break through [the] enemy lines ➎ POL *a. (allgemeine Richtung)* line; **eine gemeinsame** ~ a com-

---

mon line [*or* policy]; **eine klare** ~ a clear line; **auf der gleichen** ~ **liegen** to follow the same line, to be along the same lines ➏ *(Verwandtschaftszweig)* line; **in bestimmter** ~ in a certain line; **er behauptet, dass er in direkter** ~ **von Karl dem Großen abstammt** he claims that he is descended in a direct line from [*or* is a direct descendant of] Charlemagne ➐ NAUT *(Äquator)* line; **die** ~ **passieren** [*o* kreuzen] to cross the line ▸ WENDUNGEN: **in erster/zweiter** ~ first and foremost/secondarily; **die Kosten sind erst in zweiter** ~ **maßgebend/wichtig** the costs are only of secondary importance; **auf der ganzen** ~ all along the line; **die schlanke** ~ *(fam)* one's figure; **danke, keine Sahne, ich achte sehr auf meine** |**schlanke**| ~ no cream thanks, I'm watching [*or* trying to watch] my figure; **in vorderster** ~ **stehen** to be in the front line

Li·ni·en·blatt *nt* line guide [sheet] **Li·ni·en·bus** *m* regular [service] bus **Li·ni·en·flug** *m* scheduled flight **Li·ni·en·gra·fik** *f* TYPO, INFORM line graphics **Li·ni·en·ma·schi·ne** *f* scheduled plane [*or* aircraft] **Li·ni·en·rich·ter** *m* SPORT *(beim Fußball)* referee's assistant, linesman *dated; (beim Tennis)* line-judge; *(beim Rugby)* touch-judge **li·ni·en·treu** *adj* POL *(pej)* loyal to the party line *pred* **Li·ni·en·ver·kehr** *m* regular services *pl;* LUFT scheduled [*or* regular] services *pl*

li·nie·ren |li'niːrən|, **li·ni·ie·ren** |lini'iːrən| *vt* ▪ **etw** ~ to rule [*or* rule [*or* draw] lines on] sth

li·niert *adj inv* POL lined, ruled

Li·nie·rung, Li·ni·ie·rung <-, -en> *f* [ruled] lines *pl*

Link <-s, -s> |lɪŋk| *nt* INET link

link |lɪŋk| *adj (sl)* shady *fam*, underhand; **ein** ~**er Hund/Kerl/Typ** a shady character [*or* customer]

Lin·ke <-n, -n> |'lɪŋkə| *f* ➊ *(linke Hand)* left hand; **zu jds** ~**n** to [*or* on] sb's left, to [*or* on] the left of sb ➋ BOXEN *(linke Gerade)* left ➌ POL ▪ **die** ~ the left [*or* Left]

lin·ke(r, s) *adj attr* ➊ *(auf der Seite des Herzens)* left; **die** ~ **Fahrbahn/Spur** the left-hand lane; *s. a.* **Masche** ➋ MODE *(innen, hinten)* **Stoff** the wrong side; *Wäsche* inside out ➌ POL left-wing, leftist *esp pej;* **der** ~**e Flügel** the left wing; *s. a.* **Hand**

Lin·ke(r) |'lɪŋkə| *f(m) dekl wie adj* POL left-winger, lefty *esp pej fam*, leftist *esp pej*

lin·ken |'lɪŋkn̩| *vt (sl)* ▪ **jdn** ~ to take sb for a ride *fam*

lin·kisch |'lɪŋkɪʃ| *adj* clumsy, awkward

links |lɪŋks| **I.** *adv* ➊ *(auf der linken Seite)* on the left; **sich** ~ **halten** to keep to the left; **bei Straßen ohne Gehweg sollten Fußgänger in Deutschland** ~ **gehen** on roads without a pavement pedestrians in Germany should walk on [*or* keep to] the left; **dritte Tür** ~ [the] third door on the left; ▪ ~ **hinter/neben/von/vor ...** to the left behind/directly to the left of/to the left of/to the left in front of ...; ~ **oben/unten** in the top/bottom left-hand corner; **nach** ~ [to the] left; **nach** ~**/rechts gehen** to turn left/right; **schau mal nach** ~ look to the [*or* your] left; **von** ~ from the left; **von** ~ **nach rechts** from [the] left to [the] right ➋ *(verkehrt herum)* inside out; **du hast ja die Socken** ~ **herum an!** you've got your socks on inside out!; **den Stoff** |**von**| ~ **bügeln** to iron the fabric on the reverse side; **auf** ~ inside out ➌ TRANSP *(nach* ~*)* ▪ **abbiegen** to turn [off to the] left, to take a left turn; ~ **einbiegen/sich** ~ **einordnen** to move [*or* get] into [*or* take] the left-hand lane; *(auf der linken Seite)* on the left; ~ **bleiben/sich** ~ **halten** to keep to the left ➍ MODE **eine** |**Masche**| ~, **drei** |**Maschen**| **rechts** purl one, knit three; ~ **stricken** to purl ➎ POL ~ **eingestellt sein** to have left-wing tendencies [*or* leanings]; ~ |**von jdm/etw**| **stehen** [*o* **sein**] to be left-wing [*or* on the left], to be to the left of sb/sth ➏ MIL **die Augen** ~**!** eyes left!; ~ **um!** left about turn! ▸ WENDUNGEN: **weder** ~ **noch rechts schauen** to not [let oneself] be distracted; **jdn ~ liegen lassen** *(fam)* to ignore sb; **mit ~** *(fam)* easily, with no trouble II. *präp +gen;* ■ **~ einer S.** to the left of sth; **~ eines Flusses** on the left bank of a river

Links·ab·bie·ger(in) <-s, -> *m(f)* TRANSP driver [*or* motorist] turning [off] left **Links·ab·bie·ger·spur** *f* TRANSP left-hand turn[ing]-off lane **Links·au·ßen** <-, -> [lɪŋks'ʔausn̩] *m* ❶ FBALL left wing, outside left ❷ POL *(fam)* extreme left-winger **links·bün·dig** *adj* TYPO left-justified *attr,* left justified *pred* **Links·drall** *m* ❶ *(links drehender Drall)* swerve to the left ❷ POL *(fam)* left-wing tendency; **einen ~ haben** to lean to the left, to have left-wing tendencies [*or* leanings] **Links·ex·tre·mist(in)** *m(f)* POL left-wing extremist **links·ex·tre·mis·tisch** *adj inv* POL left-wing extremist **links·ge·rich·tet** *adj* POL left-wing orientated [*or* AM oriented] **Links·ge·win·de** *nt* TECH left-hand[ed] thread **Links·hän·der(in)** <-s, -> ['lɪŋkshɛndɐ] *m(f)* left-hander, left-handed person **links·hän·dig** ['lɪŋkshɛndɪç] I. *adj* left-handed II. *adv* with one's left hand **links·her·um** ['lɪŋkshɛʀʊm] *adv* ❶ *(nach links)* to the [*or* one's] left ❷ *(mit linker Drehrichtung)* anticlockwise BRIT, counter-clockwise AM **Links·in·tel·lek·tu·el·le(r)** *f/m) dekl wie adj* left-wing intellectual **Links·kur·ve** *f* left-hand bend; **eine ~ machen** to bend to the left **links·las·tig** *adj* ❶ AUTO, NAUT down at the left *pred* ❷ POL *(pej)* left-wing, leftist *esp pej* **links·ori·en·tiert** *adj* POL left-wing, orientated [*or* AM oriented] towards the left **links·ra·di·kal** I. *adj* POL radical left-wing *attr* II. *adv* radically left-wing **Links·ra·di·ka·le(r)** *f/m) dekl wie adj* POL left-wing radical **links·rhei·nisch** *adj* on the left bank of the Rhine *pred* **Links·ruck** <-es, -e> *m kein pl* POL [sharp] swing to the left **links·rum** *adv (fam) s.* **linksherum links·sei·tig** *adj* on the left side *pred;* **~ gelähmt sein** to be paralysed [*or* AM -yzed] on [*or* down] the left side **links·um** [lɪŋks'ʔʊm] *adv* **~ kehrt!** MIL to the left! **Links·ver·kehr** *m* TRANSP driving on the left *no pl, no art*

Lin·nen <-s, -> ['lɪnən] *nt (veraltend geh)* linen

Li·no·le·um <-s> [li'no:leʊm, lino'le:ʊm] *nt kein pl* linoleum, BRIT *a.* lino *fam no pl*

Li·nol·schnitt [li'no:lʃnɪt] *m* KUNST ❶ *kein pl (Technik)* linocut *no pl, no indef art* ❷ *(Produkt)* linocut

Lin·se <-, -n> ['lɪnzə] *f* ❶ *meist pl* BOT, KOCHK lentil; **rote ~n** red lentils ❷ ANAT, PHYS lens

lin·sen ['lɪnzn̩] *vi (fam)* to peep [*or* peek]

Lin·sen·boh·ne *f* mung [*or* moong] bean

Linz <-> [lɪnts] *nt* Linz

Lip·gloss[RR], **Lip·gloß**[ALT] <-, -> ['lɪpglɔs] *nt* MODE, PHARM lip gloss

Li·pid <-s, -e> [li'pi:t] *nt* BIOL lipid

Lip·pe <-, -n> ['lɪpə] *f* ❶ ANAT lip; **die ~n schminken/anmalen** to put on lipstick *sep/*paint one's lips; **jdm etw** *akk* **von den ~n ablesen** to read sth from sb's lips ▸ WENDUNGEN: **eine dicke** [*o* **große**] **~ riskieren** *(sl)* to brag, to boast; **etw nicht über die ~n bringen** to not be able to bring oneself to say sth; **an jds ~n hängen** to hang on sb's every word; **nicht über jds ~n kommen** to not pass sb's lips

Lip·pen·bal·sam *m* PHARM lip balm, BRIT *a.* lipsalve **Lip·pen·be·kennt·nis** *nt* lip-service; **ein ~ ablegen** to pay lip-service **Lip·pen·blüt·ler** <-s, -> *m* BOT labiate **Lip·pen·laut** *m* LING labial **Lip·pen·pfle·ge** *f kein pl* ❶ MED *(Pflege der Lippen)* care of one's lips ❷ PHARM *(Mittel zur Pflege der Lippen)* lip-care product, product for protecting one's lips **Lip·pen·pfle·ge·stift** *m* lip balm, BRIT *a.* lipsalve **Lip·pen·po·ma·de** *f* PHARM lip balm, chapstick, BRIT *a.* lipsalve, BRIT *a.* Lypsyl® **Lip·pen·stift** *m* lipstick; **kussechter ~** kissproof lipstick

Lipp·fisch *m* ZOOL, KOCHK wrasse

li·quid [li'kvi:t] *adj s.* **liquide**

Li·qui·da <-, Liquidä *o* Liquiden> ['li:kvida, *pl:*

'li:kvidɛ, li'kvi:dn̩] *f* LING liquid

Li·qui·da·ti·on <-, -en> [likvida'tsi̯o:n] *f* ❶ *(geh: Honorarrechnung)* bill [of costs [*or* fees]], note of fees ❷ ÖKON *(Auflösung)* liquidation *no indef art*

Li·qui·da·tor, Li·qui·da·to·rin [likvi'da:to:ɐ̯, -da'to:rɪn, *pl:* -da'to:rən] *m, f* ÖKON liquidator

li·qui·de [li'kvi:də] *adj* FIN ❶ *(geh: solvent)* solvent; **ich bin im Moment nicht ~** I'm out of funds at the moment ❷ *(verfügbar)* **~es Vermögen** liquid assets *pl*

li·qui·die·ren[*] [likvi'di:rən] *vt* ❶ *(euph: umbringen)* ■ **jdn ~** to liquidate sb ❷ ÖKON *(auflösen)* ■ **etw ~** to liquidate sth ❸ *(geh: in Rechnung stellen)* ■ **etw ~** to charge sth

Li·qui·die·rung <-, -en> *f* ❶ *(euph: das Umbringen)* liquidation ❷ ÖKON *(Auflösung)* liquidation

Li·qui·di·tät <-> [likvidi'tɛ:t] *f kein pl* ÖKON liquidity *no pl, no indef art,* [financial] solvency *no pl,* ability to pay *no pl, no indef art*

Li·ra <-, Lire> ['li:ra, *pl:* 'li:rə] *f* lira

lis·peln ['lɪspl̩n] I. *vi* to lisp II. *vt* ■ **etw ~** to whisper sth

Lis·sa·bon <-s> ['lɪsabɔn, lɪsa'bɔn] *nt* Lisbon

List <-, -en> [lɪst] *f (Täuschung)* trick, ruse; **eine ~ anwenden** to use a little cunning; **zu einer ~ greifen** to resort to a trick [*or* ruse] ▸ WENDUNGEN: **mit ~ und Tücke** *(fam)* with cunning and trickery

Lis·te <-, -n> ['lɪstə] *f* ❶ *(schriftliche Aufstellung, Aneinanderreihung)* list ❷ *(Namens~)* list [of names], roll; **eine ~ der Besucher** a visitors' book ❸ POL *(Wahl~)* list [of candidates] ▸ WENDUNGEN: **die schwarze ~** *(fam)* the blacklist; **auf der schwarzen ~ stehen** to be on the blacklist; **auf die schwarze ~ kommen** to be put on the blacklist [*or* blacklisted]

Lis·ten·platz *m* POL place on the party list [of candidates] **Lis·ten·preis** *m* ÖKON list price

lis·tig ['lɪstɪç] *adj* cunning, crafty

lis·ti·ger·wei·se *adv* cunningly, craftily

Li·ta·nei <-, -en> [lita'nai] *f* ❶ REL litany ❷ *(pej fam: monotone Aufzählung)* litany, catalogue [*or* AM -og]

Li·tau·en <-s> ['li:tauən] *nt* Lithuania; *s. a.* **Deutschland**

Li·tau·er(in) <-s, -> ['li:tauɐ] *m(f)* Lithuanian; *s. a.* **Deutsche(r)**

Li·tau·isch ['li:tauɪʃ, 'lɪtauɪʃ] *nt dekl wie adj* Lithuanian; *s. a.* **Deutsch**

li·tau·isch ['li:tauɪʃ, 'lɪtauɪʃ] *adj* ❶ *(Litauen betreffend)* Lithuanian; *s. a.* **deutsch 1** ❷ LING Lithuanian; **auf L~** in Lithuanian; *s. a.* **deutsch 2**

Li·tau·i·sche <-n> *nt* ■ **das ~** Lithuanian, the Lithuanian language; *s. a.* **Deutsche**

Li·ter <-s, -> ['li:tɐ] *m o nt* litre [*or* AM -er]

li·te·ra·risch [lɪtə'ra:rɪʃ] I. *adj* literary II. *adv* ❶ *(Literatur betreffend)* **~ gebildet/informiert sein** to be well-read; **~ interessiert sein** to be interested in literature ❷ *(als Literatur)* **etw ~ adaptieren/umarbeiten** to rewrite sth; **etw ~ verwenden** to use [in one's writing]

Li·te·rat(in) <-en, -en> [lɪtə'ra:t] *m(f) (geh)* literary figure, writer; ■ **die ~en** the literati *npl*

Li·te·ra·tur <-, -en> [lɪtəra'tu:ɐ̯] *f* ❶ LITER literature *no pl, no indef art;* **die schöne** [*o* **schöngeistige**] **~** [the] belles-lettres *npl,* + *sing/pl vb* ❷ *kein pl* VERLAG *(Veröffentlichungen)* literature *no pl, no indef art*

Li·te·ra·tur·agent(in) *m(f)* LIT, VERLAG literary agent **Li·te·ra·tur·an·ga·be** *f* bibliographical reference **Li·te·ra·tur·bei·la·ge** *f* literary supplement **Li·te·ra·tur·denk·mal** *nt* literary monument **Li·te·ra·tur·gat·tung** *f* literary genre **Li·te·ra·tur·ge·schich·te** *f* ❶ *kein pl (Geschichte)* literary history *no pl, no indef art,* history of literature *no pl, no indef art* ❷ *(Werk)* literary history **li·te·ra·tur·ge·schicht·lich** *adj* relat-

loben

loben, positiv bewerten	praising, evaluating positively
Ausgezeichnet!/Hervorragend!	Excellent!/Outstanding!
Das hast du gut gemacht.	You did (that) very well.
Das hast du prima hingekriegt. *(fam)*	You've made a great job of that.
Das lässt sich (aber) sehen! *(fam)*	That's (really) something to be proud of!
Daran kann man sich ein Beispiel nehmen.	That's an example worth following.
Das hätte ich nicht besser machen können.	I couldn't have done better myself.

Wertschätzung ausdrücken	expressing high regard
Ich finde es super, wie er sich um die Kinder kümmert.	I think it's great how he looks after the children.
Ich schätze Ihren Einsatz (sehr).	I (really) appreciate your dedication.
Ich weiß Ihre Arbeit sehr zu schätzen.	I very much appreciate your work.
Ich möchte Ihren guten Rat nicht missen.	I wouldn't like to be without your good advice.
Ich finde die Vorlesungen dieses Professors sehr gut.	I think this professor's lectures are very good.
Ich wüsste nicht, was wir ohne Ihre Hilfe tun sollten.	I don't know what we would do without your help.

ing to literary history [*or* the history of literature] *pred;* ~ **bedeutsam/interessant** important in the field of/ interesting from the point of view of literary history **Li·te·ra·tur·hin·weis** *m* bibliographical reference **Li·te·ra·tur·kri·tik** *f* literary criticism **Li·te·ra·tur·kri·ti·ker(in)** *m(f)* literary critic **Li·te·ra·tur·preis** *m* literary prize [*or* award] **Li·te·ra·tur·ver·zeich·nis** *nt* bibliography **Li·te·ra·tur·wis·sen·schaft** *f* literary studies *pl,* study of literature; **vergleichende ~ studieren** to study comparative literature **Li·te·ra·tur·wis·sen·schaft·ler(in)** *m(f)* literary specialist **Li·te·ra·tur·zeit·schrift** *f* literary journal [*or* review]
Li·ter·fla·sche *f* litre [*or* AM -er] bottle **Li·ter·maß** *nt* litre measure **li·ter·wei·se** *adv* by the litre
Lit·faß·säu·le [ˈlɪtfasˌɔylə] *f* advertising pillar [*or* BRIT *a.* column]
Li·thi·um <-s> [ˈliːtiʊm] *nt kein pl* CHEM lithium *no pl, no indef art*
Li·tho·gra·phie, Li·tho·gra·fie^RR <-, -n> [litograˈfiː, *pl:* -graˈfiːən] *f* ⓘ *kein pl (Technik)* lithography *no pl, no art* ⓘ *(Druck)* lithograph
li·tho·gra·phisch *adj,* **li·tho·gra·fisch^RR** *adj* lithographic
litt [lɪt] *imp von* **leiden**
Li·tur·gie <-, -n> [litʊrˈgiː, *pl:* -ˈgiːən] *f* REL liturgy
li·tur·gisch [liˈtʊrgɪʃ] *adj* REL liturgical
Lit·ze <-, -n> [ˈlɪtsə] *f* ⓘ MODE braid ⓔ ELEK litz [*or* Litz] wire
live [laif] *adj pred* RADIO, TV live
Live·al·bum^RR, Live·Al·bum [ˈlaif-] *nt* MUS live album **Live·auf·nah·me^RR, Live·Auf·nah·me** [ˈlaif-] *f* MUS live recording **Live·band^RR, Live·Band** [ˈlaif-] *f* live band; **eine Party mit ~s** a party with live music [*or* bands] **Live·sen·dung^RR, Live·Sen·dung** [ˈlaif-] *f* MUS live broadcast [*or* programme [*or* AM -am]]
Li·vree <-, -n> [liˈvreː, *pl:* -eːən] *f* MODE livery
li·vriert [liˈvriːɐt] *adj* MODE liveried
Li·zen·ti·at <-[e]s, -e> [litsɛnˈtsi̯aːt] *nt (akademischer Grad) s.* **Lizenziat**
Li·zen·ti·at(in) <-en, -en> [litsɛnˈtsi̯aːt] *m(f) s.* **Lizenziat**
Li·zenz <-, -en> [liˈtsɛnts] *f* ⓘ JUR *(Genehmigung)* licence [*or* AM -se]; **in ~** under licence ⓔ SPORT *(Erlaubnis)* licence [*or* AM -se]
Li·zenz·aus·ga·be *f* VERLAG licensed edition, edition

published under licence [*or* AM -se] **Li·zenz·ge·ber(in)** <-s, -> *m(f)* licenser **Li·zenz·ge·bühr** *f* licence fee; VERLAG royalty
Li·zen·zi·at^RR <-[e]s, -e> [litsɛnˈtsi̯aːt] *nt (akademischer Grad)* licentiate
Li·zen·zi·at(in)^RR <-en, -en> [litsɛnˈtsi̯aːt] *m(f)* SCH ⓘ *(Inhaber des ~s)* licentiate ⓔ SCHWEIZ licentiate

Kultur

The **Lizenziat** – *licentiate* or *diploma* is the first academic degree attainable at a Swiss university. It is possible to carry on with postgraduate study to work towards a doctorate.

Li·zenz·neh·mer(in) <-s, -> *m(f)* licensee **Li·zenz·spie·ler(in)** *m(f)* SPORT licensed professional
Lkw, LKW <-[s], -[s]> [ɛlkaːveː] *m Abk von* **Lastkraftwagen** HGV BRIT
Lkw-Fah·rer(in) *m(f)* lorry [*or* AM truck] driver, haulier BRIT, trucker AM **Lkw-Füh·rer·schein** *m* HGV driver's licence BRIT, commercial driver's license [*or* CDL] AM **Lkw-Mo·tor** *m* lorry [*or* AM truck] engine
Lob <-[e]s, <*selten* -e> [loːp] *nt* praise *no pl, no indef art;* **ihm gebührt großes/höchstes ~** he deserves the highest praise; **~ für etw bekommen** [*or* erhalten] to be praised for sth; **des ~es voll** [über jdn/etw] **sein** to be full of praise [for sb/sth]; **jdm ~ spenden** [*or* *geh:* zollen] to praise [*or form* bestow praise on] sb; **~ verdienen** to deserve praise
Lob·by <-, -s> [ˈlɔbi] *f* lobby
lo·ben [ˈloːbn̩] **I.** *vt* ⓘ *(anerkennend beurteilen)* ▪ **jdn/etw ~** to praise sb/sth; ▪ **sich ~** to praise oneself ⓔ *(lobenswert sein)* ▪ **zu ~ sein** to be praiseworthy [*or* worthy of praise] ⓘ *(etw mehr schätzen)* ▪ **sich** *dat* **etw ~** to prefer sth; **da lobe ich mir die guten alten Zeiten** give me the good old days [any time] ⓘ *(sehr gefallen)* ▪ **sich** *dat* **jdn/etw ~** to like to see sb/sth; **solches Engagement lob' ich mir** that's the sort of commitment I like [to see] **II.** *vi* to praise
lo·bend I. *adj* laudatory; **~e Worte** words of praise, laudatory words **II.** *adv* **sich** *akk* **über jdn/etw ~ äußern** to praise [*or* commend] sb/sth
lo·bens·wert *adj* praiseworthy, laudable, commendable; KOCHK very good

Lo·bes·hym·ne *f (überschwängliches Lob)* eulogy; ▶ WENDUNGEN: **~n** [*o* **eine ~**] **auf jdn/etw anstimmen/singen** to [begin to] praise sb/sth to the skies

Lob·ge·sang *m* REL hymn [of praise], song of praise

Lob·hu·de·lei <-, -en> [ˈloːphuːdəˈlaɪ] *f (pej)* fulsome [*or* gushing] praise *no pl, no art pej* **lob·hu·deln** [ˈloːphuːdl̩n] *vi (pej)* ■ [**jdm**] **~** to give fulsome praise, to praise sb fulsomely; ■ **~d** gushing

löb·lich [ˈløːplɪç] *adj (geh)* laudable, commendable

Lob·lied *nt* ▶ WENDUNGEN: **ein ~ auf jdn/etw singen** to sing sb's praises/the praises of sth **lob·prei·sen** <*pp:* gelobpreist *o* lobgepriesen> [ˈloːppraɪzn̩] *vt reg o irreg* REL *(liter)* ■ **jdm ~** to praise sb **Lob·re·de** *f* eulogy; **eine ~ auf jdn halten** to eulogize sb

Lo·ca·tion <-, -s> [loˈkeɪʃən] *f* location

Loch <-[e]s, Löcher> [lɔx, *pl:* ˈlœçɐ] *nt* ❶ *(offene Stelle)* hole; **ein ~ in Reifen** a puncture; **ein ~ im Zahn** a hole [*or* cavity] in one's [*or* the] tooth; **ein gähnendes ~** *(geh)* a yawning [*or* gaping] hole; **ein ~ in etw** *akk* [**hinein**]**fressen** to eat a hole into sth ❷ SPORT *(Billard~)* pocket; *(Golf~)* hole ❸ *(fam: elende Wohnung)* hole *fam* ▶ WENDUNGEN: **jdm ein ~** [*o* **Löcher**] **in den Bauch fragen** *(fam)* to drive sb up the wall with [[all] one's] questions; **Löcher** [*o* **ein ~**] **in die Luft schießen** *(fam)* to miss the target; **Löcher in die Luft starren** *(fam)* to stare [*or* gaze] into space; **auf dem letzten ~ pfeifen** *(sl: finanziell am Ende sein)* to be broke [*or* BRIT *sl a.* skint]; *(völlig erschöpft sein)* to be on one's/its last legs; **schwarzes ~** ASTRON black hole; **ein großes ~ in jds Geldbeutel/Ersparnisse reißen** *(fam)* to make a big hole in sb's pocket/a big hole [*or* dent] in sb's savings; **saufen wie ein ~** *(fam)* to drink like a fish *fam;* **mit etw** *dat* **ein ~ stopfen** to plug the gap [in sth] with sth

lo·chen [ˈlɔxn̩] *vt* ■ **etw ~** ❶ *(mit dem Locher stanzen)* to punch holes in ❷ TRANSP *(veraltend: mit der Lochzange entwerten)* ■ **etw ~** to punch [*or* clip] sth

Lo·cher <-s, -> [ˈlɔxɐ] *m* [hole] punch[er]

lö·che·rig [ˈlœçərɪç] *adj* full of holes *pred,* holey; ■ [**ganz**] **~ sein** to be full of holes

lö·chern [ˈlœçɐn] *vt (fam)* ■ **jdn ~** to pester sb

Loch·kar·te *f* INFORM punch card

Lo·chung <-, -en> *f* ❶ *kein pl (das Lochen)* punching holes in ❷ *(gelochte Stelle)* perforation

Loch·zan·ge *f* [ticket] punch

Lo·cke <-, -n> [ˈlɔkə] *f* curl; **~n haben** to have curly hair; **sich** *dat* **~n machen lassen, sich** *dat* **das Haar in ~n legen lassen** to have one's hair set [*or* curled]

lo·cken¹ [ˈlɔkn̩] **I.** *vt* ■ **etw ~** to curl sth; **sich** *dat* **das Haar ~ lassen** to have one's hair set [*or* curled]; *s. a.* **gelockt II.** *vr* ■ **sich ~** to curl; **nach der Wäsche ~ sich die Haare von allein** hair tends to go curly after washing

lo·cken² [ˈlɔkn̩] *vt (an~)* ■ **etw ~** to lure sth; **ein Tier in einen Käfig ~** to lure [*or* entice] an animal into a cage ❷ *(ver~)* ■ **jdn ~** to tempt sb; **Ihr Vorschlag könnte mich schon ~** I'm [very] tempted by your offer, your offer is very tempting ❸ *(ziehen)* ■ **jdn ~** *impers* sb is lured; **mich lockt es jedes Jahr in die Karibik** every year I feel the lure of the Caribbean

lo·ckend *adj* tempting; ■ **etw ist für jdn ~** sth is tempting for sb

Lo·cken·kopf *m* ❶ *(lockiges Haar)* curly hair *no pl, no indef art* ❷ *(Mensch mit ~)* curly-headed person, curlyhead *fam* **Lo·cken·pracht** *f* magnificent head of curls **Lo·cken·stab** *m* curling tongs *npl* [*or* AM iron] **Lo·cken·wick·ler** <-s, -> *m* [hair] curler [*or* roller]; **die Haare auf ~ drehen** to put one's hair in curlers [*or* rollers]

lo·cker [ˈlɔkɐ] **I.** *adj* ❶ *(nicht stramm)* loose ❷ *(nicht*

---

fest) loose, loose-packed *attr,* loosely packed *pred* ❸ KOCHK *(luftig)* light ❹ *(nicht gespannt)* slack; **~e Muskeln** relaxed muscles; **ein ~es Mundwerk haben** *(fig fam)* to have a big mouth *fig fam* ❺ *(leger, unverkrampft)* relaxed, laid-back *attr fam,* laid back *pred fam;* **einen ~en Lebenswandel führen** *(pej)* to lead a loose life *pej* ❻ *(oberflächlich)* casual **II.** *adv* ❶ *(nicht stramm)* loosely; **~ gebunden** loosely tied; **~ sitzen** to be loose ❷ *(oberflächlich)* casually; **ich kenne ihn nur ~** I only know him in passing ❸ *(sl: ohne Schwierigkeiten)* just like that *fam* ▶ WENDUNGEN: **~ vom Hocker** *(fam)* without any problems, no problem! *fam;* **bei jdm ist eine Schraube ~** *(sl)* sb has a screw loose *fam;* [**bei**] **jdm sitzt etw** *gen* **~** *(sl)* sb is quick on the draw with sth; **bei ihm sitzt das Messer ~** he's always quick to pull a knife [on somebody]!

lo·cker-flo·ckig I. *adj (sl)* laid-back *attr fam,* laid back *pred fam* **II.** *adv (sl: unbekümmert)* laid back *fam; (spielend leicht)* without any trouble, no sweat *fam*

Lo·cker·heit <-> *f kein pl* ❶ *(lockere Beschaffenheit)* looseness ❷ *(bei einem Seil)* slackness ❸ KOCHK lightness

lo·cker|las·sen *vi irreg (fam)* ■ **nicht ~** to not give [*or fam* let] up **lo·cker|ma·chen** *vt (fam)* ■ **etw** [**für jdn/etw**] **~** to shell [*or* fork] out sth [for sb/sth] *fam;* **ob du bei Mutter noch 50 Euro Taschengeld für mich ~ könntest?** do you think you could get Mum to up *fam* my pocket money by another 50 euros?

lo·ckern [ˈlɔkɐn] **I.** *vt* ❶ *(locker machen)* ■ **etw ~** to loosen sth; **den Griff ~** to relax [*or* loosen] one's grip; **die Zügel ~** to slacken the reins ❷ *(entspannen)* ■ **etw ~** to loosen up sth *sep* ❸ *(weniger streng gestalten)* ■ **etw ~** to relax sth **II.** *vr* ■ **sich ~** ❶ *(locker werden)* Backstein, Schraube, Zahn to work loose; *Bremsen* to become loose [*or* soft]; *Bewölkung, Nebel* to lift ❷ SPORT *(die Muskulatur entspannen)* to loosen [*or* limber] up ❸ *(sich entkrampfen)* to become more relaxed; **die Verkrampfung lockerte sich zusehends** the tension eased visibly

Lo·cke·rung <-, -en> *f* ❶ SPORT *(Entspannung)* loosening [*or* limbering] up ❷ *(Entkrampfung)* relaxation

Lo·cke·rungs·übung *f* loosening- [*or* limbering-] up exercise

lo·ckig [ˈlɔkɪç] *adj* ❶ *(gelockt)* curly ❷ *(lockiges Haar besitzend)* curly-headed

Lock·mit·tel *nt* lure; **ein hohes Gehalt ist immer ein gutes ~** a high salary is always a great enticement **Lock·ruf** *m* ORN call **Lock·vo·gel** *m* ❶ JAGD decoy [bird] ❷ *(pej: Köder)* decoy

Lod·del <-s, -> [ˈlɔdl̩] *m (sl)* pimp, BRIT *a.* ponce *pej sl*

Lo·den <-s, -> [ˈloːdn̩] *m* MODE loden

Lo·den·man·tel *m* MODE loden coat

lo·dern [ˈloːdɐn] *vi* ■ *haben (emporschlagen)* to blaze [up]; **im Kamin loderte ein Feuer** a fire was blazing in the grate; ■ **~d** blazing; *s. a.* **Auge** ❷ *sein (schlagen)* **die Flammen sind zum Himmel gelodert** the flames reached up [in]to the sky

Löf·fel <-s, -> [ˈlœfl̩] *m* ❶ *(als Besteck)* spoon ❷ KOCHK *(Maßeinheit)* a spoonful [of] ❸ JAGD ear ▶ WENDUNGEN: **mit einem goldenen/silbernen ~ im Mund geboren sein** to be born with a silver spoon in one's mouth; **den ~ abgeben/wegwerfen** *(sl)* to kick the bucket *sl;* **seine ~ aufsperren** *(sl)* to pin back one's ears [*or* BRIT *sl* lugholes); **jdn über den ~ balbieren** *(fam)* to take sb for a ride *fam;* **ein paar hinter die ~ bekommen** [*o* **kriegen**] *(fam)* to get a clip round [*or* AM on] the ears; **jdm ein paar hinter die ~ geben** *(fam)* to give sb a clip round [*or* AM on] the ears; **sich** *dat* **etw** *akk* **hinter die ~ schreiben** to get sth into one's head

Löf·fel·en·te f ORN shoveler

löf·feln ['lœfln] vt ❶ (essen) ■ etw ~ to eat sth with a spoon, to spoon up sth sep ❷ (schöpfen) ■ etw [in etw akk] ~ to spoon sth [into sth] ▶ WENDUNGEN: **jdm eine ~** (fam) to slap sb

Löf·fel·stiel m spoon handle

löf·fel·wei·se adv by the spoonful

Löff·ler ['lœflɐ] m ORN spoonbill

log¹ [lɔk] m Abk von **Logarithmus** log

log² [lo:k] imp von **lügen**

Log <-s, -e> [lɔk] nt NAUT log

Lo·ga·rith·men·ta·fel [loga'rɪtmən-] f MATH log[arithm] table

Lo·ga·rith·mus <-, -rithmen> [loga'rɪtmʊs, pl: -rɪtmən] m MATH logarithm

Log·buch ['lɔkbu:x] nt NAUT log[book]

Log·da·tei^RR f, **Log-Da·tei** f INFORM log file

Lo·ge <-, -n> ['lo:ʒə] f ❶ FILM, THEAT box, loge ❷ (Pförtner~) lodge ❸ (Geheimgesellschaft von Freimaurern) lodge

Lo·gen·bru·der m lodge brother, freemason **Lo·gen·meis·ter** m master of a/the lodge **Lo·gen·platz** m FILM, THEAT seat in a box [or loge] **Lo·gen·sit·zung** f lodge meeting

lo·gie·ren* [lo'ʒi:rən] vi to stay; **bei jdm ~** to stay at sb's place

Lo·gik <-> ['lo:gɪk] f kein pl ❶ (Folgerichtigkeit) logic no pl, no indef art; **das ist vielleicht eine ~!** (iron) that's an interesting type of logic! iron ❷ PHILOS logic no pl, no art

Lo·gis <-> [lo'ʒi:] nt kein pl ❶ (Unterkunft) lodgings pl, rooms pl; **Kost und ~** board and lodging; **bei jdm in ~ wohnen** to lodge with sb ❷ NAUT crew's quarters pl, forecastle [or fo'c'sle]

lo·gisch ['lo:gɪʃ] adj ❶ (in sich stimmig) logical ❷ (fam: selbstverständlich) natural; **[na,] ist doch||** ~! of course!

lo·gi·scher·wei·se adv naturally [or understandably] [enough]

Lo·gis·tik <-> [lo'gɪstɪk] f kein pl MIL, ÖKON logistics npl

lo·gis·tisch [lo'gɪstɪʃ] adj inv, attr logistic[al]

lo·go ['lo:go] interj (sl) of course, you bet fam

Lo·go <-s, -s> ['lo:go] nt logo

Lo·go·pä·de, Lo·go·pä·din <-n, -n> [logo'pɛːdə, -'pɛːdɪn] m, f speech therapist, logopaedist BRIT, logopedist AM

Lo·go·pä·die <-> [logopɛˈdi:] f kein pl speech therapy no art

Lo·go·pä·din <-, -nen> f fem form von **Logopäde**

Lo·he¹ <-, -n> ['lo:ə] f (geh: emporlodernde Flamme[n]) raging flames pl

Lo·he² <-, -n> ['lo:ə] f (Gerber~) tanbark

Loh·ger·ber(in) m(f) tanner

Lohn <-[e]s, Löhne> [lo:n, pl: 'lø:nə] m ❶ (Arbeitsentgelt) wage[s pl], pay no pl, no indef art ❷ kein pl (Belohnung) reward; **jds gerechter** [o **verdienter**] ~ sb's just deserts; **dafür wird er schon noch seinen ~ erhalten!** he will get his comeuppance for this [one day]!; **als** [o **zum**] ~ **für etw** akk as a reward for sth

Lohn·ab·rech·nung f payroll [or wage[s]] accounting, pay- [or wage-] slip, wages slip **Lohn·aus·fall** m ÖKON loss of earnings **Lohn·aus·gleich** m pay compensation; **bei vollem** ~ at full [or without loss of] pay, without pay cuts **Lohn·buch·hal·ter(in)** m(f) payroll [or wages] clerk **Lohn·buch·hal·tung** f ❶ kein pl (Berechnung des Lohns) payroll [or wage[s]] accounting ❷ (Lohnbüro) payroll [or wages] office, payroll department **Lohn·bü·ro** nt payroll [or wages] office, payroll department **Lohn·emp·fän·ger(in)** m(f) (geh) wage-earner

loh·nen ['lo:nən] I. vr ❶ (sich bezahlt machen) ■ sich akk [für jdn] ~ to be worthwhile [or worth it] [for sb];

unsere Mühe hat sich gelohnt it was worth the effort [or trouble], our efforts were worth it [or worthwhile] ❷ (es wert sein) ■ sich ~ to be worth seeing [or going to see]; ■ sich akk ~, etw akk zu tun to be worth doing sth II. vt ❶ (rechtfertigen) ■ etw ~ to be worth sth; der große Aufwand lohnt das Ergebnis kaum/nicht the result was hardly/wasn't worth all that expense ❷ (be~) ■ jdm etw akk ~ to reward sb for sth; **sie hat mir meine Hilfe mit Undank gelohnt** she repaid my help with ingratitude III. vi impers to be worth it; ■ ~, etw akk zu tun to be worth[while] doing sth

löh·nen ['lø:nən] I. vi (fam) to pay [or sl cough] up II. vt (fam) ■ etw [für etw akk] ~ to pay sth [or shell [or fork] out sth fam] [for sth]

loh·nend adj (einträglich) rewarding, lucrative, profitable; (nutzbringend) worthwhile; (sehens-/hörenswert) worth seeing/hearing

loh·nens·wert adj worthwhile, rewarding; ■ ~ **sein, etw** akk **zu tun** to be worthwhile doing sth

Lohn·er·hö·hung f wage [or pay] increase [or rise] **Lohn·for·de·rung** f wage demand [or claim] **Lohn·fort·zah·lung** f continued payment of wages **Lohn·ge·fäl·le** nt ÖKON wage differential **Lohn·grup·pe** f wage group [or bracket] **Lohn·kos·ten** pl wage [or labour] [or AM labor] costs pl **Lohn·kür·zung** f ÖKON wage cut **Lohn·lis·te** f payroll [register [or sheet]]; **auf jds** ~ **stehen** to be on sb's payroll; (von jdm bezahlt werden) to be in sb's pay **Lohn·ne·ben·kos·ten** pl incidental labour [or AM -or] [or wage] costs pl, ancillary wage costs pl **Lohn·pfän·dung** f attachment [or garnishment] of wages [or earnings] **Lohn-Preis-Spi·ra·le** f wage-price spiral

Lohn·steu·er f income tax [on wages and salaries] **Lohn·steu·er·jah·res·aus·gleich** m annual adjustment of income tax **Lohn·steu·er·kar·te** f card showing income tax and social security contributions paid by an employee in any one year

Lohn·stopp m wages freeze **Lohn·stück·kos·ten** pl unit labour [or AM -or] costs pl

Loi·pe <-, -n> ['lɔypə] f SKI cross-country course, loipe

Lok <-, -s> [lɔk] f (fam) kurz für **Lokomotive**

lo·kal [lo'ka:l] adj local; **jdn ~ betäuben** to give sb a local anaesthetic [or AM anesthetic]

Lo·kal <-s, -e> [lo'ka:l] nt ❶ (Gaststätte) pub BRIT, bar AM; (Restaurant) restaurant ❷ (Vereins~) [club] meeting place

Lo·kal·an·äs·the·sie f MED local anaesthetic [or AM anesthetic]; **in** ~ under local anaesthetic **Lo·kal·au·gen·schein** m JUR ÖSTERR (Lokaltermin) visit to the scene of the crime **Lo·kal·blatt** nt MEDIA local paper **Lo·ka·le(s)** nt dekl wie adj local news + sing vb, no indef art

Lo·kal·fern·se·hen <-s, -> nt MEDIA local television **Lo·ka·li·sa·ti·on** <-, -en> [lokaliza'tsi̯o:n] f (geh) location

lo·ka·li·sie·ren* [lokali'zi:rən] vt ❶ (örtlich bestimmen) ■ etw ~ to locate sth; ■ etw lässt sich akk ~ sth can be located ❷ (eingrenzen) ■ etw **auf etw** akk] ~ to localize sth [in [or to] sth], to limit sth [to sth]; **den Konflikt** ~ to contain the conflict

Lo·ka·li·tät <-, -en> [lokali'tɛ:t] f ❶ (Örtlichkeit) locality; **wir brauchen jemanden, der sich mit der ~/ den ~en genau auskennt** we need someone who knows the area like the back of his hand ❷ (hum fam: Lokal) pub BRIT, bar AM

Lo·kal·ko·lo·rit nt local colour [or AM -or] **Lo·kal·ma·ta·dor** m (hum) local hero [or favourite] [or AM favorite] **Lo·kal·nach·rich·ten** pl MEDIA local news + sing vb, no indef art **Lo·kal·pa·tri·o·tis·mus** m local patriotism no pl, no indef art **Lo·kal·teil** m MEDIA local section **Lo·kal·ter·min** m JUR visit to the scene of the crime **Lo·kal·ver·bot** *nt* ~ **bekommen/haben** to get/be banned [*or* barred] from a pub [*or* AM bar]; **jdm** ~ **erteilen** to ban [*or* bar] sb from a/the pub [*or* AM bar] **Lo·kal·zei·tung** *f* local newspaper

Lok·füh·rer(in) *m(f) (fam)* engine [*or* train] driver BRIT, engineer AM

Lo·ko·mo·ti·ve <-, -n> [lokomo'ti:və, -fə] *f* locomotive, [railway] engine

Lo·ko·mo·tiv·füh·rer(in) *m(f)* engine [*or* train] driver BRIT, engineer AM

Lo·kus·te <-, -n> [lo'kʊstə] *f* ZOOL locust

Lo·li·ta <-, -s> [lo'li:ta] *f* Lolita *liter*

Lol·li <-s, -s> ['lɔli] *m (fam)* lollipop, BRIT a. lolly *fam*

Lom·bard·satz *m* FIN Lombard rate, rate for loans on securities

Lon·don <-s> ['lɔndɔn] *nt* London

Lon·do·ner ['lɔndɔnɐ] *adj attr* London; **im** ~ **Hyde-Park** in London's Hyde Park

Lon·do·ner(in) <-s, -> ['lɔndɔnɐ] *m(f)* Londoner

Long·drink ['lɔŋdrɪŋk] *m* long drink

Look <-s, -s> [lʊk] *m* MODE look

Loo·ping <-s, -s> ['lu:pɪŋ] *m o nt* LUFT loop, looping the loop; **einen** ~ **machen** to loop the loop

Lor·beer <-s, -en> ['lɔrbe:ɐ] *m* ❶ *(Baum)* laurel [*or* bay] [tree] ❷ *(Gewürz)* bay leaf ❸ *(geh: Kranz)* laurel wreath ▶ WENDUNGEN: **sich** *akk* **auf seinen ~en ausruhen** *(fam)* to rest on one's laurels; **mit etw** *dat* **keine ~en ernten können** to not win any laurels for sth

Lor·beer·baum *m* laurel [*or* bay] [tree] **Lor·beer·blatt** *nt* ❶ *(Blatt des Lorbeers)* laurel [*or* bay] leaf ❷ *(Gewürz)* bay leaf **Lor·beer·kranz** *m* laurel wreath

Lo·re <-, -n> ['lo:rə] *f* BERGB tipper [*or* tipping] wagon BRIT, dump truck AM

los [lo:s] **I.** *adj pred* ❶ *(von etwas getrennt)* ■ ~ **sein** to have come off; *s. a.* **Hund** ❷ *(fam: losgeworden)* ■ **jdn** ~ **sein** to be rid [*or fam* shot] of sb; ■ **etw** ~ **sein** to be rid [*or fam* shot] of sth, to have got rid [*or fam* shot] of sth; *(ging einer S. verlustig)* to have lost [*or fam* blown] sth; **er ist sein ganzes Geld** ~ he's lost all his money [*or fam* cleaned out] ❸ WENDUNGEN: **irgendwo ist etwas/viel/nichts** ~ *(fam)* sth/a lot/ nothing is going on [*or* happening] somewhere; **wo ist hier etwas** ~? where can I find some action around here?; **da ist immer viel** ~ there's always a lot going on there, that's where the action always is *fam*; **...** [**dann**] **ist etwas** ~! *(fam)* there'll be hell to pay!; **mit jdm ist etwas** ~ *(fam)* sth's up [*or* the matter] with sb; **mit jdm ist nichts** ~ *(fam: jd fühlt sich nicht gut)* sb isn't up to much [any more]; *(jd ist langweilig)* sb is a dead loss *fam*; **was ist** ~? *(fam)* what's up? [*or* wrong] [*or* the matter]; **was ist denn hier/da** ~? *(fam)* what's going on here/there?; *s. a.* **Mundwerk** **II.** *adv* ❶ *(fortgegangen)* ■ **jd ist** ~ sb has gone [*or* left]; **Ihre Frau ist schon seit/vor fünf Minuten** ~ your wife left [*or* went] five minutes ago ❷ *(gelöst)* ■ **etw ist** ~ sth is [*or* has come] loose; **noch ein paar Umdrehungen, dann ist die Schraube** ~! a couple more turns and the screw will be off! ▶ WENDUNGEN: ~! *(mach!)* come on!; *(voran!)* get moving!; ~, **verschwinde, du frecher Köter!** go on, get out of here, you cheeky devil!; *s. a.* **Achtung** *s. a.* **Platz** *s. a.* **nichts**

Los <-es, -e> [lo:s] *nt* ❶ *(Lotterie~)* [lottery] ticket; *(Kirmes~)* [tombola [*or* AM raffle]] ticket ❷ *(für Zufallsentscheidung)* lot; **durch das** ~ by drawing lots; **das** ~ **entscheidet** [*o* **wird gezogen**] to be decided by drawing lots; **das** ~ **fällt auf jdn** it falls to sb ❸ *kein pl (geh: Schicksal)* lot *no pl*; **jds** ~ **teilen, das gleiche** ~ **erfahren** *(geh)* to share the same lot [*or* fate] [as sb] ▶ WENDUNGEN: **das große** ~ the jackpot, first prize; **jd hat mit jdm/etw das große** ~ **gewonnen** [*o* gezo-

gen] sb has hit the jackpot [*or* struck it lucky] with sb/ sth

los|bel·len *vi* to start barking, to bark **los|bin·den** *vt irreg* ■ **etw/ein Tier** [**von etw** *dat*] ~ to untie sth/ an animal [from sth] **los|bre·chen** *irreg* **I.** *vt haben* ■ **etw** [**von etw** *dat*] ~ to break off sth [from sth] [*or* sth off [sth]] **II.** *vi sein* ❶ *(abbrechen)* ■ **von etw** *dat*] ~ to break off [sth] ❷ *(plötzlich beginnen)* to break out; **gleich wird das Gewitter/Unwetter** ~ the storm is about to break **los|brö·ckeln** *vi sein* ■ **von etw** *dat*] ~ to crumble away [from sth] [*or* off [sth]]

Lösch·ar·beit ['lœf-] *f meist pl* fire-fighting *no pl*, firefighting operations *pl*

lösch·bar *adj* ❶ *(zu löschen)* Feuer, Flammen extinguishable ❷ *(zu tilgen)* Daten, Text etc can be deleted [*or* removed] *pred*

Lösch·blatt *nt* sheet [*or* piece] of blotting-paper

lö·schen¹ ['lœfn] **I.** *vt* ❶ *(auslöschen)* ■ **etw** ~ Feuer, Flammen to extinguish [*or sep* put out] sth [with sth]; **das Licht** ~ to switch [*or* turn] off [*or* out] the light[s] *sep*, to put out the light[s] *sep*; *s. a.* **Durst** *s. a.* **Kalk** ❷ *(tilgen)* ■ **etw** ~ to delete [*or* remove] sth; **ein Bankkonto** ~ to close a bank account; **eine Firma aus dem Handelsregister** ~ to remove [*or sep* strike off] a firm from the register of companies ❸ *(eine Aufzeichnung entfernen)* ■ **etw** ~ to erase sth ❹ INFORM ■ **etw** ~ to delete sth ❺ *(aufsaugen)* ■ **etw** [**mit etw** *dat*] ~ to blot sth [with sth] **II.** *vi* to extinguish [*or sep* put out] a/the fire

lö·schen² ['lœfn] NAUT **I.** *vt* ■ **etw** ~ to unload sth **II.** *vi* to unload

Lösch·fahr·zeug *nt* fire engine **Lösch·flug·zeug** *nt* firefighting plane **Lösch·mann·schaft** *f* firefighting team **Lösch·pa·pier** *nt* blotting paper

Lö·schung¹ <-, -en> *f* cancellation, removal; *Schulden* paying off, repayment; *Eintragungen* deletion; *Firmen* striking off; *Computerdaten* erasing, deletion; *Bankkonto* closing

Lö·schung² <-, -en> *f (das Ausladen)* unloading *no pl*

Lösch·zug *m* fire engine

lo·se ['lo:zə] *adj* ❶ *(locker, unverbunden)* loose; **ein ~r Knopf** a loose button; **ein ~s Seil** a slack rope; **eine ~e Verbindung** a loose connection ❷ *(unverpackt, einzeln)* loose; ~ **Ware** items sold loose; ~ **Manuskriptseiten** loose pages of a manuscript; **sein Geld** ~ **in der Tasche haben** to have loose change in one's pocket ❸ *(hum: frech)* cheeky, lippy; **ein ~s Mundwerk haben** to be cheeky, to have a big mouth ❹ *(veraltend: unmoralisch)* loose; **ein ~s Mädchen** a loose woman

Lo·se·blatt·aus·ga·be [lo:zə'blat?ausga:bə] *f* looseleaf book[let]

Lö·se·geld ['lø:sə-] *nt* ransom

Lö·se·geld·for·de·rung *f* ransom demand

los|ei·sen I. *vt* ❶ *(mit Mühe freimachen)* ■ **jdn** [**von jdm/etw**] ~ to tear sb away [from sb/sth]; **es ist schwer, die Kinder vom Fernseher loszueisen** it is difficult to tear the children away from the TV ❷ *(etw beschaffen)* ■ **bei jdm etw** ~ to wangle sth [out of sb] *fam;* **ich konnte bei meiner Mutter etwas Geld** ~ I was able to get [*or* prise] some money out of my mother **II.** *vr (fam)* ■ **sich** [**von etw**] ~ to tear oneself away [from sth]

Lö·se·mit·tel *nt s.* **Lösungsmittel**

lo·sen ['lo:zn] *vi (um etw)* ~ to draw [*or* cast] lots [for sth]; ■ ~ **wer etw tut/tun soll/ist** to draw [*or* cast] lots to see who does/must do/is sth

lö·sen ['lø:zn] **I.** *vt* ❶ *(ab~)* ■ **etw** [**von etw**] ~ to remove sth [from sth]; **das Fleisch vom Knochen** ~ to take the meat off the bone; **den Schmutz** ~ to remove the dirt; **etw aus dem Zusammenhang** ~

(fig) to take sth out of context ❷ *(aufbinden)* ▪ etw ~ to untie sth; **die Fesseln/den Knoten** ~ to undo the shackles/the knot ❸ *(Arretierung aufheben)* **die Bremse** ~ to release the brake ❹ *(entspannen)* **eine Schraube/einen Verband** ~ to loosen a screw/bandage; **Alkohol löst die Zunge** *(fig)* alcohol loosens the tongue; **die Hemmungen** ~ to relieve inhibitions ❺ *(klären)* ▪ etw ~ to solve sth; **einen Konflikt/eine Schwierigkeit** ~ to resolve a conflict/difficulty; **ein Problem/Rätsel** ~ to solve a problem/mystery; **einen Mordfall** ~ to solve a murder ❻ *(aufheben, annullieren)* ▪ etw ~ to break off sth; **den Bund der Ehe** ~ *(geh)* to dissolve a marriage; **eine Verbindung** ~ to sever a connection; **eine Verlobung** ~ to break off an engagement; **einen Vertrag** ~ to cancel a contract ❼ *(zergehen lassen)* ▪ etw in etw *dat* ~ to dissolve sth in sth; ▪ [in etw *dat*] gelöst dissolved [in sth]; **im Wasser gelöste Brausetabletten** effervescent tablets ❽ *(geh: den Abzug betätigen)* to press the trigger; **einen Schuss** ~ to fire [a shot] ❾ *(ein Ticket kaufen)* ▪ etw [an etw *dat*] ~ to buy sth [at sth]; **eine Fahrkarte** ~ to buy a ticket [for public transport] **II.** *vr* ❶ *(sich ab~)* ▪ sich [von etw] ~ to come off [of sth]; **die Tapete löst sich von der Wand** the wallpaper is coming off the wall; **eine Lawine löste sich** an avalanche started ❷ *(sich freimachen, trennen)* ▪ sich von jdm ~ to free oneself of sb; **sich von seinen Eltern/altmodischen Ansichten** ~ to break away from one's parents/old-fashioned views; ▪ sich aus etw ~ to free oneself from sth; **sich aus einer Umarmung** ~ to free oneself from an embrace ❸ *(sich aufklären)* ▪ sich ~ to be solved; **das Rätsel löste sich von ganz alleine** the mystery solved itself ❹ *(sich auf~)* ▪ sich [in etw *dat*] ~ to dissolve [in sth] ❺ *(sich lockern)* to loosen; **der Knoten lässt sich nicht** ~ I can't undo this knot; **langsam löste sich die Spannung** *(fig)* the tension faded away; *s. a.* **gelöst**

Lo·ser <-s, -> ['lu:zɐ] *m* *(sl: Versager)* loser

los|fah·ren *vi irreg sein* ❶ *(abfahren)* ▪ [von etw] ~ to leave [somewhere], to set [or drive] off ❷ *(auf etw zufahren)* ▪ auf jdn/etw ~ to drive towards sb/sth ❸ *(fam: wütend auf jdn zugehen)* ▪ auf jdn ~ to attack sb *fam*, to lay into sb *fam*; **auf seinen Gegner** ~ *(aufbrausen)* ▪ jd fährt los sb flares up **los|ge·hen** *irreg* **I.** *vi sein* ❶ *(weggehen)* ▪ [von etw] ~ to leave sth ❷ *(auf ein Ziel losgehen)* ▪ auf etw ~ to set off for/towards sth ❸ *(fam: beginnen)* ▪ etw geht los sth starts; **das Konzert geht erst in einer Stunde los** the concert will only start in an hour ❹ *(fam: sich lösen)* ▪ etw geht los to loosen; **der Knopf ist mir losgegangen** my button has fallen off ❺ *(angreifen)* ▪ [mit etw] auf jdn ~ to attack [or lay into] sb [with sth]; **die Gegner gingen wütend aufeinander los** the opponents laid into each other furiously ❻ *(sich lösen)* **Schusswaffen** to go off **II.** *vi impers sein (fam: beginnen)* to start; ▪ es geht [mit etw] los sth starts; **jetzt geht es erst richtig los** it's really going to start now; **gleich wird es wieder losgehen mit der Schreierei** here we go again with the shouting; **jetzt geht's los** *(fam)* here we go, it's starting; *(beim Rennen)* they're off

los|ha·ben *vt irreg haben (fam)* ▪ [auf/in etw *dat*] etwas/einiges/nichts/viel ~ to be quite competent/incompetent/very competent [in/at sth]; **in Sachen Computer hat er viel los** he's pretty good with computers

los|heu·len *vi (fam)* **Menschen** to burst into tears [or out crying]; **Tiere** to howl **los|hus·ten** *vi infin* to start coughing [or to cough]

los|kau·fen *vt* ▪ jdn ~ to ransom sb; **eine Geisel** ~ to ransom a hostage **los|ket·ten** *vt haben* ▪ etw von etw ~ to unchain sth from sth

los|ki·chern *vi infin* to start giggling [or to giggle]
los|kom·men *vi irreg sein (fam)* ❶ *(wegkommen)* ▪ [irgendwo/aus etw] ~ to get away [from somewhere]; **wann bist du denn zu Hause losgekommen?** so when did you [manage to] leave home? ❷ *(sich befreien)* ▪ von jdm ~ to free oneself of sb; **sie musste zuerst von ihrem Freund** ~ she had to get away from her boyfriend; ▪ von etw ~ to quit sth; **von Schulden** ~ to get out of debt; **von einem Gedanken** ~ to get sth out of one's head; **von einer Sucht** ~ to overcome an addiction

los|krat·zen *vt haben* ▪ etw [von etw] ~ to scrape sth off [sth] **los|krie·gen** *vt (fam)* ❶ *(lösen können)* ▪ etw [von etw] ~ to get sth off [of sth]; **ich kann den Deckel nicht** ~ I can't get the lid off ❷ *(loswerden)* ▪ jdn/etw ~ to get rid of sb/sth ❸ *(verkaufen können)* ▪ etw ~ to flog sth *fam*

los|la·chen *vi* to burst into laughter [or out laughing]
los|las·sen *vt irreg* ❶ *(nicht mehr festhalten)* ▪ jdn/etw ~ to let sb/sth go; **du musst den Knopf nach dem Sprechen** ~ you have to release the button after speaking; **lass mich los!** let me go! ❷ *(beschäftigt halten)* ▪ etw lässt jdn nicht los sb can't get sth out of his/her head; **der Gedanke lässt mich nicht mehr los** I can't get the thought out of my mind; **das Buch lässt mich nicht mehr los** I can't put this book down ❸ *(fam: auf den Hals hetzen)* ▪ etw/jdn auf etw/jdn ~ to let sth/sb loose [or set sth/sb] on sth/sb; **die Hunde** ~ to let [or set] the dogs loose ❹ *(pej fam: Unqualifizierte sich betätigen lassen)* ▪ jdn auf jdn ~ to let sb loose [or unleash sb] on sb ❺ *(fam: von sich geben)* ▪ etw ~ to voice sth; **einen Fluch** ~ to curse; **eine Schimpfkanonade** ~ to launch into a barrage of abuse; **einen Witz** ~ to come out with a joke

los|lau·fen *vi irreg sein* to start running **los|le·gen** *vi (fam)* ▪ [mit etw] ~ to start [doing sth]; **leg los!** spill the beans, go ahead, come on, tell me all about it
lös·lich ['lø:slɪç] *adj* soluble; ▪ etw ist [in etw *dat*] ~ sth dissolves [in sth]
los|lö·sen **I.** *vt (ablösen)* ▪ etw [von etw] ~ to remove sth [from sth], to take sth off [of sth] **II.** *vr* ❶ *(sich ablösen)* ▪ sich [von etw] ~ to come off [of sth] ❷ *(sich freimachen)* ▪ sich von jdm ~ to free oneself of sb
los|ma·chen **I.** *vt (losbinden)* ▪ jdn/ein Tier [von etw] ~ to untie [or free] sb/an animal [from sth]; **ein Tier von einer Kette** ~ to unchain an animal; **die Leinen** ~ to unmoor; **er machte sich von allen Zwängen los** he let his hair down *fam*; **einen/etw** ~ *(sl)* to party; **heute machen wir richtig einen los** today we're going to really paint the town red **II.** *vi* ❶ NAUT *(ablegen)* ▪ [von etw] ~ to cast off ❷ *(fam: sich beeilen)* to get a move on, to step on it

los|müs·sen *vi irreg (fam)* to have to leave [or go]; **jetzt müssen wir aber wirklich los** it's really time we were going
Losnum·mer *f* ticket number
los|plat·zen *vi sein (fam)* ❶ *(plötzlich loslachen)* to burst out laughing [or into laughter] ❷ *(plötzlich etw sagen)* ▪ [mit etw] ~ to burst out [with sth] **los|ra·sen** *vi sein (fam: plötzlich schnell loslaufen/-fahren)* to race [or speed] off
los|rei·ßen *irreg haben* **I.** *vt* ▪ etw/jdn [von etw/jdm] ~ to tear sth off [of sth]; **wir wollten das Kind nicht von seiner Familie** ~ we didn't want to tear the child away from his family; **der Sturm hat das Dach losgerissen** the storm tore the roof off; **die Augen von etw/jdm nicht ~ können** to not be able to take one's eyes off sth/sb **II.** *vr* ❶ *(sich energisch lösen)* ▪ sich [von jdm/etw] ~ to tear oneself away [from sb/sth]; **der Hund hat sich von der Leine losgerissen** the dog snapped its lead ❷ *(fam: aufhö-*

ren) ■ **sich** [**von etw**] ~ to tear oneself away [from sth]

los|ren·nen vi irreg sein (fam) s. **loslaufen**

LössRR <-es, -e> [lœs] m, **Löß**ALT <Lösses o Lößes, Lösse o Löße> [løːs] m loess no pl

los|sa·gen vr (geh) ■ **sich von jdm/etw** ~ to renounce sb/sth; **sich von einer Sekte** ~ to break with a sect

los|schi·cken vt ■ **jdn/etw** [**zu jdm**] ~ to send sb/sth [to sb]

los|schie·ßen vi irreg (fam) ❶ haben (anfangen zu schießen) to start shooting ❷ sein (schnell losrennen) to shoot [or race] off; **er schoss los wie eine Rakete** he tore away like a shot ❸ (auf jdn zustürzen) ■ **auf jdn/etw** ~ to pounce on sb/sth; **wie ein Pfeil schoss der Vogel auf uns los** the bird tore towards us as fast as an arrow ❹ haben (erzählen) to spout forth; **na, schieß mal/schon los!** come on, tell me/ us! etc., come on, out with it! **los|schimp·fen** vi infin to start moaning [or grumbling], to start to moan [or grumble]

los|schla·gen irreg haben **I.** vt ❶ (abschlagen) ■ **etw** [**von etw**] ~ to knock sth off [of sth]; **den Putz** ~ to knock the plaster off ❷ (fam: billig verkaufen) ■ **etw** ~ to flog sth fam **II.** vi ❶ (plötzlich angreifen) to strike ❷ (einschlagen) ■ **auf jdn** ~ to let fly at sb; **aufeinander** ~ to fly at each other

los|schnei·den vt haben ■ **jdn/etw von etw** ~ to cut sb/sth free from sth **los|schrau·ben** vt ■ **etw** [**von etw**] ~ to loosen [or unscrew] sth [from sth]

los|steu·ern vi sein ■ **auf jdn/etw** ~ to head [or make] straight for sb/sth

los|stür·zen vi sein (fam) ❶ (plötzlich losrennen/ davonrennen) to race [or rush] off ❷ (sich auf jdn/ etw stürzen) to pounce on sb/sth

los|tre·ten vt irreg (a. fam) ■ **etw** ~ to trigger [off] sth; **einen Stein** ~ to set a stone in motion; **eine Lawine** ~ to trigger [off] an avalanche; **einen Streit** ~ (fam) to trigger [off] an argument

Los·trom·mel f lottery drum

Lo·sung[1] <-, -en> [ˈloːzʊŋ] f ❶ (Wahlspruch) slogan ❷ (Kennwort) password; **die** ~ **kennen/nennen** to know/give the password

Lo·sung[2] <-, -en> [ˈloːzʊŋ] f JAGD fumet [or fewmet] spec

Lo·sung[3] <-, -en> [ˈloːzʊŋ] f (fachspr: Tageseinnahme eines Kaufhauses) daily cash receipts

Lö·sung <-, -en> [ˈløːzʊŋ] f ❶ (das Lösen) solution; **die** ~ **eines Falles/Problems** the solution of/to a case/problem ❷ (Aufhebung) cancellation; **die** ~ **einer Beziehung/Verlobung** the breaking off of a relationship/engagement; **die** ~ **einer Ehe** dissolution of a marriage ❸ (das Sichlösen) breaking away; **die** ~ **von altmodischen Vorstellungen** breaking away from old-fashioned ideas ❹ (das Sich/auflösen) dissolving; **die** ~ **von Salz in Wasser** dissolving salt in water; (Flüssigkeit) solution; **eine gesättigte** ~ a saturated solution

Lö·sungs·an·satz m possible solution

Lö·sungs·mit·tel nt solvent

lö·sungs·mit·tel·frei adj inv CHEM solvent-free, free from solvents pred

Lo·sungs·wort <-wörter> nt s. **Losung**[2]

Los·ver·käu·fer(in) m(f) lottery ticket seller

los|wer·den vt irreg sein ❶ (sich entledigen) ■ **jdn/ etw** ~ to get rid of sb/sth; **eine Erkältung/ungebetene Gäste** ~ to get rid of a cold/unwanted guests ❷ (aussprechen) ■ **etw** ~ to tell sth ❸ (fam: ausgeben) ■ **etw** ~ to shell out sth fam ❹ (fam: verkaufen) ■ **etw** ~ to flog sth

los|wol·len vi irreg haben (fam) to want to be off [or leave] **los|zie·hen** vi irreg sein (fam) ❶ (losgehen,

starten) to set off; **gemeinsam** ~ to set off together ❷ (pej: herziehen) **über jdn** ~ to pull sb to pieces

Lot <-[e]s, -e> [loːt] nt ❶ (Senkblei) plumb line; (mit Senkblei gemessene Senkrechte) perpendicular; **im** ~ **sein** to be plumb; **außer** ~ **sein** to be out of plumb; **etw ins** [**rechte**] ~ **bringen** to put sth right, to sort sth out; **jdn/etw aus dem** ~ **bringen** to put sb off, to put sth out of kilter; [**wieder**] **ins** ~ **kommen** (fig) to be back to normal; **aus dem/nicht im** ~ **sein** BAU (fig) to be out of sorts [or in a bad way] [or am in poor health]; **seine Gesundheit ist nicht im** ~ he's in a bad way/in poor health; **im** ~ **sein** (fig) to be alright [or all right] ❷ NAUT (Lotleine) sounding line, lead-line ❸ MATH perpendicular; **das** ~ **auf eine Gerade fällen** to drop a perpendicular ❹ pl unverändert (veraltet: Gewichtseinheit) weight between 15.5g and 16.6g ❺ (Material zum Löten) plumb ▶ WENDUNGEN: **Freunde in der Not gehen hundert auf ein** ~ (prov) friends in adversity are few and far between

lo·ten [ˈloːtn̩] vt ❶ (senkrechte Lage bestimmen) to plumb ❷ NAUT to take soundings

lö·ten [ˈløːtn̩] vt to solder; ■ **etw** [**an etw** akk] ~ to solder sth to sth

Loth·rin·gen <-s> [ˈloːtrɪŋən] nt Lorraine

Lo·ti·on <-, -en> [loˈtsi̯oːn] f lotion

Löt·kol·ben [ˈløːt-] m soldering iron **Löt·lam·pe** f blowtorch, BRIT a. blowlamp, soldering torch [or BRIT a. lamp] **Löt·me·tall** nt soldering metal

Lo·tos <-, -> [ˈloːtɔs] m lotus

Lo·tos·sitz m kein pl lotus position

lot·recht adj (geh: senkrecht) perpendicular, vertical, plumb; **etw** ~ **aufstellen** to stand [or position] sth vertically [or perpendicularly]

Lot·rech·te f s. **Senkrechte**

Lot·se, Lot·sin <-n, -n> [ˈloːtsə, ˈloːtsɪn] m, f pilot, guide

lot·sen [ˈloːtsn̩] vt ❶ (als Lotse dirigieren) ■ **jdn/ etw** ~ to pilot [or guide] sb/sth ❷ (fam: führen) ■ **jdn irgendwohin** ~ to take sb somewhere; **jdn über die Straße** ~ to guide sb across the road

Lot·sen·boot nt pilot boat **Lot·sen·dienst** m pilotage, piloting **Lot·sen·fisch** m ZOOL pilotfish

Lot·sin <-, -nen> f fem form von **Lotse**

Löt·stel·le f soldered joint, joint to be soldered

Lot·te <-, -n> [ˈlɔtə] f angler-fish

Lot·ter·bett [ˈlɔtɐ-] nt (veraltend hum) bed of sloth

Lot·te·rie <-, -n> [lɔtəˈriː, pl: -ˈriːən] f lottery; **in der** ~ **spielen** to play the lottery

Lot·te·rie·ge·sell·schaft f lottery company **Lot·te·rie·ge·winn** m lottery win **Lot·te·rie·los** nt lottery ticket **Lot·te·rie·spiel** nt lottery

Lot·ter·le·ben nt kein pl (pej fam: liederliche Lebensweise) slovenly lifestyle; **ein** ~ **führen** to lead a dissolute life

Lot·to <-s, -s> [ˈlɔto] nt ❶ (Zahlen~) [national] lottery, lotto; ~ **spielen** to play the [national] lottery; **sechs Richtige im** ~ **haben** to have six correct numbers in the lottery; **du hast wohl im** ~ **gewonnen** (fam) you must have won the lottery ❷ (Spiel) lotto

Lot·to·an·nah·me·stel·le f place to buy and hand in lottery coupons **Lot·to·ge·winn** m lottery win **Lot·to·schein** m lottery ticket **Lot·to·zah·len** pl winning lottery numbers

Lo·tus <-, -> [ˈloːtʊs] m s. **Lotos**

Löt·zinn nt fine solder

Lö·we [ˈløːvə] m ❶ (Raubtierart) lion; s. a. **Löwin** ❷ ASTROL (Tierkreiszeichen) Leo; **im Zeichen des** ~**n geboren werden** to be born under Leo; [**ein**] ~ **sein** to be a Leo

Lö·wen·an·teil m (fam) lion's share no pl, no indef art **Lö·wen·bän·di·ger(in)** <-s, -> m(f) lion tamer **Lö·wen·mäh·ne** f ❶ (fam: langes, buschiges Haar)

mane ❷ *(Haar eines Löwen)* lion's mane **Lö·wen·maul** [ˈløːvn̩maul] *nt kein pl*, **Lö·wen·mäul·chen** <-s, -> *nt* snapdragon **Lö·wen·zahn** *m kein pl* dandelion

Lö·win *f* lioness; *s. a.* **Löwe**

lo·yal [lɔaˈjaːl] *adj (geh)* loyal; **~e Truppen** loyal troops; **jdm gegenüber ~ sein** to be loyal [to sb]

Lo·ya·li·tät <-, <*selten* -en> [lɔajaliˈtɛːt] *f* loyalty; **die ~ gegenüber dem Staat** loyalty to the state

LP <-, -s> [ɛlˈpeː, ɛlˈpiː] *f Abk von* **Langspielplatte** LP **LP-Box** *f* boxed LP set

LSD <-[s]> [ɛlʔɛsˈdeː] *nt Abk von* **Lysergsäurediäthylamid** LSD

lt. *präp kurz für* **laut²** according to

Luchs <-es, -e> [lʊks] *m* ❶ *(Raubtier)* lynx; **aufpassen wie ein ~** *(fam)* to watch like a hawk *fam* ❷ *(Luchsfell)* lynx; **ein Mantel aus ~** a lynx fur coat **Luchs·au·gen** *pl* ❶ ZOOL lynx's eyes ❷ *(fam: sehr gute Augen)* eyes like a hawk *fam*

Lu·ci·a·ner(in) <-s, -> [luˈtsi̯aːnɐ] *m(f)* St Lucian; *s. a.* **Deutsche(r)**

lu·ci·a·nisch [luˈtsi̯aːnɪʃ] *adj* St Lucian; *s. a.* **deutsch**

Lü·cke <-, -n> [ˈlʏkə] *f* ❶ *(Zwischenraum)* gap, hole; **Zahn~** a gap between two teeth; **eine ~ im Zaun** a gap in the fence; **eine ~ füllen** [*o* **schließen**] to fill a gap; **[mit etw] in eine [vorhandene] ~ stoßen** *(fig)* to fill a gap on the market [with sth] ❷ *(Unvollständigkeit)* gap; **eine Lücke in einem Gesetz** a loophole in a law; **mein Wissen weist noch große ~n auf** I still have large gaps in my knowledge; **der Mut zur ~** to risk leaving gaps in one's knowledge; **irgendwo klafft eine ~** there is a gap somewhere; **eine ~ [in etw** *akk*] **reißen** to leave a gap [*or* void] in sth

Lü·cken·bü·ßer(in) <-s, -> *m(f) (fam)* stopgap; **der ~ sein** to be a stopgap; **den ~ spielen** to be used as a stopgap

lü·cken·haft I. *adj* ❶ *(leere Stellen aufweisend)* full of gaps; **ein ~es Gebiss** teeth full of gaps ❷ *(unvollständig)* fragmentary; **~es Wissen** incomplete knowledge; **ein ~er Bericht** a sketchy report; **eine ~e Sammlung** an incomplete collection; **eine ~e Erinnerung haben** to have a vague/sketchy memory; **~ sein/werden** to be/become fragmentary **II.** *adv (unvollständig)* fragmentarily; **einen Fragebogen ~ ausfüllen** to fill in a questionnaire leaving gaps; **an den Abend erinnere ich mich nur sehr ~** my memory of that evening is only very vague [*or* sketchy]

lü·cken·los *adj* ❶ *(ohne Lücke)* comprehensive; **ein ~es Gebiss** perfect teeth without any gaps ❷ *(vollständig)* complete; **ein ~es Alibi** a solid [*or* cast-iron] alibi; **~e Kenntnisse** thorough knowledge; **ein ~er Lebenslauf** a complete CV [*or* curriculum vitae] [*or* AM resumé]; **eine ~e Sammlung** a complete collection; **etw ~ beweisen/nachweisen** to prove sth conclusively; **sich an etw ~ erinnern** to remember everything about sth

Lü·cken·test *m* cloze test

lud [luːt] *imp von* **laden¹** *s.* **laden²**

Lu·de <-n, -n> [ˈluːdə] *m (pej sl)* pimp *pej sl*

Lu·der <-s, -> [ˈluːdɐ] *nt (pej fam: durchtriebene Frau)* crafty bitch *pej fam!; (kokette Frau)* hussy *pej*; **ein freches/dummes ~** a cheeky/stupid brat [*or* person]

Lu·es <-> [ˈluːɛs] *f kein pl* lues

Luft <-, *(liter)* Lüfte> [lʊft, *pl:* ˈlʏftə] *f* ❶ *kein pl (Atem~)* air *no pl;* **frische ~** fresh air; **verbrauchte ~** stale air; **die ~ anhalten** to hold one's breath; **jdm die ~ abdrücken** *(a. fig fam)* to strangle sb, to ruin sb *fig;* **keine ~ mehr bekommen** [*o fam:* **kriegen**] not to be able to breathe; **wieder ~ bekommen** [*o fam:* **kriegen**] *(wieder atmen können)* to be able to breathe again; *(wieder durchatmen können)* to be

able to breathe freely again; **an die [frische] ~ gehen** *(fam)* to get [*or* grab] some fresh air; **[tief] ~ holen** to take a deep breath; **~ an etw** *akk* **kommen lassen** let the air get to sth; **nach ~ ringen** to struggle for breath; **[frische] ~ schnappen** *(fam)* to get [*or* grab] some [fresh] air; **nach ~ schnappen** to inhale, to gasp for breath; *(wirtschaftlich in einer schlechten Lage sein)* to struggle to keep one's head above water; **von ~ und Liebe leben** *(hum fam)* to live off fresh air alone; **nicht von ~ [und Liebe] leben können** to not to be able to live off fresh air alone; **irgendwo ist** *(fam)* **dicke ~** there is a tense [*or* bad] atmosphere somewhere, trouble is brewing; **die ~ ist rein** *(fam)* the coast is clear *fam;* **gesiebte ~ atmen** *(hum fam)* to be behind bars; **sich in ~ auflösen** to vanish into thin air; **jdn wie ~ behandeln** to cold-shoulder sb [*or* to give sb the cold shoulder]; **jdm bleibt [vor Erstaunen] die ~ weg** sb is flabbergasted; **jdm bleibt vor Schmerzen die Luft weg** to be overcome by [*or* with] pain; **nun halt mal die ~ an!** *(fam)* put a sock in it! *fam;* **die ~ rauslassen** *(fam)* to calm down, to cool it *fam;* **jdm geht die ~ aus** *(fam)* sb is running out of steam; **jdm die ~ zum Atmen nehmen** *(a. fig fam)* to cut off sb's air supply, to totally dominate sb *fig;* **aus etw ist die ~ raus** *(fig)* sth has fallen flat [*or* run out of steam]; **~ für jdn sein** *(fig)* to not exist as far as sb is concerned; **er ist ~ für mich** *(fam)* I totally ignore him; **die ~ ist zum Schneiden** *(fam)* the air is stale as anything, there's a terrible fug; **jdn an die [frische] ~ setzen** [*o* **befördern**] *(euph fam: jdn hinauswerfen)* to throw sb out, to show sb the door, to send sb packing; *(jdn fristlos entlassen)* to sack sb ❷ *pl geh (Raum über dem Erdboden)* air; **langsam erhob sich der Ballon in die ~** the balloon rose slowly into the air *no pl;* **linde** [*o* **laue**] **Lüfte** *(geh)* gentle [*or* soft] [*or* light] breeze; **in die ~ fliegen** *(fam)* to explode; **etw ist aus der ~ gegriffen** *(fig)* sth is completely made up [*or* a total fabrication]; **in die ~ gehen** *(fam)* to hit the roof, to explode; **[völlig] in der ~ hängen** *(fam)* to be [left] in the dark; **es liegt etwas in der ~** there's sth in the air; **ein Vogel schwingt sich in die Lüfte** *(geh)* a bird takes to the skies; **etw in die ~ sprengen** [*o* **jagen**] *(fam)* to blow up sth *sep;* **[vor etw** *dat*] **in die ~ springen** to jump [for joy]; **in die ~ starren** [*o fam:* **gucken**] to stare into space ❸ *kein pl (Platz, Spielraum)* space *no pl,* leeway, elbow room; **jeder Künstler braucht ~ zur freien Entfaltung** every artist needs space to develop freely; **~ schaffen** [*o* **machen**] **für etw** to make space [*or* room] for sth; **in etw ist noch ~ drin** *(fam)* to still have leeway in sth; **sich** *dat* **~ machen** *(fig)* to give vent to one's feelings; **einer S.** *dat* **~ machen** *(fig)* to give free rein to sth ▶ WENDUNGEN: **jdn/etw in der ~ zerreißen** *(sehr wütend auf jdn sein)* to [want to] make mincemeat of sb/sth; *(jdn scharf kritisieren)* to tear sb to pieces

Luft·ab·wehr *f* air defence [*or* AM -se] **Luft·an·griff** *m* air raid; **ein ~ auf etw** *akk* an air raid on sth **Luft·auf·klä·rung** *f kein pl* aerial reconnaissance **Luft·auf·nah·me** *f* aerial photograph **Luft·bal·lon** *m* balloon **Luft·be·feuch·ter** *m* TECH humidifier **Luft·be·las·tung** *f s.* **Luftverschmutzung Luft·bla·se** *f* bubble, air pocket; **wie eine ~ zerplatzen** to burst like a bubble **Luft·brü·cke** *f* air bridge

Lüft·chen <-s, -> *nt dim von* **Luft** *(schwacher Wind)* breeze; **es regt** [*o* **rührt**] **sich kein ~** there is not a single breath of wind

luft·dicht *adj* **eine ~e Verpackung** an airtight container; **~ sein** to be airtight [*or spec* hermetic]; **etw ~ verpacken** to seal sth hermetically **Luft·druck** *m kein pl* air [*or* atmospheric] pressure *no pl; Druckwelle* blast **luft·durch·läs·sig** *adj* permeable to air

lüf·ten [ˈlʏftn̩] **I.** *vt* ❶ *(mit Frischluft versorgen)* ■ etw ~ to air [*or* ventilate] sth; **die Betten/ein Zimmer ~** to air the beds/a room ❷ *(geh: kurz anheben)* ■ etw ~ to raise sth; **den Hut zum Gruß ~** to raise one's hat in greeting ❸ *(preisgeben)* ■ etw ~ to reveal [*or* disclose] sth; **seine Anonymität ~** to give up one's anonymity; **ein Geheimnis ~** to disclose a secret **II.** *vi (Luft hereinlassen)* to let some air in

Luft·fahrt *f kein pl (geh)* aviation

Luft·fahrt·ge·sell·schaft *f (geh)* airline **Luft·fahrt·in·dus·trie** *f (geh)* aviation industry

Luft·fahr·zeug *nt (geh)* aircraft **Luft·feuch·tig·keit** *f* humidity *no pl, no indef art* **Luft·fil·ter** *nt o m* air filter **Luft·fracht** *f* ❶ *(Frachtgut)* air freight [*or* cargo] ❷ *(Frachtgebühr)* air freight [*or* cargo] charge **luft·ge·kühlt** *adj* air-cooled **luft·ge·trock·net** *adj* air-dried **Luft·ge·wehr** *nt* airgun, air rifle **Luft·hauch** *m (geh)* breath of air **Luft·ho·heit** *f kein pl* air sovereignty

luf·tig [ˈlʊftɪç] *adj* ❶ *(gut belüftet)* airy, well ventilated; **ein ~es Plätzchen** a breezy spot ❷ *(dünn und luftdurchlässig)* airy; **ein ~es Kleid** a light dress ❸ *(hoch gelegen)* dizzy; **in ~er Höhe** at a dizzy height

Luf·ti·kus <-[ses], -se> [ˈlʊftikʊs] *m (pej veraltend fam: sprunghafter Mensch)* happy-go-lucky character **Luft·kampf** *m* aerial combat **Luft·kis·sen** *nt* air cushion **Luft·kis·sen·boot** *nt*, **Luft·kis·sen·fahr·zeug** *nt* hovercraft **Luft·kor·ri·dor** *m* air corridor **Luft·krieg** *m* aerial warfare **Luft·küh·lung** *f* air-cooling **Luft·kur·ort** *m* health resort with particularly good air **Luft·lan·de·trup·pe** *f* airborne troops *npl* **luft·leer** *adj pred* vacuous; **ein ~er Raum** a vacuum **Luft·li·nie** *f* as the crow flies; **100 Kilometer ~** 100 kilometres as the crow flies **Luft·loch** *nt* ❶ *(Loch zur Belüftung)* air hole ❷ *(fam: Veränderung der Luftströmung)* air pocket **Luft·ma·sche** *f* chain stitch **Luft·mas·sen** *pl* air masses **Luft·ma·trat·ze** *f* airbed, inflatable mattress **Luft·pi·rat(in)** *m(f)* [aircraft] hijacker **Luft·pi·ra·te·rie** *f* [aircraft] hijacking **Luft·pi·ra·tin** *f fem form von* **Luftpirat**

Luft·post *f* airmail; **per** [*o* mit] **~** by airmail **Luft·post·leicht·brief** *m* aerogramme [*or* AM ·am] **Luft·post·pa·pier** *nt* airmail paper

Luft·pum·pe *f* pump; *Fahrrad* bicycle pump **Luft·raum** *m* airspace **Luft·rein·hal·tung** *f* maintenance of ambient quality **Luft·röh·re** *f* windpipe, trachea *spec* **Luft·röh·ren·schnitt** *m* tracheotomy **Luft·sack** *m* ❶ ZOOL air sac ❷ AUTO *s.* **Airbag Luft·schacht** *m air [or* ventilation] shaft **Luft·schicht** *f air* [*or* atmospheric] layer **Luft·schiff** *nt* airship **Luft·schlacht** *f* air [*or* aerial] battle **Luft·schlan·ge** *f* [paper] streamer **Luft·schlitz** *m* air vent **Luft·schloss**ᴿᴿ *nt meist pl* castle in the air; ▸ WENDUNGEN: **Luftschlösser bauen** to build castles in the air

Luft·schutz *m* air raid defences [*or* AM ·ses] *pl* **Luft·schutz·bun·ker** *m* air raid bunker **Luft·schutz·kel·ler** *m* cellar used as an air raid shelter **Luft·schutz·übung** *f* air raid drill

Luft·sieg *m* aerial victory **Luft·spie·ge·lung** *f* mirage **Luft·sprung** *m* jump; **einen ~/Luftsprünge machen** [*o* **vollführen**] to jump in the air **Luft·streit·kräf·te** *pl (geh)* air force + *sing vb* **Luft·strom** *m* airstream, stream of air **Luft·strö·mung** *f* airstream, air current **Luft·stütz·punkt** *m* airbase **Luft·über·wa·chung** *f* aerial surveillance *no pl, no indef art*

Lüf·tung <-, -en> *f ❶ (das Lüften)* airing, ventilation ❷ *(Ventilationsanlage)* ventilation system **Lüf·tungs·klap·pe** *f* ventilation flap **Lüf·tungs·rohr** *nt* ventilation pipe

Luft·ver·än·de·rung *f* change of climate **Luft·ver·kehr** *m* air traffic *no pl, no indef art* **Luft·ver·schmut·zung** *f* air pollution *no pl, no indef art* **Luft·waf·fe** *f* air force + *sing vb* **Luft·weg** *m* ❶ *kein pl*

(Flugweg) airway; **den ~ wählen** to choose to send sth by air; **auf dem ~** by air ❷ *pl (Atemwege)* respiratory tract *no pl, no indef art* **Luft·wi·der·stand** *m kein pl* drag, air resistance **Luft·zu·fuhr** *f kein pl* air supply **Luft·zug** *m* breeze; *(durch das Fenster)* draught BRIT, draft AM

Lug |luːk| ▸ WENDUNGEN: **~ und Trug** *(geh)* a pack of lies

Lü·ge <-, -n> [ˈlyːɡə] *f* lie; **eine fromme ~** a fib [*or* white lie]; **eine faustdicke ~** a bare-faced lie [*or fam* whopping great lie]; **das ist alles ~** it's all lies; **jdm ~n auftischen** *(fam)* to tell sb lies ▸ WENDUNGEN: **~n haben kurze Beine** *(prov)* the truth will out; **jdn ~n strafen** *(geh)* to prove sb wrong, to give the lie to sb *form;* **etw ~n strafen** *(geh)* to prove sth [to be] false, to give the lie to sth *form*

lu·gen [ˈluːɡn̩] *vi* DIAL ❶ *(spähen)* to peek; ■ **irgendwoher/irgendwohin ~** to peek from somewhere/somewhere; **aus dem Fenster ~** to peek out of the window ❷ *(hervorsehen)* ■ **durch/aus etw ~** to peek [*or* poke] through/out of sth

lü·gen <log, gelogen> [ˈlyːɡn̩] **I.** *vt (selten)* ■ etw ~ to make up sth *sep* ▸ WENDUNGEN: **das Blaue vom Himmel herunter~** to charm the birds out of the trees **II.** *vi* to lie; **etw ist gelogen** sth is a lie; **das ist alles gelogen** that's a total lie; **ich müsste ~** [, **wenn ...**] I would be lying [if ...] ▸ WENDUNGEN: **~ wie gedruckt** to lie one's head off; **wer einmal lügt, dem glaubt man nicht[, und wenn er auch die Wahrheit spricht]** *(prov)* a liar is never believed, even when he's telling the truth

Lü·gen·bold <-[e]s, -e> *m (hum fam)* incorrigible liar **Lü·gen·de·tek·tor** *m* lie detector **Lü·gen·ge·schich·te** *f* made-up [*or* fabricated] story, concoction **lü·gen·haft** *adj* ❶ *(erlogen)* mendacious, made-up, fabricated ❷ *(selten: zum Lügen neigend)* disreputable

Lü·gen·mär·chen *nt s.* **Lügengeschichte**

Lüg·ner(in) <-s, -> [ˈlyːɡnɐ] *m(f) (pej)* liar

lüg·ne·risch [ˈlyːɡnərɪʃ] *adj (pej: voller Lügen)* mendacious; **~e Nachrichten** discreditable news; *(zum Lügen neigend)* disreputable

lu·gol·sche Lö·sungᴿᴿ, **Lu·gol'·sche Lö·sung**ᴿᴿ, **Lu·gol·sche Lö·sung**ᴬᴸᵀ |ly'ɡɔlʃə| *f* BIOL potassium iodide solution

Lu·kas·evan·ge·li·um [ˈluːkas-] *nt kein pl* the Gospel according to [St] Luke

Lu·ke <-, -n> [ˈluːkə] *f* ❶ *bes* NAUT *(verschließbarer Einstieg)* hatch; **die ~n dichtmachen** to secure the hatches ❷ *(Dach~)* skylight; *(Keller~)* trapdoor

lu·kra·tiv [lukraˈtiːf] *adj (geh)* lucrative

lu·kul·lisch [luˈkʊlɪʃ] *adj (geh)* delectable, exquisite; **ein ~es Menü** an epicurean set menu; **~ schlemmen/speisen** to feast on/eat delectable [*or* exquisite] food

Lu·latsch <-[e]s, -e> [ˈluːla(ː)tʃ] *m* lanky person; **langer ~** *(hum fam)* beanpole *hum fam*

Lum·me <-, -n> [ˈlʊmə] *f* guillemot

Lüm·mel <-s, -> [ˈlʏml] *m* ❶ *(pej: Flegel)* lout *fam*, BRIT *a.* yob *fam* ❷ *(fam: Bursche, Kerl)* little fellow *fam*, BRIT *a.* [little] chappie *dated fam* ❸ *(sl: Penis)* willy BRIT *sl*, weenie AM *sl*

Lüm·me·lei <-, -en> [lʏməˈlai] *f (pej fam)* loutish [*or* BRIT *a.* yobbish] behaviour [*or* AM -or] *no pl fam*

lüm·mel·haft *adj (pej)* loutish *fam*, BRIT *a.* yobbish *fam*

lüm·meln [ˈlʏmln̩] *vr haben (pej fam: sich nachlässig hinsetzen)* ■ **sich irgendwohin ~** to throw oneself onto sth; ■ **sich auf etw ~** to lie [*or* lounge] around [somewhere]

Lum·mer <-s, -> [ˈlʊmɐ] *m* KOCHK [pork] loin

Lum·mer·bra·ten *m* roast pork loin **Lum·mer·ko·te·lett** *nt* loin chop

Lump <-en, -en> |lʊmp| *m* ❶ *(pej)* rat, scoundrel dated ❷ *(hum: unerzogenes Kind)* rascal

lum·pen |ˈlʊmpn̩| *vt haben* to go out on the tiles BRIT *fam,* to live it up AM *fam;* ▸ WENDUNGEN: **sich nicht ~ lassen** *(fam)* to do things in style, to splash out BRIT, to splurge AM

Lum·pen <-s, -> [ˈlʊmpn̩] *m* ❶ *pl (pej: zerschlissene Kleidung)* rags *pl;* **in ~ herumlaufen** to walk around dressed in rags [*or* shabbily] ❷ DIAL *(Putzlappen)* rag, duster ❸ *(Stofffetzen)* rags

Lum·pen·händ·ler(in) *m(f) (veraltend)* s. **Altwaren·händler Lum·pen·pack** *nt (veraltend pej)* riff-raff *no pl, no indef art pej* **Lum·pen·samm·ler(in)** *m(f)* rag-and-bone man BRIT, ragman AM

lum·pig [ˈlʊmpɪç] *adj (pej)* ❶ *attr (pej fam: kümmerlich)* miserable, meagre [*or* AM -er]; **mit ~en hundert Euro wollte er mich abspeisen** he wanted to fob me off with a paltry one hundred euros ❷ *(pej: gemein)* mean ❸ *(selten: zerlumpt)* shabby

Lunch <- [e]s *o* -, -[e]s *o* -e> |lanʃ| *m* lunch

Lü·ne·bur·ger Hei·de [ˈlyːnəbʊrgɐ] *f* Lüneburg Heath

Lun·ge <-, -n> [ˈlʊŋə] *f* ❶ *(Atemorgan)* lungs *pl;* **eine schwache/starke ~ haben** to have weak/strong lungs; **jd hat es auf der ~** *(fam)* sb has lung problems [*or* trouble]; **[etw] auf ~ rauchen** to inhale [sth]; **aus voller ~ [singen/schreien]** [to sing/shout] at the top of one's voice; **eiserne ~** *(fachspr)* iron lung ❷ KOCHK lights *pl* ▸ WENDUNGEN: **sich die ~ aus dem Leib schreien** [*o* **Hals**] *(fam)* to shout oneself hoarse; **die grüne ~ [einer Stadt]** *(fam)* the lung [of a town] *fam*

Lun·gen·bläs·chen *nt* pulmonary alveolus **Lun·gen·em·bo·lie** *f* pulmonary embolism **Lun·gen·em·phy·sem** *nt* pulmonary emphysema **Lun·gen·ent·zün·dung** *f* pneumonia *no pl, no art;* **eine ~ haben** to have pneumonia **Lun·gen·fisch** *m* ZOOL lungfish **Lun·gen·flü·gel** *m* lung **Lun·gen·heil·stät·te** *f* lung clinic **Lun·gen·krank** *adj* suffering from a lung complaint *pred;* ▪ **~ sein** to suffer from a lung complaint **Lun·gen·kran·ke(r)** *f(m) dekl wie adj* person suffering from a lung complaint **Lun·gen·krank·heit** *f* lung disease **Lun·gen·krebs** *m kein pl* lung cancer **Lun·gen·lap·pen** *m* lobe of the lung **Lun·gen·ödem** *nt* pulmonary oedema [*or* AM edema] **Lun·gen·ope·ra·ti·on** *f* lung operation **Lun·gen·schne·cke** *f* ZOOL lung-bearing-snail **Lun·gen·zug** *m* puff, drag *sl;* **einen ~** [*o* **Lungenzüge**] **machen** to inhale, to take drags *sl*

lun·gern [ˈlʊŋɐn] *vi haben (selten fam)* ▪ **irgendwo ~** to hang around somewhere

Lun·te <-, -n> [ˈlʊntə] *f* ❶ *(Zündschnur)* fuse, match; **die ~ ans Pulverfass legen** *(fig)* to set a match to the powder keg *fig,* to spark off a conflict ❷ JAGD *(Schwanz eines Fuchses o Marders)* brush ▸ WENDUNGEN: **~ riechen** *(fam)* to smell a rat

Lu·pe <-, -n> [ˈluːpə] *f* magnifying glass; ▸ WENDUNGEN: **jdn/etw unter die ~ nehmen** *(fam)* to examine sb/sth with a fine-tooth comb *fam;* **jdn/etw mit der ~ suchen können** *(fam)* people/things like that are few and far between

lu·pen·rein *adj* ❶ *(bei Edelsteinen)* flawless ❷ *(mustergültig)* exemplary; **ein ~er Gentleman** a perfect gentleman

lup·fen [ˈlʊpfn̩] *vt* SÜDD, ÖSTERR, SCHWEIZ, **lüp·fen** [ˈlʏpfn̩] *vt haben* ▪ **etw ~** *(heben)* to pick up sth *sep;* **den Hut ~** to raise one's hat; *(lüften)* to air; **die Decke ~** to air the blanket

Lu·pi·ne <-, -n> [luˈpiːnə] *f* lupin[e]

Lurch <- [e]s, -e> [lʊrç] *m* amphibian

Lu·sche <-, -n> [ˈlʊʃə] *f* ❶ *(sl: wertlose Spielkarte)* low card; *(schwacher Mensch, Niete)* weakling, waste of space ❷ DIAL *(liederliche Person)* mucky beggar BRIT *fam,* rake AM

Lust <-, Lüste> |lʊst, *pl:* ˈlʏstə| *f* ❶ *kein pl (freudiger Drang)* desire; **[große/keine] ~ auf etw haben** to really/not feel like doing sth; **~ zu etw haben** to feel like [*or* fancy] doing sth; **haben/hätten Sie ~ dazu?** would you want to do that?, do you feel like doing that?; **[noch] ~ haben, etw zu tun** *(fam)* to [still] feel like doing sth; **behalt das Buch, solange du ~ hast** keep the book as long as you want; **große** [*o* **nicht geringe**] [*o* **nicht übel**] **~ haben, etw zu tun** to have a right mind to do [*or* AM really feel like doing] sth; **seine ~ auf etw** *dat* **befriedigen/zügeln** to satisfy/curb one's desire to do sth; **das kannst du machen, wie du ~ hast!** *(fam)* do it however you want!; **nach ~ und Laune** *(fam)* as the mood takes you BRIT, BRIT *a.* just as you fancy, depending on how you feel AM ❷ *(Freude)* joy ❸ *(sexuelle Begierde)* desire; **weltliche Lüste** material desires; **fleischliche Lüste** desires of the flesh; **seine ~ befriedigen** [*o* **stillen**] **/zügeln** to satisfy/suppress one's desires; **etw mit ~ und Liebe tun** to put one's all into sth; **es ist eine ~, etw zu tun** it's a pleasure to do sth; **da vergeht einem jegliche** [*o* **alle**] [*o* **jede**] [*o* **die ganze**] **~** it really puts a damper on things, it's enough to make one lose interest in sth; **jdm die** [*o* **jede**] **~ an etw** *dat* **nehmen** to put sb off sth; **~ an etw empfinden** to enjoy doing sth; **die ~ an etw verlieren** to lose interest in sth

Lust·bar·keit <-, -en> *f (veraltend geh)* welcome distraction

Lus·ter <-s, -> [ˈlʊstɐ] *m* ÖSTERR, **Lüs·ter** <-s, -> [ˈlʏstɐ] *m* ❶ *(veraltend: Kronleuchter)* chandelier ❷ *(glänzender Überzug)* lustre [*or* AM -er] ❸ *(Stoff)* lustre [*or* AM -er]

Lüs·ter·klem·me *f* ELEK luster terminal, porcelain insulator

lüs·tern [ˈlʏstɐn] *adj (geh)* ❶ *(sexuell begierig)* lustful, lascivious ❷ *(begierig)* ▪ **~ auf etw sein** *akk* to crave sth; **nach Erfolg ~ sein** to crave success

Lüs·tern·heit <-> *f kein pl (geh)* lustfulness, lust, lasciviousness

Lust·ge·fühl *nt* feeling of pleasure *no pl* **Lust·ge·winn** *m kein pl* attainment of pleasure **Lust·greis** *m (pej fam)* dirty old man *hum, pej*

lus·tig [ˈlʊstɪç] *adj* ❶ *(fröhlich)* cheerful, jolly; **ein ~er Abend** a fun evening; **ein ~es Gesicht machen** to make a funny face; **~e Farben** cheerful colours [*or* AM -ors]; **du bist/Sie sind [vielleicht] ~!** *(iron fam)* what do you think you're playing at?, you're really amusing *iron;* **das ist ja ~!** *(iron)* that [really] takes the biscuit! [*or* AM cake!]; **sich über jdn/etw ~ machen** to make fun [*or* BRIT *a.* take the mick[ey] out] of sb [*or fam!* take the piss out]; **solange/wie/wozu jd ~ ist** *(fam)* as long as/whenever sb wants; **er kam und ging wie er ~ war** he came and went as he pleased ❷ *(fam: unbekümmert)* happily, merrily

Lus·tig·keit <-> *f kein pl* cheerfulness, funniness

Lust·kna·be *m (veraltend)* catamite

Lüst·ling <-, -e> [ˈlʏstlɪŋ] *m (pej veraltend)* debauchee, lech *fam*

lust·los *adj* ❶ *(antriebslos)* listless; **~ schauen/arbeiten** to look listless/work listlessly; **~ im Essen herumstochern** to pick at one's food ❷ BÖRSE *(ohne Kauflust)* sluggish, dull; **Tendenz ~** trade is slack

Lust·man·gel <-s> *m kein pl* lack of sexual drive **Lust·molch** *m (meist hum fam)* s. **Lüstling Lust·mord** *m* sexually motivated murder; **einen ~ begehen** to commit a sexually motivated murder **Lust·mör·der(in)** *m(f)* sexually motivated murderer **Lust·ob·jekt** *nt* sex object **Lust·prin·zip** *nt kein pl* **etw nach dem ~ machen** to do sth as one pleases [*or* for the pleasure of it] **Lust·schloss**ᴿᴿ *nt* summer residence **Lust·spiel** *nt* comedy

lust·voll adj (geh: mit Lust) full of relish, passionate; **ein ~er Schrei** a passionate cry; **~ in etw beißen** to bite into sth with relish; **~ stöhnen** to groan contentedly

lust·wan·deln ['lʊstvandln] vi sein o haben (veraltend geh) to take [or go for] a stroll

Lu·te·ti·um <-s> [lu'te:tsi̯ʊm] nt kein pl lutetium

Lu·the·ra·ner(in) <-s, -> [lutə'raːnɐ] m(f) Lutheran

Lu·ther·bi·bel ['lʊtɐ-] f Lutheran [or Luther's translation of the] Bible

lu·the·risch ['lʊtərɪʃ] adj Lutheran

lut·schen ['lʊtʃn] I. vt ▪ etw ~ to suck [on] sth; **ein Bonbon ~** to suck a sweet [or AM on a piece of candy] II. vi ▪ [an etw dat] ~ to suck [sth]; **am Daumen ~** to suck one's thumb

Lut·scher <-s, -> m ➊ (Bonbon am Stiel) lollipop, BRIT a. lolly fam ➋ (fam: Schnuller) dummy

Lutsch·ta·blet·te f lozenge

lütt [lʏt] adj NORDD (fam) tiny

Lüt·tich <-s> ['lʏtɪç] nt Liège

Luv <-s> [luːf] f o nt kein pl NAUT ▪ **in/nach ~** windward; ▪ **von ~** from [the] windward [side]

Lu·xa·ti·on <-, -en> [lʊksa'tsi̯oːn] f (fachspr) luxation spec, dislocation

Lu·xem·burg <-s> ['lʊksmbʊrk] nt Luxembourg; s. a. **Deutschland**

Lu·xem·bur·ger(in) <-s, -> ['lʊksmbʊrgɐ] m(f) Luxembourger; s. a. **Deutsche(r)**

lu·xem·bur·gisch ['lʊksmbʊrgɪʃ] adj Luxembourgish; s. a. **deutsch**

Lu·xem·bur·gisch ['lʊksmbʊrgɪʃ] nt dekl wie adj Luxembourgian; s. a. **Deutsch**

Lu·xem·bur·gi·sche <-n> nt ▪ **das ~** Luxemburgish, the Luxemburgish language; s. a. **Deutsche**

lu·xu·ri·ös [lʊksu'ri̯øːs] adj luxurious; **eine ~e Villa/Wohnung** a luxury villa/flat; **~ leben** to live in [the lap of] luxury

Lu·xus <-> ['lʊksʊs] m kein pl luxury; **etw ist purer** [o

reiner] **~ sth** is pure extravagance; **im ~ leben** to live in luxury; **wir leisten uns den ~ eines zweiten Autos** we're splashing out on a second car, we're treating ourselves to the luxury of a second car

Lu·xus·ar·ti·kel m luxury item **Lu·xus·aus·füh·rung** f de luxe model **Lu·xus·aus·ga·be** f de luxe edition **Lu·xus·damp·fer** m luxury cruiser **Lu·xus·ge·schöpf** nt (meist pej) woman who wants to live a life of luxury **Lu·xus·ho·tel** nt luxury hotel **Lu·xus·li·mou·si·ne** f luxury limousine **Lu·xus·li·ner** [-lainɐ] m luxury liner **Lu·xus·vil·la** f luxury villa **Lu·xus·woh·nung** f luxury flat

Lu·zern <-s> [lu'tsɛrn] nt Lucerne

Lu·zer·ne <-, -n> [lu'tsɛrnə] f BOT lucerne

Lu·zi·fer <-s> ['luːtsifɐ] m Lucifer

Lymph·drai·na·ge ['lʏmfdrɛ'naːʒə] f MED lymphatic drainage **Lymph·drü·se** f (veraltet) s. **Lymphknoten** lymph[atic] gland

Lym·phe <-, -n> ['lʏmfə] f ➊ (Gewebsflüssigkeit) lymph ➋ (Impfstoff gegen Pocken) lymph

Lymph·kno·ten m lymph node

Lym·pho·zyt <-en, -en> [lʏmfo'tsyːt] m usu pl lymphocyte

Lymph·sys·tem nt ANAT lymphatic system

lyn·chen ['lʏnçn] vt (a hum) ▪ **jdn ~** to lynch sb; **meine Frau wird mich ~, wenn ich zu spät komme** my wife will kill me if I'm late

Lynch·jus·tiz f Lynch law; **an jdm ~ üben** to apply the lynch law to sb **Lynch·mord** m lynching

Ly·on <-s> [li̯õ] nt Lyons

Ly·o·ner <-, -> ['li̯oːnɐ] f, **Ly·o·ner Wurst** <-, -> f [pork] sausage from Lyon

Ly·rik <-> ['lyːrɪk] f kein pl lyric [poetry]

Ly·ri·ker(in) <-s, -> ['lyːrikɐ] m(f) poet

ly·risch ['lyːrɪʃ] adj ➊ (zur Lyrik gehörend) lyric; **~e Dichtung** lyric poetry ➋ (dichterisch, stimmungsvoll) poetic, lyrical; **~ werden** to become lyrical

Mm

M, m <-, - *o fam* -s, -s> |ɛm| *nt* M, m; **~ wie Martha** M for Mary BRIT, M as in Mike AM; *s. a.* **A 1**

m *m kurz für* **Meter** m

MA. *Abk von* **Mittelalter** Middle Ages *npl*

M.A. |ɛm'a:| *m Abk von* **Master of Arts** MA

Mä·an·der <-s, -> |mɛ'andə| *m* ❶ *(Flusswindung)* meander ❷ KUNST meander

Maat <-[e]s, -e[n]> |'ma:t| *m* ❶ *(hist: Gehilfe auf Segelschiffen)* |ship's| mate ❷ *(Unteroffizier bei der Bundesmarine)* petty officer

Mach <-[s], -> |'max| *nt* Mach

Mach·art *f* style, make, design; **die ~ des Kostüms gefällt mir** I like the cut of the suit; **das ist meine ~** *(fam)* that is my style!

mach·bar *adj* possible, feasible; **etw für ~ halten** to consider sth feasible

Ma·che <-> |'maxə| *f (sl)* ❶ *(pej: Vortäuschung, unechtes Gehabe)* sham; **seine Wichtigtuerei ist reine ~** his pompous behaviour is pure show ❷ *(Form)* **die ~ eines Theaterstückes** the production of a play ▪ WENDUNGEN: **etw/jdn in der ~ haben** to be working on sth/sb; **jdn in die ~ nehmen** *(sich jdn vornehmen)* to give sb a dressing-down [*or* an earful] [*or* a talking-to]; *(jdn verprügeln)* to do over [*or* beat up] sb *sep;* **in der ~ sein** to be in hand; **das Abendessen ist schon in der ~** dinner's on the go

ma·chen |'maxn̩|

I. TRANSITIVES VERB	II. UNPERSÖNLICHES
III. INTRANSITIVES VERB	TRANSITIVES VERB
IV. REFLEXIVES VERB	

I. TRANSITIVES VERB

❶ *(tun, unternehmen)* ▪ **etw ~** to do sth; **lass uns etwas ~!** let's do sth!; **genauso werden wir es ~** that's how we'll do it; **da kann man nichts ~** nothing can be done; **mit mir kann man es ja ~** *(fam)* the things I put up with; **gut gemacht!** well done!; **mach's gut** take care, all the best; **wie man's macht, ist es verkehrt** [*o* falsch] *(fam)* you |just| can't win; **was möchten/würden Sie gern ~?** what would you like to do?; **~, was man will** to do as one pleases [*or* wants]; **so etwas macht man nicht** that's [*or* it's] bad manners; **was machst du da?** what on earth are you doing there?, what are you up to?; **was macht denn deine Frau?** *(fig)* how's your wife?; **und was ~ Sie so?** *(fam)* and what are you doing nowadays?; **mach nur/ruhig!** go ahead!

❷ *(erzeugen, verursachen)* ▪ **etw ~** to make sth; **einen Eindruck ~** to make an impression; **einen Fleck in etw machen** to stain sth; **Lärm ~** to make a noise; **Musik ~** to play some music; **einen Schmollmund ~** *(fam)* to pout; **ein dummes Gesicht ~** *(fam)* to make [*or* pull] a silly face; **das macht überhaupt keine Mühe** that's no trouble at all; **jdm Angst ~** to frighten sb; **jdm Sorgen ~** to make sb worried, to give sb cause for concern; **sich Sorgen ~** to worry; **jdm Hoffnung/Mut/Kopfschmerzen ~** to give sb hope/courage/a headache; **jdm eine Freude machen** to make sb happy; **jdm Appetit/Durst/Hunger ~** to make sb peckish/thirsty/hungry; **sich Mühe/Umstände ~** to go to a lot of trouble [*or* effort]

❸ *(durchführen)* ▪ **etw ~** to do sth; **eine Aktion ~** to promote sth; **eine Arbeit ~** to do a job [*or* task]; **eine Reise ~** to go on a journey; **einen Besuch ~** to [pay sb a] visit; **einen Spaziergang ~** to go for a walk;

eine Sause mit jdm ~ *(fam)* to go on a pub crawl *esp* BRIT [*or* AM bar hopping] with sb; **das ist zu ~** that's possible; **da ist nichts zu ~** nothing can be done, that's not possible; **nichts zu ~!** nothing doing!; |da| **nichts ~ können** to not be able to do anything; **das lässt sich ~** sth might be possible; **wird gemacht!** no problem, shall [*or* will] do!, I'll get that done; **er wird das schon ~** *(erledigen)* he'll do it; *(in Ordnung bringen)* to sort sth out; **wie machst du/wie ~ Sie das nur?** how [on earth] do you do it?; **etw nicht unter etw** *dat* **~** *(fam)* to not do sth for less than sth

❹ *(veranstalten)* ▪ **etw ~** to organize sth; **eine Party ~** to give [*or* throw] a party

❺ *(herstellen)* ▪ **etw ~** to make sth; **Fotos ~** to take photos; **ein Gedicht ~** to make up a poem; **Kaffee ~** to make coffee; **ein Schiff aus Papier ~** to make a ship out of paper; **aus etw gemacht sein** to be made of sth; **jdm/sich etw ~ lassen** to have sth made for sb/|for oneself|; **sich ein Kleid ~ lassen** to have a dress made [for oneself]; **sich die Haare ~ lassen** *(fam)* to have one's hair done; **für etw wie gemacht sein** *(fam)* to be made for sth

❻ *(zubereiten)* ▪ |jdm| **etw ~** to make [sb] sth, to make [for sb]; **ein Essen ~** to make [*or* cook] a meal; **einen Drink ~** to make a drink

❼ *(bilden, darstellen)* ▪ **etw ~** to make sth; **die Straße macht da eine scharfe Kurve** the road bends sharply there

❽ *(fam: instand setzen)* ▪ |jdm| **etw ~** to mend [*or* repair] sth for sb; **bis wann können sie den Wagen ~?** how soon can they repair the car?; ▪ **etw ~ lassen** to get [*or* have] sth mended/repaired; **wir müssen unbedingt den Fernseher ~ lassen** we must really get the TV repaired

❾ *(fam: erlangen, verdienen)* ▪ **etw ~** to do [*or* win] sth; **Punkte/Tore ~** to score points/goals; **wir ~ jetzt dreimal so viel Umsatz** we have now tripled our turnover; **einen Gewinn/Verlust ~** to make a profit/loss; **ein Geschäft ~** to make a deal; **ein Vermögen ~** to make a fortune

❿ *(absolvieren)* ▪ **etw ~** to do sth; **das Abitur ~** to do A-levels BRIT; **einen Kurs ~** to take a course; **eine Ausbildung ~** to do an apprenticeship, to train for sth

⓫ MATH *(fam: ergeben)* ▪ **etw macht etw** *akk* sth makes sth; **drei mal drei macht neun** three times three makes nine

⓬ *(fam: kosten)* **das macht zehn Euro** that's [*or* that'll be] ten euros [please]; **was macht das zusammen?** what does that come to?

⓭ *(mit adj (werden lassen)* **jdn berühmt/reich/schön ~** to make sb famous/rich/beautiful; ▪ **jdn zu etw ~** to make sb sth; **mein Vater hat mich zu seinem Nachfolger gemacht** my father has made [*or* named] me his successor; **jdn zu seinem Verbündeten ~** to make sb one's ally; ▪ **sich zu etw ~** to make oneself sth; **sich zum Anführer ~** to make oneself the leader

⓮ *(bes Kindersprache: einen bestimmten Laut produzieren)* **der Hund macht „wau wau"** the dog goes 'woof woof' *usu* childspeak

⓯ *(fam: imitieren)* ▪ **etw ~** to do sth

⓰ *(bewirken)* ▪ **das macht etw** that's because of sth; **das macht die frische Luft, dass wir so hungrig sind** it's the fresh air that makes us so hungry; ▪ **jdn etw tun ~** to make sb do sth; **der Wein wird dich das vergessen ~** the wine will help you forget

① *[fam: ausmachen]* ■ jdm/etw etwas/nichts ~ to harm/not harm sb/sth; **macht nichts!** no matter! [*or* problem!]; **macht das was?** does it matter?; **was macht das schon?** what does it matter?; **das macht** [doch] **nichts!** never mind!, no harm done!

⑪ *[fam: vorgeben, etw/jdn zu sein]* ■ etw [für jdn] ~ to act as sth [for sb]

⑫ *[euph fam: Geschlechtsverkehr haben]* ■ es mit jdm ~ to do it [with sb] *euph fam;* ■ es jdm ~ *[sl]* to do it to sb

II. UNPERSÖNLICHES TRANSITIVES VERB

① *mit adj [werden lassen]* ■ es macht jdn ... it makes sb ...

② *[ausmachen]* ■ es macht etwas/nichts/viel it matters/doesn't matter/matters a lot; ■ **es macht jdm etwas/nichts/viel** sb minds/doesn't mind/ minds a lot

③ *[fam: Geräusch machen]* ■ es macht etw it goes sth; **es macht „piep", wenn du einen Fehler machst** it goes 'peep' [*or* it peeps] when you make a mistake; *s. a.* **lang**

III. INTRANSITIVES VERB

① *[bewirken]* ■ ~, **dass etw geschieht** to ensure that sth happens; **wie hast du es gemacht, dass die Kinder so artig sind?** how did you get the children to be so well-behaved?

② *[werden lassen]* ■ **etw macht irgendwie** sth makes you sth; **Liebe macht blind** *[fig]* love makes you blind

③ *[euph fam: Notdurft verrichten]* to wee, to poo; **da hat mir ein Vogel aufs Auto gemacht!** a bird has pooed on my car!

④ *[aussehen lassen]* to make sb appear sth; **Querstreifen ~ dick** horizontal stripes make you look fat

⑤ *[fam: sich beeilen]* **mach/~ Sie** [schon]**!** *[fam]* get a move on! *fam*

⑥ *[sl: sich stellen]* ■ **auf etw ~** *akk* to pretend to be sth, to act the sth; **sie macht immer auf vornehme Dame** she always acts the elegant lady

⑦ *[fam: mit etw handeln]* ■ **in etw ~** *dat* to be in the ... business; **ich mache jetzt in Versicherungen** I'm in [the] insurance [business]

⑧ *[gewähren]* **jdn** [mal/nur] ~ **lassen** to leave sb to it; **lass mich mal ~, ich bringe das schon wieder in Ordnung!** leave it to me, I'll put it right!

IV. REFLEXIVES VERB

① *[fam: sich entwickeln]* ■ sich [irgendwie] ~ to come along [in a certain way]

② *[viel leisten]* ■ sich ~ to do well for oneself; **die neue Sekretärin macht sich gut** the new secretary is doing well

③ *[passen]* ■ sich ~ to go with sth; **das Bild macht sich gut an der Wand** the picture looks good on the wall

④ *[sich begeben]* ■ sich an etw *akk* ~ to get on with sth; **sich an die Arbeit ~** to get down to work; **sich an ein Manuskript ~** to start working on a manuscript

⑤ *[gewinnen]* ■ sich *dat* etw ~ to make sth; **sich Freunde/Feinde ~** to make friends/enemies

⑥ *mit adj [werden]* sich [bei jdm] **verhasst ~** to incur [sb's] hatred; **sich verständlich ~** to make oneself understood

⑦ *[gelegen sein]* sich *dat* **etwas/viel/wenig/ nichts aus jdm/etw ~** to care/care a lot/not care much/at all for sb/sth; *[sich nicht über etw ärgern]* to not get upset about sth [*or* let sth bother oneself]; **mach dir/~ Sie sich nichts d[a]raus!** don't worry about it! [*or* let it get you down!]

Ma·chen·schaft <-, en> *f meist pl [pej]* intrigue, machination *usu pl;* **dunkle ~en** sinister wheeling and dealing

Ma·cher(in) <-s, -> *m(f) [fam]* man of action, doer

Ma·che·te <-, -n> [maˈxeːtə] *f* machete

Ma·cho <-s, -s> [ˈmatʃo] *m [fam]* macho *fam*

Macht <-, Mächte> [ˈmaxt, *pl:* ˈmɛçtə] *f* ① *kein pl [Befugnis]* power; **seine ~ gebrauchen/missbrauchen** to exercise [*or* wield] /abuse one's power; **die ~ haben, etw zu tun** to have the power to do sth; **etw liegt** [*o* steht] **in jds ~** sth is within sb's power ② *kein pl [Herrschaft]* rule; **seine ~ behaupten** to maintain one's hold on power; **an der ~ bleiben** to remain in power; **die ~ ergreifen** [*o* **die ~ an sich reißen**] to seize power; **nach der ~ greifen** to attempt to seize power; **an der ~ sein** to be in power; **an die ~ kommen** [*o* **gelangen**] to gain [*or* come to] power; **sich an die ~ putschen** to seize power by force; **die ~ übernehmen** to assume [*or* take over] power ③ *[beherrschender Einfluss]* power; **die ~ der Gewohnheit** the force of habit; **~ über jdn haben** to have power over sb; **eine ... ~ auf jdn ausüben** to have a ... power over sb; **eine geistige ~** mental powers; **Mächte der Finsternis** *[liter]* the powers of darkness *liter;* **aus eigener ~** under one's own steam; **mit aller ~** with all one's strength [*or* might]; **mit ~** with vigour [*or* AM -or]; **ich werde alles tun, was in meiner ~ steht** I'll do everything in my power ④ *[mächtiger Staat]* power; **verbündete Mächte** allied powers; **Krieg führende Mächte** warring powers ⑤ *kein pl [Kraft, Gewalt]* force, power ▸ WENDUNGEN: **~ geht vor Recht** *[prov]* might is right, power is a law unto itself

Macht·an·tritt *m kein pl* POL coming into power

Macht·be·fug·nis *f* authority, powers *pl;* **~ haben** to have authority; **seine ~/~se überschreiten** to exceed one's powers; **etw überschreitet jds ~** this exceeds sb's authority **Macht·be·reich** *m* sphere of influence **Macht·block** *m* power bloc **Macht·er·grei·fung** *f* seizure of power *no pl;* **die ~ Hitlers** Hitler's rise to power **Macht·er·halt** *m kein pl* retention of power *no pl* **Macht·fül·le** *f* power **Macht·ha·ber(in)** <-s, -> [-haːbɐ] *m(f)* ruler, dictator **Macht·hun·ger** *m [pej]* thirst [*or* hunger after] power **macht·hung·rig** *adj [pej]* power-thirsty, hungry for power

mäch·tig *adj* ① *[einflussreich]* powerful, influential; ■ **die M~en** the most powerful people; **ein ~es Imperium** a mighty empire ② *[gewaltig, beeindruckend]* powerful, mighty *attr;* **ein ~er Baum** a mighty tree; **ein ~es Gewitter** a violent storm; **mit ~er Stimme** in a powerful voice ③ *[sättigend, schwer]* heavy ④ *[fam: sehr stark, enorm]* extreme; **~ stark** extremely strong; **sich ~ beeilen** to hurry like mad *fam;* **~en Durst/Hunger haben** to have a terrific thirst/hunger; **einen ~en Schlag bekommen** to receive a powerful blow; **wir haben ~es Glück gehabt** we had tremendous [*or* terrific] luck ⑤ *[geh: kundig]* **einer S.** *gen* **~ sein** to be knowledgeable about sth; **er ist der deutschen Sprache nicht ~** he does not have a good command of the German language; **seiner selbst nicht ~ sein** *[geh]* to have taken leave of one's senses ⑥ BERGB *[dick]* thick, massive

Mäch·tig·keit <-> *f* ① *kein pl [großer Einfluss]* power ② *kein pl [mächtige Beschaffenheit]* strength, force, might ③ *bes* BERGB *[Dicke]* thickness ④ MATH potency

Macht·in·stinkt *m [fam]* power instinct, instinct for power **Macht·kampf** *m* power struggle

macht·los *adj [ohnmächtig, hilflos]* powerless, helpless; ■ **~ gegen etw sein** to be powerless against sth; **jdm/etw ~ gegenüberstehen** to be powerless

against sb/sth

Macht·lo·sig·keit <-> f kein pl powerlessness, helplessness

Macht·miss·brauchRR m abuse of power **Macht·mit·tel** nt instrument of power **Macht·po·li·tik** f power politics npl **Macht·pro·be** f trial of strength **Macht·stel·lung** f position of power **Macht·stre·ben** nt aspiration to power **Macht·über·nah·me** f s. **Macht·ergreifung macht·voll** adj (mächtig) powerful, mighty; (Stärke zeigend) powerful **Macht·voll·kom·men·heit** f absolute power; **in** [o aus] **eigener ~** on one's own authority **Macht·wech·sel** m change of government **Macht·wort** nt authoritative intervention; **ein ~ sprechen** to exercise one's authority

Mach·werk nt (pej) pathetic effort pej; **ein übles ~** a poor piece of workmanship

Mach·zahlRR f, **Mach-Zahl** f Mach number

Ma·cke <-, -n> ['makə] f (fam) ① (Schadstelle) defect; **eine ~ im Lack** a dent in the paintwork ② (sl: Tick, Eigenart) quirk, foible; **eine ~ haben** (sl) to be off one's rocker, to have a screw loose fam

Ma·cker <-s, -> ['makɐ] m (sl) ① (Typ) guy, BRIT a. bloke ② (Freund) fellow, man, bloke BRIT ③ (Anführer) boss; **der große ~ sein** to be the big boss; **den ~ machen** [o spielen] to act [or play] the tough guy ④ NORDD (Arbeitskollege) colleague

Ma·da·gas·kar <-s> [mada'gaskar] nt Madagascar; s. a. **Deutschland**

Ma·da·gas·se, Ma·da·gas·sin <-n, -n> [mada'gasə, mada'gasɪn] m, f Malagasy; s. a. **Deutsche(r)**

ma·da·gas·sisch [mada'gasɪʃ] adj Malagasy, Madagascan; s. a. **deutsch**

Ma·da·gas·sisch [mada'gasɪʃ] nt dekl wie adj Malagasy; s. a. **Deutsch**

Ma·da·gas·si·sche <-n> nt ▪ das ~ Malagasy, the Malagasy language; s. a. **Deutsche**

Ma·dame <-, Mesdames> [ma'dam, pl: me:'dam] f (geh) Madame

Mäd·chen <-s, -> ['mɛːtçən] nt ① (weibliches Wesen) girl; **ein ~ bekommen** to have a [baby] girl; **ein leichtes ~** (veraltend) a tart; **ein spätes ~** (veraltend euph) an old maid dated hum ② (veraltend: Freundin) girlfriend ③ (veraltend: Haushaltshilfe) maid; **~ für alles** (fam) girl/man Friday, BRIT a. dogsbody

Mäd·chen·buch nt girls' book **Mäd·chen·gym·na·si·um** nt girls' grammar school

mäd·chen·haft adj girlish; **ein ~es Gesicht haben** to have a girlish face; **sich ~ benehmen** to behave like a little girl

Mäd·chen·han·del m kein pl white slave traffic **Mäd·chen·händ·ler(in)** m(f) white slaver **Mäd·chen·klei·dung** f girls' clothes [or clothing] no pl **Mäd·chen·na·me** m ① (Geburtsname einer Ehefrau) maiden name ② (Vorname) girl's name **Mäd·chen·pen·si·o·nat** nt girls' boarding school **Mäd·chen·schu·he** m pl girls' shoes

Ma·de <-, -n> ['maːdə] f maggot; ▸ WENDUNGEN: **wie die ~[n] im Speck leben** (fam) to live [or lead] the life of Riley fam, to live [or be] in clover

Ma·dei·ra¹ [ma'deːra] nt Madeira; s. a. **Sylt**

Ma·dei·ra² <-s, -s> [ma'deːra] m, **Ma·dei·ra·wein** m Madeira

Mä·del <-s, -[s]> ['mɛːdl̩] nt, **Ma·d(e)l** <-s, -n> ['maːdl̩] nt SÜDD, ÖSTERR girl

Ma·den·ha·cker m ORN oxpecker

Mä·de·süß <-s> ['mɛːdəzyːs] nt kein pl BOT meadowsweet

ma·dig ['maːdɪç] adj maggoty, worm-eaten

ma·dig·ma·chenRR vt (fam) **jdn/etw ~** to belittle sb/sth, to run sb down; **jdm etw ~** to spoil sth [for sb]

Ma·don·na <-, Madonnen> [ma'dɔna, pl: ma'dɔnən] f ① (Gottesmutter Maria) Madonna ② (Darstellung der Gottesmutter) Madonna

Ma·drid <-s> [ma'drɪt] nt Madrid

Ma·dri·gal <-s, -e> [madri'gaːl] nt madrigal

Ma·es·tro <-s, -s o Maestri> [ma'ɛstro, pl: ma'ɛstri] m ① (berühmter Musiker) maestro ② (veraltend: Musiklehrer) music teacher

Ma·fia <-, s> ['mafi̯a] f ① (Geheimorganisation) the Mafia ② (fig: verschworene Gruppe) mafia; **eine ~ von Industriellen** the industrialists' mafia

Ma·fia-BossRR m Mafia boss

ma·fi·os [ma'fi̯oːs] adj (pej) mafia-like; **~e Methoden** mafia-like methods

Ma·fi·o·so <-[s], -si> [ma'fi̯oːzo, pl: ma'fi̯oːzi] m (Mitglied einer Mafia-Gruppe) Mafioso

Ma·ga·zin¹ <-s, -e> [maga'tsiːn] nt ① (Patronenbehälter) magazine; (Behälter für Dias) feeder ② (Lager) storeroom; (von Sprengstoff, Waffen) magazine; (von Bibliothek) stockroom; **etw im ~ aufbewahren** to keep sth in the storeroom

Ma·ga·zin² <-s, -e> [maga'tsiːn] nt ① (bebilderte Zeitschrift) magazine, journal; **ein literarisches ~** a literary journal ② (Fernsehsendung) magazine programme [or AM -am]

Ma·ga·zi·ner(in) <-s, -> [maga'tsiːnɐ] m(f) SCHWEIZ, **Ma·ga·zi·neur(in)** <-s, -e> [magatsi'nøːɐ̯] m(f) ÖSTERR s. **Lagerverwalter**

Magd <-, Mägde> ['maːkt, pl: 'mɛːkdə] f ① (veraltend: Gehilfin für Haus-/Landarbeit) farmgirl ② (Jungfrau, Mädchen) maid[en]; **eine holde ~** a fair [or sweet] maid ▸ WENDUNGEN: **die ~ des Herrn** the Virgin Mary

Ma·gen <-s, Mägen o -> ['maːgn̩, pl: 'mɛːgn̩] m stomach, tummy usu childspeak; **ein voller ~** a full stomach; **mit leerem ~** with an empty stomach; **auf nüchternen ~** on an empty stomach; **jdm den ~ auspumpen** to pump out sb's stomach; **etw liegt jdm schwer im ~** (fam) das Essen liegt jdm schwer im ~ the food lies heavy on sb's stomach; (fig) jdm sehr zu schaffen machen) sth weighs heavily on [or troubles] sb; **einen nervösen/verstimmten ~ haben** to have a knot of nervousness in one's/an upset stomach; **mit leerem ~ zu Bett gehen** to go to bed hungry; **etwas/nichts im ~ haben** to have eaten/not have eaten sth; **jdm knurrt der ~** (fam) sb's stomach rumbles; **sich** dat [mit etw] **den ~ ver·derben** [o fam: verkorksen] to give oneself an upset stomach [by eating/drinking sth]; **sich den ~ voll·schlagen** to stuff one's face ▸ WENDUNGEN: **jdm hängt der ~ in den Kniekehlen** (fam) to be dying of hunger [or ravenous]; **jdm dreht** (fam) **sich der ~ um** sb's stomach turns; **etw schlägt jdm auf den ~** (fam) sth gets to sb

Ma·gen·aus·gang m pylorus **Ma·gen·be·schwer·den** pl stomach trouble, indigestion **Ma·gen·bit·ter** <-s, -> m bitters npl **Ma·gen·blu·tung** f gastric haemorrhage [or AM hemorrhage] **Ma·gen-Darm-Ka·tarr**RR m gastroenteritis no pl, no art **Ma·gen-Darm-Trakt** m gastrointestinal tract **Ma·gen·drü·cken** <-s, -> nt feeling of discomfort in the stomach **Ma·gen·durch·bruch** m MED perforation of the stomach **Ma·gen·ein·gang** m cardia **ma·gen·freund·lich** adj gentle on the stomach **Ma·gen·ge·gend** f gastric region; ▪ **in der ~** around the stomach **Ma·gen·ge·schwür** nt stomach [or peptic] ulcer **Ma·gen·gru·be** f pit of the stomach, epigastrium spec **Ma·gen·knur·ren** nt stomach rumble **Ma·gen·krampf** m meist pl gastric disorder **ma·gen·krank** adj suffering from a stomach disorder pred **Ma·gen·kran·ke(r)** f(m) dekl wie adj person suffering from a stomach disorder **Ma·gen·krank·heit** f stomach disorder **Ma·gen·krebs** m cancer of the stomach, gastric cancer **Ma·gen·ner·ven** pl schwache [o keine] ~ **haben** to have a weak stomach **Ma·gen·ope·**

ra·ti·on f operation of the stomach **Ma·gen·re·sek·ti·on** f gastric resection **Ma·gen·saft** m gastric juice **Ma·gen·säu·re** f hydrochloric acid **Ma·gen·schleim·haut** f stomach lining no pl, gastric mucous membrane no pl spec **Ma·gen·schleim·haut·ent·zün·dung** f gastritis **Ma·gen·schmer·zen** pl stomach ache [or pl pains] **Ma·gen·spie·ge·lung** f gastrocopy **Ma·gen·ver·stim·mung** f upset stomach, stomach upset

ma·ger ['maːɡɐ] adj ➊ (dünn) thin, skinny pej ➋ (fett·arm) low-fat; ~es Fleisch lean meat; ~e Kost low-fat food; ~ essen/kochen to eat/cook low-fat foods ➌ (wenig ertragreich) poor, practically infertile [or barren]; ~e Ernte (fig) a poor harvest; ~er Boden infertile ground; das ist aber eine ~e Ausbeute those are poor [or lean] pickings; (dürftig) feeble; ~e Jahre barren years

Ma·ger·jo·ghurt m o nt low-fat yoghurt **Ma·ger·kä·se** m low-fat cheese

Ma·ger·keit <-> f kein pl ➊ (dünne Beschaffenheit) thinness no pl, skinniness no pl pej ➋ (fettarme Beschaffenheit) sth low in fat ➌ (Dürftigkeit) meagreness BRIT, meagerness AM

Ma·ger·milch f kein pl low-fat [or skimmed] [or skim] milk **Ma·ger·mo·tor** m lean-mix engine **Ma·ger·quark** m kein pl low-fat quark [or curd cheese] **Ma·ger·sucht** f kein pl anorexia **ma·ger·süch·tig** adj inv MED anorexic

Ma·gie <-> [maˈɡiː] f ➊ (Zauberei) magic; ein Meister der ~ a master magician; schwarze ~ black magic ➋ (geheime Anziehungskraft) magic; ■ die ~ einer S. gen the magic of sth

Ma·gier(in) <-s, -> ['maːɡiɐ] m(f) magician

ma·gisch ['maːɡɪʃ] adj ➊ (Zauberei betreffend) magic; ~e Kräfte magic powers; ein ~er Trank a magic potion; der ~e Zirkel the magic circle ➋ (rätselhaft, unerklärlich) magical; eine ~e Anziehungskraft haben to have magical powers of attraction; eine ~e Musik enchanting music

Ma·gis·ter, Ma·gis·tra <-s, -> [maˈɡɪstɐ, maˈɡɪstra] m, f kein pl (Universitätsgrad [~ Artium]) Master's degree, Master's fam, Master of Arts; den ~ haben/machen to hold/work on [or do] a Master's [degree] ➋ (Inhaber des Universitätsgrades) Master ➌ ÖSTERR (Apotheker) pharmacist; ~ [pharmaciae] Master of Pharmacy ➍ (veraltet: Lehrer) [school]master dated

The **Magister Artium** is the most commonly awarded degree in the humanities and social sciences. Only certain combinations of major and minor subjects are permitted in a **Magister** course of study, generally either two majors or one major and two minors may be combined.

The introduction of the Bachelor and Master degrees a few years ago started a small revolution at German universities. The programmes give students the opportunity to complete their education quickly, and move on into the working world.

Ma·gis·ter·ar·beit f SCH Master's [degree] thesis [or dissertation]

Ma·gis·trat¹ <-[e]s, -e> [maɡɪsˈtraːt] m ➊ (Stadtverwaltung) municipal [or city/town] council, municipal [or city/town] authorities pl ➋ (hist) alderman

Ma·gis·trat² <-en, -en> [maɡɪsˈtraːt] m SCHWEIZ federal councillor [or AM councilor]

Mag·ma <-s, Magmen> ['maɡma, pl: 'maɡmən] nt magma

magna cum laude ['maɡna kʊm 'laʊdə] magna cum

laude; sie bestand die Prüfung ~ she passed the exam with distinction

Ma·gnat <-en, -en> [maˈɡnaːt] m magnate

Ma·gne·sia <-> [maˈɡneːzi̯a] f kein pl magnesia

Ma·gne·si·um <-s, kein pl> [maˈɡeːzi̯ʊm] nt magnesium

Ma·gnet <-[e]s o -en, -e[n]> [maˈɡneːt] m ➊ (magnetisches Metallstück) magnet ➋ (fig: Anziehungspunkt) magnet; unser Stadtfest ist immer ein ~ für viele Menschen our city festival always attracts a lot of people

Ma·gnet·bahn f s. Magnetschwebebahn **Ma·gnet·feld** nt magnetic field

ma·gne·tisch [maˈɡneːtɪʃ] adj magnetic; sie übte eine ~e Anziehungskraft auf ihn aus he was irresistibly drawn to her

ma·gne·ti·sie·ren [maɡnetiˈziːrən] vt ➊ (magnetisch machen) ■ etw ~ to magnetize sth ➋ MED ■ jdn ~ to mesmerize sb

Ma·gne·tis·mus <-> [maɡneˈtɪsmʊs] m kein pl ➊ PHYS magnetism ➋ (Mesmerismus) mesmerism, magnetism

Ma·gnet·kar·te f plastic card [with a magnetic strip] **Ma·gnet·kern** m magnet core **Ma·gnet·na·del** f magnetic needle **Ma·gne·to·sphä·re** <-> f kein pl magnetosphere **Ma·gnet·pol** m magnetic pole **Ma·gnet·schal·ter** m starter solenoid, solenoid starter switch spec **Ma·gnet·schwe·be·bahn** f magnetic railway **Ma·gnet·spu·le** f magnet coil **Ma·gnet·strei·fen** m magnetic strip

Ma·gno·lie <-, -n> [maˈɡnoːli̯ə] f Magnolia

mäh ['mɛː] interj baa

Ma·ha·go·ni <-s> [mahaˈɡoːni] nt kein pl mahogany **Ma·ha·go·ni·baum** m mahogany tree **ma·ha·go·ni·far·ben** adj mahogany **Ma·ha·go·ni·schrank** m mahogany cupboard

Ma·ha·ra·dscha <-s, -s> [mahaˈraːdʒa] m maharaja[h] **Ma·ha·ra·ni** <-, -s> [mahaˈraːni] f maharani, maharanee

Mäh·bin·der <-s, -> m binder

Mahd¹ <-, -en> ['maːt, pl: 'maːdn] f DIAL (das Mähen) mowing; (gemähtes Gras) mown grass, [new-mown] hay

Mahd² <-[e]s, Mähder> ['maːt, pl: 'mɛːdɐ] nt ÖSTERR, SCHWEIZ (Bergwiese) high pasture

Mäh·dre·scher <-s, -> m combine harvester

mä·hen¹ ['mɛːən] vt (abschneiden) ■ etw ~ to mow sth; das Gras ~ to mow the grass [or lawn]; (ernten) to reap; ein Feld ~ to harvest a field; ■ das M~ the mowing

mä·hen² ['mɛːən] vi (fam) Schaf to bleat, to baa fam

Mahl <-[e]s, -e o Mähler> ['maːl, pl: 'mɛːlɐ] nt pl selten (geh) ➊ (Speise) repast form, meal; ein ~ zu sich nehmen to have a meal ➋ (Einnahme einer Mahlzeit) meal; (Fest~) feast, banquet; beim ~[e] sitzen to be at [the] table

mah·len <mahlte, gemahlen> ['maːlən] I. vt (in einer Mühle zerreiben) ■ etw [zu etw] ~ to grind sth [into sth]; Getreide ~ to grind grain; (durch Zerreiben herstellen) to grind; Mehl ~ to grind flour; ■ gemahlen ground; gemahlener Kaffee ground coffee II. vi to chew carefully; die Kiefer/Zähne ~ to grind [or gnash] one's teeth ▸ WENDUNGEN: wer zuerst kommt, mahlt zuerst (prov) the early bird catches the worm prov

Mahl·gut <-es> nt kein pl (geh) grist

mäh·lich ['mɛːlɪx] adj (poet) s. allmählich

Mahl·stein m s. Mühlstein **Mahl·strom** m s. Malstrom **Mahl·zahn** m molar [tooth], mill tooth

Mahl·zeit ['maːltsaɪt] f ➊ (Essen) meal; eine kleine ~ a snack; eine ~ zubereiten/zu sich nehmen to prepare/have a meal ➋ (Einnahme von Essen) meal;

sich an die **~en halten** to eat meals at regular times; **gesegnete** *(geh)* **~!** bon appetit!, enjoy your meal!; **~!** DIAL *(fam)* ≈ [good] afternoon! *(greeting used during the lunch break in some parts of Germany)* ▸ WENDUNGEN: **na dann prost ~!** *(fam)* well that's just brilliant [*or* wonderful] *iron fam*

Mäh·ma·schi·ne *f (für Gras)* mower; *(für Getreide)* harvester, reaper

Mahn·be·scheid *m*, **Mahn·brief** *m* reminder, writ for payment

Mäh·ne <-, -n> ['mɛ:nə] *f* mane; **eine lange ~** *(fig)* a long mane

mah·nen ['ma:nən] **I.** *vt* ❶ *(nachdrücklich erinnern)* ▪ **jdn** [*an etw* [*o* **wegen etw**]] **~** to warn sb [of sth], to admonish sb *form;* **sie hat uns wegen der Gefahren gemahnt** she warned us of the dangers; ▪ **das M~** warning, admonishing *form* ❷ *(an eine Rechnung erinnern)* ▪ **jdn ~** to remind sb ❸ *(dringend auffordern)* ▪ **jdn zu etw ~** to urge sb to be/do sth; **jdn zur Geduld/Eile/Vorsicht ~** to urge sb to be patient/to hurry/to be careful; **die Dunkelheit mahnte die Wanderer zur Eile** *(fig)* the darkness urged them to hurry up; ▪ **jdn ~, etw zu tun** to urge sb to do sth **II.** *vi (geh)* ❶ *(gemahnen, erinnern)* ▪ **an etw ~** to be a reminder of sth ❷ *(veranlassen)* to cause; **der Wetterumschwung mahnte zur Eile** a change in the weather made us/him/her etc hurry; ▪ **zu etw ~** to urge sb to do sth

mah·nend I. *adj (ein Mahnen ausdrückend)* warning *attr;* admonitory *form;* **~e Vorzeichen** foreboding premonition **II.** *adv (in ~er Weise)* warningly, admonishingly; **~ den Zeigefinger erheben** to raise one's index finger in warning

Mahn·ge·bühr *f* ADMIN dunning charge

Mahn·mal <-[e]s, -e *(selten)* -mäler> ['ma:nma:l, *pl:* -mɛ:lɐ] *nt* memorial

Mahn·schrei·ben *nt (geh)* s. **Mahnbrief**

Mah·nung <-, -en> *f* ❶ *(mahnende Äußerung)* warning, admonition *form;* admonishment *form;* **eine ~ zur Vorsicht beherzigen/missachten** to take to heart/ignore a warning to be careful ❷ *(geh: warnende Erinnerung)* reminder; **ich hoffe, das war ihm eine ~** I hope that taught him a lesson ❸ *(Mahnbrief)* reminder, demand [for payment]

Mahn·wa·che *f group of demonstrators quietly drawing attention to sth;* **eine ~ halten** to stage a quiet demonstration

Mäh·re <-, -n> ['mɛ:rə] *f (veraltend pej)* jade

Mai <-[e]s *o* -o *poet* -en, -e> ['mai] *m pl selten* May AM; **der Erste ~** May Day; *s. a.* **Februar** ▸ WENDUNGEN: **im ~ seines Lebens stehen** to be in the springtime of life; **wie einst im ~** just like in the good old days *hum*

Mai·baum *m* ≈ maypole **Mai·blu·me** *f* mayflower **Mai·bow·le** [-bo:lə] *f white wine, champagne and woodruff punch*

Maid <-, -en> ['mait, *pl:* 'maidn] *f (veraltet)* maiden *old*

Mai·fei·er·tag *m (geh)* May Day **Mai·fisch** *m* ZOOL, KOCHK allice [*or* allis] shad, alewife **Mai·glöck·chen** *nt* lily of the valley **Mai·kä·fer** *m* cockchafer **Mai·kö·ni·gin** *f* May queen **Mai·kund·ge·bung** *f* May Day rally

Mail <-, -s> [me:l] *f o* DIAL *nt* INET *(fam)* e-mail, email **Mail·box** <-, -en> ['me:lbɔks] *f* INFORM mailbox **mai·len** ['me:lən] *vt* ▪ **etw ~** INET *(fam)* to [e-]mail, to email

Mai·ling <-[s]> ['me:lɪŋ] *nt kein pl* ❶ ÖKON mailshot ❷ INFORM electronic mail *no pl*

Mail·or·der <-> ['me:lʔɔ:ɐdɐ] *f kein pl* ÖKON mail order

Main <-, -[e]s> ['main] *m* the River Main, the Main river

Main·stream <-s> ['me:nstri:m] *m kein pl (Geschmack der Gesellschaftsmehrheit)* the mainstream; **~·Kultur** mainstream culture

Mainz <-> ['maints] *nt* Mainz

Mais <-es, -e> ['mais, *pl:* 'maizə] *m* ❶ *(Anbaupflanze)* maize *no pl* BRIT, corn *no pl* AM ❷ *(Maisfrucht)* sweet corn

Mais·an·bau *m* cultivation of maize [*or* AM corn] *no pl* **Mais·brot** *nt* corn bread

Mai·sche <-, -n> ['maiʃə] *f (fachspr)* ❶ *(gekelterte Trauben)* must ❷ *(bei Bier-/Spiritusherstellung)* mash

Mais·feld *nt* maize field BRIT, cornfield AM **mais·gelb** *adj* bright yellow **Mais·keim·öl** *nt kein pl* cornseed [*or* maize germ] oil **Mais·kol·ben** *m* corncob **Mais·korn** *nt* grain of maize [*or* AM corn] **Mais·mehl** *nt* cornflour BRIT, cornstarch AM **Mais·stär·ke** *f* maize [*or* AM corn] starch **Mais·stau·de** *f* maize [*or* AM corn] bush

Ma·jes·tät <-, -en> [majɛs'tɛ:t] *f* ❶ *(Titel)* Majesty; **Kaiserliche/Königliche ~** Imperial/Royal Majesty; **Seine/Ihre/Eure** [*o* **Euer**] **~** His/Her/Your Majesty ❷ *kein pl (geh: Erhabenheit, Würde)* majesty; **die ~ der Alpen** the majesty of the Alps; **etw strahlt ~ aus** sth has majesty

ma·jes·tä·tisch [majɛs'tɛ:tɪʃ] **I.** *adj* majestic **II.** *adv* majestically

Ma·jo <-, -s> ['ma:io] *f kurz für* **Mayonnaise** *(sl)* mayo *fam*

Ma·jo·nä·se <-, -n> [majo'nɛ:zə] *f* mayonnaise, mayo *fam*

Ma·jor(in) <-s, -e> [ma'jo:ɐ] *m(f)* major

Ma·jo·ran <-s, -e> ['ma:joran] *m* marjoram

ma·jo·ri·sie·ren [majori'zi:rən] *vt (geh: überstimmen und beherrschen)* ▪ **jdn ~** to outvote sb

Ma·jo·ri·tät <-, -en> [majori'tɛ:t] *f (geh: Mehrheit)* majority *no pl;* **die ~ haben** to have a majority, to be in the majority

Ma·jo·ri·täts·be·schluss[RR] *m (Mehrheitsbeschluss)* majority decision **Ma·jo·ri·täts·prin·zip** *nt (Mehrheitsprinzip)* principle of majority rule **Ma·jo·ri·täts·wahl** *f (Mehrheitswahl)* majority vote

Ma·jorz <-es> [ma'jɔrts] *m kein pl* POL SCHWEIZ *s.* **Majoritätswahl**

ma·ka·ber [ma'ka:bɐ] *adj* macabre

Ma·ka·ke <-n, -n> [ma'ka:kə] *m* ZOOL macaque

Ma·ke·do·ni·en <-s> [make'do:niən] *nt s.* **Mazedonien**

Ma·ke·do·ni·er(in) <-s, -> [make'do:niɐ] *m(f) s.* **Mazedonier**

Ma·ke·do·nisch [make'do:nɪʃ] *nt dekl wie adj* Macedonian; *s. a.* **Deutsch**

ma·ke·do·nisch [make'do:nɪʃ] *adj* Macedonian; *s. a.* **deutsch**

Ma·ke·do·ni·sche <-n> *nt* ▪ **das ~** Macedonian, the Macedonian language; *s. a.* **Deutsche**

Ma·kel <-s, -> ['ma:kl] *m* ❶ *(Schandfleck)* blemish, stigma; **ein ~ auf jds** [**blütenreiner**] **Weste** to blot one's copybook; **an jdm haftet ein ~** a dark mark against sb's name; **jdm haftet ein ~ an** *(geh)* sb's reputation is tarnished ❷ *(Fehler)* flaw; **ohne ~** flawless; **an jdm ist kein ~** sb's behaviour [*or* AM -or] is beyond reproach

Mä·ke·lei <-, -en> [mɛ:kə'lai] *f (pej)* ❶ *kein pl (Nörgelei)* moaning *no pl*, whinge[e]ing *no pl* BRIT *fam*, whining *no pl* AM *fam* ❷ *(mäkelnde Äußerung)* moan

ma·kel·los *adj* ❶ *(untadelig)* unblemished, untainted, untarnished; **einen ~en Ruf haben** to have an unblemished [*or* untarnished] reputation; **ein ~es Zeugnis** an impeccable report ❷ *(fehlerlos)* perfect; **eine ~e Aussprache/Haut/Figur haben** to have perfect pronunciation/skin/a perfect figure; *(vollkommen)*

completely; **etw ist ~ rein** sth is absolutely pure
Ma·kel·lo·sig·keit <-> f kein pl ❶ *(Untadeligkeit)*
impeccability no pl ❷ *(Fehlerlosigkeit)* perfection,
flawlessness no pl
ma·keln ['maːkl̩n] **I.** vt ▪ **etw ~** to deal in sth; **er**
makelt Häuser he is an agent for houses **II.** vi to act
as a broker
mä·keln ['mɛːkl̩n] vi *(pej fam)* to moan [or fam whinge]
[about sth]; **sie hatte immer etwas zu ~** she always
had sth to carp at
Make-up <-s, -s> [meːk'ʔap] nt make-up no pl; **ein**
tadelloses/scheußliches ~ tragen to wear perfect/
awful make-up
Mak·ka·ro·ni [maka'roːni] pl macaroni
Mak·ler(in) <-s, -> ['maːkle] m(f) broker; *(Immobi-
lien~)* estate agent BRIT, realtor AM
Mäk·ler(in) <-s, -> ['mɛːkle] m(f) *(pej fam)* moaner,
whinger BRIT fam, whiner AM fam
Mak·ler·ge·bühr f brok[er]age no pl; *(für Immobilien)*
agent's commission [or fee]
Ma·kre·le <-, -n> [ma'kreːlə] f mackerel
ma·kro·bi·o·tisch [makro'bi̯oːtɪʃ] adj macrobiotic; ~**e**
Kost macrobiotic food; ▪ **sich ~ ernähren** to eat
macrobiotic food, to stick to a macrobiotic diet **ma·
kro·ke·phal** [makroke'faːl] adj MED s. **makrozephal**
ma·kro·kos·misch ['maːkrokɔsmɪʃ] adj macrocosmic
Ma·kro·kos·mos ['maːkrokɔsmɔs] m macrocosm
Ma·kro·mo·le·kül ['maːkromoleky:l] nt BIOL macro-
molecule **ma·kro·mo·le·ku·lar** [makromoleku'laːɐ̯]
adj macromolecular
Ma·kro·ne <-, -n> [ma'kroːnə] f KOCHK macaroon
Ma·kro·struk·tur ['maːkroʃtruktuːɐ̯] f *(fachspr)* macro-
structure **makrozephal** [makrotse'faːl] adj MED
macrocephalic, macrocephalous **Makrozephalie**
[makrotsefa'liː] f MED macrocephaly no pl
Ma·ku·la·tur <-, -en> [makula'tuːɐ̯] f waste paper;
Akten als ~ einstampfen to pulp files to waste paper
▸ WENDUNGEN: **~ reden** *(fam)* to talk nonsense [or
BRIT fam rubbish]
ma·ku·lie·ren [maku'liːrən] vt ▪ **etw ~** to pulp sth
mal¹ ['maːl] adv ❶ MATH multiplied by, times; **drei mal**
drei ergibt neun three times three is nine ❷ *(eben
so)* **gerade ~** *(fam)* only; **sie war gerade ~ zwölf,**
als sie das Elternhaus verlassen musste she had
just turned twelve when she had to leave her parents'
home
mal² [maːl] adv *(fam)* kurz für **einmal**
Mal¹ <-[e]s, -e o nach Zahlwörtern: -> [maːl] nt *(Zeitpunkt)* time; **ein anderes ~** another time; **einige/**
etliche ~e sometimes/very often; **ein/kein einzi-**
ges ~ once/not once; **das erste ~** the first time; **ein-**
mal ist immer das erste ~ there's always a first time;
beim ersten/zweiten/letzten/... ~ the first/
second/last/ ... time; **zum ersten/letzten ~** for the
first/last time; **das letzte ~** the last time; **ein letz-**
tes ~ *(geh)* one last time; **mehrere ~e** several times;
das nächste ~ [the] next time; **nächstes ~** next time;
bis zum nächsten ~! see you [around]!; **das sound-**
sovielte [o x-te] **~** *(fam)* the millionth time; **vori-**
ges ~ last time; **das vorige ~** [the] last time, on a
number of occasions; **zum wiederholten ~[e]** over
and over again, repeatedly; **das wievielte ~?** how
many times? [or often?]; **[für] dieses ~** this time; **die-**
ses ~ werde ich ein Auge zudrücken this time I'll
turn a blind eye; **~ für ~** again and again; **von ~ zu ~**
increasingly; **er wird von ~ zu ~ besser** he gets better every time [I see him]; **[nur] das** [o dieses]
eine ~! just this once; **das eine oder andere ~** from
time to time, now and again; **ein für alle ~e** *(fig)*
once and for all; **mit einem ~[e]** *(fig)* all of a sudden
Mal² <-[e]s, -e o Mäler> ['maːl, pl: 'mɛːlɐ] nt ❶ pl -e
(Hautverfärbung) mark; *(Mutter~)* birthmark ❷ pl

Mäler *(geh: Denkmal)* memorial, monument; **ein ~**
errichten to erect a monument ❸ pl -e SPORT *(Feld-
markierung)* mark
ma·la·d(e) [ma'laːt, ma'laːdə] adj *(selten fam)* sick, ill,
unwell; **sich ~ fühlen** to feel ill
Ma·lai·isch [ma'laiɪʃ] nt dekl wie adj Malay[an]; s. a.
Deutsch
Ma·lai·ische <-n> nt ▪ **das ~** Malay[an], the
Malay[an] language; s. a. **Deutsche**
Ma·lai·se [ma'lɛːzə] f *(geh: unbefriedigende Situation)*
malaise
Ma·la·ria <-> [ma'laːri̯a] f kein pl malaria; **~ bekom-**
men to come down with malaria
Ma·la·wi <-s> [ma'laːvi] nt Malawi; s. a. **Deutschland**
Ma·la·wi·er(in) <-s, -> [ma'laːvi̯ɐ] m(f) Malawian; s. a.
Deutsche
ma·la·wisch [ma'laːvɪʃ] adj Malawian; s. a. **deutsch**
Ma·lay·sia <-s> [ma'laizi̯a] nt Malaysia; s. a.
Deutschland
Ma·lay·si·er(in) <-s, -> [ma'laizi̯ɐ] m(f) Malaysian; s. a.
Deutsche(r)
ma·lay·sisch [ma'laizɪʃ] adj Malayan; s. a. **deutsch**
Mal·buch nt colouring [or AM coloring] book
Ma·le·di·ven <-> [male'diːvn̩] pl ▪ **die ~** the Maldives
npl, the Maldive Islands pl; s. a. **Falklandinseln**
Ma·le·di·ver(in) <-s, -> m(f) Maldivian; s. a. **Deut-**
sche(r)
ma·le·di·visch adj Maldivian; s. a. **deutsch**
ma·len ['maːlən] **I.** vt ❶ *(ein Bild herstellen)* to paint;
ein Bild/Porträt ~ to paint a picture/portrait; **Schil-**
der ~ to paint signs; **einen Hintergrund ~** to paint a
background; *(künstlerisch darstellen)* paint; ▪ **jdn/**
etw ~ to paint sb/sth; **eine Landschaft ~** to paint a
landscape; **jdn in Öl ~** to paint sb in oils; ▪ **sich ~**
lassen to have one's portrait painted; **Figuren**
schwarz und weiß ~ *(fig)* to interpret figures as
black or white [or good or evil] ❷ DIAL *(anstreichen)* to
paint; ▪ **etw ~** to paint sth; **die Wände ~** to paint the
walls ❸ *(schminken)* to paint; **sich die Nägel/Lip-**
pen ~ to paint one's nails/lips **II.** vi to paint; **in mei-**
ner Freizeit male ich I paint in my free time; **wo**
haben Sie das M~ gelernt? where did you learn to
paint? **III.** vr *(geh: widerspiegeln)* ▪ **etw malt sich**
auf etw dat to suffuse sth; **auf ihrem Gesicht malte**
sich das blanke Entsetzen total horror was mir-
rored on her face
Ma·ler(in) <-s, -> ['maːlɐ] m(f) ❶ *(Künstler)* painter,
artist ❷ *(Anstreicher)* painter
Ma·le·rei <-, -en> [malə'rai] f ❶ kein pl *(das Malen als
Gattung)* painting; **moderne/zeitgenössische ~**
modern/contemporary painting; **sich mit der ~**
beschäftigen to be interested in painting[s] ❷ meist
pl *(gemaltes Werk)* paintings pl, picture; **die ~en**
eines Meisters the work of a master painter
Ma·ler·far·be f paint
ma·le·risch adj ❶ *(pittoresk)* picturesque; **ein ~er**
Anblick a picturesque view; **~ gelegen sein** to be
located in a picturesque place ❷ *(die Malerei betreffend)* artistic; **eine ~e Interpretation/Sichtweise**
an artistic interpretation/impression; **ein ~es Genie**
an artistic genius
Mal·heur <-s, -s o -e> [ma'løːɐ̯] nt mishap; **das ist**
doch kein ~! it's not the end of the world!; **jdm pas-**
siert ein [kleines] ~ sb has a [slight] mishap
Ma·li <-s> ['maːli] nt Mali; s. a. **Deutschland**
Ma·li·er(in) <-s, -> ['maːli̯ɐ] m(f) Malian; s. a. **Deut-**
sche(r)
ma·li·gne [ma'lɪgnə] adj MED *(bösartig)* malignant
ma·lisch ['maːlɪʃ] adj Malian; s. a. **deutsch**
ma·li·zi·ös [mali'tsi̯øːs] adj *(geh)* malicious
Mal·kas·ten m paint box
Mal·lor·ca [ma'jɔrka] nt Mallorca; s. a. **Sylt**

mal·neh·men ['ma:lne:mən] *vt irreg (fam)* ■ **etw mit etw ~** to multiply sth by sth; ■ **das M~** multiplication *no pl; s. a.* **multiplizieren**

Ma·lo·che <-> [ma'lo:xə] *f kein pl (sl)* [hard] work

ma·lo·chen* [ma'lo:xn̩] *vi (sl)* to slog [*or* slave] away; **auf dem Bau ~** to slave away on the building site

Mal·stift *m* crayon

Mal·strom *m (liter)* maelstrom

Mal·ta ['malta] *nt* Malta; *s. a.* **Sylt**

Mal·tech·nik *f* [painting] technique

Mal·te·ser <-s, -> [mal'te:zɐ] *m* ❶ *(Bewohner Maltas)* Maltese + *sing/pl vb* ❷ *(Angehöriger des Malteserordens)* Knight of Malta

Mal·te·ser·or·den *m* the Order of the Knights of Malta

Mal·te·sisch [mal'te:zɪʃ] *nt dekl wie adj* Maltese; *s. a.* **Deutsch**

mal·te·sisch [mal'te:zɪʃ] *adj inv* GEOL Maltese

Mal·te·si·sche <-n> *nt* ■ **das ~** Maltese, the Maltese language; *s. a.* **Deutsche**

Mal·to·se [mal'to:zə] *f* maltose

mal·trä·tie·ren* [maltrɛ'ti:rən] *vt (geh)* ■ **jdn ~** to abuse [*or* maltreat] sb

Ma·lus <-ses, - *o* -se> ['ma:lʊs] *m* ❶ *(Prämienzuschlag bei Versicherungen)* extra premium ❷ *(ausgleichender Punktnachteil)* minus point, handicap

Mal·ve <-, -n> ['malvə] *f* BOT malva, mallow, hollyhock

mal·ven·far·ben, **mal·ven·far·big** ['malvən-] *adj* mauve

Mal·vi·nen [mal'vi:nən] *pl s.* **Falklandinseln**

Malz <-es> ['malts] *nt kein pl* malt

Malz·bier *nt* malt beer **Malz·bon·bon** *nt o m* malt sweet [*or* AM candy] [*or* lozenge] **Malz·es·sig** *m* malt vinegar **Malz·kaf·fee** *m* malted coffee substitute **Malz·zu·cker** *m* malt sugar

Ma·ma <-, -s> ['mama] *f (fam)*, **Ma·ma** <-, -s> [ma'ma:] *f (veraltend geh)* mummy *fam*, mam[m]a *old*, mum; **grüßen Sie Ihre Frau ~** my regards to your dear mother

Mam·ba <-, -s> ['mamba] *f* ZOOL mamba

Ma·mi <-, -s> ['mami] *f (fam) s.* **Mama**

Mam·mo·gra·phie, **Mam·mo·gra·fie** <-, -n> [mamo-gra'fi:, *pl:* mamogra'fi:ən] *f* mammography

Mam·mon <-s> ['mamɔn] *m kein pl (pej o hum)* mammon *form pej*, money; **der schnöde ~** the rotten money, filthy lucre

Mam·mut <-s, -s *o* -e> ['mamʊt, 'mamu:t] *nt* mammoth

Mam·mut·baum *m* sequoia, giant redwood **Mam·mut·sit·zung** *f* marathon session **Mam·mut·tour·nee** *f* marathon tour **Mam·mut·ver·an·stal·tung** *f* huge [*or* mammoth] event **Mam·mut·ver·fah·ren** *nt* mammoth trial

mamp·fen ['mampfn̩] *(sl)* **I.** *vt* ■ **etw ~** to munch sth; **einen Schokoriegel ~** to munch a bar of chocolate **II.** *vi* to munch

man¹ <*dat:* einem, *akk:* einen> ['man] *pron indef* ❶ *(irgendjemand)* they, one *form*, you; ■ **~ tut etw** they/one does [*or* you do] sth; **das hat ~ mir gesagt** that's what I was told/they told me; **~ hätte uns schon viel früher davon informieren müssen** we should have been informed much sooner ❷ *(die Leute)* people, they; **das trägt ~ heute so** that's the way it's worn today; **so etwas tut ~ nicht** that just isn't done ❸ *(ich)* ~ **tut, was ~ kann** you do what you can; **~ versteht sein eigenes Wort nicht** I can't hear myself think

man² ['man] *adv* NORDD *(fam: nur [als Bekräftigung])* just; **lass' ~ gut sein** just leave it alone

Man [mæn] *nt* Isle of Man; *s. a.* **Sylt**

Ma·nage·ment <-s, -s> ['mɛnɪtʃmənt] *nt* ❶ *(Führung und Organisation eines Großunternehmens)* management + *sing/pl vb* ❷ *(Gruppe der Führungs-*

kräfte) management; **das mittlere ~** the middle management; **dem ~ angehören** to be a member of the board

ma·na·gen ['mɛnɪdʒn̩] *vt* ❶ *(bewältigen)* to manage; **etw gut ~** to manage sth well; **eine Aufgabe ~** to manage to complete a task; *(organisieren)* to organize ❷ *(eine Persönlichkeit betreuen)* to manage; ■ **etw/ jd ~** to manage sth/sb

Ma·na·ger(in) <-s, -> ['mɛnɪdʒɐ] *m(f)* manager

Ma·na·ger·krank·heit ['mɛnɪdʒɐ-] *f kein pl (fam)* stress-related illness; ■ **an der ~ leiden** to suffer from stress

manch ['manç] *pron indef, inv* ❶ *mit ein[e] + Substantiv (einige/viele)* many a, many; **so ~ ein Kind hat Probleme in der Schule** many children have problems at school ❷ *mit substantiviertem Adjektiv (viel)* many ... things; **~ anderer** many others; **~ eine(r)** *(einige)* many ❸ *mit Adjektiv und Substantiv im Singular (viele)* many a, many; ~ **großes Unrecht wird nie geahndet** many a wrong goes/many wrongs go unpunished

man·che(r, s) *pron indef* ❶ *adjektivisch, mit Plural (einige)* many, some; ~ **Menschen sind einfach klüger als andere** some people are simply cleverer than others ❷ *adjektivisch, mit Singular* a lot of, many a; ~**s Los ist schwer zu ertragen** many lots are difficult to endure ❸ *adjektivisch, mit substantiviertem Adjektiv* many [*or* a lot of] ... things, quite a few; ~**es Gute** much good ❹ *substantivisch (einige[s], viel[es])* many + *pl vb*; **ich habe viele Freunde, aber ~ sehe ich nur selten** I have a lot of friends, but some [of them] I only see rarely; ~ **Menschen** many people; *(bei Dingen)* many [things]; **in ~m** *(in einigem)* in many respects, in much [*or* many] of; **in ~em sieht man keinen Sinn** some things make no sense ❺ *substantivisch (viele/einige Dinge)* ■ ~**s** much/many, a lot of; **es gibt ~s zwischen Himmel und Erde, was man sich nicht erklären kann** there are many things between heaven and earth that cannot be explained ❻ *substantivisch (nicht wenige)* ■ ~**r, der/ ~, die** many people [*or* a person] who; ~ **von meinen Schulfreunden sind heute schon tot** many of my school friends have already passed away ❼ *substantivisch* ■ ~**s, was** much [*or* a lot] of what; **ich habe schon ~s bereut, was ich im Leben gesagt habe** I have come to regret a lot of the things I've said during my lifetime

man·cher·lei ['mançɐ'lai] ❶ *inv, adjektivisch (dieses und jenes)* all sorts of, various; ~ **Ursachen** all sorts of causes ❷ *substantivisch (Verschiedenes)* many things, various; **ich könnte ~ über ihn sagen** I could say a lot of things about him

man·cher·or·ten ['mançɐ'ʔɔrtn̩], **man·cher·orts** ['mançɐ'ʔɔrts] *adv (geh)* here and there; ~ **leben die Menschen noch wie vor hundert Jahren** in some places, people still live as they used to one hundred years ago

manch·mal ['mançma:l] *adv* ❶ *(gelegentlich)* sometimes ❷ SCHWEIZ *(oft)* often

Man·dant(in) <-en, -en> [man'dant] *m(f) (fachspr)* client

Man·da·rin <-s, -e> [manda'ri:n] *m* mandarin

Man·da·ri·ne <-, -n> [manda'ri:nə] *f (hist)* mandarin

Man·dat <-[e]s, -e> [man'da:t] *nt* ❶ *(Abgeordnetensitz)* seat; **ein ~ gewinnen** to win a seat; **sein ~ niederlegen** to resign [*or* give up] one's seat ❷ *(Auftrag eines Juristen)* mandate; **ein ~ übernehmen** to take over a mandate; *(Auftrag eines Abgeordneten)* mandate; **ein politisches ~** a political mandate

Man·del¹ <-, -n> ['mandl̩] *f* almond; **gebrannte ~n** sugared, roasted almonds; **bittere/süße ~n** bitter/ sweet almonds

M

Man·del² <-, -n> ['mandl] *f meist pl* ANAT tonsils *pl;* **entzündete ~n** inflamed tonsils; **die ~n herausbekommen** *(fam)* to have one's tonsils removed

Man·del·au·gen *pl (geh)* almond-shaped eyes **man·del·äu·gig** *adj (geh)* almond-eyed **Man·del·baum** *m* almond tree

Man·del·ent·zün·dung *f* tonsilitis *no art, no pl;* **eine ~ haben** to have tonsilitis

man·del·för·mig *adj* almond-shaped **Man·del·kern** *m s.* **Mandel¹ Man·del·kleie** *f* almond bran **Man·del·öl** *nt* almond oil

Man·del·ope·ra·ti·on *f* MED tonsillectomy

Man·do·li·ne <-, -n> [mando'liːnə] *f* mandolin[e]

Man·drill <-s, -e> [man'drɪl] *m* mandrill

Man·dschu·rei <-> [mandʒu'rai, mantʃu'rai] *f* Manchuria

Ma·ne·ge <-, -n> [ma'neːʒə] *f* ring, arena; **~ frei!** clear the ring!

Man·gan <-s> [maŋ'gaːn] *nt kein pl* manganese *no pl*

Man·gel¹ <-s, Mängel> ['maŋl, *pl:* 'mɛŋl] *m* ① *(Fehler)* defect, flaw; **technische Mängel** technical defects; **einen ~ beheben** [*o* beseitigen] /**erkennen** to eradicate/recognize flaws; **mit Mängeln behaftet sein** to be full of flaws ② *kein pl (Knappheit)* lack, shortage; **es besteht** [*o* herrscht] **~ an etw** *dat* there is a lack of sth; **ein ~ an Vitamin C** vitamin C deficiency; **einen ~ an Zuversicht haben** to have little confidence; **keinen ~ leiden** to not want for anything; **wegen ~s** [*o* aus ~] **an Beweisen** *dat* owing to a/the lack of evidence

Man·gel² <-, -n> ['maŋl] *f* mangle; ▸ WENDUNGEN: **jdn durch die ~ drehen** [*o* jdn in der ~ haben] [*o* jdn **in die ~ nehmen**] *(fam)* to grill sb *fam*, to give sb a grilling *fam*

Man·gel·be·ruf *m* understaffed profession **Man·gel·er·schei·nung** *f* deficiency symptom

män·gel·frei *adj* flawless

man·gel·haft *adj* ① *(unzureichend)* insufficient, inadequate; **~e Informationen** insufficient information; **eine ~e Leistung** a poor performance; **~e Kenntnisse** limited knowledge *no pl* ② *(zweitschlechteste Schulnote)* poor ③ *(Mängel aufweisend)* faulty; **eine ~e Software** faulty software

Man·gel·krank·heit *f* deficiency disease

man·geln¹ ['maŋln] *vi impers (ungenügend vorhanden sein)* ▪ **es mangelt an etw** there is a shortage of sth; **es mangelt vor allem an Lebensmitteln** above all there is a food shortage; ▪ **es mangelt** [jdm] **an etw** *dat* sb does not have enough of sth; **es jdm an nichts** *dat* **~ lassen** to make sure sb doesn't want for anything; ▪ **es mangelt jdm an etw** *dat* sb lacks [*or* does not have] sth; **dir mangelt es an der nötigen Reife** you do not have the necessary maturity [*or* are too immature] ② *(nicht vorhanden sein)* ▪ **etw mangelt jdm** sb lacks [*or* does not have] sth; **jdm mangelt der Ernst** sb is not serious enough

man·geln² ['maŋln] *vt (mit der Mangel² glätten)* ▪ **etw ~** to press sth, to put sth through the mangle

man·gelnd *adj* inadequate, insufficient; **sein größtes Problem ist sein ~es Selbstvertrauen** his main problem is his lack of self-confidence

man·gels ['maŋls] *präp mit gen (geh)* ▪ **~ einer S.** *gen* due to the lack of sth; **~ Beweise[n]** due to the lack of evidence; **~ Geldes** due to insufficient funds

Man·gel·wa·re *f* scarce commodity; **~ sein** to be a rare commodity

Man·go <-, -gonen *o* -s> ['maŋgo, *pl:* maŋ'goːnən] *f* mango

Man·go·baum ['maŋgo-] *m* mango tree

Man·gold <-[e]s, -e> ['maŋgɔlt, *pl:* 'maŋgɔldə] *m* Swiss chard

Man·gro·ve <-, -n> [maŋ'groːvə] *f* mangrove

Ma·nie <-, -n> [ma'niː, *pl:* ma'niːən] *f* ① *(geh: Besessenheit)* obsession; **sie hat eine regelrechte Computer~** she's really obsessed with computers ② PSYCH mania

Ma·nier <-, -en> [ma'niːɐ̯] *f* ① *kein pl (geh: Art und Weise)* manner, style; **nach deutscher ~** the way the Germans do it; **nach bewährter ~** following a tried and tested method; **in der ~ Brechts** à la Brecht ② *pl (Umgangsformen)* manners; **gute/schlechte ~en haben** to have good/bad manners; **jdm ~en beibringen** to teach sb some manners; **wo sind denn deine ~en!** *(fam)* where are your manners?!

ma·nie·riert [mani'riːɐ̯t] *adj (pej geh)* affected; **ein ~er Stil** an affected style

Ma·nie·ris·mus <-> [mani'rɪsmʊs] *m kein pl* mannerism *no art*

ma·nier·lich [ma'niːɐ̯lɪç] *adj (veraltend)* presentable, respectable; **~es Benehmen** respectable behaviour [*or* AM -or]; *(bei Kindern)* well-behaved; **sich ~ benehmen** to behave properly; **~ essen** to eat properly

Ma·ni·fest <-[e]s, -e> [mani'fɛst] *nt* ① *(öffentlich dargelegtes Programm)* manifesto; **das Kommunistische ~** the Communist Manifesto; **ein ~ verfassen** to draw up a manifesto ② NAUT manifest

Ma·ni·fes·tant(in) <-en, -en> [manifɛs'tant] *m(f)* ÖSTERR, SCHWEIZ demonstrator

Ma·ni·fes·ta·ti·on <-, -en> [manifɛsta'tsi̯oːn] *f* ① PSYCH, MED manifestation *form* ② *(öffentliche Bekundung, offensichtlicher Beweis)* demonstration

ma·ni·fes·tie·ren [manifɛs'tiːrən] *vr (geh)* ① *(zu Tage treten)* ▪ **sich in etw** *dat* **~** to become manifest [*or* apparent] in sth, to manifest itself in sth *form* ② MED, PSYCH *(auftreten)* ▪ **sich in jdm ~** Beschwerden, Symptome, etc. to become manifest in sb

Ma·ni·kü·re¹ <-> [mani'kyːrə] *f kein pl* manicure; **~ machen** to do a manicure

Ma·ni·kü·re² <-, -n> [mani'kyːrə] *f* manicurist

ma·ni·kü·ren [mani'kyːrən] *vt* ▪ **jdn/etw ~** to manicure sb's hands/nails/[sb's] sth, to give sb's hands/nails/sth a manicure

Ma·ni·ok <-s, -s> [ma'ni̯ɔk] *m* BOT, AGR manioc, cassava

Ma·ni·pu·la·ti·on <-, -en> [manipula'tsi̯oːn] *f (geh)* ① *(bewusste Beeinflussung)* manipulation *esp pej* ② *meist pl (pej: Machenschaften)* manipulation[s *pl, esp pej; (Trick)* manoeuvre BRIT, maneuver AM

ma·ni·pu·lier·bar *adj (pej)* malleable *a. pej;* **~er Mensch** malleable [*or* manipulable] person; **leicht/schwer ~ sein** to be easily manipulated [*or* easy to manipulate] / difficult to manipulate *a. pej*

Ma·ni·pu·lier·bar·keit <-> *f kein pl* manipulability *no pl a. pej; Mensch a.* malleability

ma·ni·pu·lie·ren [manipu'liːrən] I. *vt* ▪ **jdn/etw ~** to manipulate sb [*or* sth]; **jdn geschickt ~** to handle sb skilfully BRIT [*or* AM skillfully] II. *vi* ▪ **an etw** *dat* **~** to tamper with sth; *Wahlergebnisse* to rig sth

Ma·ni·pu·lie·rung <-, -en> *f s.* **Manipulation 1**

ma·nisch ['maːnɪʃ] *adj* manic; PSYCH maniac[al], manic

ma·nisch-de·pres·siv *adj* MED, PSYCH manic-depressive

Man·ko <-s, -s> ['maŋko] *nt* ① *(Nachteil)* shortcoming; **ein** [entscheidendes/großes] **~ haben** [*o* geh: **aufweisen**] to have a crucial/significant [*or* serious] shortcoming ② FIN *(Fehlbetrag)* deficit; **~ machen** *(fam)* to make a loss

Mann <-[e]s, Männer *o* Leute> ['man, *pl:* 'mɛnɐ] *m* ① *(erwachsener männlicher Mensch)* man; ▪ **Männer** men; *(im Gegensatz zu den Frauen a.)* males; **ein feiner ~** a [perfect] gentleman; **ein ~ schneller Entschlüsse/der Tat/weniger Worte** a man of quick decisions/of action/of few words; **ein ~ mit Ideen/festen Überzeugungen** a man with ideas/firm convictions; **ein ~ von Format/Welt** a man of high calibre [or AM -er] /of the world; **der ~ auf der Straße** the man in the street, Joe Bloggs BRIT, John Doe AM; **ein ~ des Todes sein** *(fam)* to be dead meat *fam!* [or a dead man]; **ein ~ aus dem Volk**[e] a man of the [common] people; **ein ~ von Wort** *(geh)* a man of his word; **der böse ~** the bogeyman [or bogyman] [or AM a. boogeyman]; **ein ganzer ~** a real [or every inch a] man; **den ganzen ~ erfordern** to need a [real] man; *(im Allgemeinen)* to be not for the faint-hearted; **jd ist ein gemachter ~** sb has got it made *fam;* **~s genug sein, etw zu tun** to be man enough to do sth; **junger ~!** young man!; **der kleine** [or **gemeine**] **~** the common [or ordinary] man, the man in the street, Joe Bloggs BRIT, John Doe AM; **der kleine ~** *(euph fam: Penis)* Johnson *sl,* BRIT *a.* John Thomas *sl;* **der böse** [o *veraltend:* **schwarze**] **~** *(Kinderschreck)* the bogeyman [or bogyman] [or AM *a.* boogeyman]; *(Kaminfeger)* chimney sweep; **den starken ~ markieren** [o **spielen**] *(fam)* to come [on] [or AM play] the strongman; **den wilden ~ spielen** [o **machen**] *(fam)* to rave like a madman *fam;* **auf den ~ dressiert** *Hund* trained to attack people *pred;* **der ~ jds Lebens sein** to be sb's ideal man; **der ~ im Mond** the man in the moon; **ein ~, ein Wort** an honest man's word is as good as his bond *prov;* **ein ~, ein Wort, und so tat er es auch** and, as good as his word, he did [do] it; **den toten ~ machen** *(beim Schwimmen)* to float [on one's back] *(Ehemann)* ▪jds ~ sb's husband [or *fam* man] [or *fam* hubby]; **~ und Frau werden** *(geh)* to become husband [or *dated* man] and wife; **jds zukünftiger ~** sb's future husband; **eine Frau an den ~ bringen** *(fam)* to marry off a woman *sep fam a. pej,* to find a woman a husband; **jdn zum ~ haben** to be sb's husband; **jds ~ werden** to become sb's husband ▪*(Person)* man; **sie kamen mit acht ~ an** eight [of them] arrived; **ein ~ vom Fach** an expert; **der richtige ~ am richtigen Ort** the right man for the job; **ein ~ der Praxis** a practised [or AM -iced] [or an old] hand; [genau] jds ~ sein to be [just] sb's man; **seinen/ihren ~ stehen** to hold one's own; **~ für ~** every single one; **~ gegen ~** man against man; **pro ~** per head; **selbst ist der ~!** there's nothing like doing things [or it] yourself; **wie ein ~** as a [or one] man; NAUT *(Besatzungsmitglied a.)* hand; **~ über Bord!** man overboard!; **alle ~ an Bord!** all aboard!; **alle ~ an Deck!** all hands on deck!; **alle ~ an die Taue!** all hands heave to!; **mit ~ und Maus untergehen** *(fam)* to go down with all hands ▪*(fam: in Ausrufen)* **~ Gottes!** God [Almighty]!; [mein] lieber ~! *(herrje!)* my God! *fam; (pass bloß auf!)* please!; **o ~!** oh hell! *fam;* **~, o ~!** dear[ie] me! *fam,* oh boy! *fam; (bewundernd)* wow! *fam; (herausfordernd)* hey! *fam* ▶ WENDUNGEN: **der kluge ~ baut vor** *(prov)* the wise man takes precautions; **einen kleinen ~ im Ohr haben** *(veraltend hum fam)* to have bats in one's belfry *dated fam,* to be crazy *fam;* **etw an den ~ bringen** *(fam)* to get rid of sth; *(fig fam)* perhaps you can get your parents to listen to this story!; *s. a.* **Mannen**

Männ·chen <-s, -> ['mɛnçən] *nt* ❶ *dim von* **Mann** little man *a. pej;* **~ machen** *Hund, dressiertes Tier* to stand up on its/their hind legs, to [sit up and] beg ❷ *(Strichmännchen)* [match]stick man [or figure]; **~ malen** to draw [match]stick men [or figures]; *(fig)* to doodle ❸ *(männliches Tier)* male; *Vogel a.* cock

Mann·de·ckung *f kein pl* SPORT man-to-man marking [or AM defense]

Man·nen ['manən] *pl* ❶ HIST men ❷ *(tüchtige Mitarbeiter)* men, troops *fam,* BRIT *a.* lads *fam*

Man·ne·quin <-s, -s> ['manəkɛ̃, manə'kɛ̃:] *nt nur fem* [fashion] model

Män·ner ['mɛnɐ] *pl von* **Mann**

Män·ner·be·kannt·schaft *f meist pl* boyfriend, male [or man] friend, male acquaintance *euph* **Män·ner·be·ruf** *m* male profession **Män·ner·be·we·gung** *f* ▪**die ~** the men's movement **Män·ner·bün·de·lei** <-, -en> *f (pej fam)* male intrigue[s *pl*] **Män·ner·chor** *m* male-voice [or men's] choir **Män·ner·do·mä·ne** *f* male preserve **män·ner·do·mi·niert** *adj* male-dominated **Män·ner·fang** *m* **auf ~** [aus]gehen/sein *(fam)* to go/be looking for a man **Män·ner·ge·schich·ten** *pl* **jds ~** sb's affairs with men **Män·ner·ge·sell·schaft** *f* ❶ SOZIOL *(vom männlichen Geschlecht dominiertes Gesellschaftssystem)* male-dominated society ❷ *(Gesellschaft von, Zusammensein mit Männern)* predominantly male company *no pl;* **in ~** in the company of men [or male company] **Män·ner·hand** *f* ▪**eine ~** a man's hand **Män·ner·hass**RR *m* hatred of men, misandry *spec* **Män·ner·klei·der** *pl* men's clothing *no pl* **Män·ner·lei·den** *nt* illness/complaint afflicting men **Män·ner·mann·schaft** *f* SPORT men's team **män·ner·mor·dend** *adj (hum fam)* man-eating *hum* **Män·ner·or·den** *m* REL male [or men's] order **Män·ner·sa·che** *f* man's affair [or business]; *(Fachgebiet)* male preserve; *(Arbeit)* man's job **Män·ner·stim·me** *f (männliche Stimme)* man's [or male] voice; **eine raue ~** a gruff male voice; MUS male voice **Män·ner·treu** <-, -> *f* BOT speedwell, veronica **Män·ner·über·schuss**RR *m* surplus of men

Man·nes·al·ter *nt* ▪**das ~** manhood *no art;* **im besten ~ sein** to be in one's prime [or in the prime of [one's] life [or manhood]]

mann·haft I. *adj* brave, valiant; **~er Widerstand** stout resistance II. *adv* bravely, valiantly; **~ Widerstand leisten** to put up [a] stout resistance

Mann·haf·tig·keit <-> *f kein pl* valour [or AM -or]

man·nig·fach ['manıçfax] *adj attr (geh)* multifarious *form,* manifold *liter*

man·nig·fal·tig ['manıçfaltıç] *adj (geh) s.* **vielfältig**

Man·nig·fal·tig·keit <-> *f kein pl (geh) s.* **Vielfältigkeit**

Männ·lein <-s, -> ['mɛnlain] *nt dim von* **Mann** little man, midget, man[n]ikin; **~ und Weiblein** *(hum fam)* boys and girls *hum*

männ·lich ['mɛnlıç] *adj* ❶ *(des Mannes)* male; **die ~en Drüsen** the glands of the male; **ein ~er Vorname** a man's/boy's name ❷ *(für den Mann typisch)* male; **ein ~er Duft/eine ~e Erscheinung** a masculine scent/appearance ❸ *(mannhaft)* manly ❹ *(maskulin)* masculine; **eine ~e Frau** a masculine [or *pej* mannish] woman ❺ LING, LIT masculine ❻ *Tier, Pflanze* male; **das ~e Tier** the male [animal]; **~e Pflanzen** male [or *spec* staminate] plants

Männ·lich·keit <-> *f kein pl* manliness *no pl,* masculinity *no pl*

Männ·lich·keits·ri·tu·al *nt* SOZIOL manhood ritual; **sich** *akk* **einem ~ unterziehen** to undergo a manhood ritual, to prove one's manhood

Manns·bild *nt* SÜDD, ÖSTERR *(fam)* he-man; **ein gestandenes ~ sein** to be a fine figure of a man

Mann·schaft <-, -en> *f* ❶ SPORT team ❷ *(Schiffs- o Flugzeugbesatzung)* crew ❸ *(Gruppe von Mitarbeitern)* staff + *sing/pl vb;* **vor versammelter ~** in front of the staff; *(vor aller Augen)* in front of everyone ❹ *pl* MIL enlisted men

Mann·schafts·geist *m kein pl* team spirit *no pl* **Mann·schafts·kampf** *m* team sport **Mann·schafts·raum** *m* crew's quarters *pl* **Mann·schafts·sport** *m* team sport **Mann·schafts·wa·gen** *m* der Polizei police van; MIL troop [or personnel] carrier; *(beim Radrennen)* team car **Mann·schafts·wer·tung** *f* team holdings *pl* **Mann·schafts·wett·be·werb** *m* team competition **Mann·schafts·zeit·fah·ren** *nt* team time trials *pl*

manns·hoch adj [as] tall as a man pred, ≈ six-foot attr, ≈ six feet [or foot] high/deep pred **manns·toll** adj (pej) man-crazy fam, nymphomaniac

Mann·weib nt (pej) masculine [or pej mannish] woman

Ma·no·me·ter[1] <-s, -> |mano'me:tɐ| nt TECH pressure gauge

Ma·no·me·ter[2] |mano'me:tɐ| interj (fam) boy oh boy! fam, BRIT a. Gordon Bennett! hum fam

Ma·nö·ver <-s, -> |ma'nø:ve| nt ❶ MIL manoeuvre BRIT, maneuver AM; **ins ~ gehen** [o ziehen] to go on manoeuvres ❷ (das Manövrieren (eines Fahrzeugs)) manoeuvre BRIT, maneuver AM; **das war vielleicht ein ~!** that took some manoeuvring! ❸ (pej: Winkelzug) trick, manoeuvre BRIT, maneuver AM

Ma·nö·ver·kri·tik |ma'nø:vekriti:k| f ❶ MIL critique of a manoeuvre [or AM maneuver] ❷ (abschließende Besprechung) inquest, post-mortem fig fam **Ma·nö·ver·scha·den** |ma'nø:ve·| m MIL damage caused by military manoeuvres [or AM maneuvers]

ma·nö·vrie·ren |manø'vri:rən| I. vi ❶ (hin und her lenken) ■ |mit etw| ~ to manoeuvre [or AM maneuver] |sth|, to handle sth; **mit etw geschickt ~** to handle [or manoeuvre] [or AM maneuver] sth skilfully ❷ (meist pej: lavieren) |geschickt/vorsichtig| ~ to manoeuvre [or AM maneuver] |cleverly [or skilfully] [or AM skillfully] /carefully| II. vt ■ **etw** |aus etw dat/ durch/um/in etw akk| ~ to manoeuvre [or AM maneuver] sth |out of/through/around/into sth|

ma·nö·vrier·fä·hig |manø'vri:r-| adj manoeuvrable BRIT, maneuverable AM **ma·nö·vrier·un·fä·hig** adj not manoeuvrable [or AM maneuverable], disabled

Man·sar·de <-, -n> |man'zardə| f ❶ (Dachzimmer) mansard ❷ (Spitzboden) attic; ■ **auf der ~** in the attic

Man·schet·te <-, -n> |man'ʃɛtə| f ❶ (Ärmelaufschlag) |shirt| cuff ❷ MED collar; Blutdruckmesser cuff ❸ (Dichtungsring) collar, packing no pl ▶ WENDUNGEN: **~n haben** (veraltend fam) to be scared stupid [or fam stiff]; **jd hat ~n vor jdm/etw** (veraltend fam) sb/the thought of sth scares the living daylights out of sb fam, BRIT a. sb/sth puts the wind up sb fam

Man·schet·ten·knopf m cuff link

Man·tel <-s, Mäntel> |'mantl, pl: 'mɛntl| m ❶ (Kleidungsstück) coat; (weit geschnitten) cloak; (Wintermantel) overcoat, greatcoat ❷ TECH sheath, covering; (Geschossmantel) jacket, casing ❸ AUTO outer tyre [or AM tire], casing ▶ WENDUNGEN: **den ~ des Schweigens über etw** akk **breiten** (geh) to keep sth under wraps

Män·tel·chen <-s, -> |'mɛntlçən| nt dim von **Mantel** little [or small] coat, BRIT a. coatee ▶ WENDUNGEN: **sein ~ nach dem Wind**|e| **drehen** [o hängen] [o kehren] to trim one's sails to the wind, to swim with the tide; **einer Sache** dat **ein ~ umhängen** to cover [or pej hush] up sth akk, to gloss over sth

Man·tel·fut·ter nt |coat| lining **Man·tel·knopf** m coat button **Man·tel·kra·gen** m |coat| collar **Man·tel·mö·we** f ORN great black-backed gull **Man·tel·stoff** m coat fabric, coating spec, overcoating spec **Man·tel·ta·rif·ver·trag** m ÖKON, POL skeleton wage agreement **Man·tel·tier** nt ZOOL tunicate

Ma·nu·al <-s, -e> |ma'nua:l| nt MUS manual

ma·nu·ell |ma'nuɛl| I. adj manual II. adv manually, by hand

Ma·nu·fak·tur <-, -en> |manufak'tu:ɐ| f ❶ (geh) factory; (kleiner) workshop ❷ ÖKON (hist) manufactory hist

Ma·nu·skript <-[e]s, -e> |manu'skrɪpt| nt manuscript; (geschrieben a.) MS

Ma·o·is·mus <-> |mao'ɪsmʊs| m kein pl POL Maoism **Ma·o·ri** |ma'o:ri| nt Maori; s. a. **Deutsch**

Map·pe <-, -n> |'mapə| f ❶ (Schnellhefter) folder, file

❷ (Aktenmappe) briefcase ❸ (Federmäppchen) pencil case

Mär <-, -en> |'mɛ:ɐ| f (hum) fairytale, BRIT a. fairy story

Ma·ra·bu <-s, -s> |'ma:rabu| m ORN marabou

Ma·rä·ne <-, -n> |ma'rɛ:nə| f ZOOL whitefish

Ma·rä·ne <-, -n> f ZOOL, KOCHK pollan, freshwater herring

Ma·ra·thon[1] <-s, -s> |'ma:ratɔn| m SPORT marathon **Ma·ra·thon**[2] <-s, -s> |'ma:ratɔn| nt (fig) marathon **Ma·ra·thon·lauf** m marathon **Ma·ra·thon·läu·fer**|in| m(f) marathon runner **Ma·ra·thon·sit·zung** f marathon session **Ma·ra·thon·ver·an·stal·tung** f marathon event

Mär·chen <-s, -> |'mɛ:ɐçən| nt ❶ (überlieferte Erzählung) fairytale; ■ **in ~/im ~** in the fairytales; **„~ aus Tausendundeiner Nacht"** "Tales from the Arabian Nights" ❷ (Lügengeschichte) tall [or BRIT a. fairy] story, fairytale, cock-and-bull story; **erzähl** |mir| **keine ~!** don't tell me any fairy stories!

Mär·chen·buch nt book of fairytales **Mär·chen·er·zäh·ler**|in| m(f) teller of fairytales, storyteller **Mär·chen·film** m film [or AM a. movie] of a fairytale, fairytale film [or AM a. movie] **Mär·chen·ge·stalt** f figure [or character] from a fairytale

mär·chen·haft I. adj fantastic, fabulous, fairy-tale attr II. adv fantastically, fabulously

Mär·chen·land nt kein pl **das ~** fairyland, dreamland, wonderland **Mär·chen·mo·tiv** nt subject of fairytale **Mär·chen·oper** f fairytale opera **Mär·chen·prinz**, **-prin·zes·sin** m, f fairy prince masc, Prince Charming masc hum fam, fairy princess fem

Mar·der <-s, -> |'mardɐ| m marten

Mar·ga·ri·ne <-, -en> |marga'ri:nə| f margarine, BRIT a. marge fam

Mar·ge <-, -n> |'marʒə| f ÖKON margin |of profit|

Mar·ge·ri·te <-, -n> |marga'ri:tə| f BOT marguerite, daisy

mar·gi·nal |margi'na:l| (geh) I. adj marginal II. adv marginally; **jdn ~ interessieren** to be of marginal interest to sb

Mar·gi·na·lie <-, -en> |margi'na:li̯ə| f meist pl LIT (Anmerkung zu einer Handschrift) marginal note, side-notes pl spec, marginalia pl spec

mar·gi·na·li·sie·ren |marginali'zi:rən| vt SOZIOL (geh) ■ **jdn ~** to marginalize sb [or BRIT a. -ise]

Ma·ria <-[s] o geh Mariä, -s> |ma'ri:a, gen geh: ma'ri:ɛ| f ❶ (Mutter Gottes) Mary; **Mariä Empfängnis** the Immaculate Conception; **Mariä Geburt** |the| Nativity of Mary; **Mariä Heimsuchung** the visitation of Mary; **Mariä Himmelfahrt** Assumption; **Mariä Verkündigung** the Annunciation, Annunciation [or esp BRIT Lady| Day; **die Heilige ~** Holy Mary ❷ (Bildnis, Statue) ■ **eine ~** |sein| |to be| a painting/statue of the Virgin Mary

Ma·ri·en·bild nt picture of the Virgin Mary **Ma·ri·en·kä·fer** m ZOOL ladybird BRIT, ladybug AM **Ma·ri·en·ka·pel·le** f ■ **die ~** the Lady Chapel **Ma·ri·en·kult** m ■ **der ~** the cult of the Virgin Mary, Mariolatry spec **Ma·ri·en·sta·tue** f statue of the Virgin Mary **Ma·ri·en·ver·eh·rung** f ■ **die ~** the adoration [or veneration] of the Virgin Mary, hyperdulia spec

Ma·ri·hu·a·na <-s> |mari'hu̯a:na| nt kein pl marijuana no pl, marihuana no pl

Ma·ril·le <-, -n> |ma'rɪlə| f ÖSTERR apricot

Ma·ri·na·de <-, -n> |mari'na:də| f ❶ (Soße zum Einlegen) marinade ❷ (marinierter Fisch) marinated [or marinaded] /pickled fish

Ma·ri·na·den·öl nt marinading oil

Ma·ri·ne <-, -n> |ma'ri:nə| f NAUT, MIL navy; ■ **bei der ~** in the navy

Ma·ri·ne·at·ta·ché |-ata'ʃe:| m naval attaché **ma·ri·ne·blau** adj navy blue **Ma·ri·ne·flie·ger**|in| m(f) naval pilot **Ma·ri·ne·of·fi·zier** m naval officer **Ma·ri·ne·stütz·punkt** m naval base **Ma·ri·ne·uni·form** f navy uniform

ma·ri·nie·ren [mari'ni:rən] vt ■ etw ~ to marinate [or marinade] sth; **marinierte Heringe** pickled herrings **Ma·ri·o·net·te** <-, -n> [mar i̯ o'nɛtə] f marionette, puppet a. fig

Ma·ri·o·net·ten·büh·ne f puppet show **Ma·ri·o·net·ten·schnur** f [puppet] string **Ma·ri·o·net·ten·spie·ler(in)** m(f) puppeteer **Ma·ri·o·net·ten·the·a·ter** nt puppet theatre [or AM -er]

ma·ri·tim [mari'ti:m] adj maritime

Mark[1] <-, - o (hum) Märker> ['mark, pl: 'mɛrkə] f (hist) mark; **Deutsche ~** German mark, deutschmark; **28 ~ 30** 28 marks thirty [pfennigs]; **das ist keine müde ~ wert** it isn't worth a penny; **jede [müde] ~ umdrehen** [o **mit jeder [müden] ~ rechnen] müssen** (fam) to think twice before spending anything; **die** [o **eine] schnelle ~ [machen]** (fam) to [make] a fast [or quick] [or an easy] buck fam; **sie lieben schnelle Autos und die schnelle Mark** they love fast cars and nice little earners fam

Mark[2] <-[e]s> ['mark] nt kein pl ❶ (Knochenmark) marrow; **etw geht jdm durch ~ und Bein** (hum fam) sth goes right through sb, sth sets sb's teeth on edge; **jdn bis aufs ~ aussaugen** to bleed sb dry [or fam white]; **bis ins ~** (fig) to the core [or quick]; **jdm bis ins ~ dringen** [o **gehen]** to cut sb to the quick ❷ (Fruchtfleisch) pulp

Mark[3] <-, -en> ['mark] f borderland, march spec; **die ~ Brandenburg** the Mark Brandenburg, the Brandenburg Marches

mar·kant [mar'kant] adj ❶ (hervorstechend) prominent; **~e Gesichtszüge** [finely] chiselled [or AM -eled] features ❷ (ausgeprägt) bold; **~er Stil** bold style ❸ (auffallend) striking

mark·durch·drin·gend adj (geh) bloodcurdling; **dieser schrille Pfeifton ist wirklich ~!** this shrill whistle really goes right through you [or sets your teeth on edge]

Mar·ke <-, -n> ['markə, pl: 'markn] f ❶ (fam) stamp; **eine ~ zu 55 Cent** a 55-cents stamp ❷ (Warensorte bestimmten Namens) brand; **das ist ~ Eigenbau** (hum) I made it myself ❸ (Dienstmarke) badge ❹ (Essensmarke) voucher ❺ SPORT mark; **die ~ von 7 Meter** the 7-metre [or AM -er] mark ► WENDUNGEN: **eine komische ~ [sein]** (fam) [to be] a strange [or pej weird] one

Mar·ken·ar·ti·kel m ÖKON proprietary [or branded] article **Mar·ken·ar·tik·ler(in)** m(f) ÖKON ❶ (Vertreter von Markenartikeln) branded [or proprietary] article [or good] salesman/saleswoman ❷ (Hersteller von Markenartikeln) branded [or proprietary] article [or good] manufacturer **Mar·ken·but·ter** f best quality butter **Mar·ken·ein·füh·rung** f ÖKON brand launch **Mar·ken·fab·ri·kat** nt ÖKON proprietary [or branded] article **Mar·ken·na·me** m ÖKON brand [or proprietary] name **Mar·ken·phi·lo·so·phie** f ÖKON brand philosophy **Mar·ken·wa·re** f brand, branded [or proprietary] article [or good] **Mar·ken·zei·chen** nt trademark a. fig

Mar·ker ['ma:rkə] m ❶ LING, BIOL marker ❷ (Stift zum Markieren von Text) marker [pen]

Mark·erb·se f marrow fat pea

mark·er·schüt·ternd adj inv heart-rending

Mar·ke·ten·der(in) <-s, -> [markə'tɛndə] m(f) HIST sutler masc spec, vivandière fem spec

Mar·ke·ten·de·rin <-, -nen> [markə'tɛndərɪn] f HIST fem form von **Marketender** vivandière spec

Mar·ke·ting <-s> ['ma:rkətɪŋ] nt kein pl marketing no pl, no indef art; **eine neue Strategie des ~s** a new marketing strategy

Mar·ke·ting·fach·mann, -fach·frau m, f marketing expert [or specialist] **Mar·ke·ting·fir·ma** f marketing company **Mar·ke·ting·kam·pa·gne** f marketing campaign **Mar·ke·ting·lei·ter(in)** m(f) marketing director [or manager]

Mark·graf, -grä·fin <-en, -en> ['markgra:f, -grɛ:fɪn] m, f HIST margrave

mar·kie·ren [mar'ki:rən] **I.** vt ❶ (kennzeichnen) ■ etw [als etw] ~ to mark sth [as sth]; **etw als falsch/richtig ~** to mark sth wrong/right; **etw durch Unterstreichen ~** to underline [or underscore] sth ❷ (fam) ■ etw ~ to play sth; **den Dummen/die Dumme ~** to play the idiot, BRIT a. to act daft fam **II.** vi (fam) ■ **~/nur ~** to put it on/to be just putting it on fam

Mar·kie·rung <-, -en> f ❶ kein pl (das Kennzeichnen) marking; ■ **die ~ von etw dat/einer S. gen** marking sth ❷ (Kennzeichnung) marking[s pl]

Mar·kie·rungs·li·nie f [marking] line **Mar·kie·rungs·pfeil** m arrow **Mar·kie·rungs·zei·chen** nt sign

mar·kig ['markɪç] adj vigorous; **ein ~er Spruch** a pithy saying

mär·kisch ['mɛrkɪʃ] adj of/from the Mark Brandenburg pred

Mar·ki·se <-, -n> [mar'ki:zə] f awning

Mark·kno·chen m marrow bone

Mark·stein m milestone

Mark·stück nt (hist) mark, [one-]mark piece

Markt <-[e]s, Märkte> ['markt, pl: 'mɛrktə] m ❶ (Wochenmarkt) market; **auf den/zum ~ gehen** to go to [the] market; **~ abhalten** to hold [or have] a market ❷ (Marktplatz) marketplace, market square; ■ **am ~** in the marketplace, on the market square; **am ~ wohnen** to live on the marketplace [or market square]; **auf dem ~** on the market; **auf den ~ gehen** to go onto the market ❸ ÖKON, FIN market; **auf dem** [o **am] ~** on the market; ■ **der ~ für etw** the sth market, the market for sth; **der Gemeinsame ~** [der EU] the Common Market; **der graue ~** the grey [or AM gray] market; **der schwarze ~** the black market; **etw auf den ~ bringen** to put sth on [or introduce sth into] the market; **auf den ~ gebracht werden** to come on[to] the market; **etw vom ~ nehmen** to take sth off [or out of] the market; **einen ~ mit Billigprodukten überschwemmen** to dump cheap products on the market; **etw auf den ~ werfen** to throw sth on the market

Markt·ana·ly·se f ÖKON market analysis **Markt·an·teil** m ÖKON market share, share of the market **markt·be·herr·schend** adj dominating [or controlling] the market pred; **jds ~e Stellung** sb's domination on [or control of] the market; ■ **~ sein** to dominate [or control] the market **Markt·be·richt** m market report **Markt·brun·nen** m market[place] fountain **Markt·bu·de** f market stall **Markt·ein·füh·rung** f ÖKON market launch, introduction on the market **markt·fä·hig** adj inv ÖKON marketable **Markt·for·schung** f kein pl market research no pl **Markt·frau** f market woman, [woman] stallholder **Markt·füh·rer** m ÖKON market leader **Markt·füh·rer·schaft** f ÖKON market leadership no pl **Markt·hal·le** f [covered] [or indoor] market **Markt·ka·pa·zi·tät** f market capacity, capacity of the market **Markt·korb** m market basket **Markt·la·ge** f market position [or situation], state of the market **Markt·lü·cke** f gap in the market; **mit etw] in eine ~ stoßen** to fill a gap in the market [with sth] **Markt·ni·sche** f [market] niche **Markt·platz** m marketplace, market square; ■ **auf dem ~** in the marketplace, on the market square **Markt·po·ten·zi·al**[RR] nt, **Markt·po·ten·ti·al** nt ÖKON market potential **Markt·rei·fe** f ÖKON market maturity **Markt·schrei·er(in)** <-s, -> m(f) HIST market crier **Markt·schwä·che** f weakness in the market, market weakness **Markt·seg·ment** nt ÖKON market segment **Markt·si·tu·a·ti·on** f market position [or situation], state of the market **Markt·stand** m [market] stall [or stand] **Markt·stel·lung** f kein pl ÖKON market position **Markt·stu·die** f ÖKON market study **Markt·tag** m ÖKON market day **Markt·test** m ÖKON market [or acceptance] test **Markt·un·ter·su·chung** f market survey [or study], research no pl, no indef art **Markt·vo·lu·men** nt market volume, size of a/the market **Markt·weib** nt (pej) s. **Marktfrau Markt·wert** m market value

Markt·wirt·schaft f kein pl ■ **die** ~ market economy; **die freie** ~ the free market economy; **die soziale** ~ social market economy

markt·wirt·schaft·lich I. adj attr of market economy pred; **die ~e Ordnung** the free enterprise system **II.** adv ~ **ausgerichtet** aligned along free market lines pred

Mar·kus·evan·ge·li·um [-evaŋɡe:lิʊm] nt ■ **das** ~ St[.] Mark's Gospel, the Gospel according to St[.] Mark

Mar·me·la·de <-, -n> [marmə'la:də] f jam; (aus Zitrusfrüchten) marmalade

Mar·me·la·den·brot nt jam sandwich [or BRIT a. butty] **Mar·me·la·den·glas** nt jam jar **Mar·me·la·den·her·stel·ler(in)** m(f) maker of jam/marmalade

Mar·mor <-s, -e> ['marmoːɐ̯] m marble

Mar·mor·bad nt marble bath **Mar·mor·block** m marble block **Mar·mor·brun·nen** m marble fountain **Mar·mor·büs·te** f marble bust **Mar·mor·fas·sa·de** f marble façade [or facade] **Mar·mor·flie·se** f marble tile **Mar·mor·fuß·bo·den** m marble floor

mar·mo·riert adj marbled

Mar·mor·ku·chen m marble cake

mar·morn ['marmɔrn] adj (aus Marmor) marble; **~e Blässe/~es Antlitz** marbled [or marbly] pallor/face

Mar·mor·skulp·tur f marble sculpture

ma·ro·de [ma'roːdə] adj ❶ (veraltend fam) washedout fam, dead-beat fam, ailing attr, moribund form ❷ (moralisch verdorben) brazen, shameless, rotten; **ein ~er Haufen** a brazen [or shameless] [or rotten] lot [or bunch] [or crowd] ❸ MIL (veraltend) unable to march

Ma·ro·deur <-s, -e> [maro'døːɐ̯] m MIL (geh) marauder

ma·ro·die·ren [maro'diːrən] vi MIL (geh) to maraud

Ma·rok·ka·ner(in) <-s, -> [marɔ'ka:nɐ] m(f) Moroccan

ma·rok·ka·nisch [marɔ'ka:nɪʃ] adj Moroccan; (das Land betreffend a.) of/from Morocco

Ma·rok·ko <-s> [ma'rɔko] nt Morocco

Ma·ro·ne¹ <-, -n> [ma'roːnə] f, **Ma·ro·ni** <-, -> [ma'roːni] f SÜDD, ÖSTERR [sweet [or edible]] chestnut

Ma·ro·ne² <-, -n> [ma'roːnə] f, **Ma·ro·nen·pilz** [ma'roːnənpɪlts] m cep[e], chestnut boletus, boletus badius spec

Ma·rot·te <-, -n> [ma'rɔtə] f quirk; [so] **seine/ihre ~n haben** he/she has his/her little quirks

Mars <-> ['mars] m kein pl ■ **der** ~ Mars

Mars·at·mo·sphä·re f ■ **die** ~ the atmosphere of Mars, the Martian atmosphere spec

marsch ['marʃ] interj (fam) be off with you!; (zu Kindern) scoot! fam; **~, ab mit euch ins Bett!** get into bed, chop chop! [or at the double] fam

Marsch¹ <-[e]s, Märsche> ['marʃ, pl: 'mɛrʃə] m ❶ (Fußmarsch) march ❷ (Wanderung) hike; **jdn** [zu **jdm/zu etw/nach etw**] **in ~ setzen** to dispatch sb [to sb/sth] form; **sich in ~ setzen** to move off ❸ (Marschmusik) march ▶ WENDUNGEN: **jdm den ~ blasen** (fig fam) to haul [or drag] sb over the coals

Marsch² <-, -en> ['marʃ] f marsh[land], fen

Mar·schall <-s, Marschälle> ['marʃal, pl: 'marʃɛlə] m [field] marshal

Mar·schall·stab m [field] marshal's baton

Marsch·be·fehl m order to march, marching orders pl **Marsch·flug·kör·per** m cruise missile **Marsch·ge·päck** nt pack

mar·schie·ren [mar'ʃiːrən] vi sein ❶ MIL ■ [aus etw/durch etw/nach etw/in etw akk] ~ to march [out of/through/to/into sth]; **2/3/etc. km zu ~ haben** to have a 2/3/etc.-km march ahead of one ❷ (stramm zu Fuß gehen) to go [or walk] at a brisk pace ❸ KOCHK to be under preparation

Marsch·land nt marsh[land], fen[s pl]

Marsch·lied nt marching song **Marsch·mu·sik** f marching music, military marches pl **Marsch·rich·tung** f direction [or route] of march, route **Marsch·rou·te** f direction [or route] of march, route; (Vorgehensweise) line of approach **Marsch·ver·pfle·gung** f field rations pl

Mar·shal·ler(in) <-s, -> [marʃale] m(f) Marshallese; s. a. **Deutsche(r)**

Mar·shall·in·seln pl, **Mar·shall-In·seln** ['marʃalɪnzln] pl SCHWEIZ Marshall Islands pl; s. a. **Falklandinseln**

mar·shal·lisch adj Marshallese; s. a. **deutsch**

Mar·shall·plan m kein pl HIST ■ **der** ~ the Marshall Plan

Mars·mensch m Martian; **sie hat mich angeschaut, als wäre ich ein** ~ she looked at me as if I had come from Mars

Mars·se·gel nt NAUT topsail

Mar·ter <-, -n> ['martɐ] f ❶ (geh) torture no pl; **unter der** ~ under torture ❷ (fig: Qual) torment no art; **eine einzige** ~ sheer torment

Mar·terl <-s, -n> ['martɐl] nt SÜDD, ÖSTERR roadside shrine with a niche for a crucifix or saint's image

mar·tern ['martɐn] vt (geh) ■ **jdn** ~ to torture sb; ■ **sich** [mit etw] ~ (fig) to torment oneself [with sth]

Mar·ter·pfahl m HIST stake

mar·ti·a·lisch [mar'tsิa:lɪʃ] adj (geh) martial, warlike form

Mar·tin-Horn® ['marti:n-], **Mar·tins·horn®** ['marti:nz-] nt [police/fire] siren; **mit** ~ **fahren** to drive with the siren blaring [or going]

Mar·ti·nique [marti'nik] nt Martinique; s. a. **Sylt**

Mär·ty·rer(in) <-s, -> ['mɛrtyrɐ, 'mɛrtyrarɪn] m(f) (geh o a. fig) martyr; **als** ~ **sterben** to die a martyr, to be martyrized spec; **jdn zum** ~ **machen** to make a martyr of sb, to martyrize sb spec

Mär·ty·rer·tod m martyr's death; **den** ~ **sterben** to die a martyr['s death]

Mar·ty·ri·um <-, -rien> [mar'tyːริʊm, pl: mar'tyːริən] nt ❶ (Leidensweg) martyrdom ❷ (fig geh) agonizing ordeal

Mar·xis·mus <-> [mar'ksɪsmʊs] m kein pl ■ **der** ~ Marxism no pl

Mar·xis·mus-Le·ni·nis·mus <-> m kein pl ■ **der** ~ Marxism-Leninism no pl

Mar·xist(in) <-en, -en> [mar'ksɪst] m(f) Marxist

mar·xis·tisch [mar'ksɪstɪʃ] adj Marxist

März <-[es] o liter -en, -e> ['mɛrts] m March; s. a. **Februar**

Mär·zen <-[s], -> ['mɛrtsn] nt, **Mär·zen·bier** nt, **Mär·zen·bier** nt a strong, dark beer

Mär·zen·be·cher m, **Mär·ze·be·cher** m BOT snowflake

Mar·zi·pan <-s, -e> [martsi'pa:n] nt o m marzipan

Mar·zi·pan·brot nt marzipan bar [or loaf] **Mar·zi·pan·fül·lung** f marzipan filling **Mar·zi·pan·rie·gel** m marzipan bar

Ma·sche <-, -n> ['maʃə] f ❶ (Schlaufe) stitch; Netz hole; ■ **~n** stitches pl, stitching; Netz mesh; **ein Netz mit engen ~n** a net with a fine mesh, a fine-meshed net ❷ (Strickmasche) stitch; **eine linke und eine rechte** ~ **stricken** to knit one [plain], purl one; **eine ~ fallen lassen** to drop a stitch; **eine ~ aufnehmen**

to pick up a stitch ➌ SÜDD, ÖSTERR, SCHWEIZ *(Schleife)* bow ➍ *(fam)* trick; *(um etwas zu umgehen)* dodge *fam;* **die ~ raushaben** *(fam)* to know how to do it ▸ WENDUNGEN: **durch die ~n des Gesetzes schlüpfen** to slip through a loophole in the law; **jdm durch die ~n schlüpfen** to slip through sb's net

Ma·schen·draht *m* wire netting

Ma·schen·draht·zaun *m* wire-netting fence

Ma·schi·ne <-, -n> [maˈʃiːnə] *f* ➊ *(Automat)* machine; **~n** *pl* machinery *nsing* ➋ *(Flugzeug)* plane ➌ *(Motor)* engine ➍ *(Motorrad)* bike *fam;* **eine schwere ~** a heavy machine, AM *a.* a hog *sl* ➎ *(Rennrad)* racing bike *fam* ➏ *(Schreibmaschine)* typewriter; **~ schreiben** to type ➐ *(Waschmaschine)* washing machine ➑ *(menschlicher Roboter)* robot, machine

ma·schi·nell [maʃiˈnɛl] **I.** *adj* machine *attr* **II.** *adv* by machine

Ma·schi·nen·bau *m kein pl* ➊ *(Konstruktion von Maschinen)* machine construction ➋ SCH mechanical engineering **Ma·schi·nen·ele·ment** *nt* machine component *[or part] [or spec* element] **Ma·schi·nen·fuß** *m* machine base **ma·schi·nen·ge·schrie·ben, ma·schin·ge·schrie·ben** *adj* ÖSTERR type-written, typed **Ma·schi·nen·ge·wehr** *nt* machine gun, MG *spec;* **im Feuer der ~e** in machine-gun fire **Ma·schi·nen·ge·wehr·feu·er** *nt* machine-gun fire **ma·schi·nen·les·bar** *adj* machine-readable **Ma·schi·nen·öl** *nt* machine[ry] oil **Ma·schi·nen·pis·to·le** *f* submachine gun **Ma·schi·nen·raum** *m a.* NAUT engine room **Ma·schi·nen·scha·den** *m*, **Ma·schin·scha·den** *m* ÖSTERR engine failure *[or* trouble] **Ma·schi·nen·schlos·ser[in]** *m(f)* [machine] fitter **Ma·schi·nen·schrift** *f*, **Ma·schin·schrift** *f* ÖSTERR in type[script], typewriting; **in ~** in type[script], typewritten *[or* typed] sth; **etw ist in ~ verfasst** sth has been typed *[or* typewritten] **Ma·schi·nen·teil** *nt* machine part

Ma·schi·ne·rie <-, -n> [maʃinəˈriː, *pl:* maʃinəˈriːən] *f* ➊ *(Mechanismus)* piece of machinery; *(Bühnenmaschinerie)* stage machinery ➋ *(pej, fig geh)* machinery *no indef art*

Ma·schi·nist[in] <-en, -en> [maʃiˈnɪst] *m(f)* ➊ NAUT [ship's] engineer ➋ *(Arbeiter an einer Maschine)* machinist

Ma·ser <-, -n> [ˈmaːzə] *f meist pl (Holzmusterung)* vein

Ma·sern [ˈmaːzɐn] *pl* ▸ **die ~** the measles, rubella *no pl spec;* **die ~ haben** to have [got] the measles

Ma·se·rung <-, -en> *f* grain

Mas·kat <-s> [ˈmaskat] *nt* Muscat

Mas·ke <-, -n> [ˈmaskə] *f* ➊ *(a. fig)* mask; **die ~ abnehmen** to take off *[or a. fig* drop] one's mask; **die ~ fallen lassen** *(fig)* to throw off one's mask; **jdm die ~ herunterreißen** *[o* **die ~ vom Gesicht reißen]** *(fig)* to unmask sb; **hinter der ~ von etw** behind the image *[or* facade] of sth ➋ *(Reinigungsmaske)* [face] mask ➌ *(Schutzmaske)* [protective] mask; *(gegen Gasangriffe)* gas mask ➍ THEAT make-up *no indef art*

Mas·ken·ball *m* masked ball, masque[rade] **Mas·ken·bild·ner[in]** *m(f)* make-up artist

mas·ken·haft *adj* mask-like

Mas·ken·ver·leih *m* fancy-dress *[or* costume] hire *[or* AM rental]

Mas·ke·ra·de <-, -n> [maskəˈraːdə] *f* ➊ *(Verkleidung)* [fancy-dress] costume ➋ *(pej geh)* pretence *[or* AM -se]

mas·kie·ren* [masˈkiːrən] *vt* ➊ *(unkenntlich machen)* ▪ **etw ~** to disguise sth; ▪ **sich [mit etw] ~** to put on a [certain] mask *[or* disguise] ➋ *(verkleiden)* ▪ **jdn [als etw/ein Tier] ~** to dress [up *sep*] sb [as sth/an animal]; ▪ **sich [als etw/ein Tier] ~** to dress up [as sth/an animal] ➌ *(verdecken)* ▪ **etw [mit etw] ~** to disguise *[or* mask] sth [with sth]

mas·kiert *adj* masked

Mas·kier·te[r] *f(m) dekl wie adj* masked man *masc,* masked woman *fem*

Mas·kie·rung <-, -en> *f* ➊ *kein pl (das Verkleiden)* dressing up ➋ *(Verkleidung)* mask

Mas·kott·chen <-s, -> [masˈkɔtçən] *nt* [lucky] mascot

mas·ku·lin [maskuˈliːn] *adj* ➊ LING masculine; *(geschrieben a.)* masc[.] ➋ *(das Männliche betonend)* masculine ➌ *(unweiblich)* masculine, mannish *a. pej*

Mas·ku·li·num <-s, Maskulina> [ˈmaskuliːnʊm, *pl:* ˈmaskuliːna] *nt* LING masculine noun

Ma·so·chis·mus <-> [mazoˈxɪsmʊs] *m kein pl* masochism *no pl*

Ma·so·chist[in] <-en, -en> [mazoˈxɪst] *m(f)* masochist

ma·so·chis·tisch *adj* masochistic

maß [maːs] *imp von* **messen**

Maß¹ <-es, -e> [maːs] *nt* ➊ *(Maßeinheit)* measure, system of measurement ➋ *(Bandmaß)* tape measure ➌ *(Hohlmaß)* measuring jug BRIT *[or* AM cup]; **mit zweierlei** *[o* **verschiedenem] ~ messen** *(a. fig)* to operate a double standard *a. fig* ➍ *pl (gemessene Größe)* measurements, dimensions; **die ~ des Zimmers sind 5 m mal 7 m** the room measures 5 m by 7 m; **~ nehmen** to measure up ➎ *pl (zum Anfertigen von Kleidung)* measurements; *(von Frauen a.* vital statistics; **jds ~e** *[o* **bei jdm ~e] nehmen** to measure sb, to take sb's measurements/vital statistics; **Anzüge nach ~** suits made to measure *[or* AM order], made-to-measure *[or* BRIT *form* bespoke] suits ➏ *(Ausmaß)* extent, degree, proportion; **ein bestimmtes ~ an etw** *[o* gewisses] a certain degree of sth; **der Kraftstoffverbrauch steigt in dem ~e, wie die Geschwindigkeit steigt** fuel consumption increases in proportion to the speed; **in dem ~e, wie man sie reizt, steigert sich auch ihr Zorn** the more you annoy her, the more angry she gets; **in besonderem ~[e]** especially; **in geringem ~[e]** to a small extent; **in nicht geringem ~[e]** to no small measure; **in gewissem/höherem ~[e]** to a certain/greater degree *[or* extent]; **in gleichem ~[e]** to the same degree; **in großem ~[e]** to a great extent; **in höchstem ~[e]** extremely; **in hohem ~[e]** to a high degree; **in reichem ~[e]** liberally, generously; **in reichem ~e vorhanden sein** to be in abundance; **in solchem ~[e]** to such an extent; **in vollem ~e** completely; **in welchem ~[e] ...?** to what extent ...?; **in zunehmendem ~e** increasingly; **in** *[o* mit] ~**en** in moderation; **in** *[o* mit] ~**en essen** to eat with moderation; **über alle** *[o* die] ~**en** *(geh)* beyond all measure; **weder ~ noch Ziel kennen** to know no bounds; **ohne ~ und Ziel** immoderately; **~ halten** to practise *[or* AM -ice] moderation; **im Essen/Trinken ~ halten** to eat/drink with moderation; **beim Rauchen ~ halten** to smoke in moderation, to be a moderate smoker ▸ WENDUNGEN: **das ~ aller Dinge** the measure of all things; **das ~ ist voll** that's enough of that, enough is enough, that's the limit; **das ~ läuft über das bringt das ~ zum Überlaufen** sb's patience is at an end; **[und] um das ~ voll zu machen, ...** [and] to cap it all, ...; **ein gerüttelt ~ an etw** *dat* [*o dat* **von etw**] *(geh)* a fair amount of sth; **ein gerüttelt ~ an Dreistigkeit brauchen** to need more than one's fair share of audacity

Maß² <-, -> [ˈmaːs] *f* SÜDD litre *[or* AM liter] [tankard] of beer; **eine ~ Bier** a litre of beer

Mas·sa·ge <-, -n> [maˈsaːʒə] *f* massage; **~n nehmen** to have massage treatment *[or* a massage]

Mas·sa·ge·ge·rät *nt* vibrator **Mas·sa·ge·in·sti·tut** *nt* massage parlour *[or* AM -or] **Mas·sa·ge·öl** *nt* massage oil **Mas·sa·ge·sa·lon** *m* *(veraltend: Massageinstitut)* massage parlour *[or* AM -or]; *(euph: Bordell)* massage parlour **Mas·sa·ge·stab** *m* ➊ *(Massagegerät)* vibrator ➋ *(euph: Dildo)* dildo

Mas·sa·ker <-s, -> [maˈsaːkɐ] *nt* massacre

M

mas·sa·krie·ren' [masa'kriːrən] *vt* ■ **jdn** ~ to massacre sb

Maß·an·zug *m* made-to-measure [*or* BRIT *form a.* bespoke] suit **Maß·ar·beit** *f* ❶ *(Fertigung nach Maß)* ■ **etw in** ~ sth made to measure; ~ **sein** *(a. fig fam)* to be a neat bit of work ❷ *(Kleidungsstück nach Maß)* made-to-measure [*or* BRIT *form* bespoke] dress/suit/etc.; ■ ~ **sein** to be made to measure **Maß·band** *nt =* Messband *s.* Bandmaß

Mas·se <-, -n> ['masə] *f* ❶ *(breiiges Material)* mass; **eine klebrige/träge** ~ a sticky/viscous mass ❷ *(Backteig)* mixture ❸ *(große Anzahl)* crowd; *Besucher* host; **~n von Tauben** hundreds/thousands etc. [*or fam* loads] of pigeons; **in ~n** in droves, in their [*or* AM by the] hundreds/thousands etc.; **eine [ganze]** ~ [etw] *(fam)* a lot [*or* great deal] [of sth]; **mangels** ~ ÖKON for lack of assets ❹ *(Mehrheit)* majority; **die breite** [*o* **große**] [*o* **überwiegende**] ~ the majority ❺ PHYS mass

Maß·ein·heit *f* unit of measurement

Mas·sen·an·drang *m* crush [of people] **Mas·sen·ar·beits·lo·sig·keit** *f* mass unemployment *no art* **Mas·sen·ar·ti·kel** *m* mass-produced article **Mas·sen·auf·lauf** *m* crowds *pl* of people **Mas·sen·be·för·de·rungs·mit·tel** *nt* means of mass transportation **Mas·sen·be·we·gung** *f* SOZIOL mass movement **Mas·sen·blatt** *nt (Zeitung)* mass-circulation newspaper; *(Zeitschrift)* mass magazine **Mas·sen·de·mon·stra·ti·on** *f* mass demonstration **Mas·sen·ent·las·sung** *f meist pl* mass redundancies [*or* AM layoffs] *pl* **Mas·sen·er·schie·ßung** *f* mass executions *pl* **Mas·sen·fa·bri·ka·ti·on** *f,* **Mas·sen·fer·ti·gung** *f s.* **Massenproduktion Mas·sen·flucht** *rare f* mass exodus **Mas·sen·grab** *nt* mass grave

mas·sen·haft I. *adj* on a huge [*or* massive] scale; **das ~e Auftreten** [*o* **Erscheinen**] **von etw** the appearance of a huge number of sth; **die ~e Hinrichtung von Personen** the mass executions of people II. *adv (fam)* in their [*or* AM by the] hundreds [*or* thousands] etc., in droves; ~ **sterben** to drop [off] like flies *fam* **Mas·sen·hys·te·rie** [-hʏsteriː] *f* mass hysteria **Mas·sen·ka·ram·bo·la·ge** [-karambola:ʒə] *f* multiple [car] crash, pile-up *fam* **Mas·sen·kri·mi·na·li·tät** *f* ■ **die** ~ mass criminality **Mas·sen·kund·ge·bung** *f* mass rally **Mas·sen·me·di·en** *pl* mass media + *sing/pl vb* **Mas·sen·mord** *m* mass murder **Mas·sen·mör·der(in)** *m(f)* mass murderer, serial killer **Mas·sen·pro·duk·ti·on** *f* mass production; **in ~ hergestellt** mass-produced **Mas·sen·ster·ben** *nt* mass of [*or* wide-spread] deaths *pl* **Mas·sen·tier·hal·tung** *f* ■ **[die]** ~ intensive livestock farming **Mas·sen·tou·ris·mus** *m kein pl* mass tourism *no pl* **Mas·sen·un·ter·kunft** *f* collective accommodation *no pl form* **Mas·sen·ver·haf·tung** *f* mass arrests *pl* **Mas·sen·ver·nich·tungs·waf·fen** *pl* weapons of mass destruction, WMD **Mas·sen·ver·samm·lung** *f* mass meeting **Mas·sen·wa·re** *f* mass-produced article **mas·sen·wei·se** *adj s.* **massenhaft**

Mas·seur(in) <-s, -e> [ma'søːɐ̯] *m(f)* masseur *masc,* masseuse *fem*

Mas·seu·se <-, -n> [ma'søːzə] *f* ❶ *(euph: Prostituierte)* masseuse *euph* ❷ *(veraltend) fem form von* **Masseur**

Maß·ga·be <-, -n> *f (geh)* ■ **mit der ~, dass ...** on [the] condition [*or* with [*or* subject to] the proviso] that ... *form;* **nach** ~ *(geh)* in accordance with, ... according to

maß·ge·bend, maß·geb·lich ['ma:sge:plɪç] *adj* ❶ *(ausschlaggebend)* decisive; **die ~en Hintermänner von etw/einer S.** *gen* the men behind sth; **~e Kreise** influential circles; **~e Persönlichkeiten** people in authority [*or* power] ❷ *(besondere Bedeu-* tung besitzend) significant; ■ **[für jdn] nicht ~ sein** to not weigh [*or* signify], to not weigh with sb **maß·ge·recht** *adj* exactly the right size *pred* **maß·ge·schnei·dert** *adj* ❶ *(nach Maß gefertigt)* made-to-measure, *form* bespoke *attr* ❷ *(fig: perfekt zurechtgelegt)* perfect; **eine ~e Ausrede** a perfect excuse

mas·sie·ren¹ [ma'siːrən] I. *vt* ■ **jdn** ~ to massage sb; ■ **jdm/sich etw** ~ to massage sb's/one's sth; ■ **M~** massage; ■ **sich** [**von jdm**] ~ **lassen** to be given [a] massage [by sb]; **sich** *dat* [**von jdm**] **am ganzen Körper** ~ **lassen** to be given a full-body massage [by sb]; ■ **sich** *dat* **etw** [**von jdm**] ~ **lassen** to have one's sth massaged [by sb] II. *vi* to give a massage **mas·sie·ren**² [ma'siːrən] *vt* ■ **etw** [**irgendwo**] ~: **Truppen** ~ to mass [*or* concentrate] troops

mas·sig ['masɪç] I. *adj* massive, huge II. *adv (fam)* loads *fam,* masses *fam,* stacks *fam*

mä·ßig ['mɛːsɪç] I. *adj* ❶ *(maßvoll)* moderate; **~er Preis** reasonable [*or* moderate] price ❷ *(leidlich)* mediocre, indifferent, so-so *pred fam;* **~er Applaus** moderate applause; **~e Gesundheit** middling [*or* indifferent] health ❸ *(gering)* moderate II. *adv* ❶ *(in Maßen)* with moderation; ~ **rauchen** to smoke in moderation, to be a moderate smoker; **~, aber regelmäßig** in moderation, but regularly ❷ *(gering)* ~ **ausfallen** to turn out moderately [*or* to be moderate] ❸ *(leidlich)* indifferently

mä·ßi·gen ['mɛːsɪɡn̩] I. *vt* ■ **etw** ~ to curb [*or* check] [*or* restrain] sth; **seine Stimme** ~ to lower one's voice II. *vr* ❶ *(maßvoller werden)* ■ **sich** ~ to restrain [*or* control] oneself ❷ *(zurückhaltender werden)* ■ **sich** [**in seinen Ausdrücken/Worten**] ~ to tone down [one's language]

Mas·sig·keit <-> *f kein pl* massiveness *no pl,* hugeness *no pl; (Übergewicht)* bulk

Mä·ßig·keit <-> *f kein pl* moderation *no pl,* restraint **Mä·ßi·gung** <-> *f kein pl* ❶ *(Zurückhaltung)* ❷ *(maßvolle Verhaltensweise)* moderation *no pl,* restraint

mas·siv [ma'siːf] *adj* ❶ *(solide)* solid *attr;* ~ **Gold/~es Silber sein** to be solid gold/silver ❷ *(wuchtig)* solid, massive ❸ *(drastisch, heftig)* serious, severe; **~e Kritik** heavy criticism; ■ **~er werden** *Mensch* to get [*or* turn] nasty

Mas·siv <-s, -e> [ma'siːf, *pl:* ma'siːvə] *nt* GEOL massif *spec;* **das ~ des Himalayas** the Himalayan massif **mas·siv|wer·den**RR *vi irreg sein: Mensch* to get [*or* turn] nasty

Maß·krug *m* beer mug, litre [*or* AM -er] tankard; *(aus Stein a.)* stein

maß·los I. *adj* extreme; ■ ~ [**in etw** *dat*] **sein** to be immoderate [in sth] II. *adv* ❶ *(äußerst)* extremely ❷ *(unerhört)* hugely, grossly

Maß·lo·sig·keit <-> *f kein pl* extremeness; ■ **[jds]** ~ **in etw** *dat* [sb's] lack of moderation in sth

Maß·nah·me <-, -n> ['ma:sna:mə] *f* measure; **[geeignete/wirksame] ~n ergreifen** [*o* **treffen**] **, um etw zu tun** to take [suitable/effective] measures [*or* steps] to do sth; **~n gegen etw ergreifen** to take measures [*or* to act] against sth

Maß·re·gel *f meist pl* rule; **~n treffen** to lay down rules

maß·re·geln *vt* ■ **jdn** ~ to reprimand [*or form* reprove] sb; *(bestrafen)* to discipline sb

Maß·schnei·der(in) *m(f)* custom [*or* BRIT *form* bespoke] tailor

Maß·stab ['ma:sʃta:p] *m* ❶ *(Größenverhältnis)* scale; **im ~ 1:250000** on a scale of 1:250000; **etw im ~ 1:50000 darstellen** to show [*or form* depict] sth on a scale of 1:50000 ❷ *(Kriterium)* criterion; **für jdn als** ~ **dienen** to serve as a model for sb; **etw ist für jdn**

ein/kein ~ sb takes/doesn't take sth as his/her yard-stick; **einen hohen/strengen** ~ [*o* **hohe/strenge Maßstäbe**] [an etw *akk*] **anlegen** to apply a high/strict standard [*or* high/strict standards] [to sth]; **sich** *dat* **jdn/etw zum** ~ **nehmen** to take sb/sth as a yardstick; **Maßstäbe setzen** to set standards

maß·stäb·lich ['maːsʃtɛːplɪç] *adj s.* **maßstab(s)ge-recht**

maß·stab(s)·ge·recht, maß·stab(s)·ge·treu I. *adj* true to scale, to scale *pred;* **eine ~e Karte** an accurate scale map II. *adv* [true] to scale

maß·voll I. *adj* ❶ *(ausgewogen)* moderate; **~es Ver-halten** moderation ❷ *(zurückhaltend)* ▪ [in etw *dat*] ~ **sein** to be moderate, to moderate sth II. *adv* moderately, with moderation; ~ **urteilen** to pass [a] moderate judgement

Mast¹ <-[e]s, -en *o* -e> ['mast] *m* ❶ NAUT mast ❷ *(Stange)* pole, mast ❸ ELEK pylon; TELEK pole

Mast² <-, -en> ['mast] *f* ❶ *kein pl (das Mästen)* fatten-ing ❷ FORST harvest

Mast·darm *m* ANAT rectum

mäs·ten ['mɛstn̩] I. *vt* ▪ **ein Tier** [mit etw] ~ to fatten an animal [with sth]; ▪ **jdn** ~ *(hum fam)* to fatten [up *sep*] sb II. *vr (fam)* ▪ **sich** ~ to stuff *fam* [*or pej* gorge] oneself [silly [*or* stupid]]

Mäs·te·rei <-, -en> [mɛstəˈrai] *f* [calf/pig/poultry etc.] fattening unit

Mast·gans *f* fattened goose **Mast·kalb** *nt* fattened calf

Mast·korb *m* crow's nest

Mast·schwein *nt* fattened pig

Mas·tur·ba·ti·on <-, -en> [mastʊrbaˈtsi̯oːn] *f (geh)* masturbation

mas·tur·bie·ren* [mastʊrˈbiːrən] *(geh)* I. *vi* to mastur-bate II. *vt* ▪ **jdn** ~ to masturbate sb

Mast·vieh *nt* fattened livestock + *pl vb*

Ma·ta·dor <-s, -e> [mataˈdoːɐ̯] *m* matador

Match·ball ['mɛtʃ-] *m* TENNIS match point **Match·beu-tel** ['mɛtʃ-] *m,* **Match·sack** ['mɛtʃ-] *m* duffel [*or* kit] bag

Ma·te <-> ['maːtə] *m kein pl (Teesorte)* maté, Paraguay tea

Ma·te·ri·al <-s, -ien> [mateˈri̯aːl, *pl:* mateˈri̯aːli̯ən] *nt* ❶ *(Rohstoff)* substance; *(in der Herstellung)* material ❷ *(Ausrüstungsgegenstände)* equipment *no pl, no indef art,* materials *pl* ❸ JUR evidence *no pl, no indef art;* **belastendes** ~ incriminating evidence ❹ FIN material *no pl, no indef art* ❺ SCH material *no pl, no indef art,* information *no pl, no indef art*

Ma·te·ri·al·an·for·de·rung *f* ÖKON, TECH materials *npl* requisition **Ma·te·ri·al·auf·wand** *f kein pl* ÖKON, TECH cost of materials, material costs *pl* **Ma·te·ri·al·be-darf** *m kein pl* ÖKON, TECH material requirements *pl* **Ma·te·ri·al·be·stel·lung** *f* order for material[s]; ▪ **bei der** ~ when ordering materials **Ma·te·ri·al·er·mü-dung** *f* material fatigue **Ma·te·ri·al·feh·ler** *m* ma-terial defect, defect in the material

Ma·te·ri·a·li·sa·ti·on <-, -en> [materi̯alizaˈtsi̯oːn] *f* materialization

ma·te·ri·a·li·sie·ren* [materi̯aliˈziːrən] *vr* ▪ **sich** ~ to materialize

Ma·te·ri·a·lis·mus <-> [materi̯aˈlɪsmʊs] *m kein pl* ▪ [der] ~ materialism *no pl a. pej*

Ma·te·ri·a·list(in) <-en, -en> [materi̯aˈlɪst] *m(f)* ma-terialist *a. pej*

ma·te·ri·a·lis·tisch [materi̯aˈlɪstɪʃ] *adj* materialist[ic] *a. pej*

Ma·te·ri·al·kos·ten *pl* cost of materials + *sing vb,* material costs *pl* **Ma·te·ri·al·la·ger** *nt* ÖKON stores *npl* **Ma·te·ri·al·men·ge** *f* material quantity, quantity [*or* amount] of material **Ma·te·ri·al·prü·fung** *f* ÖKON materials *npl* test **Ma·te·ri·al·samm·lung** *f* collection of material[s]; **mit der** ~ **beginnen** to start col-

lecting [*or* gathering] [the] material[s] **Ma·te·ri·al·ver-brauch** *m* materials *npl* consumed **Ma·te·ri·al·wirt-schaft** *f kein pl* ÖKON materials *npl* management

Ma·te·rie <-, -n> [maˈteːri̯ə] *f* ❶ *kein pl* PHYS, CHEM matter *no pl* ❷ *kein pl (stoffliche Substanz)* sub-stance; *(in der Herstellung verwendet)* materials *pl* ❸ *(zu behandelndes Thema)* subject, matter; **die ~ beherrschen** to know one's stuff *fam,* to know what one is talking about

ma·te·ri·ell [mateˈri̯ɛl] I. *adj* ❶ *(wirtschaftlich orien-tiert)* financial, pecuniary *form; (Güter betreffend)* material; **~e Bedürfnisse** material needs; **ein ~er Vorteil** a material [*or* financial] [*or* form pecuniary] benefit; **~ abgesichert** [sein] [to be] financially secure ❷ *(pej: materialistisch)* materialist[ic] *a. pej* ❸ *(stoff-lich)* material, physical II. *adv (pej: materialistisch)* materialistically *a. pej;* ~ **eingestellt sein** to be ma-terialistic

Ma·the <-> ['matə] *f kein pl (fam)* maths + *sing vb* BRIT *fam,* math AM *fam*

Ma·the·ma·tik <-> [matemaˈtiːk] *f kein pl* ▪ [die] ~ mathematics + *sing vb,* maths + *sing vb* BRIT *fam,* math AM *fam* ▪ WENDUNGEN: **für jdn höhere** ~ **sein** to be beyond [*or fam* all Greek to] sb

Ma·the·ma·tik·ar·beit *f,* **Ma·the·ar·beit** *f (fam)* test in mathematics, maths test *fam* **Ma·the·ma·tik-buch** *nt,* **Ma·the·buch** *nt (fam)* book on math-ematics, mathematics [*or fam* maths] book

Ma·the·ma·ti·ker(in) <-s, -> [mateˈmaːtike] *m(f)* mathematician; **ein guter/schlechter** ~ **sein** to be good/bad at maths [*or* sums]

Ma·the·ma·tik·prü·fung *f,* **Ma·the·prü·fung** *f (fam)* mathematics [*or fam* maths] exam[ination] **Ma·the-ma·tik·stun·de** *f,* **Ma·the·stun·de** *f (fam)* math-ematics [*or fam* maths] lesson

ma·the·ma·tisch [mateˈmaːtɪʃ] *adj* mathematical; **eine ~e Aufgabe** a mathematics [*or fam* maths] exer-cise

Ma·ti·nee <-, -n> [matiˈneː, *pl:* matiˈneːən] *f* morning performance; *(Konzert a.)* morning concert

Mat·jes <-, -> ['matjəs], **Mat·jes·he·ring** *m* pickled [white] herring, matjes *spec*

Ma·trat·ze <-, -n> [maˈtratsə] *f* mattress

Mä·tres·se <-, -n> [mɛˈtrɛsə] *f* mistress, paramour *liter*

ma·tri·ar·cha·lisch [matriarˈçaːlɪʃ] *adj* matriarchal

Ma·tri·ar·chat <-[e]s, -e> [matriarˈçaːt] *nt* matriarchy, matriarchate *spec*

Ma·tri·kel <-, -n> [maˈtriːkl̩] *f* ❶ SCH matriculation register ❷ ADMIN ÖSTERR register

Ma·tri·kel·num·mer *f* SCH registration [*or* matricula-tion] number

Ma·trix <-, Matrizen *o* Matrizes> ['maːtrɪks, *pl:* maˈtriːtsən, maˈtriːtseːs] *f* ❶ BIOL, MATH matrix

Ma·trix·dru·cker *m* INFORM dot-matrix [printer]

Ma·tri·ze <-, -n> [maˈtriːtsə] *f* stencil; **etw auf** ~ *akk* **schreiben** to stencil sth

Ma·tro·ne <-, -n> [maˈtroːnə] *f* matron

ma·tro·nen·haft *adj* matronly

Ma·tro·se <-, -n, -en> [maˈtroːzə] *m* ❶ *(Seemann der Handelsmarine)* sailor, mariner *liter* ❷ *kein pl (Dienstgrad)* ordinary seaman, [ordinary] rating BRIT, seaman recruit AM

Ma·tro·sen·an·zug *m* sailor suit **Ma·tro·sen·hemd** *nt* sailor['s] shirt **Ma·tro·sen·müt·ze** *f* sailor['s] cap

Matsch <-[e]s> ['matʃ] *m kein pl* ❶ *(Schneematsch)* slush; *(schlammige Erde)* mud, sludge ❷ *(breiige Masse)* mush, sludge; **zu ~ werden** to go mushy

mat·schig ['matʃɪç] *adj (fam)* ❶ *(schlammig)* muddy, sludgy; **~er Schnee** slush[y] snow ❷ *(breiig)* mushy, gooey *fam*

Matsch·wet·ter *nt (fam)* muddy [*or* sludgy] weather [*or pl* conditions]; *(mit Schneematsch)* slush weather

[or pl conditions]

matt ['mat] **I.** adj ❶ *(schwach, kraftlos)* weary, tired ❷ *(nicht kräftig)* weak; **~er Händedruck** weak [or limp] handshake; **~es Lächeln/~e Stimme** faint [or weak] smile/voice ❸ *(glanzlos)* matt[e] BRIT, mat[te] AM; **~e Politur** matt polish; *(unerwünscht)* dull; **~e Augen** lustreless [or AM lusterless] [or dull] eyes ❹ *(trübe)* ~ **Licht** dim [or pale] light ❺ *(nicht durchscheinend)* **~e Glühbirnen** opal [or pearl] bulbs ❻ *(schwach)* **~e Farben** pale colours [or AM -ors] ❼ *(lahm, nicht überzeugend)* **~e Ausrede/Entschuldigung** lame [or feeble] excuse; **~er Witz** feeble [or lame] joke ❽ *(schachmatt)* [check]mate; ▪ **~ sein** to be [check]mated; **jdn ~ setzen** to mate sb; *(a. fig)* to checkmate sb; **~!** check and mate! **II.** adv ❶ *(schwach)* weakly, dimly ❷ *(ohne Nachdruck)* lamely, feebly

Matt <-s, -s> ['mat] nt [check]mate

matt·blau adj pale blue

Mat·te¹ <-, -n> ['matə] f mat; *(Fußmatte)* doormat; [bei jdm] **auf der ~ stehen** *(fig fam)* to turn up at sb's doorstep; **morgen früh stehen Sie bei mir auf der ~** you must be at my place tomorrow morning; **jdn auf die ~ legen** SPORT *(fam)* to throw sb

Mat·te² <-, -n> ['matə] f SCHWEIZ, ÖSTERR *(Bergwiese)* alpine meadow

Mat·ter·horn ['matɛhɔrn] nt ▪ **das ~** the Matterhorn

Matt·glas nt frosted [or ground] glass

Mat·thäi [ma'tɛːi] m gen von **Matthäus** St Matthew's Day; ▶ WENDUNGEN: **bei jdm ist ~ am letzten** *(fam)* sb is washed-up [or fam has had it]

Mat·thä·us·evan·ge·li·um [-evaŋge·liʊm] nt ▪ **das ~** St.[] Matthew's Gospel, the Gospel according to St.[] Matthew

Matt·heit <-> f kein pl *(geh)* ❶ *(Glanzlosigkeit)* dullness ❷ s. **Mattigkeit**

Mat·tig·keit <-> f kein pl weariness, tiredness

Matt·schei·be f ❶ *(Scheibe aus Mattglas)* frosted glass pane ❷ *(fam: Bildschirm)* screen; *(Fernseher)* telly BRIT fam, tube AM fam ▶ WENDUNGEN: **~ haben** *(sl)* to have [or get] a mental blank

Ma·tu·ra <-> [ma'tuːra] f kein pl SCHWEIZ, ÖSTERR *(Abitur)* ≈ A-Levels pl BRIT, high-school diploma AM

Ma·tu·rand(in) <-en, -en> [matu'randn] m(f) SCHWEIZ, **Ma·tu·rant(in)** <-en, -en> [matu'rant, pl: matu'rantən] m(f) ÖSTERR *(Abiturient)* person who is just about to sit/has got his/her Abitur

ma·tu·rie·ren* [matu'riːrən] vi ÖSTERR to take one's school-leaving exam[ination form], to graduate [from high school] AM

Ma·tu·ri·tät <-> [maturi'tɛːt] f kein pl SCHWEIZ matriculation exam[ination form]

Mätz·chen <-s, -> ['mɛtsçən] nt meist pl *(fam)* ❶ *(Kniffe, Tricks)* trick, knack; **lass endlich die ~!** stop fooling [or BRIT fam! buggering] about!; **mach keine ~!** none of your tricks!; *(bedrohlicher)* don't try anything funny! ❷ *(Albernheiten)* antics; **Kinder, lasst die ~!** kids, [that's] enough of your monkey-business!

Mat·ze <-, -n> ['matsə] f, **Mat·zen** <-s, -> ['matsn] m *(ungesäuertes Fladenbrot)* matzo[h], Passover bread

mau ['mau] adj prädikativ *(sl)* Stimmung lousy

Mau·er <-, -n> ['mauɐ] f ❶ *(Wand aus Steinen)* wall; **die Chinesische** [o **Große**] **~** the Great Wall of China; **innerhalb der** [o **in den**] **~n** HIST within the city walls ❷ *(fig geh: Wand)* **eine ~ des Schweigens** [durchbrechen] [to break] a wall of silence ❸ *(Tor sichernde Spielerkette)* line up

Mau·er·as·sel f ZOOL woodlouse **Mau·er·blüm·chen** nt *(fam)* wallflower fam

mau·ern ['mauɐn] **I.** vi ❶ *(mit Steinen und Mörtel*

arbeiten] ▪ **[an etw** dat] ~ to build [sth], to lay bricks for sth ❷ *(fam)* to stall, to play for time ❸ SPORT *(Torverteidigung)* to play defensively ❹ KARTEN *(sl)* to hold back **II.** vt ▪ **etw** [aus etw] ~ to build sth [of sth]; ▪ **das M~** [einer S. gen] building [sth]

Mau·er·öff·nung f ❶ POL opening of the [Berlin] Wall ❷ *(Mauerspalt)* opening in a/the wall **Mau·er·pfef·fer** m BOT wall pepper, common stonecrop **Mau·er·schüt·ze** m HIST marksman on the Berlin Wall **Mau·er·seg·ler** m ORN swift **Mau·er·stein** m [building [or house]] brick **Mau·er·werk** nt kein pl ❶ *(die Mauern)* walls pl ❷ *(Steinmauer)* stonework

Maul <-[e]s, Mäuler> ['maul, pl: 'mɔylɐ] nt ❶ *(Rachen eines Tieres)* mouth; Raubtier jaws a. fig; *(derb: Mund)* trap fam!, BRIT a. gob fam!; **das ~ aufsperren** to stare flabbergasted [or BRIT a. gobsmacked] fam; [hungrige] **Mäuler stopfen** to feed [or fill] [hungry] mouths ❷ *(derb: Mundwerk)* **ein freches ~** a sharp tongue; **ein gottloses** [o **ungewaschenes**] ~ an evil [or a wicked] [or a malicious] tongue; **jdm übers ~ fahren** to cut sb short *(fam)*; **ein großes ~ haben** to have a big mouth, BRIT a. to be all mouth [and trousers] fam; **das** [o **sein**] ~ **halten** to keep one's mouth [or BRIT a. gob] shut fam!; **halt's ~!, ~ halten!** shut your face! [or mouth] [or trap] [or BRIT a. gob] fam!, shut it! fam!; **jdm das ~ stopfen** to shut sb up ▶ WENDUNGEN: **sich** dat **das ~ verbrennen** *(fam)* to talk oneself [or into the] into much get one] into trouble; **sich** dat **das ~** [über jdn/etw] **zerreißen** *(fam)* to gossip [about sb/sth] pej, to bad-mouth [or bad-mouth] sb/sth AM sl; **jdm das** [o **zu**] ~ **halt aufreißen** [o **voll nehmen**] to be too cocksure fam; **jdm ums ~ gehen** to soft-soap [or sep butter up] sb fam

Maul·af·fe ['maulʔafə] m *(pej)* ▶ WENDUNGEN: **~n feilhalten** *(veraltend fam)* to stand around gaping [or BRIT pej a. gawping] **Maul·beer·baum** m mulberry [tree] **Maul·bee·re** ['maulbeːrə] f mulberry

mau·len ['maulən] vi *(fam)* ▪ **[über etw** akk] ~ to moan [or fam pej gripe] [about sth]

Maul·esel ['maulʔeːzl] m mule, hinny **maul·faul** adj *(fam)* uncommunicative **Maul·held(in)** m(f) *(pej)* big- [or fam loud-] mouth **Maul·korb** m muzzle; **einen ~ tragen** to be muzzled; **jdm einen ~ anlegen** *(fig fam)* to muzzle sb **Maul·sper·re** f **die ~ kriegen** *(fam)* to be open-mouthed; **ich krieg' die ~!** I'm flabbergasted! [or BRIT fam a. gobsmacked] **Maul·ta·schen** pl KOCHK SÜDD pasta squares filled with meat or cheese and served in a clear soup **Maul·tier** ['maultiːɐ] nt s. **Maulesel Maul- und Klau·en·seu·che** f foot-and-mouth disease

Maul·wurf <-[e]s, -würfe> ['maulvʊrf, pl: -vʏrfə] m *(a. fig)* mole

Maul·wurfs·gang m tunnel (dug by a mole) **Maul·wurfs·hü·gel** m molehill **Maul·wurfs·klaue** f claw of a/the mole

maun·zen ['mauntsn] vi SÜDD *(kläglich miauen)* to mew pitifully

Mau·re, Mau·rin <-n, -n> ['maurə, 'maurɪn] m, f Moor

Mau·rer(in) <-s, -> ['maurɐ] m(f) bricklayer, BRIT a. brickie fam; ▶ WENDUNGEN: **pünktlich wie die ~** *(hum)* earlier than need be

Mau·rer·ar·beit f masonry no pl, brickwork no pl **Mau·rer·hand·werk** nt ▪ **das ~** bricklaying no pl

Mau·re·rin <-, -nen> ['maurərɪn] f fem form von **Maurer**

Mau·rer·kel·le f [bricklayer's [or BRIT fam a. brickie's]] trowel

Mau·re·ta·ni·en <-s> [maure'taːniən] nt kein pl GEOL Mauritania no pl

Mau·re·ta·ni·er(in) <-s, -> [maure'taːni̯ɐ] m(f) HIST Mauritanian; s. a. **Deutsche(r)**

mau·re·ta·nisch [maureˈtaːnɪʃ] *adj* Mauritanian; *s. a.* **deutsch**

Mau·rin <-, -nen> [ˈmaʊrɪn] *f fem form von* **Maure**

mau·risch [ˈmaʊrɪʃ] *adj* Moorish

Mau·ri·ti·er(**in**) <-s, -> [maʊriːtsi̯e] *m(f)* Mauritian; *s. a.* **Deutsche(r)**

mau·ri·tisch [maʊˈriːtɪʃ] *adj* Mauritian; *s. a.* **deutsch**

Mau·ri·ti·us <-> [maʊˈriːtsi̯ʊs] *nt* Mauritius; *s. a.* **Sylt**

Maus <-, Mäuse> [ˈmaus, *pl:* ˈmɔyzə] *f* ❶ *(Tier)* mouse; **weiße Mäuse sehen** *(fam)* to see pink elephants *fam* ❷ INFORM mouse ❸ KOCHK thick flank ❹ *(nettes Mädchen oder Junge)* [sweet *[or* cute]] little thing ❺ *(unattraktive Person)* **eine graue ~** *(fam)* a mouse *fam* ❻ *pl (sl: Geld)* dough *sing sl,* dosh *sing sing* BRIT *sl* ▸ WENDUNGEN: **da beißt die ~ keinen Faden ab** *(prov fam)* it can't be helped, what must be, must be *prov*

Mau·sche·lei <-, -en> [mauʃəˈlai] *f (pej fam)* fiddle *fam,* bent deal *pej fam*

mau·scheln [ˈmauʃl̩n] *vi (pej fam)* to fiddle *fam*

Mäus·chen <-s, -> [ˈmɔysçən] *nt dim von* **Maus 1** little mouse; **da möchte ich gerne ~ spielen** *(fam)* I'd like to be a fly on his/her etc. wall

mäus·chen·still [ˈmɔysçənˈʃtɪl] *adj* dead quiet; **~ sein** *Mensch* to be [as] quiet as a mouse

Mäu·se·bus·sard *m* [common] buzzard

Mau·se·fal·le *f* mousetrap; **eine ~ aufstellen** to set [*or* put down] a mousetrap **Mau·se·loch** *nt* mousehole; **jd möchte sich in ein ~ verkriechen** *(fam)* sb would have liked the ground to open up and swallow him/her **Mau·se·öhr·chen** [-ø:ɐ̯çən] *pl* lamb's lettuce *no pl*

Mau·ser <-> [ˈmauzɐ] *f kein pl* ORN moult BRIT, molt AM; **in der ~ sein** to be moulting [*or* AM molting]

Mäu·se·rich <-s, -e> [ˈmɔyzərɪç] *m (fam)* male mouse

mau·sern [ˈmauzɐn] *vr* ❶ ORN *(das Federkleid wechseln)* ■ **sich ~** to moult BRIT, to molt AM ❷ *(fig fam: sich vorteilhaft verändern)* ■ **sich** [**zu etw**] **~** to blossom out [to sth]

mau·se·tot [ˈmauzəˈtoːt] *adj (fam)* ■ **~ sein** to be stone-dead [*or hum fam* deader than dead]

maus·grau *adj* mouse-coloured [*or* AM -colored], mouse[y]-grey [*or* AM -gray]

mau·sig [ˈmauzɪç] *adj* ■ **sich ~ machen** *(fam)* to get uppity *fam* [*or* BRIT *fam a.* stroppy] [*or sl* bolshie]

Maus·klick [-klɪk] *m* INFORM click of [*or* clicking [of]] the/a mouse **Maus·kur·sor** [-kø:ɐ̯ze, -kœrzɐ] *m* INFORM mouse pointer

Mau·so·le·um <-s, Mausoleen> [mauzoˈleːʊm, *pl:* mauzoˈleːən] *nt* mausoleum

Maus·pad <-s, -s> [-pɛt] *m* INFORM mouse pad **Maus·steu·e·rung** *f* INFORM mouse control *no art;* **mit ~ bedient** mouse-controlled

Maut <-, -en> [ˈmaut] *f* SÜDD, ÖSTERR toll [charge]; **eine ~ erheben** to levy a toll

Maut·ge·bühr *f s.* **Maut Maut·stel·le** *f* tollgate **Maut·stra·ße** *f* toll road, AM *a.* turnpike, AM *a.* pike *fam*

maxi [ˈmaksi] *adj pred* MODE maxi; **~ tragen** *(fam)* to wear a maxi

Ma·xi·ma [ˈmaksima] *pl von* **Maximum**

ma·xi·mal [maksiˈmaːl] I. *adj* maximum *attr; (höchste a.)* highest *attr;* **die ~e Geschwindigkeit** the maximum speed; *Fahrzeug* the top speed II. *adv* at maximum [*or* most]; **das ~ zulässige Gesamtgewicht** the maximum [*or* greatest] permissible weight; *Fahrzeug* the gross vehicle weight rating [*or* GVWR] *form;* **~ 25.000 Euro** 25,000 euros tops *fam* [*or* at most]; **bis zu ~ 1000 Metern** up/down to a maximum of 1000 metres [*or* AM -ers]

Ma·xi·mal·al·ter *nt* maximum age **Ma·xi·mal·brei·te** *f* maximum width **Ma·xi·mal·for·de·rung** *f*

■ **die/seine ~**[**en**] the/one's maximum [*or* highest] demand[s] **Ma·xi·mal·ge·schwin·dig·keit** *f* maximum speed; *Fahrzeug* top speed **Ma·xi·mal·ge·wicht** *nt* maximum weight **Ma·xi·mal·hö·he** *f* maximum height **Ma·xi·mal·preis** *m* maximum [*or* highest] price **Ma·xi·mal·stra·fe** *f* maximum sentence **Ma·xi·mal·tie·fe** *f* maximum depth **Ma·xi·mal·ver·brauch** *m* maximum [fuel] consumption

Ma·xi·me <-, -n> [maˈksiːmə] *f (geh)* maxim

ma·xi·mie·ren [maksiˈmiːrən] *vt* ■ **etw ~** to maximize sth

Ma·xi·mie·rung <-, -en> *f* maximization

Ma·xi·mum <-s, Maxima> [ˈmaksimʊm, *pl:* ˈmaksima] *nt* ❶ *(höchstmöglicher Wert)* maximum [value] ❷ *(Höchstmaß)* ■ **ein ~ an etw** *dat* a maximum of sth ❸ MATH maximum

Ma·xi·pa·ckung *f* maxi pack **Ma·xi·sin·gle** [-zɪŋl̩] *f (veraltend)* maxi-single, EP

Ma·yon·nai·se <-, -n> [majɔˈnɛːzə] *f s.* **Majonäse**

Ma·ze·do·ni·er(**in**) <-s, -> [matseˈdoːni̯ən] *nt* Macedonia; *s. a.* **Deutschland**

Ma·ze·do·ni·er(**in**) <-s, -> [matseˈdoːni̯e] *m(f)* Macedonian; *s. a.* **Deutsche(r)**

Ma·ze·do·nisch [matseˈdoːnɪʃ] *nt dekl wie adj s.* **Makedonisch**

ma·ze·do·nisch [matseˈdoːnɪʃ] *adj* Macedonian; *s. a.* **deutsch**

Ma·ze·do·ni·sche <-n> *nt s.* **Makedonische**

Mä·zen <-s, -e> [mɛˈtseːn] *m* Maecenas *liter,* patron [of art or literature]

MB [ɛmˈbeː] *nt* INFORM *Abk von* **Megabyte** MB

MBA [ɛmbiːˈeɪ] *m Abk von* **Master of Business Administration** MBA

M-Bahn *f s.* **Magnetschwebebahn**

MdB, M.d.B. [ɛmdeːˈbeː] *m Abk von* **Mitglied des Bundestages** Member of the "Bundestag", BRIT *a.* ≈ MP

MdL, M.d.L. <-s, -s> [ɛmdeːˈɛl] *m Abk von* **Mitglied des Landtages** Member of the federal state parliament

m.E. *Abk von* **meines Erachtens** in my opinion

Me·cha·nik <-, -en> [meˈça:nɪk] *f* ❶ *kein pl* PHYS ■ **die ~** mechanics + *sing vb* ❷ *kein pl* TECH ■ **die ~** mechanics + *sing vb* ❸ TECH *(selten: Mechanismus)* mechanism

Me·cha·ni·ker(**in**) <-s, -> [meˈçaːnɪkɐ] *m(f)* mechanic **me·cha·nisch** [meˈçaːnɪʃ] I. *adj (a. fig)* mechanical II. *adv* mechanically; **etw ~ aufsagen** to reel off sth *sep*

Me·cha·nis·mus <-, -nismen> [meça'nɪsmʊs, *pl:* meça'nɪsmən] *m* mechanism

meck [ˈmɛk] *interj (sound made by goat),* meh BRIT, baaah AM

Me·cke·rei <-, -en> *f (pej fam: dauerndes Nörgeln)* moaning, bellyaching *fam,* griping *pej fam*

Me·cker·frit·ze, Me·cker·lie·se <-n, -n> [-frɪtsə, -liːzə] *m, f (pej fam: ewiger Nörgler)* bellyacher *fam,* BRIT moaning minnie *fam*

me·ckern [ˈmɛkɐn] *vi* ❶ *(der Ziege)* to bleat ❷ *(fig fam)* ■ **über jdn/etw**[**/**] **~** to bellyache *fam* [*or fam o pej* gripe] [about sb/sth]

Meck·len·burg-Vor·pom·mern <-s> [ˈmɛklənbʊrk-ˈfoːɐ̯pɔmɐn] *nt* Mecklenburg-West Pomerania

med. *adj Abk von* **medizinisch: Dr. ~ Birgit Jentsch** Birgit Jentsch, MD [*or* M.D.]

Me·dail·le <-, -n> [meˈdaljə] *f* ❶ *(Gedenkmünze)* medallion ❷ *(Auszeichnung)* medal ❸ *(runder Orden)* medal, gong BRIT *fam*

Me·dail·len·ge·win·ner(**in**) [meˈdaljən-] *m(f)* SPORT medallist BRIT, medalist AM, medal winner **Me·dail·len·re·gen** [meˈdaljən-] *m* SPORT inundation of medals **Me·dail·len·spie·gel** [meˈdaljən-] *m* SPORT medals table **Me·dail·len·ver·ga·be** [me'daljən-] *f* SPORT medal awarding ceremony

Me·dail·lon <-s, -s> [medal'jõː] *nt* ❶ *(Schmuckkapsel)* locket ❷ *(ovales Bild)* medallion ❸ KOCHK médaillon

Me·di·en ['meːdi̯ən] *pl* ❶ *pl von* **Medium 1, 2** ❷ *(Informationsträger)* ■ **die** ~ the media + *sing/pl vb;* **für Aufsehen in den** ~ **sorgen** to cause a press sensation; **akustische/optische** ~ acoustic/visual media; **die gedruckten** ~ the press *no indef art,* + *sing/pl vb* **Me·di·en·auf·se·her(in)** *m(f)* MEDIA, ADMIN media censor **Me·di·en·be·ra·ter(in)** *m(f)* press adviser **Me·di·en·be·reich** *m* world of [the] media; **im** ~ **arbeiten** to work for the media/press **Me·di·en·be·richt·er·stat·tung** *f* MEDIA press [*or* media] coverage **Me·di·en·er·eig·nis** *nt* MEDIA media event **Me·di·en·for·schung** *f* MEDIA, SCH media research *no pl* **Me·di·en·kon·zen·tra·ti·on** *f* MEDIA concentration of ownership in the media **Me·di·en·kon·zern** *m* MEDIA, ÖKON media group **Me·di·en·land·schaft** *f* media landscape [*or* scene] **Me·di·en·lieb·ling** *m* MEDIA, SOZIOL *(fam)* media favourite **Me·di·en·po·li·tik** *f* [mass] media policy **Me·di·en·rum·mel** *m (fam)* media excitement **Me·di·en·spek·ta·kel** *nt* MEDIA media spectacle **Me·di·en·star** ['meːdi̯ənstaːɐ̯, -ʃtaːɐ̯] *m* MEDIA celebrity **Me·di·en·ver·bund** *m* ❶ *(Verbindung mehrerer Unterrichtsmedien)* multimedia system; **etw im** ~ **lernen** to learn sth using the multimedia system ❷ *(Verbund von Rundfunkinstituten, Verlagshäusern etc.)* media grid **me·di·en·wirk·sam** *adj* well-covered by the media

Me·di·ka·ment <-[e]s, -e> [medika'mɛnt] *nt* medicine **Me·di·ka·men·ten·ab·hän·gig·keit** *f* drug addiction **Me·di·ka·men·ten·miss·brauch**^RR *m* ■ [der] ~ drug abuse **Me·di·ka·men·ten·sucht** *f* MED, PSYCH drug addiction **Me·di·ka·men·ten·ver·ord·nung** *f* MED [drug] prescription

me·di·ka·men·tös [medikamɛn'tøːs] **I.** *adj* medicinal; **eine/die** ~**e Behandlung** medication **II.** *adv* **jdn/etw** ~ **behandeln** to give sb medication/to treat sth with medication

Me·di·kus <-, Medizi *o* -se> [meːdikʊs, *pl:* 'meːditsi] *m (hum fam)* doc *fam,* quack

Me·di·ta·ti·on <-, -en> [medita'tsi̯oːn] *f* meditation (**über** +*akk* on)

me·di·ter·ran [meditɛ'raːn] *adj inv* GEOL Mediterranean

me·di·tie·ren [medi'tiːrən] *vi* ❶ *(Entspannung üben)* to meditate; ■ **das M~** meditation ❷ *(geh: nachsinnen)* ■ [**über etw** *akk*] ~ to meditate [on sth]

Me·di·um <-s, -dien> ['meːdi̯ʊm, *pl:* 'meːdi̯ən] *nt* ❶ *(Verbindungsperson zu Geistern)* medium ❷ *(geh)* *Buch, Film, etc.* medium ❸ PHYS medium

Me·di·zin <-, -en> [medi'tsiːn] *f* ❶ *kein pl (Heilkunde)* ■ [die] ~ medicine; **innere** ~ [internal] medicine ❷ *(fam: Medikament)* medicine; **seine** ~ **einnehmen** to take one's medicine ▶ WENDUNGEN: **für jdn eine heilsame** ~ **sein** *(geh)* to have taught sb a lesson

Me·di·zi·ner(in) <-s, -> [medi'tsiːnɐ] *m(f)* ❶ *(Arzt)* doctor, physician *form;* **der Jargon der** ~ medical jargon ❷ *(Medizinstudent)* medic *fam*

me·di·zi·nisch [medi'tsiːnɪʃ] **I.** *adj* ❶ *(ärztlich)* medical ❷ *(heilkundlich)* **die** ~**e Fakultät** the school [*or esp* BRIT faculty] [*or* AM *a.* department] of medicine; **das** ~**e Gebiet/Studium** the field/study of medicine; **eine** ~**e Prüfung** an exam[ination *form*] in medicine ❸ *(heilend)* medicinal, curative; ~**es Shampoo** medicated shampoo **II.** *adv* ❶ *(ärztlich)* medically; **jdn** ~ **beraten/behandeln** to give sb medical advice/treatment ❷ *(heilkundlich)* medically; ~ **ausgebildet werden** to receive medical training; **sich** ~ **ausken-**

nen to know [one's] medicine well ❸ *(heilend)* medicinally

Me·di·zin·mann <-männer> *m (indianisch)* medicine man; *(afrikanisch)* witchdoctor, shaman; *(fam)* doc *fam,* quack

Meer <-[e]s, -e> ['meːɐ̯] *nt* ❶ *(Ozean)* sea; *(Weltmeer)* ocean; **die sieben** ~**e** the seven seas; **auf dem** [**weiten**] ~ [[far] out] to sea, on the high seas; **der Grund des** ~**es** the seabed, the bottom of the sea, Davy Jones['s locker] *a. hum;* **das Rote/Schwarze/Tote** ~ the Red/Black/Dead Sea; **ans** ~ **fahren** to go to the sea[side]; **am** ~ by the sea; **jenseits des** ~**es** across the sea ❷ *(fig geh)* sea

Meer·aal *m* ZOOL, KOCHK conger eel **Meer·bar·be** *f* red mullet **Meer·bras·se** *f* sea bream **Meer·bu·sen** *m (veraltend)* gulf, bay; **der Bottnische** [*o* **Finnische**] ~ the Gulf of Bothnia **Meer·dat·tel** *f* date shell **Meer·en·ge** *f* strait[s *pl*]

Mee·res·al·ge *f* ■ **die** ~**n** seaweed *no pl,* + *sing vb,* marine algae *spec* **Mee·re·sarm** *m* inlet, arm of the sea; *(in Norwegen)* fjord **Mee·res·bi·o·lo·gie** *f* marine biology **Mee·res·bo·den** *m s.* **Meeresgrund Mee·res·fau·na** [-fauna] *f* marine fauna *no pl,* + *sing/pl vb spec* **Mee·res·flo·ra** [-floːra] *f* marine flora *no pl,* + *sing/pl vb spec* **Mee·res·for·schung** *f* ■ **die** ~ oceanography **Mee·res·frü·chte** *pl* seafood *no pl,* + *sing vb* **Mee·res·ge·tier** *nt (oft hum)* sea creatures *pl,* marine fauna + *sing/pl vb spec* **Mee·res·grund** *m kein pl* ■ **der** ~ the seabed, the bottom of the sea, Davy Jones['s locker] *a. hum;* **auf dem** ~ on the seabed, at the bottom of the sea, in Davy Jones's locker *a. hum* **Mee·res·hö·he** *f s.* **Meeresspiegel Mee·res·kli·ma** *nt* maritime climate **Mee·res·kun·de** *f kein pl s.* **Meeresforschung mee·res·kund·lich** [-kʊndlɪç] *adj* oceanographic[al]; **das** ~**e Institut/Studium** the institute/study of oceanography **Mee·res·säu·ge·tier** *nt* sea [*or spec* marine] mammal **Mee·res·spie·gel** *m* sea level; [**zehn Meter**] **über/unter dem** ~ [ten metres [*or* AM -ers]] above/below sea level **Mee·res·stra·ße** *f* strait[s *pl*] **Mee·res·strö·mung** *f* ocean current; *(aufgrund Temperaturunterschiede)* convection current *spec* **Mee·res·tie·fe** *f* depth [of the sea [*or* ocean]] **Mee·res·ver·schmut·zung** *f* ÖKOL pollution of the sea, sea [*or* maritime] pollution *no pl*

Meer·fo·rel·le *f* migratory [*or* AM sea] trout **Meer·gott** *m* sea god; **der griechische** ~ the Greek god of the sea **Meer·jung·frau** *f* mermaid **Meer·kat·ze** *f* ZOOL guenon *spec* **Meer·kohl** *m* sea kale **Meer·ohr** *f* abalone, ormer

Meer·ret·tich *m* ❶ BOT, KOCHK *(Pflanze o Wurzel)* horseradish ❷ *kein pl (Soße)* horseradish [sauce] **Meer·ret·tich·so·ße** *f* horseradish sauce

Meer·salz *nt* sea salt *no pl,* + *sing vb* **Meer·schaum·pfei·fe** *f* meerschaum [pipe] **Meer·schwein·chen** *nt* ZOOL guinea pig, cavy *spec* **Meer·spin·ne** *f* spider crab **Meer·un·ge·heu·er** *nt* sea monster

Meer·was·ser *nt* sea water

Meer·was·ser·ent·sal·zung *f* desalination of sea water *spec* **Meer·was·ser·ent·sal·zungs·an·la·ge** *f* desalination plant *spec*

Mee·ting <-s, -s> ['miːtɪŋ] *nt* meeting

Me·ga·bit ['meːgabɪt] *nt* INFORM megabit **Me·ga·byte** [mega'bait, 'meːgabait] *nt* INFORM megabyte; *(geschrieben a.)* M[b] **Me·ga·Er·folg** *m* MEDIA smash hit **Me·ga·hertz** ['mɛgahɛrts] *nt* PHYS megahertz **Me·ga·hit** *m* smash [hit]

Me·ga·lith <-en, -en> [mega'liːt] *m* megalith **me·ga·lo·man** [megalo'maːn] *adj (geh)* megalomaniac[al]

Me·ga·lo·ma·nie <-, -n> [megaloma'niː, *pl:* megaloma'niːən] *f (geh)* ■ **die** ~ megalomania

Me·ga·phon, Me·ga·fon^RR <-s, -e> [mega'fo:n] *nt* megaphone

Me·ga·stadt *f* megalopolis *spec* **Me·ga·star** [-sta:ɐ̯] *m* megastar *fam* **Me·ga·ton·ne** *f* megaton **Me·ga·watt** *nt* megawatt; *(geschrieben a.)* MW

Mehl <-[e]s, -e> ['me:l] *nt* ❶ *(gemahlenes Korn)* flour; **etw mit** [**feinem**] ~ **bestäuben** to dredge [*or* powder] sth with flour ❷ *(pulverisierte Substanz)* powder; **etw zu** ~ **verarbeiten** to pulverize sth

meh·len ['me:lən] *vt* KOCHK ■ **etw** ~ to flour sth

meh·lig ['me:lɪç] *adj* ❶ *(trockenes Fruchtfleisch aufweisend)* mealy, floury ❷ *(mit Mehl bestäubt)* floury ❸ *(fein zerrieben)* powdery

Mehl·kä·fer *m* meal beetle **Mehl·sack** *m* flour bag; ▶ WENDUNGEN: **wie ein** ~ **schlafen** *(fam)* to sleep like a log **Mehl·schwal·be** *f* ORN house martin **Mehl·schwit·ze** *f* KOCHK roux **Mehl·spei·se** *f* ❶ *(mit Mehl bereitetes Gericht)* flummery ❷ ÖSTERR *(fam: Süßspeise)* dessert, BRIT *a.* sweet **Mehl·tau** ['me:ltau] *m kein pl* BOT mildew

mehr ['me:ɐ̯] **I.** *pron indef, inv comp von* **viel** more; **möchten Sie noch etwas** ~ **Kaffee?** would you like some more coffee?; ~ **möchte ich dazu nicht sagen** I wish to say no more on the matter; ■ ~ **von etw** more of sth; **immer** ~, ~ **und** ~ more and more **II.** *adv* ❶ *(eher)* more; **dieser Fall ist** ~ **etwas für Spezialisten** this is more [of] a case [the] for specialists; ~ **wie etw aussehen** to look rather like sth ❷ *(in höherem Maße)* ■ **etw** ~ **tun** to do sth more; ~ **schwimmen** to swim more, to do more swimming; **immer** ~ more and more; ~ **oder weniger** [*o geh:* **minder**] more or less; **mit** ~ **oder weniger Erfolg** with modest success; **mit** ~ **oder weniger Zuversicht** with half-hearted confidence; **nicht** ~ **sein** *(euph: verstorben sein)* to be no more *hum;* **unser Großvater ist nicht** ~ our grandfather is no longer with us; ■ ~ **... als ...** more ... than ...; **es war keiner** ~ **da** there was nobody left, everybody had gone; **nicht** ~ not any [*or* no] longer [*or* more]; **sie kommen schon lange nicht** ~ they haven't been coming for a long time [now]; **nichts** ~ **als das** there's nothing I'd rather do; **nie** ~ never again; **das mache ich nie** ~ I shall never do that [ever] again, I won't ever do that again; **niemand** ~ nobody else; **nur** ~ *(geh)* only; **jetzt ist es nur** ~ **ein Jahr, dass ...** only a year has passed since ...

Mehr <-[s]> ['me:ɐ̯] *nt kein pl* ❶ *(zusätzlicher Aufwand)* ■ **ein** ~ **an etw** *dat* an additional sth; **mit einem** [**kleinem**] ~ **an Mühe** with a [little] bit more effort ❷ POL SCHWEIZ majority

Mehr·ar·beit *f* overtime, extra time [*or* work] [*or* hours] **Mehr·auf·wand** *m* additional expenditure **mehr·bän·dig** *adj* multi[-]volume *attr form,* in [*or* comprising] several volumes *pred* **Mehr·be·darf** *m* greater need *(an +dat of/for)* **mehr·deu·tig** *adj* ambiguous, equivocal *form* **Mehr·deu·tig·keit** <-> *f kein pl* ambiguity, equivocalness *form* **mehr·di·men·si·o·nal** *adj* multidimensional **Mehr·ein·nah·me** *f* additional revenue *no pl*

meh·ren ['me:rən] *(geh)* **I.** *vt* ■ **etw** ~ to increase [*or form* augment] sth; **sein Ansehen** ~ to enhance one's reputation **II.** *vr* ■ **etw mehrt sich** the number of sth increases; *s. a.* **fruchtbar**

meh·re·re ['me:rərə] *pron indef* ❶ *adjektivisch (einige)* several *attr,* a number of *attr* ❷ *substantivisch (einige)* ■ [**von jdm/etw**] several [of sb/sth]; ~ **davon** several [of them]; **von** ~**n** by/from several persons; **wir fahren immer zu** ~**n** there are always several of us to a car ❸ *adjektivisch (mehr als eine)* various

meh·re·res *pron substantivisch* several [*or* a number of] things/items etc. *pl*

meh·rer·lei ['me:rɐ'lai] *pron indef, inv (geh)* ❶ *substantivisch* several [*or* a number of] things/items etc. *pl* ❷ *adjektivisch* various, several kinds of *attr*

mehr·fach ['me:ɐ̯fax] **I.** *adj* ❶ *(vielfach)* numerous; **eine** ~**e Medaillengewinnerin** a winner of numerous medals; **ein** ~**er Meister im Hochsprung** several-times champion in the pole vault; **ein** ~**er Millionär** a multimillionaire ❷ *(wiederholt)* repeated **II.** *adv* many [*or* several] times; *s. a.* **vorbestraft**

Mehr·fa·che(s) *nt dekl wie adj* ■ **das** ~ [*o* **ein** ~**s**] [**von etw**] several times the amount/number [of sth]; **ich verdiene jetzt das** ~ **von dem, was ich früher hatte** I'm now earning several times as much as I used to; ■ **das** ~/**ein** ~**s an etw** *dat* several times sth; **das** ~ **an Arbeit/Soldaten** *dat* several times the work/the number of soldiers; **um das** ~ [*o* **ein** ~**s**] so **groß/schnell etc. wie etw** several times as large/fast etc. as sth

Mehr·fach·steck·do·se *f* multiple socket **Mehr·fach·ste·cker** *m* TECH multicontact] plug

Mehr·fa·mi·li·en·haus [-lien-] *nt* multiple[-family] dwelling **mehr·far·big** *adj* multicoloured [*or* AM -ored], polychromatic *form* **Mehr·ge·wicht** *nt* additional [*or* excess] weight

Mehr·heit <-, -en> *f* ❶ *kein pl (die meisten)* ■ **die** ~ **einer S.** *gen* the majority of sth; **in der** ~ **sein** to be in the majority; **die schweigende** ~ the silent majority ❷ POL majority + *sing/pl vb;* **3/4** ~ 75 percent of the vote; **mit fünf Stimmen** ~ with a majority of five [*or form* five-vote margin]; **eine knappe** ~ a narrow [*or* shoestring] majority; **die absolute/einfache** [*o* **relative**] /**qualifizierte** ~ an absolute/a simple [*or* relative] /a qualified majority; **die** ~ **gewinnen** [*o geh:* **erringen**] /**verlieren** to win [*or* gain] a majority/lose one's majority; **die** ~ **haben** [*o* **besitzen**] to have a majority

mehr·heit·lich *adv* ~ **entscheiden** to reach a majority decision; **von jdm** ~ **vertreten werden** to be represented by the majority of sb; **wir sind** ~ **dafür** the majority of us are for it

Mehr·heits·be·schluss^RR *m* POL majority decision **mehr·heits·fähig** *adj inv* POL capable of securing a majority *pred;* **die Partei war nicht** ~ the party was unable to secure a majority **Mehr·heits·par·tei** *f* majority party **Mehr·heits·wahl·recht** *nt kein pl* majority vote [*or* BRIT *a.* first past the post] system

mehr·jäh·rig *adj attr* several years of *attr,* of several years *pred;* ~**e Pflanzen** perennials **Mehr·kos·ten** *pl* additional [*or* excess] costs *pl*

Mehr·ling <-s, -e> *m* MED, BIOL child born as part of a multiple birth

mehr·ma·lig ['me:ɐ̯ma:lɪç] *adj attr* repeated **mehr·mals** ['me:ɐ̯ma:ls] *adv* repeatedly, several times **Mehr·par·tei·en·sys·tem** *nt* multiparty [*or* multiple party] system **Mehr·platz·sys·tem** *nt* INFORM shared logic system **mehr·sei·tig** *adj* of several pages *pred* **mehr·sil·big** *adj* polysyllabic *spec;* **ein** ~**es Wort** a polysyllable *spec* **mehr·spra·chig** **I.** *adj* multilingual, polyglot *form* **II.** *adv* ~ **aufwachsen** to grow up multilingual [*or* speaking several languages]; ~ **ausgebildet/geführt** [**sein**] [to be] trained/conducted in several languages **Mehr·spra·chig·keit** <-> *f kein pl* multilingualism, ability to speak several languages **mehr·stim·mig** MUS **I.** *adj* polyphonic, for [*or* in] /of several voices *pred;* ~**er Gesang** part singing, song for several parts **II.** *adv* ~ **singen/spielen** to sing/play in harmony **mehr·stö·ckig** **I.** *adj* multi-storey BRIT, multi-story AM **II.** *adv* ~ **bauen** to put up multi-storey [*or* AM multi-story] buildings; **etw** ~ **planen** to plan sth with several/many storeys [*or* AM storys] **Mehr·stu·fen·ra·ke·te** *f* multistage rocket **mehr·stün·dig** *adj* of [*or* lasting] several hours *pred;*

■ ~ **sein** to last several hours; **~e Abwesenheit** an absence of several hours, several hours' absence; **nach ~er Dauer** after several hours; **nach einem ~en Gespräch** after talks of [or lasting] several hours, after several hours of [or hours'] talking **mehr·tä·gig** adj lasting several days pred; ■ ~ **sein** to last several days; **~e Abwesenheit** an absence of several days, several days' absence; **in ~en Gesprächen** in talks lasting several days, in several days of talking **Mehr·völ·ker·staat** m multiracial [or multinational] state **Mehr·weg·fla·sche** f returnable bottle, re·usable bottle [on which a returnable [or refundable] deposit is paid] **Mehr·weg·ver·pa·ckung** f ÖKON, ÖKOL re·usable [foodstuff] packaging **Mehr·wert·steu·er** f value·added tax, VAT

mehr·wö·chig adj lasting several weeks pred; ■ ~ **sein** to last several weeks; **~e Abwesenheit** an absence of several weeks, several weeks' absence; **nach ~er Dauer** after several weeks; **nach einem ~en Gespräch** after talks of [or lasting] several weeks, after several weeks of [or weeks'] talking **Mehr·zahl** f kein pl ❶ (Mehrheit) majority; ■ **die ~ der Personen** the majority of the persons form, most of the people; **die ~ einer S.** gen most of sth; **in der ~ sein** to be in the majority ❷ LING plural [form] **mehr·zei·lig** adj of [or form comprising] several lines pred; ■ ~ **sein** to comprise several lines form **Mehr·zweck·hal·le** f multipurpose hall

mei·den <mied, gemieden> ['maɪdn̩] vt (geh) ❶ (aus dem Wege gehen) ■ **jdn** ~ to avoid [or steer clear of] sb ❷ (sich von etw fernhalten) ■ **etw** ~ to avoid sth; **Alkohol** ~ to avoid [or abstain from] [or form eschew] alcohol

Mei·le <-, -n> ['maɪlə] f mile; **die sündige ~** (hum) ≈ red·light district; HIST (4,8 km) league ▶ WENDUNGEN: **etw drei ~en gegen den Wind riechen können** (fam) to be able to smell sth a mile off **Mei·len·stein** m (a. fig) milestone **mei·len·weit** ['maɪlənvaɪt] adv for miles [and miles fam]; **~ entfernt** miles [and miles fam] away

Mei·ler <-s, -> ['maɪlɐ] m ❶ (Kohlenmeiler) charcoal kiln [or pile] [or stack] ❷ (Atomreaktor) [nuclear] reactor, [atomic] pile

mein ['maɪn] I. pron poss adjektivisch ❶ (das [zu] mir gehörende) my; **was ~ ist, ist auch dein** (geh) what's mine is yours; **M~ und Dein verwechseln** [o **nicht unterscheiden können**] (euph) to take what doesn't belong to one a. euph ❷ (von mir üblicherweise konsumiert) my; **ich rauche am Tag schon so ~e 20 Zigaretten** I smoke my 20 cigarettes a day ❸ (in Höflichkeitsfloskeln) my; **~e Damen und Herren!** Ladies and Gentlemen!; **bitte hier entlang, ~ Herr/~e Dame/~e Herrschaften!** if you would come this way, Sir/Madam/ladies and gentlemen II. pron pers gen von **ich** (veraltet poet) of me **mei·ne(r, s)** ['maɪnə] pron poss, substantivisch (geh) ❶ (mir Gehörendes) ■ [(geh) **der/die/das] M~ mine ❷ (Angehörige) ■ **die M~n** my people [or family] ❸ (das mir Zukommende) ■ **das M~** my share; **ich tue das M~** I'll do my bit ❹ (das mir Gehörige) what is mine; **es ist alles das M~** it's all mine **Mein·eid** ['maɪnʔaɪt] m JUR perjury no art, no pl; **einen ~ leisten** [o ablegen] [o schwören] to commit perjury, to perjure oneself form **mein·ei·dig** ['maɪnʔaɪdɪç] adj perjured; **ein ~er Mensch** a perjurer; ■ ~ **werden** to commit perjury, to perjure oneself form **mei·nen** ['maɪnən] I. vi ❶ (denken, annehmen) ■ ~[, **dass]** to think [or fam reckon] [that]; **ich würde/man möchte ~, ...** I/one [or you] would think ...; ~ **Sie?** [do] you think so? [or fam reckon [so]] ❷ (sagen) to say; **ich meinte nur so** (fam) it was just a thought, I

was only saying! fam; ■ **zu jdm ~,** [**dass**] **...** to tell [or say to] sb that ...; **wenn Sie ~!** if you wish; **wie ~ Sie?** [I] beg your pardon?; [**ganz**] **wie Sie ~!** [just] as you wish; (drohend a.) have it your way II. vt ❶ (der Ansicht sein) ■ ~**,** [**dass**] **...** to think [that] ...; **ich meine das genauso, wie ich es gesagt habe** I mean exactly what I said; **das sollte man ~** one would have thought ❷ (über etw denken) **und was ~ Sie dazu?** and what do you say? [or think], and what's your view [of it]? [or opinion [on it]] ❸ (sagen wollen) ■ **etw** [**mit etw**] ~ to mean [or imply] sth [by sth]; **was meinen Sie** [**damit**]? what do you mean [or are you implying] [by that]?; **das will ich** [**auch/doch**] ~**!** I should think so too! ❹ (ansprechen) ■ **jdn** [**mit etw**] ~ to mean sb [with sth]; **damit bist du gemeint** that [or he/she etc.] means you; **ich meine den da hinten** I'm talking about him at the back ❺ (beabsichtigen) to mean, to intend; **es ehrlich ~** to honestly mean sth; **es ehrlich mit jdm ~** to be honest with sb; **ich meine es ernst** I'm serious [about it]; **es gut ~** to mean well; **es gut mit jdm ~** to do one's best for sb; **es nicht böse ~** to mean no harm; **so war es nicht gemeint** it wasn't meant like that; **es ~, wie man es sagt** to mean what one says; **etw wortwörtlich ~** to mean sth literally ❻ (sich für jdn darstellen) to mean, to intend; **heute hat es die Sonne gut mit uns gemeint** the sun has done its best for us today

mei·ner ['maɪnɐ] pron pers gen von **ich** (geh) **gedenke ~** remember me; **spotte nicht ~** do not mock me liter **mei·ner·seits** ['maɪnɐ'zaɪts] adv as far as I'm concerned, for my part; **alle Einwände ~** all objections on my part; **ganz ~** the pleasure is/was [all] mine **mei·nes** ['maɪnəs] pron s. **meine(r, s) mei·nes·glei·chen** ['maɪnəs'glaɪçn̩] pron inv ❶ (Leute meines Standes) my own kind, [my] equals pl ❷ (jd wie ich) people such as I [or me], people like me [or myself] **mei·net·hal·ben** ['maɪnət'halbn̩] adv (geh), **mei·net·we·gen** ['maɪnət've:gn̩] adv ❶ (wegen mir) because [or on account] of me, on my account; (mir zuliebe) for my sake ❷ (von mir aus) as far as I'm concerned; ~**!** if you like! ❸ (beispielsweise) for example [or instance] **mei·net·wil·len** ['maɪnət'vɪlən] adv **um ~** for my sake **mei·ni·ge** ['maɪnɪgə] pron poss (veraltend geh) s. **meine(r, s) meins** ['maɪns] pron poss ■ ~ **sein** to be mine **Mei·nung** <-, -en> ['maɪnʊŋ] f opinion; (Anschauung a.) view; **geteilte ~en** differing opinions [or views]; **geteilter ~ sein** to have differing opinions [or views]; **was diesen Punkt angeht, gehen die ~en auseinander** opinions differ on this point; **ähnlicher/anderer ~ sein** to be of a similar/different opinion; **bestimmte ~en zu etw haben** to have certain opinions [or views] on sth; **eine eigene ~ haben** to have an opinion of one's own; [**nicht**] **der gleichen ~ sein** to [not] share the same opinion [or view]; **die öffentliche ~** public opinion [or sentiment], the vox populi liter; **dieser ~ sein** to be of [or share] this opinion [or view]; **einer ~ sein** to share the same opinion [or view], to think the same, to be of the same [or of one] mind; **jds** [**zu etw**] **kennen** to know sb's opinion [on sth] [or view [of [or on] sth]], to know what sb says [on sth]/thinks [of sth]; ■ **nach jds ~,** ■ **jds ~ nach** in sb's opinion [or view], in the opinion [or view] of sb, to sb's way of thinking; **seine ~ ändern** to change one's mind [or opinion]; **seine ~ beibehalten, bei seiner ~ bleiben** to stick to [or form persist in] one's opinion; **der ~ sein, dass ...** to be of the opinion [or take the view] that ...; **jdm die ~ sagen** (fam) to give sb a piece of one's mind fam; **jds ~ sein**

Meinungen, Ansichten

Meinungen, Ansichten ausdrücken	expressing opinions, views
Ich finde/meine/denke, sie sollte sich für ihr Verhalten entschuldigen.	**I think** she should apologize for her behaviour.
Er war **meiner Meinung nach** ein begnadeter Künstler.	He was **in my opinion** a highly gifted artist.
Ich bin der Meinung/Ansicht, dass jeder ein Mindesteinkommen erhalten sollte.	**I believe/am of the opinion/take the view that** everyone should receive a minimum income.
Eine Anschaffung weiterer Maschinen ist **meines Erachtens** nicht sinnvoll.	The purchase of more machinery is, **in my opinion**, not a sensible option.

Meinungen erfragen, um Beurteilung bitten	asking for opinions and assessments
Was ist Ihre Meinung?	**What's your opinion?**
Was meinen Sie dazu?	**What do you think** (about it)?
Wie sollten wir **Ihrer Meinung nach** vorgehen?	How do **you think** we should proceed?
Was hältst du von der neuen Regierung?	**What do you think/make of** the new government?
Findest du dieses Spiel langweilig?	**Do you find** this game boring?
Denkst du, ich kann so gehen?	**Do you think** I can go like this?
Was sagst du zu ihrem neuen Freund?	**What do you think of** her new boyfriend?
Wie gefällt dir meine neue Haarfarbe?	**How do you like** my new hair colour?
Kannst du mit dieser Theorie **etwas anfangen?**	**Does** this theory **mean anything to you?**
Wie lautet Ihr Urteil über unser neues Produkt?	**What's your opinion of** our new product?
Wie urteilen Sie darüber?	**What's your opinion of it?**

to be [just] what sb thinks; **genau meine ~!** exactly what I thought! **Mei·nungs·äu·ße·rung** *f* ❶ *(das Äußern einer Ansicht)* expression of an opinion [*or* a view] /opinions [*or* views] *pl;* ■ **bei seiner ~** in expressing one's opinions [*or* views] ❷ *(vorgebrachte Ansicht)* opinion, view; **die freie ~** free[dom of] speech **Mei·nungs·aus·tausch** *m* exchange of views [*or* ideas] (**zu** on); **in einem ~ miteinander/mit jdm stehen** to exchange views [*or* ideas] [with one another/sb] **Mei·nungs·bild·ner(in)** ['maɪnʊŋsbɪldnɐ] *m(f)* SOZIOL, MEDIA opinion maker **Mei·nungs·bil·dung** *f* ■ **die ~** the formation of opinion **Mei·nungs·for·scher(in)** *m(f)* [opinion] pollster, public opinion analyst *form* **Mei·nungs·for·schung** *f kein pl* ■ **die ~** [public] opinion polling [*or* research] **Mei·nungs·for·schungs·in·sti·tut** *nt* opinion research institute **Mei·nungs·frei·heit** *f kein pl* ■ **die ~** free[dom of] speech; **die journalistische ~ unterdrücken** to gag the press **Mei·nungs·füh·rer(in)** *m(f)* opinion leader **Mei·nungs·um·fra·ge** *f* [public] opinion poll; **eine ~ abhalten** [*o* **machen**] to take [*or form*] conduct] a public opinion [*or* an opinion] poll [*or* a poll] **Mei·nungs·ver·schie·den·heit** *f* ❶ *(Unterschiedlichkeit von Ansichten)* difference [*or form* divergence] of opinion; **eine erhebliche ~** a clash of opinion ❷ *(Auseinandersetzung)* argument, difference of opinion *hum fam;* **eine kleine ~** a slight difference of opinion *hum fam;* **eine ~ haben** to have an argument [*or hum* a difference of opinion]; **eine kleine ~ haben** to have a [slight] tiff *fam* **Mei·o·se** <-, -n> [maɪ'oːzə] *f* BIOL meiosis **mei·o·tisch** *adj* BIOL meiotic **Mei·se** <-, -n> ['maɪzə] *f* ORN tit; ► WENDUNGEN: **eine ~ haben** *(sl)* to have a screw loose *hum fam* **Mei·sel** ['maɪzl] *m* KOCHK ÖSTERR *beef cut from the shoulder blade* **Mei·ßel** <-s, -> ['maɪsl] *m* chisel

mei·ßeln ['maɪsln] **I.** *vi* ■ **[an etw** *dat*] **~** to chisel [at sth] **II.** *vt* ❶ *(mit dem Meißel herstellen)* ■ **etw ~** to chisel sth ❷ *(mit dem Meißel einschlagen)* ■ **etw in etw** *akk* **~** to chisel sth into sth; ■ **[sich** *dat*] **etw in etw** *akk* **~ lassen** to have sth chiselled [*or* AM -eled] into sth

meist ['maɪst] *adv* ❶ *s.* **meistens** ❷ *superl von* **viel: ~ inszeniert** most-staged

meist·bie·tend *adj inv, attr* ÖKON highest-bidding *attr;* bidding highest *pred*

Meist·bie·ten·de(r) <-n, -n> *dekl wie adj f(m)* ÖKON highest bidder

meis·te(r, s) *pron indef superl von* **viel** ❶ *adjektivisch,* + *nsing* most; **der ~ Luxus ist überflüssig** most luxury is superfluous; **das ~ Geld** the most money; *(als Anteil)* most of the money; **die ~ Zeit** [the] most time; *(adverbial)* most of the time; **nicht das ~ an Intelligenz haben** to be two bricks shy of a load *hum fam* ❷ *adjektivisch,* + *nsing* most; **die ~n Menschen/Probleme** most people/problems; **die ~n dieser/meiner Beispiele** most of these/my examples ❸ *substantivisch* ■ **die ~n** *(Menschen)* most people; *(Dinge)* most of them; **die ~n von uns** most of us ❹ *substantivisch* ■ **das ~** *(zählbares)* most of them; *(nicht zählbares)* most of it; *(als Anteil)* the most; ■ **das ~ von dem, was …** most of what … ❺ *(adverbial: vor allem)* ■ **am ~n** [the] most; **was mich am ~n gefreut hat, …** what pleased me [the] most …

meis·tens ['maɪstn̩s] *adv* mostly, more often than not; *(zum größten Teil)* for the most part; ■ **etw ~ machen** to mostly [*or* more often than not] do sth

meis·ten·teils *adv (geh) s.* **meistens**

Meis·ter(in) <-s, -> ['maɪstɐ] *m(f)* ❶ *(Handwerksmeister)* master [craftsman]; *(Betriebsmeister)* foreman, gaffer BRIT *fam; (als Anrede)* boss *fam,* guv BRIT *sl;* ■ **~/-in Müller** *(veraltend: als Anrede)* Master/Mistress Müller *dated;* **seinen ~** [in etw *dat*] **machen** to take one's master| craftman]'s diploma [*or* certificate] [in sth]; **~ Lampe** *(Märchenfigur)* Master Hare ② SPORT *(Titelträger)* champion; *(führende Mannschaft)* champions *pl* ③ *(großer Künstler)* master; **alter ~** old master ④ *(Lehrer)* |school]master *dated* ► WENDUNGEN: **seinen ~ finden** to meet one's match; **es ist noch kein ~ vom Himmel gefallen** *(prov)* no one is born a master; *(am Anfang eines Unternehmens)* it is the first step that is always difficult *prov;* **im Lügen ~ sein** to be a past master at lying

Meis·ter·brief *m* master| craftman]'s diploma [*or* certificate]

meis·ter·haft I. *adj* masterly; *(geschickt)* masterful II. *adv* in a masterly manner [*or* fashion]; *(geschickt)* masterfully, in a masterful manner [*or* fashion]

Meis·ter·hand *f* ■ **die ~** the hand [*or* touch] of a/the master; **von ~** by a master hand

Meis·te·rin <-, -nen> *f fem form von* **Meister**

Meis·ter·leis·tung *f* ① *(hervorragende Leistung)* masterly performance; **eine architektonische/musikalische ~** a masterly performance of architecture/music; **nicht gerade** [*o* eben] **eine ~** nothing to write home about *fam* ② *(iron: miserable Leistung)* brilliant achievement *iron*

meis·ter·lich *adj (geh) s.* **meisterhaft**

meis·tern ['maisten] *vt* ■ **etw ~** to master sth; **Schwierigkeiten ~** to overcome [*or* master] difficulties

Meis·ter·prü·fung *f* examination for the master| craftman]'s diploma [*or* certificate]

Meis·ter·schaft <-, -en> *f* ① SPORT *(Wettkampf zur Ermittlung des Meisters)* championship; *(Veranstaltung)* championships *pl* ② *kein pl (Können)* mastery; **vollendete ~** accomplished mastery; **es |in etw *dat*| zu wahrer** [*o* echter] **~ bringen** to become really proficient [at sth] [*or* expert |in sth]], to achieve real mastery [in sth] [*or* proficiency |at sth]]; *(iron) Dieb* to get it/sth down to a fine art; **es |in etw *dat*| zu einiger ~ bringen** to start becoming [*or* to become] proficient [at sth], to start becoming [*or* to become] expert [in sth], to achieve some proficiency [at sth]

Meis·ter·schüt·ze, -schüt·zin *m, f* marksman, crack shot **Meis·ter·stück** *nt* ① *(Werkstück)* work done to qualify as a master craftsman ② *(Meisterwerk)* masterpiece ③ *(iron: schlechte Leistung)* brilliant achievement *iron* **Meis·ter·ti·tel** *m* ① *(Titel eines Handwerksmeisters)* title of master craftsman ② SPORT *(Titel eines Champions)* championship title

Meis·te·rung <-> *f kein pl* mastering *no pl; Schwierigkeiten a.* overcoming *no pl*

Meis·ter·werk *nt* masterpiece; ■ **ein architektonisches/musikalisches ~** a masterpiece of architecture/music, an architectural/a musical masterpiece

meist·ge·fragt *adj attr* most popular, most in demand *pred* **meist·ge·nannt** *adj attr* most frequently mentioned **meist·ge·sucht** *adj attr* most wanted **meist·ver·kauft** *adj attr* best-selling; **das ~e Buch des Monats** the best-seller of the month **meist·ver·langt** *adj attr* in highest demand *pred*

Mek·ka <-s> ['mɛka] *nt (a. fig)* Mecca

Me·lan·cho·lie <-, -n> [melaŋko'liː, *pl:* melaŋko'liːən] *f* ■ [die/eine] **~** melancholy; **in ~ verfallen** [*o* versinken] to get melancholy [*or fam* the blues]

Me·lan·cho·li·ker(in) <-s, -> [melaŋ'koːlike] *m(f)* melancholic *form,* melancholy [*or form* melancholic] person

me·lan·cho·lisch [melaŋ'koːlɪʃ] *adj* melancholy, melancholic *form;* **ein ~er Mensch** a melancholy [*or form* melancholic] person, a melancholy *form;* **etw macht jd ~** sth makes sb melancholy [*or form* melan-

cholic], to give sb the blues *fam*

Me·lan·ge <-, -n> [me'lãːʒə] *f* ÖSTERR coffee with milk, BRIT *a.* white coffee

Me·la·nin <-n, -e> [mela'niːn] *nt* MED melanin

Me·la·nis·mus <-> [mela'nɪsmʊs] *m* MED melanism

Me·la·nom <-[e]s, -e> [mela'noːm] *nt* MED melanoma *spec;* **ein bösartiges** [*o fachspr:* malignes] **~** a malignant melanoma *spec*

Me·las·se <-, -n> [me'lasə] *f* molasses

Mel·de <-, -n> ['mɛldə] *f* BOT purslane, oracle

Mel·de·amt *nt (fam)* registration office; ■ **auf dem ~** at the registration office **Mel·de·be·hör·de** *f (geh) s.* **Einwohnermeldeamt Mel·de·frist** *f* period [*or* time] for registering, registration period

mel·den ['mɛldn] I. *vt* ① *(anzeigen)* ■ |jdm] **etw ~** to report sth [to sb]; **etw im Personalbüro ~** to report sth to the personnel office; **etw schriftlich ~** to notify sth in writing ② *(berichten)* ■ **etw [über etw] ~** *akk* RADIO, TV to report sth [about sth]; **wie |soeben/gerade] gemeldet wird** according to reports [just [coming] in] ③ *(denunzieren)* ■ **jdn [bei jdm] ~** to report sb [to sb] ④ *(an~)* ■ **jdn [bei jdm] ~** to announce sb [to sb]; **wen darf ich ~?** who[m] shall I say [is here]?, what name shall I say?; ► **Sie mich bitte bei Ihrem Chef!** please tell your boss [that] I'm here! ► WENDUNGEN: [**bei jdm/irgendwo] nichts zu ~ haben** *(fam)* to have no say [with sb/somewhere] II. *vr* ① SCH *(auf sich aufmerksam machen)* ■ **sich ~** to put one's hand up ② *(sich zur Verfügung stellen)* ■ **sich zu etw ~** to report for sth; **sich zu etw freiwillig ~** to volunteer for sth; **sich zur Nachtschicht ~** to sign up [*or* volunteer] for the night shift; **sich zu der Tätigkeit im Ausland ~** to apply for the job abroad ③ TELEK *(antworten)* ■ **sich |unter etw] ~** *dat* to answer [on/with sth]; **es meldet sich keiner |unter dieser Nummer]** there's no answer [*or* reply] [on this number]; **sie meldet sich nie unter ihrem wahren Namen** she never answers with her real name ④ *(auf sich aufmerksam machen)* ■ **sich |bei jdm]** **~** to get in touch [with sb]; **wenn ich Sie brauchen sollte, melde ich mich [bei Ihnen]** if I need you, I'll let you know

Mel·de·pflicht *f* obligation to report sth; **gewisse Infektionskrankheiten unterliegen der |amtlichen]** **~** certain infectious diseases must be notified to the authorities; **polizeiliche ~** obligation to register with the police, compulsory registration [with the police] **mel·de·pflich·tig** *adj* notifiable **Mel·de·schein** *m* registration form **Mel·de·stel·le** *f* ADMIN registration office **Mel·de·zet·tel** *m* ① *(im Hotel)* registration card [*or* form] ② ÖSTERR *(Meldeschein)* registration form

Mel·dung <-, -en> *f* ① *(Nachricht)* piece of news; **kurze ~en vom Tage** the day's news headlines; **~en vom Sport** RADIO, TV sports news + *sing vb* ② *(offizielle Mitteilung)* report; |jdm] [eine] ~ **machen** [*o* **erstatten]** MIL to [make a] report [to sb] ③ SPORT *(An~)* entry ④ *kein pl (das Denunzieren)* report; **jdn zur ~ von etw *dat* anhalten** to encourage sb to report sth; **durch ~** by reporting

me·liert [me'liːɐt] *adj* ① *(Haar)* streaked with grey [*or* AM *a.* gray] *pred,* greying, AM *a.* graying ② *(Gewebe, Wolle)* flecked, mottled

Me·lis·se <-, -n> [me'lɪsə] *f* BOT [lemon] balm

Me·lis·sen·geist *m kein pl* [lemon] balm spirit *no pl*

mel·ken <melkte *o* veraltend molk, gemolken *o* [selten] gemelkt> ['mɛlkn] I. *vt* ① *(zur Abgabe von Milch bringen)* ■ **ein Tier ~** to milk an animal ② *(durch Melken gewinnen)* ■ **etw ~** to obtain sth by milking; **frisch gemolkene Milch** milk fresh from the cow [*or* goat] ③ *(fam: finanziell ausnutzen)* ■ **jdn ~** to milk [*or fam* fleece] sb *pej* II. *vi* to milk; **beim M~ sein** to

be doing the milking
Mel·ker(in) <-s, -> m(f) milker masc, milkmaid fem, dairyman masc, dairymaid fem
Melk·ma·schi·ne f milking machine
Me·lo·die <-, -n> [melo'diː, pl: melo'diːən] f melody, tune
Me·lo·di·en·fol·ge f musical medley **Me·lo·di·en·rei·gen** m medley [of tunes] **Me·lo·di·en·samm·lung** f collection of melodies [or tunes]
Me·lo·dik <-> [me'loːdɪk] f kein pl MUS ❶ (musikalische Eigenart) melodic characteristic ❷ (Lehre von der Melodie) melodics + sing vb, theory of melody
me·lo·di·ös [melo'd̥i̯øːs] adj (geh) s. melodisch
me·lo·disch [me'loːdɪʃ] I. adj (geh) melodic, tuneful II. adv melodically, tunefully
Me·lo·dram <-s, -en> [melo'draːm] nt, **Me·lo·dra·ma** [melo'draːma] nt melodrama
me·lo·dra·ma·tisch [melodra'maːtɪʃ] I. adj melodramatic II. adv melodramatically
Me·lo·ne <-, -n> [me'loːnə] f ❶ (Frucht) melon ❷ (fam: Hut) bowler [hat], AM a. derby
Mem·bran <-, -e o -en> [mɛm'braːn] f, **Mem·bra·ne** <-, - o -n> [mɛm'braːnə] f ❶ TECH, PHYS diaphragm ❷ ANAT membrane
Me·mo <-s, -s> ['mɛːmo] nt (fam) memo fam
Me·moi·ren [me'mo̯aːrən] pl memoirs
Me·mo·ran·dum <-s, Memoranden o Memoranda> [memo'randʊm, pl: memo'randən, memo'randa] nt memorandum
Me·na·ge <-, -n> [me'naːʒə] f ❶ (Gewürzständer) cruet ❷ ÖSTERR (Truppenverpflegung) rations pl
Men·de·le·vi·um <-s> [mɛndele'viːʊm] nt kein pl CHEM mendelevium no pl
Me·ne·te·kel <-s, -> [mene'teːkl] nt (geh) warning sign, portent
Men·ge <-, -n> ['mɛŋə] f ❶ (bestimmtes Maß) ■ eine bestimmte ~ [einer S. gen] a certain amount [or quantity] [of sth]; eine gewisse ~ enthalten to contain a certain amount [or quantity]; eine große ~ Kies/Wasser a large amount of gravel/water; in ausreichender [o genügender] ~ in sufficient quantities ❷ (viel) ■ eine ~ [einer S. gen] a large amount [of sth]; eine ~ Geld a lot of money; eine ~ zu sehen a lot to see; eine ganze ~ [einer S. gen] quite a lot [of sth]; eine ganze ~ Geld/Glück a large amount [or great deal] of money/luck; in rauen [o großen] ~n in huge [or vast] quantities, by the ton; in ~n plenty of; Eissorten in ~n any amount of different sorts of ice cream; jede ~ einer S. gen loads [or masses] [or tons] of sth fam; ■ eine ~ an etw dat a lot of sth ❸ (fam: viele) ■ eine ~ einer S. gen lots of sth fam ❹ (Menschen~) crowd ❺ MATH set
men·gen ['mɛŋən] I. vt (geh) ■ etw in etw akk/unter etw ~ akk to mix sth into/with sth II. vr (geh) ■ sich akk unter die Leute ~ to mingle [with the people]
Men·gen·leh·re f MATH set theory no pl, no art **men·gen·mä·ßig** adv quantitatively, as far as quantity is concerned **Men·gen·ra·batt** m bulk [or quantity] discount
Men·hir <-s, -e> ['mɛnhiːɐ̯] m menhir, standing stone
Me·nis·kus <-, Menisken> [me'nɪskʊs, pl: me'nɪskən] m ANAT meniscus **Me·nis·kus·ver·let·zung** f ANAT, MED injury to a meniscus
Men·jou·bärt·chen ['mɛnʒu-] nt pencil moustache
Men·ni·ge <-> ['mɛnɪgə] f kein pl minium no pl, red lead no pl
Me·no·pau·se [meno'pauzə] f kein pl menopause no pl
Me·nor·ca [me'nɔrka] nt Minorca, Menorca; s. a. Sylt
Men·sa <-, Mensen> ['mɛnza, pl: 'mɛnzn̩] f SCH refectory, canteen
Mensch¹ <-en, -en> ['mɛnʃ] m ❶ (menschliches Lebe-

wesen) der ~ man no pl, no art; ■ die ~en man sing, no art, human beings pl; ~ und Tier man and beast; ein anderer ~ werden to become a different person [or man/woman]; ein neuer ~ werden to become a new man/woman [or person]; das konnte kein ~ ahnen! no one could have foreseen that!; ~ bleiben (fam) to stay human; auch nur ein ~ sein to be only human; kein ~ mehr sein (unmenschlich) to be no longer human; (fam: völlig erschöpft) to be all in; als ~ as a person; kein ~ no one, nobody; es war kein ~ da there was no one [or not a soul] there ❷ (Person) person, man/woman; ~en people; sie sollte mehr unter ~en gehen she should mix with people [or socialize] [or get out] more; [viel] unter ~en kommen to get out [a lot], to meet [a lot of] people ❸ (die Menschheit) ■ die ~en mankind sing, no art, man sing, no art; alle ~en everyone, everybody; so sind die ~en that's how people are, that's human nature ❹ (pej fam: Kerl) character, so-and-so

►WENDUNGEN: ~ Meier! (sl) wow! fam, gosh! fam, good grief! fam; hat der ~ Töne! (fam) can you believe it! fam; des ~en Wille ist sein Himmelreich (prov) you have to follow your own nose prov; wie der erste [o letzte] ~ (fam) very awkwardly [or clumsily]; sich wie die ersten/letzten ~en benehmen to behave like cavemen [or Neanderthals]; wie der letzte ~ aussehen to look ridiculous; nur ein halber ~ sein (fam) to feel incomplete; ohne dich bin ich nur ein halber ~ I'm lost without you; wenn sie nicht genügend geschlafen hat, ist sie nur ein halber ~ if she hasn't had enough sleep, she's not herself [or only half there]; von ~ zu ~ man to man/woman to woman; ~! (fam) wow! fam, cor! sl; ~, war das anstrengend/eine Anstrengung boy, was that exhausting/an effort; (vorwurfsvoll) for goodness' sake!; ~, verschwinde! hey, clear off!; ~, das habe ich ganz vergessen! blast, I completely forgot!

Mensch² <-[e]s, -er> ['mɛnʃ] nt SÜDD (pej fam) female pej, madam pej, slut pej
Mensch är·ge·re dich nicht <- - - -> nt kein pl (Spiel) ludo BRIT, Parcheesi® AM
men·scheln ['mɛnʃln̩] vi unpers ■ es menschelt there are people around unpers
Men·schen·af·fe m [anthropoid] ape **men·schen·ähn·lich** I. adj manlike, like a human being/human beings pred; nichts M~es nothing human II. adv like human beings **Men·schen·al·ter** nt generation **Men·schen·samm·lung** f gathering [of people]; die ~en vor den Läden the crowds in front of the shops **men·schen·arm** adj sparsely populated **Men·schen·auf·lauf** m crowd [of people]; es kam zu einem ~ a crowd gathered **Men·schen·feind(in)** m(f) misanthropist **men·schen·feind·lich** adj ❶ (misanthropisch) misanthropic ❷ GEOG hostile [to man], inhospitable **Men·schen·fleisch** nt kein pl human flesh no pl **Men·schen·fres·ser(in)** <-s, -> m(f) (fam) ❶ (Kannibale) cannibal ❷ (menschenfressendes Raubtier) man-eater **Men·schen·freund(in)** m(f) philanthropist **men·schen·freund·lich** adj philanthropic **Men·schen·freund·lich·keit** f kein pl philanthropy no pl; aus reiner ~ out of the sheer goodness of one's heart **Men·schen·füh·rung** f kein pl leadership no pl, man management no pl **Men·schen·ge·den·ken** ['mɛnʃŋgədɛŋkŋ] nt kein pl seit ~ as long as anyone can remember; diese alten Eiben stehen hier schon seit ~ these old yew trees have been here from time immemorial **Men·schen·ge·stalt** f human form; etw/jd in ~ sth/sb in human form; Satan in ~ the devil incarnate; ein Teufel in ~ a devil in disguise **Men·schen·hand** f kein pl human hand; von ~ by the hand of man, by human hand

Men·schen·han·del *m kein pl* slave trade *no pl,* trade [*or* traffic] in human beings **Men·schen·hass**RR *m kein pl* misanthropy *no pl* **Men·schen·ken·ner(in)** *m(f)* judge of character [*or* human nature]; **kein/kein guter ~ sein** to be no/a poor [*or* not a good] judge of character **Men·schen·kennt·nis** *f kein pl* ability to judge character, knowledge of human nature; **keine/keine gute ~ haben** to be no/a poor [*or* not a good] judge of character **Men·schen·ket·te** *f* human chain **Men·schen·le·ben** *nt* ① *(Todesopfer)* [human] life; **der Unfall forderte drei ~** the accident claimed three lives; **die Verluste an ~** the loss of life; **~ sind** [**nicht**] **zu beklagen** there has been [no] loss of life ② *(Lebenszeit)* lifetime; **ein ganzes ~ lang** a [whole] lifetime **men·schen·leer** *adj* ① *(unbesiedelt)* uninhabited ② *(unbelebt)* deserted **Men·schen·lie·be** *f* **aus reiner ~** out of the sheer goodness of one's heart **Men·schen·mas·se** *f (pej)* crowd [of people], mass of people **Men·schen·men·ge** *f* crowd [of people] **men·schen·mög·lich** ['mɛnʃnˈmøːklɪç] *adj* humanly possible; **das ist doch nicht ~!** *(fam)* [but] that's impossible!, that can't be true!; **das M~e tun** to do all that is humanly possible **Men·schen·op·fer** *nt* ① REL human sacrifice ② *(geh: Menschenleben 1)* [human] life **Men·schen·raub** *m kein pl* kidnapping, abduction

Men·schen·recht *nt meist pl* JUR human right *usu pl;* **die ~e schützen** to protect [*or* safeguard] human rights; **einen Staat wegen Verletzung der ~e anklagen** to accuse a state of violating [*or* a violation of] human rights; **die Achtung der ~e** respect of [*or* respecting] human rights **Men·schen·recht·ler(in)** <-s, -> *m(f)* human rights activist **Men·schen·rechts·er·klä·rung** *f* JUR declaration of human rights, human rights declaration **Men·schen·rechts·kom·mis·si·on** *m* JUR Human Rights Convention **Men·schen·rechts·ver·let·zung** *f* violation [*or* infringement] of human rights

men·schen·scheu *adj* afraid of people **Men·schen·scheu** *f* fear of people **Men·schen·schlag** *m kein pl (fam)* kind of people, breed [of people] *fam* **Men·schen·see·le** ['mɛnʃnˈzeːlə] *f* human soul; **keine ~** not a [living] soul

Men·schens·kind ['mɛnʃnskɪnt] *interj (fam)* ① *(Herr des Himmels!)* good heavens, heavens above, good grief ② *(Mensch Meier!)* wow *fam,* gosh *fam*

men·schen·un·mög·lich *adj* ① *(völlig unmöglich)* utterly impossible, not humanly possible ② *(das Unmögliche)* ■ **das M~e** the impossible **men·schen·un·wür·dig** I. *adj* inhumane; *(Behausung)* unfit for human habitation II. *adv* in an inhumane way, inhumanely; **~ hausen** to live in conditions unfit for human beings **men·schen·ver·ach·tend** *adj* inhuman; *(Bemerkung)* contemptuous **Men·schen·ver·äch·ter(in)** *m(f)* misanthrope, misanthropist **Men·schen·ver·ach·tung** *f kein pl* contempt for other people **Men·schen·ver·stand** *m kein pl* human intelligence [*or* intellect] *no pl;* **gesunder ~** common sense **Men·schen·wür·de** *f kein pl* human dignity *no pl, no art* **men·schen·wür·dig** I. *adj* humane; *(Unterkunft)* fit for human habitation; **ein ~es Leben** a decent [*or* dignified] life II. *adv* humanely; **~ leben/wohnen** to live in conditions fit for human beings

Mensch·heit <-> *f kein pl* ■ **die ~** mankind *no pl, no def art,* humanity *no pl, no art;* **das Schicksal der** [**ganzen/gesamten**] **~** the fate of [the whole of] mankind [*or* the [whole] human race]

Mensch·heits·ge·schich·te *f kein pl* history of mankind [*or* of the human race]

mensch·lich ['mɛnʃlɪç] I. *adj* ① *(einem Menschen gehörend)* human; **das ~e Leben** human life

② *(durch Menschen erfolgend)* human; **~e Schwäche** human weakness; **~es Versagen** human error; ■ **~ sein** to be [only] human; *s. a.* **irren** ② *(human)* humane; *(Vorgesetzter)* understanding, sympathetic ④ *(fam: zivilisiert)* civilized, refined II. *adv* ① *(human)* humanely ② *(fam: zivilisiert)* civilized; **wieder ~ aussehen** to look presentable again

Mensch·lich·keit <-> *f kein pl* humanity *no pl, no art;* **aus reiner ~** for purely humanitarian reasons

Men·sen *pl von* **Mensa**

Mens·tru·a·ti·on <-, -en> [mɛnstruaˈtsi̯oːn] *f* menstruation *no pl, no art*

Mens·tru·a·ti·ons·schmer·zen *pl* MED menstrual pains *pl,* menalgia *no pl spec* **Mens·tru·a·ti·ons·stö·run·gen** *pl* MED menstrual disorder, paramenia *no pl spec* **Mens·tru·a·ti·ons·zy·klus** *f* menstrual cycle

mens·tru·ie·ren*** [mɛnstruˈiːrən] *vi* to menstruate

men·tal [mɛnˈtaːl] I. *adj* mental II. *adv* mentally

Men·ta·li·tät <-, -en> [mɛntaliˈtɛːt] *f* mentality

Men·thol <-s, -e> [mɛnˈtoːl] *nt* menthol **Men·thol·zi·ga·ret·te** *f* menthol cigarette

Men·tor, Men·to·rin <-s, -toren> ['mɛntoːɐ̯, mɛnˈtoːrɪn, *pl:* mɛnˈtoːrən] *m, f* ① SCH tutor, supervisor ② *(geh: erfahrener Förderer)* mentor

Me·nu <-s, -st *(geh),* **Me·nü** <-s, -s> [meˈnyː] ① *(Mahlzeit)* set meal [*or* menu], table d'hôte *spec;* *(Speisenfolge)* menu ② INFORM menu

Me·nü·be·steck *nt* place setting

Me·nu·ett <-s, -e> [menuˈɛt] *nt (Tanz, Musik)* minuet

me·nü·ge·steu·ert *adj inv* INFORM menu-driven **Me·nü·leis·te** *f* INFORM menu bar **Me·nü·zei·le** *f* INFORM menu bar

Mer·chan·di·sing <-s> ['møːɐ̯tʃndaizɪŋ] *nt kein pl* ÖKON merchandizing *no pl*

mer·ci [mɛrˈsiː] *interj (hum)* merci *rare*

Mer·gel <-s, -> ['mɛrgl] *m* GEOL marl

Me·ri·di·an <-s, -e> [meriˈdi̯aːn] *m* meridian

Me·ri·no·wol·le [meˈriːno-] *f* merino wool

Me·ris·tem <-s, -e> [merɪsˈteːm] *nt* BOT meristem

Mer·kan·ti·lis·mus <-> [mɛrkantiˈlɪsmʊs] *m kein pl* HIST ■ **der ~** mercantilism *no pl,* the mercantile system

merk·bar I. *adj* ① *(wahrnehmbar)* noticeable; **ein deutlich ~es Beben** a clearly perceptible tremor; **ein kaum ~es Summen/Pfeifen** a scarcely audible hum[ming]/whistle[whistling] ② *(zu behalten)* memorable, rememberable; **ein leicht ~er Name** an easily remembered name; **leicht/ohne weiteres ~ sein** to be easy to remember; **nicht/schwer ~ sein** to be very difficult/hard to remember II. *adv* noticeably

Merk·blatt *nt* explanatory leaflet

mer·ken ['mɛrkn̩] I. *vt* ① *(spüren)* ■ **etw ~** to feel sth; **es war kaum zu ~** it was scarcely noticeable ② *(wahrnehmen)* ■ **etw** [**von etw** *dat*] **~** to notice sth [of sth]; **ich habe nichts davon gemerkt** I didn't notice a thing [*or* anything]; **das merkt jeder/keiner!** everyone/no one will notice!; **das ist zu ~** that's obvious, one [*or* you] can tell; **bis das einer merkt!** *(fam)* it'll be ages before anyone realizes!; **du merkst auch alles!** *(iron)* how observant of you!, nothing escapes you, does it?; **jdn etw ~ lassen** to let sb feel [*or* see] sth ③ *(behalten)* ■ **leicht/schwer zu ~ sein** to be easy/difficult to remember; **merke: …** NB: …, note: … II. *vi* ① *(spüren)* ■ **~, dass/wie** to notice [*or* feel] that/how ② *(wahrnehmen)* ■ **~, dass etw geschieht** to notice that sth is happening III. *vr* ① *(im Gedächtnis behalten)* ■ **sich** *dat* **etw ~** to remember sth; **das werde ich mir ~!** *(fam)* I'll remember [*or* I won't forget] that!; **merk dir das!/merken Sie sich das!** [just] remember that! ② *(im Auge behalten)* ■ **sich** *dat* **jdn/etw ~** to remember [*or* make [*or* keep] a [mental] note of] sb/sth

merk·lich ['mɛrklɪç] **I.** *adj* noticeable **II.** *adv* noticeably
Merk·mal <-s, -e> ['mɛrkma:l] *nt* characteristic, feature; **besondere ~e:** ... *(Eintrag im Pass)* distinguishing marks; *(Kennzeichen)* distinguishing features
Mer·kur <-s> [mɛr'ku:ɐ̯] *m* ASTRON ■ **der ~** Mercury
Merk·vers *m* SCH mnemonic [verse [*or* rhyme]], jingle
merk·wür·dig I. *adj* strange, odd, curious; **zu ~!** how strange! **II.** *adv* strangely, oddly; **hier riecht es so ~** there's a very strange smell here
merk·wür·di·ger·wei·se *adv* strangely [*or* oddly] [*or* curiously] enough
Merk·wür·dig·keit <-, -en> *f* ➊ *kein pl (Seltsamkeit)* strangeness *no pl,* oddness *no pl* ➋ *meist pl (selten: Kuriosität)* curiosity
Mer·lan <-s, -e> [mɛr'la:n] *m* ZOOL whiting
Mer·lin <-s, -e> [mɛr'li:n] *m* ORN merlin
me·schug·ge [me'ʃʊɡə] *adj (veraltend fam)* ■ **~ sein/ werden** to be/go crazy [*or* mad] [*or fam* nuts] [*or* meshuga]
Mes·ka·lin <-s> [mɛska'li:n] *nt kein pl* mescalin[e] *no pl*
Mes·ner <-s, -> ['mɛsnɐ] *m* DIAL *(Küster)* sexton, verger
Me·so·po·ta·mi·en <-s> [mezopo'ta:mi̯ən] *nt* HIST Mesopotamia
mess·bar^{RR} *adj,* **meß·bar**^{ALT} *adj* measurable; ■ **gut/ schwer ~ sein** to be easy/difficult to measure
Mess·be·cher^{RR} *m* measuring cup [*or* BRIT *a.* jug]
Mess·buch^{RR} *nt* REL missal, mass-book
Mess·da·ten^{RR} *pl* TECH measuring data + *sing vb*
Mess·die·ner(in)^{RR} *m(f)* REL server
Mes·se¹ <-, -n> ['mɛsə] *f* ➊ *(Gottesdienst)* mass *no pl;* **in die/zur ~ gehen** to go to mass; **schwarze ~** Black Mass; **für jdn eine ~ lesen lassen** to have a mass said for sb; **die ~ lesen** [*o* **halten**] to say mass ➋ *(liturgische Komposition)* mass
Mes·se² <-, -n> ['mɛsə] *f (Ausstellung)* [trade] fair; **auf der ~** at the fair
Mes·se³ <-, -n> ['mɛsə] *f* NAUT, MIL mess
Mes·se·aus·weis *m* ÖKON [trade] fair [*or* exhibition] pass **Mes·se·be·su·cher(in)** *m(f)* visitor to a/the [trade] fair **Mes·se·ge·bäu·de** *nt* [trade] fair [*or* exhibition] building **Mes·se·ge·län·de** *nt* exhibition centre [*or* AM -er] **Mes·se·hal·le** *f* exhibition hall **Mes·se·ka·ta·log** *m* trade fair [*or* exhibition] catalogue [*or* AM -og]
mes·sen <misst, maß, gemessen> ['mɛsn̩] **I.** *vt* ➊ *(Ausmaß oder Größe ermitteln)* ■ **etw ~** to measure sth; ■ **jds Blutdruck/Temperatur ~** to take sb's blood pressure/temperature ➋ *(als Größe haben)* ■ **etw ~** *akk* to measure sth ➌ *(beurteilen nach)* ■ **etw an etw ~** *dat* to judge sth by sth; ■ **gemessen an etw** *dat* judging [*or* going] by sth; **seinen Verstand an jdm/etw ~** *dat* to pit one's wits against sb/ sth **II.** *vr (geh)* ■ **sich** *akk* **[in etw** *dat*] **mit jdm ~** to compete with [*or* against] sb [in sth]; **sich** *akk* **mit jdm/etw ~ können** to be able to match [*or* be a match for] sb/sth; *s. a.* **gemessen**
Mes·se·neu·heit *f* ÖKON new product [[on show] at a [trade] fair]
Mes·ser <-s, -> ['mɛsɐ] *nt* knife; **mit ~ und Gabel essen** to eat with a knife and fork ▶ WENDUNGEN: **auf ~s Schneide stehen** to hang in the balance, to be balanced on a knife-edge; **es steht auf ~s Schneide, ob ...** it's touch and go whether ...; **unters ~ kommen** MED *(fam)* to go under the knife; [jdm] **ins** [offene] ~ **laufen** to play right into sb's hands, to walk straight into the trap; **jdn** [jdm] **ans ~ liefern** to betray [*or fam* tell on] [*or* BRIT *sl* shop] sb [to sb]; **bis aufs ~** to the bitter end
Mes·ser·block *m* knife block **Mes·ser·griff** *m* knife

handle Mes·ser·klin·ge *f* knife blade **Mes·ser·mu·schel** *f* ZOOL razor shell [*or* clam] **Mes·ser·rü·cken** *m* back of a/the knife **mes·ser·scharf** ['mɛsɐˈʃarf] **I.** *adj* razor-sharp *a. fig* **II.** *adv* very astutely **Mes·ser·schei·de** *f* knife sheath **Mes·ser·schlei·fer(in)** *m(f)* knife grinder **Mes·ser·schmied(in)** *m(f)* knifesmith **Mes·ser·spit·ze** *f* knife point; **eine ~/ zwei ~n** [voll] [einer S. *gen*] KOCHK a pinch/two pinches [of sth]; **eine ~ Muskat** a pinch of nutmeg **Mes·ser·ste·cher(in)** <-s, -> *m(f) (pej)* knife [wo]man, knifer *fam* **Mes·ser·ste·che·rei** <-, -en> *f* knife fight **Mes·ser·ste·che·rin** <-, -nen> *f fem form von* **Messerstecher Mes·ser·stich** *m* knife thrust; *(Wunde)* knife [*or* stab] wound **Mes·ser·wer·fer(in)** <-s, -> *m(f)* knife thrower
Mes·se·stadt *f* [town with an] exhibition centre [*or* AM -er] **Mes·se·stand** *m* stand [at a/the trade fair], exhibition stand
Mess·ge·rät^{RR} *nt* measuring instrument, gauge, AM *a.* gage
Mess·ge·wand^{RR} *nt* REL chasuble
Mes·si·as <-> [mɛ'si:as] *m* REL ■ **der ~** the Messiah
Mes·sing <-s> ['mɛsɪŋ] *nt kein pl* brass *no pl*
Mes·sing·ge·häu·se *nt* brass case [*or* casing] **Mes·sing·griff** *m* brass handle **Mes·sing·klin·ke** *f* brass [door] handle
Mess·in·stru·ment^{RR} *nt* measuring instrument **Mess·stab**^{RR} *m* measuring rod **Mess·tech·nik**^{RR} *f* measurement technology **Mess·tisch·blatt**^{RR} *nt* large-scale map [1:25000], BRIT *a.* ≈ Ordnance Survey map
Mes·sung <-, -en> *f* ➊ *(das Messen)* measuring *no pl,* measurement *no pl* ➋ *(Messwert)* measurement, reading
Mess·wein^{RR} *m* REL Communion wine
Mess·wert^{RR} *m* measurement, reading
Mes·ti·ze, Mes·ti·zin <-n, -n> [mɛs'ti:tsə, mɛs'ti:tsɪn] *m, f* mestizo *masc,* mestiza *fem*
Met <-[e]s> ['me:t] *m kein pl* mead *no pl*
Me·ta·bo·lis·mus <-> [metabo'lɪsmʊs] *m kein pl* BIOL metabolism
Me·tall <-s, -e> [me'tal] *nt* metal; **~ verarbeitend** metalworking; **die ~ verarbeitende Industrie** the metalworking industry
Me·tall·ar·bei·ter(in) *m(f)* metalworker **Me·tall·do·se** *f* metal tin
Me·talle·gie·rung^{ALT} *f s.* **Metalllegierung**
me·tal·len [me'talən] *adj* metal
Me·tall·er(in) <-s, -> [me'talɐ] *m(f) (fam)* metalworker **Me·tall·ge·rüst** *nt* metal scaffolding *no pl* **Me·tall·här·te** *f* hardness of a/the metal
me·tal·lic [me'talɪk] *adj inv* metallic
Me·tal·lic·la·ckie·rung *f* metallic finish
Me·tall·in·dus·trie *f* metalworking industry
me·tal·lisch [me'talɪʃ] **I.** *adj* ➊ *(aus Metall bestehend)* metal ➋ *(metallartig)* metallic **II.** *adv* like metal, metallically
Me·tall·le·gie·rung^{RR} *f* metal alloy
Me·tall·sä·ge *f* hacksaw
Me·tall·ur·ge, Me·tall·ur·gin <-en, -en> [meta'lʊrɡə, meta'lʊrɡɪn] *m, f* metallurgist
Me·tall·ur·gie <-> [metalʊr'ɡi:] *f kein pl* metallurgy *no pl, no art*
Me·tall·ur·gin <-, -nen> [meta'lʊrɡɪn] *f fem form von* **Metallurge**
me·tall·ur·gisch [meta'lʊrɡɪʃ] **I.** *adj* metallurgical **II.** *adv* metallurgically **Me·tall·wa·ren** *pl* metalware *sing, no indef art,* hardware *sing, no indef art*
Me·ta·mor·pho·se <-, -n> [metamɔr'fo:zə] *f (geh)* metamorphosis
Me·ta·pher <-, -n> [me'tafɐ] *f* metaphor
Me·ta·pho·rik <-> [meta'fo:rɪk] *f kein pl (Stilkunde)*

use of metaphor; *(die verwendeten Metaphern)* imagery *no pl*, metaphors *pl*

me·ta·pho·risch |meta'fo:rɪʃ| *adj* metaphoric|al|

Me·ta·phy·sik |metafy'zi:k| *f* metaphysics *no art*, + *sing vb*

me·ta·phy·sisch |meta'fy:zɪʃ| *adj* metaphysical

Me·ta·spra·che |'mɛta-| *f* LING metalanguage

Me·ta·sta·se <-, -n> |meta'sta:zə| *f* MED metastasis; *(Tochtergeschwulst)* metastatic growth

Me·te·or <-s, -e> |mete'o:ɐ̯, *pl:* mete'o:rə| *m* meteor

Me·te·o·rit <-en, -en> |meteo'ri:t| *m* meteorite

Me·te·o·ro·lo·ge, **Me·te·o·ro·lo·gin** <-n, -n> |meteoro'lo:gə, -'lo:gɪn| *m, f* meteorologist; *(im Fernsehen)* weather forecaster, weatherman *masc*, weathergirl *fem*

Me·te·o·ro·lo·gie <-> |meteorolo'gi:| *f kein pl* meteorology *no pl*

Me·te·o·ro·lo·gin <-, -nen> |meteoro'lo:gɪn| *f fem form von* **Meteorologe**

me·te·o·ro·lo·gisch |meteoro'lo:gɪʃ| *adj* meteorological; **ein ~es Studium** a course of studies in meteorology

Me·ter <-s, -> |'me:tɐ| *m o nt* metre |*or* AM -er|; **etw in ~ umrechnen** to convert sth into metres; **in ~n** in metres; **wie viel ist das in ~n?** how much is that in metres?; **in ~n verkauft werden** to be sold in metres |*or* by the metre|; **etw** *akk* **nach ~n messen** to measure sth by the metre |*or* in metres|; **der laufende ~** per metre

me·ter·dick *adj* ❶ *(einen Meter dick)* a/one metre |*or* AM -er| thick *pred* ❷ *(mehrere Meter dick)* |several| metres |*or* AM -ers| thick *pred* **me·ter·hoch** *adj* ❶ *(einen Meter hoch)* a/one metre high *pred; (Schnee)* a/one metre deep *pred* ❷ *(mehrere Meter hoch)* |several| metres high *pred; (Schnee)* |several| metres deep *pred* **me·ter·lang** |'me:telaŋ| *adj* ❶ *(einen Meter lang)* a/one metre long *pred;* ■ **etw/ein Tier ist/wird** ~ sth/an animal is/grows a metre long ❷ *(mehrere Meter lang)* |several| metres long *pred* **Me·ter·maß** *nt* ❶ *(Bandmaß)* tape measure ❷ *(Zollstock)* metre rule **Me·ter·wa·re** *f* piece goods *pl* **me·ter·wei·se** *adv* by the metre **me·ter·weit** **I.** *adj* ❶ *(einen Meter breit)* a/one metre wide *pred; (lang)* a/one metre long *pred* ❷ *(viele Meter weit)* metres wide *pred; (lang)* metres long *pred;* **Kängurus sind zu ~en Sprüngen fähig** kangaroos are capable of jumping several metres **II.** *adv* a long way; **du hast ~ daneben geschossen** you missed by miles

Me·tha·don <-s> |meta'do:n| *nt kein pl* methadone *no pl*

Me·than <-s> |me'ta:n|, **Me·than·gas** *nt kein pl* methane |gas| *no pl*

Me·tho·de <-, -n> |me'to:də| *f* ❶ *(bestimmtes Verfahren)* method; **mit ~** methodically; **etw hat ~** *(fam)* sth is carefully planned ❷ *pl (Vorgehensweise)* methods *pl;* **es gibt da ~n!** there are ways!; **was sind denn das für ~n?** what sort of way is that to behave? |*or* sort of behaviour |*or* AM -or| is that|

Me·tho·dik <-, -en> |me'to:dɪk| *f* methodology *no pl*

me·tho·disch |me'to:dɪʃ| **I.** *adj* ❶ *(nach bestimmten Methoden erfolgend)* methodical ❷ *(in einer Methode begründet)* methodological **II.** *adv* methodically

Me·tho·dist(in) <-en, -en> |meto'dɪst| *m(f)* Methodist

me·tho·dis·tisch *adj* Methodist

Me·thu·sa·lem <-s> |me'tu:zalɛm| *m kein pl* Methuselah *no def art;* ▸ WENDUNGEN: **alt wie ~** as old as Methuselah

Me·thyl·al·ko·hol *m kein pl* methyl alcohol *no pl*, methanol *no pl*

Me·tier <-s, -s> |me'tje:| *nt* métier, profession; **sein ~ beherrschen, sich** *akk* **auf sein ~ verstehen** to be

good at |*or* know| one's job

Me·trik <-, -en> |'me:trɪk| *f* ❶ LITER *(Verslehre)* metrics *no indef art*, + *sing vb;* *(Verskunst)* metric verse composition ❷ *kein pl* MUS *(Taktlehre)* study of rhythm and tempo

me·trisch |'me:trɪʃ| *adj* ❶ MATH *(auf dem Meter aufbauend)* metric ❷ LITER *(das Versmaß betreffend)* metrical

Me·tro <-, -s> |'me:tro| *f* metro *no pl*, BRIT a. underground *no pl*, AM subway *no pl;* **mit der ~ fahren** to go |*or* travel| by |*or* take the| metro

Me·tro·nom <-s, -e> |metro'no:m| *nt* metronome

Me·tro·po·le <-, -n> |metro'po:lə| *f* ❶ *(Hauptstadt)* capital, metropolis ❷ *(städtisches Zentrum)* metropolis

Mett <-[e]s> |mɛt| *nt kein pl* KOCHK DIAL *(Schweinegehacktes)* minced pork *no pl*

Met·te <-, -n> |mɛtə| *f* REL ❶ *(Frühmesse)* early |morning| mass ❷ *(Abendmesse)* midnight mass

Mett·wurst *f* smoked beef/pork sausage

Met·ze·lei <-, -en> |mɛtsə'lai| *f* butchery *no indef art*, *no pl*, slaughter *no pl*

Metz·ger(in) <-s, -> |'mɛtsgɐ| *m(f)* DIAL *(Fleischer)* butcher; **beim ~** at the butcher's; **vom ~** from the butcher|'s|

Metz·ge·rei <-, -en> |mɛtsgə'rai| *f* DIAL *(Fleischerei)* butcher's |shop| BRIT, butcher shop AM; **aus der ~** from the butcher's

Metz·ge·rin <-, -nen> |'mɛtsgərɪn| *f fem form von* **Metzger**

Meu·chel·mord *m* insidious murder **Meu·chel·mör·der(in)** *m(f)* insidious murderer, treacherous assassin

Meu·te <-, -n> |'mɔytə| *f* ❶ *(pej: Gruppe)* pack, mob ❷ JAGD pack |of hounds|

Meu·te·rei <-, -en> |mɔytə'rai| *f* mutiny

Meu·te·rer <-s, -> *m* mutineer

meu·tern |'mɔytɐn| *vi* ❶ *(sich auflehnen)* ■ |**gegen jdn/etw**| ~ to mutiny |against sb/sth|; ■ **~d** mutinous ❷ *(fam: meckern)* to moan

Me·xi·ka·ner(in) <-s, -> |mɛksi'ka:nɐ| *m(f)* Mexican; *s. a.* **Deutsche(r)**

me·xi·ka·nisch |mɛksi'ka:nɪʃ| *adj* Mexican; *s. a.* **deutsch**

Me·xi·ko <-s> |'mɛksiko| *nt* Mexico

Me·xi·ko-Stadt <-> *nt* Mexico City

MEZ *Abk von* **mitteleuropäische Zeit** CET

Mez·zo·so·pran |'mɛtsozopra:n| *m* mezzo soprano

MG <-[s], -[s]> |ɛm'ge:| *nt Abk von* **Maschinengewehr** MG

MHz *Abk von* **Megahertz** MHz

mi·au |mi'au| *interj* meow, miaou, miaow

mi·au·en |mi'auən| *vi* to meow |*or* miaou|

mich |'mɪç| **I.** *pron pers akk von* **ich** ➙ **mir** **II.** *pron reflexiv* myself; **ich will ~ da ganz raushalten** I want to keep right out of it; **ich fühle ~ nicht so gut** I don't feel very well

Mi·chel <-s> |'mɪçl̩| *m* DIAL *simple naive person;* **der deutsche ~** *the symbolic figure of Germany,* ≈ John Bull

mi·cke·rig |'mɪkərɪç| *adj (pej fam)* ❶ *(sehr gering)* measly *fam*, paltry ❷ *(klein und schwächlich)* puny ❸ *(zurückgeblieben)* stunted

Mi·cky·maus |'mɪkimaus| *f* Mickey Mouse *no art*

Mi·cky·maus·heft |'mɪki-| *nt* Mickey Mouse comic

Mi·cro·fa·ser |'mi:krofa:zɐ| *f* microfibre |*or* AM -fiber|

mi·di |'mɪdi| *adj pred* midi; ~ **tragen** to wear a midi |skirt/coat/etc|

Mid·life·cri·sis[RR], **Mid·life-Cri·sis**[RR], **Mid·life·cri·sis**[ALT] <-> |'mɪtlaifkraɪsɪs| *f kein pl* midlife crisis

mied |'mi:t| *imp von* **meiden**

Mie·der <-s, -> |'mi:dɐ| *nt* ❶ *(Oberteil eines Trachtenkleides)* bodice ❷ *(Korsage)* girdle; HIST stomacher

Mie·der·hös·chen [-hø:sçən] *nt* panty girdle **Mie·der·wa·ren** *pl* corsetry *sing*

Mief <-s> ['mi:f] *m kein pl (fam)* fug *no pl*

mie·fen ['mi:fn] *vi (fam)* to pong BRIT *fam*, to stink AM; **was mieft denn hier so?** what's that awful pong?; ■ **es mieft** [irgendwo] there's a an awful smell [*or* BRIT pong] [somewhere]

Mie·ne <-, -n> ['mi:nə] *f* expression, mien *liter;* **seine ~ verhieß nichts Gutes** the expression on his face did not bode well; **mit bestimmter ~** with a certain expression; **mit freundlicher ~ begrüßte sie ihre Gäste** she welcomed her guests with a friendly smile; **eine frohe/ärgerliche/böse/traurige/wichtige ~ machen** to look happy/annoyed/angry/sad/important; **~ machen, etw zu tun** to make as if to do sth ▶ WENDUNGEN: **gute ~ zum bösen Spiel machen** to grin and bear it; **ohne eine ~ zu verziehen** without turning a hair

Mie·nen·spiel *nt kein pl* facial expressions *pl*

mies ['mi:s] *adj (fam)* lousy *fam*, rotten *fam;* **~e zehn Euro** a miserable [*or* lousy] ten euros; **~e Laune haben** to be in a foul mood

Mie·se ['mi:zə] *pl* [mit etw *dat*] in den **~en sein** *(fam)* to be [so much] in the red *fam;* **in die ~n kommen** *(fam)* to go [*or* get] into the red *fam;* **~ machen** *(fam)* to make a loss

Mie·se·pe·ter <-s, -> ['mi:zəpe:tə] *m (pej fam)* misery[-guts] BRIT *fam*, sourpuss AM *fam*

mie·se·pe·tie·rig ['mi:zəpe:t(ə)rɪç] *adj (pej fam)* miserable, grumpy *fam*

mies|ma·chen *vt (fam)* **etw/jdn ~** to run down sth/sb *sep;* [**jdm**] **etw ~** to louse sth up [*or* spoil sth] [for sb] *fam;* **jdm den Ausflug ~** to spoil sb's trip

Mies·ma·cher *m (pej fam)* killjoy *pej*

Mies·ma·che·rei <-, -en> [mi:smaxə'rai] *f (pej fam)* fault-finding *no pl*, carping *no pl*

Mies·mu·schel ['mi:smʊʃl] *f* [common [*or* blue]] mussel

Miet·dau·er *f* rental period, tenancy [period], BRIT *a.* let

Mie·te¹ <-, -n> ['mi:tə] *f* rent; **überhöhte ~** exorbitant rent, rack-rent *fam;* **zur ~ wohnen** to live in rented accommodation [*or* AM accommodations] ▶ WENDUNGEN: **die halbe ~** *(fam)* half the battle; **die halbe ~ haben** to be half way there

Mie·te² <-, -n> ['mi:tə] *f* AGR pit, BRIT *a.* clamp

mie·ten ['mi:tn] *vt* ■ **etw ~** to rent sth; *(Boot, Wagen a.)* to rent sth [*or* BRIT *a.* hire]; *(Haus, Wohnung, Büro a.)* to lease sth

Mie·ter(in) <-, -> *m(f)* tenant; *(Boot, Wagen a.)* hirer BRIT, renter AM; *(Haus, Büro a.)* leaseholder, lessee

Miet·er·hö·hung *f* rent increase

Mie·te·rin <-, -nen> *f fem form von* **Mieter**

Mie·ter·schutz *m kein pl* rent control, tenant protection *no pl* **Mie·ter·schutz·ge·setz** *nt kein pl* ≈ Landlord and Tenant Act **Mie·ter·ver·ein** *m* tenants' association

miet·frei I. *adj* rent-free II. *adv* rent-free **Miet·ge·bühr** *f* rental charge **Miet·par·tei** *f (geh)* tenant **Miet·recht** *nt kein pl* rent law, law of landlord and tenant

Miets·haus *nt* tenement, block of rented flats BRIT, apartment house AM **Miets·ka·ser·ne** *f (pej)* tenement block [*or* AM house]

Miet·spie·gel *m* rent table **Miet·ver·trag** *m* tenancy agreement, lease; *(Wagen etc)* rental agreement **Miet·wa·gen** *m* hire[d] [*or* AM rental] car **Miet·woh·nung** *f* rented flat [*or* AM *a.* apartment] **Miet·wu·cher** *m* charging an exorbitant rent **Miet·zins** *m* SÜDD, ÖSTERR, SCHWEIZ *(geh)* rent

Mie·ze <-, -n> ['mi:tsə] *f* ① *(fam: Katze)* puss[y] *fam* ② *(veraltend sl: Mädchen)* chick *sl*, BRIT *a.* bird *fam*

Mie·ze·kat·ze *f (Kindersprache)* pussy-cat *fam*

Mi·grä·ne <-, -n> [mi'grɛ:nə] *f* migraine; **~ bekommen** to get migraines [*or* a migraine]; **ich habe ~** I've got a migraine

Mi·ka·do <-s, -s> [mi'ka:do] *nt* pick-up sticks + *sing vb*, jackstraw, pick-a-sticks + *sing vb* BRIT, spillikins + *sing vb*

Mi·kro <-s, -s> ['mi:kro] *nt (fam) kurz für* **Mikrofon** mike *fam*

Mi·kro·be <-, -n> [mi'kro:bə] *f* microbe

Mi·kro·chip <-s, -s> [-tʃɪp] *m* microchip **Mi·kro·com·pu·ter** [-kɔmpju:tɐ] *m* microcomputer **Mi·kro·elek·tro·nik** *f* microelectronics *no art*, + *sing vb* **Mi·kro·fa·rad** [-fara:t] *nt* microfarad **Mi·kro·fa·ser** *f s.* **Mikrofaser Mi·kro·fiche** <-s, -s> [-fiʃ] *m o nt* microfiche; **auf ~s gespeichert** stored on microfiche

Mi·kro·fon <-s, -e> [mikro'fo:n] *nt* microphone

Mi·kro·gramm [-gram] *nt* microgram **Mi·kro·kas·set·te** *f* ELEK microcassette **Mi·kro·kli·ma** [-kli:ma] *nt* BIOL, GEOG microclimate **Mi·kro·kos·mos** [-kɔsmɔs] *m* ① *(Kleinlebewesen)* microcosm ② BIOL world of microbiology ③ PHYS world of microphysics **Mi·kro·me·ter** [mikro'me:tɐ] *nt* micrometre [*or* AM -er]

Mi·kron <-s, -> ['mi:krɔn] *nt (veraltend)* micron *dated s.* **Mikrometer**

Mi·kro·ne·si·en <-s> [mikro'ne:ziən] *nt* Micronesia; *s. a.* **Deutschland**

Mi·kro·ne·si·er(in) <-, -> [mikro'ne:ziɐ] *m(f)* Micronesian; *s. a.* **Deutsche(r)**

mi·kro·ne·sisch [mikro'ne:zɪʃ] *adj* Micronesian; *s. a.* **deutsch**

Mi·kro·or·ga·nis·mus ['mi:kroʔɔrganɪsmʊs] *m* microorganism

Mi·kro·phon <-s, -e> [mikro'fo:n] *nt s.* **Mikrofon**

Mi·kro·pro·zes·sor ['mi:kroprotsɛso:ɐ] *m* microprocessor

Mi·kro·skop <-s, -e> [mikro'sko:p] *nt* microscope

mi·kro·sko·pie·ren [mikrosko'pi:rən] *vi*, *vt (fachspr)* ■ **(etw) ~** to put [sth] under a microscope

mi·kro·sko·pisch I. *adj* microscopic; **von ~er Kleinheit sein** to be microscopically small II. *adv* microscopically; **etw ~ untersuchen** to examine sth under the microscope

Mi·kro·stu·die *f (fachspr geh)* microstudy

Mi·kro·tom <-s, -e> [mikro'to:m] *nt* BIOL microtome **Mi·kro·wel·le** *f* ① PHYS microwave ② *(fam: Mikrowellenherd)* microwave **Mi·kro·wel·len·herd** *m* microwave oven

Mi·lan <-s, -e> ['mi:lan, mi'la:n] *m* ORN kite; **Roter/Schwarzer ~** red/black kite

Mil·be <-, -n> ['mɪlbə] *f* ZOOL mite

Milch <-> ['mɪlç] *f kein pl* ① *(Nahrungsmittel)* milk *no pl;* **dicke ~** curds *pl;* **ein Tier gibt ~** an animal yields [*or* produces] milk ② *(Fischsamen)* milt

Milch·bar *f* milk bar **Milch·be·cher** *m* milk mug **Milch·drü·se** *f* mammary gland **Milch·ei·weiß** *nt* lactoprotein **Milch·fla·sche** *f* ① *(Flasche für Flaschenmilch)* milk bottle ② *(Flasche für Babykost)* baby's bottle **Milch·frau** *f fem form von* **Milchmann Milch·glas** *nt* ① *(weißliches Glas)* frosted [*or* milk] glass ② *(Glas für Milch)* milk glass

mil·chig ['mɪlçɪç] *adj* milky

Milch·kaf·fee *m* milky coffee **Milch·kan·ne** *f* [milk] churn; *(kleiner)* milk can **Milch·kuh** *f* ① AGR dairy [*or* milch] cow, milker ② *(fam: jd, den man finanziell ausnutzen kann)* milch cow *fam*, meal ticket *fam* ③ ÖKON cash cow **Milch·lamm** *nt* milk lamb **Milch·mäd·chen·rech·nung** *f (fam)* naive fallacy [*or* miscalculation] **Milch·mann, -frau** *m, f (fam)* milkman *masc*, milkwoman *fem* **Milch·men·ge** *f* milk yield **Milch·mix·ge·tränk** *nt (geh)* flavoured [*or* AM -ored] milk drink

Milch·ner <-s, -> ['mɪlçnɐ] *m* ZOOL milter

Milch·pro·duk·ti·on *f kein pl* milk production *no pl*
Milch·pul·ver *nt* powdered milk *no pl* **Milch·reis** *m*
❶ *(Gericht)* rice pudding ❷ *(Reis)* pudding rice
Milch·säu·re *f* BIOL, CHEM lactic acid *no pl* **Milch·
säu·re·bak·te·ri·um** *nt* BIOL lactic acid bacterium
Milch·schäu·mer *m* milk frother **Milch·shake** <-s,
-s> [-ʃeːk] *m* milk shake **Milch·stra·ße** *f* ▪ **die** ~ the
Milky Way **Milch·topf** *m* milk jug **Milch·tü·te** *f* milk
carton **Milch·zahn** *m* milk tooth **Milch·zu·cker** *m*
lactose *no pl*
mild ['mɪlt] **I.** *adj* ❶ METEO mild; **bei ~er Witterung** if
the weather is mild ❷ *(nachsichtig)* lenient ❸ *(nicht
würzig)* mild; **ein ~er Kognak** a smooth cognac; **~e
Nahrung** bland food ❹ *(hautneutral)* mild, gentle
II. *adv* ❶ *(nachsichtig)* leniently; **das Urteil fiel ~ aus** the judgement [*or* sentence] was lenient; **jdn ~er
stimmen** to encourage sb to be more lenient; **~e aus·
gedrückt** [*o* gesagt] [*o* gesprochen] to put it mildly;
und das ist noch ~e gesprochen! and that's putting
it mildly! ❷ *(nicht würzig)* mild
Mil·de <-> ['mɪldə] *f kein pl* ❶ *(Nachsichtigkeit)*
leniency *no pl*, clemency *no pl*; **~ walten lassen**
(geh) to be lenient ❷ *(nicht würziger Geschmack)*
mildness *no pl*; *(Kognak)* smoothness *no pl* ❸ METEO
mildness *no pl*
mil·dern ['mɪldən] **I.** *vt* ▪ **etw ~** ❶ *(abschwächen)* to
moderate sth; **das Strafmaß ~** to reduce the sen·
tence; **~de Umstände** mitigating [*or* extenuating] cir·
cumstances ❷ *(weniger schlimm machen)* to alleviate
sth; **jds Leid ~** to ease sb's sorrow [*or* suffering]
❸ KOCHK to make sth milder [*or* less sharp] **II.** *vr* METEO
▪ **sich** *akk* **~** to become milder
Mil·de·rung <-> *f kein pl* ❶ METEO increase in tempera·
ture; **eine ~ des kalten Wetters ist schon spürbar**
it's already possible to feel the weather warming up
❷ *(das Mildern)* alleviation *no pl*; **die ~ der Armut/
des Leids** the alleviation of poverty/suffering; **eine ~
des Strafmaßes** a reduction in [*or* of the] sentence;
die ~ eines Urteils the moderation of a judgement
mild·tä·tig *adj (geh)* charitable; **▪ ~ sein** to be chari·
table, to perform charitable deeds
Mi·li·eu <-s, -s> [mi'ljøː] *nt* ❶ SOZIOL *(Umfeld)* milieu,
environment ❷ BIOL *(Umgebung)* environment ❸ *(sl:
die Prostitutionsszene)* ▪ **das ~** the world of prosti·
tutes and pimps
mi·li·tant [mili'tant] *adj* militant
Mi·li·tanz <-> [mili'tants] *f kein pl (geh)* militancy
no pl
Mi·li·tär¹ <-s> [mili'tɛːɐ̯] *nt kein pl* ❶ *(Armeeangehö·
rige)* soldiers *pl* ❷ *(Armee)* armed forces *pl*, military
no pl, no indef art; **zum ~ müssen** to have to join up;
beim ~ sein to be in the forces *pl;* **zum ~ gehen** to
join up; **da geht es zu wie beim ~** the place is run
like an army camp
Mi·li·tär² <-s, -s> [mili'tɛːɐ̯] *m (veraltend geh)* [senior]
officer
Mi·li·tär·arzt, -ärz·tin *m, f* medical officer **Mi·li·tär·
dienst** *m kein pl* military service *no pl* **Mi·li·tär·dik·
ta·tur** *f* military dictatorship **Mi·li·tär·flug·platz** *m*
military airfield **Mi·li·tär·ge·fäng·nis** *nt* military pris·
on **Mi·li·tär·ge·richt** *nt* military tribunal [*or* court],
court martial; **vor ~ gestellt werden** to be court·
martialed **Mi·li·tär·in·ter·ven·ti·on** *f* military inter·
vention
mi·li·tä·risch [mili'tɛːrɪʃ] **I.** *adj* military; **mit ~en Mit·
teln** by military means; **für ~es Vorgehen sein** to be
in favour [*or* AM -or] of military action; *s. a.* **Ehre**
II. *adv* in a military fashion; **~ grüßen** to salute; **sich**
akk **~ straff halten** to hold oneself erect like a soldier,
to have a military bearing; **etw ~ lösen** to resolve sth
by military force
mi·li·ta·ri·sie·ren* [militari'ziːrən] *vt* ▪ **etw ~** to milita·

rize sth; **▪ militarisiert** militarized
Mi·li·ta·ris·mus <-> [milita'rɪsmʊs] *m kein pl (pej)*
militarism *no pl*
Mi·li·ta·rist <-en, -en> [milita'rɪst] *m (pej)* militarist
mi·li·ta·ris·tisch *adj (pej)* militaristic
Mi·li·tär·kran·ken·haus *nt* military hospital **Mi·li·tär·
zeit** *f* time in the [armed] forces, army days *pl*
Mill. *Abk von* **Million(en)** *m*
Mil·le <-, -> ['mɪlə] *f (sl)* grand *sl;* **zehn ~** ten grand
Mill·en·ni·um <-s, -ien> [mɪ'lɛni̯ʊm, *pl:* mɪ'lɛni̯ən] *nt*
(geh) millennium
Mill·en·ni·ums-Mut·ter *f mother having given birth on
the first day of the new millennium;* **sie ist eine ~**
she gave birth on the first day of the new millennium
Mil·li·am·pere ['mɪli̯ampeː̯ɐ̯, mɪli̯ʔam'peːɐ̯] *nt* milli·
ampere
Mil·li·ar·där(in) <-s, -e> [mɪli̯ar'dɛːɐ̯] *m(f)* billionaire
Mil·li·ar·de <-, -n> [mɪli̯'ardə] *f* billion
Mil·li·ar·den·be·trag *m* amount of a billion [*or* several
billions]
mil·li·ards·te(r, s) *adj* billionth; **der ~ Teil eines Kilo·
meters** the billionth part of a kilometre [*or* AM -er]
mil·li·ards·tel *adj* billionth; **ein ~ Kilogramm** a bil·
lionth of a kilogram
Mil·li·ards·tel <-s, -> *nt* billionth
Mil·li·gramm ['mɪligram, mɪli'gram] *nt* milligram
Mil·li·me·ter <-s, -> ['mɪlimeːte, mɪli'meːte] *m o nt*
millimetre [*or* AM -er]
Mil·li·me·ter·pa·pier *nt* paper ruled in millimetre [*or*
AM -er] squares, graph paper
Mil·li·on <-, -en> [mɪl'i̯oːn] *f* million; **drei ~en Ein·
wohner** three million inhabitants; **~en und Aber·
millionen** millions upon millions; **~en Mal** a million
times
Mil·li·o·när(in) <-s, -e> [mɪli̯o'nɛːɐ̯] *m(f)* millionaire
masc, millionairess *fem;* **mehrfacher/vielfacher ~**
multimillionaire; **es zum ~ bringen** to make a mil·
lion
Mil·li·o·nen·auf·la·ge *f* [more than a] million copies
Mil·li·o·nen·auf·trag *m* contract worth millions **Mil·
li·o·nen·er·be, -er·bin** *m, f* heir [*or* fem heiress] to
millions
mil·li·o·nen·fach **I.** *adj* millionfold **II.** *adv* a million
times
Mil·li·o·nen·ge·schäft *nt* deal worth millions **Mil·li·o·
nen·ge·winn** *m* ❶ *(Ertrag)* profit of millions; **~e
machen** to make profits running into millions
❷ *(Lotto etc)* prize of a million **Mil·li·o·nen·scha·
den** *m* damage running into [*or* amounting to] mil·
lions **mil·li·o·nen·schwer** *adj (fam)* worth millions
pred; **~e Gewinne machen** to make millions in prof·
it, to profit by the million **Mil·li·o·nen·stadt** *f* town
with over a million inhabitants
mil·li·ons·te(r, s) *adj* millionth; **die ~ Besucherin der
Ausstellung** the millionth visitor to the exhibition
mil·li·ons·tel *adj* millionth; **wenige ~
Gramm** a few millionths of a gram
Mil·li·ons·tel <-s, -> *nt* millionth; **in
einer Verdünnung von einem ~ noch wahr·
nehmbar sein** to be still traceable when diluted by
one part per million
Mil·li·volt ['mɪli-] *nt* millivolt **Mil·li·watt** ['mɪli-] *nt* mil·
liwatt
Milz <-, -en> ['mɪlts] *f* spleen
Milz·brand *m kein pl* anthrax *no pl*
Milz·brand·at·ten·tat *nt* anthrax attack
Mi·me <-n, -n> ['miːmə] *m (iron)* actor
mi·men ['miːmən] **I.** *vt (fam)* ❶ *(vorgeben)* ▪ **etw ~** to
fake sth; **Interesse ~** to pretend interest; *(Interesse
haben)* to be interested; **~ gemimt sein** to be put on
❷ *(nachahmen)* ▪ **jdn ~** to play [*or* act] sb; **mime
hier nicht den Ahnungslosen!** don't play [*or* act]

the innocent! **II.** *vi* to pretend
Mi·me·se <-, -n> |mi'me:zə| *f* BIOL mimesis *no pl*
Mi·mik <-> |'mi:mɪk| *f kein pl* |gestures and| facial expression
Mi·mi·kry <-> |'mɪmikri| *f kein pl* ZOOL mimicry *no pl*
mi·misch |'mi:mɪʃ| **I.** *adj* mimic; **seine starke ~e Ausdruckskraft** the expressive power of his gestures and facial movements **II.** *adv* by means of |gestures and| facial expressions
Mi·mo·se <-, -n> |mi'mo:zə| *f* ❶ BOT mimosa ❷ *(fig: sehr empfindlicher Mensch)* sensitive plant *fam;* **empfindlich sein wie eine ~** to be a sensitive plant
mi·mo·sen·haft *adj (pej fam)* extremely sensitive
min., Min. *f Abk von* **Minute(n)** min.
Mi·na·rett <-s, -e *o* -s> |mina'rɛt| *nt* minaret
min·der |'mɪndɐ| *adv* less; **kaum/nicht ~** scarcely/no less
min·der·be·mit·telt *adj (geh)* less well-off; **geistig ~** *(pej sl)* mentally deficient *pej*
Min·der·be·mit·tel·te *pl dekl wie adj* less well-off people; **die ~n** the less well-off; **geistig ~** people who are not very bright
min·de·re(r, s) *adj attr* lesser; **von ~r Güte/Qualität sein** to be of inferior quality
Min·der·ein·nah·men *pl* decrease in revenue
Min·der·heit <-, -en> *f* ❶ *kein pl (kleinerer Teil einer Gruppe)* minority; **in der ~ sein** to be in the/a minority ❷ *(zahlenmäßig unterlegene Volksgruppe)* minority; **nationale ~en** national minorities
Min·der·hei·ten·schutz *m* protection of minorities
Min·der·heits·re·gie·rung *f* minority government
min·der·jäh·rig |'mɪndeјɛːrɪç| *adj* underage; ■ **~ sein** to be underage |*or* a minor|
Min·der·jäh·ri·ge(r) *f(m) dekl wie adj* minor, underage person
Min·der·jäh·rig·keit <-> *f kein pl* minority *no pl*
min·dern |'mɪndɐn| *vt (geh)* ■ **etw [um etw** *akk*] **~** to reduce sth |by sth|
Min·de·rung <-, -en> *f* FIN *(geh)* reduction
Min·der·wert *m kein pl* lower value
min·der·wer·tig *adj* inferior; **~e Materialien** low- |*or* poor-| quality materials
Min·der·wer·tig·keit <-> *f kein pl* inferiority *no pl,* low |*or* poor| quality *no pl*
Min·der·wer·tig·keits·ge·fühl *nt* feeling of inferiority; **~e haben** to feel inferior **Min·der·wer·tig·keits·kom·plex** *m* inferiority complex
Min·der·zahl *f kein pl* minority; **in der ~ sein** to be in the minority
min·des·te(r, s) *adj attr* ■ **der/die/das ~** the slightest |*or* least|; **ich hatte |doch| nicht die ~ Ahnung!** I didn't have the slightest |*or* faintest| idea!; ■ **das M~** the least; **das wäre das M~ gewesen** that's the least he/she/you etc could have done; **zum M~n** at least; **nicht der/die/das M~ |an etw** *dat*| not the slightest bit |of sth|; **nicht das M~** an Geduld not the slightest trace of patience; **nicht die m~ Höflichkeit** not the faintest hint of politeness; **nicht im M~n** not in the least
Min·dest·ein·kom·men *nt* minimum income
min·des·tens |'mɪndəstn̩s| *adv* at least
Min·dest·ge·bot *nt* lowest |*or* minimum| bid, reserve |*or* knockdown| price **Min·dest·ge·halt** *nt* minimum |*or* basic| salary **Min·dest·ge·schwin·dig·keit** *f* minimum speed *no pl* **Min·dest·grö·ße** *f* minimum size |*or* height| **Min·dest·hö·he** *f* minimum height **Min·dest·lohn** *m* minimum wage **Min·dest·maß** *nt* minimum; **unsere Ausgaben auf ein absolutes ~ beschränken** to keep |*or* limit| our expenses to an

absolute minimum; **ein ~ an etw** *dat* a minimum amount of sth **Min·dest·stra·fe** *f* minimum punishment |*or* penalty| |*or* sentence|
Mi·ne <-, -n> |'mi:nə| *f* ❶ *(für einen Bleistift)* lead *no pl; (für einen Filz-, Kugelschreiber)* refill ❷ *(Sprengkörper)* mine; **auf eine ~ laufen** to strike |*or* hit| a mine ❸ *(Bergwerk)* mine; **in die ~n geschickt werden** to be sent down the mines
Mi·nen·feld *nt* MIL, NAUT minefield **Mi·nen·le·ger** <-s, -> *m* minelayer **Mi·nen·such·boot** *nt* minesweeper
Mi·ne·ral <-s, -e *o* -ien> |mine'ra:l, *pl:* mine'ra:lɪ̯ən| *nt* mineral
Mi·ne·ral·bad *nt* spa
mi·ne·ra·lisch |mine'ra:lɪʃ| *adj* mineral
Mi·ne·ra·lo·ge, Mi·ne·ra·lo·gin <-n, -n> |minera'lo:gə, -'lo:gɪn| *m, f* mineralogist
Mi·ne·ra·lo·gie <-> |mineralo'gi:| *f kein pl* mineralogy *no pl, no art*
Mi·ne·ra·lo·gin <-, -nen> |minera'lo:gɪn| *f fem form von* **Mineraloge**
mi·ne·ra·lo·gisch |minera'lo:gɪʃ| *adj* mineralogical
Mi·ne·ral·öl *nt* mineral oil
Mi·ne·ral·öl·ge·sell·schaft *f* oil company **Mi·ne·ral·öl·steu·er** *f* tax on oil
Mi·ne·ral·quel·le *f* mineral spring **Mi·ne·ral·salz** *nt* mineral salt *no pl* **Mi·ne·ral·was·ser** *nt* mineral water
mi·ni |'mɪni| *adj inv* MODE mini; **~ tragen** to wear a miniskirt
Mi·ni <-s, -s> |'mɪni| *m* MODE *(fam)* mini|skirt|
Mi·ni·a·tur <-, -en> |mini̯a'tuːɐ̯| *f* miniature
Mi·ni·a·tur·aus·ga·be *f* miniature version; *(Buch)* miniature edition **Mi·ni·a·tur·bild** *nt* miniature **Mi·ni·a·tur·buch** *nt* minibook, miniature edition **Mi·ni·a·tur·for·mat** *nt* miniature format; **~ haben** to be in miniature; **im ~** in miniature; **ein Bildschirm im ~** a miniature screen **Mi·ni·a·tur·ge·mäl·de** *nt* miniature **Mi·ni·a·tu·ri·sie·rung** *f* miniaturization *no pl* **Mi·ni·a·tur·ma·le·rei** <-, -en> *f* miniature painting
Mi·ni·aus·ga·be *f* mini edition **Mi·ni·bar** *f* minibar **Mi·ni·bi·ki·ni** *m* minibikini **Mi·ni·bröt·chen** *nt* small roll **Mi·ni·Eis·berg** *m* mini-iceberg lettuce **Mi·ni·fla·sche** *f* minibottle **Mi·ni·golf** *nt kein pl* minigolf *no pl,* BRIT a. crazy golf *no pl*
Mi·ni·ma |'mi:nima| *pl von* **Minimum**
mi·ni·mal |mini'ma:l| **I.** *adj* minimal, very small **II.** *adv* minimally, by a very small amount; **sie unterscheiden sich nur ~** the difference between them is only minimal
Mi·ni·mal·for·de·rung *f* minimum |*or* basic| demand **Mi·ni·mal·ge·halt** *nt* basic salary **Mi·ni·mal·pro·gramm** *nt* basic programme |*or* AM -am|
mi·ni·mie·ren |mini'mi:rən| *vt (geh)* ■ **etw ~** to minimize sth
Mi·ni·mie·rung <-, -en> *f (geh)* minimization *no pl*
Mi·ni·mum <-s, Minima> |'mi:nimʊm, *pl:* 'mi:nima| *nt* minimum; **ein ~ an etw** *dat* a minimum of sth; **ein ~ an Respekt** a modicum of respect
Mi·ni·pil·le *f* minipill **Mi·ni·rock** *m* miniskirt
Mi·nis·ter(in) <-s, -> |mi'nɪstɐ| *m(f)* POL minister, BRIT a. Secretary of State; **~ für Landwirtschaft/Verteidigung** Secretary of State for Agriculture/Defence BRIT, Secretary of Agriculture/Defense AM, Agriculture/Defence Minister BRIT, Agriculture/Defense Secretary AM; **~ des Äußeren/Inneren** *(geh)* Minister for Foreign/Internal Affairs BRIT, Secretary of State for Foreign/Home Affairs BRIT, Foreign/Home Secretary BRIT, Secretary of State/Secretary of the Interior AM; **~ ohne Geschäftsbereich** minister without portfolio
Mi·nis·te·ri·al·be·am·ter, -be·am·tin |mɪnɪs-te'ri̯a:l-| *m, f* ministry official **Mi·nis·te·ri·al·di·rek·tor, -di·rek·to·rin** |mɪnɪste'ri̯a:l-| *m, f* head of a

ministry department BRIT, Permanent Secretary BRIT, undersecretary AM

Mi·nis·te·ri·ell [mɪnɪsteˈri̯ɛl] *adj attr* ministerial

Mi·nis·te·rin <-, -nen> [miˈnɪstərɪn] *f fem form von* **Minister**

Mi·nis·te·ri·um <-s, -rien> [mɪnɪsˈteːri̯ʊm, *pl:* mɪnɪsˈteːri̯ən] *nt* POL ministry, department; **das ~ des Äußeren** the Foreign Ministry, the Foreign Office BRIT, the State Department AM

Mi·nis·ter·prä·si·dent(in) *m(f)* minister-president *(leader of a federal state)*

Mi·nis·ter·rat *m kein pl* ■ **der ~** the [EU] Council of Ministers

Mi·nis·trant(in) <-en, -en> [mɪnɪsˈtrant] *m(f)* REL *(geh)* server

mi·nis·trie·ren* [mɪnɪsˈtriːrən] *vi* REL *(geh)* to serve, to act as server

Min·na <-> [ˈmɪna] *f* ► WENDUNGEN: **die grüne ~** *(veraltend fam)* the Black Maria *dated*, AM *a.* patrol [*or sl* paddy] wagon; **jdn zur ~ machen** *(fam)* to bawl sb out [*or* give sb a bawling-out] *fam*, BRIT *a.* to tear sb off a strip *fam*

Min·ne <-> [ˈmɪnə] *f kein pl* LIT, HIST courtly love *no pl*
Min·ne·lied *nt* LIT, HIST minnelied **Min·ne·sang** <-[e]s> [ˈmɪnəzaŋ] *m kein pl* LIT, HIST minnesong **Min·ne·sän·ger** [ˈmɪnəzɛŋɐ] *m* LIT, HIST minnesinger

Mi·no·ri·tät <-, -en> [minoriˈtɛːt] *f (geh) s.* **Minderheit**

Mi·nu·end <-en, -en> [miˈnu̯ɛnt, *pl:* miˈnu̯ɛndn̩] *m* MATH minuend

mi·nus [ˈmiːnʊs] **I.** *präp +gen;* ■ **~ einer S.** less sth; **2.000 Euro ~ 5 % Rabatt** 2,000 euros less 5% discount **II.** *konj* MATH minus **III.** *adv* ① METEO minus, below zero; **~ 15° C** minus 15° C; **15° C ~** 15° C below zero ② ELEK negative ③ ÖKON **~ machen** *(fam)* to make a loss

Mi·nus <-, -> [ˈmiːnʊs] *nt* ① *(Fehlbetrag)* deficit; [mit etw *dat*] **im ~ stehen** to be [a certain amount] in the red; **wir stehen momentan mit 4.567 Euro im ~** we are 4,567 euros overdrawn [*or* in the red] at the moment ② *(Manko)* bad [*or* minus] point, shortcoming ③ *(Minuszeichen)* minus [sign]

Mi·nus·pol *m* ① ELEK negative terminal ② PHYS negative pole **Mi·nus·punkt** *m* ① *(Strafpunkt)* penalty point ② *(Manko)* minus point; **ein ~ für jdn sein** to count [*or* be a point] against sb **Mi·nus·tem·pe·ra·tur** *f* temperature below freezing [*or* zero] **Mi·nus·zei·chen** *nt* minus sign

Mi·nu·te <-, -n> [miˈnuːtə] *f* ① *(Zeiteinheit)* minute; **in letzter ~** at the last minute [*or* moment]; **in ein paar ~n** in a couple of minutes; **pünktlich auf die ~** punctual to the minute; **auf die ~** on the dot ② *(Augenblick)* minute, moment ► WENDUNGEN: **es ist fünf ~n vor zwölf** we've reached crisis point; **das war aber wirklich fünf ~n vor zwölf!** that was really the eleventh hour!

mi·nu·ten·lang I. *adj attr* lasting [for] several minutes *pred;* **nach einer ~en Unterbrechung** after a break of several minutes **II.** *adv* for several minutes **Mi·nu·ten·zei·ger** *m* minute hand

mi·nu·ti·ös, **mi·nu·zi·ös** [minuˈtsi̯øːs] **I.** *adj (geh)* meticulously exact [*or* detailed] **II.** *adv (geh)* meticulously

Min·ze <-, -n> [ˈmɪntsə] *f* BOT mint *no pl*

mir [ˈmiːɐ̯] *pron pers dat von* **ich** ① to me; **gib es ~ sofort zurück!** give it back [to me] immediately!; **hast du ~ irgendetwas verschwiegen?** have you been hiding anything from me?; **und das ~!** why me [of all people]!; **dass du/ihr ~ ...!** *(fam)* make sure you ...; **aber dass ihr ~ keine Dummheiten macht!** but be sure not to do anything stupid! ② *nach Präpositionen* me; **bei ~** with me, at my house; **eine alte Bekannte von ~** an old acquaintance of mine; **komm mit zu ~** come back to my place; **von ~ aus!** *(fam)* I don't mind!, if you like!, as far as I'm concerned [you can]! ► WENDUNGEN: **~ nichts, dir nichts** *(fam)* just like that, without so much as a by your leave *dated*

Mi·ra·bel·le <-, -n> [miraˈbɛlə] *f* ① *(Baum)* mirabelle [tree] ② *(Frucht)* mirabelle

Mis·an·throp(in) <-en, -en> [mizanˈtroːp] *m(f) (geh)* misanthrope, misanthropist

Misch·ar·beits·platz *m* INFORM mixed workstation **Misch·bat·te·rie** *f* mixer tap [*or* AM faucet] **Misch·blü·ten·ho·nig** *m* mixed blossom honey **Misch·brot** *nt* bread made from rye and wheat flour

mi·schen [ˈmɪʃn̩] **I.** *vt* ① *(durch~)* **etw [mit etw** *dat*] **~** to mix sth [with sth] ② *(hinein~)* ■ **[jdm/ einem Tier] etw unter etw** *akk*/**in etw** *akk* **~** to mix sth [for sb/an animal] in with sth ③ *(mixen)* ■ **etw [aus etw** *dat*] **~** to mix sth [from [*or* out of] sth] ④ KARTEN ■ **etw ~** to shuffle sth; *s. a.* **gemischt II.** *vr* ① *(sich mengen)* **sich** *akk* **unter Leute ~** to mix [*or* mingle] [with people] ② *(sich ein~)* ■ **sich** *akk* **in etw ~** to interfere [*or* meddle] in sth; **sich** *akk* **in ein Gespräch ~** to butt into a conversation **III.** *vi* KARTEN to shuffle

misch·er·big *adj* hybrid **Misch·form** *f* mixture (**aus** +*dat*) **Misch·kon·zern** *m* ÖKON conglomerate, diversified group

Misch·ling <-s, -e> [ˈmɪʃlɪŋ] *m* ① *(Mensch)* person of mixed parentage, half-caste *pej*, half-breed *pej* ② ZOOL half-breed, hybrid; **dieser Hund ist ein ~** this dog is a mongrel

Misch·masch <-[e]s, -e> [ˈmɪʃmaʃ] *m (fam)* mishmash *no pl*, hotchpotch, hodgepodge **Misch·ma·schi·ne** *f* [cement] mixer **Misch·pult** *nt* FILM, RADIO, TV mixing desk **Misch·trom·mel** *f* mixing drum

Mi·schung <-, -en> *f* ① *kein pl (das Mischen)* mixing *no pl; (Kaffee, Tee, Tabak)* blending *no pl* ② *(Mixtur)* mixture; *(Kaffee, Tee, Tabak)* blend; *(Pralinen)* assortment ③ *(Zusammenstellung)* mixture, combination **Mi·schungs·ver·hält·nis** *nt* ratio [*or* proportions] [of a mixture]

Misch·wald *m* mixed forest [*or* woodland]

mi·se·ra·bel [mizəˈraːbl̩] **I.** *adj (pej)* ① *(beklagenswert)* dreadful, awful, lousy; **eine ~e Arbeit/Leistung** a pathetic [*or* miserable] piece of work/performance ② *(gemein)* nasty, vile **II.** *adv (pej)* dreadfully, awfully; **sich** [*o akk* **aufführen**] **~ benehmen** *(fam)* to behave abominably; **~ schlafen** to sleep really badly; **das Bier schmeckt ~** the beer tastes awful

Mi·se·re <-, -n> [miˈzeːrə] *f (geh)* dreadful state; **eine finanzielle ~** a dreadful financial state; **die jetzige politische ~** the wretched state of current politics; **eine soziale ~** serious social difficulties [*or* plight]; **mit jdm/etw ist es eine ~** sb/sth is a disaster; [*tief*] **in der ~ stecken** to be in [deep] trouble [*or a* [real] mess]

Mis·pel <-, -n> [ˈmɪspl̩] *f* BOT medlar

Miss^RR <-> *f kein pl*, **Miß**^ALT <-> [ˈmɪs] *f kein pl* Miss; **die ~ Germany/World** Miss Germany/World

miss·ach·ten* ^RR, **miß·ach·ten*** ^ALT [mɪsˈʔaxtn̩] *vt* ① *(ignorieren)* ■ **etw ~** to disregard [*or* ignore] sth;

eine Bestimmung/Vorschrift ~ to flout a regulation ⓐ *(gering schätzen)* ■ jdn ~ to disparage [*or* be disdainful of] sb; **einen Konkurrenten ~** to underestimate a rival; ■ **etw ~** to disdain sth

Miss·ach·tungRR, **Miß·ach·tung**ALT ['mɪsˈʔaxtʊŋ] *f* ⓐ *(Ignorierung)* disregard *no pl;* **eine Folge der ~ meines Ratschlags** a result of ignoring [*or* disregarding] my advice; **bei ~ dieser Vorschriften** if these regulations are flouted ❷ *(Geringschätzung)* disdain *no pl;* **seine ~ anderer Menschen** his disdain of [*or* for] other people; **~ des Gerichts** contempt of court

miss·be·ha·gen˙ RR, **miß·be·ha·gen**˙ ALT ['mɪsbə-ha:ɡn̩] *vi (geh)* ■ **jdm ~** to displease sb, to not be to sb's liking; ■ **etw missbehagt jdm** [an etw *dat*] sth makes sb uneasy [*or* unhappy] [about sth]; ■ **es missbehagt jdm, etw zu tun** sb is not happy doing sth

Miss·be·ha·genRR, **Miß·be·ha·gen**ALT <-s> ['mɪsbə-ha:ɡn̩] *nt kein pl (geh)* ❶ *(Unbehagen)* uneasiness *no pl,* feeling of unease; **die ganze Sache ruft bei mir ziemliches ~ hervor** I am rather uneasy about the whole thing, the whole thing makes me [feel] rather uneasy ❷ *(Missfallen)* displeasure *no pl;* **zu jds ~** to sb's annoyance [*or* chagrin]

Miss·bil·dungRR, **Miß·bil·dung**ALT <-, -en> ['mɪs-bɪldʊŋ] *f* deformity; **angeborene ~** congenital malformation

miss·bil·li·gen˙ RR, **miß·bil·li·gen**˙ ALT [mɪsˈbɪlɪɡn̩] *vt* ■ **etw ~** to disapprove of sth

miss·bil·li·gendRR, **miß·bil·li·gend**ALT [mɪsˈbɪlɪɡn̩t] **I.** *adj* disapproving **II.** *adv* disapprovingly

Miss·bil·li·gungRR, **Miß·bil·li·gung**ALT <-, -en> ['mɪs-bɪlɪɡʊŋ] *f pl selten* disapproval *no pl*

Miss·brauchRR, **Miß·brauch**ALT ['mɪsbraux] *m* abuse, misuse; **der ~ der Notbremse** improper use of the emergency brake; **~ mit etw** *dat* **treiben** *(geh)* to abuse [*or* misuse] sth

miss·brau·chen˙ RR, **miß·brau·chen**˙ ALT [mɪsˈbrau-xn̩] *vt* ❶ *(missbräuchlich anwenden)* ■ **etw ~** to abuse [*or* misuse] sth; **einen Feuerlöscher ~** to make improper use of a fire extinguisher ⓐ *(für üble Zwecke ausnutzen)* ■ **etw ~** to take advantage of sth; **jds Vertrauen ~** to abuse sb's trust ⓐ *(für üble Zwecke benutzen)* ■ **jdn ~** to [mis]use sb; **jdn sexuell ~** to sexually abuse sb

miss·bräuch·lichRR, **miß·bräuch·lich**ALT ['mɪsbrɔyç-lɪç] *adj (geh)* improper

miss·deu·ten˙ RR, **miß·deu·ten**˙ ALT [mɪsˈdɔytn̩] *vt* ■ **etw** [als etw *akk*] **~** to misinterpret sth [as sth]

Miss·deu·tungRR, **Miß·deu·tung**ALT ['mɪsdɔytʊŋ] *f* misinterpretation

mis·sen ['mɪsn̩] *vt* ■ **jdn/etw nicht ~ möchten/wollen** *(geh)* not to like/want to do without sb/sth; ■ **etw ~ müssen** *(geh)* to have to do [*or* go] without sth

Miss·er·folgRR *m,* **Miß·er·folg**ALT ['mɪsɛɡfɔlk] *m* failure, flop *fam*

Miss·ern·teRR *f,* **Miß·ern·te**ALT ['mɪsɛrntə] *f* crop failure

Mis·se·tat ['mɪsəta:t] *f* ❶ *(hum: Streich)* prank ⓐ *(veraltend geh: Freveltat)* misdeed *form,* misdemeanour [*or* AM *-or*]

Mis·se·tä·ter(in) ['mɪsətɛ:tɐ] *m(f)* ❶ *(hum: jd, der etw angestellt hat)* culprit ⓐ *(veraltend geh: Übeltäter)* miscreant *form,* wrongdoer

miss·fal·len˙ RR, **miß·fal·len**˙ ALT [mɪsˈfalən] *vi irreg* to arouse displeasure; **jdm missfällt etw** [an jdm] sb dislikes sth [about sb]; **es missfällt jdm, dass/wie ...** sb dislikes the way ...

Miss·fal·lenRR, **Miß·fal·len**ALT <-s> ['mɪsfalən] *nt kein pl* displeasure *no pl;* **jd/etw erregt jds ~** sb/sth incurs sb's displeasure

Miss·fal·lens·kund·ge·bungRR *f* expression [*or* demonstration] of displeasure

miss·ge·bil·detRR, **miß·ge·bil·det**ALT ['mɪsɡəbɪldət] **I.** *adj* malformed, deformed **II.** *adv* deformed; **~ geboren werden** to be born with deformities

Miss·ge·burtRR, **Miß·ge·burt**ALT ['mɪsɡəbuːɐ̯t] *f* MED *(pej)* monster, seriously deformed foetus [*or* AM fetus]

miss·ge·launtRR, **miß·ge·launt**ALT ['mɪsɡəlaunt] *adj (geh)* ill-humoured [*or* -tempered] *form*

Miss·ge·schickRR, **Miß·ge·schick**ALT ['mɪsɡəʃɪk] *nt* mishap; **jedem kann mal ein ~ passieren/unterlaufen** anyone can have a mishap [*or* an accident]; **vom ~ verfolgt werden** to be dogged by misfortune [*or* bad luck]

miss·glü·cken˙ RR, **miß·glü·cken**˙ ALT [mɪsˈɡlʏkn̩] *vi sein* ■ **etw missglückt** [jdm] sth fails [*or* is a failure] for sb; **~ backfires on sb**

miss·gön·nen˙ RR, **miß·gön·nen**˙ ALT [mɪsˈɡœnən] *vt* ■ **jdm etw ~** to begrudge sb sth; **jdm seinen Erfolg ~** to resent sb's success; ■ **jdm ~, dass** to begrudge sb the fact that

Miss·griffRR, **Miß·griff**ALT ['mɪsɡrɪf] *m* mistake, error of judgement

Miss·gunstRR, **Miß·gunst**ALT ['mɪsɡʊnst] *f kein pl* resentment *no pl,* envy *no pl*

miss·güns·tigRR, **miß·güns·tig**ALT ['mɪsɡʏnstɪç] **I.** *adj* resentful, envious **II.** *adv* resentfully, enviously

miss·han·deln˙ RR, **miß·han·deln**˙ ALT ['mɪsˈhandln̩] *vt* ❶ *(malträtieren)* ■ **jdn/ein Tier ~** to ill-treat [*or* maltreat] [*or* mistreat] sb/an animal ⓐ *(hum: übel zusetzen)* ■ **etw ~** to mistreat [*or* abuse] sth

Miss·hand·lungRR, **Miß·hand·lung**ALT [mɪsˈhand-lʊŋ] *f* ill-treatment *no indef art, no pl,* maltreatment *no indef art, no pl,* mistreatment *no indef art, no pl*

Mis·si·on <-, -en> [mɪˈsi̯oːn] *f* ❶ *(geh: Sendung)* mission; **in einer bestimmten ~** on a particular mission; **in geheimer/göttlicher ~** on a secret/divine mission ⓐ POL mission, legation ⓐ *kein pl* REL mission; **in die ~ gehen/in der ~ tätig sein** to become a missionary/do missionary work; **Innere ~** REL Home Mission ⓐ *(Missionsstation)* missionary

Mis·si·o·nar(in) <-s, -e> [mɪsi̯oˈnaːɐ̯] *m(f),* **Mis·si·o·när(in)** <-s, -e> [mɪsi̯oˈnɛːɐ̯] *m(f)* ÖSTERR missionary

mis·si·o·na·risch [mɪsi̯oˈnaːrɪʃ] **I.** *adj (geh)* missionary; **mit ~em Eifer** with missionary zeal **II.** *adv* as a missionary; **~ tätig sein** to work as a missionary

Mis·si·ons·schu·le *f* mission school

Miss·klangRR *m,* **Miß·klang**ALT ['mɪsklaŋ] *m* ❶ MUS discord *no indef art, no pl,* dissonance *no indef art, no pl* ⓐ *(Unstimmigkeit)* discord *no indef art, no pl;* **ein ~** a note of discord, a discordant note

Miss·kre·ditRR, **Miß·kre·dit**ALT ['mɪskredi:t] *m kein pl* **jdn/etw** [bei jdm] **in ~ bringen** to bring sb/sth into discredit [with sb], to bring discredit on sb [with sb]; **in ~ geraten** to become discredited

miss·langRR [mɪsˈlaŋ] *imp von* **misslingen**

miss·lau·nigRR, **miß·lau·nig**ALT ['mɪslaunɪç] *adj* **s. missgelaunt**

miss·lichRR, **miß·lich**ALT ['mɪslɪç] *adj (geh)* awkward, difficult; **~er Vorfall** unfortunate incident

miss·lie·bigRR, **miß·lie·big**ALT ['mɪsliːbɪç] *adj* unpopular; ■ [bei jdm] **~ sein** to be unpopular [with sb]; **sich** *akk* [bei jdm] **~ machen** to make oneself unpopular [with sb]

miss·lin·genRR <misslang, misslungen>, **miß·lin·gen**ALT <mißlang, mißlungen> [mɪsˈlɪŋən] *vi sein* to fail, to be a failure, to be unsuccessful; ■ **es misslingt jdm, etw zu tun** sb fails [in their [*or* an] attempt] to do sth; **eine misslungene Ehe** a failed [*or* an unsuccessful] marriage; **ein misslungener Kuchen** a botched-up cake; **leider ist mir der Kuchen miss-**

lungen unfortunately my cake didn't turn out well

Miss·lin·gen^RR, **Miß·lin·gen**^ALT <-s> |mɪs'lɪŋən| *nt kein pl* failure

Miss·ma·nage·ment^RR, **Miß·ma·nage·ment**^ALT |'mɪsmɛnɪtʃmənt| *nt* mismanagement *no pl*

Miss·mut^RR, **Miß·mut**^ALT |'mɪsmuːt| *m kein pl* moroseness *no pl;* **voller ~ machte er sich an die Arbeit** grudgingly he set to work

miss·mu·tig^RR, **miß·mu·tig**^ALT |'mɪsmuːtɪç| *adj* morose, sullen; **mach doch kein so ~es Gesicht** don't look so morose; **in so ~er Stimmung** in such a bad mood

miss·ra·ten˙ ^RR, **miß·ra·ten**˙ ^ALT |mɪs'raːtn̩| *vi irreg sein* ➊ *(geh: schlecht erzogen sein)* to go wrong, to turn out badly ➋ *(geh: nicht gelingen)* ■ **etw missrät** |jdm| sth goes wrong; **der Kuchen ist mir leider etwas ~** my cake unfortunately went a bit wrong

Miss·stand^RR, **Miß·stand**^ALT |'mɪsʃtant| *m* deplorable state of affairs *no pl;* **Missstände in der Verwaltung** a number of administrative irregularities; **soziale Missstände** social evils

Miss·stim·mung^RR, **Miß·stim·mung**^ALT |'mɪsʃtɪmʊŋ| *f kein pl* ill humour [*or* AM -or] *no indef art, no pl;* **unter den Teilnehmern herrschte ~** there was discord [*or* a bad atmosphere] among the participants

misst^RR, **mißt**^ALT |'mɪst| *3. pers pres von* **messen**

Miss·ton^RR, **Miß·ton**^ALT |'mɪstoːn| *m* ➊ MUS discordant [*or* wrong] note ➋ *s.* **Missklang 2**

miss·trau·en˙ ^RR, **miß·trau·en**˙ ^ALT |mɪs'trauən| *vi* ■ **jdm/einer S.** |in etw *dat*| ~ to mistrust [*or* distrust] sb/sth [with regard to sth]

Miss·trau·en^RR, **Miß·trau·en**^ALT <-s> |'mɪstrauən| *nt kein pl* mistrust *no pl,* distrust *no pl;* **jdm ~ entgegenbringen, ~ gegen jdn hegen** *(geh)* to mistrust sb; **jdm ein gesundes ~ entgegenbringen** to show sb a healthy [measure of] mistrust; **einer Unternehmung ein gesundes ~ entgegenbringen** to approach a venture with a healthy [measure of] mistrust; **jdm das ~ aussprechen** POL to pass a vote of no confidence in sb

Miss·trau·ens·an·trag^RR *m* POL motion of no confidence; **einen ~ einbringen** to table a motion of no confidence **Miss·trau·ens·vo·tum** *nt* vote of no confidence

miss·trau·isch^RR, **miß·trau·isch**^ALT |'mɪstrauɪʃ| I. *adj* mistrustful, distrustful; *(argwöhnisch)* suspicious; ■ |jdm/einer S. gegenüber| ~ **sein** to be mistrustful [*or* suspicious] |of sb/sth| II. *adv* mistrustfully, distrustfully; *(argwöhnisch)* suspiciously; **warum schaust du |mich| so ~ |an|?** why are you looking |at me| so mistrustful[ly]?

Miss·ver·gnü·gen^RR, **Miß·ver·gnü·gen**^ALT |'mɪsfɛɡnyːɡn̩| *nt (geh) s.* **Missfallen**

Miss·ver·hält·nis^RR, **Miß·ver·hält·nis**^ALT |'mɪsfɛɡhɛltnɪs| *nt* disproportion *no pl;* **im ~ zu etw** *dat* **stehen** to be disproportionate to sth; **der riesige Schreibtisch steht in einem gewissen ~ zu der winzigen Schreibtischlampe** there is a certain imbalance between the huge desk and the tiny lamp

miss·ver·ständ·lich^RR, **miß·ver·ständ·lich**^ALT |'mɪsfɛɡʃtɛntlɪç| I. *adj* unclear; *(Ausdruck, Formulierung)* that could be misunderstood; ■ |zu| ~ **sein** to be [too] liable to be misunderstood [*or* to misunderstanding] II. *adv* unclearly, in a way that could be misunderstood

Miss·ver·ständ·nis^RR, **Miß·ver·ständ·nis**^ALT <-ses, -se> |'mɪsfɛɡʃtɛntnɪs| *nt* ➊ *(irrige Annahme)* misunderstanding *no pl* ➋ *meist pl (Meinungsverschiedenheit)* misunderstanding, disagreement

miss·ver·stehen˙ ^RR, **miß·ver·ste·hen**˙ ^ALT |'mɪsfɛɡ·ʃteːən| *vt* ■ **jdn/etw** ~ to misunderstand sb/sth; **Sie haben das missverstanden** you've misunderstood

Miss·wahl^RR, **Miß·wahl**^ALT *f* beauty contest [*or* pageant]

Miss·wirt·schaft^RR, **Miß·wirt·schaft**^ALT |'mɪsvɪrtʃaft| *f (pej)* mismanagement *no pl,* maladministration *no pl form*

Mist <-es> |'mɪst| *m kein pl* ➊ *(Stalldünger)* manure *no pl,* dung *no pl,* muck *no pl* ➋ *(fam: Quatsch)* nonsense *no pl,* rubbish *no pl,* BRIT *a.* rubbish *no pl* ➌ *(fam: Schund)* junk *no pl,* trash *no pl,* BRIT *a.* rubbish *no pl* ▶ WENDUNGEN: ~ **bauen** [*o* **machen**] *(fam)* to screw up *fam;* **da hast du ganz schön ~ gemacht!** you have really screwed up [*or* boobed] there!; **etw ist auf jds ~ gewachsen** *(fam)* sth came out of sb's head; **das ist nicht auf seinem ~ gewachsen** that wasn't his own doing, he didn't do that off his own bat; **mach keinen ~!** *(fam)* don't mess [*or sl* piss] around! [*or* BRIT *a.* about]; ~! **so ein ~!** *(fam)* damn! *fam,* BRIT *a.* blast!; *(fam)* BRIT *a.* what a blasted nuisance! *fam;* **verdammter ~!** *(fam)* damn it! *fam,* BRIT *a.* damn and blast! *sl,* BRIT *a.* bloody hell! *sl,* BRIT *a.* sod it! *sl*

Mis·tel <-, -n> |'mɪstl̩| *f* mistletoe *no pl* **Mis·tel·dros·sel** *f* ORN mistle trush

Mist·ga·bel *f* pitchfork **Mist·hau·fen** *m* manure [*or* dung] [*or* muck] heap **Mist·kä·fer** *m* dung beetle **Mist·stück** *nt* ➊ *(fam)* bastard *masc fam,* BRIT *a.* [cheeky] bugger *masc fam,* cheeky bitch BRIT *fem fam,* bitch AM *fem fam,* little shit *fam* ➋ *(pej fam: Mann)* rotten bastard *pej sl,* lousy [piece of] shit *pej sl; (Frau)* lousy bitch *pej sl* **Mist·vieh** *nt (pej fam)* [god]damned [*or* BRIT *a.* bloody] animal *pej sl* **Mist·wet·ter** *nt kein pl (pej fam)* lousy weather *no pl, no indef art pej fam*

mit |'mɪt| I. *präp +dat* ➊ *(unter Beigabe von etw)* with; **trinkst du den Espresso ~ oder ohne Zucker?** do you take your espresso with or without sugar?; **isst du das Ei immer ~ so viel Salz und Pfeffer?** do you always put so much salt and pepper on your egg?; **Champagner ~ Kaviar** champagne and caviar ➋ *(mittels)* with; ~ **bequemen Schuhen läuft man besser** it's easier to walk in comfortable shoes; ~ **Kugelschreiber geschrieben** written in biro [*or* ballpoint] ➌ *(per)* by; ~ **der Bahn/dem Bus/Fahrrad/der Post** by train/bus/bicycle/post ➍ *(unter Aufwendung von etw)* with; ~ **all meiner Liebe** with all my love; ~ **etwas mehr Mühe** with a little more effort ➎ *zeitlich* at; ~ **18** |**Jahren**| at [the age of] 18; ~ **seinem Durchfahren des Zieles** when he crossed the line; ~ **dem dritten Ton des Zeitzeichens ist es genau 7 Uhr** at the third stroke the time will be exactly 7 o'clock ➏ *bei Maß-, Mengenangaben* with; ~ **einem Kilometerstand von 24567 km** with 24,567 km on the clock; ~ **drei Zehntelsekunden Vorsprung** with three tenths of a second advantage; **das Spiel endete ~ 1:1 unentschieden** the game ended in a 1-1 draw; **der Zug lief ~ zehn Minuten Verspätung ein** the train arrived ten minutes late; **er war ~ über 400 Euro im Soll** he was over 400 euros in debt; **sich ~ 500.000 Euro versichern** to insure oneself for 500,000 euros ➐ *(einschließlich)* ■ ~ |**jdn** |**zusammen**| |together| with sb, including sb; ~ **Axel und Hans waren wir sechs Personen** there were six of us including [*or* with] Axel and Hans ➑ *(fam: und dazu)* ■ **jd** ~ **jds …** sb and sb's …; **du** ~ **deiner ewigen Prahlerei** you and your constant boasting ➒ *(was jdn/etw angeht)* with; ~ **meiner Gesundheit steht es nicht zum Besten** I am not in the best of health; ~ **jdm/etw rechnen** to reckon on [*or* with] sb/sth II. *adv* too, as well; ~ **dabei sein** to be there too; **sie gehört ~ zu den führenden Experten auf diesem Gebiet** she is one of the leading experts in this field; **er war ~ einer der ersten, die diese neue Technologie angewendet haben** he was one of the first to use this new tech-

nology
Mit·an·ge·klag·te(r) *f(m) dekl wie adj* co-defendant
Mit·ar·beit *f* ① *(Arbeit an etw)* collaboration; ▪ **jds ~ an etw** *dat/***bei etw** *dat* sb's [collaborative] work on sth; **unter ~ von jdm** in collaboration with sb; **sich** *akk* **für die ~ bei jdm bewerben** to apply to work with sb ② SCH *(Beteiligung)* participation *no pl* ③ *(Unterstützung)* ▪ **jds ~** [**bei etw** *dat*] sb's assistance [in sth]; **er bot der Polizei seine ~ an** he offered to cooperate with the police

mit|ar·bei·ten ['mɪtʔarbaitn̩] *vi* ① *(als Mitarbeiter tätig sein)* ▪ **an etw** *dat/***in etw** *dat/***bei jdm ~** to collaborate on sth/with sb; **wenn Sie bei uns ~ wollen** if you want to come and work with us; **wie lange arbeiten Sie jetzt eigentlich schon bei uns mit?** how long have you been working with us now? ② SCH *(sich beteiligen)* ▪ [**in etw** *dat*] **~** to participate [in sth]; **er arbeitet in der Schule/im Unterricht immer aktiv mit** he always takes an active part in school/the lessons ③ *(fam: mit den anderen arbeiten)* to work too; **meine Frau braucht nicht mitzuarbeiten** my wife doesn't need to work [as well]
Mit·ar·bei·ter(in) *m(f)* ① *(Mitglied der Belegschaft)* employee, member of staff; **neue ~ einstellen** to take on new staff; **freier ~** freelance; **als freier ~ arbeiten** to work as a freelance ② *(hist: Mitarbeiter beim Staatssicherheitsdienst der ehem. DDR)* **inoffizieller ~** unofficial collaborator ③ *(Kollege)* colleague ④ *(Koautor)* contributor; **an dem Artikel haben insgesamt vier ~ mitgewirkt** altogether four people collaborated on this article
Mit·ar·bei·ter·ge·spräch *nt* staff meeting **Mit·ar·bei·te·rin** <-, -nen> *f fem form von* **Mitarbeiter Mit·ar·bei·ter·park·platz** *m* staff car park
Mit·be·grün·der(in) *m(f)* co-founder
mit|be·kom·men *vt irreg* ① *(mitgegeben bekommen)* ▪ **etw** [**von jdm**] **~** to be given sth [by sb], to get sth [from sb] ② *(vermittelt bekommen)* ▪ [**irgendwo**] **etw ~** to get [*or* be given] sth [somewhere]; **eine solide Ausbildung ~** to get [*or* receive] a solid [*or* sound] training; **eine gute Erziehung ~** to receive [*or* get] [*or* have] a good education ③ *(wahrnehmen)* ▪ **etw ~** to be aware of sth; **die neuesten Nachrichten ~** to get [*or* hear] the latest news; **vom Unterricht weniger ~** to get less out of the lessons ④ *(verstehen)* ▪ **etw** [**von etw** *dat*] **~** to understand sth [about sth]; **bei dem Lärm konnte man kaum etwas** [**von der Ansprache**] **~** with that noise you could hardly hear anything [of the speech]; **hast du etwas davon ~?** did you catch any of it? ⑤ *(fam: vererbt bekommen)* ▪ **etw von jdm ~** to get sth from sb; **die Locken hatte er offensichtlich von seinem Vater ~** he obviously got his curls from his father
mit|be·nut·zen*** *vt*, **mit|be·nüt·zen***** *vt* SÜDD ▪ **etw ~** to share sth
Mit·be·nut·zung *f* use
mit|be·stim·men *I. vi* ① *(maßgeblich mitwirken)* ▪ [**bei etw** *dat*] **~** to have a say [in sth] ② *(mit ausschlaggebend sein)* ▪ [**bei etw** *dat*] **~** to have an influence [on sth]; ▪ **~d** influential; **ein ~er Faktor** a contributing factor; **bei/für etw** *akk* **~d sein** to have an influence on sth *II. vt* ▪ **etw ~** to have an influence on sth
Mit·be·stim·mung *f* ① *(das Mitbestimmen)* ▪ **jds ~ bei etw** *dat* sb's participation in sth; **das Recht zur ~ bei …** the right to participate in … ② *(Mitentscheidung)* participation in decision-making, co-determination *no pl;* **betriebliche ~** worker participation; **paritätische ~** equal representation
Mit·be·stim·mungs·recht *nt* right of co-determination
Mit·be·wer·ber(in) *m(f)* ① *(ein weiterer Bewerber)* fel-

low applicant; **über 900 ~innen und ~** over 900 other applicants ② *(Konkurrent)* competitor
Mit·be·woh·ner(in) *m(f)* fellow occupant; *(in WG)* flatmate BRIT, housemate AM, roommate AM
mit|brin·gen ['mɪtʔbrɪŋən] *vt irreg* ① *(als mitgeführten Gegenstand bringen)* ▪ [**jdm**] **etw ~** to bring [sb] sth; **kann ich dir etw** [**aus der Stadt**] **~?** can I bring you anything back [from town]? ② *(als Begleitung bringen)* ▪ **jdn ~** to bring sb [with one]; **hast du denn niemanden mitgebracht?** didn't you bring anyone with you? ③ *(einbringen)* ▪ **etw** [**für etw** *akk*] **~** to have [*or* possess] sth [for sth]; **sie bringt alle nötigen Voraussetzungen für die Stelle mit** she meets [*or* satisfies] all the necessary requirements for the post
Mitbring·sel <-s, -> ['mɪtbrɪŋzl̩] *nt* small [*or* little] present
Mit·bür·ger(in) *m(f)* fellow citizen; **ältere ~** senior citizens
mit|den·ken *vi irreg* ▪ [**bei etw** *dat/***in etw** *dat*] **~** to follow [sth]; **bei seiner Argumentation/Erklärung ~** to follow his argument/explanation; **bei politischen Entscheidungen/in der Politik ~** to understand political decisions/politics; **danke fürs M~** thanks for thinking of it too [*or* being on the ball]; **du denkst ja mit!** good thinking!
mit|dür·fen *vi irreg* ▪ [**mit jdm**] **~** to be allowed to come [*or* go] along [with sb] too; **darf ich auch mit?** can I come [too]?
Mit·ei·gen·tum *nt kein pl* co-ownership *no pl,* joint ownership *no pl*
Mit·ei·gen·tü·mer(in) *m(f)* co-owner, joint owner
mit·ein·an·der [mɪtʔai'nandɐ] *adv* ① *(jeder mit dem anderen)* with each other [*or* one another]; **~ reden** to talk to each other [*or* one another]; **~ verfeindet sein** to be enemies; **~ verheiratet sein** to be married to each other [*or* one another]; **~ verschwägert/verwandt sein** to be related to each other [*or* one another] ② *(zusammen)* together; **alle ~** all together
Mit·ein·an·der <-s> [mɪtʔai'nandɐ] *nt kein pl* co-operation *no pl,* working and living together
mit|emp·fin·den *irreg I. vt (geh)* ▪ **etw ~** to feel sth too; **ich kann Ihre Trauer gut ~** I know well the grief you are feeling *II. vi (geh)* ▪ [**mit jdm**] **~** to sympathize [with sb], to feel for sb **mit|ent·schei·den** *vi, vt irreg* ▪ (**etw**) **~** to have a say [in sth] **Mit·er·be, -er·bin** ['mɪtʔɛrbə, -ɛrbɪn] *m, f* joint heir [*or* beneficiary] **mit|es·sen** *irreg I. vt* ▪ **etw** [**mit jdm**] **~** to have sth [to eat] [with sb]; **setz dich doch, iss einen Teller Suppe** [**mit uns**] **mit!** sit down and have a bowl of soup with us! *II. vi irreg* ▪ [**bei jdm**] **~** to eat [*or* have [*or* share] a meal] [with sb]
Mit·es·ser <-s, -> *m* blackhead
mit|fah·ren *vi irreg sein* ▪ [**mit jdm**] **~** to go [*or* get a lift] [with sb]; **darf ich** [**bei Ihnen**] **~?** can I have a lift?, can you give me a lift?; ▪ **jdn ~ lassen** to give sb a lift
Mit·fah·rer(in) *m(f)* fellow passenger
Mit·fahr·ge·le·gen·heit *f* lift **Mit·fahr·zen·tra·le** *f* lift-arranging [*or* AM ride-sharing] agency
mit|füh·len I. *vt* ▪ [**jdm**] **etw ~** to feel sth [with sb]; **ich kann lebhaft ~, wie dir zu Mute sein muss** I can well imagine how you must feel II. *vi* ▪ [**mit jdm**] **~** to sympathize [with sb], to feel for sb
mit|füh·lend *adj* sympathetic; **~e Worte** sympathetic [*or* compassionate] words
mit|füh·ren *vt* ▪ **etw** [**mit sich** *dat*] **~** ① *(geh: bei sich haben)* to carry [*or* have] sth [with one]; **führen Sie** [**bei sich/im Auto**] **zu verzollende Artikel mit?** do you have anything to declare [with you/in the car]? ② *(transportieren)* to carry sth along
mit|ge·ben *vt irreg* ① *(auf den Weg geben)* ▪ **jdm etw** [**für jdn**] **~** to give sb sth [for sb]; **ich gebe dir einen**

M

Apfel für unterwegs mit I'll give you an apple to take with you ❷ *(als Begleitung geben)* ▪ **jdm jdn ~** to send sb along with [or get sb to accompany] sb ❸ *(für etw versehen)* ▪ **jdm etw ~** to give sb [or provide sb with] sth

Mit·ge·fan·ge·ne *f(m) dekl wie adj* fellow prisoner

Mit·ge·fühl *nt kein pl* sympathy *no pl;* [**mit jdm**] **~ empfinden** to feel [or have] sympathy [for sb]

mit|ge·hen *vi irreg sein* ❶ *(begleiten)* ▪ [**mit jdm**] **~** to go too [or with sb]; **will noch jemand** [**mit mir**] **~?** does anyone want to go with me? [or come [with me]] ❷ *(sich mitreißen lassen)* ▪ [**mit jdm/bei etw** *dat*] **~** to respond [to sb/sth] ❸ *(stehlen)* **etw ~ lassen** *(sl)* to walk off with [or fam pinch] sth

Mit·gift <-, -en> *f* dowry

Mit·glied ['mɪtgliːt] *nt* member; **Zutritt nur für ~er** members only; **als ~ der Gewerkschaft** as a trade union member [or trade unionist]; **ordentliches ~** full member; **passives ~** non-active member; **~ einer S.** *gen* **sein** to be a member of sth; **~ des Vorstandes sein** to sit [or have a seat] on the board

Mit·glie·der·ver·samm·lung *f* general meeting

Mit·glieds·aus·weis *m* membership card **Mit·glieds·bei·trag** *m* membership subscription [or fee]

Mit·glied·schaft <-, -en> *f* membership; **die ~ in einer Partei beantragen** to apply for membership of [or AM in] a party

Mit·glieds·land *nt* POL member country [or state] **Mit·glieds·staat** *m* member state

mit|grö·len *vi (fam)* to bawl along [to a/the song]; **sie grölten alle mit** they all bawled together [or in unison]

mit|ha·ben *vt irreg* ▪ **etw ~** to have got sth [with one]; **haben wir genug Geld mit?** have we got enough money [with us]?

Mit·häft·ling *m* fellow prisoner

mit|hal·ten *vi irreg (fam)* ▪ [**bei etw** *dat*] **~** to keep up [with sth]; **bei dem Konkurrenzkampf ~** to keep pace with the competition; **bei einer Diskussion ~** to hold one's own in a discussion; **eine Argumentation/Theorie ~** to follow an argument/a theory; **ich konnte** [**bei der Auktion**] **nicht mehr ~** I couldn't stay in the bidding any longer; **ich halte mit** count me in

mit|hel·fen *vi irreg* ❶ *(sich helfend beteiligen)* ▪ [**jdm**] [**bei etw** *dat*/**in etw** *dat*] **~** to help [sb] [with/in sth]; **im Haushalt/in der Küche/beim Putzen ~** to help [out] with the housework/in the kitchen/with the cleaning ❷ *(dazu beitragen)* ▪ **~, dass etw geschieht** to contribute to sth happening

Mit·her·aus·ge·ber(in) *m(f)* co-editor, joint editor; *(Verlag)* co-publisher

Mit·hil·fe ['mɪthɪlfə] *f kein pl* help *no pl,* assistance *no pl;* **unter jds ~** with sb's help; **unter ~ von jdm** with the aid [or assistance] of sb

mit·hin [mɪt'hɪn] *adv (geh)* therefore, consequently

mit|hö·ren I. *vt* ▪ **etw ~** to listen to sth; **ein Gespräch ~** to listen in on a conversation; **wir haben alles mitgehört** we heard everything II. *vi* to listen in; *(zufällig)* to overhear; **Feind hört mit!** careless talk costs lives!

Mit·in·ha·ber(in) *m(f)* co-owner, joint owner; *(von Firma, Geschäft a.)* coproprietor

mit|kämp·fen *vi* ▪ [**bei etw** *dat*/**in etw** *dat*] **~** to fight [at/in sth]; **in der Schlacht bei Waterloo ~** to take part in [or fight at] the Battle of Waterloo; **bei dem Sturmangriff auf die Burg ~** to take part in the assault on the castle; **im Ersten Weltkrieg ~** to fight in the First World War

mit|klin·gen *vi irreg* ▪ [**in etw** *dat*] **~** to sound [in sth]; **klingt in deinen Worten Enttäuschung/Verbitterung mit?** is there a note of disappointment/bitterness in your words?

mit|kom·men *vi irreg sein* ❶ *(begleiten)* ▪ [**mit jdm**] **~** to come [with sb]; **kommst du mit?** are you coming with me/us/too?; **kommt doch mit uns mit** do come with us ❷ *(Schritt halten können)* ▪ [**mit jdm**] **~** to keep up [with sb] ❸ *(mitgeschickt werden)* ▪ [**mit etw** *dat*] **~** to come [or arrive] [with sth]; **mit der Post ~** to come with the post [or AM mail]; **das zweite Paket kommt vielleicht mit der zweiten Lieferung mit** the second parcel may come in/with the second post ❹ SCH *(fam: mithalten können)* ▪ [**in etw** *dat*] **~** to be equal [or up] to sth; **in der Schule gut/schlecht ~** to get on well/badly at school ❺ *(verstehen)* **da komme ich nicht mit** *(fam)* it's beyond me *fam;* **ich komme da nicht mit** I don't get it

mit|kön·nen *vi irreg (fam)* ❶ *(begleiten dürfen)* ▪ [**mit jdm**] [**irgendwohin**] **~** to be able to come/go [somewhere] [with sb]; **sie kann ruhig mit** she is welcome to come too ❷ *(fam: verstehen)* ▪ **bei etw** *dat* **noch/nicht mehr ~** to still/no longer be able to follow sth

mit|krie·gen *vt (fam) s.* **mitbekommen**

mit|lau·fen *vi irreg sein* ❶ *(zusammen mit anderen laufen)* ▪ [**bei etw** *dat*] **~** to run [in sth]; **beim Marathonlauf sind über 500 Leute mitgelaufen** over 500 people took part in the marathon ❷ *(sich gleichzeitig bewegen)* to run; **das Band läuft mit** the tape is running

Mit·läu·fer(in) *m(f)* POL *(pej)* fellow traveller [or AM *a.* traveler], sympathizer

Mit·laut ['mɪtlaut] *m* consonant

Mit·leid ['mɪtlaɪt] *nt kein pl* sympathy *no pl,* pity; **ich brauche dein ~ nicht** I don't need your sympathy; ▪ **jds ~** [**mit jdm**] sb's sympathy [for sb]; **~** [**mit jdm/einem Tier**] **haben** [o *geh:* **empfinden**] to have [or feel] sympathy [or feel pity [or compassion]] [for sb/an animal]; **~ erregend** *Anblick* pitiful; **~ schinden** *(fam)* to fish for sympathy; **aus ~** out of pity; **er ließ den Frosch aus ~ frei** he took pity on the frog and set it free

Mit·lei·den·schaft *f kein pl* **etw zieht jdn in ~** *(geh)* sth affects sb; **der Sturz hat sie ganz schön in ~ gezogen** the fall has taken a lot out of her; **etw zieht etw** *akk* **in ~** *(geh)* sth has a detrimental effect on sth

mit·lei·dig ['mɪtlaɪdɪç] I. *adj* ❶ *(mitfühlend)* sympathetic, compassionate ❷ *(iron: verächtlich)* pitying II. *adv* ❶ *(voller Mitgefühl)* sympathetically, compassionately ❷ *(iron: verächtlich)* pityingly

mit·leid(s)·los I. *adj* pitiless, heartless II. *adv* pitilessly, without pity

Mit·leid(s)·lo·sig·keit <-> *f kein pl* pitilessness *no pl*

mit·leid(s)·voll *adj (geh) s.* **mitleidig 1**

mit|le·sen I. *vt irreg* ▪ **etw ~** ❶ *(ebenfalls lesen)* to read sth too ❷ *(etw zusammen mit jdm lesen)* to read sth with sb II. *vi* to read too [or at the same time]

mit|ma·chen I. *vi* ❶ *(teilnehmen)* ▪ [**bei etw** *dat*] **~** to take part [in sth], to join in [sth]; **bei einem Ausflug/Kurs ~** to go on a trip/do a course ❷ *(fam: gut funktionieren)* to be up to it; **wenn das Wetter mitmacht** if the weather cooperates [or is good enough]; **solange meine Beine ~** as long as my legs hold up; **wenn das Herz mitmacht** if his/her heart can take it II. *vt* ❶ *(fam: etw hinnehmen)* ▪ **etw ~** to go along with sth; **lange mache ich das nicht mehr mit** I won't put up with [or stand for] it much longer ❷ *(sich beteiligen)* ▪ **etw ~** to join [or take part] in sth; **den Ausflug/die Wanderung ~** to go on the trip/walk ❸ *(erleiden)* ▪ **viel/einiges ~** to go through a lot/quite a lot

Mit·mensch *m* fellow man [or human being]

mit|mi·schen *vi (fam)* ▪ **bei etw** *dat*/**in etw** *dat* **~** to be involved in sth

mit|müs·sen *vi irreg* to have to come/go too

Mit·nah·me <-> *f kein pl (geh)* taking |away| with one; **diese Prospekte liegen hier zur kostenlosen ~ aus** you can take these brochures with you free of charge; **unter ~ einer S.** *gen* taking/having taken sth with one

mit|neh·men *vt irreg* ❶ *(zur Begleitung nehmen)* ■ **jdn/ein Tier |irgendwohin| ~** to take sb/an animal with one |somewhere| ❷ *(mit sich nehmen)* ■ **etw |irgendwohin| ~** to take sth with one |somewhere|; **etw ist zum M~** sth is free |to be taken with one|; **sind die Probefläschchen zum M~?** can I take one of these sample bottles?; **zum ~** to take away; **zum Hieressen oder zum M~?** to eat here or |to| take away? ❸ *(transportieren)* ■ **jdn |in etw** *dat|* **~** take sb with one |in sth|; **könnten Sie mich |im Auto| ~?** could you give me a lift |in your car|? ❹ *(erschöpfen)* to take it out of one; **ihr seht mitgenommen aus** you look worn out ❺ *(in Mitleidenschaft ziehen)* ■ **etw ~** to take its toll on sth; **das Fahren auf den buckligen Strecken hat die Stoßdämpfer sehr mitgenommen** the bumpy roads have really taken their toll on |or worn out| the shock absorbers ❻ *(fam: erleben)* ■ **etw ~** to see |or visit| sth; **die Sehenswürdigkeiten ~** to take in the sights

mit·nich·ten |mɪt'nɪçtn̩| *adv (geh)* not at all, by no means

Mi·to·chon·dri·um <-s, Mitochondrien> |mito'xɔndriʊm, *pl:* mito'xɔndriən| *nt* BIOL mitochondrion

Mi·to·se <-, -n> |mi'to:zə| *f* BIOL mitosis

mi·to·tisch |mi'to:tɪʃ| *adj* mitotic

Mit·pa·ti·ent(in) *m(f)* fellow patient

Mi·tra <-, Mitren> |'mi:tra, *pl:* 'mi:trn̩| *f* REL mitre

mit|rech·nen I. *vt* ■ **etw ~** to include sth |in a calculation| **II.** *vi* to count too

mit|re·den *vi* ❶ *(beteiligt sein wollen)* ■ |**bei etw** *dat*| **~** to have a say |in sth| ❷ *(sich kompetent beteiligen)* ■ **~ können** to be competent to talk about sth; **bei einer Diskussion ~ können** to be able to join in a discussion; **da können Sie nicht ~** you wouldn't know anything about that; *s. a.* **Wörtchen**

mit|rei·sen *vi sein* ■ |**mit jdm**| |**irgendwohin**| **~** to travel |somewhere| |with sb|

Mit·rei·sen·de(r) *f(m) dekl wie adj* fellow passenger

mit|rei·ßen *vt irreg* ❶ *(mit sich reißen)* ■ **jdn/etw ~** to sweep |or carry| sb/sth away ❷ *(begeistern)* ■ **jdn ~** to get sb going; **die Musik riss die Fans förmlich mit** the fans got quite carried away by the music

mit·rei·ßend *adj* rousing; *Spiel* thrilling, exciting

mit·samt |mɪt'zamt| *präp +gen;* ■ **~ einer S.** *gen* together |or complete| with sth

mit|schlei·fen *vt* ■ **jdn/etw ~** to drag sb/sth along

mit|schlep·pen *vt (fam)* ■ **jdn/etw |mit sich** *dat*| **~** to lug |or hump| |or cart| sb/sth |with one| *fam*

mit|schnei·den *vt irreg* ■ **etw |auf etw|** **~** *dat a.* TELEK to record |or tape| sth |on sth|

Mit·schnitt *m* ❶ *(das Mitschneiden)* recording, taping ❷ *(Aufnahme)* recording, tape; **einen ~ von etw machen** to make a recording of |or tape| sth

mit|schrei·ben *irreg* **I.** *vt* ■ **etw ~** to write |or take| down sth *sep* **II.** *vi* to take notes

Mit·schuld *f* ■ **jds ~ |an etw** *dat*| sb's share of the blame |or responsibility| |for sth|; JUR sb's complicity |in sth|; **die ~ |an etw| eingestehen/von sich weisen** to admit/deny one's share of the blame |or that one was partly responsible |or to blame|| |for sth|; **eine ~ |an etw** *dat|* **tragen** to share the blame |or responsibility| |for sth|, to be partly responsible |or to blame| |for sth|

mit·schul·dig *adj* ■ **der/die |an etw** *dat|* **~e ...** the ... who is partly responsible |or to blame| |for sth|;

■ **~ |an etw** *dat*| **sein** to be partly responsible |or to blame| |for sth|; JUR to be guilty of complicity |in sth|; **sich ~ machen** *dat* to incur part of the blame |or responsibility|; JUR to become guilty of complicity as a result of one's actions

Mit·schul·di·ge(r) *f(m) dekl wie adj* sb who is partly to blame |or responsible|; JUR accomplice

Mit·schü·ler(in) *m(f)* SCH *(Klassenkamerad)* classmate; *(Schulkamerad)* school-friend

mit|schwin·gen *vi irreg* ❶ MUS *(gleichzeitig schwingen)* to resonate |as well |or too| | ❷ *(geh: auch anklingen)* **als er sprach, schwang ein ärgerlicher Unterton mit** there was a note of annoyance in his voice as he spoke

mit|sin·gen *irreg* **I.** *vi* to sing along, to join in; ■ **in etw** *dat***/bei etw ~** to sing in sth; **ich habe früher in einem Kirchenchor mitgesungen** I used to be member of a church choir **II.** *vt* MUS ■ **etw ~** to join in |singing| sth

mit|spie·len *vi* ❶ SPORT *(mit anderen spielen)* ■ |**in/ bei** *dat* **etw**| **~** to play |in/for sth|; **er spielt in der anderen Mannschaft mit** he's playing for |or he's on| the other team; **in einem Orchester ~** to play in an orchestra ❷ FILM, THEAT ■ |**bei/in etw**| **~** *dat* to be |or act| in sth ❸ *(bei Kinderspielen)* to play ❹ *(fam: mitmachen)* to go along with it; **wenn die Geschäftsleitung mitspielt, ...** if the management agrees to it, ...; **das Wetter spielte nicht mit** the weather wasn't kind to us ❺ *(beteiligt sein)* ■ |**bei etw**| **~** to play a part |in sth| ❻ *(umgehen)* **er spielte ihm übel mit** he treated him badly

Mit·spie·ler(in) *m(f)* ❶ SPORT *(Mannschaftskamerad)* team-mate BRIT, teammate AM ❷ THEAT *(zusammen auftretender Schauspieler)* fellow actor, member of the cast ❸ *(jd, der mitspielt)* other player; **ich suche noch eine ~in für ein Schachspiel** I'm looking for someone to play chess with ❹ LING actant

Mit·spra·che *f say no def art;* **ein Recht auf ~ haben** to be entitled to have a say

Mit·spra·che·recht *nt kein pl* right to have a |or one's| say; **ein ~ bei etw haben** to have a say in sth; **jdm ein ~ |bei etw| einräumen |o gewähren|** to grant sb a say |in sth|

mit|spre·chen *irreg* **I.** *vt* ■ **etw ~** to join in |saying| sth; **das Tischgebet ~** to join in saying grace **II.** *vi* ■ |**bei/in etw**| **~** *dat* to have a say in |or one's| say |in sth|

Mit·strei·ter(in) <-s, -> *m(f) (geh)* comrade-in-arms

Mit·tag¹ <-[e]s, -e> |'mɪta:k, *pl:* 'mɪta:gə| *m (zwölf Uhr)* midday, noon; *(Essenszeit)* lunchtime; **wir haben gleich ~** it's coming up to |or almost| midday |or lunchtime|, it'll soon be midday; ■ **gegen ~** around |or about| midday |or noon|; ■ **über ~** at lunchtime|s|; **des ~s** *(geh)* at noon |or midday|; **zu ~ essen** to have |or eat| lunch; **etw zu ~ essen** to have |or eat| sth for lunch; **~ haben |o machen|** *(fam)* to have |or take| |or be on| one's lunch break; **in aller Regel machen wir eine halbe Stunde ~** we usually have a half-hour lunch break |or half an hour |off| for lunch|

Mit·tag² <-s> |'mɪta:k| *nt kein pl* DIAL *(fam: ~essen)* lunch

Mit·tag·es·sen *nt* lunch

mit·täg·lich |'mɪtɛ:klɪç| *adj attr* ❶ *(zur Mittagszeit stattfindend)* midday, lunchtime ❷ *(für den Mittag typisch)* midday

mit·tags |'mɪta:ks| *adv* at midday |or lunchtime|

Mit·tags·hit·ze *f* midday heat **Mit·tags·mahl** *nt (veraltend geh)*, **Mit·tags·mahl·zeit** *f (geh)* luncheon *form*, midday meal **Mit·tags·pau·se** *f* lunch break |or hour|; **~ haben/machen** to be on| /take one's lunch break |or hour| **Mit·tags·ru·he** *f kein pl ≈* siesta; **~ halten** to rest after lunch **Mit·tags·**

schlaf *m* midday [*or* after-lunch] sleep [*or* nap]; **einen ~ machen** [*o* **halten**] to have [*or* take] a midday [*or* an after-lunch] sleep [*or* nap] **Mit·tags·son·ne** *f* midday sun **Mit·tags·stun·de** *f (geh)* midday, noon; ■ **in der ~** at midday [*or* noon]; ■ **um die** [*o* **zur**] ~ around [*or* about] noon [*or* midday] **Mit·tags·tisch** *m* ❶ *(zum Mittagessen gedeckter Tisch)* lunch table ❷ *(im Restaurant)* lunch menu; **einen ~ halten** to serve lunch **Mit·tags·zeit** *f kein pl* lunchtime, lunch hour; ■ **in** [*o* **während**] **der ~** at lunchtime, during the lunch break; ■ **um die ~** around lunchtime

Mit·tä·ter(in) *m(f)* accomplice

Mit·tä·ter·schaft <-> *f kein pl* complicity; ■ **~ an etw** *dat* complicity in sth

Mitt·drei·ßi·ger(in) <-s, -> ['mɪtdraɪsɪgɐ] *m(f)* sb in their mid-thirties

Mit·te <-, -n> ['mɪtə] *f* ❶ *(Punkt in der Hälfte von etwas)* midpoint ❷ *(Mittelpunkt)* centre [*or* AM -er]; ■ **in der ~ einer S.** *gen* in the centre [*or* middle] of a thing; **in der ~ der Wand** in the centre of the wall; **in der ~ einer großen Menschenmenge** in the middle of a large crowd of people; ■ **in der ~ zwischen …** halfway [*or* midway] between …; **jdn in die ~ nehmen** to take hold of sb between one; **aus unserer/ihrer ~** from our/their midst; **in unserer/ihrer ~** in our/their midst, among us/them [*or form* our/their number] ❸ ≈ POL *(politische Gruppierung)* the centre [*or* AM -er]; **die linke/rechte ~** the centre-left/centre-right, left-of-centre/right-of-centre; **in der ~ stehen** to be in the centre ❹ *(zur Hälfte .)* middle; **~ Januar/Februar/…** mid-January/February/…; **~ des Jahres/Monats** in the middle of the year/month; **~** [**der**] **… sein** to be in one's mid- …; **ich hätte sie auf ~ dreißig geschätzt** I would have said that she's in her mid-thirties ▸ WENDUNGEN: **die goldene ~** the golden mean, a happy medium; **ab durch die ~!** *(fam)* come on, let's get out of here! [*or sl* beat it]

mit|tei·len ['mɪttaɪlən] **I.** *vt* ■ **jdm etw ~** to tell sb [*or form* inform sb of] sth; ■ **jdm ~, dass** to tell [*or form* inform] sb that **II.** *vr* ❶ *(sich erklären)* ■ **sich** [**jdm**] ~ to communicate [with sb] ❷ *(geh: sich übertragen)* ■ **sich jdm ~** to communicate itself to sb

mit·teil·sam *adj* talkative

Mit·tei·lung *f* ❶ *(Benachrichtigung)* notification; **eine amtliche ~** [*o* **offizielle**] an official communication [*or* communiqué]; **eine ~ bekommen** [*o* **erhalten**] to be notified; **eine ~ bekommen, dass** to be notified [*or* informed] that; **über etw** *akk* **~ bekommen/erhalten** to be notified [*or* informed] of [*or* about] sth; **jdm** [**eine**] **~** [**von etw**] **machen** *(geh)* to notify [*or* inform] sb [of sth], to report [sth] to sb; **nach ~ der/des …** according to the … ❷ *(Bekanntgabe)* announcement; **eine ~ machen** to make an announcement

Mit·tei·lungs·be·dürf·nis *nt kein pl* need to talk [to other people] **mit·tei·lungs·freu·dig** *adj* fond of talking; **Telefone sind sehr ~** telephones are chat-happy *fam*

mit·tel ['mɪtl̩] *adj* **~ durchgebraten** KOCHK half-done **Mit·tel** <-s, -> ['mɪtl̩] *nt* ❶ PHARM *(Präparat)* drug, remedy; *(Lotion)* ointment, lotion; **ein ~ gegen etw** a cure [*or* remedy] for sth; **ein ~ gegen Schmerzen** a pain-reliever ❷ *(Putz~)* cleaning agent; *(Flecken~)* stain remover ❸ *(Methode)* method, means *sing*, way *usu pl*; **ein ~ haben,** [**um**] **etw zu tun** to have ways [*or* means] of doing sth; **wir haben ~, um ihn zum Reden zu bringen** we have ways of making him talk; **es gibt ein ~, das herauszufinden** there are ways of finding that out; **~ und Wege finden** to find ways and means; **ein ~ zum Zweck sein** to be a means to an end; **als letztes** [*o* **äußerstes**] **~** as a last resort;

jdm ist jedes ~ recht sb will go to any length[s] [*or* stop at nothing]; **kein ~ unversucht lassen** to leave no stone unturned, to try everything; **mit allen ~n** by every means ❹ *pl* FIN *(Geld~)* funds, [financial] means [*or* resources]; **zum Glück verfüge ich dazu noch über genügende ~** thankfully, I've got enough funds left to cover that ❺ *(Mittelwert)* average; **im ~** on average; **etw im ~ erreichen** to average [at] sth; **arithmetisches/geometrisches ~** arithmetic/geometric mean

Mit·tel·ach·se [-aksə] *f* ARCHIT, MATH central axis; AUTO central axle

mit·tel·alt ['mɪtl̩ʔalt] *adj* medium-matured

Mit·tel·al·ter ['mɪtl̩ʔaltɐ] *nt kein pl* HIST ■ **das ~** the Middle Ages *npl*; ■ **das finstere** [*o* **finsterste**] **~** the Dark Ages *npl*

mit·tel·al·ter·lich ['mɪtl̩ʔaltɐlɪç] *adj* HIST medieval

Mit·tel·ame·ri·ka ['mɪtl̩ʔa'me:rika] *nt* Central America

mit·tel·ame·ri·ka·nisch *adj* Central American

mit·tel·bar ['mɪtl̩ba:ɐ] **I.** *adj* indirect; **~er Schaden** consequential damage **II.** *adv* indirectly

Mit·tel·bau <-bauten> *m* ❶ ARCHIT *(mittlerer Trakt)* central [*or* main] part [*or* block] ❷ *kein pl* SCH *(Assistenten und Räte)* non-professorial teaching staff **Mit·tel·be·trieb** *m* medium-sized business [*or* enterprise] **Mit·tel·brust** *f* KOCHK brisket **Mit·tel·deck** *nt* middle deck **mit·tel·deutsch** ['mɪtl̩dɔytʃ] *adj* LING Middle [*or* Central] German **Mit·tel·deutsch·land** ['mɪtl̩dɔytʃlant] *nt (veraltend)* Central Germany *(roughly between the rivers Elbe and Oder)* **Mit·tel·ding** *nt (fam)* ■ **ein ~** sth in between; **eine Chaiselongue ist ein ~ zwischen Sofa und Ruhesessel** a chaise longue is something between a sofa and an armchair **Mit·tel·eng·land** *nt* the Midlands *npl* **Mit·tel·eng·lisch** *nt* LING Middle English **Mit·tel·eu·ro·pa** ['mɪtl̩ʔɔy'ro:pa] *nt* Central Europe **Mit·tel·eu·ro·pä·er(in)** *m(f)* Central European **mit·tel·eu·ro·pä·isch** ['mɪtl̩ʔɔyro'pɛːɪʃ] *adj* Central European **Mit·tel·feld** *nt kein pl* SPORT ❶ *(Spielfeld)* midfield ❷ *(Teilnehmer)* pack **Mit·tel·feld·spie·ler(in)** *m(f)* midfielder, midfield player **Mit·tel·fin·ger** *m* middle finger **Mit·tel·finn·land** *nt* Central Finland **Mit·tel·frank·reich** *nt* Central France **mit·tel·fris·tig** **I.** *adj* medium-term *attr* **II.** *adv* **~ anlegen** to make medium-term investments; **~ planen** to plan for the medium term **Mit·tel·gang** *nt* centre [*or* central] aisle **Mit·tel·ge·bir·ge** *nt* low mountain range **Mit·tel·ge·wicht** *nt* SPORT ❶ *kein pl (mittlere Gewichtsklasse)* middleweight ❷ *(Sportler)* **s. Mittelgewichtler** **Mit·tel·ge·wicht·ler(in)** <-s, -> *m(f)* middleweight **mit·tel·groß** ['mɪtl̩gro:s] *adj* of medium height *pred* **mit·tel·gut** *adj* average **Mit·tel·hirn** *nt* ANAT midbrain **Mit·tel·hoch·deutsch** ['mɪtl̩ho:xdɔytʃ] *nt* LING Middle High German; ■ **das ~** Middle High German

Mit·tel·klas·se *f* ❶ ÖKON *(mittlere Warenkategorie)* middle range, medium quality; **ein Wagen der ~** a mid-range car, a car in the medium [*or* middle] range ❷ SOZIOL middle class

Mit·tel·klas·se·ein·kom·men *nt* SOZIOL middle class income **Mit·tel·klas·se·wa·gen** *m* AUTO mid-range [*or* middle-of-the-range] car **Mit·tel·klas·se·wohn·ge·gend** *f* SOZIOL middle class area [*or* district]

Mit·tel·korn·reis *m* medium grain rice **Mit·tel·li·nie** *f* ❶ TRANSP *(Linie auf der Straßenmitte)* centre [*or* white] line; **durchgezogene/unterbrochene ~** continuous/broken centre [*or* white] line ❷ SPORT *(Linie des Mittelfeldes)* halfway line **mit·tel·los** *adj* destitute, penniless **Mit·tel·lo·sig·keit** <-> *f kein pl* poverty *no pl* **Mit·tel·maß** *nt kein pl* ❶ *(meist pej: mittlere Leistung, Qualität)* mediocrity *no art* ❷ *(Durchschnitt)* average; **ein gesundes ~** a happy medium; **ein gutes ~** a good average

M

mit·tel·mä·ßig I. *adj* average; **eine ~e Arbeit/Leis-tung** an average [*or pej* mediocre] work/performance II. *adv* ~ **begabt sein** to [*only*] have mediocre talent[s], to be mediocre; ~ **spielen** to have an indifferent game; **er spielte nur ~** his performance was mediocre

Mit·tel·mä·ßig·keit <-> *f kein pl* mediocrity

Mit·tel·meer ['mɪtl|me:ɐ̯] *nt* ■ **das** ~ the Mediterra-nean [Sea]

Mit·tel·meer·an·rai·ner *m* the countries bordering the Mediterranean **Mit·tel·meer·kli·ma** *nt* Mediterra-nean climate **Mit·tel·meer·land** *nt* Mediterranean country **Mit·tel·meer·raum** *m* ■ **der** ~ the Mediter-ranean [region]

Mit·tel·ohr *nt* ANAT middle ear

Mit·tel·ohr·ent·zün·dung *f* inflammation of the middle ear, middle ear inflammation

mit·tel·präch·tig I. *adj (iron fam)* great *iron fam* II. *adv (fam)* not particularly good; **sich ~ fühlen** to not feel particularly good

Mit·tel·punkt *m* ❶ MATH *(Punkt in der Mitte)* mid-point; *(Zentrum)* centre [*or* AM -er] ❷ *(zentrale Figur)* centre [*or* AM -er] of attention; **im ~ sein** [*o* **stehen**] to be the centre of attention; **im ~ des öffentlichen Interesses stehen** to be the focus of public attention

Mit·tel·punkt·schule *f* SCH school situated in the cen-tre [*or* AM -er] of a catchment area

mit·tels ['mɪtls] *präp +gen o dat (geh)* by means of

Mit·tel·sä·ger <-s, -> *m* ORN red-breasted merganser

Mit·tel·schei·tel *m* centre parting **Mit·tel·schicht** *f* SOZIOL *s.* **Mittelklasse 2 Mit·tel·schiff** *nt* ARCHIT nave **Mit·tel·schu·le** *f* ❶ *(Schultyp)* ≈ secondary school ❷ SCHWEIZ *(höhere Schule)* secondary school; **neue ~** ÖSTERR [new] secondary school **mit·tel·schwer** *adj* relatively [*or* moderately] heavy; **ein ~es Auto** a medium-weight car; **eine ~e Übung** [*o* **Aufgabe**] a relatively [*or* moderately] difficult exercise

Mit·tels·mann <-männer *o* -leute> *m* intermediary, go-between, middleman

Mit·tel·stadt *f* medium-sized town **Mit·tel·stand** *m* ❶ ÖKON ■ **der** ~ medium-sized companies [*or* firms] [*or* businesses] ❷ SOZIOL middle class **mit·tel·stän-disch** *adj* medium-sized; **~e Betriebe/Firmen** medium-sized companies/firms **Mit·tel·stein·zeit** *f kein pl* ARCHÄOL Mesolithic period

Mit·tel·stre·cken·flug·zeug *nt* LUFT medium-haul [*or* -range] aircraft **Mit·tel·stre·cken·ra·ke·te** *f* MIL me-dium-range missile

Mit·tel·strei·fen *m* TRANSP central reservation **Mit·tel-stück** *nt* middle [*or* BRIT centre] part [*or* piece] **Mit-tel·stu·fe** *f* SCH ≈ middle school **Mit·tel·stür-mer(in)** *m(f)* SPORT centre-forward, striker **Mit·tel-weg** *m* middle course; **der goldene ~** the golden mean, a happy medium **Mit·tel·wel·le** *f* RADIO medium wave **Mit·tel·wel·len·sen·der** *m* medium-wave transmitter **Mit·tel·wert** *m* mean [*or* average] [value]; **der arithmetische ~** the arithmetic mean

mit·ten ['mɪtn̩] *adv* ❶ *(direkt)* ■ **~ aus etw** from the midst of sth ❷ *(fam: gerade)* ■ **~ bei etw** [right] in the middle of doing sth; **sie kamen, als ich noch ~ beim Kochen war** I was still in the middle of cooking when they arrived; ■ **~ in etw** *dat* [right] in the middle of sth ❸ *(genau)* ■ **~ in/vor etw** *akk* right into/on [the middle of] sth; **~ entzweibrechen** to break in half [*or* two] ❹ *(geradewegs)* ■ **~ durch etw** right [*or* straight] through [the middle of] sth; **~ hin-durch** straight through ❺ *(inmitten von)* ■ **~ unter Menschen** *dat* in the midst of [*or* among] people; **wie schön, dass ich wieder ~ unter euch sein darf** how pleasant it is to be in your midst [*or* among you] again; **~ unter Dingen** [right] in the middle [*or* midst] of things

mit·ten·drin [mɪtn̩'drɪn] *adv (fam)* ❶ *(genau in etw)* right [*or fam* slap-bang] in the middle [of it]; ■ **~ in etw** *dat* right [*or fam* slap-bang] in the middle of sth ❷ *(direkt bei etw)* right in the middle of [doing] sth **mit·ten·drun·ter** [mɪtn̩'drʊntɐ] *adv (fam)* in the middle of it/them **mit·ten·durch** [mɪtn̩'dʊrç] *adv* right [*or* straight] through the middle

Mit·ter·nacht ['mɪtɐnaxt] *f kein pl* midnight *no art*

mit·ter·nächt·lich *adj attr* midnight *attr*

Mit·ter·nachts·son·ne *f* ■ **die** ~ the midnight sun

Mitt·fünf·zi·ger(in) <-s, -> *m(f)* a person in their mid-fifties

mitt·le·re(r, s) ['mɪtlərə] *adj attr* ❶ *(in der Mitte von zweien)* ■ **der/die/das** ~ the middle one [*or* one in the middle] ❷ *(durchschnittlich)* average *attr or pred;* **zu ~n Preisen essen** to eat [out] at reasonable prices **~e Katastrophe/ein ~er Unfall** quite a substantial disaster/a fairly serious accident ❹ *(den Mittelwert bildend)* average ❺ *(in einer Hierarchie)* middle; **~s Management** middle management; **eine ~e Posi-tion** a middle-ranking position; **ein Auto der ~n Klasse** a middle of the range car

Mitt·ler·rol·le *f* mediatory role, role of [the] mediator

mitt·ler·wei·le ['mɪtlɐ'vaɪlə] *adv (unterdessen)* in the mean time, meantime, meanwhile; *(seit dem)* since then; *(bis zu diesem Zeitpunkt)* by now

mit|tra·gen *vt irreg* ■ **etw ~** *Entscheidung, Vorhaben* to take part in sth

Mitt·sech·zi·ger(in) <-s, -> *m(f)* a person in their mid-sixties **Mitt·sieb·zi·ger(in)** <-s, -> *m(f)* a person in their mid-seventies **Mitt·som·mer** ['mɪtsɔmɐ] *m* mid-summer **Mit·tsom·mer·nacht** *f* midsummer['s] night **Mitt·vier·zi·ger(in)** <-s, -> *m(f)* a person in their mid-forties

Mitt·woch <-s, -e> ['mɪtvɔx] *m* Wednesday; *s. a.* **Frei-tag**

Mitt·woch·abend[RR] *m* Wednesday evening; *s. a.* **Dienstag mitt·woch·abends**[RR] *adv* [on] Wednesday evenings **Mitt·woch·mit·tag**[RR] *m* [around] noon on Wednesday; *s. a.* **Dienstag mitt·woch·mit·tags**[RR] *adv* [around] noon on Tuesdays **Mitt·woch·mor-gen**[RR] *m* Wednesday morning; *s. a.* **Dienstag mitt-woch·mor·gens**[RR] *adv* [on] Wednesday mornings **Mitt·woch·nach·mit·tag**[RR] *m* Wednesday afternoon; *s. a.* **Dienstag**

mitt·woch·nach·mit·tags[RR] *adv* [on] Wednesday afternoons **Mitt·woch·nacht**[RR] *f* Wednesday night **mitt·woch·nachts**[RR] *adv* Wednesday nights

mitt·wochs ['mɪtvɔxs] *adv* [on] Wednesdays; **~ abends/nachmittags/vormittags** [on] Wednes-day evenings/afternoons/mornings

Mitt·woch·vor·mit·tag[RR] *m* Wednesday morning; *s. a.* **Dienstag mitt·woch·vor·mit·tags**[RR] *adv* [on] Wednesday mornings

mit·un·ter [mɪt'ʔʊntɐ] *adv* now and then, from time to time

mit·ver·ant·wort·lich *adj* jointly responsible *pred;* ■[**für etw**] **~ sein** to be jointly responsible [for sth] **Mit·ver·ant·wor·tung** *f* share of the responsibility; **~ [für etw] haben/tragen** to have/bear a share of the responsibility [for sth]

mit|ver·die·nen· *vi* to go out to work as well

Mit·ver·fas·ser(in) *m(f) s.* **Mitautor**

Mit·ver·schul·den *nt* partial blame; **ihr konnte kein ~ nachgewiesen werden** it wasn't possible to prove that she was partially to blame; **jdn trifft ein ~ [an etw** *dat*] sb is partially [*or* partly] to blame [for sth]

mit|ver·si·chern· *vt* ■ **jdn ~** to include sb in one's insurance, to co-insure sb; ■ **etw ~** to include sth in one's insurance

mit|wir·ken *vi* ❶ *(gestaltend beteiligt sein)* ■[**bei/an**

etw| ~ *dat* to collaborate [on sth], to be involved [in sth]; ▪ jds M~ sb's collaboration [*or* cooperation] ② FILM, THEAT *(geh: mitspielen)* ▪ [in etw] ~ *dat* to appear [in sth]; **in einem Theaterstück ~** to appear [*or* perform] in a play ③ *(eine Rolle spielen)* ▪ [bei etw] ~ to play a part [*or* role] [in sth]

Mit·wir·ken·de(r) *f(m)* dekl wie adj ① *(mitwirkender Mensch)* participant, collaborator; **politisch ~r** active participant in political life ② FILM, THEAT *(geh: Mitspieler)* actor; **die ~n** the cast + *sing/pl vb*

Mit·wir·kung *f kein pl* collaboration, cooperation; **mit/ohne jds ~** with/without sb's collaboration [*or* cooperation]; **unter ~ von jdm** in collaboration with sb

Mit·wis·ser(in) <-s, -> *m(f)* somebody in the know; **~** [einer S. *gen*] **sein** to be in the know [about sth]; **jdn zum ~** [einer S. *gen*] **machen** to let sb in [on sth]

Mit·wohn·zen·tra·le *f* flat [*or* AM apartment] share agency

mit|wol·len ['mɪtvɔlən] *vi* to want to come too [*or* with sb]; **so, wir gehen jetzt einkaufen, willst du nicht auch mit?** right, we're going shopping, do you want to come as well?

mit|zäh·len I. *vi* ① *(jeweils addieren)* to count ② *(berücksichtigt werden)* to count **II.** *vt* ▪ jdn/etw ~ to include sb/sth; **das macht 63 Teilnehmer, dich und mich nicht mitgezählt** that makes 63 participants, not including [*or* counting] you and I

mit|zie·hen *vi irreg* ① *sein (in einer Menge mitgehen)* ▪ [in etw] ~ *dat* to tag along [with sth] ② *haben (fam: mitmachen)* to go along with it; ▪ bei etw ~ to go along with sth

Mix <-, -e> ['mɪks] *m* combination, mix *fam*

Mix·be·cher *m* [cocktail-]shaker

mi·xen ['mɪksn̩] *vt* ▪ etw [mit etw] ~ to mix sth [with sth]

Mi·xer <-s, -> ['mɪksɐ] *m* ELEK blender, mixer

Mi·xer(in) <-s, -> ['mɪksɐ] *m(f)* cocktail waiter, barman

Mix·ge·tränk *nt* mixed drink, cocktail **Mix·stab** *m* hand-held blender

Mix·tur <-, -en> [mɪks'tuːɐ̯] *f* PHARM mixture

mm *m o nt Abk von* **Millimeter** mm

MMS [ˌɛmɛmˈʔɛs] *f Abk von* **multimedia messaging service** MMS

Mob <-s> ['mɔp] *m kein pl (pej)* mob

Mob·bing <-s> ['mɔbɪŋ] *nt kein pl* PSYCH bullying *no pl,* mobbing AM *(emotional abuse at the workplace)*

Mö·bel <-s, -> ['møːbl̩] *nt* ① *sing* piece [*or* item] of furniture ② *pl* furniture

Mö·bel·fa·brik *f* furniture factory **Mö·bel·ge·schäft** *f* furniture shop [*or* store] **Mö·bel·händ·ler(in)** *m(f)* furniture dealer, dealer in furniture **Mö·bel·pa·cker(in)** *m(f)* removal man BRIT, [furniture] remover BRIT, mover AM **Mö·bel·schrei·ner(in)** *m(f)* ≈ s. **Möbeltischler Mö·bel·spe·di·ti·on** *f* [furniture] removal firm BRIT, moving company AM **Mö·bel·stoff** *m* upholstery [*or* upholstering] fabric **Mö·bel·stück** *nt* piece [*or* item] of furniture **Mö·bel·tisch·ler(in)** *m(f)* cabinetmaker **Mö·bel·ver·käu·fer(in)** *m(f)* furniture salesman **Mö·bel·wa·gen** *m* removal [*or* AM moving] van

mo·bil [moˈbiːl] *adj* ① *(beweglich)* mobile; **~er Besitz/~e Habe** movable possessions; **~es Vermögen** movables; **jdn/etw ~ machen** to mobilize sb/sth ② *(fam: munter)* lively, sprightly

Mo·bi·le <-s, -s> ['moːbilə] *nt* mobile

Mo·bil·funk *m* TELEK mobile communications *pl* **Mo·bil·funk·ge·rät** *nt* TELEK cellular [tele]phone

Mo·bi·li·ar <-s> [mobiˈli̯aːɐ̯] *nt kein pl* furnishings *npl*

mo·bi·li·sie·ren [mobiliˈziːrən] *vt* ① *(aktivieren)* ▪ jdn ~ to mobilize sb ② *(verfügbar machen)* ▪ etw ~ to make sth available; **es gelang ihm, die**

letzten Kräfte zu ~ he managed to summon up his last reserves of strength ③ MIL *(in den Kriegszustand versetzen)* ▪ jdn ~ to mobilize sb

Mo·bi·li·tät <-> [mobiliˈtɛːt] *f kein pl* mobility

Mo·bil·ma·chung <-, -en> *f* MIL mobilization; **die** [allgemeine] ~ ausrufen/beschließen to order/decide to order a [general [*or* full]] mobilization

Mo·bil·te·le·fon *nt* mobile [*or* cellular] [tele]phone

mö·blie·ren [møˈbliːrən] *vt* ▪ etw ~ to furnish sth; **etw neu ~** to refurnish sth; **ein möbliertes Zimmer** a bedsit[ter] [*or* AM furnished room]; **möbliert wohnen** to live in furnished accommodation [*or* AM accommodations]

moch·te *imp von* **mögen**

Möch·te·gern·ma·na·ger(in) *m(f) (iron)* would-be manager **Möch·te·gern·renn·fah·rer(in)** *m(f) (iron)* would-be [motor] racing driver [*or* AM race car driver] **Möch·te·gern·sän·ger(in)** *m(f) (iron)* would-be singer **Möch·te·gern·schau·spie·ler(in)** *m(f) (iron)* would-be actor

mo·dal [moˈdaːl] *adj* LING modal

Mo·da·li·tät <-, -en> [modaliˈtɛːt] *f* ① *meist pl (geh: Art und Weise)* provision[s *pl*], condition[s *pl*] ② PHILOS modality *no pl* ③ LING modality *no pl*

Mo·dal·satz *m* LING adverbial phrase [*or* clause] **Mo·dal·verb** *nt* LING modal verb

Mo·de <-, -n> ['moːdə] *f* ① MODE fashion; **große** [*o* **groß in**] **~ sein** to be very fashionable [*or fam* all the rage] [*or fam* really trendy] [*or* in]; **mit der ~ gehen** to [like to] follow fashion, to keep up with the latest fashions; **aus der ~ kommen** to go out of fashion; **in ~ kommen** to come into fashion; **nach der ~** according to the [latest] fashion ② *pl* MODE *(modische Kleidungsstücke)* fashionwear *sing,* fashions *pl* ③ *pl (Sitten)* practices *pl;* **was sind denn das für ~n!** what sort of behaviour is that!

Mo·de·ar·ti·kel *m* in thing, fashionable [*or* trendy] item **Mo·de·arzt, -ärz·tin** *m, f* fashionable doctor **Mo·de·auf·nah·me** *f* fashion photo[graph] **mo·de·be·wusst**^RR *adj* fashion-conscious **Mo·de·bou·tique** [-butiːk] *f* [fashion] boutique **Mo·de·er·schei·nung** *f* passing [*or* fleeting] fashion **Mo·de·far·be** *f* fashionable [*or* in] colour [*or* AM -or] **Mo·de·fo·to·graf(in)** *m(f)* fashion photographer **Mo·de·gag** [-gɛk] *m* fashion gimmick **Mo·de·her·stel·ler(in)** *m(f)* fashion designer **Mo·de·krank·heit** *f* fashionable complaint [*or* illness]

Mo·del <-s, -s> ['mɔdl̩] *nt* model

Mo·dell <-s, -e> ['mɔdl̩] *nt* ① *(verkleinerte Ausgabe)* model; *(Ausführung)* model; MODE *(Kleidungsstück)* model ② *(Mannequin)* model; KUNST *(Akt~)* nude model; [jdm [*o* für jdn]] **~ sitzen/stehen** to model [*or* sit] for sb ③ *(als: Vorbild)* model **Mo·dell·au·to** *nt* model car **Mo·dell·cha·rak·ter** *m* something which can act as a model **Mo·dell·ei·sen·bahn** *f* model railway, train set *fam* **Mo·dell·flug·zeug** *nt* model aeroplane [*or* AM airplane] [*or* aircraft] **mo·del·lie·ren** [modɛˈliːrən] *vt* ① *(plastisch formen)* ▪ etw ~ to model [*or* shape] [*or* work] sth ② *(als Abbild formen)* ▪ jdn/etw [in etw *dat*] ~ to make a model of sb/sth [in [*or* out of] sth], to model sb/sth in sth

Mo·del·lier·mas·se *f* modelling [*or* AM a. modeling] material

Mo·dell·kleid *nt* MODE model dress **Mo·dell·pro·jekt** *nt* pilot scheme [*or* AM project] **Mo·dell·ver·such** *m (geh)* pilot scheme [*or* AM experiment]; TECH model test [*or* experiment]

mo·deln ['mɔdl̩n] *vi* MODE, MEDIA to [work as a] model **Mo·dem** <-s, -s> ['moːdɛm] *m o nt* INFORM modem **Mo·de·ma·cher(in)** <-s, -> *m(f)* MODE fashion designer **Mo·den·schau** *f* fashion show

Mo·de·püpp·chen *nt,* **Mo·de·pup·pe** *f (pej fam)*

fashion freak [*or* victim]

Mo·der <-s> ['moːdɐ] *m kein pl (geh)* mould, mildew

Mo·de·ra·ti·on <-, -en> [modera'tsi̯oːn] *f* RADIO, TV presentation

Mo·de·ra·tor,   **Mo·de·ra·to·rin** <-s, -toren> [mode'raːtoɐ̯, modera'toːrɪn, *pl:* modera'toːrən] *m, f* RADIO, TV presenter

mo·de·rie·ren [mode'riːrən] *vt* RADIO, TV ■ **etw ~** to present sth

mo·d(e)·rig ['moːd(ə)rɪç] *adj* musty; **~ riechen** to smell musty, to have a musty smell

mo·dern¹ ['moːdɐn] *vi sein o haben* to decay, to go mouldy

mo·dern² [mo'dɛrn] **I.** *adj* ① *(zeitgemäß)* modern; **~e Technik** modern [*or* up-to-date] technology; **~ste Technik** state-of-the-art [*or* the most up-to-date] technology ② *(an neueren Vorstellungen orientiert)* progressive, modern ③ *(modisch)* fashionable, trendy; ■ **~ sein/werden** to be fashionable/come into fashion ④ *(zur Neuzeit gehörend)* modern; **~e Diktaturen/Politik/~es Völkerrecht** present-day [*or* today's] dictators/policies/international law, dictators/policies/international law of today **II.** *adv* ① *(zeitgemäß)* in a modern manner [*or* style] ② *(modisch)* fashionably, trendily ③ *(fortschrittlich)* progressively; **~ eingestellte Eltern/Lehrer** parents/teachers with progressive [*or* modern] ideas

Mo·der·ne <-> [mo'dɛrnə] *f kein pl* ■ **die ~** the modern age

mo·der·ni·sie·ren [modɛrni'ziːrən] *vt* ■ **etw ~** to modernize sth

Mo·der·ni·sie·rung <-, -en> *f* modernization *no pl*

Mo·der·ni·sie·rungs·ver·lie·rer(in) *m(f)* SOZIOL loser to modernization

Mo·de·schmuck *m* costume [*or* fashion] jewelry **Mo·de·schöp·fer(in)** *m(f)* fashion designer, couturier *masc*, couturière *fem* **Mo·de·trend** *m* fashion trend **Mo·de·wort** *nt* in [*or* vogue] word, buzzword **Mo·de·zeich·ner(in)** *m(f)* fashion designer **Mo·de·zeit·schrift** *f* fashion magazine

Mo·di ['moːdi] *pl von* **Modus**

Mo·di·fi·ka·ti·on <-, -en> [modifika'tsi̯oːn] *f (geh)* modification

mo·di·fi·zie·ren [modifi'tsiːrən] *vt (geh)* ■ **etw ~** to modify sth

mo·disch ['moːdɪʃ] **I.** *adj* fashionable, trendy **II.** *adv* fashionably, trendily

Mo·dist(in) <-en, -en> [mo'dɪst] *m(f)* milliner, hat maker

mod·rig ['moːdrɪç] *adj s.* **moderig**

Mo·dul <-s, -e> [mo'duːl] *nt* module

Mo·du·la·ti·on <-, -en> [modula'tsi̯oːn] *f* modulation

mo·du·lie·ren [modu'liːrən] *vt* ■ **etw ~** to modulate sth

Mo·dus <-, Modi> ['mɔdʊs, *pl:* 'moːdi] *m* LING *(geh)* modus vivendi

Mo·fa <-s, -s> ['moːfa] *nt* moped

Mo·ga·di·schu <-s> [moga'dɪʃu] *nt* Mogadishu

Mo·ge·lei <-, -en> [moːgə'lai̯] *f (fam)* cheating *no pl*

mo·geln ['moːgln] *vi (fam)* [**bei etw**] **~** to cheat [at sth]

Mo·gel·pa·ckung *f* ① ÖKON *(irreführend verpackte Ware)* deceptive packaging ② *(fig: Augenwischerei)* eyewash

mö·gen ['møːgn̩] **I.** *modal vb* <mochte, hat ... mögen> + *infin* ① *(wollen)* ■ **etw tun ~** to want to do sth; **ich mag dich nicht mehr sehen!** I don't want to see you any more!; **ich möchte jetzt einfach Urlaub machen können** I wish I could [*or* I'd like to be able to] just take off on holiday now; **~** [*o* **möchten**] **Sie noch ein Glas Bier trinken?** would you like another beer?; **ich mag dich nicht gerne allein lassen**

Stefan hat noch nie Fisch essen ~ Stefan has never liked fish ② *(den Wunsch haben)* ■ **etw tun ~** to want to do sth; **ich möchte gerne kommen** I'd like to come; **hier möchte ich gerne leben** I'd really like to live here; **man möchte meinen, es wäre schon Winter** you'd think that it was already winter; **das möchte ich sehen!** I'd like to see that! ③ *(drückt eine Vermutung aus)* [es] **mag sein, dass sie Recht hat** it may be that she's right; **sie mag sogar Recht haben** she may be right; **hm, das mag schon stimmen** hmm, that might [well] be true; **das mag schon sein, aber trotzdem!** that's as may be, but still!; **kommst du? – mag sein** *(eventuell)* are you coming? – maybe [*or* possibly]; *(wahrscheinlich)* are you coming? – probably; **was mag das wohl bedeuten?** what's that supposed to mean?, I wonder what that means?; **was immer kommen mag, wir bleiben zusammen** whatever happens we'll stay together; **was immer er auch behaupten/sagen mag, ...** whatever he may claim/say, ...; **so gemein wie es auch klingen mag, ist es die Wahrheit** however cruel this may sound, it is the truth; **er mag das zwar behaupten, aber deswegen stimmt es noch lange nicht** just because he says that, [it] doesn't necessarily mean that it's true; **es mag so sein, wie er behauptet** it may well [*or* might] be as he says; **jetzt mag sie denken, dass wir sie nicht sehen wollen** she probably thinks [that] we don't want to see her now; **das mag noch angehen** it might be all right; **er sieht immer noch sehr gut aus, mag er auch inzwischen Mittfünfziger sein** he's still very handsome, even if he's in his mid-fifties now; **nun, er mag so um die 40 sein** well, he must be [*or* I'd say he's] about 40; **wie sie aussieht, mag sie Managerin sein** she must be [*or* may well be] a manager from the look of her; **es mochten so um die zwanzig Personen gewesen sein** there must have been around twenty people there; **wie dem auch sein mag** be that as it may ④ *(sollen)* ■ **jd möge etw tun** sb should do sth; **bestellen Sie ihm bitte, er möchte mich morgen anrufen** please tell him to ring me tomorrow; **sagen Sie ihr, sie möchte zu mir kommen** could you tell her to come and see me; **Sie möchten gleich mal zur Chefin kommen** you're to go and see the boss right away, the boss has asked to see you right away; **diese Warnung mag genügen** let this warning be enough, this warning should suffice; **möge das stimmen** let's hope it's true; **möge Gott das verhüten!** God forbid!; **wenn sie mir das doch nur verzeihen möge!** if she could only forgive me this! ⑤ *(drückt Einräumung aus)* ■ **etw tun ~** to be allowed [*or* able] to do sth; **du magst tun, was du willst** you may do as you please [*or* can]; **mag sie von mir aus gehen** she can go as far as I'm concerned; **mag kommen, was da will, wir sind vorbereitet** come what may, we are prepared ⑥ DIAL, *bes* SCHWEIZ *(können)* **es mochte nichts helfen** it [just] didn't help **II.** *vt* <mochte, gemocht> ① *(gernhaben)* ■ **jdn ~** to like sb; *(lieben)* to love sb; **die beiden ~ sich/~ einander nicht** the two of them like/don't like each other ② *(eine Vorliebe haben)* ■ **jdn/etw ~** to like sb/sth; **welchen Maler magst du am liebsten?** who is your favourite painter?, which painter do you like best?; **am liebsten mag ich Eintopf** I like stew best, stew is my favourite [meal] ③ *(haben wollen)* ■ **etw ~** to want sth; **ich möchte ein Stück Kuchen** I'd like a slice of cake; **ich möchte im Augenblick nichts mehr** I don't want anything else for the moment; **möchten Sie noch etwas Kaffee/ein Glas Wein?** would you like [*or* do you want] some more coffee/another glass of wine?; **was möchten Sie bitte?** what would you like?, what can I get for you? ④ *(sich wünschen)* **ich möchte, dass du dich sofort bei ihr entschuldigst** I would like [*or* want] you to apologize to her at once; **ich möchte nicht, dass das bekannt wird** I don't want this to get out; **ich möchte gern, dass er mir öfters schreibt** I wish he would write [to me] more often **III.** *vi* ① *(wollen)* to want [*or* like] to; **es ist noch Nachtisch da, magst du noch?** there is [still] some dessert left, would you like [to have] some more?; **es ist doch keine Frage, ob ich mag, ich muss es eben tun** it's not a question of whether I want to do it [*or* not], I have to [do it] [*or* it has to be done]; **nicht so recht ~** to not [really] feel like it; **„gehst du mit ins Kino?"** – **„nein, ich mag nicht so recht"** "are you coming to the cinema?" – "no, I don't really feel like it"; **lass uns morgen weitermachen, ich mag nicht mehr** let's carry on tomorrow, I don't feel like doing anymore today; **„iss doch bitte auf"** – **„ich mag aber nicht mehr"** 'come on, finish up' – 'but I don't want any more'; **wenn du magst, machen wir jetzt eine Pause** we could take a break now if you like ② *(fam: gehen/fahren wollen)* ▪ **irgendwohin ~** to want to go somewhere; **ich mag** [*o* **möchte**] **nach Hause** I want to go home; **möchtest du auch ins Kino?** do you want to go to the cinema too?

Mog·ler(in) <-s, -> ['moːglɐ] *m(f) (fam)* cheat
mög·lich ['møːklɪç] *adj* ① *attr (denkbar)* possible; **alles M~e** everything possible; **er ließ sich alles M~e einfallen, um sie zu überreden** he tried everything imaginable to persuade her; **das einzig M~e** the only option [open to us etc] [*or* thing we etc can do]; **etw für ~ halten** to believe in sth; **es für ~ halten, dass …** to think it possible that …; **sein M~stes tun** to do everything in one's power [*or* utmost]; **alle ~en** all kinds [*or* sorts] of; **schon ~** *(fam)* maybe, possibly; **das ist schon ~** that may well be ② *attr (potenziell)* potential ③ *pred (durchführbar)* possible; **ist denn so was ~?** *(fam)* is this really possible?; ▪ **es ist ~, dass …** it is possible that …; ▪ **jdm ist es ~, etw zu tun** sb is able to [*or* can] [*or* it is possible for sb to] do sth; **komm doch mit, wenn es dir ~ ist** come with us, if you're able to; [**jdm**] **etw ~ machen** to make sth possible [for sb]; **es ~ machen, etw zu tun** to make it possible to do sth; **falls** [*o* **wenn**] [**irgend**] **~** if [at all] possible; [**das ist doch**] **nicht ~!** [that's] impossible!, I don't believe it!; **so … wie ~** as … as possible; **komme so schnell wie ~** come as quickly as possible

mög·li·cher·wei·se *adv* possibly; **es handelt sich ~ um ein Missverständnis** it's possible [that] there has been a misunderstanding, there's possibly been a misunderstanding; **kann es ~ sein, dass …?** is it [*or* could it be] possible that …?

Mög·lich·keit <-, -en> *f* ① *(Gelegenheit)* opportunity; **jdm die ~ geben, etw zu tun** to give sb the opportunity [*or* the [*or* a] chance] to do sth; **die ~ haben, etw zu tun** to have an opportunity to do sth ② *(mögliches Verfahren)* possibility ③ *kein pl (Realisierbarkeit)* possibility; **nach ~** if possible; **politische/diplomatische ~en** political/diplomatic means ④ *pl (Mittel)* ▪ **jds ~en** sb's [financial] means [*or* resources] ▶ WENDUNGEN: **ist denn das die ~? ist es die ~!** *(fam)* I don't believe it!, whatever [*or* AM what] next!

mög·lichst *adv* ① *(so … wie möglich)* as … as possible; **~ bald/früh/weit** as soon/early/far as possible ② *(wenn irgend möglich)* if possible

Mo·ham·me·da·ner(in) <-s, -> [mohame'daːnɐ] *m(f)* REL *(veraltend) s.* **Moslem**
mo·ham·me·da·nisch [mohame'daːnɪʃ] *adj* REL *(veraltend) s.* **islamisch** *s.* **moslemisch**

Mo·här <-s, -e> *m*, **Mo·hair** <-s, -e> [mo'hɛːɐ] *m* mohair
Mo·här·pull·o·ver [mo'hɛːɐ-] *m* mohair sweater **Mo·här·schal** [mo'hɛːr-] *m* mohair scarf
Mohn <-[e]s, -e> ['moːn] *m* poppy; *(~samen)* poppy seed
Mohn·an·bau *m* cultivation of poppies **Mohn·blü·te** *f* poppy flower **Mohn·bröt·chen** *nt* poppy-seed roll **Mohn·ern·te** *f* poppy harvest **Mohn·ge·bäck** *nt* poppy-seed pastry **Mohn·hörn·chen** *nt* poppy-seed croissant **Mohn·ku·chen** *m* poppy-seed cake **Mohn·öl** *nt* poppy-seed oil
Mohr(in) <-en, -en> ['moːɐ] *m(f) (veraltet: Neger)* negro; ▶ WENDUNGEN: **der ~ hat seine Schuldigkeit getan, der ~ kann gehen** *(prov)* once one has served one's purpose one is simply discarded
Möh·re <-, -n> ['møːrə] *f* carrot
Möh·ren·saft *m* carrot juice **Möh·ren·sa·lat** *m* carrot salad
Mohr·rü·be *f* BOT NORDD *(Möhre)* carrot
Moi·ré <-s, -s> [moa're:] *m o nt* MODE moiré
Mo·kas·sin <-s, -s> [moka'siːn] *m* moccasin
Mo·kick <-s, -s> ['moːkɪk] *nt* kick-start moped
mo·kie·ren [mo'kiːrən] *vr (geh)* ▪ **sich über jdn/etw ~** to mock sb/sth
Mok·ka <-s, -s> ['mɔka] *m* mocha; *(Kaffee a.)* mocha coffee
Mok·ka·boh·ne *f* mocha bean **Mok·ka·löf·fel** *m* demitasse spoon **Mok·ka·tas·se** *f* demitasse
Mol <-s, -e> ['moːl] *nt* CHEM *(Konzentrationsmaß von Lösungen)* mole
mo·lar [mo'laːɐ] *adj* CHEM molar
Mo·la·ri·tät <-> [molari'tɛːt] *f kein pl* CHEM *(Grad der Konzentration in Mol)* molarity
Molch <-[e]s, -e> ['mɔlç] *m* newt
Mol·dau·er(in) <-s, -> *m(f)* Moldavian; *s. a.* **Deutsche(r)**
Mol·dau·isch *nt dekl wie adj* Moldovan; *s. a.* **Deutsch**
mol·dau·isch *adj* Moldavian; *s. a.* **deutsch**
Mol·dau·ische <-n> *nt* ▪ **das ~** Moldovan, the Moldovan language; *s. a.* **Deutsche**
Mol·da·wi·en [mɔl'daːviən] *nt s.* **Moldova**
Mol·do·va <-s> ['mɔldova] *nt* Moldova, Moldavia; *s. a.* **Deutschland**
Mole <-, -n> ['moːlə] *f* NAUT mole
Mo·le·kül <-s, -e> [molə'kyːl] *nt* molecule
mo·le·ku·lar [moləku'laːɐ] *adj* molecular
Mo·le·ku·lar·bi·o·lo·gie *f* molecular biology **Mo·le·ku·lar·de·sign** [-dizain] *nt* PHYS molecular design *no pl* **Mo·le·ku·lar·ge·ne·tik** *f* molecular genetics
molk ['mɔlk] *imp von* **melken**
Mol·ke <-> ['mɔlkə] *f kein pl* whey
Mol·ke·rei <-, -en> [mɔlkə'rai] *f* dairy
Mol·ke·rei·but·ter *f* dairy butter **Mol·ke·rei·pro·dukt** *nt* dairy product
Moll <-, -> ['mɔl] *nt* MUS minor [key]; **f-~** F minor
mol·lig ['mɔlɪç] *adj (fam)* ① *(rundlich)* plump; *Kind, Baby* chubby ② *(behaglich)* cosy BRIT, cozy AM ③ *(angenehm warm)* snug
Mo·loch <-s, -e> ['moːlɔx] *m* Moloch *fig*
Mo·lo·tow·cock·tail ['mɔːlotɔfkɔkteːl] *m* Molotov cocktail
Mo·lyb·dän <-s> [molyp'dɛːn] *nt kein pl* CHEM molybdenum
Mo·ment¹ <-[e]s, -e> [mo'mɛnt] *m* ① *(geh: Augenblick)* moment; ▪ **im … ~** at the … moment; **im ersten ~** at first; **im falschen/richtigen ~** at the wrong/right moment; **im letzten ~** at the last moment [*or* minute]; **im nächsten ~** the next moment; **in einem unbeobachteten ~** when no one was looking; **im ~** at the moment; **in dem ~, wo** just [at the moment] when; **in diesem** [*o* **im gleichen**] [*o*

im selben| ~ at the same moment; **einen |klei-nen|** ~! just a moment! |*or* minute!| |*or* second!|; **jeden** ~ |at| any moment; ~ **mal!** just |*or* |just| hang on| a moment! |*or* minute!| |*or* second!| ❸ *(kurze Zeit-spanne)* **einen/keinen** ~ a moment/not for a moment; **sie ließ einen** ~ **vergehen, ehe sie ant-wortete** she paused for a moment before answering; **keinen** ~ **zögern** to not hesitate for a |single| moment |*or* second|

Mo·ment² <-[e]s, -e> |mo'mɛnt| *nt* ❶ *(geh: Umstand)* factor, consideration ❷ PHYS *(Kraftwirkung)* moment

mo·men·tan |momɛn'taːn| **I.** *adj* ❶ *(derzeitig)* present *attr;* current *attr* ❷ *(vorübergehend)* momentary **II.** *adv* ❶ *(derzeit)* at present |*or* the moment| ❷ *(vo-rübergehend)* momentarily, for a moment

Mo·ment·auf·nah·me *f* instant photograph

Mo·na·co <-s> |mo'nako| *nt* Monaco

Mon·arch(in) <-en, -en> |mo'narç| *m(f)* monarch

Mon·arch·fal·ter *m* ZOOL monarch butterfly

Mon·ar·chie <-, -n> |monar'çiː, *pl:* monar'çiːən| *f* monarchy

Mon·ar·chin <-, -nen> |mo'narçɪn| *f fem form von* **Monarch**

Mon·ar·chist(in) <-en, -en> |monar'çɪst| *m(f)* mon-archist

mon·ar·chis·tisch *adj* monarchistic|al|

Mo·nat <-[e]s, -e> |'moːnat| *m* month; |**im| kommen-den/vorigen** ~ next/last month; **im vierten/sieb-ten etc.** ~ **sein** to be four/seven etc. months preg-nant; **auf ~e hinaus** for months to come; **im** ~ a |*or* per| month; **sie verdient 3.500 Euro im** ~ she earns 3,500 euros a |*or* per| month; **einmal/zweimal etc. im** ~ once/twice etc. a month; **von** ~ **zu** ~ from month to |*or* by the| month

mo·na·te·lang |'moːnatəlaŋ| **I.** *adj attr* lasting for months *pred;* **nach ~er Abwesenheit** after being absent for several months **II.** *adv* for months

mo·nat·lich |'moːnatlɪç| **I.** *adj* monthly **II.** *adv* monthly, every month

Mo·nats·an·fang *m* beginning of the month; **am/zum** ~ at the beginning of the month **Mo·nats·blu·tung** *f* ANAT *s.* **Menstruation Mo·nats·ein·kom·men** *nt* monthly income **Mo·nats·en·de** *nt* end of the month; **am/zum** ~ at the end of the month **Mo·nats·ers·te(r)** *m dekl wie adj* first of the month **Mo·nats·frist** *f* **innerhalb** |*o geh:* **binnen|** ~ within a month **Mo·nats·ge·halt** *nt* monthly salary **Mo·nats·hälf·te** *f* half of the month **Mo·nats·kar·te** *f* ❶ TRANSP *(Fahrkarte)* monthly season ticket ❷ *(Berechtigungs-karte)* monthly pass **Mo·nats·lohn** *m* ÖKON monthly wage|s *pl*| **Mo·nats·mit·te** *f* middle of the month **Mo·nats·na·me** *m* name of the month **Mo·nats·ra·te** *f* monthly instalment |*or* AM installment| **Mo·nats·schrift** *f* MEDIA monthly |magazine |*or* journal| |

mo·nat(s)·wei·se I. *adj* monthly **II.** *adv* monthly, every |*or* by the| month

Mönch <-[e]s, -e> |'mœnç| *m* monk; **wie ein ~ leben** to live like a monk

Mönchs·gei·er *m* ORN black vulture **Mönchs·gras·mü·cke** *f* ORN blackcap **Mönchs·klos·ter** *nt* monas-tery **Mönchs·kut·te** *f* monk's habit |*or* cowl| **Mönchs·or·den** *m* monastic order **Mönchs·zel·le** *f* monastic |*or* monk's| cell

Mond <-[e]s, -e> |'moːnt, *pl:* 'moːndə| *m* ❶ *kein pl* ASTRON ■ **der** ~ the moon; **der ~ nimmt ab/zu** the moon is waning/waxing ❷ ASTRON *(Satellit)* moon, |natural| satellite ▶ WENDUNGEN: **auf** |*o* **hinter**| **dem ~ leben** *(fam)* to be a bit behind the times |*or* out of touch|; **du lebst wohl auf dem ~!** *(fam)* where have you been?; **jd möchte** |*o* **würde**| **jdn auf den ~ schießen** *(fam)* sb would gladly get |*or* get| shot |*or* AM rid| of sb

mon·dän |mɔn'dɛːn| *adj (geh)* fashionable, chic

Mond·auf·gang *m* moonrise **Mond·boh·ne** *f s.* **Lima-bohne**

Mon·den·schein *m* moonlight; **im** ~ *(geh)* in the moonlight

Mond·fäh·re *f s.* **Mondlandefähre Mond·fins·ter·nis** *f* lunar eclipse, eclipse of the moon **Mond·fisch** *m* ZOOL sunfish **Mond·ge·sicht** *nt (fam)* moon-face **Mond·ge·stein** *nt* lunar rock **Mond·göt·tin** *f* moon goddess, goddess of the moon **Mond·jahr** *nt* lunar year **Mond·kra·ter** *m* lunar crater **Mond·lan·de·fäh·re** *f* RAUM lunar module **Mond·land·schaft** *f* ❶ *(Kraterlandschaft)* lunar landscape ❷ KUNST moonlit landscape, landscape by moonlight **Mond·lan·dung** *f* moon |*or* lunar| landing, landing on the moon **Mond·licht** *nt* moonlight **mond·los** *adj (geh)* moonless **Mond·mo·bil** <-s, -e> *nt* RAUM moon buggy |*or* rover| **Mond·ober·flä·che** *f* surface of the moon, lunar sur-face **Mond·pha·se** *f* ASTRON phase of the moon, lunar phase **Mond·preis** *m meist pl* misleading price, astro-nomical price **Mond·schein** *m* moonlight *no pl;* ▶ WENDUNGEN: **jd kann jdm mal im ~ begegnen!** *(sl)* sb can go to hell *fam* |*or* BRIT *sl* get stuffed| **Mond·schein·ta·rif** *m* TELEK ≈ cheap rate **Mond·si·chel** *f (geh)* crescent moon **Mond·son·de** *f* RAUM lunar probe **Mond·stein** *m* GEOL moonstone, adularia **mond·süch·tig** *adj* MED sleep-walking *attr;* somnam-bulant *spec;* ■ ~ **sein** to be a sleepwalker |*or spec* somnambulist| **Mond·um·lauf·bahn** *f* lunar orbit **Mond·un·ter·gang** *m* ASTRON moonset

Mo·ne·gas·se, Mo·ne·gas·sin <-n, -n> |mone'gasə, mone'gasɪn| *m, f* GEOG Monegasque, Monacan

mo·ne·tär |mone'tɛːɐ̯| *adj* monetary

Mo·ne·ten |mo'neːtn̩| *pl (sl)* bread *no pl, no indef art sl,* dough *no pl, no indef art sl,* BRIT ≈ dosh *no pl, no indef art sl,* BRIT *a.* readies *pl sl*

Mon·go·le, Mon·go·lin <-n, -n> |mɔŋ'goːlə, mɔŋ'goːlɪn| *m, f (Bewohner der Mongolei)* Mon-gol, Mongolian ❷ *pl* HIST ■ **die ~n** the Mongols

Mon·go·lei <-> |mɔŋgo'lai| *f* ■ **die** ~ Mongolia; ■ **die Innere/Äußere** ~ Inner/Outer Mongolia

mon·go·lid |mɔŋgo'liːt| *adj* Mongoloid

Mon·go·lin <-, -nen> |mɔŋ'goːlɪn| *f fem form von* **Mongole**

Mon·go·lisch |mɔŋ'goːlɪʃ| *nt dekl wie adj* Mongolian; *s. a.* **Deutsch**

mon·go·lisch |mɔŋ'goːlɪʃ| *adj* GEOG Mongolian; HIST Mongol

Mon·go·li·sche <-n> *nt* ■ **das** ~ Mongolian, the Mon-golian language; *s. a.* **Deutsche**

Mon·go·lis·mus <-> |mɔŋgo'lɪsmʊs| *m kein pl* MED mongolism

mon·go·lo·id |mɔŋgolo'iːt| *adj* MED mongoloid

mo·nie·ren* |mo'niːrən| *vt* ■ **etw** ~ to find fault with |*or* criticize| sth; ■ ~**, dass ...** to complain that ...

Mo·ni·tor <-s, -toren *o* -e> |'moːnitoːɐ̯, *pl:* moni'toːrən| *m* monitor

mo·no |'moːno| *adj inv* RADIO, TECH *kurz für* **mono-phon** mono

mo·no·chrom |mono'kroːm| *adj* monochrome

mo·no·gam |mono'gaːm| *adj* monogamous

Mo·no·ga·mie <-> |monoga'miː| *f kein pl* monogamy

Mo·no·gra·fieᴿᴿ |monogra'fiː, *pl:* monogra'fiːən| *f* monograph

Mo·no·gramm <-s, -e> |mono'gram| *nt* monogram

Mo·no·gra·phie *f s.* **Monografie**

mo·no·kau·sal *adj* monocausal

Mo·no·kel <-s, -> |mo'nɔkl̩| *nt* monocle

mo·no·klo·nal |-klo'naːl| *adj* monoclonal

Mo·no·kul·tur |'monokʊltuːɐ̯| *f* AGR, FORST monoculture

Mo·no·lith <-en, -e[n]> |mono'liːt| *m* monolith

Mo·no·log <-[e]s, -e> |mono'loːk, *pl:* mono'loːgə| *m*

monologue, soliloquy *form;* **einen ~ führen** [*o* **hal-ten**] to hold a monologue; **innerer ~** LIT interior monologue; **einen ~ sprechen** THEAT to utter a soliloquy, to recite a monologue

Mo·no·ma·nie <-, -n> [monoma'niː, *pl:* monoma'niːən] *f* PSYCH monomania

monophon *adj* RADIO, TECH monophonic

Mo·no·pol <-s, -e> [mono'poːl] *nt* monopoly; ◼ **ein/ jds ~ auf etw** *akk* a/sb's monopoly on sth; **ein ~ auf etw haben** *akk* to have [*or* hold] a monopoly on sth

mo·no·po·li·sie·ren° [monopoli'ziːrən] *vt* ÖKON ◼ **etw ~** to monopolize sth

Mo·no·pol·kom·mis·si·on *f* Monopolies and Mergers Commission BRIT, Securities and Exchange Commission AM **Mo·no·pol·stel·lung** *f* ÖKON monopoly

Mo·no·po·ly® <-s> [mo'noːpoli] *nt kein pl* ➊ *(Spiel)* Monopoly® ➋ *(Poker um viel Geld)* [huge] gamble

Mo·no·the·is·mus <-> [monote'ɪsmʊs] *m kein pl* REL monotheism

mo·no·the·is·tisch *adj inv* REL *(geh)* monotheistic

mo·no·ton [mono'toːn] **I.** *adj* ➊ *(eintönig)* monotonous ➋ *(ohne Abwechslung)* monotonous, humdrum **II.** *adv* monotonously; **~ klingen** to sound monotonous; **~ sprechen** to speak monotonously [*or* in a monotonous voice]

Mo·no·to·nie <-, -n> [monoto'niː, *pl:* monoto'niːən] *f (geh)* ➊ *(Gleichmäßigkeit)* monotony ➋ *(Eintönigkeit)* monotony, humdrumness

Mon·o·xid <-[e]s, -e> ['mɔnɔksiːt] *nt* CHEM monoxide

Mons·ter <-s, -> ['mɔnstɐ] *nt (fam)* monster

Mons·ter·bau *m (pej)* massive [*or* fam monster [of a]] building **Mons·ter·film** *m* mammoth film production, screen epic

Mons·tranz <-, -en> [mɔn'strants] *f* REL monstrance

Mons·tren ['mɔnstrən] *pl von* **Monstrum**

mons·trös [mɔn'strøːs] *adj (geh)* ➊ *(riesig groß)* massive, monster *fam;* **ein ~es Bauwerk** a massive [*or* fam monster [of a]] building ➋ *(grässlich)* monstrous ➌ *(ungeheuerlich)* monstrous, horrifying

Mons·tro·si·tät <-, -en> [mɔnstrozi'tɛːt] *f ➊ kein pl (geh: Ungeheuerlichkeit)* monstrosity, atrocity ➋ *(ungeheures Gebilde)* monstrosity ➌ MED *(missgebildeter Fötus)* monstrosity, teras *spec,* teratism *spec*

Mons·trum <-s, Monstren> ['mɔnstrʊm, *pl:* 'mɔnstrən] *nt ➊ (grässliches Wesen)* monster ➋ *(fam: gigantisches Objekt)* hulking great thing

Mon·sun <-s, -e> [mɔn'zuːn] *m* monsoon

Mon·sun·re·gen *m* monsoon rain

Mon·tag <-s, -e> ['moːntaːk, *pl:* 'moːntaːgə] *m* Monday; *s.a.* **Freitag** ▸ WENDUNGEN: **blauer ~** *(fam)* an unofficial Monday off work, BRIT *a.* a sickie on [a] Monday *sl;* **~ blau machen** *(fam)* to call in sick on [a] Monday, to take an unofficial day [*or* BRIT *a.* skive] off work on [a] Monday, to take a sickie on [a] Monday BRIT *sl*

Mon·tag·abendᴿᴿ *m* Monday evening; *s.a.* **Dienstag mon·tag·abends**ᴿᴿ *adv* [on] Monday evenings

Mon·ta·ge <-, -n> [mɔn'taːʒə] *f* ➊ TECH *(das Montieren)* assembly; **auf ~ sein** *dat* to be away on a job ➋ FOTO *(Foto-~)* montage

Mon·ta·ge·band <-bänder> [mɔn'taːʒə-] *nt* assembly line **Mon·ta·ge·hal·le** [mɔn'taːʒə-] *f* assembly shop **Mon·ta·ge·werk** [mɔn'taːʒə-] *nt* assembly plant

mon·tä·gig ['moːntɛːgɪç] *adj* on Monday

mon·täg·lich ['moːntɛːklɪç] *adj* regular Monday *attr;* **wir treffen uns zu unserer ~en Weinrunde** we meet at our regular Monday wine session

Mon·tag·mit·tagᴿᴿ *m* [around] noon on Monday; *s.a.* **Dienstag mon·tag·mit·tags**ᴿᴿ *adv* [around] noon on Mondays **Mon·tag·mor·gen**ᴿᴿ *m* Monday morning; *s.a.* **Dienstag mon·tag·mor·gens**ᴿᴿ *adv* [on] Monday mornings **Mon·tag·nach·mit·tag**ᴿᴿ *m* Monday

afternoon; *s.a.* **Dienstag mon·tag·nach·mit·tags**ᴿᴿ *adv* [on] Monday afternoons **Mon·tag·nacht**ᴿᴿ *f* Monday night; *s.a.* **Dienstag mon·tag·nachts**ᴿᴿ *adv* [on] Monday nights

mon·tags ['moːntaːks] *adv* [on] Mondays; **~ abends/ nachmittags/nachts** [on] Monday evenings/afternoons/mornings

Mon·tag·vor·mit·tagᴿᴿ *m* Monday morning; *s.a.* **Dienstag mon·tag·vor·mit·tags**ᴿᴿ *adv* [on] Monday mornings

Mon·tan·in·dust·rie [mɔn'taːn-] *f* coal and steel industry **Mon·tan·uni·on** [mɔnta:n-] *f* ◼ **die ~** the European Coal and Steel Community

Mon·teur(in) <-s, -e> [mɔn'tøːɐ] *m(f)* ➊ TECH *(Heizungs-~)* mechanic, fitter ➋ ELEK *(Elektro-~)* electrician **Mon·teur·an·zug** [mɔn'tøːɐ-] *m* overalls *pl,* BRIT *a.* overall, BRIT *a.* boiler suit

Mon·teu·rin <-, -nen> [mɔn'tøːrɪn] *f fem form von* **Monteur**

mon·tie·ren° [mɔn'tiːrən] *vt* TECH *(zusammenbauen)* ◼ **etw [aus etw] ~** to assemble sth [from sth] ➋ TECH *(anbringen)* ◼ **etw [an/auf etw] ~** *akk* to fit sth [to sth]; **eine Antenne ~** to put up [*or* mount] an aerial; **ein Gerät ~** to install an appliance ➌ KOCHK ◼ **etw ~** to beat [*or* cream] sth

Mon·tur <-, -en> [mɔn'tuːɐ] *f* work clothes *npl*

Mo·nu·ment <-[e]s, -e> [monu'mɛnt] *nt* ➊ *(Denkmal)* monument, memorial ➋ *(Kulturdenkmal)* monument

mo·nu·men·tal [monumɛn'taːl] *adj* monumental, massive; **ein ~es Gemälde** a monumental painting

Mo·nu·men·tal·bau <-bauten> *m* monumental [*or* massive] building **Mo·nu·men·tal·ge·mäl·de** *nt* monumental painting

Moon·boots ['muːnbuːts] *pl* moon boots *pl*

Moor <-[e]s, -e> ['moːɐ] *nt* marsh[land], bog, swamp **Moor·bad** *nt* ➊ *(medizinisches Bad)* mudbath ➋ *(Kurort)* health clinic [with mudbaths] **Moor·er·de** *f kein pl* peaty [bog] soil **Moor·huhn** *nt* grouse

moo·rig ['moːrɪç] *adj* marshy, boggy, swampy

Moor·lei·che *f* ARCHÄOL body preserved in marshland [*or* a marsh] [*or* a bog] **Moor·schnee·huhn** *nt* ORN ptarmigan; *(Schottisches ~)* red grouse

Moos¹ <-es, -e> ['moːs, *pl:* 'moːzə] *nt* moss; **mit ~ bedeckt/überzogen** overgrown with moss

Moos² <-es> ['moːs] *nt kein pl (sl)* bread *no indef art fam,* dough *no indef art fam,* BRIT *a.* dosh *no indef art sl*

Moos³ <-es, Möser> ['moːs, *pl:* 'møːzə] *nt* SCHWEIZ, ÖSTERR *(Moor)* marsh[land]

moo·sig ['moːzɪç] *adj* mossy, moss-covered

Moos·ro·se *f,* **Moos·rös·chen** [-røsçən] *nt* moss-rose

Mopᴬᴸᵀ <-s, -s> ['mɔp] *m s.* **Mopp**

Mo·ped <-s, -s> ['moːpɛt] *nt* moped **Mo·ped·fah·rer(in)** *m(f)* moped rider

Moppᴿᴿ <-s, -s> *m* mop

Mops <-es, Möpse> ['mɔps, *pl:* 'mœpsə] *m* ➊ ZOOL *(Hunderasse)* pug[-dog] ➋ *(fam: Dickerchen)* podge BRIT *fam,* pudge AM *fam,* podgy [*or* AM pudgy] [*or* tubby] *fam* little thing ➌ *pl (sl: Brüste)* boobs *pl sl,* tits *pl vulg*

mop·sen ['mɔpsn̩] *vt* DIAL *(fam: klauen)* ◼ **[jdm] etw ~** to pinch [*or* BRIT *a.* nick] [sb's] sth *fam*

Mo·ral <-> [mo'raːl] *f kein pl* ➊ *(ethische Grundsätze)* morals *pl;* **eine doppelte ~ haben** to have double standards; **keine ~ haben** to have no morals; [jdm] **predigen** to moralize to sb; **gegen die** [geltende [*o* **herrschende**]] **~ verstoßen** to offend against [the prevailing] moral standards ➋ *(nützliche Lehre)* moral; **die ~ von der Geschichte** the moral of the story ➌ *(Disziplin)* morale

Mo·ral·apo·stel *m s.* **Moralprediger**

mo·ra·lin·sau·er [morali:n-] *adj (pej)* holier-than-thou *pej*, self-righteous *pej*

mo·ra·lisch [mo'ra:lɪʃ] **I.** *adj* ➊ *(sittlich)* moral ➋ *(tugendhaft)* virtuous ▸ WENDUNGEN: **einen/seinen M~en haben** *(fam)* to be down in the dumps, to have the blues *fam;* **den M~en kriegen** *(fam)* to get down in the dumps [*or* the blues] *fam* **II.** *adv* morally; **~ verpflichtet sein** to be duty-bound

mo·ra·li·sie·ren* [morali'zi:rən] *vi* to moralize

Mo·ra·list(in) <-en, -en> [mora'lɪst] *m(f)* moralist

mo·ra·lis·tisch *adj* moralistic

Mo·ral·pre·di·ger(in) *m(f) (pej)* moralizer [*or* BRIT *a.* -iser] **Mo·ral·pre·digt** *f* [moralizing] lecture, homily, sermon; **~en halten** to moralize; **jdm eine ~ halten** to deliver a [moralizing] lecture [*or* homily] [*or* sermon] to sb **Mo·ral·the·o·lo·gie** *f* REL moral theology *no indef art* **Mo·ral·vor·stel·lung** *f* ideas *pl* on morality

Mo·rä·ne <-, -n> [moˈrɛːnə] *f* GEOL moraine

Mo·rast <-[e]s, -e *o* Moräste> [moˈrast, *pl:* moˈrɛstə] *m* ➊ *(sumpfiges Gelände)* morass, bog, marsh[land], swamp ➋ *kein pl (Schlamm)* mud *no indef art*

mo·ras·tig *adj* marshy, muddy

Mo·ra·to·ri·um <-s, -torien> [moraˈtoːriʊm, *pl:* moraˈtoːriᵊn] *nt* moratorium

mor·bid [mɔrˈbiːt] *adj (geh)* degenerate; **einen ~en Charme haben** to have a [certain] morbid charm

Mor·chel <-, -n> [ˈmɔrçl̩] *f* BOT morel

Mord <-[e]s, -e> [ˈmɔrt, *pl:* ˈmɔrdə] *m* murder; **geplanter ~** premeditated murder, murder with malice aforethought *form;* **ein heimtückischer/ kaltblütiger ~** a brutal [*or* vicious] /cold-blooded murder; **der perfekte ~** the perfect murder; **ein politisch motivierter ~** a politically-motivated murder [*or* killing]; **versuchter ~** JUR attempted murder; **jdn wegen ~es anklagen** to charge sb with murder; **einen ~ [an jdm] begehen** to commit a murder, to murder sb; **jdn wegen ~es vor Gericht stellen** to try sb for murder; **vorsätzlicher ~** wilful [*or* AM willful] murder; ▪ [jds] **~ an jdm** [sb's] murder of sb, murder of sb [by sb] ▸ WENDUNGEN: **dann gibt es ~ und Totschlag** *(fam)* there'll be hell to pay *fam,* all hell will be let loose *fam;* **das ist ja ~!** *(fam)* it's [sheer] murder! *fig fam*

Mord·an·kla·ge *f* JUR murder charge, charge of murder; **~ [gegen jdn] erheben** to charge sb with murder; **unter ~ stehen** to be charged with murder [*or* on a murder charge] [*or* on a charge of murder] **Mordan·schlag** *m* attempt on sb's life; POL *a.* assassination attempt; **einem ~ entgehen** to survive an assassination attempt; **einen ~ auf jdn verüben** to make an attempt on sb's life **Mord·dro·hung** *f* death [*or* murder] threat; **eine ~ erhalten** to receive a death [*or* murder] threat [*or* threat on one's life]

mor·den [ˈmɔrdn̩] **I.** *vi* to murder, to kill **II.** *vt (geh)* **er~**) ▪ **jdn ~** to slay *liter* [*or* murder] sb

Mör·der(in) <-s, -> [ˈmœrdɐ] *m(f)* murderer, killer; *(eines Präsidenten)* assassin; **zum ~ werden** to become a murderer [*or* killer]

mör·de·risch [ˈmœrdərɪʃ] **I.** *adj* ➊ *(fam: schrecklich)* murderous *fam,* terrible *fam,* dreadful *fam* ➋ *(fam: gewaltig)* terrible; **~er Schmerz** great [*or* terrible] pain; **er hat ein ~es Tempo drauf** he's driving at [a] breakneck speed ➌ *(Morde begehend)* murderous **II.** *adv (fam)* ➊ *(äußerst)* terribly *fam,* terribly *fam,* dreadfully *fam* ➋ *(furchtbar)* dreadfully *fam;* **~ bluten** to bleed uncontrollably; **~ fluchen** to curse like blazes *fam;* **~ stinken** to stink to high heaven; **~ wehtun** to hurt like hell *fam*

Mord·fall *m* murder case **Mord·in·stru·ment** *nt* ➊ *(fam: großes, unhandliches Gerät)* really [*or* BRIT

bloody] great [big] thing *fam* ➋ *s.* **Mordwaffe Mordkom·mis·si·on** *f* murder squad

Mords·bro·cken <-s, -> *f (fam)* whopping great thing *fam* **Mords·ding** *nt (fam)* [real] whopper *fam* **Mords·durst** *nt* terrible [*or fam* [one] hell of a] thirst; **einen solchen ~ haben** to be so thirsty **Mordsglück** *nt* incredibly good luck; **ein ~ haben** to be incredibly lucky, to have the luck of the devil **Mordshun·ger** *m* ravenous hunger; **einen ~ haben** to be incredibly hungry [*or* famished] **Mords·kerl** [ˈmɔrtskɛrl] *m (fam)* ➊ *(toller Kerl)* great guy [*or* BRIT *a.* bloke] *fam* ➋ *(starker Mann)* massive [*or* enormous] guy [*or* BRIT *a.* bloke] *fam;* **er ist wirklich ein ~!** he's built like a brick outhouse! *fam* **Mords·krach** *m* terrible din [*or* racket]; **einen ~ haben** to have a big argument [*or fam* massive row] **Mords·lärm** [ˈmɔrtslɛrm] *m* a hell of a noise [*or* racket] *fam* **mords·mäßig** [ˈmɔrtsmɛːsɪç] **I.** *adj (fam)* terrible *fam;* **ein ~er Appetit/Hunger** a ravenous hunger; **ein ~er Durst** a terrible [*or fam* a [*or* one] hell of a] thirst; **~er Schmerz** great [*or* terrible] pain; **ich habe einen ~en Hunger** I'm terribly hungry, I'm ravenous [*or* famished] **II.** *adv (fam)* ➊ *+ vb (höllisch)* terribly *fam;* **~ bluten** to bleed uncontrollably; **~ fluchen** to curse like blazes *fam;* **~ schmerzen** [*o* weh tun] to hurt like hell *fam* ➋ *+ adj, pp (mörderisch)* murderously *fam,* terribly *fam,* dreadfully *fam* **Mords·sau·erei** *f* [downright [*or* absolute]] disgrace, [complete [*or* real]] scandal **Mords·schre·cken** *m* terrible [*or fam* one hell of a] fright **Mords·spaß** *m (fam)* **einen ~ haben** to have a whale of a time **Mords·wut** *f (fam)* terrible [*or fam* [one] hell of a] rage; **eine ~ im Bauch haben** to be in a terrible [*or* a [*or* one] hell of a] rage

Mord·tat *f (geh)* murderous deed, murder **Mord·verdacht** *m* suspicion of murder; **in ~ geraten** to become a murder suspect; **unter ~ stehen** *dat* to be suspected [*or* under suspicion] of murder; **unter ~** under suspicion of murder **Mord·waf·fe** *f* murder weapon

Mo·rel·le <-, -n> [moˈrɛlə] *f* HORT morello

mor·gen [ˈmɔrgn̩] *adv (am nächsten Tag)* tomorrow; **~ in acht Tagen** [*o* **einer Woche**] a week from tomorrow, BRIT *a.* a week tomorrow, BRIT *a.* tomorrow week; **~ früh/Mittag/Nachmittag/Abend** tomorrow morning/lunchtime/afternoon/evening; **bis ~ [früh/Mittag/Nachmittag/Abend]!** until [*or* see you] tomorrow [morning/lunchtime/afternoon/evening] ▸ WENDUNGEN: **~, ~, nur nicht heute[, sagen alle faulen Leute]** *(prov)* never do today what you can put off until tomorrow *hum;* **~ ist auch [noch] ein Tag!** tomorrow is another [*or* a new] day

Mor·gen <-s, -> [ˈmɔrgn̩] *m* ➊ *(Tagesanfang)* morning; **den ganzen ~** [*or* **über**] all [*or* the whole] morning; **guten ~!** good morning!; **~!** *(fam)* morning! *fam;* **[jdm] guten ~ sagen** to say good morning [to sb], to wish sb good morning; **ich wollte euch schnell guten ~ sagen** I just wanted to say a quick hello to you; **bis in den hellen ~ schlafen** to sleep [in] [*or* BRIT *a.* lie in] for most of the morning; **am nächsten ~** the next [*or* following] morning; **der ~ dämmert** [*o* **bricht an**] [*or geh:* **graut**] dawn [*or* day] is breaking; **zu ~ essen** SCHWEIZ *(frühstücken)* to have breakfast; **~ sein/werden** to be/get [*or* grow] light; **am ~, des ~s** *(geh)* in the morning; **bis in den [frühen] ~ hinein** into the early hours; **für ~** every [single] morning; **gegen ~** towards morning; **eines ~s** one morning ➋ *(liter: lichte Zukunft)* morning, [new] dawn ➌ *(2500 m²)* ≈ acre *(land measure with regional variations in size from 0.6 to 0.9 acres)*

Mor·gen·aus·ga·be *f* MEDIA morning edition **Morgen·däm·me·rung** *f s.* **Morgengrauen**

mor·gend·lich [ˈmɔrgn̩tlɪç] *adj* ❶ *(morgens üblich)* morning *attr;* **die ~e Kühle/Stille** the cool/quiet of [the] [early] morning ❷ *(morgens stattfindend)* in the morning *pred;* **der ~e Berufsverkehr** [*o* **die ~e Rushhour**] the morning rush-hour [traffic], rush-hour [traffic] in the morning

Mor·gen·es·sen *nt* SCHWEIZ *(Frühstück)* breakfast **Mor·gen·ga·be** *f* HIST morning gift **Mor·gen·grau·en** <-s, -> *nt* daybreak, dawn; **im/beim ~** at the crack of dawn [*or* first light] **Mor·gen·land** [ˈmɔrgn̩lant] *nt kein pl (veraltet)* ▪ **das ~** the East [*or* Orient] **Mor·gen·luft** *f* [early] morning air; ▸ WENDUNGEN: **~ wittern** *(fam)* to see one's chance **Mor·gen·man·tel** *m* MODE *(veraltend)* s. **Morgenrock Mor·gen·muf·fel** <-s, -> *m (fam)* morning grumpiness *fam,* grumpiness in the mornings *fam;* **ein** [**großer**] **~ sein** to be [very] grumpy in the mornings **Mor·gen·rock** *m* dressing gown **Mor·gen·rot** *nt kein pl* red sky [in the morning] **Mor·gen·rö·te** *f (poet)* s. **Morgenrot**
mor·gens [ˈmɔrgn̩s] *adv* in the morning; **von ~ bis abends** from morning to [*or* till] night; **~ und abends** all day long
Mor·gen·son·ne *f* morning sun; **~ haben** to get [*or* catch] the morning sun **Mor·gen·stern** [ˈmɔrgn̩-ʃtɛrn] *m* ❶ *kein pl* METEO *(der auffallend hell leuchtende Planet Venus am Morgenhimmel vor Sonnenaufgang)* morning star ❷ HIST, MIL *(im Mittelalter verwendete Schlagwaffe, meist in Gestalt einer Keule, deren oberes kugeliges Ende mit eisernen Stacheln besetzt ist)* morning star, morgenstern, spiked mace ❸ BOT DIAL *(veraltend: Narzisse)* narcissus **Mor·gen·stun·de** *f meist pl* morning hour; **wer ist denn zu dieser frühen ~ an der Tür?** who is [that] [*or* can [that] be] at the door at this early hour of the morning?; **während der ersten ~n** very early in the morning; **bis in die** [**frühen**] **~n feiern** to celebrate into the early hours [of the morning] ▸ WENDUNGEN: **Morgenstund**[**e**] **hat Gold im Mund**[**e**] *(prov)* the early bird catches the worm *prov*
mor·gig [ˈmɔrgɪç] *adj attr* tomorrow's; **die ~e Rede/der ~e Termin** the speech/appointment tomorrow; *s. a.* **Tag**
Mo·ri·tat <-, -en> [ˈmoːritaːt, *pl:* ˈmoːritaːtn̩] *f* street ballad
Mor·lock <-s, Morlocken> [ˈmɔrlɔk, *pl:* morˈlɔkn̩] *m* MYTH *mythical mischievous gnome who generally frequented large towns*
Mor·mo·ne, Mor·mo·nin <-n, -n> [mɔrˈmoːnə, mɔrˈmoːnɪn] *m, f* REL Mormon
Mor·phem <-s, -e> [mɔrˈfeːm] *nt* LING morpheme
Mor·phin <-s> [mɔrˈfiːn] *nt kein pl* CHEM morphine
Mor·phi·nist[**in**] <-en, -en> [mɔrfiˈnɪst] *m(f) (geh)* morphine addict
Mor·phi·um <-s> [ˈmɔrfi̯ʊm] *nt kein pl* CHEM morphine
mor·phi·um·süch·tig *adj* addicted to morphine *pred*
Mor·phi·um·süch·ti·ge[**r**] *f(m) dekl wie adj* morphine addict
Mor·pho·lo·gie <-> [mɔrfoloˈgiː] *f kein pl* LING morphology
mor·pho·lo·gisch [mɔrfoˈloːgɪʃ] *adj* LING morphological
morsch [mɔrʃ] *adj* rotten; **~es Holz** rotting wood; **~e Knochen** decomposing [*or* decaying] bones
Morsch·heit <-> *f kein pl* rottenness
Mor·se·al·pha·bet *nt* Morse [code [*or* alphabet]] **Mor·se·ap·pa·rat** *m* Morse telegraph
mor·sen [ˈmɔrzn̩] **I.** *vi* to signal [*or* send a message] in Morse [code]; ▪ **das M~** signalling [*or* AM a. signaling] [*or* sending a message] in Morse [code]; **das ~ lernen** to learn how to signal [*or* send a message] in Morse [code] **II.** *vt* ▪ **etw morsen** to send sth in Morse

[code]
Mör·ser <-s, -> [ˈmœrzə] *m* mortar
Mor·se·zei·chen *nt* Morse signal
Mor·ta·del·la <-> [mɔrtaˈdɛla] *f kein pl* KOCHK mortadella
Mor·ta·li·tät <-> [mɔrtaliˈtɛːt] *f kein pl (geh)* mortality [rate]
Mör·tel <-s, -> [ˈmœrtl̩] *m* mortar
Mo·sa·ik <-s, -e[n]> [mozaˈiːk] *nt* ❶ ART, BAU *(Belag aus farbigen Steinchen)* mosaic ❷ *(Puzzle)* jigsaw [puzzle] *fig*
Mo·sa·ik·fuß·bo·den *m* mosaic [*or* tessellated] floor **Mo·sa·ik·or·na·ment** *nt* mosaic ornament **Mo·sa·ik·stein** *m* tessera
mo·sa·isch [moˈzaːɪʃ] *adj* REL Jewish
Mo·sam·bik <-s> [mozamˈbiːk] *nt* Mozambique; *s. a.* **Deutschland**
Mo·sam·bi·ka·ner[**in**] <-s, -> *m(f)* Mozambican; *s. a.* **Deutsche(r)**
mo·sam·bi·ka·nisch *adj* Mozambican; *s. a.* **deutsch**
Mo·sam·bi·ker[**in**] <-s, -> *m(f)* s. **Mosambikaner**
Mo·schee <-, -n> [mɔˈʃeː, *pl:* moˈʃeːən] *f* mosque
Mo·schus <-> [ˈmɔʃʊs] *m kein pl* musk
Mo·schus·hirsch *m* ZOOL *(Moschus)* musk deer **Mo·schus·och·se** *m* ZOOL musk ox
Mö·se <-, -n> [ˈmøːzə] *f (vulg)* cunt *vulg*
Mo·sel[1] <-> [ˈmoːzl̩] *f* GEOG ▪ **die ~** the Moselle
Mo·sel[2] <-s, -> [ˈmoːzl̩] *m (fam)*, **Mo·sel·wein** *m* Moselle [wine]
mo·sern [ˈmoːzɐn] *vi* DIAL *(fam: nörgeln)* ▪ [**über etw**] **~** *akk* to gripe [about sth] *fam*
Mo·ses <- *o liter* Mosis> [ˈmoːzəs, *pl:* ˈmoːzɪs] *m* REL Moses; ▸ WENDUNGEN: **bin ich ~?** *(hum fam)* don't ask me! *fam*
Mos·kau <-s> [ˈmɔskau] *nt* Moscow
Mos·kau·er[**in**] <-s, -> [ˈmɔskauɐ] *m(f)* Muscovite
Mos·ki·to <-s, -s> [mɔsˈkiːto] *m* mosquito
Mos·ki·to·netz *nt* mosquito net
Mos·lem, Mos·le·min <-s, -s> [ˈmɔslɛm, mɔsˈleːmɪn] *m, f* Muslim, Moslem
mos·le·misch [mɔsˈleːmɪʃ] *adj attr* Muslim, Moslem
Most <-[e]s> [ˈmɔst] *m kein pl* ❶ *(naturtrüber Fruchtsaft)* fruit juice ❷ SÜDD, SCHWEIZ *(Obstwein)* cider ❸ *(Traubensaft zur Weinbereitung)* must
Most·rich <-s> [ˈmɔstrɪç] *m kein pl* KOCHK DIAL *(Senf)* mustard
Mo·tel <-s, -s> [moˈtɛl] *nt* motel
Mo·tet·te <-, -n> [moˈtɛtə] *f* MUS motet
Mo·ti·on <-, -en> [moˈtsi̯oːn] *f* SCHWEIZ *(Antrag im Parlament)* motion
Mo·tiv <-s, -e> [moˈtiːf, *pl:* moˈtiːvə] *nt* ❶ *(Beweggrund)* motive ❷ LITER *(Leit~)* leitmotif, motif, theme ❸ MUS *(Tonfolge)* motif, motive
mo·ti·vie·ren [motiˈviːrən] *vt (geh)* ❶ *(durch Anregungen veranlassen)* ▪ **jdn** [**zu etw**] **~** to motivate sb [to do sth] ❷ *(begründen)* ▪ [**jdm gegenüber**] **etw ~** to justify sth [to sb]; [**jdm gegenüber**] **seine Abwesenheit/sein Verhalten ~** to account for one's absence/behaviour [*or* AM -or] [to sb]; [**jdm gegenüber**] **einen Sinneswandel ~** to give [sb one's] reasons for a [*or* one's] change of mind
Mo·ti·vie·rung <-, -en> [-ˈviː-] *f (geh)* motivation
Mo·to·cross[RR], **Mo·to-Cross** <-, -e> [motoˈkrɔs] *nt* motocross
Mo·to·cross·ren·nen *nt (Sportdisziplin)* motocross [racing]; *(Rennen)* motocross race
Mo·tor <-s, -toren> [ˈmoːtoːɐ̯, *pl:* moˈtoːrən] *m* ❶ *(Verbrennungs~)* engine ❷ *(Elektro~)* motor ❸ *kein pl (geh: treibende Kraft)* ▪ **der ~ einer S.** *gen* the driving force behind sth

Mo·tor·an·trieb *m* motor drive; **mit ~** motor-driven *attr* **Mo·tor·block** *m* AUTO engine block **Mo·tor·boot** *nt* motor boat

Mo·to·ren·ge·räusch *nt* sound of an engine [*or* engines] **Mo·to·ren·lärm** *m* engine noise

Mo·tor·fahr·zeug·steu·er *f* SCHWEIZ *(Kraftfahrzeugsteuer)* motor vehicle [*or* BRIT *a.* road] tax **Mo·tor·hau·be** *f* bonnet BRIT, hood AM

Mo·to·rik <-> [mo'to:rɪk] *f kein pl* PHYSIOL motoricity, motor activity

mo·to·risch [mo'to:rɪʃ] *adj* ANAT motor *attr*

mo·to·ri·sie·ren' [motori'zi:rən] **I.** *vt* ■ etw ~ to motorize sth, to fit sth with an engine **II.** *vr (fam)* ■ sich ~ to get some wheels *fam*, to buy a car [*or* motorbike] [*or* moped] [*or* scooter]

mo·to·ri·siert *adj* with a car [*or* cars] *pred;* **eine ~e Gesellschaft** a car-oriented [*or* *fam* car-loving] society; ■ ~ sein to have wheels *fam*, to have [*or* own] a car [*or* motorbike] [*or* moped] [*or* scooter]

Mo·to·ri·sie·rung <-, -en> *f* AUTO [fitting with an] engine; **dieser Wagen hat eine schwache ~** this car does not have [*or* is not fitted with] a very powerful engine

Mo·tor·jacht *f* motor yacht **Mo·tor·leis·tung** *f* AUTO engine power [*or* performance], power [*or* engine] output

Mo·tor·rad ['motorat, mo'to:rat] *nt* motorcycle, motorbike *fam;* **~ fahren** to ride a motorcycle [*or* motorbike]

Mo·tor·rad·bril·le *f* [motorcycle] goggles **Mo·tor·rad·fah·rer(in)** *m(f)* motorcyclist **Mo·tor·rad·hand·schuh** *m* motorcycle glove **Mo·tor·rad·helm** *m* [motorcycle] crash helmet **Mo·tor·rad·ren·nen** *nt* SPORT motorcycle racing; **~ fahren** to take part in a motorcycle race **Mo·tor·rad·stie·fel** *f* motorcycle boot **Mo·tor·rad·zu·be·hör** *nt* motorcycle accessories

Mo·tor·raum *m* AUTO engine compartment [*or* bay] **Mo·tor·rol·ler** *m* [motor] scooter **Mo·tor·sä·ge** *f* power saw **Mo·tor·scha·den** *m* engine breakdown [*or* failure] **Mo·tor·sport** *m* motor sport *no art* **Mo·tor·sport·fan** [-fɛn] *m* fan of motor racing, motor-racing fan

Mot·te <-, -n> ['mɔtə] *f* moth; ► WENDUNGEN: **du kriegst die ~n!** *(sl)* well I'll be blowed! [*or* damned] *fam*, BRIT *a.* [well] blow me! *fam*, AM *a.* for God's sake!

Mot·ten·boh·ne *f* moth bean **mot·ten·fest** *adj* moth-proof **Mot·ten·gift** *nt* moth poison **Mot·ten·kis·te** *f* ► WENDUNGEN: **etw aus der ~ [hervor]holen** *(fam)* to dig out sth *sep* **Mot·ten·ku·gel** *f* mothball **Mot·ten·pul·ver** *nt* CHEM moth powder

Mot·to <-s, -s> ['mɔto] *nt* motto; **etw steht unter dem ~ ...** sth has as its motto ... [*or* ... as its motto], the motto of sth is ...; **nach dem ~: ...** as if to say ...

Mot·to-Par·ty, Mot·to·par·ty [-pa:ɐ̯ti] *f* [special] theme party; **heute Abend steigt eine ~ „Beach & Fun"** there's going to be a "Beach & Fun" party this evening

mot·zen ['mɔtsn] *vi (sl)* to grouse, to bellyache *sl*, to moan *fam;* **was gibt es da zu ~?** what is there to bellyache about?

Moun·tain·bike <-s, -s> ['mauntnbaik] *nt* mountain bike

Moun·tain·bi·ker(in) <-s, -> ['mauntnbaike] *m(f)* mountain biker

mous·sie·ren' [mʊ'si:rən] *vi* to effervesce

Mö·we <-, -n> ['mø:və] *f* [sea]gull

MP <-, -s> [ɛm'pi:] *f Abk von* **Maschinenpistole**

MP3-Player <-s, -> [ɛmpeːˈdraɪˌpleːɐ̯] *m* ELEK MP3 Player

MS [ɛm'ɛs] *f Abk von* **Multiple Sklerose** MS

MS-krank *adj* suffering from MS *pred*

MTA <-s, -s> *m,* **MTA** <-, -s> [ɛmteːˈaː] *f Abk von* **medizinisch-technische(r) Assistent(in)** MTA

Mü·cke <-, -n> [mʏkə] *f* mosquito, gnat, midge; ► WENDUNGEN: **aus einer ~ einen Elefanten machen** *(fam)* to make a mountain out of a molehill

Mu·cke·fuck <-s> ['mʊkəfʊk] *m kein pl (fam)* coffee substitute, ersatz coffee

mu·cken ['mʊkn] **I.** *vi (fam)* to complain; **ohne zu ~** without complaining **II.** *vr* DIAL *(sich regen)* ■ sich ~ to move, to stir

Mu·cken ['mʊkn] *pl (fam)* [bad] manners *npl;* **seine ~ haben** to have one's [little] moods; **etw hat [seine] ~** sth is acting [*or* BRIT *a.* playing] up; **jdm die ~ austreiben** to sort sb out BRIT *fam*, to reprimand [*or* deal with] sb AM

Mü·cken·stich *m* mosquito [*or* gnat] [*or* midge] bite

Mucks <-es, -e> ['mʊks] *m (fam)* sound; **einen ~ sagen** to make a sound; **sagst du nur einen ~, gibt's was hinter die Löffel!** one word from you and I'll give you a clip round the ear!; **und dass mir keiner einen ~ sagt!** I don't want to hear a peep out of anyone!; **keinen ~ sagen** to not say a word; **ohne einen ~** without a murmur [*or* word [of protest]]

muck·sen ['mʊksn] *vr (fam)* ■ sich ~ to move, to stir; ■ sich nicht ~ to not move [a muscle]

mucks·mäus·chen·still ['mʊksmɔysçənˈʃtɪl] **I.** *adj (fam)* completely quiet; **das Kind war ~** the child was as quiet as a mouse; **~ sein** to not make a sound **II.** *adv* completely quiet, without making a sound; **verhaltet euch ~!** don't make a sound!

mü·de ['my:də] **I.** *adj* ❶ *(schlafbedürftig)* tired; **~e Arme/Beine/** *(geh)* **~es Haupt** weary arms/legs/ head; ■ [von etw] ~ sein/werden to be/become tired [as a result of sth]; **von zu viel Bier in der Mittagspause wird man ~** drinking too much beer during your lunch-hour makes you feel tired! [*or* sleepy] ❷ *(gelangweilt)* weary, tired ❸ *(überdrüssig)* ■ einer S. *gen* ~ sein/werden to be/grow tired of sth; ■ nicht ~ werden, etw zu tun to never tire of doing sth **II.** *adv* ❶ *(erschöpft)* sich ~ kämpfen/laufen/reden to fight/walk/speak until one is exhausted ❷ *(gelangweilt)* wearily, tiredly

Mü·dig·keit <-> ['my:dɪçkait] *f kein pl* tiredness; [nur] **keine ~ vorschützen!** *(fam)* don't try and tell me [*or* pretend] you're tired!; **vor ~** *dat* from exhaustion; **mir fallen schon vor ~ die Augen zu** I'm so tired I can hardly keep my eyes open

Mu·dscha·hed·din <-s, -> [mʊdʒaheˈdiːn] *m* Mujahidin, Mujahed[d]in, Mujahideen

Mü·es·li <-s, -s> ['myːɛsli] *nt* muesli

Muff¹ <-s> [mʊf] *m kein pl (fam)* musty smell

Muff² <-[e]s, -e> ['mʊf] *m* MODE muff

Muf·fe <-, -n> ['mʊfə] *f* TECH sleeve; ► WENDUNGEN: **jdm geht die ~** *(sl)* sb is scared stiff *fam* [*or* vulg shitless]; **~ haben** *(sl)* to be scared shitless [*or* sl shit-scared]

Muf·fel <-s, -> ['mʊfl] *m (fam)* grouch, grump *fam*

muf·f(e)·lig ['mʊf(ə)lɪç] *adj (fam)* grouchy, grumpy *fam*

Muf·fel·wild *nt kein pl* mouf[f]lon

Muf·fen·sau·sen <-> *nt kein pl* ► WENDUNGEN: **~ haben/kriegen** *(fam)* to be/get scared stiff *fam*

muf·fig ['mʊfɪç] **I.** *adj* ❶ *(dumpf)* musty ❷ *(schlecht gelaunt)* grumpy **II.** *adv* ❶ *(dumpf)* musty; **~ riechen** to smell musty; **es riecht im Keller seltsam ~** there's a strange musty smell in the cellar ❷ *(lustlos)* listlessly

muff·lig ['mʊflɪç] *adj* s. **muffelig**

Muff·lon <-s, -s> ['mʊflɔn] *m* ZOOL mouf[f]lon

muh ['mu:] *interj* moo

Mü·he <-, -n> ['my:ə] *f* trouble; **sich** *dat* **alle erdenkliche ~ geben** to make every [imaginable] effort, to go to the greatest lengths [possible]; [für jdn] **eine**

geringe ~ sein to be no bother [for sb]; |**für jdn**| **eine große ~ sein** to be a lot of trouble [*or fam* a big deal] [for sb]; **verlorene ~ sein** to be a waste of effort [*or* time]; **der ~ wert** *gen* **sein** [*o* **lohnen**] to be worth the trouble [*or* effort] [*or* it]; **sich** *dat* |**große**| **~ geben** [*o* **machen**] |**, etw zu tun**| to take [great] pains [*or* make a[n] [great] [*or* the] effort] [to do sth]; **sich** *dat* **keine ~ geben** [*o* **machen**] |**, etw zu tun**| to make no effort [to do sth]; **Sie brauchen sich keine ~ zu geben, mich vom Gegenteil zu überzeugen!** there's no point trying to convince me otherwise!; **er hat sich gar nicht erst ~ gegeben, es zu verleugnen** he didn't even bother trying to deny it; **geben Sie sich keine ~, ich weiß bereits alles!** save your breath, I already know everything; **~ haben, etw zu tun** to have trouble [*or* difficulty] doing [*or* find it difficult to do] sth; **mit jdm seine ~ haben** to have [a lot of] trouble [*or* a hard time] with sb; |**jdn**| |**einige/viel**| **~ kosten** to be [quite/very] hard work [*or* quite an effort/a real effort] [for sb]; **etw lohnt die ~** sth is worth the trouble [*or* effort] [*or* it]; **die ~ lohnt sich** it is worth the trouble [*or* effort] [*or* it]; |**jdm**| **~ machen** to give [sb] [some] trouble; **sich** *dat* **die ~ machen, etw zu tun** to take [*or* go to] the trouble [*or* make the effort] to do sth; **machen Sie sich keine ~!** [please] don't go to any trouble!; **sich** *dat* **die ~ schenken** [*o* **sparen**] to save oneself the trouble; **mit ~ verbunden sein** to take a lot of effort; **viel/einige/ziemliche ~ auf etw verwenden** *akk* to put a lot/a fair amount/quite a lot of effort into sth; |**nur**| **mit ~** with [great] difficulty; **ohne ~** without any trouble; **nicht ohne ~ erledigten wir die Aufgabe** not without difficulty [*or* trouble] did we complete the task; **ich könnte dir ohne ~ drei solche Typen nennen** I could name you three people off the top of my head; **mit ~ und Not** *(fam)* only just
mü·he·los I. *adj* easy II. *adv* easily, effortlessly; **diesen Plan wird man nicht ganz ~ bewerkstelligen können** it will take a fair amount of effort to put this plan into practice
Mü·he·lo·sig·keit <-> *f kein pl* ease, effortlessness
mu·hen *vi Kuh* to moo
mü·hen ['my:ən] *vr (geh)* ❶ *(sich be~)* ■ **sich ~, etw zu tun** to strive to do sth ❷ *(sich ab~)* ■ **sich mit jdm/etw ~** to struggle with sb/sth
mü·he·voll *adj (geh)* s. **mühsam**
Müh·le <-, -n> ['my:lə] *f* ❶ *(Wasser~)* mill ❷ *(fam: Kaffee~)* grinder; *(Getreide~)* mill ❸ *(~spiel)* ≈ nine men's morris *no pl*, ≈ merels *npl*, BRIT *a.* ≈ ninepenny *no pl*; *(Figur aus drei Spielsteinen)* mill, ≈ merel ❹ *(veraltend sl: Flugzeug)* crate *fam* ❺ *(pej: Räderwerk)* wheels *pl* ▶ WENDUNGEN: **die ~en einer S.** *gen* **mahlen langsam** the wheels of sth turn very slowly
Müh·len·flü·gel <-s, -> *m* sail-arm
Mühl·rad <-s, -räder> *nt* mill-wheel **Mühl·stein** *m* millstone
Müh·sal <-, -e> ['my:za:l] *f (geh)* tribulation, hard toil
müh·sam ['my:za:m] I. *adj* arduous, laborious; **mit der Zeit wird das Treppensteigen für alte Leute zu ~** with time, climbing stairs becomes too strenuous for old people; ■ **es ist** |**für jdn**| **~, etw zu tun** it is difficult [*or* hard] [for sb] to do sth II. *adv* laboriously; **das Haus habe ich mir in langen Jahren ~ erarbeiten müssen** it took years of hard work to be able to afford this house; **~ verdientes Geld** hard-earned money
müh·se·lig ['my:ze:lıç] *adj (geh)* s. **mühsam**
Mu·ko·vis·zi·do·se <-> |mukovɪstsi'do:zə| *f kein pl* MED cystic fibrosis, mucoviscidosis
Mu·lat·te, Mu·lat·tin <-n, -n> [mu'latə, mu'latın] *m, f* mulatto *masc*, mulatta *fem*, mulattress *fem*
Mul·de <-, -n> ['mʊldə] *f* ❶ *(Bodenvertiefung)* hollow ❷ NORDD *(großer Trog)* skip

Mu·li <-s, -[s]> ['mu:li] *nt o m* ZOOL mule
Mull <-[e]s, -e> ['mʊl] *m* MED gauze
Müll <-[e]s> ['mʏl] *m kein pl* refuse *form*, rubbish, *esp* AM garbage; „**~ abladen verboten**" "no tipping [*or* dumping [of rubbish]] "; **in den ~ kommen** to belong in the [dust]bin BRIT [*or* AM garbage [can]]; **etw in den ~ werfen** to throw out sth *sep*, to throw sth in the [dust]bin [*or* AM garbage [can]]
Müll·ab·fuhr <-, -en> *f* ❶ *(das Abfahren des Mülls)* refuse *form* [*or esp* AM garbage] collection ❷ *(Referat der Stadtreinigung)* refuse *form* [*or esp* AM garbage] collection [service]; **bei uns kommt nur alle 14 Tage einmal die ~** the dustmen only come every fortnight where we live ❸ *(fam: Müllwagen)* ■ **die ~** the dustcart BRIT, the garbage truck AM
Mülla·ge·rung^ALT *f s.* **Mülllagerung**
Mul·lah <-s, -s> ['mʊla] *m* mullah
Müll·auf·be·rei·tung *f* ÖKOL waste treatment *no pl*
Müll·berg *m* mountain of rubbish [*or esp* AM garbage]
Müll·be·sei·ti·gung *f kein pl* ÖKOL waste [*or form* refuse] [*or* rubbish] [*or esp* AM garbage] collection
Müll·beu·tel *m* rubbish [*or esp* AM garbage] sack [*or* bag], BRIT *a.* [dust]bin liner [*or* bag]
Mull·bin·de *f* MED gauze bandage
Müll·con·tai·ner [-kɔnteːnɐ] *m* waste [*or form* refuse] [*or* rubbish] [*or esp* AM garbage] container **Müll·de·po·nie** *f* waste disposal site, refuse *form* [*or esp* AM garbage] dump **Müll·ei·mer** *m* dustbin BRIT, bin BRIT *fam*, garbage can AM
Mül·ler(in) <-s, -> ['mʏlɐ] *m(f)* miller
Mül·le·rin·art *f* KOCHK **nach** | ~ à la meunière
Müll·fah·rer(in) *m(f)* driver of a dustcart [*or* AM garbage truck], dustcart [*or* AM garbage truck] driver **Müll·hal·de** *f* waste [*or form* refuse] [*or esp* AM garbage] disposal site, refuse *form* [*or* rubbish] [*or esp* AM garbage] dump **Müll·hau·fen** *m* heap of rubbish [*or* AM garbage], rubbish [*or esp* AM garbage] heap **Müll·kip·pe** *f* refuse *form* [*or esp* AM garbage] dump, *esp* BRIT rubbish tip **Müll·kom·pos·tie·rung** *f* refuse *form* [*or esp* AM garbage] composting **Müll·la·ge·rung**^RR *f* storage of refuse *form* [*or esp* AM garbage], refuse *form* [*or esp* AM garbage] storage **Müll·mann** *m (fam)* dustman BRIT, garbage man AM, BRIT *a.* dustbin [*or fam* bin] man **Müll·men·ge** *f* amount of refuse *form* [*or esp* AM garbage] **Müll·re·cy·cling** [-risaıklıŋ] *nt* recycling of refuse *form* [*or esp* AM garbage] **Müll·sack** *m* [large] refuse sack BRIT *form*, [large] garbage bag AM **Müll·schlu·cker** <-s, -> *m* refuse *form* [*or* rubbish] [*or esp* AM garbage] chute **Müll·sor·tier·an·la·ge** *f* refuse [*or* waste] separation plant **Müll·ton·ne** *f* dustbin BRIT, garbage can AM **Müll·tou·ris·mus** *m* dumping [of] [one's] refuse *form* [*or* rubbish] [*or esp* AM garbage] in outlying areas **Müll·tren·nung** *f kein pl* ÖKOL separation of waste [*or form* refuse] [*or* rubbish] [*or esp* AM garbage] **Müll·ver·bren·nung** *f* refuse *form* [*or esp* AM garbage] incineration **Müll·ver·bren·nungs·an·la·ge** *f* refuse *form* [*or esp* AM garbage] incineration [*or* combustion] plant **Müll·ver·mei·dung** *f* avoidance of generating [*or* creating] refuse *form* [*or* AM garbage] **Müll·wa·gen** *m* refuse *form* [*or esp* AM garbage] collection vehicle, BRIT *a.* dustcart, *esp* AM garbage truck
Mull·win·del *f* muslin nappy [*or* AM diaper]
mul·mig ['mʊlmıç] *adj (fam)* ❶ *(unbehaglich)* uneasy, uncomfortable; **jdm ist ~ zumute** sb has an uneasy [*or* uncomfortable] feeling, sb has butterflies in their stomach ❷ *(brenzlig)* dicey *fam*, precarious; **es wird ~** it's getting dicey *fam*
Mul·ti <-s, -s> ['mʊlti] *m (fam)* multinational [company]
mul·ti·di·men·si·o·nal *adj* multidimensional **mul·ti·fak·to·ri·ell** *adj inv (geh)* multifactorial **mul·ti·funk·**

ti·o·nal *adj* multifunctional, multi-functional **mul·ti·kul·ti** [-kʊlti] *adj (fam)* multicultural **mul·ti·kul·tu·rell** *adj* multicultural **mul·ti·la·te·ral** [mʊltilate'raːl] *adj* multilateral **mul·ti·lin·gu·al** *adj* multilingual
Mul·ti·me·dia <-[s]> [mʊlti'meːdi̯a] *nt kein pl* INFORM, MEDIA multimedia *no pl*
Mul·ti·me·dia-Agen·tur *f* MEDIA, INFORM multi-media agency **Mul·ti·me·dia·com·pu·ter** *m* multimedia computer [system]
mul·ti·me·di·al ['mʊltimedi̯aːl] *adj* multi-media *attr*
Mul·ti·me·dia·prä·sen·ta·ti·on *f* multimedia presentation **Mul·ti·me·dia·pro·dukt** *nt* multimedia product **Mul·ti·me·dia·zeit·al·ter** *nt* multimedia age
Mul·ti·mil·li·o·när(in) [mʊltimɪli̯o'nɛːɐ̯] *m(f)* multimillionaire **mul·ti·na·ti·o·nal** [mʊltinatsi̯o'naːl] *adj* multinational
Mul·ti·ple Skle·ro·se <-n -> [mʊl'tiːplə skle'roːzə] *f kein pl* MED multiple sclerosis
Mul·ti·pli·kand <-en, -en> [mʊltipli'kant, *pl:* mʊltipli'kandn] *m* MATH multiplicand
Mul·ti·pli·ka·ti·on <-, -en> [mʊltiplika'tsi̯oːn] *f* MATH multiplication
Mul·ti·pli·ka·ti·ons·zei·chen *nt* MATH multiplication sign
Mul·ti·pli·ka·tor <-s, -toren> [mʊltipli'kaːtoːɐ̯, *pl:* mʊltiplika'toːrən] *m* ❶ MATH multiplier ❷ *(geh)* disseminator *form*
Mul·ti·pli·ka·to·ren·ef·fekt *m* MATH, ÖKON multiplier effect
mul·ti·pli·zie·ren [mʊltipli'tsiːrən] **I.** *vt* ■ **etw** [mit etw] ~ to multiply sth [by sth] **II.** *vr (geh)* ■ **sich** ~ to multiply *fig*
Mul·ti·ta·lent *nt* versatile person, all-rounder, all-round talent
Mul·ti·vi·ta·min·prä·pa·rat *nt* PHARM, MED multivitamin preparation
mul·ti·zen·trisch *adj inv* multicentric
Mu·mie <-, -n> ['muːmi̯ə] *f* mummy
mu·mi·fi·zie·ren [mumifi'tsiːrən] *vt* ■ **etw** ~ to mummify sth
Mu·mi·fi·zie·rung <-, -en> *f* mummification
Mumm <-s> ['mʊm] *m kein pl* guts *npl fam*, BRIT *sl a.* bottle; **hast du denn keinen ~ in den Knochen?** don't be such a chicken!
mum·meln¹ ['mʊmln] *vt* NORDD *(murmeln)* ■ **etw** [vor sich hin] ~ to mumble sth [to oneself]
mum·meln² ['mʊmln] *vt* NORDD *(fam: einhüllen)* ■ **jdn in etw** ~ *akk* to wrap [up *sep*] sb in sth; ■ **sich in etw** ~ *akk* to wrap oneself [up] in sth
müm·meln ['mʏmln] *vi* [an etw] ~ *dat* to nibble [at sth]
Mum·pitz <-es> ['mʊmpɪts] *m kein pl (veraltend fam)* nonsense, claptrap, rubbish
Mumps <-> ['mʊmps] *m o fam f kein pl* MED [the] mumps + *sing/pl vb*
Mün·chen <-s> ['mʏnçn] *nt* Munich
Mün·che·ner ['mʏnçənɐ], **Münch·ner** ['mʏnçnɐ] *adj attr* Munich *attr*, of Munich *after n*; **die ~ Altstadt** Munich's old town
Mün·che·ner(in) <-s, -> ['mʏnçənɐ] *m(f)*, **Münch·ner(in)** <-s, -> ['mʏnçnɐ] *m(f)* inhabitant of Munich; **meine Frau ist ~in** my wife's from Munich
Münch·hau·sen <-s, -[s]> ['mʏnçhauzn] *m (veraltend geh)* Munchhausen
Mund <-[e]s, Münder> ['mʊnt, *pl:* 'mʏndɐ] *m* ❶ ANAT mouth; **etw in den ~ nehmen** to put sth in one's mouth; **ein Glas an den ~ setzen** to put a glass to one's mouth; **mit vollem ~e** with one's mouth full ❷ ZOOL *(Maul)* mouth ▸ WENDUNGEN: **~ und Nase aufsperren** *(fam)* to gape in astonishment; **aus berufenem ~e** from an authoritative source; **sich** *dat* **den ~ fusselig reden** to talk till one is blue in the face;

einen großen ~ haben to have a big mouth, to be all talk [*or* mouth] [*or* BRIT *fam* all mouth and trousers]; **den ~ [zu] voll nehmen** *(fam)* to talk [too] big; **den ~ aufmachen** [*o* auftun] to speak up; **den ~ aufreißen** *(sl)* to talk big; **jdm über den ~ fahren** *(fam)* to cut sb short; **[jd ist] nicht auf den ~ gefallen** *(fam)* [sb is] never at a loss for words; **etw geht von ~ zu ~** sth is passed on from mouth to mouth [*or* person to person]; **halt den ~!** *(fam)* shut up! *fam*, shut your mouth! [*or* face!] [*or* BRIT *sl* gob!]; **den/seinen ~ nicht halten können** *(fam)* to not be able to keep one's mouth [*or fam* trap] shut; **aus jds ~e kommen** that sb says; **du musst auch nicht alles glauben, was aus seinem ~e kommt!** you don't have to believe everything [that] he says!; **jdm etw in den ~ legen** to put [the] words into sb's mouth; **etw nicht in den ~ nehmen** to not use such a sth; **musst du immer so entsetzliche Flüche in den ~ nehmen?** do you always have to use such terrible language?; **jdm nach dem ~ [e] reden** to say what sb wants [*or* tell sb what they want] to hear; **jdm den ~ stopfen** *(fam)* to shut sb up; **jdm den ~ verbieten** to tell sb to be quiet [*or fam* shut up]; **etw ist in aller ~e** sth is the talk of the town, everybody's talking about sth; **wie aus einem ~e** with one voice; *s. a.* **Wort**
Mund·art ['mʊnt?aːɐ̯t] *f* LING dialect
Mund·art·au·tor(in) *m(f)* dialect writer **Mund·art·dich·ter** *m* dialect poet **Mund·art·dich·tung** *f* dialect poetry **Mund·art·ge·dicht** *nt* dialect poem
mund·art·lich **I.** *adj* LING dialectal **II.** *adv* ~ **anwenden/gebrauchen** to use dialectally [*or* in dialect]
Mund·art·wör·ter·buch <-(e)s, -bücher> *nt* dialect dictionary
Mund·du·sche *f* water toothpick
Mün·del <-s, -> ['mʏndl] *nt o m* JUR ward
mün·del·si·cher I. *adj* FIN gilt-edged **II.** *adv* ~ **anlegen** to invest in gilt-edged securities
mun·den ['mʊndn] *vi (geh)* ■ [jdm] ~ to taste good [to sb]; **nun, wie mundet Ihnen der Wein?** well, how do you like the wine?; **der kleine Snack hat gut gemundet** that was a very tasty little snack; ■ **sich** *dat* **etw** ~ **lassen** to enjoy [eating] sth; **greift gerne zu und lasst es euch ~!** tuck in and enjoy your meal!
mün·den ['mʏndn] *vi sein o haben* ❶ *(hineinfließen)* ■ **in etw** ~ *akk* to flow into sth; **der Fluss mündet schließlich ins Meer** eventually the river flows into the sea ❷ *(auf etw hinlaufen)* ■ **auf/in etw** ~ *akk* to lead into sth; **dieser Feldweg mündet nach drei Kilometern auf die Straße nach Giengen** this path meets [*or* joins] the road to Giengen after three kilometres ❸ *(darauf zuführen)* ■ **in etw** ~ *akk* to lead to sth
mund·faul *adj (fam)* uncommunicative; **sei doch nicht so ~!** come on, speak up!; **was hat er gesagt, sei nicht so ~!** what did he say, come on, spill the beans! **mund·ge·recht I.** *adj* bite-sized *attr* **II.** *adv* ~ **zubereiten/zuschneiden** to prepare in/cut into bite-sized pieces **Mund·ge·ruch** *m* bad breath *no indef art*, halitosis *no indef art;* ~ **haben** to have bad breath [*or* halitosis] **Mund·har·mo·ni·ka** *f* mouth organ, harmonica **Mund·höh·le** *f* ANAT oral cavity
mün·dig ['mʏndɪç] *adj* ❶ *(urteilsfähig)* responsible, mature ❷ *(volljährig)* ■ ~ **sein/werden** to be/come of age, to have attained/attain [*or* reached/reach] one's majority; **jdn für ~ erklären** JUR to declare sb of age
münd·lich ['mʏntlɪç] **I.** *adj* oral; **eine ~e Prüfung** an oral examination; **eine ~e Abmachung/Übereinkunft/Vereinbarung** a verbal agreement; **eine ~e Besprechung** a public meeting; **diese Tradition ist durch ~e Überlieferung auf uns übergegangen** this tradition has been passed [down [*or* on]] to us by

word of mouth; ■ **das M~e** *(fam)* the oral *fam,* the oral examination; **eine ~e Verhandlung** JUR a[n oral] hearing [*or* trial], oral proceedings *pl* **II.** *adv* orally; **etw ~ abmachen/vereinbaren** to agree sth [*or* AM to sth] verbally; **~ besprechen** to discuss something in a meeting; **viele alte Volkslieder sind uns nur ~ überliefert worden** many old folk songs have only been passed [down [*or* on]] to us by word of mouth; **bitte informieren Sie mich ~, wenn sich etwas ändern sollte** please let me know if anything should [*or* were to] change; **der Fall wird ~ verhandelt** the case will [now] be heard

Mund·pro·pa·gan·da *f* word of mouth; **durch ~** by word of mouth **Mund·raub** *m* ➊ JUR *(hist: Diebstahl oder Unterschlagung von wenigen Nahrungsmitteln oder Verbrauchsgegenständen von geringem Wert)* petty theft [*or* larceny] [of food] ➋ *(Diebstahl oder Unterschlagung von wenigen Nahrungsmitteln oder Verbrauchsgegenständen von geringem Wert zur Deckung des Grundbedarfs)* petty theft [*or* larceny] [of food] **Mund·schenk** <-en, -en> *m* HIST cupbearer **Mund·schleim·haut** *f* MED mucous membrane of the mouth [*or* oral cavity], oral mucosa *no pl spec* **Mund·schutz** *m* MED [surgical] mask **Mund·stück** *nt a.* MUS mouthpiece **mund·tot** *adj* **jdn ~ machen** *(fam)* to silence sb

Mün·dung <-, -en> ['mʏndʊŋ] *f* ➊ GEOG mouth ➋ *(vordere Öffnung)* muzzle

Mün·dungs·feu·er *nt* muzzle flash

Mund·voll <-, -> *m* mouthful **Mund·was·ser** *nt* mouthwash **Mund·werk** *nt* **ein freches/loses** [*o* lockeres] **/unverschämtes ~ haben** *(fam)* to be cheeky/have a loose tongue/be foul-mouthed *fam* **Mund·werk·zeu·ge** *pl* ZOOL mouth parts **Mund·win·kel** *m* corner of one's mouth **Mund-zu-Mund-Be·at·mung** *f* mouth-to-mouth resuscitation, kiss of life

Mu·ni·ti·on <-> [muni'tsi̯oːn] *f kein pl* ammunition; MIL munitions *npl;* **scharfe ~** live ammunition

Mu·ni·ti·ons·la·ger *nt* MIL ammunition [*or* munitions] store [*or* depot]

mun·keln ['mʊŋkl̩n] *vt* ■ **etw ~** to rumour [*or* AM -or] sth; **allerlei/einiges/Verschiedenes wird gemunkelt** there are all kinds of/a few/a number of different rumours [circulating [*or* fam flying about]]; **gemunkelt wurde das ja schon lange** that has been rumoured [*or* the rumour] for some time [now]; **man munkelt** [*o* **es wird gemunkelt**] **, dass** it's rumoured [*or* AM -ored] [*or* there's a rumour] that; *s. a.* **dunkel**

Müns·ter <-s, -> ['mʏnstɐ] *nt* cathedral, *esp* BRIT minster

mun·ter ['mʊntɐ] *adj* ➊ *(aufgeweckt)* bright, sharp, quick-witted ➋ *(heiter)* lively; **ein ~er Gesang/~es Lied** a cheerful [*or* jolly] song ➌ *(wach)* ■ **~ sein/werden** to be awake/wake up; **jdn wieder ~ machen** to wake up sb again *sep*

Mun·ter·keit <-> *f kein pl* brightness, sharpness, quick-wittedness

Mun·ter·ma·cher <-s, -> *m* stimulant; *(Getränk bes.)* pick-me-up

Münz·au·to·mat *m* [coin-operated] vending-machine [*or* slot-machine]

Mün·ze <-, -n> ['mʏntsə] *f* ➊ *(Geldstück)* coin ➋ *(Prägeanstalt)* mint ▸ WENDUNGEN: **etw für bare ~ nehmen** to take sth at face value; **jdm etw mit gleicher ~ heimzahlen** to pay sb back in their own [*or* the same] coin for sth; **in klingender ~** *[geh]* in [hard] cash; **etw in klingende ~ umsetzen** to turn sth into hard cash

mün·zen ['mʏntsn̩] *vt* ■ **auf jdn/etw gemünzt sein** to be aimed at [*or* meant for] sb/sth

Münz·fern·spre·cher *m (geh)* pay phone **Münz·**

geld *nt kein pl* ÖKON coins *pl* **Münz·samm·lung** *f* coin [*or* form numismatic] collection **Münz·schlitz** *m* [coin] slot, slot [for coins] **Münz·tank·stel·le** *f* coin-operated filling [*or* petrol] [*or* AM gas[oline]] station

Mu·rä·ne <-, -n> [muˈrɛːnə] *f* moray [eel]

mür·b[e] ['mʏrp, 'mʏrbə] *adj* ➊ *(zart)* tender; **~es** Gebäck shortbread; **Fleisch ~ machen** to tenderize meat ➋ *(brüchig)* worn-out ▸ WENDUNGEN: **jdn ~ machen** to wear sb down

Mür·be·teig *m* short[-crust] pastry

Murks <-es> ['mʊrks] *m kein pl (fam)* botched job, botch-up; **~ machen** to do a botched job [*or* botch-up] **murk·sen** ['mʊrksn̩] *vi (fam)* to do a botched job

Mur·mel <-, -n> ['mʊrml̩] *f* marble

mur·meln ['mʊrml̩n] **I.** *vi* to mutter, to murmur; ■ **das M~** [the] muttering [*or* murmuring] **II.** *vt* ■ **etw ~** to mutter [*or* murmur] sth

Mur·mel·tier ['mʊrml̩tiːɐ] *nt (Nagetierart)* marmot; ▸ WENDUNGEN: **wie ein ~ schlafen** to sleep like a log [*or* top]

mur·ren ['mʊrən] *vi* ■ **[über etw] ~** *akk* to grumble [about sth]; **lass das M~!** stop [your] grumbling!; **keinen Grund zum M~ haben** to have no reason to grumble; **ohne M~** [*o* **ohne zu ~**] without grumbling; **[nur] unter M~** [only] under protest

mür·risch ['mʏrɪʃ] **I.** *adj* grumpy, surly **II.** *adv* grumpily, surlily, in a grumpy [*or* surly] manner

Mus <-es, -e> ['muːs, *pl:* 'muːzə] *nt o m* KOCHK purée; ▸ WENDUNGEN: **jdn zu ~ schlagen** *(sl)* to beat sb to a pulp *fam* [*or* sb's brains out]

Mu·schel <-, -n> ['mʊʃl̩] *f* ➊ *(Molluske)* mussel ➋ *(~schale)* [sea] shell ➌ KOCHK mussel ➍ TELEK *(Hörmuschel)* earpiece; *(Sprechmuschel)* mouthpiece

Mu·schel·art *f* type [*or* spec species] of mussel **Mu·schel·ge·schmack** *m* taste of [a] mussel **Mu·schel·scha·le** *f* mussel shell

Mu·schi <-, -s> ['mʊʃi] *f (sl)* pussy *vulg*

Mu·se <-, -n> ['muːzə] *f* MYTH Muse; ▸ WENDUNGEN: **die leichte ~** light entertainment; **von der ~ geküsst werden die ~ küsst jdn** to be inspired [by the Muse]

Mu·se·um <-s, Museen> [muˈzeːʊm] *nt* museum **mu·se·ums·reif** *adj (hum)* ancient *fam;* ■ **~ sein** to be a museum piece *hum*

Mu·si·cal <-s, -s> ['mjuːzɪkl̩] *nt* musical

Mu·sik <-, -en> [muˈziːk] *f* music *no art, no pl;* **die ~ Mozarts des Mittelalters** Mozart's/Medieval music; **geistliche/klassische/moderne ~** religious/classical/modern music; **~ hören/studieren** to listen to/study music; **~ machen** to play some music; **macht doch ein bisschen ~** play us [a little] something; *(Radio/Kassette, etc.)* put some music on; **mach bitte die ~ leiser** please turn down the music; **~ in jds Ohren sein** to be music to sb's ears; *s. a.* **Blut**

Mu·sik·aka·de·mie <-, n> *f* academy of music, musical academy

Mu·si·ka·li·en·hand·lung [muziˈkaːli̯ən-] *f* music shop [*or* AM *usu* store]

mu·si·ka·lisch [muziˈkaːlɪʃ] **I.** *adj* musical **II.** *adv* musically; **~ arbeiten** to work in music; **jdn ~ ausbilden** to give sb musical training [*or* training in music]; **~ begabt sein** to be musically gifted [*or* a gifted musician]

Mu·si·kant(in) <-en, -en> [muziˈkant] *m(f)* musician

Mu·si·kan·ten·kno·chen *m (fam)* funny [*or* AM *a.* crazy] bone *fam*

Mu·sik·be·glei·tung *f* musical accompaniment; **unter ~** accompanied by music, to the accompaniment of music, with [musical] accompaniment **Mu·sik·box** *f* jukebox; **die ~ anwerfen** to put a song on the jukebox

Mu·si·ker(in) <-s, -> ['muːzikɐ] *m(f)* musician

Mu·sik·ge·schich·te *f* ❶ *(Entwicklung)* history of music; **diese Oper wird in die ~ eingehen** this opera will go down in musical history ❷ *(Buch über ~)* history of music *no def art* **Mu·sik·grup·pe** *f* band, group **Mu·sik·hoch·schu·le** *f* musical academy, college of music **Mu·sik·in·stru·ment** *nt* [musical] instrument; **ein ~ spielen** to play an [*or* a musical] instrument **Mu·sik·ka·pel·le** *f* band **Mu·sik·kas·set·te** *f* [music *form*] cassette [tape], tape **Mu·sik·leh·rer(in)** *m(f)* music teacher **Mu·sik·le·xi·kon** *nt* encyclopaedia [*or* AM encyclopedia] [*or* dictionary] of music **Mu·sik·lieb·ha·ber(in)** *m(f)* music lover **Mu·sik·schu·le** *f* music school, school of music **Mu·sik·stück** *nt* piece of music **Mu·sik·stu·di·um** *nt* course of study [*or* degree] in music **Mu·sik·the·a·ter** *nt kein pl* music theatre [*or* AM -er] **Mu·sik·un·ter·richt** *m* music lessons *pl;* SCH music *no art, no pl*

Mu·si·kus <-, Musizi> [ˈmuːzikʊs, *pl:* ˈmuːzitsi] *m (hum)* musician

Mu·sik·wis·sen·schaft·ler(in) *m(f)* musicologist **Mu·sik·zim·mer** *nt* music room

mu·sisch [ˈmuːzɪʃ] **I.** *adj* ❶ *(künstlerisch begabt)* artistic; **für einen ~en Mann wie ihn** for a man of the arts like him ❷ *(die Künste betreffend)* in/of the [fine] arts *pred; s. a.* **Gymnasium II.** *adv* artistically; **~ begabt** talented in the arts

Mu·si·zi [ˈmuːzitsi] *pl von* **Musikus**

mu·si·zie·ren* [muziˈtsiːrən] *vi* to play a musical instrument/musical instruments; **wir ~ regelmäßig einmal in der Woche** we play regularly once a week; ■ **das M~** playing musical instruments; **das M~ ist nicht jedermanns Sache** not everybody can play a musical instrument

Mus·kat <-[e]s, -e> [mʊsˈkaːt] *m* nutmeg *no art, no pl* **Mus·kat·blü·te** *f* mace **Mus·ka·tel·ler** <-s, -> [mʊskaˈtɛlɐ] *m* muscatel *no pl* **Mus·kat·nuss**RR *f* nutmeg *no art, no pl* **Mus·kat·rei·be** *f* nutmeg grater

Mus·kel <-s, -n> [ˈmʊskl̩] *m* muscle; **~n haben** to be muscular [*or fam* muscly], to have muscles; **seine ~n spielen lassen** to flex one's muscles **Mus·kel·fa·ser** *f* muscle fibre [*or* AM -er] **Mus·kel·ka·ter** *m kein pl* muscle ache, aching muscles *pl;* **~ bekommen/haben** to get/have muscle ache **Mus·kel·kraft** *f* muscular [*or* physical] strength *no art, no pl* **Mus·kel·krampf** *m* muscle cramp, AM *a.* charley horse *fam* **Mus·kel·mann** *m (fam)* body builder **Mus·kel·pa·ket** *nt (fam)* muscleman **Mus·kel·protz** <-es, -e> *m (fam)* muscleman **Mus·kel·riss**RR *m* torn muscle **Mus·kel·schwä·che** *f kein pl* MED muscle weakness *no pl*, myasthenia *no pl spec* **Mus·kel·schwund** *m kein pl* muscular wasting [*or* atrophy] *no art, no pl*

Mus·ke·tier <-s, -e> [mʊskaˈtiːɐ̯] *m* musketeer; **„Die drei ~e"** "The Three Musketeers"

Mus·ku·la·tur <-, -en> [mʊskulaˈtuːɐ̯] *f* muscular system, musculature *no indef art, no pl*

mus·ku·lös [mʊskuˈløːs] **I.** *adj* muscular, muscly *fam* **II.** *adv* **~ gebaut sein** to have muscular build, to be muscly *fam*

Müs·li <-[s], -s> [ˈmyːsli] *nt* muesli

Mus·lim, Mus·li·min <-, -e> [ˈmʊslɪm, mʊsˈliːmɪn] *m, f* Muslim, Moslem

mussRR, **muß**ALT [mʊs] *1. und 3. pers. sing von* **müssen**

MussRR, **Muß**ALT <-> [mʊs] *nt kein pl* must *fam;* [k]ein ~ sein to [not] be a must

Muss·be·stim·mungRR *f* fixed [*or form* mandatory] regulation

Mu·ße <-> [ˈmuːsə] *f kein pl* leisure *no art, no pl;* **die ~ für etw finden** to find the time [and leisure] for sth;

---

sich ~ gönnen to allow oneself some [time for] leisure; **etw mit ~ tun** to do sth with leisure [*or* leisurely] [*or* in a leisurely way]

Muss·eheRR *f* shotgun wedding [*or* marriage] *dated fam;* **sie gingen eine ~ ein** it was a shotgun wedding *dated fam*

müs·sen [ˈmʏsn̩] **I.** *vb aux* <musste, müssen> *modal* ❶ *(gezwungen sein, etw zu tun)* ■ **etw tun ~** to have to do sth; **du musst mich unbedingt anrufen** you must phone me; **du musst endlich damit aufhören** you really must stop that; **wir werden das Ganze noch einmal schreiben ~** we'll have to write the whole lot again; **muss ich mir das gefallen lassen?** do I have to put up with that?; **du musst jetzt gehen** you have to leave now; **muss ich [das wirklich tun]?** do I [really] have to [do it]? ❷ *(notwendig sein)* ■ **etw [nicht] sein/tun ~** to [not] need to be/do sth; **warum muss es heute regnen?** why does it have to rain today?; **muss das [denn] sein?** is that really necessary?; **du willst wieder in die Politik? muss das sein?** you want to get back into politics? do you have to?; **das muss sein** it is necessary; **wenn es [denn/unbedingt] sein muss** if it's really necessary; **das muss nicht unbedingt stimmen** that needn't be true; **muss ich das sein?** must I?, have I got to? ❸ *verneinend (brauchen)* ■ **etw nicht tun ~** to not have to do sth; **du musst das nicht tun** you don't have to do that ❹ *(eigentlich sollen)* ■ **jd/etw müsste etw tun** sb/sth should do sth; **ich hätte es ahnen ~!** I should have known!; ■ **man müsste ...** one should ...; ■ **man müsste ... sein** *optativisch* if only one could be ...; **ach, man müsste noch mal Schüler sein** oh, to be a schoolboy again! ❺ *(eine Wahrscheinlichkeit ausdrückend)* **es müsste jetzt acht Uhr sein** it must be eight o'clock now; **es müsste bald ein Gewitter geben** there should be a thunderstorm soon; **das muss wohl stimmen** that must be true **II.** *vi* <musste, gemusst> ❶ *(gezwungen sein, sich zu begeben)* ■ |irgendwohin| ~ to have to go [somewhere] ❷ *(notwendigerweise gebracht werden)* ■ **irgendwohin** ~ to have to get somewhere; **der Koffer hier muss zum Bahnhof** this suitcase has to get [*or* be taken] to the station; **dieser Brief muss heute noch zur Post** this letter has to be posted today ❸ *(nicht umhin können)* to have to; **muss ich das denn wirklich tun? – ja, du musst!** do I really have to do that? – yes, you do! ▸ WENDUNGEN: [mal] ~ *(euph fam)* to have to go to the loo [*or* AM john] *fam;* **ich muss mal!** I need the loo!

Mu·ße·stun·de *f* hour of leisure

Muss·hei·ratRR *f (fam) s.* **Mussehe**

mü·ßig [ˈmyːsɪç] *(geh)* **I.** *adj* futile, pointless, superfluous; ■ **es ist ~, etw zu tun** it is pointless [*or* futile] doing/to do sth **II.** *adv* ❶ *(untätig)* idly ❷ *(gemächlich)* with leisure

Mü·ßig·gang [ˈmyːsɪçɡaŋ] *m kein pl (geh)* idleness *no art, no pl*, indolence *no art, no pl;* **sich dem ~ hingeben** to lead an idle life [*or* a life of indolence]; **~ ist aller Laster Anfang** *(prov)* the devil finds work for idle hands *prov* **mü·ßig|ge·hen** *vi irreg sein* to saunter along

muss·teRR, **muß·te**ALT [ˈmʊstə] *imp von* **müssen**

Mus·ter <-s, -> [ˈmʊstɐ] *nt* ❶ *(Waren~)* sample ❷ MODE pattern ❸ *(Vorlage)* pattern; [jdm] als ~ die·nen to serve [sb] as a model; **nach antikem ~ mod·elled** [*or* AM *a.* modeled] on an antique style ❹ *(Vor·bild)* ■ **ein ~ an etw** *dat* **sein** to be a paragon of sth; **ein ~ an Vollkommenheit** *dat* **sein** to be the pink of perfection

Mus·ter·bei·spiel *nt* prime [*or* classic] example; ■ **ein ~ für etw** a classic [*or* prime] example for [*or* of] sth **Mus·ter·be·trieb** *m* model business/company **Mus·**

ter·ehe f perfect marriage **Mus·ter·ex·em·plar** nt ❶ *(vorbildlich)* fine specimen; **er ist ein ~ von Mit·arbeiter** he is a model colleague ❷ *(Warenmuster)* sample; *(zur Ausstellung)* display model **mus·ter·gül·tig** adj *(geh)* s. **musterhaft**

mus·ter·haft I. adj exemplary, perfect; **ein ~er Schü·ler** an exemplary student; **ein ~es Beispiel** a perfect example **II.** adv exemplary; **Sie haben sich ~ verhal·ten** your behaviour was exemplary

Mus·ter·kla·ge f JUR class-action lawsuit **Mus·ter·kna·be** m *(iron)* goody-goody pej, paragon of virtue/good behaviour *[or* AM *-or]* etc. **Mus·ter·kof·fer** m sample[s] case **Mus·ter·kol·lek·ti·on** f sample collection, collection of models

mus·tern ['mʊstɐn] vt ▪ **jdn ~** ❶ *(eingehend betrach·ten)* to scrutinize sb ❷ MIL to give sb his/her medical **Mus·ter·pro·zess**^RR m JUR exemplary *[or* test] case **Mus·ter·schü·ler(in)** m(f) model pupil **Mus·ter·sen·dung** f sample package, selection of samples

Mus·te·rung <-, -en> f ❶ MIL *von Truppen* inspection, review; *von Wehrdienstpflichtigen* medical [examination] [for military service] ❷ *(das eingehende Betrach·ten)* scrutiny no art, no pl

Mus·te·rungs·be·scheid f MIL, ADMIN summons *[or* order] to attend one's medical examination

Mut <-[e]s> ['muːt] m kein pl ❶ *(Courage)* courage no art, no pl; **es gehört viel ~ dazu, das zu tun** it takes a lot of courage to do that; **mir fehlt der ~, das zu tun** I don't have the courage to do that; **mit dem ~ der Verzweiflung** with the courage born of despera·tion; **sich** dat **~ antrinken** to have a drink to give oneself Dutch courage; **~/keinen ~ haben** to have/ not have any courage; **den ~ haben, etw zu tun** to have the courage to do sth ❷ *(Zuversicht)* heart no art, no pl; **mit frischem ~** with fresh heart [or cheer]; **frohen** *[o* guten] **~es sein** to be in high spirits; **jdm den ~ nehmen** to make sb lose heart, to discourage sb; **nur ~!** take heart!; **den ~ sinken lassen, den ~ verlieren** to lose heart; [wieder] **~ bekommen** *[o* fassen] *[o geh:* schöpfen] to take *[or* gain] heart; **jdm** [wieder] **~ machen** to encourage sb, to give sb [fresh] heart

mu·ta·gen [mutaˈgeːn] adj mutagenic

Mu·ta·gen <-s, -e> [mutaˈgeːn] nt BIOL mutagen

Mu·ta·ge·ne·se <-, -n> [mutageˈneːzə] f BIOL muta·genesis

Mu·tan·te <-, -n> [muˈtantə] f BIOL mutant

Mu·ta·ti·on <-, -en> [mutatsˈi̯oːn] f ❶ *(Missbildung)* mutation ❷ SCHWEIZ *(Änderungen im Personal)* change of personnel

Mu·ta·ti·ons·ra·te f BIOL mutation rate

Müt·chen <-s> ['myːtçən] nt kein pl ▸ WENDUNGEN: **sein ~ an jdm kühlen** *(fam)* to take it out *[or* vent one's anger] on sb

mu·tie·ren* [muˈtiːrən] vi *(fam)* ▪ **zu etw/jdm ~** to mutate into sth/sb

mu·tig ['muːtɪç] **I.** adj brave, courageous, plucky fam; ▸ WENDUNGEN: **dem M~en gehört die Welt** *(prov)* fortune favours *[or* AM *-ors]* the brave prov **II.** adv cou·rageously, bravely, pluckily fam

mut·los adj discouraged, disheartened, despondent, dejected; **jdn ~ machen** to discourage sb, to make sb lose heart

Mut·lo·sig·keit <-> f kein pl discouragement no art, no pl, disheartenment no art, no pl, despondency no art, no pl, dejection no art, no pl

mut·ma·ßen ['muːtmaːsn̩] **I.** vi to conjecture; **es wurde viel über seine Vergangenheit/sein Ver·halten gemutmaßt** there was a lot of conjecture as to his past/the reason for his conduct; ▪ **~, dass ...** to conjecture that ...; ▪ **~, ob/wann/wer/wie ...** to conjecture as to whether/when/who/how ...; **wir**

können nur **~, wie das geschehen konnte** we can only conjecture as to how it happened **II.** vt ▪ **etw ~** to suspect sth

mut·maß·lich I. adj attr presumed, suspected; **der ~e Attentäter** the suspected assassin; **der ~e Grund/ die ~e Ursache** the presumed reason/cause; **der ~e Täter** the suspect; **der ~e Vater** the presumed *[or* form putative] father **II.** adv presumably; **das Verbre·chen wurde ~ von einer Terrororganisation ver·übt** it is presumed that the crime was carried out by a terrorist organization

Mut·ma·ßung <-, -en> f conjecture; **wir sind vorerst auf ~en angewiesen** we can only conjecture at this point

Mut·pro·be f test of courage; **das ist eine ~** it's to test your courage; **eine ~ bestehen** to prove one's *[or* pass a test of] courage

Mut·ter¹ <-, Mütter> ['mʊtɐ, pl: 'mʏtɐ] f mother, BRIT a. mater hum; **eine werdende ~** *(geh)* an expectant mother; **~ werden** to be having *[or* expecting] a baby, to be pregnant

Mut·ter² <-, -n> ['mʊtɐ] f TECH nut

Mut·ter·bin·dung f PSYCH mother fixation **Mut·ter·bo·den** m topsoil no indef art, no pl

Müt·ter·chen <-s, -> nt little old lady

Mut·ter·freu·den pl **~ dat entgegensehen** *(geh)* to be expecting [a baby] *[or* a happy event]; **~ genießen** to experience the joys of motherhood

Müt·ter·ge·ne·sungs·heim nt nursing home for financially disadvantaged single mothers

Mut·ter·ge·sell·schaft f ÖKON parent company **Mut·ter·got·tes** <-> ['mʊtɐˈgɔtəs] f kein pl ❶ *(Maria, die Gottesmutter)* Mother of God no indef art, no pl ❷ *(Abbild der Gottesmutter)* Madonna **Mut·ter·in·stinkt** m BIOL maternal instinct **Mut·ter·kom·plex** m PSYCH mother complex **Mut·ter·korn** nt BOT ergot no art, no pl spec **Mut·ter·ku·chen** m ANAT placenta **Mut·ter·küm·mel** m cumin **Mut·ter·land** nt mother country **Mut·ter·leib** m womb; **im ~** in the/one's womb

Müt·ter·lein <-s, -> nt *(poet)* s. **Mütterchen**

müt·ter·lich I. adj ❶ *(von jds Mutter)* mater·nal; **sie wohnte im ~en Hause** she lived in her mother's house; **in ihrer ~en Linie** on her mother's *[or* spec the distaff] side ❷ *(umsorgend)* motherly; *(wie eine Mutter wirkend)* maternal; **ein ~er Typ sein** to be the maternal type **II.** adv motherly; **jdn ~ umsorgen** to care for sb in a motherly way, to be·mother *[or pej fam* mollycoddle] sb

müt·ter·li·cher·seits adv on one's mother's *[or* spec the distaff] side; **meine Oma ~** my maternal grand·mother

Müt·ter·lich·keit <-> f kein pl motherliness no art, no pl

Mut·ter·lie·be f motherly love no art, no pl

mut·ter·los I. adj motherless **II.** adv motherless, with·out a mother

Mut·ter·mal nt birthmark; *(kleiner)* mole

Mut·ter·milch f ❶ mother's milk no art, no pl; ▸ WENDUNGEN: **etw [schon] mit der ~ einsaugen** to learn sth from the cradle **Mut·ter·mund** m ANAT cer·vix spec

Mut·tern·schlüs·sel m spanner BRIT, wrench AM

Mut·ter·pass^RR m MED document given to expectant mothers by their doctors in which the details of the pregnancy, including blood group and rhesus factor etc. are recorded **Mut·ter·rol·le** f role of a mother **Mut·ter·schaft** <-> f kein pl *(geh)* motherhood no art, no pl

Mut·ter·schafts·geld nt maternity grant **Mut·ter·schafts·hil·fe** f maternity benefit **Mut·ter·schafts·ur·laub** m maternity leave no art, no pl

Mut·ter·schutz m JUR *legal protection of working mothers* **Mut·ter·schutz·ge·setz** nt Maternity Protection Act *(laws protecting working mothers-to-be and nursing mothers)*

mut·ter·see·len·al·lein |'mʊtɐ'ze:ləna'laɪn| **I.** *adj pred* all alone *pred* **II.** *adv* all on one's own [*or* BRIT *fam* tod]

Mut·ter·söhn·chen <-s, -> *nt (pej fam)* mummy's [*or* AM mama's] boy *fam*, milksop *pej* **Mut·ter·spra·che** f mother tongue, native language [*or* tongue] **Mut·ter·sprach·ler(in)** <-s, -> |-ʃpraːxlɐ| m(f) native speaker **mut·ter·sprach·lich** *adj* native-speaker *attr*; **aus ~er Sicht** from the point of view of the native speaker **Mut·ter·stel·le** f **bei** [*o* **an**] **jdm ~ vertreten** *veraltend selten)* to be [like] a mother to sb, to take a mother's place [for sb] **Mut·ter·tag** m Mother's Day *no art* **Mut·ter·tier** nt ZOOL mother [animal]; *von Vieh a.* dam *spec*

Mut·ti <-, -s> |'mʊti| f *(fam)* mum|my *childspeak* BRIT *fam*, mom|my *childspeak* AM *fam*

Mut·wil·le <-ns> m *kein pl (Übermut)* mischief *no art, no pl; (Bosart)* malice *no art, no pl;* **aus** [**bloßem** [*o* **lauter**] [*o* **reinem**]] **~n** out of [pure] mischief/malice **mut·wil·lig I.** *adj* mischievous; *(böswillig)* malicious **II.** *adv* deliberately

Müt·ze <-, -n> |'mʏtsə| f cap; ▶ WENDUNGEN: |**von jdm**| **was** [*o* **eins**] **auf die ~ kriegen** *(fam)* to get a good talking-to [*or* BRIT *fam*] a right bollocking] [from sb]; *(gehauen werden)* to get smacked [by sb]

MwSt., Mw.-St. f *Abk von* **Mehrwertsteuer** VAT, Vat **My·an·mar** <-s> |'mjanmaːɐ̯| nt Myanmar, Burma

hist; *s. a.* **Deutschland**

My·an·ma·re, My·an·ma·rin <-n, -n> m, f Burman; *s. a.* **Deutsche(r)**

my·an·ma·risch *adj* Burman; *s. a.* **deutsch**

My·oglo·bin <-s, -e> |myoglo'biːn| nt MED *(Sauerstoff speichernder Eiweißstoff des Muskels)* myoglobin

My·om <-s, -e> |myo:m| nt MED myoma *spec*

My·o·sin <-s> |myo'ziːn| nt *kein pl* BIOL myosin

My·ri·a·de <-, -n> |myˈri̯aːdə| f *meist pl* myriad *no def art*

Myr·reRR, Myr·rhe <-, -n> |'mʏrə| f myrrh *no art, no pl*

Myr·te <-, -n> |'mʏrtə| f myrtle

Mys·te·ri·ös |mʏstaˈri̯øːs| *adj* mysterious

Mys·te·ri·um <-s, -ien> |mʏsˈteːri̯ʊm, pl: mʏs-ˈteːri̯ən| nt *(geh)* mystery

Mys·tik <-> |'mʏstɪk| f *kein pl* mysticism *no art, no pl*

Mys·ti·ker(in) <-s, -> |'mʏstɪkɐ| m(f) mystic

mys·tisch |'mʏstɪʃ| *adj* ① *(geh)* mysterious ② REL mystic|al]

my·thisch |'myːtɪʃ| *adj (geh)* mythical

My·tho·lo·gie <-> |mytolo'giː| f *kein pl* mythology *no art, no pl*

my·tho·lo·gisch |myto'loːgɪʃ| *adj* mythological

My·thos |'myːtɔs| m, **My·thus** <-, Mythen> |'myːtʊs| m ① *(sagenhafte Überlieferung)* myth ② *(Legende)* legend

My·zel <-s, Myzelien> |mʏtseːl, pl: mʏtseːli̯ən| nt BOT *(Pilzfaden)* mycelium *no pl*

N n

N, n <-, - *o fam* -s, -s> |ɛn| nt N, n; **~ wie Nordpol** N for Nelly BRIT, N as in Nan AM; *s. a.* **A 1**

N *Abk von* **Norden**

'n *art indef (fam)* ① *s.* **ein** ② *s.* **einen**

na |na| *interj (fam)* ① *(zweifelnder Ausruf)* well; **~ gut** [*o* **schön**] [*o* **meinetwegen**] all right, ok|ay] *fam;* **~ ja** well; **~ ja, weil du es bist!** well, ok|ay], for you *fam* ② *(Ausruf der Entrüstung)* well; **~, ~!** now, now! ③ *(Ausruf der Anerkennung)* well; **~ also!** [*o* **bitte**] |well,| there you go [then]; **~ so was!** well I never |did]! ▶ WENDUNGEN: **~, du?** how's it going?; **~ und ob!** you bet! *fam;* **~ und?** so what?; *s. a.* **warten**

Na·be <-, -n> |'naːbə| f TECH hub

Na·bel <-s, -> |'naːbl̩| m navel, belly [*or* BRIT *a.* tummy] button *fam;* ▶ WENDUNGEN: **der ~ der Welt** the hub [*or* centre [*or* AM -er]] of the universe

Na·bel·bruch nt MED umbilical hernia **Na·bel·schau** f ▶ WENDUNGEN: **~ betreiben** *(fam)* to be bound up in oneself, to indulge in self-contemplation **Na·bel·schnur** f *(a. fig)* umbilical cord

nach |naːx| **I.** *präp* +*dat* ① *(räumlich: bis hin zu)* ■ **~ etw** to sth; **der Weg führt direkt ~ ...** this is the way to ...; *s. a.* **außen** *s. a.* **da** *s. a.* **dort** *s. a.* **hier** *s. a.* **hinten** *s. a.* **innen** *s. a.* **links** *s. a.* **oben** *s. a.* **rechts** *s. a.* **unten** *s. a.* **vorn** ② *(räumlich: hinter)* ■ **~ jdm/etw** behind sb/sth; **du stehst ~ mir auf der Liste** you're [*or* you come] after me on the list; *s. a.* **stehen** ③ *(zeitlich: im Anschluss an)* ■ **~ jdm/etw** after sb/ sth; |**bitte**| **~ Ihnen!** after you!; **~ wie vor** still; **ich halte ~ wie vor an meiner Überzeugung fest** I remain convinced ④ *(gemäß)* ■ **~ etw** according to sth; **~ Artikel 23/den geltenden Vorschriften** under article 23/present regulations; ■ **jds ... ~** judg-

ing by sb's ...; **~ allem** [*o* **dem**] **, was ...** from what ...; **~ allem, was ich gehört habe** from what I've heard; **~ dem, was wir jetzt wissen** as far as we know; *s. a.* **Art** ⑤ *(in Anlehnung an)* ■ **~ etw** after sth; **diese Wandlampe ist ~ einer Fackel geformt** this lamp was shaped after a torch; **~ einer Erzählung von Edgar A. Poe** after [*or* based on] a story by Edgar A Poe; *s. a.* **Gedächtnis II.** *adv* **ihm ~!** after him!; *(an einen Hund a.)* sic 'im! *fam;* **los, mir ~!** let's go, follow me!; **~ und ~** gradually, little by little

nach·läf·fen vt *(pej)* ■ **jdn ~** *(zur Belustigung)* to mimic [*or* BRIT take off] sb; *(dilettantisch)* to ape sb; ■ **etw ~** to mimic [*or* copy] /ape sth; **einer Mode ~** to follow a fashion craze

nach|ah·men vt ① *(imitieren)* ■ **jdn/etw ~** to imitate sb/sth ② *(kopieren)* ■ **etw ~** to copy sth

nach·ah·mens·wert *adj* exemplary

Nach·ah·mer(in) <-s, -> m(f) ① *(Imitator)* imitator ② *(Kopist)* copyist

Nach·ah·mung <-, -en> f ① *kein pl (Imitation)* imitation ② *(Kopie)* copy

Nach·ah·mungs·trieb m PSYCH imitative instinct

nach|ar·bei·ten vt ■ **etw ~** ① *(aufholen)* to make up for [*or* sep make up] sth ② *(nachträglich bearbeiten)* to touch up sth *sep*

Nach·bar(in) <-n *o* -s, -n> |'naːxbaːɐ̯| m(f) ① *(jd, der in jds Nähe wohnt)* neighbour [*or* AM -or]; *(in einer Nachbarwohnung a.)* next-door neighbour; **die ~n** the neighbours, next door + *sing/pl vb;* **~s Garten/ Hund** next door's [*or* the neighbours'] garden/dog ② *(nebenan Sitzender)* **sie wandte sich ihrer ~in** [**am Tisch**] **zu** she turned to the woman [sitting] next to her [at the table]; **wir sind während der Fahrt ~n**

we will be sitting next to each other on the journey ❸ *(benachbartes Land)* neighbour [*or* AM -or]; **unsere ~n im Osten** our neighbours in the East ▶ WENDUNGEN: **scharf** [*o* **geil**] **wie ~s Lumpi sein** *(sl)* to be a randy old goat *pej fam*

Nach·bar·gar·ten *m* next door's [*or* the neighbours'] garden **Nach·bar·haus** *nt* house next door **Nach·bar·land** *nt* neighbouring [*or* AM neighboring] country **nach·bar·lich** *adj* ❶ *(benachbart)* neighbouring [*or* AM neighboring] *attr;* **aus dem ~en Garten** from next door's [*or* the neighbours'] garden ❷ *(unter Nachbarn üblich)* neighbourly [*or* AM neighborly]; **gute/freundliche ~e Beziehungen** good/friendly relations with the neighbours **Nach·bar·schaft** <-, -en> *f* ❶ *(nähere Umgebung)* neighbourhood [*or* AM neighborhood]; ■ **in der/ jds ~** in the/sb's neighbourhood ❷ *(die Nachbarn)* neighbours [*or* AM -ors] *pl;* **es hat sich in der ~ bereits herumgesprochen** it's gone around the whole neighbourhood; [**eine**] **gute ~ halten** [*o* **pflegen**] to keep up good neighbourly [*or* AM neighborly] relations **Nach·bar·schafts·ge·richt** *nt* JUR *neighbourhood court* **Nach·bar·schafts·hil·fe** *f* association of neighbours that provides help with shopping, cleaning, gardening, etc. to those less able in the neighbourhood **Nach·bars·frau** *f* neighbour's [*or* AM -or's] wife, woman next door **Nach·bars·kind** *nt* child next door **Nach·bars·leu·te** *pl* neighbours [*or* AM -ors] *pl,* people next door **Nach·bar·woh·nung** *m* next door *no art, no pl,* flat [*or* apartment] next door **Nach·bar·zaun** *m* neighbour's [*or* AM -or's] fence

Nach·bau <-[e]s, -ten> *m* ARCHIT, TECH replica, reproduction **nach|bau·en** *vt* ■ **etw ~** to build a copy of sth **nach|be·ar·bei·ten*** *vt* ■ **etw ~** to finish off sth *sep* **Nach·be·ben** *nt* GEOL aftershock **nach|be·han·deln*** *vt* ❶ *(im Anschluss behandeln)* ■ **etw** [**mit etw**] **~** to give sth follow-up treatment [with sth] ❷ MED ■ **jdn/etw ~** to give sb/sth follow-up treatment **Nach·be·hand·lung** *f* ❶ *(zusätzliche Behandlung)* follow-up treatment *no pl* ❷ MED follow-up treatment *no pl* **nach|be·rei·ten*** *vt* ■ **etw ~** to go through [*or* over] sth again **nach|bes·sern** I. *vt* ■ **etw ~** to retouch sth; **ein Produkt ~** to make improvements to a product; **einen Vertrag ~** to amend a contract II. *vi* to make improvements **nach|be·stel·len*** *vt* ■ **etw ~** to reorder [*or* order some more of] sth **Nach·be·stel·lung** *f (weitere Bestellung)* repeat order; *(nachträgliche Bestellung)* late order **nach|be·ten** *vt (pej fam)* ■ [**jdm**] **etw ~** to parrot sth [sb says] *pej,* BRIT *a.* to repeat sth [sb says] parrot-fashion **nach|bil·den** *vt* ■ **etw** [**einer S.** *dat*] **~** to reproduce sth [from sth], to model sth on sth; **etw aus dem Gedächtnis ~** to copy sth from memory **Nach·bil·dung** *f* reproduction; *(exakt)* copy **nach|bli·cken** *vi (geh)* ■ **jdm/etw ~** to follow sb/sth with one's eyes, to watch sb/sth **Nach·blu·tung** *f* secondary haemorrhage [*or* AM hemorrhage] [*or no art, no pl* bleeding] **nach|boh·ren** I. *vt* **ein Loch ~** to re-drill [*or sep* drill out] a hole II. *vi (fam)* ■ [**bei jdm**] **~** to probe [sb on a/ the matter] **Nach·brust** *f* KOCHK brisket **nach|da·tie·ren*** *vt* ❶ *(auf einen Brief oder ein Schriftstück ein früheres, zurückliegendes Datum schrei-*

ben) ■ **etw ~** to backdate [*or* predate] [*or* antedate] sth ❷ *(selten: [auf einen Brief oder ein Schriftstück] nachträglich das richtige Datum schreiben)* ■ **etw ~** to backdate sth

nach·dem [naːxˈdeːm] *konj* ❶ *temporal* after; **eine Minute ~ du angerufen hattest, ...** one minute after you [had] called, ... ❷ *kausal (da)* since, seeing that; **~ wir uns also einig sind, ...** since [*or* seeing that] we agree, ... **nach|den·ken** *vi irreg* ❶ *(überlegen)* ■ [**über etw** *akk*] **~** to think [about sth]; **denk doch mal nach!** think about it!; *(mahnend)* use your head [*or* brain] [, will you]! ❷ *(sich Gedanken machen)* ■ [**über jdn/ etw**] **~** to think [about sb/sth]; **laut ~** to think out loud **Nach·den·ken** *nt* thought *no art, no pl,* reflection *no art, no pl,* thinking *no art, no pl;* **bitte störe mich jetzt nicht beim ~!** please don't disturb me while I'm thinking!; **zum ~ kommen** to find time to think **nach·denk·lich** [ˈnaːxdɛŋklɪç] *adj* ❶ *(etwas überlegend)* pensive, thoughtful ❷ *(zum Nachdenken neigend)* pensive, thoughtful; **jdn ~ machen** [*o geh:* **stimmen**] to set sb thinking, to make sb think; **~ gestimmt sein** to be in a thoughtful [*or* pensive] mood ❸ *(viel nachdenkend)* thoughtful, pensive **Nach·denk·lich·keit** <-> *f kein pl* pensiveness *no art, no pl,* thoughtfulness *no art, no pl* **nach|dich·ten** *vt* ■ **etw ~** to give a free rendering of sth **Nach·dich·tung** *f* free rendering **nach|drän·gen** *vi sein* ■ [**jdm**] **~** to push [sb] from behind; *Menge a.* to throng after sb **Nach·druck¹** *m kein pl* stress *no pl,* emphasis *no pl;* [**besonderen**] **~ auf etw** *akk* **legen** to place [special] emphasis on sth; [**besonderen**] **~ darauf legen, dass ...** to place [special] emphasis on the fact [*or* stress *or* emphasize] [particularly]] that ...; **mit** [**allem**] **~** with vigour [*or* AM -or]; **etw mit ~ sagen** to say sth emphatically; **etw mit ~ verweigern** to flatly refuse sth **Nach·druck²** <-[e]s, -e> *m* VERLAG ❶ *(nachgedrucktes Werk)* reprint ❷ *kein pl (das Nachdrucken)* reprinting *no art, no pl;* **der ~** [**des Artikels**] **ist nur mit Genehmigung des Verlages gestattet** no part of this article may be reproduced without the prior permission of the publisher **nach|dru·cken** *vt* VERLAG ❶ *(abermals drucken)* ■ **etw** [**unverändert**] **~** to reprint sth ❷ *(abdrucken)* ■ **etw ~** to reproduce sth **nach·drück·lich** [ˈnaːxdrʏklɪç] I. *adj* insistent; **eine ~e Warnung** a firm warning II. *adv* insistently, firmly **Nach·drück·lich·keit** <-> *f kein pl* insistence *no art, no pl,* firmness *no art, no pl;* **in aller ~** strongly **nach|dun·keln** *vi sein* to darken **Nach·durst** *m (nach übermäßigem Alkoholgenuss)* dehydration; **~ haben** to be dehydrated **nach|ei·fern** *vi (geh)* ■ **jdm** [**in etw** *dat*] **~** to emulate sb [in sth] **nach·ein·an·der** [naːxʔaiˈnandɐ] *adv* one after another [*or* the other]; **kurz/schnell ~** in quick/rapid succession **nach|emp·fin·den*** *vt irreg* ❶ *(mitfühlen)* ■ [**jdm**] **etw ~** können to be able to sympathize with sb's sth; **ich kann Ihnen Ihre Erregung lebhaft ~** I can understand how irritated you must have been; ■ **jdm ~ können, dass/wie er/sie ...** to be able to understand that/how sb ...; **vielleicht kannst du mir jetzt ~, wie ich mich fühle** perhaps now you can understand how I feel ❷ *KUNST, LIT (nach einer Anregung gestalten)* ■ **jdm/einer S. etw ~** to adapt sth from sb/sth

Na·chen <-s, -> [ˈnaxn̩] *m (liter)* barque *poet*

nach·er·zäh·len* *vt* ∎ etw ~ to retell sth
Nach·er·zäh·lung *f* SCH account; *(geschrieben a.)* written account *(of something heard/read)*
Nachf. *Abk von* **Nachfolger**
Nach·fahr(in) <-en *o* -s, -en> ['naːxfaːɐ̯] *m(f) (geh)* s. **Nachkomme**
nach|fah·ren *vi irreg sein* ❶ *(hinterherfahren)* ∎ jdm ~ to follow sb ❷ *(im Nachhinein folgen)* ∎ jdm |irgendwohin| ~ to follow sb on |somewhere|
nach|fas·sen I. *vi (fam: nachbohren)* ∎ |bei jdm/in etw *dat*| ~ to probe |sb/into sth, to probe |*or* dig| a little deeper |into sb/sth| ❷ SPORT *(noch einmal zugreifen)* to regain one's grip ❸ *(Nachschlag holen)* to have a second helping **II.** *vt* ∎ etw ~ to have a second helping of sth
nach|fei·ern *vt* ∎ etw ~ to celebrate sth later
Nach·fol·ge *f kein pl* succession; ∎ die/jds ~ |in etw *dat*| the/sb's succession |in sth|; jds ~ **antreten** to succeed sb
Nach·fol·ge·kan·di·dat(in) *m(f)* candidate for succession **Nach·fol·ge·mo·dell** *nt* replacement |model|
nach|fol·gen *vi sein (geh)* ❶ *(Nachfolger werden)* ∎ jdm |in etw *dat*| ~ to succeed sb |in sth|; jdm im Amt ~ to succeed sb in office ❷ *(folgen)* ∎ jdm/etw ~ to follow sb/sth
nach·fol·gend *adj (geh)* following; ∎ N~es, ∎ das N~e the following; im N~en in the following
Nach·fol·ge·or·ga·ni·sa·ti·on *f* successor organization **Nach·fol·ge·par·tei** *f* successor party
Nach·fol·ger(in) <-s, -> *m(f)* successor
nach|for·dern *vt* ∎ etw ~ to put in *sep* an additional |*or* another| demand for sth
Nach·for·de·rung *f* additional |*or* subsequent| demand; ~en erheben |*o* geltend machen| to make an additional demand/additional demands
nach|for·schen *vi* ∎ |in etw *dat*| ~ to |try and| find out |more| |about sth|, to make |further| enquiries |*or* inquiries| |about sth|; nachdem man in der Sache weiter nachgeforscht hatte, ... after further enquiries had been made into the matter, ...; ∎ ~, ob/wann/wie/wo ... to find out whether/when/how/where ...
Nach·for·schung *f* enquiry, inquiry; *(polizeilich)* investigation; |in etw *dat*| ~en anstellen |*o* betreiben| to make enquiries/carry out investigations |into sth|
Nach·fra·ge *f* ÖKON demand (**nach** + *dat* for sth); eine große/größere/steigende ~ a great/greater/growing demand; *s. a.* Angebot ❷ *(Erkundigung)* enquiry, inquiry; danke der ~! nice of you to ask!
nach|fra·gen *vi* ∎ |bei jdm| ~ to ask |sb|, to enquire, to inquire
Nach·fra·ge·rück·gang *m* ÖKON fall |*or* drop| |*or* decline| in demand
Nach·frist *f* extended deadline, extension; jdm eine ~ setzen to extend sb's deadline
nach|füh·len *vt* ∎ |jdm| etw ~ to understand how sb feels, to sympathize with sb; ich fühle dir das wohl nach I know how you must feel; ∎ jdm ~ können, dass/wie er/sie ... to be able to understand that/how sb ...; er wird mir sicher ~ können, dass/wie ich ... he'll surely be able to understand that/how I ...
nach|fül·len I. *vt* ❶ *(noch einmal füllen)* ∎ |jdm| etw ~ to refill sth |for sb|/sb's sth ❷ s. nachgießen **II.** *vi* ∎ |jdm| ~ to top up |*or* AM off| sb *sep fam;* darf ich Ihnen noch ~? can I top you up? *fam,* would you like a top-up?
Nach·füll·pack <-s, -s> *m*, **Nach·füll·pa·ckung** *f* refill pack
nach|ge·ben *irreg* **I.** *vi* ❶ *(einlenken)* ∎ |jdm/etw| ~ to give way |*or* in| |to sb/sth| ❷ *(zurückweichen)* to

give way ❸ *Aktien* to drop, to fall **II.** *vt* ∎ jdm etw ~ to give sb some more |*or* another helping| of sth
Nach·ge·bo·re·nen *pl dekl wie adj* SOZIOL *(geh)* future generations *pl*
Nach·ge·bühr *f* excess postage *no pl*
Nach·ge·burt *f (ausgestoßene Plazenta)* afterbirth *no pl* ❷ *kein pl (Vorgang der Ausstoßung)* expulsion of the afterbirth
nach|ge·hen *vi irreg sein* ❶ *(hinterhergehen)* ∎ jdm ~ to follow |*or* go after| sb ❷ *Uhr* to be slow; meine Uhr geht zehn Minuten nach my watch is ten minutes slow ❸ *(zu ergründen suchen)* ∎ einer S. *dat* ~ to look into |*or* investigate| sth ❹ *(form: ausüben)* ∎ einer S. *dat* ~ to practise |*or* AM -ice| sth; seinen eigenen Interessen ~ to pursue one's own interests
nach·ge·las·sen *adj* LIT left behind unpublished *pred;* *(posthum veröffentlicht)* posthumously published *pred form*
nach·ge·macht *adj inv* imitation; ~es Geld counterfeit money; ∎ ~ sein to be imitation |*or* a counterfeit|
nach·ge·ord·net *adj (form)* subordinate
nach·ge·ra·de ['naːxɡəˈraːdə] *adv (geh)* ❶ *(beinahe)* practically, virtually ❷ *(nach wie vor)* still
Nach·ge·schmack *m* aftertaste; einen bitteren/süßen ~ haben to have a bitter/sweet aftertaste; |bei jdm| einen bitteren |*o* unangenehmen| |*o* üblen| ~ hinterlassen to leave a nasty taste |in sb's mouth|
nach·ge·wie·se·ner·ma·ßen *adv inv* as has been proved |*or* shown|; der Fahrer, der den Unfall verursachte, war ~ volltrunken as has been proved |*or* shown| , the driver who caused the accident was blind drunk
nach·gie·big ['naːxɡiːbɪç] *adj* ❶ *(leicht nachgebend)* soft, accommodating, compliant *form;* |jdm gegenüber| |zu| ~ sein to be |too| soft |on sb| ❷ *(auf Druck nachgebend)* pliable, yielding *attr;* diese Matratze ist überall sehr ~ this mattress gives all over
Nach·gie·big·keit <-> *f kein pl* ❶ *von Wesenart* softness *no art, no pl,* accommodating nature ❷ *von Konsistenz* pliability *no art, no pl,* softness *no art, no pl*
nach|gie·ßen *irreg* **I.** *vt* ∎ |jdm| etw ~ to give some more of sth, to top up |*or* AM off| *sep* sb's glass |*or fam* sb| **II.** *vi* ∎ |jdm| ~ to top up |*or* AM off| sb *sep fam;* darf ich ~? would you like some more?
nach|grü·beln *vi* ∎ |über etw *akk*| ~ to think |about sth|, to ponder |on sth| *form;* ∎ das N~ thinking, pondering *form;* N~ wäre nur verschenkte Zeit don't waste your time thinking about |*or form* pondering on| it
nach|gu·cken *vi (fam)* ∎ |in etw *dat*| ~ to |take a| look |in sth|
nach|ha·ken *vi (fam)* ∎ |bei jdm| |mit etw| ~ to probe sb with sth, to dig deeper |with sth|
Nach·hall *m* echo
nach·hal·tig ['naːxhaltɪç] **I.** *adj* lasting, sustained; ~e Entwicklung sustainable development **II.** *adv* jdm ~ beeindrucken/beeinflussen to leave a lasting impression/have a lasting influence on sb; sich *akk* ~ verbessern to make a lasting improvement
Nach·hal·tig·keit <-> *f kein pl* ❶ *(längere Zeit anhaltende Wirkung)* lastingness *no pl;* manchmal ist ein Glas zu viel von großer ~ sometimes one glass too many can have a very long-lasting |after-|effect ❷ FORST *(dauernde Nutzung einer Fläche zur Holzproduktion)* sustentation *no pl*
nach|hän·gen *vi irreg* ❶ *(sich überlassen)* ∎ einer S. *dat* ~ to lose oneself in |*or* abandon oneself to| sth ❷ *(anhaften)* ∎ jdm hängt etw nach sth is attached to sb; ihm hängt der Geruch nach, dass ... there's a rumour attached to him that ...
Nach·hau·se·weg [naːxˈhauzəveːk] *m* way home; auf

dem/jds ~ on the/sb's way home

nach|hel·fen vi irreg ❶ (zusätzlich beeinflussen) ■ **ei·ner S.** dat ~ to help along sth sep; ■ **mit etw** ~ to help things along [or give a helping hand] with sth; **~, dass etw passiert** to help make sth happen ❷ (auf die Sprünge helfen) ■ **jdm/etw** ~ to give sb/sth a helping hand

nach·her [na:x'e:ɐ, 'na:xe:ɐ] adv ❶ (danach) afterwards ❷ (irgendwann später) later; **bis ~!** see you later! ❸ (fam: womöglich) possibly; ~ **behauptet er noch, dass ...** he might just claim [that] ...

Nach·hil·fe f extra help no art, no pl, private tuition [or AM usu tutoring] [or coaching] no art, no pl; **[von jdm]** ~ **[in etw** dat] **bekommen** to receive [or get] private tuition [from sb] [in sth]; **[jdm]** ~ **[in etw** dat] **geben** to give [sb] private tuition [in sth]

Nach·hil·fe·leh·rer(in) m(f) private tutor **Nach·hil·fe·stun·de** f private lesson [or coaching no art, no pl]; **[von jdm]** ~**n [in etw** dat] **bekommen** to receive [or get] private lessons [from sb] [in sth]; **[jdm]** ~**n [in etw** dat] **geben** to give [sb] private lessons [in sth] **Nach·hil·fe·un·ter·richt** m private coaching [or tuition] [or AM usu tutoring] no art, no pl

nach·hin·ein adv **im N**~ looking back, in retrospect; (nachträglich) afterwards

nach|hin·ken vi sein (fam) ■ **[hinter jdm/etw]** ~ to lag behind [sb/sth]

Nach·hol·be·darf m additional requirements pl; ■ **der/jds** ~ **an etw** dat the/sb's additional requirements of sth; **jds** ~ **[an etw** dat] **gedeckt sein** to have had one's fill [of sb's sth]; **einen [großen]** ~ **[an/auf etw** dat] **haben** to have a lot to catch up on [in the way of sth]

nach|ho·len vt ❶ (aufholen) ■ **etw** ~ to make up for sth ❷ (nachkommen lassen) ■ **jdn** ~ to let sb [or get sb to] join one

Nach·hut <-, -en> f MIL rearguard BRIT, rear guard AM; **bei der** ~ in the rearguard

nach|ja·gen vi sein ❶ (zu erreichen trachten) ■ **einer S.** dat ~ to pursue [or chase after] sth ❷ (eilends hinterherlaufen) ■ **jdm** ~ to chase after sb

nach|kau·fen vt ■ **etw** ~ to buy sth later [or at a later date]; **alle Teile können jederzeit nachgekauft werden** all parts are available for purchase at all times **Nach·klang** m ongoing sound; (Echo) echo

nach·klas·sisch adj post-classical

nach|klin·gen vi irreg sein ❶ (weiterklingen) to go on sounding, to linger ❷ (als Eindruck zurückbleiben) ■ **in jdm** ~ to linger [or stay] with sb

Nach·kom·me <-n, -n> ['na:xkɔmə] m descendant

nach|kom·men vi irreg sein ❶ (danach folgen) to follow on; ■ **jdn** ~ **lassen** to let sb join one later; **sein Gepäck** ~ **lassen** to have [or get] one's luggage sent on ❷ (Schritt halten) to keep up ❸ (mithalten) ■ **[mit etw]** ~ to keep up [with sth] ❹ (erfüllen) ■ **einer S.** dat ~ to fulfil [or AM usu -ll] sth; **einer Anordnung/Pflicht** ~ to carry out an order/a duty sep; **einer Forderung** ~ to meet [with] a demand ❺ (als Konsequenz folgen) to follow as a consequence ❻ SCHWEIZ (verstehen) to follow, to get it; ■ **~, was ...** to understand [or get] what ...

Nach·kom·men·schaft <-, -en> f (geh) descendants pl; **seine zahlreiche** ~ one's numerous progeny + sing/pl vb form

Nach·kömm·ling <-s, -e> ['na:xkœmlɪŋ] m (Nachzügler) latecomer, late arrival; (Kind) afterthought hum; (Nachkomme) descendant

nach|kon·trol·lie·ren* vt ■ **etw [auf etw** akk] ~ to check over sth sep [for sth]; ■ **~, ob/wann/wie ...** to check whether/when/how ...

nach|kor·ri·gie·ren* vt ■ **etw** ~ to re-correct sth; **einen Aufsatz** ~ to go over an essay again

Nach·kriegs·deutsch·land nt POL (hist) post-war Germany **Nach·kriegs·ge·ne·ra·ti·on** f post-war generation **Nach·kriegs·zeit** f post-war period

Nach·kur f MED after-treatment no pl, follow-up cure

nach|la·den irreg I. vt ■ **etw** ~ to reload sth; ■ **das N**~ **[einer S.** gen [o von etw]] reloading [sth] II. vi to reload

Nach·lass^RR <-es, -e o -lässe> m, **Nachlaß**^ALT <-lasses, -lasse o -lässe> ['na:xlas, pl: 'na:xlɛsə] m ❶ (hinterlassene Werke) unpublished works npl ❷ (hinterlassener Besitz) estate; **den** ~ **eröffnen** to read the will; **den** ~ **ordnen/verwalten** to organize/administer the estate ❸ (Preis~) reduction, discount; ■ **ein** ~ **[von etw] [auf etw** akk] a discount [or reduction] [of sth] [on sth]

nach|las·sen irreg I. vi ❶ (schwächer werden) to decrease, to diminish; **sobald die Kälte etwas nachlässt, ...** as soon as it gets a little warmer ...; Druck, Schmerz to ease off [or up]; Gehör, Sehkraft to deteriorate; Interesse to flag, to wane; Nachfrage to drop [off], to fall; Sturm to die down, to abate ❷ (in der Leistung schlechter werden) to deteriorate in one's performance, to be slacking off; **mit der Zeit ließ er [or in seiner Leistung] nach** as time went on his performance deteriorated ❸ (aufhören) ■ ~, **etw zu tun** to stop doing sth; **nicht ~!** keep it up! II. vt ❹ **[jdm] etw [von etw]** ~ to knock sth off [sth] [for sb] fam; **[jdm] 10 % vom Preis** ~ to give [sb] a 10% rebate [or discount]

nach·läs·sig ['na:xlɛsɪç] I. adj ❶ (unsorgfältig) careless; **eine ~e Person** a careless [or negligent] person; **~e Arbeit** slipshod work pej; **etw ist/wird** ~ sth is slack/slacking ❷ (schlampig) careless, sloppy pej II. adv ❶ (unsorgfältig) carelessly, negligently ❷ (schlampig) carelessly, sloppily pej

Nach·läs·sig·keit <-, -en> f ❶ kein pl (nachlässige Art) carelessness no art, no pl ❷ (nachlässige Handlung) negligence no art, no pl; **eine grobe** ~ [an instance of] gross negligence

Nach·lass·ver·wal·ter(in)^RR m(f) JUR estate executor [or administrator]

nach|lau·fen vi irreg sein ❶ (hinterherlaufen) ■ **jdn** ~ to run after sb ❷ (umwerben) ■ **jdm** ~ to run after sb ❸ (zu erreichen trachten) ■ **einer S.** dat ~ to run [or chase [after]] sth

nach|le·gen I. vt ❶ (zusätzlich auflegen) **Holz/Kohle/Scheite** ~ to put some more wood/coal/logs on [the fire] ❷ (zusätzlich auf den Teller geben) ■ **[jdm/sich] etw** ~ to give [or get] [sb/oneself] a second helping [of sth] II. vi (fam) to do/say more; **„damit ist aber nicht alles gesagt," legte er nach** "I haven't yet had the last word on this," he added

Nach·le·se f ❶ AGR second harvest ❷ MEDIA, TV (ausgewählter Nachtrag) ■ **eine** ~ **aus etw** selected postscripts from sth

nach|le·sen vt irreg ■ **etw [irgendwo]** ~ to read up on sth [somewhere]

nach|lie·fern vt ■ **[jdm] etw** ~ ❶ (später liefern) to deliver sth [to sb] at a later date ❷ (später abgeben) to hand in sth sep [to sb] at a later date

Nach·lie·fe·rung f ❶ (nachträgliche Lieferung) delivery ❷ (nachträglich gelieferter Artikel) delivery **Nach·lö·se·ge·bühr** f TRANSP excess fare

nach|lö·sen I. vt **eine Fahrkarte/einen Zuschlag** ~ to buy a ticket/a supplement on the train II. vi ■ **[bei jdm]** ~ to pay [sb] on the train

nach|ma·chen vt ❶ (imitieren) ■ **jdn/etw** ~ to imitate sb/sth, to impersonate sb ❷ (nachahmen) ■ **jdm etw** ~ to copy sth from sb; **das soll mir erst mal einer ~!/macht mir bestimmt keiner nach!** I'd like to see anyone else do that! ❸ (fälschen) ■ **etw** ~ to forge sth; **Geld** ~ to forge [or counterfeit] money

⑤ *(fam: nachträglich anfertigen)* ■ etw ~ to make up sth *sep*

nach|mes·sen *irreg* **I.** *vt* ■ etw [mit etw] ~ to measure sth again [with sth] **II.** *vi* ■ [mit etw] ~ to check [with sth]; ■ das N~ checking; **der Fehler ist mir erst beim N~ aufgefallen** I only noticed the mistake whilst checking through

Nach·mie·ter(in *m(f)* next tenant *no indef art;* ■ jds ~ the tenant after sb; **sie ist meine ~in** she moved in when/after I moved out

Nach·mit·tag ['naːxmɪtaːk] *m* afternoon; **am/bis zum [frühen/späten]** ~ in the/until the [early/late] afternoon; **im Laufe des ~s** during [the course of] the afternoon

nach·mit·täg·lich *adj attr* afternoon *attr;* **die ~ stattfindenden Seminare** the afternoon seminars

nach·mit·tags *adv* ① *(am Nachmittag)* in the afternoon ② *(jeden Nachmittag)* in the afternoons

Nach·mit·tags·schläf·chen *nt* afternoon nap **Nach·mit·tags·un·ter·richt** *m* afternoon lessons *pl* **Nach·mit·tags·vor·stel·lung** *f* afternoon showing, matinée [performance]

Nach·nah·me <-, -n> ['naːxnaːmə] *f* cash [*or* AM *a.* collect] *no art, no pl* on delivery [*or* COD] *no art, no pl;* **etw als** [*o* **per**] ~ **schicken** [*o* **senden**] to send sth COD

Nach·nah·me·ge·bühr *f* COD charge **Nach·nah·me·sen·dung** *f (form)* registered COD consignment *form,* COD parcel

Nach·na·me *m* surname, family [*or* last] [*or* BRIT *a.* second] name; **wie hießen Sie mit ~n?** what's your surname?

nach|plap·pern *vt (fam)* ■ [jdm] etw ~ to parrot sth [sb says] *pej,* BRIT *a.* to repeat sth [sb says] parrot-fashion

Nach·por·to *nt s.* **Nachgebühr**

nach·prüf·bar *adj* verifiable; ■ etw ist ~ sth is verifiable [*or* can be verified [*or* checked]]

Nach·prüf·bar·keit <-> *f kein pl* verifiability *no art, no pl*

nach|prü·fen **I.** *vt* ① *(etw überprüfen)* ■ etw ~ to verify [*or* check up on] sth ② SCH *(nachträglich prüfen)* ■ jdn ~ to examine sb at a later date; *(nochmals prüfen)* to re-examine sb **II.** *vi* ■ ~, ob/wann/wie … to verify [*or* check] whether/when/how …

Nach·prü·fung *f* ① *(das Nachprüfen)* verification; ■ **die/eine** ~ [**einer S.** *gen*] the/a verification [of sth], verifying [sth]; **die ~ der Daten dauert eine Weile** it will take some time to verify the data ② SCH *(nachträgliche Prüfung)* resit BRIT, re-examination AM

nach|rech·nen **I.** *vi* to check again; **wir müssen noch einmal** ~ we'll have to do our sums again *hum;* ■ ~, **dass/ob …** to check that/whether … **II.** *vt* ■ etw [noch einmal] ~ to check sth [again]

Nach·re·de *f* JUR **üble** ~ defamation [of character] *form,* slander; **üble** ~ [**über jdn**] **verbreiten** to spread slander [about sb]

nach|rei·chen *vt* ■ [jdm] etw ~ to hand sth [to sb] later

nach|rei·sen *vi sein* ■ jdm [irgendwohin] ~ to join [*or* follow] sb [somewhere]

nach|rei·ten *vi irreg sein* ■ jdm/etw ~ to ride after sb/sth

Nach·richt <-, -en> ['naːxrɪçt] *f* ① MEDIA news *no indef art,* + *sing vb;* ■ **eine** ~ a news item; ■ **die ~en** the news + *sing vb* ② *(Mitteilung)* news *no indef art,* + *sing vb;* ■ **eine** ~ some news + *sing vb,* a piece of news; **jdm** ~ **geben** to let sb know; **geben Sie uns bitte** ~, **wenn …** please let us know when …

Nach·rich·ten·agen·tur *f* news agency **Nach·rich·ten·an·ge·bot** *nt* INET range of news services and stories **Nach·rich·ten·dienst** *m* ① *(Geheimdienst)* intelligence *no art, no pl* [service] ② *s.* **Nachrichten-**

agentur **Nach·rich·ten·ka·nal** *m* news channel **Nach·rich·ten·ma·ga·zin** *nt* news magazine **Nach·rich·ten·sa·tel·lit** *m* TELEK communications satellite **Nach·rich·ten·sen·dung** *f* MEDIA news broadcast, newscast **Nach·rich·ten·sper·re** *f* news embargo [*or* blackout]; **eine** ~ **verhängen** to order a news embargo; *(als feindlicher Akt)* to gag the press **Nach·rich·ten·spre·cher(in** *m(f)* newscaster, BRIT *a.* newsreader **Nach·rich·ten·tech·nik** *f* telecommunications + *sing vb*

nach|rü·cken *vi sein* ① *(jds Posten übernehmen)* to succeed sb; POL *a.* to move up; **auf einen Posten** ~ to succeed to a post ② MIL *(folgen)* ■ [jdm] ~ to advance [on sb]

Nach·rü·cker(in <-s, -> *m(f)* POL successor

Nach·ruf *m* obituary, obit *fam*

nach|ru·fen *vt irreg* ■ jdm etw ~ to shout sth after sb; ■ [jdm] ~, [dass] … to shout [to sb] that …

Nach·ruhm *m* posthumous fame *no art, no pl form,* fame after death *no art, no pl*

nach|rüs·ten **I.** *vt* ■ etw [mit etw] ~ to update [*or* [re]fit] sth [with sth]; **Sie können ihr Auto mit einem Katalysator** ~ you can [re]fit your car with a catalytic converter; **einen Computer** ~ to upgrade a computer **II.** *vi* MIL to deploy new arms

Nach·rüs·tung *f kein pl* ① TECH modernization, refit, installation ② MIL *(nachträgliche Aufrüstung)* deployment of new arms

nach|sa·gen *vt* ① *(von jdm behaupten)* ■ jdm etw ~ to say sth of sb; **es wird ihr nachgesagt, dass sie eine bösartige Intrigantin sei** they say [*or* it's said] that she is a nasty schemer; **ich lasse mir von dieser Frau nicht** ~, **dass ich lüge** I'm not having that woman say I'm a liar ② *(nachsprechen)* ■ [jdm] etw ~ to repeat sth [sb said]

Nach·sai·son [-zɛˌzõː, -zɛˌzɔŋ] *f* off-season

nach|sal·zen I. *vt* ■ etw ~ to add more salt to sth **II.** *vi* to add more salt

Nach·satz *m* afterthought; *(Nachschrift)* postscript

nach|sau·sen *vi sein* ■ jdm/etw ~ to rush after sb/sth

nach|schau·en I. *vt* ■ etw [in etw *dat*] ~ to look up sth *sep* [in sth] **II.** *vi* ① *(nachschlagen)* ■ [in etw *dat*] ~ to [have *or* take] a look [in sth]; ■ ~, **ob/ wie …** to [have a] look [*or* look up] whether/how … ② *(nachsehen)* ■ ~[, **ob …**] to [have a] look [and see] [*or fam* have a look-see] [whether …]

nach|schen·ken *(geh)* **I.** *vt* ■ [jdm] etw ~ to top up [*or* AM off] sep sb's glass [*or* sep AM off]; ■ ~ to top up [*or* AM off] sb *sep fam;* **darf ich ~?** may I top you up? *fam [or* give you a refill]

nach|schi·cken *vt* ① *(nachsenden)* ■ [jdm] etw ~ to forward [*or sep* send on] sth [to sb], to forward sth [to sb] ② *(hinterdrein schicken)* ■ jdm jdn ~ to send sb after sb

nach|schie·ben *vt irreg (sl)* ■ etw ~ to follow sth up with sth; **eine Begründung/Erklärung** ~ to provide a reason/an explanation afterwards; **nachgeschobene Gründe** rationalizations

nach|schie·ßen *vt irreg* FIN *(fam)* ■ etw ~ to give sth additionally; **Geld** to pump additional cash into sth

Nach·schlag *m von Essen* second helping

nach|schla·gen *irreg* **I.** *vt* ■ etw [in etw *dat*] ~ to look up sth *sep* [in sth] **II.** *vi* ① *haben (nachlesen)* ■ [in etw *dat*] ~ to look it up [in sth], to consult sth ② *sein (geh: jdm ähneln)* ■ jdm ~ to take after sb

Nach·schla·ge·werk *nt* reference book [*or* work]

nach|schlei·chen *vi irreg sein* ■ jdm ~ to creep [*or* sneak] after sb

nach|schlei·fen *vt irreg* **ein Messer** ~ to [re]sharpen [*or* [re]grind] a knife

nach|schleu·dern *vt* ■ jdm etw ~ to fling [*or* hurl] sth after sb

Nach·schlüs·sel *m* duplicate key

nach|schmei·ßen *vt irreg (fam)* ■ **jdm etw ~** to throw [*or* fling] sth after sb; **nachgeschmissen sein** to be a real bargain

nach|schnüf·feln *vi (fam)* to poke [*or pej* sniff] around *fam;* ■ **jdm ~** to spy on sb; ■ **in etw** *dat* **~** to poke [*or pej* sniff] around in sth *fam*

Nachschrift <-, -en> *f* ➊ *(Protokoll)* transcript ➋ *(Nachsatz) Brief* postscript, PS

Nach·schub <-[e]s, Nachschübe> ['naːxʃuːp, *pl:* 'naːxʃyːbə] *m pl rare* ➊ MIL *(neues Material)* [new] supplies *npl,* reinforcements *npl;* ■ **der/jds ~ an etw** *dat* the/sb's supplies of sth; **beim ~ sein** to be in the supply troop ➋ *(fam: zusätzlich erbetene Verpflegung)* second helpings *pl*

Nach·schub·ein·heit <-, -en> *f* MIL supply unit

nach|schwat·zen, nach|schwät·zen *vt* SÜDD, ÖSTERR *(fam)* ■ **[jdm] etw ~** to parrot sth [sb says/said]

nach|se·hen *irreg* **I.** *vi* ➊ *(mit den Blicken folgen)* ■ **jdm/etw ~** to follow sb/sth with one's eyes, to watch sb/sth; *(mit Bewunderung/Sehnsucht a.)* to gaze after sb/sth ➋ *(nachschlagen)* ■ **[in etw** *dat*] **~** to look it up [in sth], to consult sth ➌ *(hingehen und prüfen)* ■ **[irgendwo]** **~** to [have [*or* take] a] look [somewhere]; ■ **~, ob/wo …** to [have a] look whether/where … **II.** *vt* ➊ *(nachschlagen)* ■ **etw [in etw** *dat*] **~** to look up sth *sep* [in sth] ➋ *(kontrollieren)* ■ **etw ~** to check sth; **etw auf Fehler hin ~** to check sth for defects/errors ➌ *(geh: verzeihen)* ■ **jdm etw ~** to forgive sb for sth

Nach·se·hen <-s> *nt kein pl* ▸ WENDUNGEN: [**bei/in etw** *dat*] **das ~ haben** to be left standing [in sth]; *(leer ausgehen)* to be left empty-handed [in sth]; *(keine Chance haben)* to not get anywhere [*or* a look-in]

Nach·sen·de·an·trag *f* application to have one's mail forwarded

nach|sen·den *vt irreg* ■ **jdm etw ~** to forward [*or sep* send on] sth to sb; ■ **sich** *dat* **etw ~ lassen** to have sth forwarded to one['s new address]

nach|set·zen *vi (geh)* ■ **jdm ~** to pursue sb

Nach·sicht <-> *f kein pl* leniency *no art, no pl;* [**mehr**] **~ üben** *(geh)* to be [more] lenient, to show [more] leniency; **mit [mehr] ~** with [more] leniency; **etw mit ~ betrachten** to view sth leniently; **ohne ~** without mercy

nach·sich·tig **I.** *adj* lenient; *(verzeihend)* merciful; ■ **[mit jdm] ~ sein** to be lenient [with sb] **II.** *adv* leniently/mercifully

Nach·sil·be *f* suffix

nach|sin·gen *vt irreg* ■ **[jdm] etw ~** to sing sth after [sb]

nach|sin·nen *vi irreg* ■ **[über etw** *akk*] **~** to ponder [over sth]

nach|sit·zen *vi irreg* SCH ■ **~ müssen** to have detention; ■ **jdn ~ lassen** to give sb detention

Nach·som·mer *m* Indian summer

Nach·sor·ge *f* aftercare *no pl*

Nach·sor·ge·kli·nik *f* aftercare clinic

Nach·spann <-s, -e> *m* FILM, TV credits *npl*

Nach·spei·se *f* dessert, BRIT *a.* sweet; ■ **als ~** for dessert

Nach·spiel *nt* ➊ THEAT epilogue; MUS closing section ➋ *(nach Sex)* cuddling after sex ➌ *(unangenehme Folgen)* consequences *pl,* repercussions *pl;* **ein ~ haben** to have consequences [*or* repercussions]

nach|spie·len **I.** *vt* ■ **etw ~** to play sth **II.** *vi* ➊ *(akkompagnieren)* ■ **jdm [auf etw** *dat*] **~** to follow sb [on sth] ➋ SPORT to play extra time [*or AM* overtime]; **~ lassen** to allow extra time

nach|spi·o·nie·ren[*] *vi (fam)* ■ **jdm ~** to spy on sb

nach|spre·chen *irreg* **I.** *vt* ■ **[jdm] etw ~** to repeat sth

[after sb] **II.** *vi* ■ **jdm ~** to repeat after sb

nach|spü·len *vi (fam)* ■ **[mit etw] ~** to wash it down [with sth] *fam;* **zum N~** to wash [*or* for washing] it down *fam*

nach|spü·ren *vi* ➊ *(erkundend nachgehen)* ■ **einer S.** *dat* **~** to look into sth; **einer Fährte ~** to follow a trail ➋ *(veraltend geh: auf der Jagd verfolgen)* ■ **jdm ~** to track [*or* hunt] down sb *sep;* **einem Tier ~** to track an animal

nächst ['nɛːçst] *präp +dat (geh)* ■ **~ jdm** *(örtlich am nächsten)* beside [*or* next to] sb; *(außer)* apart [*or esp* AM aside] from sb

nächst·bes·te(r, s) ['nɛːçst'bɛstə] *adj attr* ■ **der/die/ das ~ …** the first … one/sb sees

nächs·te(r, s) ['nɛːçstə] *adj superl von* **nah(e)** ➊ *räumlich (zuerst folgend)* next; **im ~n Haus** next door; **beim ~n Halt** at the next stop; *(nächstgelegen)* nearest; **am ~n** closest, nearest ➋ *(nächststehend)* close; **~ Angehörige** close relatives ➌ *temporal (darauffolgend)* next; **beim ~n Aufenthalt** on the next visit; **~ Ostern/~es Jahr** next Easter/year; **bis zum ~n Mal!** till the next time!; **am ~n Tag** the next day; **in den ~n Tagen** in the next few days; **in der ~n Woche** next week; **als N~s** next; **der N~, bitte!** next please!

Nächs·te(r) *f(m) dekl wie adj* neighbour [*or AM* -or]; ■ **jds ~r** sb's neighbour; **jeder ist sich selbst der ~** *(prov)* it's every man for himself[, and the Devil take the hindmost] *prov*

Nächs·te(s) *nt dekl wie adj* ■ **das ~, was …** the first thing [that] …

nach|ste·hen *vi irreg* **jdm an Intelligenz/Kraft etc.** *dat* **nicht ~** to be every bit as intelligent/strong as sb; ■ **jdm in nichts** *dat* **~** to be sb's equal in every way

nach·ste·hend ['naːxʃteːənt] **I.** *adj attr* following *attr;* ■ **das N~e, N~es** the following; **im N~en** below, in the following; **im N~en „Kunde" genannt** here[in]after referred to as 'Customer' *form* **II.** *adv* in the following, below; **die Einzelheiten habe ich ~ erläutert** I have explained the details as follows

nach|stei·gen *vi irreg sein* ■ **jdm ~** ➊ *(hinterhersteigen)* to climb after sb ➋ *(fam: umwerben)* to chase [after] sb

nach|stel·len **I.** *vt* ■ LING ■ **[einer S.** *dat*] **nachgestellt werden** to be put after [sth]; **im Französischen wird das Adjektiv [dem Substantiv] nachgestellt** in French the adjective is placed after the noun; ■ **nachgestellt** postpositive *spec* ➋ TECH ■ **etw ~** *(neu einstellen)* to adjust sth; *(wieder einstellen)* to readjust sth; *(korrigieren)* to correct sth; **eine Uhr [um etw] ~** to put back a clock *sep* [by sth] ➌ *(nachspielen)* ■ **etw ~** to reconstruct sth **II.** *vi* ■ **jdm ~** ➊ *(geh: verfolgen)* to follow sb ➋ *(umwerben)* to pester sb

Nach·stel·lun·gen *pl* ➊ *(Belästigung)* unwelcome advances *npl,* pestering *no art, no pl* ➋ *(Verfolgungen)* pursuit

Nächs·ten·lie·be *f* compassion *no art, no pl;* **~ üben** *(geh)* to love one's neighbour [*or AM* -or] [as oneself]

nächs·tens ['nɛːçstn̩s] *adv* ➊ *(bald)* [some time] soon ➋ *(das nächste Mal)* [the] next time ➌ *(fam: womöglich)* next, before long; **~ wird noch behauptet, ich habe das Gegenteil gesagt** next [*or* before long] they'll be claiming I said the opposite

nächst·ge·le·gen *adj attr* nearest **nächst·hö·her** ['nɛːçst'høːɐ] *adj attr* next highest **nächst·lie·gend** *adj attr* most plausible; ■ **das N~e** the most plausible thing [to do] **nächst·mög·lich** ['nɛːçst'møːklɪç] *adj attr* ➊ *zeitlich* next possible *attr;* **bei der ~en Gelegenheit** at the next opportunity ➋ *räumlich* next possible *attr*

nach|su·chen *vi* ➊ *(durch Suchen nachsehen)* ■ **[in**

etw *dat*| **~** to look |in sth| ❷ *(form: beantragen)* ▪|**bei jdm**| **um etw ~** to request sth |of sb| |*or* sb for sth|, to apply |to sb| for sth

Nacht <-, Nächte> |'naxt, *pl*: 'nɛçtə| *f* night; ▪ **~ sein/werden** to be/get dark; **ganze Nächte** for nights |on end|; **bis weit in die ~** far into the night; **ich habe gestern bis weit in die ~ gearbeitet** I worked late last night; **bei ~** at night; **in der ~** at night; **über ~** overnight; **über ~ bleiben** to stay the night; **des ~s** *(geh)* at night; **diese/letzte** |*o* **vorige**| **~** tonight/last night; **eines ~s** one night ▸WENDUNGEN: **bei ~ sind alle Katzen grau** *(fam)* all cats are grey |*or* AM *a.* gray| at night; **bei ~ und Nebel** *(fam)* at dead of night; **sich die ~ um die Ohren schlagen** *(fam)* to make a night of it; **die ~ zum Tage machen** to stay up all night; **gute ~!** good night!; **jdm gute ~ sagen** to say good night to sb; |**na,**| **dann gute ~!** *(iron fam)* well, that's just great! *iron fam;* **hässlich wie die ~ sein** *(fam)* to be as ugly as sin *fam;* **zur ~ essen** SÜDD, ÖSTERR to have supper |*or* dinner|

nacht·ak·tiv *adj inv* ZOOL *Tier* nocturnal *spec* **Nacht·ar·beit** *m* nightwork *no art, no pl; (Nachtschicht a.)* night shift **nacht·blind** *adj* nightblind, suffering from night blindness *pred;* ▪ **~ sein** to be nightblind, to suffer from night blindness **Nacht·creme** |-kre:m| *f* night cream **Nacht·dienst** *m* night duty *no art, no pl,* night shift

Nach·teil <-[e]s, -e> |'na:xtail| *m* disadvantage, drawback; **jdm ~e bringen** to be disadvantageous to sb; **jdm zum ~ gereichen** *(geh)* to be disadvantageous to sb; **durch etw ~e haben** to lose out by sth; **soziale/berufliche ~e haben** to lose out socially/in one's career; |**jdm gegenüber**| **im ~ sein** |*o geh:* **sich befinden**| to be at a disadvantage |with sb|; **sich akk zu seinem ~ verändern** to change for the worse; **es soll nicht Ihr ~ sein** you won't lose |anything| by it

nach·tei·lig |'na:xtailɪç| **I.** *adj* disadvantageous, unfavourable |*or* AM unfavorable|; ▪|**für jdn**| **~ sein** to be disadvantageous |for sb|; ▪ **etwas/nichts N~es** something/nothing unfavourable **II.** *adv* advantageously, unfavourably |*or* AM unfavorably|

näch·te·lang |'nɛçtəlaŋ| *adv* for nights on end **Nacht·es·sen** *nt* SÜDD, ÖSTERR, SCHWEIZ *(Abendessen)* supper, evening meal **Nacht·eu·le** *f (fam)* s. **Nachtmensch Nacht·fahr·ver·bot** *nt* ban on night driving **Nacht·fal·ter** *m* ZOOL moth **Nacht·flug** *m* night flight, *esp* AM red-eye |flight| *fam* **Nacht·flug·verbot** *nt* ban on night flying **Nacht·frost** *m* night frost **Nacht·hemd** *nt* MODE nightdress, nightie *fam,* AM *a.* nightgown; *(Herren~)* night shirt **Nacht·him·mel** *m* night sky

Nach·ti·gall <-, -en> |'naxtɪgal| *f* nightingale; ▸WENDUNGEN: **~, ick hör' dir trapsen** DIAL *(hum sl)* I see what you're after |*or fam* driving at|

näch·ti·gen |'nɛçtɪgn̩| *vi (geh)* ▪ |**bei jdm**| **~** to stay the night |with sb|

Näch·ti·gungs·plus *nt* TOURIST *increase in the number of overnight stays made by tourists*

Nach·tisch *m* dessert, BRIT *a.* sweet; **als** |*o* **zum**| **~** for dessert |*or* BRIT *fam* afters|, as a sweet

Nacht·ker·ze *f* BOT evening primrose **Nacht·klub** *m* s. **Nachtlokal Nacht·la·ger** *nt (geh)* place to sleep |for the night|; |**irgendwo**| **sein ~ aufschlagen** to bed down |somewhere| for the night **Nacht·le·ben** *nt* nightlife *no indef art, no pl*

näch·tlich |'nɛçtlɪç| *adj attr* nightly; **ein ~er Besucher** a night visitor

Nacht·lo·kal *nt* nightclub, nightspot *fam* **Nacht·mahl** *nt* ÖSTERR *(Abendessen)* supper, evening meal **Nacht·mensch** *m* night person |*or fam* owl| **Nacht·**

por·tier |-pɔrti̯e:| *m* night porter **Nacht·programm** *nt* late-night programme |*or* AM -am| **Nacht·quar·tier** *nt s.* **Nachtlager**

Nach·trag <-[e]s, -träge> |'na:xtra:k, *pl*: -trɛ:gə| *m* ❶ *eines Briefs* postscript, PS ❷ *pl (Ergänzungen)* supplement

nach|tra·gen *vt irreg* ❶ *(nachträglich ergänzen)* ▪ **etw** |**zu etw**| **~** to add sth |to sth|; ▪ |**noch**| **~, dass …** to add that … ❷ *(nicht verzeihen können)* ▪ **jdm etw** |**nicht**| **~** to |not| hold sth against sb |*or* a grudge against sb for sth|; ▪ **jdm ~, dass …** to hold it against sb that … ❸ *(hinterhertragen)* ▪ **jdm etw ~** to carry sth after sb

nach·tra·gend |'na:xtra:gn̩t| *adj* unforgiving, begrudging

nach·träg·lich |'na:xtrɛ:klɪç| **I.** *adj* later; *(verspätet)* belated **II.** *adv* later/belatedly

Nach·trags·band <-bände> |'na:xtra:ksbant, *pl*: -bɛndə| *m* supplement **Nach·trags·haus·halt** *m* POL supplementary budget

nach|trau·ern *vi* ▪ **jdm/etw ~** to mourn after sb/sth **Nacht·ru·he** *f* night's rest |*or* sleep| *no pl*

nachts |'naxts| *adv* at night; **montags ~** |on| Monday nights

Nacht·schat·ten *m* BOT nightshade **Nacht·schat·ten·ge·wächs** *nt* solanum *spec* **Nacht·schicht** *f* night shift; **~ haben** to be on night shift |*or fam* nights| **Nacht·schwal·be** *f* ORN nightjar **Nacht·schwär·mer**[1] *m* ZOOL s. **Nachtfalter Nacht·schwär·mer(in)**[2] *m(f) (veraltend)* night owl *fam* **Nacht·schwes·ter** *f* night nurse **Nacht·sei·te** *f* dark|er| side (+*gen*/**von** +*dat* of) **Nacht·sicht·ge·rät** *nt* night vision aid, nightviewer **Nacht·spei·cher·ofen** *m* storage heater **Nacht·strom** *m* off-peak electricity *no art, no pl*

nachts·über |'naxtsʔy:bɐ| *adv* at |*or* by| night **Nacht·ta·rif** *m* off-peak rate; *von Verkehrsmittel* night fares *pl* **Nacht·tier** *nt* nocturnal animal **Nacht·tisch** *m* bedside table **Nacht·tisch·lam·pe** *f* bedside lamp **Nacht·topf** *m* chamber pot

nach|tun *vt irreg* ▪ **es jdm ~** to copy |*or* emulate| sb **Nacht-und-Ne·bel-Ak·ti·on** *f* cloak-and-dagger |*or* hush-hush night-time| operation; **in einer ~** in a cloak-and-dagger operation **Nacht·vo·gel** *m* night |*or* nocturnal| bird **Nacht·vor·stel·lung** *f* THEAT late-night performance; FILM late-night film |*or* picture| **Nacht·wa·che** *f* night duty *no art, no pl;* **bei jdm ~ halten** to sit with sb through the night **Nacht·wäch·ter(in)** *m(f)* ❶ *(Aufsicht)* night guard ❷ HIST *(städtischer Wächter)* |night| watch **Nacht·zeit** *f (geh)* night-time *no indef art, no pl;* **zur ~** at night-time **Nacht·zug** *m* night train **Nacht·zu·schlag** *m* night supplement |*or form* hour premium|

Nach·un·ter·su·chung *f* MED follow-up |*or* further| examination

nach|ver·si·chern* *vt* ▪ **jdn ~** to revise sb's insurance; ▪ **sich** *akk* **~** to additionally insure oneself

nach·voll·zieh·bar *adj* comprehensible; ▪|**für jdn**| **~ sein** to be comprehensible |to sb|; ▪ **für jdn ~ sein, dass/warum/wie …** sb can understand |*or* it is understandable to sb| that/why/how …; **es ist für mich nicht ganz ~, wie …** I don't quite comprehend |*or* understand| how …

nach|voll·zie·hen* *vt irreg* ▪ **etw ~** to understand |*or* comprehend| sth

nach|wach·sen *vi irreg sein* ❶ *(erneut wachsen)* to grow back; ❷ **~d** regrowing ❸ *(neu aufwachsen)* to grow in place

Nach·wahl *f* POL by-election

Nach·we·hen *pl* ❶ *(nach der Entbindung)* afterpains *npl* ❷ *(geh: üble Folgen)* painful aftermath

nach|wei·nen *vi* ▪ **jdm/etw ~** to mourn after |*or* shed

a tear for] sb/sth
Nach·weis <-es, -e> ['naːxvais, *pl:* -vaizə] *m* ❶ *(Beweis des Behaupteten)* proof *no art, no pl;* **ein/der ~ seiner Identität/Mitgliedschaft/seines Wohnorts** proof of one's identity/membership/address; [jdm] **den ~ einer S.** *gen* **erbringen** [*o* **führen**] [*o* **liefern**] to deliver proof of sth [to sb], to provide [sb with] evidence of sth; **als** [*o* **zum**] **~ einer S.** *gen* as proof of sth ❷ *(Beweis)* proof *no art, no pl,* evidence *no art, no pl* ❸ ÖKOL *(das Aufzeigen)* evidence *no art, no pl*
nach·weis·bar **I.** *adj* ❶ *(beweisbar)* provable; ▪ **es ist ~, dass/warum/wie …** it can be proved that/why/how … ❷ ÖKOL *(nachzuweisen)* evident; ▪ [**irgendwo/in** etw *dat*] **~ sein** to be evident [somewhere/in sth] **II.** *adv* probably
nach·wei·sen *vt irreg* ❶ *(den Nachweis erbringen)* ▪ [jdm] etw **~** to establish proof of sth [to sb]; ▪ **jdm ~, dass …** to give sb proof that … ❷ *(beweisen)* ▪ **jdm** etw **~** to prove sth to sb; ▪ **jdm ~, dass …** to prove to sb that … ❸ ÖKOL *(die Existenz aufzeigen)* ▪ etw [**in** etw *dat*] **~** to detect sth [in sth] ❹ *(darüber informieren)* ▪ **jdm** etw **~** to give sb information about [*or* on] sth
nach·weis·lich ['naːxvaislɪç] **I.** *adj* provable **II.** *adv* provably, evidently
Nach·welt *f kein pl* **die ~** posterity
nach·wer·fen *vt irreg* ❶ *(hinterherwerfen)* ▪ **jdm** etw **~** to throw sth after sb ❷ *(zusätzlich einwerfen)* ▪ etw **~** to throw in more of/another sth *sep* ▸ WENDUNGEN: **nachgeworfen sein** *(fam)* to be dirt cheap
nach·wie·gen *irreg* **I.** *vt* ▪ etw **~** to weigh sth **II.** *vi* to weigh [it/them] [again]
nach·win·ken *vi* ▪ **jdm ~** to wave after sb
nach·wir·ken *vi* ❶ *(verlängert wirken)* to continue to have an effect ❷ *(als Eindruck anhalten)* ▪ [**in** jdm] **~** to continue to have an effect [on sb]
Nach·wir·kung *f* after-effect; *(fig)* consequence
Nach·wort <-worte> *nt* epilogue [*or* AM *a.* -og]
Nach·wuchs *m kein pl* ❶ *(fam: Kinder)* offspring *hum* ❷ *(junge Fachkräfte)* young professionals *pl*
Nach·wuchs·ar·beit *f* SPORT work developing young talent **Nach·wuchs·au·tor(in)** *m(f)* up-and-coming young writer **Nach·wuchs·wis·sen·schaft·ler(in)** *m(f)* up-and-coming young scientist
nach·zah·len **I.** *vt* ❶ *(etw nachträglich entrichten)* ▪ etw **~** to pay sth extra; **Steuern ~** to pay extra tax ❷ *(etw nachträglich bezahlen)* ▪ **jdm** etw **~** to pay sb sth at a later date **II.** *vi* to pay extra
nach·zäh·len **I.** *vt* ▪ etw **~** to check sth **II.** *vi* to check; ▪ **~, ob/wie viel …** to check whether/how much …
Nach·zah·lung *f* ❶ *(nachträglich)* back payment ❷ *(zusätzlich)* additional payment
nach·zeich·nen *vt* ▪ etw **~** to copy sth
nach·zie·hen *irreg* **I.** *vt* ▪ etw **~** ❶ *(nachträglich anziehen)* to tighten up sth *sep* ❷ *(hinter sich herziehen)* to pull [*or* drag] sth behind one ❸ *(zusätzlich nachzeichnen)* to go over sth; ▪ [**sich** *dat*] etw **~** to pencil over [*or* in] sth *sep* **II.** *vi sein* ▪ [**mit** etw] **~** to follow [with sth]
Nach·zug *m* joining one's family [in their country of immigration]; **der ~ ausländischer Familien ist gesetzlich geregelt** the immigration of foreign dependants is regulated by law
Nach·züg·ler(in) <-s, -> ['naːxtsyːklɐ] *m(f)* latecomer, late arrival
Na·cke·dei <-[e]s, -e *o* -s> ['nakədai] *m (hum fam)* naked child, little bare monkey *fam*
Na·cken <-s, -> ['nakn̩] *m* ❶ ANAT neck ❷ *(Schweine~)* neck of pork; *(Lamm~)* scrag ❸ *(fam)*

▸ WENDUNGEN: **jdn im ~ haben** to have sb on one's tail; **jdm im ~ sitzen** to breathe down sb's neck *pej*
na·ckend ['naknt] *adj (fam) s.* **nackt**
Na·cken·haar *nt meist pl* hair[s *pl*] on the back of one's neck; ▸ WENDUNGEN: **jdm sträuben sich die ~e** *(fam)* it makes sb's hair stand on end **Na·cken·rol·le** *f* bolster **Na·cken·schlag** *m* hard knock **Na·cken·stüt·ze** *f* ❶ *(Stütze für den Nacken)* headrest ❷ MED *(Stützvorrichtung für den Nacken)* surgical collar
na·ckert ['nakɐt] *adj* ÖSTERR *(fam) s.* **nackt**
na·ckig ['nakɪç] *adj (fam) s.* **nackt**
nackt ['nakt] **I.** *adj* ❶ *(unbekleidet)* naked, nude ❷ *(bloß)* bare ❸ *(kahl)* bare ❹ *(unverblümt)* naked; **die ~en Tatsachen** the bare facts; **die ~e Wahrheit** the naked [*or* plain] truth; *s. a.* **Leben II.** *adv* naked, in the nude
Nackt·ba·den <-s> *nt kein pl* nude bathing *no art, no pl,* skinny dipping *fam* **Nackt·ba·de·strand** *m* nudist beach
Nack·te(r) *f(m) dekl wie adj* naked person
Nackt·heit <-> *f kein pl* nudity *no art, no pl,* nakedness *no art, no pl*
Nackt·mo·dell *nt* nude model **Nackt·sa·mer** <-s, -> *m* BOT gymnosperm
Na·del¹ <-, -n> ['naːdl̩] *f* ❶ *(Näh~)* needle; **eine ~ einfädeln** to thread a needle ❷ *(Zeiger)* needle ❸ *(Sl)* ▸ WENDUNGEN: **an der ~ hängen** to be hooked on heroin; **von der ~ wegkommen** to kick the habit
Na·del² <-, -n> ['naːdl̩] *f* BOT needle
Na·del·baum *m* conifer
Na·del·brief *m* packet of needles **Na·del·dru·cker** *m* dot-matrix printer *spec*
Na·del·ge·hölz *nt* conifers *pl* **Na·del·holz** *nt* ❶ *kein pl* pine *no art, no pl* ❷ BOT *s.* **Nadelgehölz**
Na·del·kis·sen *nt* pincushion
na·deln ['naːdl̩n] *vi* to shed [its needles]
Na·del·öhr *nt* ❶ *(Teil einer Nadel)* eye of a/the needle; *s. a.* **Kamel** ❷ *(fig)* narrow passage **Na·del·spit·ze** *f* point of a/the needle **Na·del·stich** *m* ❶ *(Nähen)* stitch ❷ *(Pieksen)* prick, sting; **jdm einen ~ versetzen** to prick [*or* sting] sb [with a needle] **Na·del·strei·fen** *pl* pinstripes *pl* **Na·del·strei·fen·an·zug** *m* pinstripe [suit]
Na·del·wald *m* coniferous forest
Na·dir <-s> [naˈdiːɐ̯] *m kein pl* ASTRON nadir *no pl spec*
Na·gel¹ <-s, Nägel> ['naːgl̩, *pl:* 'nɛːgl̩] *m (Metallstift)* nail; ▸ WENDUNGEN: [**mit** etw] **den ~ auf den Kopf treffen** *(fam)* to hit the nail on the head; **Nägel mit Köpfen machen** *(fam)* to do the job [*or* thing] properly; **ein ~ zu jds Sarg sein** *(fam)* to be a nail in sb's coffin; **etw an den ~ hängen** *(fam)* to chuck [in *sep*] sth *fam*
Na·gel² <-s, Nägel> ['naːgl̩, *pl:* 'nɛːgl̩] *m (Finger~)* nail; ▸ WENDUNGEN: **jdm brennt es unter den Nägeln[, etw zu tun]** *(fam)* sb is dying [*or fam* itching] [to do sth]; **sich** *dat* etw unter den **~ reißen** *(sl)* to pinch [*or* BRIT *a.* nick] sth *fam*
Na·gel·bett *nt* bed of a/the nail
Na·gel·brett *nt* bed of nails
Na·gel·fei·le *f* nail file **Na·gel·haut** *f* cuticle **Na·gel·lack** *m* nail polish [*or* BRIT *a.* varnish] [*or* AM *a.* enamel] **Na·gel·lack·ent·fer·ner** *m* nail polish [*or* BRIT *a.* varnish] [*or* AM *a.* enamel] remover
na·geln ['naːgl̩n] **I.** *vt* ❶ *(mit Nägeln befestigen)* ▪ etw [**an/auf/vor** etw *akk*] **~** to nail sth [to/on]to/in front of sth]; ▪ **jdn an** etw *akk* **~** to nail sb [on]to sth; **jdn an ein Kreuz ~** to nail sb to a cross, to crucify sb ❷ *(mit Nägeln versehen)* ▪ etw **~** to hobnail sth; **genagelte Schuhe** hobnail[led] boot]s **II.** *vi* to hammer nails
na·gel·neu ['naːgl̩nɔy] *adj (fam)* brand-new
Na·gel·pfle·ge *f kein pl* nail care *no art, no indef art,*

care of [one's [*or* the] | nails **Na·gel·pro·be** *f* acid test
Na·gel·rei·ni·ger *m* nail cleaner **Na·gel·sche·re** *f*
nail scissors *npl*
Na·gel·schuh *m* hobnail[ed] boot]
na·gen ['naːgn̩] I. *vi* ① *(mit den Nagezähnen beißen)*
▪ [an etw *dat*] ~ to gnaw [at sth], to nibble at sth; **an
einem Bleistift** ~ to chew on a pencil ② *(schmerzlich wühlen)* ▪ **an jdm** ~ to nag [at] sb II. *vt* ① *(ab~)*
▪ **etw von etw** ~ to gnaw sth off sth ② *(durch N~
herstellen)* ▪ **etw durch/in etw** *akk* ~ to gnaw sth
through/in sth
na·gend ['naːgnt] *adj* nagging; ~**er Hunger** gnawing
hunger
Na·ger <-s, -> *m*, **Na·ge·tier** *nt* rodent
nah ['naː] *adj* **von** [*o* **aus**] ~ **und fern** from near and far
Nah·auf·nah·me *f* FOTO close-up; **eine** ~ [**von jdm/
etw**] **machen** to do a close-up [of sb/sth]
na·he <näher, nächste> ['naːə] I. *adj* ① *räumlich*
nearby, close [by] *pred;* **von** ~**m** from close up ② *zeitlich* near, approaching, nigh *old;* **Weihnachten ist** ~
it's nearly Christmas ③ *(eng)* close; ▪ **jdm** ~ **sein** to
be close to sb II. *adv* ① *räumlich* nearby, close [by [*or*
to]]; ▪ ~ **an etw** *dat*/**bei etw** close [*or* near] to sth;
jdm/etw zu ~ **kommen** to get too close to sb/sth;
~ **beieinander** close together ② *zeitlich* close;
~ **bevorstehen** to be just around the corner ③ *(fast)*
▪ ~ **an etw** *dat* almost sth ④ *(eng)* closely;
~ **befreundet sein** to be close friends; ▪ **mit jdm
verwandt sein** to be a close relative of sb
▸ WENDUNGEN: ~ **daran sein, etw zu tun** to be close
to doing sth; **jdm zu** ~ **treten** to offend sb III. *präp*
+*dat;* ▪ ~ **einer S.** near to sth
Nä·he <-> ['nɛːə] *f kein pl* ① *(geringe Entfernung)*
proximity *no pl form;* **aus der** ~ from close up; **in
der** ~ near; **bleib bitte in der** ~ please don't go too
far away ② *(Anwesenheit)* ▪ **jds** ~ sb's closeness; **jds**
~ **brauchen** to need sb [to be] close [to one]; **in jds** ~
close to sb ③ *(naher Zeitpunkt)* closeness *no pl*
na·he·bei ['naːəˈbai] *adv* nearby, close [by [*or* to]]
na·he·brin·gen *vt irreg* ▪ **jdm etw** ~ to bring sth
home to sb; **jdn jdm/etw** ~ to bring sb close to sb/
sth **na·he·ge·hen** *vi irreg sein* ▪ **jdm** ~ to upset sb
na·he·kom·men *vi, vr irreg sein* ▪ **einer S.** *dat* ~ to
come close to sth; ▪ **sich** *dat*/**einander** ~ to become
close **na·he·le·gen** *vt* ▪ **jdm etw** ~ to suggest sth to
sb; ▪ **jdm** ~**, etw zu tun** to advise sb to do sth;
▪ **etw** ~ to suggest sth
na·he·lie·gen *vi irreg* to suggest itself; **die Vermutung
liegt nahe, dass …** it seems reasonable to suppose
that …; ~**d** natural; ~**d sein** to seem to suggest itself,
to be obvious; **das N~de** the obvious thing to do; **aus
~den Gründen for obvious reasons
na·hen ['naːən] *(geh)* I. *vi sein* ① *(herankommen)* to
approach ② *(näher rücken)* to approach, to draw near
II. *vr (veraltend)* ① *(näher kommen)* ▪ **sich** *akk*
[**jdm**] ~ to approach sb; **sie hörten Schritte sich** ~
they heard footsteps approaching ② *(herantreten)*
▪ **sich** *akk* **jdm** [**mit etw**] ~ to approach sb [with sth]
nä·hen ['nɛːən] I. *vt* ① *(zusammen~)* ▪ **etw** ~ to sew
sth ② *(durch N~ befestigen)* ▪ **etw auf etw** *akk* ~ to
sew sth onto sth ③ MED ▪ **etw** ~ to stitch [*or spec*
suture] sth; ▪ **jdn** ~ to stitch up sb *sep* II. *vi* ▪ [an etw
dat] [**für jdn**] ~ to sew [sth] [for sb]; ▪ **an** [*or* **einer
S.** *gen* [*o* **von etw**]] sewing [sth]; **das N~ lernte sie
von ihrer Großmutter** she learned to sew from her
grandmother
nä·her ['nɛːɐ] I. *adj comp von* **nahe** ① *(in geringerer
Entfernung)* nearer, closer; ▪ ~ **sein** to be closer [*or*
nearer] ② *(kürzer bevorstehend)* closer, sooner *pred;*
in der ~**en Zukunft** in the near future ③ *(detaillier-
ter)* further *attr,* more precise; **die** ~**en Umstände
sind leider nicht bekannt** the precise circumstances

are not known ④ *(enger)* closer; **meine** ~**en Verwandten** my immediate [*or* close] relatives II. *adv
comp von* **nahe** ① *(in geringerem Abstand)* closer,
nearer; **kommen Sie** ~! come closer!; **treten Sie**
[**bitte**] ~ [please] approach [*or* draw closer] ② *(eingehender)* more closely, in more detail; ~ **ausführen/
besprechen/erklären** to set out/discuss/explain in
more detail; **etw** ~ **untersuchen** to examine sth
more closely; **etw** ~ **ansehen** to have a closer look at
sth; **sich** *akk* ~ **mit etw befassen** [*o* **beschäftigen**]
to go into sth more closely [*or* in greater detail] ③ *(enger)* closer; **jdn/eine Sache** ~ **kennen** to know sb/
sth well; **jdn/eine Sache** ~ **kennen lernen** to get to
know sb/sth better; **mit etw** ~ **vertraut sein** to
know more about sth
Nä·her(in) <-s, -> *m(f)* sewer *masc,* seamstress *fem*
nä·her·brin·gen *vt irreg* **jdm etw** ~ to bring sth home
to sb
Nä·he·re(s) *nt dekl wie adj* details; ~**s/das** ~ **entnehmen Sie bitte meinem Bericht** you will find further
details/the details in my report
Nah·er·ho·lungs·ge·biet *nt* local [*or* nearby] holiday
area [*or* spot]
Nä·he·rin <-, -nen> *f fem form von* **Näher** seamstress
nä·her·kom·men *irreg* I. *vi sein* ▪ **einer S.** *dat*
[**schon**] ~ to be nearer to the mark; ▪ **jdm** ~ to get closer
to sb II. *vr sein* ▪ **sich** *dat* ~ to become closer
nä·her·lie·gen *vi irreg* to make more sense, to be more
obvious; ▪ ~**, etw zu tun** it makes more sense to do
sth; **das N~de** the obvious thing to do
nä·hern ['nɛːɐn] *vr* ① *(näher herankommen)* ▪ **sich**
akk [**jdm/einer S.**] ~ to get [*or* draw] closer [*or* near-
er] [to sb/sth], to approach [sb/sth] ② *(geh: einen Zeitpunkt erreichen)* ▪ **sich einer S.** ~ *dat* to get close
[*or* draw near] to sth; **ich nähere mich langsam
einem Punkt, wo/an dem …** I'm slowly coming to
a point, where …; **unser Urlaub nähert sich seinem Ende** our holiday is drawing [*or* coming] to an
end
nä·her·ste·hen *vi, vr irreg* **jdm/einer S.** ~ to be closer
to sb/sth; **sich** *dat* ~ to be closer
nä·her·tre·ten *vi irreg sein* **einer S.** *dat* ~ to give sth
[further] consideration
Nä·he·rungs·wert *m* MATH approximate value, ap-
proximation
na·he·ste·hen *vi irreg* **jdm/einer S.** ~ to have close
relations to sb/sth; **sich** *dat* ~ to be close; ~**d** close;
~**de Verwandte** close relatives
na·he·zu ['naːəˈtsuː] *adv* almost, virtually
Näh·fa·den *m* thread, cotton **Näh·garn** *nt* cotton
Nah·kampf *m* MIL close combat
Näh·käst·chen <-s, -> *nt* sewing box; ▸ WENDUNGEN:
aus dem ~ **plaudern** *(fam)* to give out private gossip
Näh·korb *m* sewing basket
nahm ['naːm] *imp von* **nehmen**
Näh·ma·schi·ne *f* sewing machine **Näh·na·del** *f*
[sewing] needle
Nah·ost [naːˈʔɔst] *m kein pl kein art* the Middle East;
aus/in ~ from/in the Middle East
nah·öst·lich *adj* Middle Eastern
Nähr·bo·den *m* ① BIOL culture medium ② *(Boden)*
breeding ground **Nähr·creme** [-kreːm] *f* MED, PHARM
skin-food
näh·ren ['nɛːrən] I. *vt* ① *(füttern)* ▪ **jdn** ~ to feed sb
② *(aufrechterhalten)* to nourish; ▪ **Befürchtungen/
Erwartungen/Hoffnungen** ~ to nourish fears/
expectations/hopes II. *vi* to be nourishing
nahr·haft *adj* nourishing, nutritious; ▪ ~ **sein** to be
nourishing [*or* nutritious]
Nähr·lö·sung *f* ① BIOL nutrient solution ② MED nutrient
solution **Nähr·mit·tel** *pl* KOCHK cereal products *pl*
Nähr·stoff *m* nutrient

nähr·stoff·arm *adj* low in nutrients *pred* **nähr·stoff·reich** *adj* rich in nutrients *pred*

Nah·rung <-> ['naːrʊŋ] *f kein pl* food; **flüssige/feste ~** liquids/solids *pl* ▸ WENDUNGEN: **[durch etw] [neue] ~ erhalten** [*o* **bekommen**] to receive new fuel [from sth]; **einer S.** *dat* **[neue] ~ geben** to add fuel to the fire

Nah·rungs·auf·nah·me *f kein pl (form)* ingestion of food *form,* eating **Nah·rungs·bi·o·top** *nt* BIOL food biotope **Nah·rungs·ket·te** *f* food chain **Nah·rungs·man·gel** *m* food shortage; **aus ~** due to food shortage **Nah·rungs·mit·tel** *nt* food

Nah·rungs·mit·tel·al·ler·gie *f* MED food allergy **Nah·rungs·mit·tel·in·dus·trie** *f* food[stuffs] *npl* industry **Nah·rungs·mit·tel·ver·gif·tung** *f* MED *s.* **Lebensmittelvergiftung**

Nah·rungs·su·che *f* search for food **Nah·rungs·va·ku·o·le** *f* BIOL digestive vacuole

Nähr·wert *m* BIOL, KOCHK nutritional value; ▸ WENDUNGEN: **das hat doch keinen [geistigen** [*o* **sittlichen]]** *~ (sl)* it's completely pointless

Naht <-, Nähte> ['naːt, *pl:* 'nɛːtə] *f ① (bei Kleidung)* seam *②* MED suture *spec* ▸ WENDUNGEN: **aus allen** [*o* **den] Nähten platzen** *(fam)* to be bursting at the seams

Näh·tisch *m* sewing table

naht·los I. *adj ① (lückenlos)* smooth *②* MODE seamless II. *adv* smoothly

Naht·stel·le *f ①* TECH join *② (Verbindung)* link; **die ~ zwischen Ost und West** the place where East meets West

Nah·ver·kehr *m* TRANSP local traffic; **der öffentliche ~** local public transport; **der private ~** local private traffic; **im ~** in local traffic, operating locally

Nah·ver·kehrs·ab·ga·be *f* local transport contribution [*or* AM transportation tax] **Nah·ver·kehrs·mit·tel** *nt pl* means of local public transport **Nah·ver·kehrs·zug** *m* local train

Näh·zeug *nt* sewing kit

Nah·ziel *nt* immediate objective

na·iv [na'iːf] *adj* naive; ■ **~ sein** to be naive

Na·i·ve[r] [na'iːvə(ɐ)] *f(m) dekl wie adj* **den ~n/die ~ spielen** to play dumb

Na·i·vi·tät <-> [naivi'tɛːt] *f kein pl* naivety

Na·iv·ling <-s, -e> [na'iːflɪŋ] *m (fam)* simpleton *fam*

Na·me <-ns, -n> ['naːmə] *m ① (Personenname)* name; **wie war doch [gleich/noch] der/sein/Ihr ~?** what was the/his/your name?; **auf jds ~n** *akk* in sb's name; **in jds ~n** on behalf of sb; **im ~n unserer Firma** on behalf of our company; **im ~n des Gesetzes** in the name of the law; **im ~n des Volkes** in the name of the people; **mit ~n** by name; **er ist mir nur mit ~n bekannt** I only know him by name; **[nur] dem/jds ~n nach** judging by the/sb's name; **[nur] dem ~n nach** going [only] by the name; *(nur vom ~n)* only by name; **unter dem ~n** under [*or* by] the name of; **Ihr ~?** your [*or* the] name? *② (Benennung)* name *③ (Ruf)* name, reputation; **seinen ~n zu etw herge·ben** to lend one's name to sth; **sich** *dat* **einen ~n als etw machen** to make a name for oneself as sth; **sich** *dat* **[mit etw] einen ~n machen** to make a name for oneself [with sth] ▸ WENDUNGEN: **mein ~ ist Hase[, ich weiß von nichts]** I don't know anything about anything; **~n sind Schall und Rauch** what's in a name?; **etw beim [rechten] ~n nennen** *(fam)* to call a spade a spade

Na·men·ge·bung <-, -en> *f s.* **Namen(s)gebung Na·men·ge·dächt·nis** *nt* ■ **jds ~** sb's memory for names; **ein gutes/schlechtes ~ haben** to have a good/bad memory for names

Na·men·lis·te *f* list of names

na·men·los I. *adj ① (anonym)* nameless, anonymous;

ein ~er Helfer/Spender an anonymous [*or* un·named] helper/donor *② (geh: unbeschreiblich)* unspeakable, inexpressible *③ (keine Marke aufwei·send)* no-name *attr;* generic II. *adv (geh)* terribly

na·mens ['naːməns] I. *adv* by the name of, called II. *präp +gen (form)* in the name of

Na·mens·än·de·rung *f* change of name **Na·mens·nen·nung** *f* naming the author **Na·mens·pa·ten·schaft** *f ① (Weitergeben eines Namens)* act of lend·ing one's name to sth *②* ZOOL **eine ~ übernehmen** to have a new species named after one **Na·mens·schild** *nt* nameplate; *(an Kleidung)* name badge **Na·mens·tag** *m* REL Saint's day; **~ haben** to have one's Saint's day **Na·men·ver·zeich·nis** *nt s.* **Namen·liste Na·mens·vet·ter** *m* namesake **Na·mens·zei·chen** *nt* initials *pl* **Na·mens·zug** *m (geh)* signature

na·ment·lich ['naːməntlɪç] I. *adj* by name; **~e Abstim·mung** roll call vote; **~er Aufruf** roll call II. *adv ① (mit Namen)* by name *② (insbesondere)* in particular, especially, particularly

nam·haft *adj ① (beträchtlich)* considerable, substan·tial *② (berühmt)* famous, well-known *③ (benennen, auffinden)* ■ **jdn ~ machen** *(form)* to identify sb

Na·mi·bia <-s> [na·'miːbi̯a] *nt* Namibia; *s. a.* **Deutschland**

Na·mi·bi·er[in] <-s, -> [na·'miːbi̯ɐ] *m(f)* Namibian; *s. a.* **Deutsche(r)**

na·mi·bisch [na·'miːbɪʃ] *adj* Namibian; *s. a.* **deutsch**

näm·lich ['nɛːmlɪç] *adv ① (und zwar)* namely *② (denn)* because; **entschuldigen Sie mich bitte, ich erwarte ~ noch einen anderen Anruf** please excuse me, [but] you see, I'm expecting another call

Nan·du <-s, -s> ['nandu] *m* ORN rhea

nann·te ['nantə] *imp von* **nennen**

Na·no·gramm [nano'gram] *nt* nanogram **Na·no·me·ter** [nano'meːtɐ] *nt o m* nanometer

na·nu [na'nuː] *interj* what's this?

Na·palm <-s> ['naːpalm] *nt kein pl* napalm

Na·palm·bom·be *f* MIL napalm bomb

Napf <-[e]s, Näpfe> ['napf, *pl:* 'nɛpfə] *m* bowl

Napf·ku·chen *m* KOCHK poundcake **Napf·ku·chen·form** *f* ring mould **Napf·schne·cke** *f* ZOOL limpet

Na·po·la <-, -s> ['naːpola] *f* HIST *Akr von* **national·sozialistische Erziehungsanstalt** Napola *spec (National Socialist boarding school)*

na·po·le·o·nisch [napole'oːnɪʃ] *adj* HIST Napoleonic

Nap·pa <-[s], -s> ['napa] *nt* nap[p]a leather

Nap·pa·le·der *nt* nap[p]a leather

nap·pie·ren [na'piːrən] *vt* KOCHK ■ **etw ~** to coat sth

Nar·be <-, -n> ['narbə] *f ① (vernarbte Wunde)* scar *②* BOT stigma

nar·big ['narbɪç] *adj* scarred

Nar·ko·se <-, -n> [nar'koːzə] *f* MED anaesthesia BRIT, anesthesia AM; **jdm eine ~ geben** to put sb under anaesthetic [*or* AM anesthetic]; **in der ~ liegen** to be under anaesthetic; **ohne ~** without anaesthetic

Nar·ko·se·arzt, -ärz·tin <-es, -ärzte> *m, f* MED anaes·thetist BRIT, anesthetist AM

Nar·ko·ti·kum <-s, -kotika> [nar'koːtikʊm, *pl:* nar'ko·tika] *nt* MED narcotic

nar·ko·tisch [nar'koːtɪʃ] *adj* MED narcotic

nar·ko·ti·sie·ren [narkoti'ziːrən] *vt* to drug; ■ **jdn/etw ~** to drug sb/sth

Narr, När·rin <-en, -en> ['nar, 'nɛrɪn] *m, f ① (Dumm·kopf)* fool *②* HIST *(Hof~)* court jester ▸ WENDUNGEN: **einen ~en an jdm gefressen haben** *(fam)* to dote on sb; **jdn zum ~en halten** to make a fool of sb; **sich** *akk* **zum ~en machen** to make a fool of oneself

nar·ren ['narən] *vt (veraltend geh) ① (zum Narren hal·ten)* ■ **jdn ~** to make a fool of sb *② (täuschen)* ■ **jdn ~** to fool sb

Nar·ren·frei·heit *f* ▸ WENDUNGEN: **~ haben** [*o* **genie-**

ßen| to have the freedom to do whatever one wants **Nar·ren·haus** nt madhouse; **hier geht es** |ja| **zu wie im ~** it's like a madhouse in here **Nar·ren·kap·pe** f ① (Karnevalsmütze) cap worn by carnival office-bearers ② HIST fool's [or jester's] cap **nar·ren·si·cher** adj foolproof

När·rin <-, -nen> |ˈnɛrɪn| f fem form von **Narr**

när·risch |ˈnɛrɪʃ| adj ① (karnevalistisch) relating to carnival; **die ~e Zeit** |des Jahres| the time of year leading up to and including carnival ② (veraltend: verrückt) mad; **wie ~** (geh) like mad ③ (fam: versessen) ■ |ganz| **~ auf jdn/etw sein** to be mad about sb/sth

Nar·wal |ˈnarvaːl| m ZOOL narwhal

Nar·zis·se <-, -n> |narˈtsɪsə| f BOT narcissus

Nar·ziss·mus^{RR}, **Nar·ziß·mus**^{ALT} <-> |narˈtsɪsmʊs| m kein pl PSYCH narcissism

nar·ziss·tisch^{RR} adj, **nar·ziß·tisch**^{ALT} adj PSYCH narcissistic

NA·SA <-> |ˈnaːza| f kein pl Akr von **National Aeronautics and Space Administration** NASA

na·sal |naˈzaːl| adj nasal

Na·sal <-s, -e> |naˈzaːl| m, **Na·sal·laut** m LING nasal [sound]

na·schen |ˈnaʃn| I. vi to eat sweet things [secretly [or on the sly]], BRIT a. to pinch a bit; ■ **an etw ~** dat to pinch [or AM nibble at] sth; ■ **das N~** eating [or BRIT a. pinching] sweet things [secretly [or on the sly]]; **habe ich dich wieder beim N~ erwischt?** did I catch you eating sweets again?; **etwas zum N~** something sweet II. vt (verspeisen) ■ **etw ~** to nibble sth

Näs·chen <-s, -> |ˈnɛːsçən| nt dim von **Nase** little nose

Na·sche·rei <-, -en> |naʃəˈrai| f ① kein pl (ständiges Naschen) |constant| snacking ② (Süßigkeit) sweets and biscuits BRIT, candy AM

nasch·haft adj fond of sweet things

Nasch·haf·tig·keit <-> f kein pl fondness for snacking [on sweet things] between meals

Nasch·kat·ze f (fam) person with a sweet tooth

Na·se <-, -n> |ˈnaːzə| f ① ANAT nose; **jds ~ läuft** sb has a runny nose; **sich** dat **die ~ putzen** to blow one's nose; **durch die ~ reden** to talk through the nose ② LUFT (Bug) nose ▶ WENDUNGEN: **sich** dat **eine blutige ~ holen** (fam) to get [or be given] a bloody nose; **sich an seine eigene ~ fassen** (fam) to blame oneself; **fass dich an deine eigene ~!** you can talk!; **sich** dat **eine goldene ~ verdienen** (fam) to earn a fortune; **die richtige ~ für etw haben** (fam) to have a nose for sth; **die ~ voll haben** (fam) to be fed up form, to have had enough; **die ~ von jdm/etw voll haben** (fam) to be fed up with [or have had enough of] sb/sth; **jdm etw auf die ~ binden** (fam) to tell sb sth; **jdm auf die ~ binden, dass** (fam) to tell sb that; **jdm gerade etw auf die ~ binden** (iron) as if one would tell sb sth; **das werde ich dir gerade auf die ~ binden!** as if I'd tell you about it!; **jdn mit der ~ draufstoßen** (fam) to spell it out to sb; **muss ich dich erst mit der ~ draufstoßen, bevor du es merkst?** do I have to spell it out to you before you notice?; **auf die ~ fliegen** (fam) to fall flat on one's face; **jds ~ gefällt jdm nicht** (fam) sb doesn't like sb's face; **jdm eins auf die ~ geben** (fam) to punch sb on the nose; **die ~ vorn haben** (fam) to be one step ahead; **jdm etw unter die ~ halten** (fam) to shove sth right under sb's nose fam, to rub sb's nose in sth fam; **jdn** |mit etw| **an der ~ herumführen** (fam) to lead sb on; **jdm auf der ~ herumtanzen** (fam) to walk all over sb; **jdm etw unter die ~ reiben** (fam) to rub sb's face [or nose] in it; **jdm unter die ~ reiben, dass ...** to rub in the fact that sb ...; **jdm jdn vor die ~ setzen** (fam) to put sb above sb; **seine ~ in alles hineinstecken** (fam) to stick one's nose into everything fam; **jdm**

etw vor der ~ wegschnappen (fam) to take sth from right under one's nose; **jdm etw aus der ~ ziehen** (fam) to get sth out of sb; |immer| **der ~ nach** (fam) follow your nose fam; **vor jds ~** dat (fam) right in front of sb's nose; **pro ~** (hum fam) per head

na·se·lang |ˈnaːzəlaŋ| ▶ WENDUNGEN: **alle ~** (fam) again and again

nä·seln |ˈnɛːzln| vi to talk through one's nose

nä·selnd |ˈnɛːzlnt| I. adj nasal II. adv (mit ~er Stimme) talking through one's nose

Na·sen·af·fe m (Nasalis larvatus) proboscis monkey **Na·sen·bär** m ZOOL coati **Na·sen·bein** nt nasal bone **Na·sen·blu·ten** <-s> nt kein pl nose-bleed; **~ bekommen** to get a nosebleed; **~ haben** to have a nosebleed, sb's nose is bleeding **Na·sen·flü·gel** m side of the nose **Na·sen·höh·le** f nasal cavity **Na·sen·län·ge** f ▶ WENDUNGEN: **jdm eine ~ voraus sein** to be a hair's breadth in front of sb; **mit einer ~ by** a nose **Na·sen·loch** nt nostril **Na·sen·rü·cken** m bridge of the nose **Na·sen·schei·de·wand** f nasal septum spec **Na·sen·schleim·haut** f mucous membrane of the nose **Na·sen·spit·ze** f ANAT nosetip, tip of the nose; ▶ WENDUNGEN: **jdm etw an der ~ ansehen** to be able to tell sth from sb's face; **jdm an der ~ ansehen, dass ...** to be able to tell from sb's face, that ... **Na·sen·spray** m o nt nasal spray **Na·sen·stü·ber** |-ˌʃtyːbɐ| m bump on the nose; **jdm einen ~ versetzen** to give sb a bop on the nose fam **Na·sen·trop·fen** pl nose drops

Na·se·rümp·fen <-s> nt kein pl screwing up one's nose; **mit ~** turning up one's nose

na·se·rümp·fend |ˈnaːzərʏmpfənt| adv screwing up one's nose

na·se·weis |ˈnaːzəvais| adj (fragend) nosey fam; (vorwitzig) forward; bes Kind precocious

Na·se·weis <-es, -e> |ˈnaːzəvais| m cheeky monkey BRIT fam; (Besserwisser) know-all esp BRIT fam, wise guy AM fam

nas·füh·ren |ˈnaːsfyːrən| vt (veraltend) ■ **jdn ~** to lead sb on fam; ■ **der Genasführte sein** to be the dupe

Nas·horn nt ZOOL rhinoceros, rhino

Nas·horn·vo·gel m ORN hornbill

nass^{RR} <-er o nässer, -este o nässeste> adj, **naß**^{ALT} <nasser o nässer, nasseste o nässeste> |ˈnas| adj wet; ■ **~ sein/werden** to be/become wet; ■ **es ist/wird ~** it is/is getting wet; **sich ~ machen** (fam) to get oneself wet, wet; **~ geschwitzt** soaked with sweat ▶ WENDUNGEN: **nun mach dich bloß nicht ~!** (sl) don't wet your pants! sl

Nass^{RR} <-es> nt, **Naß**^{ALT} <Nasses> |ˈnas| nt kein pl (liter o hum) ① (Feuchte) water ② (Getränk) a drink, sth to drink

Nas·sau·er(in) <-s, -> |ˈnasauɐ| m(f) (pej fam) scrounger, sponger

nas·sau·ern |ˈnasauɐn| vi (fam) to scrounge, to sponge; ■ **bei jdm** ~ to scrounge [or sponge] |off sb|

Näs·se <-> |ˈnɛsə| f kein pl wetness; **vor ~ triefen** |o tropfen| to be dripping wet

näs·sen |ˈnɛsn| I. vi to weep II. vt ■ **etw ~** to wet sth; **das Bett nässen** to wet the bed

nass·forsch^{RR} I. adj (fam) brash II. adv in a brash way, brashly **nass·ge·schwitzt**^{RR} |ˈnasɡəʃvɪtst| adj s. **nass nass·kalt**^{RR} adj cold and damp; ■ **~ sein** to be cold and damp **Nass·ra·sur**^{RR} f ■ **die ~** wet shaving; ■ **eine ~** a wet shave **Nass·zel·le**^{RR} f wet cell

Nas·tuch nt SÜDD, SCHWEIZ (Taschentuch) handkerchief

Natel® <-s, -s> nt SCHWEIZ (Handy) mobile [phone] BRIT, cellphone AM

Na·ti·on <-, -en> |naˈtsi̯oːn| f nation; **die Vereinten ~en** the United Nations

na·ti·o·nal |natsi̯oˈnaːl| I. adj ① (die Nation betreffend) national ② (patriotisch) nationalist II. adv nationalistic

na·ti·o·nal·be·wusst^RR *adj* nationalist; ■ ~ **sein** to be nationalist **Na·ti·o·nal·be·wusst·sein**^RR *nt* nationalistic views *pl* **Na·ti·o·nal·elf** <-, en> *f* the national [football [*or* AM soccer]] team; **die deutsche ~** the German national team **Na·ti·o·nal·far·ben** *pl* national colours [*or* AM -ors] *pl* **Na·ti·o·nal·fei·er·tag** *m* national holiday **Na·ti·o·nal·flag·ge** *f* national flag **Na·ti·o·nal·ge·tränk** *nt* national drink **Na·ti·o·nal·held(in)** *m(f)* national hero **Na·ti·o·nal·hym·ne** *f* national anthem

na·ti·o·na·li·sie·ren* [natsi̯onali'ziːrən] *vt* ■ **etw ~** to nationalize sth

Na·ti·o·na·li·sie·rung <-, -en> *f* nationalization

Na·ti·o·na·lis·mus <-> [natsi̯ona'lɪsmʊs] *m kein pl* POL nationalism

Na·ti·o·na·list(in) <-en, -en> [natsi̯ona'lɪst] *m(f)* POL nationalist

na·ti·o·na·lis·tisch I. *adj* POL nationalist[ic] II. *adv* nationalist[ic]; ~ **eingestellt sein** to be nationalist[ic] **Na·ti·o·na·li·tät** <-, -en> [natsi̯onali'tɛːt] *f* ❶ *(Staatsangehörigkeit)* nationality ❷ *(Volkszugehörigkeit)* ethnic origin

Na·ti·o·na·li·tä·ten·kon·flikt *m* nationality conflict **Na·ti·o·na·li·tä·ten·staat** *m* multinational state **Na·ti·o·na·li·täts·kenn·zei·chen** *nt* TRANSP, ADMIN nationality plate

Na·ti·o·nal·mann·schaft *f* national team **Na·ti·o·nal·mu·se·um** *nt* national museum **Na·ti·o·nal·park** *m* national park **Na·ti·o·nal·rat** *m kein pl* SCHWEIZ National Council; ÖSTERR National Assembly **Na·ti·o·nal·rat, -rä·tin** *m, f* SCHWEIZ Member of the National Council; ÖSTERR Deputy to the National Assembly **Na·ti·o·nal·so·zi·a·lis·mus** [natsi̯o'na:lzotsi̯alɪsmʊs] *m* HIST National Socialism **Na·ti·o·nal·so·zi·a·list(in)** *m(f)* HIST Nazi, National Socialist **na·ti·o·nal·so·zi·a·lis·tisch** *adj* HIST Nazi, National Socialist **Na·ti·o·nal·spie·ler(in)** *m(f)* national player **Na·ti·o·nal·sport** *m* national sport **Na·ti·o·nal·staat** *m* POL nation-state **Na·ti·o·nal·stolz** *m* national pride **Na·ti·o·nal·ver·samm·lung** *f (in Frankreich)* National Assembly; ▸ WENDUNGEN: **die Frankfurter ~** HIST the federal assembly of 1848/49 in Frankfurt

NA·TO, Na·to <-> ['na:to] *f kein pl Akr von* **North Atlantic Treaty Organization**; ■ **die ~** NATO

Na·to·dop·pel·be·schluss^RR *m*, **Na·to·Dop·pel·be·schluß**^ALT *m* NATO twin-track policy [*or* dual-track [*or* two-track] decision] **Na·to·draht** *m* MIL razor [*or* concertina] wire **Na·to·streit·kräf·te** *f pl* NATO troops *pl*

Na·tri·um <-s> ['na:triʊm] *nt kein pl* CHEM sodium **na·tri·um·arm** *adj* CHEM, KOCHK low in sodium *pred* **Na·tron** <-s> ['na:trɔn] *nt kein pl* sodium carbonate **Na·tron·lau·ge** *f* caustic soda, sodium hydroxide **Nat·ter** <-, -n> ['nate] *f* ZOOL adder, viper

na·tur [na'tu:ɐ] *adj pred* not covered in bread crumbs; **ich hätte gern ein Schnitzel ~** I'd like an escalope of pork without breadcrumbs; **~ sein** to be natural

Na·tur <-, -en> [na'tu:ɐ, *pl:* na'tu:rən] *f* ❶ *kein pl* BIOL nature, Nature ❷ *kein pl (Landschaft)* countryside; **die freie ~** the open countryside ❸ *(geh: Art)* nature; **die ~ dieser Sache** the nature of this matter; **in der ~ von etw liegen** to be in the nature of sth; **das liegt in der ~ der Sache** it's in the nature of things ❹ *(Mensch)* type ❺ *(Wesensart)* nature; **sie hat eine empfindsame ~** she has a sensitive nature; **jdm zur zweiten ~ werden** to become second nature to sb; **gegen jds ~ gehen** to go against sb's nature; **von ~ aus** by nature

Na·tu·ra·li·en [-liən] *pl* natural produce; **in ~** in kind **Na·tu·ra·lis·mus** <-> [natura'lɪsmʊs] *m kein pl* KUNST naturalism

Na·tu·ra·list(in) <-en, -en> [natura'lɪst, *pl:* -lɪsdn̩] *m(f)* KUNST naturalist

na·tu·ra·lis·tisch *adj* ❶ *(geh: wirklichkeitsgetreu)* naturalistic ❷ KUNST naturalist

Na·tur·apo·stel *m* nature fiend **na·tur·be·las·sen** *adj* natural; *Wald, Land* wild **Na·tur·bur·sche** *m* nature-boy *fam* **Na·tur·denk·mal** *nt* natural monument **Na·tu·rell** <-s, -e> [natu'rɛl] *nt (geh)* temperament, nature

Na·tur·er·eig·nis *nt* natural phenomenon **Na·tur·er·schei·nung** *f* natural phenomenon **Na·tur·far·be** *f* ❶ *(natürlicher Farbstoff)* natural dye ❷ *(ursprüngliche Farbe)* natural colour [*or* AM -or] **na·tur·far·ben** *adj* natural-coloured [*or* AM -ored] **Na·tur·fa·ser** *f* natural fibre [*or* AM -er] **Na·tur·for·scher(in)** *m(f)* natural scientist **Na·tur·for·schung** *f* natural science **Na·tur·freund(in)** *m(f)* nature lover **na·tur·ge·mäß** I. *adj* natural II. *adv* ❶ *(natürlich)* naturally ❷ *(der Natur entsprechend)* in accordance with nature **Na·tur·ge·schich·te** *f s.* **Naturkunde Na·tur·ge·setz** *nt* law of nature **na·tur·ge·treu** I. *adj* lifelike, true to life II. *adv* lifelike, true to life **Na·tur·haus·halt** *m kein pl* BIOL, ÖKOL natural balance *no pl* **Na·tur·heil·kun·de** *f* MED natural healing **Na·tur·heil·mit·tel** *nt* NATURMED natural medicine **Na·tur·heil·ver·fah·ren** *nt* MED natural remedy **Na·tur·ka·ta·stro·phe** *f* natural disaster **Na·tur·kos·me·tik** *f* PHARM natural cosmetic **Na·tur·kost** *f kein pl* natural food *no pl*, natural foodstuffs *npl* **Na·tur·kost·la·den** *m* natural food[stuffs *npl*] shop **Na·tur·kun·de** *f* SCH *(veraltet)* natural history **Na·tur·kun·de·mu·se·um** *nt* museum of natural history **na·tur·kund·lich** *adj* SCH *(veraltet)* natural history *attr* **Na·tur·land·schaft** *f* natural landscape **Na·tur·lehr·pfad** *m* nature trail

na·tür·lich [na'ty:ɐlɪç] I. *adj* ❶ *(original)* natural ❷ *(angeboren)* natural, innate ❸ GEOG, GEOL natural ❹ *(ungekünstelt)* natural; ■ **~ sein** to be natural ❺ *(menschlich)* natural; ■ **es ist [nur] ~, dass/wenn ...** it's only natural, that/if ... ❻ *(Gegenteil von künstlich)* natural II. *adv* ❶ *(selbstverständlich)* naturally, of course; **~!** of course!, naturally!, sure!, certainly! ❷ *(in der Natur)* naturally

na·tür·li·cher·wei·se *adv* naturally, of course **Na·tür·lich·keit** <-> *f kein pl* naturalness

na·tur·nah *adj* [semi-]natural

Na·tur·park *m* national park **Na·tur·pro·dukt** *nt* natural product **Na·tur·recht** *nt* PHILOS natural right **na·tur·rein** *adj* naturally pure **Na·tur·schau·spiel** *nt* spectacle of nature

Na·tur·schutz *m* [nature] conservation; **unter ~ ste·hen** to be under conservation, to be listed as an endangered species; **etw unter ~ stellen** to put sth under conservation, to legally protect endangered species

Na·tur·schutz·be·hör·de *f* ÖKOL, POL [nature] conservation authority **Na·tur·schutz·ge·biet** *nt* nature reserve

Na·tur·stein *m* natural stone **Na·tur·stoff** *m* natural substance **Na·tur·ta·lent** *nt* natural talent **na·tur·ver·bun·den** *adj* nature-loving; ■ **~ sein** to be nature-loving **Na·tur·ver·bun·den·heit** *f kein pl* love of nature *no pl* **Na·tur·volk** *nt* primitive people **Na·tur·wis·sen·schaft** *f* ❶ *(Wissenschaft)* natural sciences *pl* ❷ *(Fach der ~)* natural science **Na·tur·wis·sen·schaft·ler(in)** *m(f)* natural scientist **na·tur·wis·sen·schaft·lich** *adj* natural-scientific **Na·tur·wun·der** *nt* miracle of nature **Na·tur·zu·stand** *m kein pl* natural state

Na·u·ru <-s> [na'u:ru] *nt* Nauru; *s. a.* **Sylt**

Na·u·ru·er(in) <-s, -> [na'u:rɐɐ] *m(f)* Nauruan; *s. a.* **Deutsche(r)**

na·u·ru·isch [na'u:rʊɪʃ] *adj* Nauruan; *s. a.* **deutsch**
Nau·tik <-> ['nautɪk] *f kein pl* ① *(Schifffahrtskunde)* nautical science ② *(Navigation)* navigation
nau·tisch ['nautɪʃ] *adj* nautical
Na·vi·ga·ti·on <-> [naviga:'tsi̯o:n] *f kein pl* navigation
Na·vi·ga·ti·ons·feh·ler *m* navigational error **Na·vi·ga·ti·ons·in·stru·ment** *nt* navigation[al] instrument **Na·vi·ga·ti·ons·kar·te** *f* navigation[al] chart **Na·vi·ga·ti·ons·of·fi·zier(in)** *m(f)* navigation officer **Na·vi·ga·ti·ons·raum** *m* chartroom
Na·vi·ga·tor,   **Na·vi·ga·to·rin**   <-s, -toren> [navi'ga:to:ɐ̯, -ga'to:rɪn, *pl:* -ga'to:rən] *m, f* navigator, navigation officer
na·vi·gie·ren [navi'gi:rən] **I.** *vi* to navigate; ▪ |**nach etw**| ~ to navigate [according to sth] **II.** *vt* to navigate; ▪ **etw** |**durch/in etw** *akk*| ~ to navigate sth [through/into sth]
Na·zi <-s, -s> ['na:tsi] *m* HIST Nazi
Na·zis·mus <-> [na'tsɪsmʊs] *m kein pl* HIST Nazism
na·zis·tisch [na'tsɪstɪʃ] *adj* Nazi
Na·zi·zeit *f* Nazi period
NB *Abk von* **notabene** NB
n.Br. *Abk von* **nördlicher Breite** N; *s. a.* **Breite 5**
NC <-> [ɛn'tse:] *m Abk von* **Numerus clausus**
n. Chr. *Abk von* **nach Christus** AD
ne ['ne:] *adv (fam)* no
'ne ['nə] *art indef (fam) kurz für* **eine** a
Ne·an·der·ta·ler <-s, -> [ne'andɐta:lɐ] *m* Neanderthal man
Ne·a·pel <-s> [ne'a:pl̩] *nt* Naples
Ne·a·po·li·ta·ner <-s, -> [neapoli'ta:nɐ] *m* ① *(Einwohner von Neapel)* Napolitan ② KOCHK ÖSTERR waffle
Ne·bel <-s, -> ['ne:bl̩] *m* ① METEO fog, mist; **bei** ~ in foggy/misty conditions ② ASTRON nebula
Ne·bel·auf·lö·sung *f* lifting of [the] fog **Ne·bel·bank** *f* fog bank, bank of fog
ne·bel·haft *adj* ① METEO foggy ② *(verschwommen)* foggy, dim
Ne·bel·horn *nt* foghorn
ne·be·lig ['ne:bəlɪç], **ne·blig** ['ne:blɪç] *adj* foggy
Ne·bel·ka·no·ne *f* dry ice generator **Ne·bel·krä·he** *f* ORN hooded crow **Ne·bel·schein·wer·fer** *m* AUTO foglight [*or* -lamp] **Ne·bel·schluss·leuch·te**RR *f* AUTO rear fog-light **Ne·bel·schwa·den** *pl* METEO wafts of mist *pl* **Ne·bel·wand** *f* wall of fog
ne·ben ['ne:bn̩] *präp* ① +*akk (an der Seite)* ▪ ~ **jdn/ etw** beside [*or* next to] sb/sth ② +*dat;* ▪ ~ **jdm/ einer S.** beside [*or* next to] sb/sth ③ +*dat (außer)* ▪ ~ **einer S.** *dat* besides sth, apart [*or* aside] from sth ④ +*dat (verglichen mit)* ▪ ~ **jdm/einer S.** compared with [*or* to]
ne·ben·amt·lich I. *adj* secondary, additional **II.** *adv* additionally
ne·ben·an [ne:bn̩'ʔan] *adv (unmittelbar daneben)* next-door; **von** ~ from next-door
Ne·ben·an·schlussRR *m* TELEK *s.* **Nebenstelle Ne·ben·ar·beit** *f* ① *(nebenher ausgeführte Arbeit)* extra work ② *s.* **Nebenbeschäftigung Ne·ben·arm** *m* GEOG branch **Ne·ben·aus·ga·be** *f meist pl* additional expenses *pl* **Ne·ben·aus·gang** *m* side exit **Ne·ben·be·deu·tung** *f* LING secondary meaning [*or* connotation]
ne·ben·bei [ne:bn̩'bai] *adv* ① *(neben der Arbeit)* on the side ② *(beiläufig)* incidentally; ~ [**bemerkt** [*o* **gesagt**]] by the way, incidentally
Ne·ben·be·ruf *m* side [*or* second] job, sideline; **im** ~ as a second job [*or* sideline] **Ne·ben·be·ruf·ler(in)** <-s, -> [-bəru:flɐ] *m(f)* ÖKON sb who has a job on the side **ne·ben·be·ruf·lich I.** *adj* **eine ~e Tätigkeit** a second job **II.** *adv* as a second job, as a sideline **Ne·ben·be·schäf·ti·gung** *f* second job, sidejob, sideline **Ne·ben·buh·ler(in)** <-s, -> *m(f)* rival **Ne·ben·dar·**

stel·le·rin *f* FILM supporting actress **Ne·ben·ef·fekt** *m* side effect
ne·ben·ein·an·der [ne:bn̩ʔai'nandɐ] *adv* ① *(Seite an Seite)* side by side, alongside [each other]; **jdn/etw ~ stellen** to put [*or* place] sb/sth next to each other [*or* side by side] ② *(zugleich)* simultaneously, at the same time
Ne·ben·ein·an·der <-s> [ne:bn̩ʔai'nandɐ] *nt kein pl* juxtaposition
ne·ben·ein·an·der|hal·ten *vt irreg* **etw** ~ to hold sth side by side
ne·ben·ein·an·der·her [ne:bn̩ʔainandɐ'he:ɐ̯] *adv* side by side, alongside each other [*or* one another]
ne·ben·ein·an·der|le·gen *vt* **jdn/etw** ~ to lay [*or* place] sb/sth next to each other [*or* side by side] **ne·ben·ein·an·der|lie·gen** *vi irreg* to lie side by side **ne·ben·ein·an·der|set·zen I.** *vt* **jdn/etw** ~ to put [*or* place] sb/sth next to each other [*or* side by side] **II.** *vr* **sich** *akk* ~ to sit [down] next to each other **ne·ben·ein·an·der|sit·zen** *vi irreg* to sit side by side [*or* next to each other] **ne·ben·ein·an·der|ste·hen** *vi irreg* to stand side by side **ne·ben·ein·an·der|stel·len** *vt* to put [*or* place] next to each other
Ne·ben·ein·gang *m* side entrance **Ne·ben·ein·künf·te,** **Ne·ben·ein·nah·men** *pl* FIN additional income **Ne·ben·er·schei·nung** *f s.* **Nebeneffekt Ne·ben·er·werb** *m (form) s.* **Nebenberuf Ne·ben·fach** *nt* SCH subsidiary [subject] **Ne·ben·fluss**RR *m* tributary **Ne·ben·ge·bäu·de** *nt* ① *(untergeordneter Bau)* outbuilding ② *(benachbartes Gebäude)* neighbouring [*or* AM neighboring] [*or* adjacent] building **Ne·ben·ge·räusch** *nt* [background] noise **Ne·ben·gleis** *nt* siding **Ne·ben·hand·lung** *f* LIT sub-plot
ne·ben·her [ne:bn̩'he:ɐ̯] *adv* on the side, in addition **ne·ben·her|fah·ren** *vi irreg* to drive alongside **ne·ben·her|ge·hen** *vi irreg* to walk alongside [*or* beside] **ne·ben·her|lau·fen** *vi irreg* to run alongside
ne·ben·hin [ne:bn̩'hɪn] *adv* in passing, by the way; **diese Bemerkung ließ er nur so ~ fallen** he just dropped that comment in passing [*or* casually]
Ne·ben·höh·le *f* ANAT sinus **Ne·ben·höh·len·ent·zün·dung** *f* MED sinus infection, sinusitis **Ne·ben·job** [-dʒɔp] *m (fam) s.* **Nebenbeschäftigung Ne·ben·klä·ger(in)** *m(f)* JUR joint plaintiff **Ne·ben·kos·ten** *pl* ① *(zusätzliche Kosten)* additional costs *pl* ② *(Betriebskosten)* running costs *pl* **Ne·ben·nie·re** *f* ANAT suprarenal gland, adrenal body **Ne·ben·pro·dukt** *nt* CHEM by-product **Ne·ben·raum** *m* ① *(Raum nebenan)* next room ② *(kleiner, nicht als Wohnraum genutzter Raum)* storage room **Ne·ben·rol·le** *f* ① FILM, THEAT minor part, supporting role ② *(nebensächlicher Stellenwert)* [**für jdn**] **nur eine ~ spielen** to be a minor concern [to sb] **Ne·ben·sa·che** *f* triviality, trivial matter; ~ **sein** to be beside the point, to be irrelevant
ne·ben·säch·lich *adj* trivial, irrelevant; ~ **sein** to be trivial [*or* irrelevant], to be beside the point; ▪ **N~es,** ▪ **das N~e** trivialities *pl*, less matters *pl*
Ne·ben·säch·lich·keit <-, -en> *f* triviality
Ne·ben·sai·son *f* off-season **Ne·ben·satz** *m* LING subordinate clause; ▸ WENDUNGEN: **im** ~ by the by, in passing, incidentally **ne·ben·ste·hend** ['ne:bn̩ʃte:ənt] *adj* opposite; **~er Zeichnung können die architektonischen Details entnommen werden** architectural details are shown in the illustration opposite [*or* on the opposite page] **Ne·ben·stel·le** *f* ① TELEK extension ② *(Filiale)* branch **Ne·ben·stra·ße** *f* side street **Ne·ben·stre·cke** *f* BAHN local [*or* branch] line **Ne·ben·tisch** *m* next [*or* adjacent] table **Ne·ben·ver·dienst** *m* additional income **Ne·ben·wir·kung** *f* PHARM side effect **Ne·ben·zim·mer** *nt* next room **Ne·ben·zweck** *m* additional purpose
neb·lig ['ne:blɪç] *adj s.* **nebelig**

nebst ['ne:pst] *präp* +*dat (veraltend)* together with

ne·bu·lös [nebu'lø:s] I. *adj (geh)* nebulous *form* II. *adv* vaguely

Ne·ces·saire <-s, -s> [nesɛ'sɛ:ɐ̯] *nt* ❶ *(Kulturbeutel)* vanity bag ❷ *(Nagel~)* manicure set ❸ *(Nähzeug)* sewing kit

ne·cken ['nɛkn̩] *vt* ■ **jdn** ~ to tease sb; ■ **sich** *akk* ~ to tease each other; *s. a.* **lieben**

ne·ckisch *adj* ❶ *(schelmisch)* mischievous ❷ *(fam: kess)* saucy *fam,* coquettish

nee ['ne:] *adv (fam)* no

Nef·fe <-n, -n> ['nɛfə] *m* nephew

Ne·ga·ti·on <-, -en> [nega'tsi̯o:n] *f* negation

ne·ga·tiv ['ne:gati:f] I. *adj* negative II. *adv* negatively

Ne·ga·tiv <-s, -e> ['ne:gati:f, *pl:* 'ne:gati:və] *nt* FOTO negative

Ne·ga·tiv·bei·spiel <-(e)s, -e> *nt* bad *[or* negative] example

Ne·ga·tiv·film *m* FOTO negative film

Ne·ger(in) <-s, -> ['ne:gɐ] *m(f) (pej: Schwarzer)* negro, nigger *pej;* ▶ WENDUNGEN: **schwarz wie ein** ~ *(hum)* brown as a berry; **angeben wie zehn nackte** ~ *(sl)* to shoot one's big mouth off *sl*

Ne·ger·kuss^RR *m* KOCHK chocolate marshmallow **Ne·ger·skla·ve, -skla·vin** *m, f* negro *[or* black] slave

ne·gie·ren^* [ne'gi:rən] *vt* ❶ *(geh: leugnen)* ■ **etw** ~ to deny sth; ■ **~,** [**dass**] **...** to deny that ... ❷ LING ■ **etw** ~ to negate sth

ne·grid [ne'gri:t] *adj* negro

ne·gro·id [negro'i:t] *adj* negroid

neh·men <nimmt, nahm, genommen> ['ne:mən] *vt* ❶ *(ergreifen)* ■ **etw** ~ to take sth; ■ [**sich** *dat*] **etw** ~ to take sth; ~ **Sie sich doch ruhig noch etwas Kaffee/Wein!** [do] help yourself to more coffee/wine! ❷ *(wegnehmen)* ■ [**jdm**] **etw** ~ to take sth [away] [from sb] ❸ *(verwenden)* ■ **etw** [**für/in etw** *akk*] ~ to take sth [for/in sth]; **nimm nicht so viel Pfeffer/ Salz** don't use so much pepper/salt; **ich nehme immer nur ganz wenig Milch/Zucker in den Kaffee** I only take a little milk/sugar in my coffee; ■ **etw von etw** ~ to use sth from sth; **davon braucht man nur ganz wenig zu** ~ you only need to use a small amount; ■ **etw als etw** ~ to use sth as sth ❹ *(annehmen)* ■ **etw** ~ to accept *[or* take] sth ❺ *(verlangen)* ■ **etw** [**für etw** *akk*] ~ to ask sth [for sth]; ~ **Sie sonst noch was?** would you like anything else?; **was nimmst du dafür?** what do you want for it? ❻ *(wählen)* ■ **jdn** [**als jdn**] ~ to take sb [as sb]; ■ **etw** ~ to take sth ❼ *(mieten)* ■ **sich** *dat* **etw** ~ to take sth ❽ *(engagieren)* ■ **sich** *dat* **jdn** ~ to get sb ❾ TRANSP *(benutzen)* ■ **etw** ~ to take sth; **heute nehme ich lieber den Bus** I'll take the bus today; **jdm die Aussicht/Sicht** ~ *(versperren)* to block sb's view ❿ *(einnehmen)* ■ **etw** ~ to take sth; **etw zu sich** *dat* ~ *(geh)* to have *[or form* partake of] sth; **man nehme ...** take ...; **hast du heute auch deine Tabletten genommen?** did you take your tablets today? ⓫ MED *(beseitigen)* **Beschwerden/Schmerz** ~ to take away symptoms/pain ⓬ *(vergehen lassen)* **jdm Angst/Furcht/Bedenken** ~ to take away *[or* ease] sb's fear/doubts; **jdm Freude/Glück/Hoffnung/ Spaß** ~ to take away *[or* to rob *[or* deprive] sb of their] joy/happiness/hope/fun ⓭ *(überwinden)* ■ **etw** ~ to overcome sth ⓮ MIL *(erobern)* ■ **etw** ~ to take sth ▶ WENDUNGEN: **jdn ~, wie er ist** to take sb as he is; **etw nehmen, wie es kommt** to take sth as it comes; **sich** *dat* **etw nicht ~ lassen** to not be robbed of sth; **es sich** *dat* **nicht ~ lassen, etw zu tun** to insist on doing sth; **woher ~ und nicht stehlen?** *(fam)* where on earth is one going to get that from?; **jdn zu ~ wissen** know how to take sb; **etw an sich** ~ *akk,* **etw auf**

sich ~ *akk* to take sth upon oneself; **jdn zu sich** *dat* ~ to take sb in; **sie ~ sich** *dat* **nichts** *(fam)* they're both the same *[or* as good/bad as each other]; *s. a.* **wie**

Neid <-[e]s> ['naɪt] *m kein pl* jealousy (**auf** +*akk* of), envy (**auf** +*akk* of); **nur kein ~!** don't be jealous!; **purer** ~ pure *[or* plain] jealousy; [**jds**] ~ **erregen** to make sb jealous *[or* envious], to arouse sb's *[or* cause] jealousy, to arouse *[or* stir up] sb's envy; **jdm schaut der** ~ **aus den Augen** envy is written all over sb's face; **vor** ~ *(fam)* with envy; **blass** [*o* **gelb]** [*o* **grün] vor** ~ green *[or* pale] with envy; **vor** ~ **erblassen** *(form)* **vor** ~ **platzen können** to go green with envy ▶ WENDUNGEN: **das ist der** ~ **der Besitzlosen** *(fam)* that's just sour grapes *fam;* **das muss jdm der** ~ **lassen** *(fam)* you've got to hand it to sb, you have to say that much for sb *fam*

nei·den ['naɪdn̩] *vt* ■ **jdm etw** ~ to envy sb [for] sth

Nei·der(in) <-s, -> *m(f)* jealous *[or* envious] person

neid·er·füllt ['naɪdɛɐ̯fʏlt] I. *adj (geh)* filled with *[or* full of] envy *[or* jealousy], jealous, envious II. *adv* jealously, enviously

Nei·de·rin <-, -nen> *f fem form von* **Neider**

Neid·ham·mel *m (fam)* jealous *[or* envious] person; **du alter** ~! you're just jealous!

nei·disch ['naɪdɪʃ], **nei·dig** ['naɪdɪç] SÜDD, ÖSTERR I. *adj* jealous, envious; ■ ~ **sein/werden** to be/become jealous *[or* envious]; ■ **auf jdn** ~ **sein/werden** to be/become jealous *[or* envious] of sb, to envy sb II. *adv* jealously, enviously, with envy *[or* jealousy]

neid·los I. *adj* unbegrudging II. *adv* unbegrudgingly

Nei·ge <-, -n> ['naɪgə] *f (Flüssigkeitsrest)* remains; **bis zur** ~ to the dregs; **etw bis zur** ~ **leeren** to drain sth to the dregs ▶ WENDUNGEN: **bis zur bitteren** ~ until the bitter end; **zur** ~ **gehen** *(geh)* to draw to an end; **unsere Vorräte gehen zur** ~ our provisions are fast becoming exhausted; **etw bis zur** ~ **auskosten** to savour *[or* enjoy] sth to the full

nei·gen ['naɪgn̩] I. *vr* ❶ *(sich beugen)* ■ **sich** *akk* **zu jdm** ~ to lean over to sb; **sich nach hinten/vorne/ rechts/links/zur Seite** ~ to lean backwards/forwards/to the right/left/side ❷ *(schräg abfallen)* ■ **etw neigt sich** sth slopes *[or* inclines] ❸ *(geh: sich niederbeugen)* to bow down; **die Tannenzweige neigten sich** [**tief] zur Erde** the pine branches bowed [low] to the ground ❹ *(kippen)* ■ **sich** *akk* ~ to tilt II. *vt* ❶ *(beugen)* ■ **etw** ~ to bend sth; **den Oberkörper leicht nach vorne geneigt** his/her torso *[or* upper body] slightly bent forwards ❷ *(geh: kippen)* ■ **etw** ~ to tilt sth III. *vi* ❶ *(anfällig für etw sein)* ■ **zu etw** ~ to be prone *[or* susceptible] to sth ❷ *(tendieren)* ■ **zu etw** ~ to tend *[or* have a tendency] to sth; **du neigst zu Übertreibungen** you tend to exaggerate; ■ **dazu** ~**, etw zu tun** to be inclined *[or* tend] *[or* have a tendency] to do sth; **ich neige zu der Ansicht, dass ...** I tend *[or* lean] towards the view that ...

Nei·ge·zug *m* TRANSP tilting train

Nei·gung <-, -en> *f* ❶ *(Vorliebe)* leaning; **eine** ~ **verspüren, etw zu tun** to feel an inclination to do sth ❷ *(Zuneigung)* affection; **aus** ~ with affection ❸ *(Tendenz)* tendency; **du hast eine** ~ **zur Ungeduld** you have a tendency to be impatient ❹ *(Gefälle)* slope

Nei·gungs·win·kel *m* TECH angle of inclination

nein ['naɪn] *adv* ❶ *(Negation)* no; [**zu etw] N~ sagen** to say no [to sth]; **nicht N~ sagen** to not say no; **o ~!** certainly not! ❷ *(sogar)* no; **wahnsinnig schwül,** ~ **unerträglich heiß** incredibly humid, no, unbearably hot ❸ *fragend* will you/they/he/she/it; **du wirst dem Kerl doch nicht helfen, ~?** you won't help this guy, will you? ❹ *(ach)* well; ~**, wen haben wir denn da?** well, who have we got here then? ▶ WENDUNGEN:

~, **so was!** oh no!

Nein <-s> |'nain| *nt kein pl* no

Nein·sa·ger(in) <-s, -> |-za:gɐ| *m(f)* person who always says no **Nein·stim·me** *f* POL no|-vote|

Ne·kro·log <-[e]s, -e> |nekro'lo:k| *m (geh)* obituary

Nek·tar <-s, -e> |'nɛktar| *m* nectar

Nek·ta·rie <-, -n> |nɛk'ta:rɪə| *f* BOT nectary

Nek·ta·ri·ne <-, -n> |nɛkta'ri:nə| *f* nectarine

Nel·ke |'nɛlkə| *f* <-, -n> ① BOT carnation ② KOCHK clove

Nel·ken·wurz <-> |-vʊrts| *f kein pl* BOT avens

'nem |'nəm| *art indef dat (fam) kurz für* **einem** a; *s. a.* **ein²** II. 1

Ne·ma·to·de <-n, -n> |nema'to:də| *m* ZOOL nematode

'nen |'nən| *art indef (fam) kurz für* **einen** a

nen·nen <nannte, genannt> |'nɛnən| I. *vt* ① *(benennen)* ■ jdn/etw ~ to name |*or* call| sb/sth; ■ **genannt** known as ② *(anreden)* to call; **Freunde dürfen mich Johnny** ~ friends may call me Johnny ③ *(bezeichnen)* ■ etw ~ to call sth; **wie nennt man das?** what do you call that? |*or* is that called?| ④ *(mitteilen)* |jdm| jdn/etw ~ to name sb/sth |to sb|; **ich nenne Ihnen einige Namen** I'll give you a few names; **können Sie mir einen guten Anwalt ~?** can you give me the name of a good lawyer?; ■ **genannt** referred to; **das genannte Restaurant** ... the restaurant mentioned ... ▶WENDUNGEN: **das nenne ich** ... I call that ...; **das nenne ich aber mal ein leckeres Mittagessen!** |now| that's what I call a delicious lunch! II. *vr (heißen)* ■ sich *akk* ~ to call oneself ▶WENDUNGEN: **und so was nennt sich** ...! *(fam)* and they call that a ...!; **du bist gemein! und so was nennt sich Freundin!** you're mean! and you call yourself a friend!

nen·nens·wert *adj* considerable, not inconsiderable; **nicht** ~ not worth mentioning; ■ **etwas/nichts Nennenswertes** sth/nothing worth mentioning; **ist irgendetwas Nennenswertes vorgefallen?** did anything worth mentioning happen?

Nen·ner <-s, -> *m* MATH denominator; **der kleinste gemeinsame** ~ the lowest common denominator ▶WENDUNGEN: **etw auf einen |gemeinsamen| ~ bringen** to reduce sth to the common denominator; **einen |gemeinsamen| ~ finden** to find common ground

Nen·nung <-, -en> *f* naming

Nenn·wert *m* FIN, BÖRSE nominal |*or* face| value; **über/unter dem** ~ above/below nominal |*or* face| value; **zum** ~ at nominal |*or* face| value

Neo·dym <-s> |neo'dy:m| *nt kein pl* CHEM neodymium

Neo·fa·schis·mus <-> |'ne:ofaʃɪsmʊs| *m kein pl* POL neo-fascism *no pl*

Neo·fa·schist <-en, -en> |neofa'ʃɪst| *m* POL neofascist

neo·fa·schis·tisch *adj* POL neofascist

neo·go·tisch *adj* ARCHIT neogothic

Neo·klas·si·zis·mus |'ne:oklasitsɪsmʊs| *m* ARCHIT neoclassicism

neo·klas·si·zis·tisch *adj* ARCHIT neoclassicist

Neo·lo·gis·mus <-, -gismen> |neolo'gɪsmʊs, *pl:* -'gɪsmən| *m* LING neologism

Ne·on <-s> |'ne:ɔn| *nt kein pl* neon

Neo·na·zi <-s, -s> |'ne:ona:tsi| *m* POL *kurz für* **Neonazist** neo-nazi

Neonazist <-en, -en> *m* POL neo-nazi

neo·na·zis·tisch *adj* POL neo-nazi

Ne·on·licht *nt* neon light **Ne·on·re·kla·me** *f* ÖKON neon sign **Ne·on·röh·re** *f* neon strip |*or* tube|, strip light **Ne·on·wer·bung** *f* neon sign

Ne·o·pren <-s> |neo'pre:n| *nt kein pl* CHEM neoprene

Ne·o·pren·an·zug *m* wet suit

Ne·op·te·rin <-s, -e> |neɔptə'ri:n| *nt* MED neopterin

Ne·pal <-s> |'ne:pal, ne'pa:l| *nt* Nepal; *s. a.* **Deutschland**

Ne·pa·le·se, **Ne·pa·le·sin** <-n, -n> |nepa'le:zə, nepa'le:zɪn| *m, f*, **Nepaler(in)** <-s, -> |ne'pa:lɐ| *m(f)* Nepalese, Nepali; *s. a.* **Deutsche(r)**

ne·pa·le·sisch |nepa'le:zɪʃ| *adj* Nepalese, Nepali; *s. a.* **deutsch**

ne·pa·lisch |ne'pa:lɪʃ| *adj s.* **nepalesisch**

Ne·po·tis·mus <-> |nepo'tɪsmʊs| *m kein pl (geh)* nepotism

Nepp <-s> |'nɛp| *m kein pl (fam)* rip-off *fam;* **das ist ja der reinste ~!** that's a complete rip-off!

nep·pen |'nɛpn| *vt (fam)* ■ jdn ~ to rip sb off *fam;* **da bist du aber ganz schön geneppt worden!** they must have seen you coming!

Nepp·lo·kal *nt (fam)* clip-joint

Nep·tun <-s> |nɛp'tu:n| *m* neptune; ■ **der** ~ Neptune

Nep·tu·ni·um <-s> |nɛp'tu:niʊm| *nt kein pl* neptunium

'ner |'nər| *art indef (fam) kurz für* **einer** a

Nerv <-s *o* -en, -en> |'nɛrf, *pl:* 'nɛrfn| *m* ① ANAT nerve ② BOT vein ▶ WENDUNGEN: ~**en wie Drahtseile haben** *(fam)* to have nerves of steel; **gute/schlechte** |*o* **schwache] ~en haben** to have strong/bad |*or* weak| nerves; **die ~en behalten** to keep calm; **jds ~en gehen |mit] jdm durch** sb loses their cool; **entschuldigen Sie, meine ~en sind wohl etwas mit mir durchgegangen** I'm sorry, I must have lost my cool; **jdm auf die ~en gehen** |*o* **fallen]** *(fam)* to get on sb's nerves; **auf die ~en gehen** *(fam)* to be a strain on the nerves; **den ~ haben, etw zu tun** *(fam)* to have the nerve to do sth; |**vielleicht| ~en haben!** *(fam)* to have a nerve!; **du hast vielleicht ~en!** you've got a nerve!; **jdm den |letzten| ~ rauben** |*o* **töten]** *(fam)* to shatter |*or* break| sb's nerve; **die ~en verlieren** to lose control |*or* one's cool|; ~**en zeigen** to show nerves

ner·ven |'nɛrfn| I. *vt (fam)* ■ jdn |mit etw] ~ to get on sb's nerves |*or fam* bug sb| |with sth]; ■ **genervt** stressed |out|, worked up II. *vi (sl)* to get on one's nerves, to annoy |*or fam* bug| sb

Ner·ven·an·span·nung *f* nervous tension **Ner·ven·arzt**, **-ärz·tin** *m, f* neurologist **ner·ven·auf·rei·bend** *adj* nerve-racking |*or esp* AM -wracking|; ■ ~ **sein** to be nerve-racking **Ner·ven·be·las·tung** *f* nervous strain **ner·ven·be·ru·hi·gend** I. *adj* PHARM sedative, calming II. *adv* calming **Ner·ven·bün·del** *nt (fam)* bundle of nerves *fam* **Ner·ven·gas** *nt* MIL nerve gas **Ner·ven·gift** *nt* CHEM neurotoxin **Ner·ven·heil·an·stalt** *f* MED, PSYCH *(veraltend)* mental *dated* |*or* psychiatric| hospital **Ner·ven·heil·kun·de** *f* MED neurology **Ner·ven·kit·zel** <-s, -> *m (fam)* thrill **Ner·ven·kli·nik** *f* MED *(fam)* psychiatric clinic **Ner·ven·kos·tüm** *nt (fam)* nerves *pl;* **in starkes/schwaches ~ haben** to have strong/weak nerves **Ner·ven·kraft** *f* nervous strength **ner·ven·krank** *adj* MED mentally ill |*or* disturbed|; ■ ~ **sein** to be mentally ill |*or* disturbed| **Ner·ven·krieg** *m* war of nerves **Ner·ven·lei·den** *nt* MED nervous condition **Ner·ven·nah·rung** *f* food for the nerves **Ner·ven·pro·be** *f* trial of nerves **Ner·ven·sa·che** *f* |**eine/reine] ~ sein** *(fam)* to be all a question of nerves **Ner·ven·sä·ge** *f (fam)* pain in the neck *fam* **Ner·ven·schmerz** *m meist pl* MED neuralgic pain, neuralgia *no pl* **ner·ven·schwach** *adj* with weak nerves *pred,* neurasthenic *spec;* ~ **sein** to have weak nerves |*or spec* be neurasthenic| **ner·ven·stark** *adj* with strong nerves *pred;* ~ **sein** to have strong nerves **Ner·ven·strang** *m* ANAT nerve cord **Ner·ven·sys·tem** *nt* ANAT nervous system **Ner·ven·zen·trum** *nt* nerve centre |*or* AM -er| **Ner·ven·zu·sam·men·bruch** *m* nervous breakdown; **einen ~ haben** |*o geh:* **erleiden]** to have |*or* suffer| a nervous breakdown

ner·vig |'nɛrfɪç| *adj* ① *(sl: nervenaufreibend)* irritating;

■ **~ sein** to be irritating ❷ *(veraltend geh)* sinewy, wiry

nerv·lich I. *adj* nervous *attr* II. *adv* ❶ *(psychisch)* **jd ist ~ erschöpft/belastet** sb's nerves are at a breaking point/strained ❷ *(in der psychischen Verfassung)* **~ bedingt** nervous

ner·vös [nɛrˈvøːs] I. *adj* ❶ *(psychisch erregt)* nervous, jumpy *fam;* ■ **~ sein/werden** to be/become nervous; **jdn ~ machen** to make sb nervous ❷ MED nervous II. *adv (nervlich)* nervous; **~ bedingt** nervous in origin

Ner·vo·si·tät <-> [nɛrvoziˈtɛːt] *f kein pl* nervousness

nerv·tö·tend [ˈnɛrftøːtənt] *adj (fam)* nerve-racking [*or esp* AM wracking] *fam;* ■ **~ sein** to be nerve-racking

Nerz <-es, -e> [ˈnɛrts] *m* ❶ ZOOL mink ❷ MODE mink

Nes·sel[1] <-, -n> [ˈnɛsl̩] *f* BOT nettle; ▸ WENDUNGEN: **sich [mit etw] in die ~n setzen** *(fam)* to put one's foot in it

Nes·sel[2] <-s, -> [ˈnɛsl̩] *m* MODE untreated cotton

Nes·sel·fie·ber *nt* MED nettle-rash **Nes·sel·sucht** *f kein pl* MED nettle-rash, hives *npl* **Nes·sel·tier** *nt* ZOOL coelenterate

Nes·sel·tuch *nt* muslin [cloth]

Nes·ses·sär <-s, -s> [nɛsɛˈsɛːɐ̯] *nt* ❶ *(Kulturbeutel)* vanity bag ❷ *(Nagel~)* manicure set ❸ *(Nähzeug)* sewing kit

Nest <-[e]s, -er> [ˈnɛst] *nt* ❶ ORN nest ❷ *(Brutstätte)* nest ❸ *(fam: Kaff)* dump *fam,* hole *fam* ▸ WENDUNGEN: **das eigene** [*o* **sein eigenes**] **~ beschmutzen** to foul one's own nest; **sich ins gemachte ~ setzen** *(fam)* to marry well, to have got it made

nes·teln [ˈnɛstl̩n] *vi (herumzupfen)* to fiddle, to fumble; ■ **an etw ~** *dat* to fiddle around with sth

Nest·häk·chen <-s, -> *nt (fam)* baby of the family; ■ **jds ~** the baby of the family **Nest·ho·cker(in)** *m(f)* ❶ BIOL nidicolous bird ❷ *(fig)* stay-at-home

Nes·tor, Nes·to·rin <-s, -toren> [ˈnɛstoːɐ̯, nɛsˈtoːrɪn, *pl:* nɛsˈtoːrən] *m, f (geh)* doyen *masc,* doyenne *fem* **Nest·wär·me** *f* warmth and security

nett [ˈnɛt] *adj* ❶ *(liebenswert)* nice; ■ **~** [**zu jdm**] **sein** to be nice [to sb]; **etwas/nichts Nettes** sth/sth not very nice; **sei so ~ und ...** would you mind ...; **wenn Sie so ~ sind/sein würden** if you don't mind; **so ~ sein und ...** to be so kind as to ...; **er war so nett und hat mich nach Hause gebracht** he was so kind as [*or* kind enough] to take me home ❷ *(angenehm)* nice, pleasant ❸ *(beträchtlich)* nice; **ein ~s Stück** a fair walk; **von hier ist es noch ein ganz ~es Stück zu laufen** it's still a fair walk from here; **ein ~s Sümmchen** a tidy sum [of money]; **sie hat sich ein ~es Sümmchen gespart** she's saved herself a nice little sum ❹ *(iron fam: unerfreulich)* nice; **das sind ja ~e Aussichten!** what a nice prospect!; ■ **etwas Nettes** something nice

net·ter·wei·se [nɛtɐˈvaizə] *adv* kindly; **er hat mich ~ nach Hause gebracht** he was so kind as [*or* kind enough] to take me home

Net·tig·keit <-, -en> [ˈnɛtɪçkait] *f* ❶ *kein pl (Liebenswürdigkeit)* kindness ❷ *(liebenswürdige Bemerkung)* kind [*or* nice] words [*or* things] *pl* ❸ *pl (iron fam: boshafte Bemerkung)* insult

net·to [ˈnɛto] *adv* net

Net·to·ein·kom·men *nt* net income **Net·to·ge·wicht** *nt* net weight **Net·to·kre·dit·auf·nah·me** *f* net credit **Net·to·lohn** *m* net salary [*or* wage], take-home pay **Net·to·preis** *m* ÖKON net price

Netz <-es, -e> [ˈnɛts] *nt* ❶ *(Fischnetz)* net ❷ *(Einkaufs~)* string bag; *(Gepäck~)* [luggage] rack; *(Haar~)* hair net ❸ SPORT net; **ins ~ gehen** to go into the net; **Tennisball** to hit the net ❹ *(Schutz~)* safety net ❺ *(Spinnen~)* web ❻ ELEK, TELEK *(Leitungssystem)* network; *(Strom)* [national] grid [*or* AM power supply

system]; **ans ~ gehen** to be connected to the grid; **etw vom ~ nehmen** to cut sth off from the grid ❼ *kein pl* INET ■ **das ~** the Net, the Internet ❽ *(Rohrnetz)* network [of pipes] ❾ TRANSP system ❿ *(Ring)* network ▸ WENDUNGEN: **ohne ~ und doppelten Boden** without a safety net; **das soziale ~** the social net; **jdm ins ~ gehen** to fall into sb's trap; **jdm durchs ~ gehen** to give sb the slip

Netz·an·schluss[RR] *m* ❶ TECH *(Anschluss an das Stromnetz)* mains *npl* [*or* AM power] supply ❷ TELEK *(Anschluss an ein Kommunikationsnetz)* telephone line connection **Netz·ball** *m* TENNIS netball **Netz·bür·ger(in)** *m(f)* INET, SOZIOL *(euph)* netizen *euph,* citizen of the net *euph* **Netz·ge·rät** *nt* mains receiver BRIT, power supply unit AM **Netz·haut** *f* retina **Netz·haut·ent·zün·dung** *f* MED retinitis **Netz·hemd** *nt* MODE string vest **Netz·kar·te** *f* BAHN zone card **Netz·kno·ten** *m* ❶ INFORM network node ❷ TECH network junction point ❸ BIOL network junction **Netz·ma·gen** *m* BIOL *(Teil des Wiederkäuermagens)* reticulum **Netz·me·lo·ne** *f* cantaloup melon **Netz·span·nung** *f* line [*or* supply] [*or* BRIT mains] voltage **Netz·ste·cker** *m* mains *npl* [*or* AM power] plug **Netz·strumpf** *m* fish-net stocking **Netz·teil** *nt* INET mains adapter BRIT, power supply unit AM **Netz·teil·neh·mer(in)** *m(f)* INFORM, TELEK network user **Netz·werk** *nt* ❶ *(engverbundenes System)* network ❷ INFORM network, system **Netz·zu·gang** *m* INET connection to the Internet

neu [ˈnɔy] I. *adj* ❶ *(gerade produziert/erworben/vorhanden)* new; **das ist die ~e/~este Mode!** it's the new/latest fashion!; ■ **~ sein** to be new; **etwas Neues** something new; **auf der Fachmesse gab es nichts Neues** there was nothing new at the trade fair; ■ **der/die Neue** the newcomer; **ein ~eres System** a more up to date system; ■ **das Neue** [an etw *dat*] the new thing [about sth]; ■ **das Neueste** the latest [thing]; ■ **jdm ~ sein** to be news to sb, to be a new one on sb *fam;* **was gibt's Neues?** *(fam)* what's new?; **weißt du schon das Neu[e]ste?** have you heard the latest?; **seit ~[e]stem** [since] recently; **seit ~estem können wir Ihnen auch die Bestellung per Kreditkarte anbieten** we are now able to take your orders by credit card; **das Neu[e]ste vom Neuen** the very latest [thing]; **von ~em** all over again, from the beginning, from scratch; *s. a.* **Tag** ❷ *(frisch)* fresh; **du solltest mal ein ~es Hemd anziehen** you should put on a fresh shirt ❸ *(abermalig)* new; **einen ~en Anfang machen** to make a fresh start; **einen ~en Anlauf nehmen** to have another go; **einen ~en Versuch machen** to have another try ❹ MEDIA *(gerade zugänglich)* latest; **die ~esten Nachrichten** the latest news ▸ WENDUNGEN: **auf ein N~es!** here's to a fresh start!; *(Neujahr)* here's to the New Year!; **aufs N~e** *(geh)* afresh, anew II. *adv (von nun an)* ❶ **~ bearbeitet** MEDIA revised; ❷ **beginnen** to make a fresh start, to start again from scratch; **~ anfangen** to start all over again; **sich** *akk* **~ einkleiden** to buy oneself a new set of clothes; **etw ~ einrichten** to refurbish sth; **etw ~ gestalten** to redesign, to provide a new layout; **der ~ gestaltete Marktplatz** the newly laid-out market square; **etw ~ anschaffen** to buy sth new ❷ *(zusätzlich)* anew; **die Firma will 33 Mitarbeiter ~ einstellen** the firm wants to employ 33 new employees; **wir wollen das Haus [ganz] ~ bauen** we want to build the house anew [*or* rebuild the house] ❸ *(erneut)* again; **~ eröffnet** re-opened; **frei werdende Stellen sollen nicht mehr ~ besetzt werden** positions [to be] vacated should never be re-filled; **ich muss meine Kartei ~ ordnen** I must re-sort my card index ❹ *(seit kurzem da)* **~ entwickelt** newly-developed; **~ eröffnet** newly opened; *(erneut* *eröffnet)* re-opened; **~ geboren** newly born; **~ geschaffen** newly created; **~ vermählt** *(geh)* newly married [*or* wed] ► WENDUNGEN: **wie ~ geboren** like a new man/woman

Neu·an·fang *m* fresh start **Neu·an·kömm·ling** <-s, -e> *m* newcomer **Neu·an·schaf·fung** *f* ❶ *(Anschaffung von etw Neuem)* new acquisition [*or* purchase]; **~en machen** to make new acquisitions [*or* purchases], to buy new items ❷ *(neu Angeschafftes)* recent acquisition **neu·apos·to·lisch** *adj* REL New Apostolic **neu·ar·tig** ['nɔyʔaːɐ̯tɪç] *adj* ❶ *(von neuer Art)* new ❷ *(nach neuer Methode)* new type of; **dieses Wörterbuch ist ganz ~** this is a completely new type of dictionary

Neu·ar·tig·keit <-> *f kein pl* novelty **Neu·auf·la·ge** *f* MEDIA ❶ *kein pl* new edition ❷ *s.* **reprint Neu·aus·ga·be** *f* MEDIA *s.* **Neuauflage 2**

Neu·bau <-bauten> ['nɔybau, *pl:* -bautn̩] *m* ARCHIT ❶ *kein pl (die neue Errichtung)* [new] building ❷ *(neu erbautes Gebäude)* new building [*or* house] **Neu·bau·ge·biet** *nt* development area; *(schon bebaut)* area of new housing **Neu·bau·sied·lung** *f* new housing estate **Neu·bau·woh·nung** *f* newly-built flat [*or* AM *a.* apartment] **Neu·be·ar·bei·tung** *f* ❶ MEDIA *(erneutes Bearbeiten)* revision ❷ MEDIA *(revidierte Fassung)* revised edition ❸ MUS, THEAT new version **Neu·be·ginn** *m* new beginning **Neu·be·set·zung** *m* replacement; **~ einer Rolle** THEAT recasting of a role **Neu·be·wer·tung** *f* re-assessment **Neu·bil·dung** *f* ❶ *(Umbildung)* reshuffle ❷ LING neologism ❸ MED neoplasm **Neu-De·lhi** <-s> [nɔy'deːli] *nt* New Delhi **Neu·ein·stei·ger** *m* ÖKON *(Neuling)* newcomer **Neu·emis·si·on** *f* BÖRSE new issue

Neu·en·burg <-s> ['nɔyənbʊrk] *nt* Neuchâtel **Neu·eng·land** [nɔy'ʔɛŋlant] *nt* New England **Neu·ent·de·ckung** *f* ❶ *(erneute Entdeckung)* rediscovery ❷ *(entdecktes Talent)* new discovery **Neu·ent·wick·lung** *f* ❶ *kein pl (Entwicklung neuartiger Dinge)* new development ❷ *(etwas gerade erst Entwickeltes)* new development

neu·er·dings ['nɔyɐ'dɪŋs] *adv* recently; **es gibt ~ Bestrebungen, ...** there have recently been attempts ...

Neu·er·er <-s, -> ['nɔyɐre] *m* reformer **neu·er·lich** ['nɔyɐlɪç] I. *adj* further II. *adv (selten)* again **Neu·er·öff·nung** *f* ❶ *(neue Eröffnung)* new opening ❷ *(Wiedereröffnung)* re-opening **Neu·er·schei·nung** *f* MEDIA new [*or* recent] publication **Neu·e·rung** <-, -en> ['nɔyərʊŋ] *f* reform **neu·(e)stens** ['nɔy(ə)stns] *adv (selten) s.* **neuerdings Neu·fas·sung** *f* revised version **Neu·fund·land** [nɔy'fʊntlant] *nt* Newfoundland **Neu·fund·län·der** <-s, -> [nɔy'fʊntlɛndɐ] *m* ZOOL Newfoundland [dog] **Neu·ge·bo·re·ne(s)** *nt dekl wie adj* newborn **Neu·gier(·de)** <-> ['nɔyɡiːɐ̯(də)] *f kein pl* curiosity, inquisitiveness, nosiness *pej fam;* **aus ~** out of curiosity; **mit** [*o* **voller**] **~** full of curiosity **neu·gie·rig** I. *adj* ❶ *(auf Informationen erpicht)* curious, inquisitive, nos[e]y *pej fam;* ■ **~ sein/werden** to be/become curious [*or* inquisitive]; **sei nicht so ~!** don't be so nosey! ❷ *(gespannt)* ■ **~ sein, ob/wie ...** to be curious to know, whether/how ...; **jdn ~ machen** to make sb curious; **da bin ich aber ~!** this should be interesting! II. *adv* curiously, inquisitively, nosily **Neu·gie·ri·ge(r)** *f(m) dekl wie adj* curious person, BRIT *pej fam a.* Nos[e]y Parker, AM *sl a.* rubberneck **Neu·glie·de·rung** *f* restructuring, reorganization **Neu·go·tik** *f* ARCHIT, KUNST neo-Gothic **Neu·grün·dung** *f* ❶ *(erstmalige Gründung)* new establishment ❷ *(neu gegründeter Ort)* new establishment; *(neu gegründete Institution)* new foundation

Neu·heit <-, -en> ['nɔyhait] *f ❶ (Neusein)* novelty ❷ ÖKON innovation **neu·hoch·deutsch** ['nɔyhoːxdɔytʃ] *adj* LING New High German; ■ **das N~** New High German **Neu·ig·keit** <-, -en> ['nɔyɪçkait] *f* news **Neu·ins·ze·nie·rung** *f* THEAT new production **Neu·jahr** *nt kein pl (der erste Januar)* New Year; ► WENDUNGEN: **prost ~!** here's to the [*or* happy] New Year!

Neu·jahrs·abend *m* New Year's Eve; *(in Schottland)* Hogmanay **Neu·jahrs·emp·fang** *m* reception on New Year's Eve **Neu·jahrs·fest** *nt* New Year's celebrations *pl* **Neu·jahrs·tag** *m* New Year's Day **Neu·land** *nt kein pl* AGR uncultivated land, virgin territory; ► WENDUNGEN: **[mit etw] [...] ~ betreten** to enter unknown territory; **~ [für jdn] sein** to be unknown territory [for sb] **neu·lich** ['nɔylɪç] *adv* recently, the other day; **erinnert ihr euch noch an ~ abends/morgens/sonntags?** do you remember the other evening/morning/Sunday?; **von ~** from the other day **Neu·ling** <-s, -e> ['nɔylɪŋ] *m* beginner **neu·mo·disch** I. *adj (sehr modern)* fashionable ❷ *(pej: unverständlich neu)* new-fangled II. *adv* fashionably **Neu·mond** *m kein pl* new moon; **bei ~** at new moon **neun** [nɔyn] *adj* nine; *s. a.* **acht¹** ► WENDUNGEN: **alle ~e werfen** to get a strike; **alle ~[e]!** strike! **Neun** <-, -en> ['nɔyn] *f* ❶ *(Zahl)* nine ❷ KARTEN nine; *s. a.* **Acht¹ 4** ❸ *(Verkehrslinie)* ■ **die ~** the [number] nine ► WENDUNGEN: **ach du grüne ~e!** *(fam)* good heavens! **Neun·au·ge** ['nɔyn'augə] *nt* ZOOL lamprey **neun·ein·halb** ['nɔyn'ain'halp] *adj* nine and a half; *s. a.* **anderthalb neu·ner·lei** ['nɔynɐ'lai] *adj inv attr* nine [different]; *s. a.* **achterlei neun·fach, 9fach** ['nɔynfax] I. *adj* **die ~e Menge nehmen** to take nine times the amount II. *adv* nine times, ninefold **Neun·fa·che, 9-fa·che** *nt dekl wie adj* **das ~ verdienen** to earn nine times the/that amount; *s. a.* **Achtfache neun·hun·dert** ['nɔyn'hundɛt] *adj* nine hundred; *s. a.* **hundert neun·hun·dert·jäh·rig** *adj* nine hundred-year-old *attr;* **das ~e Bestehen von etw feiern** to celebrate the nine hundredth anniversary of sth **neun·jäh·rig, 9-jäh·rig^{RR}** *adj* ❶ *(Alter)* nine-year-old *attr,* nine years old *pred; s. a.* **achtjährig 1** ❷ *(Zeitspanne)* nine-year *attr; s. a.* **achtjährig 2 Neun·jäh·ri·ge(r), 9-Jäh·ri·ge(r)^{RR}** *f(m) dekl wie adj* nine-year-old **neun·köp·fig** [-kœpfɪç] *adj* nine-person *attr; s. a.* **achtköpfig Neun-Loch-Golf·an·la·ge** *f* nine-hole golf course **neun·mal** ['nɔynmaːl] *adv* nine times; *s. a.* **achtmal neun·ma·lig** ['nɔynmaːlɪç] *adj* repeated nine times; *s. a.* **achtmalig neun·mal·klug** ['nɔynmaːlkluːk] *adj (iron fam)* smart-aleck *attr fam* **Neun·mal·klu·ge(r)** *f(m) dekl wie adj (iron fam)* smart-aleck *fam* **neun·stö·ckig** [-ʃtœkɪç] *adj inv* nine-storey *attr* [*or* AM -story], with nine storeys **neun·stün·dig, 9-stün·dig^{RR}** [-ʃtʏndɪç] *adj* nine-hour *attr; s. a.* **achtstündig neunt** ['nɔynt] *adj* **zu ~ sein: wir waren zu ~** there were nine of us **neun·tau·send** ['nɔyn'tau·znt] *adj* ❶ *(Zahl)* nine thousand [*or fam* K]; *s. a.* **tausend 1** ❷ *(fam: 9.000 Euro)* nine grand *no pl,* nine thou *no pl sl,* nine G's [*or* K's] *no pl* AM *sl* **neun·te(r, s)** ['nɔyntə(ɐ̯, s)] *adj* ❶ *(nach dem achten kommend)* ninth; **die ~ Klasse** [*o fam:* **die ~**] fourth

year [or AM grade] (secondary school), BRIT a. S4; s. a. **achte(r, s) 1** ● (Datum) ninth, 9th; s. a. **achte(r, s) 2**
Neun·te(r) ['nɔyntə(ɐ)] f(m) dekl wie adj ● (Person) ninth; s. a. **Achte(r) 1** ● (bei Datumsangaben) ■ der ~/am Neunten gesprochen ■ geschrieben der 9./ am 9. the ninth/on the ninth spoken, the 9th/on the 9th written; s. a. **Achte(r) 2** ● (als Namenszusatz) Ludwig der ~ [o geschrieben: **Ludwig IX.**] Ludwig the Ninth spoken, Ludwig IX written; s. a. **Achte(r) 2**
Neun·tel <-s, -> ['nɔyntl] nt o SCHWEIZ m ninth; s. a. **Achtel**
neun·tens ['nɔyntəns] adv ninthly
Neun·tö·ter <-s, -> ['nɔyntøːte] m ORN red-backed shrike
neun·zehn ['nɔyntseːn] adj nineteen; s. a. **acht**[1]
neunzehnte(r, s) adj nineteenth; s. a. **achte(r, s)**
Neun·zehn·tel nt nineteenth
neun·zig ['nɔyntsɪç] adj ● (Zahl) ninety; s. a. **achtzig 1** ● (fam: Stundenkilometer) ninety [kilometres BRIT [or AM -meters] an hour]; s. a. **achtzig 2**
Neun·zig ['nɔyntsɪç] f ninety
neun·zi·ger, 90er ['nɔyntsɪɡe] adj attr inv ● (das Jahrzehnt von 1990 bis 2000) die ~ Jahre the nineties; (geschrieben a.) the '90s ● (Wein aus dem Jahre '90) ein ~ Jahrgang a '90 vintage
Neun·zi·ger[1] <-s, -> ['nɔyntsɪɡe] m (Wein aus dem Jahre '90) '90 vintage
Neunziger[2] pl ■ in den ~n sein to be in one's nineties
Neunziger(in) <-s, -> m(f) ● (Mensch in den Neunzigern) nonagenarian ● s. **Neunzigjährige(r)**
Neun·zi·ger·jah·re pl ■ die ~ the nineties pl
neun·zig·jäh·rig, 90-jäh·rig[RR] adj attr ● (Alter) ninety-year-old attr, ninety years old pred ● (Zeitspanne) ninety-year attr
Neun·zig·jäh·ri·ge(r) f(m) dekl wie adj ninety-year-old
neun·zig·ste(r, s) ['nɔyntsɪɡstə] adj ninetieth; s. a. **achte(r, s)**
Neu·ord·nung f reform **Neu·ori·en·tie·rung** f (geh) reorientation **Neu·phi·lo·lo·ge, -phi·lo·lo·gin** ['nɔyfilolo:ɡə, -filolo:ɡɪn] m, f s. **Neusprachler Neu·phi·lo·lo·gie** f modern languages + sing/pl **Neu·phi·lo·lo·gin** <-, -nen> f fem form von **Neuphilologe**
Neu·prä·gung f ● (Münze) new mintage ● LING new coinage
Neu·ral·gie <-, -n> [nɔyral'ɡiː, pl: nɔyral'ɡiːən] f neuralgia
neur·al·gisch [nɔy'ralɡɪʃ] adj ● MED neuralgic ● (geh: störungsanfällig) ein ~er Punkt a trouble spot
Neur·as·the·nie <-, n> [nɔyraste'niː, pl: nɔyras·te'niːən] f neurasthenia
Neur·as·the·ni·ker(in) <-, -> [nɔyras'te:nike] m(f) neurasthenic
neur·as·the·nisch [nɔyras'te:nɪʃ] adj MED neurasthenic
Neu·re·ge·lung f revision; Verkehr, Ampelphasen new scheme **neu·reich** adj nouveau riche **Neu·rei·che(r)** f(m) dekl wie adj nouveau riche
Neu·rit <-en, -en> [nɔy'riːt] m BIOL (Hauptteil der Nervenzelle) neurite
Neu·ri·tis <-, Neuritiden> [nɔy'riːtɪs, pl: nɔyri'tiːdn] f neuritis
Neu·ro·bi·o·lo·ge, -bi·o·lo·gin m, f neurobiologist **Neu·ro·bi·o·lo·gie** [nɔyrobiolo:ɡiː] f kein pl neurobiology **Neu·ro·bi·o·lo·gin** f fem form von **Neurobiologe Neu·ro·chir·urg(in)** m(f) neurosurgeon **Neu·ro·chir·ur·gie** ['nɔyroçirurɡiː] f neurosurgery **Neu·ro·chir·ur·gin** f fem form von **Neurochirurg Neu·ro·com·pu·ter** m INFORM neurocomputer **Neu·ro·der·mi·tis** <-, -dermitiden> [nɔyroder'miːtɪs, pl: -dɛrmi'tiːdn] f neurodermatitis **Neu·ro·lep·ti·kum** <-s, -tika> [nɔyro'lɛptikʊm, pl: nɔyro'leptika] nt neuroleptic
Neu·ro·lo·ge, Neu·ro·lo·gin <-n, -n> [nɔyro'loːɡə,

-'loːɡɪn] m, f neurologist
Neu·ro·lo·gie <-, -n> [nɔyrolo'ɡiː] f MED ● kein pl neurology ● (fam: neurologische Abteilung) neurology
Neu·ro·lo·gin <-, -nen> f fem form von **Neurologe**
neu·ro·lo·gisch [nɔyrolo:ɡɪʃ] adj neurological
Neu·ron <-s, -ronen> ['nɔyrɔn, pl: nɔy'roːnən] nt neuron
Neu·ro·se <-, -n> [nɔy'roːzə] f PSYCH neurosis
Neu·ro·ti·ker(in) <-s, -> [nɔy'roːtike] m(f) neurotic
neu·ro·tisch [nɔy'roːtɪʃ] adj PSYCH ● (an einer Neurose leidend) neurotic; ■ ~ sein/werden to be/become neurotic ● (durch eine Neurose bedingt) neurotic
Neu·ro·trans·mit·ter <-s, -> [-transmɪte] m neurotransmitter
Neu·schnee m fresh snow
Neu·see·land [nɔy'zeːlant] nt New Zealand
Neu·see·län·der(in) <-s, -> [nɔy'zeːlɛndɐ] m(f) New Zealander; s. a. **Deutsche(r)**
neu·see·län·disch [nɔy'zeːlɛndɪʃ] adj New Zealand attr, from New Zealand pred
Neu·sil·ber ['nɔyzɪlbe] nt nickel silver
Neu·sprach·ler(in) <-s, -> ['nɔyʃpraːxlɐ] m(f) modern linguist
neu·sprach·lich I. adj modern language attr II. adv modern language; ~e Gymnasien grammar schools specializing in modern languages
neu·stens ['nɔystns] adv s. **neu(e)stens**
Neu·struk·tu·rie·rung f reform, restructuring **Neu·tö·ner(in)** <-s, -> m(f) MUS exponent of the New Music
neu·tral [nɔy'traːl] I. adj ● POL neutral ● (unparteiisch) neutral; ■ jd ist/bleibt ~ sb is/remains neutral ● (zurückhaltend) neutral ● CHEM (weder alkalisch noch sauer) neutral II. adv ● (unparteiisch) neutral ● CHEM neutral
Neu·tra·li·sa·ti·on <-, -en> [nɔytraliza'tsi̯oːn] f s. **Neutralisierung**
neu·tra·li·sie·ren[*] [nɔytrali'ziːrən] vt ● POL ■ etw ~ to neutralize sth ● (geh: in der Wirkung aufheben) **Einfluss/Gift/Wirkung** ~ to neutralize the influence/poison/effect ● CHEM ■ etw ~ to neutralize sth
Neu·tra·li·sie·rung <-, -en> f ● POL neutralization ● (geh) neutralization ● CHEM neutralization
Neu·tra·lis·mus <-> [nɔytra'lɪsmʊs] m kein pl POL neutralism
Neu·tra·li·tät <-> [nɔytrali'tɛːt] f kein pl ● POL neutrality ● (geh: Unparteilichkeit) neutrality
Neu·tri·no <-s, -s> [nɔy'triːno] nt neutrino
Neu·tron <-s, -tronen> ['nɔytrɔn, pl: nɔy'troːnən] nt neutron
Neu·tro·nen·bom·be f neutron bomb **Neu·tro·nen·waf·fe** f neutron weapon
Neu·trum <-s, Neutra o Neutren> ['nɔytrʊm, pl: 'nɔytra, 'nɔytrən] nt ● LING (sächliches Wort) neuter ● (geh) neuter ● ein ~ a neuter **Neu·ver·mähl·te(r)** f(m) dekl wie adj (geh) newly-wed **Neu·ver·schul·dung** f ÖKON new borrowing [or debt] **Neu·wahl** f POL re-election **Neu·wert** m original value; **zum** ~ at original value **neu·wer·tig** adj as new; ■ ~ sein to be as good as new **Neu·zeit** f kein pl ■ die ~ modern times pl, the modern age [or era] **neu·zeit·lich** I. adj ● (der Neuzeit zugehörig) of modern times, of the modern age [or era] pred ● (modern) modern II. adv (modern) modern **Neu·zu·gang** m new entry **Neu·zu·las·sung** f (form) [first] registration
New Age <- -> ['njuː'eːdʒ] nt kein pl new age
New·co·mer <-s, -> ['njuːkame] m newcomer
NGO f Abk von **non-governmental organization** NGO
Ni·a·cin [nia'tsiːn] nt kein pl niacin
Ni·ca·ra·gua <-s> [nika'raːɡu̯a] nt Nicaragua; s. a.

Deutschland
Ni·ca·ra·gu·a·ner(in) <-s, -> |nikara'gṷa:nɐ| *m(f)* Nicaraguan; *s. a.* **Deutsche(r)**
ni·ca·ra·gu·a·nisch |nikara'gṷa:nɪʃ| *adj* Nicaraguan; *s. a.* **deutsch**
nicht |nɪçt| **I.** *adv* ❶ *(Verneinung)* not; **ich weiß ~** I don't know; **ich bin es ~ gewesen** it wasn't me; **nein, danke, ich rauche ~** no thank you, I don't smoke; ■**~ ... sein** to not be ...; **das war aber ~ lieb/nett von dir!** that wasn't very nice of you; **heute ist es ~ so kalt/warm wie gestern** it's not as cold/warm today as yesterday; **etw ~ Zutreffendes** sth incorrect [*or* untrue]; **~ Zutreffendes |bitte| streichen!** |please| delete as applicable [*or* appropriate]; **~ amtlich** unofficial; **~ deutsch** non-German; **~ euklidische Geometrie** MATH non-Euclidean geometry; **~ leitend** PHYS non-conducting; **~ linear** MATH nonlinear; **~ öffentlich** *attr* not open to the public *pred;* **~ rostend** non-rusting; **~ |ein|mal** not even; **~ mehr** [*o* **länger**] not any longer; **~ mehr als** no more than; **~ mehr und ~ weniger als** no more and no less than; **... ~!** not ...!; **jedes andere Hemd, aber das bitte ~** any other shirt, just not that one; **bitte ~!** please don't!; **~ doch!** stop it!, don't!; **~ eine[r]** not one; **was ... ~** the things ...; **was man sich heute ~ alles bieten lassen muss!** the things one has to put up with these days!; **~! don't!, stop it! ❷** *(verneinende Aufforderung)* do not, don't; **halt, ~ weiterfahren!** stop, do not proceed any further! **II.** *part* ❶ *in Fragen (stimmt's?)* isn't that right; **sie schuldet dir doch noch Geld, ~?** she still owes you money, doesn't she? ❷ *in Fragen (wohl)* not; **kannst du mir ~ 1.000 Euro leihen?** could you not lend me 1,000 euros?
Nicht·ach·tung *f* disregard; **jdn mit ~ strafen** to send sb to Coventry, to ostracize sb **Nicht·an·er·ken·nung** *f* POL non-recognition *no pl* **Nicht·an·griffs·pakt** |nɪçt'ʔangrɪfs,pakt| *m* POL non-aggression pact **Nicht·be·ach·tung** *f* non-observance **Nicht·be·fol·gung** *f (form)* non-observance; **bei ~ einer S.** *gen* upon non-observance of sth
Nich·te <-, -n> |'nɪçtə| *f* niece
nicht·ehe·lich *adj inv* JUR illegitimate; **~es Kind** illegitimate child; **Kind aus einer ~en Beziehung** child born out of wedlock *dated form;* **~e Beziehungen zu jdm unterhalten** to cohabit with sb **Nicht·ein·mi·schung** *f* POL non-intervention **Nicht·ge·fal·len** *nt* **bei ~** ÖKON if not satisfied
nich·tig |'nɪçtɪç| *adj* ❶ JUR *(ungültig)* invalid, void; **etw für ~ erklären** JUR to declare sth invalid [*or* |null and| void]; **eine Ehe für ~ erklären** to annul a marriage ❷ *(geh: belanglos)* trivial
Nich·tig·keit <-, -en> *f* ❶ *kein pl* JUR *(Ungültigkeit)* invalidity, voidness, annulity ❷ *meist pl (geh)* triviality
Nich·tig·keits·kla·ge *f* JUR nullity suit **Nicht·lei·ter** *m* PHYS non-conductor **Nicht·me·tall** *nt* nonmetal
Nicht·rau·cher(in) *m(f)* ❶ *(nicht rauchender Mensch)* non-smoker; ■**~ sein** to be a non-smoker, to not smoke ❷ BAHN *(fam: Nichtraucherabteil)* non- [*or* no-] smoking section [*or* compartment]; **„~"** no smoking
Nicht·rau·cher·ab·teil *nt* BAHN non-smoking section [*or* compartment]
Nicht·rau·che·rin <-, -nen> *f fem form von* **Nichtraucher**
Nicht·rau·cher·zo·ne *f* non-smoking zone [*or* area] **Nicht·re·gie·rungs·or·ga·ni·sa·ti·on** *f* non-governmental organization, NGO
nichts |'nɪçts| *pron indef, inv* ❶ *(nicht etwas)* not anything; **es ist ~** it's nothing; **~ als ...** *(nur)* nothing but; **~ mehr** not anything [*or* nothing] more; **~ wie ...** *(fam)* let's get ...; **~ wie raus!** let's get out!;

~ **ahnend** *adjektivisch* unsuspecting; *adverbial* unsuspectingly; **~ sagend** empty, meaningless; **~ sagend sein** to be meaningless; **man kann gar ~ sehen** one can't see anything; **damit will ich ~ zu tun haben** I don't want anything to do with it; **das geht Sie ~ an!** that's none of your business! ❷ *vor substantiviertem adj* nothing; **~ anderes |als ...|** nothing [*or* not anything] other than ...; **hoffentlich ist es ~ Ernstes** I hope it's nothing serious ▸ WENDUNGEN: **das war wohl ~** *(sl)* oh well, that wasn't much of a hit; **für |o um| ~** for nothing; **für ~ und wieder ~** *(fam)* for nothing |at all| *fam;* **~ da!** *(fam)* no chance! *fam;* **wie ~** *(fam)* at the wink of an eye
Nichts <-, -e> |'nɪçts| *nt* ❶ *kein pl* PHILOS *(Nichtsein)* ■**das/ein ~** nothingness ❷ *(leerer Raum)* void ❸ *(Nullmenge)* nothing; **aus dem ~** out of nothing; **er hat die Firma aus dem ~ aufgebaut** he built the firm up out of nothing; **aus dem ~ auftauchen** to show up from out of nowhere ❹ *(unbedeutender Mensch)* ■**ein ~** a nonentity [*or* nobody] ▸ WENDUNGEN: **vor dem ~ stehen** to be left with nothing
Nicht·schwim·mer(in) *m(f)* non-swimmer; **~ sein** to be a non-swimmer; *s. a.* **Nichtschwimmerbecken Nicht·schwim·mer·be·cken** *nt* non-swimmer's pool **Nicht·schwim·me·rin** <-, -nen> *f fem form von* **Nichtschwimmer**
nichts·des·to·trotz |nɪçtsdɛsto'trɔts| *adv* nonetheless; ▸ WENDUNGEN: **aber ~, ...** but nevertheless, ...
nichts·des·to·we·ni·ger |nɪçtsdɛsto've:nɪgɐ| *adv* notwithstanding *form,* nevertheless, nonetheless
Nicht·sess·haf·te(r) RR *f/m| dekl wie adj (form)* person with [*or* of] no fixed abode, homeless person
Nichts·kön·ner(in) *m(f) (pej)* useless person **Nichts·nutz** <-es, -e> |'nɪçtsnʊts| *m (pej)* good-for-nothing **nichts·nut·zig** *adj (pej)* useless, good-for-nothing, hopeless **Nichts·tu·er(in)** <-s, -> |-tu:ɐ| *m(f) (pej)* idler, loafer **Nichts·tun** *nt* ❶ *(das Faulenzen)* idleness ❷ *(Untätigkeit)* inactivity
Nicht·ver·an·la·gungs·be·schei·ni·gung *f* FIN non-assessment note **Nicht·wäh·ler(in)** *m(f)* POL non-voter **Nicht·wei·ter·ver·brei·tung** *f* non-proliferation **Nicht·wis·sen** *nt* ignorance; **etw mit ~ bestreiten** JUR to plead ignorance **Nicht·zu·stan·de·kom·men** *nt (form)* non-realization; **bei ~ einer S.** *gen* in the case of non-realization of sth
Ni·ckel <-s> |'nɪkl| *nt kein pl* nickel
Ni·ckel·al·ler·gie *f kein pl* MED nickel allergy **Ni·ckel·bril·le** *f* metal-rimmed glasses *pl*
ni·cken |'nɪkn| *vi* ❶ *(mit dem Kopf nicken)* to nod; ■**... ~** to nod ...; **zufrieden ~** to nod with content; ■**das N~** nod ❷ *(fam: schlafen)* to nod [off], to snooze, to doze
Ni·cker·chen <-s> |'nɪkɐçən| *nt kein pl (fam)* nap *fam,* snooze *fam,* forty winks *fam;* **ein ~ machen** [*o* **hal·ten**] to take [*or* have] a nap [*or* snooze], to nap
Nid·wal·den <-s> |'ni:tvaldn| *nt* Nidwalden
nie |'ni:| *adv* ❶ *(zu keinem Zeitpunkt)* never; **~ mehr** [*o* **wieder**] never again; **einmal und ~ wieder** once and never again; **~ im Leben** not ever; **das hätte ich ~ im Leben gedacht** I never would have thought so; **~ und nimmer** never ever; *s. a.* **noch** ❷ *(bestimmt nicht)* never
nie·der |'ni:dɐ| *adv* down; **~ mit ...!** down with ...!; *s. a.* **niedere(r, s)**
Nie·der|bay·ern <-s> |'ni:dɐbaiɐn| *m kein pl* Lower Bavaria
nie·der|beu·gen *vr* ■**sich** *akk* |**zu jdm/etw**| **~** to bend down |to sb/sth| **nie·der|bren·nen** *irreg* **I.** *vi sein* to burn down **II.** *vt haben* ■**etw ~** to burn down sth *sep* **nie·der|brin·gen** *vt irreg* BERGB ■**etw ~** to bore sth; **einen Schacht ~** to sink a shaft **nie·**

nie·der|brül·len vt (fam) ▪ **jdn** ~ to shout down sb sep
nie·der|bü·geln vt (sl) ▪ **jdn/etw** ~ to steamroller sb/sth fam
nie·der·deutsch ['niːdɛdɔytʃ] adj Low German
Nie·der·deutsch(e) nt Low German
Nie·der|deutsch·land <-s> ['niːdɛdɔytʃlant] m kein pl Northern Germany
nie·der|drü·cken vt (geh) ❶ (herunterdrücken) ▪ **etw** ~ to press [or push] down sth sep ❷ (deprimieren) ▪ **jdn** ~ to depress sb, to make sb feel down; ▪ **~d** depressing
nie·de·re(r, s) ['niːdərə] adj attr ❶ (unbedeutend) low; **der ~ Adel** the lesser nobility; **das ~ Volk** the common people; **von ~r Herkunft** [o **Geburt**] **sein** to be of humble origin; ~ **Arbeiten verrichten müssen** (geh) to have to do menial jobs ❷ bes SÜDD (niedrig) low ❸ BIOL (untere) lower ❹ (primitiv) primitive, base; ~ **Beweggründe** base motives
nie·der|fal·len vi irreg to fall down
nie·der|fre·quent [-frɛkvɛnt] adj low-frequency
Nie·der·fre·quenz f low frequency
Nie·der·gang <-[e]s, -gänge> m ❶ kein pl (Verfall) decline, fall ❷ NAUT (schmale Stiege auf einem Schiff) companionway
nie·der·ge·drückt adj s. **niedergeschlagen**
nie·der|ge·hen vi irreg sein ❶ (fallen) Regen to fall; (sich entladen) Gewitter to break; **gestern ist ein schweres Unwetter auf die Stadt niedergegangen** a heavy storm brake over the city yesterday; ▪ **auf jdn** ~ (fig) to rain down on sb ❷ (landen) Flugzeug to touch down ❸ Lawine to descend ❹ (zu Boden stürzen) Boxer to go down ❺ (sich senken) Vorhang to fall
nie·der·ge·las·sen [-gəlasn̩] adj SCHWEIZ resident
nie·der·ge·schla·gen [-gəʃlaːgn̩] adj downcast, depressed
Nie·der·ge·schla·gen·heit <-> f kein pl depression, despondency
nie·der|hal·ten vt irreg ❶ (am Boden halten) ▪ **etw** [**mit etw**] ~ to restrain sth [with sth] ❷ (fig) **ein Volk** ~ to oppress a nation; **einen Widerstand/ seine Angst** ~ to suppress an uprising/one's fear
nie·der|kni·en I. vi sein to kneel [down] II. vr haben ▪ **sich** akk [**vor jdm/etw**] ~ to kneel [down] [before sb/sth] **nie·der|knüp·peln** vt to club to the ground
Nie·der·kunft <-, -künfte> ['niːdɛkʊnft, pl: -kʏnftə] f (veraltet) delivery
Nie·der·la·ge f defeat; [**bei etw**] **eine ~ erleiden** [o **einstecken**] [o **hinnehmen**] **müssen** to suffer a defeat [in sth]; **jdm eine ~ beibringen** [o **bereiten**] to inflict a defeat on [or defeat] sb
Nie·der·lan·de ['niːdɛlandə] pl ▪ **die** ~ the Netherlands; s. a. **Deutschland**
Nie·der·län·der(in) <-s, -> ['niːdɛlɛndɛ] m(f) Dutchman masc, Dutchwoman fem; s. a. **Deutsche(r)**
nie·der·län·disch ['niːdɛlɛndɪʃ] adj ❶ (zu den Niederlanden gehörend) Dutch; s. a. **deutsch 1** ❷ (die niederländische Sprache) Dutch; **auf N~** in Dutch; s. a. **deutsch 2**
Nie·der·län·disch ['niːdɛlɛndɪʃ] nt dekl wie adj Dutch; ▪ **das ~e** Dutch; s. a. **Deutsch**
nie·der|las·sen I. vr irreg ❶ (ansiedeln) ▪ **sich** akk **irgendwo** ~ to settle down somewhere ❷ (beruflich etablieren) ▪ **sich** akk **irgendwo** [**als etw**] ~ to establish oneself [or set up] [as sth] somewhere; **niedergelassener Arzt** registered doctor with their own practice ❸ (geh: hinsetzen) ▪ **sich** [**auf etw** dat] ~ to sit down somewhere; Vogel to settle on sth II. vt (veraltend) ▪ **etw** ~ to lower [or sep let down] sth
Nie·der·las·sung <-, -en> f ❶ kein pl (berufliche Etablierung) establishment, setting up; **er hat die**

Genehmigung zur ~ als Arzt erhalten he has been granted permission to set up as a doctor ❷ (Zweigstelle) branch
Nie·der·las·sungs·be·wil·li·gung f SCHWEIZ residence permit
nie·der|le·gen I. vt ❶ (hinlegen) ▪ **etw** ~ to put down sth sep ❷ (aufgeben) ▪ **etw** ~ to give up sth sep; **sein Amt/sein Mandat/den Vorsitz** ~ to resign one's office/one's seat/one's chairmanship; **die Arbeit** ~ to stop work, to down tools ❸ (geh: schlafen legen) **ein Kind** ~ to put a child to bed ❹ (geh: schriftlich fixieren) ▪ **etw irgendwo** ~ to put sth down [in writing] somewhere; **seinen letzten Willen** ~ to draw up one's will; ▪ **~, dass/was/ wie …** to put down in writing that/what/how … II. vr (sich hinlegen) ▪ **sich** akk ~ to lie down ▸ WENDUNGEN: **da legst' di' nieder!** SÜDD (fam) I'll be blowed! [or AM damned!]
Nie·der·le·gung <-, -en> f ❶ (das Hinlegen) laying ❷ einer Aufgabe resignation (+gen from); **die Belegschaft drohte mit sofortiger ~ der Arbeit** the workforce threatened to stop work immediately ❸ (schriftliche Fixierung) writing down; **ein Testament bedarf der ~ in schriftlicher Form** a will must be drawn up in writing ❹ (Deponierung) submission
nie·der|ma·chen vt (fam) ❶ ([eine größere Anzahl von wehrlosen Menschen] kaltblütig töten) ▪ **jdn/ etw** ~ to butcher [or massacre] [or slaughter] sb/sth ❷ (heruntermachen, verächtlich behandeln) ▪ **jdn/ etw** ~ to run sb/sth down fam; ▪ **etw** ~ to take [or pick] [or pull] to pieces fam; **jdn verbal** ~ to put sb down fam **nie·der|mä·hen** vt ▪ **jdn** ~ to mow down sb sep **nie·der|met·zeln** vt ▪ **jdn** ~ to massacre sb
Nie·der·ös·ter·reich ['niːdɛʔøːstəraɪç] nt Lower Austria
nie·der|pras·seln vi to pelt [or rain] down **nie·der|prü·geln** vt ▪ **jdn** ~ to beat up sb sep **nie·der|rei·ßen** vt irreg ▪ **etw** ~ to pull [or tear] down sth sep; **ein Gebäude** ~ to knock [or pull] down a building
Nie·der·sach·sen <-s> ['niːdɛzaksn̩] nt Lower Saxony
nie·der|schie·ßen irreg I. vt haben ▪ **jdn** ~ to shoot down sb sep II. vi sein (niederstoßen) **der Vogel schoss auf die Beute nieder** the bird swooped down on its prey
Nie·der·schlag m ❶ METEO (Regen) rainfall no pl, snowfall no pl, hail no pl; **für morgen werden starke Niederschläge erwartet** heavy rain/snow/ hail is expected tomorrow; **radioaktiver ~** fallout ❷ CHEM (Bodensatz) sediment, precipitate spec ❸ (beim Boxen) knockdown blow ❹ (schriftlich fixierter Ausdruck) **seinen ~ in etw** dat **finden** (geh) to find expression in sth form; **seine Kindheitserlebnisse fanden ihren ~ in dem jüngst veröffentlichten Roman** his childhood memories are reflected in his recently published novel
nie·der|schla·gen irreg I. vt ❶ (zu Boden schlagen) ▪ **jdn** ~ to knock sb down, to floor sb ❷ (unterdrücken) ▪ **etw** ~ to put down sth sep, to crush sth; **einen Streik** ~ to break up a strike; **Unruhen** ~ to suppress unrest ❸ (geh: senken) **die Augen/den Blick** ~ to lower one's eyes/one's gaze ❹ JUR (einstellen) **das Verfahren** ~ to quash the proceedings; **eine Gebühr** ~ (erlassen) to abate [or cancel] a fee; **einen Verdacht** ~ (selten) to allay [or dispel] a suspicion II. vr ❶ (kondensieren) ▪ **sich** [**an etw** dat] ~ to condense [on sth] ❷ CHEM (ausfällen) ▪ **sich** akk ~ to precipitate spec, to sediment ❸ (zum Ausdruck kommen) ▪ **sich in etw** dat ~ to find expression in sth
nie·der·schlags·arm adj of low rainfall pred; **ein ~es Gebiet** an area with low rainfall; **der Winter ist**

manchmal sehr ~ there is sometimes very low precipitation in winter **Nie·der·schlags·men·ge** f rainfall no pl, precipitation no pl **nie·der·schlags·reich** adj rainy, of high rainfall pred; **ein ~es Gebiet** an area which gets a lot of rain/snow; **der Sommer ist in diesem Jahre nicht sehr ~ gewesen** there was not much rainfall this summer

Nie·der·schla·gung <-, -en> f JUR eines Verfahrens quashing, abolition; (Erlassung) Strafe remission; (Entkräftung) Verdacht quashing ❷ (Unterdrückung) putting down, crushing, suppression; **bei der ~ der Revolte gab es viele Tote** many died when the revolt was crushed

nie·der·schmet·ternd ['ni:dɐʃmɛtɐnt] adj deeply distressing; **ein ~es Wahlergebnis** a crushing electoral defeat

nie·der|schrei·ben vt irreg ■ etw ~ to write down sth sep

nie·der|schrei·en vt irreg s. **niederbrüllen**

Nie·der·schrift f ❶ (Protokoll) report, record ❷ kein pl (das Niederschreiben) writing down

nie·der|set·zen I. vt (geh) ■ etw [irgendwo] ~ to put sth down [somewhere] II. vr (geh: sich hinsetzen) ■ sich akk ~ to sit down

nie·der|sin·ken vi irreg sein (geh) to drop down, to collapse

nie·der|ste·chen vt irreg ■ jdn ~ to stab sb to the ground

nie·der|stim·men vt ■ jdn/etw ~ to vote sb/sth down

nie·der|sto·ßen irreg I. vt haben ❶ (zu Boden stoßen) ■ jdn ~ to push [or knock] sb down ❷ (niederstechen) **jdn [mit einem Messer]** ~ to stab somebody to the ground [with a knife] II. vi sein **der Vogel stieß auf die Beute nieder** the bird swooped down on its prey

nie·der|stre·cken I. vt ■ jdn ~ to lay sb low, to fell sb II. vr sich akk ~ to stretch out, to lie down

nieder|stür·zen vi sein (geh) to crash to the ground

Nie·der·ta·rif m ÖKON low tariff

Nie·der·tracht <-> f kein pl ❶ (Gesinnung) nastiness, malice, vileness ❷ (Tat) mean [or despicable] act

nie·der·träch·tig I. adj ❶ (Übel wollend) contemptible; **eine ~e Person** a contemptible [or despicable] [or vile] person; **eine ~e Einstellung/Lüge** a despicable attitude/lie ❷ (fam: stark) Kälte extreme; Schmerz a. excruciating II. adv dreadfully; ~ **wehtun** to hurt like hell

Nie·der·träch·tig·keit <-, -en> f ❶ (niederträchtige Tat) despicable act, dirty trick ❷ kein pl s. **Niedertracht**

nie·der|tre·ten vt ❶ (zu Boden treten) ■ etw ~ to trample down sth ❷ (geh: abtreten) ■ etw ~ to wear down sth sep [by treading]

Nie·de·rung <-, -en> f ❶ (Senke) lowland; (Mündungsgebiet) flats pl ❷ (fig) **die ~en der Gesellschaft** gen society's lower depths; **die ~en des Lebens** life's humdrum routine

nie·der|wer·fen irreg I. vr ■ sich akk [vor jdm] ~ to throw oneself down [before/in front of sb] II. vt (geh) ❶ (niederschlagen) ■ etw ~ to put down sth sep, to crush sth; **einen Aufstand** ~ to crush a revolt ❷ (besiegen) ■ etw ~ to overcome sth; **den Feind** ~ to conquer [or overcome] the enemy ❸ (bettlägerig machen) ■ jdn ~ to lay sb low, to lay sb up ❹ (erschüttern) to upset sb badly, to shatter sb fam

Nie·der·wild nt small game

nied·lich ['ni:tlɪç] I. adj cute, sweet, pretty, nice II. adv nicely, sweetly

nied·rig ['ni:drɪç] I. adj ❶ (nicht hoch) low; **eine ~e Decke/Stirn/~e Absätze** a low ceiling/forehead/low heels; **~es Gras** short [or low] grass ❷ (gering)

low; **ein ~er Betrag/~es Trinkgeld** a small amount/tip ❸ (gemein) low, base; **von ~er Herkunft** [o Geburt] **sein** to be of humble [or lowly] origin ❹ (dem untersten Rang zugehörig) lowly, humble II. adv ❶ (in geringer Höhe) low ❷ (gering) low

Nied·rig·keit <-> f kein pl ❶ Löhne, Einkommen low level ❷ (geringe Höhe) lowness; **die ~ der Decken wirkte bedrückend** the lowness of the ceilings was oppressive ❸ (fig) vileness

Nied·rig·lohn m low wage **Nied·rig·lohn·land** nt low-wage country **Nied·rig·lohn·sek·tor** m ÖKON low-wage sector **Nied·rig·preis** m low price

nied·rig·pro·zen·tig adj low-percentage

Nied·rig·was·ser nt kein pl METEO ❶ (Ebbe) low tide [or water] ❷ (niedriger Wasserstand von Flüssen) low level; **nach drei Monaten ohne Regen führen die Flüsse** ~ after three months without any rain the level of the rivers is low

nie·mals ['ni:ma:ls] adv (emph) never; s. a. **noch**

nie·mand ['ni:mant] pron indef (keiner) nobody, no one; **ist denn da ~?** isn't there anyone there?; ■ **~es** nobody's, no one's; **ich will ~en sehen** I don't want to see anybody; **das weiß ~ besser als du** no one knows better than you; **sie ist gerade für ~en zu sprechen** she's not free to speak to anyone just now; **sie hat mit ~ anders gesprochen** she didn't speak to anyone else, she spoke to no one else; **zu ~em ein Sterbenswörtchen, verstanden?** not a single word to anyone, understood?

Nie·mand <-s, -e> ['ni:mant, pl: 'ni:mandə] m (pej) nobody pej; **er ist ein ~** he is a nobody

Nie·mands·land ['ni:mantslant] nt kein pl no man's land

Nie·re <-, -n> ['ni:rə] f ❶ (Organ) kidney; **künstliche ~** kidney machine; **sie hat es an den ~n** she has kidney problems ❷ meist pl (Fleisch) kidney usu pl; **saure ~n** kidneys in sour sauce ▸ WENDUNGEN: **etw geht jdm an die ~n** (fam: etw nimmt jdn mit) to get to sb fam

Nie·ren·be·cken nt renal pelvis **Nie·ren·be·cken·ent·zün·dung** f pyelitis spec

Nie·ren·be·schwer·den pl kidney complaint **Nie·ren·bra·ten** m loin roast

nie·ren·för·mig adj kidney-shaped

Nie·ren·gurt m kidney belt **Nie·ren·ko·lik** f renal colic no pl; **eine ~** [o ~en] **haben** to suffer from renal colic

nie·ren·krank adj suffering from a kidney complaint pred **Nie·ren·kran·ke(r)** f(m) dekl wie adj person suffering from a kidney complaint **Nie·ren·krank·heit** f kidney disorder [or disease]

Nie·ren·lei·den nt MED kidney [or renal] disease **Nie·ren·mark** nt ANAT medulla **Nie·ren·rin·de** f ANAT cortex **Nie·ren·scha·le** f kidney dish **Nie·ren·stein** m kidney stone, renal calculus spec **Nie·ren·stein·zer·trüm·me·rer** <-s, -> m lithotripter spec, lithotrite spec **Nie·ren·ta·sche** f bum bag **Nie·ren·tisch** m kidney-shaped table **Nie·ren·trans·plan·ta·ti·on** f kidney transplant **Nie·ren·ver·sa·gen** nt kein pl MED kidney [or renal] failure no pl **Nie·ren·wär·mer** <-s, -> m kidney warmer

Nier·stück nt KOCHK SCHWEIZ (Rinderlende) loin cut

nie·seln ['ni:zln] vi impers ■ **es nieselt** it's drizzling

Nie·sel·re·gen ['ni:zl-] m drizzle no pl

nie·sen ['ni:zn] vi to sneeze

Nie·sen <-s> ['ni:zn] nt kein pl sneezing

Nies·pul·ver [-pʊlfe, -pʊlvə] nt sneezing powder

Nieß·brauch <-[e]s> ['ni:sbraux] m kein pl JUR usufruct

Nie·te¹ <-, -n> ['ni:tə] f ❶ (Nichttreffer) blank, losing ticket; **eine ~ ziehen** to draw a blank ❷ (fam: Versager) loser fam, dead loss fam

Nie·te² <-, -n> ['ni:tə] f rivet

nie·ten ['ni:tn̩] *vt* ■ etw ~ to rivet sth

niet- und na·gel·fest ['ni:t?ʊnt'na:gl̩fɛst] *adj* ▸ WENDUNGEN: **alles, was nicht ~ ist** *(fam)* everything that's not nailed down

Ni·ger <-s> ['ni:ge] *nt* Niger; *s. a.* **Deutschland**

Ni·ge·ria <-s> [ni'ge:rɪ̯a] *nt* Nigeria; *s. a.* **Deutschland**

Ni·ge·ri·a·ner(in) <-s, -> [nige'rɪ̯a:ne] *m(f)* Nigerian; *s. a.* **Deutsche(r)**

ni·ge·ri·a·nisch [nige'rɪ̯a:nɪʃ] *adj* Nigerian; *s. a.* **deutsch**

Ni·grer(in) <-s, -> ['ni:gre] *m(f)* Nigerien; *s. a.* **Deutsche(r)**

ni·grisch ['ni:grɪʃ] *adj* Nigerien; *s. a.* **deutsch**

Ni·hi·lis·mus <-> [nihi'lɪsmʊs] *m kein pl* nihilism

Ni·hi·list(in) <-en, -en> [nihi'lɪst] *m(f)* nihilist

ni·hi·lis·tisch *adj* nihilistic

Ni·ka·ra·gu·a·ner(in) <-s, -> [nikara'gu̯a:ne] *m(f) s.* **Nicaraguaner**

Ni·ko·laus <-, -e *o* -läuse> ['nɪkolaʊs, *pl:* -byzə] *m* ❶ *(verkleidete Gestalt)* St. Nicholas *(figure who brings children presents on 6th December)* ❷ *(Schokoladenfigur)* chocolate St. Nicholas ❸ *kein pl (Nikolaustag)* St. Nicholas' Day; **der Heilige ~** St. Nicholas

Ni·ko·sia <-s> [niko'zi:a, ni'ko:zi̯a] *nt* Nicosia

Ni·ko·tin <-s> [niko'ti:n] *nt kein pl* nicotine

ni·ko·tin·arm *adj* low-nicotine *pred* **Ni·ko·tin·ge·halt** *m* nicotine content **ni·ko·tin·hal·tig** [-haltɪç] *adj* nicotinic **ni·ko·tin·süch·tig** *adj* addicted to nicotine

Ni·ko·tin·ver·gif·tung *f* nicotine poisoning

Nil <-s> ['ni:l] *m* ■ **der ~** the Nile; **der Blaue ~** the Blue Nile; **der Weiße ~** the White Nile

Nil·pferd *nt* hippopotamus

Nim·bus <-, -se> ['nɪmbʊs, *pl:* 'nɪmbʊsə] *m* ❶ *kein pl (geh: Aura)* aura ❷ *(Heiligenschein)* nimbus, aura

nim·mer ['nɪmɐ] *adv* ❶ *(veraltend geh: niemals)* never ❷ SÜDD, ÖSTERR *(nicht mehr)* no longer

nim·mer·mehr ['nɪmɐme:ɐ] *adv (veraltend geh)* never again, never *dated*

nim·mer·mü·de ['nɪmɐˈmy:də] *adj attr* tireless

nim·mer·satt ['nɪmɐzat] *adj inv, attr (fam)* insatiable

Nim·mer·satt <-[e]s, -e> ['nɪmɐzat] *m* ❶ *(fam)* glutton *fam*, BRIT *a.* greedy-guts *fam* ❷ ORN wood ibis

Nim·mer·wie·der·se·hen [nɪmɐ'vi:deze:ən] *nt* **auf ~** *(fam)* never to be seen again; **wenn ich jetzt gehe, dann auf ~!** if I go now it will be forever; **auf ~!** *(fam)* farewell!

nimmt ['nɪmt] *3. pers präs von* **nehmen**

Ni·o·bi·um <-s> ['ni̯o:bɪ̯ʊm] *nt kein pl* niobium

Nip·pel <-s, -> ['nɪpl̩] *m* ❶ *(Schmiernippel)* nipple ❷ *(Brustwarze)* nipple

nip·pen ['nɪpn̩] *vi* to sip, to have [*or* take] a sip; ■ **an etw** *dat* ~ to sip [*or* have a sip] from sth; ■ **von etw ~** to sip at [*or* have a sip of] sth

Nip·pes ['nɪpəs, 'nɪps, 'nɪp] *pl* [k]nick-[k]nacks *pl*

nir·gends ['nɪrgn̩ts] *adv* nowhere; **ich konnte ihn ~ finden** I couldn't find him/it anywhere

nir·gend·wo ['nɪrgn̩tvo:] *adv s.* **nirgends**

nir·gend·wo·hin ['nɪrgn̩tvo'hɪn] *adv* nowhere

Nir·wa·na <-[s]> [nɪr'va:na] *nt kein pl* nirvana

Ni·sche <-, -n> ['ni:ʃə] *f* ❶ *(Einbuchtung einer Wand)* niche, recess ❷ *(abgegrenztes, geschütztes Gebiet)* niche

Nis·se <-, -n> ['nɪsə] *f* nit

nis·ten ['nɪstn̩] *vi* to nest

Nist·kas·ten *m* nesting box **Nist·platz** *m* ORN nesting place

Ni·trat <-[e]s, -e> [ni'tra:t] *nt* nitrate **Ni·trat·ge·halt** *m* nitrate content **Ni·trat·kon·zen·tra·ti·on** *f* nitrate concentration **Ni·trat·men·ge** *f* nitrate level

ni·trat·ver·schmutzt *adj* nitrate-contaminated

Ni·trit <-s> [ni'tri:t] *nt kein pl* CHEM nitrite

Ni·tro·gly·ze·rin [nitroglytse'ri:n] *nt kein pl* nitroglycerine **Ni·tro·grup·pe** ['ni:trogrʊpə] *f* nitro-group **Ni·tro·lack** *m* nitrocellulose lacquer **Ni·tro·sa·min** <-s, -e> [nitroza'mi:n] *nt* CHEM nitrosamine

Ni·ue <-s> [ni'u:eɪ] *nt* Niue; *s. a.* **Sylt**

Ni·veau <-s, -s> [ni'vo:] *nt* ❶ *(Anspruch)* quality, calibre [*or* AM -er]; **~ haben** to have class; **kein ~ haben** to be lowbrow [*or* primitive]; **der Film/die Unterhaltung hatte wenig ~** the film/conversation was not very intellectually stimulating; **mit ~** of high intellect *pred*, intellectually stimulating; **sie ist eine sehr gebildete Frau mit ~** she is a well-educated woman of high intellect; **es war ein Gespräch mit ~** it was an intellectually stimulating conversation; **etw ist unter jds ~** *dat* sth is beneath sb *fig*; **unterhalte dich doch nicht mit solchen Proleten, das ist doch unter deinem ~** don't talk to such peasants – it's beneath you; **unter ~** below par; **er blieb mit diesem Buch unter seinem** [üblichen] **~** this book was below par, this book wasn't up to his usual standard ❷ *(Stand)* level ❸ *(Höhe einer Fläche)* level

ni·veau·los [ni'vo:-] *adj* primitive

ni·veau·voll *adj* intellectually stimulating

ni·vel·lie·ren [nivɛ'li:rən] *vt* **etw ~** ❶ *(geh: einander angleichen)* to even out sth *sep* ❷ *(planieren)* to level sth [off/out]

Ni·vel·lie·rung <-, -en> *f (geh)* evening out

nix ['nɪks] *pron indef (fam) s.* **nichts**

Ni·xe <-, -n> ['nɪksə] *f* mermaid

Niz·za <-s> ['nɪtsa] *nt* Nice

NN *Abk von* **Normalnull** mean sea level

no·bel ['no:bl̩] **I.** *adj* ❶ *(edel)* noble, honourable [*or* AM -orable] ❷ *(luxuriös)* luxurious, plush[y] *fam* ❸ *(großzügig)* generous; **ein nobles Geschenk** a lavish gift; **~ sein** to be generous; **was, 20 % Trinkgeld hat er gegeben? ~, ~!** what, he gave a tip of 20%? very generous! **II.** *adv* ❶ *(edel)* nobly, honourably [*or* AM -orably] ❷ *(großzügig)* generously

No·bel·her·ber·ge *f (fam)* luxury hotel, de luxe hotel

No·be·li·um <-s> [no'be:lɪ̯ʊm] *nt kein pl* nobelium

No·bel·preis [no'bɛlpraɪs] *m* Nobel prize

No·bel·preis·trä·ger(in) *m(f)* Nobel prize winner

No·bo·dy <-s, -s> ['noʊbadɪ] *m* nobody

noch ['nɔx] **I.** *adv* ❶ *(bis jetzt)* still; **er ist ~ da** he's still here; **ein ~ ungelöstes Problem** an as yet unsolved problem; **ich rauche kaum ~** I hardly smoke any more; ■ **~ immer** [nicht] still [not]; **wir wissen ~ immer nicht mehr** we still don't know anything else; ■ **~ nicht** not yet, still not; **halt, warte, tu das ~ nicht!** stop, wait, don't do it yet!; ■ **~ nichts** nothing yet; **zum Glück ist ~ nichts davon an die Öffentlichkeit gedrungen** luckily, none of this has yet become public knowledge; **bisher habe ich ~ nichts Definitives erfahren** I haven't heard anything more definite yet; ■ **~ nie** [*o* niemals] never; **die Sonne schien und die Luft war klar wie ~ nie** the sun was shining and the sky was clearer than ever before; ■ **~ niemand** [*o* keiner] nobody; **bisher ist ~ niemand gekommen** nobody has arrived yet; ■ **~ heute** [*o* heute ~] still today, even now [*or* today]; **~ heute gibt es Leute, die alte Bräuche pflegen** even today some people maintain their old customs [*or* traditions]; *s. a.* **eben** *s. a.* **erst** *s. a.* **nur** ❷ *(irgendwann)* some time, some day; **vielleicht kann man den Karton ~ mal brauchen, ich hebe ihn jedenfalls auf** I'll hang on to the box, it might come in handy some time; **keine Angst, du kriegst ihn ~!** don't worry, you'll still get him! ❸ *(nicht später als)* by the end of; **das Projekt dürfte ~ in diesem Jahr abgeschlossen sein** the project should be finished by the end of the year; **~ in diesen Tagen werden wir erfahren, was beschlossen wurde**

we will find out what was decided in the next few days; ~ **gestern habe ich davon nicht das Geringste gewusst** even yesterday I didn't have the slightest idea of it; ~ **heute** [*o* **heute ~**] today; ~ **heute räumst du dein Zimmer auf!** you *will* tidy up your room today! ❹ *(bevor etw anderes geschieht)* „**ich muss auf die Toilette!**" – „**kannst du ~ ein bisschen aushalten?**" 'I have to go to the toilet!' – 'can you hang on a bit longer?'; **auch wenn es nicht leichtfällt,** ~ **müssen wir schweigen** even though it might not be easy, we have to keep quiet for now; **bleib ~ ein wenig** stay a bit longer ❺ *(drückt etw aus, das nicht mehr möglich ist)* ~ **als Junge** *(veraltet):* ~ **als Junge wollte er Fälscher werden** even as a boy he wanted to become a forger ❻ *(womöglich sogar)* **wir kommen ~ zu spät** we're going to be late [*or* end up being late] ❼ *(obendrein)* in addition; **bist du satt oder möchtest du ~ etwas essen?** are you full or would you like something more to eat?; **mein Geld ist alle, hast du ~ etwas?** I don't have any money left, do you have any?; **möchten Sie ~ eine Tasse Kaffee?** would you like another cup of coffee?; ~ **ein Bier bitte!** can I/we have another beer please!; **hat er dir ~ etwas berichtet?** did he tell you anything else?; **das ist nicht alles, diese Kisten kommen ~ dazu** that's not everything, there are these crates too; **er ist dumm und ~ dazu frech** he's thick and cheeky into his bargain; ◼ ~ **eine(r, s)** another; **haben Sie ~ einen Wunsch?** [can I get you] anything else?; **lass die Tür bitte auf, da kommt ~ einer** leave the door open please, there's somebody else coming ❽ *vor Komparativ (mehr als)* even [more], still; ~ **höhere Gebäude verträgt dieser Untergrund nicht** this foundation can't support buildings that are higher; **seinen Vorschlag finde ich sogar ~ etwas besser** I think his suggestion is even slightly better still; **geht bitte ~ etwas langsamer, wir kommen sonst nicht mit** please walk a bit more slowly, we can't keep up otherwise; **das neue Modell beschleunigt ~ schneller als sein Vorgänger** the acceleration on the new model is even quicker than its predecessor, the new model accelerates quicker still than its predecessor; **ach, ich soll Ihnen die Leitung übergeben? das ist ja ~ schöner!** oh, so you want me to hand over the management to you? that's even better! ❾ *in Verbindung mit so* ◼ **... ~ so** however ...; **er kommt damit nicht durch, mag er auch ~ so lügen** he won't get away with it, however much he lies; **der Wein mag ~ so gut schmecken, er ist einfach zu teuer** however good the wine may taste, it's simply too expensive; **du kannst ~ so bitten, ...** you can beg as much as you like ... ❿ *einschränkend (so eben)* just about; **das ist ~ zu tolerieren, aber auch nur gerade** ~ that's just about tolerable but only just ▶ WENDUNGEN: ~ **und** ~ [*o* **nöcher**] heaps, dozens; **ich habe diese undankbare Frau ~ und ~ mit Geschenken überhäuft!** I showered this ungrateful woman with heaps of gifts; **er hat Geld ~ und nöcher** he has oodles [and oodles] of money **II.** *konj* ◼ **weder ... neither ... nor; er kann weder lesen ~ schreiben** he can neither read nor write; ◼ **nicht ... ~** neither ... nor; **nicht er ~ seine Frau haben eine Arbeit** neither he nor his wife are in work **III.** *part* ❶ *(verstärkend)* **siehst du – auf Fred kann man sich ~ verlassen!** you see – you can always rely on Fred! ❷ *(drückt Erregung aus)* **die wird sich ~ wundern!** she's in for a [bit of a] shock! ❸ *(drückt Empörung, Erstaunen aus)* **hat der sie eigentlich ~ alle?** is he round the twist or what?; **sag mal, was soll der Quatsch, bist du ~ normal?** what is this nonsense, are you quite right in the head? ❹ *(doch)* ◼ ~ **gleich: wie hieß er ~ gleich?** what

was his name again?
noch·ma·lig [ˈnɔxmaːlɪç] *adj attr* further
noch·mals [ˈnɔxmaːls] *adv* again
No·cken·wel·le [ˈnɔkn̩-] *f* camshaft
NOK <-s, -s> [ɛnoːˈkaː] *nt Abk von* **Nationales Olympisches Komitee** National Olympic Committee
nö·len [ˈnøːlən] *vi* NORDD *(fam)* to dawdle *fam*
no·lens vo·lens [ˈnoːlɛnsˈvoːlɛns] *adv (geh)* nolens volens, willy-nilly, like it or not
No·ma·de, **No·ma·din** <-n, -n> [noˈmaːdə, noˈmaːdɪn] *m, f* nomad **No·ma·den·da·sein** *nt* nomadic existence, nomadism **No·ma·den·le·ben** *nt* nomadic life **No·ma·den·volk** *nt* nomadic people
No·ma·din <-, -nen> *f fem form von* **Nomade**
No·men <-s, Nomina> [ˈnoːmən, *pl:* ˈnoːmina] *nt* LING noun; ▶ WENDUNGEN: **n~ est omen** *(geh)* the name says it all
No·men·kla·tur <-, -en> [noːmɛnklaˈtuːɐ] *f (fachspr)* nomenclature, vocabulary
No·men·kla·tu·ra <-> [noːmɛnklaˈtuːra] *f kein pl* ❶ *(Verzeichnis)* nomenklatura ❷ *(in der UdSSR)* politically privileged class
No·mi·na [ˈnoːmina] *nt pl von* **Nomen**
no·mi·nal [nomiˈnaːl] **I.** *adj* nominal **II.** *adv* nominally
No·mi·nal·phra·se *f* nominal phrase **No·mi·nal·satz** *m* nominal clause **No·mi·nal·stil** *m* nominal style
No·mi·nal·wert *m* nominal [*or* face] value **No·mi·nal·zins** *m* nominal interest
No·mi·na·tiv <-[e]s, -e> [ˈnoːminatiːf, *pl:* ˈnoːminatiːvə] *m* nominative
no·mi·nell [nomiˈnɛl] **I.** *adj* ❶ *(geh: nach außen hin)* nominal ❷ *s.* **nominal II.** *adv* nominally; ~ **ist er noch Präsident** he is still president but in name only
no·mi·nie·ren [nomiˈniːrən] *vt* ◼ **jdn** [**für etw**] ~ to nominate sb [for sth]
No·mi·nie·rung <-, -en> *f (geh)* ❶ *(das Nominieren [Bestimmen, Benennen])* nomination ❷ *(das Nominiertwerden)* nomination
Non·cha·lance <-> [nõʃaˈlãːs] *f kein pl (geh)* nonchalance
non·cha·lant [nõʃaˈlãː] **I.** *adj (geh)* nonchalant **II.** *adv (geh)* nonchalantly
Non·kon·for·mis·mus <-> [nɔnkɔnfɔrˈmɪsmʊs] *m kein pl (geh)* nonconformism *no pl*
Non·kon·for·mist(in) <-en, -en> [nɔnkɔnfɔrˈmɪst] *m(f) (geh)* nonconformist
non·kon·for·mis·tisch *adj (geh)* nonconformist
Non·ne <-, -n> [ˈnɔnə] *f* nun
Non·nen·klos·ter *nt* convent [of nuns]
Non·plus·ul·tra <-> [nɔnplʊsˈʔʊltra] *nt kein pl (geh)* ◼ **das ~** the ultimate
Non·sens <-[es]> [ˈnɔnzɛns] *m kein pl* nonsense
non·stop [nɔnˈʃtɔp, nɔnˈstɔp] *adv* non-stop
Non·stop·flug *m* non-stop flight
Nop·pe <-, -n> [ˈnɔpə] *f* [k]nub
Nord <-[e]s, -e> [ˈnɔrt, *pl:* ˈnɔrdə] *m* ❶ *kein art, kein pl bes* NAUT north; **aus** [*o* **von**] ~ from the north; **aus ~ und Süd** from [the] north and south ❷ *pl selten* NAUT *(Nordwind)* north wind
Nord·af·ri·ka [ˈnɔrtˈʔaːfrika] *nt* North Africa
Nord·ame·ri·ka [ˈnɔrtʔaˈmeːrika] *nt* North America
Nord·at·lan·tik·pakt [ˈnɔrtʔatˈlantɪkpakt] *m (form)* ◼ **der ~** the North Atlantic Treaty Organization, NATO
nord·deutsch [ˈnɔrtdɔytʃ] *adj* North German
Nord·deutsch·land [ˈnɔrtdɔytʃlant] *nt* North Germany
Nor·den <-s> [ˈnɔrdn̩] *m kein pl, kein indef art* ❶ *(Himmelsrichtung)* north; **im ~** in the north; **aus Richtung ~** from the north; **in Richtung ~** northwards, to[wards] the north; **nach** [*o geh:* **gen**] ~ to the north, northwards; **nach ~ blicken** [*o gehen*] [*o lie-*

gen| *Zimmer, Fenster* to look [*or* face] north; **wir möchten ein Zimmer nach ~ haben** we would like a north-facing room [*or* a room that faces the north]; **nach ~ zeigen** *Kompass* to point north; *Person* to point to the north; **von** [*o* **aus**] **~** from the north; **der Wind kommt von ~** the wind is blowing from the north [*or* from a northerly direction]; **von ~ nach Süden** from north to south ❷ *(nördliche Gegend)* north; **er wohnt im ~/im ~ der Stadt/im ~ von Hamburg/im ~ Deutschlands** he lives in the north/in the northern part of town/in the northern part of Hamburg/in North[ern] Germany; **aus dem ~ kommen** [*o* **stammen**] to come [*or* be] [*or* hail] from the north [*or* from up north]; **in den ~** to[wards] the north; **wir fahren dieses Jahr in den ~** we're going up north on holiday this year; **im hohen ~** in the far north

Nord·eu·ro·pa <-s> ['nɔrtʔɔy'ro:pa] *nt kein pl* northern Europe *no pl*

Nord·fries·land ['nɔrt'fri:slant] *nt* North Friesland, Nordfriesland

Nord·halb·ku·gel *f* northern hemisphere

Nord·ir·land ['nɔrt'ʔɪrlant] *nt* Northern Ireland

nor·disch ['nɔrdɪʃ] *adj* nordic; *s. a.* **Kombination**

Nord·ita·li·en [-ita:ljən] *nt* Northern Italy **Nord·kap** ['nɔrtkap] *nt* ▪ **das ~** the North Cape

Nord·ko·rea ['nɔrtko're:a] *nt* North Korea; *s. a.* **Deutschland**

Nord·ko·re·a·ner(in) <-s, -> *m(f)* North Korean

nord·ko·re·a·nisch *adj* North Korean

Nord·küs·te ['nɔrtkʏstə] *f* north coast **Nord·la·ge** *f* north-facing location

nörd·lich ['nœrtlɪç] **I.** *adj* ❶ *(in ~er Himmelsrichtung befindlich)* northern; **der ~e Himmel/die ~e Halbkugel/die ~e Grenze** the northern skies/hemisphere/border; *s. a.* **Breite** *s. a.* **Wendekreis** ❷ *(im Norden liegend)* northern; **das Elendsviertel liegt im ~en Teil der Stadt** the slums are in the north [*or* northern part] of town; **weiter ~ liegen** to lie [*or* be situated] further [to the] north ❸ *(von/nach Norden)* northwards, northerly; **ein ~er Wind** a northerly wind; **aus ~er Richtung kommen** [*o* **wehen**] to blow from the north [*or* a northerly direction]; **in ~e Richtung** in a northerly direction, to the north, northwards; **wir fuhren in eine ~e Richtung** we drove north [*or* northwards] [*or* in a northerly direction]; **~en Kurs steuern** to take [*or* steer] a northerly course ❹ *(den skandinavischen Raum betreffend)* nordic **II.** *adv* ▪ **~ von ...** north of ... **III.** *präp* +*gen;* ▪ **~ einer S.** [to the] north of sth; **~ der Alpen/der Stadt** north of [*or* to the north of] the Alps/the town

Nord·licht *nt* ❶ *(Polarlicht)* ▪ **das ~** the Northern Lights *pl*, aurora borealis *sing* ❷ *(fam: Mensch aus Norddeutschland)* North German **Nord·meer** *nt* Arctic Ocean

Nord·os·ten [nɔrt'ʔɔstn] *m kein pl, kein indef art* ❶ *(Himmelsrichtung)* northeast; **nach** [*o geh:* **gen**] **~** to[wards] the northeast, the northeastwards; *s. a.* **Norden 1** ❷ *(nordöstliche Gegend)* northeast; *s. a.* **Norden 2** **nord·öst·lich** [nɔrt'ʔœstlɪç] **I.** *adj* ❶ *(in ~er Himmelsrichtung befindlich)* northeastern ❷ *(im Nordosten liegend)* northeastern; *s. a.* **nördlich 2** ❸ *(von/nach Nordosten)* northeastwards, northeasterly; *s. a.* **nördlich 3** **II.** *adv* ▪ **~ von ...** northeast of ... **III.** *präp* +*gen;* ▪ **~ einer S.** northeast of sth; *s. a.* **nördlich III.**

Nord-Ost-see-Ka·nal [nɔrt'ʔɔstze:kana:l] *m* ▪ **der ~** the Kiel Canal

nord·ost·wärts *adv* northeastwards, to the northeast, in a northeasterly direction

Nord·pol ['nɔrtpo:l] *m kein pl* ▪ **der ~** the North Pole

Nord·po·lar·ge·biet ['nɔrtpola:ɐ̯gəbi:t] *nt* ▪ **das ~** the arctic region **Nord·po·lar·meer** *nt* ▪ **das ~** the Arctic Ocean

Nord·rhein-West·fa·len ['nɔrtrainvɛst'fa:lən] *nt* North Rhine-Westphalia

Nord·see ['nɔrtze:] *f* ▪ **die ~** the North Sea; **an der ~** on the North Sea coast; **an die ~** to the North Sea coast

Nord·see·in·sel *f* North Sea island **Nord·see·küs·te** *f* North Sea coast

Nord·sei·te *f* north side

Nord-Süd-Di·a·log *m* North-South dialogue [*or* AM -og] **Nord-Süd-Ge·fäl·le** *nt* North-South divide **Nord-Süd-Kon·flikt** *m* North-South conflict, conflict between North and South **Nord-Süd-Pro·blem** *nt* problem of the North-South divide

Nord-Süd-Ver·kehr *m* traffic between the North and the South

Nord·wand *f* ❶ *(die nördliche Wand)* northern wall ❷ *(der nördliche Steilhang)* northern face

nord·wärts ['nɔrtvɛrts] *adv* northwards, to the north, in a northerly direction

Nord·wes·ten [nɔrt'vɛstn] *m kein pl, kein indef art* ❶ *(Himmelsrichtung)* northwest; **nach** [*o geh:* **gen**] **~** to[wards] the northwest [*or* northwestwards]; *s. a.* **Norden 1** ❷ *(nordwestliche Gegend)* northwest; *s. a.* **Norden 2** **nord·west·lich** [nɔrt'vɛstlɪç] **I.** *adj* ❶ *(in ~er Himmelsrichtung befindlich)* northwestern ❷ *(im Nordwesten liegend)* northwestern; *s. a.* **nördlich 2** ❸ *(von/nach Nordwesten)* northwestwards, northwesterly; *s. a.* **nördlich 3** **II.** *adv* ▪ **~ von ...** northwest of ... **III.** *präp* +*gen;* ▪ **~ einer S.** [to the] northwest of sth; *s. a.* **nördlich III.** **Nord·wind** *m* north wind

Nör·ge·lei <-, -en> *f* ❶ *(nörgelnde Äußerung)* moaning ❷ *(dauerndes Nörgeln)* nagging

nör·geln ['nœrgln] *vi* ▪ **[über etw** *akk*] **~** to moan [about sth]

Nörg·ler(in) <-s, -> ['nœrgle] *m(f)* moaner, grumbler

Norm <-, -en> ['nɔrm] *f* ❶ *(festgelegte Größe)* standard, yardstick ❷ *(verbindliche Regel)* norm ❸ *(Durchschnitt)* ▪ **die ~** the norm ❹ *(festgesetzte Arbeitsleistung)* quota

nor·mal [nɔr'ma:l] **I.** *adj* ❶ *(üblich)* normal; **unter ~en Umständen** under normal circumstances ❷ *(geistig gesund)* normal, sane; **nicht ganz ~ sein** to be not quite normal ❸ *(meist verneint (fam: zurechnungsfähig)* right in the head *fam;* **du bist wohl nicht ~!** you're out of your mind!; **bist du noch ~?** are you crazy? **II.** *adv* ❶ *(üblich)* normally ❷ *(fam: normalerweise)* normally, usually

Nor·mal·ben·zin *nt* low-octane petrol [*or* AM gas[oline]]

Nor·mal·bür·ger(in) *m(f)* SOZIOL average citizen

nor·ma·ler·wei·se *adv* normally, usually

Nor·mal·fall *m* normal case; **der ~/nicht der ~ sein** to be/not be usual; **im ~** normally, usually

Nor·mal·ge·wicht *nt* normal weight

nor·ma·li·sie·ren [nɔrmali'zi:rən] **I.** *vt* ▪ **etw ~** to normalize sth **II.** *vr* ▪ **sich ~** to normalize, to return to normal

Nor·ma·li·sie·rung <-, -en> *f* normalization

Nor·ma·li·tät <-> [nɔrmali'tɛ:t] *f kein pl* normality; **die ~ kehrte im Büroalltag wieder ein** life in the office returned to normality

Nor·mal·maß *nt kein pl* ❶ *(übliches Ausmaß)* normal level ❷ *(übliche Größe)* normal size **Nor·mal·null** *nt kein pl* sea level; **über/unter ~** above/below sea level **Nor·mal·ver·brau·cher(in)** *m(f)* average consumer; **Otto ~** *(fam)* the man in the street [*or* average person] **Nor·mal·zu·stand** *m kein pl* normal state

Nor·man·die <-> [nɔrman'di:] *f* ▪ **die ~** Normandy

Nor·man·ne, Nor·man·nin <-n, -n> [nɔr'manə,

nɔr'manɪn] *m, f* Norman

nor·man·nisch |nɔr'manɪʃ] *adj* Norman

Norm·blatt *nt* standard sheet

nor·men ['nɔrmən] *vt* ■ etw ~ to standardize sth

nor·mie·ren˙ |nɔr'miːrən] *vt (geh)* ■ etw ~ to standardize sth

Nor·mie·rung <-, -en> *f (geh)* ❶ *(das Normieren [Normen, Vereinheitlichen])* standardization *no pl* ❷ *(das Normiertsein)* standardization *no pl*

Nor·mung <-, -en> *f* standardization

Nor·we·gen <-s> ['nɔrveːgn̩] *nt* Norway; *s. a.* **Deutschland**

Nor·we·ger|in <-s, -> ['nɔrveːgɐ] *m(f)* Norwegian; *s. a.* **Deutsche(r)**

nor·we·gisch ['nɔrveːgɪʃ] *adj* ❶ *(in Norwegen gelegen)* Norwegian; *s. a.* **deutsch 1** ❷ *(Sprache)* Norwegian; *s. a.* **deutsch 2**

Nor·we·gisch ['nɔrveːgɪʃ] *nt dekl wie adj* ■ **das ~e** [the] Norwegian [language]; *s. a.* **Deutsch**

Nost·al·gie <-> |nɔstal'giː] *f kein pl (geh)* nostalgia

nost·al·gisch [nɔs'talgɪʃ] *adj (geh)* nostalgic

Not <-, Nöte> ['noːt, *pl:* 'nøːtə] *f* ■ *kein pl (Armut)* poverty; **~ leidend** *(Entbehrungen erduldend)* destitute; FIN dishonoured *pred;* **eine ~ leidende Wirtschaft** an ailing economy; **~ leiden** *(veraltend)* to live in poverty; **es herrscht bittere ~** there is abject poverty; **aus ~** out of poverty ❷ *(Bedrängnis)* distress, desperation; **jdm in der ~ beistehen** to support sb at a difficult time; **in ~ geraten** to get into difficulties [*or* dire straits]; **jdm in der Stunde der ~ helfen** to help sb in her/his hour of need; **jdm seine ~ klagen** to pour out one's troubles to sb; **in ~** [*o* Nöten] **sein** to be in difficulties [*or* dire straits]; **in seiner/ihrer ~** in his/her distress [*or* desperation]; **in seiner ~ wusste er sich nicht anders zu helfen** he couldn't see what else he could do ❸ *pl (Problem)* **in Ängsten und Nöten schweben** to be hot and bothered; **die Nöte des Alltags** humdrum problems; **die Nöte des kleinen Mannes** the average person's problems; **in 1000 Nöten sein** to be up to one's hips in alligators ❹ *(Mühe)* **seine** [**liebe**] **~ haben mit jdm/etw** to have one's work cut out with sb/sth; **seine liebe ~ haben, etw zu tun** to have one's work cut out doing sth; **mit knapper ~** just; **es gelang ihr, den Zug mit knapper ~ noch zu erreichen** she just managed to catch the train; **ohne ~** *(ohne weiteres)* without having to ❺ *kein pl (veraltend: Notwendigkeit)* necessity; **damit hat es keine ~** it isn't urgent; **ohne ~** without difficulty; **ohne ~ sollte man nicht zu so drastischen Maßnahmen greifen** if there is no need, one shouldn't resort to such drastic measures; **im Deutschen werden oft ohne ~ Anglizismen für die Bezeichnung neuer Gegenstände verwendet** in German, anglicisms are often used for describing new articles when there is actually no need [to use foreign words]; **der ~ gehorchend** out of necessity; **tun, was die ~ gebietet** to do what has to be done ▶ WENDUNGEN: **in der ~ schmeckt jedes Brot** *(prov)* hunger is the best cook; **~ bricht Eisen** [*o* ~ **kennt kein Gebot**] *(prov)* necessity knows no law; **wenn die ~ am größten, ist Gottes Hilf' am nächsten** *(prov)* man's extremity is God's opportunity; **[da/jetzt/bei ihm ist] Holland in ~** [*o* Nöten] *(prov: es steht schlimm)* things are looking grim, now we are in for it; **wenn ~ am Mann ist** in times of need; **das sind mir gute Freunde, wenn ~ am Mann ist, haben sie sich alle verdünnisiert!** that's what I call good friends – when I/you really needed them they all cleared off!; **eigentlich wollte ich morgen zum Angeln gehen; aber wenn wirklich ~ am Mann ist …** actually, I wanted to go fishing tomorrow but if you're really stuck …; **in der ~ frisst**

der Teufel Fliegen *(prov)* beggars can't be choosers; **in ~ und Tod zusammenhalten** to stick together through thick and thin; **aus der ~ eine Tugend machen** to make a virtue out of necessity; **~ lehrt beten** *(prov)* in our hour of need we all turn to God; **~ macht erfinderisch** *(prov)* necessity is the mother of invention; **zur ~** if need[s] be, at a pinch

No·tar|in <-s, -e> [no'taːɐ] *m(f)* notary

No·ta·ri·at <-[e]s, -e> [nota'rɪ̯aːt] *nt* ❶ *(Kanzlei)* notary's office ❷ *kein pl (Amt)* notaryship

no·ta·ri·ell [nota'rɪ̯ɛl] **I.** *adj* notarial **II.** *adv* notarially

No·ta·rin <-, -nen> *f fem form von* **Notar**

Not·arzt, -ärz·tin *m, f* ❶ *(Arzt für Notfälle)* casualty [*or* AM emergency] doctor *(who treats patients at the scene of an accident)* ❷ *(Arzt im Notdienst)* doctor on call

Not·arzt·wa·gen *m* emergency doctor's car

Not·auf·nah·me *f (Krankenhausstation)* accident and emergency [*or* A & E] department, emergency room *esp* AM; *eines Patienten* emergency admission

Not·auf·nah·me·la·ger *nt* emergency accommodation centre [*or* AM -er] **Not·aus·gang** *m* emergency exit **Not·be·helf** *m* stopgap [measure] **Not·be·leuch·tung** *f* emergency lighting **Not·brem·se** *f* emergency brake; **die ~ ziehen** [*o* betätigen] to pull the emergency brake ▶ WENDUNGEN: **die ~ ziehen** [*o* betätigen] to put the brakes on sth **Not·brem·sung** *f* emergency stop **Not·dienst** *m* duty; **welche Apotheke/ welcher Arzt hat am Wochenende ~?** which chemist's/doctor is on duty at the weekend?; **in der Samstagsausgabe stehen Angaben zum ärztlichen ~ fürs Wochenende** the Saturday issue gives details of which doctors are on call at the weekend

Not·durft ['noːtdʊrft] *f* **seine ~ verrichten** *(geh)* to relieve oneself *dated hum*

not·dürf·tig ['noːtdʏrftɪç] **I.** *adj* makeshift, stopgap; **da jeder ein paar Brocken der Sprache des anderen beherrschte, war immerhin eine ~e Verständigung möglich** as each of them had a smattering of the other's language, some sort of communication was possible **II.** *adv* in a makeshift manner *pred*

No·te <-, -n> ['noːtə] *f* ❶ *(musikalisches Zeichen)* note; *(Notentext)* music, notes *pl;* **ganze/halbe ~** semibreve <-/minim; **~n lesen** to read music; **nach ~n** at sight; [**wie**] **nach ~n** thoroughly, with a vengeance ❷ *(Zensur)* mark, grade; *(Punkt)* point ❸ JUR *(förmliche Mitteilung)* note; **eine diplomatische ~** a note ❹ FIN *(Banknote)* [bank]note ❺ *kein pl (Duftnote)* fragrance ❻ *kein pl (Eigenart)* special character, stamp

Note·book <-s, -s> ['noʊtbʊk] *nt* INFORM notebook

No·ten·aus·tausch *m* exchange of notes **No·ten·bank** *f* bank of issue, issuing bank **No·ten·blatt** *nt* sheet of music **No·ten·heft** *nt* ❶ *(mit Noten)* music book ❷ *(Übungsheft)* manuscript book **No·ten·li·nie** *f* line of a stave; **Notenpapier ist mit ~n bedrucktes Papier** manuscript paper is paper printed with staves **No·ten·pa·pier** *nt* manuscript paper **No·ten·schlüs·sel** *m* clef **No·ten·stän·der** *m* music stand

Note·pad-Com·pu·ter ['noʊtpæd-] *m* notepad [computer]

Not·fall *m* ❶ *(plötzliche Zwangslage)* emergency; **im ~** if needs be [*or* necessary] ❷ *(schnelle Hilfe erfordernde Erkrankung)* emergency

not·falls ['noːtfals] *adv* if needs be

Not·fall·sta·ti·on *f* SCHWEIZ casualty

not·ge·drun·gen *adv* willy-nilly, of necessity

Not·ge·mein·schaft *f* association for mutual assistance founded in an emergency [*or* to remedy a bad state of affairs] **Not·gro·schen** *m* savings for a rainy day; **sich** *dat* **einen ~ zurücklegen** to save up for a rainy day

no·tie·ren [no'tiːrən] **I.** vt ❶ (aufschreiben) ▪ |sich dat| etw ~ to write [or note] down sth ❷ ÖKON (vormerken) ▪ etw ~ to place sth in advance; **darf ich also Ihre Bestellung für März ~?** so, can I place an advance order for March for you? ❸ BÖRSE (ermitteln) ▪ |mit etw| notiert werden to be quoted [at sth] **II.** vi ❶ (schreiben) to write down; **einen Moment, ich hole mir einen Schreiber, so, jetzt kann ich ~** just a minute, I'll get a pen; right, now I can write it down ❷ BÖRSE (ermitteln) ▪ |mit etw| ~ to be quoted; **die Aktie notiert mit 70 Euro** the share is quoted at 70 euros

No·tie·rung <-, -en> f ❶ BÖRSE quotation ❷ ÖKON advance placing

nö·tig ['nøːtɪç] **I.** adj ❶ (erforderlich) necessary; **der ~ste Bedarf** the bare essentials [or necessities]; ▪ ~ **sein** to be necessary; ▪ ~ **haben etw zu tun** to be necessary to do sth; ▪ **das N~e** what is necessary; ▪ **alles N~e** everything necessary; ▪ **das N~ste** the essentials pl; etw ~ **machen** to necessitate sth, to demand sth; **falls** [o wenn] ~ if necessary; etw [bitter] ~ **haben** to be in [urgent] need of sth; **das Haus hat einen Anstrich bitter ~** the house is in dire need of a coat of paint; etw nicht ~ **haben** to have no reason to do sth; **ach, ich soll mich bei ihm entschuldigen? das habe ich wirklich nicht ~** oh, so I am supposed to apologize to him? I don't see why; **das war die Wahrheit, solche Lügen habe ich nicht ~** that's the truth – I've no reason to tell such lies; **es nicht ~ haben, etw zu tun** to not need to do sth; **wir haben es nicht ~, uns so von ihm unter Druck setzen zu lassen** we don't have to put up with him pressurizing us like this; **er hat es nicht ~, sich anzustrengen** he doesn't need to try hard; **es ~ haben, etw zu tun** to need to do sth; **gerade du hast es ~, dich mit der Grammatik noch einmal zu beschäftigen** you of all people should study grammar again ❷ (geboten) **mit der ~en Sorgfalt wäre das nicht passiert** with the necessary care it wouldn't have happened ▶ WENDUNGEN: **es gerade ~ haben, etw zu tun** (iron) to be a one to do sth; **der hat es gerade ~, von Treue zu reden …** he's a one to tell us about faithfulness … **II.** adv urgently; **was ich jetzt am ~sten brauche, ist ein warmes Bett** what I need most now is a warm bed ▶ WENDUNGEN: **ganz/mal ~ müssen** (fam) to really need to go the loo BRIT fam [or AM sl john], to be bursting fam

nö·ti·gen ['nøːtɪɡn] vt ▪ **jdn** [**zu etw**] ~ to force [or coerce] sb [into sth]; (durch Zureden) to urge, to entreat form; ▪ **jdn dazu ~, etw zu tun** to force sb to do [or coerce sb into doing] sth; **sich** akk **genötigt sehen, etw zu tun** to be obliged [or forced] to do sth; **er sah sich genötigt umzudisponieren** he was obliged to change his plans

nö·ti·gen·falls ['nøːtɪɡn̩'fals] adv (form) if necessary

Nö·ti·gung <-, -en> f ❶ (Zwang) compulsion, coercion ❷ (geh: das Zureden) entreaty; **die gut gemeinten, aber lästigen ~en des Gastgebers, noch mehr zu trinken** the host's well-intended but tiresome entreaties that we drink some more

No·tiz <-, -en> [no'tiːts] f ❶ (Vermerk) note; **sich** dat **eine ~** [**von etw**] **machen** to make a note [of sth]; **sich** dat **~en machen** to make [or take] notes ❷ MEDIA (kurze Zeitungsmeldung) short report, short article ▶ WENDUNGEN: [**keine**] ~ [**von jdm/etw**] **nehmen** to take [no] notice [of sb/sth]

No·tiz·block <-blöcke> m notepad **No·tiz·buch** nt notebook **No·tiz·zet·tel** m page of a notebook; **neben dem Telefon lag ein Stapel ~ mit Adressen** scraps of paper with addresses were piled up beside the phone

Not·la·ge f desperate situation, difficulties pl; **sich** akk

in einer ~ befinden to be in a desperate situation; **jdn in eine ~ bringen** to get sb into difficulties; **in eine ~ geraten** to get into difficulties; **jds ~ ausnützen** to take advantage of sb's predicament

not·lan·den <notlandete, notgelandet> ['noːtlandn̩] vi sein to make an emergency landing

Not·lan·dung f emergency landing

Not·lö·sung f stopgap [solution] **Not·lü·ge** f white lie

no·to·risch [no'toːrɪʃ] **I.** adj (geh) notorious; (allbekannt) well-known; **ein ~er Lügner** a notorious liar **II.** adv (geh) notoriously; **er ist ~ pleite** it's common knowledge that he's broke

Not·re·ser·ve f emergency reserve

Not·ruf m ❶ (Anruf auf einer Notrufnummer) emergency call ❷ (eines Tieres) distress call ❸ s. **Notrufnummer**

Not·ruf·num·mer f emergency number **Not·ruf·säu·le** f emergency telephone

Not·rut·sche f escape slide

not·schlach·ten <notschlachtete, notgeschlachtet> vt ▪ **ein Tier** ~ to slaughter an animal out of necessity

Not·si·gnal nt emergency signal **Not·si·tu·a·ti·on** f emergency **Not·sitz** m spare foldaway seat

Not·stand m ❶ (Notlage) desperate situation, difficulties pl ❷ (politische Gefahrensituation) state of emergency; **den ~ ausrufen** to declare a state of emergency; **äußerer ~** emergency caused by an outside threat; **innerer ~** national emergency

Not·stands·ge·biet nt disaster area **Not·stands·ge·set·ze** pl emergency laws **Not·stands·ko·mi·tee** nt emergency committee **Not·stands·ver·fas·sung** f emergency constitution

Not·strom·ag·gre·gat nt emergency generator

not·tunRR vi irreg (geh) |**jdm**| ~ to be necessary [for sb]; **ein bisschen Selbstbescheidung täte uns allen not** we could all do with a bit of modesty; **bitte bemühen Sie sich nicht, das tut doch nicht not!** please don't go to any trouble, there's really no need!

Not·un·ter·kunft f emergency accommodation

Not·wehr <-> f kein pl self-defence no pl; **aus** [o in] ~ in self-defence

not·wen·dig ['noːtvɛndɪç] **I.** adj ❶ (erforderlich) necessary; ▪ **das N~e** the essentials pl; ▪ **alles N~e** everything necessary; ▪ **das N~ste** the bare essentials pl ❷ (geboten) ▪ **der/die ~e …** the necessary … **II.** adv necessarily; etw ~ **brauchen** to absolutely need sth

not·wen·di·ger·wei·se ['noːtvɛndɪɡɐ'vaɪzə] adv necessarily; **diese Leibesvisitationen müssen ~ durchgeführt werden** it is necessary to conduct these body searches

Not·wen·dig·keit <-, -en> ['noːtvɛndɪçkaɪt, not'vɛndɪçkaɪt] f ❶ kein pl (Erforderlichkeit) necessity ❷ (Erfordernis) necessity

Not·zucht <-> f kein pl s. **Vergewaltigung**

not·züch·ti·gen <notzüchtigte, genotzüchtigt> vt ▪ **jdn** ~ s. **vergewaltigen**

Nou·gat <-s, -s> ['nuːɡat] m o nt s. **Nugat**

No·va¹ <-, Novä> ['noːva, pl: -vɛ] f nova

No·va² nt pl von **Novum**

No·vel·le <-, -n> [no'vɛlə] f ❶ (Erzählung) short novel ❷ (novelliertes Gesetz) amended law, amendment

no·vel·lie·ren [novɛ'liːrən] vt bes ÖSTERR (geh) ▪ etw ~ to amend sth

No·vem·ber <-s, -> [no'vɛmbɐ] m November; s. a. **Februar**

No·vi·tät <-, -en> [novi'tɛːt] f ❶ (neuer Artikel) new article ❷ (neues Buch) new book

No·vi·ze, No·vi·zin <-n, -n> [no'viːtsə, no'viːtsɪn] m, f novice, acolyte

No·vi·zi·at <-[e]s, -e> [novi'tsi̯aːt] nt novitiate

No·vi·zin <-, -nen> [no'viːtsɪn] f fem form von **Novize**

No·vum <-s, Nova> ['no:vʊm-, *pl:* 'no:va] *nt (geh)*
■ **ein** ~ new factor [*or* phenomenon], novelty
No·wo·si·birsk <-s> [novɔsi'bɪrsk] *nt* Novosibirsk
Nr. *Abk von* **Nummer** no.
NS[1] [ɛn'ɛs] *Abk von* **Nachschrift** PS
NS[2] [ɛn'ɛs] *Abk von* **Nationalsozialismus** National
Socialism
NS-Bon·ze *m* Nazi bigwig **NS-Staat** *m* National
Socialist [*or* Nazi] state **NS-Zeit** *f* [period of] National
Socialism [*or* Nazism]
N.T. *nt Abk von* **Neues Testament** NT
Nu ['nu:] *m* **im** ~ in a flash [*or fam* sec]; **ich bin im** ~
zurück I'll be back in a sec
Nu·an·ce <-, -n> [ny̆ã:sə] *f* nuance; **eine** ~ **zu ...** a
shade; **der Boden ist eine** ~ **zu weich für dieses**
Pferd the going is a shade on the soft side for this
horse
nu·an·cie·ren** [ny̆ã'si:rən] *vt (geh)* ● *(kaum merklich*
abwandeln, sehr fein graduell abstufen) ■ **etw** ~ to
give sth subtle nuances, to nuance sth *rare* ❷ *(in all*
seinen Feinheiten, feinen Unterschieden erfassen,
darstellen) ■ **etw** ~ to give sth subtle nuances, to
nuance sth *rare*
nüch·tern ['nʏçtɐn] *adj* ● *(mit leerem Magen)* empty-
stomached; ■ ~ **sein** with an empty stomach; *s. a.*
Magen ❷ *(nicht betrunken)* sober ❸ *(realitätsbe-*
wusst) sober, down-to-earth; **eine ~e Einschätzung**
a level-headed assessment ❹ *(bloß)* sober, bare, plain,
austere
Nüch·tern·heit <-> *f kein pl* ● *(Realitätsbewusst-*
sein) soberness, rationality ❷ *(nicht alkoholisierter*
Zustand) soberness, sobriety
Nu·ckel <-s, -> *m (fam)* dummy
nu·ckeln ['nʊkln] *vi (fam: saugen)* ■ **[an etw** *dat]* ~ to
suck [on sth]
Nu·del <-, -n> ['nu:dl] *f* ● *meist pl* pasta + *sing vb, no*
indef art; (in Suppe) noodle *usu pl* ❷ *(Teigröllchen*
zum Mästen von Gänsen) fattening ball ❸ *meist pl*
DIAL *(krapfenähnliches Gebäck)* pastry ❹ *(fam: Frau)*
roly-poly; **dicke** ~ fat one; **giftige** ~ nasty one;
ulkige ~ funny one
Nu·del·brett *nt* pastry board **Nu·del·holz** *nt* rolling
pin **Nu·del·ma·schi·ne** *f* pasta machine **Nu·del·sup-**
pe *f* noodle soup **Nu·del·teig** *m* pasta dough
Nu·dis·mus <-> [nu'dɪsmʊs] *m kein pl (geh)* nudism
Nu·dist(in) <-en, -en> [nu'dɪst] *m(f) (geh)* nudist
Nu·gat <-s, -s> *m o nt* nougat
nu·kle·ar [nukle'a:ɐ̯] I. *adj attr* nuclear II. *adv* with
nuclear weapons *pred;* ~ **ausgerüstet/bewaffnet**
sein to be equipped/armed with nuclear weapons
Nu·kle·ar·macht *f* nuclear power **Nu·kle·ar·me·di-**
zin *f* nuclear medicine **Nu·kle·ar·test** *m* MIL, POL
nuclear [*or* atomic] test
Nu·kle·in·säu·re [nukle'i:n-] *f* nucleic acid
Nu·kle·o·tid <-s, -e> [nukleo'ti:t, *pl:* nukleo'ti:də] *m*
BIOL *(Grundbaustein der DNA)* nucleotide
null ['nʊl] *adj* ● *(Zahl)* zero, nought; **gleich** ~ **sein** to
be zero; *(0° C)* zero; *s. a.* **acht**[1] ❷ SPORT *(kein)* no;
~ **Punkte** no points; ~ **zu** ~ *(0:0)* nil nil [*or* AM *usu*
zero zero]; ~ **zu drei** nil three ❸ TENNIS love; **40 zu** ~
40-love ▶ WENDUNGEN: **jds Hoffnung/Mut sinkt**
unter ~ sb loses all hope [*or* courage]; **in** [*o* **im**]
~ **Komma nichts** *(fam)* in [*or* quick as] a flash; **die**
Stunde ~ zero hour; ~ **und nichtig sein** to be null
and void; **etw für** ~ **und nichtig erklären** to declare
sth null and void; **[noch einmal] bei** ~ **anfangen**
(fam) to start [again] from scratch; ~ **für** ~ **aufgehen**
(sich als richtig erweisen) to turn out right; **gleich** ~
sein *(so gut wie nicht vorhanden)* to be nil
Null[1] <-, -en> ['nʊl, *pl:* 'nʊln] *f* ● *(Zahl)* zero, null
❷ *(fam: Versager)* nothing
Null[2] <-[s], -s> ['nʊl, *pl:* 'nʊls] *m o nt* KARTEN null[o];

~ **Hand** null[o] hand; ~ **ouvert** open null[o]
null·acht·fünf·zehn ['nʊl'?axt'fʏnftse:n] *adj (fam)* run-
of-the-mill
Null·acht·fünf·zehn-Au·to *nt* run-of-the-mill car
Null-Bock-Ju·gend *f (sl)* disenchanted youth,
don't-give-a-damn young wasters *pl,* slackers *pl*
Null·di·ät *f* starvation diet **Null·lö·sung**[RR] *f,* **Nullö-**
sung[ALT] *f* zero option **Null·punkt** *m kein pl* freezing
point; **auf den** ~ **absinken** to drop down to freezing
point ▶ WENDUNGEN: **auf den** ~ **sinken** [*o* **ankom-**
men] to reach rock bottom **Null·run·de** *f* round of
wage negotiations where demand for a wage rise is
dropped **Null·se·rie** *f* pilot lot **Null·stel·lung** *f kein*
pl zero position **Null·ta·rif** *m kein pl* ■ **zum** ~ for
free; **der** ~ **wurde auf allen Strecken eingeführt**
free travel was introduced on all routes **Null·wachs-**
tum *nt* zero growth
Nu·me·ri ['nu:meri] *pl von* **Numerus**
nu·me·rie·ren* ALT [nʊmə'ri:rən] *vt s.* **nummerieren**
Nu·me·rie·rung[ALT] <-, -en> *f s.* **Nummerierung**
nu·me·risch [nu'me:rɪʃ] *adj* numeric[al]
Nu·me·rus <-, Numeri> ['nu:merʊs, *pl:* 'nu:meri] *m*
number
Nu·me·rus clau·sus <-> ['nu:merʊs 'klauzʊs] *m*
numerus clausus

Kultur

Universities regulate the number of school leavers
embarking on the most popular degree courses by
means of the **Numerus clausus (N.C.)** – Latin:
limited number. The **N. C.** applies to all courses of
study for which there are limited admissions, since
the number of applicants usually exceeds the
number of places. The **N.C.** can vary from semester
to semester.

Nu·mis·ma·tik <-> [numɪs'ma:tɪk] *f kein pl* numisma-
tology
Num·mer <-, -n> ['nʊmɐ] *f* ● *(Zahl)* number; **lau-**
fende ~ serial number ❷ *(Telefonnummer)* number;
zurzeit bin ich unter der ~ **... zu erreichen** at the
moment I can be reached under ... ❸ MEDIA *(Aus-*
gabe) issue ❹ *(Größe)* size ❺ *(Autonummer)* registration number ❻ *(fam: Typ)* character; **mit Ulrike wird**
es nie langweilig, sie ist eine total ulkige ~ it's
never boring with Ulrike around, she's a real bag of
laughs ❼ *(derb: Koitus)* fuck *vulg,* BRIT *a.* shag *fam!;*
eine schnelle ~ a quickie; **eine** ~ [**mit jdm**]
machen [*o* **schieben**] *(sl)* to have it off BRIT *sl* [*or* AM
get it on] [with sb] ❽ *(Darbietung)* **eine glanzvolle** ~
a great act ❾ *(fam: Musikstück)* **auf der CD sind ein**
paar gute ~n there are a few good tracks on the CD
▶ WENDUNGEN: **eine** ~ **aufs Parkett legen** to trip the
light fantastic; **auf** ~ **Sicher gehen** *(fam)* to play it
safe; **auf** ~ **Sicher sein** [*o* **sitzen**] *(sl)* to be behind
bars; [**nur**] **eine** ~ **abziehen** *(fam: schauspielern)* to
put on an act; **etw ist für jdn ein paar ~n zu groß**
sth is out of sb's range, sb would be biting off more
than he can chew with sth; **eine große** [*o* **dicke**]
~ **bei jdm haben** *(fam)* to be really well in with sb;
[**nur**] **eine** ~ **sein** to be [no more than] a number; **die**
~ **eins** *(fam)* the number one
num·me·rie·ren* RR *vt* ■ **etw** ~ to number sth
Num·me·rie·rung[RR] <-, -en> *f* ● *kein pl (das Num-*
merieren) numbering ❷ *(Eintrag einer Zahl)* numbering; **die Blätter haben keine** ~ the sheets are not
numbered
Num·mern·kon·to *nt* numbered account **Num·mern-**
schild *nt f* AM license[] plate
nun ['nu:n] I. *adv* ● *(jetzt)* now ❷ *(na ja)* well; **was**
hältst du von ihm? – ~, **ich weiß nicht** what do
you think of him? – well, I don't know ❸ *(allerdings)*

but; **ich will ~ mal nicht im Norden Urlaub machen!** but I just don't want to go on holiday in the north! ❹ *(etwa)* well; **hat sich die Mühe ~ gelohnt?** well, was it worth the trouble? ❺ *in Fragesätzen (denn)* then; **war es ~ wirklich so schlimm mit der Prüfung?** so, was the exam really so bad then?; **ob es ~ auch sein kann, dass einfach eine Verwechslung vorliegt?** could it be then that there is simply some mistake? ❻ *(gar)* really; **wenn sie sich ~ wirklich etwas angetan hat?** what if she has really done sth to herself? ❼ *(eben)* just; **Mathematik liegt ihr ~ mal nicht** maths just isn't her thing ▶ WENDUNGEN: **~ gut** [*o* **schön**] alright, all right; **von ~ an** from now on; **~ denn** [*o geh:* **wohl**] so; **~ ja** well; **~ ja** [*o* **gut**] **, aber …** well yes, but …; **es ist ~ [ein]mal so** that's the way it is; **was hilft's, hier wird ~ mal so verfahren** what can you do? that's the way things are done around here; **was ~?** what now?; **~, ~!** now, now! II. *konj (veraltend geh: jetzt da)* now that; **~ der Vorhang gefallen war, konnte der Intendant erleichtert aufatmen** now that the curtain was down, the director was able to heave a sigh of relief

nun·mehr ['nu:n'me:ɐ̯] *adv (geh)* now

'nun·ter ['nʊntɐ] *adv* DIAL *s.* **hinunter**

Nun·ti·us <-, -tien> ['nʊntsiʊs, *pl:* 'nʊntsiən] *m* REL nuncio

nur ['nu:ɐ̯] *adv* ❶ *(lediglich)* only; **~ noch** [*o geh:* **mehr**] only; **es hätte ~ noch ein Wort gefehlt und ich wäre explodiert** just one more word and I would have exploded ❷ *(bloß)* just; **da kann man doch ~ lachen!** what a bloody laugh! *fam;* **mach ~ ja nicht mich für die Folgen verantwortlich!** just don't, whatever you do, blame me for the consequences!; **wie konnte ich das ~ vergessen!** how on earth could I forget that! ❸ *(ja)* ■ **~ niemand/nicht** not a soul/not at all; **lass das ~ niemanden wissen!** don't you [dare] tell anyone! ❹ *(ruhig)* just; **schlag ~ zu, wirst schon sehen, was du davon hast!** go on, hit me, you'll soon see what you'll get out of it! ❺ *(aber)* the only thing is …; **du kannst gerne einen Whisky haben, ~ habe ich kein Eis** you're welcome to have a whisky, the only thing is I don't have any ice; **das Buch ist sehr gut – ~, es ist wahrscheinlich zu schwer** the book is very good – but [*or* though] it's probably too heavy-going ▶ WENDUNGEN: **~ Mut** cheer up; **~ her damit!** *(fam: gib/gebt es ruhig!)* give it here!; **~ noch als ich ihn zur Rede stellte, wurde er ~ noch frecher** when I took him to task he got even cheekier; **~ so gerade als ich aus dem Haus wollte, regnete es ~ so** just as I wanted to go out it was really pouring down; **dass es ~ so … !** + *vb (in hohem Maß, in großer Menge)* so much that it …; **ich werde dir so eine scheuern, dass es ~ so staubt!** I'm going to give you such a clout that it will raise the dust!; **~ zu!** come on then; **warum/was/wer/wie … ~?** just why/what/who/how …?; **warum musstest du das ~ tun?** just why did you have to do that?; **was in aller Welt hast du dir ~ dabei gedacht?** just what on earth did you think you were doing?; **es schellt jemand an der Tür? wer kann das ~ sein?** somebody's ringing the doorbell? who on earth can it be?; **wenn … ~ …** if only …; **das Wetter ist schön, wenn es ~ so bliebe!** the weather is glorious, if only it would stay like this!; *s. a.* **nicht**

Nürn·berg <-s> ['nʏrnbɛrk] *nt* Nuremberg; *s. a.* **Trichter**

nu·scheln ['nʊʃln] I. *vi (fam)* to mumble II. *vt (fam)* ■ **etw ~** to mumble sth

Nuss^RR <-, Nüsse> *f*, **Nuß**^ALT <-, Nüsse> ['nʊs, *pl:* 'nʏsə] *f* ❶ *(Haselnuss)* hazelnut; *(Walnuss)* walnut;

Nüsse knacken to crack nuts ❷ *(Nusseis)* hazelnut [ice cream] ❸ KOCHK *(Fleischstück aus der Keule)* eye ❹ *(fam: Kopf)* nut *fam* ▶ WENDUNGEN: **dumme ~** *(fam)* stupid twit, silly cow BRIT *fam!;* **eine harte ~** *(fam)* a tough nut to crack; **jdm eine harte ~ zu knacken geben** *(fam)* to give sb a tough [*or* hard] nut to crack, to give sb a difficult task; **eine harte ~ zu knacken haben** to have a tough [*or* hard] nut to crack; **eine taube ~** a dead loss *fam;* **jdm eins auf die ~ geben** *(fam)* to knock sb on the head

Nuss·baum^RR *m* ❶ *(Walnussbaum)* walnut tree ❷ *kein pl (Walnussholz)* walnut

Nüss·chen^RR <-s, -> ['nʏsçən] *nt* KOCHK loin [*or* filet] of lamb

Nuss·frucht^RR *f* BOT nut **Nuss·kna·cker**^RR *m* nutcracker

Nuss·scha·le^RR *f* ❶ *(Schale einer Nuss)* [nut]shell ❷ *(winziges Boot)* cockleshell

Nüs·ter <-, -n> ['nʏstɐ, 'nyːstɐ] *f* ZOOL *(Nasenöffnung)* nostril ❷ *pl (geh: Nasenlöcher)* nostrils

Nut <-, -en> *f (fachspr)*, **Nu·te** <-, -n> ['nuːt(ə)] *f* groove; **~ und Feder** groove and tongue

Nu·tria^1 <-, -s> ['nuːtria] *f* coypa, nutria

Nu·tria^2 <-s, -s> ['nuːtria] *m* ❶ *(Pelz der ~)* nutria ❷ *(Pelzmantel)* nutria coat

Nut·te <-, -n> ['nʊtə] *f (sl)* whore

nutz·bar *adj* usable; ■ **[für/zu etw]** ~ **sein** to be usable [for sth]; **etw ~ machen** to exploit sth

nutz·brin·gend I. *adj* gainful, profitable II. *adv* gainfully, profitably

nüt·ze ['nʏtsə], **nutz** ['nʊts] *adj pred* SÜDD, ÖSTERR ■ **zu etw ~ sein** to be useful; **ich habe es doch bereits zweimal versucht, wozu soll ein dritter Versuch ~ sein?** but I've already tried twice, what use is a third try?; **zu nichts ~ sein** to be good for nothing; **alles verbockst du, zu nichts bist du ~!** you muck up everything, you good-for-nothing!

Nutz·ef·fekt *m* useful effect; **und was ist nun der ~ deiner ständigen Vorhaltungen?** and what have you achieved with your constant reproaches?

nut·zen ['nʊtsn], **nüt·zen** ['nʏtsn] I. *vi (von Nutzen sein)* ■ **[jdm]** [**etwas**] **nutzen** [*o* **nützen**] to be of use [to sb]; **und was soll das ~, wenn ich mich zum dritten Mal darum bemühe?** and what's the use in me giving it a third go?; **drohe ihm, das nützt immer!** threaten him, that always helps!; **schön, dass meine Ermahnungen doch etwas genutzt/genützt haben** good; my warnings weren't a complete waste of time; ■ **[jdm] nichts nutzen** [*o* **nützen**] to not do [sb] any good, to be no use [to sb]; **du kannst sie ja fragen, aber das wird [dir] nichts ~** you can ask her but it won't do [you] any good; **ich will Geld sehen, ein Schuldschein nützt mir nichts** I want to see money – an IOU is no good to me II. *vt* ❶ *(in Gebrauch nehmen)* ■ **etw nutzen** [*o* **nützen**] to use sth; **er hat zwar einen Kabelanschluss, nützt ihn aber kaum** he does have cable TV but he hardly watches it ❷ *(ausnutzen)* ■ **etw nutzen** [*o* **nützen**] to exploit [*or* take advantage of] sth; **eine günstige Gelegenheit ~** to seize an opportunity; **die Gunst der Stunde ~** to make use of an opportune moment

Nut·zen <-s> ['nʊtsn] *m kein pl* advantage, benefit; **welchen ~ versprichst du dir davon?** what do you hope to gain from it?; **[jdm] ~ bringen** to be of advantage [*or* benefit] [to sb]; **mir ist nicht klar, welchen ~ es bringen soll, wenn wir auf seine Vorschläge eingehen** I don't see what the advantage would be in accepting his proposal; **jdm zum ~ gereichen** *(geh)* to be to sb's advantage; **von etw irgendeinen ~ haben** to gain [*or* derive benefit] from sth; **welchen ~ soll ich davon haben, euch zu helfen?** what am I going to get out of helping you?; |**jdm**| **von ~ sein** to be of use |to sb|; **das wäre von ~** that would be helpful; **von geringem ~ sein** to not be much use; **von großem ~ sein** to be a lot of use; **aus etw |seinen| ~ ziehen** to derive benefit from sth; **zum ~ der/des ...** to the benefit of the ...

Nutz·fahr·zeug *nt* utility vehicle **Nutz·flä·che** *f* utilizable space of land **Nutz·gar·ten** *m* kitchen garden **Nutz·holz** *nt* timber *no pl* **Nutz·last** *f* TRANSP live weight, payload

nütz·lich ['nʏtslɪç] *adj* *(nutzbringend)* useful; ▪ |**jdm**| **~ sein/werden** to be useful |to sb|; ▪ **N~es** sth useful; **er leistet viel N~es** his work is very useful; **das N~e mit dem Angenehmen verbinden** to combine business with pleasure; **der Vorschlag enthält nichts N~es** the proposal doesn't include anything of any use; **sich** *akk* **~ machen** to make oneself useful *(hilfreich)* helpful; ▪ |**jdm**| **~ sein** to be helpful |to sb|

Nütz·lich·keit <-> *f kein pl* advantage, utility

nutz·los I. *adj* futile, useless; ▪ **~ sein, etw zu tun** to be futile to do sth; **der Versuch wäre ~** it would be a waste of time trying II. *adv* in vain *pred*

Nutz·lo·sig·keit <-> *f kein pl* futility, uselessness

Nutz·nie·ßer(in) <-s, -> ['nʊtsniːsɐ] *m(f)* beneficiary

Nutz·nie·ßung <-, -en> *f* JUR *s.* Nießbrauch

Nutz·pflan·ze *f* AGR, BOT crop; **landwirtschaftliche ~n** arable crops

Nut·zung <-, -en> *f* use

Nut·zungs·dau·er *f* useful life **Nut·zungs·recht** *nt* right of use, usufruct *spec*

n.u.Z. *Abk von* **nach unserer Zeitrechnung** AD

NW *Abk von* **Nordwesten**

Ny·asa·see [ni'aːzazeː] *m* Lake Nyasa, Lake Malawi

Ny·lon® <-[s]> ['naɪlɔn] *nt kein pl* nylon

Ny·lon·strumpf *m* nylon stocking

Nym·phe <-, -n> ['nʏmfə] *f* nymph

Nym·phen·sit·tich *m* ZOOL cockatiel

nym·pho·man [nʏmfo'maːn] *adj* nymphomaniac

Nym·pho·ma·nie <-> [nʏmfoma'niː] *f kein pl* nymphomania

Nym·pho·ma·nin <-, -nen> *f* nymphomaniac

O o

O, o <-, - *o fam* -s, -s> [oː] *nt* O, o; **~ wie Otto** O for Oliver BRIT, O as in Oboe AM; *s. a.* **A 1**

o [oː] *interj* oh

O *Abk von* **Osten**

Oa·se <-, -n> [o'aːzə] *f* oasis

ob ['ɔp] I. *konj* *(inwiefern, indirekte Frage)* whether; **~ er morgen kommt?** I wonder whether he'll come tomorrow?; **ich weiß nicht, ~ sie mitkommt** I don't know whether she'll come too **~ ..., ~ ...** whether ... or ...; *(sei es, dass ...)* whether ...; **~ reich, ~ arm, jeder muss sterben** rich or poor, everyone must die *(bei Wiederholung einer Frage)* I/he/she etc. said ... *(selbst wenn)* ▪ **~ ... auch** *(veraltend)* even if *(sei es dass)* **sie muss mitgehen, ~ es ihr passt oder nicht** she has to go whether she likes it or not; *s. a.* **als** *s. a.* **und** II. *präp* +*gen (veraltend geh: wegen)* on account of +*gen (in Ortsnamen)* on; **Rothenburg ~ der Tauber** Rothenburg on the Tauber +*dat* SCHWEIZ *(veraltet: über)* above

o. B. *Abk von* **ohne Befund**

OB <-s, -s> [oː'beː] *m Abk von* **Oberbürgermeister**

Ob·acht <-> ['oːbaxt] *f kein pl bes* SÜDD care; **~ geben** to be careful; **auf etw** *akk* **~ geben** to pay attention to sth; **gib auf das, was du sagst, besser ~** be more careful about what you say; **auf jdn/etw ~ geben** to look after sb/sth; **~!** watch out!

Ob·dach <-[e]s> ['ɔpdax] *nt kein pl (geh)* shelter; **jdm ~ geben** [*o* gewähren] to give sb shelter; **kein ~ haben** to have nowhere to live, to be homeless

ob·dach·los *adj* homeless; **durch das Erdbeben wurden viele Menschen ~** many people lost their homes through the earthquake **Ob·dach·lo·se(r)** *f(m) dekl wie adj* homeless person

Ob·dach·lo·sen·asyl *nt*, **Ob·dach·lo·sen·heim** *nt* refuge for homeless persons

Ob·dach·lo·sig·keit <-> *f kein pl* homelessness

Ob·duk·ti·on <-, -en> [ɔpdʊk'tsi̯oːn] *f* post-mortem |examination|

ob·du·zie·ren* [ɔpdu'tsiːrən] *vt* ▪ **jdn ~** to perform a post-mortem on sb; ▪ **obduziert werden** to undergo a post-mortem; ▪ **das O~** post-mortem

O-Bei·ne *pl* bandy [*or* bow] legs *pl*

o-bei·nig ['oːbaɪnɪç] *adj* bandy- [*or* bow-] legged

Obe·lisk <-en, -en> [obe'lɪsk] *m* obelisk

oben ['oːbn̩] *adv* *(in der Höhe)* top; **ich möchte die Flasche ~ links/rechts** I'd like the bottle on the top left; ▪ **~ auf etw** *dat o akk* on top of sth; **dort ~** up there; **ganz ~** right at the top, at the very top; **die Singdrossel sitzt ganz ~ auf dem Baum** the songthrush is sitting right at the top of the tree; **hier ~** up here; **hoch ~** high; **bis ~** |**hin**| up to the top; **nach ~ zu** [*o* hin] further up; **nach ~** up; **von ~** *(vom oberen Teil)* from above *(im oberen Stockwerk)* upstairs; **nach ~** upstairs; **von ~** from upstairs *(fam: auf höherer Ebene)* among/by, etc. the powers that be; **wir haben keine Ahnung von dem, was ~ geschieht** we have no idea what happens among the powers that be; **solche Dinge werden ~ entschieden** these things are decided by the powers that be; **ich gebe Ihren Antrag dann weiter, die ~ sollen sich damit beschäftigen** I'll pass your application on, the powers that be can deal with it; **sich ~ halten** to stay at the top; **nach ~** to the powers that be, to the top *fam;* **von ~** from the powers that be, from the top *fam;* **nach ~ buckeln, nach unten treten** *to be servile to those higher in the hierarchy and arrogant to those lower; s. a.* **Norden** *(vorher)* above; **~ erwähnt** above-mentioned; **~ genannt** above-mentioned *attrib,* mentioned above *pred;* **siehe ~** see above; *s. a.* **weiter** *(auf der Oberseite)* **der Stoff ist ~ glänzend, unten matt** the upper part of the material is shiny, the lower part matt ▸ WENDUNGEN: **jdn von ~ herab ansehen** to look down on sb; **etw nach ~ aufrunden** to round sth up; **jdn von ~ herab behandeln** to behave in a superior manner toward sb; **mal ~, mal unten sein** sometimes up, sometimes down; **jdm bis |hier| ~ stehen** to have it up to here; **nicht mehr wissen, wo ~ und unten ist** to not know whether you are coming or going; |**hier**| **~!** this way up!; **~ ohne** *(fam)* topless; **von ~ bis unten** from top to bottom

oben·an ['oːbn̩'ʔan] *adv* first; **sein Name steht ~ auf der Liste** his name is at the top of the list **oben·auf**

['o:bn'ʔauf] adv ❶ DIAL *(obendrauf)* on top ❷ ■ ~ **sein** *(guter Laune)* to be chirpy [*or* in good form]; *(im Vorteil)* to be in a strong position **oben·drauf** ['o:bn'drauf] adv *(fam)* on top; **sie setzte sich auf den Koffer** ~ she sat on top of the suitcase ▸ WENDUNGEN: **eins ~ kriegen** *(fam)* to get a smack in the face [*or* BRIT *fam* gob] [*or* on the mouth] **oben·drein** ['o:bn'drain] adv on top, as well; **das alles ist ja schon schlimm genug, aber die Sache soll nun ~ auch noch vertuscht werden** that's all bad enough but, on top of that, now they want to keep the whole business quiet **oben·her·um** ['o:bnhɛ'rʊm] adv *(fam)* ❶ *(um die Brüste herum)* in the boobs *fam* ❷ *(im Bereich des Oberteils)* in the bust **oben·hin** ['o:bn'hɪn] adv in passing, fleetingly **Oben-oh·ne-Be·die·nung** f topless service **oben·rum** ['o:bn'rʊm] adv *(fam)* s. **obenherum**

Ober <-s, -> ['o:bɐ] m [head] waiter; ~, **bitte zahlen!** the bill please, waiter!

Ober·arm m upper arm **Ober·arzt, -ärz·tin** m, f senior physician [*or* consultant] **Ober·auf·sicht** f supervision **Ober·be·fehl** m *kein pl* supreme command; **den ~** [**über etw** *akk*] **haben** to be in supreme command [of sth] **Ober·be·fehls·ha·ber, -be·fehls·ha·be·rin** m, f commander·in·chief **Ober·be·griff** m generic term **Ober·be·klei·dung** f outer clothing **ober·blöd** adj *(emph fam)* ridiculous, idiotic **Ober·bür·ger·meis·ter, -bür·ger·meis·te·rin** ['o:bɐbʏrɡəmaistɐ] m, f mayor, BRIT a. ≈ Lord Mayor **Ober·deck** nt upper deck **ober·deutsch** ['o:bɐdɔytʃ] adj LING Southern German *(concerning the German dialects spoken in Southern Germany, Austria and Switzerland)* **Ober·deutsch·land** nt Southern Germany **obe·re(r, s)** ['o:bərɐ, -rɐ, -rəs] adj attr ❶ *(oben befindlich)* top, upper ❷ *(rangmäßig höher)* higher ❸ *(vorhergehend)* previous ❹ *(höher gelegen)* upper **Obe·re** ['o:bərɐ] pl *(fam)* ■ **die ~n** the powers that be *fam*, those in authority **Obe·rer See** m Lake Superior **ober·faul** ['o:bɐfaul] adj *(fam)* incredibly lazy **Ober·feld·we·bel** m ❶ *(Heer)* ≈ staff sergeant ❷ *(Marine)* ≈ chief petty officer BRIT, ≈ petty officer first class AM ❸ *(Luftwaffe)* ≈ flight sergeant BRIT, ≈ technical sergeant AM **Ober·flä·che** ['o:bɐflɛçə] f ❶ *(äußere Fläche)* surface ❷ *(obere Fläche)* surface; **auf** [*o* **an**] **der ~** on the surface; **an die ~ kommen** *(auftauchen)* to surface; *(zu Tage kommen)* to surface, to come to light **Ober·flä·chen·span·nung** f PHYS surface tension **ober·fläch·lich** ['o:bɐflɛçlɪç] I. adj ❶ *(äußerlich)* superficial ❷ *(flüchtig)* superficial; **sie arbeitet rasch, ist aber leider etwas zu ~** she works quickly but, unfortunately, she's a little slapdash ❸ *(seicht)* superficial II. adv ❶ *(an der Oberfläche)* superficially ❷ *(flüchtig)* in a slapdash manner *pred* ❸ *(allgemein)* superficially **Ober·fläch·lich·keit** <-> f *kein pl (Seichtheit)* superficiality **Ober·förs·ter, -förs·te·rin** m, f chief [*or* head] forester **ober·gä·rig** ['o:bɐɡɛːrɪç] adj top-fermented **Ober·ge·schoss**ᴿᴿ nt top floor **Ober·gren·ze** f upper limit, maximum **ober·halb** ['o:bɐhalp] I. präp +*gen;* ■ ~ **einer S.** above sth II. adv above **Ober·hand** ['o:bɐhant] f *kein pl* upper hand; **die ~ behalten** to retain the upper hand; **die ~** [**über jdn**] **gewinnen** [*o* **bekommen**] to gain the upper hand; **die ~ haben** to have the upper hand **Ober·haupt** nt head **Ober·hemd** nt shirt **Ober·herr·schaft** f *kein pl* sovereignty, supremacy, supreme authority; ■ **die ~ über jdn/etw** sovereignty over sb/sth **Ober·hir·te** m prelate **Ober·ho·heit** ['o:bɐho:hait] f *kein pl*

s. **Oberherrschaft**

Obe·rin ['o:bərɪn] f ❶ *(Oberschwester)* matron ❷ *(Äbtissin)* Mother Superior

Ober·in·spek·tor, -in·spek·to·rin m, f chief inspector **ober·ir·disch** I. adj overhead, above ground [*or* surface]; **~e Leitung** overhead line II. adv overground **Ober·ita·li·en** ['o:bɐʔitaːljən] nt Northern Italy **Ober·kell·ner, -kell·ne·rin** m, f head waiter **Ober·kie·fer** m upper jaw **Ober·klas·se** f ❶ pl *(veraltend: obere Schulklasse)* ≈ sixth form [*or* AM grade] ❷ *(Oberschicht)* upper class **Ober·klei·dung** f *(selten)* outer clothing **Ober·kom·man·die·ren·de(r)** f(m) *dekl wie adj* commander·in·chief **Ober·kom·man·do** ['o:bɐkɔmando] nt MIL ❶ *(Oberbefehl)* ■ **das ~** [**über jdn/etw**] supreme command [over sb/sth] ❷ *(Befehlsstab)* supreme command **Ober·kör·per** m torso; **mit bloßem** [*o* **freiem**] [*o* **nacktem**] **~** topless; **den ~ freimachen** to take off one's top **Ober·lan·des·ge·richt** [o:bɐ'landəsɡərɪçt] nt intermediate or regional court of appeals **Ober·lauf** m upper course **Ober·le·der** nt *(von Schuhen)* [leather] uppers pl **Ober·lei·tung** f ❶ *(Führung)* overall management ❷ *(Fahrdraht)* overhead cable[s pl] *(on trolleybuses and trams/streetcars)* **Ober·leut·nant** ['o:bɐlɔytnant] m ❶ *(im Heer)* lieutenant BRIT, first lieutenant AM ❷ *(bei der Luftwaffe)* flying officer BRIT, first lieutenant AM **Ober·licht** nt ❶ *(oberer Fensterteil)* transom ❷ *(Fenster über einer Tür)* fanlight, AM *usu* transom [window] **Ober·li·ga** f third [highest regional] division **Ober·lip·pe** f upper lip **Ober·ös·ter·reich** ['o:bɐʔøːstəraiç] nt Upper Austria **Ober·post·di·rek·ti·on** [o:bɐ'pɔstdirɛktsjoːn] f regional post office administration **Ober·pries·ter, -pries·te·rin** m, f high priest *masc*, high priestess *fem* **ober·rhei·nisch** adj Upper Rhine; s. a. **Tiefebene** **Obers** <-> ['o:bəs] nt *kein pl* ÖSTERR *(Sahne)* whipping cream **Ober·scha·le** f KOCHK *(Rind)* topside; *(Schwein)* gammon slipper **Ober·schen·kel** m thigh **Ober·schen·kel·hals·bruch** m femoral neck fracture **Ober·schen·kel·kno·chen** m thighbone, femur *spec* **Ober·schen·kel·mus·ku·la·tur** f femoral musculature **Ober·schicht** f ❶ *(in der Gesellschaft)* upper class ❷ GEOL upper stratum **ober·schlau** adj *(iron fam)* really clever *iron* **Ober·schul·rat, -rä·tin** m, f school inspector BRIT **Ober·schwes·ter** f matron **Ober·sei·te** f top **Oberst** <-en *o* -s, -e[n]> ['o:bəst] m MIL ❶ *(im Heer)* colonel ❷ *(in der Luftwaffe)* group captain BRIT, colonel AM **Ober·staats·an·walt, -an·wäl·tin** m, f senior public prosecutor BRIT, director of public prosecutions BRIT, attorney general AM **obers·te(r, s)** ['o:bəstə, -tɐ, -təs] adj ❶ *(ganz oben befindlich)* top, uppermost ❷ *(rangmäßig am höchsten)* highest; s. a. **Gerichtshof** ▸ WENDUNGEN: **das O~ zuunterst kehren** *(veraltend)* to turn everything upside down **Ober·stim·me** f top part, soprano, treble **Oberst·leut·nant** ['o:bəst'lɔytnant] m ❶ *(im Heer)* lieutenant colonel ❷ *(bei der Luftwaffe)* wing commander BRIT, lieutenant colonel AM **Ober·stüb·chen** nt ▸ WENDUNGEN: **nicht ganz richtig im ~ sein** *(veraltend fam)* to be not quite right in the head, to have a screw loose **Ober·stu·di·en·di·rek·tor, -di·rek·to·rin** [o:bɐ'ʃtu:djəndirɛkto:ɐ̯] m, f headmaster **Ober·stu·di·en·rat, -rä·tin** [o:bɐ'ʃtu:djənraːt, -rɛːtɪn] m, f senior teacher at a secondary school, one rank above 'Studienrat' **Ober·stu·fe** f ≈ sixth form [*or* AM grade] **Ober·teil** nt *o* m ❶ *(Aufsatz)* top part ❷ *(oberes Teil)* top **Ober·**

was·ser nt kein pl (Schleuse) headbay; ▸ WENDUNGEN: **~ bekommen** [o **kriegen**] (fam) to get an advantage [or the upper hand]; [wieder] **~ haben** to get the upper hand, to be on top [or fam top dog] **Ober·wei·te** f bust size [or measurement]

Ob·frau ['ɔpfrau] f s. **Obmann**

ob·gleich [ɔp'glaiç] konj although

Ob·hut <-> ['ɔphuːt] f kein pl (geh) care, charge; **sich** dat **unter jds ~ befinden** [o **unter jds ~ stehen**] to be in sb's care [or charge]

obi·ge(r, s) ['oːbɪgə] adj attr ❶ (oben genannt) above-mentioned ❷ (zuvor abgedruckt) above

Ob·jekt <-[e]s, -e> [ɔp'jɛkt] nt ❶ (Gegenstand) object ❷ (Immobilie) [piece of] property ❸ (Kunstgegenstand) objet d'art ❹ (Gegentel von Subjekt) object

ob·jek·tiv [ɔpjɛk'tiːf] **I.** adj objective; **eine ~e Entscheidung** an objective decision **II.** adv objectively

Ob·jek·tiv <-s, -e> [ɔpjɛk'tiːf, pl: ɔpjɛk'tiːvə] nt lens, objective

Ob·jek·ti·vi·tät <-> [ɔpjɛktivi'tɛːt] f kein pl objectivity

Ob·jekt·schutz m protection of property **Ob·jekt·trä·ger** m microscope slide

Ob·la·te <-, -n> [o'blaːtə] f wafer

ob·lie·gen ['ɔpliːgn, ɔp'liːgn] vi irreg, impers haben o sein ❶ (form: verantwortlich sein) ▪ **jdm ~** to be sb's responsibility; ▪ **es obliegt jdm, etw zu tun** it is sb's responsibility to do sth ❷ (veraltet: sich beschäftigen) **einer Aufgabe ~** to apply oneself to a task

Ob·lie·gen·heit <-, -en> ['ɔpliːgnhait] f (form) responsibility, duty

ob·li·gat [obli'gaːt] adj ❶ (unerlässlich) indispensable ❷ (iron: unvermeidlich) inevitable iron

Ob·li·ga·ti·on <-, -en> [obliga'tsi̯oːn] f bond

ob·li·ga·to·risch [obliga'toːrɪʃ] adj (geh) compulsory, obligatory

Ob·mann, Ob·män·nin o **-frau** <-männer o -leute> ['ɔpman, 'ɔpmɛnɪn, pl: -mɛnɐ, pl: -lɔytə] m, f chairman masc, chairwoman fem

Oboe <-, -n> [o'boːə] f oboe

Obo·ist(in) <-en, -en> [obo'ɪst] m(f) oboist

Obo·lus <-, -se> ['oːbolʊs, pl: 'oːbolʊsə] m (geh) contribution, offering iron

Ob·rig·keit <-, -en> ['oːbrɪçkait] f (Verwaltung) ▪ **die ~** the authorities

ob·rig·keit·lich adj (veraltend) official, governmental **Ob·rig·keits·staat** m authoritarian state

ob·schon [ɔp'ʃoːn] konj (geh) s. **obgleich**

Ob·ser·va·to·ri·um <-s, -torien> [ɔpzɛrva'toːri̯ʊm, pl: ɔpzɛrva'toːri̯ən] nt observatory

ob·ser·vie·ren [ɔpzɛr'viːrən] vt (form) ▪ **jdn ~** to observe sb, to keep somebody under surveillance; ▪ **jdn ~ lassen** to have sb observed, to have sb kept under surveillance

ob·sie·gen [ɔp'ziːgn] vi ❶ (gewinnen) to win ❷ (geh: die Oberhand behalten) to triumph

ob·skur [ɔps'kuːɐ] adj ❶ (unbekannt) obscure ❷ (verdächtig) suspicious, dubious

ob·so·let [ɔpzo'leːt] adj (geh) obsolete

Obst <-[e]s> ['oːpst] nt kein pl fruit

Obst·bau m kein pl fruit growing **Obst·baum** m fruit tree **Obst·ern·te** f kein pl (das Ernten von Obst, Früchten) gathering [or picking] of the fruit, fruit-gathering [or -picking] no pl, no indef art; **für die ~ beschäftigt der Bauer viele Aushilfskräfte** for the picking of the fruit [or fruit-picking] [or fruit-gathering] the farmer hires a lot of extra help ❷ (geerntetes Obst) fruit crop [or harvest] **Obst·es·sig** m fruit vinegar **Obst·gar·ten** m orchard

Ob·sti·pa·ti·on <-, -en> [ɔpstipa'tsi̯oːn] f MED obstipation, [severe] constipation; **an ~ leiden** to suffer from obstipation [or [severe] constipation]

Obst·ku·chen m fruit flan [or cake] **Obst·ku·chen·**

form f flan [or AM pie] tin [or AM usu pan]

Obst·ler <-s, -> ['oːpstle] m fruit liquor

Obst·mes·ser nt fruit knife

Ob·struk·ti·on <-, -en> [ɔpstrʊk'tsi̯oːn] f (geh) obstruction; **~ betreiben** to be obstructive

Obst·saft m fruit juice **Obst·schnaps** m fruit schnaps **Obst·tag** m day on which one only eats fruit, generally as part of a diet; **einen ~ einlegen** to have a fruit and veg day **Obst·tor·te** f fruit flan **Obst·was·ser** nt fruit schnaps

ob·szön [ɔps'tsøːn] adj ❶ (unanständig) obscene; **~e Witze** dirty [or obscene] jokes ❷ (Entrüstung verursachend) obscene; **wie kannst du nur so etwas O~es von dir geben!** how could you say something so obscene!

Ob·szö·ni·tät <-, -en> [ɔpstsøni'tɛːt] f ❶ kein pl (obszöne Art) obscenity ❷ (obszöne Bemerkung) obscenity

Obus ['oːbʊs] m trolley bus

Ob·wal·den <-s> ['ɔpvaldn] nt Obwalden

ob·wal·ten ['ɔpvaltn] vi (form) to prevail

ob·wohl [ɔp'voːl] konj although; **~ er müde war, tat er ihr den Gefallen** although he was tired he did her the favour

ob·zwar [ɔp'tsvaːɐ] konj (selten) s. **obwohl**

Oc·ca·si·on <-, -en> [ɔka'zi̯oːn] f SCHWEIZ (Gebrauchtwagen) second-hand car; (gebrauchtes Gerät) second-hand article

Ochot·ski·sches Meer [ɔ'xo:tskiʃəs-] nt Sea of Okhotsk

Och·se <-n, -n> ['ɔksə] m ❶ (kastriertes Rind) ox ❷ (fam: Dummkopf) fool, idiot ▸ WENDUNGEN: **dastehen wie der ~ vorm Scheunentor** [o **Berg**] (fam) to stand there like an idiot [or BRIT a lemon]

Och·sen·frosch m ZOOL bullfrog **Och·sen·kar·ren** m ox-cart **Och·sen·schwanz** m oxtail **Och·sen·schwanz·sup·pe** f oxtail soup **Och·sen·tour** f (fam) hard slog fam **Och·sen·zie·mer** <-s, -> [-tsiːme] m [short] whip

Ocker <-s, -> ['ɔke] m o nt ochre, AM a. ocher

ocker·braun adj, **ocker·gelb** adj ochre, AM a. ocher

Ode <-, -n> ['oːdə] f ode

öde ['øːdə] adj ❶ (verlassen) desolate, deserted ❷ (fade) dull, dreary ❸ (unfruchtbar) bleak, waste

Öde <-, -n> ['øːdə] f (geh) ❶ kein pl (Verlassenheit) desolation, solitude ❷ (unwirtliches Land) wasteland, desert fig ❸ (Leere) dreariness, tedium

Odem <-s> ['oːdəm] m kein pl (poet) breath

Ödem <-s> [ø'deːm] nt oedema BRIT, edema AM

oder ['oːdə] konj ❶ (eines oder anderes) or; **~ aber** or else; **~ auch** or [even]; **~ auch nicht** or [maybe [or perhaps]] not ❷ (stimmt's?) **der Film hat dir auch gut gefallen, ~?** you liked the film too, didn't you?; **soviel ich weiß, schuldet er dir noch Geld, ~?** as far as I know he still owes you money, doesn't he?; **du traust mir doch, ~** [o [etwa] **nicht?** you do trust me, don't you?; s. a. **entweder**

Oder <-> ['oːdə] f GEOG ▪ **die ~** the Oder

Oder·men·nig <-s> ['oːdemɛnɪç] m BOT agrimony

Oder-Nei·ße-Li·nie ['oːdənaisəli:ni̯ə] f POL ▪ **die ~** the Oder-Neisse Line

Ödi·pus·kom·plex ['øːdipʊs-] m PSYCH Oedipus complex no pl

Öd·land ['øːtlant] nt kein pl uncultivated land no indef art, no pl, wasteland no pl

Odys·see <-, -n> [odʏ'seː, pl: odʏ'seːən] f (geh) odyssey

Oeu·vre <-, -s> ['øːvrə] nt (geh) body of work, oeuvre form, work[s pl]

Öf·chen <-s, -> ['øːfçən] nt dim von **Ofen**

Ofen <-s, Öfen> ['oːfn, pl: 'øːfn] m ❶ (Heiz~) heater; (Kohle-, Kachel-, Öl-~) stove; (elektrischer ~, Gas-~)

heater, fire ❽ *(Back~)* oven; **den ~ heizen** to heat the oven ❾ TECH furnace; *(Brenn~)* kiln; *(Müllverbrennungs~)* incinerator ❿ DIAL *(Herd)* cooker ⓫ *(sl: Pkw, Motorrad)* wheels *fam;* **ein heißer ~** *(fam: Motorrad)* fast bike *fam; (Auto)* fast set of wheels *fam* ▸ WENDUNGEN: **ein heißer ~** *(sl: besonders attraktive Frau)* red-hot number *fam;* **immer hinter dem ~ hocken** *[o* **am warmen ~ sitzen]** *(fam)* to always sit around at home, to be a real stay-at-home; **jdn hinter dem ~ hervorlocken** *(fam)* to tempt sb; **jetzt ist der ~ aus** *(sl)* that does it, that's it, it's all over

Ofen·bank <-bänke> *f* bench around a/the stove **ofen·frisch** *adj* oven-fresh, freshly baked, fresh from the oven *pred* **Ofen·hei·zung** *f* stove heating *no art, no pl,* heating by stoves **Ofen·set·zer, -set·ze·rin** <-s, -> *m, f* stove builder *[or* fitter] **Ofen·tür** *f* stove door

Off <-s> [ɔf] *nt kein pl* MEDIA **aus dem ~** offstage

of·fen ['ɔfn̩] **I.** *adj* ❶ *(nicht geschlossen)* open; **mit ~em Hemd/Kragen** wearing open-necked shirt; **dein Hosenschlitz ist ~** your flies are undone *[or* open] ❷ *(geöffnet)* open; **mit** *[o* bei] **~em Fenster** with the window open ❸ *(unerledigt)* open; **eine ~e Frage** an open *[or* unanswered] question; **ein ~er Punkt** a moot point; **ein ~es Problem** an unsettled problem; **eine ~e Rechnung** an unsettled *[or* unpaid] *[or* outstanding] bill ❹ *(unentschieden)* wide open, uncertain; ■ **[noch] ~ sein** to be [still] wide open; **etw ~ lassen** to leave sth open ❺ *(freimütig)* open, frank, candid; ■ **~** **[zu jdm] sein** to be open *[or* frank] *[or* honest] [with sb] ❻ *(deutlich auftretend)* open, overt ❼ *(frei)* **für jdn ~ sein** to be open to sb ❽ *(frei zugänglich)* open; **ein ~er Ausblick** an open outlook; **~es Gelände** open terrain ❾ *(nicht beschränkt, frei)* open; **ein ~es Gefängnis** an open prison; **eine ~e Gesellschaft/Grenze** an open society/border; **~e Software** accessible software; **ab wann ist die Jagd auf Niederwild wieder ~?** when does the open season on small game start? ❿ *(nicht abgepackt)* loose; **~er Wein** wine by the glass/carafe ⓫ LING open ⓬ **~ haben** *Laden, Geschäft* to be open **II.** *adv* openly, frankly, candidly; **~ gestanden** *[o* gesagt] to be [perfectly] honest *[or* frank]

of·fen·bar [ɔfn̩'baːɐ̯] **I.** *adj* obvious; ■ **~ sein/werden, dass ...** to be/become obvious *[or* clear] that ... **II.** *adv* obviously, clearly

of·fen·ba·ren <*pp*: offenbart *o* geoffenbart> [ɔfn̩'baːrən] **I.** *vt* ❶ *(geh: enthüllen)* ■ **jdm etw ~** to reveal sth to sb ❷ *(mitteilen)* ■ **jdm ~, dass ... to** inform sb that ... **II.** *vr* ❶ *(sich anvertrauen)* **sich** *akk* **jdm ~** to confide in sb ❷ *(erweisen)* ■ **sich** *akk* **als etw** *gen* **~** to show *[or* reveal] oneself to be sth ❸ *(Liebe erklären)* ■ **sich** *akk* **jdm ~** to reveal one's feelings to sb

Of·fen·ba·rung <-, -en> [ɔfn̩'baːrʊŋ] *f* revelation; **die ~** **[des Johannes]** [the book of] Revelations + *sing vb* **Of·fen·ba·rungs·eid** *m* ❶ JUR oath of disclosure *[or* AM *a.* manifestation]; **den ~ leisten** to swear an oath of disclosure ❷ *(Geständnis, nichts zu wissen)* admission of bankruptcy; **ein politischer/intellektueller ~** an admission *[or* a confession] of political/intellectual bankruptcy; **den ~ leisten** to admit *[or* confess] one's incompetence

of·fen|ha·benRR *vt irreg* ■ **bei jdm noch etw ~** to be owed sth by sb

Of·fen·heit <-> *f kein pl* openness *no art, no pl,* frankness *no art, no pl,* candour *[or* AM *-or]* *no art, no pl;* **in** *[o* mit] **aller ~** quite frankly *[or* candidly]

of·fen·her·zig *adj* ❶ *(freimütig)* open, frank, candid ❷ *(hum fam: tief ausgeschnitten)* revealing, low-cut **Of·fen·her·zig·keit** <-> *f kein pl* openness *no art, no pl,* frankness *no art, no pl,* candour *[or* AM *-or]* *no art,*

no pl

of·fen·kun·dig ['ɔfn̩kʊndɪç] *adj* obvious, clear; ■ **~ sein, dass ...** to be obvious *[or* evident] that ... **of·fen·sicht·lich** ['ɔfn̩zɪçtlɪç] **I.** *adj* obvious, evident; **ein ~er Irrtum/eine ~e Lüge** a blatant error/lie; ■ **~ sein/werden[, dass ...]** to be/become evident *[or* obvious] [that ...] **II.** *adv* obviously, evidently

of·fen·siv [ɔfɛnˈziːf] **I.** *adj (geh)* offensive; **~es Verhalten/eine ~e Art** aggressive behaviour *[or* AM *-or]* /aggressive manner; **in der Drogenfrage sollte die Regierung endlich ~[er] werden** it's time the government went on the offensive against drugs **II.** *adv (geh)* offensively, aggressively; **gegen Umweltsünder ~[er] vorgehen** to take [more] vigorous action against polluters

Of·fen·si·ve <-, -n> [ɔfɛnˈziːvə] *f* offensive; **in die ~ gehen** to go on *[or* take] the offensive

öf·fent·lich ['œfn̩tlɪç] **I.** *adj* public; *s. a.* **Hand II.** *adv* publicly, in public

Öf·fent·lich·keit <-> *f kein pl* ■ **die ~** ❶ *(Allgemeinheit)* the [general] public + *sing/pl vb;* **in** *[o* vor] **aller ~** in public; **etw an die ~ bringen** to bring sth to public attention, to make sth public; **die ~ scheuen** to shun publicity; **mit etw an die** *[o* vor] **die ~ treten** to go public with sth; **etw der ~ übergeben** *(form: etw eröffnen)* to open sth officially; *(etw veröffentlichen)* to publish sth; *s. a.* **Ausschluss** ❷ JUR the admittance of the general public; **der Verteidiger bestand auf der ~ der Verhandlung** the defence counsel insisted on a public trial

Öf·fent·lich·keits·ar·beit *f* public relations *[or* PR] work *no art, no pl* **öf·fent·lich·keits·wirk·sam** *adj* ■ **~ sein** to be good *[or* effective [as]] publicity

öf·fent·lich-recht·lich *adj attr* under public law *pred;* **eine ~e Anstalt** a public institution, a body corporate *spec;* **eine ~e Rundfunkanstalt** public service broadcasting; **ein ~er Vertrag** contract under public law

of·fe·rie·ren [ɔfeˈriːrən] *vt (form)* ❶ *(zum Verkauf anbieten)* ■ **[jdm] etw ~** to offer [sb] sth ❷ *(kredenzen)* ■ **jdm etw ~** to offer sb sth

Of·fer·te <-, -n> [ɔˈfɛrtə] *f* offer

Of·fice <-, -s> ['ɔfɪs] *nt* ❶ SCHWEIZ *(Betriebsküche)* [food] store[s *pl*] ❷ *(selten: Büro)* office

of·fi·zi·ell [ɔfiˈtsi̯ɛl] **I.** *adj* ❶ *(amtlich)* Delegation, Mitteilung, Nachricht official; **in ~er Mission [nach ...]** **reisen** to be on an official mission [to ...]; **~/noch nicht ~ sein** *Wahlergebnisse* to be/not yet be official, to have been/have not yet been announced officially; **von ~er Seite verlautet** according to official sources; **~ heißt es, ...** official sources state ..., the official statement is ... ❷ *(förmlich) Empfang, Feier* formal, stiff **II.** *adv* officially; **jdn ~ einladen** to give sb an official invitation

Of·fi·zier(in) <-s, -e> [ɔfiˈtsiːɐ̯] *m(f)* MIL officer; **~ werden** to become an officer, to gain a commission

Of·fi·ziers·an·wär·ter, -an·wär·te·rin *m, f* officer cadet **Of·fi·ziers·ka·si·no** *nt* officers' mess **Of·fi·ziers·korps** [-koːɐ̯] *nt* officer corps; ■ **das ~** the officer corps, officers *pl* **Of·fi·ziers·lauf·bahn** *f* career as an officer *no pl,* officer's career *no pl, no def art* **Of·fi·ziers·mes·se** *f* officers' mess; NAUT wardroom **Of·fi·ziers·rang** *m* officer's rank, rank of an officer

of·fi·zi·ös [ɔfiˈtsi̯øːs] *adj (geh)* semi-official

Off·line-be·triebRR, **Off-line-Be·trieb**ALT <-[e]s> ['ɔːflaɪn-] *m kein pl* INFORM off-line operation *no pl*

öff·nen ['œfnən] **I.** *vt* ❶ **etw ~** to open sth; „**hier ~**" 'open here *[or* this end] '; **die Tür quietscht immer beim Ö~** the door always squeaks when you open it **II.** *vi* ■ **[jdm] ~** to open the door [for sb] **III.** *vr* ❶ *(aufgehen)* ■ **sich ~** to open ❷ *(weiter werden)* ■ **sich ~** to open out ❸ *(sich [innerlich] zuwenden)* ■ **sich** *akk*

|jdm/etw| ~ to open up [or become receptive| |to sb/sth|

Öff·ner <-s, -> m ❶ *(Dosen~)* can [or BRIT a. tin] opener; *(Flaschen~)* bottle opener ❷ *(Tür~)* door opener

Öff·nung <-, -en> f ❶ *(offene Stelle)* opening ❷ *kein pl (geh: das Öffnen)* opening; **ohne den Code zu wissen, ist eine ~ des Safes nicht möglich** it is not possible to open the safe without knowing the code ❸ *kein pl* POL opening up; **eine vorsichtige ~ zur Demokratie** a cautious opening up to democracy

Öff·nungs·kurs m POL course of openness [or opening up] **Öff·nungs·po·li·tik** f POL policy of openness [or opening up] **Öff·nungs·zei·ten** pl hours pl of business, BRIT a. opening times [or hours] pl; **Supermärkte haben meist durchgehende ~** supermarkets are usually open all day; *einer öffentlichen Anstalt* opening times pl

Off·road-Ska·ting <-s> [ɔfrɔʊdˈskeːtɪŋ] nt kein pl SPORT offroad skating

Off·set·druck <-drucke> [ˈɔfsɛt-] m offset |printing| no art, no pl spec

oft <öfter> [ˈɔft] adv often; **des Öfteren** frequently, on many occasions, quite often; **~ genug** often enough; s. a. **je** s. a. **so** s. a. **wie**

öf·ter(s) [ˈœftɐ(s)] adv |every| once in a while [or now and then], on occasion; **ist dir das schon ~ passiert?** has that happened to you often? s. **Neue(s)**

oft·mals adv *(geh)* s. **oft**

oh [ˈoː] interj oh

Oheim <-s, -e> [ˈoːhaɪm] m *(veraltet)* s. **Onkel**

OHG [oːhaːˈgeː] f Abk von **Offene Handelsgesellschaft**

oh·ne [ˈoːnə] **I.** präp +akk ❶ *(nicht versehen mit)* ▪ **~ etw** without sth; **~ Geld** without any money; **wir sind noch ~ weitere Informationen** we still don't have any more information; **sei ~ Furcht!** don't be afraid!; **~ Schutz** unprotected ❷ *(nicht eingerechnet)* ▪ **~ etw** excluding [or not including] [or not counting] sth; **der Preis versteht sich ~ Mehrwertsteuer** the price does not include VAT ❸ *(nicht mit jdm)* ▪ **~ jdn** without sb; **~ Kinder/Nachwuchs** childless/without offspring; **~ Erben sterben** to die heirless; **~ mich!** count me out! ❹ *(fam)* ▶ WENDUNGEN: **nicht ~ sein** to be quite something; |gar| **nicht ~ sein** to be not quite that easy s. **weitere(s)** **II.** konj ▪ **~ etw zu tun** without doing sth; ▪ **~ dass etw geschieht** without sth happening; ▪ **~ dass jd etw tut** without sb['s form] doing sth

oh·ne·dies [oːnəˈdiːs] adv s. **ohnehin oh·ne·glei·chen** [oːnəˈglaɪçn] adj inv ❶ *(unnachahmlich)* unparalleled; **eine Leistung ~** an unparalleled performance form; **mit einer Unverschämtheit ~** with unprecedented [or form unparalleled] impertinence ❷ *(außergewöhnlich)* |quite| exceptional **oh·ne·hin** [oːnəˈhɪn] adv anyhow, anyway[s AM a. fam]

Ohn·macht <-, -en> [ˈoːnmaxt] f ❶ *(Bewusstseinszustand)* faint no pl; **aus der ~ erwachen** to come round [or to], to recover consciousness; **in ~ fallen** to faint, to pass out, to swoon dated liter ❷ *(geh: Machtlosigkeit)* powerlessness no art, no pl, impotence no art, no pl ▶ WENDUNGEN: **von einer ~ in die andere fallen** *(fam)* to have one fit another after another fam

ohn·mäch·tig [ˈoːnmɛçtɪç] **I.** adj ❶ *(bewusstlos)* unconscious; ▪ **~ sein** to be unconscious, to have fainted [or passed out]; ▪ **~ werden** to faint, to pass out ❷ *(geh: machtlos)* powerless, impotent; **gegenüber etw** dat **~ sein** to be powerless to stop/in the face of sth ❸ attr *(hilflos)* helpless; **~e Wut** helpless [or impotent] rage **II.** adv helplessly; **~ zusehen** to watch [or look on] helplessly [or powerlessly]

Ohn·mäch·ti·ge(r) f(m) dekl wie adj ❶ *(bewusstloser Mensch)* unconscious person ❷ *(machtloser*

Mensch) helpless person; **die ~n** the powerless + pl vb

Ohn·machts·an·fall m fainting fit; **einen ~ bekommen** to faint, to have a fainting fit

oho [oˈhoː] interj oho; **~, so geht das nicht!** oh no, that's not on!

Öhr <-[e]s, -e> [ˈøːɐ̯] nt eye

Ohr <-[e]s, -en> [ˈoːɐ̯] nt ear; **rote ~en bekommen** to go red; **auf einem ~ taub sein** to be deaf in one ear; **die ~en anlegen** Hund, Hase to put its ears back; **in jds ~ flüstern** to whisper in sb's ear; **die ~en zuhalten** to put one's hands over one's ears ▶ WENDUNGEN: **die ~en auf Durchzug stellen** to not listen [to sb]; **von einem ~ zum andern strahlen** to grin from ear to ear; **es faustdick hinter den ~en haben** to be a crafty [or sly] one; **noch feucht** [o **nicht trocken**] **hinter den ~en sein** to be still wet behind the ears; **nicht für fremde ~en** |bestimmt| **sein** to be not |meant| for other ears; **ganz ~ sein** *(hum fam)* to be all ears; **mit halbem ~** with half an ear; **mit halbem ~ hinhören** to listen with half an ear, to half-listen; **lange ~en machen** *(fam)* to prick up one's ears; **bei jdm auf offene ~en stoßen** to fall on sympathetic ears [with sb]; **bei ihr fällt man immer auf offene ~en** she always has a sympathetic ear; **jdn um ein offenes ~ bitten** to ask sb to listen to one; **ein offenes ~ für jdn/etw haben** to be willing to listen to sb/sth; **ein scharfes** [o **feines**] **~ haben** to have a sharp [or keen] sense of hearing, to have a good ear; **auf dem ~ taub sein** *(fam)* to be deaf to that sort of thing; **tauben ~en predigen** to preach to deaf ears; **bis über die** [o **beide**] **~en verliebt sein** to be head over heels in love; **das ist nichts für zarte ~en** that is not for tender [or sensitive] ears; **die ~en anlegen** *(fam)* to put one's ears back, to get stuck in BRIT fam; **eins hinter die ~en bekommen** to get a clip round [or on] the ear, to get a thick ear; **ein aufmerksames/geneigtes/offenes ~ finden** to find a ready/willing/sympathetic listener [or a sympathetic ear]; **jdm eins** [o **ein paar**| hinter die ~en geben *(fam)* to give sb a clip round the ear [or a thick ear]; **ins ~ gehen** to be catchy; **etw noch im ~ haben** to be still able to hear sth; **ich habe seine Worte noch deutlich im ~** I can still clearly hear his words, his words are still ringing in my ears; **viel** [o **jede Menge**] **um die ~en haben** *(fam)* to have a lot [or a great deal] on one's plate fam; **die ~en hängen lassen** *(fam)* to let it get one down, to get downhearted; **jdn übers ~ hauen** *(fam)* to take sb for a ride fam, to pull a fast one on sb fam; **jdm etw um die ~en hauen** [o **schlagen**] *(fam)* to hit [or beat] sb round [or over] the head with sth, throw something [back] at sb; **jdm klingen die ~en** sb's ears are burning; **jdm zu ~en kommen** to come to sb's ears [or attention]; **jdm die ~en lang ziehen** *(fam)* to give sb a good talking to; **sich aufs ~ legen** [o **hauen**] *(fam)* to put one's head down, to have a kip BRIT fam; **jdm sein ~ leihen** to lend sb one's ear; **jdm** |mit etw| **in den ~en liegen** to go [or keep] on at sb |about sth|, to badger [or pester] sb |with sth|; **mach** |o **sperr**| **die ~en auf!** |fam| wash [or clean] your ears out! fam; **mit den ~en schlackern** *(fam)* to be struck speechless, to be gobsmacked BRIT sl; **sich** dat **etw hinter die ~en schreiben** *(fam)* to get sth into one's head, to etch sth indelibly in one's mind; **auf den ~en sitzen** *(fam)* to close one's ears; **sag mal, sitzt du auf deinen ~en, oder was ist los?** hey, have you gone deaf or something?; **die ~en spitzen** to prick up one's ears; **seinen ~en nicht trauen** to not believe one's ears; |vor etw dat| **die ~en verschließen** to turn a deaf ear [to sth]; **jdm die ~en volljammern** *(fam)* to keep |going| on [or moaning] at sb; **für jds ~en** to sb's ears; **für deut-**

sche/englische ~en klingt das komisch that sounds odd to a German/to an English person **oh·ren·be·täu·bend I.** *adj* deafening, ear-splitting **II.** *adv* deafeningly **Oh·ren·klap·pe** *f* earflap **Oh·ren·knei·fer** *m* ZOOL earwig **Oh·ren·qual·le** *f* ZOOL common jellyfish **Oh·ren·sau·sen** <-s> *nt kein pl* buzzing [*or* ringing] in the [*or* one's] ears, tinnitus *no art, no pl spec* **Oh·ren·schmalz** *nt kein pl* earwax *no art, no pl* **Oh·ren·schmaus** *m kein pl (fam)* treat [*or* feast] for the ear[s] **Oh·ren·schmer·zen** *pl* earache; **~ haben** to have earache **Oh·ren·schüt·zer** *m meist pl* earmuff *usu pl* **Oh·ren·ses·sel** *m* wing chair **Oh·ren·zeu·ge, -zeu·gin** *m, f (veraltend form)* witness *(to something heard)* **Ohr·fei·ge** <-, -n> *f* box on [*or* clip on [*or* BRIT *a.* round]] the ears, slap on [*or* BRIT *a.* round] the face; **eine ~ bekommen** [*o fam:* **kriegen**] to get a box on the ears [*or* a slap round the face]; **jdm eine ~ geben** [*o* **verpassen**] to give sb a box on the ears [*or* a slap round the face] **ohr·fei·gen** *vt* **jdn ~** to box sb's ears, to slap [*or* hit] sb [round [*or* AM in] the face]; **ich könnte mich [selbst] ~, dass ich das nicht gemerkt habe** *(fam)* I could kick myself for not noticing that **Ohr·fei·gen·ge·sicht** *nt (fam)* ugly mug *fam* **Ohr·läpp·chen** <-s, -> *nt* earlobe **Ohr·mu·schel** *f* [outer *form*] ear, auricle *spec* **Oh·ro·pax®** <-> [o:ro'paks] *nt kein pl* earplugs *pl* **Ohr·ring** *m* earring **Ohr·ste·cker** *m* earstud, stud earring **Ohr·wurm** *m* ❶ *(fam)* catchy tune ❷ ZOOL earwig **oje** [o'je:], **oje·mi·ne** [o'je:mine] *interj (veraltend)* oh dear **Oka·pi** <-s, -s> [o'ka:pi] *nt* ZOOL okapi **okay** [o'ke:] **I.** *adv (fam)* OK *fam*, okay *fam* **II.** *adj inv, präd* OK *fam*, okay *fam;* **Ihr Termin geht ~!** there'll be no problem with your appointment **ok·kult** [ɔ'kʊlt] *adj* occult; **das O~e** the occult **Ok·kul·tis·mus** <-> [ɔkʊl'tɪsmʊs] *m kein pl* occultism *no art, no pl* **Ok·ku·pa·ti·on** <-, -en> [ɔkupa'tsi̯o:n] *f* occupation **ok·ku·pie·ren** [ɔku'pi:rən] *vt* **etw ~** ❶ MIL to occupy sth *(geh:* belegen) to occupy sth; **die besten Plätze ~** to occupy [*or* take] [*or* have] the best seats **Öko·bank** *f kein pl* German bank that finances environmentally and socially sound companies or projects **Öko·bau·er, -bäu·e·rin** *m, f* organic [*or* ecologically-minded] farmer **Öko·gü·te·sie·gel**RR *nt*, **Öko-Gü·te·sie·gel** *nt* ÖKOL, ÖKON official ecological seal of approval **Öko·la·den** [ø:kola:dn] *m* health food [*or* BRIT *a.* wholefood] shop [*or* AM *usu* store] **Öko·lo·ge, Öko·lo·gin** <-n, -n> [øko'lo:gə, øko'lo:gɪn] *m, f* ecologist **Öko·lo·gie** <-> [økolo'gi:] *f kein pl* ecology *no art, no pl* **Öko·lo·gie·be·we·gung** *f* environmental movement **Öko·lo·gin** <-, -nen> [øko'lo:gɪn] *f fem form von* **Ökologe** **öko·lo·gisch** [øko'lo:gɪʃ] **I.** *adj* ecological, environmental *attr* **II.** *adv* ecologically **Öko·nom(in)** <-en, -en> [øko'no:m] *m(f) (geh)* economist **Öko·no·me·trie** <-> [økonome'tri:] *f kein pl* ÖKON, MATH, SCH econometrics + *sing vb* **Öko·no·mie** <-, -n> [øko'mi:, *pl:* økono'mi:ən] *f* ❶ *kein pl (Wirtschaftlichkeit)* economy ❷ *(Wirtschaft)* economy *no indef art, no pl* ❸ *(Wirtschaftswissenschaft)* economics + *sing vb* **Öko·no·min** <-, -nen> [øko'no:mɪn] *f fem form von* **Ökonom** **öko·no·misch** [øko'no:mɪʃ] **I.** *adj* ❶ *(die Wirtschaft betreffend)* economic; **in ~er Hinsicht** economically ❷ *(sparsam)* economical **II.** *adv* economically

Öko·no·mi·sie·rung <-> *f kein pl* SOZIOL, ÖKON economization **Öko·par·tei** *f* ecology party, Green Party **Öko·pax** <-en, -e> ['ø:kopaks] *m (sl)* environmental pacifist **Öko·steu·er** *f* ÖKOL, ÖKON ❶ *(umweltschädigende Güter betreffende Abgabe)* environmental [*or* ecological] tax, eco-tax *fam (tax which punishes [perpetrators of] environmental damage or products which damage the environment)* ❷ *(Steuervergünstigung für umweltfreundliche Güter)* environmentally [*or* ecologically] friendly tax, eco-tax *fam (tax which rewards the purchase of environmentally friendly products)* **Öko·sys·tem** *nt* ecosystem **Ok·ta·e·der** <-s, -> [ɔkta'ʔe:dɐ] *nt* octahedron *spec* **Ok·tan·zahl** [ɔk'ta:n-] *f* octane [number [*or* rating]]; **Benzin mit hoher ~** high-octane petrol **Ok·ta·ve** <-, -n> [ɔk'ta:və] *f* octave **Ok·tett** <-s, -e> [ɔk'tɛt] *nt* octet + *sing/pl vb* **Ok·to·ber** <-s, -> [ɔk'to:bɐ] *m* October; *s. a.* **Februar** **Ok·to·ber·fest** *nt* ■ **das ~** the Octoberfest **Ok·to·ber·re·vo·lu·ti·on** *f* ■ **die ~** the October Revolution **ok·tro·yie·ren** [ɔktrɔa'ji:rən] *vt (geh)* ■ **jdm etw ~** Meinung, Entscheidung, Glaube to force [*or* impose] sth on sb **Oku·lar** <-s, -e> [oku'la:ɐ̯] *nt* eyepiece, ocular *spec* **Öku·me·ne** <-> [øku'me:nə] *f kein pl* ecumenical Christianity *no art, no pl form* **öku·me·nisch** [øku'me:nɪʃ] *adj* ecumenical *form* **Ok·zi·dent** <-s, -e> ['ɔktsidɛnt] *m kein pl (geh)* ■ **der ~** the Occident *form o poet* **Öl** <-[e]s, -e> ['ø:l] *nt* ❶ *(fette Flüssigkeit)* oil; **ätherische ~e** essential oils ❷ TECH *(Erd~)* oil; *(Heiz~)* fuel [*or* heating] oil; *(Schmier~)* lubricating oil; **nach ~ bohren** to drill for oil; **~ wechseln** to change the oil ❸ *(Sonnen~)* sun oil, sunscreen ❹ *kein pl (~farben)* oil-based paints *pl;* **in ~ malen** to paint in oils ▶ WENDUNGEN: **~ ins [o aufs] Feuer gießen** [*o* schütten] to add fuel to the fire [*or* flames]; **~ auf die Wogen gießen** to pour oil on troubled waters; **~ auf [*o* in] die/jds akk Wunde gießen** to pour balsam onto sb's wounds; **das geht jdm runter wie ~** *(fam)* that's music to sb's ears, sb laps sth up **Öl·baum** *m* olive tree **Öl·berg** *m* ■ **der ~** the Mount of Olives **Öl·bild** *nt s.* **Ölgemälde** **Öl·boh·rung** *f* drilling for oil, oil drilling **Old·ti·mer** <-s, -> ['o:lttaimɐ] *m* ❶ *(altes wertvolles Auto)* vintage car, BRIT *a.* veteran [car], AM *a.* old-timer; *(historisches Flugzeug)* vintage aeroplane [*or* AM airplane], BRIT *a.* veteran [plane] ❷ SPORT veteran, old-timer **Ole·an·der** <-s, -> [ole'andɐ] *m* oleander **ölen** ['ø:lən] *vt* ■ **etw ~** to oil sth ▶ WENDUNGEN: **wie geölt** *(fam)* like clockwork; *s. a.* **Blitz** **Öl·ex·por·teur** *m* ÖKON oil exporter **Öl·ex·port·land** *nt* oil-exporting country **Öl·far·be** *f* ❶ *(ölhaltige Farbe)* oil-based paint ❷ KUNST oil paint [*or* colour] [*or* AM -or]; ■ **~n** oils; **mit ~n malen** to paint in oils **Öl·feld** *nt* oil-field **Öl·film** *m* film of oil **Öl·fleck** *m* oil spot **Öl·för·der·län·der** *pl* oil-producing countries *pl* **Öl·för·de·rung** *f* ÖKON oil production *no pl* **Öl·ge·mäl·de** *nt* oil painting **Öl·ge·win·nung** *f kein pl* ÖKON ❶ *(Gewinnung von Öl)* oil extraction *no pl* ❷ *(Gewinnung, Förderung von Erdöl)* oil production *no pl* **Öl·göt·ze** *m (pej sl)* **dastehen wie ein ~/wie die ~n** *(sl)* to stand there like a [stuffed] dummy [*or* tailor's dummy] **Öl·hei·zung** *f* oil-fired [central] heating **ölig** ['ø:lɪç] *adj* ❶ *(voller Öl)* oily ❷ *(fettig)* greasy ❸ *(pej)* oily, slimy *pej* **Olig·ar·chie** <-, -n> [oligar'çi:, *pl:* oligar'çi:ən] *f (geh)* oligarchy **oliv** [o'li:f] *adj inv* olive-green, olive *attr* **Oli·ve** <-, -n> [o'li:və] *f* olive

Oli·ven·baum *m* olive tree **Oli·ven·hain** *m* olive grove **Oli·ven·öl** *nt* olive oil

oliv·grün *adj* olive-green, olive *attr*

Öl·klum·pen *m* tar ball *(from coagulated oil)* **Öl·kri·se** *f* oil crisis

oll ['ɔl] *adj* NORDD old; ▸ WENDUNGEN: **je ~er, desto dol·ler** *(fam)* there's no fox like an old fox, the older they get, the crazier they become

Ol·le(r) ['ɔlə, -le] *f(m) dekl wie adj* ▪ **seine ~/ihr ~r** NORDD *(fam: Ehepartner)* his old lady/her old man *fam*

Öl·ma·le·rei *f* oil painting *no art, no pl* **Öl·mess·stab**^RR *m* AUTO dipstick **Öl·müh·le** *f* oil mill **Öl·mul·ti** *m* oil conglomerate **Öl·ofen** *m* oil heater *[or stove]* **Öl·pal·me** *f (Olea europaea)* olive tree **Öl·pa·pier** *nt* oil[ed] paper **Öl·pest** *f* oil pollution *no art, no pl* **Öl·platt·form** *f* oilrig, oil platform **Öl·quel·le** *f* oil well **Öl·raf·fi·ne·rie** *f* ÖKON oil refinery **öl·reich** *adj* oil-rich, rich in oil *pred* **Öl·saat** *m* oil seed **Öl·sar·di·ne** *f* sardine [in oil]; ▸ WENDUNGEN: **wie die ~n** *(fam)* like sardines **Öl·scheich** *m (pej)* oil sheikh **Öl·schin·ken** *m* KUNST *(pej: großes Ölgemälde)* large pretentious oil painting **Öl·stand** *m kein pl* oil level; **den ~ überprüfen** to check the oil **Öl·stands·an·zei·ger** *m* oil level *[or pressure]* gauge *[or AM a.* gage] **Öl·tan·ker** *m* ÖKON, NAUT, TRANSP oil tanker **Öl·tep·pich** *m* oil slick

Ölung <-, -en> *f* oiling *no art, no pl;* **die Letzte ~** REL extreme unction

Öl·ver·brauch *m* oil consumption *no indef art, no pl* **Öl·vor·kom·men** *nt* oil deposit **Öl·wan·ne** *f* AUTO sump, AM *a.* oil pan **Öl·wech·sel** *m* AUTO oil change; **einen ~ machen** to change the oil **Öl·wehr** <-, -en> *f* ❶ *section of the fire brigade responsible for dealing with oil spillages* ❷TECH *(Ölkammer)* oil weir *spec*

Olymp <-s> [o'lʏmp] *m* ▪ **der ~** Mount Olympus

Olym·pi·a·de <-, -n> [olʏm'pi̯aːdə] *f* Olympic Games *pl*, Olympics *npl;* **auf der letzten ~** at the last Olympics

Olym·pia·mann·schaft *f* SPORT Olympic team **Olym·pia·sie·ger, -sie·ge·rin** *m, f* Olympic champion **Olym·pia·sta·di·on** *nt* Olympic stadium **Olym·pia·stütz·punkt** *m* SPORT Olympic team's training camp **Olym·pi·o·ni·ke, Olym·pi·o·ni·kin** <-, -n, -n> [olʏm·pi̯o'niːkə, olʏmpi̯o'niːkɪn] *m, f* SPORT Olympic athlete **olym·pisch** [o'lʏmpɪʃ] *adj* SPORT Olympic *attr;* **~es Gold gewinnen** to win a gold medal at the Olympics; **Internationales/Nationales ~es Komitee** International/National Olympic Committee

Öl·zeug *nt* oilskins *pl* **Öl·zweig** *m* olive branch; **jdm den ~ entgegenstrecken** to hold out *[or extend] [or* offer] the olive branch to sb

Oma <-, -s> ['oːma] *f* ❶ *(fam)* gran[ny] *fam,* grandma *fam* ❷ *(pej sl)* granny *fam,* old bag *pej fam*

Oman <-s> [o'maːn] *nt* Oman; *s. a.* **Deutschland**

Oma·ner(in) <-s, -> [o'maːnɐ] *m(f)* Omani; *s. a.* **Deut·sche(r)**

oma·nisch [o'maːnɪʃ] *adj* Omani; *s. a.* **deutsch**

Om·buds·frau ['ɔmbʊts-] *f fem form von* **Ombuds·mann** ombudswoman

Om·buds·mann, -frau ['ɔmbʊts-] *m, f* ombudsman *masc,* ombudswoman *fem*

Ome·ga·tier^RR, **Ome·ga-Tier** ['oːmega-] *nt* BIOL *(rang·niedrigstes Tier einer Gruppe)* omega animal

Ome·lett <-[e]s, -e *o* -s> *nt,* **Ome·lette** <-, -n> [ɔm(ə)'lɛt, *pl:* ɔm(ə)'lɛtn] *f* SÜDD, SCHWEIZ, ÖSTERR omelette

Ome·lett·pfan·ne *f* omelette pan

Omen <-s, - *o* Omina> ['oːmən, *pl:* 'oːmina] *nt (geh)* omen; *s. a.* **Nomen**

omi·nös [omi'nøːs] *adj (geh)* ominous, sinister

Om·ni·bus ['ɔmnibʊs] *m* bus, omnibus *dated* **Om·ni·bus·hal·te·stel·le** *f* TRANSP bus stop **Om·ni·bus·li·nie** *m (veraltend)* bus route

om·ni·vor [ɔmni'voːɐ̯] *adj* omnivorous **Om·ni·vor** <-s, -en> [ɔmni'voːɐ̯] *m* BIOL *(Allesfresser)* omnivore

OmU *Abk von* **Original[fassung] mit Untertiteln**

Ona·ger <-s, -> ['oːnagɐ] *m* ZOOL onager

Ona·nie <-> [ona'niː] *f kein pl* masturbation *no art, no pl,* onanism *no art, no pl spec*

ona·nie·ren [ona'niːrən] *vi* to masturbate

One-Man-Show ['vanmɛnʃoː] *f* one-man show

On·kel <-s, -> ['ɔŋkl] *m* ❶ *(Verwandter)* uncle ❷ *(Kin·dersprache: erwachsener Mann)* uncle; **ein lieber/böser ~** a nice/nasty man ▸ WENDUNGEN: **der dicke** [*o* **große**] **~** *(fam)* one's/sb's big toe; **der reiche ~ aus Amerika** *(veraltend fam)* a rich uncle; **über den [großen] ~ gehen** [*o* **latschen**] *(fam)* to walk pigeon-toed

On·ko·lo·ge, On·ko·lo·gin <-n, -n> [ɔŋko'loːgə, -'loːgɪn] *m, f* oncologist

On·ko·lo·gie <-> [ɔŋkolo'giː] *f kein pl* oncology *no art, no pl*

On·ko·lo·gin <-, -nen> [ɔŋko'loːgɪn] *f fem form von* **Onkologe**

on·ko·lo·gisch [ɔŋko'loːgɪʃ] *adj* oncological

on·line^RR ['ɔnlain] *adj* online; **~ arbeiten** to work online

On·line·ban·king^RR ['ɔnlainbɛŋkɪŋ] *nt* online banking **On·line·be·trieb**^RR ['ɔnlain-] *m kein pl* online opera·tion *no pl* **On·line·bi·bli·o·thek**^RR ['ɔnlain-] *f* online library **On·line·busi·ness**^RR ['ɔnlainbɪznɪs] *nt* online business **On·line·dienst**^RR ['ɔnlain-] *m* online service **On·line·ge·bühr**^RR ['ɔnlain-] *f meist pl* online charge[s] **On·line·in·for·ma·ti·on**^RR ['ɔnlain-] *f* online information *no indef art, no pl* **On·line·ka·ta·log**^RR ['ɔnlain] *m* online catalogue, AM ·log **On·line·recht**^RR ['ɔnlain-] *nt* INET, JUR internet law **On·line·re·dak·teur**^RR, **-re·dak·teu·rin** ['ɔnlain-] *m, f* online editor **On·line·ser·vice**^RR ['ɔnlainzø:ɐ̯vɪs] *m* online service **On·line·shop** <-s, -s> ['ɔnlainʃɔp] *m* online shop

On·to·ge·ne·se <-> [ɔntoge'neːzə] *f kein pl* BIOL ontogeny *no pl*

Onyx <-[es], -e> ['oːnʏks] *m* onyx *no art, no pl*

OP <-s, -s> [oː'peː] *m* MED *Abk von* **Operationssaal** OR *no art* AM; **er wartet schon im ~** he's already waiting in OR

Opa <-s, -s> ['oːpa] *m* ❶ *(fam)* grand[d]ad *fam,* grandpa *fam* ❷ *(pej sl)* grandpa *fam,* old man [*or pej hum fam* codger]

Opal <-s, -e> [o'paːl] *m* opal

OPEC <-> ['oːpɛk] *f kein pl Akr von* **Organization of Petroleum Exporting Countries** OPEC

OPEC-Län·der *pl* ▪ **die ~** the OPEC countries *pl*

Oper <-, -n> ['oːpɐ] *f* ❶ MUS *(Musikstück)* opera ❷ *kein pl (Musikgattung)* opera *no art, no pl;* **die komische ~** comic opera ❸ *(Opernhaus)* opera [house]; *(Ensemble)* opera; **in die ~ gehen** to go to the opera; **an die** [*o* **zur**] **~ gehen** to become an opera singer ▸ WENDUNGEN: **~n erzählen** [*o* **reden**] [*o* **quatschen**] *(fam)* to go BRIT *fam* waffle] on [forever]

Ope·ra·teur(in) <-s, -e> [opəra'tøːɐ̯] *m(f)* MED surgeon

Ope·ra·ti·on <-, -en> [opəra'tsi̯oːn] *f* operation

Ope·ra·ti·ons·saal *m* operating theatre [*or* AM room], OR *no art* AM **Ope·ra·ti·ons·schwes·ter** *f* theatre sister BRIT, operating room nurse AM

ope·ra·tiv [opəra'tiːf] **I.** *adj* ❶ MED operative, surgical; **~er Eingriff** surgery ❷ MIL operational, strategic **II.** *adv* ❶ MED surgically ❷ MIL strategically

Ope·ra·tor, Ope·ra·to·rin <-, -en> [opə'raːtoːɐ̯, opəra'toːrɪn] *m, f* INFORM [computer] operator

Ope·ret·te <-, -n> [opəˈrɛtə] f operetta

ope·rie·ren' [opəˈriːrən] **I.** vt MED ■ **jdn** ~ to operate on sb; ■ **jdn an etw** dat ~ to operate on sb's sth; **ich bin schon zweimal an der Prostata operiert worden** I have already had two prostate operations; ■ **ope·riert werden** to be operated on; ■ **etw** ~ to operate on sth; **der Blinddarm muss sofort operiert werden** the appendix must be operated on immediately [or needs immediate surgery]; ■ **sich** dat **etw** ~ **lassen** akk to have sth operated on; ■ **sich** akk [an etw dat] ~ **lassen** to have an operation [on sth] **II.** vi ❶ MED to operate, to do an/the operation; ■ **an jdm** ~ to operate on sb ❷ MIL to operate ❸ (geh: vorgehen) to operate, to act; **vorsichtig** ~ to proceed cautiously

Opern·arie f [operatic] aria **Opern·ball** m opera ball **Opern·glas** nt opera glasses npl **Opern·haus** nt opera house **Opern·kom·po·nist, -kom·po·nis·tin** m, f composer of operas, opera composer **Opern·sän·ger, -sän·ge·rin** m, f opera singer

Ope·ron <-s, -s> [ˈoːpərɔn] nt BIOL (funktionelle Einheit der DNA) operon

Op·fer <-s, -> [ˈɔpfɐ] nt ❶ (verzichtende Hingabe) sacrifice; ~ **bringen** to make sacrifices ❷ REL sacrifice; **als** ~ as a sacrifice [or an offering]; **jdm jdn/etw zum** ~ **bringen** (geh) to sacrifice sb/sth to sb ❸ (geschädigte Person) victim; **jdm/etw zum** ~ **fallen** to fall victim to sb/sth

op·fer·be·reit adj ready [or prepared] to make sacrifices pred **Op·fer·be·reit·schaft** f kein pl readiness [or willingness] to make sacrifices **op·fer·freu·dig** adj ❶ (gerne spendend) willing [or prepared] to give [or donate] pred ❷ (opferwillig) willing to make sacrifices pred **Op·fer·ga·be** f [sacrificial] offering **Op·fer·lamm** nt sacrificial lamb **Op·fer·mut** m (geh) self-sacrifice no art, no pl

op·fern [ˈɔpfɐn] **I.** vt ❶ (als Opfer darbringen) ■ [jdm] **jdn** ~ to sacrifice sb [to sb]; ■ [jdm] **etw** akk ~ to offer up sth [to sb]; ■ **Geopferte(r)** sacrificial victim ❷ (spenden) ■ [jdm/etw] **etw** akk ~ to donate sth [to sb/sth] ❸ (aufgeben) ■ **jdn** ~ to sacrifice sb **II.** vi ❶ (ein Opfer darbringen) to [make a] sacrifice; ■ **jdm** ~ to offer sacrifice to sb ❷ (geh: spenden) to give, to donate; ■ **für jdn/etw** ~ to make a donation to sb/sth **III.** vr ■ **sich** ~ to sacrifice oneself, to give up one's life; (fig fam) to be a martyr; **wer opfert sich, die Reste aufzuessen?** who's going to volunteer to polish off the rest?

Op·fer·stät·te f sacrificial altar **Op·fer·stock** m REL offertory box spec **Op·fer·tier** nt sacrificial animal **Op·fer·tod** m (geh) self-sacrifice, death

Op·fe·rung <-, -en> f sacrifice

Op·fer·wil·le m willingness to make sacrifices, spirit of sacrifice **op·fer·wil·lig** adj willing [or prepared] to make sacrifices pred **Op·fer·wil·li·ge(r)** f(m) dekl wie adj person willing to make sacrifices

Opi·at <-[e]s, -e> [oˈpi̯aːt] nt opiate

Opi·ni·on·lea·der <-s, -> [oˈpɪni̯ənliːdɐ] m SOZIOL (Meinungsbildner mit Vorbildcharakter) opinion shaper

Opi·um <-s> [ˈoːpi̯ʊm] nt kein pl opium no art, no pl

Opi·um·höh·le f opium den **Opi·um·rau·cher, -rau·che·rin** m, f opium smoker

Opos·sum <-s, -s> [oˈpɔsʊm] nt ZOOL opossum

Op·po·nent(in) <-en, -en> [ɔpoˈnɛnt] m(f) (geh) opponent

op·po·nie·ren' [ɔpoˈniːrən] vi (geh) to take the opposite view; ■ **gegen jdn/etw** ~ to oppose sb/sth

op·por·tun [ɔpɔrˈtuːn] adj (geh) opportune form; **das gilt als nicht** ~ that is considered inappropriate [or form inopportune]

Op·por·tu·nis·mus <-> [ɔpɔrtuˈnɪsmʊs] m kein pl (geh) opportunism no art, no pl

Op·por·tu·nist(in) <-en, -en> [ɔpɔrtuˈnɪst] m(f) opportunist

op·por·tu·nis·tisch I. adj opportunist[ic] **II.** adv opportunistically

Op·po·si·ti·on <-, -en> [ɔpozitsi̯oːn] f ❶ POL ■ **die** ~ the Opposition ❷ (geh: Widersetzlichkeit) contrariness; **aus** ~ out of contrariness, just to be contrary; ~ **gegen jdn machen** to oppose sb; (jdm Ärger bereiten) to make trouble for sb; **in** ~ **zu jdm/etw stehen** to be opposed to sb/sth

op·po·si·ti·o·nell [ɔpozitsi̯oˈnɛl] adj ❶ (geh: gegnerisch) opposed, opposing attr; **seine Haltung ist entschieden** ~ his attitude is decidedly hostile; **aus ~en Kreisen** from [the] opposition circles ❷ POL opposition attr

Op·po·si·ti·o·nel·le(r) f(m) dekl wie adj political opponent

Op·po·si·ti·ons·bünd·nis nt POL opposition [coalition] **Op·po·si·ti·ons·füh·rer, -füh·re·rin** m, f ■ **der** ~/ **die** ~**in** the Leader of the Opposition **Op·po·si·ti·ons·par·tei** f POL opposition party, opposition no pl, no indef art **Op·po·si·ti·ons·po·li·ti·ker, -po·li·ti·ke·rin** m, f POL member of the opposition [party [or coalition]]

op·tie·ren' [ɔpˈtiːrən] vi POL ■ **für etw** akk ~ to opt for sth

Op·tik <-, -en> [ˈɔptɪk] f ❶ PHYS ■ **die** ~ optics + sing vb ❷ FOTO lens [system] ❸ kein pl (Eindruck) appearance no art, no pl; **wegen der** ~ for visual effect ❹ kein pl ÖKON look, appearance; s. a. **Knick**

Op·ti·ker(in) <-s, -> [ˈɔptikɐ] m(f) [ophthalmic] optician BRIT, esp AM optometrist

op·ti·mal [ɔptiˈmaːl] **I.** adj (geh) optimal, optimum attr; ■ **das O~e** the optimum **II.** adv (geh) in the best possible way; **jdn** ~ **beraten** to give sb the best possible advice

op·ti·mie·ren' [ɔptiˈmiːrən] vt (geh) ■ **etw** ~ to optimize sth

Op·ti·mie·rung <-, -en> f ❶ MATH optimization ❷ (optimale Festlegung von Eigenschaften) optimization

Op·ti·mis·mus <-> [ɔptiˈmɪsmʊs] m kein pl optimism no art, no pl; **vorsichtiger/gesunder** ~ cautious/healthy optimism

Op·ti·mist(in) <-en, -en> [ɔptiˈmɪst] m(f) optimist

op·ti·mis·tisch I. adj optimistic **II.** adv optimistically; **jdn** ~ **stimmen** to make sb [feel] optimistic

Op·ti·mum <-s, Optima> [ˈɔptimʊm, pl: ˈɔptima] nt (geh) optimum no pl

Op·ti·on <-, -en> [ɔptsi̯oːn] f ❶ BÖRSE, FIN option; **eine** ~ **auf etw** akk **erwerben** to purchase an option on sth ❷ (das Optieren) ■ **die** ~ [von etw dat] opting [for sth] ❸ (geh: Möglichkeit) option

Op·ti·ons·an·lei·he f option[al] bond **Op·ti·ons·ge·schäft** nt ÖKON order plus option

op·tisch [ˈɔptɪʃ] **I.** adj ❶ PHYS optical ❷ (geh) visual **II.** adv optically, visually

Op·to·elek·tro·nik [ˈɔptoʔelɛktroːnɪk] f optoelectronics + sing vb

opu·lent [opuˈlɛnt] **I.** adj (geh) opulent; **ein ~es Mahl** a sumptuous meal **II.** adv (geh) opulently

Opus <-, Opera> [ˈoːpʊs, pl: ˈoːpəra] nt ❶ (künstlerisches Werk) work, oeuvre; MUS opus ❷ (hum: Erzeugnis) opus form num

Ora·kel <-s, -> [oˈraːkl] nt oracle; **das ~ von Delphi** the Delphic oracle; **das ~ befragen** to consult the oracle ▶ WENDUNGEN: **in ~n sprechen** to speak [or talk] in riddles

ora·keln [oˈraːkln] vi (geh) to speak in riddles; ■ **von etw** dat ~ to make oracular prophecies about sth

oral [oˈraːl] **I.** adj oral; **nicht zur ~en Einnahme bestimmt** not to be taken orally; **~er Verkehr** oral sex **II.** adv orally

Oral·sex m oral sex
oran·ge [o'rã:ʒə, o'ranʒə] adj inv orange
Oran·ge[1] <-, -n> [o'rã:ʒə, o'ranʒə] f (Frucht) orange
Orange[2] <-, - o fam -s> [o'rã:ʒə, o'ranʒə] nt (fam) orange
Oran·gea·de <-, -n> [orã'ʒa:də, oran'ʒa:də] f orangeade
Oran·geat <-[e]s, -e> [orã'ʒa:t, oran'ʒa:t] nt candied orange peel
Oran·gen·baum [o'rã:ʒn̩-, o'ranʒn̩-] m BOT orange tree **Oran·gen·blü·ten·ho·nig** [o'rã:ʒn̩-] m orange blossom honey **oran·gen·far·ben**, **oran·gen·far·big** [o'rã:ʒn̩-] adj orange[-coloured [or AM -ored]] **Oran·gen·haut** [o'rã:ʒn̩-] f kein pl MED orange-peel skin no pl **Oran·gen·mar·me·la·de** [o'rã:ʒn̩-] f orange marmalade **Oran·gen·saft** [o'rã:ʒn̩-] m orange juice **Oran·gen·scha·le** [o'rã:ʒn̩-] f orange peel
Orang-Utan <-s, -s> ['o:ran̩'ʔu:tan] m orang-utan BRIT, orangutan AM
Ora·to·ri·um <-s, -torien> [ora'to:riʊm, pl: ora'to:riən] nt oratorio
Or·bit <-s, -s> ['ɔrbɪt] m orbit; **im ~** in orbit
Or·ches·ter <-s, -> [ɔr'kɛstɐ, ɔr'çɛstɐ] nt MUS orchestra
Or·ches·ter·gra·ben m MUS orchestra pit
Or·chi·dee <-, -n> [ɔrçi'de:ə] f orchid
Or·den <-s, -> ['ɔrdn̩] m ❶ (Ehrenzeichen) decoration, medal, BRIT a. gong fam; **jdm einen ~ [für etw** akk] **verleihen** to decorate sb [or award sb a medal] [for sth] ❷ (Gemeinschaft) [holy] order; **einem ~ beitreten** to join a holy order, to become a monk/nun
Or·dens·bru·der m monk **Or·dens·re·gel** f rule of an/the order **Or·dens·schwes·ter** f nun **Or·dens·tracht** f REL habit
or·dent·lich ['ɔrdntlɪç] **I.** adj ❶ (aufgeräumt) tidy; **hinterlasst bitte das Spielzimmer in ~em Zustand!** please leave the playroom neat and tidy! ❷ (Ordnung liebend) orderly; **ein ~er Staatsbürger** a respectable citizen; **er ist nicht gerade einer der ~sten Menschen** he is not exactly one of the tidiest people ❸ (fam: tüchtig) proper; **eine ~e Portion** a decent portion; **eine ~e Tracht Prügel** a [real] good hiding hum ❹ (annehmbar) decent, reasonable ❺ (ordnungsgemäß) proper; **ein ~es Gericht** a court of law; **ein ~es Mitglied** a full member; **ein ~er Professor** a full professor **II.** adv ❶ (säuberlich) neatly, tidily ❷ (gesittet) properly, respectably ❸ (fam: tüchtig) properly; **~ essen** to eat well; **greift/langt ~ zu!** tuck in! fam ❹ (diszipliniert) properly; **~ zu arbeiten beginnen** to get down to work; **~ studieren** to study seriously ❺ (annehmbar) [really] well; **ich habe ~er gegessen** I have eaten better
Or·der <-, -s o -n> ['ɔrdɐ] f ❶ ÖKON (Auftrag) order ❷ (geh: Anweisung) order; **sich** akk **an eine ~/ [seine] ~n halten** to obey an order/[one's] orders; **jdm ~ erteilen** to [order or instruct] sb
or·dern ['ɔrdɐn] **I.** vt (anfordern) ■ **etw ~** to order sth **II.** vi (bestellen) to order
Or·di·nal·zahl [ɔrdi'na:l-] f ordinal [number]
or·di·när [ɔrdi'nɛ:ɐ] **I.** adj ❶ (vulgär) vulgar, crude ❷ (alltäglich) ordinary; **ganz ~** perfectly ordinary **II.** adv crudely, vulgarly
Or·di·na·ri·at <-[e]s, -e> [ɔrdina'riaːt] nt SCH chair; **das Bischöfliche ~** REL the bishop's palace
Or·di·na·ri·us, **Or·di·na·ria** <-, Ordinarien> [ɔrdi'na:riʊs, ɔrdi'na:ria, pl: ɔrdi'na:riən] m, f professor
Or·di·na·te <-, -n> [ɔrdi'na:tə] f MATH ordinate spec
Or·di·na·ten·ach·se f Y-axis, axis of the ordinate spec
ord·nen ['ɔrdnən] **I.** vt ❶ (sortieren) to arrange [or order] sth; **etw neu ~** to rearrange [or reorganize] sth ❷ (in Ordnung bringen) to put sth in order, to sort [or straighten] sth out **II.** vr ■ **sich ~** to

get clearer [or sorted out] [or more organized]
Ord·ner <-s, -> m file
Ord·ner (in) <-s, -> m(f) steward, marshal
Ord·nung <-, -en> ['ɔrdnʊŋ] f **kein pl (das Sortieren)** ■ **die ~ von etw** arranging [or ordering] sth ❷ (Aufgeräumtheit) order no art, no pl; **überall herrscht eine wunderbare ~** everywhere is wonderfully neat and tidy; **hier [bei uns] herrscht ~** we like things tidy [or a little order] here; **etw in ~ bringen** to tidy [or clear] sth up, to sort sth out; **ich muss [bei Ihnen] meine ~ haben** I like to keep to a routine; **~ halten** to keep things tidy [or in order]; [jdm] **etw in ~ halten** to keep sth tidy [or in order] [for sb]; **~ schaffen** to tidy things up, to sort things out ❸ kein pl (ordentliches Verhalten) order no art, no pl; **Sie müssen für mehr ~ in Ihrer Klasse sorgen** you must keep your class in better order [or keep more order [or discipline] in your class]; **das nennst du ~?** you call that tidy?; **die öffentliche ~** public order; **sehr auf ~ halten** to set great store by tidiness; **jdn zur ~ anhalten** to urge sb to be tidy [or to encourage tidy habits in sb]; **~ muss sein!** we must have order!; **jdn zur ~ rufen** to call sb to order ❹ (Gesetzmäßigkeit) structure, order no pl ❺ (Vorschrift) rules pl; **der ~ halber** as a matter of form ❻ BIOL (Rang) order; ASTRON magnitude spec ▶ WENDUNGEN: **~ ist das halbe Leben** (prov) muddle makes trouble, tidiness [or a tidy mind] is half the battle prov; **es ist alles in bester [o schönster] ~** everything's fine, things couldn't be better; **etw in ~ bringen** (etw reparieren) to fix sth; **es [ganz] in ~ finden, dass ...** to think [or find] it [quite] right that ...; **es nicht in ~ finden, dass ...** to not think it's right that ...; **geht in ~!** (fam) that's all right [or fam OK]; **es ist mit jdm/etw nicht in ~** there's something wrong with sb/sth; **[wieder] in ~ kommen** ([wieder] gut gehen) to turn out all right [or fam OK]; (wieder funktionieren) to start working [again]; **in ~ sein** (fam) to be all right [or fam OK]; **nicht in ~ sein** (nicht funktionieren) to be not working properly; (sich nicht gehören) to be not right; (nicht stimmen) to be not right; **da ist etwas nicht in ~** there's something wrong there; **irgendetwas ist nicht in ~** something's wrong; [das ist] **in ~!** (fam) [that's] all right [or fam OK] !
Ord·nungs·amt nt regulatory agency [or form body] (municipal authority responsible for registration, licensing, and regulating public events) **Ord·nungs·geld** nt fine **ord·nungs·ge·mäß I.** adj according to the rules pred, in accordance with the regulations pred; **auf den ~en Ablauf einer S.** gen achten to ensure sth runs smoothly **II.** adv in accordance with the regulations **ord·nungs·hal·ber** adv as a matter of form **Ord·nungs·hü·ter**, **-hü·te·rin** m, f (hum) custodian of the law hum **Ord·nungs·lie·be** f kein pl love of [or liking for] [good] order **ord·nungs·lie·bend** adj tidy-minded **Ord·nungs·ruf** m call to order; [von jdm] **einen ~ bekommen** [o erhalten] to be called to order [by sb] **Ord·nungs·sinn** m kein pl sense of order **Ord·nungs·stra·fe** f fine; **jdn mit einer ~ belegen** to fine sb **ord·nungs·wid·rig I.** adj illegal; **~es Verhalten** irregular behaviour [or AM -or] **II.** adv illegally, in contravention of the regulations form **Ord·nungs·wid·rig·keit** f infringement [of the regulations/law] **Ord·nungs·zahl** f s. Ordinalzahl
Ore·ga·no <-s> [o're:gano] m kein pl KOCHK s. Origano
Or·gan <-s, -e> [ɔr'ga:n] nt ❶ ANAT organ; **innere ~e** inner organs; **ein ~ spenden** to donate an organ ❷ (fam: Stimme) voice; **lautes/schrilles ~** loud/piercing voice ❸ pl selten (form: offizielle Zeitschrift) organ ❹ (form: offizielle Einrichtung) organ; **das ausführende ~** the executive, the executive body; **ein**

beratendes ~ an advisory body; **das rechtssprechende** ~ the judiciary, the judicial power; *(beauftragte Person)* authorized agent ▶ WENDUNGEN: **kein ~ für etw haben** *akk (fam)* to have no feeling for sth

Or·ga·nel·le <-, -n> [ɔrgaˈnɛlə] *f* BIOL *(Funktionseinheit innerhalb von Zellen)* organelle

Or·gan·han·del <-s> *m kein pl* MED [illegal] trade in [body] organs

Or·ga·ni·gramm <-s, -e> [ɔrganiˈgram] *nt s.* **Organisationsplan**

Or·ga·ni·sa·ti·on <-, -en> [ɔrganizaˈtsi̯oːn] *f* organization

Or·ga·ni·sa·ti·ons·ko·mi·tee [-komiteː] *nt* organizing committee **Or·ga·ni·sa·ti·ons·plan** *m* organization chart, organigram *spec* **Or·ga·ni·sa·ti·ons·ta·lent** *nt* ❶ *kein pl (Eigenschaft)* talent [*or* flair] for organization [*or* organizing] ❷ *(Mensch)* person with a talent for organization [*or* organizing]; **ein wahres ~ sein** to have a real talent [*or* flair] for organizing

Or·ga·ni·sa·tor, Or·ga·ni·sa·to·rin <-s, -toren> [ɔrganiˈzaːtoːɐ̯, ɔrganizaˈtoːrɪn, *pl:* ɔrganizaˈtoːrən] *m, f* organizer

or·ga·ni·sa·to·risch [ɔrganizaˈtoːrɪʃ] **I.** *adj* organizational; **eine ~e Höchstleistung** a feat [*or* masterpiece] of supreme organization; **ein ~es Talent sein** to have a talent [*or* gift] for organizing; ■ **das O~e** organizational matters *pl* **II.** *adv* organizationally; **rein ~ betrachtet** from a purely organizational standpoint

or·ga·nisch [ɔrˈgaːnɪʃ] **I.** *adj* ❶ MED organic, physical ❷ *(geh: natürlich)* organic ❸ CHEM organic; **~e Chemie** organic chemistry **II.** *adv* ❶ MED physically, organically ❷ *(geh: einheitlich)* organically; **sich** *akk* ~ **in etw** *akk* **einfügen** to form an organic part of sth

or·ga·ni·sie·ren [ɔrganiˈziːrən] **I.** *vt* ■ **etw** ~ ❶ *(systematisch vorbereiten)* to organize sth ❷ *(sl: unrechtmäßig beschaffen)* to get hold of sth **II.** *vi* to organize; **er kann ausgezeichnet ~** he's an excellent organizer **III.** *vr* ■ **sich** ~ to organize

or·ga·ni·siert *adj* organized; **~es Verbrechen** organized crime; **~e Maßnahmen** coordinated measures

Or·ga·nis·mus <-, -nismen> [ɔrgaˈnɪsmʊs, *pl:* ɔrgaˈnɪsmən] *m* organism

Or·ga·nist(in) <-en, -en> [ɔrgaˈnɪst] *m(f)* organist

Or·gan·kla·ge *f* JUR action against a public body **Or·gan·spen·de** *f* MED organ donation **Or·gan·spen·der, -spen·de·rin** *m, f* MED organ donor **Or·gan·trans·plan·ta·ti·on** *f*, **Or·gan·ver·pflan·zung** *f* MED organ transplant[ation]

Or·gas·mus <-, Orgasmen> [ɔrˈgasmʊs, *pl:* ɔrˈgasmən] *m* orgasm; **einen ~ bekommen/haben** to have an orgasm, to achieve [*or* reach] orgasm

Or·gel <-, -n> [ˈɔrgl̩] *f* MUS organ; **~ spielen** to play the organ

Or·gel·pfei·fe *f* MUS organ pipe; ▶ WENDUNGEN: **wie die ~n dastehen** *(hum fam)* to stand in a row from [the] tallest to [the] shortest

or·gi·as·tisch *adj (geh)* orgiastic *form*

Or·gie <-, -n> [ˈɔrgi̯ə] *f* orgy; **~n feiern** to have orgies

Ori·ent <-s> [ˈoːriɛnt, oˈriɛnt] *m kein pl* ■ **der ~** the Orient *form dated;* **vom ~ zum Okzident** *(geh)* from east to west; **der Vordere ~** the Middle [*or* Near] East

Ori·en·ta·le, Ori·en·ta·lin <-n, -n> [oriɛnˈtaːlə, oriɛnˈtaːlɪn] *m, f* Oriental

ori·en·ta·lisch [oriɛnˈtaːlɪʃ] *adj* oriental

Ori·en·ta·list(in) <-en, -en> [oriɛntaˈlɪst] *m(f)* orientalist

Ori·en·ta·lis·tik [oriɛntaˈlɪstɪk] *f* oriental studies *npl*

Ori·en·ta·lis·tin <-, -nen> [oriɛntaˈlɪstɪn] *f fem form von* **Orientalist**

ori·en·tie·ren [oriɛnˈtiːrən] **I.** *vr* ❶ *(sich informieren)* ■ **sich** *akk* **[über jdn/etw]** ~ to inform oneself [about

sb/sth]; **bitte ~ Sie sich anhand der Unterlagen selbst** please look at these documents yourself ❷ *(sich zurechtfinden)* ■ **sich** *akk* **[an etw** *dat]* ~ to get one's bearings [by sth]; **in der Dunkelheit können sich viele Leute schlecht ~** many people have difficulty getting their bearings in the dark; **nach was soll ich mich eigentlich ~, wenn ein Inhaltsverzeichnis fehlt?** how am I supposed to find my way around without an index? ❸ *(sich einstellen)* ■ **sich** *akk* **an etw** *dat* ~ to adapt oneself to [*or* orientate [*or* orientate towards] sth **II.** *vt (geh)* ❶ *(informieren)* ■ **jdn [über etw** *akk]* ~ to inform sb [*or* put sb in the picture] [about sth]; ■ **über jdn/etw orientiert sein** to be informed about sb/sth ❷ *(ausgerichtet sein)* **ich bin eher links/rechts/liberal orientiert** I tend [*or* lean] more to the left/right/I am more liberally orientated

Ori·en·tie·rung <-, -en> [oriɛnˈtiːrʊŋ] *f* ❶ *(das Zurechtfinden)* orientation; **die ~ verlieren** to lose one's bearings ❷ *(geh: Unterrichtung)* information; **zur/zu jds ~** *(geh)* for [sb's] information ❸ *(geh: Ausrichtung)* ■ **die/jds ~ an etw** *dat* the/sb's orientation towards sth

Ori·en·tie·rungs·hil·fe *f* aid to orientation, guideline; **die Querverweise sind als ~ gedacht** the references are meant to help you find your way **ori·en·tie·rungs·los** *adj* disoriented **Ori·en·tie·rungs·punkt** *m* point of reference **Ori·en·tie·rungs·sinn** *m kein pl* sense of direction

ori·gi·nal [origiˈnaːl] **I.** *adj* ❶ *(echt)* genuine ❷ *(ursprünglich)* original **II.** *adv* in the original [condition]; **Umtauschartikel müssen noch ~ verpackt sein** goods for exchange must still be in their original packaging

Ori·gi·nal <-s, -e> [origiˈnaːl] *nt* ❶ *(Urversion)* original; **im ~** in the original ❷ *(Mensch)* original, character

Ori·gi·nal·aus·ga·be *f* original [*or* first] edition **Ori·gi·nal·fas·sung** *f* original [version]; **in der englischen ~** in the original English version **ori·gi·nal·ge·treu** **I.** *adj* true to the original *pred* **II.** *adv* in a manner true to the original; **er kann die Stimmen von Politikern ~ imitieren** he can do a very faithful imitation of politicians' voices

Ori·gi·na·li·tät <-> [originaliˈtɛːt] *f kein pl* ❶ *(Echtheit)* authenticity *no art, no pl*, genuineness *no art, no pl* ❷ *(Ursprünglichkeit)* naturalness *no art, no pl* ❸ *(Einfallsreichtum)* originality *no art, no pl*

Ori·gi·nal·ton *m* ❶ FILM original soundtrack ❷ *(wörtliches Zitat)* direct quote, one's/sb's own words

ori·gi·när [origiˈnɛːɐ̯] *adj (geh)* original

ori·gi·nell [origiˈnɛl] *adj (geh)* original

Or·ka <-, -s> [ˈɔrka] *m* ZOOL orca, killer whale

Or·kan <-[e]s, -e> [ɔrˈkaːn] *m* hurricane; **wie ein ~** like a hurricane

or·kan·ar·tig *adj* hurricane-force *attr*

Or·kan·stär·ke *f* hurricane force *no art, no pl*

Or·na·ment <-[e]s, -e> [ɔrnaˈmɛnt] *nt* ornament, decoration

or·na·men·tal [ɔrnamɛnˈtaːl] **I.** *adj* ornamental, decorative **II.** *adv* ornamentally, decoratively

Or·nat <-[e]s, -e> [ɔrˈnaːt] *m* regalia + *sing/pl vb;* **in vollem ~** in full regalia; *(veraltend fam)* dressed [*or* done] up to the nines *fam*

Or·ni·tho·lo·ge, Or·ni·tho·lo·gin <-n, -n> [ɔrnitoˈloːgə, -ˈloːgɪn] *m, f* ornithologist

Ort¹ <-[e]s, -e> [ˈɔrt] *m* ❶ *(Stelle)* place; **der ~ der Handlung** the scene of the action; **der ~ der Handlung von Macbeth ist das schottische Hochland** in Macbeth the action is set in the Scottish highlands; **an einem dritten ~** on neutral territory [*or* ground]; **am angegebenen ~** in the place quoted [*or* cited], loc cit *spec* ❷ *(~schaft)* place; **sie zogen in einen klei-nen ~ auf dem Land** they moved to a quiet spot in the country; **im Zentrum des ~es** in the centre of the village [*or* [the] town]; **am ~** in the place/the vil-lage/[the] town; **von ~ zu ~** from place to place; **ohne ~ und Jahr** without any place or date of publi-cation ▶ WENDUNGEN: **an ~ und Stelle** on the spot, there and then; **höheren ~es** *(form)* higher up

Ort² [ˈɔrt] *nt* **vor ~** on the spot, in situ *form;* BERGB at the [coal] face

Ört·chen <-s, -> [ˈœrtçən] *nt* ▶ WENDUNGEN: **das [stille] ~** *(euph fam)* the smallest room BRIT *fam,* the john AM *fam;* **ich muss mal schnell aufs ~** I just have to pay a quick visit

or·ten [ˈɔrtn̩] *vt* ❶ *(ausfindig machen)* ▪ **etw ~** to locate [*or* get a fix on] sth ❷ *(ausmachen)* ▪ **etw ~** to sight [*or* spot] sth ❸ *(fam: sehen)* ▪ **jdn ~** to spot sb

or·tho·dox [ɔrtoˈdɔks] **I.** *adj* ❶ REL Orthodox; ▪ **~ sein** to be an Orthodox Christian/to be Orthodox [Chris-tians] ❷ *(geh: strenggläubig)* orthodox, strict ❸ *(fig: gewohnt)* **nicht gerade ~ sein** to be somewhat [*or* a little] unorthodox **II.** *adv* REL according to Orthodox ritual; **~ heiraten** to have an Orthodox wedding

Or·tho·gra·phie, **Or·tho·gra·fie**RR <-, -n> [ɔrtograˈfiː, *pl:* ɔrtograˈfiːən] *f* spelling, orthography *no art, no pl spec*

or·tho·gra·phisch, or·tho·gra·fischRR [ɔrtoˈgraːfɪʃ] **I.** *adj* orthographic[al] *spec;* **ein ~er Fehler** a spelling mistake **II.** *adv* orthographically *spec;* **~ richtig schreiben** to spell correctly

Or·tho·pä·de, Or·tho·pä·din <-n, -n> [ɔrtoˈpɛːdə, ɔrtoˈpɛːdɪn] *m, f* orthopaedist BRIT, orthopedist AM

or·tho·pä·disch [ɔrtoˈpɛːdɪʃ] *adj* orthopaedic BRIT, orthopedic AM

ört·lich [ˈœrtlɪç] **I.** *adj* ❶ *(lokal)* local ❷ METEO localized **II.** *adv* locally; **~ verschieden sein/variieren** to vary from place to place; **ein ~ begrenzter Konflikt** a limited local conflict; **jdn ~ betäuben** to give sb a local anaesthetic [*or* AM anesthetic]

Ört·lich·keit <-, -en> *f* ❶ *(Gegend)* locality, area, place; **mit den ~en [gut] vertraut sein** to be [very] familiar with the area, to know the area [well]; **sich** *akk* **mit der ~** [*o* **den ~en**] **vertraut machen** to get to know the area ❷ *(euph fam)* ▪ **die ~[en]** the rest room

Orts·an·ga·be *f* ❶ *(Standortangabe)* [name of] loca-tion; *(in Anschrift)* [name of the] town/city ❷ *(Er-scheinungsort)* **ohne ~** with no [indication of] place of publication, no place of publication indicated **orts·an·säs·sig** *adj* local; ▪ **~ sein** to live locally **Orts·an·säs·si·ge(r)** *f(m) dekl wie adj* local [resident] **Orts·aus·gang** *m* end of a [*or* the] village [*or* town] **orts·be·kannt** *adj inv* locally known; ▪ **unter dem Namen „Danger"** known locally as "Danger"

Ort·schaft <-, -en> *f* village/[small] town; **eine geschlossene ~** a built-up [*or* restricted] area **Orts·ein·gang** *m* start of a [*or* the] village [*or* town] **orts·fremd** *adj* non-local; ▪ **~ sein** to be a stranger; **~e Besucher** visitors to [the] town/the village **Orts·frem·de(r)** *f(m) dekl wie adj* stranger **Orts·ge·spräch** *nt* TELEK local call **Orts·grup·pe** *f* local branch [*or* group] **Orts·kennt·nis·se** *pl* local knowledge; **[gute] ~ haben** to know the place [*or* one's way around] [well] **Orts·kran·ken·kas·se** *f public organizations providing statutory health insur-ance to individuals living within a particular area* **orts·kun·dig** *adj* ▪ **~ sein** to know one's way around [*or* the place well]; **sich** *akk* **~ machen** to get to know the place **Orts·kun·di·ge(r)** *f(m) dekl wie adj* person who knows his/her way around [*or* the place well] **Orts·na·me** *m* place name, name of a/the place **Orts·netz** *nt* ❶ TELEK local exchange network ❷ ELEK

local grid **Orts·netz·kenn·zahl** *f* TELEK *(form)* dialling [*or* AM area] code **Orts·schild** *nt* place name sign **Orts·sinn** *m kein pl* sense of direction **Orts·ta·rif** *m* TELEK local [call] rate **Orts·teil** *m* part of a [*or* the] vil-lage [*or* town] **orts·üb·lich** *adj* local; **eine ~e Gepflogenheit** a local custom; **ein ~es Entgelt** a standard local fee; ▪ **~ sein** to be customary **Orts·ver·kehr** *m* ❶ *(Straßenverkehr)* local traffic *no art, no pl;* **Busse werden hauptsächlich im ~ eingesetzt** buses are mainly used [*or* put [*or* laid] on] for local traf-fic ❷ TELEK local telephone service; **Gebühren im ~** charges for local calls **Orts·wech·sel** *m* change of one's place of residence **Orts·zeit** *f* local time

Or·tung <-, -en> *f* ❶ *kein pl (das Orten)* ▪ **die ~** [**von etw** *dat*] locating [sth] ❷ *(geortetes Objekt)* signal; *(auf Anzeige a.)* reading

Oryx-An·ti·lo·pe [ˈoːrʏks-] *f* ZOOL oryx

Öse <-, -n> [ˈøːzə] *f* eye[let]

OSI <-> *f kein pl Akr von* **Open Systems Intercon-nection** OSI *no art, no pl spec*

Os·lo <-s> [ˈɔslo] *nt* Oslo *no pl, no art*

Os·ma·ne, Os·ma·nin <-n, -n> [ɔsˈmaːnə, ɔsˈmaːnɪn] *m, f* Ottoman *hist*

os·ma·nisch [ɔsˈmaːnɪʃ] *adj* Ottoman *hist*

Os·mi·um <-s> [ˈɔsmi̯ʊm] *nt kein pl* osmium *no pl, no art spec*

Os·mo·se <-, -n> [ɔsˈmoːzə] *f* osmosis *no pl, no art spec*

Os·si <-, -s> [ˈɔsi] *m o f (fam)* Easterner, East German

Kultur

With the fall of the Wall between East and West Germany, a new expression arose in colloquial Ger-man. **Ossi** is used pejoratively to describe Germans originating from the former East Germany.

Ost <-[e]s, -e> [ˈɔst] *m* ❶ *kein pl, kein art bes* NAUT east; **der Konflikt zwischen ~ und West** the conflict between East and West; *s. a.* **Nord 1** ❷ *pl sel-ten* NAUT *(Ostwind)* east wind ❸ *(hist sl: Ostmark)* East German Mark

Ost·af·ri·ka *nt* East Africa *no pl, no art*

Os·tal·gie <-> [ɔstalˈgiː] *f kein pl* SOZIOL, POL *(iron)* nos-talgia for the socio-political infrastructure of the for-mer GDR **Ost·asi·en** *nt* East[ern] Asia *no pl, no art* **Ost·ber·lin** [-bɛrliːn] *nt* HIST East Berlin *no pl, no art hist* **Ost·block** *m* HIST Eastern bloc *no pl, no indef art hist* **Ost·block·land** *nt,* **Ost·block·staat** *m* HIST Eastern bloc country [*or* state] *hist* **Ost·chi·ne·si·sches Meer** *nt* East China Sea **ost·deutsch** [ˈɔst-dɔytʃ] *adj* East German **Ost·deutsch·land** [ˈɔstdɔytʃ-lant] *nt* East[ern] Germany *no pl, no art*

Os·ten <-s> [ˈɔstn̩] *m kein pl, no indef art* ❶ *(Him-melsrichtung)* **die Sonne geht im ~ auf** the sun rises in the east; **der Ferne ~** the Far East; **der Mittlere ~** area stretching from Iran to Myanmar; **der Nahe ~** the Near [*or* Middle] East; *s. a.* **Norden 1** ❷ *(östliche Gegend)* east; *s. a.* **Norden 2** ❸ *(ehemalige DDR)* ▪ **der ~** former East Germany; **aus dem ~ kommen** [*o* **stammen**] to come from the East [*or* former East Germany] ❹ POL ▪ **der ~** the East; *(Osteuropa)* East-ern Europe

os·ten·ta·tiv [ɔstɛntaˈtiːf] *(geh)* **I.** *adj* ostentatious **II.** *adv* ostentatiously

Os·te·o·po·ro·se <-, -n> [ɔsteoapoˈroːzə] *f* osteoporosis *no pl, no art*

Os·ter·ei *nt* Easter egg **Os·ter·fest** *nt* ▪ **das ~** Easter **Os·ter·feu·er** *nt* Easter bonfire **Os·ter·glo·cke** *f* ❶ BOT daffodil ❷ REL Easter [church] bell **Os·ter·ha·se** *m* Easter bunny **Os·ter·in·sel** *f* ▪ **die ~** Easter Island, Rapa Nui **Os·ter·lamm** *nt* paschal lamb *spec* **ös·ter·lich** [ˈøːstɐlɪç] **I.** *adj* Easter *attr* **II.** *adv* like Easter

Os·ter·mon·tag ['oːstɐ'moːntaːk] *m* Easter Monday
Os·ter·mor·gen *m* Easter [Sunday] morning
Os·tern <-, -> ['oːstɐn] *nt* Easter; **seid ihr ~ zu Hause?** are you at home for Easter?; **frohe** [*o* **fröhliche**] **~!** Happy Easter!; **zu** [*o* **über**] **~** at [*or* over] Easter; **zu ~** at [*or* for] Easter
Ös·ter·reich <-s> ['øːstəraɪç] *nt* Austria; *s. a.* **Deutschland**
Ös·ter·rei·cher(in) <-s, -> ['øːstəraɪçɐ] *m(f)* Austrian; *s. a.* **Deutsche(r)**
ös·ter·rei·chisch ['øːstəraɪçɪʃ] *adj* Austrian; ■ **das Ö~e** Austrian; *s. a.* **deutsch**
Os·ter·sonn·tag ['oːstɐ'zɔntaːk] *m* Easter Sunday **Os·ter·wo·che** *f* Holy Week *(week before Easter)*
Ost·eu·ro·pa ['ɔstʔɔy'roːpa] *nt* East[ern] Europe **ost·eu·ro·pä·isch** ['ɔstʔɔyro'pɛːɪʃ] *adj* East[ern] European **Ost·fries·land** *nt* East Friesland, Ostfriesland **Ost·go·te, -go·tin** ['ɔstɡoːtə, -ɡoːtɪn] *m, f* HIST Ostrogoth *spec* **Ost·kir·che** *f* ■ **die ~** the Eastern [*or* Orthodox] Church **Ost·küs·te** *f* east coast
öst·lich ['œstlɪç] **I.** *adj* **❶** *(in ~er Himmelsrichtung befindlich)* eastern; *s. a.* **nördlich I. 1 ❷** *(im Osten liegend)* eastern; *s. a.* **nördlich I. 2 ❸** *(von/nach Osten)* eastwards, easterly; *s. a.* **nördlich I. 3 ❹** *(den osteuropäischen und asiatischen Raum betreffend)* eastern **II.** *adv* ■ **~ von ...** east of ... **III.** *präp* +*gen;* ■ **~ einer S.** [to the] east of sth; *s. a.* **nördlich III.**
Ost·po·li·tik *f* ■ **die ~** Ostpolitik *hist (German foreign policy towards former Eastern Europe and Asia)* **Ost·preu·ßen** ['ɔstprɔysn] *nt* East Prussia **ost·preu·ßisch** ['ɔstprɔysɪʃ] *adj* East Prussian
Ös·tro·gen <-s, -e> [œstro'ɡeːn] *nt* oestrogen BRIT, estrogen AM *no pl, no art*
Ost·rom ['ɔstroːm] *nt* HIST the Eastern [Roman] [*or* Byzantine] Empire *hist*
Ös·trus <-> [œstrʊs] *m* kein *pl* ZOOL oestrus BRIT, estrus AM
Ost·see ['ɔstzeː] *f* ■ **die ~** the Baltic [Sea] **Ost·si·bi·ri·sche See** *f* East Siberian Sea **Ost·ver·trä·ge** *pl* POL treaties *pl* with the Eastern bloc countries **ost·wärts** ['ɔstvɛrts] *adv* eastwards, to the east **Ost·wind** *m* east [*or* easterly] wind
OSZE [oːʔɛstsɛtʔ'eː] *f Abk von* **Organisation für Sicherheit und Zusammenarbeit in Europa** OSCE
Os·zil·lo·graph, Os·zil·lo·grafRR <-en, -en> [ɔstsɪlo'ɡraːf] *m* oscillograph *spec*
Os·zil·lo·skop <-s, -e> [ɔstsɪlo'skoːp] *nt* oscilloscope, scope *spec fam*
O-Ton ['oːtoːn] *m (fam) s.* **Originalton**
Ot·ta·wa <-s> ['ɔtava] *nt* Ottawa
Ot·ter¹ <-, -n> ['ɔtɐ] *f (Schlangenart)* adder, viper
Ot·ter² <-s, -> ['ɔtɐ] *m (Fisch~)* otter
Ot·to·mo·tor *m* spark ignition [*or* SI] engine *spec*
ÖTV <-> [øːteː'faʊ] *f kein pl Abk von* **Gewerkschaft Öffentliche Dienste, Transport und Verkehr** ≈ TGWU BRIT, ≈ TWU AM
Ötz·tal <-[e]s> ['œtstaːl] *nt kein pl* Ötztal
out [aʊt] *adj (fam)* ■ **~ sein** to be out *fam*, to be out of favour [*or* AM -or] /fashion

ou·ten ['aʊtən] *vt* ■ **sich/jdn ~** to out oneself/sb
Out·fit <-s, -s> ['aʊtfɪt] *nt (sl)* outfit
Ou·ting <-s, -s> ['aʊtɪŋ] *nt (fam)* coming out *fam*
Out·sour·cing <-> ['aʊtsoːɐsɪŋ] *nt kein pl* ÖKON, INFORM outsourcing *no pl*
Ou·ver·tü·re <-, -n> [ʊver'tyːrə] *f* overture
oval [o'vaːl] *adj* oval
Oval <-s, -e> [o'vaːl] *nt* oval
Ova·ti·on <-, -en> [ova'tsi̯oːn] *f (geh)* ovation; **jdm ~en darbringen** to give sb an ovation; **stehende ~en** standing ovations
Over·all <-s, -s> ['oːvərɔːl, -roːl] *m (für schmutzige Arbeit)* overalls *npl*, BRIT *a.* overall; *(bei kaltem Wetter)* jumpsuit
Over·head·fo·lie ['oːvehɛt-] *f* [overhead] transparency **Over·head·pro·jek·tor** ['oːvehɛt-] *m* overhead projector
Over·kill <-> ['oːvekɪl] *m kein pl* overkill *no pl, no art pej*
ÖVP <-> [øːfaʊ'peː] *f* POL *Abk von* **Österreichische Volkspartei**
Ovu·la·ti·on <-, -en> [ovula'tsi̯oːn] *f* BIOL ovulation *no pl, no art*
Ovu·la·ti·ons·hem·mer <-s, -> *m* MED anovulant, ovulation inhibitor *form*
Oxid <-[e]s, -e> [ɔ'ksiːt, *pl:* ɔ'ksiːdə] *nt* oxide
Oxi·da·ti·on <-, -en> [ɔksida'tsi̯oːn] *f* oxidation *no art, no pl*
oxi·die·ren˙ [ɔksi'diːrən] **I.** *vi* sein *o* haben to oxidize **II.** *vt* ■ **etw ~** to oxidize sth
Oze·an <-s, -e> ['oːtseaːn] *m* ocean; **der Atlantische/Pazifische** [*o* **Stille**] **~** the Atlantic/Pacific Ocean
Oze·an·damp·fer *m* ocean liner
Oze·a·ni·en [otse'aːni̯ən] *nt* Oceania
Oze·a·no·gra·phie, Oze·a·no·gra·fieRR <-> [otseano'ɡraːfiː] *f kein pl* oceanography *no pl, no art*
Oze·lot <-s, -e> ['oːtselɔt, 'ɔtselɔt] *m* **❶** ZOOL ocelot *spec* **❷** MODE ocelot coat *spec*
Ozon <-s> [o'tsoːn] *nt o m kein pl* ozone *no pl, no art*
Ozon·alarm *m kein pl* METEO, ÖKOL, ADMIN ozone warning **Ozon·an·stieg** *m* increase [*or* rise] in ozone levels; **ein ~ von 10 ppm** a 10 ppm increase [*or* rise] in ozone levels **ozon·arm** *adj* ÖKOL low-ozone *attr,* ozone-deficient, characterized by low ozone levels *pred* **Ozon·be·kämp·fung** *f kein pl* METEO, ÖKOL, CHEM measure to cut [*or* reduce] ozone levels [in the air] **Ozon·be·las·tung** *f* METEO, ÖKOL, CHEM ozone build-up [in the lower atmosphere] *no pl* **Ozon·ge·halt** *m* CHEM ozone concentration *no pl* **Ozon·kil·ler** [-kɪlɐ] *m (fam)* METEO, ÖKOL, CHEM substance [*or* product] which contributes to the destruction of [*or* destroys] the ozone layer **Ozon·loch** *nt* ■ **das ~** the ozone hole, the hole in the ozone layer **Ozon·schicht** *f kein pl* ■ **die ~** the ozone layer, the ozonosphere *spec* **Ozon·schild** *m* ozone shield *spec* **Ozon-Vor·läu·fer·sub·stanz** *f* CHEM substance contributing to ozone formation; ■ **eine ~ sein** to contribute to ozone formation

P p

P, p <-, - *o fam* -s, -s> |peː| *nt* P, p; **~ wie Paula** P for [*or* AM as in] Peter; *s. a.* **A 1**

paar |paːɐ̯| *adj inv* **ein ~ …** a few …; **ein ~ Mal** a few [*or* a couple of] times; **alle ~ Tage/Wochen** every few days/weeks ► WENDUNGEN: **du kriegst** |gleich| **ein ~!** *(fam)* you'll get a smack[ing *fam*]!

Paar <-s, -e> |paːɐ̯| *nt* ❶ *(Mann und Frau)* couple; **ein ~ werden** *(geh)* to become man and wife *form* ❷ *(zwei zusammengehörende Dinge)* pair; **ein ~ Würstchen** a couple of sausages; **ein ~ neue Socken** a pair of new socks ❸ *(Gespann)* **ein ungleiches ~** an unlikely pair, an odd couple

paa·ren |paːrən| I. *vr* ❶ *(kopulieren)* **sich** *akk* **~** to mate ❷ *(sich verbinden)* **sich** *akk* **mit etw** *dat* **~** to be coupled with sth II. *vt* ❶ *(zur Kopulation zusammenbringen)* **etw ~** to mate [*or* pair] sth ❷ SPORT **jdn ~** to match sb

Paar·hu·fer <-s, -> *m* ZOOL even-hoofed ungulate

paa·rig |paːrɪç| I. *adj* paired II. *adv* in pairs; BOT *a.* binate *spec*; **~ angeordnet** arranged in pairs

Paar·lauf *m* pair-skating, pairs + *sing vb*

Paar·reim *m* rhyming couplet

Paa·rung <-, -en> *f* mating; **zur ~ bereit sein** to be ready to mate

paar·wei·se *adv* in pairs [*or* twos]

Pacht <-, -en> |paxt| *f* ❶ *(Entgelt)* rent[al] *no indef art, no pl* ❷ *(Nutzungsvertrag)* lease; **etw in ~ haben** *dat* to have sth on lease [*or form* leasehold]

pach·ten |paxtn̩| *vt* **etw ~** to lease sth [from sb] ► WENDUNGEN: **etw für sich** *akk* **gepachtet haben** *(fam)* to have got a monopoly on sth; *s. a.* **Weisheit**

Päch·ter(in) <-s, -> |pɛçtɐ| *m(f)* tenant, leaseholder, lessee *spec*

Pacht·ver·trag *m* lease **Pacht·zins** *m* rent[al] *no indef art, no pl*

Pack¹ <-[e]s, -e *o* Päcke> |pak, *pl:* pɛkə| *m (Stapel)* pile, stack; *(zusammengeschnürt)* bundle, pack

Pack² <-s> |pak| *nt kein pl (pej: Pöbel)* rabble *pej,* riffraff + *pl vb pej;* ► WENDUNGEN: **~ schlägt sich** *akk,* **~ verträgt sich** *akk (prov)* one minute the rabble are at each other's throats, the next they're the best of friends, rabble like that are at each other's throats one minute and friends again the next

Pack·ager(in) <-s, -> |pɛkɪtʃɐ| *m(f)* TOURIST sb [who goes [*or* is]] on a package holiday [*or* tour]

Päck·chen <-s, -> |pɛkçən| *nt ❶ (Postversand)* small parcel, package ❷ *(Packung)* packet, pack ❸ *(kleiner Packen)* pack, bundle ► WENDUNGEN: **jeder hat sein ~ zu tragen** we all have our cross to bear

Pack·eis *nt* pack ice *no art, no pl*

pa·ckeln |pakln̩| *vi* ÖSTERR *(fam) s.* **paktieren 2**

pa·cken |pakn̩| I. *vt* ❶ *(ergreifen)* **jdn/etw ~** to grab [hold of] sb/sth, to seize sb/sth; **wenn ich dich packe/zu ~ kriege …** when I get hold of you …; **jdn/etw bei/an etw** *dat* **~** to grab [*or* seize] sb/sth by sth; **jdn an** [*o* bei] **dem Kragen ~** to grab sb by the collar ❷ *(voll ~)* **etw ~** to pack sth; **ein Paket ~** to make up *sep* a parcel ❸ *(verstauen)* **etw** |in etw *akk*| **~** to pack sth [in[to] sth]; **etw in den Koffer ~** to pack [*or* put] sth in the suitcase; **etw in den Safe ~** to put sth [away] in the safe; **Gepäck in den Kofferraum ~** to stow [*or* put] luggage in the boot ❹ *(überkommen)* **jdn ~** to seize sb; **von Abenteuerlust gepackt** seized by a thirst for adventure; **da packte mich nur noch der Ekel** I was seized by revulsion;

mich packt auf einmal ein unwiderstehliches Verlangen nach Island zu fliegen I suddenly have an irresistible urge to fly to Iceland ❺ *(sl: bewältigen)* **etw ~** to manage sth; **eine Prüfung ~** to pass an exam; **das Examen ist leicht zu ~** the exam is easy [*or* BRIT *fam!* a piece of piss] ❻ *(erreichen)* **etw ~** to catch sth; **beeilt euch, sonst ~ wir es nicht mehr!** hurry up, otherwise we won't make it! ❼ *(sl: kapieren)* **etw ~** to get sth *fam* ► WENDUNGEN: **jdn bei der Ehre ~** to appeal to sb's sense of honour; **es hat jdn** |ganz schön| **gepackt** *(fam)* sb has it bad *fam;* **ihn hat es ganz schön gepackt, er ist über beide Ohren verliebt** he's got it bad, he's head over heels in love II. *vr (fam)* **sich ~** to clear off, to beat it *fam*

Pa·cken <-s, -> |pakn̩| *m* stack; *(unordentlich a.)* pile; *(zusammengeschnürt)* bundle

pa·ckend *adj* absorbing; **ein packendes Buch/packender Film** a thrilling book/film

Pa·cker(in) <-s, -> |pakɐ| *m(f)* ❶ *(im Versand)* packer ❷ *(bei einer Möbelspedition)* [furniture] packer [*or* BRIT *a.* remover], removal [*or* moving] man, AM *a.* mover

Pa·cke·rei <-> |pakəˈrai| *f kein pl (fam)* [tiresome] packing *no indef art, no pl*

Pa·cke·rin <-, -nen> *f fem form von* **Packer**

Pack·esel *m (Lasttier)* pack mule; *(fig)* packhorse

Pack·pa·pier *nt* wrapping [*or* brown] paper *no art, no pl* **Pack·sat·tel** *m* packsaddle

Pa·ckung <-, -en> *f ❶ (Schachtel)* pack[et]; **eine ~ Pralinen** a box of chocolates; **eine neue ~ anbrechen** to start [on] a new packet ❷ MED pack, compress; **eine feuchte ~** a poultice, a fomentation; *(Kosmetik)* a beauty pack ❸ *(Niederlage)* **eine ~ bekommen** to get a thrashing [*or fam* hammering]

Pa·ckungs·bei·la·ge *f* PHARM in-pack leaflet *(information leaflet included in medicine packets containing dosage instructions etc.)*

Pä·da·go·ge, Pä·da·go·gin <-n, -n> |pɛdaˈgoːgə, -ˈgoːgɪn| *m, f ❶ (Lehrer)* teacher, pedagogue *old* ❷ *(Erziehungswissenschaftler)* education[al]ist

Pä·da·go·gik <-> |pɛdaˈgoːgɪk| *f kein pl* [theory of] education *no art, no pl,* educational theory *no art, no pl,* pedagogy *no art, no pl spec*

Pä·da·go·gin <-, -nen> *f fem form von* **Pädagoge**

pä·da·go·gisch |pɛdaˈgoːgɪʃ| I. *adj* educational *attr,* pedagogic[al] *spec;* **~e Fähigkeiten** teaching ability II. *adv* educationally, pedagogically *spec;* **~ falsch sein** to be wrong from an educational point of view; *s. a.* **Hochschule**

Pad·del <-s, -> |padl̩| *nt* paddle

Pad·del·boot *nt* canoe

pad·deln |padl̩n| *vi sein o haben* ❶ *(das Paddel bewegen)* to paddle ❷ *(mit dem Paddelboot fahren)* to paddle, to canoe

Padd·ler(in) <-s, -> *m(f)* canoeist

Pä·de·rast <-en, -en> |pɛdeˈrast| *m* PSYCH pederast, BRIT *a.* paederast

Pa·el·la·pfan·ne *f* paella pan

paf·fen |pafn̩| I. *vi (fam: rauchen)* to puff away; *(nicht inhalieren)* to puff II. *vt (fam)* **etw ~** to puff away at sth

Pa·ge <-n, -n> |paːʒə| *m ❶ (Hoteldiener)* page [boy], bellboy, AM *a.* bellhop ❷ HIST page

Pa·gen·kopf |paːʒən-| *m* bob, pageboy [hairstyle [*or* cut]]

Pa·ger <-s, -> |ˈpeːdʒɐ| *m* pager

pa·gi·nie·ren* |pagiˈniːrən| *vt* **etw ~** to paginate

sth *spec*

Pa·go·de <-, -n> [pa'go:də] *f* pagoda

pah [pa:] *interj* pah, huh

Pail·let·te <-, -n> [pai'jɛtə] *f* sequin, spangle, paillette *spec*

Pa·ket <-[e]s, -e> [pa'ke:t] *nt* ❶ *(Sendung)* parcel ❷ *(umhüllter Packen)* package ❸ *(Packung)* packet ❹ *(Gesamtheit)* package ❺ *(Stapel)* pile, stack

Pa·ket·an·nah·me *f* ❶ *(Paketschalter)* parcels counter ❷ *kein pl* acceptance of parcels; **„~ nur von 10 bis 12 Uhr"** 'parcels accepted only between 10 and 12 o'clock' **Pa·ket·aus·ga·be** *f* parcels office [*or* counter] **Pa·ket·be·för·de·rung** *f* parcel handling *no art, no pl;* **diese Firma ist spezialisiert auf ~** this firm specializes in handling parcels **Pa·ket·kar·te** *f* [parcel *form*] dispatch form **Pa·ket·post** *f* parcel post *no art, no pl* **Pa·ket·schal·ter** *m* parcels counter **Pa·ket·zu·stel·lung** *f* parcel delivery

Pa·kis·tan <-s> ['pa:kɪsta:n] *nt* Pakistan; *s. a.* **Deutschland**

Pa·kis·ta·ner(in) <-s, -> [pakɪs'ta:nɐ] *m(f)*, **Pa·kis·ta·ni** <-[s], -[s]> [pakɪs'ta:ni] *m(f)* Pakistani, Paki *pej fam!*; *s. a.* **Deutsche(r)**

Pa·kis·ta·ni <-s, -s> [pakɪs'ta:ni] *m s.* **Pakistaner**

pa·kis·ta·nisch [pakɪs'ta:nɪʃ] *adj* Pakistani; *s. a.* **deutsch**

Pakt <-[e]s [pakt] *m* pact, agreement; **der Warschauer ~** the Warsaw Pact

pak·tie·ren* [pak'ti:rən] *vi* ■ **mit jdm ~** to make a pact [*or* deal] [*or* do a deal] with sb

Pa·läo·an·thro·po·lo·gie [palɛo?antropolo'gi:] *f* palaeoanthropology BRIT *no pl, no art spec,* paleoanthropology AM *no pl, no art spec* **Pa·läo·phy·ti·kum** [palɛo'fy:tikʊm] *nt* ■ **das ~** the Palaeophytic [*or* AM Paleophytic] [*Period*]

Pa·last <-[e]s, Paläste> [pa'last, *pl:* pa'lɛstə] *m* palace

Pa·läs·ti·na <-s> [palɛs'ti:na] *nt* Palestine; *s. a.* **Deutschland**

Pa·läs·ti·nen·ser(in) <-s, -> [palɛsti'nɛnzɐ] *m(f)* Palestinian; *s. a.* **Deutsche(r)**

Pa·lat·schin·ken <-, -n> [pala'tʃɪŋkən] *f* ÖSTERR stuffed pancake

Pa·lau <-s> [pa:lau] *nt* Palau; *s. a.* **Sylt**

Pa·lau·er(in) <-s, -> *m(f)* Palauen; *s. a.* **Deutsche(r)**

pa·lau·isch *adj* Palauen; *s. a.* **deutsch**

Pa·la·ver <-s, -> [pa'la:vɐ] *nt (fam)* palaver *no pl fam*

pa·la·vern* [pa'la:vɐn] *vi (fam)* to palaver

Pal·boh·ne ['pa:l-] *f* fresh green bean kernel **Pal·erb·se** *f* yellow pea

Pa·let·te <-, -n> [pa'lɛtə] *f* ❶ *(Stapelplatte)* pallet, platform ❷ KUNST palette ❸ *(geh: reiche Vielfalt)* range

pa·let·ti [pa'lɛti] *adv* ▸ WENDUNGEN: **alles ~** *(sl)* everything's OK [*or* cool] *fam*

pa·let·tie·ren* [palɛ'ti:rən] *vt* ÖKON, TECH ■ **etw ~** to palletize sth *s.* **palettisieren**

Pa·li·sa·de <-, -n> [pali'za:də] *f* pale, stake, palisade **Pa·li·sa·den·zaun** *m* palisade, stockade

Pa·li·san·der <-s, -> [pali'zandɐ] *m*, **Pa·li·san·der·holz** [pali'zandɐ-] *nt* rosewood *no art, no pl*

Pal·la·di·um <-s> [pa'la:diʊm] *nt kein pl* palladium *no art, no pl*

Pal·me <-, -n> ['palmə] *f* palm [tree]; ▸ WENDUNGEN: **jdn [mit etw *dat*] auf die ~ bringen** *(fam)* to drive sb up the wall [*or* make sb's blood boil] [with sth] *fam*

Palm·fett *nt* palm butter [*or* oil] **Palm·her·zen** *pl* palm hearts *pl* **Palm·kohl** *m* palm kale

Palm·sonn·tag [palm'zɔnta:k] *m* Palm Sunday

Palm·top <-s, -s> ['pɒ:m-] *nt* INFORM palmtop

Palm·we·del *m* palm frond [*or* leaf]

Pamp <-[e]s> [pamp] *m kein pl* DIAL *(fam) s.* **Pampe**

Pam·pas·gras ['pampas-] *nt* pampas grass *no pl, no art*

Pam·pe <-> ['pampə] *f kein pl* DIAL *(pej fam)* mush *pej fam;* *(klebrig a.)* goo *fam*

Pam·pel·mu·se <-, -n> ['pamplmu:zə, pampl'mu:zə] *f* grapefruit

Pam·phlet <-[e]s, -e> [pam'fle:t] *nt (pej geh)* ❶ *(Schmähwerk)* lampoon ❷ *(Druck)* defamatory [*or* polemical] pamphlet *form*

pam·pig *adj (fam)* ❶ *(frech)* stroppy BRIT *fam,* ill-tempered AM ❷ *(zäh breiig)* mushy *fam;* *(klebrig a.)* gooey *fam*

Pan <-s> [pa:n] *m* LIT *Pan no pl, no art*

Pa·na·de <-, -n> [pa'na:də] *f* KOCHK breadcrumb coating, panada *spec*

Pa·na·ma¹ <-s> ['panama] *nt* Panama; *s. a.* **Deutschland**

Pa·na·ma² <-s, -s> ['panama] *m (Hut)* Panama [hat]

Pa·na·ma·er(in) <-s, -> ['panamaɐ] *m(f)* Panamanian; *s. a.* **Deutsche(r)**

Pa·na·ma·er(in) <-s, -s> ['panamaɐ] *m(f)* GEOL, POL Panamanian; *s. a.* **Deutsche(r)**

pa·na·ma·isch [pana'ma:ɪʃ] *adj* Panamanian; *s. a.* **deutsch**

Pa·na·ma·ka·nal <-s> *m* ■ **der ~** the Panama Canal **Pan·da** <-s, -s> ['panda] *m* [giant] panda

Pa·neel <-s, -e> [pa'ne:l] *nt (form)* ❶ *(Einzelteil)* panel ❷ *(Täfelung)* panelling *no pl, no indef art,* AM *a.* paneling *no pl, no indef art*

Pan·flö·te ['pa:n-] *f* panpipes *npl*

pa·nie·ren* [pa'ni:rən] *vt* KOCHK ■ **etw ~** to bread sth *(to coat sth in seasoned, whisked egg and breadcrumbs)*

Pa·nier·mehl *nt* breadcrumbs *pl*

Pa·nik <-, -en> ['pa:nɪk] *f* panic *no pl;* **nur keine ~!** *(fam)* don't panic!; **von ~ ergriffen sein/werden** to be/become panic-stricken; **zu einer ~ führen** to lead to panic; **ein Gefühl der ~** a feeling of panic; **in ~ geraten** to [get in|to] a] panic

pa·nik·ar·tig *adj inv* panic-stricken **Pa·nik·käu·fe** *pl* panic buying *no pl* **Pa·nik·ma·che** <-> *f kein pl (pej fam)* scaremongering *no pl, no art pej,* panicmongering *no pl, no art pej fam*

pa·nisch ['pa:nɪʃ] **I.** *adj attr* panic-stricken; **in ~er Erregung** panic-stricken **II.** *adv* in panic; **sich *akk* ~ fürchten** to be terrified

Pan·kre·as <-, Pankreaten> ['pankreas, *pl:* pan-kre'a:tn] *nt* pancreas

Pan·ne <-, -n> ['panə] *f* ❶ AUTO, TECH breakdown; **eine ~ haben** to have a breakdown, to breakdown ❷ *(Missgeschick)* mishap, slip-up; **mir ist da eine kleine ~ passiert** I've had a slight mishap

Pan·scher(in) <-s, -> *m(f) (pej fam)* adulterator

Pan·sen <-s, -> ['panzn] *m* ❶ ZOOL rumen *spec* ❷ NORDD *(fam: Magen)* belly *fam*

Pan·sla·wis·mus <-> [pansla'vɪsmʊs] *m kein pl* ■ **der ~** Pan-Slavism

pan·sla·wis·tisch *adj* Pan-Slavic

Pan·terRR <-s, -> ['pantɐ] *m* panther

Pan·the·is·mus <-> [pante'ɪsmʊs] *m kein pl* pantheism *no pl, no art*

pan·the·is·tisch *adj* pantheistic

Pan·ther <-s, -> *m s.* **Panter**
Pan·ti·ne <-, -n> [panˈtiːnə] *f* NORDD *s.* **Pantoffel**
Pan·tof·fel <-s, -n> [panˈtɔfl] *m* [backless] slipper; ▶ WENDUNGEN: **unter den ~ geraten** [*o* **kommen**] *(fam)* to become henpecked [*or* a henpecked husband]; **den ~ schwingen** to be the one wearing the trousers; **unter dem ~ stehen** *(fam)* to be under sb's thumb
Pan·tof·fel·held *m (fam)* henpecked husband **Pan·tof·fel·tier·chen** *nt* BIOL slipper animalcule *spec*
Pan·to·mi·me <-, -n> [pantoˈmiːmə] *f* mime *no pl, no art*
Pan·to·mi·me, **Pan·to·mi·min** <-n, -n> [panˈtoːmiːmə, pantoˈmiːmɪn] *m, f* mime [artist]
pan·to·mi·misch [pantoˈmiːmɪʃ] **I.** *adj* mimed, in mime *pred* **II.** *adv* in mime; **etw ~ darstellen** to present sth in mime, to mime sth
pant·schen [ˈpantʃn] *vt, vi s.* **panschen**
Pan·zer¹ <-s, -> [ˈpantsɐ] *m* MIL tank
Pan·zer² <-s, -> [ˈpantsɐ] *m* ❶ *(Schutzhülle)* shell; *einer Schildkröte, eines Krebses a.* carapace *spec; eines Krokodils* bony plate; *eines Nashorns, Sauriers* armour [*or* AM *-or*] *no pl, no indef art* ❷ *(Panzerung)* armour- [*or* AM *-or*-] plating *no pl, no indef art,* armourplate *no pl, no indef art; eines Reaktors* shield ❸ HIST breastplate, cuirass *spec*
Pan·zer·ab·wehr *f* anti-tank defence [*or* AM *-se*] **Pan·zer·di·vi·si·on** *f* tank [*or* armoured [*or* AM *-ored*]] division **Pan·zer·faust** *f* bazooka **Pan·zer·glas** *nt* bullet-proof [*or* BRIT armoured] [*or* AM armored] glass *no pl* **Pan·zer·kreu·zer** *m* NAUT [armoured [*or* AM *-ored*]] cruiser
pan·zern [ˈpantsɐn] *vt* ▪ **etw ~** to armour [*or* AM *-or*] -plate sth; ▪ **gepanzert** armour [*or* AM *-or*] -plated
Pan·zer·schrank *m* safe
Pan·zer·späh·wa·gen *m* armoured [*or* AM *-ored*] scout car **Pan·zer·sper·re** *f* MIL tank trap, anti-tank obstacle
Pan·ze·rung <-, -en> *f* ❶ *(gepanzertes Gehäuse)* armour [*or* AM *-or*] -plating *no pl, no indef art; eines Reaktors* shield ❷ ZOOL shell; *einer Schildkröte, eines Krebses a.* carapace *spec; eines Alligators, Gürteltiers* bony [*or* horny] plate; *eines Nashorns, Sauriers* armour [*or* AM *-or*] *no pl, no indef art*
Pa·pa <-s, -s> [paˈpaː, ˈpapa] *m (fam)* dad[dy *esp childspeak*] *fam, esp* AM pop *fam*
Pa·pa·gei <-s, -en> [papaˈgai] *m* parrot; **wie ein ~ like a parrot, parrot-fashion; etw wie ein ~ nachplappern** to parrot sth *pej*
Pa·pa·gei·tau·cher *m* ORN puffin
Pa·pa·ya <-, -s> [paˈpaːja] *f* papaya, pawpaw
Pa·per·back <-s, -s> [ˈpeːpɐbɛk] *nt* VERLAG, LIT paperback
Pa·pe·te·rie <-, -n> [papɛtəˈriː, *pl:* -ˈriːən] *f* SCHWEIZ *(Schreibwarengeschäft)* stationery shop [*or* AM *usu* store], stationer's
Pa·pi <-s, -s> [ˈpapi] *m (fam)* daddy *esp childspeak fam*
Pa·pier <-s, -e> [paˈpiːɐ] *nt* ❶ *kein pl (Material)* paper *no pl, no art;* **ein gutes/teures ~** good quality/expensive paper; **~ verarbeitend** paper-processing *attr;* **etw zu ~ bringen** to put down sth *sep* in writing ❷ *(Schriftstück)* paper, document ❸ *(Ausweise)* ▪ **-e** [identity] papers *pl* ❹ *(Arbeits~e)* ▪ **-e** cards *pl,* employment papers *pl* ❺ FIN *(Wert~)* security ▶ WENDUNGEN: **~ ist geduldig** you can say what you like on paper; **nur auf dem ~ [be]stehen** [*o* existieren] to exist only on paper
Pa·pier·back·förm·chen *pl* paper muffin cases [*or* AM cups] *pl* **Pa·pier·ein·zug** *m* paper feed **Pa·pier·fa·brik** *f* paper mill **Pa·pier·for·mat** *nt* TYPO ❶ *(Papiergröße)* paper size ❷ *(Druckbereich)* page orientation **Pa·pier·geld** *nt* paper money *no pl, no art* **Pa·pier·**

korb *m* [waste]paper basket [*or* BRIT *a.* bin], *esp* AM wastebasket **Pa·pier·kram** *m (fam)* [tiresome] paperwork *no pl, no indef art* **Pa·pier·krieg** *m (fam: Schreibtischarbeit)* [tiresome] paperwork *no pl, no indef art; (Korrespondenz)* tiresome exchange of letters **Pa·pier·sche·re** *f* paper scissors *npl* **Pa·pier·ser·vi·et·te** *f* paper napkin [*or esp* BRIT serviette] **Pa·pier·stau** *m* INFORM, TECH paper jam **Pa·pier·ta·schen·tuch** *nt* paper handkerchief [*or fam* hanky] [*or fam* hankie], tissue **Pa·pier·ti·ger** *m (fam)* paper tiger **Pa·pier·tü·te** *f* paper bag **Pa·pier·vor·schub** *m* TYPO paper feed[er]
papp [pap] *interj* ▶ WENDUNGEN: **nicht mehr ~ sagen können** *(fam)* to be full to bursting *fam*
Papp·be·cher *m* paper cup **Papp·de·ckel** *m* cardboard *no pl, no art*
Pap·pe <-, -n> [ˈpapə] *f* cardboard *no art, no pl;* ▶ WENDUNGEN: **nicht von ~ sein** *(fam)* to be not [half *fam*] bad
Pap·pel <-, -n> [ˈpapl] *f* poplar
päp·peln [ˈpɛpln] *vt (fam)* ▪ **jdn/etw ~** to nourish [*or sep* feed up] sb/sth
pap·pen [ˈpapn] **I.** *vt (fam)* ▪ **etw an** [*o* **auf**] **etw** *akk* **~** to stick sth on[to] sth **II.** *vi (fam)* to stick; *(klebrig sein)* to be sticky
Papp·en·hei·mer [ˈpapn̩haimɐ] *pl* ▶ WENDUNGEN: **seine ~ kennen** *(fam)* to know what to expect from that lot *fam* **Papp·en·stiel** *m* ▶ WENDUNGEN: **keinen ~ wert sein** to be not worth a thing [*or dated* fig] *fam;* **kein ~ sein** to not be chickenfeed *fam;* **für einen ~** for a song [*or* next to nothing] *fam*
pap·per·la·papp [papɐlaˈpap] *interj (veraltend fam)* poppycock *dated fam,* rubbish, [stuff and *dated*] nonsense
pap·pig [ˈpapɪç] *adj (fam)* ❶ *(klebrig)* sticky ❷ *(breiig)* mushy *fam*
Papp·ka·me·rad *m* MIL *(sl)* cutout [*or* silhouette] target **Papp·kar·ton** *m* ❶ *(Pappschachtel)* cardboard box ❷ *(Pappe)* cardboard *no pl, no art* **Papp·ma·schee**ᴿᴿ [ˈpapmaʃeː], **Papp·ma·ché** <-s, -s> [-maˈʃeː] *nt* papier-mâché *no pl, no art*
Papps <-> [paps] *m kein pl (fam: Brei)* mush *pej fam* **Papp·sack** *m* SÜDD *(pej sl)* dirty bastard *sl,* AM *a.* scuzz[ball] *fam* **Papp·schach·tel** *f* cardboard box **Papp·schnee** *m* wet [*or* sticky] snow *no pl, no art* **Papp·tel·ler** *m* paper plate
Pap·ri·ka <-s, -[s]> [ˈpaprika] *m* ❶ *kein pl (Strauch)* paprika *no pl,* capsicum *spec* ❷ *(Schote)* pepper, capsicum *spec* ❸ *kein pl (Gewürz)* paprika *no pl, no art*
Pap·ri·ka·scho·te *f* capsicum, AM *a.* pepper, pimento, AM *usu* pimiento; **gelbe/grüne/rote ~** yellow/green/red pepper; **gefüllte ~n** stuffed peppers
pap·ri·zie·ren [papriˈtsiːrən] *vt* KOCHK **eine Speise ~** to season a dish heavily with paprika
Paps <-> [paps] *m kein pl (fam)* dad *fam, esp* AM pop[s] *fam*
Papst <-[e]s, Päpste> [paːpst, *pl:* ˈpɛːpstə] *m* pope; ▶ WENDUNGEN: **päpstlicher sein als der ~** to be holier [*or* more Catholic] than the Pope
päpst·lich [ˈpɛːpstlɪç] *adj* papal *a. pej,* pontifical *form*
Pa·pua-Neu·gui·nea <-s> [ˈpaːpu̯anɔygiˈneːa] *nt* Papua New Guinea; *s. a.* **Deutschland**
Pa·pua-Neu·gui·ne·er(in) <-s, -> [ˈpaːpu̯anɔy·giˈneːe] *m(f)* Papua New Guinean; *s. a.* **Deutsche(r)**
pa·pua-neu·gui·ne·isch [ˈpaːpu̯anɔygiˈneːɪʃ] *adj* Papua New Guinean; *s. a.* **deutsch**
pa·pu·a·nisch [paˈpu̯aːnɪʃ] *adj s.* **papua-neuguineisch**
Pa·py·rus <-, Papyri> [paˈpyːrʊs, *pl:* -ri] *m* ❶ *(Schreibmaterial)* papyrus *no art, no pl* ❷ *(gerollter ~)* papyrus scroll
Pa·py·rus·rol·le *f s.* **Papyrus²**

P

Pa·ra·bel <-, -n> [paˈraːbl] f ① LIT parable ② MATH parabolic curve, parabola *spec*

Pa·ra·bol·an·ten·ne [paraˈboːl-] f parabolic aerial, satellite dish

pa·ra·bo·lisch I. adj ① LIT parabolic[al] *spec;* **eine ~e Erzählung** a parable ② MATH parabolic II. adv LIT parabolically *spec*

Pa·ra·bol·spie·gel m parabolic mirror

Pa·ra·de <-, -n> [paˈraːdə] f ① MIL parade, review; **die ~ abnehmen** to take the salute ② SPORT *(Fechten)* parry; *(beim Ballspiel)* block, save; *(beim Reiten)* check, [half-]halt ▸ WENDUNGEN: **jdm in die ~ fahren** *(geh: jds Pläne durchkreuzen)* to foil sb's plans, to spike sb's guns *fam; (jdn rüde unterbrechen)* to cut short sb *sep*

Pa·ra·de·bei·spiel nt perfect [*or* prime] example **Pa·ra·de·marsch** m goosestep march, goosestep *no pl* **Pa·ra·de·pferd** nt *(fam: Renommierstück)* showpiece; *(Person)* star **Pa·ra·de·stück** nt showpiece

Pa·ra·dies <-es, -e> [paraˈdiːs, *pl:* -iːzə] nt paradise *no def art;* **hier ist es das reinste ~** it's sheer heaven [*or* absolute paradise] here ▸ WENDUNGEN: **das ~ auf Erden** heaven on earth; **nicht gerade das ~ auf Erden** not exactly Shangri-La; **ein ~ für jdn sein** to be a paradise for sb; **ein ~ für Kinder/Wanderer** a children's/walkers' paradise; *s. a.* **Vertreibung**

pa·ra·die·sisch [paraˈdiːzɪʃ] I. adj heavenly II. adv **sich** akk **~ wohl fühlen** to feel [*or* be] blissfully happy; **~ leer/ruhig sein** to be blissfully empty/quiet; **~ schön sein** to be [like] paradise

Pa·ra·dies·vo·gel m bird of paradise; *(fig)* flamboyant [*or* dazzling] personality

Pa·ra·dig·ma <-s, -ta *o* Paradigmen> [paraˈdɪgma, *pl:* -dɪgmən] nt ① *(geh: Beispiel, Muster)* paradigm ② LING paradigm

Pa·ra·dig·men·wech·sel m SOZIOL, PHILOS, POL *(geh)* paradigm shift *form*

pa·ra·dox [paraˈdɔks] I. adj *(geh)* paradoxical *form;* ■ **~ sein** to be paradoxical [*or* a paradox] II. adv *(geh)* paradoxically

Pa·ra·dox <-es, -e> [paraˈdɔks] nt, **Pa·ra·do·xon** <-s, Paradoxa> [paraˈdɔks, *pl:* paˈradɔksɔn, paˈraːdɔksa] nt *(geh)* paradox

pa·ra·do·xer·wei·se adv paradoxically

Pa·raf·fin <-s, -e> [paraˈfiːn] nt paraffin

Pa·ra·gli·der(in) <-s, -> [ˈpaʀaɡlaide] m(f) paraglider

Pa·ra·gli·ding <-s> [ˈpaʀaɡlaidɪŋ] nt kein pl paragliding

Pa·ra·graph, Pa·ra·grafᴿᴿ <-en, -en> [paraˈɡraːf] m JUR paragraph, section

Pa·ra·gra·phen·dschun·gel m *(pej)* officialese *no pl,* jungle of regulations **Pa·ra·gra·phen·rei·ter(in)** m(f) *(pej fam)* pedant, stickler **Pa·ra·gra·phen·zei·chen** nt paragraph marker

Pa·ra·gu·ay <-s> [ˈpaːraɡvai] nt Paraguay; *s. a.* **Deutschland**

Pa·ra·gu·ay·er(in) <-s, -> [ˈpaːraɡvaie] m(f) Paraguayan; *s. a.* **Deutsche(r)**

pa·ra·gu·ay·isch [ˈpaːraɡvaiɪʃ] adj Paraguayan; *s. a.* **deutsch**

pa·ral·lel [paraˈleːl] I. adj parallel; ■ **~ zu etw** parallel to sth II. adv parallel

Pa·ral·lel·com·pu·ter [ˈkɔmpjuːte] m parallel computer

Pa·ral·le·le <-, -n> [paraˈleːlə] f ① MATH parallel [line] ② *(Entsprechung)* parallel; **eine ~** [*o* **~n**] **[zu etw] ziehen** to draw a parallel [*or* parallels] [with sth]

Pa·ral·lel·fall m parallel [case]

Pa·ral·le·li·tät <-, -en> [paraleliˈtɛt] f ① kein pl MATH parallelism ② *(geh: Entsprechung)* parallelism

Pa·ral·lel·klas·se f parallel class

Pa·ral·le·lo·gramm <-s, -e> [paraleloˈɡram] nt parallelogram

Pa·ral·lel·schwung m SKI parallel turn **Pa·ral·lel·stra·ße** f parallel street

Pa·ra·ly·se <-, -n> [paraˈlyːzə] f paralysis

pa·ra·ly·sie·ren [paralyˈziːrən] vt ■ **jdn/etw ~** to paralyze sb/sth

Pa·ra·me·ter <-s, -> [paˈrameta] m parameter

Pa·ra·mi·li·tär [ˈparamiliːtɛːr] nt MIL paramilitary

pa·ra·mi·li·tä·risch [ˈpaːramilitɛrɪʃ] adj paramilitary

Pa·ra·noia <-> [paraˈnɔya] f kein pl paranoia

Pa·ra·no·id [paranoˈiːt] adj paranoid

pa·ra·no·isch [paraˈnoːɪʃ] adj paranoiac

Pa·ra·nussᴿᴿ f Brazil nut

Pa·ra·phe <-, -n> [paˈraːfə] f JUR initials pl

pa·ra·phie·ren [paraˈfiːrən] vt JUR ■ **etw ~** to initial sth

Pa·ra·phie·rung <-, -en> f JUR initialling, AM a. initialing

Pa·ra·phra·se [paraˈfraːzə] f paraphrase

pa·ra·phra·sie·ren [parafraˈziːrən] vt ① *(umschreiben)* ■ **etw ~** to paraphrase sth ② *(sinngemäß übertragen)* ■ **etw ~** to paraphrase sth ③ MUS ■ **etw ~** to paraphrase sth

Pa·ra·psy·cho·lo·gie [ˈpaːrapsyçologiː] f parapsychology

Pa·ra·sit <-en, -en> [paraˈziːt] m parasite

pa·ra·si·tär [paraziˈtɛːɐ] I. adj parasitic II. adv parasitically

Pa·ra·si·ten·be·fall <-[e]s> m kein pl parasitic infestation

Pa·ra·si·tis·mus <-> [paraziˈtɪsmʊs] m kein pl BIOL parasitism

Pa·ra·sol <-s, -e> [paraˈzoːl] m BOT parasol

Pa·ra·sym·pa·ti·kus <-> [parazymˈpaːtikʊs] m kein pl MED parasympathetic [nervous] system

pa·rat [paˈraːt] adj *(geh)* ready; **etw ~ haben** [*o* **halten**] to have sth ready [*or* handy]; **[sich** dat] **etw ~ legen** to lay sth out ready

Pär·chen <-s, -> [ˈpɛːɐçən] nt ① *(Liebespaar)* couple ② *(zwei verbundene Teile)* pair

Par·cours <-> [parˈkuːɐ] m show-jumping course

Par·don <-s> [parˈdõ] I. m *o* nt kein pl pardon; **jdn um ~ bitten** to beg sb's pardon; **keinen ~ geben** to show no mercy; **kein ~ kennen** *(fam)* to know no mercy, to be ruthless II. interj *(entschuldigen Sie)* sorry ② *(wie bitte?)* pardon, sorry, beg pardon *sl*

Par·en·chym <-s, -e> [parɛnˈçyːm] nt BIOL parenchym

Pa·ren·the·se <-, -n> [parɛnˈteːzə] f parenthesis; **etw in ~ setzen** to put sth in parentheses

par ex·cel·lence [paːɐ ɛksɛˈlãːs] adv *(geh)* par excellence

Par·füm <-s, -e *o* -s> [parˈfyːm] nt perfume

Par·fü·me·rie <-, -n> [parfymaˈriː, *pl:* -ˈriːən] f perfumery

par·fü·mie·ren [parfyˈmiːrən] vt ① *(Parfüm auftragen)* ■ **jdn/etw ~** to perfume sb/sth; ■ **sich** akk **~** to use [*or* sep put on] perfume; **du solltest dich etwas zurückhaltender ~** you shouldn't put so much perfume on ② *(mit Duftstoffen versetzen)* ■ **etw [mit etw] ~** to perfume sth [with sth]

Par·füm·zer·stäu·ber m perfume atomizer

pa·rie·ren¹ [paˈriːrən] vi *(geh)* to obey, to do as one is told; *s. a.* **Wort**

pa·rie·ren² [paˈriːrən] vt ① *(geh)* ■ **etw ~** to parry sth; *(beim Fußball)* to deflect sth ② KOCHK **Fleisch/Fisch/Geflügel ~** to prepare meat/fish/poultry for cooking

Pa·ris <-> [paˈriːs] nt Paris

Pa·ri·ser¹ [paˈriːze] adj attr ① *(in Paris befindlich)* in Paris; ~ **Flughafen** Paris airport ② *(aus Paris stammend)* Parisian

Pa·ri·ser² <-s, -> [paˈriːze] m *(sl)* French letter dated *fam*

Pa·ri·ser(in) <-s, -> [paˈriːze] m(f) Parisian

Pa·ri·ser·brot *nt* SCHWEIZ French bread, baguette
Pa·ri·se·rin <-, -nen> *f fem form von* **Pariser**
Pa·ri·tät <-, -en> [pari'tɛt] *f* FIN parity, par of exchange
pa·ri·tä·tisch [pari'tɛ:tɪʃ] **I.** *adj (geh)* equal, balanced; *s. a.* **Mitbestimmung** *s. a.* **Wohlfahrtsverband** **II.** *adv (geh)* equally, in balance
Park <-s, -s> [park] *m* park
Par·ka <-[s], -s> ['parka] *m* parka
Park-and-ride-Sys·tem ['pa:ɐk?ɛnt'raɪt-] *nt* park-and-ride system
Park·aus·weis *m* ➊ *(Parkticket)* ≈ pay-and-display [parking] ticket ➋ *(länger gültige Parkberechtigung)* parking permit
Park·bank *f* park bench
Park·deck *nt* parking level
par·ken ['parkn̩] **I.** *vi* to park **II.** *vt* ■ etw [irgendwo] ~ to park sth [somewhere]
Par·kett <-s, -e> [par'kɛt] *nt* ➊ *(Holzfußboden)* parquet [flooring] ➋ *(Tanzfläche)* dance floor ➌ THEAT stalls *npl* ▶ WENDUNGEN: **auf internationalem ~** in international circles; *s. a.* **Nummer**
Par·kett·[fuß·]bo·den *m* parquet flooring
Park·ge·bühr *f* parking fee **Park·haus** *nt* multi-storey [*or* AM -story] car park [*or* AM parking lot]
par·kie·ren*[par'ki:rən] *vt, vi* TRANSP SCHWEIZ *s.* **parken**
Par·king·me·ter ['parkɪŋme:tɐ] *m* SCHWEIZ parking meter
Par·kin·son·krank·heitRR, **Par·kin·son-Krank·heit**, **par·kin·son·sche Krank·heit**RR, **Par·kin·son'·sche Krank·heit**RR, **Par·kin·son·sche Krank·heit**ALT ['parkɪnzɔn-] *f* MED Parkinson's disease
Park·kral·le *f* wheel clamp **Park·land·schaft** *f* parkland **Park·leit·sys·tem** *nt* TRANSP system guiding parkers to free spots **Park·leuch·te** *f* parking light **Park·lü·cke** *f* parking space
Par·ko·me·ter <-s, -> *nt s.* **Parkuhr**
Park·platz *m* ➊ *(Parkbereich)* car park BRIT, parking lot AM ➋ *(Parklücke)* parking space **Park·schei·be** *f* parking disc *(a plastic dial with a clockface that drivers place in the windscreen to show the time from when the car has been parked)* **Park·schein** *m* car park [*or* AM parking lot] ticket **Park·schein·au·to·mat** *m* car park [*or* AM parking lot] ticket machine **Park·stu·di·um** *nt (fam)* interim course of study *(taken while waiting for a place for desired course)* **Park·sün·der(in)** *m(f)* parking offender, illegal parker **Park·uhr** *f* parking meter **Park·ver·bot** *nt* ➊ *(Verbot zu parken)* parking ban ➋ *(Parkverbotszone)* no-parking zone; **im ~ parken/halten/stehen** to park/stop/be in a no-parking zone **Park·verbot(s)·schild** *nt* no-parking sign **Park·wäch·ter(in)** *m(f)* car park [*or* AM parking lot] attendant **Park·zeit** *f* parking time
Par·la·ment <-[e]s, -e> [parla'mɛnt] *nt* parliament
Par·la·men·ta·ri·er(in) <-s, -> [parlamɛn'ta:ri̯ɐ] *m(f)* parliamentarian, member of parliament
par·la·men·ta·risch [parlamɛn'ta:rɪʃ] *adj* parliamentary; *s. a.* **Demokratie** *s. a.* **Staatssekretär**
Par·la·ments·aus·schussRR *m* parliamentary committee **Par·la·ments·be·schluss**RR *m* parliamentary decision [*or* vote] **Par·la·ments·de·bat·te** *f* POL parliamentary debate **Par·la·ments·ge·bäu·de** *nt* parliament building **Par·la·ments·mit·glied** *nt* member of parliament **Par·la·ments·prä·si·dent(in)** *m(f)* Speaker [of the House] **Par·la·ments·sit·zung** *f* sitting [*or* session] of parliament **Par·la·ments·wahl** *f* POL parliamentary election
Par·me·san[·kä·se] <-s> [parme'za:n-] *m kein pl* Parmesan [cheese] **Par·me·san·rei·be** *f* parmesan grater
Pa·ro·die <-, -n> [paro'di:] *f,* *pl:* -'di:ən] *f* parody
pa·ro·die·ren*[paro'di:rən] *vt* ■ jdn/etw ~ to parody sb/sth

Pa·ro·dist(in) <-en, -en> [paro'dɪst] *m(f)* parodist
pa·ro·dis·tisch *adj* parodistic; **ein ~er Auftritt/Sketch/eine ~e Sendung** a parody; **eine ~e Imitation** an impersonation
Pa·ro·don·to·se <-, -n> [parodɔn'to:zə] *f* MED shrinking gums, parodontosis *spec,* periodontosis *spec*
Pa·ro·le <-, -n> [pa'ro:lə] *f* ➊ MIL *(Kennwort)* password ➋ *(Leitspruch)* slogan ➌ *(angebliche Meldung)* rumour [*or* AM -or]
Pa·ro·li [pa'ro:li] *nt* ▶ WENDUNGEN: **jdm/einer S. ~ bieten** *(geh)* to defy sb/to counter a thing
Part <-s, -e> [part] *m* ➊ *(Anteil)* share ➋ THEAT part ➌ MUS part
Par·tei <-, -en> [par'tai] *f* ➊ POL party; **in die ~ gehen** to join [*or* become a member of] the party; **über den ~en stehen** to be impartial ➋ JUR party; **die streitenden/vertragsschließenden ~en** the contending/contracting parties; **~ sein** to be biased; **jds ~ ergreifen, für jdn ~ ergreifen** [*o* nehmen] to side with sb, to take sb's side; **gegen jdn ~ ergreifen** [*o* nehmen] to side [*or* take sides] against sb ➌ *(Mietpartei)* tenant, party *form*
Par·tei·ab·zei·chen *nt* party badge **Par·tei·bon·ze** *m* party bigwig **Par·tei·buch** *nt* POL party membership book; **das falsche/richtige ~ haben** *(fam)* to belong to the wrong/right party **Par·tei·chef(in)** *m(f)* party leader
Par·tei·en·fi·nan·zie·rung *f* party financing **Par·tei·en·land·schaft** *f kein pl* POL political constellation
Par·tei·freund(in) *m(f)* fellow party member **Par·tei·füh·rung** *f* ➊ *(Leitung einer Partei)* **die ~ innehaben** to exercise the party leadership, to be [the] party leader; **die ~ übernehmen** to assume [*or* take on] [*or* take over] the party leadership, to become [the] party leader ➋ *(leitendes Gremium)* party leadership *no pl* **Par·tei·funk·ti·o·när(in)** *m(f)* POL party official **Par·tei·gän·ger(in)** <-s, -> *m(f)* party supporter [*or* follower] **par·tei·in·tern** **I.** *adj* internal party *attr* **II.** *adv* within the party
par·tei·isch [par'taiiʃ] **I.** *adj* biased **II.** *adv* in a biased way; **~ eingestellt sein** to be biased
Par·tei·kon·gressRR *m* party congress
par·tei·lich [par'tailçc] *adj* ➊ *(eine Partei betreffend)* party ➋ *(selten) s.* **parteiisch**
Par·tei·lich·keit <-> *f kein pl* partiality, bias
Par·tei·li·nie *f* party line **par·tei·los** *adj* independent; ■ **~ sein** not to be attached to [*or* aligned with] any party **Par·tei·lo·se(r)** *f(m) dekl wie adj* independent **Par·tei·mit·glied** *nt* party member **Par·tei·nah·me** <-, -n> *f* partisanship **Par·tei·or·gan** *nt* party organ **Par·tei·po·li·tik** *f* party politics + *sing vb* **par·tei·po·li·tisch** **I.** *adj* party-political *attr* **II.** *adv* from a party political point of view **Par·tei·prä·si·di·um** *m* party executive [committee] **Par·tei·pro·gramm** *nt* [party] manifesto **Par·tei·sol·dat(in)** *m(f)* POL party loyalist **Par·tei·spen·de** *f* party donation **Par·tei·spen·den·af·fä·re** *f* party donations scandal **Par·tei·tag** *m* ➊ *(Parteikonferenz)* party conference ➋ *(Beschlussorgan)* party executive **par·tei·über·grei·fend** *adj* POL non-partisan, cross-party **Par·tei·vor·sit·zen·de(r)** *m dekl wie adj* party chairman *masc* [*or* fem ·woman], chairman *masc* [*or* fem -woman] of the/a party **Par·tei·vor·stand** *m* party executive **Par·tei·zen·tra·le** *f* party headquarters *npl* **Par·tei·zu·ge·hö·rig·keit** *f* party membership
par·terre [par'tɛr] *adv* on the ground floor
Par·terre <-s, -s> [par'tɛr(ə)] *nt* ground floor
Par·terre·woh·nung *f* ground-floor flat [*or* AM *a.* apartment]
Par·the·no·ge·ne·se <-> [partenoge'ne:zə] *f kein pl* parthenogenesis
par·the·no·ge·ne·tisch [partenoge'ne:tɪʃ] *adj* BIOL par-

thenogenetic

Par·tie <-, -n> |par'ti:, pl: -'ti:ən| f ➊ *(Köperbereich)* area ➋ SPORT game; **eine ~ Schach/Tennis/Squash** a game of chess/tennis/squash ➌ *(Posten)* lot ▸ WENDUNGEN: **eine gute ~ |für jdn| sein** to be a good catch |for sb|; **eine gute ~ machen** to marry well; **mit von der ~ sein** to be in on it |or game|

par·ti·ell |par'tsi͜ɛl| I. *adj (geh)* partial II. *adv (geh)* partially

Par·ti·kel <-, -n> |par'tɪkl| f ➊ NUKL particle ➋ LING particle

Par·ti·san(in) <-s *o* -en, -en> |parti'za:n| m(f) guer|r|illa war

Par·ti·sa·nen·krieg m guer|r|illa war

Par·ti·sa·nin <-, -nen> f fem form von **Partisan**

par·ti·tiv |parti'ti:f| *adj* LING partitive

Par·ti·tur <-, -en> |parti'tu:ɐ̯| f MUS score

Par·ti·zip <-s, -ien> |parti'tsi:p, pl: -'tsi:pi͜ən| nt LING participle

Par·ti·zi·pi·al·kon·stru·kti·on |partitsi'pi͜a:l-| f LING participial construction **Par·ti·zi·pi·al·satz** m LING participial clause

par·ti·zi·pie·ren˙ |partitsi'pi:rən| vi *(geh)* ▪ **an etw ~** to participate in sth

Part·ner(in) <-s, -> |'partnɐ| m(f) partner

Part·ner·look <-s> |-lʊk| m kein pl MODE **im ~ gehen,** **~ tragen** to wear |matching| his-and-hers outfits |or clothes|

Part·ner·schaft <-, -en> f partnership; **in einer ~ leben** to live with somebody; *(Städte~)* twinning

part·ner·schaft·lich I. *adj* based on a partnership; **~es Verhältnis** partnership; **~es Zusammenleben/~e Zusammenarbeit** living/working together as partners II. *adv* as partners

Part·ner·stadt f twin town **Part·ner·tausch** m exchange of partners **Part·ner·ver·mitt·lung** f dating agency, marriage bureau **Part·ner·wahl** rare f choice of partner

par·tout |par'tu:| *adv (geh)* **etw ~ tun wollen** to insist on doing sth; **er wollte ~ nicht mitkommen** he really did not want to come at all

Par·ty <-, -s> |'pa:ɐ̯ti| f party; **eine ~ geben** to throw |or have| a party

Par·ty·dress m *(fam)* party clothes pl |or fam gear| **Par·ty·ser·vice** |'pa:ɐ̯tizøːɐ̯vɪs| m party catering service, |outside| caterers **Par·ty·wü·ti·ge(r)** dekl wie adj f(m) party animal; *(bei Technoparty a.)* raver

Par·zel·le <-, -n> |par'tsɛlə| f plot |or parcel| |of land| **par·zel·lie·ren**˙ |oartsɛ'li:rən| vt ▪ **etw ~** to parcel sth out

Pa·scha <-s, -s> |'paʃa| m ➊ nachgestellt HIST pasha ➋ *(pej)* **wie ein ~** like Lord Muck pej

Pas·pel <-, -n> |'paspl| f piping no pl

PassRR1 <-es, Pässe> m, **Paß**ALT <Passes, Pässe> |pas, pl: 'pɛsə| m passport

PassRR2 <-es, Pässe> m, **Paß**ALT <Passes, Pässe> |pas, pl: 'pɛsə| m GEOG pass

PassRR3 <-es, Pässe> m, **Paß**ALT <Passes, Pässe> |pas, pl: 'pɛsə| m SPORT pass

pas·sa·bel |pa'sa:bl| *adj (geh)* reasonable, ok fam; **~ aussehen** to be reasonably good-looking

Pas·sa·ge <-, -n> |pa'sa:ʒə| f ➊ *(Textstück)* passage ➋ *(Ladenstraße)* arcade ➌ NAUT passage

Pas·sa·gier <-s, -e> |pasa'ʒi:ɐ̯| m passenger; **ein blinder ~** a stowaway

Pas·sa·gier·damp·fer m passenger steamer **Pas·sa·gier·flug·zeug** nt passenger aircraft **Pas·sa·gier·liste** f passenger list **Pas·sa·gier·schiff** nt NAUT passenger ship

Pas·sant(in) <-en, -en> |pa'sant| m(f) passer-by

Pas·sat(·wind) <-s, -e> |pa'sa:t-| m trade wind

Pass·bildRR nt passport photo|graph|

pas·sé, pas·seeRR |pa'se:| *adj inv, präd* passé

pas·sen¹ |'pasn| vi ➊ MODE *(jds Maßen entsprechen)* ▪ |jdm| ~ to fit |sb| ➋ *(harmonieren)* ▪ **zu jdm ~** to suit sb; ▪ **zu etw ~** to match sth, to go well with sth; ▪ |irgendwohin| ~ to go well |somewhere|; **so ein riesiger Tisch passt nicht in diese Ecke** a huge table like that doesn't look right in this corner; **es passt in unsere politische Landschaft, dass Politiker käuflich sind** it's typical of our political landscape that politicians can be bought; **sie passt einfach nicht in unser Team** she simply doesn't fit in with this team; **gut zueinander ~** to go well together |or be well matched |or suited to each other|; **das passt zu dir!** that's typical of you! ➌ *(gelegen sein)* ▪ **jdm ~** to suit sb, to be convenient for sb; **der Termin passt mir zeitlich leider gar nicht** that date isn't at all convenient for me; **würde Ihnen der Dienstag besser ~?** would the Tuesday be better for you?; ▪ **jdm ~, dass/wenn …** to be convenient |or fam ok| for sb, that/if …; **passt es Ihnen, wenn wir uns morgen treffen?** would it be ok to meet up tomorrow?; **das würde mir besser ~** that would be better |or more convenient| for me; **jdm nicht ~** not to suit |or be convenient for| sb; **das könnte dir so ~!** *(iron fam)* you'd like that wouldn't you! iron fam ➍ *(unangenehm sein)* not to like, not to think much of; **der Mann passt mir gar nicht** I don't like that man at all; **ihr passt dieser Ton/seine Art nicht** she doesn't like that tone of voice/his attitude; ▪ **jdm passt es nicht, dass/wie** not to like sb …/how; **es passt ihm nicht, dass wir ab und zu mal lachen** he doesn't like us laughing now and then; ▪ **jdm passt etw nicht an jdm** sb does not like sth about sb; **diese vorlaute Art passt mir nicht an dir** I don't like your loud-mouthed ways; **passt dir an mir was nicht?** is there something bugging you about me?; ▪ **jdm nicht |als jd| ~** to not fancy |sb as sb|; **er passt mir nicht als neuer Chef** I don't fancy him as my new boss; **die neue Lehrerin passte ihren Kollegen nicht** the new teacher wasn't liked by her colleagues

pas·sen² |'pasn| vi ➊ *(überfragt sein)* ▪ |bei etw| ~ müssen to have to pass |on sth| ➋ KARTEN to pass

pas·send I. *adj* ➊ *(den Maßen entsprechend)* fitting; **ein ~er Anzug/Schlüssel** a suit/key that fits ➋ *(abgestimmt)* matching; ▪ **etwas zu etw Passendes** sth to go with |or match| sth; **das passt nicht dazu** that doesn't go with it; ▪ **etwas Passendes** sth suitable ➌ *(genehm)* suitable, convenient ➍ *(richtig)* suitable; *(angemessen)* appropriate, right, proper; **eine ~e Bemerkung** a fitting |or appropriate| comment; **die ~en Worte** the right |or appropriate| words; **die ~en Worte finden** to know the right thing to say; **wir haben für jeden Anlass das ~e Geschenk** we have the right present for every occasion ➎ *(abgezählt)* exact; **es ~ haben** to have it exactly |or the right money| II. *adv* ➊ MODE *(den Maßen entsprechend)* to fit ➋ *(abgezählt)* exactly; **bitte halten Sie den Fahrpreis beim Einsteigen ~ bereit!** please have the exact fare ready!

pas·sen·der·wei·se *adv* appropriately enough

Pas·se·par·tout <-s, -s> |paspar'tu:| nt passe-partout

Pass·formRR f fit

Pass·fo·toRR nt s. Passbild

Pass·gangRR m amble

pas·sier·bar *adj* negotiable, navigable; **der Kanal war nur für kleine Schiffe ~** the canal was only navigable for small ships

pas·sie·ren˙ |pa'si:rən| I. vi sein ➊ *(sich ereignen)* to happen; **ist was passiert?** has something happened?; **wie konnte das nur ~?** how could that happen?; **… sonst passiert was!** *(fam)* … or there'll be trouble! fam; **so etwas passiert eben** things like that do happen sometimes; ■ **~, dass ...** to happen that ... ❹ *(unterlaufen)* ■ **jdm ~** to happen to sb; **das kann doch jedem mal ~** that can happen to anyone ❺ *(zustoßen)* to happen; ■ **jdm ist etwas/nichts passiert** sth/nothing has happened to sb ❻ *(durchgehen)* to pass; ■ **jdn ~ lassen** to let sb pass *[or* go through*]* **II.** *vt* **haben** ❶ *(überqueren)* ■ **etw ~** to cross sth ❷ KOCHK ■ **etw [durch etw]** ~ to strain sth *[through sth]*

Pas·sier·müh·le *f* mouli-legumes, food mill **Pas·sier·schein** *m* pass, permit **Pas·sier·tuch** *nt* muslin bag

Pas·si·on <-, -en> [pa'si̯oːn] *f* ❶ *(geh: Leidenschaft)* passion; **etw aus ~ tun** to have a passion for sth ❷ REL *(Leidensgeschichte Jesu)* ■ **die ~** Passion

pas·si·o·niert [pasi̯o'niːɐt] *adj (geh)* passionate

Pas·si·ons·blu·me *f* passion flower **Pas·si·ons·frucht** *f* passion fruit **Pas·si·ons·spiel** *nt* REL Passion play

pas·siv ['pasiːf] **I.** *adj* passive; **~er Raucher/~es Rauchen** passive smoker/smoking **II.** *adv* passively

Pas·siv <-s, -e> ['pasiːf] *nt* LING passive

Pas·si·va [pa'siːva] *pl* ÖKON liabilities *pl*

Pas·siv·ge·schäft *nt* ÖKON deposit business

Pas·si·vi·tät <-> [pasivi'tɛːt] *f kein pl (geh)* passiveness, passivity

Pas·siv·pos·ten *m* ÖKON debit item **Pas·siv·rauchen** *nt* passive smoking **Pas·siv·sei·te** *f* ÖKON liabilities side

Pass·kon·trol·le[RR] *f* ❶ *(das Kontrollieren des Passes)* passport control; **„~"** 'your passports please!' ❷ *(Kontrollstelle)* passport control point **Pass·stel·le**[RR] *f* passport office **Pass·stra·ße**[RR] *f* pass

Pas·sus <-, -> ['pasʊs] *m (geh)* passage

Pass·wort[RR] <-es, -wörter> *nt* password

Pas·te <-, -n> ['pastə] *f* paste

Pas·tell <-s, -e> [pas'tɛl] *nt* KUNST ❶ *kein pl (Malen mit Pastellfarbe)* pastel *[drawing]*; **in ~ arbeiten** to work in pastels ❷ *(Pastellgemälde)* pastel *[drawing]* **Pas·tell·far·be** *f* ❶ *(Pastellton)* pastel colour *[or* AM -or*]* ❷ *(Malfarbe)* pastel **pas·tell·far·ben I.** *adj* pastel*[-*coloured *[or* AM -ored*]* | **II.** *adv* in pastels *[or* pastel-colours*]* *[or* AM -ors*]* **Pas·tell·ma·le·rei** *f* KUNST ❶ *kein pl (Pastell)* pastel drawing ❷ *(Bild in Pastellfarben)* pastel drawing **Pas·tell·ton** *m* pastel shade

Pas·te·te <-, -n> [pas'teːtə] *f* pâté

pas·teu·ri·sie·ren* [pastøri'ziːrən] *vt* ■ **etw ~** to pasteurize sth

Pas·til·le <-, -n> [pas'tɪlə] *f* pastille

Pas·ti·na·ke <-, -n> [pasti'naːkə] *f* parsnip

Pas·tor, Pas·to·rin <-s, -toren> ['pastoːɐ, pas'toːrɪn] *m, f* NORDD *s.* **Pfarrer**

Pa·ta·go·ni·en <-s> [pata'goːni̯ən] *nt* Patagonia

Patch·work <-s, -s> ['pɛtʃwøːɐk] *nt* patchwork **Patch·work·de·cke** *f* patchwork quilt

Pa·te <-n, -n> ['paːtə] *m (sl)* godfather

Pa·te, Pa·tin <-n, -n> ['paːtə, 'paːtɪn] *m, f* REL godfather, godmother, godparent; ▶ WENDUNGEN: **bei etw ~ stehen** *(geh)* to be the force behind sth; *(Dichtung, Kunstwerk)* to be the inspiration for sth

Pa·ten·kind *nt* godchild **Pa·ten·on·kel** *m* godfather

Pa·ten·schaft <-, -en> *f* ❶ REL godparenthood ❷ *(Fürsorgepflicht)* sponsorship

Pa·ten·sohn *m* godson **Pa·ten·stadt** *f s.* **Partnerstadt**

pa·tent [pa'tɛnt] *adj* ❶ *(sehr brauchbar)* ingenious, clever ❷ *(fam: tüchtig)* top-notch *fam*

Pa·tent <-[e]s, -e> [pa'tɛnt] *nt* ❶ *(amtlicher Schutz)* patent; **ein ~ auf etw haben** *akk* to have a patent on sth; **etw als [o zum] ~ anmelden, ein ~ auf etw** *akk* **anmelden** to apply for a patent on sth ❷ *(Ernennungsurkunde)* commission ❸ SCHWEIZ *(staatliche Erlaubnis)* permit, licence *[or* AM -se*]*

Pa·tent·amt *nt* Patent Office

Pa·ten·tan·te *f* godmother

Pa·tent·an·walt, -an·wäl·tin *m, f* patent agent

pa·ten·tier·bar *adj* patentable

pa·ten·tie·ren [patɛn'tiːrən] *vt* ■ **[jdm] etw ~** to patent sth *[for* sb*]*; ■ **sich** *dat* **etw ~ lassen** to have sth patented

Pa·tent·lö·sung *f s.* **Patentrezept**

Pa·ten·toch·ter *f* goddaughter

Pa·tent·recht *nt* JUR ❶ *(gesetzliche Regelungen)* patent law ❷ *(Recht auf ein Patent)* patent right **Pa·tent·re·zept** *nt* easy solution, patent remedy **Pa·tent·rol·le** *f* Patent Rolls *pl* **Pa·tent·verletzung** *f* ADMIN patent infringement, infringement of a patent

Pa·tent·ver·schluss[RR] *m* swing stopper

Pa·ter <-s, - *o* Patres> ['paːtɐ, *pl:* 'paːtreːs] *m* REL Father

pa·the·tisch [pa'teːtɪʃ] **I.** *adj (geh)* emotional, impassioned; **~e Szene/Formulierung** dramatic scene/wording; **~e Rede** emotive *[or* emotional*]* speech **II.** *adv (geh)* dramatically, impassionedly

Pa·tho·lo·ge, Pa·tho·lo·gin <-n, -n> [pato'loːgə, -'loːgɪn] *m, f* pathologist

Pathologie <-, -n> [patolo'giː, *pl:* -'giːən] *f* ❶ *kein pl (Krankheitslehre)* pathology ❷ *(pathologische Abteilung)* pathology

Pa·tho·lo·gin <-, -nen> *f fem form von* **Pathologe**

pa·tho·lo·gisch [pato'loːgɪʃ] **I.** *adj* ❶ *(die Pathologie betreffend)* pathological ❷ *(krankhaft)* pathological **II.** *adv* pathologically

Pa·thos <-> ['paːtɔs] *nt kein pl* emotiveness, emotionalism; **mit ~** with great feeling

Pa·ti·ence <-, -n> [pa'si̯ãːs] *f* KARTEN patience; **~n legen** to play patience

Pa·ti·ent(in) <-en, -en> [pa'tsi̯ɛnt] *m(f)* patient; **stationärer ~** in-patient; **bei jdm ~ sein, ~ von jdm sein** to be sb's patient

Pa·tin <-, -nen> ['paːtɪn] *f fem form von* **Pate**

Pa·ti·na <-> [pa'tina] *f kein pl* patina

Pa·tis·se·rie <-, -n> [patɪsə'riː, *pl:* -riːən] *f* SCHWEIZ ❶ *(Konditorei)* patisserie ❷ *(Café)* café ❸ *(Gebäck)* pastry

Pat·na ['patna] *m kein pl* patna rice

Pat·res ['paːtreːs] *pl von* **Pater**

Pa·tri·arch <-en, -en> [patri'arç] *m* ❶ REL patriarch ❷ *(geh: autoritärer Familienvater)* patriarch

pa·tri·ar·cha·lisch [patriar'çaːlɪʃ] *adj* ❶ *(auf dem Patriarchat beruhend)* patriarchal ❷ *(geh: autoritär)* patriarchal

Pa·tri·ar·chat <-[e]s, -e> [patriar'çaːt] *nt* REL, SOZIOL patriarchy

Pa·tri·ot(in) <-en, -en> [patri'oːt] *m(f)* patriot

pa·tri·o·tisch [patri'oːtɪʃ] **I.** *adj* patriotic **II.** *adv* patriotically

Pa·tri·o·tis·mus <-> [patrio'tɪsmʊs] *m kein pl* patriotism

Pa·tri·zi·er(in) <-s, -> [pa'triːtsi̯ɐ] *m(f)* HIST ❶ *(römischer Adeliger)* patrician ❷ *(angesehener Bürger)* patrician

Pa·tron(in) <-s, -e> [pa'troːn] *m(f)* ❶ REL patron saint ❷ *(Schirmherr)* patron ❸ *(pej: Typ)* old devil *pej fam* ❹ SCHWEIZ *(Arbeitgeber)* employer

Pa·tro·ne <-, -n> [pa'troːnə] *f* ❶ JAGD, MIL cartridge ❷ *(Tintenpatrone)* [ink] cartridge ❸ FOTO cartridge ❹ MIL ▶ WENDUNGEN: **bis zur letzten ~** to the bitter end

Pa·tro·nen·fül·ler *m* cartridge pen **Pa·tro·nen·gurt** *m* ammunition belt **Pa·tro·nen·hül·se** *f* cartridge case

Pa·tro·nin <-, -nen> *f fem form von* **Patron**

Pa·trouil·le <-, -n> [pa'trʊljə] *f* MIL patrol; **auf ~ gehen** to patrol

Pa·trouil·len·füh·rer *m* patrol leader **Pa·trouil·len·gang** *m* patrol

pa·trouil·lie·ren |patrʊl'jiːrən, patroˈliːrən| *vi* to patrol
patsch |patʃ| *interj* splash
Pat·sche <-, -n> |'patʃə| *f (fam)* ❶ *(Fliegenklatsche)* swat ❷ *(Hand)* paw *fam,* mitt *fam* ▸ WENDUNGEN: **jdm aus der ~ helfen** jdn aus der ~ ziehen to get sb out of a jam [*or* tight spot]; **in der ~ sitzen** [*o* **stecken**] to be in a jam [*or* tight spot]
pat·schen |'patʃn| *vi* ❶ *haben (klatschend schlagen)* ■ **|mit etw|** ~ to slap [with sth]; *(in Wasser)* to |go| splash [with sth] ❷ *sein (sich klatschend fortbewegen)* to go splashing through
Patsch·händ·chen *nt (fam)* |tiny| hand
patsch·nass^{RR} |'patʃ'nas| *adj (fam)* soaking wet *fam*
patt |pat| *adj pred* SCHACH ■ ~ **sein** to reach stalemate
Patt <-s, -s> |pat| *nt* stalemate
pat·zen |'patsn| *vi (fam)* to slip [*or* mess] up, to boob *fam*
Pat·zer <-s, -> *m* ❶ *(fam: Fehler)* slip-up ❷ ÖSTERR *(Klecks)* blob
pat·zig |'patsɪç| *adj (fam)* snotty *fam*
Pau·ke <-, -n> |'paʊkə| *f* MUS kettledrum; ▸ WENDUNGEN: **mit ~n und Trompeten durchfallen** *(fam)* to fail miserably [*or* dismally] [*or* spectacularly]; **jdn mit ~n und Trompeten begrüßen** [*o* **empfangen**] to give sb the red-carpet treatment, to roll out the red carpet for sb; **auf die ~ hauen** *(fam: angeben)* to blow one's own trumpet *fam; (ausgelassen feiern)* to paint the town red *fam,* BRIT *a.* to go on the razzle *fam*
pau·ken |'paʊkn| I. *vi (fam)* ■ **|mit jdm|** ~ to cram [with sb], BRIT *a.* to |help sb| swot up II. *vt* ■ **etw** **|mit jdm|** ~ to cram for [*or* BRIT *a.* swot up on] sth [with sb]
Pau·ken·höh·le *f* ANAT tympanic cavity **Pau·ken·schlag** *m* MUS *(Schlag auf die Pauke)* beat of a kettledrum; ▸ WENDUNGEN: **mit einem** ~ sensationally, spectacularly
Pau·ker(in) <-s, -> |'paʊke| *m(f) (fam)* teacher
Pau·ke·rei <-, -> |paʊke'raɪ| *f kein pl (fam)* cramming *fam,* BRIT *a.* swotting *fam*
Pau·ke·rin <-, -nen> *f fem form von* **Pauker**
Pau·kist(in) <-en, -en> |paˈkɪst| *m(f)* timpanist
Paus·ba·cken |'paʊs-| *pl* chubby cheeks *pl*
paus·bä·ckig |'paʊsbɛkɪç| *adj* chubby-cheeked
pau·schal |paʊˈʃaːl| I. *adj* ❶ *(undifferenziert)* sweeping, general, wholesale ❷ FIN flat-rate *attr,* all-inclusive II. *adv* ❶ *(allgemein)* **etw** ~ **beurteilen** to make a wholesale judgement about sth ❷ FIN at a flat rate; ~ **bezahlen** to pay in a lump sum
Pau·schal·be·trag *m* lump sum
Pau·scha·le <-, -n> |paʊˈʃaːlə| *f* flat rate
Pau·schal·ho·no·rar *nt* lump sum fee
pau·scha·lie·ren |paʊʃaˈliːrən| *vt* ■ **etw** ~ to estimate sth at a flat rate
Pau·schal·preis *m* ÖKON all-inclusive [*or* BRIT *a.* -in] price **Pau·schal·rei·se** *f* package holiday [*or* tour] **Pau·schal·tou·rist(in)** *m(f)* TOURIST package holiday tourist **Pau·schal·ur·laub** *m* package holiday [*or* tour] **Pau·schal·ur·teil** *nt* sweeping statement
Pau·se¹ <-, -n> |'paʊzə| *f* ❶ *(Unterbrechung)* break, AM *a.* recess; **die große/kleine** ~ SCH long |mid-morning|/short break; **|eine| ~ machen** to have a break; **„~!"** 'time out!' ❷ *(Sprechpause)* pause ❸ MUS rest
Pau·se² <-, -n> |'paʊzə| *f* tracing
Pau·sen·hal·le *f* SCH break hall *(open hall where pupils can gather during break when it rains)*
pau·sen·los I. *adj attr* ceaseless, continuous, non-stop II. *adv* ceaselessly, continuously, non-stop
Pau·sen·zei·chen *nt* ❶ RADIO, TV call sign ❷ MUS rest
pau·sie·ren |paʊˈziːrən| *vi (geh)* to take [*or* have] a break, to break
Paus·pa·pier *nt* ❶ *(durchsichtiges Papier)* tracing paper ❷ *(Kohlepapier)* carbon paper

Pa·vi·an <-s, -e> |'paːviaːn| *m* baboon
Pa·vil·lon <-s, -s> |'paviljõ, 'paviljɔn| *m* ARCHIT ❶ *(Gartenhaus)* pavilion ❷ *(provisorischer Bau)* Portakabin® BRIT
Pay·back Kar·te <-, -n> |'peɪbæk-| *f* loyalty card
Pay-TV <-s, -s> |'peːtiːviː| *nt* Pay-TV
Pa·zi·fik <-s> |pa'tsiːfɪk| *m* ■ **der** ~ the Pacific
Pa·zi·fis·mus <-> |patsi'fɪsmʊs| *m kein pl* ■ **der** ~ pacifism
Pa·zi·fist(in) <-en, -en> |patsi'fɪst| *m(f)* pacifist
pa·zi·fis·tisch *adj* pacifist
PC <-s, -s> |peːˈtseː| *m Abk von* **Personal Computer** PC
PCB <-, -s> |peːtseːˈbeː| *nt Abk von* **polychloriertes Biphenyl** PCB
PDS <-> |peːdeːˈʔɛs| *f kein pl* POL *Abk von* **Partei des Demokratischen Sozialismus**
Pech <-[e]s, -e> |pɛç| *nt* ❶ *(fam: unglückliche Fügung)* bad luck; **|bei etw|** ~ **haben** *(fam)* to be unlucky [in |*or* with| sth], to have bad [*or* fam tough] luck [in sth]; **bei jdm |mit etw| ~ haben** to be out of [*or* not have any] luck [with sb |regarding sth|]; ~ **gehabt!** *(fam)* tough! *fam;* **so ein ~!** *(fam)* was für ein ~! *(fam)* just my/our etc luck *fam;* **das ist ~!** hard [*or* bad] luck!, |that's| too bad! ❷ *(Rückstand bei Destillation von Erdöl)* pitch ▸ WENDUNGEN: ~ **an den Hosen haben** *(sl)* |to |simply| not know when it's time to leave; **zusammenhalten wie ~ und Schwefel** *(fam)* to be as thick as thieves *fam*
pech·schwarz |'pɛçʃvarts| *adj (fam)* pitch black; **~es Haar** jet-black hair **Pech·sträh·ne** *f (fam)* run [*or* streak] of bad luck; **eine ~ haben** to have a run [*or* streak] of bad luck, BRIT *a.* to go through an unlucky patch **Pech·vo·gel** *m (fam)* unlucky person, walking disaster *hum fam*
Pe·dal <-s, -e> |pe'daːl| *nt* pedal; **|ziemlich| in die ~e treten** to pedal |hard|
pe·da·len |pe'daːlən| *vi* SCHWEIZ to pedal
Pe·dant(in) <-en, -en> |pe'dant| *m(f)* pedant
Pe·dan·te·rie <-, -n> |pedantə'riː| *f* ❶ *kein pl (pedantisches Wesen)* pedantry ❷ *(pedantische Handlung)* pedantry
Pe·dan·tin <-, -nen> *f fem form von* **Pedant**
pe·dan·tisch |pe'dantɪʃ| I. *adj* pedantic II. *adv* pedantically
Ped·dig·rohr |'pɛdɪçroːɐ̯| *nt* cane
Pe·di·kü·re <-, -n> |pedi'kyːrə| *f* ❶ *kein pl (Fußpflege)* pedicure ❷ *(Fußpflegerin)* chiropodist
Pee·ling <-s, -s> |'piːlɪŋ| *nt* exfoliation
Peep·show^{RR} <-, -s> |'piːpʃo| *f,* **Peep-Show**^{ALT} <-, -s> *f* peep show
Peer·group <-, -s> |'piːɐ̯gruːp| *f* SOZIOL, PSYCH peer group
Pe·gel <-s, -> |'peːgl| *m* ❶ *(Messlatte)* water level gauge [*or* AM *a.* gage] ❷ *s.* **Pegelstand**
Pe·gel·stand *m* water level
pei·len |'paɪlən| I. *vt* NAUT ■ **etw** ~ to get a bearing on sth II. *vi (fam)* to peek; *s. a.* **Daumen** *s. a.* **Lage**
Peil·sen·der *m* RADIO DF transmitter *spec*
Pei·lung <-, -en> *f* NAUT ❶ *(Bestimmung des Standorts)* bearing ❷ *kein pl (Messung der Wassertiefe)* sounding, plumbing
Pein <-> |pain| *f kein pl (veraltend geh)* agony
pei·ni·gen |'painɪɡn| *vt* ❶ *(zermürben)* ■ **jdn** ~ to torment sb ❷ *(jdm zusetzen)* ■ **jdn** ~ to torture sb; *s. a.* **Blut**
Pei·ni·ger(in) <-s, -> *m(f) (geh)* torturer, tormentor
Pei·ni·gung <-, -en> *f (geh)* torture, agony
pein·lich |'painlɪç| *adj* ❶ *(unangenehm)* embarrassing; **eine ~e Frage/Situation** [*o* **Lage**] an awkward question/situation; ■ **jdm** ~ **sein** to be embarrassed; **es war ihr sehr ~** she was very embarrassed about it;

■ **jdm ~ sein, dass/wenn …** to feel awkward that/ when …; ■ **etwas Peinliches** sth awful ❷ *(äußerst)* painstaking, diligent; **~e Genauigkeit** meticulous precision; **~e Sauberkeit** scrupulous cleanliness II. *adv* ❶ *(unangenehm)* **jdn ~ berühren** to be awkward for sb; **auf jdn ~ wirken** to be embarrassing for sb ❷ *(gewissenhaft)* painstakingly; **~ befolgen** to follow diligently ❸ *(äußerst)* meticulously, thoroughly

Pein·lich·keit <-, -en> *f* ❶ *kein pl (peinliche Art)* awkwardness, embarrassment ❷ *(Genauigkeit)* scrupulousness, meticulousness

Peit·sche <-, -n> ['paitʃə] *f* whip

peit·schen ['paitʃn] I. *vt haben* ■ **jdn/etw ~** to whip sb/sth II. *vi sein* ■ **gegen etw ~** to lash against sth; **Regen peitscht an** [*o* **gegen**] **etw** rain is lashing against sth; **Wellen peitschen an** [*o* **gegen**] **etw** the waves are beating against sth

Peit·schen·hieb *m* stroke [*or* lash] [of the whip] **Peit·schen·knall** *m* crack of a/the whip **Peit·schen·schlag** *m s.* **Peitschenhieb**

pe·jo·ra·tiv [pejoraˈtiːf] I. *adj* pejorative II. *adv* pejoratively

Pe·ka·ri <-, -s> [peˈkaːri] *nt* ZOOL peccary

Pe·ki·ne·se <-n, -n> [pekiˈneːzə] *m* ZOOL Pekinese

Pe·king <-s> ['peːkɪŋ] *nt* Beijing

Pe·li·kan <-s, -e> ['peːlikaːn] *m* pelican

Pel·le <-, -n> ['pɛlə] *f (fam: Haut)* skin; ► WENDUNGEN: **jdm nicht von der ~ gehen** *(sl)* to not stop pestering sb *fam;* **jdm auf der ~ sitzen** *(sl)* to be on sb's back *fam;* **jdm auf die ~ rücken** *(fam: sich dicht herandrängen)* to crowd sb; *(jdn bedrängen)* to badger [*or* pester] sb

pel·len ['pɛlən] I. *vt (fam)* ■ **etw ~** to skin sth; **Obst/ Kartoffeln ~** to peel fruit/potatoes; *s. a.* **Ei** II. *vr (fam)* ■ **sich ~** to peel

Pell·kar·tof·feln *pl* potatoes boiled in their jackets

Pelz <-es, -e> [pɛlts] *m* ❶ *(Fell)* fur ❷ *kein pl* MODE *(Material)* fur; *(Pelzmantel)* fur [coat] ► WENDUNGEN: **jdm/einem Tier eins auf den ~ brennen** *(fam)* to singe sb's/an animal's hide, to pump sb/an animal full of lead *sl;* **jdm auf den ~ rücken** *(fam)* to crowd sb

Pelz·be·satz *m* fur trimming **pelz·be·setzt** *adj* fur-trimmed **pelz·ge·füt·tert** *adj* fur-lined **Pelz·han·del** *m* fur trade

pel·zig ['pɛltsɪç] *adj* ❶ *(belegt)* furry ❷ *(mit Härchen versehen)* furry

Pelz·imi·tat *nt* fake [*or* imitation] fur **Pelz·kra·gen** *m* fur collar **Pelz·man·tel** *m* fur coat **Pelz·müt·ze** *f* fur hat **Pelz·tier** *nt* animal valued for its fur **Pelz·tier·farm** *f* fur farm

Pe·nal·ty <-s, -s> ['pɛnlti] *m* ❶ *(Strafstoß)* penalty ❷ SCHWEIZ *(Elfmeter)* penalty

Pen·dant <-s, -s> [pãˈdãː] *nt (geh)* counterpart; ■ **~** [**zu etw**] the counterpart [to sth]

Pen·del <-s, -> ['pɛndl] *nt* pendulum; **das ~ schlägt** [**nach der einen/anderen Seite**] **aus** the pendulum swings [in the one/other direction]

Pen·del·dienst *m* shuttle service

pen·deln ['pɛndln] *vi* ❶ *haben (schwingen)* ■ [**hin und her**] **~** to swing [to and fro] ❷ *sein* TRANSP *(hin-und herfahren)* to commute

Pen·del·schä·ler *m* swivel-bladed potato peeler **Pen·del·tür** *f s.* **Schwingtür Pen·del·uhr** *f* pendulum clock **Pen·del·ver·kehr** *m* ❶ *(Nahverkehrsdienst)* shuttle service ❷ *(Berufsverkehr)* commuter traffic

pen·dent [pɛnˈdɛnt] *adj* SCHWEIZ *(form: anhängig)* pending

Pen·denz <-, -en> [pɛnˈdɛnts] *f* SCHWEIZ *(form)* pending matter

Pend·ler(in) <-s, -> ['pɛndlɐ] *m(f)* commuter

Pe·nes ['peːneːs] *pl von* **Penis**

pe·ne·trant [peneˈtrant] I. *adj* ❶ *(durchdringend)* penetrating; **~er Geruch** a pungent smell ❷ *(aufdringlich)* overbearing, insistent; **sei doch nicht so ~, ich gehe ja mit!** stop pestering me, I'm coming! II. *adv* pungently, penetratingly

peng [pɛŋ] *interj (Schussgeräusch)* bang

pe·ni·bel [peˈniːbl] *adj (geh: Ordnung)* meticulous; *(Mensch)* fastidious; ■ **jd ist** [**in etw** *dat*] **~** sb is fastidious [*or fam* pernickety] [about sth]

Pe·nis <-, -se *o* Penes> ['peːnɪs, *pl:* 'peːneːs] *m* penis

Pe·ni·zil·lin <-s, -e> [penitsɪˈliːn] *nt* penicillin

Pen·ne <-, -n> ['pɛnə] *f* SCH *(sl)* school; **auf die ~ gehen** to go to school

pen·nen ['pɛnən] *vi (fam)* ❶ *(schlafen)* to kip BRIT *fam,* to sleep AM; **du kannst auch bei mir ~** you can kip over at mine ❷ *(nicht aufpassen)* to sleep; ■ **gepennt haben** to have been sleeping ❸ *(sl: Beischlaf haben)* ■ **mit jdm ~** to go to bed with sb

Pen·ner(in) <-s, -> *m(f) (pej fam)* ❶ *(Stadtstreicher)* tramp, bum *fam* ❷ *(langsamer Mensch)* slowcoach BRIT *fam,* slowpoke AM *fam*

Pen·sa ['pɛnza], **Pen·sen** [pɛnzən] *pl von* **Pensum**

Pen·si·on <-, -en> [pãˈzjoːn, pɛnˈzjoːn] *f* ❶ TOURIST guest house ❷ *(Ruhegehalt)* pension; **in ~ gehen** to go into retirement; ■ **in ~ sein** to be in retirement [*or* retired] ❸ *kein pl* TOURIST *(Verpflegung)* **mit ~** with full board

Pen·si·o·när(in) <-s, -e> [pãzjoˈnɛːɐ, pɛnzjoˈnɛːɐ] *m(f)* ❶ *(Ruhestandsbeamter)* pensioner, retired person ❷ SCHWEIZ *s.* **Pensionsgast**

pen·si·o·nie·ren* [pãzjoˈniːrən, pɛnzjoˈniːrən] *vt* ■ **pensioniert werden** to be pensioned off; **vorzeitig pensioniert werden** to be given early retirement; ■ **sich ~ lassen** to retire

pen·si·o·niert *adj* retired

Pen·si·o·nie·rung <-, -en> *f* retirement

Pensionsalter *nt* retirement age **Pen·si·ons·an·spruch** *m* right to a pension **pen·si·ons·be·rech·tigt** *adj* entitled to a pension **Pen·si·ons·preis** *m* TOURIST cost of board **pen·si·ons·reif** *adj (fam)* ready for retirement

Pen·sum <-s, Pensa *o* Pensen> ['pɛnzʊm, *pl:* 'pɛnza, 'pɛnzən] *nt (geh)* work quota

Pent·house <-, -s> ['pɛnthaus] *nt* penthouse

Pep <-[s]> [pɛp] *m kein pl* verve, pep *fam,* oomph *fam,* pizzazz *fam;* **~ haben** *(fam)* to have verve [*or* pizzazz]; **mit …** ~ *(fam)* with … pizzazz [*or* pep]

Pe·pe·ro·ni [pepeˈroːni] *pl* KOCHK ❶ *(scharfe Paprikas)* chillies *pl* ❷ SCHWEIZ *(Gemüsepaprika)* peppers *pl*

pep·pig ['pɛpɪç] *adj (fam)* peppy *fam,* racy *fam,* upbeat

Pep·sin <-s, -e> [pɛpˈsiːn] *nt* pepsin

Pep·tid <-s, -e> [pɛpˈtiːt] *nt* BIOL, CHEM peptide

per [pɛr] *präp* ❶ *(durch)* by; **~ Post/Bahn** by post [*o* AM mail] /train ❷ *(pro)* per ► WENDUNGEN: **~ pedes** *(hum)* on foot, BRIT *a.* on shank's pony *hum;* **~ se** *(geh)* per se; **mit jdm ~ du/Sie sein** *(fam)* to address sb with "du"/"Sie", to be on familiar/unfamiliar terms with sb

Pe·res·troi·ka <-> [perɛsˈtrɔyka] *f kein pl* POL perestroika

per·fekt [pɛrˈfɛkt] I. *adj* ❶ *(vollkommen)* perfect ❷ *pred (abgemacht)* ■ **~ sein** to be settled; **etw ~ machen** to settle sth II. *adv* perfectly

Per·fekt <-s, -e> ['pɛrfɛkt] *nt* LING ❶ *(vollendete Zeitform)* perfect [tense] ❷ *(Verbform im ~)* perfect

Per·fek·ti·on <-> [pɛrfɛkˈtsjoːn] *f kein pl (geh)* perfection; ■ **mit ~** to perfection; **in höchster ~** to the highest perfection

per·fek·ti·o·nie·ren* [pɛrfɛktsioˈniːrən] *vt (geh)* ■ **etw ~** to perfect sth

Per·fek·ti·o·nis·mus <-> [pɛrfɛktsioˈnɪsmʊs] *m kein pl (geh)* perfectionism

Per·fek·ti·o·nist(in) <-en, -en> [pɛrfɛktsioˈnɪst] *m(f)*

perfectionist

per·fi·de [pɛrˈfiːdə] **I.** adj (geh) perfidious liter **II.** adv (geh) perfidiously

Per·fo·ra·ti·on <-, -en> [pɛrforaˈtsi̯oːn] f ❶ (Lochung) perforation ❷ (Trennlinie) perforated line ❸ MED perforation

per·fo·rie·ren＊ [pɛrfoˈriːrən] vt ■ etw ~ to perforate sth

Per·for·man·ce <-> [pøːɐ̯ˈfɔːɐ̯məns] f kein pl (sl) performance, manner

Per·ga·ment <-[e]s, -e> [pɛrgaˈmɛnt] nt parchment **Per·ga·ment·band** <-bände> m vellum-bound book **Per·ga·ment·pa·pier** nt greaseproof paper **Per·ga·ment·rol·le** f scroll

Per·go·la <-, Pergolen> [ˈpɛrgola, pl: -golən] f pergola

Pe·ri·o·de <-, -n> [peˈri̯oːdə] f ❶ (Zeitabschnitt) period ❷ BIOL period ❸ MATH repetend

Pe·ri·o·den·sys·tem nt CHEM periodic table

pe·ri·o·disch [peˈri̯oːdɪʃ] **I.** adj periodic[al], regular **II.** adv periodically, regularly; s. a. **Dezimalzahl**

pe·ri·pher [periˈfeːɐ̯] **I.** adj ❶ (geh: oberflächlich) peripheral ❷ ANAT, MED peripheral **II.** adv (geh) peripherally, on the periphery

Pe·ri·phe·rie <-, -n> [perifeˈriː, pl: -ˈriːən] f ❶ (Randzone) periphery, outskirts pl ❷ MATH (Begrenzungslinie) periphery ❸ INFORM (Peripheriegeräte) peripheral [device]

Pe·ri·skop <-s, -e> [periˈskoːp] nt periscope

Perl·boh·ne f Boston bean, pearl haricot, pea bean

Per·le <-, -n> [ˈpɛrlə] f ❶ (Schmuckperle) pearl ❷ (Kügelchen) bead ❸ (fig) gem; **unsere Haushälterin ist eine echte ~** our housekeeper is a true gem ❹ (Tropfen) bead, droplet ❺ (Luftbläschen) bubble ▶ WENDUNGEN: **~n vor die Säue werfen** (prov) to cast pearls before swine prov

per·len [ˈpɛrlən] vi ❶ (sprudeln) to fizz ❷ (geh: in Tropfen stehen) ■ **auf etw ~** dat to form beads [or droplets] on sth ❸ (geh: in Tropfen rinnen) ■ **von etw ~** to trickle [or roll] from sth

Per·len·ket·te f pearl necklace **Per·len·tau·cher(in)** m(f) pearl diver

Perl·gers·te f pearl barley **Perl·huhn** nt guinea fowl **Perl·mu·schel** f pearl oyster

Perl·mutt <-s> [ˈpɛrlmʊt] nt kein pl mother-of-pearl

Per·lon® <-s> [ˈpɛrlɔn] nt kein pl [type of] nylon

Per·lon·strumpf <-[e]s, -strümpfe> m nylon stocking; ■ **Perlonstrümpfe** nylons npl, nylon stockings pl

Perl·tang m BOT carragheen **Perl·zwie·bel** f pearl onion

Perm <-s> [pɛrm] kein pl nt GEOL Permian

per·ma·nent [pɛrmaˈnɛnt] **I.** adj (geh) permanent **II.** adv (geh) permanently

Per·ma·nenz <-> [pɛrmaˈnɛnts] f (geh) permanence; **in ~** constantly, continuously

Per·me·a·bi·li·tät <-> [pɛrmeabiliˈtɛt] f kein pl PHYS permeability

Per·pe·tu·um mo·bi·le <- -, - -[s]> [pɛrˈpeːtuʊm ˈmoːbilə] nt perpetual motion machine

per·plex [pɛrˈplɛks] adj dumbfounded, thunderstruck

Per·ron <-s, -s> [pɛˈrõː] m SCHWEIZ, ÖSTERR (Bahnsteig) platform

Per·sen·ning <-, -e[n]> [pɛrˈzɛnɪŋ] f ❶ NAUT tarpaulin ❷ kein pl MODE (Segeltuch) canvas

Per·ser(in) <-s, -> [ˈpɛrze] m(f) HIST Persian

Per·ser <-s, -> [ˈpɛrze] m (fam) Persian [rug]

Per·ser(in) <-s, -> [ˈpɛrze] m(f) GEOG Persian

Per·ser·tep·pich m Persian rug

Per·si·a·ner <-s, -> [pɛrˈzi̯aːnɐ] m ❶ (Fell) Persian lamb ❷ MODE (Mantel aus ~ 1) Persian lamb coat

Per·si·en <-s> [ˈpɛrzi̯ən] nt HIST s. **Iran** Persia

Per·si·fla·ge <-, -n> [pɛrziˈflaːʒə] f (geh) satire

per·si·flie·ren＊ [pɛrziˈfliːrən] vt (geh) ■ **jdn/etw ~** to

satirize sb/sth

Per·sil·schein [pɛrˈziːl-] m ❶ (hum fam) denazification certificate ❷ (fig) clean bill of health

Per·sisch [ˈpɛrzɪʃ] nt dekl wie adj Persian; s. a. **Deutsch**

per·sisch [ˈpɛrzɪʃ] adj Persian

Per·si·sche <-s> [ˈpɛrzɪʃə] nt ■ **das ~** Persian, the Persian language; s. a. **Deutsche**

Per·si·scher Golf m Persian Gulf

Per·son <-, -en> [pɛrˈzoːn] f ❶ meist pl (Mensch) person; **juristische ~** JUR legal entity, juristic person; **natürliche ~** JUR natural person; **jd als ~** sb as a person; **ich/du etc für meine/deine etc ~** I/you [or as for] myself/yourself; **... in ~** personified; **in ~** personally; **in einer ~** rolled into one; **pro ~** per person; **zur ~** JUR concerning a person's identity ❷ (pej: Subjekt) character ❸ LIT, THEAT (Handelnde) character ❹ kein pl LING (grammatische Form) person

per·so·nal [pɛrzoˈnal] adj inv (geh) personal

Per·so·nal <-s> [pɛrzoˈnal] nt kein pl ❶ (Gesamtheit der Mitarbeiter) personnel, staff ❷ (Hausangestellte) staff

Per·so·nal·ab·bau m downsizing no pl, no indef art, reduction in staff[ing levels] [or personnel], personnel [or staff] cuts pl **Per·so·nal·ab·tei·lung** f personnel [or human resources] department **Per·so·nal·ak·te** f personal file **Per·so·nal·aus·weis** m identity card **Per·so·nal·be·stand** m number of staff [or personnel] **Per·so·nal·bü·ro** nt ÖKON personnel office **Per·so·nal·chef(in)** m(f) personnel manager, head of personnel

Per·so·nal Com·pu·terᴿᴿ [ˈpøˑˈsənəl-] m personal computer

Per·so·nal·ein·spa·rung f staff [or personnel] reduction, staff cuts pl

Per·so·na·li·en [pɛrzoˈnaːli̯ən] pl particulars npl

Per·so·nal·kos·ten pl personnel costs npl **Per·so·nal·pla·nung** f ÖKON personnel planning no pl, no indef art **Per·so·nal·po·li·tik** f staff policy **Per·so·nal·pro·no·men** nt LING personal pronoun **Per·so·nal·rat** m staff council [of a public authority] **Per·so·nal·rat, -rä·tin** m, f staff council representative [of a public authority] **Per·so·nal·uni·on** f ❶ (Halter von zwei Ämtern) **in ~** (geh) at the same time; **er ist Parteisprecher und Präsident in ~** he's both party speaker and president ❷ HIST personal union **Per·so·nal·ver·mitt·lung** f ÖKON employment agency **Per·so·nal·we·sen** nt ÖKON personnel matters pl

per·so·nell [pɛrzoˈnɛl] **I.** adj personnel attr, staff attr **II.** adv as regards personnel; **~ aufstocken** to increase staff [or personnel]; **sich ~ so aufbauen etw zusammensetzen** to be staffed in a certain way

Per·so·nen·auf·zug m (form) passenger lift BRIT, AM elevator **Per·so·nen·be·för·de·rung** f carriage [or conveyance] of passengers **Per·so·nen·be·schrei·bung** f personal description **per·so·nen·be·zo·gen** adj personal **Per·so·nen·ge·dächt·nis** nt memory for faces; **ein gutes/schlechtes ~ haben** to have a good/bad memory for faces **Per·so·nen·ge·sell·schaft** f ÖKON partnership **Per·so·nen·kraft·wa·gen** m (geh) motorcar form **Per·so·nen·kreis** m group of people **Per·so·nen·kult** m personality cult; **einen ~ mit jdm treiben** to build up a personality cult around sb **Per·so·nen·scha·den** m personal injury **Per·so·nen·schutz** m personal security **Per·so·nen·ver·kehr** m passenger transport **Per·so·nen·waa·ge** f (form) scales npl (for weighing persons) **Per·so·nen·wa·gen** m (form) private car **Per·so·nen·zug** m (veraltend) slow [or stopping] train

Per·so·ni·fi·ka·ti·on <-, -en> [pɛrzonifikaˈtsi̯oːn] f (geh) personification

per·so·ni·fi·zie·ren＊ [pɛrzonifiˈtsiːrən] vt ■ **etw ~** to personify sth

Per·so·ni·fi·zie·rung <-, -en> *f (geh)* personification

per·sön·lich |pɛr'zøːnlɪç| **I.** *adj* ❶ *(eigen)* personal ❷ *(jdn selbst betreffend)* personal ❸ *(zwischenmenschlich)* personal ❹ *(intim)* friendly; **ich möchte ein ~es Wort an Sie richten** I would like to address you directly ❺ *(gegen jdn gerichtet)* personal ❻ *(als Privatperson)* personal ❼ *(anzüglich)* ■ **~ werden** to get personal; *s. a.* **Fürwort II. ** *adv* ❶ *(selbst)* personally; **~ erscheinen/auftreten** to appear/perform in person ❷ *(privat)* personally; **~ befreundet sein** to be personal friends

Per·sön·lich·keit <-, -en> *f* ❶ *kein pl (individuelle Eigenart)* personality ❷ *(markanter Mensch)* character ❸ *(Prominenter)* celebrity, personality

Per·spek·ti·ve <-, -n> |pɛrspɛk'tiːvə| *f* ❶ ARCHIT, KUNST *(räumliche Darstellung)* perspective ❷ *(Blickwinkel)* perspective ❸ *(geh: Betrachtungsweise)* perspective, angle, point of view ❹ *(geh: Aussichten)* prospect *usu pl*

per·spek·ti·visch |pɛrspɛk'tiːvɪʃ| **I.** *adj* perspective *attr* **II.** *adv* in perspective

Per·spek·tiv·lo·sig·keit <-> *f kein pl* hopelessness *no pl*

Pe·ru <-s> |pe'ruː| *nt* Peru; *s. a.* **Deutschland**

Pe·ru·a·ner(in) <-s, -> |pe'ruːanɐ| *m(f)* Peruvian; *s. a.* **Deutsche(r)**

pe·ru·a·nisch |pe'ruːanɪʃ| *adj* Peruvian; *s. a.* **deutsch**

Pe·rü·cke <-, -n> |pe'rʏkə| *f* wig

per·vers |pɛr'vɛrs| **I.** *adj* PSYCH perverted; ■ **~ sein** to be perverted *[or* a pervert*]* ❷ *(sl: unnormal)* perverse, abnormal **II.** *adv* PSYCH **~ veranlagt sein** to have a perverted disposition

Per·ver·si·on <-, -en> |pɛrvɛr'zi̯oːn| *f* perversion

Per·ver·si·tät <-, -en> |pɛrvɛrzi'tɛt| *f (geh)* perversity

per·ver·tie·ren |pɛrvɛr'tiːrən| **I.** *vt* **haben** *(geh)* ■ **etw ~** to warp *[or* pervert*]* sth **II.** *vi sein (geh)* ■ |**zu etw**| **~** to become perverted *[into* sth*]*

Pe·se·te <-, -ten> |pe'zeːtə| *f* ÖKON *s.* **Peseta**

Pes·sar <-s, -e> |pɛ'saːɐ| *nt* diaphragm, cap

Pes·si·mis·mus <-> |pɛsi'mɪsmʊs| *m kein pl* pessimism

Pes·si·mist(in) <-en, -en> |pɛsi'mɪst| *m(f)* pessimist

pes·si·mis·tisch |pɛsi'mɪstɪʃ| **I.** *adj* pessimistic **II.** *adv* pessimistically

Pest <-> |pɛst| *f kein pl* MED Pest; ■ **die ~** the plague ► WENDUNGEN: **jdm die ~ an den Hals wünschen** *(fam)* to wish sb would drop dead *fam;* **wie die ~ stinken** *(fam)* to stink to high heaven *fam;* **jdn wie die ~ fürchten/hassen** *(fam)* to be terribly afraid of sb/to hate sb's guts *fam*

pest·ar·tig *adj* pestilential, vile **Pest·beu·le** *f* plague spot **Pest·ge·stank** *m* foul *[or* vile*]* stench

Pes·ti·zid <-s, -e> |pɛsti'tsiːt| *nt* pesticide

Pe·ter <-s> |'peːtə| *m* ► WENDUNGEN: **jdm den schwarzen ~ zuschieben** *[o* zuspielen*]* to leave sb holding the baby BRIT *[or* AM bag*] fam*

Pe·ter·le <-[s]> |'peːtələ| *nt kein pl* ❶ BOT, KOCHK DIAL *(Petersilie)* parsley *no pl; s. a.* **Petersilie** ❷ *dim von* **Peter**

Pe·ter·männ·chen |'peːtəmɛnçən| *nt* greater weaver fish, stingfish

Pe·ters·fisch |'peːtəsfɪʃ| *m* haddock

Pe·ter·si·lie <-, -n> |petə'ziːli̯ə| *f* parsley

Pe·ter·si·li·en·öl *nt* parsley oil

PET-Fla·sche |'pet| *f* PET [plastic] bottle

Pe·ti·tes·se <-, -n> |pəti'tɛsə| *f (geh)* triviality

Pe·ti·ti·on <-, -en> |peti'tsi̯oːn| *f* petition

Pe·ti·ti·ons·recht *nt* right to petition

Pe·tri·scha·le |'peːtri-| *f* Petri dish

Pe·tro·che·mie |peːtroçe'miː| *f* petrochemistry

Pe·tro·le·um <-s> |pe'troːleʊm| *nt kein pl* paraffin, kerosene

Pe·tro·le·um·lam·pe *f* paraffin lamp

Pet·ting <-s, -s> |'pɛtɪŋ| *nt* petting

pet·to |'pɛto| *adv* ► WENDUNGEN: **etw in ~ haben** *(fam)* to have sth up one's sleeve *fam*

Pe·tu·nie <-, -n> |pe'tuːni̯ə| *f* petunia

Pet·ze <-, -n> |'pɛtsə| *f (pej fam)* telltale; *(fam)* BRIT *a.* grass *sl*

pet·zen |'pɛtsn| **I.** *vt (pej fam)* ■ |**jdm**| **etw ~** to tell |sb| about sth, BRIT *a.* to grass sth [to sb] **II.** *vi (pej fam)* to tell, BRIT *a.* to grass

Pet·zer(in) <-s, -> *m(f) (pej fam)* telltale *fam,* BRIT *a.* grass *sl*

Pf *m (hist) Abk von* **Pfennig**

Pfad <-[e]s, -e> |pfaːt, *pl:* 'pfaːdə| *m (schmaler Weg)* path; ► WENDUNGEN: **auf dem ~[e] der Tugend wandeln** *(geh)* to follow the path of virtue; **jdn auf den ~ der Tugend zurückführen** *(geh)* to lead sb back onto the path of virtue; **ein dorniger ~** *(geh)* arduous endeavour *[or* AM -or*] form*

pfa·den |'pfaːdn| *vt* SCHWEIZ ❶ *(von Schnee räumen)* ■ **etw ~** to clear sth of snow ❷ *(einen Pfad bahnen)* ■ **gepfadet sein** to have paths

Pfad·fin·der(in) <-s, -> *m(f) (boy)* scout; *(Mädchen)* [girl] guide

Pfaf·fe <-n, -n> |'pfafə| *m (pej)* cleric *pej*

Pfaf·fen·küm·mel *m* cumin

Pfahl <-[e]s, Pfähle> |pfaːl, *pl:* 'pfɛːlə| *m* ❶ *(Zaunpfahl)* post ❷ *(angespitzter Rundbalken)* stake

Pfahl·bau <-bauten> *m* structure on stilts

pfäh·len |'pfɛːlən| *vt* ❶ HORT *(durch Pfähle stützen)* ■ **etw ~** to stake sth ❷ HIST *(aufspießen)* ■ **jdn ~** to impale sb

Pfahl·wurm *m* ZOOL ship worm **Pfahl·wur·zel** *f* taproot

Pfalz <-, -en> |pfalts| *f* ❶ GEOG palatinate; ■ **die ~** the palatinate; **Rheinland-~** the Rhineland-Palatinate ❷ HIST palace

Pfand <-[e]s, Pfänder> |pfant, *pl:* 'pfɛndə| *nt* ❶ *(Sicherheit für Leergut)* deposit ❷ *(Sicherheit)* security, deposit ❸ *(geh: Symbol, Beweis)* pledge; **nimm diesen Ring als ~ meiner immerwährenden Liebe!** take this ring as a pledge of my everlasting love!

pfänd·bar *adj* JUR distrainable *form,* attachable *form*

Pfand·brief *m* FIN mortgage bond

pfän·den |'pfɛndn| *vt* JUR ❶ *(beschlagnahmen)* ■ |**jdm**| **etw ~** to impound *[or* seize*]* |sb's| sth; ■ **das P~** seizing of possessions ❷ *(Pfandsiegel anbringen)* ■ **jdn ~** to seize some of sb's possessions; ■ **jdn ~ lassen** to get the bailiffs onto sb

Pfän·der·spiel *nt* game of forfeits

Pfand·fla·sche *f* returnable bottle **Pfand·lei·he** <-, -n> *f* pawnbroker's, pawnshop **Pfand·lei·her(in)** <-s, -> *m(f)* pawnbroker **Pfand·recht** *nt* JUR ■ **ein/ jds ~ an etw** *dat* a/sb's right of distraint upon sth *form;* **das ~ an etw haben** to have the right to have sth impounded *[or* seized*]* **Pfand·schein** *m* pawn ticket **Pfand·sie·gel** *nt* JUR *official seal on impounded items*

Pfän·dung <-, -en> *f* distraint *form,* seizure

Pfan·ne <-, -n> |'pfanə| *f* ❶ KOCHK [frying] pan ❷ SCHWEIZ *(Topf)* pot ❸ BAU *(Dachziegel)* pantile ► WENDUNGEN: **jdn in die ~ hauen** *(sl)* to do the dirty BRIT *sl [or* AM *]* play a mean trick] on sb; *s. a.* **Ei**

Pfan·nen·wen·der *m* slotted turner, fish slice **Pfann·ku·chen** *m* pancake

Pfarr·amt *nt* rectory, vicarage

Pfar·rei <-, -en> |pfa'rai| *f* REL ❶ *(Gemeinde)* parish ❷ *s.* **Pfarramt**

Pfar·rer(in) <-s, -> |'pfarɐ| *m(f)* priest

Pfarr·ge·mein·de *f s.* **Pfarrei 1 Pfarr·haus** *nt (katholisch)* presbytery; *(anglikanisch)* rectory, vicarage

Pfarr·kir·che f parish church
Pfau <-[e]s o -en, -en> [pfau] m ORN peacock;
▶ WENDUNGEN: **ein eitler ~ sein** (geh) to be vain as a peacock
Pfau·en·au·ge nt peacock butterfly **Pfau·en·fe·der** f peacock feather **Pfau·en·rad** nt peacock's fan
Pfef·fer <-s, -> ['pfɛfɐ] m KOCHK pepper; **grüner ~** green pepper ▶ WENDUNGEN: **hingehen** [o **bleiben**] , **wo der ~ wächst** (fam) to go to hell fam
Pfef·fer·fen·chel m fennel seed
pfef·fe·rig ['pfɛfərɪç] adj peppery
Pfef·fer·korn ['pfɛfɐkɔrn] nt peppercorn **Pfef·fer·ku·chen** m gingerbread **Pfef·fer·küm·mel** m cumin
Pfef·fer·minz <-es, -[e]> nt peppermint
Pfef·fer·minz·bon·bon nt peppermint
Pfef·fer·min·ze f kein pl peppermint
Pfef·fer·minz·ge·schmack m peppermint flavour [or AM -or]; **ein Bonbon mit ~** a peppermint-flavoured [or AM -ored] sweet **Pfef·fer·minz·öl** nt peppermint oil **Pfef·fer·minz·pas·til·le** f mint pastille **Pfef·fer·minz·tee** m peppermint tea
Pfef·fer·müh·le f pepper mill
pfef·fern ['pfɛfɐn] vt ① KOCHK ■ **etw ~** to season sth with pepper, to pepper sth ② (fam: schleudern) ■ **etw irgendwohin ~** to fling sth somewhere ▶ WENDUNGEN: **jdm eine ~** (sl) to give sb a smack in the face fam; s. a. **gepfeffert**
Pfef·fer·strauch m pepper [plant] **Pfef·fer·streu·er** <-s, -> m pepper pot
pfef·frig ['pfɛfrɪç] adj s. **pfefferig**
Pfei·fe <-, -n> ['pfaifə] f ① (Tabakspfeife) pipe; **~ rauchen** to smoke a pipe; **sich** dat **eine ~ stopfen/anzünden** to fill/light a pipe ② (Trillerpfeife) whistle ③ (Musikinstrument) pipe; **die ~ blasen** to play the pipe ④ (sl: Nichtskönner) loser sl ▶ WENDUNGEN: **jdn/etw in der ~ rauchen können** (fam) to forget sb/sth; **nach jds ~ tanzen** to dance to sb's tune
pfei·fen <pfiff, gepfiffen> ['pfaifn] **I.** vi ① (Pfeiftöne erzeugen) to whistle ② (fam: verzichten) ■ **auf etw ~** akk not to give a damn about sth; **ich pfeife auf euer Mitleid!** I don't need your sympathy! **II.** vt ① (Töne erzeugen) whistle; ■ **[jdm] etw ~** to whistle sth [to sb]; **eine Melodie ~** to whistle a melody ② SPORT give, award, referee; ■ **etw ~: ein Spiel ~** to referee a game; **einen Elfmeter ~** to award a penalty
Pfei·fen·be·steck nt pipe tools pl **Pfei·fen·kopf** m bowl [of a pipe] **Pfei·fen·rau·cher(in)** m(f) pipe smoker; **~ sein** to smoke a pipe **Pfei·fen·rei·ni·ger** m pipe-cleaner **Pfei·fen·stän·der** m pipe stand [or rack] **Pfei·fen·stop·fer** <-s, -> m tamper **Pfei·fen·ta·bak** m pipe tobacco
Pfeif·en·te f ORN wigeon
Pfei·fer(in) <-s, -> ['pfaifɐ] m(f) ① (Pfeifender) whistler ② MUS piper, fifer
Pfeif·kes·sel m s. **Flötenkessel** **Pfeif·kon·zert** nt chorus [or hail] of catcalls [or whistles]; **ein ~ veranstalten** to unleash a chorus of catcalls **Pfeif·ton** m whistle
Pfeil <-[e]s, -e> [pfail] m ① SPORT arrow; **~ und Bogen** bow and arrow; s. a. **Amor** ② (Richtungspfeil) arrow ▶ WENDUNGEN: **alle ~e verschossen haben** to have run out of arguments; **wie ein ~** like a shot
Pfei·ler <-s, -> ['pfailɐ] m ① ARCHIT pillar ② BAU pylon
Pfeil·gift nt arrow poison **Pfeil·schwanz** m ZOOL king [or horseshoe] crab **Pfeil·spit·ze** f arrowhead **Pfeil·wurm** m ZOOL arrow worm **Pfeil·wurz·mehl** nt arrowroot
Pfen·nig <-s, -e o meist nach Zahlenangabe: -> ['pfɛnɪç] m (hist) pfennig; **keinen ~** [Geld] **haben** not to have a penny, to be penniless; **keinen ~ wert sein** to be worth nothing; **keinen ~** not a penny; (Pfennigstück) pfennig piece ▶ WENDUNGEN: **wer den ~ nicht**

ehrt, **ist des Talers nicht wert** (prov) take care of the pennies and the pounds will look after themselves prov; **nicht für fünf ~** (fam) not an ounce; **er hat nicht für fünf ~ Anstand** he hasn't an ounce of decency; **jeden ~ umdrehen** (fam) to think twice about every penny one spends; **mit dem** [o **jedem**] **~ rechnen müssen** to have to count every penny
Pfen·nig·ab·satz m MODE (fam) stiletto heel **Pfen·nig·fuch·ser(in)** <-s, -> [-fʊksɐ] m(f) (fam) miser, stinge fam
Pferch <-es, -e> [pfɛrç] m pen
pfer·chen ['pfɛrçn] vt ■ **jdn/Tiere in etw ~** akk to cram [or pack] sb/animals into sth
Pferd <-[e]s, -e> [pfeːɐt, pl: -də] nt ① (Tier) horse; **arbeiten** [o fam: **schuften**] **wie ein ~** to work like a horse fam; **zu ~e** (geh) on horseback ② SCHACH (Springer) knight ▶ WENDUNGEN: **das ~ beim** [o **am**] **Schwanz[e] aufzäumen** (fam) to put the cart before the horse; **jds bestes ~ im Stall** (fam) sb's best man; **aufs falsche/richtige ~ setzen** (fam) to back the wrong/right horse; **immer langsam** [o **sachte**] **mit den jungen ~en!** (fam) hold your horses! fam; **die ~e scheu machen** (fam) to put people off fam; **ein Trojanisches ~** (geh) a Trojan horse; **keine zehn ~e** (fam) wild horses; **keine zehn ~e könnten mich je dazu bringen** wild horses couldn't make me do that; **jdm gehen die ~e durch** (fam) sb blows their top fam; **das hält ja kein ~ aus** (fam) that's more than anyone would put up with; **mit jdm ~e stehlen können** (fam) sb is game for anything fam; **ich glaub' mich tritt ein ~!** (fam) well I'll be blowed! [or AM fam damned!]; **auf die ~e!** get moving! fam
Pfer·de·ap·fel m meist pl horse droppings npl **Pfer·de·bahn** f horse-drawn tram [or AM streetcar] **Pfer·de·be·sit·zer(in)** m(f) horse-owner **Pfer·de·boh·ne** f broad bean **Pfer·de·dieb(in)** m(f) horse thief **Pfer·de·fleisch** nt horsemeat **Pfer·de·fuß** m ① LIT (Huf) cloven hoof ② (Haken) catch; **das Angebot klingt günstig, wo ist der ~?** the offer sounds great, where's the catch? **Pfer·de·ge·biss**^RR nt (fam) teeth like a horse **Pfer·de·kut·sche** f horse and carriage **Pfer·de·mäh·ne** f horse's mane **Pfer·de·renn·bahn** f racecourse [or track] **Pfer·de·ren·nen** nt horse-racing **Pfer·de·rü·cken** m horseback **Pfer·de·schlit·ten** m horse-drawn sleigh **Pfer·de·schwanz** m ① (vom Pferd) horse's tail ② (Frisur) ponytail **Pfer·de·stall** m stable **Pfer·de·stär·ke** f (veraltend) horsepower **Pfer·de·zucht** f horse breeding **Pfer·de·züch·ter(in)** m(f) horse breeder
pfiff [pfɪf] imp von **pfeifen**
Pfiff <-s, -e> [pfɪf] m ① (Pfeifton) whistle ② (fam: Reiz) pizzazz, flair
Pfif·fer·ling <-[e]s, -e> ['pfɪfɐlɪŋ] m BOT, KOCHK chanterelle; ▶ WENDUNGEN: **keinen ~ wert sein** to not be worth a thing; **keinen** [o **nicht einen**] **~** (fam) not a penny fam
pfif·fig ['pfɪfɪç] **I.** adj sharp, smart **II.** adv sharply, smartly
Pfif·fig·keit <-> f kein pl sharpness
Pfing·sten <-, -> ['pfɪŋstn] nt meist ohne Artikel Whitsun, Whit Sunday; (Pfingstwochenende) Whitsuntide; **an** [o **zu**] [o **über**] **~** at Whitsun
Pfingst·fe·ri·en pl Whitsun holidays [or AM vacation] **Pfingst·fest** nt (geh) s. **Pfingsten** **Pfingst·mon·tag** m Whit Monday **Pfingst·ro·se** f peony **Pfingst·sonn·tag** m Whit Sunday, Pentecost spec **Pfingst·tag** m Whitsun, Whit Sunday **Pfingst·wo·che** f Whit week
Pfir·sich <-s, -e> ['pfɪrzɪç] m BOT, KOCHK peach
Pfir·sich·an·bau m peach cultivation **Pfir·sich·baum** m peach tree **Pfir·sich·ern·te** f ① peach harvest

Pfir·sich·haut *f* peach skin **Pfir·sich·plan·ta·ge** *f* peach plantation **Pfir·sich·saft** *f* peach juice

Pflan·ze <-, -n> ['pflantsə] *f* plant; **~n fressend** herbivorous; **Fleisch fressende ~** carnivorous plant

pflan·zen ['pflantsn] I. *vt* ■ **etw ~** to plant sth II. *vr* *(fam)* ■ **sich** *akk* **irgendwohin ~** to plonk [*or* AM *a.* plunk] oneself somewhere *fam*

Pflan·zen·fa·ser *f* plant fibre [*or* AM **-er**] **Pflan·zen·fett** *nt* vegetable fat **Pflan·zen·fres·ser** *m* herbivore **Pflan·zen·ge·sell·schaft** *f* plant society **Pflan·zen·reich** *nt* *kein pl* plant kingdom *no pl* **Pflan·zen·schutz** *m* AGR, CHEM pest control; **biologischer ~** biological pest control **Pflan·zen·schutz·mit·tel** *nt* pesticide **Pflan·zen·so·zi·o·lo·gie** *f* phytosociology **Pflan·zen·welt** *f* flora, plant life

Pflan·zer(in) <-s, -> *m(f)* planter

pflanz·lich I. *adj attr* ❶ *(vegetarisch)* vegetarian ❷ *(aus Pflanzen gewonnen)* vegetable, plant-based II. *adv* **sich** *akk* **~ ernähren** to eat a vegetarian diet

Pflan·zung <-, -en> *f* ❶ *kein pl (das Pflanzen)* planting ❷ AGR *s.* **Plantage**

Pflas·ter <-s, -> ['pflastɐ] *nt* ❶ MED plaster ❷ BAU road [*or* paved] surface ▸ WENDUNGEN: **ein gefährliches** [*o* **heißes**] **~** *(fam)* a dangerous place; **ein teures ~** *(fam)* an expensive town [*or* area]

Pflas·te·rer(in) <-s, -> *m(f)* road worker

Pflas·ter·ma·ler(in) *m(f)* pavement artist

pflas·tern ['pflastɐn] I. *vt* ■ **etw** [**mit etw**] **~** to surface sth [with sth]; **etw mit Steinplatten ~** to pave sth with flagstones II. *vi* to pave

Pflas·ter·stein ['pflastɐ-] *m* paving stone

Pflas·te·rung <-, -en> *f* BAU ❶ *kein pl (das Pflastern)* paving ❷ *(gepflasterte Fläche)* paving

Pflau·me <-, -n> ['pflaumə] *f* ❶ KOCHK plum ❷ BOT, HORT plum tree ❸ *(fam: Pfeife)* twat *pej fam*

Pflau·men·baum *m* plum tree **Pflau·men·kern** *m* plum stone **Pflau·men·kom·pott** *nt* stewed plums *pl* **Pflau·men·ku·chen** *m* plum tart **Pflau·men·mar·me·la·de** *f* plum jam **Pflau·men·scha·le** *f* plum skin **Pflau·men·schnaps** *m* plum schnapps **Pflau·men·stän·gel**[RR] *m* plum stem

Pfle·ge <-> ['pfle:gə] *f* *kein pl* ❶ *(kosmetische Behandlung)* care, grooming ❷ MED care, nursing; **jdn/ein Tier** [**bei jdm**] **in ~ geben** to have sb/an animal looked after [by sb]; **jdn/ein Tier** [**von jdm**] **in ~ nehmen** to look after [sb's] sb/animal ❸ HORT care, attention ❹ *(geh: Kultivierung)* cultivation, fostering

Pfle·ge·an·wei·sung *f* care instructions *pl* **pfle·ge·be·dürf·tig** *adj* ❶ *(der Fürsorge bedürfend)* in need of care *pred;* ■ **~ sein** to be in need of [permanent] care, to need looking after [*or* permanent care] ❷ *(Versorgung erfordernd)* ■ **~ sein** to need looking after, to be in need of care; **die Instrumente sind sehr ~** the instruments need a lot of looking after [*or* a lot of care and attention] [*or* need to be carefully looked after] **Pfle·ge·el·tern** *pl* foster parents *pl* **Pfle·ge·fall** *m* nursing case, sb who needs constant [*or* permanent] nursing care; **jd ist ein ~** sb needs constant nursing care **Pfle·ge·geld** *nt* care allowance **Pfle·ge·heim** *nt* nursing home **Pfle·ge·hel·fer(in)** *m(f)* nursing auxiliary **Pfle·ge·kind** *nt* foster child **Pfle·ge·kos·ten** *pl* nursing fees *pl* **Pfle·ge·kraft** *f* carer, nurse **pfle·ge·leicht** *adj* easy-care *attr,* that doesn't need much care [*or* looking after] *pred;* **ein ~es Tier/~er Mensch** an animal that/a person who is easy to cope with [*or* look after] **Pfle·ge·li·nie** *f* skin-care range **Pfle·ge·mit·tel** *nt* ❶ *(Kosmetika)* cosmetic product ❷ *(Reinigungsmittel)* cleaning product **Pfle·ge·mut·ter** *f* foster mother

pfle·gen ['pfle:gn] I. *vt* ❶ *(umsorgen)* ■ **jdn ~** to care for [*or* look after] [*or* nurse] sb ❷ *(gärtnerisch versor-*

gen) ■ **etw ~** to tend sth ❸ *(schützend behandeln)* ■ **etw** [**mit etw**] **~** to look after sth [with sth] ❹ *(kosmetisch behandeln)* ■ **etw** [**mit etw**] **~** to treat sth [with sth] ❺ *(gewöhnlich tun)* ■ **etw zu tun ~** to usually do [*or* be in the habit of doing] sth; **um diese Zeit pflege ich noch im Bett zu liegen** I'm usually still in bed at this time; **wie man zu sagen pflegt** as they say ❻ *(geh: kultivieren)* ■ **etw ~** to cultivate sth; **eine Freundschaft/eine Kunst ~** to cultivate a friendship/an art; **Beziehungen/eine Kooperation ~** to foster relations/a cooperation; **ein Hobby ~** to keep up a hobby *sep* II. *vr* ■ **sich ~** ❶ *(Körperpflege betreiben)* to take care of one's appearance; ■ **sich** *akk* **mit etw ~** to treat oneself [with sth]; **ich pflege mich regelmäßig mit Körperlotion** I use body lotion regularly ❷ *(sich schonen)* to take it [*or* things] easy *fam;* **du solltest dich mehr ~!** you should take things easier!

Pfle·ge·not·stand *m* shortage of nursing staff **Pfle·ge·per·so·nal** *nt* nursing staff + *pl vb*

Pfle·ger(in) <-s, -> *m(f)* [male] nurse *masc,* nurse *fem* **Pfle·ge·rei·he** *f* skin-care range

pfle·ge·risch I. *adj* nursing *attr;* **~e Öle** balsamic oils II. *adv* as a nurse

Pfle·ge·satz *m* hospital charges *pl,* daily rate [*or* charge] for a hospital bed **Pfle·ge·sham·poo** *nt* PHARM cosmetic shampoo **Pfle·ge·sohn** *m* foster son **Pfle·ge·spü·lung** *f* PHARM cosmetic conditioner **Pfle·ge·toch·ter** *f* foster daughter **Pfle·ge·va·ter** *m* foster father **Pfle·ge·ver·si·che·rung** *f* private nursing insurance

pfleg·lich ['pfle:klɪç] I. *adj* careful; **ich bitte um ~e Behandlung!** please handle with care II. *adv* carefully, with care

Pfleg·ling <-s, -e> ['pfle:klɪç] *m* sb/sth being cared for; *Kind* charge; *Baby* nursling

Pfleg·schaft <-, -en> *f* JUR guardianship

Pflicht <-, -en> [pflɪçt] *f* ❶ *(Verpflichtung)* duty, responsibility; ■ **jds ~/~en als jd** sb's duty [*or* responsibility] /duties [*or* responsibilities] as sb; **jds verdammte ~ und Schuldigkeit sein, etw zu tun** *(sl)* sb damn *[or* BRIT *a.* bloody] well ought to do sth *sl;* **sich** *dat* **zur ~ machen, etw zu tun** to make it one's duty [*or* take it upon oneself] to do sth; **die ~ haben, etw zu tun** to have the duty to do sth; **eheliche ~en** conjugal duties; **jdn** [**durch etw**] **in die ~ nehmen** *(geh)* to remind sb of his duty [through sth], to insist on sb discharging his responsibility; **die ~ ruft** duty calls; **nur seine ~ tun** to only do one's duty; *s. a.* **Recht** ❷ SPORT compulsory section [*or* exercise]

Pflicht·be·such *m* ❶ SCH compulsory attendance ❷ *(moralisch)* obligatory visit **pflicht·be·wusst**[RR] *adj* conscientious; ■ **~ sein** to be conscientious, to have a sense of duty **Pflicht·be·wusst·sein**[RR] *nt* sense of duty *no pl* **Pflicht·ein·la·ge** *f* FIN compulsory contribution of capital *(e.g. in a partnership)* **Pflich·ten·heft** *nt* ❶ *(Auflistung der zu erfüllenden Aufgaben; Leistungsverzeichnis)* duties record book ❷ *(Beschreibung des Aufgabenfelds)* job description **Pflicht·er·fül·lung** *f* *kein pl* fulfilment [*or* AM *a.* fulfillment] [*or* performance] of one's duty **Pflicht·ex·em·plar** *nt* VERLAG deposit copy **Pflicht·fach** *nt* compulsory subject **Pflicht·ge·fühl** *nt* *kein pl s.* **Pflichtbewusstsein pflicht·ge·mäß** I. *adj* dutiful II. *adv* dutifully, in accordance with one's duty **Pflicht·lek·tü·re** *f* compulsory [*or* required] reading *no pl, no indef art* **Pflicht·schu·le** *f* *(form)* compulsory school **Pflicht·teil** *m o nt* JUR statutory [minimum] portion *(of an inheritance)* **Pflicht·übung** *f* SPORT s. **Pflicht 2 Pflicht·ver·let·zung** *f* breach of duty **pflicht·ver·si·chert** *adj* compulsorily insured **Pflicht·ver·si·cher·te(r)** *f(m) dekl wie adj* compulsorily insured person

Pflicht·ver·si·che·rung f compulsory insurance *no pl, no art* **Pflicht·ver·tei·di·ger(in)** *m(f)* JUR court-appointed defence [*or* AM *-se*] counsel

Pflock <-[e]s, Pflöcke> |pflɔk, *pl:* 'pflœkə| *m* stake; *(Zelt~)* peg

pflü·cken |'pflʏkn̩| *vt* ▪ etw ~ to pick sth

Pflü·cker(in) <-s, -> *m(f)* picker

Pflug <-es, Pflüge> |pfluːk, *pl:* 'pflyːgə| *m* plough, *esp* AM plow; **unter den ~ kommen/unter dem ~ sein** *(geh)* to come/be under the plough *form;* **etw unter den ~ nehmen** *(geh)* to put sth to the plough *form*

pflü·gen I. *vi* to plough, *esp* AM to plow II. *vt* ▪ etw ~ to plough [*or esp* AM plow] sth

Pflü·ger <-s, -> |'pflyːgə| *m (veraltend)* ploughman, *esp* AM plowman

Pflug·schar <-, -en> f ploughshare, *esp* AM plowshare

Pflüm·li <-, -s> *nt* plum schnapps

Pfort·ader f ANAT portal vein

Pfor·te <-, -n> |'pfɔrtə| f ① *(Tor, bewachter Eingang)* gate ② GEOG gap; **die Burgundische ~** the Belford Gap ▶ WENDUNGEN: **seine ~n schließen** *(geh)* to close one's doors for good [*or* down]

Pfört·ner <-s, -> |'pfœrtnə| *m* ANAT pylorus

Pfört·ner(in) <-s, -> |'pfœrtnə| *m(f)* porter BRIT, doorman AM; *Wohnblock* doorkeeper; *Tür* gatekeeper

Pfört·ner·lo·ge [-loːʒə] f doorkeeper's [*or* gatekeeper's] office, BRIT a. porter's lodge

Pfos·ten <-s, -> |'pfɔstn̩| *m* ① *(Pfahl)* post ② *(Stützpfosten)* post; *Tür, Fenster* jamb ③ SPORT post, upright

Pföt·chen <-s, -> |'pføːtçən| *nt dim von* **Pfote** [little] paw; |gib| ~! |give me a| paw!

Pfo·te <-, -n> |'pfoːtə| f ① *(von Tieren)* paw ② KOCHK [pig's] trotter ③ *(fam)* paw *fam*, mitt *sl;* **sich** *dat* **die ~n |an etw** *dat*| **verbrennen** *(fam)* to burn one's fingers [on/with sth] *fam*

Pfriem <-[e]s, -e> |pfriːm| *m* awl

Pfropf <-[e]s, -e *o* Pröpfe> |pfrɔpf, *pl:* 'pfrœpfə| *m* MED clot

pfrop·fen¹ |'pfrɔpfn̩| *vt* ① *(hineindrücken)* ▪ etw in etw akk ~ to shove [*or* BRIT a. bung] sth into sth *fam* ② *(hineinzwängen)* ▪ etw in etw akk ~ to cram sth into sth

pfrop·fen² |'pfrɔpfn̩| *vt* HORT ▪ etw ~ to graft sth

Pfrop·fen <-s, -> |'pfrɔpfn̩| *m* stopper, plug

Pfrop·fung <-, -en> f HORT grafting

Pfrün·de <-, -n> |'pfrʏndə| f sinecure

Pfuhl <-s, -e> |pfuːl| *m (veraltend)* |stagnant| pond

pfui |pfui| *interj* tut tut; *(Ekel)* ugh, yuck; ~, **schäme dich!** tut tut, shame on you!; *s. a.* **Teufel** *s. a.* **Deibel**

Pfund <-[e]s, -e *o nach Zahlenangabe:* -> |pfʊnt, *pl:* 'pfʊndə| *nt* ① *(500 Gramm)* pound ② *(Währungseinheit)* pound; **in** ~ in pounds ▶ WENDUNGEN: **mit seinem ~e wuchern** *(geh)* to make the most of one's talent

pfun·dig |'pfʊndɪç| *adj (fam)* great *fam*, fantastic *fam*

Pfunds·an·ge·bot *nt* DIAL *(fam)* great offer *fam*

Pfunds·kerl |'pfʊnts'kɛrl| *m* DIAL *(fam)* great guy [*or* BRIT a. bloke] *fam*

Pfusch <-[e]s> |pfʊʃ| *m kein pl (fam)* sloppy job, botch-up, bodge [*or* AM botch] |job| *fam*

Pfusch·ar·beit f *(fam) s.* **Pfusch**

pfu·schen |'pfʊʃn̩| *vi* ① *(mogeln)* ▪ |bei etw| ~ to cheat [at/in sth] ② *(schlampen)* to botch [up], BRIT a. to bodge *fam,* to be sloppy; *s. a.* **Handwerk**

Pfu·scher(in) <-s, -> |'pfʊʃə| *m(f) (fam)* ① SCH cheat ② *(pfuschender Handwerker)* botcher, BRIT a. bodger *fam,* cowboy *fam*

Pfüt·ze <-, -n> |'pfʏtsə| f puddle

PH <-, -s> |peːˈhaː| f *Abk von* **Pädagogische Hochschule** teacher training college

Pha·ge <-n, -n> |'faːgə| *m* BIOL phage

Phagozytose <-> f kein pl BIOL phagocytosis

phagozytotisch *adj* MED phagocytic

Phal·len |'faːlən|, **Phal·li** |'fali| *pl von* **Phallus**

phal·lisch |'falɪʃ| *adj (geh)* phallic

Phal·lus <-, -se *o* Phalli *o* Phallen> |'falʊs, *pl:* 'fali, 'falən| *m (geh)* phallus

Phä·no·men <-s, -e> |fɛnoˈmeːn| *nt* ① *(Erscheinung)* phenomenon ② *(außergewöhnlicher Mensch)* phenomenon; **du bist ja ein ~!** you're phenomenal!

phä·no·me·nal |fɛnomeˈnaːl| *adj* phenomenal

Phä·no·typ |fɛnoˈtyːp| *m* BIOL phenotype

Phan·ta·sie <-, -n> |fantaˈziː, *pl:* -ˈziːən| f s. **Fantasie¹**

phan·ta·sie·be·gabt *adj (geh) s.* **fantasiebegabt Phan·ta·sie·ge·bil·de** *nt s.* **Fantasiegebilde phan·ta·sie·los** *adj s.* **fantasielos Phan·ta·sie·lo·sig·keit** <-> f s. **Fantasielosigkeit Phan·ta·sie·preis** *nt s.* **Fantasiepreis**

phan·ta·sie·ren |fantaˈziːrən| s. **fantasieren**

phan·ta·sie·voll *adj s.* **fantasievoll**

Phan·tast(in) <-en, -en> |fanˈtasr| *m(f) s.* **Fantast**

Phan·tas·te·rei <-, -en> |fantastəˈrai| f s. **Fantasterei**

Phan·tas·tin <-, -nen> f fem form von **Fantast**

phan·tas·tisch |fanˈtastɪʃ| *adj o adv s.* **fantastisch**

Phan·tom <-s, -e> |fanˈtoːm| *nt* phantom

Phan·tom·bild *nt* identikit® |picture| BRIT, composite sketch AM

Pha·rao, Pha·ra·o·nin <-s, Pharaonen> |'faːrao, faraˈoːnɪn, *pl:* faraˈoːnən| *m, f* Pharaoh

Pha·ra·o·nen·dy·nas·tie f Pharaonic dynasty, dynasty of the Pharaohs **Pha·ra·o·nen·grab** *nt* Pharaonic tomb, tomb of a Pharaoh

Pha·ra·o·nin <-, -nen> f fem form von **Pharao**

Pha·ri·sä·er <-s, -> |fariˈzɛːɐ| *m* ① HIST Pharisee ② *(geh)* hypocrite ③ *(Getränk)* coffee with rum

Phar·ma·her·stel·ler *m* drug manufacturer **Phar·ma·in·dust·rie** f pharmaceutical industry

Phar·ma·ko·lo·ge, Phar·ma·ko·lo·gin <-n, -n> |farmakoˈloːgə, -ˈloːgɪn| *m, f* pharmacologist

Phar·ma·ko·lo·gie <-> |farmakoloˈgiː| f kein pl pharmacology *no pl, no art*

Phar·ma·ko·lo·gin <-, -nen> f fem form von **Pharmakologe**

phar·ma·ko·lo·gisch |farmakoˈloːgɪʃ| *adj* pharmacological

Phar·ma·kon·zern *m* pharmaceutical company **Phar·ma·re·fe·rent(in)** |'farmareferɛnt| *m(f)* pharmaceutical representative

Phar·ma·zeut(in) <-en, -en> |farmaˈtsɔyt| *m(f)* pharmacist

phar·ma·zeu·tisch |farmaˈtsɔytɪʃ| *adj* pharmaceutical

Phar·ma·zie <-> |farmaˈtsiː| f kein pl pharmaceutics + *sing vb, no art,* pharmacy *no pl, no art*

Pha·se <-, -n> |'faːzə| f ① *(geh: Abschnitt)* phase ② ELEK phase

Phe·nol <-s, -e> |feˈnoːl| *nt* phenol

Phe·nyl·ke·to·nu·rie <-e> |fenylketonuˈriː, *pl:* -riːən| f kein pl MED phenylketonuria

Phe·ro·mon <-s, -e> |feroˈmoːn| *nt* BIOL pheromone

Phi·lan·throp(in) <-en, -en> |filanˈtroːp| *m(f) (geh)* philanthropist

Phi·la·te·list(in) <-en, -en> |filateˈlɪst| *m(f) (form)* philatelist

Phil·har·mo·nie <-, -n> |fɪlharmoˈniː, *pl:* -ˈniːən| f ① *(Institution)* Philharmonia, Philharmonic [orchestra] ② *(Gebäude)* Philharmonic hall

Phil·har·mo·ni·ker(in) <-s, -> |fɪlharˈmoːnikə| *m(f)* member of a/the philharmonic orchestra; **die ~** the Philharmonic [Orchestra]

phil·har·mo·nisch |fɪlharˈmoːnɪʃ| *adj* philharmonic

Phi·lip·pi·ner(in) <-s, -> |fɪliˈpiːnɐ| *m(f)* Filipino; *s. a.* **Deutsche(r)**

phi·lip·pi·nisch |fɪliˈpiːnɪʃ| *adj* Philippine, Filipino; *s. a.*

deutsch

Phi·lis·ter <-s, -> |fi'lɪstɐ| *m* ❶ HIST Philistine ❷ *(geh: Spießer)* philistine

Phi·lo·lo·ge, Phi·lo·lo·gin <-n, -n> |filo'lo:gə, -'lo:gɪn| *m, f* philologist

Phi·lo·lo·gie <-, -n> |filolo'gi:, *pl:* -'gi:ən| *f* philology *no pl, no art*

Phi·lo·lo·gin <-, -nen> *f fem form von* **Philologe**

phi·lo·lo·gisch |filo'lo:gɪʃ| *adj* philological

Phi·lo·soph(in) <-en, -en> |filo'zo:f| *m(f)* philosopher

Phi·lo·so·phie <-, -n> |filozo'fi:, *pl:* -'fi:ən| *f* philosophy

phi·lo·so·phie·ren° |filozo'fi:rən| *vi (geh)* ▪ **[über etw** *akk*] ~ to philosophize [about sth]

Phi·lo·so·phin <-, -nen> *f fem form von* **Philosoph**

phi·lo·so·phisch |filo'zo:fɪʃ| *adj* philosophical

Phi·o·le <-, -n> |'fi̯o:lə| *f* phial, vial

Phleg·ma <-s> |'flɛgma| *nt kein pl (geh)* apathy *no pl*, torpidity *no pl form*

phleg·ma·tisch |flɛg'ma:tɪʃ| *adj (geh)* apathetic, phlegmatic, torpid *form*

Phlox <-es, -e> |floks| *m* HORT phlox

Phobie <-, -n> |fo'bi:, *pl:* -'bi:ən| *f* phobia; ▪ **jds ~ vor etw/einem Tier** sb's phobia about sth/an animal

Phon <-s, -s *o nach Zahlenangabe:* -> |fo:n| *nt* phon

Pho·nem <-s, -e> |fo'ne:m| *nt* phoneme

Pho·ne·tik <-> |fo'ne:tɪk| *f kein pl* phonetics + *sing vb*

pho·ne·tisch |fo'ne:tɪʃ| *adj* phonetic

Phö·nix <-[es], -e> |'fø:nɪks| *m* HIST, LIT phoenix; ▶ WENDUNGEN: **wie ein ~ aus der Asche [auf]steigen** *(geh)* to rise like a phoenix from the ashes

Phö·ni·zi·er(in) <-s, -> |fø'ni:tsi̯ɐ| *m(f)* Phoenician

phö·ni·zisch |fø'ni:tsɪʃ| *adj* Phoenician

Pho·no·lo·gie <-> |fonolo'gi:| *f kein pl* phonology *no pl*

pho·no·lo·gisch |fono'lo:gɪʃ| *adj* phonological

Pho·no·ty·pist(in) <-en, -en> |fonoty'pɪst| *m(f)* audio typist

Phos·phat <-[e]s, -e> |fos'fa:t| *nt* phosphate

phos·phat·frei *adj inv* CHEM phosphate-free, [which is [or are]] free of phosphates *pred* **phos·phat·hal·tig** *adj inv* CHEM which contains phosphates *pred,* phosphatic *spec*

Phos·pho·li·pid *nt* BIOL phospholipid

Phos·phor <-s> |'fosfo:ɐ| *m kein pl* phosphorus *no pl, no indef art*

phos·pho·res·zie·ren° |fosfɔrɛs'tsi:rən| *vi* to phosphoresce, to be phosphorescent

Pho·to <-s, -s> |'fo:to| *nt s.* Foto

Pho·to·bi·o·lo·gie *f* photobiology **Pho·to·che·mie** |fotoçe'mi:| *f* photochemistry **pho·to·che·misch** |foto'çemɪʃ| *adj* photochemical **Pho·to·elek·tri·zi·tät** *f s.* Fotoelektrizität **Pho·to·ele·ment** *nt* photoconductor

Pho·ton <-s, -tonen> |'fo:tɔn, *pl:* fo'to:nən| *nt* photon

Pho·to·phos·pho·ry·lie·rung <-, -en> *f* BIOL photophosphorylation **Pho·to·syn·the·se** |fotozyn'te:zə| *f s.* Fotosynthese **Pho·to·vol·ta·ik** <-> *f kein pl* photovoltaic conversion

Pho·to·zel·le *f* photoelectric cell, photocell

Phra·se <-, -n> |'fra:zə| *f* ❶ *(pej: sinnentleerte Redensart)* empty [or hollow] phrase; **~n dreschen** *(pej fam)* to churn out hollow phrases ❷ *(Ausdruck)* phrase

Phra·se·o·lo·gie <-, -n> |frazeolo'gi:, *pl:* -'gi:ən| *f* phraseology

phra·se·o·lo·gisch |frazeo'lo:gɪʃ| *adj* phraseological

pH-Wert |pe'ha:-| *m* pH-value

Phy·lo·ge·ne·se <-, -n> |fyloge'ne:zə| *f* BIOL phylogeny

Phy·sik <-> |fy'zi:k| *f kein pl* physics + *sing vb, no art*

phy·si·ka·lisch |fyzi'ka:lɪʃ| *adj* MED, PHYS physical; **~e**

Gesetze physical laws, laws of physics; **~e Experimente** physics experiments

Phy·si·ker(in) <-s, -> |'fy:zikɐ| *m(f)* physicist

Phy·sik·leh·rer(in) *m(f)* physics teacher **Phy·sik·no·te** *f* physics mark **Phy·sik·saal** *m* physics lab[oratory]

Phy·si·kum <-s, -ka> |'fy:zikʊm| *nt* SCH intermediate examination for medical students

Phy·si·o·gno·mie <-, -n> |fyzi̯ogno'mi:, *pl:* -'mi:ən| *f (geh)* physiognomy

Phy·si·o·lo·ge, Phy·si·o·lo·gin <-n, -n> |fyzi̯o'lo:gə, -'lo:gɪn| *m, f* physiologist

Phy·si·o·lo·gie <-> |fyzi̯olo'gi:| *f kein pl* physiology

Phy·si·o·lo·gin <-, -nen> *f fem form von* **Physiologe**

phy·si·o·lo·gisch |fyzi̯o'lo:gɪʃ| *adj* physiological

phy·sisch |'fy:zɪʃ| *adj* physical

Phy·to·plank·ton |fyto'plaŋktɔn| *nt* phytoplankton

Pi <-[s], -s> |pi:| *nt* LING, MATH pi

Pi·a·ni·no <-s, -s> |pi̯a'ni:no| *nt* pianino, cottage piano

Pi·a·nist(in) <-en, -en> |pi̯a'nɪst| *m(f)* pianist

Pi·a·no <-s, -s> |'pi̯a:no| *nt (geh)* piano

Pi·a·no·bar *f* piano bar

pi·cheln |'pɪçln| I. *vi* DIAL *(fam)* to booze *fam* II. *vt* ▪ WENDUNGEN: **einen ~** DIAL *(fam)* to knock 'em back; *(fam)* to have a drink [or BRIT a. sl bevvy] [or two]

Pi·cke <-, -n> |'pɪkə| *f* ice pick

Pi·ckel <-s, -> |'pɪkl| *m* ❶ *(Hautunreinheit)* pimple, BRIT a. spot, AM zit ❷ *(Spitzhacke)* pickaxe; *(Eispickel)* ice pick

Pi·ckel·hau·be *f* HIST spiked helmet

pi·cke·lig |'pɪkəlɪç| *adj* spotty BRIT, pimply AM

pi·cken |'pɪkn| I. *vi* ❶ ORN ▪ **[nach jdm/etw]** ~ to peck [at sb/sth] ❷ *(heraussuchen)* ▪ **etw aus etw** ~ to pick sth out of sth II. *vt* ▪ **etw** ~ to pick sth

Pick·nick <-s, -s *o* -e> |'pɪknɪk| *nt* picnic; **~ machen** to have a picnic

pick·ni·cken |'pɪknɪkn| *vi* to [have a] picnic

Pick·nick·kof·fer *m* picnic hamper

pi·co·bel·lo |piko'bɛlo| *adv (fam)* spotlessly, immaculately, spick and span *fam;* **ihre Küche ist stets ~ aufgeräumt** her kitchen is always spick and span

Pie·fe <-s, -s> *m* insignificant boaster, pompous fellow

Pie·form |'pai-| *f* pie dish

pie·ken |'pi:kn| *vi* NORDD Nadel to prick; Mücke to bite

piek·fein |'pi:k'fain| *adj (fam)* posh *fam*

piep |pi:p| *interj* peep, tweet[-tweet], cheep[-cheep]; **~ machen** to peep; **nicht mehr ~ sagen können** *(fam)* to not be able to utter another peep

Piep <-s> |pi:p| *m* ▶ WENDUNGEN: **einen ~ haben** *(fam)* to be out of [or BRIT a. off] one's head *fam,* to have a screw loose *fam;* **keinen ~ sagen** *(fam)* to not make a sound *fam;* **keinen ~ mehr sagen** *(fam)* to have had it *fam,* to be a goner *fam*

pie·pe |'pi:pə|, **piep·egal** |'pi:pʔe'ga:l| *adj pred (fam)* ▪ **[jdm]** ~ **sein** to be all the same [to sb]; **mir ist das ~!** it's all the same to me!, I couldn't care less!

pie·pen |'pi:pn| *vi* ❶ *(leise Pfeiftöne erzeugen)* to peep; *(Maus)* to squeak ❷ *(hohe Töne erzeugen)* Gerät to bleep ❸ *(fam)* **bei jdm piept es** sb is off their head *fam;* **zum P~ sein** *(fam)* to be a scream *fam*

Pie·per <-s, -> |'pi:pə| *m* ORN pipit

piep·sen |'pi:psn| I. *vi* ❶ *s.* **piepen** ❷ *(mit hoher Stimme sprechen/singen)* to speak/sing in a high delicate voice, to pipe II. *vt* ▪ **etw ~** to say/sing sth in a high delicate voice

Piep·ser <-s, -> *m (fam)* bleeper

piep·sig |'pi:psɪç| *adj (fam)* ❶ *(hoch und leise)* **~e Stimme** squeaky voice ❷ *(klein und zart, winzig)* tiny

Pier¹ <-s, -s *o* -e> |pi:ɐ| *m* pier, jetty

Pier² <-[e]s, -e> |pi:ɐ| *m* lugworm

pier·cen |'pi:ɐsən| *vt* ▪ **sich** *akk* ~ **lassen** to get a piercing

Pier·cing <-[s]> ['pɪːɐ̯sɪn] *nt kein pl* MODE piercing *no pl, no art*

pie·sa·cken *vt (fam)* ■ **jdn** ~ to pester sb

pie·seln ['piːzln] *vi (fam) Regen* to drizzle; *Urin* to pee *fam*

Pi·e·tät <-> [pi̯e'tɛːt] *f kein pl (geh: Ehrfurcht)* reverence *no pl; (Achtung)* respect *no pl; (Frömmigkeit)* piety *no pl*

pi·e·tät·los *adj (geh)* irreverent, disrespectful, impious

Pi·e·tät·lo·sig·keit <-, -en> *f (geh)* ❶ *kein pl (pietätlose Einstellung)* irreverence *no pl*, lack of respect *no pl*, impiety *no pl* ❷ *(pietätlose Bemerkung)* irreverence, impiety

pietätvoll *adj (geh)* reverent, respectful

Pi·e·tis·mus <-> [pi̯e'tɪsmʊs] *m* REL, HIST ■ **der** ~ Pietism

Pi·e·tist(in) <-en, -en> [pi̯e'tɪst] *m(f)* REL, HIST Pietist

pi·e·tis·tisch [pi̯e'tɪstɪʃ] *adj* REL, HIST pietistic

Pig·ment <-s, -e> [pɪg'mɛnt] *nt* pigment

Pig·ment·fleck *m* pigmentation mark

Pig·men·tie·rung <-, -en> *f* MED pigmentation

Pig·ment·zel·le *f* BIOL pigment cell

Pik¹ [piːk] *m (Bergspitze)* peak; ▶ WENDUNGEN: **einen ~ auf jdn haben** *(fam)* to harbour [*or* AM -or] a grudge against sb

Pik² <-s, -> [piːk] *nt* KARTEN ❶ *(Farbe)* spades *pl* ❷ *(Karte)* spade

pi·kant [pi'kant] **I.** *adj* ❶ KOCHK piquant, spicy ❷ *(frivol)* racy, risqué **II.** *adv* piquantly, spicily

Pi·ke <-, -n> ['piːkə] *f* HIST pike; ▶ WENDUNGEN: **von der ~ auf dienen** to rise from the ranks; **von der ~ auf lernen** to start at the bottom; **sich von der ~ auf hocharbeiten** to work one's way up

Pi·kee <-s, -s> [pi'keː] *m* MODE piqué

pi·ken ['piːkn̩] **I.** *vt (fam)* ■ **jdn [mit etw]** ~ to prick sb [with sth] **II.** *vi (fam)* to prickle

pi·kiert [pi'kiːɐ̯t] **I.** *adj (geh)* peeved, indignant, piqued; ■ **[über etw** *akk***]** ~ **sein** to be peeved [*or* piqued] [*or* indignant] [about sth] **II.** *adv (geh)* peevishly, indignantly

Pik·ko·lo¹ <-s, -s> ['pɪkolo] *m* ❶ *(Kellner)* trainee waiter ❷ *(fam)* mini bottle *(of champagne o sparkling wine)*

Pik·ko·lo² <-s, -s> ['pɪkolo] *nt* MUS piccolo

Pik·ko·lo·flö·te *f* MUS piccolo [flute]

pik·sen ['piːksn̩] **I.** *vt (fam)* ■ **jdn** ~ to prick sb **II.** *vi (fam)* to prick

Pik·sie·ben [piːk'ziːbn̩] *f* KARTEN seven of spades; ▶ WENDUNGEN: **wie ~ dastehen** *(fam)* to look completely bewildered, to stand [there] dumbfounded

Pik·to·gramm <-s, -e> [pɪkto-] *nt* pictogram

Pil·ger(in) <-s, -> ['pɪlgɐ] *m(f)* pilgrim

Pil·ger·fahrt *f* pilgrimage **Pil·ger·hut** *m* pilgrim's hat

Pil·ge·rin <-, -nen> *f fem form von* **Pilger**

Pil·ger·mu·schel *f* deep sea scallop

pil·gern ['pɪlgɐn] *vi sein* ■ **irgendwohin** ~ ❶ *(fam)* to wend one's way somewhere ❷ REL *(veraltend: wallfahren)* to make [*or* go on] a pilgrimage to somewhere

Pil·le <-, -n> ['pɪlə] *f* pill; ■ **die** ~ *(Antibabypille)* the pill; **die** ~ **nehmen** to be on the pill; **die** ~ **danach** the morning-after pill; **die** ~ **für den Mann** the male pill ▶ WENDUNGEN: **eine bittere** ~ **[für jdn] sein** *(fam)* to be a bitter pill [for sb] to swallow; **eine bittere** ~ **schlucken müssen** *(fam)* to have to swallow a bitter pill; **jdm eine bittere** ~ **versüßen** *(fam)* to sweeten the pill for sb

Pil·len·dre·her *m* ZOOL dung beetle, Egyptian sacred scarab

Pi·lot <-en, -en> [pi'loːt] *m* MODE moleskin [twill]

Pi·lot(in) <-en, -en> [pi'loːt] *m(f)* ❶ LUFT pilot ❷ SPORT *(sl)* racing driver

Pi·lot·ab·schlussᴿᴿ *m* ÖKON, POL pilot agreement **Pi·lot·bal·lon** *m* METEO pilot balloon **Pi·lot·film** *m* pilot film

Pi·lo·tin <-, -nen> *f fem form von* **Pilot**

Pi·lot·pro·jekt *nt* pilot scheme [*or* project] **Pi·lot·stu·die** *f* pilot study **Pi·lot·ver·such** *m* pilot project [*or* BRIT *a.* scheme]

Pils <-, -> [pɪls] *nt* Pils, Pilsner

Pilz <-es, -e> [pɪlts] *m* ❶ BOT fungus; *(Speise~)* mushroom; **in die ~e gehen** *(fam)* to go mushroompicking [*or* mushrooming] ❷ MED fungal skin infection ▶ WENDUNGEN: **wie ~e aus dem Boden** [*o* **aus der Erde**] **schießen** to mushroom, to spring up like mushrooms

Pilz·er·kran·kung *f* fungal disease **Pilz·freund(in)** *m(f)* mushroom-lover **Pilz·ge·richt** *nt* mushroom dish **Pilz·gift** *nt* mycotoxin *spec* **Pilz·kopf** *m*, **Pilz·kopf·fri·sur** *f (veraltend fam)* Beatle [hair]cut **Pilz·kun·de** *f* ❶ BOT mycology ❷ *(Buch über Pilze)* mushroom guide **Pilz·samm·ler(in)** *m(f)* mushroom picker **Pilz·ver·gif·tung** *f* fungus poisoning *no art* **Pilz·zucht** *f* mushroom culture

Pi·ment <-s> [pi'mɛnt] *m kein pl* allspice, pimento

Pi·ment·bee·re *f* pimento berry

Pim·mel <-s, -> ['pɪml] *m (fam)* willie BRIT *fam*, weenie AM *fam*

Pimpf <-[e]s, -e> [pɪmpf] *m* ❶ *(fam)* squirt *fam* ❷ HIST *(jüngster Angehöriger der Jugendbewegung)* youngest member of the [German] Youth Movement [early 1900s]; *(Mitglied des Jungvolks [NS])* member of the junior section of the Hitler Youth [10-14-year-olds]

pin·ge·lig ['pɪŋəlɪç] *adj (fam)* fussy, finicky *fam*, pernickety *fam*, AM *a.* persnickety *fam*

Ping·pong <-s, -s> ['pɪŋpɔŋ] *nt* ping-pong

Pin·gu·in <-s, -e> ['pɪŋgui̯n] *m* penguin

Pi·nie <-, -n> ['piːni̯ə] *f* BOT stone pine

pink [pɪŋk] *adj* pink

Pin·ke ['pɪŋkə], **Pin·ke·pin·ke** <-> ['pɪŋkə'pɪŋkə] *f kein pl (fam)* dough *no pl sl*, BRIT *a.* dosh *no pl fam*

Pin·kel¹ <-s, -> [pɪŋkl] *m* ■ **ein feiner** [*o* **vornehmer**] ~ *(fam)* dandy, BRIT *a.* a nob [*or* toff] *fam*

Pin·kel² <-, -n> ['pɪŋkl] *f* KOCHK NORDD spicy, smoked fatty pork/beef sausage *(eaten with curly kale)*

pin·keln ['pɪŋkln̩] *vi* ❶ *(fam: urinieren)* to pee *fam*, to piddle *fam;* ■ **irgendwohin** ~ to pee somewhere ❷ *impers (leicht regnen)* **es pinkelt schon wieder** it's drizzling [*or* spitting] again

Pin·kel·pau·se *f (fam)* pee stop *fam*, stop [*or* break] for a pee *fam*

Pin·ne <-, -n> ['pɪnə] *f* ❶ NAUT tiller; **die ~ in die Hand nehmen** to pick up the tiller; **die ~ loslassen** to let go of the tiller ❷ *(spitzer Stift, auf dem die Magnetnadel des Kompasses ruht)* centre [*or* AM -er] pin ❸ *(keilförmiges Ende eines Hammerkopfes)* peen, pein, hammer edge ❹ NORDD *(kleiner Nagel, Reißzwecke)* tack

Pinn·wand *f* pinboard

Pin·scher <-s, -> ['pɪnʃɐ] *m* ❶ *(Hund)* pinscher ❷ *(pej fam)* pipsqueak *pej fam*

Pin·sel <-s, -> ['pɪnzl] *m* ❶ *(Mal~)* brush ❷ *(pej fam)* twit *fam*, idiot *pej fam* ❸ JAGD tuft ❹ *(derb: Penis)* dick *fam!* ▶ WENDUNGEN: **auf den ~ drücken** [*o* treten] *(sl)* to step on it [*or* the gas] *fam*

pin·seln ['pɪnzln̩] **I.** *vt* ❶ *(streichen)* ■ **etw** ~ to paint sth ❷ *(mit dem Pinsel auftragen)* ■ **etw irgendwohin** ~ to daub sth somewhere ❸ MED ■ **etw** ~ to paint sth ❹ *(fam: schreiben)* to pen **II.** *vi (fam)* to paint

Pin·sel·schwein *nt* ZOOL river hog

Pin·te <-, -n> ['pɪntə] *f (fam)* pub BRIT, bar AM

Pin-up-Girl <-s, -s> [pɪn'apɡœel] *nt* pin-up [girl]

Pin·zet·te <-, -n> |pɪn'tsɛtə| *f* tweezers *npl*

Pi·o·nier(in) <-s, -e> |pi̯o'niːɐ̯| *m(f)* ❶ *(geh: Wegberei-ter)* pioneer ❷ MIL sapper, engineer

Pi·o·nier·geist *m kein pl* SOZIOL pioneering spirit **Pi·o·nier·zeit** *f* pioneering time [*or* period] [*or* era]

Pipe·line <-, -s> |'paiplain| *f* pipeline

Pi·pet·te <-, -n> |pi'pɛtə| *f* pipette

Pi·pi <-s, -s> |pi'piː| *nt (Kindersprache)* wee BRIT, wee-wee AM; ~ **machen** to have [*or* do] a wee[-wee]

Pi·pi·fax <-> |'pɪpifaks| *nt (fam)* nonsense

Pi·ran·ha <-[s], -s> |pi'ranja| *m* piranha

Pi·rat(in) <-en, -en> |pi'raːt| *m(f)* ❶ NAUT pirate ❶ *(Luftpirat)* hijacker

Pi·ra·ten·flag·ge *f* pirate['s] flag **Pi·ra·ten·ka·pi·tän** *m* pirate captain **Pi·ra·ten·schatz** *m* pirate treasure **Pi·ra·ten·sen·der** *m* pirate station

Pi·ra·te·rie <-, -n> |pirata'riː, *pl:* -'riːən| *f* piracy *no pl, no art*

Pi·ra·tin <-, -nen> *f fem form von* **Pirat**

Pi·rol <-s, -e> |pi'roːl| *m* ORN oriole

Pi·rou·et·te <-n, -n> |pi'rṷɛtə| *f* pirouette

Pirsch <-> |pɪrʃ| *f kein pl* JAGD **auf die ~ gehen** to go stalking; **auf der ~ sein, sich** *akk* **auf der ~ befin-den** to be stalking

pir·schen |'pɪrʃn̩| **I.** *vi* JAGD |auf Wild *akk*| ~ to stalk |game| **II.** *vr* ◼ **sich** *akk* **irgendwohin** ~ to creep [*or* steal] somewhere

Pis·se <-, -n> |'pɪsə| *f kein pl (derb)* piss *fam!*

pis·sen |'pɪsn̩| *vi* ❶ *(derb: urinieren)* to piss *fam!*; ◼ **ir-gendwohin** ~ to piss somewhere ❷ *impers (sl: stark regnen)* **es pisst schon wieder** it's pissing down again *fam!*

Pis·soir <-s, -s *o* -e> |pɪ'sṷaːɐ̯| *nt* urinal

Pis·ta·zie <-, -n> |pɪs'taːtsi̯ə| *f* ❶ *(Baum)* pistachio tree ❷ *(Kern)* pistachio

Pis·te <-, -n> |'pɪstə| *f* ❶ *(Ski~)* piste, ski run ❷ *(Renn-strecke)* track ❸ *(unbefestigter Weg)* track ❹ *(Roll-bahn)* runway

Pis·till <-s, -e> |pɪs'tɪl| *nt* MED, KOCHK pestle

Pis·to·le <-, -n> |pɪs'toːlə| *f* pistol, gun; ▸ WENDUNGEN: **jdm die ~ auf die Brust setzen** to hold a gun to sb's head; **wie aus der ~ geschossen** *(fam)* like a shot *fam*

Pis·to·len·griff *m* pistol butt **Pis·to·len·lauf** *m* gun [*or* pistol] barrel **Pis·to·len·ma·ga·zin** *nt* pistol magazine **Pis·to·len·ta·sche** *f* gun [*or* pistol] holster

pit·sch(e·)nass[RR] |'pɪtʃ(ə)'nas|, **pit·sche·pat·sche·nass** |'pɪtʃə'patʃə'nas| *adj (fam)* soaking wet

pit·to·resk |pɪto'rɛsk| *adj (geh)* picturesque

Piz·za <-, -s> |'pɪtsa| *f* pizza

Piz·za·pa·let·te *f* pizza board

Pjöng·jang <-s> |pjœŋ'jaŋ| *nt* Pyongyang

Pkw <-s, -s> |'peːkaːveː| *m Abk von* **Personenkraft-wagen**

Pla·ce·bo <-s, -s> |pla'tseːbo| *nt* MED, PSYCH placebo

Pla·ce·bo·ef·fekt *m* placebo effect

pla·cken |'plakn̩| *vr (fam)* ◼ **sich** *akk* ~ to slave away *fam*

Pla·cken <-s, -> |'plakn̩| *m* ❶ *(Flicken)* patch ❷ *(fla-denförmiges Stück)* flake ❸ *(Fleck)* spot

plä·die·ren[*] |plɛ'diːrən| *vi* ❶ JUR ◼ **auf etw** *akk* ~ to plead sth; **auf schuldig/unschuldig** ~ to plead guilty/not guilty ❷ *(geh)* ◼ **für etw** ~ to plead for sth; **dafür ~, dass ...** to plead, that ...

Plä·doy·er <-s, -s> |plɛdṷa'jeː| *nt* ❶ JUR |counsel's| summing-up BRIT, summation AM; **ein ~ halten** to give a summing-up, to sum up ❷ *(geh)* plea; ◼ **ein ~ für/gegen etw** a plea for/against sth

Pla·ge <-, -n> |'plaːgə| *f* plague, nuisance

Pla·ge·geist *m (pej fam)* nuisance, pest

pla·gen |'plaːgn̩| **I.** *vt* ❶ *(behelligen)* ◼ **jdn** |mit etw| ~ to pester [*or* torment] sb |with sth| ❷ *(quälen)* ◼ **jdn** ~ to bother [*or* trouble] sb; ◼ **geplagt** troubled **II.** *vr* ❶ *(sich abrackern)* ◼ **sich** *akk* |mit etw| ~ to slave away |over sth| ❷ *(sich herumplagen)* ◼ **sich** *akk* |mit etw| ~ to be bothered [*or* troubled] |by sth|; **mit diesem Husten plage ich mich schon eine Woche** I've been bothered by this cough for a week now

Pla·gi·at <-[e]s, -e> |pla'gi̯aːt| *nt* ❶ *(Textstelle)* plagia-rism ❷ *(Aneignung)* plagiarism *no pl, no art*

Pla·gi·a·tor, Pla·gi·a·to·rin <-s, -toren> |pla'gi̯aːtoːɐ̯, *f* -'gi̯aːto:rən| *m, f (geh)* plagiarist

pla·gi·ie·ren[*] |plagi'iːrən| **I.** *vt (geh)* ◼ **etw** ~ to plagia-rize sth **II.** *vi (geh)* to plagiarize

Pla·kat <-[e]s, -e> |pla'kaːt| *nt* poster

Pla·kat·far·be *f* poster paint

pla·ka·tiv |plaka'tiːf| *adj* ❶ *(wie ein Plakat wirkend)* poster-like *attr*, like a poster *pred* ❷ *(grell, bunt)* **~e Farben** striking [*or* bold] colours [*or* AM -ors] ❸ *(be-tont auffällig, einprägsam)* pithy

Pla·kat·kunst *f* poster art *no pl, no art* **Pla·kat·ma-ler(in)** *m(f)* poster artist **Pla·kat·säu·le** *f* advertising column [*or* pillar] **Pla·kat·wand** *f* |advertising| hoard-ing BRIT, billboard AM **Pla·kat·wer·bung** *f* poster advertising

Pla·ket·te <-, -n> |pla'kɛtə| *f* ❶ *(Abzeichen)* badge ❷ *(Aufkleber)* sticker ❸ KUNST plaque

Plan <-[e]s, Pläne> |plaːn, *pl:* 'plɛːnə| *m* ❶ *(geplantes Vorgehen)* plan; **nach ~ laufen** [*o* **verlaufen**] to go according to plan ❷ *meist sg (Absicht)* plan; **jds Pläne durchkreuzen** to thwart sb's plans; **einen ~ fassen** to |make a| plan; **den ~ fassen, etw zu tun** to plan to do [*or* form the intention of doing] sth; **Pläne machen** [*o* **schmieden**] to make plans; **auf dem ~ stehen** to be planned [*or* on the agenda] ❸ *(zeichne-rische Darstellung)* plan, blueprint ❹ GEOG, TRANSP map ▸ WENDUNGEN: **jdn auf den ~ bringen/rufen** to bring sb on to the scene; **auf dem ~ erscheinen auf den ~ treten** to appear/arrive on the scene

Pla·ne <-, -n> |'plaːnə| *f* tarpaulin, tarp *esp* AM *fam*

pla·nen |'plaːnən| *vt* ◼ **etw** ~ to plan sth; **für heute Abend habe ich bisher noch nichts geplant** I haven't got anything planned yet for tonight; ◼ **~, etw zu tun** to be planning to do sth

Pla·ner(in) <-s, -> *m(f)* planner

pla·ne·risch I. *adj* planning **II.** *adv* in terms of plan-ning; **etw ~ ausarbeiten** to devise plans for sth; **etw ~ durchdenken** to think through [*or* over] the plan-ning for sth

Pla·net <-en, -en> |pla'neːt| *m* planet; **der Blaue ~** *(geh)* the blue planet, Earth

pla·ne·ta·risch *adj* planetary

Pla·ne·ta·ri·um <-s, -tarien> |plane'taːri̯ʊm, *pl:* -'taːri̯ən| *nt* planetarium

Pla·ne·to·id <-en, -en> |planeto'iːt| *m* planetoid

pla·nie·ren[*] |pla'niːrən| *vt* ◼ **etw** ~ to level sth [off], to grade sth

Pla·nier·rau·pe *f* bulldozer

Plan·ke <-, -n> |'plaŋkə| *f* plank

Plän·ke·lei <-, -en> |plɛŋkə'lai| *f* MIL, HIST *(a. fig)* skir-mish[ing] *a. fig*

plän·keln |'plɛŋkln̩| *vi* MIL, HIST *(a. fig)* to skirmish *a. fig*

Plank·ton <-s> |'plaŋktɔn| *nt kein pl* plankton

plan·los *adj* ❶ *(ziellos)* aimless ❷ *(ohne System)* unmethodical, unsystematic

Plan·lo·sig·keit <-> *f kein pl* lack of planning *no pl*, aimlessness *no pl*

plan·mä·ßig I. *adj* ❶ TRANSP scheduled ❷ *(systema-tisch)* systematic **II.** *adv* ❶ TRANSP as scheduled, according to schedule ❷ *(systematisch)* systematically

Plan·mä·ßig·keit <-> *f kein pl* methodicalness *no pl*

Plan·qua·drat nt grid square

Plan·sch·be·cken nt paddling [or AM kiddie] pool

plan·schen ['planʃn] vi ■ |**irgendwo**| ~ to splash about |somewhere|

Plan·stel·le f post

Plan·ta·ge <-, -n> |plan'ta:ʒə| f plantation

Pla·nung <-, -en> f ❶ (das Planen) planning; **in der ~ befindlich** in [or at] the planning stage; **in der ~ sein, sich** akk **in der ~ befinden** to be in [or at] the planning stage ❷ (Plan) plan

Pla·nungs·ab·tei·lung f planning department **Pla·nungs·bü·ro** nt planning office **Pla·nungs·kom·mis·si·on** f planning commission

Plan·wa·gen m covered wagon

Plap·per·maul nt (bes pej fam) chatterbox esp pej fam

plap·pern ['plapɐn] I. vi to chatter II. vt (undeutlich reden) ■ **etw ~** to babble sth

plär·ren ['plɛrən] vi (fam) ❶ (heulen) to bawl, to howl ❷ (blechern ertönen) to blare [out]

Plas·ma <-s, Plasmen> ['plasma, pl: 'plasmən] nt MED, PHYS plasma no pl, no indef art

Plas·ma·bild·schirm m plasma screen, gas plasma display

Plas·mid <-s, -e> m BIOL plasmid

Plas·mo·ly·se <-> [plasmo'ly:zə] f kein pl BOT plasmolysis no pl

Plas·tik¹ <-s> ['plastɪk] nt kein pl plastic; **aus ~** plastic

Plas·tik² <-, -en> ['plastɪk] f ❶ (Kunstwerk) sculpture ❷ kein pl (Bildhauerkunst) sculpture no pl, no art ❸ MED plastic surgery no pl, no indef art

Plas·tik·bom·be f plastic bomb **Plas·tik·ei·mer** m plastic bucket **Plas·tik·fla·sche** f plastic bottle **Plas·tik·fo·lie** f plastic film **Plas·tik·ge·häu·se** nt plastic shell [or casing] **Plas·tik·geld** nt (fam) plastic money **Plas·tik·hül·le** f plastic cover **Plas·tik·müll** m plastic waste **Plas·tik·sack** m plastic sack; (schwarzer ~) black sack **Plas·tik·spreng·stoff** m plastic explosive **Plas·tik·tü·te** f plastic bag; (Einkaufstüte) shopping [or BRIT a. carrier] bag

Plas·ti·lin <-s, -e> [plasti'li:n] nt plasticine® no pl, no indef art

plas·tisch ['plastɪʃ] I. adj ❶ (formbar) plastic, malleable, workable ❷ (räumlich) three-dimensional ❸ (anschaulich) vivid ❹ MED plastic II. adv ❶ (räumlich) three-dimensional; **~ hervortreten/wirken** to stand out ❷ (anschaulich) vividly

Pla·ta·ne <-, -n> |pla'ta:nə| f plane tree

Pla·teau <-s, -s> |pla'to:| nt plateau

Pla·teau·soh·le f MODE platform sole

Pla·tin <-s> ['pla:ti:n] nt kein pl platinum no pl, no indef art

Pla·ti·ne <-, -n> [pla'ti:nə] f ❶ TECH circuit board ❷ INFORM board, card

Pla·tin·schmuck m platinum jewellery no pl, no indef art

Pla·ti·tu·de^RR <-, -n> [plati'ty:də] f, **Pla·ti·tü·de^ALT** <-, -n> f (geh) s. Plattitüde

pla·to·nisch [pla'to:nɪʃ] adj (geh) platonic

platsch |platʃ| interj splash; **~ machen** to splash

plat·schen ['platʃn] I. vi sein (fam) to splash; ■ **~d** with a splash; ■ **irgendwohin ~** to splash somewhere; **ins Wasser ~** to |go| splash into the water II. vi impers haben (am) to pour, BRIT a. to bucket down fam

plät·schern ['plɛtʃɐn] vi ❶ haben (Geräusch verursachen) Brunnen to splash; Bach to splash, to babble, to burble; Regen to patter; ■ **das P~** splashing, burbling, babbling, patter ❷ (planschen) to splash about ❸ sein (platschend fließen) to burble along

platt |plat| I. adj ❶ (flach) flat; **einen ~en Reifen haben** (fam) to have a flat [tyre [or AM tire| | |or a

puncture|; s. a. **Land** ❷ (geistlos) flat, dull, boring ❸ (fam: verblüfft) ■ **~ sein|, dass/als|** to be flabbergasted [that/when] fam II. adv flat; **~ drücken/pressen/rollen/walzen** to flatten

Platt <-[s]> |plat| nt kein pl LING (fam) Low German; **auf ~** in Low German

Plätt·chen <-s, -> ['plɛtçən] nt ❶ (dünne Metallplatte) metal chip ❷ (kleiner, flacher Gegenstand) thin plate ❸ MED platelet ❹ (Schneekristall) plate crystal ❺ BOT lamella ❻ MUS plectrum

platt·deutsch ['platdɔytʃ] adj LING Low German

Platt·deutsch ['platdɔytʃ] nt dekl wie adj Low German; ■ **das P~e** Low German

Plat·te <-, -n> ['platə] f ❶ (Steinplatte) slab ❷ (Metalltafel) sheet, plate ❸ (Schallplatte) record ❹ (Servierteller) platter, dish; (Gericht) platter; **kalte ~** cold platter, cold collation ❺ (Kochplatte) hotplate, BRIT a. hob ❻ INFORM disk, plate, platter ❼ (fam) bald head [or pate]; **eine ~ haben** to be bald ▶ WENDUNGEN: **die alte ~ auflegen** (fam) to play the same old record, to talk about the same old thing; **eine neue ~ auflegen** (fam) to change the record; **die ~ schon kennen** (fam) to have heard that one before; **putz die ~!** (fam) clear off! [or AM out!] fam, BRIT a. hop it! fam

Platt·ei·sen nt DIAL iron

plät·teln ['plɛtln] vt ■ **etw ~** (mit Platten auslegen) to pave sth; (mit Fließen auslegen) to tile sth

plät·ten ['plɛtn] vt DIAL ■ **etw ~** to iron [or press] sth

Plat·ten·bau <-s, -bauten> m BAU building made from prefabricated slabs **Plat·ten·co·ver** <-[s], -> nt MUS record sleeve **Plat·ten·fir·ma** f MUS, ÖKON record company **Plat·ten·la·bel** nt MUS ❶ (Schallplattenetikett) record label ❷ (Schallplattenfirma) record label **Plat·ten·lauf·werk** nt INFORM disk drive **Plat·ten·le·ger(in)** <-s, -> m(f) s. Fliesenleger **Plat·ten·samm·lung** f record collection **Plat·ten·see** ['platnze:] m Lake Balaton **Plat·ten·spie·ler** m record player **Plat·ten·tel·ler** m turntable **Plat·ten·wechs·ler** <-s, -> |ks| m autochanger, record changer **Plat·ten·weg** m paved path

Platt·erb·se f BOT (wild) pea, vetchling **platt|fah·ren^RR** vt irreg (sl) ■ **jdn ~** to flatten sb **Platt·fisch** m flatfish

Platt·form f ❶ (begehbare Fläche) platform ❷ (geh) basis; **eine gemeinsame ~ finden** to find common ground ❸ INFORM platform **Platt·fuß** m ❶ MED flat foot; **Plattfüße haben** to have flat feet ❷ (Reifenpanne) flat fam

Platt·heit <-, -en> f ❶ kein pl (Ebenheit) flatness no pl ❷ s. Plattitüde

plat·tie·ren* [pla'ti:rən] vt ❶ TECH ■ **etw ~** to plate sth ❷ KOCHK Fleisch ~ to flatten meat (to tenderize it)

Plat·ti·tü·de^RR <-, -n> f (geh) platitude

platt|ma·chen^RR vt jdn/etw ~ (sl) to destroy [or ruin] sb/sth

Platt·wurm m MED flatworm

Platz <-es, Plätze> |plats, pl: 'plɛtsə| m ❶ ARCHIT (umgrenzte Fläche) square; **der Rote ~** Red Square ❷ (Sitzplatz) seat; **hältst du mir einen ~ frei?** can you keep a seat for me?; **behalten Sie doch |bitte| ~!** (form) please remain seated! form; **~ nehmen** (geh) to take a seat ❸ (freier Raum) space, room; **~ sparend** space-saving attr; **~ sparend sein** to save space, compactly; **~ für jdn/etw bieten** to have room for sb/sth; **~ brauchen** to need room [or space]; |jdm/einer S.| **~ machen** to make room [or way] [for sb/sth; ~ |für jdn/etw| schaffen** to make room [for sb/sth] ❹ (üblicher Aufbewahrungsort) place; **irgendwo einen festen ~ haben** to have a proper place somewhere ❺ SPORT (Rang) place; **die Mannschaft liegt jetzt auf ~ drei** the team is now in third place; **seinen ~ behaupten** to maintain [or hold] one's place; (Sportplatz) playing field; **jdn vom ~ stellen** to

send sb off ❶ *(Möglichkeit, an etw teilzunehmen)*
Kindergarten, Kurs, Krankenhaus, Reise place
❷ *(Ort)* place, locality; **das beste Hotel am ~e** the
best hotel in the place [*or* in town] ▪ WENDUNGEN: **ein**
~ an der Sonne a place in the sun; [**irgendwo**] **fehl**
am ~[**e**] **sein** to be out of place [*or* inappropriate]
[somewhere]; **ich komme mir hier völlig fehl am**
~e vor I feel totally out of place here; **Mitleid ist hier**
völlig fehl am ~e this is not the place for sympathy;
in etw *dat* **keinen ~ haben** to have no place for sth;
in ihrer Planung hatten Rücklagen keinen ~ their
planning made no allowances for reserves; **jdn auf**
die Plätze verweisen SPORT to beat sb; **auf die**
Plätze, fertig, los! on your marks, get set, go!; **~ da!**
(fam) out of the way!, make way there!; **~!** *Hund* sit!
Platz·angst f ❶ *(fam)* claustrophobia; **~ bekommen**
to become [*or* get] claustrophobic ❷ *(Agoraphobie)*
agoraphobia **Platz·an·wei·ser(in)** <-s, -> *m(f)* usher
masc, usherette *fem*
Plätz·chen <-s, -> ['plɛtsçən] *nt* ❶ *dim von* **Platz**
spot, little place ❷ KOCHK biscuit BRIT, cookie AM
plat·zen ['platsn] *vi sein* ❶ *(zerplatzen)* to burst
❷ *(aufplatzen)* to split ❸ *(scheitern)* to fall through;
das Fest ist geplatzt the party is off; ▪ **etw ~ lassen**
to call sth off, to let sth fall through ❹ *(sich nicht mehr*
halten können) to be bursting; **vor Ärger/Neid/**
Wut/Neugier *dat* **~** to be bursting with anger/envy/
rage/curiosity
Platz·er·laub·nis f *(Golf)* golfing permit **Platz·her·**
ren *pl* SPORT home team
plat·zie·ren[RR] **I.** *vt* ❶ FIN ▪ **etw irgendwo ~** to place
[*or* put] sth somewhere; **sein Geld in Aktien ~** to
put one's money into shares ❷ *(geh)* ▪ **jdn/etw**
irgendwo ~ to place [*or* put] [*or* position] sb/sth
somewhere ❸ MEDIA *(setzen)* ▪ **etw irgendwo ~** to
place sth somewhere; **eine Anzeige ~** to place an
advert [*or* AM advertisement] **II.** *vr* ❶ *(geh)* ▪ **sich** *akk*
irgendwo ~ to take a seat somewhere *form* ❷ SPORT
▪ **sich** *akk* **~** to be placed; *(Tennis)* to be seeded
Plat·zie·rung[RR] <-, -en> f ❶ FIN placing ❷ SPORT place,
position; **eine ~ unter den ersten zehn** a place [*or*
position] in the top ten
Platz·kar·te f BAHN seat reservation, reserved seat
ticket **Platz·kon·zert** *nt* open-air concert **Platz·man·**
gel *m* lack of room [*or* space] **Platz·meis·ter** *m* POL
chief usher **Platz·mie·te** f ❶ THEAT season ticket [cost]
❷ SPORT ground [*or* AM field] [*or* court] hire BRIT [*or* AM
rental] charge **Platz·pa·tro·ne** f blank [cartridge]
Platz·re·gen *m* METEO cloudburst **Platz·re·ser·vie·**
rung f reservation [of a seat]; **ohne vorherige ~**
kriegt man dort wahrscheinlich keinen Tisch you
probably won't get a table there without booking [one]
[*or* reserving one] beforehand [*or* a reservation] **Platz·**
tel·ler *m* underplate **Platz·ver·weis** *m* SPORT sending-
off BRIT, ejection AM **Platz·wart(in)** <-s, -e> *m(f)* SPORT
groundsman *masc,* groundskeeper
Platz·wun·de f laceration, lacerated wound
Plau·de·rei <-, -en> [plaudə'rai] f chat
Plau·de·rer, Plau·de·rin <-s, -> ['plaudərɐ,
'plaudərɪn] *m, f* ❶ *(Gesprächspartner, Redner)* conversationalist ❷ *(Klatschbase)* gossip
plau·dern ['plaudɐn] *vi* ❶ *(sich gemütlich unterhal-*
ten) ▪ **[mit jdm/über etw** *akk*] **~** to [have a] chat
[with sb/about sth] ❷ *(fam: ausplaudern)* to gossip
Plau·der·stünd·chen *nt* [little] chat **Plau·der·ta·**
sche f *(fam)* chatterbox *fam* **Plau·der·ton** *m kein pl*
chatty tone
Plausch <-[e]s, -e> [plauʃ] *m (fam)* chat
plau·schen ['plauʃn] *vi (fam)* ▪ **[mit jdm]** **~** to [have a]
chat [with sb]
plau·si·bel [plau'zi:bl] *adj* plausible; **jdm etw ~**
machen to explain sth [*or* make sth clear] to sb

Plau·si·bi·li·tät <-, -en> [plauzibili'tɛ:t] f plausibility
Plau·si·bi·li·täts·kon·trol·le f INFORM plausibility test
Play-back[RR]**, Play·back** <-, -s> ['ple:bɛk] *nt* ❶ *(auf-*
genommene Musikbegleitung) backing track ❷ *(kom-*
plette Film- o Gesangsaufnahme) miming track
❸ *kein pl* MUS, TV, TECH recording ❹ *kein pl (getrennte*
Aufnahme von Orchester und Gesang) double-
tracking *no pl* **Play·boy** <-s, -s> ['ple:bɔy] *m* playboy
Play·girl <-s, -s> ['ple:gœɛl] *nt* playgirl
Pla·zen·ta <-, -s *o* Plazenten> [pla'tsɛnta, *pl:*
-'tsɛntən] f placenta
Pla·zet <-s, -s> ['pla:tsɛt] *nt (geh)* approval; **sein ~** [**zu**
etw] **geben** to give one's approval [for sth], to approve
sth; **jds ~ haben** to have sb's approval
pla·zie·ren[ALT] [pla'tsi:rən] *vt, vr* s. **platzieren**
Pla·zie·rung[ALT] <-, -en> f s. **Platzierung**
Ple·be·jer(in) <-s, -> [ple'be:jɐ] *m(f)* plebeian,
pleb *fam*
Ple·bis·zit <-[e]s, -e> [plebɪs'tsi:t] *nt (geh)* plebiscite
Plebs <-es> [plɛps] *m kein pl (pej geh)* plebs *pl pej*
plei·te ['plaitə] *adj (fam)* broke *fam;* ▪ **~ sein** to be
broke
Plei·te <-, -n> ['plaitə] f *(fam)* ❶ *(Bankrott)* collapse,
bankruptcy; **~ machen** to go bust *fam,* to go bankrupt
❷ *(Reinfall)* flop *fam;* [**mit jdm/etw**] **eine ~ erle·**
ben to suffer a flop [with sb/sth]
plei·te·ge·hen[RR] *vi irreg sein* to go bust *fam*
Plei·te·gei·er *m (fam)* threat [*or* spectre [*or* AM -er]] of
bankruptcy; **über jdm/etw schwebt der ~** the vultures are hovering above sb/sth
Plei·tier <-s, -s> [-'tje:] *m* ÖKON *(Bankrotteur)* bankrupt
plem·pern ['plɛmpɐn] *vi (fam)* ❶ *(verspritzen)* to spill
sth ❷ *(Zeit verschwenden)* to waste time
plem·plem [plɛm'plɛm] *adj (sl)* ▪ **~ sein** to be nuts *sl*
Ple·na ['ple:na] *pl von* **Plenum**
Ple·nar·saal *m* chamber **Ple·nar·ver·samm·lung** f
plenary session
Ple·num <-s, Plena> ['ple:nʊm, *pl:* ple:na] *nt* plenum
Ple·o·nas·mus <-, -nasmen> [pleo'nasmʊs, *pl:*
-nasmən] *m* pleonasm
Pleu·el·stan·ge f TECH connecting rod
Plin·se <-, -n> ['plɪnza] f ❶ KOCHK DIAL ❶ *(Pfannkuchen)*
yeast pancake filled with stewed fruit ❷ *(Kartoffelpuf-*
fer) potato [pan]cake [*or* fritter]
Plis·see <-, -s> [plɪ'se:] *nt* pleats *pl,* pleating *no pl*
PLO <-> [pe:ʔɛl'ʔo:] f *kein pl Abk von* **Palestine Lib-**
eration Organization PLO
PLO-Chef [-ʃɛf] *m* PLO-leader
Plom·be <-, -n> ['plɔmbə] f ❶ MED filling ❷ *(Bleisie-*
gel) lead seal
plom·bie·ren ['plɔm'bi:rən] *vt* ❶ MED to fill; [**jdm**]
einen Zahn ~ to fill a [/sb's] tooth ❷ *(amtlich versie-*
geln) ▪ **etw ~** to give sth a lead seal, to seal sth
Plot <-s, -s> [plɔt] *m o nt* LIT, INFORM plot
Plöt·ze <-, -n> ['plœtsə] f ZOOL roach
plötz·lich ['plœtslɪç] **I.** *adj* sudden **II.** *adv* suddenly, all
of a sudden; [**...**] **~ kommen** *(fam)* to come suddenly;
das kommt alles etwas/so ~ it's all happening ra-
ther/so suddenly; **aber etwas ~!** *(fam)* [and] hurry
up! [*or* jump to it]
Plu·der·ho·se f ['plu:dɐho:zə] f pantaloons *npl,* Turkish
trousers *npl,* harem pants *npl;* HIST trunk hose
plump [plʊmp] **I.** *adj* ❶ *(massig)* plump ❷ *(schwerfäl-*
lig) ungainly, awkward ❸ *(dummdreist)* obvious,
crass; **ein ~er Annäherungsversuch** a very obvious
advance; **eine ~e Lüge** a crass [*or* blatant] lie **II.** *adv*
❶ *(schwerfällig)* clumsily, awkwardly ❷ *(dumm-*
dreist) crassly, obviously
plumps [plʊmps] *interj* thud, bump, plop; *(ins Was-*
ser) plop, splash; **~ machen** to thud, to go bump, to
make a plop/splash

Plumps <-es, -e> |plʊmps| *m (fam)* thud, bump, plop; *(ins Wasser)* plop, splash

plump·sen |'plʊmpsṇ| *vi sein (fam)* ❶ *(dumpf fallen)* ▪ **irgendwohin ~** to thud somewhere; **der Sack plumpste auf den Boden** the sack thudded onto the floor; ▪ **etw irgendwohin ~ lassen** to let sth fall somewhere with a thud ❷ *(fallen)* to fall; **aus/von etw ~** to fall out of/off sth; ▪ **sich** *akk* **irgendwohin ~ lassen** to plump [oneself] [*or* flop] down somewhere; **sich** *akk* **~ lassen** to plump [oneself] [*or* flop] down

Plumps·klo(**·sett**) *nt (fam)* earth closet BRIT, outhouse AM

Plun·der <-s> |'plʊndɐ| *m kein pl* junk *no pl, no indef art*

Plün·de·rer, Plün·de·rin <-s, -> |'plʏndɐrɐ, 'plʏndərɪn| *m, f* looter, plunderer

Plun·der·ge·bäck *nt* Danish pastries *pl*

plün·dern |'plʏndɐn| I. *vt* ❶ *(ausrauben)* ▪ **etw ~** to plunder [*or* loot] sth; ▪ **das P~** plunder[ing], looting, pillage, pillaging ❷ *(leeren)* ▪ **etw ~** to raid sth *fam;* **den Kühlschrank ~** to raid the fridge II. *vi* to plunder

Plün·de·rung <-, -en> *f* plunder[ing] *no pl, no indef art,* looting *no pl, no indef art,* pillage *no pl, no indef art*

Plu·ral <-s, -e> |'plu:ra:l| *m* plural

Plu·ra·lis·mus <-> |plura'lɪsmʊ| *m kein pl (geh)* pluralism *no pl*

plu·ra·lis·tisch |plura'lɪstɪʃ| *adj (geh)* pluralistic

plus |plʊs| I. *präp +gen* plus II. *adv* ❶ *(über 0°)* plus; **die Temperaturen liegen bei ~ drei Grad C** temperatures will be around three degrees C ❷ MATH plus ❸ ELEK plus, positive III. *konj* MATH plus; **~/minus X** plus or minus X

Plus <-, -> |plʊs| *nt* ❶ *(Pluszeichen)* plus ❷ ÖKON surplus; **[mit etw] im ~ sein** to be in the black [with sth]; **[bei etw] ein ~ machen** to make a profit [in sth] ❸ *(Pluspunkt)* plus, [plus] point, advantage

Plüsch <-[e]s, -e> |plyʃ| *m* plush

Plüsch·tier *nt* [furry] soft-toy

Plus·pol *m* positive pole **Plus·punkt** *m* ❶ *(Positivum)* bonus; **durch seine Höflichkeit sammelte er [reichlich] ~e** his politeness earned him [quite a few] brownie-points ❷ *(Wertungseinheit)* point

Plus·quam·per·fekt <-s, -e> |'plʊskvampɐfɛkt| *nt* pluperfect, past perfect

plus·tern |'plu:stɐn| I. *vt* ▪ **etw ~** to fluff up sth *sep* II. *vr* ▪ **sich** *akk* **~** to fluff oneself up

Plus·zei·chen *nt* plus sign

Plu·to <-s> |'plu:to| *m* Pluto

Plu·to·ni·um <-s> |plu'to:njʊm| *nt kein pl* plutonium *no pl*

PLZ <-> *f Abk von* **Postleitzahl**

Pneu <-s, -s> |pnɔy| *m bes* SCHWEIZ tyre BRIT, tire AM

pneu·ma·tisch |pnɔy'ma:tɪʃ| *adj* pneumatic

Pneu·mo·kok·kus <-, -i *o* -en> |pnɔymo'kɔkʊs| *m* MED *(Erreger der Lungenentzündung)* pneumococcus

Po <-s, -s> |po:| *m (fam)* bottom, BRIT *a.* bum AM

Pö·bel <-s> |'pø:bḷ| *m kein pl (pej)* mob *pej,* rabble *pej*

Pö·be·lei <-, -en> |pø:bə'lai| *f (fam)* ❶ *kein pl (das Pöbeln)* loutishness *no pl* ❷ *(ausfallende Bemerkung)* swearing *no pl, no indef art*

pö·bel·haft *adj* loutish, BRIT *a.* yobbish

pö·beln |'pø:bḷn| *vi (ausfallend reden)* to swear; *(sich ausfallend benehmen)* to behave yobbishly [*or* AM loutishly]

po·chen |'pɔxn̩| *vi* ❶ *(anklopfen)* ▪ **[gegen/auf etw** *akk*] **~** to knock [against/on sth] ❷ *(klopfen)* Herz, *Blut* to pound ❸ *(bestehen)* ▪ **auf etw** *akk* **~** to insist on sth

po·chie·ren |pɔ'ʃi:rən| *vt* KOCHK ▪ **etw ~** to poach sth

Po·cke <-, -n> |'pɔkə| *f* pock

Po·cken *pl* smallpox *no art*

Po·cken·nar·be *f* pockmark **po·cken·nar·big** *adj* pockmarked **Po·cken·(schutz·)imp·fung** *f* smallpox vaccination

Po·cket·ka·me·ra |'pɔkət-| *f* pocket camera

Po·dest <-[e]s, -e> |po'dɛst| *nt o m* rostrum

Po·di·um <-s, Podien> |'po:djʊm, *pl:* -djən| *nt* ❶ *(Bühne)* platform, stage, rostrum ❷ *(trittartige Erhöhung)* podium, rostrum

Po·di·ums·dis·kus·si·on *f,* **Po·di·ums·ge·spräch** *nt* panel discussion

Po·e·sie <-> |poe'zi:| *f kein pl* poetry *no pl*

Po·e·sie·al·bum *nt* poetry album *(made up of verses or sayings contributed by friends)*

Po·et(**in**) <-en, -en> |po'e:t| *m(f)* poet *masc o fem,* poetess *fem*

Po·e·tik <-, -en> |po'e:tɪk| *f* poetics + *sing vb*

Po·e·tin <-, -nen> *f fem form von* **Poet**

po·e·tisch |po'e:tɪʃ| *adj* poetic[al]; *s. a.* **Ader**

po·fen |'po:fn̩| *vi (fam)* ❶ *(schlafen)* to kip BRIT *fam,* to sleep AM ❷ *(unaufmerksam sein)* to doze

Po·grom <-s, -e> |po'gro:m| *nt o m* pogrom

Poin·te <-, -n> |'poɛ̃:tə| *f Erzählung* point; *Witz* punch line

poin·tiert |poɛ̃'ti:ɐt| *adj (geh)* pointed, trenchant

Po·kal <-s, -e> |po'ka:l| *m* ❶ *(Trinkbecher)* goblet ❷ SPORT cup

Po·kal·end·spiel *nt* SPORT cup final **Po·kal·in·ha·ber**(**in**) *m(f)* SPORT cup-holder **Po·kal·sie·ger** *m* SPORT cup-winners *pl* **Po·kal·spiel** *nt* SPORT cup tie [*or* AM game] [*or* AM match] **Po·kal·wett·be·werb** *m* SPORT cup competition

Pö·kel·fisch |'pø:kḷ-| *m* pickled [*or* salt[ed]] fish **Pö·kel·fleisch** *nt* salt[ed] [*or* preserved] meat **Pö·kel·la·ke** *f* brine *no pl*

pö·keln |'pø:kln̩| *vt Fleisch* to salt, to preserve; *Fisch* to pickle, to salt

Po·ker <-s> |'po:kɐ| *nt kein pl* poker

Po·ker·ge·sicht *nt,* **Po·ker·mie·ne** *f* poker face

po·kern |'po:kɐn| *vi* ❶ KARTEN to play poker; ▪ **[um etw] ~** to gamble [for sth] ❷ *(viel riskieren)* to stake a lot, to play for high stakes

Pol <-s, -e> |po:l| *m* GEOG, ELEK, PHYS pole; ▸ WENDUNGEN: **der ruhende ~** the calming influence

po·lar |po'la:ɐ| *adj* polar

Po·lar·eis *nt* polar ice **Po·lar·fuchs** *m* arctic fox

po·la·ri·sie·ren |polari'zi:rən| I. *vr (geh)* ▪ **sich** *akk* **~** to polarize, to become polarized BRIT II. *vt* PHYS ▪ **etw ~** to polarize sth

Po·la·ri·sie·rung <-, -en> *f* polarization

Po·lar·kreis *m* polar circle; **nördlicher/südlicher ~** Arctic/Antarctic circle **Po·lar·licht** *nt* METEO *s.* **Nordlicht Po·lar·meer** *nt* polar sea **Po·lar·mö·we** *f* ORN Iceland gull **Po·lar·stern** *m* Pole Star **Po·lar·zo·ne** *f* Frigid Zone, polar region

Pol·der <-s, -> |'pɔldɐ| *m* polder

Po·le, Po·lin <-n, -n> |'po:lə, 'po:lɪn| *m, f* Pole; *s. a.* **Deutsche(r)**

Po·le·mik <-, -en> |po'le:mɪk| *f (geh)* ❶ *kein pl (polemischer Gehalt)* polemic ❷ *(scharfe Attacke)* polemics + *sing vb*

po·le·misch |po'le:mɪʃ| I. *adj (geh)* polemical II. *adv (geh)* **sich** *akk* **~ äußern** to voice a polemic

po·le·mi·sie·ren |polemi'zi:rən| *vi (geh)* to polem[ic]ize; ▪ **[gegen jdn/etw] ~** to inveigh [against sb/sth]; **in dem Artikel wurde scharf polemisiert** the article was of a sharply polemic nature

Po·len <-s> |'po:lən| *nt* Poland; *s. a.* **Deutschland** ▸ WENDUNGEN: **noch ist ~ nicht verloren** *(prov)* all is not yet lost

Po·li·ce <-, -n> |po'li:sə| *f* policy
Po·lier|in <-s, -e> |po'li:g| *m(f)* |site| foreman *masc* |*or*
fem forewoman|
po·lie·ren** |po'li:rən| *vt* ❶ *(glänzend reiben)* ▪ etw ~
to polish sth ❷ *(sl: malträtieren)* **jdm die Fresse/**
Schnauze/das Maul ~ *(sl)* to smash sb's face in *sl*
Po·lier·mit·tel *nt* polish **Po·lier·tuch** *nt* polishing
cloth **Po·lier·wachs** *nt* wax polish
Po·li·kli·nik |'po:likli:nɪk| *f* outpatients' clinic
Po·lin <-, -nen> *f fem form von* **Pole**
Po·lio <-> |'po:li̯o| *f kein pl* polio *no pl*
Po·lit·bü·ro |po'lɪt-| *nt* politburo
Po·li·tes·se <-, -n> |poli'tɛsə| *f* |female| traffic warden
BRIT, meter maid AM
Po·li·tik <-, -en> |poli'ti:k| *f* ❶ *kein pl (die politische*
Welt) politics + *sing vb, no art;* **in die ~ gehen** to go
into politics ❷ *(politischer Standpunkt)* politics + *sing*
vb, no art; ▪ **die/eine ~ einer S.** *gen* the politics of
sth ❸ *(Strategie)* policy; **eine bestimmte ~ betrei-**
ben |*o* **verfolgen**| to pursue a certain |*or* particular|
policy; **eine ~ der kleinen Schritte** a step-by-step |*or*
gradualist| policy
Po·li·ti·ka |po'li:tika| *pl von* **Politikum**
Po·li·ti·ker|in <-s, -> |po'li:tike| *m(f)* politician
Po·li·ti·kum <-s, Politika> |po'li:tikʊm, *pl:* -ka| *nt*
(geh: Sache) political issue; *(Ereignis)* political event
Po·li·tik·ver·dros·sen·heit *f kein pl* political apathy *no*
pl **Po·li·tik·wis·sen·schaft** *f s.* **Politologie**
po·li·tisch |po'li:tɪʃ| **I.** *adj* ❶ POL political ❷ *(geh)* politic
II. *adv* ❶ POL politically ❷ *(klug)* politicly, judiciously
Po·li·sche|r) *f(m) dekl wie adj* political prisoner
po·li·ti·sie·ren** |politi'zi:rən| **I.** *vi (geh)* to talk politics,
to politicize **II.** *vt (geh: etw ~)* to politicize sth;
▪ **jdn ~** to make sb politically aware **III.** *vr* ▪ **sich**
akk ~ to become politicized
Po·li·to·lo·ge, Po·li·to·lo·gin <-n, -n> |polito'lo:gə,
-'lo:gɪn| *m, f* political scientist
Po·li·to·lo·gie <-> |politolo'gi:| *f kein pl* political sci-
ence *no pl, no art*
Po·li·to·lo·gin <-, -nen> *f fem form von* **Politologe**
Po·li·tur <-, -en> |poli'tu:ɐ| *f* ❶ *(Poliermittel)* polish
❷ *(glänzende Schicht)* polish, shine
Po·li·zei <-, -en> |poli'tsai| *f* ❶ *(Institution)* ▪ **die ~**
the police + *sing/pl vb;* **zur ~ gehen** to go to the
police; **bei der ~ sein** to be in the police |force|
❷ *(Polizisten)* police + *sing/pl vb* ❸ *kein pl (Dienst-*
gebäude) police station ▸ WENDUNGEN: **dümmer als**
die ~ erlaubt *(hum fam)* as thick as two short
planks *fam*
Po·li·zei·an·ga·ben *pl* details released by the police;
nach |*o* **laut**| ~ **...** according to details released by the
police ... **Po·li·zei·auf·ge·bot** *nt* police presence *no*
pl **Po·li·zei·be·am·te|r)** *f(m) dekl wie adj,* **Po·li·zei·**
be·am·tin <-, -nen> *f* police officer **Po·li·zei·be·hör-**
de *f* police authority |*or* AM department| **Po·li·zei·bu-**
ße *f* SCHWEIZ |police| fine **Po·li·zei·chef|in|** *m(f)* chief
of police |*or* BRIT *a.* constable| **Po·li·zei·dienst** *m*
police service **Po·li·zei·di·rek·ti·on** *f* police authority
Po·li·zei·ein·satz *m* police operation **Po·li·zei·**
funk *m* police radio **Po·li·zei·ge·bäu·de** *nt* police
building **Po·li·zei·griff** *m* arm |*or* wrist| lock |*or* hold|;
jdn im ~ abführen to frogmarch sb away **Po·li·zei·**
hund *m* police dog
po·li·zei·lich **I.** *adj attr* police *attr; s. a.* **Führungszeug-**
nis *s. a.* **Kennzeichen II.** *adv* by the police; **~ gemel-**
det sein to be registered with the police
Po·li·zei·pos·ten *nt* SCHWEIZ *s.* **Polizeirevier Po·li·**
zei·prä·si·di·um *nt* police headquarters + *sing/pl*
verb **Po·li·zei·re·vier** *nt,* **Po·li·zei·pos·ten** *nt*
SCHWEIZ ❶ *(Dienststelle)* police station ❷ *(Bezirk)*
|police| district |*or* AM precinct| **Po·li·zei·schutz** *m*
police protection; **unter ~ stehen** to be under police

protection; **jdn unter ~ stellen** to place sb under
police protection **Po·li·zei·staat** *m* police state **Po·li·**
zei·strei·fe *f* police patrol **Po·li·zei·stun·de** *f* closing
time
Po·li·zist|in| <-en, -en> |poli'tsɪst| *m(f)* policeman
masc, policewoman *fem,* police officer
Po·liz·ze <-, -n> |po'lɪtsə| *f* ÖSTERR *(Police)* |insurance|
policy
Pol·ka <-, -s> |'pɔlka| *f* polka
Pol·lack <-s, -en> |'pɔlak| *m* pollack, dover hake
Pol·len <-s, -> |'pɔlən| *m* pollen
Pol·len·al·ler·gie *f* MED pollen allergy, allergy to pollen
Pol·len·flug *m kein pl* BOT, MED pollen dispersal *no pl*
Pol·len·flug·ka·len·der *m* BOT, MED, NATURMED pollen
dispersal calendar **Pol·len·flug·vor·her·sa·ge** *f* pollen count forecast
Pol·len·korn *nt* BOT pollen grain **Pol·len·warn·**
dienst *m* MED, NATURMED pollen |level| warning
service
Pol·ler <-s, -> |'pɔle| *m* bollard; *Schiffsdeck a.* bitt
spec
Pol·lu·ti·on <-, -en> |pɔlu'tsi̯o:n| *f* BIOL *(geh)* |noctur-
nal| emission
Pol·nisch |'pɔlnɪʃ| *nt dekl wie adj* Polish; *s. a.* **Deutsch**
pol·nisch |'pɔlnɪʃ| *adj* ❶ *(Polen betreffend)* Polish; *s. a.*
deutsch 1 ❷ LING Polish; *s. a.* **deutsch 2**
Pol·ni·sche <-n> |'pɔlnɪʃə| *nt* ▪ **das ~** Polish, the Po-
lish language; *s. a.* **Deutsche**
Po·lo <-s, -s> |'po:lo| *nt* polo
Po·lo·hemd *nt* polo shirt
Polonäse <-, -n> *f,* **Po·lo·nai·se** <-, -n> |polo-
'nɛ:zə| *f* polonaise
Po·lo·ni·um <-s> |po'lo:ni̯ʊm| *nt kein pl* polonium
no pl
Pols·ter <-s, -> |'pɔlste| *nt* ❶ ÖSTERR *m* ❶ *(Polsterung)*
upholstery *no pl, no indef art* ❷ MODE pad, padding
❸ BOT cushion plant ❹ FIN reserves *pl,* cushion
❺ ÖSTERR *(Kissen)* cushion
Pols·te·rer, Pols·te·rin <-s, -> *m, f* upholsterer
Pols·ter·gar·ni·tur *f* suite **Pols·ter·ma·te·ri·al** *nt* padding *no pl, no indef art; (dicker)* cushioning *no pl, no*
indef art **Pols·ter·mö·bel** *nt meist pl* upholstered
furniture *no pl*
pols·tern |'pɔlsten| *vt* ❶ *(mit Polster versehen)*
▪ etw ~ to upholster sth; **eine Tür ~** to pad a door;
▪ **gepolstert** upholstered, padded; **gut gepolstert**
sein to be well padded ❷ *(fam: genügend Finanzen*
haben) **gut gepolstert sein** to be comfortably off |*or*
AM well-off|
Pols·ter·ses·sel *m* |upholstered| armchair
Pols·te·rung <-, -en> *f* ❶ *(Polster)* upholstery *no pl,*
no indef art ❷ *kein pl (das Polstern)* upholstery *no*
pl, no indef art
Pol·ter·abend |'pɔlte-| *m* party at the house of the
bride's parents on the eve of a wedding, at which
crockery is smashed to bring good luck

Kultur

Celebrated with friends and relatives, a **Polter-**
abend is held on the eve of a wedding. Traditionally, crockery is smashed to bring good luck and the
bridal couple are left to sweep away the mess.

Pol·ter·geist *m* poltergeist
pol·tern |'pɔlten| *vi* ❶ *haben (rumpeln)* to crash, to
bang, to make a racket; **da poltert es an der Tür**
there's a banging on the door; ▪ **das P~** banging |*or*
crashing| |noise| ❷ *sein (krachend fallen)* ▪ **irgend-**
wohin ~ to go crashing somewhere; **der Schrank**
polterte die Treppe hinunter the wardrobe went
crashing down the stairs ❸ *sein (lärmend gehen)*
▪ **irgendwohin ~** to stump |*or* AM stomp| |*or* clump|

somewhere

Po·ly·es·ter <-s, -> |poly'?ɛstɐ| *m* polyester

po·ly·gam |pol'ga:m| *adj* polygamous

Po·ly·ga·mie <-> |polyga'mi:| *f kein pl* polygamy *no pl*

po·ly·glott |poly'glɔt| *adj (geh)* ➊ *(viele Sprachen sprechend)* polyglot ➋ *(mehrsprachig)* multilingual

Po·lyp <-en, -en> |po'ly:p| *m* ➊ ZOOL polyp ➋ MED polyp; **~en in der Nase haben** to suffer from adenoids

po·ly·plo·id |polyplo'i:t| *adj* polyploid

Po·ly·plo·i·die <-> |polyploi'di:| *f kein pl* BIOL polyploidy

Po·ly·ure·than <-s, -e> |poly?ure'ta:n| *meist pl nt* CHEM polyurethane *no pl*

Po·me·ran·ze <-, -n> |poma'rantsə| *f* KOCHK Seville [*or* bitter] orange

Pom·mes |'pɔməs| *pl (fam)*, **Pom·mes fri·tes** |pɔm'frɪt| *pl* French fries *pl*, BRIT a. chips *pl*

Pom·mes-fri·tes-Schnei·der *m* potato chipper BRIT, French fry slicer AM

Pomp <-[e]s> |pɔmp| *m kein pl* pomp *no pl*

pom·pös |pɔm'pø:s| I. *adj* grandiose II. *adv* grandiosely, in a grandiose style

Pon·cho <-s, -s> |'pɔntʃo| *m* poncho

Pon·ti·fex <-, -fizes> |'pɔntifɛks, *pl:* -'ti:fitse:s| *m* REL pontiff

Pon·ti·fi·kat <-s, -e> |pɔntifi'ka:t| *nt* REL pontificate, papacy

Pon·ti·us |'pɔntsi̯ʊs| *m* ► WENDUNGEN: **von ~ zu Pilatus laufen** *(fam)* to run from pillar to post

Pon·ton·brü·cke |pɔn'tö:, 'pɔntö| *f* pontoon bridge

Po·ny[1] <-s, -s> |'pɔni| *nt* pony

Po·ny[2] <-s, -s> |'pɔni| *m* fringe BRIT, bangs *npl* AM

Pool <-s, -s> |pu:l| *m* pool

Pool·bil·lard |'pu:lbɪljart| *nt* pool

Pop <-s> |pɔp| *m kein pl* pop

Po·panz <-es, -e> |'po:pants| *m* ➊ *(Hanswurst)* clown, puppet ➋ *(Buhmann)* bogeyman

Pop-Art[RR], **Pop-art**[ALT] |'pɔp?a:ɐt| *f* pop art

Pop·bal·la·de *f* pop ballad

Pop·corn <-s> |'pɔpkɔrn| *nt kein pl* popcorn *no pl, no indef art*

Po·pe <-n, -n> |'po:pə| *m* priest

Po·pel <-s, -> |'po:p|| *m (fam)* ➊ *(Stück Nasenschleim)* bogey BRIT *fam*, booger AM *fam* ➋ *(Durchschnittsbürger)* pleb *fam*, nobody

po·pe·lig |'po:pəlɪç| *adj (fam)* ➊ *(lausig)* lousy ➋ *(gewöhnlich)* crummy

Po·pe·lin <-s, -e> |popə'li:n| *m*, **Po·pe·li·ne** <-, -> |popə'li:n| *f* poplin

po·peln |'po:p|n| *vi (fam)* to pick one's nose

Pop·far·be *f* brilliant colour [*or* AM -or] **Pop·grup·pe** *f* pop group

pop·lig |'po:plɪç| *adj* s. **popelig**

Pop·mu·sik *f* pop music

Pop·mu·sik·markt *m* pop music market

Po·po <-s, -s> |po'po:| *m (fam)* bottom, BRIT a. bum *fam*

Pop·per <-s, -> |'pɔpɐ| *m (fam)* preppy *fam*

pop·pig |'pɔpɪç| *adj (fam)* trendy

Pop·star *m* pop star

po·pu·lär |popu'lɛ:ɐ| *adj* popular; ■ |**bei jdm**| **~ sein** to be popular [with sb]

Po·pu·la·ri·tät <-> |populari'tɛ:t| *f kein pl* popularity *no pl*

po·pu·lär·wis·sen·schaft·lich I. *adj* popular scientific; **~e Literatur** popular literature II. *adv* in popular scientific terms

Po·pu·la·ti·on <-, -en> |popula'tsi̯o:n| *f* population

Po·pu·lis·mus <-> |popu'lɪsmʊs| *m kein pl* populism *no pl*

Po·pu·list(in) <-en, -en> |popu'lɪst| *m(f)* populist

po·pu·lis·tisch *adj* populist

Po·re <-, -n> |'po:rə| *f* pore; **aus allen ~n** from every pore; **~n verstopfend** pore-clogging

po·rig |'po:rɪç| *adj* porous, poriferous

Por·no <-s, -s> |'pɔrno| *m (fam)* porn *fam*

Por·no·film *m (fam)* porn[o] film [*or* fam movie], skin flick *fam*

Por·no·gra·phie, **Por·no·gra·fie**[RR] <-> |pɔrnogra'fi:| *f kein pl* pornography *no pl, no indef art*

por·no·gra·phisch *adj*, **por·no·gra·fisch**[RR] *adj* pornographic

Por·no·heft *nt (fam)* porn[o] mag[azine] *fam*

po·rös |po'rø:s| *adj* porous

Po·ro·si·tät <-> |porozi'tɛt| *f kein pl* porosity *no pl*

Por·ree <-s, -s> |'pɔre| *m* leek

Pörsch·kohl *m* savoy cabbage

Por·ta·ble <-s, -s> |'pɔrtəbl| *m* TV, INFORM portable

Por·tal <-s, -e> |pɔr'ta:l| *nt* ➊ *(große Tür)* portal ➋ INET homepage, portal

Por·te·mon·naie <-s, -s> |pɔrtmɔ'ne:| *nt s.* **Portmonee**

Port·fo·lio |pɔrt'fo:li̯o| *nt* BÖRSE portfolio

Por·ti |'pɔrti| *pl von* **Porto**

Por·tier <-s, -s> |pɔr'ti̯e:| *m* porter BRIT, doorman AM

Por·ti·on <-, -en> |pɔr'tsi̯o:n| *f* ➊ KOCHK portion ➋ *(fam)* portion, helping *fam* ➌ *(fam: Anteil)* amount ► WENDUNGEN: **eine halbe ~** *(fam)* a puny [*or* fam weedy] specimen, a half-pint *fam*

Port·monee <-s, -s> |pɔrtmɔ'ne:| *nt* purse

Por·to <-s, -s *o* Porti> |'pɔrto, *pl:* pɔrti| *nt* postage *no pl, no indef art*

Por·to·aus·ga·be *f* postage expenses *pl* **por·to·frei** *adj inv* post- [*or* AM postage-] free [*or* -paid], postage-prepaid **Por·to·kas·se** *f* petty cash *(for postage)* **por·to·pflich·tig** *adj inv* liable [*or* subject] to postage *pred*

Por·trät <-s, -s> |pɔr'trɛ:| *nt* portrait

Por·trät·auf·nah·me |pɔr'trɛ:| *f* portrait photograph

por·trä·tie·ren* |pɔrtrɛ'ti:rən| *vt* ➊ *(als Porträt darstellen)* ■ **jdn ~** to paint/take a portrait of sb ➋ *(künstlerisch wiedergeben)* to portray; ■ **jdn als jdn ~** to portray sb as sb

Por·trä·tist(in) <-en, -en> |pɔrtrɛ'tɪst| *m(f) (form)* portrait artist, portraitist

Por·trät·ma·ler(in) |pɔr'trɛ:| *m(f)* portrait painter

Por·tu·gal <-s> |'pɔrtugal| *nt* Portugal; *s. a.* **Deutschland**

Por·tu·gie·se, **Por·tu·gie·sin** <-n, -n> |portu'gi:zə, portu'gi:zɪn| *m, f* Portuguese; *s. a.* **Deutsche(r)**

por·tu·gie·sisch |portu'gi:zɪʃ| *adj* ➊ *(Portugal betreffend)* Portuguese; *s. a.* **deutsch 1** ➋ LING Portuguese; *s. a.* **deutsch 2**

Por·tu·gie·sisch |portu'gi:zɪʃ| *nt dekl wie adj* ➊ LING Portuguese; *s. a.* **Deutsch 1** ➋ *(Fach)* Portuguese; *s. a.* **Deutsch 2**

Por·tu·lak <-s> |'pɔrtulak| *m kein pl* BOT purslane

Port·wein |'pɔrtvain| *m* port

Por·zel·lan <-s, -e> |pɔrtsɛ'la:n| *nt* ➊ *(Material)* porcelain *no pl, no indef art*, china *no pl, no indef art* ➋ *kein pl (Geschirr)* china *no pl, no indef art* ► WENDUNGEN: **~ zerschlagen** *(fam)* to cause a lot of trouble [*or* bother] [*or* damage]

Por·zel·lan·fi·gur *f* porcelain figure **Por·zel·lan·ge·schirr** *nt* china *no pl, no indef art*

Po·sau·ne <-, -n> |po'zaunə| *f* trombone; **~ blasen** [*o* spielen] to play the trombone

po·sau·nen* |po'zaunən| I. *vi (fam)* ➊ *(Posaune blasen)* to play the trombone ➋ *(tönen)* ■ **von etw ~** to yell [*or* shout] sth out II. *vt (fam)* to yell; ■ **etw irgendwohin ~** to yell [*or* shout] sth out somewhere; **etw in alle Welt ~** to trumpet sth forth, to broadcast sth to the whole world

Po·sau·nen·blä·ser(**in**) *m(f)* trombone player, trombonist

Po·sau·nist(**in**) <-en, -en> [pozau'nɪst] *m(f) (form)* trombonist, trombone player

Po·se <-, -n> ['po:zə] *f* pose; |**bei jdm**| **nur ~ sein** sb is only posing [*or* putting it on]; **eine bestimmte ~ einnehmen** to take up a certain pose

po·sie·ren [po'zi:rən] *vi (geh)* |**als jd**| ~ to pose |as sb|

Po·si·ti·on <-, -en> [pozi'sjo:n] *f* ❶ *(geh: Stellung)* position; **sich jdm gegenüber in schwacher/starker ~ befinden** to be in weak/strong position with regard to sb ❷ *(geh: berufliche Stellung)* position ❸ *(Standpunkt)* position; **eine ~ beziehen** to take up a position, to take a stand ❹ BÖRSE, LUFT, NAUT position ❺ ÖKON *(Posten)* item

po·si·ti·o·nie·ren [pozitsjo'ni:rən] *vr* POL *(geh)* to take a stand

Po·si·ti·ons·licht *nt* navigation light **Po·si·ti·ons·papier** *nt* POL policy paper [*or* document]

po·si·tiv ['po:ziti:f] **I.** *adj* ❶ *(zustimmend)* positive; ■ ~ |**für jdn**| **sein** to be good news |for sb| ❷ *(geh)* concrete, definite ❸ MATH positive, plus ❹ PHYS, ELEK positive **II.** *adv* positively; **etw ~ beeinflussen** to have a positive influence on sth; **etw ~ bewerten** to judge sth favourably [*or* AM favorably]; **einer Sache ~ gegenüberstehen** to take a positive view of a matter; **sich** *akk* **~ verändern** to change for the better

Po·si·tiv[1] <-s, -e> ['po:ziti:f] *nt* ❶ FOTO positive ❷ MUS positive [organ]

Po·si·tiv[2] <-s, -e> ['po:ziti:f] *m* LING positive

Po·si·tur <-, -en> [pozi'tu:ɐ̯] *f* posture; **sich** *akk* |**vor jdm/etw**| **in ~ setzen/stellen** to take up/adopt [*or* assume] a posture [*or* pose] |in front of sb/sth|

Pos·se <-, -n> ['pɔsə] *f* THEAT farce

Pos·sen <-, -n> ['pɔsn̩] *m meist pl (veraltend)* trick, prank, tomfoolery *no pl dated;* **mit jdm ~ treiben** to play tricks on sb; **~ reißen** to fool [*or* lark] about, to play tricks

Pos·ses·siv·pro·no·men [pɔsɛ'si:f-] *nt,* **Pos·ses·si·vum** <-s, Possessiva> [pɔsɛ'si:vʊm] *nt* possessive pronoun

Post <-> [pɔst] *f kein pl* ❶ *(Institution)* postal service, Post Office; **etw mit der/durch die/per ~ schicken** to send sth by post [*or* AM mail]; ❷ *(Dienststelle)* post office; **die ~ befindet sich am Ende dieser Straße rechts** the post office is at the end of the street on the right; **auf die/zur ~ gehen** to go to the post office; **etw zur ~ bringen** to take sth to the post office ❸ *(Briefsendungen)* mail *no pl, indef art rare, esp* BRIT post *no pl, indef art rare;* **gelbe ~** postal service; **mit gleicher/getrennter ~** by the same post/under separate cover; **heute ist keine ~ für dich da** there's no post [*or* mail] for you today; **auf** |**die**| **~ warten** to wait for [the] post [to arrive]; **von jdm viel ~ bekommen** to get [*or* receive] a lot of letters from sb; **elektronische ~** electronic mail, e-mail ▶ WENDUNGEN: |**und**| **ab geht die ~!** *(fam)* off we go!

pos·ta·lisch [pɔs'ta:lɪʃ] **I.** *adj* postal; **die Ware wird Ihnen auf ~em Weg zugestellt** the goods will be sent by post **II.** *adv* by post [*or* AM mail]

Post·amt *nt* post office **Post·an·wei·sung** *f* ❶ *(Überweisungsträger)* postal [*or* AM money] order ❷ *(angewiesener Betrag)* money paid in at a post office and delivered to the addressee **Post·au·to** *nt* postal [*or* post office] van **Post·bank** *f* Post Office Giro Bank BRIT, postal bank AM **Post·bar·scheck** *m* Post Office Giro cheque BRIT, postal check AM **Post·be·am·te**(**r**), **-be·am·tin** *m, f* post office official **Post·be·diens·te·te**(**r**) *f/m)* postal worker **Post·bo·te, -bo·tin** *m, f* postman *masc,* AM *usu* mailman *masc,* postwoman BRIT *fem,* female mail carrier AM

Pöst·chen <-s, -> ['pœstçən] *nt dim von* **Posten** *(iron fam)* little job [*or* number] *iron, hum fam*

Post·dienst *m* postal service

Pos·ten <-s, -> ['pɔstn̩] *m* ❶ *(zugewiesene Position)* post, position ❷ *(Anstellung)* position, post, job ❸ *(Wache)* guard; **irgendwo ~ beziehen** to take up position [*or* position oneself] somewhere; **~ stehen** to stand guard ❹ ÖKON *(Position)* item; *(Menge)* lot, quantity ❺ JAGD buckshot ▶ WENDUNGEN: **auf verlorenem ~ kämpfen** [*o* stehen] to be fighting a lost cause [*or* losing battle]; [**noch**] **auf dem ~ sein** *(fam: fit sein)* to be |still| in good shape; *(wachsam sein)* to be on one's toes *fam;* **nicht ganz auf dem ~ sein** *(fam)* to be a bit under the weather [*or* off-colour [*or* AM -or]] *fam*

Pos·ter <-s, -[s]> ['po:stɐ] *nt* poster

Post·fach *nt* ❶ *(Schließfach)* post office [*or* PO] box ❷ *(offenes Fach)* pigeonhole

Post·fach·an·la·ge *f* post office box service **Post·fach·mie·te** *f* rent of a post office box **Post·fach·num·mer** *f* post office [*or* PO] box number

post·fe·mi·nis·tisch *adj inv* SOZIOL post-feminist

Post·ge·bühr *f* postal charge [*or* rate] **Post·ge·heimnis** *nt* JUR postal secrecy, confidentiality of the post [*or* AM mail] **Post·ge·werk·schaft** *f* Deutsche **~** union of German postal workers **Post·gi·ro·kon·to** *nt* giro [*or* National Girobank] [*or* AM postal checking] account

post·hum [pɔst'hu:m] *adj (geh)* posthumous

pos·tie·ren[1] [pɔs'ti:rən] *vt* ■ jdn/sich irgendwo ~ to position [*or* station] sb/oneself somewhere

Post·til·le <-, -n> [pɔs'tɪlə] *f* MEDIA, VERLAG *(pej)* Zeitung rag *pej;* Zeitschrift mag *pej*

Post·kar·te *f* postcard **Post·kas·ten** *m* DIAL *(Briefkasten)* postbox BRIT, letterbox BRIT, pillar box BRIT, mailbox AM **Post·kut·sche** *f* HIST stagecoach **post·la·gernd** *adj* poste restante BRIT, general delivery AM **Post·leit·zahl** *f* postcode BRIT, zip code AM

Post·tler(**in**) <-s, -> ['pɔstlɐ] *m(f) (fam)* post office worker

post·mo·dern ['pɔstmodɛrn] *adj* postmodern

Post·pa·ket *nt* parcel, postal packet **Post·sack** *m* mailbag, BRIT *a.* postbag **Post·schal·ter** *m* post office counter **Post·sen·dung** *f* postal [*or* AM mail] item

Post·skript <-[e]s, -e> [pɔst'skrɪpt] *nt,* **Post·skriptum** <-s, -ta> [pɔst'skrɪptʊm] *nt (geh)* postscript, PS

post·sow·je·tisch *adj* post-soviet [*or* -communist]

Post·spar·buch *nt* Post Office savings [account] book **Post·spar·kas·se** *f* Post Office Giro [*or* National Savings] [*or* AM postal savings] bank **Post·stem·pel** *m* ❶ *(Abdruck)* postmark ❷ *(Gerät)* postmark stamp[er]

pos·tu·lie·ren[1] [pɔstu'li:rən] *vt (geh)* ■ etw ~ to postulate sth

Post·weg *m (veraltet)* post road **post·wen·dend** *adv* by return [of post] [*or* AM mail] **Post·wert·zei·chen** *nt (form)* postage stamp *form* **Post·we·sen** *nt kein pl* Post Office, postal service **Post·wurf·sen·dung** *f* mailshot, direct mail advertising, unaddressed mailing **post·zu·ge·las·sen** *adj* authorized by the Post Office **Post·zu·stel·lung** *f* postal delivery

Pot <-s> [pɔt] *nt kein pl (sl)* pot *dated sl*

po·tent [po'tɛnt] *adj* ❶ *(sexuell fähig)* potent ❷ *(zahlungskräftig)* affluent

Po·ten·tat(**in**) <-en, -en> [potɛn'ta:t] *m(f) (geh)* potentate

Po·ten·ti·al <-s, -e> [potɛn'tsja:l] *nt s.* **Potenzial po·ten·ti·ell** [potɛn'tsjɛl] *adj s.* **potenziell**

Po·tenz <-, -en> [po'tɛnts] *f* ❶ MED *(Zeugungsfähigkeit)* potency ❷ *(geh: Möglichkeiten)* potential ❸ *(Leistungsfähigkeit)* strength, power ❹ MATH **zweite/dritte ~** square/cube; **etw in eine bestimmte ~ erheben** to raise sth to the power of … ❺ *(Grad)* **Blödsinn in höchster ~** utter nonsense; **in**

höchster ~ *(geh)* to the highest degree, of the highest order

Po·ten·zi·al^{RR} <-s, -e> |potɛn'tsia:l| *nt* ❶ *(geh: Möglichkeiten)* potential ❷ PHYS potential

po·ten·zi·ell^{RR} |potɛn'tsiɛl| *adj (geh)* potential

po·ten·zie·ren* |potɛn'tsi:rən| *vt* ❶ *(geh)* ■**etw** ~ to multiply [*or* increase] sth ❷ MATH to raise to the power; **6 mit 4 potenziert** 6 to the power [of] 4

Pot·pour·ri <-s, -s> |'pɔtpʊri| *nt* potpourri, medley

Pott <-[e]s, Pötte> |pɔt, *pl:* 'pœtə| *m (fam)* ❶ *(Topf)* pot ❷ *(a. pej: Schiff)* ship, tub *pej o hum fam*

Pott·asche |'pɔtʔaʃə| *f* potash *no pl, no indef art*

pott·häss·lich^{RR} |'pɔt'hɛslɪç| *adj (fam)* [as] ugly as sin *pred*, plug-ugly *fam*

Pott·wal |'pɔtva:l| *m* sperm whale

potz |pɔts| *interj* ▶ WENDUNGEN: ~ **Blitz!** *(veraltet)* goodness gracious! *old*

Pou·let <-s, -s> |pu'le:| *nt* SCHWEIZ chicken

pous·sie·ren |pu'si:rən| I. *vi (veraltend fam)* ■**mit jdm** ~ to flirt with sb II. *vt (veraltend)* ■**jdn** ~ to curry favour [*or* AM -or] with [*or* sep fam butter up] sb

Po·wer <-> |'pauɐ| *f kein pl (sl)* power *no pl, no indef art*

po·wern |'pauɐn| *vi (sl)* ❶ *(sich voll einsetzen)* to give it all one's got *fam* ❷ *(fördern)* to promote heavily

PR <-> |pe:'ɛr| *f kein pl s.* **Public Relations** PR

Prä·am·bel <-, -n> |prɛ'ambl| *f* preamble

PR-Ab·tei·lung |pe:'ɛr-| *f* PR department

Pracht <-> |praxt| *f kein pl* splendour [*or* AM -or] *no pl*, magnificence *no pl;* **in seiner/ihrer/etc. vollen** [*o ganzen*] ~ in all his/her/etc. splendour; **eine wahre** ~ **sein** *(fam)* to be [really] marvellous [*or* fam great]; **eine wahre** ~ **sein, etw zu tun** to be marvellous [*or* fantastic] to do sth; **dass es eine** ~ **ist** *(fam)* it's magnificent to see; **die Rosen blühten, dass es eine** ~ **war** it was magnificent to see the roses blooming

Pracht·aus·ga·be *f* luxury [*or* de luxe] edition **Pracht·bau** *m* magnificent building **Pracht·ex·em·plar** *nt* fine [*or* magnificent] specimen; **wahre ~e von Kindern** really splendid children

präch·tig |'prɛçtɪç| *adj* ❶ *(prunkvoll)* splendid, magnificent ❷ *(großartig)* splendid, marvellous

Pracht·kerl *m (fam)* great guy [*or* BRIT a. bloke] *fam*, fine specimen of a man; **ein ~ von einem Kind!** a terrific kid! *fam* **Pracht·stück** *nt s.* **Prachtexemplar pracht·voll** *adj (geh) s.* **prächtig Pracht·weib** *nt (fam)* fine specimen of a woman

prä·des·ti·nie·ren* |prɛdɛsti'ni:rən| *vt (geh)* to predestine; ■**jdn zu etw** ~ to predestine sb to sth; **für etw wie prädestiniert sein** to be predestined [*or* made] [*or* just right] for sth

Prä·di·kat <-[e]s, -e> |prɛdi'ka:t| *nt* ❶ LING predicate ❷ SCH grade ❸ *(Auszeichnung)* rating ❹ *(Weinqualität)* title; **Weine mit** ~ quality wines

Prä·di·kats·no·men *nt* LING predicative noun, complement **Prä·di·kats·wein** *m* top quality wine

Prä·fe·renz <-, -en> |prɛfe'rɛnts| *f* ❶ *(geh)* preference ❷ *(Vergünstigung)* privilege

Prä·fix <-es, -e> |'prɛfɪks| *nt* LING prefix

Prag <-s> |pra:k| *nt* Prague

prä·gen |'prɛːgn| *vt* ❶ *(durch Prägung herstellen)* ■**etw** ~ to mint sth; **Münzen** ~ to mint [*or* strike] coins; **eine Medaille** ~ to strike a medallion ❷ *(mit einer Prägung versehen)* to emboss sth; **geprägtes Briefpapier** embossed writing paper; **einen Bucheinband** |blind| ~ to emboss [*or* | spec blind-|tool] a book cover; ■**etw auf/in etw** *akk* ~ to stamp [*or* form impress] sth on[to]/into sth; **sich** *dat* **etw ins Gedächtnis** ~ *(fig)* to commit sth to memory, to engrave sth on one's mind ❸ *(fig: formen)* ■**jdn** ~ to leave its/their mark [on sb]; **jdn für alle Zeiten** ~ to leave its/their indelible mark [on sb] ❹ ZOOL **ein Tier**

auf etw/jdn ~ to imprint sth/sb on an animal ❺ *(schöpfen)* ■**etw** ~ to coin sth; **ein Modewort** ~ to coin an "in" expression *sl*

Prag·ma·ti·ker(in) <-s, -> |preag'ma:tɪkɐ| *m(f)* pragmatist

prag·ma·tisch |prag'ma:tɪʃ| I. *adj* pragmatic II. *adv* pragmatically; ~ **eingestellt sein** to be pragmatic

Prag·ma·tis·mus <-> |pragma'tɪsmʊs| *m kein pl* pragmatism *no pl*

prä·gnant |prɛ'gnant| I. *adj (geh)* succinct, concise; **~e Sätze** concise sentences II. *adv* ~ **antworten** to give a succinct [*or* concise] answer; **sich** *akk* ~ **ausdrücken** to be succinct [*or* concise]; **etw** ~ **beschreiben/darstellen** to give a succinct [*or* concise] description/account of sth

Prä·gnanz <-> |prɛ'gnants| *f kein pl (geh)* conciseness *no pl*, succinctness *no pl*

Prä·gung <-> *f* ❶ *(Einprägen von Münzen)* minting, striking ❷ *(mit Muster versehen)* embossing; *Einband, Leder a.* tooling, incuse *spec; (Eingeprägtes)* embossing; *Einband, Leder a.* tooling ❸ BIOL, ZOOL imprinting ❹ LING coinage

prä·his·to·risch |prɛhɪs'to:rɪʃ| *adj* prehistoric

prah·len |'pra:lən| *vi* ❶ |**mit etw**| ~ to boast [*or* fam brag] [about sth] *pej;* ■**damit ~, dass ...** to boast [*or* fam brag] that ... *pej*

Prah·ler(in) <-s, -> *m(f) (pej)* boaster

Prah·le·rei <-, -en> |pra:lə'rai| *f (pej)* ❶ *kein pl (Angeberei)* boasting, bragging *pej fam* ❷ *(prahlerische Äußerung)* boast, boasting *no pl*, bragging *no pl pej fam*

Prah·le·rin <-, -nen> *f fem form von* **Prahler**

prah·le·risch *adj* boastful, bragging *attr*

Prahl·hans <-es, -hänse> *m (fam)* show-off *fam*, braggart *dated*

Prak·tik <-, -en> |'praktɪk| *f meist pl* practice, procedure; **undurchsichtige ~en** shady practices

Prak·ti·ka |'praktika| *pl von* **Praktikum**

prak·ti·ka·bel |prakti'ka:bl| *adj* practicable, feasible *form*

Prak·ti·kant(in) <-en, -en> |prakti'kant| *m(f)* |on-the-job AM| trainee, intern AM *(student or trainee working at a trade or occupation to gain work experience)*

Prak·ti·ker(in) <-s, -> |'praktikɐ| *m(f)* ❶ *(Mensch mit praktischer Erfahrung)* practical person [*or masc* man] [*or fem* woman]; *(fachspr)* practitioner; **ein** |reiner| ~ **sein** to be a [purely] practical person ❷ *(fam: praktischer Arzt)* general practitioner, GP, family doctor

Prak·ti·kum <-s, Praktika> |'praktikʊm, *pl:* -ka| *nt* work placement, period of practical training, internship AM

prak·tisch |'praktɪʃ| I. *adj* ❶ *(wirklichkeitsbezogen)* practical; **~e Ausbildung** practical [*or* in-job] [*or* AM on-the-job] training; **~er Arzt** GP, family doctor ❷ *(zweckmäßig)* practical; **ein ~es Gerät** a practical [*or* handy] device; **ein ~es Beispiel** a concrete example ❸ *(geschickt im Umgang mit Problemen)* practical[-minded], down-to-earth; **~e Denkweise** practical thinking; **ein ~er Mensch** a practical person; ~ **veranlagt sein** to be practical II. *adv* ❶ *(so gut wie, im Grunde)* practically, virtually, basically; *(wirklich)* in practice ❷ *(wirklichkeitsbezogen)* **~ arbeiten** to do practical work; **eine Erfindung** ~ **erproben** to test an invention in real scenarios; **etw** ~ **umsetzen** to put sth into practice

prak·ti·zie·ren* |prakti'tsi:rən| I. *vt* ❶ *(in die Praxis umsetzen)* ■**etw** ~ to put sth into practice; **seinen Glauben** ~ to practise [*or* AM -ice] one's religion; **ein Verfahren** ~ to follow a practised [*or* set] procedure ❷ *(fam: gelangen lassen)* **etw in etw** *akk* ~ to slip sth into sth; *(von Zauberer)* to conjure sth into sth II. *vi* to practise [*or* AM *usu* -ice]; **~der Arzt** practising doctor

Prä·lat <-en, -en> [prɛˈlaːt] *m* REL prelate

Pra·li·ne <-, -n> [praˈliːnə] *f*, **Pra·li·né** <-s, -s> [praliˈneː] *nt*, **Pra·li·nee** <-s, -s> [praliˈneː] *nt* ÖSTERR, SCHWEIZ chocolate [cream]

Pra·li·nen·förm·chen *pl* chocolate mould [*or* AM mold]

pra·li·nie·ren *vt* KOCHK ■ **etw ~** to caramelize sth

prall [pral] *adj* ❶ *(sehr voll)* **~e Brüste/Hüften** well-rounded [*or hum* ample] breasts/hips; **eine ~ gefüllte Brieftasche** a bulging wallet; **ein ~er Euter** a swollen udder; **~e Segel** billowing [*or* full] sails; **~e Tomaten** firm tomatoes; **ein ~er Fußball/Luftballon** a hard football/balloon; **~e Schenkel/Waden** sturdy [*or* big] strong] thighs/calves; **das ~e Leben** living life to the full; **etw ~ aufblasen** to inflate sth to bursting point; **etw ~ füllen** to fill sth to bursting ❷ *(ungehindert scheinend)* blazing; **in der ~en Sonne** in the blazing sun

pral·len [ˈpralən] *vi sein* ❶ *(heftig auftreffen)* to crash; *Ball* to bounce; [**mit dem Wagen**] **gegen/vor etw ~** to crash [one's car] into sth; **mit dem Kopf gegen etw ~** to bang [*or* hit] one's head on [*or* against] sth ❷ *(ungehindert scheinen)* to blaze

Prall·sack *m s.* **Airbag**

prall·voll [ˈpralˈfɔl] *adj (form)* bulging, full to bursting, tightly packed; **ein ~er Kofferraum** a tightly packed boot [*or* AM trunk]

Prä·mie <-, -n> [ˈprɛːmiə] *f* ❶ *(zusätzliche Vergütung)* bonus, extra pay ❷ *(Versicherungsbeitrag)* [insurance] premium ❸ FIN [government] premium ❹ *(zusätzlicher Gewinn im Lotto)* extra dividend [*or* prize money]; **~n ausschütten** to distribute prizes

Prä·mi·en·spa·ren *nt* premium-aided savings scheme [*or* AM plan] **Prä·mi·en·zah·lung** *f* [insurance] premium payment, payment of [insurance] premiums

prä·mie·ren [prɛˈmiːrən] *vt* ■ **jdn/etw [mit etw] ~** to award sb/sth sth, to give [*or* grant] sb/sth an award [of sth]; **jdn/etw mit 50.000 Euro ~** to award sb/sth a/ the prize of 50,000 euros; **ein prämierter Film/ Regisseur** an award-winning film/director

Prä·mie·rung <-, -en> *f* granting of awards (+*gen* to); **die ~ eines Films** an award given to a film

Prä·mis·se <-, -n> [prɛˈmɪsə] *f (geh)* ❶ *(Voraussetzung)* premise, condition, prerequisite *form;* **unabdingbare ~n** mandatory requirements; **unter diesen ~n** under these conditions; **unter der ~, dass … on** condition that … ❷ PHILOS premise, premiss

prä·na·tal [prɛnaˈtaːl] *adj* MED prenatal

pran·gen [ˈpraŋən] *vi (geh)* ❶ *(auffällig angebracht sein)* to be emblazoned, to be prominently displayed; **der Titel prangte in großen Buchstaben auf dem Einband** the title was emblazoned in big letters on the cover ❷ *(in voller Schönheit erstrahlen)* to be resplendent; **an seiner Brust prangte der neue Orden** the new decoration hung resplendently on his chest

Pran·ger <-s, -> [ˈpraŋɐ] *m* HIST pillory; **an den ~ kommen** *(fig)* to be pilloried; **am ~ stehen** *(fig)* to be in the pillory; **jdn/etw an den ~ stellen** *(fig)* to severely criticize sb/sth

Pran·ke <-, -n> [ˈpraŋkə] *f* paw; *(hum a.)* mitt *sl*

Pran·ken·hieb *m* swipe [*or* blow] from a paw

Prä·pa·rat <-[e]s, -e> [prɛpaˈraːt] *nt* ❶ *(Arzneimittel)* preparation, medicament, medication ❷ BIOL, MED *(präpariertes Objekt)* specimen; *(für Mikroskop)* slide [preparation]

prä·pa·rie·ren [prɛpaˈriːrən] **I.** *vt* ■ **etw ~** ❶ BIOL, MED *(konservieren)* to preserve sth; **ein Organ in Formalin ~** to preserve an organ in formalin; *(sezieren)* to dissect sth ❷ *(geh: vorbereiten)* to prepare sth; **eine Leinwand ~** to prepare a canvas **II.** *vr (geh)* ■ **sich** *akk* [**für etw**] **~** to prepare [oneself] [for sth], to do one's preparation [for sth]

Prä·po·si·ti·on <-, -en> [prɛpoziˈtsi̯oːn] *f* preposition

Prä·rie <-, -n> [prɛˈriː] *pl:* -'ri:ən] *f* prairie

Prä·rie·hund *m* ZOOL prairie dog **Prä·rie·wolf** *m* coyote, prairie wolf

Prä·sens <-, Präsentia *o* Präsenzien> [ˈprɛːzɛns, *pl:* prɛˈzɛntsi̯a, prɛˈzɛntsi̯ən] *nt* ❶ *(Zeitform)* present tense ❷ *(Verb im Präsens 1)* present

prä·sent [prɛˈzɛnt] *adj (geh)* present; **etw ~ haben** to remember [*or* recall] sth; **etw ist jdm ~** sb can remember [*or* recall] sth; **der Name ist mir nicht ~** the name escapes me

Prä·sent <-[e]s, -e> [prɛˈzɛnt] *nt (geh)* present, gift

Prä·sen·ta·ti·on <-, -en> [prɛzɛntaˈtsi̯oːn] *f* presentation *no pl*

prä·sen·tie·ren [prɛzɛnˈtiːrən] **I.** *vt* ■ [**jdm**] **etw ~** to present [sb with] sth; ■ **jdn/sich** [**jdm**] **~** to present sb/oneself [to sb]; **sich** *akk* **als der Chef ~** to introduce oneself as the boss ▸ WENDUNGEN: **sich** *akk* **von seiner besten Seite ~** to present one's best side; *s. a.* **Gewehr II.** *vi* MIL to present arms

Prä·sen·tier·tel·ler *m* salver; ▸ WENDUNGEN: **auf dem ~ sitzen** *(fam)* to be exposed to all and sundry *fam*

Prä·senz <-> [prɛˈzɛnts] *f kein pl (geh)* presence; ▸ WENDUNGEN: **~ zeigen** to make one's presence felt

Prä·senz·bib·li·o·thek *f (geh)* reference library

Pra·se·o·dym <-s> [prazeoˈdyːm] *nt kein pl* CHEM praseodymium

Prä·ser <-s, -> [ˈprɛːzɐ] *m (sl) kurz für* **Präservativ** johnny BRIT *sl*, rubber AM *sl*

Prä·ser·va·tiv [prɛzɛrvaˈtiːf] *nt* condom, [contraceptive] sheath *BRIT form*

Prä·si·dent(in) <-en, -en> [prɛziˈdɛnt] *m(f)* ❶ *(Staatsoberhaupt)* president; **Herr ~/Frau ~** Mister/ Madam President ❷ *(Vorsitzende(r))* president, chair[man/woman/person]

Prä·si·dent·schaft <-, -en> *f* ❶ *(Amtszeit)* presidency, presidential term ❷ *(Amt des Präsidenten)* presidency, office of president

Prä·si·dent·schafts·kan·di·dat(in) *m(f)* presidential candidate, candidate for the presidency **Prä·si·dent·schafts·wahl** *f* presidential elections *pl*

Prä·si·di·um <-s, Präsidien> [prɛˈziːdi̯ʊm, *pl:* -di̯ən] *nt* ❶ *(Vorstand, Vorsitz)* chairmanship; *(Führungsgruppe)* committee; **im ~ sitzen** to be on the committee ❷ *(Polizeihauptstelle)* [police] headquarters + *sing/pl vb*

pras·seln [ˈprasl̩n] *vi* ❶ *haben o sein (mit trommelndem Geräusch auf etw prallen)* **gegen/auf etw ~** to drum against/on sth; *(stärker)* to beat against/on sth; **~der Beifall** *(fig)* thunderous [*or* deafening] applause ❷ *haben (geräuschvoll brennen)* to crackle

pras·sen [ˈprasn̩] *vi* to live it up; *(schlemmen)* to pig out *fam*

Pras·ser(in) <-s, -> *m(f)* spendthrift, big spender; *(bei Essen)* glutton

Prä·ten·dent(in) <-en, -en> [prɛtɛnˈdɛnt] *m(f) (geh)* pretender (**auf** +*akk* to)

Prat·ze <-, -n> [ˈpratsə] *f* SÜDD *(fam: Pranke)* paw

prä·ven·tiv [prɛvɛnˈtiːf] *adj* prevent[at]ive, prophylactic *spec;* **~e Maßnahmen ergreifen** to take preventative measures; **ein Medikament ~ einnehmen** to take medicine as a prophylactic

Prä·ven·tiv·an·griff *m* MIL pre-emptive strike **Prä·ven·tiv·maß·nah·me** *f* preventive [*or spec* prophylactic] measure **Prä·ven·tiv·schlag** *m* MIL pre-emptive strike

Pra·xis <-, Praxen> [ˈpraksɪs, *pl:* ˈpraksən] *f* ❶ *(Arztpraxis)* practice, surgery BRIT, doctor's office AM; *(Anwaltsbüro)* office, practice ❷ *kein pl (praktische Erfahrung)* [practical] experience; **langjährige ~** many years of experience ❸ *kein pl (praktische Anwendung)* practice *no art;* **in der ~** in practice; **etw in die ~ umsetzen** to put sth into practice; *s. a.*

Mann

Pra·xis·be·zug *m* practical orientation **pra·xis·fremd** *adj* impracticable

Prä·ze·denz·fall *m (geh)* judicial precedent *form,* test case; **einen ~ schaffen** to set a precedent

prä·zi·se |prɛˈtsiːzə| *adj (geh)* precise; **eine ~e Beschreibung** an accurate [*or* exact] description; **eine ~e Uhr** an accurate clock; **sich** *akk* **~ ausdrü·cken** to express oneself precisely

prä·zi·sie·ren* |prɛtsiˈziːrən| *vt (geh)* ▪ **etw ~** to state sth more precisely

Prä·zi·si·on <-> |prɛtsiˈzjoːn| *f kein pl (geh)* precision **Prä·zi·si·ons·ar·beit** *f* precision work **Prä·zi·si·ons·in·stru·ment** *nt* precision instrument **Prä·zi·si·ons·werk·zeug** *nt* precision tool[s *pl*]

PR-Chef |peːˈɛf-| *m* PR manager, head of PR

pre·di·gen |ˈpreːdɪgn̩| **I.** *vt* ❶ *(verkünden)* to preach; **das Evangelium ~** to preach the gospel ❷ *(empfeh·len, ans Herz legen)* to preach; ▪ |jdm| **etw ~** to lecture sb on sth; **Toleranz ~** to preach [*or* call for] tolerance; *s. a.* **Ohr II.** *vi* ❶ *(eine Predigt halten)* to preach; ▪ **gegen etw ~** to preach against sth ❷ *(fam: mahnend vorhalten)* to tell; **ich habe immer wie·der gepredigt, dass sie keinen Alkohol trinken sollte** I have told her again and again that she shouldn't drink alcohol

Pre·di·ger(in) <-s, -> *m(f)* preacher *masc,* [woman] preacher *fem;* ▶ WENDUNGEN: **ein ~ in der Wüste** *(fig)* a voice [crying] in the wilderness

Pre·digt <-, -en> |ˈpreːdɪçt| *f (a. fam)* sermon; **eine ~ |gegen/über etw| halten** to deliver [*or* preach] a ser·mon [on [*or* about] sth]

Preis <-es, -e> |praɪs| *m* ❶ *(Kaufpreis)* price (**für** of); **~e auszeichnen** to put a price tag on sth; **die ~e ver·derben** to distort prices; **einen hohen ~ für etw zahlen** to pay through the nose for sth *fam; (fig)* to pay a high price for sth; [weit] **unter[m] ~** at cut-prices/a cut-price; **zum ~ von ... für ...; zum erniedrigten ~** at cut-prices [*or* AM ESP cut-rate prices], at a cut-price [*or* AM ESP cut-rate price]; **zum halben ~** at half-price; **zum überteuerten ~** at inflated prices, at an inflated price; **jdm einen guten ~ machen** to give sb a good price; **hoch im ~ stehen** to fetch a good [*or* high] price; **das ist ein stolzer ~** that's a lot of money; **Schönheit hat ihren ~** *(fig)* beauty demands a price ❷ *(Gewinnprämie)* prize; **der erste/zweite ~** [the] first/second prize; **einen ~ auf etw** *akk* **aussetzen** to put out a reward on sth; **einen ~ auf jds Kopf aussetzen** to put a price on sb's head; **der große ~ von Frankreich** the French Grand Prix; **der ~ der Nationen** Prix des Nations ❸ *kein pl (geh: Lob)* praise ▶ WENDUNGEN: **um jeden ~** at all costs, cost what it may; **nicht um jeden ~ um keinen ~** not at any price

Preis·ab·re·de *f* price agreement, price-fixing *no pl* **Preis·ab·schlag** *m* discount; **jdm einen ~ gewäh·ren** to give sb a discount (**von** of) **Preis·ab·spra·che** *f* ÖKON price[-fixing] agreement **Preis·an·stieg** *m* ÖKON rise [*or* increase] in prices, price increase [*or* rise] **Preis·aus·schrei·ben** *nt* competition [to win a prize] [*or* contest] **Preis·aus·zeich·nung** *f* pricing **preis·be·wusst**RR *adj* ÖKON price-conscious **Preis·bin·dung** *f* [resale *form*] price fixing

Prei·sel·bee·re |ˈpraɪlbeːrə| *f* lingonberry, mountain cranberry

Preis·emp·feh·lung *f* recommended price; [unver·bindliche] **~** RRP, recommended retail price

prei·sen <pries, gepriesen> |ˈpraɪzn̩| *vt (geh)* ▪ **jdn/etw ~** to praise [*or* extol] [*or* form laud] sb/sth; **sich** *akk* **glücklich ~ |können|** to [be able to] count [*or* consider] oneself lucky

Preis·ent·wick·lung *f* price trend **Preis·er·mä·ßi·**

gung *f* price reduction **Preis·ex·plo·si·on** *f* price explosion **Preis·fra·ge** *f* ❶ *(Quizfrage)* [prize] ques·tion, the big [*or* sixty-four thousand dollar] question; **ob ich mir das leisten kann, ist noch die ~** the big question is whether I can afford that ❷ *(vom Preis abhängende Entscheidung)* question of price

Preis·ga·be *f kein pl (geh)* ❶ *(Enthüllung)* betrayal, divulgence; **die ~ eines Geheimnisses** giving away [*or* divulgence of] a secret ❷ *(das Ausliefern, Ausset·zen)* abandonment ❸ *(Aufgabe)* relinquishment *form; (Gebiet)* surrender; **zur ~ einer S.** *gen/***von etw gezwungen werden** to be forced to surrender [*or* form relinquish] [*or* into surrendering] [*or* form relin·quishing] sth; **die Ehe bedeutet nicht die ~ meiner Selbstständigkeit** getting married does not mean surrendering [*or* giving up] my independence

preis|ge·ben |ˈpraɪsgeːbn̩| *vt irreg (geh)* ❶ *(aufgeben)* ▪ **etw ~** to relinquish sth *form;* **seine Freiheit ~** to give up *form* [*or* to relinquish] one's freedom; **eine Gebiet ~** to surrender [*or* relinquish] a tract of land ❷ *(verraten)* ▪ |jdm| **etw ~** to betray [*or* divulge] [*or* reveal] sth [to sb]; **ein Geheimnis ~** to divulge [*or* give away] a secret ❸ *(überlassen)* ▪ **jdn/etw einer S.** *dat* **~** to expose sb/sth to sth; **jdn der Lächerlich·keit ~** to expose sb [*or* hold sb up] to ridicule; **jdn dem Elend/Hungertod ~** to condemn sb to a life of misery/to starvation; **die Haut der Sonne ~** to expose one's skin to the sun; **das Denkmal war sehr lange den Einflüssen der Umwelt preisgegeben** the memorial was exposed to the elements for a long time

preis·ge·krönt *adj* award-winning *attr* **Preis·geld** <-[e]s, -er> *nt* prize money *no pl* **preis·güns·tig** *adj* inexpensive, good value *attr;* **ein ~es Angebot** a rea·sonable offer; **etw ~ bekommen** to obtain sth at a low [*or* good] price; **am ~sten kauft man in Super·märkten** you can find the best prices in supermarkets **Preis·kal·ku·la·ti·on** *f* pricing, calculation of prices **Preis·kampf** *m* price war **Preis·klas·se** *f* price range [*or* category]; **die untere/mittlere/geho·bene ~** the lower/mid/upper price range [*or* cat·egory]; **ein Auto der mittleren ~** a medium-priced car **Preis·la·ge** *f* price range [*or* bracket]; **in jeder ~** a price to suit every pocket **Preis-Leis·tungs-Ver·hält·nis, Preis-Leis·tungs·ver·hält·nis** *nt kein pl* cost effectiveness, price-performance ratio

preis·lich |ˈpraɪslɪç| *adj attr* price, in price; **ein ~er Unterschied** a difference in price; **~e Vorstellungen haben** to have an idea of [the] price; **~ niedrig|er|e/ vergleichbare Artikel** low[er]-/comparably priced articles; **~ unterschiedlich sein** to differ in [the] price; **der Kauf war ~ sehr günstig** the purchase was a bargain

Preis·lis·te *f* price list **Preis-Lohn-Spi·ra·le** *f* price-wage spiral **Preis·nach·lass**RR *m* price reduction, discount **Preis·ni·veau** *nt* price level **Preis·po·li·tik** *f* pricing policy **Preis·rät·sel** *nt* puzzle competition **Preis·rich·ter(in)** *m(f)* judge [in a competition] **Preis·rück·gang** *m* fall [*or* drop] [*or* fallback] in prices **Preis·schild** *nt* price tag [*or* ticket] **Preis·schla·ger** *m (fam)* unbeatable bargain **Preis·sen·kung** *f* fall [*or* reduction] in prices **Preis·sta·bi·li·tät** *f* stabil·ity of prices **Preis·stei·ge·rung** *f* price increase **Preis·stopp** *m* price freeze **Preis·ta·fel** *f* price list **Preis·trä·ger(in)** *m(f)* prizewinner; *Auszeichnung* award winner **Preis·trei·ber(in)** <-s, -> *m(f) (pej)* sb *who deliberately forces up prices; (Wucherer)* profi·teer *pej* **Preis·trei·be·rei** <-, -en> |praɪstraɪbəˈraɪ| *f (pej)* forcing up of prices; *(Wucher)* profiteering *pej* **Preis·trei·be·rin** <-, -nen> *f fem form von* Preistrei·ber **Preis·über·wa·chung** *f* price controls *pl,* price administration AM *form* **Preis·un·ter·schied** *m* ÖKON

difference in price, price difference **Preis·ver·fall** *m*
drop-off [*or* deterioration *form*] in prices; **drasti-**
scher ~ price collapse **Preis·ver·gleich** *m* price comparison, comparison of prices; **~e machen** to shop
around **Preis·ver·lei·hung** *f* presentation [of awards/
prizes] **Preis·ver·zeich·nis** *nt* price list **Preis·vor·**
teil *m* price advantage
preis·wert *adj s.* **preisgünstig**
Preis·wu·cher *f* profiteering
pre·kär [preˈkɛːɐ̯] *adj (geh)* precarious
Prell·bock *m* BAHN buffer, buffer-stop, bumping post
AM; ▸ WENDUNGEN: **der ~ sein** to be the scapegoat [*or*
AM *fam a.* fallguy]
prel·len [ˈprɛlən] **I.** *vt* ❶ *(betrügen)* ▪ **jdn** [**um etw**] ~
to swindle [*or* cheat] sb [out of sth]; **jdn um seinen**
Gewinn ~ to cheat sb out of his winnings; **die**
Zeche ~ *(fam)* to avoid paying the bill ❷ SPORT **den**
Ball ~ to bounce the ball; **einen Prellball ~** to smash
the ball **II.** *vr* ▪ **sich** [**an etw** *dat*] ~ to bruise oneself;
sich *akk* **am Arm ~** to bruise one's arm; ▪ **sich** *dat*
etw ~ to bruise one's sth; **sich** *dat* **das Knie ~** to
bruise one's knee
Prel·lung <-, -en> *f* contusion *spec* (**an** +*dat* to),
bruise (**an** +*dat* on); ~**en erleiden** to suffer contu-
sions *spec*, to suffer bruising [*or* bruises]
Pre·mier <-s, -s> [prəˈmi̯eː, preˈmi̯eː] *m kurz für* **Pre-**
mierminister
Pre·mie·re <-, -n> [prəˈmi̯eːrə] *f* première, opening
night; ~ **haben** to première; **der Film hatte in Lon-**
don ~ the film premièred in London
Pre·mier·mi·nis·ter(in) *m(f)* prime minister
pre·schen [ˈprɛʃn̩] *vi sein (fam)* to dash, to tear [along];
Pferd to gallop, to race; [**mit dem Wagen**] **über die**
Autobahn ~ to tear down the motorway
Pres·se¹ <-> [ˈprɛsə] *f kein pl* ▪ **die ~** the press; **eine**
gute/schlechte ~ haben to have [a] good/bad press
Pres·se² <-, -n> [ˈprɛsə] *f* press; *(Fruchtpresse)* juice
extractor
Pres·se·agen·tur *f* press [*or* news] agency; **Deutsche**
Presse-Agentur *leading German press agency*
Pres·se·amt *nt* press office **Pres·se·aus·weis** *m*
press card [*or* AM ID] **Pres·se·be·richt** *m* press report
Pres·se·be·rich·ter·stat·ter(in) *m(f)* press correspondent **Pres·se·bü·ro** *nt s.* **Presseagentur Pres·se·**
dienst *m* news agency service **Pres·se·emp·fang** *m*
press reception **Pres·se·er·klä·rung** *f* press release,
statement to the press **Pres·se·fo·to·graf(in)** *m(f)*
press photographer **Pres·se·frei·heit** *f kein pl* freedom of the press **Pres·se·ge·heim·nis** *nt* privilege of
journalists *(not to disclose their sources)* **Pres·se·in-**
for·ma·ti·on *f* press release **Pres·se·kam·pa·gne** *f*
press campaign **Pres·se·kar·te** *f* press card [*or* pass]
Pres·se·kom·men·tar *m* press commentary **Pres-**
se·kon·fe·renz *f* press conference [*or* briefing] **Pres-**
se·kor·res·pon·dent(in) *m(f)* press correspondent
Pres·se·mel·dung *f* press report **Pres·se·mit·tei-**
lung *f* MEDIA press release
pres·sen [ˈprɛsn̩] **I.** *vt* ❶ *(durch Druck glätten)*
▪ **etw ~** to press sth; **Blumen ~** to press flowers
❷ *(drücken)* ▪ **jdn/etw an/auf/gegen etw ~** to
press sb/sth on/against [sb's] sth; **Obst durch ein**
Sieb ~ to press fruit through a sieve; **etw mit**
gepresster Stimme sagen *(fig)* to say sth in a
strained voice; **er presste mich ganz fest an sich** he
hugged me tightly ❸ *(auspressen)* **Obst ~** to press [*or*
squeeze] fruit; **Saft aus etw ~** to press [*or* squeeze]
the juice out of sth ❹ *(herstellen)* ▪ **etw ~** to press
sth; **Plastikteile ~** to mould pieces of plastic; **Wein ~**
to press wine; **Schallplatten ~** to press records
❺ *(zwingen)* ▪ **jdn zu etw ~** to force sb to do [*or* into
doing] sth; **Seeleute** [**gewaltsam**] **zum Dienst ~** to
press [*or* press-gang] sailors into service, to shanghai

sailors ❻ *(veraltet: unterdrücken)* ▪ **jdn ~** to repress
sb **II.** *vi (bei der Geburt)* to push; *(bei Verstopfung)* to
strain oneself
Pres·se·or·gan *nt (Zeitung)* newspaper; *(Zeitschrift)*
journal, magazine **Pres·se·recht** *nt* press law[s *pl*]
Pres·se·re·fe·rent(in) *m(f)* press [*or* public relations]
officer **Pres·se·rum·mel** *m kein pl* MEDIA *(fam)* feed-
ing-frenzy in the press **Pres·se·schau** *f* press review
Pres·se·spie·gel *m* MEDIA press review **Pres·se·**
spre·cher(in) *m(f)* press officer, [official] spokes-
[wo]man, spokesperson **Pres·se·stim·me** *f* press
commentary **Pres·se·zen·sur** *f* censorship of the
press **Pres·se·zen·trum** *nt* press centre
Press·glas^RR *nt*, **Preß·glas**^ALT *nt* pressed [*or* mould-
ed] glass **Press·ho·nig**^RR *m*, **Preß·ho·nig**^ALT *m* pressed honey
pres·sie·ren∗ [prɛˈsiːrən] **I.** *vi* SÜDD, ÖSTERR, SCHWEIZ
(dringlich sein) to be pressing [*or* urgent]; **die Ange-**
legenheit pressiert sehr the matter is pressing; *(es*
eilig haben) to be in a hurry; **beim Essen ~** to bolt
[down *sep*] one's food **II.** *vi impers* SÜDD, ÖSTERR,
SCHWEIZ ▪ **es pressiert** [**jdm**] it's urgent, sb is in a
hurry; **es pressiert nicht** there's no hurry, it's not
urgent
Pres·si·on <-, -en> [prɛˈsi̯oːn] *f meist pl* SOZIOL, POL
(geh) pressure
Press·luft^RR *f kein pl*, **Preß·luft**^ALT *f kein pl* compressed air; **mit ~ betrieben** pneumatic
Press·luft·boh·rer^RR *m* pneumatic drill, jackhammer
AM **Press·luft·ham·mer**^RR *m* pneumatic [*or* [com-
pressed-]air] hammer
Pres·tige <-s> [prɛsˈtiːʒə] *nt kein pl (geh)* prestige
Pres·tige·den·ken [prɛsˈtiːʒ-] *nt kein pl* preoccupation
with one's prestige **Pres·tige·fra·ge** *f* question [*or*
matter] of prestige **Pres·tige·ge·winn** *m kein pl* gain
in prestige **Pres·tige·grund** *m* ▪ **Prestigegründe**
reasons of prestige **Pres·tige·ob·jekt** *nt* object of
prestige **Pres·tige·ver·lust** *m kein pl* loss of prestige
Pre·ti·o·sen [preˈtsi̯oːzn̩] *pl s.* **Preziosen**
Pre·to·ria <-s> [preˈtoːri̯a] *nt* Pretoria
Preu·ße, Preu·ßin <-n, -n> [ˈprɔysə, ˈprɔysɪn] *m, f*
Prussian; ▸ WENDUNGEN: **so schnell schießen die ~n**
nicht *(fam)* things don't happen [quite] that fast
Preu·ßen <-s> [ˈprɔysn̩] *nt kein pl* Prussia
Preu·ßin <-, -nen> *f fem form von* **Preuße**
preu·ßisch [ˈprɔysɪʃ] *adj* Prussian
Pre·zi·o·sen^RR [preˈtsi̯oːzn̩] *pl (geh)* valuables
pri·ckeln [ˈprɪkl̩n] *vi* ❶ *(kribbeln)* to tingle, to prickle;
ein P~ in den Beinen pins and needles in one's legs
❷ *(perlen)* *Champagner* to sparkle, to bubble ❸ *(fam:*
erregen, reizen) to thrill; **der prickelnde Reiz des**
Verbotenen the thrill of doing sth you know is wrong
pri·ckelnd *adj Gefühl* tingling; *Humor* piquant; *Cham-*
pagner sparkling, bubbly *fam;* **ein ~er Reiz** a thrill
Priel <-[e]s, -e> [priːl] *m* slough, narrow channel *(in*
North Sea shallows)
Priem <-[e]s, -e> [priːm] *m* quid [*or* plug] of tobacco
prie·men [ˈpriːmən] *vi* to chew tobacco
pries [priːs] *imp von* **preisen**
Pries·ter(in) <-s, -> [ˈpriːstɐ] *m(f)* priest; **jdn zum ~**
weihen to ordain sb [as a] priest; [**heidnische**] **~in**
[heathen] priestess; **Hoher ~** high priest
pries·ter·lich *adj* priestly; **~es Gewand** clerical [*or*
spec sacerdotal] vestment; **ein ~er Segen** a priest's
blessing; **die ~en Weihen** a priest's ordination
Pries·ter·se·mi·nar *nt* seminary *(for Roman Catholic*
priests) **Pries·ter·wei·he** *f* ordination [to the priest-
hood]
pri·ma [ˈpriːma] *adj inv* ❶ *(fam: gut, großartig)*
great *fam;* **es läuft alles ~** everything is going really
well [*or fam* just great]; **ein ~ Kerl** a great guy *fam,* a
brick *hum;* **du hast uns ~ geholfen** you have been a

great help *fam* ❷ ÖKON *(veraltend)* first class; ~ **Ware** first class product; ~ **Qualität** top [*or* best] quality

Pri·ma·bal·le·ri·na [primabale'riːna] *f* prima ballerina **Pri·ma·don·na** <-, -donnen> [prima'dɔna, *pl:* -'dɔnən] *f* prima donna *a. pej*

pri·mär [pri'mɛɐ̯] **I.** *adj (geh)* ❶ *(vorrangig)* primary, prime *attr;* ~**es Ziel** the primary goal [*or* aim]; **die Kritik richtet sich ~ gegen die Politiker** criticism is mainly directed at the politicians ❷ *(anfänglich)* initial; ~**e Schwierigkeiten** initial difficulties, teething troubles **II.** *adv (geh)* primarily, chiefly; **etw interessiert jdn** [**nicht**] ~ sb is [not] primarily [*or* chief] concerned with sth

Pri·mär·ener·gie *f* primary [source of] energy **Pri·mär·kreis·lauf** *m* primary [coolant] circuit **Pri·mär·li·te·ra·tur** *f* primary literature, [primary] sources *pl*

Pri·mar·schu·le *f* SCHWEIZ *(Grundschule)* primary [*or* AM grammar] school

Pri·mat[1] <-en, -en> [pri'maːt] *m* primate

Pri·mat[2] <-[e]s, -e> [pri'maːt] *m o nt (geh)* primacy, priority (**vor** +*dat* over); **den ~ haben** to have primacy

Pri·mel <-, -n> ['priːml] *f* primrose; **wie eine ~ eingehen** *(sl)* to go to pot, to fade away

Prime·time[RR], **Prime Time**[RR], **Prime time**[ALT] <-, -s> ['praɪmtaɪm] *f* TV, RADIO prime time

Pri·mi ['priːmi] *pl von* **Primus**

pri·mi·tiv [primi'tiːf] *adj* ❶ *(urtümlich)* primitive; ~**e Kulturen/Menschen** primitive cultures/people; ~**e Kunst** primitive art ❷ *(elementar)* basic; ~**e Bedürfnisse** basic needs ❸ *(a. pej: simpel)* primitive *pej*, crude; ~**e Hütte** primitive [*or* liter rude] hut; ~**e Werkzeuge** primitive tools ❹ *(pej: geistig tief stehend)* primitive; **ein** ~**er Kerl** a lout, a yob[bo] BRIT *fam*

Pri·mi·ti·ve(r) [primi'tiːvə, -və] *f(m) dekl wie adj* primitive person

Pri·mi·ti·vi·tät <-, -en> [primitivi'tɛːt] *f* ❶ *kein pl (Einfachheit, primitive Beschaffenheit)* primitiveness, simplicity ❷ *(pej: Mangel an Bildung)* primitiveness ❸ *(pej: primitive Bemerkung, Vorstellung, Handlung)* crudity, primitive [*or* crude] remark

Pri·mi·tiv·ling <-s, -e> *m (pej fam)* peasant *pej fam*

Pri·mus <-, -se *o* Primi> ['priːmʊs, *pl:* 'priːmi] *m (veraltend)* top of the class [*or* form], top [*or* star] pupil

Prim·zahl ['priːm-] *f* prime [number]

Print·an·zei·ge ['prɪnt-] *f* [newspaper/magazine] advertisement; **doppelseitige ~** [double page] spread **Print·me·di·en** *pl* [print] media

Prinz, Prin·zes·sin <-en, -en> [prɪnts, 'prɪn'tsɛsɪn] *m, f* prince *masc* [*or* princess] *fem*

Prin·zess·boh·ne[RR] *f*, **Prin·zeß·boh·ne**[ALT] *f* Lima bean

Prin·zip <-s, -ien> [prɪn'tsiːp, *pl:* 'prɪn'tsiːpi̯ən] *nt* principle; *(Gesetzmäßigkeit)* principle; *(in den Wissenschaften a.)* law; **ein politisches ~** a political principle; **sich** *dat* **etw zum ~ machen** to make sth one's principle; **an seinen ~ien festhalten** to stick to one's principles; **ein Mann von ~ien sein** to be a man of principle; **aus** ~ on principle; **im** ~ in principle; **nach einem** [**einfachen**] **Prinzip funktionieren** to function according to a [simple] principle; **das ~ Hoffnung/Verantwortung** [the principle of] hope/responsibility

prin·zi·pi·ell [prɪntsi'pi̯ɛl] **I.** *adj* ~**e Erwägungen** fundamental considerations; ~**e Möglichkeit** a fundamental possibility; ~**e Unterschiede** fundamental differences **II.** *adv (aus Prinzip)* on [*or* as a matter of] principle; **etw** ~ **ablehnen** to refuse [*or* reject] sth on principle; *(im Prinzip)* in principle; **eine andere Interpretation ist ~ auch möglich** in principle a different interpretation is also possible

Prin·zi·pien·fra·ge ['prɪn'tsiː·pi̯ən-] *f* matter [*or* question] of principle; [**für jdn**] **eine ~ sein** to be a matter [*or* question] of principle [to sb] **Prin·zi·pi·en·rei·ter(in)** *m(f) (pej)* stickler for [one's] principles **prin·zi·pi·en·treu** *adj* PSYCH true to one's principles **Prin·zi·pi·en·treue** *f* PSYCH adherence to one's principles

Prinz·re·gent *m* prince regent

Pri·or(in) <-s, Prioren> ['priːoːɐ̯, *pl:* pri'oːrən] *m(f)* ❶ *(Klostervorsteher bei bestimmten Orden)* prior ❷ *(Stellvertreter des Abtes)* [claustral [*or* spec cloistral]] prior

Pri·o·ri·tät <-, -en> [priori'tɛːt] *f* ❶ *(geh)* priority, precedence; ~ [**vor etw** *dat*] **haben** [*o* **genießen**] to have priority [over sth], to take precedence [over sth]; ~**en setzen** [*o* **festlegen**] to set [one's] priorities; **dem Umweltschutz muss absolute ~ eingeräumt werden** environmental protection must be given top priority ❷ BÖRSE priority bond, first debenture

Pri·o·ri·tä·ten·lis·te *f* list of priorities; **ganz oben auf der ~ stehen** to be the first of one's priorities, to be at the top of one's list

Pri·se <-, -n> ['priːzə] *f* ❶ *(kleine Menge)* pinch; **eine ~ Salz** a pinch of salt; **eine ~ Sarkasmus** *(fig)* a touch [*or* hint] of sarcasm; **eine ~ nehmen** to have a pinch of snuff ❷ NAUT prize

Pris·ma <-s, Prismen> ['prɪsma, *pl:* -mən] *nt* prism

Prit·sche <-, -n> ['prɪtʃə] *f* ❶ *(primitive Liege)* plank bed ❷ *(offene Ladefläche)* platform ❸ *(fig sl: sexuell leicht zu haben)* easy lay *sl*

Prit·schen·wa·gen *m* platform lorry [*or* truck] BRIT, flatbed [truck] AM

pri·vat [pri'vaːt] **I.** *adj* ❶ *(jdm persönlich gehörend)* private; ~**es Eigentum** private property ❷ *(persönlich)* personal; ~**e Angelegenheiten** private affairs; **er hat all Autos von ~ gekauft** he bought all the cars from private individuals; **ich möchte nur an ~ verkaufen** I only want to sell to private individuals ❸ *(nicht öffentlich)* private; **eine ~e Schule** a private [*or* BRIT *a.* public] school; **eine ~e Vorstellung** a private [*or* AM closed] performance **II.** *adv* ❶ *(nicht geschäftlich)* privately; **jdn ~ sprechen** to speak to sb in private [*or* privately]; ~ **können Sie mich unter dieser Nummer erreichen** you can reach me at home under this number; **sie ist an dem Wohl ihrer Mitarbeiter auch ~ interessiert** she is also interested in the welfare of her staff outside of office hours ❷ FIN, MED ~ **behandelt werden** to have private treatment; ~ **liegen** to be in a private ward; **sich** *akk* ~ **versichern** to take out a private insurance; **etw ~ finanzieren** to finance sth out of one's own savings

Pri·vat·an·ge·le·gen·heit *f* private matter; **das ist meine ~** that's my [own] affair [*or* business], that's a private matter **Pri·vat·an·schluss**[RR] *m* private line [*or* number] **Pri·vat·an·schrift** *f* private [*or* home] address **Pri·vat·au·di·enz** *f* private [*or* AM closed] audience **Pri·vat·bank** *f* private [*or* commercial] bank **Pri·vat·be·sitz** *m* private property [*or* ownership]; **in ~** privately owned [*or* in private ownership]; **dieses Bild ist eine Leihgabe aus ~** this picture is a loan from a private collection **Pri·vat·de·tek·tiv(in)** *m(f)* private detective, private investigator [*or* fam eye] **Pri·vat·do·zent(in)** *m(f)* title of a lecturer who is not a professor and not a civil servant at a university **Pri·vat·ei·gen·tum** *nt* private property; **etw in ~ überführen** to privatize sth, to denationalize sth **Pri·vat·fern·se·hen** *nt (form)* commercial [*or* privately-owned] television *no art* **Pri·vat·ge·spräch** *nt* private conversation; *(am Telefon)* private [*or* AM personal] call **Pri·vat·grund·stück** *nt* private property [*or* premises *npl*] **Pri·vat·hand** *f kein pl* **aus** [*o* **von**] ~ privately; **er hat das Auto aus/von ~ gekauft** he bought the car privately [*or* in a private deal] [*or* from

a private seller]; **in** ~ in private hands [*or* ownership]
Pri·vat·ini·ti·a·ti·ve *f* private initiative [*or* enterprise]
Pri·vat·in·ter·es·se *nt* personal interest
pri·va·ti·sie·ren' [privati'zi:rən] *vt* ▪ **etw** ~ to privatize
sth, to denationalize sth
Pri·va·ti·sie·rung <-, -en> *f* ÖKON privatization *no pl*
Pri·vat·kli·nik *f* private clinic [*or* hospital], nursing
home BRIT **Pri·vat·kon·to** *nt* ÖKON private account
Pri·vat·kun·de, -kun·din *m, f* ÖKON private customer
Pri·vat·le·ben *nt kein pl* private life; **sich** *akk* **ins** ~
zurückziehen to retire into private life **Pri·vat·leh·
rer(in)** *m(f)* private tutor **Pri·vat·mann** <-leute> *m*
private citizen [*or* individual] **Pri·vat·pa·ti·
ent(in)** *m(f)* private patient **Pri·vat·per·son** *f* private
person; **als** ~ as a private individual; MIL civilian,
unauthorized person **Pri·vat·recht** *nt* JUR private [*or*
civil] law **Pri·vat·sa·che** *f s.* **Privatangelegenheit**
Pri·vat·schu·le *f* private [*or* BRIT independent] school
Pri·vat·sphä·re *f kein pl* **die** ~ **verletzen** to invade
[*or* violate] sb's privacy; **die** ~ **schützen** to protect sb's
privacy **Pri·vat·un·ter·neh·men** *nt* ÖKON private
enterprise **Pri·vat·ver·gnü·gen** *nt* private pleasure
[*or* amusement]; **jds** ~ **sein** *(fam)* to be sb's [own]
business [*or* affair]; **zu jds** ~ *(fam)* for sb's [own] pleasure [*or* amusement] *a. iron* **Pri·vat·ver·mö·gen** *nt*
private [*or* personal] property [*or* assets] *pl* **Pri·vat·
ver·si·che·rung** *f* private insurance **Pri·vat·wa·
gen** *m* private car **Pri·vat·weg** *m* private way [*or*
road] **Pri·vat·wirt·schaft** *f* ▪ **die** ~ the private sector
pri·vat·wirt·schaft·lich *adj inv* ÖKON private-sector
Pri·vi·leg <-[e]s, -ien> [privi'le:k, *pl:* -gjən] *nt (geh)*
privilege, prerogative *form*
pri·vi·le·gie·ren' [privile'gi:rən] *vt (geh)* ▪ **jdn** ~ to
grant privileges to sb
pri·vi·le·giert *adj (geh)* privileged
PR-Maß·nah·me *f* PR measure
pro [pro:] **I.** *präp* per; ~ **Jahr** per [*or* a] year, per
annum *form;* ~ **Minute/Sekunde** per [*or* a] minute/
second; ~ **Kopf** [**und Nase**] *(fam)* a head; ~ **Person**
per person; ~ **Stück** each, apiece; **ich gebe Ihnen
fünf Euro** ~ **Stück** I will give you five euros a head
II. *adv* ~ [**eingestellt**] **sein** to be for [*or* in favour of]
sth; **sind Sie** ~ **oder kontra?** are you for or against
[*or* pro or anti] it?
Pro <-> [pro:] *nt kein pl* [**das**] ~ **und** [**das**] **Kontra**
(geh) the pros and cons *pl;* **wir müssen das** ~ **und
Kontra gegeneinander abwägen** we have to weigh
up the pros and the cons
Pro·band(in) <-en, -en> [pro'bant, *pl:* -ndn] *m(f)*
❶ *(Versuchsperson)* test person, guinea pig ❷ *(auf
Bewährung Verurteilter)* offender on probation
pro·bat [pro'ba:t] *adj (geh)* proven, effective; **ein** ~**es
Mittel** a tried and tested method; ▪ ~ **sein, etw zu
tun** to be advisable [from experience] to do sth; **es ist
~, regelmäßig Obst zu essen** it is advisable to eat
fruit regularly
Pro·be <-, -n> ['pro:bə] *f* ❶ *(Warenprobe, Testmenge)*
sample; **eine** ~ **Urin/des Wassers** a urine/water
sample; ~**n** [**von etw**] **ziehen** [*o* **nehmen**] ~**n** [**aus
etw**] **ziehen** [*o* **nehmen**] to take samples [from sth];
(Beispiel) example; **eine** ~ **seines Könnens geben**
to show what one can do ❷ MUS, THEAT rehearsal
❸ *(Prüfung)* test; **die** ~ **aufs Exempel machen** to
put it to the test; **ein Auto** ~ **fahren** to take a car for a
test drive, to test drive a car; ▪ [**mit etw**] ~ **fahren** to
go for a test drive [in sth]; **mit dem Wagen bin ich
schon** ~ **gefahren** I have already been for a test drive
in that car; ~ **laufen** SPORT to go for a practice run, to
have a trial [run]; TECH to do a test [*or* trial] run; **jdn
auf die** ~ **stellen** to put sb to the test, to try sb; **etw
auf die/eine harte** ~ **stellen** to put sth to the test;
jds Geduld auf eine harte ~ **stellen** to sorely try

sb's patience; **auf** ~ on probation; **zur** ~ for a trial, to
try out
Pro·be·ab·zug *m* proof **Pro·be·alarm** *m* practice
alarm, fire drill **Pro·be·an·ge·bot** *nt* ÖKON trial offer
Pro·be·büh·ne *f* rehearsal stage **Pro·be·ex·em·
plar** *nt* specimen [copy [*or* issue]] **Pro·be·fahrt** *f* test
drive; **eine** ~ **machen** [*o geh:* **unternehmen**] to go
for a test drive **Pro·be·jahr** *nt* probationary year, year
of probation **Pro·be·lauf** *m* trial [*or* test] run **Pro·be·
leh·rer(in)** *m(f)* ÖSTERR probationer
pro·ben ['pro:bn] **I.** *vt* ▪ **etw** [**mit jdm**] ~ to rehearse
sth [with sb]; **eine Szene** ~ to rehearse a scene; *s. a.*
Aufstand *s. a.* **Ernstfall II.** *vi* ▪ [**mit jdm**] [**für etw**] ~
to rehearse [with sb] [for sth]; **der Komponist probte
persönlich mit den Musikern** the composer came
in person to rehearse with the musicians
Pro·be·sen·dung *f* sample[s *pl*] sent on approval **Pro·
be·spiel** *nt* ❶ MUS prepared piece *(to be performed by
sb at an audition)* ❷ SPORT *friendly match to test ability
and compatibility of players*
pro·be·wei·se *adv* on a trial basis; **singen Sie uns** ~
etwas vor! try singing sth for us; **nehmen Sie** ~ **dieses Waschmittel** try this washing powder, give this
washing powder a try; *mit Verbalsubstantiven a attr*
trial *attr;* **die** ~ **Verlängerung der Öffnungszeiten**
extension of the opening hours on a trial basis; **die
Leitung will in dieser Abteilung die** ~ **Sonntags-
arbeit einführen** the management wants to introduce Sunday hours on a trial basis in this department
Pro·be·zeit *f* probationary [*or* trial] period
pro·bie·ren' [pro'bi:rən] **I.** *vt* ❶ *(kosten)* ▪ **etw** ~ to
try [*or* taste] [*or* sample] sth ❷ *(versuchen)* ▪ **es** [**mit
etw**] ~ to try [*or* to have a go [*or* try] at] it [with sth];
ich habe es schon mit vielen Diäten probiert
I have already tried many diets; ▪ ~**, etw zu tun** to try
to do sth; **ich werde ~, sie zu überreden** I will try
to persuade her; ▪ **etw** ~ to try sth out; **ein neues
Medikament** ~ to try out a new medicine ❸ *(anpro-
bieren)* ▪ **etw** ~ to try on sth *sep* ❹ THEAT to rehearse;
ein Stück ~ to rehearse a play **II.** *vi* ❶ *(kosten)*
▪ [**von etw**] ~ to try some [*or* have a taste] [of sth];
willst du dich nicht wenigstens einmal ~ won't you at
least try it once ❷ *(versuchen)* ▪ ~**, ob/was/wie ...**
to try and see whether/what/how ...; **ich werde ~,
ob ich das alleine schaffe** I'll see if I can do it alone
▸ WENDUNGEN: **P~ geht über Studieren** *(prov)* the
proof of the pudding is in the eating *prov* **III.** *vr (fam)*
sich *akk* **als Dozent/Schreiner** ~ to work as a
lecturer/carpenter for a short time
Pro·blem <-s, -e> [pro'ble:m] *nt* ❶ *(Schwierigkeit)*
problem; **es gibt** [**mit jdm/etw**] ~**e** I/we/they etc.
are having problems [with sb/sth], sth is having problems; [**mit jdm/etw**] **ein** ~**/Probleme haben** to
have a problem/be having problems [with sb/sth]; **vor
~en/einem** ~ **stehen** to be faced [*or* confronted]
with problems/a problem; [**für jdn**] **zum** ~ **werden**
to become a problem [for sb] ❷ *(geh: schwierige Aufgabe)* problem; **ein schwieriges** ~ a difficult problem, a hard [*or* tough] nut to crack; **ein ungelöstes** ~
an un[re]solved problem; ~**e wälzen** to turn over
problems in one's mind; [**nicht**] **jds** ~ **sein** to [not] be
sb's business; **kein** ~**!** *(fam)* no problem!
Pro·ble·ma·tik <-> [proble'ma:tɪk] *f kein pl (geh)*
problematic nature, difficulty (+*gen* of), problems *pl*
(+*gen* with); **die** ~ **erkennen** to recognize the problems; **auf eine** ~ **hinweisen** to point out difficulties;
von einer besonderen ~ **sein** to be of a particularly
problematic nature, to have [its/their [own]] particular
problems
pro·ble·ma·tisch [proble'ma:tɪʃ] *adj* problematic[al],
difficult, complicated; **ein** ~**es Kind** a difficult child
pro·ble·ma·ti·sie·ren' [problemati'zi:rən] *vt (fachspr*

geh) ■etw ~ expound [or discuss] the problems of sth

Pro·blem·be·reich m problem area **Pro·blem·fall** m (geh) problem; (Mensch) problem case

pro·blem·los I. adj problem-free, trouble-free, unproblematic attr II. adv without any problems [or difficulty]; **etw ~ meistern** to master sth easily; **nicht ganz ~** not quite without [its/their] problems [or difficulties]; **~ ablaufen** to run smoothly

Pro·duct·place·ment^{RR}, **Pro·duct-Place·ment**^{RR}, **Product placement**^{ALT} <-s, -s> ['prɔdakt 'pleːsmənt] nt selten pl product placement no art

Pro·dukt <-[e]s, -e> [pro'dʊkt] nt product; MATH product; **landwirtschaftliche ~e** agricultural products [or produce]; **~ der Einbildung/Fantasie** (fig) figment of the imagination

Pro·dukt·ana·ly·se f kein pl ÖKON product analysis **Pro·dukt·ent·wick·lung** f kein pl ÖKON product development no pl **Pro·dukt·ge·stal·tung** f kein pl ÖKON product design **Pro·dukt·grup·pe** f ÖKON product group [or line] **Pro·dukt·haf·tung** f product [or producer's] liability

Pro·duk·ti·on <-, -en> [prodʊk'tsi̯oːn] f production **Pro·duk·ti·ons·ab·tei·lung** f ÖKON production department **Pro·duk·ti·ons·an·la·ge** f meist pl ÖKON production [or manufacturing] facility usu pl [or plant no pl] **Pro·duk·ti·ons·aus·fall** m shortfall in production, loss of output [or production] **Pro·duk·ti·ons·be·ginn** m start [or onset] of production **Pro·duk·ti·ons·feh·ler** m ÖKON production fault [or defect] **Pro·duk·ti·ons·fluss**^{RR} m flow of production **Pro·duk·ti·ons·gang** m production process **Pro·duk·ti·ons·gü·ter** pl ÖKON producer [or industrial] goods npl **Pro·duk·ti·ons·hal·le** f production hall **Pro·duk·ti·ons·ka·pa·zi·tät** f production capacity **Pro·duk·ti·ons·kos·ten** pl production costs **Pro·duk·ti·ons·leis·tung** f kein pl ÖKON manufacturing efficiency **Pro·duk·ti·ons·me·tho·de** f production method **Pro·duk·ti·ons·stan·dard** m ÖKON production standard **Pro·duk·ti·ons·stät·te** f [production] site, production [or manufacturing] facilities pl **Pro·duk·ti·ons·stei·ge·rung** f rise [or increase] in production **Pro·duk·ti·ons·sto·ckung** f ÖKON [production] stoppage **Pro·duk·ti·ons·ver·la·ge·rung** f diversion of production **Pro·duk·ti·ons·zweig** m ÖKON branch [or line] of production

pro·duk·tiv [prodʊk'tiːf] adj (geh) productive; **~ zusammenarbeiten** to work together productively; **ein ~er Autor** a productive [or prolific] author; **~e Kritik** productive criticism

Pro·duk·ti·vi·tät <-> [prodʊktivi'tɛːt] f kein pl productivity, productive capacity

Pro·duk·ti·vi·täts·zu·wachs m ÖKON increase in productivity, productivity increase

Pro·dukt·li·nie [-li:ni̯ə] f ÖKON product line **Pro·dukt·ma·na·ge·ment** nt kein pl ÖKON product management no pl **Pro·dukt·pa·let·te** f ÖKON product range **Pro·dukt·wer·bung** f ÖKON product advertising

Pro·du·zent(in) <-en, -en> [produ'tsɛnt] m(f) producer

pro·du·zie·ren* [produ'tsiːrən] I. vt ❶ (herstellen) ■etw ~ to produce sth; (bes viel) to turn out sth; **einen Film ~** to produce a film ❷ (hervorbringen) ■etw ~ to produce sth; **wer hat denn das produziert?** (fam o fig) who's responsible for that?; **eine Entschuldigung ~** to come up with an excuse; **Lärm ~** to make noise; **Unsinn ~** to talk rubbish [or nonsense] II. vi to produce; **billig ~** to produce goods cheaply, to have low production costs III. vr (pej fam) ■sich akk [vor jdm] ~ to show off [in front of sb]

pro·fan [pro'faːn] adj (geh) ❶ (alltäglich) mundane, prosaic form; **ganz ~e Probleme haben** to have

very mundane problems ❷ (weltlich) secular, profane form; **~e Bauwerke/Kunst** secular buildings/art

Pro·fes·si·o·na·li·tät <-> f kein pl professionalism no pl

pro·fes·si·o·nell [prɔfɛsi̯o'nɛl] adj professional

Pro·fes·sor, Pro·fes·so·rin <-s, -soren> [pro'fɛsoː̯ɐ, profɛ'soːʁɪn] m, f ❶ kein pl (Titel) professor ❷ (Träger des Professorentitels) **Herr ~/Frau ~in** Professor; **außerordentlicher ~** extraordinary [or AM associate] professor; **ordentlicher ~** [full AM] professor; **~ sein** to be a professor; **sie ist Professorin für Physik in München** she is a professor of physics in Munich ❸ ÖSTERR (Gymnasiallehrer) master masc, mistress fem

pro·fes·so·ral [profɛso'ra:l] adj ❶ (den Professor betreffend) professorial; **die ~e Würde** professorial dignity ❷ (pej: belehrend) lecturing attr pej, know-[it-]all pej fam attr; **am meisten stört mich seine ~e Art** what gets me most is the way he thinks he knows it all

Pro·fes·so·rin <-, -nen> f fem form von Professor

Pro·fes·sur <-, -en> [profɛ'suːʁ] f (professor's [or professorial]] chair (für in/of); **eine ~ für Chemie haben** [o geh: innehaben] to hold the chair in chemistry

Pro·fi <-s, -s> ['proːfi] m (fam) pro fam

Pro·fil <-s, -e> [pro'fiːl] nt ❶ (Einkerbungen zur besseren Haftung) Reifen, Schuhsohlen tread ❷ (seitliche Ansicht) profile; **jdn im ~ fotografieren** to photograph sb in profile ❸ (geh: Ausstrahlung) image; **~ haben** [o geh: besitzen] to have an image [or a distinctive [or personal] image]; **an ~ gewinnen** to improve one's image; **die Polizei konnte ein ziemlich gutes ~ des Täters erstellen** the police were able to give a fairly accurate profile of the criminal; **~ zeigen** to take a stand

pro·fi·lie·ren* [profi'liːrən] I. vt ■etw ~ to put a tread on sth; **Bleche ~** to contour sheets of metal II. vr ■sich [in etw dat] [als jd] ~ to create an image for oneself [as sb] [in sth]; **sich akk politisch ~** to make one's mark as a politician; **sie hat sich als Künstlerin profiliert** she distinguished herself as an artist

pro·fi·liert adj (geh) **ein ~er Fachmann/Politiker** an expert/a politician who has made his mark; ■**~/~er sein** to have made one's mark/more of a mark

Pro·fi·lie·rung <-> f kein pl (geh) making one's mark no art; **durch seine ~ als Politiker hat er viel Ansehen bekommen** by making his mark as a politician he has gained prestige

Pro·fil·soh·le f sole with a tread, treaded sole

Pro·fi·sport·ler(in) m(f) professional sportsman, pro fam

Pro·fit <-[e]s, -e> [pro'fiːt] m profit; **~ bringende Geschäfte** profitable deals; **wo ist dabei für mich der ~?** what do I get out of it?; **von etw [keinen] ~ haben** [not] to profit from sth; **[bei/mit etw] ~ machen** to make a profit [with sth]; **aus etw ~ schlagen** [o ziehen] to make a profit from [or out of] sth, to reap the benefits from sth fig; **mit ~ arbeiten** to work profitably; **etw mit ~ verkaufen** to sell sth at a profit

pro·fi·ta·bel [profi'taːbl̩] adj (geh) profitable; (stärker) lucrative

Pro·fit·gier <-> f kein pl (pej) money-grubbing no pl, greed for profit no pl

pro·fi·tie·ren* [profi'tiːrən] vi (geh) **[bei/von etw] [mehr] ~** to make [or gain] [more of] a profit [from sth]; **viel ~** to make a large profit; **davon habe ich kaum profitiert** I didn't make much of a profit there; **von jdm/etw [mehr] ~** (fig) to profit [more] from [or by] sb/sth; **dabei kann ich nur ~** I only stand to gain from it, I can't lose

pro for·ma [proː'fɔrma] adv (geh) pro forma form, as a

matter of form, for appearances' sake; **etw ~ unter-schreiben** to sign sth as a matter of form; **~ heiraten** to marry pro forma

Pro·for·ma-Rech·nung *f* pro forma [invoice]

pro·fund [pro'fʊnt] *adj* profound, deep

Pro·ges·te·ron <-s> [progɛste'roːn] *nt kein pl* BIOL progesterone *no pl*

Pro·gno·se <-, -n> [pro'gnoːzə] *f* ① *(geh: Vorhersage)* prediction, prognosis *form;* Wetter forecast; |**jdm**| **eine ~ stellen** to give [sb] a prediction [*or* prognosis], to make a prediction [*or* prognosis]; **eine ~ wagen** to venture a prediction ② MED prognosis (**für** +*akk* for)

pro·gnos·ti·zie·ren [pro'gnɔsti'tsiːrən] *vt* ■**etw ~** to predict [*or form* to prognosticate] sth; **die Ärzte ~ eine rasche Genesung** to doctors predict a speedy recovery

Pro·gramm <-s, -e> [pro'gram] *nt* ① *(geplanter Ablauf)* programme [*or* AM -am]; *(Tagesordnung)* agenda; *(Zeitplan)* schedule; **ein volles ~ haben** to have a full day/week etc. ahead of one; **auf dem** [*o* **jds**| **~ stehen** to be on the [*or* sb's] programme/agenda/schedule; **was steht für heute auf dem ~?** what's the programme/agenda/schedule for today?; **nach ~** as planned, to plan ② RADIO, TV *(Sender)* channel; **ich empfange 30 ~e** I can get 30 channels ③ *(festgelegte Darbietungen)* programme [*or* AM -am], bill; **im ~** in the programme, on the bill; **das Kino hat viele neue Filme im ~** the cinema has many new films on the bill ④ *(Programmheft)* programme [*or* AM -am] ⑤ *(Konzeption)* programme [*or* AM -am]; *Politiker* platform; *Partei* programme ⑥ *(Sortiment)* product range, range of products; **etw im ~ haben** to have [*or* stock] sth in the range; **etw ins ~ |auf|nehmen** to include sth in the collection ⑦ INFORM [computer] program (**für** +*akk* for)

Pro·gramm·auf·sicht *f kein pl* television watchdog

Pro·gramm·be·ginn *m* start of the daily programmes [*or* AM programs] **Pro·gramm·ent·wick·lung** *f* INFORM program development **Pro·gramm·feh·ler** *m* INFORM programme [*or* bug] error **pro·gramm·ge·mäß I.** *adj* [as *pred*] planned **II.** *adv* [according to] plan; **~ verlau-fen** to run according to plan

pro·gram·mier·bar *adj inv* INFORM programmable

pro·gram·mie·ren [progra'miːrən] *vt* ① INFORM ■**etw ~** to program sth ② *(von vornherein festgelegt)* ■**programmiert sein** to be preprogrammed [*or* AM -amed]

Pro·gram·mie·rer(in) <-s, -> *m(f)* programmer [*or* AM -amer]

Pro·gram·mier·feh·ler *m* INFORM programming [*or* AM -aming] error **Pro·gram·mier·spra·che** *f* programming [*or* AM -aming] language, high-level language *spec*

Pro·gram·mie·rung <-, -en> *f* ① INFORM programming [*or* AM -aming] *no pl* ② *(vorherige Festlegung auf etw)* setting *no pl;* *(eines Videorecorders)* programming [*or* AM -aming] *no pl,* setting *no pl;* *(eines Menschen)* conditioning *no pl*

Pro·gramm·ka·ta·log *m* catalogue of products **Pro·gramm·ki·no** *nt* arts [*or* AM repertory] cinema **Pro·gramm·pla·nung** *f* programme [*or* AM -am] planning **Pro·gramm·punkt** *m* item on the agenda; *(Show)* act **Pro·gramm·schluss**^{RR} *m* close down **Pro·gramm·um·fang** *m* range of products (+*gen* for) **Pro·gramm·vor·schau** *f* trailer **Pro·gramm·zeit·schrift** *f* programme [*or* AM -am] guide; *(von Fernsehen a.)* TV [*or* television] guide

Pro·gres·si·on <-, -en> [progrɛ'sjoːn] *f* ① *(geh)* progression ② FIN [tax] progression

pro·gres·siv [progrɛ'siːf] *adj (geh)* progressive; **ein ~e Politik verfolgen** to follow a progressive policy; **~ eingestellt sein** to hold progressive views;

~ ansteigend to increase progressively

Pro·jekt <-[e]s, -e> [pro'jɛkt] *nt* project

Pro·jekt·ana·ly·se *f* project analysis **Pro·jekt·be·reich** *m* ADMIN scope of a project **Pro·jekt·fi·nan·zie·rung** *f* project financing *no pl* **Pro·jekt·grup·pe** *f* project team

Pro·jek·til <-s, -e> [projɛk'tiːl] *nt (form)* projectile

Pro·jekt·in·ge·ni·eur(in) <-s, -in> *m(f)* ÖKON project engineer

Pro·jek·ti·on <-, -en> [projɛk'tsi̯oːn] *f* ① *kein pl (das Projizieren)* projection ② *(projiziertes Bild)* projection, projected image

Pro·jekt·lei·ter(in) <-s, -> *m(f)* project leader [*or* manager] **Pro·jekt·ma·nage·ment** <-s> *nt kein pl* ÖKON project management

Pro·jek·tor <-s, -toren> [pro'jɛktoːɐ̯, *pl:* -'toːrən] *m* projector

Pro·jekt·rea·li·sie·rung *f* launching of a/the project

pro·ji·zie·ren [proji'tsiːrən] *vt* ① FOTO ■**etw auf etw** *akk* **~** to project sth on[to] sth; **einen Film auf die Leinwand ~** to project a film onto a screen ② *(geh)* ■**etw auf jdn/etw ~** to project sth onto sb/sth; **seine Ängste auf die Mitmenschen ~** to infect others with one's fears; **seinen Hass auf andere ~** to project one's hate onto others

Pro·ka·ry·o|n|t <-s, -en> [proka'ry̆o(n)t, *pl:* -ɔntn̩] *m* BIOL prokaryon

pro·ka·ry·o|n|·tisch *adj* prokaryotic

Pro·kla·ma·ti·on <-, -en> [proklama'tsi̯oːn] *f (geh)* proclamation *liter*

pro·kla·mie·ren [prokla'miːrən] *vt (geh)* ■**etw ~** to proclaim sth *liter;* **den Ausnahmezustand ~** to proclaim [*or* declare] a state of emergency

Pro-Kopf-Ein·kom·men *nt* income per person, per capita income *form* **Pro-Kopf-Ver·brauch** *m* per capita consumption *form*

Pro·ku·ra <-, Prokuren> [pro'kuːra, *pl:* -kuːrən] *f (form)* procuration *form;* **jdm ~ erteilen** to give sb procuration, to confer procuration [up]on sb *form;* **~ haben** to have the general power of attorney

Pro·ku·rist(in) <-en, -en> [proku'rɪst] *m(f)* authorized signatory *(of a company)*

Pro·let <-en, -en> [pro'leːt] *m* ① *(veraltend fam)* proletarian ② *(pej)* prole *fam,* pleb *pej fam*

Pro·le·ta·ri·at <-[e]s, -e> [proleta'ri̯aːt] *nt (veraltend)* ■**das ~** the proletariat; **das akademische ~** *(fig)* the intellectual proletariat

Pro·le·ta·ri·er(in) <-s, -> [prole'taːri̯ɐ] *m(f) (veraltend)* proletarian

pro·le·ta·risch [prole'taːrɪʃ] *adj (veraltend)* proletarian

Pro·lo <-s, -s> ['proːlo] *m (pej sl)* pleb *pej fam*

Pro·log <-[e]s, -e> [pro'loːk, *pl:* -oːgə] *m* ① *(Vorrede, Vorspiel)* prologue [*or* AM *a.* prolog]; **den ~ sprechen** to speak the prologue ② SPORT *preliminary speed trial to decide starting positions*

Pro·lon·ga·ti·on <-, -en> [prɔlɔŋga'tsi̯oːn] *f* ① ÖKON *(Verlängerung einer Zahlungsfrist; Hinausschieben eines Fälligkeitstermins)* **~ beantragen** to ask for [*or* request] an extension; **~ erwirken** [*or* receive] an extension; **jdm ~ gewähren** to grant sb an extension ② ÖSTERR *(geh: Verlängerung)* extended run; **er bat um eine ~ für die Abgabe seiner Doktorar-beit** he asked for an extension to the deadline for handing in his doctorate thesis

Pro·lon·ga·ti·ons·wech·sel *m* ÖKON continuation [*or* renewal] bill

pro·lon·gie·ren [prɔlɔŋ'giːrən] *vt* FIN to extend, to prolong; ■|**jdm**| **etw ~** to extend sth to sb; |**jdm**| **den Kredit ~** to extend sb's credit; |**jdm**| **den Wechsel ~** to extend sb's allowance

Pro·me·na·de <-, -n> [promə'naːdə] *f* promenade

Pro·me·na·den·deck *nt* promenade [deck] **Pro·me-**

na·den·mi·schung f (hum fam) mongrel, crossbreed, mutt AM

Pro·me·thi·um [pro'me:tịʊm] nt kein pl promethium

Pro·mi <-s, -s> ['prɔmɪ] m (sl) kurz für **Prominente(r)** VIP

Pro·mil·le <-[s], -> [pro'mɪlə] nt ❶ (Tausendstel) per mill[e]; **nach** ~ in per mill[e] ❷ pl (fam: Alkoholpegel) alcohol level; **0,5** ~ 50 millilitres alcohol level; **ohne** ~ **fahren** to be sober when driving

Pro·mil·le·gren·ze f legal [alcohol] limit

pro·mi·nent adj prominent; **eine ~e Persönlichkeit** a prominent figure; ■ ~ **sein** to be a prominent figure

Pro·mi·nen·te[r] f(m) dekl wie adj prominent figure, VIP; (Politiker) star politician

Pro·mi·nenz <-, -en> [promi'nɛnts] f ❶ kein pl (Gesamtheit der Prominenten) prominent figures pl; **die ~ aus Film und Fernsehen** the stars of film and TV ❷ (geh: das Prominentsein) fame; **seine ~ schützt ihn nicht vor einer Verurteilung** his fame does not protect him from being convicted ❸ pl (Persönlichkeiten) prominent figures; **sich** akk **mit ~ umgeben** to mix with the stars

pro·misk [pro'mɪsk] adj promiscuous

Pro·mis·ku·i·tät <-> [prɔmɪski'tɛt] f kein pl (geh) promiscuity, promiscuousness

pro·mo·ten* [pro'mo:tn̩] vt ÖKON ■ etw/jdn ~ to promote sth/sb

Pro·mo·ti·on¹ <-, -en> [promo'tsịo:n] f ❶ (Verleihung des Doktorgrads) doctorate, PhD ❷ SCHWEIZ (Versetzung) moving up [into the next class] ❸ ÖSTERR (offizielle Feier mit Verleihung der Doktorwürde) ceremony at which one receives one's doctorate

Pro·mo·ti·on² <-> [pro'mo:ʃn̩] f promotion; ■ **für etw** ~ **machen** to do a promotion for sth

pro·mo·vie·ren* [promo'vi:rən] I. vt ■ jdn ~ ❶ (den Doktortitel verleihen) to award sb a doctorate [or a PhD], to confer a doctorate [or a PhD] on sb; ■ [zu etw] promoviert werden to be awarded a doctorate [or PhD] [in sth] ❷ (veraltend geh: fördern) to support II. vi ❶ (eine Dissertation schreiben) ■ über etw/jdn ~ to do a doctorate [or doctor's degree] [or PhD] in sth/the works of sb ❷ (den Doktorgrad erwerben) ■ [zu/in etw] ~ to obtain [or get] [or form attain] a doctorate [or PhD] [in sth]; zum Dr. rer. hort. ~ to obtain [or get] [or form attain] a [or the title of] Dr rer. hort.; ■ bei jdm ~ to obtain [or get] [or form attain] a doctorate [or PhD] under sb

prompt [prɔmpt] adj ❶ (unverzüglich, sofort) prompt; **eine ~e Antwort** a prompt [or an immediate] answer; ~ **antworten** to answer promptly [or like a shot] ❷ (meist iron fam: erwartungsgemäß) of course; **er ist ~ auf den Trick hereingefallen** naturally he fell for the trick; **als ich eine Zigarette angezündet hatte, kam ~ der Bus** just when I had lit my cigarette the bus arrived

Prompt·heit <-> f kein pl promptness, promptitude form; Antwort a. readiness

Pro·no·men <-s, - o Pronomina> [pro'no:mən, pl: -mina] nt pronoun

pro·no·mi·nal [pronomi'na:l] adj pronominal

Pro·pa·gan·da <-> [propa'ganda] f kein pl ❶ (manipulierende Verbreitung von Ideen) propaganda a. pej; **kommunistische** ~ communist propaganda; **mit etw** ~ **machen** to make propaganda out of sth a. pej ❷ (Werbung) publicity; **mit etw** ~ **machen** to make publicity with sth, to make sth public, to spread sth around; ~ **für etw machen** to advertise sth; **er macht** ~ **für sein neues Stück** he is publicizing his new play

Pro·pa·gan·da·ap·pa·rat m (pej) propaganda machine [or apparatus] a. pej **Pro·pa·gan·da·feld·zug** m (pej) propaganda campaign a. pej

Pro·pa·gan·dist[in] <-en, -en> [propagan'dɪst] m(f) ❶ (pej: jd, der Propaganda betreibt) propagandist a. pej ❷ (Werbefachmann) demonstrator

pro·pa·gan·dis·tisch adj ❶ (die Propaganda 1 betreffend) propagandist[ic] a. pej; ~**e Reden schwingen** (fam) to make propagandist speeches; **etw** ~ **ausnutzen/verwerten** to use sth as propaganda a. pej ❷ ÖKON (Werbung betreffend) **wir wollen das neue Produkt** ~ **in das Bewusstsein der Menschen bringen** using demonstrations we want to make people aware of the new product

pro·pa·gie·ren* [propa'gi:rən] vt (geh) ■ etw ~ to propagate sth; **die meisten Politiker** ~ **eine gemeinsame Währung** most politicians are supporting a single currency

Pro·pan <-s> [pro'pa:n] nt kein pl propane

Pro·pan·gas nt kein pl propane [gas]

Pro·pel·ler <-s, -> [pro'pɛlɐ] m ❶ (Luftschraube) propeller, prop fam, airscrew form ❷ (Schiffsschraube) screw, propeller

Pro·pel·ler·flug·zeug nt propeller-driven [or form airscrew-driven] plane

pro·per ['prɔpɐ] adj (fam) trim, neat; **ein ~er junger Mann** a dapper dated [or neat] young man; **ein ~es Zimmer** a [neat and] tidy room; **er hat die Arbeit ~ gemacht** he has worked neatly

Pro·pha·ge m BIOL prophage, temperate phage

Pro·phet[in] <-en, -en> [pro'fe:t] m(f) prophet masc, prophetess fem; **ich bin [doch] kein ~!** (fam) I can't tell the future!; **man muss kein ~ sein, um das vorauszusehen** (fam) you don't have to be a mind reader to predict that ▸ WENDUNGEN: **wenn der Berg nicht zum ~en kommt, muss der ~ wohl zum Berg[e] kommen** (prov) if the mountain won't come to Muhammad the Muhammad must go to the mountain; **der ~ gilt nichts in seinem Vaterland** (prov) a prophet is without honour in his own country prov

pro·phe·tisch [pro'fe:tɪʃ] adj (geh) prophetic; ~**es Wissen besitzen** to be prophetic about sth; ~ **gemeint sein** to be meant as a prophecy; **sich** akk ~ **äußern** to make prophecy/a prophecy

pro·phe·zei·en* [profe'tsaiən] vt ■ etw ~ to prophesy sth; **die Experten** ~ **einen heißen Sommer** the experts predict a hot summer; **jdm ein langes Leben** ~ to prophesy that sb will enjoy a long life; ■ **jdm ~, dass er/sie etw tut** to predict [or form presage] that sb will do sth

Pro·phe·zei·ung <-, -en> f prophecy

Pro·phy·lak·ti·kum <-s, -laktika> [profy'laktikʊm, pl: -ka] nt MED prophylactic (**gegen** against)

pro·phy·lak·tisch [profy'laktɪʃ] adj ❶ MED prophylactic; **ein ~es Medikament** a prophylactic [medicine]; **etw** ~ **anwenden/einnehmen** to apply/take sth as a prophylactic measure ❷ (geh: zur Sicherheit) preventative, preventive; ~**e Maßnahmen** preventative [or preventive] measures; **etw** ~ **machen/vornehmen** to do sth as a preventive [or form prophylactic] measure

Pro·phy·la·xe <-, -n> [profy'laksə] f MED prophylaxis spec; **ein Medikament zur** ~ [**gegen etw**] **nehmen** to take medicine as a prophylactic measure [against sth]

Pro·por·ti·on <-, -en> [propɔr'tsịo:n] f (geh) proportion; **sie hat beachtliche ~en** (hum) she is pretty curvaceous fam

pro·por·ti·o·nal [propɔrtsịo'na:l] adj (geh) proportional, proportionate, in proportion (**zu** to); **die Heizkosten steigen** ~ **zur Größe der Wohnung** the heating costs increase in proportion to the size of the flat; **umgekehrt** ~ in inverse proportion

Pro·por·ti·o·nal·schrift f proportional spacing

Pro·porz <-es, -e> [pro'pɔrts] m ❶ POL proportional

representation *no art;* **konfessioneller ~** *proportional representation based on denominations;* **Ämter im** [*o* **nach dem**] **~ besetzen** [*o* **vergeben**] to fill/award posts on the basis of proportional representation ❷ ÖSTERR, SCHWEIZ *(Verhältniswahl)* proportional representation

prop·pen·voll [ˈprɔpṇˈfɔl] *adj (fam)* jam-packed *fam,* full to bursting *pred;* ▪ **~ sein** to be jam-packed *fam* [*or* full to bursting]

Propst, Pröp·stin <-[e]s, Pröpste> [pro:pst, ˈprøːbstɪn, *pl:* ˈprøːpstə] *m, f* provost

Pro·sa <-> [ˈproːza] *f kein pl* prose

pro·sa·isch [proˈzaːɪʃ] *adj* ❶ *(meist fig geh: nüchtern)* matter-of-fact, prosaic *form; (langweilig)* dull; **ein ~er Mensch** a matter-of-fact [*or* dull] person ❷ *(aus Prosa bestehend)* prose *attr,* in prose *pred;* **die ~e Zusammenfassung eines Gedichtes** a prose summary of a poem

Pro·se·ly·ten·ma·che·rei <-> [prozelyˈtṇmaxəˈrai] *f kein pl* REL, SOZIOL, POL *(pej geh)* proselytizing [*or* BRIT *a.* ·ising] *pej form*

Pro·se·mi·nar [ˈproːzeminaːɐ̯] *nt* introductory seminar *(for first- and second-year students)*

pro·sit [ˈproːzɪt] *interj (fam) s.* **prost**

Pro·sit <-s, -s> [ˈproːzɪt] *nt (fam)* toast; **ein ~ auf jdn ausbringen** to toast [*or* drink to] sb, to drink to sb's health; **ein ~ der Gemütlichkeit** here's to a great evening; **~ Neujahr!** Happy New Year

Pros·pekt <-[e]s, -e> [proˈspɛkt] *m* ❶ *(Werbebroschüre)* brochure, pamphlet; *(Werbezettel)* leaflet ❷ THEAT backdrop, backcloth ❸ ÖKON prospectus

Pros·pekt·ma·te·ri·al *nt* MEDIA brochure *usu pl,* pamphlet *usu pl,* literature *no pl;* **bitte schicken Sie mir ~ zu ihren Produkten** could you please send me some brochures [*or* pamphlets] [*or* literature] on your products

prost [proːst] *interj* cheers; [**na**] **dann** [**mal**] **~!** *(iron)* [well] cheers to that, I say! *iron;* [**na dann**] **~ Mahlzeit!** *(iron fam)* we are going to have our work cut out!

Pros·ta·ta <-, Prostatae> [ˈprɔstata, *pl:* -tɛ] *f* prostate [gland]

Pros·ta·ta·krebs <-es> *m kein pl* MED cancer *no pl* of the prostate

pros·ten [ˈproːstṇ] *vi* ❶ *(prost rufen)* to say cheers ❷ *(ein Prost ausbringen)* ▪ **auf jdn/etw ~** to toast [*or* drink to] sb/sth

pros·ti·tu·ie·ren [prostituˈiːrən] *vr* ▪ **sich** *akk* **~** to prostitute oneself

Pros·ti·tu·ier·te(r) [prostituˈiːɐ̯tə, -tə] *f(m) dekl wie adj (form)* prostitute

Pros·ti·tu·ti·on <-> [prostituˈtsi̯oːn] *f kein pl (form)* prostitution

Pro·tac·ti·ni·um <-s> [protakˈtiːni̯ʊm] *nt kein pl* protactinium

Pro·ta·go·nist(in) <-en, -en> [protagoˈnɪst] *m(f) (geh)* ❶ *(zentrale Gestalt)* protagonist; **der ~ eines Stückes** the protagonist of a play ❷ *(Vorkämpfer)* champion, protagonist; **ein ~ im Kampf gegen die Sklaverei** a champion in the fight against slavery

Pro·te·gé <-s, -s> [proteˈʒe] *m (geh)* protégé

pro·te·gie·ren [proteˈʒiːrən] *vt* ▪ **jdn ~** to promote [*or* further] sb; **einen Künstler ~** to patronize an artist; **sie wird vom Chef protegiert** she's the boss's protégé

Pro·te·in <-s, -e> [proteˈiːn] *nt* protein

Pro·te·in·bio·syn·the·se *f* BIOL protein synthesis

Pro·tek·ti·on <-, -en> [protɛkˈtsi̯oːn] *f (geh)* patronage; **jds ~ genießen** to enjoy sb's patronage

Pro·tek·ti·o·nis·mus <-> [protɛktsi̯oˈnɪsmʊs] *m kein pl* protectionism

Pro·tek·to·rat <-[e]s, -e> [protɛktoˈraːt] *nt* ❶ *(Schutz-*

herrschaft über einen Staat) protectorate; *(Staat unter Schutzherrschaft)* protectorate ❷ *(geh: Schirmherrschaft)* patronage; **unter jds ~/dem ~ von jdm** under sb's patronage [*or* the patronage [*or* auspices] of sb]

Pro·test <-[e]s, -e> [proˈtɛst] *m* ❶ *(Missfallensbekundung)* protest; ▪ **jds ~ gegen etw** sb's protest against sth; **aus ~ in** [*or* as a] protest; **unter ~** under protest; **unter lautem ~** protesting loudly; **stummer ~** silent protest; **~ einlegen** [*o* **erheben**] to protest, to make a protest ❷ ÖKON to protest; **einen Wechsel zu ~ gehen lassen** to protest a bill; **den ~ auf den Wechsel setzen** to protest a bill

Pro·test·ak·ti·on *f* protest [activities *pl*]

Pro·tes·tant(in) <-en, -en> [protɛsˈtant] *m(f)* Protestant

pro·tes·tan·tisch [protɛsˈtantɪʃ] *adj* Protestant; **die ~en Kirchen** the Protestant churches; **~ beerdigt werden** to be given a Protestant funeral; **~ denken** to think along Protestant lines; [**streng**] **~ erziehen** to have a [strict] Protestant upbringing; **~ heiraten** to marry in a Protestant church

Pro·tes·tan·tis·mus <-> [protɛstanˈtɪsmʊs] *m kein pl* ▪ **der ~** Protestantism

Pro·test·be·we·gung *f* protest movement

pro·tes·tie·ren [protɛsˈtiːrən] *vi* ▪ [**gegen etw**] **~** to protest [*or* make a protest] against [*or* about] sth]; ▪ **dagegen ~, dass jd/etw etw tut** to protest against [*or* about] sb['s]/sth['s] doing sth; **er protestierte lautstark gegen seine Verurteilung** he protested loudly against his conviction

Pro·test·kund·ge·bung *f* [protest] rally **Pro·test·marsch** *m* protest march **Pro·test·no·te** *f* letter [*or* note] of protest **Pro·test·ver·samm·lung** *f* SOZIOL, POL protest meeting **Pro·test·wäh·ler(in)** *m(f)* protest voter

Pro·the·se <-, -n> [proˈteːzə] *f* artificial limb, prosthesis *spec; (Gebiss)* false teeth *pl,* dentures *npl,* set of dentures *form,* prosthesis *spec;* **die ~ herausnehmen/reinigen** to take out/clean one's dentures [*or* false teeth]

Pro·to·koll <-s, -e> [protoˈkɔl] *nt* ❶ *(Niederschrift)* record[s *pl*]; *(bei Gericht a.)* transcript; *(von Sitzung)* minutes *npl;* **ein ~ anfertigen** to prepare a transcript [*or* the minutes] [*or* a report]; [**das**] **~ führen** *(bei einer Prüfung)* to write a report; *(bei Gericht)* to keep a record [*or* make a transcript] of the proceedings; *(bei einer Sitzung)* to take [*or* keep] the minutes; **etw** [**bei jdm**] **zu ~ geben** to have sb put sth on record, to have sth put on record; *(bei der Polizei)* to make a statement [in sb's presence], to have sb make a report of sth, to have a report made of sth; **zu ~ gegeben werden** to be put on record; **etw zu ~ nehmen** to put sth on record; *(von einem Polizisten)* to take down [a statement]; *(bei Gericht)* to enter [an objection/statement] on record *sep* ❷ DIAL *(Strafmandat)* ticket ❸ *kein pl (diplomatisches Zeremoniell)* ▪ **das ~** the protocol; **gegen das ~ verstoßen** to break with protocol

Pro·to·kol·lant(in) <-en, -en> [protokɔˈlant] *m(f) (form) s.* **Protokollführer**

pro·to·kol·la·risch [protokɔˈlaːrɪʃ] *adj* ❶ *(im Protokoll fixiert)* recorded, on record *pred; (von Sitzung)* minuted, entered in the minutes *pred;* **~e Aufzeichnungen** recordings; **eine ~e Aussage** a statement taken down in evidence; **etw ~ festhalten** to take sth down in the minutes, to enter sth on record ❷ *(dem Protokoll 3 entsprechend)* ceremonial, according to protocol

Pro·to·koll·füh·rer(in) *m(f)* secretary; *(bei Gericht)* clerk [of the court]

pro·to·kol·lie·ren [protokɔˈliːrən] **I.** *vt* ▪ **etw ~** to record sth; *Polizist* to take down sth *sep; (bei einer Sitzung)* to enter [*or* record] sth in the minutes, to minute sth **II.** *vi* to keep the record[s]/the minutes

Pro·ton <-s, Protonen> [ˈproːtɔn, *pl:* proˈtoːnən] *nt* proton

Pro·to·plas·ma [protoˈplasma] *nt kein pl* protoplasm

Pro·to·typ [ˈproːtoty:p] *m* ❶ *(erstes Modell)* prototype ❷ *(geh: Inbegriff)* archetype; **der ~ einer Karrierefrau** the archetype of a [*or* an archetyp[ic]al] career woman ❸ *(Urform)* prototype; **der ~ des christlichen Sakralbaus** the prototype of the sacred Christian building

Protz <-es *o* -en, -e[n]> [ˈprɔts] *m (fam)* ❶ *(jd, der protzt)* show-off, poser *fam* ❷ *kein pl (Protzerei)* pomp, swank *fam*

prot·zen [ˈprɔtsn] *vi (fam)* ▪ [mit etw] ~ to show [sth] off, to flaunt sth *a. pej;* **sie protzte mit ihrem Reichtum** she flaunted her riches

Prot·ze·rei <-, -en> *f (fam)* ❶ *kein pl (ständiges Protzen)* showing off ❷ *(protzige Äußerung, Handlung)* pretentious [*or fam* posey] remark/action

prot·zig [ˈprɔtsɪç] *adj (fam)* swanky *fam*, showy *fam*, posey *fam;* **ein ~es Auto** a fancy car; **sich** *akk* **~ mit Schmuck behängen** to drip with fancy jewellery *pej fam;* **etw ~ zur Schau tragen** to flaunt sth

Pro·ve·ni·enz <-, -en> [proveˈniɛnts] *f (geh)* origin, provenance *form*

Pro·vi·ant <-s, <*selten* -e> [proˈviant] *m* provisions; MIL supplies; **~ für eine Reise mitnehmen** to take some food on a journey

Pro·vinz <-, -en> [proˈvɪnts] *f* ❶ *(Verwaltungsgebiet)* province ❷ *kein pl (kulturell rückständige Gegend)* provinces *pl a. pej;* **in der ~ leben** to live [out] in the sticks *fam;* **die hinterste** [*o* **finsterste**] **~** the backwater[s *pl*] [*or pej fam* sticks] *npl;* **das ist doch hinterste ~!** *(fam)* that's really going back to the Stone Age!

Pro·vinz·fürst *m (fig)* lord of the manor *fam*

pro·vin·zi·ell [provɪnˈtsiɛl] *adj* provincial *a. pej*, backwater *attr pej;* **~e Ansichten** parochial views; **in München galt er als ~er Außenseiter** in Munich he was regarded as a country bumpkin

Pro·vinz·stadt *f* provincial town, one-horse [*or* hick] town *pej* AM *fam* **Pro·vinz·the·a·ter** *nt* provincial theatre

Pro·vi·si·on <-, -en> [proviˈzioːn] *f* commission; **auf** [*o* **gegen**] **~ arbeiten** [*o* **tätig sein**] to work [*or* be employed] on a commission basis **Pro·vi·si·ons·ba·sis** *f* commission basis; **auf ~** on a commission basis

pro·vi·so·risch [proviˈzoːrɪʃ] **I.** *adj (vorläufig)* provisional, temporary; **eine ~e Regierung** a provisional [*or* caretaker] government; *(notdürftig)* makeshift, temporary; **eine ~e Unterkunft** temporary accommodation **II.** *adv* temporarily, for the time being; **das können wir ~ so lassen** we can leave it like that for the time being; **etw ~ herrichten** to make makeshift repairs

Pro·vi·so·ri·um <-s, -rien> [proviˈzoːriʊm, *pl:* -riən] *nt (geh)* provisional [*or* temporary] arrangement [*or* solution]

Pro·vi·ta·min *nt* BIOL provitamin

pro·vo·kant [provoˈkant] *adj (geh)* provocative; **eine ~e Äußerung** a provocative remark; **etw bewusst ~ formulieren** to word sth as a deliberate provocation

Pro·vo·ka·teur(in) <-s, -e> [provokaˈtøːɐ] *m(f) (geh)* [agent] provocateur

Pro·vo·ka·ti·on <-, -en> [provokaˈtsioːn] *f (geh)* provocation

pro·vo·ka·tiv [provokaˈtiːf] *adj (geh) s.* **provokant**

pro·vo·zie·ren*** [provoˈtsiːrən] **I.** *vt* ❶ *(herausfordern)* ▪ **jdn** [**zu etw**] ~ to provoke sb [into [doing] sth]; **ich**

lasse mich von ihm nicht ~ I won't be provoked by him, I won't let him provoke me ❷ *(bewirken)* ▪ **etw ~** to provoke sth; **einen Streit ~** to cause an argument; **durch deine kritischen Fragen hast du eine Diskussion provoziert** your critical questions have sparked off a debate **II.** *vi* to provoke; **er möchte mit seinem Äußeren nur ~** he just wants to get a reaction with his appearance

pro·vo·zie·rend *adj (geh) s.* **provokant**

Pro·ze·dur <-, -en> [protseˈduːɐ] *f (geh)* procedure; **eine furchtbare ~** an ordeal; **eine langwierige ~** a lengthy business

Pro·zent <-[e]s, -e> [proˈtsɛnt] *nt* ❶ *(Hundertstel)* percent *no pl*, per cent *no pl* ❷ *(Alkoholgehalt)* alcohol content; **wie viel ~ hat dieser Whisky?** how much alcohol does this whisk[e]y have [*or* contain] ? ❸ *pl (Rabatt)* discount, rebate; **[bei etw/auf etw** *akk***] ~e bekommen** *(fam)* to get [*or* receive] a discount [*or* rebate] [from sb]/[on sth]; **[jdm] [auf etw** *akk***] ~e geben** *(fam)* to give sb a discount [*or* rebate] [on sth]

Pro·zent·punkt *m* percentage, point **Pro·zent·rechnung** *f* percentage calculation **Pro·zent·satz** *m* percentage

pro·zen·tu·al [protsɛnˈtuaːl] *adj (geh)* percentage *attr;* **~er Anteil/~e Beteiligung** percentage (**an** + *dat* of); **etw ~ ausdrücken** to express sth as a percentage [*or* in per[ ]cent]; **am Gewinn/Geschäft ~ beteiligt sein** to receive a percentage of the profit/percentage [share] in the business; **unsere Partei hat ~ die meisten Stimmen dazugewonnen** in terms of the percentage our party has gained the most votes

Pro·zessᴿᴿ <-es, -e> *m*, **Pro·zeß**ᴬᴸᵀ <-sses, -sse> [proˈtsɛs] ❶ *(Gerichtsverfahren)* [court] case, [law]suit; *(Strafverfahren)* trial; **einen ~ [gegen jdn] führen** to take sb to court, to bring [*or form* conduct] [*or* AM file] a [law]suit [against sb]; **jdm den ~ machen** to take sb to court; **[mit jdm/etw] kurzen ~ machen** *(fig fam)* to make short work of sb/sth [*or* short shrift of sth] ❷ *(geh: Vorgang)* process; **ein chemischer ~** a chemical process

Pro·zess·ak·teᴿᴿ *f* case file[s *pl*] [*or* record[s *pl*]] **Prozess·be·voll·mäch·tig·te(r)**ᴿᴿ *m* counsel, attorney of record AM **Pro·zess·geg·ner**ᴿᴿ *m* adversary, opposing party **Pro·zess·hand·lung**ᴿᴿ *f* step in the proceedings

pro·zes·sie·ren*** [protsɛˈsiːrən] *vi* ▪ [gegen jdn] ~ to go to law [*or* to litigate] [with sb]; ▪ **mit jdm ~** to bring a lawsuit against sb

Pro·zes·si·on <-, -en> [protsɛˈsioːn] *f* procession

Pro·zess·kos·tenᴿᴿ *pl* court [*or* legal] costs **Pro·zesskos·ten·hil·fe**ᴿᴿ *f* legal aid

Pro·zes·sor <-s, -soren> [proˈtsɛsoːɐ] *m* processor

Pro·zess·ord·nungᴿᴿ *f* legal procedure, code [*or pl* rules] of procedure **Pro·zess·voll·macht**ᴿᴿ *f* JUR ❶ *kein pl (Vollmacht)* power of attorney ❷ *(Formular)* letter of attorney

prü·de [ˈpryːdə] *adj (oft pej)* prudish, strait-laced *pej;* **eine ~ Frau** a prudish woman; **ein ~s Zeitalter** a prudish age

Prü·de·rie <-> *f kein pl* prudishness, prudery

prü·fen [ˈpryːfn] **I.** *vt* ❶ *(examinieren)* ▪ **jdn** [**in etw** *dat*] ~ to examine sb [in sth]; **ein geprüfter Arzthelfer** a qualified doctor's assistant; **jdn im Hauptfach/ Nebenfach ~** to examine sb on his main/minor subject ❷ *(überprüfen, untersuchen)* ▪ **etw [auf etw** *akk***] ~** to check sth [for sth], to examine sth [for sth]; **ein Angebot ~** to check [out] an offer; **die Funktionstüchtigkeit ~** to check that sth works; **jds Gesundheitszustand ~** to give sb a check-up; **ein Material ~** to test a material; *s. a.* **ewig** ❸ *(testen)* ▪ **etw ~** to test sth; **Essen/Wein ~** to taste [*or* sample] food/wine; ■ **~, ob/wie ...** to check whether/ how ...; **könntest du bitte ~, ob das Wasser warm genug ist** could you please check whether the water is warm enough; ■ **jdn ~** to scrutinize sb; **jdn** |**durchdringend**| **mit den Augen ~** to scrutinize sb carefully [*or closely*]; **jdn mit prüfenden Blicken ansehen** to scrutinize sb ❹ *(auf Richtigkeit/Echtheit kontrollieren)* ■ **etw** |**auf etw** *akk*| **~** to study sth, to examine [sth of] sth; **die Angaben auf Korrektheit** *akk* **~** to examine the correctness of the details; **die Pässe ~** to examine the passports; **eine Urkunde ~** to verify a certificate ❺ *(geh: übel mitnehmen)* **jdn** |**hart/schwer**| **~** to [sorely] try [*or* afflict] sb ■ WENDUNGEN: **drum prüfe, wer sich ewig bindet ...** *(prov)* marry in haste, repent at leisure *prov* **II.** *vi* SCH ■ |**in einem Fach**| **~** *dat* to examine pupils/students [in a subject]; |**in etw** *dat*| **streng ~** to set a hard examination [in sth], to be a hard examiner [in sth]; **prüft dieser Professor in Biologie?** is this professor an examiner for Biology? **III.** *vr (geh)* ■ **sich** *akk* **~** to examine oneself, to search one's conscience [*or liter* heart]; ■ **du musst dich ~, ob ...** you must decide [*or liter* enquire of yourself] whether ...; **ich muss mich ~, ob ich das durchstehen kann** I must decide whether I can get through that

Prü·fer(in) <-s, -> [ˈpryːfɐ] *m(f)* ❶ *(Examinator)* examiner ❷ *(Prüfingenieur)* inspector ❸ *(Betriebsprüfer)* auditor

Prüf·ge·rät *nt* testing apparatus [*or* instrument]

Prüf·ling <-s, -e> *m* |examination] candidate, examinee *form*

Prüf·stand *m* test stand [*or* bed]; **auf dem ~ sein** [*o* **stehen**] to be in the process of being tested; *(fig)* to be under the microscope **Prüf·stein** *m (geh)* touchstone; **ein ~** |**für etw**| **sein** to be a touchstone for [*or* of] sth; **die Aufgabe ist ein ~ für seine Belastbarkeit** the task is a measure of his resilience **Prüf·stem·pel** *m* ADMIN, ÖKON stamp of certification

Prü·fung <-, -en> *f* ❶ *(Examen)* exam|ination]; *(für den Führerschein)* test; **schriftliche/mündliche ~** |in etw *dat*| written/oral exam|ination] [*or* viva voce] |in sth]; **eine ~** |**nicht**| **bestehen** to [not] pass |an exam|ination]|; **durch eine ~ fallen** to fail |an exam|ination]|, to flunk an exam|ination] AM *fam;* **jdn durch eine ~ fallen lassen** to fail sb [in an exam|ination]|; **in eine ~ gehen** to go and take an exam|ination]; **eine ~** |**in etw** *dat*| **machen, eine ~** |**in etw** *akk*| **ablegen** to take an exam|ination] |in sth] ❷ *(Überprüfung)* checking; *(Untersuchung a.)* examination; *Wasserqualität* test; **etw einer gründlichen ~ unterziehen** to give sth a thorough check [*or* going-over]; **etw hält einer ~ stand** sth stands up to [the rigours of] a test; **nach nochmaliger ~** after repeated tests [*or* checks] ❸ *(geh: Heimsuchung)* trial, ordeal; [*or* ~, -en> |psalm] *m* psalm

Prü·fungs·an·for·de·rung *f* examination requirement **Prüf·ungs·angst** *f* exam nerves *npl* **Prü·fungs·ar·beit** *f* examination, exam|ination] paper **Prü·fungs·auf·ga·be** *f* exam|ination] question, question in an [*or* the] exam|ination] **Prü·fungs·er·geb·nis** *nt* exam|ination] results *pl* **Prü·fungs·fach** *nt* exam|ination] subject **Prü·fungs·fra·ge** *f* exam|ination] question **Prü·fungs·ge·bühr** *f* examination fee **Prü·fungs·kom·mis·si·on** *f* board of examiners, examining board [*or* body] **Prü·fungs·ord·nung** *f* exam|ination] regulations **Prü·fungs·ter·min** *m* SCH date of an/the exam|ination] **Prü·fungs·un·ter·la·gen** *pl* documents required on entering an examination

Prü·gel¹ [ˈpryːɡl̩] *pl* beating *no pl,* thrashing *no pl;* **jdm eine Tracht ~ verabreichen** to give sb a [good] hiding; **~ austeilen** to hand out a beating [*or* thrashing]; |**von jdm**| **~ bekommen** [*o* **beziehen**] to get a

beating [*or* thrashing] [from sb]; **~ einstecken müssen** to have to endure [*or* put up with] a beating

Prü·gel² <-s, -> [ˈpryːɡl̩] *m* DIAL cudgel, club, bludgeon *form*

Prü·ge·lei <-, -en> [pryːɡəˈlai] *f (fam)* fight, punch-up *fam;* **eine wilde ~** a brawl

Prü·gel·kna·be *m* whipping boy, scapegoat; **den ~n für etw/jdn abgeben** [*o* **spielen**] *(fig)* to be the scapegoat for sth/sb

prü·geln [ˈpryːɡl̩n] **I.** *vt* ■ **jdn ~** to thrash [*or* beat] sb; **jdn windelweich ~** *(fam)* to beat the living daylights out of sb *fam* **II.** *vi* to beat [*or* hit]; SCH to use corporal punishment; **~de Ehemänner** abusive [*or* wife-beating] husbands **III.** *vr* ■ **sich** *akk* **~** to fight; ■ **sich** *akk* |**mit jdm**| **~** to fight [sb], to have a fight [with sb]; ■ **sich** *akk* |**mit jdm**| **um etw ~** to fight [sb] [*or* have a fight [with sb] over sth; **sie ~ sich wegen jeder Kleinigkeit** they fight over everything; **sollen wir uns um die letzte Praline ~?** *(hum fam)* shall we fight for the last sweet?

Prü·gel·stra·fe *f* ■ **die ~** corporal punishment; *(in Schulen a.)* the cane, the birch

Prunk <-s> [prʊŋk] *m kein pl* magnificence, splendour [*or* AM -or]; *Saal a.* sumptuousness

Prun·kbau <-s, -bauten> *m* magnificent [*or* splendid] edifice; **neoklassische ~ten** magnificent [*or* splendid] examples of neoclassical architecture; **einen ~ errichten** to build a magnificent building **Prunk·boh·ne** *f* scarlet runner bean

prun·ken [ˈprʊŋkn̩] *vi (geh)* ❶ *(prächtig erscheinen)* to be resplendent; **ein prunkender Blumenschmuck** a magnificent floral decoration; **auf seinem Haupt prunkte eine mit Juwelen besetzte Krone** on his head a jewel-encrusted crown gleamed resplendently ❷ *(prahlen)* ■ **mit etw ~** to make a great show of sth, to flaunt sth *a. pej;* **er prunkte mit seinen sportlichen Leistungen** he made a great show of his sporting prowess

Prunk·ge·mach *nt* state room [*or* apartment] **Prunk·ge·wand** *nt* magnificent [*or* splendid] vestment **Prunk·saal** *m* state room **Prunk·stück** *nt* showpiece; **das ~ der Ausstellung** the focal point of the exhibition **Prunk·sucht** *f kein pl (pej)* love of splendour [*or* grandeur] **prunk·süch·tig** *adj (pej)* with a love of grandeur [*or* splendour] *pred;* ■ **~ sein** to have a love of grandeur [*or* splendour] **Prunk·vil·la** *f* magnificent [*or* splendid] villa **prunk·voll** *adj* splendid, magnificent; **~e Kleidung** magnificent clothing; **die Luxusvilla war ~ ausgestattet** the luxury villa was fit for a king

prus·ten [ˈpruːstn̩] *vi (fam)* to snort; *(beim Trinken)* to splutter; **vor Lachen ~** to snort with laughter

PS <-, -> [peːˈʔɛs] *nt* ❶ *Abk von* **Pferdestärke** hp ❷ *Abk von* **Postskript(um)** PS

Psalm <-s, -en> |psalm] *m* psalm

pseu·do·de·mo·kra·tisch *adj* pseudo-democratic **pseu·do·in·tel·lek·tu·ell** *adj* pseudo-intellectual **Pseu·do·krupp** <-s> *m* MED pseudo|-]croup **Pseu·do·nym** <-s, -e> [psɔydoˈnyːm] *nt* pseudonym, nom de guerre *liter; von Autor a.* nom de plume, pen name; **unter einem ~ schreiben** to write using a pen name

pseu·do·re·li·gi·ös *adj* pseudo-religious

pst |pst] *interj* pst

Psy·che <-, -n> [ˈpsyːçə] *f* psyche

psy·che·de·lisch [psyçeˈdeːlɪʃ] *adj* psychedelic, mind-expanding; **eine ~e Droge** a psychedelic [drug]; **~e Musik** psychedelic music; **eine ~e Erfahrung machen** to have a psychedelic experience

Psy·chi·a·ter(in) <-s, -> [psyˈçi̯aːtɐ] *m(f)* psychiatrist, shrink *fam*

Psy·chi·a·trie <-, -n> [psyçi̯aˈtriː, *pl:* -ˈtriːən] *f* ❶ *kein*

pl *(medizinisches Fachgebiet)* psychiatry *no art* ❷ *(fam: psychiatrische Abteilung)* psychiatric ward; **jdn in die ~ einweisen** to have sb admitted to a psychiatric ward

psy·chi·a·trisch [psyˈçi̯aːtrɪʃ] *adj* psychiatric; **eine ~e Behandlung/Untersuchung** psychiatric treatment/examination; **sich** *akk* **~ behandeln/untersuchen lassen** to see a psychiatrist, to undergo psychiatric treatment/a psychiatric examination

psy·chisch [ˈpsyːçɪʃ] *adj* ❶ *(seelisch)* emotional, psychological; **eine ~e Belastung** psychological strain; **eine ~e Ursache haben** to be psychological, to have a psychological cause; **unter großem ~en Druck stehen** to be under a great deal of emotional [*or* psychological] pressure; **~ bedingt/verursacht sein** to be psychological, to have psychological causes/a psychological cause; **jdn ~ belasten** to put sb under psychological pressure ❷ *(geistig)* mental; **~ gesund sein** to have all one's [mental] faculties [about one]

Psy·cho·ana·ly·se [psyçoʔanaˈlyːzə] *f* psychoanalysis *no art* **Psy·cho·ana·ly·ti·ker(in)** [psyçoʔanaˈlytike] *m(f)* psychoanalyst **psy·cho·ana·ly·tisch** [psyçoʔanaˈlytɪʃ] *adj* psychoanalytic[al] **Psy·cho·dra·ma** [psyçoˈdraːma] *nt* ❶ LIT psychological drama ❷ PSYCH psychodrama **Psy·cho·ef·fekt** *m* psychological effect **Psy·cho·gramm** <-gramme> [psyçoˈgram] *nt* psychograph, [psychic] profile; **ein ~ von jdm erstellen** to create a psychic profile of sb **Psy·cho·krieg** *m* psychological warfare **Psy·cho·lin·gu·is·tik** [syçolɪŋˈgʊɪstɪk] *f kein pl* LING, PSYCH, SCH psycholinguistics + *sing vb*

Psy·cho·lo·ge, Psy·cho·lo·gin <-n -n> [psyçoˈloːgə, -ˈloːgɪn] *m, f* ❶ *(Spezialist der Psychologie)* psychologist, shrink *fam* ❷ *(Mensch mit Einfühlungsvermögen)* psychologist **Psy·cho·lo·gie** <-> [psyçoloˈgiː] *f kein pl* psychology **Psy·cho·lo·gin** <-, -nen> *f fem form von* **Psychologe** **psy·cho·lo·gisch** [psyçoˈloːgɪʃ] *adj* psychological; **ein ~es Gutachten** a psychological evaluation; **ein ~er Roman** a psychological novel; **~ falsch/richtig sein** to be wrong/right psychologically; **~ geschult werden/sein** to be trained in psychology; **~ erfahrene Mitarbeiter** staff experienced in psychology; **das war ein ~ sehr geschickter Schachzug** that was a clever psychological move; **das war sehr ~ von dir** *(fam)* that was a good psychological move on your part; *s. a.* **Kriegsführung**

Psy·cho·path(in) <-en, -en> [psyçoˈpaːt] *m(f)* psychopath **Psy·cho·phar·ma·kon** <-s, -pharmaka> [psyçoˈfarmakɔn, *pl*: -ka] *nt meist pl (fachspr)* psychopharmaceutical [agent] *spec* **Psy·cho·se** <-, -n> [psyˈçoːzə] *f (fachspr)* psychosis **psy·cho·sek·te** [*o pej fam*] psycho-sect **psy·cho·so·ma·tisch** [psyçozoˈmaːtɪʃ] I. *adj* psychosomatic; **ein ~es Leiden** an illness of a psychosomatic nature; **~e Störungen** psychosomatic problems II. *adv* psychosomatically; **~ bedingt/verursacht sein** to be psychosomatic, to have psychosomatic causes [*or* a psychosomatic cause] **psy·cho·so·zi·al** *adj* PSYCH *Ursache, Betreuung, Faktoren* psychosocial **Psy·cho·ter·ror** *m (fam)* psychological terror **Psy·cho·test** *m* psychological test **Psy·cho·the·ra·peut(in)** [psyçoteraˈpɔyt] *m(f)* PSYCH, MED psychotherapist **Psy·cho·the·ra·pie** [psyçoteraˈpiː, *pl*: -iːən] *f* psychotherapy **Psy·cho·thril·ler** *m* psychological thriller

PTT [ˈpeːteːteː] *pl* SCHWEIZ *Abk von* **Post-, Telefon- und Telegrafenbetriebe:** ■ **die ~** the P.T.T. *(Swiss postal, telephone, and telegram services)*

pu·ber·tär [pubɛrˈtɛːɐ̯] *adj* adolescent, of puberty *pred*;

~e Störungen pubescent problems; **~es Verhalten** *(a. pej)* adolescent behaviour; **~ bedingt/verursacht** caused by adolescence [*or* puberty]

Pu·ber·tät <-> [pubɛrˈtɛːt] *f kein pl* puberty *no art;* **in der ~ sein/sich** *akk* **in der ~ befinden** to be in one's puberty [*or* adolescence]

Pu·ber·täts·ak·ne *f* acne *(during one's adolescence/puberty)* **Pu·ber·täts·zeit** *f s.* **Pubertät**

pu·ber·tie·ren [pubɛrˈtiːrən] *vi (geh)* to reach puberty; **~de Jugendliche** adolescents

Pu·bli·ci·ty <-> [paˈblɪsiti] *f kein pl* publicity

pu·bli·ci·ty·scheu [paˈblɪsiti-] *adj* publicity-shy *attr;* ■ **~ sein** to shun publicity

Pu·blic Re·la·tions [ˈpablɪkriˈleːʃns] *pl* ÖKON, POL public relations + *sing vb*, PR + *sing vb*

pu·blik [puˈbliːk] *adj pred* public, generally known; ■ **~ sein/werden** to be/become public knowledge [*or* generally known]; **wenn ~ wird, dass er Alkoholiker ist, kann er seine Karriere vergessen** when it becomes known that he's an alcoholic, he can wave goodbye to his career; ■ **etw ~ werden lassen** to let sth become generally known, to publicize sth; ■ **~ werden lassen, was/dass ...** to let it be known what/that ..., to publicize what/the fact that ...; **etw ~ machen** to make sth public, to publicize sth

Pu·bli·ka·ti·on <-, -en> [publikaˈts̮i̯oːn] *f* ❶ *(veröffentlichtes Werk)* publication ❷ *kein pl (das Veröffentlichen)* publication; **meine Forschungsergebnisse sind zur ~ bereit** the results of my research are ready for publication

Pu·bli·kum <-s> [ˈpuːblikʊm] *nt kein pl* ❶ *(anwesende Besucher)* audience; *(im Theater a.)* house; *(beim Sport)* crowd; **sehr verehrtes ~** Ladies and Gentlemen; **vor versammeltem ~** in front of the whole audience; *(Zuhörerschaft)* audience; **ein kritisches ~** a critical audience ❷ *(geh: Lesergemeinde)* reading public, readers *pl;* **er erreicht mit seinen Büchern immer ein großes ~** he always reaches a large number of readers with his books ❸ *(ausgewählte Gäste)* clientele; **hier verkehrt nur ein ganz exklusives ~** there is a very exclusive clientele here; **das ~ in unserem Restaurant ist sehr gemischt** we have a very mixed clientele visiting our restaurant

Pu·bli·kums·er·folg *m* hit; *(Film)* box office hit; **~ haben** to be successful; **seinen größten ~ hatte er in der Jugend** he had his greatest success when he was young; **der Film wird garantiert ein ~ werden** the film will definitely be a box office hit **Pu·bli·kums·ge·schmack** *m* popular [*or* public] taste; **sich** *akk* **am ~ orientieren** to cater to popular taste; **den ~ treffen** to satisfy public taste **Pu·bli·kums·in·ter·es·se** *nt* general [*or* public] interest **Pu·bli·kums·lieb·ling** *m* MEDIA public's darling [*or* favourite] **Pu·bli·kums·re·ak·ti·on** *f* public reaction **Pu·bli·kums·re·so·nanz** *f* public response **(auf** +*akk* to) **Pu·bli·kums·ver·kehr** *m kein pl* ADMIN **das Amt ist nur morgens für den ~ geöffnet** the office is only open to the public in the morning[s] **Pu·bli·kums·wir·kung** *f* effect on the public

pu·bli·zie·ren [publiˈts̮iːrən] I. *vt* ■ **etw ~** to publish sth; ■ **etw ~ lassen** to have sth published; **ich werde den Aufsatz bald ~ lassen** I'm going to have the essay published soon II. *vi* ■ **[in/bei etw** *dat*] **~** to have one's work [*or* to be] published [in sth]; *(in einem Verlag)* to have one's work [*or* to be] published [by sth] **Pu·bli·zist(in)** <-en, -en> [publiˈts̮ɪst] *m(f)* journalist *(commentator [on current affairs and politics])* **Pu·bli·zis·tik** <-> [publiˈts̮ɪstɪk] *f kein pl* ■ **[die] ~** the science of the media; *(als Universitätsfach)* media studies *npl* **Pu·bli·zis·tin** <-, -nen> *f fem form von* **Publizist** **pu·bli·zis·tisch** I. *adj* ❶ MEDIA in journalism *pred;* **ein**

~es Institut institute for media studies; **eine ~e Studie** a media survey ② MEDIA journalistic, in journalism *pred;* **~e Werbung** media advertising **II.** *adv* **etw ~ ausschlachten** to spread sth over the front page; **sich** *akk* **~ betätigen** to work as a journalist

pu·bli·zi·täts·träch·tig *adj (geh)* **~ sein** to be a big hit [with the public]

Puck <-s, -s> [pʊk] *m* puck

Pud·ding <-s, -s> ['pʊdɪŋ] *m milk based dessert similar to blancmange;* ▸ WENDUNGEN: **~ in den Beinen haben** *(fam)* to be lead-footed; **auf den ~ hauen** *(fam)* to paint the town red

Pud·ding·form *f* pudding mould **Pud·ding·pul·ver** *nt blancmange powder*

Pu·del <-s, -s> ['pu:dl̩] *m* ① *(Hundeart)* poodle ② *(fam: Fehlwurf beim Kegeln)* miss; **einen ~ werfen** to miss ▸ WENDUNGEN: **wie ein begossener ~ dastehen** *(fig fam)* to look thoroughly sheepish, to stand there with one's tail between one's legs; **wie ein begossener ~ abziehen** *(fig fam)* to slink off [*or* away] with one's tail between one's legs *a. pej;* **das also ist des ~s Kern** so that's what it's all about [*or* leading to]

Pu·del·müt·ze *f* bobble cap [*or* hat], pom-pom hat **pu·del·nass**ᴿᴿ ['pu:dl̩'nas] *adj (fam)* ▪ **~ sein/werden** to be/get soaking wet [*or* drenched] **pu·del·wohl** ['pu:dl̩'vo:l] *adj (fam)* **sich** *akk* **~ fühlen** to feel on top of the world [*or* like a million dollars [*or* ᴀᴍ bucks]]

Pu·der <-s, -> ['pu:dɐ] *m o fam nt* powder

Pu·der·do·se *f* [powder] compact

pu·dern ['pu:den] **I.** *vt* [jdm/sich] **etw ~** to powder sb's/one's sth **II.** *vr* ▪ **sich** *akk* **~** to powder oneself; **ich möchte mich nur schnell ~** I just want to powder my nose

Pu·der·zu·cker *m* icing sugar

Pu·er·to Ri·co ['pʊɛrto 'ri:ko] *nt* Puerto Rico; *s. a.* **Sylt**

Puff¹ <-[e]s, Püffe> [pʊf, *pl:* 'pʏfə] *m (fam)* ① *(Stoß)* thump, knock; *(in die Seite)* prod, poke; **jdm einen ~ geben** to give sb a nudge; **einen ~/einige Püffe vertragen können** *(fig)* to be able to take a few knocks *fig* ② *(dumpfes Zischen)* puff, swoosh *fam*

Puff² <-[e]s, -e *o* -s> [pʊf] *m* ① *(Wäschepuff)* linen basket ② *(Sitzpolster ohne Beine)* pouffe

Puff³ <-s, -e> [pʊf] *m (fam)* brothel, whorehouse ᴀᴍ, knocking shop *sl;* **in den ~ gehen** to go to a brothel

Puff·boh·ne *f* broad bean

puf·fen ['pʊfn̩] **I.** *vt (fam)* **jdn ~** to thump [*or* hit] sb; **jdn in die Rippen ~** to poke [*or* dig] [*or* prod] sb in the ribs; **jdn zur Seite ~** to push [*or* shove] sb aside **II.** *vi (fam)* to puff, to chuff BRIT; **die Dampflok puffte, als sie zum Stillstand kam** the steam locomotive puffed as it came to a halt **III.** *vr (selten fam)* ▪ **sich** *akk* **~** to push each other; **die Kinder puffen und schubsten sich** the children pushed and shoved each other

Puf·fer <-s, -> ['pʊfɐ] *m* ① BAHN buffer, bumper ᴀᴍ ② INFORM *s.* **Pufferspeicher** ③ DIAL *(Reibekuchen)* potato fritter

puf·fern *vt* TECH ▪ **etw ~** to buffer sth; **Reibung ~** to reduce friction

Puf·fer·spei·cher *m* INFORM buffer memory **Puf·fer·staat** *m* buffer state **Puf·fer·zo·ne** *f* buffer zone

Puff·mais *m (veraltend)* popcorn **Puff·ot·ter** *f* ZOOL puff adder

puh [pu:] *interj* ① *(Ausruf bei Ekel)* ugh ② *(Ausruf bei Anstrengung)* phew

pu·len ['pu:lən] **I.** *vt bes* NORDD *(fam)* ▪ **etw** [aus etw] **~** to pick out sth *sep,* to pick sth out of sth; **Krabben/Nüsse** [aus den Schalen] **~** to shell shrimps/nuts; **Erbsen** [aus den Schoten] **~** to shell [*or* pod] peas; ▪ **etw von etw ~** to pick [*or* peel] sth off sth; **ein Etikett von einer Flasche ~** to peel a label off a bottle **II.** *vi (fam)* ▪ [an etw *dat*] **~** to pick at

sth; **an einer Narbe ~** to pick a scab; ▪ **in etw** *dat* **~** to stick one's finger in sth; **in der Nase ~** to pick one's nose

Pulk <-s, -s *o (selten)* -e> [pʊlk] *m* ① *(Ansammlung)* crowd, throng; **ein kleiner ~ von Fahrzeugen** a small number [*or* group] of vehicles; **ich entdeckte sie in einem ~ von Menschen** I found her in a crowd of people; SPORT *(Hauptfeld)* pack, bunch ② MIL group; *von Kampfflugzeugen* flight

Pul·le <-, -n> ['pʊlə] *f (sl)* bottle; **eine ~ Bier** a bottle of beer; **ein Schluck aus der ~** a mouthful out of the bottle ▸ WENDUNGEN: **volle ~ fahren** *(fig)* to drive flat out [*or* [at] full pelt] *fam*

Pul·li <-s, -s> ['pʊli] *m (fam) kurz für* **Pullover** jumper

Pul·lo·ver <-s, -s> [pʊ'lo:ve] *m* pullover, jersey, jumper

Pul·lun·der <-s, -> [pʊ'lʊndɐ] *m* tank top

Puls <-es, -e> [pʊls] *m* pulse; **ein regelmäßiger/ unregelmäßiger ~** a steady [*or* regular] /an irregular pulse; **jds ~ fühlen** to feel sb's pulse; *Arzt a.* to take sb's pulse; **den ~ messen** to take sb's pulse ▸ WENDUNGEN: **jdm den ~ fühlen** to sound sb out; *s. a.* **Ohr**

Puls·ader *f* artery; **sich** *dat* **die ~n aufschneiden** to slash [*or* slit] one's wrists

pul·sie·ren* [pʊl'zi:rən] *vi* to pulsate [*or* beat]; **jetzt pulsiert das Blut wieder** now the blood is circulating again; **eine pulsierende Stadt** *(fig)* a pulsating [*or* throbbing] city

Puls·mes·ser *m* MED *(Gerät zum Messen des Pulsschlags)* pulsimeter **Puls·schlag** *m* ① *(Puls)* pulse; **der ~ ist noch spürbar** there is still a faint pulse; *(Pulsfrequenz)* pulse rate; **ihr ~ ist viel zu hoch** her pulse rate is far too high ② *(einzelnes Pochen)* [pulse-]beat; **72 Pulsschläge in der Minute** a pulse of 72 in the minute

Pult <-[e]s, -e> [pʊlt] *nt (Rednerpult)* lectern; *(Dirigentenpult)* [conductor's] stand; *(Notenständer)* [music] stand; *(Schaltpult)* control desk; *(veraltend: Katheder, Lehrerpult)* teacher's desk; *(Schulbank)* desk

Pul·ver <-s, -> ['pʊlvɐ] *nt* ① *(pulverisiertes Material/ Mittel)* powder; **etw zu einem ~ zerreiben/zerstoßen** to pulverize sth; **ein ~ gegen Kopfschmerzen** a powder for a headache ② *(Schießpulver)* [gun]powder; **rauchschwaches ~** *(fachspr)* nitro powder *spec* ▸ WENDUNGEN: **das ~** [auch] **nicht** [gerade] **erfunden haben** *(fam)* to be not exactly the brightest [*or* hum an Einstein]; **sein ~ verschossen haben** *(fam)* to have shot one's [last] bolt; **sein ~ trocken halten** *(fam)* to be prepared for anything

Pul·ver·fassᴿᴿ *nt (a. fig)* powder keg, [gun]powder barrel; **einem ~ gleichen** *(fam)* to be [like] a powder keg; **Zypern gleicht einem ~** Cyprus is like a powder keg; **auf dem** [*o* einem] **~ sitzen** *(fig fam)* to be sitting on a powder keg

pul·ve·ri·sie·ren* [pʊlveri'zi:rən] *vt* ▪ **etw ~** to pulverize sth; **Arzneistoffe ~** to pulverize [*or* spec triturate] medicinal substances

Pul·ver·kaf·fee *m* instant coffee **Pul·ver·schnee** *m* powder[y] snow

Pu·ma <-s, -s> ['pu:ma] *m* puma BRIT, mountain lion ᴀᴍ, cougar ᴀᴍ

Pum·mel <-s, -> [pʊml̩] *m (fam),* **Pum·mel·chen** <-s, -> ['pʊml̩çən] *nt (fam)* dumpling *fam,* pudding *fam*

pum·me·lig ['pʊməlɪç], **pumm·lig** ['pʊmlɪç] *adj (fam)* plump, chubby

Pump <-[e]s> ['pʊmp] *m kein pl* [bei jdm] **einen ~ aufnehmen** to cadge *fam* [*or* borrow] sth from sb; **auf ~** *(fam)* on credit [*or* fam tick]; **ich habe den Fernseher auf ~ gekauft** I bought the TV on HP

Pum·pe <-, -n> ['pʊmpə] *f* ① *(Fördergerät)* pump

❹ *(fam: Herz)* heart ❺ *(sl: Rauschgiftspritze)* syringe, needle

pum·pen¹ [ˈpʊmpn̩] **I.** *vt* ❶ TECH ■ etw in/aus etw ~ to pump sth into/out of sth; **Luft in den Reifen ~** to pump air into [*or* inflate] the tyres; **Wasser aus dem Keller ~** to pump water out of the cellar ❷ *(fam: investieren)* ■ etw in etw *akk* ~ to pump [*or* plough] sth into sth; **ich habe mein ganzes Geld in die Firma gepumpt** I have ploughed all my money into the firm **II.** *vi* ❶ *(die Pumpe betätigen)* to pump ❷ *(fam: Liegestütze machen)* to do press-ups [*or* AM push-ups]

pum·pen² [ˈpʊmpn̩] *vt (fam)* ❶ ■ jdm etw ~ to lend sb sth; **jdm Geld ~** to lend [*or* loan] sb money; **kannst du mir dein Fahrrad ~?** can you lend me your bike? ❷ ■ [**sich** *dat*] **etw** [**bei/von jdm**] ~ to borrow sth [from [*or fam* off] sb]; **könnte ich mir bei dir etwas Geld ~?** could I borrow some money from you?

Pum·pen·schwen·gel *m* pump handle

Pum·per·ni·ckel <-s, -> *m* pumpernickel

Pump·ho·se *f* knickerbockers *npl*

Pumps <-, -> [pœmps] *m* court shoe BRIT, pump AM

Pump·sta·ti·on *f* pumping station

Punk <-s> [paŋk] *m kein pl* ❶ *(Lebenseinstellung, Protestbewegung)* punk ❷ *(fam)* s. **Punkrock** ❸ s. **Punker**

Pun·ker(in) <-s, -> [ˈpaŋkɐ] *m(f)* punk [rocker]

Punk·rock <-s> [ˈpaŋkrɔk] *m kein pl* punk [rock]

Punkt <-[e]s, -e> [pʊŋkt] *m* ❶ *(Satzzeichen)* full stop BRIT, period AM; *(auf i, Auslassungszeichen)* dot; **ohne ~ und Komma reden** *(fig)* to talk nineteen to the dozen BRIT, to rabbit on BRIT *fam;* **einen ~ machen** [*o* **setzen**] to put a full stop; **der ~ auf dem i** *(fig)* the final touch; **nun mach aber mal einen ~!** *(fam)* come off it! *fam* ❷ *(kreisrunder Fleck)* spot; *(in der Mathematik)* point, singularity *spec;* **ein dunkler ~** [**in jds Vergangenheit**] a dark chapter [in sb's past]; **ein Hemd mit blauen ~en** a blue, spotted shirt; **von hier oben sehen die Menschen aus wie winzige ~e** from up here the people look like tiny dots ❸ *(Stelle)* spot; *(genauer)* point; **bis zu einem gewissen ~e** up to a [certain] point; **der tote ~** *(fig)* the low[est] point [*or* ebb]; *bei Verhandlungen* deadlock, impasse; **ein Fernglas auf einen ~ richten** to train a telescope on a point; **ein wunder ~** *(fig)* a sore point; **ich bin an einem ~ angelangt, wo es nicht mehr schlimmer werden kann** I have reached the stage [*or* point] where it can't get any worse ❹ *(Bewertungseinheit)* point; **einen ~ bekommen/verlieren** to score/lose a point; **nach ~en** *(beim Boxen)* on points ❺ *(Detailpunkt)* point; *(auf der Tagesordnung)* item; **kommen wir nun zu ~ zwei der Tagesordnung** let's look at point two of the agenda; **ein strittiger ~** a disputed point, an area of dispute; **der springende ~** *(fig)* the crucial point; **etw auf den ~ bringen** *(fig)* to put it in a nutshell, to get to the heart of sth; **sich** *dat* **in allen ~en einig sein** to agree on all points; **auf den ~ kommen** to get to the point; **~ für ~** point by point; **in einem bestimmten ~, in bestimmten ~en** on a certain point/on certain points ❻ *(Zeitpunkt)* point; **einen ~ erreichen, wo …** to reach the point, where …; **~ acht [Uhr]** at eight o'clock on the dot, on the stroke of eight; **auf den ~ genau kommen** to be punctual [*or* somewhere on the dot] ❼ *kein pl (Maßeinheiten für Schriftarten)* point

Pünkt·chen <-s, -> [ˈpʊŋktçən] *nt dim von* **Punkt** little spot

Punkt·ge·winn *m* SPORT number of points won

punk·tie·ren [pʊŋkˈtiːrən] *vt* ■ etw ~ ❶ MED to puncture [*or spec* cannulate] sth; **das Rücken-** **mark ~** to do [*or* form perform] a spinal tap ❷ *(mit Punkten versehen)* to dot sth; **eine Fläche ~** to stipple an area; **ein punktiertes Blatt** a spotted leaf; **eine punktierte Linie** a dotted line ❸ MUS to dot; **eine Note ~** to dot a note; **eine punktierte Halbe** a dotted quaver

Punk·ti·on <-, -en> [pʊŋkˈtsi̯oːn] *f* MED cannulation *spec; Rückenmark* tap; **eine ~ vornehmen** to carry out a cannulation

pünkt·lich [ˈpʏŋktlɪç] **I.** *adj* punctual; ■ **~ sein** to be punctual; **~ auf die Minute** on the dot; **~ um 12 wird gegessen** the meal is at 12 o'clock sharp; **du bist nie ~!** you're never punctual [*or* on time] **II.** *adv* punctually [*or* on time]; **der Zug wird ~ ankommen** the train will arrive on time

Pünkt·lich·keit <-> *f kein pl* punctuality

Punkt·nie·der·la·ge *f* defeat on points, points defeat

Punkt·rich·ter(in) *m(f)* judge **Punkt·sieg** *m* win on points, points win **Punkt·spiel** *nt* league game; *(Fußball a.)* league match **Punkt·ver·hält·nis** *nt* difference in points scored **Punkt·wer·tung** *f* points system; **in der ~ liegt er knapp vor seinem Rivalen** he's a few points ahead of his rival **Punkt·zahl** *f* SPORT score, number of points

Punsch <-es, -e> [pʊnʃ] *m* [hot] punch

Pup <-[e]s, -e> [puːp] *m (fam)* s. **Pups**

pu·pen [ˈpuːpn̩] *vi (fam)* s. **pupsen**

Pu·pil·le <-, -n> [puˈpɪlə] *f* pupil; **weite ~n** dilated pupils

Pu·pil·len·re·ak·ti·on *m* MED *(Verkleinerung der Pupille als Reaktion auf Licht)* pupillary response

Püpp·chen <-s, -> [ˈpʏpçən] *nt dim von* **Puppe** [little] doll[y *childspeak*]

Pup·pe <-, -n> [ˈpʊpə] *f* ❶ *(Spielzeug)* doll[y *childspeak*]; *(Marionette)* puppet; *(Schaufensterpuppe)* mannequin ❷ *(sl: Mädchen, Freundin)* chick, doll; **eine tolle ~** a great chick; **heute gehe ich mit meiner ~ ins Kino** today I'm going to the cinema with my girl ❸ ZOOL pupa, chrysalis *spec* ▶ WENDUNGEN: **bis in die ~n** *(fam)* until the small hours of the morning; **bis in die ~n schlafen** to sleep till all hours; **die ~n tanzen lassen** *(fig fam: hart durchgreifen)* to raise [all] hell *fam; (hemmungslos feiern)* to have a hell of a party *fam,* to paint the town red

Pup·pen·bett *nt* doll's bed **Pup·pen·dok·tor** *m (fam)* doll's repairer **Pup·pen·haus** *nt* doll's house BRIT, dollhouse AM **Pup·pen·kleid** *nt* doll's dress **Pup·pen·kli·nik** *f (fam)* repair shop for dolls **Pup·pen·spiel** *nt* ❶ *(Form des Theaterspiels mit Puppen)* s. **Puppentheater** ❷ *(Theaterstück mit Puppen)* puppet show **Pup·pen·spie·ler(in)** *m(f)* puppeteer **Pup·pen·the·a·ter** *nt* puppet theatre **Pup·pen·wa·gen** *m* doll's pram [*or* AM carriage]

Pups <-es, -e> [puːps] *m (fam)* fart *fam;* **einen ~ lassen** to fart *fam,* to break wind

pup·sen [ˈpuːpsn̩] *vi (fam)* to fart, to break wind

pur [puːɐ̯] *adj* ❶ *(rein)* pure, sheer; **pures Gold** pure gold; **~er Alkohol** pure [*or spec* absolute] alcohol; **etw ~ anwenden** to apply sth in its pure form; **etw ~ trinken** to drink sth neat [*or* straight]; **eine ~e Lüge** *(fig)* a blatant lie; **die ~e Wahrheit** the pure [*or* naked] truth, nothing but the truth; **der ~e Wahnsinn** absolute [*or* sheer] madness ❷ *(fam: blank, bloß)* sheer; **ein ~er Zufall** a sheer [*or* mere] coincidence; **aus dir spricht der ~e Neid** what you are saying is pure envy

Pü·ree <-s, -s> [pyˈreː] *nt* ❶ *(passiertes Gemüse/Obst)* purée ❷ *(Kartoffelbrei)* mashed [*or* creamed] potatoes *pl*

pü·rie·ren [pyˈriːrən] *vt* ■ etw ~ KOCHK to purée sth

Pü·rier·stab *m* KOCHK hand-held blender

Pu·rist(in) <-en, -en> [puˈrɪst] *m(f) (geh)* purist

Pu·ri·ta·ner(in) <-s, -> [puri'ta:nɐ] *m(f)* HIST Puritan, puritan *fig*

pu·ri·ta·nisch [puri'ta:nɪʃ] *adj* ❶ HIST Puritan; **die ~e Revolution** the English Civil Wars ❷ *(oft pej)* puritanical; **eine ~e alte Jungfer** a puritanical old spinster

Pur·pur <-s> ['pʊrpʊr] *m kein pl* ❶ *(Farbe)* purple ❷ *(geh: purpurner Stoff)* purple material *(used for cardinals' robes);* **nach dem ~ streben** *(fig)* to wish to wear the purple

pur·pur·far·ben, pur·pur·far·big *adj* s. **purpurrot**

pur·purn [pʊrpʊrn] *adj (geh)* s. **purpurrot**

pur·pur·rot *adj* ❶ *(die Farbe des Purpurs aufweisend)* purple ❷ *(feuerrot)* scarlet, crimson; **~ vor Wut sein/werden** to be/become [*or* turn] purple [*or* crimson] with rage; **er wurde ~ im Gesicht** his face turned purple

Pur·zel·baum ['pʊrtsl-] *m (fam)* somersault; **Purzelbäume/einen ~ machen** [*o* **schlagen**] to do [*or* turn] a somersault/somersaults

pur·zeln ['pʊrtsln] *vi sein: a. Preise* to tumble; **die Tore purzelten nur so** *(fig)* the goals were scored in quick succession; ■ **von etw/in etw** *akk* ~ to tumble off/into sth; **vom Tisch** ~ to fall off the table; **in den Schnee** ~ to fall over in the snow

pu·shen, pu·schen ['pʊʃn] **I.** *vt (sl)* ❶ *(verstärkt Werbung machen)* ■ **etw** ~ to push sth; **ein Produkt** ~ to push [*or* hype up] a product; **wir müssen die Randsportarten etwas** ~ we need to hype up the lesser known sports; ■ **etw** ~ to push forward sth *sep;* **den Absatz** ~ to boost sales; **den Tourismus** ~ to boost [*or* promote] tourism; *(zum Erfolg verhelfen, durchsetzen)* to push; **seinen Anhängern ist es gelungen, ihn in den Vorsitz zu** ~ his supporters succeeded in pushing him through to the chairmanship; **sein Honorar auf Euro 10.000** ~ to push [*or* force] up one's fee to 10,000 euros ❷ *(drängen)* ■ **jdn in etw** *akk* ~ to push sb into sth; **jdn in eine** [*o* **die**] **Ecke** ~ *(fig)* to push [*or* force] sb into a corner ❸ *(mit Drogen handeln)* ■ **etw** ~ to push [*or* deal in] sth; **Heroin** ~ to deal in heroin **II.** *vi (sl)* to push drugs, to deal

Pus·te <-> ['pu:stə] *f kein pl (fam)* breath, wind *fam;* **außer ~ sein** to be puffed out *fam,* to be out of breath [*or fam* puff]; **aus der ~ kommen** to get out of breath; **mir geht sehr schnell die ~ aus** *(a. fig)* I get out of breath very quickly, I run out of steam very quickly *fig*

Pus·te·blu·me *f (Kindersprache fam)* dandelion

Pus·te·ku·chen ['pʊstəku:xn] *m* [**ja**] ~**!** *(fam)* not a chance!

Pus·tel <-, -n> ['pʊstl] *f* pimple, pustule *spec*

pus·ten ['pu:stn] **I.** *vt (fam)* ■ **etw in etw** *akk/***von etw** ~ to blow sth into/off sth; **die Haare aus dem Gesicht** ~ to blow one's hair out of one's face; **der Wind pustet das Laub von den Bäumen** the wind is blowing the leaves off the trees; **jdm ein Loch ins Gehirn** ~ *(sl)* to blow sb's brains out *sl* ▸ WENDUNGEN: **jdm etw** ~ to tell sb where to get off *sl* **II.** *vi (fam)* ❶ *(blasen)* ■ [**auf/in etw** *akk*] ~ to blow [on/into sth]; **auf eine Wunde** ~ to blow on a wound; **ins Horn/Feuer** ~ to blow a horn/onto a fire; **kräftig** ~ to give a big blow *fam;* **das Essen ist noch zu heiß, du musst etwas** ~ the meal is still too hot, you'll have to blow on it ❷ *(keuchen)* to puff [and pant], to wheeze; **pustend kam er die Treppe herauf** he came up the stairs puffing and panting *fam;* *(in Alkoholmessgerät)* **ich musste bei einer Verkehrskontrolle** ~ I had to blow into the little bag when I was stopped by the police

Pu·te <-, -n> ['pu:tə] *f* ❶ *(Truthenne)* turkey [hen]; **eine ~ braten** to roast a turkey ❷ *(fam: dümmliche Frau)* cow *pej fam;* **du bist eine eingebildete,**

dumme ~ you are an arrogant little cow

Pu·ten·schnit·zel *nt* turkey breast in breadcrumbs

Pu·ter <-s, -> ['pu:te] *m* turkey [cock]; *(~fleisch)* turkey

pu·ter·rot ['pu:te'ro:t] *adj* scarlet, bright red; **~ sein/werden** [*o* **anlaufen**] to be/become [*or* turn] scarlet [*or* bright red]

Putsch <-[e]s, -e> [pʊtʃ] *m* coup [d'état], putsch; **ein missglückter** ~ an unsuccessful [*or* failed] coup; **einen** ~ **anzetteln** to instigate a putsch

put·schen ['pʊtʃn] *vi* ■ [**gegen jdn/etw**] ~ to revolt [against sb/sth]

Put·schist(in) <-en, -en> [pʊt'ʃɪst] *m(f)* rebel, putschist

Putsch·ver·such *m* attempted coup [d'état]; **ein gescheiterter** ~ a failed coup [d'état]

Put·te <-, -n> ['pʊtə] *f* KUNST cherub, putto *spec*

put·ten ['pʊtn] *vt (Golf)* **den Ball** ~ to putt the ball

Putz <-es> [pʊts] *m kein pl (Wandverkleidung)* plaster; *(bei Außenmauern)* rendering; **auf/über** ~ ELEK exposed; **unter** ~ ELEK concealed; **Leitungen auf/unter** ~ **verlegen** to lay exposed/concealed cables; **etw mit** ~ **verkleiden** to plaster sth ▸ WENDUNGEN: **auf den** ~ **hauen** *(fam: angeben)* to show off; *(übermütig und ausgelassen sein)* to have a wild time [of it] *fam; (übermütig und ausgelassen feiern a.)* to have a rave-up *fam;* ~ **machen** *(fam)* to cause aggro *fam;* **er kriegt** ~ **mit seiner Frau** he's in trouble with his wife

put·zen ['pʊtsn] **I.** *vt* ❶ *(säubern)* ■ **etw** ~ to clean sth; *(polieren)* to polish sth; **seine Schuhe** ~ to clean [*or* polish] [*or* shine] one's shoes; **die Brille** ~ to clean one's glasses; **sich** *dat* **die Nase** ~ to blow one's nose; **ein Pferd** ~ to groom a horse; **die Treppe/Wohnung** ~ to clean the steps/flat; **sich** *dat* **die Zähne** ~ to clean one's teeth; *(Gemüse vorbereiten)* to prepare; **Spinat** ~ to wash and prepare spinach; ■ **sich** *akk* ~ to wash itself; **Katzen** ~ **sich sehr gründlich** cats wash themselves thoroughly; *Vögel* to preen ❷ *(veraltend: schmücken)* ■ **etw** ~ to decorate; **den Christbaum** ~ to decorate the Christmas tree; **eine Urkunde putzte die Wand** a certificate adorned the wall ❸ *(wischen)* ■ **jdm/sich etw aus/von etw** ~ to wipe sth off sth; [**sich** *dat*] **etw aus den Mundwinkeln** ~ to wipe sth out of the corners of one's mouth; **putz dir den Dreck von den Schuhen!** wipe the mud off your shoes! **II.** *vi* ~ **gehen** to work as a cleaner

Putz·fim·mel *m (fam o pej)* **einen** ~ **haben** to be an obsessive cleaner *fam,* to be cleaning mad *fam* **Putzfrau** *f* cleaner, cleaning lady, Mrs Mop *no art hum fam*

put·zig ['pʊtsɪç] *adj (fam)* ❶ *(niedlich)* cute, sweet; **ein ~es Tier** a cute animal ❷ *(merkwürdig)* funny, odd; **das ist ja ~!** that's really odd

Putz·ko·lon·ne *f* team of cleaners **Putz·lap·pen** *m* [cleaning] cloth [*or* rag] **Putz·mann** *m* cleaner, cleaning man **Putz·mit·tel** *nt* cleaning *pl,* cleaning agent *form*

putz·mun·ter *adj (fam)* full of beans *pred;* **trink ein paar Tassen Kaffee, dann bist du bald wieder** ~ drink a few cups of coffee, and you'll soon perk up

Putz·tuch *nt (Poliertuch)* cloth [for cleaning] ❷ *s.* **Putzlappen Putz·zeug** *nt kein pl (fam)* cleaning things *pl*

puz·zeln ['pʊzln, 'pazln] *vi* to do a jigsaw [puzzle] [*or* puzzle]

Puz·zle(·spiel) <-s, -s> ['pʊzl, 'pazl] *nt* jigsaw [puzzle], puzzle

PVC <-[s]> [pe:fau'tse:] *nt kein pl Abk von* **Polyvinylchlorid** PVC

Pyg·mäe <-n, -n> [pʏg'mɛ:ə] *m* pygmy

Py·ja·ma <-s, -s> [py'dʒaːma] m pyjamas npl BRIT, pajamas npl AM; **im ~** in his/her pyjamas
Py·kni·ker(in) <-s, -> ['pyknikɐ] m(f) stockily-built [or stocky] person, pyknic spec
py·knisch ['pyknɪʃ] adj stockily built, stocky, pyknic spec
Py·ra·mi·de <-, -n> [pyra'miːdə] f pyramid
py·ra·mi·den·för·mig adj pyramid-shaped, pyramidal
Py·re·nä·en [pyre'nɛːən] pl ■ **die ~** the Pyrenees npl
Py·re·nä·en·halb·in·sel f GEOG ■ **die ~** the Iberian Peninsula
Py·ro·ly·se <-, -n> [pyro'lyːzə] f pyrolysis **Py·ro·ma·ne, Py·ro·ma·nin** <-n, -n> [pyro'maːnə, -maːnɪn] m, f PSYCH pyromaniac **Py·ro·tech·nik** [pyro'tɛçnɪk] f kein pl pyrotechnics + sing vb **Py·ro·tech·ni·ker(in)** [pyro'tɛçnikɐ] m(f) pyrotechnist, pyrotechnician, fireworks expert **py·ro·tech·nisch** adj pyrotechnic[al]
Pyr·rhus·sieg ['pyrʊs-] m (geh) Pyrrhic victory
Py·thon <-, -s> ['pyːtɔn] m, **Py·thon·schlan·ge** f python

Q q

Q, q <-, - o fam -s, -s> [kuː] nt Q, q; **~ wie Quelle** Q for Queenie BRIT, Q as in Queen; s. a. **A 1**
q [kuː] SCHWEIZ, ÖSTERR Abk von **Zentner** 100 kg
quab·be·lig ['kvabəlɪç] adj DIAL wobbly
Quack·sal·ber(in) <-s, -> ['kvakzalbɐ] m(f) (pej) quack [doctor] pej
Quack·sal·be·rei <-, -en> [kvakzalbə'rai] f (pej) quackery no pl pej
Quack·sal·be·rin <-, -nen> ['kvakzalbərɪn] f fem form von **Quacksalber**
Quad·del <-, -n> ['kvadl] f wheal, urticaria spec; **auf Sonnenlicht reagieren manche Allergiker mit ~n** many people who are allergic to sunlight react to it with a [heat] rash [or heat spots]
Qua·der <-s, -> ['kvaːdɐ] m ① ARCHIT, BAU ashlar, ashler, hewn [or cut] stone ② MATH cuboid
Qua·drant <-en, -en> [kva'drant] m ASTRON, MATH quadrant
Qua·drat <-[e]s, -e> [kva'draːt] nt square; **magisches ~** magic square; **etw ins ~ erheben** (geh) to square sth, to multiply sth by itself; **was gibt 777 ins ~ erhoben? – 603.729** what's 777 squared? – 603,729; ■ **... im ~** ... square; **das Grundstück hat eine Größe von 64 Metern im ~** the plot [of land] is 64 metres square [in size] ► WENDUNGEN: **im ~** barefaced; **das ist eine Frechheit/Lüge im ~** that's a barefaced cheek/lie; **das ist eine Unverschämtheit im ~!** that's an absolute outrage!
qua·dra·tisch adj square; s. a. **Gleichung**
Qua·drat·ki·lo·me·ter m mit Maßangaben square kilometre [or AM -er] **Qua·drat·lat·schen** pl (fam) ① (riesige Schuhe) clodhoppers fam, fam BRIT a. beetlecrushers ② (riesige Füße) dirty great BRIT sl [or AM great big] feet **Qua·drat·me·ter** m square metre [or AM -er]; **dieses Zimmer hat 50 ~** this room has 50 square metres of floor space, the floor space in this room is 50 square metres **Qua·drat·schä·del** m (fam) ① (kantiger Kopf) dirty great BRIT sl [or AM great big] head, BRIT a. great bonce sl ② (Starrkopf) [obstinate [or stubborn]] mule, pigheaded person pej
Qua·dra·tur <-, -en> [kvadra'tuːɐ] f quadrature; **die ~ des Kreises** (geh) [the] squaring [of] the circle fig
Qua·drat·wur·zel f square root **Qua·drat·zahl** f square number
qua·drie·ren* [kva'driːrən] vt MATH ■ **etw ~** to square sth
Qua·dri·ga <-, Quadrigen> [kva'driːga, pl: kva-'driːgən] f quadriga
Qua·dro·pho·nie, Qua·dro·fo·nieᴿᴿ <-> [kvadro-fo'niː] f kein pl quadrophony, quadraphonic sound, quadrophonics + sing vb
Qua·hog·mu·schel ['kvaː·hɔg-] f Venus clam
Quai <-s, -s> [kɛː, keː] m o nt SCHWEIZ (Kai) quay

quak ['kvaːk] interj Frosch croak; Ente quack
qua·ken ['kvaːkn̩] I. vi ① ZOOL Frosch to croak; Ente to quack ② (fam: reden) to natter fam; **mit jdm ~** to have a natter to sb; **jdm dazwischen~** to keep interrupting sb II. vt (fam) ■ **[über] etw ~** to waffle on [about sth] pej
quä·ken ['kvɛːkn̩] vi (fam) ① (krächzend weinen) to scream, to screech ② (krächzen) to crackle and splutter; **stell doch endlich dieses ~de Radio ab!** turn that crackly old radio off!
Qual <-, -en> ['kvaːl] f ① (Quälerei) struggle ② meist pl (Pein) agony no pl ► WENDUNGEN: **die ~ der Wahl haben** (hum) to be spoilt [or AM usu spoiled] for choice
quä·len ['kvɛːlən] I. vt ① (jdm zusetzen) ■ **jdn ~** to pester [or plague] sb ② (misshandeln) ■ **jdn/etw ~** to be cruel to [or torture] sb/sth; s. a. **Tod** ③ (peinigen) ■ **jdn ~** to torment sb fig ④ (Beschwerden verursachen) ■ **jdn ~** to trouble sb; **durch etw akk [or von etw dat] gequält sein** to be troubled by sth; s. a. **gequält** II. vr ① (leiden) ■ **sich** akk ~ to suffer ② (sich herumquälen) ■ **sich** akk **mit etw ~** (Gedanken, Gefühle a.) to torment oneself with sth; (Hausaufgaben, Arbeit) to struggle [hard] with sth ③ (sich mühsam bewegen) ■ **sich** akk ~ to struggle
quä·lend ['kvɛːlənt] adj attr agonizing; Gedanken, Gefühle a. tormenting; **ein ~er Husten** a hacking cough; **~e Schmerzen** excruciating [or agonizing] pain
Quä·le·rei <-, -en> [kvɛːlə'rai] f ① kein pl (fam: qualvolle Anstrengung) ordeal ② (ständiges Zusetzen) pestering no pl
quä·le·risch adj attr agonizing fig
Quäl·geist m (fam) pest fig fam
Qua·li·fi·ka·ti·on <-, -en> [kvalifika'tsi̯oːn] f ① (geh: berufliche Befähigung) qualifications pl ② SPORT qualification no pl; (Wettkampf a.) qualification round, qualifier; **21 Mannschaften spielten um die ~ zur WM** 21 teams played to qualify for the World Cup
Qua·li·fi·ka·ti·ons·spiel nt SPORT qualifying match [or game], qualifier
qua·li·fi·zie·ren* [kvalifi'tsiːrən] I. vr ■ **sich** akk **[für/zu etw]** ~ to qualify [for sth] II. vt (geh) ① (befähigen) ■ **jdn für/zu etw** ~ to qualify sb for sth ② (klassifizieren) ■ **etw als etw** ~ to qualify [or describe] sth as sth
qua·li·fi·ziert adj ① (sachgerecht, kompetent) qualified; **~e Arbeit leisten** to do a professional job; ■ **[für etw] ~ sein** to be qualified [for sth] ② POL Mehrheit requisite
Qua·li·fi·zie·rung <-, <selten -en>> f ① (Erwerben einer Qualifikation) qualification no pl ② (fachspr: Ausbildung) training no pl ③ (geh) qualification no pl
Qua·li·tät <-, -en> [kvali'tɛːt] f ① (Güte) quality; **von**

bestimmter ~ sein to be of [a] certain quality; **dieses Leder ist von sehr guter/ausgezeichneter/besserer ~** this leather is of [a] very good-/[an] excellent-/[a] better quality ➋ *(Beschaffenheit)* quality ➌ *pl (gute Eigenschaften)* qualities *pl*
qua·li·ta·tiv [kvalita'tiːf] **I.** *adj* qualitative **II.** *adv* qualitatively; **~ besser/schlechter sein** to be [of [a]] better-/worse quality
Qua·li·täts·an·for·de·rung *f* quality requirement **Qua·li·täts·ar·beit** *f* ÖKON high-quality work|manship| *no pl* **qua·li·täts·be·wusst**[RR] *adj* ÖKON quality-conscious **Qua·li·täts·be·wusst·sein**[RR] *nt* quality awareness **Qua·li·täts·er·zeug·nis** *nt* ÖKON [high-] quality product
Qua·li·täts·klas·se *f* grade **Qua·li·täts·kon·trol·le** *f* quality control **Qua·li·täts·maß·stab** *m* quality standard **Qua·li·täts·min·de·rung** *f* ÖKON deterioration in [*or* impairment of] quality *no pl*
Qua·li·täts·pro·dukt *nt* [high-]quality product **Qua·li·täts·un·ter·schied** *m* ÖKON difference in quality
Qua·li·täts·ver·bes·se·rung *f* improvement in quality **Qua·li·täts·zer·ti·fi·kat** *nt* ÖKON certificate of quality
Qual·le <-, -n> ['kvalə] *f* jellyfish
Qualm <-[e]s> ['kvalm] *m kein pl* [thick [*or* dense]] smoke
qual·men ['kvalmən] **I.** *vi* ➊ *(Qualm erzeugen)* ▪ etw qualmt sth smokes [*or* gives off smoke]; **der Schornstein qualmt ganz fürchterlich** the chimney is belching out smoke like nobody's business *fam* ➋ *(fam: rauchen)* ▪ jd qualmt sb smokes [*or fam* puffs away] **II.** *vt (fam)* ▪ jd qualmt etw sb puffs away at *fam* [*or* smokes] sth
Qual·me·rei <-> *f kein pl (fam)* smoking, puffing away
qual·mig ['kvalmɪç] *adj* smoky, smoke-filled
qual·voll **I.** *adj* agonizing **II.** *adv* ~ **sterben** [*o* zugrunde gehen] to die [*or* perish] in agony [*or* great pain]
Quant <-s, -en> ['kvant] *nt* NUKL quantum
Quänt·chen[RR] <-s, -> *nt* scrap; **ein ~ Glück** a little bit of luck; **ein ~ Hoffnung** a glimmer of hope; **kein ~** not a scrap [*or* jot], not one iota
Quan·ten ['kvantən] *pl von* **Quant** *s.* **Quantum** ➋ *(sl: Füße)* dirty great [*or AM* great big] feet *sl*
Quan·ten·me·cha·nik *f* NUKL quantum mechanics + *sing vb* **Quan·ten·phy·sik** *f* NUKL quantum physics + *sing vb* **Quan·ten·sprung** *m* ➊ PHYS quantum leap ➋ *(enormer Fortschritt)* quantum leap *fig* **Quan·ten·the·o·rie** *f* NUKL quantum theory
Quan·ti·tät <-, -en> [kvanti'tɛːt] *f (geh)* quantity; **ausschlaggebend ist die Qualität, nicht die ~** it's quality not quantity that counts; **er nahm diese Drogen immer nur in geringen ~en ein** he only ever took this drug in small quantities [*or* doses], he only ever took small amounts of this drug
quan·ti·ta·tiv ['kvantitatiːf, kvantita'tiːf] *adj inv (geh)* quantitative
Quan·tum <-s, Quanten> ['kvantʊm, *pl:* 'kvantən] *nt (geh)* quantum *form,* quantity; **er braucht sein regelmäßiges ~ Schnaps am Tag** he needs his regular daily dose of schnapps; **eine dicke Zigarre enthält ein ordentliches ~ Nikotin** a thick cigar contains a fair amount of nicotine; **es gehört schon ein gewisses ~ an Mut dazu, das zu tun** it takes a certain amount of courage to do that
Quap·pe <-, -n> ['kvapə] *f* ➊ *(Aal~)* burbot ➋ *(Kaul~)* tadpole
Qua·ran·tä·ne <-, -n> [karan'tɛːnə] *f* quarantine *no pl;* **unter ~ stehen** to be in quarantine; **über jdn/etw ~ verhängen, jdn/etw unter ~ stellen** to place sb/sth under [*or* put sb/sth in] quarantine, to quarantine sb/sth off
Qua·ran·tä·ne·sta·ti·on [karan'tɛːnə-] *f* MED isolation

[*or* quarantine] ward
Quark[1] <-s, -s> ['kvark] *nt* NUKL quark
Quark[2] <-s> ['kvark] *m kein pl* ➊ KOCHK fromage frais ➋ *(fam: Quatsch)* rubbish *fam* [*or AM usu* nonsense] ▶ WENDUNGEN: **einen ~** *(fam)* not one jot *fam;* **das interessiert mich alles einen ~** all that doesn't interest me in the slightest [*or* one jot]; **das ist zu kompliziert, davon verstehst du einen ~** it's too complicated, you'll understand next to nothing about it
Quark·spei·se *f* quark dish **Quark·stru·del** *m* quark strudel **Quark·ta·sche** *f* quark turnover
Quart <-, -en> ['kvart] *f* MUS *s.* **Quarte**
Quar·tal <-s, -e> [kvar'taːl] *nt* quarter; **es muss jedes ~ bezahlt werden** payment is due quarterly [*or* every quarter]; **die Zwischenberichte werden jeweils am Ende eines ~s fällig** the interim reports are due at the end of [*or* after] every quarter [*or* three months]
Quar·tal(s)·ab·schluss[RR] *m* end of the /a quarter **Quar·tals·en·de** *nt kein pl* end of a/the quarter; **er hat zum ~ gekündigt** he's given [*or* handed in] his notice for the end of the quarter **Quar·tal(s)·säu·fer, -säu·fe·rin** *m, f (fam)* periodic heavy drinker
quar·tal(s)·wei·se **I.** *adj* quarterly **II.** *adv* ~ **abrechnen/bezahlen/Bericht erstatten** to invoice/pay/compile a report quarterly [*or* every three months]
Quar·tär <-s> [kvar'tɛːɐ̯] *nt kein pl* GEOL Quaternary [period]
Quar·te <-, -n> ['kvartə] *f* MUS ➊ *(vierter Ton)* fourth ➋ *(Intervall)* interval
Quar·ten ['kvartn̩] *pl von* **Quart**
Quar·tett[1] <-[e]s, -e> [kvar'tɛt] *nt* KARTEN ➊ *(Kartensatz)* set of four matching cards in a game of Quartett ➋ *kein pl (Kartenspiel)* Quartett, ≈ happy families + *sing vb (game of cards in which one tries to collect sets of four matching cards);* ~ **spielen** to play Quartett
Quar·tett[2] <-[e]s, -e> [kvar'tɛt] *nt* ➊ MUS quartet ➋ *(vier zusammengehörige Leute)* quartet, group [of four]
Quar·tett·spiel *nt* KARTEN ≈ pack of happy families playing cards
Quar·tier <-s, -e> [kvar'tiːɐ̯] *nt* ➊ *(Unterkunft)* accommodation *no indef art, no pl;* **in der Hauptsaison ist in diesem Badeort kein ~ mehr zu bekommen** it is impossible to find [any] accommodation in this coastal resort in the high season; **ich suche ein ~** I'm looking for accommodation [*or* somewhere [*or a* place] to stay]; [**bei jdm/irgendwo**] ~ **beziehen** [*o* **nehmen**] to move in [with sb/somewhere]; MIL to take up quarters [with sb/somewhere] ➋ SCHWEIZ *(Stadtviertel)* district, quarter
Quarz <-es, -e> ['kvaːɐ̯ts] *m* quartz
Quarz·uhr *f* quartz clock [*or* watch]
Qua·sar <-s, -e> [kva'zaːɐ̯] *m* ASTRON quasar
qua·si ['kvaːzi] *adv (geh)* almost; **es ist doch ~ dasselbe** it's more or less the same [thing]; **nach ihrem Weggang hat er hier ~ das Sagen** since her departure he is virtually in charge here
Quas·se·lei <-, -en> [kvasə'lai] *f (fam)* babbling *no pl,* gabbing *pej fam no pl*
quas·seln ['kvasl̩n] **I.** *vi (fam)* to babble; **hört endlich auf zu ~, ich will meine Ruhe haben!** [will you] stop [your] babbling, I want a bit of peace and quiet! **II.** *vt (fam)* ▪ etw ~ to babble on about [*or pej* spout] sth
Quas·sel·strip·pe <-, -n> *f (fam)* ➊ *(hum: Telefon)* an der ~ **hängen** to be on the phone [*or* BRIT *fam a.* blower] ➋ *(pej: jd, der unentwegt redet)* windbag *pej fam,* gasbag *fam*
Quas·te <-, -n> ['kvastə] *f* tassel
Quas·ten·flos·ser <-s, -> *m* BIOL coelacanth
Quäs·tur <-, -en> [kvɛs'tuːɐ̯] *f* SCH bursary BRIT, scholar-

ship AM

quatsch ['kvatʃ] *interj* nonsense, BRIT *a.* rubbish; **ich soll das gesagt haben?** ~! I'm supposed to have said that? [what] rubbish!

Quatsch <-es> ['kvatʃ] *m kein pl (fam)* ❶ *(dummes Gerede)* rubbish, AM *usu* nonsense; **wer hat denn so einen/diesen ~ behauptet?** who told you [or where did you hear] such rubbish?; **das ist doch der letzte ~!** what a load of absolute rubbish!; ~ **reden** to talk rubbish; **so ein ~!** what [a load of] rubbish! ❷ *(Unfug)* nonsense; ~ **machen** to mess around [or about] *pej;* **was, du willst kündigen? mach doch keinen ~, Mensch, überlege dir das noch mal!** what, you want to hand in your notice, don't be silly [or *fam* daft] [or *fam* talk daft] , think it over!; **aus** ~ for [or as] a joke

quat·schen[1] ['kvatʃn] **I.** *vt (fam)* ▪ **etw** [von etw] ~ to spout *pej* [or say] sth [about sth]; **quatsch kein dummes Zeug** don't talk nonsense; **er hat irgendwas von einem Unfall gequatscht, aber ich habe gedacht, er redet Unsinn** he garbled something about an accident, but I thought he was talking rubbish **II.** *vi (fam)* ❶ *(sich unterhalten)* ▪ [mit jdm] [über etw *akk*] ~ to natter [with sb] [about sth]; **entschuldige, aber ich kann jetzt nicht mit dir ~** I'm sorry, but I can't [have a] chat with you now; ▪ **von etw** ~ to talk about sth; **ich hab' kein Wort verstanden von dem, was sie da gequatscht hat** I didn't understand a word of what she said ❷ *(etw ausplaudern)* to blab *fam;* **er hat bei den Bullen gequatscht** he's blabbed [or *sl* squealed] to the fuzz

quat·schen[2] ['kva:tʃn] **I.** *vi* to squelch **II.** *vi impers* ▪ **es quatscht** it squelches [or makes a squelching sound]

Quatsch·kopf *m (pej fam)* babbling idiot *pej,* BRIT *a. pej sl*plonker

Que·bec <-s> [ke'bɛk] *nt* Quebec

Que·chua ['kɛtʃu:a] *nt* Quech[u]a; *s. a.* **Deutsch**

Que·cke <-, -n> ['kvɛkə] *f* couch grass

Queck·sil·ber ['kvɛksɪlbɐ] *nt* mercury, quicksilver

Quell <-[e]s, -e> ['kvɛl] *m* ❶ *(poet: Born)* spring ❷ *(geh: Ursprung)* source, fount *liter*

Quel·le <-, -n> ['kvɛlə] *f* ❶ GEOG *(Ursprung eines Wasserlaufes)* source ❷ *(ausgewerteter Text)* source ❸ *(Informant)* source ❹ *(Entstehungsort)* source ❺ *(Waren~)* **an der ~ sitzen** to be at the source of supply, to have direct access

quel·len <quoll, gequollen> ['kvɛlən] *vi sein* ❶ *(herausfließen)* ▪ [aus etw] ~ to pour out [of sth]; **was quillt da, ist das etwa Motoröl?** what's that leaking there, is it engine oil?; **aus dem Riss in der Tube quoll Zahnpasta** toothpaste was oozing out of a split in the tube ❷ *(aufquellen)* to swell [up]

Quel·len·an·ga·be *f* reference **Quel·len·for·schung** *f* research into sources **Quel·len·la·ge** *f* source **Quel·len·ma·te·ri·al** *nt* source material **Quel·len·samm·lung** *f* collection of source material **Quel·len·schutz·ge·biet** *nt* ÖKOL nature reserve with springs **Quel·len·steu·er** *f* FIN tax deducted at source **Quel·len·stu·di·um** *nt* study of [the] sources; **die wissenschaftliche Abhandlung entstand nach umfangreichem ~** the scientific treatise was written after extensive study [or studying] of [the] sources **Quel·len·text** *m* LIT, SCH source text

Quel·ler <-s, -> *m* BOT glasswort

Quell·was·ser *nt* spring water

Quen·del <-s> ['kvɛndl] *m kein pl* BOT, KOCHK wild thyme

Quen·ge·lei <-, -en> *f kein pl (fam: lästiges Quengeln)* whining *no pl* ❷ *(quengelige Äußerungen)* whining *no pl;* **hör auf mit den ewigen ~en** stop your constant whining[, will you]

quen·g(e·)lig ['kvɛŋ(ə)lɪç] *adj* whining; **sei nicht so ~**

stop [your] whining, don't be such a whiner; **das Kind ist heute so ~, ob es eine Erkältung bekommt?** the child is very grizzly *fam* today, do you think he/ she is coming down with a cold?

quen·geln ['kvɛŋln] *vi (fam)* ❶ *(weinerlich sein)* to whine ❷ *(nörgeln)* ▪ [über etw *akk*] ~ to moan [about sth] *fam*

Queng·ler(in) <-s, -> ['kvɛŋlɐ] *m(f) (fam)* moaner, BRIT *a.* whinger *sl,* AM *a.* whiner

Quent·chen[ALT] <-s, -> *nt s.* **Quäntchen**

quer ['kve:ɐ̯] *adv* diagonally; **der Kanal verläuft ~ zur Straße** the canal runs diagonally [or at an angle] to the street; **der Lkw geriet auf eisglatter Fahrbahn ins Schleudern und stellte sich ~** the truck slid on the icy carriageway and ended up sideways across it; ~ **geht der Schrank nicht durch die Tür, nur längs** the cupboard won't go [or fit] through the door sideways, only lengthways; ~ **gestreift** horizontally striped; ~ **gestreifte Hemden stehen dir nicht** shirts with horizontal stripes [or horizontally striped shirts] don't suit you; ~ **durch/über etw** *akk* straight through/across sth; **lauf doch bitte nicht ~ durch/ über die Beete!** please don't run through/across the flower-beds!

Quer·bal·ken *m* crossbeam **quer·beet** [kve:ɐ̯'be:t] *adv (fam)* all over; **sie gingen einfach mal ~ durch die Landschaft** they travelled all over [or the length and breadth of] the countryside **Quer·den·ker, -den·ke·rin** *m, f* awkward and intransigent thinker **quer·durch** [kve:ɐ̯'dʊrç] *adv* straight through; ~ **passt die Truhe nicht, nur der Länge nach** the chest won't fit through sideways, only lengthways; **wir müssen ~, es gibt keinen Weg ums Moor** we'll have to go straight across [or over] , there's no way round the moor

Que·re <-> ['kve:rə] *f kein pl* ▸ WENDUNGEN: **jdm in die ~ kommen** to get in sb's way

Quer·ein·stei·ger, -ein·stei·ge·rin <-s, -> *m, f sb* entering a field of work different from their educational background

Que·re·le <-, -n> [kvɛ're:lə] *f (geh)* argument

que·ren ['kve:rən] *vt* ▪ **etw** ~ to cross sth

quer·feld·ein [kve:ɐ̯fɛlt'ʔain] *adv* across country **Quer·feld·ein·lauf** *m* SPORT cross-country run **Quer·feld·ein·ren·nen** *nt* SPORT cyclo-cross [race]

Quer·flö·te *f* MUS transverse [or cross] flute **Quer·for·mat** *nt* ❶ *(Format)* landscape format; **im ~** in landscape ❷ *(Bild)* picture/photo etc. in landscape format **quer|ge·hen** *vi irreg sein (fam)* **jdm** ~ to go wrong for sb; **heute geht mir aber auch alles quer!** everything's really going wrong for me [or I can't get anything right] today! **Quer·kopf** *m (fam)* awkward customer; **warum willst du denn nicht auch zustimmen, du ~?** why won't you agree, you awkward cuss? *pej* **quer·köp·fig** ['kve:ɐ̯kœpfɪç] *adj (fam)* contrary, wrong-headed **Quer·la·ge** *f* MED transverse presentation [or lie]; *(bei der Geburt)* torso [or trunk] presentation **Quer·lat·te** *f* ❶ SPORT *(quer verlegte Holzlatte)* horizontal slat ❷ SPORT *(waagerechte Latte eines Tores)* crossbar **quer|le·gen** *vr (fam)* **sich** [bei etw] ~ to make difficulties [concerning sth] **Quer·rip·pe** *f* [abgedeckte] ▸ KOCHK *(vom Rind)* thin [or flat] ribs **Quer·ru·der** *nt* LUFT aileron **quer|schie·ßen** *vi irreg (sl)* to throw [or put] a spanner in the works, to throw a [monkey] wrench in sth AM **Quer·schiff** *nt* ARCHIT transept **Quer·schlag** *m* ricochet [shot]

Quer·schnitt *m* ❶ *(Schnitt)* cross-section ❷ ARCHIT, MATH *(zeichnerische Darstellung)* cross-section ❸ *(Überblick)* cross-section *fig*

quer·schnitt(s)·ge·lähmt *adj* paraplegic; ▪ ~ **sein** to be [a] paraplegic **Quer·schnitt(s)·ge·lähm·te(r)** *f(m) dekl wie adj* paraplegic **Quer·schnitt(s)·läh·mung** *f* paraplegia *no pl* **Quer·stra·ße** *f* side-street, turning, turn-off; **nehmen Sie die dritte ~ rechts** take the third turning on the right **Quer·strei·fen** *m* horizontal stripe **Quer·strich** *m* horizontal line [*or* stroke] **Quer·sub·ven·ti·o·nie·rung** *f* ÖKON cross-subsidizing [*or* BRIT *a.* -ising] *no pl* **Quer·sum·me** *f* MATH sum of the digits [in a number]; **die ~ von 3315 ist 12** the sum of the digits in 3,315 is 12 **Quer·trei·ber, -trei·be·rin** <-s, -> *m, f (fam)* obstructive devil **Que·ru·lant|in|** <-en, -en> |kveru'lant| *m(f) (geh)* querulous person *form*, griper *fam* **Quer·ver·bin·dung** *f* ❶ TRANSP *(direkter Verbindungs-weg)* direct connection ❷ *(gegenseitige Beziehung)* connection, link **Quer·ver·weis** *m* cross-reference **quet·schen** |'kvɛtʃn| I. *vt* ❶ **etw aus etw ~** to squeeze sth out of [*or* from] sth; ❷ **jdn an** |*o* gegen| *akk* **etw ~** to crush sb against sth; **der herabstürzende Balken quetschte sie gegen den Schrank** the falling beam crushed [*or* pinned] her against the cupboard; **sich** *akk* **gegen etw ~** to squeeze [oneself] against sth; **sie quetsche sich an die Wand, um die Leute vorbei zu lassen** she squeezed against the wall to allow people to pass II. *vr* ❶ *(durch Quetschung verletzen)* ▪ **sich** *akk* **~** to bruise oneself; ▪ **sich** *dat* **etw ~** to crush [*or* squash] one's sth; **ich habe mir den Fuß gequetscht** I've crushed my foot ❷ *(fam: sich zwän-gen)* ▪ **sich durch/in etw ~** *akk* to squeeze [one's way] through-/[oneself] into sth; **ich konnte mich gerade noch in die U-Bahn ~** I was just able to squeeze [myself] into the tube BRIT *fam;* **nur mit Mühe quetschte sie sich durch die Menge** she was only able to squeeze [her way] through the crowd with [some] difficulty **Quet·schung** <-, -en> *f* MED ❶ *kein pl (Verletzung durch Quetschen)* crushing, squashing; **wie kam es zu der ~ der Hand?** how did you [come to] crush your hand? ❷ *(verletzte Stelle)* bruise, contusion *spec* **Queue** <-s, -s> |kø:| *nt o m* cue **quick** |'kvɪk| *adj* NORDD *(alert, rege)* bright, lively **Qui·ckie** <-, -s> |'kvɪki| *m (sl)* quickie *fam* **quick·le·ben·dig** |'kvɪkle'bɛndɪç| *adj (fam)* full of beans *fam;* **zwar ist Großvater schon 85, aber noch immer ~** grandfather may have reached 85, but he's still very sprightly **quiek** |kvi:k| *interj* squeak **quie·ken** |kvi:kn| *vi* ❶ *(quiek machen)* to squeak; **die Ferkel quiekten im Stall** the piglets squealed in their pen ❷ *(schrille Laute ausstoßen)* ▪ |vor etw *dat*| **~** to squeal [with sth]; **vor Vergnügen ~** to squeal with pleasure **quiet·schen** |'kvi:tʃn| *vi* ❶ *(ein schrilles Geräusch ver-ursachen)* to squeak; **mit ~den Bremsen/Reifen hielt der Wagen vor der roten Ampel an** the car pulled up at the red light with screeching [*or* squeal-ing] brakes/tyres; ▪ **das Quietschen** [the] squeaking; **unter lautem Quietschen kam das Fahrzeug zum Stehen** the vehicle came to a halt with a loud screech ❷ ▪ |vor etw *dat*| **~** *s.* **quieken 2** **quietsch·fi·del** |'kvi:tʃfi'de:l|, **quietsch·ver·gnügt** |'kvi:tʃfɛɡ'ɡny:kt| *adj (fam)* full of the joys of spring BRIT *pred*, chipper AM *pred* **Qui·noa** |kvi'no:a| *nt* quinoa **Quin·te** <-, -n> |'kvɪntə| *f* MUS ❶ *(fünfter Ton)* fifth ❷ *(Intervall)* interval **Quint·es·senz** |'kvɪntɛsɛnts| *f (geh)* quintessence *form*

no pl, essence *no pl*

Quin·tett <-[e]s, -e> |kvɪn'tɛt| *nt* ❶ MUS quintet ❷ *(fünf zusammengehörige Leute)* quintet, group [of five] **Quirl** <-s, -e> |'kvɪrl| *m* KOCHK whisk, beater **Quirl·be·sen** *m* flat coil whisk **quir·len** |'kvɪrlən| *vt* ▪ **etw** |mit etw| |zu etw| **~** to whisk [*or* beat] sth [into sth] [using sth] **quir·lig** |'kvɪrlɪç| *adj* lively, full of beans *pred fam* **quitt** |'kvɪt| *adj* ▪ |mit jdm| **~ sein** *(mit jdm abgerech-net haben)* to be quits [with sb] *fam; (sich von jdm getrennt haben)* to be finished [with sb] **Quit·te** <-, -n> |'kvɪtə| *f* ❶ BOT *(Obstbaum)* quince [tree] ❷ *(Frucht)* quince **quit·te·gelb** |'kvɪtəgɛlp| I. *adj* |pale| yellow II. *adv* **sich** *akk* **~ verfärben** to [turn] yellow **quit·tie·ren·** |kvɪ'ti:rən| I. *vt* ❶ *(durch Unterschrift bestätigen)* ▪ |jdm| **etw ~** to give [sb] a receipt for sth; **sich** *dat* **etw ~ lassen** to obtain a receipt for sth; ❷ *(bestätigen)* to acknowledge [*or* confirm] [the] receipt of sth ❸ *(geh: beantworten)* ▪ **etw mit etw ~** to meet [*or* answer] sth with sth; *s. a.* **Dienst** II. *vi* ▪ |jdm| **~** to acknowledge [*or* confirm] [the] receipt of sth [for sb]; **du hast ihm 5.000 Euro bezahlt und dir** |von ihm| **nicht ~ lassen?** you paid him 5,000 euros and didn't [even] get a receipt [from him]? **Quit·tung** <-, -en> |'kvɪtʊŋ| *f* ❶ *(Empfangsbestäti-gung)* receipt; **jdm eine ~** |für etw| **ausstellen** to issue sb with a receipt [for sth], to make out a receipt *sep* for sb; **gegen ~** on production [*or* submission] of a receipt ❷ *(Zahlungsbeleg)* receipt ❸ *(Folge)* ▪ **die ~ für etw** [the just] deserts for sth; **diese Ohrfeigen sind die ~ für deine Frechheiten!** a thick ear is what you get for being cheeky!; **du wirst eines Tages noch die ~ dafür bekommen, dass du mich so anschreist!** one day you'll get your come-up-pance *hum fam* for screaming at me like this! **Quit·tungs·block** <-blöcke> *m* receipt book **Quit·tungs·for·mu·lar** *nt* receipt form **Quiz** <-, -> |kvɪs| *nt* quiz **Quiz·mas·ter, -mas·te·rin** <-s, -> |'kvɪsma:stɐ, -ma:stərɪn| *m, f* MEDIA quiz master **quoll** |'kvɔl| *imp von* **quellen** **Quo·rum** <-s> |'kvo:rʊm| *nt kein pl* quorum **Quo·te** <-, -n> |'kvo:tə| *f* ❶ *(Anteil)* proportion ❷ *(Ge-winnanteil)* payout ❸ *(Rate)* rate, quota ❹ POL *(fam: ~nregelung)* quota system **Quo·ten·frau** *f (pej)* ≈ token woman [appointee] *pej (woman who is appointed to a position simply to increase the proportion of women in an organiza-tion)* **Quo·ten·re·ge·lung** *f* ≈ quota regulation *(re-quirement for a sufficient number of female appoin-tees in an organization)* **Quo·ten·sys·tem** *nt* POL ≈ quota system *(system which ensures that a [politi-cal] body or organization is made up of an equal num-ber of men and women)* **quo·ten·träch·tig** *adj* TV, RADIO promising high ratings **Quo·ti·ent** <-en, -en> |kvo'tsi̯ɛnt| *m* MATH quotient **quo·tie·ren·** |kvo'ti:rən| *vt* BÖRSE ▪ **etw ~** to quote [*or* list] sth **Quo·tie·rung** <-, -en> *f* ❶ BÖRSE *(Notierung)* quota-tion, listing ❷ *(Verteilung nach Quoten)* ≈ quota sys-tem *(system requiring that a certain proportion of a certain number of posts in an organization be re-served for women)*

R r

R, r <-, - o fam -s, -s> [ɛr] nt R, r; **~ wie Richard** R for Robert BRIT, R as in Roger AM; **das ~ rollen** to roll the r; s. a. **A 1**

Ra·batt <-[e]s, -e> [ra'bat] m discount; **~** |**auf etw** akk| **bekommen** to get a discount [on sth]; **jdm ~** |**auf etw** akk| **geben** to give sb a discount [on sth]

Ra·bat·te <-, -n> [ra'batə] f HORT border

Ra·batz <-es> [ra'bats] m kein pl (sl) racket fam, din; **~ machen** to kick up a fuss fam, to kick up [or create] [or raise] a stink fam

Ra·bau·ke <-n, -n> [ra'bauka] m (fam) lout fam, hooligan, fam BRIT a. yob[bo]

Rab·bi <-[s], -s o Rabbinen> ['rabi, pl: ra'biːnən] m, **Rab·bi·ner** <-s, -> [ra'biːnɐ] m REL rabbi

Ra·be <-n, -n> ['raːbə] m raven; ▶ WENDUNGEN: **schwarz wie ein ~** [o **wie die ~n**] (fam) as black as soot [or fam the ace of spades]; **wie ein ~ stehlen** [o **klauen**] (fam) to thieve like a magpie, to pinch anything one can lay one's hands on fam

Ra·ben·el·tern pl (pej fam) ≈ cruel parents pl; **das müssen ja ~ sein!** they're not fit to be parents! **Ra·ben·krä·he** f ORN carrion [or hooded] crow **Ra·ben·mut·ter** f (pej fam) ≈ cruel mother **ra·ben·schwarz** ['raːbn̩'ʃvarts] adj jet-black; **~e Augen** coal-black eyes **Ra·ben·va·ter** m (pej fam) ≈ cruel father

ra·bi·at [ra'bjaːt] I. adj ① (unverschämt) rude, impertinent, impudent; **ein ~er Kerl** an aggressive chap; **ein ~er Rausschmeißer** a violent [or rough] bouncer ② (aufgebracht) ▣ **~ werden** to become aggressive [or violent] ③ (rücksichtslos) ruthless II. adv ruthlessly; **sie bahnten sich ~ ihren Weg zum Ausgang** they forced [or fought] their way [through] to the exit

Ra·che <-> ['raxə] f kein pl revenge; [**für etw**] **an jdm**| **~ nehmen** [o geh: **üben**] to take [or exact] revenge [on sb] [for sth]; **auf ~ sinnen** (geh) to plot revenge; **aus ~** in [or as] [or out of] revenge; **die ~ der Enterbten** (fam) sweet revenge; **die ~ des kleinen Mannes** (fam) the revenge of the little man ▶ WENDUNGEN: **~ ist süß** (fam) revenge is sweet

Ra·che·akt m act of revenge **Ra·che·ge·dan·ke** f meist pl thought[s pl] of revenge, vindictive thought[s pl] **Ra·che·ge·fühl** nt meist pl vengeful feeling

Ra·chen <-s, -> ['raxn̩] m ① (Schlund) throat, pharynx spec ② (Maul) jaws pl, mouth ▶ WENDUNGEN: **den ~ nicht voll [genug] kriegen können** (fam) to not be able to get enough; **jdm den ~ stopfen** (fam) to shut sb up; **jdm etw in den ~ werfen** [o **schmeißen**] (fam) to give sb sth to shut them up fam

rä·chen ['rɛçn̩] I. vt ① (durch Rache vergelten) ▣ **etw** |**an jdm**| **~** to take revenge [on sb] for sth ② |jdm **Sühne verschaffen**| ▣ **jdn ~** to avenge [or take [or exact] revenge for] sb II. vr ① (Rache nehmen) ▣ **sich** akk |**an jdm**| |**für etw**| **~** to avenge [or exact] one's revenge [or avenge oneself] [on sb] [for sth] ② (sich nachteilig auswirken) ▣ **sich** |**an jdm**| |**durch etw**| **~** to come back and haunt sb [as a result of sth]; **früher oder später rächt sich das viele Rauchen** sooner or later [the] heavy smoking will take its toll

Ra·chen·blüt·ler <-s, -> m BOT figwort **Ra·chen·höh·le** f ANAT [cavity of the] pharynx spec, pharyngeal cavity spec **Ra·chen·raum** m MED pharyngeal space spec

Ra·che·plan m plan of [or for] revenge; **Rachepläne schmieden** to plot revenge

Rä·cher(in) <-s, -> m(f) (geh: jd, der Rache nimmt) avenger; **~ der Enterbten** (hum) righter of wrongs

Ra·che·schwur m oath of revenge

Ra·chi·tis <-> [ra'xiːtɪs] f kein pl MED rickets no pl, no art, rachitis spec

ra·chi·tisch [ra'xiːtɪʃ] adj MED rickety, rachitic spec

Rach·sucht f kein pl (geh) vindictiveness no pl, no indef art

rach·süch·tig adj (geh) vindictive

Ra·cker <-s, -> ['rakɐ] m (fam) [little] rascal, scamp dated

Ra·cke·rei <-> [rakə'rai] f (fam) [real] grind no pl fam, slog no pl fam

ra·ckern ['rakɐn] vi (fam) to slave away fam

Ra·clette <- o -s, -s> ['raklɛt, ra'klɛt] f o nt KOCHK raclette

rad <-, -> [rat] nt Akr von **radiation absorbed dosis** rad

Rad¹ <-[e]s, Räder> [raːt, pl: 'rɛːdə] nt ① AUTO wheel; BAHN (Laufrad) bogie [or track] wheel ② TECH (Zahnrad) cog, gearwheel ③ HIST (Foltergerät) wheel ④ SPORT cartwheel; **ein ~ schlagen** [o **machen**] to do [or turn] a cartwheel ⑤ ORN **ein ~ schlagen** to fan out [or spread] the tail ▶ WENDUNGEN: **das ~ der Geschichte** [o **Zeit**] (geh) the march of time; **das ~ der Zeit lässt sich nicht anhalten/ zurückdrehen** the march of time cannot be halted, one cannot turn the clock back, time and tide wait for no man; **das fünfte ~ am Wagen** (fam) to be superfluous [or in the way]; **ein ~ ab haben** (sl) to have a screw loose hum fam; **unter die Räder kommen** [o geraten] (fam) to fall into bad ways, to go off the rails

Rad² <-[e]s, Räder> [raːt, pl: 'rɛːde] nt bicycle, bike fam; **~ fahren** to cycle [or ride a bicycle] [or fam bike]; **|bei jdm/irgendwo| ~ fahren** (pej fam) to crawl [or pej fam suck up] [to sb]/to grovel [somewhere]; **mit dem ~** by bicycle [or fam bike]; **er fährt jeden Tag 30 Kilometer mit dem ~** he cycles 30 kilometres every day

Ra·dar <-s> [ra'daːɐ] m o nt kein pl ① (Funkmesstechnik) radar ② (Radargerät) radar ③ (Radarschirm) radar screen

Ra·dar·an·la·ge f radar [installation] **Ra·dar·fal·le** f (fam) speed [or radar] trap; **in eine ~ geraten** to be caught in a speed [or radar] trap **Ra·dar·ge·rät** nt radar [device or unit] | **Ra·dar·kon·trol·le** f TRANSP [radar] speed check **Ra·dar·netz** nt radar network **Ra·dar·schirm** m radar screen **Ra·dar·sta·ti·on** f radar station **Ra·dar·sys·tem** nt radar system **Ra·dar·über·wa·chung** f radar surveillance [or monitoring] no pl **Ra·dar·wa·gen** f car used in a [radar] speed check

Ra·dau <-s> [ra'dau] m kein pl (fam) racket fam, din, row; **~ machen** to make a racket [or din] [or row]

Räd·chen ['rɛːtçən] nt dim von **Rad** ① (kleines Zahnrad) [small] cog ② (Rändelschraube) knurled screw ③ (runde, gezahnte Blechscheibe) tracing wheel ▶ WENDUNGEN: **nur ein ~ im Getriebe sein** to be just a small cog in the works [or machine]

Rad·damp·fer m paddle steamer

ra·de·bre·chen ['raːdəbrɛçn̩] vi ▣ **|auf etw** dat| **~** to speak [in] broken sth; **auf Deutsch/Englisch ~** to speak [in] broken German/English

ra·deln ['raːd|n] vi sein (fam) ▣ |**irgendwohin**| **~** to cycle [somewhere]

rä·deln ['rɛːd|n] vt ① TECH ▣ **etw auf etw ~** akk to trace out sth sep on sth ② KOCHK **Teig in Streifen ~** to cut pastry into strips with a fluted wheel

Rä·dels·füh·rer(in) ['rɛːd|sfyːre] m(f) ringleader

rä·dern ['rɛːdən] vt HIST to break sb [up]on the wheel;

s. a. **gerädert**

Rä·der·tier *nt* ZOOL wheel animal

Rä·der·werk *nt* TECH gearing *no pl,* gear train; *(Uhr)* gear mechanism, clockwork

Rad|fah·ren *nt* ▪ |**das**| ~ cycling, riding a bicycle |*or fam* bike|

Rad·fah·rer(in) *m(f)* ❶ SPORT cyclist ❷ *(pej fam: Kriecher)* crawler *pej fam* **Rad·fahr·weg** *m* TRANSP *(geh) s.* **Radweg Rad·ga·bel** *f* fork

Ra·di <-s, -> |'ra:di| *m* KOCHK SÜDD, ÖSTERR *(Rettich)* radish

ra·di·al |ra'dja:l| *adj* radial

Ra·di·a·tor <-s, -toren> |ra'dja:toːɐ̯, *pl:* -'toːrən| *m* radiator

Ra·dic·chio <-s> |ra'dɪkjo| *m kein pl* radicchio

ra·die·ren[1] |ra'diːrən| *vi* to rub out |*or* erase|; ▪ **das R**~ rubbing out, erasing

ra·die·ren[2] |ra'diːrən| *vi* KUNST to etch

Ra·die·rer <-s, -> *m (fam)* rubber BRIT, eraser AM

Ra·die·rer(in) <-s, -> *m(f)* KUNST etcher

Ra·dier·gum·mi <-s, -s> *m* rubber BRIT, eraser AM

Ra·die·rung <-, -en> *f* KUNST etching

Ra·dies·chen <-s, -> |ra'diːsçən| *nt* radish; ▶ WENDUNGEN: **sich** *dat* **die ~ von unten ansehen** |*o* **besehen**| |*o* **betrachten**| **können** *(hum sl)* to be pushing up |the| daisies *hum*

ra·di·kal |radi'kaːl| **I.** *adj* ❶ POL *(extremistisch)* radical ❷ *(völlig)* complete, total; **die ~e Beseitigung** |*o* **Entfernung**| the complete removal; **ein ~er Bruch** a complete break; **eine ~e Verneinung** a flat |*or* categorical| |*or* an outright| denial ❸ *(tief greifend)* radical, drastic; **eine ~e Forderung** an excessive |*or* unreasonable| demand **II.** *adv* ❶ POL *(extremistisch)* radically ❷ *(völlig)* completely, totally; **~ beseitigen** |*o* **entfernen**| to remove completely; **mit etw ~ brechen** to break with sth completely; **~ verneinen** to deny flatly |*or* categorically| ❸ *(tief greifend)* radically, drastically; **~ gegen jdn vorgehen** to take drastic action against sb

Ra·di·ka·le(r) *f(m) dekl wie adj* POL radical, extremist

ra·di·ka·li·sie·ren[*] |radikali'ziːrən| **I.** *vt* POL ~ |**jdn/ etw** ~| to radicalize sb/sth |*or* make sb/sth radical| **II.** *vr* ▪ **sich** *akk* ~ to become radical

Ra·di·ka·li·sie·rung <-, -en> *f* POL radicalization *no pl*

Ra·di·ka·lis·mus <-> |radika'lɪsmʊs| *m kein pl* POL radicalism, extremism

Ra·di·kal·kur *f* ❶ MED *(drastische Behandlungsmethode)* drastic |*or* BRIT kill-or-cure| remedy ❷ *(tief greifende Maßnahmen)* drastic measures *pl*

Ra·dio <-s, -s> |'ra:djo| *nt o* SCHWEIZ, SÜDD *m (Rundfunkgerät)* radio; *(Autoradio)* car radio; **~ hören** to listen to the radio; **im ~** on the radio

ra·dio·ak·tiv |radjoʔak'tiːf| **I.** *adj* radioactive **II.** *adv* **~ verseucht/verstrahlt** contaminated by radioactivity

Ra·dio·ak·ti·vi·tät <-> |radjoʔaktivi'tɛːt| *f kein pl* radioactivity *no pl, no indef art*

Ra·dio·an·ten·ne *f* |radio| aerial |*or* AM *usu* antenna|

Ra·dio·ap·pa·rat *m* RADIO, TECH radio |set|

Ra·dio·iso·to·pen·me·tho·de *f* BIOL radioisotope method **Ra·dio·kar·bon·me·tho·de** *f* BIOL radiocarbon dating

Ra·dio·lo·ge, Ra·dio·lo·gin <-n, -n> |radjo'loːɡə, -'loːɡɪn| *m, f* radiologist

Ra·di·o·lo·gie <-> |radjolo'ɡiː| *f kein pl* MED radiology *no pl, no art*

Ra·dio·nu·klid <-s, -e> |radjonu'kliːt| *nt* radionuclide

Ra·dio·re·kor·der, Ra·dio·re·cor·der <-s, -> |'ra:djorekɔrde| *m* radio cassette recorder **Ra·dio·sen·der** *m* radio transmitter **Ra·dio·sta·ti·on** *f* radio station

Ra·dio·the·ra·pie |radjotera'piː| *f* MED radiotherapy *no pl, no art*

Ra·dio·we·cker *m* radio alarm |clock|, clock radio

Ra·di·um <-s> |'ra:djʊm| *nt kein pl* CHEM radium *no pl, no art*

Ra·di·us <-, Radien> |'ra:djʊs, *pl:* 'ra:djən| *m* ❶ *(halber Durchmesser)* radius ❷ *(Aktionsradius)* radius |*or* range| |of action|

Rad·kap·pe *f* AUTO hub cap

Rad·ler(in) <-s, -> |'ra:dlɐ| *m(f) (fam)* cyclist

Rad·ler |'ra:dlɐ| *nt* SÜDD, ÖSTERR *(Getränk aus Bier und Limonade)* shandy

Rad·ler·ho·se *f* SPORT, MODE cycle |*or* cycling| shorts *npl* **Rad·ler·maß** *f* SÜDD shandy

Ra·don <-s> |'ra:dɔn, ra'do:n| *nt kein pl* CHEM radon *no pl, no art*

Rad·renn·bahn *f* cycle |racing| track, velodrome **Rad· ren·nen** *nt* cycle race **Rad·renn·fah·rer(in)** *m(f)* racing cyclist

Rad|schla·gen *nt* ▪ **das** ~ doing |*or* turning| a cartwheel

Rad·schnee·schlä·ger *m* rotary whisk

Rad·sport *m* cycling *no pl* **Rad·sport·ler(in)** *m(f)* cyclist

Rad·stand *m* AUTO, BAHN wheelbase

Rad·tour |-tuːɐ̯| *f* bicycle |*or fam* bike| ride; |**mit jdm**| **eine ~ machen** |*o* **unternehmen**| to go for a bicycle |*or fam* bike| ride |with sb|; **wir wollen eine ~ nach Dänemark machen** we plan to go on a cycling |*or* cycle| tour to Denmark **Rad·wan·de·rung** *f s.* **Radtour**

Rad·wech·sel *m* AUTO wheel change; **einen ~ machen** to change a wheel

Rad·weg *m* TRANSP cycle path |*or* track|

RAF <-> |ɛrʔaːʔɛf| *f Abk von* **Rote-Armee-Fraktion**

Raf·fel <-, -n> |'rafl| *f* flat grater

raf·fen |'rafn| *vt* ❶ *(eilig greifen)* ▪ **etw** |**an sich** *akk*| ~ to grab |*or* snatch |up *sep*|| sth ❷ *(in Falten legen)* ▪ **etw** ~ to gather sth; **ein Kleid** ~ to gather up a dress ❸ *(kürzen)* ▪ **etw** ~ to shorten sth ❹ *(sl: begreifen)* ▪ **etw** ~ to get it *fam*

Raff·gier *f* greed *no pl,* avarice *form no pl,* rapacity *form no pl*

raff·gie·rig *adj* greedy, grasping *pej,* rapacious *form*

Raf·fi·na·de <-, -n> |rafi'na:də| *f* refined sugar

Raf·fi·na·ti·on <-> |rafina'tsjo:n| *f kein pl* refining

Raf·fi·ne·ment <-s, -s> |rafinə'mã:| *nt (geh)* ❶ refinement ❷ *s.* **Raffinesse**

Raf·fi·ne·rie <-, -n> |rafinə'riː, *pl:* -riːən| *f* refinery

Raf·fi·nes·se <-, -n> |rafi'nɛsə| *f* ❶ *kein pl (Durchtriebenheit)* cunning, slyness, guile *form* ❷ *(Feinheit)* refinement; **mit allen ~n** with all the |latest| extras |*or hum* trimmings|

raf·fi·nie·ren[*] |rafi'niːrən| *vt* ❶ *(reinigen)* ▪ **raffiniert werden** to be refined ❷ *(destillieren)* ▪ |**zu etw**| **raffiniert werden** to be refined |*or* made| |into sth|

raf·fi·niert **I.** *adj* ❶ *(durchtrieben)* cunning, sly ❷ *(ausgeklügelt)* clever *fam,* ingenious ❸ *(geh: verfeinert)* refined, sophisticated **II.** *adv* ❶ *(durchtrieben)* cunningly, slyly ❷ *(geh: verfeinert)* **~ komponieren/ würzen/zusammenstellen** to compose/season/put together with great refinement |*or* sophistication|

Raf·fi·niert·heit <-> *f kein pl s.* **Raffinesse**

Raff·ke <-s, -s> |'rafkə| *m (fam)* money-grubber

Raf·ting <-s> |'ra:ftɪŋ| *nt kein pl* SPORT rafting *no pl*

Ra·ge <-> |'ra:ʒə| *f kein pl (fam)* ❶ *(Wut)* rage, fury; **jdn in ~ bringen** |*o* **versetzen**| to enrage |*or* infuriate| sb, to make sb hopping mad *fam* ❷ *(Erregung)* agitation, annoyance; |**über etw** *akk*| **in ~ geraten** |*o* **kommen**| to get annoyed |about sth|; **in der ~** in the excitement

ra·gen |'ra:ɡn| *vi* ❶ *(emporragen)* ▪ **aus etw** ~ to rise up out of sth; **die Felsen ragten aus der Bergwand** the rocks towered |*or* rose| up out of the cliff-face

② *(vorragen)* ■ **irgendwohin ~** to stick [*or* jut] out somewhere

Ra·gout <-s, -s> |ra'guː| *nt* KOCHK ragout

Rag·time <-[s]> |'rɛgtaim| *m kein pl* MUS ragtime

Rah <-, -en> |raː| *f*, **Ra·he** <-, -n> |'raːə| *f* NAUT yard

Rahm <-[e]s> |raːm| *m kein pl* SÜDD, SCHWEIZ *(Sahne)* cream; ÖSTERR *(saure Sahne)* sour cream; ▶ WENDUNGEN: |**für sich** *akk* **den ~ abschöpfen** *(fam)* to cream off the best [*or* take the pickings] [for oneself]

Rähm·chen <-s, -> |'rɛːmçən| *nt dim von* **Rahmen** mount

rah·men |'raːmən| *vt* ■ **etw ~** to frame sth; **ein Dia ~** to mount a slide

Rah·men <-s, -> |'raːmən| *m* **①** *(Einfassung)* frame **②** *(Fahrradgestell)* frame; AUTO *(Unterbau)* chassis [frame] **③** *(begrenzter Umfang o Bereich)* framework; **im ~ des Möglichen** within the bounds of possibility; **im ~ bleiben, sich** *akk* **im ~ halten** to keep within reasonable bounds; **über den ~ von etw hinausgehen, den ~** [von etw] **sprengen** to go beyond the scope [*or* limits *pl*] of sth; **im ~ einer S.** *gen (im Zusammenhang mit etw)* within the context of sth; *(innerhalb)* within the framework [*or npl* bounds] of sth; **in einem größeren/kleineren ~** on a large/ small scale; **die Gedenkfeier fand in entsprechendem ~ statt** the memorial service was appropriate for the occasion; **sich** *akk* **in angemessenem ~ halten** to keep [*or* be kept] within reasonable limits; |**mit etw| aus dem ~ fallen** to stand out [because of sth]; |**mit etw| nicht in den ~ passen** to not fit in [with sth] **④** *(Atmosphäre)* atmosphere, setting

Rah·men·ab·kom·men *nt* basic [*or* skeleton] [*or* framework] agreement **Rah·men·be·din·gung** *f meist pl* basic [*or* prevailing] conditions *pl* **Rah·men·ge·setz** *nt* framework [*or* skeleton] law *(Federal law establishing the framework for [more] detailed legislation)* **Rah·men·hand·lung** *f* LIT framework [*or* background] story, basic plot **Rah·men·plan** *m* JUR framework [*or* outline] plan **Rah·men·richt·li·ni·en** *pl* [general] guidelines *pl*

Rahm·kä·se *m* cream cheese

Rain <-[e]s, -e> |rain| *m* boundary [strip], margin of a field

Rai·ne |rai'nə| *f* casserole

Rain·farn *m* BOT tansy

rä·keln |'rɛːkļn| *vr s.* **rekeln**

Ra·ke·te <-, -n> |ra'keːtə| *f* **①** *(Flugkörper)* rocket; MIL missile **②** *(Feuerwerkskörper)* rocket

Ra·ke·ten·ab·schuss·ba·sisRR *f* rocket/missile launching site [*or* pad] **Ra·ke·ten·ab·wehr** *f* MIL [anti-]missile defence [*or* AM -se] [system] **Ra·ke·ten·an·trieb** *m* rocket propulsion [unit] **Ra·ke·ten·ba·sis** *f* MIL missile [launching] base **Ra·ke·ten·stütz·punkt** *m* MIL missile base **Ra·ke·ten·wer·fer** *m* MIL rocket launcher

Ral·lye <-, -s> |'rali, 'rɛli| *f* rally; **~** [*o* **~s**] **fahren** to go rallying; **eine ~ fahren** to take part [*or* drive] in a rally **Ral·lye·fah·rer(in)** |'rali-, 'rɛli-| *m(f)* rally driver

RAM <-, -s> |ram| *nt Akr von* **random access memory** RAM

Ram·bo <-s, -s> |'rambo| *m (sl)* Rambo *fam,* tough guy, hard man

Ram·bo·typ *m (fam)* Rambo|type of person] *fam,* tough guy [*or fam* girl]

ramm·dö·sig |'ramdøːzɪç| *adj* DIAL *(fam)* dizzy, giddy

Ram·me <-, -n> |'ramə| *f* BAU piledriver

ram·meln |'ramļn| *vi* **①** JAGD *(sich paaren)* to mate **②** *(sl)* to have it off BRIT *sl,* to get it on AM *sl,* to screw *vulg*

ram·men |'ramən| *vt* **①** *(stoßen)* ■ **jdn/etw ~** to ram sb/sth; ■ **jdm etw in etw** *akk*/**durch etw ~** to ram sth into sb's sth/through sb's sth **②** *(schlagen)* ■ **etw in etw ~** *akk* to ram sth into sth

Ramm·ler <-s, -> |'ramlə| *m* buck

Ram·pe <-, -n> |'rampə| *f* **①** *(schräge Auffahrt)* ramp; *(Laderampe)* loading ramp **②** THEAT *(Bühnenrand)* apron

Ram·pen·licht *nt* THEAT *(Beleuchtung)* footlights *pl;* ▶ WENDUNGEN: **im ~** |**der Öffentlichkeit| stehen** to be in the limelight

ram·po·nie·ren* |rampo'niːrən| *vt (fam)* ■ **etw ~** to ruin sth; ■ **ramponiert** ruined; **für den ramponierten Schreibtisch wollen Sie noch 2.800 Euro haben?** you want 2,800 euros for this battered [*or fam* beat-up] [old] desk?; **ramponiert sein/aussehen** to be [*or* feel] /look the worse for wear [*or hum* fragile]

Ramsch <-[e]s> |ramʃ| *m kein pl (fam)* rubbish *no pl,* AM *usu* garbage *no pl,* junk *no pl*

Ramsch·la·den *m (pej fam)* junk shop

RAM-Spei·cher *m* INFORM RAM [*or* main] memory

ran |ran| **I.** *interj (fam)* let's go!; **jetzt aber ~, Leute** come on guys[, get a move-on]! **II.** *adv (fam) s.* **heran**

Rand <-es, Ränder> |rant, *pl:* 'rɛndɐ| *m* **①** *(abfallendes Ende einer Fläche)* edge **②** *(obere Begrenzungslinie) von Glas, Tasse* top, brim; *von Teller* edge [*or* side]; *von Wanne* top [*or* rim] **③** *(äußere Begrenzung/Einfassung)* edge; *von Hut* brim; *von Wunde* lip; **du hast dir die Hose unten am** |**rechten/linken| ~ schmutzig gemacht** you've dirtied the bottom [of the right/left leg] of your trousers; **die Decke hatte einen mit einer Borte verzierten ~** the quilt was bordered by a braid trimming [*or* had a braid trimming border] **④** *(Grenze)* **~ einer S.** *gen* on the verge [*or* brink] of sth; **sich** *akk* **am ~ einer S. bewegen** to border on sth **⑤** *(auf Papier)* margin; **Trauerkarten haben einen schwarzen ~** condolence cards have black edging [*or* a black border] **⑥** *(Schatten, Spur)* mark; |**dunkle/rote| Ränder um die Augen haben** to have |dark/red| rings [a]round one's eyes; **ein** |**schmutziger| ~ um die Badewanne** a tidemark around [the rim of] the bath BRIT *fig* ▶ WENDUNGEN: **außer ~ und Band geraten** *(fam)* to be beside oneself; **halt den ~!** *(fam)* shut your mouth *fam* [*or sl* face] [*or sl* gob]; **mit etw zu ~e kommen** *(fam)* to cope [with sth]; **mit jdm zu ~e kommen** *(fam)* to get on with sb; **am ~e** in passing; **das habe ich am ~e erwähnt** I mentioned that in passing; **das interessiert mich nur am ~e** that's only of marginal interest to me

Ran·da·le <-> |ran'daːlə| *f (sl)* rioting *no pl;* **~ machen** to riot

ran·da·lie·ren* |randa'liːrən| *vi* to riot, to [go on the] rampage; ■ **~d** rampaging

Ran·da·lie·rer(in) <-s, -> *s. m(f)* hooligan

Rand·be·mer·kung *f* **①** *(beiläufige Bemerkung)* passing comment; **etw in einer ~ bemerken** to mention sth in passing **②** *(Notiz auf einer Schriftseite)* note in the margin, marginal note

Ran·de <-, -n> |'randə| *f* SCHWEIZ *(rote Rübe)* beetroot

Rand·er·schei·nung *f* peripheral phenomenon; *(Nebenwirkung)* side effect **Rand·fi·gur** *f* minor figure **Rand·ge·biet** *nt* **①** GEOG outlying district **②** *(Sachgebiet)* fringe area **Rand·grup·pe** *f* SOZIOL fringe group **rand·los** *adj* rimless **Rand·stein** *m s.* **Bordstein Rand·strei·fen** *m* TRANSP, ADMIN verge; *Autobahn* hard shoulder **Rand·zo·ne** *f s.* **Randgebiet 1**

rang |raŋ| *imp von* **ringen**

Rang <-[e]s, Ränge> |raŋ, *pl:* 'rɛŋə| *m* **①** *kein pl (Stellenwert)* standing, status; *Entdeckung, Neuerung* importance; **von bestimmtem ~** of a certain importance; **von bedeutendem/hohem/künstlerischem ~** of significant/great/artistic importance; **ersten ~es** of the first order [*or* great significance]

@ *(gesellschaftliche Position)* station *no pl,* |social| standing; **alles, was ~ und Namen hat** everybody who is anybody; **zu ~ und Würden kommen** to achieve a high |social| standing [*or* status]; **jdm |durch/mit etw| den ~ streitig machen** to [try and] challenge sb's position [with sth]; **einen bestimmten ~ bekleiden** [*o* **einnehmen**] to hold a certain position ❷ MIL *(Dienstgrad)* rank; **einen hohen ~ bekleiden** [*o* **einnehmen**] to hold a high rank, to be a high-ranking officer ❸ SPORT *(Platz)* place ❺ FILM, THEAT circle; **vor leeren/überfüllten Rängen spielen** to play to an empty/a packed house ❻ *(Gewinnklasse)* prize category ▶ WENDUNGEN: **jdm den ~ ablaufen** to outstrip [*or* steal a march on] sb

Rang·ab·zei·chen *nt* MIL *(veraltend)* insignia *npl* [of rank], badge of rank **Rang·äl·tes·te(r)** *f(m) dekl wie adj* MIL *(veraltend)* most senior officer

Ran·ge <-, -n> ['raŋə] *f* DIAL *(lebhaftes Kind)* |little [*or* young] | rascal

ran|ge·hen ['raŋəːən] *vi (fam)* ❶ *(herangehen)* ▪ [**an etw** *akk*] ~ to go up [to sth] ❷ *(in Angriff nehmen)* ▪ [**an etw** *akk*] ~ to get stuck in[to sth], to get cracking [on sth]; *s. a.* **Blücher**

Ran·ge·lei <-, -en> [raŋə'lai] *f (fam)* scrapping *no pl;* **es kam immer wieder zu ~en** there were numerous [little] scraps

ran·geln ['raŋln] *vi (fam)* ▪ [**mit jdm**] ~ to scrap [with sb]

Rang·fol·ge *f* order of priority **rang·höchs·te(r, s)** *adj* MIL highest-ranking *attr* **Rang·höchs·te(r)** *f(m) dekl wie adj* MIL highest-ranking officer/soldier

Ran·gier·bahn·hof [raŋ'ʒiː·ɐ·] *m* BAHN marshalling [*or* shunting] yard

ran·gie·ren [rã'ʒiːrən] I. *vi* ❶ *(Stellenwert haben, eingestuft sein)* to rank, to be ranked; **sie rangiert auf Platz drei der Weltrangliste** she's ranked [number] three in the world, she's number three in the world rankings ❷ *(laufen)* ▪ **unter etw ~** *dat* to come under sth II. *vt* BAHN **etw irgendwohin ~** to shunt sth somewhere

Ran·gie·rer(in) <-s, -> *m(f)* BAHN shunter

Ran·gier·gleis [raŋ'ʒiːɐ·] *nt* BAHN siding **Ran·gier·lok** *f,* **Ran·gier·lo·ko·mo·ti·ve** *f* BAHN shunter, shunting locomotive **Ran·gier·ma·nö·ver** *nt* TRANSP manoeuvre

Rang·lis·te *f* SPORT ranking list [*or* rankings] **rang·mä·ßig** *adv (hinsichtlich des Dienstgrades)* according to rank; *(hinsichtlich der Dienststellung)* according to seniority; **~ höher angesiedelt sein** to be higher ranking [*or* in rank] **Rang·ord·nung** *f* hierarchy; **militärische ~** military [order of] ranks **Rang·stu·fe** *f* rank

Ran·gun <-s> [raŋ'guːn] *nt* Rangoon, Yangon

Ran·gun·boh·ne *f* Lima bean

Rang·un·ter·schied *m* difference in status

ran|hal·ten *vr irreg (fam)* ▪ **sich** *akk* ~ to put one's back into it; **haltet euch ran** get a move on *fam*

rank [raŋk] *adj* ~ **und schlank** *(geh)* slim and sylphlike *esp hum*

Ran·ke <-, -n> ['raŋkə] *f* BOT tendril

Rän·ke ['rɛŋkə] *pl (veraltet geh)* intrigues *pl,* plots *pl;* **~ schmieden** to intrigue

ran·ken ['raŋkn] I. *vr haben* ❶ HORT *(sich winden)* ▪ **sich** *akk* **irgendwohin ~** to climb [*or* creep up] [*or* wind itself around] somewhere ❷ *(verbunden sein)* ▪ **sich** *akk* **um jdn/etw ~** *Legenden, Sagen etc* to have grown up around sb/developed around sth II. *vi haben o sein* to put out tendrils

Rän·ke·schmied(in) *m(f) (veraltet geh)* intriguer **Rän·ke·spiel** *nt (veraltet geh)* intrigues *pl,* plots *pl*

Rank·ge·wächs *nt* BOT creeper, climber, creeping [*or* climbing] plant

Ran·king <-s, -s> ['rɛŋkɪŋ] *nt* quality assessment

ran|klot·zen *vi (sl)* to get stuck in [*or* AM cracking] *fam,* to put one's back into making money

ran|kom·men *vi irreg sein (fam)* ❶ *(drankommen)* ▪ |**an etw** *akk*| ~ to [be able to] reach [sth] ❷ *(vordringen)* ▪ **an jdn ~** to get hold of sb *fig;* **man kommt an ihn einfach nicht ran** it's impossible to get at him; **an diese Frau kommt keiner ran** nobody has a chance [*or* will get anywhere] with her

ran|las·sen *vt irreg* ❶ *(fam: heranlassen)* ▪ **jdn |an jdn/sich|** ~ to let sb near [sb/one] ❷ *(fam: versuchen lassen)* ▪ **jdn** ~ to let sb have a go ❸ *(sl: den Geschlechtsakt gestatten)* ▪ **jdn |an sich** *akk*| ~ to let sb do it [with one] *fam;* **den lasse ich bestimmt nicht an mich ran** I'm definitely not letting him do it [*or hum* have his evil way] with me

ran|ma·chen *vr (fam)* ▪ **sich** *akk* **an jdn ~** to make a pass at sb, to [try to] chat up sb *sep* BRIT

ran|müs·sen *vi irreg haben (fam)* to have to muck in BRIT *fam* [*or* AM share the work]

rann [ran] *imp von* **rinnen**

rann·te ['rantə] *imp von* **rennen**

ran|schmei·ßen *vr irreg (sl)* ▪ **sich an jdn ~** to throw oneself at sb *fam*

Ra·nun·kel <-, -n> [ra'nʊŋkl] *f* BOT buttercup, ranunculus *spec*

Ran·zen <-s, -> ['rantsn̩] *m* ❶ SCH *(Schulranzen)* satchel ❷ *(fam: Bauch)* paunch, gut; **sich** *dat* **den ~ vollschlagen** *(sl)* to stuff oneself *fam* [*or fam* one's face]; **jdm den ~ voll hauen** *(veraltend fam)* to give sb a good hiding *dated* [*or* thrashing]

ran·zig ['rantsɪç] *adj* rancid; ▪ **~ sein/werden** to be/turn rancid

Rap <-> [rɛp] *m kein pl* MUS rap

ra·pi·de [ra'piːdə] *adj* rapid

Rap·pe <-n, -n> ['rapə] *m* black [horse]

Rap·pel <-s, -> ['rapl] *m* **den/seinen ~ kriegen** *(fam)* to go completely mad; **dabei kriegt man noch den ~!** that's enough to drive you up the wall!, that's enough to drive you round the bend! [*or* twist]

rap·pe·lig ['rapəlɪç] *adj* DIAL *(fam)* jumpy, BRIT *a.* nervy; **raus mit der Neuigkeit, wir sind alle schon ganz ~!** come on, let's have [*or* out with] the news, we're all on tenterhooks [already]!

rap·peln ['rapln] *vi (fam)* ❶ *(klappern)* to rattle ❷ *(veraltend: verrückt sein)* ▪ **bei jdm rappelt's** sb has a screw loose *fam* [*or* is mad]

rap·pen ['ræpn] *vi* MUS to rap

Rap·pen <-s, -> ['rapn] *m* [Swiss] centime, rappen

Rap·per(in) <-s, -> ['ræpɐ] *m(f)* rapper, rap artist [*or* musician]

Rap·port <-[e]s, -e> [ra'pɔrt] *m (geh)* ❶ *(Bericht)* report; **jdn zum ~ bestellen** to ask sb to file [*or* submit] a report; **jdm ~ erstatten** to report to sb ❷ *(psychischer Kontakt)* rapport

Raps <-es, -e> [raps] *m* BOT rape[seed]

Raps·ho·nig *m* rapeseed honey **Raps·öl** *nt* rape[seed] oil

Ra·pun·zel <-, -n> [ra'pʊntsl̩] *f* BOT corn salad, lamb's lettuce

Ra·pun·zel·sa·lat *m* corn [*or* lamb's] lettuce

rar [raːɐ̯] *adj* rare; ▪ **~ sein/werden** to be/become hard to find

Ra·ri·tät <-, -en> [rari'tɛːt] *f* ❶ *(seltenes Stück)* rarity ❷ *(etwas selten Anzutreffendes)* rarity, curio, curiosity

Ra·ri·tä·ten·ka·bi·nett *nt* place displaying rare objects and curios

rar|ma·chen[RR] *vr* ▪ **sich** *akk* ~ *(fam)* to make oneself scarce

ra·sant [ra'zant] I. *adj* ❶ *(ausgesprochen schnell)* fast; **~e Beschleunigung** terrific acceleration; **~e Fahrt,**

~es Tempo breakneck [*or* |very| high] speed ② *(stürmisch)* rapid; **eine ~e Zunahme** a sharp increase **II.** *adv* ① *(zügig)* **~ fahren** to drive at breakneck speed ② *(stürmisch)* rapidly; **~ zunehmen** to increase sharply

Ra·sanz <-> |ra'zants| *f kein pl (geh)* |[great] pace [*or* speed]

rasch |raʃ| **I.** *adj* quick, rapid; **eine ~e Entscheidung/ein ~er Entschluss** a quick decision; **in ~em Tempo** at a fast [*or* rapid] speed; **~es Handeln ist geboten** we must act quickly **II.** *adv* quickly; **~, beeilt euch!** come on, hurry up!; *s. a.* **Hand**

ra·scheln |'raʃln| *vi* ① *(sich scharrend bewegen)* ■ **in etw ~** *dat* to rustle in sth ② *(knistern)* ■ |mit etw| **~** to rustle [sth]; ■ **das R~** |the| rustling

ra·sen |'ra:zn| *vi* ① *sein (sehr schnell fahren)* to speed, to race along; ■ **gegen/in etw** *akk* **~** to crash into sth; ■ **über etw** *akk* **~** to race [*or* shoot] across [*or* over] sth; ■ **das R~** |the| speeding ② *sein (eilends vergehen)* to fly [by]; **die Zeit rast** time flies; *s. a.* **Puls** ③ *haben (toben)* |**vor etw** *dat*| **~** to go wild [with sth]; **sie raste** |vor Wut| she was beside herself [with rage]

Ra·sen <-s, -> |'ra:zn| *m* ① *(grasbewachsene Fläche)* lawn ② *SPORT (Rasenplatz)* field, *BRIT a.* pitch

ra·send I. *adj* ① *(äußerst schnell)* breakneck, tremendous ② *(wütend)* furious; **eine ~e Menge/ein ~er Mob** an angry crowd/mob; ■ **~ sein vor etw** *dat* to be mad [*or* beside oneself] with sth; **~ vor Wut** to be beside oneself with rage; **jd könnte ~ werden, wenn ...** sb could scream when ...; **jdn ~ machen** |mit etw| to drive sb mad [with sth] ③ *(furchtbar)* terrible; **~er Durst** raging thirst; **~e Eifersucht** a mad fit of jealousy; **ein ~er Schmerz** an excruciating pain; **eine ~e Wut** a blind [*or* violent] rage ④ *(tobend)* thunderous; **~er Beifall** thunderous applause **II.** *adv (fam)* very; **ich würde das ~ gern tun** I'd be very [*or* more than] happy [*or* glad] to do it

Ra·sen·de(r) *f(m) dekl wie adj* madman *masc,* madwoman *fem,* maniac

Ra·sen·flä·che *f* lawn **Ra·sen·mä·her** <-s, -> *m* lawnmower **Ra·sen·platz** *m SPORT* field, *BRIT a.* pitch **Ra·sen·spren·ger** <-s, -> *m* |lawn-|sprinkler

Ra·ser(in) <-s, -> |'ra:zɐ| *m(f) (fam)* speed merchant *fam*

Ra·se·rei <-, -en> |ra:zə'raɪ| *f* ① *(fam: schnelles Fahren)* speeding *no pl* ② *kein pl (Wutanfall)* rage, fury; **jdn zur ~ bringen** to send sb into a rage, to drive sb mad [*or* to distraction]

Ra·se·rin <-, -nen> *f fem form von* **Raser**

Ra·sier·ap·pa·rat *m* ① *(Elektrorasierer)* [electric] shaver [*or* razor] ② *(Nassrasierer)* |safety| razor **Ra·sier·creme** *f* shaving cream

ra·sie·ren |ra'zi:rən| *vt* ① *(Bartstoppeln entfernen)* ■ **sich** *akk* **~** to [have a] shave; **sich** *akk* **elektrisch** [*o* **trocken**] **~** to use a[n] [electric] shaver [*or* an electric razor]; **sich** *akk* **nass ~** to [have a] wet shave; ■ **sich** *akk* |**von jdm**| **~ lassen** to get a shave [from sb]; ■ **jdn ~** to shave sb; **ich habe mich beim Rasieren geschnitten** I cut myself shaving ② *(von Haaren befreien)* ■ |jdm| **etw ~** *Beine, Nacken* to shave [sb's] sth; ■ **jd rasiert sich** *dat* **etw** sb shaves one's sth

Ra·sie·rer <-s, -> *m (fam)* [electric] shaver, electric razor

Ra·sier·klin·ge *f* razor blade **Ra·sier·mes·ser** *nt* cutthroat [*or* AM straight] razor **Ra·sier·pin·sel** *m* shaving brush **Ra·sier·schaum** *m* shaving foam **Ra·sier·was·ser** *nt* aftershave **Ra·sier·zeug** *nt* shaving things *pl*

Rä·son <-> |rɛ'zɔŋ, ra'zõ:| *f kein pl* **jdn zur ~ bringen** *(geh)* to bring sb to his/her senses; **~ annehmen** *(geh)* to come to one's senses

Ras·pel <-, -n> |'raspl| *f* rasp; KOCHK grater

ras·peln |'raspln| *vt* ■ **etw ~** to grate sth; ■ **geraspelt** grated

rassᴿᴿ |ra:s|, **räss**ᴿᴿ |rɛ:s|, **raß**ᴬᴸᵀ |ra:s|, **räß**ᴬᴸᵀ |rɛ:s| *adj* SÜDD, SCHWEIZ, ÖSTERR ① *(scharf)* spicy, hot; **ein ~er Käse** a sharp[-tasting] cheese ② *(resolut)* determined

Ras·se <-, -n> |'rasə| *f* ① *(Menschenrasse)* race ② *(Tierrasse)* breed; **~ haben** to have pedigree; *(fig)* to have spirit; **dieses Pferd hat ~!** this horse is a thoroughbred!

Ras·sel <-, -n> |'rasl| *f* rattle

ras·seln |'rasln| *vi* ① *haben* ■ |in etw *dat*| **~** to rattle |in sth|; ■ **das Rasseln** |the| rattling; ■ **mit/an etw ~** *dat* to rattle sth; **mit/an dem Schlüsselbund/den Schlüsseln ~** to jangle [*or* jingle] one's bunch of keys/ keys ② *sein (fam: durchfallen)* ■ **durch etw ~** to fail [*or* AM *a.* flunk] sth

Ras·sen·dis·kri·mi·nie·rung *f* racial discrimination *no pl* **Ras·sen·for·schung** *f* racial research *no pl,* ethnology *no pl form* **Ras·sen·hass**ᴿᴿ *m* racial hatred *no pl* **Ras·sen·kon·flikt** *m* SOZIOL, POL racial conflict **Ras·sen·merk·mal** *nt* racial characteristic **Ras·sen·mi·schung** *f* ① SOZIOL interbreeding *no pl* (of races), mixture of races, miscegenation *form no pl* ② ZOOL interbreeding *no pl,* crossbreeding *no pl* **Ras·sen·tren·nung** *f kein pl* racial segregation **Ras·sen·un·ru·he** *f meist pl* racial unrest *no pl,* no indef art **Ras·sen·un·ter·schied** *m* racial difference **Ras·sen·wahn** *m (pej)* racial hatred

ras·se·rein *adj s.* **reinrassig** **Ras·se·tier** *nt* thoroughbred

ras·sig |'rasɪç| *adj* vivacious, spirited; **ein ~er Wein** a full-bodied wine

ras·sisch |'rasɪʃ| *adj* racial

Ras·sis·mus <-> |ra'sɪsmʊs| *m kein pl* racism, racialism

Ras·sist(in) <-en, -en> |ra'sɪst| *m(f)* racist, racialist

ras·sis·tisch *adj* racist, racialist

Rast <-, -en> |rast| *f* rest, break; |**irgendwo**| **~ machen** to stop for a rest [*or* break] |somewhere|; **ohne ~ und Ruh** *(geh)* without respite *form*

Ras·te <-, -n> |'rastə| *f* notch

ras·ten |'rastn| *vi* to [have a] rest [*or* have [*or* take] a break]; **nicht ~ und nicht ruhen, bis ...** not to rest until ... ► WENDUNGEN: **wer rastet, der rostet** *(prov)* a rolling stone gathers no moss *prov*

Ras·ter¹ <-s, -> |'rastə| *m* TYPO ① *(Glasplatte, Folie)* screen ② *(Rasterung)* screening, shadowing

Ras·ter² <-s, -> |'rastə| *nt* ① TV *(Gesamtheit der Bildpunkte)* raster ② *(geh: System von Kategorien)* category; **man kann sie in kein ~ pressen** she can't be pigeonholed

Ras·ter·elek·tro·nen·mi·kro·skop *nt* BIOL scanning electron microscope **Ras·ter·fahn·dung** *f* ≈ computer search *(search for wanted persons by using computers to assign suspects to certain categories)*

Rast·haus *nt* roadhouse; *(Autobahn)* motorway [*or* AM freeway] service area **Rast·hof** *m* |motorway [*or* AM freeway] | service area **rast·los** *adj* ① *(unermüdlich)* tireless, unflagging ② *(unruhig)* restless **Rast·lo·sig·keit** <-> *f kein pl* ① *(Unermüdlichkeit)* tirelessness ② *(Unruhe)* restlessness **Rast·platz** *m* TRANSP picnic area **Rast·stät·te** *f s.* **Rasthof**

Ra·sur <-, -en> |ra'zu:ɐ| *f* ① *(das Rasieren)* shaving *no pl; nach/vor der ~* after/before shaving ② *(Resultat des Rasierens)* shave

Rat¹ <-[e]s> |ra:t| *m kein pl* advice; **mit ~ und Tat** with help and advice; **jdn um ~ fragen** to ask sb for advice [*or* sb's advice]; **jdm einen ~ geben** to give sb some advice; **wenn ich dir einen ~ geben darf** if I could give you some [*or* a bit of [*or* a piece of]] advice;

jdm den ~ **geben, etw zu tun** to advise sb to do sth; **sich** *dat* |**bei jdm**| ~ **holen** to get some advice |from sb|; **sich** *dat* **keinen** ~ |**mehr**| **wissen** to be at one's wit's end; **sich** *dat* **keinen anderen** ~ **mehr wissen, als etw zu tun** not to know what to do other than to do sth; **jdn/etw zu ~e ziehen** to consult sb/sth; **auf jds** ~ |**hin**| on |the strength of| sb's advice; **gegen** |*o* **entgegen**| **jds** ~ against sb's advice; **da ist guter** ~ **teuer** it's hard to know what to do

Rat² <-[e]s, Räte> |raːt, *pl:* 'rɛːtə| *m* POL council; **er wurde in den** ~ |**der Gemeinde/Stadt**| **gewählt** he was elected to the |parish/town| council; **der** ~ **der Weisen** ÖKON the German Expert Council on Overall Economic Development *(independent body of five experts who annually present a report on the economy and its likely future development);* **Großer** ~ SCHWEIZ |Swiss| cantonal parliament; **im** ~ **sitzen** *(fam)* ≈ to be a Councillor |*or* AM *a.* Councilor| *(to be a member of a |Swiss| cantonal parliament)*

Rat, Rä·tin <-[e]s, Räte> |raːt, 'rɛːtɪn, *pl:* 'rɛːtə| *m, f* ❶ POL *(Stadtrat)* councillor, AM *a.* councilor ❷ ADMIN *(fam)* senior official

Ra·te <-, -n> |'raːtə| *f* instalment, AM *a.* installment; **auf** |*o* **in**| ~**n** in |*or* by| instalments; **etw in ~n bezahlen** to pay for sth in |*or* by| instalments, to buy sth on hire purchase |*or* AM using an installment plan|

ra·ten <rät, riet, geraten> |'raːtn| **I.** *vi* ❶ *(Ratschläge geben)* ■ |**jdm**| **zu etw** ~ to advise |sb to do| sth, to recommend sth |to sb|; **wenn Sie mich fragen, ich würde** |**Ihnen**| **zu einem Kompromiss** ~ if you ask me, I'd advise |you to| compromise; ■ **jdm** ~, **etw zu tun** to advise sb to do sth; **sich** *dat* |**von jdm**| ~ **lassen** to take advice |from sb| ❷ *(schätzen)* to guess; **mal** ~ to have a guess; **falsch/richtig** ~ to guess wrong/right; *s. a.* **dreimal** *s. a.* **geraten II.** *vt* ❶ *(als Ratschlag geben)* ■ **jdm etw raten** to advise sb to do sth; **was rätst du mir?** what do you advise |me to do|? ❷ *(erraten)* ■ **etw** ~ to guess sth; **ein Rätsel** ~ to solve a riddle

Ra·ten·kauf *m* hire purchase BRIT, installment plan AM **ra·ten·wei·se** *adv* in |*or* by| instalments **Ra·ten·zahlung** *f* ❶ *kein pl (Zahlung in Raten)* payment in |*or* by| instalments ❷ *(Zahlung einer Rate)* payment of an instalment

Rä·te·re·pu·blik *f* HIST ≈ soviet republic *(republic governed by |workers'| councils)*
Ra·te·spiel *nt* quiz
Rat·ge·ber <-s, -> *m* ❶ *(Werk)* manual ❷ *(beratende Person)* adviser, advisor; **ein schlechter** |*o* **kein guter**| ~ **sein** *(fig)* to be a shaky basis for a decision |*or* a doubtful motive|
Rat·haus *nt* town hall
Ra·ti·fi·ka·ti·on <-, -en> |ratifikaˈtsi̯oːn| *f s.* **Ratifizierung**
ra·ti·fi·zie·ren |ratifiˈtsiːrən| *vt* POL ■ **etw** ~ to ratify sth
Ra·ti·fi·zie·rung <-, -en> *f* POL ratification *no pl*
Rä·tin <-, -nen> *f fem form von* **Rat**
Ra·tio <-> |'raːtsi̯o| *f kein pl (geh)* reason *no art*
Ra·ti·on <-, -en> |raˈtsi̯oːn| *f* ration; **eiserne** ~ MIL iron rations *pl*
ra·ti·o·nal |ratsi̯oˈnaːl| *adj (geh)* rational
ra·ti·o·na·li·sie·ren |ratsi̯onaliˈziːrən| **I.** *vt* ■ **etw** ~ to rationalize |*or* AM *usu* streamline| sth **II.** *vi* to rationalize, AM *usu* to streamline
Ra·ti·o·na·li·sie·rung <-, -en> *f* rationalization *no pl,* AM *usu* streamlining *no pl*
Ra·ti·o·na·li·sie·rungs·maß·nah·me *f meist pl* ÖKON rationalization |*or* AM *usu* streamlining| measure
Ra·ti·o·na·list(in) <-en, -en> |ratsi̯onaˈlɪst| *m(f) (geh)* rationalist
ra·ti·o·nell |ratsi̯oˈnɛl| *adj* efficient
ra·ti·o·nie·ren |ratsi̯oˈniːrən| *vt* ■ **etw** ~ to ration sth

Ra·ti·o·nie·rung <-, -en> *f* rationing *no pl*
rat·los *adj* helpless; ■ ~ **sein** to be at a loss; **ich bin völlig** ~ I'm completely at a loss
Rat·lo·sig·keit <-> *f kein pl* helplessness
Rä·to·ro·ma·ne, -ro·ma·nin <-n, -n> |rɛtoroˈmaːnə, -roˈmaːnɪn| *m, f* GEOG Rhaetian
rä·to·ro·ma·nisch |rɛtoroˈmaːnɪʃ| *adj* LING Rhaeto-Romanic |*or* -Romance|; ■ **das Rätoromanisch[e]** Rhaeto-Romanic |*or* -Romance|
rat·sam |'raːtzaːm| *adj* prudent; ■ ~ **sein, etw zu tun** to be advisable to do sth; **etw für** ~ **halten** to think sth wise; **es für** ~ **halten, etw zu tun** to think it wise to do sth
Rat·sche <-, -n> |'raːtʃə| *f*, **Rät·sche** <-, -n> |'rɛːtʃə| *f* MUS SÜDD, ÖSTERR rattle
rat·schen |'raːtʃn| *vi* SÜDD, ÖSTERR ❶ *(die Ratsche drehen)* to rattle ❷ *(fam: schwatzen)* ■ |**mit jdm**| ~ to chat |*or fam* natter| |with sb|
Rat·schlag <-s, Ratschläge> |'raːtʃlaːk, *pl:* -ʃlɛːgə| *m* advice *no pl, no indef art,* bit |*or* piece| of advice *no pl, no def art;* **spar dir deine Ratschläge** spare me your advice; **jdm** |**in etw** *dat*| **einen** ~ **geben** |*o geh:* **erteilen**| to give sb a piece |*or* some| advice |on sth|
Rat·schluss^RR *m* will *no pl*
Rät·sel <-s, -> |'rɛːtsl| *nt* ❶ *(Geheimnis)* mystery; **das** ~ **hat sich endlich aufgeklärt** we finally solved that mystery; **jdm ein** ~ **sein/bleiben** to be/remain a mystery to sb; **es ist** |**jdm**| **ein** ~ **warum/wie ...** it's a mystery |to sb| why/how ... ❷ *(Denkaufgabe)* riddle, puzzle; **des** ~**s Lösung** the solution to the puzzle, the answer to the riddle; **jdm ein** ~ **aufgeben** to pose a riddle for sb; *Frage* to puzzle |*or* baffle| sb, to be a mystery to sb; **in** ~**n sprechen** to talk |*or* speak| in riddles; **vor einem** ~ **stehen** to be baffled ❸ *(Kreuzworträtsel)* crossword |puzzle|
rät·sel·haft *adj* mysterious, enigmatic; **eine** ~**e Erscheinung/ein** ~**es Phänomen/ein** ~**es Verschwinden** a mysterious appearance/phenomenon/disappearance; **auf** ~**e Weise** in a mysterious manner, mysteriously; **sie ist unter bisher** ~**en Umständen ums Leben gekommen** she lost her life under suspicious circumstances; ■ **jdm** ~ **sein** to be a mystery to sb; ■ **es ist jdm** ~, **warum/wie ...** it's a mystery to sb why/how ...
Rät·sel·heft *nt* puzzle magazine
rät·seln |'rɛːtsln| *vi* to rack one's brains; ■ ~, **warum/was/wie ...** to rack one's brains as to |*or* try and work out| why/what/how ...; **ich weiß es nicht genau, ich kann nur** ~ I don't know exactly, I can only speculate |*or fam* hazard a guess|
Rät·sel·ra·ten <-s> *nt kein pl* ❶ *(das Lösen von Rätseln)* |the| solving |of| puzzles ❷ *(das Mutmaßen)* guessing game
Rats·herr *m* councillor, AM *a.* councilor **Rats·kel·ler** *m* rathskeller, ratskeller *(restaurant in the cellar of a German town hall)* **Rats·mit·glied** *nt* councillor, AM *a.* councilor **Rats·ver·samm·lung** *f* council meeting
Rat·tan <-s, <selten -e> |'ratan| *nt* BOT rattan
Rat·te <-, -n> |'ratə| *f* ❶ ZOOL rat ❷ *(sl: Dreckskerl)* rat; **du miese** ~**!** you dirty rat! ▸ WENDUNGEN: **die** ~**n verlassen das sinkende Schiff** *(prov)* the rats are leaving |*or* deserting| the sinking ship
Rat·ten·fän·ger *m (veraltet)* rat-catcher; **der** ~ **von Hameln** the Pied Piper of Hamelin **Rat·ten·fraß** *m* damage caused by rats **Rat·ten·gift** *nt* rat poison *no pl* **Rat·ten·schwanz** *m* ❶ ZOOL *(Schwanz einer Ratte)* rat's tail, rat-tail ❷ *(fam: verbundene Serie von Ereignissen)* string, series; **das könnte einen ganzen** ~ **von Prozessen auslösen** this could set off a whole string |*or* series| of cases ❸ *(fam: Frisur)* pigtail
rat·tern |'raten| *vi* ❶ *haben (klappernd vibrieren)* to rattle ❷ *sein (sich ratternd fortbewegen)* to rattle

along

rat·ze·kahl ['ratsə'kaːl] *adv (fam)* totally, completely; **~ aufessen/auffressen** to gobble up [*or fam* polish off] the whole lot [*or* everything]; **das Haar ~ abrasieren** to shave off the hair completely

rat·zen ['ratsn] *vi* DIAL *(fam: schlafen)* to kip BRIT *fam,* to sleep; *(kleines Schläfchen halten)* to have a kip BRIT *fam* [*or* nap]

rau^{RR} *adj* ❶ *(spröde)* rough; **~e Hände/Haut/~er Stoff** rough hands/skin/material; **~e Lippen** chapped lips; *s. a.* **Schale** ❷ *(heiser)* sore; **eine ~e Stimme** a hoarse [*or* husky] voice ❸ *(unwirtlich)* harsh, raw; **eine ~e Gegend** a bleak [*or* an inhospitable] region ❹ *(barsch)* harsh; **~es Benehmen/~e Sitten** uncouth behaviour [*or* AM -or] /manners

Raub <-[e]s, <*selten* -e> [raup] *m kein pl* ❶ *(das Rauben)* robbery ❷ *(das Geraubte)* booty, spoils *npl* ▸ WENDUNGEN: **ein ~ der Flammen werden** *(geh)* to be consumed by the flames

Raub·bau *m kein pl* over-exploitation; ▪ **~ an etw** *dat* over-exploitation of sth; **der ~ am Tropenwald** the overfelling [*or* destruction] of the [tropical] rainforests; **~ treiben** to overdo it, to burn the candle at both ends; **du treibst ~ mit deiner Gesundheit** you're ruining your health **Raub·druck** *m* pirate[d] edition [*or* copy]

Rau·bein^{RR} *nt (fam)* rough diamond BRIT, diamond in the rough AM

rau·bei·nig^{RR} *adj (fam)* rough-and-ready

rau·ben ['raubn] **I.** *vt* ❶ *(stehlen)* ▪ [jdm] **etw ~** to rob [sb of] sth, to steal sth [from sb]; **sie raubten ihm das Radio aus dem Auto** they robbed him of [*or* stole] his radio from his car ❷ *(entführen)* ▪ **jdn ~** to abduct [*or* kidnap] sb ❸ *(geh)* ▪ **jdm etw ~** to deprive sb of sth; **das hat mir viel Zeit geraubt** this has cost me a lot of time; *s. a.* **Nerv II.** *vi* to rob, to plunder

Räu·ber(in) <-s, -> ['rɔybɐ] *m(f)* robber; **~ und Gendarm** cops and robbers

Räu·ber·ban·de *f* band [*or* gang] of robbers, bunch of crooks **Räu·ber-Beu·te-Be·zie·hung** *f* BIOL predator-prey relationship **Räu·ber·haupt·mann** *m* gang leader **Räu·ber·höh·le** *f (veraltend)* robbers' den; ▸ WENDUNGEN: **in einer ~ leben** to live in a pigsty *fig*

Räu·be·rin <-, -nen> *f fem form von* **Räuber**

räu·be·risch *adj* ❶ *(als Räuber lebend)* predatory, rapacious *form* ❷ *(einen Raub bezweckend)* **ein ~er Überfall/eine ~e Unternehmung** a raid/robbery; *s. a.* **Erpressung**

Raub·fisch *m* predatory fish **Raub·kat·ze** *f* [predatory] big cat **Raub·ko·pie** *f* pirate[d] copy **raub·ko·pie·ren·** *vt* INFORM, MEDIA ▪ **etw ~** to pirate sth **Raub·mord** *m* murder with robbery as a motive **Raub·mör·der(in)** *m(f)* robber who commits [*or* committing] murder, murderer and robber **Raub·mö·we** *f* ORN skua **Raub·rit·ter** *m* HIST robber baron **Raub·tier** *nt* ZOOL predator, beast of prey **Raub·über·fall** *m* robbery, hold-up; *(auf Geldtransport etc a.)* raid; ▪ **der/ein ~ auf jdn/etw** the/a hold-up of sb/sth; **einen ~ auf jdn/etw verüben** to hold up sb *sep/*to raid [*or sep* hold up] sth **Raub·vo·gel** *m* ORN bird of prey, predatory bird, raptor *spec* **Raub·zug** *m* raid

Rauch <-[e]s> [raux] *m kein pl* ❶ *(Qualm)* smoke; *(Tabakrauch)* [cigarette] smoke; **in ~ aufgehen** [*or* **sich** *akk* **in ~ auflösen**] to go up in smoke *fig* ❷ KOCHK *(Räucherkammer)* smokehouse, smoking chamber

Rauch·ab·zug *m* BAU flue, smoke outlet

rau·chen ['rauxn] **I.** *vi* ❶ *(Raucher sein)* to smoke; **sehr stark** [*or* **viel**] **~** to be a very heavy smoker; **darf man hier/bei Ihnen ~?** may I smoke [in] here/do you mind if I smoke? ❷ *(qualmen)* to smoke ▸ WENDUNGEN: **..., dass es** [**nur so**] **rauchte** *(fam)* like

mad *fam;* **er hat ihm die Leviten gelesen, dass es** [**nur so**] **rauchte** he really read him the riot act; *s. a.* **Kopf II.** *vt* ▪ **etw ~** to smoke sth

Rau·cher <-s, -> *m* BAHN *(fam)* smoking compartment [*or* carriage] [*or* AM car], smoker *dated*

Rau·cher(in) <-s, -> *m(f)* smoker; **~ sein** to be a smoker; **„~"** 'smoking [area]'

Räu·cher·aal *m* smoked eel

Rau·cher·ab·teil *nt* BAHN smoking compartment [*or* carriage] [*or* AM car], smoker *dated* **Rau·cher·bein** *nt* MED smoker's leg **Rau·cher·ecke** *f* smokers' corner **Rau·cher·hus·ten** *m* smoker's cough

Rau·che·rin <-, -nen> *f fem form von* **Raucher**

Räu·cher·kam·mer *f* KOCHK smokehouse, smoking chamber **Räu·cher·ker·ze** *f* pastille, scented candle **Räu·cher·lachs** *m* smoked salmon *no pl*

räu·chern ['rɔyçɐn] **I.** *vt* ▪ **etw ~** to smoke sth; ▪ **geräuchert** smoked; ▪ **das Räuchern** smoking **II.** *vi* *(fam)* ❶ KOCHK *(gerade räuchern)* to smoke ❷ *(Räucherstäbchen abbrennen)* to burn incense [*or* joss sticks]

Räu·cher·speck *m* smoked bacon **Räu·cher·stäb·chen** *nt* joss stick **Räu·cher·würst·chen** *nt* smoked sausage

Rau·cher·zo·ne *f* smoking area

Rauch·fah·ne *f* plume [*or* trail] of smoke **Rauch·fang** *m* ❶ *(Abzugshaube)* chimney hood ❷ ÖSTERR *(Schornstein)* chimney **Rauch·fang·keh·rer(in)** *m(f)* ÖSTERR *(Schornsteinfeger)* chimney sweep **Rauch·fleisch** *nt* smoked meat **Rauch·gas** *nt (geh)* flue gas **Rauch·gas·ent·schwe·fe·lungs·an·la·ge** *f* flue gas desulphurization plant **rauch·ge·schwärzt** *adj* smoke-blackened *attr,* blackened by smoke *pred*

rau·chig ['rauxɪç] *adj* smoky

Rauch·schwa·den <-s, -> *m meist pl* cloud of smoke **Rauch·schwal·be** *f* ORN [common] swallow **Rauch·ver·bot** *nt* ban on smoking; **darf ich rauchen, oder besteht hier/bei euch ~?** may I smoke, or do you prefer people not to smoke? **Rauch·ver·gif·tung** *f* MED fume [*or* smoke] poisoning

Rauch·wa·ren¹ *pl (geh)* tobacco [products *pl*]

Rauch·wa·ren² *pl (geh)* furs *pl*

Rauch·wol·ke *f* cloud of smoke **Rauch·zim·mer** *nt* smoking [*or* smoker's] room

Räu·de <-, -n> ['rɔydə] *f* mange *no pl*

räu·dig ['rɔydɪç] *adj* mangy; *s. a.* **Hund**

rauf [rauf] **I.** *interj (fam)* up **II.** *adv (fam)* ▪ **jd darf/ist/kann/muss/soll** [**auf etw** *akk*] **~** sb is allowed [to go] up/is up/can go up/has to go up/is supposed to go up [sth]

Rau·fa·ser·ta·pe·te^{RR} *f* woodchip [wallpaper]

Rauf·bold <-[e]s, -e> ['raufbɔlt] *m* thug, ruffian *dated*

rau·fen ['raufn] **I.** *vi* ▪ [mit jdm] **~** to fight [[with] sb] **II.** *vr* ▪ **sich** *akk* [**um etw**] **~** to fight [over sth]; *s. a.* **Haar**

Rau·fe·rei <-, -en> [raufə'rai] *f* fight, scrap *sl*

rauf·lus·tig *adj* looking [*or* spoiling] for a fight [*or sl* scrap] *pred,* pugnacious *form*

rauh^{ALT} [rau] *adj s.* **rau**

Rauh·bein^{ALT} *nt s.* **Raubein**

rauh·bei·nig^{ALT} *adj s.* **raubeinig**

Rau·heit <-> ['rauhait] *f kein pl* ❶ *(Sprödigkeit)* roughness *no pl* ❷ *(Unwirtlichkeit)* harshness, rawness; *Gegend* bleakness, inhospitableness

Rauh·fa·ser·ta·pe·te)^{ALT} *f* s. **Raufaser(tapete) Rauh·putz**^{ALT} *m* s. **Rauputz Rauh·reif**^{ALT} *m kein pl* s. **Raureif**

Rau·ke ['raukə] *f* BOT arugula, rocket, roquette

Raum <-[e]s, Räume> [raum, *pl:* 'rɔymə] *m* ❶ *(Zimmer)* room [*or* Platz] room *no art,* space *no art;* **auf engstem ~** in a very confined space [*or* the most confined of spaces]; **~** [**für etw**] **schaffen** to make room [*or* create space] [for sth] ⑧ *kein pl* PHYS space *no art;* ASTRON [outer] space *no pl, no art* ⑧ GEOG *(Gebiet)* region, area; **im ~ Hamburg** in the Hamburg area ▸ WENDUNGEN: **im ~**[e] **stehen** to be unresolved; **etw in den ~ stellen** to raise [*or* pose] [*or sep* bring up] sth; **eine Hypothese/These in den ~ stellen** to put forward a hypothesis/theory

Raum·auf·tei·lung *f* floor plan **Raum·aus·stat·ter(in)** <-s, -> *m(f)* interior decorator

Raum·de·ckung *f* FBALL zonal marking

räu·men ['rɔymən] I. *vt* ① *(entfernen)* ■ **etw aus/von etw ~** to remove [*or* clear] sth from sth; **räum deine Unterlagen bitte vom Tisch** clear your papers off [*or* remove your papers from] the table, please ② *(einsortieren)* ■ **etw in etw** *akk* **~** to put away sth *sep* in sth ③ *(frei machen)* ■ **etw ~** to vacate [*or* move out of] sth; **die Straße ~** to clear the street; ■ **etw ~ lassen** to have sth cleared ④ *(evakuieren)* ■ **geräumt werden** to be evacuated II. *vi* DIAL *(umräumen)* to rearrange things

Raum·fäh·re *f* space shuttle **Raum·fah·rer(in)** *m(f)* *(veraltend) s.* **Astronaut**

Raum·fahrt *f kein pl* space travel *no art; (einzelner Raumflug)* space flight; **bemannte/unbemannte ~** manned/unmanned space travel

Raum·fahrt·be·hör·de *f* space agency [*or* authority] **Raum·fahrt·me·di·zin** *f kein pl* space medicine *no pl, no indef art* **Raum·fahrt·zen·trum** *nt* space centre [*or* AM -er]

Raum·fahr·zeug *nt* spacecraft

Räum·fahr·zeug *nt* bulldozer; *(für Schnee)* snowplough BRIT, snowplow AM

Raum·flug *m* ① *(Flug in den Weltraum)* space flight ② *kein pl (Raumfahrt)* space travel

Raum·ge·stal·tung *f* interior design

Raum·glei·ter <-s, -> *m* space shuttle

Raum·in·halt *m* MATH volume

Raum·kap·sel *f* ① *(Kabine einer Raumfähre)* space capsule ② *s.* **Raumsonde**

Raum·leh·re *f* geometry

räum·lich ['rɔymlɪç] I. *adj* ① *(den Raum betreffend)* spatial; **in großer ~er Entfernung** a long way away; **~e Nähe** physical proximity; **~e Gegebenheiten** spacious conditions [*or* set-up] ② *(dreidimensional)* three-dimensional; **das ~e Sehvermögen** the ability to see things in three dimensions [*or* three-dimensionally] II. *adv* ① *(platzmäßig)* spatially; **~** [**sehr**] **beengt** [*o* **beschränkt**] **sein** to be [very] cramped for space; **sich** *akk* **~ beschränken** to limit oneself in terms of space ② *(dreidimensional)* three-dimensionally

Räum·lich·keit <-, -en> *f* ① *kein pl* KUNST *(räumliche Wirkung, Darstellung)* spatiality *no pl,* three-dimensionality *no pl* ② *pl (geh: zusammengehörende Räume)* premises *npl*

Raum·man·gel *m* lack of room [*or* space] *no pl* **Raum·maß** *nt* cubic measure, unit of capacity [*or* volume] **Raum·me·ter** *m o nt* cubic metre [*or* AM -er] *(of stacked wood)* **Raum·ord·nung** *f* ADMIN regional development planning **Raum·pfle·ger(in)** *m(f) (euph: Putzhilfe)* cleaner, cleaning lady *fem* **Raum·pla·nung** *f s.* **Raumordnung**

Raum·schiff *nt* spaceship **Raum·son·de** *f* space probe

raum·spa·rend *adj attr* space-saving *attr*

Raum·sta·ti·on *f* space station **Raum·trans·por·ter** *m* space shuttle

Räu·mung <-, -en> *f* ① *(das Freimachen eines Ortes) Kreuzung, Unfallstelle* clearing, clearance; *Wohnung* vacation; *(zwangsweise)* eviction ② *(Evakuierung)* evacuation

Räu·mungs·ar·bei·ten *pl* clearance work *no pl, no*

indef art, clearance operations *pl* **Räu·mungs·be·fehl** *m* JUR eviction order **Räu·mungs·kla·ge** *f* JUR action of ejectment **Räu·mungs·ver·kauf** *m* ÖKON clearance sale

Raum·ver·schwen·dung *f* waste of space **Raum·ver·tei·lungs·plan** *m* BAU diagram of the layout [of a/the building/the rooms]

rau·nen ['raunən] I. *vi (geh)* to murmur, to whisper; **ein Raunen ging durch die Menge** a murmur went through the crowd II. *vt (geh)* ■ **etw ~** to murmur [*or* whisper] sth

Rau·pe¹ <-, -n> ['raupə] *f* ZOOL caterpillar

Rau·pe² <-, -n> ['raupə] *f (Planierraupe)* bulldozer

Rau·pe³ <-, -n> ['raupə] *f* TECH *s.* **Raupenkette**

Rau·pen·fahr·zeug *nt* caterpillar® [vehicle] **Rau·pen·ket·te** *f* caterpillar® track **Rau·pen·schlep·per** *m* caterpillar® tractor

Rau·putz^{RR} *m* BAU roughcast *no pl* **Rau·reif**^{RR} *m kein pl* hoar [*or* white] frost, rime

raus [raus] I. *interj* [get] out; **schnell ~ hier!** quick, get out of here! II. *adv (fam)* out; **Sie können da nicht ~** you can't get out that way; **aufmachen, ich will hier ~!** let me out of here!; *s. a.* **heraus** *s. a.* **hinaus**

Rausch <-[e]s, Räusche> [rauʃ, *pl:* 'rɔyʃə] *m* ① *(Trunkenheit)* intoxication, inebriation; **im Zustand eines ~es** in a state of intoxication; **einen ~ bekommen** to get drunk, to become inebriated [*or* intoxicated] *form;* **einen ~ haben** to be drunk [*or form* inebriated] [*or form* intoxicated]; **seinen ~ ausschlafen** to sleep it off; **sich** *dat* **einen ~ antrinken** to get drunk ② *(geh: Ekstase)* ecstasy; **im ~ der Leidenschaft** intoxicated by [*or* inflamed with] passion; **der ~ der Geschwindigkeit/des Erfolges** the thrill [*or* exhilaration] of speed/success

rau·schen ['rauʃn] *vi* ① *haben (anhaltendes Geräusch erzeugen) Brandung, Meer, Wasser[fall], Verkehr* to roar; *(sanft)* to murmur; *Baum, Blätter* to rustle; *Lautsprecher* to hiss; *Rock, Vorhang* to swish ② *sein (sich geräuschvoll bewegen) Bach, Fluten, Wasser* to rush; *Vogelschwarm* to swoosh ③ *sein (fam: zügig gehen)* to sweep; **sie rauschte aus dem/in das Zimmer** she swept out of/into the room

rau·schend *adj (prunkvoll) Ballnacht, Fest* glittering; *(stark) Beifall* resounding

rausch·frei *adj* TELEK, MEDIA free of background noise; **CDs sind völlig ~** CDs are completely hiss-free [*or* free of background noise]; **~e Wiedergabe** hiss-free reproduction

Rausch·gift *nt* drug, narcotic; **~ nehmen** to take drugs; *(drogensüchtig sein)* to be on drugs

Rausch·gift·de·zer·nat *nt* ADMIN drug [*or* AM narcotics] squad **Rausch·gift·fahn·der(in)** *m(f)* drug squad officer BRIT, narcotics agent AM **Rausch·gift·han·del** *m* drug trafficking **Rausch·gift·kri·mi·na·li·tät** *f* drug-related crime **Rausch·gift·schmug·gel** *m* drug smuggling **Rausch·gift·sucht** *f* drug addiction **rausch·gift·süch·tig** *adj inv* addicted to drugs *pred* **Rausch·gift·süch·ti·ge(r)** <-n, -n> *dekl wie adj f(m)* drug addict

Rausch·mit·tel *nt (geh)* drug, intoxicant *form*

raus|ekeln ['raus?eːkln] *vt (fam)* ■ **jdn** [**aus etw**] **~** to hound [*or* drive] sb [out of sth]; *(durch Schweigeterror)* to freeze sb out *sep* [of sth] *fam*

raus|flie·gen *vi irreg sein (fam)* ① *(hinausgeworfen werden)* **aus der Schule ~** to be chucked [*or* slung] [*or* AM kicked] out of school *fam;* **aus einem Betrieb ~** to be given the boot [*or* the push] *fam* ② *(weggeworfen werden)* to get chucked out [*or* away]

raus|gu·cken *vi (fam)* ■ [**aus etw** *dat*] **~** ① *(heraussehen)* to look out [of sth] ② *(fig: hervorstrecken)* to peep out [of sth]

raus|krie·gen vt (fam) ■ etw ~ to cotton on to [or AM a. to] sth fam; ■ ~, was/wer/wie/wo ... to find out what/who/how/where ...; **ein Rätsel ~** to figure out a puzzle sep

räus·pern ['rɔyspɐn] vr ■ **sich** akk ~ to clear one's throat; **durch wiederholtes Räuspern versuchte sie, die Aufmerksamkeit auf sich zu lenken** by repeatedly clearing her throat, she tried to draw attention to herself

raus|schmei·ßen vt irreg (fam) ❶ ■ jdn ~ to chuck [or sling] [or AM usu kick] out sb fam; **er wurde aus der Schule rausgeschmissen** he was chucked out of school; (aus einer Firma) to give sb the boot [or the push] fam; **jd aus dem Haus ~** to sling [or kick] [or throw] sb out sep fam ❷ (wegwerfen) ■ etw ~ to chuck sth out [or away] fam

Raus·schmei·ßer <-s, -> m (fam) bouncer fam

Raus·schmissRR <-es, -e> m, **Raus·schmiß**ALT <-sses, -sse> m (fam) booting [or chucking] [or slinging] [or AM usu throwing] out fam; **mit dem ~ hat er rechnen müssen** he'll just have to face up to it

Rau·te <-, -n> ['rautə] f MATH rhombus

rau·ten·för·mig adj MATH rhombic, diamond-shaped

Ra·ve <-[s], -s> [reːf] nt MUSIK rave fam

Ra·vi·o·li [ra'vjoːli] pl ravioli + sing vb, no indef art

Ray·gras ['raigraːs] nt BOT rye grass

Ray·on <-s, -s> [rɛ'joː] m ÖSTERR, SCHWEIZ district

Raz·zia <-, Razzien> ['ratsi̯a, pl: -tsi̯ən] f raid, bust fam; **eine ~ veranstalten** [o machen] [o durchführen] to [make a] raid

Re·a·gens <-, Reagenzien> [re'aːgɛns, re'ʔaːgɛns, pl: -gɛntsi̯ən] nt, **Re·a·genz** <-es, -ien> [rea'gɛnts, pl: -tsi̯ən] nt CHEM reagent

Re·a·genz·glas nt CHEM, PHYS, BIOL test tube

re·a·gie·ren* [rea'giːrən] vi ❶ (eine Reaktion zeigen) ■ [auf etw akk] ~ to react [to sth]; **ich habe ihn um eine Antwort gebeten, aber er hat noch nicht reagiert** I have asked him for an answer but he hasn't come back to me yet; **empfindlich/sauer [auf etw akk] ~** to be sensitive [to sth]/peeved [at sth] ❷ CHEM ■ [mit etw] ~ to react [with sth]

Re·ak·ti·on <-, -en> [reak'tsi̯oːn] f reaction; ■ jds ~ **auf etw** akk sb's reaction to sth

re·ak·ti·o·när [reaktsi̯o'nɛːɐ̯] I. adj POL (pej: rückständig) reactionary II. adv in a reactionary way; **~ einge·stellt sein** to be a reactionary

Re·ak·ti·o·när(in) <-s, -e> [reaktsi̯o'nɛːɐ̯] m(f) POL (pej) reactionary

Re·ak·ti·ons·fä·hig·keit f kein pl reflexes pl, reactions pl **re·ak·ti·ons·schnell** adj with quick reactions; ■ ~ **sein** to have quick reactions **Re·ak·ti·ons·ver·mö·gen** nt kein pl reactions no pl, reactions pl; **Alkohol schränkt das ~ ein** alcohol slows one's [or the] reactions [or ability to react] **Re·ak·ti·ons·zeit** f reaction time

re·ak·ti·vie·ren* [reakti'viːrən] vt ■ jdn ~ **beim Militär** to recall sb [to duty]; **im Zivilbereich** to recall sb [to work]

Re·ak·ti·vie·rung <-, -en> f recalling [to duty/work]

Re·ak·tor <-s, -toren> [re'aktoːɐ̯, pl: reak'toːrən] m PHYS reactor

Re·ak·tor·block <-blöcke> m reactor block **Re·ak·tor·kern** m reactor core **Re·ak·tor·küh·lung** f cooling of a/the reactor **Re·ak·tor·si·cher·heit** f reactor safety

Re·ak·tor·si·cher·heits·kom·mis·si·on f NUKL ■ **die ~** the German Commission on Reactor Safety **Re·ak·tor·un·fall** m accident at a/the reactor, nuclear accident **Re·ak·tor·un·glück** nt reactor accident, accident at a/the reactor

re·al [re'aːl] I. adj (geh) real II. adv (geh) **ein ~ den·kender Mensch** a realistic thinker; ÖKON in real

terms

Re·al·ein·kom·men nt ÖKON real income

Re·a·li·sa·ti·on <-, -en> [realiza'tsi̯oːn] f (geh) s. **Rea·lisierung**

re·a·li·sier·bar adj (geh) realizable, feasible, viable; **schwer ~e Pläne/Projekte** plans/projects that are hard to accomplish

Re·a·li·sier·bar·keit <-> f kein pl (geh) feasibility, practicability, viability

re·a·li·sie·ren* [reali'ziːrən] vt ❶ ■ etw ~ (verwirklichen) to realize sth, to bring sth about ❷ (erkennen) to realize sth ❸ FIN (in Geld umsetzen) to realize sth; **Immobilien ~** to sell property

Re·a·li·sie·rung <-, <selten -en> f (geh) realization; Idee, Plan implementation

Re·a·lis·mus <-> [rea'lɪsmʊs] m kein pl realism no pl

Re·a·list(in) <-en, -en> [rea'lɪst] m(f) realist

re·a·lis·tisch [rea'lɪstɪʃ] adj realistic

Re·a·li·tät <-, -en> [reali'tɛːt] f ❶ (Wirklichkeit) reality; **der ~ ins Auge sehen** to have to face facts [or fam to get real]; **das ist nun mal die ~** we'll just have to face up to it; **~ werden** to become [a] reality ❷ pl (Gegebenheiten) realities, facts ❸ pl ÖSTERR (Immobilien) real estate no pl, property no pl

Re·a·li·tä·ten·händ·ler(in) m(f) ÖSTERR (Immobilienhändler) [real] estate agent BRIT, real estate agent AM

re·a·li·täts·fern adj unrealistic; **eine ~e Person** a person out of touch with reality **re·a·li·täts·nah** adj realistic; **eine ~e Person** a person in touch with reality **Re·a·li·täts·sinn** m kein pl sense of reality no pl

Re·a·li·ty-TV <-[s]> [ri'ɛliti-] nt kein pl TV reality [or fly-on-the-wall] TV no pl

Re·al·kanz·lei f ÖSTERR [real] estate agency BRIT, real estate office [or agency] AM **Re·al·ka·pi·tal** nt ÖKON real [or non-monetary] capital **Re·al·kre·dit** m ÖKON credit on real estate **Re·al·lohn** m ÖKON real wage

Re·a·lo <-s, -s> [re'aːlo] m POL (fam) political realist (of the Green Party)

Re·al·po·li·tik f practical politics + sing vb, political realism, realpolitik **Re·al·po·li·ti·ker(in)** m(f) political realist **Re·al·schu·le** f type of secondary/junior high school for ages 10 to 16 where pupils can work towards the 'mittlere Reife'

In terms of academic attainment, the **Realschule** lies somewhere between the Hauptschule – secondary modern and the Gymnasium – grammar school. The school leaving certificate after Year 10 is called the Mittlere Reife - roughly equivalent to GCSEs. Usually pupils go on to three years of vocational training, however students with very good marks also have the chance to continue their education at a Gymnasium.

Re·al·schü·ler(in) m(f) ≈ secondary school pupil BRIT, ≈ junior high school student AM **Re·al·so·zi·a·lis·mus** m POL real socialism **Re·al·wert** nt ÖKON real value **Re·al·zins** m ÖKON real interest rate

Re·ani·ma·ti·on <-, -en> [reʔanima'tsi̯oːn] f MED resuscitation

re·ani·mie·ren* [reʔani'miːrən] vt ■ jdn ~ MED to resuscitate sb

Re·be <-, -n> ['reːbə] f [grape]vine

Re·bell(in) <-en, -en> [re'bɛl] m(f) rebel

re·bel·lie·ren* [rebɛ'liːrən] vi ■ [gegen jdn/etw] ~ to rebel [against sb/sth]

Re·bel·lin <-, -nen> f fem form von **Rebell**

Re·bel·li·on <-, -en> [rebɛ'li̯oːn] f rebellion; Studenten revolt

re·bel·lisch [re'bɛlɪʃ] adj rebellious; **jdn/etw ~ machen** (fam) to make sb/sth agitated

Re·ben·saft *m kein pl (geh)* wine, juice of the vine *liter*

Reb·huhn ['reːpˌhuːn] *nt* partridge **Reb·kres·se** *f* lamb's lettuce **Reb·laus** ['reːplaʊs] *f* phylloxera *spec,* vine pest **Reb·sor·te** *f* type of grape **Reb·stock** *m* vine

Re·bus <-, -se> ['reːbʊs, *pl:* -ʊsə] *m o nt* rebus, picture puzzle

Re·chaud <-s, -s> [re'ʃoː] *m o nt* hotplate, réchaud *spec,* chafing dish *spec*

re·chen ['rɛçn̩] *vt* ■ **etw** ~ to rake sth

Re·chen <-s, -> ['rɛçn̩] *m* rake

Re·chen·art *f* type of arithmetic[al] calculation **Re·chen·auf·ga·be** *f* arithmetic[al] problem **Re·chen·ex·em·pel** *nt* sum, arithmetic[al] problem; **das ist nur ein einfaches** ~ that's just simple arithmetic **Re·chen·feh·ler** *m* arithmetic[al] error [*or* mistake]; [**einen**] ~ **machen** to make a mistake in one's calculations [*or* miscalculation] **Re·chen·ge·schwin·dig·keit** *f* INFORM operating speed **Re·chen·hil·fe** *f* MATH calculating device **Re·chen·künst·ler(in)** *m(f)* mathematical genius [*or fam* wizard] **Re·chen·ma·schi·ne** *f* calculator; *(Abakus)* abacus

Re·chen·schaft <-> *f kein pl* account; [**jdm**] [**für etw**] **zur** ~ **verpflichtet sein** to be accountable [for sth] [to sb]; **jdm** [**über etw** *akk*] ~ **schuldig sein, jdm** [**über etw** *akk*] ~ **schulden** to be accountable [*or* have to account] to sb [for sth]; [**jdm**] ~ [**über etw** *akk*] **able·gen** to account [to sb] [for sth]; **sich** *dat* **über etw** *akk* ~ **ablegen** to account [*or* answer] to oneself for sth; [**von jdm**] ~ [**über etw** *akk*] **verlangen** [*o* **fordern**] to demand an explanation [*or* account] [from sb] [about sth]; **jdn** [**für etw** *akk*] **zur** ~ **ziehen** to call sb to account [for sth]

Re·chen·schafts·be·richt *m* report

Re·chen·schie·ber *m* slide rule **Re·chen·werk** *nt* FIN book-keeping, accounting **Re·chen·zen·trum** *nt* computer centre [*or* AM -er]

Re·cher·che <-, -en> [re'ʃɛrʃə] *meist pl f (geh)* investigation, enquiry; ~**n** [**über jdn/etw**] **anstellen** to make enquiries [about [*or* into] sb/sth], to investigate [sb/sth]; **die** ~ **einstellen** to end the investigation

re·cher·chie·ren* [reʃɛr'ʃiːrən] **I.** *vi (geh)* to investigate, to make enquiries **II.** *vt (geh)* ■ **etw** ~ to investigate [*or* make enquiries into] sth

rech·nen ['rɛçnən] **I.** *vt* ❶ *(mathematisch lösen)* ■ **etw** ~ to calculate sth; *s. a.* **rund** ❷ *(zählen, messen)* ■ **etw** ~ to work out sth *sep,* to calculate sth; **etw in Euro etc.** ~ to calculate sth in Euros, etc.; **die Entfernung in Lichtjahren** ~ to reckon the distance in light years *fam* ❸ *(ansetzen, berechnen)* **das Kilo/den Kilometer zu 90 Cent** ~ to reckon on 90 cents a kilo/kilometre [*or* AM -er] ❹ *(veranschlagen)* ■ **etw** [**für** [*o* **pro**] **jdn/etw**] ~ to reckon [*or* estimate] [sth for sb/sth]; **wir müssen mindestens zehn Stunden** ~ we must reckon on at least ten hours; **zu hoch/niedrig gerechnet sein** to be an over-/under-estimate ❺ *(einbeziehen, miteinrechnen)* ■ **etw** ~ to include sth, to take sth into account; **das sind also vier Gepäckstücke, die Handtasche nicht gerechnet** so that's four items of luggage, not including the handbag ❻ *(berücksichtigen)* ■ **etw** ~ to take sth into account [*or* consideration]; **das von mir Geleistete rechnet sehr wohl** my input should be given due recognition ❼ *(einstufen, gehören)* ■ **jdn/etw zu etw** [*o* **unter etw** *akk*] ~ to count sb/sth among [*or* rate sb/sth as] sth; **ich rechne sie zu meinen besten Freundinnen** I count her amongst my best [girl]friends **II.** *vi* ❶ *(Rechenaufgaben lösen)* to do arithmetic; **ich konnte noch nie gut** ~ I was never any good at arithmetic; **in der Schule lernen die Kinder lesen, schreiben und** ~ the children learn reading, writing and arithmetic at school; **ich rechne gerade** I'm just doing [*or* making] a calculation; **dann rechne doch selbst, du wirst sehen, es stimmt!** then work it out yourself and you'll see it's correct!; ■ **an etw** *dat* ~ to do [*or* make] calculations on sth; **falsch/richtig** ~ to make a mistake [in one's calculations]/to calculate correctly [*or* get it right]; **falsch gerechnet!** that's wrong! ❷ *(sich verlassen)* ■ **auf jdn/etw** ~ to count on sb/sth; **auf sie kann ich** ~ she is someone I can count on ❸ *(einkalkulieren)* ■ **mit etw** ~ to reckon on [*or* with] sth; **mit allem/dem Schlimmsten** ~ to be prepared for anything/the worst; **für wann** ~ **Sie mit einer Antwort?** when do you expect an answer?; ■ **damit** ~, **dass ...** to reckon with it ..., to be prepared for the fact that ...; **wir müssen damit** ~, **dass es schneit** we must reckon on [*or* with] it snowing; **wir haben nicht mehr damit gerechnet, dass du noch kommst** we didn't expect you still to come; *s. a.* **schlimm** ❹ *(fam: Haus halten)* ■ [**mit etw**] ~ to economize [*or* budget carefully] [with sth]; **wir müssen mit jedem Cent** ~ we have to watch every cent **III.** *vr (mit Gewinn zu kalkulieren sein)* ■ **sich** ~ to be profitable; **es rechnet sich einfach nicht** it simply doesn't pay [*or* isn't profitable]

Rech·nen <-s> ['rɛçnən] *nt kein pl* ❶ *(Schulfach)* arithmetic ❷ *(das Ausrechnen)* working out; **am** ~ **sein** to be working [sth] out

Rech·ner <-s, -> *m* ❶ *(Taschenrechner)* calculator ❷ INFORM *(veraltend)* computer

Rech·ner(in) <-s, -> *m(f)* arithmetician; **ein guter/schlechter** ~ **sein** to be good/bad at figures [*or* arithmetic]; **ein eiskalter** [*o* **kühler**] ~ **sein** *(fig)* to be coldly [*or* coolly] calculating

rech·ner·ge·stützt *adj inv, meist attr* INFORM computer-aided

rech·ne·risch **I.** *adj* arithmetic[al]; ~**er Gewinn** paper profit **II.** *adv* ❶ *(kalkulatorisch)* arithmetically ❷ *(durch Rechnen)* by calculation; **rein** ~ purely arithmetically, as far as the figures go

Rech·ner·ver·bund *m* INFORM [computer] network

Rech·nung <-, -en> *f* ❶ *(schriftliche Abrechnung)* bill, AM *a.* check; **darf ich bitte die** ~ **kassieren?** would you like to pay now?; **auf die** ~ **kommen** to be put on [*or* added to] the bill; **jdm die** ~ **machen** to make out the bill for sb; **etw auf die** ~ **setzen** to put sth on the bill; [**jdm**] **etw in** ~ **stellen** [*o* **setzen**] to charge [sb] for sth; **die** ~ **kassieren** to collect the money; **die** ~ **beläuft sich auf** [*o* **macht**] [*o* **beträgt**] ... the bill [*or* total] comes to ...; *(kaufmännisch)* invoice; „~ **beiliegend"** "invoice enclosed"; **auf** ~ [**bestellen/kaufen**] [to order/to buy] on account; **laut** ~ as per invoice; **auf** [*o* **für**] **eigene** ~ out of one's own pocket; **auf** [*o* **für**] **eigene** ~ [**und Gefahr**] ÖKON at one's own expense [and risk]; **ich arbeite auf eigene** ~ I work for myself; **auf jds** ~ **gehen** *(von jdm bezahlt werden)* to go on sb's account; *(verantwortlich für etw sein)* to be down [*or* AM up] to sb; **das geht auf meine** ~ I'm paying for this ❷ *(Berechnung)* calculation; **die** ~ **stimmt nicht** [*o* **geht nicht auf**] the sum just doesn't work; **nach meiner** ~ according to my calculations; **etw außer** ~ **lassen** to leave sth out of the equation ▶ WENDUNGEN: **die** ~ **ohne den Wirt machen** to fail to reckon with [*or* on] sb/sth; **wir haben die** ~ **ohne den Wirt gemacht** there's one thing we didn't reckon with; **jds** ~ [**bei jdm**] **geht/geht nicht auf** sb's plans [*or* intentions] [for sb] are/aren't working out; **mit jdm eine** [**alte**] ~ **zu begleichen haben** to have a[n old] score to settle with sb; [**bei etw**] **auf seine** ~ **kommen** to get [*or* have] one's money's worth [out of sth], to get what one expected [from sth]; **jdm die** ~ [**für etw**]

präsentieren to bring sb to book [*or* make sb pay] [for sth]; **dir wird eines Tages auch noch die ~ präsentiert werden** one day you too will be called to account; **einer S.** *dat* **~ tragen** *(geh)* to take account of sth, to take sth into account, to bear sth in mind; **etw auf seine ~ nehmen** to take responsibility for sth

Rech·nungs·ab·tei·lung *f* ÖKON *(selten)* accounting [*or* accounts] department, accounts *npl* **Rech·nungs·aus·stel·lung** <-> *f kein pl* ÖKON invoicing *no pl,* billing *no pl* **Rech·nungs·be·trag** *m* [total] amount of a/the bill [*or* AM *a.* check] [*or* invoice] **Rech·nungs·buch** *nt* account[s] book **Rech·nungs·da·tum** *nt* billing date, date of invoice **Rech·nungs·füh·rung** *f* ÖKON bookkeeping *no pl,* accounting *no pl,* accountancy *no pl* **Rech·nungs·hof** *m* audit office, BRIT *a.* ≈ Auditor General's Department **Rech·nungs·jahr** *nt* financial [*or* fiscal] year **Rech·nungs·le·gung** <-, -en> *f* ÖKON tendering of accounts **Rech·nungs·num·mer** *f* ÖKON invoice number **Rech·nungs·prü·fung** *f* ÖKON, POL audit *no pl* **Rech·nungs·sum·me** *f* total **Rech·nungs·we·sen** <-s> *nt kein pl* ÖKON accountancy *no pl,* accounting *no pl*

recht [rɛçt] **I.** *adj* ❶ *(passend)* right; **die richtige Person am ~en Ort** the right person in the right place ❷ *(richtig)* right; **auf der ~en Spur sein** to be on the right track; **~ daran tun, etw zu tun** *(geh)* to be right to do sth; **ganz ~!** quite right! ❸ *(wirklich)* real; **eine ~e Enttäuschung/ein ~er Mann** a real disappointment/a real man; **ich habe heute keine ~e Lust** I don't really feel up to it today ❹ *(angenehm)* ◾ **jdm ist etw ~** sth is all right with sb; **das soll mir ~ sein** that's fine [*or fam* OK] by me; **dieser Kompromiss ist mir durchaus recht ~** I'm not at all happy with this compromise; **ist Ihnen der Kaffee so ~?** is your coffee all right?; ◾ **jdm ist es ~, dass/wenn ...** it's all right with sb that/if ...; **mir ist es keineswegs ~, dass ...** I'm not at all happy that ...; *(in Ordnung)* all right, OK *fam;* **ist schon ~** that's all right [*or fam* OK]; **ja, ja, ist schon ~!** *(fam)* yeah, yeah, OK! *fam;* **alles, was ~ ist** *(ich bitte Sie!)* fair's fair; *(alle Achtung!)* respect where it's due! ❺ SCHWEIZ, SÜDD *(anständig)* decent, respectable; **bei jdm einen ~en Eindruck machen** to give sb the impression of being a respectable person; **etwas/nichts Rechtes** a proper/not a proper job; *(angemessen)* appropriate ▸ WENDUNGEN: **nicht mehr als ~ und billig sein** to be only right and proper; **was dem einen ~ ist, ist dem andern billig** *(prov)* what's sauce for the goose is sauce for the gander *prov;* **irgendwo nach dem Rechten sehen** [*o* schauen] to see that everything's all right somewhere; **das soll jdm ~ sein** to be fine with sb **II.** *adv* ❶ *(richtig)* correctly; **höre ich ~?** am I hearing things?; **ich stehe doch wohl nicht ~** I must be seeing things; **versteh mich bitte ~** please don't misunderstand me; *s. a.* **Annahme** *s. a.* **Trost** ❷ *(genau)* really; **nicht so ~** not really; **nicht ~ wissen** to not really know [*or* be sure] ❸ *(ziemlich)* quite, rather; *(gehörig)* properly; **jdn ~ loben/verprügeln** to highly praise sb/roundly beat sb ❹ *(fam: gelegen)* **jdm gerade ~ kommen** [*o* **sein**] to come just in time [*or* at just the right time] [for sb]; *(iron)* to be all sb needs; **du kommst mir gerade ~** you're all I need[ed]; *(zufriedenstellend)* right; **jdm nichts ~ machen können** to be able to do nothing right for sb; **man kann es nicht allen ~ machen** you cannot please everyone; **jdm ~ geschehen** to serve sb right ▸ WENDUNGEN: **jetzt** [*o* **nun**] **erst ~** now more than ever; **jetzt tue ich es erst ~** that makes me even [*or* all the] more determined to do it, now I'm definitely going to do it

Recht <-[e]s, -e> [rɛçt] *nt* ❶ *kein pl (Rechtsordnung)* law; **das ~ des Stärkeren** the law of the jungle; **bürgerliches/kirchliches** [*o* **kanonisches**] **/öffentliches ~** civil/canon/public law; **das ~ brechen** to break the law; **~ sprechen** to dispense [*or* administer] justice [*or* the law]; **alle ~e vorbehalten** all rights reserved; **das ~ mit Füßen treten** to fly in the face of the law ❷ *(juristischer od. moralischer Anspruch)* right; ◾ **jds ~ auf jdn/etw** sb's right to sb/sth; **das ~ auf einen Anwalt/auf Verweigerung der Aussage** the·right to a lawyer/to remain silent; **das ~ auf Arbeit** the right to work; **gleiche ~e, gleiche Pflichten** equal rights mean equal obligations; **gleiches ~ für alle!** equal rights for all!; **~ muss ~ bleiben** the law is the law; **das ~ ist auf jds Seite** right is on sb's side; **jds gutes ~ sein[, etw zu tun]** to be sb's [legal] right [to do sth]; **sein ~ fordern** [*o* **verlangen**] to demand one's rights; [**mit etw**] **R~ behalten** to be [proved] right [about sth]; **sein ~ bekommen** [*o* **erhalten**] [*o fam*: **kriegen**] to get one's rights [*or* justice] [*or* one's dues]; **jdm R~ geben** to admit that sb is right, to agree with sb; **R~ haben** to be [in the] right; **wo/wenn er R~ hat, hat er R~** when he's right, he's right; **zu seinem ~ kommen** to get justice [*or* one's rights]; **auf sein ~ pochen** [*o* **bestehen**] to insist on one's rights; **ein ~ auf jdn/etw haben** to have a right to sb/sth; **von ~s wegen** *(fam)* by rights; **ein ~ darauf haben, etw zu tun** to have a right to do sth; **zu etw kein ~ haben** to have no right to do sth; **kein** [*o* **nicht das**] **~ haben, etw zu tun** to have no right to do sth; **im ~ sein** to be in the right ❸ *(Befugnis)* right; **was gibt Ihnen das ~, ...?** what gives you the right ...?; **mit welchem ~?** by what right?; **mit** [*o* **zu**] **~** rightly, with justification; **und das mit ~!** and rightly so!

Rech·te <-n, -n> [ˈrɛçtə] *f* ❶ *(rechte Hand)* right [hand]; **zu jds ~n** to [*or* on] sb's right, to [*or* on] the right of sb ❷ BOXEN *(rechte Gerade)* right ❸ POL ◾ **die ~** the right [*or* Right]

rech·te(r, s) *adj attr* ❶ *(Gegenteil von linke)* right; **die ~ Seite** the right-hand side; **das ~ Fenster/Haus** the window/house on the right; **an den ~n Rand schreiben** to write in the right-hand margin; **auf der ~n Fahrbahn** [*o* **Spur**] **fahren** to drive in the right-hand lane; *s. a.* **Masche** ❷ *(außen befindlich)* the right way round, right side out; **etw auf der ~n Seite tragen** to wear sth the right way round [*or* right side out] ❸ POL right[-wing]; **der ~ Flügel der Partei** the right wing of the party; **~ Kreise/ein ~r Politiker** right-wing circles/a right-wing politician ❹ MATH **ein ~r Winkel** a right angle

Rech·te(r) *f(m) dekl wie adj* POL right-winger

Rech·teck <-[e]s, -e> *nt* rectangle

recht·eckig *adj* rectangular

recht·tens [ˈrɛçtn̩s] *adv (geh)* ◾ **~ sein** to be legal

recht·fer·ti·gen **I.** *vt* ❶ *(als berechtigt begründen)* ◾ **etw** [**gegenüber** [*o* **vor**] **jdm**] **~** to justify sth [to sb]; ◾ **es** [**gegenüber** [*o* **vor**] **jdm**] **~, etwan getan zu haben** to justify [to sb] having done sth ❷ *(als berechtigt erscheinen lassen)* ◾ **etw ~** to justify sth; **die besonderen Umstände ~ besondere Maßnahmen** special circumstances warrant special measures **II.** *vr (sich verantworten)* ◾ **sich** *akk* **~** to justify oneself

Recht·fer·ti·gung *f* justification; ◾ **zu jds ~** in sb's defence [*or* AM -se]; ◾ **zur ~ einer S.** in justification of sth

recht·gläu·big *adj* orthodox

Recht·ha·ber(in) <-s, -> *m(f) (pej)* self-opinionated person, dogmatist *form;* **er ist so ein ~!** he always thinks he's right, he's such a know-all!

Recht·ha·be·rei <-> [rɛçthaːbəˈraɪ] *f kein pl (pej)* selfopinionatedness, dogmatism *form*

Recht·ha·be·rin <-, -nen> *f (pej) fem form von* **Rechthaber**

recht·ha·be·risch *adj (pej)* self-opinionated, dogmatic

recht·lich I. *adj* legal II. *adv* legally; ~ **begründet** established in law; ~ [nicht] **zulässig** [not] permissible in law, [il]legal

recht·los *adj* without rights *pred;* ● ~ **sein** to be without [*or* have no] rights

Recht·lo·se(r) *f(m) dekl wie adj* person without [*or* with no] rights

Recht·lo·sig·keit <-> *f kein pl* lack of rights; **in völliger** ~ **leben** to have no rights at all

recht·mä·ßig *adj* ● *(legitim)* lawful, rightful, legitimate ● *(legal)* legal, in accordance with the law; **nicht** ~ illegal, not in accordance with the law

Recht·mä·ßig·keit <-> *f kein pl* ● *(Legitimität)* legitimacy ● *(Legalität)* legality

rechts [rɛçts] I. *adv* ● *(auf der rechten Seite)* on the right; **dein Schlüsselbund liegt ~ neben dir** your keys are just to your right; **etw ~ von etw aufstellen** to put [*or* place] sth to the right of sth; **etwa 50 Meter ~ vor uns** about 50 metres ahead of us on the right; ~ **oben/unten** at the top/bottom on the right; **nach ~** to the right; **von ~** from the right; ~ **um!** MIL right turn! [*or* AM face!] ● TRANSP *(nach rechts)* [to the] right; ~ **abbiegen** [*o* einbiegen] to turn [off to the] right; **sich** *akk* ~ **einordnen** to get into the right-hand lane; ~ **ranfahren** to pull over to the right; *(auf der rechten Seite)* on the right; **halte dich ganz ~** keep to the right; ~ **vor links** right before left; *s. a.* **Auge** *s. a.* **Mitte** ● POL right; ~ **eingestellt sein** to lean to the right; ~ **[von jdm/etw] stehen** [*o* sein] to be on the right [of sb/sth], to be right-wing ● *(richtig herum)* the right way round, right side out; **etw auf ~ drehen** [*o geh:* wenden] to turn sth the right way round [*or* on its right side] ● *(beim Stricken)* **zwei ~, zwei links** knit two, purl two, two plain, two purl; ~ **stricken** to knit plain ▸ WENDUNGEN: **nicht mehr wissen, wo ~ und links ist** *(fam)* to not know whether one is coming or going *fam;* **von ~ nach links** from right to left II. *präp* ● ~ **einer S.** + *gen* to [*or* on] the right of sth; ~ **des Flusses** on the right bank of the river

Rechts·ab·bie·ger <-s, -> *m* car, bicycle, driver etc. turning right **Rechts·ab·bie·ger·spur** *f* lane for turning right

Rechts·an·tei·lung *f* JUR legal department **Rechts·an·spruch** *m* legal right [*or* entitlement]; **einen ~ gerichtlich durchsetzen** to assert a legal right [*or* claim] [*or* entitlement] [through the courts]; **jds Rechtsansprüche vertreten** to protect [*or* safeguard] sb's legal right [*or* entitlement] to sth **Rechts·an·walt, -an·wäl·tin** *m, f* lawyer, solicitor BRIT, attorney AM; *(vor Gericht)* barrister BRIT, lawyer AM; **sich** *dat* **einen ~ nehmen** to get a lawyer **Rechts·an·walts·kanz·lei** *f* lawyer's office, BRIT *a.* chambers *pl* **Rechts·auf·fas·sung** *f* conception of legality **Rechts·aus·le·ger(in)** <-s, -> *m(f)* SPORT southpaw **Rechts·au·ßen** <-, -> [rɛçts'ʔausn̩] *m* ● FBALL right wing[er] ● POL *(fam)* extreme right-winger, sb on the far-right

Rechts·bei·stand *m* ● *(juristisch Sachkundiger)* legal adviser ● *kein pl (juristische Sachberatung)* legal advice *no pl, no indef art* **Rechts·be·ra·ter(in)** *m(f)* legal adviser **Rechts·be·ra·tung** *f* JUR ● *(Beratung in Rechtsangelegenheiten)* legal advice *no pl, no indef art* ● *(Rechtsberatungsstelle)* legal advice *no pl, no art* **Rechts·be·schwer·de** *f* appeal **Rechts·beu·gung** *f* perversion of the course [*or* miscarriage] of

justice **Rechts·be·wusst·sein**RR *nt* sense of right and wrong **Rechts·bre·cher(in)** <-s, -> *m(f)* lawbreaker, criminal **Rechts·bruch** *m* breach of the law; **einen ~ begehen** to commit a breach of the law

rechts·bün·dig TYPO I. *adj* right justified, ranged [*or* AM flush] right II. *adv* with right justification; **etw ~ ausdrucken** to print sth out with right justification; ~ **anordnen/ausrichten** to right justify

recht·schaf·fen ['rɛçtʃafn̩] I. *adj* ● *(redlich)* honest, upright ● *(fam: ziemlich)* really; ~**en Durst/Hunger haben** to be really thirsty/hungry II. *adv* ● *(redlich)* honestly ● *(fam: ziemlich)* really; ~ **durstig/hungrig etc** to be really thirsty/hungry etc; *(fam: nach Kräften)* really; **sich** *akk* ~ **anstrengen/bemühen** to try really hard

Recht·schaf·fen·heit <-> *f kein pl* honesty *no pl,* uprightness *no pl*

recht·schrei·ben *vi nur infin* to spell

Recht·schrei·ben <-s> *nt kein pl* spelling *no pl, no indef art;* **im ~ schwach/stark sein** to be poor/good at spelling

Recht·schreib·feh·ler *m* spelling mistake; ~ **machen** to make spelling mistakes; **einen ~ machen** to make a spelling mistake **Recht·schreib·hil·fe** *f* INFORM spell [*or* spelling] checker **Recht·schreib·re·form** *f* spelling reform

Recht·schrei·bung *f* spelling *no pl, no indef art*

Rechts·drall *m eines Geschosses* clockwise spin; ▸ WENDUNGEN: **einen ~ haben** POL *(fam)* to lean to the right

Rechts·emp·fin·den *nt* sense of [what is] right and wrong; **nach jds ~** to sb's sense of right and wrong **Rechts·ex·tre·mis·mus** <-> *m kein pl* POL right-wing extremism *no pl*

Rechts·ex·tre·mist(in) *m(f)* right-wing extremist

rechts·ex·tre·mis·tisch *adj* POL right-wing extremist

rechts·fä·hig *adj inv, pred* JUR ~ **sein** to have legal capacity

Rechts·fä·hig·keit <-> *f kein pl* JUR legal capacity *no pl*

Rechts·fra·ge *f* question of law, legal question [*or* issue]

rechts·frei *adj inv* JUR ~**er Raum** area not regulated by law

rechts·ge·rich·tet *adj* POL right-wing

Rechts·ge·win·de *nt* TECH right-hand thread

Rechts·grund·la·ge *f* legal basis **rechts·gül·tig** *adj* legally valid

Rechts·hän·der(in) <-s, -> ['rɛçtshɛndɐ] *m(f)* right-hander, right-handed person; ~ **sein** to be right-handed **rechts·hän·dig** ['rɛçtshɛndɪç] I. *adj* right-handed II. *adv* right-handed, with one's right hand **rechts·her·um** ['rɛçtshɛrʊm] *adv* [round] to the right; **etw ~ drehen** to turn sth clockwise

Rechts·kraft *f kein pl* legal force [*or* validity]; **vor ~ des Urteils** before the verdict becomes/became final; ~ **erlangen** to become law, to come into force **rechts·kräf·tig** I. *adj* having the force of law, legally valid; ~**es Urteil** final verdict; ● ~ **sein** to be final; ● ~ **werden** to come into force II. *adv* with the force of law; **jdn ~ verurteilen** to pass a final sentence on sb **rechts·kun·dig** *adj* familiar with [*or* versed in] the law *pred*

R

Rechts·kur·ve f right-hand bend; **eine ~ machen** to [make a] bend to the right

Rechts·la·ge f legal position [or situation]

rechts·las·tig adj ❶ (rechts zu sehr belastet) **ein ~es Fahrzeug** a vehicle down at the right; **ein ~es Boot** a boat listing to the right [or starboard] ❷ POL (pej) rightist, right-wing

Rechts·me·di·zin f forensic [or legal] medicine, medical jurisprudence **Rechts·mit·tel** nt means of legal redress; [gegen etw] **ein ~ einlegen** to lodge an appeal [against sth] **Rechts·mit·tel·be·leh·rung** f instruction on rights of redress [or appeal] **Rechts·nach·fol·ger(in)** m(f) legal successor, assign[ee] spec **Rechts·ord·nung** f system of laws; **sich** akk **an die ~ halten** to observe the law

Recht·spre·chung <-, <selten -en> f kein pl dispensation of justice

rechts·ra·di·kal I. adj POL extreme right-wing II. adv with extreme right-wing tendencies; **~ eingestellt sein** to have a tendency to the far-right

Rechts·ra·di·ka·le(r) f(m) dekl wie adj right-wing extremist

rechts·rhei·nisch [ˈrɛçtsrainɪʃ] I. adj to [or on] the right of the Rhine II. adv to [or on] the right of the Rhine

Rechts·ruck <-es, -e> m POL shift [or swing] to the right

rechts·rum [ˈrɛçtsrʊm] adv (fam) s. **rechtsherum**

Rechts·schutz m legal protection **Rechts·schutz·ver·si·che·rung** f legal costs [or expenses] insurance

rechts·sei·tig [ˈrɛçtszaitɪç] I. adj MED of [or on] the right[-hand] side; **~e Armamputation** amputation of the right arm; **~e Blindheit/Lähmung** blindness in the right eye/paralysis of the right side II. adv on the right side; **~ gelähmt sein** to be paralysed [or AM -yzed] down the/one's right side

rechts·si·cher adj JUR legally secure **Rechts·si·cher·heit** f JUR, POL legal security **Rechts·staat** m state under [or founded on] the rule of law **rechts·staat·lich** adj founded on the rule of law pred **Rechts·streit** m lawsuit, litigation, lis spec **rechts·the·o·re·tisch** adj JUR, PHILOS jurisprudential, concerning the theory of law pred **Rechts·ti·tel** m legal title

rechts·um [rɛçts'ʔʊm] adv to the right; **~ kehrt!** MIL right about turn! BRIT, about face! AM; **~ kehrtma·chen** (fam) to turn right [or make a right turn]

rechts·ver·bind·lich adj legally binding **Rechts·ver·dre·her(in)** <-s, -> m(f) ❶ (hum fam: Anwalt) brief sl, legal eagle fam ❷ (pej: dubioser Rechtsanwalt) shyster fam

Rechts·ver·kehr m driving on the right no pl, no indef art

Rechts·ver·ord·nung f statutory instrument **Rechts·ver·tre·ter(in)** m(f) legal representative **Rechts·weg** m kein pl judicial process; **jdm steht der ~ offen** sb has recourse to legal action [or the courts]; **den ~ beschreiten** (geh) to take legal action, to go to [the] court[s] **rechts·wid·rig** adj illegal, unlawful **rechts·wirk·sam** adj inv JUR legally valid **Rechts·wis·sen·schaft** f kein pl (geh) jurisprudence no pl form

recht·win·ke·lig, recht·wink·lig adj right-angled

recht·zei·tig I. adj punctual; **~ ankommen** to arrive [or be] just in time; **~e Anmeldung** to apply in good time BRIT, early [enough] AM II. adv on time; **Sie hät·ten mich ~ informieren müssen** you should have told me in good time [or given me fair [or due] warn·ing]

Reck <-[e]s, -e> [rɛk] nt SPORT high [or horizontal] bar

Re·cke <-n, -n> [ˈrɛkə] m (geh) warrior

re·cken [ˈrɛkn] I. vt ■ etw [irgendwohin] **~** to stretch sth [somewhere]; **den Hals/Kopf [nach oben] ~** to crane one's neck [upwards]; **seine Glieder ~** to [have a] stretch; **die Faust gegen jdn ~** to raise one's fist to sb II. vr ■ **sich** akk [irgendwohin] **~** to stretch [one·self] [somewhere], to have a stretch; **reck dich nicht so weit aus dem Fenster** don't lean so far out of the window

Re·cor·der <-s, -> [reˈkɔrdɐ] m ❶ (Kassettenrecorder) cassette recorder ❷ (Videorecorder) video [recorder]

re·cy·cel·bar [riˈsaiklbaːɐ] adj inv ÖKOL recyclable

re·cy·celn [riˈsaikln] vt ■ etw **~** to recycle sth; ■ **recy·celt werden** to be recycled; ■ **recycelt werden können** to be able to be recycled, to be recyclable

Re·cy·cling <-s> [riˈsaiklɪŋ] nt kein pl recycling

Re·cy·cling·pa·pier [riˈsaiklɪŋ-] nt recycled paper

Re·dak·teur(in) <-s, -e> [redakˈtøːɐ] m(f) editor

Re·dak·ti·on <-, -en> [redakˈtsi̯oːn] f ❶ (redaktionel·les Büro) editorial department [or office[s]] ❷ (Mitglie·der eines redaktionellen Büros) editorial staff ❸ kein pl (das Redigieren) editing

re·dak·ti·o·nell [redaktsi̯oˈnɛl] I. adj editorial; **~e Bearbeitung** editing; **~e Leitung hat Dr. Ger·harz** the editor is Dr Gerharz II. adv editorially; **etw ~ bearbeiten** [o überarbeiten] to edit [or revise] sth

Re·dak·ti·ons·kon·fe·renz f editorial conference **Re·dak·ti·ons·lei·ter(in)** m(f) head of the/an editorial department **Re·dak·ti·ons·mit·glied** nt member of the/an editorial department **Re·dak·ti·ons·schluss**RR m kein pl time of going to press

Re·de <-, -n> [ˈreːdə] f ❶ (Ansprache) speech; **eine ~ halten** to make a speech; **in freier ~** without notes; **große ~n führen** [o fam: schwingen] to talk big fam; **direkte/indirekte ~** LING direct/indirect speech ❷ (das [miteinander] Sprechen) talk; **meine/seine/... ~ sein** to be my/his/... opinion; **das war schon immer meine ~!** that's what I've always said; **wovon ist die ~?** what's it [all] about?; **von jdm/etw ist die ~** there is talk [or mention] of sb/sth; **es war gerade von dir die ~** we/they were just talking about you; **die ~ kam auf jdn/etw** the conversation [or talk] turned to sb/sth ❸ pl (Äußerungen) language no pl; **das sind nur ~n** those are just words, that's just talk ▶ WENDUNGEN: [jdm] [für etw] **~ und Ant·wort stehen** to account [to sb] [for sth]; **der Minister wollte den Journalisten ~ und Antwort stehen** the minister wanted to give the journalists a full expla·nation; **jdn [für etw] zur ~ stellen** to take sb to task [for or about] sth]; **der langen ~ kurzer Sinn** (prov) the long and the short of it; **langer Rede kurzer Sinn** (fam) in short [or a word]; **nicht der ~ wert sein** to be not worth mentioning; **das ist doch nicht der ~ wert!** don't mention it!; **davon kann keine ~ sein** that's [or it's] out of the question, there can be no ques·tion of that

Re·de·flussRR m kein pl flow of words; **ich musste seinen ~ unterbrechen** I had to interrupt him in mid-flow **Re·de·frei·heit** f kein pl freedom of speech **re·de·ge·wandt** adj (geh) eloquent

re·den [ˈreːdn] I. vi ❶ (sprechen) to talk, to speak; ■ **mit jdm [über jdn/etw] ~** to talk to sb [about sb/sth]; ■ **mit sich** akk **selbst ~** to talk to oneself; **so nicht mit sich ~ lassen** to not let oneself be talked [or spoken] to in such a way [or like that]; **du hast gut** [o leicht] **~** it's easy [or all very well] for you to talk; **mit jdm zu ~ haben** to need to speak to sb; **die Che·fin hat mit dir zu ~** the boss would like to have a word with you; s. a. **Silber** ❷ (sich unterhalten) ■ [miteinander] [über jdn/etw] **~** to talk [about sb/sth] [or discuss [sb/sth]] [together]; **über manche Themen wurde zu Hause nie geredet** some topics were never discussed at home; **das Reden** talk; **~ wir nicht mehr davon** [o darüber] let's not talk [or speak] about it any more; **~ Sie doch nicht!** (fam) come off it! fam; **genug geredet** enough talk[ing];

s. a. **Wand** ❸ *(Gerüchte verbreiten)* ▪ |**über jdn/ etw**| **geredet werden** to be said |of sb/sth], there is talk |about sb/sth]; **es wird bereits über dich geredet** you are already being talked about; ▪ **über jdn/ etw** ~ to talk about sb/sth ❹ *(eine Rede halten)* to speak; ▪ **über etw** *akk* ~ to speak about |*or* on] sth ❺ *(ausdiskutieren, verhandeln)* to talk, to discuss; **über etw** *akk* **lässt** |*o* ließe] **sich** ~ we can discuss sth; **darüber lässt sich** ~ that's a possibility, we can certainly discuss that; **über etw** *akk* **lässt** |*o* ließe] **sich eher** ~ to be more like it; **mit sich** |**über etw** *akk*] ~ **lassen** *(sich umstimmen lassen)* to be willing to discuss |sth] |*or* open to persuasion]; *(mit sich verhandeln lassen)* to be open to offers; **nicht mit sich** |**über etw** *akk*] ~ **lassen** *(bei seiner Entscheidung bleiben)* to be adamant |about sth] ❻ *(sl: etw verraten, gestehen)* to talk, to come clean *fam;* **jdn zum R~ bringen** to make sb talk; **nun red' schon, was hat er gesagt?** come on, spill the beans, what did he say? *fam* ▪ WENDUNGEN: **das ist ja mein R~** *(fam)* that's what I've been saying; |**viel**| **von sich** *dat* ~ **machen** to be|come] |very much] a talking point; **der Film, der so viel von sich ~ macht, hält nicht, was er verspricht** the film which everyone is talking about doesn't live up to expectations **II.** *vt* ❶ *(sagen)* ▪ **etw** ~ to talk |*or* say] sth; **Unsinn** |*o fam:* **Blödsinn**| ~ to talk nonsense; **ich möchte gerne hören, was ihr redet** I'd like to hear what you're saying; *s. a.* **Seele** *s. a.* **Wort** ❷ *(klatschen)* ▪ |**über jdn/etw**| **geredet werden** to be said |about sb/sth]; **es wird schon über uns geredet** we're being talked about; ▪ **etw** |**über jdn/etw**| ~ to say sth |about sb/sth] **III.** *vr (sich durch Reden in einen Zustand steigern)* ▪ **sich in etw** *akk* ~ to talk oneself into sth; **sich** *akk* **in Rage/Wut** ~ to talk oneself into a rage/fury; **sich** *akk* **in Begeisterung** ~ to get carried away with what one is saying; ▪ **sich + adj** ~ to talk oneself ...; **sich** *akk* **heiser** ~ to talk oneself hoarse

Re·dens·art *f* ❶ *(feststehender Ausdruck)* expression; **das ist nur so eine** ~ it's just a figure of speech; **eine feste** |*o* **stehende**| ~ *a. pej* a stock phrase ❷ *pl (pej: leere Versprechung)* empty words |*or* talk]

Re·den·schrei·ber(in) *m(f)* speech writer

Re·de·wei·se *f* manner |*or* style] of speaking **Re·de·wen·dung** *f* idiom, idiomatic expression

re·di·gie·ren' |redi'giːrən] *vt* ▪ **etw** ~ to edit sth

red·lich |'reːtlɪç] **I.** *adj* ❶ *(aufrichtig)* honest, upright ❷ *(sehr groß)* real; **es kostete mich ~e Anstrengungen, ihn zu überzeugen** it took a real effort to convince him **II.** *adv* really; **wir werden uns ~ anstrengen müssen** we'll really have to make an effort

Red·lich·keit <-> *f kein pl* honesty *no pl*

Red·ner(in) <-s, -> |'reːdnɐ] *m(f)* speaker, orator *form;* **ein guter/überzeugender** ~ **sein** to be a good/convincing speaker; **kein guter/großer** ~ **sein** to not be a good speaker/to be no great orator

red·ne·risch I. *adj* oratorical, rhetorical **II.** *adv* oratorically, rhetorically; ~ **begabt sein** to be a gifted speaker |*or form* a great orator]

Red·ner·pult *nt* lectern

Re·dox·po·ten·zi·al^{RR} |reˈdɔks-] *nt* CHEM redox potential **Re·dox·re·ak·ti·on** *f* CHEM redox reaction

red·se·lig |'reːtzeːlɪç] *adj* talkative

Red·se·lig·keit <-> *f kein pl* talkativeness *no pl*

Re·duk·ti·ons·tei·lung *f* BIOL reductional division

re·dun·dant |redʊn'dant] *adj inv (geh)* redundant

Re·dun·danz <-, -en> |redʊn'dants] *f* LING redundancy *no pl*

Re·du·pli·ka·ti·on |reduplika'tsi̯oːn] *f* LING reduplication

re·du·zie·ren' |redu'tsiːrən] *vt* ▪ **etw** ~ to reduce sth

Re·du·zie·rung <-, -en> *f* reduction; **eine** ~ **der Kosten** a reduction in costs

Ree·de <-, -n> |'reːdə] *f* NAUT safe anchorage, road|s] |*or* roadstead] *spec;* **auf** ~ **liegen** to lie in the roads

Ree·der(in) <-s, -> |'reːdɐ] *m(f)* shipowner

Ree·de·rei <-, -en> |reːdə'rai] *f* shipping company |*or* line]

Ree·de·rin <-, -nen> *f fem form von* **Reeder**

re·ell |re'ɛl] *adj* ❶ *(tatsächlich)* real; **eine/keine ~e Chance haben** to stand a/no real |*or* fighting] chance ❷ *(anständig)* honest, straight; **ein ~es Angebot** a fair |*or* decent] offer; **ein ~er Preis** a realistic |*or* fair] price; **ein ~es Geschäft** a sound |*or* solid] business ❸ *(fam)* ▪ |et]**was R~es** the real thing

Reet <-s> |reːt] *nt kein pl* NORDD *(Ried)* reeds *pl*

Reet·dach *nt* thatched roof **reet·ge·deckt** *adj* thatched

Re·ex·port |reˈʔɛksˌpɔrt, 'reːʔɛksˌpɔrt] *m* ÖKON re-export

REFA |'reːfa] *f* ÖKON *Akr von* **Verband für Arbeitsgestaltung, Betriebsorganisation und Unternehmensentwicklung** REFA *(Association for Work Design/Work Structure, Industrial Organization and Corporate Development)*

REFA-Fach·mann, -frau <-leute *o (selten)* -männer> *m, f* ÖKON REFA expert

Re·fek·to·ri·um <-s, -rien> |refɛk'toːri̯ʊm, *pl:* -ri̯ən] *nt* refectory

Re·fe·rat¹ <-[e]s, -e> |refe'raːt] *nt* |seminar] paper; *(in der Schule)* project; **ein** ~ |**über jdn/etw**| **halten** to present a paper/project |on sb/sth]

Re·fe·rat² <-[e]s, -e> |refe'raːt] *nt* ADMIN department

Re·fe·ren·dar(in) <-s, -e> |referɛn'daːɐ] *m(f)* candidates for a higher post in the civil service who have passed the first 'Staatsexamen' and are undergoing practical training; SCH student |*or* trainee] teacher; JUR articled clerk BRIT

Re·fe·ren·da·ri·at <-[e]s, -e> |referɛnda'ri̯aːt] *nt* traineeship; SCH teacher training; JUR |time in] articles BRIT

Re·fe·ren·da·rin <-, -nen> *f fem form von* **Referendar**

Re·fe·ren·dar·zeit *f s.* **Referendariat**

Re·fe·ren·dum <-s, Referenden *o* Referenda> |refe'rɛndʊm, *pl:* -dən, -da] *nt* POL referendum; **ein** ~ **abhalten** to hold a referendum

Re·fe·rent(in) <-en, -en> |refe'rɛnt] *m(f)* ❶ *(Berichterstatter)* speaker ❷ ADMIN head of an advisory department; ~ **für Medienfragen** expert on media questions ❸ *(Gutachter)* examiner

Re·fe·renz <-, -en> |refe'rɛnts] *f* ❶ *(schriftliche Empfehlung)* reference, testimonial ❷ *(Quelle einer schriftlichen Empfehlung)* referee

re·fe·rie·ren' |refe'riːrən] *vi* ▪ |**über jdn/etw**| ~ to present a paper/give a talk/report |on sb/sth]

re·fi·nan·zie·ren' |refinan'tsiːrən] *vt* ÖKON ▪ **etw** ~ to re-finance sth

Re·fla·ti·on <-, -en> |refla'tsi̯oːn] *f* ÖKON reflation

re·fla·ti·o·när |reflatsi̯oˈnɛːɐ] *adj inv* ÖKON reflationary

re·flek·tie·ren' |reflɛk'tiːrən] **I.** *vt* ▪ **etw** ~ to reflect sth **II.** *vi* ❶ *(zurückstrahlen)* to reflect; ~ **d** reflecting, reflective ❷ *(fam: interessiert sein)* ▪ **auf etw** *akk* ~ to be interested in |*or* have one's eye on] sth ❸ *(geh: kritisch erwägen)* ▪ |**über**| **etw** *akk* ~ to reflect on |*or* upon] |*or* ponder |on |*or* upon]]] sth

Re·flek·tor <-s, -toren> |re'flɛktoːɐ, *pl:* -'toːrən] *m* reflector

Re·flex <-es, -e> |re'flɛks] *m* ❶ *(Nervenreflex)* reflex ❷ *(Lichtreflex)* reflection

Re·flex·be·we·gung *f* reflex |movement] **Re·flex·bogen** *m* BIOL, MED reflex arc |*or* circuit] **Re·flex·handlung** *f* reflex action

Re·fle·xi·on <-, -en> |reflɛ'ksi̯oːn] *f* ❶ *(das Nachdenken)* reflection ❷ PHYS reflection

re·fle·xiv [reflɛ'ksi:f] *adj* LING reflexive

Re·fle·xiv·pro·no·men *nt* reflexive pronoun

Re·flex·zo·ne *f* NATURMED reflex zone **Re·flex·zo·nen·mas·sa·ge** *f* reflexology

Re·form <-, -en> [re'fɔrm] *f* reform; **~ an Haupt und Gliedern** root-and-branch [*or* total] [*or* wide-reaching] reform; **dieses Unternehmen braucht eine ~ an Haupt und Gliedern** this company needs to be reformed, root and branch

Re·for·ma·ti·on <-> [refɔrma'tsi̯o:n] *f kein pl* ▪ **die ~** REL, HIST the Reformation *no pl*

Re·for·ma·ti·ons·fest *nt* ▪ **das ~** Reformation Day

Re·for·ma·tor, Re·for·ma·to·rin <-s, -toren> [refɔr'ma:to:ɐ̯, refɔrma'to:rɪn, *pl:* -ma'to:rən] *m, f* ❶ REL Reformer ❷ *(geh)* s. **Reformer**

re·form·be·dürf·tig *adj* in need of reform *pred* **Re·form·be·für·wor·ter(in)** *m(f)* advocate of reform **Re·form·be·stre·bung** *f* striving for [*or* efforts towards] reform **Re·form·be·we·gung** *f* reform movement

Re·for·mer(in) <-s, -> [re'fɔrmɐ] *m(f)* reformer

re·for·me·risch [re'fɔrmərɪʃ] *adj* reforming

re·form·freu·dig *adj* eager for [*or* keen on] reform, welcoming [*or* in support of] reforms **Re·form·geg·ner(in)** *m(f)* opponent of reform

Re·form·haus *nt* health food shop [*or* AM *usu* store]

re·for·mie·ren* [refɔr'mi:rən] *vt* ▪ **etw ~** to reform sth

Re·for·mier·te(r) *f(m) dekl wie adj* REL member of the Reformed Church

Re·form·kost *f* health food **Re·form·kraft** *f meist pl* POL reformists *pl* **Re·form·po·li·tik** *f* policy of reform **Re·form·stau** *m* POL blocking of reforms **Re·form·werk** *nt* POL series of reforms **re·form·wil·lig** *adj* willing to countenance reform *form* [*or* accept change]

Re·frain <-s, -s> [re'frɛ̃:, rə-] *m* chorus, refrain

Re·fu·gi·um <-s, -gien> [re'fu:gi̯ʊm, *pl:* -gi̯ən] *nt (geh)* refuge

Re·gal <-s, -e> [re'ga:l] *nt* shelves *pl*, shelving *no pl*, *no indef art*, rack; **etw aus dem ~ nehmen** to take sth off [*or* from] the shelf; **etw ins ~ zurückstellen** to put sth back on the shelf; **in/auf dem ~ stehen** to stand on the shelf

Re·gat·ta <-, Regatten> [re'gata, *pl:* re'gatən] *f* regatta

Reg. Bez. *m Abk von* **Regierungsbezirk**

re·ge ['re:gə] I. *adj* ❶ *(lebhaft)* lively; **~ Anteilnahme/Beteiligung** active interest/participation [*or* involvement]; **~r Betrieb** brisk trade; **um 16 Uhr 30 herrscht ein ~r Verkehr** traffic is very busy at 4.30; *s. a.* **Fantasie** ❷ *(rührig)* active; **ein ~r Geist** a lively soul; ▪ **[noch] ~ sein** to be [still] active ❸ *(wach)* ▪ **in jdm ~ werden** to be awakened in sb II. *adv* actively; **~ besucht werden** to be well attended

Re·gel¹ <-, -n> ['re:gl] *f* ❶ *(Vorschrift)* rule, regulation ❷ *(Norm)* rule; **eine ungeschriebene ~** an unwritten rule ❸ *(Gewohnheit)* rule; **sich dat etw akk zur ~ machen** to make a habit [*or* rule] of sth; **[jdm] zur ~ werden** to become a habit [with sb]; **in der ~, in aller ~** as a rule ▸ WENDUNGEN: **keine ~ ohne Ausnahme** *(prov)* the exception proves the rule *prov*; **nach allen ~n der Kunst** with all the tricks of the trade; **etw nach allen ~n der Kunst erklären** to explain sth inside out [*or* thoroughly]; **jdn nach allen ~n der Kunst betrügen** to utterly deceive sb, to take sb for a ride *fam*

Re·gel² <-> ['re:gl] *f kein pl (Menstruation)* period; **meine ~ ist seit zehn Tagen ausgeblieben** I'm [*or* my period is] ten days overdue; **seine ~ haben/bekommen** to have/get one's period

Re·gel·ar·beits·zeit *f* core time

re·gel·bar *adj* ❶ *(regulierbar)* adjustable ❷ *(zu regeln)* able to be sorted out; **eine nicht leicht ~e Frage** a question that cannot be easily settled

---

Re·gel·blu·tung *f* menstruation

Re·gel·fall *m kein pl* rule, norm; **im ~** as a rule; **der ~ sein** to be the rule; **die Ausnahme und nicht der ~ sein** to be the exception and not the rule **Re·gel·kreis** *m* BIOL closed-loop control circuit

re·gel·mä·ßig I. *adj* ❶ *(ebenmäßig)* regular, well-proportioned ❷ *(in zeitlich gleicher Folge)* regular ❸ *(immer wieder stattfindend)* regular, persistent II. *adv* ❶ *(in gleichmäßiger Folge)* regularly ❷ *(immer wieder)* always

Re·gel·mä·ßig·keit <-> *f kein pl* ❶ *(Ebenmaß)* regularity, even proportions *pl* ❷ *(das regelmäßige Stattfinden)* regularity

re·geln ['re:gln] I. *vt* ▪ **etw ~** ❶ *(in Ordnung bringen)* to settle [*or* see to] sth, to sort sth out; **ein Problem ~** to resolve a problem; ▪ **sich ~ lassen** to be able to be settled; **mit etwas gutem Willen lässt sich alles ~** everything can be sorted out with a bit of goodwill ❷ *(festsetzen)* to arrange sth; **wie ist die gleitende Arbeitszeit in eurer Firma geregelt?** how is flexitime arranged [*or* set up] in your company? ❸ *(regulieren)* to regulate [*or* control] sth II. *vr* ▪ **sich [von selbst]** ~ to sort itself out, to take care of itself

re·gel·recht ['re:glrɛçt] I. *adj (fam: richtiggehend)* proper, real; **eine ~e Schlägerei** a regular brawl; **eine ~e Frechheit** a downright [*or* an utter] cheek II. *adv (fam: richtiggehend)* really; **jdn ~ zur Schnecke** [*or* SÜDD *derb:* Sau] **machen** to give sb a good dressing down [*or* BRIT *a.* a real carpeting]; **~ betrunken sein** to be well and truly plastered

Re·gel·satz *m* ADMIN *basic rate for the calculation of employer's contribution set by the Länder* **Re·gel·satz·steu·er** *f* ADMIN *(selten)* basic [*or* standard] tax rate

Re·gel·schmer·zen *pl* period pains *pl* **Re·gel·stö·run·gen** *pl* irregularities in one's menstrual cycle **Re·gel·stu·di·en·zeit** [-ʃtu:di̯ən-] *f* SCH *number of terms prescribed for the completion of a course*

Re·ge·lung <-, -en> ['re:gəlʊŋ] *f* ❶ *(festgelegte Vereinbarung)* arrangement; *(Bestimmung)* ruling ❷ *kein pl (das Regulieren)* regulation, control

re·gel·wid·rig I. *adj* SPORT against the rules *pred*, contrary to the regulations *pred* II. *adv* against the rules; **~ spielen** [*o* sich *akk* **~ verhalten**] to play dirty *fam*, to foul

Re·gel·wid·rig·keit *f* breach of the rules [*or* regulations]

re·gen ['re:gn] *vr* ▪ **sich** *akk* **~** ❶ *(sich bewegen)* to move, to stir; *s. a.* **Lüftchen** *s. a.* **Segen** ❷ *(sich bemerkbar machen)* to stir; **jede sich ~de Opposition** every stirring [*or* whisper] of opposition

Re·gen <-s, -> ['re:gn] *m* rain; **sicher bekommen wir bald ~** we are sure to get rain soon; **saurer ~** acid rain; **bei** [*o* in] **strömendem ~** in [the] pouring rain ▸ WENDUNGEN: **vom ~ in die Traufe kommen** [*o* geraten] *(prov)* to jump out of the frying pan into the fire *prov*; **ein warmer ~** *(fam)* a windfall; **jdn im ~ stehen lassen** *(fam)* to leave sb in the lurch

re·gen·arm *adj* dry, with low precipitation *spec*, low rainfall *attr*

Re·gen·bo·gen *m* rainbow

Re·gen·bo·gen·far·ben *pl* colours [*or* AM -ors] *pl* of the rainbow; **in allen ~ schillern** to shimmer iridescently, to shine like all the colours of the rainbow **Re·gen·bo·gen·fo·rel·le** *f* ZOOL rainbow trout **Re·gen·bo·gen·haut** *f* ANAT iris **Re·gen·bo·gen·pres·se** *f* gossip magazines *pl*

Re·ge·ne·ra·ti·on [regenera'tsi̯o:n] *f* ❶ *(geh: Erneuerung)* revitalization ❷ BIOL *(Wiederherstellung)* regeneration

re·ge·ne·ra·tiv [regenera'ti:f] *adj* regenerative, renewable

re·ge·ne·rie·ren* [regene'ri:rən] **I.** vr ■ **sich** akk ~ ❶ (geh: sich erneuern) to renew one's strength, to recuperate ❷ BIOL (sich neu bilden) to regenerate **II.** vt TECH ■ **etw** ~ to reclaim [or recover] sth

Re·gen·fall m rainfall, [fall of] rain **Re·gen·ge·biet** nt area of high precipitation, high rainfall area **Re·gen·guss**RR m downpour **Re·gen·ja·cke** f anorak, cagoule **Re·gen·man·tel** m raincoat **Re·gen·pfei·fer** m ORN plover **Re·gen·pla·ne** f tarpaulin, cover **re·gen·reich** adj wet, with high rainfall; ■ ~ **sein** to be wet **Re·gen·rin·ne** f s. **Dachrinne Re·gen·schau·er** m shower [of rain] **Re·gen·schirm** m umbrella

Re·gent(in) <-en, -en> [re'gɛnt] m(f) ruler, [reigning] monarch; (Vertreter des Herrschers) regent

Re·gen·tag m day of rain, rainy day **Re·gen·ton·ne** f water butt BRIT, rain barrel AM **Re·gen·trop·fen** m raindrop

Re·gent·schaft <-, -en> f ❶ (Herrschaft) reign ❷ (Amtszeit) regency

Re·gen·über·lauf·be·cken nt rainwater overflow-tank **Re·gen·wald** m rainforest; **tropischer** ~ tropical rainforest **Re·gen·was·ser** nt rainwater **Re·gen·wet·ter** nt rainy [or wet] weather; s. a. **Gesicht Re·gen·wol·ke** f rain cloud **Re·gen·wurm** m earthworm **Re·gen·zeit** f rainy season

Reg·gae <-[s]> ['rɛgɛ, 'rɛgi] m MUS reggae

Re·gie <-, -n> [re'ʒi:, pl: re'ʒi:ən] f ❶ FILM, THEAT, TV direction; RADIO production; **jdn mit der ~ für etw beauftragen** to appoint sb [as] the director of sth; „~: **Alan Parker"** 'Director: [or directed by] Alan Parker'; [bei etw] **die ~ haben** [o führen] to direct [sth], to be the director [of sth]; **unter jds ~, unter der ~ von jdm** under sb's direction [or the direction of sb], directed by sb ▶ WENDUNGEN: **in eigener ~** off one's own bat BRIT, on one's own AM; **in** [o unter] (geh) **jds ~** under sb's control

Re·gie·an·wei·sung [re'ʒi:-] f stage direction **Re·gie·as·sis·tent(in)** m(f) assistant director

re·gie·ren* [re'ʒi:rən] **I.** vi to rule, to reign; ■ **über jdn/etw** ~ to rule [or reign] over sb/sth; s. a. **Bürgermeister II.** vt ❶ POL **ein Land** ~ to rule [or govern] a country; Monarch a. to reign over a country ❷ LING ■ **etw** ~ to govern sth

Re·gie·rung <-, -en> [re'ʒi:rʊŋ] f POL ❶ (Kabinett) government ❷ (Herrschaftsgewalt) rule, reign; **nach der ~ streben** to strive for power; **jdn an die ~ bringen** to put sb into power [or office]; **an der ~ sein** to be in power [or office]; **die ~ antreten** to take power [or office]

Re·gie·rungs·ab·kom·men nt POL governmental agreement **Re·gie·rungs·an·tritt** m coming to power, taking of office; **zum** ~ on taking power [or office] **Re·gie·rungs·ap·pa·rat** m POL ❶ (Gesamtheit der Institutionen) government machinery ❷ (Herrschaftssystem) regime, system of rule **Re·gie·rungs·aus·schuss**RR m government committee **Re·gie·rungs·bank** <-bänke> f government benches pl **Re·gie·rungs·be·am·te(r)** f(m) dekl wie adj government official **Re·gie·rungs·be·am·tin** f government official (female) **Re·gie·rungs·be·zirk** m ≈ region BRIT, ≈ county AM (primary administrative division of a Land) **Re·gie·rungs·bil·dung** f formation of a government **Re·gie·rungs·chef(in)** m(f) head of [a/the] government **Re·gie·rungs·di·rek·tor, -di·rek·to·rin** m, f senior government official **Re·gie·rungs·er·klä·rung** f government statement **re·gie·rungs·feind·lich** adj anti-government **Re·gie·rungs·ko·a·li·ti·on** f POL government coalition **Re·gie·rungs·kom·mis·si·on** f government commission **Re·gie·rungs·krei·se** pl government circles pl **Re·gie·rungs·kri·se** f government crisis **Re·gie·rungs·par·**

tei f ruling [or governing] party, party in power **Re·gie·rungs·prä·si·dent(in)** m(f) chief administrator of a Regierungsbezirk; SCHWEIZ head of a canton government **Re·gie·rungs·rat** m kein pl SCHWEIZ canton government **Re·gie·rungs·rat, -rä·tin** m, f senior civil servant **Re·gie·rungs·sitz** m seat of government **Re·gie·rungs·spre·cher(in)** m(f) government spokesperson **Re·gie·rungs·um·bil·dung** f cabinet reshuffle **Re·gie·rungs·wech·sel** m change of government **Re·gie·rungs·zeit** f period [or term] of office

Re·gime <-s, -s> [re'ʒi:m] nt (pej) regime **Re·gime·geg·ner(in)** m(f) opponent of a/the regime **Re·gime·kri·ti·ker(in)** m(f) critic of the regime, dissident **re·gime·kri·tisch** adj POL dissident

Re·gi·ment[1] <-[e]s, -er> [regi'mɛnt] nt MIL regiment **Re·gi·ment**[2] <-[e]s, -e> [regi'mɛnt] nt (geh: Herrschaft) rule; **ein** ~ **führen** to maintain a regime

Re·gi·ments·an·ge·hö·ri·ge(r) m dekl wie adj member of the regiment **Re·gi·ments·fah·ne** f regimental colours [or AM -ors] pl **Re·gi·ments·kom·man·deur** m regimental commander

Re·gi·on <-, -en> [re'gi̯o:n] f region; ▶ WENDUNGEN: **in höheren ~en schweben** (geh) to have one's head in the clouds

re·gi·o·nal [regi̯o'na:l] **I.** adj regional **II.** adv regionally; ~ **unterschiedlich** [o verschieden] **sein** to vary [or differ] from one region to another [or region to region]

Re·gio·nal·ex·press m regional express [train] **Re·gi·o·nal·fern·se·hen** nt regional television **Re·gi·o·nal·funk** m local radio **Re·gi·o·nal·li·ga** f SPORT regional league **Re·gi·o·nal·pro·gramm** nt regional programme [or AM -am] **Re·gi·o·nal·sen·der** m RADIO regional [or local radio] station; TV regional channel [or station]

Re·gis·seur(in) <-s, -e> [reʒɪ'søːɐ̯] m(f) FILM, TV, THEAT director; RADIO producer

Re·gis·ter <-s, -> [re'gɪstɐ] nt ❶ (alphabetischer Index) index ❷ (amtliches Verzeichnis) register ❸ MUS register; (einer Orgel) stop ▶ WENDUNGEN: **alle ~ spielen lassen alle ~ ziehen** to pull out all the stops, to go all out; **andere ~ ziehen** to resort to other methods, to get tough

Re·gis·tra·tur <-, -en> [regɪstra'tu:ɐ̯] f ❶ ADMIN registry, records office ❷ MUS (Orgel) stop

re·gis·trie·ren* [regɪs'tri:rən] **I.** vt ■ **etw** ~ ❶ (verzeichnen) to register sth; (wahrnehmen) to note [or notice] sth ❷ TECH (aufzeichnen) to register sth **II.** vi (fam) ■ ~, **dass/wie …** to register that …, to take note of …

Re·gis·trier·kas·se f cash register

Re·gis·trie·rung <-, -en> f registration

Re·gle·ment <-s, -s> [reglə'mãː] nt ❶ SPORT rules pl ❷ SCHWEIZ (Vorschriften) regulations pl

re·gle·men·tie·ren* [reglemɛn'ti:rən] vt (geh) ❶ (genau regeln) ■ **etw** ~ to regulate sth ❷ (gängeln) ■ **jdn** ~ to regiment sb

Re·gle·men·tie·rung <-, -en> f (Regulierung) regulation; (Bevormundung) regimentation

Reg·ler <-s, -> ['re:glɐ] m ELEK regulator, control; AUTO governor

reg·los ['re:klo:s] adj s. **regungslos**

Reg·lo·sig·keit <-> f kein pl s. **Regungslosigkeit**

reg·nen ['re:gnən] **I.** vi impers to rain; ■ **es regnet** it's raining; **für den Fall, dass es** ~ **sollte** in case it rains, in case it should rain form; ■ **auf etw** akk/**durch etw** akk ~ to rain on/through sth; s. a. **Strom II.** vt ■ **etw** ~ to rain down sth; **es regnet Beschwerden/Proteste/Vorwürfe** complaints/protests/accusations are pouring in

reg·ne·risch adj rainy

Re·gressRR <-es, -e> m, **Re·greß**ALT <-sses, -sse> [re'grɛs] m JUR recourse, redress; **jdn** [**für etw**] **in** ~

nehmen to have recourse against sb [for sth]
Re·gress·an·spruch^{RR} *m* JUR right to compensation **Re·gress·for·de·rung**^{RR} *f* JUR claim [*or* demand] for compensation **Re·gress·kla·ge**^{RR} *f* JUR action for compensation **Re·gress·pflicht**^{RR} *f* JUR liability for compensation **re·gress·pflich·tig**^{RR} *adj* JUR liable for compensation; **jdn** [**für etw**] **~ machen** to make sb liable [for compensation] [for sth]
re·gu·lär [regu'lɛ:ɐ̯] **I.** *adj* ① *(vorgeschrieben)* regular; **die ~e Arbeitszeit** normal [*or* regular] working hours; **das ~e Gehalt** the basic salary ② *(normal)* normal; **~e Truppen** regular troops, regulars *pl* **II.** *adv* normally
re·gu·lier·bar *adj* adjustable
re·gu·lie·ren* [regu'li:rən] **I.** *vt* ① *(einstellen)* ▪ **etw** [**mit etw**] **~** to regulate [*or* adjust] sth [with sth] ② *(geh: [ein Gewässer] begradigen)* ▪ **etw ~ Bach, Fluss** to straighten sth **II.** *vr* ▪ **sich** *akk* **(von) selbst ~** to regulate itself
Re·gu·lie·rung <-, -en> *f* ① *(Einstellung)* regulation, adjustment ② *(geh: Begradigung eines Gewässers)* straightening
Re·gung <-, -en> *f* ① *(Bewegung)* movement ② *(Empfindung)* feeling; **menschliche ~** human emotion; **folge immer der ~ deines Herzens** always follow the promptings of your heart; **in einer ~ von Mitleid/Wehmut/Zorn** in a fit of compassion/nostalgia/anger
re·gungs·los **I.** *adj* motionless; *Miene* impassive **II.** *adv* motionless; **sie lag ~ da** she lay there motionless
Re·gungs·lo·sig·keit <-> *f kein pl* motionlessness, impassivity
Reh <-[e]s, -e> [re:] *nt* roe deer
Re·ha <-> ['re:ha] *f kein pl* MED *kurz für* **Rehabilitation** rehab
Re·ha·bi·li·ta·ti·on <-, -en> [rehabilita'tsi̯o:n] *f* ① SOZIOL rehabilitation ② *(geh)* rehabilitation, vindication
re·ha·bi·li·tie·ren* [rehabili'ti:rən] *vt* ① SOZIOL ▪ **jdn ~** to rehabilitate sb ② *(geh)* ▪ **jdn/etw/sich ~** to clear [*or form* vindicate] [*or form* rehabilitate] sb/sth/oneself
Re·ha·bi·li·tie·rung <-, -en> *f s.* **Rehabilitation**
Re·ha·kli·nik *f* MED rehab [clinic] **Re·ha·zen·trum** *nt* MED rehab [centre]
Reh·bock *m* [roe]buck, stag **Reh·kalb** *nt* fawn **Reh·keu·le** *f* haunch of venison **Reh·kitz** *nt* roe deer fawn **Reh·le·der** *nt* deerskin **Reh·rü·cken** *m* KOCHK saddle of venison **Reh·schle·gel** *m* haunch of venison **Reh·wild** *nt* JAGD roe deer
Rei·bach <-s> ['raibax] *m kein pl (sl)* hefty profit; [**bei etw**] **einen ~ machen** to make a killing [at [*or* with] sth] *fam*
Rei·be <-, -n> ['raibə] *f* grater
Rei·be·ku·chen *m* KOCHK DIAL *(Kartoffelpuffer)* ≈ potato fritter BRIT, ≈ latke AM *(grated raw potatoes fried into a pancake)* **Rei·be·laut** *m* LING fricative
rei·ben <rieb, gerieben> ['raibn̩] **I.** *vt* ① *(über etw hin- und herfahren)* ▪ **etw ~** to rub sth; *s. a.* **blank** *s. a.* **Auge** *s. a.* **Hand** ② *(reibend verteilen)* ▪ **etw auf etw** *akk***/in etw** *akk* **reiben** to rub sth onto/into sth ③ *(durch Reiben entfernen)* ▪ **etw aus etw** *dat***/von etw ~** to rub sth out of/off sth ④ *(mit der Reibe zerkleinern)* ▪ **etw ~** to grate sth **II.** *vr* ① *(sich kratzen)* ▪ **sich** [**an etw** *dat*] **~** to rub oneself [on [*or* against] sth]; **die Katze rieb sich an meinen Beinen** the cat rubbed itself against my legs; **warum reibst du dich am Rücken?** why are you rubbing your back?; *s. a.* **wund** ② ▪ **sich** *dat* **etw ~** to rub one's sth; **sich** *akk*

die Augen/Hände ~ to rub one's eyes/hands; **sich** *dat* **die Haut/die Hände wund reiben** to chafe one's skin/hands; **sich den Schlaf aus den Augen ~** *(fig)* to still not be awake [*or* be half asleep] ③ *(fig: sich mit jdm auseinandersetzen)* ▪ **sich** *akk* **an jdm ~** to rub sb up the wrong way; **ständig ~ sie sich aneinander** they are constantly rubbing each other up the wrong way, there is always friction between them **III.** *vi* ▪ [**an etw** *dat*] **~** to rub [on sth]; **die Schuhe ~ an den Zehen** my shoes are rubbing my toes
Rei·be·rei·en [raibə'raiən] *pl (fam)* friction *no pl*; **es kommt zu ~, es gibt ~** there's friction
Reib·stein *m* mortar
Rei·bung <-, -en> *f* ① *kein pl* PHYS friction ② *pl s.* **Reibereien**
Rei·bungs·flä·che *f* ① TECH frictional surface ② *(Grund zur Auseinandersetzung)* source of friction; **~n bieten** to present sources [*or* be a potential cause] of friction
rei·bungs·los **I.** *adj* trouble-free, smooth **II.** *adv* smoothly
Rei·bungs·ver·lust *pl* waste of time/energy etc. caused by personal friction **Rei·bungs·wi·der·stand** *m* PHYS frictional resistance
reich [raiç] **I.** *adj* ① *(sehr wohlhabend)* rich, wealthy; **aus ~em Haus[e] sein** to be from a wealthy family ② *(in Fülle habend)* ▪ **sein an etw** *dat* to be rich in sth; **~ an Erfahrung sein** to have a wealth of experience; **~ an Bodenschätzen sein** to be rich in minerals [*or* mineral resources] ③ *(viel materiellen Wert erbringend)* wealthy; **eine ~e Erbschaft** a substantial inheritance; **eine ~e Heirat** a good catch; *(viel ideellen Wert erbringend)* rich ④ *(kostbar)* costly; *Schmuck* expensive ⑤ *(ergiebig)* rich; *Ernte* abundant; *Ölquelle* productive; *Mahlzeit* sumptuous, lavish; *Haar* luxuriant ⑥ *(vielfältig)* rich, wide; *Möglichkeiten* rich; *Auswahl/Wahl* wide, large; *Bestände* copious; *Leben* varied ⑦ *(viel von etw enthalten)* rich; **dieser Saft ist ~ an Vitaminen** this juice is rich in [*or* full of] vitamins; *s. a.* **Maß II.** *adv* ① *(reichlich)* richly; **jdn ~ belohnen** to reward sb richly [*or* well], to give sb a rich reward; **jdn ~ beschenken** to shower sb with presents ② *(mit viel Gelderwerb verbunden)* **~ erben/heiraten** to come into/marry into money; **~ begütert** very well-off ③ *(reichhaltig)* richly; **~ ausgestattet/geschmückt/illustriert** richly [*or* lavishly] furnished/decorated/illustrated
Reich <-[e]s, -e> [raiç] *nt* ① *(Imperium)* empire; **das ~ Gottes** the Kingdom of God; **das ~ der Mitte** *(geh: China)* the Middle Kingdom; **das ~ der Schatten** *(liter)* the realm of shades *liter,* the underworld; **das ~ der Finsternis** the realm of darkness; **das Dritte ~** HIST the Third Reich; **das Großdeutsche ~** HIST the Greater German Reich, Greater Germany; **das Römische ~** HIST the Roman Empire; **das „Tausendjährige ~"** REL the "Thousand-year Reich" ② *(Bereich)* realm; **das ist mein eigenes ~** that is my [very] own domain; **das ~ der aufgehenden Sonne** *(geh)* the land of the rising sun; **das ~ der Frau/des Kindes/des Mannes** the woman's/man's/child's realm; **das ~ der Gedanken/der Träume** the realm of thought/of dreams
Rei·che(r) *f/m) dekl wie adj* rich man/woman; **die ~n** the rich [*or* wealthy] [people]
rei·chen ['raiçn̩] **I.** *vi* ① *(ausreichen)* to be enough [*or* sufficient]; **die Vorräte ~ noch Monate** the stores will last for months still; ▪ **es reicht** [**jdm**] that's enough [for sb]; **noch etwas Püree? - danke, es reicht vollauf** fancy any more mash? - no thanks, this plenty ② *(genug sein)* ▪ **es reicht** it's enough; **es müsste eigentlich ~** it really ought to be enough; **damit es reicht ...** for it to be enough ...; ▪ **es**

reicht [jdm], **dass/wenn …** it's enough [for sb] that/ if …; **muss es jetzt sein, reicht es nicht, wenn ich es morgen mache?** does it have to be now, won't tomorrow do? ❸ *(überdrüssig sein)* ▪ **etw reicht jdm** sth is enough for sb; **mir reicht's!** that's enough for me!, I've had enough!; **es hat ihm einfach gereicht** he had simply had enough; **solche ständigen Frechheiten hätten mir schon lange gereicht** if that was me, I wouldn't have put up with such cheek for all that time; ▪ **es reicht** [jdm], **dass/ wie …** it's enough [for sb] that/how …; **langsam reicht es mir, wie du dich immer benimmst!** I'm beginning to get fed up with the way you always behave!; **jetzt reicht's** [mir] [aber]! [*o endlich*] **mir reicht's jetzt** [aber]! [right, [*or* AM all right,]] that's enough!, that's the last straw! ❹ *(sich erstrecken)* ▪ **bis zu etw** *dat* **über etw** *akk* ~ to reach to sth/ over sth; **das Kabel reicht nicht ganz bis zur Steckdose** the lead doesn't quite reach to the plug; **das Seil reicht nicht ganz bis nach unten** the rope doesn't quite reach the bottom; **die Ärmel ~ mir nur bis knapp über die Ellenbogen** the sleeves only just reach over my elbows; **meine Ländereien ~ von hier bis zum Horizont** my estates stretch from here to the horizon; *s. a.* **Auge** ❺ *(gelangen)* ▪ [mit etw] **bis irgendwohin ~** to reach somewhere [with sth]; **wenn ich mich strecke, reiche ich mit der Hand gerade bis oben hin** if I stretch I can just reach the top; **ich reiche nicht ganz bis an die Wand** I can't quite reach the wall **II.** *vt (geh)* ❶ *(geben)* ▪ **jdm etw ~** to give [*or* hand] [*or* pass] sb sth; **würdest du mir bitte mal das Brot ~?** would you be so kind as to pass me the bread please? ❷ ▪ **sich** *dat* [**gegenseitig** [*o geh*] ▪ **einander**] **etw ~** to [each] reach out with sth; **sich** *dat* **die Hand zur Begrüßung ~** to shake hands; **sich** *dat* **die Hand zur Versöhnung ~** to join hands in reconciliation ❸ *(anbieten)* ▪ [jdm] **etw ~** to serve [sb] sth

reich·hal·tig ['raiçhaltɪç] *adj* ❶ *(vielfältig)* wide, large, extensive; *Programm* varied ❷ *(gut bestückt) Bibliothek, Sammlung, etc* well-stocked, extensive ❸ *(üppig)* rich; **eine ~e Mahlzeit** a substantial meal

Reich·hal·tig·keit <-> *f kein pl* ❶ *(Vielfältigkeit)* extensiveness *no pl,* wideness *no pl,* variety ❷ *(Üppigkeit)* richness *no pl*

reich·lich ['raiçlɪç] **I.** *adj* large, substantial; *Belohnung* ample; *Trinkgeld* generous **II.** *adv* ❶ *(überreich)* amply; ~ **Geld/Zeit haben** to have plenty of money/ time ❷ *(fam: mehr als ungefähr)* over; ~ **drei Jahre/ fünf Stunden** a good three years/five hours; **um ~ …** [by] a good …; **er hat sich um ~ zwei Stunden verspätet** he is a good two hours late ❸ *(ziemlich)* rather, pretty

Reichs·ad·ler *m* HIST imperial eagle **Reichs·bahn** *f* HIST ❶ *(1920–1945)* German National Railway ❷ *(1945–1993)* East German State Railway **Reichs·gren·ze** *f* HIST imperial German border **Reichs·haupt·stadt** *f* HIST imperial capital, capital of the Reich **Reichs·kanz·ler** *m* HIST ❶ *(1871–1918)* Imperial Chancellor ❷ *(1919–1933)* Chancellor of the Republic ❸ *(1933–1945)* Reich Chancellor **Reichs·mark** *f* HIST Reichsmark **Reichs·prä·si·dent** *m* HIST German President [1919–1934] **Reichs·re·gie·rung** *f* HIST German government [1919–1945] **Reichs·stadt** *f* HIST free city [*or* town] [of the Holy Roman Empire] **Reichs·tag** *m* ❶ HIST *(vor 1871)* Imperial Diet ❷ HIST *(1871–1945)* Reichstag ❸ ARCHIT *(Gebäude in Berlin)* Reichstag

During the years of the German Reich, the **Reichstag** – *sovereign assembly* was composed of representatives who were elected for four years according to the constitution of the Weimar Republic. After reunification, the parliament in Bonn took the decision to relocate to Berlin and in 1994, the **Reichstag** building in Berlin once again became the seat of federal parliament in Germany.

Reichs·tags·brand *m kein pl* POL *(hist)* burning of the Reichstag **Reichs·wehr** <-> *f kein pl* HIST ▪ **die ~** the German army [and navy] [1921-1935]

Reich·tum <-[e]s, Reichtümer> ['raiçtuːm, *pl:* -tyːmə] *m* ❶ *kein pl (große Wohlhabenheit)* wealth; **zu ~ kommen** [*o gelangen*] to get rich, to come into money ❷ *pl (materieller Besitz)* riches *npl;* **damit kann man keine Reichtümer erwerben** you cannot get rich that way ❸ *kein pl (Reichhaltigkeit)* ▪ **der ~ an etw** *dat***/von etw** the wealth [*or* abundance] of sth

Reich·wei·te *f* ❶ *(Aktionsradius, Zugriff)* range; *Geschütze großer* ~ long-range guns [*or* artillery]; **außer/in ~** [einer S.] *gen* out of/within reach [*or* range] [of sth]; **außerhalb/innerhalb der ~ einer S.** *gen* outside the range/within range of sth ❷ RADIO range; **außerhalb/innerhalb der ~** *gen* outside the range/within range

reif [raif] *adj* ❶ AGR, HORT ripe; ▪ ~ **sein** to be ripe; ▪ ~ **werden** to ripen ❷ BIOL *(voll entwickelt)* mature, fully developed ❸ *(ausgereift)* mature; *Urteil* mature, wise ❹ *(älter)* mature; **eine ~e Persönlichkeit** a mature personality; **im ~**[er]**en Alter** in one's mature[r] years; **im ~en Alter von …** at the ripe old age of …; **ich bin mehr für ~ere Jahrgänge** I prefer a more mature vintage [*or* those of a more mature age] ❺ *(fam: im erforderlichen Zustand)* ▪ ~ **für etw sein** to be ready [*or* ripe] for sth; ~ **für die Klapsmühle sein** *(pej)* to be ready for the loony bin *pej;* ~ **für die Verwirklichung** ready to be put into practice; ~ **für die Insel sein** *(aussteigen wollen)* to want to drop out *fam* ❻ *(sl: dran)* ▪ ~ **sein** to be in for it *fam*

Reif[1] <-[e]s> [raif] *m kein pl* METEO hoar frost

Reif[2] <-[e]s, -e> [raif] *m (Armreif)* bracelet, bangle; *(Stirnreif)* circlet

Rei·fe <-> ['raifə] *f kein pl* ❶ *(das Reifen) Obst* ripening; *(Reifezustand)* ripeness ❷ *(Abschluss der charakterlichen Entwicklung)* maturity; **mittlere ~** SCH ≈ GCSEs BRIT, ≈ GED AM *(school-leaving qualification awarded to pupils leaving the 'Realschule' or year 10 of the 'Gymnasium');* **die sittliche ~** moral maturity; *s. a.* **Zeugnis**

rei·fen ['raifn̩] **I.** *vi sein* ❶ AGR, HORT to ripen; BIOL to mature ❷ *(sich charakterlich entwickeln)* to mature; ▪ **gereift etwas** ❸ *(gedeihen)* [**zu etw**] ~ to mature [*or* develop] [into sth]; *s. a.* **Gewissheit II.** *vt haben (geh: charakterlich entwickeln)* ▪ **jdn ~** to mature sb *s.* **gereift**

Rei·fen <-s, -> ['raifn̩] *m* tyre BRIT, tire AM; **den ~ wechseln** to change the tyre; **runderneuerter ~** retread, BRIT *a.* remould

Rei·fen·druck *m* tyre [*or* AM tire] pressure **Rei·fen·pan·ne** *f* puncture, flat, flat tyre [*or* AM tire] **Rei·fen·pro·fil** *nt* tread, tyre [*or* AM tire] tread **Rei·fen·wech·sel** *m* tyre [*or* AM tire] change

Rei·fe·prü·fung *f* SCH *(geh) s.* **Abitur Rei·fe·tei·lung** *f* BIOL maturation division **Rei·fe·zeit** *f* AGR, HORT ripening time **Rei·fe·zeug·nis** *nt* SCH *(geh) s.* **Abiturzeugnis**

reif·lich ['raiflɪç] *adj (ausführlich)* thorough, [very] careful; **nach ~er Überlegung** after [very] careful consideration

Reif·rock *m* HIST hoop skirt, farthingale dress

Rei·fung <-> *f kein pl* AGR, HORT ripening; BIOL maturing, maturation

R

Rei·gen <-s, -> ['raign] *m (veraltend)* round dance; ▸ WENDUNGEN: **den ~ beschließen** *(geh)* to bring up the rear; **den ~ eröffnen** *(geh)* to lead [*or* start] off

Rei·he <-, -n> ['raiə] *f* ❶ *(fortlaufende Folge)* row; **arithmetische ~** arithmetic[al] series [*or* progression]; **geometrische ~** geometric[al] series [*or* progression]; **in ~n antreten** to line up; **sich** *akk* **in ~n aufstellen** to line up in rows, to form lines; **aus der ~ treten** to step out of the line; **die ~n schließen** to close ranks; **außer der ~** out of [the usual] order; **eine außer der ~ erfolgende Zahlung** an unexpected payment; **der ~ nach** in order [*or* turn]; **berichten Sie bitte der ~ nach** please report events in chronological order ❷ *(Menge)* ▪ **eine ~ von jdm/etw** a number of sb/ sth; **eine ~ von zusätzlichen Informationen** a lot of additional information; **eine ganze ~ [von Perso-nen/S.** *dat*] a whole lot [of people/things]; **eine ganze ~ von Beschwerden/Fehlern/Leuten** a whole string of complaints/host of mistakes/list of people ❸ *pl (Gesamtheit der Mitglieder)* ranks *npl*; **die ~n lichten sich** *(fig)* the ranks are thinning out ❹ MIL, SCH, SPORT file; **in Reih und Glied** in rank and file; **in Reih und Glied antreten/Aufstellung neh-men** to line up/take up position in formation ▸ WENDUNGEN: [**mit etw**] **an der ~ sein** [*o* **an die ~ kommen**] to be next in line [for sth]; **du bist an der ~** it's your turn; **ich war jetzt an der ~!** I was next!; **ich bin erst morgen mit der Untersuchung an der ~** I am only due to be examined tomorrow; **erst sind wir an der ~!** we're first!; **jeder kommt an die ~** everyone will get a turn; **etw auf die ~ kriegen** *(fam: etw kapieren)* to get sth into one's head; *(in Ordnung bringen)* to put sth straight [*or* in order], to get sth together; **aus der ~ tanzen** *(fam)* to step out of line, to be different

rei·hen ['raiən] **I.** *vr* ▪ **sich an etw** *akk* **reihen** to fol-low [after] sth; **ein Misserfolg reihte sich an den anderen** one failure followed another **II.** *vt* ▪ **etw auf etw** *akk* **~** to string [*or* thread] sth on sth

Rei·hen·fol·ge *f* order, sequence; **in chronologi-scher/alphabetischer ~** in chronological/alphabeti-cal order, chronologically, alphabetically

Rei·hen·haus *nt* terraced [*or* row] house AM **Rei·hen·haus·sied·lung** *f* terraced [*or* AM row] house develop-ment, estate of terraced houses **Rei·hen·un·ter·su·chung** *f* MED mass screening

rei·hen·wei·se *adv* ❶ *(in großer Zahl)* by the dozen ❷ *(nach Reihen)* in rows [*or* lines]

Rei·her <-s, -> ['raiɐ] *m* heron; ▸ WENDUNGEN: **wie ein ~ kotzen** *(derb)* to puke one's guts out *sl*

Rei·her·en·te *f* ORN tufted duck

rei·hern ['raiɐn] *vi (sl)* to puke [*or* spew] [up] *sl*

reih·um [rai'?ʊm] *adv* in turn; **~ gehen** to go [*or* be passed] round [*or* AM around]; **etw ~ gehen lassen** to pass sth round [*or* AM around]

Reim <-[e]s, -e> [raim] *m* ❶ *(Endreim)* rhyme ❷ *pl (Verse)* verse[s], poems *pl* ▸ WENDUNGEN: **sich** *dat* **einen** [*o* **seinen**] **~ auf etw** *akk* **machen** *(fam)* to draw one's own conclusions about [*or* have one's own opinions on] sth; **sich** *dat* **einen ~ darauf machen, warum/was ...** to be able to work out [*or* make sense of] why/what ...; **sich** *dat* **keinen ~ auf etw** *akk* **machen können** *(fam)* to see no rhyme or rea-son in [*or* not be able to make head or tail of] sth; **sich** *dat* **keinen ~ darauf machen können, warum/ was ...** to be able to see no rhyme or reason why ..., to not be able to make head or tail of what ...

rei·men ['raimən] **I.** *vr* ▪ **sich** [**auf etw** *akk*/**mit etw**] **~** to rhyme [with sth] **II.** *vt* ▪ **etw** [**auf etw** *akk*/ **mit etw**] **~** to rhyme sth [with sth] **III.** *vi* to make up rhymes

Re·im·port ['re?ɪmpɔrt] *m* reimport

re·im·por·tie·ren *vt* ÖKON ▪ **etw ~** to reimport sth

rein¹ [rain] *adv (fam)* get in; **ich krieg' das Paket nicht in die Tüte ~** I can't fit [*or* get] the packet into the carrier bag; „**~ mit dir!**" "come on, get in!"

rein² [rain] **I.** *adj* ❶ *(pur)* pure, sheer; **eine ~e Zeitver-schwendung** a pure [*or* complete] waste of time; **das ist doch ~er Blödsinn!** that's sheer nonsense!; **das ist doch der ~ste Unsinn!** that is the most utter non-sense!; **das ist die ~e Wahrheit** that's the plain truth; **der/die/das ~ste ... sein** *(fam)* to be an abso-lute ...; **das Kinderzimmer ist der ~ste Schweine-stall!** the children's room is an absolute pigsty!; *s. a.* **Vergnügen** *s. a.* ❷ *(ausschließlich)* purely; **das ist ein ~es Industrieviertel** this is purely an industrial quarter ❸ *(unvermischt)* pure; **~es Gold** pure gold; **~ seiden** pure silk ❹ *(völlig sauber)* clean; **eine ~e Umwelt** a clean environment; ▪ **~ sein/ werden** to be/become clean; **der Kragen ist nicht ganz ~ geworden** the collar isn't quite clean yet; **etw ~ halten** *(veraltend)* to keep sth clean; **ich leihe dir mein Auto schon aus, aber nur, wenn du es auch ~ hältst** I'll lend you my car, but only if you keep it clean; **etw ~ machen** to clean sth; [**irgendwo/bei jdm**] **~ machen** [*o* **reinemachen**] to do the cleaning [somewhere/at sb's house]; **im Haus ist seit Mona-ten nicht mehr ~ gemacht worden** no cleaning has been done in the house for months; *s. a.* Tisch ❺ *(ma-kellos)* Teint, Haut clear ❻ MUS *(unverfälscht)* pure ▸ WENDUNGEN: **etw** [**für jdn**] **ins R~e bringen** to clear up sth *sep* [for sb]; **mit sich** *dat* [**selbst**]/**etw ins R~e kommen** to get oneself/sth straightened out; **mit jdm/mit sich selbst im R~en sein** to have got things straightened out with sb/oneself; **etw ins R~e schreiben** to make a fair copy of sth **II.** *adv* ❶ *(aus-schließlich)* purely; **eine ~ persönliche Meinung** a purely personal opinion ❷ MUS *(klar)* in a pure man-ner; **der Verstärker lässt die Musik klar und ~ erklingen** the amplifier reproduces the music in a clear and pure form ❸ *(absolut)* absolutely; ~ **alles/ gar nichts** *(fam)* absolutely everything/nothing; **er hat in der Schule ~ gar nichts gelernt** he has learned absolutely nothing at school

Rein [rain] *f* casserole

Rei·ne·clau·de <-, -n> [rɛːnəˈkloːdə] *f* BOT, HORT *s.* **Reneklode**

Rei·ne·ma·chen <-s> *nt kein pl (fam)* cleaning *no pl*

rein·er·big *adj* BIOL homozygous

Rein·er·lös *m s.* **Reingewinn Rein·er·trag** *m* ÖKON net yield

rei·ne·weg ['rainəvɛk] *adv (fam)* absolutely, com-pletely; **das ist ~ gelogen!** that's a complete lie

Rein·fall ['rainfal] *m (fam)* disaster; „**so ein ~, nichts hat geklappt!**" 'what a washout, nothing went right!'; [**mit jdm/etw**] **einen ~ erleben** to be a dis-aster; „**kauf dir das Gerät nicht, du erlebst damit bloß einen ~**" 'don't buy the appliance, it'll just be a disaster'; **ein ~ sein** to be a disaster; **die neue Mitar-beiterin war ein absoluter ~** the new employee was a complete disaster

rein·fal·len *vi irreg sein (fam)* ❶ *(eine schwere Enttäu-schung erleben)* ▪ [**mit jdm/etw**] **~** to be taken in [by sb/sth]; „**ich habe den Versprechungen des Vertreters geglaubt und bin ganz schön reinge-fallen!**" 'I believed the rep's promises and was com-pletely taken in' ❷ *(hereinfallen, hineinfallen)* ▪ [ir-gendwo] *~* to fall in [somewhere]; „**geh nicht zu nahe an den Brunnen, sonst fällst du womöglich rein!**" 'don't go too close to the fountain, or you might fall in!'; „**die Brille ist mir da reingefallen**" 'my glasses have fallen down there'

Re·in·fek·ti·on [re?ɪnfɛk'ts̑o:n] *f* reinfection

rein|ge·hen *vi (fam)* to go in

Rein·ge·winn *m* ÖKON net profit **Rein·hal·tung** *f kein pl* keeping clean; **die ~ unserer Umwelt ist eine wichtige Aufgabe** keeping our environment clean is an important task **rein|hau·en** *vi (fig sl)* to stuff oneself *fam,* to pig out *fam;* **hau rein!** tuck in! BRIT *fam,* dig in! AM *fam* **Rein·heit** <-> |ˈrainhait| *f kein pl* ❶ *(frei von Beimengungen)* purity *no pl* ❷ *(Sauberkeit)* cleanness *no pl;* **im Gebirge ist die Luft von größerer ~ als in der Stadt** mountain air is cleaner than [the] air in the city **Rein·heits·ge·bot** *nt* |German| beer purity law *(whereby only hops, malt, water, and yeast are permitted to be added in the brewing process)*

rei·ni·gen |ˈrainɪgn| *vt* etw ~ to clean sth; **wann ist dein Anzug zum letzten Mal gereinigt worden?** when was your suit last [dry-]cleaned?

Rei·ni·gung <-, -en> *f* ❶ *kein pl (das Reinigen)* cleaning *no pl;* **auf die ~ ihrer Fingernägel verwendet sie immer viel Zeit** she always spends a lot of time cleaning her fingernails; **Müllverbrennungsanlagen müssen nun alle Filter zur ~ der Abluft eingebaut haben** waste incineration plants must all have filters installed to clean the waste air ❷ *(Reinigungsbetrieb)* cleaner's; **die chemische ~** the dry cleaner's **Rei·ni·gungs·lo·ti·on** *f* cleansing lotion **Rei·ni·gungs·milch** *f* cleansing milk *no pl* **Rei·ni·gungs·mit·tel** *nt* cleansing agent

Re·in·kar·na·ti·on |reʔɪnkarnaˈtsi̯oːn| *f* reincarnation *no pl*

rein|kom·men *vi (fam)* to come in; **darf ich reinkommen?** may I come in?

Rein·kul·tur *f* pure culture; **in ~** unadulterated; **das ist doch hirnverbrannter Blödsinn in ~!** that is just hare-brained unadulterated nonsense!

rein|le·gen *vt (fam)* ❶ *(hineinlegen)* etw ~ to put sth in sth; **„leg mir das Geld in die Schublade da rein"** "put the money in this drawer here for me" ❷ *(hintergehen)* jdn ~ to take sb for a ride; **er hat mich reingelegt, das Gemälde war gar nicht echt** he took me for a ride, the picture wasn't genuine

rein·lich *adj* ❶ *(sauberkeitsliebend, sauber)* clean; **Katzen sind ~ere Tiere als Hunde** cats are cleaner animals than dogs; **ein ~es Zimmer** a clean room ❷ *(klar)* clear; **eine ~e Unterscheidung** a clear distinction

Rein·lich·keit <-> *f kein pl* ❶ *(Sauberkeitsliebe)* cleanliness *no pl;* **Hunde müssen zur ~ erzogen werden** dogs must be trained to be clean ❷ *(Sauberkeit)* cleanness *no pl*

Rein·luft·ge·biet *nt* pollution-free zone **rein·ras·sig** *adj* thoroughbred; **mein Golden Retriever ist ein absolut ~es Tier** my Golden Retriever is a real thoroughbred

Rein·raum *m* clean room

rein|rei·ten *vt irreg (fam)* jdn ~ to get sb into a mess, to drop sb in it BRIT *fam*

Rein·schrift *f* fair copy **Rein·ver·mö·gen** *nt* ÖKON net assets

re·in·ves·tie·ren |reʔɪnvɛsˈtiːrən| *vt* etw in etw ~ to reinvest sth in sth

rein|wa·schen *irreg vt (exkulpieren)* jdn |von etw| ~ to clear sb |of sth|; **die Untersuchung hat ihn von allem Verdacht reingewaschen** the investigation cleared him of all suspicion; sich *akk* |von

etw| ~ to clear oneself [of sth]

rein·weg |ˈrainvɛk| *adv s.* **reineweg**

rein|zie·hen *vr irreg (sl)* ❶ *(konsumieren)* sich *dat* etw ~ to take sth; **ich ziehe mir erst mal ein kaltes Bierchen rein** the first thing I'm going to do is have a cold beer ❷ *(ansehen)* to watch sth

Reis[1] <-es, -e> |rais| *m* AGR, BOT rice *no pl;* **geschälter/ungeschälter ~** husked/unhusked rice; **grüner/roter/schwarzer ~** green/red/black rice

Reis[2] <-es, -er> |rais| *nt* ❶ *(Pfropf~)* scion ❷ *(veraltend geh: dünner Zweig)* sprig, twig

Reis·boh·ne *f* rice bean **Reis·brei** *m* rice pudding

Rei·se <-, -n> |ˈraizə| *f (längere Fahrt)* journey, voyage; **wie war die ~ mit dem Zug?** how was the journey by train?; **die ~ mit dem Schiff nach Singapur war sehr angenehm** the voyage by ship to Singapore was very pleasant; **wir freuen uns auf die nächste ~ an die See** we're looking forward to our next trip to the seaside; **gute** |*o* **angenehme**| |*o* **glückliche**| **~!** bon voyage!, have a good trip!; **eine ~ wert sein** to be worth going to; **Prag ist sicher eine ~ wert** Prague is certainly worth a visit; **auf ~n gehen** to travel; **endlich kann ich es mir leisten, auf ~n zu gehen** I can finally afford to travel; **viel auf ~n gehen** to do a lot of travelling [*or* AM traveling]; **die ~ geht nach …** he/she/we etc. is/are off to …; **„du verreist? wohin geht denn die ~?"** 'you're going away? where are you off to?'; **eine ~ machen** to go on a journey; **auf ~n sein, sich** *akk* **auf ~n befinden** *(geh)* to be away; **„bedauere, der Arzt ist derzeit auf ~n"** "I'm sorry, the doctor is away at the moment" ▸ WENDUNGEN: **die letzte ~ antreten** *(euph geh)* to set out on one's final journey *euph;* **wenn einer eine ~ tut, so kann er was erzählen** *(prov)* journeys are full of incidents

Rei·se·an·den·ken *nt* souvenir **Rei·se·an·tritt** *m* start of a/the journey **Rei·se·apo·the·ke** *f* first aid kit **Rei·se·be·darf** *m* travel requisites *npl* **Rei·se·be·glei·ter(in)** *m(f)* travelling [*or* AM -traveling] companion **Rei·se·be·kannt·schaft** *f* acquaintance made while travelling **Rei·se·be·richt** *m* account of a journey **Rei·se·bran·che** *f* [the] travel business [*or* trade] **Rei·se·bü·ro** *nt* travel agency **Rei·se·bü·ro·kauf·mann, -kauf·frau** *m, f* travel agent **Rei·se·bus** *m* coach **Rei·se·dau·er** *f* journey time, length of a/the journey **rei·se·fer·tig** *adj* ready to go [*or* leave]; **sich** *akk* **~ machen** to get oneself ready to go [*or* leave] **Rei·se·fie·ber** *nt kein pl (fam)* travel nerves *npl* **Rei·se·flug·hö·he** *m* cruising altitude **Rei·se·frei·heit** *f* freedom to travel **rei·se·freu·dig** *adj* to like to travel **Rei·se·füh·rer** *m* travel guide|book| **Rei·se·füh·rer(in)** *m(f)* courier, guide **Rei·se·ge·päck** *nt* luggage **Rei·se·ge·schwin·dig·keit** *f (geh)* cruising speed **Rei·se·ge·sell·schaft** *f* party of tourists **Rei·se·grup·pe** *f* tourist party **Rei·se·hö·he** *f s.* **Reiseflughöhe** **Rei·se·jour·na·list(in)** *m(f)* travel editor **Rei·se·kof·fer** *m* suitcase **Rei·se·kos·ten** *pl* travelling expenses *pl* **Rei·se·kos·ten·ab·rech·nung** *f* claim for travelling expenses; *(Formular)* claim form for travelling expenses **Rei·se·kos·ten·zu·schuss**[RR] *m* travel allowance **Rei·se·land** *nt* holiday destination **Rei·se·lei·ter(in)** *m(f)* courier, guide **Rei·se·lek·tü·re** *f* reading matter for a/the journey **rei·se·lus·tig** *adj* fond of travelling; **meine ~e Schwester war dieses Jahr in Russland** my sister, who is fond of travelling, has been to Russia this year **Rei·se·ma·ga·zin** *nt* travel magazine **Rei·se·mit·bring·sel** <-s, -> *nt* souvenir

rei·sen |ˈraizn| *vi sein* ❶ *(fahren)* to travel; **wohin werdet ihr in eurem Urlaub ~?** where are you going [to] on holiday? ❷ *(abreisen)* to leave ❸ *(als Vertreter unterwegs sein)* to travel as a rep; **im Mai wird**

unser Vertreter wieder ~ our representative will be on the road again in May; **er reist in Sachen Damenbekleidung** he travels as a rep selling ladies' clothing

Rei·sen·de(r) *f(m) dekl wie adj* passenger; **alle ~n nach München werden gebeten, sich an Gleis 17 einzufinden** all passengers for Munich are requested to go to platform 17

Rei·se·ne·ces·saire *nt* travelling [*or* AM -traveling] manicure case **Rei·se·pass**^RR *m* passport **Rei·se·plä·ne** *m pl* travel plans *pl* **Rei·se·pro·vi·ant** *m kein pl* provisions *pl* for the journey **Rei·se·rou·te** *f* itinerary **Rei·se·rück·tritts·ver·si·che·rung** *f* travel cancellation insurance **Rei·se·scheck** *m* TOURIST ➊ *(bargeldloses Zahlungsmittel)* travel cheque BRIT, traveler's check AM ➋ *(hist: Berechtigung zu einer Ferienreise)* certificate issued in the GDR, authorizing the travel to a designated place **Rei·se·schreib·ma·schi·ne** *f* portable typewriter **Rei·se·spe·sen** *pl* travel expenses *pl*

Reis·es·sig *m* rice vinegar

Rei·se·ste·cker *m* [travel-]plug **Rei·se·ta·sche** *f* holdall, travelling [*or* traveling] bag AM **Rei·se·ver·an·stal·ter(in)** *m(f)* tour operator **Rei·se·ver·kehr** *m kein pl* holiday traffic *no pl* **Rei·se·vor·be·rei·tung** *f meist pl* travel preparations *pl;* **~en treffen** to prepare for a/the journey **Rei·se·we·cker** *m* travelling alarm clock **Rei·se·wet·ter** *nt* weather for travelling **Rei·se·wet·ter·be·richt** *m* holiday weather forecast **Rei·se·zeit** *f* holiday period **Rei·se·ziel** *nt* destination

Reis·flo·cken *pl* rice flakes *pl*

Rei·sig <-s> ['raɪzɪç] *nt kein pl* brushwood *no pl*

Reis·koch *m* KOCHK rice pudding **Reis·korn** *nt* grain of rice **Reis·nu·deln** *pl* rice noodles *pl,* rice sticks *pl,* **Reis·pa·pier** *nt* rice paper **Reis·rand** *m,* **Reis·ring** *m* rice ring

Reiß·aus [raɪs'ʔaʊs] *m* [**vor jdm/etw**] **~ nehmen** *(fam)* to run away [from sb/sth]; **die Einbrecher nahmen ~, als die Bullen kamen** the burglars scarpered when the cops arrived

Reiß·brett *nt* drawing-board

Reis·schleim *m* rice pudding

rei·ßen <riss, gerissen> ['raɪsn̩] **I.** *vi* ➊ *sein (einreißen)* [**an etw** *dat*] **~** to tear [at sth]; **billiges Papier reißt leicht** cheap paper tears easily; **alte Hemden können an zerschlissenen Stellen ~** old shirts can tear at the parts that are worn ➋ *sein (zerreißen)* to break, to tear; **das Seil riss unter dem Gewicht dreier Bergsteiger** the rope broke under the weight of three climbers; *s. a.* **Geduldsfaden** *s. a.* **Strick** ➌ *haben (zerren)* **an etw ~** *dat* to pull [on] sth, to tug at sth; **wütend bellend riss der Hund an seiner Kette** barking furiously the dog strained at its lead; **der Fallschirmspringer muss an dieser Leine ~** the parachutist has to pull [on] this cord ➍ *haben* SPORT *(das Reißen betreiben)* to snatch; ▪ [**das**] **Reißen** snatch; **das Reißen ist nicht die Stärke dieses Gewichthebers** the snatch is not one of this weightlifter's strengths ➎ *haben* SPORT *(bei der Übung abwerfen)* **beim letzten Versuch im Hochsprung darf sie nicht ~** she mustn't knock the bar off during her final attempt in the high jump; **an diesem Hindernis hat noch fast jeder Reiter gerissen** nearly every rider has knocked this fence down **II.** *vt haben* ➊ *(runterreißen)* ▪ **etw von etw ~** to tear sth from sth; **sie rissen die alten Tapeten von den Wänden** they tore the old wallpaper off the walls ➋ *(entreißen)* ▪ **etw von jdm ~** to tear [*or* snatch] sth from sb; **er riss ihr das Foto aus der Hand** he snatched the photo out of her hand; **der Mann wollte ihr das Kind aus den Armen ~** the man wanted to tear the

child from her arms; **pass auf, dass der Wind dir nicht den Hut vom Kopf reißt!** watch out that the wind doesn't blow your hat off [your head] ➌ *(hineinreißen)* ▪ [**sich**] **etw in etw ~** *akk* to tear sth in [one's] sth; **verdammt, ich habe mir ein Loch in die Hose gerissen!** blast! I've torn a hole in my trousers! ➍ *(willkürlich entnehmen)* ▪ **etw aus etw ~** to take sth out of sth; **die Bemerkung ist wahrscheinlich aus dem Zusammenhang gerissen worden** the comment has probably been taken out of context ➎ *(hinunterreißen)* ▪ **jdn** [**mit sich** *dat*] **... ~** to take sb [with one/it]; **die Lawine riss mehrere der Wanderer mit sich zu Tale** the avalanche took several of the hikers with it [down] into the valley; *s. a.* **Verderben** ➏ *(unversehens unterbrechen)* ▪ **jdn aus etw ~** to rouse sb from sth; **das Klingeln des Telefons riss sie aus ihren Gedanken** the ringing of the telephone roused her from her thoughts ➐ *(gewaltsam übernehmen)* ▪ **etw an sich ~** *akk* to seize sth; **die Revolutionäre wollen die Herrschaft an sich ~** the revolutionaries are planning to seize power ➑ *(rasch an sich ziehen)* ▪ **jdn/etw an sich ~** *akk* to clutch sb/sth to one; **sie riss die Handtasche an sich** she clutched her handbag to her ➒ SPORT *(durch Reißen hochbringen)* ▪ **etw ~** to snatch sth; **423 kg hat bisher noch kein Gewichtheber gerissen** no weightlifter yet has been able to snatch 423 kg ➓ SPORT *(abwerfen)* ▪ **etw ~** to knock down sth *sep;* **die Reiterin hat eine Latte gerissen** the rider knocked a pole down ⑪ *(anspringen und totbeißen)* ▪ **etw ~** to kill sth; **der Löwe verschlang die Antilope, die er gerissen hatte** the lion devoured the antelope that it had killed ▸ WENDUNGEN: **hin und her gerissen sein/werden** to be torn **III.** *vr haben* ➊ *(sich losreißen)* ▪ **sich** *akk* **aus etw ~** to tear oneself out of sth ➋ *(fam: sich intensivst bemühen)* ▪ **sich** *akk* **um jdn/etw ~** to scramble to get sb/sth; *s. a.* **gerissen**

Rei·ßen <-s> ['raɪsn̩] *nt kein pl (veraltend fam)* ache; **das ~** [**in etw** *dat*] **haben** sb's sth is aching; **was stöhnst du so, hast du wieder das ~ im Rücken?** why are you groaning like that, is your back aching again?

rei·ßend I. *adj (stark strömend)* raging, torrential; **die ~e Strömung** the raging current ➋ *(räuberisch)* rapacious; **ein ~es Tier** a rapacious animal ➌ ÖKON *(fam)* massive; **die neuen Videospiele finden ~en Absatz** the new video games are selling like hot cakes **II.** *adv (fam)* in huge quantities; **so ~ haben wir bisher noch nichts verkauft** we've never sold anything in such huge quantities

Rei·ßer <-s, -> *m (fam)* ➊ *(Buch/Film)* thriller ➋ *(Verkaufserfolg)* big seller; **diese Shorts sind der ~ der Saison!** these shorts are the season's big sellers

rei·ße·risch I. *adj* sensational **II.** *adv* sensationally

reiß·fest *adj* tearproof

Reiß·lei·ne *f* ripcord

Reis·spi·nat *m* quinoa

Reiß·ver·schluss^RR *m* zip BRIT, zipper AM **Reiß·ver·schluss·prin·zip**^RR *nt kein pl* TRANSP principle of alternation **Reiß·wolf** *m* TECH ➊ *(industrielles Gerät zum Zerkleinern)* devil ➋ *(Aktenvernichter)* shredder **Reiß·zwe·cke** <-, -n> *f* drawing pin

Reis·ta·fel *f* rice platter **Reis·Tim·ba·le** *f* rice timbale **Reis·waf·fel** *f* rice cake **Reis·wein** *m* rice wine

Reit·aus·rüs·tung *f* riding equipment *no pl* **Reit·bahn** *f* arena

rei·ten <ritt, geritten> ['raɪtn̩] **I.** *vi sein* ➊ *(auf einem Tier)* to ride; **bist du schon mal geritten?** have you ever been riding?; **wissen Sie, wo man hier ~ lernen kann?** do you know where it's possible to take riding lessons round here?; ▪ **auf etw** *dat* **~** to ride

[on] sth; **bist du schon mal auf einem Pony geritten?** have you ever ridden a pony?; **im Galopp/ Trab ~** to gallop/trot; **heute üben wir, im Schritt zu ~** today we shall practice riding at walking pace; **die Pferde wurden im Galopp geritten** the horses were ridden at a gallop; **das Reiten ist immer ihre ganz große Leidenschaft gewesen** riding has always been her great passion; ■ **geritten kommen** to come riding up ② *(schaukelnde Bewegungen machen)* ■ **auf etw** *dat* **~** to ride [on] sth; **das kleine Mädchen reitet auf ihrem Schaukelpferd** the little girl is riding her rocking horse; „**schau mal, da reitet jemand auf dem Dachfirst!**" "look, there's someone sitting astride the ridge of the roof!" II. *vt haben* ■ **etw ~** to ride sth; **heute will ich den Rappen ~!** I want to ride the black horse today; **sie ritten einen leichten Trab** they rode at a gentle trot; **reite nicht solch ein Tempo, ich komme ja gar nicht mehr mit!** don't ride so fast, I can't keep up any more!; *s. a.* **Boden** *s. a.* **Haufen**

Rei·ter <-s, -> ['raitɐ] *m (Karteireiter)* index-tab; ▸ WENDUNGEN: **spanischer ~** barbed-wire barricade

Rei·ter(in) <-s, -> ['raitɐ] *m(f)* rider; ■ **~ sein** to be a rider; „**Sie sind wohl auch ~in?**" "I suppose you go riding too?"

Rei·te·rei <-, -en> [raitə'rai] *f* MIL cavalry *no pl*

Rei·te·rin <-, -nen> [...] *f fem form von* **Reiter**

Rei·ter·stand·bild *nt* equestrian statue

Reit·ger·te *f* riding whip **Reit·hal·le** *f* indoor riding arena **Reit·kap·pe** *f* riding cap **Reit·leh·rer(in)** *m(f)* riding instructor **Reit·pferd** *nt* saddle-horse, mount **Reit·schu·le** *f* riding school **Reit·sitz** *m* riding position; **im ~** astride **Reit·sport** *m kein pl* equestrianism *no pl*, horse-riding *no pl;* **~ betreiben** to go horse-riding **Reit·stall** *m* riding-stable **Reit·stie·fel** *m* riding-boot **Reit·tier** *nt* mount **Reit·tur·nier** *nt* showjumping event **Reit·un·ter·richt** *m* riding lessons *pl* **Reit·weg** *m* bridle-path

Reiz <-es, -e> [raits] *m* ① *(Verlockung)* appeal, attraction; [**für jdn**] **den ~** [**einer S.** *gen*] **erhöhen** to add to the appeal [*or* attraction] [of a thing] [for sb]; **Spannung ist etwas, das den ~ einer S. erhöht** suspense is something that adds to the appeal of a thing; [**für jdn**] **einen** [*o* **seinen**] **~ haben** to appeal [to sb]; **spazieren gehen hat seinen ~ für Naturliebhaber** going for a walk appeals to nature lovers; [**auf jdn**] **einen bestimmten ~ ausüben** to hold a particular attraction [for sb]; **verbotene Dinge üben auf Kinder immer einen besonderen ~ aus** forbidden things always hold a special attraction for children; [**für jdn**] **seinen** [*o* **den**] **~ verlieren** to lose its appeal [for sb] ② *(Stimulus)* stimulus; **äußere ~e werden über das Nervensystem zum Gehirn befördert** external stimuli are transmitted to the brain via the nervous system ③ *pl (sl: nackte Haut)* charms *npl*

reiz·bar *adj* irritable; ■ [**leicht**] **~ sein** to be [extremely] irritable

Reiz·bar·keit <-> *f kein pl* irritability *no pl*

rei·zen ['raitsn] I. *vt* ① *(verlocken)* ■ **jdn ~** to appeal to sb, to tempt sb; **diese Frau reizt mich schon irgendwie** I'm quite attracted to this woman; **die Herausforderung reizt mich sehr** I find this challenge very tempting; ■ **es reizt jdn, etw zu tun** sb is tempted to do sth ② MED *(stimulieren)* ■ **etw ~** to irritate sth; **ätzender Rauch reizt die Lunge** acrid smoke irritates the lungs ③ *(provozieren)* ■ **jdn/ein Tier** [**zu etw**] **~** to provoke sb/an animal [into sth]; **reiz ihn besser nicht, er ist leicht aufbrausend** better not provoke him, he's got a short fuse; ■ **jdn** [**dazu**] **reizen, etw zu tun** to provoke sb into doing sth; *s. a.* **Weißglut** II. *vi* ① *(herausfordern)* ■ **zu**

etw **~** to invite sth; **der Anblick reizte zum Lachen** what we saw made us laugh; **ihre Arroganz reizt zur Opposition** her arrogance invites opposition ② MED *(stimulieren)* to irritate; **zum Husten ~** to make one cough ③ KARTEN *(hochtreiben)* to bid; **will noch jemand ~?** any more bids?; *s. a.* **hoch**

rei·zend *adj* ① *(attraktiv)* attractive; **vom Turm aus hat man einen ~en Blick auf das Tal** you have a delightful view of the valley from the tower ② *(iron: unschön)* charming *iron;* **das ist ja ~** that's charming! *iron;* **was für eine ~e Überraschung!** what a lovely surprise! *iron* ③ *(veraltend)* charming, kind; **Sie haben wirklich einen ~en Mann!** you really have a charming husband; **ach, ist die Kleine aber ~!** oh, what a charming [*or* delightful] little girl!; **danke, das ist aber sehr ~ von Ihnen** thank you, that is really very kind of you

Reiz·gas *nt* irritant gas **Reiz·hus·ten** *m kein pl* dry cough

Reiz·ker <-s, -> ['raitskɐ] *m* BOT orange agaric

Reiz·kli·ma *nt* ① MED, METEO bracing climate ② *(konfliktgeladene Atmosphäre)* tense atmosphere **reiz·los** *adj* dull, unattractive **Reiz·stoff** *m* irritant **Reiz·the·ma** *nt* emotive topic **Reiz·über·flu·tung** *f* PSYCH overstimulation *no pl*

Rei·zung <-, -en> *f* irritation

reiz·voll *adj* attractive **Reiz·wä·sche** *f kein pl (fam)* sexy underwear *no pl fam* **Reiz·wort** <-wörter> *nt* emotive word

re·ka·pi·tu·lie·ren [rekapitu'liːrən] *vt (geh)* ■ **etw ~** to recapitulate sth

re·keln ['reːkln] *vr* ■ **sich** [**auf/in etw** *dat*] **~** to stretch out [on/in sth]

Re·kla·ma·ti·on <-, -en> [reklamaˈtsi̯oːn] *f* complaint

Re·kla·ma·ti·ons·ab·tei·lung *f* ÖKON *(selten)* complaints department

Re·kla·me <-, -n> [reˈklaːmə] *f* ① *(Werbeprospekt)* advertising brochure ② ÖKON *(veraltend: Werbung)* advertising *no pl;* **dieses Poster ist eine alte ~ für Nudeln** this poster is an old advertisement for pasta; **keine gute ~ für jdn sein** to not be a good advert [*or* AM advertisement] for sb; **für jdn/etw ~ machen** to advertise [*or* promote] sb/sth; **mit jdm/etw ~ machen** to show off sth/sb *sep;* **mit so einer miserablen Leistung lässt sich nicht ~ machen** a pathetic effort like that is nothing to show off about

Re·kla·me·schild *nt* advertising sign

re·kla·mie·ren [reklaˈmiːrən] I. *vi* [**bei jdm**] [**wegen etw**] **~** to make a complaint [to sb] [about sth] II. *vt* ① ÖKON *(bemängeln)* ■ **etw** [**bei jdm**] **~** to complain [to sb] about sth ② *(geh: beanspruchen)* ■ **etw** [**bei jdm**] **~** to claim sth [from sb] ③ *(geh: in Anspruch nehmen)* ■ **etw für sich** *akk* **~** to lay claim to sth, to claim sth as one's own [*or* for oneself]; ■ **jdn für sich** *akk* **~** to monopolize sb

Re·kom·bi·na·ti·on <-, -en> [rekɔmbinaˈtsi̯oːn] *f* BIOL recombination

re·kon·stru·ie·ren [rekɔnstruˈiːrən] *vt* ■ **etw** [**aus etw**] **~** ① *(nachbilden)* to reconstruct sth [from sth]; **der Schädel dieses Vormenschen wurde aus Bruchstücken rekonstruiert** the skull of this primitive man was reconstructed from fragments ② *(modernisieren)* **ein Gebäude ~** to modernize [*or* renovate] a building ③ *(rückblickend darstellen)* to reconstruct sth [from sth]

Re·kon·struk·ti·on [rekɔnstrukˈtsi̯oːn] *f* ① *kein pl (das Nachbilden)* reconstruction *no pl* ② *kein pl (rückblickende Darstellung)* reconstruction *no pl* ③ *(Modernisierung)* modernization [*or* BRIT *a.* -isation], renovation

Re·kon·va·les·zent(in) <-en, -en> [rekɔnvalɛs-ˈtsɛnt] *m(f)* convalescent

Re·kon·va·les·zenz <-> [rekɔnvalɛs'tsɛnts] *f kein pl* *(geh)* convalescence *no pl*

Re·kord <-s, -e> [re'kɔrt] *m* record; **gratuliere, Sie sind ~ geschwommen!** congratulations, you've swum a record time; **die Besucherzahlen stellten alle bisherigen ~e in den Schatten** the number of visitors has beaten all previous records; **ein trauriger ~** a poor showing; *s. a.* **aufstellen** *s. a.* **brechen** *s. a.* **halten**

Re·kor·der <-s, -> [re'kɔrdɐ] *m* ➊ *(Kassettenrekorder)* cassette recorder ➋ *(Videorekorder)* video [recorder]

Re·kord·er·geb·nis *nt* record result **Re·kord·ge·winn** *m* record profit **Re·kord·in·ha·ber(in)** *m(f)* recordholder **Re·kord·jahr** *nt* record year **Re·kord·leis·tung** *f* record [performance] **Re·kord·mar·ke** *f* ➊ SPORT *(bestehender Rekord)* record; **der Sprung ging über die bisherige ~ von 8,49 m** the jump beat the previous record of 8.49 m ➋ *(Höchststand)* record level; **die Absätze haben eine ~ erreicht** sales have reached record levels **Re·kord·ver·lust** *m* record loss **Re·kord·ver·such** *m* attempt at the record **Re·kord·wei·te** *f* record distance **Re·kord·zah·len** *pl* record numbers *pl* **Re·kord·zeit** *f* record time; **in ~** in record time

Re·krut(in) <-en, -en> [re'kru:t] *m(f)* MIL recruit

re·kru·tie·ren [rekru'ti:rən] I. *vt* ■ **jdn ~** to recruit sb II. *vr* ■ **sich aus etw ~** to consist of sth

Re·kru·tie·rung <-, -en> *f* recruitment *no pl*

Re·kru·tin <-, -nen> *f fem form von* **Rekrut**

Rek·ta *pl von* **Rektum**

rek·tal [rɛk'ta:l] *adj (geh)* rectal

Rek·tor, Rek·to·rin <-s, -toren> ['rɛkto:ɐ̯, rɛk'to:rɪn, *pl:* rɛk'to:rən] *m, f* SCH ➊ *(Repräsentant einer Hochschule)* vice-chancellor BRIT, president AM ➋ *(Leiter einer Schule)* head teacher BRIT, principal AM

Rek·to·rat <-[e]s, -e> [rɛkto'ra:t] *nt* SCH ➊ *(Amtsräume: Universität)* vice-chancellor's office BRIT, vice-president's office AM; *(Schule)* head teacher's office BRIT, principal's office AM ➋ *(Amtszeit: Universität)* vice-chancellor's [*or* AM vice-president's] term of office; *(Schule)* headship BRIT

Rek·to·rin <-, -nen> *f fem form von* **Rektor**

Rek·tum <-s, Rekta> ['rɛktʊm, *pl:* 'rɛkta] *nt (geh)* rectum

Re·kul·ti·vie·rung <-, -en> *f* AGR recultivation

re·kur·rie·ren [reku'ri:rən] *vi* SCHWEIZ ■ **[gegen etw] ~** *(Beschwerde einlegen)* to register a complaint [against sth]; *(Berufung einlegen)* to appeal [against sth]

Re·lais <-, -> [rə'lɛː] *nt* ELEK relay

Re·la·ti·on <-, -en> [rela'tsi̯o:n] *f (geh)* ➊ *(Verhältnismäßigkeit)* appropriateness *no pl*, proportion; **Sie müssen die ~ im Auge behalten** you must keep a sense of proportion; **58 Euro für ein Paar Socken? da kann doch die ~ nicht stimmen!** 58 euros for a pair of socks? the price is out of all proportion!; **in ~ zu etw stehen** to bear relation [*or* be proportional] to sth; **der Preis eines Artikels muss in ~ zur Qualität stehen** the price of an item must be commensurate with its quality; **in keiner ~ zu etw stehen** to bear no relation to sth ➋ *(wechselseitige Beziehung)* relation, relationship; **diese Phänomene stehen in einer bestimmten ~ zueinander** there is a certain relationship between these two phenomena

re·la·tiv [rela'ti:f] *adj* relative; **ein ~er Wert** a relative value; **alles ist ~** everything is relative; **ich wohne in ~er Nähe zum Zentrum** I live relatively close to the city centre; *s. a.* **Luftfeuchtigkeit** *s. a.* **Mehrheit**

re·la·ti·vie·ren' [relati'vi:rən] I. *vt (geh)* ■ **etw ~** to qualify sth, to relativize [*or* BRIT *a.* -ise] sth II. *vi (geh)* to think in relative terms; **das Angebot gilt nur unter bestimmten Voraussetzungen, relativierte er** he

qualified his statement by saying that the offer only applied under certain preconditions

Re·la·ti·vi·tät <-, -en> [relativi'tɛ:t] *meist sing f (geh)* relativity

Re·la·ti·vi·täts·the·o·rie <-> *f kein pl* ■ **die ~** the theory of relativity

Re·la·tiv·pro·no·men *nt* relative pronoun **Re·la·tiv·satz** *m* relative clause

Re·launch <-s, -es> ['ri:lɔntʃ] *m* ÖKON *(wirtschaftlicher Neubeginn)* relaunch

re·la·xen [ri'lɛksn̩] *vi* to relax

re·le·gie·ren' [rele'gi:rən] *vt* SCH *(geh)* ■ **jdn ~** to expel sb

re·le·vant [rele'vant] *adj (geh)* relevant

Re·le·vanz <-> [rele'vants] *f kein pl (geh)* relevance *no pl*; **von einiger/wenig ~** of some/little relevance

Re·li·ef <-s, -s *o* -e> [re'li̯ɛf] *nt* ➊ KUNST *(erhabenes oder vertieftes Bildwerk)* relief ➋ GEOG *(plastische Nachbildung)* plastic relief model

Re·li·ef·kar·te *f* relief map

Re·li·gi·on <-, -en> [reli'gi̯o:n] *f* ➊ *(Glaubensbekenntnis)* religion *no pl* ➋ *(Glaubensgemeinschaft)* religion ➌ SCH *(Religionsunterricht)* religion *no pl*, religious education [*or* instruction] *no pl*; **wir haben zwei Stunden ~ in der Woche** we have two hours RE [*or* RI] a week

Re·li·gi·ons·be·kennt·nis *nt* denomination **Re·li·gi·ons·frei·heit** *f* freedom *no pl* of worship **Re·li·gi·ons·ge·mein·schaft** *f (geh)* religious community **Re·li·gi·ons·ge·schich·te** *f* ➊ *kein pl (Entwicklung)* history of religion ➋ *(Werk)* religious historical work **Re·li·gi·ons·krieg** *m* religious war **Re·li·gi·ons·leh·rer(in)** *m(f)* religious instruction [*or* education] teacher **Re·li·gi·ons·stif·ter(in)** *m(f)* founder of a religion **Re·li·gi·ons·streit** *m* religious dispute **Re·li·gi·ons·un·ter·richt** *m* religious education [*or* instruction]

re·li·gi·ös [reli'gi̯øːs] I. *adj* religious; **eine ~ Erziehung** a religious upbringing; **aus ~en Gründen** for religious reasons II. *adv* ➊ *(im Sinne einer Religion)* in a religious manner; **die mittelalterliche Kunst ist stark ~ geprägt** mediaeval art is characterized by strong religious themes ➋ *(mit religiösen Gründen)* for religious reasons

Re·li·gi·o·si·tät <-> [religi̯ozi'tɛ:t] *f kein pl* religiousness *no pl*

Re·likt <-[e]s, -e> [re'lɪkt] *nt (geh)* relic

Re·ling <-, -s *o* -e> ['re:lɪŋ] *f* NAUT rail

Re·li·quie <-, -n> [re'li:kvi̯ə] *f* REL relic

Rem <-s, -s> [rɛm] *nt* Akr von **Roentgen equivalent man** rem

Re·make <-s, -s> [ri'me:k, 'ri:me:k] *nt* remake

Re·mi·nis·zenz <-, -en> [reminɪs'tsɛnts] *f (geh)* reminiscence, memory

re·mis [rə'mi:] I. *adj inv* SCHACH drawn; **„~!" – „einverstanden!"** 'a draw!' – 'agreed!'; **die Partie ist ~** the game is drawn II. *adv* SCHACH in a draw; **„wie ist die Partie ausgegangen?" – „~"** 'how did the game finish?' – 'it ended in a draw'

Re·mis <-, -*o* -en> [rə'mi:] *nt* SCHACH draw; **[gegen jdn] ein ~ erzielen** to achieve a draw [against sb]

Re·mit·ten·de <-, -n> [rɛmɪ'tɛndə] *f* TYPO return

Re·mix <-es, -e *o* -es> [ri'mɪks, 'ri:mɪks] *m* MUS remix **re·mi·xen**' [ri'mɪksn̩] *vt* MUS, TECH ■ **etw ~** *Musikstück* to remix sth

Rem·mi·dem·mi <-s> ['rɛmi'dɛmi] *nt kein pl (veraltend sl)* commotion *no pl*, racket *no pl sl*; **~ machen** to make a racket

Re·mou·la·de <-, -n> [remu'la:də] *f*, **Re·mou·la·den·so·ße** *f* tartar sauce

rem·peln ['rɛmpl̩n] I. *vi (fam)* to push, to jostle; **es wurde viel gerempelt, als die Fahrgäste einstie-**

gen there was a lot of jostling when the passengers boarded; **he, ~ Sie nicht so!** hey, stop pushing like that! **II.** *vt* SPORT ▪ **jdn ~** to push sb

REM-Pha·se [ˈrɛm-] *f* MED, PSYCH REM sleep

Ren <-s, -e> [rɛn, reːn] *nt* ZOOL s. **Rentier²**

Re·nais·sance <-, -en> [rənɛˈsãːs] *f* ❶ *kein pl* KUNST, HIST *(kulturelle Bewegung)* Renaissance *no pl* ❷ *(geh: Wiederbelebung)* renaissance

Re·nais·sance·bau *m* renaissance building **Re·nais·sance·fas·sa·de** *f* renaissance façade **Re·nais·sance·kir·che** *f* renaissance church **Re·nais·sance·schloss**ᴿᴿ *nt* renaissance palace

re·na·tu·rie·ren* [renatuˈriːrən] *vt* ÖKOL ▪ **etw ~** to restore sth to its natural state

Re·na·tu·rie·rung <-, -en> *f* ÖKOL restoring to nature

Ren·dez·vous <-, -> [rãdeˈvuː, ˈrãːdevu] *nt* ❶ *(Verabredung)* rendezvous *a. hum,* date; **sich** *dat* **irgendwo ein ~ geben** *(geh)* to meet up [*or* come together] somewhere ❷ RAUM *(Kopplung)* rendezvous

Ren·di·te <-, -n> [rɛnˈdiːtə] *f* return, yield

Re·ne·gat(in) <-en, -en> [reneˈgaːt] *m(f) (geh)* renegade

Re·ne·klo·de <-, -n> [reːnəˈkloːdə] *f* greengage

re·ni·tent [reniˈtɛnt] *adj (geh)* awkward

Re·ni·tenz <-> [reniˈtɛnts] *f kein pl (geh)* awkwardness *no pl*

Ren·ke <-, -n> [ˈrɛŋkə] *f* pollan, freshwater herring

Renn·bahn *f* racetrack

ren·nen <rannte, gerannt> [ˈrɛnən] **I.** *vi sein* ❶ *(schnell laufen)* to run; *s. a.* **Unglück** *s. a.* **Verderben** ❷ *(fam: hingehen)* ▪ **zu jdm ~** to run [off] to sb; **dann renn' doch zu deiner Mama** why don't you run off to your mummy; **sie rennt bei jeder Kleinigkeit zur Geschäftsleitung** she's always going up to management with every little triviality; **die arme Frau rennt dauernd zur Polizei** that poor woman's always running to the police ❸ *(stoßen)* ▪ **an etw** *akk/***gegen etw** *akk/***vor etw** *akk ~* to bump into sth; **sie ist mit dem Kopf vor einen Dachbalken gerannt** she banged her head against a roof joist; *s. a.* **Kopf II.** *vt* ❶ *haben o sein* SPORT ▪ **etw ~** to run sth; **er rennt die 100 Meter in 11 Sekunden** he runs the 100 metres in 11 seconds ❷ *haben (im Lauf stoßen)* ▪ **jdn ... ~** to knock sb ...; **er rannte mehrere Passanten zu Boden** he knocked several passers-by over; *s. a.* **Haufen** ❸ *haben (stoßen)* ▪ **etw in jdn/etw ~** to run sth into sth; **er rannte ihm ein Schwert in den Leib** he ran a sword into his body

Ren·nen <-s, -> [ˈrɛnən] *nt* race; **das ~ ging über 24 Runden** the race was over 24 laps; **Ascot ist das bekannteste ~ der Welt** Ascot is the most famous racing event in the world; **ein totes ~** SPORT a dead heat; **... im ~ liegen** SPORT to be ... placed; **gut im ~ liegen** to be well placed; **schlecht im ~ liegen** to be badly placed, to be having a bad race ▸ WENDUNGEN: **[mit etw] ... im ~ liegen** to be in a ... position [with sth]; **wir liegen mit unserem Angebot gut im ~** we are in a good position with our offer; **nach dem Vorstellungsgespräch lag er schlechter im ~** he was in a worse position after the interview; **ins ~ gehen** to take part in [sth]; **das ~ ist gelaufen** *(fam)* the show is over; **[mit etw] das ~ machen** *(fam)* to make the running [with sth]; **die Konkurrenz macht wieder mal das ~** the competition is making the running again; **jdn ins ~ schicken** to put forward sb *sep;* **jdn aus dem ~ werfen** *(fam)* to put sb out of the running

Ren·ner <-s, -> [ˈrɛnɐ] *m (fam)* big seller

Renn·fah·rer(in) *m(f)* ❶ *(Autorennen)* racing driver BRIT, racecar driver AM ❷ *(Radrennen)* racing cyclist **Renn·ku·ckuck** *m* ORN roadrunner **Renn·pferd** *nt* racehorse; *s. a.* **Ackergaul Renn·rad** *nt* racing bike **Renn·sport** *m* SPORT ❶ *(Motorrennen)* motor racing

no pl ❷ *s.* **Radrennsport** ❸ *s.* **Pferderennsport Renn·stall** *m* racing stable **Renn·stre·cke** *f* SPORT course, racetrack **Renn·wa·gen** *m* racing [*or* AM race] car

Re·nom·mee <-s, -s> [renɔˈmeː] *nt (geh)* reputation; **von ... ~** of ... reputation; **er ist ein Nachtklubbesitzer von zweifelhaftem ~** he is a nightclub owner of doubtful reputation

Re·nom·mier·ob·jekt *nt* showpiece

re·nom·miert *adj (geh)* renowned; ▪ **~ [wegen etw] sein** to be renowned [for sth]

re·no·vie·ren* [renoˈviːrən] *vt* ▪ **etw ~** to renovate sth

Re·no·vie·rung <-, -en> *f* renovation

ren·ta·bel [rɛnˈtaːbl̩] **I.** *adj* profitable **II.** *adv* profitably

Ren·ta·bi·li·tät <-> [rɛntabiliˈtɛːt] *f kein pl* profitability *no pl*

Ren·ta·bi·li·täts·be·rech·nung *f* calculation of profitability **Ren·ta·bi·li·täts·stei·ge·rung** *f* gain in profitability

Ren·te <-, -n> [ˈrɛntə] *f* ❶ *(Altersruhegeld)* pension; **in ~ gehen** to retire ❷ *(regelmäßige Geldzahlung)* annuity

Ren·ten·al·ter *nt* retirement age **Ren·ten·an·lei·he** *f* perpetual [*or* annuity] bond **Ren·ten·an·pas·sung** *f* indexation of pensions **Ren·ten·an·spruch** *m* right to a pension **Ren·ten·ba·sis** *f* annuity basis **Ren·ten·bei·trag** *m* pension contribution **Ren·ten·be·mes·sungs·grund·la·ge** *f* pension assessment basis **ren·ten·be·rech·tigt** *adj inv* pensionable, entitled to a pension **Ren·ten·emp·fän·ger(in)** *m(f) (geh)* pensioner **Ren·ten·fonds** *m* fixed-interest fund **Ren·ten·markt** *m* fixed-interest securities market **Ren·ten·plan** *m* pension plan **Ren·ten·re·form** *f* reform of pensions

Ren·ten·ver·si·che·rung *f* pension scheme BRIT, retirement insurance AM

Ren·ten·ver·si·che·rungs·bei·trag *m* pension contribution **Ren·ten·ver·si·che·rungs·sys·tem** *nt* pension scheme [*or* AM plan]

Ren·tier¹ [ˈrɛntiːɐ] *nt* reindeer

Ren·tier² <-s, -s> [rɛnˈtieː] *m (veraltend)* person of independent means

ren·tie·ren* [rɛnˈtiːrən] *vr* ▪ **sich [für jdn] ~** to be worthwhile [for sb]; **für uns würde sich ein Auto nicht ~** it wouldn't be worthwhile our having a car; **so eine Maschine rentiert sich nicht für unseren kleinen Betrieb** it doesn't pay to get that kind of machinery for a small business like ours

Rent·ner(in) <-s, -> *m(f)* pensioner, senior citizen

Re·or·ga·ni·sa·ti·on <-, -en> [reˈɔrganizatsi̯oːn] *meist sing f* reorganization [*or* BRIT a. -isation]

re·or·ga·ni·sie·ren* [reˈʔɔrganiˈziːrən] *vt (geh)* ▪ **etw ~** to reorganize [*or* BRIT a. -ise] sth

Rep <-s, -s> [rɛp] *m* POL *kurz für* **Republikaner** republican *(member of the German right-wing Republican Party)*

re·pa·ra·bel [repaˈraːbl̩] *adj (geh)* repairable; **der Schaden ist noch/nicht mehr ~** the damage can still be/can't be repaired

Re·pa·ra·ti·on <-, -en> [reparatsi̯oːn] *f* reparations *pl* **Re·pa·ra·ti·ons·zah·lun·gen** *pl* reparation payments *pl*

Re·pa·ra·tur <-, -en> [repaʀaˈtuːɐ] *f* repair; **etw in** *akk* [*o* zur] **~ geben** to have sth repaired, to take sth in to have it repaired; **ich gebe den Computer beim Hersteller in ~** I'm taking the computer to the manufacturer's to have it repaired; **eine ~ an etw haben** *dat* to have to have sth repaired; **bisher hatte ich noch keinerlei ~ an meinem Auto** I've not had to have my car repaired at all up to now; **in ~ sein** being repaired; **mein Wagen ist diese Woche in ~** my car's being repaired this week; **eine ~** [*o* **~en**] [**an etw** *dat*] **vornehmen** *(geh)* to undertake repairs [on sth] *form*

re·pa·ra·tur·an·fäl·lig *adj* prone to breaking down *pred* **re·pa·ra·tur·be·dürf·tig** *adj* in need of repair *pred* **Re·pa·ra·tur·kos·ten** *pl* repair costs *pl* **Re·pa·ra·tur·werk·statt** *f* ① *(Werkstatt)* repair workshop ② AUTO garage

re·pa·rie·ren* [repaˈriːrən] *vt* ■ [**jdm**] **etw ~** to repair sth [for sb]

re·pa·tri·ie·ren* [repatriˈiːrən] *vt* ① *(erneut heimführen)* ■ **jdn** [**in ein Land**] **~** to repatriate sb; **das Abkommen sah vor, die im Gebiet der Sowjetunion lebenden Polen nach Polen zu ~** the agreement provided for the repatriation of Poles living in the Soviet Union ② *(erneut einbürgern)* ■ **jdn ~** to restore sb's citizenship

Re·pa·tri·ie·rung <-, -en> *f* repatriation *no pl*

Re·per·toire <-s, -s> [repɛrˈtoa:ɐ̯] *nt* repertoire

re·pe·tie·ren* [repeˈtiːrən] *vt (geh)* ■ **etw ~** to revise sth

Re·pe·ti·tor, Re·pe·ti·to·rin <-s, -toren> [repeˈtiːtoːɐ̯, -ˈtoːrɪn, *pl:* -ˈtoːrən] *m, f* SCH coach, private tutor

Re·plik <-, -en> [reˈpliːk] *f (geh)* reply

Re·pli·ka·ti·on <-, -en> [replikaˈtsi̯oːn] *f* BIOL [DNA] replication

Re·port <-[e]s, -e> [reˈpɔrt] *m* MEDIA report

Re·por·ta·ge <-, -n> [repɔrˈtaːʒə] *f* MEDIA report; *(live)* live report [*or* coverage]

Re·por·ter(in) <-s, -> [reˈpɔrtɐ] *m(f)* reporter

Re·prä·sen·tant(in) <-en, -en> [reprɛzɛnˈtant] *m(f)* representative

Re·prä·sen·tanz <-, -en> [reprɛzɛnˈtants] *f* ① *kein pl (geh: Interessenvertretung)* representation ② ÖKON *(Vertretung eines größeren Unternehmens)* representative office [*or* branch] ③ *kein pl (geh: das Repräsentativsein)* representativeness, representative nature

Re·prä·sen·ta·ti·on <-, -en> [reprɛzɛntaˈtsi̯oːn] *f* ① *(geh)* prestige *no pl;* **zur ~** for prestige ② *(Darstellung)* representation

re·prä·sen·ta·tiv [reprɛzɛntaˈtiːf] I. *adj (aussagekräftig)* representative; **ein ~er Querschnitt** a representative cross-section ② *(etwas Besonderes darstellend)* prestigious II. *adv* imposingly

Re·prä·sen·ta·tiv·er·he·bung *f* representative survey **Re·prä·sen·ta·tiv·um·fra·ge** *f* SOZIOL representative survey

re·prä·sen·tie·ren* [reprɛzɛnˈtiːrən] I. *vt (geh)* ■ **etw ~** to represent sth II. *vi (geh)* to perform official and social functions

Re·pres·sa·lie <-, -n> [reprɛˈsaːli̯ə] *f (geh)* reprisal *usu pl;* **~n ergreifen** to take reprisals; **gegen jdn zu ~n greifen** to take reprisals [against sb]

re·pres·siv [reprɛˈsiːf] *adj (geh)* repressive

re·pri·va·ti·sie·ren* [reprivatiˈziːrən] *vt* ■ **etw ~** to reprivatize [*or* BRIT *a.* -ise] sth, to return sth to private ownership

Re·pri·va·ti·sie·rung <-, -en> *f* reprivatization [*or* BRIT *a.* -isation], return to private ownership

Re·pro·duk·ti·on <-, -en> [reprodʊkˈtsi̯oːn] *f* reproduction

re·pro·du·zie·ren* [reproduˈtsiːrən] *vt* ■ **etw ~** to reproduce sth

Re·pro·gra·fie^RR [reprograˈfiː, *pl:* -ˈfiːən] *f* <-, -n>, **Re·pro·gra·phie** *f* TYPO ① *(Verfahren)* reprography *no pl* ② *(Produkt)* reprography

Rep·til <-s, -ien> [rɛpˈtiːl, *pl:* -ˈtiːli̯ən] *nt* reptile

Rep·ti·li·en·fonds [rɛpˈtiːli̯ənfõː] *m* slush fund

Re·pub·lik <-, -en> [repuˈbliːk] *f* republic

Re·pub·li·ka·ner(in) <-s, -> [republiˈkaːnɐ] *m(f)* POL ① *(in den USA)* Republican ② *(in Deutschland)* member of the German Republican Party

re·pub·li·ka·nisch [republiˈkaːnɪʃ] *adj* republican

Re·pub·lik Ko·rea *f* ÖSTERR South Korea; *s. a.* **Deutschland**

Re·pub·lik Mol·dau *f* Moldavia; *s. a.* **Deutschland**

Re·pu·ta·ti·on <-, -en> [reputaˈtsi̯oːn] *f (veraltend geh) s.* **Renommee**

Re·qui·em <-s, Requien> [ˈreːkvi̯ɛm, *pl:* -vi̯ən] *nt* requiem

re·qui·rie·ren* [rekviˈriːrən] *vt* MIL ■ **etw** [**bei jdm**] **~** to commandeer [*or* requisition] sth [from sb]

Re·qui·sit <-s, -en> [rekviˈziːt] *nt* ① *(geh: Zubehör)* accessory, requisite ② THEAT prop

resch [rɛʃ] *adj* ÖSTERR ① *(knusprig)* crispy; **~e Semmeln** crusty rolls ② *(resolut)* determined

Re·ser·vat <-[e]s, -e> [rezɛrˈvaːt] *nt* reservation

Re·ser·ve <-, -n> [reˈzɛrvə] *f* ① *(Rücklage)* reserve; **eiserne ~** emergency reserve; **stille ~n** FIN hidden reserves; *(fam)* reserve fund; [**noch**] **jdn/etw in** [*o* **auf**] **~ haben** to have sb/sth in reserve ② *(aufgespeicherte Energie)* energy reserves *pl,* reserves *pl* of energy ③ MIL *(Gesamtheit der Reservisten)* reserves *npl;* **Offizier der ~** MIL reserve officer ④ *(geh: Zurückhaltung)* reserve; **ob er wohl mal seine ~ aufgibt** I wonder if he'll come out of his shell eventually; **jdn** [**durch/mit etw**] **aus der ~ locken** *(fam)* to bring sb out of his/her shell [with sth]

Re·ser·ve·bank *f* SPORT [substitutes'] bench **Re·ser·ve·bril·le** *f* spare pair of glasses **Re·ser·ve·ka·nis·ter** *m* spare can **Re·ser·ve·of·fi·zier** *m* reserve officer **Re·ser·ve·pa·ckung** *f* spare packet **Re·ser·ve·rad** *nt* spare wheel **Re·ser·ve·rei·fen** *m* spare tyre [*or* AM tire] **Re·ser·ve·spie·ler(in)** *m(f)* SPORT reserve, substitute **Re·ser·ve·übung** *f* MIL exercises *pl* for the reserves

re·ser·vie·ren* [rezɛrˈviːrən] *vt* ■ [**jdm** [*o* **für jdn**]] **etw ~** to reserve sth [for sb]; **ich möchte drei Plätze reservieren** I'd like to book [*or* reserve] three seats

re·ser·viert *adj (geh)* reserved; **ein ~er Mensch** a reserved person

Re·ser·viert·heit <-> *f kein pl (geh)* reserve *no pl,* reservedness *no pl*

Re·ser·vie·rung <-, -en> *f* reservation

Re·ser·vist(in) <-en, -en> [rezɛrˈvɪst] *m(f)* reservist

Re·ser·voir <-s, -e> [rezɛrˈvoa:ɐ̯] *nt (geh)* ① *(Vorrat)* store ② *(Becken)* reservoir; **die städtischen ~e** the municipal reservoirs ③ *(Tinten~)* reservoir

Re·set·tas·te^RR [ˈriːsɛt-] *f*, **Re·set-Tas·te** [ˈriːsɛt-] *f* INFORM reset button

Re·si·denz <-, -en> [reziˈdɛnts] *f* ① *(repräsentativer Wohnsitz)* residence ② HIST *(Residenzstadt)* royal seat

Re·si·denz·stadt *f* HIST royal seat

re·si·die·ren* [reziˈdiːrən] *vi (geh)* ■ **in etw ~** *dat* to reside in sth; **im Ausland ~** to reside abroad

Re·sig·na·ti·on <-, -en> [rezɪgnaˈtsi̯oːn] *f (geh)* resignation

re·sig·nie·ren* [rezɪˈgniːrən] *vi (geh)* ■ [**wegen etw**] **~** to give up [because of sth]

re·sig·niert *adj (geh)* with resignation *pred,* resigned

re·sis·tent [rezɪsˈtɛnt] *adj* MED resistant; ■ **gegen etw ~ sein** to be resistant to sth

Re·sis·tenz <-, -en> [rezɪsˈtɛnts] *f* MED resistance *no pl;* **eine ~ gegen etw entwickeln** to develop a resistance to sth

re·so·lut [rezoˈluːt] I. *adj* determined, resolute II. *adv* resolutely

Re·so·lu·ti·on <-, -en> [rezoluˈtsi̯oːn] *f* POL resolution

Re·so·nanz <-, -en> [rezoˈnants] *f* ① *(geh: Entgegnung)* response; ■ **die ~ auf etw** *akk* the response to sth; **eine bestimmte ~ finden, auf eine bestimmte ~ stoßen** to meet with a certain response ② MUS resonance *no pl*

Re·so·nanz·bo·den *m* MUS soundboard **Re·so·nanz-**

kör·per *m* MUS soundbox

Re·so·pal® <-s, -e> [rezo'paːl] *nt* Formica® *no pl*

re·sor·bie·ren* [rezɔr'biːrən] *vt* MED ▪ **etw** ~ to absorb sth

Re·sorp·ti·on <-, -en> [rezɔrp'tsi̯oːn] *f* MED absorption

re·so·zi·a·li·sie·ren* [rezotsi̯ali'ziːrən] *vt* ▪ **jdn** ~ to reintegrate sb into society

Re·so·zi·a·li·sie·rung <-, -en> *f* reintegration *no pl* into society

resp. *adv Abk von* **respektive**

Re·spekt <-s> [re'spɛkt, rɛ-] *m kein pl* respect *no pl;* **vor dieser ausgezeichneten Leistung muss man einfach ~ haben** you simply have to respect this outstanding achievement; **ohne jeden ~** disrespectfully; **voller ~** respectful; **mit vollem ~** respectfully; **[jdm]** **~ einflößen** to command [sb's] respect; **vor jdm/ etw ~ haben** to have respect for sb/sth; **vor seinem Großvater hatte er als Kind großen ~** as a child he was in awe of his grandfather; **die heutige Jugend hat keinen ~ vor dem Alter!** young people today have no respect for their elders; **den ~ vor jdm verlieren** to lose respect for sb; **sich** *dat* **[bei jdm]** **~ verschaffen** to earn [sb's] respect; **bei allem ~!** with all due respect!; **bei allem ~, aber da muss ich doch energisch widersprechen!** with all due respect I must disagree most strongly; **bei allem ~ vor jdm/ etw** with all due respect to sb/sth; **allen/meinen ~!** well done!, good for you!

re·spek·ta·bel [respɛk'taːbl̩, rɛ-] *adj (geh)* ➊ *(beachtlich)* considerable ➋ *(zu respektieren)* estimable ➌ *(ehrbar)* respectable

re·spek·tie·ren* [respɛk'tiːrən, rɛ-] *vt* ▪ **etw/jdn** ~ to respect sth/sb

re·spek·ti·ve [respɛk'tiːvə, rɛ-] *adv (geh)* or rather; **er hat mich schon darüber informiert, ~ informieren lassen** he has already informed me about it, or rather he had someone tell me

re·spekt·los *adj* disrespectful

Re·spekt·lo·sig·keit <-, -en> *f* ➊ *kein pl (respektlose Art)* disrespect *no pl,* disrespectfulness *no pl* ➋ *(respektlose Bemerkung)* disrespectful comment

Re·spekts·per·son *f (geh)* person commanding respect; **Lehrer, Ärzte und Pfarrer waren ~en** teachers, doctors and vicars were people who used to command respect

re·spekt·voll *adj* respectful

Re·spi·ra·ti·on <-> [respira'tsi̯oːn, rɛ-] *f kein pl* BIOL, MED respiration

re·spi·ra·to·ri·scher Quo·ti·ent [respira'toːrɪʃe, rɛ-] MED respiratory quotient

Res·sen·ti·ment <-s, -s> [rɛsãti'mãː] *nt (geh)* resentment *no pl*

Res·sort <-s, -s> [rɛ'soːɐ̯] *nt* ➊ *(Zuständigkeitsbereich)* area of responsibility; **in jds ~ fallen** *akk* to come within sb's area of responsibility ➋ *(Abteilung)* department

Res·sour·ce <-, -n> [rɛ'sʊrsə] *f* ➊ *(Bestand an Geldmitteln)* resources *npl* ➋ *(natürlich vorhandener Bestand)* resource; *Energie* reserves *pl;* **[neue]** **~n erschließen** to tap [or develop] [new] resources; **die ~n sind erschöpft** all resources are exhausted

Rest <-[e]s, -e *o* SCHWEIZ *a.* -en> [rɛst] *m* ➊ *(Übriggelassenes)* rest; *Essen* leftovers *npl;* **„ist noch Käse da?" – „ja, aber nur noch ein kleiner ~"** "is there still some cheese left?" – "yes, but only a little bit"; **heute Abend gibt es ~e** we're having leftovers tonight; **iss doch noch den ~ Bratkartoffeln** won't you eat the rest of the roast potatoes; **~e machen** NORDD to finish up what's left; **mach doch ~ mit den Kartoffeln** do finish up the potatoes; **der letzte ~** the last bit; *Wein* the last drop; **den Kuchen haben wir bis auf den letzten ~ aufgegessen** we ate the whole cake down to the last crumb ➋ *(Endstück)* remnant; **ein ~ des Leders ist noch übrig** there's still a bit of leather left over ➌ *(verbliebenes Geld)* remainder, rest; **den ~ werde ich dir in einer Woche zurückzahlen** I'll pay you back the rest in a week; **das ist der ~ meiner Ersparnisse** that's all that's left of my savings; *(Wechselgeld)* change; **„hier sind 200 Euro, behalten Sie den ~"** "here are 200 euros, keep the change" ▸ WENDUNGEN: **der letzte ~ vom Schützenfest** *(hum)* the last little bit; **jdm den ~ geben** *(fam)* to be the final straw for sb; **diese Nachricht gab ihr den ~** this piece of news was the final straw for her

Rest·auf·la·ge *f* VERLAG remaindered stock

Re·stau·rant <-s, -s> [rɛsto'rãː] *nt* restaurant

Re·stau·ra·tor, Re·stau·ra·to·rin <-s, -toren> [restau'raːtoːɐ̯, -'toːrɪn, *pl:* -'toːrən] *m, f* restorer

re·stau·rie·ren* [restau'riːrən, rɛ-] *vt* ▪ **etw** ~ to restore sth

Re·stau·rie·rung <-, -en> *f* restoration

Rest·be·trag *m* balance

Res·te·ver·kauf *m* remnants sale

Rest·lauf·zeit *f* FIN remaining term

rest·lich *adj* remaining; **wo ist das ~e Geld?** where is the rest of the money?

rest·los I. *adj* complete, total **II.** *adv* ➊ *(ohne etwas übrig zu lassen)* completely, totally; **dieser Fleck lässt sich nicht ~ entfernen** this stain can't be completely removed ➋ *(fam: endgültig)* finally

Rest·pos·ten *m* remaining stock

Re·strik·ti·on <-, -en> [rɛstrɪk'tsi̯oːn, rɛ-] *f (geh)* restriction; **jdm ~en auferlegen** to impose restrictions on sb

Re·strik·ti·ons·en·zym *nt* BIOL restriction enzyme

re·strik·tiv [rɛstrɪk'tiːf, rɛ-] *adj (geh)* restrictive

Rest·ri·si·ko *nt* residual risk **Rest·stoff** *m* remnant **Rest·stra·fe** *f* remainder of the sentence **Rest·sum·me** *f* balance, amount remaining **Rest·ur·laub** *m* remaining holiday **Rest·wert** *m* residual value **Rest·zah·lung** *f* balance

Re·sul·tat <-[e]s, -e> [rezʊl'taːt] *nt* result; **zu einem ~ kommen** [*o* **gelangen**] to come to a conclusion; **zu dem ~ kommen** [*o* **gelangen**] **, dass** to come to the conclusion that

re·sul·tie·ren* [rezʊl'tiːrən] *vi (geh)* ➊ *(folgen)* ▪ **aus etw ~** to result from sth, to be the result of sth; ▪ **aus etw resultiert, dass** the conclusion to be drawn from sth is that, sth shows that ➋ *(sich auswirken)* ▪ **in etw ~** *dat* to result in sth

Re·sü·mee <-s, -s> [rezy'meː] *nt (geh)* ➊ *(Schlussfolgerung)* conclusion; **das ~ [aus etw] ziehen** to conclude [or infer] [from sth] ➋ *(zusammenfassende Darstellung)* summary

re·sü·mie·ren* [rezy'miːrən] **I.** *vi (geh: zusammenfassend darstellen)* to summarize [*or* BRIT *a.* -ise]; **ich resümiere also noch einmal, indem ich die wesentlichen Punkte kurz wiederhole** I'll sum up once again by briefly repeating the essential points **II.** *vt (geh)* ▪ **etw** ~ to summarize sth [*or* BRIT *a.* -ise]

Re·tor·te <-, -n> [re'tɔrtə] *f* CHEM retort; **aus der ~** *(fam)* artificially produced

Re·tor·ten·ba·by [-beːbi] *nt (sl)* test-tube baby *fam*

re·tour [re'tuːɐ̯] *adv* SCHWEIZ, ÖSTERR *(geh)* back; **„eine Fahrkarte nach Wien und wieder ~!"** "a return ticket to Vienna, please"; **„alles ~, wir haben uns verfranzt!"** "back everybody! we've lost our bearings!"; **etw ~ gehen lassen** to send sth back

Re·tour·bil·lett ['ratuːɐ̯bɪljɛt] *nt* SCHWEIZ *(Rückfahrkarte)* return ticket **Re·tour·geld** ['ratuːɐ̯-] *nt* SCHWEIZ *(Wechselgeld)* change *no pl* **Re·tour·kut·sche** *f (fam)* retort

re·tour·nie·ren* [retʊr'niːrən] *vt* ➊ SCHWEIZ *(zurücksen-*

den o -geben) ■ **etw ~** to return sth ❷ SPORT **den Ball ~** to return the ball

Re·tour·spiel [ˈratuːɐ̯-] *nt* ÖSTERR, SCHWEIZ *(Rückspiel)* return match

re·tro [ˈretro] *adj (sl)* retro

Re·tro·spek·ti·ve <-, -n> [retro-] *f (geh)* ❶ *(Blick in die Vergangenheit, Rückblick)* retrospective *form* ❷ KUNST *(Präsentation)* retrospective

Re·tro·vi·rus [retro-] *nt* retrovirus

ret·ten [ˈrɛtn̩] **I.** *vt* ❶ *(bewahren)* ■ **jdn/etw** [vor jdm/etw] ~ to save sb/sth [from sb/sth]; **ein geschickter Restaurator wird das Gemälde noch ~ können** a skilled restorer will still be able to save the painting; **sie konnte ihren Schmuck durch die Flucht hindurch ~** she was able to save her jewellery while fleeing ❷ *(den Ausweg weisend)* ■ **~d** which saved the day; **das ist der ~de Einfall!** that's the idea that will save the day!; *s. a.* **Leben** ▶ WENDUNGEN: **bist du noch zu ~?** *(fam)* are you out of your mind? **II.** *vr* ■ **sich** [vor etw *dat*] ~ to save oneself [from sth]; **sie konnte sich gerade noch durch einen Sprung in den Straßengraben retten** she was just able to save herself by jumping into a ditch at the side of the road; **sie rettete sich vor der Steuer nach Monaco** she escaped the taxman by moving to Monaco; **er konnte sich gerade noch ans Ufer ~** he was just able to reach the safety of the bank; **rette sich, wer kann!** *(fam)* run for your lives!; **sich** *akk* **vor jdm/etw nicht mehr zu ~ wissen, sich** *akk* **vor jdm/etw nicht mehr ~ können** to be swamped by sth/mobbed by sb

Ret·ter(in) <-s, -> *m(f)* rescuer, saviour [*or* AM -or] *liter;* **der ~ in der Not** the helper in my/our etc hour of need

Ret·tich <-s, -e> [ˈrɛtɪç] *m* radish

Ret·tung <-, -en> *f* ❶ *(das Retten)* rescue; **das Boot wird für die ~ von Menschen in Seenot eingesetzt** the boat is used for rescuing people in distress at sea; **jds** [letzte] ~ [vor jdm/etw] **sein** *(fam)* to be sb's last hope [of being saved from sb/sth]; **du bist meine letzte ~** you're my last hope [of salvation]; **für jdn gibt es keine ~ mehr** there is no saving sb, sb is beyond help [*or* salvation]; *s. a.* **Gesellschaft** ❷ *(das Erhalten)* preservation *no pl*

Ret·tungs·an·ker *m* sheet-anchor; ▶ WENDUNGEN: **jds ~ sein** to be sb's anchor **Ret·tungs·ar·beit** *f meist pl* rescue work *no pl;* **die ~en schreiten gut voran** the rescue operations are progressing well **Ret·tungs·boot** *nt* lifeboat **Ret·tungs·dienst** *m* rescue service **Ret·tungs·flug·wacht** *f* air rescue service **Ret·tungs·hub·schrau·ber** *m* emergency rescue helicopter **Ret·tungs·in·sel** *f* inflatable life-raft **Ret·tungs·lei·ter** *f* rescue ladder **ret·tungs·los** *adj* hopeless **Ret·tungs·mann·schaft** *f* rescue party **Ret·tungs·me·dail·le** [-medaljə] *f* life-saving medal **Ret·tungs·ring** *m* ❶ NAUT lifebelt ❷ *(hum fam: Fettpolster)* spare tyre [*or* AM tire] *hum fam* **Ret·tungs·schuss**^RR *m* **finaler ~** *final and fatal shot fired by the police to save lives* **Ret·tungs·schwim·men** *nt kein pl* life-saving *no pl, no art* **Ret·tungs·schwim·mer(in)** *m(f)* life-guard **Ret·tungs·sta·ti·on** *f* rescue centre [*or* AM -er] **Ret·tungs·ver·such** *m* rescue attempt **Ret·tungs·wa·gen** *m* ambulance

Re·tu·sche <-, -n> [reˈtuʃə] *f* FOTO, TYPO retouching

re·tu·schie·ren* [retuˈʃiːrən] *vt* FOTO, TYPO ■ **etw** [auf etw *dat*] ~ to retouch sth [on sth]

Reue <-> [ˈrɔyə] *f kein pl* remorse *no pl;* **tätige ~** JUR *active regret accompanied by an attempt to avert the consequences of the misdeed*

reu·en [ˈrɔyən] *vt (geh)* ■ **jdn ~** to be of regret to sb; **meine Aussage reut mich** I regret my statement; ■ **es reut jdn, etw getan zu haben** sb regrets having

reu·ig [ˈrɔyɪç] *adj* repentant, remorseful

reu·mü·tig [ˈrɔymyːtɪç] **I.** *adj* remorseful, repentant; **~e Sünder** repentant sinners **II.** *adv* remorsefully; **~ zu jdm zurückkommen** to come crawling back to sb *fam*

Reu·se <-, -n> [ˈrɔyzə] *f* fish trap

re·üs·sie·ren* [reʔyˈsiːrən] *vi (geh)* ■ **(mit** *dat* **etw) ~** to succeed [in doing sth]

Re·vanche <-, -n> [reˈvãːʃə, reˈvanʃə] *f* ❶ *(Revanchespiel)* return match BRIT, rematch AM; **jdm ~ geben** to give sb a return match ❷ *(Vergeltung)* revenge *no pl;* **als ~** as a return favour [*or* AM -or]; **danke für die Einladung, als ~ lade ich dich an nächsten Samstag ins Kino ein** thanks for the invitation, in return I'll invite you to the cinema next Saturday

Re·vanche·par·tie [reˈvãːʃə, reˈvanʃə] *f* SPORT return match BRIT, rematch AM **Re·vanche·spiel** *nt* SPORT return match

re·van·chie·ren* [revãˈʃiːrən, revanˈʃiːrən] *vr* ❶ *(sich erkenntlich zeigen)* ■ **sich** *akk* [bei jdm] [für etw] ~ to return [sb] a favour [*or* AM -or] [for sth]; **danke für deine Hilfe, ich werde mich dafür ~** thanks for your help, I'll return the favour ❷ *(sich rächen)* ■ **sich** *akk* [an jdm] [für etw] ~ to get one's revenge [on sb] [for sth]

Re·van·chis·mus <-> [revãˈʃɪsmʊs, revanˈʃɪsmʊs] *m kein pl* POL revanchism *no pl*

re·ve·nie·ren [reveˈniːrən] *vt* Fleisch ~ to sear meat

Re·vers[1] <-, -> [reˈveːɐ̯, reˈvɛːɐ̯, rəˈ-] *nt o m* MODE lapel **Re·vers**[2] <-es, -e> [reˈvɛrs] *m* declaration

re·ver·si·bel [revɛrˈziːbl̩] *adj (geh)* reversible; **nicht ~ sein** to be irreversible

re·vi·die·ren* [reviˈdiːrən] *vt (geh)* ❶ *(rückgängig machen)* ■ **etw ~** to reverse sth; **eine Entscheidung ~** to reverse a decision ❷ *(abändern)* ■ **etw** [in etw *dat*] ~ to revise sth [in sth]; **die Vorschriften wurden in mehreren Punkten revidiert** the regulations were revised in several points; **ein revidierter Paragraph** a revised paragraph

Re·vier <-s, -e> [reˈviːɐ̯] *nt* ❶ *(Polizeidienststelle)* police station; **keinen Führerschein? Sie müssen mit aufs ~!** no driving licence? you'll have to accompany me to the station! ❷ *(Jagdrevier)* preserve, shoot ❸ MIL *(Zuständigkeitsbereich)* area of responsibility, province ❹ *kein pl (fam: Industriegebiet)* coalfield; ■ **das ~** the Ruhr/Saar mining area

Re·vier·ver·hal·ten [reˈviːɐ̯-] *nt* BIOL territorial behaviour *pl* [*or* AM -or]

Re·vire·ment <-s, -s> [revirəˈmãː] *nt* POL cabinet reshuffle

Re·vi·si·on <-, -en> [reviˈzi̯oːn] *f* ❶ FIN, ÖKON audit ❷ JUR appeal ❸ TYPO final proofreading *no pl* ❹ *(geh: Abänderung)* revision; **ich bin zu einer ~ meiner Entscheidung bereit** I am prepared to revise my decision

Re·vi·si·ons·ab·tei·lung *f* audit department **Re·vi·si·ons·ge·richt** *nt* court of appeal, appeal court BRIT **Re·vi·sor, Re·vi·so·rin** <-s, -soren> [reˈviːzoːɐ̯, -ˈzoːrɪn, *pl:* -ˈzoːrən] *m, f* auditor

Re·vol·te <-, -n> [reˈvɔltə] *f* revolt

re·vol·tie·ren* [revɔlˈtiːrən] *vi (geh)* [gegen jdn/etw] ~ to rebel [*or* revolt] [against sb/etw]

Re·vo·lu·ti·on <-, -en> [revolu̯ˈtsi̯oːn] *f* revolution; **die Französische ~** the French Revolution; **eine wissenschaftliche ~** a scientific revolution

re·vo·lu·ti·o·när [revolutsi̯oˈnɛːɐ̯] *adj* ❶ *(bahnbrechend)* revolutionary; **eine ~e Entdeckung** a revolutionary discovery ❷ POL *(eine Revolution bezweckend)* revolutionary

Re·vo·lu·ti·o·när(in) <-s, -e> [revolutsi̯oˈnɛːɐ̯] *m(f)* ❶ POL revolutionary ❷ *(radikaler Neuerer)* revolutionist

re·vo·lu·ti·o·nie·ren° [revolutsi̯o'ni:rən] *vt* ■ **etw ~ to** revolutionize [*or* BRIT *a.* -ise] sth

Re·vo·lu·ti·ons·füh·rer(in) *m(f)* revolutionary leader

Re·vo·lu·ti·ons·tri·bu·nal *nt* revolutionary tribunal

Re·vo·luz·zer(in) <-s, -> [revo'lʊtsə] *m(f) (pej)* would-be revolutionary *pej*

Re·vol·ver <-s, -> [re'vɔlvɐ] *m* revolver

Re·vol·ver·ab·zug *m* trigger [of a revolver] **Re·vol·ver·blatt** *nt* MEDIA *(fam)* sensationalist newspaper **Re·vol·ver·griff** *m* revolver handle **Re·vol·ver·held** *m (iron)* gunfighter, gunslinger **Re·vol·ver·lauf** *m* barrel of a/the revolver **Re·vol·ver·trom·mel** *f* breech

Re·vue <-, -n> [re'vy:, rə'vy:, *pl:* -'vy:ən] *f* THEAT revue; ▶WENDUNGEN: **jdn/etw ~ passieren lassen** *(geh)* to recall sb/to review sth

Re·vue·tän·zer(in) *m(f)* THEAT dancer in a revue

Reyk·ja·vik <-s> ['raikjavi:k, -vɪk] *nt* Reykjavik

Re·zen·sent(in) <-en, -en> [retsɛn'zɛnt] *m(f)* reviewer

re·zen·sie·ren° [retsɛn'zi:rən] *vt* ■ **etw ~ to** review sth

Re·zen·si·on <-, -en> [retsɛn'zi̯o:n] *f* review, write-up *fam*

Re·zen·si·ons·ex·em·plar *nt* review copy

Re·zept <-[e]s, -e> [re'tsɛpt] *nt* ❶ KOCHK recipe ❷ MED prescription; **auf ~** on prescription; **diese Tabletten bekommen Sie nur auf ~** these tablets are only available on prescription ❸ *(fig: Verfahren)* remedy; **ich kenne leider kein ~ gegen Langeweile** unfortunately I don't know of any remedy for boredom

Re·zept·block *m* prescription pad **Re·zept·for·mu·lar** *nt* prescription form **re·zept·frei** I. *adj* without prescription *after n;* **-e Medikamente** over-the-counter medicines, medicines available without prescription; ■ **~ sein** to be available without prescription II. *adv* without prescription, over-the-counter; **~ zu bekommen sein** to be available without prescription

Re·zep·ti·on <-, -en> [retsɛp'tsi̯o:n] *f* reception

Re·zep·ti·o·nist(in) <-en, -en> *m(f)* receptionist

Re·zep·tor <-s, -en> [re'tsɛptoːɐ̯, *pl:* -'toːrən] *m* BIOL receptor

Re·zept·pflicht *f kein pl* prescription requirement; **der ~ unterliegen** *(geh)* to be available only on prescription **re·zept·pflich·tig** *adj* requiring a prescription; **~e Medikamente** medicines requiring a prescription; ■ **~ sein** to be available only on prescription **Re·zept·prü·fung** *f* examination of prescriptions

Re·zep·tur <-, -en> [retsɛp'tuːɐ̯] *f* ❶ *(Zubereitung von Arzneimitteln nach Rezept)* dispensing ❷ *(Arbeitsraum in einer Apotheke)* prescriptions *pl* ❸ CHEM formula ❹ KOCHK recipe

Re·zes·si·on <-, -en> [retsɛ'si̯o:n] *f* ÖKON recession

re·zes·siv [retsɛ'si:f] *adj* BIOL, MED recessive

re·zi·prok [retsi'pro:k] *adj* MATH reciprocal

Re·zi·ta·ti·on <-, -en> [retsita'tsi̯o:n] *f* recitation

Re·zi·ta·tor, Re·zi·ta·to·rin <-s, -toren> [retsi'ta:toːɐ̯, -'toːrɪn, *pl:* -'toːrən] *m, f* reciter

re·zi·tie·ren° [retsi'ti:rən] I. *vt* ■ **jdn/etw ~ to** recite sb/sth; **er konnte Schiller in ganzen Passagen ~** he was able to recite whole passages of Schiller II. *vi* ■ **[aus jdm/etw] ~ to** recite [from sb/sth]

R-Ge·spräch ['ɛr-] *nt* reverse charge [*or* AM collect] call

rh *Abk von* **Rhesusfaktor negativ**

Rh *Abk von* **Rhesusfaktor positiv**

Rha·bar·ber <-s, -> [ra'barbɐ] *m* rhubarb plant

Rha·bar·ber·ku·chen *m* rhubarb crumble *no pl* **Rha·bar·ber·pflan·ze** *f* rhubarb plant **Rha·bar·ber·stän·gelRR** *m* stalk of rhubarb

Rhap·so·die <-, -n> [rapso'di:, *pl:* -'di:ən] *f* MUS rhapsody

Rhein <-s> [rain] *m* ■ **der ~** the Rhine; **am Rhein** on the Rhine

Rhein·fall *m* Rhine falls *npl;* ■ **der ~** [von Schaffhau-

sen] the Rhine Falls [at Schaffhausen]

rhei·nisch ['rainɪʃ] *adj attr* ❶ *(des Rheinlandes)* Rhenish, Rhineland; **eine ~e Spezialität** a Rhineland speciality ❷ LING Rhenish, Rhineland; **er spricht ~en Dialekt** he speaks with a Rhineland dialect

Rhein·län·der(in) <-s, -> ['rainlɛndɐ] *m(f)* Rhinelander **rhein·län·disch** ['rainlɛndɪʃ] *adj* ❶ *(rheinisch)* Rhenish, Rhineland ❷ LING Rhenish, Rhineland

Rhein·land-Pfalz ['rainlant-'pfalts] *no art* Rhineland-Palatinate

Rhein·salm *m* KOCHK, ZOOL Rhine salmon **Rhein·wein** *m* Rhine wine

Rhe·ni·um <-s> ['re:ni̯ʊm] *nt kein pl* CHEM rhenium *no pl*

Rhe·sus·af·fe ['re:zʊs-] *m* rhesus monkey **Rhe·sus·fak·tor** *m* rhesus factor; **~ positiv/negativ** rhesus positive/negative **Rhe·sus·un·ver·träg·lich·keit** *f* rhesus [*or* Rh] factor incompatibility

Rhe·to·rik <-, -en> [re'to:rɪk] *f* ❶ *kein pl (Lehre)* rhetoric *no pl;* **die ~ ist die Kunst der Rede** rhetoric is the art of speaking ❷ *(Redegabe)* rhetoric *no pl,* eloquence *no pl*

rhe·to·risch [re'to:rɪʃ] I. *adj* rhetorical II. *adv* rhetorically; **rein ~** purely rhetorically; *s. a.* **Frage**

Rheu·ma <-s> ['rɔyma] *nt kein pl (fam)* rheumatism *no pl;* **~ haben** to have rheumatism

Rheu·ma·be·hand·lung *f* treatment against rheumatism **Rheu·ma·fak·to·ren** *pl* rheumatic factors *pl* **Rheu·ma·prä·pa·rat** *nt* preparation against rheumatism

Rheu·ma·ti·ker(in) <-s, -> [rɔy'ma:tikɐ] *m(f)* rheumatic, person with rheumatism

rheu·ma·tisch [rɔy'ma:tɪʃ] *adj* rheumatic

Rheu·ma·tis·mus <-> [rɔyma'tɪsmʊs] *m kein pl* rheumatism *no pl*

Rheu·ma·to·lo·ge, Rheu·ma·to·lo·gin <-n, -n> [rɔymato'lo:gə, -'lo:gɪn] *m, f* rheumatologist

Rhi·no·ze·ros <-[ses], -se> [ri'no:tserɔs] *nt* ❶ *(Nashorn)* rhinoceros ❷ *(fam: Dummkopf)* twit *fam pej*

Rhi·zom <-s, -e> [ri'tso:m] *nt* BOT rhizome, rootstock

Rho·di·um <-s> ['ro:di̯ʊm] *nt kein pl* CHEM rhodium *no pl*

Rho·do·den·dron <-s, -dendren> [rodo'dɛndrɔn] *m o nt* rhododendron

Rho·dos ['rɔdɔs, 'ro:dɔs] *nt* Rhodes; *s. a.* **Sylt**

Rhom·bus <-, Rhomben> ['rɔmbʊs, *pl:* 'rɔmbn̩] *m* rhombus

rhyth·misch ['rʏtmɪʃ] *adj* rhythmic[al]; **~e Bewegungen** rhythmical movements

Rhyth·mus <-, -Rhythmen> ['rʏtmʊs, *pl:* 'rʏtmən] *m* rhythm

Ri·ad <-s> [ri̯a:t] *nt* Riyadh

Ri·bi·sel <-s, -n> ['ri:bi:zl̩] *f* DIAL, ÖSTERR *rote* redcurrant; *schwarze* blackcurrant

Ri·bo·nu·kle·in·säu·re [ribonukle'i:n-] *f* ribonucleic acid

Ri·bo·som <-s, -en> [ribo'zo:m] *nt* BIOL ribosome

rich·ten ['rɪçtn̩] I. *vr* ❶ *(bestimmt sein)* ■ **sich** *akk* **an jdn ~** to be directed [*or* aimed] at sb; **dieser Vorwurf richtet sich an dich** this reproach is aimed at you; **an wen richtet sich diese Frage?** who is this question directed at?; ■ **sich** *akk* **gegen jdn/etw ~** *(abzielen)* to direct sth at sb/sth; **diese Attacke richtete sich gegen die Steuerpläne der Regierung** this attack was directed at the government's tax plans; ■ **sich** *akk* **an jdn/etw ~** to consult sb/sth; **an welche Dienststelle muss ich mich ~?** which department do I have to ask? ❷ *(sich orientieren)* ■ **sich** *akk* **nach jdm/etw ~** to comply with sb/sth; **wir richten uns ganz nach Ihnen** we'll fit in with you ❸ *(abhängen von)* ■ **sich** *akk* **nach etw ~** to be dependent on sth; **der Preis eines Artikels richtet sich nach der Qualität the price of an item depends on the quality; ■ **sich** *akk* **danach ~, ob/wie viel ...** to depend on whether/how much ...; **das richtet sich danach, ob Sie mit uns zusammenarbeiten oder nicht** that depends on whether you co-operate with us or not **II.** *vt* ❶ *(lenken)* ■ **etw auf jdn/etw ~** to direct sth towards [*or* at] sb/sth; **seinen Blick auf etw ~** to [have a] look at sth, to observe sth *form;* **eine Schusswaffe auf jdn ~** to point a gun at sb; **die Kanonen wurden auf das Regierungsgebäude gerichtet** the guns were trained on the government building ❷ *(adressieren)* ■ **etw an jdn/etw ~** to address [*or* send] sth to sb/sth; **Anträge müssen an das Ministerium gerichtet werden** applications must be addressed to the ministry ❸ *(reparieren)* ■ **|jdm| etw ~** to fix sth [for sb] *fam* ❹ *(bereiten)* ■ **|jdm| etw ~** to prepare sth [for sb]; **~ Sie mir doch bitte das Bad** would you run the bath for me please **III.** *vi (veraltend)* ■ **|über jdn/etw| ~** to pass judgement [on sb/sth]

Rich·ter|in| <-s, -> ['rɪçtɐ] *m(f)* judge; **vorsitzender ~** presiding judge; **sich** *akk* **zum ~ |über jdn/etw| aufwerfen** *(pej)* to sit in judgement [on sb/sth] *a. pej;* **~ an etw** *dat* judge at sth; **er ist ~ am Verwaltungsgericht** he is a judge at the administrative court

Rich·ter·amt *nt* judicial office, office of judge

Rich·te·rin <-, -nen> *f fem form von* **Richter**

rich·ter·lich *adj attr* judicial

Rich·ter·schaft <-> *f kein pl* judiciary *no pl*

Rich·ter·ska·la^RR *f kein pl,* **Rich·ter-Ska·la** *f kein pl* GEOL Richter scale *no pl*

Richt·fest *nt* topping out [ceremony]

Richt·ge·schwin·dig·keit *f* recommended speed limit

rich·tig ['rɪçtɪç] **I.** *adj* ❶ *(korrekt)* correct, right; **die ~e Antwort** the right [*or* correct] answer; **die ~e Lösung** the correct solution ❷ *(angebracht)* right; **die ~e Handlungsweise** the right course of action; **zur ~en Zeit** at the right time; **es war ~, dass du gegangen bist** you were right to leave ❸ *(am richtigen Ort)* ■ **irgendwo/bei jdm ~ sein** to be at the right place/address; **"ja, kommen Sie rein, bei mir sind Sie genau ~"** "yes, come in, you've come to [exactly] the right place"; **ist das hier ~ zu/nach ...?** is this [*or* am I going] the right way to ...? ❹ *(echt, wirklich)* real; **ihr bin nicht deine ~e Mutter** I'm not your real mother ❺ *(fam: regelrecht)* real; **du bist ein ~er Idiot!** you're a real idiot! ❻ *(passend)* right; **sie ist nicht die ~e Frau für dich** she's not the right woman for you ❼ *(ordentlich)* real, proper; **es ist lange her, dass wir einen ~en Winter mit viel Schnee hatten** it's been ages since we've had a proper winter with lots of snow ❽ *(fam: in Ordnung)* all right, okay; ■ **~ sein** to be all right [*or* okay]; **unser neuer Lehrer ist ~** our new teacher is okay; *s. a.* **Kopf II.** *adv* ❶ *(korrekt)* correctly; **Sie haben irgendwie nicht ~ gerechnet** you've miscalculated somehow; **~ gehend** accurate; **eine ~ gehende Uhr** an accurate watch; **höre ich ~?** did I hear right?, are my ears deceiving me? *fig;* **ich höre doch wohl nicht ~?** excuse me? *fam,* you must be joking!; **sehr ~!** quite right! ❷ *(angebracht)* correctly; *(passend a.)* right; **der Blumentopf steht da nicht richtig** the flowerpot is not in the right place there; **irgendwie sitzt die Bluse nicht richtig** somehow the blouse doesn't fit properly ❸ *(fam: regelrecht)* really; **ich fühle mich von ihr ~ verarscht** I feel she has really taken the piss out of me; **er hat sie ~ ausgenutzt** he has really used her; **~ gehend** *(fam)* real, really ❹ *(tatsächlich)* **~, das war die Lösung** right, that was the solution

Rich·ti·ge(r) *f(m) dekl wie adj* ❶ *(der passende Partner)* right person; **schade, dieser Mann wäre für**

mich der **~ gewesen** pity, he would have been the right man for me ❷ *(Treffer)* right numbers/hits; **wie viel ~ haben wir diesmal im Lotto?** how many right numbers did we get in the lottery this time? ▸ WENDUNGEN: **du bist mir der/die ~!** *(iron)* you're a fine one, you are! *iron;* **|bei jdm| an den ~n/die ~ geraten** *(iron)* to pick the wrong person; **mit der Frage gerätst du bei mir an den ~n!** I'm the wrong person to ask

Rich·ti·ge(s) *nt dekl wie adj* ❶ *(Zusagende(s))* ■ **das ~/etwas ~s** the right one/something suitable; **"gefällt Ihnen die Vase?" – "nein, das ist nicht ganz das ~e"** "do you like the vase?" – "no, it's not quite right"; **ich habe immer noch nichts ~s gefunden** I still haven't found anything suitable ❷ *(Ordentliches)* ■ **etwas/nichts ~s** something/nothing decent; **gib doch lieber 2.000 Euro mehr aus, dann hast du wenigstens etwas ~s!** why don't you spend another 2,000 euros, then at least you'll have something decent!; **"ich habe den ganzen Tag nichts ~es gegessen!"** 'I haven't had a proper meal all day!'

Rich·tig·keit <-> *f kein pl* ❶ *(Korrektheit)* accuracy *no pl,* correctness *no pl;* **mit etw hat es seine ~** sth is right; **das wird schon seine ~ haben** I'm sure that'll be right ❷ *(Angebrachtheit)* appropriateness *no pl*

rich·tig|lie·gen *vi irreg (fam)* ■ **|mit etw| ~** to be right [*or* correct] [with sth]; **mit seinen Prophezeiungen hat er bisher immer richtiggelegen** his predictions have always proved to be right; **mit Ihrer Annahme liegen Sie genau richtig** you are quite correct in your assumption; ■ **bei jdm ~** to have come to the right person; **bei mir liegen Sie genau richtig** you've come to just the right person; **bei Herrn Müller liegen Sie in dieser Angelegenheit genau richtig** Mr Müller is exactly the right person to see in this matter **rich·tig|stel·len** *vt* ■ **etw ~** to correct sth **Rich·tig·stel·lung** *f* correction

Richt·kranz *f* wreath used in a topping-out ceremony **Richt·li·nie** *f meist pl* guideline *usu pl* **Richt·mi·kro·fon** *nt* directional microphone **Richt·platz** *m* place of execution **Richt·preis** *m* recommended price **Richt·schnur** *f* ❶ BAU plumb-line ❷ *kein pl (Grundsatz)* guiding principle; ■ **die ~ einer S.** *gen/***für etw** the guiding principle of/for sth

Rich·tung <-, -en> ['rɪçtʊŋ] *f* ❶ *(Himmelsrichtung)* direction; **aus welcher ~ kam das Geräusch?** which direction did the noise come from?; **eine ~ einschlagen |o nehmen|** to go in a direction; **welche ~ hat er eingeschlagen?** which direction did he go in?; **in ~ einer S.** *gen* in the direction of sth; **wir fahren in ~ Süden/Autobahn** we're heading south/in the direction of the motorway; **in alle ~en,** **nach allen ~en** in all directions ❷ *(Tendenz)* movement, trend; **sie vertritt politisch eine gemäßigte ~** she takes a politically moderate line; **einer S.** *dat* **eine andere ~ geben** to steer sth in another direction; **ich versuchte, dem Gespräch eine andere ~ zu geben** I tried to steer the conversation in another direction; **die Labourpartei hat ihrer Politik eine andere Richtung gegeben** the Labour Party have changed course with their policies; **irgendwas in der |o dieser| ~** something along those lines; *Betrag* something around that mark; **in dieser ~** in this direction

Rich·tungs·än·de·rung *f* change of [*or* in] direction **Rich·tungs·kampf** *m* factional conflict **Rich·tungs·streit** *m kein pl* factional dispute

rich·tung·wei·send *adj* pointing the way [ahead]; **der Parteitag fasste einen ~en Beschluss** the party conference took a decision that pointed the way ahead; ■ **~ sein** to point the way [ahead]; **das neue**

Fertigungsverfahren wird ~ für die industrielle Produktion sein the new manufacturing process will point the way ahead for industrial production
Richt·wert *m* guideline
Ri·cke <-, -n> ['rɪkə] *f* ZOOL doe
rieb [ri:p] *imp von* **reiben**
rie·chen <roch, gerochen> ['riːçn̩] I. *vi* ❶ *(duften)* to smell; *(stinken a.)* to stink *pej,* to reek *pej;* **das riecht hier ja so angebrannt** there's a real smell of burning here; **nach etw ~** to smell of sth; **er riecht immer so nach Schweiß** there's always such a sweaty smell about him; **das riecht nach Korruption** *(fig)* that smells [*or* reeks] of corruption ❷ *(schnuppern)* ▪ **an jdm/etw ~** to smell sb/sth; **„hier, riech mal an den Blumen!"** "here, have a sniff of these flowers" II. *vt* ▪ **etw ~** to smell sth; **riechst du nichts?** can't you smell anything?; **es riecht hier ja so nach Gas** there's real stink of gas here; **etw ~ können** [*o* **mögen**] to like the smell of sth; **ich mag den Tabakrauch gern ~** I like the smell of tobacco smoke; **iss doch nicht immer Zwiebeln, du weißt doch, dass ich das nicht ~ kann!** stop eating onions all the time, you know I can't stand that ▶ WENDUNGEN: **etw ~ können** *(fam)* to know sth; **das konnte ich nicht riechen!** how was I supposed to know that!; **ich rieche doch, dass da was nicht stimmt!** I have a feeling that there's something funny about it; **jdn nicht ~ können** *(fam)* not to be able to stand sb; **die beiden können sich nicht ~** the two of them can't stand each other; *s. a.* **Lunte** *s. a.* **Braten** III. *vi impers* ▪ **es riecht irgendwie** there's a certain smell; **es riecht ekelhaft** there's a disgusting smell; ▪ **es riecht nach etw** *dat* there's a smell of sth; **es riecht nach Gas** there's a smell of gas; **wenn er kocht, riecht es immer sehr lecker in der Küche** there's always a delicious smell in the kitchen when he's cooking; **wonach riecht es hier so köstlich?** what's that lovely smell in here?
Rie·cher <-s, -> ['riːçɐ] *m* **einen guten** [*o* **den richtigen**] ~ [**für etw**] **haben** *(fam)* to have the right instinct [for sth]
Riech·kol·ben *m (hum fam)* nose, a big schnozz AM, conk BRIT *sl* **Riech·nerv** *m* olfactory nerve **Riech·salz** *nt* smelling salts *pl*
Ried·dach [riːt-] *nt* thatched roof
rief [riːf] *imp von* **rufen**
Rie·ge <-, -n> ['riːgə] *f* ❶ SPORT team ❷ *(pej: Gruppe)* clique *pej;* **sie hat sich in die ~ der Abtreibungsgegner eingeordnet** she has joined the anti-abortionist camp
Rie·gel <-s, -> ['riːgl̩] *m* ❶ *(Verschluss)* bolt; **den ~** [**an etw** *dat*] **vorlegen** to bolt sth; **vergiss nicht, den ~ vorzulegen!** don't forget to bolt the door ❷ *(Schoko~)* bar ▶ WENDUNGEN: **einer S.** *dat* **einen ~ vorschieben** to put a stop to sth
Rie·men[1] <-s, -> ['riːmən] *m (schmaler Streifen)* strap; ▶ WENDUNGEN: **den ~ enger schnallen** *(fam)* to tighten one's belt; **sich** *akk* **am ~ reißen** *(fam)* to get a grip on oneself, to pull one's socks up BRIT
Rie·men[2] <-s, -> ['riːmən] *m* NAUT, SPORT oar; **sich** *akk* **in die ~ legen** *(a. fig)* to put one's back into it
Rie·se, Rie·sin <-n, -n> ['riːzə, 'riːzɪn] *m, f* giant; **ein ~ von** [**einem**] **Mann** [*o* **Mensch**[**en**]] [*o fam:* **Kerl**] a giant of a man; *s. a.* **Adam**
Rie·sel·feld *nt* sewage farm
rie·seln ['riːzln̩] *vi sein* ❶ *(rinnen)* ▪ **auf etw ~** *akk* to trickle onto sth ❷ *(bröckeln)* ▪ **von etw ~** to flake off sth
Rie·sen·amei·se *f (fam)* carpenter ant **Rie·sen·auf·trag** *m* giant [*or* outsize] order **Rie·sen·boh·ne** *f* soisson, jack bean **Rie·sen·chan·ce** *f (fam)* huge opportunity **Rie·sen·er·folg** *m (fam)* huge success

Rie·sen·er·leb·nis *nt (fam)* tremendous experience **Rie·sen·ex·em·plar** *nt (fam)* huge [*or* BRIT *fam* ginormous] specimen **Rie·sen·gar·ne·le** *f* tiger prawn **Rie·sen·ge·bir·ge** ['riːzŋ̩gəbɪrgə] *nt* GEOG Sudeten mountains *pl* **Rie·sen·ge·stalt** *f* ❶ *(Größe)* gigantic figure ❷ *(Hüne)* giant **Rie·sen·ge·winn** *m* huge profit **rie·sen·groß** ['riːzn̩'groːs] *adj (fam)* ❶ *(sehr groß)* enormous, gigantic, huge ❷ *(außerordentlich)* colossal, enormous; **eine ~e Dummheit** colossal stupidity; **eine ~e Überraschung** an enormous surprise; **der Urlaub war eine ~e Enttäuschung** the holiday was a huge disappointment
rie·sen·haft *adj* ❶ *(gigantisch)* gigantic ❷ *(geh)* enormous, huge
Rie·sen·hun·ger *m (fam)* enormous appetite; **einen ~ haben** to be famished [*or fam* starving] **Rie·sen·lärm** *m (fam) kein pl* tremendous racket *no pl* **Rie·sen·rad** *nt* Ferris wheel **Rie·sen·schild·krö·te** *f* ZOOL giant tortoise **Rie·sen·schlan·ge** *f (fam)* boa **Rie·sen·schritt** *m* giant stride; **~e machen** to take giant strides; **mit ~en** approaching fast; **der Termin für die Prüfung nähert sich mit ~en** the date of the exam is fast approaching **Rie·sen·sla·lom** *m* giant slalom **Rie·sen·tra·ra** *nt (fam) kein pl* big fuss *no pl* **Rie·sen·wuchs** *m* MED *kein pl* giantism *no pl*
rie·sig ['riːzɪç] I. *adj* ❶ *(ungeheuer groß)* gigantic ❷ *(gewaltig)* enormous, huge; **eine ~e Anstrengung** a huge effort; **zu meiner ~en Freude übergab er mir das Geld** to my great joy he handed me the money; **ich habe ~en Durst** I'm terribly thirsty ❸ *pred (fam: gelungen)* great, terrific; **die Party bei euch war einfach ~** the party at your place was really terrific II. *adv (fam)* enormously; **das war ~ nett von Ihnen** that was terribly nice of you
Rie·sin <-, -nen> *f fem form von* **Riese**
Ries·ling <-s, -e> ['riːslɪŋ] *m* Riesling
riet [riːt] *imp von* **raten**
Riff <-[e]s, -e> [rɪf] *nt* reef
ri·gi·de [ri'giːdə] *adj (geh)* rigid
ri·go·ros [rigo'roːs] *adj* rigorous; **vielleicht sollten Sie in dieser Frage weniger ~ sein** perhaps you ought to be less adamant on this issue
Ri·go·ro·sum <-s, Rigorosa *o* ÖSTERR *bes* Rigorosen> [rigo'roːzʊm, *pl:* -'roːza, *pl:* -'roːzən] *nt* SCH viva *(oral component of an exam for a doctorate)*
Rik·scha <-, -s> ['rɪkʃa] *f* rickshaw
Ril·le <-, -n> ['rɪlə] *f* groove
Rind <-[e]s, -er> [rɪnt] *nt* ❶ *(geh: Kuh)* cow ❷ *(Rindfleisch)* beef *no pl*
Rin·de <-, -n> ['rɪndə] *f* ❶ *(Borke)* bark *no pl* ❷ *kein pl* KOCHK crust; *Käse, Speck* rind *no pl* ❸ ANAT cortex
Rin·der·bouil·lon *m* beef bouillon [*or* broth] **Rin·der·bra·ten** *m* roast beef *no pl* **Rin·der·brust** *f* beef brisket **Rin·der·fett** *nt* beef dripping [*or* tallow] **Rin·der·fi·let** *nt* fillet of beef *no pl* **Rin·der·fleck** *m* dish made of beef offal **Rin·der·hack** *nt* minced [*or* AM ground] beef **Rin·der·her·de** *f* herd of cattle **Rin·der·horn** *nt* cow horn **Rin·der·kamm** *m* neck of beef **Rin·der·kraft·brü·he** *f* beef bouillon [*or* broth] **Rin·der·kraft·schin·ken** *m* beef topside ham **Rin·der·ma·gen** *m* beef stomach **Rin·der·mark** *nt* beef marrow **Rin·der·mett** *nt* beef sausage meat **Rin·der·nie·ren·fett** *nt* ox kidney fat **Rin·der·rou·la·de** *f* roll of beef **Rin·der·talg** *m* beef tallow **Rin·der·wahn·sinn** *m kein pl* mad cow disease *no art, no pl fam,* BSE *no art, no pl* BRIT **Rin·der·zucht** *f* cattle breeding [*or* rearing] [*or* farming] *no art, no pl* **Rin·der·zun·ge** *f* ox [*or* AM cow] tongue
Rind·fleisch *nt* beef *no art, no pl*
Rinds·fett *nt s.* **Rinderfett Rinds·le·der** *nt* cowhide, leather **rinds·le·dern** *adj* cowhide, leather **Rinds·wurst** *f* beef sausage

Rind·vieh <-viecher> *nt* ❶ *kein pl (Rinder)* cattle *no art, + pl vb;* **der Bauer besitzt 45 Stück ~** the farmer owns 45 head of cattle ❷ *(sl: Dummkopf)* ass, pillock BRIT *fam*

Ring <-[e]s, -e> [rɪŋ] *m* ❶ *(Finger~)* ring; **einen ~ am Finger tragen** to wear a ring on one's finger; **die ~e tauschen** [*o geh:* **wechseln**] to exchange rings ❷ *(Öse)* ring ❸ *(Kreis)* circle; **einen ~ um jdn bilden** to form a circle round sb; **dunkle ~e** [unter den Augen] dark rings [under one's eyes] ❹ *(Syndikat)* Händler, Dealer, Hehler ring; *Lebensmittelhändler, Versicherungen* syndicate ❺ *(~straße)* ring road BRIT, AM *usu* beltway ❻ *(Box~)* ring; **~ frei!** seconds out! ❼ *(Kreis in einer Schießscheibe)* ring ❽ *pl (Turngerät)* rings *npl*

Ring·buch *nt* ring binder **Ring·buch·ein·la·ge** *f* loose sheets *pl* for a ring binder **Ring·dros·sel** *f* ORN ring ouzel [*or* ousel]

Rin·gel·blu·me *f* marigold **Rin·gel·gans** *f* ORN brent goose

rin·geln ['rɪŋln] **I.** *vt* ▪ **etw** [um etw] **~** to wind sth [around sth]; **die Python ringelte ihren Leib um den Ast** the python coiled its body around the branch **II.** *vr* ▪ **sich** *akk* **~** to coil up

Rin·gel·nat·ter *f* grass snake **Rin·gel·rei·hen** <-s, -> *m kein pl* ring-a-ring o' roses **Rin·gel·schwanz** *m* curly tail **Rin·gel·spiel** *nt* ÖSTERR *(Karussell)* merry-go-round, BRIT *a.* roundabout, AM *a.* carousel **Rin·gel·tau·be** *f* ❶ ORN wood pigeon, ringdove ❷ DIAL *(günstige Gelegenheit)* bargain, snip BRIT *fam;* **eine ~ für nur zehn Euro** a snip at only ten euros **Rin·gel·wurm** *m* ZOOL annelid

rin·gen <rang, gerungen> ['rɪŋən] **I.** *vi* ❶ *(im Ringkampf kämpfen)* ▪ **mit jdm** ~ to wrestle [with sb] ❷ *(mit sich kämpfen)* ▪ **mit sich** *dat* ~ to wrestle with oneself; *s. a.* **Tod** *s. a.* **Träne** ❸ *(schnappen)* **nach Atem** [*o* Luft] **~** to struggle for breath ❹ *(sich bemühen)* ▪ **um etw ~** to struggle for sth; **um Worte ~d** struggling for words **II.** *vt* ▪ **jdm etw aus etw ~** to wrench [*or form* wrest] sth from sb's sth; **ich habe ihm die Pistole aus der Hand gerungen** I wrested the pistol from his hand *form; s. a.* **Hand**

Rin·gen <-s> ['rɪŋən] *nt kein pl* ❶ SPORT wrestling *no art, no pl* ❷ *(geh)* struggle

Rin·ger(in) <-s, -> *m(f)* wrestler

Ring·fahn·dung *f* manhunt [over an extensive area]; **eine ~ einleiten** to launch a manhunt **Ring·fin·ger** *m* ring finger **Ring·form** *f* ring-shaped baking tin **ring·för·mig** **I.** *adj* ring-like, circular, annular *spec;* **eine ~e Autobahn** a circular motorway **II.** *adv* in the shape of a ring; **die Umgehungsstraße führt ~ um die Ortschaft herum** the bypass encircles the town **ring·hö·rig** *adj* SCHWEIZ poorly sound-proofed **Ring·kampf** *m* fight, wrestling match **Ring·kämp·fer(in)** *m(f) s.* **Ringer**

Rin·glot·te <-, -n> [rɪŋ'lɔtə] *f* ÖSTERR greengage **Ring·mus·kel** *m* BIOL, MED circular muscle

Ring·rich·ter(in) *m(f)* referee

rings [rɪŋs] *adv* [all] around; **sie hatten das Grundstück ~ mit einem Zaun umgeben** they had surrounded the property with a fence; **~ von Feinden umgeben** completely surrounded by enemy forces **rings·he·rum** ['rɪŋshɛ'rʊm] *adv s.* **ringsum Ring·stra·ße** *f* ring road BRIT, AM *usu* beltway **rings·um** ['rɪŋs'ʔʊm] *adv* [all] around **rings·um·her** ['rɪŋsʔʊm'heːɐ̯] *adv (geh) s.* **ringsum**

Rin·ne <-, -n> ['rɪnə] *f* ❶ *(Rille)* channel; *(Furche)* furrow ❷ *(Dach~)* gutter

rin·nen <rann, geronnen> ['rɪnən] *vi sein* ❶ *(fließen)* to run, to flow ❷ *(rieseln)* to trickle *s.* **Finger**

Rinn·sal <-[e]s, -e> ['rɪnzaːl] *nt* ❶ *(winziger Wasserlauf)* rivulet *liter* ❷ *(rinnende Flüssigkeit)* trickle

Rinn·stein *m* ❶ *(Gosse)* gutter ❷ *s.* **Bordstein**

Ripp·chen <-s, -> ['rɪpçən] *nt* smoked rib [of pork]

Rip·pe <-, -n> ['rɪpə] *f* ❶ ANAT rib, costa *spec* ❷ *(Blattader)* rib, costa *spec* ❸ KOCHK **flache ~** fore rib, top [*or* AM short] rib ❹ TECH fin ❺ *(Webstreifen)* rib ❻ ARCHIT *(Gewölbeträger)* rib ▸ WENDUNGEN: **nichts auf den ~n haben** *(fam)* to be just skin and bone; **etw auf die ~n kriegen** *(fam)* to put a bit of weight on; **es sich** *dat* **nicht aus den ~n schneiden können** *(fam)* to not be able to produce sth out of thin air [*or* out of nothing] [*or* from nowhere]; **er kann es sich nicht aus den Rippen schneiden!** he can't produce it out of thin air!

Rip·pen·bruch *m* broken [*or* fractured] rib **Rip·pen·fell** *nt* [costal] pleura *spec* **Rip·pen·fell·ent·zün·dung** *f* pleurisy **Rip·pen·ge·wöl·be** *nt* ribbed vault[ing] **Rip·pen·speer** *m* spare ribs *pl* **Rip·pen·stoß** *m* nudge [*or* dig] in the ribs; **jdm einen ~ geben** [*o geh:* **versetzen**] to give sb a dig in the ribs **Ripp·li** <-s, -> ['rɪpli] *nt* KOCHK SCHWEIZ salted rib [of pork]

Ri·si·ko <-s, -s *o* Risiken *o* ÖSTERR Risken> ['riːziko] *nt* risk; **ein gewisses ~ bergen** to involve a certain risk; [bei etw] **das ~ eingehen** [o **laufen**] [, **etw zu tun**] to run the risk of doing sth] [with sth]; **bei dieser Unternehmung laufen Sie das ~, sich den Hals zu brechen** you run the risk of breaking your neck with this venture; **auf jds** *akk* at sb's own risk; **nun gut, ich kaufe die Wertpapiere, aber auf Ihr ~** very well, I'll buy the securities, but on your head be it!; **ohne ~** without risk

Ri·si·ko·aus·gleich *m kein pl* ÖKON ❶ *(Zuschlag für risikoreiches Arbeiten)* spreading of risk ❷ *(zusätzliches Versicherungsentgelt)* balancing of portfolio **Ri·si·ko·be·reit·schaft** *f* willingness to take [high] risks **ri·si·ko·frei** *adj inv* risk-free, safe, secure **Ri·si·ko·freu·de** *f (fam)* love of risks; **politische ~** love of political risks; **durch finanzielle ~ gekennzeichnet sein** to love taking financial risks **ri·si·ko·freu·dig** *adj* prepared to take risks *pred*, venturesome *form* **Ri·si·ko·grup·pe** *f* [high-]risk group **ri·si·ko·los** *adj* safe, risk-free, without [any] risk *pred;* **ein ~er Kauf** a safe buy; ▪ [für jdn] **~ sein** to be without risk [for sb] **ri·si·ko·reich** *adj inv* risky, high-risk **Ri·si·ko·schwan·ger·schaft** *f* high-risk pregnancy **Ri·si·ko·ver·si·che·rung** *f* ÖKON ❶ *(Lebensversicherung)* term insurance ❷ *(Versicherung gegen spezielle Risiken)* contingent policy

ris·kant [rɪs'kant] *adj* risky, chancy *fam;* ▪ [jdm] [zu] **~ sein** to be [too] risky [*or fam* chancy] [for sb]; ▪ **es ist ~, etw zu tun** it is risky doing sth

ris·kie·ren* [rɪs'kiːrən] *vt* ❶ *(aufs Spiel setzen)* ▪ **etw** [bei etw] **~** to risk sth [with sth]; **seinen** [*o* den] **guten Ruf ~** to risk one's good reputation ❷ *(ein Risiko eingehen)* ▪ **etw ~** to risk sth; **beim Versuch, dir zu helfen, habe ich viel riskiert** I've risked a lot trying to help you ❸ *(wagen)* **ich riskiere es!** I'll chance it [*or* my arm] !; ▪ **es ~, etw zu tun** to risk doing sth; **riskiere es nicht, dich mit ihm auf einen Kampf einzulassen!** don't risk getting into a fight with him!

Ris·pe <-, -n> ['rɪspə] *f* BOT panicle

Ris·pen·gras *nt* BOT meadow grass

riss^RR, **riß**^ALT [rɪs] *imp von* **reißen**

Riss^RR <-es, -e> *m*, **Riß**^ALT <Risses, Risse> [rɪs] ❶ *(eingerissene Stelle)* crack; ▪ **ein/der ~ in etw** *dat (Papier)* a/the tear in sth ❷ *(Knacks)* rift; **wir haben uns zerstritten, die Risse sind nicht mehr zu kitten** we fell out and the rift between us can no longer be mended ❸ *(Umrisszeichnung)* [outline] sketch

ris·sig ['rɪsɪç] *adj* ❶ *(mit Rissen versehen)* cracked

2 *(aufgesprungen)* chapped; **~e Hände** chapped hands **3** *(brüchig)* brittle, cracked

ris·so·lie·ren [rɪso'liːrən] *vt* KOCHK ■ **etw ~** to roast sth until caramelized

Rist <-[e]s, -e> [rɪst] *m* **1** *(Fußrücken)* instep **2** ZOOL withers *npl spec*

Ri·ten *pl von* **Ritus**

Rit·scherl ['rɪtʃel] *m kein pl* DIAL *(Feldsalat)* lamb's lettuce

ritt [rɪt] *imp von* **reiten**

Ritt <-[e]s, -e> [rɪt] *m* ride; **einen ~ machen** to go for a ride ▸ WENDUNGEN: **in scharfem ~** at a swift pace; **in einem** [*o* **auf einen**] **~** *(fam)* without a break

Ritt·ber·ger <-s, -> ['rɪtbɛrgə] *m* loop jump

Rit·ter <-s, -> ['rɪte] *m* **1** *(Angehöriger des ~standes)* knight; **fahrender ~** knight-errant; **jdn zum ~ schlagen** to knight sb, to dub sb knight **2** *(Panzerreiter)* chevalier *hist* **3** *(Adelstitel)* **Lanzelot ~ von Camelot** Sir Lancelot of Camelot **4** *(Mitglied)* **der ~ des Malteserordens** Knight of Malta ▸ WENDUNGEN: **arme ~** KOCHK French toast *(bread soaked in milk and egg and fried)*

Rit·ter·burg *f* HIST knight's castle **Rit·ter·gut** *nt* manor *spec* **Rit·ter·kreuz** *nt* MIL Knight's Cross

rit·ter·lich *adj* **1** *(höflich zu Damen)* chivalrous **2** HIST knightly *liter*

Rit·ter·or·den *m* HIST order of knights; **der Deutsche ~** the Teutonic Order **Rit·ter·rüs·tung** *f* knight's armour [*or* AM ·or] **Rit·ter·schlag** *m* HIST dubbing *no art, no pl;* **den ~ empfangen** to be knighted [*or* dubbed knight]

Rit·ters·mann <-leute> *m (poet)* knight

Rit·ter·sporn *m* BOT delphinium, larkspur **Rit·ter·stand** *m kein pl* HIST knighthood

ritt·lings ['rɪtlɪŋs] *adv* astride

Ri·tu·al <-s, -e *o* -ien> [rɪ'tʊaːl, *pl:* rɪ'tʊaːli̯ən] *nt* ritual

Ri·tu·a·li·sie·rung <-, -en> *f* BIOL ritualization [*or* BRIT *a.* -isation]

Ri·tu·al·mord *m* ritual murder

ri·tu·ell [rɪ'tʊɛl] *adj* ritual

Ri·tus <-, Riten> ['riːtʊs, *pl:* 'riːtən] *m* REL rite

Ritz <-es, -e> [rɪts] *m* **1** *(Kratzer)* scratch **2** *s.* **Ritze**

Rit·ze <-, -n> ['rɪtsə] *f* crack

Rit·zel <-s, -> ['rɪtsl] *nt* TECH pinion

rit·zen ['rɪtsn] **I.** *vt* **1** *(einkerben)* ■ **etw auf/in etw** *akk* **~** to carve sth on/in sth **2** *(kratzen)* ■ **etw ~** to scratch sth ▸ WENDUNGEN: **geritzt sein** *(sl)* to be okay *fam* **II.** *vr* ■ **sich** [**an etw** *dat*] **~** to scratch oneself [on sth]

Rit·zer <-s, -> *m (fam) s.* **Ritz**

Ri·va·le, Ri·va·lin <-n, -n> [ri'vaːlə, ri'vaːlɪn] *m, f* rival (**um** + *dat* for)

ri·va·li·sie·ren* [rivali'ziːrən] *vi (geh)* ■ **mit jdm** [**um etw**] **~** to compete with sb [for sth]; ■ **~d** rival *attr,* competing *attr*

Ri·va·li·tät <-, -en> [rivali'tɛːt] *f (geh)* rivalry

Ri·vi·e·ra <-> [ri'vi̯eːra] *f* riviera; ■ **die ~** the Riviera

Ri·zi·nus <-, *o* -se> ['riːtsinʊs] *m* **1** *(Pflanze)* castoroil plant **2** *kein pl (fam: ~öl)* castor oil *no art, no pl*

Ri·zi·nus·öl *nt* castor oil *no art, no pl*

RNS <-> [ɛrʔɛn'ʔɛs] *f kein pl Abk von* **Ribonukleinsäure** RNA *no art, no pl spec*

Road·show <-, -s> ['rɔʊdʃoʊ] *f* road show

Roast·beef <-s, -s> ['roːstbiːf] *nt* roast beef *no indef art, no pl*

Rob·be <-, -n> ['rɔbə] *f* seal

rob·ben ['rɔbn] *vi sein* to crawl; ■ **irgendwohin/ durch etw ~** to crawl somewhere/through sth

Ro·be <-, -n> ['roːbə] *f* **1** *(langes Abendkleid)* evening gown; **in großer ~** *(geh)* in evening dress **2** *(Talar)* robe[s *pl*], gown

Ro·bi·nie <-, -n> [ro'biːni̯ə] *f* BOT robinia *spec*

Ro·bot·bild *nt* SCHWEIZ Photofit® [picture] BRIT, composite photograph AM

Ro·bo·ter <-s, -> ['rɔbɔtɐ] *m* robot

ro·bust [ro'bʊst] *adj* **1** *(strapazierfähig)* robust, tough **2** *(widerstandsfähig)* robust

Ro·bust·heit <-> *f kein pl* **1** *(Strapazierfähigkeit)* robustness *no art, no pl,* toughness *no art, no pl* **2** *(Widerstandsfähigkeit)* robustness *no art, no pl*

roch [rɔx] *imp von* **riechen**

rö·cheln ['rœçln] *vi* to breathe stertorously *form liter;* *Sterbender* to give the death rattle *liter*

Rö·cheln <-s> ['rœçln] *nt kein pl* stertorous breathing *no art, no pl form liter; Sterbender* death rattle *liter*

Ro·chen <-s, -> ['rɔxn] *m* ray

Rock¹ <-[e]s, Röcke> [rɔk, *pl:* 'rœkə] *m* **1** *(Damen~)* skirt **2** SCHWEIZ *(Kleid)* dress, frock *dated* **3** SCHWEIZ *(Jackett)* jacket; *s. a.* **König**

Rock² <-[s], -[s]> [rɔk] *m kein pl* MUS rock *no art, no pl*

Röck·chen <-s, -> ['rœkçən] *nt dim von* **Rock** little [*or* short] skirt

ro·cken ['rɔkn] *vi* to play rock music, to rock

Ro·cker(in) <-s, -> ['rɔkɐ] *m(f)* rocker

Rock·fes·ti·val *nt* rock festival **Rock·grup·pe** *f* rock group **Rock·star** <-s, -s> *m* rock star

Rock·zip·fel *m* ▸ WENDUNGEN: **jdn** [**gerade**] **noch am** [*o* **beim**] **~ erwischen** to [just] manage to catch sb; **an jds ~** *dat* **hängen** *(fam)* to cling to sb's apron strings *pej*

Ro·del <-s *o* SÜDD, ÖSTERR -, - *o* SÜDD, ÖSTERR -n> ['roːdl] *m o* SÜDD, ÖSTERR *f* sledge, toboggan

Ro·del·bahn *f* toboggan run

ro·deln ['roːdln] *vi sein o haben* to sledge, to toboggan

rö·deln ['rœdln] *vi haben (fam)* to toil [away], to work one's backside *fam* off; **ich habe den ganzen Tag gerödelt** I worked my backside off all day; **er hat den ganzen Nachmittag im Garten gerödelt** he toiled away in the garden all afternoon

Ro·del·schlit·ten *m* DIAL *s.* **Schlitten**

ro·den ['roːdn] *vt* **1** *(herausreißen)* ■ **etw ~** to clear sth; **Gestrüpp ~** to clear undergrowth **2** *(vom Bewuchs befreien)* ■ **etw ~** to clear sth

Rod·ler(in) <-s, -> ['roːdlɐ] *m(f)* tobogganer, tobogganist

Ro·dung <-, -en> *f* **1** *(gerodete Fläche)* clearing **2** *kein pl (das Roden)* clearance *no art, no pl,* clearing *no art, no pl*

Ro·gen <-s, -> ['roːgn] *m* roe *no art, no pl*

Rog·gen <-s> ['rɔgn] *m kein pl* rye *no art, no pl*

Rog·gen·brot *nt* rye bread *no pl* **Rog·gen·voll·korn·brot** *nt* wholegrain rye bread *no pl*

roh [roː] **I.** *adj* **1** *(nicht zubereitet)* raw; **~es Gemüse** raw vegetables **2** *(unbearbeitet)* crude; **ein ~er Holzklotz** a rough log; **ein ~er Marmorblock** an unhewn [*or spec* undressed] block of marble **3** *(brutal)* rough; **ein ~er Kerl** a rough fellow, a tough[ie] *esp* AM *fam; s. a.* **Gewalt 4** *(rüde)* coarse **II.** *adv* **1** *(in rohem Zustand)* raw, in a raw state; **er schluckte das Ei ~ hinunter** he swallowed the egg raw **2** *(ungefüge)* roughly, crudely; **~ behauene Steinblöcke** rough[ly]-hewn stone blocks

Roh·bau <-bauten> *m* shell, carcass *spec;* **im ~** structurally complete; **unser Haus befindet sich noch im ~** the structure of our house has yet to be finished

Roh·heit^ALT <-, -en> ['roːhait] *f s.* **Rohheit**

Roh·er·trag *m* gross proceeds *npl* **Roh·ge·wicht** *nt* gross weight **Roh·ge·winn** *m* gross profit

Roh·heit^RR <-, -en> *f* **1** *kein pl (Brutalität)* brutality *no art, no pl,* roughness *no art, no pl* **2** *kein pl (Rauheit)* coarseness *no art, no pl;* **von gefühlloser ~ sein** to be coarse and insensitive **3** *(brutale Handlung)* brutal act

R

Roh·kost *f* uncooked vegetarian food *no art, no pl,* raw fruit and vegetables + *pl vb*
Roh·kost·plat·te *f* crudités *pl* platter, platter of raw vegetables **Roh·kost·raf·fel** *f* flat vegetable grater
Roh·ling <-s, -e> ['roːlɪŋ] *m* ❶ *(brutaler Kerl)* brute ❷ *(unbearbeitetes Werkstück)* blank
Roh·ma·te·ri·al *nt* raw material **Roh·milch·sieb** *nt* milk sieve
Rohr[1] <-[e]s, -e> [roːɐ] *nt* ❶ TECH pipe; *(mit kleinerem Durchmesser, flexibel)* tube ❷ *(Lauf)* barrel; **aus allen ~en feuern** to open up with all guns ❸ SÜDD, ÖSTERR *(Backofen)* oven
Rohr[2] <-[e]s, -e> [roːɐ] *nt* ❶ *kein pl (Ried)* reed ❷ *kein pl (Röhricht)* reed bed, reeds *pl* ▸ WENDUNGEN: |**wie**| **ein** |**schwankendes**| **~ im Winde sein** *(geh)* to be like a reed in the wind
Rohr·am·mer <-, -n> *f* ORN reed bunting *spec*
Rohr·bruch *m* burst pipe
Röhr·chen <-s, -> ['røːɐçən] *nt dim von* **Röhre** ❶ PHARM small tube ❷ *(Reagenzglas)* test tube ❸ *(für Alkoholtest)* breathalyzer® tube; **ins ~ blasen** *(fam)* to take [*or* have] a breathalyser test, to blow in the bag BRIT *fam*
Rohr·dom·mel <-, -n> *f* ORN bittern
Röh·re <-, -n> ['røːrə] *f* ❶ *(Hohlkörper)* tube; **~n aus Ton** clay pipes ❷ *(Leuchtstoff~)* neon tube ❸ *(Backofen)* oven ▸ WENDUNGEN: **in die ~ gucken** *(fam)* to be left out
Roh·reis *m* paddy [*or* unhusked] rice
röh·ren ['røːrən] *vi* ❶ JAGD *(brüllen)* to bellow, to bell *spec;* **das R~ der Hirsche** the bellowing [*or spec* belling] of stags ❷ *(fam: heiser grölen)* to bawl ❸ *(laut dröhnen)* to roar
Röh·ren·ho·se *f (fam)* drainpipe trousers *npl* BRIT, drainpipes *pl* BRIT *fam,* straight-leg pants AM **Röh·ren·kno·chen** *m* long [*or* tubular] bone **Röh·ren·pilz** *m* s. **Röhrling** **Röh·ren·ver·stär·ker** *m* tube [*or spec* thermionic] amplifier
Rohr·ge·flecht *nt* wickerwork *no art, no pl*
Röh·richt <-s, -e> ['røːrɪçt] *nt (geh)* reed bed, reeds *pl*
Rohr·kol·ben *m* BOT great reed mace, bulrush **Rohr·kre·pie·rer** <-s, -> *m* ❶ MIL barrel burst ❷ *(Reinfall)* flop
Röhr·ling <-s, -e> ['røːɐlɪŋ] *m* BOT boletus *spec*
Rohr·post *f* pneumatic dispatch system
Rohr·sän·ger *m* ORN warbler **Rohr·spatz** *m* ▸ WENDUNGEN: **wie ein ~ schimpfen** *(fam)* to swear like a trooper [*or* AM sailor], to curse loudly **Rohr·stock** *m* cane **Rohr·wei·he** *f* ORN marsh harrier
Rohr·zan·ge *f* pipe [*or* cylinder] wrench
Rohr·zu·cker *m* cane sugar *no art, no pl*
Roh·sei·de *f* raw silk *no art, no pl*
Roh·stoff *m* raw material
Roh·stoff·aus·beu·te *f* yield from raw material **Roh·stoff·re·ser·ve** *f* [natural] reserves *pl* of raw materials **Roh·stoff·ver·ar·bei·tung** *f kein pl* processing *no pl* of raw materials
Roh·zu·stand *m* **im ~** in an/the unfinished state
Ro·ko·ko <-[s]> ['rɔkoko, roko'ko] *nt kein pl* ❶ *(Stil)* rococo *no art, no pl* ❷ *(Zeitalter)* Rococo period *no indef art, no pl*
Rolla·den[ALT] <-s, Rolläden *o* -> *m getrennt:* Roll·laden *s.* **Rollläden**
Roll·bahn *f* LUFT runway **Roll·brett** *nt* ❶ *(Montage~)* [mechanic's] creeper ❷ *(Skateboard)* skateboard
Röll·chen ['rœlçən] *nt* KOCHK roulade
Rol·le[1] <-, -n> ['rɔlə] *f* ❶ *(aufgewickeltes Material)* roll; **eine ~ Draht** a roll of wire ❷ *(Garn~)* reel ❸ *(zu einer Röhre verpackte Gegenstände)* roll, tube; **eine ~ Eurostücke/Zitronendrops** a roll of one euro pieces/tube of lemon drops ❹ *(Laufrad)* roller; *(Möbel~)* castor, caster ❺ *(Spule)* reel; *Flaschenzug,*

Seilwinde pulley ❻ *(Turnübung)* roll; **eine ~ vor·wärts/rückwärts** a forward/backward roll; **eine ~ machen** to do a roll
Rolle[2] <-, -n> *f* ❶ *(Film~, Theater~)* role, part; **mit verteilten ~n** with each role cast; **sich** *dat* **in einer bestimmten ~ gefallen** to like playing a certain role; **sie gefiel sich in der ~ der Heldin** she liked playing the role of the heroine ❷ *(Part)* role, part; ■ **jds ~ bei etw** sb's role [*or* part] in sth; **ich sehe meine ~ bei diesem Projekt als Organisatorin** I see my role in this project as an organizer; **eine ~ verteilen** to allocate a role; |**bei/in etw** *dat*| |**für jdn**| **eine ~ spielen** to play a role [*or* part] [in sth] [for sb]; **das Alter spielt natürlich eine wichtige ~** of course, age plays an important part [*or* role]; **es spielt keine ~, ob/wie ...** it doesn't matter whether/how ... ❸ *(sozialer Verhaltenstypus)* role ▸ WENDUNGEN: **seine ~ ausspielen/ausgespielt haben** to be finished [*or* through]; **aus der ~ fallen** to behave badly; **sich in jds ~** *akk* **versetzen** to put oneself in sb's place
rol·len ['rɔlən] **I.** *vi sein* to roll; *Fahrzeug* to roll [along]; *Flugzeug* to taxi; *Lawine* to slide; ■ **irgendwo·hin ~** to roll/taxi/slide somewhere; *s. a.* **Auge** ▸ WENDUNGEN: **etw ins R~ bringen** to set sth in motion, to get sth underway; **ein Verfahren ins R~ bringen** to get proceedings underway; *s. a.* **Lawine** *s. a.* **Stein** **II.** *vt* ❶ *(zusammen~)* ■ **etw ~** to roll [up *sep*] sth ❷ *(~d fortbewegen)* ■ **etw irgendwohin ~** to roll sth somewhere ❸ *(sich ein~)* ■ **sich in etw** *akk* **~** to curl up in sth; **sie rollte sich in die Bettde·cke** she curled up in the blanket; *s. a.* **R III.** *vr* ■ **sich** *akk* **~** to curl up; **sich an den Ecken ~** to roll up at the corners
Rol·len·kli·schee *nt* role cliché **Rol·len·kon·flikt** *m* role conflict, conflict of roles **Rol·len·ver·ständ·nis** *nt* SOZIOL, PSYCH understanding of one's role in society
Rol·ler <-s, -> ['rɔlɐ] *m* ❶ *(Kinderfahrzeug)* scooter; *(Motor~)* [motor] scooter; **~ fahren** to ride a/one's scooter ❷ ÖSTERR *(Rollo)* [roller] blind, shade AM ❸ ORN canary
Roll·erb·se *f* yellow split pea **Roll·feld** *nt* LUFT runway **Roll·geld** *nt* freight charge, cartage *no pl spec* **Roll·kom·man·do** *nt* heavy mob **Roll·kra·gen** *m* roll [*or* polo] neck, AM *usu* turtleneck **Roll·kra·gen·pull·o·ver** *m* roll [*or* polo] neck, AM *usu* turtleneck, polo·neck[ed] jumper **Roll·kur** *f* MED *(hist)* treatment *where patient takes medicine and then lies five min·utes each on his side, back and stomach*
Roll·la·den[RR] <-s, Rollläden *o* -> *m* shutter *usu pl* **Roll·mops** ['rɔlmɔps] *m* rolled pickled herring, roll·mop BRIT
Rol·lo <-s, -s> ['rɔlo, rɔ'loː] *nt* [roller] blind, shade AM
Roll·schin·ken *m* [rolled] smoked ham **Roll·schrank** *m* shutter cabinet, roll-fronted cupboard **Roll·schuh** *m* roller skate; **~ laufen** to roller-skate **Roll·schuh·lau·fen** *nt kein pl* roller-skating *no art, no pl* **Roll·schuh·läu·fer(in)** *m(f)* roller skater
Roll·splitt *m* loose chippings *npl*
Roll·stuhl *m* wheelchair
Roll·stuhl·fah·rer(in) *m(f)* wheelchair user **roll·stuhl·ge·recht** *adj* suitable for wheelchairs [*or* wheelchair access] *pred*
Roll·trep·pe *f* escalator
Rom <-s> [roːm] *nt kein pl* Rome *no art, no pl; s. a.* **Weg**
Ro·ma [roːma] *pl* Roma *pl*
Ro·man <-s, -e> [ro'maːn] *m* LIT novel; ▸ WENDUNGEN: |**jdm**| **einen** |**ganzen**| **~ erzählen** *(fam)* to go on for ever [*or* on and on]; **erzähl keine ~e!** *(fam: fass es kurz)* make it short!; *(lüg nicht)* stop telling sto·ries! *fam;* **ich könnte einen ~ schreiben!** I could

Ro·man·ci·er <-s, -s> [romãˈsie:] *m (geh)* novelist
Ro·ma·ne, **Ro·ma·nin** <-n, -n> [roˈmaːnə, roˈmaːnɪn] *m, f* neo-Latin *spec,* person speaking a Romance language
Ro·man·fi·gur <-, -en> *f* character in a novel
Ro·ma·nik <-> [roˈmaːnɪk] *f kein pl* ■ **die ~** the Romanesque period *spec*
Ro·ma·nin <-, -nen> *f fem form von* **Romane**
ro·ma·nisch [roˈmaːnɪʃ] *adj* ❶LING, GEOG Romance; **die ~en Sprachen** the Romance languages; **die ~en Länder** the Romance countries ❷HIST Romanesque *spec* ❸SCHWEIZ *(rätoromanisch)* Rhaetian *spec,* Rhaeto-Romanic *spec*
Ro·ma·nist(in) <-en, -en> [romaˈnɪst] *m(f)* scholar/student/teacher of Romance languages and literature [*or* studies]
Ro·ma·nis·tik <-> [romaˈnɪstɪk] *f kein pl* Romance languages and literature + *sing vb,* Romance studies
Ro·ma·nis·tin <-, -nen> *f fem form von* **Romanist**
Ro·man·tik <-> [roˈmantɪk] *f kein pl* ❶ *(künstlerische Epoche)* ■ **die ~** the Age of Romanticism, the Romantic period ❷ *(gefühlsbetonte Stimmung)* romanticism *no art, no pl;* |**einen| Sinn für ~ haben** to have a sense of romance ❸ *(das Schwärmerische)* ■ **die ~ einer S.** *gen* the romance [*or* romanticism] of a thing
Ro·man·ti·ker(in) <-s, -> [roˈmantɪke] *m(f)* ❶ *(Künstler der Romantik)* Romantic writer/composer/poet ❷ *(gefühlsbetonter Mensch)* romantic
ro·man·tisch [roˈmantɪʃ] **I.** *adj* ❶ *(zur Romantik gehörend)* Romantic ❷ *(gefühlsbetont)* romantic ❸ *(gefühlvoll)* romantic; **~es Kerzenlicht** romantic candlelight ❹ *(malerisch)* picturesque **II.** *adv* picturesquely; **das Gut liegt sehr ~** the property is situated in a very picturesque location
Ro·man·ver·fil·mung *f* TV, FILM film adaptation of a novel
Ro·man·ze <-, -n> [roˈmantsə] *f* LIT romance; *(Liebesbeziehung)* romantic affair
Rö·mer <-s, -> [ˈrøːme] *m* rummer *spec*
Rö·mer(in) <-s, -> [ˈrøːme] *m(f)* ❶GEOG Roman ❷HIST Roman; **die alten ~** the ancient Romans
Rö·mer·sa·lat *m* romaine [*or* cos] lettuce **Rö·mer·topf** *m* ≈ cooking brick *(oval earthenware casserole)* **rö·misch** [ˈrøːmɪʃ] *adj* Roman; **~e Ziffern** Roman numerals
rö·misch-ka·tho·lisch *adj* Roman Catholic, RC
Rom·mé <-s> *nt*, **Rom·mee** <-s> [ˈrɔme, rɔˈmeː] *nt kein pl* rummy *no art, no pl*
Ron·do <-s, -s> [ˈrɔndo] *nt* MUS rondo *spec*
rönt·gen [ˈrœntgn̩] *vt* ■ **jdn/etw ~** to x-ray sb/sth; ■ **sich** *akk* |**von jdm**| **~ lassen** to have an X-ray taken [*or* be x-rayed] [by sb]
Rönt·gen <-s> [ˈrœntgn̩] *nt kein pl* x-raying *no art, no pl*
rönt·ge·ni·sie·ren* [rœntgeniˈziːrən] *vt* ÖSTERR ■ **jdn ~** to x-ray sb
Rönt·ge·no·lo·ge, **Rönt·ge·no·lo·gin** <-n, -n> [rœntgenoˈloːgə, -ˈloːgɪn] *m, f* radiologist
Rönt·ge·no·lo·gie <-> [rœntgenoloˈgiː] *f kein pl* radiology *no art, no pl*
Rönt·ge·no·lo·gin <-, -nen> *f fem form von* **Röntgenologe**
Rönt·gen·passRR *m* X-ray registration card **Rönt·gen·strah·len** *pl* X-rays *pl*
ro·sa [ˈroːza] *adj inv* ❶ *(pink)* pink ❷KOCHK *(Garstufe)* medium rare
Ro·sa <-s, -s> [ˈroːza] *nt* pink *no art, no pl*
ro·sa·far·ben, **ro·sa·far·big** *adj* pink|-coloured [*or* AM -ored] | **ro·sa·rot** *adj* rose pink; *s. a.* **Brille**
rösch [røːʃ] *adj* KOCHK *(fachspr)* crisp
Rö·sche [ˈrøːʃə, ˈrœʃə] *f kein pl* KOCHK *(fachspr)*

crispness
Rös·chen <-s, -> [ˈrøːsçən] *nt dim von* **Rose** ❶ *(kleine Rosenblüte)* |little| rose ❷KOCHK sprout, florets *pl*
Ro·se <-, -n> [ˈroːzə] *f* ❶ *(Strauch)* rose bush ❷ *(Blüte)* rose ▸ WENDUNGEN: **keine ~ ohne Dornen** *(prov)* there's no rose without a thorn *prov;* **man ist nicht auf ~n gebettet** life isn't a bed of roses
ro·sé [roˈzeː] *adj inv* pink; **in ~** |in| pink; **Hosen in ~** pink trousers
Ro·sé <-s, -s> [roˈzeː] *m* rosé
Ro·sen·gar·ten *m* rose garden **Ro·sen·holz** *nt* rosewood *no art, no pl* **Ro·sen·kohl** *m* |brussels [*or* BRIT a. brussel] | sprouts *pl* **Ro·sen·kranz** *m* REL rosary; **den ~ beten** to say a rosary **Ro·sen·mon·tag** *m* Monday before Shrove Tuesday, climax of the German carnival celebrations **Ro·sen·mon·tags·zug** *m* carnival procession on the Monday before Shrove Tuesday **Ro·sen·öl** *nt* attar *no art, no pl* of roses **Ro·sen·quarz** *m* rose quartz *spec* **ro·sen·rot** *adj (geh) s.* **rosig 1 Ro·sen·spitz** *m* KOCHK boiled beef topside, prime beef topside **Ro·sen·wir·sing** *m s.* **Rosenkohl**
Ro·set·te <-, -n> [roˈzɛtə] *f* ❶ *(Fenster)* rose window ❷ *(Schmuck~)* rosette
Ro·sé·wein *m (geh) s.* **Rosé**
ro·sig [ˈroːzɪç] *adj* ❶ *(sehr rot)* rosy *liter;* **~e Lippen** rosy lips ❷ *(erfreulich)* rosy; **nicht gerade/nicht ~ sein** to not be looking/to not look too good; *s. a.* **Farbe**
ro·sig·ma·lenRR *vt* **die Zukunft ~** to paint a rosy picture of the future
Ro·si·ne <-, -n> [roˈziːnə] *f* raisin; ▸ WENDUNGEN: **~n im Kopf haben** *(fam)* to have wild [*or* big] ideas; **sich** *dat* **die |besten |**o** größten| ~ |n aus dem Kuchen picken** [*o* **herauspicken**] *(fam)* to pick out the best, to take the pick of the bunch AM
Ros·ma·rin <-s> [ˈrɔsmariːn] *m kein pl* rosemary *no art, no pl*
Ros·ma·rin·ho·nig *m* rosemary honey **Ros·ma·rin·öl** *nt* rosemary oil
RossRR <-es, -e *o* Rösser> *nt*, **Roß**ALT <Rosses, Rosse *o* Rösser> [rɔs, *pl:* ˈrœsə] *nt* ❶ *(liter: Reitpferd)* steed *liter;* **sein edles ~** one's noble [*or* fine] steed *liter;* **hoch zu ~** *(geh)* on horseback, astride one's steed *liter* ❷SÜDD, ÖSTERR, SCHWEIZ *(Pferd)* horse ❸ *(fam: Dummkopf)* idiot, dolt *pej,* twit *fam* ▸ WENDUNGEN: **~ und Reiter nennen** *(geh)* to name names; **sich** *akk* **aufs hohe ~ setzen** to get on one's high horse; **auf dem |**o** einem| hohen ~ sitzen** to be on one's high horse; **von seinem hohen ~ heruntersteigen** [*o* **kommen**] to get down off one's high horse
Ross·ap·felRR *m* SÜDD, ÖSTERR, **Ross·bol·len** <-s, -> *m* SCHWEIZ horse manure *no art, no pl* |*or* droppings| *npl*
Rös·sel·sprung [ˈrɔsl̩-] *m* ❶ *(Schachzug)* knight's move ❷ *(Silbenrätsel)* game where a knight is moved across a board, picking up syllables to form words
Ross·haarRR *nt kein pl* horsehair *no art, no pl* **Ross·kas·ta·nie**RR *f* |horse| chestnut, *esp* BRIT conker **Ross·kur**RR *f (hum)* drastic cure
Röss·li·spielRR [ˈrœsli-] *nt* SCHWEIZ merry-go-round, BRIT a. roundabout, AM a. carousel
Rost¹ <-[e]s> [rɔst] *m kein pl* ❶TECH rust *no art, no pl;* **~ ansetzen** to begin [*or* start] to rust ❷BOT rust *no art, no pl*
Rost² <-[e]s, -e> [rɔst] *m* ❶ *(Gitter)* grating; *(Schutz~)* grille ❷ *(Grill~)* grill ❸ *(Bett~)* base, frame
Rost·bra·ten *m* ❶ *(Braten)* roast beef *no art, no pl* ❷ *(Steak)* grilled steak **Rost·brat·wurst** *f* grilled [*or* barbecue] sausage
rost·braun *adj* **~es Haar** auburn hair; **ein ~es Kleidungsstück/Fell** a russet garment/fur
ros·ten [ˈrɔstn̩] *vi sein o haben* to rust; *s. a.* **rasten** *s. a.*

Liebe

rös·ten ['rø:stn̩, 'rœstn̩] *vt* ■ etw ~ to roast sth; **Brot** ~ to toast bread

Rös·te·rei <-, -en> [røstə'raɪ] *f* roast[ing] house, roasting establishment; **frisch aus der** ~ fresh from the roast, freshly roasted

rost·far·ben, rost·far·big *adj s.* **rostbraun Rost·fleck** *m* spot [*or* patch] of rust **Rost·fraß** *m kein pl* rust *no art, no pl,* corrosion *no art, no pl;* **durch** ~ **angegriffen sein** to be corroded **rost·frei** *adj* stainless; **~er Stahl** stainless steel

Rös·ti ['rœsti] *pl* SCHWEIZ [sliced] fried potatoes *pl*

ros·tig ['rɔstɪç] *adj* rusty; ■ ~ **werden** to go rusty

Röst·kar·tof·feln *pl* fried potatoes *pl*

Rost·lau·be *f (hum fam)* rust bucket *hum fam* **rost·rot** *adj s.* **rostbraun Rost·schutz** *m kein pl* [anti]rust protection *no art, no pl* **Rost·schutz·far·be** *f* anti-rust[ing] paint **Rost·schutz·mit·tel** *nt* rust prevention agent, rust-proofer, rust inhibitor *spec* **Rost·um·wand·ler** <-s, -> *m* rust converter

rot <-er *o* röter, -este *o* röteste> [ro:t] I. *adj* ❶ *(Farbe)* red ❷ *(Körperteile bezeichnend)* red; **eine ~e Nase** a red nose; ■ ~ **werden** to go [*or* turn] red; *(aus Scham a.)* to blush ❸ *(Ampel)* red; ■ **es ist** ~ it's red ❹ *(politisch linksstehend)* left-wing, left of centre [*or* AM -ers] *pred; (kommunistisch) esp pej* Red; **lieber tot als** ~ better dead than Red; *s. a.* **Armee** *s. a.* **Halbmond** *s. a.* **Kreuz** *s. a.* **Meer** *s. a.* **Platz** *s. a.* **Wurst** *s. a.* **Tuch** II. *adv* ❶ *(mit roter Farbe)* red; **etw** ~ **unterstreichen** to underline sth in red ❷ *(in roter Farbe)* red; **vor Scham lief er im Gesicht** ~ an his face went red with shame; ~ **glühend** red-hot; **[bei etw]** ~ **sehen** *(fig fam)* to see red [as a result of sth] ❸ POL ~ **angehaucht sein** *(fam)* to have left-wing leanings, to be leftish

Rot <-s, -s *o* -> [ro:t] *nt* ❶ *(rote Farbe)* red ❷ *kein pl (rote Karten-, Roulettefarbe)* red; **auf** ~ **setzen** to put one's money/chips [*or* to bet] on red; **ich setze zur Abwechslung mal auf** ~ I'm betting on red for a change ❸ *(Ampelfarbe)* red; **die Ampel ist** [*o* **steht**] **auf** ~ the traffic lights are [at] red [*or* against us/them etc.]; **bei** ~ at red; **bei** ~ **durchfahren** to go through a red light, to jump the [traffic] lights

Rot·al·ge *f* BOT red alga [*or* algae]

Ro·ta·ti·on <-, -en> [rota'tsi̯o:n] *f* rotation

Ro·ta·ti·ons·ach·se [-aksə] *f* axis of rotation **Ro·ta·ti·ons·druck** *m kein pl* TYPO rotary [machine] printing *no art, no pl spec* **Ro·ta·ti·ons·ma·schi·ne** *f* TYPO rotary press [*or* machine] paper

Rot·au·ge *nt* ZOOL roach **rot·ba·ckig, rot·bä·ckig** *adj* rosy-cheeked; ■ ~ **sein** to have rosy cheeks **Rot·bar·be** *f* ZOOL red mullet **Rot·barsch** *m* ZOOL rosefish ❷ KOCHK rosefish *no art, no pl* **rot·bär·tig** *adj* red-bearded; ■ ~ **sein** to have a red beard **rot·blond** *adj* sandy; **eine ~e Frau** a strawberry blonde; **ein ~er Mann** a sandy-haired man; ■ ~ **sein** to be sandy-haired, to have sandy hair **Rot·bras·se** *f* red sea-bream **rot·braun** *adj* reddish brown **Rot·bu·che** *f* [common] beech **Rot·dorn** *m* [pink] hawthorn **Rot·dros·sel** *f* ORN redwing

Ro·te <-n, -> ['ro:tə] *f* KOCHK *(fam)* red sausage

Ro·te(r) *f(m) dekl wie adj* POL Red *esp pej*

Rö·te <-> ['rø:tə] *f kein pl (geh)* red[ness]; **ihre Wangen waren vor Scham von brennender** ~ her cheeks burned red with shame

Ro·te-Ar·mee-Frak·ti·on *f* ■ **die** ~ the Red Army Faction

Rö·tel <-s, -> ['rø:tl̩] *m* red chalk *no art, no pl*

Ro·te Lis·te Red List

Ro·te-Lis·te Art *f* Red List species

Rö·teln ['rø:tl̩n] *pl* German measles *no art, + sing vb,* rubella *no art, no pl spec*

Rö·tel·zeich·nung *f* drawing in red chalk

rö·ten ['rø:tn̩] I. *vr* ■ **sich** ~ to turn [*or* become] red; **Wangen** *a.* to flush II. *vt* ■ **etw** ~ to redden sth, to turn sth red

Ro·tes Kreuz *nt* **Deutsches** ~ German Red Cross

Ro·tes Meer *nt* Red Sea

Rot·fe·der *f* ZOOL rudd **Rot·fil·ter** *m* FOTO red filter **Rot·fuchs** *m* chestnut **rot·haa·rig** *adj* red-haired; ■ ~ **sein** to have red hair **Rot·haut** *f (fam)* redskin *dated pej* **Rot·hirsch** *m* ZOOL red deer **Rot·huhn** *nt* red-legged partridge

ro·tie·ren* [ro'ti:rən] *vi* haben *o* sein ❶ *(sich um die eigene Achse drehen)* to rotate; **um seine Achse** ~ to rotate around its axis; **das R~** [einer S. *gen* [*o* dat **von etw**]] the rotation [of sth], rotating [sth] ❷ *(fam: hektische Aktivität entfalten)* to rush around like mad *fam;* **unsere Sekretärin muss unheimlich** ~ our secretary has to work like crazy *fam;* **du bringst mich wirklich zum R~!** you're really getting me into a flap! ❸ POL to rotate

Rot·käpp·chen <-s> *nt kein pl* Little Red Ridinghood *no art, no pl* **Rot·kehl·chen** <-s, -> *nt* robin [redbreast *liter*] **Rot·kohl** *m,* **Rot·kraut** *nt* SÜDD, ÖSTERR red cabbage *no art, no pl*

röt·lich ['rø:tlɪç] *adj* reddish

Rot·licht *nt kein pl* red light *no art, no pl* **Rot·licht·mi·li·eu** *nt* demi-monde *liter;* **aus dem** ~ **kommen** to be one of the demi-monde *liter* **Rot·licht·vier·tel** *nt* red-light district

Ro·tor <-, -en> ['ro:to:ɐ̯] *m* rotor

Ro·tor·flü·gel *m* LUFT *Hubschrauber* rotor [blade]; *Flugzeug* rotor wing *spec*

Rot·schen·kel *m* ORN *(Tringa totanus)* redshank **Rot·schwanz** *m* ORN *(Phoenicurus)* redstart

Rot·stift *m* red pencil/crayon/pen; ▸ WENDUNGEN: **dem** ~ **zum Opfer fallen** to be scrapped; *Arbeitsplätze a.* to be axed; **[bei etw] den** ~ **ansetzen** to make cutbacks [in sth] **Rot·tan·ne** *f* Norway spruce

Rot·te <-, -n> ['rɔtə] *f (pej)* mob *fam*

Rö·tung <-, -en> *f* reddening *no pl*

rot·wan·gig ['ro:tvaŋɪç] *adj (geh) s.* **rotbackig Rot·wein** *m* red wine

Rot·welsch ['ro:tvɛlʃ] *nt dekl wie adj* LING ■ **das ~** underworld slang

Rot·wild *nt* red deer

Rotz <-es> [rɔts] *m kein pl* ❶ *(fam: Nasenschleim)* snot *fam* ❷ *(sl: Krempel)* stuff *no indef art, no pl,* shit *fam, no pl pej fam!* ▸ WENDUNGEN: ~ **und Wasser heulen** *(fam)* to cry one's eyes out, to blubber, to blub BRIT *fam*

rot·zen ['rɔtsn̩] *vi (fam)* to blow one's nose; **da hat schon wieder jemand auf den Bürgersteig gerotzt!** someone's gobbed on the pavement again!; *(schnüffeln)* to sniff; **dieses ständige R~ ist ja ekelhaft!** this constant sniffing is disgusting!

Rotz·fah·ne *f (sl)* snot-rag *pej fam* **rotz·frech** ['rɔtsfrɛç] *adj (fam)* cocky *fam* **Rotz·lüm·mel** *m (sl)* snotty-nosed [*or* BRIT cheeky] brat *pej fam* **Rotz·na·se** *f (fam)* ❶ *(schleimige Nase)* runny [*or* fam snotty] nose ❷ *(freches Kind)* snotty-nosed brat *pej fam*

Rot·zun·ge *f* witch flounder *spec*

Rouge <-s, -s> [ru:ʒ] *nt* ❶ *(rotes Make-up)* rouge *no art, no pl dated* ❷ *(Roulettefarbe)* rouge *no art, no pl*

Rou·la·de <-, -n> [ru'la:də] *f* KOCHK roulade *spec*

Rou·lette <-s, *o* -s> [ru'lɛt] *nt* roulette *no art, no pl;* ~ **spielen** to play roulette; **russisches** ~ Russian roulette

Rou·te <-, -n> ['ru:tə] *f* route

Rou·ti·ne <-> [ru'ti:nə] *f ❶ kein pl (Erfahrung)* experience *no art, no pl; (Gewohnheit)* routine *no pl;* **[jdm] zur** ~ **erstarren** [*o* **werden**] to become a routine [for sb]

Rou·ti·ne·an·ruf *m* routine call **Rou·ti·ne·ar·beit** *f* routine work **rou·ti·ne·mä·ßig** I. *adj* routine II. *adv* as a matter of routine **Rou·ti·ne·un·ter·su·chung** *f* routine examination

Rou·ti·ni·er <-s, -s> [ruti'nie:] *m* experienced person; **ein ~ in etw** *dat* **sein** to be an old hand at [*or* have a lot of experience in] sth

rou·ti·niert [ruti'ni:et] I. *adj* ❶ *(mit Routine erfolgend)* routine ❷ *(erfahren)* experienced II. *adv* in a prac- tised [*or* AM *usu* -iced] manner

Row·dy <-s, -s> ['raudi] *m* hooligan

Ro·ya·list(in) <-en, -en> [rɔaja'lɪst] *m(f)* royalist

RSK [ɛr?ɛs'ka:] *f* NUKL *Abk von* **Reaktorsicherheits- Kommission** nuclear safety commission

Ru·an·da <-s> ['rṷanda] *nt*, **Rwan·da** <-s> *nt* SCHWEIZ Rwanda; *s. a.* **Deutschland**

Ru·an·der(in) <-s, -> ['rṷandɐ] *m(f)* Rwandan; *s. a.* **Deutsche(r)**

ru·an·disch ['rṷandɪʃ] *adj* BRD, ÖSTERR Rwandan; *s. a.* **deutsch**

Rub·bel·los ['rʊbl-] *nt* [lottery] scratch-card

rub·beln ['rʊbln] I. *vt* **etw ~** to rub sth hard II. *vi* ❶ *(kräftig reiben)* ▪ **[mit etw]** ~ to rub hard [with sth]; ▪ **sich [mit etw]** ~ to give oneself a rub-down [with sth] ❷ *(an einem Rubbelspiel teilnehmen)* to play scratch cards; **~ Sie doch auch mal, Ihnen winken schöne Gewinne** why don't you too buy a scratch card, there are wonderful prizes to be won

Rü·be <-, -n> ['ry:bə] *f* KOCHK, BOT turnip; **Gelbe ~** SÜDD, SCHWEIZ carrot; **Rote ~** beetroot ❷ *(sl: Kopf)* nut *fam*, bonce BRIT *fam*; **seine ~ hinhalten müssen** to have to take the rap for sth *esp* AM *fam*; **[von jdm] eins auf die ~ kriegen** to get a clip [*or fam* clout] round the ear [from sb]

Ru·bel <-s, -> ['ru:bl] *m* rouble, Rubel AM; ▶ WENDUNGEN: **der ~ rollt** *(fam)* there's a lot of money around

Rü·ben·kraut *nt* sugar beet syrup *no art, no pl* **Rü· ben·schwanz** *m* beet tail

Ru·bens·fi·gur ['ru:bns-] *f (hum)* Rubenesque figure *hum*

Rü·ben·zu·cker *m* beet sugar

rü·ber|brin·gen *vt irreg (fam)* ▪ **|jdm| etw ~** to get across sth *sep* [to sb] **rü·ber|kom·men** *vi irreg sein (sl)* ▪ **[zu jdm]** ~ to come [*or* get] across [to sb] **rü· ber|schie·ben** *vt (sl)* **jdm Geld ~** to hand over *sep* money to sb, to cough up *sep* [money] *sl* **rü· ber|schie·len** *vi (fam)* ▪ **zu jdm ~** to glance across at sb [*or* to look at sb] out of the corner of one's eye

Ru·bi·di·um <-s> [ru'bi:djʊm] *nt kein pl* rubidium *no art, no pl spec*

Ru·bin <-s, -e> [ru'bi:n] *m* ruby

ru·bin·rot *adj* ruby[-red]

Ru·brik <-, -en> [ru'bri:k] *f* ❶ *(Kategorie)* category ❷ *(Spalte)* column

ruch·bar ['ru:xba:ɐ̯] *adj* ▪ **~ werden[, dass ...]** to become known [that ...]

ruch·los ['ru:xlo:s] *adj (geh)* heinous *form; (nieder- trächtig a.)* dastardly *liter*

Ruch·lo·sig·keit <-, -en> *f (geh)* ❶ *kein pl (Nieder- trächtigkeit)* dastardliness *no art, no pl liter* ❷ *(ruch- lose Tat)* dastardly deed *liter*

ruck [rʊk] *interj* **~, zuck** *(fam)* in no time, in a jiffy; **langsam! das geht nicht ~, zuck!** slowly now, you can't rush it!; **das muss ~, zuck gehen** it must be done quickly; **etw ~, zuck erledigen** to do sth in no time at all *s.* **hau**

Ruck <-[e]s, -e> [rʊk] *m* ❶ *(ruckartige Bewegung)* jolt ❷ POL swing, shift ▶ WENDUNGEN: **sich** *dat* **einen ~ geben** *(fam)* to pull oneself together; **mit einem ~** suddenly, in one go; **er erhob sich mit einem ~** he got up suddenly

Rück·an·sicht *f* rear [*or* back] view

Rück·ant·wort *f* reply, answer; *s. a.* **Telegramm**

ruck·ar·tig I. *adj* jerky, jolting *attr;* **eine ~e Bewe- gung** a jerk[y movement], a jolt; **du hast mich aber erschreckt durch dein ~es Aufstehen!** you startled me by jumping to your feet like that!; **nur durch das ~e Herumwerfen des Lenkrades konnte sie dem Reh ausweichen** only by jerking the steering wheel round was she able to avoid the deer II. *adv* with a jerk

Rück·äu·ße·rung *f (geh) s.* **Rückantwort Rück·be· sin·nung** *f* recollection; ▪ **~ auf etw** *akk* recollection of sth **rück·be·züg·lich** *adj* LING *s.* **reflexiv Rück· bil·dung** *f (Abheilung)* regression *no pl;* **spontane ~ von Tumoren** the spontaneous regression of tumours [*or* AM *-ors*] ❷ *(Verkümmerung)* atrophy *no art, no pl* ❸ LING back-formation *spec* ❹ BIOL degen- eration *no pl spec* **Rück·blen·de** *f* flashback **Rück· blick** *m* look *no pl* back, retrospective view; ▪ **ein ~ auf etw** *akk* a look back at [*or* retrospective view of] sth; **einen ~ auf/in etw** *akk* **werfen** [*o* **halten**] to look back on [*or* at] sth; **im ~ auf etw** *akk* looking back at [*or* on] sth **rück·bli·ckend** I. *adj* retrospective II. *adv* in retrospect **rück·da·tie·ren** *vt* ▪ **etw [auf/ um etw** *akk*] ~ to backdate sth [to/by sth]

ru·ckeln ['rʊkln] *vi* ▪ **an etw** *dat* ~ to tug at sth

ru·cken ['rʊkn] *vi* to jerk, to jolt

rü·cken ['rʊkn] I. *vi sein* ❶ *(weiter~)* ▪ **[irgendwo- hin]** ~ to move [somewhere]; **zur Seite** ~ to move aside [*or* to one side]; *(auf einer Bank a.)* to budge up BRIT *fam*, to slide down AM; *s. a.* **Pelle** *s. a.* **Pelz** ❷ *(ge- langen)* **ein bemannter Raumflug zum Mars ist in den Bereich des Wahrscheinlichen gerückt** a manned space flight to Mars is now within the bounds of probability; **in den Mittelpunkt des Interesses ~** to become the centre [*or* AM *-er*] of interest; *s. a.* **Ferne** II. *vt* ❶ *(schieben)* ▪ **etw irgendwohin** ~ to move sth somewhere; *s. a.* **Stelle** ❷ *(zurecht~)* ▪ **[jdm] etw irgendwohin** ~ to move sth somewhere [for sb]; **er rückte den Hut in die Stirn** he pulled his hat down over his forehead; **seine Krawatte gerade** ~ to straighten one's tie

Rü·cken <-s, -> ['rʊkn] *m* ❶ ANAT back, dorsum *spec; (Nasen~)* ridge; *(Hand~)* back; **jdm den ~ decken** MIL to cover sb's back; **auf den ~ fallen** to fall on one's back; **den Wind im ~ haben** to have the wind at one's back; **jdm den ~ zudrehen** [*o geh:* **zukehren**] to turn one's back on sb; **~ an ~** back to back; **auf dem ~** on one's back, supine *form;* **hinter jds ~** *dat (a. fig)* behind sb's back *a. fig;* **mit dem ~ zu jdm/ etw** with one's back to sb/sth ❷ KOCHK saddle ❸ *(Buch~)* spine ❹ *(Messer~)* blunt edge ▶ WENDUNGEN: **mit dem ~ zur Wand stehen** to have one's back to the wall; **jdm läuft es [eis]kalt über den ~** cold shivers run down sb's spine; **der verlän- gerte ~** *(hum fam)* one's posterior *hum;* **jdm den ~ decken** to back up sb *sep;* **jdm in den ~ fallen** to stab sb in the back; **jdm/sich den ~ freihalten** to keep sb's/one's options open; **jdn/etw im ~ haben** to have sb/sth behind one; **jdm den ~ |gegen jdn| stärken** to give sb moral support [against sb]; **mit jdm/etw im ~** with sb/sth behind one

Rü·cken·de·ckung *f* backing *no art, no pl;* **finan- zielle ~** financial backing; **jdm ~ geben** to give sb one's backing; MIL *(jds Rücken decken)* to give sb rear cover, to cover sb's rear **Rü·cken·flos·se** *f* dorsal fin *spec* **Rü·cken·la·ge** *f* supine position *form;* **in ~** lying on one's back, in a supine position *form;* **in ~ schlafen** to sleep on one's back **Rü·cken·leh·ne** *f* back rest BRIT, seat back AM **Rü·cken·mark** *nt* spinal cord *no pl* **Rü·cken·mus·ku·la·tur** *f* back [*or spec* dorsal] muscles *pl* [*or* musculature] *no pl* **Rü·cken·**

rückfragen

rückfragen	checking
Meinst du damit, dass …?	Do you mean that …?
Soll das heißen, dass …?	Does that mean that …?
Habe ich Sie richtig verstanden, dass …?	Have I understood you correctly that …?
Wollen Sie damit sagen, dass …?	Do you mean to say that …?
kontrollieren, ob Inhalt/Zweck eigener Äußerungen verstanden wurde	**ascertaining whether the point of an utterance has been understood**
Kapito? *(sl)*	Got it?
Alles klar? *(fam)*/Ist das klar?	Everything clear?/Is that clear?
Verstehst du, was ich (damit) meine?	Do you understand what I mean?
Haben Sie verstanden, auf was ich hinaus möchte?	Have you understood what I'm trying to get at?
Ich weiß nicht, ob ich mich verständlich machen konnte.	I don't know if I made myself clear.

schmer·zen pl back pain *nsing*, backache *nsing*; ~ **haben** to have back pain [*or* backache] **Rü·cken-schwim·men** nt backstroke *no pl* **Rü·cken-schwim·mer** m zool backswimmer, boat bug AM **Rü·cken·tra·ge** f baby backpack **Rü·cken·wind** m tail [*or* BRIT following] wind; ~ **haben** to have a tail [*or* BRIT following] wind

rück·er·stat·ten' vt nur infin und pp ▪ [jdm] **etw** ~ to refund [sb's] sth; **jdm seine Verluste** ~ to reimburse sb for his/her losses *form* **Rück·er·stat·tung** f refund; *von Verlusten* reimbursement *form* **Rück·fahr·kar·te** f return ticket; **eine** ~ **nach München** a return [ticket] to Munich **Rück·fahr·schein·wer·fer** m reversing [*or* AM back-up] light **Rück·fahrt** f return journey; **auf der** ~ on the return journey

Rück·fall m ❶ MED relapse *form;* **einen** ~ **erleiden** to suffer a relapse *form* ❷ JUR subsequent offence [*or* AM usu -se] [*or* AM a. second offense]; **im** ~ in case of a repeated offence, repeated; **im** ~ **begangene Strafta·ten** repeated offences ❸ *(geh: erneutes Aufnehmen)* ▪ **ein** ~ **in etw** akk a relapse into sth *form;* **ein** ~ **in die Diktatur** a return to a dictatorship ❹ *(das Zurück·fallen)* ~ **der Preise** fall in prices; **einen** ~ **hinneh·men** to suffer a setback

rück·fäl·lig adj JUR recidivist attr, recidivous *spec;* **ein** ~**er Täter** a repeat offender, a recidivist; ▪ ~ **sein** to commit a second offence [*or* AM usu -se] **Rück·fäl·li·ge(r)** f(m) dekl wie adj JUR recidivist, repeat [*or* subsequent] offender **Rück·fall·tä·ter(in)** m(f) JUR *(geh)* s. **Rückfällige(r)** **rück·fet·tend** adj inv moisturizing **Rück·flug** m return flight; **auf dem** ~ on the return flight **Rück·fluss**ᴿᴿ m FIN return **Rück·for·de·rung** f reclaim *spec; (Gegenforderung)* counterclaim *spec* **Rück·fra·ge** f question (zu +*dat* regarding), query (zu +*dat* regarding); [bei jdm] **eine** ~ **stellen** to raise a query [*or* to query sth] [with sb] **rück|fra·gen** ['rʊkfraːɡn̩] vi nur infin und pp to enquire BRIT, to inquire AM, to check **Rück·füh·rung** f ❶ *(Rückzahlung)* repayment ❷ *(Repatriierung)* repatriation *no pl* ❸ *(Zurückfüh·ren)* return; *(Reduzierung)* reduction **Rück·ga·be** f return **Rück·ga·be·recht** nt right of return

Rück·gang m ▪ **der/ein** ~ **einer S.** *gen* the/a fall [*or* drop] in sth; **ein** ~ **der Zinsen** a drop in interest rates; **im** ~ **begriffen sein** to be falling [*or* dropping] **rück·gän·gig** adj **etw** ~ **machen** to cancel sth; **eine Verlobung** ~ **machen** to break off *sep* an engage·ment

Rück·ge·win·nung f recovery *no pl* **Rück·grat** <-[e]s, -e> nt ❶ *(Wirbelsäule)* spine, back·bone, spinal column *spec* ❷ *kein pl (geh: Stehvermö·gen)* spine, backbone; **mit mehr** ~ **hätte er sich durchsetzen können** if he'd had more backbone [*or* spine] he could have asserted himself ▸ WENDUNGEN: **jdm das** ~ **brechen** to break sb; *(jdn ruinieren)* to ruin sb; **ohne** ~ spineless *pej*, gutless *fam* **Rück·griff** m recourse *no indef art, no pl;* ▪ **ein** ~ **auf etw** akk recourse to sth **Rück·halt** m support *no art, no pl*, backing *no art, no pl;* **an jdm einen** ~ **haben** to receive support from sb, to find [a] support in sb ▸ WENDUNGEN: **ohne** ~ without reservation, unre·servedly **rück·halt·los I.** adj ❶ *(bedingungslos)* unre·served, unqualified ❷ *(schonungslos)* unsparing; ~**e Kritik** ruthless [*or* scathing] criticism; ~**e Offenheit** complete frankness **II.** adv unreservedly **Rück·hand** f *kein pl* SPORT backhand; **mit der** ~ on one's backhand **Rück·kaufs·recht** nt right of repurchase; *(für ein Pfand)* right of redemption *spec* **Rück·kehr** <-> f *kein pl* ❶ *(das Zurückkommen)* ▪ **jds** ~ sb's return; **rechnen Sie heute nicht mehr mit meiner** ~ don't expect me back today; **bei/nach/vor jds** ~ on/after/before sb's return ❷ *(er·neutes Auftreten)* comeback **Rück·kop·pe·lung** f, **Rück·kopp·lung** f ELEK feed·back *no pl* **Rück·kreu·zung** f BIOL *(Standardtest der Züchtungsgenetik)* testcross **Rück·la·ge** f ❶ *(Erspar·nisse)* savings *npl* ❷ FIN *(Reserve)* reserve fund, re·serves *pl;* ~**n [für etw] bilden** *(geh)* to create a reserve fund [for sth] **rück·läu·fig** ['rʊklɔyfɪç] adj decli·ning, falling; *s. a.* Wörterbuch **Rück·licht** nt tail light; *eines Fahrrads a.* back light

rück·lings ['rʊklɪŋs] adv ❶ *(von hinten)* from behind ❷ *(verkehrt herum)* the wrong way round, AM around ❸ *(nach hinten)* backwards ❹ ▪ ~ **an/zu etw** dat with one's back against/to sth; **sie lehnte** ~ **am Baum** she was leaning with her back against the tree; ~ **zur Wand stehen** to stand with one's back to the wall **Rück·mel·de·frist** f SCH re-registration period **Rück·mel·de·ge·bühr** f SCH re-registration fee **Rück·mel·dung** f ❶ SCH *(erneute Registrierung)* re-reg·istration ❷ *(Reaktion)* reaction, response **Rück·nah·me** <-, -n> f ❶ ▪ **die** ~ [einer S. *gen* |*o* von etw]] taking back sth *sep;* **wir garantieren die anstandslose** ~ **der Ware** we guarantee to take back the goods without objection

Rück·por·to *nt* return postage *no indef art, no pl*
Rück·prall *m* ricochet; *eines Balls a.* rebound;
beim ~ on the rebound **Rück·rei·se** *f* return journey;
auf der ~ on the return journey **Rück·rei·se·wel·le** *f*
[homebound] holiday traffic **Rück·ruf** *m* ➊ *(Anruf als
Antwort)* return call; **soll ich ihn um ~ bitten?** shall
I ask him to return your call? ➋ ÖKON *(das Einziehen)*
recall **Rück·ruf·ak·ti·on** *f* recall action *no pl,* call-
back campaign
Ruck·sack ['rʊkzak] *m* rucksack, AM *usu* backpack
Ruck·sack·tou·rist(in) [-tʊrɪst] *m(f)* backpacker
Rück·sand <-[e]s> *m kein pl* SCHWEIZ *(Zurücksenden)*
return; *(Zurückgesandtes)* returns *pl,* returned items
pl
Rück·schein *m* return [*or form* recorded delivery]
receipt [*or* slip]; *s. a.* **Einschreiben Rück·schlag** *m*
➊ *(Verschlechterung)* setback; **einen [schweren] ~
erleben/erleiden** to experience/suffer a [serious]
setback ➋ *(Rückstoß)* recoil *no pl* **Rück·schlä-
ger(in)** *m(f)* TENNIS receiver **Rück·schluss**[RR] *m* conclusion (**aus** +*akk* from); **einen ~ auf etw** *akk* **erlauben** to allow a conclusion to be drawn about sth; [**aus
etw**] [**bestimmte/seine**] **Rückschlüsse ziehen** to
draw [certain/one's] conclusions [from sth]; [**aus etw**]
den ~ ziehen, dass ... to conclude [*or form* infer]
[from sth] that ... **Rück·schritt** *m* step backwards,
retrograde step *form* **rück·schritt·lich** *adj* ➊ *(einen
Rückschritt bedeutend)* retrograde ➋ *s.* **reaktionär**
Rück·sei·te *f* ■**die ~** ➊ *(rückwärtige Seite)* the
reverse [side]; **siehe ~** see overleaf ➋ *(hintere Seite)*
the rear; **auf der/die ~** at/to the rear
rück·sei·tig ['rʏkzaitɪç] **I.** *adj* on the back [*or* reverse
[side]] *pred* **II.** *adv* on the back [*or* reverse [side]]; **der
Text geht ~ noch weiter** the text continues overleaf;
**Briefmarken sind ~ mit einem Klebefilm verse-
hen** stamps have an adhesive film on the reverse side
Rück·sen·dung *f* return
Rück·sicht[1] <-, -en> ['rʏkzɪçt] *f* ➊ *(Nachsicht)* consideration *no art, no pl;* **ohne ~ auf Verluste** *(fam)*
regardless of [*or* without regard to] losses; **keine ~
kennen** to be ruthless; **~** [**auf jdn**] **nehmen** to show
consideration [for sb]; **~ auf etw** *akk* **nehmen** to take
sth into consideration; **aus** [*o* **mit**] **~ auf jdn/etw** out
of consideration for sb/sth; **ohne ~ auf jdn/etw**
with no consideration for sb/sth ➋ *pl (Rücksichtnahme)* considerations *pl;* **aus moralischen ~en** for
moral reasons
Rück·sicht[2] ['rʏkzɪçt] *f kein pl* rear view, rear[ward AM]
visibility *no indef art, no pl;* **das winzige Heckfens-
ter schränkt die ~ ein** the tiny rear window restricts
the rear view [*or* one's view out the back]
Rück·sicht·nah·me <-> *f kein pl* consideration *no art,
no pl*
rück·sichts·los I. *adj* ➊ *(keine Rücksicht kennend)*
inconsiderate, thoughtless; **ein ~er Autofahrer** an
inconsiderate driver, a road hog *pej fam* ➋ *(schonungslos)* ruthless; **mit ~er Offenheit** with ruthless
candour [*or* AM *-or*] **II.** *adv* ➊ *(ohne Nachsicht)* incon-
siderately ➋ *(schonungslos)* ruthlessly
Rück·sichts·lo·sig·keit <-, -en> *f* inconsiderateness
no art, no pl, thoughtlessness *no art, no pl*
rück·sichts·voll *adj* considerate, thoughtful; ■**~ zu** [*o
geh:* **gegenüber**] **jdm sein** to be considerate [*or*
thoughtful] [towards sb]
Rück·sitz *m* AUTO rear [*or* back] seat **Rück·spie·gel** *m*
AUTO rear [view] [*or* BRIT driving] mirror; **abblendba-
rer ~** dipping [*or* anti-dazzle] mirror **Rück·spiel** *nt*
return match BRIT, rematch AM **Rück·spra·che** *f* consultation; **~** [**mit jdm**] **nehmen** [*o* **halten**] to consult
[*or* confer] [with sb]
Rück·stand[1] *m* ➊ *(Zurückbleiben hinter der Norm)*
backlog *no pl;* **bei etw einen ~ haben** to have a

backlog of sth ➋ *pl* FIN *(fällige Beträge)* outstanding
payments *pl;* **mit etw in ~ sein/kommen** to be/fall
behind with sth; **ich bin derzeit gegenüber meinen Zahlungsverpflichtungen mit 35.000 Euro
im ~** I'm currently 35,000 euros in arrears with my
payment obligations ➌ SPORT *(Zurückliegen in der
Wertung)* deficit (**von** +*dat* in); [**gegenüber jdm**] **mit
etw im ~ sein** [*o* **liegen**] to be behind [sb] by sth; **sie
liegt gegenüber ihren Konkurrentinnen mit 5
Punkten im ~** she's five points behind her rivals
➍ *(Zurückliegen in der Leistung)* inferior position;
seinen ~ aufholen to make up lost ground
Rück·stand[2] *m* ➊ *(Bodensatz)* remains *npl* ➋ *(Abfall-
produkt)* residue *form*
rück·stän·dig[1] ['rʏkʃtɛndɪç] *adj (überfällig)* overdue;
die ~e Miete the overdue rent, the rent arrears *npl*
rück·stän·dig[2] ['rʏkʃtɛndɪç] *adj (zurückgeblieben)*
backward
Rück·stän·dig·keit <-> *f kein pl* backwardness *no art,
no pl*
Rück·stau *m* ➊ *(zunehmender Stau) esp* BRIT tailback,
traffic jam AM ➋ *(rückwirkende Anstauung)* backwater **Rück·stel·lung** *f* ➊ FIN reserve [fund] ➋ *(Verschiebung)* postponement **Rück·stoß** *m* ➊ *s.* **Rückschlag
2** ➋ *(Antriebskraft)* thrust *no pl* **Rück·strah·ler**
<-s, -> *m* reflector **Rück·stu·fung** *f* downgrading
Rück·tas·te *f* backspace [*or* BS] [key] *spec*
Rück·tritt *m* ➊ *(Amtsniederlegung)* resignation; **mit
seinem ~ drohen** to threaten to resign ➋ JUR withdrawal (**von** +*dat* from) ➌ *(~bremse)* back-pedal [*or*
coaster] brake
Rück·tritt·brem·se *f s.* **Rücktritt 3**
Rück·tritts·er·klä·rung *f* [announcement of one's]
resignation; **seine ~ bekannt machen** to announce
one's resignation **Rück·tritts·frist** *f* JUR cooling of
period **Rück·tritts·ge·such** *nt* [offer of] resignation;
das ~ einreichen to hand in [*or form* tender] one's
resignation **Rück·tritts·klau·sel** *f* cancellation [*or*
withdrawal] clause **Rück·tritts·recht** *nt* right of withdrawal [*or spec* rescission] [from a contract]
rück|über·set·zen *vt nur infin und pp* ■**etw ~** to
translate sth back into the source language, to back-
translate sth *spec* **Rück·über·set·zung** *f* LING ➊ *kein
pl (das Rückübersetzen)* translation back into the
original language, back-translation *no art, no pl spec*
➋ *(rückübersetzte Fassung)* back-translation *spec*
Rück·um·schlag *m* self-addressed stamped en-
velope, s.a.s.e. **rück|ver·gü·ten[*]** *vt nur infin und pp*
■**jdm etw ~** to refund sb's sth **Rück·ver·gü·tung** *f*
refund **rück|ver·si·chern[**]** *vr nur infin und pp* ■**sich**
akk [**bei jdm/etw**] **~** to check [up [*or* back]] [with
sb/sth] **Rück·ver·si·che·rung** *f* ➊ *(Absicherung)*
checking *no art, no pl;* **dieses Vorgehen kann
nicht ohne vorherige ~ beim Einsatzleiter empfohlen werden** this action cannot be recommended
without first checking with the head of operations
➋ *(Versicherungstyp)* reinsurance *no indef art, no pl
spec* **Rück·wand** *f* ➊ *(rückwärtige Mauer)* back wall
➋ *(rückwärtige Platte)* back [panel]
rück·wär·tig ['rʏkvɛrtɪç] *adj* ➊ *(an der hinteren Seite
liegend)* back *attr,* rear *attr;* **der ~e Ausgang** the rear
exit ➋ MIL *(im Rücken der Front befindlich)* behind
the lines *pred;* **die ~en Verbindungen** the lines of
communication
rück·wärts ['rʏkvɛrts] *adv* ➊ *(rücklings)* backwards;
~ einparken to reverse into a parking space ➋ *(nach
hinten)* backward; **ein Salto ~** a backward somersault ➌ ÖSTERR *(hinten)* at the back; **von ~** SÜDD, ÖSTERR
(von hinten) from behind; **von ~ kommen** to come
[up] from behind
rück·wärts|fah·ren[RR] *vi irreg sein* to back up, to
reverse; **da die Sackgasse keinen Wendeplatz**

hatte, musste sie ~ as there was nowhere in the cul-de-sac to turn around, she had to reverse out

Rück·wärts·fah·ren *nt* reversing *no art, no pl;* [das] ~ **bereitet ihr Schwierigkeiten** she has difficulties reversing **Rück·wärts·gang** *m* AUTO reverse [gear]; **den ~ einlegen** to engage [*or* change into] reverse [gear] [*or* AM to shift into]; **im ~ fahren** in reverse [gear]; **im ~ fahren** to [drive in] reverse

rück·wärts|ge·hen[RR] *vi irreg sein* ① *(mit dem Rücken voran)* to walk backwards ② *(fam: schlechter werden)* **es geht** [mit jdm/etw] **rückwärts** sb/sth is deteriorating

Rück·weg *m* way back; **sich** *akk* **auf den ~ machen, den ~ antreten** *(geh)* to head back; **auf dem ~** on the way back

rück·wir·kend I. *adj* retrospective; **eine ~e Gehaltserhöhung** a backdated wage increase, retroactive pay *form* **II.** *adv* retrospectively; **die Erhöhung des Kindergeldes gilt ~ zum 1.1.** the increase in family allowances is backdated to 1 January **rück·zahl·bar** *adj* repayable **Rück·zah·lung** *f* repayment **Rück·zie·her** <-s, -> *m* **einen ~ machen** *(fam: eine Zusage zurückziehen)* to back [*or* pull] out; *(nachgeben)* to climb down **Rück·zug** *m* ① MIL *(das Zurückweichen)* retreat *no pl;* **ein geordneter/ungeordneter ~** an orderly retreat/a headlong flight; [mit etw] **den ~ antreten** to retreat [with sth]; **auf dem ~** during the retreat; **auf den ~ sein** to be retreating [*or* on the retreat] ② SCHWEIZ *(Abhebung von einem Konto)* withdrawal

Rück·zugs·ge·biet *nt* MIL area of retreat

rü·de ['ryːdə] *adj (geh)* coarse, uncouth; **~s Benehmen** uncouth behaviour [*or* AM -or]; **~ [zu jdm] sein** to be uncouth [*or* coarse] [to sb]

Rü·de <-n, -n> ['ryːdə] *m* [male] dog

Ru·del <-s, -> ['ruːdl̩] *nt* herd; *von Wölfen* pack; *von Menschen* swarm, horde; **in ~n** in herds/packs/swarms [*or* hordes]; **in einem ~ auftreten** to go around in a herd/pack/swarm [*or* horde]

Ru·der <-s, -> ['ruːdɐ] *nt* ① *(langes Paddel)* oar; **die ~ auslegen/einziehen/streichen** to put out/take in/strike the oars; **sich** *akk* **in die ~ legen** to row strongly ② *(Steuer~)* helm; *eines kleineren Bootes a.* rudder; **am ~** at the helm ▸ WENDUNGEN: **am ~ bleiben/sein** *(fam)* to remain/be at the helm *fig;* **das ~ herumwerfen** to change course [*or* tack]; **ans ~ kommen** *(fam)* to come to power; **aus dem ~ laufen** to get out of hand; **sich** *akk* **in die ~ legen** to put one's back into it

Ru·der·boot *nt* rowing boat, rowboat AM

Ru·de·rer, Ru·de·rin <-s, -> *m, f* rower, oarsman *masc,* oarswoman *fem*

Ru·der·haus *nt* wheelhouse

Ru·de·rin <-, -nen> *f fem form von* **Ruderer**

ru·dern ['ruːdɐn] **I.** *vi* ① *haben o sein (durch Ruder bewegen)* to row; [das] **R~** rowing ② *haben (paddeln)* to paddle; **gegen die Strömung ~** to paddle against the current; *s.a.* **Arm II.** *vt* ① *haben (im Ruderboot befördern)* ■ jdn/etw **irgendwohin ~** to row sb/sth somewhere ② *haben o sein (~d zurücklegen)* ■ etw **~** to row sth; **vier Kilometer mussten gerudert werden** a distance of four kilometres had to be rowed

Ru·der·re·gat·ta *f* rowing regatta

Ru·di·ment <-[e]s, -e> [rudi'mɛnt] *nt* ① *(geh: Überbleibsel)* remnant ② BIOL *(verkümmertes Organ)* rudiment *spec*

ru·di·men·tär [rudimɛn'tɛːɐ̯] *adj inv (fig)* rudimentary **Rüeb·li** <-s, -> ['rˈʏəblɪ] *nt* SCHWEIZ *(Karotte)* carrot

Ruf <-[e]s, -e> [ruːf] *m* ① *(Aus~)* shout, cry; *(an jdn gerichtet)* call; **der ~ des Muezzins** the call of the muezzin ② *kein pl (Ansehen)* reputation; ■ jds

[guter] ~ sb's good reputation; **ein Mann/eine Frau/eine Firma von ~** *(geh)* a man/woman/firm of repute; **einen guten ~ genießen** to enjoy a good reputation; **einen guten/schlechten ~ als jd/etw haben** [*o geh:* **genießen**] to have a good/bad reputation as sb/sth; **jdn** [**bei jdm**] **in schlechten ~ bringen** to get sb a bad reputation [with sb] ③ SCH *(Berufung)* offer of a chair [*or* professorship]; **sich** *dat* **einen ~ als jd/etw erwerben** to make a name for oneself as sb/sth ④ *(veraltend: Telefonnummer)* telephone number

Rü·fe <-, -n> ['ryːfə] *f* GEOG SCHWEIZ *(Schlamm- und Gerölllawine)* landslide; *(Steinlawine)* rockfall

ru·fen <rief, ge~> ['ruːfn̩] **I.** *vi* ① *(aus~)* to cry out ② *(jdn kommen lassen)* ■ [nach jdm] ~ to call [for sb] ③ *(nach Erfüllung drängen)* to call; **die Pflicht ruft** duty calls ④ *(durch ein Signal auffordern)* ■ [zu etw] ~ to call [to sth]; **nach der Mittagspause rief die Werkssirene wieder zur Arbeit** after the lunch break the works siren called the employees back to work ⑤ *(verlangen)* ■ nach jdm/etw ~ to call for sb/sth; **nach der Todesstrafe ~** to call for the death penalty; *s.a.* **Hilfe II.** *vi impers* ■ es ruft [jd/etw] sb/sth is calling **III.** *vt* ① *(aus~)* ■ etw ~ to shout [*or* cry out]; *s.a.* **Gedächtnis**, *s.a.* **Ordnung**, *s.a.* **Waffe** ② *(herbestellen)* ■ jdn/etw ~ to call sb/sth; ■ jdn zu sich *dat* ~ to summon sb [to one]; ■ jdn ~ lassen to send for sb; **der Direktor lässt Sie ~** the director is asking for you; **Sie haben mich ~ lassen?** you sent for me?; [jdm] **wie ge·kommen** to come just at the right moment; *s.a.* **Hilfe**

Ru·fen <-s> ['ruːfn̩] *nt part* calling *no pl,* shouting *no pl;* **was ist das draußen für ein ~?** what's all that shouting [going on] out there?

Ru·fer(in) <-s, -> *m(f) (geh)* person calling; ▸ WENDUNGEN: **~ in der Wüste** voice [crying] in the wilderness

Rüf·fel <-s, -> ['rʏfl̩] *m (fam)* telling [*or* BRIT *fam* ticking] off

rüf·feln ['rʏfl̩n] *vt (fam: zurechtweisen)* ■ jdn [wegen etw] ~ to tell [*or* BRIT *fam* tick] off sb *sep* [about sth]

Ruf·mord *m* character assassination

Ruf·na·me *m* first name [by which a person is known], [fore]name **Ruf·num·mer** *f* [tele]phone number **Ruf·säu·le** *f* special pillar-mounted telephone for certain services **Ruf·wei·te** *f* **außer/in ~** out of/[with]in earshot [*or* calling distance] **Ruf·zei·chen** *nt* ① TELEK *(Freizeichen)* ringing tone ② ÖSTERR *(Ausrufungszeichen)* exclamation mark [*or* AM point]

Rug·by <-> ['rakbi] *nt kein pl* rugby *no art, no pl*

Rü·ge <-, -n> ['ryːgə] *f (geh)* reprimand, reproach; **jdm eine ~ [wegen etw] erteilen** to reprimand [*or* reproach] sb [for sth]

rü·gen ['ryːgn̩] *vt (geh)* ■ etw ~ to censure sth; ■ jdn [wegen etw] ~ to reprimand sb [for sth]

Rü·gen ['ryːgn̩] *nt* Rügen

Ru·he <-> ['ruːə] *f kein pl* ① *(Stille)* quiet *no art, no pl,* silence *no art, no pl;* ~! quiet!; **zu dieser Arbeit brauche ich absolute ~** I need absolute quiet for this work; ~ **geben** to be quiet; *(locker lassen)* to relax; **meinst du, dass die Kleinen ~ geben, wenn ich ihnen jetzt die gewünschte Geschichte vorlese?** do you think the kids will settle down when I read them the story they want?; ~ **halten** to keep quiet ② *(Frieden)* peace *no art, no pl;* ~ **und Frieden/Ordnung** peace and quiet/law and order + *sing vb;* **jdm keine ~ gönnen** [*o lassen*] to not give sb a minute's peace; **jdn** [mit etw] **in ~ lassen** to leave sb in peace [with sth]; *s.a.* **Seele** ③ *(Erholung)* rest; **die drei Stunden ~ haben mir gut getan** the three hours' rest has done me good; **angenehme ~!** *(geh)* sleep well!; **sich** *akk* **zur ~ begeben** *(geh)* to retire

Ruhe

zum Schweigen auffordern	asking for silence
Psst! *(fam)*	**Shh!**/**Shush!**
Ruhig!	**Quiet!**
Halt's Maul!/**Schnauze!** *(derb)*	**Shut your face!** *(fam!)*/**Shut your gob!** *(fam!)*
Jetzt seien Sie doch mal ruhig!	**Do be quiet a minute!**
Jetzt hör mir mal zu!	**Now just listen to me!**
Jetzt sei mal still!	**Be quiet a minute!**
Ich möchte auch noch etwas sagen!	**I'd like to get a word in too!**
Danke! ICH meine dazu, …	**Thank you! I think …**
an ein Publikum: **Ich bitte um Ruhe.**	*to an audience:* **Quiet please.**
Wenn ihr jetzt bitte mal ruhig sein könnt!	**If you could be quiet now please!**

[to bed] *form;* **sich** *dat* **keine ~ gönnen** to not allow oneself any rest; **jdm keine ~ lassen** to not give sb a moment's rest ❹ *(Gelassenheit)* calm[ness] *no pl;* **~ ausstrahlen** to radiate calmness; **[die] ~ bewahren** to keep calm [*or fam* one's cool]; **jdn aus der ~ bringen** to disconcert [*or* BRIT *fam* wind up *sep*] sb; **er ist durch nichts aus der ~ zu bringen** nothing can wind him up; **sich** *akk* **[von jdm/etw] nicht aus der ~ bringen lassen** to not let oneself get worked up [by sb/sth]; **die ~ weg haben** *(fam)* to be unflappable; **die ~ selbst sein** to be calmness itself; **in [aller] ~** [really] calmly; **immer mit der ~!** *(fam)* take things easy! ▸ WENDUNGEN: **die ~ vor dem Sturm** the calm before the storm; **jdn zur letzten ~ betten** *(geh)* to lay sb to rest; **die letzte ~ finden** *(geh)* to be laid to rest; **keine ~ geben, bis …** to not rest until …; **sich zur ~ setzen** to retire

Ru·he·be·dürf·nis *nt kein pl* need *no pl* for peace [*or* quiet] /rest **ru·he·be·dürf·tig** *adj* in need of peace [*or* quiet] /rest *pred* **Ru·he·ge·halt** *nt (geh)* [retirement] pension, BRIT *a.* superannuation *no pl* **Ru·he·kis·sen** *nt (iron fam)* safety net **ru·he·los** *adj* restless **Ru·he·lo·sig·keit** <-> *f kein pl* restlessness *no art, no pl* **ru·hen** ['ruːən] *vi* ❶ *(geh: aus~)* to [have a] rest; **[ich] wünsche, wohl geruht zu haben!** *(geh)* I trust you had a good night's sleep?; **nicht eher ~ werden, bis …, nicht ~ und rasten, bis …** to not rest until … ❷ *(geh: sich stützen)* ▪ **auf etw** *dat* **~** to rest on sth ❸ *(geh: verweilen)* ▪ **auf jdm/etw ~** to rest on sb/sth; **sein Blick ruhte auf ihr** his gaze rested on her; **etw ~ lassen** to let sth rest; **ein Projekt ~ lassen** to drop a project; **die Vergangenheit ~ lassen** to forget the past ❹ *(haften)* ▪ **auf jdm/etw ~** to be on sth; **ein Fluch ruht auf ihm** a curse is on him ❺ *(eingestellt sein)* to be suspended; **am Samstag ruht in den meisten Betrieben die Arbeit** most firms don't work on a Saturday; *s. a.* **Verkehr** ❻ *(geh: begraben sein)* to lie, to be buried; **„hier ruht [in Gott] …"** "here lies …"; *s. a.* **Frieden** *a.* sanft **Ru·he·pau·se** *f* break **Ru·he·po·ten·zi·al^RR** *nt* BIOL *(Normalzustand der nicht erregten Nervenzelle)* resting potential **Ru·he·sitz** *m* retirement home **Ru·he·stand** *m kein pl* retirement *no art, no pl;* **in den ~ gehen** [*o geh:* **treten**] to retire, to go into retirement; **jdn in den ~ versetzen** *(geh)* to retire sb; **im ~** retired; **ein Arzt im ~** a retired doctor **Ru·he·statt** <-, -stätten> *f* [last [*or* final]] resting-place **Ru·he·stät·te** *f* **letzte ~** *(geh)* final [*or* last] resting-place **ru·he·stö·rend** *adj* disturbing the peace *pred;* ▪ **~ sein** to disturb the peace; **das ~e Gehämmere lasse ich mir nicht länger gefallen** I'm not going to put up

any more with having my peace disturbed by this hammering **Ru·he·stö·rung** *f* disturbance [*or* breach] *no pl* of the peace **Ru·he·tag** *m (arbeitsfreier Tag)* day off; *(Feiertag)* day of rest; **„Donnerstag ~"** 'closed all day Thursday' **Ru·he·zo·ne** *f* rest area

ru·hig ['ruːɪç] **I.** *adj* ❶ *(still, sich still verhaltend)* quiet; **eine ~e Gegend** a quiet area; **ein ~er Mieter** a quiet tenant ❷ *(geruhsam)* quiet; **sich** *dat* **einen ~en Abend machen** to have a quiet evening ❸ *(keine Bewegung aufweisend)* calm; **eine ~e Flamme** a still flame ❹ *(störungsfrei)* smooth; **ein Achtzylinder hat einen ~en Lauf** an eight-cylinder engine runs smoothly; **eine ~e Überfahrt** a smooth crossing ❺ *(gelassen)* calm; **ganz ~ sein können** to not have to worry; **ich werde das schon regeln, da können Sie ganz ~ sein** I'll sort that out, you don't have to worry; *s. a.* **Gewissen** ❻ *(sicher)* steady; **ein ~er Blick** a steady gaze **II.** *adv* ❶ *(untätig)* idly; **~ daste·hen** to stand idly by; **etw ~ stellen** MED *Körperteil* to immobilize [*or* BRIT *a.* -ise] sth ❷ *(gleichmäßig)* smoothly ❸ *(gelassen)* calmly ❹ *(beruhigt)* with peace of mind; **jetzt kann ich ~ nach Hause gehen und mich ausspannen** now I can go home with my mind at rest and relax **III.** *part (fam)* really; **geh ~, ich komme schon alleine zurecht** don't worry about going, I can manage on my own; **du kannst ~ ins Kino gehen, ich passe schon auf die Kinder auf** you just go to the cinema, I'll keep an eye on the children

ru·hig|stel·len *vt* MED ❶ *Körperteil* to immobilize [*or* BRIT *a.* -ise] sth ❷ *Person* to sedate; *(beruhigen)* to calm

Ruhm <-es> [ruːm] *m kein pl* fame *no art, no pl,* glory *no art, no pl;* ▸ WENDUNGEN: **sich** *akk* **nicht [gerade] mit ~ bekleckert haben** *(iron fam)* to have not [exactly] covered oneself in glory *iron*

rüh·men ['ryːmən] **I.** *vt* **jdn/etw ~** to praise sb/sth **II.** *vr* **sich einer S.** *gen* **~** to boast about sth; **sich** *akk* **~, etw getan zu haben** to boast about having done sth; **ohne mich ~ zu wollen** [*o zu ~*] without wishing to boast

Ruh·mes·blatt *nt* glorious chapter; **[für jdn] kein ~ sein** to not reflect any credit on sb

rühm·lich *adj* praiseworthy; *s. a.* **Ende**

ruhm·reich *adj (geh)* glorious **ruhm·süch·tig** *adj* glory-seeking; ▪ **~ sein** to be thirsting for glory [*or* after fame]

Ruhr¹ <-> [ruːɐ̯] *f* ▪ **die ~** the Ruhr

Ruhr² <-> [ruːɐ̯] *f kein pl* MED ▪ **die ~** dysentery

Rühr·be·sen *m* whisk **Rühr·ei** ['ryːɐ̯ʔai] *nt* scrambled eggs *pl*

rüh·ren ['ryːrən] I. vt ❶ (um~) ■ etw ~ to stir sth ❷ (erweichen) ■ jdn/etw ~ to move sb/to touch sth; jds Gemüt/Herz ~ to touch sb/sb's heart; das kann mich nicht ~ that doesn't bother me; ■ gerührt moved pred; s. a. Träne s. a. Schlag ❸ (veraltend: bewegen) ■ etw ~ to move sth; s. a. Finger s. a. Handschlag II. vi ❶ (um~) to stir ❷ (die Rede auf etw bringen) ■ an etw akk ~ to touch on sth ❸ (geh: her~) ■ von etw ~ to stem from sth; ■ daher ~, dass … von etw ~ to stem from the fact that … III. vr ❶ (sich bewegen) ■ sich akk ~ to move; rührt euch! MIL at ease!; s. a. Stelle ❷ (sich bemerkbar machen) ■ sich akk ~ to be roused ❸ (fam: sich melden) ■ sich [auf etw akk] ~ to do sth [about sth]; die Firmenleitung hat sich nicht auf meinen Antrag gerührt the company management hasn't done anything about my application

Rüh·ren <-s> ['ryːrən] nt kein pl (das Um~) stirring no art, no pl; ▶ WENDUNGEN: ein menschliches ~ [fühlen] (hum) [to have to answer] the [or a] call of nature usu hum

rüh·rend I. adj ❶ (ergreifend) touching, moving; ein ~er Anblick a touching [or moving] sight ❷ (reizend) ■ ~ [von jdm] sein to be sweet [of sb] II. adv touchingly; danke, dass Sie sich während meiner Krankheit so ~ um mich gekümmert haben thanks for having taken care of me during my illness, it was really touching

Ruhr·ge·biet nt kein pl ■ das ~ the Ruhr [Area]

rüh·rig ['ryːrɪç] adj active

Rühr·löf·fel m mixing spoon

Ruhr·pott m (fam) s. Ruhrgebiet

rühr·se·lig adj (pej) tear-jerking fam; ein ~er Film/ein ~es Buch a tear jerker fam

Rühr·se·lig·keit <-> f kein pl (pej) sentimentality no art, no pl pej

Rühr·stück nt melodrama

Rühr·teig m cake [or sponge] mixture

Rüh·rung <-> f kein pl emotion no art, no pl; vor ~ weinen to cry with emotion

Ru·in <-s> [ruˈiːn] m kein pl ruin no pl

Ru·i·ne <-, -n> [ruˈiːnə] f ❶ (zerfallenes Gemäuer) ruin[s pl] ❷ (fam: körperlich verfallener Mensch) wreck fam

ru·i·nie·ren [ruiˈniːrən] vt ❶ (zugrunde richten) ■ jdn/etw ~ to ruin sb/sth; ■ sich akk [für jdn/etw] ~ to ruin oneself [on account of sb/sth] ❷ (verderben) ■ [jdm] etw ~ to ruin [sb's] sth

ru·i·nös [ruiˈnøːs] adj (geh) ruinous

rülp·sen ['rʏlpsn̩] vi to belch, to burp; ■ das R~ belching, burping

Rülp·ser <-s, -> m (fam) belch, burp

Rum <-s, -s> [rʊm] m rum no art, no pl

Ru·mä·ne, **Ru·mä·nin** <-n, -n> [ruˈmɛːnə, ruˈmɛːnɪn] m, f Romanian; s. a. Deutsche(r)

Ru·mä·ni·en <-s> [ruˈmɛːni̯ən] nt Romania; s. a. Deutschland

Ru·mä·nin <-, -nen> f fem form von Rumäne

ru·mä·nisch [ruˈmɛːnɪʃ] nt dekl wie adj Romanian; s. a. Deutsch

ru·mä·nisch [ruˈmɛːnɪʃ] adj Romanian; s. a. deutsch

Ru·mä·ni·sche <-n> nt dekl wie adj ■ das ~ Romanian, the Romanian language; s. a. Deutsche

Rum·ba <-s, -s> ['rʊmba] m rumba

rum|krie·gen vt (sl) ❶ (zu etw bewegen) ■ jdn [zu etw] ~ to talk sb into sth; ■ jdn dazu ~, etw zu tun to talk sb into doing sth ❷ (verbringen) ■ etw ~ to get through sth; einen Tag irgendwie ~ to get through a day somehow

Rum·mel <-s> ['rʊml] m kein pl ❶ (fam: Aufhebens) [hustle and] bustle no art, no pl ❷ (Betriebsamkeit)

commotion no pl ❸ DIAL (~platz) fair

Rum·mel·platz m (fam) fairground

ru·mo·ren [ruˈmoːrən] I. vi ❶ (herumhantieren) to tinker around, to potter about esp BRIT ❷ (sich bewegen) to go around II. vi impers in meinem Magen rumort es so my stomach's rumbling so much

Rum·pel·kam·mer ['rʊmpl-] f (fam) junk room

rum·peln ['rʊmpln̩] vi ❶ haben (dröhnen) to rumble; (klappern) to clatter ❷ sein (mit Dröhnen fortbewegen) to rumble; (klappernd fortbewegen) to clatter

Rum·pel·stilz·chen <-s> ['rʊmplʃtɪltsçən] nt LIT Rumpelstiltskin no art, no pl

Rumpf <-[e]s, Rümpfe> [rʊmpf, pl: 'rʏmpfə] m ❶ (Torso) trunk, torso ❷ TECH eines Flugzeugs fuselage; eines Schiffes hull

Rumpf·beu·ge f SPORT forward bend; ~n/eine ~ machen to do forward bends/a forward bend

rümp·fen ['rʏmpfən] vt die Nase [über etw akk] ~ to turn up sep one's nose [at sth]; (etw verachten) to sneer [at sth]

Rump·steak ['rʊmpsteːk, -ˌʃteːk] nt rump steak

Rum·topf m rumpot (a rum and sugar mixture with fruit)

Run <-s, -s> [ran] m run; ■ der/ein ~ auf etw akk the/a run on sth

rund [rʊnt] I. adj ❶ (kreisförmig) round, circular ❷ (rundlich) plump ❸ FIN (überschläglich) round attr; eine ~e Summe a round sum; ~e fünf Jahre a good five years + sing vb ❹ (gleichmäßig) full; ein ~er Geschmack a full taste II. adv ❶ (im Kreis) ■ ~ um etw around sth; wir können ~ um den Block spazieren we can walk around the block; s. a. Uhr ❷ (überschläglich) around, about; ein neues Dach würde Sie ~ 28.000 Euro kosten a new roof would cost you around [or about] 28,000 euros ❸ (kategorisch) flatly; etw ~ abschlagen to flatly reject sth; s. a. rundgehen ❹ (gleichmäßig) smoothly

Rund·bau <-bauten> m circular building, rotunda

Rund·blick m panorama **Rund·bo·gen** m ARCHIT round [or spec [or AM -er] full-centre] arch **Rund·brief** m circular

Run·de <-, -n> ['rʊndə] f ❶ (Gesellschaft) company; es war eine sehr gemütliche ~ the company was very convivial; wir haben in kleiner ~ gefeiert it was a small [or an intimate] celebration ❷ (Rundgang) rounds pl; eines Polizisten beat no pl; eines Briefträgers round; eine ~ [um etw] drehen AUTO to drive/ride around [sth]; LUFT to circle [over sth]; seine ~ machen to do one's rounds; Polizist to be on [or walking] one's beat ❸ SPORT lap; vier ~n sind noch zu fahren there are another four laps to go; (Boxen) round; KARTEN round; eine ~ Bridge a rubber [or round] of bridge ❹ (Stufe) round; die nächste ~ der Tarifgespräche the next round of wage talks ❺ (Bestellung) round; eine ~ für alle! a round [or drinks] for everyone!; jdm [o für jdn] | eine ~ spendieren [o ausgeben] [für jdn] eine ~ schmeißen (sl) to get in a round [for sb] ▶ WENDUNGEN: etw über die ~n bringen (fam) to get sth done; jdm über die ~n helfen to help sb get by; [mit etw] über die ~n kommen (fam) to make ends meet [with sth]; [irgendwo] die ~ machen Gerücht to go around [somewhere]; die ~ machen (herumgegeben werden) to be passed around; in die/der ~ around; was schaust du so erwartungsvoll in die ~? what are you looking around so expectantly for?

run·den ['rʊndn̩] (geh) I. vr ■ sich akk ~ ❶ (rundlich werden) to become [or grow] round; (von Gesicht) to become full, to fill out ❷ (konkreter werden) to take shape II. vt die Lippen ~ to round one's lips; Daumen und Zeigefinger [zu etw] ~ to curl one's thumb and forefinger [to sth]

rund·er·neu·ern* vt AUTO ■ etw ~ to retread sth; **die Profile** ~ to remould [or AM remold] the tread; **runderneuerte Reifen** remoulds **Rund·fahrt** f [sightseeing] tour **Rund·fra·ge** f survey (**zu** +dat of)

Rund·funk m ❶ (geh) radio, wireless BRIT dated; **im ~** (veraltend) on the radio [or BRIT dated wireless] ❷ ■ **der ~** (die Sendeanstalten) broadcasting; (die Organisationen) the broadcasting companies [or corporations]

Rund·funk·an·stalt f (geh) broadcasting company [or corporation] **Rund·funk·ge·bühr** f meist pl radio licence [or AM -se] fee **Rund·funk·ge·rät** nt (geh) radio [set], wireless BRIT dated **Rund·funk·pro·gramm** nt radio programme [or AM -am] **Rund·funk·sen·der** m radio station **Rund·funk·spre·cher(in)** m(f) radio announcer **Rund·funk·sta·ti·on** f radio station **Rund·funk·teil·neh·mer(in)** m(f) (geh) listener **Rund·funk·über·tra·gung** f [radio] broadcast

Rund·gang m walk; (zur Besichtigung) tour, round; **einen ~ [durch etw] machen** to go for a walk [through sth]; (zur Besichtigung) to do a tour [or round] of sth

rund|ge·hen irreg **I.** vi sein ❶ (herumgereicht werden) to be passed around; **etw ~ lassen** to pass around sth sep ❷ (herumerzählt werden) to do the rounds; **wie der Blitz ~** to spread like wildfire **II.** vi impers sein ❶ (fam: was los sein) to go full tilt; **es geht rund im Büro** it's all happening at the office ❷ (fam: Ärger geben) **jetzt geht es rund!** now there'll be [all] hell to pay! fam

rund·her·aus ['rʊnthɛˈraʊs] adv bluntly, point-blank **rund·her·um** ['rʊnthɛˈrʊm] adv ❶ (rings herum) ■ **~ [um etw]** all round [sth] ❷ (fam) s. **rundum Rund·korn·reis** m short grain rice

rund·lich ['rʊntlɪç] adj plump; **~e Hüften** well-rounded hips; **~e Wangen** chubby [or plump] cheeks; ■ **~ sein/werden** to be/be getting plump/well-rounded/chubby

Rund·rei·se f tour; ■ **eine~/jds ~ durch etw** a/sb's tour of sth **Rund·ruf** m series of calls; **bei all seinen Freunden einen ~ machen** to call all one's friends **Rund·schrei·ben** nt (geh) s. **Rundbrief rund·um** ['rʊntˈʔʊm] adv ❶ (ringsum) all round [or AM around] ❷ (völlig) completely [or totally] **Rund·um·schlag** m sweeping [or devastating] blow

Rund·um·schutz m FIN, MED all-risks cover

Run·dung <-, -en> f ❶ (Wölbung) curve ❷ pl (fam) curves, curvature no pl

Rund·wan·der·weg m circular walk

rund·weg ['rʊntvɛk] adv flatly, point-blank; **sich** akk ~ **weigern** to flatly refuse, to refuse point-blank

Rund·wurm m ZOOL roundworm

Ru·ne <-, -n> ['ruːnə] f rune

Ru·nen·schrift f runic writing no art **Ru·nen·zei·chen** nt runic character, rune

Run·kel·rü·be ['rʊŋkl-] f, **Run·kel** ['rʊŋkl] f ÖSTERR, SCHWEIZ mangel-wurzel

run·ter ['rʊntɐ] interj (fam: weg) **~ mit dem Zeug von meinem Schreibtisch!** get [or clear] that stuff off my desk!; **~ vom Baum/von der Leiter!** get out of that tree/get [down] off that ladder!

run·ter|fal·len vi (fam) ■ **[etw** akk] **~** to fall down [sth] **run·ter|ho·len** vt ❶ (herunternehmen) ■ **jdn/etw [von etw** dat] **~** to fetch sb/sth [from sth] ❷ (sl) ■ **sich** dat **einen ~** to [have a] wank BRIT sl, to choke one's chicken AM sl; ■ **jdm/sich einen ~** to jerk [or toss] sb/oneself off sl **run·ter|kom·men** vi irreg sein ❶ (fam: herunterkommen) ■ **[von etw/zu jdm] ~** to get down [off sth]/to come down [to sb] ❷ (sl: clean werden) ■ **von etw** dat **~** to come off sth **run·ter|la·den** vt ■ [**sich** dat] **etw ~** INET to download sth **run·ter|las·sen** vt irreg (fam) ■ **etw ~** to let down sth

sep; **die Hose ~** to lower [or sep pull down] one's pants **run·ter|sprin·gen** vi (fam) to jump down

Run·zel <-, -n> ['rʊntsl] f wrinkle, furrow

run·ze·lig ['rʊntsəlɪç] adj wrinkled; **~ sein [im Gesicht]** to have a wrinkled face

run·zeln ['rʊntsln] **I.** vt ■ etw ~ to wrinkle [or crease] sth; **die Brauen/die Stirn ~** to knit one's brows/to wrinkle one's brow; **gerunzelte Brauen/eine gerunzelte Stirn** knitted brows/a wrinkled brow; (ärgerlich) a frown no pl **II.** vr ■ **sich** akk ~ to become wrinkled

Rü·pel <-s, -> ['ryːpl] m lout, yob[bo] BRIT fam

Rü·pe·lei <-, -en> [ryːpəˈlaɪ] f insolent [or loutish] act/remark

rü·pel·haft adj loutish; **~er Kerl** lout, yob[bo] BRIT fam; ■ **~ sein** to be loutish [or a lout] [or BRIT fam a yob[bo]]

rup·fen ['rʊpfn] vt ❶ (von den Federn befreien) ■ **etw ~** to pluck sth ❷ (zupfen) ■ **etw [aus etw** dat] **~** to pull up sth sep [out of sth] ❸ (sl: finanziell übervorteilen) ■ **jdn ~** to fleece sb fam, to take sb to the cleaner's fam; s. a. **Hühnchen**

Ru·pie <-, -n> ['ruːpiə] f rupee

rup·pig ['rʊpɪç] **I.** adj gruff; **eine ~e Antwort** an abrupt [or a gruff] [or a terse] answer; ■ **~ [zu jdm] sein** to be gruff [or rough] [with sb] **II.** adv gruffly; **jdn ~ behandeln** to treat sb gruffly [or roughly]; **sich** akk **~ verhalten** to be gruff

Rü·sche <-, -n> ['ryːʃə] f ruche, frill

rü·schen ['ryːʃn] vt MODE ■ **etw ~** Kleid, Bluse to ruche sth

Ruß <-es> [ruːs] m kein pl soot; Dieselmotor particulate; Kerze smoke; Lampe lampblack

Rus·se, Rus·sin <-n, -n> ['rʊsə, 'rʊsɪn] m, f Russian [man/boy/woman/girl]; **~ sein** to be Russian; **die ~n** the Russian; s. a. **Deutsche(r)**

Rüs·sel <-s, -> ['rʏsl] m ❶ (Tier~) snout, proboscis spec; Elefant a. trunk ❷ (Saug~) Insekt proboscis spec ❸ (sl: Mund) trap sl, gob BRIT sl

Rüs·sel·kä·fer m ZOOL weevil **Rüs·sel·tier** nt ZOOL elephant

ru·ßen ['ruːsn] **I.** vi to produce soot; Fackel, Kerze to smoke **II.** vt SCHWEIZ, SÜDD (entrußen) ■ **etw ~** to clean the soot out of sth; **den Kamin ~** to sweep the chimney

Ruß·fil·ter m smoke [or flue-gas] filter; AUTO diesel [particulate form] filter **Ruß·flo·cke** f soot particle, smut

ru·ßig ['ruːsɪç] adj blackened [with soot pred]; (verschmutzt a.) sooty

Rus·sin <-, -nen> f fem form von **Russe**

rus·sisch ['rʊsɪʃ] adj ❶ (Russland betreffend) Russian, in/of Russia pred; s. a. **deutsch 1** s. a. **Roulette 1** ❷ LING Russian; **die ~e Sprache** Russian, the Russian language; ■ **auf R~** in Russian; s. a. **deutsch 2**

Rus·sisch ['rʊsɪʃ] nt dekl wie adj ❶ LING Russian; ■ **das ~e** Russian, the Russian language; s. a. **Deutsch 1** ❷ (Fach) Russian; s. a. **Deutsch 2**

Rus·si·sche Fö·de·ra·ti·on f ÖSTERR Russia; s. a. **Deutschland**

Russ·land[RR], **Ruß·land**[ALT] <-s> ['rʊslant] nt Russia; s. a. **Deutschland**

Russ·land·deut·sche(r)[RR] f(m) dekl wie adj ethnic German from Russia, Russo-German; **die ~n** the Russo-Germans; **~ sein** to be [a] Russo-German; s. a. **Deutsche(r)**

rüs·ten ['rʏstn] **I.** vi to arm, to build up arm[ament]s **II.** vr (geh) ■ **sich** akk **zu etw ~** to prepare [or get ready] for sth **III.** vt SCHWEIZ (vorbereiten) ■ **etw ~** to get together sth sep

rüs·tig ['rʏstɪç] adj sprightly; ■ **~ sein** to be sprightly

Rüs·tig·keit <-> f kein pl sprightliness

rus·ti·kal [rʊstiˈkaːl] **I.** adj rustic; **~er Stil** rustic [or farmhouse] [or country] style; s. a. **Eiche II.** adv **sich**

fam) in one go; **guten ~!** *(fam)* happy New Year!

Rutsch·bahn *f* ❶ *(Kinder~)* slide ❷ *(Straße)* slippery slope ❸ *(Rummelplatz)* helter-skelter

Rut·sche <-, -n> ['rʊtʃə] *f* ❶ TECH chute, slideway ❷ *(fam) s.* **Rutschbahn 1**

rut·schen ['rʊtʃn] *vi sein* ❶ *(aus~)* to slip ❷ *(fam: rücken)* |**mit etw** *dat*| |**nach links/zur Seite etc.**| ~ to move [*or fam* shove] |sth| |to the left/side etc.|; **auf dem Stuhl hin und her** ~ to fidget [*or* shift around] on one's chair; **rutsch mal!** move [*or fam* shove] over [*or* up] ❸ *(gleiten)* ■ |**auf etw** *dat*| ~ to slide [on sth] ❹ *(auf Rutschbahn)* ■ |**auf der Rutsch·bahn**| ~ to play on the slide ❺ *(von Erde, Kies)* **ins R~ geraten** [o **kommen**] to start slipping

Rutsch·ge·fahr *f kein pl* danger of slipping; *(von Auto)* danger [*or* risk] of skidding

rut·schig ['rʊtʃɪç] *adj* slippery, slippy *fam*

rutsch·si·cher *adj* non[-]slip

rüt·teln ['rʏtln] **I.** *vt* |**jdn** |**an etw** *dat*| ~ to shake sb [by sth]/sb['s sth] **II.** *vi* ■ |**an etw** *dat* ~ to shake sth; **an feststehenden Tatsachen** ~ to upset the ap-ple[-]cart; **daran ist nicht zu** ~ **daran gibt es nichts zu** ~ there's nothing one/you/we can do about it, there's no doubt about it

Rüt·tel·sieb *nt* flour sifter

Rwan·der(in) <-s, -> ['rvandɐ] *m(f) s.* **Ruander**

rwan·disch ['rvandɪʃ] *adj* SCHWEIZ *s.* **ruandisch**

---

akk ~ **einrichten/~ wohnen** to furnish one's home in a rustic [*or* farmhouse] [*or* country] style

Rüs·tung <-, -en> ['rʏstʊŋ] *f* ❶ *kein pl (das Rüsten)* [re]armament ❷ *(Ritter~)* armour [*or* AM -or]

Rüs·tungs·ab·bau *m* reduction in arm[ament]s **Rüs·tungs·be·gren·zung** *f* arms limitation, restriction of arm[ament]s, arm[ament]s reduction **Rüs·tungs·be·trieb** *m* armaments [*or form* ordnance] company **Rüs·tungs·geg·ner(in)** *m(f)* supporter of disarmament **Rüs·tungs·in·dus·trie** *f* armament[s] industry **Rüs·tungs·kon·trol·le** *f* arms control, control of armaments **Rüs·tungs·kon·troll·ver·ein·ba·rung** *f* arms control agreement **Rüs·tungs·kon·zern** *m* armaments [*or form* ordnance] company **Rüs·tungs·un·ter·neh·men** *nt* MIL, ÖKON armaments concern **Rüs·tungs·wett·lauf** *m* arms race

Rüst·zeug *nt kein pl* ❶ *(Werkzeug)* equipment *no pl, no indef art,* tools *pl* ❷ *(Know-how)* know-how, skills *pl; (Qualifikationen)* qualifications *pl*

Ru·te <-, -n> ['ru:tə] *f* ❶ *(Gerte)* switch ❷ *(Angel~)* |fishing| rod ❸ *(Wünschel~)* divining [*or* dowsing] rod

Ru·ten·gän·ger(in) <-s, -> *m(f)* diviner, dowser

Ru·the·ni·um <-s> [ru'te:nĭʊm] *nt kein pl* CHEM ruthenium *no pl, no indef art*

Rüt·li·schwur ['ry:tli-] *m kein pl* HIST ■ **der** ~ oath taken on the Rütli mountain by the founders of Switzerland

Rutsch <-es, -e> [rʊtʃ] *m* landslide; **in einem** ~ *(fig*

S s

S, s <-, -> [ɛs] *nt* S, s; *(Mehrzahl)* S['-]s, s's; ~ **wie Sieg·fried** S for [*or* AM as in] Sugar; *s. a.* **A 1**

s. *Abk von* **siehe**

S *Abk von* **Süden** S[.], So. AM

S. *Abk von* **Seite** p[.]; *(Mehrzahl)* pp[.]

SA <-> [ɛs'ʔa:] *f kein pl (hist) Abk von* **Sturmabtei·lung**: ■ **die** ~ the SA

Saal <-[e]s, Säle> [za:l, *pl:* 'zɛ:lə] *m* hall

Saal·die·ner *m* POL usher **Saal·schlacht** *f (fam)* brawl, fighting *no pl*

Saar <-> [za:ɐ] *f* ■ **die** ~ the Saar

Saar·brü·cken <-s> *nt* Saarbrücken

Saar·ge·biet *nt,* **Saar·land** *nt* ■ **das** ~ the Saarland

Saar·län·der(in) <-s, -> *m(f)* Saarlander

saar·län·disch ['za:ɐlɛndɪʃ] *adj* [of/in the] Saarland

Saat <-, -en> [za:t] *f* ❶ *kein pl (das Säen)* ■ **die** ~ sowing; **bei der** ~ **sein** to be sowing ❷ *(~gut)* seed[s *pl*] ❸ *(gespießte Halme)* young crop[s *pl*], seedlings *pl*

Saat·gans *f* ORN bean goose **Saat·gut** *nt kein pl (geh)* seed[s *pl*] **Saat·kar·tof·fel** *f* seed potato **Saat·korn** *nt* ❶ *(zum Aussäen)* seed corn [*or* AM grain] ❷ BOT *s.* **Samenkorn Saat·krä·he** *f* rook

Sab·bat <-s, -e> ['zabat] *m* ■ **der** ~ the Sabbath

sab·beln ['zabln] *vi* DIAL *(sabbern)* to slobber

Sab·ber <-s> ['zabɐ] *m kein pl* DIAL slaver, saliva, slob·ber *pej*

Sab·ber·lätz·chen *nt* DIAL bib

sab·bern ['zabɐn] **I.** *vi (sabbern)* to slav·er [*or* pej slobber] on [*or* over] sth **II.** *vt* DIAL *(fam)* ■ **etw** ~ to blather *fam* [*or pej* spout] sth; **unver·ständliches Zeug** ~ to [talk] drivel

Sä·bel <-s, -> ['zɛ:bl] *m (leicht gebogenes Schwert)* sabre BRIT, saber AM; *(Krumm~)* scimitar; ▶ WENDUNGEN: **mit dem** ~ **rasseln** to rattle one's sabre

[*or* AM -er]

Sä·bel·fech·ten *nt* sabre fencing

sä·beln ['zɛ:bln] **I.** *vt (fam)* ■ **etw** |**von etw**| ~ to saw sth off sth, to saw away at sth **II.** *vi (fam)* ■ |**an etw** *dat*| ~ to saw away [at sth]

Sä·bel·ras·seln <-s> *nt kein pl* sabre-rattling **Sä·bel·schnäb·ler** <-s, -> *m* ORN avocet

Sa·bo·ta·ge <-, -n> [zabo'ta:ʒə] *f* sabotage; ~ |**an etw** *dat*| **begehen** to perform acts/an act of sabotage, to sabotage sth; ~ **treiben** to practise sabotage

Sa·bo·ta·ge·akt [zabo'ta:ʒə-] *m* act of sabotage; **einen ~/~e** |**an etw** *dat*| **begehen** [o **verüben**] to perform an act/acts of sabotage, to sabotage sth

Sa·bo·teur(in) <-s, -e> [zabo'tø:ɐ] *m(f)* saboteur; *(kommunistisch a.)* diversionist

sa·bo·tie·ren [zabo'ti:rən] **I.** *vt* ■ **etw** ~ to sabotage sth **II.** *vi* to practise sabotage

Sac·cha·ri·me·ter [zaxari'me:te] *nt* saccharometer

Sa(c)·cha·rin <-s> [zaxa'ri:n] *nt kein pl* saccharin

Sach·be·ar·bei·ter(in) *m(f)* specialist; *(in einer Behörde)* official in charge; *(im Sozialamt)* case·worker **Sach·be·reich** *m* [specialist] area **Sach·be·schä·di·gung** *f* JUR [criminal] damage to property, vandalism; ~ **begehen** to commit [an act of] vandal·ism **sach·be·zo·gen I.** *adj* relevant, pertinent, ger·mane *pred form* **II.** *adv* ~ **argumentieren/jdn** ~ **befragen** to use relevant [*or* pertinent] arguments/to ask relevant [*or* pertinent] questions of sb **Sach·buch** *nt* ❶ nonfiction book [*or* work] **sach·dien·lich** *adj (geh)* relevant, pertinent; **ein ~er Tipp** a useful tip; **~e Hinweise** relevant information, information relevant to the case; ■ ~ **sein** to be relevant [*or* perti·nent] [*or form* germane]

Sa·che <-, -n> ['zaxə] *f* ❶ *(Ding)* thing; *(im Laden a.)* article; **scharfe ~n** *(fam: Spirituosen)* hard stuff *fam*

[*or* AM liquor] *sing;* **~ gibt's|, die gibt's gar nicht|**! *(fam)* [well] would you credit it?, isn't it amazing?; *s. a.* **Natur** ② *(Angelegenheit)* matter; **eine aussichtslose ~** a lost cause; **in eigener ~** on one's own behalf; **das ist eine andere ~** that's another matter [*or* something else]; **eine gute ~** *(angenehm)* a good thing; *(wohltätig)* a good cause; **das ist so eine ~** *(fam)* that's a bit tricky [*or* bit of a problem]; **es ist eine ~ seiner Abstammung** it's a question of his origins; ■ **jds ~ sein** to be sb's affair [*or* business]; **nicht jedermanns ~ sein** to be not everyone's cup of tea; ■ **eine ~ für sich sein** to be a matter apart [*or* chapter in itself] ③ *pl (Eigentum)* ■ **jds ~** sb's things [*or* belongings] [*or fam* stuff] ④ *pl (Utensilien)* things, gear *nsing* ⑤ *pl (Kleidung)* things, clothes, togs *fam;* **warme ~n** warm clothes [*or* clothing] ⑥ *pl (Werke)* pieces ⑦ *pl (Vorfall)* things; **beschlossene ~ sein** to be [all] settled [*or* a foregone conclusion]; **mach keine ~n!** *(fam: was du nicht sagst)* [what] you don't say?; *(tu das bloß nicht)* don't be daft! *fam;* **was machst du bloß für ~n!** *(fam)* the things you do!; **was sind denn das für ~n?** what's going on here?; **das sind doch keine ~n!** *(fam)* he/she/you etc. shouldn't do that ⑧ JUR *(Fall)* case; **in ~n** [*o* **in der ~**] **Meier gegen Müller** in the case [of] [*or form* in re] Meier versus Müller; **zur ~ vernommen werden** to be questioned ⑨ *pl (fam: Stundenkilometer)* **mit 255 ~n** at 255 [kph [*or* AM *sl* klicks]] ⑩ *(Anliegen)* **mit jdm gemeinsame ~ machen** to make common cause with sth ⑪ *(Aufgabe)* **keine halben ~n machen** to not do things by halves, to not deal in half-measures; **er macht seine ~ gut** he's doing well; *(beruflich)* he's doing a good job ⑫ *(Sachlage)* **sich** *dat* |**bei jdm/etw**| **seiner ~ sicher** [*o gel:* **gewiss**] **sein** to be sure of one's ground; **bei der ~ bleiben** to keep to the point; **die ~ ist die, dass ...** *(es geht darum, dass ...)* the matter so far is that ...; *(einschränkend)* the thing is [that] ...; **zur ~ kommen** to come to the point; **neben der ~ liegen** *(fam)* to be beside the point; **was ~ ist** *(fam)* what's what *fam;* |**bei etw** *dat*| **bei der ~ sein** to give one's full attention [to sth]; **er war nicht bei der Sache** his mind was wandering; **die ~ steht gut** things are going [*or* shaping] well; **die ~ steht unentschieden** things are undecided; **nichts zur ~ tun** to be irrelevant, to not matter; **seine ~ verstehen** to know what one is doing [*or fam* is about]; **zur ~!** come to the point; *(in Parlament a.)* [the] question!

Sa·cher·tor·te *f* Sacher torte

Sach·fra·ge *f meist pl* factual question **sach·fremd** *adj* irrelevant **Sach·ge·biet** *nt* [specialized] field **sach·ge·mäß** **I.** *adj* proper; **bei ~er Verwendung** when properly used **II.** *adv* properly **sach·ge·recht** *adj s.* **sachgemäß** **Sach·ka·ta·log** *m* subject index **Sach·ken·ner(in)** *m(f)* expert, authority (**auf/in** +*dat* on) **Sach·kennt·nis** *f* expert knowledge *no pl* **Sach·kun·de** *f kein pl* ① *(geh) s.* **Sachkenntnis** ② SCH *(fam) s.* **Sachkundeunterricht** **Sach·kun·de·un·ter·richt** *m* ■ **der ~** General Knowledge **sach·kun·dig** **I.** *adj* [well-]informed; ■ **~/~er sein** to be [well]/ better informed; **sich** |**auf/in etw** *dat*| **~ machen** to inform oneself [on sth]; **sich laufend ~ machen** to keep oneself informed, to keep on the ball **II.** *adv* **~ antworten/erklären** to give an informed answer/ explanation **Sach·kun·di·ge(r)** *f(m) dekl wie adj s.* **Sachkenner** **Sach·la·ge** *f kein pl* situation, state of affairs, lie of the land *fam*

sach·lich ['zaxlɪç] **I.** *adj* ① *(objektiv)* objective; ■ **~ bleiben** to remain objective, to keep to the point; ■ **~ sein** to be objective ② *(in der Angelegenheit begründet)* factual; **ein ~er Unterschied** a factual [*or* material] difference ③ *(schmucklos)* functional;

sich *akk* **~ kleiden** to dress businesslike **II.** *adv* ① *(objektiv)* objectively; **sich ~ verhalten** to be objective ② *(inhaltlich)* factually

säch·lich ['zɛçlɪç] *adj* LING neuter

Sach·lich·keit <-> *f kein pl* ① *(Objektivität)* objectivity ② KUNST, LIT **die Neue ~** new realism, neo-realism

Sach·re·gis·ter *nt* subject index **Sach·scha·den** *m* damage to property, property damage *no indef art, no pl*

Sach·se, Säch·sin <-n, -n> ['zaksə, 'zɛksɪn] *m, f* Saxon

säch·seln ['zɛksl̩n] *vi (fam)* to speak with a Saxon accent/ in the Saxon dialect

Sach·sen <-s> ['zaksn̩] *nt* Saxony

Sach·sen-An·halt <-s> [zaksn̩'anhalt] *nt* Saxony-Anhalt

Säch·sin <-, -nen> ['zɛksɪn] *f fem form von* **Sachse**

säch·sisch ['zɛksɪʃ] *adj* Saxon, of Saxony *pred;* ■ **das S~e** Saxon

Sach·spen·de *f* donation in kind

sacht [zaxt], **sach·te** ['zaxtə] **I.** *adj* ① *(sanft)* gentle; **nun mal ~e! ~e, ~e!** *(fam)* take it easy! ② *(geringfügig)* gentle, gradual **II.** *adv* ① *(sanft)* gently ② *(leicht)* gently, gradually, by degrees

Sach·ver·halt <-[e]s, -e> *m* facts *pl* [of the case] **Sach·ver·stand** *m kein pl* expertise **Sach·ver·stän·di·ge(r)** *f(m) dekl wie adj* expert; *(vor Gericht)* expert witness **Sach·wert** *m* ① *(commodity* [*or* real] value ② *pl (Wertgegenstände)* tangible assets *spec* **Sach·wör·ter·buch** *nt* specialist [*or* technical] dictionary; **~ der Gesteinskunde** dictionary of geology [*or* geological terms] **Sach·zwang** *m meist pl* SOZIOL material [*or* practical] constraint; **Sachzwängen unterliegen** to be constrained by circumstances; **frei von Sachzwängen sein** to be unconstrained by circumstances

Sack <-[e]s, Säcke> [zak, *pl:* 'zɛkə] *m* ① *(großer Beutel)* sack; **drei ~ Kartoffel/Kohlen** three sacks of potatoes/sacks [*or* bags] of coal; **etw in Säcke füllen** to put sth into sacks, to sack sth *spec* ② SÜDD, ÖSTERR, SCHWEIZ *(Hosentasche)* [trouser [*or* AM pants]] pocket; **etw im ~ haben** *(sl)* to have sth safely in one's pocket ③ *(vulg: Hoden~)* balls *npl sl* ④ *(pej fam: Kerl)* bastard *sl,* cunt *vulg* ⑤ *(Tränen~)* bag, sac|cus| *spec* ▶ WENDUNGEN: **in ~ und Asche gehen** *(fig geh)* to wear [*or* be in] sackcloth and ashes *liter;* **den ~ schlagen und den Esel meinen** *(prov)* to kick the dog and mean the master *prov;* **es ist leichter, einen ~ Flöhe zu hüten** *(fam)* I'd rather climb Mount Everest *fam;* **mit ~ und Pack** *(fam)* with bag and baggage; **wie ein nasser ~** *(sl)* as if poleaxed, like a limp rag; **jdn in den ~ stecken** *(fig fam)* to knock [the] spots off sb BRIT *fam*

Sack·bahn·hof *m s.* **Kopfbahnhof**

Sä·ckel <-s, -> ['zɛkl] *m* SÜDD *(veraltend: Hosentasche)* pocket; **tief in den ~ greifen müssen** to have to dig deep [into one's pockets]

sa·cken ['zakn̩] *vi sein* ① *(sich senken)* to sink, to subside; *(zur Seite)* to lean ② *(sinken)* to sink; *Kopf a.* to droop

sä·cke·wei·se *adj* by the sack/bag

Sack·gas·se *f (a. fig)* cul-de-sac, blind alley, dead end *a. fig;* **in einer ~ stecken** *(fig)* to have come to a dead end [*or* an impasse] **Sack·hüp·fen** *nt kein pl* sack race; **~ machen** to have a sack race **Sack·kar·re** *f* barrow, handcart **Sack·lei·nen** *nt* sackcloth, sacking, burlap AM **Sack·tuch** *nt* ① SÜDD, ÖSTERR, SCHWEIZ *(Taschentuch)* handkerchief, hankie *fam* ② *s.* **Sackleinen**

Sa·dis·mus <-, Sadismen> [za'dɪsmʊs, *pl:* za'dɪsmən] *m kein pl (Veranlagung)* sadism ② *pl* sadism *no pl,* sadistic acts

Sa·dist(in) <-en, -en> [za'dɪst] *m(f)* sadist

sa·dis·tisch I. *adj* sadistic; ■ ~ **sein** to be sadistic II. *adv* sadistically

Sa·do·ma·so·chis·mus [zadomazoˈxɪsmʊs] *m kein pl* sadomasochism, SM *no pl*

sä·en [ˈzɛːən] I. *vt* ■ **etw** ~ ❶ *(aus~)* to sow sth ❷ *(geh: erzeugen)* to sow [the seeds of] sth II. *vi* to sow; *s. a.* **dünn** ▸ WENDUNGEN: **Wind** ~ **und Sturm ernten** to sow the wind and reap the whirlwind *dated*

Sa·fa·ri <-, -s> [zaˈfaːri] *f* safari; **eine** ~ **machen** to go on safari

Sa·fa·ri·helm *m* safari hat **Sa·fa·ri·hemd** *nt* safari jacket **Sa·fa·ri·park** *m* safari park

Safe <-s, -s> [seːf] *m* safe; **einen** ~ **aufbrechen** to break open a safe

Saf·fi·an [ˈzafi̯a(ː)n] *m*, **Saf·fi·an·le·der** <-s> [ˈzafi̯a(ː)n-] *nt kein pl* morocco [leather]

Sa·flor·öl [zaˈfloːɐ̯-] *nt* safflower oil

Saf·ran <-s, -e> [ˈzafraːn] *m* ❶ BOT saffron [crocus] ❷ *(Gewürz)* saffron

Saft <-[e]s, Säfte> [zaft, *pl:* ˈzɛftə] *m* ❶ *(Frucht~)* [fruit] juice *no pl* ❷ *(Pflanzen~)* sap *no pl;* **grün-** **und Kraft** *(fig: von Rede)* wishy-washy, insipid; *(von Mensch: lustlos)* listless ❸ *(fam: Strom)* juice *fam* ▸ WENDUNGEN: **im eigenen** ~ **schmoren** *(fig fam)* to be up against a brick wall; **jdn im eigenen** ~ **schmo-** **ren lassen** *(fam)* to let sb stew in their own juice

Saft·brä·ter *m* oval-shaped casserole *(with a perforat-* *ed insert in the lid for channelling basting liquids to* *the meat)*

saf·tig [ˈzaftɪç] *adj* ❶ *(viel Saft enthaltend)* juicy, succu-lent ❷ *(üppig)* lush ❸ *(fam: in unangenehmer Weise* *berührend)* **ein ~er Brief** one hell of a letter, a snort-er BRIT *sl;* **ein ~er Preis/eine ~e Rechnung** a steep *[or an exorbitant]* price/bill

Saft·la·den *m (pej fam)* dump *pej* **saft·los** *adj* insip-id, wishy-washy **Saft·pres·se** *f* fruit press, juice extractor **Saft·sack** *m (pej sl)* stupid bastard *sl [or* BRIT *vulg* twat] **Saft·zen·tri·fu·ge** *f* juice extractor

Sa·ga <-, -s> [ˈsaːga] *f* saga

Sa·ge <-, -n> [ˈzaːgə] *f* legend

Sä·ge <-, -n> [ˈzɛːgə] *f* ❶ *(Werkzeug)* saw ❷ ÖSTERR *(Sägewerk)* sawmill

Sä·ge·bauch *m* sawfish **Sä·ge·blatt** *nt* saw blade *[or spec* web] **Sä·ge·bock** *m* sawhorse **Sä·ge·mehl** *nt* sawdust **Sä·ge·mes·ser** *nt* serrated knife **Sä·ge·** **müh·le** *f* SÜDD *(Sägewerk)* sawmill

sa·gen [ˈzaːgn̩] I. *vt* ❶ *(äußern)* ■ **etw** |**zu jdm**| ~ to say sth [to sb]; **warum haben Sie das nicht gleich gesagt?** why didn't you say *[or* tell me] that *[or so]* before?; ■ **~/jdm ~, dass/ob** ... to say/tell sb [that]/whether ...; ■ **~/jdm ~, wann/wenn/wie/** **warum** ... to say/tell sb when/how/why ...; **könn-** **ten Sie mir ~, ...?** could you tell me ...?; **schnell gesagt sein** to be easily said; **ich will nichts gesagt haben** forget everything I just said; **was ich noch ~** **wollte, ...** just one more thing, ...; **gesagt, getan** no sooner said than done; **leichter gesagt als getan** easier said than done ❷ *(mitteilen)* ■ **jdm etw ~** to tell sb sth; **das hätte ich dir gleich ~ können** I could have told you that before; **sich** *dat* ~ **lassen haben,** |**dass**| ... to have been told [that] ...; **wem ~ Sie das!/wem sagst du das!** *(fam)* who are you try-ing to tell that?, you don't need to tell me that! ❸ *(be-* *fehlen)* ■ **jdm ~, dass er/man etw tun soll/muss** to tell sb to do sth/that one should/has to do sth; ■ **jdm ~, wie/was** ... to tell sb how/what ...; **etwas/nichts zu ~ haben** to have the say/to have nothing to say, to call the shots *fam*/to be [a] nobody *pej;* **das ist nicht gesagt** that is by no means certain; **lass dir das** |**von mir**| **gesagt sein**|, ...| let me tell you *[or* take it from me] [...] ❹ *(meinen)* **was ~ Sie dazu?** what do you say to it *[or* think about it] ?;

dazu sage ich lieber nichts I prefer not to say any-thing on that point; **das kann man wohl** ~ you can say that again; **da soll noch einer ~,** |**dass**| ... never let it be said [that] ...; **ich sag's ja immer, ...** I always say *[or* I've always said] ... ❺ *(bedeuten)* ■ **jdm etwas/nichts/wenig** ~ to mean something/to not mean anything/to mean little to sb; **sagt dir der Name etwas?** does the name mean anything to you?; **nichts zu ~ haben** to not mean anything; **das will nichts/nicht viel** ~ that doesn't mean anything *[or* much] II. *vi imperativisch* ■ **sag/~ Sie, ...** tell me *[or* say] , ...; **genauer gesagt** or [to put *[or* putting] it] more precisely; **ich muss schon ~!** I must say!; **unter uns gesagt** between you and me, between you, me and the gatepost *hum;* **sag bloß!** *(fam)* you don't say!, get away [with you]! *fam;* ■ **um nicht zu ~ ...** not to say ...; **wie** |**schon**| **gesagt, wie ich schon sagte** as I've |just *[or* already] | said *[or* mentioned] III. *vr* ■ **sich** *dat* ~, |**dass**| ... to tell oneself [that] ...

sä·gen [ˈzɛːgn̩] I. *vt* ■ **etw** ~ to saw sth; **er sägte den Ast in kleine Stücke** he sawed the branch into little bits II. *vi* ❶ *(mit der Säge arbeiten)* to saw; ■ **an etw** *dat* ~ to saw sth, to saw away at sth *iron* ❷ *(fam: schnarchen)* to snore, to saw wood AM

sa·gen·haft I. *adj* ❶ *(fam: phänomenal)* incredible; **~es Aussehen** stunning looks *npl* ❷ *(fam: unvor-* *stellbar)* incredible; **ein ~er Preis/~er Reichtum** a staggering price/staggering wealth ❸ *(geh: legendär)* legendary; **eine ~e Gestalt** a legendary figure, a figure from legend II. *adv (fam)* incredibly

Sä·ge·spä·ne *pl* sawdust; *(gröber)* wood shavings *pl* **Sä·ge·werk** *nt* sawmill, lumbermill AM **Sä·ge·** **zahn** *m* saw tooth

Sa·go <-s> [ˈzaːgo] *m o nt kein pl* sago

Sa·go·pal·me *f* sago palm

sah [zaː] *imp von* **sehen**

Sa·ha·ra <-> [zaˈhaːra, ˈzaːhara] *f kein pl* ■ **die** ~ the Sahara [Desert]

Sah·ne <-> [ˈzaːnə] *f kein pl* cream; **saure/süße** ~ sour cream/[fresh] cream; ■ **mit** ~ with cream; ■ **zum Schlagen** whipping cream; **allererste** ~ *(sl)* great *fam,* wicked *fam*

Sah·ne·eis *nt* ice cream **Sah·ne·meer·ret·tich** *m* horseradish cream sauce **Sah·ne·so·ße** *f* cream sauce **Sah·ne·tor·te** *f* cream gateau

sah·nig [ˈzaːnɪç] *adj* creamy; **etw** ~ **schlagen** to whip *[or* beat] sth until creamy

Saib·ling <-s, -e> [ˈzaiplɪŋ] *m* arctic char[r]

Sai·son <-, -s *o* SÜDD, ÖSTERR -en> [zɛˈzõː, zɛˈzɔŋ] *f* sea-son; **außerhalb der** ~ in *[or* during] the off-season

sai·so·nal [zɛzoˈnaːl] I. *adj* seasonal II. *adv* seasonally; **~ bedingt sein** to be due to seasonal factors

Sai·son·ar·bei·ter(in) *m(f)* seasonal worker **sai·son-** **be·dingt** *adj* seasonal; ■ ~ **sein** to be seasonal *[or* due to seasonal factors] **Sai·son·be·ginn** *m* start of the season **Sai·son·be·trieb** *m kein pl* seasonal business **Sai·son·er·öff·nung** *f* opening of the season **Sai-** **son·zu·schlag** *m* in-season *[or* seasonal] *[or* high-sea-son] supplement

Sai·te <-, -n> [ˈzaitə] *f* MUS string; **die ~n einer Gitarre stimmen** to tune [the strings of] a guitar ▸ WENDUNGEN: **andere** *[o* **strengere]** ~**n aufziehen** *(fam)* to get tough

Sai·ten·in·stru·ment *nt* string[ed] instrument **Sai·ten-** **wurst** *f* frankfurter

Sak·ko <-s, -s> [ˈzako] *m o nt* sports jacket

sa·kral [zaˈkraːl] *adj (geh)* sacred, religious; **ein ~er Akt** a sacred *[or liter* sacral] act; **~e Kunst** religious *[or liter* sacral] art

Sa·kral·bau *m* sacred *[or* ecclesiastical] building **Sa·** **kral·kunst** *f* religious *[or liter* sacral] art

Sa·kra·ment <-[e]s, -e> [zakraˈmɛnt] *nt* sacrament;

das ~ der **Taufe** the sacrament of baptism; ~ |**noch mal**|! SÜDD *(sl)* Jesus [H. *hum*] Christ! *sl*

Sa·kri·leg <-s, -e> |zakri'le:k| *nt (geh)* sacrilege; **ein ~ begehen** to commit [a] sacrilege

Sa·kris·tei <-, -en> |zakrıs'tai| *f* sacristy, vestry

sa·kro·sankt |zakro'zaŋkt| *adj* ① *(geh: unantastbar)* sacrosanct, inviolable ② HIST *(geheiligt)* sacrosanct

sä·ku·lar |zɛku'la:ɐ̯| *adj* SOZIOL secular

Sä·ku·la·ri·sa·ti·on <-, -en> |zɛkulariza'tsi̯o:n| *f* secularization

sä·ku·la·ri·sie·ren |zɛkulari'zi:rən| *vt* ■ **etw ~** to secularize sth

Sa·la·man·der <-s, -> |zala'mandɐ| *m* salamander

Sa·la·mi <-, -s> |za'la:mi| *f* salami

Sa·la·mi·tak·tik *f (fam)* policy of small steps *(to achieve what cannot be done in one go)*, salami tactics *spec sl*

Sa·lär <-s, -e> |za'lɛ:ɐ̯| *nt* ÖSTERR, SCHWEIZ *(geh: Honorar)* salary

Sa·lat <-[e]s, -e> |za'la:t| *m* ① *(Pflanze)* lettuce; **~ pflanzen** to plant [or set] lettuce ② *(Gericht)* salad; **grüner ~** green [or lettuce] salad; **gemischter ~** mixed salad ▸ WENDUNGEN: **da** [o **jetzt**] **haben wir den ~!** *(fam)* now we're in a fine mess, now we've had it *fam*

Sa·lat·be·steck *nt* salad servers *pl* **Sa·lat·dres·sing** *nt* [salad] dressing **Sa·lat·gur·ke** *f* cucumber **Sa·lat·kar·tof·fel** *f* waxy potato **Sa·lat·kopf** *m* [head of] lettuce **Sa·lat·ma·jo·nä·se** *f*, **Sa·lat·ma·yon·nai·se** [-majonɛ:zə] *f* mayonnaise **Sa·lat·öl** *nt* salad oil **Sa·lat·plat·te** *f* ① *(Teller)* salad dish ② *(Gericht aus Salaten)* [mixed] salad **Sa·lat·schleu·der** *m* salad drainer **Sa·lat·schüs·sel** *f* salad bowl **Sa·lat·sei·her** *m* colander **Sa·lat·so·ße** *f* [salad] dressing **Sa·lat·tel·ler** *m* salad dish **Sa·lat·zan·ge** *f* salad tongs *npl*

Sal·be <-, -n> |'zalbə| *f* ointment, salve

Sal·bei <-s> |'zalbai| *m kein pl* sage *no pl*

Sal·bei·ho·nig *m kein pl* sage honey *no pl*

sal·ben |'zalbn̩| *vt* ■ **jdn ~** to anoint sb

Sal·bung <-, -en> *f* anointing, unction

sal·bungs·voll I. *adj (pej)* unctuous *pej* II. *adv (pej)* unctuously *pej*, with unction *pej*

Sal·chow <-s, -s> |'zalço| *m (im Eiskunstlauf)* salchow

Sal·do <-s, -s *o* Saldi *o* Salden> |'zaldo, *pl:* 'zaldi, *pl:* 'zaldn̩| *m* FIN balance; **einen ~ ausgleichen** to balance an account

Sal·do·vor·trag *m* balance brought [or carried] forward

Sä·le *pl von* **Saal**

Sa·li·ne <-, -n> |za'li:nə| *f* ① *(Gradierwerk)* salt collector, saltern *spec* ② *(Salzwerk)* saltworks + *sing/pl verb*, saltern *spec*

Sa·li·zyl·säu·re *f* salicylic acid

Salm <-[e]s, -e> |zalm| *m (Lachs)* salmon

Sal·mi·ak <-s> |zal'mi̯ak, 'zalmi̯ak| *m o nt kein pl* ammonium chloride, sal ammoniac *spec*

Sal·mi·ak·geist <-s> *m kein pl* [household] [liquid [or *spec* aqua]] ammonia

Salm·ler <-s, -> |'zalmlɐ| *m* ZOOL characin

Sal·mo·nel·le <-, -n> |zalmo'nɛlə| *f meist pl* salmonella

Sal·mo·nel·len·ver·gif·tung *f* salmonella poisoning

Sa·lo·mo·nen |zalo'mo:nən| *pl*, **Sa·lo·mon·in·seln** |'za:lomɔn-| *pl* SCHWEIZ, BRD *(fam)* ■ **die ~** the Solomon Islands *pl; s. a.* **Falklandinseln**

Sa·lo·mo·ner(in) <-s, -> *m(f)* Solomon Islander; *s. a.* **Deutsche(r)**

sa·lo·mo·nisch |zalo'mo:nıʃ| *adj* ① GEOG Solomon Islander [or Islands], Solomon; *s. a.* **deutsch** ② REL [worthy] of Solomon *pred*

Sa·lo·mons·sie·gel |'za:lomɔns-| *m* BOT Solomon's seal

Sa·lon <-s, -s> |za'lõ:, za'lɔŋ| *m (geh)* drawing room, salon

sa·lon·fä·hig |za'lõ:-, za'lɔŋ-| *adj* socially acceptable; ■ **nicht ~ sein** to be not socially acceptable; *(von Witz)* to be risqué [or objectionable]; **etw ~ machen** to make sth socially acceptable

Sa·lon·wa·gen *m* BAHN Pullman [carriage]

sa·lopp |za'lɔp| I. *adj* ① *(leger)* casual ② *(ungezwungen)* slangy II. *adv* ① *(leger)* casually; **~ angezogen gehen** to go/go around in casual clothing ② *(ungezwungen)* **sich ~ ausdrücken** to use slang[y] expressions [or language]

Sal·pe·ter <-s> |zal'pe:tɐ| *m kein pl* saltpetre [or AM -er] *no pl*, nitre [or AM -er] *no pl spec*

Sal·pe·ter·säu·re *f kein pl* nitric acid *no pl*

Sal·to <-s, -s *o* Salti> |'zalto, *pl:* 'zalti| *m* somersault; *(beim Turmspringen a.)* turn; **ein doppelter ~** a double somersault/turn; **~ mortale** *(im Zirkus)* death-defying leap; *(riskantes Unternehmen)* wildcat enterprise; **ein** |**dreifacher**| **~ vorwärts/rückwärts** a [triple] forwards/backwards somersault; **einen ~ machen** *(turnen)* to [do [or perform] a] somersault; *(sich überschlagen)* to somersault, to flip over

Sa·lut <-[e]s, -e> |za'lu:t| *m* salute; **~ schießen** to fire a/the salute

sa·lu·tie·ren |zalu'ti:rən| *vi* MIL to [give a] salute

Sa·lut·schuss^RR *m* MIL [gun] salute

Sal·va·do·ri·a·ner(in) <-s, -> |zalvado'ri̯a:nɐ| *m(f)* Salvadoran, Salvadorean; *s. a.* **Deutsche(r)**

sal·va·do·ri·a·nisch |zalvado'ri̯a:nıʃ| *adj* Salvador[e]an; *s. a.* **deutsch**

Sal·ve <-, -n> |'zalvə| *f* salvo, volley; *(Ehren~)* |gun| salute; **eine ~ abgeben** [o **abfeuern**] to fire [or give] a |gun| salute; **eine ~ auf jdn abgeben** [o **abfeuern**] to fire a salvo [or volley] at sb

Salz <-es, -e> |zalts| *nt* salt; **zu viel ~ an etw** *akk* **tun** to put too much salt in [or to oversalt] sth; **etw in ~ legen** to salt down [or away] sth *sep*, to pickle sth ▸ WENDUNGEN: **jdm nicht das ~ in der Suppe gönnen** *(fam)* to begrudge sb the [very] air they breathe

salz·arm I. *adj* low-salt *attr*, with a low salt content *pred*; ■ **~ sein** to have a low-salt content II. *adv* **~ essen/kochen/leben** to eat low-salt food/to cook low-salt fare/to live on a low-salt diet **Salz·berg·bau** *m* salt mining

Salz·berg·werk *nt* salt mine **Salz·bre·zel** *f* pretzel

Salz·burg <-s> |'zaltsburk| *nt* Salzburg

The **Salzburger Festspiele** – *Salzburg Festival* was initiated in August 1920 and in the early years Max Reinhardt achieved great acclaim for his productions of Shakespeare. The 'Everyman' performances on the steps of Salzburg cathedral have also become world famous.

sal·zen <salzte, gesalzen *o (selten)* gesalzt> |'zaltsn̩| I. *vt* ■ |jdm/sich| **etw ~** to salt [sb's/one's] sth II. *vi* to add salt; **du brauchst nicht noch extra zu ~** you don't need to add any more salt

Salz·fäss·chen^RR *nt* salt cellar BRIT, [salt] shaker AM **Salz·fisch** *m* salt fish **Salz·fleisch** *nt kein pl* salted meat *no pl* **Salz·ge·bäck** *nt kein pl* savoury [or AM -ory] biscuits *pl* **Salz·ge·win·nung** *f* salt production [or manufacture] **Salz·gur·ke** *f* pickled gherkin **salz·hal·tig** *adj* salty, saline *spec* **Salz·he·ring** *m* salted [or pickled] herring

sal·zig |'zaltsıç| *adj* ① *(gesalzen)* salty ② *(salzhaltig)* salty, saline *spec*

Salz·kar·tof·feln *pl* boiled potatoes **Salz·korn** *nt* grain of salt **Salz·la·ger·stät·te** *f* salt [or *spec* saline] deposit **Salz·la·ke** *f* brine, souse **salz·los** I. *adj* salt-free II. *adv* **~ essen** to eat no salt; **~ kochen/zubereiten**

to use no salt in cooking [food]/preparing food; **~ leben** to live on a salt-free diet **Salz·lö·sung** f saline [solution] spec **Salz·man·deln** pl salted almonds **Salz·pflan·ze** f BOT halophyte **Salz·säu·le** f pillar of salt; **zur ~ erstarren** to stand rooted to the spot **Salz·säu·re** f kein pl hydrochloric acid **Salz·see** m salt lake **Salz·stan·ge** f salt[ed] stick **Salz·stock** m salt mine; GEOL salt dome spec **Salz·streu·er** <-s, -> m salt cellar BRIT, [salt] shaker AM **Salz·was·ser** nt kein pl salt [or sea] water **Salz·wüs·te** f salt desert [or flat]

SA-Mann <-Leute> [ɛs'ʔaː-] m storm trooper, SA man **Sa·ma·ri·ter** <-s, -> [zamaˈriːtɐ] m Samaritan; **ein barmherziger ~** (geh) a good [or Good] Samaritan **Sa·ma·ri·um** <-s> [zaˈmaːrɪʊm] nt kein pl samarium no pl

Sam·ba <-s, -s> ['zamba] m samba **Sam·bia** <-s> ['zambi̯a] nt Zambia; s. a. **Deutschland** **Sam·bi·er(in)** <-s, -> ['zambi̯ɐ] m(f) Zambian; s. a. **Deutsche(r)** **sam·bisch** ['zambɪʃ] adj Zambian; s. a. **deutsch** **Sa·me** <-ns, -n> m (geh) s. **Samen** **Sa·men** <-s, -> ['zaːmən] m ① (Pflanzen~) seed ② kein pl (Sperma) sperm, semen no pl; **~ aussto·ßen** to ejaculate **Sa·men·an·la·ge** f BOT ovule **Sa·men·bank** f sperm bank **Sa·men·bla·se** f seminal vesicle, spermatocyte spec **Sa·men·er·guss**RR m ejaculation, seminal discharge form **Sa·men·fa·den** m spermatozoon spec **Sa·men·flüs·sig·keit** f seminal fluid **Sa·men·hand·lung** f seed shop **Sa·men·kap·sel** f seed capsule **Sa·men·korn** nt seed **Sa·men·lei·ter** <-s, -> m seminal duct, vas deferens spec **Sa·men·pflan·ze** f BOT seed plant, spermatophyte **Sa·men·scha·le** f BOT seed coat **Sa·men·spen·der** m sperm donor **Sa·men·zel·le** f s. **Spermium** **Sä·me·rei·en** [zɛːməˈraiən] pl seeds pl **sä·mig** ['zɛːmɪç -] adj thick, creamy; **etw ~ kochen** to reduce sth until creamy **Sam·mel·al·bum** nt [collector's] album **Sam·mel·an·schluss**RR m TELEK private [branch] exchange **Sam·mel·band** m anthology **Sam·mel·be·cken** nt ① (Behälter) collecting tank ② (Anziehungspunkt) melting pot (+gen /**von** +dat or) **Sam·mel·be·griff** m LING collective name [or term] **Sam·mel·be·häl·ter** m collection bin **Sam·mel·be·stel·lung** f collective [or joint] order **Sam·mel·be·zeich·nung** f s. **Sammelbegriff** **Sam·mel·büch·se** f collecting [or AM collection] box [or BRIT ESP tin] **Sam·mel·frucht** f BOT multiple fruit **Sam·mel·kas·se** f kitty fam **Sam·mel·la·ger** nt refugee camp **Sam·mel·map·pe** f file **sam·meln** ['zamln] I. vt ① (pflücken) **etw ~** to pick [or gather] sth ② (auf~) **etw ~** to gather sth; **etw akk von der Erde ~** to pick up sth sep [off the ground] ③ (an~) ■ **etw ~** to collect sth ④ (ein~) ■ **etw ~** to collect sth [in] ⑤ (zusammentragen) ■ **etw ~** to gather sth [in]; **Belege ~** to retain [or keep] receipts ⑥ (um sich scharen) ■ **jdn** [um sich akk] **~** to gather [or assemble] sb; **Truppen ~** to gather [or assemble] [or rally] troops ⑦ (aufspeichern) ■ **etw ~** to gain [or acquire] sth; **Erinnerungen ~** to gather memories II. vr ① (zusammenkommen) ■ **sich** akk [an/auf/vor etw dat] **~** to assemble [at/on/in front of sth] ② (sich anhäufen) ■ **sich in etw** dat **~** to collect [or accumulate] in sth ③ (geh: sich konzentrieren) ■ **sich ~** to collect [or compose] one's thoughts [or oneself] III. vi ■ [**für jdn/etw**] **~** to collect [for sb/ sth]

Sam·mel·num·mer f TELEK private exchange number **Sam·mel·platz** m assembly point **Sam·mel·su·ri·um** <-s, -rien> [zamlˈzuːrɪʊm, pl: -ri̯ən] nt hotchpotch, hodgepodge AM

Sam·mel·ta·xi nt [collective] taxi (for several fares) **Sam·mel·wut** f collecting mania **Samm·ler(in)** <-s, -> m(f) ① (von Gegenständen) collector ② (von Beeren, Pilzen etc) picker, gatherer **Samm·lung** <-, -en> f ① (Ansammlung, Kollektion) collection ② kein pl (geh: innere Konzentration) composure no pl **Sa·moa** <-s> [zaˈmoːa] nt Samoa; s. a. **Deutschland** **Sa·mo·a·ner(in)** <-s, -> [zamoˈaːnɐ] m(f) Samoan; s. a. **Deutsche(r)** **sa·mo·a·nisch** [zamoˈaːnɪʃ] adj Samoan; s. a. **deutsch** **Sa·mo·war** <-s, -e> ['zamovaːɐ̯, zamoˈvaːɐ̯] m samovar **Sam·ple** <-s, -s> ['zampl̩] nt [random] sample **Sam·pler** <-s, -> ['zamplɐ] m sampler **Sam·pling** <-s, -s> ['sɑːmplɪŋ] nt sampling **Sams·tag** <-[e]s, -e> ['zamstaːk] m Saturday; **ver·kaufsoffener ~** (hist) late-closing Saturday; s. a. **Dienstag** **Sams·tag·abend**RR m Saturday evening; s. a. **Diens·tag** **sams·tag·abends**RR adv [on] Saturday evenings **sams·tä·gig** adj on Saturday **sams·täg·lich** adj [regular] Saturday attr; **wir machen heute unseren ~en Einkauf** we're doing our [regular] Saturday shopping today **Sams·tag·mit·tag**RR m [around] noon on Saturday; s. a. **Dienstag** **sams·tag·mit·tags**RR adv [around] noon on Saturdays **Sams·tag·mor·gen**RR m Saturday morning; s. a. **Dienstag** **sams·tag·mor·gens**RR adv [on] Saturday mornings **Sams·tag·nach·mit·tag**RR m Saturday afternoon; s. a. **Dienstag** **sams·tag·nach·mit·tags**RR adv [on] Saturday afternoons **Sams·tag·nacht**RR m [on] Saturday night; s. a. **Dienstag** **sams·tag·nachts**RR adv [on] Saturday nights **sams·tags** adv [on] Saturdays; **~ abends/nachmit·tags/vormittags** [on] Saturday evenings/afternoons/ mornings **Sams·tag·vor·mit·tag**RR m Saturday morning; s. a. **Dienstag** **sams·tag·vor·mit·tags**RR adv [on] Saturday mornings **samt** [zamt] I. präp ■ **~ jdm/etw** along [or together] with sb/sth II. adv ■ **und sonders** all and sundry; **sie/die Mitglieder wurden ~ und sonders ver·haftet** the whole bunch of them were [or was] /every one of the members was arrested **Samt** <-[e]s, -e> [zamt] m velvet **samt·ar·tig** adj velvety, like velvet pred **sam·ten** [zamtn] adj (geh) velvet **Samt·en·te** f ORN velvet scoter **Samt·hand·schuh** m velvet glove; **jdn mit ~en anfassen** (fig fam) to handle sb with kid gloves **sam·tig** ['zamtɪç] adj s. **samtweich** **sämt·lich** ['zɛmtlɪç] I. adj ① (alle) all; **~e Anwesen·den** all those present; **~e Unterlagen wurden ver·nichtet** every one of the documents was destroyed, the documents were all destroyed ② (ganze) ■ **jds ~e(r,s) ...** all [of] sb's ...; **ihr ~er Besitz** all their possessions II. adv all; **sie sind ~ verschwunden** they have all disappeared **samt·weich** adj velvety, velvet attr, [as] soft as velvet pred; ■ **~ sein** to be [as] soft as velvet **Sa·naa, Sa·n'a, Sa·na** <-s> ['zaːna, zaˈnaː] nt Sana'a, Sanaa **Sa·na·to·ri·um** <-, -rien> [zanaˈtoːrɪʊm, pl: -ri̯ən] nt sanatorium, sanitarium AM **Sand** <-[e]s, -e> [zant] m sand no pl; ▸ WENDUNGEN: **jdm ~ in die Augen streuen** to throw dust in sb's eyes; **~ ins Getriebe streuen** to put a spanner [or AM wrench] in the works; **das/die gibt es wie ~ am Meer** (fam) there are heaps of them fam, they are thick on the ground fam; **auf ~ gebaut sein** to be built [up]on sandy ground; **etw** akk **in den ~ setzen**

(fam) to blow sth [to hell *fam*]; **im ~e verlaufen** to peter [*or* fizzle] out, to come to nothing [*or liter* naught]

San·da·le <-, -n> [zan'da:lə] *f* sandal; **offene ~n** open-toed sandals

San·da·let·te <-, -n> [zanda'lɛtə] *f* high-heeled sandal

Sand·bank <-bänke> *f* sandbank; *(in Flussmündung a.)* sandbar **Sand·bo·den** *m* sandy soil **Sand·dorn** *m* BOT sea buckthorn **Sand·dü·ne** *f* [sand] dune **San·del·holz** ['zandlhɔlts] *nt* sandalwood

sand·far·ben, sand·far·big *adj* sand-coloured [*or* AM -ored] **Sand·fel·chen** *nt* whitefish **Sand·ge·bäck** *nt kein pl* ≈ shortbread *no pl* **Sand·gru·be** *f* sandpit

san·dig ['zandɪç] *adj* ❶ *(Sand enthaltend)* sandy, arenaceous *spec* ❷ *(mit Sandkörnern verschmutzt)* sandy, full of sand *pred*

Sand·kas·ten *m* ❶ *(Kinderspielplatz)* sandpit BRIT, sandbox AM ❷ MIL sand table *spec* **Sand·kas·ten·spiel** *nt* theoretical manoeuvrings [*or* AM maneuverings] **Sand·korn** *nt* grain of sand; ■ **Sandkörner** sand **Sand·ku·chen** *m* KOCHK plain cake *(with lemon flavouring or chocolate coating)* **Sand·männ·chen** *nt* ■ **das ~** the sandman **Sand·pa·pier** *nt* sandpaper **Sand·platz** *m* clay court **Sand·re·gen·pfei·fer** *m* ORN ringed plover **Sand·sack** *m* ❶ *(in Boxen)* punchbag ❷ *(zum Schutz)* sandbag

Sand·stein *m* sandstone, freestone; **roter ~** red sandstone, brownstone AM

sand·strah·len *vt* ■ **etw ~** to sandblast sth; ■ [**das**] **S~** sandblasting **Sand·strahl·ge·blä·se** *nt* sandblaster **Sand·strand** *m* sandy beach **Sand·sturm** *m* sandstorm

sand·te ['zantə] *imp von* **senden**[1]

Sand·uhr *f* hourglass, egg timer

Sand·wich <-[s], -[e]s> ['zɛntvɪtʃ] *nt o m* sandwich, sarnie BRIT *fam*

Sand·wüs·te *f* [sandy] desert

sanft [zanft] I. *adj* ❶ *(sacht)* gentle; **eine ~e Berührung** a gentle [*or* soft] touch ❷ *(gedämpft)* gentle; **~e Beleuchtung/Farben** soft [*or* subdued] lighting/colours [*or* AM -ors]; **eine ~e Lautstärke** a soft level; **~e Musik** soft music; **eine ~e Stimme** a gentle [*or* soft] voice ❸ *(leicht)* gentle, gradual ❹ *(schwach)* gentle, soft ❺ *(zurückhaltend)* gentle; *s. a.* **Gewalt** II. *adv* gently; **~ entschlafen** *(euph geh)* to pass away peacefully *euph*; **ruhe ~!** rest eternal, rest in peace, R[.]I[.]P[.]

Sänf·te <-, -n> ['zɛnftə] *f* litter; *(17., 18. Jh.)* sedan [chair]

Sanft·heit <-> *f kein pl* ❶ *(sanfte Wesensart)* gentleness ❷ *(sanfte Beschaffenheit)* Stimme a., von Musik softness; *Blick* tenderness

Sanft·mut <-> *f kein pl (geh)* gentleness, sweetness [of temper]

sanft·mü·tig *adj (geh)* gentle

sang [zaŋ] *imp von* **singen**

Sang <-[e]s, Sänge> [zaŋ, *pl:* 'zɛŋə] *m (geh)* song; ▸ WENDUNGEN: **mit ~ und Klang** *(fam)* with drums drumming and pipes piping; *(iron)* disastrously; **ohne ~ und Klang** *(fam)* quietly

Sän·ger <-s, -> ['zɛŋɐ] *m (geh)* songbird, songster

Sän·ge·rin <-s, -> ['zɛŋɐ] *m(f)* singer

San·gu·i·ni·ker(in) <-s, -> [zaŋ'gui:nike] *m(f)* sanguine type [*or* person]

san·gu·i·nisch [zaŋ'gui:nɪʃ] *adj* sanguine

sang- und klang·los *adv (fam)* without any [*or* great] ado, unwept and unsung *a. iron*

sa·nie·ren* [za'ni:rən] I. *vt* ■ **etw ~** ❶ *(renovieren)* to redevelop [*or sep* clean up] sth ❷ *(wieder rentabel machen)* to rehabilitate sth, to put sth back on an even keel II. *vr* ❶ *(fam: sich gesundstoßen)* ■ **sich** *akk* [**bei etw** *dat*] **~** to line one's pockets [with

sth] *fam* ❷ *(wirtschaftlich gesunden)* ■ **sich** *akk* **~** to put itself [back] on an even keel

Sa·nie·rung <-, -en> *f* ❶ *(Renovierung)* redevelopment ❷ *(von Firma, Industriezweig etc)* rehabilitation ❸ *(fam: Bereicherung)* self-enrichment

sa·nie·rungs·be·dürf·tig *adj* MED needing treatment *pred* **Sa·nie·rungs·ge·biet** *nt* redevelopment area

sa·ni·tär [zani'tɛ:ɐ] *adj attr* sanitary; **~e Anlagen** sanitation *no pl*, sanitation facilities *pl*, sanitary facilities

Sa·ni·tät <-, -en> [zani'tɛ:t] *f* ❶ *kein pl* ÖSTERR *(Gesundheitsdienst)* ■ **die ~** the medical service ❷ SCHWEIZ *(Ambulanz)* ambulance ❸ ÖSTERR, SCHWEIZ *(~struppe)* medical corps

Sa·ni·tä·ter(in) <-s, -> [zani'tɛ:tɐ] *m(f)* ❶ first-aid attendant, paramedic ❷ MIL [medical] orderly

Sa·ni·täts·dienst *m* MIL ■ **der ~** the medical corps **Sa·ni·täts·of·fi·zier** *m* MIL medical officer, M[.]O[.] **Sa·ni·täts·wa·gen** *m* ambulance

sank [zaŋk] *imp von* **sinken**

Sankt [zaŋkt] *adj inv* Saint, St[.]

Sank·ti·on <-, -en> [zaŋk'tsjo:n] *f (fig geh)* sanction **(von** +*dat* from /by); **gegen jdn/etw ~en verhängen** to impose [*or* apply] sanctions against sb/sth

sank·ti·o·nie·ren* [zaŋktsjo'ni:rən] *vt* ■ **etw** [**durch etw**] **~** ❶ *(geh: gutheißen)* to sanction [*or* approve] sth [with sth] ❷ JUR *(rechtlich bestätigen)* to sanction sth [with sth]

Sankt-Nim·mer·leins-Tag [zaŋkt 'nɪmelainsta:k] *m* ■ **am ~** *(fam)* never ever *fam;* ■ **bis zum ~** *(fam)* ■ **auf den ~** *(fam)* till doomsday

Sankt Pe·ters·burg <-s> [zaŋkt 'pe:tesbʊrk] *nt* Saint Petersburg

San·ma·ri·ne·se, San·ma·ri·ne·sin <-n, -n> [zanmari'ne:zə, -'ne:zɪn] *m, f* Sammarinese, San Marinese; *s. a.* **Deutsche(r)**

san·ma·ri·ne·sisch [zanmari'ne:zɪʃ] *adj* San Marinese, AM a. Sammarinese; *s. a.* **deutsch**

San Ma·ri·no <-s> [zanma'ri:no] *nt* San Marino; *s. a.* **Deutschland**

sann [zan] *imp von* **sinnen**

San·ta Fé de Bo·go·tá, San·ta Fé de Bo·go·tá <-s> ['santa 'fe de bogo'ta] *nt* [Santa Fe de] Bogotá

San·ti·a·go de Chi·le <-s> [zan'tja:go de 'tʃi:le] *nt* Santiago

San·to·me·er(in) <-s, -> [santo'me:ɐ] *m(f)* Sãotome, AM a. São Tomean; *s. a.* **Deutsche(r)**

san·to·me·isch [santo'me:ɪʃ] *adj* Sãotome, AM a. São Tomean; *s. a.* **deutsch**

Sa·phir <-s, -e> ['za:fɪr, 'zafi:ɐ, za'fi:ɐ] *m* sapphire

Sap·peur <-s, -e> [za'pø:ɐ] *m* MIL SCHWEIZ sapper

Sa·ra·je·wo <-s> [zara'je:vo] *nt* Sarajevo

Sar·de, Sar·din <-n, -> ['zardə, 'zardɪn] *m, f* Sardinian

Sar·del·le <-, -n> [zar'dɛlə] *f* anchovy

Sar·del·len·pas·te *f* anchovy paste

Sar·din <-, -> *f fem form von* **Sarde**

Sar·di·ne <-, -n> [zar'di:nə] *f* sardine

Sar·di·ni·en <-s> [zar'di:njən] *nt* Sardinia

sar·di·nisch [zar'di:nɪʃ], **sar·disch** ['zardɪʃ] *adj* Sardinian, of Sardinia *pred*

Sar·disch ['zardɪʃ] *nt dekl wie adj* Sardinian; *s. a.* **Deutsch**

Sar·di·sche <-n> *nt* ■ **das ~** Sardinian, the Sardinian language; *s. a.* **Deutsche**

Sarg <-[e]s, Särge> [zark, *pl:* 'zɛrgə] *m* coffin, casket AM, box *fam*

Sarg·de·ckel *m* coffin [*or* AM casket] lid **Sarg·tisch·ler(in)** *m(f)* coffin [*or* AM casket] maker **Sarg·trä·ger** *m* pall-bearer

Sar·kas·mus <-, -men> [zar'kasmʊs, *pl:* -'kasmən] *m* ❶ *kein pl (Hohn)* sarcasm ❷ *(sarkastische Bemerkung)* sarcastic remark; ■ **Sarkasmen** sarcastic

remarks, sarcasm *no pl*

sar·kas·tisch [zar'kastɪʃ] **I.** *adj* sarcastic, sarky BRIT *fam* **II.** *adv* sarcastically

Sar·kom <-s, -e> [zar'ko:m] *m* sarcoma

Sar·ko·phag <-[e]s, -e> [zarko'fa:k, *pl:* -fa:gə] *m* sarcophagus

Sar·ko·sin [zarko'zi:n] *nt* sarcosine

saß [za:s] *imp von* **sitzen**

Sa·tan <-s, -e> ['za:tan] *m* ❶ *kein pl (Luzifer)* ■ [der] ~ Satan, the Devil ❷ *(fam: teuflischer Mensch)* fiend ❸ *(fam: Kind)* [little] terror [*or* devil]

sa·ta·nisch [za'ta:nɪʃ] **I.** *adj attr* satanic, diabolical, fiendish **II.** *adv* diabolically, fiendishly; ~ **lächeln** to give a diabolical [*or* fiendish] grin

Sa·tans·bra·ten *m (hum fam)* little [*or* BRIT young] devil *hum fam* **Sa·tans·jün·ger** *m* apostle of Satan **Sa·tans·kult** *m* ■ **der** ~ Satan cult, the Cult of Satan **Sa·tans·mes·se** *f* black mass **Sa·tans·pilz** *m* Satan's mushroom, Boletus [*or* boletus] satanas *spec*

Sa·tel·lit <-en, -en> [zatɛ'li:t] *m* satellite

Sa·tel·li·ten·an·ten·ne *f* satellite dish **Sa·tel·li·ten·bild** *nt* satellite picture **Sa·tel·li·ten·de·co·der** *m* satellite decoder **Sa·tel·li·ten·emp·fang** *m* satellite reception *no art* **Sa·tel·li·ten·fern·se·hen** *nt kein pl* satellite television *no pl* **Sa·tel·li·ten·ka·me·ra** *f* satellite camera **Sa·tel·li·ten·schüs·sel** *f* satellite dish **Sa·tel·li·ten·stadt** *f* satellite town [*or* suburb] **Sa·tel·li·ten·über·wa·chung** *f* satellite surveillance

Sa·tin <-s, -s> [za'tɛ̃:] *m* satin; *(aus Baumwolle)* sateen

Sa·ti·re <-, -n> [za'ti:rə] *f* ❶ *kein pl* ■ [die] ~ satire ❷ *(Werk)* satire (**auf** +*akk* on)

Sa·ti·ri·ker(in) <-s, -> [za'ti:rɪke] *m(f)* satirist

sa·ti·risch [za'ti:rɪʃ] *adj* satirical

satt [zat] **I.** *adj* ❶ *(gesättigt)* full [BRIT up] *pred fam,* replete *pred form,* sated *form;* ■ ~ **sein** to have had enough [to eat], to be full [BRIT up] *fam* [*or form* replete] [*or form* sated]; **jdn** ~ **bekommen** [*or fam:* **kriegen**] to fill sb's belly *fam;* **er ist kaum** ~ **zu kriegen** he's insatiable; **sich** ~ **essen** *(bis zur Sättigung essen)* to eat one's fill; ~ **machen** to be filling ❷ *(kräftig)* rich, deep, full ❸ *(geh: übersättigt)* sated *form; (selbstzufrieden)* complacent ❹ *(fam: groß, reichlich)* cool *fam;* **eine** ~**e Mehrheit** a comfortable majority ❺ *(fam: voll, intensiv)* rich, full; ~**er Applaus** resounding applause; **ein** ~**es Selbstvertrauen** unshak[e]able self-confidence **II.** *adv (fam)* ❶ *(reichlich)* **sie verdient Geld** ~ she earns [more than] enough money, she's raking it in *fam* ❷ *(genug)* ~/**nicht** ~ **zu essen haben** to have/to not have enough to eat

satt|be·kom·men* RR *vt irreg* ■ **etw** ~ to get fed up with sth

Sat·tel <-s, Sättel> ['zatl, *pl:* 'zɛtl] *m* ❶ *(für Reittier)* saddle; **den** ~ **auflegen** to put on the saddle, to saddle the horse; **ohne** ~ **reiten** to ride bareback [*or* without a saddle]; **sich in den** ~ **schwingen** to leap [*or* swing oneself] into the saddle; **fest im** ~ **sitzen** *(a. fig)* to be firmly in the saddle; **sich im** ~ **halten** *(a. fig)* to stay in the saddle ❷ *(Fahrrad~)* saddle; **sich auf den** ~ **schwingen** to jump on[to] one's bicycle [*or fam* bike] ❸ *(Bergrücken)* saddle ❹ KOCHK saddle

Sat·tel·dach *nt* gable [*or* saddle] [*or spec* double pitch] roof **sat·tel·fest** *adj* experienced; ■ **in** [*o* **auf**] **etw** *dat* ~ **sein** *(fig)* to have a firm grasp of [*or* be well·versed in] sth; **in** [*o* **auf**] **etw** *dat* **nicht ganz** ~ **sein** *(fig)* to be a little [*or* bit] shaky in sth

sat·teln ['zatl̩n] *vt* ■ **ein Tier** ~ to saddle an animal, to put the saddle on an animal

Sat·tel·na·se *f* MED saddle[-back]nose **Sat·tel·schlep·per** <-s, -> *m (Zugmaschine)* truck [*or* AM semi-trailer] [tractor]; *(Sattelzug: Zugmaschine und Auflieger)* articulated lorry BRIT, artic BRIT *fam,* semi-trailer [truck] AM, semi AM *fam* **Sat·tel·stüt·ze** *f* saddle support **Sat·**

tel·ta·sche *f* saddlebag **Sat·tel·zug** *m* s. **Sattelschlepper**

satt|es·sen RR *vr irreg* ■ **sich an etw** *dat* ~ *(überdrüssig werden)* to have had one's fill of sth **satt|ha·ben** RR *vt irreg* ■ **jdn/etw** ~ to have had enough of sb/sth, to be fed up with sb/sth *fam;* **jdn/etw gründlich** ~ to be thoroughly fed up with sb/sth *fam,* to be fed up to the back teeth with sb/sth BRIT *fam*

Satt·heit <-> *f kein pl* ❶ *(Sättigung)* repletion *form,* satiety *liter;* **ein Gefühl der** ~ a feeling of repletion *form* [*or* being full] ❷ *(Saturiertheit)* complacency ❸ *(Intensität)* richness, fullness

sät·ti·gen ['zɛtɪgn̩] **I.** *vt* ❶ *(geh: satt machen)* ■ **jdn** ~ to satiate sb *form;* ■ **sich** ~ to eat one's fill ❷ *(voll sein)* ■ [**mit** [*o* **von**] **etw** *dat*] **gesättigt sein** to be saturated [with sth]; *s. a.* **Markt II.** *vi* to be filling

sät·ti·gend *adj* filling, satiating *form*

Sät·ti·gung <-, <*selten* -en> *f* ❶ *(das Sättigen)* repletion *form;* **ein Gefühl der** ~ a feeling of repletion *form;* **der** ~ **dienen** to serve to satisfy [one's] hunger ❷ *(Saturierung)* saturation (+*gen* of), glut (+*gen* in /on)

Sät·ti·gungs·grad *m* ❶ ÖKON *(eines Marktes)* saturation point ❷ KOCHK *(eines Lebensmittels)* repletion point *form* **Sät·ti·gungs·kur·ve** *f (fachspr)* S-shaped curve **Sät·ti·gungs·wert** *m (fachspr)* saturation value **satt|krie·gen** RR *vt (fam)* s. **sattbekommen**

Satt·ler(in) <-s, -> ['zatle] *m(f)* saddler; *(Polsterer)* upholsterer

Satt·le·rei <-, -en> [zatlə'rai] *f* saddler's; *(von Polsterer)* upholsterer's

Satt·le·rin <-, -nen> *f fem form von* **Sattler**

satt·sam ['zatza:m] *adv* amply, sufficiently; ~ **bekannt** sufficiently [well-]known

sa·tu·riert [zatu'ri:ɐt] *adj (geh)* complacent

Sa·turn <-s> [za'tʊrn] *m kein pl* ■ **der** ~ Saturn

Sa·tyr <-s *o* -n, -n *o* -e> ['za:tʏr] *m* satyr

Satz¹ <-es, Sätze> [zats, *pl:* 'zɛtsə] *m* ❶ LING sentence; *(Teil~)* clause; **keinen** ~ **miteinander sprechen** to not speak a word to each other; **mitten im** ~ in mid-sentence ❷ JUR *(Unterabschnitt)* clause ❸ MUS movement ❹ *(Set)* set; **ein** ~ **Schraubenschlüssel** a set of spanners [*or* AM wrenches]; **ein** ~ **von 24 Stück** a 24-piece set ❺ TYPO *(Schrift~)* setting; *(das Gesetzte)* type [matter] *no pl;* **in den** ~ **gehen** to be sent [*or* go] in for setting; **im** ~ **sein** to be [in the process of] being set ❻ *(festgelegter Betrag)* rate ❼ SPORT set; *(Tischtennis)* game ❽ MATH theorem; **der** ~ **des Pythagoras/ Thales** Pythagoras'/Thales' theorem

Satz² <-es, Sätze> [zats, *pl:* 'zɛtsə] *m* leap, jump; ■ **mit einem** ~ in one leap [*or* bound]; **sich** ~ **mit einem** ~ **retten** to leap to safety; **in großen Sätzen davonlaufen** to bound away; **einen** ~ **machen** [*o* **tun**] to leap, to jump

Satz³ <-es> [zats] *m kein pl* dregs *npl;* *(Kaffee~)* grounds *npl; (Tee~)* leaves *pl*

Satz·an·wei·sung *f* TYPO instructions for the typesetter **Satz·ball** *m* SPORT set point; *(Tischtennis)* game point **Satz·band** *nt* TYPO tape of [type]setting instructions **Satz·be·fehl** *m* TYPO typographical [*or* typesetting] command **Satz·elek·tro·nik** *f* TYPO typesetting electronics + *sing vb* **Satz·fah·ne** *f* TYPO proof **satz·fer·tig** *adj* TYPO ready for setting *pred* **Satz·ge·fü·ge** *nt* LING complex [*or* compound] sentence **Satz·kon·struk·ti·on** *f* LING construction of a/the sentence, syntax *no pl spec* **Satz·leh·re** *f kein pl* LING syntax **Satz·rech·ner** *m* TYPO typesetting computer **Satz·tech·nik** *f* TYPO typesetting technology **Satz·teil** *m* LING part [*or* constituent] of a/the sentence

Sat·zung <-, -en> ['zatsʊŋ] *f* constitution, statutes *npl; Gesellschaft* articles of association [*or* AM incorporation]; *Verein* [standing] rules *pl* [of procedure]

sat·zungs·ge·mäß I. *adj* statutory, according to [*or* in accordance with] the statutes/the articles/the rules *pred* II. *adv* as set down in the statutes/articles/rules
sat·zungs·wid·rig *adj inv* JUR, ADMIN unconstitutional
Satz·vor·la·ge *f* TYPO copy **Satz·zei·chen** *nt* LING punctuation mark **Satz·zu·sam·men·hang** *m* LING context [of a/the sentence]
Sau <-, Säue *o* Sauen> [zau, *pl:* 'zɔyə, 'zauən] *f* ① <*pl a.:* Sauen> *(weibliches Schwein)* sow ② *(pej sl: schmutziger Mensch)* filthy pig *fam* [*or sl* bastard] *pej; (Frau)* disgusting cow BRIT *pej sl; (Schweinehund)* bastard *pej sl; (gemeine Frau)* bitch *pej sl,* cow BRIT *pej sl* ▸ WENDUNGEN: **wie eine gesengte ~** *(sl)* like a lunatic [*or* maniac]; **..., dass es der ~ graust** *(sl)* ..., it makes me/you want to puke *sl;* **jdn** [**wegen etw** *dat*] **zur ~ machen** *(sl)* to bawl sb out *fam* [because of sth], to give sb a bollocking [about sth] BRIT *sl,* to chew somebody out [about sth] AM *sl;* **die ~ rauslassen** *(sl: über die Stränge schlagen)* to let it all hang out *sl,* to party till one pukes *sl; (seiner Wut freien Lauf lassen)* to give him/her/them etc. what for; **unter aller ~** *(sl)* it's enough to make me/ you puke *sl;* **keine ~** not a single bastard *sl*
sau·ber ['zaubɐ] I. *adj* ① *(rein)* clean; ▪ **~ sein** to be clean; **etw ~ machen** to clean sth; **jdn ~ machen** to wash sb; **jdm/sich etw ~ machen** to wash sb's/ one's sth; *(wischen)* to wipe sb's/one's sth; **sich die Fingernägel ~ machen** to clean one's fingernails; **hier/in meinem Zimmer müsste mal wieder ~ gemacht werden** this place/my room needs to be cleaned again ② *(unkontaminiert)* clean, unpolluted; **~es Wasser** clean [*or* pure] water ③ *(stubenrein)* ▪ **~ sein** to be house-trained ④ *(sorgfältig)* neat; **eine ~e Arbeit** neat [*or* a decent job of] work ⑤ *(perfekt)* neat ⑥ *(iron fam)* fine *iron fam;* ⑦ *(anständig)* **bleib ~!** *(hum fam)* keep your nose clean *fam;* **nicht ganz ~ sein** *(sl)* to have [got] a screw loose *hum fam;* **~, ~!** *(fam)* that's the stuff [*or* what I like to see] ! *fam* II. *adv* ① *(sorgfältig)* **etw ~ abfegen/ausspülen** to sweep/rinse sth clean; **etw ~ flicken/reparieren/schreiben** to patch/repair/write sth neatly; **etw ~ halten** to keep sth clean; **etw ~ harken** to rake sth clear [*or* neatly]; **etw ~ kratzen** to scour sth clean; **etw ~ putzen** to wash sth [clean]; *(fegen)* to sweep sth clean; **etw** [**mit etw** *dat*] **~ scheuern** to scrub [*or* scour] sth clean [with sth]; [**sich** *dat*] **etw ~ schrubben** to wash [*or* scrub] one's sth; **etw ~ spülen** to wash [up *sep*] sth ② *(perfekt)* neatly
Sau·ber·keit <-> *f kein pl* ① *(Reinlichkeit)* clean-[li]ness; **vor ~ strahlen** ① to be clean and shining ② *(Reinheit)* cleanness; *(von Wasser, Luft a.)* purity
Sau·ber·keits·fim·mel *m (pej fam)* mania for cleaning, thing about cleaning *fam*
säu·ber·lich ['zɔybɐlɪç] I. *adj* neat; **~e Ordnung** neat and tidy [*or hum* regimental] order II. *adv* neatly; **etw ~ aufräumen** to tidy up sth *sep; s. a.* **fein**
Sau·ber·mann, -frau <-männer> *m, f (iron fam)* moral crusader *a. iron; (Mann a.)* Mr[.] Clean *fam*
säu·bern ['zɔybɐn] *vt* ① *(reinigen)* ▪ [**jdm/sich**] **etw** *akk* **~** to clean [sb's/one's] sth; **etw wieder ~** to get sth clean ② *(euph: befreien)* ▪ **etw von etw** *dat* **~** to purge sth of sth
Säu·be·rung <-, -en> *f (euph)* purge; **ethnische ~** ethnic cleansing
sau·blöd ['zau'blø:t], **sau·blö·de** ['zau'blø:də] *adj (sl) s.* **saudumm Sau·boh·ne** *f* broad bean
Sau·ce <-, -n> ['zo:sə] *f s.* **Soße**
Sau·cen·kel·le *f* gravy ladle
Sau·ci·e·re <-, -n> [zo'sɪ̯ɛːrə, zo'sɪ̯ɛːrə] *f* sauce boat; *(bes mit Fleischsoße)* gravy boat
Sau·di-Ara·ber(in) <-s, -> ['zaudi-, za'u:di-] *m(f)* Saudi, Saudi-Arabian; *s. a.* **Deutsche(r)**

Sau·di-Ara·bi·en ['zaudi-, za'u:di-] *nt* Saudi Arabia, Saudi *sl*
sau·di-ara·bisch ['zaudi-, za'u:di-] *adj* Saudi, Saudi-Arabian; *s. a.* **deutsch**
sau·dumm I. *adj (sl)* damn stupid *fam; (von Mensch a.)* as thick as pigshit [*or* two short planks] *pred* BRIT *fam* II. *adv* ① *(sl)* **~ fragen** to ask stupid questions; **sich ~ verhalten** to behave like a stupid idiot *fam*
sau·en ['zauən] *vi (sl)* ▪ [**mit etw** *dat*] **~** to mess up the place [with sth], to make a mess
sau·er ['zauɐ] I. *adj* ① *(nicht süß)* sour; **saure Drops** acid drops; **saure Früchte** sour [*or* tart] fruit *no pl;* **saurer Wein** sour [*or* BRIT rough] wine; ▪ **~ sein** to be sour/tart/ BRIT rough ② *(geronnen)* **saure Milch** sour milk; ▪ **~ sein/werden** to be [*or* have turned] / turn sour; **die Milch ist ~** the milk is [*or* has turned] sour [*or* is off]; *s. a.* **Sahne** ③ *(~ eingelegt)* pickled; **etw ~ einlegen** to pickle sth ④ *(Humussäure enthaltend)* acidic ⑤ *(Säure enthaltend)* acid[ic]; **saurer Regen** acid rain ⑥ *(fam: übel gelaunt)* mad *fam,* pissed off *fam,* pissed *pred* AM *sl;* **ein saures Gesicht machen** to look mad *fam* [*or* AM *sl* pissed]; ▪ **~** [**auf jdn/etw**] **sein/werden** to be/be getting mad *fam* [*or* AM *sl* pissed] [at sb/sth], to be pissed off [with sb/sth] *sl;* ▪ **~ sein, dass/weil ...** to be mad *fam* [*or* AM *sl* pissed] that/because ... II. *adv* ① *(mühselig)* the hard way; **~ erworbenes Geld** hard-earned money ② *(fam: übel gelaunt)* **~ antworten** to snap out an answer; **~ reagieren** to get mad *fam* [*or* AM *sl* pissed]
Sau·er·amp·fer <-, -n> *m* sorrel **Sau·er·bra·ten** *m* beef roast marinated in vinegar and herbs, sauerbraten AM
Sau·e·rei <-, -en> [zauə'rai] *f (sl)* ① *(sehr schmutziger Zustand)* God-awful mess *fam* ② *(unmögliches Benehmen)* [downright [*or* BRIT *fam* bloody]] disgrace ③ *(Obszönität)* filthy joke/story
Sau·er·kirsch·e *f* sour cherry **Sau·er·kirsch·mar·me·la·de** *f* sour cherry jam **Sau·er·klee** *m* BOT sorrel **Sau·er·kraut** *nt,* **Sau·er·kohl** *m* DIAL sauerkraut, pickled cabbage
säu·er·lich ['zɔyɐlɪç] I. *adj* ① *(leicht sauer)* [slightly] sour; **~e Früchte** [slightly] sour [*or* tart] fruit *no pl* ② *(übellaunig)* annoyed; **ein ~es Lächeln** a sour [*or* bitter] smile; ▪ **~ sein** to be annoyed [*or fam* mad] II. *adv* ① *(leicht sauer)* **~ schmecken** to taste sour/ tart ② *(übellaunig)* sourly; **~ reagieren** to get mad *fam*
Sau·er·milch *f* sour [*or* curdled] milk
säu·ern ['zɔyɐn] I. *vt* ▪ **etw** [**mit etw**] **~** to sour sth [*or* make sth sour] [with sth]; *(konservieren)* to pickle sth [with sth] II. *vi* to [turn [*or* go]] sour
Sau·er·rahm *m* sour[ed BRIT] cream
Sau·er·stoff ['zauɐʃtɔf] *m kein pl* oxygen *no pl*
sau·er·stoff·arm *adj* low in oxygen *pred; (zu wenig)* oxygen-deficient; **~e Luft** stale air; ▪ **~ sein/werden** *(von Luft in größeren Höhen)* to be/become thin **Sau·er·stoff·atom** *nt* oxygen atom **Sau·er·stoff·be·darf** *m* oxygen demand **Sau·er·stoff·fla·sche** *f* oxygen cylinder; *(kleiner a.)* oxygen bottle [*or* flask] **Sau·er·stoff·ge·halt** *m* oxygen content **Sau·er·stoff·ge·rät** *nt* ① *(Atemgerät)* breathing apparatus ② MED *(Beatmungsgerät)* respirator
sau·er·stoff·hal·tig *adj* containing oxygen *pred,* oxygenous *spec,* oxygenic *spec;* ▪ **~ sein** to contain oxygen, to be oxygenous [*or* oxygenic] *spec*
Sau·er·stoff·man·gel *m kein pl* lack of oxygen; **ein akuter ~** oxygen deficiency *no pl* **Sau·er·stoff·mas·ke** *f* oxygen mask **sau·er·stoff·reich** *adj* rich in oxygen *pred,* oxygen-rich *attr;* ▪ **~ sein** to be rich in oxygen **Sau·er·stoff·schuld** *f* BIOL oxygen debt **Sau·er·stoff·ver·brauch** *m* oxygen consumption, consump-

tion of oxygen **Sau·er·stoff·zelt** *nt* oxygen tent; **unter einem ~** in an oxygen tent

Sau·er·teig *m* sourdough, leaven[ing]

Sauf·bold <-[e]s, -e> ['zaufbɔlt, *pl*: -bɔldə] *m (pej sl)* drunk[ard], pisshead BRIT *pej sl*, piss artist BRIT *sl*

sau·fen <säuft, soff, gesoffen> ['zaufn̩] **I.** *vt* ■ **etw ~** ❶ *(sl)* to drink sth; *(schneller)* to knock back sth *sep fam* ❷ *(Tiere)* to drink sth **II.** *vi* ❶ *(sl: trinken)* to drink, to [be/go on the] booze *fam*, to be/go on the piss BRIT *sl* ❷ *(sl: Alkoholiker sein)* to drink, to take to the bottle; ■ **das S~** drinking ❸ *(Tiere)* to drink; *(zu Wasser geführt)* to be watered; *s. a.* **Loch**

Säu·fer(in) <-s, -> ['zɔyfɐ] *m(f) (sl)* drunk[ard], boozer *fam*, pisshead BRIT *pej sl*, piss artist BRIT *sl*

Sau·fe·rei <-, -en> [zaufəˈrai] *f (sl: Besäufnis)* booze-up *fam*, piss-up BRIT *sl; (übermäßiges Trinken)* drinking *no art, no pl*, boozing *no art, no pl fam*

Säu·fe·rin <-, -nen> *f fem form von* **Säufer**

Säu·fer·le·ber *f (fam)* gin drinker's liver *fam* **Säu·fer·na·se** *f (fam)* whisky [*or* brandy] nose

Sauf·ge·la·ge *nt (pej fam)* booze-up *fam,* piss-up BRIT *sl* **Sauf·kum·pan(in)** *m(f) (sl)* drinking pal [*or* AM buddy], fellow drinker

säuft [zɔyft] *3. pers pres von* **saufen**

sau·gen <sog *o* saugte, gesogen *o* gesaugt> ['zaugn̩] **I.** *vi* ❶ *(Staub ~)* to vacuum, to hoover BRIT ❷ *(ein~)* ■ **[an etw** *dat*] **~** to suck [[on] sth] **II.** *vt* ❶ *(Staub ~)* **etw ~** to vacuum [*or* BRIT hoover] sth ❷ *(ein~)* ■ **etw [aus etw] ~** to suck sth [from sth]; *s. a.* **Finger**

säu·gen ['zɔygn̩] *vt* ❶ *(veraltend: stillen)* ■ **jdn ~** to suckle [*or* breast-feed] [*or* old give the breast to] sb ❷ *(Tier)* ■ **sein Junges ~** to suckle its young

Sau·ger <-s, -> *m* ❶ *(auf Flasche)* teat, nipple AM ❷ *(fam: Staub~)* vac *fam,* vacuum cleaner [*or* hoover] *fam*

Säu·ger <-s, -> *m (geh),* **Säu·ge·tier** *nt* mammal[ian *spec*]

saug·fä·hig *adj* absorbent; ■ **~ sein** to be absorbent **Saug·fä·hig·keit** *f kein pl* absorbency **Saug·kraft** *f kein pl* absorbency, absorbent properties

Säug·ling <-s, -e> ['zɔyklɪŋ] *m* baby, infant *form*

Säug·lings·al·ter *nt* ■ **das ~** babyhood, infant-hood *form* **Säug·lings·be·klei·dung** *f* baby clothes *npl,* babywear *no pl* **Säug·lings·pfle·ge** *f kein pl* baby [*or form* infant] care *no pl* **Säug·lings·schwes·ter** *f* baby [*or* infant] nurse **Säug·lings·sterb·lich·keit** *f kein pl* infant mortality *no pl*

Saug·napf *m* suction cup, sucker BRIT **Saug·re·flex** *m* BIOL suckling reflex **Saug·rüs·sel** *m* ❶ *(von Insekt)* proboscis *spec* ❷ *(an Tankstelle)* suction tube **Saug·wurm** *m* ZOOL trematode

Sau·hau·fen *m (pej sl)* bunch of [useless] layabouts [*or* BRIT *pej fam* piss artists] [*or* AM lazy bums]

säu·isch ['zɔyɪʃ] *adj (sl)* ❶ *(abwertend)* filthy; **ein ~er Typ** a bastard *sl;* **ein ~er Witz** a filthy joke ❷ *(stark, groß)* **~ Kälte/~es Glück** bloody cold/luck *sl* ❸ *(intensivierend)* **er fühlte sich ~ wohl** he felt bloody good *sl*

sau·kalt ['zau'kalt] *adj (sl)* damn *fam* [*or* BRIT *sl* bloody] cold [*or* freezing]; ■ **~ sein** to be damn *fam* [*or* BRIT *sl* bloody] cold [*or* freezing], to be brass monkey weather BRIT *sl* **Sau·käl·te** *f (sl)* damn *fam* [*or* BRIT *sl* bloody] cold [*or* freezing] weather, brass monkey weather *no art* BRIT *sl* **Sau·kerl** *m (sl)* bastard *sl,* cunt *vulg*

Säu·le <-, -n> ['zɔylə] *f* ❶ ARCHIT column, pillar; **die ~n des Herkules** the Pillars of Hercules ❷ *(Bild~)* statue ❸ *(geh: Stütze)* pillar; **die ~n der Gesellschaft** the pillars [*or* backbone] of society ❹ *(fam: Zapf~)* petrol [*or* AM gas] pump

säu·len·för·mig **I.** *adj* column-shaped, columnar *spec* **II.** *adv* **~ wachsen** to grow in a column/columns

Säu·len·fuß *m* base, plinth **Säu·len·gang** *m* colonnade; *(mit Innenhof)* peristyle *spec* **Säu·len·hal·le** *f* columned hall **Säu·len·ka·pi·tell** *nt* capital [of a/the column] **Säu·len·schaft** *m* shaft [of a/the column] **Säu·len·tem·pel** *m* colonnaded temple; *(rundförmig)* monopteros *spec*

Sau·lus <-> ['zaulʊs] *m* ■ **[der]** ~ Saul ▸ WENDUNGEN: **vom ~ zum Paulus werden** *(geh)* to have seen the light *a. hum*

Saum <-[e]s, Säume> [zaum, *pl*: 'zɔymə] *m* ❶ *(umgenähter Rand)* hem ❷ *(geh: Rand)* edge, margin, marge *old liter*

sau·mä·ßig **I.** *adj (sl)* ❶ *(unerhört)* bastard *attr sl* ❷ *(miserable)* lousy *fam,* shitty *sl* **II.** *adv (sl)* like hell *fam;* **~ bluten** to bleed like hell *fam; (von Mensch a.)* to bleed like a [stuck] pig; **~ kalt/schwer** bastard [*or* BRIT *sl* bloody] cold/heavy; **etw ~ schlecht machen** to make a pig's ear of sth BRIT *fam,* to screw sth up royally AM; **die Prüfung war ~ schwer** the exam was a [real] bastard *sl*

säu·men ['zɔymən] **I.** *vt* ■ **etw ~** ❶ *(Kleidung)* to hem sth ❷ *(geh: zu beiden Seiten stehen)* to line sth; *(zu beiden Seiten liegen)* to skirt sth **II.** *vi (geh)* to tarry *liter;* ■ **ohne zu ~,** ■ **ohne S~** without delay

säu·mig ['zɔymɪç] *adj* FIN *(geh)* **ein ~er Schuldner/ Zahler** a slow [*or* defaulting] debtor, a defaulter; **ein ~er Zahler sein** to be behind[hand BRIT] with one's payments

Säum·nis·zu·schlag *m* ADMIN surcharge on overdue payment

Saum·pfad *m* mountain trail, bridle path

Sau·na <-, -s *o* Saunen> ['zauna] *f* sauna; **in die ~ gehen** to go for a sauna; **gemischte ~** mixed[-sex] sauna **sau·nie·ren*** ['zau'niːrən] *vi* to [take a] sauna

Sau·re(s) *nt dekl wie adj* **etwas/nichts ~s** something/nothing sour; **gib ihm ~s!** *(fig sl)* let him have it! *fam*

Säu·re <-, -n> ['zɔyrə] *f* ❶ CHEM acid ❷ *(saure Beschaffenheit)* sourness, acidity

Säu·re·blo·cker <-s, -> *m* MED, PHARM anti-acid

säu·re·frei *adj* Papier acid-free

Sau·re·gur·ken·zeit, Sau·re-Gur·ken-Zeit^{RR} [zaurə-'gʊrkn̩tsait] *f (fam)* silly season

Säu·re·schutz·man·tel *m* protective layer of the skin

Sau·ri·er <-s, -> ['zaurɪe] *m* dinosaur, saurian *spec*

Saus [zaus] *m* **in ~ und Braus leben** to live it up, to live like a lord [*or* AM king]

Sau·se <-, -n> ['zauzə] *f (sl: Feier)* piss-up BRIT *sl; (Zechtour)* pub crawl BRIT *fam,* bar hopping AM; **eine ~ machen** to go on a pub crawl BRIT, to go bar-hopping AM

säu·seln ['zɔyzl̩n] **I.** *vi* ❶ *(leise sausen)* ■ **[in etw** *dat*] **~** to sigh [*or* whisper] [in sth]; **in den Blättern ~** to rustle the leaves ❷ *(geh: schmeichelnd sprechen)* to purr **II.** *vt (geh)* ■ **etw ~** to purr sth; *s. a.* **Ohr**

sau·sen ['zauzn̩] *vi* ❶ *haben (von Wind)* to whistle, to whine; *(von Sturm)* to roar; ■ **das S~** the whistling/ whining/roaring ❷ *sein (von Kugel, Peitsche)* to whistle; **die Peitsche ~ lassen** to strike out with the whip ❸ *sein (fam: sich schnell bewegen)* ■ **irgendwohin ~** to dash somewhere ❹ *sein (schnell fahren)* ■ **irgendwohin ~** to roar [*or* zoom] [off] somewhere ❺ *(sl)* **einen ~ lassen** to let off [a fart] *sl,* to let one off *sl* ❻ *(nicht bestehen)* **durch ein Examen ~** to fail [*or fam* flunk] an exam ❼ *(fam: sein lassen)* **etw ~ lassen** to forget sth ❽ *(fam: gehen lassen)* **jdn ~ lassen** to drop sb

Sau·ser <-s, -> *m* SCHWEIZ *(neuer Wein)* fermented grape juice

Sau·se·schritt *m (fig fam)* **im ~** *(äußerst rasch, geschwind)* double-quick *fam,* in double-quick time *fam*

Sau·stall m *(sl)* pigsty *fam*
sau·stark *adj (sl)* wicked *fam*
sau·tie·ren *vt* ■ **etw ~** to sauté sth
Sau·wet·ter *nt (sl)* bloody awful *[or sl* bastard*]* weather *no indef art* BRIT
sau·wohl *adj* ■ **jd fühlt sich ~** *(sl)* ■ **jdm ist ~ zumute** *(sl)* sb feels really *[or* BRIT *sl]* bloody*]* good *[or* AM *fam]* like a million bucks*]*
Sa·van·ne <-, -n> *[za'vanə]* f savanna*[h]*
Sa·xo·phon, Sa·xo·fon^RR <-[e]s, -e> *[zakso'foːn]* nt saxophone, sax *fam*
Sa·xo·pho·nist(in), Sa·xo·fo·nist^RR**(in)**^RR <-en, -en> *[zaksofo'nɪst]* m*(f)* saxophone *[or fam* sax*]* player, saxophonist
S-Bahn® *['ɛs-]* f suburban train
S-Bahn-Li·nie f suburban line **S-Bahn-Netz** nt suburban rail*[way]* network **S-Bahn-Zug** m suburban train
SBB *[ɛsbeː'beː]* f *Abk von* **schweizerische Bundesbahn** ≈ BR BRIT, ≈ Amtrak AM
SB-Bank *[ɛs'beː-]* f self-service branch
s.Br. *Abk von* **südlicher Breite** S *Abk von* **Breite 5**
SB-Tank·stel·le f self-service petrol *[or* filling*]* *[or* AM gas*]* station
Scad-Di·ving <-s> *['skɛd daɪvɪŋ]* nt kein pl SPORT scad diving *(unattached free fall into a net-like device from a height of around 50 metres)*
Scam·pi *['skampi]* m scampi
scan·nen *['skɛnən]* vt ■ **etw ~** to scan sth
Scan·ner <-s, -> *['skɛnɐ]* m INFORM scanner; **etw mit dem ~ einlesen/in den Computer einlesen** to scan in sth *sep/*to scan sth into the computer
Scan·ner·kas·se f electronic checkout
Scha·be <-, -n> *['ʃaːbə]* f cockroach, roach AM *fam*
Scha·be·fleisch nt DIAL *(Rindergehacktes)* minced steak BRIT, ground beef AM
scha·ben *['ʃaːbn̩]* vt ■ **etw ~** to scrape sth; **Bartstoppeln ~** to scrape off stubble *sep;* **ein Fell ~** to shave *[or spec* flesh*]* a hide
Scha·ber <-s, -> m scraper
Scha·ber·nack <-[e]s, -e> *['ʃaːbɐnak]* m *(veraltend)* prank, practical joke; **jdm einen ~ spielen** to play a prank *[or* practical joke*]* on sb; **aus ~** for a laugh
schä·big *['ʃɛːbɪç]* adj ❶ *(unansehnlich)* shabby ❷ *(gemein)* mean, rotten *fam;* ■ **~** *[von jdm]* **sein** to be mean *[or fam* rotten*]* *[of sb];* **wie ~!** that's mean *[or fam* rotten*]* of him/her/you etc. ❸ *(dürftig)* paltry; **ein ~er Lohn** peanuts *npl fam,* chickenshit BRIT *sl;* **das hier ist der ~e Rest** that's all that's left of it
Scha·blo·ne <-, -n> *[ʃa'bloːnə]* f ❶ *(Vorlage)* stencil; **nach ~** *(fig fam)* according to pattern; **nach ~ arbeiten** *(fam)* to work mechanically; **nach ~ vor sich gehen** *(fam)* to follow the same routine ❷ *(Klischee)* cliché; **in ~n denken** to think in a stereotyped way *[or* in stereotypes*]*
scha·blo·nen·haft I. adj *(pej)* hackneyed *pej,* cliché *pred;* **~es Denken** stereotyped thinking II. adv *(pej)* **sich ~ ausdrücken** to use hackneyed expressions *pej [or* clichés*]*; **~ denken** to think in a stereotyped way
Schach <-s> *[ʃax]* nt kein pl *(Spiel)* chess no art, no pl; *(Stellung)* check!; **eine Partie ~** a game of chess; **~ und matt!** checkmate!, *[check and]* mate *fam;* **jdm ~ bieten** to put sb in check, to check sb; **~ spielen** to play chess; **im ~ stehen** *[o* **sein]** to be in check; **jdm/etw ~ bieten** *(fig geh)* to thwart *[or* foil*]* sb/sth; **jdn** *[mit etw]* **in ~ halten** *(fig)* to keep sb in check *[or* at bay*]* *[with sth];* **jdn mit einer Schusswaffe in ~ halten** to cover sb *[or* keep sb covered*]* *[with a firearm]*
Schach·blu·me f BOT snake's head fritillary **Schachbrett** nt chessboard **schach·brett·ar·tig** I. adj chequered BRIT, checkered AM II. adv **~ gemustert sein** to have a chequered pattern **Schach·brett·mus·ter** nt

chequered *[or* AM check*[ered]]* pattern
Scha·cher <-s> *['ʃaxe]* m kein pl *(pej)* ■ **der ~** *[um etw]* haggling *[over* sth*]*; POL horse-trading *[over* sth*]* *pej;* **~ um etw treiben** to haggle over sth; POL to horse-trade over sth *pej*
Scha·che·rer, Scha·che·rin <-s, -> m, f *(pej)* haggler
scha·chern *['ʃaxen]* vi *(pej)* ■ *[mit etw]* **um etw ~** to haggle *[with sb]* over sth; POL to horse-trade *[with sb]* over sth *pej*
Schach·fi·gur f ❶ *(Spielfigur)* chess piece, chessman ❷ *(Mensch)* pawn **Schach·groß·meis·ter** m chess grand master **schach·matt** *[ʃax'mat]* adj ❶ *(Stellung in Schach)* checkmate, mate *fam;* **jdn ~ setzen** *(a. fig)* to checkmate *[or fam* mate*]* sb; **~!** checkmate, *[check and]* mate *fam* ❷ *(erschöpft)* ■ **~ sein** *(fig)* to be exhausted *[or fam* dead beat*]* **Schach·par·tie** f game of chess **Schach·spiel** nt ❶ *(Brett und Figuren)* chess set ❷ *(das Schachspielen)* ■ **das ~** chess **Schach·spie·ler(in)** m*(f)* chess player; **~ sein** to play chess
Schacht <-[e]s, Schächte> *[ʃaxt, pl: 'ʃɛçtə]* m shaft; *Brunnen* well
Schach·tel <-, -n> *['ʃaxtl̩]* f ❶ *(kleine Packung)* box; **eine ~ Zigaretten** a packet *[or* AM pack*]* of cigarettes ❷ *(Frau)* **alte ~** *(sl)* old bag *pej sl*
Schach·tel·halm m BOT horsetail, mare's tail
schäch·ten *['ʃɛçtn̩]* vt ■ **ein Tier ~** to slaughter an animal *(in accordance with Jewish rites);* ■ **das S~** kosher butchering
Schach·tur·nier nt chess tournament **Schach·zug** m move *[at chess]*, half-move *spec; (fig: Manöver)* move, manoeuvre BRIT, maneuver AM
scha·de *['ʃaːdə]* adj pred ❶ *(bedauerlich)* *[das ist aber]* **~! wie ~!** what a pity *[or* shame*]*, that's too bad; **ich finde es ~, dass ...** *[*I think*]* that's a shame *[or* pity*]* */*it's a shame *[or* pity*]* that; ■ *[wirklich/zu]* **~, dass ...** it's *[really]* a pity *[or* a shame*]* *[or* too bad*]* that …, it's a *[real [or* great*]* pity *[or* shame*]* that …, it's *[just]* too bad that …; ■ **es ist ~ um jdn/etw** it's a shame *[or* pity*]* about sb/sth ❷ *(zu gut)* ■ **für jdn/ etw zu ~ sein** to be too good for sb/sth; ■ **sich** *dat* **für etw** *akk* **zu ~/nicht zu ~ sein** to think *[or* consider*]* oneself too good for sth/to not think *[or* consider*]* sth *[to be]* beneath oneself; ■ **sich** *dat* **für nichts zu ~ sein** to consider nothing *[to be]* beneath one, to take on anything
Schä·del <-s, -> *['ʃɛːdl̩]* m ❶ *(Totenkopf, Tier~)* skull; *(von Mensch a.)* cranium *spec* ❷ *(fam: Kopf)* head, bonce BRIT *fam;* *[mit etw* dat*]* **eins auf den ~ bekommen** to get one over *[or fam* round*]* the head *[*from sth*]*; **jdm den ~ einschlagen** to smash sb's skull *[or* head*]* in; *[von etw* dat*]* **einen dicken ~ haben** *(fam)* to have a hangover *[or* be hung-over*]* *[*from sth*]*; **jdm brummt der ~** *(fam: Kopfschmerzen haben)* sb's head is throbbing; *(nicht mehr klar denken können)* sb's head is buzzing *[or* going round and round*]*; **sich** *dat* *[an etw* dat*]* **den ~ einrennen** *(fam)* to crack one's skull *[against sth]*; *(wiederholt)* to beat one's head *[against sth]*
Schä·del·ba·sis f MED skull base, base of the skull, cranial floor *spec* **Schä·del·ba·sis·bruch** m fracture of the skull base, base *[or spec* basilar*]* skull fracture **Schä·del·bruch** m fractured skull, fracture of the skull **Schä·del·de·cke** f MED roof *[or* top*]* of the skull, skullcap, calvaria *spec* **Schä·del·form** f shape of the skull **Schä·del·grö·ße** f size of the skull **Schä·del·kno·chen** m skull *[or* cranial*]* bone **Schä·del·naht** f MED suture
scha·den *['ʃaːdn̩]* vi ■ **jdm/sich ~** to do harm to sb/ oneself; ■ **etw** *dat***/etw sehr ~** to damage/to do great damage to sth; **Arbeit hat noch keinem geschadet** *(fam)* work never did *[or* has never done*]*

anybody any harm; **es kann nichts ~, wenn jd etw tut** it would do no harm if sb does sth [*or* for sb to do sth]; **schadet das was?** *(fam)* so what?

Scha·den <-s, Schäden> [ˈʃaːdn̩, *pl:* ˈʃɛːdn̩] *m* ❶ *(Sach~)* damage *no indef art, no pl* (**durch** +*akk* caused by); *(Verlust)* loss; **einen ~** [*o* **Schäden**] [**in Höhe von etw** *dat*] **verursachen** to cause damage [amounting to sth]; **jdm/etw ~ zufügen** to harm sb/ to harm [*or* damage] sth; **es soll jds ~ nicht sein** it will not be to sb's disadvantage, sb won't regret it ❷ *(Verletzung)* injury; [**bei etw** *dat*] **zu ~/nicht zu ~ kommen** *(geh)* to be hurt [*or* injured] [in sth]/to not come to any harm [in sth]; **Schäden aufweisen** MED to exhibit lesions *spec; (fehlerhaft sein)* to be defective [*or* damaged] ▶ WENDUNGEN: **wer den ~ hat, braucht für den Spott nicht zu sorgen** *(prov)* don't mock the afflicted; **aus** [*o* **durch**] **~ wird man klug** *(prov)* once bitten twice shy *prov,* you learn by [*or* from] your mistakes

Scha·den·er·satz *m s.* **Schadensersatz Scha·den·er·satz·an·spruch** *m* claim for compensation **scha·den·frei I.** *adj* damage-free *attr,* claim-free *attr* BRIT **II.** *adv* **~ fahren** to have never had an accident when driving **Scha·den·frei·heits·ra·batt** *m (geh)* no-claim[s] bonus BRIT

Scha·den·freu·de *f* malicious joy, gloating, schadenfreude *liter*

scha·den·froh I. *adj* malicious, gloating; **eine ~e Stimme** a voice full of gloating; ■ **~ sein** to delight in others' misfortunes **II.** *adv* **~ grinsen** to grin with gloating

Scha·dens·ab·tei·lung *f* ÖKON *(selten)* claims department **Scha·dens·be·gren·zung** *f* loss [*or* damage] limitation; ■ **zur ~** to limit the losses [*or* damage] **Scha·dens·er·satz** *m kein pl* compensation, damages *npl;* **~ fordern** to claim damages; **jdn auf ~ ver·klagen** to sue sb for damages; **auf ~ erkennen** JUR to award damages; [**jdm**] [**für** [*o* **wegen**] **etw** *dat*] **~ leisten** to pay [sb] damages [for sth]

schad·haft [ˈʃaːthaft] *adj* faulty, defective; *(beschädigt)* damaged

schä·di·gen [ˈʃɛːdɪɡn̩] *vt* ❶ *(beeinträchtigen)* ■ **jdn/ etw** [**durch etw** *akk*] **~/sehr ~** to harm sb/sth/to do sb/sth great harm [with sth] ❷ *(finanziell belasten)* ■ **jdn** [**um etw** *akk*] [**durch etw** *akk*] **~** to cause sb losses [of sth] [with sth] ❸ *(beschädigen)* ■ **etw** [**durch etw** *akk*] **~** to damage sth [with sth]

Schä·di·gung <-, -en> *f* ❶ *(das Schädigen)* ■ **~ einer S.** *gen* damage done to a sth ❷ *(Schaden)* harm *no indef art, no pl* (+*gen* to); ❸ *(organisch)* lesion *spec* (+*gen* of)

schäd·lich [ˈʃɛːtlɪç] *adj* harmful, injurious *form; (giftig)* noxious *form;* ■ **~** [**für jdn/etw**] **sein** to be harmful, to be bad for sb's health/for sth, to be damaging to sth **Schäd·lich·keit** <-> *f kein pl* harmfulness (**für** +*akk* to), harmful [*or* detrimental] effect[s *pl*] (**für** +*akk* on) **Schäd·ling** <-s, -e> [ˈʃɛːtlɪŋ] *m* pest

Schäd·lings·be·kämp·fung *f* AGR, ÖKOL pest control, biological c., chemical c., integrated pest management **Schäd·lings·be·kämp·fungs·mit·tel** *nt* pesticide; *(gegen Insekten a.)* insecticide

schad·los [ˈʃaːtloːs] *adj* **sich** *akk* [**für etw** *akk*] **an jdm ~ halten** to make sb pay [for sth]; **sich** *akk* **an etw** *dat* **~ halten** *(hum fam)* to do justice to sth *hum; (als Ersatz nehmen)* to make up for it on sth *a. hum*

Scha·dor <-s, -s> [ʃaˈdoːɐ̯] *m s.* **Tschador**

Schad·stoff *m* harmful substance; *(in der Umwelt)* pollutant

schad·stoff·arm *adj* containing [*or* producing] a low level of harmful substances *pred;* **~es Auto/~er Motor** low-emission car/engine **Schad·stoff·aus·stoß** *m* [pollution] emissions *pl* **Schad·stoff·be·las·**

tung *f* pollution

Schaf <-[e]s, -e> [ʃaːf] *nt* ❶ *(Tier)* sheep; *(Mutter~)* ewe; **das schwarze ~ sein** *(fig)* to be the black sheep (**in** +*dat*/+*gen* of) ❷ *(fam: Dummkopf)* idiot, dope *fam,* twit BRIT *fam;* **ich ~!** what an idiot [*or* a dope] [*or* BRIT a twit] I am [*or* I've been] *fam*

Schaf·bock *m* ram, tup BRIT

Schäf·chen <-s, -> [ˈʃɛːfçən] *nt* ❶ *dim von* **Schaf** lamb, little sheep ❷ *pl (Gemeindemitglieder)* flock ▶ WENDUNGEN: **sein ~ ins Trockene bringen** *(fig fam)* to see oneself all right *fam;* **sein ~ im Trockenen haben** *(fig fam)* to have feathered one's own nest

Schäf·chen·wol·ken *pl* fleecy [*or* cotton-wool] clouds **Schä·fer(in)** <-s, -> [ˈʃɛːfɐ] *m(f)* shepherd *masc,* shepherdess *fem*

Schä·fer·dich·tung *f* LIT ■ **die ~** pastoral poetry **Schä·fer·hund** *m* Alsatian [dog], German shepherd [dog] AM

Schä·fe·rin <-, -nen> *f fem form von* **Schäfer** shepherdess

Schä·fer·stünd·chen *nt (hum veraltend)* [lovers'] tryst *hum,* bit of hanky-panky *dated fam*

Schaf·fell *nt* sheepskin, fleece

schaf·fen¹ <schaffte, geschafft> [ˈʃafn̩] *vt* ❶ *(bewältigen)* ■ **etw ~** to manage [to do] sth; **ein Examen ~** to pass an exam; **eine Hürde ~** to manage [*or* clear] a hurdle; **einen Termin ~** to make a date; **ich schaffe es nicht mehr** I can't manage [*or* cope] any more, I can't go on; **wie schaffst du das nur?** how do you [manage to] do it [all]?; **wir ~ das schon** we'll manage; **wie soll ich das bloß ~?** how am I supposed to do [*or* manage] that?; **das hätten wir/das wäre geschafft!** [there,] that's done; **du schaffst es schon** you'll do [*or* manage] it; **schaffst du es noch?** can you manage?; **es ist geschafft** it's done ❷ *(fam: fertig bringen)* ■ **es ~, etw zu tun** to manage to do sth; **das hast du wieder mal geschafft** you've [gone and] done it again; **ich habe es nicht mehr geschafft, dich anzurufen** I didn't get round to calling you ❸ *(gelangen)* **wie sollen wir das auf den Berg ~?** how are we supposed [*or* will we manage] to get that up the mountain?; **wir müssen es bis zur Grenze ~** we've got to get to the border; **schaffe ich es bis zum Flughafen?** will I get to the airport on time [*or* in good time] ? ❹ *(fam: verzehren können)* ■ **etw ~** to manage sth *fam;* **ich habe es nicht geschafft** I couldn't manage it ❺ *(bringen)* ■ **jdn/ etw in etw** *dat*/**zu etw etc. ~** to bring sb/sth in sth/ to sth etc.; **etw in etw ~** to put sth in sth ❻ *(sl: erschöpfen)* ■ **jdn ~** to take it out of [*or* BRIT *sl* to knacker] sb; ■ **geschafft sein** to be exhausted [*or fam* shattered] [*or* BRIT *sl* knackered]

schaf·fen² <schuf, geschaffen> [ˈʃafn̩] *vt* ■ **etw ~** ❶ *(herstellen)* to create sth; **eine Methode/ein System ~** to create [*or* develop] a method/system; **dafür bist du wie ge~** you're just made for it ❷ *(geh: er~)* to create sth ❸ *(verursachen)* to cause [*or* create] sth; **Frieden ~** to make peace; **Versöhnung** [**zwischen ihnen**] **~** to bring about reconciliation [between them], to reconcile them

schaf·fen³ <schaffte, geschafft> [ˈʃafn̩] *vi* SÜDD, ÖSTERR, SCHWEIZ *(arbeiten)* ■ **irgendwo/bei jdm ~** [**gehen**] [to go] to work somewhere/for sb; **nichts mit jdm/ etw zu ~ haben** to have nothing to do with sb/sth; **ich habe damit nichts zu ~** that has nothing to do with me; **was hast du mit ihm zu ~?** what got you mixed up with him?; **was hast du/haben Sie da zu ~?** what do you think you're doing there?, just something? *iron; daran hast du/haben Sie nichts zu ~!** *(fam)* there's nothing for you there, you'll find nothing of interest there; **jd macht jdm** [**mit etw**]

zu ~ sb annoys [or irritates] sb [with sth], sb['s sth] gets on sb's wick BRIT *fam;* **jdm** [**mit etw** *dat*] **zu ~ machen** to cause sb [a lot of] trouble [with sth]; **mein Herz macht mir noch zu** ~ my heart's still giving me trouble [or BRIT *sl* gyp]; **sich** *dat* **an etw** *dat* **zu ~ machen** to start tampering/fumbling with sth

Schaf·fen <-s> ['ʃafn̩] *nt kein pl (geh)* creative activity; *(einzelne Werke)* work[s *pl*]

Schaf·fens·drang *m kein pl* creative urge **Schaf·fens·freu·de** *f kein pl* creative enthusiasm **Schaf·fens·kraft** *f kein pl* creative power, creativity *no pl*

Schaf·fer(in) <-s, -> ['ʃafɐ] *m(f)* SÜDD, SCHWEIZ *(fleißiger Mensch)* hard worker, workaholic

Schaff·hau·sen <-s> [ʃafˈhauzn̩] *nt* Schaffhausen

schaf·fig ['ʃafɪç] *adj* SÜDD, SCHWEIZ *(fleißig)* hard-working

Schaf·fleisch *nt* mutton

Schaff·ner(in) <-s, -> ['ʃafnɐ] *m(f) (im Zug)* guard BRIT, conductor AM; *(in der Straßenbahn)* conductor

Schaf·fung <-> *f kein pl* creation; *(einer Methode/ eines Systems a.)* development

Schaf·gar·be <-, -n> *f* BOT [common] yarrow **Schaf·hirt(in)** *m(f)* shepherd *masc,* shepherdess *fem; s. a.* **Schäfer**

Schäf·lein <-s, -> *nt (poet) s.* **Schäfchen 1**

Schaf·maul *nt* lamb's lettuce *no pl*

Scha·fott <-[e]s, -e> [ʃaˈfɔt] *nt* scaffold; **das ~ besteigen** to mount the scaffold; **auf dem ~ enden** to die on the scaffold

Schaf·schur *f* [sheep-]shearing *no art*

Schafs·kä·se *m* sheep's milk cheese **Schaf(s)·kopf** *m* ① KARTEN sheepshead, schaf[s]kopf *(a simplified form of skat)* ② *(pej: Dummkopf)* idiot **Schafs·milch** *f* sheep's [or ewe's] milk **Schafs·pelz** *m* sheepskin; *s. a.* **Wolf**

Schaf·stel·ze *f* ORN yellow wagtail

Schaft <-[e]s, Schäfte> [ʃaft, *pl:* 'ʃɛftə] *m* ① *(langgestreckter Teil)* shaft ② *(Gewehrlauf)* stock ③ *(astfreier Teil)* stalk, [main] stem ④ *(Stiefel~)* leg

Schaft·stie·fel *pl* high boots

Schaf·wol·le *f* sheep's wool **Schaf·züch·ter** *m* sheep breeder, sheep farmer

Scha·kal <-s, -e> [ʃaˈkaːl] *m* jackal

schä·kern ['ʃɛːkɐn] *vi (veraltet)* ▸ [mit jdm] ~ to flirt [with sb]

schal [ʃaːl] *adj* ① *(abgestanden)* flat, stale; ~**es Wasser** stale water ② *(inhaltsleer)* meaningless, vapid

Schal <-s, -e *o* -e> [ʃaːl] *m* scarf

Schäl·chen <-s, -> ['ʃɛːlçən] *nt dim von* **Schale²** [small] bowl

Scha·le¹ <-, -n> ['ʃaːlə] *f* ① *(Nuss~)* shell ② *(Frucht~)* skin; *(abgeschält)* peel; **die ~ einer S.** *gen*/**von etw** *dat* **abziehen** to peel sth ③ *(Tier)* shell; **Muscheln a.** valve *spec* ▸ WENDUNGEN: **eine raue ~ haben** to be a rough diamond; **sich in ~ werfen** *(fam)* [*o sl:* **schmeißen**] to get dressed up; *(von Frau a.)* to get dolled up BRIT *fam*

Scha·le² <-, -n> ['ʃaːlə] *f* bowl; *(flacher)* dish

schä·len ['ʃɛːlən] **I.** *vt* ① *(von der Schale befreien)* ▸ **etw** ~ to peel sth; **Getreide** ~ to husk grain ② *(wickeln)* ▸ **etw aus etw** *dat* ~ to unwrap sth [from sth]; **ein Ei aus der Schale** ~ to shell an egg, to peel the shell off an egg **II.** *vr* ① *(sich pellen)* ▸ **sich** *akk* ~ to peel; **diese Apfelsine schält sich aber gut** this orange is easy to peel ② *(eine sich ~de Haut haben)* ▸ **sich** *akk* [**an etw** *dat*] ~ one['s sth] is peeling ③ *(fam: sich von etwas befreien)* ▸ **sich** *akk* **aus etw** *dat* ~ to slip off sth *sep*

Scha·len·obst *nt* [edible] nuts *pl* **Scha·len·sitz** *m* AUTO bucket seat **Scha·len·tier** *nt* shellfish, crustacean **Scha·len·wild** *nt* hoofed game

Schal·erb·se *f* yellow split pea

Schalk <-[e]s, -e *o* Schälke> [ʃalk, *pl:* 'ʃɛlkə] *m (veraltend)* rogue, rascal, scoundrel; ▸ WENDUNGEN: **jdm schaut der ~ aus den Augen** sb has got a mischievous gleam in his/her eye; **jdm sitzt der ~ im Nacken** sb is a real rogue [or rascal]

schalk·haft I. *adj* mischievous, rascally **II.** *adv* mischievously

Schall <-s, -e *o* Schälle> [ʃal, *pl:* 'ʃɛlə] *m* ① *(Laut)* sound; **der ~ der Glocken/Trompeten** the sound of the bells/trumpets ② *kein pl* PHYS sound *no art* ▸ WENDUNGEN: **etw ist ~ und Rauch** sth signifies nothing; **etw ist leerer ~** sth is without substance

schall·däm·mend *adj* noise-reducing, sound-absorbing **Schall·däm·mung** *f* noise-reduction, sound-absorption **Schall·dämp·fer** <-s, -> *m einer Schusswaffe* silencer; *eines Auspuffs a.* muffler AM **schall·dicht I.** *adj* soundproof; ~**e Abdichtung** soundproofing **II.** *adv* **diese Fenster lassen sich ~ verschließen** these windows are soundproof when closed

schal·len ['ʃalən] *vi* to resound, to echo

schal·lend I. *adj* ① *(hallend)* resounding; **mit ~em Gelächter** with a gale of laughter ② *(knallend)* resounding; **sie gab ihm eine ~e Ohrfeige** she gave him a hearty [or hefty] clip round the ear **II.** *adv* ① *(lauthals)* resoundingly; ~ **lachen** to roar with laughter ② *(mit lautem Knall)* resoundingly

Schall·ge·schwin·dig·keit *f kein pl* PHYS speed [or velocity] of sound; **mit doppelter ~ fliegen** to fly at twice the speed of sound **Schall·gren·ze** *f s.* **Schallmauer Schall·iso·lie·rung** *f* soundproofing **Schall·mau·er** *f* sound [or sonic] barrier; **die ~ durchbrechen** to break the sound [or sonic] barrier

Schall·plat·te *f* record

schall·schlu·ckend I. *adj s.* **schalldämmend II.** *adv* in a way which reduces noise level; ~ **beschichtet sein** to have a sound-absorbing layer

Schall·schutz·fens·ter *nt* sound-absorbing [or noise-reducing] window **Schall·schutz·wall** *m* sound-absorbing barrier

Schall·wel·le *f* PHYS sound wave

Schal·mei <-, -en> [ʃalˈmai] *f* MUS shawm

Schäl·mes·ser *nt* peeling knife

Scha·lot·te <-, -n> [ʃaˈlɔtə] *f* shallot

Schäl·rip·pe *f* KOCHK cured belly of pork

schalt [ʃalt] *imp von* **schelten**

Schalt·bild *nt s.* **Schaltplan**

schal·ten ['ʃaltn̩] **I.** *vi* ① AUTO to change gear ② *(fam: begreifen)* to get it *fam,* to catch on *fam* ③ *(sich einstellen)* to switch to ▸ WENDUNGEN: ~ **und walten** to manage things as one pleases; **sein Vorgesetzter lässt ihn frei ~ und walten** his boss gives him a completely free hand **II.** *vt* ① *(einstellen)* ▸ **etw auf etw** ~ *akk* to switch [or turn] sth to sth, to put sth on sth *fam,* to turn [or *fam* put] the switch on sth to sth; **die Heizung auf Handbetrieb ~** to switch the heating [or AM heater] to manual; **die Herdplatte auf Stufe drei ~** to turn [or switch] the ring [or AM knob] to three ② AUTO ▸ **etw ~** to change gear; ▸ **sich ~ lassen: der Wagen lässt sich auch von Anfängern problemlos ~** even beginners can change gear in this car without any problems ③ ELEK ▸ **etw ~** to switch [or turn] on sth *sep;* **die Treppenhausbeleuchtung ist so geschaltet, dass sie nach zwei Minuten automatisch ausgeht** the light on the stairs switches off automatically after two minutes ④ *(einfügen)* ▸ **etw ~** to insert sth; **eine Anzeige ~** to place an advert [or AM ad] **III.** *vr* ▸ **sich ~: der Wagen schaltet sich sehr einfach** it is very easy to change gear in the car

Schal·ter <-s, -> ['ʃaltɐ] *m* ① ELEK switch; **einen ~ betätigen** to operate a switch; **einen ~ umlegen** to throw a switch; *(zum Unterbrechen)* circuit breaker

ADMIN, BAHN counter; (mit Sichtfenster) window

Schal·ter·be·am·te(r), **-be·am·tin** m, f dekl wie adj clerk; (bei der Eisenbahn) ticket clerk **Schal·ter·hal·le** f main hall; BAHN travel centre [or AM -er], booking [or dated ticket] hall **Schal·ter·schluss**RR m close of business **Schal·ter·stun·den** pl opening hours pl

Schalt·he·bel m AUTO gear lever; ▸ WENDUNGEN: **an den ~n** [von etw] **sitzen** to sit at the [steering] wheel [or to be in the driving seat] [of sth]; **an den ~n der Macht sitzen** to hold the reins of power, to have the reins of power in one's hands **Schalt·jahr** nt leap year **Schalt·kas·ten** m fuse box **Schalt·knüp·pel** m gear lever, gearstick **Schalt·kreis** m circuit; **integrier·ter ~** integrated circuit **Schalt·plan** m diagram of a wiring system; INFORM, ELEK circuit diagram **Schalt·pult** nt control desk [or panel], controls npl **Schalt·stel·le** f control centre [or AM -er] **Schalt·ta·fel** f control panel **Schalt·tag** m leap day

Schal·tung <-, -en> f ❶ AUTO gears pl ❷ ELEK circuit; **integrierte ~** integrated circuit

Scha·lup·pe <-, -n> [ʃaˈlʊpə] f NAUT ❶ (hist: kleineres Frachtschiff) sloop ❷ (Beiboot eines Seglers) dinghy

Scham <-> [ʃaːm] f kein pl ❶ (Beschämung) shame; **~ empfinden** to be ashamed; **kein bisschen ~ im Leibe haben** to be [completely] barefaced [or shameless] [or brazen] ❷ (Schüchternheit) **aus falscher ~** out of a false sense of modesty; **nur keine falsche ~!** (fam) don't be shy! ❸ (Verlegenheit) embarrassment; **vor ~ glühen/rot werden** to go red [or blush] with embarrassment; **vor ~ vergehen/in den Boden versinken** to die of embarrassment fig ❹ (Scham·röte) blush; **ihm stieg die ~ ins Gesicht** he blushed ❺ (veraltend geh) shame old liter, private parts

Scha·ma·ne <-n, -n> [ʃaˈmaːnə] m shaman

Scham·bein nt pubic bone

schä·men [ˈʃɛːmən] vr ❶ (Scham empfinden) **sich einer S.** gen **~** to be ashamed of sth; **sich** [wegen etw] **~** to be [or feel] ashamed [or sth/sb]; **sich für etw/jdn ~** to be [or feel] ashamed of sth/for sb; **sich vor jdm ~** to be [or feel] ashamed in front of sb; (einem peinlich werden in jds Gegenwart) to be [or feel] embarrassed in front of sb; **sich in Grund und Boden ~** to be utterly ashamed; **jd sollte sich** [was] **~** sb should be ashamed of himself/herself; **schäm dich!** shame on you! ❷ (sich scheuen) **sich ~, etw zu tun** to stop at [or to shrink from] doing sth, to be embarrassed to do sth; **ich schäme mich, ihn schon wieder um einen Gefallen zu bitten** I'm ashamed [or embarrassed] to ask him to do me yet another favour

Scham·ge·fühl nt kein pl sense of shame, modesty; **hast du denn gar kein ~?** haven't you got any [sense of] shame? **Scham·haar** nt pubic hair

scham·haft adj (geh) shy, bashful, modest

Scham·lip·pen pl labia pl; **die kleinen/großen ~** labia minora/majora **scham·los** adj ❶ (keine Scham kennend) shameless, rude; **eine ~e Gebärde** a rude [or indecent] gesture ❷ (unverschämt) **eine ~e Dreistigkeit** sheer audacity no pl; **eine ~e Frech·heit** brazen [or barefaced] impudence no pl; **eine ~e Lüge** a barefaced [or blatant] [or downright] lie **Scham·lo·sig·keit** <-, -en> f ❶ kein pl (mangelndes Schamgefühl) shamelessness no pl, impudence no pl, shameless behaviour [or AM -or] ❷ (schamlose Bemer·kung) rude remark

Scha·mot·te·stein [ʃaˈmɔt-] m firebrick

Scham·pus <-s> [ˈʃampʊs] m kein pl (fam) bubbly fam, champers fam + sing vb BRIT

scham·rot [ˈʃaːmroːt] adj red-faced; **~ sein/wer·den** to blush [or go red] with shame/embarrassment **Scham·rö·te** f blush of embarrassment; **jdm steigt die ~ ins Gesicht** sb blushes [or goes red] with

shame/embarrassment

Schan·de <-> [ˈʃandə] f kein pl ignominy, disgrace, shame; **~ über jdn bringen** to bring disgrace on [or upon] sb, to bring shame on [or to] [or upon] sb; **jdn vor ~ bewahren** to save sb from disgrace; **in ~ gera·ten** (veraltet: ein uneheliches Kind bekommen) to become pregnant out of wedlock; **eine** [wahre] **~ sein!** to be a[n utter [or absolute]] disgrace!; **eine** [wahre] **~ sein,** [dass]/wie ... to be a[n utter [or absolute]] disgrace [that]/how ...; **keine ~ sein, dass ...** to not be a disgrace that ...; **mach mir** [nur] **keine ~!** (hum) don't let me down!; **jdm/einer S. ~ machen** to be a disgrace [or to be a disgrace to] sb/sth, to call [or bring] down disgrace [or form ignominy] on sb/sth; **jdm/einer S. keine ~ machen** to not be a disgrace to sb/sth; **zu jds** [bleibenden] **~** to sb's [everlasting] shame; **ich muss zu meiner großen ~ gestehen, dass ich unsere Verabredung völlig vergessen habe** I'm deeply ashamed to have to admit that I had completely forgotten our engage·ment; s. a. **Schimpf**

schän·den [ˈʃɛndn̩] vt ❶ (verächtlich machen) **etw ~** to discredit [or dishonour] sth; **jds Ruf ~** to sully sb's name ❷ (selten: verschandeln) **etw ~** to defile [or ruin] sth ❸ (entweihen) **etw ~** Grab, Leichnam, Denkmal to desecrate [or defile] sth ❹ (veraltend: vergewaltigen) **jdn ~** to rape [or form violate] sb

Schand·fleck m blot [on the landscape], disgrace

schänd·lich [ˈʃɛntlɪç] **I.** adj ❶ (niederträchtig) dis·graceful, shameful; **ein ~es Verbrechen** a despicable crime ❷ (fam: schlecht) dreadful, appalling; **in einem ~en Zustand sein** to be in a disgraceful state **II.** adv ❶ (gemein) shamefully, disgracefully, dreadfully, appallingly ❷ (sehr) outrageously; **~ teuer** outra·geously dear

Schänd·lich·keit <-, -en> f ❶ (niederträchtige Tat) shameful [or ignominious] deed [or action] ❷ kein pl (Abscheulichkeit) shamefulness no pl, infamy, base·ness no pl form

Schand·mal nt (geh) s. **Schandfleck Schand·maul** nt (pej) ❶ (sl: Maul) malicious [or poisonous] tongue, gob BRIT fam; **halt dein ~!** shut your face! fam sl ❷ (geh: lästernde Person) gossiper, scan·dalmonger **Schand·tat** f abomination, iniquity; **zu jeder ~ bereit sein** (hum fam) to be ready [or game] for anything

Schän·dung <-, -en> f desecration, defilement; (Ver·gewaltigung) violation

Schän·keRR <-, -n> [ˈʃɛŋkə] f pub; (Gastwirtschaft auf dem Land) inn

Schan·ker <-s, -> [ˈʃaŋkɐ] m chancroid, chancre; **har·ter/weicher ~** hard/soft chancre

Schank·er·laub·nis f licence [or AM -se] [to sell alcohol]

Schan·ze <-, -n> [ˈʃantsə] f ski jump

Schar¹ <-, -en> [ʃaːɐ̯] f von Vögeln flock; von Men·schen crowd, horde, fam gang; **in** [hellen] **~en** in droves [or swarms]

Schar² <-, -en> [ʃaːɐ̯] f ploughshare BRIT, plowshare AM

Schar·bocks·kraut [ˈʃaːɐ̯bɔks-] nt kein pl BOT lesser celandine, pilewort

Schä·re <-, -n> [ˈʃɛːrə] f skerry, small rocky island

scha·ren [ˈʃaːrən] **I.** vt ■ **Dinge/Menschen um sich ~** to gather things/people around oneself **II.** vr ■ **sich um jdn/etw ~** (sich versammeln) to gather [or flock together] around sb/sth; (sich eifrig bewe·gen) to swarm about sb/sth; (schützend) to rally around sb/sth

scha·ren·wei·se adv in hordes [or droves]; **die Fans sammelten sich ~ um den Star herum** the fans swarmed around the star

scharf <schärfer, schärfste> [ʃarf] **I.** adj ❶ (gut

geschliffen] *Messer, Klinge* sharp, keen *form;* ~e **Krallen** sharp claws; ~e **Zähne** sharp teeth; **etw ~ machen** to sharpen sth ❷ *(spitz zulaufend)* sharp; ~e **Gesichtszüge** sharp features; **eine ~e Kante** a sharp edge; **eine ~e Kurve/Kehre** a hairpin bend; **eine ~e Nase** a sharp nose ❸ KOCHK *(stark gewürzt)* hot; ~e **Gewürze/~er Senf** hot spices/mustard; *(sehr würzig)* highly seasoned; ~er **Käse** strong cheese; **ein ~er Geruch** a pungent odour [*or* AM -or]; *(hochprozentig)* strong; **einen S~en trinken** to knock back some of the hard stuff ❹ *(ätzend)* aggressive, caustic [*or* strong]; *s. a.* **Sache** ❺ *(schonungslos, heftig)* harsh, severe, tough; ~e **Ablehnung** fierce [*or* strong] opposition; ~e **Aufsicht/Bewachung/Kontrolle** rigorous [*or* strict] supervision/surveillance/control; **ein ~er Gegner** a fierce opponent; ~e **Konkurrenz** fierce [*or* keen] competition; ~e **Kritik** biting [*or* fierce] criticism; ~e **Maßnahmen ergreifen** to take drastic [*or* harsh] measures; **ein ~er Polizist** a tough policeman; ~e **Prüfer** a strict examiner; ~er **Protest** strong [*or* vigorous] protest; **ein ~es Urteil** a harsh [*or* scathing] judgement ❻ *(bissig)* fierce, vicious *pej;* ~e **Auseinandersetzungen** bitter altercations; **etw in schärfster Form verurteilen** to condemn sth in the strongest possible terms; **ein ~er Verweis** a strong reprimand; ~er **Widerstand** fierce [*or* strong] resistance; **eine ~e Zunge haben** to have a sharp tongue; **sehr ~ gegen jdn werden** to be very sharp with sb ❼ *inv (echt)* real; **mit ~en Patronen schießen** to shoot live bullets; ~e **Schüsse abfeuern** to shoot with live ammunition; **eine ~e Bombe** a live bomb ❽ *(konzentriert, präzise)* careful; ~e **Betrachtung** careful [*or* thorough] examination; ~e **Beobachtung** astute [*or* keen] observation; ~er **Blick** close [*or* thorough] inspection; **ein ~er Analytiker** a careful [*or* thorough] analyst; **eine ~e Auffassungsgabe haben** to have keen powers of observation; **ein ~es Auge für etw haben** to have a keen eye for sth; **ein ~er Beobachter** a keen [*or* perceptive] observer; ~e **Intelligenz** keen intelligence; **ein ~er Verstand** a keen [*or* sharp] mind ❾ OPT, FOTO sharp; ~e **Augen** keen [*or* sharp] eyes; **eine ~e Brille/~Linse** strong [*or* powerful] glasses/a strong [*or* powerful] lens; ~e **Umrisse** sharp outlines; **das Foto ist gestochen ~** the photo is extremely sharp ❿ *(schneidend)* biting; **ein ~er Frost** a sharp frost; ~e **Kälte** biting [*or* fierce] cold; ~e **Luft** raw air; **eine ~e Stimme** a sharp voice; **ein ~er Ton** a shrill sound; **ein ~er Wind** a biting wind ⓫ *(forciert)* hard, fast; **in ~em Galopp reiten** to ride at a furious gallop; **in ~em Tempo** at a [fast and] furious pace; **ein ~er Ritt** a hard ride ⓬ *(sl: aufreizend)* spicy *fam*, naughty *fam*, sexy *fam;* ■ **auf jdn ~ sein** *(geil)* to fancy sb *fam*, to be turned on by sb *fam*, to be keen on sb, to have the hots for sb AM; *(jdm übelwollen)* to have it in for sb; ■ **auf etw ~ sein** to [really] fancy sth *fam*, to be keen on sth ⓭ *(sl: fantastisch)* great *fam*, fantastic *fam*, terrific; **ein ~es Auto** a cool car; **[das ist] ~!** [that is] cool!; **das ist das Schärfste!** *(sl)* that [really] takes the biscuit [*or* AM cake] ! *fig* ⓮ FBALL *(kraftvoll)* fierce ⓯ *(aggressiv)* fierce; **ein ~er [Wach]hund** a fierce [watch]dog **II.** *adv* ❶ *(in einen scharfen Zustand)* **etw ~ schleifen** to sharpen sth; ~ **gebügelte Hosen** sharply ironed trousers [*or* AM pants] ❷ *(intensiv gewürzt)* **ich esse/koche gerne ~** I like eating/cooking spicy/hot food; ~ **schmecken** to taste hot; **etw ~ würzen** to highly season sth ❸ *(heftig)* sharply; **etw ~ ablehnen** to reject sth outright [*or* out of hand], to flatly reject sth; **etw ~ angreifen** [*o* attackieren] to attack sth sharply [*or* viciously]; **etw ~ kritisieren** to criticize sth sharply [*or* harshly] [*or* severely]; **gegen etw ~ protestieren** to protest strongly [*or* vigorously]

against sth; **etw ~ verurteilen** to condemn sth strongly [*or* harshly] ❹ *(konzentriert, präzise)* carefully; **ein Problem ~ beleuchten** to get right to the heart of a problem; ~ **analysieren** to analyze carefully [*or* painstakingly] [*or* thoroughly]; ~ **aufpassen** to take great [*or* extreme] care; ~ **beobachten** to observe [*or* watch] carefully [*or* closely]; ~ **hinsehen** to look good and hard; **etw ~ unter die Lupe nehmen** to investigate sth carefully [*or* thoroughly], to take a careful [*or* close] look at sth; ~ **sehen** to have keen [*or* sharp] eyes; **etw ~ umreißen** to define sth clearly [*or* sharply] ❺ *(in forciertem Tempo)* fast, like the wind [*or* devil]; ~ **reiten** to ride hard ❻ *(streng)* carefully, closely; **etw ~ bekämpfen** to fight hard [*or* strongly] against sth; **jdn ~ bewachen** to keep a close guard on sb; **gegen etw ~ durchgreifen** [*o* vorgehen] to take drastic [*or* vigorous] action [*or* to take drastic steps] against sth ❼ *(abrupt)* abruptly, sharply; ~ **links/rechts abbiegen/einbiegen** to take a sharp left/right, to turn sharp left/right; ~ **bremsen** to brake sharply, to slam on the brakes; **Fleisch ~ anbraten** to sear meat ❽ *(gefährlich)* ~ **geladen sein** to be loaded [with live ammunition]; ~ **schießen** to shoot [with live ammunition] ❾ OPT, TECH *(klar)* sharply; **das Bild/den Sender ~ einstellen** to sharply focus the picture/tune in the station ❿ *(geil)* **jdn ~ machen** to turn sb on *fam*, to make sb feel horny *sl* ▶ WENDUNGEN: **es ~ auf jdn haben** ÖSTERR to have it in for sb

Scharf·blick *m kein pl* astuteness *no pl*, perspicacity *no pl form*, shrewdness *no pl*

Schär·fe <-, -n> ['ʃɛrfə] *f* ❶ *(guter Schliff)* sharpness, [sharp] edge; **die ~ einer Axt** the sharpness of an axe ❷ KOCHK spiciness; *eines Käses* sharpness, strength; *von Senf/Chilis/Pfeffer* hotness; *einer Zitrone* tanginess ❸ *(Heftigkeit) einer Ablehnung* severity; *der Konkurrenz* keenness, strength; *der Kritik* severity, sharpness; *von Worten* harshness; **in aller ~ kritisieren** to criticize severely [*or* sharply]; **in aller ~ zurückweisen** to refuse/reject outright, to flatly refuse, to reject out of hand ❹ *(Präzision)* sharpness, keenness; *der Augen/des Gehörs/des Verstandes* keenness ❺ OPT, FOTO sharpness; *einer Brille/eines Brillenglases* strength ❻ *(ätzende Wirkung)* causticity ❼ *(schneidend sein) des Windes* bitterness; *des Frosts* sharpness ❽ FBALL **ein Schuss von unheimlicher ~** an incredibly hard shot

schär·fen ['ʃɛrfn] *vt* ❶ *(scharf schleifen)* ■ **etw ~** to sharpen sth ❷ *(verfeinern)* ■ **etw ~** to make sth sharper [*or* keener]; **den Verstand ~** to sharpen the intellect

scharf|ma·chen *vt* **jdn/einen Hund ~** to incite sb/a dog, to egg on a dog *sep* **Scharf·ma·cher(in)** ['ʃarfmaxɐ] *m(f) (pej fam)* hellraiser *fam*, agitator, rabble-rouser **Scharf·rich·ter** *m* HIST executioner **Scharf·schüt·ze**, **-schüt·zin** *m, f* marksman *masc*, markswoman *fem* **Scharf·sinn** *m kein pl* astuteness *no pl*, perspicacity *no pl form* **scharf·sin·nig I.** *adj* astute, perceptive, perspicacious *form* **II.** *adv* astutely, perceptively, perspicaciously *form*

Scha·ria <-> [ʃaˈriːa] *f kein pl* sharia [*or* shariat] [*or* sheria] [*or* sheriat]

Schar·lach¹ <-s> ['ʃarlax] *m kein pl* MED scarlet fever **Schar·lach²** <-> ['ʃarlax] *nt kein pl* scarlet **schar·lach·rot** *adj* scarlet

Schar·la·tan <-s, -e> ['ʃarlatan] *m* ❶ *(großsprecherischer Betrüger)* fraud, con man *fam* ❷ *(Kurpfuscher)* charlatan, quack *fam*

Scharm <-s> [ʃarm] *m kein pl s.* **Charme** **schar·mant** [ʃarˈmant] *adj o adv s.* **charmant**

Schar·müt·zel <-s, -> [ʃarˈmʏtsl] *nt (veraltend: kleines Gefecht)* skirmish

Schar·nier <-s, -e> [ʃarˈniːɐ̯] *nt* hinge

Schar·nier·ge·lenk nt ANAT hinge joint

Schär·pe <-, -n> [ˈʃɛrpə] f sash

schar·ren [ˈʃarən] **I.** vi ▪ [mit etw] ~ to scratch [with sth]; **mit den Krallen** ~ to claw [or scratch]; **etw mit der Pfote** ~ to paw [at] sth; **etw mit einem Huf** ~ to paw [or scrape] [at] sth with a hoof **II.** vt ▪ **jdn/etw in etw** ~ akk to bury sb/sth in a shallow grave

Schar·te <-, -n> [ˈʃartə] f ➊ *(Einschnitt)* nick, notch; **eine** ~ **auswetzen** to grind out a nick ➋ HIST *(Schießscharte)* embrasure ▸ WENDUNGEN: **eine** ~ **auswetzen** to make good [or rectify] a mistake, to make amends

schar·tig [ˈʃartɪç] adj jagged, ragged

schar·wen·zeln[*] [ʃarˈvɛntsl̩n] vi sein o haben *(fam)* ▪ [um jdn/vor jdm] ~ to dance attendance [on sb] BRIT, to kowtow [to sb], to suck up [to sb] fam

Schasch·lik <-s, -s> [ˈʃaʃlɪk] nt [shish] kebab

schas·sen [ˈʃasn̩] vt *(fam)* ▪ **jdn** ~ ➊ *(entlassen)* to fire [or sack] sb, to kick sb out ➋ *(der Schule verweisen)* to expel sb

Schat·ten <-s, -> [ˈʃatn̩] m ➊ *(schattige Stelle)* shade; **30° im** ~ 30 degrees in the shade; ~ **spendend** shady; ~ **spenden** [o **geben**] to afford shade *form;* **im** ~ **liegen** to be in the shade; **lange** ~ **werfen** to cast long shadows ➋ *(schemenhafte Gestalt)* shadow; **nur noch ein** ~ **seiner selbst sein** to be a shadow of one's former self *form* [or of what one used to be]; **sich vor seinem eigenen** ~ **fürchten** to be afraid of one's own shadow; **einem** ~ **nachjagen** to chase phantoms ➌ *(dunkle Stelle)* shadow; ~ **unter den Augen** [dark] shadows [or rings] under the eyes ➍ *(geh)* **in das Reich der** ~ **hinabsteigen** *(euph: sterben)* to descend into the realm of the shades ➎ *(Verfolger)* shadow ▸ WENDUNGEN: **im** ~ **bleiben** to stay in the shade; **einen** ~ **haben** to be crazy; **über seinen** ~ **springen** to force oneself to do sth; **nicht über seinen** [eigenen] ~ **springen können** to be unable to act out of character; **in jds** ~ **stehen** to be in sb's shadow [or to be overshadowed by sb]; **jdn/ etw in den** ~ **stellen** to put sb/sth in the shade *fig;* **seinen** ~ **vorauswerfen** to cast one's shadow before one *fig,* to make oneself felt; **einen** ~ [**auf etw** akk] **werfen** to cast [or throw] a shadow [over sth] *fig*

Schat·ten·blu·me f BOT May lily **Schat·ten·da·sein** nt **ein** ~ **fristen** [o **führen**] *(geh: am Rande der Existenz leben)* to lead a miserable existence; *(nicht real existieren)* to lead a shadowy existence

schat·ten·haft I. adj shadowy; ~**e Umrisse** vague outlines **II.** adv **sich** ~ **abzeichnen** to loom in a shadowy fashion; **etw** ~ **ausmachen/erkennen** to just be able to make out sth

Schat·ten·ka·bi·nett nt shadow cabinet **Schat·ten·mo·rel·le** f ➊ *(Sauerkirschbaum)* morello tree, morello cherry tree ➋ *(Baum)* morello, morel, morello cherry **Schat·ten·riss**[RR] m silhouette **Schat·ten·sei·te** f negative side [or aspect], dark side, drawback **Schat·ten·spiel** nt ➊ *kein pl* THEAT *(Schattentheater)* shadow play [or show] ➋ THEAT *(Stück für das Schattentheater)* shadow play ➌ *meist pl (Schattenbild mit Händen)* shadow play

schat·tie·ren[*] [ʃaˈtiːrən] vt KUNST ▪ **etw** ~ to shade sth [in]

Schat·tie·rung <-, -en> f ➊ KUNST shading ➋ *pl (geh: Richtungen)* shade; **alle** [**verschiedenen**] **Meinungs~en** all [different] shades of opinion

schat·tig [ˈʃatɪç] adj shady

Scha·tul·le <-, -n> [ʃaˈtʊlə] f *(geh)* casket

Schatz <-es, Schätze> [ʃats, *pl:* ˈʃɛtsə] m ➊ *(Ansammlung kostbarer Dinge)* treasure ➋ *(fam: Liebling)* darling, sweetheart, love; **ein** ~ **sein** *(fam)* to be a dear [or a love] [or a treasure]

Schatz·an·wei·sung f government [or treasury] bond

schätz·bar adj inv *(geh)* **nicht leicht/schwer** ~ **sein**

to be not easy/difficult to assess [or estimate]; **etw ist nur annähernd** [o **ungefähr**] ~ one can only make a rough assessment [or an approximate estimate] of sth; **etw ist genau** ~ one can make a precise assessment [or estimate] of sth; **gut/schlecht** ~ **sein** to be easy/ difficult to assess [or estimate]

Schätz·chen <-s, -> [ˈʃɛtsçən] nt *(fam)* dim von **Schatz 2**

schät·zen [ˈʃɛtsn̩] **I.** vt ➊ *(einschätzen)* ▪ **jdn/etw** [auf etw akk]~ to guess [or reckon] that sb/sth is sth; **jdn/etw auf ein bestimmtes Alter** ~ to guess sb's/ sth's age; **meistens werde ich jünger geschätzt** people usually think I'm younger; **jdn auf eine bestimmte Größe/etw auf eine bestimmte Höhe** ~ to guess the height of sb/sth; **ich schätze sein Gewicht auf ca. 100 kg** I reckon he weighs about 100 kilos; **grob geschätzt** at a rough guess [or estimate] ➋ *(wertmäßig einschätzen)* ▪ **etw auf etw** akk ~ to assess the value of sth, to assess sth at sth; **der Schaden wird auf 100.000 Euro geschätzt** the damage is estimated at 100,000 euros ➌ *(würdigen)* ▪ **jdn** [als **jdn**] ~ to value sb [or to regard sb highly] [as sb]; ▪ **jdn** ~ to hold sb in high esteem [or form regard]; ▪ **etw** ~ to appreciate [or form treasure] sth; ▪ **es** ~, **etw zu tun** to enjoy doing sth; ▪ **es** ~, **dass etw getan wird** to appreciate the fact that sth is being done; **ich schätze es nicht sehr, wenn man mir immer ins Wort fällt** I don't appreciate/enjoy being constantly interrupted; **jdn/etw** ~ **lernen** to come [or learn] to appreciate [or value] sb/sth; **etw zu** ~ **wissen** to appreciate sth; *s. a.* **glücklich** *s. a.* **wissen II.** vi *(fam)* to guess; **richtig** ~ to guess [or form estimate] correctly; **man kann nur** ~ ... it's anybody's guess ...; **schätz mal** guess, have [or take] a guess

Schät·zer(in) <-s, -> m(f) assessor

Schatz·grä·ber(in) <-s, -> m(f) treasure seeker [or hunter] **Schatz·kam·mer** f treasure-house **Schatz·kanz·ler(in)** m(f) ÖKON, POL Chancellor of the Exchequer BRIT, Secretary of the Treasury AM, minister of finance, finance minister **Schatz·meis·ter(in)** m(f) treasurer

Schät·zung <-, -en> f ➊ *kein pl (wertmäßiges Einschätzen)* assessment [or estimate] of the value, valuation ➋ *(Anschlag)* estimate; **nach einer groben** ~ at a rough estimate [or guess]; **nach jds** ~ sb would say; **wann wird sie denn nach deiner** ~ **wieder zurück sein?** when would you say she'll be back?

schät·zungs·wei·se adv about, approximately, roughly

Schätz·wert m estimated value

Schau <-, -en> [ʃau] f ➊ *(Ausstellung)* exhibition; **etw zur** ~ **stellen** [o display [or to exhibit] sth, to put sth on display; **Emotionen/Gefühle zur** ~ **tragen** to make a show of one's emotions/feelings ➋ *(Vorführung)* ▸ WENDUNGEN: **jdm** [mit etw] **die** ~ **stehlen** *(fam)* to steal the show from sb [with sb] *fig; s. a.* **Show**

Schau·bild nt diagram

Schau·der <-s, -> [ˈʃaudɐ] m *(geh)* shiver, shudder

schau·der·haft adj ➊ *(grässlich)* ghastly, horrific, terrible ➋ *(fam: furchtbar)* awful, dreadful

schau·dern [ˈʃaudɐn] **I.** vt impers ▪ **es schaudert jdn bei etw** sth makes sb shudder [or shiver] **II.** vi ➊ *(erschauern)* to shudder; ▪ [**vor etw** dat] ~ to shake [with sth] ➋ *(frösteln)* to shiver

schau·en [ˈʃauən] **I.** vi ➊ SÜDD, ÖSTERR, SCHWEIZ *(blicken)* to look; **auf die Uhr** ~ to look at the clock; ▪ **auf jdn/etw** ~ to look at sb/sth; ▪ **um sich** ~ to look around, to have a look around; **wohin man schaut, ...** wherever you look, ...; *s. a.* **Auge** ➋ *(ausehen)* to look; **schau nicht so verbittert/traurig!** don't look so bitter/sad! ➌ *(darauf achten)* ▪ **auf**

etw ~ to pay attention to sth; **auf Sauberkeit** ~ to be concerned about [or pay attention to] cleanliness ➍ *(sich kümmern)* ▪ **nach jdm/etw** ~ to have [or take] a look at sb/sth, to check up on sb/sth; **wenn ich in Urlaub bin, schaut mein Freund nach den Blumen** my friend is going to look after my flowers while I'm on holiday ➎ *(suchen)* ▪ [**nach etw**] ~ to look [for sth] ➏ *(ansehen)* to look, to watch; ~ **Sie, die Tür wurde aufgebrochen!** look! the door has been broken open! ➐ *(fam: zusehen)* ▪ ~, **dass/ wie …: schau, dass du pünktlich bist** see [or make sure] [or mind] that you are on time ▸ WENDUNGEN: **da schaust du aber!** *(fam)* how about that!, what do you think of that?; [**ja,**] **da schau her!** *(schau, schau)* well, well; ~ **mal, …** well [or look] …; **schau, schau!** *(fam)* well, well II. vt ▪ **etw** ~ ➊ *(geh: visionär erblicken)* to behold sth ➋ s. **gucken**
Schau·er <-s, -> [ˈʃaʊɐ] m ➊ *(Regenschauer)* shower ➋ s. **Schauder**
Schau·er·ge·schich·te f *(fam)* s. **Schauermärchen**
schau·er·lich adj ➊ *(grässlich)* ghastly, horrific, terrible ➋ *(fam)* s. **schauderhaft 2**
Schau·er·mär·chen nt *(fam)* horror story, blood-curdling tale
schau·ern [ˈʃaʊɐn] I. vi ▪ [**vor etw** dat] ~ to shiver [with sth] II. vt impers ▪ [**jdn** [o **jdm**] **schauert es** [**bei etw**] sth makes sb shudder
Schau·er·ro·man m ➊ *(Horrorroman)* horror story ➋ *(des 18. Jahrhunderts)* gothic novel
Schau·fel <-, -n> [ˈʃaʊfl̩] f ➊ *(Werkzeug)* shovel; *(für Mehl o.Ä.)* scoop; *(für Kehricht)* dustpan; *(Spielzeug~)* spade ➋ *(eine ~ voll)* shovel, shovelful; ~ **um** ~ by the shovelful ➌ *(Geweihende)* antlers pl ➍ *(am Bagger)* shovel ➎ NAUT *(fachspr: Blatt von Ruder und Paddel)* paddle ➏ *(von Turbine)* blade, vane
schau·feln [ˈʃaʊfl̩n] I. vi to shovel, to dig II. vt ▪ **etw** ~ ➊ *(graben)* to dig sth s. **Grab** ➋ *(verlagern)* to shovel sth
Schau·fel·stück nt KOCHK [beef] clod [or shoulder]
Schau·fens·ter nt shop window; ~ **gucken** *(fam)* to go window-shopping
Schau·fens·ter·aus·la·ge f [shop] window display
Schau·fens·ter·bum·mel m window-shopping no pl, no indef art; **einen** ~ **machen** to go window-shopping **Schau·fens·ter·de·ko·ra·ti·on** f [shop] window display **Schau·fens·ter·pup·pe** f mannequin, shop dummy BRIT **Schau·fens·ter·wer·bung** f kein pl advertising in shop windows
Schau·kampf m SPORT exhibition fight **Schau·kas·ten** m display cabinet, showcase
Schau·kel <-, -n> [ˈʃaʊkl̩] f swing
schau·keln [ˈʃaʊkl̩n] I. vi ➊ *(die Schaukel benutzen)* to [go on the] swing ➋ *(auf und ab wippen)* ▪ [**mit etw**] ~ to rock [sth]; **im Schaukelstuhl sitzen und** ~ to sit in the rocking chair and rock backwards and forwards ➌ *(schwanken)* to roll [from side to side]; *(hin und her schwingen)* to swing [backwards and forwards] II. vt ➊ *(hin und her bewegen)* ▪ **jdn** ~ to push sb [on the swing], to swing sb ➋ *(bewerkstelligen)* ▪ **etw** ~ to manage sth; **wie hat er das nur geschaukelt?** how on earth did he manage that?; s. a. **Kind** s. a. **Sache**
Schau·kel·pferd nt rocking horse **Schau·kel·po·li·tik** f kein pl POL *(pej)* seesaw policy, opportunistic and unprincipled politics pl; **eine** ~ **betreiben** to pursue a seesaw policy **Schau·kel·stuhl** m rocking chair
schau·lus·tig adj curious, gawping fam pej; **ein ~er Mensch** a [curious] onlooker
Schau·lus·ti·ge(r) f(m) dekl wie adj onlooker, spectator
Schaum <-s, Schäume> [ʃaʊm, pl: ˈʃɔymə] m ➊ *(bla-*

sige Masse) foam; *(auf einer Flüssigkeit)* froth ➋ *(Seifenschaum)* lather; *(auf einer Flüssigkeit)* foam ➌ *(Geifer)* foam [or froth]; ~ **vor dem Mund haben** to foam [or froth] at the mouth ➍ *(Schaumspeise)* mousse; **etw zu** ~ **schlagen** to beat sth [until frothy] ▸ WENDUNGEN: ~ **schlagen** *(sl)* to talk big
Schaum·bad nt bubble bath **Schaum·bla·se** f bubble [in the foam [or froth]]
schäu·men [ˈʃɔymən] vi ➊ *(in Schaum übergehen)* to lather; *(Motoröl)* to froth, to foam ➋ *(aufschäumen)* to froth ➌ *(geh: rasen)* to fume, to seethe; s. a. **Wut**
Schaum·fes·ti·ger m setting mousse **Schaum·gum·mi** m foam rubber **Schaum·gum·mi·pols·ter** nt [foam rubber] pad
schau·mig [ˈʃaʊmɪç] adj frothy; **etw** ~ **schlagen** to beat sth until it is frothy; **Butter und Zucker** ~ **schlagen** to beat butter and sugar until fluffy
Schaum·kel·le f, **Schaum·löf·fel** m skimming ladle **Schaum·kro·ne** f *(auf Wellen)* white crest ➋ *(auf einem Bier)* head **Schaum·schlä·ge·rei** [ʃaʊmˌʃlɛːɡəˈraɪ] f kein pl *(fam)* big talk fam, hot air fam **Schaum·spei·se** f mousse **Schaum·stoff** m foam **Schaum·stoff·pols·ter** nt foam pad [or upholstery] no pl, no indef art **Schaum·wein** m sparkling wine **Schaum·zi·ka·de** f ZOOL froghopper, spittlebug
Schau·ob·jekt nt exhibit **Schau·platz** m scene **Schau·pro·zess**ᴿᴿ m show trial
schau·rig [ˈʃaʊrɪç] adj ➊ *(unheimlich)* eerie, weird, scary ➋ *(gruselig)* macabre, scary ➌ *(fam)* s. **schauderhaft 2**
schau·rig-schön [ˈʃaʊrɪçˈʃøːn] adj ➊ *(unheimlich, aber anziehend)* weird and wonderful ➋ *(gruselig, aber anziehend)* wonderfully macabre [or scary], scary and wonderful
Schau·spiel [ˈʃaʊʃpiːl] nt ➊ THEAT play, drama no indef art ➋ *(geh)* spectacle
Schau·spie·ler(in) [ˈʃaʊʃpiːlɐ] m(f) actor masc, actress fem a. fig
Schau·spie·le·rei [ʃaʊʃpiːləˈraɪ] f kein pl ➊ *(fam: Beruf)* acting no art, no pl ➋ *(Verstellung)* acting, pretence; **lass die** ~ stop acting [or pretending]
Schau·spie·le·rin <-, -nen> f fem form von **Schauspieler** actress
schau·spie·le·risch [ˈʃaʊʃpiːlərɪʃ] I. adj acting; **~e Arbeit** work as an actor/actress; **~e Begabung/~es Können** talent/ability as an actor/actress, acting talent/ability; **eine ~e Leistung** a piece of acting II. adv ~ **war dieses Debüt wirklich bemerkenswert** this really was a remarkable acting debut; **die Leistung in diesem Stück war** ~ **schwach** the acting in this play was weak
schau·spie·lern [ˈʃaʊʃpiːlɐn] vi ➊ *(sich verstellen)* to act, to play-act ➋ THEAT to act
Schau·spiel·haus nt theatre [or AM -er], playhouse **Schau·spiel·kunst** f kein pl dramatic art, drama **Schau·spiel·schu·le** f drama school **Schau·spiel·schü·ler(in)** m(f) drama student **Schau·spiel·un·ter·richt** m drama lesson; [**bei jdm**] ~ **nehmen** to take drama lessons [with sb]
Schau·stel·ler(in) <-s, -> m(f) fairman masc, fairwoman fem
Schau·ta·fel f chart
Scheck <-s, -s> [ʃɛk] m cheque BRIT, check AM; ▪ **ein** ~ **über etw** akk a cheque for sth; [**jdm**] **einen** ~ **über etw** akk] **ausstellen** to write [sb] a cheque [for sth]; **mit** [**einem**] ~ **bezahlen** to pay by cheque; **einen** ~ **einlösen** to cash a cheque
Scheck·be·trug m cheque fraud **Scheck·buch** nt chequebook
Sche·cke¹ <-n, -n> [ˈʃɛkə] m piebald
Sche·cke² <-, -n> [ˈʃɛkə] f female piebald
Scheck·heft nt chequebook

sche·ckig [ˈʃɛkɪç] *adj* patched, mottled; *Gesicht* blotchy; **ein ~es Pferd** a piebald [horse] ▸ WENDUNGEN: **sich [über jdn/etw] ~ lachen** *(sl)* to laugh oneself silly [*or fig* to split one's sides laughing] [over sb/sth]

Scheck·kar·te *f* cheque [*or* AM check] card **Scheck·num·mer** *f* cheque number **Scheck·vor·druck** *m* cheque

scheel [ʃeːl] **I.** *adj (fam)* ❶ *(geringschätzig)* contemptuous ❷ *(missbilligend)* disapproving ❸ *(missgünstig)* malevolent ❹ *(misstrauisch)* suspicious ❺ *(neidisch)* envious, jealous **II.** *adv* **jdn ~ ansehen** to eye sb [contemptuously/disapprovingly/ malevolently/suspiciously/enviously/jealously]

Schef·fel <-s, -> [ˈʃɛfl̩] *m* scoop, bushel *old; s. a.* **Licht**

schef·feln [ˈʃɛfl̩n] *vt* ■ **etw ~** to accumulate sth, to amass sth *form;* **Geld ~** to rake in money

scheib·chen·wei·se [ˈʃaɪpçən-] *adv* ❶ *(Scheibchen für Scheibchen)* slice for slice ❷ *(nach und nach)* bit by bit

Schei·be <-, -n> [ˈʃaɪbə] *f* ❶ *(dünnes Glasstück)* [piece of] glass; *(eckig/rechteckig)* [pane of] glass; *(Fensterscheibe)* window[pane] ❷ *(Autofenster)* [car] window; *(Windschutzscheibe)* windscreen, windshield AM ❸ KOCHK slice; **etw in ~n schneiden** to slice sth, to cut sth into slices ❹ *(kreisförmiger Gegenstand)* disc ❺ MUS *(fam: Schallplatte)* disc, record ▸ WENDUNGEN: **sich** *dat* **von jdm eine ~ abschneiden können** *(fam)* to [be able to] take a leaf out of sb's book *fig,* to [be able to] learn a thing or two from sb

Schei·ben·brem·se *f* disc brake **Schei·ben·rad** *nt* disc wheel **Schei·ben·schie·ßen** *nt* target shooting; *(als Übung)* target practice **Schei·ben·wasch·an·la·ge** *f* windscreen [*or* AM windshield] washer system

schei·ben·wei·se *adv* in slices

Schei·ben·wi·scher <-s, -> *m* windscreen wiper

Scheich <-s, -e> [ʃaɪç] *m* ❶ *(arabischer Potentat)* sheikh, sheik ❷ *(fam: Typ)* bloke BRIT, guy AM

Scheich·tum <-[e]s, -tümer> *nt* sheikhdom [*or* sheikdom]

Schei·de <-, -n> [ˈʃaɪdə] *f* ❶ *(Schwert-/Dolch~)* scabbard, sheath ❷ ANAT *(Vagina)* vagina

schei·den <schied, geschieden> [ˈʃaɪdn̩] **I.** *vt haben* ❶ *(eine Ehe lösen)* **jdn ~** to divorce sb; **sich [von jdm] ~ lassen** to get divorced [from sb]; **geschieden** divorced; **wir sind geschiedene Leute** *(fig)* it's all over between us ❷ *(rechtlich auflösen)* **etw ~** to dissolve sth ❸ *(trennen)* **etw von etw ~** to separate sth from sth ❹ CHEM **etw ~** to separate [out] [*or* refine] sth **II.** *vi (geh)* ❶ *sein (sich trennen)* **voneinander ~** to separate, to go one's separate ways ❷ *sein (aufgeben)* **aus etw ~** to leave [*or sep* give up] sth; **aus einem Amt ~** to retire from a position [*or* post]; **aus einem Dienst ~** to retire from a service; *s. a.* **Leben III.** *vr haben (verschieden sein)* ■ **sich [an etw** *dat*] **~** to diverge [*or* divide] [at sth]; **an diesem Punkt ~ sich die Ansichten** opinions diverge at this point; *s. a.* **Geist** *s. a.* **Weg**

Schei·den·mu·schel *f* razor clam

Schei·de·weg *m* **am ~ stehen** *(fig)* to stand at a crossroads [*or* before an important decision]

Schei·dung <-, -en> *f* divorce; **in eine ~ einwilligen** to agree to a divorce; **in ~ leben** to be separated; **die ~ einreichen** to start divorce proceedings

Schei·dungs·an·walt, **-an·wäl·tin** *m, f* divorce lawyer **Schei·dungs·grund** *m* JUR grounds *npl* for divorce; *(hum)* person one is leaving one's spouse for **Schei·dungs·pro·zess**[RR] *m* divorce proceedings *pl* **Schei·dungs·ra·te** *f* divorce rate **Schei·dungs·recht** *nt* divorce laws *pl*

Schein <-[e]s, -e> [ʃaɪn] *m* ❶ *kein pl (Lichtschein)* light ❷ *kein pl (Anschein)* appearance; **sich vom [äußeren] ~ täuschen lassen** to be blinded [*or* taken

in] by [external] appearances; **der ~ spricht gegen jdn** appearances are against sb; **der ~ trügt** appearances are deceptive; **den ~ wahren** [*o* aufrechterhalten] to keep up appearances; **dem ~ nach** on the surface [of things]; **etw zum ~ tun** to pretend to do sth ❸ *(Banknote)* [bank]note ❹ *(fam: Teilnahmebescheinigung)* certificate [of participation] ❺ *(fam: Bescheinigung)* certificate

In German universities, students have to gain **Scheine** – *certificates* to progress from one year to the next. Only those students who attain a certain number or type of certificate(s) are allowed to enter for intermediate, and later, degree examinations.

Schein·ar·gu·ment *nt* spurious [*or* bogus] [*or* hollow] argument

schein·bar *adj* apparent, seeming

Schein·ehe *f* marriage on paper

schei·nen[1] <schien, geschienen> [ˈʃaɪnən] *vi* ❶ *(leuchten)* to shine ❷ *(strahlen)* to shine

schei·nen[2] <schien, geschienen> [ˈʃaɪnən] *vi* ❶ *(den Anschein haben)* ■ **etw zu sein ~** to appear [*or* seem] to be sth; **es scheint, dass/als [ob] ...** it appears [*or* seems] that/as if; **wie es scheint, hast du recht** it appears [*or* seems] [that] you are right ❷ *(so vorkommen)* ■ **jdm ~, dass ...** to appear [*or* seem] to sb that ...; **mir scheint, dass es heute kälter ist als gestern** it appears [*or* seems] to me that it's colder today than it was yesterday

Schein·fir·ma *f* bogus [*or* fictitious] company **Schein·ge·fecht** *nt* mock battle **Schein·ge·schäft** *nt* ÖKON fictitious transaction **Schein·ge·winn** *m* ÖKON paper profit **Schein·grund** *m* pretext

schein·hei·lig [ˈʃaɪnhaɪlɪç] **I.** *adj (pej)* hypocritical, sanctimonious; *(unschuldig erscheinend)* innocent, goody-goody *fam;* **~ tun** to play the innocent **II.** *adv (pej)* hypocritically, sanctimoniously; *(unschuldig erscheinend)* innocently, in a goody-goody way *fam*

Schein·hei·rat *f* marriage on paper **Schein·lö·sung** *f* apparent [*or* not a real] solution **Schein·schwan·gerschaft** *f* phantom [*or* AM false] pregnancy **schein·tot** *adj* apparently [*or* seemingly] dead; **sich ~ stellen** to pretend to be dead ▸ WENDUNGEN: **der ist doch schon ~** *(pej)* he has one foot in the grave

scheint's *adv* SÜDD, SCHWEIZ *(anscheinend)* seemingly

Schein·ver·hand·lung *f* ❶ JUR sham trial [*or* proceedings] *pl* ❷ ÖKON bogus [*or* fictitious] [*or* sham] transaction **Schein·welt** *f* make-believe [*or* fairy-tale] [*or* unreal] world

Schein·wer·fer *m* ❶ *(Strahler)* spotlight; *(Licht zum Suchen)* searchlight ❷ AUTO headlight; **die ~ aufblenden** to turn the headlights on full [*or* AM high beam]; **die ~ kurz aufblenden** to flash one's headlights; **aufgeblendete ~** full headlights BRIT, high beams AM; **die ~ abblenden** to dip one's headlights BRIT, to click on one's low beams AM

Schein·wer·fer·licht *nt* spotlight; **der Zaun war in helles ~ getaucht** the fence was lit by bright spotlights ▸ WENDUNGEN: **im ~** [der Öffentlichkeit] **stehen** to be in the public eye, to have the spotlight on one *fig,* to be under public scrutiny

Scheiß <-> [ʃaɪs] *m kein pl (sl)* ❶ *(Quatsch)* crap *fam!,* garbage *fam,* rubbish; **he, was soll der ~!** hey, what [the bloody *fam* [*or* vulg fucking] hell] are you doing!; **lass doch den ~** [bloody well] stop it *fam,* stop farting [*or* AM *vulg* fucking] around; **~ machen** to make a complete mess [*or* pig's ear] [*or* cock-up] of things; **mach/macht keinen ~!** stop farting around! *vulg,* don't be so bloody *fam* [*or* vulg fucking] stupid!, *fam* don't be such a bloody fool/bloody fools [*or vulg* a fucking idiot/fucking idiots| ! ❷ *(Fluchwort)* **so ein ~!** shit! *fam,* bloody *fam [or vulg* fucking] hell!

Scheiß·dreck *m (sl: Mist)* crap *fam!,* garbage *fam,* rubbish; ▸ WENDUNGEN: **jdn einen ~ angehen** to be none of sb's [damn *[or fam* bloody] *[or vulg* fucking]] business; **sich einen ~ um jdn/etw kümmern** to not give a shit about sb/sth *fam!;* **einen ~ tun** to do fuck all *[or* sweet f. all] *[or* bugger all] BRIT *vulg;* **wegen jedem** ~ for every little thing; **~!** shit! *fam,* damn! *fam,* bugger! BRIT *vulg,* fuck [it]! *vulg,* fucking hell! *vulg*

Schei·ße <-> |'ʃaɪsə| *f kein pl* ❶ *(fam!: Darminhalt)* shit *fam!* ❷ *(sl: Mist)* **~!** shit! *fam,* damn! *fam,* bugger! BRIT *vulg,* fuck [it]! *vulg,* fucking hell! *vulg;* **~ reden** to talk rubbish *[or fam!* shit] *[or* AM *fam* garbage], to talk a load of crap *fam!;* **verdammte ~!** *(sl)* damn it! *fam,* shit! *fam!,* bloody *fam!* damn! *fam! [or vulg* fucking] hell!; ~ **sein** *(sl)* to be [complete] garbage *fam [or fam!* crap], to be a load of crap *fam!;* ~ **sein, dass ...** it's a [great] pity *[or fam* pain] [that] ...; ~ **verbrechen/bauen** to make a [complete] mess *[or fam* cock-up] [of sth] ▸ WENDUNGEN: **in der ~ sitzen** *(sl)* to be in the shit *fam!,* to be up to one's eyes *[or* AM neck] in it *fam*

scheiß·egal |'ʃaɪsʔe'ɡaːl| *adj (sl)* **~ jdm ist es ~** sb couldn't give a damn *fam [or fam!* a shit]; ■ **es ist ~, ob/wann/was/wie ...** it does not matter a damn *fam [or* at all] if/when/what/how ...

schei·ßen <schiss, geschissen> |'ʃaɪsn̩| **I.** *vi* ❶ *(vulg)* to shit *vulg,* to have *[or* AM take] a shit *fam!* ❷ *(sl: verzichten können)* **auf jdn/etw ~** *akk* to not give a damn *fam [or fam!* shit] about sb/sth **II.** *vr (vulg)* ■ **sich** *dat* **irgendwohin** *akk* ~ to shit on one's sth *vulg*

Schei·ßer(in) <-s, -> *m(f) (fam!)* shit *sl,* arsehole BRIT *vulg,* asshole AM *vulg,* bastard *fam!*

scheiß·freund·lich |'ʃaɪs'frɔyntlɪç| *adj (sl)* ■ ~ |**zu jdm**| **sein** to be as nice *[or* sweet] as pie to sb *pej* **Scheiß·haus** *nt (vulg)* bog BRIT *sl,* john AM *sl;* **auf dem ~ sitzen** to sit in the bog **Scheiß·kerl** *m (sl)* *s.* **Scheißer**

Scheit <-[e]s, -e *o* ÖSTERR, SCHWEIZ -er> |ʃaɪt| *m* log [of wood]

Schei·tan <-s> |ʃaɪ'taːn| *m kein pl* REL Shaitan

Schei·tel <-s, -> |'ʃaɪtl̩| *m* ❶ *(Teilung der Frisur)* parting; **jdm einen ~ machen** *[o* ziehen] to give sb a parting ❷ ASTRON *(Zenit)* zenith, apex ❸ MATH *(Schnittpunkt eines Winkels)* vertex ▸ WENDUNGEN: **vom ~ bis zur Sohle** from head to foot *[or* toe]

schei·teln |'ʃaɪtl̩n| *vt* ■ **etw ~** to part sth; ■ **jdm das Haar ~** to give sb a parting; ■ **gescheitelt** parted

Schei·tel·punkt *m* ❶ *(höchster Punkt)* highest point, vertex *form* ❷ *(Zenit)* highest point, zenith *form*

Schei·ter·hau·fen *m* pyre; *(für zum Tode Verurteilte)* stake; **auf dem ~ sterben** to die *[or* be burnt] at the stake

schei·tern |'ʃaɪtərn| *vi sein* ■ |**an jdm/etw**| ~ to fail *[or* be unsuccessful] [because of sb/sth]; ■ **etw scheitert an etw** sth flounders *[or* runs aground] on sth *fig;* **kläglich ~** to fail miserably

Schei·tern <-s> |'ʃaɪtərn| *nt kein pl* failure; **das ~ der Verhandlungen** the breakdown of the talks *[or* negotiations]; **etw zum ~ bringen** to thwart *[or* frustrate] *[or form* foil] sth; **zum ~ verurteilt sein** to be doomed [to failure]

Schel·le <-, -n> |'ʃɛlə| *f* ❶ *(Rohrschelle)* clamp ❷ DIAL *(Türklingel)* |door|bell

schel·len |'ʃɛlən| **I.** *vi (klingeln)* ■ |**bei jdm**| ~ to ring sb's *[or* the] bell **II.** *vi impers* to ring; **es hat geschellt** the bell's rung, the doorbell's gone

Schell·en·te *f* ORN goldeneye

Schell·fisch *m* haddock

Schelm <-[e]s, -e> |ʃɛlm| *m* rascal

schel·misch *adj* ❶ *(schalkhaft)* mischievous, wicked ❷ *(unartig)* naughty

Schel·te <-, -n> |'ʃɛltə| *f* ❶ *(Schimpfe)* reprimand *form,* trouble, telling-off, ticking-off *fam;* **von jdm ~ bekommen** to get into trouble with sb *[or* a telling-off from sb] ❷ *(massive Kritik)* tongue-lashing *with art,* reprimand *with art form*

schel·ten <schilt, schalt, gescholten> |'ʃɛltn̩| **I.** *vt (veraltend)* ❶ *(schimpfen)* ■ **jdn |für |o **wegen| etw|** ~ to scold *dated [or form* reprimand] sb [for sth/doing sth], to tell sb off [for sth/doing sth], to give sb a dressing-down *fam; (ewig schimpfen)* to nag [at] sb [for sth/doing sth] ❷ *(pej: nennen)* ■ **jdn etw** ~ to call sb sth **II.** *vi (veraltend: schimpfen)* ■ **mit jdm** ~ to scold sb *dated,* to tell sb off, to reprimand sb *form,* to give sb a dressing-down *fam; (ewig schimpfen)* to nag [at] sb

Sche·ma <-s, -ta *o* Schemen> |'ʃeːma, *pl:* 'ʃeːmata, 'ʃeːmən| *nt* ❶ *(gedankliches Konzept)* scheme, concept; **nach einem ~** according to a scheme *[or* concept]; **nach einem festen ~ vorgehen** to work according to [or to follow] a fixed scheme *[or* concept]; **in kein ~ passen** to not fit into a mould ❷ *(schematische Darstellung)* chart/diagram/plan ▸ WENDUNGEN: **nach ~ F** *(fam)* **in Behörden läuft alles nach ~ F** in the local government offices they always follow the rules and regulations

sche·ma·tisch |ʃe'maːtɪʃ| **I.** *adj* schematic; **ein ~er Abriss** a plan **II.** *adv* schematically; ~ **arbeiten** to work according to a scheme *[or* plan]; **etw ~ bearbeiten** to process sth according to a scheme *[or* plan]; **etw ~ darstellen** to show sth in the form of a plan/chart/diagram, to represent sth schematically *form*

sche·ma·ti·sie·ren |ʃemati'ziːrən| *vt* ❶ *(schematisch darstellen)* ■ **etw** ~ to make a plan/chart/diagram of sth; ■ **schematisiert** in the form of a plan/chart/diagram ❷ *(pej: zu stark vereinfachen)* ■ **etw** ~ to |over|simplify sth

Sche·mel <-s, -> |'ʃeːml̩| *m* stool

Sche·men[1] *pl von* **Schema**

Sche·men[2] <-s, -> *m (geh)* shadowy figure, shadow

sche·men·haft **I.** *adj (geh)* shadowy **II.** *adv (geh)* **etw ~ erblicken/sehen** to make out the outline *[or* silhouette] of sth; **die Türme der Burg hoben sich gegen den nächtlichen Himmel nur ~ ab** the towers of the castle rose shadowy against the night sky

Schen·ke <-, -n> |'ʃɛŋkə| *f* pub; *(Gastwirtschaft auf dem Land)* inn

Schen·kel <-s, -> |'ʃɛŋkl̩| *m* ❶ *(Oberschenkel)* thigh; **einem Pferd die ~ geben** to urge on a horse; **sich** *dat* **auf die ~ klopfen** *[o* schlagen| to slap one's thighs ❷ MATH *(Seite)* side ❸ *(Griff)* arm

Schen·kel·bruch *m* broken femur *form [or* thigh bone] **Schen·kel·hals** *m* head of the femur *form [or* thigh bone| **Schen·kel·hals·bruch** *m* fractured head of the femur *form,* broken *[or* fractured] hip

schen·ken |'ʃɛŋkn̩| **I.** *vt* ❶ *(als Geschenk geben)* ■ **jdm etw |zu etw|** ~ to give sb sth as a present *[or* gift] [for sth]; *zu einem Anlass, Jubiläum* to present sb with sth [on the occasion of sth] *form;* **jdm etw zum Geburtstag** ~ to give sb sth for their birthday *[or* as a birthday present]; ■ **sich** *dat* **|gegenseitig| etw ~** to give each other sth, to exchange presents; **etw |von jdm| |zu etw| geschenkt bekommen** *dat* to get *[or* be given] sth *[from sb]* [for sth]; **|von jdm| nichts geschenkt haben wollen** to not want any presents *[or* gifts] *[from sb]; (nicht bevorzugt werden wollen)* to not want any preferential treatment *[from sb];* **einem Tier die Freiheit** ~ to set an animal free; **jdm das Leben** ~ to spare sb's life; ■ **etw ist geschenkt** *(fam)* sth is a present; **geschenkte Sachen** presents; **geschenkt ist geschenkt!** a present is a present!; **sie**

schenkte ihm ein Lächeln *(geh)* she favoured him with a smile; **sie schenkte ihm einen Sohn** *(geh)* she bore him a son *fam; s. a.* **Gaul** ② *(erlassen)* ■ **jdm etw ~** to give sb sth; **jdm eine Reststrafe ~** to spare sb the rest of their punishment/prison sentence ③ *(geh: widmen)* ■ **jdm etw ~** to give sb sth; **jdm Aufmerksamkeit/Beachtung ~** to pay attention to sb, to give sb one's attention; **jdm Liebe ~** to love sb, to give sb one's love; **jdm Vertrauen ~** to trust sb, to place one's trust in sb *form* ④ *(geh: ausschenken)* *Wein* to serve; *Kaffee* to pour ▶WENDUNGEN: **[das ist] geschenkt** *(sl)* don't bother; **etw ist [fast [*o* halb]] geschenkt** *(sehr billig)* sth is a real bargain; *(sehr einfach)* sth is an easy task [*or* BRIT *fam* a doddle]; **etw nicht [mal] geschenkt haben wollen** to not want to accept sth [even] as a present; **jdm wird nichts geschenkt** sb is spared nothing; **im Leben ist mir nichts geschenkt worden** I've had a hard time [*or* I haven't had it easy] [in life] **II.** *vi* to give presents **III.** *vr* ① *(sich sparen)* ■ **sich** *dat* **etw ~** to spare oneself sth, to give sth a miss *fam* ② *(geh: hingeben)* ■ **sich jdm ~** *Frau* to give oneself to sb; *s. a.* **Mühe**

Schen·kung <-, -en> *f* JUR gift

Schen·kungs·steu·er *f* capital transfer tax BRIT

schep·pern ['ʃɛpɐn] **I.** *vi* ① *(fam: lose Gegenstände)* to rattle, to clank ② *(fam: einen Autounfall geben)* **auf der Kreuzung hat es ganz schön gescheppert** there was an almighty bang at the crossroads ③ DIAL *(schippern)* to sail **II.** *vt* DIAL *(fam: jdn ohrfeigen)* ■ **jdm eine ~** to box sb's ears, to clip sb round the ear

Scher·be <-, -n> ['ʃɛrbə] *f* [sharp] piece [*or* form fragment]; **in ~n gehen** to smash to pieces ▶WENDUNGEN: **~n bringen Glück** *(prov)* broken glass/china is lucky

Scher·ben·hau·fen *m* ▶WENDUNGEN: **jd steht vor einem ~** sb's life is in ruins [*or* is a shambles], sb is in a [right] mess

Sche·re <-, -n> ['ʃeːrə] *f* ① *(Werkzeug)* scissors *npl,* pair *sing* of scissors ② ZOOL claw ③ SPORT scissors hold

sche·ren[1] <schor, geschoren> ['ʃeːrən] *vt* ① *(abrasieren)* **ein Tier ~** to shear an animal ② *(stutzen)* **sich den Bart ~ lassen** to have one's beard cropped [*or* sheared]; **jdm eine Glatze ~** to shave sb's head; **die Hecke ~** to prune [*or* trim] the hedge; **den Rasen ~** to mow the lawn

sche·ren[2] ['ʃeːrən] **I.** *vr* ① *(sich kümmern)* ■ **sich [um etw] ~** to bother [about sth]; ■ **sich nicht [um etw] ~** to not bother [*or* fam give a damn [*or* fam! shit]] [about sth] ② *(fam: abhauen)* **scher dich [weg]!** get out [of here]!; **jd kann/soll sich zum Teufel ~** sb can go to hell *fam* **II.** *vt* ■ **jdn schert etw nicht** sb couldn't care less [*or* does not care at all] [*or* give a damn] about sth; **was schert es mich, was er von mir hält!** what the hell do I care what he thinks of me! *fam*

Sche·ren·git·ter *nt* [folding] fence; **mit einem ~ umgeben sein** to be fenced off **Sche·ren·schlei·fer(in)** <-s, -> *m(f)* knife-grinder **Sche·ren·schnitt** *m* silhouette [out of paper]

Sche·re·rei <-, -en> [ʃeːrə'raɪ] *f meist pl (fam)* trouble *sing;* **[wegen etw] [mit jdm] ~en bekommen** [*o fam:* **kriegen/haben]** to get into/be in trouble [with sb] [because of sth]

Scherf·lein <-s, -> ['ʃɛrflaɪn] *nt* mite; **sein ~ beitragen** [*o* **beisteuern]** *(geh)* to make one's contribution, to do one's bit

Scher·ge <-n, -n> ['ʃɛrɡə] *m (pej geh)* thug *pej,* henchman *pej*

Scher·kopf *m* ELEK head [of an electric razor]

Scher·wind *m* sudden change of wind direction

Scherz <-es, -e> [ʃɛrts] *m* ① *(Spaß)* joke; **aus [*o* **zum]** ~** as a joke, for fun, for a laugh *fam;* **im ~** as a joke, for [*or* in] fun, in jest *liter,* for a laugh *fam;* **es**

war nur ein ~ it was just a joke ② *pl (fam: Blödheiten)* tomfoolery *no art, no pl,* jokes *pl iron;* **einen ~ machen, ~e machen** to joke; **mach keine ~e!** *(fam)* you're joking [*or* not serious] ! *fam;* **keine ~e [mit so etwas] machen** to not joke [about things like that], to not make a joke [of things like that]; **[ganz] ohne ~!** *(fam)* no kidding! *fam,* no joke! *fam;* **sich einen ~ [mit jdm] erlauben** *dat* to have sb on *sl,* to take sb for a ride *sl*

Scherz·ar·ti·kel *m meist pl* joke article

scher·zen ['ʃɛrtsn] *vi (geh)* ■ **[mit jdm] ~** to crack a joke/jokes [with sb], to tell [sb] a joke; ■ **über jdn/ etw ~** to joke about sb/sth; **Sie belieben zu ~!** *(geh)* **Sie ~ wohl!** you must be joking!; **mit jdm/etw ist nicht zu ~** sb/sth is not to be trifled with

Scherz·fra·ge *f* riddle

scherz·haft I. *adj (aus Spaß erfolgend)* jocular, joke *attr fam* **II.** *adv* jocularly, in a jokey fashion; **nicht böse sein, das war doch nur ~ gemeint!** don't be angry, it was only a joke [*or* I only meant it as a joke] !

Scherz·keks *m (fam)* ① *(Witzemacher)* comedian ② *(hum: Witzbold)* [practical] joker

Scher·zo <-s, -s *o* Scherzi> ['skɛrtso] *nt* MUS scherzo

scheu [ʃɔy] *adj* ① *(menschenscheu)* shy; *(vorübergehend ~)* bashful; **ein ~es Tier** a shy [*or* timid] animal ② *(schüchtern)* shy, self-conscious; **ein ~er Blick** a shy [*or* sidelong] [*or* furtive] glance; **ein ~es Wesen** a shy [self-conscious] creature; *s. a.* **Pferd**

Scheu <-> [ʃɔy] *f kein pl* shyness *no pl;* *(vorübergehend)* bashfulness; **ohne jede ~** without holding back [*or* [any] inhibitions]; **sich jdm ohne jede ~ anvertrauen** to confide in sb unreservedly, to open one's heart to sb

scheu·chen ['ʃɔyçn] *vt* ① *(treiben)* **Rindvieh/ Pferde/Schafe ~** to drive cattle/horses/sheep; **das Vieh aus dem Stall/von der Weide ~** to shoo the cattle out of the shed/off the pasture ② *(fam: jagen)* ■ **jdn ~** to chase sb; **jdn aus dem Bett ~** to chase sb out of bed [*or* BRIT *sl* his/her scratcher]

scheu·en ['ʃɔyən] **I.** *vt* ■ **[etw] ~** to fight shy [of sth] BRIT, to shrink [from sth]; **keine Unannehmlichkeiten ~** to spare no trouble; *s. a.* **Mühe II.** *vr* ■ **sich** *akk* **[vor etw** *dat*] ~** to fight shy [of sth] BRIT, to shrink [from sth]; ■ **sich [davor] ~[, etw zu tun]** to fight shy [of doing sth] BRIT, to shrink [from doing sth], to not want to [do sth] **III.** *vi* **[vor etw] ~** *dat* to shy [at sth]

Scheu·er <-, -n> ['ʃɔyɐ] *f* barn

Scheu·er·lap·pen *m* floorcloth **Scheu·er·mit·tel** *nt* scouring agent

scheu·ern ['ʃɔyɐn] **I.** *vt* **etw ~** ① *(sauber reiben)* to scour sth, to scrub sth; **etw blank ~** to scour [*or* scrub] sth clean ② *(reiben)* to scour [*or* scrub] [*or* rub] sth; **etw aus einer Pfanne/einem Topf ~** to get [*or* clean] sth out of a pan/saucepan ▶WENDUNGEN: **[von jdm] eine gescheuert bekommen** [*o* **kriegen]** *(sl)* to get a clout [round the ears] [from sb] BRIT *fam,* to get hit [up alongside the head] AM; **jdm eine ~** *(sl)* to give sb a clout [round the ears] BRIT *fam,* to hit somebody [up alongside the head] AM **II.** *vi* to rub, to chafe **III.** *vr* ■ **sich** *akk* **an etw** *dat* ~** to rub one's sth; **sich an etw wund ~** to rub one's sth raw; *s. a.* **wund**

Scheu·klap·pe *f* blinkers *pl,* blinders *pl* AM; ▶WENDUNGEN: **~n aufhaben** [*o* **tragen]** to have a blinkered attitude BRIT, to have a closed mind AM

Scheu·ne <-, -n> ['ʃɔynə] *f* barn

Scheu·nen·bo·den *m* floor of a barn **Scheu·nen·dach** *nt* roof of a barn, barn roof **Scheu·nen·dre·scher** <-s, -> *m* **wie ein ~ essen** *(fam)* to eat like a horse *BRIT fig,* to be a bottomless pit AM *fig* **Scheu·nen·tor** *nt* barn door

Scheu·sal <-s, -e> ['ʃɔyzaːl] *nt* beast, monster

scheuß·lich ['ʃɔyslɪç] **I.** *adj* ① *(abstoßend)* repulsive

● *(ekelhaft)* disgusting, revolting ● *(fam)* dreadful, awful, terrible **II.** *adv* ● *(widerlich)* in a disgusting [*or* revolting] manner [*or* way]; ~ **riechen/schmecken** to smell/taste disgusting [*or* revolting] ● *(gemein)* **jdn** ~ **behandeln** to treat sb appallingly [*or* cruelly]; **sich** ~ **benehmen** [*o* **verhalten**] to behave disgracefully ● *(fam)* dreadfully, terribly; **sich** ~ **erbrechen** to be dreadfully [*or* awfully] [*or* horribly] [*or* terribly] sick; ~ **wehtun/schmerzen** to hurt/ache dreadfully [*or* awfully] [*or* horribly]

Scheuß·lich·keit <-, -en> *f* ● *kein pl (Abscheulichkeit)* dreadfulness *no pl; Gewalttat* barbarity, hideousness *no pl* ● *(abscheuliche Tat)* barbarity, monstrosity ● *(grausame Tat)* atrocity

Schi <-s, -er *o* -> [ʃiː, *pl:* 'ʃiːə] *m s.* **Ski**

Schicht¹ <-, -en> [ʃɪçt] *f* ● *(aufgetragene Lage)* layer; **eine** ~ **Farbe/Lack** a coat of paint/varnish; *(eine dünne Lage)* film *(eine von mehreren Lagen)* layer ● ARCHÄOL, GEOL stratum, layer ● *(Gesellschaftsschicht)* class, stratum; **die herrschende** ~ the ruling classes; **alle ~en der Bevölkerung** all levels of society

Schicht² <-, -en> [ʃɪçt] *f* shift; ~ **arbeiten** to do shift work; **die** ~ **wechseln** to change shifts

Schicht·ar·beit *f kein pl* shift work *no pl* **Schicht·ar·bei·ter(in)** *m(f)* shift worker

schich·ten [ʃɪçtn̩] *vt* ▪ **etw** [**auf etw** *akk*] ~ to stack [*or* pile] [up *sep*] sth [on/on top of sth]; **etw zu einem Stapel** ~ to stack [*or* pile] sth up

Schicht·ten·wei·se *adv* in shifts

Schicht·wech·sel *m* change of shift

schicht·wei·se *adv inv* ● *(in Schichten, Schicht bei Schicht)* in layers, layer upon layer ● *(Gruppe für Gruppe) s.* **schichtenweise**

schick [ʃɪk] **I.** *adj* ● *(modisch elegant)* chic, fashionable, stylish, trendy *fam; (gepflegt)* smart; **du bist heute wieder so** ~ you look very smart again today ● *(fam)* super, fabulous, terrific *fam,* cool *sl,* wicked *sl* **II.** *adv (modisch elegant)* fashionably, stylishly; *(gepflegt)* smartly

Schick <-s> [ʃɪk] *m kein pl* style; ~ **haben** to have style, to be chic

schi·cken [ʃɪkn̩] **I.** *vt* ● *(senden)* ▪ [**jdm**] **etw** ~ to send [sb] sth; ÖKON to dispatch [*or* despatch] sth [to sb]; **etw mit der Post** ~ to send sth by post [*or* AM mail], to post [*or* AM mail] sth; ▪ **etw** [**von jdm**] **geschickt bekommen** to get [*or* receive] sth from sb ● *(kommen/gehen lassen)* ▪ **jdn** [**zu jdm/irgendwohin**] ~ to send sb [to sb/somewhere] ● *(zu tun heißen)* ▪ **jdn etw tun** ~ to send sb to do sth; **jdn einkaufen** ~ to send sb to the shops BRIT, to send sb shopping AM **II.** *vi (geh)* ▪ **nach jdm** ~ to send for sb **III.** *vr* ● *(geziemen)* ▪ **etw schickt sich** [**für jdn**] sth befits [*or* becomes] [sb], sth is suitable [*or form* fitting] [*or* proper] [for sb] ● *(veraltend: anpassen)* ▪ **sich** [**in etw** *akk*] ~ to reconcile [*or* resign] oneself [to sth] **IV.** *vr impers* ▪ **es schickt sich nicht** [**für jdn**], **etw zu tun** it is not right [*or* fitting] [*or* proper] [*or dated form* seemly] [for sb] to do sth

Schi·cke·ria <-> [ʃɪkəˈriːa] *f kein pl (pej)* jet set *pej,* in-crowd

Schi·cki·mi·cki <-s, -s> [ʃɪkiˈmɪki] *m (pej fam)* jet-setter, one of the in-crowd *fam*

schick·lich [ʃɪklɪç] *adj (veraltend geh)* seemly *dated form,* proper

Schick·sal <-s, -e> [ʃɪkzaːl] *nt* destiny, fate; **Ironie des ~s** irony [*or* trick] of fate; **ein hartes** ~ a cruel fate; **das** ~ **nimmt seinen Lauf** fate takes its course; **jds** ~ **ist besiegelt** *(geh)* sb's fate is sealed; **sich in sein** ~ **ergeben** to be reconciled [*or* resigned] to one's fate; **jd ist vom** ~ **geschlagen** fate has been unkind to sb; **jdn seinem** ~ **überlassen** to leave sb to their

fate; **etw dem** ~ **überlassen müssen** to leave sth to fate; [**das ist**]/**das nenne ich** ~**!** *(fam)* it's [just] fate! ▸ WENDUNGEN: ~ **spielen** *(fam)* to pull strings, to play God

schick·sal·haft *adj (folgenschwer)* fateful, portentous *liter* ● *(unabwendbar)* fated, inevitable

Schick·sals·fra·ge *f* vital [*or* fateful] question **Schick·sals·ge·mein·schaft** *f group of people who have been thrown together by fate* **Schick·sals·schlag** *m* stroke of fate; **ein harter** ~ a cruel stroke of fate

Schie·be·dach *nt* sun-roof **Schie·be·fens·ter** *nt* sliding window

schie·ben <schob, geschoben> [ʃiːbn̩] **I.** *vt* ● *(vorwärtsrollen)* ▪ **etw** [**irgendwohin**] ~ to push sth [somewhere]; **er schob den Einkaufswagen durch den Supermarkt** he wheeled the shopping trolley through the supermarket ● *(rücken)* ▪ **etw** ~ to push [*or fam* shove] sb/sth; **lass uns den Schrank in die Ecke** ~ let's shift the cupboard into the corner ● *(antreiben)* ▪ **jdn** ~ to push sb ● *(stecken)* ▪ **etw irgendwohin** ~ to put [*or* push] [*or fam* stick] sth somewhere; **sich etw in den Mund** ~ to put [*or fam* stick] sth in one's mouth; **die Pizza in den Ofen** ~ to shove the pizza into the oven *fam* ● *(zuweisen)* ▪ **etw auf jdn** ~ to lay [*or* put] [*or* place] sth on sb; **die Schuld auf jdn** ~ to lay the blame on sb [*or* at sb's door]; **die Verantwortung auf jdn** ~ to place [*or* put] the responsibility on sb['s shoulders]; ▪ **etw auf etw** ~ to put sth down to sth, to blame sth for sth; **sie schob ihre Müdigkeit aufs Wetter** she put her tiredness down to the weather ● *(abweisen)* ▪ **etw von sich** ~ *dat* to reject sth; **den Verdacht von sich** ~ to not accept the blame; **die Schuld/Verantwortung von sich** ~ to refuse to take the blame/ [the]responsibility ● *(sl)* ▪ **etw** ~ to do sth *fam;* **Kohldampf** ~ to be starving *fig;* **eine ruhige Kugel** ~ to take it easy; **eine Nummer** ~ to get laid *sl;* **Rauschgift** ~ to traffic in drugs; **eine Schicht** ~ to work a shift; **Wache** ~ to be on sentry duty [*or* guard] **II.** *vi* ● *(vorwärtsrollen)* to push ● *(fam: unlautere Geschäfte machen)* **mit Zigaretten/Drogen** ~ to traffic cigarettes/drugs **III.** *vr (sich vorwärtsbewegen)* ▪ **sich irgendwohin** ~ to push [*or* force] [*or* elbow] one's way somewhere ● *(sich drängen)* ▪ **sich** ~ to shove one's way; **sich nach vorn** ~ to shove one's way to the front

Schie·ber <-s, -> [ʃiːbɐ] *m* ● *(Absperrvorrichtung)* bolt; *(an einer Rohrleitung)* slide valve ● DIAL *(Bettpfanne)* bedpan ● *(veraltend: Tanz)* **einen** ~ **tanzen** to dance a shuffle

Schie·ber(in) <-s, -> [ʃiːbɐ] *m(f) (Schwarzhändler)* black marketeer; *(illegaler Waffenhändler)* gunrunner; *(Drogenhändler)* [drug] pusher

Schie·be·tür *f* sliding door

Schieb·leh·re <-, -n> *f* TECH slide gauge

Schie·bung <-> *f kein pl (pej)* ● *(Begünstigung)* pulling strings ● *(unehrliches Geschäft)* shady deal, fixing ● POL rigging; **bei der Wahl war** ~ **im Spiel** the election was rigged ● SPORT fixing; ~**!** fixed!

schied [ʃiːt] *imp von* **scheiden**

Schieds·ge·richt *nt* ● JUR arbitration tribunal [*or* panel] ● SPORT highest authority which can rule on a point of dispute **Schieds·rich·ter(in)** *m(f)* ● SPORT referee; *(bei Tennis, Baseball, Federball)* umpire ● JUR arbitrator **Schieds·spruch** *m* JUR decision of an arbitration tribunal [*or* panel] **Schieds·ver·fah·ren** *nt* JUR arbitration proceedings *pl*

schief [ʃiːf] **I.** *adj* ● *(schräg)* crooked, not straight *pred,* lopsided *fam;* ~**e Absätze** worn [down] heels; **ein ~er Baumstamm** a leaning tree trunk; *s. a.* **Ebene** *s. a.* **Bahn** *s. a.* **Turm** ● *(entstellt)* distorted; **ein völlig ~es Bild von etw haben** to have a wholly false impression of sth; **eine ~e Darstellung** a distorted account; **ein ~er Eindruck** a false impression; *s. a.* **Vergleich** ❸ *(fig: scheel)* wry; **jdm einen ~en Blick zuwerfen** to look askance at sb; **sich in einer ~en Lage befinden** to find oneself in an awkward position **II.** *adv* ❶ *(schräg)* crooked, not straight, lopsided; **etw ~ aufhaben/aufsetzen** to not have/put sth on straight, to have/put sth on crooked; **etw ~ halten** to not hold sth straight, to hold sth crooked; **den Kopf ~ halten** to have one's head cocked to one side; **etw ~ hinstellen** to put sth at an awkward angle; **die Absätze ~ laufen** to wear one's heels down on one side; **etw ~ treten** to wear sth down on one side; **~ wachsen** to grow crooked, to not grow straight ❷ *(fig: scheel)* wryly; **~ gewickelt sein** to be seriously *[or* very much*]* mistaken; **jdn ~ ansehen** to look askance at sb

Schie·fer <-s, -> [ˈʃiːfɐ] *m* slate
Schie·fer·dach *nt* slate roof **Schie·fer·fas·sa·de** *f* slate front *[or* facade*]* **Schie·fer·ta·fel** *f* slate

schief|ge·hen *vi irreg sein (fam)* to go wrong, to misfire, to come to grief *fam;* [**es**] **wird schon ~!** *(iron)* it'll be *[or* turn out*]* OK! *fam* **schief|la·chen** *vr (fam)* ■ **sich ~** to crack up *fam,* to laugh one's head off *fam*

Schief·la·ge *f (fig)* disturbing situation **schief|lau·fen** *vi irreg sein (fam)* to go wrong **schief|lie·gen** *vi irreg (fam)* to be on the wrong track *[or* wide of the mark*] [or fam* barking up the wrong tree*]*

schie·len [ˈʃiːlən] *vi* ❶ MED to squint, to be cross-eyed; *s. a.* **Auge** ❷ *(haben wollen)* ■ **auf etw** ~ *akk* to look at sth out of the corner of one's eye; **nach etw** ~ to steal a glance at sth; *(fig)* to have one's eye on sth ❸ *(verstohlen schauen)* **durchs Schlüsselloch ~** to peek through the keyhole ❹ *(im Blick haben)* ■ **auf etw** *akk* ~ to have sth in one's sights, to have one's eye on sth

schien [ʃiːn] *imp von* **scheinen**
Schien·bein [ˈʃiːnbaɪn] *nt* shinbone, tibia *spec;* **jdm gegen** [*o* **vor**] **das ~ treten** to kick sb in the shin

Schie·ne <-, -n> [ˈʃiːnə] *f* ❶ BAHN, TRANSP rail *usu pl;* **bitte die ~ nicht überqueren** please do not cross the rails *[or* railway lines*];* ■ **die ~** the railway; **aus den ~n springen** to come off the rails *a. fig* ❷ TECH *(Führungsschiene)* rail, runner; *Backofen* shelf ❸ MED splint ❹ *(Stoßkante)* runner ❺ *(fam)* [line of] approach; **ich bin beruflich so eingespannt, dass auf der privaten ~ wenig läuft** I'm so busy with my job that I don't have much [of a] private life ❻ *(Verbindung)* contact ❼ *(Hauptübertragungsleitung)* main transmission line; *(Sammelschiene)* busbar ❽ TECH fishplate; *(in der Weberei)* lease rod

schie·nen [ˈʃiːnən] *vt* MED ■ **etw ~** to splint sth, to put sth in a splint/splints
Schie·nen·fahr·zeug *nt* BAHN *(geh)* track vehicle **Schie·nen·netz** *nt* BAHN rail network **Schie·nen·strang** *m* BAHN [railway] line, track **Schie·nen·ver·kehr** *m kein pl* TRANSP rail traffic *no pl* **Schie·nen·weg** *m* **auf dem ~** by train *[or* rail*]*

schier¹ [ʃiːɐ̯] *adj inv, attr* ❶ *(pur)* pure, unadulterated; *(perfekt)* perfect, flawless ❷ *(bloß)* sheer
schier² [ʃiːɐ̯] *adv* almost, well-nigh *form;* **~ unglaublich/nicht zu fassen** [almost] incredible; **~ endlos erscheinen** to seem almost an eternity; **~ unendlich dauern** to take [almost] an eternity; **~ unmöglich** [almost] impossible

Schier·ling <-s, -e> [ˈʃiːɐ̯lɪŋ] *m* BOT hemlock
Schieß·be·fehl *m* order[s] to shoot; ■ **~ haben** to have orders to shoot **Schieß·bu·de** *f* shooting gallery **Schieß·bu·den·fi·gur** *f (pej fam)* clown **Schieß·ei·sen** *nt (hum sl)* gun, shooting iron AM, rod AM

schie·ßen <schoss, geschossen> [ˈʃiːsn] **I.** *vi* ❶ *haben (feuern)* ■ **[mit etw] ~** to shoot [with sth]; ■ **auf**

jdn/etw ~ to shoot at sb/sth; **~** [*o* **zum S~**] **gehen** to go shooting ❷ *haben* FBALL ■ **[an** [*o* **auf**] **/in etw** [*o* **in**] **] ~** *akk* to shoot [at/into sth]; **daneben, genau an die Latte geschossen!** missed, it hit the crossbar!; **aufs Tor ~** to shoot [for goal]; **neben das Tor ~** to miss the goal ❸ *sein* BOT to shoot; *(zu schnell sprießen)* to bolt; *s. a.* **Kraut** *s. a.* **Höhe** ❹ *sein (fam)* to shoot, to come flying *fam;* **das Auto kam um die Ecke geschossen** the car came flying round the corner; **jdm durch den Kopf ~** to flash through sb's mind ❺ *sein (spritzen)* to shoot; **das Blut schoss aus der Wunde** the blood shot out of the wound ▸ WENDUNGEN: **wie das Hornberger S~ ausgehen** to come to nothing; [**das ist**] **zum S~** *(fam)* [that's] crazy *fam* **II.** *vt haben* ❶ *(etw feuern)* ■ **etw ~** to shoot sth ❷ FBALL ■ **etw [irgendwohin]** ~ to shoot sth [somewhere]; **den Ball ins Netz ~** to put the ball in the net; **den Ball ins Tor ~** to score *[or* shoot*]* a goal; *s. a.* **Krüppel III.** *vr* ■ **sich ~** to have a shoot-out

Schie·ße·rei <-, -en> [ʃiːsəˈraɪ] *f* ❶ *(meist pej: andauerndes Schießen)* shooting ❷ *(wiederholter Schusswechsel)* shooting, gun-fight, shoot-out
Schieß·ge·wehr *nt (Kindersprache)* rifle **Schieß·hund** *m* gun *[or* AM hunting*]* dog; ▸ WENDUNGEN: **wie ein ~ aufpassen** *(fam)* to be on one's toes, to keep one's eyes peeled *[or* BRIT skinned*]* **Schieß·pul·ver** *nt* gunpowder **Schieß·schar·te** *f* embrasure *form,* slit **Schieß·schei·be** *f* target; **das Schwarze der ~** the bull['s eye] **Schieß·sport** *m kein pl* shooting *no art, no pl* **Schieß·stand** *m* shooting range

Schiff¹ <-[e]s, -e> [ʃɪf] *nt* ❶ *(Wasserfahrzeug)* ship ❷ TYPO galley ❸ DIAL *(veraltet: im Kohleherd)* boiler ▸ WENDUNGEN: **das ~ des Staates** the ship of the state; **das ~ der Wüste** the ship of the desert; **klar ~ machen** *(fam: etw säubern)* to clear the decks *fam; (etw bereinigen)* to clear the air *[or* things up*]*
Schiff² <-[e]s, -e> [ʃɪf] *nt* ARCHIT *(Mittel~)* nave; *(Seiten~)* aisle; *(Quer~)* transept
Schiffahrtᴬᴸᵀ *f kein pl, getrennt:* **Schiff.fahrt** *s.* **Schifffahrt**
Schiffahrts·ge·sell·schaftᴬᴸᵀ *f s.* **Schifffahrtsgesellschaft** **Schiffahrts·li·nieᴬᴸᵀ** *f s.* **Schifffahrtslinie** **Schiffahrts·stra·ßeᴬᴸᵀ** *f s.* **Schifffahrtsstraße**
schiff·bar *adj* navigable
Schiff·bau *m kein pl* shipbuilding *no indef art, no pl* **Schiff·bruch** *m* shipwreck; **~ erleiden** to be shipwrecked ▸ WENDUNGEN: [**mit etw**] **~ erleiden** to fail **schiff·brü·chig** *adj* shipwrecked; ■ **~ werden** to be shipwrecked **Schiff·brü·chi·ge(r)** *f(m) dekl wie adj* shipwrecked person
Schiff·chen <-s, -> *nt* ❶ *dim von* **Schiff¹** ❷ MODE, MIL forage cap
schif·fen [ˈʃɪfn] **I.** *vi* ❶ *sein (veraltend: mit dem Schiff fahren)* to ship *old,* to travel by ship, to sail ❷ *(sl: urinieren)* to go for a whizz *sl,* to go for *[or* have*] [or* AM take*]* a pee *[or esp* BRIT wee*],* to spend a penny BRIT *fam* **II.** *vi impers haben* ❶ *(sl: regnen)* ■ **es schifft** it's raining cats and dogs, it's bucketing *[or* BRIT chucking it*]* down *fam,* it's pissing with rain BRIT *fam!*
Schif·fer(in) <-s, -> [ˈʃɪfɐ] *m(f)* skipper
Schif·fer·kla·vier *nt* accordion **Schif·fer·kno·ten** *m* sailor's *[or* seaman's*]* knot **Schif·fer·müt·ze** *f* sailor's cap
Schiff·fahrtᴿᴿ [ˈʃɪffaːɐ̯t] *f* shipping *no indef art, no pl* **Schiff·fahrts·ge·sell·schaftᴿᴿ** *f* shipping company; *s. a.* **Schifffahrtslinie 1 Schiff·fahrts·li·nieᴿᴿ** *f* NAUT ❶ *(Reederei)* shipping line ❷ *(Route)* shipping route **Schiff·fahrts·stra·ßeᴿᴿ** *f,* **Schiff·fahrts·weg** *m* ❶ *(Route)* shipping route *[or* lane*]* ❷ *(Wasserstraße)* waterway
Schiffs·arzt, -ärz·tin *m, f* ship's doctor **Schiffs·aus·**

rüs·ter m ❶ *(Reeder)* shipowner ❷ *(jd, der ein Schiff versorgt)* |ship['s]| chandler **Schiffs·be·sat·zung** f |ship's| crew **Schiffs·bug** m bow [of a ship]

Schiff·schau·kel f swingboat

Schiffs·eig·ner(in) m(f) *(geh)* shipowner **Schiffs·flag·ge** f |ship's| flag **Schiffs·fracht** f |ship's| freight **Schiffs·füh·rer(in)** m(f) NAUT skipper **Schiffs·glo·cke** f |ship's| bell **Schiffs·gut** nt cargo, freight **Schiffs·haut** f |ship's| hull **Schiffs·heck** nt |ship's| stern **Schiffs·jun·ge** m ship['s] boy **Schiffs·ka·bi·ne** f |ship's| cabin **Schiffs·koch, -kö·chin** m, f ship's cook **Schiffs·kü·che** f galley **Schiffs·la·dung** f |ship's| cargo **Schiffs·la·ter·ne** f ship's lantern **Schiffs·mann·schaft** f |ship's| crew **Schiffs·mo·tor** m |ship's| engine **Schiffs·pa·pie·re** f |ship's| papers [or documents] pl **Schiffs·rumpf** m |ship's| hull **Schiffs·tau·fe** f launch [of a ship] **Schiffs·un·fall** m NAUT shipping accident **Schiffs·ver·bin·dung** f |sea| communications pl, no art **Schiffs·ver·kehr** m shipping no indef art, no pl

Schi·ka·ne <-, -n> [ʃiˈkaːnə] f ❶ *(kleinliche Quälerei)* harassment no indef art; **aus** |reiner| ~ |just| to harass sb ❷ SPORT chicane ▸ WENDUNGEN: **mit allen ~n** *(fam)* with all the modern conveniences [or all the extras] [or BRIT fam mod cons]

schi·ka·nie·ren* [ʃikaˈniːrən] vt ■ jdn |durch etw |o dat **mit etw**| | ~ to harass sb [or BRIT fam mess sb about] [with sth/by doing sth]

schi·ka·nös [ʃikaˈnøːs] I. adj harassing; **eine ~e Behandlung/Maßnahme** a harassing treatment/measure; **eine ~e Person** a bully II. adv blood-mindedly BRIT; **jdn ~ behandeln** to bully sb, to mess sb around

Schi·ko·reeᴿᴿ <- o -s> [ˈʃɪkore, ʃikoˈreː] m kein pl s. **Chicorée**

Schild¹ <-[e]s, -er> [ʃɪlt, pl: ˈʃɪldɐ] nt ❶ *(Hinweisschild)* sign ❷ *(fam)* price tag

Schild² <-[e]s, -e> [ʃɪlt, pl: ˈʃɪldə] m shield; ▸ WENDUNGEN: **jdn auf den ~ erheben** *(geh)* to make sb one's leader; **etw gegen jdn/etw im ~e führen** to plot sth against sb/sth; **etw im ~e führen** to be up to sth

Schild·bür·ger(in) m(f) *(pej)* simpleton, fool fam

Schild·bür·ger·streich m *(pej)* act of stupidity, disastrously ill-advised measure

Schild·drü·se f thyroid |gland|

Schild·drü·sen·funk·ti·on f functioning of the thyroid |gland| **Schild·drü·sen·hor·mon** f thyroxin **Schild·drü·sen·ope·ra·ti·on** f thyroid operation; *(Entfernung der Schilddrüse)* thyroidectomy **Schild·drü·sen·über·funk·ti·on** f overactive [or hyperactive] thyroid |gland| **Schild·drü·sen·un·ter·funk·ti·on** f underactive [or hypoactive] thyroid |gland| **Schild·drü·sen·ver·grö·ße·rung** f enlargement of the thyroid |gland|

Schil·der·ma·ler(in) m(f) sign painter

schil·dern [ˈʃɪldɐn] vt ■ |jdm| etw ~ to describe [or liter portray] sth [to sb]; **etw in allen Einzelheiten ~** to give an exhaustive account of sth; **etw plastisch ~** to describe sth vividly

Schil·de·rung <-, -en> f description, portrayal liter; *Ereignisse* account, description, report

Schil·der·wald m *(hum fam)* forest of signs

Schild·krö·te [ˈʃɪltkrøːtə] f tortoise; *(See~)* turtle **Schild·krö·ten·fleisch** nt turtle |meat| **Schild·krö·ten·pan·zer** m tortoiseshell **Schild·krö·ten·sup·pe** f turtle soup

Schild·laus f scale insect **Schild·patt** <-s> nt kein pl tortoiseshell

Schilf <-[e]s, -e> [ʃɪlf] nt BOT ❶ *(Pflanze)* reed ❷ *(bewachsene Fläche)* reeds pl

Schilf·dach nt thatched roof **Schilf·gras** nt reed

Schilf·ma·te·ri·al nt reeds pl **Schilf·rohr** nt s. **Schilf**

Schill <-s, -en> [ʃɪl] m KOCHK, ZOOL pikeperch

Schil·ler·lo·cke f KOCHK ❶ *(Fisch)* strip of smoked belly of dogfish ❷ *(Gebäck)* cream horn

schil·lern [ˈʃɪlɐn] vi to shimmer; **in allen Farben ~** to shimmer in all the colours [or AM -ors] of the rainbow

schil·lernd adj shimmering, resplendent; **~er Charakter** a many-sided [or multifaceted] character; **~e Persönlichkeit** flamboyant personality

Schil·ling <-s, -e o bei Preisangaben: -> [ˈʃɪlɪŋ] m schilling

schil·pen [ˈʃɪlpn] vi ORN s. **tschilpen**

schilt [ʃɪlt] imper sing von **schelten**

Schi·mä·re <-, -> [ʃiˈmɛːrə] f *(geh)* |wild| fancy, flight of fancy, pipe dream, chimera form

Schim·mel¹ <-s> [ˈʃɪml] m kein pl mould [or AM mold]

Schim·mel² <-s, -> [ˈʃɪml] m ZOOL white horse, grey, AM gray

schim·me·lig [ˈʃɪməlɪç] adj mouldy; **~es Leder/Buch** mildewed leather/book

schim·meln [ˈʃɪmln] vi sein o haben to go mouldy

Schim·mel·pilz m mould

Schim·mer <-s> [ˈʃɪmɐ] m kein pl ❶ *(matter Glanz)* lustre [or AM -er], shimmer ❷ *(kleine Spur)* **ein ~ einer S.** gen [or **von etw**] the slightest trace of sth; **ein ~ von Anstand** a scrap of decency; **ein ~ von Hoffnung** a glimmer [or spark] of hope; **kein ~ eines Verdachtes** not the slightest suspicion ▸ WENDUNGEN: **keinen blassen** [o **nicht den geringsten**] [o **nicht den leisesten**] **~ |von etw| haben** *(fam)* to not have the faintest [or slightest] [or foggiest] idea [about sth]

schim·mern [ˈʃɪmɐn] vi to shimmer, to gleam

Schim·pan·se <-n, -n> [ʃɪmˈpanzə] m chimpanzee

Schimpf <-[e]s> [ʃɪmpf] m kein pl affront dated form, abuse no indef art, no pl; **mit ~ und Schande** *(geh)* in disgrace; **jdm einen ~ antun** *(veraltend geh)* to affront sb dated form

schimp·fen [ˈʃɪmpfn] I. vi ❶ *(sich ärgerlich äußern)* ■ |auf |o über| jdn/etw| ~ to grumble |about sb/sth| ❷ *(fluchen)* to |curse and| swear; **wie ein Rohrspatz ~** to curse like a washerwoman [or AM sailor] ❸ *(ärgerlich zurechtweisen)* to grumble; ■ **mit jdm ~** to scold sb, to tell sb off, to slap sb's wrists fig II. vr *(fam)* ■ **sich etw ~** to call oneself sth; **die schießen jeden Ball daneben, und so was schimpft sich Nationalelf!** they couldn't score in a brothel fam! and they call themselves the national team!; **sich selbst einen Esel ~** to call oneself an ass

Schimpf·ka·no·na·de f *(fam)* shower [or stream] of abuse

schimpf·lich [ˈʃɪmpflɪç] I. adj *(geh)* disgraceful, shameful; **eine ~e Niederlage** a humiliating [or ignominious] [or shameful] defeat II. adv *(geh)* disgracefully, shamefully; **jdn ~ verjagen** to throw sb out in disgrace

Schimpf·na·me m abusive nickname **Schimpf·wort** nt swear word

Schin·del <-, -n> [ˈʃɪndl] f shingle

Schin·del·dach nt shingle roof

schin·den <schindete, geschunden> [ˈʃɪndn] I. vr ■ **sich |mit etw| ~** to work oneself to death |at/over sth|, to slave |away| |at sth|, to work like a Trojan |at sth| BRIT II. vt ❶ *(grausam antreiben)* ■ **jdn ~** to work [or treat] sb like a slave, to work sb into the ground; **ein Tier ~** to ill-treat an animal, to work an animal to death ❷ *(veraltet: abhäuten)* **ein Tier ~** to flay an animal ❸ *(fam)* ■ **etw |bei jdm| ~** to get sth |from sb|; **einen Aufschub ~** to get a postponement; **Applaus** |o **Beifall**| **~** to fish for applause; **Eindruck ~** to play to the gallery; **Erfolg ~** to score a spurious success; **Zeit ~** to play for time; **bei jdm ein paar Zigaret-**

ten ~ to cadge [*or* AM bum] a few cigarettes off sb

Schin·der(in) <-s, -> *m(f)* ❶ *(Ausbeuter)* slave-driver, hard taskmaster ❷ *(veraltet: Abhärter)* knacker BRIT

Schin·de·rei <-, -en> [ʃɪndəˈraɪ] *f* grind, hard work [*or* graft], bloody hard work [*or* graft] BRIT; **Jahre der ~** years of slavery [*or* hard graft]

Schind·lu·der *nt* ▶ WENDUNGEN: **mit jdm/etw ~ trei·ben** *(fam)* to gravely abuse [*or* misuse] sb/sth

Schin·ken <-s, -> [ˈʃɪŋkn̩] *m* ❶ KOCHK ham; **Prager/Schwarzwälder ~** Prague/Black Forest ham ❷ *(pej o hum fam)* big awful painting; **ein alter ~** *(Buch)* a big awful book; *(Film)* a dismal film

Schin·ken·bein *nt* KOCHK *s.* **Eisbein Schin·ken·speck** *m* bacon **Schin·ken·stück** *nt* KOCHK gammon piece **Schin·ken·wurst** *f* ham sausage [meat]

Schip·pe <-, -n> [ˈʃɪpə] *f* ❶ *bes* NORDD *(Schaufel)* shovel ❷ KARTEN NORDD spades *npl;* **~** **König** king of spades ▶ WENDUNGEN: **jdn auf die ~ nehmen** *(fam)* to pull sb's leg *fig,* to make fun of sb; **etw auf die ~ neh·men** *(fam)* to make fun of [*or* poke fun at] [*or* ridicule] sth

schip·pen [ˈʃɪpn̩] *vt* NORDD ■ **etw ~** to shovel sth

schip·pern [ˈʃɪpen] *vi sein* to sail [*or* cruise]

Schi·ri <-s, -s> [ˈʃiːri] *m* SPORT *(sl)* referee, zebra *sl; Baseball* umpire

Schirm <-[e]s, -e> [ʃɪrm] *m* ❶ *(Regenschirm)* umbrella, brolly BRIT *fam* ❷ *(Sonnenschirm)* sunshade; *(tragbar)* parasol ❸ *(Mützenschirm)* peak ❹ *(fam)* [TV] screen; **über den ~ gehen** *(gesendet werden)* to be shown on TV ❺ *(Lampenschirm)* lampshade ❻ BOT cap

Schirm·herr(in) *m(f)* patron **Schirm·herr·schaft** *f* patronage; **unter der ~ von jdm/etw** under the patronage of sb/sth **Schirm·hül·le** *f* [umbrella] cover **Schirm·müt·ze** *f* peaked cap **Schirm·pilz** *m* parasol mushroom **Schirm·stän·der** *m* umbrella stand

Schi·rok·ko <-s, -s> [ʃiˈrɔko] *m* sirocco

schiss^{RR}, **schiß**^{ALT} [ʃɪs] *imp von* **scheißen**

Schiss^{RR} <-es> *m kein pl,* **Schiß**^{ALT} <-sses> [ʃɪs] *m kein pl* ■ **[vor jdm/etw] haben** [*o* **kriegen**] *(sl)* to be shit-scared [*or* scared shitless] [of sb/sth] *sl*

schi·zo·phren [ʃitso'freːn, sçitso'freːn] *adj* ❶ MED schizophrenic ❷ *(geh: absurd)* neurotic, irrational, absurd, schizophrenic *fam pej;* **das ist ~!** that's absurd!

Schi·zo·phre·nie <-, <selten -n> [ʃitsofre'niː, sçitso-, *pl:* -'niːən] *f* ❶ MED *(Spaltungsirresein)* schizophrenia ❷ *(pej: Widersinn)* schizophrenia *pej,* absurdity, irrationality

schlab·be·rig [ˈʃlabərɪç] *adj (fam)* ❶ *(dünn)* watery, thin; **diese ~e Brühe nennst du Bier?** you call this dishwater beer? ❷ *(schlaff)* loose[-fitting]

schlab·bern [ˈʃlaben] **I.** *vi (fam)* ❶ *(Essen aussabbern)* to dribble ❷ *(weit fallen)* to fit loosely; **eine ~de Jacke** a loose[-fitting] jacket ❸ DIAL *(pej: schwatzen)* to blether BRIT *fam* **II.** *vt (fam)* ■ **etw ~** to lap sth [up]

Schlacht <-, -en> [ʃlaxt] *f* battle; **jdm eine ~ liefern** *(geh)* to join [*or* do] battle with sb *form;* **in die ~ zie·hen** *(geh)* to go into battle; **die ~ bei/in ...** *dat* the battle of/in ...; **die ~ bei Waterloo** the Battle of Waterloo

Schlacht·bank *f* ▶ WENDUNGEN: **jdn zur ~ führen** *(geh)* to lead sb like a lamb to the slaughter; *s. a.* **Lamm**

schlach·ten [ˈʃlaxtn̩] **I.** *vt* ■ **ein Tier ~** to slaughter an animal; *s. a.* **Sparschwein II.** *vi* to slaughter; ■ **das S~** the slaughter

Schlach·ten·bumm·ler(in) *m(f)* SPORT *(fam)* away [*or* visiting] supporter

Schlach·ter(in) <-s, -> *m(f)* ❶ *(Metzger)* butcher *a. fig* ❷ *(Schlachthofsangestellter)* slaughterman ❸ *(Fleischerladen)* butcher's [shop]

Schläch·ter(in) <-s, -> [ˈʃlɛçtɐ] *m(f)* ❶ NORDD *(Schlachter)* butcher ❷ *(brutaler Mörder)* butcher

Schläch·te·rei <-, -en> [ʃlɛxtəˈraɪ] *f s.* **Schlachter 3**

Schläch·te·rei <-, -en> [ʃlɛçtəˈraɪ] *f* ❶ NORDD *s.* **Schlachterei** ❷ *(Metzelei)* slaughter

Schlacht·feld *nt* battlefield, battleground; **wie ein ~ aussehen** to look like a battlefield; **das Zimmer sah aus wie ein ~** the room looked as though a bomb had hit it **Schlacht·haus** *nt* slaughterhouse, abattoir **Schlacht·hof** *m s.* **Schlachthaus Schlacht·plan** *m* ❶ MIL plan of battle, battle plan ❷ *(Plan für ein Vorhaben)* plan of action; **einen ~ machen** to draw up a plan of action **Schlacht·ross**^{RR} *nt* charger, warhorse **Schlacht·schiff** *nt* battleship **Schlacht·vieh** *nt* animals kept for meat production

Schla·cke <-, -n> [ˈʃlakə] *f* ❶ *(Verbrennungsrückstand aus dem Hochofen)* slag; *(aus dem Haushaltsofen)* cinders *npl,* ashes *pl* ❷ *(Ballaststoffe)* roughage ❸ NATURMED waste products ❹ GEOL scoria

schla·ckern [ˈʃlaken] *vi* NORDD *(schlottern)* ■ **[gegen/um etw] ~** to flap [against/around sth]; **der weite Rock schlackerte ihr um die Knie** her wide skirt flapped loosely around her knees; *s. a.* **Ohr**

Schlaf¹ <-[e]s> [ʃlaːf] *m kein pl* sleep *no pl;* **sich** *dat* **den ~ aus den Augen reiben** to rub the sleep out of one's eyes; **jdn um den** [*o* **seinen**] **~ bringen** to keep sb awake at night; **aus dem ~ fahren** to wake up with a start; **in einen tiefen/traumlosen ~ fal·len** to fall into a deep/dreamless sleep; **keinen ~ fin·den** *(geh)* to be unable to sleep; **einen festen ~ haben** to sleep deeply, to be a deep sleeper; **halb im ~[e]** half asleep; **einen leichten ~ haben** to sleep lightly, to be a light sleeper; **um seinen ~ kommen** to be unable to sleep; **im tiefsten ~ liegen** to be fast [*or* sound] asleep; **versäumten ~ nachholen** to catch up on one's sleep; **im ~ reden** to talk in one's sleep; **jdm den ~ rauben** to keep sb awake; **aus dem ~ gerissen werden** to wake up suddenly, to jerk out of one's sleep; **aus dem ~ schrecken** to wake up with a start; **jdn in den ~ singen** to sing sb to sleep; **in ~ sinken** *(geh)* to fall into a deep sleep; **sich in den ~ weinen** to cry oneself to sleep ▶ WENDUNGEN: **den ~ des Gerechten schlafen** to sleep the sleep of the just; **nicht im ~ an etw den·ken** etc. to not dream of [doing] sth; **etw im ~ kön·nen** [*o* **beherrschen**] *(fam)* to be able to do sth in one's sleep [*or* with one hand tied behind one's back] *fig; s. a.* **seine(r, s)**

Schlaf² <-[e]s, Schläfe> [ʃlaːf] *m (veraltet: Schläfe)* temple

Schlaf·an·zug *m* pyjamas *npl*

Schläf·chen <-s, -> [ˈʃlɛːfçən] *nt* nap, snooze, liedown; **ein ~ machen** to have forty winks [*or* a nap] [*or* a snooze] [*or* a lie-down]

Schlä·fe <-, -n> [ˈʃlɛːfə] *f* temple; **graue ~n haben** to have grey [*or* AM gray] hair at the temples

schla·fen <schlief, geschlafen> [ˈʃlaːfn̩] *vi* ❶ *(nicht wach sein)* to sleep, to be asleep; **bei dem Lärm kann doch kein Mensch ~!** nobody can sleep with that noise [going on]!; **darüber muss ich erst ~** I'll have to sleep over that; **schlaf gut** [*o geh:* **schlafen Sie wohl**] sleep well; **etw lässt jdn nicht ~** sth keeps sb awake; **ein Kind ~ legen** to put a child to bed; **~ gehen, sich ~ legen** to go to bed; **sich ~d stellen** to pretend to be asleep; **noch halb ~d** to still be half asleep; **gut/schlecht ~** to sleep well/badly; **fest/tief ~** to sleep deeply/soundly, to be deeply/sound asleep; **leicht ~** to sleep lightly ❷ *(zum Schlafen auf etw liegen)* **hart ~** to sleep on something hard; **bloß keine weiche Matratze, ich schlafe lieber hart** don't give me a soft mattress, I prefer a hard one ❸ *(nächtigen)* ■ **bei jdm ~** to stay with sb, to sleep at sb's; **du kannst jederzeit bei uns ~** you can sleep at our place [*or* stay with us] any time; **im Freien ~** to sleep in the open [*or* outdoors] ④ *(unaufmerksam sein)* ■[**bei** [*o* **während**] **etw**] ~ to doze [*or* to snooze] [during sth]; **die Konkurrenz hat geschlafen** our competitors were asleep ⑤ *(euph fam: koitieren)* ■**mit jdm ~** to sleep with sb *euph; s. a.* **Hund** *s. a.* **Murmeltier** II. *vr* ⑥ *impers (ruhen)* ■ **es schläft sich gut/schlecht irgendwo** it is comfortable/not comfortable to sleep somewhere; **auf dem neuen Sofa schläft es sich ausgesprochen gut** you can get an excellent night's sleep on the new sofa; **sich gesund ~** to get better by sleeping ② *(fam: koitieren)* **sich nach oben ~** to sleep one's way up through the hierarchy [*or* AM to the top]

Schla·fen·ge·hen *nt kein pl* going to bed; **ich habe noch keine Lust zum ~** I don't feel like going to bed yet

Schlä·fer(in) <-s, -> [ˈʃlɛːfɐ] *m(f)* sleeper

schlaff [ʃlaf] I. *adj* ① *(locker fallend)* slack; **eine ~e Fahne** a drooping flag ② *(nicht straff)* sagging, flabby; **ein ~er Händedruck** a limp handshake II. *adv* ① *(locker fallend)* slackly ② *(kraftlos)* feebly

Schlaf·for·schung *f* MED research into sleep **Schlaf·ge·le·gen·heit** *f* bed [for the night], place to sleep

Schla·fitt·chen <-s> [ʃlaˈfɪtçən] *nt* ▸ WENDUNGEN: **jdn am** [*o* **beim**] ~ **nehmen** [*o fam:* **kriegen**] [*o fam:* **packen**] to collar [*or* grab] [*or* nab] sb

Schlaf·krank·heit *f* sleeping sickness **Schlaf·lied** *nt* lullaby

schlaf·los I. *adj* sleepless; MED insomniac II. *adv* sleeplessly

Schlaf·lo·sig·keit <-> *f kein pl* sleeplessness *no pl;* MED insomnia *no pl*

Schlaf·mit·tel *nt* sleep-inducing medication; *(als Tablette)* sleeping tablet **Schlaf·müt·ze** *f* ① *(Kopfbedeckung)* nightcap ② *(fam: verschlafene Person)* sleepy head *fam*

schläf·rig [ˈʃlɛːfrɪç] *adj* sleepy, drowsy; ■ ~ **sein** to be [*or* feel] sleepy [*or* drowsy]; ■ **etw macht jdn ~** sth makes sb [feel] sleepy [*or* drowsy]

Schläf·rig·keit <-> *f kein pl* sleepiness, drowsiness

Schlaf·saal *m* dormitory **Schlaf·sack** *m* sleeping bag **Schlaf·stadt** *f* dormitory town **Schlaf·stö·run·gen** *pl* insomnia *form*, sleeplessness, sleeping disorder; **unter ~ leiden** to suffer from insomnia **Schlaf·ta·blet·te** *f* sleeping pill **schlaf·trun·ken** I. *adj (geh)* [still] half asleep, drunk with sleep *liter*, sleepy II. *adv* sleepily **Schlaf·wa·gen** *m* sleeper, sleeping car **schlaf·wan·deln** *vi sein o haben* to sleepwalk, to walk in one's sleep **Schlaf·wan·deln** <-s> *nt kein pl* sleepwalking *no pl* **Schlaf·wand·ler(in)** <-s, -> *m(f)* sleepwalker

Schlaf·zim·mer *nt* ① *(Raum)* bedroom ② *(Einrichtung)* bedroom suite [*or* furniture]

Schlaf·zim·mer·blick *m (hum fam)* come-to-bed look *fam,* bedroom eyes *pl fam* **Schlaf·zim·mer·ein·rich·tung** *f* bedroom furniture [*or* suite]

Schlag <-[e]s, Schläge> [ʃlaːk, *pl:* ˈʃlɛːgə] *m* ① *(Hieb)* blow, wallop *fam; (mit der Faust)* punch; *(mit der Hand)* slap; SPORT stroke; ~ **mit der Axt** blow [*or* stroke] of the axe; **ein ~ auf den Kopf** a blow on the head; ~ **mit der Peitsche** lash of the whip; **jdm Schläge androhen** to threaten sb with a beating; **jdm Schläge verabreichen** [*o* **verpassen**] to give sb a beating; **gern Schläge austeilen** to be fond of one's fists; [**von jdm**] **Schläge kriegen** [*o* **bekommen**] to get a beating [*or fam* beaten up] [*or fam* clobbered]; **jdm einen ~** [**irgendwohin**] **versetzen** to deal sb a blow [*or fam* to give sb a clout [*or* wallop]] [somewhere]; **ein tödlicher ~** a fatal blow ② *(dumpfer Hall)* thud; **ein ~ an der Tür** a bang on the door

⑥ *(rhythmisches Geräusch)* **die Schläge des Herzens** the beats of the heart; **der ~ der Nachtigall** the song of the nightingale; **der** [**unregelmäßige**] ~ **des Pulses** the [irregular] pulse [beat]; **der ~ einer Uhr** the striking of a clock; **die Uhr schlug vom Kirchturm, er zählte zwölf Schläge** the church clock struck, he counted twelve; ~ **Mitternacht/8 Uhr** on the stroke of midnight/at 8 o'clock sharp ④ *(Schicksals-~)* blow; **seine Entlassung war ein schrecklicher ~ für ihn** being made redundant was a terrible blow to him; **etw versetzt jdm einen ~** sth comes as a blow to sb ⑤ *(fam: Menschen-~)* type; **vom alten ~|e|** from the old school; **vom gleichen ~ sein** to be made of the same stuff, to be birds of a feather ⑥ *(Tauben-~)* pigeon loft ⑦ KOCHK *(fam: Portion)* helping; **ein ~ Kartoffelpüree** a portion of mashed potatoes ⑧ ÖSTERR *(fam: Schlagsahne)* [whipped] cream; **Kuchen mit ~** cake with whipped cream ⑨ *(veraltend: Wagentür)* door ⑩ *(Stromstoß)* shock; **einen ~ kriegen** to get an electric shock ⑪ MIL *(Angriff)* attack; **zum entscheidenden ~ ausholen** to make ready [*or* to prepare] for the decisive blow [*or* attack] ⑫ *(fam: Schlaganfall)* stroke; **einen ~ bekommen/haben** to suffer/have a stroke ⑬ FORST clearing ⑭ kapit plot ⑮ *(beim Segeln)* tack ⑯ NAUT stroke ⑰ MODE **eine Hose mit ~** flared trousers ▸ WENDUNGEN: **ein ~ ins Gesicht** a slap in the face; **ein ~ unter die Gürtellinie** *(fam)* a blow [*or* hit] below the belt *fig;* **ein ~ ins Kontor** *(fam)* a real blow; **es war für ihre Ambitionen ein ~ ins Kontor** it was a [hammer] blow to her ambitions; **ein ~ ins Wasser** *(fam)* a [complete] washout [*or fam* flop]; **jd hat bei jdm ~** *(sl)* sb is well-in [*or* popular] [*or* [as] thick as thieves] [*or fam* matey] with sb; **etw hat bei jdm ~** sth is popular with sb; **dieser Wein hat keinen ~ bei mir** this wine leaves me cold; **jdn rührt** [*o* **trifft**] **der ~** *(fam)* sb is flabbergasted *fam* [*or* dumbfounded] [*or* thunderstruck] [*or sl* gobsmacked]; **mich trifft der ~!** well, blow me down [*or* I'll be blowed] [*or* strike me pink] ! *fam;* **ich dachte, mich trifft der ~, als ich die Unordnung in dem Zimmer sah** I couldn't believe it when I saw what a mess the room was in; **wie vom ~ getroffen** [*o* **gerührt**] **sein** to be thunderstruck; **etw auf einen ~ tun** *(gleichzeitig)* to get things done all at once; **keinen ~ tun** *(fam)* to not do a stroke of work [*or* lift a finger]; ~ **auf ~** in rapid succession; **alles geht ~ auf ~** everything's going [*or* happening] so fast; ~ **auf ~ kamen die Botschaften aus der Krisenregion** the news came thick and fast from the crisis area; **mit einem ~|e|** [*o* **auf einen ~**] *(fam)* suddenly, all at once

Schlag·ab·tausch *m* ① *(Rededuell)* exchange of words, clash; **einen heftigen ~ haben** to have a sharp exchange of words, to go at it hammer and tongs BRIT ② *(beim Boxen)* exchange of blows ③ MIL conflict, combat **Schlag·ader** *f* artery **Schlag·an·fall** *m* stroke; **einen ~ haben** [*o* **erleiden**] to have [*or* suffer] a stroke **schlag·ar·tig** I. *adj* sudden, abrupt, swift; **eine ~e Veränderung** an abrupt change II. *adv* suddenly, abruptly, without warning, in the twinkling of an eye *fam;* ~ **zu der Einsicht kommen, dass ...** to suddenly come to realize that ...

Schlag·ball *m* SPORT ① *kein pl (Spiel)* ≈ rounders + *sing vb* BRIT ② *(Ball)* ≈ rounders ball BRIT

schlag·bar *adj* beatable; ■ **nicht ~ sein** to be unbeatable

Schlag·baum *m* barrier; **den ~ hochgehen/heruntergehen lassen** to raise/lower the barrier

Schlag·boh·rer *m* hammer drill **Schlag·bohr·ma·schi·ne** *f* hammer drill

Schlä·gel <-s, -> [ˈʃlɛːgl̩] *m* ① MUS [drum]stick ② TECH mallet

schla·gen [ˈʃlaːgn̩]

I. TRANSITIVES VERB   II. INTRANSITIVES VERB
III. REFLEXIVES VERB

I. TRANSITIVES VERB   <schlug, geschlagen> +haben

❶ *(hauen)* ▪jdn ~ to hit [*or form* strike] sb; **die Hände vors Gesicht ~** to cover one's face with one's hands; **mit der Faust auf den Tisch ~** to hammer on the table with one's fist; **jdn mit der Faust ~** to punch sb; **jdn mit der Hand ~** to slap sb; **jdm das Heft um die Ohren ~** to hit sb over the head with the magazine; **jdn mit der Peitsche ~** to whip sb; **jdn mit einem Schlagstock ~** to club [*or* hit] [*or* beat] sb with a stick; **jdm [wohlwollend] auf die Schulter ~** to give sb a [friendly] slap on the back; **etw in Stücke [o Scherben] ~** to smash sth to pieces

❷ *(prügeln)* ▪jdn ~ to beat sb; **jdn bewusstlos ~** to beat sb senseless [*or* unconscious]; **jdn blutig ~** to leave sb battered and bleeding; **jdn halb tot ~** to leave sb half dead; **jdn zum Krüppel ~** to cripple sb; **den Gegner zu Boden ~** to knock one's opponent down

❸ *(besiegen)* ▪jdn ~ to defeat sb; SPORT to beat sb; ▪jdn [in etw] ~ *dat* to beat sb [in/at sth]; **den Feind mit Waffengewalt ~** to defeat the enemy with force of arms; **den Gegner vernichtend ~** to inflict a crushing defeat on one's opponent; **jd ist nicht zu ~** sb is unbeatable; **sich ge~ geben** to admit defeat

❹ *(fällen)* ▪etw ~ to fell sth; **einen Baum ~** to fell a tree

❺ *(durch Schläge treiben)* ▪etw [irgendwohin] ~ to hit sth [somewhere]; **einen Nagel in die Wand ~** to knock [*or* hammer] a nail into the wall; **den Ball ins Aus ~** to kick the ball out of play

❻ *(Eliminieren von Spielfiguren)* ▪etw ~ to take sth; **Läufer schlägt Bauern!** bishop takes pawn!

❼ MUS *(zum Erklingen bringen)* ▪etw ~ to beat sth; **die Harfe/Laute ~** to play the harp/lute; **die Saiten ~** to pluck the strings; **den Takt ~** to beat time

❽ KOCHK ▪etw ~ to beat sth; **Sahne ~** to whip cream; **Eiweiß steif [o zu Schnee] ~** to beat the egg white until stiff; **Eier in die Pfanne ~** to crack eggs into the pan; **die Soße durch ein Sieb ~** to pass the gravy through a sieve

❾ *(geh: eindringen lassen)* *Raubtier* **die Fänge/Krallen/Zähne in die Beute ~** to dig [*or* sink] its claws/talons/teeth into the prey

❿ JAGD *(reißen)* **ein Tier ~** to take an animal

⓫ *(wickeln)* ▪etw/jdn in etw *akk* ~ to wrap sth/sb in sth; **das Geschenk in Geschenkpapier ~** to wrap up the present; **das Kind in die Decke ~** to wrap the child in the blanket

⓬ POL, ÖKON *(hinzufügen)* **die Unkosten auf den Verkaufspreis ~** to add the costs to the retail price; **ein Gebiet zu einem Land ~** to annex a territory to a country; *s. a.* **Schlacht**

⓭ *(veraltend: prägen)* **Münzen ~** to mint coins

⓮ *(ausführen)* **einen Bogen um das Haus ~** to give the house a wide berth; **mit dem Zirkel einen Kreis ~** to describe a circle with compasses; **das Kreuz ~** to make the sign of the cross; **ein Kleidungsstück schlägt Falten** a garment gets creased

⓯ *(legen)* ▪etw irgendwohin ~ to throw sth somewhere; **die Arme um jdn ~** to throw one's arms around sb; **ein Bein über das andere ~** to cross one's legs; **die Decke zur Seite ~** to throw off the blanket

⓰ *(austragen)* **eine Mensur ~** to fight a duel

⓱ *(geh: heimsuchen)* **ein vom Schicksal geschlagener Mensch** a man dogged by ill-fate; **mit einer Krankheit geschlagen sein** to be afflicted by an illness

▶ WENDUNGEN: **ehe ich mich ~ lasse!** *(hum fam)* oh

all right [*or* go on] then!, before you twist my arm!; *s. a.* **Alarm** *s. a.* **Bogen** *s. a.* **Funken** *s. a.* **Krach** *s.* **kurz Profit** *s. a.* **Purzelbaum** *s. a.* **Rad**

II. INTRANSITIVES VERB   <schlug, geschlagen>

❶ +haben *(hauen)* ▪[mit etw] irgendwohin ~ to hit sth [with sth]; **gegen ein Tor ~** to knock at the gate/door; **mit der Faust gegen eine Tür ~** to beat at a door with one's fist; **[jdm] [mit der Hand] ins Gesicht ~** to slap sb's face; **jdm in die Fresse ~** to punch sb in the face *fam;* ▪[mit etw] um sich ~ to lash [*or* thrash] about [with sth]; ▪ **nach jdm ~** to hit out at sb

❷ +sein *(explodieren)* to strike; **ein Blitz ist in den Baum geschlagen** the tree was struck by lightning

❸ +sein *(auftreffen)* ▪an [o gegen] etw *akk* ~ to land on sth, to strike against sth; **die schweren Brecher schlugen gegen die Hafenmauer** the heavy breakers broke [*or* crashed] against the harbour wall

❹ +haben *(pochen)* to beat; **nach dem Lauf hier hoch schlägt mein Herz/Puls ganz heftig** my heart's pounding after running up here

❺ +haben *(läuten)* ▪etw schlägt sth is striking; **hör mal, das Glockenspiel schlägt** listen, the clock is chiming; *s. a.* **Stunde**

❻ +sein o haben *(emporlodern)* ▪etw schlägt aus etw sth is shooting up from sth; **aus dem Dach schlugen die Flammen** the flames shot out of the roof

❼ +haben ORN *Nachtigall, Fink* to sing

❽ +haben *(eine rasche Bewegung machen)* **der Vogel schlug mit den Flügeln** the bird beat its wings

❾ +sein *(fam: jdm ähneln/nach jdm geraten sein)* ▪ nach jdm ~ to take after sb; **er schlägt überhaupt nicht nach seinem Vater** he doesn't take after his father at all

❿ +sein *(in Mitleidenschaft ziehen)* ▪jdm [auf etw *akk*] ~ to affect sb['s sth]; **das schlechte Wetter schlägt mir langsam aufs Gemüt** the bad weather is starting to get me down

⓫ +haben *(sich wenden)* ▪ sich irgendwohin ~ to strike out; **sich nach rechts ~** to strike out to the right; **sich in die Büsche ~** to slip away; *(euph, hum)* to go behind a tree *euph, hum;* **sich auf jds Seite ~** to take sb's side; *(die Fronten wechseln)* to go over to sb; *s. a.* **Art** *s. a.* **Blitz** *s. a.* **Blindheit** *s. a.* **Dummheit** *s. a.* **Gemüt** *s. a.* **Ohr**

III. REFLEXIVES VERB   <schlug, geschlagen> +haben

❶ *(sich prügeln)* ▪ sich ~ to have a fight, to fight each other; ▪ sich [mit jdm] ~ to fight [sb]

❷ *(rangeln)* ▪ sich [um etw] ~ to fight [over sth]; **das Konzert ist ausverkauft, die Leute haben sich um die Karten geradezu geschlagen** the tickets went like hot cakes and the concert is sold out

❸ *(sich anstrengen)* ▪ sich [irgendwie] ~ to do somehow; **sich gut ~** to do well

---

schla·gend I. *adj* forceful, compelling, convincing; **ein ~er Beweis** conclusive proof II. *adv* **~ beweisen/widerlegen** to prove/disprove convincingly; *s. a.* **Verbindung** *s. a.* **Wetter²**

Schla·ger <-s, -> [ˈʃlaːgɐ] *m* MUS ❶ *(Lied)* [pop] song ❷ *(Erfolg)* [big] hit, great success

Schlä·ger <-s, -> [ˈʃlɛːgɐ] *m* SPORT ❶ *(Tennis-, Squashschläger)* racquet, racket; **Tischtennis~** table tennis paddle ❷ *(Stock~)* stick, bat; **Golf~** golf club; **Cricket~** cricket bat ❸ *s.* **Schlagholz**

Schlä·ger(in) <-s, -> [ˈʃlɛːgɐ] *m(f)* ❶ *(Raufbold)* thug, hooligan ❷ SPORT batsman *masc*, batswoman *fem*, hitter; *(beim Baseball)* batter

Schlä·ger·ban·de *f* gang of thugs

Schlä·ge·rei <-, -en> [ʃlɛːgəˈrai] *f* fight, brawl, punch-up BRIT *fam*

Schla·ger·fes·ti·val *nt* pop [music] festival

Schlä·ge·rin <-, -nen> *f fem form von* **Schläger**

Schlä·ger·müt·ze *f (fam)* [peaked] cap

Schla·ger·sän·ger(in) *m(f)* pop singer

schlag·fer·tig I. *adj* quick-witted; *Antwort a.* clever II. *adv* quick-wittedly; **~ antworten** to be quick with an answer

Schlag·fer·tig·keit *f kein pl* quick-wittedness; *Antwort* cleverness

Schlag·holz *nt* SPORT bat **Schlag·ho·se** *f* MODE flares, bell-bottoms *pl*, bell-bottomed trousers *pl* **Schlag·in·stru·ment** *nt* MUS percussion instrument **Schlag·kraft** *f kein pl* ① MIL strike power ② *(Wirksamkeit)* effectiveness **schlag·kräf·tig** *adj* ① *(kampfkräftig)* powerful [in combat] ② *(wirksam)* **ein ~es Argu·ment** a forceful [or compelling] [line of] argument; **ein ~er Beweis** compelling proof *no pl* **Schlag·licht** *nt* KUNST, FOTO highlight; ▶ WENDUNGEN: **ein [kennzeich·nendes] ~ auf jdn/etw werfen** to put sb/sth into a characteristic/particular light **Schlag·loch** *nt* pothole **Schlag·mann** *m* SPORT stroke **Schlag·mes·ser** *nt* Chinese cleaver **Schlag·rahm** *m,* **Schlag·obers** [ˈʃlaːkʔoːbes] *nt* KOCHK SÜDD, ÖSTERR, SCHWEIZ *(Schlag·sahne)* whipping cream **schlag·reif** *adj* **ein ~er Baum** tree ready for felling **Schlag·ring** *m* knuckle-duster, brass knuckles AM **Schlag·sah·ne** *f* KOCHK cream; *(flüssig)* whipping cream; *(geschlagen)* whipped cream **Schlag·sei·te** *f kein pl* NAUT list; **~ haben** [*o* **bekommen**] to develop a list; **der Tan·ker hatte bereits schwere ~** the tanker had already developed a heavy list [*or* was listing badly] ▶ WENDUNGEN: **~ haben** *(hum fam)* to be three sheets to the wind *fam* [*or* BRIT *sl* legless] **Schlag·stock** *m* club, cudgel; *(Gummiknüppel)* truncheon

Schlag·wort *nt* ① <-worte> *(Parole)* slogan, catch-phrase, cliché *pej* ② <-wörter> *(Stichwort)* keyword, headword

Schlag·wort·ka·ta·log *m* library catalogue [*or* AM catalog] of keywords

Schlag·zei·le *f* MEDIA headline; **~n machen** [*o* **für ~n sorgen**] to make headlines [*or* the front page]

schlag·zei·len *vt (sl: als Schlagzeile bringen)* **„Diana verlässt Charles", schlagzeilten die Boulevard·blätter** 'Diana leaves Charles' was [*or* screamed] the headline in the tabloids

Schlag·zeug <-[e]s, -e> *nt* drums *pl; (im Orchester)* percussion *no pl*

Schlag·zeu·ger(in) <-s, -> *m(f) (fam)* drummer; *(im Orchester)* percussionist

schlak·sig [ˈʃlaːksɪç] *adj (fam)* gangling, lanky, gawky; **~e Bewegungen** clumsy and awkward movements

Schla·mas·sel <-s, -> [ʃlaˈmasl] *m o nt (fam)* ① *(Durcheinander)* mess, muddle ② *(ärgerliche Situation)* **jetzt haben wir den ~!** now we're in a [right] mess [*or fam* pickle] !

Schlamm <-[e]s, -e *o* Schlämme> [ʃlam, *pl:* ˈʃlɛmə] *m* mud; *(breiige Rückstände)* sludge *no indef art, no pl,* residue *form,* gunge *fam no indef art, no pl* BRIT

Schlamm·bad *nt* mudbath **Schlamm·er·de** *f (als Heilerde)* mud **Schlamm·fie·ber** *nt* swamp [*or* harvest] fever

schlam·mig [ˈʃlamɪç] *adj* muddy; **~es Wasser** muddy [*or* sludgy] water

Schlamm·schicht *f* layer of mud **Schlamm·schlacht** *f* ① *(Fußballspiel)* mudbath ② *(fig: Streit)* mud-slinging *fig fam no pl, no indef art* **Schlamm·sprin·ger** *m* ZOOL mudskipper

Schlam·pe <-, -n> [ˈʃlampə] *f (pej fam)* slut, tart *sl;* **diese alte ~** that old witch [*or* bag]

schlam·pen [ˈʃlampn] *vi (fam)* ▪ **[bei etw] ~** to do a sloppy job [of sth] *fam*

Schlam·per(in) <-s, -> [ˈʃlampɐ] *m(f)* slovenly fellow *fam*

Schlam·pe·rei <-, -en> [ʃlampəˈrai] *f (fam)* ① *(Nach·lässigkeit)* sloppiness *fam* ② *(Unordnung)* mess, untidiness

schlam·pig [ˈʃlampɪç] I. *adj* ① *(nachlässig)* sloppy *fam; (liederlich)* slovenly ② *(ungepflegt)* unkempt, bedraggled II. *adv* ① *(nachlässig)* sloppily *fam* ② *(unge·pflegt)* in a slovenly [*or* unkempt] way

schlang [ʃlaŋ] *imp von* **schlingen¹** *s.* **schlingen²**

Schlan·ge <-, -n> [ˈʃlaŋə] *f* ① ZOOL *(a. fig)* snake ② *(lange Reihe)* queue, line AM; *Fahrzeuge a.* tailback BRIT, traffic lane AM; **[irgendwo] ~ stehen** to queue up [somewhere], to stand in line [somewhere] AM ③ *(pej: hinterlistige Frau)* Jezebel; **eine falsche ~** *(pej)* a snake in the grass *fig* ④ TECH *(Heiz~)* heating coil; *(Kühl~)* cooling spiral [*or* coil] ▶ WENDUNGEN: **eine ~ am Busen nähren** *(geh)* to cherish a viper in one's bosom; **sich winden wie eine ~** to go through all sorts of contortions

schlän·geln [ˈʃlɛŋln] *vr* ① ZOOL *(sich winden)* ▪ **sich ~** to crawl, to coil its way ② *(kurvenreich verlaufen)* ▪ **sich ~** to snake [*or* wind] [one's way]; *Fluss, Straße* to meander ③ *(sich winden)* ▪ **sich ~** to wind one's way; **sie schlängelte sich durch die Menschen·menge** she wormed her way through the crowd; *s. a.* **Linie**

Schlan·gen·ad·ler *m* short-toed eagle **Schlan·gen·be·schwö·rer(in)** <-s, -> *m(f)* snake charmer **Schlan·gen·biss**ᴿᴿ *m* snake bite **Schlan·gen·gift** *nt* snake poison **Schlan·gen·le·der** *nt* snakeskin **Schlan·gen·li·nie** *f* wavy line; **in ~n fahren** to weave [one's way] [from side to side] **Schlan·gen·stern** *m* ZOOL brittlestar

Schlan·ge·ste·hen <-s> *nt kein pl* queu[e]ing [up], lining up, standing in a queue [*or* AM line]

schlank [ʃlaŋk] *adj* ① *(dünn)* slim; **~ machen** *Essen* to be good for losing weight; *Kleidung* to be slimming, to make sb look slim; **sich ~ machen** to breathe in, to hold oneself in ② *(schmal)* slender, slim; **ein ~er Baum** a slender tree; **von ~em Wuchs** of slender shape; *s. a.* **Linie**

Schlank·heit <-> *f kein pl* slimness, slenderness

Schlank·heits·kur *f* diet; **eine ~ machen/anfangen** to be/go on a diet

schlank·weg [ˈʃlaŋkvɛk] *adv (fam)* [etw] **~ ablehnen** to flatly refuse [sth], to refuse [sth] outright [*or* point-blank]; **etw ~ abstreiten** [*o* **bestreiten**] to flatly deny sth; **jdm etw ~ ins Gesicht sagen** to say sth straight to sb's face, to come right out with sth and tell sb

schlapp [ʃlap] *adj* ① *pred (fam: erschöpft)* worn out; *(nach einer Krankheit)* washed out; **jdn ~machen** *(fam)* to wear sb out ② *(fam: ohne Antrieb)* feeble, weak, listless ③ *(fam: mager)* measly; **für ~e zehn Euro** for a measly ten euros *fam;* **ein ~er Betrag** a measly amount *fam*

Schlap·pe <-, -n> [ˈʃlapə] *f (fam)* setback, upset; **[bei etw] eine ~ einstecken müssen, eine ~ [in etw *dat*] erleiden** to suffer a setback

Schlap·pen <-s, -> [ˈʃlapn] *m* DIAL *(fam)* slipper

Schlapp·heit <-> *f kein pl* listlessness

Schlapp·hut *m* floppy hat **schlapp|ma·chen** *vi (fam)* ① *(erschöpft aufgeben)* to give up ② *(erschöpft lang·samer machen)* to flag [*or* droop] ③ *(erschöpft umkip·pen)* to pass [*or* BRIT *fam* flake] out **Schlapp·ohr** *nt* ① ZOOL *(hum)* lopear; **~en** floppy ears *fam* ② *s.* **Schlappschwanz Schlapp·schwanz** *m (pej fam)* wimp *pej fam*

Schla·raf·fen·land [ʃlaˈrafn̩-] *nt* ① LIT Cockaigne *form* ② *(geh: Land des Überflusses)* land of milk and honey

schlau [ʃlaʊ] **I.** adj ❶ (clever) clever, shrewd; **du bist ein ~es Bürschlein!** what a clever clogs you are! BRIT ❷ (gerissen) crafty, wily; **ein ~er Fuchs** a sly fox; **eine ~e Idee** an ingenious [or fam bright] idea a. iron; **ein ~er Plan/Vorschlag** an ingenious plan/suggestion; **aus jdm/etw ~ werden** to understand sb/sth, to understand what sb/sth is about fam; **ich werde nicht ~ aus der Bedienungsanleitung** I can't make head nor tail of the operating instructions; **ein ganz S~er/eine ganz S~e** (iron fam) a clever clogs BRIT fam iron; s. a. **Kopf II.** adv cleverly, shrewdly, craftily, ingeniously

Schlau·ber·ger(in) <-s, -> [ˈʃlaʊbɛrɡɐ] m(f) (fam) ❶ (pfiffiger Mensch) clever one ❷ (iron: Besserwisser) clever clogs [or Dick] BRIT iron, smart alec[k] iron

Schlauch <-[e]s, Schläuche> [ʃlaʊx, pl: ˈʃlɔʏçə] m ❶ (biegsame Leitung) hose ❷ (Reifenschlauch) [inner] tube ❸ (fam: Strapaze) grind fam, hard labour [or AM -or] no indef art, no pl; **die Wanderung war ein echter ~** the hike was a real slog ▶ WENDUNGEN: **auf dem ~ stehen** (fam: ratlos sein) to be at a loss

Schlauch·boot nt rubber [or inflatable] dinghy

schlau·chen [ˈʃlaʊxn̩] **I.** vt (fam) ■ **jdn ~** to [almost] finish sb off, to take it out of sb; ■ **geschlaucht sein** to be worn out **II.** vi (fam) to wear sb out, to take it out of sb fam; **das schlaucht ganz schön!** that really takes it out of you!

schlauch·los adj AUTO tubeless

Schläue <-> [ˈʃlɔʏə] f kein pl ❶ (clevere Art) shrewdness ❷ (Gerissenheit) craftiness, cunning

Schlau·fe <-, -n> [ˈʃlaʊfə] f loop; (aus Leder) strap

Schlau·heit <-> f kein pl s. **Schläue**

Schlau·kopf m, **Schlau·mei·er** m (fam) s. **Schlauberger**

Schla·wi·ner(in) <-s, -> [ʃlaˈviːnɐ] m(f) (hum fam) rascal

schlecht [ʃlɛçt] **I.** adj ❶ KOCHK (verdorben) bad, poor; ■ **~ sein** to be bad [or went off]; **ich fürchte das Fleisch ist ~ geworden** I'm afraid the meat has gone off [or is off] ❷ (mindere Qualität aufweisend) bad, poor; **von ~er Qualität** of poor quality; **~e Verarbeitung** poor workmanship ❸ (unzureichend) poor; **noch zu ~** still not good enough; **deine Aussprache ist noch zu ~** your pronunciation is still not good enough ❹ FIN (gering) poor; **ein ~es Gehalt** a poor salary ❺ (moralisch verkommen) bad, wicked, evil; **ein ~es Gewissen haben** to have a bad conscience; **einen ~en Ruf haben** [o in ~em Ruf stehen] to have a bad reputation; **jdm etwas S~es nachsagen** to say sth bad about sb, to speak disparagingly about sb, to cast aspersions on sb form ❻ (unangenehm) bad; **~es Benehmen** bad manners pl ❼ (ungünstig) bad; **~e Zeiten** hard times ❽ MED (nicht gut funktionierend) bad, poor; **eine ~e Entwässerung** water retention; **~e Augen** poor [or weak] eyesight, weak eyes; **ein ~es Herz** a bad heart ❾ (übel) ■ **jdm ist** [o **wird**] [es] ~ sb feels sick ▶ WENDUNGEN: **es** [**bei jdm**] ~ **haben** to not be doing well [or to be doing badly] [with sb]; **jdn aber ~ kennen** to not know sb [very well]; **es sieht ~ aus** it doesn't [or things don't] look good; **es sieht ~ aus mit jdm/etw** the prospects [or things] don't look good for sb/sth **II.** adv ❶ KOCHK (nicht gut) badly; **so ~ habe ich selten gegessen** I've rarely had such bad food ❷ (ungenügend) badly, poorly; **die Geschäfte gehen ~** business is bad ❸ (nicht hinreichend) badly; **etw ~ beschreiben** to describe sth superficially [or badly]; **~ konzipiert/geplant** badly [or poorly] conceived/planned; **es ist ~ vorstellbar** it's difficult to imagine ❹ (gering) poorly; **~ bezahlt** badly [or poorly] paid; **~ gehen** to be badly off, to be doing badly; **~ zahlen** to pay badly; **~ honoriert** badly paid ❺ MED (nicht mit aller Kapazität)

badly, poorly; **~ gehen** to not feel [or be] well; (sich übel fühlen) to feel sick; **~ hören** to be hard of hearing; **~ sehen** to have poor [or weak] eyesight ❻ (unangenehm) badly; **~ gehen** (fam) to be [in] for it [or be in trouble] !; **~ reden über jdn** to say bad things about sb, to speak disparagingly about sb, to cast aspersions on sb ❼ (nicht gut) **~ beraten** ill-advised; **~ gelaunt** [o drauf] bad-tempered, ill-tempered, in a bad mood pred; **~ mit jdm auskommen** to not get on [well] with sb; **wir kommen ~ miteinander aus** we don't get on well together; **~ zusammenpassen** to not get on well together ❽ (schwerlich) not really; **du wirst ~ anders können** you can't really do anything else ▶ WENDUNGEN: **~ und recht** [o **mehr ~ als recht**] (hum fam) after a fashion, more or less; **auf jdn/etw ~ zu sprechen sein** to not want anything to do with sb/sth; **nicht ~** (fam) in dem Restaurant speist man nicht ~ you can eat [quite] well in that restaurant; **nicht ~ staunen** to be astonished; **nicht ~ verwundert sein** to be amazed

schlecht·hin [ʃlɛçtˈhɪn] adv ❶ (in reinster Ausprägung) etw ~ sein to be the epitome of sth ❷ (geradezu) just, absolutely; **das dürfte ~ unmöglich sein** that is completely impossible

Schlech·tig·keit <-, -en> f ❶ kein pl (üble Beschaffenheit) badness, wickedness, evil ❷ (üble Tat) wicked [or bad] deed

schlecht|ma·chen vt ■ **jdn ~** to run sb down, to vilify sb, to make disparaging remarks about sb; ■ [**jdm**] etw ~ to run sth down [in front of sb], to spoil sth [for sb]

Schlecht·wet·ter·geld [ʃlɛçtˈvɛtɐ-] nt bad-weather allowance

schle·cken [ˈʃlɛkn̩] **I.** vt **etw ~** to lick sth; Katze to lap up sth sep **II.** vi ❶ SÜDD, ÖSTERR, SCHWEIZ (naschen) to nibble (esp sweet things); **etwas zum S~** sth to nibble ❷ (lecken) ■ **an etw** dat ~ to lick sth

Schle·cke·rei <-, -en> [ʃlɛkəˈraɪ] f ÖSTERR, SÜDD (Süßigkeit) sweet, nibble usu pl

Schle·cker·maul nt (hum fam) s. **Leckermaul**

Schle·gelALT1 <-s, -> [ˈʃleːɡl̩] m MUS, TECH s. **Schlägel**

Schlegel² <-s, -> [ˈʃleːɡl̩] m KOCHK SÜDD, ÖSTERR, SCHWEIZ (Hinterkeule) drumstick

Schle·he <-, -n> [ˈʃleːə] f sloe

schlei·chen <schlich, geschlichen> [ˈʃlaɪçn̩] **I.** vi sein ❶ (leise gehen) ■ [**irgendwohin**] ~ to creep [or liter steal] [or pej sneak] [somewhere] ❷ (auf Beutejagd) to prowl ❸ (langsam gehen, fahren) to crawl along; z. a. **Katze II.** vr haben ❶ (leise gehen) ■ **sich irgendwohin ~** to creep [or liter steal] [or pej sneak] somewhere; **sich aus dem Haus ~** to steal away softly form ❷ (auf Beutejagd) ■ **sich irgendwohin ~** to prowl somewhere ▶ WENDUNGEN: **schleich dich!** SÜDD, ÖSTERR (sl) get lost [or AM out of here] !; s. a. **Vertrauen**

schlei·chend I. adj attr MED (langsam fortschreitend) insidious; **~e Inflation** creeping inflation **II.** adv insidiously

Schlei·cher(in) <-s, -> [ˈʃlaɪçɐ] m(f) (pej) sycophant, crawler BRIT fam, brown-noser AM, arse-licker BRIT vulg, ass-kisser AM vulg

Schleich·weg m back way; (geheimer Weg) secret path **Schleich·wer·bung** f plug

Schleie <-, -n> [ˈʃlaɪə] f ZOOL tench

Schlei·er <-s, -> [ˈʃlaɪɐ] m ❶ (durchsichtiges Gewebe) veil; **den ~ nehmen** REL (veraltend pej: Nonne werden) to take the veil ❷ (Dunst) [veil of] mist ▶ WENDUNGEN: **den ~ des Vergessens über etw** akk **breiten** (geh) to draw a veil over sth fig; **den ~ lüften** to reveal all iron [or the secret]

Schlei·er·eu·le f barn owl

schlei·er·haft adj (fam) ■ [**jdm**] ~ **sein** to be a mystery

|to sb|

Schlei·fe <-, -n> |ˈʃlaɪfə| f ❶ MODE bow ❷ GEOG *Fluss* oxbow; *Straße* horseshoe bend ❸ LUFT *(Kehre)* loop

schlei·fen¹ |ˈʃlaɪfn| I. *vt haben* ❶ *(über den Boden ziehen)* ◾ etw/jdn ~ to drag sth/sb ❷ *(hum fam: mitschleppen)* ◾ jdn ~ to drag sb ❸ *(niederreißen)* ◾ etw ~ to raze sth to the ground, to tear sth down II. *vi* ❶ *haben (reiben)* ◾ |an etw *dat*| ~ to rub [*or* scrape] [against sth]; **die Kupplung ~ lassen** AUTO to slip the clutch ❷ *sein o haben (gleiten)* ◾ |über etw *dat*| ~ to slide [*or* drag] [over sth]; *Schleppe* to trail ▸ WENDUNGEN: **etw ~ lassen** *(fam)* to let sth slide; *s. a.* **Zügel** III. *vr (fam)* ◾ **sich irgendwohin ~** to drag oneself somewhere

schlei·fen² <schliff, geschliffen> |ˈʃlaɪfn| vt ❶ *(schärfen)* ◾ etw ~ to sharpen [*or* grind] sth ❷ *(in Form polieren)* ◾ etw ~ to polish sth; *(mit Sandpapier)* to sand sth; **Edelsteine** ~ to cut precious stones ❸ MIL *(fam: brutal drillen)* ◾ jdn ~ to drill sb hard

Schlei·fer(in <-s, -> m(f) ❶ *(Facharbeiter, der Steine schleift)* grinder; *(von Edelsteinen)* cutter ❷ MIL *(sl)* slave-driver, martinet *form*

Schleif·lack m polishing varnish [*or* lacquer] **Schleif·ma·schi·ne** f sander, sanding machine **Schleif·pa·pier** nt sandpaper **Schleif·stein** m grindstone; *s. a.* **Affe**

Schleim <-[e]s, -e> |ʃlaɪm| m ❶ MED *(Schleimdrüsenabsonderung)* mucus; *(in Bronchien oder Hals)* phlegm ❷ *(klebrige Masse)* slime ❸ *(Brei)* gruel; **Hafer~** porridge

Schleim·beu·tel m MED bursa *spec* **Schleim·drü·se** f mucous gland

schlei·men |ˈʃlaɪmən| *vi (pej fam)* to crawl *pej fam;* ◾ jdn ~ to butter sb up, to suck up to sb *fam,* to soft-soap sb BRIT

Schlei·mer(in <-s, -> m(f) *(pej fam)* crawler BRIT *fam,* brown-noser AM

Schleim·haut f ANAT mucous membrane

schlei·mig |ˈʃlaɪmɪç| I. *adj* ❶ MED mucous ❷ *(glitschig)* slimy, sticky ❸ *(pej: unterwürfig)* slimy *pej fam,* obsequious *pej form* II. *adv (pej)* in a slimy way *pej,* obsequiously *pej*

Schleim·pilz m BOT slime mould [*or* AM mold] **Schleim·schei·ßer(in** <-s, -> m(f) *(pej derb)* crawler BRIT *fam,* brown-noser AM, slimy git BRIT *sl,* slimeball *sl*

schlem·men |ˈʃlɛmən| I. *vi* to have a feast II. *vt* ◾ etw ~ to feast on sth

Schlem·mer(in <-s, -> |ˈʃlɛmɐ| m(f) gourmet

Schlem·me·rei <-, -en> |ʃlɛmaˈraɪ| f KOCHK ❶ *(dauerndes Schlemmen)* feasting, indulgences *pl* ❷ *(Schmaus)* feast

schlen·dern |ˈʃlɛndɐn| *vi sein* ◾ |irgendwohin| ~ to stroll [*or* amble] along [somewhere]

Schlend·ri·an <-[e]s -> |ˈʃlɛndriaːn| m *kein pl (fam)* ❶ *(Trott)* rut ❷ *(Schlamperei)* sloppiness

Schlen·ker <-s, -> |ˈʃlɛŋkɐ| m ❶ TRANSP *(Ausweichmanöver)* swerve; **einen ~ machen** to swerve ❷ *(kleiner Umweg)* detour

schlen·kern |ˈʃlɛŋkɐn| *vi* ❶ *(pendeln)* to dangle; ◾ etw ~ lassen to let sth dangle [*or* swing]; **mit den Beinen ~** to swing one's legs ❷ *(schlackern)* to flap; **der lange Rock schlenkerte ihr um die Beine** the long skirt flapped around her legs ❸ *(vom Weg abkommen)* to swerve

Schlepp |ʃlɛp| m etw im ~ haben to have sth in tow, to tow sth; **jdn/etw ~ nehmen** to take sb/sth in tow *a. fig*

Schlepp·damp·fer m NAUT *(geh)* tug

Schlepp·pe <-, -n> |ˈʃlɛpə| f MODE train

schlep·pen |ˈʃlɛpn| I. *vt* ❶ *(schwer tragen)* ◾ jdn/etw |irgendwohin| ~ to carry [*or fam* lug] sb/sth ❷ *(zer-*

ren) ◾ jdn/etw ~ to drag sb/sth ❸ *(abschleppen)* ◾ etw |irgendwohin| ~ to tow sth [somewhere]; **das Auto in die Werkstatt ~ lassen** to have the car towed to the garage ❹ *(fam: schleifen)* ◾ jdn |irgendwohin| ~ to drag sb [somewhere] ❺ *(fam: tragen)* ◾ etw |mit sich| |herum| ~ to lug sth around [with one] II. *vr* ❶ *(sich mühselig fortbewegen)* ◾ sich |irgendwohin| ~ to drag oneself somewhere ❷ *(sich hinziehen)* ◾ sich ~ to drag on

schlep·pend I. *adj* ❶ *(zögerlich)* slow; **~e Bearbeitung** delayed processing ❷ *(schwerfällig)* shuffling, shambling; **~e Schritte** dragging steps ❸ *(gedehnt)* |long-|drawn-out; **~es Sprechen** slow speech II. *adv* ❶ *(zögerlich)* slowly; **~ in Gang kommen** to be slow in getting started ❷ *(schwerfällig)* ~ **gehen, sich ~ bewegen** to shuffle along ❸ *(gedehnt)* in a [long] drawn-out way [*or* fashion], slowly

Schlep·per <-s, -> |ˈʃlɛpɐ| m ❶ NAUT *s.* **Schleppdampfer** ❷ *(veraltend: Zugmaschine)* tug [and tow]

Schlep·per(in <-s, -> |ˈʃlɛpɐ| m(f) (sl) ❶ *(Fluchthelfer)* sb who organizes illegal entry into a country ❷ *(Kundenfänger)* tout

Schlepp·kahn m NAUT lighter, barge **Schlepp·lift** m ski tow **Schlepp·netz** nt trawl [-net] **Schlepp·tau** nt towline, towrope; **im ~** in tow; **etw ins ~ nehmen** to take sth in tow; **jdn ins ~ nehmen** *(fig fam)* to take sb under one's wing [*or* in tow]; **mit jdm im ~** *(fam)* with sb in one's wake [*or* in tow] *fig*

Schle·si·en <-s> |ˈʃleːzi̯ən| nt *kein pl* Silesia

Schle·si·er, Schle·si·e·rin <-s, -> |ˈʃleːzi̯e, ˈʃleːzi̯arɪn| m, f Silesian

schle·sisch |ˈʃleːzɪʃ| adj Silesian

Schles·wig-Hol·stein <-s> |ˈʃleːsvɪçˈhɔlʃtaɪn| nt Schleswig-Holstein

Schleu·der <-, -n> |ˈʃlɔʏdɐ| f ❶ *(Waffe)* catapult ❷ *(Wäsche~)* spin drier [*or* dryer]

Schleu·der·ho·nig m KOCHK extracted honey, centrifuged honey

schleu·dern |ˈʃlɔʏdɐn| I. *vt haben* ❶ *(werfen)* ◾ etw |irgendwohin| ~ to hurl [*or* fling] sth [somewhere]; *s. a.* **Gesicht** ❷ TECH *(zentrifugieren)* ◾ etw ~ to spin sth; **Salat ~** to dry [the] lettuce II. *vi sein* ◾ |irgendwohin| ~ to skid [somewhere]; **ins S~ geraten** [*o* **kommen**] to go into a skid; *(fig)* to find one is losing control of a situation

Schleu·der·preis m knock-down price; **zu ~en** at knock-down prices **Schleu·der·sitz** m LUFT ejector seat; *(fig)* hot seat **Schleu·der·spur** f skid mark *usu pl*

schleu·nig |ˈʃlɔʏnɪç| I. *adj attr (geh)* rapid, swift, speedy; **~stes Eingreifen** immediate measures II. *adv (geh)* rapidly, swiftly

schleu·nigst *adv* straight away, without delay, at once

Schleu·se <-, -n> |ˈʃlɔʏzə| f ❶ lock; *(Tor)* sluice gate; ▸ WENDUNGEN: **der Himmel hat seine ~n geöffnet** the heavens opened

schleu·sen |ˈʃlɔʏzn| *vt (fam)* ❶ *(heimlich leiten)* ◾ jdn |irgendwohin| ~ to smuggle sb in [somewhere] ❷ *(geleiten)* ◾ jdn |durch [*o* über etw]| ~ *akk* to escort sb [through *or* across| sth] ❸ NAUT *(durch eine Schleuse bringen)* ◾ etw ~ to take [*or* pass] [*or* send] sth through a lock

Schleu·sen·be·am·ter, -be·am·tin m, f NAUT, ADMIN lock-keeper **Schleu·sen·kam·mer** f lock **Schleu·sen·meis·ter(in** m(f) lock-keeper **Schleu·sen·öff·nung** f NAUT opening of lock gate[s] **Schleu·sen·tor** nt sluice gate **Schleu·sen·wär·ter(in** m(f) *s.* **Schleusenmeister** lock-keeper

schlich |ʃlɪç| *imp von* **schleichen**

Schli·che |ʃlɪçə| *pl* tricks *pl;* **jdm auf die ~e kommen, hinter jds ~e kommen** to find sb out, to get wise to sb, to rumble sb BRIT *fam,* to suss sb out

BRIT *fam*

schlicht [ʃlɪçt] **I.** *adj* ❶ *(einfach)* Einrichtung, Feier, Form, Kleidung, Mahlzeit simple, plain *esp pej;* **~e Eleganz** understated elegance; **in ~e Verhältnisse leben** to live in modest circumstances ❷ *(wenig gebildet)* simple, unsophisticated ❸ *attr (bloß)* plain; **das ist eine ~e Tatsache** it's a simple fact ▶ WENDUNGEN: **~ um – handeln** *(geh)* to barter **II.** *part (ganz einfach)* simply; **das ist ~ gelogen/falsch** that's a barefaced lie/just plain wrong; **~ und einfach** *[fam]* [just] plain; **~ und ergreifend** *(hum fam)* plain and simple; **das ist ~ und ergreifend falsch!** that's just plain wrong!

schlich·ten [ˈʃlɪçtn̩] **I.** *vt* ■ **etw ~** to settle sth; **[in etw akk] ~d eingreifen** to act as mediator [in sth] **II.** *vi* ■ **[in etw** *dat***] ~** to mediate [*or* arbitrate] [in sth]

Schlich·ter(in) <-s, -> [ˈʃlɪçtɐ] *m(f)* arbitrator, mediator; **einen ~ einschalten** to go to arbitration

Schlicht·heit <-> *f kein pl* simplicity, plainness

Schlich·tung <-, -en> *f* mediation, settlement, arbitration

Schlich·tungs·aus·schuss^RR *m* arbitration committee **Schlich·tungs·kom·mis·si·on** *f s.* **Schlichtungsausschuss Schlich·tungs·ver·fah·ren** *nt* JUR, ÖKON arbitration proceedings *pl* **Schlich·tungs·ver·hand·lung** *f meist pl* arbitration [negotiations]; **~en aufnehmen** to go to arbitration

Schlick <-[e]s, -e> [ʃlɪk] *m* silt

schlid·dern [ˈʃlɪdɐn] *vi haben o sein* NORDD *(schlittern)* to slide

schlief [ʃliːf] *imp von* **schlafen**

Schlie·re <-, -n> [ˈʃliːrə] *f* smear

Schlie·ße <-, -n> [ˈʃliːsə] *f* fastener, clasp

schlie·ßen <schloss, geschlossen> [ˈʃliːsn̩] **I.** *vi* ❶ *(zugehen)* to close [properly]; **die Tür schließt nicht richtig** the door doesn't close properly ❷ ÖKON *(Geschäftsstunden unterbrechen)* to close, to shut ❸ ÖKON *(Betrieb aufgeben)* to close [*or* shut] [down] ❹ *(enden)* ■ **[mit etw] ~** to close [*or* end] [with sth] ❺ *(schlussfolgern)* ■ **[aus** [*o* von] **etw] [auf** *akk* **etw] ~** to conclude [*or* infer] [sth] [from sth]; **von jdm auf jdn ~** to judge sb by one's/sb's standards; **du solltest nicht immer von dir auf andere ~!** you shouldn't project your character on others; **von Besonderen auf das Allgemeine ~** to proceed inductively; **etw lässt auf etw** *akk* **~** *(hindeuten)* sth indicates [*or* suggests] sth/that sth … ❻ BÖRSE *(bei Börsenschluss notieren)* to close, to be at the close; **die Börse schloss heute freundlich** the stock exchange closed up on the day **II.** *vt* ❶ *(geh: zumachen)* ■ **etw ~** to close sth; **eine geschlossene Anstalt** a top-security mental hospital; **ein hinten geschlossenes Kleid** a dress that fastens at the back; **eine Grenze ~** to close a border ❷ *(geh: beenden)* ■ **etw ~** to close [*or* conclude] sth, to bring sth to a close *form,* to wind sth up; **die Verhandlung ist geschlossen!** the proceedings are closed! ❸ *(eingehen)* **[mit jdm] ein Abkommen ~** to come to an agreement on sth [with sb]; **ein Bündnis ~** to enter into [*or* form] an alliance; **eine Ehe ~** to get married; **Freundschaft ~** to become friends; **Frieden ~** to make peace; **einen Kompromiss ~** to reach a compromise; **einen Pakt ~** to make a pact ❹ *(auffüllen)* ■ **etw ~** to fill sth; **eine Lücke ~** to fill a gap; **die Reihen ~** MIL to close ranks ❺ *(schlussfolgern)* ■ **etw [aus etw] ~** to conclude [*or* infer] sth [from sth]; ■ **[aus etw] ~, dass …** to conclude [*or* infer] [from sth] that … ❻ *(geh: beinhalten)* ■ **etw [in sich] ~** *dat* to contain sth [within it] ❼ *(befestigen)* ■ **etw [an** *akk* **etw] ~** to lock sth [up to sth]; **er schließt das Fahrrad immer mit einer Kette an einen Baum** he always chains his bike to a tree ❽ *(umfassen)* **jdn**

in die Arme ~ to take sb in one's arms; **jdn [mit] ins Gebet ~** to include sb in one's prayers; *s. a.* **Arm** *s. a.* **Herz III.** *vr* ❶ *(zugehen)* ■ **sich ~** to close, to shut; **die Türen ~ sich automatisch** the doors close automatically ❷ *(sich anschließen)* ■ **sich an etw ~** to follow sth; **an die Filmvorführung schloss sich eine Diskussion mit dem Regisseur an** after the showing there was a discussion with the film's director

Schließ·fach *nt* ❶ *(Gepäck~)* locker ❷ *(Bank~)* safe-deposit box ❸ *(Postfach)* post-office [*or* PO] box **Schließ·frucht** *f* BOT indehiscent fruit

schließ·lich [ˈʃliːslɪç] *adv* ❶ *(endlich)* at last, finally; **~ und endlich** in the end, ultimately ❷ *(immerhin)* after all

Schließ·mus·kel *m* sphincter

Schlie·ßung <-, -en> *f* ❶ *(Betriebsaufgabe)* closure ❷ *(geh: Beendigung)* close

schliff [ʃlɪf] *imp von* **schleifen**^2

Schliff <-[e]s, -e> [ʃlɪf] *m* ❶ *kein pl (das Schleifen)* sharpening, grinding ❷ *kein pl (das Polieren von Edelsteinen)* cutting; *(das Polieren von Glas)* cutting and polishing ❸ *(geschliffener Zustand)* edge ❹ *(polierter Zustand)* cut ❺ *(fig: Umgangsformen)* polish, sophistication; **jdm ~ beibringen** to give sb polish; **keinen ~ haben** to be without refinement; **einer S.** *dat* **den letzten ~ geben** to put the finishing touches to sth

schlimm [ʃlɪm] **I.** *adj* ❶ *(übel)* bad, dreadful; **eine ~e Entwicklung** an ugly development; **eine ~e Tatsache** a dreadful fact; **ein ~er Fall** a nasty case [*or* instance]; **eine ~e Geschichte** an ugly [*or* a bad] business; **eine ~e Nachricht/~e Neuigkeiten** bad news *pl;* **ein ~er Vorfall** an ugly incident; **ein ~er Vorwurf** a serious reproach; **eine ~e Zeit** a terrible [*or* dreadful] time; **es ist ~, dass …** it is dreadful [*or* terrible] that …; ■ **es wird [für jdn] ~ [mit etw]** sth is dreadful [*or* terrible] [for sb]; **mit der Hitze wird es auch von Jahr zu Jahr ~er** the heat gets worse from year to year; ■ **etwas S~es/S~eres** sth dreadful [*or* terrible] /worse; **etw viel S~eres** sth much worse; ■ **das S~ste** the worst; **das ist [das] …, das S~ste** the worst [of it] is [that] …; **es gibt S~eres** there are worse things; **es gibt nichts S~eres als …** there's nothing worse than …; **wenn es nichts S~eres ist!** as long as it's nothing more serious than that!, if that's all it is!; **~, ~!** that's dreadful [*or* terrible] ! ❷ *(gravierend)* bad, serious, grave *form;* **eine ~e Tat** a grave misdeed *form;* **ein ~es Verbrechen begehen** to commit a serious crime; **ein ~es Versäumnis** a glaring omission; ■ **nicht [so] ~ sein** to be not [so] bad [*or* terrible]; ■ **es ist ~, dass …** it is dreadful [*or* terrible] that … ❸ *(fam: ernst)* serious; **eine ~e Operation** a major operation; **eine ~e Wunde** a serious [*or* severe] [*or* bad] [*or* nasty] wound ❹ *(moralisch schlecht)* bad, wicked ▶ WENDUNGEN: **etw ist halb so ~** sth is not as bad as all that; **ist nicht ~!** no problem!, don't worry! **II.** *adv* ❶ *(gravierend)* seriously; **sich ~ irren/täuschen/vertun** to make a serious mistake ❷ *(äußerst schlecht)* dreadfully; **sich ~ benehmen** to behave badly; **jdn ~ verprügeln** to beat sb up badly; **jdn ~ zurichten** to give sb a severe beating; **~ dran sein** *(fam)* to be in a bad way *fam;* **wenn es ganz ~ kommt** if the worst comes to the worst; **es hätte ~er kommen können** it could have been worse; **es steht ~ [mit etw]** things look bad [for sth]; **es steht ~ [um jdn]** things look bad for sb; **~ genug, dass …** it's bad enough that …; **um so [o desto] ~er** so much the worse ❸ MED badly ❹ *(sehr)* badly; **die Scheidung hat sie ~ mitgenommen** she's had a rough time with her divorce

Schlim·me(r) *f(m) dekl wie adj* ❶ *(übler Mensch)* nasty person [*or* piece of work] ❷ *(hum fam)* naughty boy/girl *hum fam*

schlimms·ten·falls ['ʃlɪmstn̩'fals] *adv* if the worst comes to the worst

Schlin·ge <-, -n> ['ʃlɪŋə] *f* ❶ *(gebundene Schlaufe)* loop; *(um jdn aufzuhängen)* noose ❷ *(Falle)* snare; ~**n legen** [*o* **stellen**] to lay out [*or* set] a snare ❸ MED sling; *s. a.* **Kopf**

Schlin·gel <-s, -> ['ʃlɪŋl̩] *m (fam)* |little| rascal

schlin·gen¹ <schlang, geschlungen> ['ʃlɪŋən] **I.** *vt (geh)* ■ **etw** |**um etw**| ~ to wind sth |about sth|; **etw zu einem Knoten** ~ to tie [*or* knot] sth; **die Arme um jdn** ~ to wrap one's arms around sb **II.** *vr* ■ **sich** |**um etw**| ~ ❶ *(geh: sich winden)* to wind [*or* coil] itself |around sth| ❷ BOT to creep |around sth|, to twine itself |around sth|

schlin·gen² <schlang, geschlungen> ['ʃlɪŋən] *vi (fam)* to gobble [*or* BRIT bolt] one's food

schlin·gern ['ʃlɪŋɐn] *vi* NAUT to roll |from side to side|

Schling·pflan·ze *f* creeper

Schlips <-es, -e> [ʃlɪps] *m* tie; **in** |*o* **mit**| ~ **und Kragen** *(fam)* in [*or* with] a collar and tie ► WENDUNGEN: **sich** |**durch jdn/etw**| **auf den** ~ **getreten fühlen** *(fam)* to feel offended by sb; **jdm auf den** ~ **treten** *(fam)* to put sb out, to upset sb, to tread on sb's toes

Schlit·ten <-s, -> ['ʃlɪtn̩] *m* ❶ *(Rodel)* sledge, sled; *(Rodel~)* toboggan; *(mit Pferden)* sleigh ❷ *(sl: Auto)* wheels *sl pl* ❸ TECH *(einer Schreibmaschine)* carriage ► WENDUNGEN: **mit jdm** ~ **fahren** *(pej fam)* to bawl sb out, to give sb a hard time *fam* [*or sl* hell]

Schlit·ten·fah·ren <-s> *nt kein pl* sledging; *(mit Rodelschlitten)* tobogganing; *(mit Pferdeschlitten)* sleighing

Schlit·ter·bahn *f* NORDD slide

schlit·tern ['ʃlɪtɐn] *vi* ❶ *sein o haben (rutschen)* ■ |**irgendwohin**| ~ to slide |somewhere| ❷ *sein (ausrutschen)* to slip; *Wagen* to skid ❸ *sein (fam: unversehens geraten)* ■ |**in etw**| ~ *akk* to slide [*or* slither] |into sth|; **in die Pleite** ~ to slide into bankruptcy

Schlitt·schuh ['ʃlɪtʃuː] *m* SPORT skate; ~ **fahren** [*o* **laufen**] to skate

Schlitt·schuh·lau·fen <-s> *nt kein pl* SPORT skating
Schlitt·schuh·läu·fer(in) *m(f)* skater

Schlitz <-es, -e> [ʃlɪts] *m* ❶ *(Einsteck~)* slot ❷ *(schmale Öffnung)* slit ❸ MODE slit; *(fam: Hosen~)* flies *pl*

Schlitz·au·ge *nt (pej)* ❶ *(Augenform)* slant [*or pej* slit] eye, Chinky eyes *pej* ❷ *(Person)* Chink *pej* **schlitz·äu·gig** *adj* almond-eyed, slant-eyed **Schlitz·ohr** *nt (fam)* rogue, wily fox, a crafty so-and-so *fam* **schlitz·oh·rig** *adj (fam)* cunning, crafty

schloh·weiß ['ʃloːvais] *adj* Haare snow-white
schlossRR, **schloß**ALT [ʃɔs] *imp von* **schließen**
SchlossRR <-es, Schlösser>, **Schloß**ALT <-sses, Schlösser> [ʃɔs, *pl:* 'ʃlœsɐ] *nt* ❶ *(Palast)* palace ❷ *(Tür~)* lock; **ins** ~ **fallen** to snap [*or* click] shut; *(laut)* to slam shut; **die Tür ins** ~ **fallen lassen** to let the door close ❸ *(Verschluss)* catch; *(an einer Handtasche)* clasp; *(an einem Rucksack)* buckle ❹ *(Vorhänge~)* padlock ► WENDUNGEN: **jdn hinter** ~ **und Riegel bringen** to put sb behind bars; **hinter** ~ **und Riegel sitzen** to be behind bars [*or* doing time]

Schlo·ße <-, -n> ['ʃloːsə] *f meist pl* DIAL *(Hagelkorn)* hailstone

Schlos·ser(in) <-s, -> ['ʃɔsɐ] *m(f)* locksmith; *(Metall~)* metalworker; *(Auto~)* mechanic; *(Maschinen~)* fitter

Schlos·ser·aus·bil·dung *f* apprenticeship as a fitter/locksmith/mechanic

Schlos·se·rei <-, -en> [ʃɔsə'rai] *f s.* **Schlosserwerkstatt**

Schlos·ser·ge·sel·le *m* journeyman fitter/|lock|smith/mechanic **Schlos·ser·hand·werk** *nt* fit-

---

ter's/|lock|smith's/mechanic's trade

Schlos·se·rin <-, -nen> *f fem form von* **Schlosser**
Schlos·ser·leh·re *f s.* **Schlosserausbildung Schlos·ser·lehr·ling** *m* apprentice to a fitter/|lock|smith/ mechanic **Schlos·ser·werk·statt** *f (für Metallarbeit)* smith's shop; *(für Maschinenreparaturen)* fitter's shop; *(für Schlösser)* locksmith's shop; *(für Autoreparaturen)* car workshop

Schloss·gar·tenRR *m* castle garden **Schloss·hund**RR *m* ► WENDUNGEN: **heulen wie ein** ~ *(fam)* to cry [*or fam* bawl] one's eyes out **Schloss·park**RR *m* castle park **Schloss·ter·ras·se**RR *f* palace terrace **Schloss·turm**RR *m* palace tower

Schlot <-[e]s, -e> [ʃloːt] *m* ❶ *(langer Schornstein)* chimney ❷ GEOL vent, chimney ❸ NAUT funnel ❹ *(pej fam: Nichtsnutz)* good-for-nothing ► WENDUNGEN: **rauchen wie ein** ~ *(fam)* to smoke like a chimney

schlot·te·rig ['ʃlɔtərɪç] *adj (fam)* ❶ *(zittrig)* shaky ❷ *(schlaff herabhängend)* baggy

schlot·tern ['ʃlɔtɐn] *vi* ❶ *(zittern)* ■ |**vor etw** *dat*| ~ to tremble |with sth|; **vor Angst/Erschöpfung** ~ to shake with fear/exhaustion; **vor Kälte** ~ to shiver with cold; **am ganzen Körper** ~ to shake all over ❷ *(schlaff herabhängen)* ■ |**um etw**| ~ to flap |around sth|

Schlucht <-, -en> [ʃlʊxt] *f* gorge, ravine
schluch·zen ['ʃlʊxtsn̩] *vi* to sob
Schluch·zer <-s, -> ['ʃlʊxtsɐ] *m* sob

Schluck <-[e]s, -e> [ʃlʊk] *m* ❶ *(geschluckte Menge)* mouthful; **einen** ~ |**von etw**| **nehmen** to have a sip |of sth|, to try |sth|; **ein** ~ **zu trinken** |a drop of| something to drink; ~ **für** ~ sip by sip; **in** |*o* **mit**| **einem** ~ at one go, in one swallow; **drei** ~|**e**| **Milch** three mouthfuls of milk ❷ *(das Schlucken)* swallow; *(größer)* gulp; *(kleiner)* sip

Schluck·auf <-s> ['ʃlʊkʔauf] *m kein pl* hiccup; **den** |*o* **einen**| ~ **haben** to have hiccups

Schluck·be·schwer·den *pl* difficulties in swallowing
Schlück·chen <-s, -> ['ʃlʏkçən] *nt dim von* **Schluck** |small| sip, drop; **ein** ~ |**von etw**| **nehmen** to have a drop of sth

schlu·cken ['ʃlʊkn̩] **I.** *vt* ■ **etw** ~ ❶ *(hinunterschlucken)* to swallow sth ❷ *(sl: trinken)* to drink sth ❸ AUTO *(fam)* to guzzle sth; **der alte Wagen schluckt 14 Liter** the old car guzzles 14 litres for every 100 km ❹ *(fam: hinnehmen, glauben)* to swallow sth ❺ ÖKON *(fam: übernehmen)* to swallow sth; **etw ganz** ~ to swallow sth |lock, stock and barrel| ❻ *(dämpfen)* ■ **etw schluckt etw** sth absorbs sth **II.** *vi* ❶ *(Schluckbewegungen machen)* to swallow; *(größer)* to gulp ❷ *(sl: Alkohol konsumieren)* to booze *sl* ► WENDUNGEN: |**erst mal**| ~ **müssen** *(fam)* to |first| take a deep breath

Schlu·cker <-s, -> *m* ► WENDUNGEN: **armer** ~ *(fam)* poor blighter [*or BRIT fam!* sod] [*or AM* devil]

Schluck·imp·fung *f* oral vaccination **Schluck·specht** *m (fam)* drinker, boozer *sl*

schluck·wei·se *adv* in sips; **etw** ~ **genießen** [*o* **trinken**] to sip sth

Schlu·de·rei <-, -en> [ʃluːdə'rai] *f (fam) s.* **Schlampe·rei**

schlu·de·rig ['ʃluːdərɪç] *adj (fam) s.* **schlampig**
schlu·dern ['ʃluːdɐn] *vi (fam) s.* **schlampen**
schlud·rig ['ʃluːdrɪç] *adj (fam) s.* **schlampig**
schlug [ʃluːk] *imp von* **schlagen**

Schlum·mer <-s> ['ʃlʊmɐ] *m kein pl (geh)* slumber *liter; (Schläfchen)* doze, catnap; **in einen tiefen** ~ **sinken** to sink into a deep sleep [*or liter* slumber]

schlum·mern ['ʃlʊmɐn] *vi (geh)* to slumber *liter; (ein Schläfchen halten)* to doze

Schlund <-[e]s, Schlünde> [ʃlʊnt, *pl:* 'ʃlʏndə] *m* ❶ ANAT throat, pharynx *form; (eines Tiers)* maw

❷ *(geh)* abyss, chasm; **der ~ des Meeres** the depths of the sea, the deep; **der ~ des Vulkans** the pit of the volcano

schlüp·fen [ˈʃlʏpfn̩] *vi sein* **❶** ORN, ZOOL ▪ **|aus etw| ~** to hatch out |of sth| **❷** *(rasch kleiden)* ▪ **|aus etw| ~** to slip out of sth; ▪ **|in etw| ~** *akk* to slip into sth, to slip on sth *sep* **❸** *(rasch bewegen)* ▪ **|irgendwo·hin| ~** to slip somewhere; **unter die Decke ~** to slide under the blanket

Schlüp·fer <-s, -> [ˈʃlʏpfɐ] *m* MODE *(veraltend)* **❶** *(Da·men- und Kinderunterhose)* panties *npl*, knickers *npl* BRIT **❷** *(weiter Herrenmantel)* raglan

Schlupf·lid *nt* puffy eyelid **Schlupf·loch** *nt* **❶** *(Öff·nung)* opening, hole **❷** *(fig)* loophole **❸** *s.* **Schlupf·winkel**

schlüpf·rig [ˈʃlʏpfrɪç] *adj* **❶** *(unanständig)* lewd, suggestive **❷** *(glitschig)* slippery

Schlüpf·rig·keit <-, -en> *f* **❶** *kein pl* *(Unanständig·keit)* lewdness, coarseness **❷** *(schlüpfrige Bemer·kung)* lewd |*or* coarse| |*or* suggestive| remark

Schlupf·wes·pe *f* ZOOL ichneumon fly **Schlupf·win·kel** *m (Versteck)* hiding place; *(von Gangstern)* hide-out

schlur·fen [ˈʃlʊrfn̩] *vi sein* to shuffle; *(absichtlich)* to scuff |one's feet|

schlür·fen [ˈʃlʏrfn̩] **I.** *vt* ▪ **etw ~** to slurp sth; **er schlürfte genüsslich seine Suppe** he lapped up his soup with relish **II.** *vi* to slurp, to drink noisily

Schluss^RR <-es, Schlüsse> *m*, **Schluß**^ALT <Schlus·ses, Schlüsse> [ʃlʊs, *pl:* ˈʃlʏsə] *m* **❶** *kein pl* *(zeitli·ches Ende)* end; **mit etw ist ~** sth is over with; **mit dem Rauchen ist jetzt ~!** *(an andere gerichtet)* right! that's enough smoking now!; *(an sich selbst gerichtet)* I'm going to give up smoking now; **irgendwo ist ~** somewhere is the end; **zum ~ kom·men** *(geh)* to finish, to bring one's remarks/speech to a conclusion; **mit etw| ~ machen** *(fam)* to stop |sth|; **mit der Arbeit ~ machen** to knock off, to stop work; **keinen ~ finden können** to go on endlessly; **~ für heute!** that's enough |*or* that'll do| for today!; **~ damit!** stop it!; **~ |jetzt|!** that's enough |*or* that'll do| !; **jetzt |ist| aber ~!** that's enough |*or* that'll do| !; **kurz vor ~** just before closing time; **zum |*o* am| ~** at the end **❷** *kein pl* *(hinterster Teil)* end, back; **am ~ des Zuges** at the back |*or* rear| of the train **❸** *(ab·schließender Abschnitt)* end, last part; **der krö·nende ~ |einer S.** *gen|* climax, culmination; **der ~ einer Geschichte** the end of a story **❹** *(Folgerung)* conclusion; **aus etw den ~ ziehen, dass ...** to draw from sth the conclusion |*or* to reach the conclusion| that ...; **einen ~/bestimmte Schlüsse |aus etw| ziehen** to draw |*or* reach| a conclusion/particular conclusions from sth; **zu dem ~ kommen, dass ...** to come to the conclusion that ... **❺** MUS conclusion **❻** *kein pl (dichtes Schließen)* fit; **die Türen haben guten ~** the doors fit well **❼** *kein pl (beim Reiten)* seat **❽** BÖRSE closing ▶ WENDUNGEN: **mit jdm/etw ist ~** sb/sth has had it; **|mit dem Leben| ~ machen** to finish it all; **|mit jdm| ~ machen** to break it off |*or* to finish| |with sb|

Schluss·ab·rech·nung^RR *f* final statement **Schluss·ak·te**^RR *f* final communiqué **Schluss·be·mer·kung**^RR *f* final |*or* form concluding| remark |*or* comment| **Schluss·be·trach·tung**^RR *f (abschließende Bemerkung)* closing remarks *pl* **Schluss·bi·lanz**^RR *f* final balance

Schlüs·sel <-s, -> [ˈʃlʏsl̩] *m* **❶** *(Türöffner)* key **❷** *(fam: Schrauben~)* spanner, wrench AM **❸** *(Mittel zur Erschließung)* ▪ **der ~ zu etw** the key to sth; **der ~ zum Erfolg** the key to |*or* the secret of| success **❹** *(Verteilungsschema)* scheme |*or* plan| |of distribu·tion| **❺** *(Lösung)* key **❻** *(Code~)* code

Schlüs·sel·bein *nt* collar bone, clavicle **Schlüs·sel·blu·me** *f* cowslip **Schlüs·sel·brett** *nt* key hooks *pl* **Schlüs·sel·bund** *m o nt* bunch of keys **Schlüs·sel·dienst** *m* security key |*or* locksmith| service **Schlüs·sel·er·leb·nis** *nt* crucial experience **Schlüs·sel·etui** *nt* key case **schlüs·sel·fer·tig I.** *adj* ready to move into |*or* for immediate occupancy| *pred*, turn-key *form* **II.** *adv* **die Wohnungen werden ~ zum Kauf angeboten** the flats are offered for sale ready for immediate occupancy **Schlüs·sel·fi·gur** *f* key |*or* central| figure **Schlüs·sel·in·dus·trie** *f* key industry **Schlüs·sel·kind** *nt* latchkey child **Schlüs·sel·loch** *nt* keyhole **Schlüs·sel·po·si·ti·on** *f* key posi·tion; **eine ~ einnehmen/|inne|haben** to take up/hold a key position **Schlüs·sel·qua·li·fi·ka·ti·on** *f* key qualifications *pl* **Schlüs·sel·reiz** *m* BIOL key stimulus **Schlüs·sel·ring** *m* key ring **Schlüs·sel·rol·le** *f* key role; **jdm/etw** *dat* **kommt |*o* fällt| eine ~ zu** sb/sth assumes |*or* takes on| a key role **Schlüs·sel·ro·man** *m* roman-à-clef **Schlüs·sel·stel·lung** *f* key position; **er hat in der Firma eine ~ inne** he has a key position in the firm **Schlüs·sel·sze·ne** *f* key |*or* central| scene **Schlüs·sel·tech·no·lo·gie** *f* key tech·nology

schluss·fol·gern^RR *vt*, **schluß·fol·gern**^ALT *vt (ablei·ten)* ▪ **etw |aus etw| ~** to deduce sth |from sth|; ▪ **|aus etw| ~, dass ...** to deduce |*or* conclude| |from sth| that ...

Schluss·fol·ge·rung^RR <-, -en> *f*, **Schluß·fol·ge·rung**^ALT <-, -en> *f* deduction, conclusion; ▪ **eine ~ aus etw** a conclusion |*or* deduction| drawn from sth; **eine ~ |aus etw| ziehen** to draw a conclusion |*or* to deduce sth| |from sth|; **|aus etw| die ~ ziehen, dass ...** to draw the conclusion |*or* to deduce| |from sth| that ...; **übereilte ~en ziehen** to jump to conclu·sions

schlüs·sig [ˈʃlʏsɪç] *adj* **❶** *(folgerichtig)* logical; **~e Beweisführung** conclusive evidence **❷** *(im Klaren)* ▪ **sich** *dat* **|über etw** *akk|* **~ sein/werden** to have made up/make up one's mind |about sth|; **sich über die Hintergründe einer Sache/eine Taktik ~ sein** to have made up one's mind about the reasons for sth/a strategy |to pursue|; **sie sind sich immer noch nicht ~** they still haven't made up their minds, they are still undecided; **sich** *dat* **darüber** *akk* **~ sein, dass/ob/wie ...** to make |*or* have made| up one's mind that/whether/how ...

Schluss·ka·pi·tel^RR *nt* last |*or* final| chapter **Schluss·kom·mu·ni·kee**^RR *nt*, **Schluss·kom·mu·ni·qué**^RR *nt s.* **Schlussakte Schluss·licht**^RR *nt* AUTO rear |*or* AM tail| light; ▶ WENDUNGEN: **das ~ |einer S.** *gen|* **sein |o bilden|** to bring up the rear |of sth| **Schluss·pfiff**^RR *m* final whistle **Schluss·pha·se**^RR *f* final stage **Schluss·punkt**^RR *m* LING full stop; ▶ WENDUNGEN: **einen ~ unter |*o* hinter| etw setzen** to put an end to sth **Schluss·run·de**^RR *f* SPORT **❶** *(ei·nes Rennens)* final lap **❷** *(eines Box-, Ringkampfes)* final round **Schluss·satz**^RR *m* **❶** *(Abschluss eines Textes)* concluding *form* |*or* last| sentence **❷** MUS last movement **Schluss·sit·zung**^RR *f* closing session **Schluss·strich**^RR *m* *(Strich am Ende)* line at the end of sth; **einen ~ unter die Rechnung ziehen** to draw a line under the bill ▶ WENDUNGEN: **einen ~ |unter etw** *akk|* **ziehen** *(etw erledigt sein lassen)* to draw a line |under sth|, to put an end to sth; *(einen Streit beenden)* to bury the hatchet |over sth| **Schluss·ver·kauf**^RR *m* sales *pl* **Schluss·wort**^RR *nt* final word

Schmach <-> [ʃmaːx] *f kein pl (geh)* humiliation, igno·miny *form no indef art, no pl;* **jdm |eine| ~ antun** to bring shame on sb; *s. a.* **Schande**

schmach·ten [ˈʃmaxtn̩] *vi (geh)* **❶** *(leiden)* **im Ker·ker ~** to languish in a dungeon; ▪ **jdn ~ lassen** to let sb suffer [with sth], to leave sb languishing [for sth] *hum;* **jdn vor Sehnsucht** [*o* **Verlangen**] **~ lassen** to let sb stew ❷ *(sich sehnen)* ▪ [**nach jdm**] **~** to crave [*or* desire] [sb]; **vor Sehnsucht nach etw ~** to yearn [*or* pine] [*or* long] for sth; **vor Verlangen nach etw ~** to crave sth

schmach·tend *adj* soulful; **~er Blick** longing [*or* soulful] look

schmäch·tig [ˈʃmɛçtɪç] *adj* slight, weedy BRIT *pej;* **ein ~er Mensch** a person of slight build

schmach·voll *adj (geh) s.* **schmählich**

schmack·haft *adj (geh: wohlschmeckend)* tasty; **~er Wein** delicious wine ▶ WENDUNGEN: **jdm etw ~ machen** to make sth tempting to sb; **ich konnte ihm eine Beteiligung nicht ~ machen** I couldn't tempt him to take part

Schmäh <-s, -[s]> [ʃmɛː] *m* ÖSTERR *(fam)* ❶ *(Schwindel, Trick)* trick ❷ *kein pl (Sprüche und Scherze)* banter

Schmäh·brief *m* nasty letter

schmä·hen [ˈʃmɛːən] *vt (geh: herabsetzen)* ▪ **jdn/etw ~** to malign [*or form* vilify] sb/sth

schmäh·lich I. *adj (geh)* shameful, ignominious *form* **II.** *adv* shamefully; **er hat seine Familie ~ im Stich gelassen** he abandoned his family in the most disgraceful manner

Schmäh·re·de *f* invective *form,* diatribe *form* **Schmäh·schrift** *f* lampoon *form* **Schmäh·sucht** *f* strong tendency to disparage **schmäh·süch·tig** *adj* always happy to malign [*or* vilify]

Schmä·hung <-, -en> *f (geh)* ❶ *kein pl (das Schmähen)* vilification *form* ❷ *(Schmährede)* abuse, invective

schmal <-er *o* schmäler, -ste *o* schmälste> [ʃmaːl] *adj* ❶ *(nicht breit)* narrow; **ein ~es Gesicht** a narrow [*or* thin] face; **~e Hände/Lippen** narrow [*or* thin] hands/lips; **~e Hüfte/Taille** narrow [*or* slim] hips/waist; **ein ~er Mensch** a slim person; **ein ~er Baum** a slender tree; **ein ~es Büchlein** a slim volume; **das ~e Ende eines Tisches** the short end of a table ❷ *(dürftig)* meagre [*or* AM -er]; **eine ~e Auswahl/ein ~es Angebot** a limited choice; *s. a.* **Kost**

schmal·brüs·tig *adj* narrow-chested

schmä·lern [ˈʃmɛːlɐn] *vt (heruntermachen)* ▪ **etw ~** to run sth down, to belittle sth

Schmä·le·rung <-, -en> *f* belittlement

Schmal·film *m* 8/16mm [cine] film **Schmal·film·ka·me·ra** *f* 8/16mm [cine] camera **Schmal·hans** *m* ▶ WENDUNGEN: **bei jdm ist ~ Küchenmeister** *(veraltend fam)* sb is on short rations **Schmal·sei·te** *f* **die ~ eines Gegenstandes** the short side of an object **Schmal·spur** *f* BAHN narrow gauge **Schmal·spur·bahn** *f* BAHN narrow gauge railway

Schmalz[1] <-es, -e> [ʃmalts] *nt* KOCHK dripping; *(vom Schwein)* lard

Schmalz[2] <-es> [ʃmalts] *m kein pl (pej fam)* schmaltz *fam,* sentimentality

schmal·zig [ˈʃmaltsɪç] *adj (pej fam)* schmaltzy *fam,* slushy *fam,* gushing *fam*

schma·rot·zen* [ʃmaˈrɔtsn̩] *vi* ❶ *(pej: ausnutzend leben)* ▪ [**bei jdm**] **~** to sponge [off [*or* on] [*or* from] sb] *fam pej* ❷ BIOL *(als Parasit leben)* to live as a parasite [in/on sth]

Schma·rot·zer <-s, -> *m* BIOL parasite

Schma·rot·zer(in) <-s, -> *m(f) (pej)* sponger BRIT *pej,* freeloader *pej*

Schmar·ren <-s, -> [ˈʃmarən] *m* SÜDD, ÖSTERR, **Schmarrn** <-s, -> [ʃmarn] *m* SÜDD, ÖSTERR ❶ KOCHK pancake torn into small pieces ❷ *(fam: Quatsch)* rubbish *fam,* nonsense, bollocks BRIT *vulg;* **so ein ~!** what a load of rubbish!; **einen ~** *(fam)* a damn, two pins BRIT *fam,* a monkey's BRIT *vulg*

schmat·zen [ˈʃmatsn̩] *vi (geräuschvoll essen)* to eat/drink noisily; *(mit Genuss ~)* to smack one's lips; **musst du beim Essen immer so ~?** do you have to make such a noise when you're eating?; **wirst du wohl das laute S~ sein lassen!** would you please stop making that noise! ❷ *(mit schmatzendem Laut)* **er küsste sie laut ~d auf die Wange** he gave her a smacker [*or* loud kiss] on the cheek

Schmaus <-es, Schmäuse> [ʃmaus, *pl:* ˈʃmɔyzə] *meist sing m (veraltend hum)* feast

schmau·sen [ˈʃmauzn̩] *vi (geh)* to eat with relish

schme·cken [ˈʃmɛkn̩] **I.** *vi (munden)* **hat es geschmeckt?** did you enjoy it?, was it OK?, was everything to your satisfaction? *form;* **so, ich hoffe, es schmeckt!** so, I hope you enjoy it!; **na, schmeckt's? – klar, und wie!** well, is it OK? – you bet!; **das schmeckt aber gut** that tastes wonderful; **es sich** *dat* **~ lassen** *(mit Appetit essen)* to enjoy one's food; **lasst es euch ~!** tuck in!; **nach nichts ~** to not taste of anything [much], to be tasteless; **das schmeckt nach mehr!** *(fam)* it's more-ish! BRIT ❷ *(Geschmack haben)* ▪ [**nach etw**] **~** to taste [of sth]; **hier schmeckt das Wasser nach Chlor** the water here tastes of chlorine ❸ *(fam: gefallen)* ▪ **jdm [irgendwie] ~: na, wie schmeckt [dir] der neue Job?** well, how do you like [*or* are you enjoying] the new job?; **das schmeckt mir gar nicht!** I don't like the sound of that at all ❹ SÜDD, ÖSTERR, SCHWEIZ *(riechen)* smell ▶ WENDUNGEN: **jdn nicht ~ können** to not be able to stand sb **II.** *vt* ▪ **jd schmeckt etw** sb tastes [*or* has a taste of] [*or* tries] sth

Schmei·che·lei <-, -en> [ʃmaiçaˈlai] *f* flattery *no pl, no indef art; (übertriebenes Lob)* sweet talk *no pl, no indef art,* soft soap *fam no pl, no indef art* BRIT

schmei·chel·haft *adj* flattering, complimentary; **~e Worte** kind words; **~** [**von jdm**] **sein** to be [very] kind [of sb]; ▪ **wenig ~** [**für jdn/etw**] **sein** to be not very flattering [*or* complimentary] [for sb]

schmei·cheln [ˈʃmaiçl̩n] *vi* ❶ *(übertrieben loben)* ▪ [**jdm**] **~** to flatter [*or* BRIT *fam* soft-soap] sb, to butter sb up ❷ *(jds Selbstwertgefühl heben)* ▪ **es schmeichelt jdm, dass ...** sb/sth is flattered [*or* finds it flattering] that ... ❸ *(günstig darstellen)* ▪ **jdm/einer S. ~** to flatter sb/sth, to put sb/sth in a good light; **die neue Frisur schmeichelt Ihnen [wirklich sehr]** your new hairstyle suits you [very well] [*or* is very flattering]; ▪ **etw ist geschmeichelt** sth is flattering; **es ist sehr durchschnittlich und das ist noch geschmeichelt!** it's very average and that's putting it mildly! ❹ *(kosen)* to cuddle up; **na, Kätzchen, du schmeichelst? willst wohl was zu fressen!** you're cuddling up, eh, kitty? I suppose you want some food! **II.** *vr (geh: sich etw auf etw einbilden)* ▪ **sich ~**[, **dass**] **...** to flatter oneself [that] ...

Schmeich·ler(in) <-s, -> [ˈʃmaiçlɐ] *m(f)* flatterer, sweet-talker, soft-soaper BRIT *fam*

schmeich·le·risch *adj* ❶ *(pej: lobhudelnd)* flattering; **~e Worte** honeyed words ❷ *s.* **schmeichelhaft 1**

schmei·ßen <schmiss, geschmissen> [ˈʃmaisn̩] **I.** *vt* ❶ *(werfen)* ▪ **etw** [**irgendwohin/nach jdm**] **~** to throw [*or fam* chuck] sth [somewhere/at sb]; *(mit Kraft)* to hurl [*or* fling] sth [somewhere/at sb] ❷ *(sl: spendieren)* ▪ **etw** [**für jdn**] **~** to stand sth [for sb]; **eine Party ~** to throw a party; **eine Runde [Schnaps] ~** to stand a round [of schnapps] ❸ *(sl: managen)* ▪ **etw ~** to run sth; **kein Problem, wir werden das Ding schon ~** don't worry, we'll manage it ❹ *(fam: hinausweisen)* ▪ **jdn aus etw ~** to throw sb out of sth; **jdn aus der Schule/dem Haus ~** to throw sb out of school/the house ❺ *(fam: abbrechen)* ▪ **etw ~** to pack sth in; **das Studium ~** to pack [*or* BRIT *fam* jack] in one's studies ❻ THEAT, TV *(sl:*

verderben) ■ **etw** ~ to make a mess of sth; **eine Szene** ~ to make a mess of a scene **II.** *vi (fam)* ❶ *(werfen)* ■ **mit etw [nach jdm/nach einem Tier]** ~ to throw *[or fam* chuck*]* sth *[at sb/at an animal]; (mit Kraft)* to fling *[or* hurl*]* sth *[at sb/at an animal]* ❷ *(etw sehr häufig gebrauchen)* ■ **mit etw um sich** ~ to be always using sth; **diese Politikerin schmeißt gerne mit lateinischen Zitaten um sich** this politician is always using Latin quotations; *(mit etw verschwenderisch umgehen)* to throw sth about *[or* AM around*]* ❸ *(ausgeben)* ■ **mit etw um sich** ~ to throw sth around; **er schmeißt mit seinem Geld nur so um sich** he just throws his money around **III.** *vr* ❶ *(sich fallen lassen)* ■ **sich [auf etw** *dat]* ~ to throw oneself onto sth; *(mit Kraft)* to fling *[or* hurl*]* oneself onto sth; **sich auf ein Bett/Sofa** ~ to stretch out on the bed/ sofa; **sich vor einen Zug** ~ to throw oneself in front of a train ❷ *(sich kleiden)* ■ **sich in etw** ~ to get togged *[or* AM dressed*]* up *[in* sth*]*; **sich in einen Smoking/den besten Anzug** ~ to get togged up in a dinner jacket/one's best suit; **sich in Schale** ~ to put on one's glad rags; **sieh an, du hast dich heute aber in Schale geschmissen!** well, you're all dolled up today, aren't you! ❸ *(bewerfen)* ■ **sich mit etw** ~ to throw sth at each other; *s. a.* **Hals**

Schmeiß·flie·ge *f* blowfly, bluebottle, greenbottle

Schmelz <-[e]s, -e> [ʃmɛlts] *m* ❶ *(Zahn~)* enamel ❷ *(geh: Glasur)* glaze ❸ *kein pl (Ausdruck)* sweetness; **der ~ der Stimme** the softness of voice; **der ~ der Farben** the glowing of colour *[or* AM -or*]*; **verblasster ~ der Jugend** faded sweetness of youth

Schmel·ze <-, -n> ['ʃmɛltsə] *f* ❶ *(geschmolzenes Metall)* molten metal, melt ❷ *(Magma)* magma

schmel·zen <schmolz, geschmolzen> ['ʃmɛltsn] **I.** *vi sein* ❶ *(weich werden)* to melt; **jds Herz zum S~ bringen** to melt sb's heart ❷ *(schwinden)* to melt; **ihre Zweifel schmolzen schnell** her doubts were soon dissipated **II.** *vt haben (zergehen lassen)* ■ **etw** ~ to melt sth; **Metall** ~ to smelt metal

Schmelz·kä·se *m* KOCHK ❶ *(in Scheiben/Stücken)* processed cheese ❷ *(streichfähig)* cheese spread; *s. a.* **Streichkäse Schmelz·punkt** *m* melting point **Schmelz·was·ser** *nt* GEOG meltwater

Schmer·bauch ['ʃmeːɐ] *m (fam)* paunch, pot belly; *(Mensch)* person with a paunch *[or* pot belly*]*

Schmer·le <-, -n> ['ʃmɛrlə] *f* ZOOL loach, groundling

Schmerz <-es, -en> [ʃmɛrts] *m* ❶ *(körperliche Empfindung)* pain; *(anhaltend und pochend)* ache; **~en haben** to be in pain; **unter ~en** in pain; **vor ~en** in pain ❷ *kein pl (Kummer)* [mental] anguish *no indef art, no pl; (über den Tod eines Menschen)* grief *no indef art, no pl* ❸ *(Enttäuschung)* heartache; **jdn mit ~ erfüllen** *(Kummer)* to fill sb with sorrow ▶ WENDUNGEN: **hast du sonst noch ~en?** *(iron fam)* [have you got] any other problems? *iron fam;* **geteilter ~ ist halber ~** *(prov)* a problem shared is a problem halved

schmerz·be·täu·bend I. *adj* painkilling **II.** *adv* ~ **wirken** to have a painkilling effect **schmerz·emp·find·lich** *adj* ❶ *(leicht Schmerzen empfindend)* sensitive [to pain *pred]* ❷ *(leicht schmerzend)* sensitive, tender

schmer·zen ['ʃmɛrtsn] **I.** *vi* ❶ *(wehtun)* to hurt; *(anhaltend und pochend)* to ache; **~d** painful, aching ❷ *(geh: Kummer bereiten)* ■ **es schmerzt, dass/ wenn ...** it hurts [*or form* pains sb] that/if/when ... **II.** *vt (geh: Kummer bereiten)* ■ **jdn** ~ to hurt sb; ■ **es schmerzt jdn, etw zu tun** it hurts [sb] to do sth

Schmer·zens·geld *nt* compensation **Schmer·zens·laut** *m (geh)* cry *[or* shout*]* of pain; **ein leiser/unterdrückter ~** a moan of pain **Schmer·zens·schrei** *m* scream of pain

Schmerz·gren·ze *f (fam: absolutes Limit)* bottom

line *fam; (Grenze des Erträglichen)* limit

schmerz·haft *adj* ❶ *(Schmerzen verursachend)* painful ❷ *(geh) s.* **schmerzlich**

schmerz·lich I. *adj (geh)* painful, distressing, distressful **II.** *adv (vor Schmerz)* painfully ❷ *(bitter)* cruelly, painfully; **ich habe dich ~ vermisst** I missed you such a lot

schmerz·lin·dernd I. *adj* pain-relieving; ■ ~ **sein** to be pain-relieving *[or* a pain-reliever*]* **II.** *adv* ~ **wirken** to relieve pain **schmerz·los** *adj* painless; ■ ~ **[für jdn]** ~ **sein** to be painless [for sb]; **seien Sie unbesorgt, der Eingriff wird völlig ~ sein** don't worry, the operation won't hurt a bit ▶ WENDUNGEN: **kurz und ~** short and sweet **Schmerz·mit·tel** *nt* analgesic, painkiller, pain-reliever **schmerz·stil·lend** *adj* painkilling; ■ ~ **sein** to be a painkiller **Schmerz·ta·blet·te** *f* painkiller, analgesic *[or* painkilling*]* [tablet] **Schmerz·the·ra·pie** *f* pain relief therapy **schmerz·ver·zerrt** *adj* twisted in *[or* with*]* pain *pred* **schmerz·voll** *adj (geh) s.* **schmerzlich**

Schmet·ter·ball *m* smash

Schmet·ter·ling <-s, -e> ['ʃmɛtɐlɪŋ] *m* butterfly

Schmet·ter·lings·blüt·ler <-s, -> *m* BOT papilionaceous plant/tree **Schmet·ter·lings·stil** *m* butterfly style

schmet·tern ['ʃmɛtɐn] **I.** *vt haben* ❶ *(schleudern)* ■ **etw [irgendwohin]** ~ to fling *[or* hurl*]* sth [somewhere] ❷ SPORT ■ **etw** ~ to smash sth; **einen Ball** ~ to smash a ball ❸ MUS ■ **etw** ~ to blare sth out; **ein Lied** ~ to bawl out a song **II.** *vi* ❶ *sein (aufprallen)* ■ **irgendwohin** ~ to crash somewhere, to smash against sth ❷ *haben* SPORT to smash ❸ *haben* MUS to blare [out]

Schmied(in) <-[e]s, -e> [ʃmiːt, *pl:* 'ʃmiːdə] *m(f)* smith; **Huf~** blacksmith; **Silber~/Gold~** silversmith/goldsmith; *s. a.* **Glück**

Schmie·de <-, -n> ['ʃmiːdə] *f* forge, smithy

Schmie·de·ar·beit *f* metalwork **Schmie·de·ei·sen** *nt* wrought iron **schmie·de·ei·sern** *adj* wrought-iron **Schmie·de·ham·mer** *m* forging *[or* blacksmith's*]* hammer

schmie·den ['ʃmiːdn] *vt* ❶ *(glühend hämmern)* ■ **etw** ~ to forge sth ❷ *(aushecken)* **Intrige** *[or* **Ränke]** *[gegen jdn]* ~ to hatch out a plan *[or* to intrigue*]* *[or* to plot*]* [against sb]; **einen Plan** ~ to hammer out a plan ❸ *(festmachen)* ■ **jdn [an etw/jdn]** ~ to chain sb [to sth/sb]; *s. a.* **Eisen** *s. a.* **Kette**

Schmie·din <-, -nen> *f fem form von* **Schmied**

schmie·gen ['ʃmiːgn] **I.** *vr* ❶ *(sich kuscheln)* ■ **sich [an jdn]** ~ to cuddle *[or* snuggle*]* up [to sb] ❷ *(eng anliegen)* ■ **sich [an etw** *akk]* ~ to hug [sth]; **das Kleid schmiegte sich an ihren Körper** the dress was figure-hugging **II.** *vt (selten: eng anlehnen)* ■ **etw [an etw** *akk]* ~ to press sth close [to sth]

schmieg·sam *adj* supple

Schmie·re <-, -n> ['ʃmiːrə] *f (schmierige Masse)* grease; *(schmieriger Schmutz)* slimy mess, ooze; ▶ WENDUNGEN: ~ **stehen** *(fam)* to keep watch, to act as *[or* to keep a*]* lookout

schmie·ren ['ʃmiːrən] **I.** *vt* ❶ *(streichen)* ■ **etw** ~ to spread sth; **Butter aufs Brot** ~ to butter [a slice of] bread; **Salbe auf eine Wunde** ~ to apply cream to a wound; **sich Creme ins Gesicht** ~ to rub *[or pej* smear*]* cream into one's face ❷ *(pej: malen)* ■ **etw** ~ to scrawl sth; **politische Parolen an die Häuser** ~ to daub political slogans on the walls of houses ❹ *(fam: bestechen)* ■ **jdn** ~ to grease sb's palm ▶ WENDUNGEN: **jdm eine** ~ *(fam)* to give sb a [good] thump *[or* a clout*] fam;* **wie geschmiert** *(fam)* without a hitch, like clockwork *[or* a dream*]*; *s. a.* **Brot II.** *vi* ❶ *(pej: schmierend verbreiten)* **[mit etw]** ~ to smear sth about ❷ *(pej: unsauber schreiben)* to smudge; **der**

Kuli schmiert this biro smudges ❸ *(Gleitmittel auf·
tragen)* to grease, to lubricate ❹ *(fam: bestechen)*
**wenn man einen Auftrag an Land ziehen will, da
muss man schon mal ~** if you want to land a con·
tract, you have to [be ready to] grease a few palms

Schmie·re·rei <-, -en> [ʃmiːrəˈrai] *f (pej fam)* [smudgy]
mess *pej*

Schmier·fett *nt* grease **Schmier·fink** *m (pej)*
❶ *(schmutziges Kind)* mucky pup BRIT *fam pej*, dirty
kid AM ❷ *(fam: unsauberer Mensch)* [slobbish and]
dirty-minded person ❸ *(Wandschmierer)* graffiti artist
❹ *(Journalist)* muckraker, scandalmonger **Schmier·
geld** *nt (fam)* bribe, kickback *fam* **Schmier·geld·
zah·lung** *f* POL payment of bribe money **Schmier·
heft** *nt* rough book

schmie·rig [ˈʃmiːrɪç] *adj* ❶ *(nass und klebrig)* greasy
❷ *(pej: schleimig)* slimy *pej*, smarmy BRIT *pej*; **was
für ein ~er Typ!** what a smarmy guy!

Schmier·öl *nt* lubricating oil **Schmier·pa·pier** *nt*
rough paper **Schmier·sei·fe** *f* soft soap

Schmie·rung <-, -en> *f* lubrication

Schmier·zet·tel *m* notepaper

Schmin·ke <-, -n> [ˈʃmɪŋkə] *f* make-up

schmin·ken [ˈʃmɪŋkn̩] *vt* ❶ *(Schminke auftragen)*
■ **jdn** ~ to put make-up on sb, to make sb up;
■ **sich** ~ to put on make-up, to make up [one's face],
to do one's face; **stark/dezent geschminkt sein** to
be heavily/discreetly made up ❷ *(mit Schminke
bestreichen)* ■ **etw** ~ to put make-up on sth, to make
sth up; **die Lippen** ~ to put on lipstick *sep;* ■ **sich**
dat [**etw**] ~ to make up one's sth; **sich die Lippen/
den Mund** ~ to put on [some] lipstick *sep* ❸ *(fig:
beschönigen)* ■ **etw ist geschminkt** sth is sanitized

Schmink·kof·fer *m* cosmetic case **Schmink·täsch·
chen** *nt* make-up bag **Schmink·tisch** *m* make-up
table

schmir·geln [ˈʃmɪrgln̩] **I.** *vt* ■ **etw** ~ to sand sth down;
■ **etw** [**von etw**] ~ to remove sth [from sth] with sand·
paper **II.** *vi* to sand [down]

schmissRR, **schmiß**ALT [ʃmɪs] *imp von* **schmeißen**

SchmissRR <-es, -e> *m*, **Schmiß**ALT <-sses, -sse>
[ʃmɪs] *m* ❶ *(Narbe)* duelling [*or* AM dueling]
scar ❷ *(veraltend: Schwung)* bounce, drive,
whoomph *fam;* ~ **haben** to be bouncy, to have a lot of
drive [*or fam* whoomph]

schmis·sig [ˈʃmɪsɪç] *adj (veraltend: schwungvoll)*
bouncy, foot-tapping

Schmö·ker <-s, -> [ˈʃmøːke] *m (fam)* longish escapist
book

schmö·kern [ˈʃmøːken] **I.** *vi (fam: genüsslich lesen)*
■ [**in etw** *dat*] ~ to bury oneself in sth **II.** *vt (fam: etw
genüsslich lesen)* ■ **etw** ~ to devour sth

schmol·len [ˈʃmɔlən] *vi* to sulk, to be in a huff

Schmoll·mund *m* **einen ~ machen** to pout

schmolz [ʃmɔlts] *imp von* **schmelzen**

Schmor·bra·ten [ˈʃmoːɐ̯-] *m* pot roast, braised beef

schmo·ren [ˈʃmoːran] **I.** *vt* ■ **etw** ~ to braise sth **II.** *vi*
❶ KOCHK to braise ❷ *(fam: schwitzen)* to swelter; **am
Strand/in der Sonne** ~ to roast [*or* swelter] on the
beach/in the sun ❸ *(fam: unbearbeitet liegen)* to sit
[*or* lie] [around] ▸ WENDUNGEN: **jdn ~ lassen** *(fam)* to
let sb stew [in their own juice] [for a bit]; *s. a.* **Saft**

Schmor·pfan·ne *f* shallow braising pan

Schmu <-s> [ʃmuː] *m kein pl (fam)* ❶ *(Unsinn)* rub·
bish BRIT, trash AM, claptrap *fam,* twaddle *sl;* **erzähl
mir keinen ~!** don't give me that rubbish! ❷ *(Betrug)*
trick; [**bei etw**] ~ **machen** to cheat [when doing sth],
to work a fiddle

schmuck [ʃmʊk] *adj (veraltend geh: hübsch)* hand·
some; **ein ~es Kleidungsstück** a smart piece of

clothing

Schmuck <-[e]s> [ʃmʊk] *m kein pl* ❶ *(Schmuckstü·
cke)* jewellery BRIT, jewelry AM *no indef art, no pl,*
piece of jewellery ❷ *(Verzierung)* decoration, orna·
mentation

schmü·cken [ˈʃmʏkn̩] **I.** *vt* ❶ *(Schmuck anlegen)*
■ **sich** [**mit etw**] ~ to put on [*or* wear] sth, to
adorn *liter* oneself [with sth], to deck oneself out [in
sth] ❷ *(dekorieren)* ■ **etw** [**mit etw**] ~ to decorate sth
[with sth]; **die Stadt war mit bunten Lichterketten
geschmückt** the town was illuminated [*or* decorated]
with strings of coloured lights; *s. a.* **Beiwerk II.** *vr
(Schmuck anlegen)* ■ **sich** ~ to wear jewellery [*or* AM
jewelry]; *s. a.* **Feder**

Schmuck·ge·gen·stand *m s.* **Schmuckstück 1**
Schmuck·käst·chen *nt* jewellery box **schmuck·los**
adj bare; **~e Fassade** plain facade [*or* front]
Schmuck·sa·chen *pl* jewellery *no indef art, no pl,*
pieces of jewellery **Schmuck·stück** *nt* ❶ *(Schmuck·
gegenstand)* piece of jewellery BRIT [*or* AM jewelry]
❷ *(fam: Prachtstück)* jewel, masterpiece, gem
Schmuck·wa·ren *pl* jewellery *no indef art, no pl*

Schmud·del [ˈʃmʊdl̩] *m* NORDD *(fam)* muck, filth

Schmud·del·fas·sa·de *f* grimy facade [*or* front]

schmud·de·lig [ˈʃmʊdəlɪç] *adj* grimy, dirty; *(etwas dre·
ckig)* grubby *fam; (sehr dreckig)* filthy; *(schmierig)*
grimy; **eine ~e Tischdecke** a greasy tablecloth; **ein
~es Lokal** a grotty pub BRIT *sl,* a real dive AM *sl*

Schmud·del·kla·mot·ten *pl* dirty clothes [*or* BRIT togs],
filthy rags **Schmud·del·look** *m* grubby look *fam*
Schmud·del·wet·ter *nt* dirty [*or* foul] weather

Schmug·gel <-s> [ˈʃmʊgl̩] *m kein pl* smuggling *no art,
no pl*

Schmug·ge·lei <-, -en> [ʃmʊgəˈlai] *f* smuggling *no
indef art, no pl*

schmug·geln [ˈʃmʊgl̩n] *vt* ■ **jdn/etw** ~ to smuggle
sb/sth

Schmug·gel·wa·re *f* smuggled goods *pl,* contraband
no pl

Schmugg·ler(in) <-s, -> [ˈʃmʊgle] *m(f)* smuggler

schmun·zeln [ˈʃmʊntsl̩n] *vi* [**über jdn/etw**] ~ to
grin quietly to oneself [about sb]

Schmun·zeln <-s> [ˈʃmʊntsl̩n] *nt kein pl* grin

Schmu·se·kurs *m* line of least resistance; **sich für
den ~ entscheiden** to take the line of least resistance

schmu·sen [ˈʃmuːzn̩] *vi (fam)* ■ [**mit jdm**] ~ to cuddle
[sb], to cuddle up [to sb], to kiss and cuddle [*or sl* to
neck] [with sb]; ■ [**miteinander**] ~ to kiss and cuddle
[*or dated* canoodle], to have a cuddle, to neck

Schmutz <-es> [ʃmʊts] *m kein pl* ❶ *(Dreck)* dirt
❷ *(Schlamm)* mud ▸ WENDUNGEN: ~ **und Schund**
trash and muckraking, scandalmongering; **jdn mit ~
bewerfen** to sling mud at sb, to cast aspersions on
sb *form;* **jdn/etw in den ~ ziehen** to blacken [*or
form* sully] sb's name/sth's reputation, to vilify sb/sth

schmut·zen [ˈʃmʊtsn̩] *vi* ■ [**leicht**] ~ to get [slightly]
dirty

Schmutz·fink *m (fam)* ❶ *(pej) s.* **Schmierfink 1, 2**
❷ *(unmoralischer Mensch)* dirty bastard *fam!*
Schmutz·fleck *m* dirt stain, dirty mark; ~ **in der
Landschaft** blot on the landscape **Schmutz·gei·er** *m*
ORN Egyptian vulture **Schmutz·häuf·chen** *nt* pile of
dirt

schmut·zig [ˈʃmʊtsɪç] *adj* ❶ *(dreckig)* dirty; **sich** *dat*
etw [**bei etw**] ~ **machen** to get [*or* make] sth dirty
[doing sth] ❷ *(obszön)* smutty, dirty, lewd; ~**e Witze**
dirty jokes ❸ *(pej: unlauter)* shady, dubious, crooked;
~**es Geld** dirty money; ~**e Geschäfte** shady deals
❹ *(pej: frech)* insolent; *s. a.* **Finger**

Schmutz·kam·pa·gne [-kamˈpanjə] *f* SOZIOL, POL,
MEDIA *(pej)* smear campaign *pej* **Schmutz·lö·ser** *m*
cleaning agent **Schmutz·ti·tel** *m* TYPO half-title

Schmutz·wä·sche f dirty laundry [or BRIT washing] **Schmutz·was·ser** nt ❶ (schmutziges Wasser) dirty water ❷ (Abwasser) sewage no pl, waste water AM

Schna·bel <-s, Schnäbel> [ˈʃnaːbl̩, pl: ˈʃnɛːbl̩] m ❶ ORN (Vogel~) beak, bill ❷ (lange Tülle) spout; ~ **eines Krugs** lip of a jug ❸ (fam: Mund) trap sl, gob BRIT sl, kisser sl; **halt den** [o **deinen**] ~! (fam) shut up! fam, shut your trap [or BRIT gob] ! sl, button it! sl ▸ WENDUNGEN: **reden, wie der ~ gewachsen ist** (fam) to say what one thinks, to not mince words

schnä·beln [ˈʃnɛːbl̩n] vi to bill

Schna·bel·tas·se f feeding cup **Schna·bel·tier** nt ZOOL platypus

Schna·ke <-, -n> [ˈʃnaːkə] f ZOOL ❶ (Weberknecht) crane fly, daddy-long-legs fam ❷ DIAL (fam: Stechmücke) midge, gnat

Schnal·le <-, -n> [ˈʃnalə] f ❶ (Schließe) buckle ❷ (pej derb: Frau) **blöde** ~! stupid bitch! fam!

schnal·len [ˈʃnalən] vt ❶ (durch eine Schnalle befestigen) ■ etw ~ to do [or buckle] sth up, to fasten sth; **etw enger/weiter** ~ to tighten/loosen sth ❷ (aufschnallen) ■ |sich [o jdm] | etw |auf etw akk| ~ to strap sth on|to sth|; **sich einen Rucksack auf den Rücken** ~ to strap a rucksack onto one's back ❸ (losschnallen) ■ etw |von etw| ~ to unstrap [or undo] sth [from sth] ❹ (fam: kapieren) ■ etw ~ to get sth fam, to cotton on to sth BRIT fam

Schnal·len·schuh m buckle shoe

schnal·zen [ˈʃnaltsn̩] vi **mit den Fingern** ~ to snap one's fingers; **mit der Zunge** ~ to click one's tongue

Schnäpp·chen <-s, -> [ˈʃnɛpçən] nt (fam) bargain; |**bei etw**| **ein** ■ **machen** to make [or get] a bargain |with sth|

Schnäpp·chen·ad·res·se f INET online shopping web sites with especially low prices **Schnäpp·chen·füh·rer** m guide-book to the best outlet and bargain stores **Schnäpp·chen·jagd** f (fam) bargain hunting **Schnäpp·chen·jä·ger(in)** m(f) (fam) bargain hunter

schnap·pen [ˈʃnapn̩] I. vi ❶ haben (greifen) ■ |nach etw| ~ to grab |for sth|, to snatch |at sth|; s. a. Luft ❷ haben (mit den Zähnen) ■ |nach jdm/etw| ~ to snap |at sb/sth| ❸ sein (klappen) ■ etw schnappt sth snaps; **der Riegel schnappte ins Schloss** the bolt snapped to the holder II. vt haben (fam) ❶ (ergreifen) ■ |sich dat| etw/jdn ~ to grab sth/sb ❷ (fassen) ■ etw/jdn ~ to catch [or get] [or grab] sth/sb; **etwas frische Luft** ~ to get a gulp of fresh air ❸ (festnehmen) ■ jdn ~ to catch [or fam nab] sb ▸ WENDUNGEN: **etw geschnappt haben** (fam) to have understood [or fam got] sth; **jdn hat es geschnappt** sb has copped it BRIT fam III. vr (fam: abpassen) ■ sich dat jdn ~ to catch sb

Schnap·per m snapper

Schnapp·mes·ser nt flick knife BRIT, switchblade AM **Schnapp·schloss**^RR nt spring lock **Schnapp·schuss**^RR m snapshot

Schnaps <-es, Schnäpse> [ʃnaps, pl: ˈʃnɛpsə] m schnapps

Schnaps·chen <-s, -> [ˈʃnɛpsçən] nt dim von **Schnaps 2**

Schnaps·fah·ne f (fam) smell of schnapps on one's/ sb's breath; **eine** ~ **haben** to stink of schnapps **Schnaps·fla·sche** f (fam) bottle of schnapps, schnapps bottle **Schnaps·glas** nt schnapps glass **Schnaps·idee** f (fam) daft fam [or fam hare-brained] [or fam crackpot] idea **Schnaps·zahl** f (hum fam) a figure consisting of identical digits

schnar·chen [ˈʃnarçn̩] vi to snore; ■ **das S~** snoring **Schnar·cher** <-s, -> m (Geräusch) snore **Schnar·cher(in)** <-s, -> m(f) (Mensch) snorer; ■ ~ **sein** to snore

schnar·ren [ˈʃnarən] vi (dumpf surren) to buzz

schnat·tern [ˈʃnatən] vi ❶ ORN (klappernde Laute erzeugen) to cackle ❷ (fam: schwatzen) to chatter [or BRIT fam natter]

schnau·ben <schnaubte o veraltet schnob, geschnaubt o veraltet geschnoben> [ˈʃnaubn̩] I. vi ❶ (außer sich sein) ■ |vor etw dat| ~ to snort |with sth|; **vor Wut** ~ to snort with rage ❷ (durch die Nase pusten) to snort; **wütend ~d** snorting with rage ❸ (sich schnäuzen) to blow one's nose II. vr sich dat **die Nase** ~ to blow one's nose

schnau·fen [ˈʃnaufn̩] vi ❶ haben (angestrengt atmen) to puff [or pant] ❷ haben bes SÜDD (atmen) to breathe ❸ sein (fam: sich keuchend bewegen) ■ |irgendwohin| ~ to puff |somewhere|; **schwer beladen schnaufte sie den Gang entlang** heavily laden, she puffed along the corridor

Schnau·ferl <-s, - o -n> [ˈʃnaufel] nt ÖSTERR (hum fam) vintage [or veteran] car

Schnauz <-es, Schnäuze> [ʃnauts, pl: ˈʃnɔytsə] m SCHWEIZ (Schnauzbart) moustache

Schnauz·bart m ❶ (großer Schnurrbart) large moustache; **hängender** ~ walrus moustache; **nach oben gezogener** ~ handlebar moustache ❷ (Schnauzbartträger) man with a large moustache

Schnau·ze <-, -n> [ˈʃnautsə] f ❶ ZOOL (Maul) snout ❷ (sl: Mund) gob BRIT sl, kisser sl, trap fam, chops sl; **eine große** ~ **haben** (sl) to have a big mouth fam; |**über etw** akk| **die** [o **seine**] ~ **halten** (sl) to keep quiet |about sth|, to keep sth under one's hat, to keep one's trap shut sl |about sth|; ~! (sl) shut up! fam, shut your trap fam!; **immer mit der** ~ **voran** [o **vorneweg**] **sein** to have a big mouth ❸ (fam: Motorhaube) front ❹ (fam: Bug) nose ▸ WENDUNGEN: **frei** |**nach**| ~ (fam) as one thinks fit [or best]; **die** ~ |**von etw**| |**gestrichen**| **voll haben** (sl) to be fed up to the |back| teeth |with sth| BRIT, to be sick to death [of sth]; |**mit etw**| **auf die** ~ **fallen** (sl) to fall flat on one's face |with sth| fig

schnau·zen [ˈʃnautsn̩] vi (fam: barsch reden) to bark [or snarl]

schnäu·zen^RR [ˈʃnɔytsn̩] vr sich akk |**in ein Taschentuch**| ~ to blow one's nose |with a handkerchief|; s. a. **Nase**

Schnau·zer <-s, -> [ˈʃnautsə] m ❶ ZOOL schnauzer ❷ (fam) s. **Schnauzbart**

Schnäu·zer <-s, -> [ˈʃnɔytsə] m DIAL (Schnauzbart) moustache

Schne·cke <-, -n> [ˈʃnɛkə] f ❶ ZOOL snail; (Nackt~) slug ❷ meist pl KOCHK snails pl ❸ (Gebäck) Chelsea bun ❹ ANAT cochlea ▸ WENDUNGEN: **jdn** |**wegen etw**| **zur** ~ **machen** (fam) to give sb what for |for sth| fam, to give sb a dressing-down

Schne·cken·ge·häu·se nt (geh) s. **Schneckenhaus** **Schne·cken·haus** nt snail shell; ▸ WENDUNGEN: **sich in sein** ~ **zurückziehen** to retreat into one's shell **Schne·cken·pfan·ne** f snail pan **Schne·cken·tempo** nt **im** ~ (fam) at a snail's pace **Schne·cken·zange** f snail tongs npl

Schnee <-s> [ʃneː] m kein pl ❶ METEO snow ❷ (sl: Kokain) snow sl ▸ WENDUNGEN: ~ **von gestern** [o **vorgestern**] (fam) stale |news|, |ancient| history; s. a. **Eiweiß**

Schnee·am·mer f ORN snow bunting

Schnee·ball m ❶ (Schneekugel) snowball ❷ BOT snowball tree, guelder rose

Schnee·ball·ef·fekt m kein pl snowball effect **Schnee·ball·schlacht** f snowball fight; **eine** ~ **machen** to have a snowball fight **Schnee·ball·system** nt FIN, ÖKON pyramid selling no art, no pl

schnee·be·deckt adj snow-covered, snowy **Schnee·be·sen** m whisk **schnee·blind** adj snow-blind **Schnee·blind·heit** f snow blindness **Schnee·**

bril·le f snow goggles **Schnee·de·cke** f blanket of snow; **die ~ schmolz rasch dahin** the snow melted quickly **Schnee·fall** m snowfall, fall of snow; **gegen 15 Uhr setzte ~ ein** around 3 pm snow began to fall **Schnee·flo·cke** f snowflake **schnee·frei** adj free of snow pred; ▸ WENDUNGEN: **~ haben** SCH to have time [or a day] off school because of snow **Schnee·gans** f snow goose **Schnee·ge·stö·ber** nt snowstorm **schnee·glatt** adj slippery with packed snow pred **Schnee·glät·te** f slippery surface of packed snow; **auf den bezeichneten Streckenabschnitten tritt verbreitet ~ auf** the marked stretches of road are prone to be slippery because of packed snow **Schnee·glöck·chen** <-s, -> nt snowdrop **Schnee·gren·ze** f snowline **Schnee·hemd** nt MIL white camouflage suit **Schnee·huhn** f ORN ptarmigan **Schnee·ka·no·ne** f snow gun [or cannon] **Schnee·ket·te** f meist pl snow chain[s pl] **Schnee·kö·nig** m ▸ WENDUNGEN: **sich wie ein ~ freuen** (fam) to be as pleased as Punch, to be tickled pink, to be over the moon BRIT fam **Schnee·mann** m snowman **Schnee·matsch** m slush **Schnee·pflug** m snowplough, snowplow AM **Schnee·re·gen** m sleet **Schnee·schip·pe** f DIAL snow shovel **Schnee·schmel·ze** f thaw **schnee·si·cher** adj **ein ~es Gebiet** an area where snow is as-sured **Schnee·sturm** m snowstorm **Schnee·trei·ben** nt snowstorm, driving snow; **urplötzlich setzte ein munteres ~ ein** a brisk snowstorm set in all of a sudden **Schnee·ver·we·hung** f snowdrift **schnee·weiß** ['ʃneːˈvaɪs] adj as white as snow pred, snow-white; **~ [im Gesicht] sein** [o werden] to be [or go] as white as a sheet **Schnee·witt·chen** <-s> [ʃneːˈvɪtçən] nt Snow White

Schneid <-[e]s> [ʃnaɪt] m kein pl (fam) guts npl fam, bottle BRIT sl, balls vulg; **~ haben** to have guts; **[nicht den] ~ haben, etw zu tun** to [not] have the guts [or balls] [or BRIT bottle] to do sth ▸ WENDUNGEN: **jdm den ~ abkaufen** to put sb off, to unnerve sb, to intimidate sb

Schneid·bren·ner <-s, -> m oxyacetylene torch, blowtorch

Schnei·de <-, -n> [ʃnaɪdə] f ➊ ([Kante] der Klinge) edge, blade ➋ GEOG steep ridge; s. a. **Messer**

Schnei·de·boh·ne f runner bean

schnei·den <schnitt, geschnitten> [ʃnaɪdn̩] I. vt ▪ **etw ~** ➊ (zerteilen) to cut sth; **Wurst in die Suppe ~** to slice sausage into the soup ➋ (kürzen) to cut [or trim] sth; **einen Baum ~** to prune a tree; **das Gras ~** to cut [or mow] the grass; **jdm die Haare ~** to cut sb's hair; **sie hat sich die Haare ganz kurz ~ lassen** she has had her hair cut really short ➌ (gravieren) to carve sth; **ein markant geschnittenes Gesicht** craggy features; **mit mandelförmig geschnittenen Augen** almond-eyed ➍ (einschneiden) to cut sth; **ein Loch in den Stoff ~** to cut a hole in the material ➎ AUTO (knapp einscheren) to cut sth; ▪ **jdn ~** to cut sb ➏ (kreuzen) to cut [or intersect] [or cross] sth ➐ FILM (cutten) to edit sth ➑ (fam: operieren) **jdn/etw ~** to cut sb/sth open fam, to operate [on sb/sth]; **einen Furunkel/Karbunkel ~** to lance a boil/carbuncle ➒ MODE (zuschneiden) to cut sth out; **zu eng/zu weit geschnitten sein** to be cut too tight/too loose; **eine gut geschnittene Wohnung** a well-designed flat [or AM apartment] ➓ (meiden) ▪ **jdn ~** to cut [or snub] sb; s. a. **Fratze** s. a. **Grimasse** s. a. **Kurve** s. a. **Luft** II. vr ➊ (sich mit einer Schneide verletzen) ▪ **sich ~** to cut oneself; **sich in den Finger ~** to cut one's finger; **sich an einer Glasscherbe ~** to cut oneself on a piece of broken glass; s. a. **Fleisch** ➋ (sich kreuzen) ▪ **sich ~** to intersect [or cross] ▸ WENDUNGEN: **sich [gründlich] geschnitten haben** (fam) to have made a [big] mistake III. vi

➊ MED (operieren) to operate ➋ (zerteilen) to cut; **das Messer schneidet gut** the knife cuts well ➌ (geh: schneidend sein) ▪ **etw schneidet** sth is biting; ▪ **jdm [irgendwohin] ~** to hit sb [somewhere]; **der eisige Wind schnitt ihr ins Gesicht** the icy wind hit her in the face; s. a. **Herz**

schnei·dend adj ➊ (durchdringend) biting ➋ (scharf) sharp

Schnei·der(in) <-s, -> [ʃnaɪdɐ] m(f) ➊ MODE tailor ➋ KARTEN score of under 30 points in skat; **im ~ sein** to have less than 30 points in skat; **aus dem ~ sein** to have more than 30 points in skat ▸ WENDUNGEN: **frieren wie ein ~** (fam) to freeze [almost] to death fig, to be frozen stiff; **aus dem ~ sein** (fam) to be over the worst of it [or be in the clear]

Schnei·de·rei <-, -en> [ʃnaɪdəˈraɪ] f ➊ kein pl (Handwerk) für Damenkleidung dressmaking; für Herrenkleidung tailoring ➋ (Werkstatt) tailor's [shop]

Schnei·de·rin <-, -nen> f fem form von **Schneider**

schnei·dern [ʃnaɪdɐn] I. vi to work as a tailor; (als Hobby) to do [some] dressmaking II. vt (zuschneiden) ▪ **jdm/sich] etw ~** to make sth [for sb/oneself]; **selbst geschneidert** home-made

Schnei·der·sitz m **im ~** cross-legged

Schnei·de·zahn m incisor

schnei·dig [ʃnaɪdɪç] adj smart, dashing

schnei·en [ʃnaɪən] I. vi impers to snow; **es hat geschneit** it has been snowing ➊ ▪ **es schneit etw** akk it is snowing sth; **es schneite dicke Flocken** it was snowing thick flakes, thick snowflakes were falling ➋ (herabfallen) sth is raining down; **es schneite Konfetti** there was a shower of confetti

Schnei·se <-, -n> [ʃnaɪzə] f path, aisle

schnell [ʃnɛl] I. adj ➊ TRANSP (eine hohe Geschwindigkeit erreichend) fast ➋ (zügig) prompt, rapid ➌ attr (baldig) swift, speedy; **ein ~er Abschluss** a swift end; **eine ~e Genesung** a speedy recovery; **ein ~er Tod** a quick death II. adv ➊ (mit hoher Geschwindigkeit) fast; **~/~er fahren** to drive fast/faster ➋ (zügig) quickly; **~ verderblich** highly perishable; **~ verkäuflich** COM fast-selling; **~ verschleißend** TECH fast-wearing; **~ gehen** to be done quickly; **geht das ~/wie ~ geht das?** will it take long/how long will it take?; **~ machen** to hurry up; **nicht so ~!** not so fast!, slow down!

Schnell·bahn f high-speed railway **Schnell·boot** nt speedboat **Schnell·brat·pfan·ne** f sauté pan

Schnel·le <-> [ʃnɛlə] f kein pl ➊ (Schnelligkeit) speed ➋ (fam) **auf die ~** quickly, at short notice; **haben Sie etwas zu essen, was auf die ~ geht?** do you have anything quick to eat?; **etw auf die ~ machen** to do sth at short notice

schnelle·big[ALT] adj getrennt: schnell·lebig s. **schnelllebig**

schnel·len [ʃnɛlən] vi sein ➊ (federnd hochspringen) **in die Höhe** [o nach oben] **~** to shoot up ➋ (federn) ▪ **[von etw** dat**/irgendwohin] ~** to shoot [from sth/somewhere]; **der Pfeil schnellte vom Bogen in die Zielscheibe** the arrow shot from the bow and hit the target; ▪ **etw [irgendwohin] ~ lassen** to flick sth [somewhere]

Schnell·feu·er·ge·wehr nt automatic pistol **Schnell·gast·stät·te** f fast-food restaurant **Schnell·ge·richt**[1] nt ready-made meal **Schnell·ge·richt**[2] nt JUR summary court **Schnell·hef·ter** m loose-leaf binder **Schnell·lig·keit** <-, <selten -en> f ➊ (Geschwindigkeit) speed ➋ (Zügigkeit) speediness; Ausführung promptness

Schnell·im·biss[RR] m takeaway **Schnell·koch·plat·te** f high-speed ring **Schnell·koch·topf** m pressure cooker **Schnell·kurs** m crash course

schnell·le·big[RR] adj fast-moving **Schnell·pa·ket** nt express parcel **Schnell·re·stau·rant** *nt* fast-food res-taurant

schnells·tens *adv* as soon [*or* quickly] as possible

Schnell·stra·ße *f* expressway **Schnell·ver·fah·ren** *nt* ➊ JUR summary trial; **im ~** summarily ➋ *(fam)* **im ~** in a rush; **im ~ duschen** to have a quick shower **Schnell·zug** *m (veraltet)* fast train

Schnep·fe <-, -n> [ˈʃnɛpfə] *f* ➊ ORN snipe ➋ *(pej fam)* stupid [*or* silly] cow *sl*

schnet·zeln [ˈʃnɛtsln̩] *vt* KOCHK **etw ~** to cut sth into fine strips, to shred sth

schneu·zen^ALT [ˈʃnɔytsn̩] *vr s.* **schnäuzen**

Schnib·bel·boh·ne [ˈʃnɪbl̩-] *f* DIAL runner bean

Schnick·schnack <-s> [ˈʃnɪkʃnak] *m kein pl (fam)* ➊ *(Krimskrams)* junk *no pl* ➋ *(dummes Geschwätz)* twaddle *no pl,* poppycock *no pl*

schnie·fen [ˈʃniːfn̩] *vi* to sniffle, to sniff

Schnipp·chen <-s> [ˈʃnɪpçən] *nt* ▸ WENDUNGEN: **jdm ein ~ schlagen** *(fam)* to put one over on sb *fam; s. a.* **Tod**

Schnip·pel <-s, -> [ˈʃnɪpl̩] *m o nt (fam: Schnipsel)* shred

schnip·peln [ˈʃnɪpln̩] **I.** *vi (fam)* ▪ **[an etw** *dat*] **~** to snip [at sth] **II.** *vt (fam)* ▪ **etw ~** to cut sth

schnip·pen [ˈʃnɪpn̩] **I.** *vi* **mit den Fingern ~** to snap one's fingers **II.** *vt* ▪ **etw [von etw** *dat*] **~** to flick sth [off sth]

schnip·pisch [ˈʃnɪpɪʃ] **I.** *adj* saucy, cocky *fam* **II.** *adv* saucily, cockily

Schnip·sel <-s, -> [ˈʃnɪpsl̩] *m o nt (fam)* shred

schnip·seln [ˈʃnɪpsln̩] *vi (fam) s.* **schnippeln**

schnitt [ʃnɪt] *imp von* **schneiden**

Schnitt <-[e]s, -e> [ʃnɪt] *m* ➊ *(Schnittwunde)* cut ➋ *(Haarschnitt)* cut ➌ MODE *(Zuschnitt)* cut ➍ FILM *(das Cutten)* editing ➎ ARCHIT, MATH *(Darstellung in der Schnittebene)* section; **im ~** ARCHIT in section; *(durchschnittlich)* on average; **der Goldene ~** MATH the golden section ▸ WENDUNGEN: **[bei etw** *dat*] **einen** [*o* **seinen**] **bestimmten ~ machen** *(fam)* to make a certain profit [on sth]

Schnitt·blu·men *pl* cut flowers *pl* **Schnitt·boh·nen** *pl* runner beans *pl*

Schnit·te <-, -n> [ˈʃnɪtə] *f* ➊ KOCHK slice ➋ *(belegtes Brot)* open sandwich ▸ WENDUNGEN: **[bei jdm/etw] keine ~ haben** *(fam)* to have no chance [with sb/sth]

Schnitt·flä·che *f* ➊ cut surface ➋ MATH *s.* **Schnitt 5**

schnit·tig [ˈʃnɪtɪç] *adj* stylish, streamlined

Schnitt·kä·se *m* hard cheese **Schnitt·lauch** [ˈʃnɪtlaux] *m kein pl* chives *npl* **Schnitt·men·ge** *f* MATH intersection **Schnitt·mus·ter** *nt* MODE *[paper]* pattern ➋ *s.* **Schnittmusterbogen Schnitt·mus·ter·bo·gen** *m* MODE pattern chart **Schnitt·punkt** *m* ➊ MATH point of intersection ➋ *(Kreuzung)* inter-section **Schnitt·sa·lat** *m* mixed salad leaves *pl* **Schnitt·stel·le** *f* ➊ INFORM interface ➋ *(vermittelnde Instanz)* go-between **Schnitt·wun·de** *f* cut

Schnitz <-es, -e> [ʃnɪts] *m* DIAL slice [of fruit]

Schnit·zel¹ <-s, -> [ˈʃnɪtsl̩] *nt* KOCHK pork escalope; **Wiener ~** Wiener schnitzel

Schnit·zel² <-s, -> [ˈʃnɪtsl̩] *nt o m* shred

Schnit·zel·jagd *f* paperchase

schnit·zeln [ˈʃnɪtsln̩] *vt* ▪ **etw ~** to shred sth

schnit·zen [ˈʃnɪtsn̩] **I.** *vt* ➊ *(aus Holz schneiden)* ▪ **etw [aus etw** *dat*] **~** to carve sth [out of sth] ➋ *(in Holz einschneiden)* ▪ **etw [in etw** *akk*] **~** to carve sth [into sth] **II.** *vi* ▪ **[an etw** *dat*] **~** to carve [sth], to whittle [at sth]; ▪ **das S~** carving; *(Holz)* woodcarving

Schnit·zer <-s, -> [ˈʃnɪtsɐ] *m (fam)* blunder, cock-up BRIT *sl,* screw-up AM *sl;* **einen ~ machen** to commit a blunder, to cock up *sl*

Schnit·zer(in) <-s, -> [ˈʃnɪtsɐ] *m(f)* woodcarver **Schnit·ze·rei** <-s, -en> [ˈʃnɪtsəˈraɪ] *f* woodcarving

Schnit·ze·rin <-, -nen> *f fem form von* **Schnitzer Schnitz·mes·ser** *nt* woodcarving knife

schnob [ʃnoːp] *(veraltet) imp von* **schnauben**

schnod·de·rig [ˈʃnɔdərɪç], **schnodd·rig** [ˈʃnɔdrɪç] *adj (pej fam)* impudent, cheeky BRIT *fam*

schnö·de [ˈʃnøːdə] **I.** *adj (pej geh)* despicable, mean, vile; ▪ **etw ist ~ [von jdm]** sth is despicable [*or* mean] [of sb] **II.** *adv (pej geh)* despicably, vilely, in a despic-able [*or* vile] manner; *s. a.* **Mammon**

Schnor·chel <-s, -> [ˈʃnɔrçl̩] *m* snorkel

schnor·cheln [ˈʃnɔrçln̩] *vi* ▪ **[irgendwo] ~** to go snor-kelling [*or* AM snorkeling] [somewhere]

Schnör·kel <-s, -> [ˈʃnœrkl̩] *m* scroll, squiggle *hum* **schnör·ke·lig** [ˈʃnœrkəlɪç] *adj* full of flourishes *pred,* squiggly *hum*

schnör·kel·los *adj* simple, plain; **~ formuliert** put simply, in simple [*or* plain] words

schnor·ren [ˈʃnɔrən] **I.** *vi (fam)* ▪ **[bei jdm] ~** to scrounge [from sb] *fam* **II.** *vt (fam)* ▪ **etw ~** to scrounge sth *fam*

Schnor·rer(in) <-s, -> *m(f) (fam)* scrounger *fam*

Schnö·sel <-s, -> [ˈʃnøːzl̩] *m (fam)* snotty[-nosed] little git *fam*

schnu·cke·lig [ˈʃnʊkəlɪç] *adj (fam)* ➊ *(herzig)* cute ➋ *(nett)* cute, nice

Schnüf·fe·lei <-, -en> [ʃnʏfəˈlaɪ] *f* ➊ *(ständiges Schnüffeln)* sniffing ➋ *(das Hinterherspionieren)* snooping *fam*

schnüf·feln [ˈʃnʏfln̩] *vi* ➊ *(schnuppern)* ▪ **[an jdm/ etw] ~** to sniff [sb/sth] ➋ *(fam: spionieren)* ▪ **[in etw** *dat*] **~** to snoop around [in sth] ➌ *(sl: Klebstoff etc ~)* to sniff glue; **das S~** glue-sniffing

Schnüff·ler(in) <-s, -> *m(f)* ➊ *(fam: Detektiv)* detective, snooper BRIT *fam* ➋ *(sl: Süchtiger)* glue-sniffer

Schnul·ler <-s, -> [ˈʃnʊlɐ] *m* dummy

Schnul·ze <-, -n> [ˈʃnʊltsə] *f (fam)* schmaltz, schmalz *fam*

Schnul·zen·sän·ger(in) <-s, -> *m(f)* MUSIK *(pej fam)* singer of schmaltzy *fam* songs

schnul·zig [ˈʃnʊltsɪç] *adj (fam)* schmaltzy, schmalzy *fam,* corny *fam*

schnup·fen [ˈʃnʊpfn̩] **I.** *vi* ➊ *(Schnupftabak nehmen)* to take snuff ➋ *(schniefen)* to sniff *fam,* to sniffle *fam;* ▪ **[in etw** *akk*] **~** to sniffle [in sth]; **sie schnupfte ins Taschentuch** she sniffled in her hanky ➌ *(selten: unter wiederholtem Schnupfen äußern)* to sniff [*or* sniffle] *fam* **II.** *vt* ▪ **etw ~** to take a sniff of sth, to snort sth *sl;* **Tabak ~** to take snuff; **Kokain ~** to snort *sl* cocaine **III.** *vr* **sich** *akk* **zu Tode ~** to die snorting cocaine

Schnup·fen <-s, -> [ˈʃnʊpfn̩] *m* MED cold; **[einen] ~ bekommen, sich** *dat* **[irgendwo/bei jdm] einen ~ holen** *(fam)* to get a cold [somewhere/from sb]; **[einen] ~ haben** to have a cold

Schnupf·ta·bak *m* snuff **Schnupf·ta·bak(s)·do·se** *f* snuffbox

schnup·pe [ˈʃnʊpə] *adj (fam)* ▪ **es/jd/etw ist [jdm] ~** sb does not care less [about it]/about sb/sth, sb does not give a stuff [about it]/about sb/sth BRIT *fam;* ▪ **es ist [jdm] ~, ob/was/wie/wo ...** sb does not care less whether/what/how/where ...

Schnup·per·fahrt *f* test drive **Schnup·per·kurs** *m* taster course

schnup·pern [ˈʃnʊpɐn] **I.** *vi* ▪ **[an jdm/etw] ~** to sniff [at sb/sth] **II.** *vt* ▪ **etw ~** to sniff sth

Schnup·per·wo·che *f* taster week

Schnur <-, Schnüre> [ʃnuːɐ, *pl:* ˈʃnyːrə] *f* cord

Schnür·chen <-s, -> [ˈʃnyːɐçən] *nt dim von* **Schnur** thin cord; ▸ WENDUNGEN: **wie am ~** *(fam)* like clock-work *fam*

schnü·ren [ˈʃnyːrən] **I.** *vt* ➊ *(verschnüren)* ▪ **etw [zu**

etw *dat*| ~ to tie sth together [in sth] ❷ *(mit einer Schnur befestigen)* ■ **etw** |**auf etw** *akk*| ~ to tie sth [onto sth]; **er schnürte sich den Rucksack auf den Rücken** he fastened the rucksack to his back ❸ *(zubinden)* ■ |**jdm/sich**| **etw** ~ to tie |sb's/one's| sth [up]; **seine/jds Schuhe** ~ to lace up one's/sb's shoes **II.** *vi (fam)* Hose, Kleider to be tight **III.** *vr* ■ **sich** |**in etw** *akk*| ~ to lace oneself up [in sth]

schnur·ge·ra·de [ˈʃnuːɐ̯ɡeˈraːdə] **I.** *adj* dead straight **II.** *adv* ❶ *(völlig gerade)* in a straight line ❷ *(fam) s.* **schnurstracks**

schnur·los *adj* cordless

Schnurr·bart [ˈʃnʊrbaːɐ̯t] *m* moustache; ■ **einen ~ haben** |*o* tragen| to have |*or* dated wear| a moustache

schnurr·bär·tig *adj* ■ ~ **sein** to have a moustache

schnur·ren [ˈʃnʊrən] *vi* ❶ *(Katze)* to purr; **vor Zufriedenheit** ~ to purr with contentment ❷ *(surren)* to whirr

Schnurr·haa·re *pl* whiskers *pl*

Schnür·schuh *m* lace-up shoe **Schnür·sen·kel** *m* shoelace **Schnür·stie·fel** *m* laced |*or* lace-up| boot

schnur·stracks [ˈʃnuːɐ̯ʃtraks] *adv* straight; ~ **nach Hause gehen** to go straight home

schnurz [ʃnʊrts] *adj (sl)* ■ **es ist** |jdm| ~ it's all the same |to sb|; **das ist mir** ~ I couldn't care less

Schnu·te <-, -n> [ˈʃnuːtə] *f* NORDD *(Mündchen)* pout; **eine ~ ziehen** *(fam)* to pout

schob [ʃoːp] *imp von* **schieben**

Scho·ber <-s, -> [ˈʃoːbɐ] *m* AGR SÜDD, ÖSTERR ❶ *(Heuhaufen)* haystack ❷ *s.* **Heuschober**

Schock <-[e]s, -s> [ʃɔk] *m* shock; ■ **der ~ einer S. gen** the shock |*or* trauma| of sth; **einen ~ bekommen** |*o* geh: **erleiden**| |*o fam:* **kriegen**| to receive |*or fam* get| a shock; **unter ~ stehen** to be in |a state of| shock; |jdm| **einen ~ versetzen** to shock |sb|

scho·cken [ˈʃɔkn̩] *vt (sl)* ■ **jdn** |mit etw *dat*| ~ to shock sb |with sth|

Scho·cker <-s, -> [ˈʃɔkɐ] *m* FILM *(sl)* film designed to shock

scho·ckie·ren* [ʃɔˈkiːrən] *vt* ■ **jdn** |**mit etw** *dat*| ~ to shock sb |with sth|; ■ **etw schockiert jdn** sth shocks sb; ■ |**über etw** *akk*| **schockiert sein** to be shocked |about sth|

scho·fel [ˈʃoːfl̩], **scho·fe·lig** [ˈʃoːfəlɪç], **schof·lig** [ˈʃoːflɪç] *adj* DIAL *(sl)* rotten; ■ ~ |**zu jdm**| **sein** to be rotten |*or* mean| |to sb|; ■ ~ |**von jdm**| **sein, etw zu tun** to be rotten |of sb| to do sth

Schöf·fe, Schöf·fin <-n, -n> [ˈʃœfə, ˈʃœfɪn] *m, f* JUR juror

Schöf·fen·ge·richt *nt* JUR magistrates' court

Schöf·fin <-, -nen> *f fem form von* **Schöffe**

Scho·ko·la·de <-, -n> [ʃokoˈlaːdə] *f* ❶ *(Kakaomasse)* chocolate ❷ *(geh: Kakaogetränk)* hot chocolate; *(kalt)* chocolate milk

Scho·ko·la·den·creme *f* chocolate cream **Scho·ko·la·den·eis** *nt* chocolate ice cream **Scho·ko·la·den·fi·gur** *f* figure made of chocolate **Scho·ko·la·den·pud·ding** *m* chocolate pudding **Scho·ko·la·den·pul·ver** *nt* chocolate powder **Scho·ko·la·den·rie·gel** *m* chocolate bar, bar of chocolate **Scho·ko·la·den·sei·te** *f (fam)* the good part|s|; **sich von seiner ~ zeigen** to show oneself at one's best **Scho·ko·la·den·über·zug** *m* chocolate coating

Scho·ko·rie·gel *m* chocolate bar

Scho·las·tik <-> [ʃoˈlastɪk] *f kein pl* scholasticism *no pl*

Scho·las·ti·ker(in) <-s, -> [ʃoˈlastɪkɐ] *m(f)* scholastic

scholl [ʃɔl] *imp von* **schallen**

Schol·le¹ <-, -n> [ˈʃɔlə] *f* ZOOL, KOCHK plaice

Schol·le² <-, -n> [ˈʃɔlə] *f* ❶ *(flacher Erdklumpen)* clod |of earth| ❷ *(Eisbrocken)* |ice| floe ❸ *(geh: Ackerland)* arable land

Schol·li [ˈʃɔli] *m* ■ WENDUNGEN: **mein lieber ~!** *(fam: na warte!)* just you wait! *fam; (na so was!)* my goodness!

Schöll·kraut [ˈʃœlkraut] *nt* BOT greater celandine

schon [ʃoːn] **I.** *adv* ❶ *(bereits)* already, yet; **sind wir ~ da?** are we there yet?; **hast du ~ gehört?** have you heard?; **du willst ~ gehen?** you want to leave already?; ■ **es ist ~ ...** it is already ...; **es ist ~ spät** it is already late, it is late already; ~ **damals/gestern/ jetzt** even at that time/yesterday/now; ~ **lange** for a long time; ~ **mal** ever; **hast du ~ mal Austern gegessen?** have you ever eaten oysters?; ~ **oft** several times already ❷ *(allein)* ■ ~ **...** alone ...; ~ **darum/ aus dem Grunde** for that reason alone; ~ **die Tatsache, dass ...** the fact alone that ..., the very fact that ...; ~ **Grund genug sein** to be already reason enough; *s. a.* **allein** ❸ *(irgendwann)* in the end, one day; **es wird ~ noch** |mal| **klappen** it will work out in the end |*or* one day| ❹ *(durchaus)* well; **so was kann ~ mal vorkommen** that can happen ❺ *(denn)* **was macht das ~** what does it matter ❻ *(fam: nun mal)* **es ist ~ wahr** it's true all right; *s. a.* **gut** ❼ *(irgendwie)* all right; **danke, es geht** ~ thanks, I can manage; **es wird ~ klappen** it will work out all right ❽ *(ja)* **ich sehe ~, ...** I can see, ...; ~ **immer** always; **ich sagte es ja** ~ **immer** I've always said it/so; ~ **längst** for ages, ages ago; **das wusste ich doch ~ längst** I've known that for ages; ~ **wieder** |once| again; |ja| ~, **aber ...** *(fam)* |well| yes, but ...; **und** |*o* na| **wenn ~!** so what? **II.** *part* ❶ *(endlich)* **jetzt komm ~!** hurry up!; **hör ~ auf damit!** will you stop that! ❷ *(auffordernd)* ■ ~ **...** ~! go on, ...!; **geh ~!** go on!; **gib ~ her!** come on, give it here!; **mach ~!** *(fam)* hurry up!; |nun| **sag ~!** go on, tell me! ❸ *(nur)* **wenn ich das ~ rieche/sehe!** *(fam)* the mere smell/sight of that!; **wenn ich das ~ höre!** just hearing about it!; *s. a.* **ja** *s. a.* **möglich**

schön [ʃøːn] **I.** *adj* ❶ *(hübsch)* beautiful; *(ansprechend)* lovely, nice ❷ *(angenehm)* good, great, nice, splendid; **ich wünsche euch ~e Ferien** have a good holiday; **heute war ein ~er Tag** today was a lovely |*or* splendid| day; ~**es Wochenende** have a good weekend!; ■ **etwas S~es** something lovely; **es gibt nichts S~eres, als ...** there could be nothing nicer than ...; ■ |**irgendwo** |*o* **bei jdm**| | **ist es** ~ it is nice |somewhere |*or* at sb's house| |; **nicht** ~ |**von jdm**| **sein** not to be very nice |of sb|; **zu** ~, **um wahr zu sein** *(fam)* too good to be true; ~, **dass ...** *(fam)* it's good that ..., I'm pleased that ...; *s. a.* **Kunst** *s. a.* **Literatur** ❸ *(iron: unschön)* great, nice; **das sind ja ~e Aussichten!** what wonderful |*or* great| prospects!; **das wird ja immer ~er!** *(iron fam)* things are getting worse and worse!; ■ **etwas S~es** *(iron)* a fine mess; ■ **das S~ste** the best of it *iron;* **das S~ste kommt erst noch** the best of it is yet to come; **das S~ste** |daran| **ist, dass ...** the worst thing |about it| is |that| ..., the worst of it is |that| ...; *s. a.* **Bescherung** ❹ *(iron: verblüffend)* astonishing; **mit ~er Regelmäßigkeit fehlt sie immer dann, wenn man sie am dringendsten braucht** she always manages with astonishing regularity to be away when she's needed most ❺ *(beträchtlich)* great, good; **eine ~e Erbschaft** a good |*or* sizeable| inheritance; **ein ~er Erfolg** a great success; **ein ~es Sümmchen** a nice bit of cash *fam;* **ein ~es Stück Arbeit/eine ~e Strecke** quite a bit of work/quite a stretch; |das ist ja alles| ~ **und gut, aber ...** that's all very well, but ..., that may well be, but ...; ~, ~ *(fam)* |also| ~ *(fam)* **na** ~ *(fam)* all right |*or* okay| then, fine; *s. a.* **Stange** *s. a.* **Stück II.** *adv* ❶ *(ansprechend)* well; **sich ~ anziehen** to get dressed up; **sich ~ schminken/frisieren** to get dolled up/do one's hair nicely; ~ **malen/musizie-**

ren/singen/spielen to paint/play music/sing/play well [*or* nicely] ❷ *(fam: genau)* thoroughly ❸ *(fam: besonders)* ~ **groß/kalt/langsam/süß** nice and big/cold/slow/sweet ❹ *(gut)* **sich ~ amüsieren** to have a good time; **sich ~ ausschlafen/ausspannen/ausruhen** to have a good lie-in/break/rest; **es ~** [irgendwo] **haben** to live well [somewhere]; **wir wollen es in unserem Urlaub ~ haben** we want to have a good time on holiday ❻ *(fam: ganz)* nicely; **sei ~ brav** be a good boy/girl ❻ *(iron fam: ziemlich)* really; **das hat ganz ~ wehgetan!** that really hurt!; *s. a.* **ganz**

Schon·be·zug *m* protective cover

Schö·ne <-n, -n> *f* beauty; **die ~ und das Biest** Beauty and the Beast

scho·nen [ˈʃoːnən] **I.** *vt* ❶ *(pfleglich behandeln)* ■ **etw** ~ to look after sth, to take care of sth ❷ *(nicht überbeanspruchen)* ■ **etw** ~ to be kind to sth, to go easy on sth; **seine Leber mehr ~** to be kinder to one's liver; **seine Gesundheit/sein Herz etwas ~ müssen** to have to go a bit easy on one's health/heart; **das schont die Gelenke** it is easy on the joints ❸ *(vorsichtig einwirken)* ■ **etw** ~ to be kind to sth; **dieses Waschmittel schont das Gewebe/die Hände** this detergent is kind to the fabric/your hands ❹ *(Rücksicht nehmen)* ■ **jdn/etw** ~ to spare sb/sth; **jds Gefühle** ~ to spare sb's feelings ❺ *(verschonen)* ■ **jdn** ~ to spare sb **II.** *vr* ■ **sich** ~ to take things easy

schö·nen [ˈʃøːnən] *vt (veraltend)* ■ **etw** ~ to embellish sth, to dress sth up

scho·nend I. *adj* ❶ *(pfleglich)* careful ❷ *(rücksichtsvoll)* considerate ❸ *(nicht strapazierend)* gentle, kind **II.** *adv* ❶ *(pfleglich)* carefully, with care ❷ *(rücksichtsvoll)* **jdm etw ~ beibringen** to break sth to sb gently

Scho·ner[1] <-s, -> [ˈʃoːne] *m* NAUT schooner

Scho·ner[2] <-s, -> [ˈʃoːne] *m (fam) s.* **Schonbezug**

schön·fär·ben *vt (iron)* ■ **etw** ~ to whitewash sth *iron*

Schön·fär·be·rei <-, -en> [ʃøːnfɛrbəˈrai] *f (iron)* whitewash *iron;* ~ **betreiben** to whitewash things, to gloss over things

Schon·frist *f* period of grace **Schon·gang** *m* ❶ AUTO, TECH *(Gang)* overdrive ❷ TECH *(Waschprogramm)* gentle action wash

Schön·geist *m* aesthete, esthete AM

schön·geis·tig *adj* aesthetic, esthetic AM; *s. a.* **Literatur**

Schön·heit <-, -en> *f* ❶ *kein pl (schönes Äußeres)* beauty ❷ *(schöne Frau)* beauty

Schön·heits·chir·urg(in) *m(f)* cosmetic [*or* plastic] surgeon **Schön·heits·chir·ur·gie** *f* cosmetic [*or* plastic] surgery **Schön·heits·chir·ur·gin** *f fem form von* **Schönheitschirurg Schön·heits·feh·ler** *m* ❶ *(kosmetische Beeinträchtigung)* blemish ❷ *(geringer Makel)* flaw **Schön·heits·ide·al** *nt* ideal of beauty **Schön·heits·kö·ni·gin** *f* beauty queen **Schön·heits·ope·ra·ti·on** *f* cosmetic operation **Schön·heits·pfle·ge** *f* beauty care **Schön·heits·wett·be·werb** *nt* beauty contest

Schon·kost *f (Spezialdiät)* special diet; *(Nahrung einer Spezialdiät)* special diet foods *pl*

Schön·ling <-s, -e> *m (pej)* pretty boy *fam*

schön|ma·chen *vr (fam)* ■ **sich** *akk* [**für jdn**] ~ to make oneself up [for sb]; *(sich schön kleiden)* to dress oneself up [for sb], to get dressed up [for sb]

Schön·schreib·dru·cker *m* letter-quality printer

Schön·schrift *f* calligraphy; **in ~** in calligraphy; *(in Reinschrift)* in one's best handwriting

schön|tun *vi irreg* ■ [**jdm**] ~ to flatter [*or* BRIT *fam* softsoap] [sb]; *(vor jdm kriechen)* to suck up to sb *fam*

Scho·nung[1] <-> *f kein pl* ❶ *(das pflegliche Behan-*

deln) care ❷ MED *(Entlastung)* care; **du solltest das zur ~ deiner Gelenke tun** you should do that to take care of [*or* take care of] your joints ❸ *(Schutz)* protection; **die Gartenhandschuhe dienen der ~ der Hände** gardening gloves serve to protect the hands ❹ *(Rücksichtnahme)* consideration ❺ *(Verschonung)* mercy

Scho·nung[2] <-, -en> *f* FORST forest plantation area

scho·nungs·be·dürf·tig *adj* in need of rest; ■ [noch] ~ **sein** to [still] need to convalesce **scho·nungs·los I.** *adj* blunt, merciless; **~e Kritik** savage criticism; **~e Offenheit** unabashed openness **II.** *adv* bluntly, mercilessly **Scho·nungs·lo·sig·keit** <-> *f kein pl* bluntness, savageness, mercilessness

Schön·wet·ter·la·ge *f* fine weather conditions *pl*

Schon·zeit *f* JAGD close season

Schopf <-[e]s, Schöpfe> [ʃɔpf, *pl:* ˈʃœpfə] *m* ❶ *(Haarschopf)* shock of hair ❷ ORN tuft, crest; *s. a.* **Gelegenheit**

schöp·fen [ˈʃœpfn] *vt* ❶ *(mit einem Behältnis entnehmen)* ■ [**sich** *dat*] **etw** [**aus etw** *dat*] ~ to scoop sth [from sth]; **Suppe/Eintopf** [**aus etw** *dat*] ~ to ladle soup/stew [from sth]; **Wasser aus einem Boot** ~ to bale out a boat; *s. a.* **Atem** ❷ *(gewinnen)* ■ **etw** ~ to draw sth; **Mut/Kraft** ~ to summon [up] courage/strength; *s. a.* **Verdacht** ❸ *(kreieren)* ■ **etw** ~ to create sth; *(Ausdruck, Wort)* to coin sth

Schöp·fer(in) <-s, -> *m(f)* ❶ *(Gott)* ■ **der** ~ the Creator; **jd dankt seinem ~, dass ...** sb thanks their Maker [*or* Creator] that ... ❷ *(geh: Erschaffer)* creator

schöp·fe·risch [ˈʃœpfərɪʃ] **I.** *adj* creative **II.** *adv* creatively; *s. a.* **Augenblick** *s. a.* **Pause**

Schöpf·kel·le *f* ladle **Schöpf·löf·fel** *m* ladle

Schöp·fung <-, -en> *f* ❶ *kein pl (Erschaffung)* creation ❷ *(Kreation)* creation; *(Ausdruck, Wort)* coinage ❸ *kein pl* REL ■ **die** ~ the Creation; *s. a.* **Herr Krone**

Schöp·fungs·ge·schich·te *f kein pl* REL ■ **die** ~ the story of the Creation

Schop·pen <-s, -> [ˈʃɔpn] *m* ❶ *(Viertelliter)* quarter-litre [*or* AM -er] ❷ SÜDD, SCHWEIZ *(Babyfläschchen)* bottle

Schöps <-es, -e> [ʃœps] *m* ÖSTERR *(Hammel)* mutton

schor [ʃoːɐ] *imp von* **scheren**[1]

Schorf <-[e]s, -e> [ʃɔrf] *m* scab

Schor·le <-, -n> [ˈʃɔrlə] *f* spritzer

Schorn·stein [ˈʃɔrnʃtain] *m (Schlot)* chimney; ▶ WENDUNGEN: **etw in den ~ schreiben** *(fam)* to write off sth *sep,* to forget [about] sth

Schorn·stein·fe·ger(in) <-s, -> *m(f)* chimney sweep

schoss[RR]**, schoß**[ALT] [ʃɔs] *imp von* **schießen**

Schoß <-es, Schöße> [ʃoːs, *pl:* ˈʃøːsə] *m* ❶ ANAT lap; **jdn auf den ~ nehmen** to take sb on one's lap ❷ *(geh: Mutterleib)* womb ❸ MODE *(veraltend: Rockschoß)* tail ▶ WENDUNGEN: **der ~ der Erde** *(geh)* the bowels of the earth; **im ~ der Familie** in the bosom of the family; **etw fällt jdm in den ~** sth falls into sb's lap; **im ~ einer S.** *gen (geh)* in the close circle of a thing; *s. a.* **Abraham** *s. a.* **Hand**

Schoß·hund *m* lapdog

Schöss·ling[RR]**, Schöß·ling**[ALT] <-s, -e> [ˈʃœslɪŋ] *m* shoot

Scho·te <-, -n> [ˈʃoːtə] *f* pod

Schott <-[e]s, -e> [ʃɔt] *nt* NAUT bulkhead

Schot·te, Schot·tin <-n, -n> [ˈʃɔtə, ˈʃɔtɪn] *m, f* Scot, Scotsman *masc,* Scotswoman *fem; s. a.* **Deutsche(r)**

Schot·ten·ka·ro *nt,* **Schot·ten·mus·ter** *nt* tartan **Schot·ten·rock** *m (Rock mit Schottenmuster)* tartan skirt ❷ *(Kilt)* kilt

Schot·ter <-s, -> [ˈʃɔtɐ] *m* gravel

Schot·ter·de·cke *f* gravel surface

schot·tern [ˈʃɔtɐn] *vt* ■ **etw** ~ to gravel over sth

Schot·ter·stra·ße *f* gravel road

Schot·tin <-, -nen> *f fem form von* **Schotte** Scotswoman

schot·tisch [ˈʃɔtɪʃ] *adj* ❶ *(Schottland betreffend)* Scottish; *s. a.* **deutsch 1** ❷ LING Scottish; *s. a.* **deutsch 2**

Schott·land [ˈʃɔtlant] *nt* Scotland; *s. a.* **Deutschland**

schraf·fie·ren [ʃraˈfiːrən] *vt* ▪ **etw** ~ to hatch sth

Schraf·fie·rung <-, -en> *f* ❶ *kein pl (das Schraffieren)* hatching ❷ *s.* **Schraffur**

Schraf·fur <-, -en> [ʃraˈfuːɐ̯] *f* hatching

schräg [ʃrɛːk] **I.** *adj* ❶ *(schief)* sloping; *(Position, Wuchs)* slanted; *(Linien, Streifen)* diagonal, oblique; *(Kante)* bevelled, beveled AM ❷ TYPO *(kursiv)* italic ❸ *(fam: unharmonisch)* strident, untuneful ❹ *(fam: von der Norm abweichend)* offbeat *fam; s. a.* **Vogel II.** *adv* ❶ *(schief)* at an angle, askew, at a slant; **einen Hut** ~ **aufsetzen** to put a hat on at a slant [*or* an angle]; **etw** ~ **schraffieren** to hatch sth with diagonal [*or* oblique] lines; **das Bild hängt** ~ the picture is hanging askew; *s. a.* **Auge** ❷ TYPO *(kursiv)* in italics ❸ TRANSP *(im schiefen Winkel)* **links/rechts** ~ **abbiegen** to bear to the left/right; ~ **abknicken** to fork off; ~ **überqueren** to cross diagonally ▶ WENDUNGEN: **jdn** ~ **ansehen** *(fam)* to look askance at sb

Schrä·ge <-, -n> [ˈʃrɛːgə] *f* ❶ *(schräge Fläche)* slope, sloping surface ❷ *(Neigung)* slant; **die** ~ **eines Dachs** the pitch [*or* slope] of a roof; **die** ~ **einer Wand** the slant of a wall

Schräg·strich *m* oblique

Schram·me <-, -n> [ˈʃramə] *f* ❶ *(längliche Schürfwunde)* graze ❷ *(länglicher Kratzer)* scratch

Schram·mel·mu·sik [ˈʃraml-] *f* MUS ÖSTERR Viennese folk music for violins, guitar and accordion

Schram·meln [ˈʃramln̩] *pl* MUS ÖSTERR quartet playing Schrammelmusik

schram·men [ˈʃramən] **I.** *vi* ▪ [**über etw** *akk*] ~ to scrape [across sth] **II.** *vr* ▪ **sich** *akk* ~ to scratch oneself; **sich** *dat* **die Haut** ~ to scratch one's skin

Schrank <-[e]s, Schränke> [ʃraŋk, *pl:* ˈʃrɛŋkə] *m* cupboard; *s. a.* **Tasse**

Schränk·chen <-s, -> [ˈʃrɛŋkçən] *nt dim von* **Schrank** small cupboard

Schran·ke <-, -n> [ˈʃraŋkə] *f* ❶ BAHN barrier, gate ❷ *(Grenze)* limit; **keine ~n kennen** to know no limits [*or* bounds]; **jdn in seine ~n weisen** [*o* **verweisen**] to put sb in their place

Schran·ken <-s, -> [ˈʃraŋkn̩] *m* BAHN ÖSTERR *(Schranke 1)* [railway] gate, [railway] barrier

schran·ken·los *adj* unlimited, boundless; ▪ ~ **[in etw** *dat*] **sein** to be boundless [*or* unlimited] [in sth]

Schran·ken·wär·ter(in) *m(f)* BAHN level-crossing attendant

Schrank·fach *nt* shelf **Schrank·kof·fer** *m* wardrobe trunk **Schrank·wand** *f* wall unit

Schrat <-[e]s, -e> [ʃraːt] *m* forest goblin

Schraub·de·ckel *m* screw lid; *Flasche* screw top

Schraub·de·ckel·öff·ner *m* screw-top opener **Schraub·de·ckel·zan·ge** *f* screw-top tongs *pl*

Schrau·be <-, -n> [ˈʃraubə] *f* ❶ TECH screw ❷ NAUT propeller ❸ SPORT twist ▶ WENDUNGEN: **eine** ~ **ohne Ende sein** to be an endless circle; **bei jdm ist eine** ~ **locker** *(fam)* sb has a screw loose *fam*

schrau·ben [ˈʃraubn̩] **I.** *vt* ❶ *(mit Schrauben befestigen)* ▪ **etw [an** [*o* **auf] etw** *akk*] ~ to screw sth [into-/onto sth] ❷ *(drehen)* **etw höher/niedriger** ~ to raise/lower sth; **etw fester/loser** ~ to tighten/loosen sth; **eine Glühbirne aus der Fassung** ~ to unscrew a light bulb; **einen Schraubdeckel vom Glas** ~ to unscrew a jar ❸ *(steigen lassen)* ▪ **etw [auf etw** *akk*] ~ to push sth up [to sth]; *s. a.* **Höhe II.** *vr* ▪ **sich** *akk* **nach oben** [*o* **in die Höhe**] ~ to spiral upwards [*or* into the air]

Schrau·ben·dre·her <-s, -> *m (geh)* *s.* **Schraubenzieher** **Schrau·ben·ge·win·de** *nt* screw thread **Schrau·ben·kopf** *m* screw head **Schrau·ben·schlüs·sel** *m* spanner [*or* AM wrench] **Schrau·ben·zie·her** <-s, -> *m* screwdriver

Schraub·fas·sung *f* screw fixture **Schraub·stock** *m* vice; **jdn wie in einem** ~ **umklammern** to hold sb in a vice-like grip **Schraub·ver·schluss**[RR] *m* screw top

Schre·ber·gar·ten [ˈʃreːbɐ] *m* allotment

Schreck <-s> [ʃrɛk] *m kein pl* fright *no pl;* **jdm fährt der** ~ **in alle Glieder** [*o* **Knochen**] sb's legs turn to jelly *fam;* **jdm sitzt** [*o* **steckt**] **der** ~ **noch in allen Gliedern** [*o* **Knochen**] sb's legs are still like jelly *fam;* **einen** ~ **bekommen** [*o fam:* **kriegen**] to take fright *form,* to get a fright *fam;* **jdm [mit etw** *dat*] **einen** ~ **einjagen** to give sb a fright [with sth]; ~ **lass nach!** *(hum fam)* for goodness sake!; **auf den** ~ [**hin**] to get over the fright; **vor** ~ with fright

schre·cken [ˈʃrɛkn̩] **I.** *vt* <schreckte, geschreckt> *haben* ▪ **etw schreckt jdn** sth frightens [*or* scares] sb **II.** *vi* <schrak, geschrocken> *sein* ▪ [**aus etw** *dat*] ~ to be startled [out of sth]

Schre·cken <-s, -> [ˈʃrɛkn̩] *m (Entsetzen)* fright, horror; *(stärker)* terror; ~ **erregend** terrifying, horrifying, horrific; **mit dem** ~ **davonkommen** to escape with no more than a fright; **einer S.** *dat* **den** ~ **nehmen** to take the fright out of sth, to make sth less frightening; **mit** ~ with horror; **zu jds** ~ to sb's horror; *s. a.* **Angst** *s. a.* **Ende**

schre·ckens·bleich [ˈʃrɛkn̩sˈblaiç] *adj* as white as a sheet **Schre·ckens·bot·schaft** *f* horrific news **Schre·ckens·herr·schaft** *f* reign of terror **Schre·ckens·nach·richt** *f* horrifying news **Schre·ckens·vi·si·on** *f* terrifying vision

Schreck·ge·spenst *nt* bogey

schreck·haft *adj* jumpy *fam* [*or* easily startled]

Schreck·haf·tig·keit <-> *f kein pl* nervousness *no pl,* jumpiness *no pl fam*

schreck·lich [ˈʃrɛklɪç] **I.** *adj* ❶ *(entsetzlich)* terrible, dreadful; ▪ **etwas S~es** something dreadful [*or* terrible] ❷ *(hum fam: schlimm)* terrible; ▪ ~ **sein** to be terrible; **du bist** ~**!** you're terrible! **II.** *adv* ❶ *(entsetzlich)* terribly, awfully, dreadfully ❷ *(fam: sehr)* awfully, terribly; ~ **gern!** I'd simply love to!

Schreck·schrau·be *f (pej fam)* old bag *pej fam* **Schreck·schuss**[RR] *m* warning shot; **einen** ~ [**auf jdn**] **abgeben** to fire a warning shot [at sb] **Schreck·schuss·pis·to·le**[RR] *f* blank gun **Schreck·se·kun·de** *f* moment of shock **Schreck·stoff** *m* ZOOL alarm substance

schred·dern [ˈʃrɛdɐn] *vt* BAU, TECH ▪ **etw** ~ to shred sth

Schrei <-[e]s, -e> [ʃrai] *m* ❶ *(lautes Aufschreien)* scream, cry; **ein** ~ **der Empörung** *(geh)* a cry of indignation; **ein spitzer** ~ a [piercing] shriek; **einen** ~ **ausstoßen** to utter a cry, to shriek; **mit einem** ~ with a yell ❷ ORN, ZOOL cry; *(Esel)* bray ▶ WENDUNGEN: **der letzte** ~ MODE *(fam)* the latest thing *fam,* the latest style

Schreib·block <-s, -blöcke> *m* writing pad

Schrei·be <-> [ˈʃraibə] *f kein pl (fam)* writing

schrei·ben <schrieb, geschrieben> [ˈʃraibn̩] **I.** *vt* ❶ *(verfassen)* ▪ **etw** ~ to write sth ❷ *(ausstellen)* ▪ **[jdm] etw [über etw** *akk*] ~ to write [sb] sth [for sth]; **ich schreibe Ihnen einen Scheck über 200 Euro** I'll write you a cheque for 200 euros ❸ *(schriftlich darstellen)* to spell; **etw falsch/richtig/klein/groß** ~ to spell sth wrongly/right/with small/capital letters ❹ *(geh: verzeichnen)* **was** ~ **wir heute für ein Datum/für einen Tag?** what date/day is it today?; **man schrieb das Jahr 1822** it was the year 1822; **rote Zahlen** ~ to be in the red; **dies ist das**

erste Jahr, in dem wir Gewinne ~ this is the first year we have recorded a profit; *s. a.* **Gesicht** *s. a.* **Stirn** *s. a.* **Rechnung** *s. a.* **Stern**[1] *s. a.* **krank** *s. a.* **stehen II.** *vi* ➊ *(Schrift erzeugen)* to write; **schnell/langsam/mit links/rechts ~** to write quickly/slowly/left-handed/right-handed; **jd schreibt falsch/richtig** sb's spelling is wrong/correct, sb cannot/can spell correctly; ■ |**mit etw** *dat*| **~** to write |with/in sth|; ■ **etwas zum S~** something to write with ➋ *(schreibend arbeiten)* ■ |**an etw** *dat*| **~** to be working on sth, to be writing |sth| ➌ *(einen Brief schicken)* ■ **jdm** |**zu etw** *dat*| **~** to write to sb |on sth|; **du könntest ihm eigentlich zum Geburtstag ~** you might write to him on his birthday ➍ *(schriftlich mitteilen)* ■ **~, dass** to write that; **in dem Artikel schreibt man, dass ...** the article says that, it is written in the article that ...; ■ |**jdm**| **~, dass ...** to tell |sb| in a letter that ..., to write and tell |sb| that ... ➎ *(Verfasser sein)* ■ |**für jdn/etw**| **~** to write |for sb/sth| **III.** *vr (geschrieben werden)* ■ **sich** |**irgendwie**| **~** to be spelt |in a certain way|; **wie schreibt sich das Wort?** how do you spell that word?, how is that word spelt? ▶ WENDUNGEN: **sich „von |und zu|" ~** *(fam)* to have a handle to one's name *fam*
Schrei·ben <-s, -> [ˈʃraɪbn̩] *nt (geh)* letter
Schrei·ber <-s, -> [ˈʃraɪbɐ] *m (fam)* pen
Schrei·ber(in) <-s, -> [ˈʃraɪbɐ] *m(f) (Verfasser)* author, writer
schreib·faul *adj* ■ **~ sein** to be a bad letter writer, to be lazy about letter writing **Schreib·fe·der** *f* quill *old* **Schreib·feh·ler** *m* spelling mistake **Schreib·ge·rät** *nt* writing implement **schreib·ge·schützt** *adj* INFORM write-protected **Schreib·heft** *nt* exercise book, jotter BRIT **Schreib·kraft** *f (geh)* typist **Schreib·krampf** *m* writer's cramp **Schreib·ma·schi·ne** *f* typewriter; **~ schreiben können** to be able to type; **etw** *akk* **auf** |*o* **mit**| **der ~ schreiben** to type sth |up| **Schreib·ma·schi·nen·pa·pier** *nt* typing paper **Schreib·pa·pier** *nt* letter paper, writing paper **Schreib·po·si·ti·on** *f* writing position **Schreib·schrift** *f* script, cursive writing **Schreib·stu·be** *f* ADMIN, MIL orderly room **Schreib·tisch** *m* desk **Schreib·tisch·lam·pe** *f* desk lamp **Schreib·tisch·tä·ter(in)** *m(f) (pej)* mastermind behind a crime; **~ sein** to mastermind a crime **Schreib·übung** *f* writing exercise
Schrei·bung <-, -en> *f* spelling
Schreib·un·ter·la·ge *f* desk pad
Schreib·wa·ren *pl* stationery *no pl* **Schreib·wa·ren·ge·schäft** *nt* stationer's **Schreib·wa·ren·händ·ler(in)** *m(f)* stationer **Schreib·wa·ren·hand·lung** *f* stationer's
Schreib·wei·se *f* ➊ *(Rechtschreibung)* spelling ➋ *(Stil)* style |of writing|
Schreib·zeug *nt* writing utensils *pl*
schrei·en <schrie, geschrie[e]n> [ˈʃraɪən] **I.** *vi* ➊ *(brüllen)* to yell ➋ *(fam: laut reden)* ■ |**mit jdm**| **~** to shout |at sb| ➌ ORN, ZOOL *(rufen)* to cry; *(Eule)* to screech ➍ *(laut rufen)* ■ |**nach jdm**| **~** to shout |for sb| ➎ *(heftig verlangen)* ■ |**nach jdm/etw**| **~** to cry out |for sb/sth|; **das Kind schreit nach der Mutter** the child is crying out for his mother ➏ *(lächerlich)* **zum S~** *(fam)* a scream *fam*, a hoot *fam*; **du siehst in dem Anzug einfach zum S~ aus** you look ridiculous in that suit; *s. a.* **Hilfe** *s. a.* **Spieß II.** *vt (etw brüllen)* ■ **etw ~** to shout |out| sth; *s. a.* **Gesicht III.** *vr* **sich in Rage/Wut ~** to get into a rage/become angry through shouting; **sich in den Schlaf ~** to cry oneself to sleep; *s. a.* **heiser**
schrei·end *adj* ➊ *(grell)* garish, loud ➋ *(flagrant)* flagrant, glaring

Schrei·er(in) <-s, -> [ˈʃraɪɐ] *m(f) (fam)* ➊ *(lauter Mensch)* rowdy, bawler BRIT ➋ *(laut fordernder Mensch)* noisy troublemaker
Schrei·e·rei <-, -en> [ʃraɪəˈraɪ] *f (fam)* yelling
Schrei·e·rin <-, -nen> *f fem form von* **Schreier**
Schrei·hals *m (fam)* rowdy, bawler BRIT *fam* **Schrei·krampf** *m* screaming fit; **einen ~ bekommen** |*o geh:* **erleiden**| |*o fam:* **kriegen**| to have |*or* throw| a screaming fit
Schrein <-[e]s, -e> [ʃraɪn] *m (geh)* ➊ *(Schränkchen)* shrine ➋ *(Sarg)* coffin
Schrei·ner(in) <-s, -> [ˈʃraɪnɐ] *m(f)* DIAL carpenter
Schrei·ne·rei <-, -en> [ʃraɪnəˈraɪ] *f* TECH, BAU DIAL ➊ *(Tischlerei)* carpenter's workshop ➋ *(das Tischlern)* carpentry
schrei·nern [ˈʃraɪnɐn] *vi, vt* DIAL to do carpentry; ■ **etw ~** to make sth
schrei·ten <schritt, geschritten> [ˈʃraɪtn̩] *vi sein* ➊ *(geh: gehen)* ■ |**irgendwohin**| **~** to stride |somewhere| ➋ *(geh: etw in Angriff nehmen)* ■ |**zu etw** *dat*| **~** to proceed |with sth|; **zur Tat ~** to get down to action |*or* work|; **zur Abstimmung ~** to go to a vote; *s. a.* **äußerste(r, s)** *s. a.* **Urne** *s. a.* **Wahlurne**

schrie [ʃriː] *imp von* **schreien**
schrieb [ʃriːp] *imp von* **schreiben**
Schrieb <-[e]s, -e> [ʃriːp] *m (fam)* missive *fam*
Schrift <-, -en> [ʃrɪft] *f* ➊ *(Handschrift)* |hand|writing ➋ *(Schriftsystem)* script ➌ TYPO *(Druckschrift)* type; *(Computer)* font ➍ *(Abhandlung)* paper; **die nachgelassenen ~en eines Autors** an author's posthumous writings |*or* works|; **die Heilige ~** REL the |Holy| Scriptures *pl*
Schrift·art *f* type, typeface **Schrift·bild** *nt (von Handschrift)* script; *(von Druckschrift)* typeface **Schrift·deutsch** *nt* standard German **Schrift·form** *f* JUR writing **Schrift·füh·rer(in)** *m(f)* secretary **Schrift·ge·lehr·te(r)** *f(m) dekl wie adj* REL scribe **Schrift·grad** *m* type size; *(Computer)* font size
schrift·lich [ˈʃrɪftlɪç] **I.** *adj* ➊ *(geschrieben)* written; ■ **etwas S~es** something in writing ➋ *(fam: die ~e Prüfung)* **das S~e** the written exam |*or* test| **II.** *adv (durch geschriebene Mitteilung)* in writing; **ich habe mich ~ für all die Geschenke bedankt** I have written to say thank you for all the presents; **jdn ~ einladen** to send out a written invitation to sb; **etw ~ niederlegen** to put sth down in writing; **jdm etw ~ geben** to give sb sth in writing; **das kann ich dir/Ihnen ~ geben** *(iron fam)* do you want that in writing? *iron fam*
Schrift·sach·ver·stän·di·ge(r) *f(m) dekl wie adj* handwriting expert **Schrift·satz** *m* JUR legal document **Schrift·set·zer(in)** *m(f)* typesetter **Schrift·spra·che** *f* standard language
Schrift·stel·ler(in) <-s, -> [ˈʃrɪftʃtɛlɐ] *m(f)* author, writer
Schrift·stel·le·rei <-> [ʃrɪftʃtɛləˈraɪ] *f kein pl* writing
Schrift·stel·le·rin <-, -nen> *f fem form von* **Schriftsteller**
schrift·stel·le·risch [ˈʃrɪftʃtɛlərɪʃ] **I.** *adj* literary **II.** *adv* as a writer; **~ begabt sein** to have talent as a writer
schrift·stel·lern [ˈʃrɪftʃtɛlɐn] *vi (fam)* to try one's hand as an author *fam*; **die S~** writing
Schrift·stück *nt* JUR document **Schrift·ver·kehr** *m (geh)* correspondence; |**mit jdm**| **in ~ treten** to take up correspondence |with sb| **Schrift·wech·sel** *m s.* **Schriftverkehr Schrift·zei·chen** *nt* character **Schrift·zug** *m* ➊ *(geschriebenes Wort)* hand|writing| ➋ *meist pl (Charakteristik)* stroke
schrill [ʃrɪl] **I.** *adj* ➊ *(durchdringend hell)* shrill; *(Klang)* jarring ➋ *(nicht moderat)* brash; *(Farbe)* garish **II.** *adv* shrilly; **~ auflachen** to shriek with

laughter
schril·len [ˈʃrɪlən] *vi* to shrill, to shriek
schritt [ʃrɪt] *imp von* **schreiten**
Schritt[1] <-[e]s, -e> [ʃrɪt] *m* ➊ *(Tritt)* step; **auf ~ und Tritt** everywhere one goes, every move one makes; **er wurde auf ~ und Tritt von ihr beobachtet** she watched his every move; **die ersten ~e machen** [*o* **tun**] to take one's first steps; **ein paar ~e** [**weit**] a short walk [away]; **ich gehe nur ein paar ~e spazie-ren** I'm only going for a short walk; **jds ~e beflügeln** to hasten sb's step; **seinen ~** [*o* **seine ~e**] **beschleu-nigen** *(geh)* to quicken one's step [*or* pace], to walk faster; **einen ~** [*irgendwohin*] **gehen** [*o geh:* **treten**] to take a step [somewhere]; **er trat einen ~ von der Bahnsteigkante zurück** he took a step back from the edge of the platform; [**mit jdm/etw**] **~ halten** to keep up [with sb/sth]; **lange** [*o* **große**] **~e machen** to take long [*or* big] strides; **langsame/schnelle ~e machen** to walk slowly/quickly; **~ für ~** step by step; **mit großen/kleinen ~en** in big strides/small steps; **mit schleppenden ~en** dragging one's feet; **mit langsamen/schnellen ~en** slowly/quickly; **eines beschwingten ~es** *(geh)* with a spring [*or* bounce] in one's step; **eines würdevollen ~es** *(geh)* with dig-nity in one's step; *s. a.* **Politik** ➋ *kein pl (Gang)* walk, gait; **einen bestimmten ~ am Leibe haben** *(fam)* to walk in a certain way; **der hat aber auch einen ~ am Leibe!** he seems to be in a bit of a hurry!; **einen flotten** [*o* **ziemlichen**] **~ am Leibe haben** to be walking quickly [*or* at a fair pace] ➌ MODE crotch ▸ WENDUNGEN: **den zweiten ~ vor dem ersten tun** to run before one can walk
Schritt[2] <-> [ʃrɪt] *m kein pl (fam)* walking speed; [**im**] **~ fahren** to drive at walking speed; „**~ fahren**" 'dead slow'
Schritt[3] <-[e]s, -e> [ʃrɪt] *m* measure, step; **~e in die Wege leiten** to arrange for steps [*or* measures] to be taken; **der erste ~** the first step; **den ersten ~** [**zu etw** *dat*] **tun** to take the first step [in sth]; **~e** [**gegen jdn/etw**] **unternehmen** to take steps [against sb/sth]
Schrittem·poALT *nt getrennt: Schritt-tempo s.* **Schritt-tempo** **Schritt·ge·schwin·dig·keit** *f* walking speed **Schritt·ma·cher** <-s, -> *m* pacemaker
Schritt·tem·poRR *nt* walking pace [*or* speed]; **im ~ fahren** to drive at walking speed; „**~**" 'dead slow'
schritt·wei·se I. *adj* gradual II. *adv* gradually
schroff [ʃrɔf] I. *adj* ➊ *(barsch)* curt, brusque ➋ *(abrupt)* abrupt ➌ *(steil)* steep II. *adv* ➊ *(barsch)* curtly, brusquely ➋ *(steil)* steeply
Schroff·heit <-, -en> *f* ➊ *kein pl (barsche Art)* curt-ness, brusqueness ➋ *(schroffe Äußerung)* brusque comment, curt comment
schröp·fen [ˈʃrœpfn̩] *vt* ➊ *(fam: ausnehmen)* ▪ **jdn** [**um etw** *akk*] **~** to cheat [*or* BRIT *fam* diddle] sb [out of sth] ➋ MED *(mit dem Schröpfkopf behandeln)* ▪ **jdn ~** to bleed [*or* cup] sb
Schröpf·kopf *m* MED cupping glass
Schrot[1] <-[e]s, -e> [ʃroːt] *m o nt kein pl* AGR coarsely ground wholemeal; ▸ WENDUNGEN: **von altem** [*o* **ech-tem**] **~ und Korn** *(veraltend)* of the old school
Schrot[2] <-[e]s, -e> [ʃroːt] *m o nt* JAGD shot
Schrot·brot *nt* [coarse] wholemeal bread
schro·ten [ˈʃroːtn̩] *vt* ▪ **etw ~** to grind sth coarsely; ▪ **geschrotet** coarsely ground
Schrot·flin·te *f* shotgun **Schrot·ku·gel** *f* pellet **Schrot·la·dung** *f* round of shot **Schrot·pa·tro·ne** *f* shot cartridge
Schrott <-[e]s> [ʃrɔt] *m kein pl* ➊ *(Metallmüll)* scrap metal ➋ *(fam: wertloses Zeug)* rubbish *no pl*, junk *no pl*; **etw zu ~ fahren** AUTO *(fam)* to write sth off
Schrott·au·to *nt* write-off **Schrott·händ·ler(in)** *m(f)*

scrap dealer [*or* merchant] **Schrott·hau·fen** *m* scrap heap **Schrott·platz** *m* scrapyard **schrott·reif** *adj* fit for the scrap heap; **etw ~ fahren** *(fam)* to write sth off **Schrott·wert** *m* scrap value
schrub·ben [ˈʃrʊbn̩] I. *vt* ▪ [**jdm/sich**] **etw ~** to scrub [sb's/one's] sth II. *vr* ▪ **sich** *akk* **~** to scrub oneself III. *vi* to scrub
Schrub·ber <-s, -> [ˈʃrʊbɐ] *m* scrubbing brush
Schrul·le <-, -n> [ˈʃrʊlə] *f (fam)* quirk
schrul·lig [ˈʃrʊlɪç] *adj (fam)* quirky
schrum·pe·lig [ˈʃrʊmpəlɪç] *adj (fam)* wrinkled *fam*
schrump·fen [ˈʃrʊmpfn̩] *vi sein* ➊ *(einschrumpfen)* ▪ **auf etw** *akk* **~** to shrink [to sth]; *(Ballon)* to shrivel up; *(Frucht)* to shrivel, to get wrinkled; *(Muskeln)* to waste ➋ *(zurückgehen)* ▪ **um/auf etw** *akk* **~** to shrink [*or* dwindle] [by/to sth]
Schrumpf·kopf *m* shrunken head **Schrumpf·le·ber** *f* cirrhosis of the liver **Schrumpf·nie·re** *f* cirrhosis of the kidney
Schrump·fung <-, -en> *f* ➊ *(das Schrumpfen)* shrink-ing, contraction ➋ *(das Zurückgehen)* shrinking, dwindling
schrump·lig [ˈʃrʊmplɪç] *adj s.* **schrumpelig**
Schrun·de <-, -n> [ˈʃrʊndə] *f* ➊ MED *(Riss)* crack ➋ GEOG *(Spalte)* crevasse
schrun·dig [ˈʃrʊndɪç] *adj* cracked; *(durch Kälte)* chapped
Schub <-[e]s, Schübe> [ʃuːp, *pl:* ˈʃyːbə] *m* ➊ PHYS *(Vortrieb)* thrust ➋ MED *(einzelner Anfall)* phase ➌ *(Antrieb)* drive ➍ *(Gruppe)* batch ➎ *(fam: Schub-fach)* drawer
Schu·ber <-s, -> [ˈʃuːbɐ] *m* slip case
Schub·fach *nt* drawer **Schub·haft** *f* JUR, POL detention prior to deportation **Schub·häft·ling** *m* JUR, POL depor-tee **Schub·kar·re** *f*, **Schub·kar·ren** *m* wheelbarrow **Schub·kraft** *f* PHYS *s.* **Schub** 1 **Schub·la·de** <-, -n> [ˈʃuːplaːdə] *f* drawer; ▸ WENDUNGEN: **für die ~** for noth-ing; **in der ~** not acted upon **Schub·leh·re** *f* vernier calliper
Schubs <-es, -e> [ʃʊps] *m (fam)* shove *fam;* **jdm einen ~ geben** to give sb a shove [*or* push]
schub·sen [ˈʃʊpsn̩] *vt (fam)* ➊ *(anstoßen)* ▪ **jdn ~** to shove [*or* push] sb ➋ *(stoßen)* ▪ **jdn** [**irgendwo-hin/von etw** *dat*] **~** to shove *fam* [*or* push] sb [somewhere/from sth]
schub·wei·se *adv* ➊ MED in phases ➋ *(in Gruppen)* in batches
schüch·tern [ˈʃʏçtɐn] *adj* ➊ *(gehemmt)* shy ➋ *(zag-haft)* timid; *(Versuch)* half-hearted
Schüch·tern·heit <-> *f kein pl* shyness
schuf [ʃuːf] *imp von* **schaffen**[1]
Schu·fa <-> [ˈʃuːfa] *f kein pl Akr von* **Schutzgemein-schaft für allgemeine Kreditsicherung** credit investigation bureau
Schuft <-[e]s, -e> [ʃʊft] *m (pej)* rogue *pej,* villain *pej*
schuf·ten [ˈʃʊftn̩] *vi (fam)* ▪ **für jdn/an etw** *dat* **~** to slave away [for sb/at sth]; ▪ **das S~** slaving away, drudgery
Schuf·te·rei <-, -en> [ʃʊftəˈraɪ] *f (fam)* drudgery, hard graft *fam*
Schuh <-[e]s, -e> [ʃuː] *m* shoe; ▸ WENDUNGEN: **umge-kehrt wird ein ~ draus** *(fam)* it's quite the opposite; **jd weiß, wo jdn der ~ drückt** *(fam)* sb knows what's bothering sb *fam;* **wo drückt der ~?** *(fam)* what's bothering you? *fam;* **jdm etw in die ~e schieben** *(fam)* to put the blame for sth on sb
Schuh·ab·satz *m* heel [of a/one's shoe] **Schuh·ab-tei·lung** *f* shoe department **Schuh·an·zie·her** <-s, -> *m s.* **Schuhlöffel** **Schuh·bän·del** <-s, -> *m* SÜDD, SCHWEIZ *(Schnürsenkel)* shoelace **Schuh·bürs·te** *f* shoe brush **Schuh·creme** *f* shoe polish **Schuh·ein-la·ge** *f* insole, inner sole **Schuh·fa·brik** *f* shoe factory

Schuh·ge·schäft nt shoe shop **Schuh·grö·ße** f shoe size **Schuh·her·stel·ler** f shoe manufacturer **Schuh·la·den** m shoe shop **Schuh·löf·fel** m shoehorn **Schuh·ma·cher(in)** <-s, -> ['ʃuːmaxɐ] m(f) shoemaker **Schuh·num·mer** f shoe size **Schuh·platt·ler** <-s, -> ['ʃuːplatlɐ] m ÖSTERR, SÜDD *Bavarian folk dance, involving alternate slapping of the knees, shoe heels and Lederhosen* **Schuh·pro·duk·ti·on** f shoe production **Schuh·put·zer(in)** <-s, -> m(f) shoeshine boy/girl **Schuh·putz·mit·tel** nt shoe polish **Schuh·putz·zeug** <-[e]s, -e> nt meist sing shoe cleaning kit **Schuh·rie·men** m s. **Schnürsenkel Schuh·soh·le** f sole [of a/one's shoe] **Schuh·span·ner** m shoetree

Schu·ko·ste·cker® ['ʃuːkoʃtɛkɐ] m safety plug

Schul·ab·bre·cher(in) ['ʃuːl-] m(f) SCH high school dropout **Schul·ab·gän·ger(in)** <-s, -> m(f) (geh) schoolleaver **Schul·al·ter** nt school age; **ins ~ kommen** to reach school age; **im ~** school-age **Schul·amt** nt education authority **Schul·an·fang** m beginning of term **Schul·an·fän·ger(in)** m(f) child who has just started school **Schul·ar·beit** f SCH ➊ meist pl (Hausaufgaben) homework no pl; **die/seine ~en machen** to do one's homework ➋ ÖSTERR (Klassenarbeit) [class] test **Schul·arzt, -ärz·tin** m, f school doctor **Schul·auf·ga·be** f ➊ pl s. **Schularbeit 1** ➋ SÜDD s. **Schularbeit 2 Schul·bank** f school desk; **die ~ drücken** (fam) to go to school **Schul·be·ginn** m s. **Schulanfang Schul·bei·spiel** nt ■ **ein ~ für etw** akk| a classic example [of sth]; ■ **ein ~ dafür, wie ...** a classic example of how ... **Schul·be·such** m (geh) school attendance **Schul·bil·dung** f kein pl school education no pl **Schul·buch** nt school book, textbook **Schul·buch·ver·lag** m educational publisher **Schul·bus** m school bus

schuld [ʃʊlt] adj ■ |an etw dat| **~ sein** to be to blame [for sth]; ■ **jd ist ~, dass/wenn etw geschieht** sb is to blame [or it is sb's fault] that/when sth happens

Schuld¹ <-> [ʃʊlt] f kein pl ➊ (Verschulden) fault no pl, blame no pl; ■ **die ~ |an etw dat|** the blame [for sth]; **beide trifft die ~ am Scheitern der Ehe** both carry the blame for the break-up of the marriage; **jdm/einer S. |die| ~ |an etw dat| geben** to blame sb/sth [for sth], to put the blame [for sth] on sb/a thing, to blame sb/sth [for sth]; **~ |an etw dat| haben** to be [the one] to blame [for sth]; **jdm die ~ |an etw dat| zuschieben** to blame sb [for sth]; **jdm/einer S. die ~ |daran| geben, dass ...** to blame sb/a thing, that ...; **es ist jds ~, dass/wenn etw geschieht** it is sb's fault that/when sth happens; **~ auf sich akk laden** (geh) to burden oneself with guilt; **die ~ |für etw akk| liegt bei jdm** sb is to blame [for sth]; **die ~ |an etw dat| auf sich akk nehmen** to take [or accept] the blame [for sth]; **jdn trifft keine ~ |an etw dat|** sb is not to blame [for sth] ➋ (verschuldete Missetat) **~ und Sühne** guilt and atonement; **durch jds ~** due to sb's fault; **nur durch deine ~ habe ich den Zug verpasst** it's your fault that I missed the train; **durch wessen ~ das passiert ist, lässt sich schwer sagen** it's difficult to say whose fault it was; **in jds** dat **~ stehen** (geh) to be indebted to sb

Schuld² <-, -en> [ʃʊlt] f meist pl FIN (Zahlungsverpflichtung) debt, indebtedness; **~en haben** to have debts, to be in debt; **~en machen** to build up debts, to go into debt ▸ WENDUNGEN: **mehr ~en als Haare auf dem Kopf haben** (fam) to be up to one's ears in debt fam

Schuld·be·kennt·nis nt confession; **ein ~ |gegenüber jdm| ablegen** to confess [to sb] **schuld·be·wusst**RR I. adj (Mensch) guilt-ridden; (Gesicht, Miene, Schweigen) guilty; ■ **~ sein** to have a guilty conscience II. adv guiltily **Schuld·be·wusst·sein**RR nt guilty conscience

schul·den ['ʃʊldn] vt ➊ (zahlen müssen) ■ **jdm etw |für etw akk| ~** to owe sb sth [for sth] ➋ (verpflichtet sein) ■ **jdm etw ~** to owe sb sth

Schul·den·dienst m debt service **schul·den·frei** adj ■ **~ sein** to be free of debt; (Besitz) to be unmortgaged **Schul·den·kri·se** f debt crisis **Schul·den·stand** m level of debt

Schuld·fra·ge f JUR question of guilt **Schuld·ge·fühl** nt feeling of guilt

schuld·haft I. adj JUR culpable II. adv culpably

Schul·dienst m kein pl schoolteaching no pl; **in den ~ gehen** to go into school-teaching; **im ~ |tätig| sein** to be a teacher [or in the teaching profession]

schul·dig ['ʃʊldɪç] I. adj ➊ (verantwortlich) to blame; ■ **der an etw** dat **~e Mensch** the person to blame for sth ➋ JUR guilty; ■ **|einer S. gen| ~ sein** to be guilty [of sth]; **sich ~ bekennen** to plead guilty; **jdn einer S. gen für ~ befinden** [o erklären] JUR to find sb guilty of sth; **sich einer S. gen ~ machen** to be guilty of sth ➌ (geh: gebührend) due; **jdm die ihm ~e Anerkennung geben** to give sb his/her due recognition ➍ (zahlungspflichtig) ■ **jdm etw ~ sein** to owe sb sth ➎ (verpflichtet) ■ **jdm/einer S. etw ~ sein** to owe sb/sth sth ▸ WENDUNGEN: **jdm nichts ~ bleiben** to give [sb] as good as one gets II. adv guilty (hist) **~ geschieden sein/werden** to be/become the guilty party in a divorce

Schul·di·ge(r) f(m) dekl wie adj guilty person

Schul·dig·keit <-> f kein pl duty; **seine ~ getan haben** to have met one's obligations; **seine ~ tun** to do one's duty; s. a. **Pflicht**

schul·dig|spre·chen vt JUR ■ **jdn ~** to find sb guilty

schuld·los I. adj blameless; ■ **~ |an etw** dat| **sein** to be blameless, to have no blame in sth II. adv blamelessly; **~ geschieden werden/sein** JUR (hist) to become/be the blameless party in a divorce

Schuld·ner(in) <-s, -> ['ʃʊldnɐ] m(f) debtor

Schuld·ner·land nt debtor nation

Schuld·schein m promissory note

Schuld·spruch m JUR verdict of guilty

Schuld·zu·wei·sung f accusation

Schu·le <-, -n> ['ʃuːlə] f ➊ SCH (Lehranstalt) school; **höhere ~** grammar school; **hohe ~** haute école; **zur** [o auf die] [o in die] **~ gehen** to go to school; **von der ~ abgehen** to leave school; **an der ~ sein** (fam) to be a schoolteacher; **in die ~ kommen** to start school; **auf** [o in] **der ~** at [or in] school ➋ (Schulgebäude) school ➌ (Unterricht) school; **morgen ist keine ~** there is no school tomorrow; **die ~ ist aus** school is out ➍ (Schüler und Lehrer) school ➎ (geh: bestimmte Richtung) school; **der alten ~** of the old school ▸ WENDUNGEN: **durch eine harte ~ gehen** (geh) to learn the hard way; **die hohe ~ einer S.** gen (geh) the perfected art of a thing; **~ machen** to catch on fam; **aus der ~ plaudern** to spill the beans sl

schu·len ['ʃuːlən] I. vt ■ **jdn/etw ~** to train sb/sth II. vi to give lessons

Schul·ent·las·sung f school-leaving

Schü·ler(in) <-s, -> ['ʃyːlɐ] m(f) ➊ SCH schoolboy masc, schoolgirl fem ➋ (Adept) pupil

Schü·ler·aus·tausch m school exchange **Schü·ler·aus·weis** m school identity card

Schü·le·rin <-, -nen> f fem form von **Schüler** schoolgirl

Schü·ler·lot·se, -lot·sin m, f lollipop man masc BRIT, lollipop lady fem BRIT, crossing guard AM **Schü·ler·mit·ver·wal·tung** f school council

Schü·ler·schaft <-, -en> f (geh) pupils pl

Schü·ler·spra·che f school slang **Schü·ler·zei·tung** f school newspaper

Schul·fach nt [school] subject **Schul·fe·ri·en** pl school

holidays *pl*, summer vacation AM **Schul·fern·se·
hen** *nt* schools' programmes BRIT [*or* AM programs] *pl*
schul·frei *adj* ▪ **an** [*o* **am**] **... ist** ~ there is no school
on ...; **an Feiertagen ist** ~ there is no school on
public holidays; [**an** [*o* **am**]] ~ **haben** not to have
school [on] **Schul·freund(in)** *m(f)* schoolfriend
Schul·funk *m* schools' radio **Schul·ge·bäu·de** *nt*
school building **Schul·ge·brauch** *m* **für den** ~ for
use in schools **Schul·geld** *nt* SCH school fees *pl;*
▸ WENDUNGEN: **jdn kann sich** *dat* **sein** ~ **wiedergeben lassen** *(fam)* school was a waste of time for
sb *fam* **Schul·heft** *nt* exercise book **Schul·hof** *m*
school playground
schu·lisch [ˈʃuːlɪʃ] **I.** *adj* ❶ *(die Schule betreffend)*
school *attr;* ~**e Angelegenheiten** school matters
❷ *(den Unterricht betreffend)* at school; ~**e Leistun-
gen/**~**es Verhalten** performance/behaviour [*or* AM
-or] at school **II.** *adv* at school; ~ **versagen** to fail [*or*
be a failure] at school
Schul·jahr *nt* SCH ❶ *(Zeitraum)* school year ❷ *(Klasse)*
year **Schul·jun·ge** *m (veraltend: Schüler)* schoolboy;
▸ WENDUNGEN: **jd behandelt jdn wie einen** [**dummen**] ~**n** sb treats sb like a little boy **Schul·ka·me·
rad(in)** *m(f) (veraltend)* school friend **Schul·kennt-
nis·se** *pl* SCH school knowledge *no pl* **Schul·kind** *nt*
schoolchild **Schul·kin·der·gar·ten** *m* pre-school play-
group **Schul·klas·se** *f (geh)* [school] class **Schul·
land·heim** *nt* state-run boarding school in the country used for school trips **Schul·lei·ter(in)** *m(f) (geh)*
headmaster/headmistress BRIT, principal AM **Schul·
lei·tung** *f* SCH school administration **Schul·mäd·
chen** *nt (veraltend)* schoolgirl **Schul·map·pe** *f*
satchel **Schul·me·di·zin** *f* orthodox medicine **Schul·
meis·ter** *m (veraltet)* schoolmaster *dated* **schul·
meis·ter·lich** *adj (pej)* schoolmasterish **schul·meis·
tern** *vt (pej)* to lecture; ▪ **jdn schulmeistern: jdn** ~
to lecture sb **Schul·pflicht** *f kein pl* compulsory
school attendance **schul·pflich·tig** *adj* school-age, of
school age; ~ **sein** to be required to attend school
Schul·ran·zen *m* satchel **Schul·rat, -rä·tin** *m, f*
schools inspector **Schul·re·form** *f* educational
reform **Schul·schiff** *nt* NAUT training ship **Schul·
schluss**RR *m kein pl* end of school **Schul·spre-
cher(in)** *m(f)* head boy BRIT **Schul·stress**RR *m* stress
at school **Schul·stun·de** *f* period, lesson **Schul·
tag** *m* schoolday **Schul·ta·sche** *f s.* **Schulmappe**
Schul·ter <-, -n> [ˈʃʊltɐ] *f* ❶ ANAT shoulder; **mit
gebeugten/hängenden** ~**n** with hunched shoul-
ders/with a slouch; **mit gebeugten/hängenden** ~**n
gehen/dasitzen** to slouch; **jdm auf die** ~ **klopfen**
to tap sb on the shoulder; *(anerkennend)* to give sb a
slap on the shoulder; **die** ~**n hängen lassen** to let
one's shoulders droop; *(niedergeschlagen)* to hang
one's head; **mit den** ~**n zucken** to shrug one's shoulders ❷ MODE *(Schulterpartie)* shoulder ❸ KOCHK shoulder ▸ WENDUNGEN: **jd zeigt jdm die kalte** ~ *(fam)* sb
gives sb the cold shoulder; **jd nimmt etw auf die
leichte** ~ *(fam)* sb takes sth very lightly, sb doesn't
take sth very seriously; **etw ruht auf jds** ~**n** *dat* sth
rests on sb's shoulders; ~ **an** ~ shoulder to shoulder;
(gemeinsam) side by side
Schul·ter·blatt *nt* shoulder blade **schul·ter·frei** *adj* off
the shoulder *pred* **Schul·ter·ge·lenk** *nt* shoulder
joint **Schul·ter·gür·tel** *m* ANAT pectoral girdle **Schul·
ter·hö·he** *f* **bis** [**in**] ~ up to shoulder height; **in** ~ to
shoulder height **Schul·ter·klap·pe** *f* epaulette
schul·ter·lang I. *adj* shoulder-length **II.** *adv* shoulder-
length; **das Haar** ~ **tragen** to wear one's hair shoulder-length
schul·tern [ˈʃʊltɐn] *vt* **etw** ~ to shoulder sth
Schul·ter·pols·ter *nt* shoulder pad **Schul·ter·
schluss**RR *m* SCHWEIZ solidarity **Schul·ter·sieg** *m*

SPORT fall **Schul·ter·stück** *nt* ❶ MIL epaulette ❷ KOCHK
piece of shoulder
Schul·tes [ˈʃʊltəs] *m* POL *(iron fam: Bürgermeister)*
mayor
Schul·trä·ger *m (geh)* institution supporting a public
or private school **Schul·tü·te** *f* colourfully decorated
cardboard cone filled with sweets and small gifts,
given to children on their very first day of school
Schu·lung <-, -en> *f* training; *(von Gedächtnis, Auffassungsgabe)* schooling
Schul·un·ter·richt *m kein pl (geh)* school lessons *pl*
Schul·ver·sa·gen *nt* failure at school **Schul·weg** *m*
way to/from school; **auf dem** ~ on the way to school
Schul·we·sen *nt kein pl* school system **Schul·zeit** *f
kein pl* schooldays *pl* **Schul·zeug·nis** *nt (geh)* school
report BRIT, report card AM
schum·meln [ˈʃʊmln] *vi (fam)* to cheat; **bei einem
Spiel/einer Klassenarbeit** ~ to cheat at a game/in a
test
schum·me·rig [ˈʃʊmərɪç], **schumm·rig** [ˈʃʊmrɪç] *adj*
❶ *(schwaches Licht gebend)* weak ❷ *(schwach
beleuchtet)* dim
Schund <-[e]s> [ʃʊnt] *m kein pl (pej)* trash *no pl*, rubbish *no pl;* **das ist wirklich der letzte** ~ that really is
a load of rubbish [*or* trash]
Schund- in Komposita *(pej)* trashy; ~**literatur/
-roman** trash, trashy literature/novel, pulp fiction
schun·keln [ˈʃʊŋkln] *vi* to sway rhythmically with
linked arms
Schup·fer <-s, -> [ˈʃʊpfɐ] *m* ÖSTERR, SCHWEIZ, SÜDD shove
Schup·pe <-, -n> [ˈʃʊpə] *f* ❶ ZOOL scale ❷ *pl* MED dandruff *no pl* ▸ WENDUNGEN: **jdm fällt es wie** ~**n von
den Augen** the scales fall from sb's eyes
schup·pen [ˈʃʊpn] **I.** *vt* KOCHK **etw** ~ to remove the
scales from sth **II.** *vr* ❶ *(unter schuppender Haut leiden)* **sich** ~ to peel [*or* be peeling] ❷ *(sich abschup-
pen)* **sich** ~ to flake
Schup·pen <-s, -> [ˈʃʊpn] *m* ❶ *(Verschlag)* shed
❷ *(fam: Lokal)* joint *sl*, dive *pej sl*
Schup·pen·flech·te *f* MED psoriasis **Schup·pen·
tier** *nt* scaly anteater
schup·pig [ˈʃʊpɪç] **I.** *adj* ❶ *(Schuppen aufweisend)*
scaly; *(Haut)* flaky ❷ *(Kopfschuppen aufweisend)* ~**e
Haare haben** to have dandruff **II.** *adv* **sich** ~ **ablö-
sen/**~ **abblättern** to flake [off]
Schur <-, -en> [ʃuːɐ] *f* shearing
schü·ren [ˈʃyːrən] *vt* ❶ *(anfachen)* **etw** ~ to poke sth
❷ *(anstacheln)* **etw** [**bei jdm**] ~ to stir sth up in sb, to
fan the flames of sth [in sb]
schür·fen [ˈʃʏrfn] **I.** *vi* ❶ *(graben)* [**nach etw** *dat*] ~ to
dig [for sth] ❷ *(schleifen)* **über etw** *akk* ~ to scrape
across sth **II.** *vt* **etw** ~ to mine sth **III.** *vr* **sich** *dat*
etw ~ to graze one's sth; **sich** *akk* ~ to graze oneself;
sich *akk* **am Knie** ~ to graze one's knee
Schürf·wun·de *f* graze
Schür·ha·ken *m* poker
Schur·ke <-n, -n> [ˈʃʊrkə] *m (veraltend)* scoundrel
dated
schur·kisch [ˈʃʊrkɪʃ] *adj (veraltend)* despicable
Schur·wol·le *f* virgin wool; „**reine** ~" 'pure new
wool'; **aus** ~ made from pure new wool
Schurz <-es, -e> [ʃʊrts] *m* apron
Schür·ze <-, -n> [ˈʃʏrtsə] *f* MODE apron; *(mit Latz)* pinafore, pinny BRIT *fam;* ▸ WENDUNGEN: **jd hängt jdm an
der** ~ *(fam)* sb is tied to sb's apron strings
schür·zen [ˈʃʏrtsn] *vt (geh)* **etw** ~ to gather sth up
Schür·zen·jä·ger *m (fam)* philanderer
SchussRR <-es, Schüsse> *m*, **Schuß**ALT <-sses,
Schüsse> [ʃʊs, *pl:* ˈʃʏsə] *m* ❶ *(Ab- o Einschuss)* shot;
ein scharfer ~ a shot using live ammunition;
einen ~ [*o* **Schüsse**] **auf jdn/etw abgeben** to fire a
shot [*or* shots] at sb/sth ❷ *(Patrone)* round; **zehn** ~ [*o*

Schüsse] ten shots [*or* rounds] ③ *(Spritzer)* splash; **Cola mit einem ~ Rum** cola with a splash of rum ④ FBALL *(geschossener Ball)* shot ⑤ *(sl: Drogeninjektion)* shot; **sich** *dat* **den goldenen ~ setzen** to OD *sl* [*or* overdose]; **sich** *dat* **einen ~ setzen** to give oneself a shot, to shoot up *sl* ▸ WENDUNGEN: **ein ~ vor den Bug** a warning signal; **einen ~ vor den Bug bekommen** to receive a warning signal; **jdm einen ~ vor den Bug setzen** [*o* **geben**] to give sb a warning signal; **ein ~ in den Ofen** *(sl)* a dead loss *sl;* **keinen ~ Pulver wert sein** *(fam)* not to be worth tuppence [*or* AM a dime] *fam;* **ein ~ ins Schwarze** *(fam)* a bull's eye *fam;* **weit vom ~ sein** [*o* **weitab vom ~ liegen**] *(fam)* to be miles away; **zum ~ kommen** *(fig)* to have a chance to do sth, to get a look-in; **in ~** *(fam)* in top shape; **mit ~** with a shot *(of alcohol)*

schuss·be·reit[RR] *adj inv* ① *(feuerbereit) Waffe* ready to fire *pred,* ready for firing *pred,* cocked ② *(zum Schießen bereit)* ready to fire *pred;* **sich ~ machen** to prepare [*or* get ready] to fire

Schus·sel <-s, -> [ˈʃʊsl̩] *m (fam)* clumsy clot [*or* AM oaf] *fam*

Schüs·sel <-, -n> [ˈʃʏsl̩] *f* ① *(große Schale)* bowl, dish; **etw aus dem Kochtopf in eine ~ umfüllen** to transfer sth from a saucepan into a bowl; **eine ~ Reis** *gen* a bowl of rice; **vor leeren ~n sitzen** to have nothing to eat ② *(Waschschüssel)* washbasin ③ *(Satellitenschüssel)* [satellite] dish ④ *(WC-Becken)* toilet bowl [*or* pan]

schus·se·lig [ˈʃʊsəlɪç] *adj s.* **schusslig**

Schus·se·lig·keit <-, -en> *f* ① *kein pl (fam: Fahrigkeit)* daftness *no pl* ② *(fahrige Handlung)* clumsiness *no pl*

Schuss·fahrt[RR] *f* SKI schuss

schuss·lig[RR] [ˈʃʊslɪç] *adj (fam)* scatterbrained

Schuss·li·nie[RR] [-liːniə] *f* line of fire; **sich in die ~ begeben** to put oneself in the firing line *fig;* **in jds ~ geraten** *akk* to come under fire from sb *fig* **Schuss·ver·let·zung**[RR] *f* MED gunshot [*or* bullet] wound **Schuss·waf·fe**[RR] *f* firearm[s *pl*]; **von der ~ Gebrauch machen** to use a firearm **Schuss·waf·fen·ge·brauch**[RR] *m (geh)* use of firearms **Schuss·wech·sel**[RR] *m* exchange of fire **Schuss·wei·te**[RR] *f* range [of fire]; **sich in/außer ~ befinden** to be within/out of range **Schuss·wun·de**[RR] *f s.* **Schussverletzung**

Schus·ter(in) <-s, -> [ˈʃuːstɐ] *m(f) (Schuhmacher)* shoemaker, cobbler *esp dated;* ▸ WENDUNGEN: **~, bleib bei deinen Leisten!** *(prov)* cobbler, keep [*or* stick] to your last! *prov;* **auf ~s Rappen** *(hum)* on Shanks's pony

Schutt <-[e]s> [ʃʊt] *m kein pl* rubble *no indef art;* **„~ abladen verboten"** "no tipping [*or* dumping] " ▸ WENDUNGEN: **etw in ~ und Asche legen** to reduce sth to rubble [*or* raze sth to the ground]; **in ~ und Asche liegen** to be [*or* lie] in ruins

Schutt·ab·la·de·platz *m* [rubbish [*or* AM garbage]] dump [*or* BRIT tip]

Schüt·tel·frost *m* MED [violent] shivering fit **Schüt·tel·läh·mung** *f* Parkinson's disease

schüt·teln [ˈʃʏtl̩n] **I.** *vt* ① *(rütteln)* ▪ **etw/jdn ~** to shake sth/sb; **das Obst vom Baum ~** to shake fruit from a tree; *s. a.* **Hand** *s. a.* **Kopf** ② *(erzittern lassen)* ▪ **etw schüttelt jdn** sth makes sb shiver; **das Fieber schüttelte sie** she was racked with fever **II.** *vi* to shake; **verneinend mit dem Kopf ~** to shake one's head; **verwundert mit dem Kopf ~** to shake one's head in amazement **III.** *vr* ▪ **sich** [**vor etw** *dat*] **~** to shudder at the thought [of sth]; **sich vor Kälte ~** to shake [*or* shiver] with [the] cold; **sich vor Lachen ~** to laugh one's head off **IV.** *vi impers* ▪ **es schüttelt jdn** sb shudders; **es schüttelte sie vor Ekel** she shuddered with disgust

Schüt·tel·reim *m* ≈ deliberate spoonerism **Schüt·tel·rut·sche** *f* TECH shaking chute

schüt·ten [ˈʃʏtn̩] **I.** *vt* ① *(kippen)* ▪ **etw** [**irgendwohin**] **~** to tip sth [somewhere]; **sie schüttete das Mehl in eine Schüssel** she poured the flour into a bowl ② *(gießen)* ▪ **etw** [**irgendwohin**] **~** to pour sth [somewhere] ③ *(fam: begießen)* ▪ **jdm/sich etw irgendwohin schütten** to pour sb/oneself sth somewhere; **sich Wein ins Glas schütten** to pour wine into one's glass *fam* **II.** *vi* ▪ **es schüttet** *impers (fam)* it's pouring [down] [*or* BRIT bucketing down], it's tipping [it] down BRIT *fam*

schüt·ter [ˈʃʏtɐ] *adj* ① *(nicht dicht)* **~es Haar** thin, sparse hair ② *(schwach)* weak, puny; **mit ~er Stimme** in a thin voice

Schutt·hal·de *f* pile [*or* heap] of rubble **Schutt·hau·fen** *m* pile [*or* heap] of rubble

Schütt·stein *m* SCHWEIZ sink

Schutz <-es, -e> [ʃʊts] *m* ① *kein pl (Sicherheit gegen Schaden)* protection; ▪ **~ vor** *dat* [*o* **gegen**] **etw** protection against [*or* from] sth; **~ vor dem Regen suchen** to seek shelter from the rain; **irgendwo ~ suchen** to seek refuge [*or* shelter] somewhere; **im ~[e] der Dunkelheit** under cover of darkness; **zum ~ der Augen** to protect the eyes; **zum ~ gegen** [*o* **vor**] **Ansteckung** to protect from [*or* against] infection, as a safeguard against infection; MIL cover; **unter dem ~ des Artilleriefeuers** under artillery cover ② *kein pl (Absicherung)* protection; ▪ **der ~ von Personen/Sachen** [**vor jdm/etw**] the protection of people/things [against [*or* from] sb/sth]; **den ~ des Gesetzes genießen** to enjoy the protection of law; **zu jds ~** for sb's own protection ③ *kein pl (Beistand)* protection; **~ suchend** seeking refuge *pred;* **jdn jds** *dat* **~ anvertrauen** to entrust sb to sb's care; **sich** *akk* **in jds** *akk* **~ begeben** to place oneself under the protection of sb [*or* sb's protection]; **~ bieten** [*o* **gewähren**] to offer protection; **jdn um** [**seinen**] **~ bitten** to ask sb for protection; **jdn** [**vor jdm/etw**] **in ~ nehmen** to defend sb [against sb/sth], to protect sb [from [*or* against] sb/sth], to stand up for sb [against sb/sth]; **unter jds** *dat* **~ stehen** to be under the protection of sb [*or* sb's protection]; **jdn unter polizeilichen ~ stellen** to put sb under police protection; **jdm ~ zusichern** to guarantee sb protection ④ TECH protector, protecting device; *(Panzer)* armour [*or* AM -or]

Schutz·an·strich *m* protective coat[ing *no pl*] **Schutz·an·zug** *m* protective clothes *npl* [*or* clothing *no indef art, no pl*] **schutz·be·dürf·tig** *adj* in need of protection *pred* **Schutz·be·haup·tung** *f* self-serving declaration **Schutz·blech** *nt* mudguard; *Mähdrescher, Rasenmäher* guard plate **Schutz·brief** *m* [international] travel insurance **Schutz·bril·le** *f* protective goggles *npl* **Schutz·dach** *nt* BAU shelter; *Hauseingang* porch

Schüt·ze, Schüt·zin <-n, -n> [ˈʃʏtsə, ˈʃʏtsɪn] *m, f* ① *(Mitglied eines Schützenvereins)* member of a shooting [*or* rifle] club ② SPORT *(Schießsportler)* marksman/markswoman; *(beim Fußball)* scorer ③ JAGD hunter ④ MIL private, rifleman ⑤ *kein pl* ASTROL Sagittarius; [**ein**] **~ sein** to be a Sagittarian

schüt·zen [ˈʃʏtsn̩] **I.** *vt* ① *(beschirmen)* ▪ **jdn** [**vor jdm/etw**] **~** to protect sb [against [*or* from] sb/sth]; ▪ **sich** [**vor etw** *dat* [*o* **gegen etw**]] **~** to protect oneself [against sth]; **Gott schütze dich!** may the Lord protect you! ② *(geschützt aufbewahren)* ▪ **etw** [**vor etw** *dat*] **~** to keep sth away from sth; **das Öl ist vor Sonnenlicht zu ~** this oil must be kept away from [*or* out of] [direct] sunlight ③ *(unter Naturschutz stellen)* ▪ **etw/Tiere ~** to place a protection order on sth/animals [*or* protect sth/animals by law]; **geschützte**

Pflanzen protected plants ⊕ *(patentieren)* ■ etw ~ *dat* to patent sth [*or* protect sth by patent]; **ein Firmensignet ~ lassen** to copyright [*or* register] a company logo [*or* protect a company logo by copyright]; **gesetzlich geschützt** registered [as a trade mark]; **patentrechtlich** [o **durch das Patentrecht**] **geschützt** protected by patent, patented; **urheberrechtlich** [o **durch das Urheberrecht**] **geschützt** protected by copyright, copyright[ed] **II.** *vi* ■ [**vor etw** *dat* [o **gegen etw**]] ~ to provide [*or* offer] [*or* give] protection [from [*or* against] sth]

schüt·zend *adj* protective; **vor dem Gewitter suchten die Wanderer Zuflucht unter einem ~en Baum** the walkers sheltered [*or* sought shelter] from the storm under a tree; *s. a.* **Hand**

Schüt·zen·fest *nt* rifle [*or* shooting] club['s] festival

Schüt·zen·fisch *m* ZOOL archerfish

Schutz·en·gel *m* REL guardian angel; **einen** [**guten**] ~ **haben** to have a [special] guardian angel looking over one

Schüt·zen·gra·ben *m* MIL trench **Schüt·zen·haus** *nt* rifle [*or* shooting] club clubhouse **Schüt·zen·hil·fe** *f* support; **jdm** [**bei etw**] ~ **geben** to support sb [*or* back sb up] [in sth] **Schüt·zen·kö·nig(in)** *m(f)* champion marksman [at a Schützenfest] **Schüt·zen·panzer** *m* MIL armoured [*or* AM -ored] personnel carrier **Schüt·zen·ver·ein** *m* rifle [*or* shooting] club

Schutz·far·be *f* protective coat[ing] **Schutz·film** *m* protective varnish **Schutz·frist** *f* JUR term [*or* period] of copyright, copyright term [*or* period] **Schutz·gebühr** *f* ÖKON token [*or* nominal] charge **Schutz·geld** *nt (euph)* protection money *no pl* **Schutz·gelder·pres·sung** *f* extortion of protection money **Schutz·git·ter** *nt* protective grille **Schutz·hau·be** *f* protective cover **Schutz·hei·li·ge(r)** REL patron saint **Schutz·helm** *m* protective [*or* safety] helmet, hard hat **Schutz·hül·le** *f* s. **Schutzumschlag** **Schutz·hüt·te** *f* shelter **schutz·imp·fen** [ˈʃʊtsʔɪmpfn̩] *vt* MED ■ **jdn** [**gegen etw**] ~ to vaccinate [*or* inoculate] sb [against sth] **Schutz·imp·fung** *f* MED vaccination, inoculation

Schüt·zin <-, -nen> *f fem form von* **Schütze**

Schutz·kon·takt *m* ELEK protective [*or* BRIT earthing] contact, ground AM

Schütz·ling <-s, -e> [ˈʃʏtslɪŋ] *m* ⓵ *(Protegé)* protégé ⓶ *(Schutzbefohlene)* charge

schutz·los I. *adj* defenceless [*or* AM -seless] **II.** *adv* **jdm** ~ **ausgeliefert** [o **preisgegeben**] **sein** to be at the mercy of sb, to be at sb's mercy

Schutz·macht *f* POL protecting power **Schutz·mar·ke** *f* trademark **Schutz·mas·ke** *f* protective mask **Schutz·maß·nah·me** *f* precautionary measure, precaution; ■ **eine ~ vor** *dat* [o **gegen**] **etw** a precautionary measure [*or* precaution] against sth **Schutz·me·cha·nis·mus** *m* protective mechanism **Schutz·pa·tron(in)** <-s, -e> *m(f)* REL patron saint **Schutz·po·li·zei** *f (geh)* police force, constabulary BRIT **Schutz·raum** *m* [fallout] shelter **Schutz·re·flex** *m* BIOL protective reflex **Schutz·trup·pe** ⓵ *(Friedenstruppe)* peacekeeping force ⓶ *(hist)* colonial force [*or* army] **Schutz·um·schlag** *m* dust jacket, dust cover **Schutz·vor·rich·tung** *f* safety device **Schutz·wald** *m* forest for absorbing the impact of avalanches **Schutz·wall** *m* protective wall **Schutz·weg** *m* TRANSP ÖSTERR pedestrian crossing **Schutz·zoll** *m* ÖKON protective duty [*or* tariff] **Schutz·zo·ne** *f* ÖKOL conservation area

Schwa <-[s], -[s]> [ʃva:] *nt kein pl* LING schwa

schwab·be·lig [ˈʃvabəlɪç] *adj (fam)* flabby, wobbly

schwab·beln [ˈʃvabln̩] *vi (fam)* to wobble

Schwa·be, Schwä·bin <-n, -n> [ˈʃva:bə, ˈʃvɛ:bɪn] *m, f* GEOG Swabian

schwä·beln [ˈʃvɛ:bln̩] *vi (fam)* to speak in [the] Swabian dialect

Schwa·ben <-s> [ˈʃva:bn̩] *nt* GEOG Swabia

Schwä·bin <-, -nen> *f fem form von* **Schwabe**

schwä·bisch [ˈʃvɛ:bɪʃ] *adj* Swabian

Schwä·bi·sche Alb *f* ■ **die** ~ the Swabian Mountains *pl*

schwach <schwächer, schwächste> [ʃvax] **I.** *adj* ⓵ *(nicht stark)* weak; ■ **für etw zu ~ sein** to not be strong enough for sth; ■ **der Schwächere/Schwächste** the weaker/weakest person; **ein ~er Charakter/Gegner/Wille** a weak character/opponent/will; **~er Widerstand** weak resistance; **krank und ~** weak and ill ⓶ *(wenig leistend)* weak; **ein ~er Mitarbeiter/Sportler** a poor worker/sportsman; **ein ~er Schüler** a poor [*or* weak] pupil; **in Rechtschreibung ist er ziemlich ~** his spelling is rather poor ⓷ *(gering)* weak; **ein ~es Anzeichen** a faint [*or* slight] indication; **ein ~er Bartwuchs** a sparse [growth of] beard; **eine ~e Beteiligung** [o **Teilnahme**] poor participation; **ein ~es Interesse** [very] little interest; **eine ~e Resonanz** a lukewarm response ⓸ *(leicht)* weak; **~e Atmung** faint breathing; **eine ~e Bewegung** a slight [*or* faint] movement; **~er Druck** light pressure; **ein ~er Herzschlag** a faint heartbeat; **ein ~er Luftzug/Wind** a gentle [*or* light] breeze/wind; **eine ~e Strömung** a light current; ■ **schwächer werden** to become fainter ⓹ *(eine geringe Leistung aufweisend)* low-powered; **eine ~e Ladung/ein ~es Magnetfeld** a weak charge/magnetic field; **die Batterie muss aufgeladen werden, sie ist ~** the battery needs recharging, it is low; **dieser Motor ist zu ~** this engine is not powerful enough; ■ **schwächer werden: das Licht wird schwächer** the light is fading [*or* failing] ⓺ *(dünn)* thin; **ein ~es Kettenglied** a weak chain-link ⓻ *(dürftig)* weak, poor; **ein ~es Argument** a weak argument; **eine ~e Leistung** a poor performance; **ein ~er Trost** little comfort ⓼ *(unzureichend)* weak; **ein ~es Sehvermögen/Gehör** poor [*or* weak] eyesight/ hearing; ■ **schwächer werden** to become weaker; **im Alter wird das Gehör schwächer** one's hearing becomes poorer in old age ⓽ CHEM *(gering konzentriert)* weak ▸ WENDUNGEN: **jdm wird ~** [**zumute**] *(fam)* sb feels faint; *s. a.* **Augenblick** *s. a.* **Bild** *s. a.* **Stelle** *s. a.* **Trost II.** *adv* ⓵ *(leicht)* faintly; **das Herz schlug nur noch ~** the heartbeat had become faint; **er hat sich nur ~ gewehrt** he didn't put up much resistance ⓶ *(spärlich)* sparsely; **nachts sind die Grenzübergänge ~ besetzt** the border crossings aren't very heavily [*or* well] manned at night; **mit Nachschlagewerken sind wir nun wirklich nicht ~ bestückt** we really have got quite a few [*or* lot of] reference works; **die Ausstellung war nur ~ besucht** the exhibition wasn't very well [*or* was poorly] attended ⓷ *(geringfügig)* ~ **applaudieren** to applaud sparingly; **Ihre Tochter beteiligt sich in den letzten Monaten nur noch ~ am Unterricht** your daughter has hardly been participating in class in recent months; **dieses Problem hat mich immer nur ~ interessiert** this problem has never been of any great interest to me ⓸ KOCHK *(mild)* slightly; **der Arzt hat mir geraten, ~ gesalzen zu essen** my doctor has advised me not to add [too] much salt to my food; **das Essen ist für meinen Geschmack zu ~ gewürzt** the food isn't spicy enough for my liking [*or* palate]; **den Tee bitte nur ganz ~ gesüßt!** not too much sugar in my tea, please! ⓹ *(dürftig)* feebly; **die Mannschaft spielte ausgesprochen ~** the team put up a feeble performance; **eine ~e Erinnerung an etw haben** to vaguely remember sth

Schwä·che <-, -n> [ˈʃvɛçə] *f* ⓵ *kein pl (geringe*

Stärke) weakness; **die militärische ~ des Gegners** the enemy's military weakness; **jds ~ ausnutzen** to exploit sb's vulnerability ➋ *kein pl (Unwohlsein)* |feeling of| faintness ➌ *kein pl (Vorliebe)* ▪ **eine/jds ~ für jdn/etw** a/sb's weakness for sb/sth ➍ *(Unzulänglichkeit)* weakness

Schwä·che·an·fall *m* MED sudden feeling of faintness

schwä·chen [ˈʃvɛçn̩] **I.** *vt* ➊ *(entkräften)* ▪ **jdn/ein Tier ~** to weaken sb/an animal; ▪ **geschwächt** weakened; |**das**| **Fieber hat sie geschwächt** the fever weakened her ➋ *(in der Wirkung mindern)* ▪ **jdn/etw ~** to weaken sb/sth **II.** *vi* to have a weakening effect

Schwach·heit <-, -en> *f kein pl* weakness; *(physisch a.)* frailty; ▸ WENDUNGEN: **~, dein Name ist Weib!** *(prov)* frailty, thy name is woman; **bilde dir bloß keine ~en ein!** *(fam)* don't get your hopes up |*or* kid yourself| *fam*

Schwach·kopf *m (fam)* idiot, bonehead *sl,* blockhead *sl*

schwäch·lich [ˈʃvɛçlɪç] *adj* weakly, feeble; **er war immer etwas ~** he had always been a bit weakly |*or* delicate|

Schwäch·ling <-s, -e> [ˈʃvɛçlɪŋ] *m* weakling

schwach|ma·chen[RR] *vt* ▪ **jdn ~** to lead sb into temptation; **die Aussicht, ihn dort zu treffen, hat mich schwachgemacht** I was unable to resist the prospect of seeing him there; **ihr schmachtender Blick macht mich jedes Mal schwach** her languishing look always makes me go weak at the knees

Schwach·punkt *m* weak spot; **jds ~ treffen** to hit upon sb's weak spot |*or* weakness|

Schwach·sinn *m kein pl* ➊ MED mental deficiency, feeble-mindedness ➋ *(fam: Quatsch)* rubbish *no art* BRIT, garbage AM; **so ein ~!** what a load of rubbish!

schwach·sin·nig *adj* ➊ MED mentally deficient, feeble-minded ➋ *(fam: blödsinnig)* idiotic, daft

Schwach·sin·ni·ge(r) *f(m) dekl wie adj* MED mentally defective |*or* feeble-minded| person, idiot ➋ *a. fig*

Schwach·stel·le *f* ➊ *(Problemstelle)* weak spot |*or* point| ➋ *(undichte Stelle)* leak

Schwach·strom *m* ELEK weak |*or* low-voltage| current **Schwach·strom·an·la·ge** *f* ELEK weak-current |*or* low-voltage| current| system **Schwach·strom·lei·tung** *f* ELEK weak-current line **Schwach·strom·tech·nik** *f* ELEK light-current |*or* weak-current| engineering

Schwä·chung <-, -en> *f* weakening; *Abwehrkraft, Gesundheit, Immunsystem a.* impairment

schwach|wer·den[RR] *vi irreg sein* ▪ |**bei jdm/etw|** ~ to be unable to refuse |sb/sth|; **nur nicht ~!** *(standhaft bleiben!)* don't weaken!; *(durchhalten!)* don't give in!; **bei Schokoladentorte werde ich immer schwach** I can never resist chocolate gateau; **bei dem Gehalt würde wohl jeder ~** this salary would weaken anybody's resolve, anybody would be tempted by a salary like that

Schwa·den <-s, -> [ˈʃvaːdn̩] *m meist pl* cloud

Schwa·fe·lei <-, -en> [ʃvaːfaˈlaɪ] *f (pej fam)* drivel *fam,* waffle BRIT *fam,* twaddle BRIT *fam*

schwa·feln [ˈʃvaːfl̩n] *vi (pej fam)* ➊ *(faseln)* to talk drivel |*or* BRIT twaddle| *fam,* to waffle |on| BRIT *fam,* to ramble on AM ➋ *(unsinniges Zeug reden)* ▪ |**von etw**| ~ to drivel |*or* twaddle| |*or* AM ramble| |on| |about sth| *fam;* **was schwafelst du da?** don't talk such rubbish!

Schwaf·ler(in) <-s, -> *m(f) (pej fam)* waffler BRIT *fam*

Schwa·ger, Schwä·ge·rin <-s, Schwäger> [ˈʃvaːgɐ, ˈʃvɛːgərɪn, *pl:* ˈʃvɛːgɐ] *m, f* brother-in-law *masc,* sister-in-law *fem*

Schwal·be <-, -n> [ˈʃvalbə] *f* ORN swallow; ▸ WENDUNGEN: **eine ~ macht noch keinen Sommer** *(prov)* one swallow doesn't make a summer

Schwal·ben·nest *nt* ➊ ORN swallow's nest ➋ *pl* KOCHK bird's nest soup ➌ NAUT *(hist)* sponson ➍ MIL, MUSIK |bandman's| epaulette **Schwal·ben·schwanz** *m* ZOOL swallowtail |butterfly|

Schwall <-[e]s, -e> [ʃval] *m* ➊ *(Guss)* stream, gush; **ein ~ von abgestandenem Rauch schlug ihm entgegen** a wave of stale smoke hit him ➋ *(Flut)* torrent *fig;* **sie begrüßte ihn mit einem ~ unverständlicher Worte** she greeted him with an incoherent flood of words

schwamm [ʃvam] *imp von* **schwimmen**

Schwamm <-[e]s, Schwämme> [ʃvam, *pl:* ˈʃvɛmə] *m* ➊ *(zur Reinigung)* sponge ➋ ZOOL sponge ➌ *(Hausschwamm)* dry rot *no indef art, no pl;* **den ~ haben** to have dry rot ➍ SÜDD, ÖSTERR, SCHWEIZ *(essbarer Pilz)* mushroom ▸ WENDUNGEN: **~ drüber!** *(fam)* let's forget it!

Schwämm·chen <-s, -> [ˈʃvɛmçən] *nt dim von* **Schwamm**

schwam·mig [ˈʃvamɪç] **I.** *adj* ➊ *(weich und porös)* spongy ➋ *(aufgedunsen)* puffy, bloated ➌ *(vage)* vague, woolly ➍ *(vom Schwamm befallen)* affected by dry rot **II.** *adv* vaguely; **sich ~ ausdrücken** to not make oneself clear

Schwan <-[e]s, Schwäne> [ʃvaːn, *pl:* ˈʃvɛːnə] *m* ORN swan; ▸ WENDUNGEN: **mein lieber ~!** *(fam: wehe!)* woe betide sb!; *(Donnerwetter!)* my goodness!; **mein lieber ~! eine reife Leistung!** wow! what a performance, damn fine performance! *fam*

schwand [ʃvant] *imp von* **schwinden**

schwa·nen [ˈʃvaːnən] *vi* **jdm schwant nichts Gutes/Ungutes/Unheil** sb has a sense of foreboding; ▪ **jdm schwant, dass ...** sb has a feeling |*or* senses| that ...

schwang [ʃvaŋ] *imp von* **schwingen**

Schwang [ʃvaŋ] *m* ▸ WENDUNGEN: **im ~e sein** to be in vogue

schwan·ger [ˈʃvaŋɐ] *adj* pregnant; **sie ist im sechsten Monat ~** she's six months pregnant, she's in the sixth month |of her pregnancy|; ▪ **mit etw ~ sein** to be pregnant |by sb| ▸ WENDUNGEN: **mit etw ~ gehen** to be full of sth

Schwan·ge·re *f dekl wie adj* pregnant woman, expectant mother

Schwan·ge·ren·kon·flikt·be·ra·tung *f* advice for pregnant women who have got into a conflict through their pregnancy

schwän·gern [ˈʃvɛŋɐn] *vt* ➊ *(ein Kind zeugen)* ▪ **jdn ~** to get |*or* make| sb pregnant, to impregnate sb *form* ➋ *(erfüllen)* ▪ **mit** |*o* **von**| **etw geschwängert sein** to be thick with sth; **mit Weihrauch geschwängert sein** to be heavy |*or* impregnated| with incense

Schwan·ger·schaft <-, -en> *f* MED pregnancy

Schwan·ger·schafts·ab·bruch *m* abortion, termination of |a| pregnancy **Schwan·ger·schafts·be·ra·tung** *f* MED pregnancy advice **Schwan·ger·schafts·be·ra·tungs·schein** *m* SOZIOL, JUR proof relating to pregnancy advice **Schwan·ger·schafts·gym·nas·tik** *f* MED antenatal exercises **Schwan·ger·schafts·mo·nat** *m* month |of pregnancy| **Schwan·ger·schafts·strei·fen** *m meist pl* MED stretch marks *pl* **Schwan·ger·schafts·test** *m* MED pregnancy test **Schwan·ger·schafts·un·ter·bre·chung** *f* MED abortion, termination of |a| pregnancy **Schwan·ger·schafts·ur·laub** *m* maternity leave **Schwan·ger·schafts·ver·hü·tung** *f* MED contraception *no indef art, no pl*

Schwank <-[e]s, Schwänke> [ʃvaŋk, *pl:* ˈʃvɛŋkə] *m* ➊ THEAT farce ➋ *(Schwankerzählung)* comical |*or* merry| tale ➌ *(lustige Begebenheit)* amusing |*or* funny| story

schwan·ken [ˈʃvaŋkn̩] *vi* ➊ *haben (schwingen)* to

sway; **ins S~ geraten** to begin to sway [*or* swaying] ❹ *sein (wanken)* to stagger [*or* reel]; ▪**irgendwo- hin** ~ to stagger [*or* reel] somewhere; **der Betrun- kene schwankte über die Straße** the drunk tot- tered over the road ❺ *haben (nicht stabil sein)* to fluctuate [*or* vary]; **seine Stimme schwankte** his voice wavered ❻ *haben (unentschlossen sein)* ▪[**noch**] ~ to be [still] undecided; ▪**zwischen zwei Dingen** ~ to be torn between two things; ▪**das S~** indecision, indecisiveness; **jdn** ~[**d**] **machen** to weaken sb's resolve; **ein** ~**der Charakter** a hesitant character

schwan·kend *adj* ❶ *(sich biegend) Baum* swaying ❷ *(schaukelnd) Boot* rocking; *(heftiger)* rolling ❸ *(be- bend) Boden* shaking; **auf** ~**em Boden stehen** to be on shaky ground ❹ *(unstet) Charakter* vacillating, wavering; *(zögernd)* hesitant; ~ **werden** to [begin to] waver; **er ist immer sehr** ~ **in seinen Entschei- dungen** he can never make up his mind ❺ *(wan- kend)* staggering; *Schritte* unsteady, wavering; *Gang* rolling; **mit** ~**en Schritten** with wavering steps ❻ *(veränderlich) Kurs, Preis, Zahl* fluctuating, vari- able, floating; *Gesundheit* unstable; *Stimme* wavering
Schwan·kung <-, -en> *f* ❶ *(Schwingung)* swaying *no pl;* **etw in** ~**en versetzen** to make sth sway ❷ *(stän- dige Veränderung)* fluctuation, variation
Schwanz <-es, Schwänze> [ʃvants, *pl:* ˈʃvɛntsə] *m* ❶ *(Verlängerung der Wirbelsäule)* tail ❷ ORN train, trail ❸ *(sl: Penis)* cock *vulg,* dick *vulg,* prick *vulg* ▸ WENDUNGEN: **einen** ~ **bauen** to have to repeat an exam; **den** ~ **einziehen** *(fam)* to climb down; **jd lässt den** ~ **hängen** *(fam)* sb's spirits droop; **jdm auf den** ~ **treten** *(fam)* to tread on sb's toes *fig;* **kein** ~ *(sl)* not a bloody *fam* [*or vulg* fucking] soul
schwän·zeln [ˈʃvɛntsl̩n] *vi* to wag one's tail
schwän·zen [ˈʃvɛntsn̩] **I.** *vt* SCH *(fam)* ▪ **etw** ~ to skive off BRIT *sl* [*or fam* cut] sth; **die Schule** ~ to skive off [from] [*or cut*] school, to play truant, to play hooky AM **II.** *vi* SCH *(fam)* to skive off BRIT *sl,* to play truant
Schwanz·fe·der *f* ORN tail feather **Schwanz·flos·se** *f* ZOOL tail [*or* caudal] fin **Schwanz·lurch** *m* ZOOL caudate **Schwanz·mei·se** *f* ORN long-tailed tit **Schwanz·rol·le** *f* KOCHK beef topside steak **Schwanz·stück** *nt* beef silverside
schwap·pen [ˈʃvapn̩] *vi* ❶ *sein (sich im Schwall ergie- ßen)* ▪**irgendwohin** ~ to splash [*or fam* splosh] somewhere; **das Wasser schwappte über den Rand des Swimmingpools** the water splashed over the edge of the swimming pool ❷ *haben (sich hin und her bewegen)* to slosh around ❸ *sein (fam: sich verbreiten)* ▪**irgendwohin** ~ to have spread somewhere; **eine Welle des Unmuts schwappte über Europa** a wave of dissatisfaction spread over Europe
Schwä·re <-, -n> [ˈʃvɛːrə] *f (veraltend geh)* festering sore
Schwarm¹ <-[e]s, Schwärme> [ʃvarm, *pl:* ˈʃvɛrmə] *m* ❶ ZOOL swarm; *Fische* shoal ❷ *(Menschenmenge)* swarm
Schwarm² <-[e]s> [ʃvarm] *m* ❶ *(fam: schwärmerisch verehrter Mensch)* heart-throb *fam;* **der Englisch- lehrer war immer mein** [**geheimer**] ~ **gewesen** I always had a [secret] crush *sl* on the English teacher ❷ *(selten: Vorliebe)* [secret] passion
schwär·men¹ [ˈʃvɛrmən] *vi sein* ❶ ZOOL to leave the nest [in swarms] ❷ *(im Schwarm fliegen)* ▪**ir- gendwo** [*or* **irgendwohin**] ~ to swarm somewhere ❸ *(sich in Mengen bewegen)* ▪**irgendwohin** ~ to swarm somewhere *fig*
schwär·men² [ˈʃvɛrmən] *vi* ❶ *haben (begeistert reden)* ▪[**von etw**] ~ to go into raptures [about [*or* over] sth]; **[über etw** *akk*] **ins S~ geraten** to go into

raptures [about [*or* over] sth] ❷ *(begeistert verehren)* ▪**für jdn** ~ to be mad [*or* crazy] about sb ❸ *(sich begeistern)* ▪**für etw** ~ to have a passion for sth
Schwär·mer <-s, -> *m* ❶ *(Schmetterling)* hawkmoth, sphinx moth ❷ *(Feuerwerkskörper)* ≈ serpent, ≈ jump- ing jack
Schwär·mer(**in**) <-s, -> *m(f)* ❶ *(sentimentaler Mensch)* sentimentalist ❷ *(Begeisterter)* enthusiast ❸ *(Fantast)* dreamer; **er ist und bleibt ein** ~ he's a dreamer and always will be
Schwär·me·rei <-, -en> [ʃvɛrməˈrai] *f* ❶ *(Wunsch- traum)* [pipe] dream ❷ *(Passion)* passion ❸ *(Begeiste- rungsreden)* **sich in** ~**en** [**über jdn/etw** *akk*] **erge- hen** *(geh)* to go into raptures [about [*or* over] sb/sth]
Schwär·me·rin <-, -nen> *f fem form von* **Schwärmer**
schwär·me·risch *adj* impassioned; ~**e Leidenschaft** enraptured passion
Schwar·te <-, -n> [ˈʃvartə, ˈʃvaːɐ̯tə] *f* ❶ KOCHK rind ❷ *(pej fam)* thick old book ▸ WENDUNGEN: **arbeiten, dass** [*o* **bis**] [**einem**] **die** ~ **kracht** *(sl)* to work until one drops, to work [*or* sweat] one's guts out *fam*
Schwar·ten·ma·gen *m* KOCHK brawn
schwarz <schwärzer, schwärzeste> [ʃvarts] **I.** *adj* ❶ *(eine tiefdunkle Färbung aufweisend)* black; **es geschah in** ~**er Nacht** it happened in the dead of night; ~**er Kaffee** black coffee; ~ **von Menschen** crowded out, packed ❷ *(fam: sehr schmutzig)* black [as an old boot]; ~**e Fingernägel haben** to have grimy fingernails; **wo bist du denn so** ~ [**am Hemd/an der Jacke**] **geworden?** where did you manage to get [your shirt/jacket] so dirty? ❸ *attr (fam: illegal)* illicit; ~**es Geld** untaxed money; **die** ~**e Benutzung von Software** the illegal [*or* illicit] use of software; **der** ~**e Besitz/Erwerb einer Schuss- waffe ist strafbar** ownership of/buying a firearm without [holding] a licence is a criminal offence; **er unterhält neben dem offiziellen noch ein** ~**es Konto** in addition to his official account he also has another [*or* a separate] one for [all] his shady deals ❹ *(selten fam: katholisch)* Catholic and conservative; **ihre Eltern waren so** ~**, dass ...** her parents were such staunch Catholics that ...; ~ **wählen** *(fam)* to vote for the Christian Democrats [in Germany] ❺ *(un- glücklich)* black; **der S~e Freitag** FIN Black Friday ❻ *(abgründig)* black; ~**er Humor** black humour; ~**e Gedanken** evil thoughts ❼ *(negrid)* black; **der S~e Erdteil** the Dark Continent ▸ WENDUNGEN: ~ **auf weiß** in black and white [*or* writing]; **bis jd** ~ **wird** *(fam)* till the cows come home; *s.a.* **Brett** *s.a.* **Erdteil** *s.a.* **Gold** *s.a.* **Kaffee** *s.a.* **Liste** *s.a.* **Mann** *s.a.* **Magie** *s.a.* **Markt** *s.a.* **Meer** *s.a.* **Messe** *s.a.* **Peter** *s.a.* **Schaf** *s.a.* **Seele** *s.a.* **Tee** *s.a.* **Tod** *s.a.* **Witwe II.** *adv* ❶ *(mit* ~*er Farbe)* black ❷ *(fam: auf illegale Weise)* illicitly; **etw** ~ **kaufen** to buy sth illicitly [*or* on the black market]; **etw** ~ **verdienen** to earn sth without paying tax on it [*or fam* on the side]; ~ **über die Grenze gehen** to cross the border illegally
Schwarz <-[es]> [ʃvarts] *nt kein pl* black; **in** ~ in black; **in** ~ **gehen** [*o* **sein**] to wear black
Schwarz·afri·ka *nt* GEOG Black Africa, sub-Saharan Africa
Schwarz·afri·ka·ner(**in**) *m(f)* Black African
schwarz·afri·ka·nisch *adj inv* Black African
Schwarz·ar·beit *f kein pl* JUR illicit work; **in** ~ **bauen** [*o* **errichten**] to build using illicit workers [*or* workers paid cash in hand] **schwarz**|**ar·bei·ten** *vi* to do illicit work, to work cash in hand **Schwarz·ar·bei- ter**(**in**) *m(f)* person doing illicit work [*or* working [for] cash in hand]; ~ **sein** to work illicitly [*or* [for] cash in hand] **schwarz**|**är·gern**ᴿᴿ *vr* **sich** *akk* [**über etw** *akk*] ~ to drive oneself mad [about sth]; **ich könnte mich darüber** ~**!** that makes me see red! **schwarz·**

äu·gig *adj* black-eyed; ■ ~ **sein** to have black eyes, to be black-eyed **Schwarz·bär** *m* ZOOL Asian black bear **schwarz·blau** *adj* blackish blue **Schwarz·blech** *nt* black plate **schwarz·braun** *adj* blackish brown **Schwarz·brot** *nt* KOCHK brown [*or* rye] bread

Schwar·ze(r) *f(m) dekl wie adj* ➊ *(Mensch)* black ➋ POL *(pej fam: Christdemokrat)* [German] Christian Democrat

Schwar·ze(s) *nt dekl wie adj* ➊ *(schwarze Masse)* ■ **etwas ~s** sth black, a black thing ➋ *(schwarze Stelle)* ■ **das ~** the bull's eye; [mit etw] **ins ~ treffen** to hit the bull's eye [with sth] *a. fig,* to hit the nail on the head *fig* ▶ WENDUNGEN: **jdm nicht das ~ unter den Fingernägeln gönnen** to begrudge sb the [very] air he/she breathes; **das kleine ~** sb's little black number

Schwär·ze <-, -n> [ˈʃvɛrtsə] *f kein pl* ➊ *(Dunkelheit)* darkness; **in der ~ der Nacht** *(geh)* in the dead of night ➋ *(Farbe)* black; **das Gesicht mit ~ einschmieren** to blacken one's face

schwär·zen [ˈʃvɛrtsn̩] *vt* ➊ *(schwarz machen)* ■ |**jdm/ sich**| **etw ~** to blacken [sb's/one's] sth ➋ SÜDD, ÖSTERR *(fam)* ■ **etw ~** to smuggle sth

Schwar·zes Meer *nt* Black Sea **schwarz|fah·ren** *vi irreg sein* ➊ *(ohne zu zahlen)* to travel without buying a ticket, to dodge paying one's fare ➋ *(ohne Führerschein)* to drive without a licence [*or* AM -se] **Schwarz·fah·rer(in)** *m(f)* ➊ *(Fahrgast ohne Fahrausweis)* fare-dodger ➋ *(Fahrer ohne Führerschein)* driver without a licence **Schwarz·geld** <-[e]s, -er> *nt (fam)* illegal earnings *npl* **schwarz·haa·rig** *adj* black-haired; ■ ~ **sein** to have black hair **Schwarz·haa·ri·ge(r)** *f(m) dekl wie adj* person with black hair **Schwarz·han·del** *m kein pl* black market **(mit** +*dat* for]; ~ [mit etw] **treiben** to deal in the black market [in sth] **Schwarz·händ·ler(in)** *m(f)* black marketeer **schwarz|hö·ren** *vi* RADIO to use a radio without a licence **Schwarz·hö·rer(in)** *m(f)* RADIO [radio] licence-dodger, sb who listens to the radio without a licence **Schwarz·kauf** *m* black-market [*or* illicit] purchase **Schwarz·kon·to** *nt* illicit account **schwärz·lich** [ˈʃvɛrtslɪç] *adj* blackish

schwarz|ma·len I. *vi* to be pessimistic II. *vt* ■ **etw ~** to paint a black [*or* gloomy] picture of sth, to be pessimistic about sth, to take a pessimistic view of sth; **er malt immer alles schwarz** he always looks on the gloomy side **Schwarz·ma·ler(in)** *m(f) (fam)* pessimist, doom-merchant *fam,* doom-monger *fam,* merchant of doom *fam* **Schwarz·ma·le·rei** [ˌʃvartsmaːləˈraɪ] *f (fam)* pessimism, doom-mongering *fam* **Schwarz·ma·le·rin** *f fem form von* **Schwarzmaler** **Schwarz·markt** *m* black market; **auf dem ~** on the black market **Schwarz·markt·preis** *m* black market price **Schwarz·pul·ver** *nt* black powder **Schwarz-Rot-Gold** [ˈʃvartsroːtˈɡɔlt] *nt* black-red-and-gold *(colours of the German flag)* **schwarz·rot·gol·den** *adj,* **schwarz-rot-gol·den**RR *adj* black-red-and-gold *(colours of the German flag);* **die ~e Fahne** the black-red-and-gold [German] flag **schwarz|se·hen** *irreg* I. *vi* ➊ TV to watch television without a licence ➋ *(pessimistisch sein)* **für jdn/etw ~** to be pessimistic about sb/sth II. *vt* **etw ~** to be pessimistic about sth, to take a pessimistic view of sth, to paint a black [*or* gloomy] picture of sth **Schwarz·seher(in)** *m(f)* ➊ *(Pessimist)* pessimist ➋ TV [television] licence [*or* AM -se-] dodger, person who watches television without a licence **Schwarz·se·he·rei** <-> *f kein pl (fam)* pessimism, doom-mongering *fam* **Schwarzse·he·rin** <-, -nen> *f fem form von* **Schwarzseher** **Schwarz·specht** *m* ORN black woodpecker **Schwarz·tee** *m* black tea

Schwär·zung <-, -en> *f* blackening *no pl*

Schwarz·wald [ˈʃvartsvalt] *m* GEOG ■ **der ~** the Black Forest

Schwarz·wäl·der [ˈʃvartsvɛldɐ] *adj inv, attr* GEOG Black Forest *attr;* ~ **Kirschtorte** Black Forest gateau; ~ **Kirschwasser** Black Forest kirsch[wasser]; **eine ~ Spezialität** a Black Forest speciality

Schwarz·wäl·der(in) <-s, -> [ˈʃvartsvɛldɐ] *m(f)* GEOG person from [*or* inhabitant of] the Black Forest

schwarz·weiß [ˈʃvartsˈvaɪs], **schwarz-weiß**RR I. *adj* FILM, FOTO, MODE black-and-white *attr,* black and white *pred* II. *adv* ➊ MODE **ein ~ gemusterter/gestreifter Rock** a skirt with a black-and-white pattern/stripes [*or* black-and-white striped skirt] ➋ FILM, FOTO ~ **filmen/fotografieren** to film/photograph in black and white ➌ *(fig)* ~ **malen** to depict in black and white [*or* black-and-white terms]; **etw ~ malen** to depict sth in black and white [*or* black-and-white terms]

Schwarz·weiß·auf·nah·me *f* black-and-white photograph **Schwarz·weiß·bild** *nt* black-and-white picture **Schwarz·weiß·fern·se·hen** *nt* black-and-white television [*or* TV] **Schwarz·weiß·fern·se·her** *m* blackand-white television [*or* TV] [set] **Schwarz·weißfilm** *m* FILM, FOTO black-and-white film **Schwarzweiß·fo·to** *nt s.* Schwarzweißaufnahme **Schwarzweiß·ma·le·rei** *f kein pl* depiction in black and white; ~ **betreiben** to depict in black and white **schwarz|wer·den**RR *vi irreg sein* KARTEN *(fam)* to get whitewashed *fam,* to lose every trick

Schwarz·wild *nt* JAGD wild boars *pl* **Schwarz·wurzel** *f* KOCHK black salsify

Schwatz <-es, -e> [ʃvats] *m (fam)* chat, natter BRIT *fam;* **einen** [**kleinen**] ~ **mit jdm halten** to have a [little [*or* BRIT *fam* wee]] chat with sb

schwat·zen [ˈʃvatsn̩], **schwät·zen** [ˈʃvɛtsn̩] SÜDD, ÖSTERR I. *vi* ➊ *(sich lebhaft unterhalten)* to talk [*or* chat] [*or* BRIT *fam* natter] ➋ *(sich wortreich auslassen)* to talk a lot ➌ *(pej: etw ausplaudern)* to blab ➍ *(im Unterricht reden)* to talk [out of turn] in class ▶ WENDUNGEN: **es wird viel geschwatzt, wenn der Tag lang ist** *(prov)* you can't believe everything you hear II. *vt* ■ **etw ~** to talk sth; **dummes Zeug ~** to talk rubbish [*or* AM trash]; **Unsinn ~** to talk nonsense

Schwät·zer(in) <-s, -> *m(f) (pej)* ➊ *(Schwafler)* windbag *fam,* blatherer BRIT *fam* ➋ *(Angeber)* boaster ➌ *(Klatschmaul)* gossip, waffler BRIT

schwatz·haft *adj (pej)* talkative, garrulous; **erzähl ihm nicht zu viel, er ist sehr ~ und kann nichts für sich behalten** you shouldn't tell him everything, he's a gossip and won't keep anything to himself

Schwatz·haf·tig·keit <-> *f kein pl* talkativeness, garrulousness

Schwe·be <-> [ˈʃveːbə] *f kein pl* etw in der ~ halten to balance sth; **sich in der ~ halten** to be balanced; **in der ~ sein** to be in the balance; **etw in der ~ lassen** to leave sth undecided; **in vollkommener ~** CHEM in full teeter

Schwe·be·bahn *f* TRANSP ➊ *(an Schienen)* overhead [*or* suspension] railway ➋ *s.* **Seilbahn** **Schwe·bebal·ken** *m* SPORT [balance] beam

schwe·ben [ˈʃveːbn̩] *vi* ➊ *haben (in der Luft gleiten)* ■ |**irgendwo**| ~ to float [somewhere]; *Drachenflieger, Vogel* to hover [somewhere]; **in Lebensgefahr ~** to be in danger of one's life; *(Patient)* to be in a critical condition; *s. a.* **Gefahr** *s. a.* **Angst** ➋ *sein (durch die Luft gleiten)* ■ |**irgendwohin**| ~ to float [somewhere]; *(an einem Seil)* to dangle [somewhere] ➌ *haben (unentschieden sein)* ■ |**noch**| ~ to [still] be in the balance; **~des Verfahren** lawsuit which is pending [*or* BRIT *sub* justice]

Schwe·be·zu·stand *m* state of uncertainty; **sich im ~ befinden** to be in a state of uncertainty

Schweb·flie·ge *f* ZOOL hoverfly

Schwe·de, Schwe·din <-n, -n> ['ʃveːdə, 'ʃveːdɪn] *m, f (Nationalität)* Swede; *s. a.* **Deutsche(r)** ▸ WENDUNGEN: **alter ~** NORDD *(fam)* my old mucker *[or* mate*]* *[or* AM buddy*] fam*

Schwe·den <-s> ['ʃveːdn̩] *nt* Sweden; *s. a.* **Deutschland**

Schwe·den·stahl *m* Swedish steel

Schwe·din <-, -nen> *f fem form von* **Schwede**

schwe·disch ['ʃveːdɪʃ] *adj* ❶ GEOG Swedish; *s. a.* **deutsch 1** ❷ LING Swedish; *s. a.* **deutsch 2** ▸ WENDUNGEN: **hinter ~en Gardinen sitzen** *(fam)* to be behind bars *fam [or* BRIT *sl* banged up*] [or* AM *sl* locked up*]*

Schwe·disch ['ʃveːdɪʃ] *nt dekl wie adj* ❶ LING Swedish; *s. a.* **Deutsch 1** ❷ *(Fach)* Swedish; *s. a.* **Deutsch 2**

Schwe·fel <-s> ['ʃveːfl̩] *m kein pl* CHEM sulphur; ▸ WENDUNGEN: **wie Pech und ~ sein** to be inseparable

Schwe·fel·di·o·xid *nt* CHEM sulphur dioxide

schwe·fel·hal·tig *adj inv* sulphur[e]ous; **~ sein** to contain sulphur

schwe·fe·lig ['ʃveːfəlɪç] *adj s.* **schweflig**

Schwe·fel·koh·len·stoff *m* CHEM carbon disulphide

schwe·feln ['ʃveːfl̩n] *vt* ▪ **etw ~** to sulphurize sth

Schwe·fel·pu·der *m* CHEM sulphur powder **Schwe·fel·säu·re** *f* CHEM sulphuric acid **Schwe·fel·was·ser·stoff** [ʃveːfl̩'vasɛʃtɔf] *m* CHEM hydrogen sulphide

schwef·lig ['ʃveːflɪç] *adj* sulphurous; **~ riechen** to smell of sulphur; *s. a.* **Säure**

Schweif <-[e]s, -e> [ʃvaif] *m* tail

schwei·fen ['ʃvaifn̩] **I.** *vi sein (geh)* to roam, to wander; **durch die Wälder ~** to roam *[or* wander*]* through the woods; **seine Blicke ~ lassen** to let one's gaze wander; *s. a.* **Ferne** **II.** *vt (fachspr)* **ein Brett ~** to cut a curve into a board

Schwei·ge·an·ruf *m* silent call **Schwei·ge·geld** *nt* hush money **Schwei·ge·marsch** *m* silent [protest] march **Schwei·ge·mi·nu·te** *f* minute's silence; **eine ~ einlegen** to hold a minute's silence

schwei·gen <schwieg, geschwiegen> ['ʃvaign̩] *vi* ❶ *(nicht sprechen)* to remain silent *[or* keep quiet*]*; **schweig, ich will kein Wort mehr hören** [that's] enough, I don't want to hear another word [from you]; **er schwieg betroffen, als er das hörte** he was so shocked he couldn't say anything; **in ~der Anklage** in silent reproach ❷ *(nicht antworten)* **auf** *[o* **zu***]* **etw ~** *akk* to say nothing in *[or* make no*]* reply to sth ❸ *(aufhören)* to stop; **endlich ~ die Waffen** the weapons have finally fallen *[or* are finally*]* silent ▸ WENDUNGEN: **ganz zu ~ von etw von etw ganz zu ~** quite apart from sth; *s. a.* **Grab**

Schwei·gen <-s> ['ʃvaign̩] *nt kein pl* silence; **das ~ brechen** to break the silence; **jdn zum ~ bringen** *(jdn mundtot machen)* to silence sb; *(euph: jdn liquidieren)* to liquidate sb ▸ WENDUNGEN: **~ im Walde** *(aufgrund von Angst)* no volunteers; **sich [über etw** *akk]* **in ~ hüllen** to maintain one's silence *[or* remain silent*] [or* keep quiet*]* [about sth]

schwei·gend **I.** *adj* silent; *s. a.* **Mehrheit** **II.** *adv* in silence; **~ verharren** to remain silent; **~ zuhören** to listen in silence *[or* silently*]*

Schwei·ge·pflicht *f* obligation to [preserve] secrecy; **die ärztliche/priesterliche ~** a doctor's/priest's duty to maintain confidentiality; **der ~ unterliegen** to be bound to maintain confidentiality

schweig·sam ['ʃvaikzaːm] *adj* ❶ *(wortkarg)* taciturn ❷ *(wenig gesprächig)* **~ sein** to be quiet

Schweig·sam·keit <-> *f kein pl* quietness, reticence

Schwein <-s, -e> [ʃvain] *nt* ❶ ZOOL pig ❷ *kein pl* KOCHK *(fam: Schweinefleisch)* pork *no indef art, no pl* ❸ *(pej fam)* **gemeiner Kerl** swine *esp dated,* bastard *fam* ❹ *(fam: unsauberer Mensch)* pig *fam* ❺ *(fam: obszöner Mensch)* lewd person, dirty bugger

BRIT *fam!* ❻ *(fam: ausgelieferter Mensch)* **[ein] armes ~** *(fam)* [a] poor devil *[or* BRIT *fam!* sod*]* ▸ WENDUNGEN: **faules ~** *(fam)* lazy devil *[or* BRIT *fam!* sod*]*; **wie ein ~ bluten** *(fam)* to bleed like a [stuck] pig; **ein ~ haben** *(fam)* to be a lucky devil *[or* BRIT *fam!* sod*]*; **[großes] ~ haben** *(fam)* to be lucky; **ein ~ haben** *(fam)* to be a lucky devil *[or* BRIT *fam!* sod*]*; **kein ~** *(fam)* nobody, not a [damn *fam*] soul; **wie die ~e** *(fam)* like pigs *fam*

Schwein·chen <-s, -> *nt dim von* **Schwein** little pig, piggy *[or* piggie*]*

Schwei·ne·bauch *m* belly of pork **Schwei·ne·bra·ten** *m* joint of pork, pork joint **Schwei·ne·fett** *nt* lard, pork fat **Schwei·ne·fleisch** *nt* pork *no indef art, no pl* **Schwei·ne·fraß** *m* *(pej fam)* pigswill, muck **Schwei·ne·fuß** *m* pig's trotter *[or* AM foot*]* **Schwei·ne·geld** *nt kein pl (fam)* packet *no def art fam* **Schwei·ne·ha·sen** *m* KOCHK larded pork filet in a creamy mushroom sauce **Schwei·ne·hund** *m (sl)* swine *esp dated,* bastard *fam!;* ▸ WENDUNGEN: **den/ seinen inneren ~ überwinden** *(fam)* to overcome one's weaker self **Schwei·ne·ma·gen** *m* pig's stomach **Schwei·ne·mas·ke** *f* KOCHK pig's head **Schwei·ne·netz** *nt* KOCHK pig's mesentery **Schwei·ne·pest** *f* ZOOL swine fever

Schwei·ne·rei <-, -en> [ʃvainəˈrai] *f (fam)* ❶ *(unordentlicher Zustand)* mess; **wer ist verantwortlich für die ~ im Bad?** who is responsible for that bloody mess in the bathroom? *fam* ❷ *(Gemeinheit)* mean *[or* dirty*]* trick; **~!** what a bummer! *sl* ❸ *(Skandal)* scandal; **ich finde, es ist eine ~, dass ...** I think it's scandalous *[or* a scandal*]* that ... ❹ *(fig: Obszönität)* smut

Schwei·ner·ne[s] *nt kein pl, decl wie adj* KOCHK *(fam)* pork *no indef art*

Schwei·ne·rü·cken *m* saddle of pork **Schwei·ne·schmalz** *nt* lard, dripping **Schwei·ne·stall** *m* [pig]sty, pigpen; ▸ WENDUNGEN: **etw sieht aus wie ein ~** *(fam)* sth looks like a pigsty; **es sieht irgendwo aus wie im** *[o* in einem*]* **~** *(fam)* sth looks *[or* is*]* like a pigsty; **hier sieht es ja aus wie in einem ~!** good heavens, this place looks like a pigsty! **Schwei·ne·sül·ze** *f* pork in aspic

Schwein·igel ['ʃvainʔiːgl̩] *m (pej fam)* ❶ *(obszöner Mensch)* dirty pig *fam* ❷ *(Ferkel)* mucky pup BRIT *fig*

schwei·nisch **I.** *adj (fam)* smutty, dirty **II.** *adv (fam)* **sich ~ aufführen/benehmen** to behave like a pig; **sich ~ hinflegeln** to loll around like a slob

Schwein·kram *m (fam)* smut *no indef art, no pl,* filth *no indef art, no pl;* **so einen ~ sehe ich mir doch nicht an** I'm not going to watch such smut *[or* filth*]*

Schweins·äug·lein *pl (fam)* [little] piggy eyes **Schweins·bors·te** *f (fam)* pig's bristle **Schweins·ha·xe, Schweins·hach·se** *f* SÜDD knuckle of pork, pork knuckle **Schweins·jung·fer** *f* ÖSTERR *(Schweinefilet)* pork filet *[or* AM fillet*]* **Schweins·kä·se** *m* pork sausage meat baked in an oblong tin **Schweins·knö·ckel** *pl* KOCHK dish of cured pig's mouth, neck, ears, trotters and spine **Schweins·le·der** *nt* pigskin **schweins·le·dern** *adj* pigskin **Schweins·ohr** *nt* ❶ ZOOL *(Schweineohr)* pig's ear ❷ KOCHK *(Gebäck)* pastry [shaped like a pig's ear] ❸ *(Pilz)* cantharellus clavatus

Schweiß <-es> [ʃvais] *m kein pl* sweat, perspiration *form;* **kalter ~** cold sweat; **jdm bricht der ~ aus** sb breaks out in a sweat; **in ~ gebadet sein** to be bathed in *[or* dripping with*]* sweat ▸ WENDUNGEN: **im ~e seines Angesichts** *(geh)* in *[or* by*]* the sweat of one's brow; **viel ~ kosten** to be really hard work

Schweiß·aus·bruch *m* [profuse] sweating *no indef art, no pl* **schweiß·be·deckt** *adj* covered *[or* bathed*]* in sweat *pred*

Schweiß·bren·ner *m* TECH welding torch **Schweiß·**

bril·le *f* TECH welding goggles *npl*
Schweiß·drü·se *f* ANAT sweat gland
schwei·ßen ['ʃvaisn̩] **I.** *vt* ■ **etw ~** TECH to weld sth **II.** *vi* TECH to weld
Schwei·ßen <-s> ['ʃvaisn̩] *nt kein pl* welding *no indef art, no pl*
Schwei·ßer(in) <-s, -> *m(f)* welder
Schweiß·fleck *m* sweat stain **Schweiß·fuß** *m meist pl* sweaty foot; **Schweißfüße haben** to have sweaty [*or fam* smelly] feet **schweiß·ge·ba·det** *adj* bathed in sweat *pred* **Schweiß·ge·ruch** *m* smell of sweat, body odour [*or* AM -or], BO
Schweiß·naht *f* TECH weld [seam [*or* joint]]
schweiß·nass^{RR} *adj inv* dripping with sweat *pred,* [very] sweaty **Schweiß·per·le** *f meist pl (geh)* bead of sweat [*or form* perspiration]
Schweiß·stel·le *f* TECH weld, welding
schweiß·trei·bend *meist inv adj* MED sudorific *spec,* causing perspiration; *(fig, hum)* arduous **schweiß·trie·fend** *adj* dripping with sweat *pred,* bathed in sweat *pred* **Schweiß·trop·fen** *m* bead [*or* drop] of sweat [*or form* perspiration]
Schweiz <-> ['ʃvaits] *f* Switzerland; **die französische/italienische ~** French-speaking/Italian-speaking Switzerland; *s. a.* **Deutschland**
Schwei·zer ['ʃvaitsɐ] *adj attr* Swiss; **Bern ist die ~ Hauptstadt** Berne is the Swiss capital [*or* capital of Switzerland]
Schwei·zer(in) <-s, -> ['ʃvaitsɐ] *m(f)* ❶ GEOG Swiss; *s. a.* **Deutsche(r)** ❷ *(Melker)* dairyman ❸ *(päpstlicher Leibgardist)* Swiss Guard
schwei·zer·deutsch ['ʃvaitsɐdɔytʃ] *adj* LING Swiss-German; *s. a.* **deutsch 2**
Schwei·zer·deutsch <-[s]> ['ʃvaitsɐdɔytʃ] *nt dekl wie adj* LING Swiss German; *s. a.* **Deutsch 1**
Schwei·zer·gar·de *f kein pl* Swiss Guard
Schwei·ze·rin <-, -nen> *f* GEOG *fem form von* **Schweizer**
schwei·ze·risch ['ʃvaitsərɪʃ] *adj* GEOG *s.* **Schweizer**
Schwel·brand *m* smouldering fire
schwe·len ['ʃveːlən] **I.** *vi* to smoulder **II.** *vt* TECH ■ **etw ~** to burn sth slowly
schwel·gen ['ʃvɛlɡn̩] *vi (geh)* ❶ *(sich gütlich tun)* to indulge oneself ❷ *(übermäßig verwenden)* ■ **in etw** *dat* ~ to over-indulge in sth; **in Erinnerungen ~** to wallow in memories
schwel·ge·risch *adj (geh)* sumptuous
Schwel·le <-, -n> ['ʃvɛlə] *f* ❶ *(Tür~)* threshold; *(aus Stein)* sill; **jds ~ betreten, seinen Fuß über jds ~ setzen** to set foot in sb's house ❷ *(Bahn~)* sleeper ❸ PSYCH *(Reizschwelle)* threshold ❹ GEOG rise ❺ BAU joist ▸ WENDUNGEN: **an der ~ stehen** [*o* **sich befinden**] to be on the threshold; **wir stehen an der ~ eines neuen Jahrtausends** we are on the threshold of a new millennium; **auf der ~ zu etw stehen** to be on the verge of sth
schwel·len¹ <schwoll, geschwollen> ['ʃvɛlən] *vi sein* ❶ MED *(anschwellen)* to swell [up]; **der Knöchel ist ja ganz geschwollen** the ankle is very swollen ❷ *(sich verstärken)* to grow ▸ WENDUNGEN: **jdm schwillt der Kamm** *(fam)* sb gets too big for their boots *fam,* sb gets cocky
schwel·len² ['ʃvɛlən] *vt (geh)* to swell out [*or* BRIT belly [out]]; **mit geschwellter Brust** [with] one's breast swelled [*or* filled] with pride
Schwel·len·angst *f* PSYCH fear of entering a place; **du willst noch immer nicht mit dem PC arbeiten? das ist nur ~, das lernst du schnell** you are still reluctant to use the PC? once you get started, you'll soon get used to it; **die ~ vor dem Kauf von etw** the fear of buying sth **Schwel·len·land** *nt* threshold country, fast-developing nation *(a developing nation*

which is on the way to becoming a developed nation) **Schwel·len·preis** *m* ÖKON threshold price
Schwell·kör·per *m* ANAT corpus cavernosum *spec,* erectile tissue
Schwel·lung <-, -en> *f kein pl (das Anschwellen)* swelling ❷ *(geschwollene Stelle)* swelling
Schwem·me <-, -n> ['ʃvɛmə] *f* ❶ *(Überangebot)* glut ❷ *(Bad für Tiere)* watering place ❸ *(Kneipe)* bar
schwem·men ['ʃvɛmən] *vt* to wash ashore; **an Land/an den Strand/ans Ufer ~** to wash ashore/onto the beach/onto the riverbank; **Tiere ~** to water cattle; **Pelze ~** to soak hides
Schwen·gel <-s, -> ['ʃvɛŋl̩] *m* ❶ *(an Pumpe)* handle ❷ *(Klöppel)* clapper
Schwenk <-[e]s, -s> [ʃvɛŋk] *m* ❶ TV *(Schwenkbewegung)* pan, panning movement ❷ *(Richtungsänderung)* wheeling about [*or* round] [*or* AM around] *no indef art, no pl* ❸ *(Änderung der Politik)* about-face, U-turn
Schwenk·arm *m* TECH swivel arm
schwenk·bar **I.** *adj* swivelling, swiveling AM; **eine ~e Kamera** a swivel-mounted camera; **eine ~e Lampe** a swivel lamp **II.** *adv* **etw ~ befestigen** to set up *sep/* mount sth so that it can swivel
schwen·ken ['ʃvɛŋkn̩] **I.** *vt haben* ❶ *(mit etw wedeln)* ■ **etw ~** to wave [*or* flourish] sth ❷ *(die Richtung verändern)* ■ **etw ~** to swivel sth; *Kamera* to pan sth; *Mikrofon* to swing round [*or* AM around] sth *sep* ❸ *(spülen)* ■ **etw [in etw] ~** *dat* to rinse sth [in sth]; **den Pullover in handwarmem Wasser ~** to rinse the pullover in hand-hot water ❹ KOCHK *(hin und her bewegen)* ■ **etw [in etw] ~** *dat* to toss sth [in sth]; **das Gemüse in Butter ~** to toss the vegetables in butter; *s. a.* **Arm II.** *vi* ❶ *sein (zur Seite bewegen)* to wheel [about [*or* round]] [*or* AM around] ❷ *haben (sich richten)* to pan ❸ MIL **links/rechts schwenkt, marsch!** left/right wheel, march!
Schwen·ker <-s, -> ['ʃvɛŋkɐ] *m* brandy [*or* BRIT balloon] glass
Schwenk·kas·se·rol·le *f,* **Schwenk·pfan·ne** *f* sauté pan
Schwen·kung <-, -en> *f s.* **Schwenk**
schwer <schwerer, schwerste> [ʃveːɐ] **I.** *adj* ❶ *(nicht leicht)* heavy; ■ **20/30 kg ~ sein** to weigh 20/30 kg; **~ wie Blei** as heavy as lead; **ihm ist ~ ums Herz** he is heavy-hearted ❷ *(beträchtlich)* serious; **~e Bedenken** strong [*or* serious] reservations; **eine ~e Enttäuschung** a deep [*or* great] [*or* bitter] disappointment; **ein ~er Fehler** [*o* **Irrtum**] a serious [*or* bad] mistake; **ein ~er Mangel** an acute shortage; **~e Mängel aufweisen** to be faulty, to be badly defective; **ein ~er Schaden** extensive [*or* serious] [*or* severe] damage; **ein ~es Unrecht** a blatant [*or* gross] [*or* rank] injustice; **eine ~e Verletzung** a serious [*or* bad] [*or* severe] injury; **ein ~er Verlust** a bitter loss; **eine ~e Verwundung** a serious [*or* severe] wound; **~e Verwüstung[en] anrichten** to cause utter [*or* complete] [*or* total] devastation ❸ *(hart)* hard; **ein ~es Amt** a difficult [*or* hard] task; **eine ~e Bürde** a heavy burden; **ein ~es Schicksal** a cruel fate; **eine ~e Strafe** a harsh [*or* severe] punishment; **eine ~e Zeit** a hard [*or* difficult] time ❹ *(körperlich belastend)* serious, grave; **eine ~e Geburt/Operation** a difficult [*or* complicated] birth/operation; **ein ~es Leiden** a terrible affliction [*or* illness]; **ein ~er Tod** a painful death; **ein ~er Unfall** a bad [*or* serious] accident; **S~es mitmachen** [*o* **durchmachen**] to live through hard [*or* difficult] times ❺ *(schwierig)* hard, difficult; **die Rechenaufgaben sind heute besonders ~** today's sums are particularly tricky; **ein ~er Moment** a difficult moment; **eine ~e Lektüre/eine ~e Musik** heavy reading/music ❻ *attr (fam: heftig)*

heavy; **ein ~es Gewitter/ein ~er Sturm** a violent [or severe] [or heavy] thunderstorm/storm; **eine ~e Welle** a high [or tall] wave ⑦ *attr (stürmisch)* **eine ~e See** a heavy [or rough] [or stormy] sea ⑧ *attr* AUTO *(groß)* big, large; **ein ~er Lkw** a heavy truck ⑨ *attr* MIL *(große Kaliber aufweisend)* heavy ⑩ *(gehaltvoll) Essen* heavy; *Likör, Wein, Zigarre* strong ⑪ *(intensiv)* strong; **ein ~er Duft/ein ~es Parfüm** a pungent scent/perfume ⑫ *(lehmig)* **~er Boden** heavy [or hard] soil ⑬ *(fam: reich)* **1/2/... Millionen ~ sein** to be worth 1/2/... million ⑭ *(massiv)* solid; **aus ~em Gold** [made of] solid gold; **ein ~er Stoff** a heavy cloth; **ein ~er Boden** rich soil ⑮ *(feucht)* **~e Luft** oppressively humid air; *s. a.* **Geschütz** *s. a.* **Schlag** *s. a.* **Wasser II.** *adv* ❶ *(hart)* hard; **~ arbeiten** to work hard; **etw ~ büßen müssen** to pay a heavy price [or penalty] for sth; **sich etw ~ erkämpfen müssen** to have to fight hard for sth; **es ~ haben** to have it hard [or a hard time [of it]]; **es ~ [mit jdm] haben** to have a hard time [of it] [with sb]; **jdm ~ zu schaffen machen** to give sb a hard time; **~ [an etw] zu tragen haben** to have a heavy cross to bear [as a result of sth] ❷ *(mit schweren Lasten)* heavily; **~ bepackt [o beladen] sein** to be heavily laden; **~ zu tragen haben** to have a lot [or a heavy load] to carry ❸ *(fam: sehr)* deeply; **sich ~ in Acht nehmen** [o **hüten**] to take great care; **~ beleidigt sein** to be deeply offended; **~ betrunken** dead drunk; **etw ~ missbilligen** to strongly disapprove of [or object to] sth ❹ *(mit Mühe)* with [great] difficulty; **~ abbaubare Materialien/Verpackungen** materials/packaging which do/does not decompose [or degrade] very easily; **~ erarbeitet** hard-earned; **~ erziehbar** maladjusted, recalcitrant; **ein ~ erziehbares Kind** a problem child; **~ löslich** not easily dissoluble; **~ verdaulich** [o **verträglich**] indigestible, difficult [or hard] to digest; *(fig: schwierig, düster)* indigestible, heavy-going *attr,* heavy going *pred;* **~ zu begreifen/verstehen** difficult to understand; **du musst lauter sprechen, sie hört ~** you'll have to speak up, she's [very] hard of hearing ❺ *(fam: umfänglich)* **jdn ~ zur Kasse bitten** to hit sb hard in the [back] pocket *fig;* **jdn ~ schröpfen** to fleece sb big time *sl;* **~ verdienen** to earn a packet *fam* ❻ *(ernstlich)* seriously; **~ behindert** [o **beschädigt**] severely handicapped [or disabled]; **sich ~ erkälten** to catch a bad [or heavy] cold; **~ erkrankt sein** to be seriously [or desperately] [or gravely] ill; **~ gestürzt sein** to have had a bad fall; **~ krank** MED seriously [or desperately] [or gravely] ill; **~ verletzt** seriously [or badly] [or severely] injured; **sich ~ verletzen** to seriously [or badly] [or severely] injure oneself; **~ verunglückt sein** to have had a bad [or serious] accident; **~ wiegend** serious; **~ wiegende Bedenken** strong [or serious] reservations; **eine ~ wiegende Entscheidung, ein ~ wiegender Entschluss** a momentous decision; **ein ~ wiegender Grund** a sound [or convincing] [or compelling] reason ❼ *(schwierig)* difficult, not easy; **~ verständlich** *(kaum nachvollziehbar)* scarcely comprehensible; *(kaum zu verstehen)* hard [or difficult] to understand *pred;* **sich etw zu ~ machen** to make sth too difficult for oneself [or more difficult than it need be]; **[jdm] etw ~ machen** to make sth difficult [for sb]; **es [jdm] ~ machen, etw zu tun** to make it difficult [for sb] to do sth; **jdm das Herz ~ machen** to make sb's heart heavy [or sad]; **jdm das Leben ~ machen** to make life difficult for sb ❽ *(hart)* severely; **~ bewaffnet sein** to be heavily armed; *s. a.* **Ordnung**

Schwer·ar·beit *f kein pl* heavy work, heavy labour [or AM -or] **Schwer·ar·bei·ter(in)** *m(f)* heavy worker, heavy labourer [or AM -orer] **Schwer·ath·let(in)** *m(f)* sportsman/sportswoman who is active in the fields of weight-lifting, wrestling or any other sport requiring great strength **Schwer·ath·le·tik** *f* weight-lifting, wrestling or any other sport requiring great strength **Schwer·ath·le·tin** *f fem form von* **Schwerathlet** **Schwer·be·hin·der·te(r)** *f(m) dekl wie adj* severely handicapped [or disabled] person **Schwer·be·schä·dig·te(r)** <-n, -n> *f(m) dekl wie adj* MED, ADMIN *(veraltet)* seriously disabled person

Schwe·re <-> ['ʃveːrə] *f kein pl* ❶ JUR *(Härte)* seriousness, gravity; **die ~ der Strafe** the severity of the punishment ❷ MED *(ernste Art)* seriousness, severity ❸ *(Schwierigkeit)* difficulty; **einer Aufgabe a.** complexity ❹ *(Gewicht)* heaviness, weight; **das Gesetz der ~** the law of gravity ❺ *(Intensität) eines Parfüms* pungency ❻ *(Gehalt) von Wein* body ❼ *(Luftfeuchtigkeit)* heaviness

Schwe·re·feld *nt* PHYS gravitational field, field of gravity

schwe·re·los *adj* PHYS weightless

Schwe·re·lo·sig·keit <-> *f kein pl* PHYS weightlessness

Schwe·re·nö·ter <-s, -> ['ʃveːrənøːtɐ] *m (veraltend geh)* ladykiller, Casanova

schwer|fal·len *vi irreg sein* ▪ **es fällt [jdm] schwer, etw zu tun** it is difficult [or hard] for sb to do sth; ▪ **etw fällt jdm schwer** sth is difficult [or hard] for sb [to do], sb has difficulty doing sth; **diese Entscheidung ist mir sehr schwer gefallen** this was a very difficult decision for me to make

schwer·fäl·lig <-er, -ste> **I.** *adj* ❶ *(ungeschickt)* awkward, clumsy ❷ *(umständlich)* pedestrian, ponderous **II.** *adv* awkwardly, clumsily

Schwer·ge·wicht *nt* ❶ *(Gewichtsklasse)* heavyweight ❷ *(Sportler)* heavyweight ❸ *(Schwerpunkt)* emphasis

schwer·ge·wich·tig *adj inv* heavy **Schwer·ge·wicht·ler(in)** <-s, -> *m(f)* s. **Schwergewicht**

schwer·hö·rig *adj inv* hard of hearing *pred;* **sich ~ stellen** to turn a deaf ear *fig* **Schwer·hö·rig·keit** *f kein pl* MED hardness of hearing **Schwer·in·dus·trie** *f* heavy industry **Schwer·kraft** *f kein pl* PHYS gravity **Schwer·kran·ke(r)** *f(m) dekl wie adj* MED seriously [or dangerously] [or gravely] ill person **Schwer·kri·mi·nel·le(r)** *f(m) dekl wie adj* criminal, felon *spec*

schwer·lich *adv* hardly, scarcely

Schwer·me·tall *nt* CHEM heavy metal

Schwer·mut <-> *f kein pl* melancholy

schwer·mü·tig <-er, -ste> ['ʃveːɐmyːtɪç] *adj* melancholic *form,* melancholy

schwer|neh·men *vt irreg* ▪ **etw ~** to take sth hard [or too much] to heart]; **das Leben ~** to take life [too] seriously

Schwer·öl *nt* CHEM heavy oil [or fuel]

Schwer·punkt *m* ❶ *(Hauptgewicht)* main emphasis; **auf etw den ~ legen** *akk* to put the main emphasis [or stress] on sth; **~e setzen** to establish [or set] priorities; **den ~ [auf etw] verlagern** *akk* to shift the emphasis [onto sth] ❷ PHYS centre [or AM -er] of gravity

schwer·punkt·mä·ßig I. *adj inv, attr* **ein ~er Streik** a pinpoint [or selective] strike **II.** *adv* selectively; **etw ~ abhandeln** to focus on sth

Schwer·punkt·streik *m* pinpoint [or selective] strike

schwer·reich *adj inv, attr (fam)* stinking [or AM filthy] rich *fam*

Schwert <-[e]s, -er> [ʃveːɐt] *nt* ❶ *(Hieb- und Stichwaffe)* sword; **einschneidiges/zweischneidiges ~** single-edged/double-edged [or two-edged] sword; **das ~ ziehen** [o *geh:* **zücken**] to draw one's sword ❷ NAUT centreboard [or AM -er-] ▶ WENDUNGEN: **das ~ des Damokles hängt** [o **schwebt**] **über jdm** the sword of Damocles is hanging above sb's head; **ein zweischneidiges ~ sein** to be a double-edged sword *fig* [or cut two ways]

Schwert·blatt *nt* blade [of a sword] **Schwert·**

boh·ne f broad bean **Schwert·fisch** m ZOOL sword-fish **Schwert·li·lie** f BOT iris **Schwert·schei·de** f sheath [for a sword] **Schwert·schlu·cker(in)** <-s, -> m(f) sword-swallower **Schwert·spit·ze** f point [of a sword]

schwer|tun vr irreg ■ **sich bei** [o **mit**] **etw** dat ~ to have trouble with sth, to make heavy weather of sth fam; ■ **sich mit jdm** ~ to have trouble [getting along] with sb

Schwert·wal m ZOOL killer whale

Schwer·ver·bre·cher(in) m(f) JUR serious offender **Schwer·ver·kehrs·ab·ga·be** f road-user charge for trucks, truck tolls **Schwer·ver·letz·te(r)** f(m) dekl wie adj MED seriously [or badly] injured person **Schwer·ver·wun·de·te(r)** f(m) dekl wie adj MIL seriously wounded person

Schwes·ter <-, -n> ['ʃvɛstɐ] f ❶ (weibliches Geschwisterteil) sister ❷ (Krankenschwester) nurse ❸ (weibliches Gemeindemitglied) sister ❹ REL (Nonne) nun

Schwes·ter·chen <-s, -> nt dim von **Schwester 1** little [or baby] sister

Schwes·ter·herz nt (fam) dear sister; **hallo, ~, schön, dich mal wieder zu sehen!** hello, sister dear, it's [so] lovely to see you again!

Schwes·ter·lein <-s, -> nt (liter) s. **Schwesterchen**

schwes·ter·lich I. adj sisterly II. adv **sich ~ lieben/~ verbunden sein/zusammenhalten** to love each other in a sisterly way [or be like [or as close as] sisters] /have a sisterly relationship/stick together like sisters

Schwes·tern·hel·fe·rin f nursing auxiliary BRIT **Schwes·tern·or·den** m REL sisterhood **Schwes·tern·wohn·heim** nt nurses' home [or hostel]

Schwes·ter·schiff nt NAUT sister ship

schwieg [ʃviːk] imp von **schweigen**

Schwie·ger·el·tern ['ʃviːɡɐ-] pl parents-in-law pl **Schwie·ger·mut·ter** f mother-in-law **Schwie·ger·sohn** m son-in-law **Schwie·ger·toch·ter** f daughter-in-law **Schwie·ger·va·ter** m father-in-law

Schwie·le <-, -n> ['ʃviːlə] f ❶ (verdickte Hornhaut) callus; **~n an den Händen haben** to have calluses on one's hands ❷ (Vernarbung) weal, callus

schwie·lig ['ʃviːlɪç] adj callous

schwie·rig ['ʃviːrɪç] I. adj ❶ (nicht einfach) difficult, hard; **eine ~e Prüfung** a difficult exam ❷ (verwickelt) complicated; **eine ~e Situation** a tricky situation ❸ (problematisch) complex; **ein ~er Fall sein** to be a problematic[al] case; **ein ~er Mensch** a difficult person II. adv with difficulty

Schwie·rig·keit <-, -en> f ❶ kein pl (Problematik) difficulty; eines Falles problematical nature; einer Lage, eines Problems complexity; einer Situation trickiness; **mit [einiger]** ~ with [some] difficulty ❷ pl (Probleme) problems pl; **finanzielle ~en** financial difficulties pl; **jdn in ~en bringen** akk to get sb into trouble; **in ~en geraten** [o **kommen**] to get into difficulties [or trouble] [or fam hot water]; **[jdm] ~en machen** [o **bereiten**] to make trouble [for sb], to give sb trouble; **[jdm] keine ~en machen** [o **bereiten**] to be no trouble [for sb]; **ohne ~en** without any difficulty [or problems]

Schwie·rig·keits·grad m degree of difficulty; SCH level of difficulty

schwill [ʃvɪl] imper sing von **schwellen**

Schwimm·bad nt swimming-pool, swimming bath[s pl], BRIT; **ins ~ gehen** to go swimming **Schwimm·be·cken** nt [swimming-]pool **Schwimm·bla·se** f ZOOL air bladder, swimming bladder **Schwimm·bril·le** f goggles npl

schwim·men <schwamm, geschwommen> ['ʃvɪmən] I. vi ❶ sein (sich im Wasser fortbewegen) to swim; **ich kann nicht ~** I can't swim; **~ gehen** to go swimming ❷ haben (fam: sich in einer Flüssigkeit bewe-

gen) ■ **auf etw** dat [o **in etw** dat] ~ to float on/in sth; **auf** [o **in**] **der Suppe schwimmt eine Fliege** there's a fly [floating] in the soup ❸ haben (unsicher sein) to be at sea, to flounder ❹ haben (nass sein) to be awash [or flooded]; **pass auf, dass nicht wieder der ganze Boden schwimmt, wenn du gebadet hast!** mind you don't drench the bathroom floor again when you have your bath! ❺ haben s. **verschwimmen** ► WENDUNGEN: **in Geld** ~ to be rolling in money fam [or fam it]; **mit/gegen den Strom** ~ to swim with/against the current usu fig; s. a. **Auge** II. vt sein o haben ■ **etw** ~ to swim sth; **in welcher Zeit schwimmst du die 100 Meter?** how fast can you [or how long does it take you to] swim [the] 100 metres?

Schwim·men <-s> ['ʃvɪmən] nt kein pl swimming no art; ► WENDUNGEN: **ins ~ geraten** [o **kommen**] to get out of one's depth fig

Schwim·mer <-s, -> ['ʃvɪmɐ] m TECH float

Schwim·mer(in) <-s, -> ['ʃvɪmɐ] m(f) (schwimmender Mensch) swimmer; **~ sein** to be a swimmer [or able to swim]

Schwim·mer·be·cken nt swimmers' pool

Schwim·me·rin <-, -nen> f fem form von **Schwimmer**

Schwimm·flos·se f flipper **Schwimm·flü·gel** m SPORT water wing, float **Schwimm·fuß** m ZOOL meist pl web-foot, webbed foot, palmiped[e] spec **Schwimm·hal·le** f indoor [swimming-]pool, swimming-bath[s pl] BRIT **Schwimm·haut** f ORN web **Schwimm·kä·fer** m ZOOL water beetle **Schwimm·leh·rer(in)** m(f) swimming instructor **Schwimm·sport** m swimming no indef art **Schwimm·stil** m stroke **Schwimm·un·ter·richt** m swimming lessons pl [or instruction] **Schwimm·vo·gel** m ORN water bird, waterfowl, palmiped[e] spec **Schwimm·wes·te** f life jacket

Schwin·del <-s> ['ʃvɪndl̩] m kein pl ❶ (Betrug) swindle, fraud; **es war alles** ~ it was all a [big] swindle [or fraud]; **alles ~!** it's all lies! ❷ MED dizziness, giddiness, vertigo; **in ~ erregender Höhe** high enough to cause dizziness [or giddiness] [or vertigo] [or to make one [feel] dizzy [or giddy]], at a vertiginous height form; **mit ~ erregender Geschwindigkeit** at breathtaking speed; **~ erregend** (fig) astronomical ► WENDUNGEN: **der ganze** ~ (pej fam) the whole lot [or sl caboodle] [or BRIT sl shoot]

Schwin·del·an·fall m MED attack of dizziness [or giddiness] [or vertigo], dizzy turn fam

Schwin·de·lei <-, -en> [ʃvɪndə'lai] f (fam) ❶ (kleine Lüge) lying no indef art, no pl; **eine kleine** ~ a fib [or little lie] ❷ (kleine Betrügerei) fiddle **schwin·del·frei** adj inv ■ ~ **sein** to have a [good] head for heights [or not suffer from vertigo] **Schwin·del·ge·fühl** nt feeling of dizziness [or giddiness] [or vertigo]

schwin·de·lig ['ʃvɪndəlɪç] adj pred ❶ ■ [von etw] **werden/sein** to get [or become] [or be dizzy [or giddy] because of sth ❷ s. **Schwindel 2**

schwin·deln ['ʃvɪndl̩n] I. vi ❶ (fam: lügen) to lie; **das glaube ich nicht, du schwindelst!** I don't believe it, you're having me on! fam; ■ **das S~** lying ❷ (schwindlig sein) to be dizzy; **in ~der Höhe** at a dizzy height; **jdn ~ machen** to make sb feel dizzy [or giddy] II. vt (fam) ❶ (etw Unwahres sagen) ■ **etw** ~ to lie about sth; ■ **etw ist geschwindelt** sth is a pack of lies ❷ (schmuggeln) **etw durch den Zoll** ~ to smuggle sth through customs III. vr (fam) ■ **sich [durch etw]** ~ to wangle one's way [through sth] fam; **sich durch eine Kontrolle/den Zoll** ~ to kid one's way through a checkpoint/customs; **sich durchs Leben** ~ to con [or BRIT kid] one's way through life IV. vi impers ■ **jdm schwindelt [es]** sb feels dizzy [or giddy]

schwin·den <schwand, geschwunden> [ˈʃvɪndn̩] *vi sein* ❶ *(geh: abnehmen)* to run out, to dwindle; **im S~ begriffen sein** to be running out [*or* dwindling] ❷ *(vergehen)* ▪ **etw schwindet** sth is fading away; *Effekt, [schmerzstillende] Wirkung* to be wearing off; *Erinnerung, Hoffnung* to be fading [away]; *Interesse* to be flagging [*or* waning]; *Kräfte* to be fading [away] [*or* failing]; *Lebensmut, Mut, Zuversicht* to be failing; **die Sinne ~ jdm** sb feels faint ❸ *(geh: dahingehen) Jahre* to pass ❹ *(fachspr)* to contract, to shrink, to decrease; ELEK to fade

Schwind·ler(in) <-s, -> [ˈʃvɪndlɐ] *m(f)* ❶ *(Betrüger)* swindler, con man *fam* ❷ *(fam: Lügner)* liar

schwind·lig [ˈʃvɪndlɪç] *adj s.* **schwindelig**

Schwind·sucht *f* MED *(veraltend: Tuberkulose)* consumption, pulmonary tuberculosis; **die ~ haben** to have consumption [*or* pulmonary tuberculosis], to be consumptive

schwind·süch·tig *adj* MED *(veraltend)* consumptive

Schwin·ge <-, -n> [ˈʃvɪŋə] *f* ❶ *(geh)* wing, pinion *poet* ❷ TECH *(im Getriebe)* tumbler lever; *(in der Mechanik)* crank

schwin·gen <schwang, geschwungen> [ˈʃvɪŋən] **I.** *vt haben* ❶ *(mit etw wedeln)* ▪ **etw schwingen** to wave sth ❷ *(mit etw ausholen)* ▪ **mit etw ~** to brandish sth; **er schwang die Axt** he brandished the axe ❸ *(hin und her bewegen)* ▪ **jdn/etw ~** to swing sb/ sth; **der Dirigent schwingt seinen Taktstock** the conductor flourishes his baton; **Fahnen ~** to wave flags; **das Tanzbein ~** to shake a leg *fig* ❹ AGR *Flachs* ~ to poken [*or* swingle] flax; *s. a.* **Becher II.** *vi haben o sein* ❶ *(vibrieren)* to vibrate; *Brücke* to sway; **etw zum S~ bringen** to make sth [*or* cause sth to] vibrate ❷ *(pendeln)* ▪ **[an etw] [irgendwohin] ~** *dat* to swing [somewhere] [on sth]; **im Sport mussten wir heute an die Ringe und ~** we had to swing on the rings in PE today ❸ *(geh: mitschwingen)* ▪ **etw schwingt [in etw]** *dat* sth can be heard [*or* detected] [in sth]; **in seinen Worten schwang eine gewisse Bitterkeit** his words hinted at a certain bitterness ❹ PHYS *Wellen* to oscillate ❺ SCHWEIZ *(ringen)* wrestle; *s. a.* **Rede III.** *vr haben* ❶ *(sich schwungvoll bewegen)* ▪ **sich auf/in etw** *akk* ~ to jump [*or* leap] onto/ into sth; **sich aufs Fahrrad ~** to hop on one's bike; **sich auf den Thron ~** *(fig)* to usurp the throne ❷ *(schwungvoll überspringen)* ▪ **sich über etw ~** *akk* to jump [*or* leap] over sth; *Turner* to vault [sth] ❸ *(geh: sich ausgedehnt erstrecken)* ▪ **sich ~** to stretch out; *s. a.* **Luft**

Schwin·ger <-s, -> [ˈʃvɪŋɐ] *m* ❶ *(beim Boxen)* swinging blow, haymaker *sl* ❷ SCHWEIZ *s.* **Ringer**

Schwing·tür *f* swing door

Schwin·gung <-, -en> *f* ❶ PHYS oscillation; **in ~ geraten** to begin to vibrate; **[etw] in ~ versetzen** to set [sth] swinging ❷ *(Regung)* stirring; **seelische ~en** inner stirrings

Schwips <-es, -e> [ʃvɪps] *m (fam)* tipsiness *no indef art, no pl;* **einen ~ haben/bekommen** to be/get tipsy

schwir·ren [ˈʃvɪrən] *vi sein* ❶ *(surren) Mücken, Bienen* to buzz; *Vogel* to whir[r]; *s. a.* **Kopf** ❷ *(sich verbreiten)* to buzz, to fly about, AM around ❸ *(fam: sich begeben)* ▪ **irgendwohin ~** to whizz *fam* [*or fam* pop] [*or* BRIT *fam* nip] somewhere; **sie kam ins Zimmer geschwirrt** she popped into the room

Schwitz·bad *nt* steam bath, sweating bath

Schwit·ze <-, -n> [ˈʃvɪtsə] *f* KOCHK roux

schwit·zen [ˈʃvɪtsn̩] **I.** *vi* ❶ *(Schweiß absondern)* to sweat [*or form* perspire] ❷ *(Kondenswasser absondern)* to steam [*or* become steamed] up ❸ *(brüten)* to sweat over sth; **er schwitzt noch immer über der schwierigen Rechenaufgabe** he's still sweating over

the difficult sums **II.** *vr* **sich nass ~** to get soaked with [*or* bathed in] sweat **III.** *vt* KOCHK **Mehl in Butter ~** to brown flour in hot butter ▸ WENDUNGEN: **Blut und Wasser ~** to sweat blood

Schwit·zen <-s> [ˈʃvɪtsn̩] *nt kein pl* sweating *no indef art,* perspiring *no indef art esp form;* **ins ~ geraten** [*o* **kommen**] to start to sweat [*or form* perspire]

Schwitz·fleck *m* sweat mark **Schwitz·kas·ten** *m (Griff)* headlock; ▸ WENDUNGEN: **jdn im ~ haben** to have sb in a headlock; **jdn in den ~ nehmen** to get sb in a headlock [*or* put a headlock on sb]

Schwof <-[e]s, -e> [ʃvoːf] *m (fam)* dance, bop BRIT *fam,* hop *dated fam*

schwo·fen [ˈʃvoːfn̩] *vi (fam)* ▪ **|mit jdm|** ~ to dance [*or* BRIT *fam* bop] [with sb]

schwoll [ʃvɔl] *imp von* **schwellen**

schwö·ren <schwor, geschworen> [ˈʃvøːrən] **I.** *vi* ❶ *(einen Eid leisten)* to swear; **auf die Verfassung ~** to swear on the constitution ❷ *(fam: verfechten)* ▪ **|auf jdn/etw|** ~ to swear |by sb/on [*or* by] sth|; **er schwört auf Vitamin C** he swears by vitamin C **II.** *vt* ❶ *(etw beeiden)* ▪ **etw ~** to swear sth; **ich könnte ~/ich hätte ~ können, dass ich das Fenster zugemacht habe/hatte** I could have sworn [that] I closed the window ❷ *(fest versichern)* ▪ **jdm etw ~** to swear sth to sb; **jdm ~, etw zu tun** to swear [to sb] to do sth **III.** *vr (fam: sich vornehmen)* ▪ **sich** *dat* **etw geschworen haben** to have sworn sth [to oneself]

schwul [ʃvuːl] *adj (fam)* gay *fam,* queer *pej sl*

schwül [ʃvyːl] *adj* ❶ METEO sultry, close, muggy *fam* ❷ *(beklemmend) Stimmung, Atmosphäre* oppressive ❸ *(geh: betörend)* ▪ **~er Duft/~e Träume** sultry [*or* sensual] scent/dreams

Schwü·le <-> [ˈʃvyːlə] *f kein pl* METEO sultriness, closeness, mugginess *fam*

Schwu·le(r) *m dekl wie adj (fam)* gay *fam,* queer *pej sl,* shirtlifter BRIT *pej sl,* faggot AM

Schwu·len·sze·ne *f* gay scene *fam*

Schwu·li·tät <-, -en> [ʃvuliˈtɛːt] *f meist pl (fam)* ❶ *(Schwierigkeiten)* difficulty, trouble *no pl;* **jd in ~en bringen** to get sb into trouble [*or* BRIT *fam* land sb in it]; **in ~en geraten** [*o* **kommen**] to get into a fix *fam* [*or* trouble] ❷ *kein pl* DIAL *(Erregung)* fury

Schwulst <-[e]s> [ʃvʊlst] *m kein pl (pej)* |over-|ornateness, floridity, floridness

schwuls·tig [ˈʃvʊlstɪç] *adj* ❶ *(geschwollen)* swollen, puffed up ❷ ÖSTERR *(schwülstig)* |over-|ornate, florid

schwüls·tig [ˈʃvʏlstɪç] **I.** *adj (pej)* |over-|ornate, florid; **eine ~e Formulierung** bombastic [*or* pompous] wording; **eine ~e Redeweise/ein ~er Stil** a bombastic [*or* pompous] manner of speaking/style **II.** *adv (pej)* bombastically, pompously

Schwund <-[e]s> [ʃvʊnt] *m kein pl* ❶ *(Rückgang)* decline, decrease; *Bestände, Vorräte* dwindling ❷ *(Gewichtsverringerung)* weight loss; *(Schrumpfung)* shrinkage ❸ MED *der Muskulatur* atrophy ❹ RADIO *(Fading)* fading

Schwung <-[e]s, Schwünge> [ʃvʊŋ, *pl:* ˈʃvʏŋə] *m* ❶ *(schwingende Bewegung)* swing[ing movement]; **~ holen** to build up [*or* gain] momentum ❷ *kein pl (Antriebskraft)* drive, verve; **etw in ~ bringen** *akk (fam)* to knock [*or* whip] sth into shape; **in ~ kommen** *(fam)* to get going; **[richtig] in ~ sein** *(fam: in Fahrt)* to be in full swing; *(reibungslos funktionieren)* to be doing really well ❸ *(Linienführung)* sweep ❹ *(fam: größere Anzahl)* stack *fam,* pile *fam,* sackful; *Besucher, Gäste, Touristen* batch, bunch

Schwung·fe·der *f* ORN wing feather

schwung·haft **I.** *adj* flourishing, booming, thriving; **~er Handel** flourishing [*or* roaring] trade **II.** *adv* **sich ~ entwickeln** to be booming

Schwung·rad nt TECH flywheel

schwung·voll I. adj ① *(weit ausholend)* sweeping ② *(mitreißend)* lively; **eine ~e Ansprache/Rede** a passionate [*or* rousing] [*or* stirring] speech; **das ~e Spiel eines Orchesters** the invigorating playing of an orchestra II. adv lively

Schwur <-[e]s, Schwüre> [ʃvuːɐ̯] m ① *(feierliches Versprechen)* vow ② *(Eid)* oath; **einen ~ leisten** to take [*or* make] a vow

Schwur·ge·richt nt JUR court with a jury

Schwyz <-> [ˈʃviːts] nt GEOG Schwyz

Sci·ence·fic·tionᴿᴿ f, **Sci·ence·Fic·tion**ᴿᴿ f, **Sci·ence-fic·tion**ᴬᴸᵀ <-, -s> [ˈsaɪənsˈfɪkʃn̩] f LIT science fiction, sci-fi fam

Sci·ence·fic·tion·filmᴿᴿ m, **Sci·ence·Fic·tion-Film**ᴿᴿ m, **Sci·ence·fic·tion·Film**ᴬᴸᵀ [ˈsaɪənsˈfɪkʃn̩-] m science-fiction [*or* fam sci-fi] film **Sci·ence·fic·tion·ro·man**ᴿᴿ m, **Sci·ence·Fic·tion-Ro·man**ᴿᴿ m, **Sci·ence·fic·tion-Ro·man**ᴬᴸᵀ [ˈsaɪənsˈfɪkʃn̩-] m science-fiction [*or* fam sci-fi] novel

Sci·en·to·lo·gy(**-Kir·che**) <-> [saɪənˈtɔlɔdʒi] f kein pl [Church of] Scientology no pl

Screen·shot <-s, -s> [ˈskriːnʃɔt] m FILM *(fachspr)* screenshot

Scyl·la <-> [ˈstsʏla] f kein pl s. Szylla

SDI <-> Akr von **Strategic Defense Initiative** SDI

Seal <-, -s> [ziːl] m o nt seal[skin]

Sé·ance <-, -n> [zeˈãːs(ə)] f seance; **eine ~ abhalten** to hold [*or* conduct] a seance

sec f Abk von **Sekunde** sec

sechs [zɛks] adj six; s. a. **acht**[1]

Sechs <-, -en> [zɛks] f ① *(Zahl)* six ② KARTEN six; s. a. **Acht**[1] **4** ③ *(auf Würfel)* **lauter ~en würfeln** to throw nothing but sixes ④ *(Verkehrslinie)* ■ **die ~** the [number] six ⑤ SCH *(schlechteste Zensur)* bottom [*or* lowest] mark [*or* AM grade] ⑥ SCHWEIZ *(beste Zensur)* top [*or* highest] mark [*or* AM grade]

Sechs·eck nt hexagon **sechs·eckig** adj hexagonal

sechs·ein·halb [ˈzɛksʔaɪnˈhalp] adj ① *(Bruchzahl)* six and a half ② *(fam: 6.500 Euro)* six and a half grand sl

Sech·ser <-s, -> [ˈzɛksɐ] m ① SCH *(fam: die Note Ungenügend)* unsatisfactory [mark [*or* AM grade]] ② *(6 Richtige)* six [winning] numbers

sech·ser·lei [ˈzɛksɐˈlaɪ] adj inv six [different]; s. a. **ach·terlei**

Sech·ser·pack m pack of six, six-pack AM

sechs·fach, 6fach [ˈzɛksfax] I. adj ■ **die ~e Menge nehmen** to take six times the amount II. adv six times, sixfold

Sechs·fa·che, 6·fa·che nt dekl wie adj **das ~ verdienen** to earn six times as much; s. a. **Achtfache**

sechs·hun·dert [ˈzɛksˈhʊndɐt] adj six hundred; s. a. **hundert sechs·hun·dert·jäh·rig** adj six-hundred-year-old attr, [of] six hundred years pred; **das ~e Bestehen von etw feiern** to celebrate the sexcentenary form of sth **sechs·jäh·rig, 6-jäh·rig**ᴿᴿ adj ① *(Alter)* six-year-old attr, six years old pred; s. a. **achtjährig 1** ② *(Zeitspanne)* six-year attr; s. a. **achtjährig 2 Sechs·jäh·ri·ge(r), 6-Jäh·ri·ge(r)**ᴿᴿ f(m) dekl wie adj six-year-old **sechs·köp·fig** adj six-person; s. a. **achtköpfig**

sechs·mal, 6-malᴿᴿ adv six times; s. a. **achtmal**

sechs·ma·lig adj six times; s. a. **achtmalig**

sechs·stö·ckig adj inv six-storey [*or* AM -story] attr, with six storeys pred

sechs·stün·dig, 6-stün·digᴿᴿ adj six-hour attr; s. a. **achtstündig**

sechst [zɛkst] adv ■ **zu ~ sein** to be a party of six

Sechs·ta·ge·ren·nen [zɛksˈtaːgərɛnən] nt six-day [cycling] race

sechs·tau·send [ˈzɛksˈtaʊzn̩t] adj ① *(Zahl)* six thou-

sand; s. a. **tausend** ② *(fam: 6.000 Euro)* six grand, six thou sl, six G's [*or* K's] sing vb AM sl

Sechs·tau·sen·der <-s, -> m a mountain over 6,000 metres [*or* AM meters]

sechs·te(r, s) [ˈzɛkstə, ˈzɛkstə, ˈzɛkstəs] adj ① *(nach dem fünften kommend)* sixth; s. a. **achte(r, s) 1** ② *(Datum)* sixth, 6th; s. a. **achte(r, s) 2** s. a. **Sinn**

Sechs·te(r) [ˈzɛkstə, ˈzɛkstə, ˈzɛkstəs] m dekl wie adj ① *(Person)* sixth; s. a. **Achte(r) 1** ② *(bei Datumsangaben)* ■ **der ~/am ~en** geschrieben: **der 6./am 6.** the sixth/on the sixth; geschrieben: the 6th/on the 6th; s. a. **Achte(r) 2** ③ *(als Namenszusatz)* **Ludwig der ~** geschrieben: Ludwig VI., Louis the Sixth; geschrieben: Louis VI

sechs·tel [ˈzɛkstl̩] adj sixth

Sechs·tel <-s, -> [ˈzɛkstl̩] nt sixth; s. a. **Achtel**

sechs·tens [ˈzɛkstn̩s] adv sixthly, in sixth place

Sechs·zy·lin·der m AUTO ① *(Auto)* six-cylinder car ② *(Motor)* six-cylinder engine

sech·zehn [ˈzɛçtseːn] adj sixteen; s. a. **acht**[1]

sech·zehn·te(r, s) adj sixteenth; s. a. **achte(r, s)**

sech·zig [ˈzɛçtsɪç] adj sixty

Sech·zig <-, -en> [ˈzɛçtsɪç] f sixty

sech·zi·ger, 60·er adj attr, inv *(das Jahrzehnt von 60 bis 70)* **die ~ Jahre** the sixties; *(geschrieben a.)* the '60s

Sech·zi·ger[1] <-s, -> m *(Wein aus dem Jahre '60)* ■ **ein ~** a 1960 [*or* '60] vintage

Sech·zi·ger[2] pl ■ **die ~** the sixties [*or* 60s]; ■ **in den ~n sein** to be in one's sixties; s. a. **Achtziger**[3]

Sech·zi·ger(in) <-s, -> m(f) ① *(Mensch in den Sechzigern)* sexagenarian ② s. **Sechzigjährige(r)**

Sech·zi·ger·jah·re pl ■ **die ~** the sixties [*or* 60s] npl

sech·zig·jäh·rig, 60-jäh·rigᴿᴿ adj attr ① *(Alter)* sixty-year-old attr, sixty years old pred ② *(Zeitspanne)* sixty-year attr **Sech·zig·jäh·ri·ge(r), 60-Jäh·ri·ge(r)**ᴿᴿ f(m) dekl wie adj sixty-year-old

sech·zig·ste(r, s) adj sixtieth; s. a. **achte(r, s)**

Se·cond·hand·ar·ti·kel [zɛkn̩tˈhɛnt-] m second-hand item/goods npl **Se·cond·hand·klei·dung** [zɛkn̩tˈhɛnt-] f second-hand clothes npl **Se·cond·hand·la·den** [zɛkn̩tˈhɛnt-] m second-hand shop **Se·cond·hand·shop** [zɛkn̩tˈhɛnt-] m second-hand [clothes] shop

SED <-> [ɛsʔeːˈdeː] f HIST Abk von **Sozialistische Einheitspartei Deutschlands** state party of the former GDR

Se·da·ti·vum <-s, -tiva> [zedaˈtiːvʊm] nt PHARM sedative

Se·di·ment <-[e]s, -e> [zediˈmɛnt] nt sediment

Se·di·ment·ge·stein nt GEOL sedimentary rock

See[1] <-s, -n> [zeː] m lake; **der ~ Genezareth** REL the Sea of Galilee [*or* Lake of Genesaret]; **der Genfer ~** Lake Geneva; **die Großen ~n** the Great Lakes; **ein künstlicher ~** an artificial lake

See[2] <-, -n> [zeː] f ① GEOG *(Meer)* sea; **an der ~** at the seaside, by the sea, on the coast ② NAUT *(Meer)* sea; **auf ~** at sea; **auf hoher** [o **offener**] **~** on the high seas; **auf ~ bleiben** *(euph)* to die at sea; **in ~ gehen** [o **stechen**] to put to sea; **zur ~ fahren** to be a sailor [*or* [merchant] seaman]; **zur ~ gehen** to go to sea, to become a sailor ③ NAUT *(Seegang)* heavy sea, swell ④ NAUT *(Sturzwelle)* [high [*or* tall]] wave

See·aal m KOCHK flake no indef art **See·ad·ler** m ORN sea eagle **See·ane·mo·ne** f ZOOL sea anemone **See·bad** nt TOURIST seaside [health] resort **See·bär** m ① *(hum fam: erfahrener Seemann)* sea dog, old salt ② ZOOL fur seal **See·barsch** m ZOOL sea bass **See·be·ben** nt ZOOL seaquake, waterquake **See·bras·se** f ZOOL sea bream **See·ele·fant**ᴿᴿ m, **See·Ele·fant** m ZOOL sea elephant, elephant seal **See·fah·rer** m NAUT *(veraltend)* seafarer **See·fahrt** f NAUT ① kein pl

(Schifffahrt) sea travel, seafaring *no art;* **die christliche ~** *(hum)* seafaring *no art,* a life on the ocean waves ❷ *(veraltend) s.* **Seereise See·fahrt(s)·buch** *nt* NAUT seaman's [discharge [*or* registration]] book **See·fahrt(s)·schu·le** *f* naval college **See·fisch** *m* ❶ ZOOL saltwater fish, sea fish ❷ *kein pl* KOCHK *(Fleisch von Seefischen)* sea fish *no art,* saltwater fish *no art*
See·fo·rel·le *f* lake [*or* BRIT grey] trout
See·fracht *f* sea freight *no indef art* **See·frau** *f fem form von* **Seemann See·gang** *m kein pl* swell; **schwerer** [*o* **hoher**] [*o* **starker**] **~** heavy [*or* rough] seas [*or* swell] **See·ge·fecht** *nt* MIL naval [*or* sea] battle **see·ge·stützt** *adj* sea-based **See·gras** *nt* BOT seagrass, eelgrass, grass wrack **See·gur·ke** *f* ZOOL sea cucumber **See·ha·fen** *m* ❶ NAUT *(Gegenteil von Binnenhafen)* harbour [*or* AM -or], [sea]port ❷ GEOG *(Küstenstadt mit Hafen)* seaport **See·hecht** *m* ZOOL hake **See·herr·schaft** *f kein pl* maritime [*or* naval] supremacy **See·hund** *m* ZOOL common seal **See·igel** *m* ZOOL sea urchin, sea hedgehog, echinoid *spec* **See·kar·te** *f* NAUT sea [*or* nautical] chart **see·klar** *adj* NAUT ready to put to sea *pred,* ready to sail *pred;* **etw ~ machen** to prepare sth to put to sea [*or* to sail] **See·kli·ma** *nt* METEO maritime climate **see·krank** *adj* MED seasick **See·krank·heit** *f kein pl* MED seasickness **See·krieg** *m* MIL naval warfare **See·kuh** *f* ZOOL sea cow, manatee, sirenian *spec* **See·lachs** *m* coalfish, saithe, coley
See·le <-, -n> ['ze:lə] *f* ❶ REL soul; **die armen ~n** the souls of the dead; **die ~ aushauchen** to breathe one's last ❷ PSYCH *(Psyche)* mind; **mit Leib und ~** wholeheartedly; **Schaden an seiner ~ nehmen** to lose one's moral integrity; **mit ganzer ~** heart and soul, with complete dedication; **aus tiefster** [*o* **innerster**] **~** *(zutiefst)* from the bottom of one's heart; *(aus jds Innerem)* from the heart; **eine kindliche ~ haben** to be a simple soul; **eine schwarze ~ haben** to be a bad lot; **jdm tut etw in der ~ weh** sth breaks sb's heart ❸ *(Mensch)* soul; **eine durstige ~** *(fam)* a thirsty soul; **eine treue ~** a faithful soul; **ein Dorf mit 500 ~n** *(veraltend)* a village of 500 souls ❹ *(an Waffen)* bore ❺ *(eines Seils)* core ❻ *eines Kabels* core ▶ WENDUNGEN: **ein Herz und eine ~ sein** to be inseparable; **sich dat die ~ aus dem Leibe brüllen** *(fam)* to shout [*or* scream] one's head off; **sich die ~ aus dem Leib husten** to cough one's guts up *sl;* **eine ~ von Mensch** [*o* **einem Menschen**] **sein** to be a good[-hearted] soul; **dann hat die liebe** [*o* **arme**] **~ Ruh** *(fam)* now sb has got what they want, perhaps we'll have some peace; **etw brennt jdm auf der ~** *(fam)* sb is dying to do sth; **dieses Problem brennt mir schon lange auf der ~** this problem's been on my mind for some time [now]; **es brennt jdm auf der ~, etw zu tun** sb can't wait to do sth; **jdm auf der ~ knien** to plead with sb to do sth; **die ~ einer S. sein** *gen* to be the heart and soul of sth; **etw liegt** [*o* **lastet**] **jdm auf der ~** sth is [weighing] on sb's mind; **sich dat etw von der ~ reden** to get sth off one's chest; **jdm aus der ~ sprechen** *(fam)* to say exactly what sb is thinking; **du sprichst mir aus der ~!** I couldn't have put it better myself!; **meiner Seel!** *(veraltet)* upon my sword *old; s. a.* **Teufel**
See·len·frie·de(n) *m (geh)* peace of mind **See·lengrö·ße** *f (geh)* magnanimity **See·len·heil** *nt* REL ■ **jds ~** the salvation of sb's soul [*or* spiritual welfare] **See·len·la·ge** *f* state [*or* frame] of mind **See·len·le·ben** *nt kein pl (geh)* inner [*or* spiritual] life **See·len·qual** *f meist pl (geh)* mental anguish [*or* torment] *no pl* **See·len·ru·he** *f* **in aller ~** as cool as you please [*or* calm as you like] **see·len·ru·hig** ['ze:lən'ru:ɪç] *adv inv*

calmly **See·len·ver·käu·fer** *m* ❶ NAUT coffin ship, floating death trap ❷ *(skrupuloser Mensch)* the kind of person who would sell his own granny *(unscrupulous, avaricious and exploitative person)* **see·lenver·wandt** *adj* kindred; **~e Menschen** [people who are] kindred spirits; ■ **~ sein** to be kindred spirits **See·len·wan·de·rung** *f* REL transmigration of souls, metempsychosis
See·leu·te *pl von* **Seemann**
see·lisch ['ze:lɪʃ] **I.** *adj* psychological; **~e Belastungen/Nöte** emotional stress/trouble; **~e Erschütterung/Qual** emotional upset/mental ordeal; **~es Gleichgewicht** mental balance; **~es Gleichgewicht** mental balance; **das ~e Gleichgewicht verlieren** to lose one's mental balance; *s. a.* **Grausamkeit II.** *adv* **~ bedingt sein** to have psychological causes
See·lö·we, -lö·win <-n, -n> *m, f* sea lion
Seel·sor·ge *f kein pl* REL spiritual welfare
Seel·sor·ger(in) <-s, -> ['ze:lzɔrgɐ] *m(f)* REL pastor
seel·sor·ge·risch I. *adj* REL pastoral **II.** *adv* REL **~ tätig sein** to carry out pastoral duties
See·luft *f kein pl* sea air **See·macht** *f* POL naval [*or* sea] [*or* maritime] power
See·mann <-leute> ['ze:man, *pl:* -lɔytə] *m* sailor, seaman
see·män·nisch ['ze:mɛnɪʃ] *adj* nautical; **~e Tradition** seafaring tradition
See·manns·aus·druck <-ausdrücke> *m* nautical term **See·manns·bar** *f* sailors' pub [*or* AM bar] **See·manns·garn** *nt kein pl (fam)* sailor's yarn *fam;* **~ spinnen** *(fig)* to spin a [sailor's] yarn *fig* **See·manns·lied** *nt* [sea] shanty **See·manns·spra·che** *f* nautical jargon, sailor's slang
See·mei·le *f* nautical [*or* sea] mile **See·mi·ne** *f* [sea] mine **See·na·del** *f* ZOOL pipefish
See·not *f kein pl* distress [at sea] *no pl;* **in ~ sein, sich in ~ befinden** to be in distress [at sea]; **in ~ geraten** to get into difficulties
See·not·ret·tungs·dienst *m* sea rescue service, coast guard AM **See·not·ret·tungs·kreu·zer** *m* lifeboat **See·not·ruf** *m* nautical distress signal
Seen·plat·te *f* GEOG *larger lowland plain comprising several lakes;* **die Mecklenburgische ~** the Mecklenburg Lakes
See·pferd(·chen) *nt* sea horse **See·quap·pe** *f* rockling **See·räu·ber(in)** *m(f)* pirate **See·räu·be·rei** [ze:rɔybə'rai] *f kein pl* piracy **See·räu·be·rin** *f fem form von* **Seeräuber See·räu·ber·spe·lun·ke** *f* pirates' den **See·recht** *nt kein pl* maritime law **See·rei·se** *f* voyage; *(Kreuzfahrt)* cruise **See·ro·se** *f* ❶ BOT water lily ❷ ZOOL sea anemone **See·sack** *m* sailor's kitbag, seabag AM **See·schiff·fahrt** *f kein pl* maritime [*or* ocean] shipping **See·schlacht** *f* sea battle **See·schwal·be** *f* ORN tern **See·stern** *m* starfish **See·tang** *m* seaweed **See·teu·fel** *m* ZOOL monkfish, anglerfish **see·tüch·tig** *adj* seaworthy **See·ufer** *nt* lakeside, shore of a lake **See·vo·gel** *m* seabird
see·wärts ['ze:vɛrts] *adv* seaward[s], towards the sea; **der Wind weht ~** the wind is blowing out to sea
See·was·ser *nt* sea water, salt water **See·weg** *m* sea route; **auf dem ~** by sea **See·wind** *m* onshore wind **See·wolf** *m* ZOOL wolf fish **See·zei·chen** *nt* navigational sign **See·zun·ge** *f* sole
Se·gel <-s, -> ['ze:gl̩] *nt* NAUT sail; **mit vollen ~n** *(a. fig)* under full sail, full speed ahead *a. fig;* **die ~ hissen** to hoist the sails; [**die**] **~ setzen** [*o* **aufziehen**] to set sail [*or* the sails]; **die ~ reffen** [*o* **streichen**] to lower [*or* reef] the sails; **unter ~** under sail; **das Schiff verließ unter ~ den Hafen** the ship sailed out of the harbour ▶ WENDUNGEN: [**vor jdm/etw**] **die**

~ **streichen** *(geh)* to give in [to sb], to throw in the towel

Se·gel·boot *nt* sailing boat, sailboat AM **se·gel·flie·gen** *vi nur infin* to glide; ~ **lernen** to learn to fly a glider **Se·gel·flie·gen** *nt* gliding **Se·gel·flie·ger(in)** *m(f)* glider pilot **Se·gel·flug** *m* ❶ *(Flug mit einem Segelflugzeug)* glider flight ❷ *kein pl s.* **Segelfliegen Se·gel·flug·platz** *m* gliding field **Se·gel·flug·zeug** *nt* glider **Se·gel·jacht** *f* [sailing] yacht **Se·gel·klub** *m* sailing club **Se·gel·ma·cher(in)** <-s, -> *m(f)* sailmaker

se·geln ['ze:gl̩n] **I.** *vt* **a** *sein o haben* ■ **etw** ~ to sail sth; **eine Regatta** ~ to sail in a regatta; **eine Wende** ~ to go about **II.** *vi* ❶ *sein (mit einem Segelschiff fahren)* ■ |irgendwo/irgendwohin| ~ to sail [somewhere]; ~ **gehen** to go sailing ❷ *sein (fliegen)* ■ |durch etw| ~ to sail [through sth]; **durch die Luft** ~ to sail through the air ❸ *sein (fig fam: durchfallen)* ■ **durch etw** ~ to fail sth, to flop in sth ❹ *(fam: fallen)* **auf den Boden** ~ to fall to the ground ▸ WENDUNGEN: **von der Schule** ~ to be thrown out of school

Se·geln <-s> ['ze:gl̩n] *nt kein pl* sailing; **zum** ~ **gehen** to go sailing

Se·gel·oh·ren *pl (pej fam)* mug [*or* trophy] ears *fam* **Se·gel·re·gat·ta** *f* sailing [*or* yachting] regatta **Se·gel·schiff** *nt* sailing ship **Se·gel·schul·schiff** *nt* training sailing boat **Se·gel·sport** *m* sailing *no art* **Se·gel·törn** *m* yacht cruise **Se·gel·tour** *f* sailing [*or* yacht] cruise **Se·gel·tuch** *nt* sailcloth, canvas **Se·gel·yacht** *f* s. **Segeljacht**

Se·gen <-s, -> ['ze:gn̩] *m* ❶ *no pl* REL *(religiöser Glückwunsch)* blessing; **jdm den** ~ **erteilen** [*o* **spenden**] to give sb a blessing, to bless sb; **den** ~ **sprechen** to say the benediction; *(Beistand)* blessing ❷ *(fam: Zustimmung)* blessing; **seinen** ~ |**zu etw**| **geben** to give one's blessing [to sth]; **jds** ~ **haben** to have sb's blessing; **mit jds** ~ with sb's blessing ❸ *(Wohltat)* blessing, godsend; **ein** ~ **für die Menschheit** a benefit for mankind; **ein wahrer** ~ **sein** to be a real godsend ❹ *(Menge, Fülle)* yield; **der ganze** ~ *(iron fam)* the whole lot *fam* ▸ WENDUNGEN: **sich regen bringt** ~ *(prov)* hard work brings its own reward

se·gens·reich *adj (geh)* beneficial; *Erfindung, Entdeckung* heaven-sent, blessed; *Tätigkeit, Wirken, Schaffen* worthwhile; *(materiellen Gewinn bringend)* prosperous

Seg·ge <-, -n> ['zɛɡə] *f* BOT sedge

Seg·ler(in) <-s, -> ['ze:ɡlɐ] *m(f)* yachtsman/yachtswoman

Seg·ler <-s, -> ['ze:ɡlɐ] *m* ❶ *(Segelboot)* sailing boat, sailboat AM ❷ *(Segelflugzeug)* glider ❸ *(geh: segelnder Vogel)* gliding bird; ~ **der Lüfte** bird sailing on currents of air ❹ ZOOL swift

Seg·ment <-[e]s, -e> [zɛˈɡmɛnt] *nt* ❶ *(geh: Teilstück)* segment ❷ MATH, MED, ZOOL segment

Seg·men·tie·rung <-, -en> *f* ZOOL segmentation

seg·nen ['ze:ɡnən] *vt* ❶ REL *(mit einem Segen bedenken)* ■ **jdn/etw** ~ to bless sb/sth; **mit** ~**der Gebärde** in blessing; **segnend die Hände heben** to raise one's hands in blessing; *s. a.* **Gott** ❷ *(geh: reich bedenken, beglücken)* ■ **jdn** |**mit etw**| ~ to bless sb [with sth]; ■ |**mit etw**| **gesegnet sein** to be blessed with sth; **ein gesegnetes Alter erreichen** to reach a venerable age; **einen gesegneten Appetit haben** to have a healthy appetite; **einen gesegneten Schlaf haben** *(fam)* to sleep like a log ❸ *(veraltend: preisen)* ■ **etw** ~ to bless sth

Seg·nung <-, -en> *f* ❶ REL *(das Segnen)* blessing ❷ *meist pl (Vorzüge, segensreiche Wirkung)* benefits, advantages; **die** ~**en der modernen Forschung** *gen* the benefits [*or* advantages] of modern research

seh·be·hin·dert *adj (geh)* visually impaired, partially sighted

---

se·hen ['ze:ən]

I. TRANSITIVES VERB   **II.** INTRANSITIVES VERB
III. REFLEXIVES VERB

I. TRANSITIVES VERB   <sah, gesehen>

❶ *(erblicken, bemerken)* ■ **jdn/etw** ~ to see sb/sth; **man darf dich bei mir nicht** ~ you can't be seen with me; **etw nicht gerne** ~ to not like sth; **es nicht gern** ~, **dass** [*o* **wenn**] ... to not like it when …; **man sieht es nicht gern, wenn Frauen sich betrinken** it is frowned upon if women get drunk; **jdn/etw zu** ~ **bekommen** to get to see sb/sth; **hat man so was schon ge~!** did you ever see [*or* have you ever seen] anything like it!; **gut/schlecht zu** ~ **sein** to be well/badly visible; **etw kommen** ~ to see sth coming; **ich sehe es schon kommen, dass wir wieder die Letzten sein werden** I can see it coming that we are going to be last again; **jdn/etw nicht mehr** ~ **können** *(fam)* to not be able to stand [*or* bear] the sight of sb/sth; **ich kann kein Blut** ~ I can't stand the sight of blood; **ich kann nicht** ~, **wie schlecht du sie behandelst** I can't bear to see how badly you treat her; **sich** ~ **lassen können** to be something to be proud of; **diese Leistung kann sich wirklich** ~ **lassen** you can be proud of what you've achieved; **in diesem Kostüm kannst du dich wirklich** ~ **lassen** you look terrific in that suit; **mit dieser Frisur kannst du dich nicht** ~ **lassen!** you can't go around with your hair like that!; **sich** |**bei jdm**| ~ **lassen** *(fam)* to show one's face [at sb's house] *fam;* **ich möchte den** ~, **der in der Lage ist, diese Leistung zu überbieten** *(fam)* I'd like to see someone do better; **das muss man ge~ haben** one has to see it to believe it; **das wollen wir** |**doch**| **erst mal** ~! *(fam)* [well,] we'll see about that!; **so ge~** from that point of view, looking at it that way; **da sieht man es mal wieder!** *(fam)* it's the same old story, that's just typical!

❷ *(ansehen)* ■ **etw** ~ to see sth; **eine Fernsehsendung** ~ to watch a television programme; **hast du gestern Abend die Übertragung des Spiels ge~?** did you watch [*or* see] the game last night?; **ich hätte Lust, ein Ballett zu** ~ I quite fancy going to a ballet; **es gibt hier nichts zu** ~ there's nothing to see here

❸ *(treffen)* ■ **jdn** ~ to see sb; **wann sehe ich dich das nächste Mal?** when will I see you again?; ■ **sich** [*o* **einander**] ~ to see each other

❹ *(einschätzen)* ■ **etw** |**irgendwie**| ~ to see sth [somehow]; **ich sehe die Aussichten wenig rosig** the prospects look less than rosy to me; **ich sehe das so: ...** the way I see it, …; **ich sehe mich in dieser Angelegenheit als unparteiische Vermittlerin** I consider myself a neutral intermediary in this situation; ■ **jdn** |**in jdm**| ~ to see sb [in sb]; **sie sieht in jeder Frau gleich die Rivalin** she sees every woman as a rival

II. INTRANSITIVES VERB   <sah, gesehen>

❶ *(ansehen)* to look; **lass mal** ~ let me see [*or* have a look]

❷ *(Sehvermögen haben)* to see; **gut/schlecht** ~ to be/not be able to see very well, to have good/bad eyesight; **mit der neuen Brille sehe ich viel besser** I can see much better with my new glasses; **er sieht nur noch auf einem Auge** he can only see out of one eye

❸ *(blicken)* to look; **durch die Brille** ~ to look through one's glasses; **aus dem Fenster** ~ to look out of the window; **auf das Meer** ~ to look at the sea; **sieh doch nur, die schönen Blumen** *(fam)* look at the pretty flowers; **ich sehe sehr positiv in die**

Zukunft I'm very optimistic about the future; **auf die**
[o **nach der**] **Uhr ~** to look at one's watch
  ● *(feststellen, [be]merken)* to see; **~ Sie** [**wohl**]**!**,
siehste! *(fam)* you see!; **sie wird schon ~, was sie**
davon hat *(fam)* she'll soon get her just desserts; **na**
siehst du, war doch nicht schlimm *(fam)* see, it
wasn't all that bad; **ich sehe sehr wohl, was hier los**
ist I can see very well what is happening here
  ● *(sich kümmern um)* ■ **nach jdm ~** to go [*or* come]
and see sb; ■ **nach etw ~** to check on sth; **nach dem**
Essen ~ to check [on] the meal; **nach der Post ~** to
see if there is any post; **ich werde ~, was ich für Sie**
tun kann I'll see what I can do for you; *(nachsehen)*
to see; **ich werde ~, wer da klopft** I'll see who is at
the door; *(abwarten)* to wait and see; **mal ~!** *(fam)*
wait and see!; **wir müssen ~, was die Zukunft**
bringt we'll have to wait and see what the future
holds
  ● DIAL *(achten)* ■ **auf etw/jdn ~** to pay attention to
sth/sb; **auf den Preis ~** to pay attention to the price;
auf Sauberkeit ~ to check sth is clean; **könntest du**
bitte auf die Kinder ~ could you please keep an eye
on the children; **du solltest mehr auf dich selbst ~**
you should think more about yourself; **wir müssen**
darauf ~, dass wir nicht gegen das Gesetz versto-
ßen we'll have to watch out that we don't break the
law; *(dafür sorgen)* to look after; **jeder muss ~, wo**
er bleibt every man for himself; **heutzutage muss**
man ~, wo man bleibt *(fam)* nowadays you've got
to make the most of your chances; **sieh, dass du**
schnell fertig wirst make sure [*or* see to it that]
you're finished quickly
  ● *(geh: herausragen)* ■ **etw sieht aus etw** *dat* sth
sticks out of sth; **eine Weinflasche sah aus ihrer**
Einkaufstasche a wine bottle was sticking out of her
shopping bag

III. REFLEXIVES VERB   <sah, gesehen>

  ● *(zeigen)* **sich** [**irgendwo**] **~ lassen** to show up
[somewhere]
  ● *(beurteilen, einschätzen)* ■ **sich ~** to consider oneself; **sich betrogen/enttäuscht/verlassen ~** to
consider oneself cheated/disappointed/deserted;
(sich fühlen) to feel; **sich veranlasst ~, etw zu tun**
to feel it necessary to do sth; **sich gezwungen** [*o*
genötigt] **~, etw zu tun** to feel compelled to do sth

Se·hen <-s> ['ze:ən] *nt kein pl* seeing; **jdn nur vom ~**
kennen to only know sb by sight
se·hens·wert *adj* worth seeing; **eine wirklich ~e**
Ausstellung an exhibition well worth seeing
se·hens·wür·dig *adj s.* **sehenswert**
Se·hens·wür·dig·keit <-, -en> *f* sight; **~en besichti-**
gen to do [*or* see] the sights
Se·her(**in**) <-s, -> *m(f) (veraltend)* seer, prophet
Se·her·blick *m kein pl* prophetic eye, visionary
powers *pl*
Se·he·rin <-, -nen> *f fem form von* **Seher**
se·he·risch *adj attr* prophetic
Seh·farb·stoff *m* BIOL retinol **Seh·feh·ler** *m* visual
defect **Seh·feld** *nt* BIOL, MED field of vision, visual field
Seh·kraft *f kein pl* [eye]sight **Seh·leis·tung** *f* eyesight
Seh·ne <-, -n> ['ze:nə] *f* ● ANAT tendon, sinew ● *(Bo-*
gensehne) string ● MATH chord
seh·nen ['ze:nən] *vr* ■ **sich nach jdm/etw ~** to long
for sb/sth
Seh·nen <-s> ['ze:nən] *nt kein pl (geh)* longing, yearning
Seh·nen·riss^{RR} *m* torn tendon **Seh·nen·schei·de** *f*
ANAT tendon sheath **Seh·nen·schei·den·ent·zün·**
dung *f* MED tendovaginitis *spec,* inflammation of a/the

tendon's sheath **Seh·nen·zer·rung** *f* pulled tendon
Seh·nerv *m* optic nerve
seh·nig ['ze:nɪç] *adj* ● KOCHK sinewy, stringy ● *(drah-*
tig, ohne überflüssiges Fett) sinewy, stringy; **~e**
Beine wiry legs
sehn·lich ['ze:nlɪç] *adj* ardent, eager; **in ~er Erwar-**
tung in eager expectation; **etw ~** [**herbei**]**wünschen**
to long for sth [to happen]
Sehn·sucht <-, -süchte> ['ze:nzʊxt, *pl:* -zʏçtə] *f* longing, yearning; **~ nach Liebe** yearning to be loved;
~ [**nach jdm/etw**] **haben** to have a longing [*or*
yearning] [for sb/sth]; **vor ~ with** longing; **du wirst**
schon mit ~ erwartet *(fam)* they are longing [*or*
can't wait] to see you
sehn·süch·tig ['ze:nzʏçtɪç] *adj attr* longing, yearning;
ein ~er Blick a wistful gaze [*or* look]; **~e Erwartung**
eager expectation; **~es Verlangen** ardent longing;
ein ~er Wunsch an ardent wish
sehn·suchts·voll *adj (geh) s.* **sehnsüchtig**
sehr <[**noch**] **mehr, am meisten**> ['ze:ɐ] *adv* ● *vor vb*
(in hohem Maße) very much, a lot; **danke ~!** thanks
a lot; **bitte ~, bedienen Sie sich** go ahead and help
yourself; **das will ich doch ~ hoffen** I very much
hope so; **das freut/ärgert mich** [**aber**] **~** I'm very
pleased/annoyed about that ● *vor adj, adv (beson-*
ders) very; **jdm ~ dankbar sein** to be very grateful to
sb; **das ist aber ~ schade** that's a real shame; *s. a.*
nicht *s. a.* **so** *s. a.* **wie** *s. a.* **zu**
Seh·schär·fe *f* visual acuity **Seh·stö·rung** *f* visual [*or*
sight] defect **Seh·test** *m* eye test **Seh·ver·mö·gen** *nt*
kein pl strength of vision, sight **Seh·zel·le** *f* BIOL pho-
toreceptor
sei [zai] *imper, 1. und 3. pers sing Konjunktiv von* **sein**
seicht [zaiçt] *adj* ● *(flach)* shallow; **~es Gewässer**
shallow stretch of water ● *(pej: oberflächlich, banal)*
shallow, superficial
seid [zait] *2. pers pl pres* **sein**
Sei·de <-, -n> ['zaidə] *f* silk
Sei·del·bast *m* BOT daphne
sei·den ['zaidn̩] *adj attr* silk; **~e Bettwäsche** silk
sheets; **~ glänzen** to gleam silkily
Sei·den·glanz *m* silky sheen **Sei·den·pa·pier** *nt* tissue paper **Sei·den·rau·pe** *f* silkworm **Sei·den·rei·**
her *m* ORN egret **Sei·den·schwanz** *m* ORN waxbill
Sei·den·spin·ner *m* silk moth **Sei·den·stra·ße** *f* HIST
Silk Road **Sei·den·strumpf** *m* MODE *(veraltend)* silk
stocking **Sei·den·tuch** *nt* silk scarf **sei·den·weich**
['zaidn̩vaiç] *adj* silky soft; ■ **~ sein** to be soft as silk
sei·dig ['zaidɪç] *adj* silky
Sei·fe <-, -n> ['zaifə] *f* soap
sei·fen ['zaifn̩] *vt* DIAL to soap; ■ **jdm etw ~** to soap sb's
sth; **jdm die Haare/den Kopf ~** to shampoo sb's
hair
Sei·fen·bla·se *f* soap bubble; **~n machen** to blow
[soap] bubbles; **eine ~ zerplatzen** to burst like a
bubble **Sei·fen·lau·ge** *f* soapy water, soapsuds *npl*
Sei·fen·oper *f* TV *(sl)* soap opera **Sei·fen·pul·ver** *nt*
soap powder **Sei·fen·scha·le** *f* soap dish **Sei·fen·**
schaum *m* [soapy] lather **Sei·fen·spen·der** *m* soap
dispenser
sei·fig ['zaifɪç] *adj* soapy; **ein ~er Geschmack** a soapy
taste
sei·hen ['zaiən] *vt* ■ **etw ~** to strain [*or* sieve] sth
Sei·her <-s, -> *m bes* SÜDD, ÖSTERR strainer, colander
Seih·löf·fel *m* disk skimmer
Seil <-[e]s, -e> [zail] *nt* ● *(dünnes Tau)* rope; **in den**
~en hängen *(a. fig)* to be on the ropes, to be shattered *fig* ● *(Drahtseil)* cable; **auf dem ~ tanzen** to
dance on the high wire
Seil·akro·bat(**in**) *m(f)* tightrope acrobat **Seil·bahn** *f*
● TRANSP cable railway, funicular ● *(Drahtseilbahn)*
cable car

Sei·ler(in) <-s, -> ['zailɐ] m(f) rope-maker
seil·hüp·fen vi nur infin und pp sein s. **seilspringen**
Seil·schaft <-, -en> f ❶ (Gruppe von Bergsteigern) roped party ❷ ([in der Politik] zusammenarbeitende Gruppe) working party
seil·sprin·gen vi irreg, nur infin und pp sein to skip [rope] **Seil·sprin·gen** nt [rope-]skipping **Seil·tanz** m (akrobatischer Akt) tightrope act; ▶ WENDUNGEN: [wahre] Seiltänze vollführen (fam) to bend over backwards **Seil·tän·zer(in)** m(f) s. **Seilakrobat Seil·win·de** f winch
Seim·ho·nig ['zaim–] m pressed honey

---

sein¹ [zain]

I.	INTRANSITIVES VERB	II.	UNPERSÖNLICHES
III.	AUXILIARVERB		INTRANSITIVES VERB

I. INTRANSITIVES VERB
<bin, bist, ist, sind, seid, war, gewesen> +sein

❶ (existieren) to be; **nicht mehr ~** (fam) to be no more, to no longer be with us; **wenn du nicht gewesen wärest, wäre ich jetzt tot** if it hadn't been for you I'd be dead now; **es ist schon immer so gewesen** it's always been this way; **was nicht ist, kann noch werden** there's still hope; **es kann ja nicht ~, was nicht ~ darf** some things just aren't meant to be
❷ (sich befinden) ■ [irgendwo] ~ to be [somewhere]; **ich bin wieder da** I'm back again; **ist da jemand?** is somebody there?
❸ (stimmen, zutreffen) ■ irgendwie ~ to be somehow; **dem ist so** that's right; **dem ist nicht so** it isn't so, that's not the case; **es ist so, wie ich sage** it's like I say
❹ (sich [so] verhalten, Eigenschaft haben) **böse/lieb/dumm/klug etc.** ~ to be angry/nice/stupid/clever etc.; **sie ist kleiner als er** she is smaller than him; **es ist bitterkalt** it's bitter cold; **freundlich/gemein/lieb zu jdm** ~ to be friendly/mean/kind to sb; **jdm zu dumm/gewöhnlich/primitiv** ~ to be too stupid/common/primitive for sb [to bear]; **was ist mit jdm?** what is the matter with sb?, what's up with sb? fam; **er war so freundlich und hat das überprüft** he was kind enough to check it out; **sei so lieb und störe mich bitte nicht** I would be grateful if you didn't disturb me
❺ (darstellen) ■ etw ~ to be sth; **wer immer sie auch ~ möge** whoever she might be; **und der/die/das wäre/wären?** namely?; **es ist nicht mehr das, was es einmal war** it isn't what it used to be; **ich will ja nicht so ~** I won't be a spoil-sport
❻ (in eine Klassifizierung eingeordnet) ■ jd ~ to be sb; **sie ist Geschäftsführerin** she is a company director; **etw [beruflich]** ~ to do sth [for a living]; **ein Kind** ~ to be a child; **der Schuldige** ~ to be guilty [or the guilty party]; **wer** ~ (fam) to be somebody; **wir sind wieder wer** aren't we important?; iron; **nichts** ~ to be nothing [or a nobody]; **ohne Geld bist du nichts** without money you are nothing; **Deutscher/Däne/Franzose** ~ to be German/Danish/French; **aus gutem Hause** ~ to come from a good family; **sie ist aus Rumänien** she is [or comes] from Romania
❼ (gehören) **das Buch ist meins** the book is mine; **er ist mein Cousin** he is my cousin
❽ (zum Resultat haben) to be; **zwei mal zwei ist [o sind] vier** two times two is four
❾ (sich ereignen) to be, to take place; **die Party war gestern** the party was [or took place] yesterday; **ist etwas?** what's up?, what's the matter?; **was ist [denn schon wieder]?** what is it [now]?; **ist was [mit mir]?** (fam) is there something the matter [with me]?, have I done something?; **was war?** what was that about?; **ist was?** what is it?; **war was?** (fam) did anything [or something] happen?

❿ (etw betreiben) **wir waren schwimmen** we were swimming
⓫ (hergestellt sein) ■ aus etw ~ to be [made of] sth; **das Hemd ist aus reiner Seide** the shirt is [made of] pure silk
⓬ + comp (gefallen) **etw wäre jdm lieber/angenehmer** [gewesen] sb would prefer [or have preferred] sth; **ein Eis wäre mir lieber gewesen als Schokolade** I would have preferred an ice cream to chocolate
⓭ (sich fühlen) **jdm ist heiß/kalt** sb is hot/cold; **jdm ist komisch zumute/übel** sb feels funny/sick
⓮ (Lust haben auf) **mir ist jetzt nicht danach** I don't feel like it right now; **mir ist jetzt nach einem Eis** I feel like having an ice cream
⓯ (vorkommen) **mir ist, als habe ich Stimmen gehört** I thought I heard voices; **ihm ist, als träume er** he thinks he must be dreaming
⓰ meist mit modalem Hilfsverb (passieren) **etw kann/darf/muss** ~ sth can/might/must be; **sei's drum** (fam) so be it; **das darf doch nicht wahr ~!** that can't be true!; **kann es ~, dass ...?** could it be that ...?, is it possible that ...?; **etw ~ lassen** (fam) to stop [doing sth]; **lass das ~!** stop it!; **ich lasse es besser ~** perhaps I'd better stop that; **muss das ~?** do you have to?; **es braucht nicht sofort zu ~** it needn't be done straight away; **das kann doch nicht ~, dass er das getan hat!** he can't possibly have done that!; **es hat nicht ~ sollen** it wasn't [meant] to be; **was ~ muss, muss ~** (fam) what will be will be, that's the way the cookie crumbles fig
⓱ mit infin + zu (werden können) to be; **sie ist nicht zu sehen** she cannot be seen; **mit bloßem Auge ist er nicht auszumachen** you cannot see him with the naked eye; **sie ist nicht ausfindig zu machen** she cannot be found; **etw ist zu schaffen** sth can be done; **die Schmerzen sind kaum zu ertragen** the pain is almost unbearable
⓲ mit infin + zu (werden müssen) **es ist zu bestrafen/zu belohnen/zu überprüfen** it should be punished/rewarded/checked out; **etw ist zu erledigen/auszuführen/zu befolgen** sth must [or is to] be done/carried out/followed; s. a. **mehr** s. a. **nicht** s. a. **wie** s. a. **wie** s. a. **wollen**

II. UNPERSÖNLICHES INTRANSITIVES VERB
<bin, bist, ist, sind, seid, war, gewesen>

❶ (bei Zeitangaben) **es ist Januar/Frühling/hell/Nacht** it is January/spring/daylight/night; **es ist jetzt 9 Uhr** the time is now 9 o'clock, it is now 9 o'clock
❷ (sich ereignen) **mit etw ist es nichts** (fam) sth comes to nothing; **war wohl nichts mit eurer Ehe** your marriage didn't come to anything, did it
❸ (das Klima betreffend) **jdm ist es zu kalt/feucht** sb is too cold/wet
❹ (mit Adjektiv) **jdm ist es peinlich/heiß/kalt** sb is embarrassed/hot/cold; **jdm ist es übel** sb feels sick
❺ (tun müssen) **es ist an jdm, etw zu tun** it is for [or up to] sb to do sth; **es ist an dir, zu entscheiden** it is up to [or for] you to decide
❻ (der Betreffende sein) ■ jd ist es, der etw tut it is sb who does sth; **immer bist du es, der Streit anfängt** it's always you who starts a fight, you are always the one to start a fight
❼ (vorziehen) **es wäre klüger gewesen, die Wahrheit zu sagen** it would have been wiser to tell the truth
❽ (der Fall sein) **sei es, wie es wolle** be that as it may; **sei es, dass ..., sei es, dass ...** whether ... or whether ...; **sei es, dass sie log, oder sei es, dass sie es nicht besser wusste** whether she lied or

whether she didn't know [any] better; **es sei denn, dass ...** unless ...; **wie wäre es mit jdm/etw?** how about sb/sth?; **heute ist es wohl nichts mit Schwimmbad** *(fam)* looks like the pool is out today *fam;* **es war einmal ...** once upon a time ...; **wie dem auch sei** be that as it may, in any case; **es ist so, [dass] ...** it's just that ..., you see, ..., it's like this: ...; **die Geschäfte machen hier um 6 zu; das ist so** the shops here close at 6 - that's just the way it is

III. AUXILIARVERB
<bin, bist, ist, sind, seid, war, gewesen>

🔵 *+pp* ▪ **etw gewesen/geworden ~** to have been/ become sth; **sie ist lange krank gewesen** she was [*or* has been] ill for a long time; **er ist so misstrauisch geworden** he has become so suspicious; **das Auto ist früher rot gewesen** the car used to be red 🔵 *+pp, passive* **jd ist gebissen/vergiftet/erschossen/verurteilt worden** sb has been bitten/poisoned/shot dead/convicted

🔵 *bei Bewegungsverben zur Bildung des Perfekts* **jd ist gefahren/gegangen/gehüpft** sb drove/left/hopped

sein² [zain] *pron poss adjektivisch* 🔵 *(einem Mann gehörend)* his; *(zu einem Gegenstand gehörend)* its; *(einem Mädchen gehörend)* her; *(zu einer Stadt, einem Land gehörend)* its 🔵 *auf man bezüglich* one's; *auf jeder bezüglich* his, their *fam;* **jeder bekam ~ eigenes Zimmer** everyone got his own room 🔵 *auf m und nt Nomen bezüglich (fam: gut und gerne)* ▪ **~-e** definitely; **er trinkt ~e 5 Tassen Kaffee am Tag** he regularly drinks 5 cups of coffee a day

Sein <-s> [zain] *nt kein pl* PHILOS existence; **~ und Schein** appearance and reality

sei·ne(r, s) ['zainə, -nə, -nəs] *pron poss, substantivisch (geh)* 🔵 *ohne Substantiv (jdm gehörender Gegenstand)* his; **der/die/das ~** his; **ist das dein Schal oder der ~?** is that your scarf or his? 🔵 *(jds Besitztum)* ▪ **das S~** his [own]; **das S~ tun** *(geh)* to do one's bit; **jedem das S~** each to his own 🔵 *(Angehörige)* ▪ **die S~n** his family

sei·ner *pron pers (veraltend) gen von* **er,** *s.* **es¹** him; **wir wollen ~ gedenken** we will remember him

sei·ner·seits ['zainɐ'zaits] *adv* on his part, as far as he is concerned; **ein Missverständnis ~** a misunderstanding on his part

sei·ner·zeit ['zainɐtsait] *adv* in those days, back then *fam*

sei·nes *pron poss s.* **seine(r, s)**

sei·nes·glei·chen ['zainəs'glaiçn̩] *pron inv* 🔵 *(Leute seines Standes)* people of his [own] kind, his equals 🔵 *(jd wie er)* someone like him 🔵 *(etw wie dies)* **~ suchen** to be unparalleled, to have no equal; **das ist ein Gefühl, das ~ sucht** that feeling is without equal [*or* unique]

sei·net·hal·ben ['zainət'halbn̩] *adv (veraltend geh)*, **sei·net·we·gen** ['zainət've:gn̩] *adv* on his account, because of him; **kamen wir zu spät** because of him we were late **sei·net·wil·len** ['zainət'vɪlən] *adv* **um ~** for his sake, for him

sei·ni·ge ['zainɪgə] *pron poss (veraltend geh) s.* **seine(r, s)**

seins *pron poss s.* **seine(r, s)**

Seis·mo·me·ter [zaismo'me:tɐ] *nt* seismometer

seit [zait] I. *präp +dat (Anfangspunkt)* since; *(Zeitspanne)* for; **diese Regelung ist erst ~ kurzem/ einer Woche in Kraft** this regulation has only been effective [for] a short while/a week; **~ einiger Zeit** for a while; **~ damals** since then; **~ neuestem** recently; **~ wann?** since when? II. *konj (seitdem)* since

seit·dem [zait'de:m] I. *adv* since then; **~ hat sie kein Wort mehr mit ihr gesprochen** she hasn't spoken a word to her since [then] II. *konj* since

Sei·te <-, -n> ['zaitə] *f* 🔵 *(Fläche eines Körpers)* side; **die vordere/hintere/untere/obere ~** the front/ back/bottom/top 🔵 *(rechts oder links der Mitte)* **jdn von der ~ ansehen** *(a. fig)* to look at sb from the side, to look askance at sb *fig;* **auf die andere ~ gehen** to cross the street; **zur ~ gehen** [*o geh:* **treten**] to step aside; **[etw/jdn] auf die ~ legen** to lie [sth/sb] on its side; **jdn zur ~ nehmen** to take sb aside; **zur ~ sprechen** THEAT to make an aside; **zur ~ beside; sieh doch mal zur ~** look beside you 🔵 *(sparen)* **etw auf die ~ legen** to put sth on one side [*or* aside] 🔵 *(fig: auf nicht ganz legale Weise)* **etw auf die ~ schaffen** *(fam)* to pocket sth 🔵 *(Papierblatt)* page; **gelbe ~n** MEDIA Yellow Pages; **eine ~ aufschlagen** to open at a page; *(Seite eines Papierblattes)* side 🔵 *(Fläche eines flachen Gegenstandes)* side; **die A-/ B-~ einer Schallplatte** A-/B- side of a record; **die bedruckte ~ des Stoffes kommt nach oben** the printed side of the material must face upwards; **das ist die andere ~ der Medaille** *(fig)* that's the other side of the coin *fig;* **alles hat [seine] zwei ~n** there's two sides to everything 🔵 ANAT *(seitlicher Teil)* side 🔵 *(Unterstützung, Beistand)* [jdm] **nicht von der ~ gehen** [*o* **weichen**] to not leave [sb's] side; **jdm zur ~ springen** *(fam)* to jump to sb's assistance [*or* aid]; **jdm zur ~ stehen** to stand by sb; **jdn [jdm] an die ~ stellen** to give sb [to sb] as support; **sie lebte sehr glücklich an der ~ ihres Mannes** she was very happy living with her husband; **~ an ~** side by side 🔵 *(Aspekt)* side; **sich von seiner besten ~ zeigen** to show oneself at one's best, to be on one's best behaviour; **von dritter ~** from a third party; **auf der einen ~..., auf der anderen [~] ...** on the one hand, ..., on the other [hand], ...; **etw von der heiteren ~ sehen** to look on the bright side [of sth]; **etw** *dat* **eine komische ~ abgewinnen** to see the funny side of sth; **von jds ~ aus** as far as sb is concerned; **das ist ja eine ganz neue ~ an dir** that's a whole new side to you; **neue ~n [an jdm] entdecken** to discover new sides [to sb]; **jds schwache ~ sein** *(jds Schwachstelle sein)* to be sb's weakness, to be sb's weak point; *(fam: einen starken Reiz darstellen)* to be tempting for sb; **jds starke ~ sein** *(jds Stärke sein)* to be sb's forte [*or* strong point] 🔵 *(Partei, Gruppe, Instanz)* side; **beide ~n zeigten sich verhandlungsbereit** both sides showed they were prepared to negotiate; **jdn auf seine ~ bringen** [*o* **ziehen**] to get sb on one's side; **sich** *akk* **auf jds ~ schlagen** to change over to sb's side; **auf jds** *dat* **~ stehen** [*o* **sein**] to be on sb's side; **die ~n wechseln** SPORT to change ends; *(zu jdm übergehen)* to change sides; **von allen ~n** from everywhere, from all sides; **es wurde von allen ~n bestätigt** it was confirmed by all; **man hört es von allen ~n** it can be heard from all sides [*or* everywhere]; **von bestimmter ~** from certain circles; **von kirchlicher/offizieller ~** from ecclesiastical/official sources 🔵 *(Richtung)* side; **die Bühne ist nur nach einer ~ offen** the stage is only open on one side; **nach allen ~n** in all directions 🔵 *(genealogische Linie)* side; **von mütterlicher ~ her** from the maternal side ▶ WENDUNGEN: **an jds grüner ~ sitzen** *(hum)* to sit by sb

Sei·ten *präp* ▪ **auf ~** [*o* **aufseiten**] **einer S./eines Menschen** on the part of sth/sb; **auf ~ der Wähler gab es viele Proteste** from the voters came many protests; ▪ **von ~** [*o* **vonseiten**] **einer S./eines Menschen** from the part of sth/sb

Sei·ten·air·bag [-ˈærbɛg] *m* AUTO lateral [*or* side] airbag **Sei·ten·al·tar** *m* side altar **Sei·ten·an·ga·be** *f* page reference **Sei·ten·an·sicht** *f* side view **Sei·ten·arm** *m* GEOG branch **Sei·ten·auf·prall·schutz** *m kein*

pl AUTO side-impact protection **Sei·ten·aus·gang** *m* side exit **Sei·ten·aus·li·nie** *f* SPORT sideline; *(Fußball)* touchline **Sei·ten·blick** *m* sidelong glance, glance to the side; **jdm einen ~ zuwerfen** to glance at sb from the side **Sei·ten·ein·gang** *m* side entrance **Sei·ten·ein·stei·ger(in)** *<-s, ->* *m(f) (sl)* sb who got in through the back door **Sei·ten·flü·gel** *m* ❶ ARCHIT *(seitlicher Teil eines Gebäudes)* side wing ❷ REL *(Flügel eines Flügelaltars)* wing **Sei·ten·hieb** *m* sideswipe; **jdm einen ~ versetzen** to sideswipe sb; **~e [auf jdn] verteilen** to make sideswipes [at sb] **Sei·ten·la·ge** *f* side position; **in ~ schlafen/ruhen/schwimmen** to sleep/rest/swim on one's side; **in der ~** on one's side; **stabile ~** stable side position **sei·ten·lang** **I.** *adj* comprising several pages, several pages long; ■ **~ sein** to be several pages long; **~e Briefe schreiben** to write endless letters **II.** *adv* in several pages **Sei·ten·län·ge** *f* ❶ *(Länge einer Seite)* length of a side ❷ *(Umfang einer Manuskriptseite)* page length **Sei·ten·leh·ne** *f* armrest **Sei·ten·li·ni·en·or·gan** *nt* ZOOL lateral-line organ **Sei·ten·num·me·rie·rung** *f* folios *pl*, paging
sei·tens ['zaitn̩s] *präp +gen (geh)* on the part of
Sei·ten·schei·tel *m* side parting **Sei·ten·schiff** *nt* side aisle **Sei·ten·schnei·der** *m* cutter, diagonal cutting pliers *npl* **Sei·ten·sprung** *m (fam)* bit on the side *fam;* **einen ~ machen** to have a bit on the side [*or* an affair] **Sei·ten·ste·chen** *nt kein pl* stitch; **~ haben** to have a stitch **Sei·ten·stra·ße** *f* side street **Sei·ten·strei·fen** *m (Notspur)* hard shoulder; *(Bankett)* verge BRIT; „ **~ nicht befahrbar"** "do not drive on the verge" [*or* AM shoulder] **Sei·ten·ta·sche** *f* side pocket **Sei·ten·trakt** *m* side wing **sei·ten·ver·kehrt** *adj* back to front, the wrong way around **Sei·ten·wa·gen** *m* sidecar **Sei·ten·wech·sel** *m* SPORT changeover, change of ends **Sei·ten·wind** *m* crosswind **Sei·ten·wind·emp·find·lich·keit** *f* AUTO crosswind sensitivity **Sei·ten·zahl** *f* ❶ *(Anzahl der Seiten)* number of pages ❷ *(Ziffer)* page number
seit·her [zait'he:ɐ̯] *adv* since then
seit·lich ['zaitlɪç] **I.** *adj* side *attr;* **~er Wind** crosswind; **~ Streifen an der Hose** stripes on the sides of the trousers [*or* AM pants]; **die ~e Begrenzung der Fahrbahn** the side boundaries of the lane **II.** *adv* at the side; **~ stehen** to stand sideways; **~ gegen etw prallen** to crash sideways into sth **III.** *präp +gen;* ■ **~ eines Menschen/einer S.** at the side of [*or* beside] sb/sth; **~ der Straße verläuft ein Graben** a ditch runs along the side of the road
seit·wärts ['zaitvɛrts] **I.** *adv* ❶ *(zur Seite)* sideways ❷ *(auf der Seite)* on one's side **II.** *präp +gen (geh)* beside; **~ des Weges** on the side of the path
seit·wärts|wen·denᴿᴿ *vt reg o irreg* **den Körper ~** to turn one's body to the side
SEK [ɛsʔeːˈkaː] *nt Abk von* **Sondereinsatzkommando** Special Branch BRIT
sek. *f,* **Sek.** *f Abk von* **Sekunde** sec.
Se·kan·te *<-, -n>* [zeˈkantə] *f* secant
Se·kret *<-[e]s, -e>* [zeˈkreːt] *nt* secretion
Se·kre·tär *<-s, -e>* [zekreˈtɛːɐ̯] *m* bureau BRIT, secretaire BRIT, secretary AM
Se·kre·tär(in) *<-s, -e>* [zekreˈtɛːɐ̯] *m(f)* ❶ *(Assistent)* secretary ❷ *(leitender Funktionär)* secretary ❸ *(Schriftführer)* secretary ❹ *(Beamter des mittleren Dienstes)* middle-ranking civil servant ❺ ORN secretary bird
Se·kre·ta·ri·at *<-[e]s, -e>* [zekretaˈrjaːt] *nt* ❶ *(Abteilung für Verwaltung)* secretary's office ❷ *(Räumlichkeit)* office
Se·kre·tä·rin *<-, -nen>* *f fem form von* **Sekretär**
Se·kre·ti·on *<-, -en>* [zekreˈtsi̯oːn] *f* secretion
Sekt *<-[e]s, -e>* [zɛkt] *m* sparkling wine

Sek·te *<-, -n>* ['zɛktə] *f* sect
Sekt·emp·fang *m* champagne reception
Sek·ten·an·hän·ger(in) *m(f)* member of a sect **Sek·ten·füh·rer(in)** *m(f)* leader of a sect **Sek·ten·mit·glied** *nt* member of a sect **Sek·ten·zen·tra·le** *f* headquarters of a sect
Sekt·früh·stück *nt* champagne breakfast
Sek·tie·rer(in) *<-s, ->* [zɛkˈtiːrɐ] *m(f)* ❶ REL *(Sektenanhänger)* sectarian ❷ *(geh: Abweichender einer Richtung)* deviationist
Sek·ti·on *<-, -en>* [zɛkˈtsi̯oːn] *f* ❶ *(Abteilung)* section ❷ MED autopsy, post mortem [examination] ❸ *(fachspr: vorgefertigtes Bauteil)* section
Sek·ti·ons·chef(in) *m(f)* ADMIN ÖSTERR head of a/the ministry BRIT, section chief AM
Sekt·kelch *m* champagne flute **Sekt·kor·ken** *m* champagne cork **Sekt·lau·ne** *f kein pl (hum)* champagne flush
Sek·tor *<-s, -toren>* ['zɛktoːɐ̯, *pl:* zɛkˈtoːrən] *m* ❶ *(Fachgebiet)* sector, field ❷ MATH *(Kreisausschnitt)* sector ❸ *(hist: Besatzungszone in Berlin)* sector
Sekt·quirl *m* swizzle stick
Se·kun·dant(in) *<-en, -en>* [zekʊnˈdant] *m(f)* HIST, SPORT second
se·kun·där [zekʊnˈdɛːɐ̯] *adj (geh)* secondary
Se·kun·där·ener·gie *f* secondary energy **Se·kun·där·in·fek·ti·on** *f* secondary infection
Se·kun·där·leh·rer(in) *m(f)* SCH SCHWEIZ secondary school teacher
Se·kun·där·li·te·ra·tur *f* secondary literature
Se·kun·där·schu·le *f* SCH SCHWEIZ secondary school **Se·kun·dar·stu·fe** *f* SCH secondary school level; **~ I** classes with students aged 10 to 15; **~ II** fifth and sixth form classes
Se·kun·där·tu·gend *f* PHILOS secondary virtue
Se·kun·de *<-, -n>* [zeˈkʊndə] *f* ❶ *(Zeiteinheit)* second; **auf die ~ genau** to the second ❷ *(fam: Augenblick)* second; **[eine] ~!** hang on a second! *fam;* **wir dürfen keine ~ verlieren** we haven't got a moment to lose ❸ MUS, MATH second
Se·kun·den·bruch·teil *m* fraction of a second **Se·kun·den·kle·ber** *m* instant adhesive **se·kun·den·lang** **I.** *adj* a few seconds; **nach ~em Zögern** after hesitating for a few seconds **II.** *adv* for a few seconds; **ihre Unentschlossenheit dauerte nur ~** her indecision lasted only a few seconds **Se·kun·den·schnel·le** *f kein pl* **in ~** in a matter of seconds **Se·kun·den·zei·ger** *m* second hand
se·kun·die·ren* [zekʊnˈdiːrən] *vi* ❶ *(geh: unterstützen)* to second, to back up; ■ **jdm [bei/in etw** *dat]* **~** to back sb up [in sth] ❷ *(bei Wettkämpfen o Duellen betreuen)* ■ **jdm [bei etw] ~** to be sb's second [in sth]
sel·be(r, s) ['zɛlbə, 'zɛlbɐ, 'zɛlbəs] *pron* **der/die/das ~ ...** the same ...; **im ~n Haus** in the same house; **am ~n Ort** at the same place; **an der ~n Stelle** on the [very] same spot; **zur ~n Zeit** at the same time; **~ Zeit, ~r Ort** same time, same place
sel·ber ['zɛlbɐ] *pron dem (fam)* myself/yourself/himself etc.; **ich geh lieber ~** I'd better go [by] myself
Sel·ber·ma·chen *<-s>* *nt kein pl* do-it-yourself, DIY *fam;* **zum ~** build-your-own, make-your-own
sel·big ['zɛlbɪç] *pron dem (veraltend geh)* the same; **am ~en Tag** on that same [*or* very] day
selbst [zɛlpst] **I.** *pron dem* ❶ *(persönlich)* myself/yourself/himself etc.; **mit jdm ~ sprechen** to speak to sb oneself; **"wie geht es dir?" – "gut! und ~?"** "how are you?" – "fine, and [how are] you?"; **das möchte ich ihm lieber ~ sagen** I'd like to tell him that myself; *(an sich)* itself; **er ist nicht mehr er ~** *(fam)* he is not himself anymore; **~ eine(r, s)!** *(fam)* so are you! ❷ *(ohne Hilfe, alleine)* by oneself; **etw ~ machen** to do sth by oneself; **von ~** automatically;

etw versteht sich von ~ it goes without saying; **der Rest kommt dann ganz von ~** the rest will take care of itself ➌ *(fam: verkörpern)* ▪ **etw ~ sein** to be sth in person *[or* itself]; **er ist die Ruhe ~** he is calmness itself *[or* personified]; *s. a.* **Mann** *s. a.* **Frau** *s. a.* **kommen** *s. a.* **um** *s. a.* **von** II. *adv* ➊ *(eigen)* self; **~ ernannt** self-appointed; **~ gemacht** home-made; **~ gestrickt** hand-knitted; *(fig: selbst erfunden)* homespun; **~ verdient** earned by oneself ➋ *(sogar)* even; **~ der Direktor war anwesend** even the director was present; **~ wenn** even if

Selbst <-> [ˈzɛlpst] *nt kein pl (geh)* self; ▪ **jds ~** sb's self

Selbst·ab·ho·ler *m person collecting his/her own furniture etc* **Selbst·ach·tung** *f* self-respect

selb·stän·dig [ˈzɛlpʃtɛndɪç] *adj s.* **selbstständig**

Selb·stän·di·ge(r) *f(m) dekl wie adj s.* **Selbstständige(r)**

Selb·stän·dig·keit <-> *f kein pl s.* **Selbstständigkeit**

Selbst·an·zei·ge *f* JUR self-denunciation; **eine ~ erstatten** to report oneself to the police/Inland Revenue **Selbst·auf·op·fe·rung** *f (geh)* self-sacrifice; **bis zur [völligen] ~** [right] down to self-sacrifice **Selbst·aus·lö·ser** *m* FOTO delayed-action shutter release **Selbst·be·die·nung** *f* self-service **Selbst·be·die·nungs·la·den** *m* self-service shop **Selbst·be·frie·di·gung** *f* masturbation **Selbst·be·fruch·tung** *f* self-fertilization **Selbst·be·haup·tung** *f kein pl* self-assertion **Selbst·be·herr·schung** *f* self-control; **die ~ wahren** *[o* **behalten]** to keep one's self-control; **die ~ verlieren** to lose one's self-control *[or* temper] **Selbst·be·stä·ti·gung** *f* self-affirmation **Selbst·be·stäu·bung** *f* self-pollination **Selbst·be·stim·mung** *f kein pl* self-determination **Selbst·be·stim·mungs·recht** *nt kein pl* ➊ POL right to self-determination ➋ *(Recht, selbst zu entscheiden)* right of self-determination **Selbst·be·tei·li·gung** *f* FIN [percentage] excess **Selbst·be·trug** *m kein pl* self-deception **Selbst·be·weih·räu·che·rung** *f (pej fam)* self-adulation **selbst·be·wusst**[RR] *adj* self-confident **Selbst·be·wusst·sein**[RR] *nt (Selbstsicherheit)* self-confidence; *(Selbstkenntnis)* self-awareness **Selbst·bild·nis** *nt* self-portrait **Selbst·bräu·ner** *m* self-tanning lotion/cream **Selbst·bräu·nungs·creme** *f* self-tanning *[or* autobronzing] cream **Selbst·dar·stel·ler(in)** *m(f)* SOZIOL showman **Selbst·dar·stel·lung** *f* ➊ *(Selbstbeschreibung)* description of oneself; *(Imagepflege)* image ➋ KUNST *s.* **Selbstbildnis Selbst·dis·zi·plin** *f kein pl* self-discipline **Selbst·er·fah·rung** *f kein pl* self-awareness **Selbst·er·fah·rungs·grup·pe** *f* self-awareness group **Selbst·er·hal·tung** *f kein pl* self-preservation *no pl,* survival *no pl* **Selbst·er·hal·tungs·trieb** *m* survival instinct **Selbst·er·kennt·nis** *f kein pl* self-knowledge; ▸ WENDUNGEN: **~ ist der erste Schritt zur Besserung** *(prov)* self-knowledge is the first step to self-improvement **Selbst·fi·nan·zie·rung** *f* self-financing **selbst·ge·fäl·lig** *adj (fig)* self-satisfied, smug *fam* **Selbst·ge·fäl·lig·keit** *f kein pl* self-satisfaction, smugness *fam* **selbst·ge·nüg·sam** *adj* modest **selbst·ge·recht** *adj (pej)* self-righteous **Selbst·ge·spräch** *nt* monologue *[or* AM -og]; **Selbstgespräche führen** *[o* **halten]** to talk to oneself **Selbst·hass**[RR] *m* PSYCH self-hatred **Selbst·hei·lungs·kraft** *f* self-healing power

selbst·herr·lich *adj (pej)* high-handed; *Anführer* autocratic

Selbst·herr·lich·keit *f kein pl (pej)* high-handedness **Selbst·hil·fe** *f kein pl* self-help; **zur ~ greifen** to take matters into one's own hand; **Hilfe zur ~ leisten** to help sb to help himself/herself **Selbst·hil·fe·grup·pe** *f* self-help group **Selbst·in·sze·nie·rung** *f* self-aggrandizement *pej* **selbst·iro·nisch** *adj* self-ironic **Selbst·jus·tiz** *f* JUR vigilantism; **~ [an jdm] üben** to

take the law into one's own hand [with regards to sb] **selbst·kle·bend** *adj* self-adhesive **Selbst·kon·trol·le** *f kein pl* ➊ PSYCH self-control ➋ *(eigenverantwortliche Kontrollinstitution)* self-regulation

Selbst·kos·ten *pl* FIN cost of sales

Selbst·kos·ten·be·tei·li·gung *f* excess **Selbst·kos·ten·preis** *m* cost price BRIT, cost AM; **zum ~** at cost price

Selbst·kri·tik *f kein pl* self-criticism; **~ üben** to criticize oneself **selbst·kri·tisch** *adj* self-critical **Selbst·laut** *m* vowel **Selbst·ler·ner(in)** *m(f)* self-taught person, autodidact *spec*

selbst·los *adj* selfless, unselfish

Selbst·lo·sig·keit <-> *f kein pl* selflessness

Selbst·mit·leid *nt* self-pity

Selbst·mord *m* suicide; **~ begehen** to commit suicide **Selbst·mör·der(in)** *m(f)* suicidal person; **ich bin doch kein ~!** *(fam)* I'm not about to commit suicide *fam* **selbst·mör·de·risch** *adj* suicidal

Selbst·mord·kan·di·dat(in) *m(f)* potential suicide **Selbst·mord·kom·man·do** *nt* suicide squad **Selbst·mord·ver·such** *m* suicide attempt, attempted suicide; **einen ~ machen/verhindern** to make/prevent a suicide attempt

selbst·re·dend *adv* of course **Selbst·rei·ni·gung** *f* self-purification **Selbst·rei·ni·gungs·kraft** *f* self-purifying power **Selbst·schutz** *m* self-protection; **zum ~** for self-protection **Selbst·schutz·trupp** *m* MIL self-protection unit **selbst·si·cher** *adj* self-assured, self-confident **Selbst·si·cher·heit** *f kein pl* self-assurance, self-confidence

selbst·stän·dig[RR] *adj* ➊ *(eigenständig)* independent; **~ arbeiten** to work on one's own *[or* independently] ➋ *(beruflich unabhängig)* self-employed; ▪ **~/~ als jd sein** to be [a] self-employed/a self-employed sb; **sich ~ machen** to start up one's own business ▸ WENDUNGEN: **etw macht sich ~** *(hum fam)* sth grows legs *hum fam*

Selbst·stän·di·ge(r)[RR] *f(m) dekl wie adj* self-employed person

Selbst·stän·dig·keit[RR] <-> *f kein pl* ➊ *(Eigenständigkeit)* independence ➋ *(selbstständige Stellung)* self-employment **selbst·tä·tig** I. *adj* automatic II. *adv* automatically **Selbst·über·schät·zung** *f* over-estimation of one's [own] abilities; **an ~ leiden** to have an exaggerated opinion of oneself **Selbst·über·win·dung** *f* self-discipline; **etw kostet jdn ~** sth takes will power for sb **Selbst·ver·bren·nung** *f* setting fire *[or* light] to oneself **Selbst·ver·lag** *m* **ein Buch im ~ herausgeben** to publish a book at one's own expense; **im ~ erschienen** published at one's own expense **Selbst·ver·leug·nung** *f kein pl (geh)* self-denial; **bis zur [völligen] ~** [right] down to self-denial **Selbst·ver·schul·den** *nt* one's [own] fault; **bei ~** if the claimant himself is at fault **selbst·ver·schul·det** *adj* due to one's [own] fault **Selbst·ver·sor·ger(in)** *m(f)* self-sufficient person; **~ sein** to be self-sufficient

selbst·ver·ständ·lich I. *adj* natural; ▪ **~ sein** to be a natural course of action; **das ist doch ~** don't mention it; **etw ~ finden, etw für ~ halten** to take sth for granted II. *adv* naturally, of course; **wie ~** as if it were the most natural thing in the world; **[aber] ~!** [but] of course!

Selbst·ver·ständ·lich·keit <-, -en> *f* naturalness, matter of course BRIT; **etw als ~ ansehen** to regard sth as a matter of course BRIT; **etw mit der größten ~ tun** to do sth as if it were the most natural thing in the world; **eine ~ sein** to be the least that could be done; **für jd eine ~ sein** to be the least that sb could do; **mit einer ~, die ...** with a naturalness that ...

Selbst·ver·ständ·nis *nt kein pl* ▪ **jds ~** the way sb sees himself **Selbst·ver·stüm·me·lung** _f_ self-mutilation **Selbst·ver·such** _m_ experiment on oneself **Selbst·ver·tei·di·gung** _f_ self-defence [_or_ AM -se] **Selbst·ver·trau·en** _nt_ self-confidence; **ein gesundes ~ haben** to be reasonably confident; **jds ~ heben** [_o_ **stärken**] to increase [_or_ raise] sb's self-confidence **Selbst·ver·wal·tung** _f_ self-government **Selbst·ver·wirk·li·chung** _f_ self-fulfilment, self-realization **Selbst·wahr·neh·mung** _f_ PSYCH introspection; ■ **seine ~** the way one sees oneself **Selbst·wert·ge·fühl** _nt_ [sense of] self-esteem **Selbst·zer·flei·schung** _f_ self-laceration **selbst·zer·stö·re·risch** _adj_ self-destructive **Selbst·zer·stö·rung** _f_ self-destruction **Selbst·zweck** _m kein pl_ end in itself; **etw ist reiner ~** sth is really only an end in itself

sel·chen ['zɛlçn̩] _vt_ KOCHK SÜDD, ÖSTERR ■ **etw ~** to smoke sth **Selch·fleisch** _nt_ KOCHK SÜDD, ÖSTERR _(Rauchfleisch)_ smoked meat

se·lek·tie·ren [zelɛk'tiːrən] _vt_ ■ **etw/jdn ~** to select [_or_ pick out] sth/sb

Se·lek·ti·on <-, -en> [zelɛk'tsi̯oːn] _f (geh)_ ❶ _kein pl (geh: Auswahl)_ selection ❷ BIOL _[(natürliche) Auslese]_ selection

Se·lek·ti·ons·druck _m_ BIOL selection pressure

se·lek·tiv [zelɛk'tiːf] _adj (geh)_ selective

Se·len <-s> [ze'leːn] _nt_ selenium

Self·made·man <-s, -men> ['zɛlfmeːt'mɛn] _m_ self-made man

se·lig ['zeːlɪç] _adj_ ❶ _(überglücklich)_ overjoyed, ecstatic; **jdn ~ machen** to make sb ecstatic [_or_ extremely happy]; **er war ~ über die gute Nachricht** he was ecstatic about the good news ❷ _(fam: leicht betrunken)_ merry, tipsy; **nach einem Glas Wein ist er bereits ~** he's already tipsy after one glass of wine ❸ REL _(von irdischen Übeln erlöst)_ **bis an jds ~es Ende** until sb's dying day; **Gott habe ihn ~** God rest his soul ❹ _(veraltend dafür: verstorben)_ late; **die ~e Frau Schmidt** the late Mrs Schmidt ▸ WENDUNGEN: **wer's glaubt, wird ~** _(iron fam)_ that's a likely story _iron fam; s. a._ **Angedenken** _s. a._ **Ende** _s. a._ **Gott**

Se·li·ge(r) _f(m) dekl wie adj_ ❶ _(verstorbener Ehepartner)_ dear departed husband/wife; **um finanzielle Angelegenheiten hat sich immer mein ~r gekümmert** my dear departed husband dealt with all the finances ❷ _pl (geh: Tote im Reich Gottes)_ blessed spirit; **das Reich der ~n** the spirit world ❸ REL _(Seliggesprochene(r))_ blessed

Se·lig·keit <-> _f kein pl_ ❶ REL salvation; **die [ewige] ~ erlangen** [_o_ **gewinnen**] to attain a state of [eternal] salvation ❷ _(geh: Glücksgefühl)_ bliss, ecstasy

se·lig·spre·chen _vt irreg_ ■ **jdn ~** to bless [_or_ beatify] sb **Se·lig·spre·chung** <-, -en> _f_ beatification

Sel·le·rie <-s, -[s]> ['zɛləri] _m (Knollensellerie)_ celeriac; _(Stangensellerie)_ celery

sel·ten ['zɛltn̩] _adj_ ❶ _(kaum vorkommend, nicht häufig)_ rare; **ein ~es Schauspiel** a rare event; **höchst ~** very [_or_ extremely] rare; **~ so gelacht!** _(iron fam)_ very funny, I don't think! _iron_ ❷ _(besonders)_ exceptional; **ein ~ schönes Exemplar** an exceptionally beautiful specimen; _s. a._ **Gast**

Sel·ten·heit <-, -en> _f_ ❶ _kein pl (seltenes Vorkommen)_ rare occurrence ❷ _(seltene Sache)_ rarity; **bei ihm ist das keine ~** that's not unusual for him

Sel·ten·heits·wert _m kein pl_ rarity value; **~ haben** to possess a rarity value, to be very rare; **etw von ~** sth very rare

Sel·ters <-, -> ['zɛltɐs] _nt (fam)_, **Sel·ters·was·ser** _nt_ DIAL soda [water]

selt·sam ['zɛltzaːm] _adj_ strange; _Mensch a._ odd; _Geschichte, Sache, Umstände a._ peculiar; **ein ~es**

Gefühl haben to have an odd feeling; **sich ~ benehmen** to behave in an odd way; **mir ist heute ganz ~ zumute** I'm in an odd mood today

selt·sa·mer·wei·se _adv_ strangely [_or_ oddly] enough

Selt·sam·keit <-, -en> _f_ ❶ _kein pl (seltsame Art)_ strangeness, peculiarity ❷ _(seltsame Erscheinung)_ oddity

Se·man·tik <-> [ze'mantɪk] _f kein pl_ semantics + _sing vb_

se·man·tisch [ze'mantɪʃ] **I.** _adj_ semantic **II.** _adv_ semantically

Se·ma·si·o·lo·gie <-> [zemazi̯olo'giː] _f kein pl_ LING semasiology

Se·mes·ter <-s, -> [ze'mɛstɐ] _nt_ ❶ SCH _(akademisches Halbjahr)_ semester, term _(lasting half of the academic year)_; **ich bin im sechsten ~** I'm in the third year [_or_ sixth semester] ❷ SCH _(sl: Student)_ **ein siebtes ~** a fourth-year; **ein älteres** [_o_ **höheres**] **~** _(fam)_ a senior student ▸ WENDUNGEN: **ein älteres ~** _(hum fam)_ no spring chicken _hum_

Se·mes·ter·fe·ri·en _pl_ [university] vacation; ÖSTERR _a. (Schulferien)_ school holiday [_or_ AM vacation]

Se·mi·fi·na·le ['zeːmifinaːlə] _nt_ semi-final

Se·mi·ko·lon <-s, -s _o_ -kola> [zemi'koːlɔn, pl: -koːla] _nt_ semicolon

Se·mi·nar <-s, -e _o_ ÖSTERR -ien> [zemi'naːɐ̯, pl: zemi'naːri̯ən] _nt_ ❶ SCH _(Lehrveranstaltung an der Universität)_ seminar ❷ SCH _(Universitätsinstitut)_ department; **das historische ~** the History Department ❸ REL _(fam)_ seminary ❹ _(Lehrgang für Referendare)_ course for student teachers prior to the second state examination

Se·mi·nar·ar·beit _f_ seminar paper

Se·mi·na·rist(in) <-en, -en> [zemina'rɪst] _m(f)_ seminarist

Se·mi·nar·schein _m_ certificate of successful attendance at a seminar

Se·mi·o·lo·gie <-> [zemi̯olo'giː] _f kein pl_ LING semiology

Se·mi·o·tik <-> [ze'mi̯oːtɪk] _f kein pl_ LING semiology **se·mi·per·me·a·bel** [zemipɛrme'aːbl̩] _adj_ semipermeable

Se·mit(in) <-en, -en> [ze'miːt] _m(f)_ Semite

se·mi·tisch [ze'miːtɪʃ] _adj_ Semitic

Sem·mel <-, -n> [zɛml̩] _f_ KOCHK DIAL [bread] roll; ▸ WENDUNGEN: **weggehen wie warme ~n** _(fam)_ to go [_or_ sell] like hot cakes _fam_

Sem·mel·brö·sel _pl_ ÖSTERR, SÜDD breadcrumbs **Sem·mel·knö·del** _m_ SÜDD, ÖSTERR bread dumpling **Sem·mel·mehl** _nt_ fine breadcrumbs _pl_

sen. _adj Abk von_ **senior**

Se·nat <-[e]s, -e> [ze'naːt] _m_ ❶ HIST, POL, SCH senate ❷ JUR Supreme Court

Se·na·tor, Se·na·to·rin <-s, -toren> [ze'naːtoːɐ̯, zena'toːrɪn, pl: zena'toːrən] _m, f_ senator

Se·nats·aus·schussRR _m_ senate committee **Se·nats·be·schluss**RR _m_ senate decision **Se·nats·sit·zung** _f_ senate session **Se·nats·spre·cher(in)** _m(f)_ senate speaker

Sen·de·an·stalt _f_ broadcasting institution **Sen·de·be·reich** _m_ transmission area **Sen·de·fol·ge** _f_ ❶ _(Reihenfolge der Sendungen)_ sequence of programmes [_or_ AM -ams] ❷ _(selten: Fortsetzungssendung)_ episode **Sen·de·ge·biet** _nt s._ **Sendebereich Sen·de·ge·rät** _nt_ transmission set

sen·den[1] ['zɛndn̩] **I.** _vt_ to broadcast; **ein Fernsehspiel ~** to broadcast a television play; **ein Signal/eine Botschaft ~** to transmit a signal/message **II.** _vi_ to be on the air

sen·den[2] <sandte _o_ sendete _o_ gesandt _o_ gesendet> ['zɛndn̩] **I.** _vt (geh)_ ■ **jdn/etw ~** to send sb/sth; **Truppen ~** to despatch troops; ■ **jdm etw ~,** ■ **etw**

an jdn ~ to send sth to sb **II.** *vi (geh)* ■ **nach jdm ~** to send for sb

Sen·de·pau·se *f* [programme [*or* AM -am]] interval; **~ haben** *(fig fam)* to keep silent, to stop talking; **es herrscht ~** *(fam)* there is deadly silence **Sen·de·platz** *m* TV, RADIO slot

Sen·der <-s, -> ['zɛndɐ] *m* ● *(Sendeanstalt)* TV channel, station; *Radio* station; **einen ~ gut/schlecht empfangen** to have [*or* get] good/poor reception of a station/channel ● TELEK *(Sendegerät)* transmitter

Sen·de·raum *m* studio **Sen·de·rei·he** *f* series + *sing vb* **Sen·de·schluss**^{RR} *m* close down **Sen·de·zeit** *f* broadcasting time, airtime; **zur besten ~** at prime time

Sen·dung[1] <-, -en> *f* TV, RADIO ● *(Austrahlung)* broadcasting; *Signal* transmission; **auf ~ gehen/sein** to go/be on the air ● *(Rundfunk-, Fernsehsendung)* programme [*or* AM -am]; **eine ~ ausstrahlen** to broadcast a programme; **eine ~ hören** to listen to a programme

Sen·dung[2] <-, -en> *f* ● *(etw Gesandtes: Briefsendung)* letter; *(Paketsendung)* parcel; **den Empfang einer ~ bestätigen** to confirm receipt of a parcel; *(Warensendung)* consignment ● *(das Senden)* sending *no pl* ● *kein pl (geh: Mission)* mission

Sen·dungs·be·wusst·sein^{RR} *nt* SOZIOL, REL, POL sense of mission

Se·ne·gal <-s> ['ze:negal] *nt kein pl* ● *(Fluss in Westafrika)* Senegal [River] ● *(Republik Senegal)* Senegal; *s. a.* **Deutschland**

Se·ne·ga·le·se, **Se·ne·ga·le·sin** <-n, -n> [zenega'le:zə, -'le:zɪn] *m, f* Senegalese; *s. a.* **Deutsche(r)** **se·ne·ga·le·sisch** [zenega'le:sɪʃ] *adj inv* Senegalese; *s. a.* **deutsch 1, 2**

Senf <-[e]s, -e> [zɛnf] *m* ● KOCHK mustard; **scharfer/ mittelscharfer/süßer** ~ hot/medium-hot/sweet mustard ● BOT mustard ▶ WENDUNGEN: **seinen ~ [zu etw] dazugeben** *(fam)* to get one's three ha'p'orth in [sth] *hum fam*, to add one's 2 cents [to sth] AM, to have one's say [in sth] *fam*

senf·far·ben *adj*, **senf·far·big** *adj* mustard[-coloured] **Senf·gas** *nt* mustard gas **Senf·gur·ke** *f* gherkin *(pickled with mustard seeds)* **Senf·korn** *nt*, **Senf·sa·men** *m meist pl* mustard seed **Senf·pul·ver** *nt* mustard powder **Senf·so·ße** *f* mustard sauce

sen·gen ['zɛŋən] **I.** *vt* ■ **etw ~** to singe sth **II.** *vi* to scorch

sen·gend *adj* scorching; **~e Hitze** scorching heat

se·nil [ze'ni:l] *adj (geh)* senile; **~e Demenz** senile dementia

Se·ni·li·tät <-> [zenili'tɛ:t] *f kein pl (geh)* senility

se·ni·or ['ze:nioɐ] *adj* senior

Se·ni·or <-s, Senioren> ['ze:nioɐ, *pl:* ze'njo:rən] *m* ● *meist pl (ältere Menschen)* senior citizen, OAP BRIT ● *(Seniorchef)* [senior] boss; *(hum: Vater)* the old man *hum* ● *pl* SPORT ■ **die ~en** the seniors ● *(hum fam: Ältester einer Gruppe)* **der ~ einer Mannschaft sein** to be the granny/grandad of a team

Se·ni·or·chef(in) [-ʃɛf] *m(f)* senior boss

Se·ni·o·ren·kar·te *f* senior citizen's ticket **Se·ni·o·ren·mann·schaft** *f* SPORT senior team **Se·ni·o·ren·pass**^{RR} *m* senior citizen's travel pass **Se·ni·o·ren·stu·di·um** *nt* university course for senior citizens **Se·ni·o·ren·tanz·tee** *m* senior citizens' tea-dance

Se·ni·or·part·ner(in) *m(f)* senior partner

Sen·ke <-, -n> ['zɛŋkə] *f* depression

Sen·kel <-s, -> ['zɛŋkl] *m (fam)* lace; ▶ WENDUNGEN: **jdm auf den ~ gehen** *(fam)* to get on sb's nerves *fam*

sen·ken ['zɛŋkn] **I.** *vt* ■ **etw ~** ● *(ermäßigen)* to lower [*or* decrease] sth; **die Preise ~** to reduce [*or* lower] prices; *(niedriger machen)* to lower sth; **den Blutdruck/das Fieber ~** to lower the blood pressure/ reduce fever; **den Grundwasserspiegel ~** to lower

the groundwater level ● *(geh: abwärtsbewegen)* to lower sth; **den Kopf ~** to bow one's head; **ein Boot ins Wasser ~** to lower a boat into the water; **die Stimme ~** *(fig)* to lower one's voice **II.** *vr* ● *(niedriger werden)* to sink; ■ **sich [um etw] ~** to drop [*or* subside] [by sth]; **das Grundstück senkt sich leicht zu einer Seite** the property subsides slightly to one side ● *(sich niedersenken)* ■ **sich [auf jdn/etw] ~** to lower itself/oneself [onto sb/sth]; **die Nacht senkt sich über das Land** *(liter)* night is falling over the land *liter*

Senk·fuß *m* MED fallen arches *pl spec,* flat feet *pl;* **Senkfüße haben** to have flat feet **Senk·gru·be** *f* cesspit, cesspool **Senk·ho·nig** *m* liquid honey

senk·recht ['zɛŋkrɛçt] *adj* vertical; ▶ WENDUNGEN: **immer schön ~ bleiben!** *(fam)* stay cool! *fam;* **halt dich ~!** *(fam)* keep out of trouble!

Senk·rech·te <-n, -n> *f dekl wie adj* ● MATH perpendicular ● *(senkrechte Linie)* vertical line

Senk·recht·star·ter *m* LUFT vertical take-off aircraft **Senk·recht·star·ter(in)** *m(f) (fig fam)* whizz kid *fam;* **der Film entpuppte sich als ~** the film turned out to be an instant sell-out

Sen·kung <-, -en> *f* ● *kein pl (Ermäßigung)* decrease, lowering; *der Preise* reductions; *Gelder, Löhne, Subventionen* cut; *Steuern a.* decrease ● *(das Senken)* drop, subsidence; *des Fiebers* subsidence; *der Stimme* lowering ● MED *(Blutsenkung)* sedimentation of the blood ● GEOL subsidence ● *(selten: Senke)* depression, hollow

Senn <-[e]s, -e> [zɛn] *m* SÜDD, ÖSTERR, SCHWEIZ *s.* **Senner**

Sen·ne <-, -n> ['zɛnə] *f* SÜDD, ÖSTERR Alpine pasture **Sen·ner(in)** <-s, -> ['zɛnɐ] *m(f)* SÜDD, ÖSTERR Alpine dairyman

Sen·ne·rei <-, -en> *f* SÜDD, ÖSTERR, SCHWEIZ Alpine dairy **Sen·ne·rin** <-, -nen> *f fem form von* **Senner**

Sen·sa·ti·on <-, -en> [zɛnza'tsjo:n] *f* sensation

sen·sa·ti·o·nell [zɛnzatsjo'nɛl] *adj* sensational

Sen·sa·ti·ons·be·richt *f* sensational report **Sen·sa·ti·ons·blatt** *nt* MEDIA *(pej)* sensationalist newspaper **Sen·sa·ti·ons·gier** *f kein pl (pej)* sensationalism *pej* **Sen·sa·ti·ons·lust** *f* desire for sensation **sen·sa·ti·ons·lüs·tern** *adj (fig)* sensation-seeking **Sen·sa·ti·ons·ma·che** *f (pej)* sensationalism **Sen·sa·ti·ons·mel·dung** *f* sensational news + *sing vb* **Sen·sa·ti·ons·nach·richt** *f* sensational news + *sing vb,* scoop **Sen·sa·ti·ons·pro·zess**^{RR} *m* sensational trial

Sen·se <-, -n> ['zɛnzə] *f* scythe; ▶ WENDUNGEN: **jetzt ist aber ~!** *(sl)* that's enough!

Sen·sen·mann <-männer> *m (euph)* ■ **der ~** the [Grim] Reaper *liter*

sen·si·bel [zɛn'zi:bl] *adj* sensitive

Sen·si·bel·chen <-s, -> [zɛn'zi:blçən] *nt (fam)* softy *fam*

sen·si·bi·li·sie·ren* [zɛnzibili'zi:rən] *vt (geh)* ■ **jdn [für etw] ~** to sensitize sb [for sth], to make sb aware [of sth]

Sen·si·bi·li·sie·rung <-, -en> *f (geh)* sensitization **Sen·si·bi·li·tät** <-, -en> [zɛnzibili'tɛ:t] *f (geh)* sensitivity **Sen·sor** <-s, -soren> ['zɛnzoɐ, *pl:* zɛn'zo:rən] *m* sensor

Sen·sor·tas·te *f* sensor control

Sen·tenz <-, -en> [zɛn'tɛnts] *f (geh)* aphorism

sen·ti·men·tal [zɛntimɛn'ta:l] *adj* sentimental **Sen·ti·men·ta·li·tät** <-, -en> [zɛntimɛntali'tɛ:t] *f* sentimentality

se·pa·rat [zepa'ra:t] *adj* separate; **ein ~er Eingang** a separate entrance

Se·pa·ra·tis·mus <-> [zepara'tɪsmʊs] *m kein pl* separatism

Se·pa·ra·tist(in) <-en, -en> [zepara'tɪst] *m(f)* separaratist

se·pa·ra·tis·tisch *adj* separatist

Sé·pa·rée <-s, -s> *nt*, **Se·pa·ree** <-s, -s> [zepa'reː] *nt* private room

Se·pia <-, Sepien> ['zeːpi̯a, *pl:* -pi̯ən] *f* ❶ ZOOL cuttle fish ❷ *kein pl (Farbstoff)* sepia

Se·pia·tin·te *f* sepia ink **Se·pia·zeich·nung** *f* sepia drawing

Sep·sis <-, Sepsen> ['zɛpsɪs] *f* MED *(geh)* sepsis

Sep·tem·ber <-[s], -> [zɛp'tɛmbɐ] *m* September; *s. a.* **Februar**

Sep·tett <-[e]s, -e> [zɛp'tɛt] *nt* septet, septette BRIT

Sep·tim <-, -en> [zɛp'tiːm] *f*, **Sep·ti·me** <-, -n> [zɛp'tiːmə] *f* MUS seventh

sep·tisch ['zɛptɪʃ] *adj (geh)* septic

Se·quenz <-, -en> [ze'kvɛnts] *f* ❶ *(geh: Aufeinanderfolge von etwas Gleichartigem)* sequence ❷ MUSIK *(Wiederholung eines musikalischen Motivs)* sequence ❸ MUSIK, REL *(hymnusartiger Gesang)* sequence ❹ FILM *(kleinere filmische Einheit)* sequence ❺ KARTEN *(Serie gleicher Karten)* run, flush ❻ INFORM *(Folge von Befehlen/Daten)* sequence

Se·ra *pl von* **Serum**

Ser·be, Ser·bin <-n, -n> ['zɛrbə, 'zɛrbɪn] *m, f* Serb, Serbian; *s. a.* **Deutsche(r)**

Ser·bi·en <-s> ['zɛrbi̯ən] *nt* Serbia; *s. a.* **Deutschland**

Ser·bin <-, -nen> *f fem form von* **Serbe**

ser·bisch ['zɛrbɪʃ] *adj* Serbian; *s. a.* **deutsch 1, 2**

Ser·bo·kro·a·tisch [zɛrbokro'aːtɪʃ] *nt dekl wie adj* Serbo-Croat; *s. a.* **Deutsche**

Se·ren *pl von* **Serum**

Se·re·na·de <-, -n> [zere'naːdə] *f* serenade

Se·rie ['zeːri̯ə] *f* ❶ *(Reihe)* series + *sing vb*; **eine ~ Briefmarken** a set of stamps; **eine ~ von Unfällen/ Anschlägen** a series of accidents/attacks ❷ ÖKON line; **diese ~ läuft bald aus** this line will soon be discontinued; **in ~ gehen** to go into production; **etw in ~ produzieren** to mass-produce sth; **in ~ produced** ❸ MEDIA, TV series + *sing vb*; *s. a.* **Gesetz**

se·ri·ell [ze'ri̯ɛl] *adj* ❶ *(als Reihe)* series; **~ herstellbar** mass-produced ❷ INFORM serial; **~e Schnittstelle** serial interface

Se·ri·en·aus·stat·tung *f* standard fittings *pl*

se·ri·en·mä·ßig *adj* ❶ *(in Serienfertigung)* mass-produced; **etw ~ anfertigen** [*o* herstellen] to mass-produce sth ❷ *(bereits eingebaut sein)* standard; **~ sein** to be a standard feature

Se·ri·en·mör·der(in) *m/f(m)* serial killer [*or* murderer] [*or fem* murderess], serial *spec sl* **Se·ri·en·num·mer** *f* serial number **Se·ri·en·pro·duk·ti·on** *f* mass production **Se·ri·en·rei·fe** *f* readiness to go into production; **bis zur ~** until the start of production

se·ri·en·wei·se ['zeːri̯ən-] *adv* ❶ *(als Serien)* in series; **etw** [nur] **~ verkaufen** to [only] sell sth in a set; **ein Produkt ~ herstellen** to mass-produce a product ❷ *(fam: in Mengen)* one after the other

se·ri·ös [ze'ri̯øːs] **I.** *adj* ❶ *(ordentlich, gediegen)* respectable; **ein ~er Herr** a respectable gentleman; *(ernst zu nehmend)* serious; **~e Absichten** honourable [*or* AM -orable] intentions ❷ ÖKON *(vertrauenswürdig)* respectable, reputable; **ein ~es Unternehmen** a reputable business **II.** *adv* respectably

Se·ri·o·si·tät <-> [zeri̯ozi'tɛːt] *f kein pl* ❶ *(seriöse Art)* respectability; *(Ernsthaftigkeit)* seriousness ❷ ÖKON *(Vertrauenswürdigkeit)* repute

Ser·mon <-s, -e> [zɛr'moːn] *m* ❶ *(pej fam: langweiliges Gerede)* sermon *pej*, lecture *pej* ❷ *(veraltet: Rede, Predigt)* sermon

se·ro·po·si·tiv [zero-] *adj* seropositive

Ser·pen·ti·ne <-, -n> [zɛrpɛn'tiːnə] *f* ❶ *(schlangenförmige Straße)* winding road ❷ *(steile Kehre, Windung)* sharp bend; **in ~n** in winds; **der Weg führte in ~n**

um den Berg herum the road wound [*or* zigzagged] its way around the hill

Se·rum <-s, Seren *o* Sera> ['zeːrʊm, *pl:* 'zeːrən, *pl:* 'zeːra] *nt* serum

Ser·ver <-s, -> ['sœːrvɐ] *m* INFORM server

Ser·vice¹ <-, -s> ['zøɐ̯vɪs] *m* ❶ *kein pl (Bedienung, Kundendienst)* service ❷ TENNIS serve

Ser·vice² <-[s], -> [zɛr'viːs] *nt* dinner/coffee service

Ser·vice·cen·terᴿᴿ, **Ser·vice· Cen·ter** <-s, -> ['zøɐ̯vɪs͜sɛntɐ] *nt* service centre [*or* AM -er]

Ser·vice·hot·lineᴿᴿ, **Ser·vice Hot·line** ['zøɐ̯vɪshɔtlaɪn] *f* TELEK customer service hotline

ser·vie·ren* [zɛr'viːrən] **I.** *vt* ■ |jdm| **etw ~** to serve sth [to sb]; **was darf ich Ihnen ~?** what can I offer you?; ■ **sich** *dat* **etw** [**von jdm**] **~ lassen** to have sth served [by sb] **II.** *vi* ❶ *(auftragen)* to serve; **zu Tisch, es ist serviert!** dinner is served!; **nach 20 Uhr wird nicht mehr serviert** there is no waiter service after 8 pm ❷ TENNIS to serve

Ser·vier·wa·gen *m* trolley

Ser·vi·et·te <-, -n> [zɛr'vi̯ɛtə] *f* napkin, serviette

Ser·vi·et·ten·ring *m* napkin ring

ser·vil [zɛr'viːl] *adj (pej geh)* servile

Ser·vi·li·tät <-> [zɛrvili'tɛːt] *f kein pl (pej geh)* servility

Ser·vo·len·kung *f* power steering

ser·vus ['zɛrvʊs] *interj* ÖSTERR, SÜDD *(hallo)* hello; *(tschüs)* [good]bye

Se·sam <-s, -s> ['zeːzam] *m* ❶ BOT sesame ❷ *(Samen des Sesams)* sesame seed ▶ WENDUNGEN: **~ öffne dich** *(hum fam)* open sesame

Se·sam·kro·kant *m* sesame brittle

Ses·sel <-s, -> ['zɛsl̩] *m* ❶ *(Polstersessel)* armchair ❷ ÖSTERR *(Stuhl)* chair

Ses·sel·leh·ne *f* [chair] arm **Ses·sel·lift** *m* chairlift **Ses·sel·pols·te·rung** *f* chair upholstery

sess·haftᴿᴿ, seß·haftᴬᴸᵀ ['zɛshaft] *adj* ❶ *(bodenständig)* settled ❷ *(ansässig)* ■ **~ sein** to be resident; **~ werden** to settle down; **~e Stämme** settled tribes

Set <-s, -s> [zɛt] *m o nt* set

Set·ting <-s, -s> ['zɛtɪŋ] *nt* setting

set·zen ['zɛtsn̩] **I.** *vt haben* ❶ *(platzieren)* **etw ~** to put [*or* place] sth; ■ **jdn/etw irgendwohin ~** to put [*or* place] sb/sth somewhere; **ein Gericht auf die Speisekarte ~** to put a dish on the menu; **das Glas an den Mund ~** to put the glass to one's lips; **ein Komma ~** to put a comma; **jdn auf die Liste ~** to put sb on the list; **etw auf die Rechnung ~** to put sth on the bill; **den Topf auf den Herd ~** to place the pot on the stove; **eine Unterschrift unter etw ~** to put a signature to sth, to sign sth ❷ *(festlegen)* ■ **etw ~** to set sth; **einer S.** *dat* **ein Ende ~** to put a stop to sth; **eine Frist ~** to set a deadline; **jdm/etw Grenzen ~** to set limits for sb/sth; **ein Ziel ~** to set a goal ❸ JAGD **einen Hund auf die Fährte ~** to put a dog on a trail ❹ *(bringen)* **etw in Betrieb ~** to set sth in motion; **jdn auf Diät ~** to put sb on a diet; **keinen Fuß vor die Tür ~** to not set foot out of the door ❺ HORT *(pflanzen)* ■ **etw ~** to plant [*or* set] sth ❻ *(errichten)* ■ **etw ~** to put [*or* put] up sth, to build sth; [jdm] **ein Denkmal ~** to set [*or* put] up [*or* build] a monument [to sb]; **einen Mast ~** to put up a mast; **die Segel ~** to set the sails ❼ *(wetten)* ■ **etw** [**auf jdn/etw**] **~** to put [*or* place] [*or* stake] sth [on sb/sth]; **Geld auf jdn/ etw ~** to stake [*or* put] money on sb/sth; **seine Hoffnung in** [*o* **auf**] **jdn ~** to put [*or* pin] one's hopes on sb; **ein Pfand ~** to pledge sth; **auf ein Pferd ~** to place a bet on a horse; **Zweifel in etw ~** to call sth into question ❽ SPORT **jdn auf 1./2./3. Platz ~** to seed sb first/second/third; **gesetzte Spieler** seeded players; **die auf Platz 1 gesetzte Spielerin** the no. 1 seeded player ❾ TYPO ■ **etw ~** to set sth ❿ *(sl: sprit-*

zen/ ■ etw ~ to inject [or sl shoot] sth; **Heroin** ~ to shoot Heroin; **einen Schuss** ~ (fam) to shoot up fam; **jdm/sich eine Spritze** ~ to give sb/oneself an injection ▸ WENDUNGEN: **es setzt was** (fam) there'll be trouble; s. a. **Fall** s. a. **Land** s. a. **Tagesordnung** s. a. **Kopf** II. vr haben ❶ (sich niederlassen) ■ **sich** ~ to sit [down]; **sich ins Auto** ~ to get into the car; **bitte ~ Sie sich doch!** please sit down!; ■ **sich zu jdm** ~ to sit next to sb; **wollen Sie sich nicht zu uns ~?** won't you join us?; **setz dich!** sit down!; (zu einem Hund) sit! ❷ (sich senken) ■ **sich** ~ to settle; **langsam setzt sich der Kaffeesatz** the coffee grounds are slowly settling; (durchdringen) to penetrate; **der Rauch setzt sich in die Kleider** smoke gets into your clothes III. vi ❶ haben (wetten) ■ **auf jdn/etw** ~ to bet on sb/sth; (sich auf jdn verlassen) to rely on sb/sth ❷ sein o haben (springen) ■ **über etw** ~ akk to jump over sth ❸ (überschiffen) ■ **über etw** ~ to cross sth; **über den Rhein** ~ to cross the Rhine

Set·zer(in) <-s, -> m(f) typesetter

Setz·ze·rei <-, -en> [zɛtsəˈraɪ] f composing room

Setz·ze·rin <-, -nen> f fem form von **Setzer**

Setz·feh·ler m typeset error **Setz·kas·ten** m ❶ HORT seed box ❷ TYPO case

Setz·ling <-s, -e> [ˈzɛtslɪŋ] m ❶ HORT seedling ❷ (junger Fisch) fry

Setz·ma·schi·ne f typesetting machine, typesetter

Seu·che <-, -n> [ˈzɔʏçə] f ❶ MED (Epidemie) epidemic ❷ (fig: Plage) plague

Seu·chen·herd m centre [or AM -er] of an epidemic

seuf·zen [ˈzɔʏftsn̩] vi to sigh; **erleichtert** ~ to heave a sigh of relief

Seuf·zer <-s, -> m sigh; **einen ~ ausstoßen** to heave [or to sigh] a sigh; **seinen letzten ~ tun** (fig fam) to breathe one's last sigh fig

Se·vil·la <-s> [zeˈvɪlja] nt Seville

Sex <-[es]> [zɛks] m kein pl ❶ (Sexualität) sex; **~ zur Kunstform erheben** to elevate sex to an art form ❷ (sexuelle Anziehungskraft) sexiness, sex appeal; **~ haben** to be sexy ❸ (Geschlechtsverkehr) sex; **~ haben** (fam) to have sex

Sex·ap·peal^RR <-s> [-əpiːl] m, **Sex-Ap·peal** <-s> m kein pl sex appeal **Sex·bom·be** f bombshell, sex bomb **Sex·club** m sex club **Sex·film** m sex film

Se·xis·mus <-> [zɛˈksɪsmʊs] m kein pl sexism no pl **Se·xist(in)** <-en, -en> [zɛˈksɪst] m(f) sexist

se·xis·tisch I. adj sexist II. adv sexist

Sex·ob·jekt nt sex object **Sex·or·gie** f (fam) [sex] orgy **Sex·per·te** <-n, -n> [zɛksˈpɛrtə] m (hum) sexpert **Sex·shop** <-s, -s> [-ʃɔp] m sex shop

Sex·tant <-en, -en> [zɛksˈtant] m sextant

Sex·te <-, -n> [ˈzɛkstə] f MUS sixth

Sex·tett <-[e]s, -e> [zɛksˈtɛt] nt sextet, sextette BRIT

Sex·tou·ris·mus [-turɪsmʊs] m (fam) sex tourism

Se·xu·al·er·zie·hung f sex education **Se·xu·al·for·scher(in)** m(f) sexologist **Se·xu·al·for·schung** f sexology **Se·xu·al·hor·mon** nt sex hormone

Se·xu·a·li·tät <-> [zɛksualiˈtɛːt] f kein pl sexuality

Se·xu·al·kun·de f kein pl sex education **Se·xu·al·kun·de·un·ter·richt** m sex education lesson **Se·xu·al·le·ben** nt kein pl sex[ual] life **Se·xu·al·lock·stoff** m ZOOL sexual attractant **Se·xu·al·mo·ral** f sex morals pl **Se·xu·al·ob·jekt** nt sex object **Se·xu·al·part·ner(in)** m(f) SOZIOL sex partner, lover **Se·xu·al·tä·ter(in)** m(f) sex offender **Se·xu·al·trieb** m sex[ual] drive **Se·xu·al·ver·bre·chen** nt sex crime **Se·xu·al·ver·bre·cher(in)** m(f) sex offender **Se·xu·al·ver·hal·ten** nt sexual [or mating] behaviour [or AM -or]

se·xu·ell [zɛˈksuɛl] adj sexual; **~e Belästigung** sexual harassment

se·xy [ˈzɛksi] adj inv (fam) sexy fam

Sey·chel·len <-> [zeˈʃɛlən] pl ■ **die** ~ the Seychelles

npl; s. a. **Falklandinseln**

Sey·chel·ler(in) <-s, -> [zeˈʃɛlɐ] m(f) Seychellois; s. a. **Deutsche(r)**

sey·chel·lisch [zeˈʃɛlɪʃ] adj Seychellois, Seychelles AM; s. a. **deutsch**

Se·zes·si·on <-, -en> [zɛtsɛsˈioːn] f ❶ POL (Abspaltung) secession ❷ KUNST (Abspaltung einer Künstlergruppe) disaffiliation

se·zie·ren [zeˈtsiːrən] I. vt ■ **jdn/etw** ~ to dissect sb/sth; **eine Leiche** ~ to dissect a corpse II. vi to dissect

Se·zier·saal m dissecting room

S-för·mig [ˈɛsfœrmɪç] adj S-shaped

Sgraf·fi·to <-s, -s o Sgraffiti> [sgraˈfiːto, pl: -ˈfiːti] nt s. **Graffito**

Sham·poo <-s, -s> [ˈʃampu, ˈʃampo] nt shampoo

Sher·ry <-s, -s> [ˈʃɛri] m sherry

Sher·ry·es·sig m sherry vinegar

Shoo·ting <-s, -s> [ˈʃuːtɪŋ] nt (Fototermin) photocall

shop·pen [ˈʃɔpn̩] vi (sl) to shop

Shorts [ʃoːɐ̯ts, ʃɔrts] pl pair of shorts, shorts npl

Show <-, -s> [ʃoː] f show; **eine ~ abziehen** (sl) to put on a show fam; **eine ~ machen** to make a show [of sth]; **jdm die ~ stehlen** (fam) to steal the show from sb

Show·bu·si·ness^RR, Show-Bu·si·ness^RR, Show·bu·si·neß^ALT <-> [ˈʃoːˌbɪznɪs] nt kein pl show business

Show·down <-[s], -s> [ʃoːˈdaun, ˈʃoːdaun] m showdown

Show·ein·la·ge [ˈʃoː-] f supporting show; (Zwischenspiel) interlude **Show·fi·gur** f (pej) plaything of the media **Show·ge·schäft** nt kein pl show business **Show·mas·ter** <-s, -> [-maːstɐ] m compère BRIT **Show·pro·gramm** nt THEAT show **Show·room** <-s, -s> [-ruːm] m showroom

si·a·me·sisch [ziaˈmeːzɪʃ] adj Siamese; s. a. **Zwilling Si·am·kat·ze** f Siamese cat

Si·bi·ri·en <-s> [ziˈbiːriən] nt Siberia

si·bi·risch [ziˈbiːrɪʃ] adj Siberian; s. a. **Kälte**

si·byl·li·nisch [zibyˈliːnɪʃ] adj (geh) sibylline, sibyllic

sich [zɪç] pron refl ❶ akk oneself; ■ **er/sie/es ...** ~ he/she/it ... himself/herself/itself; ■ **Sie ...** ~ you ... yourself/yourselves; ■ **sie ...** ~ they ... themselves; **er sollte ~ da heraushalten** he should keep out of it; **man fragt ~, was das soll** one asks oneself what it's all about; **~ freuen** to be pleased; **~ gedulden** to be patient; **~ schämen** to be ashamed of oneself; **~ wundern** to be surprised ❷ dat one's; **~ etw einbilden** to imagine sth; **~ etw kaufen** to buy sth for oneself; **die Katze leckte ~ die Pfote** the cat licked its paw; s. a. **kommen** s. a. **an** s. a. **von** ❸ pl (einander) each other, one another; **~ lieben/hassen** to love/hate each other; **~ küssen** to kiss each other; **~ prügeln** to beat each other ❹ unpersönlich **hier arbeitet es ~ gut** it's good to work here; **das Auto fährt ~ prima** the car drives well; **das lässt ~ schlecht in Worten ausdrücken** that's difficult to put into words ❺ mit Präposition **die Schuld bei ~ suchen** to blame oneself; **wieder zu ~ kommen** (fam) to regain consciousness, to come round; **jdn mit zu ~ nehmen** to take sb to one's house; **nicht ganz bei ~ sein** (fam) to not be quite with it fam; **etw von ~ aus tun** to do sth of one's own accord; **etw für ~ tun** to do sth for oneself; **er denkt immer nur an ~** he only ever thinks of himself; **er hat etwas an ~, das mir nicht gefällt** (fam) there's something about him that I don't like

Si·chel <-, -n> [ˈzɪçl̩] f ❶ AGR sickle ❷ (sichelförmiges Gebilde) crescent; **die ~ des Mondes** the crescent of the moon

Si·chel·zel·len·anä·mie f MED (krankhafte Veränderung der roten Blutkörperchen) sickle-cell anaemia

si·cher [ˈzɪçɐ] I. adj ❶ (gewiss) certain, sure; **ein ~er**

Gewinn/Verlust a sure [*or* certain] win/loss; **eine ~e Zusage** a definite confirmation; ■ **~ sein** to be certain, to be for sure, to be a sure thing; ■ **~ sein, dass/ob …** to be certain that/as to whether …; **etwas S~es** something certain; ■ **sich** *dat* **~ sein, dass …** to be sure [*or* certain] that …; ■ **sich** *dat* **einer/seiner S./seiner Sache** *gen* **~ sein** to be sure of sth/of what one is doing/saying; ■ **sich** *dat* **seiner selbst ~ sein** to be sure of oneself; **so viel ist ~** that much is certain ❸ *(ungefährdet)* safe; **eine ~e Anlage** a secure investment; **ein ~er Arbeitsplatz** a steady job; ■ **~ [vor jdm/etw] sein** to be safe [from sb/sth]; **~ ist ~** you can't be too careful ❹ *(zuverlässig)* reliable; **~er Beweis** definite [*or* reliable] proof; **eine ~e Methode** a foolproof method; **etw aus ~er Quelle haben** [*o* **wissen**] to have [*or* know] sth from a reliable source ❹ *(geübt)* competent; **ein ~es Händchen für etw haben** *(fam)* to have a knack for sth; **ein ~er Autofahrer** a safe driver; **ein ~es Urteil** a sound judgement; **ein ~er Schuss** an accurate [*or* good] shot ❺ *(selbstsicher)* self-confident, self-assured; **ein ~es Auftreten haben** to appear/be self-confident; *s. a.* **Quelle** II. *adv* surely; **du hast ~ Recht** you are certainly right, I'm sure you're right; **es ist ~ nicht das letzte Mal** this is surely not the last time; **[aber] ~!** [*o* **doch!**] *(fam)* of course!, sure!

si·cher|ge·hen *vi irreg sein* to make sure; ■ **~, dass …** to make sure that …; **um sicherzugehen, dass ich da bin, ruf vorher an!** ring me first to be [*or* make] sure that I'm there

Si·cher·heit <-, -en> *f* ❶ *kein pl (gesicherter Zustand)* safety; **die öffentliche ~** public safety; **soziale ~** social security; **etw/jdn/sich in ~ bringen** to get sth/sb/oneself to safety; **[irgendwo] in ~ sein** to be safe [somewhere]; **sich in ~ wiegen** [*o* **wähnen**] to think oneself safe; **jdn in ~ wiegen** to lull sb into a false sense of security; **der ~ halber** to be on the safe side, in the interests of safety ❷ *kein pl (Gewissheit)* certainty; **mit an ~ grenzender Wahrscheinlichkeit** almost certainly; **mit ~ for certain; ich kann es nicht mit letzter ~ sagen** I can't be one hundred per cent sure about that ❸ *kein pl (Zuverlässigkeit)* reliability; **von absoluter ~ sein** to be absolutely reliable; *eines Urteils* soundness ❹ *kein pl (Gewandtheit)* skilfulness, competence; **~ im Auftreten** assured manner ❺ FIN *(Kaution)* surety, security; **~ leisten** [*o* **geben**] to offer security; JUR to stand bail **Si·cher·heits·ab·stand** *m* safe distance **Si·cher·heits·aus·schuss**RR *m (selten)* security committee **Si·cher·heits·be·am·te[r]**, **-be·am·tin** *m, f* security officer **Si·cher·heits·be·ra·ter[in]** *m(f)* safety advisor **Si·cher·heits·be·stim·mung** *f* safety regulation **Si·cher·heits·bin·dung** *f* safety binding **Si·cher·heits·ex·per·te**, **-ex·per·tin** *m, f* safety expert **Si·cher·heits·glas** *nt* safety glass **Si·cher·heits·grün·de** *pl* **aus ~n** for safety reasons **Si·cher·heits·gurt** *m* safety [*or* seat] belt **si·cher·heits·hal·ber** *adv* to be on the safe side **Si·cher·heits·ket·te** *f* safety chain **Si·cher·heits·kon·trol·le** *f* security check **Si·cher·heits·kraft** *f meist pl* member of security; ■ **Sicherheitskräfte** security [staff] + *sing/pl vb;* ■ **eine ~/Sicherheitskräfte sein** to be [from] security **Si·cher·heits·leis·tung** *f* surety; JUR bail **Si·cher·heits·lü·cke** *f* security breach **Si·cher·heits·mann** <-leute *o* -män­ner> *m* security man; ■ **Sicherheitsleute** security [staff] + *sing/pl vb;* ■ **ein ~ sein** to be a security man [*or* [from] security] **Si·cher·heits·maß·nah·me** *f* safety measure **Si·cher·heits·na·del** *f* safety pin **Si·cher·heits·pe·dal** *nt* safety pedal **Si·cher·heits·po·li·tik** *f kein pl* security policy **Si·cher·heits·rat** *m kein pl* security council **Si·cher·heits·ri·si·ko** *nt* security risk **Si·cher·heits·schloss**RR *nt* safety lock **Si·cher·**

heits·stan·dard *m* safety standard **Si·cher·heits·ven·til** *nt* safety valve **Si·cher·heits·ver·schluss**RR *m* safety catch **Si·cher·heits·vor·keh·rung** *f* security [*or* safety] precaution **Si·cher·heits·vor·schrift** *f meist pl* safety regulation **Si·cher·heits·wacht** *f meist sing* security *no pl* **Si·cher·heits·wäch·ter**, **-wäch·te·rin** *m, f* security guard **si·cher·lich** *adv* surely

si·chern ['zɪçən] *vt* ❶ *(schützen)* ■ **etw [durch** [*o* **mit] etw] [gegen etw] ~** to safeguard sth [with sth] [from sth]; **die Grenzen/den Staat ~** to safeguard the borders/state ❷ *(mit der Sicherung versehen)* **eine Schusswaffe ~** to put on a safety catch on a firearm; **die Tür/Fenster ~** to secure the door/windows ❸ *(absichern)* ■ **jdn/etw ~** to protect sb/sth; ■ **sich [durch etw] [gegen etw] ~** to protect oneself [with sth] [against sth]; **einen Bergsteiger mit einem Seil ~** to secure [*or* belay] a climber with a rope; **den Tatort ~** to secure the scene of the crime; ■ **gesichert sein** to be protected ❹ *(sicherstellen, verschaffen)* **etw ~** to secure sth; **ein Vorkaufsrecht ~** to secure an option to buy; **einen Sieg ~** to secure a victory ❺ INFORM ■ **etw ~** to save sth; **Daten ~** to save data ❻ *(sicherstellen, garantieren)* ■ **[jdm/sich] etw ~** to secure sth [for sb/oneself]; **die Verfassung sichert allen Bürgern die Menschenrechte** the constitution guarantees all citizens human rights

si·cher|stel·len *vt* ❶ *(in Gewahrsam nehmen)* ■ **etw ~** to safekeep [*or* confiscate] sth; **die Beute ~** to confiscate the loot ❷ *(garantieren)* ■ **etw ~** to guarantee [*or* safeguard] sth

Si·cher·stel·lung *f* ❶ *(das Sicherstellen)* safekeeping, confiscation ❷ *(das Garantieren)* guarantee, safeguard

Si·che·rung <-, -en> *f* ❶ *(das Sichern, Schützen)* securing, safeguarding; **zur ~ meiner Existenz** to safeguard my existence; **~ des Friedens** safeguarding peace; **~ des Unfallortes** securing the scene of the accident ❷ ELEK fuse; **die ~ ist durchgebrannt/herausgesprungen** the fuse has blown ❸ *(Schutzvorrichtung)* safety catch ❹ INFORM back-up; **~ auf Band** tape back up ▸ WENDUNGEN: **jdm brennt die ~ durch** *(fam)* sb blows a fuse

Si·che·rungs·kas·ten *m* fuse box **Si·che·rungs·ko·pie** *f* INFORM back-up [*or* AM dump] copy **Si·che·rungs·ver·wah·rung** *f* JUR preventive detention [*or* custody]; **Unterbringung in der ~** commitment to an institution of protective custody

Sicht <-, <*selten* -en> *f* ❶ *(Aussicht)* view; **eine gute/schlechte ~ haben** to have a good/poor view; **du nimmst mir die ~** you're in my way, you're blocking my view; *(klare Sicht)* visibility; **die ~ beträgt heute nur 20 Meter** visibility is down to 20 metres today; **auf kurze/mittlere/lange ~** *(fig)* in the short term/midterm/long term; **nach ~ fliegen** to fly without instruments; **außer ~ sein** to be out of sight; **in ~ sein** to be in [*or* come into] sight; **Land in ~!** land ahoy!; **etw ist in ~** *(fig)* sth is on the horizon *fig* ❷ *(Ansicht, Meinung)* [point of] view; **aus jds ~** from sb's point of view ❸ ÖKON *(Vorlage)* **auf** [*o* **bei**] [*o* **nach**] **~** at sight

sicht·bar *adj (mit den Augen wahrnehmbar)* visible; **gut/nicht/kaum/schlecht ~ sein** to be well/not/hardly/poorly visible; *(erkennbar, offensichtlich)* apparent; ■ **[für jdn] ~ sein** to be apparent [to sb]

sich·ten ['zɪçtn] *vt* ❶ *(ausmachen)* ■ **etw ~** to sight sth; **die Küste/einen Eisberg ~** to sight the coast/an iceberg; **Wild ~** to spot game; ■ **jdn ~** to spot sb *fam* ❷ *(durchsehen)* ■ **etw ~** to look through sth; **die Akten ~** to look through [*or* inspect] the files

Sicht·flug *m* contact flight **Sicht·ge·rät** *nt* monitor **sicht·lich** *adj* obvious, visible; **~ beeindruckt sein** to be visibly impressed

Sicht·schutz *m kein pl* partition *(ensuring privacy); (zwischen Bürotischen a.)* modesty panel

Sich·tung <-, -en> *f* ❶ *kein pl (das Sichten)* sighting ❷ *(Durchsicht)* looking through, sifting; **die ~ des Materials** sifting through the material

Sicht·ver·hält·nis·se *pl* visibility *no pl;* **gute / schlechte ~** good/poor visibility **Sicht·ver·merk** *m (geh)* visa *[stamp]; Wechsel* endorsement **Sicht·wei·te** *f* visibility; **außer/in ~ sein** to be out of/in sight; **die ~ beträgt 100 Meter** visibility is 100 metres

Si·cker·gru·be ['zɪkɐ-] *f* soakaway BRIT, recharge basin AM

si·ckern ['zɪkɐn] *vi sein (rinnen)* ▪ **aus etw/durch etw ~** *akk* to seep from sth/through sth; **das Wasser sickert in den Boden** water seeps into the ground; **vertrauliche Informationen ~ immer wieder in die Presse** *(fig)* confidential information is constantly leaked out to the press

Si·cker·was·ser *nt kein pl surface water seeping through the ground*

Side·board <-s, -s> ['zaitbo:ɐt] *nt* sideboard

sie [zi:] *pron pers, 3. pers* ❶ <*gen:* ihrer, *dat:* ihr, *akk:* sie> *sing* she; **~ ist es!** it's her!; *(weibliche Sache bezeichnend)* it; **ich habe meine Jacke gesucht, konnte ~ aber nicht finden** I looked for my jacket but couldn't find it; *(Tier bezeichnend)* it; *(bei weiblichen Haustieren)* she ❷ <*gen:* ihrer, *dat:* ihnen, *akk:* sie> *pl* they; **~ wollen heiraten** they want to get married

Sie¹ <*gen:* Ihrer, *dat:* Ihnen, *akk:* Sie> [zi:] *pron pers, 2. pers sing o pl, mit 3. pers pl vb gebraucht* ❶ *(förmliche Anrede)* you; **könnten ~ mir bitte die Milch reichen?** could you pass me the milk, please? ❷ *(förmliche Aufforderung)* **kommen ~, ich zeige es Ihnen!** come on, I'll show you!; **~! was fällt Ihnen ein!** Sir/Madam! what do you think you're doing!

Sie² <-s> [zi:] *nt kein pl* **die Anrede mit „~"** polite form of address using "Sie"; **jdn mit ~ anreden** to address sb "Sie"; **zu etw muss man ~ sagen** *(hum fam)* sth is so good that it must be treated with respect

Sie³ [zi:] *f kein pl (fam)* ▪ **eine ~** a female; **der Hund ist eine ~** the dog is female

Sieb <-[e]s, -e> [zi:p, *pl:* 'zi:bə] *nt* ❶ *(Küchensieb)* sieve; *(größer)* colander; *(Kaffeesieb, Teesieb)* strainer ❷ BAU riddle ❸ TECH *(Filtersieb)* filter; *s. a.* **Gedächtnis**

Sieb·de·ckel *m* perforated pan lid *(for straining cooking liquids off food)* **Sieb·druck** *m* ❶ *kein pl (Druckverfahren)* [silk-]screen printing ❷ *(Druckerzeugnis)* [silk-]screen print **Sieb·ein·satz** *m* KOCHK steamer insert

sie·ben¹ ['zi:bn] *adj* seven; *s. a.* **acht¹** *s.* **Weltwunder**

sie·ben² ['zi:bn] **I.** *vt* ❶ *(durchsieben)* ▪ **etw ~** to sieve sth, to pass sth though a sieve; **nach Gold ~** to screen for gold ❷ *(fam: aussortieren)* ▪ **jdn/etw ~** to pick and choose sth/sb; **Material ~** to select material; **Bewerber ~** to weed out applicants **II.** *vi (fam)* to pick and choose *fam*, to be selective

Sie·ben <-, - *o* -en> [zi:bn] *f* ❶ *(Zahl)* seven ❷ KARTEN seven; *s. a.* **Acht¹** **4** ❸ *(Verkehrslinie)* ▪ **die ~** the [number] seven

sie·ben·ein·halb ['zi:bnʔain'halp] *adj* ❶ *(Bruchzahl)* seven and a half, seven-and-a-half *attr* ❷ *(fam: 7.500 Euro)* seven-and-a-half grand *fam [or* AM *sl* G's*]* + *sing vb; s. a.* **anderthalb**

sie·be·ner·lei ['zi:bənɐ'lai] *adj inv, attr* seven [different]; *s. a.* **achterlei**

sie·ben·fach, 7fach ['zi:bnfax] **I.** *adj* sevenfold; **die ~e Menge nehmen** to take seven times the amount; **in**

~er Ausfertigung in septuplicate *form* **II.** *adv* seven times, sevenfold

Sie·ben·fa·che, 7·fa·che *nt dekl wie adj* seven times the amount; *s. a.* **Achtfache**

sie·ben·hun·dert ['zi:bn'hundɐt] *adj* seven hundred; *s. a.* **hundert** **sie·ben·hun·dert·jäh·rig** *adj* seven-hundred-year-old *attr;* **~es Bestehen/~e Herrschaft** seven hundred years' *[or* years of*]* existence/ rule **sie·ben·jäh·rig, 7-jäh·rig**ᴿᴿ ['zi:bnjɛ:rɪç] *adj* ❶ *(Alter)* seven-year-old *attr;* seven years old *pred; s. a.* **achtjährig 1** ❷ *(Zeitspanne)* seven-year *attr; s. a.* **achtjährig 2** **sie·ben·jäh·ri·ge(r), 7-Jäh·ri·ge(r)**ᴿᴿ *f(m) dekl wie adj* seven-year-old **sie·ben·köp·fig** *adj* seven-person *attr; s. a.* **achtköpfig** **sie·ben·mal** ['zi:bnma:l] *adv* seven times; *s. a.* **achtmal** **sie·ben·ma·lig** ['zi:bnma:lɪç] *adj* seven times; *s. a.* **achtmalig** **Sie·ben·me·ter·brett** *nt* seven-metre *[or* AM -er*]* [diving] platform **Sie·ben·mo·nats·kind** [zi:bn'mo:natskɪnt] *nt* MED seven-month baby **Sie·ben·sa·chen** ['zi:bn'zaxn] *pl (fam)* things, belongings, stuff *fam;* ▪ **jds ~** sb's things *[or* belongings*] [or fam* stuff*]* **Sie·ben·schlä·fer** *m* ❶ ZOOL fat *[or* edible*]* dormouse ❷ *(veraltend fam)* late riser **sie·ben·tau·send** ['zi:bn'tauznt] *adj* ❶ *(Zahl)* seven thousand; *s. a.* **tausend 1** ❷ *(fam: 7.000 Euro)* seven grand *no pl,* seven thou *no pl sl,* seven G's *[or* K's*] no pl* AM *sl* **Sie·ben·tau·sen·der** *m* mountain over 7,000 metres *[or* AM meters*]*

sie·ben·te(r, s) ['zi:bntə, 'zi:bntɐ, 'zi:bntəs] *adj (geh) s.* **siebte(r, s)**

Sie·ben·tel <-s, -> ['zi:bntl] *nt s.* **Siebtel**

sie·ben·tens ['zi:bntəns] *adv (geh) s.* **siebtens**

sieb·te(r, s) ['zi:ptə, 'zi:ptɐ, 'zi:ptəs] *adj* ❶ *(nach dem sechsten kommend)* seventh; *s. a.* **achte(r, s)** **1** ❷ *(Datum)* seventh, 7th; *s. a.* **achte(r, s)** **2**

Sieb·te(r) ['zi:ptə, 'zi:ptɐ] *f(m) dekl wie adj* ❶ *(Person)* seventh; *s. a.* **Achte(r)** **1** ❷ *(bei Datumsangaben)* ▪ **der ~/am ~n** *geschrieben:* **der 7./am 7.** the seventh/on the seventh; *geschrieben:* the 7th/on the 7th; *s. a.* **Achte(r)** **2** ❸ *(Namenszusatz)* **Karl der ~,** *geschrieben:* **Karl VII.** Charles the Seventh; *geschrieben:* Charles VII

Sieb·tel <-s, -> ['zi:ptl] *nt* seventh

sieb·tens ['zi:ptns] *adv* seventhly

Sieb·tuch *nt* cheese *[or* straining*]* cloth

sieb·zehn ['zi:ptse:n] *adj* seventeen; *s. a.* **acht¹**

sieb·zehn·te(r, s) seventeenth; *s. a.* **achte(r, s)**

sieb·zig ['zi:ptsɪç] *adj* seventy; *s. a.* **achtzig 1, 2**

Sieb·zig <-, -en> ['zi:ptsɪç] *f* seventy

sieb·zi·ger, 70·er *adj attr, inv* **der ~ Bus** the number seventy bus; ▪ **die ~ Jahre** the seventies; *(geschrieben a.)* the '70s

Sieb·zi·ger¹ <-s, -> *m (Wein aus dem Jahre '70)* 1970/1870 vintage

Sieb·zi·ger² *pl* ▪ **die ~** the seventies *[or* 70s*];* **in den ~n sein** to be in one's seventies; *s. a.* **Achtziger³**

Sieb·zi·ge·r(in) <-s, -> *m(f)* ❶ *(Mensch in den Siebzigern)* septuagenarian *form* ❷ *s.* **Siebzigjährige(r)**

Sieb·zi·ger·jah·re *pl (Jahrzehnt)* **in den ~n** in the seventies; ▪ **die ~** *(Lebensjahrzehnt)* one's seventies **sieb·zig·jäh·rig, 70-jäh·rig**ᴿᴿ *adj attr* ❶ *(Alter)* seventy-year-old *attr;* seventy [years old] *pred* ❷ *(Zeitspanne)* seventy-year **Sieb·zig·jäh·ri·ge(r), 70-Jäh·ri·ge(r)**ᴿᴿ *f(m) dekl wie adj* seventy-year-old, septuagenarian *form*

sieb·zigs·te(r, s) *adj* seventieth; *s. a.* **achte(r, s)**

siech [zi:ç] *adj (geh)* ailing *attr; (von Mensch a.)* infirm; ▪ **~ sein/werden** to be/become infirm

Siech·tum <-[e]s> *nt kein pl (geh)* infirmity, lingering illness, malady *dated form*

sie·deln ['zi:dln] *vi* to settle

sie·den <siedete *o* sott, gesiedet *o* gesotten> ['zi:dn]

vi to boil; **etw zum S~ bringen** to bring sth to the boil ▸ WENDUNGEN: **jdn [mit etw** *akk***] zum S~ bringen** to drive sb mad [with sth]; **~d heiß** *(fam)* boiling [*or* scalding] hot; **es ist mir ~d heiß eingefallen, dass ...** *(fig fam)* I remembered in a flash that ... *fam*
Sie·de·punkt *m (Kochpunkt)* boiling point; *(Höhepunkt)* boiling point
Sied·fleisch *nt* DIAL boiling meat
Sied·ler(in) <-s, -> ['zi:dlɐ] *m(f)* settler
Sied·lung <-, -en> ['zi:dlʊŋ] *f* ❶ *(Wohnhausgruppe)* housing estate ❷ *(Ansiedlung)* settlement
Sieg <-[e]s, -e> [zi:k, *pl:* 'zi:gə] *m* ❶ *(Erfolg)* victory, triumph (**über** +*akk* over); **einer S.** *zum* zum – **verhelfen** to help sth to triumph, to make sth triumph ❷ *(militärischer Erfolg)* victory (**über** +*akk* over); **den ~ davontragen** [*o geh:* **erringen**] to be victorious ❸ *(sportlicher Erfolg)* win, victory (**über** +*akk* over); **jdn um den ~ bringen, jdn den ~ kosten** to cost sb his/her victory [*or* win]; **den ~ [in etw** *dat***] davontragen** [*o geh:* **erringen**] to be the winner/ winners [in sth]; **um den ~ kämpfen** to fight for victory
Sie·gel <-s, -> ['zi:gl] *nt* seal; *Behörde* stamp, seal; *(privates a., kleineres)* signet; **das ~ aufbrechen** to break the seal; **das ~ auf etw** *akk* **setzen** to affix the/ one's seal to sth; **das ~ am Schluss von etw setzen** to append the/one's seal to sth; **etw mit einem ~ versehen** to affix a seal to sth, to seal sth ▸ WENDUNGEN: **unter dem ~ der Verschwiegenheit** under pledge [*or* the seal] of secrecy; *s. a.* **Brief** *s. a.* **Buch**
Sie·gel·lack *m* sealing wax **Sie·gel·ring** *m* signet ring
sie·gen ['zi:gn] *vi* ❶ ■ **bei etw/in etw** *dat*] ~ to be the victor [at sth/in sth] *form;* MIL to triumph [*or* be victorious] [at/in sth]; ■ **über jdn ~** to vanquish [*or* triumph over] sb ❷ SPORT to win [sth]; **bei einem Wettbewerb ~** to win a competition, to carry the day *form;* **haushoch ~** to have a crushing victory, to win hands down; **nur knapp ~** to scrape a win; ■ **über jdn ~** to beat [*or* win against] sb
Sie·ger(in) <-s, -> *m(f)* ❶ MIL victor; **als ~ aus etw hervorgehen** to emerge victorious [*or* as the victor[s]] from sth ❷ SPORT winner; **der zweite ~** the runner-up; **~ sein** to be the winner, to have won; **~ nach Punkten/durch K.o.** *(Boxen)* to win on points/by a knockout; [in etw *dat*] ~ **bleiben** to remain the winner [*or* champion] [of sth]; *(Boxen a.)* to have successfully defended one's title [in sth]; **als ~ aus etw** *dat* **hervorgehen** to win sth, to be the winner of sth
Sie·ger·eh·rung *f* SPORT presentation ceremony
Sie·ge·rin <-, -nen> *f fem form von* **Sieger**
Sie·ger·po·se *f* victory pose **Sie·ger·trepp·chen** *nt* [medalists' [*or* AM medalists']] podium **Sie·ger·ur·kun·de** *f* SPORT winner's certificate
sie·ges·be·wusst^RR *adj s.* **siegessicher Sie·ges·freu·de** *f* joy over a/the victory **sie·ges·ge·wiss**^RR *adj (geh) s.* **siegessicher Sie·ges·göt·tin** *f* goddess of victory, Victory *no art liter* **Sie·ges·kranz** *m* victor's wreath [*or* laurels] *npl* **Sie·ges·rausch** *m* thrill of victory **sie·ges·si·cher I.** *adj* certain [*or* assured] [*or* sure] of victory *pred;* **ein ~es Lächeln** a confident smile; ■ **~ sein** to be certain [*or* assured] [*or* sure] of victory [*or* winning] **II.** *adv* certain [*or* assured] [*or* sure] of victory; **~ lächelnd** with a confident smile **Sie·ges·zug** *m* MIL triumphal march; *(fig: gewaltiger Erfolg)* triumph
sieg·reich I. *adj* ❶ MIL victorious, triumphant ❷ SPORT winning *attr,* successful **II.** *adv* in triumph; **~ heimkehren** to return triumphant [*or* in triumph]; **~ aus etw** *dat* **hervorgehen** to emerge triumphant from sth
sieh [zi:], **sie·he** ['zi:ə] *(geh) imper sing von* **sehen**

Siel <-[e]s, -e> [zi:l] *nt o m* NORDD sluice, floodgate
Si·er·ra Le·o·ne <-s> ['zi̯ɛra le'o:nə] *nt* Sierra Leone; *s. a.* **Deutschland**
Si·er·ra-Le·o·ner(in) <-s, -> [zi̯ɛrale'o:nɐ] *m(f)* Sierra Leonean; *s. a.* **Deutsche(r)**
si·er·ra-le·o·nisch *adj* Sierra Leonean; *s. a.* **deutsch**
Sie·vert <-s, -> ['zi:vɐt] *nt* PHYS sievert, Sv
sie·zen ['zi:tsn] *vt* ■ **jdn/sich ~** to use the formal term of address to sb/each other, to address sb/each other as 'Sie'
Si·gel <-s, -> ['zi:gl] *nt* ❶ *(beim Stenographieren)* grammalogue [*or* AM -og] *spec,* logogram *spec* ❷ *(Abkürzung für Buchtitel)* short form, abbreviation
si·geln ['zi:gln] *vt (fachspr)* ■ **etw ~** to give sth an abbreviation; ■ **etw mit etw ~** to give sth the abbreviation sth
Sight·see·ing <-s> ['zaitsi:ɪŋ] *nt* sightseeing *no art;* **~ machen** to do some sightseeing
Si·gle <-, -n> ['zi:gl] *f s.* **Sigel**
Si·gnal <-s, -e> [zɪ'gna:l] *nt* ❶ *(Zeichen)* signal; **das ~ zum Angriff/Start** the signal for the attack/start; [**mit etw** *dat*] [**ein**] **~ geben** to give a/the signal [with sth]; **mit der Hupe** [**ein**] **~ geben** to sound the horn [as a/the signal]; **~e aussenden** to transmit signals ❷ BAHN signal; **ein ~ überfahren** to pass a signal at danger, to overrun a signal ❸ *pl (geh: Ansätze)* signs; [**durch** *akk* **etw** [*o mit etw*]] **~e** [**für etw** *dat*] **setzen** *(geh)* to blaze a trail [for sth] [with sth]
Si·gnal·an·la·ge *f* signals *pl*
si·gna·li·sie·ren [zɪgnali'zi:rən] *vt* ❶ *(durch Signale übermitteln)* ■ [**jdm**] **etw ~** to signal sth [to sb] ❷ *(geh: zu verstehen geben)* ■ **jdm ~, dass ...** to give sb to understand that ...
Si·gnal·lam·pe *f* ❶ *(Taschenlampe)* signalling [*or* AM signaling] lamp ❷ BAHN signal lamp **Si·gnal·mast** *m* signal mast [*or* post] **Si·gnal·wir·kung** *f* signal
Si·gna·tar(in) <-s, -e> [zɪgna'ta:ɐ] *m(f) (veraltet geh)* signatory (+*gen* to)
Si·gna·tur <-, -en> [zɪgna'tu:ɐ] *f* ❶ *(in der Bibliothek)* shelf mark, classification number ❷ *(Kartenzeichen)* symbol ❸ *(geh: Unterschrift)* signature ❹ INFORM signature
Si·gnet <-s, -s> [zɪ'gne:t, zɪn'je:] *nt* printer's [*or* publisher's] mark; *(allgemein)* logo
si·gnie·ren [zɪ'gni:rən] *vt* ■ **etw ~** to sign sth; *(bei einer Autogrammstunde)* to autograph sth; ■ **signiert** signed, autographed
Si·gnie·rung <-, -en> *f* signing; *(bei einer Autogrammstunde)* autographing
si·gni·fi·kant [zɪgnifi'kant] *adj (geh)* ❶ *(bedeutsam)* significant ❷ *(charakteristisch)* characteristic, typical
Sikh <-s, -s> [zi:k] *m* Sikh
Sil·be <-, -n> ['zɪlbə] *f* syllable; **eine kurze/lange ~** a short/long syllable; **auf etw** *akk* **mit keiner ~ eingehen** to not go into sth, to not say a word about sth; **etw mit keiner ~ erwähnen** not to mention sth at all, not to breathe [*or* say] a word about sth; **keine ~ verstehen** not to understand a word; **ich verstehe keine ~** I can't hear a word
Sil·ben·rät·sel *nt* word game in which words are made up from a given list of syllables **Sil·ben·tren·nung** *f* LING syllabification; TYPO hyphenation
Sil·ber <-s> ['zɪlbɐ] *nt kein pl* ❶ *(Metal)* silver *no pl* ❷ *(Tafelsilber)* silver[ware] ❸ SPORT *(sl)* silver [medal]; **~ holen** to win a silver [medal]
Sil·ber·bar·ren *m* silver bullion **Sil·ber·blick** *m (hum fam)* **einen ~ haben** *(fam)* to have a cast, to [have a] squint **sil·ber·far·ben, sil·ber·far·big** *adj* silver[-coloured] **Sil·ber·fisch·chen** *nt* silverfish **Sil·ber·fuchs** *m* ❶ *(Tierart)* silver fox ❷ *(Pelz)* [fur of the] silver fox **Sil·ber·geld** *nt kein pl* silver *no pl* **sil·ber·grau** *adj* silvery [*or* silver-] grey [*or* AM gray] **Sil·ber·

hoch·zeit *f* silver wedding [anniversary] **Sil·ber·lachs** *m* salmon trout BRIT **Sil·ber·lö·we** *m* s. **Puma Sil·ber·me·dail·le** *f* silver medal **Sil·ber·mö·we** *f* ORN herring gull

sil·bern ['zɪlbən] *adj* ⓘ *(aus Silber bestehend)* silver; **~es Besteck** silverware ⓔ *(Farbe)* silver[y]

Sil·ber·no·tie·rung *f* price of silver **Sil·ber·pap·pel** *f* white poplar, abele *spec* **Sil·ber·schmied(in)** *m(f)* silversmith **Sil·ber·streif** *m*, **Sil·ber·strei·fen** *m* silver line [*or* strip]; ▸ WENDUNGEN: **ein ~ am Horizont** *(geh)* a ray of hope **sil·ber·weiß** *adj* silver-white, silvery white

silb·rig ['zɪlbrɪç] **I.** *adj* silver[y] **II.** *adv* **~ glänzen/ schimmern** to have a silvery lustre [*or* AM -er] /sheen **Sil·hou·et·te** <-, -n> [zi'lʊɛtə] *f* silhouette; *Stadt* skyline, outline[s *pl*]; **sich** *akk* **als ~ gegen etw** *akk* **abheben** to be silhouetted against sth

Si·li·ci·um <-s> [zi'li:tsɪ̯ʊm] *nt* s. **Silizium**
Si·li·kat <-[e]s, -e> [zili'ka:t] *nt* silicate
Si·li·kon <-s, -e> [zili'ko:n] *nt* silicone
Si·li·ko·se <-, -n> [zili'ko:zə] *f* MED silic[at]osis
Si·li·zi·um <-s> [zi'li:tsɪ̯ʊm] *nt kein pl* silicon *no pl*
Si·lo <-s, -s> ['zi:lo] *m* silo
Sil·va·ner <-s, -> [zɪl'va:nɐ] *m* ⓘ *(Rebsorte)* Sylvaner [grape] ⓔ *(Wein)* Sylvaner [wine]
Sil·ves·ter <-s, -> [zɪl'vɛstɐ] *m o nt* New Year's Eve; *(in Schottland)* Hogmanay

Sil·ves·ter·abend *m* New Year's Eve; *(in Schottland)* Hogmanay **Sil·ves·ter·fei·er** *f* New Year['s Eve] party **Sil·ves·ter·nacht** *f* night of New Year's Eve; *(in Schottland)* night of Hogmanay **Sil·ves·ter·par·ty** *f* New Year's Eve party [*or* celebration]; *(in Schottland)* Hogmanay party

Sim·bab·we <-s> [zɪm'bapvə] *nt* Zimbabwe; *s. a.* **Deutschland**

Sim·bab·wer(in) <-s, -> [zɪm'bapvə] *m(f)* Zimbabwean; *s. a.* **Deutsche(r)**

sim·bab·wisch [zɪm'bapvɪʃ] *adj* BRD, ÖSTERR Zimbabwean; *s. a.* **deutsch**

sim·pel ['zɪmpl̩] **I.** *adj* ⓘ *(einfach)* simple; **eine simple Erklärung/Lösung/Methode** a simple [*or* straightforward] explanation/solution/method; ▪ **[ganz] sein** to be [really] simple [*or* straightforward]; ▪ **[jdm] zu ~ sein** to be too simple [for sb] ⓔ *(schlicht)* simple, plain [old *fam*] **II.** *adv* simply

sim·pli·fi·zie·ren* [zɪmplifi'tsi:rən] *vt (geh)* ▪ **etw ~** to simplify sth

Sims <-es, -e> [zɪms] *m o nt (Fenster~: innen)* [window]sill; *(Fenster~: außen)* [window] ledge; *(Ge~)* ledge; *(Kamin~)* mantelpiece

sim·sa·la·bim [zɪmzala'bɪm] *interj* hey presto

sim·sen ['zɪmzən] **I.** *vt* TELEK *(fam)* ▪ **jdm etw ~** to text sb sth, AM *usu* to send sb sth [as a text message] **II.** *vi* TELEK *(fam)* to text, AM *usu* to send text messages

Si·mu·lant(in) <-en, -en> [zimu'lant] *m(f)* malingerer
Si·mu·la·ti·on <-, -en> [zimula'tsɪ̯o:n] *f* simulation
Si·mu·la·tor <-s, -toren> [zimu'la:tɔʁ, *pl:* -'to:rən] *m* simulator; LUFT, RAUM flight simulator

si·mu·lie·ren* [zimu'li:rən] **I.** *vi* to malinger, to pretend to be ill, to sham *pej*, to feign illness *liter* **II.** *vt* ⓘ *(vortäuschen)* **eine Krankheit ~** to pretend to be ill, to feign *liter* [*or pej* sham] illness; **Blindheit ~** to pretend to be blind, to feign blindness *liter* ⓔ *(fachspr)* ▪ **etw ~** to [computer- *form*]simulate sth

si·mul·tan [zimʊl'ta:n] **I.** *adj (geh)* simultaneous **II.** *adv (geh)* simultaneously, at the same time; **~ dolmetschen** to interpret simultaneously

Si·mul·tan·dol·met·scher(in) *m(f)* simultaneous interpreter

sin. *Abk von* **Sinus** sin

Si·nai <-[s]> ['zi:nai] *m*, **Si·nai·halb·in·sel** <-> *f* Sinai, Sinai Peninsula

---

sind [zɪnt] *1. und 3. pers pl von* **sein**

si·ne tem·po·re ['zi:nə 'tɛmpore] *adv* SCH *(geh)* punctually

Sin·fo·nie <-, -n> [zɪnfo'ni:, *pl:* -fo'ni:ən] *f* symphony

Sin·fo·nie·kon·zert *nt* symphony concert **Sin·fo·nie·or·ches·ter** *nt* symphony orchestra

Sin·ga·pur <-s> ['zɪŋgapu:ɐ̯] *nt* Singapore

Sin·ga·pu·rer(in) <-s, -> ['zɪŋgapu:re] *m(f)* Singaporean; *s. a.* **Deutsche(r)**

sin·ga·pu·risch ['zɪŋgapu:rɪʃ] *adj* Singaporean; *s. a.* **deutsch**

Sing·dros·sel *f* ORN song thrush

sin·gen <sang, gesungen> ['zɪŋən] **I.** *vi* ⓘ MUS to sing; *(Vögel a.)* to carol *liter;* ▪ **zu etw ~** to sing to sth ⓔ *(sl: gestehen)* to squeal *sl*, to sing *sl* **II.** *vt* ▪ **etw ~** to sing sth; **das kann ich schon ~** *(fig fam)* I know it [all] backwards

Sin·ge·rei <-> [zɪŋə'rai] *f kein pl (fam)* singing *no pl*

Sin·gha·le·sisch [zɪŋɡa'le:zɪʃ] *nt dekl wie adj* Sinhalese, Sinhala; *s. a.* **Deutsch**

Sin·gha·le·sische <-n> *nt* ▪ **das ~** Sinhalese, the Sinhalese language, Sinhala; *s. a.* **Deutsche**

Sin·gle¹ <-, -[s]> ['zɪŋl̩] *f (Schallplatte)* single
Sin·gle² <-s, -[s]> ['zɪŋl̩] *m (Ledige[r])* single person
Sin·gle³ <-, -[s]> ['zɪŋl̩] *nt* SPORT singles + *sing vb*

Sing·sang <-s, -s> ['zɪŋzaŋ] *m* [monotonous] singing [*or* chanting] [*or pej* a. droning]

Sing·schwan *m* ORN whooper swan **Sing·spiel** *nt* Singspiel *spec* **Sing·stim·me** *f* vocal part, voice

Sin·gu·lar <-s, -e> ['zɪŋgula:ɐ̯] *m* LING singular

Sing·vo·gel *m* songbird, passerine *spec*

si·nis·ter [zi'nɪstɐ] *adj (geh)* sinister

sin·ken <sank, gesunken> ['zɪŋkn̩] *vi sein* ⓘ *(versinken)* to sink; *Schiff* to go down, to founder; **auf den Grund ~** to sink to the bottom; **sich** *akk* **~ lassen** *(herabsinken)* to descend; *Sonne* **sich** *akk* **~ lassen** *(geh)* to go down ⓔ *(niedersinken)* to drop, to fall; **ins Bett ~** to fall into bed; **zu Boden/auf ein Sofa ~** to sink [*or* drop] to the ground/on[to] a sofa; **sich** *akk* **in den Sessel/in den Schnee ~ lassen** to sink into the armchair/snow; **die Hände ~ lassen** to let one's hands fall, to drop one's hands; **den Kopf ~ lassen** to hang [*or* droop] one's head; *s. a.* **Arm** *s. a.* **Schlaf** ⓸ *(abnehmen)* to go down, to abate; *Fieber* to fall; *Wasserpegel, Verbrauch* to go down; **die Temperatur sank auf 2°C** the temperature went down to 2°C; *Kurs, Preis* to fall, to drop, to be on the decline ⓔ *(schwinden)* to diminish, to decline; *Hoffnung* to sink; **den Mut ~ lassen** to lose courage ⓕ *(schlechter werden)* **in jds Achtung/Ansehen ~** to go down [*or* sink] in sb's estimation [*or* esteem], to lose sb's favour [*or* AM -or]; *s. a.* **tief**

Sinn <-[e]s, -e> [zɪn] *m* ⓘ *meist pl (Organ der Wahrnehmung)* sense; **die fünf ~e** the five senses; **seine fünf ~e nicht beisammenhaben** *(fam)* to not have [all] one's wits about one, to be not all there *fam;* **der sechste ~** the sixth sense; **einen sechsten ~ für etw haben** to have a sixth sense for sth; **bist du noch bei ~en?** *(geh)* have you taken leave of your senses?, are you out of your mind?; **wie von ~en sein** *(geh)* to behave as if one were demented; **nicht mehr bei ~en sein, von ~en sein** *(geh)* to be out of one's [*fam* tiny] mind [*or* one's senses] ⓔ *kein pl (Bedeutung)* meaning; *(von Wort a.)* sense; **im wahrsten ~e des Wortes** in the truest sense of the word; **im eigentlichen ~e** in the real [*or* literal] sense, literally; **im engeren/weiteren ~e** in a narrower/wider [*or* broader] sense; **der tiefere/verborgene ~** the deeper/hidden sense [*or* implication]; **im übertragenen ~e** in the figurative sense, figuratively; **keinen ~ [er]geben** not to make [any] sense, to make no sense; **~ machen** to make sense; **in gewissem ~e**

S

in a certain sense, in a way; **in diesem ~e** in that respect ➌ *(Zweck)* point; **der ~ des Lebens** the meaning of life; **einen bestimmten ~ haben** to have a particular purpose; **es hat keinen ~[, etw zu tun]** there's no point [in doing sth]; **etw ohne ~ und Verstand tun** to do something without rhyme or reason; **ohne ~ und Verstand sein** to make no sense at all, to be pointless ➍ *kein pl (Verständnis)* ▪ jds ~ **für etw** sb's appreciation of sth; **~ für etw haben** to appreciate sth; **keinen ~ für etw haben** to have no appreciation of sth, to fail to appreciate sth ➎ *(Intention, Gedanke)* inclination; **in jds** *dat* ~ **handeln** to act according to sb's wishes [*or* as sb would have wished]; **jdn im ~ haben** to have sb in mind; **etw [mit jdm/etw] im ~ haben** to have sth in mind [with sb/sth]; **sie hat irgendetwas im ~** she's up to something; **sich** *dat* **etw aus dem ~ schlagen** *(fam)* to put [all idea of] sth out of one's mind, to forget all about sth; **jdm in den ~ kommen** to come [*or* occur] to sb; **es will jdm nicht in den ~, dass man/jd etw tut** sb doesn't even think about doing/sb's doing sth; **so etwas will mir nicht in den ~!** I won't even think about such a thing!; **anderen ~es sein** *(geh)* to have changed one's mind; **seinen ~ ändern** *(geh)* to change one's mind; **mit jdm eines ~es sein** *(geh)* to be of one mind *form*, to be of the same mind [as sb] *form;* **in jds** *dat* ~ **sein** to be what sb would have wished

Sinn·bild *nt* symbol

sinn·bild·lich I. *adj* symbolic II. *adv* symbolically; **etw ~ verstehen** to understand sth as being [*or* to be] symbolic

sin·nen <sann, gesonnen> [ˈzɪnən] *vi (geh)* ➊ *(nachgrübeln)* ▪ [**über etw** *akk*] ~ to brood [*or* muse] [over sth], to ponder [[on] sth], to reflect [on sth]; ▪ **~d** brooding/broodingly, musing/musingly, pondering/ponderingly ➋ *(trachten)* ▪ **auf etw** *akk* ~ to devise [*or* think of [*or* up]] sth; **auf Mord/Vergeltung/Verrat ~** to plot murder/retribution/treason; **auf Rache ~** to plot [*or* scheme] revenge; **jds S~ und Trachten** all sb's thoughts and energies

sinn·ent·stel·lend I. *adj* distorting [the meaning *pred*]; ▪ **~ sein** to distort the meaning II. *adv* **etw ~ übersetzen** to render a distorted translation of sth, to render a translation which distorts the meaning of sth; **etw ~ wiedergeben** to give a distorted account of sth; **etw ~ zitieren** to quote sth out of context

Sin·nes·ein·druck *m* sensory impression, impression on the senses **Sin·nes·or·gan** *nt* sense [*or* sensory] organ **Sin·nes·täu·schung** *f (Illusion)* illusion; *(Halluzination)* hallucination **Sin·nes·wahr·neh·mung** *f* sensory perception *no pl* **Sin·nes·wan·del** *m* change of heart [*or* mind] **Sin·nes·zel·le** *f* BIOL receptor cell

sinn·ge·mäß I. *adj* **eine ~e Wiedergabe einer Rede** an account giving the gist [*or* general sense] of a speech II. *adv* in the general sense; **etw ~ wiedergeben** to give the gist [*or* general sense] of sth

sin·nie·ren [zɪˈniːrən] *vi* ▪ [**über etw** *akk*] ~ to brood [*or* muse] [over sth], to ponder [[on] sth], to ruminate [about sth]

sin·nig [ˈzɪnɪç] *adj* appropriate; **sehr ~** *(iron)* how apt *iron*

sinn·lich I. *adj* ➊ *(sexuell)* sexual, carnal *form;* **~e Liebe** sensual [*or form* carnal] love ➋ *(sexuell verlangend)* sensual; *(stärker)* voluptuous ➌ *(gern genießend)* sensuous, sensual ➍ *(geh: die Sinne ansprechend)* sensory, sensorial; *s. a.* **Wahrnehmung** II. *adv* ➊ *(sexuell)* sexually ➋ *(mit den Sinnen)* sensuously

Sinn·lich·keit <-> *f kein pl* sensuality *no pl, no art,* sensuousness *no pl, no art*

sinn·los *adj* ➊ *(unsinnig)* senseless; **~e Bemühungen**

futile efforts; **~es Geschwätz** meaningless [*or* idle] gossip; **das ist doch ~!** that's futile! ➋ *(pej: maßlos)* frenzied; **~er Hass** blind hatred; **~e Wut** blind [*or* frenzied] rage; *s. a.* **betrunken**

Sinn·lo·sig·keit <-, -en> *f* senselessness *no pl,* meaninglessness *no pl,* futility *no pl*

Sinn·spruch *m* LIT aphorism **Sinn·su·che** *f kein pl* search for a deeper meaning **sinn·ver·wandt** *adj* synonymous **sinn·voll** I. *adj* ➊ *(zweckmäßig)* practical, appropriate ➋ *(Erfüllung bietend)* meaningful ➌ *(eine Bedeutung habend)* meaningful, coherent II. *adv* sensibly

Si·no·lo·ge, Si·no·lo·gin <-n, -n> [zinoˈloːgə, -ˈloːgɪn] *m, f* sinologist

Si·no·lo·gie <-> [zinoloˈgiː] *f kein pl* sinology *no pl*

Si·no·lo·gin <-, -nen> *f fem form von* **Sinologe**

Sint·flut [ˈzɪntfluːt] *f* ▪ **die ~** the Flood [*or form* Deluge] ▪ WENDUNGEN: **nach mir die ~** *(fam)* who cares when I'm gone [*or* after I've gone] ?

sint·flut·ar·tig *adj* torrential

Sin·ti [ˈzɪnti] *pl* Manush, Sinti

Si·nus <-, - *o* -se> [ˈziːnʊs] *m* MATH sine

Si·phon <-s, -s> [ˈziːfo, ziˈfõː, ˈziˈfoːn] *m* ➊ TECH [antisyphon *spec*] trap ➋ *(Sodawasser herstellend)* [soda] siphon [*or* syphon]

Sip·pe <-, -n> [ˈzɪpə] *f* ➊ SOZIOL [extended] family ➋ *(hum fam: Verwandtschaft)* family, relations *pl,* clan *fam*

Sip·pen·haft *f* liability of a family for the (usu political) crimes or activities of one of its members

Sipp·schaft <-, -en> *f (pej fam)* ➊ *(Sippe 2)* clan *fam,* tribe *hum fam,* relatives *pl* ➋ *(Pack)* bunch *fam*

Si·re·ne <-, -n> [ziˈreːnə] *f* siren

Si·re·nen·ge·heul *nt* wail of a siren/the sirens

sir·ren [ˈzɪrən] *vi* ➊ *haben (hell surren)* to buzz; ▪ **das S~** the buzzing ➋ *sein (sirrend fliegen)* to buzz; *(von Geschoss)* to whistle

Si·rup <-s, -e> [ˈziːrʊp] *m* ➊ *(Rübensaft)* syrup, treacle BRIT, molasses + *sing vb* AM ➋ *(dickflüssiger Fruchtsaft)* syrup

Si·sal <-s> [ˈziːzal] *m kein pl* sisal *no pl*

Si·sal·aga·ve *f* sisal

sis·tie·ren [zɪsˈtiːrən] *vt* ➊ JUR *(festnehmen)* ▪ **jdn ~** to arrest [*or* apprehend] sb ➋ *(geh: unterbinden)* ▪ **etw ~** to suspend [*or form* stay] sth

Si·sy·phus·ar·beit [ˈziːzyfʊs-] *f* never-ending task [*or liter* Sisyphean task]

Sit·com <-, -s> [ˈzɪtkɔm] *f* situation comedy, sitcom *fam*

Sit·te <-, -n> [ˈzɪtə] *f* ➊ *(Gepflogenheit)* custom; [**bei jdm**] [**so**] ~ **sein** to be the custom [for sb]; **es ist bei uns ~, ...** *(geh)* it is our custom [*or* it is customary with us] ...; **nach alter ~** traditionally ➋ *meist pl (Manieren)* manners *npl;* **was sind denn das für ~n?** *(veraltend)* what sort of a way is that to behave?; **gute ~n** good manners; **das sind ja schöne ~n** *(iron)* that's a nice way to behave *iron; (moralische Normen)* moral standards *pl* ➌ *(sl: Sittendezernat)* vice squad ▶ WENDUNGEN: **andere Länder, andere ~n** other countries, other customs

Sit·ten·apos·tel *m (iron)* moralizer [*or* BRIT *a.* -iser] *pej* **Sit·ten·de·zer·nat** *nt* vice squad **Sit·ten·ge·schich·te** *f* history of customs **sit·ten·los** <-er, -este> *adj* immoral **Sit·ten·lo·sig·keit** <-, -en> *f* immorality **Sit·ten·po·li·zei** *f kein pl* vice squad **sit·ten·streng** *adj (veraltend)* highly moral, having high moral standards **Sit·ten·strolch** *m (pej veraltend)* sex fiend *pej* **Sit·ten·ver·fall** *m kein pl* decline in moral standards **sit·ten·wid·rig** *adj* immoral, unethical, contra bonos mores *spec*

Sit·tich <-s, -e> [ˈzɪtɪç] *m* parakeet

sitt·lich *adj (geh)* moral; **~e Verwahrlosung** moral

depravity
Sitt·lich·keit <-> *f kein pl (veraltend geh)* morality; **öffentliche** ~ public decency
Sitt·lich·keits·ver·bre·chen *nt* sex crime
Si·tu·a·ti·on <-, -en> |zitu̯a'tsi̯o:n] *f* situation; *(persönlich a.)* position; **sich** *akk* **in einer schwierigen** ~ **befinden** to be in a difficult situation [*or* position]
si·tu·iert [zitu̯'i:ɐt] *adj pred (geh)* **entsprechend** ~ **sein** to have the means; **gut/schlecht** ~ **sein** to be comfortably off [*or* well-off] /badly off
Sitz <-es, -e> [zɪts] *m* ● *(~gelegenheit)* seat; *(auf einem Holzstamm a.)* perch ● *(~fläche)* seat; **den** ~ |eines Stuhls| **neu beziehen** to reseat a chair ● *(Amts~)* seat; *Verwaltung* headquarters + *sing/pl vb; Unternehmen* head office; *Universität* seat; *(Hauptniederlassung)* principal establishment ● *kein pl (Passform)* sit; *(bezüglich Größe)* fit; **einen bequemen/richtigen** ~ **haben** to sit comfortably/correctly/to be a comfortable/correct fit
Sitz·bad *nt* hipbath; MED sitz-bath; **ein** ~ **nehmen** to wash [oneself] in a hipbath [*or* sitz-bath] **Sitz·ba·de·wan·ne** *f* hipbath; MED sitz-bath **Sitz·bank** *f (geh)* bench **Sitz·blo·cka·de** *f* sit-in **Sitz·ecke** *f* seating corner
sit·zen <saß, gesessen> ['zɪtsn̩] *vi* haben *o* SÜDD, ÖSTERR, SCHWEIZ sein ● *(sich gesetzt haben)* to sit; *(von Insekt)* to be; *(von Vogel)* to perch; **gut** ~ to be comfortable [*or* sitting comfortably]; ▪ **das S~** sitting; **im S~** when seated, sitting down, in/from a sitting position; [bitte] **bleib/bleiben Sie** ~! [please] don't get up; *(stärker, a. form)* [please] remain seated; *s. a.* **Ferse** ● *(~d etw tun)* **beim Essen** ~ to be having a meal; **beim Kartenspiel/Wein** ~ to sit playing cards/over a glass of wine ● *(beschäftigt sein)* ▪ **an etw** *dat* ~ to sit [*or* pore] over sth; **an einer Arbeit** ~ to sit over a piece of work ● *(beschäftigt sein)* to have a seat (**in** +*dat* on); **er sitzt im Vorstand** he has a seat on the management board ● *(fam: inhaftiert sein)* to do time *fam,* to be inside *fam;* **vier Jahre** ~ to do four years *fam* ● *(seinen Sitz haben)* to have its headquarters; *(von Gericht)* to sit ● *(angehören)* ▪ **in etw** *dat* ~ to be, to sit (**in** +*dat* on); **in der Regierung** ~ to be with the government ● *(angebracht o befestigt sein)* to be [installed]; *(von Bild)* to be [hung]; **locker/schief** ~ to be loose/lopsided ● *(stecken)* ▪ **in etw** *dat* ~ to be in sth; **ihr sitzt der Schreck noch in den Gliedern** *(fig)* her knees are still like jelly ● *(Passform haben)* to sit; **sitzt die Fliege korrekt?** is my bow tie straight? ● MED *(von etw ausgehen)* to be [located [*or* situated]] ● *(treffen)* to hit [*or* strike] home ● SCH [in Mathe/Englisch *(fam)*] ~ **bleiben** *dat* to repeat a year [in maths [*or* AM math] /English], to stay down [a year] [in maths/English] BRIT; **jdn** ~ **lassen** *(fam)* to keep sb down [a year], to hold sb back [a year] AM ● *(nicht absetzen können)* **auf etw** *dat* ~ **bleiben** to be left with [*or* fam be sitting on] sth ▸ WENDUNGEN: **einen** ~ **haben** *(fam)* to have had one too many; **jdn** ~ **lassen** *(fam: im Stich lassen)* to leave sb in the lurch; *(versetzen)* to stand sb up *fam; (nicht heiraten)* to jilt [*or* walk out on] sb; **etw nicht auf sich** *dat* ~ **lassen** not to take [*or* stand for] sth
sit·zend I. *adj attr* sedentary II. *adv* sitting [down], in-/from a sitting position
Sitz·fleisch *nt kein pl* ● *(hum fam: Gesäß)* backside *fam,* derrière *hum* ● *(fam: Beharrlichkeit)* ability to sit still [*or fam* on one's backside]; **kein** ~ **haben** to be restless, to be constantly rushing [*or* BRIT *fam* faffing] about [*or* AM around]; ~ **haben** *Gäste* to be eager to stay a long time **Sitz·ge·le·gen·heit** *f* seats *pl,* seating [accommodation]; *(Stein, Kiste)* seat, perch **Sitz·kis·sen** *nt* ● *(Auflage)* [seat] cushion ● *(Sitzmöbel)* [floor] cushion **Sitz·ord·nung** *f* seating plan **Sitz·**

platz *m* seat **Sitz·rei·he** *f* row [of seats]; *(in Theater)* tier **Sitz·streik** *m* sit-in
Sit·zung <-, -en> *f* ● *(Konferenz)* meeting, conference; **zu einer** ~ **zusammentreten** to gather for a meeting, to meet; *(im Parlament)* [parliamentary] session; **außerordentliche** ~ special session; **eine** ~ **anberaumen** to fix a date [*or* to appoint a day] for a [parliamentary] session ● MED *(Behandlung)* visit ● *(Porträtstunde)* sitting ● *(spiritistische ~)* seance **Sit·zungs·pe·ri·o·de** *f* POL [parliamentary] session; JUR term **Sit·zungs·saal** *m* conference hall **Sitz·ver·tei·lung** *f* POL distribution of seats
Six·pack <-s, -s> ['zɪkspɛk] *m* six-pack; **etw im** ~ **kaufen** to buy a six-pack of sth; *(öfter)* to buy sth in six-packs
Si·zi·li·a·ner(in) <-s, -> [zitsi'li̯a:nɐ] *m(f)* Sicilian; *s. a.* **Deutsche(r)**
si·zi·li·a·nisch [zitsi'li̯a:nɪʃ] *adj* ● *(Sizilien betreffend)* Sicilian; *s. a.* **deutsch 1** ● LING Sicilian; *s. a.* **deutsch 2**
Si·zi·li·en <-s> [zi'tsi:li̯ən] *nt* Sicily; *s. a.* **Deutschland**
Ska·bi·o·se <-, -n> [ska'bi̯o:zə] *f* BOT scabious
Ska·la <-, Skalen *o* -s> ['ska:la, *pl*: 'ska:lən] *f* ● *(Maßeinteilung)* scale; **runde** ~ dial ● *(geh: Palette)* range, gamut *no indef art*
Skalp <-s, -e> [skalp] *m* scalp
Skal·pell <-s, -e> [skal'pɛl] *nt* scalpel
skal·pie·ren [skal'pi:rən] *vt* ● **jdn** ~ to scalp sb
Skan·dal <-s, -e> [skan'da:l] *m* scandal; **das ist ja ein** ~! that's scandalous [*or* a scandal] !; **einen** ~ **machen** *(fam)* to kick up a fuss [*or* BRIT *fam* row]
skan·da·lös [skanda'lø:s] I. *adj* scandalous, outrageous, shocking II. *adv* outrageously, shockingly
skan·dal·träch·tig *adj* potentially scandalous
skan·die·ren [skan'di:rən] *vt (geh)* ● **etw** ~ to chant sth; **Verse** ~ to scan verse
Skan·di·na·vi·en <-s> [skandi'na:vi̯ən] *nt* Scandinavia
Skan·di·na·vi·er(in) <-s, -> [skandi'na:vi̯ɐ] *m(f)* Scandinavian
skan·di·na·visch [skandi'na:vɪʃ] *adj* Scandinavian
Ska·ra·bä·us <-, Skarabäen> [skara'bɛːʊs, *pl*: -'bɛːən] *m* ● ZOOL dung beetle, scarab [beetle] *spec* ● *(Nachbildung des ~)* scarab[aeus *spec*]
Skat <-[e]s, -e> [ska:t] *m* KARTEN skat; ~ **spielen** to play skat
Skate·board <-s, -s> ['ske:tbo:ɐt] *nt* skateboard; ~ **fahren** to skateboard
ska·ten ['ske:tn̩] *vi (fam)* to blade *fam*
Skat·spiel *nt* pack of skat cards **Skat·spie·ler(in)** *m(f)* skat player
Ske·lett <-[e]s, -e> [ske'lɛt] *nt* skeleton; **zum** ~ **abgemagert sein** *(fig)* to be nothing but skin and bone; **das reinste** [*o* **nur noch ein**] ~ **sein** *(fig fam)* to be little more than a skeleton
Skep·sis <-> ['skɛpsɪs] *f kein pl* scepticism BRIT, skepticism AM; **mit/voller** ~ sceptically; **etw** *dat* **mit** ~ **begegnen** to be very sceptical about sth
Skep·ti·ker(in) <-s, -> ['skɛptike] *m(f)* sceptic BRIT, skeptic AM; **eingefleischter** ~ confirmed sceptic
skep·tisch ['skɛptɪʃ] I. *adj* sceptical BRIT, skeptical AM; ▪ ~ **sein[, ob ...]** to be sceptical [whether ...] II. *adv* sceptically BRIT, skeptically AM
Sketch <-[es], -e[s]> [skɛtʃ] *m* sketch
Ski <-s, -*o* -er> [ʃi:, 'ʃi:ə] *m* ski; ~ **laufen** [*o* **fahren**] to ski
Ski·an·zug *m* ski suit **Ski·aus·rüs·tung** *f* ski equipment **Ski·bril·le** *f* ski goggles *npl*
Ski·er ['ʃi:ɐ] *pl von* **Ski**
Ski·fah·ren ['ʃi:-] *nt kein pl* skiing *no pl, no art;* [**zum**] ~ **gehen** to go skiing **Ski·fah·rer(in)** *m(f)* skier **Ski·ge·biet** *f* ski[ing] area **Ski·gym·nas·tik** *f kein pl* ski-

ing exercises *pl* **Ski·ho·se** *f* pair of ski pants, ski pants *pl* **Ski·kurs** *m* skiing course [*or* lessons *pl*] **Ski·lang·lauf** *m kein pl* cross-country skiing *no pl, no art* **Ski·lauf** *m kein pl* skiing *no pl, no art* **Ski·läu·fer(in)** *m(f)* skier **Ski·leh·rer(in)** *m(f)* ski instructor **Ski·lift** *m* ski lift **Ski·müt·ze** *f* ski cap

Skin·head <-s, -s> [ˈskɪnhɛt] *m* skinhead, skin *fam*

Skin·ner·box^RR, **Skin·ner-Box** [ˈskɪnɐ-] *f* BIOL, PSYCH Skinner box

Ski·pass^RR *m* ski pass **Ski·pis·te** *f* ski run **Ski·sport** *m kein pl* skiing *no pl, no art* **Ski·sprin·gen** *nt kein pl* ski jumping *no pl, no art* **Ski·sprin·ger(in)** *m(f)* ski jumper **Ski·stie·fel** *m* ski boot **Ski·stock** *m* ski stick **Ski·trä·ger** *m* AUTO ski rack [*or* carrier] **Ski·ur·laub** *m* skiing holiday

Skiz·ze <-, -n> [ˈskɪtsə] *f* ❶ *(knappe Zeichnung)* sketch, rough drawing [*or* plan] ❷ *(kurze Aufzeichnung)* sketch

Skiz·zen·block <-blöcke> *m* sketch[ing] pad

skiz·zen·haft I. *adj* ❶ *(einer Skizze ähnelnd)* roughly sketched ❷ *(in Form einer Skizze)* rough II. *adv* etw ~ **beschreiben/festhalten/zeichnen** to give a rough description of sth/to put sth down in outline/to sketch sth roughly

skiz·zie·ren[*] [skɪˈtsiːrən] *vt* ❶ *(umreißen)* ▪ |jdm| **etw** *akk* ~ to outline sth [for sb]; **etw knapp** ~ to give the bare bones of sth ❷ *(als Skizze 1 darstellen)* ▪ etw ~ to sketch sth

Skiz·zie·rung <-, <*selten* -en> *f* ❶ *(Umreißung)* outlining ❷ *(skizzenhaftes Darstellen)* sketching

Skla·ve, Skla·vin <-n, -n> [ˈsklaːvə, ˈsklaːvɪn] *m, f* slave; ~**n halten** to keep slaves; **jdn zum ~n machen** to make a slave of [*or* to enslave] sb; ▪ ~ **einer S.** *gen* **sein** to be a slave to sth; ▪ **zum ~n einer S.** *gen* **werden** to become a slave to sth; ▪ **sich** *akk* **zum ~n einer S.** *gen* **machen** to become a slave to sth

Skla·ven·ar·beit *f* ❶ *(pej fam: Schufterei)* slave labour [*or* AM -or], drudgery ❷ *(von Sklaven geleistete Arbeit)* slave labour [*or* AM -or] **Skla·ven·hal·ter(in)** *m(f)* *(hist)* slave keeper; *(pej, fig: herrschsüchtiger Mensch)* tyrant **Skla·ven·han·del** *m kein pl* slave trade *no pl* **Skla·ven·händ·ler(in)** *m(f)* slave trader, slaver **Skla·ven·trei·ber(in)** *m(f)* *(pej fam)* slave driver *pej fam*

Skla·ve·rei <-, -en> [sklaːvəˈrai] *f* slavery *no art;* **jdn in die ~ führen** to enslave sb, to make sb a slave; **jdn in die ~ verkaufen** to sell sb into slavery

Skla·vin <-, -nen> *f fem form von* **Sklave**

skla·visch [ˈsklaːvɪʃ] *(pej)* I. *adj* slavish, servile II. *adv* slavishly, with servility

Skle·ro·se <-, -n> [skleˈroːzə] *f* sclerosis; **multiple ~** multiple sclerosis, MS

Skon·to <-s, -s *o* Skonti> [ˈskɔnto, *pl:* ˈskɔnti] *nt o m* [cash] discount, discount [for cash]; |jdm| ~ |**auf etw** *akk*| **geben** [*o geh:* **gewähren**] to give [*or* award] sb a [cash] discount [*or* discount for cash] [on sth]; **5 % ~ gewähren** *(geh)* to allow a 5% discount, to take 5% off the price

Skor·but <-[e]s> [skɔrˈbuːt] *m kein pl* scurvy *no pl,* scorbutus *no pl spec*

Skor·pi·on <-s, -e> [skɔrˈpi̯oːn] *m* ❶ ZOOL scorpion ❷ ASTROL *(Tierkreiszeichen)* Scorpio; *(im ~ Geborener)* Scorpion; **ein ~ sein** to be a Scorpio

Skript <-[e]s, -en> [skrɪpt] *nt* ❶ SCH set of lecture notes, lecture notes *pl* ❷ *(schriftliche Vorlage)* transcript ❸ FILM [film] script

Skro·tum <-s, Skrota> [ˈskroːtʊm, *pl:* ˈskroːta] *nt* MED *(fachspr)* scrotum

Skru·pel <-s, -> [ˈskruːpl̩] *m meist pl* scruple, qualms *pl;* ~ **haben** to have [one's] scruples, to have qualms; **keine ~ haben** [*o* **kennen**] to have [*or* know] no

scruples, to have no qualms; |**keine**| ~ **haben, etw zu tun** to have [no] qualms about doing sth; **ohne** |**jeden**| [*o* **den geringsten**] ~ without any qualms [*or* the slightest scruple]

skru·pel·los *(pej)* I. *adj* unscrupulous II. *adv* without scruple

Skru·pel·lo·sig·keit <-> *f kein pl (pej)* unscrupulousness

Skua <-, -s> [ˈskuːa] *f* ORN skua

Skulp·tur <-, -en> [skʊlpˈtuːɐ̯] *f* ❶ *(Plastik)* [piece of] sculpture ❷ *kein pl (Bildhauerkunst)* sculpture

Skunk <-s, -s *o* -e> [skʊŋk] *m* skunk

skur·ril [skʊˈriːl] *adj (geh)* bizarre

S-Kur·ve [ˈɛskʊrvə] *f* S-bend, double bend; **scharfe ~** double hairpin bend [*or* AM turn]

Sky·sur·fing^RR, **Sky Sur·fing** [ˈskaizøːˌefɪŋ] *nt* SPORT sky surfing

Sla·lom <-s, -s> [ˈslaːlɔm] *m* slalom; ~ **fahren** *(fam)* to career [from side to side]

Slang <-s> [slɛŋ] *m kein pl* LING ❶ *(saloppe Umgangssprache)* slang *no art* ❷ *(Fachjargon)* jargon

Slap·stick <-s, -s> [ˈslɛpstɪk] *m* slapstick [comedy]

Sla·we, Sla·win <-n, -n> [ˈslaːvə, ˈslaːvɪn] *m, f* Slav; *s. a.* **Deutsche(r)**

sla·wisch [ˈslaːvɪʃ] *adj* Slav|on|ic; *s. a.* **deutsch 1, 2**

Sla·wist(in) <-en, -en> [slaˈvɪst] *m(f)* Slav|onic|ist

Sla·wis·tik <-> [slaˈvɪstɪk] *f kein pl* Slavonic studies + *sing vb*

Sla·wis·tin <-, -nen> *f fem form von* **Slawist**

Slide Show <-, -s> [ˈslaɪdʃoː] *f* INET slide show

Slip <-s, -s> [slɪp] *m* panties *pl*

Slip·ein·la·ge *f* panty liner

Slip·per <-s, -> [ˈslɪpɐ] *m* slip-on [shoe]

Slo·gan <-s, -s> [ˈsloːgn̩] *m* slogan; *(einer Partei a.)* catchword

Slo·wa·ke, Slo·wa·kin <-n, -n> [sloˈvaːkə, sloˈvaːkɪn] *m, f* Slovak; *s. a.* **Deutsche(r)**

Slo·wa·kei <-> [slovaˈkai] *f* ▪ **die** ~ Slovakia; *s. a.* **Deutschland**

Slo·wa·kin <-, -nen> *f fem form von* **Slowake**

slo·wa·kisch [sloˈvaːkɪʃ] *adj* Slovak|ian|; *s. a.* **deutsch 1, 2**

Slo·wa·kisch [sloˈvaːkɪʃ] *nt dekl wie adj* Slovak; *s. a.* **Deutsch**

Slo·wa·ki·sche <-n> *nt* ▪ **das** ~ Slovak, the Slovak language; *s. a.* **Deutsche**

Slo·we·ne, Slo·we·nin <-n, -n> [sloˈveːnə, sloˈveːnɪn] *m, f* Slovene; *s. a.* **Deutsche(r)**

Slo·we·ni·en <-s> [sloˈveːni̯ən] *nt* Slovenia; *s. a.* **Deutschland**

Slo·we·nin <-, -nen> *f fem form von* **Slowene**

slo·we·nisch [sloˈveːnɪʃ] *adj* Slovenian, Slovene; *s. a.* **deutsch**

Slo·we·nisch [sloˈveːnɪʃ] *nt dekl wie adj* Slovene; *s. a.* **Deutsch**

Slo·we·ni·sche <-n> *nt* ▪ **das** ~ Slovene, the Slovene language; *s. a.* **Deutsche**

Slum <-s, -s> [slam] *m* slum

Small·talk^RR, **Small Talk**^RR [ˈsmɔːltɔːk], **Small talk**^ALT <-> [ˈsmɔːltɔːk] *m kein pl (geh)* small talk *no pl*

Sma·ragd <-[e]s, -e> [smaˈrakt] *m* emerald, smaragd *spec*

Sma·ragd·arm·band *nt* emerald bracelet **Sma·ragd·bro·sche** *f* emerald brooch **Sma·ragd·col·li·er** *nt* emerald necklace

sma·rag·den [smaˈrakdn̩] *adj (geh)* emerald *attr,* of emeralds *pred*

sma·ragd·grün I. *adj* emerald [green] II. *adv* like emerald

smart [smaːɐ̯t, smart] *adj* ❶ *(elegant)* chic ❷ *(clever)* smart

Smart·card <-, -s> *f,* **Smart·kar·te** <-, -n> [smart-] *f*

smart card

Smi·ley <-s, -s> ['smaɪlɪ] *m* smiley, smilie

Smog <-[s], -s> [smɔk] *m* [smɔk] *m* smog

Smog·alarm *m* smog alert; ~ **Stufe II** smog warning level 2

Smo·king <-s, -s> ['smo:kɪŋ] *m* dinner jacket, dj *fam*, tuxedo AM, tux AM *fam*

SMS [,ɛsɛm'ɛs] *f Abk von* **short message service** SMS

Snack <-s, -s> [snɛk] *m* КОСНК *(fam)* snack

Snob <-s, -s> [snɔp] *m* *(pej)* snob *pej*

Sno·bis·mus <-> [sno'bɪsmʊs] *m kein pl (pej)* snobbery *pej*, snobbishness *no pl pej*

sno·bis·tisch [sno'bɪstɪʃ] *adj (pej)* snobby *pej*, snobbish *pej*

Snow·board <-s, -s> ['sno:bo:ɐt] *nt* snowboard

snow·boar·den ['sno:bo:ɐdn] *vi* to snowboard

so [zo:] **I.** *adv* ❶ *mit adj und adv (derart)* so; ~ **viel** as much; ~ **viel wie** as much as; ~ **viel wie nötig** as much as is necessary; ~ **viel wie etw sein** to be tantamount [*or* to amount] to sth; ~ **weit** *(fam)* on the whole, as far as it goes; **das ist ~ weit richtig, aber ...** on the whole that is right, but ..., that is right as far as it goes, but ...; ~ **weit sein** *(fam)* to be ready [*or* all set]; **das Essen ist gleich ~ weit** dinner will soon be ready [*or* served]; ~ **weit das Auge reicht** as far as the eye can see; **es war ~ kalt/spät, dass ...** it was so cold/late that ...; **du bist ~ alt/groß wie ich** you are as old/big as me [*or* I am]; ~ **wenig wie möglich** as little as possible; **es ist ~, wie du sagst** it is [just] as you say; **mach es ~, wie ich es dir sage** [just] do what I tell you; **dass es ~ lange regnen würde, ...** that it could rain for so long ...; *s. a.* **halb** *s. a.* **doppelt** ❷ *mit vb (derart)* **sie hat sich darauf so gefreut** she was so [very] looking forward to it; **es hat so geregnet, dass ...** it rained so heavily that ...; **ich habe mich ~ über ihn geärgert!** I was so angry with him; ~ **sehr, dass ...** to such a degree [*or* an extent] that ... ❸ *(auf diese Weise)* [just] like this/that, this/that way, thus *form*; ~ **musst du es machen** this is how you must do it [*or* how to do it]; **es ist** [vielleicht] **besser** ~ [perhaps] it's better that way; **das war sehr klug** ~ that was very clever of you/him/her etc.; ~ **ist das eben** [*o* **nun mal**] *(fam)* that's [*or* you'll just have to accept] the way things are; ~ **ist das** [also]! so that's your/his/her etc. game[, is it]!; **ist das** ~? is that so?; ~ **ist es** that's right; ~, **als ob ...** as if ...; **mir ist** ~, **als ob ...** I think [*or* feel] [that] ...; ~ **oder** ~ either way, in the end; **und** ~ **weiter** [und ~ **fort**] et cetera[, et cetera], and so on and so forth; ..., ~ **der Bundeskanzler in seiner Rede** according to the Federal Chancellor in his speech, ...; ~ **genannt** so-called; *s. a.* **doch** *s. a.* **gut** *s. a.* **nur** ❹ *(solch)* ◾ ~ **ein(e) ...** such a/an ...; ~ **eine blöde Gans!** what a silly goose!; ~ **etwas Dummes/Peinliches, ich habe es vergessen** how stupid of/embarrassing for me, I've forgotten it; ~ **etwas Dummes habe ich noch nie gehört!** I've never heard of such a stupid thing; ~ **etwas** such a thing; ~ **etwas sagt man nicht** you shouldn't say such things [*or* such a thing]; [na] ~ [et]was! *(fam)* well I never!; *(als Erwiderung a.)* [what] you don't say! *a. iron*, really? *a. iron*; ~ **man·che(r)** a number of [*or* quite a few] people ❺ *(fam: etwa)* **wir treffen uns ~ gegen 7 Uhr** we'll meet at about 7 o'clock [*or* at 7 o'clock or so [*or* thereabouts]] ❻ *(fam)* **und/oder** ~ or so; **wir gehen was trinken und** ~ we'll go and have a drink or something; **ich fahre um 5 oder** ~ I'm away at 5 or so ❼ *(wirklich)* **ich habe solche Kopfschmerzen – ~?** I have such a headache – have you [*or* really] ?; **er kommt bestimmt! – ~, meinst du?** he must be coming! – you think so? ❽ *(fam: umsonst)* for nothing **II.** *konj* ❶ *(konsekutiv)* ◾ ~ **dass**, ◾ **sodass** ÖSTERR so that; **er**

versetzte ihm einen schweren Schlag, ~ dass er taumelte he dealt him a heavy blow, causing him to stagger ❷ *(obwohl)* ~ **leid es mir auch tut** as sorry as I am; ~ **peinlich ihr das auch war, ...** as embarrassing as it was to her, ... **III.** *interj* ❶ *(also)* so, right; ~, **jetzt gehen wir ...** right [*or* well] , let's go and ... ❷ *(siehst du)* [well] there we/you have it ❸ *(ätsch)* so there! ❹ ~, ~! *(fam)* [what] you don't say! *a. iron*, is that a fact? *iron*; *s. a.* **ach IV.** *part* ❶ *(nachdrücklich)* ~ **komm doch endlich!** do get a move on[, will you]! ❷ *(beiläufig)* **was machst du ~ den ganzen Tag?** so what are you doing all day?

s.o. *Abk von* **siehe oben**

SO *Abk von* **Südosten** SE

so·bald [zo'balt] *konj* as soon as

Söck·chen <-s, -> ['zœkçən] *nt dim von* **Socke**

So·cke <-, -n> ['zɔkə] *f* sock; ▸ WENDUNGEN: **sich auf die ~n machen** *(fam)* to get a move on *fam*; **von den ~n sein** *(fam)* to be flabbergasted [*or* BRIT *fam* gobsmacked]; **da bist du von den ~n!** that's knocked you for six!

So·ckel <-s, -> ['zɔkl̩] *m* ❶ *(Piedestal)* plinth, pedestal, socle *spec* ❷ *(von Gebäude)* plinth, base course AM *spec* ❸ *(Schraubteil)* holder

So·ckel·be·trag *m* ÖKON basic amount [*or* sum]

So·cken <-s, -> ['zɔkn̩] *m* SÜDD, ÖSTERR, SCHWEIZ *(Socke)* sock

So·da <-s> ['zo:da] *nt kein pl* ❶ CHEM soda, sodium carbonate *spec* ❷ *(Sodawasser)* soda [water]

so·dann [zo'dan] *adv inv (veraltend)* ❶ *(dann, darauf, danach)* thereupon *old form* ❷ *(ferner, außerdem)* further

so·dassRR [zo'das] *konj* ÖSTERR *(so)* so that

So·da·was·ser *nt* soda [water]

Sod·bren·nen [zo:t-] *nt* heartburn, [gastric] pyrosis *spec*

So·de <-, -n> ['zo:də] *f* sod, [piece of] turf

So·do·mie <-> [zodo'mi:] *f kein pl* sodomy *no pl, no art*

so·eben [zo'ʔe:bn̩] *adv (geh)* ❶ *(gerade zuvor)* just [this minute [*or* moment]]; **er hat ~ das Haus verlassen** he has just [this minute [*or* moment]] left the building ❷ *(gerade)* just; **es ist ~ 20 Uhr** it has just turned eight

So·fa <-s, -s> ['zo:fa] *nt* sofa, settee *esp* BRIT

So·fa·kis·sen *nt* sofa cushion

so·fern [zo'fɛrn] *konj* if, provided that; ~ **es dir keine/nicht zu viel Mühe macht** provided it's no/ if it isn't too much trouble to you

soff [zɔf] *imp von* **saufen**

So·fia <-s> ['zɔfi̯a, 'zo:fi̯a] *nt* Sofia

so·fort [zo'fɔrt] *adv* immediately, forthwith *form*, at once, [right] now, this instant; **komm ~ her!** come here this instant!

So·fort·bild·ka·me·ra *f* instant camera, instamatic *fam*

So·fort·hil·fe *f* emergency relief [*or* aid] *no art* **So·fort·hil·fe·pro·gramm** *nt* emergency relief [*or* aid] programme [*or* AM -am]

so·for·tig [zo'fɔrtɪç] *adj* immediate, instant; ~**e Bestrafung** summary punishment; **mit ~er Wirkung** immediately effective

So·fort·lie·fe·rung *f* immediate delivery **So·fort·maß·nah·me** *f* immediate measure [*or* action]; ~**n ergreifen** to take immediate action

Soft·drink <-s, -s> ['zɔft-] *m* soft drink **Soft·eis** *nt* soft [*or* BRIT whipped] ice cream

Sof·tie <-s, -s> ['zɔfti] *m (fam)* softie *fam*, softy *fam*

Soft·por·no ['zɔft-] *m* TV *(Erotikfilm)* soft[-core] porn [film]

Soft·ware <-, -s> ['sɔftvɛːɐ] *f* software

Soft·ware·feh·ler *m* program error **Soft·ware·her·stel·ler** *m* software manufacturer, software house

Soft·ware·pa·ket *nt* software package

sog [zo:k] *imp von* **saugen**

sog. *adj Abk von* **so genannt**

Sog <-[e]s, -e> [zo:k] *m* suction; *(von Flugzeug)* slipstream; *(von Brechern)* undertow

so·gar [zo'ga:ɐ̯] *adv (emph)* even, no less; **danach war mir ~ noch schlechter** after that I felt even more sick; **~ mein Bruder kam** even my brother came; **die zweite Prüfung war ~ schwerer als die erste** the second exam was even more difficult than the first; **er ist krank, ~ schwer krank** he is ill, in fact seriously so

so·gleich [zo'glaɪç] *adv (geh) s.* **sofort**

Soh·le <-, -n> ['zo:lə] *f* ❶ *(Schuh~)* sole; **~n aus Leder** leather soles; **sich** *akk* **an jds ~n heften** [*o fam:* **hängen**] to dog sb's heels [*or* every step] ❷ *(Fuß~)* sole [of the/one's foot], planta *spec;* **mit nackten ~n** barefoot; **sich** *akk* **die ~n nach etw** *dat* **ablaufen** *(fam)* to walk one's legs off looking for sth ❸ *(Einlege~)* insole ❹ *(eines Tals o. Ä.)* bottom ▸ WENDUNGEN: **eine kesse** [*o* **tolle**] **~ aufs Parkett legen** *(hum fam)* to trip the light fantastic BRIT *hum;* **auf leisen ~n** noiselessly, softly

Sohn <-[e]s, Söhne> [zo:n, *pl:* 'zø:nə] *m* son; **na, mein ~** *(fam)* well, son[ny]; **der ~ Gottes** the Son of God; **der verlorene ~** the prodigal son

Söhn·chen <-s, -> ['zø:nçən] *nt (fam) dim von* **Sohn** ❶ *(kleiner Sohn)* baby son ❷ *(Bürschchen)* ■ |**mein**| **~** sonny

Soh·ne·mann <-s> *m kein pl* DIAL *(fam)* son

So·ja <-s, -jen> ['zo:ja, *pl:* 'zo:jən] *meist sing f* soy *no pl*, soya *no pl* BRIT

So·ja·boh·ne *f* soybean, soya bean BRIT **So·ja·boh·nen·kei·me** *pl* bean sprouts *pl* **So·ja·mehl** *nt* soy[a BRIT] flour **So·ja·milch** *f kein pl* soy milk *no pl* **So·ja·öl** *nt* soy [*or* BRIT soya] oil **So·ja·so·ße** *f* soy[a BRIT] sauce

so·lang [zo'laŋ], **so·lan·ge** [zo'laŋə] *konj* as [*or* so] long as; **~ wir noch hier sind ...** so long as we're still here ...; **~ sie noch zur Schule geht ...** while she still goes to school ...

So·lar·ener·gie *f* solar energy

So·la·ri·um <-s, -ien> [zo'la:rɪʊm, *pl:* -'la:rjən] *nt* solarium

So·lar·kol·lek·tor *m* solar panel

So·lar·ple·xus <-, -> *m* solar [*or spec* coeliac] plexus

So·lar·strom *m* solar[-generated] electricity **So·lar·tech·nik** *f* solar [cell] technology **So·lar·zel·le** *f* solar cell

Sol·bad ['zo:l] *nt* ❶ *(Badeort)* saltwater spa ❷ *(medizinisches Bad)* saltwater [*or* brine] bath

Sol·ber·fleisch ['zɔlbɐ-] *nt* KOCHK dish of cured pig's mouth, neck, ears, trotters and spine

solch [zɔlç] *adj inv (geh)* such; **~ ein Mann** such a man, a man like this/that/yours etc.; **~ ein Luder!** what a brat!; **~ feiner Stoff** material as fine as this

sol·che(r, s) *adj* ❶ *attr* such; **~ Frauen** such women, women like that; **eine ~ Frechheit** such impertinence; **sie hatte ~ Angst ...** she was so afraid ... ❷ *substantivisch (~ Menschen)* such people, people like that; *(ein ~r Mensch)* such a person, a person like this/that; **~ wie wir** people like us; **~, denen man nichts recht machen kann** people for whom one can do nothing right; **nicht ein ~r/eine ~ sein** not to be like that, not to be of that ilk *a. pej;* **als ~(r, s)** as such, in itself; **der Mensch als ~r** man as such; **es gibt ~ und ~ Kunden** there are customers and customers

sol·cher·lei ['zɔlçɐ'laɪ] *adj attr inv (geh)* such; **~ Dinge** such things, things like that

Sold <-[e]s> [zɔlt] *m kein pl* MIL pay; **in jds ~ stehen** *(geh)* to be in sb's pay

Sol·dat(in) <-en, -en> [zɔl'da:t] *m(f)* soldier; ■ **~ sein** to be a soldier [*or* in the army]; ■ **~ werden** to join the army, to join up *fam,* to become a soldier; **~ auf Zeit** soldier serving for a set time; **~ spielen** to play [at] soldiers *a. pej*

Sol·da·ten·fried·hof *m* military cemetery

Sol·da·tes·ka <-, -tesken> [zɔlda'tɛska] *f (pej)* band of soldiers

Sol·da·tin <-, -nen> *f fem form von* **Soldat**

sol·da·tisch **I.** *adj* military **II.** *adv* like a [true] soldier

Sold·buch *nt* HIST military paybook

Söld·ner(in) <-s, -> ['zœldnɐ] *m(f)* mercenary

So·le <-, -n> ['zo:lə] *f* brine, salt water

Sol·ei *nt* pickled [hard-boiled] egg

So·le·quel·le *f* saltwater spring

So·li ['zo:li] *pl von* **Solo**

so·lid [zo'li:t], **so·li·de** [zo'li:də] **I.** *adj* ❶ *(haltbar, fest)* solid; **~e Kleidung** durable [*or* hard-wearing] clothes *npl;* **~es Möbel** solid [*or* sturdy] furniture ❷ *(fundiert)* sound, thorough; **eine ~e Ausbildung** a sound education ❸ *(untadelig)* respectable, steady-going; **ein ~es Leben** a steady life ❹ *(finanzkräftig)* solid, sound, well-established *attr; (zuverlässig, seriös)* sound **II.** *adv* ❶ *(haltbar, fest)* **~ gebaut** solidly constructed ❷ *(untadelig)* respectably; **~ leben** to lead a steady life, to live respectably

So·li·dar·bei·trag [zoli'da:ɐ̯-] *m* contribution to social security **So·li·dar·ge·mein·schaft** *f* mutually supportive group; *(die Gesellschaft)* caring society

so·li·da·risch [zoli'da:rɪʃ] **I.** *adj* **eine ~e Haltung** an attitude of solidarity; **jds ~es Verhalten** sb's show of solidarity; **sich** *akk* [**mit jdm/etw**] **~ erklären** to declare one's solidarity [with sb/sth]; **sich** *akk* **mit jdm ~ fühlen** to feel solidarity with sb **II.** *adv* in solidarity; **sich** *akk* **~ verhalten** to show one's solidarity

so·li·da·ri·sie·ren* [zolidari'zi:rən] *vr* ■ **sich** *akk* [**mit jdm/etw**] **~** to show [one's] solidarity [with sb/sth]

So·li·da·ri·tät <-> [zolidari'tɛ:t] *f kein pl* solidarity; **~ aus** out of solidarity

So·li·da·ri·täts·bei·trag *m* POL *s.* **Solidaritätszuschlag** **So·li·da·ri·täts·streik** *m* sympathy strike **So·li·da·ri·täts·zu·schlag** *m* POL additional pay deduction to finance the economic rehabilitation of former East Germany

So·li·dar·pakt *m* POL solidarity agreement

So·li·di·tät <-> [zolidi'tɛ:t] *f kein pl (geh)* solidness, soundness

So·list(in) <-en, -en> [zo'lɪst] *m(f)* MUS soloist

So·li·tär <-s, -e> [zoli'tɛ:ɐ̯] *m* ❶ *(Edelstein)* solitaire [diamond], diamond solitaire ❷ *(Gehölz)* specimen [bush] ❸ *kein pl (Brettspiel)* solitaire

Soll <-[s], -[s]> [zɔl] *nt* ❶ *(~seite)* debit side; **~ und Haben** *(veraltend)* debit and credit; [**mit etw** *dat*] [**hoch**] **im ~ sein/ins ~ geraten** to be [deep] in/to go [*or* slide] [deeply] into the red [by sth] ❷ *(Produktionsnorm)* target; [**X%**] **unter dem/seinem ~ bleiben** to fall short of the/one's target [by X%]; **ein/sein ~ erfüllen** to reach a/one's target

sol·len ['zɔlən]

I. AUXILIARVERB <sollte, sollen>

❶ *(etw zu tun haben)* **du sollst herkommen, habe ich gesagt!** I said [you should] come here!; **sag ihm, dass er sich in Acht nehmen soll** tell him to watch out; **soll er/sie doch!** *(pej fam)* [just] let him/her!; **das sollst du erst mal tun!** just let her try!; **man hat mir gesagt, ich soll Sie fragen** I was told to ask you; **du sollst morgen früh anrufen** you're to give her/him a ring tomorrow morning; **was ~ wir machen?** what shall we do?

❷ *optativisch (mögen)* **Sie ~ sich ganz wie zu Hause fühlen!** [just] make yourself at home; **du**

sollst dir deswegen keine Gedanken machen you shouldn't worry about it; **soll ich/sie dir noch etwas Wein nachgießen?** shall [*or* can] I/should she give you some more wine?

⚫ *konditional (falls)* **sollte das passieren, …** if that should happen …, should that happen …

⚫ *konjunktivisch (eigentlich müssen)* **du sollst dich schämen!** you should [*or* ought to] be ashamed [of yourself]; **was hätte ich tun ~?** what should I [*or* ought I to] have done?; **da solltest du mitfahren** you ought to come along; **das solltest du unbedingt sehen** you have to see this, come and look at this; **so soll es sein** that's how it ought to be; *(als Wunsch eines Königs)* so shall it be *liter*

⚫ *(angeblich sein)* ◼ **etw sein/tun ~** to be supposed to be/do sth; **er soll sehr reich sein/gewesen sein** he is said to be/have been very rich, they say he is/was very rich; **der Sommer soll heiß werden** they say we're going to have a hot summer; **soll das [schon] alles [gewesen] sein?** is that [supposed to be] all?; **das/so etwas soll es geben** these things happen; **was soll das heißen?** what's that supposed to mean?, what are you/is he/she etc. getting at?; **wer soll das sein?** who's that [supposed to be]?; **was soll schon sein?** what do you expect?

⚫ *(dürfen)* **du hättest ihr das nicht erzählen ~** you should not have told her that; **das hätte nicht vorkommen ~** it should not have [*or* ought not to have] happened

⚫ *in Fragen (mochte)* **sollte er mich belogen haben?** does that mean [*or* are you/is he/she etc. saying] [that] he lied to me?; **sollte ich mich so getäuscht haben?** could I have been so wrong?; **sollte das wahr sein?** is that true?

⚫ *(geh: würde)* **dieser Schicksalsschlag sollte nicht der letzte sein/gewesen sein** this stroke of fate was not to be the last; **es sollten Jahrhunderte vergehen, bevor …** centuries were to pass before … *liter*

⚫ *(schicksalhaft)* **es hat nicht sein ~** it wasn't to be; **es hat nicht sein ~, dass die beiden sich je wiedertreffen** the two were destined never to meet again

---

II. INTRANSITIVES VERB   <sollte, gesollt>

⚫ *(eine Anweisung befolgen)* **soll er reinkommen? – ja, er soll** should he come in? – yes, he should; **er hätte das zwar nicht gesollt, aber …** [he knows] he should not have done so, but …; **immer soll ich!** it's always me [who has to do it]!; **du solltest ins Bett** you should go to bed

⚫ *(müssen)* **du sollst sofort nach Hause** you should go home at once; **sie hätte eigentlich in die Schule gesollt** she should have gone to school

⚫ *(nützen, bedeuten)* **was soll der Quatsch?** *(fam)* what are you/is he/she etc. playing at? *fam;* **was soll der Blödsinn?** *(fam)* what's all this nonsense about?; **was soll das?** *(fam)* what's that supposed to mean?; **was soll's?** *(fam)* who cares?, what the heck? *fam*

Söl·ler <-s, -> [ˈzœlɐ] *m (balkonartiger Anbau)* balcony; *(veraltend: Dachboden)* attic; **auf den/dem ~** into/in the attic
Soll·sei·te *f* ÖKON debit side **Soll·stär·ke** *f* MIL required strength, authorized strength **Soll·zin·sen** *pl* debit interest *no pl,* interest receivable [*or* owing] *no pl*
so·lo [ˈzo:lo] *adj inv* ⚫ MUS solo ⚫ *(fam: ohne Begleitung)* ◼ **~ sein** to be alone, to be on one's own [*or* BRIT *fam* tod]; **~ kommen** to come alone [*or* by oneself]
So·lo <-s, Soli> [ˈzo:lo, *pl:* ˈzo:li] *nt* MUS solo
So·lo·al·bum *nt* MUS solo album
So·lo·thurn <-s> [ˈzo:lotʊrn] *nt* Solothurn

sol·vent [zɔlˈvɛnt] *adj* FIN solvent; ◼ **~ sein** to be solvent [*or* in the black]
Sol·venz <-, -[i]en> [zɔlˈvɛnts] *f* solvency
So·ma·li [zoˈma:li] *nt* Somali; *s. a.* **Deutsch**
So·ma·lia <-> [zoˈma:li̯a] *nt* Somalia; *s. a.* **Deutschland**
So·ma·li·er(in) <-s, -> *m(f)* Somali; *s. a.* **Deutsche(r)**
so·ma·lisch *adj inv* Somali; *s. a.* **deutsch** 1, 2
so·mit [zoˈmɪt] *adv* therefore, consequently, hence *form*
Som·mer <-s, -> [ˈzɔmɐ] *m* summer; **im nächsten ~** next summer; **es ist/wird ~** it is/will soon be summer; **im ~** in summer; **~ wie Winter** [*o* **im ~ und im Winter**] all [the] year round; **den ganzen ~ über** throughout the whole summer
Som·mer·an·fang *m* beginning of summer **Som·mer·an·zug** *m* summer suit **Som·mer·fahr·plan** *m* summer timetable **Som·mer·fe·ri·en** *pl* summer holidays *pl* [*or* AM vacation]; **es gibt** [*o* **wir haben**] **~** it's the summer holidays; **wann gibt es ~?** when are the summer holidays?; **~ haben** to have one's summer holidays **Som·mer·halb·jahr** *nt* summer semester **Som·mer·kleid** *nt* summer dress **Som·mer·klei·dung** *f* summer clothing; *(Marktartikel)* summerwear **Som·mer·kol·lek·ti·on** *f* summer collection
som·mer·lich I. *adj* ⚫ *(im Sommer vorherrschend)* summer *attr;* **~es Wetter** summer[-like] [*or* summery] weather ⚫ *(dem Sommer entsprechend)* summer *attr* **II.** *adv* ⚫ *(wie im Sommer)* like in summer; **~ warme Temperaturen** warm summer-like temperatures ⚫ *(dem Sommer entsprechend)* **sich** *akk* **~ kleiden** to wear summer clothes
Som·mer·loch *nt* POL *(sl)* silly season BRIT *fam* **Som·mer·man·tel** *m* summer coat, coat for summer **Som·mer·mo·nat** *m* summer month **Som·mer·olym·pi·a·de** *f* ◼ **die ~** the Summer Olympics *npl* **Som·mer·pau·se** *f* POL summer recess **Som·mer·rei·fen** *m* normal [*or* summer] tyre [*or* AM tire]
som·mers [ˈzɔmɐs] *adv (geh)* in [the] summer; **~ wie winters** all [the] year round
Som·mer·sa·chen *f* summer clothes [*or* things] **Som·mer·sai·son** *f* summer season **Som·mer·schluss·ver·kauf**RR *m* summer sale[s *pl*] **Som·mer·se·mes·ter** *nt* SCH summer semester, ≈ summer term BRIT **Som·mer·smog** *m* summer smog **Som·mer·spie·le** *pl* ◼ **die [Olympischen] ~** the Summer Olympics [*or* Olympic Games] **Somm·er·spros·se** *f meist pl* freckle; **~n haben** to have [got] freckles **Som·mer·spros·sig** *adj* freckled, freckly; **ein [stark] ~es Gesicht haben** to have a face full of freckles, to be freckle-faced **Som·mer·tag** *m* summer['s] day **Som·mer·zeit** *f* summertime; **wann wird auf ~ umgestellt?** when are the clocks changed to summertime [*or* put forward] ?; **zur ~** *(geh)* in summertime
So·na·te <-, -n> [zoˈna:tə] *f* sonata
Son·de <-, -n> [ˈzɔndə] *f* ⚫ MED *(Schlauch~)* tube; *(Operations~)* probe ⚫ *(Raum~)* probe ⚫ *(Radio~)* sonde *spec*
Son·der·ab·schrei·bung *f meist pl* ÖKON accelerated depreciation **Son·der·an·fer·ti·gung** *f* special model [*or* edition]; *(Auto a.)* custom car **Son·der·an·ge·bot** *nt* special offer; **etw im ~ haben** to have sth on special offer **Son·der·aus·füh·rung** *f* custom-built [*or* special] model **Son·der·aus·ga·be** *f* ⚫ MEDIA, VERLAG *(zusätzliche, einmalige Ausgabe)* special edition ⚫ *kein pl* ÖKON additional [*or* contingent] expenses *pl* **Son·der·aus·stel·lung** *f* special exhibition
son·der·bar [ˈzɔndɐbaːɐ̯] **I.** *adj* peculiar, strange, odd; **unter ~en Umständen** in strange circumstances; **~es Verhalten** strange behaviour [*or* AM -or] **II.** *adv* strangely
son·der·ba·rer·wei·se *adv* strangely [enough], strange

to say

Son·der·be·auf·trag·te(r) *f(m) dekl wie adj* POL special emissary **Son·der·be·din·gun·gen** *pl* special terms [*or* conditions] **Son·der·bei·la·ge** *f* MEDIA, TYPO, VERLAG special supplement **Son·der·be·stim·mun·gen** *pl* special terms [*or* conditions] **Son·der·bus** *m* extra [*or* special] bus **Son·der·de·po·nie** *f* depository for hazardous waste **Son·der·ein·heit** *f* special force **Son·der·ein·la·gen** *pl* ÖKON, BÖRSE special deposits *pl* **Son·der·ein·satz** *m* special operation [*or* action] **Son·der·er·mitt·ler** *m* POL special envoy **Son·der·fahrt** *f* excursion, |special| trip **Son·der·fall** *m* special case; **in Sonderfällen** in special [*or* exceptional] cases **Son·der·ge·neh·mi·gung** *f* special authorization *no art;* **eine ~ haben** to have special authorization **Son·der·ge·richt** *nt* JUR, POL special court [*or* tribunal]

son·der·glei·chen ['zɔndɐ'glaiçn̩] *adj inv (geh)* **eine Frechheit/Rücksichtslosigkeit ~** the height of cheek BRIT /inconsideration; **mit einer Frechheit/ Rücksichtslosigkeit ~** with unparalleled cheek BRIT / inconsideration

Son·der·kom·man·do *nt* MIL, POL special unit **Son·der·kon·di·ti·o·nen** *pl* special conditions [*or* terms] *pl* **Son·der·kon·to** *nt* special [*or* separate] account

son·der·lich ['zɔndɐlɪç] **I.** *adj* ❶ *attr (besonders)* particular; **ohne ~es Interesse** without much [*or* any particular] interest ❷ *(seltsam)* strange, peculiar, odd **II.** *adv* particularly, **nicht ~ begeistert** not particularly [*or* very] enthusiastic

Son·der·ling <-s, -e> ['zɔndɐlɪŋ] *m* queer bird BRIT *fam,* oddball *fam*

Son·der·mar·ke *f* special issue [*or* stamp] **Son·der·ma·schi·ne** *f* special aircraft **Son·der·mel·dung** *f* TV, RADIO special announcement **Son·der·müll** *m* hazardous waste

son·dern ['zɔndɐn] *konj* but; **nicht sie war es, ~ er** it wasn't her, but him; **ich fahre nicht mehr zurück, ~ bleibe lieber da** I won't be driving back now, I would rather stay here [instead]; **ich habe keine Kartoffeln mitgebracht, ~ Reis** I didn't bring any potatoes, but rice [instead]

Son·der·pos·ten *m* ÖKON exceptional item **Son·der·preis** *m* special [reduced] price **Son·der·recht** *nt* |special| privilege; *(von Ämtern)* |special| immunity; **ein ~** [*o* **~e**] **haben** to have a special privilege [*or* special privileges] **Son·der·re·ge·lung** *f* special provision [*or* arrangement] **Son·der·schu·le** *f* special school; *(für geistig Behinderte a.)* school for the mentally handicapped **Son·der·schul·leh·rer(in)** *m(f)* teacher at a special school/a school for the mentally handicapped **Son·der·sen·dung** *f* special |programme [*or* AM -am] | **Son·der·stel·lung** *f* special [*or* privileged] position **Son·der·stem·pel** *m* *(bei der Post)* special [*or* commemorative] postmark **Son·der·tisch** *m* bargain counter **Son·der·ur·laub** *m* special leave; *(im Todesfall)* compassionate leave BRIT **Son·der·ver·gü·tung** *f* fringe benefits *pl* **Son·der·voll·macht** *f* JUR special authority, special power of attorney **Son·der·wunsch** *m meist pl* special requests; **~ haben** to have special requests **Son·der·zug** *m* special train

son·die·ren* [zɔn'diːrən] **I.** *vt (geh)* ▪ **etw ~** *(erkunden)* to sound out sth *sep;* MED to probe sth **II.** *vi (geh)* ▪ **|für jdn|** **~** to sound things out [for sb]

So·nett <-[e]s, -e> [zo'nɛt] *nt* sonnet

Song <-s, -s> [zɔŋ] *m (fam)* song

Sonn·abend ['zɔnʔaːbn̩t] *m* DIAL *(Samstag)* Saturday

sonn·abends *adv* DIAL *(samstags)* on Saturday|s|

Son·ne <-, -n> ['zɔnə] *f* ❶ *kein pl* ▪ **die ~** the sun, Sol *spec;* **die ~ steht hoch am Himmel** the sun is high in the sky; **die ~ geht auf/unter** the sun rises/sets; **der glücklichste Mensch unter der ~ sein** *(liter)* to be the happiest person alive ❷ *(Stern)* star; *(mit Pla-*

neten a.) sun; **schwarze ~** ASTRON total eclipse [*or* shadow] ❸ *kein pl (Sonnenlicht)* sun|light|; **geh mir aus der ~!** *(fig fam)* get out of my [*or* the] light!; **in der ~ sitzen/liegen** to sit/lie in the sun; **das Zimmer hat viel/wenig ~** the room gets a lot of/doesn't get much sun|light|

son·nen ['zɔnən] *vr* ❶ *(sonnenbaden)* ▪ **sich** *akk* **~** to sun oneself, to sunbathe ❷ *(geh: genießen)* ▪ **sich** *akk* **in etw** *dat* **~** to bask in sth

Son·nen·an·be·ter(in) <-s, -> *m(f)* sun worshipper **Son·nen·an·be·te·rin** *f* ❶ *(fam)* sun worshipper ❷ ZOOL praying mantis **Son·nen·auf·gang** *m* sunrise, sunup AM; **bei/nach/vor ~** at/after/before sunrise [*or* AM sunup] **Son·nen·bad** *nt* sunbathing *no art, no pl;* **ein ~ nehmen** to sunbathe, to bask in the sun **son·nen·ba·den** *vi nur infin und pp* to sunbathe **Son·nen·bank** *f* sunbed BRIT, tanning bed AM **Son·nen·blo·cker** <-s, -> *m* sunblock **Son·nen·blu·me** *f* sunflower **Son·nen·blu·men·ho·nig** *m* sunflower honey **Son·nen·blu·men·kern** *m* sunflower seed **Son·nen·blu·men·öl** *nt* sunflower oil

Son·nen·brand *m* sunburn *no art;* **einen ~ bekommen/haben** to get sunburnt/have got sunburn **Son·nen·bräu·ne** *f* suntan **Son·nen·bril·le** *f* pair of sunglasses [*or fam* shades], sunglasses *npl,* shades *npl* **Son·nen·creme** *f* suncream **Son·nen·deck** *nt* sun deck **Son·nen·ener·gie** *f* solar energy **Son·nen·fins·ter·nis** *f* solar eclipse, eclipse of the sun; **eine partielle/totale ~** a partial/total eclipse of the sun **Son·nen·fleck** *m meist pl* ASTRON sunspot **son·nen·ge·bräunt** *adj* suntanned **Son·nen·ge·flecht** *nt* ANAT solar [*or spec* coeliac] plexus **Son·nen·gott** *m* sun god **Son·nen·hit·ze** *f* heat [of the sun] **son·nen·hung·rig** *adj* sun-seeking **son·nen·klar** ['zɔnən'klaːɐ̯] *adj (fam)* crystal-clear, clear as daylight *pred;* ▪ **|jdm** [*o* **für jdn**] | **~ sein** to be crystal-clear [*or* clear as daylight] [to sb]; ▪ **|jdm|** **~ sein, dass/was/wie …** to be crystal-clear [*or* clear as daylight] [to sb] that/what/ how … **Sonn·en·kol·lek·tor** *m* solar panel **Son·nen·kö·nig** *m kein pl* HIST ▪ **der ~** the Sun King, the Roi Soleil *liter* **Son·nen·kraft·werk** *nt* solar power station **Son·nen·licht** *nt kein pl* sunlight *no pl* **Son·nen·milch** *f* suntan lotion **Son·nen·öl** *nt* suntan oil **Son·nen·pad·del** *nt* RAUM solar paddle **Son·nen·schein** *m* sunshine; **bei strahlendem** [*o* **im strahlenden**] **~** in brilliant sunshine **Son·nen·schirm** *m* sunshade; *(bes. hist: für Frauen a.)* parasol **Son·nen·schutz** *m* ❶ *(Maßnahme)* protective measure against sunburn ❷ *(Konstruktion)* sunshade **Son·nen·schutz·creme** *f* suntan cream [*or* lotion] **Son·nen·schutz·fak·tor** *m* protection factor **Son·nen·schutz·mit·tel** *nt* sun protection product **Son·nen·se·gel** *nt* ❶ *(Schutzdach)* awning ❷ RAUM solar sail [*or* panel] **Son·nen·sei·te** *f* side facing the sun, sunny side; *(fig: positive Seite)* sunny [*or* bright] side **Son·nen·stich** *m* sunstroke *no art,* heatstroke *no art;* **einen ~ bekommen/haben** to get/have sunstroke; **du hast wohl einen ~!** *(fig)* the sun must have addled *sl* [*or fam* got to] your brain! **Son·nen·strahl** *m* sunbeam, ray of sunshine **Son·nen·sys·tem** *nt* solar system **Son·nen·tau** *m* BOT sundew **Son·nen·uhr** *f* sundial **Son·nen·un·ter·gang** *m* sunset; **bei/nach/vor ~** at/after/before sunset [*or* AM sundown] **Son·nen·wind** *m* ASTRON solar wind

son·nig ['zɔnɪç] *adj* sunny

Sonn·sei·te *f* ÖSTERR, SCHWEIZ, SÜDD *(Sonnenseite)* side facing the sun, sunny side

Sonn·tag ['zɔntaːk] *m* |der| ~ Sunday; BES. REL Sabbath; **Weißer** [*o* **der Weiße**] **~** Low Sunday; *s. a.* **Dienstag**

Sonn·tag·abendRR *m* Sunday evening; *s. a.* **Dienstag**

sonn·tag·abends^{RR} adv |on| Sunday evenings
sonn·täg·lich adj [regular] Sunday attr
Sonn·tag·mit·tag^{RR} m [around] noon on Sunday; s. a. **Dienstag sonn·tag·mit·tags**^{RR} adv [around] noon on Sundays **Sonn·tag·mor·gen**^{RR} m Sunday morning; s. a. **Dienstag sonn·tag·mor·gens**^{RR} adv |on| Sunday mornings **Sonn·tag·nach·mit·tag**^{RR} m Sunday afternoon; s. a. **Dienstag sonn·tag·nach·mit·tags**^{RR} adv |on| Sunday afternoons **Sonn·tag·nacht**^{RR} m Sunday night; s. a. **Dienstag sonn·tag·nachts**^{RR} adv |on| Sunday nights
sonn·tags adv on Sundays, on a Sunday
Sonn·tags·ar·beit f Sunday working, work[ing] on Sundays **Sonn·tags·aus·flug** m Sunday outing **Sonn·tags·bra·ten** m Sunday roast **Sonn·tags·dienst** m (von Polizist) Sunday duty, duty on Sunday; (von Apotheker) opening on Sundays no art; ~ **haben** (von Polizist) to be on duty on a Sunday; (von Apotheker) to be open on a Sunday **Sonn·tags·es·sen** nt Sunday meal **Sonn·tags·fah·rer(in)** m(f) (pej) Sunday driver pej **Sonn·tags·fra·ge** f POL Sunday poll **Sonn·tags·kind** nt child of fortune; **ein ~ sein** to be born under a lucky star, to be born with a silver spoon in one's mouth **Sonn·tags·re·de** f (pej) turgid [or BRIT pej drivelling] [or AM pej driveling] speech; **eine ~ halten** to deliver a turgid [or pej drivelling] speech; **~n halten** (fam) to drivel [or pej fam babble] |on| **Sonn·tags·ru·he** f ① (sonntägliche Arbeitsruhe) Sunday observance ② (sonntägliche Ruhe) peace and quiet on a Sunday
Sonn·tag·vor·mit·tag^{RR} m Sunday morning; s. a. **Dienstagvormittag sonn·tag·vor·mit·tags**^{RR} adv |on| Sunday mornings
sonn- und fei·er·tags adv on Sundays and public holidays
Sonn·wend·fei·er ['zɔnvɛntfaiɐ] f midsummer/midwinter celebrations pl
So·no·gra·phie, So·no·gra·fie^{RR} <-, -n> [zonogra'fi:] f MED sonography
so·nor [zo'no:ɐ] adj sonorous
sonst [zɔnst] adv ① (andernfalls) or [else], [for liter] otherwise; [aber] ~ **geht's dir gut?** (sl) are you feeling all right? iron ② (gewöhnlich) usually; **warum zögerst du, du hast doch ~ keine Bedenken?** why do you hesitate? you don't usually have any doubts; **freundlicher/kälter als ~** more friendly/colder than usual ③ (früher) before; **fuhr er ~ nicht immer einen anderen Wagen?** didn't he always drive a different car before [or always used to drive a different car] ?; **das war ~, jetzt ist es anders** that was then [or before] , now it's different ④ (außerdem) **wer war ~ anwesend?** who else was present?; ~ **noch Fragen?** any more [or further] questions?; **wenn ~ keine Fragen mehr sind, ...** if there are no more [or further] questions ...; **kann ich Ihnen ~ noch behilflich sein?** can I help [or be of help to] you in any other way?; ■ ~ **noch etwas** something else; ■ ~ **keine(r/s)** nothing/nobody else; ~ **nichts** nothing else; **es gab ~ nichts Neues** other than [or apart from] that, there was nothing new; ~ [willst du] nichts? ~ **noch was?** (iron fam) anything else you'd like? iron; ~ **noch etwas?** that's be all?, will there be anything else?; **wer weiß, was ~ noch alles passiert wäre, wenn ...** (fam) goodness knows what would have happened if ...; **was/wer/wie [denn] ~?** (fam) what/who/how else?; ~ **was** whatever; **von mir aus können Sie ~ was machen** as far as I'm concerned you can do whatever you like; ~ **was für ...** all sorts of ...; ~ **wer** [o jemand] (fam) somebody else; **es könnte ja ~ wer sein** it could be anybody; **erzähl das ~ wem!** [go [and]] tell that to the marines! fam; **denken** [o meinen] [o sich einbilden] , **man sei ~**

wer to think that one is something else iron fam; ~ **wie** (fam) [in] some other way; ~ **wo** (fam) somewhere else; ~ **wohin** (fam) somewhere else
sons·tig ['zɔnstɪç] adj attr ① (weitere[s]) [all/any] other; ~**e Auskünfte** [all/any] other [or further] information no pl; **keine ~en Beschwerden** no other complaints; „**S~es**" "other" ② (anderweitig) **und wie sind ihre ~en Leistungen?** and how is her performance otherwise?; **aber sein ~es Verhalten ist tadellos** otherwise his conduct is impeccable
so·oft [zo'ʔɔft] konj whenever; ~ **ich kann** whenever [or as often as] I can
Soor <-[e]s, -e> [zo:ɐ] m MED thrush no art, soor no art spec
So·phist(in) <-en, -en> [zo'fɪst] m(f) (pej geh) sophist liter; PHILOS Sophist
So·pran <-s, -e> [zo'pra:n] m ① kein pl soprano; (von Kind a.) treble ② s. **Sopranistin**
So·pra·nist(in) <-en, -en> [zopra'nɪst] m(f) soprano [singer]; (Kind a.) treble [singer]
Sor·be, Sor·bin <-n, -n> ['zɔrbə, 'zɔrbɪn] m, f Sorb, Wend
Sor·bett <-s, -s> ['zɔrbɛt, zɔr'be:] m o nt, **Sorbett** <-[e]s, -e> [zɔr'bɛt] m o nt sherbe[r]t
Sor·bin <-, -nen> f fem form von **Sorbe**
Sor·bin·säu·re [zɔr'bi:n-] f sorbic acid
sor·bisch ['zɔrbɪʃ] adj Sorbian
Sor·bisch ['zɔrbɪʃ] nt dekl wie adj Sorbian, Lusatian, Wendish, Wend; s. a. **Deutsch**
Sor·bi·sche <-n> nt ■ **das ~** Sorbian, the Sorbian language, Lusatian, Wendish; s. a. **Deutsche**
Sor·ge <-, -n> ['zɔrɡə] f worry (**um** +dat for); **das ist meine geringste ~** that's the least of my worries; **eine große ~** a serious worry; ~**n mit sich herumtragen** to be worried, to be weighed down with problems; **jdn in ~ versetzen** to worry sb; ~**n haben** to have problems; **ständig/nur/nichts als ~n** [mit **jdm/etw**] **haben** to have constant/nothing but trouble [with sb/sth]; **in** dat ~ **sein**[, **dass ...**] to be worried [that ...]; **jdm ~n machen** [o **bereiten**] to cause sb a lot of worry, to worry sb; **es macht jdm ~n, dass ...** it worries sb that ...; **dass ..., macht mir ~n** it worries me that ..., [the fact] that ... worries me; **sich** dat [jds/einer S. wegen] ~**n machen** to worry [about sb/sth]; **wir haben uns solche ~n gemacht!** we were so worried; **machen Sie sich deswegen keine ~n!** don't worry about that; **sei/seien Sie ohne ~!** (geh) do not fear liter [or worry]; **mit ~** with concern; **du hast/ihr habt ~n!** ~**n hast du/habt ihr!** (iron fam) you call that worries [or problems]? fam iron, you think you've got troubles [or problems]! iron fam; **deine ~n möchte ich haben!** (iron fam) I wish I had your problems! iron fam; [keine] ~ **haben, dass/ob/wie ...** [not] to be worried that/as to whether/as to how ...; **lassen Sie das meine ~ sein!** let me worry about that; **für etw** akk ~ **tragen** (geh) to attend [or see] to sth, to take care of sth; **dafür ~ tragen, dass ...** (geh) to see to it [or to ensure] that ...; **keine ~!** (fam) don't [you] worry; **eine ~ weniger** one less thing to worry about; **diese ~ bist du los!** you're rid of that worry
sor·ge·be·rech·tigt adj entitled to custody pred
sor·gen ['zɔrɡn] I. vi ① (aufkommen, sich kümmern) ■ **für jdn ~** to provide for sb, to look after sb ② (besorgen) **für etw ~** to get sth; **ich sorge für die Getränke** I'll get [or take care of] the drinks ③ (sich kümmern) **für gute Stimmung/die Musik ~** to create a good atmosphere/attend [or see] to the music; ■ **dafür ~, dass ...** to see to it [or to make sure] that; **dafür ist gesorgt** that's taken care of ④ (bewirken) **für Aufsehen/Unruhe ~** to cause a sensation/disturbance; ■ **dafür ~, dass ...** to ensure

that … **II.** *vr* ▪ **sich** *akk* **um jdn/etw ~** to be worried [*or* to worry] about sb/sth

sor·gen·frei I. *adj* carefree, free of care [*or* worry] *pred* **II.** *adv* free of care [*or* worry] **Sor·gen·kind** *nt (fam)* problem child **sor·gen·los** *adj* s. **sorgenfrei sor·gen·voll I.** *adj* ❶ *(besorgt)* worried; **mit ~er Stirn** with a worried frown ❷ *(viele Probleme bietend)* full of worries [*or* troubles] *pred* **II.** *adv* worriedly, anxiously; **er sah mich ~ an** he looked at me anxiously

Sor·ge·recht *nt kein pl* JUR custody

Sorg·falt <-> ['zɔrkfalt] *f kein pl* care; **mit mehr/größter/der erforderlichen ~** with more/the greatest/due care

sorg·fäl·tig I. *adj* careful; **eine ~e Arbeit** a conscientious piece of work **II.** *adv* carefully, with care

Sorg·falts·pflicht *f* JUR duty of [*or* duty to take] care **sorg·los** ['zɔrkloːs] **I.** *adj* ❶ *(achtlos)* careless ❷ s. **sorgenfrei II.** *adv* ❶ *(achtlos)* carelessly ❷ *(sorgenfrei)* free of care

Sorg·lo·sig·keit <-> *f kein pl* carelessness; *(ohne Sorge)* carefreeness

sorg·sam ['zɔrkzaːm] *adj (geh)* s. **sorgfältig**

Sor·te <-, -n> ['zɔrtə] *f* ❶ *(Art)* kind, variety; **welche ~ [von] Tomaten?** what kind [*or* sort] of tomatoes? ❷ *(Marke)* brand ❸ *(fam)* **was für eine ~ Mensch ist er?** what's he like?; **diese Werbeleute sind eine komische ~** these admen are a funny bunch *fam* ❹ *pl* FIN foreign currency

sor·tie·ren [zɔr'tiːrən] *vt* ❶ *(ordnen)* **etw [nach Farbe/Größe/Qualität]** ~ to sort [*or* grade] sth [according to colour/size/quality]; **die Post [nach Rechnungen und Werbung]** ~ to sort the post [into bills and advertisements]; **etw [alphabetisch]** ~ to arrange sth in alphabetical order; *(von Computeralgorithmus a.)* to sort sth [alphabetically] ❷ *(einordnen)* ▪ **etw in etw** *akk* ~ to sort sth and place it in sth; **Dias in einen Kasten** ~ to sort slides and place them in a box

Sor·ti·ment <-[e]s, -e> [zɔrti'mɛnt] *nt* range [of goods] **Sor·ti·ments·brei·te** *f* product range **Sor·ti·ments·er·wei·te·rung** *f* product diversification

SOS <-, -> [ɛsʔoː'ʔɛs] *nt Abk von* **save our souls** SOS; **~ funken** to put out an SOS

so·sehr [zoː'zeːɐ̯] *konj* ▪ ~ **[… auch]** however much …, no matter how much …; **…, ~ ich es [auch] bedaure** …, however much I regret it; **er schaffte es nicht, ~ er sich auch anstrengte** he couldn't manage it, no matter how hard he tried

so·so [zoːzoː] **I.** *interj* [what] you don't say? **II.** *adv (fam)* so-so *fam*, middling *fam*; **wir kommen ~ zurecht** we're just about managing, we'll muddle through somehow

So·ße <-, -n> ['zoːsə] *f* ❶ KOCHK sauce; *(Braten~)* gravy; *(Salat~)* dressing ❷ *(pej sl)* ooze, gunge

So·ßen·löf·fel *m* sauce spoon [*or* ladle]

sott [zɔt] *(veraltend) imp von* **sieden**

Souf·fleur <-s, -e> [zu'fløːɐ̯] *m*, **Souf·fleu·se** <-, -n> [zu'fløːzə] *f* THEAT prompter

Souf·fleur·kas·ten [zu'fløːɐ̯-] *m* THEAT prompt[er's] box **souf·flie·ren** [zu'fliːrən] **I.** *vi* THEAT **[jdm]** ~ to prompt sb **II.** *vt (geh)* ▪ **jdm etw** *akk* ~ to prompt sb by repeating sth

so·und·so ['zoːʔʊntzoː] **I.** *adv (fam)* such and such; **~ breit/groß** of such and such a width/size; **~ oft** a hundred times *fam*, umpteen times *fam*; **~ viele** so and so many **II.** *adj* so-and-so; **auf Seite ~** on page soand-so [*or* such-and-such]

So·und·so <-, -s> ['zoːʔʊntzoː] *m* ▪ **Frau/Herr ~** *(fam)* M[r]s/Mr what's-her/his-name [*or* what-do-you-call-her/him]

so·und·so·viel·te(r, s) ['zoːʔʊntzoː'fiːltə, -'fiːltɐ, -'fiːltəs] *adj (fam)* such and such; **wir treffen uns am ~n**

August we're meeting on such and such a date in August; **sie kam als ~, ich glaube als 37.** she finished in such and such a place, I think 37th

Sound·track <-s, -s> ['zaʊnttrɛk] *m* soundtrack **Sou·ta·ne** <-, -n> [zu'taːnə] *f* REL cassock, soutane *spec*

Sou·ter·rain <-s, -s> [sutɛ'rɛ̃ː, 'zuːtɛrɛ̃] *nt* basement **Sou·ve·nir** <-s, -s> [zuvə'niːɐ̯] *nt* souvenir

sou·ve·rän [zuvə'rɛːn] **I.** *adj* ❶ *(unabhängig)* sovereign *attr*; ▪ **sein/werden** to be [*or* become] a sovereign state ❷ *(geh: überlegen)* superior **II.** *adv (geh)* with superior ease; **etw ~ beherrschen** to have a commanding knowledge of sth; **etw ~ machen** [*or* **meistern**] to do sth with consummate ease [*or* have complete mastery of [*or* over] sth]

Sou·ve·rän <-s, -e> [zuvə'rɛːn] *m* ❶ SCHWEIZ ▪ **der ~** the voting public [*or* voters] *pl* ❷ *(veraltend: Herrscher)* sovereign

Sou·ve·rä·ni·tät <-> [zuvərɛni'tɛːt] *f kein pl* sovereignty *no pl; (geh: Überlegenheit)* superior ease (+*gen*/**von** +*dat* in)

so·viel [zoː'fiːl] *konj* as [*or* so] far as; **~ ich weiß** as far as I know; **~ ich auch trinke …** no matter how much I drink …

so·viel·mal [zoː'fiːlmaːl] *konj* ▪ ~ **… auch** no matter how many times …, however many times …

so·weit [zoː'vait] *konj* as [*or* so] far as; **~ ich sehe/weiß** [*or* so] far as I can see [*or* tell] /as [*or* so] far as I know

so·we·nig [zoː've:nɪç] *konj* ▪ ~ **… auch** however little …, as little …; **~ du auch damit zu tun haben willst, …** however little you claim to have to do with it, …

so·wie [zoː'viː] *konj* ❶ *(sobald)* as soon as, the moment [that] ❷ *(geh)* as well as

so·wie·so [zovi'zoː] *adv* anyway, anyhow; **du bist ~ eingeladen** you're invited anyway [*or* anyhow]; **das war ~ klar** that was clear from the start; **das ~!** *(fam)* of course!, does a bear shit in the woods? AM *iron sl*

So·wjet <-s, -s> [zɔ'vjɛt, 'zɔvjɛt] *m* soviet; **der Oberste ~** the Supreme Soviet

So·wjet·bür·ger(in) *m(f)* POL *(hist)* Soviet citizen **So·wjet·re·pub·lik** *f (hist)* Soviet Republic **So·wjet·uni·on** [zɔ'vjɛtʔuni̯oːn] *f (hist)* ▪ **die ~** the Soviet Union **so·wohl** [zoː'voːl] *konj* ▪ ~ **… als auch …** both … and …, … as well as …

So·zi <-s, -s> ['zoːtsi] *m (fam)* s. **Sozialdemokrat** Socialist, pinko *pej*

So·zia <-, -s> ['zoːtsi̯a] *f fem form von* **Sozius**

so·zi·al [zoˈtsi̯aːl] **I.** *adj* ❶ *(gesellschaftlich)* social; **~e Verhältnisse/Stellung** social conditions/status ❷ *(für Hilfsbedürftige gedacht)* social security *attr, by* social security *pred*; **~e Leistungen** social security [*or* welfare] payments ❸ *(gesellschaftlich verantwortlich)* public-spirited; **~e Ader** a streak of [the] public spirit; **~es Handeln** acting in a public-spirited way **II.** *adv* ~ **schwach** socially deprived; **~ denken** to be socially [*or* social-] minded; **~ handeln** to act for the good of all; *s. a.* **Wohnungsbau** *s. a.* **Jahr** *s. a.* **Friede**

So·zi·al·ab·bau *m kein pl* cuts in social services **So·zi·al·ab·ga·ben** *pl* social security contributions [*or* payments] **So·zi·al·amt** *nt* social security office BRIT, welfare department AM **So·zi·al·ar·beit** *f kein pl* social [*or* welfare] work *no pl* **So·zi·al·ar·bei·ter(in)** *m(f)* social worker **So·zi·al·aus·ga·ben** *pl* public expenditure **So·zi·al·be·ruf** *m* caring profession **So·zi·al·de·mo·krat(in)** [zoˈtsi̯aːldemokraːt] *m(f)* social democrat; ▪ **die ~en** the Social Democrats **So·zi·al·de·mo·kra·tie** [zoˈtsi̯aːldemokratiː] *f kein pl* social democracy *no pl, no art* **So·zi·al·de·mo·kra·tin** *f fem form von* **Sozialdemokrat so·zi·al·de·mo·kra·tisch** *adj* social-democratic **So·zi·al·fall** *m (geh)* hardship case **So·zi·al·ge·richt** *nt* |social| welfare tribunal **So·zi·al·hil·fe** *f kein pl* income support, |social| welfare AM **So·zi·al·hil·fe·emp·fän·ger(in)** *m(f)* person receiving income support |*or* supplementary benefit| **So·zi·al·hil·fe·leis·tung** *f* income support, supplementary benefit

So·zi·a·li·sa·ti·on <-> |zotsi̯aliza'tsi̯oːn| *f kein pl* SOZIOL, PSYCH socialization

so·zi·a·li·sie·ren |zotsi̯ali'ziːrən| *vt* ❶ POL *(verstaatlichen)* ■ **etw ~** to nationalize sth ❷ SOZIOL, PSYCH ■ **jdn ~** to socialize sb; **jdn wieder ~** to reintroduce sb into society

So·zi·a·li·sie·rung <-, -en> *f* ❶ POL nationalization ❷ SOZIOL, PSYCH socialization

So·zi·a·lis·mus <-> |zotsi̯a'lɪsmʊs| *m kein pl* ■ **der ~** socialism

So·zi·a·list(in) <-en, -en> |zotsi̯a'lɪst| *m(f)* socialist

so·zi·a·lis·tisch |zotsi̯a'lɪstɪʃ| *adj* ❶ *(Sozialismus betreffend)* socialist, leftist *a. pej* ❷ ÖSTERR *(sozialdemokratisch)* social-democratic

So·zi·al·leis·tun·gen *pl (des Staates)* social security benefit, job package *(excluding salary)* **So·zi·al·mie·ter(in)** *m(f)* receiver of housing benefit BRIT, subsidized |*or* Section 8| tenant AM; ■ **ein ~/eine ~in sein** to receive housing benefit BRIT, to be a subsidized |*or* Section 8| tenant AM **So·zi·al·pä·da·go·ge, -pä·da·go·gin** *m, f* social education worker **So·zi·al·pä·da·go·gik** *f* ■ **die ~** social education **So·zi·al·pä·da·go·gin** *f fem form von* **Sozialpädagoge So·zi·al·part·ner** *pl* unions and management, both sides of industry **So·zi·al·plan** *m* redundancy payments scheme BRIT, severance scheme AM **So·zi·al·po·li·tik** *f kein pl* social policy **So·zi·al·pres·tige** *nt* social standing **So·zi·al·recht** *nt kein pl* social legislation **So·zi·al·ren·te** *f (geh)* state pension **So·zi·al·rent·ner(in)** *m(f) (geh)* social insurance pensioner **So·zi·al·staat** *m* welfare state **So·zi·al·ver·hal·ten** *nt* social behaviour |*or* AM -or|

So·zi·al·ver·si·che·rung *f* National Insurance BRIT, Social Security AM

So·zi·al·ver·si·che·rungs·aus·weis *m* National Insurance card BRIT **So·zi·al·ver·si·che·rungs·bei·trag** *m* FIN National Insurance contribution BRIT, Social Security contribution AM

so·zi·al·ver·träg·lich *adj* not reconcilable with a welfare state **So·zi·al·wis·sen·schaf·ten** *pl* social sciences **So·zi·al·woh·nung** *f* council house |*or* flat| BRIT, |housing| project AM

So·zi·o·bi·o·lo·gie |'zoːtsi̯o-| *f* sociobiology **so·zi·o·kul·tu·rell** *adj* sociocultural

So·zi·o·lekt <-|e|s, -e> |zotsi̯o'lɛkt| *m* LING, SOZIOL sociolect

So·zi·o·lin·gu·is·tik |zotsi̯olɪŋ'gʊɪstɪk| *f* ■ **die ~** sociolinguistics + *sing vb*

So·zi·o·lo·ge, So·zi·o·lo·gin <-n, -n> |zotsi̯o'loːgə, -'loːgɪn| *m, f* sociologist

So·zi·o·lo·gie <-> |zotsi̯olo'giː| *f kein pl* ■ **die ~** sociology

So·zi·o·lo·gin <-, -nen> *f fem form von* **Soziologe**

so·zi·o·lo·gisch |zotsi̯o'loːgɪʃ| *adj* sociological

So·zi·us, So·zia¹ <-, Sozii> |'zoːtsi̯ʊs, 'zoːtsi̯a, *pl:* 'zoːtsii| *m, f* ❶ ÖKON *(Teilhaber einer Sozietät)* partner ❷ *(veraltend hum fam: Kumpan)* mate BRIT *fam*, buddy AM *fam*, partner-in-crime *fam hum*

So·zi·us, So·zia² <-, -se> |'zoːtsi̯ʊs, 'zoːtsi̯a, *pl:* 'zoːtsi̯ʊsə| *m, f* ❶ *(Beifahrer)* pillion rider |*or* passenger|; **als ~ mitfahren** to ride pillion ❷ *s.* **Soziussitz**

So·zi·us·sitz *m* pillion |seat|

so·zu·sa·gen |zoːtsu'zaːgn̩| *adv* as it were, so to speak

Spach·tel¹ <-s, -> |'ʃpaxtl̩| *m (Werkzeug)* spatula; KUNST palette knife

Spach·tel² <-s> |'ʃpaxtl̩| *m kein pl (Kitt)* filler, screed *spec*

Spach·tel·mas·se *f s.* **Spachtel²**

spach·teln |'ʃpaxtl̩n| **I.** *vt* ■ **etw ~** *Wand, Gips* to fill |in *sep*| |*or sep* smooth over| |*or* stop| sth **II.** *vi* ❶ *(mit Spachtel² arbeiten)* to do some filling |*or* smoothing over| ❷ DIAL *(fam: reichlich essen)* to tuck in

Spa·gat <-|e|s, -e> |ʃpa'gaːt| *m o nt* the splits *npl;* |einen| ~ **machen, in den ~ gehen** to do the splits; *(schwierige Position)* balancing act

Spa·get·tiᴿᴿ, Spa·ghet·ti |ʃpa'gɛti| *pl* spaghetti + *sing vb*

Spa·ghet·ti·he·ber *m* spaghetti spoon **Spa·ghet·ti·topf** *m* pasta pan **Spa·ghet·ti·zan·ge** *f* spaghetti tongs *npl*

spä·hen |'ʃpɛːən| *vi* ❶ *(suchend blicken)* **aus dem Fenster ~** to peer out of the window; ■ **aus etw** *dat* ~ to peer out of sth; *(schnell)* to |quickly| peep out of sth; ■ **durch etw** *akk* |**auf/in etw** *akk*| ~ to peep |*or* peek| |at/in|to| sth| through sth; *(schnell)* to take a quick peep |*or* peek| |at/in sth| through sth ❷ *(Ausschau halten)* ■ **nach jdm/etw** ~ to look out |*or* keep a lookout| for sb/sth

Spä·her(in) <-s, -> |'ʃpɛːe| *m(f)* MIL scout

Späh·trupp |'ʃpɛː-| *m* MIL reconnaissance |*or* scouting| party, patrol

Spa·lier <-s, -e> |ʃpa'liːɐ| *nt* ❶ *(Gittergestell)* trellis; *(für Obst a.)* espalier; **etw an ~en ziehen** to trellis/espalier sth, to train sth |on a trellis/an espalier| ❷ *(Gasse aus Menschen)* row, line; **ein ~ bilden, ~ stehen** to form a line; *(Ehrenformation)* to form a guard of honour |*or* AM -or|

Spalt <-|e|s, -e> |ʃpalt| *m* gap; *(im Vorhang a.)* chink; **kannst du den Vorhang einen ~ offen lassen?** can you leave the curtains open slightly?; *(Riss)* crack; *(Fels~)* crevice, fissure; *(Gletscher~)* crevasse; **die Tür einen ~ öffnen/offen lassen** to open the door slightly/leave the door ajar

spalt·bar *adj* NUKL fissionable, fissile *spec;* **ein ~er Atomkern** a fissile nucleus *spec*

spalt·breit *adj* narrow; **ein ~er Schlitz/eine ~e Öffnung** a crack

spalt·breit <-> *m kein pl* gap; **die Tür einen ~ öffnen** to open the door slightly

Spal·te¹ <-, -n> |'ʃpaltə| *f (Öffnung)* fissure; *(Fels~ a.)* cleft, crevice; *(Gletscher~)* crevasse; **eine ~ in der Hauswand** a crack in the wall of the house

Spal·te² <-, -n> |'ʃpaltə| *f* TYPO, MEDIA column

spal·ten |'ʃpaltn̩| **I.** *vt* <*pp:* gespalten *o* gespaltet> ❶ *(zerteilen)* ■ **etw ~** to split |*or liter* cleave| sth; **Holz ~** to chop wood |**in** +*akk* into| ❷ *(trennen)* **etw ~** to rend |*or* divide| sth; **die Partei ~** to split |*or* divide| the party; ■ **gespalten sein** to be divided ❸ CHEM to split, to break down ❹ NUKL ■ **etw ~** to split |*or spec* fission| sth **II.** *vr* <*pp:* gespalten> ❶ *(der Länge nach reißen)* **sich** *akk* ~ to split ❷ *(sich teilen o trennen)* ■ **sich** *akk* |**in etw** *akk*| ~ to divide |into sth|; *(von Partei a.)* to split |into sth|

Spalt·frucht *f* BOT *(Frucht, die sich bei der Samenreife öffnet)* dehiscent fruit

Spalt·öff·nung *f* BOT *(beim Blatt)* stoma *spec*

Spal·tung <-, -en> *f* ❶ NUKL splitting, fission ❷ *(Aufspaltung in Fraktionen)* division; *(von Partei a.)* split |+*gen* into| ❸ PSYCH split; **die ~ des Bewusstseins** |*o* **der Persönlichkeit**| the split in one's mind |*or* personality|, schizophrenia

Span <-|e|s, Späne> |ʃpaːn, *pl:* 'ʃpɛːnə| *m (Holz~)* shaving, |wood|chip, wood chipping; *(Bohrspan)* boring, swarf *no pl spec;* ▸ WENDUNGEN: **wo gehobelt wird, |da| fallen Späne** *(prov)* you can't make an omelette without breaking eggs *prov*

Span·fer·kel |'ʃpaːnfɛrkl̩| *nt* sucking pig

Span·ge <-, -n> ['ʃpaŋə] f ❶ *(Haarspange)* hairslide BRIT, barrette AM ❷ *(Armreif)* bracelet; *(um den Oberarm a.)* bangle ❸ *(Zahnspange)* [dental] brace

Spa·ni·en <-s> ['ʃpaːnɪ̯ən] nt Spain

Spa·ni·er(in) <-s, -> ['ʃpaːnɪ̯ɐ] m(f) Spaniard; ■ **die ~** the Spanish; **stolz wie ein ~ sein** to be as proud as a peacock, to be puffed up with pride

spa·nisch ['ʃpaːnɪʃ] adj Spanish; **das kommt mir vor** *(fig fam)* I don't like the look of it/this, there's something fishy [going on] here *fam*

Spa·nisch ['ʃpaːnɪʃ] nt dekl wie adj Spanish; ■ **das ~e** Spanish; **auf S~** in Spanish

Spa·ni·sche Flie·ge f ZOOL blister beetle no pl; *(Aphrodisiakum a.)* Spanish fly

spann [ʃpan] imp von **spinnen**

Spann <-[e]s, -e> [ʃpan] m ANAT instep

Spann·bett·tuch[RR] nt fitted sheet **Spann·brei·te** f kein pl spectrum

Span·ne <-, -n> ['ʃpanə] f ❶ *(Handels~)* [trade] margin; *(Gewinn~)* [profit] margin; *(Zins~)* margin [of interest] ❷ *(geh: Zeit~)* span, space; **eine ~ [Zeit]** a span [or space] of time

span·nen ['ʃpanən] I. vt ❶ *(straffen)* ■ **etw ~** to tighten sth, to make sth taut; **die Zügel ~** to pull [back] on the reins ❷ *(auf~)* **eine Hängematte/Wäscheleine über/zwischen etw** akk ~ to put [or hang] up a hammock/washing line sep over/between sth; **ein Seil über/zwischen etw** akk ~ to stretch a rope over/between sth ❸ *(an~)* ■ **ein Tier vor etw** akk ~ to harness an animal to sth; ■ **etw ~ Muskeln** to flex [or tense] sth; *Gewehr* to cock sth; s. a. **Bogen** ❹ *(straff befestigen)* **einen Bogen in die Schreibmaschine ~** to insert [or put] a sheet in the typewriter; **eine Leinwand zwischen die Bretter ~** to stretch a canvas between the boards; **ein Werkstück in/zwischen etw** akk ~ to clamp a workpiece in/between sth ❺ DIAL *(sl: merken)* ■ **~, dass ...** to catch on that ... II. vr ❶ *(straff ziehen)* ■ **sich** akk ~ **Seil** to become taut ❷ *(geh: sich wölben)* ■ **sich** akk ~ **über etw** akk ~ to span [or stretch across] sth III. vi ❶ *(zu eng sitzen)* **im Schnitt/unter den Armen/an den Schultern ~** to be too close-fitting/[too] tight under the arms/at the shoulders ❷ *(zu straff sein)* |**an/in etw** dat| ~ to be [or feel] taut [on/in sth]; **meine Haut spannt von der Sonne/an den Schultern/im Gesicht** the sun has made my skin taut/my skin is taut on my shoulders/face ❸ *(fam)* **die Erben ~ darauf, dass sie endlich stirbt** the heirs can't wait for her to die

span·nend I. adj exciting; *(stärker)* thrilling; **mach's nicht so ~!** *(fam)* don't keep us/me in suspense II. adv **etw ~ darstellen** to bring across sth as exciting; **sich** akk ~ **lesen** to be an exciting/thrilling read; **~ schreiben** to write in an exciting manner

Span·ner[1] <-s, -> m *(Schuh~)* shoe tree

Span·ner[2] <-s, -> m *(Falter)* geometer [or spec geometrid] [moth]

Span·ner(in) <-s, -> m(f) *(sl: Voyeur)* peeping Tom

Spann·kraft f kein pl buoyancy; *(von Muskeln)* tone, tonus spec; *(von Haar)* elasticity; PHYS tension force **Spann·tep·pich** m SCHWEIZ [wall-to-wall] carpet

Span·nung[1] <-, -en> f ❶ kein pl *(fesselnde Art)* tension, suspense ❷ kein pl *(gespannte Erwartung)* suspense; **jds/die ~ bis zur letzten Minute aufrechterhalten** to keep sb in suspense/maintain the suspense until the [very] last minute; **mit/voller ~** with/full of excitement; **etw** akk **mit ~ erwarten** to await sth full of suspense ❸ meist pl tension; *(zwischen Volksgruppen a.)* strained relations pl ❹ kein pl *(straffe Beschaffenheit)* tension, tautness; TECH stress

Span·nung[2] <-, -en> f ELEK voltage; **unter ~ stehen** to be live

Span·nungs·ge·biet nt POL area of tension

Span·nungs·mes·ser <-s, -> m ELEK voltmeter **Spannungs·prü·fer** m voltage detector

Spann·wei·te f ❶ ORN, ZOOL wingspan ❷ BAU span

Span·plat·te f chipboard no pl

Spar·brief m savings certificate **Spar·buch** nt savings book **Spar·büch·se** f piggy bank **Spar·do·se** f piggy bank

spa·ren ['ʃpaːrən] I. vt ❶ FIN *(zurücklegen)* ■ **etw ~** to save sth ❷ *(einsparen)* ■ **etw ~** to save sth; **Arbeit/Energie/Strom/Zeit ~** to save work/energy/electricity/time ❸ *(ersparen)* ■ **jdm/sich etw ~** to spare sb/oneself sth; **jdm/sich die Mühe/Ärger ~** to spare sb/oneself the effort/trouble; **den Weg hätten wir uns ~ können** we could have saved ourself that journey ❹ *(verzichten)* ■ **sich** dat **etw ~** to keep sth to oneself; **deinen Ratschlag hättest du dir ~ können** you could have kept your advice to yourself II. vi ❶ FIN *(Geld zurücklegen)* to save; ■ **auf** [o **für**] **etw ~** to save up for sth ❷ *(sparsam sein)* ■ **[an etw** dat| ~ to economize [on sth]; **nicht mit Anerkennung/Lob ~** to be unstinting [or generous] in one's recognition/praise

Spa·rer(in) <-s, -> m(f) saver; **ein ~ sein** to be a saver **Spa·rer·frei·be·trag** m ÖKON saver's tax allowance

Spar·flam·me f ▸ WENDUNGEN: **auf ~ kochen** *(fam)* to go easy [or BRIT keep things ticking over] *fam;* **auf ~** just ticking over BRIT *fam*

Spar·gel <-s, -> ['ʃpargl] m BOT, KOCHK asparagus no pl

Spar·gel·boh·ne f bird's trefoil **Spar·gel·erb·se** f asparagus pea **Spar·gel·he·ber** m asparagus server **Spar·gel·kohl** m broccoli **Spar·gel·sa·lat** m asparagus salad **Spar·gel·schä·ler** m asparagus peeler

Spar·gut·ha·ben nt FIN savings npl **Spar·heft** nt SCHWEIZ *(Sparbuch)* savings account **Spar·kas·se** f FIN bank *(supported publicly by the commune or district)* **Spar·kon·to** nt savings account **Spar·kurs** m policy of cutbacks

spär·lich ['ʃpɛːɐ̯lɪç] I. adj *(Haarwuchs, Vegetation)* sparse; **~e Ausbeute/Reste** meagre [or scanty] spoil/scraps II. adv sparsely; **~ bekleidet** scantily clad [or dressed]; **~ besucht** poorly attended; **~ bevölkert** sparsely populated

Spar·maß·nah·me f cost-cutting measure **Spar·packung** f economy pack **Spar·pa·ket** nt government cutbacks package, budget tightening package **Spar·prä·mie** f savings premium

Spar·ren <-s, -> ['ʃparən] m BAU rafter

Spar·ring <-s, -> ['ʃparɪŋ] nt kein pl SPORT sparring no pl

spar·sam ['ʃpaːɐ̯zaːm] I. adj ❶ *(wenig verbrauchend)* thrifty ❷ *(ökonomisch)* economical; ■ **~ [in etw** dat| **sein** to be economical [in sth]; **dieses Waschmittel ist sehr ~ im Verbrauch** this washing powder is very economical II. adv ❶ *(wenig verbrauchend)* thriftily; **mit diesem Balsamico muss man ~ umgehen** this balsamico should be used sparingly ❷ *(ökonomisch)* sparingly

Spar·sam·keit <-> f kein pl thriftiness no pl

Spar·schä·ler m swivel-bladed peeler **Spar·schwein** nt piggy bank

Spar·ta·ner(in) <-s, -> [ʃpar'taːnɐ] m(f) HIST Spartan

spar·ta·nisch [ʃpar'taːnɪʃ] I. adj ❶ HIST *(Sparta betreffend)* Spartan ❷ *(sehr bescheiden)* spartan II. adv in a spartan fashion

Spar·te <-, -n> ['ʃpartə] f ❶ *(Branche)* line of business ❷ *(Spezialbereich)* area, branch ❸ MEDIA *(Rubrik)* section, column

Spar·ver·trag m FIN savings agreement **Spar·zins** m meist pl interest no pl *(on savings)*

spas·misch ['ʃpasmɪʃ] adj MED spasmic

Spaß <-es, Späße> [ʃpaːs, pl: 'ʃpɛːsə] m ❶ kein pl *(Vergnügen)* fun no pl; **~ haben** to have fun; **~ an**

etw haben *dat* to enjoy sth [*or* get fun out of doing sth]; [**nur**] ~ **machen** to be [just [*or* only]] kidding; [**jdm**] ~ **machen** to be fun [for sb]; **mir würde das viel** ~ **machen** I'd really enjoy that, that'd be a lot of fun; **es macht jdm** ~, **etw zu tun** sb enjoys doing sth; **es macht mir keinen** ~, **das zu tun** it's no fun doing it; **sich** *dat* **einen** ~ **daraus machen, etw zu tun** to get pleasure [*or fam* a kick] out of doing sth; **jdm den** ~ **verderben** to spoil sb's fun; **„viel** ~**!"** 'have fun [*or* a good time] !', 'enjoy yourself/yourselves!' ❷ *(Scherz)* joke; **aus** [**dem**] ~ **wurde Ernst** the fun took a serious end; **irgendwo hört** [**für jdn**] **der** ~ **auf** that's going beyond a joke [for sb]; ~ **muss sein** *(fam)* there's no harm in a joke; **etw aus** [*o* **zum**] ~ **sagen** to say sth as a joke [*or* in jest] [*or fam* for a laugh]; **keinen** ~ **verstehen** to not stand for any nonsense, to not have a sense of humour [*or* AM -or]; ~ **beiseite** *(fam)* seriously, joking apart [*or* aside] ▶ WENDUNGEN: **ein teurer** ~ **sein** *(fam)* to be an expensive business

Späß·chen <-s, -> *nt dim von* **Spaß** little joke

spa·ßen [ˈʃpaːsn̩] *vi (geh)* to joke [*or* jest]; **mit jdm ist nicht zu** ~, **jd lässt nicht mit sich** ~ sb doesn't stand for any nonsense; **mit etw ist nicht zu** ~ sth is no joking [*or* laughing] matter

spa·ßes·hal·ber *adv* for fun, for the fun [*or sl* heck] of it

spaß·haft **I.** *adj* joking; **das war doch nur** ~! it was only a joke! **II.** *adv* jokingly

spa·ßig [ˈʃpaːsɪç] *adj* funny

Spaß·ma·cher(in) *m(f) (veraltend)* joker, jester **Spaß·ver·der·ber(in)** <-s, -> *m(f)* spoilsport *fam* **Spaß·vo·gel** *m* joker

Spas·ti·ker(in) <-s, -> *m(f)* MED spastic

spas·tisch [ˈʃpastɪʃ] *adj* MED spastic *s.* **gelähmt**

Spat <-[e]s, -e> *[ʃpaːt, pl:* ˈʃpɛːtə*] m* spar

spät [ʃpɛːt] **I.** *adj* ❶ *(zeitlich nicht früh)* late; **am** ~**en Abend/Morgen/Nachmittag** in the late evening/morning/afternoon; ■ ~ **sein/werden** to be/be getting late ❷ *(ausgehend)* late; **das** ~**e Mittelalter** the late Middle Ages ❸ *(verspätet)* belated; *s. a.* **Mädchen** **II.** *adv* ❶ *(nicht früh)* late ❷ *(verspätet)* late; **du kommst zu** ~ you're too late; ~ **dran sein** to be late; **zu** ~ too late ▶ WENDUNGEN: **wie** ~ what time; **wie** ~ **kommst du heute nach Hause?** what time are you coming home today?

Spät·aus·sied·ler(in) *m(f) German emigrant who returned to Germany long after the end of World War II* **Spät·bu·cher(in)** *m(f)* TOURIST *holidaymaker with a late [or last-minute] booking*

Spa·tel <-s, -> [ˈʃpaːtl̩] *m* ❶ MED spatula ❷ *s.* **Spachtel[1]**

Spa·ten <-s, -> [ˈʃpaːtn̩] *m* ❶ *(Gartenwerkzeug)* spade ❷ KOCHK angled spatula

Spa·ten·stich *m* cut of the spade; ▶ WENDUNGEN: **der erste** ~ the first cut of the spade

Spät·ent·wick·ler(in) *m(f)* MED, PSYCH late developer

spä·ter [ˈʃpɛːte] **I.** *adj* later **II.** *adv* ❶ *(zeitlich danach)* later [on]; **sehen/treffen/sprechen wir uns** ~ **noch?** will we see each other/meet/talk later [on]?; **bis** ~! see you later!; **nicht** ~ **als** not later than ❷ *(die Zukunft)* the future; **jeder Mensch sollte für** ~ **vorsorgen** every person should make provisions for the future; **jdn auf** ~ **vertrösten** to put sb off; ~ [**ein**]**mal** at a later date; **weißt du denn schon, was du** ~ **ein·mal werden willst?** do you know what you want to be when you grow up?

spä·tes·tens [ˈʃpɛːtəstn̩s] *adv* at the latest; **der Kredit muss** ~ **bis zum 31. Mai zurückgezahlt sein** the loan has to be paid back by 31 May at the latest

Spät·heim·keh·rer *m late returnee from a prisoner-of-war camp* **Spät·herbst** *m late autumn no pl* **Spät·**

le·se *f* AGR late vintage **Spät·schicht** *f* late shift **Spät·som·mer** *m* late summer *no pl* **Spät·sta·di·um** *nt* advanced stadium **Spät·vor·stel·lung** *f* late show[ing]

Spatz <-en *o* -es, -en> [ʃpats] *m* ❶ ORN sparrow ❷ *(fam: Kosewort: Schatz)* darling, sweetie ▶ WENDUNGEN: **das pfeifen die** ~**en von den Dächern** *(fam)* everybody knows that; **besser ein** ~ **in der Hand als eine Taube auf dem Dach** *(prov)* a bird in the hand is worth two in the bush *prov*

Spätz·chen <-s, -> [ˈʃpɛtsçən] *nt dim von* **Spatz** *(fam)* cutie-pie *fam*

Spat·zen·hirn *nt (pej fam)* birdbrain *fam*

Spätz·le [ˈʃpɛtslə] *pl* südd spaetzle + *sing/pl vb*, spätzle + *sing/pl vb*; **handgeschabte** ~ handmade spaetzle

Spätz·le·pres·se *f* KOCHK spaetzle press

Spät·zün·der *m (hum fam)* slow person *fam;* **ich bin leider ein** ~ I'm a bit slow [on the uptake] unfortunately

Spät·zün·dung *f* AUTO *(verzögerte Zündung)* retarded ignition *no pl;* ▶ WENDUNGEN: ~ **haben** *(fam)* to be a bit slow *fam*

spa·zie·ren* [ʃpaˈtsiːrən] *vi sein* to stroll [*or* walk]; [**auf und ab**] ~ to stroll [up and down]; **jdn/etw** ~ **führen** to take sb/sth for a walk; ~ **fahren** to go for a drive; **jdn** ~ **fahren** to take sb out for a drive; **das Baby im Kinderwagen** ~ **fahren** to take the baby out for a walk in the pram [*or* AM carriage]; [**mit jdm**] ~ **gehen** to go for a walk [with sb]; ~ **sein** to be taking a stroll

Spa·zier·fahrt *f* drive; **eine** ~ **machen** to go for a drive **Spa·zier·gang** <-gänge> *m* walk, stroll; ~ **im All** walk in space; **einen** ~ **machen** to go for a stroll [*or* walk] ▶ WENDUNGEN: **kein** ~ **sein** to be no child's play [*or* BRIT doddle] **Spa·zier·gän·ger(in)** <-s, -> *m(f)* stroller **Spa·zier·stock** *m* walking stick

SPD <-> [ɛspeːˈdeː] *f kein pl* POL *Abk von* **Sozialdemokratische Partei Deutschlands** *the largest popular party in Germany*

Specht <-[e]s, -e> [ʃpɛçt] *m* woodpecker

Speck <-[e]s, -e> [ʃpɛk] *m* ❶ *(durchwachsener Schweinespeck)* bacon *no pl; (weißer* ~*)* bacon fat ❷ *(fam: Fettpolster)* fat *no pl;* ~ **ansetzen** *(fam)* to get fat *fam* [*or* put on weight] ▶ WENDUNGEN: **mit** ~ **fängt man Mäuse** *(prov)* you have to throw a sprat to catch a mackerel *prov;* **ran an den** ~**!** *(fam)* let's get stuck in! *fam*

Speck·bauch *m (fam)* pot belly *fam* **Speck·boh·ne** *f* broad bean

spe·ckig [ˈʃpɛkɪç] *adj* greasy

Speck·man·tel *m* **im** ~ KOCHK rolled in bacon **Speck·schwar·te** *f* bacon rind *no pl*

Spe·di·teur(in) <-s, -e> [ʃpediˈtøːɐ̯] *m(f) (Transportunternehmer)* haulage [*or* AM shipping] contractor; *(Umzugsunternehmer)* removal firm BRIT, moving company AM

Spe·di·ti·on <-, -en> [ʃpediˈtsi̯oːn] *f* ÖKON, TRANSP *(Transportunternehmen)* haulage company; *(Umzugsunternehmen)* removal firm

spe·di·tiv [ʃpediˈtiːf] *adj* SCHWEIZ *(geh: zügig)* speedy, swift

Speed[1] <-s, -s> [spiːt] *nt* PHARM speed

Speed[2] <-s, -s> [spiːt] *m* SPORT speed

Speed·golf <-s> [ˈspiːtgɔlf] *nt kein pl* SPORT speed golf *(where the aim is to get round the golf course in as fast a time as possible)* **Speed·ski·ing** <-s> [ˈspiːtskiːɪŋ] *nt kein pl* SPORT speed skiing

Speer <-[e]s, -e> [ʃpeːɐ̯] *m* ❶ SPORT javelin ❷ HIST *(Waffe)* spear

Speer·spit·ze *f* ❶ *(Spitze eines Speers)* spearhead ❷ *(Vorreiter und Verfechter)* spearhead **Speer·wer·fen** *nt kein pl* SPORT the javelin *no pl;* **im** ~ in the javelin **Speer·wer·fer(in)** *m(f)* ❶ SPORT javelin thrower

❷ HIST spear carrier

Spei·che <-, -n> [ˈʃpaiçə] f ❶ TECH spoke ❷ ANAT radius

Spei·chel <-s> [ˈʃpaiçl̩] m kein pl saliva no pl

Spei·chel·drü·se f ANAT salivary gland **Spei·chel·fluss**^RR <-sses> m kein pl salivation **Spei·chel·le·cker(in)** <-s, -> m(f) (pej) bootlicker BRIT fam, toady BRIT, wussy AM sl

Spei·cher <-s, -> [ˈʃpaiçɐ] m ❶ (Dachboden) attic, loft; **auf dem ~** in the attic [or loft] ❷ (Informationsspeicher) memory, store BRIT ❸ (Lagerhaus) storehouse

Spei·cher·er·wei·te·rung f TECH memory expansion **Spei·cher·ka·pa·zi·tät** f ❶ INFORM memory capacity ❷ (Lagermöglichkeit) storage capacity

spei·chern [ˈʃpaiçɐn] I. vt ❶ (in den Speicher übertragen) ■ etw [auf etw akk] ~ to save sth [on[to] sth] [or store sth [on sth]]; **die Texte sollen auf Diskette gespeichert werden** the texts should be saved on disc [or on[to] a disc]; **etw ~ unter ...** to save sth as ...; **die Anlage speichert bis zu zehn Sender** the system stores up to ten stations ❷ (aufbewahren) ■ etw ~ to store sth II. vi to save

Spei·cher·plat·te f KOCHK, ELEK storage hotplate **Spei·cher·platz** m INFORM memory [or storage] space; (auf Festplatte) disk space; **100 MB freier ~** 100 MB free **Spei·cher·schreib·ma·schi·ne** f memory typewriter **Spei·che·rung** <-, -en> f INFORM storage no pl, storing no pl

spei·en <spie, gespie[e]n> [ˈʃpaiən] vt ❶ (ausspeien) ■ etw [auf etw akk] ~ to spew sth [onto sth] ❷ (geh: spucken) ■ etw [irgendwohin] ~ to spit sth [somewhere]; s. a. Gift

Speis^1 <-, -en> [ʃpais] f ÖSTERR (Speisekammer) pantry

Speis^2 <-es> [ʃpais] m kein pl BAU DIAL mortar no pl

Spei·se <-, -n> [ˈʃpaizə] f ❶ meist pl (geh: Gericht) meal ❷ (Nahrung) food no pl; **vielen Dank für Speis und Trank** (geh) thank you for your hospitality **Spei·se·eis** nt (geh) ice cream **Spei·se·ho·nig** m honey **Spei·se·kam·mer** f larder, pantry **Spei·se·kar·te** f menu

spei·sen [ˈʃpaizn̩] I. vi (geh) to dine form, to eat; **haben Sie/die Herrschaften bereits gespeist?** will you be dining, sir/madam? II. vt ❶ (geh: etw essen) ■ etw ~ to eat sth; **haben Sie schon etwas zu Abend gespeist?** have you dined? ❷ (fachspr: versorgen) ■ etw ~ to feed sth

Spei·se·öl nt culinary oil; (zum Braten) cooking oil **Spei·se·quark** m quark (with a dry fat content of 40%) **Spei·se·res·te** pl (Reste einer Mahlzeit) leftovers pl ❷ (Essensreste zwischen den Zähnen) food particles pl, bits pl of food fam **Spei·se·röh·re** f ANAT gullet **Spei·se·saal** m dining room; (Refektorium) refectory **Spei·se·salz** nt table salt **Spei·se·wa·gen** m restaurant car

Spei·sung <-, -en> f ❶ (geh: Beköstigung) feeding no pl ❷ (fachspr: Versorgung) supply, feeding no pl

spei·übel [ˈʃpaiʔyːbl̩] adj ■ jdm ist/wird ~ [von etw] sb feels sick [from sth]; **bei solchen Horrorfilmen kann einem wirklich ~ werden** these horror films are enough to make you feel sick

Spek·ta·kel^1 <-s, -> [ʃpɛkˈtaːkl̩] m (fam) ❶ (Lärm) racket no pl fam, rumpus no pl fam ❷ (Ärger) palaver no pl fam, fuss no pl fam

Spek·ta·kel^2 <-s, -> [ʃpɛkˈtaːkl̩] nt (geh) spectacle

spek·ta·ku·lär [ʃpɛktakuˈlɛːɐ] adj spectacular

Spek·tra pl von **Spektrum**

Spek·tral·far·be f colour [or AM -or] of the spectrum **Spek·trum** <-s, Spektren o Spektra> [ˈʃpɛktrʊm, pl: ˈʃpɛktrən, ˈʃpɛktra] nt spectrum

Spe·ku·lant(in) <-en, -en> [ʃpekuˈlant] m(f) BÖRSE speculator

Spe·ku·la·ti·on <-, -en> [ʃpekulaˈtsi̯oːn] f ❶ (geh:

Mutmaßung) speculation; [über etw akk] ~en anstellen (geh) to speculate [or make speculations] [about sth]; ~en anstellen, ob ... to speculate as to whether ... ❷ BÖRSE (das Spekulieren) speculation; ~ mit Aktien speculation in shares; ~ an der Börse speculation on the stock market

Spe·ku·la·ti·ons·ob·jekt nt object of speculation **spe·ku·la·tiv** [ʃpekulaˈtiːf] adj (geh) speculative **spe·ku·lie·ren** [ʃpekuˈliːrən] vi ❶ (fam: auf etw rechnen) ■ auf etw akk ~ to speculate on sth; ■ darauf ~, dass ... to speculate that ... ❷ BÖRSE (Spekulant sein) ■ [mit etw] ~ to speculate [in sth]

Spe·lun·ke <-, -n> [ʃpeˈlʊŋkə] f (pej fam) dive fam **spen·da·bel** [ʃpɛnˈdaːbl̩] adj (fam) generous

Spen·de <-, -n> [ˈʃpɛndə] f donation; **bitte [um] eine kleine ~!** please spare a small donation!

spen·den [ˈʃpɛndn̩] I. vt ❶ (kostenlos zur Verfügung stellen) ■ etw [für jdn/etw] ~ to donate sth [to sb/sth] [or contribute sth [to sth]]; ■ jdm etw ~ to donate sth to sb ❷ MED (sich entnehmen lassen) ■ etw ~ to donate sth; **Blut ~** to give blood ❸ (geh: abgeben) ■ etw ~ to give sth II. vi (Geld schenken) ■ [für jdn/etw] ~ to donate [to sb/sth]

Spen·den·af·fä·re f scandal involving undeclared donations to the CDU **Spen·den·auf·ruf** m donation appeal **Spen·den·kon·to** nt donations account **Spen·den·samm·ler(in)** m(f) POL politician who collects party donations from lobbyists **Spen·den·wasch·an·la·ge** f money-laundering facility

Spen·der <-s, -> [ˈʃpɛndɐ] m (Dosierer) dispenser **Spen·der(in)** <-s, -> [ˈʃpɛndɐ] m(f) ❶ (jd, der spendet) donator ❷ MED donor

Spen·der·aus·weis m donor card

spen·die·ren* [ʃpɛnˈdiːrən] vt (fam) ■ [jdm] etw ~ to get [or buy] sb sth; **das Essen spendiere ich [dir]** the dinner's on me; **das spendiere ich dir** it's on me

Spen·dier·ho·sen pl ▸ WENDUNGEN: **seine ~ anhaben** (fam) to be in a generous mood [or feeling generous]

Speng·ler(in) <-s, -> [ˈʃpɛŋlɐ] m(f) SÜDD, ÖSTERR (Klempner) plumber

Sper·ber <-s, -> [ˈʃpɛrbɐ] m sparrowhawk

Spe·renz·chen [ʃpeˈrɛntsçən], **Spe·ren·zi·en** [ʃpeˈrɛntsi̯ən] pl (fam) fuss no pl; ~ **machen** to play up

Sper·ling <-s, -e> [ˈʃpɛrlɪŋ] m sparrow

Sper·ma <-s, Spermen o -ta> [ˈʃpɛrma, ˈspɛrma, pl: -mata] nt sperm

sperr·an·gel·weit [ˈʃpɛrˈʔaŋl̩ˈvait] adv ~ offen stehen [o sein] (fam) to be wide open

Sperr·be·zirk m ADMIN area of town where prostitution is prohibited

Sper·re <-, -n> [ˈʃpɛrə] f ❶ (Barrikade) barricade ❷ (Kontrollstelle) control barrier ❸ (Sperrvorrichtung) barrier ❹ SPORT (Spielverbot) ban

sper·ren [ˈʃpɛrən] I. vt ❶ SÜDD, ÖSTERR (schließen) ■ etw [für jdn/etw] ~ to close sth off [to sb/sth] ❷ (blockieren) to block; **jdm das Konto ~** to freeze sb's account; **einen Scheck ~** to stop a check ❸ (einschließen) ■ jdn/ein Tier ~ to lock sb/ an animal up in sth ❹ SPORT (ein Spielverbot verhängen) ■ jdn ~ to ban sb ❺ (verbieten) **jdm den Ausgang ~** to confine sb; **einem Kind den Ausgang ~** to ground a child; **jdm den Urlaub ~** to stop sb's [or sb from taking his/her] holiday II. vr ■ sich [gegen etw] ~ to back away [from sth] [or jib [at sth]]; **sperr dich nicht länger, sag ja** stop pussyfooting, just say yes

Sperr·frist f JUR waiting period **Sperr·ge·biet** nt prohibited [or no-go] area

Sperr·gut nt (geh) bulky freight no pl **Sperr·holz** nt plywood no pl

sper·rig [ˈʃpɛrɪç] adj ❶ (unhandlich) unwieldy, bulky

❷ *(wenig kooperativ)* uncooperative ❸ *(komplex und schwer zu erklären)* unwieldy

Sperr·kon·to *nt* blocked account **Sperr·mi·no·ri·tät** *f* POL, ÖKON blocking [*or* vetoing] minority

Sperr·müll *m* skip refuse *no pl;* **die Matratze gebe ich jetzt zum ~** I'm going to put that mattress on the skip **Sperr·müll·ab·fuhr** *f* skip collection **Sperr·sitz** *m kein pl* FILM, THEAT back seats *pl*

Sperr·stun·de *f* closing time

Sper·rung <-, -en> *f* ❶ *(Schließung)* closing off *no pl* ❷ *(Blockierung)* blocking *no pl; eines Schecks* stopping *no pl; eines Kontos* freezing *no pl*

Sperr·ver·merk *m* restriction notice

Spe·sen ['ʃpeːzn̩] *pl* expenses *npl;* **auf ~** on expenses

Spe·zi¹ <-s, -s> ['ʃpeːtsi] *m* SÜDD *(fam: Kumpel)* pal, mate BRIT *fam*

Spe·zi² <-, -s> ['ʃpeːtsi] *nt (Mixlimonade)* cola and orangeade

spe·zi·al·an·ge·fer·tigt *adj inv* custom-built **Spe·zi·al·aus·füh·rung** *f* special model **Spe·zi·al·ef·fekt** *m* FILM special effect **Spe·zi·al·fall** *m* special case **Spe·zi·al·ge·biet** *nt* special field, speciality **Spe·zi·al·hand·schuh** *m* SPORT special [protective] glove

spe·zi·a·li·sie·ren˅ [ʃpetsialiˈziːrən] *vr* **sich [auf etw** *akk*] **~** to specialize [in sth]

Spe·zi·a·li·sie·rung <-, -en> *f* specialization

Spe·zi·a·list(in) <-en, -en> [ʃpetsiaˈlɪst] *m(f)* specialist

Spe·zi·a·li·tät <-, -en> [ʃpetsialiˈtɛːt] *f* speciality

spe·zi·ell [ʃpeˈtsiɛl] **I.** *adj (spezialisiert: Beschäftigung, Tätigkeit)* specialized; *(Wunsch, Interessen)* special; ▸ WENDUNGEN: **auf dein/Ihr [ganz] S~es!** to your good health! **II.** *adv* especially, specially

Spe·zi·es <-, -> ['ʃpeːtsiɛs, 'sp-] *f* ❶ *(Art)* species + *sing vb* ❷ *(fam: Sorte Mensch)* species + *sing vb*

Spe·zi·fi·ka·ti·on <-, -en> [ʃpetsifikaˈtsi̯oːn] *f* ❶ TECH *(spezifiziertes Verzeichnis)* specifications *pl* ❷ *(geh: das Spezifizieren)* specification

spe·zi·fisch [ʃpeˈtsiːfɪʃ] **I.** *adj* ❶ *(charakteristisch)* specific; *s. a.* **Gewicht** ❷ *(speziell)* specific **II.** *adv* typically

spe·zi·fi·zie·ren˅ [ʃpetsifiˈtsiːrən] *vt* ▪ **etw ~** to specify sth

Spe·zi·fi·zie·rung <-, -en> *f (geh)* specification

Sphä·re <-, -n> ['sfɛːrə] *f (geh: Bereich)* sphere; ▸ WENDUNGEN: **in höheren ~n schweben** to have one's head in the clouds

sphä·risch ['sfɛːrɪʃ] *adj* MATH spherical

Sphinx <-, -e *o* Sphingen> [sfɪŋks, *pl:* 'sfɪŋən] *f* sphinx

Spick·aal *m* smoked eel

spi·cken ['ʃpɪkn̩] *vt* ❶ KOCHK ▪ **etw [mit etw] ~** to lard sth [with sth]; **einen Braten mit Knoblauchzehen ~** to insert garlic cloves into a roast ❷ *(fam: durchsetzen)* ▪ **etw mit etw ~** to lard sth with sth; ▪ **ge·spickt** larded ❸ *(fam: abschreiben)* to crib *fam*

Spick·gans *f* smoked goose breast **Spick·mes·ser** *nt* lardoning knife **Spick·zet·tel** *m* SCH *(fam)* crib *fam*

spie [ʃpiː] *imp von* **speien**

Spie·gel <-s, -> ['ʃpiːgl̩] *m* mirror; ▸ WENDUNGEN: **jdm den ~ vorhalten** to hold up a mirror to sb; **unser Kind hält uns den ~ vor** seeing our child is like looking in the mirror

Spie·gel·bild *nt* mirror image **spie·gel·bild·lich** *adj* mirror-image **spie·gel·blank I.** *adj* gleaming, shining; ▪ **~ sein** to gleam [*or* shine] **II.** *adv* until sth is shining like a mirror **Spie·gel·fech·te·rei** <-, -en> *f* shadow-boxing *no pl* **spie·gel·glatt** ['ʃpiːgl̩'glat] *adj* slippery, smooth as glass **Spie·gel·karp·fen** *m* mirror carp

spie·geln ['ʃpiːgl̩n] **I.** *vi* ❶ *(spiegelblank sein)* to gleam [*or* shine] ❷ *(stark reflektieren)* to reflect [*or* mirror] **II.** *vr* ▪ **sich in/auf etw** *dat* **~** to be reflected [*or* mir-

---

rored] in/on sth

Spie·gel·re·flex·ka·me·ra *f* reflex camera **Spie·gel·schrift** *f* mirror writing; **sie kann ~ schreiben** she can write backwards **Spie·gel·te·le·skop** *nt* reflexive telescope

Spie·ge·lung <-, -en> ['ʃpiːgəlʊŋ] *f* ❶ MED endoscopy ❷ *(Luftspiegelung)* mirage

spie·gel·ver·kehrt *adj inv* mirror-image

Spiel <-[e]s, -e> [ʃpiːl] *nt* ❶ *(Gesellschafts-, Kinder-, Glücksspiel)* game ❷ *(Kartenspiel)* game of cards ❸ SPORT match; TENNIS *(Teil eines Matches)* game; **die Olympischen ~e** the Olympic Games ❹ THEAT play ❺ MUS piece ❻ KARTEN *(pack [or* AM deck] of cards ❼ TECH *(Spielraum)* clearance *no pl,* play *no pl* ▸ WENDUNGEN: **etw ist ein ~ mit dem Feuer** [*o* **ein gefährliches ~]** that's playing with fire; **ein ~ des Schicksals** [*o* **Zufalls]** a whim of fate; **ein abgekartetes ~** *(fam)* a set-up; **ein doppeltes** [*o* **falsches]** **~ [mit jdm] spielen** to play a double game [with sb]; **leichtes ~ [mit** [*o* **bei] jdm] haben** to have an easy job of it [with sb]; **etw [mit] ins ~ bringen** to bring sth up; **das ~ verloren geben** to throw in the towel; **das ~ ist aus** the game is up; [**bei etw] im ~ sein** to be at play [*or* involved] [in sth]; **jdn/etw aus dem ~ lassen** to keep sb/sth out of it; **etw aufs ~ setzen** to put sth on the line [*or* at stake]; **ein bestimmtes ~ spielen** to play [at] a certain game; **auf dem ~ stehen** to be at stake; **jdm das ~ verderben** *(fam)* to ruin sb's plans

Spiel·art *f* variety **Spiel·au·to·mat** *m* gambling machine, fruit machine BRIT **Spiel·ball** *m* TENNIS game point; ▸ WENDUNGEN: **ein ~ einer S. sein** *gen (geh)* to be at the mercy of sth **Spiel·bank** *f s.* **Spielkasino Spiel·be·ginn** *m* start of play **Spiel·brett** *nt* game board

Spiel·chen <-, -> *nt* ❶ *dim von* **Spiel** little game ❷ *(fam: Trick)* little games *pl*

Spiel·com·pu·ter [-kɔmpjuːtɐ] *m* PlayStation® *(computer designed primarily for playing computer games)* **Spiel·do·se** *f* MUS musical box

spie·len ['ʃpiːlən] **I.** *vt* ❶ MUS ▪ **etw ~** to play sth; ▪ **[für jdn] etw ~** to play sth [for sb] ❷ *(beherrschen)* ▪ **etw ~** to play sth ❸ *(mit einem Spiel beschäftigt sein)* ▪ **etw ~** to play sth; **Lotto ~** to play the lottery ❹ SPORT ▪ **etw ~** to play sth; **etw irgendwohin/irgendwie ~** to play sth somewhere/somehow ❺ FILM, THEAT *(darstellen)* ▪ **jdn/etw ~** to play sb/sth ❻ *(vortäuschen)* ▪ **jdn ~** to act [*or* play] sb; **spiel doch nicht den Nichtsahnenden** don't play the ignorant ❼ *(eine bestimmte Rolle übernehmen)* ▪ **etw ~** to act [*or* play] sth; **den Gastgeber ~** to play [*or* act] the host, to put on the host act ▸ WENDUNGEN: **was wird hier gespielt?** *(fam)* what's going on here?; *s. a.* **Streich** *s. a.* **Vordergrund II.** *vi* ❶ *(sich mit Kinderspielen beschäftigen)* ▪ **[irgendwo] ~** to play [somewhere] ❷ FILM, THEAT *(auftreten)* ▪ **in etw** *dat* **~** to star in sth; **gut/schlecht ~** to play well/badly; **er hat wieder einmal hervorragend gespielt** he gave another marvellous performance ❸ FILM, LIT, THEAT *(als Szenario haben)* ▪ **irgendwann/irgendwo ~** to be set in some time/place; **Macbeth spielt im Schottland des 11. Jahrhunderts** Macbeth is set in 11th century Scotland ❹ SPORT *(ein Match austragen)* ▪ **irgendwann/irgendwo [gegen jdn] ~** to play [against sb] in some time/place; **gut/schlecht/unentschieden ~** to play well/badly/draw ❺ *(Glücksspiel betreiben)* to gamble; **um Geld ~** to play for money ❻ *(nicht ernst nehmen)* ▪ **mit jdm/etw ~** to play [around] with sb/sth ❼ *(übergehen)* ▪ **in etw** *akk* **~** to have a tinge of sth; **das Grün spielt ins Türkis** this green has a turquoise tinge **III.** *vr impers* **sich gut/schlecht ~** it's good/not very good to play on; **auf einem nassen Platz spielt es sich sehr schlecht** a wet pitch isn't very good to play on

spie·lend *adv* easily

Spiel·en·de *nt kein pl* SPORT end of play

Spie·ler(in) <-s, -> [ˈʃpiːlɐ] *m(f)* ❶ *(Mitspieler)* player ❷ *(Glücksspieler)* player, gambler

Spie·le·rei <-, -en> [ʃpiːləˈraɪ] *f* ❶ *kein pl (leichte Beschäftigung)* doddle *no pl* BRIT *fam*, child's play *no pl* ❷ *meist pl (Kinkerlitzchen)* knick-knacks *pl*

Spie·le·rin <-, -nen> *f fem form von* **Spieler**

spie·le·risch I. *adj* ❶ *(unbekümmert)* playful ❷ SPORT *(durch Spieler erbracht)* playing **II.** *adv (mit unbekümmerter Leichtigkeit)* playfully; **seine Aufgaben bewältigt er mit ~er Leichtigkeit** he manages his duties with consummate ease; **~ war unsere Mannschaft den Gegnern weit überlegen** our team outshone the opponents in terms of playing skill

Spie·ler·na·tur *f* ▪ jds **~** sb's hang towards gambling

Spiel·feld [ˈʃpiːlfɛlt] *nt* playing field; FBALL *a.* pitch

Spiel·film *m* film **Spiel·ge·fähr·te, -ge·fähr·tin** *m, f* playmate **Spiel·geld** *nt* play money *no pl* **Spiel·hal·le** *f* amusement arcade **Spiel·höl·le** *f (fam)* gambling den **Spiel·ka·me·rad(in)** *m(f)* s. **Spielgefährte** **Spiel·kar·te** *f (geh)* playing card **Spiel·ka·si·no** *nt* casino **Spiel·klas·se** *f* division **Spiel·kon·so·le** *f* games console **Spiel·lei·den·schaft** *f* gambling passion **Spiel·ma·cher(in)** *m(f)* key player **Spiel·mann** <-leute> *m* HIST minstrel **Spiel·mar·ke** *f* chip **Spiel·mi·nu·te** *f* minute [of play] **Spiel·plan** *m* THEAT, FILM programme [*or* AM -am] **Spiel·platz** *m* playground **Spiel·raum** *m* free play *no pl*, leeway *no pl*, scope *no pl* **Spiel·re·gel** *f* ❶ *meist pl (bei einem Spiel)* rules *pl* ❷ *pl (Verhaltenskodex)* rules *pl* **Spiel·sa·chen** *pl* toys *pl* **Spiel·schuld** *f meist pl* gambling debts *pl* **Spiel·stand** *m* score **Spiel·stät·te** *f* THEAT stage **Spiel·sucht** *f* compulsive gambling *no pl* **Spiel·süch·ti·ge(r)** *dekl wie adj f (m)* compulsive gambler **Spiel·the·o·rie** *f* game theory **Spiel·tisch** *m* gambling table **Spiel·uhr** *f* musical box **Spiel·ver·bot** *nt* SPORT ban; **~ haben** to be banned **Spiel·ver·der·ber(in)** <-s, -> *m(f)* spoilsport; **ein ~ sein** to be a spoilsport **Spiel·wa·ren** *pl (geh)* toys *pl* **Spiel·wa·ren·ge·schäft** *nt* toy shop **Spiel·wie·se** *f* ❶ SPORT playing field ❷ *(bevorzugter Tummelplatz)* playground **Spiel·zeit** *f* ❶ FILM *(Dauer der Vorführung)* run ❷ THEAT *(Saison)* season ❸ SPORT *(festgesetzte Zeit für ein Match)* playing time

Spiel·zeug *nt* toy

Spiel·zeug·ei·sen·bahn *f* toy train set **Spiel·zeug·re·vol·ver** *m* toy pistol

Spieß <-es, -e> [ʃpiːs] *m* ❶ *(Bratspieß)* spit; *(kleiner)* skewer; *(Cocktailspieß)* cocktail skewer ❷ MIL *(sl: Kompaniefeldwebel)* sarge *sl* ❸ HIST *(Stoßwaffe)* spike ▶ WENDUNGEN: **wie am ~ brüllen** [*o* **schreien**] *(fam)* to squeal [*or* scream] like a stuck pig; **den ~ umdrehen** [*o* **umkehren**] *(fam)* to turn the tables

Spieß·bra·ten *m* spit roast

Spieß·bür·ger(in) *m(f)* s. **Spießer**

spieß·bür·ger·lich *adj* s. **spießig**

spie·ßen [ˈʃpiːsn̩] *vt* ▪ **etw auf etw ~** *akk* to spit [*or* skewer] sth on sth; *(auf einer Nadel)* to pin sth on sth

Spieß·en·te *f* ORN pintail

Spie·ßer(in) <-s, -> [ˈʃpiːsɐ] *m(f) (fam)* pedant, petit-bourgeois person, middle-class person

spie·ßig [ˈʃpiːsɪç] *adj (fam)* conventional, pedantic

Spieß·ru·te *f* ▶ WENDUNGEN: **~n laufen** to run the gauntlet

Spikes [ʃpaiks, sp-] *pl (an Schuhen)* spikes *pl; (an Reifen)* studs *pl*

Spi·nat <-[e]s> [ʃpiˈnaːt] *m kein pl* BOT, KOCHK spinach *no pl*

Spind <-[e]s, -e> [ʃpɪnt, *pl:* ˈʃpɪndə] *m* MIL, SPORT locker

Spin·del <-, -n> [ˈʃpɪndl̩] *f* spindle

spin·del·dürr [ˈʃpɪndl̩ˈdʏr] *adj (pej fam)* thin as a rake, spindly; ▪ **~ sein** to be [as] thin as a rake

Spi·nett <-s, -e> [ʃpiˈnɛt] *nt* MUS spinet

Spin·na·ker <-s, -> [ˈʃpɪnakɐ] *m* NAUT spinnaker

Spin·ne <-, -n> [ˈʃpɪnə] *f* spider; ▶ WENDUNGEN: **wie die ~ im Netz sitzen** to prey like a hawk

spin·ne·feind [ˈʃpɪnəˈfaɪnt] *adj pred* ▪ **sich** *dat* [*o* **einander**] **~ sein** *(fam)* to be arch-enemies

spin·nen <spann, gesponnen> [ˈʃpɪnən] **I.** *vt* ❶ *(am Spinnrad verarbeiten)* to spin; **Wolle ~** to spin wool ❷ *(ersinnen)* to invent [*or* concoct] [*or* spin]; **eine Geschichte/Lüge ~** to spin [*or* invent] a story/lie **II.** *vi* ❶ *(am Spinnrad tätig sein)* to spin ❷ *(fam: nicht bei Trost sein)* to be mad [*or* crazy] [*or* BRIT *sl* off one's head] [*or* AM *sl* out of one's mind]; **sag mal, spinnt der?** is he off his head?; **spinn doch nicht!** don't talk such rubbish!; **du spinnst wohl!** you must be mad!

Spin·nen·netz *nt* spider's web **Spin·nen·tier** *nt* ZOOL arachnid

Spin·ner(in) <-s, -> [ˈʃpɪnɐ] *m(f)* ❶ *(fam)* idiot, nutcase *fam* ❷ *(Beruf)* spinner

Spin·ne·rei <-, -en> [ʃpɪnəˈraɪ] *f* ❶ MODE spinning ❷ *kein pl (fam: Blödsinn)* nonsense *no pl*, tomfoolery *no pl*

Spin·ne·rin <-, -nen> *f fem form von* **Spinner**

Spinn·ge·we·be *nt* spider's web

Spinn·rad *nt* spinning wheel

Spinn·we·be <-, -n> *f* cobweb

Spin-off <-s, -s> [ˈspɪnʔɔf] *m* spin-off

Spi·on <-s, -e> [ʃpiˈoːn] *m (fam)* spyhole, peephole

Spi·on(in) <-s, -> [ʃpiˈoːn] *m(f)* spy

Spi·o·na·ge <-> [ʃpioˈnaːʒə] *f kein pl* espionage *no pl*; **~ [für jdn] treiben** to spy [*or* carry out espionage] [for sb]

Spi·o·na·ge·ab·wehr *f* counter-intelligence service

Spi·o·na·ge·sa·tel·lit *m* spy satellite

spi·o·nie·ren* [ʃpioˈniːrən] *vi* ❶ *(als Spion tätig sein)* ▪ **[für jdn] ~** to spy [for sb] ❷ *(fam: heimlich lauschen)* to spy [*or* snoop]

Spi·o·nin <-, -nen> *f fem form von* **Spion**

Spi·ra·le <-, -n> [ʃpiˈraːlə] *f* ❶ *(gewundene Linie)* spiral ❷ MED *(Intrauterinpessar)* coil

spi·ral·för·mig *adj* spiral **Spi·ral·ne·bel** *m* ASTRON spiral nebular

Spi·ri·tis·mus <-> [ʃpiriˈtɪsmʊs, sp-] *m kein pl* spiritualism *no pl*

Spi·ri·tist(in) <-en, -en> [ʃpiriˈtɪst, sp-] *m(f)* spiritualist **spi·ri·tis·tisch** *adj* spiritualistic

spi·ri·tu·ell [ʃpiriˈtɥɛl, sp-] *adj (geh)* spiritual

Spi·ri·tu·o·sen [ʃpiriˈtɥoːzn̩, sp-] *pl (geh)* spirits *pl*

Spi·ri·tus <-> [ˈʃpiːritʊs] *m kein pl* spirit *no pl*; **etw in ~ legen** to put sth in alcohol

Spi·ri·tus·ko·cher *m* spirit stove

Spi·tal <-s, Spitäler> [ʃpiˈtaːl, *pl:* -ˈtɛːlɐ] *nt* MED ÖSTERR, SCHWEIZ *(Krankenhaus)* hospital

spitz [ʃpɪts] **I.** *adj* ❶ *(mit einer Spitze versehen)* pointed, sharp; *s. a.* **Finger** *s. a.* **Bleistift** ❷ *(~ zulaufend)* tapered; **eine ~e Nase/ein ~es Kinn/Gesicht/ein ~er Ellbogen** a pointy nose/chin/face/elbow ❸ *(schrill)* shrill ❹ *(stichelnd)* sharp, curt; *s. a.* **Zunge** ❺ *(veraltend fam: scharf)* keen; ▪ **auf jdn/etw ~ sein** to be keen on sb/sth [*or* fancy sb/sth] **II.** *adv* ❶ *(fam: sexuell anreizen)* **jdn ~ machen** to turn sb on ❷ *(V-förmig)* tapered ❸ *(spitzzüngig)* sharply ▶ WENDUNGEN: **~ rechnen** [*o* **kalkulieren**] to miscalculate [*or* soft-pedal]

Spitz·bart *m* ❶ *(spitz zulaufender Bart)* goatee ❷ *(Mann mit ~ I)* man with a goatee **Spitz·bauch** *m* pot belly *fam* **Spitz·bein** *nt* KOCHK pig's trotter [*or* AM foot] **spitz|be·kom·men*** *vt irreg (sl)* ■ etw ~ to cotton [*or* AM catch] on to sth *fam;* ■ ~, dass ... to cotton on to the fact that ... **Spitz·ber·gen** [ˈʃpɪtsbɛrɡn̩] *nt* ❶ *(Spitzbergen)* Spitsbergen ❷ *(Svalbard)* Svalbard **Spitz·bo·gen** *m* ARCHIT pointed arch **Spitz·bu·be** *m (fam)* scallywag *fam* **spitz·bü·bisch I.** *adj* cheeky BRIT, roguish, mischievous **II.** *adv* mischievously, cheekily BRIT

Spit·ze¹ <-, -n> [ˈʃpɪtsə] *f* ❶ *(spitzes Ende o spitze Ecke)* point; *Schuh* pointed toe ❷ *(vorderster Teil)* front ❸ SPORT *(erster Platz)* top; an der ~ liegen [*o* stehen] to be at the top; sich an die ~ setzen, die ~ übernehmen to move into [*or* take [over]] first place, to take over at the top [of the table [*or* division] [*or* league] | ❹ *(Höchstwert)* peak; die Temperaturen erreichten im August ~n von 35, 36° C the temperature peaked at 35-36° C in August ❺ *(Höchstgeschwindigkeit)* top speed; bei einer ~ von 250 km/h with a top speed of 250 km/h ❻ *pl (führende Leute)* die ~n the leaders *pl; Gesellschaft* the top; *Unternehmen* the heads; *Wirtschaft* the leaders ❼ *(fam: Zigarettenspitze)* holder ❽ *(spitze Bemerkung)* dig; diese ~ war gegen dich gezielt that was a dig at you ▸ WENDUNGEN: nur die ~ des Eisbergs sein to be only the tip of the iceberg; ~ sein *(fam)* to be great; ~! great!; einer S. *dat* die ~ nehmen *(geh)* to take the sting out of sth; etw auf die ~ treiben es [mit etw] auf die ~ treiben to take sth to extremes **Spit·ze²** <-, -en> [ˈʃpɪtsə] *f* MODE lace *no pl*

Spit·zel <-s, -> [ˈʃpɪtsl̩] *m* ❶ *(Polizeispitzel)* police informer ❷ *(Informant)* informer, spy

spit·zeln [ˈʃpɪtsl̩n] *vi* ■ [für jdn] ~ to spy [*or* act as an informer] [for sb]

spit·zen [ˈʃpɪtsn̩] *vt* ■ etw ~ to sharpen sth; *s. a.* Mund *s. a.* Ohr

Spit·zen·an·la·ge *f* state-of-the-art [*or* BRIT top-of-the-range] stereo **Spit·zen·be·am·te(r)**, **-be·am·tin** *m, f dekl wie adj* top official **Spit·zen·be·las·tung** *f* ÖKON peak load; in Zeiten der ~ in peak periods; er ist ~en ausgesetzt he is under the greatest of strains **Spit·zen·er·zeug·nis** *nt* top-quality product **Spit·zen·ge·halt** *nt* top salary **Spit·zen·ge·schwin·dig·keit** *f* top speed **Spit·zen·gre·mi·um** *nt* top echelon **Spit·zen·grup·pe** *f* SPORT leading group **Spit·zen·hau·be** *f* MODE lace bonnet **Spit·zen·jahr** *nt* exceptionally good year **Spit·zen·kan·di·dat(in)** *m(f)* POL top candidate **Spit·zen·klas·se** *f* top-class; ~ sein *(fam)* to be top-class [*or* first-rate] **Spit·zen·kraft** *f* first-rate professional

Spit·zen·kra·gen *m* lace collar

Spit·zen·leis·tung *f* top [*or* first-rate] performance **spit·zen·mä·ßig I.** *adj (sl)* ace *sl,* brilliant **II.** *adv (sl)* brilliantly

Spit·zen·po·li·ti·ker(in) *m(f)* top [*or* senior] politician **Spit·zen·po·si·ti·on** *f* top [*or* leading] position **Spit·zen·qua·li·tät** *f* top quality *no pl* **Spit·zen·rei·ter** *m* top seller, hit **Spit·zen·rei·ter(in)** *m(f)* leader, front runner; ~ sein to be on top; *(in der Hitparade)* to be top of the pops, to be number one [in the charts] **Spit·zen·sport·ler(in)** *m(f)* top sportsperson **Spit·zen·tech·no·lo·gie** *f* state-of-the-art technology **Spit·zen·tem·pe·ra·tur** *f* peak temperature **Spit·zen·ver·dienst** *m* top income **Spit·zen·wein** *m* top-quality wine **Spit·zen·wert** *m* MATH peak value

Spit·zer <-s, -> [ˈʃpɪtsɐ] *m (fam)* sharpener

spitz·fin·dig I. *adj* hair-splitting, nit-picking *fam* **II.** *adv* ~ argumentieren/auslegen [*o* interpretieren] to split hairs

Spitz·fin·dig·keit <-, -en> *f* ❶ *(spitzfindige Art)* hairsplitting nature ❷ *(spitzfindige Äußerung)* hair-splitting *no pl*

Spitz·ha·cke *f* pickaxe **Spitz·keh·re** *f* ❶ TRANSP hair-

pin bend ❷ SKI kick-turn

spitz|krie·gen *vt (fam) s.* spitzbekommen

Spitz·maus *f* shrew

Spitz·na·me *m* nickname; sie gaben ihm den ~n ... they nicknamed him ...

Spitz·sieb *nt* chinois **Spitz·we·ge·rich** [ˈʃpɪts-veːɡərɪç] *m* ribwort **spitz·win·ke·lig**, **spitz·wink·lig I.** *adj Dreieck* acute-angled; *Ecke* sharp[-cornered] **II.** *adv* sharply

Spleen <-s, -s> [ʃpliːn, sp-] *m (fam)* strange habit, eccentricity; einen ~ haben to be off [*or* AM out of] one's head

splee·nig [ˈʃpliːnɪç, ˈsp-] *adj (fam)* nutty *fam,* eccentric

splei·ßen <spliss, gesplissen> [ˈʃplaisn̩] *vi* to split

Splint <-[e]s, -e> [ʃplɪnt] *m* ❶ TECH split pin ❷ *kein pl* FORST sapwood *no pl*

Splitt <-[e]s, -e> [ʃplɪt] *m* stone chippings *pl*

Split·ter <-s, -> [ˈʃplɪtɐ] *m* splinter

Split·ter·bom·be *f* MIL fragmentation bomb

split·ter(·fa·ser)·nackt [ˈʃplɪtɐ(ˈfaːzɐ)ˈnakt] **I.** *adj (fam)* stark naked, starkers BRIT *fam* **II.** *adv (fam)* stark naked, starkers

Split·ter·grup·pe *f* POL splinter group

split·te·rig *adj* ❶ *(leicht splitternd)* splintering ❷ *(mit Splittern bedeckt)* splintered

split·tern *vi sein o haben* to splinter

Split·ter·par·tei *f* POL *s.* Splittergruppe

Split·ting <-s, -s> [ˈʃplɪtɪŋ, ˈsp-] *nt* ❶ FIN, ADMIN *separate taxing of husband and wife* ❷ POL splitting *no pl*

Split·ting·ta·rif *m kein pl* FIN, ADMIN ■ der ~ tax rate for separate taxing of husband and wife

SPÖ <-> [ɛspeːˈʔøː] *f kein pl* POL *Abk von* Sozialdemokratische Partei Österreichs; ■ die ~ the Austrian Socialist Party

Spoi·ler <-s, -> [ˈʃpɔylɐ, ˈsp-] *m* spoiler

spon·sern [ˈʃpɔnzɐn, ˈsp-] *vt* ■ jdn/etw ~ to sponsor sb/sth

Kultur

The **Sponsion** is an academic ceremony in Austria at which master's degrees are awarded.

Spon·sor, **Spon·so·rin** <-s, -soren> [ˈʃpɔnzɐ, ˈsp-, ʃpɔnˈzoːrɪn, *pl:* -ˈzoːrən] *m, f* sponsor

Spon·so·ring <-s> [ˈʃpɔnzɔrɪŋ, ˈsp-] *nt kein pl* sponsoring *no pl*

spon·tan [ʃpɔnˈtaːn, sp-] *adj* spontaneous

Spon·ta·nei·tät <-> [ʃpɔntaneiˈtɛːt, sp-] *f kein pl (geh)* spontaneity *no pl*

spo·ra·disch [ʃpoˈraːdɪʃ, sp-] *adj* sporadic

Spo·re <-, -n> [ˈʃpoːrə] *f* BIOL spore

Spo·ren·tier *nt* ZOOL sporozoan

Sporn <-[e]s, Sporen> [ʃpɔrn, *pl:* ˈʃpoːrən] *m* ❶ *meist pl* spur; einem Reittier die Sporen geben to spur a mount ❷ BOT spur ▸ WENDUNGEN: sich *dat* die [ersten] Sporen verdienen to win one's spurs

Sport <-[e]s, <*selten* -e> [ʃpɔrt] *m* ❶ SPORT sport *no pl;* ~ treiben to do sport ❷ SCH games *pl* ❸ MEDIA sports news; ~ sehen to watch [the] sport ❹ *(Zeitvertreib)* pastime, hobby; etw aus [*o* zum] ~ betreiben to do sth for fun ▸ WENDUNGEN: sich *dat* einen ~ daraus machen, etw zu tun *(fam)* to get a kick out of doing sth *fam*

Sport·ab·zei·chen *nt* sports certificate **Sport·art** *f* discipline, kind of sport **Sport·ar·ti·kel** *m meist pl* sports equipment; ■ ein ~ a piece of sports equipment **Sport·bril·le** *f* sports glasses **Sport·bund** *m* Deutscher ~ German umbrella organization for sports **Sport·fest** *nt* sports festival **Sport·flug·zeug** *nt* sports aircraft **Sport·ge·rät** *nt* piece of sports equipment **Sport·ge·schäft** *nt* sports shop **Sport·ge·tränk** *nt* isotonic drink **Sport·hal·le** *f* sports hall

Sport·hemd nt casual shirt **Sport·hoch·schu·le** f SCH college of physical education

spor·tiv |spɔrˈtiːf, ʃp-| adj MODE sporty

Sport·klei·dung f sportswear **Sport·klub** m s. **Sport·verein** **Sport·leh·rer(in)** m(f) SCH PE teacher

Sport·ler(in) <-s, -> |ˈʃpɔrtlɐ| m(f) sportsman masc, sportswoman fem

sport·lich |ˈʃpɔrtlɪç| I. adj ❶ (den Sport betreffend) sporting ❷ (trainiert) sporty, athletic ❸ (fair) sporting, sportsmanlike ❹ MODE (flott) casual ❺ AUTO (rasant) sporty II. adv ❶ SPORT (in einer Sportart) in sports; **sich ~ betätigen** to do sport ❷ (flott) casually ❸ AUTO (rasant) sportily

Sport·lich·keit <-> f kein pl ❶ (Trainiertheit) sportiness no pl ❷ (Fairness) sportsmanship no pl

Sport·me·di·zin f sports medicine no pl **Sport·nach·rich·ten** pl sports news **Sport·platz** m sports field **Sport·re·por·ta·ge** f sports report **Sport·schuh** m SPORT trainer; MODE casual shoe **Sport·schüt·ze,** **-schüt·zin** m, f rifleman masc, riflewoman fem (in a sports club); (Bogenschütze) archer

Sports·freund m (fam) sport fam

Sport·un·fall m sporting accident **Sport·ver·an·stal·tung** f sports event **Sport·ver·ein** m sports club **Sport·wa·gen** m ❶ AUTO sports car ❷ (offener Kinderwagen) buggy

Spot <-s, -s> |spɔt, ʃp-| m ❶ MEDIA (kurzer Werbefilm) commercial, ad fam ❷ ELEK (Punktstrahler) spot

Spott <-[e]s> |ʃpɔt| m kein pl ridicule no pl, mockery no pl; **seinen ~ mit jdm treiben** (geh) to make fun of sb

spott·bil·lig |ˈʃpɔtˈbɪlɪç| I. adj (fam) dirt cheap II. adv (fam) dirt cheap

Spott·dros·sel f ORN mockingbird

Spöt·te·lei <-, -en> |ʃpœtəˈlai| f teasing no pl

spöt·teln |ˈʃpœtln| vi ■ |über jdn/etw| ~ to make fun |of sb/sth|

spot·ten |ˈʃpɔtn| vi ❶ (höhnen) to ridicule |or mock|; ■ |über jdn/etw| ~ to make fun |of sb/sth| |or tease sb| ❷ (geh: missachten) **einer Gefahr/Warnung** gen ~ to scorn |or dismiss| a danger/warning; s. a. **Beschreibung**

Spöt·ter |ˈʃpœtɐ| m ORN warbler

Spöt·ter(in) <-s, -> |ˈʃpœtɐ| m(f) mocker

spöt·tisch |ˈʃpœtɪʃ| adj mocking

Spott·preis m ridiculously low price, snip BRIT fam; **für einen ~** dirt cheap

sprach |ʃpraːx| imp von **sprechen**

Sprach·at·las m LING linguistic atlas **Sprach·bar·ri·e·re** f language barrier **sprach·be·gabt** adj linguistically talented; ■ ~ **sein** to be good at languages **Sprach·be·ga·bung** f linguistic talent no pl

Spra·che <-, -n> |ˈʃpraːxə| f ❶ (Kommunikationssystem) language; **lebende/tote ~** living/extinct language; **die neueren ~n** modern languages; **eine ~ sprechen** to speak a language ❷ kein pl (Sprechweise) way of speaking ❸ kein pl (Ausdrucksweise) form of expression, language no pl ❹ kein pl (das Sprechen) speech no pl; **etw zur ~ bringen,** die ~ **auf etw** akk **bringen** to bring sth up; **zur ~ kommen** to come up ► WENDUNGEN: **jetzt** |o **auf einmal**| **eine ganz andere ~ sprechen** to change one's tune; **die gleiche ~ sprechen** to be on the same wavelength; **eine klare** |o **deutliche**| **~ sprechen** to speak for itself; **jdm bleibt die ~ weg** jd verliert **die ~** sb is speechless, the cat got sb's tongue; **die ~ wiederfinden** to find one's tongue again; **mit der ~ herausrücken** |o **herauskommen**| (fam) to come out with it; **jds ~ sprechen** to speak sb's language; **jdm die ~ verschlagen** to leave sb speechless; **nicht mit der ~ herauswollen** to not want to talk; **sie wollte nicht mit der ~ heraus** she didn't want to

talk; **heraus mit der ~!** (fam) out with it!

Sprach·ebe·ne f LING stylistic level **Sprach·er·ken·nung** f INFORM voice recognition no pl **Sprach·er·ken·nungs·soft·ware** f INFORM speech recognition software **Sprach·er·werb** m language acquisition no pl **Sprach·fa·mi·lie** f language family **Sprach·feh·ler** m speech impediment; **einen ~ haben** to have a speech impediment **Sprach·for·scher(in)** m(f) s. **Sprachwissenschaftler** **Sprach·for·schung** f kein pl s. **Sprachwissenschaft** **Sprach·füh·rer** m phrase book **Sprach·ge·brauch** m language usage no pl **Sprach·ge·fühl** nt kein pl feel for language no pl; **ein bestimmtes ~ haben** to have a certain feel for language **Sprach·ge·nie** nt linguistic genius **Sprach·ge·schich·te** f ❶ LING linguistic history no pl ❷ (Buch) linguistic history

Sprach·kennt·nis·se pl language skills pl; **gute ~ haben** to have proficient language skills **Sprach·kom·pe·tenz** f linguistic competence **sprach·kun·dig** adj proficient in a language; ■ ~ **sein** to be proficient in |a language| |or good at| a language **Sprach·kurs** m language course **Sprach·la·bor** nt language laboratory |or fam lab| **Sprach·leh·re** f grammar

sprach·lich I. adj linguistic II. adv ❶ LING grammatically; **~ falsch/korrekt sein** to be grammatically incorrect/correct ❷ (stilistisch) stylistically

sprach·los adj speechless

Sprach·lo·sig·keit <-> f kein pl speechlessness no pl **Sprach·re·ge·lung** f official version **Sprach·rei·se** f language holiday **Sprach·rohr** nt megaphone; ► WENDUNGEN: **sich zum ~ einer S.** gen/zu jds ~ **machen** to become a mouthpiece |or of| sth/sb **Sprach·schu·le** f language school **Sprach·stö·rung** f speech disorder **Sprach·stu·di·um** nt course of study |or degree| in languages **Sprach·the·ra·peut(in)** m(f) speech therapist **Sprach·the·ra·pie** f speech therapy **Sprach·übung** f |oral| language exercise **Sprach·un·ter·richt** m language instruction no pl; (in der Schule) language lesson **Sprach·wan·del** m kein pl change in language **Sprach·wis·sen·schaft** f linguistics + sing vb; **allgemeine ~** linguistics; **vergleichende ~en** comparative linguistics **Sprach·wis·sen·schaft·ler(in)** m(f) linguist **sprach·wis·sen·schaft·lich** adj linguistic **Sprach·witz** m kein pl witty way with words **Sprach·zen·trum** nt ❶ MED, PSYCH speech centre |or AM -er| ❷ LING (Sprachschule) language centre |or AM -er|

sprang |ʃpraŋ| imp von **springen**

Spray <-s, -s> |ʃpreː, spreː| m o nt spray

Spray·do·se |ˈʃpreː-, ˈspreː-| f aerosol, spray

spray·en |ˈʃpreːən, ˈsp-| I. vi to spray; ■ |mit etw| ~ to spray |with sth| II. vt **etw** |auf etw akk| ~ to spray sth |on sth|

Sprech·an·la·ge f intercom **Sprech·bla·se** f speech bubble, balloon **Sprech·chor** m chorus; **der ~ der Umweltschützer brachte seine Ablehnung von Atomkraft zum Ausdruck** the chorus of environmentalists voiced their opposition to nuclear power; **im ~ rufen** to chorus

spre·chen <spricht, sprach, gesprochen> |ˈʃprɛçn| I. vi ❶ (reden) to speak, to talk; **kann das Kind schon ~?** can the baby talk yet?; **ich konnte vor Aufregung kaum ~** I could hardly speak for excitement; **nun sprich doch endlich!** go on, say something!; **sprich doch nicht so laut** don't talk so loud; **dabei bleibt's, ich habe gesprochen!** what I say goes!; **Schluss damit, jetzt spreche ich!** enough of that, now it's my turn!; **Achtung, hier spricht die Polizei!** attention, this is the police!; **hier können wir nicht ~** we can't talk here; ■ **über etw** akk ~ to talk |or speak| about sth, to discuss sth; **über Sex wurde bei uns zu Hause nie gesprochen** sex was never talked about [or discussed] in our house; ■ **mit jdm** [**über etw** *akk*] **~** to talk to sb [about sth]; **sprich nicht in diesem Ton mit mir!** don't speak to me like that!; ■ **von etw ~** to talk about sth; **wovon ~ Sie eigentlich?** what are you talking about?; ■ **zu jdm ~** to speak [or talk] to sb; **auf jdn/etw zu ~ kommen** to come to talk about sb/sth; **jetzt, wo wir gerade darauf zu ~ kommen, …** now that we've come to mention it, …; **für sich** [**selbst**] **~** to speak for itself; **über etw** *akk* **spricht man nicht** sth is not talked about; **~ wir nicht mehr darüber** [*o* **davon**] let's not talk about it anymore [or change the subject]; **mit sich selbst ~** to talk to oneself; **sprich!/~ Sie!** *(geh)* speak!, speak away!; *s. a.* **sprich** ❷ TELEK *(telefonieren)* ■ **mit jdm ~** to speak with sb; **mit wem möchten Sie ~?** who would you like to speak to?; **„hallo, wer spricht denn da?"** 'hello, who's speaking?' ❸ *(tratschen)* ■ **über jdn ~** to talk about sb [behind their back] ❹ *(empfehlen)* ■ **für jdn/etw ~** to be in favour [or AM -or] of [or speak well for] sb/sth; **seine Pünktlichkeit spricht sehr für ihn** his punctuality is very much a point in his favour; ■ **für jdn/etw ~, dass** it says something for sb/sth, that; ■ **gegen jdn/ etw ~** to speak against sb/sth [or not be in sb's/sth's favour] ❺ *(erkennbar sein)* ■ **aus jdm/etw spricht Angst/Entsetzen/Hass etc** sb/sth expresses [or speaks] fear/horror/hate etc; **aus diesen Worten sprach die blanke Hass** these words expressed pure hate **II.** *vt* ❶ *(können)* ■ **etw ~** to speak sth; **~ Sie Chinesisch?** can you speak Chinese? ❷ *(aussprechen)* ■ **etw ~** to say sth; **sie konnte keinen vernünftigen Satz ~** she couldn't say a single coherent sentence; **wie spricht man dieses Wort?** how do you pronounce this word? ❸ *(verlesen)* ■ **etw ~** to say sth; **ein Gedicht ~** to recite a poem; **heute spricht Pfarrer W. die Predigt** today, prayer will be taken by Father W. ❹ *(sich unterreden)* ■ **jdn ~** to speak to sb ▶ WENDUNGEN: **nicht gut auf jdn zu ~ sein** schlecht auf jdn zu ~ sein to be on bad terms with sb; **darauf ist sie nicht gut zu ~** she doesn't like that; **für jdn/niemanden zu ~ sein** to be available for sb/ not be available for anyone; **Sie können eintreten, der Herr Professor ist jetzt zu ~** you can come in, the Professor will see you now; **wir ~ uns noch** [*o* **wieder**] **!** you haven't heard the last of this!

Spre·chen <-s> [ˈʃprɛçn̩] *nt kein pl* ❶ *(die menschliche Sprache)* speech *no pl;* **das ~ lernen** to learn to speak [or talk] ❷ *(das Reden)* speaking *no pl,* talking *no pl;* **jdn zum ~ bringen** to make sb talk

spre·chend *adj* ❶ *(menschliche Laute von sich gebend)* talking ❷ *(beredt)* eloquent

Spre·cher(in) <-s, -> *m(f)* ❶ *(Wortführer)* spokesperson; **sich zum ~ von jdm/etw machen** to become the spokesperson for [or voice of] sb/sth ❷ ADMIN *(Beauftragter)* speaker ❸ RADIO, TV announcer; *(Nachrichten~)* newsreader, newscaster ❹ LING *(Muttersprachler)* native speaker

Sprech·funk *m* radio; **über ~** over radio **Sprech·funk·ge·rät** *nt* walkie-talkie **Sprech·mu·schel** *f* mouthpiece **Sprech·stun·de** *f* MED surgery; **~ halten** to hold surgery **Sprech·stun·den·hil·fe** *f* receptionist *(in a doctor's or dentist's surgery)* **Sprech·wei·se** *f* way of speaking **Sprech·zeit** *f* ❶ MED *Arzt* surgery [hours *pl*], practice opening hours *pl* ❷ *(Zeit für Gespräche)* consulting hours *pl* ❸ TELEK *(Dauer eines Gesprächs)* call time **Sprech·zim·mer** *nt* MED consultation room

sprei·zen [ˈʃpraitsn̩] **I.** *vt* ■ **etw ~** to spread sth; **die Beine ~** to open [or spread] one's legs **II.** *vr* ❶ *(sich zieren)* ■ **sich** [**gegen etw**] **~** to make a fuss [or hesitate] [about sth]; **jetzt spreize dich nicht erst lange!** don't be silly [or shy] **!** ❷ *(sich sträuben)* ■ **sich**

---

gegen etw ~ to be reluctant about sth

Spreiz·fuß *m* MED spread-foot, splay-foot

Spreng·bom·be *f* MIL high-explosive bomb

Spren·gel <-s, -> [ˈʃprɛŋl̩] *m* ❶ REL parish ❷ ÖSTERR *(veraltend: Verwaltungsbezirk)* administrative district

spren·gen¹ [ˈʃprɛŋən] **I.** *vt* ■ **etw ~** ❶ *(zur Explosion bringen)* to blow sth up ❷ *(bersten lassen)* to burst sth; *s. a.* **Kette** ❸ *(gewaltsam auflösen)* to break sth up **II.** *vi* to blast

spren·gen² [ˈʃprɛŋən] *vt* ■ **etw ~** ❶ *(berieseln)* to water sth [or spray sth with water] ❷ *(benetzen)* to sprinkle sth with water

spren·gen³ [ˈʃprɛŋən] *vi sein (geh)* ■ **irgendwohin ~** to thunder somewhere

Spreng·kopf *m* warhead **Spreng·kraft** *f kein pl* explosive force *no pl* **Spreng·la·dung** *f* explosive charge **Spreng·meis·ter(in)** *m(f)* demolition expert **Spreng·satz** *m* explosive device **Spreng·stoff** *m* ❶ *(Substanz zum Sprengen)* explosive ❷ *(Thema)* explosive material *no pl* **Spreng·stoff·an·schlag** *m* bomb attack; **einen ~** [**auf jdn/etw**] **verüben** to launch a bomb attack [on sb/sth]; **auf den Politiker wurde ein ~ verübt** the politician was the subject of a bomb attack

Spren·gung <-, -en> *f kein pl (das Sprengen)* blasting *no pl,* blowing-up *no pl* ❷ *(Explosion)* explosion, blasting *no pl*

Spreng·wir·kung *f* explosive effect

Spren·kel <-s, -> [ˈʃprɛŋkl̩] *m* spot; *(Schmutzfleck)* mark

Spreu <-> [ʃprɔy] *f kein pl* AGR chaff *no pl;* ▶ WENDUNGEN: **die ~ vom Weizen trennen** to separate the wheat from the chaff *fig*

sprich [ʃprɪç] namely, in other words, that is, i.e.; **wir müssen schon bald, ~ in drei Stunden, aufbrechen** we have to leave soon, i.e. in three hours; **sie hat das Klassenziel nicht erreicht, ~, sie ist durchgefallen** she didn't meet the class goal, in other words [or that is] , she failed; **das wird eine Menge Geld, ~ etwa 1.000 Euro, kosten** it will cost a lot of money, namely 1,000 euros

Sprich·wort <-wörter> [ˈʃprɪçvɔrt, *pl:* -vœrte] *nt* proverb, saying

sprich·wört·lich *adj* proverbial

sprie·ßen <spross *o* sprießte, gesprossen> [ˈʃpriːsn̩] *vi sein* BOT to spring up [or shoot]; *Bart, Brüste, Haare* to grow

Spring·bock *m* ZOOL springbok

Spring·brun·nen *m* fountain

sprin·gen¹ <sprang, gesprungen> [ˈʃprɪŋən] *vi sein* to shatter; *(einen Sprung bekommen)* to crack

sprin·gen² <sprang, gesprungen> [ˈʃprɪŋən] **I.** *vi sein* ❶ *(hüpfen)* to jump [or leap]; **die Kinder sprangen hin und her** the children leapt [or jumped] about; **der Hase sprang über die Wiese** the rabbit leapt [or bounded] across the meadow ❷ *(hinunterspringen)* to jump ❸ SPORT *(durch die Luft schnellen)* to jump ❹ *(fam: Anordnungen eilends ausführen)* to jump; **jeder hat zu ~, wenn der Chef es verlangt** everyone has to jump at the boss's request ❺ DIAL *(eilen)* ■ [**irgendwohin**] **~** to nip [or pop] [or AM pop in] [somewhere] *fam;* **springst du mal eben zum Metzger?** can you nip round [or out] to the butcher's for me? ❻ *(fliegen)* to fly; **ihm sprang ein Funke ins Gesicht** a spark flew into his face; **der Knopf sprang ihm von der Hose** the button flew off his trousers ❼ *(wegspringen)* ■ **aus etw ~** to jump out of sth; **beim Zählen sprang ihr eine Münze aus der Hand** while she was counting a coin jumped out of her hand ❽ *(ruckartig vorrücken)* ■ **auf etw** *akk* **~** to jump to sth; **die Ampel sprang auf rot** the traffic light jumped to red ▶ WENDUNGEN: **etw ~ lassen** *(fam)*

to fork out sth **II.** *vt haben* SPORT, SKI ■ **etw ~** to jump sth; **einen Rekord ~** to make a record jump; **sie sprang die größte Weite** she jumped the furthest distance

Sprin·gen <-s> [ˈʃprɪŋən] *nt kein pl* SPORT jumping *no pl; (ins Wasser)* diving *no pl*

Sprin·ger <-s, -> [ˈʃprɪŋɐ] *m* SCHACH knight

Sprin·ger(in) <-s, -> [ˈʃprɪŋɐ] *m(f)* SPORT, SKI jumper

Sprin·ger·stie·fel *pl* army boots *pl*

Spring·flut *f* spring tide **Spring·form** *f* spring-form pan AM, spring-clip tin BRIT **Spring·kraut** *nt* BOT balsam **Spring·maus** *f* ZOOL jumping mouse **Spring·rei·ten** *nt* show jumping *no pl* **Spring·rol·lo** *nt* roller blind **Spring·schwanz** *m* ZOOL springtail **Spring·seil** *nt* skipping [*or* AM jumping] rope

Sprink·ler <-s, -> [ˈʃprɪŋklɐ] *m* TECH sprinkler

Sprink·ler·an·la·ge *f* sprinkler system

Sprint <-s, -s> [ʃprɪnt] *m* SPORT sprint

sprin·ten [ˈʃprɪntn̩] **I.** *vi sein* to sprint **II.** *vt haben* SPORT **400 m ~** to sprint 400 m, to do the 400 m sprint

Sprin·ter(in) <-s, -> *m(f)* sprinter

Sprit <-[e]s> [ʃprɪt] *m kein pl* ❶ *(fam: Benzin)* petrol *no pl* ❷ *(fam: Schnaps)* booze *no pl fam* ❸ *(Äthylalkohol)* pure spirit *no pl*

Spritz·be·steck *nt* shooting kit *sl (equipment used by a drug addict to take his/her drugs)* **Spritz·beu·tel** *m* piping bag

Sprit·ze <-, -n> [ˈʃprɪtsə] *f* ❶ MED *(Injektionsspritze)* syringe ❷ MED *(Injektion)* injection, jab *fam;* **eine ~ bekommen** to have an injection [*or fam* a jab]; **jdm eine ~ geben** to give sb an injection ❸ *(Motorspritze)* hose

sprit·zen [ˈʃprɪtsn̩] **I.** *vi* ❶ *haben (in Tropfen auseinanderstieben)* Regen, Schlamm to spray; Fett to spit ❷ *sein (im Strahl gelangen)* Wasser to spurt; *(aus einer Wasserpistole)* to squirt ❸ *haben* MED *(injizieren)* to inject; *(sl: sl: mit Drogen)* to shoot [up] *sl* **II.** *vt haben* ❶ *(im Strahl verteilen)* ■ **etw [auf etw] ~** to squirt sth [onto sth]; **jdm/sich** *dat* **etw ins Gesicht ~** to squirt sth into sb's/one's face ❷ *(bewässern)* ■ **etw ~** to sprinkle [*or* water] sth ❸ MED *(injizieren)* ■ **etw ~** to inject sth; ■ **[jdm/sich** *dat***] etw ~** to give [sb/oneself] an injection; **die Pfleger spritzten ihr ein starkes Beruhigungsmittel** the nurses injected her with a tranquillizer; **sich** *dat* **Heroin ~** *(sl)* to shoot [up] heroin ❹ KOCHK **Sahne/Zuckerguss auf etw ~** to pipe cream/icing onto sth ❺ *(mit Bekämpfungsmittel besprühen)* ■ **etw [gegen etw] ~** to spray sth [against sth] ❻ AUTO *(mit der Spritzpistole lackieren)* ■ **etw ~** to spray sth

Sprit·zer <-s, -> *m* ❶ *(gespritzte Tropfen)* splash ❷ *(kleine Flüssigkeitsmenge)* splash; Whisky small drop

sprit·zig [ˈʃprɪtsɪç] *adj* ❶ *(prickelnd)* tangy ❷ *(flott)* lively, sparkling; **~es Auto** quick [*or* BRIT nippy] car

Spritz·pis·to·le *f* spray gun **Spritz·tour** *f (fam)* spin **Spritz·tü·te** *f* piping bag

sprö·de [ˈʃprøːdə] *adj* ❶ *(unelastisch)* brittle ❷ *(rau)* rough; Haar brittle; Lippen chapped ❸ *(abweisend)* aloof

sprossRR, **sproß**ALT [ʃprɔs] *imp von* **sprießen**

SprossRR <-es, -e> *m,* **Sproß**ALT <-sses, -sse> [ʃprɔs] *m* ❶ BOT *(Schössling)* shoot ❷ *(geh: Nachkomme)* scion *form*

Spros·se <-, -n> [ˈʃprɔsə] *f* ❶ *(Leitersprosse)* step ❷ BAU *(Fenstersprosse)* mullion

Spros·sen·kohl *m* Brussels sprouts

Spros·ser <-s, -> [ˈʃprɔsɐ] *m* ORN thrush nightingale

Spröss·lingRR, **Spröß·ling**ALT <-s, -e> [ˈʃprœslɪŋ] *m (hum)* offspring

Sprot·te <-, -n> [ˈʃprɔtə] *f* sprat

Spruch <-[e]s, Sprüche> [ʃprʊx, *pl:* ˈʃprʏçə] *m*

❶ *(Ausspruch)* saying, aphorism, slogan; **die Wände waren mit Sprüchen beschmiert** slogans had been scrawled on the walls; **das ist doch nur wieder einer dieser dummen Sprüche** it's all just empty talk [*or fam* meaningless prattle] ❷ *(einstudierter Text)* quotation ❸ *(Schiedsspruch)* award, verdict ▶ WENDUNGEN: **Sprüche machen** [*o* **klopfen**] *(fam)* to drivel [*or* BRIT waffle]

Spruch·band <-bänder> *nt* banner

Sprü·che·klop·fer(in) [ˈʃprʏçəklɔpfɐ] *m(f) (fam)* prattle-monger BRIT *fam,* big talker AM *fam*

Sprüch·lein <-s, -> *nt dim von* **Spruch** ▶ WENDUNGEN: **sein ~ sagen** to say one's little piece

spruch·reif *adj (fam)* ■ **~/noch nicht ~ sein** to be/not be definite

Spru·del <-s, -> [ˈʃpruːdl̩] *m* ❶ *(Mineralwasser)* sparkling mineral water ❷ ÖSTERR *(Erfrischungsgetränk)* fizzy drink

spru·deln [ˈʃpruːdl̩n] *vi* ❶ *haben (aufschäumen)* to bubble, to effervesce, to fizz ❷ *sein (herausprudeln)* to bubble

Spru·del·ta·blet·te *f* effervescent tablet

Sprüh·do·se *f s.* **Spraydose**

sprü·hen [ˈʃpryːən] **I.** *vt haben* to spray; ■ **etw auf/über etw** *akk* **~** to spray sth onto/over sth **II.** *vi* ❶ *haben (schwach spritzen)* to spray ❷ *sein (als Aerosol spritzen)* ■ **aus etw/irgendwohin ~** to spray from sth/somewhere ❸ *sein (umherfliegen)* ■ **[irgendwohin] ~** to fly [somewhere]; **die Funken des Feuers ~ überall hin** the sparks of the fire spray everywhere ❹ *haben* to flash ❺ *haben (lebhaft sein)* to sparkle; **vor Begeisterung ~** to sparkle with excitement

sprü·hend *adj* sparkling

Sprüh·re·gen *m* drizzle *no pl*

Sprung[1] <-[e]s, Sprünge> [ʃprʊŋ, *pl:* ˈʃprʏŋə] *m* crack

Sprung[2] <-[e]s, Sprünge> [ʃprʊŋ, *pl:* ˈʃprʏŋə] *m* ❶ *(Satz)* leap, jump, bound; **einen ~ [irgendwohin/über etw** *akk***] machen** to leap [*or* jump] [somewhere/over sth]; **der Bock machte einen ~ in die Luft** the ram bounded into the air; **zum ~ ansetzen** to get ready to jump ❷ SPORT vault, jump ▶ WENDUNGEN: **einen ~ in der Schüssel haben** to not be quite right in the head; **ein großer ~ nach vorn** a giant leap forwards; **[mit etw] keine großen Sprünge machen können** *(fam)* to not be able to live it up [with sth]; **jdm auf die Sprünge helfen** to give sb a helping hand; **wir müssen dir wohl erst auf die Sprünge helfen, was?** looks like we need to help things along a bit; **immer auf dem ~ sein** *(fam)* to be always on the go; **auf dem ~ sein** to be about to leave [*or* go]; **nur einen ~ entfernt von etw sein** to be only a stone's throw away from sth; **jdm auf die Sprünge kommen** *(fam)* to get on to sb; **na warte, wenn ich dir erst auf die Sprünge komme!** just wait until I get a hold of you!; **auf einen ~ [bei jdm] vorbeikommen** *(fam)* to pop in [*or* by] to see sb *fam*

Sprung·brett *nt* ❶ SPORT diving board ❷ SPORT *(Turngerät)* springboard ❸ *(geh: gute Ausgangsbasis)* springboard **Sprung·fe·der** *f* spring **Sprung·ge·lenk** *nt* ankle [joint] **Sprung·gru·be** *f* pit

sprung·haft I. *adj* ❶ *(in Schüben erfolgend)* rapid ❷ *(unstet)* volatile, fickle **II.** *adv* in leaps and bounds

Sprung·haf·tig·keit <-> *f kein pl* fickleness *no pl,* volatile nature

Sprung·schan·ze *f* ski jump **Sprung·stab** *m* vaulting pole **Sprung·tuch** *nt* jumping blanket [*or* sheet] **Sprung·turm** *m* diving platform

Spu·cke <-> [ˈʃpʊkə] *f kein pl (fam: Speichel)* spit *no pl;* ▶ WENDUNGEN: **jdm bleibt die ~ weg** sb is flabbergasted; **da bleibt mir die ~ weg** I'm [totally] flabbergasted

spu·cken [ˈʃpʊkn̩] **I.** *vi* ❶ *(ausspucken)* to spit ❷ DIAL *(sich übergeben)* to throw up *fam,* to vomit ❸ *(fam: Maschine)* to sputter **II.** *vt* ▪ **etw ~** to spit sth out; ▪ **etw** [**auf etw** *akk*] **~** *(gezielt)* to spit sth [onto sth]; *s. a.* **Hand**

Spuck·napf *m* spittoon

Spuk <-[e]s, -e> [ʃpuːk] *m* ❶ *(Geistererscheinung)* [ghostly] apparition, spook *fam* ❷ *(schreckliches Erlebnis)* nightmare

spu·ken [ˈʃpuːkn̩] *vi impers* ❶ *(nicht geheuer sein)* to haunt; ▪ **irgendwo spukt es** somewhere is haunted; **hier spukt's** this place is haunted ❷ *(fam: nicht ganz bei Trost sein)* ▪ **bei jdm spukt es** sb is out of his/ her mind; **ich glaube, bei ihr spukt's** I think she must be out of her mind

Spuk·ge·schich·te *f* ghost story **Spuk·schloss**ᴿᴿ *nt* haunted castle

Spül·be·cken *nt* sink

Spu·le <-, -n> [ˈʃpuːlə] *f* ❶ *(Garnrolle)* bobbin ❷ FILM spool, reel ❸ ELEK *(Schaltelement)* coil

Spü·le <-, -n> [ˈʃpyːlə] *f* [kitchen] sink

spu·len [ˈʃpuːlən] **I.** *vt* ▪ **etw** [**von etw**] **auf etw** *akk* **~** to wind [*or* spool] sth [from sth] onto sth **II.** *vi* to wind [on]

spü·len [ˈʃpyːlən] **I.** *vi* ❶ *(Geschirr abwaschen)* to wash up ❷ *(die Toilette abziehen)* to flush **II.** *vt* ❶ *(abspülen)* ▪ **etw ~** to wash up sth *sep* ❷ *(schwemmen)* ▪ **etw irgendwohin ~** to wash sth somewhere; **das Meer spülte die Leiche an Land** the sea washed the body ashore

Spül·kas·ten *m* cistern **Spül·ma·schi·ne** *f* dishwasher **spül·ma·schi·nen·fest** *adj* dishwasher-safe

Spül·mit·tel *nt* washing-up liquid, dish soap ᴬᴹ **Spül·stein** *m* DIAL sink

Spü·lung <-, -en> *f* ❶ *(gegen Mundgeruch)* rinsing *no art* ❷ *(Wasserspülung)* flush; **die ~ betätigen** to flush [the toilet] ❸ *(Haarspülung)* conditioner

Spül·was·ser *nt* dishwater, washing-up water BRIT

Spul·wurm *m* roundworm, ascarid *spec*

Spund¹ <-[e]s, Spünde *o* Spunde> [ʃpʊnt, ˈʃpʏndə] *m* bung, spigot

Spund² <-[e]s, -e> [ʃpʊnt] *m* ▪ **junger ~** *(fam)* stripling, young pup *fam*

Spund·loch *nt* bunghole

Spur <-, -en> [ʃpuːɐ̯] *f* ❶ *(hinterlassenes Anzeichen)* trace; *Verbrecher a.* clue; **~en der Verwüstung** signs [*or* marks] of devastation; **jdn auf die** [**richtige**] **~ bringen** to put sb on[to] the right track [*or* the scent]; **dieses Beweisstück brachte die Polizei auf die ~ des Täters** this piece of evidence helped the police [to] trace [*or* track down] the culprit; **~en/keine ~en/seine ~en hinterlassen** to leave traces/no trace[s]/one's traces; *Schicksal a.* to leave its/no/its mark; *Verbrecher a.* to leave clues/no clue[s]/clues; **jdm auf der ~ sein** to be on sb's trail [*or* the trail of sb]; **andere ~en verfolgen** to follow up other leads; **auf der falschen/richtigen ~ sein, die falsche/ richtige ~ verfolgen** to be on the wrong/right track; **eine heiße ~** a firm lead; **jdm auf die ~ kommen** to get onto sb ❷ *(Fuß~en)* track[s *pl*], trail *no pl;* **die ~ aufnehmen** to pick up the trail ❸ *(kleine Menge)* trace; *Knoblauch, Pfeffer* touch, soupçon *a. hum;* **eine ~ salziger/süßer** a touch saltier/sweeter; **die Suppe könnte eine ~ mehr Salz vertragen** this soup could do with a touch more salt; **eine ~ zu salzig/süß** a touch too salty/sweet; **keine ~, nicht die ~** *(fam)* not at all ❹ *(Fünkchen)* scrap, shred; **hätte er nur eine ~ mehr Verstand gehabt, wäre dies nicht geschehen** if he'd had just an ounce more common sense this wouldn't have happened ❺ *(Fahrstreifen)* lane; **die linke/rechte ~** the left-hand/right-hand lane; **aus der ~ geraten** to move [*or* swerve] out of lane; **~ halten** to keep in lane ❻ AUTO *(Spurweite)*

track [*or* ᴬᴹ tread] width; *(Radstellung)* tracking *no pl, no indef art* ❼ TECH, INFORM track; **das Tonbandgerät hat acht ~en** the tape recorder has eight tracks, this is an 8-track tape recorder ❽ SKI course, track

spür·bar *adj* perceptible, noticeable

Spur·bus *m* bus *(driving on its own special lane)*

spu·ren [ˈʃpuːrən] *vi (fam)* ▪ [**bei jdm**] **~** to do as one is told, to obey [sb], to toe the line *fam*

spü·ren [ˈʃpyːrən] **I.** *vt* ▪ **etw ~** ❶ *(körperlich wahrnehmen)* to feel sth; **den Alkohol ~** to feel the effects of the alcohol; **einen Schnaps spürt er sofort im Kopf** just one schnapps makes him feel heady; **die Peitsche zu ~ bekommen** to be given a taste of the whip ❷ *(merken)* to sense sth; **sie wird jetzt sein Missfallen zu ~ bekommen** she will get to feel his displeasure now; ▪ **jdn seine Verärgerung ~ lassen** to let [*or* make] sb feel one's annoyance, to let sb know that one is annoyed, to make no attempt to hide one's annoyance [at sb]; **etw zu ~ bekommen** to feel the [full] force of sth; [**es**] **zu ~ bekommen, dass ...** to be made conscious [*or* aware] of the fact that ... **II.** *vi* ▪ **~, dass/ob/wie ...** to sense [*or* notice] that/ whether/how ...; ▪ **jdn** [**deutlich**] **~ lassen, dass ...** to leave sb in no doubt that ...

Spu·ren·ele·ment *nt* trace element **Spu·ren·gas** *nt* trace gas **Spu·ren·si·che·rung** *f* securing of evidence *no pl, no indef art* **Spu·ren·su·cher** *m* forensic detective

Spür·hund *m* tracker dog; *(fig)* sleuth

spur·los I. *adj* without [a] trace *pred* **II.** *adv* ❶ *(keine Spuren hinterlassend)* without [leaving a] trace ❷ *(keine Eindrücke hinterlassend)* **an jdm ~/nicht ~ vorübergehen** to not leave/to leave its/their mark on sb

Spür·na·se *f* ❶ *(detektivischer Scharfsinn)* flair *no pl,* intuition *no pl* ❷ *(ausgeprägter Geruchssinn)* [good] nose [*or* sense of smell]

Spur·ril·le *f* rut

Spür·sinn *m kein pl* nose; **einen** [**feinen/unfehlba- ren**] **~ für etw haben** to have a [fine]/a[n infallible] nose for sth

Spurt <-s, -s *o* -e> [ʃpʊrt] *m* sprint, spurt; **zum ~ ansetzen** to make a final spurt

spur·ten [ˈʃpʊrtn̩] *vi sein* to sprint, to spurt

spu·ten [ˈʃpuːtn̩] *vr* DIAL ▪ **sich ~** to hurry [up]; **spute dich!** hurry up!, look sharp!

Squash <-> [skvɔʃ] *nt* squash

Squash·hal·le *f* squash courts *pl*

Sri Lan·ka <-> [sriː ˈlaŋka] *nt* Sri Lanka

Sri-Lan·ker(in) <-s, -> [sriˈlaŋkə] *m(f)* Sri Lankan; *s. a.* **Deutsche(r)**

sri-lan·kisch [sriˈlaŋkɪʃ] *adj* Sri Lankan; *s. a.* **deutsch**

SSK *f* NUKL *Abk von* **Strahlenschutzkommission** commission for radiation protection

s.t. *adv* SCH *Abk von* **sine tempore**

St. ❶ *Abk von* **Stück** pce[.], pcs[.] *pl* ❷ *Abk von* **Sankt** St, SS *pl*

Staat <-[e]s, -en> [ʃtaːt] *m* ❶ *(Land)* country ❷ *(staatliche Institutionen)* state; **eine Einrichtung des ~es** a state institution; **beim ~ arbeiten** [*o* sein] *(fam)* to be employed by the government [*or* state]; **ein ~ im ~e** a state within a state ❸ *(Insekten~)* colony ❹ *pl (USA)* ▪ **die ~en** the States; **die Vereinigten ~en** [**von Amerika**] the United States [of America], the US[A], the U.S. of A. *hum* ❺ *(Ornat)* finery; **in vollem ~** in all one's finery ▸ WENDUNGEN: **damit ist kein ~ zu machen** [*o* **damit kann man keinen ~ machen**] that's nothing to write home about *fam;* **mit diesem alten Anzug kannst du** [**beim Fest**] **keinen ~ machen** you'll hardly be a great success [at the celebrations] in [*or* with] that old suit; **mit diesem verwilderten Garten ist kein ~ zu machen** this overgrown garden won't impress anyone; **viel ~ machen** to make a big [*or* lot of] fuss; **von ~s wegen** on the part of the [state] authorities, on a governmental level

Staa·ten·bund <-bünde> *m* confederation [of states], staatenbund *spec* **staa·ten·los** *adj* stateless; ◼ **~ sein** to be stateless, to be stateless persons/a stateless person **Staa·ten·lo·se(r)** *f(m) dekl wie adj* stateless person **staa·ten·über·grei·fend** *adj inv* POL international

staat·lich I. *adj* ① *(staatseigen)* state-owned; *(~ geführt)* state-run; **~e Einrichtungen** state [*or* government] facilities ② *(den Staat 1 betreffend)* state *attr,* national ③ *(aus dem Staatshaushalt stammend)* government *attr,* state *attr* II. *adv* **~ anerkannt** state-[*or* government-] approved; **~ gefördert** government-sponsored; **~ geprüft** [state-]certified; **~ subventioniert** state-subsidized, subsidized by the state *pred*

staat·li·cher·seits *adv* POL *(geh)* on the part of the government

Staats·af·fä·re *f* POL affair of state; ▶ WENDUNGEN: **eine ~ aus etw machen** to make [such] a fuss about [*or pej fam* a song and dance out of] sth **Staats·akt** *m* ① *(Festakt)* state ceremony [*or* occasion] ② *(Rechtsvorgang)* act of state **Staats·ak·ti·on** *f* POL major operation; ▶ WENDUNGEN: **aus etw eine ~ machen** *(iron fam)* to make a song and dance out of sth **Staats·an·ge·hö·ri·ge(r)** *f(m) dekl wie adj* citizen, national *form;* **britische ~** British citizens [*or form* nationals] [*or* subjects] **Staats·an·ge·hö·rig·keit** *f* nationality, national status *form* **Staats·an·lei·he** *f* government [*or* state] loan [*or* public] loan [*or* bond[s *pl*]] **Staats·an·walt, -an·wäl·tin** *m, f* public prosecutor BRIT, District Attorney AM **Staats·an·walt·schaft** <-, -en> *f* public prosecutor's office, prosecuting attorney's office AM **Staats·ap·pa·rat** *m* apparatus of state, government [*or* state] machinery **Staats·ar·chiv** *nt* national [*or* state] archives *pl,* Public Record Office BRIT **Staats·auf·trag** *m* POL appointment of the government; **im ~ handeln** to act by appointment of the government **Staats·aus·ga·ben** *pl* public expenditure **Staats·ban·kett** *nt* state banquet **Staats·be·am·te(r), -be·am·tin** *m, f* public [*or* civil] servant **Staats·be·gräb·nis** *nt* state [*or* AM national] funeral **Staats·be·sitz** *m kein pl* public ownership **Staats·be·such** *m* state visit **Staats·be·trieb** *m* state-owned enterprise, nationalized enterprise **Staats·bür·ger(in)** *m(f) (geh)* national *form,* citizen; **britische ~** British nationals *form* [*or* citizens] [*or* subjects] **staats·bür·ger·lich** *adj attr (geh)* civic, public; **~e Rechte** civil rights **Staats·bür·ger·schaft** *f* nationality; **doppelte ~** dual nationality **Staats·bür·ger·schafts·recht** *nt* POL ◼ **das ~** ≈ the Immigrants Act *(German law dealing with nationality and citizenship of immigrants)* **Staats·chef(in)** [-ʃɛf] *m(f) (fam)* head of state **Staats·dienst** *m* government service *no art,* civil service; **in den ~ übernommen werden** to become a civil servant **Staats·ei·gen·tum** *nt* state ownership **Staats·emp·fang** *m* state reception; **einen ~ geben** to give [*or* hold] a state reception **Staats·ex·a·men** *nt* state exam[ination]; *(zur Übernahme in den Staatsdienst)* civil service examination

Some university courses in Germany, such as medicine, teaching and law, end with one or two sets of **Staatsexamen** – *state examinations* carried out by university professors and government-approved examiners. The *Staatsexamen* is equivalent to the *Diplom* and the *Magister.*

Staats·feind(in) *m(f)* enemy of the state **staats·feind·lich** *adj* subversive, hostile to the state *pred* **Staats·**

fi·nan·zen *pl* public finances *pl* **Staats·flag·ge** *f* national flag **Staats·form** *f* form [*or* system] of government; **die ~ der Monarchie** monarchism, monarchical government *form* **Staats·ge·biet** *nt* national territory **Staats·ge·heim·nis** *nt* state [*or* official] secret **Staats·ge·walt** *f kein pl* state [*or* government[all]] authority **Staats·gren·ze** *f* [national [*or* state]] border **Staats·haus·halt** *m* national budget **Staats·kanz·lei** *f* state chancellery, minister president's office **Staats·ka·ros·se** *f* ① *(Staatskutsche)* state coach [*or* carriage] ② *(fam: Dienstwagen)* government car **Staats·kas·se** *f* treasury, public purse BRIT **Staats·kne·te** *f (sl)* government handout[s *pl*], a. *pej fam* **Staats·kos·ten** *pl* public expenses; ◼ **auf ~** at [the] public expense **Staats·mann** *m (geh)* statesman **staats·män·nisch** *adj (geh)* statesmanlike **Staats·ober·haupt** *nt* head of state **Staats·prä·si·dent(in)** *m(f)* president [of a/the state] **Staats·prü·fung** *f (geh) s.* Staatsexamen **Staats·rä·son** *f* POL reasons *pl* of state **Staats·re·gie·rung** *f* [state [*or* national]] government **Staats·se·kre·tär(in)** *m(f)* state [*or* BRIT permanent] secretary, undersecretary AM; **parlamentarischer ~** parliamentary secretary **Staats·si·cher·heits·dienst** *m kein pl (hist)* state security service **Staats·streich** *m* coup [d'état] **staats·the·o·re·tisch** *adj* POL, PHILOS concerning theory of state **staats·tra·gend** *adj* representing the interests of the state *pred;* **die ~en Parteien** the established parties **Staats·ver·dros·sen·heit** *f* political apathy *no pl* **Staats·ver·schul·dung** *f* state [*or* government] indebtedness, national debt *no pl, no indef art* **Staats·ver·trag** *m* ① *(international)* [international] treaty ② *(zwischen Gliedstaaten)* interstate treaty [*or* agreement] **Staats·we·sen** *nt (geh)* state [system]

Stab <-[e]s, Stäbe> [ʃtaːp, *pl:* ˈʃtɛːbə] *m* ① *(runde Holzlatte)* rod, staff ② *(Gitter~)* bar ③ SPORT *(Stabhochsprung~)* pole; *(Staffel~)* baton ④ MUS *(Taktstock)* baton ⑤ *(beigeordnete Gruppe)* staff; *Experten* panel ⑥ MIL staff ▶ WENDUNGEN: **den ~ über jdn brechen** *(geh)* to roundly condemn sb

Stäb·chen <-s, -> [ˈʃtɛːpçən] *nt* ① *(Ess~)* chopstick ② *(beim Mikado)* jackstraw, spillikin, pick-up [*or* picka-] stick [*or* styk] ③ *(Häkelmasche)* treble [crochet] ④ ANAT *(Augensinneszelle)* rod ⑤ *(fam: Zigarette)* cigarette, fag BRIT *fam,* ciggy BRIT *fam* **Stäb·chen·bak·te·ri·um** <-s, -rien> *nt* BIOL bacillus **stab·för·mig** *adj* rod-shaped; MED *a.* bacilliform *spec* **Stab·hoch·sprin·ger(in)** *m(f)* pole-vaulter **Stab·hoch·sprung** *m* pole vault **sta·bil** [ʃtaˈbiːl, st-] *adj* ① *(strapazierfähig)* sturdy, stable ② *(beständig)* stable ③ *(nicht labil)* steady; **~e Gesundheit/Konstitution** sound health/constitution **Sta·bi·li·sa·tor** <-s, -toren> [ʃtabiliˈzaːtoːɐ̯, *pl:* -zaˈtoːrən] *m* ① AUTO stabilizer [*or* anti-roll bar], anti-roll bar ② CHEM stabilizer [*or* BRIT *a.* -iser], stabilizing agent **sta·bi·li·sie·ren** [ʃtabiliˈziːrən] I. *vt* ① *(geh: standfester machen)* ◼ **etw ~** to stabilize sth, to make sth stable ② *(kräftigen)* ◼ **jdn ~** to stabilize sb II. *vr* ◼ **sich ~** ① *(beständig werden)* to stabilize, to become stable ② *(sich festigen)* to stabilize, to become stable [*or* steady] **Sta·bi·li·sie·rung** <-, -en> *f* stabilization **Sta·bi·li·tät** <-> [ʃtabiliˈtɛːt, st-] *f kein pl* ① *(Festigkeit)* stability, solidity ② *(Beständigkeit)* stability **Sta·bi·li·täts·pro·gramm** *nt* AUTO **elektronisches ~** electronic stability program, ESP **Stab·lam·pe** *f* [electric] torch BRIT, flashlight AM **Stab·ma·gnet** *m* bar magnet **Stab·mi·xer** *m* hand-held blender

Stab·reim m alliteration

Stabs·arzt, -ärz·tin m, f MIL. captain in the medical corps **Stabs·chef, -che·fin** m, f MIL chief of staff **Stabs·of·fi·zier** m MIL. field officer

stach [ʃtaːx] imp von **stechen**

Sta·chel <-s, -n> [ˈʃtaxl] m ❶ (spitzer Dorn: von Rose) thorn; (von Kakteen) spine; kleiner ~ prickle, spinule spec ❷ (von Igel, Seeigel) spine; (kleiner) prickle, spiculum spec; (von ~schwein) quill ❸ (Giftstachel) sting, AM a. stinger, aculeus spec ❹ (spitzes Metallstück) Zaun, Halsband spike; Stacheldraht barb ▸ WENDUNGEN: **ein ~ im Fleisch** (geh) a thorn in the flesh [or side]; **wider den ~ löcken** to kick against the pricks BRIT

Sta·chel·bee·re f gooseberry **Sta·chel·beer·strauch** m gooseberry bush **Sta·chel·draht** m barbed wire; **hinter ~** (fig a.) behind barbed wire, behind bars, locked up **Sta·chel·draht·zaun** m barbed wire fence; **elektrisch geladene Stacheldrahtzäune** live [or electrically charged] barbed wire fencing no pl, no indef art **Sta·chel·häu·ter** <-s, -> m ZOOL echinoderm

sta·che·lig [ˈʃtaxəlɪç] adj Rosen thorny; Kakteen, Tier spiny, spinous spec; (mit kleineren Stacheln) prickly **Sta·chel·schne·cke** f sting winkle **Sta·chel·schwein** nt porcupine

Sta·del <-s, -> [ˈʃtaːdl̩] m SÜDD, ÖSTERR, SCHWEIZ barn

Sta·di·on <-s, Stadien> [ˈʃtaːdi̯ɔn, pl: ˈʃtaːdi̯ən] nt stadium, AM a. bowl

Sta·di·um <-s, Stadien> [ˈʃtaːdi̯ʊm, pl: ˈʃtaːdi̯ən] nt stage; **im letzten ~** MED at a [or the] terminal stage

Stadt <-, Städte> [ʃtat, pl: ˈʃtɛ(ː)tə] f ❶ (Ort) town; (Groß~) city; **am Rande der ~** on the edge of [the] town, on the outskirts of the city; **im Zentrum der ~** in the centre [or AM -er] of town, in the city/town centre; **in ~ und Land** (geh) throughout the land, the length and breadth of the land ❷ (fam: ~verwaltung) [city/town] council; (von Groß~ a.) corporation; **bei der ~ arbeiten** [o sein] to work for the council/corporation

städt. adj Abk von **städtisch**

stadt·aus·wärts adv out of town/the city **Stadt·au·to·bahn** f urban motorway [or AM freeway] **Stadt·bahn** f suburban [or metropolitan] railway, city railroad AM **Stadt·bau·amt** nt town planning department **stadt·be·kannt** adj well-known, known all over town pred **Stadt·be·zirk** m municipal district, borough **Stadt·bild** nt cityscape/townscape **Stadt·bü·che·rei** f municipal [or city/town] [lending] library **Stadt·bum·mel** m stroll in the [or through] town; **einen ~ machen** to go for a stroll through town **Städt·chen** <-s, -> [ˈʃtɛ(ː)tçən] nt dim von **Stadt** small [or little] town **Stadt·di·rek·tor(in)** m(f) chief executive of a city/town, city/town manager AM **Städ·te·bau** m kein pl urban development no pl **städ·te·bau·lich I.** adj in/of urban development pred **II.** adv in terms of urban development **stadt·ein·wärts** adv [in]to town, downtown AM **Städ·te·part·ner·schaft** f partnership between cities/towns, town twinning BRIT **Städ·ter(in)** <-s, -> [ˈʃtɛ(ː)tɐ] m(f) ❶ (Einwohner einer Stadt) city/town dweller ❷ (Stadtmensch) city/town dweller, townie pej fam **Städ·te·tag** m congress of municipalities **Städ·te·tou·ris·mus** m TOURIST city tourism **Stadt·flit·zer** m AUTO (fam) city nipper fam, runabout fam **Stadt·flucht** f kein pl exodus from the cities, urban outmigration AM **Stadt·füh·rer(in)** <-s, -> m(f) ❶ (Person) town/city guide ❷ (Buch) town/city guidebook **Stadt·füh·rung** f guided tour [through the city/town] **Stadt·ge·biet** nt municipal

area; (von Großstadt a.) city zone **Stadt·ge·spräch** nt [das] ~ **sein** to be the talk of the town **Stadt·gren·ze** f municipal border; (von Großstadt a.) city limits pl **Stadt·hal·le** f city hall

städ·tisch [ˈʃtɛ(ː)tɪʃ] adj ❶ (kommunal) municipal, city/town attr ❷ (geh: urban) urban, city/town attr; of the city/town pred

Stadt·käm·me·rer, -käm·me·rin m, f city/town treasurer **Stadt·kas·se** f city/town [or municipal] treasury **Stadt·kern** m city/town centre [or AM -er] **Stadt·mau·er** f city/town wall **Stadt·mensch** m city/town person, townie pej fam **Stadt·mit·te** f city/town centre; **bis [zur] ~** to the [city/town] centre, to the centre of town **Stadt·park** m municipal [or city/town] park **Stadt·plan** m [street] map [of a/the city/town], A to Z [of a/the city/town] BRIT **Stadt·pla·nung** f town/city planning **Stadt·rand** m edge of [the] town, outskirts npl of the city; **am/an den ~** on/to the edge of town/the outskirts of the city **Stadt·rat** m [city/town [or municipal]] council **Stadt·rat, -rä·tin** m, f [city/town] councillor [or AM councilor] **Stadt·rei·ni·gung** f town/city environmental and operational services **Stadt·rund·fahrt** f sightseeing tour [of a/the city/town]; **eine ~ machen** to go on a [sightseeing] tour of a/the city/town **Stadt·staat** m city state **Stadt·strei·cher(in)** m(f) city/town tramp [or esp AM vagrant] **Stadt·teil** m district, part of town **Stadt·tor** nt city/town gate **Stadt·ver·kehr** m city/town traffic **Stadt·ver·ord·ne·te** m o f town/city councillor **Stadt·ver·wal·tung** f [city/town] council **Stadt·vier·tel** nt district, part of town **Stadt·wap·pen** nt municipal coat of arms **Stadt·wer·bung** f city/town advertising **Stadt·wer·ke** pl [city's/town's] department of [or AM public] works + sing vb, municipal [or council] services pl **Stadt·woh·nung** f city/town apartment [or BRIT flat] **Stadt·zen·trum** nt city/town centre; ▪ **im ~** in the city/town centre, downtown AM

Sta·fet·te <-, -n> [ʃtaˈfɛtə] f HIST courier, [express] messenger

Staf·fel <-, -n> [ˈʃtafl] f ❶ MIL (Luftwaffeneinheit) squadron; (Formation) echelon ❷ SPORT (~lauf) relay [race]; (Mannschaft) relay team ❸ TV season; **die 3. Staffel von „Deep Space Nine"** the third season of "Deep Space Nine"

Staf·fe·lei <-, -en> [ʃtafəˈlai] f easel

Staf·fel·lauf m relay [race]

staf·feln [ˈʃtafl̩n] vt ❶ (einteilen) ▪ etw ~ to grade [or graduate] sth ❷ (formieren) ▪ etw ~ to stack [up sep] sth [in a pyramid shape] ❸ SPORT **gestaffelte Abwehr/Startzeiten** staggered defence [or AM -se] / starting times

Staf·fel·schwim·men nt relay swimming no pl, no indef art

Staf·fel·ta·rif m differential tariff

Staf·fe·lung <-, -en> f, **Staff·lung** <-, -en> f ❶ (Einteilung) graduation, grading ❷ (Formierung) stacking [in the shape of a pyramid] ❸ SPORT Startzeiten staggering no pl, no indef art

Stag·fla·ti·on <-, -en> [ʃtakflaˈtsi̯oːn, st-] f ÖKON stagflation

Stag·na·ti·on <-, -en> [ʃtagnaˈtsi̯oːn, st-] f stagnation, stagnancy

stag·nie·ren [ʃtaˈgniːrən, st-] vi to stagnate

stahl [ʃtaːl] imp von **stehlen**

Stahl <-[e]s, -e o Stähle> [ʃtaːl, pl: ˈʃtɛːlə] m ❶ (legiertes Eisen) steel; **rostfreier ~** stainless steel ❷ kein pl (poet: Stichwaffe) blade

Stahl·bau[1] m kein pl (Bautechnik) steel construction no art, structural steel engineering no art

Stahl·bau[2] <-bauten> m (Bauwerk) steel structure, steel-girder construction

Stahl·be·ton *m* reinforced concrete, R/C *spec,* ferroconcrete **Stahl·blech** *nt* sheet steel, steel sheet
stäh·len [ˈʃtɛːlən] *vt* ■ **etw ~** to harden [*or* toughen] sth
stäh·lern [ˈʃtɛːlən] *adj* ❶ *(aus Stahl hergestellt)* steel, of steel *pred* ❷ *(fig geh)* iron *attr,* of iron *pred*
Stahl·ge·rüst *nt* [tubular] steel scaffolding *no pl, no indef art* **stahl·hart** [ˈʃtaːlˈhart] *adj (a. fig)* [as] hard as steel *pred,* iron-hard *fig;* ■ **~ sein** to be [as] hard as steel; **ein ~er Händedruck** a crushing [*or* an iron] grip **Stahl·helm** *m* MIL steel helmet **Stahl·kam·mer** *f* strongroom, steel vault **Stahl·ko·cher** *m* steelworker
Stahl·pro·duk·ti·on *f* steel production **Stahl·rohr** *nt* steel tube [*or* pipe] **Stahl·rohr·mö·bel** *pl* tubular steel furniture *no pl* **Stahl·ross**^RR^ <-es, -rösser> *nt (Dampflokomotive)* iron horse *liter,* steamer *fam*
Stahl·trä·ger *m* steel girder **Stahl·werk** *nt* steel mill, steelworks + *sing/pl verb*
stak [ʃtaːk] *imp von* **stecken I.**
Sta·ke·ten·zaun [ʃtaˈkɛtn̩-] *m* paling, BRIT *a.* palings *pl,* picket fence
Stak·ka·to <-s, -s *o* Stakkati> [ʃtaˈkaːto, *pl:* -ˈkaːti] *nt* staccato
stak·sen [ˈʃtaːksn̩] *vi sein (fam)* to stalk; *(mühselig)* to hobble; *(unsicher)* to teeter
stak·sig [ˈʃtaːksɪç] **I.** *adj* awkward, clumsy **II.** *adv* **~ gehen** to hobble, to move clumsily; *(unsicher)* to teeter [*or* wobble]
Sta·lag·mit <-en *o* -s, -en> [ʃtalaˈgmiːt, st-] *m* stalagmite
Sta·lak·tit <-en *o* -s, -en> [stalakˈtiːt, ʃt-] *m* stalactite
Sta·li·nis·mus <-> [ʃtaliˈnɪsmʊs, st-] *m kein pl* Stalinism *no art*
Sta·li·nist(in) <-en, -en> [ʃtaliˈnɪst, st-] *m(f)* Stalinist
sta·li·nis·tisch *adj* Stalinist
Sta·lin·or·gel *f (fam)* multiple rocket launcher
Stall <-[e]s, Ställe> [ʃtal, *pl:* ˈʃtɛlə] *m* ❶ AGR *(Hühner~)* coop, hen house; *(Kaninchen~)* hutch; *(Kuh~)* cowshed, [cow] barn AM, byre BRIT *liter; (Pferde~)* stable; *(Schweine~)* [pig]sty, [pig]pen AM ❷ SPORT *(sl: Rennstall)* [racing] team ► WENDUNGEN: **ein** [**ganzer**] **~ voll** *(fam)* a [whole] bunch [*or* load] *fam;* **ein ganzer ~ voll Kinder** a whole herd of kids **Stalla·ter·ne**^ALT^ *f s.* **Stalllaterne**
Stall·ge·ruch *m kein pl* ❶ *(Geruch in einem Viehstall)* stable smell ❷ SOZIOL *(hum fam)* reputation
Stall·ha·se *m (hum fam)* rabbit *(kept in a hutch by breeders)* **Stall·la·ter·ne**^RR^ *f* stable lamp
Stal·lung <-, -en> *f meist pl* stables *pl,* stabling *no pl, no indef art*
Stamm <-[e]s, Stämme> [ʃtam, *pl:* ˈʃtɛmə] *m* ❶ *(Baumstamm)* [tree] trunk, bole *liter; s. a.* **Apfel** ❷ BIOL *(Kategorie)* phylum; *(von Bakterien, Pflanzen-, Tierzüchtung)* strain ❸ LING stem ❹ *(Volksstamm)* tribe ❺ *(feste Kunden)* regulars *pl,* regular customers *pl; (Mitglieder)* regular members *pl; (Belegschaft)* permanent staff + *sing/pl verb* ► WENDUNGEN: **vom ~e Nimm sein** *(hum, pej a. fam)* to be a great one for accepting gifts *hum fam,* to be out for what one can get *pej fam*
Stamm·ak·tie *f* ordinary share, common stock AM
Stamm·baum *m* family [*or* genealogical] tree, phylogenetic tree *spec* **Stamm·be·leg·schaft** *f* permanent [*or* regular] staff + *sing/pl verb* **Stamm·buch** *nt* family register; ► WENDUNGEN: **jdm etw ins ~ schreiben** to make a note of sth [*or* take sth to heart]
stam·meln [ˈʃtamln̩] **I.** *vi* to stammer; ■ **das S~** stammering **II.** *vt* ■ **etw ~** to stammer [out] sth
stam·men [ˈʃtamən] *vi* ❶ *(gebürtig sein)* **von Berlin/ aus dem Ausland ~** to come from Berlin/abroad [*or* overseas]; **woher ~ Sie?** where are you [*or* where do you come] from [originally]? ❷ *(herrühren)* **von jdm/ aus dem 16. Jahrhundert ~** to [originally] belong to

sb/to date from [*or* back to] the 16th century; **diese Unterschrift stammt nicht von mir** this signature isn't mine
Stam·mes·brauch *m* tribal custom **Stam·mes·entwick·lung** *f* BIOL phylogeny **Stam·mes·fürst** *m* tribal chief, chief of a/the tribe **Stam·mes·häupt·ling** *m* chieftain, head of a/the tribe, head honcho AM *fam*
Stamm·form *f* LING base [*or spec* cardinal] form
Stamm·gast *m* regular [guest], habitué *liter* **Stammhal·ter** *m* son and heir **Stamm·haus** *nt* ÖKON parent company
stäm·mig [ˈʃtɛmɪç] *adj* stocky, sturdy, thickset
Stamm·ka·pi·tal *nt* ordinary [*or* equity] share capital
Stamm·knei·pe *f* local [*or* usual] pub [*or* AM bar], local BRIT *fam* **Stamm·kun·de, -kun·din** *m, f* regular [customer] **Stamm·kund·schaft** *f* regulars *pl,* regular customers *pl* **Stamm·lo·kal** *nt* local [*or* usual] café/ restaurant/bar; *(Kneipe a.)* local BRIT *fam* **Stammmut·ter**^RR^ *f* ancestress, progenitrix *form* **Stammplatz** *m* regular [*or* usual] seat, regular place **Stammsitz** *m* ancestral seat; *Firma* headquarters + *sing/pl verb* **Stamm·tisch** *m* ❶ *(Tisch für Stammgäste)* table reserved for the regulars ❷ *(Stammgäste am ~ 1)* [group of] regulars; [seinen] **~ haben** to meet [[up] with *fam*] one's fellow regulars

Stammut·ter^ALT^ *f s.* **Stammmutter Stamm·va·ter** *m* ancestor, progenitor *form* **Stamm·ver·zeich·nis** *nt* INFORM root directory **Stamm·wäh·ler(in)** *m(f)* staunch supporter, loyal voter; *s. a.* **Wechselwähler Stamm·zel·le** *f* stem cell **Stamm·zel·len·forschung** *f* stem cell research
stamp·fen [ˈʃtampfn̩] **I.** *vi* ❶ *haben (auf~)* [**mit dem Fuß** [**auf den Boden**]] **~** to stamp [one's foot]; [**mit den Hufen**] **~** to paw the ground [with its hooves] ❷ *sein (~d gehen)* ■ **irgendwohin ~** to stamp off somewhere; *(schweren Schrittes a.)* to tramp somewhere; *(mühselig)* to trudge [*or* plod] somewhere ❸ *haben (von Maschine)* to pound ❹ *haben (von Schiff)* to pitch **II.** *vt haben* ❶ *(fest~)* ■ **etw ~** to tamp [down *sep*] sth; *(gestampfter Lehm* tamped [*or spec* pugged] clay ❷ *(zer~)* ■ **etw** [**zu etw**] **~** to mash sth [to sth]; **Kartoffeln** [**zu Kartoffelbrei**] **~** to mash potatoes; **Trauben mit den** [**nackten**] **Füßen ~** to tread grapes
Stamp·fer <-s, -> *m* ❶ *(Kartoffel~)* [potato] masher ❷ *(für Sand/Schotter)* tamper
stand [ʃtant] *imp von* **stehen**
Stand <-[e]s, Stände> [ʃtant, *pl:* ˈʃtɛndə] *m* ❶ *(das Stehen)* standing [position]; **keinen festen/sicheren ~ auf der Leiter haben** to not have a firm/safe [*or* secure] foothold on the ladder; **aus dem ~** from a standing position [*or* start]; **den Motor im ~ laufen lassen** to let the engine idle ❷ *(Verkaufsstand)* stand; *(Messe~ a.)* stall BRIT; *(Markt~ a.)* stall BRIT; *(Taxen~)* rank ❸ *(Anzeige)* reading; **laut ~ des Barometers** according to the barometer [reading] ❹ *kein pl (Zustand)* state; **der ~ der Forschung** the level of research; **der neueste ~ der Forschung/Technik** state of the art; **der ~ der Dinge** the [present] state of things [*or* affairs]; **beim gegenwärtigen ~ der Dinge** at the present state of affairs, the way things stand [*or* are] at the moment; **sich auf dem neuesten ~ befinden** to be up-to-date; **etw auf den neuesten ~ bringen** to bring sth up-to-date ❺ *(Spielstand)* score ❻ SCHWEIZ *(Kanton)* canton ❼ *(Gesellschaftsschicht)* station, status; *(Klasse)* class, rank; **der geistliche ~** the clergy ► WENDUNGEN: **in den ~ der Ehe treten**

(geh) to be joined in matrimony *form;* **der dritte ~** the third estate; **einen/keinen festen ~ unter den Füßen haben** to be settled/unsettled; [**bei jdm**] **einen schweren** [*o* **keinen leichten**] **~ haben** to have a hard time of it [with sb]; **aus dem ~ verreisen** to go away on an impromptu journey; **aus dem ~** [**heraus**] off the cuff

Stan·dard <-s, -s> ['ʃtandart, 'st-] *m* ➊ *(Grundausstattung)* standard [equipment]; *(Grundeinrichtung)* standard [facility] ➋ *(Norm)* standard ➌ *(gesetzlicher Feingehalt in Münzen)* standard [for coins]

Stan·dard·ar·ti·kel *m* standard article, stock item **Stan·dard·aus·rüs·tung** *f* standard equipment **Stan·dard·aus·stat·tung** *f* standard facilities *pl* **Stan·dard·brief** *m* standard letter **Stan·dard·ein·stel·lung** *f* standard setting **Stan·dard·for·mu·lie·rung** *f* standard wording *no pl, no indef art* **Stan·dard·ge·bühr** *f* standard fee **Stan·dard·grö·ße** *f* standard size

stan·dar·di·sie·ren` [ʃtandardi'ziːrən, st-] *vt* ■ **etw ~** to standardize sth; ■ **standardisiert** standardized **Stan·dar·di·sie·rung** <-, -en> *f* standardization

Stan·dard·mo·dell *nt* standard model **Stan·dard·tanz** *m* set-pattern dance **Stan·dard·werk** *nt* core literature

Stan·dar·te <-, -n> [ʃtan'dartə] *f* ➊ *(Fahne)* standard, banner; *Auto* pennant ➋ HIST [SA/SS] unit

Stand·bild *nt* statue; **jdm ein ~ errichten** to erect [*or* raise] a statue to sb

Stand-by-Tas·te *f* standby button

Ständ·chen <-s, -> ['ʃtɛntçən] *nt* serenade; **jdm ein ~ bringen** to serenade sb

Stan·der <-s, -> ['ʃtandɐ] *m* pennant

Stän·der <-s, -> ['ʃtɛndɐ] *m* ➊ *(Gestell)* stand; *(Stempel~)* [stamp] rack ➋ *(sl: erigierter Penis)* hard-on *sl;* **einen ~ bekommen/haben** to get/have [got] a hard-on *sl*

Stän·de·rat *m* SCHWEIZ upper chamber *(of the Swiss parliament)*

Stän·de·rat, -rä·tin *m, f* SCHWEIZ member of the upper chamber *(of the Swiss parliament)*

Stan·des·amt *nt* registry office *esp* BRIT **stan·des·amt·lich I.** *adj* **eine ~e Bescheinigung** a certificate from the registry office; **eine ~e Heirat** a registry office [*or* civil] wedding **II.** *adv* **sich ~ trauen lassen** to get married in a registry office, to have a registry office [*or* civil] wedding, to be married by the Justice of the Peace AM **Stan·des·be·am·te(r), -be·am·tin** *m, f* registrar **stan·des·ge·mäß I.** *adj* befitting one's social status [*or* standing] *pred;* **~e Heirat** marriage within one's social class; ■ **~ sein** to befit one's social status [*or* standing] **II.** *adv* **~ heiraten** to marry one's social class

stand·fest *adj* stable, steady

Stand·fes·tig·keit *f kein pl* ➊ *(Stabilität)* stability *no pl* ➋ *s.* **Standhaftigkeit**

Stand·geld *nt* stallage, stall rent **Stand·ge·richt** *nt* MIL summary [*or spec* drumhead] court martial; **jdn vor ein ~ stellen** to try sb by martial law, to court-martial sb

stand·haft I. *adj* steadfast; ■ **~ sein** to be steadfast, to stand firm **II.** *adv* steadfastly; **sich ~ weigern** to steadfastly [*or* staunchly] refuse

Stand·haf·tig·keit <-> *f kein pl* steadfastness

stand|hal·ten ['ʃtanthaltn] *vi irreg* ➊ *(widerstehen)* ■ [**einer S.** *dat*] **~** to hold out against [*or* withstand] sth, to hold out; **der Belastung** *dat* **von etw ~** to put up with the strain of sth; **einer näheren Prüfung** [*or* **einer kritischen Prüfung ~** to bear [*or* stand up to] closer/a critical examination ➋ *(aushalten)* ■ **einer S.** *dat* **~** to endure sth; *Brücke* to hold [*or* bear] sth

Stand·hei·zung *f* AUTO parking heater

stän·dig ['ʃtɛndɪç] **I.** *adj* ➊ *(dauernd)* constant; **~er Regen** constant [*or* continual] rain ➋ *(permanent)* permanent **II.** *adv* ➊ *(dauernd)* constantly, all the time; **mit ihr haben wir ~ Ärger** she's a constant nuisance [to us], we're constantly having trouble with her; **musst du mich ~ kritisieren?** do you always have to criticize me?, must you constantly criticize me?, must you keep [on] criticizing me? ➋ *(permanent)* **sich irgendwo ~ niederlassen** to find a permanent home somewhere

Stan·ding·ova·tions, Stan·ding Ova·tions ['stɛndɪŋoʊ'veːʃns] *pl* standing ovation

Stand·kü·chen·ma·schi·ne *f* food processor **Stand·lei·tung** *f* INFORM leased line **Stand·licht** *nt kein pl* sidelights *pl* BRIT, parking lights *pl* AM **Stand·mie·te** *f* stand rent **Stand·mi·xer** *m* blender

Stand·ort <-[e]s, -e> *m* ➊ *(Unternehmenssitz)* site, location ➋ *(Standpunkt)* position ➌ MIL garrison, post ➍ *(von Pflanzen)* site

Stand·ort·fak·tor *m* locational factor **Stand·ort·wahl** *f* choice of location

Stand·pau·ke *f (fam)* telling-off, lecture *fam;* **jdm eine ~ halten** to give sb a telling-off [*or fam* lecture]; *(stärker)* to read the Riot Act to sb *hum fam* **Stand·platz** *m* [taxi] rank **Stand·punkt** *m* ➊ *(Meinung)* [point of] view, viewpoint, standpoint; **wie ist Ihr ~, was diese Angelegenheit angeht?** what's your view of this matter?; **etw von einem anderen ~ aus betrachten** to see sth from a different angle [*or* point of view]; [in etw *dat*] **auf einem anderen ~ stehen,** [in etw *dat*] **einen anderen ~ vertreten** to take a different [point of] view [of [*or* on] sth]; **auf dem ~ stehen, dass ...,** den **~ vertreten, dass ...** to take the view [*or* form be of the opinion] that ... ➋ *(Beobachtungsplatz)* vantage point, viewpoint **stand·recht·lich** *adv* summarily; **~ erschossen werden** MIL to be put [straight] before a firing squad **Stand·spur** *f* hard shoulder BRIT, shoulder AM **Stand·uhr** *f* grandfather clock

Stan·ge <-, -n> ['ʃtaŋə] *f* ➊ *(langer, runder, dünner Stab)* pole; *(kürzer)* rod ➋ *(Metall~)* bar ➌ *Gewürz* stick ➍ *Zigaretten* carton ➎ *(Ballett)* barre ➏ *(Vogel~)* perch; *(Hühner a.)* roost ➐ *(zylindrisches Glas)* tall glass ➑ *(Geweihteil)* beam ➒ *(Kandarateil)* bit ➓ *(sl: erigierter Penis)* rod *sl,* hard-on *sl* ▸ WENDUNGEN: **eine** [**schöne**] **~ Geld** *(fam)* a pretty penny, a packet BRIT *fam;* **das ist eine ~ Geld!** *(fam)* that must have cost [you/them etc.] a pretty penny [*or fam* a packet] !; **bei der ~ bleiben** *(fam)* to stick at it *fam;* **jdm die ~ halten** *(fam)* to stand [*or fam* stick] up for sb; **jdn bei der ~ halten** *(fam)* to keep sb at it *fam;* **von der ~** *(fam)* off the peg [*or* AM rack]; **Kleider von der ~ kaufen** to buy clothes off the peg, to buy off-the-peg [*or* ready-to-wear] clothes

Stän·gelRR <-s, -> ['ʃtɛŋl] *m* stalk, stem; ▸ WENDUNGEN: [jdm] **vom ~ fallen** to collapse [*or fam* pass out] [on sb]; **vom ~ fallen** to be floored [*or* bowled over] [*or fam* gobsmacked]

Stan·gen·boh·ne *f* runner bean **Stan·gen·brot** *nt (geh)* French loaf **Stan·gen·sel·le·rie** *f* celery *no pl* **Stan·gen·spar·gel** *m* asparagus spears *pl*

stank [ʃtaŋk] *imp von* **stinken**

Stän·ke·rei <-, -en> [ʃtɛŋkə'raɪ] *f (fam)* troublemaking *no pl, no indef art*

Stän·ke·rer, Stän·ke·rin <-s, -> ['ʃtɛŋkəre, 'ʃtɛŋkərɪn] *m, f (fam)* troublemaker, stirrer BRIT

stän·kern ['ʃtɛŋkɐn] *vi (fam)* to make [*or* stir up] trouble, to stir things up *fam*

Stan·ze <-, -n> ['ʃtantsə] *f* [blanking *spec*] press, stencil

stan·zen ['ʃtantsn] *vt* ➊ *(aus~)* ■ **etw ~** to press sth

② *(ein~)* ■ **etw in etw** *akk* ~ to cut sth in sth; **Löcher in etw** *akk* ~ to punch holes in sth

Sta·pel <-s, -> ['ʃtaːpl̩] *m* **①** *(geschichteter Haufen)* stack; *(unordentlicher Haufen)* pile; *Wäsche* mound **②** NAUT stocks *pl;* **etw vom ~ lassen** to launch sth; **vom ~ laufen** to be launched, to take the water *form* ▶ WENDUNGEN: **etw vom ~ lassen** *(fam)* to come out with sth *fam;* **Flüche vom ~ lassen** to rain down curses, to rail; **Verwünschungen gegen jdn/etw vom ~ lassen** to launch into a tirade against sb/sth; **einen Witz vom ~ lassen** to crack a joke

Sta·pel·lauf *m* NAUT launch[ing]

sta·peln ['ʃtaːpl̩n] **I.** *vt* ■ **etw [auf/in etw** *dat]* ~ to stack sth [on/in sth]; *Holz* ~ to stack [up *sep*] wood **II.** *vr* ■ **sich [auf/in etw** *dat]* ~ to pile up [on/in sth]

stap·fen ['ʃtapfn̩] *vi sein* ■ **durch etw** ~ to tramp through sth; *(mühseliger)* to trudge [*or* plod] through sth

Stap·fen <-s, -> ['ʃtapfn̩] *m* footprint

Star¹ <-[e]s, -e> [ʃtaːɐ̯] *m (Vogelart)* starling

Star² <-[e]s, -e> [ʃtaːɐ̯] *m* MED cataract; **grauer** ~ grey [*or* AM gray] [*or spec* lenticular] cataract; **grüner** ~ glaucoma ▶ WENDUNGEN: **jdm den** ~ **stechen** *(fam)* to tell sb some home truths *fam*

Star³ <-s, -s> [ʃtaːɐ̯, st-] *m* **①** *(berühmte Person)* star **②** *(berühmter Vertreter seines Fachs)* leading light

Star·al·lü·ren [-alyːrən] *pl (pej)* airs and graces *pl pej;* ~ **zeigen** [*or* **haben**] to put on airs and graces, to act like a prima donna *pej* **Star·an·walt, -an·wäl·tin** *m, f* star lawyer, legal eagle *fam* **Star·ar·chi·tekt(in)** *m(f) (fam)* leading [*or* top] architect

starb [ʃtarp] *imp von* **sterben**

Star·di·ri·gent(in) *m(f) (fam)* leading [*or* star] conductor

stark <stärker, stärkste> [ʃtark] **I.** *adj* **①** *(kräftig)* strong; ~**e Muskeln** strong muscles, brawn **②** *(mächtig)* powerful, strong **③** *(dick)* thick; **ein** ~**er Ast** a thick branch, a bough *liter* **④** *(euph: korpulent)* large, well-built *euph* **⑤** *(heftig)* ~**er Frost** severe [*or* heavy] frost; ~**e Hitze/Kälte** intense [*or* severe] heat/cold; ~**e Regenfälle/Schneefälle** heavy rainfall *no pl/* snowfall[s]; ~**e Schwüle** oppressive sultriness; ~**e Strömung** strong [*or* forceful] current; ~**er Sturm** violent storm; ■ ~ **sein/stärker werden** to be severe/heavy etc./to become [*or* get] severer/heavier etc. **⑥** *(erheblich)* ~**e Entzündung/Vereiterung** severe inflammation/suppuration; **eine** ~**e Erkältung** a bad [*or* heavy] cold; **ein** ~**es Fieber** a bad [*or* high] fever; **eine** ~**e Grippe/Kolik** a bad case of [the *fam*] flu/colic **⑦** *(kräftig)* ~**er Applaus** hearty [*or* loud] applause; **ein** ~**er Aufprall/Schlag/Stoß** a hard [*or* heavy] impact/blow/knock; ~**er Druck** high pressure; **ein** ~**er Erdstoß** a heavy seismic shock; **ein** ~**es Geräusch** a loud noise; **ein** ~**er Händedruck** a powerful grip; **ein** ~**es Rauschen** a [loud] roar[ing] **⑧** *(beträchtlich)* intense; ~**e Bedenken** considerable reservations; ~**e Gefühle** strong [*or* intense] feelings; ~**e Krämpfe** bad [*or* severe] cramps; ~**e Liebe** deep [*or* profound] love; ~**er Schmerz** intense [*or* severe] pain **⑨** *(leistungsfähig)* powerful **⑩** *(wirksam)* strong; ~**e Drogen/**~**er Schnaps** strong [*or* hard] drugs/ schnapps; ~**e Medikamente** strong [*or* potent] medicines; **das ist** ~**!** *(fig fam)* that's a bit much! *fam; s. a.* **Stück** **⑪** *(zahlenstark)* large; **120 Mann** ~ 120 strong; **120 Mann** ~ **sein** to be 120 strong, to number 120; **ein 500 Seiten** ~**es Buch** a book of 500 pages **⑫** *(sl: hervorragend)* great *fam* **II.** *adv* **①** *(heftig)* a lot; ~ **regnen/schneien** to rain/snow heavily [*or* a lot]; **gestern hat es** ~ **gestürmt** there was a heavy [*or* violent] storm yesterday **②** *(beträchtlich)* badly; ~ **beschädigt** badly [*or* considerably] damaged **③** *(erheblich)* severely; ~ **bluten** to bleed profusely;

~ **erkältet sein** to have a bad [*or* heavy] cold **④** *(kräftig)* hard; ~ **applaudieren** to applaud loudly [*or* heartily] **⑤** *(eine große Menge verwendend)* strongly; ~ **gewürzt** highly spiced; **zu** ~ **gesalzen** too salty **⑥** *(in höherem Maße)* greatly, a lot; **die Ausstellung war** ~ **besucht** there were a lot of visitors to the exhibition; **sich an etw** *dat* ~ **beteiligen** to be heavily involved in sth, to play a big part in sth; ~ **gekauft werden** to sell extremely well [*or fam* like hot cakes]; **sich** ~ **langweilen** to be bored stiff [*or* BRIT rigid] *fam;* ~ **übertreiben** to greatly [*or* grossly] exaggerate; ~ **vertreten** strongly represented **⑦** *(in großem Maßstab)* greatly **⑧** *(sl: hervorragend)* great; **sich** ~ **aufmotzen** *(fam)* to tart [*or* AM do] oneself up *fam,* to get heavily dolled up *fam*

Stark·bier *nt* strong beer

Stär·ke¹ <-, -n> ['ʃtɛrkə] *f* **①** *(Kraft)* strength **②** *(Macht)* power; **militärische** ~ military strength [*or* might] **③** *(Dicke)* thickness **④** *(zahlenmäßiges Ausmaß)* size; *Armee* strength; *Partei* numbers *pl* **⑤** *(Fähigkeit)* **jds** ~ **sein** to be sb's forte [*or* strong point]

Stär·ke² <-, -n> ['ʃtɛrkə] *f* **①** CHEM starch, amylum *spec* **②** *(Wäschestärke)* starch

Stär·ke·mehl *nt* thickening agent, ≈ cornflour BRIT, ≈ cornstarch AM

stär·ken ['ʃtɛrkn̩] **I.** *vt* ■ **etw** ~ **①** *(kräftigen)* to strengthen sth; **die Konzentrationsfähigkeit** ~ to improve concentration; *s. a.* **Rücken** **②** *(verbessern)* to strengthen [*or* consolidate] sth **③** *(steif machen)* **ein Hemd** ~ to starch a shirt **II.** *vi* ■ ~**d** fortifying, restorative **②** *des Mittel* tonic, restorative **III.** *vr* ■ **sich** ~ to take some refreshment

stark|ma·chen^RR *vr (fam)* ■ **sich für jdn/etw** ~ to stand up for sb/sth

Stark·strom *m* ELEK heavy [*or* power] current; „**Vorsicht ~!**" 'danger! – high-voltage lines'

Stark·strom·ka·bel *nt* power cable

Stär·kung <-, -en> *f* **①** *kein pl (das Stärken)* strengthening *no pl,* consolidation *no pl* **②** *(Kräftigung)* refreshment

Stär·kungs·mit·tel *nt* tonic, restorative

Star·mo·dell *nt (fam)* top model

starr [ʃtar] **I.** *adj* **①** *(steif)* rigid **②** *(erstarrt)* stiff, paralyzed; ■ ~ **vor etw** *dat* paralyzed with sth; ~ **vor Kälte** numb with cold; ~ **vor Schreck** paralyzed with fear [*or* terror]; ~ **vor Staunen/Verblüffung** dumbfounded, gobsmacked BRIT **③** *(reglos)* ~**e Augen** glassy eyes; **ein** ~**es Grinsen** a forced grin **④** *(rigide)* inflexible, rigid; **eine** ~**e Haltung** an unbending [*or form* BRIT intransigent] attitude *fam* **II.** *adv* **①** *(bewegungslos)* **jdn/etw** ~ **ansehen** to stare at sb/sth; ~ **lächeln** to force a smile, to give a forced smile **②** *(rigide)* ~ **an etw** *dat* **festhalten** to hold rigidly to sth

Star·re <-> ['ʃtarə] *f kein pl* immovability *no pl;* **Leiche** rigidity *no pl,* stiffness *no pl*

star·ren ['ʃtarən] *vi* **①** *(starr blicken)* ■ **an/in etw** *akk* ~ to stare at/into sth **②** *(bedeckt sein)* **von/vor Dreck** *dat* ~ to be thick [*or* covered] with dirt; **von Waffen** ~ to bristle [*or* BRIT be stiff] with weapons

Starr·heit <-> *f kein pl* intransigence *no pl form*

starr·köp·fig *adj s.* **starrsinnig Starr·sinn** *m* stubbornness *no pl,* pig-headedness *no pl* **starr·sin·nig** *adj* stubborn, pig-headed

Start <-s, -s> [ʃtart, start] *m* **①** LUFT take-off; **zum** ~ **freigeben** to give clearance to start; **die Maschine kann noch nicht zum** ~ **freigegeben werden** the plane cannot be cleared for take-off yet; RAUM lift-off, launch **②** SPORT start; **am** ~ **sein** *(von Läufern)* to be on [*or* at] the starting line; *(von Fahrern/Rennwagen)* to be on the starting grid; **fliegender/stehender** ~

flying [*or* rolling] /standing start ③ *(Beginn)* start; *Projekt* launch[ing]

Start·auf·la·ge *f kein pl* VERLAG first printing **Start·au·to·ma·tik** *f* AUTO automatic choke **Start·bahn** *f* LUFT [take-off] runway **start·be·reit** *adj* ① LUFT ready for take-off *pred;* RAUM ready for lift-off *pred* ② SPORT ready to start [*or* to go] [*or* BRIT *fam* for the off] *pred* **Start·block** *m* SPORT starting block; *(Schwimmen)* starting platform

star·ten ['ʃtartn, 'st-] I. *vi sein* ① LUFT to take off; RAUM to lift [*or* blast] off, to be launched ② SPORT ■ [zu etw] ~ to start [[on] sth]; **die Läufer sind gestartet!** the runners have started [*or* are off] !; ■ **für jdn/etw** ~ to participate [*or* take part] for sb/sth ③ *(beginnen)* to start; *Projekt* to be launched II. *vt haben* ■ **etw** ~ ① *(anlassen)* to start sth; **ein Auto** ~ to start a car; **einen Computer** ~ to initialize a computer, to boot [up *sep*] a computer *spec;* **ein Programm** ~ INFORM to start [*or* run] a program ② *(abschießen)* to launch sth; **einen Wetterballon** ~ to send up *sep* a weather balloon; *s. a.* **Versuchsballon** ③ *(beginnen lassen)* to launch [*or* start] sth; **eine Expedition** ~ to get an expedition under way; *s. a.* **Versuch**

Star·ter <-s, -> ['ʃtartɐ, 'st-] *m* AUTO starter, starting motor

Star·ter(in) <-s, -> ['ʃtartɐ, 'st-] *m(f)* SPORT *(Startsignalgeber[in], Wettkampfteilnehmer[in])* starter

Start·er·laub·nis *f* LUFT clearance for take-off; **jdm die ~ erteilen** [*o* geben] to clear sb for take-off; **~ haben** to be cleared for take-off **Start·flag·ge** *f* starting flag **Start·frei·ga·be** *f* s. **Starterlaubnis Start·geld** *nt* SPORT *(vom Wettkampfteilnehmer)* entry fee; *(an Sportler gezahlt)* appearance money [*or* fee] **Start·hil·fe** *f* ① *(Zuschuss)* initial aid, start-up grant, pump-priming ② AUTO jump-start; **jdm ~ geben** to give sb a jump start **Start·hil·fe·ka·bel** *nt* jump leads *pl*, jumper cables *pl* AM **Start·ka·pi·tal** *nt* starting [*or* initial] capital, seed money [*or* capital]

start·klar *adj* s. **startbereit**

Start·li·nie *f* starting line **Start·loch** *nt* SPORT starting hole *(used before the advent of starting blocks);* ▶ WENDUNGEN: **schon in den Startlöchern sitzen** [*o* **stehen**] *(fig fam)* to be on one's blocks BRIT, to be ready and waiting **Start·num·mer** *f* [starting] number **Start·pha·se** *f* start-up phase **Start·ram·pe** *f* RAUM launch[ing] pad **Start·schuss**ᴿᴿ *m* SPORT starting signal; ▶ WENDUNGEN: **den ~** [**für etw**] **geben** *(fig)* to give [sth] the green light [*or* the go-ahead]

Start·up <-s, -s> ['sta:tʌp] *nt* INET, ÖKON start-up **Start·up·fir·ma**ᴿᴿ, **Start·up-Fir·ma** ['sta:tʌp-] *f* start-up

Start·ver·bot *nt* ① SPORT ban; **jdn mit einem ~ belegen** to ban [*or* bar] sb [from the sport]; **jdn mit einem befristeten ~ belegen** to suspend sb [from the sport] ② LUFT ban on take-off; **~ haben** to be grounded

Sta·si¹ <-> ['ʃta:zi] *f kein pl kurz für* **Staatssicherheit(sdienst)** state security service of the former GDR

Sta·si² <-s, -s> ['ʃta:zi] *m (fam: Angehöriger des Stasi¹)* state security man

State·ment <-s, -s> ['ste:tmənt] *nt* statement

Sta·tik <-, -en> ['ʃta:tɪk, 'st-] *f* ① *kein pl (Stabilität)* stability *no pl* ② *kein pl* PHYS statics + *sing verb* ③ *(statische Berechnung)* static [*or* structural] calculation

Sta·ti·ker(in) <-s, -> ['ʃta:tikɐ, 'st-] *m(f)* TECH structural engineer

Sta·ti·on <-, -en> [ʃta'tsi̯oːn] *f* ① *(Haltestelle)* stop ② *(Aufenthalt)* stay, stopover; **~ machen** to make a stop, to have a rest; **in einem Rasthaus ~ machen** to stopover [*or* stay] in a motel ③ *(Klinikabteilung)* ward; **innere ~** medical ward; **auf ~ 1 liegen** to be on ward 1 ④ *(Sender)* station ⑤ METEO, MIL, SCI station ⑥ REL

sta·ti·o·när [ʃtatsi̯oˈnɛːɐ] I. *adj* ① MED in-patient *attr;* **ein ~er Aufenthalt** a stay in [AM the] hospital; **~e Einweisung** admission to hospital, hospitalization ② *(örtlich gebunden)* fixed, stationary; **unser ~es Labor befindet sich in Hamburg** our main [*or* permanent] laboratory is in Hamburg II. *adv* MED in [AM the] hospital; **jdn ~ aufnehmen** [*o* einweisen] to admit sb to hospital, to hospitalize sb; **jdn ~ behandeln** to treat sb in hospital, to give sb in-patient treatment

sta·ti·o·nie·ren* [ʃtatsi̯oˈniːrən] *vt* MIL ① *(installieren)* ■ **jdn/etw irgendwo ~** to station [*or* post] sb/sth somewhere ② *(aufstellen)* ■ **etw irgendwo ~** to deploy sth somewhere

Sta·ti·o·nie·rung <-, -en> *f* MIL ① *(das Installieren)* stationing, posting ② *(Aufstellung)* deployment

Sta·ti·ons·arzt, -ärz·tin *m, f* ward doctor [*or* physician] **Sta·ti·ons·schwes·ter** *f* ward sister BRIT, senior nurse AM **Sta·ti·ons·vor·ste·her(in)** *m(f)* BAHN stationmaster

sta·tisch ['ʃta:tɪʃ, 'st-] *adj* ① BAU static; **~e Zeichnung** structural drawing ② ELEK static ③ *(keine Entwicklung aufweisend)* in abeyance *pred,* at a standstill *pred*

Sta·tist(in) <-en, -en> [ʃta'tɪst] *m(f)* FILM extra; THEAT supernumerary *spec*

Sta·tis·tik <-, -en> [ʃta'tɪstɪk] *f* ① *(fachspr)* statistics + *sing verb* ② *(statistische Aufstellung)* statistics *pl;* ■ **eine ~** a set of statistics; ■ **~en** statistics *pl*

Sta·tis·ti·ker(in) <-s, -> [ʃta'tɪstike] *m(f)* statistician

Sta·tis·tin <-, -nen> *f fem form von* **Statist**

sta·tis·tisch [ʃta'tɪstɪʃ] I. *adj* statistical; **~e Zahlen** statistics II. *adv* statistically; **etw ~ erfassen** to make a statistical survey of sth, to record the statistics of sth

Sta·tiv <-s, -e> [ʃta'tiːf, *pl:* ʃta'tiːvə] *nt* tripod

statt [ʃtat] I. *präp* +*gen;* ■ **~ jds/einer S.** instead of sb/sth, in sb's/sth's place II. *konj (anstatt)* ■ **~ etw zu tun** instead of doing sth

Statt <-> [ʃtat] *f kein pl* ■ **an jds ~** in sb's place [*or (geh)* stead]; *s. a.* **Eid** *s. a.* **Kind**

statt·des·senᴿᴿ *adv* instead; **der Film läuft nicht mehr – wollen wir ~ in den anderen?** the film isn't showing anymore – shall we see the other one instead?

Stät·te <-, -n> ['ʃtɛtə] *f (geh)* place

statt·fin·den ['ʃtatfɪndn̩] *vi irreg* ① *(abgehalten werden)* to take place; *Veranstaltung a.* to be held ② *(sich ereignen)* to take place, to happen **statt·ge·ben** *vi irreg (geh)* ■ **einer S.** *dat* ~ to grant sth; **einem Antrag/Einspruch ~/nicht ~** to sustain/overrule a motion/an objection; **einer Beschwerde ~** to allow [*or* grant] an appeal

statt·haft *adj* ■ **~ sein** to be allowed [*or* permitted] **Statt·hal·ter(in)** ['ʃtathaltɐ] *m(f)* HIST governor

statt·lich ['ʃtatlɪç] *adj* ① *(imposant)* imposing; **ein ~er Bursche** a strapping [*or* powerfully built] young man; **ein ~es Gebäude** a stately [*or* an imposing] [*or a* magnificent] building; **ein ~es Auto/Tier** a magnificent [*or* splendid] car/animal; **ein ~er Fisch** a whopper *fam;* **ist er nicht ~?** isn't he a hunk? *fam* ② *(beträchtlich)* handsome, considerable; **eine ~e Größe** a considerable height

Sta·tue <-, -n> ['ʃta:tu̯ə, 'st-] *f* statue; *(kleiner)* statuette

Sta·tu·en·grup·pe *f* group of statues

sta·tu·ie·ren* [ʃtatu'i:ran, st-] *vt (geh)* **aus etw ein Exempel ~** to make an example out of sth

Sta·tur <-, -en> [ʃta'tu:ɐ] *f (geh)* build, physique; **von imposanter/kräftiger ~ sein** to be of imposing/powerful stature

Sta·tus <-, -> ['ʃta:tʊs, 'st-] *m* ① *(Stellung)* status, position; **~ quo/~ quo ante** status quo/status quo ante

❷ JUR status ❸ MED state, status
Sta·tus·sym·bol *nt* status symbol
Sta·tut <-[e]s, -en> [ʃtaˈtuːt] *nt meist pl* statute; *Verein a.* standing rules *pl;* ■ **die ~en aufstellen** to draw up the statutes/standing rules
Stau <-[e]s, -e *o* -s> [ʃtau] *m* ❶ *(Verkehrsstau)* traffic jam, congestion; **ein ~ von 10 km** a 10 km tailback BRIT [*or* AM traffic jam] ❷ *(von beweglichen Massen)* build-up
Staub <-[e]s, -e *o* Stäube> [ʃtaup, *pl:* ˈʃtɔybə] *m* ❶ *kein pl (Dreck)* dust *no pl, no indef art;* ~ **saugen** to vacuum, to hoover BRIT; ~ **wischen** to dust; **zu ~ werden** [*o* **zerfallen**] *(geh)* to turn to dust; *Mumie, archäologische Fundstücke* to crumble into dust ❷ *meist pl (fachspr)* dust *no pl* ▶ WENDUNGEN: **den ~ [eines Ortes/Landes] von den Füßen schütteln** to shake the dust [of a place/country] off one's feet; ~ **aufwirbeln** to kick up a lot of dust; *(in der Öffentlichkeit)* to make [*or* create] a [big] stir; **vor jdm im ~e kriechen** *(veraltet)* to grovel before sb [*or* at sb's feet]; **sich aus dem ~[e] machen** *(fam)* to clear [*or* make] off *fam;* **sich vor jdm in den ~ werfen** *(veraltet)* to throw oneself at sb's feet
Staub·blatt *nt* BOT stamen, stamina
Stau·be·cken *nt* [catchment [*or* storage] *spec*] reservoir [*or* AM basin]
stau·ben [ˈʃtaubn̩] *vi impers (Staub aufwirbeln)* **bei etw** *dat* **staubt es sehr** sth makes a lot of dust ▶ WENDUNGEN: **pass auf, sonst staubt's!** watch it, or there'll be trouble!
stäu·ben [ˈʃtɔybn̩] *vt* ■ **etw auf/über etw** *akk* ~ to sprinkle sth on/over sth; **Mehl/Puderzucker auf/über etw** *akk* ~ to dust sth with flour/icing sugar
Staub·fa·den *m* BOT filament **Staub·fän·ger** <-s, -> *m (pej)* dust collector **Staub·flo·cke** *f* piece of fluff, fluff *no indef art, no pl* **Staub·ge·fäß** *nt* BOT stamen **stau·big** [ˈʃtaubɪç] *adj* dusty; ■ ~ **sein/werden** to be/get dusty
Staub·korn <-körner> *nt* speck [*or* liter mote] of dust, dust particle **Staub·lun·ge** *f* MED black lung, pneumo[no]coniosis *spec* **Staub·par·ti·kel** *f meist pl* dust particle **Staub·sau·gen** <*pp:* staubgesaugt>, **Staub·sau·gen** <*pp:* Staub gesaugt> I. *vi* to vacuum, to hoover BRIT II. *vt* ■ **etw ~** to vacuum [*or* BRIT hoover] sth **Staub·sau·ger** *m* vacuum [cleaner], hoover BRIT, vac BRIT *fam* **Staub·schicht** *f* layer of dust **Staub·tuch** *nt* duster, dust cloth **Staub·wol·ke** *f* cloud of dust **Staub·zu·cker** *m* icing sugar, confectioner's sugar AM
Stau·damm *m* dam
Stau·de <-, -n> [ˈʃtaudə] *f* HORT perennial [plant]; **winterharte ~** hardy perennial
stau·en [ˈʃtauən] I. *vt* ■ **etw ~** ❶ BAU to dam [up *sep*] sth; **einen Fluss ~** to dam [up] a river ❷ NAUT to stow sth II. *vr* ❶ *(sich anstauen)* ■ **sich** [in/hinter etw *dat*] ~ to collect [*or* accumulate] [in/behind sth]; *(von Wasser a.)* to rise [in/behind sth] *(Schlange bilden)* ■ **sich** [vor etw *dat*] ~ to pile up [*or* become congested] [at [the site of] sth]; **vor den Unfallstelle stauten sich die Fahrzeuge auf eine Länge von acht Kilometern** the accident caused an 8 km tailback
Stau·ge·fahr *f* risk of congestion; „~" "delays likely" **stau·ge·plagt** *adj* TRANSP prone to tailbacks [*or* traffic jams] **Stau·mau·er** *f* dam wall **Stau·mel·dung** *f* traffic news + *sing vb*, traffic jam information [*or* report]
stau·nen [ˈʃtaunən] *vi* ■ [**über etw/jdn**] ~ to be astonished [*or* amazed] [at sb/sth]; *(mit Bewunderung a.)* to marvel at sb/sth; **mit offenem Mund ~** to gape in astonishment [*or* amazement]; ■ ~, **dass ...** to be astonished [*or* amazed] that ...; *(mit Bewunderung a.)* to marvel that ...; ■ ~, **wie jd etw tut** to be astonished [*or* amazed] /to marvel at sb's ability to do sth;

da staunst du, was? *(fam)* you weren't expecting that, were you?, that's shocked you, hasn't it?; *s. a.* **Bauklotz**
Stau·nen <-s> [ˈʃtaunən] *nt kein pl* astonishment *no pl*, amazement *no pl;* **jdn in ~ versetzen[, dass/wie ...]** to astonish [*or* amaze] sb [that/how ...], to fill sb with astonishment [*or* amazement]; **voller ~** struck [dumb] with astonishment [*or* amazement]
Stau·raum *m* TRANSP, NAUT cargo space, storage capacity **Stau·see** *m* reservoir, artificial lake
Stau·ung <-, -en> *f* ❶ *(Verkehrsstau)* traffic jam, congestion *no indef art, no pl;* **eine lange ~** a long tailback [*or* AM traffic jam] ❷ *kein pl (das Anstauen)* build-up ❸ MED congestion *no pl*, engorgement, stasis *spec*
Steak <-s, -s> [steːk, ʃteːk] *nt* steak
Steak·mes·ser *nt* steak knife
ste·chen <sticht, stach, gestochen> [ˈʃtɛçn̩] I. *vi* ❶ *(pieksen)* to prick; *Werkzeug* to be sharp ❷ *(von Insekten)* to sting; *Mücken, Moskitos* to bite ❸ *(mit spitzem Gegenstand eindringen)* ■ **[mit etw] durch/in etw** *akk* ~ to stick sth through/into sth ❹ *(brennen)* **auf der Haut/in den Augen/in der Nase ~** to sting one's skin/eyes/nose; **die Sonne sticht in den Augen** the sun hurts one's eyes ❺ KARTEN ■ **[mit etw] ~** to take the trick [with sth]; **mit einem Trumpf ~** to trump ❻ *(spielen)* **ins Gelbliche ~** *Farbe* to have a yellowish tinge [*or* tinge of yellow] II. *vt* ❶ *(durch etwas Spitzes verletzen)* ■ **jdn [mit etw] ~** to stab sb [with sth] ❷ *(pieksen)* ■ **jdn ~** to prick sb; ■ **sich in etw** *akk* ~ to prick one's sth ❸ *(von Insekt)* **jdn/ein Tier ~** to sting sb/an animal; *(von Mücken, Moskitos)* to bite sb/an animal ❹ KARTEN ■ **etw [mit etw]** ~ to take sth [with sth] ❺ *(gravieren)* ■ **etw [in etw** *akk*] ~ to engrave sth [in sth]; **wie gestochen** very easy to read; **wie gestochen schreiben** to write a clear hand; *s. a.* **Auge** *s. a.* **Spargel** *s. a.* **Torf** III. *vr* ■ **sich [an etw** *dat*] ~ to prick oneself [on sth] IV. *vi impers* **es sticht** [**jdm** [*o* **jdn**]] **in der Seite** sb has a sharp [*or* stabbing] pain in his/her side
Ste·chen <-s, -> [ˈʃtɛçn̩] *nt* ❶ *(stechender Schmerz)* sharp [*or* stabbing] pain, stitch ❷ *(beim Reiten)* jump-off
ste·chend *adj* ❶ *(scharf)* sharp, stabbing ❷ *(durchdringend)* piercing, penetrating ❸ *(beißend)* acrid; **ein ~er Geruch** an acrid [*or* a pungent] smell
Stech·kar·te *f* time [*or* BRIT clocking] card **Stech·mü·cke** *f* gnat, midge; *([sub]tropisch)* mosquito **Stech·pal·me** *f* holly, ilex *spec* **Stech·uhr** *f* time clock, telltale BRIT **Stech·zir·kel** *m* pair of dividers, dividers *pl*
Steck·brief *m* "wanted" poster
steck·brief·lich *adv* ■ ~ **gesucht werden** to be wanted [by the police], to be on the wanted list; **jdn ~ verfolgen** to put up "wanted" posters of sb
Steck·do·se *f* [wall] socket, power point, electrical outlet AM
ste·cken [ˈʃtɛkn̩] I. *vi* <steckte *o geh* stak, gesteckt> ❶ *(festsitzen)* ■ **[in etw** *dat*] ~ *Dorn, Splitter* to be [sticking] in sth; ■ **zwischen/in etw** ~ to be stuck between/in sth; **[in etw** *dat*] ~ **bleiben** to be stuck [fast]/to get stuck [in sth] ❷ *(eingesteckt sein)* ■ **hinter/in/zwischen etw** *akk* ~ to be behind/in/among sth; **der Schlüssel steckt im Schloss** the key is in the lock; **[in etw** *dat*] ~ **bleiben** to stick in sth; *Kugel* to lodge [*or* be lodged] in sth; ■ **etw [in etw** *dat*] ~ **lassen** to leave sth [in sth]; **den Schlüssel ~ lassen** to leave the key in the lock; **lass [dein Geld] stecken!** leave your money where it is [*or* in your pocket]; **I**, let me pay for this ❸ *(verborgen sein)* ■ **[in etw** *dat*] ~ to be [in sth]; *(von Kindern a.)* to be hiding [in sth]; ■ **hinter etw** *dat* ~ *(verantwortlich für etw*

sein) to be behind [*or* at the bottom of] sth 🔵 *(verwickelt sein in)* |**tief**| **in der Arbeit ~** to be bogged down in [one's] work; **in einer Krise ~** to be in the throes of a crisis; **in der Scheiße ~** *(sl)* to be in the shit BRIT *sl,* to be up shit creek | AM without a paddle] *hum sl;* **in Schwierigkeiten/**|**tief**| **in Ärger ~** to be in difficulties/in [deep] trouble 🔵 *(stocken)* |**in etw** *dat*| **~ bleiben** to falter [in sth]; **in einem Gedicht ~ bleiben** to get stuck in [reciting] a poem; *s. a.* **Hals** II. *vt* <steckte, gesteckt> 🔵 *(schieben)* ■ **etw hinter/in/unter etw** *akk* **~** to put sth behind/in[to]/under sth; **ein Abzeichen an den Kragen ~** to pin a badge to one's collar; **einen Brief unter die Tür/einen Zehneuroschein in die Tasche ~** to slip a letter under the door/a 10 euro note into one's pocket; **sich** *dat* **einen Ring an den Finger ~** to slip a ring on one's finger, to slip [*or* put] on a ring *sep;* **das kannst du dir irgendwohin ~!** *(fam)* you can stick that where the sun don't shine! *pej fam* 🔵 *(fam: befördern)* ■ **jdn in etw** *akk* **~** to put [*or fam* stick] sb in sth; **jdn ins Bett ~** to put sb to bed *fam;* **jdn ins Gefängnis ~** to stick sb in prison *fam,* to put sb away [*or* inside] *fam* 🔵 *(von Kleidungsstück)* ■ **etw ~** to pin sth [together]; **den Saum ~** to pin up the hem *sep* 🔵 *(fam: investieren)* ■ **etw in etw** *akk* **~** to put sth into sth; **viel Zeit in etw** *akk* **~** to devote a lot of time to sth 🔵 *(sl: verraten)* ■ **jdm etw ~** to tell sb sth; ■ **jdm ~, dass ...** to tell sb that ...

Ste·cken <-s, -> [ˈʃtɛkn̩] *m* DIAL, SCHWEIZ stick; *(flexibler a.)* switch

Ste·cken·pferd *nt (fig a.)* hobby horse, hobby

Ste·cker <-s, -> *m* plug

Steck·na·del *f* pin; ▸ WENDUNGEN: **eine ~ im Heuhaufen suchen** to look for a needle in a haystack **Steck·platz** *m* INFORM slot **Steck·rü·be** *f* BOT DIAL swede, rutabaga AM **Steck·schuss**^RR *m* **ein ~ im Kopf** a bullet [lodged] in the/one's head

Steel·drum <-, -s> [stiːldrʌm] *f* MUS steel drum

Steg <-[e]s, -e> [ʃteːk] *m* 🔵 *(schmale Holzbrücke)* footbridge 🔵 *(Boots~)* landing stage, jetty 🔵 MUS bridge, chevalet *spec* 🔵 *(Brillen~)* bridge, nosepiece

Steg·ho·se *f* stirrup pants *npl*

Steg·reif [ˈʃteːkraif] *m* **etw aus dem ~ tun** to do sth off the cuff [*or* just like that]; **eine Rede aus dem ~ halten** to make an impromptu [*or* off-the-cuff] [*or* ad-lib] speech

Steh·auf·männ·chen [ˈʃteːʔaufmɛnçən] *nt* 🔵 *(Spielzeug)* tumbler 🔵 *(Mensch, der sich immer wieder erholt)* somebody who always bounces back; **er ist ein richtiges ~** he always bounces back

---

I. INTRANSITIVES VERB	II. REFLEXIVES VERB
III. UNPERSÖNLICHES INTRANSITIVES VERB	

I. INTRANSITIVES VERB   <stand, gestanden> +*haben o* SÜDD, ÖSTERR, SCHWEIZ +*sein*

🔵 *(in aufrechter Stellung sein)* ■ |**in/auf etw** *dat*| **~** *(von Menschen)* to stand [in/on sth]; *(warten a.)* to wait [in/on sth]; *(ungeduldig)* to stand around [in/on sth]; *(von länglichen Gegenständen a.)* to be [placed] upright; **einen ~ haben** *(sl)* to have a hard-on *sl*

🔵 *(hingestellt sein)* ■ |**hinter/in etw** *dat*| **~** to be [behind/in sth]; *(von Auto a.)* to be parked [behind/in sth]; **~ bleiben** to be left [behind]; **etw** |**in etw** *dat*| **~ lassen** to leave sth [in sth]; *(nicht anfassen)* to leave sth where it is; *(vergessen)* to leave sth behind [in sth]; **alles ~ und liegen lassen** to drop everything

🔵 *(gedruckt sein)* ■ |**auf etw** *dat*| **~** to be [on/in sth]; **wo steht das?** where does it say that?; *(fig)* who says so?; **was steht in der Zeitung/seinem Brief?**

what does the paper/his letter say?, what does it say in the paper/his letter?; **das steht bei Goethe** that comes from Goethe; **in der Bibel steht,** |**dass**| **...** it is written [in the Bible] [*or* it says in the Bible] that ...; **im Gesetz ~** to be [embodied in *form*] the law; **~ bleiben** to be left [in]

🔵 *(nicht mehr in Betrieb sein)* to have stopped; *(von Fließband, Maschine a.)* to be at a standstill; **zum S~ kommen** to come to a stop

🔵 *(geparkt haben)* ■ **auf/in etw** *dat* **~** to be parked on/in sth; *(von Fahrer)* to have parked on/in sth; **~ bleiben** to stop; *Kraftfahrzeug, Zug a.* to come to a stop [*or* halt] [*or* standstill]; **in welcher Zeile waren wir ~ geblieben?** where did we get to [in the book]?, where did I/we stop reading?

🔵 *(nicht verzehren)* **~ bleiben** to be left untouched; **etw ~ lassen** to leave sth untouched

🔵 *(von etw betroffen sein)* **unter Alkohol/Drogen** *dat* **~** to be under the influence of alcohol/drugs; **unter Schock** *dat* **~** to be in a state of shock; **unter der Wirkung einer schlimmen Nachricht ~** to be suffering from [the effects of] bad news

🔵 LING *(verbunden werden)* ■ **mit etw ~** to take [*or spec* govern] sth; **mit dem Dativ ~** to be followed by [*or* to take] the dative; ■ **in etw** *dat* **~** to be in sth

🔵 *(passen zu)* **jdm** |**gut/nicht**| **~** to suit sb [well] [*or form* become sb] /to not suit [*or form* become] sb

🔵 *(geahndet werden)* **auf Mord** *akk* **steht Gefängnis** the penalty for murder is imprisonment, murder is punishable by imprisonment

🔟 *(ausgesetzt sein)* **auf die Ergreifung der Terroristen steht eine Belohnung** there is a reward [*or* a reward has been offered] for the capture of the terrorists

🔟 *(einen bestimmten Spielstand haben)* **wie steht das Spiel?** what's the score?

🔟 *(einen bestimmten Wechselkurs haben)* ■ **bei etw ~** to be [*or* stand] at sth; **wie steht das Pfund?** how does the pound stand?, what's the rate for the pound?, how's the pound doing? *fam;* **besser/sehr tief ~** to be stronger/very low [*or* down a lot]

🔟 *(allein lassen)* **jdn ~ lassen** to leave sb [alone]; **jdn einfach ~ lassen** to walk off and leave sb, to leave sb standing [there], to walk out on sb

🔟 *(fam: fest sein)* to be [*or* have been] finally settled; **die Mannschaft steht noch nicht** the team hasn't been picked [*or* selected] yet; *(fertig sein)* to be ready

🔟 *(an etw festhalten)* ■ **zu etw ~** to stand by sth; **zu einer Abmachung ~** to stand by [*or* keep to] an agreement; **zu seinem Versprechen ~** to stand by [*or* keep] one's promise

🔟 *(zu jdm halten)* ■ **zu jdm ~** to stand [*or fam* stick] by sb

🔟 *(stellvertretend eingesetzt sein)* ■ **für etw ~** to stand for sth

🔟 *(eingestellt sein)* **wie ~ Sie dazu?** what are your views on [*or* what is your opinion on [*or* of]] it?; **negativ/positiv zu etw ~** to have a negative/positive opinion [*or* view] of sth

🔟 *(unterstützen)* ■ **hinter jdm/etw ~** to be behind sb/sth

🔟 *(anzeigen)* ■ **auf etw** *dat* **~** to be at sth; *(von Nadel a.)* to point to sth; **im roten Bereich ~** to be in the red; **die Ampel steht auf Rot** the traffic light is red

🔟 *(sl: gut finden)* ■ **auf jdn/etw ~** to be mad [*or* crazy] about sb/sth *fam;* **stehst du auf Techno?** are you into techno? *sl*

▸ WENDUNGEN: **mit jdm/etw ~ und fallen** to depend on sb/sth; **jdm steht etw bis hier/oben/zum Hals|e|** *(fam)* sb has a surfeit of sth, sb is fed up with sth *fam;* **es steht mir bis hier/oben/zum Hals** I'm fed up [to the back teeth] with it; **die Schulden ~ ihr bis zum Hals** she's up to her neck in debt *fam*

II. REFLEXIVES VERB   <stand, gestanden>

❶ *(gestellt sein)* **sich besser/gut/schlecht** [bei **etw**] ~ to be better/well off/badly off [with sth] ❷ *(auskommen)* ■ **sich gut/schlecht mit jdm** ~ to get on [well]/badly with sb

III. UNPERSÖNLICHES REFLEXIVES VERB <stand, gestanden>

❶ *(sich darstellen)* **es steht gut/schlecht** it's looking good/bad; **die Dinge ~ nicht gut** things are looking bad; **wie steht es bei euch?** how are things with you? ❷ *(bestellt sein)* **es steht gut/schlecht um jdn/ etw** things look [*or* it looks] good/bad for sb/sth, sb/ sth is doing well/badly; *(gesundheitlich)* sb is doing well/badly; **wie steht es um deine Gesundheit?** how are you feeling?, how is your health?; **es steht mit jdm/etw gut/schlecht** sb/sth is faring well/ badly; **[wie geht's,] wie steht's?** [how are you,] how are [*or* how's] things [*or* how's life] ? *fam* ❸ *(geh)* **es steht zu befürchten/erwarten, dass ...** it is to be feared/expected that ...

Ste·hen <-s> [ˈʃteːən] *nt kein pl* **das** ~ standing; **gerades** [*o* **aufrechtes**] ~ standing upright; **etw im** ~ **tun** to do sth standing up; **im** ~ **essen** to have a stand-up meal, to eat standing up

ste·hend *adj attr* stagnant; ~**es Gewässer** stretch of standing [*or* stagnant] water

Steh·gei·ger(in) *m(f)* cafe violinist **Steh·knei·pe** *f* stand-up bar **Steh·kra·gen** *m* stand-up collar, choker *fam* **Steh·lam·pe** *f* floor [*or* standard] lamp **Steh·lei·ter** *f* stepladder

steh·len <stahl, gestohlen> [ˈʃteːlən] **I.** *vt* ■ [jdm] **etw** ~ to steal [*or hum* purloin] [sb's] sth ▸ WENDUNGEN: **jdm die Zeit** ~ to take up [*or* waste] sb's time; **dem lieben Gott die Zeit** ~ to laze the time away; **das/ er/sie usw. kann mir gestohlen bleiben!** *(fam)* to hell with it/him/her etc.! *fam*, he/she etc. can go take a running jump! *fam;* **woher nehmen und nicht ~?** *(hum)* where on earth am I going to find that/them etc.? **II.** *vi* to steal; **es wird dort viel gestohlen** there's a lot of stealing there; **das S~** stealing **III.** *vr* ❶ *(sich heimlich schleichen)* ■ **sich aus etw/in etw** *akk*/**von etw** ~ to steal [*or* sneak] out of/into/away from sth ❷ *(sich drücken vor)* ■ **sich aus etw** ~ to sneak out of sth

Steh·platz *m* **24 Stehplätze** standing room for 24; **es gab nur noch Stehplätze** there was standing room only; **ich bekam nur noch einen** ~ I had to stand **Steh·pult** *nt* high desk **Steh·ver·mö·gen** *nt kein pl* staying power *no pl, no indef art*, stamina *no pl, no indef art;* [**großes**] ~ **haben** to have [a lot of] staying power [*or* stamina]

Stei·er·mark <-> [ˈʃtaiɐmark] *f* **die** ~ Styria

steif [ʃtaif] *adj* ❶ *(starr)* stiff; **ein** ~**er Kragen** a stiff collar; ~ **vor Kälte** stiff [*or* numb] with cold; ~ **wie ein Brett** as stiff as a board ❷ *(schwer beweglich)* stiff; **ein** ~**es Bein** a stiff leg; **einen** ~**en Hals haben** to have a stiff neck; ■ ~ **sein/werden** to be/grow stiff; **sich** ~ **machen** to go rigid, to lock one's muscles ❸ *(förmlich)* stiff, starchy BRIT *pej fam;* **ein** ~**er Emp-fang/eine** ~**e Begrüßung** a [rather] formal [*or pej fam* starchy] reception/greeting ❹ *(erigiert)* erect; **ein** ~**er Penis** an erect [*or* a hard] [*or* a stiff] penis, an erection; ■ ~ **sein/werden** to be/become erect ❺ *(fam: alkoholische Getränke)* **ein** ~**er Grog** a tot [*or* AM shot] of strong grog, a stiff tot of grog ❻ NAUT **ein** ~**es Boot** a stiff boat; **eine** ~**e Brise/See** a stiff breeze/heavy sea ▸ WENDUNGEN: ~ **und fest** obsti-

nately, stubbornly, categorically; **sich** ~ **und fest ein-bilden, dass ...** to have got it into one's head that ...

steif|hal·ten *vt irreg* **die Ohren** [*o* **den Nacken**] ~ *(fig)* to keep one's chin up

Steig·bü·gel [ˈʃtaik-] *m* stirrup; MED *a.* stapes *spec* **Steig·bü·gel·hal·ter(in)** *m(f) (pej)* backer, supporter; **jds ~ sein** to help sb [to] come to power

Stei·ge <-, -n> [ˈʃtaigə] *f* DIAL ❶ *(steile Straße)* steep track ❷ *s.* **Stiege**

Steig·ei·sen *nt* ❶ *(für Schuhe)* climbing iron; *(Berg-steigen)* crampon ❷ *(an Mauern)* step iron, rung [set into a wall]

stei·gen <stieg, gestiegen> [ˈʃtaign] **I.** *vi sein* ❶ *(klet-tern)* to climb; **durchs Fenster** ~ to climb through the window; ■ **auf etw** *akk* ~ to climb [up] sth ❷ *(be~)* ■ **auf etw** *akk* ~ to get on [to] sth; **auf ein Pferd/aufs Fahrrad** ~ to get on [to] [*or* to mount] a horse/to get on one's bike ❸ *(ein~)* ■ **in etw** *akk* ~ to get [*or* step] into sth; **in einen Zug** ~ to get on [*or* board] a train, to entrain *liter* ❹ *(aus~)* ■ **aus etw** ~ to get [*or* step] out of sth; **aus dem Bett** ~ to get out of bed; **aus einem Bus** ~ to get off [*or* BRIT *form* alight from] a bus; **aus einem Zug** ~ to get off [*or form* alight from] a train, to detrain *liter* ❺ *(ab~)* ■ **von etw** ~ to get off sth; **vom Fahrrad** ~ to get off one's bike; **von einer Leiter** ~ to come down off a ladder; **von einem Pferd** ~ to get off a horse, to dismount ❻ *(sich aufwärtsbewegen)* to rise [up]; **die Tränen stiegen ihr in die Augen** her eyes welled up with tears; **das Blut stieg ihm ins Gesicht** the blood rushed to his face, he blushed; **der Sekt ist mir zu Kopf gestiegen** the Sekt has gone to my head; **in die Luft** ~ to rise [*or* soar] into the air; *Flugzeug* to climb [into the air]; *Nebel* to lift; ■ **etw** ~ **lassen** to fly sth; **Drachen/Luftballons** ~ **lassen** to fly kites [*or* go kite-flying] /to release balloons into the air ❼ *(fam: sich begeben)* ■ **in etw** *akk* ~ to get into sth; **ins Examen** ~ to take one's exam ❽ *(sich erhöhen)* ■ **auf etw** *akk*/**um etw** ~ *Achtung* to rise [to/by sth]; *Flut* to swell [*or* rise] [to/by sth]; *Preis, Wert* to increase [*or* rise] [to/by sth]; *Temperatur a.* to climb [to/by sth]; **weiter** ~ to continue to rise; **das S~ und Sinken der Kurse** the rise and fall of prices [*or* rates] ❾ *(sich intensivieren)* to increase, to grow; *(von Spannung, Ungeduld, Unruhe a.)* to mount ❿ *(fam: stattfinden)* ■ [**bei jdm**] ~ **sein** [*or fam* go down] [at sb's place]; **heute Abend steigt das Fest des Sport-vereins** the sport club's having a party tonight **II.** *vt sein* ■ **Treppen/Stufen** ~ to climb [up] stairs/steps

Stei·ger <-s, -> [ˈʃtaigɐ] *m* BERGB pit foreman, overman

stei·gern [ˈʃtaigɐn] **I.** *vt* ❶ *(erhöhen, verstärken)* ■ **etw** [**auf etw** *akk*/**um etw**] ~ to increase sth [to/by sth]; **die Geschwindigkeit** ~ to increase speed, to accelerate; **die Produktion** ~ to increase [*or sep* step up] production ❷ *(verbessern)* ■ **etw** ~ to add to [*or* improve] sth; **die Qualität** ~ to improve [*or* enhance] the quality ❸ LING ■ **etw** ~ to compare sth, to form the comparative of sth **II.** *vr* ❶ *(sich erhöhen)* ■ **sich** [**auf etw** *akk*/**um etw**] ~ to increase [*or* rise] [to/by sth] ❷ *(sich intensivieren)* ■ **sich** ~ to increase, to grow; *a. Spannung, Ungeduld, Unruhe, Wind* to mount; **gesteigertes Interesse/Misstrauen** great interest/ deep[ening] mistrust ❸ *(seine Leistung verbessern)* ■ **sich** ~ to improve ❹ *(sich hineinsteigern)* ■ **sich in etw** *akk* ~ to work oneself [up] into sth; **sich in Wut** ~ to work oneself [up] into a rage

Stei·ge·rung <-, -en> *f* ❶ *(Erhöhung)* increase (+*gen* in), rise (+*gen* in); **eine** ~ **der Beschleunigung** an increase in [the] acceleration ❷ *(Verbesserung)* im-provement (+*gen* to) ❸ LING comparative/superlative **Stei·ge·rungs·form** *f* LING comparative/superlative form

Steig·flug *m* LUFT climb, ascent; **in den ~ übergehen** to go into a climb
Stei·gung <-, -en> *f* ❶ *(ansteigende Strecke)* ascent, acclivity *spec* ❷ *(Anstieg)* slope; **eine ~ von 10%** a gradient of one in ten [*or* of 10%]
steil [ʃtail] **I.** *adj* ❶ *(stark abfallend)* steep; **~e Klippen** steep [*or* precipitous] [*or* sheer] cliffs; **ein ~es Ufer** a steep bank, a bluff ❷ *(eine starke Steigung aufweisend)* steep; ■ **~ sein/~er werden** to be steep/to become [*or* get] steeper ❸ *(sehr rasch)* rapid; **ein ~er Aufstieg** a rapid [*or* meteoric] rise ❹ SPORT **ein ~er Pass/eine ~e Vorlage** a through ball [*or* pass] **II.** *adv* steeply, precipitously; **sich ~ aufrichten** to stand up to one's full height
Steil·hang *m* steep slope; *(von Klippe a.)* precipice
Steil·heck *nt* hatchback **Steil·küs·te** *f* steep coast, bluff **Steil·pass**ᴿᴿ *m* through ball [*or* pass] **Steil·wand** *f* steep face, precipice
Stein <-[e]s, -e> [ʃtain] *m* ❶ *(Gesteinsstück)* stone, rock AM; *(größer)* rock; **mit ~en gepflastert** paved with stone ❷ *kein pl (Natur~)* rock *no pl;* *(~schicht in der Erde)* rock *no pl;* **zu ~ erstarren/werden** to turn to stone, to petrify *spec* ❸ *(Bau~)* stone; **ein Haus aus ~** a house [made] of stone, a stone house; *(Ziegel~)* brick; *(Pflaster~)* paving stone, flag[stone]; *(Kopf~pflaster)* cobblestone ❹ *(Grab~)* gravestone ❺ *(Edel~)* [precious] stone, jewel; *(Diamant a.)* rock AM *fam;* *(in Uhr)* jewel; **imitierte/unechte ~e** paste [jewellery [*or* AM jewelry]] + *sing verb* ❻ *(Obstkern)* stone ❼ *(Spiel~)* piece, counter ❽ MED stone, calculus *spec* ▸ WENDUNGEN: **der/ein ~ des Anstoßes** *(geh)* the/a thorn in sb's eye; *(umstritten)* the/a bone of contention; *(in Vertrag a.)* the/a stumbling block; **es friert ~ und Bein** *(fam)* it's freezing cold, it's brass monkey weather BRIT *sl;* **~ und Bein schwören, etw getan zu haben** *(fam)* to swear by all that's holy [*or* *fam* all the gods] that one did sth; **bei jdm einen ~ im Brett haben** *(fam)* to be well in with sb *fam;* **mir fällt ein ~ vom Herzen!** that's [taken] a load off my mind!; **es fällt dir kein ~ aus der Krone!** it won't hurt [*or* kill] you!; **den/einen ~ ins Rollen bringen** *(fam)* to start [*or* set] the ball rolling; **jdm ~e in den Weg legen** to put a spoke in sb's wheel BRIT, to put obstacles in sb's way; **jdm alle ~e aus dem Weg räumen** to remove all obstacles from sb's path, to smooth sb's path, to pave the way for sb; **keinen ~ auf dem anderen lassen** to leave no stone standing; **es blieb kein ~ auf dem anderen** there wasn't a stone left standing; **wie ein ~ schlafen** *(fam)* to sleep like a log *fam*
Stein·ad·ler *m* golden eagle **stein·alt** [ʃtain'ʔalt] *adj* ancient, as old as Methuselah *pred hum;* ■ **~ sein/ werden** to be/become [*or* grow] as old as Methuselah *hum* **Stein·bock** *m* ❶ ZOOL ibex ❷ ASTROL Capricorn; [ein] **~ sein** to be a Capricorn **Stein·brech** <-s> *m kein pl* BOT saxifrage **Stein·bruch** *m* quarry **Stein·butt** *m* turbot **Stein·dat·tel** *f* date shell **Stein·ei·che** *f* holm [*or* holly] oak
stei·nern [ʃtainən] *adj* stone *attr,* [made] of stone *pred*
Stein·er·wei·chen *nt* **zum ~** heartbreakingly, fit to break your heart *fam*
Stein·flie·ge *f* ZOOL stonefly **Stein·fraß** *m* stone erosion *no pl, no indef art* **Stein·fuß·bo·den** *m* stone floor **Stein·gut** *nt kein pl* earthenware *no pl, no indef art; (Steinzeug)* stoneware *no pl, no indef art* **Stein·gut·ge·schirr** *nt* stoneware crockery *no pl, no indef art* **stein·hart** [ʃtain'hart] *adj* rock-hard, [as] hard as [a] rock *pred;* ■ **~ sein/werden** to be/become rock-hard [*or* [as] hard as [a] rock] **Stein·haus** [ʃtain-haus] *nt* stone house
stei·nig [ʃtainɪç] *adj* stony; ■ **~ sein** to be stony [*or* full of stones]

stei·ni·gen [ʃtainɪgn] *vt* ■ **jdn ~** to stone sb
Stein·kauz *m* ORN little owl **Stein·klee** *m* BOT sweet clover, melilot
Stein·koh·le *f kein pl* hard [*or* spec glance] coal
Stein·koh·len·berg·bau *m* coal mining *no pl, no art* **Stein·koh·len·berg·werk** *nt* coal mine, colliery, pit **Stein·koh·len·för·de·rung** *f* hard- [*or* spec glance-] coal extraction **Stein·koh·len·la·ger** *nt* coal bed **Stein·koh·len·ze·che** *f* coal mine, colliery, pit
Stein·krug *m* earthenware mug [*or* jug]; *(für Bier)* [beer] stein **Stein·lei·den** *nt* MED calculosis **Stein·metz**(in) <-en, -en> [ʃtainmɛts] *m(f)* stonemason **Stein·obst** *nt* stone fruit[s *pl*] **Stein·pilz** *m* BOT cep, boletus edulis *spec* **Stein·plat·te** *f* stone slab **stein·reich** [ʃtain'raiç] *adj (fam)* stinking [*or* pej a. filthy] rich *fam;* ■ **~ sein/werden** to be rolling in it/to make loads of money *fam* **Stein·salz** *nt* rock [*or* spec mineral] salt **Stein·schlag** *m* rockfall[s *pl*]; „**Achtung ~**" "danger – falling [*or* fallen] rocks" **Stein·schleu·der** *f* catapult BRIT, slingshot AM **Stein·schmät·zer** <-s, -> *m* ORN wheatear **Stein·ta·fel** *f* stone tablet, [stone] plaque **Stein·wäl·zer** *m* ORN turnstone **Stein·wol·le** *f* rock [*or* mineral] wool **Stein·wurf** *m* [thrown] stone; **einen ~ weit [entfernt]** *(fig)* a stone's throw [away] *fig* **Stein·wüs·te** *f* stony desert, desert of stones **Stein·zeit** *f kein pl* ■ **die ~** the Stone Age; **der Mensch der ~** Stone Age man; **ältere/ mittlere/jüngere ~** Palaeolithic [*or* AM Paleolithic] / Mesolithic/Neolithic period; **aus der ~** ancient, antediluvian *hum,* from before the Flood *pred hum* **stein·zeit·lich** *adj* ❶ *(aus der Steinzeit stammend)* Stone Age *attr,* from/of the Stone Age *pred* ❷ *(völlig veraltet)* ancient, antediluvian *hum* **Stein·zeit·mensch** *m* BIOL, ARCHÄOL Stone Age man
Steiß <-es, -e> [ʃtais] *m* ❶ *(fam)* bum [*or* bottom] BRIT *fam,* fanny AM *fam* ❷ ANAT coccyx
Steiß·bein *nt* ANAT coccyx **Steiß·huhn** *nt* tinamou **Steiß·la·ge** *f* MED breech presentation
Ste·le <-, -n> [ʃteːlə, ˈʃteːlə] *f* ARCHÄOL stele
stel·lar [ʃteˈlaːɐ̯, st-] *adj* stellar
Stel·le <-, -n> [ʃtɛlə] *f* ❶ *(Platz)* place; *(genauer)* spot; **an dieser ~** in this place; *(genauer)* on this spot; *(fig)* at this point; **eine ~ im Wald** a place [*or* an area] in the woods; **etw von der ~ bekommen** [*o fam:* kriegen] to be able to move [*or* shift] sth; **auf der ~ laufen** to run on the spot; **sich nicht von der ~ rühren** to not move [*or fam* budge], to stay where one is; **rühren Sie nicht von der Stelle!** *(von Polizei)* freeze!; **schwache ~** *(fig)* weak point; **eine undichte ~** *(fig fam)* a leak, a mole BRIT *fam;* **an anderer ~** elsewhere, at another place ❷ *(umrissener Bereich)* spot; **fettige/rostige ~** grease/rust spot; ANAT *(am: Fleck auf der Haut)* mark, spot ❸ *(im Buch)* place; *(Verweis)* reference; *(Abschnitt)* passage ❹ MUS passage ❺ MATH digit, figure; **eine Zahl mit sieben ~n** a seven-digit [*or* -figure] number; **etw auf 5 ~n hinter dem Komma berechnen** to calculate sth to 5 decimal places ❻ *(Posten)* place; **an jds ~ treten** to take sb's place; *(eines Spielers)* to sub sb; *(in einem Amt)* to succeed sb; **etw an jds ~ [*o* an ~ einer Person] tun** to do sth for sb; **ich gehe an Ihrer ~** I'll go in your place; **an ~ von etw** instead of sth; *(Lage)* position; **an deiner ~ würde ich …** in your position [*or* if I were you] I would …; **ich möchte nicht an ihrer Stelle sein** I wouldn't like to be in her shoes [*or* place] *(or* in der Reihenfolge) **an erster/zweiter ~** first[ly] [*or* first and foremost] /secondly, in the first/ second place [*or* instance]; [**für jdn** [*o* **bei jdm**]] **an erster/zweiter ~ kommen/sein/stehen** to come/be first/second [for sb]; *(in der Wichtigkeit)* to come first/second [for sb]; *(in der Hitparade)* to reach/be [*or* be at] number one/two; **an wievielter**

~ **auf der Liste taucht der Name auf?** where does the name come [up] on the list?; **er ging an 25./letzter ~ durchs Ziel** he was 25th/the last to cross the line [*or* to finish] ❻ *(Arbeitsplatz)* job, post *form;* **eine freie** [*o* **offene**] ~ a vacancy; **offene ~n** *(in der Zeitung)* situations vacant; **ohne ~** jobless, without a job ❼ *(Abteilung)* office; *(Behörde)* authority; **höhere/höchste ~** higher/the highest[-ranking] authority; **sich an höherer ~ beschweren** to complain to sb higher up [*or* to a higher authority]; **Sie sind hier/bei mir/bei ihm an der richtigen ~** *(fam)* you've come/you went to the right place; **Mitleid? da bist du bei mir aber nicht an der richtigen ~** sympathy? you won't get any out of me [*or iron fam* you're knocking at the wrong door] ▸ WENDUNGEN: **sich zur ~ melden** MIL to report [for duty]; **zur ~!** reporting!, present!; **zur ~ sein** to be on the spot [*or* on hand]; **auf der ~ treten** [*o* **nicht von der ~ kommen**] to not make any progress [*or* headway], to not get anywhere; **auf der ~** to mark time; **auf der ~** at once, forthwith *form;* **er war auf der ~ tot** he died immediately; *s. a.* **Ort**[1]

stel·len [ˈʃtɛlən] **I.** *vt* ❶ *(hin~, ab~)* [jdm] **etw** [wieder] **an/auf/in etw** *akk* ~ to put sth [back] against/on/in[to] sth [for sb]; **das Auto in die Garage ~** to put the car in the garage; **ein Kind in die Ecke ~** to put [*or* stand] a child [*or* make a child stand] in the corner; **den Wein kalt ~** to chill the wine, to put the wine in the fridge ❷ *(aufrecht hin~)* ▪ **etw ~** to stand [up *sep*] sth; **den Schwanz/die Ohren ~** *Tier* to stick up *sep* its tail/prick up *sep* its ears ❸ *(ein~)* **das Badewasser heißer/kälter ~** to run more hot/cold water in the bath; **die Heizung höher/kleiner ~** to turn up/down *sep* the heating [*or* AM heater]; **den Fernseher lauter/leiser ~** to turn up/down the television *sep;* **etw auf volle Lautstärke ~** to turn sth up [at] full blast; ▪ **etw auf etw** *akk* ~ to set sth at [*or* to] sth; **die Kochplatte auf Stufe zwei ~** to turn up/down the heat *sep* to level two; **den Wecker auf 7 Uhr ~** to set the alarm for 7 o'clock ❹ *(zur Aufgabe zwingen)* ▪ **jdn ~** to hunt down sb *sep* ❺ *(zur Aussage zwingen)* ▪ **jdn ~** to corner [*or* buttonhole] sb; *s. a.* **Rede** ❻ *(vorgeben)* [jdm] **eine Aufgabe/ein Thema ~** to set [sb] a task/subject; [jdm] **Bedingungen ~** to make [*or* form stipulate] conditions, to set sb conditions; [jdm] **eine Frage ~** to ask [sb] a question ❼ *(richten)* **einen Antrag** [an jdn] ~ to put forward [*or* to table] a motion [to sb]; **Forderungen** [an jdn] ~ to make demands on [*or* form of] sb ❽ *(überlassen)* **etw in jds Belieben/Ermessen** *akk* ~ to leave sth to sb's discretion, to leave sth up to sb ❾ *(konfrontieren)* ▪ **jdn vor etw** *akk* ~ to confront sb with sth; ▪ **jdn vor ein Rätsel ~** to baffle sb ❿ *(arrangieren)* ▪ **etw ~** to set up sth *sep;* **dieses Foto wirkt gestellt** this photo looks posed ⓫ *(er~)* ▪ [jdm] **etw ~** to provide [sb with] sth, to make sth [for sb]; **jdm sein Horoskop ~** to cast [*or sep* draw up] sb's horoscope ⓬ *(zur Verfügung ~)* ▪ [jdm] **jdn/etw ~** to provide [*or* supply] [*or* furnish] [sb with] sb/sth; **einen Zeugen ~** to produce a witness ⓭ *(situiert sein)* **gut/schlecht gestellt sein** to be well/badly off; **entsprechend gestellt sein** to have the means ▸ WENDUNGEN: **auf sich** *akk* **selbst gestellt sein** to have to fend for oneself **II.** *vr* ❶ *(sich hin~)* ▪ **sich an/neben etw/neben jdn ~** to take up position at/by sth/at sb's side; *s. a.* **Weg** *s. a.* **Zehenspitze** ❷ *(entgegentreten)* ▪ **sich jdm/einer S. ~** to face sb/sth; **sich einem Herausforderer/einer Herausforderung ~** to take on [*or* face] a challenger/to take up [*or* face] a challenge; **sich den Journalisten/den Fragen der Journalisten ~** to make oneself available to the reporters/to be prepared to answer reporters' questions ❸ *(etw*

von etw halten) **sich negativ/positiv zu etw ~** to have a negative/positive attitude to[wards] sth; **wie ~ Sie sich dazu?** what do you think of it?, what's your opinion [of [*or* on] it]? ❹ *(Position ergreifen)* ▪ **sich gegen jdn/etw/zu jdm/etw ~** to oppose/support sb/sth; ▪ **sich hinter jdn/etw ~** to support [*or* back] [*or* stand by] sb/sth; ▪ **sich vor jdn ~** to stand up for sb ❺ *(sich melden)* ▪ **sich** [jdm] ~ to turn oneself in [*or* give oneself up] [to sb] ❻ *(sich als etw erscheinen lassen)* ~ to play [*or* act] the innocent; **sich dumm ~** to act stupid [*or* AM dumb]; **sich taub/verständnislos ~** to pretend not to hear/understand; **sich schlafend/tot ~** to pretend to be asleep/dead; **sie stellt sich nur so** she's only pretending ❼ *(sich präsentieren)* ▪ **sich** [jdm] ~ to arise [for sb], to confront sb

Stel·len·ab·bau *m* downsizing *no pl,* personnel cutbacks *pl,* job cuts *pl* **Stel·len·an·ge·bot** *nt* offer of employment, job offer; *(offene Stelle)* vacant position; „~e" "situations vacant"; **ein ~** [von jdm/etw] **bekommen** to be offered a job [from sb/sth]; **jdm ein ~ machen** to offer sb a job **Stel·len·an·zei·ge** *f* job advertisement [*or fam* ad] [*or* BRIT advert]; „~n" "job advertisements" **Stel·len·aus·schrei·bung** *f* job advertisement **Stel·len·ge·such** *nt* ÖKON *(geh)* "employment wanted" advertisement **Stel·len·suche** *f kein pl* job search, job-hunt *fam;* **auf ~ sein** to be looking for a job, to be on the job-hunt *fam* **Stel·len·ver·mitt·lung** *f* ÖKON ❶ *(das Vermitteln einer Arbeitsstelle)* finding of jobs ❷ *(Einrichtung zur Vermittlung von Arbeitsstellen)* employment agency [*or* bureau] **stel·len·wei·se** *adv* in [some] places; ~ **gibt es Nebel** there is some patchy fog **Stel·len·wert** *m* ❶ MATH [place] value ❷ *(Bedeutung)* status *no art, no pl,* standing *no art, no pl;* **wie hoch der ~ der Qualität in dieser Firma ist, kann man an der strengen Qualitätskontrolle erkennen** one can see what emphasis is laid on quality in this company by looking at the strict quality control; [für jdn] **einen bestimmten ~ haben** *(geh)* to be of particular importance [*or* value] to sb

Stell·platz *m* AUTO parking space; *(für Wohnwagen)* site, pitch BRIT **Stell·ring** *m* rubber-ringed base *(for mixing bowls)* **Stell·schrau·be** *f* adjusting [*or* regulating] screw, set screw *spec*

Stel·lung <-, -en> *f* ❶ *(Arbeitsplatz)* job, position; **ohne ~ sein** to be unemployed [*or* without a job] ❷ *(Rang)* position *(Körperhaltung)* position; *(beim Geschlechtsakt)* position; **in einer gebückten ~** bending [over] ❹ *(Position)* position; **in bestimmter ~** in a particular position; **etw in ~ bringen** MIL to put sth into position; **in ~ gehen** to take up position; **die ~** [gegen jdn/etw] **halten** MIL to hold the position [against sb/sth]; **die ~ halten** *(hum)* to hold the fort ❺ *(Standpunkt)* ~ **zu etw beziehen** to take a stand [*or* take up a definite position] on sth; ~ **zu etw nehmen** to express an opinion on [*or* to state one's view about] sth; ~ **für jdn/etw nehmen** [*o* **beziehen**] to take sb's/sth's side; ~ **gegen jdn/etw nehmen** [*o* **beziehen**] to come out [*or* take sides] against sb/sth; **ich beziehe weder für noch gegen irgendwen** ~ I'm not taking sides

Stel·lung·nah·me <-, -n> *f* ❶ *kein pl (das Beziehen einer Position)* ▪ **jds/eine ~ zu etw** sb's/a view [*or* sb's/an opinion] of [*or* sb's position on] sth *form* ❷ *(Meinungsäußerung)* statement; **eine ~** [zu etw] **abgeben** to make a statement [about sth]

Stel·lungs·wech·sel *m (Wechsel des Arbeitsplatzes)* change of job

stell·ver·tre·tend **I.** *adj attr (vorübergehend)* acting *attr;* *(zweiter)* deputy *attr* **II.** *adv* ❶ *(an jds Stelle)* ▪ ~ **für jdn** on sb's behalf; **wegen einer Erkran-**

kung des Ministers führte der Staatssekretär ~ die Verhandlungen the secretary of state deputized for the minister during the negotiations because he was ill ❷ *(etw ersetzend)* ■ **~ für etw sein** to stand for sth
Stell·ver·tre·ter(in) *m(f)* deputy
Stell·ver·tre·tung *f (Stellvertreter)* deputy; *(beim Arzt) esp* BRIT locum; **die ~ von jdm übernehmen** to act [*or* stand in] for sb, to deputize for sb; **in ~** *dat* **einer Person** *gen,* **in jds ~** *dat* on sb's behalf
Stell·werk *nt* BAHN signal box [*or* AM tower]
Stel·ze <-, -n> ['ʃtɛltsə] *f* ❶ *(hölzerne ~)* stilt; **auf ~n gehen** to walk on stilts ❷ ORN wagtail ❸ *meist pl* KOCHK ÖSTERR *(Schweinsfüße)* pig's trotters BRIT [*or* AM feet] *pl*
stel·zen ['ʃtɛltsn̩] *vi sein* ■ |**irgendwohin**| **~** *(auf Stelzen gehen)* to walk [somewhere] on stilts; *(staksen)* to stalk [*or* strut] [somewhere]
Stemm·bo·gen *m* SKI stem turn **Stemm·ei·sen** *nt* crowbar; **etw mit einem ~ aufbrechen** to crowbar sth [open]; *(Meißel)* [mortise *spec*] chisel
stem·men ['ʃtɛmən] **I.** *vt* ❶ *(hochdrücken)* ■ |**jdn/etw** |**irgendwohin**| **~** to lift sb/sth [somewhere]; **jdn/etw nach oben ~** to lift [up *sep*] sb/sth ❷ *(meißeln)* ■ **etw** |**in etw** *akk*| **~** to chisel sth [into sth], to make sth [in sth]; **Löcher in eine Wand ~** to knock [*or* make] holes in a wall; *(mit einem Bohrer)* to drill holes in a wall ❸ *(stützen)* **die Arme in die Seiten ~** to put one's hands on one's hips, to stand with arms akimbo; **den Rücken/die Füße gegen etw ~** to brace one's back/feet against sth **II.** *vr* ■ **sich gegen etw ~** ❶ *(sich drücken)* to brace oneself [*or* push] against sth ❷ *(sich sträuben)* to be against sth; **er wird sich nicht gegen die neue Umgehungsstraße ~** he won't stand in the way of the bypass
Stem·pel¹ <-s, -> ['ʃtɛmpl̩] *m* ❶ *(Gummi~)* [rubber-] stamp ❷ *(~abdruck)* stamp; **der Brief trägt den ~ vom 23.5.** the letter is stamped [*or* postmarked] 23/5 ❸ *(Punzierung)* hallmark; **den ~ von etw** [*o* **einer S.** *gen*] **tragen** to bear [*or* have] the hallmark of sth ▸ WENDUNGEN: **jdm/etw den/seinen ~ aufdrücken** to leave one's mark on sb/sth; **jds ~/den ~ von etw** [*o* **einer S.** *gen*] **tragen** to bear [*or* have] sb's mark/the mark of sth
Stem·pel² <-s, -> ['ʃtɛmpl̩] *m* BOT pistil *spec*
Stem·pel·auf·druck *m* stamp; *(Poststempelaufdruck)* postmark **Stem·pel·far·be** *f* [stamp-pad [*or* stamping]] ink **Stem·pel·ge·bühr** *f* stamp duty **Stem·pel·geld** *nt kein pl* ÖKON *(veraltend fam)* dole [money] BRIT *fam* **Stem·pel·kis·sen** *nt* stamp pad, ink-pad
stem·peln ['ʃtɛmpl̩n] **I.** *vt* ■ **etw ~** to stamp sth; *(frankieren)* to frank sth; **einen Briefumschlag ~** to postmark/frank a letter/an envelope **II.** *vi (fam)* to stamp sth; **ich habe den ganzen Tag nur gestempelt!** I've been stamping things all day ▸ WENDUNGEN: **~ gehen** *(veraltend fam)* to be on the dole BRIT *fam*
Sten·gelᴬᴸᵀ <-s, -> ['ʃtɛŋl̩] *m s.* **Stängel**
Ste·no <-> ['ʃteːno] *f kein pl (fam) Abk von* **Stenografie** shorthand *no art, no pl,* stenography *no art, no pl* AM
Ste·no·graf(in)ᴿᴿ, **Ste·no·graph(in)** <-en, -en> [ʃteno'graːf] *m(f)* shorthand typist BRIT, stenographer AM
Ste·no·gra·fieᴿᴿ, **Ste·no·gra·phie** <-, -n> [ʃtenogra'fiː] *f* shorthand *no art, no pl,* stenography *no art, no pl* AM
ste·no·gra·fie·ren`*`ᴿᴿ, **ste·no·gra·phie·ren`*`** [ʃtenogra'fiːrən] **I.** *vt* ■ **etw ~** to take down sth *sep* in shorthand **II.** *vi* to do shorthand; *(etw ~)* to take down sth *sep* in shorthand
Ste·no·gra·finᴿᴿ <-, -nen> *f,* **Ste·no·gra·phin** <-, -nen> *f fem form von* **Stenograph**
Ste·no·gramm <-gramme> [ʃteno'gram] *nt* text in

shorthand; **ein ~ aufnehmen** to take down sth in shorthand
Ste·no·gramm·block <-blöcke> *m* shorthand pad
Ste·no·ty·pist(in) <-en, -en> [ʃtenoty'pɪst] *m(f)* shorthand typist BRIT, stenographer AM
Stepp·de·cke *f esp* BRIT duvet, comforter AM, [BRIT *a.* continental] quilt
Step·pe <-, -n> ['ʃtɛpə] *f* GEOG steppe
step·pen¹ ['ʃtɛpn̩, 'ʃt-] *vt (mit Steppnaht nähen)* ■ **etw ~** to backstitch sth
step·pen² ['ʃtɛpn̩, 'ʃt-] *vi* to tap-dance
Stepp·tanzᴿᴿ ['ʃt-, 'ʃt-] *m,* **Step·tanz**ᴬᴸᵀ *m* ❶ *(Tanzart)* tap[-dancing] *no art, no pl* ❷ *(Vorführung)* tap dance
Ster·be·bett *nt* deathbed *old;* **auf dem ~ liegen** to be on one's deathbed *old;* **auf dem ~** on one's deathbed *old;* **das musste ich ihm auf dem ~ schwören** I had to promise him that when he was on his deathbed *old* **Ster·be·geld** *nt kein pl* death benefit, burial expenses *npl* **Ster·be·hil·fe** *f kein pl* euthanasia *no art, no pl;* **sie hat ihren Arzt um ~ gebeten** she asked her doctor to help her to die; **jdm ~ geben** to help sb [to] die
ster·ben <starb, gestorben> ['ʃtɛrbn̩] *vi sein* ❶ *(aufhören zu leben)* ■ |**an etw** *dat*| **~** to die [of sth]; **mein Großonkel ist schon lange gestorben** my great uncle died a long time ago [*or* has been dead for years]; **daran wirst du** |**schon**| **nicht ~!** *(hum fam)* it won't kill you! *fam;* **als Held ~** to die a hero['s death]; *s. a.* **Tod** ❷ *(vergehen)* ■ |**fast**| **vor etw** *dat* **~** to be [nearly] dying of sth ▸ WENDUNGEN: **gestorben sein** *(aufgegeben worden sein)* to be shelved, to have died a death; **für jdn ist jd/etw gestorben** sb is finished with sb/sth
Ster·ben <-s-> ['ʃtɛrbn̩] *nt kein pl* death *no art, no pl,* dying *no art, no pl;* **im ~ liegen** to be dying ▸ WENDUNGEN: **zum ~ langweilig** *(fam)* deadly boring, [as] boring as hell *fam;* **zum ~ elend** [*o* **übel**] [as] sick as a pig [*or* AM dog] *fam*
ster·bens·elend ['ʃtɛrbns̩ʔeːlɛnt] *adj pred (fam)* ■ **jdm ist ~,** ■ **jd fühlt sich ~** sb feels wretched [*or* terrible] [*or* lousy] **ster·bens·krank** ['ʃtɛrbns̩'kraŋk] *adj* mortally [*or* severely] ill **Ster·bens·wort** ['ʃtɛrbns̩'vɔrt] *nt,* **Ster·bens·wört·chen** ['ʃtɛrbns̩'vœrtçən] *nt kein* [*o* nicht ein] **~** not a [single] word; **nicht ein ~ kam über meine Lippen!** not a word crossed my lips!
Ster·be·sa·kra·men·te *pl* last rites *pl,* sacraments *pl;* **jdm die ~ spenden** to give sb the last rites **Ster·be·ur·kun·de** *f* death certificate **Ster·be·zim·mer** *nt* ■ **jds ~** room in which [*or* where] sb died, sb's death chamber *liter form*
sterb·lich ['ʃtɛrplɪç] *adj (geh)* mortal *a. liter; s. a.* **Hülle** *s. a.* **Überrest**
Sterb·li·che(r) *f(m) dekl wie adj (geh)* mortal *liter a. hum*
Sterb·lich·keit <-> *f kein pl* ❶ *(Rate der Todesfälle)* mortality rate; **die ~ bei Frühgeburten** the number of deaths [*or* the mortality rate] amongst premature babies ❷ *(Gegenteil von Unsterblichkeit)* mortality
ste·reo ['ʃteːreo, 'ʃt-] *adj pred* [in *pred*] stereo[phonic *form*]
Ste·reo <-> ['ʃteːreo, 'ʃt-] *nt kein pl* stereo *no art, no pl;* **in ~** in stereo
Ste·reo·an·la·ge *f* stereo [system] **Ste·reo·auf·nah·me** *f* stereo recording **Ste·reo·emp·fang** *m* stereo reception **Ste·reo·fo·nie**ᴿᴿ [ʃtereofo'niː, - st-], **Ste·reo·pho·nie** <-> *f kein pl (geh)* stereophony *no art, no pl spec,* stereophonics *no art, + sing vb spec* **Ste·reo·klang** *m* stereo sound **Ste·reo·sen·dung** *f* programme [*or* AM -am] broadcast in stereo
Ste·reo·skop <-s, -e> [ʃtereosko:p, st-] *nt* stereoscope

spec

ste·reo·typ [ʃtereo'tyːp, st-] **I.** *adj* stereotype *attr pej*, stereotyped *pej*, stereotypical *pej* **II.** *adv* stereotypically *pej*; „kein Kommentar!" sagte er ~ "no comment!" was his stereotype answer

ste·ril [ʃte'riːl, st-] *adj* ❶ *(keimfrei)* sterile ❷ *(unfruchtbar)* infertile, sterile

Ste·ri·li·sa·ti·on <-, -en> [ʃteriliza'tsi̯oːn, st-] *f* sterilization

ste·ri·li·sie·ren [ʃterili'ziːrən] *vt* ■ jdn/ein Tier ~ to sterilize sb/an animal; ■ sich/ein Tier ~ lassen to get [oneself]/an animal sterilized

Ste·ri·li·sie·rung <-, -en> *f* sterilization

Ste·ri·li·tät <-> [ʃterili'tɛːt, st-] *f kein pl* ❶ *(Keimfreiheit)* sterility *no art, no pl* ❷ *(Unfruchtbarkeit)* infertility *no art, no pl*, sterility *no art, no pl*

Ster·let <-te, -ten> ['ʃtɛrlɛt] *m* KOCHK sterlet

Stern <-[e]s, -e> [ʃtɛrn] *m* star; ▸ WENDUNGEN: jdm [o für jdn] die ~e vom Himmel holen to go to the ends of the earth and back again for sb; er wollte die ~e vom Himmel holen he wanted the moon; jds ~ ist im Sinken [o Untergehen] sb is on the [or his/her] way out; unter einem/keinem glücklichen [o guten] ~ stehen to have a promising start/to be ill-starred; *Mensch meist* to be born under a lucky/an unlucky star; jds ~ geht auf sb is a rising star; nach den ~en greifen *(geh)* to reach for the stars; ~e sehen *(fam)* to see stars; [noch] in den ~en [geschrieben] stehen to be written in the stars; es steht noch in den ~en[geschrieben], ob ... whether ... is still written in the stars [or is still a matter of speculation]

Stern·anis *m* star anise, star aniseed **Stern·bild** *nt* constellation

Stern·chen <-s, -> *nt dim von* **Stern** ❶ *(kleiner Stern)* little [or small] star ❷ TYPO asterisk, star

Ster·ne-Ho·tel *nt* graded hotel

Ster·nen·ban·ner *nt* ■ das ~ the Star-spangled Banner, the Stars and Stripes + *sing vb* **ster·nen·bedeckt** *adj (geh)* starry, star-studded *attr liter* **Ster·nen·him·mel** *m* starry sky **ster·nen·klar** *adj inv* starry *attr*, starlit

Stern·fahrt *f* rally **stern·för·mig** *adj* star-shaped, stellate *spec* **Stern·frucht** *f* star-fruit **stern·ha·gel·blau, stern·ha·gel·voll** ['ʃtɛrn'haːgl̩'fɔl] *adj (sl: völlig betrunken)* plastered *fam,* pissed BRIT *fam!* **Stern·hau·fen** *m* cluster of stars, star cluster **stern·hell** *adj (geh)* starlit, starry **Stern·kar·te** *f* star map **stern·klar** ['ʃtɛrnklaːɐ̯] *adj* starlit, starry **Stern·marsch** *m s.* Sternfahrt **Stern·schnup·pe** <-, -n> *f* shooting star **Stern·sin·ger(in)** *m(f)* REL DIAL carol singer **Stern·stun·de** *f (geh)* ■ jds ~ sb's great moment [or moment of glory]; deine ~ wird kommen your time [or moment of glory] will come **Stern·sys·tem** *nt* star [or stellar] system, galaxy **Stern·tül·le** *f* piping bag **Stern·war·te** *f* observatory **Stern·zei·chen** *nt* [star] sign

Ste·ro·id <-[e]s, -e> [ʃtero'iːt, st-] *nt meist pl* steroid *usu pl*

Stert·spitz [ʃte:ɐ̯t-] *m* prime boiled beef

stet [ʃteːt] *adj attr (geh) s.* stetig

Ste·tho·skop <-s, -e> [ʃteto'skoːp] *nt* stethoscope

ste·tig ['ʃteːtɪç] *adj* steady, constant

stets [ʃteːts] *adv* always, at all times

Steu·er¹ <-s, -> ['ʃtɔy̯ɐ] *nt* ❶ AUTO [steering] wheel; jdn ans ~ lassen to let sb drive [or get behind the wheel]; am [o hinterm] ~ sitzen *(fam)* to drive, to be behind the wheel ❷ NAUT [ship's] wheel, helm; am ~ stehen [o sein] to be at the helm [or wheel] ▸ WENDUNGEN: das ~ herumwerfen POL to change course

Steu·er² <-, -n> ['ʃtɔy̯ɐ] *f* ÖKON tax; ~n zahlen to pay tax[es]; etw von der ~ absetzen to set off sth *sep*

against tax

Steu·er³ <-> ['ʃtɔy̯ɐ] *f kein pl (fam: Finanzamt)* ■ die [Leute von der] ~ the taxman

Steu·er·ab·zug *m* tax deduction **Steu·er·an·passung** *f* tax adjustment **Steu·er·an·rech·nung** *f* tax credit **Steu·er·an·spruch** *m* tax claim **Steu·er·auf·kom·men** *nt* tax revenue[s *pl*], revenue[s *pl*] from tax **Steu·er·aus·fall** *m* ADMIN, POL tax deficit **Steu·er·be·am·te(r), -be·am·tin** *m, f* tax official **steu·er·be·güns·tigt** *adj* with tax privileges *pred;* ■ ~ sein to have tax privileges **Steu·er·be·las·tung** *meist sing f* tax burden **Steu·er·be·mes·sungs·grund·la·ge** *f* tax base **Steu·er·be·ra·ter(in)** *m(f)* tax consultant **Steu·er·be·scheid** *m* tax assessment **Steu·er·be·trug** *m kein pl* tax evasion **Steu·er·be·voll·mäch·tig·te(r)** *dekl wie adj f (m)* tax consultant

Steu·er·bord ['ʃtɔy̯ebɔrt] *adv inv* LUFT, NAUT starboard **Steu·er·bord** ['ʃtɔy̯ebɔrt] *nt kein pl* starboard *no art, no pl*

steu·er·ehr·lich *adj* honest to the Inland Revenue *pred* **Steu·er·ein·nah·men** *pl* tax revenue **Steu·er·er·hö·hung** *f* increase in tax, tax increase **Steu·er·er·klä·rung** *f* tax return [or declaration] **Steu·er·fahn·dung** *f (Verfahren)* tax investigation; *(Abteilung)* office for tax investigation **Steu·er·flücht·ling** *m sb who avoids tax by transferring assets abroad;* ■ ein ~ sein to avoid tax by transferring assets abroad; die US-Firma will deutsche ~e anpeilen the US firm wants to target capital from tax-plagued German investors **steu·er·frei I.** *adj* tax-exempt *attr,* exempt from tax *pred* **II.** *adv* without paying tax **Steu·er·frei·be·trag** *m* tax allowance **Steu·er·fuß** *m* SCHWEIZ *(Steuersatz)* tax rate **Steu·er·ge·hil·fe, -ge·hil·fin** *m, f* articled clerk **Steu·er·gel·der** *pl* taxes *pl,* tax revenue[s *pl*], taxpayers' money *no art, nsing usu pej*

Steu·er·ge·rät *nt* ❶ TECH controller, control unit ❷ RADIO receiver **Steu·er·ge·setz·ge·bung** *f* JUR tax [or revenue] legislation [or laws *pl*], ≈ Internal Revenue Code AM **Steu·er·har·mo·ni·sie·rung** *f* fiscal harmonization *no art, no pl spec;* die Europaminister sind noch zu keiner Regelung in der ~ gekommen the EU ministers have still not managed to harmonize the different tax systems **Steu·er·heh·le·rei** *f* JUR purchasing [or handling] tax-evaded goods **Steu·er·hin·ter·zie·hung** *f* tax evasion *no art, no pl* **Steu·er·kar·te** *f* tax card **Steu·er·klas·se** *f* tax category [or group]; *(für Einkommensteuer a.)* income-tax bracket

Steu·er·knüp·pel *m* LUFT joystick, control lever [or column]

Steu·er·last *f* tax burden

steu·er·lich I. *adj* tax *attr* **II.** *adv* ~ absetzbar tax-deductible; etw ~ belasten to tax sth; ~ entlasten to provide tax relief; etw ~ berücksichtigen to provide tax allowance on sth; ~ berücksichtigt werden to receive tax allowance; ~ günstig tax-supported, with low tax liability *pred;* ~ ungünstig tax-ridden, with high tax liability *pred;* ~ vorteilhaft tax-incentive *attr,* carrying tax benefits *pred*

steu·er·los *adj* out of control

Steu·er·mann <-männer *o* -leute> ['ʃtɔy̯eman, *pl:* -mɛnɐ, -lɔy̯tə] *m* ❶ NAUT helmsman; *(in der Handelsmarine a.)* mate; *(in der Kriegsmarine a.)* navigating boatswain ❷ SPORT cox[swain] *form*

Steu·er·mar·ke *f (revenue AM)* stamp BRIT; *(für einen Hund)* dog licence [or AM -se] disk *(attached to a dog's collar)*

steu·ern ['ʃtɔy̯ɐn] **I.** *vt* ❶ AUTO, LUFT *(lenken)* ■ etw ~ to steer sth ❷ LUFT *(lotsen)* ■ etw ~ to fly [or pilot] sth ❸ *(regulieren)* ■ etw ~ to control sth ❹ *(in eine gewünschte Richtung bringen)* ■ etw in eine

bestimmte Richtung ~ to steer sth in a particular direction **II.** vi ❶ AUTO to drive ❷ NAUT ■ **irgendwohin** ~ to go [or sail] somewhere

Steu·er·nach·lass^RR m tax abatement [or relief] **Steu·er·oa·se** f tax haven **Steu·er·pa·ra·dies** nt tax haven **Steu·er·pflicht** f tax liability no art, no pl, liability to [pay] tax; **der** ~ **unterliegen** (geh) to be liable to [pay] tax **steu·er·pflich·tig** adj ❶ (zu versteuern) taxable ❷ (zur Steuerzahlung verpflichtet) liable to [pay] tax pred **Steu·er·pflich·ti·ge(r)** f(m) taxpayer **Steu·er·pro·gres·si·on** f progressive taxation no art, no pl spec, tax progression no art, no pl spec **Steu·er·prü·fer(in)** m(f) tax inspector [or AM auditor] **Steu·er·prü·fung** f tax inspection [or AM audit]

Steu·er·rad nt ❶ NAUT wheel, helm ❷ AUTO (veraltend) s. **Lenkrad** driving wheel BRIT old

Steu·er·recht nt kein pl tax [or revenue] law **Steu·er·re·form** f tax reform

Steu·er·ru·der nt rudder

Steu·er·satz m rate of tax[ation], tax rate **Steu·er·schrau·be** f▸ WENDUNGEN: **die** ~ **anziehen an der** ~ **drehen** (fam) to squeeze the taxpayer fam **Steu·er·schuld** f tax[es pl] owing [or due] no indef art, AM a. tax delinquency no art, no pl **Steu·er·sen·kung** f cut [or reduction] in taxes, tax cut [or reduction] **Steu·er·um·ge·hung** f tax evasion

Steu·e·rung¹ <-> f kein pl (Regulierung) control no indef art, no pl; **die** ~ **des Produktionsprozesses erfolgt von diesem Raum aus** the production process is steered [or controlled] from this room

Steu·e·rung² <-, -en> f ❶ **die** ~ [einer S. gen [o von etw]] ❶ LUFT piloting [or flying] [sth] no art, no pl; **die** ~ **übernehmen** to take over control ❷ NAUT steering [sth] no art, no pl

Steu·er·ver·güns·ti·gung f tax concession [or relief] **Steu·er·vor·aus·zah·lung** f advance tax payment; ~**n leisten** to pay taxes in advance **Steu·er·vor·teil** m tax benefit [or advantage] **Steu·er·zah·ler(in)** m(f) taxpayer

Ste·ven <-s, -> ['ʃteːvn] m NAUT **Vorder**~ stem spec; **After**~ stern[post] spec

Ste·ward <-s, -s> ['stjuːɐt] m steward

Ste·war·dess^RR <-, -en> ['stjuːɐdɛs, stjuːeˈdɛs] f, **Ste·war·deß**^ALT <-, -ssen> ['stjuːɐdɛs] f fem form von **Steward** steward/stewardess

St. Gal·len <-s> [zaŋkt 'galən] nt St[.] Gallen

StGB <-[s]> [ɛsteːgeːˈbeː] nt Abk von **Strafgesetzbuch**

sti·bit·zen° [ʃtiˈbɪtsn] vt (hum fam) ■ [jdm] **etw** ~ to swipe [or pinch] [or nick] [sb's] sth hum fam

stich [ʃtɪç] imper sing von **stechen**

Stich <-[e]s, -e> [ʃtɪç] m ❶ (~wunde) stab wound; ■ **ein** ~ **durch/in etw** akk a stab through/in sth; **jdm einen** ~ [mit etw] [in etw akk] **versetzen** to stab sb [in sth] [with sth]; **sie versetzte ihm mit der Hutnadel einen** ~ **ins Gesicht** she stabbed him in the face with her hatpin ❷ (Insekten~) sting; (Mücken~) bite ❸ (stechender Schmerz) stabbing [or sharp] pain; ~**e haben** to have [or experience] a stabbing [or sharp] pain/stabbing [or sharp] pains ❹ (Nadel~) stitch; ~ **um** ~ stitch by stitch ❺ (Radierung) engraving ❻ (Farbschattierung) ■ **ein** ~ **in etw** akk a tinge of sth; **ein** ~ **ins Rote** a tinge of red; **einen** ~ **in etw** akk **bekommen** to get a tinge of sth, to go a bit sth fam ❼ KARTEN trick; ~ **auf** ~ trick by trick, one trick after the other; **einen** ~ **machen** to get [or win] a trick ▸ WENDUNGEN: **einen** ~ **haben** (fam: verdorben sein) to have gone [or to be] off; (sl: übergeschnappt sein) to be nuts fam; **jdn im** ~ **lassen** (jdn verlassen) to abandon sb; (jdn in einer Notlage lassen) to fail [or let

down] sb; **mit zunehmendem Alter ließ sie ihr Gedächtnis immer mehr im** ~ her memory got worse [or became more and more unreliable] as she got older

Sti·chel <-s, -> ['ʃtɪçl] m KUNST graver, burin spec

Sti·che·lei <-, -en> [ʃtɪçaˈlai] f (pej fam) ❶ (ständiges Sticheln) needling no art, no pl fam; **sie ließ keine Gelegenheit zu einer** ~ **aus** she never missed a chance to get at him/her etc. ❷ (stichelnde Bemerkung) jibe, AM usu gibe, dig, cutting remark

sti·cheln ['ʃtɪçln] vi (pej fam) ■ [gegen jdn] ~ to make nasty [or cutting] [or snide] remarks [about sb]

Stich·ent·scheid m SCHWEIZ [president's] casting vote

Stich·flam·me f flash, jet [or liter tongue] of flame

stich·hal·tig adj, **stich·häl·tig** adj ÖSTERR (überzeugend) **ein** ~**es Alibi** an unassailable [or airtight] alibi; **eine** ~**e Argumentation** a sound argument, sound reasoning; **ein** ~**er Beweis** conclusive evidence; ■ [nicht] ~ **sein** to [not] hold water

Stich·ling <-s, -e> ['ʃtɪçlɪŋ] m ZOOL stickleback

Stich·pro·be f (die Probe aufs Exempel) spot check, random sample [or survey]; (Kontrollen) spot check; ~**n machen** [o vornehmen] to carry out a spot check [or random sample] **Stich·punkt** m note; **sich** ~**e machen** to make notes **Stich·sä·ge** f compass saw spec **Stich·tag** m (maßgeblicher Termin) fixed [or qualifying] date; (letzter Möglichkeit) deadline **Stich·waf·fe** f stabbing weapon **Stich·wahl** f POL final ballot, run-off AM **Stich·wort** ['ʃtɪçvɔrt] nt ❶ (Haupteintrag) entry, reference, headword form ❷ meist pl (Wort als Gedächtnisstütze) cue; (Schlüsselwort) keyword; ~ **Geld, ich wollte mit Ihnen über eine Gehaltserhöhung reden** speaking of [or form apropos] money, I wanted to talk to you about a rise; **jdm das** [vereinbarte [o verabredete]] ~ **geben** (das Zeichen zum Beginn von etw) to give sb the [pre-arranged] lead-in [or cue]; THEAT to cue in sb sep; **du sprichst von Geld? damit lieferst du mir das** ~ money? now that's something I wanted to talk about; **warum musstest du das sagen? jetzt hast du ihr das** ~ **gegeben** what did you have to say that for? now you've started her off; **sich** dat ~**e machen** to make notes **stich·wort·ar·tig** adv briefly **Stich·wort·ver·zeich·nis** nt index

Stich·wun·de f stab wound

sti·cken ['ʃtɪkn] **I.** vt (durch S~ herstellen) ■ **etw** [auf **etw** akk] ~ to embroider sth [on[to] sth]; **das Tischtuch wies am Rand gestickte Verzierungen auf** the tablecloth had an embroidered edge; ■ **etw** ~ to embroider sth **II.** vi ■ [an **etw** dat] ~ to embroider [sth], to do embroidery; ■ **das S~** embroidery; **man braucht viel Geduld zum S**~ **eines Blumenmotivs** it requires a lot of patience to embroider a flower motif

Sti·cker <-s, -> ['stɪkɐ, 'ʃt-] m (fam) sticker

Sti·cke·rei <-, -en> [ʃtɪkəˈrai] f embroidery no art, no pl

Stick·garn nt embroidery thread, crewel no art, no pl spec

sti·ckig ['ʃtɪkɪç] adj stuffy; ~**e Luft** stale air

Stick·mus·ter nt embroidery pattern **Stick·na·del** f embroidery [or spec crewel] needle

Stick·oxid, Stick·oxyd nt CHEM nitrogen oxide [or spec nitric oxide] no art, no pl

Stick·rah·men m embroidery frame

Stick·stoff ['ʃtɪkʃtɔf] m kein pl nitrogen no art, no pl

stie·ben <stob o stiebte, gestoben o gestiebt> ['ʃtiːbn] vi (geh) ❶ haben o sein (sprühen) to spray; **Funken stieben von dem rot glühenden Eisen** sparks flew from the glowing iron ❷ sein (rennen) ■ **irgendwohin** ~ to rush [or dash] [off] somewhere; **nach allen Seiten** ~ to scatter in all directions; **von dannen** ~ to rush [or dash] off

Stief·bru·der [ˈʃtiːf-] m stepbrother
Stie·fel <-s, -> [ˈʃtiːfl̩] m **①** *(Schuhwerk)* boot; **ein Paar** ~ a pair of boots; ~ **aus Gummi** wellingtons BRIT, wellington boots BRIT **②** *(Trinkgefäß) large, boot-shaped beer glass;* **einen** ~ |Bier| **trinken** ≈ to drink a yard BRIT; **er verträgt einen |ordentlichen|** ~ he can take his drink
Stie·fe·let·te <-, -n> [ʃtiːfəˈlɛtə] f ankle boot
stie·feln [ˈʃtiːfl̩n] vi sein *(fam)* ■ **irgendwohin** ~ to march [or stride] somewhere
Stie·fel·schaft m leg of a/the boot
Stief·el·tern pl step-parents pl **Stief·ge·schwis·ter** pl stepbrother|s| and sister|s| + pl vb **Stief·kind** nt stepchild **Stief·mut·ter** f stepmother **Stief·müt·ter·chen** nt BOT pansy **stief·müt·ter·lich I.** adj poor, shabby **II.** adv in a poor fashion, shabbily; **jdn/etw ~ behandeln** to pay little attention to sb/sth **Stief·schwes·ter** f stepsister **Stief·sohn** m stepson **Stief·toch·ter** f stepdaughter **Stief·va·ter** m stepfather
stieg [ʃtiːk] imp von **steigen**
Stie·ge <-, -n> [ˈʃtiːgə] f narrow staircase [or npl stairs]
Stie·gen·haus nt SÜDD, ÖSTERR *(Treppenhaus)* staircase
Stieg·litz <-es, -e> [ˈʃtiːglɪts] m ORN goldfinch spec
stiehl [ʃtiːl] imper sing von **stehlen**
Stiel <-[e]s, -e> [ʃtiːl] m **①** *(Handgriff, langer Stab)* handle; *(Besen~)* broom handle, broomstick **②** *(Blumen~)* stem, stalk **③** *(Stück zwischen Fuß und Kelch)* stem
Stiel·au·gen pl ▸ WENDUNGEN: ~ **kriegen** [o **machen**] *(fam)* to look goggle-eyed fam, BRIT a. to have one's eyes out on stalks; **die Nachbarn haben ~ gemacht** the neighbours' eyes almost popped out of their heads fam **Stiel·ei·che** f BOT common oak **Stiel·kamm** m tail comb **Stiel·ko·te·lett** nt loin chop
stier [ʃtiːɐ] **I.** adj *(starr)* vacant, glassy, fixed **II.** adv vacantly, glassily, fixedly; ~ **irgendwohin blicken** to look somewhere with a vacant [or glassy] stare
Stier <-[e]s, -e> [ʃtiːɐ] m **①** *(junger Bulle)* bull; *(kastriert)* steer, bullock; **wie ein** ~ **brüllen** to scream like a stuck pig **②** ASTROL Taurus ▸ WENDUNGEN: **den ~ bei den Hörnern packen** [o **fassen**] to get [or take] the bull by the horns
stie·ren [ˈʃtiːrən] vi ■ **irgendwohin** akk ~ to stare vacantly [or glassily] [or fixedly] somewhere; **zu Boden** ~ to stare vacantly [or glassedly] [or fixedly] at the floor; ■ **auf jdn/etw** ~ to stare vacantly [or glassedly] [or fixedly] at sb/sth
Stier·kampf m bullfight **Stier·kampf·are·na** f bullring **Stier·kämp·fer(in)** m(f) bullfighter, matador **Stier·na·cken** m thick neck **stier·na·ckig** adj thick-necked, with a thick neck pred; ■ ~ **sein** to be bullnecked, to have a thick neck
stieß [ʃtiːs] imp von **stoßen**
Stift¹ <-[e]s, -e> [ʃtɪft] m **①** *(Stahl~)* tack, pin **②** *(zum Schreiben)* pen/pencil; **haben Sie einen ~?** do you have something to write with [or a pen/pencil] ?
Stift² <-[e]s, -e> [ʃtɪft] nt **①** *(Heim)* home **②** REL *(christliches Internat)* church boarding school, seminary dated; *(christliches Internat für Mädchen)* convent **③** REL ÖSTERR *(Männerkloster)* monastery; *(Frauenkloster)* convent
Stift³ <-[e]s, -e> [ʃtɪft] m *(fam: Lehrling im handwerklichen Beruf)* apprentice
stif·teln [ˈʃtɪftl̩n] vt ■ **etw** ~ KOCHK to shred sth
stif·ten [ˈʃtɪftn̩] vt **①** *(spenden)* ■ |jdm| **etw** ~ to donate sth [to sb]; |jdm| **eine Seelenmesse** ~ to pay for mass to be said [for sb's soul] **②** *(verursachen)* ■ **etw** ~ to create [or cause] sth; **Ärger** ~ to cause trouble; **Unruhe** ~ to create unrest **③** *(gründen)* ■ **etw** ~ to found sth **④** *(fam: abhauen)* ~ **gehen** to scram fam, to do a bunk BRIT fam, to scarper BRIT fam
Stif·ter(in) <-s, -> [ˈʃtɪftɐ] m(f) **①** *(Spender)* don[at]or

② *(Gründer)* founder
Stif·tung <-, -en> f **①** JUR *(gestiftete Organisation)* foundation, institute, trust **②** *(Schenkung)* donation **③** *(Gründung)* foundation; **die ~ dieser Universität datiert in das Jahr 1960** this university was founded in 1960
Stif·tungs·rat m JUR board of trustees
Stift·zahn m post crown spec
Stil <-[e]s, -e> [ʃtiːl, st-] m **①** LIT style **②** *(Verhaltensweise)* ■ **jds** ~ sb's conduct [or manner], sb's way of behaving [or behaviour]; **das ist nicht unser** ~ that's not the way we do things [here]; **der ~ des Hauses** *(a. euph)* the way of doing things in the company; **das verstößt gegen den ~ des Hauses** that is not the way things are done in this company, that violates the company's code of conduct form **③** *(charakteristische Ausdrucksform)* style ▸ WENDUNGEN: **im großen ~ großen ~s** on a grand scale
Stil·blü·te f *(hum)* stylistic blunder, howler **Stil·bruch** m inconsistency in style; KUNST, LING stylistic incongruity **Stil·ebe·ne** f style level **stil·echt I.** adj period usu attr **II.** adv in period style
Sti·lett <-s, -e> [ʃtiˈlɛt, st-] nt stiletto
Stil·feh·ler m flaw in style **Stil·ge·fühl** nt kein pl sense of style, feeling for style, stylistic sense no pl **stil·ge·treu** adj true to the original style
sti·li·sie·ren [ʃtiliˈziːrən, st-] vt *(geh)* ■ **etw** ~ to stylize sth
sti·li·siert I. adj stylized **II.** adv in a stylized fashion [or way]
Sti·li·sie·rung <-, -en> f stylization
sti·lis·tisch *(geh)* **I.** adj stylistic **II.** adv stylistically; ~ **gesehen** from a stylistic standpoint [or point of view]
Stil·kun·de f **①** LIT style no art, no pl **②** MEDIA *(Werk)* book on style
still [ʃtɪl] adj **①** *(ruhig)* quiet, peaceful, still liter; **ein ~er Mensch** a quiet [or calm] person; ■ ~ **sein/werden** to be/go [or grow] quiet; **etw** ~ **halten** to keep sth still; **sei ~!** be quiet! **②** *(beschaulich)* quiet; **in ~em Gedenken** in silent memory; **wir wollen uns jetzt des seligen Bischofs in ~em Gedenken erinnern** now we will keep a moment's silence in memory of the late bishop; **eine ~e Stunde** a quiet time **③** *(verschwiegen)* quiet **④** *(heimlich)* secret; **in ~em Einvernehmen** in secret; **jds ~e Zustimmung voraussetzen** to assume sb's approval [or agreement]; **ein ~er Vorwurf** a silent reproach; **mit einem ~en Seufzen** with a silent [or an inner] sigh; **im S~en** in secret; **im S~en hoffen** to secretly hope ▸ WENDUNGEN: **es ist um jdn ~ geworden** you don't hear much about sb anymore; s. a. **Stunde** s. a. **Wasser**
Stil·le <-> [ˈʃtɪlə] f kein pl **①** *(Ruhe)* quiet no art, no pl; **die ~ nach der Hektik des Tages war sehr angenehm** the peace [and quiet] after the day's rush and tumble was very pleasant; *(ohne Geräusch)* silence no art, no pl; **es herrschte** ~ there was silence/peace and quiet; **in aller** ~ quietly; **jdn in aller** ~ **beisetzen** to bury sb quietly, to have a quiet funeral [for sb]; **die Trauung wird in aller** ~ **stattfinden** it will be a quiet wedding; **er hat sich in aller** ~ **davongemacht, ohne mir ein Sterbenswörtchen zu sagen!** he left [or slipped out] without saying a word! **②** *(Abgeschiedenheit)* peace no art, no pl, calm no art, no pl
Stille·benALT nt s. **Stillleben**
stille·genALT <stillgelegt> vt s. **stilllegen**
Stille·gungALT <-, -en> f s. **Stilllegung**
stil·len [ˈʃtɪlən] **I.** vt **①** *(säugen)* ■ **jdn** ~ to breastfeed [or suckle] sb **②** *(befriedigen)* ■ **etw** ~ to satisfy [or liter still] sth; **den Durst** ~ to quench [or slake] sb's

thirst ❸ ■ **etw ~** *(aufhören lassen)* to stop sth; *(etw erleichtern)* to relieve *[or* ease] sth; **den Blutverlust ~** to staunch *[or* AM a. stanch] the flow of blood **II.** *vi* to breastfeed

Still·hal·te·ab·kom·men *nt* moratorium *form*

still∣hal·ten *vi irreg* to keep *[or* stay] still

stillie·gen^ALT <stillgelegen> *vi s.* **stillliegen**

Still·le·ben^RR ['ʃtɪlleːbn̩] *nt* still life

still∣le·gen^RR <stillgelegt> *vt* ■ **etw ~** to close *[or* shut] [down *sep*] sth; ■ **stillgelegt** closed *[or* shut] [down]

Still·le·gung^RR <-, -en> *f* closure, shutdown

still∣lie·gen^RR <stillgelegen> *vi sein o haben* to be closed *[or* shut] [down]; **seit diese Bahnlinie stillliegt, kommen kaum mehr Touristen** since the closure of the railway line there have been hardly any tourists

stil·los *adj* lacking *[or* without] any definite style *pred;* ■ **~ sein** to lack [a definite] *[or* have no [definite]] style

still∣schwei·gen *vi irreg (geh)* to be *[or* keep] quiet *[or* silent], to keep quiet *[or* stay silent] *[or form* maintain silence] about sth; **schweig still!** be quiet!, silence!

Still·schwei·gen *nt* silence *no art, no pl;* **jdn [in etw *dat*] zu strengstem ~ auffordern** to ask sb to maintain the strictest silence [about sth] *form;* **über jdn/ etw ~ bewahren, jdn/etw mit ~ übergehen** to keep quiet *[or* stay silent] *[or form* maintain silence] about sb/sth

still·schwei·gend ['ʃtɪlʃvaignt] **I.** *adj* tacit; **ein ~es Einverständnis** a tacit understanding; **ich setze auf Ihr ~es Einverständnis** I [will] assume you are in agreement **II.** *adv* tacitly; **etw ~ billigen** to give sth one's tacit approval

still∣sit·zen *vi irreg sein o haben* to sit still *[or* quietly]

Still·stand *m kein pl* standstill *no pl;* **etw zum ~ bringen** to bring sth to a standstill; **eine Blutung zum ~ bringen** to staunch a flow of blood; **zum ~ kommen** *(zum Erliegen)* to come to a standstill; *(aufhören)* to stop

still∣ste·hen *vi irreg sein o haben* ❶ *(außer Betrieb sein)* to be at a standstill, to stand idle ❷ ■ **stillgestanden!** MIL attention!; *(von Polizei)* stop!

Stil·mö·bel *nt meist pl* period furniture *no pl* **stil·prä·gend** *adj* **~ sein** to promote a particular style **stil·voll** *adj* stylish

Stimm·ab·ga·be *f* POL vote, voting *no art, no pl* **Stimm·band** *nt meist pl* ANAT vocal c[h]ord **stimm·be·rech·tigt** *adj* entitled to vote *pred;* ■ **[bei etw] ~ sein** to be entitled to vote *[or* have a vote] [in sth] **Stimm·be·rech·tig·te(r)** *f(m) dekl wie adj* voter, person entitled to vote; ■ **die ~n** the voters *pl,* the electorate + *sing/pl vb* **Stimm·be·tei·li·gung** *f* SCHWEIZ *(Wahlbeteiligung)* poll **Stimm·be·zirk** *m* constituency **Stimm·bruch** *m* **der ~ setzt zwischen dem 11. und 14. Lebensjahr ein** the voice breaks between the ages of 11 and 14; **er war mit 12 im ~** his voice broke when he was 12 **Stimm·bür·ger(in)** *m(f)* POL SCHWEIZ voter; **die gesamten ~** the electorate + *sing/pl vb*

Stim·me <-, -n> ['ʃtɪmə] *f* ❶ *(Art des Sprechens)* voice; **du hast heute so eine heisere ~** you are *[or* your voice is] very hoarse today; **mit bestimmter ~ sprechen** to speak in a particular [tone of] voice; **sprich nicht mit so lauter ~, man könnte uns hören!** don't speak so loudly, someone might hear us!; **er sprach mit erstickter Stimme** there was a catch in his voice; **mit leiser ~ sprechen** to speak in a quiet [tone of] voice *[or* quietly]; **mit honigsüßer ~ sprechen** to speak in honeyed tones ❷ *(sprechender Mensch)* voice; **da rief doch eben eine ~!** there was *[or* I heard] a voice calling! ❸ POL vote; **die entscheidende ~** the deciding vote; **sich der ~ enthalten** to abstain; **seine ~ [für jdn/etw] abgeben** to vote [for

sb/sth]; **eine/keine ~ haben** to have/not have a vote ❹ *(Meinungsäußerung)* voice; **es werden ~n laut, die sich gegen das Projekt aussprechen** voices are being raised against the project; **die ~n, die mit dieser Politik nicht einverstanden sind, mehren sich** the number of voices not in favour of this policy is increasing ❺ *(Gefühl)* ■ **die ~ einer S.** *gen* the voice of sth; **die ~ des Herzens/der Vernunft/ des Gewissens** the voice of one's heart/of reason/of one's conscience; **höre auf die ~ deines Herzens** listen to [the voice of] your heart

stim·men^1 ['ʃtɪmən] *vi* ❶ *(zutreffen)* to be right *[or* correct]; ■ **es stimmt, dass jd etw ist/tut** it is true that sb is/does sth; **stimmt!** *(fam)* right!; **habe ich nicht völlig Recht? – stimmt!** don't you think I'm right? – yes, I do! ❷ *(korrekt sein)* to be correct; **diese Rechnung stimmt nicht!** there's something wrong with this bill!; **etwas stimmt mit jdm nicht** something must be wrong with sb; **da [o hier] stimmt was nicht!** *(fam)* there's something wrong [or fam funny [going on]] here!; **stimmt so!** *(fam)* that's [or the rest is] for you, keep the change!

stim·men^2 ['ʃtɪmən] *vt* MUS ■ **etw ~** to tune sth

stim·men^3 ['ʃtɪmən] *vi* ■ **für/gegen jdn/etw ~** to vote for/against sth

Stim·men·ab·ga·be *f* vote; **zur ~ schreiten** to move to a vote

Stim·men·aus·zäh·lung *f* vote count, count of votes, counting the votes; **eine ~ verlangen** to call a count **Stim·men·fän·ger(in)** *m(f)* POL *(fam)* canvasser, votegetter *fam* **Stim·men·ge·winn** *m* gain of votes; **einen ~ verzeichnen** *[o* **verbuchen]** to record a gain of votes **Stim·men·gleich·heit** *f* tie

Stimm·ent·hal·tung *f* abstention; **~ üben** to abstain **Stim·men·ver·lust** *m* loss of votes; **einen ~ hinnehmen müssen** to suffer a loss of votes; **die Umfrage sagte einen ~ von ca. 6% voraus** the survey prophesied a loss of 6% of the votes

Stimm·ga·bel *f* MUS tuning fork

stimm·haft LING **I.** *adj* voiced *spec* **II.** *adv* **~ ausgesprochen werden** to be voiced *spec*

stim·mig ['ʃtɪmɪç] *adj* ■ **[in sich] ~ sein** to be consistent *[or* coherent]

Stimm·la·ge *f* MUS voice

stimm·los LING **I.** *adj* voiceless *spec* **II.** *adv* **~ ausgesprochen werden** to be voiceless *spec*

Stimm·recht *nt* right to vote; **[das] ~ haben** to have the right to vote

Stim·mung <-, -en> *f* ❶ *(Gemütslage)* mood; **jdn in ~ bringen** to get *[or* put] sb in a good/the right mood; ■ **in der ~ [zu etw] sein** *(fam)* to be in the mood [for sth]; ■ **in der ~ sein, etw zu tun** to be in the mood for doing sth; **in ~ kommen** *(fam)* to get in the [right] mood, to liven up ❷ *(Atmosphäre)* atmosphere; **eine geladene ~** a tense *[or* charged] atmosphere ❸ *(öffentliche Einstellung)* public opinion *no art, no pl;* ■ **für/gegen jdn/etw machen** to stir up [public] opinion for/against sb/sth ❹ *(geh: Ambiente)* atmosphere *no pl,* ambience *no pl liter*

stim·mungs·auf·hel·lend *adj* emotionally elevating **Stim·mungs·ba·ro·me·ter** *nt* mood [of [public] opinion], barometer of public opinion; **das ~ steigt/steht auf null** *(fam)* the mood [of [public] opinion] is improving/pessimistic **Stim·mungs·ka·no·ne** *f (fam: Unterhalter)* entertainer; **eine ~ sein** to be the life and soul of the party **Stim·mungs·la·ge** *f* mood; **eine gereizte ~** a tense atmosphere **Stim·mungs·ma·che** *f (pej)* [cheap] propaganda *no art, no pl pej* **Stim·mungs·um·schwung** *m* POL change of mood *[or* atmosphere] **stim·mungs·voll** *adj* sentimental *usu pej;* **das ~e Gedicht gibt die Atmosphäre der beeindruckenden Gebirgslandschaft gelun-**

gen wieder the poem aptly reflects the atmosphere of the impressive mountain landscape
Stimm·wech·sel *m* s. **Stimmbruch Stimm·zet·tel** *m* voting slip, ballot [paper]
Sti·mu·lans <-, Stimulantia *o* Stimulanzien> [ˈʃtiːmu-lans, ˈst-, *pl:* ʃtimuˈlantsi̯a, ʃtimuˈlantsi̯ən] *nt* ❶ PHARM stimulant ❷ *(geh: aufreizende Darstellung)* stimulation *no pl*
Sti·mu·la·ti·on <-, -en> [ʃtimulaˈtsi̯oːn] *f (geh: sexu-elle Reizung)* stimulation
sti·mu·lie·ren· [ʃtimuˈliːrən] *vt* ❶ *(geh: anspornen)* ▪jdn [zu etw] ~ to spur [*or* urge] on sb *sep* [to sth], to encourage sb [to do sth]; **jdn sehr ~** to be a great encouragement to sb ❷ *(geh: sexuell reizen)* ▪jdn/etw ~ to stimulate sb/sth ❸ MED *(auslösen)* ▪etw ~ to stimulate sth
Stink·bom·be *f* stink bomb
Stin·ke·fin·ger *m (fam)* jdm den ~ zeigen to tell sb to fuck off *fam!, sl,* to flip sb the bird AM
Stin·ke·fuß *m* smelly feet *pl*
stin·ken <stank, gestunken> [ˈʃtɪŋkn̩] **I.** *vi* ❶ *(unange-nehm riechen)* ▪[nach etw] ~ to stink [*or* reek] [of sth] ❷ *(fam: verdächtig sein)* to stink; **die Sache stinkt** the whole business stinks [*or* is [very] fishy] ❸ *(sl: zuwider sein)* ▪jdm stinkt etw sb is fed up [to the back teeth] [*or* is sick to death] with sth *fam;* ▪etw [an jdm/etw] stinkt jdm sth [about sb/sth] sickens sb, sb is fed up with sth about sb/sth; ▪jdm stinkt es, etw tun zu müssen sb is fed up [to the back teeth] with having to do sth *fam; mir stinkt's!* I'm fed up [to the back teeth] with it! *fam; s. a.* **Him-mel** *s. a.* **Pest II.** *vi impers* **es stinkt [nach etw]** it stinks [of sth]
stin·kend *adj* stinking
stink·faul [ˈʃtɪŋkˈfaul] *adj (fam)* bone lazy, bone idle BRIT; **du bist wirklich ~** you really are bone idle [*or* pej fam a lazy slob] **stink·lang·wei·lig** *adj (fam)* dead boring, deadly boring, boring as hell *pred fam,* [as] dull as ditchwater *pred fam;* **es war ein ~er Vortrag** the lecture was as boring as hell *fam* **Stink·mor·chel** *f* BOT stinkhorn *spec,* carrion fungus *spec* **stink·nor·mal** [ˈʃtɪŋknɔrˈmaːl] *adj (fam)* perfectly normal [*or* ordinary]; **wie ein ~er Mensch** like an ordinary mor-tal *hum* **stink·reich** [ˈʃtɪŋkˈraiç] *adj (fam)* rolling in it *pred fam,* stinking rich *pred pej fam* **stink·sau·er** [ˈʃtɪŋkˈzaue] *adj inv (fam)* ~ auf etw/jdn sein to be pissed off *sl* with sth/sb **Stink·tier** *nt* skunk **Stink·wut** [ˈʃtɪŋkˈvuːt] *f (fam)* towering rage *no pl,* savage fury *no pl;* ▪eine ~ haben to seethe with rage, to be livid [*or* in a raging temper]; ▪eine ~ auf jdn haben to be in a raging temper [*or* be livid] with sb
Stint <-[e]s, -e> [ʃtɪnt] *m* ZOOL smelt *no indef art, no pl*
Sti·pen·di·at(in) <-en, -en> [ʃtipɛnˈdi̯aːt] *m(f)* person receiving a stipend/scholarship
Sti·pen·di·um <-s, -dien> [ʃtiˈpɛndi̯ʊm, *pl:* -di̯ən] *nt (für den Klerus)* stipend; *(für Studenten)* scholarship
stip·pen [ˈʃtɪpn̩] *vt* DIAL *(tunken)* ▪etw in etw akk ~ to dunk [*or* dip] sth in sth
Stipp·vi·si·te [ˈʃtɪpviziːtə] *f (fam)* quick [*or* BRIT flying] visit; **bei jdm eine ~ machen** to pay sb a flying visit
stirb [ʃtɪrp] *imper sing von* **sterben**
Stirn <-, -en> [ʃtɪrn] *f* forehead, brow *liter;* **die ~ run-zeln** [*o* **kraus ziehen**] to frown; **über jdn/etw die ~ runzeln** to frown over sb's doings/sth ▸ WENDUNGEN: **mit eiserner ~** *(unverschämt)* bra-zenly; *(unerbittlich)* resolutely; **jdm etw an der ~ ablesen** to read sth [plainly] in [*or* all over] sb's face; **jdm/einer S. die ~ bieten** *(geh)* to face [*or* stand] up to sb/sth; **da fasst man sich** *dat* **an die ~** you wouldn't believe it, would you?; **auf der ~ geschrie-ben stehen** *(geh)* to be written on sb's face; **die ~ haben** [*o* **besitzen**] **, etw zu tun** to have the nerve

[*or* BRIT cheek] to do sth
Stirn·band <-bänder> *nt* headband **Stirn·fal·te** *f* wrinkle [*or* line] [on the forehead] **Stirn·glat·ze** *f* receding hairline; **eine ~ haben** to have a receding hairline
Stirn·höh·le *f* ANAT [frontal *spec*] sinus
Stirn·höh·len·ent·zün·dung *f* MED sinusitis *no art, no pl spec* **Stirn·höh·len·ver·ei·te·rung** *f* MED sinusitis *no art, no pl spec*
Stirn·run·zeln <-s> *nt kein pl* frown **Stirn·sei·te** *f* [narrow] side; *eines Hauses* end wall, gable end; **der Hausherr pflegte immer an der ~ des Esstisches Platz zu nehmen** the head of the household always liked to sit at the head of the table **Stirn·wand** *f* ARCHIT end wall, side
stob [ʃtoːp] *imp von* **stieben**
stö·bern [ˈʃtøːbɐn] *vi* ▪in etw *dat* [nach etw] ~ to rummage in sth [for sth]
sto·chern [ˈʃtɔxɐn] *vi* ▪[mit etw] in etw *dat* ~ to poke [*or* prod] [around in] sth [with sth]
Stock¹ <-[e]s, Stöcke> [ʃtɔk, *pl:* ˈʃtœkə] *m* ❶ *(lange Holzstange)* stick ❷ HORT *(Topfpflanze)* plant ❸ *(Bie-nen~)* [bee]hive ▸ WENDUNGEN: **über ~ und Stein** across country; **am ~ gehen** *(fam)* to be worn out [*or* worn to a shadow] [*or* BRIT fam! knackered]
Stock² <-[e]s, -> [ʃtɔk] *m* floor, storey BRIT, story AM; **der 1. ~** the ground [*or* AM first] floor, the first storey; **im 2. ~** on the first [*or* AM second] floor, on the second storey
stock·be·sof·fen [ˈʃtɔkbəˈzɔfn̩] *adj (fam)* stinking [*or* dead] [*or* BRIT blind] drunk *fam,* pie-eyed *fam,* plas-tered *fam*
Stock·bett *nt* bunk bed
Stöck·chen <-s, -> [ˈʃtœkçən] *nt dim von* **Stock 1** little stick
stock·dun·kel [ˈʃtɔkˈdʊŋkl̩] *adj (fam)* pitch-black [*or* -dark]
Stö·ckel·ab·satz *m* high heel
stö·ckeln [ˈʃtœkl̩n] *vi sein (fam)* ▪irgendwohin ~ to strut [*or* stalk] somewhere; *(unsicher gehen)* to totter somewhere; *(affektiert gehen)* to trip [*or* BRIT mince] somewhere *pej*
Stö·ckel·schuh *m* high- [*or* stiletto-] heeled shoe, high heel, stiletto
sto·cken [ˈʃtɔkn̩] *vi* ❶ *(innehalten)* ▪[in etw *dat*] ~ to falter [in sth] ❷ *(zeitweilig stillstehen)* to come to a [temporary] halt [*or* stop], to be held up; **immer wie-der stockte der Verkehr** there were constant hold-ups in the [flow of] traffic; **ins S~ geraten** [*o* **kom-men**] to stop, to grind to a halt ❸ KOCHK *(gerinnen)* to thicken; *Milch* to curdle; *Eier* to set
Stock·en·te *f* ORN mallard
stock·fins·ter *adj (fam) s.* **stockdunkel**
Stock·fisch *m* dried cod, stockfish *spec* **Stock-fleck** *m* mildew *no art, no pl,* mould [*or* AM mold] spot **Stock·hieb** *m* blow [with [*or* from] a stick]
Stock·holm <-s> [ˈʃtɔkhɔlm] *nt* Stockholm *no art, no pl*
stock·kon·ser·va·tiv [ˈʃtɔkkɔnzɛrvaˈtiːf] *adj (fam)* ultra conservative, diehard, arch-conservative *pej,* stick-in-the-mud *pej fam,* fuddy-duddy BRIT *pej*
Stock-Op·ti·on [ˈstɔkɔpʃn̩] *f* BÖRSE stock option
Stock-Op·ti·on-Mo·dell [ˈstɔkɔpʃn̩-] *nt* BÖRSE stock option model
Stock·ro·se *f* HORT hollyhock
stock·sau·er [ˈʃtɔkˈzaue] *adj (fam)* foaming at the mouth *pred fam,* pissed off *pred fam!* BRIT; ▪~ [auf jdn] sein to be sore [at sb], to be pissed off [with sb] BRIT *fam!* **stock·steif** [ˈʃtɔkˈʃtaif] **I.** *adj (fam)* [very] stiff, [as] stiff as a poker *pred fam;* **in ~er Haltung** [as] stiff as a poker/as pokers **II.** *adv* [very] stiffly, as stiff as a poker **stock·taub** [ˈʃtɔkˈtaup] *adj (fam)* [as] deaf as a

post *pred,* stone deaf *fam*

Sto·ckung <-, -en> *f* hold-up (+*gen* in); **ohne** ~ without a hold-up; **ohne ~ zu Ende gehen/verlaufen** to finish [*or* end] /continue without a hold-up

Stock·werk *nt s.* **Stock²**

Stoff <-[e]s, -e> [ʃtɔf] *m* ❶ *(Textil)* material, cloth ❷ *(Material)* material ❸ CHEM substance ❹ *(thematisches Material)* material *no indef art, no pl* ❺ *(Lehr~)* subject material *no indef art, no pl* ❻ *kein pl (sl: Rauschgift)* dope *no art, no pl fam,* shit *no art, no pl sl*

Stoff·bal·len *m* roll of material [*or* cloth] **Stoff·bezug** *m* cloth cover **Stoff·fet·zenᴿᴿ** *m,* **Stoffet·zenᴬᴸᵀ** *m getrennt: Stoff·fetzen* scrap [*or* shred] of material [*or* cloth] **Stoff·pup·pe** *f* rag doll **Stoff·schuh** *m* cloth shoe **Stoff·ser·vi·et·te** *f* [cloth] napkin [*or* BRIT *a.* serviette] **Stoff·tier** *nt* soft [*or* BRIT *a.* cuddly] toy

Stoff·wech·sel *m* metabolism *no art, no pl spec*

Stoff·wech·sel·krank·heit *f* metabolic disease [*or* disorder] *spec,* disease of the metabolism *spec*

stöh·nen [ˈʃtøːnən] *vi* to moan; *(vor Schmerz)* to groan

Stöh·nen <-s> [ˈʃtøːnən] *nt kein pl* moan; *(vor Schmerz)* groan; **unter ~ dat sprechen** to moan/groan, to speak through one's moans/groans; **etw unter ~ dat hervorstoßen** to moan/groan out sth *sep*

stöh·nend **I.** *adj* moaning *no art, no pl; (vor Schmerz)* groaning *no art, no pl;* **~e Laute** moans/groans; **mit ~er Stimme** moaning/groaning **II.** *adv* with a moan/groan; **etw ~ hervorpressen** to gasp [out *sep*] sth with a groan, to groan out sth *sep*

sto·isch [ˈʃtoːɪʃ, ˈstɪ-] *adj (geh)* stoic[al] *a. form*

Sto·la <-, Stolen> [ˈʃtoːla, ˈstɪ-] *f* ❶ MODE shawl; *(aus Pelz)* stole *form* ❷ REL stole *form*

Stol·len¹ <-s, -> [ˈʃtɔlən] *m* BERGB tunnel; **senkrechter/waagrechter ~** shaft/gallery

Stol·len² <-s, -> [ˈʃtɔlən] *m* KOCHK stollen AM *(sweet bread made with dried fruit often with marzipan in the centre, eaten at Christmas)*

Stol·per·draht *m* tripwire

stol·pern [ˈʃtɔlpɐn] *vi sein* ❶ *(zu fallen drohen)* to trip, to stumble; ◼ **über etw** *akk* ~ to trip [*or* stumble] over sth ❷ *(als auffallend bemerken)* ◼ **über etw** *akk* ~ to be puzzled by [*or* to wonder at] sth ❸ *(seine Stellung verlieren)* ◼ **über jdn/etw** ~ to come to grief [*or* come unstuck] [*or* BRIT *fam* come a cropper] over sb/sth

stolz [ʃtɔlts] *adj* ❶ *(sehr selbstbewusst)* proud, arrogant; *(pej)* cocky *fam,* conceited *pej* ❷ *(hocherfreut)* proud, delighted; **der ~e Vater** the proud father; ◼ **~ auf jdn/etw sein** to be proud of [*or* delighted with] sb/sth ❸ *(geh: erhebend)* proud, great, glorious ❹ *(imposant)* proud; **eine ~e Burg** a lofty [*or* majestic] [*or* splendid] castle ❺ *(beträchtlich)* high, stiff, steep *fam;* **eine ~e Summe** a tidy sum *fam*

Stolz <-es> [ʃtɔlts] *m kein pl* ❶ *(starkes Selbstwertgefühl)* pride *no art, no pl;* **jds ganzer ~ sein** to be sb's pride and joy; **Sohn/Tochter a.** to be the apple of sb's eye ❷ *(freudige Zufriedenheit)* pride *no art, no pl*

stol·zie·ren* [ʃtɔlˈtsiːrən] *vi sein* ◼ **irgendwohin ~** to strut [*or* prance] somewhere

stop [ʃtɔp] *interj s.* **stopp**

Stop^ALT <-s, -s> [ʃtɔp] *m s.* **Stopp**

Stop-and-go(-Ver·kehr) <-s> [ˈstɔpʔəndˈɡoː-] *nt kein pl* stop-and-go traffic *no art, no pl AM*

stop·fen [ˈʃtɔpfn] **I.** *vt* ❶ *(hineinzwängen)* ◼ [**sich** *dat*] **etw in etw** *akk* ~ to push [*or* stuff] [*or fam* cram] sth into sth; **Essen in den Mund ~** to stuff [*or* cram] food into one's mouth [*or* face] *fam;* **sich** *dat* **Watte in die Ohren ~** to put wool in one's ears ❷ *(mit etw füllen)* ◼ **etw** [**mit etw**] ~ to fill sth [with sth]; **zu prall**

gestopft overstuffed; **eine Pfeife mit etw ~** to fill [*or* pack] a pipe with sth; **ein Loch mit etw ~** to fill [*or* pack] *or fam* stuff] a hole with sth; *s. a.* **Loch** ❸ *(mit Nadel und Faden ausbessern)* ◼ **etw ~** to darn sth **II.** *vi* ❶ *(flicken)* to darn, to do darning ❷ *(sättigen)* to be filling, to fill up one/sb *sep* ❸ *(fam: hineinschlingen)* to stuff oneself *fam* ❹ *(die Verdauung hemmen)* to cause constipation

Stop·fen <-s, -> [ˈʃtɔpfn] *m* DIAL *(Stöpsel)* stopper; *(für Badewanne)* plug; *(Fassstöpsel)* bung; *(Korken)* cork

Stopf·garn *nt* darning thread [*or* wool] [*or* cotton] *no art, no pl* **Stopf·na·del** *f* darning needle

stopp [ʃtɔp] *interj* stop; ~ **mal!** *(fam)* just a moment!

Stopp <-s, -s> [ʃtɔp] *m* ❶ *(Halt)* stop; **ohne ~** without stopping ❷ FIN *(Einfrieren)* freeze; **die Regierung erwägt einen ~ für Löhne/Gehälter und Preise** the government is considering freezing wages/salaries and prices

Stop·pel¹ <-, -n> [ˈʃtɔpl] *f meist pl* ❶ AGR *(Getreide~)* stubble *no art, no pl* ❷ *(Bart~)* stubble *no art, no pl; (gegen Abend a.)* five o'clock shadow *no pl*

Stop·pel² <-s, -> [ˈʃtɔpl] *m* ÖSTERR *(Stöpsel)* plug

Stop·pel·bart *m (stoppeliges Kinn)* stubble [on one's/sb's chin]; *(gegen Abend a.)* five o'clock shadow *no pl; (kurzer Bart)* stubbly beard **Stop·pel·feld** *nt* AGR stubble *no art, no pl,* stubble field, field of stubble

stop·pe·lig [ˈʃtɔpəlɪç] *adj* stubbly

stop·pen [ˈʃtɔpn] **I.** *vt* ❶ *(anhalten)* ◼ **jdn/etw ~** to stop sb/sth ❷ *(zum Stillstand bringen)* ◼ **etw ~** to stop [*or* put a stop to] sth, to bring sth to a halt [*or* stop] [*or* standstill]; **die Verhandlungsgespräche sind gestoppt worden** the negotiations have broken down ❸ SPORT *(Zeit nehmen)* ◼ **jdn/etw ~** to time sb/sth **II.** *vi* ◼ **[vor etw** *dat*] ~ to stop [at [*or* in front of] [*or from* before] sth]

Stop·per <-s, -> [ˈʃtɔpɐ] *m (Bremse am Rollschuh)* brake stop

stop·pe·lig [ˈʃtɔpəlɪç] *adj s.* **stoppelig**

Stopp·schild <-schilder> *nt* stop [*or* BRIT *a.* halt] sign **Stopp·stra·ße** *f* stop street AM *(road with stop signs)* **Stopp·uhr** *f* stopwatch

Stöp·sel <-s, -> [ˈʃtœpsl] *m* ❶ *(Pfropfen)* stopper; *(für Badewanne/Waschbecken)* plug; *(Fass~)* bung ❷ *(hum fam: Knirps)* [little] nipper *fam,* kid *fam,* sprog BRIT *fam*

stöp·seln [ˈʃtœpsln] *vt* ◼ **etw in etw** *akk* ~ to put [*or* insert] sth in sth, to plug in sth *sep;* **den Fernsehstecker in die Steckdose ~** to plug in the TV *sep*

Stör <-[e]s, -e> [ʃtøːɐ] *m* ZOOL sturgeon

stör·an·fäl·lig *adj* liable to break down *pred;* **~e Elektronik** interference-prone electronics *spec*

Storch <-[e]s, Störche> [ʃtɔrç, *pl:* ˈʃtœrçə] *m* stork

Stor·chen·bei·ne *pl* long thin legs *pl* **Stor·chen·nest** *nt* stork's nest

Stör·chin [ˈʃtœrçɪn] *f fem form von* **Storch** female stork

Storch·schna·bel *m* BOT cranesbill, stork's beak [*or* form, spec bill]

Store <-s, -s> [ʃtoːɐ, st-] *m* net curtain

stö·ren [ˈʃtøːrən] **I.** *vt* ❶ *(beeinträchtigend unterbrechen)* ◼ **jdn [bei etw]** ~ to disturb sb [when he/she is doing sth]; **jdn bei der Arbeit ~** to disturb sb at his/her work; **lass dich/lassen Sie sich nicht ~!** don't let sb/sb disturb you!; *(allgemein)* don't let anybody/anything disturb you! ❷ *(im Fortgang unterbrechen)* ◼ **etw [durch etw]** ~ to disrupt sth [by sth/by doing sth] ❸ *(beeinträchtigen)* ◼ **jdn** ~ to bother [*or* disturb] sb ❹ *(unangenehm berühren)* ◼ **etw [an jdm/etw] stört jdn,** ◼ **etw stört jdn an jdm/etw** sth [about sb/sth] upsets [*or* bothers] sb, sb doesn't like [*or* dislikes] sth [about sb/sth]; ◼ **es stört jdn, wenn jd etw tut** sb minds [*or* it bothers sb] when sb does sth; **stört es Sie, wenn ich …?** does it bother you [*or* do you

mind| if I …?; **das stört mich nicht** that doesn't bother me; **ich würde gern das Fenster aufmachen – stört dich das?** I'd like to open the window – do [*or* would] you mind?; **hör bitte auf! das stört mich!** please stop! that's annoying me [*or* getting on my nerves] ! **II.** *vi* ❶ *(bei etw unterbrechen)* to disturb sb/sth; **ich will nicht ~, aber …** I hate to disturb [*or* bother] you, but … ❷ *(lästig sein)* ▪ [**bei etw**] ~ to be irritating [*or* annoying] [when sb is doing sth]; *Geräusch, Dröhnen, Musik* to be too loud [to do sth [*or* for doing sth]]; **könntest du die Musik etwas leiser machen, das stört bei der Arbeit** could you turn down the music a bit, I can't [*or* it's too loud to] work; **etw als ~d empfinden** to find sth annoying [*or* irritating]; **es als ~d empfinden, wenn jd etw tut** to find it annoying [*or* irritating] when sb does sth, to find sb's doing sth annoying [*or* form irritating]; **empfinden Sie es als ~d, wenn ich rauche?** do you mind [*or* does it bother you] if I smoke? **III.** *vr* ▪ **sich** *akk* **an etw** *dat* ~ to let sth bother [*or* annoy] [*or* irritate] one
Stö·ren·fried <-[e]s, -e> *m (fam)* troublemaker, mischief-maker
Stö·rer(in) <-s, -> *m(f)* nuisance, pest *fam*
Stör·fak·tor *m* disruptive element [*or* factor] / pupil
Stör·fall *m (technischer Defekt)* fault; *(Fehlfunktion)* malfunction; **im** ~ in case [*or* the event] of malfunction **Stör·ge·räusch** *nt* interference *no art, no pl* **Stör·ma·nö·ver** *nt* attempt to disrupt sth, disruptive action *no pl*
Stor·ni *pl s.* **Storno**
stor·nie·ren* [ʃtɔrˈniːrən] *vt* ▪ **etw** ~ to cancel sth; **eine Buchung** ~ to reverse an entry
Stor·nie·rung <-, -en> *f* cancellation
Stor·no <-s, Storni> [ˈʃtɔrno, *pl:* ˈʃtɔrni] *m o nt Reise, Auftrag* cancellation; *einer Buchung* reversal
stör·risch [ˈʃtœrɪʃ] **I.** *adj* ❶ *(widerspenstig)* obstinate, stubborn ❷ *(schwer zu kämmen)* stubborn, unmanageable **II.** *adv* obstinately, stubbornly
Stör·sen·der *m* jammer, jamming transmitter
Stö·rung <-, -en> *f* ❶ *(Unterbrechung)* interruption, disruption, disturbance ❷ METEO **eine atmosphärische** ~ atmospheric disturbance ❸ *(Störsignale)* interference *no art, no pl* ❹ *(technischer Defekt)* fault; *(Fehlfunktion)* malfunction ❺ MED *(Dysfunktion)* disorder, dysfunction *spec* ▸ WENDUNGEN: **eine atmosphärische** ~ a tense atmosphere
Stö·rungs·dienst *m* TELEK faults service BRIT, repair service AM **stö·rungs·frei** *adj inv* TV, RADIO free from interference **Stö·rungs·stel·le** *f* TELEK faults department *hist,* customer hotline, customer service AM
Sto·ry <-, -s> [ˈstoːri, ˈstɔri] *f (fam)* story
Stoß¹ <-es, Stöße> [ʃtoːs, *pl:* ˈʃtøːsə] *m* ❶ *(Schubs)* push, shove; *(mit dem Ellbogen)* dig; *(schwächer)* nudge; *(mit der Faust)* punch; *(mit dem Fuß)* kick; *(mit dem Kopf)* butt; **jdm einen ~ versetzen** *(geh)* to give sb a push/kick/nudge etc., to push/kick/nudge etc. sb ❷ *(das Zustoßen) einer Waffe* thrust ❸ *(Anprall)* bump, jolt ❹ *(Erschütterung)* bump ❺ *(Erdstoß)* tremor ▸ WENDUNGEN: **sich** *dat* **einen ~ geben** to pull oneself together
Stoß² <-es, Stöße> [ʃtoːs, *pl:* ˈʃtøːsə] *m (Stapel)* pile, stack
Stoß·band <-bänder> *nt* MODE edging [*or* reinforcement] band [*or* tape] *spec* **Stoß·dämp·fer** *m* AUTO shock absorber, shock *spec fam*
Stö·ßel <-s, -> [ˈʃtøːsl] *m* pestle
sto·ßen <stößt, stieß, gestoßen> [ˈʃtoːsn] **I.** *vt* ❶ *(schubsen)* ▪ **jdn** ~ to push [*or* shove] sb; ▪ **jdn in/vor etw** *akk* ~ to push [*or* shove] sb into/in front of sth; ▪ **jdn aus/von etw** ~ to push [*or* shove] sb out of/off sth; ▪ **jdn mit etw** ~ to knock sb with sth; **jdn mit der Faust/dem Fuß/dem Kopf** ~ to punch/

kick/butt sb; **jdn in die Seite mit dem Ellbogen** ~ to dig sb in the ribs ❷ SPORT **die Kugel** ~ *(in Athletik)* to put the shot; *(in Billard)* to hit [*or* strike] the ball ❸ *(aufmerksam machen)* ▪ **jdn auf etw** *akk* ~ to point out sth *sep* to sb **II.** *vr* ❶ *(sich verletzen)* ▪ **sich** [**an etw** *dat*] ~ to hurt [*or* knock] oneself [on sth]; ▪ [**sich** *dat*] **etw** [**an etw** *dat*] ~ to bang [*or* bump] [*or* hurt] one's sth [on sth]; [**sich** *dat*] **den Kopf** [**an etw** *dat*] ~ to bang [*or* bump] one's head [on sth] ❷ *(Anstoß nehmen)* ▪ **sich an jdm/etw** ~ to take exception [*or* objection] to sth; **sich an jds Aussehen** *dat* ~ to find fault with sb's appearance **III.** *vi* ❶ *sein (aufschlagen)* ▪ **an etw** *akk* ~ to knock [*or* bang] [*or* bump] against sth; **mit dem Kopf an etw** *akk* ~ to bang one's head on [*or* against] sth; ▪ **gegen jdn/etw** ~ to knock [*or* bump] into sb/sth; *Auto* to crash into sb/sth ❷ *haben (zu~)* ▪ [**mit etw**] **nach jdm** ~ to thrust at sb [with sth]; **er stieß immer wieder mit dem Stock nach mir** he tried again and again to hit me with the stick; **der Stier stieß** [**mit den Hörnern**] **nach dem Torero** the bull charged the matador [with lowered horns] ❸ *sein (grenzen)* ▪ **an etw** *akk* ~ to be bordered by sth; **mein Grundstück stößt im Süden an einen Bach** my plot is bordered to the south by a stream, a stream borders my plot to the south ❹ *sein (direkt hinführen)* ▪ **auf etw** *akk* ~ to lead to [*or* meet] sth ❺ *sein (treffen)* ▪ **zu jdm** ~ to join sb ❻ *sein (finden)* ▪ **auf jdn/etw** ~ to find [*or* come across [*or* upon]] sb/sth; **auf Erdöl** ~ to strike oil ❼ *sein (konfrontiert werden)* ▪ **auf etw** *akk* ~ to meet with sth ❽ SCHWEIZ *(schieben)* to push, to shove; *(drücken)* to push
stoß·fest *adj* shockproof; **angeblich soll es sich um kratzfeste und ~e Gläser handeln** apparently you can't scratch or break these glasses; **~e Verpackung** padded packaging **Stoß·ge·bet** *nt* [quick [*or* hurried]] prayer; **ein ~ zum Himmel schicken** to send up a [quick [*or* hurried]] prayer **Stoß·seuf·zer** *m* deep sigh **Stoß·stan·ge** *f* bumper; ~ **an** ~ bumper to bumper **Stoß·trupp** *m* MIL shock troops *pl* **Stoß·ver·kehr** *m* TRANSP rush hour [traffic] *no art, no pl* **Stoß·waf·fe** *f* HIST stabbing weapon, weapon for stabbing
stoß·wei·se *adv* ❶ *(ruckartig)* spasmodically, in fits and starts, fitfully; ~ **atmen** *(hecheln)* to pant; *(unregelmäßig)* to breathe irregularly ❷ *(in Stapeln)* in piles; **auf diese Anzeige kamen ~ Bewerbungen** there were piles of applications in answer to the advert *fam*
Stoß·zahn *m* tusk **Stoß·zeit** *f* ❶ *(Hauptverkehrszeit)* rush hour *no art, no pl* ❷ *(Hauptgeschäftszeit)* peak [*or* busy] time; **kommen Sie doch bitte außerhalb der üblichen ~en** please don't come [*or* it's better not to come] at peak time
Stot·te·rei <-, -en> *f (fam)* stuttering *no art, no pl; (aus Verlegenheit a.)* stammering *no art, no pl*
Stot·te·rer, Stot·te·rin <-s, -> *m, f* stutterer; *(aus Verlegenheit a.)* stammerer
stot·tern [ˈʃtɔtɐn] **I.** *vi* ❶ *(stockend sprechen)* to stutter; *(aus Verlegenheit a.)* to stammer; **das S~** stuttering/stammering; **ins S~ geraten** [*o* **kommen**] to start [*or* begin] stuttering/stammering ❷ *Motor* to splutter **II.** *vt* ▪ **etw** ~ to stammer [out *sep*] sth
Stöv·chen <-s, -> [ˈʃtøːfçən] *nt* [teapot/coffee pot] warmer *(small stand with candle, used for keeping a teapot/coffee pot hot)*
StPO <-> *f Abk von* Strafprozessordnung
Str. *Abk von* **Straße** St, AM *a.* St.
stracks [ʃtraks] *adv* straight; **jetzt aber ~ nach Hause!** home with you, straight away!
Straf·an·dro·hung *f* threat of punishment **Straf·an·stalt** *f* penal institution, prison, jail **Straf·an·trag** *m* petition *form (for a particular penalty or sentence)*;

den/seinen ~ stellen to institute criminal proceedings *form;* **einen ~ gegen jdn stellen** to start *[or form* institute] legal proceedings against sb, to take sb to court **Straf·an·zei·ge** *f* [criminal] charge; **~ [gegen jdn] erstatten** to bring *[or form* prefer] a criminal charge against sb **Straf·ar·beit** *f* SCH [written] punishment; *(geschrieben a.)* lines *pl* BRIT, extra work AM; **jdm eine ~ aufgeben** to punish sb/to give sb lines; **die Lehrerin gab ihm eine ~ [in Form eines Aufsatzes] auf** the teacher gave him an extra essay to do **Straf·aus·set·zung** *f* JUR, ADMIN probation

straf·bar *adj* punishable [by law]; **sich [mit etw] ~ machen** to make oneself liable to prosecution; **sich ~ machen, wenn man etw tut** to make oneself liable to prosecution if one does sth

Straf·bar·keit <-> *f kein pl* illegality

Straf·be·fehl *m* JUR order of summary punishment *(on the application of the public prosecutor's office)*

Stra·fe <-, -n> [ˈʃtraːfə] *f* ❶ *(Bestrafung)* punishment *no pl;* **eine gerechte** *[o* **verdiente] ~** a just punishment; **er hat seine verdiente ~ bekommen!** *(fam)* he got what was coming to him! *fam;* **das ist die ~ [dafür]!** *(fam)* that's what you get [for doing it]!; **die ~ dafür sein, dass jdn/etw haben** to be the punishment for doing sth; **er hat einen Unfall gehabt, das war die ~ dafür, bei Glatteis Auto zu fahren** he had an accident, that's what happens when you drive in icy conditions; **eine ~ sein** *(fam)* to be a pest [*or* a real pain in the neck] *fam;* **eine ~ sein, etw tun zu müssen** *(fam)* to be a pain having to do sth; **~ muss sein!** discipline is necessary!; **ab in dein Zimmer, ~ muss sein!** go to your room, you'll have to be punished; **zur ~** as a punishment ❷ *(Geld~)* fine; **~ zahlen** to pay a fine; *(Haft~)* sentence; **seine ~ abbüßen** [*o* absitzen] [*o fam:* abbrummen] to serve [out] one's [*or* a] sentence, to do porridge BRIT *sl,* to do time AM; **sie wird ihre acht Jahre ~ abbrummen müssen** she'll have to go behind bars for eight years [*or* BRIT *fam* to do eight years' porridge]; **es ist bei ~ verboten, etw zu tun** it is forbidden on pain of punishment to do sth *form* ▶ WENDUNGEN: **die ~ folgt auf dem Fuße** [the] punishment follows swiftly

stra·fen [ˈʃtraːfn] *vt* ❶ *(geh: be~)* **jdn [für etw] ~** to punish sb [for sth]; **das Leben/Schicksal hat sie für ihre früheren Missetaten gestraft** life/fate has been hard on her for her earlier misdeeds; **mit jdm/etw gestraft sein** to suffer under sb/sth, to be stuck with sb/sth *fam;* **mit dieser Arbeit bin ich wirklich gestraft** this work is a real pain *fam* ❷ *(behandeln)* **jdn mit etw ~** to punish sb with sth; **sie strafte meine Warnungen nur mit Hohn** she greeted my warnings with derision; **jdn mit Verachtung ~** to treat sb with contempt; *s. a.* **Lüge**

stra·fend I. *adj attr* punitive, punishing *attr;* **mit einem ~en Blick/~en Worten** with a withering look/sharp words; **jdn mit ~en Worten tadeln** to speak sharply to sb II. *adv* punishingly; **jdn ~ ansehen** to give sb a withering look

Straf·er·lass RR *m* remission [of a/the sentence]; **ein vollständiger ~** a pardon

straff [ʃtraf] I. *adj* ❶ *(fest gespannt)* taut, tight ❷ *(nicht schlaff)* firm ❸ *(aufrecht)* erect ❹ *(eng anliegend)* tight; **einen ~en Sitz haben** to fit tightly ❺ *(streng)* strict II. *adv* ❶ *(fest gespannt)* tightly ❷ *(eng anliegend)* tightly ❸ *(streng)* severely; **~ gescheiteltes Haar** severely parted hair ❹ *(strikt)* strictly

straf·fäl·lig *adj* JUR punishable, culpable *form,* criminal *attr;* **ein ~er Mensch** a criminal; **ein ~er Jugendlicher** a young offender; ▪ **~ sein/werden** to have committed/commit a criminal offence [*or* AM -se], to be/become a criminal [*or* an offender]; **mehrfach ~ gewordene Täter** those with previous convictions

straf·fen [ˈʃtrafn] I. *vt* ❶ *(straff anziehen)* **etw ~** to tighten sth ❷ *(kürzen)* **etw ~** to shorten sth; **einen Artikel/Text ~** to shorten an article/text; *(präziser machen)* to tighten up an article/text *sep* ❸ MED *(straffer machen)* ▪ **[jdm] etw ~** to make sb's sth firmer, to tighten up sb's sth *sep;* ▪ **sich** *dat* **etw ~ lassen** to have one's sth made firmer [*or* tighter]; **sich** *dat* **das Gesicht ~ lassen** to have a facelift II. *vr* ▪ **sich ~** to tighten; *Segel* to fill with wind

straf·frei I. *adj* unpunished; **~ bleiben** [*o* **ausgehen]** to go unpunished, to get off scot-free; *Kronzeuge* to be immune from criminal prosecution II. *adv* with impunity **Straf·frei·heit** *f kein pl* immunity from criminal prosecution **Straf·ge·fan·ge·ne(r)** *f(m) dekl wie adj* prisoner **Straf·ge·richt** *nt (geh)* punishment; **Gottes ~** divine judgement; **ein ~ abhalten** to hold a trial **Straf·ge·setz·buch** *nt* penal [*or* criminal] code **Straf·la·ger** *nt* prison [*or* detention] camp; POL *(euph: KZ)* concentration camp

sträf·lich [ˈʃtrɛːflɪç] *adj* criminal *attr*

Sträf·ling <-s, -e> [ˈʃtrɛːflɪŋ] *m* prisoner; *(condemned to do forced labour)* convict

Straf·man·dat *nt* ticket; *(Strafgebühr)* fine; **[für etw] ein ~ bekommen** to get a ticket/fine [for sth] **Straf·maß** *nt* sentence; **das höchste ~** the maximum penalty [*or* sentence] **straf·mil·dernd** *adj inv* JUR mitigating **Straf·pre·digt** *f (fam)* sermon *pej;* **jdm eine ~ halten** to lecture sb; **jetzt hör aber auf, mir ~en zu halten!** stop lecturing [*or pej* preaching at [*or* to]] me! **Straf·pro·zess** RR *m* trial, criminal proceedings *pl* **Straf·pro·zess·ord·nung** RR *f* code of criminal procedure **Straf·raum** *m* FBALL penalty area **Straf·recht** *nt* criminal law *no art, no pl* **Straf·recht·ler(in)** <-s, -> *m(f)* criminal lawyer **straf·recht·lich** *adj* criminal *attr;* **eine ~e Frage/Problematik** a question/problem concerning criminal law; **jdn [wegen etw] ~ belangen** to prosecute sb [for sth], to bring [*or form* prefer] a criminal charge against sb **Straf·re·gis·ter** *nt* criminal [*or* police] records *pl;* **sein Name erscheint nicht im ~** he doesn't have a criminal record **Straf·rich·ter(in)** *m(f)* [criminal court] judge **Straf·sa·che** *f* criminal case [*or* matter] **Straf·stoß** *m* FBALL, SPORT penalty [kick] **Straf·tat** *f* [criminal] offence [*or* AM -se], criminal act **Straf·tä·ter(in)** *m(f)* criminal, offender **Straf·ver·fah·ren** *nt* criminal proceedings *pl* **Straf·ver·fol·ger(in)** *m(f)* JUR public prosecutor BRIT, district attorney AM **straf·ver·set·zen** *vt nur infin und pp* ▪ **[irgendwohin] straf·versetzt werden** to be transferred [somewhere] for disciplinary reasons [*or* on disciplinary grounds] **Straf·ver·set·zung** *f* disciplinary transfer, transfer for disciplinary reasons [*or* on disciplinary grounds] **Straf·ver·tei·di·ger(in)** *m(f)* defence [*or* AM -se] lawyer, counsel for the defence BRIT, defending counsel AM **Straf·voll·zug** *m* penal system **Straf·voll·zugs·an·stalt** *f (geh)* penal institution, prison **Straf·voll·zugs·ge·setz** *nt* JUR ▪ **das ~** the laws *pl* of prison administration **Straf·zet·tel** *m (fam)* [parking/speeding] ticket **Straf·zu·mes·sung** *f* JUR determination of the penalty [*or* fine]

Strahl <-[e]s, -en> [ʃtraːl] *m* ❶ *(Licht~)* ray [of light]; *(Sonnen~)* sunbeam BRIT, sunray AM; *(konzentriertes Licht)* beam ❷ *pl* PHYS *(Wellen)* rays *pl* ❸ *(Wasser~)* jet

Strah·le·mann *m (fam)* sunny boy

strah·len [ˈʃtraːlən] *vi* ❶ *(leuchten)* ▪ **irgendwohin ~** to shine somewhere; **auf jdn ~** to shine on sb; **jdm ins Gesicht/auf jds Gesicht** *akk* **~** to shine [straight] into sb's eyes ❷ *(Radioaktivität abgeben)* to be radioactive ❸ *(ein freudiges Gesicht machen)* ▪ **[vor etw** *dat*] **~** to beam [or be radiant] [with sth]; **vor Gesundheit** *dat* **~** to radiate [good] health; **über das ganze Gesicht ~** to beam all over one's face ❹ *(glänzen)*

S

Strah·len·be·hand·lung f radiotherapy no art, no pl

strah·len·be·las·tet adj radioactive **Strah·len·be·las·tung** f radiation no art, no pl, radioactive contamination no pl

strah·lend I. adj ➊ (sonnig) glorious ➋ (freude~) beaming ➌ (radioaktiv verseucht) radioactive II. adv **jdn ~ ansehen** to beam [or smile happily] at sb

strah·len·ge·schä·digt adj suffering from radiation sickness, damaged by radiation **Strah·len·krank·heit** f MED radiation sickness no art, no pl; **viele Tausende litten nach der Reaktorkatastrophe an der ~** thousands of people suffered from the effects of radiation after the reactor disaster **Strah·len·mes·ser** m actinometer spec **Strah·len·op·fer** nt victim of radioactivity **Strah·len·ri·si·ko** nt risk of radiation **Strah·len·schutz** m kein pl radiation protection [or shielding] no art, no pl, protection against radioactivity **Strah·len·schutz·kom·mis·si·on** f NUKL ■ **die ~** the German Commission on Radiation Protection **Strah·len·the·ra·pie** f s. **Strahlenbehandlung strah·len·ver·seucht** adj contaminated with radioactivity pred

Strah·ler <-s, -> m (Leuchte) spotlight, spot fam; NUKL radiation emitter spec

Strahl·trieb·werk nt LUFT jet engine

Strah·lung <-, -en> f PHYS radiation no art, no pl; **radioaktive ~** radioactivity

strah·lungs·arm adj low-radiation

Strah·lungs·grill m radiator grille

Strähn·chen <-s, -> nt meist pl streak, streaks pl; **~ machen lassen** to have streaks done

Sträh·ne <-, -n> ['ʃtrɛːnə] f strand; **dir fallen die ~n in die Stirn** your hair's falling in your eyes; **als Erinnerung an sie bewahrte er eine ~ ihres Haares auf** he kept a lock of her hair as a souvenir of her; **eine weiße ~** a white streak; **sie hat sich blonde ~n in die Haare machen lassen** she had blond streaks put in her hair, she had her hair streaked blond

sträh·nig ['ʃtrɛːnɪç] adj straggly; **~es Haar** straggly hair, hair in rat's tails

stramm [ʃtram] I. adj ➊ (straff) tight; **etw ~ ziehen** to pull sth tight, to tighten sth; **seinen Gürtel ~ ziehen** to cinch [or tighten] one's belt ➋ (eng anliegend) tight ➌ (kräftig) strong, brawny, strapping hum fam; **ein ~es Baby** a bouncing baby ➍ (drall) taut; **~ Beine/Waden** sturdy legs/calves ➎ (fam: intensiv) intensive; **~e Arbeit** hard work; **ein ~er Marsch** a brisk march ➏ (aufrecht) erect, upright ➐ (linientreu) staunch; **ein ~er Katholik** a strict [or dyed-in-the-wool] Catholic ➑ **S~er Max** ham and fried eggs on toast II. adv ➊ (eng anliegend) tightly ➋ (fam: intensiv) intensively; **~ arbeiten** to work hard; **~ marschieren** to march briskly

stramm|ste·hen vi irreg ■ **[vor jdm]** ~ to stand to attention [in front of [or form before] sb] **stramm|zie·hen** vt irreg s. **stramm 1**

Stram·pel·hös·chen [-hø:sçən] nt romper suit, rompers npl, Babygro BRIT

stram·peln ['ʃtrampl̩n] vi ➊ haben (heftig treten) [mit den Beinen] ~ to kick [about [or sep]] one's legs], to kick about ➋ sein (fam: Rad fahren) to cycle; **ganz schön ~** to pedal like mad [or am crazy] fam ➌ haben (fam: sich abmühen) to struggle, to slave [away]; **ich muss ziemlich ~, um die Miete zahlen zu können** it's a struggle to pay the rent

Strand <-[e]s, Strände> ['ʃtrant, pl: 'ʃtrɛndə] m beach, seashore; **am ~** on the beach [or ashore]; **eines Sees** shore

Strand·bad nt bathing beach

stran·den ['ʃtrandn̩] vi sein ➊ (auf Grund laufen) ■ **irgendwo ~** to run aground somewhere ➋ (geh: schei-

tern) ■ **[in/mit etw** dat] ~ to fail [in sth] ▶ WENDUNGEN: **irgendwo gestrandet sein** to be stranded somewhere

Strand·gut nt kein pl (geh) flotsam and jetsam + sing vb

Strand·ha·fer m BOT beach grass no art, no pl spec **Strand·ho·tel** nt beach [or seaside] hotel, hotel on the beach **Strand·korb** m beach chair

Kultur

Strandkörbe are a characteristic of the beaches on the North and Baltic Sea coasts. They are large, stable, two-seater wicker chairs with a hood and sides of wickerwork to protect the occupants from the sometimes strong, cold north wind, rain or powerful sunshine.

Strand·krab·be f ORN common shore crab, harbour [or AM -or] crab **Strand·pro·me·na·de** f promenade **Strand·schne·cke** f ZOOL periwinkle, whelk

Strang <-[e]s, Stränge> [ʃtraŋ, pl: 'ʃtrɛŋə] m ➊ (dicker Strick) rope ➋ (Bündel von Fäden) hank, skein ▶ WENDUNGEN: **am gleichen [o an demselben] ~ ziehen** (fam) to [all] pull together [or in the same direction]; **über die Stränge hauen [o schlagen]** (fam) to run riot, to kick over the traces dated; **wenn alle Stränge reißen** if all else fails, as a last resort

Stran·gu·la·ti·on <-, -en> [ʃtraŋgulaˈtsi̯oːn] f strangulation no art, no pl

stran·gu·lie·ren* [ʃtraŋguˈliːrən] vt ■ **jdn ~** to strangle sb; ■ **sich** ~ to strangle oneself

Stra·pa·ze <-, -n> [ʃtraˈpaːtsə] f stress no art, no pl, strain no art, no pl, stresses and strains pl

stra·paz·fä·hig adj ÖSTERR (strapazierfähig) robust

stra·pa·zie·ren* [ʃtrapaˈtsiːrən] I. vt ➊ (stark beanspruchen) ■ **etw ~** to wear sth; (abnutzen) to wear out sth sep; **man darf diese Seidenhemden nur nicht zu sehr [o stark] ~** you can't put too much wear [and tear] on these silk shirts; **bei fünf Kindern werden die Sitzmöbel ziemlich strapaziert** with five children the furniture takes a lot of punishment [or a lot of wear and tear]; **das Leder kann beliebig strapaziert werden** you can be as hard as you like on this leather ➋ (jds Nerven belasten) ■ **jdn [mit etw]** ~ to get on sb's nerves [or to put a strain on sb's nerves] [with sth] ➌ (überbeanspruchen) ■ **etw ~** to wear out sth sep; **jds Geduld** ~ to tax sb's patience; **jds Nerven** ~ to get on sb's nerves; **jds Nerven über Gebühr** ~ to wear sb's nerves to a shred BRIT ➍ (fam: zu häufig verwenden) ■ **etw ~** to flog [or do] sth to death fam II. vr ■ **sich [bei etw]** ~ to overdo it/things [when doing sth], to wear oneself out [doing sth]; **ich habe mich beim Umzug zu sehr strapaziert** I overdid it/things when we were moving

stra·pa·zier·fä·hig adj hard-wearing, durable

stra·pa·zi·ös [ʃtrapaˈtsi̯øːs] adj (geh) strenuous, exhausting

Straps <-es, -e> [ʃtraps] m meist pl suspender[s pl] BRIT, garter am, suspender [or am garter] belt

Straß·burg <-s> ['ʃtraːsbʊrk] nt Strasbourg

Stra·ße <-, -n> ['ʃtraːsə] f ➊ (Verkehrsweg) road; (bewohnte ~) street; (enge ~ auf dem Land) lane; **schicken Sie bitte einen Abschleppwagen, ich liege auf der ~ fest** please send a breakdown lorry, I've broken down; **auf die ~ gehen** to demonstrate; **auf der ~ sitzen [o stehen]** (fam) to be [out] on the streets; **die ~ von Dover/Gibraltar/Messina** the Straits of Dover/Gibraltar/Messina ➋ (das Volk) ■ **die ~** the mob + sing/pl vb pej ▶ WENDUNGEN: **auf offener ~** (vor aller Augen) in broad daylight; **auf der ~ liegen** (arbeitslos sein) to be on the dole BRIT [or am unemployment [insurance]] fam; **jdn auf die ~ set-**

zen *(fam: jdn fristlos kündigen)* to throw sb out *sep*
Stra·ßen·ar·bei·ten *pl* roadworks *pl* BRIT, roadwork *no art, no pl* AM **Stra·ßen·ar·bei·ter(in)** *m(f)* [road] construction worker
Stra·ßen·bahn *f* ● *kein pl (Verkehrsmittel)* ■ **die ~** the tram BRIT [*or* AM streetcar]; **mit der ~ fahren** to go by tram ● *(~wagen)* tram[car] BRIT, streetcar AM, AM *a.* trolley
Stra·ßen·bahn·fah·rer(in) *m(f)* ● *(Führer einer Straßenbahn)* tram BRIT [*or* AM streetcar] driver ● *(Fahrgast)* tram BRIT [*or* AM *usu* streetcar] passenger; **~ sein** *(regelmäßig mit der Straßenbahn fahren)* to travel regularly by tram, to be a regular user of the tram **Stra·ßen·bahn·hal·te·stel·le** *f* tram stop **Stra·ßen·bahn·li·nie** *f* tram route BRIT, streetcar line AM **Stra·ßen·bahn·netz** *nt* tram network **Stra·ßen·bahn·schie·ne** *f* tram[line] BRIT, streetcar rail AM
Stra·ßen·bau *m kein pl* road building [*or* construction] *no art;* **drei Firmen des ~s** three road-building firms [*or* road-construction companies] **Stra·ßen·bau·amt** *nt* highways [*or* roads] department, road commission AM **Stra·ßen·be·lag** *m* road surface [*or* surfacing] **Stra·ßen·be·leuch·tung** *f* street lighting **Stra·ßen·be·nut·zungs·ge·bühr** *f* [road] toll **Stra·ßen·bild** *nt* street scene **Stra·ßen·de·cke** *f s.* **Straßenbelag Stra·ßen·ecke** *f* street corner **Stra·ßen·fe·ger(in)** *<-s, ->* *m(f)* road sweeper, street cleaner AM **Stra·ßen·füh·rung** *f* route **Stra·ßen·glät·te** *f* slippery road surface **Stra·ßen·gra·ben** *m* [roadside] ditch **Stra·ßen·händ·ler(in)** *m(f)* street trader [*or* vendor] **Stra·ßen·kampf** *m meist pl* street fight[ing]; **ihr Sohn wurde bei Straßenkämpfen tödlich verletzt** her son was fatally injured in a street fight [*or* during street fighting] **Stra·ßen·kar·te** *f* road map [*or* atlas] **Stra·ßen·keh·rer(in)** *<-s, ->* *m(f)* DIAL *(Straßenfeger)* road sweeper **Stra·ßen·kreu·zer** *<-s, ->* *m (fam)* limousine, limo *fam* **Stra·ßen·kreu·zung** *f* crossroads + *sing vb,* intersection AM **Stra·ßen·kri·mi·na·li·tät** *f kein pl* street crime *no pl* **Stra·ßen·la·ge** *f* roadholding *no indef art;* **das Cabrio hat eine gute ~** the convertible holds the road well **Stra·ßen·lärm** *m* street [*or* road] noise **Stra·ßen·la·ter·ne** *f* street lamp, street light **Stra·ßen·mäd·chen** *nt* streetwalker, prostitute **Stra·ßen·mar·kie·rung** *f* road markings *pl* **Stra·ßen·mu·si·kant(in)** *m(f)* street musician, busker BRIT **Stra·ßen·na·me** *m* street name, name of the/a street **Stra·ßen·netz** *nt* road network **Stra·ßen·pla·ner(in)** *m(f)* traffic planner **Stra·ßen·rand** *m* roadside, side of the road **Stra·ßen·rei·ni·gung** *f* street [*or* road] cleaning **Stra·ßen·samm·lung** *f* street collection **Stra·ßen·sän·ger(in)** *m(f)* street singer **Stra·ßen·schild** *nt* street sign **Stra·ßen·schlacht** *f* SOZIOL, MIL street riot **Stra·ßen·schlucht** *f (fam)* street *(between high-rise buildings)* **Stra·ßen·sper·re** *f* roadblock **Stra·ßen·sper·rung** *f* closing [off] of a/the street [*or* road]; **wegen eines Unfalls war eine vorübergehende ~ erforderlich geworden** the street had had to be temporarily closed off because of an accident **Stra·ßen·strich** *m (fam)* red-light district, prostitutes' [*or* streetwalkers'] patch BRIT; **er/sie arbeitet auf dem ~** he/she works on the street [as a prostitute]; **auf den ~ gehen** to go on the game BRIT *fam,* to become a streetwalker AM **Stra·ßen·ver·hält·nis·se** *pl* road conditions *pl* **Stra·ßen·ver·kehr** *m* [road] traffic; **Gefährdung des ~s** JUR endangering road traffic **Stra·ßen·ver·kehrs·ord·nung** *f* road traffic act **Stra·ßen·ver·zeich·nis** *nt* street index
Stra·te·ge, Stra·te·gin *<-n, -n>* [ʃtraˈteːgə, st-, ˈʃtraˈteːgɪn] *m, f* strategist
Stra·te·gie *<-, -en>* [ʃtrateˈgiː, st-, *pl:* -ˈgiːən] *f* strategy

Stra·te·gie·pa·pier *nt* strategy document
Stra·te·gin *<-, -nen>* *f fem form von* **Stratege**
stra·te·gisch [ʃtraˈteːgɪʃ, st-] *adj* strategic
Stra·to·sphä·re [ʃtratoˈsfɛːrə, st-] *f kein pl* stratosphere
sträu·ben [ˈʃtrɔybn̩] **I.** *vr* ● *(sich widersetzen)* ■ **sich [gegen etw] ~** to resist [sth]; **sich gegen einen Plan ~** to fight against a plan ● *(sich aufrichten)* ■ **sich ~** to stand on end; **dem Hund sträubte sich das Fell** the dog raised its hackles; *s. a.* **Haar II.** *vt* ■ **etw ~** to raise [*or* ruffle] sth [up]; **die Katze sträubte das Fell** the cat raised its hackles
Strauch *<-[e]s, Sträucher>* [ʃtraux, *pl:* ˈʃtrɔyçɐ] *m* shrub, bush
Strauch·boh·ne *f*, **Strauch·erb·se** *f* pigeon pea
strau·cheln [ˈʃtrauxl̩n] *vi sein (geh)* ● *(stolpern)* ■ **[über etw** *akk***] ~** to stumble [*or* trip] [over sth] ● *(straffällig werden)* to go astray; **gestrauchelte Jugendliche** young people who have gone astray
Strauß[1] *<-es, Sträuße>* [ʃtraus, *pl:* ˈʃtrɔysə] *m* bunch [of flowers]
Strauß[2] *<-es, -e>* [ʃtraus] *m* ostrich
Strau·ßen·fe·der *f* ostrich feather
Strau·ßen·wirt·schaft *f*, **Strauß·wirt·schaft** *f* SÜDD *temporary bar selling new home-grown wine, often signalled by a bunch of twigs hanging above the door*
Stre·be *<-, -n>* [ˈʃtreːbə] *f* brace, strut
stre·ben [ˈʃtreːbn̩] *vi* ● *haben (sich bemühen)* ■ **nach etw ~** to strive [*or* try hard] for sth; ■ **danach ~, etw zu tun** to strive [*or* try hard] to do sth ● *sein (geh: sich hinbewegen)* to make one's way purposefully; **zum Ausgang/zur Tür/an den Strand ~** to make [*or* head] for the exit/door/beach
Stre·ben *<-s>* [ˈʃtreːbn̩] *nt kein pl (geh)* striving; ■ **~ nach etw** striving for sth; **~ nach Geld und Ruhm** aspirations to fame and fortune
Stre·be·pfei·ler *m* ARCHIT buttress
Stre·ber(in) *<-s, ->* [ˈʃtreːbɐ] *m(f) (pej fam)* swot BRIT *pej fam,* grind AM *fam*
stre·ber·haft *<-er, -este>* *adj (pej)* ● *(ehrgeizig)* pushy *pej* ● SCH swotty BRIT *fam pej*
Stre·ber·tum *<-[e]s>* *nt kein pl (pej)* ● *(Ehrgeizigkeit)* pushiness *pej* ● SCH swotting BRIT *fam pej*
streb·sam [ˈʃtreːpzaːm] *adj* assiduous, industrious
Streb·sam·keit *<->* *f kein pl* assiduousness, assiduity, industriousness
Stre·cke *<-, -n>* [ˈʃtrɛkə] *f* ● *(Weg~)* distance; **eine ~ von zehn Kilometern zurücklegen** to cover [*or* do] a distance of ten kilometres; **bis zur Berghütte ist es noch eine ziemliche ~ zu gehen** it's still quite a [long] way to the mountain hut; **die ~ bis zur Hütte führt von jetzt an ziemlich steil bergan** the next stretch up to the hut is rather steep; **ich kann doch nicht die ganze ~ zwei schwere Koffer mitschleppen** I can't carry two heavy suitcases all that way; **ich habe auf der ganzen ~ geschlafen** I slept the whole way; **auf halber ~** halfway; **über weite ~n** *akk* [hin] for long stretches; **in nur 20 Jahren wird das Gebiet über weite ~n zur Steppe geworden sein** large parts of the region will have turned to steppe in just 20 years ● BAHN *(Abschnitt)* [section of] line; **auf freier [*or* offener] ~** between stations, on the open line ● SPORT *(zurückzulegende Entfernung)* distance ▸ WENDUNGEN: **auf der ~ bleiben** *dat (fam)* to fall by the wayside, to drop out of the running; **jdn zur ~ bringen** to hunt sb down, to apprehend sb
stre·cken [ˈʃtrɛkn̩] **I.** *vt* ● *(recken)* to stretch; **den Arm/die Beine ~** to stretch one's arm/legs; **den Kopf ~** to crane one's neck; **den Finger ~** to raise [*or* stick up] one's finger; *s. a.* **Boden** ● *(fam: ergiebiger machen)* ■ **etw ~** to stretch sth, to make sth go further; **Drogen etc.** to thin down [*or* dilute] ● *(fam: län-*

ger ausreichen lassen) ▪etw [um etw] ~ to eke sth out [for a certain time] **II.** vr ▪sich ~ to [have a] stretch

Stre·cken·ab·schnitt m BAHN section of the line **Stre·cken·netz** nt BAHN rail network **Stre·cken·still·le·gung**RR f, **Stre·cken·stille·gung**ALT f BAHN line closure **Stre·cken·wär·ter(in)** m(f) BAHN line[s]man masc, track walker AM

stre·cken·wei·se adv in parts [or places]

Streck·mus·kel m ANAT extensor [muscle]

Stre·ckungs·wachs·tum nt BOT (zweite Phase des Wachstums einer Zelle) enlargement

Street·wor·ker(in) <-s, -> ['striːtvɔːɐ̯kɐ] m(f) street [or community] worker

Streich <-[e]s, -e> [ʃtraiç] m ➊ (Schabernack) prank; **ein böser** [o bösartiger] ~ a nasty trick; **jdm einen ~ spielen** to play a trick on sb; **dein Gedächtnis spielt dir einen ~** your memory is playing tricks on you ➋ (geh: Schlag) blow; **jdm einen ~ versetzen** (geh) to strike sb, to deal [or fetch] sb a blow

Strei·chel·ein·hei·ten pl (Zärtlichkeit) tender loving care, TLC fam; **ein paar ~** a bit of tender loving care; (Lob) praise and appreciation; **ein paar ~** a little [or a few words of] praise and appreciation

strei·cheln ['ʃtraiçl̩] vt ▪jdn/etw ~ to stroke [or caress] sb/sth; ▪jdm etw ~ to stroke [or caress] sb's sth

strei·chen <strich, gestrichen> ['ʃtraiçn̩] **I.** vt haben ➊ (mit Farbe bestreichen) ▪etw [mit etw] ~ to paint sth [with sth] ➋ (schmieren) ▪etw [auf etw akk] ~ to spread sth [on sth]; [sich] **die Butter aufs Brot ~** to put butter on one's bread, to butter one's bread ➌ (ausstreichen) ▪etw ~ to delete sth ➍ (zurückziehen) ▪[jdm] etw ~ to cancel sth, to withdraw sth [from sb] **II.** vi ➊ haben (darüberfahren) ▪über etw akk ~ to stroke sth; **jdm über die Haare ~** to stroke sb's hair ➋ sein (streifen) to prowl

Strei·cher(in) <-s, -> ['ʃtraiçɐ] m(f) MUS string player; **die ~** the strings, the string section

Streich·holz nt match **Streich·holz·schach·tel** f matchbox **Streich·in·stru·ment** nt string[ed] instrument **Streich·kä·se** m cheese spread **Streich·mu·sik** f music for strings, string music **Streich·or·ches·ter** nt string orchestra **Streich·quar·tett** nt string quartet **Streich·quin·tett** nt string quintet **Streich·trio** nt string trio

Strei·chung <-, -en> f ➊ (das Streichen) deletion ➋ (das Zurückziehen) Auftrag, Projekt cancellation; Unterstützung, Zuschüsse withdrawal ➌ (gestrichene Textstelle) deletion

Streich·wurst f sausage for spreading

Strei·fe <-, -n> ['ʃtraifə] f patrol; **auf ~ sein** [o **gehen**] to be [or go] on patrol

strei·fen ['ʃtraifn̩] **I.** vt haben ➊ (flüchtig berühren) ▪jdn ~ to touch [or brush against] sb; **der Schuss streifte ihn nur** the shot just grazed him ➋ (flüchtig erwähnen) ▪etw [nur] ~ to [just] touch [up]on sth ➌ (überziehen) ▪etw auf etw akk/über etw akk ~ to slip sth on/over sth; **der Bräutigam streifte der Braut den Ring auf den Finger** the groom slipped the ring onto the bride's finger; **streife dir den Pullover über den Kopf** slip the pullover over your head; **er streifte sich die Mütze über die Ohren** he pulled his cap down over his ears; **sich die Handschuhe über die Hände ~** to pull on one's gloves ➍ (abstreifen) ▪etw von etw ~ to slip sth off sth; **sich** dat **den Schmutz von den Schuhen ~** to wipe the dirt off one's shoes **II.** vi sein (geh) to roam [or wander]

Strei·fen <-s, -> ['ʃtraifn̩] m ➊ (schmaler Abschnitt) stripe ➋ (schmales Stück) strip ➌ FILM (fam) film, flick fam

Strei·fen·bar·be f black sea bream **Strei·fen·hörn·**

---

chen <-s, -e> nt ZOOL chipmunk **Strei·fen·mus·ter** nt striped [or stripy] pattern; **Krawatten mit ~** striped [or stripy] ties

Strei·fen·po·li·zist(in) m(f) policeman/policewoman on patrol **Strei·fen·wa·gen** m patrol car

strei·fig ['ʃtraifiç] adj stripy, streaky; **ein ~es Muster** a stripy pattern; **ein ~er Spiegel/~es Fenster** a streaky mirror/window; ▪~ **sein** to be stripy/streaky; **die Fenster sind ja ganz ~** the windows are all streaky

Streif·licht nt highlight

Streif·schussRR m graze

Streif·zug m ➊ (Bummel) expedition; **ein ~ durch die Antiquitätengeschäfte/über die Flohmärkte** a trip [or tour] round [or AM to] the antique shops/flea markets; **einen ~ durch etw machen** to take a wander through sth; **einen ~ durch die Kneipen machen** to go on a pub crawl BRIT, to go bar hopping AM ➋ HIST (Raubzug) raid ➌ (Exkurs) digression; **ein musikalischer ~ durch die Barockzeit** a brief musical survey of the baroque period

Streik <-[e]s, -s o (selten) -e> [ʃtraik] m strike; **mit ~ drohen** to threaten strike action [or to [go on] strike]; **in den ~ treten** to come out [or go] on strike

Streik·ab·stim·mung f POL, ÖKON strike ballot **Streik·auf·ruf** m strike call, call for strike action **Streik·bre·cher(in)** m(f) strike-breaker, blackleg BRIT pej, scab pej fam

strei·ken ['ʃtraikn̩] vi ➊ (die Arbeit niederlegen) to come out [or go] on strike ➋ (nicht arbeiten) to be on strike, to strike; ▪**für etw ~** to strike for sth ➌ (hum fam: nicht funktionieren) to pack up fam ➍ (fam: sich weigern) to go on strike

Strei·ken·de(r) f(m) dekl wie adj striker

Streik·geld nt strike pay **Streik·pos·ten** m picket; **~ stehen** to be [or stand] on the picket line; **~ aufstellen** to mount a picket [or set up a picket line] **Streik·recht** nt kein pl right to strike **Streik·wel·le** f wave [or series] of strikes

Streit <-[e]s, -e> [ʃtrait] m ➊ (Auseinandersetzung) argument, dispute, quarrel, row BRIT; [mit jdm] **[wegen etw] bekommen** to get into an argument [with sb] [about sth]; [mit jdm] ~ [wegen etw] **haben** to argue [or quarrel] [or row] [with sb] [about sth], to have an argument [or a quarrel] [or row]; **~ suchen** to be looking for an argument [or a quarrel]; **keinen ~** [mit jdm] **wollen** not to want an argument [or a row] [with sb]; **ich will wirklich keinen ~ mit dir** I really don't want to argue [or quarrel] with you; **im ~** during an argument [or a quarrel] ➋ (Kontroverse) argument, dispute

Streit·axt f battleaxe; ▸WENDUNGEN: **die ~ begraben** to bury the hatchet

streit·bar adj ➊ (streitlustig) pugnacious ➋ (veraltend: kampfbereit) combative, valiant

strei·ten <stritt, gestritten> ['ʃtraitn̩] **I.** vi ➊ (einen Streit haben) ▪[mit jdm] ~ to argue [or quarrel] [with sb] ➋ (diskutieren) ▪mit jdm über etw ~ akk to argue with sb about sth; **darüber lässt sich ~** that's open to argument [or debatable] **II.** vr ➊ (einen Streit haben) ▪sich [miteinander] ~ to quarrel [or argue] [with each other]; **habt ihr euch wieder gestritten?** have you quarrelled [or been fighting] again?; **wegen jeder Kleinigkeit ~ sie sich** they argue [or quarrel] about every little thing [or the slightest thing]; **streitet euch nicht mehr [miteinander]!** stop quarrelling [or squabbling] [with each other]!; ▪**sich um etw ~** to argue [or fight] over sth; **die Kinder ~ sich um das neue Spielzeug** the children are squabbling over the new toy; ▪**sich mit jdm [wegen etw] ~** to argue with sb [about sth] ➋ (diskutieren) ▪**sich [darüber] ~, ob/wer/wie …** to argue [over] whether/who/

how ...

Strei·ter(in) <-s, -> [ˈʃtraite] *m(f)* *(geh)* fighter; ~ **für eine gerechte Sache** champion of a just cause

Strei·te·rei <-, -en> [ʃtraitəˈrai] *f* *(fam)* arguing [*or* quarrelling] [*or* AM quarreling] [*or* rowing] *no indef art, no pl*

Strei·te·rin <-, -nen> *f fem form von* **Streiter**

Streit·fall *m* dispute, conflict; **das ist ein ~** that is a point of dispute; **im ~** in case of dispute [*or* conflict] **Streit·fra·ge** *f* [disputed] issue **Streit·ge·spräch** *nt* debate, disputation *form* **Streit·ham·mel** *m* *(fam)* quarrelsome so-and-so *fam*

strei·tig [ˈʃtraitɪç] *adj* disputed, contentious; JUR contentious; **jdm etw ~ machen** to challenge sb's sth; **jdm eine Stellung ~ machen** to challenge sb's position; **einem Land das Anrecht auf ein Gebiet ~ machen** to contest [*or* dispute] a country's right to a territory

Strei·tig·keit *f meist pl* dispute, quarrel

Streit·kräf·te *pl* [armed] forces *pl* **streit·lus·tig** *adj s.* **streitbar Streit·macht** *f (veraltend)* troops *pl* **streit·süch·tig** *adj* quarrelsome, argumentative **Streit·wa·gen** *m* chariot **Streit·wert** *m* JUR amount in dispute

streng [ʃtrɛŋ] **I.** *adj* ➊ *(auf Disziplin achtend)* strict; ■ ~ **[zu jdm] sein** to be strict [towards [*or* with] sb]; **eine ~e Erziehung** a strict education ➋ *(unnachsichtig)* severe; **ein ~er Verweis** a severe reprimand; **~e Disziplin** strict [*or* stern] discipline; **~e Kontrolle** strict [*or* stringent] control ➌ *(strikt)* strict; **~e Einhaltung der Vorschriften** strict observance of the rules; **~e Anweisung** strict instructions; **eine ~e Diät/Überprüfung** a strict diet/rigorous examination; **~e Bettruhe** complete [*or* absolute] [bed] rest ➍ *(durchdringend)* pungent ➎ *(extrem kalt)* severe; **~er Frost/Winter** sharp [*or* severe] frost/severe winter; **~e Kälte** intense cold ➏ *(konsequent)* strict; **ich bin ~er Antialkoholiker/Vegetarier/Katholik/Moslem** I am a strict teetotaller/vegetarian/Catholic/Muslim ➐ SCHWEIZ *(anstrengend)* strenuous, demanding **II.** *adv* ➊ *(unnachsichtig)* strictly; **wir wurden sehr ~ erzogen** we were brought up very strictly; **~ durchgreifen** to take rigorous action; **kontrollieren Sie nächstens ~er** make a more rigorous check next time ➋ *(strikt)* strictly; **ich verbiete Ihnen ~stens, so etwas noch einmal zu machen!** I strictly forbid you to do anything like that again!; **~ genommen** strictly speaking; **es mit etw ~ nehmen** to be strict on [*or* about] sth; **du solltest es mit seiner Erziehung ~er nehmen** you should take his education more seriously ➌ *(durchdringend)* pungently; **was riecht hier so ~?** what's that strong [*or* pungent] smell?; **der Käse schmeckt mir doch etwas zu ~** the cheese is rather too strong [*or* sharp] for me

Stren·ge <-> [ˈʃtrɛŋə] *f kein pl* ➊ *(Unnachsichtigkeit)* strictness *no pl*; **mit unnachsichtiger ~** with unrelenting severity; **mit besonderer ~ darauf achten, dass ...** to take especially strict care that ... ➋ *(Härte)* severity; **die Kontrollen waren von äußerster ~** the checks were extremely rigorous ➌ *(Ernsthaftigkeit)* Gesichtszüge, Stil severity ➍ *(extreme Kälte)* Winter, Frost severity ➎ *(Intensität)* Geschmack sharpness, intensity; Geruch pungency **streng·gläu·big** *adj* strict; ■ ~ **sein** to be strictly [*or* deeply] religious [*or* a strict believer]

Strep·to·kok·kus <-, -ken> [ʃtrɛptoˈkɔkʊs, st-] *meist pl m* streptococcus

Stress^RR <-es, -e> [ʃtrɛs, st-] *m*, **Streß**^ALT <-sses, -sse> *m* stress; ~ **haben** to experience stress; **im ~ sein/unter ~ stehen** to be under stress; **ich bin voll im ~** I am completely stressed out *fam*

stres·sen [ˈʃtrɛsn̩] *vt* ■ **jdn ~** to put sb under stress;

■ **sich gestresst fühlen** to feel under stress; ■ **[durch etw] gestresst sein** to be under stress [because of sth]; **bist du durch deine Arbeit gestresst?** is your work putting you under stress?

stress·frei^RR *adj* stress-free **stress·ge·plagt**^RR *adj* highly stressed, stressed-out *fam;* ■ ~ **sein** to be suffering from stress

stres·sig [ˈʃtrɛsɪç] *adj* stressful

Stres·sor <-s, -en> [ˈʃtrɛso:ɐ] *m* PSYCH *(fachspr)* stressor *spec*

Stress·si·tu·a·ti·on^RR *f* stress situation

Stret·ching <-, -> [ˈstrɛtʃɪŋ] *nt* SPORT, MED stretching

Streu <-> [ʃtrɔy] *f kein pl* litter

streu·en [ˈʃtrɔyən] **I.** *vt* ➊ *(hinstreuen)* ■ **etw auf etw ~** *akk* to scatter [*or* spread] [*or* sprinkle] sth on sth; **Futter/Samen ~** to scatter food/seed; **Dünger ~** to spread fertilizer; **etw auf einen Kuchen/ein Gericht ~** to sprinkle sth on a cake/a dish ➋ *(gegen Glätte)* ■ **etw ~** to grit/salt sth ➌ *(verbreiten)* ■ **etw ~** to spread sth; **Gerüchte ~** to spread rumours [*or* AM -ors]; **die Opposition ließ ~, [dass] ...** the opposition put it about that ... **II.** *vi* ➊ *(Streumittel anwenden)* to grit BRIT, to put down salt ➋ *(Geschosse verteilen)* to scatter ➌ PHYS to scatter

Streu·er <-s, -> *m* shaker; **der ~ mit dem Salz/Pfeffer** the salt cellar [*or* AM shaker] /pepper pot [*or* AM shaker]; *Mehl* dredger; *Zucker* dredger, caster [*or* castor]

Streu·fahr·zeug *nt* gritter BRIT, gritting lorry BRIT **Streu·gut** *nt* TRANSP *(geh)* grit BRIT, salt

streu·nen *vi* ➊ *haben o sein (umherstreifen)* to roam about [*or* around]; **durch die Stadt ~** to roam about the town; **~de Hunde/Katzen** stray dogs/cats ➋ *sein (ziellos umherziehen)* to wander around; **durch die Straßen ~** to roam [*or* wander] the streets **Streu·salz** *nt* road salt

Streu·sel <-s, -> [ˈʃtrɔyzl̩] *nt* streusel *esp* AM, crumble [topping]

Streu·sel·ku·chen *m* streusel [cake] *esp* AM, crumble

Streu·ung <-, -en> *f* ➊ MIL *(Abweichung)* dispersion ➋ MEDIA *(Verbreitung)* distribution ➌ *(Verteilung)* spread[ing]; **bei einer ~ seiner Anlagen/des Risikos** by spreading one's investments/the risk ➍ MED metastasis

strich [ʃtrɪç] *imp von* **streichen**

Strich <-[e]s, -e> [ʃtrɪç] *m* ➊ *(gezogene Linie)* line; **einen ~ [unter etw** *akk*] **ziehen** to draw a line [under sth] ➋ *(Skaleneinteilung)* line ➌ *(fam: Gegend mit Prostitution)* red-light district; **auf den ~ gehen** to go on the game BRIT *fam,* to become a streetwalker AM; **auf dem ~ sein** on the game *fam* ▸ WENDUNGEN: **nach ~ und Faden** *(fam)* good and proper *fam,* well and truly; **ein ~ in der Landschaft sein** *(hum fam)* to be as thin as a rake; **jd/etw macht jdm einen ~ durch die Rechnung** sb/sth messes up [*or* wrecks] sb's plans, sb/sth throws a spanner [*or* AM wrench] in the works, sb puts a spoke in sb's wheel; **jdm gegen den ~ gehen** *(fam)* to go against the grain, to rub sb up the wrong way; **einen ~ unter etw machen** [*o* ziehen] *akk* to put sth behind one, to put an end to sth; **jdm einen ~ durch etw machen** *(fam)* to mess up [*or* wreck] sb's plans for sth; **der Regen machte uns einen ~ durch alles** the rain wrecked all our plans; **ich werde einen ~ durch ihren sauberen Plan machen** I will foil [*or* thwart] her nice little plan; **unterm ~** *(fam)* at the end of the day, all things considered

Strich·code [-ko:t] *m* bar code

stri·cheln [ˈʃtrɪçl̩n] *vt* ■ **etw ~** to sketch sth in; ■ **gestrichelte Linie** dotted line; *Straße* broken line

Stri·cher <-s, -> *m* *(sl)* rent boy BRIT *fam,* young male prostitute AM

Strich·jun·ge *m (fam)* rent boy *fam* **Strich·kode** [-koːt] *f s.* **Strichcode**

strich·lie·ren [ʃtrɪçˈliːrən] *vt* ÖSTERR *(stricheln)* ▪ **etw** ~ to hatch [*or sep* sketch in] sth

Strich·lis·te *f* list **Strich·mäd·chen** *nt (fam)* streetwalker *fam*, hooker AM *sl* **Strich·punkt** *m s.* **Semikolon**

strich·wei·se *adv* METEO here and there, in places

Strich·zeich·nung *f* line drawing

Strick <-[e]s, -e> [ʃtrɪk] *m* rope; ▸ WENDUNGEN: **jdm aus etw einen ~ drehen** *(fam)* to use sth against sb; **da kann ich mir gleich einen ~ nehmen** [*o* kaufen] *(fam)* I may as well end it all now; **wenn alle ~e reißen** *(fam)* if all else fails

stri·cken [ˈʃtrɪkn̩] I. *vi* to knit II. *vt* ▪ **etw** ~ to knit sth

Strick·garn *nt* knitting wool [*or* yarn] **Strick·ja·cke** *f* cardigan

Strick·lei·ter *f* rope ladder

Strick·ma·schi·ne *f* knitting machine **Strick·mus·ter** *nt* ① *(gestricktes Muster)* knitting pattern; **nach** ~ from a pattern ② *(hum: Machart)* formula **Strick·na·del** *f* knitting needle **Strick·zeug** *nt* knitting

Strie·gel <-s, -> [ˈʃtriːgl̩] *m* curry-comb

strie·geln [ˈʃtriːgln̩] *vt (fam)* ▪ **etw** ~ to groom [*or spec* curry] sth

Strie·men <-s, -> [ˈʃtriːmən] *m*, **Strie·me** <-, -n> [ˈʃtriːmə] *f (selten)* weal

strikt [ʃtrɪkt, st-] I. *adj* strict; **eine ~e Ablehnung/ Weigerung** a point-blank rejection II. *adv* strictly; ~ **gegen etw sein** to be totally against sth; **auf das S~este befolgt werden** to be followed to the letter; **sich ~ gegen etw aussprechen** to reject sth point-blank

Strip <-s, -s> [ʃtrɪp, st-] *m (sl)* strip[tease]

Strip·pe <-, -n> [ˈʃtrɪpə] *f (fam)* ① *(Schnur)* string ② *(Leitung)* cable ▸ WENDUNGEN: **jdn an die ~ bekommen** to get [*or* reach] sb on the phone; **jdn an der ~ haben** to have sb on the line [*or* phone] [*or* BRIT *fam* blower]

strip·pen [ˈʃtrɪpn̩] *vi* to strip, to do a strip[tease]

Strip·per(in) <-s, -> [ˈʃtrɪpɐ, 'st-] *m/f(f) (fam)* stripper

Strip·tease <-> [ˈʃtrɪptiːs, 'st-] *m o nt kein pl* striptease

Strip·tease·tän·zer(in) [ˈʃtrɪptiːs-, 'strɪp-] *m(f)* striptease artist

stritt [ʃtrɪt] *imp von* **streiten**

strit·tig [ˈʃtrɪtɪç] *adj* contentious; **ein ~er Fall** a controversial case; **eine ~e Grenze** a disputed border; **der ~e Punkt** the point at issue; ▪ ~ **sein** to be in dispute [*or* at issue]

Stroh <-[e]s> [ʃtroː] *nt kein pl* straw; ▸ WENDUNGEN: [nur] ~ **im Kopf haben** *(fam)* to be dead from the neck up [*or* BRIT have sawdust between one's ears] *fam;* ~ **dreschen** *(fam)* to waffle [*or* AM ramble] [on] *fam;* **wie ~ brennen** to go up like dry tinder

Stroh·bal·len *m* bale of straw, straw bale **stroh·blond** *adj* Mensch flaxen-haired; Haare straw-coloured [*or* AM -ored], flaxen **Stroh·blu·me** *f* strawflower **Stroh·dach** *nt* thatched roof, roof thatched with straw **stroh·dumm** *adj (fam)* brainless, thick *fam;* ▪ ~ **sein** to have nothing between the ears **Stroh·feu·er** *nt* ▸ WENDUNGEN: **nur ein ~ sein** to be a flash in the pan, to be just a passing fancy **Stroh·frau** *f fem form von* **Strohmann Stroh·halm** *m* straw; ▸ WENDUNGEN: **nach jedem ~ greifen** sich **an jeden ~ klammern** to clutch at any straw **Stroh·hut** *m* straw hat **Stroh·la·ger** *nt* bed of straw **Stroh·mann, -frau** *m, f* front man *masc,* front woman *fem* **Stroh·mat·te** *f* straw mat **Stroh·pup·pe** *f* straw doll **Stroh·sack** *m* palliasse; ▸ WENDUNGEN: **heiliger ~!** *(veraltend fam)* Great Scott! *dated fam,* holy mackerel [*or* AM ESP cow] ! *fam* **Stroh·wit·wer, -wit·we** *m, f (hum fam)* grass widower *masc,* grass widow *fem*

Strolch <-[e]s, -e> [ʃtrɔlç] *m* ① *(fam: Schlingel)* rascal ② *(veraltend: übler Bursche)* ruffian *dated*

Strom¹ <-[e]s, Ströme> [ʃtroːm, *pl:* ˈʃtrøːmə] *m* ELEK electricity *no indef art, no pl;* ~ **führen** to be live; **elektrischer** ~ electric current; ~ **führend** live; **unter** ~ **stehen** *(elektrisch geladen sein)* to be live; *(überaus aktiv sein)* to be a live wire *fig fam*

Strom² <-[e]s, Ströme> [ʃtroːm, *pl:* ˈʃtrøːmə] *m* ① *(großer Fluss)* [large] river ② *(fließende Menge)* river; **Ströme von Blut** rivers of blood; **ein ~ von Schlamm** a torrent of mud; **in Strömen fließen** to flow freely [*or* like water]; **das Blut floss in Strömen** there were rivers of blood, there was heavy bloodshed ③ *(Schwarm)* stream; **Ströme von Fans/Besuchern/Kunden** streams of fans/visitors/customers ▸ WENDUNGEN: **in Strömen gießen** [*o* regnen] to pour [down] [with rain]; **mit dem/gegen den ~ schwimmen** to swim with/against the current, to swim with/against the tide [*or* go with/against the flow] *fig fam*

strom·ab·wärts [ʃtroːmˈʔapvɛrts] *adv* downstream **strom·auf·wärts** [ʃtroːmˈʔaufvɛrts] *adv* upstream **Strom·aus·fall** *m* power cut [*or* failure], power outage AM

strö·men [ˈʃtrøːmən] *vi sein* ① *(in Mengen fließen)* ▪ [aus etw] ~ to pour [out of sth]; **Gas strömte durch die Pipeline** gas flowed through the pipeline ② *(in Scharen eilen)* ▪ [aus etw] ~ *akk* to stream [out of sth]; **die Touristen strömten zu den Pforten des Palasts** the tourists flocked to the gates of the palace; *s. a.* **Regen**

Strom·er·zeu·gung *f* generation of electricity **Strom·ka·bel** *nt* electric[ity] [*or* power] cable **Strom·kos·ten** *pl* electricity costs *pl* **Strom·kreis** *m* [electric[al]] circuit **Strom·lei·tung** *f* electric cable [*or* cabling] [*or* wiring]

strom·li·ni·en·form [-liːniən-] *f* streamlined shape **strom·li·ni·en·för·mig** [-liːniən-] *adj* streamlined **Strom·mast** *m* ELEK pylon **Strom·netz** *nt* electricity [*or* power] supply system [*or* transmission network] **Strom·rech·nung** *f* electricity [*or* AM electric] bill **Strom·schlag** *m* electric shock **Strom·schnel·le** *f meist pl* rapids *npl* **Strom·stär·ke** *f* current [strength] **Strom·stoß** *m* electric shock, jolt of electricity

Strö·mung <-, -en> *f* ① *(stark fließendes Wasser)* current ② *(Tendenz)* trend; **es gibt verschiedene ~en innerhalb der Partei** there are various tendencies within the party

Strom·ver·brauch *m* electricity [*or* power] consumption **Strom·ver·sor·gung** *f* electricity [*or* power] supply **Strom·zäh·ler** *m* electricity meter

Stron·ti·um <-s> [ˈʃtrɔntsiʊm, 'st-] *nt kein pl* strontium *no pl*

Stro·phe <-, -n> [ˈʃtroːfə] *f* ① *(Lieder~)* verse ② *(Gedicht~)* stanza

strot·zen [ˈʃtrɔtsn̩] *vi* ① *(überschäumen)* ▪ **von** [*o* vor] **etw** ~ to be bursting with sth ② *(besonders viel von etw haben)* ▪ **vor etw** ~ *dat* to be covered in [*or* with] sth, to be full of sth; **vor** [*o* von] **Gesundheit** ~ to be bursting with health

strub·be·lig [ˈʃtrʊblɪç] *adj (fam)* tousled; ~**es Fell** tangled fur

Strub·bel·kopf [ˈʃtrʊbl̩kɔpf] *m (fam)* ① *(Haar)* tousled hair, mop [of hair], mop-top *fam* ② *(Mensch)* tousle-head, mop-top *fam*

Stru·del¹ <-s, -> [ˈʃtruːdl̩] *m* ① *(Wasserwirbel)* whirlpool; **kleiner** ~ eddy ② *(geh: rascher Lauf)* **der ~ der Ereignisse** the whirl of events

Stru·del² <-s, -> [ˈʃtruːdl̩] *m (Gebäck)* strudel

stru·deln [ˈʃtruːdl̩n] *vi* to swirl; *(sanfter)* to eddy

Stru·del·wurm m ZOOL turbellarina

Struk·tur [ʃtrʊk'tuːɐ̯, strʊ-] f ❶ *(Aufbau)* structure ❷ *(von Stoff usw.)* texture

Struk·tu·ra·lis·mus <-> [ʃtrʊktura'lɪsmʊs] m kein pl structuralism no pl

struk·tu·rell [ʃtrʊktu'rɛl] adj inv ❶ *(geh: eine bestimmte Struktur aufweisend)* structural ❷ LING s. **strukturell**

Struk·tur·for·mel f CHEM structural formula **struk·tur·ge·wan·delt** adj inv ÖKON, SOZIOL *Land, Gebiet* having a modernized [or BRIT a. -ised] structure **Struk·tur·hil·fe** f subsidy for infrastructure renewal/development

struk·tu·rie·ren* [ʃtrʊktu'riːrən, st-] vt ❶ etw ~ to structure sth [or put sth together]

Struk·tu·rie·rung <-, -en> f ❶ *(das Strukturieren)* structuring ❷ *(Struktur)* structure; *(von Stoff usw.)* texture

Struk·tur·kri·se f structural crisis **Struk·tur·po·li·tik** f economic development [or structural] policy **struk·tur·schwach** adj economically underdeveloped **Struk·tur·schwä·che** f economic underdevelopment **Struk·tur·ver·än·de·rung** f structural change, change in structure **Struk·tur·wan·del** m structural change

Strumpf <-[e]s, Strümpfe> [ʃtrʊmpf, pl: 'ʃtrʏmpfə] m ❶ *(Knie~)* knee-high; *(Socke)* sock ❷ *(Damen~)* stocking

Strumpf·band <-bänder> nt, **Strumpf·hal·ter** <-s, -> m suspender, garter AM **Strumpf·hal·ter·gür·tel** m suspender belt, garter belt AM **Strumpf·ho·se** f tights npl, pantyhose AM; ▪ eine ~ a pair of tights **Strumpf·mas·ke** f stocking mask

Strunk <-[e]s, Strünke> [ʃtrʊŋk, pl: 'ʃtrʏŋkə] m stalk

strup·pig ['ʃtrʊpɪç] adj *Haare* tousled, tangled, windswept; *Fell* shaggy, tangled

Struw·wel·pe·ter ['ʃtrʊvl̩peːtɐ] m ❶ LIT ▪ der ~ Struwwelpeter, Shock-headed Peter ❷ *(fam: Kind mit Strubbelkopf)* tousle-head fam, mop-head fam

Strych·nin <-s> [ʃtrʏç'niːn, st-] nt kein pl strychnine

Stu·be <-, -n> ['ʃtuːbə] f ❶ DIAL *(Wohnzimmer)* living room; **die gute** ~ the front room, the parlour [or AM parlor] ❷ MIL [barrack] room

Stu·ben·ar·rest m ~ **bekommen/haben** *(fam)* to be confined to one's room, to be grounded fam **Stu·ben·flie·ge** f housefly **Stu·ben·ho·cker**(in) <-s, -> m(f) *(pej fam)* house mouse fam **stu·ben·rein** adj ❶ *(zur Sauberkeit erzogen)* Haustier house-trained, housebroken AM ❷ *(hum fam: nicht verdorben)* Witz usw. clean

Stuck <-[e]s> [ʃtʊk] m kein pl stucco, cornices pl

Stück <-[e]s, -e o nach Zahlenangaben: -> [ʃtʏk] nt ❶ *(einzelnes Teil)* piece; **ein** ~ **Kuchen** a piece [or slice] of cake; **ein** ~ **Papier** a piece [or scrap] of paper; **sechs** ~ **Käsekuchen** six pieces [or portions] of cheesecake; **in ~e gehen** [o **zerbrechen**] [o **zerspringen**] to break [or shatter] into pieces; **etw in ~e reißen** to tear sth to pieces [or shreds]; **aus einem** ~ from one [or a single] piece; ~ **für** ~ piece by piece, bit by bit; **im** [o **am**] ~ in one piece; **geschnitten oder am ~?** sliced or unsliced?; **das** [o **pro**] ~ each; **vier Euro das** [o **pro**] ~ four euros each ❷ *(besonderer Gegenstand)* piece, item; **ein wertvolles** ~ a valuable item ❸ *(Teil)* bit, piece; **etw in tausend ~e schlagen** to smash sth to pieces; **in tausend ~e schlagen** to smash to smithereens ❹ *(Abschnitt)* part; **ich begleite dich noch ein** ~ **[Weges]** I'll come part of the way with you; **die Straße war auf einem** ~ **von 500 Metern Länge aufgerissen worden** a 500 metre stretch of the road had been ripped up; **mein** ~ **Garten** my bit of garden; **ein** ~ **Acker/Land** part of a field/a plot of land ❺ THEAT play ❻ MUS piece ❼ *(pej fam: Subjekt)* so-and-so pej fam; **du mieses ~!** you

rotten [or lousy] bastard!; **sie ist ein ganz niederträchtiges** ~ she's a really nasty piece of work; **ein** ~ **Dreck** [o **Scheiße**] *(pej sl)* a piece of shit pej sl; *(Mann)* a bastard pej sl; *(Frau)* a bitch pej sl ▸ WENDUNGEN: **ein** ~ **Arbeit** *(fam)* a job; **ein ziemliches/hartes** ~ **Arbeit** quite a job/a tough job; **ein schönes** ~ **Geld** *(fam)* a pretty penny; **jds bestes** ~ *(hum fam: liebste Sache)* sb's pride and joy; *(Mensch)* the apple of sb's eye; **aus freien ~en** of one's own free will, voluntarily; **große ~e auf jdn halten** *(fam)* to think highly [or the world] of sb; **ein gutes** [o **schönes**] ~ a good bit; **ein gutes** ~ **weiterkommen** to get a good bit further [or make considerable progress]; **ein starkes** ~ **sein** *(fam)* to be a bit much [or thick]; **sich für jdn in ~e reißen lassen** *(fam)* to do anything [or go through fire and water] for sb; **sich lieber in ~e reißen lassen, als ...** *(fam)* to rather die than ...; **kein** ~ *(sl)* not a bit, not at all

Stuck·ar·beit f stucco [work] no indef art, no pl

Stück·chen <-s, -> nt dim von Stück 1, 3, 4 ❶ *(kleines Teil)* little piece [or bit] ❷ *(kleine Strecke)* little way

Stuck·de·cke f stucco[ed] ceiling

stü·ckeln ['ʃtʏkl̩n] vt FIN ▪ etw ~ to split sth into denominations

Stü·cke·lung <-, -en> f FIN denomination; **in welcher** ~ **hätten Sie die 1.000 Euro gern?** how would you like your [or the] 1,000 euros?

Stück·gut nt single item, individually packaged goods **Stück·lohn** m piecework wage, piece rate **Stück·preis** m unit price

stück·wei·se adv individually, separately

Stück·werk nt kein pl ▸ WENDUNGEN: [**nur**] ~ **sein** [o **bleiben**] to be [or remain] incomplete

Stück·zahl f number of units

stud. m Abk von **studiosus**: ~ **med./phil.** student of medicine/philosophy

Stu·dent(in) <-en, -en> [ʃtu'dɛnt] m(f) student

Stu·den·ten·aus·weis m student card **Stu·den·ten·be·ra·tung** f student counselling [or AM counseling] [or advice] **Stu·den·ten·be·we·gung** f student movement **Stu·den·ten·bu·de** f student's room [or BRIT fam digs] **Stu·den·ten·fut·ter** nt nuts and raisins **Stu·den·ten·knei·pe** f student pub [or AM bar] **Stu·den·ten·le·ben** nt kein pl student life, life as a student no pl

Stu·den·ten·schaft <-, <selten -en> f students pl, student body

Stu·den·ten·un·ru·hen f student unrest **Stu·den·ten·ver·bin·dung** f students' society; **für Männer** fraternity AM; **für Frauen** sorority AM **Stu·den·ten·werk** nt student union **Stu·den·ten·wohn·heim** nt hall of residence, student hostel BRIT, residence hall AM

Stu·den·tin <-, -nen> f fem form von Student

stu·den·tisch adj attr student attr

Stu·die <-, -n> ['ʃtuːdiə] f ❶ *(wissenschaftliche Abhandlung)* study; **eine** ~ **über Möglichkeiten** a feasibility study ❷ KUNST study, sketch

Stu·di·en ['ʃtuːdiən] pl von Studium

Stu·di·en·ab·bre·cher(in) <-s, -> m(f) dropout fam *(student who fails to complete his/her course of study)* **Stu·di·en·ab·schluss**RR m SCH degree **Stu·di·en·an·fän·ger(in)** m(f) first-year student, fresher BRIT, freshman AM **Stu·di·en·auf·ent·halt** m study visit **Stu·di·en·be·ra·tung** f course guidance and counselling [or AM counseling] service **Stu·di·en·be·wer·ber(in)** m(f) university applicant **Stu·di·en·be·wer·bung** f university application **Stu·di·en·buch** nt study record BRIT *(detailing courses/lectures attended)*, academic transcript AM **Stu·di·en·di·rek·tor(in)** m(f) deputy head teacher, vice-principal AM **Stu·di·en·fach** nt subject **Stu·di·en·fahrt** f study trip

Stu·di·en·freund(in) *m(f)* university/college friend **Stu·di·en·gang** *m* course [of study] **Stu·di·en·ge·büh·ren** *pl* tuition fees *pl* **Stu·di·en·in·halt** *m* course contents *pl* **Stu·di·en·platz** *m* university/college place; **ein ~ in Mikrobiologie** a place to study microbiology **Stu·di·en·rat, -rä·tin** *m, f* secondary-school teacher *(with the status of a civil servant)* **Stu·di·en·re·fe·ren·dar(in)** *m(f)* student teacher **Stu·di·en·re·form** *f* course reform **Stu·di·en·rei·se** *f* educational trip **Stu·di·en·zeit** *f* student days *pl,* time as a student **Stu·di·en·zweck** *m* **zu ~en** for study purposes [*or* the purposes of study]; **er hielt sich zu ~en in Edinburgh auf** he was studying in Edinburgh

stu·die·ren [ʃtuˈdiːrən] **I.** *vi* to study; **sie studiert noch** she is still a student; **~ wollen** to want to go to [AM a] university/college; **ich studiere derzeit im fünften/sechsten Semester** I'm in my third year [at university/college]; *s. a.* **probieren II.** *vt* ➊ *(als Studium haben)* ■ **etw ~** to study [*or* BRIT *form* read] sth ➋ *(genau betrachten)* ■ **etw ~** to study sth

Stu·die·ren·de(r) *f(m) dekl wie adj (geh)* student **stu·diert** *adj (fam)* educated; ■ **~ sein** to have been to [AM a] university/college, to have had a university education

Stu·dier·zim·mer *nt (veraltend)* study

Stu·dio <-s, -s> [ˈʃtuːdio] *nt* ➊ FILM, KUNST, RADIO, TV studio ➋ ARCHIT studio, studio flat [*or* AM apartment] ➌ SPORT fitness studio, gym

Stu·di·um <-, Studien> [ˈʃtuːdiʊm, *pl:* ˈʃtuːdiən] *nt* ➊ SCH studies *pl;* **ein ~ aufnehmen** to begin one's studies; **das ~ der Medizin/Chemie** the medicine/chemistry course ➋ *(eingehende Beschäftigung)* study; [**seine**] **Studien machen** [*o* **treiben**] to study ➌ *kein pl (genaues Durchlesen)* study; **das ~ der Akten ist noch nicht abgeschlossen** the files are still being studied

Stu·fe <-, -n> [ˈʃtuːfə] *f* ➊ *(Treppenabschnitt)* step; **~ um ~** step by step ➋ *(geh: Niveau)* level; **auf der gleichen** [*o* **auf einer**] **~ stehen** to be on the same [*or* on a] level; **sich mit jdm auf die gleiche** [*o* **auf eine**] **~ stellen** to put [*or* place] oneself on the same level [*or* on a level [*or* par]] with sb ➌ *(Abschnitt)* stage, phase ➍ ELEK position ➎ *(Raketen~)* stage

Stu·fen·bar·ren *m* SPORT asymmetric bars *pl* **Stu·fen·füh·rer·schein** *m* [graded] motorcycle licence [*or* AM -se] **Stu·fen·heck** *nt* AUTO notchback **Stu·fen·lei·ter** *f* ladder *fig;* **die ~ des Erfolgs** the ladder of success; **die gesellschaftliche** [*o* **soziale**] **~ erklimmen** to climb the social ladder

stu·fen·los **I.** *adj Regelung, Schaltung* continuously variable **II.** *adv* smoothly; **die Geschwindigkeit der Scheibenwischer kann ~ geregelt werden** the wipers can be adjusted to any speed you like

Stu·fen·plan *m* phased plan **Stu·fen·ra·ke·te** *f* multistage rocket **Stu·fen·schal·ter** *m* sequence switch **Stu·fen·schnitt** *m (Frisur)* layered cut

stu·fen·wei·se **I.** *adj* phased **II.** *adv* step by step

stu·fig [ˈʃtuːfɪç] **I.** *adj Haarschnitt* layered **II.** *adv* in layers; **~ schneiden** to layer

Stuhl¹ <-[e]s, Stühle> [ʃtuːl, *pl:* ˈ ʃtyːlə] *m* chair; **elektrischer ~** electric chair; **auf dem elektrischen ~** in the electric chair; **der Heilige ~** the Holy See ▶ WENDUNGEN: **jdm den ~ vor die Tür setzen** *(fam)* to kick sb out *fam;* **jdn vom ~ hauen** *(sl)* to knock sb sideways [*or* bowl sb over] *fam;* **sich zwischen zwei Stühle setzen** to fall between two stools; **zwischen zwei Stühlen sitzen** to have fallen between two stools

Stuhl² <-[e]s, Stühle> [ʃtuːl, *pl:* ˈʃtyːlə] *m* MED *(geh)* stool *form*

Stuhl·bein *nt* chair leg

Stuhl·gang *m kein pl* MED *(geh)* bowel movement[s];

~ haben to have a bowel movement; **keinen ~ haben** not to have any bowel movements

Stuhl·leh·ne *f* chair back

Stuk·ka·teur(in) <-s, -e> [ʃtʊkaˈtøːɐ] *m(f)* stucco plasterer

Stul·le <-, -n> [ˈʃtʊlə] *f* NORDD piece [*or* slice] of bread and butter; *(belegt)* sandwich

Stul·pe <-, -n> [ˈʃtʊlpə] *f am Ärmel* [wide] cuff; *am Handschuh* cuff, gauntlet; *am Stiefel* [boot] top

stül·pen [ˈʃtʏlpn] *vt* ➊ *(überziehen)* ■ **etw auf etw** *akk*/**über etw** *akk* **~** to put sth on/over sth ➋ *(wenden)* ■ **etw ~** to turn sth [inside] out

Stul·pen·stie·fel *m* top boot

stumm [ʃtʊm] **I.** *adj* ➊ *(nicht sprechen könnend)* dumb; *s. a.* **Diener** *s. a.* **Kreatur** ➋ *(schweigend)* silent; ■ **~ werden** to go silent ➌ LING mute, silent ➍ THEAT non-speaking ▶ WENDUNGEN: **jdn** [**für immer**] **~ machen** *(sl)* to silence sb [for good]; **jdn ~** [**vor etw** *dat*] **machen** to render sb speechless [with sth] **II.** *adv* silently

Stum·me(r) *f(m) dekl wie adj* dumb person, mute *dated*

Stum·mel <-s, -> [ˈʃtʊml] *m Glied* stump; *Bleistift, Kerze* stub

Stumm·film *m* silent film [*or* movie]

Stum·pen <-s, -> [ˈʃtʊmpn] *m* cheroot

Stüm·per(in) <-s, -> [ˈʃtʏmpɐ] *m(f) (pej)* bungler, incompetent

Stüm·pe·rei <-, -en> [ʃtʏmpəˈrai] *f (pej)* ➊ *kein pl (stümperhaftes Vorgehen)* bungling *no pl,* incompetence ➋ *(stümperhafte Leistung)* bungled [*or* botched] job

stüm·per·haft **I.** *adj (pej)* amateurish; **eine ~e Arbeit/Leistung** a botched job/botch-up; **~es Vorgehen** incompetence **II.** *adv* incompetently; **~ vorgehen** to act [*or form* proceed] amateurishly

Stüm·pe·rin <-, -nen> *f fem form von* **Stümper**

stüm·pern [ˈʃtʏmpɐn] *vi (pej)* ■ [**bei etw**] **~** to be incompetent [at sth], to bungle

stumpf [ʃtʊmpf] *adj* ➊ *(nicht scharf)* blunt; ■ **~ werden** to go/become blunt; **eine ~e Nase** a snub nose; **ein Tisch mit ~en Ecken** a table with rounded corners ➋ MATH **ein ~er Winkel** an obtuse angle; **ein ~er Kegel** a truncated cone ➌ *(glanzlos)* dull ➍ *(abgestumpft)* lifeless, impassive, apathetic

Stumpf <-[e]s, Stümpfe> [ʃtʊmpf, *pl:* ˈʃtʏmpfə] *m* stump; ▶ WENDUNGEN: **mit ~ und Stiel** root and branch BRIT; **etw mit ~ und Stiel beseitigen/vernichten** to eliminate/eradicate sth root and branch; **etw mit ~ und Stiel aufessen** to polish off sth *sep,* to eat up every last scrap *sep*

Stumpf·heit *f kein pl* ➊ *(Nichtscharfsein)* bluntness ➋ *(Abgestumpftheit)* apathy, impassiveness

Stumpf·sinn *m kein pl* ➊ *(geistige Trägheit)* apathy ➋ *(Stupidität)* mindlessness, tedium; **eine Tätigkeit voller ~** a mindless [*or* tedious] activity ➌ *(fam: Blödsinn)* nonsense **stumpf·sin·nig** *adj* ➊ *(geistig träge)* apathetic ➋ *(stupide)* mindless, tedious **stumpf·win·ke·lig, stumpf·wink·lig** *adj* MATH obtuse

Stünd·chen <-s, -> [ˈʃtʏntçən] *nt dim von* **Stunde**: **ein ~** an hour or so

Stun·de <-, -n> [ˈʃtʊndə] *f* ➊ *(60 Minuten)* hour; **in den nächsten ~n** in the next few hours; **nur noch eine knappe ~** just under an hour to go; **in der ~ der Not** in sb's hour of need; **die ~ der Wahrheit** the moment of truth; **jds große ~** sb's big moment; **jds letzte ~ ist gekommen** [*o* **hat geschlagen**] sb's hour has come; **in einer schwachen ~** in a moment of weakness; **zu später** [*o geh:* **vorgerückter**] **~** at a late hour; **in einer stillen ~** in a quiet moment; **eine Viertel~** a quarter of an hour; **eine halbe ~** half an hour; **eine Dreiviertel~** three-quarters of an hour;

anderthalb ~n an hour and a half, one and a half hours; **volle ~** on the hour; **die Kirchturmuhr schlägt die vollen ~n** the church clock strikes the hour; **der Zug fährt jede volle ~** the train departs every hour on the hour; **~ um ~, ~n um ~n** [for] hour after hour; **~ um ~ verging** hour after hour went by; **ich wartete ~n um ~n** I waited for hour after hour; **von ~ zu ~** from hour to hour, hourly; **es wird jetzt von ~ zu ~ klarer** it's becoming clearer by the hour; **zu dieser ~** *(geh)* at the present time; **zu jeder ~, jede ~** [at] any time; **die Nachricht kann zu jeder ~ eintreffen** the news may arrive at any time; **die Polizei kann jede ~ hier sein!** the police may be here [at] any moment!; **zu jeder ~ bereit sein** to be ready at a moment's notice; **jede** [o **alle**] [**halbe**] **~** every [half an] hour; **um diese Zeit verkehrt die S-Bahn nur noch alle halbe ~** [o **halben ~n**] at this time of day/night there's only one [S-Bahn] train every half an hour ➋ *kein pl (festgesetzter Zeitpunkt)* time, hour *form;* **jds ~ ist gekommen** sb's hour [or time] has come; **bis zur ~** up to the present moment, as yet ➌ *(Unterrichts~)* lesson, period; **~n geben** to teach; **~n nehmen** to have [or take] lessons ➍ *meist pl (Zeitraum von kurzer Dauer)* times *pl;* **sich nur an die angenehmen ~n erinnern** to remember only the pleasant times ▶ WENDUNGEN: **die ~ Null** zero hour, the new beginning; **die ~ X** the appointed hour; **der ersten ~** original, pioneering; **ein Mann/eine Frau der ersten ~** a prime mover; **jdm schlägt die ~** sb's time is up [or hour has come]; **wissen, was die ~ geschlagen hat** to know what's coming [or how things stand]

stun·den ['ʃtʊndn̩] *vt* ▪ **jdm etw ~** to give sb time to pay sth; **wir sind bereit, Ihnen den Betrag bis zum 1.9./noch weitere sechs Wochen zu ~** we are prepared to give you until Sept.1st/another six weeks to repay the amount

Stun·den·ge·schwin·dig·keit *f* speed per hour; **bei einer ~ von 80 km** at a speed of 80 kph **Stun·den·ho·tel** *nt* sleazy hotel *(where rooms are rented by the hour)* **Stun·den·ki·lo·me·ter** *pl* kilometres [*or* AM -ers] *pl* per hour **stun·den·lang** I. *adj* lasting several hours *pred;* **nach ~em Warten** after hours of waiting; **~e Telefonate** hour-long phone calls, hours on the phone II. *adv* for hours **Stun·den·leis·tung** *f* TECH output per hour **Stun·den·lohn** *m* hourly wage [*or* rate]; **einen ~ bekommen** [*o* **erhalten**] to be paid by the hour **Stun·den·plan** *m* SCH timetable, schedule AM **Stun·den·satz** *m* hourly rate **Stun·den·takt** *m* ▪ **im ~** at hourly intervals

stun·den·wei·se I. *adv* for an hour or two [at a time] II. *adj* for a few hours *pred;* **~ Beschäftigung** part-time job; **„~ Aushilfe im Büro gesucht"** "part-time temp required"

Stun·den·zei·ger *m* hour hand **Stünd·lein** <-s, -> *nt dim von* **Stunde 1:** ▪ **ein ~** an hour or so, a [short] while; **jds letztes ~ hat geschlagen** *(hum fam)* sb's last hour has come **stünd·lich** ['ʃtʏntlɪç] I. *adj* hourly II. *adv* hourly, every hour; **jdn ~ erwarten** to expect sb at any moment **Stun·dung** <-, -en> *f* deferment of payment **Stunk** <-s> [ʃtʊŋk] *m kein pl (fam)* trouble; **es wird ~ geben** there will be trouble; **~ machen** to make [*or* cause] a stink *fam* **Stunt** <-s, -s> [stant] *m* stunt **Stunt·man, -wo·man** <-s, -men> ['stantmɛn, -vʊmən, *pl:* -vɪmɪn] *m, f* stuntman *masc,* stuntwoman *fem* **Stunt·show** ['stantʃoː] *f* stunt show **stu·pend** [ʃtuˈpɛnt, st-] *adj (geh)* amazing **stup·fen** ['ʃtʊpfn̩] *vt bes* SÜDD, SCHWEIZ *(stupsen)* ▪ **jdn ~** to nudge sb; **jdn zur Seite ~** to push sb aside

stu·pid [ʃtuˈpiːt, st-], **stu·pi·de** [ʃtuˈpiːdə, st-] *adj (pej geh)* ➊ *(monoton)* mindless; ▪ **jdm zu ~ sein** to be too boring [*or* monotonous] [for sb] ➋ *(beschränkt)* mindless, moronic; ▪ **etwas S~es** sth mindless [*or* idiotic]

Stups <-es, -e> [ʃtʊps] *m (fam)* nudge **stup·sen** ['ʃtʊpsn̩] *vt (fam)* ▪ **jdn ~** to nudge sb **Stups·na·se** *f* snub [*or* turned-up] nose **stur** [ʃtuːɐ] I. *adj* stubborn, obstinate; **eine ~e Verweigerung** an obdurate refusal II. *adv* ➊ *(ohne abzuweichen)* doggedly; **~ geradeaus gehen** to keep going straight on regardless; **~ nach Vorschrift arbeiten** to work strictly to [the] regulations ➋ *(uneinsichtig)* obstinately; **~ auf seinem Standpunkt beharren** to stick obstinately [*or* doggedly] to one's point of view; **~ weitermachen** to carry on regardless; **sich ~ stellen** *(fam)* to dig one's heels in; *s. a.* **Bock**

Stur·heit <-> *f kein pl* stubbornness, obstinacy **Sturm** <-[e]s, Stürme> [ʃtʊrm, *pl:* ʃtʏrmə] *m* ➊ *(starker Wind)* storm, gale; *s. a.* **Barometer** ➋ FBALL forward line; **im ~ spielen** to play in attack [*or* up front] ➌ *(heftiger Andrang)* ▪ **ein ~ auf etw** *akk* a rush for sth; **ein ~ auf Karten/Plätze/das Flugzeug** a rush for tickets/seats/the plane; **ein ~ auf die Bank** a run on the bank ▶ WENDUNGEN: **der ~ auf die Bastille** the storming of the Bastille; **~ und Drang** LIT Sturm und Drang, Storm and Stress; **die Menschen** [o **die Herzen**] **im ~ erobern** [o **nehmen**] to take people by storm [*or* capture people's hearts]; **gegen etw ~ laufen** to be up in arms against sth; **~ läuten** to lean on the [door]bell; **im ~** MIL by storm

Sturm·ab·tei·lung <-> *f kein pl* POL *(hist)* Storm Troops *pl,* SA **Sturm·bö** *f* squall, [heavy] gust of wind **stür·men** ['ʃtʏrmən] I. *vi impers haben* ➊ *(stürmt* ▪ **es stürmt** a gale is blowing II. *vi* ➊ *haben* SPORT to attack ➋ *sein (rennen)* ▪ **[irgendwohin] ~** to storm somewhere; **aus dem Haus ~** to storm out of the house III. *vt* ➊ *haben* MIL ▪ **etw ~** to storm sth ➋ *(fam: auf etw eindringen)* ▪ **etw ~** to storm sth; **die Bühne ~** to storm the stage

Stür·mer(in) <-s, -> ['ʃtʏrmɐ] *m(f)* forward; FBALL striker **Sturm·flut** *f* storm tide **stür·misch** ['ʃtʏrmɪʃ] I. *adj* ➊ METEO blustery; *(mit Regen)* stormy ➋ *(vom Sturm aufgewühlt)* rough; **~e See** rough sea ➌ *(vehement)* tumultuous; **eine ~e Begrüßung** a tumultuous welcome; **~er Beifall/Jubel** tumultuous [*or* frenzied] applause/cheering; **ein ~er Mensch** an impetuous person; **nicht so ~!** take it easy! ➍ *(leidenschaftlich)* passionate II. *adv* tumultuously; **die Kinder begrüßten ihre Tante ~** the children gave their aunt a tumultuous welcome **Sturm·mö·we** *f* ORN common gull **Sturm·scha·den** *m meist pl* storm damage *no indef art, no pl* **Sturm·schritt** *m* im ~ at the double **Sturm·tau·cher** *m* ORN shearwater **Sturm·tief** *nt* storm front, trough of low pressure **Sturm-und-Drang-Zeit** *f kein pl* LIT Sturm und Drang period, Storm and Stress period **Sturm·vo·gel** *m* ORN fulmar **Sturm·war·nung** *f* gale warning **Sturz**[1] <-es, Stürze> [ʃtʊrts, *pl:* ʃtʏrtsə] *m* ➊ *(Hinfallen)* fall; ▪ **ein ~ aus/von etw** a fall out of/from [or off] sth ➋ *(drastisches Absinken)* [sharp] fall, drop; **ein ~ des Dollars** a slump in [*or* collapse of] the dollar; **ein beträchtlicher ~ der Preise für diesen Artikel** a considerable drop in the price of this article; **ein ~ der Temperaturen um 15° C** a drop in temperature of 15° C ➌ *(erzwungener Rücktritt)* fall, removal; *Regierung, Regime* fall, overthrow, removal from power

Sturz[2] <-es, Stürze> [ʃtʊrts, *pl:* ʃtʏrtsə] *m* ➊ BAU lintel ➋ AUTO *(Achs~)* camber ➌ ÖSTERR, SCHWEIZ, SÜDD *(Käse-*

glocke) cheese cover

Sturz·bach *m* torrent

sturz·be·sof·fen *adj (sl)* pissed as a newt BRIT *sl*, drunk as a skunk *fam*

stür·zen ['ʃtʏrtsn̩] **I.** *vi sein* ① *(plötzlich fallen)* ■ |**irgendwie**| ~ to fall [somehow]; **schwer** ~ to fall heavily; **ich wäre fast gestürzt** I nearly fell [down [*or* over]]; ■ |**aus** [*o* **von**] **etw**| ~ to fall [out of [*or* from] [*or* off] sth]; **vom Dach/Tisch/Fahrrad/Pferd** ~ to fall off the roof/table/bicycle/horse ② POL ■ |**über etw** *akk*| ~ *Regierung* to fall [*or* collapse] [over sth]; *Mensch* to be forced to resign [over sth] ③ *(rennen)* ■ |**irgendwohin** [*o* **irgendwoher**] | ~ to rush [*or* dash] [somewhere]; **wohin ist der denn so eilig gestürzt?** where did he rush [*or* dash] off to in such a hurry?; **ins Zimmer** ~ to burst into the room **II.** *vt haben* ① *(werfen)* ■ |**jdn/sich** |**aus etw/vor etw** *akk*| ~ to throw [*or* hurl] sb/oneself [out of [*or* from] [*or* off] /in front of sth] ② POL *(absetzen)* ■ |**jdn/etw** ~ to bring sb/sth down; *Minister* to make sb resign; *Diktator* to overthrow sb; *Regierung* to topple sb/sth; *(mit Gewalt)* to overthrow sb/sth ③ KOCHK *(aus der Form kippen)* ■ **etw** ~ to turn sth upside down; **den Kuchen** ~ to turn out the cake ④ *(kippen)* ■ **etw** ~ to turn sth upside down [*or* over]; „|**bitte**| **nicht** ~!" "this way [*or* side] up!" **III.** *vr* ① *(sich werfen)* ■ **sich** [**auf jdn**| ~ to pounce [on sb]; ■ **sich** [**auf etw** *akk*| ~ to fall on sth; **die Gäste stürzten sich aufs kalte Büfett** the guests fell on the cold buffet ② *(sich mit etw belasten)* ■ **sich** |**in etw**| ~ *akk* to plunge into sth; **sich in Schulden** ~ to plunge into debt; **sich in solche Unkosten** ~ to go to such expense; *s. a.* **Unglück** *s. a.* **Verderben** *s. a.* **Vergnügen**

Sturz·flug *m* LUFT nosedive; ORN steep dive; **im** ~ in a nosedive/steep dive **Sturz·helm** *m* crash helmet

Stürz·pud·ding *m* nap pudding

Sturz·see *f* NAUT breaker, breaking [*or* heavy] sea

StussRR <-es> [ʃtʊs] *m kein pl*, **Stuß**ALT <-sses> *m kein pl (fam)* rubbish *fam*, twaddle *fam*, garbage AM, codswallop BRIT, AUS *sl*

Stu·te <-, -n> ['ʃtuːtə] *f* mare

Stutt·gart <-s> ['ʃtʊtɡart] *nt* Stuttgart

Stüt·ze <-, -n> ['ʃtʏtsə] *f* ① *(Stützpfeiler)* support [pillar], strut, prop ② *(Halt)* support, prop ③ *(Unterstützung)* support; **sie war ihm nach dem Tod seiner Eltern eine große** ~ she was a great support [to him] following the death of his parents ④ *(sl: finanzielle Hilfe vom Staat)* dole BRIT *fam*, welfare *esp* AM; **von der** ~ **leben** to live on the dole [*or* on welfare]

stut·zen[1] ['ʃtʊtsn̩] *vi* to hesitate [*or* pause], to stop short

stut·zen[2] ['ʃtʊtsn̩] *vt* ① HORT ■ **etw** ~ to prune [*or* trim] sth ② ZOOL ■ |**einem Tier**| **etw** ~ to clip [an animal's] sth; **die Ohren** ~ to clip the ears; **gestutzte Flügel** clipped wings; **einem Hund den Schwanz** ~ to dock a dog's tail ③ *(kürzen)* ■ **jdm/sich** |**etw**| ~ to trim sb's/one's sth; **sich den Bart vom Friseur** ~ **lassen** to get the hairdresser [*or* AM barber] to trim one's beard

Stut·zen <-s, -> ['ʃtʊtsn̩] *m* ① *(Gewehr)* carbine ② *(Rohrstück)* short piece of connecting pipe; *Zapfsäule* nozzle ③ SPORT stirrup sock

stüt·zen ['ʃtʏtsn̩] **I.** *vt* ① *(Halt geben)* ■ **jdn/etw** ~ to support sb/sth ② BAU ■ **etw** ~ to support sth, to prop sth up ③ *(aufstützen)* ■ **etw** |**auf etw**| ~ *akk* to rest sth [on sth]; **die Ellbogen auf den Tisch** ~ to rest [*or* prop] one's elbows on the table; **das Kinn in die Hand** ~ to cup one's chin in one's hand; **den Kopf auf die Hände** ~ to hold one's head in one's hands; **den Kopf auf die Hände gestützt** head in hands ④ *(gründen)* ■ **etw** |**auf etw** *akk*| ~ to base sth [on sth] ⑤ *(untermauern)* ■ **etw** ~ to back sth up; **eine Theorie/Beweise** ~ to support the theory/evidence ⑥ *(verstärken)* ■ **etw** ~ to increase sth; **jds Motiva-**

tion/Vertrauen ~ to increase sb's motivation/reinforce sb's trust ⑦ FIN ■ **etw** ~ to support sth **II.** *vr* ① *(sich aufstützen)* ■ **sich** |**auf jdn/etw**| ~ to lean [*or* support oneself] [on sb/sth] ② *(basieren)* ■ **sich** |**auf etw**| ~ *akk* to be based on sth; **sich auf Tatsachen/Indizien** ~ to be based on facts/circumstantial evidence

stut·zig ['ʃtʊtsɪç] *adj* **jdn** ~ **machen** to make sb suspicious; ~ **werden** to get suspicious, to begin to wonder

Stütz·kurs *m* special course for weaker pupils **Stütz·mau·er** *f* retaining wall **Stütz·pfei·ler** *m* supporting pillar; *(eines Staudamms)* buttress; *(einer Brücke)* pier **Stütz·punkt** *m* ① MIL base ② ÖKON *[service]* centre [*or* AM -er], dealer **Stütz·ver·band** *m* support bandage

StVO |ɛsteːfaʊˈʔoː] *Abk von* **Straßenverkehrsordnung**

sty·len ['staɪlən] *vt* ■ **etw** ~ to design sth; *Haar* to style **Sty·ling** <-s> ['staɪlɪŋ] *nt kein pl* styling

Sty·ro·por® <-s> [ʃtyroˈpoːɐ̯] *nt kein pl* polystyrene

s.u. *Abk von* **siehe unten**

Su·a·he·li [zu̯aˈheːli] *nt dekl wie adj* Swahili; *s. a.* **Deutsch**

sub·al·tern [zʊpʔalˈtɛrn] *adj (pej geh)* ① *(untergeordnet)* subordinate ② *(devot)* obsequious

Sub·do·mi·nan·te [zʊpdomiˈnantə] *f* MUS subdominant; *(Dreiklang)* subdominant chord

Sub·jekt <-[e]s, -e> [zʊpˈjɛkt] *nt* ① LING subject ② *(pej: übler Mensch)* creature; **ein übles** ~ a nasty character [*or* customer] *fam*

sub·jek·tiv [zʊpjɛkˈtiːf, 'zʊp-] *adj* subjective **Sub·jek·ti·vi·tät** <-> [zʊpjɛktiviˈtɛːt] *f kein pl (geh)* subjectivity *no pl*

Sub·kon·ti·nent [zʊpkɔntinɛnt] *m* subcontinent; **der Indische** ~ the Indian subcontinent

Sub·kul·tur ['zʊpkʊltuːɐ̯] *f* subculture

sub·ku·tan [zʊpkuˈtaːn] *adj* MED subcutaneous

Sub·netz *nt* subnetwork

Sub·skri·bent(in) <-en, -en> [zʊpskriˈbɛnt] *m(f)* subscriber

sub·skri·bie·ren* [zʊpskriˈbiːrən] *vt* ■ **etw** ~ to subscribe to sth

Sub·skrip·ti·on <-, -en> [zʊpskrɪpˈtsi̯oːn] *f* subscription; **bei** ~ **der Enzyklopädie** by subscribing to the encyclopaedia

Sub·skrip·ti·ons·preis *m* subscription price

Sub·stan·tiv <-s, -e *o* *(selten)* -a> ['zʊpstanti:f] *nt* noun, substantive *rare*

Sub·stanz <-, -en> [zʊpˈstants] *f* ① *(Material)* substance ② *kein pl (geh: Essenz)* essence; |**jdm**| **an die** ~ **gehen** *(fam)* to take it out of sb ③ FIN capital; **von der** ~ **leben** to live on [*or* off] one's capital [*or* assets]

sub·stanz·los *adj* insubstantial

sub·stanz·reich *adj* solid

sub·sti·tu·ie·ren* [zʊpstituˈiːrən] *vt (geh)* ■ **etw** |**durch etw**| ~ to substitute sth for sth, to replace sth with sth; **er substituierte das Buch durch eine Zeitschrift** he substituted a magazine for the book, he replaced the book with a magazine

Sub·strat <-[e]s, -e> [zʊpˈstraːt] *nt* substratum

sub·til [zʊpˈtiːl] *adj (geh)* subtle

Sub·ti·li·tät <-, -en> [zʊptiliˈtɛːt] *f* subtlety

Sub·tra·hend <-en, -en> [zʊptraˈhɛnt, *pl:* -ˈɛndn̩] *m* MATH subtrahend

sub·tra·hie·ren* [zʊptraˈhiːrən] **I.** *vt* ■ **etw** |**von etw**| ~ to subtract sth [from sth] **II.** *vi* to subtract

Sub·trak·ti·on <-, -en> [zʊptrakˈtsi̯oːn] *f* subtraction **Sub·trak·ti·ons·zei·chen** *nt* subtraction sign

Sub·tro·pen ['zʊptroːpn̩] *pl* ■ **die** ~ the subtropics *pl* **sub·tro·pisch** [zʊptroːpɪʃ] *adj* subtropical

Sub·un·ter·neh·men *nt* subcontractor

Sub·un·ter·neh·mer(in) <-s, -> ['zʊpʔʊntəne:mə] *m(f)* subcontractor

Sub·ven·ti·on <-, -en> [zʊpvɛn'tsi̯oːn] *f* subsidy

sub·ven·ti·o·nie·ren [zʊpvɛntsi̯o'niːrən] *vt* ■ etw ~ to subsidize sth

Sub·ven·ti·o·nie·rung <-, -en> *f* ÖKON subsidization

sub·ver·siv [zʊpvɛr'ziːf] **I.** *adj (geh)* subversive **II.** *adv (geh)* subversively; **sich ~ betätigen** to engage in subversive activities

Sub·woo·fer <-s, -> ['zapvuːfə] *m* MUSIK, TECH subwoofer

Suc·ca·nat [zʊka'naːt] *m* raw cane sugar

Such·ak·ti·on *f* organized search **Such·be·griff** *m* target word; INFORM search key [*or* word] **Such·dienst** *m* missing persons tracing service

Su·che <-, -n> ['zuːxə] *f* search; **trotz intensiver ~** despite an intensive search; ■ **die ~ nach jdm/etw** the search for sb/sth; **auf die ~** [nach jdm/etw] **gehen, sich auf die ~** [nach jdm/etw] **machen** to go in search [of sb/sth], to start looking [for sb/sth]; **auf der ~** [nach jdm/etw] **sein** to be looking [for sb/sth]

su·chen ['zʊxn̩] **I.** *vt* ❶ *(zu finden versuchen)* ■ **jdn/ etw ~** to look for sb/sth; *(intensiver, von Computer a.)* to search for sb/sth; ■ **sich jdn/etw ~** to look for sb/sth; **irgendwo nichts zu ~ haben** to have no business to be somewhere; **du hast hier nichts zu ~!** you have no right [*or* business] to be here! ❷ *(nach etw trachten)* ■ **etw ~** to seek sth; **den Nervenkitzel ~** to be looking for thrills ▸ WENDUNGEN: **etw sucht ihresgleichen/seinesgleichen** *(geh)* sth is unparalleled [*or* unequalled] [*or* AM unequaled] **II.** *vi* [**nach jdm/etw**] **~** to search [*or* be looking] [for sb/sth]; **such!** seek!, find!

Su·cher <-s, -> *m* viewfinder

Such·mann·schaft *f* search party **Such·me·tho·de** *f* INFORM search method **Such·schein·wer·fer** *m* searchlight

Sucht <-, Süchte> [zʊxt, *pl:* 'zʏçtə] *f* ❶ *(krankhafte Abhängigkeit)* addiction; ■ **erzeugend** addictive ❷ *(unwiderstehliches Verlangen)* obsession; ■ **die/ jds ~ nach etw** the/sb's craving for sth; **eine ~ nach Süßem** a craving for sweet things; **eine/jds ~, etw zu tun** an/sb's obsession with doing sth; **im Lotto zu spielen kann manchmal eine ~ sein** playing the lottery can sometimes be obsessive [*or* an obsession]

Sucht·be·auf·trag·te(r) *f(m) dekl wie adj* addiction counsellor [*or* AM counselor] **Sucht·be·ra·ter(in)** *m(f)* addiction counsellor **Sucht·for·scher(in)** *m(f)* researcher on addiction

süch·tig ['zʏçtɪç] *adj* ❶ MED *(abhängig)* addicted *pred;* **~e Menschen** addicts; ■ **~ sein/werden** to be/ become [*or* get] addicted; **von einem Joint wird man nicht ~** one joint won't make you an addict; **~ machen** to be addictive ❷ *(begierig)* ■ [**nach etw**] **~ sein** to be hooked [on sth]; **~ nach Anerkennung sein** to be desperate for acceptance [*or* recognition]

Süch·ti·ge(r) *f(m) dekl wie adj* addict

Sucht·kran·ke(r) <-n, -n> *f(m) dekl wie adj* addict

Sud <-[e]s, -e> [zuːt] *m* ❶ KOCHK stock ❷ PHARM decoction

Süd <-[e]s, -e> [zyːt] *m* ❶ *kein pl, kein art bes* NAUT south; *s. a.* **Nord 1** ❷ *pl selten* NAUT *(Südwind)* south wind

Süd·afri·ka ['zyːt'ʔaːfrika] *nt* South Africa **Süd·afri·ka·ner(in)** *m(f)* South African **süd·afri·ka·nisch** ['zyːt'ʔafri'kaːnɪʃ] *adj* South African **Süd·ame·ri·ka** ['zyːt'ʔa'meːrika] *nt* South America **Süd·ame·ri·ka·ner(in)** *m(f)* South American **süd·ame·ri·ka·nisch** *adj* South American

Su·dan <-s> [zu'daːn] *m* [the] Sudan

Su·da·ner(in) <-s, -> [zu'daːnɐ] *m(f),* **Su·da·ne·se, Su·da·ne·sin** <-n, -n> [zuda'neːzə, zuda'neːzɪn] *m(f)* Sudanese

su·da·ne·sisch [zuda'neːzɪʃ] *adj* Sudanese

Süd·chi·ne·si·sches Meer *nt* South China Sea **süd·deutsch** ['zyːtdɔytʃ] *adj* South German **Süd·deutsch·land** ['zyːtdɔytʃlant] *nt* South[ern] Germany

su·deln ['zuːdl̩n] *vi* ❶ *(mit Matsch usw. schmieren)* ■ **[mit etw] ~** to make a mess, to mess about with sth; **mit Farbe ~** to daub with paint ❷ *(nachlässig schreiben)* ■ **[irgendwohin] ~** to scribble [somewhere]

Sü·den <-s> ['zyːdn̩] *m kein pl, kein indef art* ❶ *(Himmelsrichtung)* south; *s. a.* **Norden 1** ❷ *(südliche Gegend)* south; **gen ~ ziehen** to fly [*or* migrate] south; *s. a.* **Norden 2**

Süd·eng·land *nt* southern England, the south of England

Su·de·ten [zu'deːtn̩] *pl* ■ **die ~** the Sudeten Mountains [*or* Highlands] *npl*

Su·de·ten·deut·sche(r) *f(m)* German from the Sudetenland **Su·de·ten·land** *nt kein pl* ■ **das ~** the Sudetenland

Süd·frank·reich *nt* southern France, the south of France **Süd·frucht** *f meist pl* [sub]tropical fruit **Süd·halb·ku·gel** *f* southern hemisphere **Süd·hang** *m* southern slope **Süd·ita·li·en** ['zyːt?i'taːli̯ən] *nt* southern Italy, the south of Italy **Süd·je·men** *nt* South Yemen **Süd·ko·rea** ['zyːtko'reːa] *nt,* **Süd-Ko·rea** *nt (fam)* South Korea; *s. a.* **Deutschland** **Süd·ko·re·a·ner(in)** *m(f)* South Korean; *s. a.* **Deutsche(r)** **süd·ko·re·a·nisch** *adj* South Korean; *s. a.* **deutsch 1, 2** **Süd·küs·te** *f* south[ern] coast **Süd·la·ge** *f* southern aspect; **Grundstücke in ~** plots with a southern aspect **Süd·län·der(in)** <-s, -> ['zyːtlɛndɐ] *m(f)* Southern European; **sie bevorzugt ~** she prefers Mediterranean types; ■ **~ sein: mein Mann ist ~** my husband comes from southern Europe **süd·län·disch** *adj* Southern European; **ein ~es Temperament** a Latin temperament

süd·lich ['zyːtlɪç] **I.** *adj* ❶ *(in ~er Himmelsrichtung befindlich)* southern; *s. a.* **nördlich I. 1** ❷ *(im Süden liegend)* southern; *s. a.* **nördlich I. 2** ❸ *(von/nach Süden)* southwards, southerly; *s. a.* **nördlich I. 3** ❹ *(für den Süden charakteristisch)* southern **II.** *adv* ■ **~ von etw** [to the] south of sth **III.** *präp +gen* [to the] south of sth

Süd·licht *nt (Polarlicht)* southern lights *pl,* aurora australis *sing* **Süd·os·ten** [zyːt'ʔɔstn̩] *m kein pl, kein indef art* ❶ *(Himmelsrichtung)* south east; *s. a.* **Norden 1** ❷ *(südöstliche Gegend)* south-east; *s. a.* **Norden 2** **Süd·ost·eu·ro·pa** *nt* South-East[ern] Europe

süd·öst·lich [zyːt'ʔœstlɪç] **I.** *adj* ❶ *(im Südosten gelegen)* south-eastern; *s. a.* **nördlich 2** ❷ *(von/nach Südosten)* south-eastwards, south-easterly; *s. a.* **nördlich 3** **II.** *adv* ■ **~ [von etw]** [to the] southeast [of sth] **III.** *präp +gen* [to the] southeast of sth; *s. a.* **nördlich III.** **Süd·pol** ['zyːtpoːl] *m* ■ **der ~** the South Pole **Süd·see** ['zyːtzeː] *f kein pl* ■ **die ~** the South Seas *pl,* the South Pacific **Süd·sei·te** *f* south[ern] side **Süd·ti·rol** ['zyːttiroːl] *nt* South Tyrol; *s. a.* **Deutschland** **Süd·ti·ro·ler(in)** ['zyːttiroːlɐ] *m(f)* South Tyrolean; *s. a.* **Deutsche(r)** **Süd·vi·et·nam** *nt* South Vietnam; *s. a.* **Deutschland** **Süd·vi·et·na·me·se, -vi·et·na·me·sin** *m, f* South Vietnamese; *s. a.* **Deutsche(r)** **süd·vi·et·na·me·sisch** *adv* South Vietnamese; *s. a.* **deutsch 1, 2**

süd·wärts ['zyːtvɛrts] *adv* southwards; **~ blicken/fahren** to look/drive south; **der Wind dreht ~** the wind is moving round to the south

Süd·wein *m* southern wine

Süd·wes·ten [zyːt'vɛstn̩] *m kein pl, kein indef art* ❶ *(Himmelsrichtung)* south-west; ■ **nach** [*o geh:* **gen**] **~** to[wards] the south-west, south-westwards; *s. a.* **Norden 1** ❷ *(südwestliche Gegend)* south-west;

s. a. **Norden 2**

Süd·wes·ter <-s, -> [zyːtˈvɛstɐ] m souˈwester BRIT

süd·west·lich [zyːtˈvɛstlɪç] **I.** adj ❶ (in ~er Himmelsrichtung befindlich) south-western ❷ (im Südwesten liegend) south-western; s. a. **nördlich 2** ❸ (von/nach Südwesten) south-westwards, south-westerly; s. a. **nördlich 3 II.** adv [to the] south-west; ▪ ~ **von etw** [to the] south-west of sth **III.** präp +gen; ▪ ~ **einer S.** south-west of sth; s. a. **nördlich III.**

Süd·west·rund·funk m RADIO radio broadcasting corporation in South-West Germany

Süd·wind m south wind

Su·es·ka·nal [ˈzuːɛskanaːl] m ▪ **der** ~ the Suez Canal

Suff <-[e]s> [zʊf] m kein pl (fam) boozing fam no pl, no indef art; **dem ~ verfallen** to hit the bottle; **zum ~ finden** to hit the bottle fam; **im ~** while under the influence; **das kann ich nur im ~ gesagt haben** I can only have said that when I was under the influence [or fam plastered]

süf·feln [ˈzʏfl̩n] vt (fam) ▪ **etw** ~ to sip on sth

süf·fig [ˈzʏfɪç] adj very drinkable; **~er sein als …** to be easier to drink than …; **zu gegrilltem Fleisch eignen sich ~e Weine besser** light wines are a better accompaniment to grilled meat

süf·fi·sant [zʏfiˈzant] adj (geh) smug

Suf·fix <-es, -e> [zʊˈfɪks, ˈzʊ-] nt suffix

sug·ge·rie·ren* [zʊɡeˈriːrən] vt (geh) ▪ **[jdm] etw** ~ to suggest sth [to sb], to put sth into sb's mind

Sug·ges·ti·on <-, -en> [zʊɡɛsˈti̯oːn] f kein pl (geh) suggestion

sug·ges·tiv [zʊɡɛsˈtiːf] adj (geh) suggestive

Sug·ges·tiv·fra·ge f (geh) leading question

suh·len [ˈzuːlən] vr ❶ (geh: sich ergehen) ▪ **sich** akk **[in etw** dat**]** ~ to revel [or wallow] [in sth] ❷ ZOOL (sich wälzen) ▪ **sich** akk **[in etw** dat**]** ~ to wallow [in sth]

Süh·ne <-, -n> [ˈzyːnə] f (geh) atonement form, expiation form

süh·nen [ˈzyːnən] vt (geh) ▪ **etw [durch [o mit] etw]** ~ to atone for sth [with sth] form

Sui·te <-, -n> [ˈsviːtə, zuˈiːtə] f ❶ (Zimmerflucht) suite ❷ MUS suite

Su·i·zid <-[e]s, -e> [zuiˈtsiːt] m (geh) suicide

Su·i·zid·ge·fahr f kein pl PSYCH suicidal tendency

Su·jet <-s, -s> [zyˈʒeː] nt (geh) subject

Suk·ku·lent <-en, -en> [zʊkuˈlɛnt] m BOT succulent [plant]

Sul·fat <-[e]s, -e> [zʊlˈfaːt] nt sulphate BRIT, sulfate AM

Sul·fid <-[e]s, -e> [zʊlˈfiːt] nt sulphide BRIT, sulfide AM

Sul·fit <-s, -e> [zʊlˈfiːt] nt sulphite BRIT, sulfite AM

Sul·fon·a·mid <-[e]s, -e> [zʊlfonaˈmiːt] nt PHARM sulphonamide BRIT, sulfanomide AM

Sul·tan, Sul·ta·nin <-s, -e> [ˈzʊltaːn, zʊlˈtaːnɪn] m, f sultan masc, sultana fem

Sul·ta·nat <-[e]s, -e> [zʊltaˈnaːt] nt sultanate

Sul·ta·nin <-, -nen> f fem form von **Sultan**

Sul·ta·ni·ne <-, -n> [zʊltaˈniːnə] f sultana

Sül·ze <-, -n> [ˈzʏltsə] f ❶ (Fleisch) brawn; (Fisch) diced fish in aspic ❷ (Aspik) aspic

sül·zen [ˈzʏltsn̩] **I.** vi (fam) ▪ **[über etw** akk**]** ~ to rabbit [or AM ramble] on [about sth] fam **II.** vt (fam) ▪ **etw** ~ to spout sth fam; **den absoluten Blödsinn ~** to spout absolute nonsense; **was sülzt der da?** what's he blathering [or spouting] on about?

sum·ma cum lau·de [ˈzʊma kʊm ˈlaʊdə] adv SCH summa cum laude (with the utmost distinction)

Sum·mand <-en, -en> [zʊˈmant] m MATH summand

sum·ma·risch [zʊˈmaːrɪʃ] **I.** adj summary; **eine ~e Zusammenfassung** a brief summary **II.** adv summarily; **etw ~ darstellen** [o **zusammenfassen**] to summarize sth

sum·ma sum·ma·rum [ˈzʊma zʊˈmaːrʊm] adv altogether, in all

Summ·chen <-s> [ˈzʏmçən] nt dim von **Summe 2:** **ein hübsches** [o **nettes**] ~ (hum fam) a tidy little sum fam

Sum·me <-, -n> [ˈzʊmə] f ❶ (Additionsergebnis) sum, total ❷ (Betrag) sum, amount ❸ (geh: Gesamtheit) sum total

sum·men [ˈzʊmən] **I.** vi ❶ MUS to hum ❷ (leise surren) Biene to buzz [or hum]; Motor to hum **II.** vi impers ▪ **es summt** there's a buzzing/hum[ming] **III.** vt ▪ **etw** ~ to hum sth

Sum·men·for·mel f CHEM molecular formula

sum·mie·ren* [zʊˈmiːrən] **I.** vt ▪ **etw** ~ ❶ (zusammenfassen) to summarize sth, to sum up sth sep ❷ (addieren) to add sth up **II.** vr ▪ **sich [auf etw** akk**]** ~ to mount up [or amount] to sth

Su·mo·rin·ger(in) m/f(m) sumo [wrestler]

Sumpf <-[e]s, Sümpfe> [zʊmpf, pl: ˈzʏmpfə] m ❶ (Morast) marsh, bog; (in den Tropen) swamp ❷ (Abgrund übler Zustände) quagmire

Sumpf·blü·te f (fam) low life **Sumpf·bo·den** m marshy ground, bog **Sumpf·dot·ter·blu·me** f marsh marigold

sump·fig [ˈzʊmpfɪç] adj marshy, boggy; (in den Tropen) swampy

Sumpf·kuh f (sl) slob fam pej **Sumpf·land** nt kein pl marsh[land]; (in den Tropen) swamp[land] **Sumpfmei·se** f ORN marsh tit **Sumpf·ohr·eu·le** f ORN short-eared owl **Sumpf·ot·ter** m mink **Sumpf·pflan·ze** f marsh plant **Sumpf·vo·gel** m marshbird, wader

Sund <-[e]s, -e> [zʊnt] m GEOG sound

Sün·de <-, -n> [ˈzʏndə] f ❶ REL sin; **eine ~ begehen** to commit a sin, to sin ❷ (Missgriff) error of judgement, mistake; **es ist eine ~ und Schande** (fam) it's a crying shame; **es ist eine ~** (fam) it's sinful [or a sin] fam

Sün·den·bock m (fam) scapegoat; **jdn zum ~ [für etw] machen** to make sb the scapegoat [for sth] **Sünden·fall** m kein pl REL ▪ **der** ~ the Fall [of Man] **Sünden·re·gis·ter** nt ▪ **jds** ~ sb's list of sins [or catalogue [or AM catalog] of misdeeds]

Sün·der(in) <-s, -> m/f(m) REL sinner

sünd·haft [ˈzʏnthaft] adj ❶ (exorbitant hoch) outrageous ❷ REL sinful; s. a. **teuer**

sün·dig [ˈzʏndɪç] adj ❶ REL sinful; **▪ ~ werden** to sin ❷ (lasterhaft) dissolute, salacious, wanton; z. a. **Meile**

sün·di·gen [ˈzʏndɪɡn̩] vi ❶ REL to sin; **in Gedanken ~** to have sinful thoughts; **mit Worten/Taten ~** to say/do sinful things ❷ (hum fam) to transgress hum

sünd·teu·er [ˈzʏntˈtɔɐ] adj ÖSTERR (fam) extremely [or fam wickedly] expensive

su·per [ˈzuːpɐ] **I.** adj inv (fam) super fam, great fam **II.** adv (fam) great fam; **sie kann [wirklich] ~ singen/tanzen** she's a [really] great singer/dancer; **dieser Wagen fährt sich ~/~ leicht** this car is great to drive/handles really easily

Su·per <-s> [ˈzuːpɐ] nt kein pl AUTO four-star BRIT, premium AM

Su·per-8-Film [zuːpɐˈʔaxt-] m super-8-film

Su·per·au·to nt (fam) great car fam **Su·per·chip** m superchip **Su·per·com·pu·ter** m supercomputer **super·ein·fach** adj (fam) dead easy [or simple] BRIT fam, super easy AM fam **su·per·geil** adj (fam) dead good, [dead] wicked BRIT fam, dead cool AM fam **su·per·gut** adj (fam) dead good BRIT fam

Su·pe·ri·or, Su·pe·ri·o·rin [zupeˈri̯oːɐ, zupeˈri̯oːrɪn] m, f REL [Father/Mother] Superior

su·per·klug adj (iron fam) brilliant iron, smartalec[k] iron; **du hältst dich wohl für ~** you think you're brilliant, don't you?

Su·per·la·tiv <-[e]s, -e> [ˈzuːpɐlatiːf] m superlative

su·per·leicht [ˈzuːpɐlaɪçt] adj (fam) dead easy BRIT fam,

super easy AM **Su·per·macht** *f* superpower **Su·per·mann** *m (fam)* ❶ *kein pl (Comicfigur)* Superman *no pl* ❷ *(Mann)* superman **Su·per·markt** [ˈzuːpɐmarkt] *m* supermarket **Su·per·qua·li·tät** *f (fam)* brilliant quality *fam;* **der neue Fernseher hat eine ~** the new TV is a real humdinger *fam* **Su·per·re·stau·rant** *nt (fam)* super *[or* BRIT brilliant] restaurant *fam* **Su·per·star** *m* superstar **su·per·stark** *adj (fam)* really great *fam* **Su·per·weib** *nt (iron)* superwoman **Su·per·wein** *m (fam)* top-quality *[or* excellent] wine **Sup·pe** <-, -n> [ˈzʊpə] *f* ❶ KOCHK soup; **klare ~** consommé ❷ *(fam: Nebel)* pea-souper BRIT *fam,* pea soup AM *fam* ▸ WENDUNGEN: **die ~ auslöffeln müssen** *(fam)* to have to face the music *fam;* **jetzt musst du die ~, die du dir eingebrockt hast, schon selbst auslöffeln** you've made your [own] bed, [and] now you must lie on it *prov;* **jdm die ~ versalzen** *(fam)* to put a spoke in sb's wheel *fam,* to screw up sb's plans AM, to queer sb's pitch BRIT *fam; s. a.* **Haar**
Sup·pen·ein·la·ge *f* solid ingredients added to a soup **Sup·pen·fleisch** *nt* meat for making soup/stews **Sup·pen·ge·mü·se** *nt* vegetables for making soup **Sup·pen·ge·würz** *nt* soup seasoning *(herbs for flavouring stock)* **Sup·pen·grün** *nt* herbs and vegetables for making soup **Sup·pen·huhn** *nt* boiling chicken *[or* fowl] **Sup·pen·kel·le** *f* soup ladle **Sup·pen·kü·che** *f (veraltend)* soup kitchen; ▸ WENDUNGEN: **das ist ja die reinste ~** it's a pea-souper *[or* AM like pea soup] out there **Sup·pen·nu·del** *f meist pl* soup noodles *pl* **Sup·pen·schüs·sel** *f* soup tureen **Sup·pen·tel·ler** *m* soup plate **Sup·pen·ter·ri·ne** *f* KOCHK ❶ *(Terrine)* soup tureen ❷ *(Suppen-, Eintopfgericht)* soup **Sup·pen·wür·fel** *m* stock cube
Sup·ple·ment·band <-bände> [zʊpleˈmɛnt-] *m* supplement[ary volume]
Sup·po·si·to·ri·um <-s, -torien> [zʊˈpoziˈtoːriʊm, *pl:* -ˈtoːriən] *nt* MED *(geh)* suppository
Su·pra·lei·ter [ˈzuːpraˈlaitɐ] *m* PHYS superconductor
su·pra·na·ti·o·nal [zupranatsioˈnaːl] *adj inv* supranational
Su·re <-, -n> [ˈzuːrə] *f* REL sura
Surf·brett [ˈzœːɐf-] *nt* ❶ *(zum Windsurfen)* windsurfer ❷ *(zum Wellensurfen)* surfboard
sur·fen [ˈzœːɐfn̩] *vi* ❶ *(windsurfen)* to windsurf ❷ *(wellensurfen)* to surf ❸ *(in Datennetzen)* to surf; **im Internet ~** to surf *[or* browse] the Internet
Sur·fer(in) <-s, -> *m(f)* ❶ *(Windsurfer)* windsurfer ❷ *(Wellensurfer)* surfer ❸ INET Internet surfer
Sur·fing <-s, -s> [ˈzœːɐfɪŋ] *nt kein pl* ❶ *(Windsurfen)* windsurfing ❷ *(Wellensurfen)* surfing
Su·ri·na·me <-s> [zuriˈnaːmə] *nt* Surinam[e]; *s. a.* **Deutschland**
Su·ri·na·mer(in) <-s, -> *m(f)* Surinamese, Surinamer; *s. a.* **Deutsche(r)**
su·ri·na·misch *adj* Surinamese; *s. a.* **deutsch**
Sur·re·a·lis·mus <-> [zʊreaˈlɪsmʊs, zyr-] *m kein pl* ▪ **der ~** surrealism
sur·re·a·lis·tisch [zʊreaˈlɪstɪʃ, zyr-] *adj* **ein ~er Autor/Maler** a surrealist writer/painter; **ein ~er Film/~es Buch** a surrealistic film/book
sur·ren [ˈzʊrən] *vi* ❶ *haben (leise brummen)* Insekt to buzz *[or* hum]; *Motor, Hochspannungsleitung* to hum; *Kamera, Ventilator* to whirr ❷ *sein (sich ~d bewegen)* ▪ **[irgendwohin] ~** to buzz/hum [somewhere]
Sur·ro·gat <-[e]s, -e> [zʊroˈgaːt] *nt* surrogate
Su·shi <-s, -s> [ˈzuːʃi] *nt* KOCHK sushi
su·spekt [zʊsˈpɛkt] *adj (geh)* suspicious; ▪ **jdm ~ sein** to look suspicious to sb
sus·pen·die·ren* [zʊspɛnˈdiːrən] *vt* ❶ *(vorübergehend des Amtes entheben)* ▪ **jdn [von etw] ~** to suspend sb [from sth] ❷ *(geh: von der Pflicht zur Teilnahme*

befreien) ▪ **jdn [von etw] ~** to excuse *[or* exempt] sb [from sth]
Sus·pen·si·on <-, -en> [zʊspɛnˈzjoːn] *f* PHARM suspension
süß [zyːs] **I.** *adj* sweet **II.** *adv* ❶ *(mit Zucker zubereitet)* with sugar; **ich esse nicht gern ~** I don't like *[or* I'm not fond of] sweet things; **ich trinke meinen Kaffee nie ~** I never take sugar in coffee; **sie bereitet ihre Kuchen immer viel zu ~ zu** she always makes her cakes far *[or* much] too sweet ❷ *(lieblich)* sweetly; **~ duften** to give off a sweet scent
Sü·ße <-> [ˈzyːsə] *f* ❶ *kein pl (geh: süßer Geschmack)* sweetness *no pl* ❷ *(Süßstoff)* sweetener
Sü·ße(r) *f(m) dekl wie adj* sweetie *fam,* poppet BRIT *fam;* **[mein] ~r/[meine] ~** *(fam)* my sweet *fam,* sweetheart *[or fam* sweetie]
sü·ßen [ˈzyːsn̩] **I.** *vt* ▪ **etw [mit etw] ~** to sweeten sth [with sth]; **Joghurt und Müsli süße ich nicht noch extra** I don't add [any] sugar to yoghurt or muesli **II.** *vi* ▪ **[mit etw] ~** to sweeten things [with sth]; **ich bin Diabetikerin, ich darf nur mit künstlichem Süßstoff ~** I am a diabetic, I am only allowed to use artificial sweeteners
Süß·holz *nt kein pl* liquorice *[or* AM licorice] [root]; ▸ WENDUNGEN: ▪ **~ raspeln** *(fam)* to be full of sweet talk, to be honey-tongued
Sü·ßig·keit <-, -en> [ˈzyːsɪçkait] *f* ❶ *meist pl (etw Süßes zum Essen)* sweet, candy AM ❷ *pl rare* sweetness
Süß·kar·tof·fel *f* sweet potato, yam AM **Süß·kir·sche** *f* sweet cherry
süß·lich *adj* ❶ *(unangenehm süß)* sickly sweet; **~es Parfüm** cloying perfume *[or* scent] ❷ *(übertrieben liebenswürdig)* terribly sweet; **~es Lächeln** sugary smile; **~e Miene** ingratiating *[or* BRIT smarmy] expression; **~er Tonfall** ingratiating *[or* BRIT wheedling] tone of voice; **~e Worte** honeyed words
süß·sau·er [ˈzyːsˈzauɐ] **I.** *adj* ❶ KOCHK sweet-and-sour; **Schweinefleisch ~** sweet-and-sour pork ❷ *(fig)* artificially friendly; **süßsaures Lächeln** forced smile; **ein süßsaures Gesicht machen** to make *[or* BRIT pull] a wry face **II.** *adv* ❶ KOCHK in a sweet-and-sour sauce ❷ *(fig)* ▪ **~ lächeln** to smile wryly **Süß·spei·se** *f* sweet, dessert **Süß·stoff** *m* sweetener **Süß·wa·ren·ge·schäft** *nt* confectionery *[or* chocolate] *[or* BRIT *fam* sweetie] shop
Süß·was·ser *nt* fresh water
Süß·was·ser·fisch *m* freshwater fish
SW [ɛsˈveː] *Abk von* **Südwesten**
Swa·hi·li [svaˈhiːli] *nt dekl wie adj s.* **Suaheli**
Swap¹ <-s, -s> [svɔp] *m o nt kurz für* **Swapgeschäft** swap
Swap² <-s, -s> [svɔp] *m* INFORM *(Auslagerung)* swap
Swap·ge·schäft <-[e]s, -e> *nt* ÖKON, BÖRSE swap [deal]
Swap·satz *m* ÖKON, BÖRSE swap rate, forward margin
Swa·si <-, -> [ˈsvaːzi] *m fem form gleich* BRD Swazi; *s. a.* **Deutsche(r)**
Swa·si·land <-s> [ˈsvaːzilant] *nt* Swaziland; *s. a.* **Deutschland**
Swa·si·län·der(in) <-s, -> *m(f)* ÖSTERR *s.* **Swasi**
swa·si·län·disch *adj* Swazi; *s. a.* **deutsch**
Sweat·shirt <-s, -s> [ˈsvɛtʃœːɐt] *nt* sweatshirt
Swim·ming·pool, Swim·ming·poolᴬᴸᵀ <-s, -s> [ˈsvɪmɪŋpuːl] *m* swimming pool
SWR [ɛsveːˈʔɛr] *m* RADIO *Abk von* **Südwestrundfunk** radio broadcasting corporation in South-West Germany
Syd·ney <-s> [ˈsɪdni] *nt* Sydney
Sylt [zʏlt] *nt* Sylt; **auf ~** on Sylt; **nach ~ fahren** to go *[or* travel] to Sylt; **von ~ kommen** to come from Sylt; **auf ~ leben** to live on Sylt
Sym·bi·ont <-en, -en> [zʏmˈbjɔnt] *m* BIOL symbiont

Sym·bi·o·se <-, -n> [zɣmˈbjoːzə] *f* symbiosis; **eine ~ eingehen** to form a symbiotic relationship
Sym·bol <-s, -e> [zɣmboːl] *nt* symbol
Sym·bol·fi·gur *f* symbol[ic figure]
sym·bo·lisch [zɣmˈboːlɪʃ] *adj* symbolic
sym·bo·li·sie·ren' [zɣmboliˈziːrən] *vt* ■ **etw ~** to symbolize sth
Sym·bo·lis·mus <-> [zɣmboˈlɪsmʊs] *m kein pl* ■ **der ~** Symbolism
Sym·me·trie <-, -n> [zɣmeˈtriː, *pl:* -ˈtriːən] *f* symmetry
sym·me·trisch [zɣˈmeːtrɪʃ] *adj* symmetrical
Sym·pa·thie <-, -en> [zɣmpaˈtiː, *pl:* -ˈtiːən] *f* sympathy; *(Zuneigung)* affection; **jds ~ haben** to have sb's approval [*or* support]; **die Aktion hat meine volle ~** I sympathize completely with the campaign
Sym·pa·thie·kund·ge·bung *f* demonstration [*or* show] of support
Sym·pa·thi·kus <-> [zɣmˈpaːtikʊs] *m kein pl* MED sympathetic nervous system
Sym·pa·thi·sant(in) <-en, -en> [zɣmpatiˈzant] *m(f)* sympathizer
sym·pa·thisch [zɣmˈpaːtɪʃ] *adj* nice, pleasant, likeable; ■ **jdm ~ sein** to appeal to sb; **sie war mir gleich ~** I liked her [*or* took to her] at once, I took an immediate liking to her; ■ **[jdm] nicht ~ sein** to be not very appealing [to sb]; **es ist mir nicht gerade ~** it doesn't really [*or* exactly] appeal to me
sym·pa·thi·sie·ren' [zɣmpatiˈziːrən] *vi* ■ **mit jdm/etw ~** to sympathize with sb/sth
Sym·pho·nie <-, -en> [zɣmfoˈniː, *pl:* -ˈniːən] *f s.* **Sinfonie**
Sym·po·si·um <-s, -ien> [zɣmˈpoːzjʊm, *pl:* -jən] *nt* symposium
Sym·ptom <-s, -e> [zɣmpˈtoːm] *nt* symptom; **ein ~ für etw** a symptom of sth
sym·pto·ma·tisch [zɣmptoˈmaːtɪʃ] *adj (geh)* symptomatic; ■ **~ für etw sein** to be symptomatic of sth
Sy·na·go·ge <-, -n> [zynaˈgoːgə] *f* synagogue
Sy·nap·se <-, -n> [zyˈnapsə] *f* BIOL *(Verknüpfung zweier Nervenzellen)* synapse
syn·chron [zɣnˈkroːn] **I.** *adj* ❶ *(geh: gleichzeitig)* synchronous, simultaneous ❷ LING *s.* **synchronisch** **II.** *adv* ❶ *(geh)* synchronously, simultaneously ❷ LING *s.* **synchronisch**
Syn·chro·ni·sa·ti·on <-, -en> [zɣnkronizaˈtsjoːn] *f* ❶ FILM, TV dubbing ❷ *(Abstimmung)* synchronization
syn·chro·ni·sie·ren' [zɣnkroniˈziːrən] *vt* ❶ FILM, TV ■ **etw ~** to dub sth ❷ *(geh: zeitlich abstimmen)* ■ **etw ~** to synchronize sth
Syn·chro·ni·sie·rung <-, -en> *f* ❶ FILM dubbing ❷ TECH *(Gleichlauf)* synchronization ❸ *(geh: zeitliches Abstimmen)* synchronization
Syn·di·kat <-[e]s, -e> [zɣndiˈkaːt] *nt* syndicate
Syn·drom <-s, -e> [zɣnˈdroːm] *nt* MED, SOZIOL syndrome
Syn·er·gie <-, -n> [zynɛrˈgiː, *pl:* -ˈgiːən] *f* synergy
Syn·er·gie·ef·fekt *m* synergetic effect
Sy·no·de <-, -n> [zyˈnoːdə] *f* REL synod
sy·no·nym [zynoˈnyːm] *adj inv* synonym
Sy·no·nym <-s, -e> [zynoˈnyːm] *nt* synonym
Sy·no·nym·wör·ter·buch *nt* dictionary of synonyms, thesaurus; **~er** *pl* thesauruses [*or form* thesauri]
syn·tak·tisch [zɣnˈtaktɪʃ] *adj* syntactic
Syn·tax <-, -en> [ˈzɣntaks] *f* syntax
Syn·the·se <-, -n> [zɣnˈteːzə] *f* synthesis

Syn·the·si·zer <-s, -> [ˈzɣntəsaize] *m* MUS synthesizer
Syn·the·tik <-> [zɣnˈteːtɪk] *nt kein pl* synthetic [*or* man-made] fibre [*or* AM -er]; **das Hemd ist aus ~** the shirt is made of artificial fibres
syn·the·tisch [zɣnˈteːtɪʃ] *adj* synthetic; **eine ~e Faser** a man-made fibre
Sy·phi·lis <-> [ˈzyːfilɪs] *f kein pl* syphilis *no pl*
Sy·rer(in) <-s, -> [yːre] *m(f)* Syrian; *s. a.* **Deutsche(r)**
Sy·ri·en <-s> [ˈzyːrjən] *nt* Syria; *s. a.* **Deutschland**
sy·risch [ˈzyːrɪʃ] *adj* Syrian; *s. a.* **deutsch 1**
Sys·tem <-s, -e> [zɣsˈteːm] *nt* system; **~ in etw** *akk* **bringen** to bring some order into sth; **nach einem bestimmten ~ vorgehen** to proceed according to a fixed system; **mit ~** systematically; **duales ~** *recycling system implemented in Germany;* **das kommunistische ~** the communist system
Sys·tem·ana·ly·se *f* systems analysis **Sys·tem·ana·ly·ti·ker(in)** *m(f)* systems analyst
Sys·te·ma·tik <-, -en> [zɣsteˈmaːtɪk] *f* ❶ *(geh: Ordnungsprinzip)* system ❷ *kein pl* BIOL systematology
sys·te·ma·tisch [zɣsteˈmaːtɪʃ] *adj* systematic
sys·te·ma·ti·sie·ren' [zɣstematiˈziːrən] *vt (geh)* ■ **etw ~** to systemize sth
Sys·tem·aus·las·tung *f* TECH, INFORM full system capacity **Sys·tem·be·treu·er(in)** *m(f)* INFORM computer systems supervisor **Sys·tem·feh·ler** *m* TECH, INFORM system error **Sys·tem·kri·ti·ker(in)** *m(f)* critic of the system **sys·tem·kri·tisch I.** *adj inv* critical of the system **II.** *adv* **sich ~ äußern** to speak critically of the system, to openly criticize the system
sys·tem·los <-er, -este> *adj* unsystematic
Sys·to·le <-, -n> [ˈzɣstolə, zɣˈstoːlə] *f* MED systole
Sze·na·rio <-s, -s> [stseˈnaːrjo] *nt (a. geh)* scenario
Sze·na·ri·um <-s, -ien> [stseˈnaːrjʊm, *pl:* -jən] *nt (a. fig)* scenario
Sze·ne <-, -n> [ˈstseːnə] *f* ❶ THEAT, FILM scene; **in ~ gehen** *akk* to be staged; **die ~ spielt in Estland** the scene is set in Estonia; **[etw] in ~ setzen** *(a. fig)* to stage sth; **sich in ~ setzen** *(fig)* to play to the gallery, to draw attention to oneself; **auf offener ~** during the performance ❷ *(fam: Krach)* scene; **wenn er angetrunken nach Hause kommt, gibt es jedes Mal eine ~** whenever he comes home drunk there is always a scene; **[jdm] eine ~ machen** *(fam)* to make a scene [in front of sb] *fam;* **bitte, mach mir nicht schon wieder eine ~** please let's not have another scene ❸ *kein pl (fam: Milieu)* scene *sl;* ■ **die ~** the scene *sl [or* subculture]; **sich in der ~ auskennen** to know one's way around the scene; **die literarische ~** the literary scene; **die ~ beherrschen** to dominate the scene; *(fig)* to keep things under control
Sze·ne·-Bar *f (fam)* fashionable [*or* trendy] bar [*or* pub], bar for the in-crowd **Sze·ne·-In·si·der** [-ɪnzaidɐ] *m* scenester **Sze·ne·-Kid** *nt (fam)* [young] scenester **Sze·ne·knei·pe** *f* fashionable [*or* trendy] pub [*or* bar], bar frequented by the in-crowd
Sze·nen·wech·sel *m* change of scene
Sze·ne·par·ty <-, -s> *f* party for the in-crowd
Sze·ne·rie <-, -n> [stseˈnaːriː, *pl:* -ˈriːən] *f* ❶ *(geh: landschaftliche Umgebung)* scenery ❷ FILM, LIT setting ❸ *(Bühnendekoration)* set
Sze·ne·volk *nt* scenesters *pl*
Szyl·la <-> [ˈstsɣla] *f* ▶ WENDUNGEN: **zwischen ~ und Charybdis** *(geh)* between the devil and the deep blue sea *fam,* between Scylla and Charybdis *liter*

T
t

T, t <-, - *o fam* -s, -s> [te:] *nt* T, t; ~ **wie Theodor** T for Tommy BRIT, T as in Tare; *s. a.* **A 1**

t *Abk von* **Tonne**

Ta·bak <-s, -e> ['ta:bak, 'tabak] *m* tobacco; **leichter/ starker ~** mild/strong tobacco

Ta·bak·an·bau *m* tobacco growing **Ta·bak·ern·te** *f* tobacco crop **Ta·bak·in·dus·trie** *f* tobacco industry **Ta·bak·kon·sum** *m* consumption of tobacco **Ta·bak· la·den** *m* tobacconist's **Ta·bak·mo·sa·ik·vi·rus** *nt* BIOL tobacco mosaic virus **Ta·bak·plan·ta·ge** *f* tobacco plantation **Ta·baks·beu·tel** *m* tobacco pouch **Ta·baks·do·se** *f* tobacco tin **Ta·bak·steu·er** *f* duty on tobacco **Ta·bak·wa·ren** *pl* tobacco products *pl* **Ta· bak·wer·bung** *f* tobacco advertising

ta·bel·la·risch [tabɛ'la:rɪʃ] **I.** *adj* tabular **II.** *adv* in tabular form

ta·bel·la·ri·sie·ren *vt* ■ **etw ~** to tabulate sth

Ta·bel·la·ri·sie·rung <-, -en> *f (fachspr)* tabulation

Ta·bel·le <-, -n> [ta'bɛlə] *f* table; FBALL *a.* league [table]

Ta·bel·len·form *f* **in ~** in the form of a table [*or* chart] **Ta·bel·len·füh·rer(in)** *m(f)* SPORT league leaders *pl*, top of the league; **~ sein** to be at the top of the league **Ta· bel·len·füh·rung** *f* SPORT top of the [league/championship] table; **Werder Bremen hat die ~ übernommen** Werder Bremen has taken over at [*or* gone to the] the top of the table **Ta·bel·len·kal·ku·la·tion** *f* INFORM spreadsheet **Ta·bel·len·platz** *m* SPORT league position, position in the league

Ta·ber·na·kel <-s, -> [tabɛr'na:kl] *nt o m* tabernacle

Ta·blar <-s, -e> [ta'bla:ɐ̯] *nt* SCHWEIZ *(Schrank-, Regalbrett)* shelf

Ta·blett <-[e]s, -s *o* -e> [ta'blɛt] *nt* tray; ▶ WENDUNGEN: |jdm| **etw auf einem silbernen ~ servieren** to hand [sb] sth on a plate [*or* platter]

Ta·blet·te <-, -n> [ta'blɛtə] *f* pill, tablet

Ta·blet·ten·miss·brauch^RR *m kein pl* pill abuse **Ta· blet·ten·sucht** *f kein pl* addiction to pills **ta·blet·ten· süch·tig** *adj* addicted to pills

ta·blie·ren *vt* KOCHK **Zucker ~** to tablet sugar

ta·bu [ta'bu:] *adj inv* taboo; ■ **für jdn** ~ **sein** to be taboo [for sb]

Ta·bu <-s, -s> *nt (geh)* taboo [subject]; **für jdn ein ~ sein** to be a taboo subject [for sb]

ta·bu·i·sie·ren [tabui'zi:rən] *vt* ■ **etw ~** to make sth a taboo subject

Ta·bu·la ra·sa ['ta:bula 'ra:za] *f kein pl*, **tabula rasa**^ALT *f kein pl* ▶ WENDUNGEN: **~ ~ machen** *(fam)* to make a clean sweep of sth

Ta·bu·la·tor <-s, -toren> [tabu'la:to:ɐ̯] *m* tabulator, tab *fam*

Tach(e)·les ['taxələs] ▶ WENDUNGEN: **[mit jdm] ~ reden** *(fam)* to do some straight talking [to sb] *fam*

Ta·cho <-s, -s> ['taxo] *m (fam) kurz für* **Tachometer** speedometer

Ta·cho·me·ter *m o nt* speedometer

Ta·del <-s, -> ['ta:dl] *m* ❶ *(Verweis)* reprimand; **jdm einen ~ erteilen wegen** *gen* **einer S.** to reproach sb for sth ❷ *(Makel)* **ohne ~** impeccable, faultless; **Ritter ohne Furcht und ~** a most perfect gentle knight

ta·del·los I. *adj (einwandfrei)* perfect **II.** *adv* perfectly

ta·deln *vt* ❶ *(zurechtweisen)* ■ **jdn [für** [*o* **wegen**] **etw]** ~ *gen* to reprimand [*or* reproach] sb [for sth], to scold sb [*or esp childspeak* tell sb off] [for sth]; **jdn scharf** ~ to sharply rebuke sb ❷ *(missbilligen)* ■ **etw ~** to express one's disapproval; ■ **~d** reproachful; **~de Bemerkungen** reproachful remarks

Ta·dschi·ke, **Ta·dschi·kin** <-n, -n> [ta'dʒi:kə,

ta'dʒi:kɪn] *m, f* Tajik; *s. a.* **Deutsche(r)**

ta·dschi·kisch *adj* Tajik[istani]; *s. a.* **deutsch**

Ta·dschi·ki·stan <-s> [ta'dʒi:kista:n] *nt* Tajikistan, Tadzhikistan; *s. a.* **Deutschland**

Ta·fel <-, -n> ['ta:fl] *f* ❶ *(Platte)* board; **eine ~ Schokolade** a bar of chocolate; **Anzeige~** board; **Gedenk~** plaque; **Schul~** [black]board; **Schreib~** slate ❷ ELEK panel; **Schalt~** control panel [*or* console] ❸ MEDIA *(Bild~)* plate ❹ *(geh: festlicher Esstisch)* table; **[jdn] zur ~ bitten** to ask [sb] to the table ❺ *kein pl (geh: feine Küche)* cuisine

Ta·fel·berg *m kein pl* GEOL table mountain **Ta·fel·be· steck** *nt* cutlery **Ta·fel·en·te** *f* ORN common pochard **Ta·fel·ge·schäft** *nt* over-the-counter transaction **Ta· fel·ge·schirr** *nt* tableware **Ta·fel·ho·nig** *m* processed honey **Ta·fel·leuch·ter** *m* candelabra

ta·feln ['ta:fln] *vi (geh)* to feast *form*

tä·feln [tɛ:fln] *vt* ■ **etw ~** to panel sth; ■ **getäfelt** panelled [*or* AM paneled]

Ta·fel·run·de *f (geh)* company at a table **Ta·fel·sil· ber** *nt* silver **Ta·fel·spitz** *m* KOCHK boiled beef topside, prime boiled beef

Tä·fe·lung <-, -en> *f* panelling [*or* AM paneling]

Ta·fel·was·ser *nt (geh)* table water, mineral water *fam* **Ta·fel·wein** *m (geh)* table wine

Taft <-[e]s, -e> [taft] *m* taffeta

Tag <-[e]s, -e> [tɛk] *pl m* ❶ *(Abschnitt von 24 Stunden)* day; **das Neueste vom ~e** the latest [news]; **weißt du schon das Neueste vom ~e? Hans und Inge wollen doch endlich heiraten** have you heard the latest? Hans and Inge are finally going to get married; **ein freier ~** a day off; **sich** *dat* **einen faulen** [*o* **schönen**] ~ **machen** to take things easy for the day; **den ganzen ~** [**lang**] all day long, the whole day; **[s]einen guten/schlechten ~ haben** to have a good/bad day; **gestern hatte ich [m]einen schlechten ~, da ist alles schiefgegangen** yesterday just wasn't my day – everything went wrong; **wenn ich einen schlechten ~ habe, geht alles schief** when I have an off day everything goes wrong; **guten ~!** good day! *form*, hello!, good afternoon/morning!; **~!** *(fam)* morning! *fam*, alright! *fam*; **nur guten ~ sagen wollen** to just want to say hallo; **willst du nicht zum Essen bleiben? – nein, ich wollte nur schnell guten ~ sagen** won't you stay and have something to eat? – no, I just wanted to pop in and say hallo; **den lieben langen ~** all day long, [all] the livelong day *form*; **seinen ... ~ haben** to feel ... today; **da hast du 20 Euro, ich habe heute meinen großzügigen ~** here's 20 euros for you, I'm feeling generous today; **das war heute wieder ein ~!** *(fam)* what a day that was!; **~ für ~** every day; **~ für ~ erreichen uns neue Hiobsbotschaften** every day there's more terrible news; **von einem ~ auf den anderen** overnight; **sie mussten ihr Haus von einem ~ auf den anderen räumen** they had to vacate their house overnight; **von ~ zu ~** from day to day, every day; **die Wechselkurse ändern sich von ~ zu ~** the exchange rates change from day to day; **alle ~e** *(fam)* every day; **eines [schönen] ~es** one day, one of these [fine] days; **eines [schönen] ~es klingelte es und ihre alte Jugendliebe stand vor der Tür** one fine day there was a ring at the door and her old flame was standing at the door; **eines schönen ~es wirst du auf die Schnauze fallen** you'll come a cropper one of these days! *fam*; **jeden ~** every day, at any time, any day now; **der Vulkan kann jetzt jeden ~ aus-**

brechen the volcano could erupt at any time; **der Brief muss jeden ~ kommen** the letter should arrive any day now ② *(Datum)* day; **lass uns also ~ und Stunde unseres Treffens festlegen** let's fix a day and a time for our meeting; **~ der offenen Tür** open day; **der ~ X** D-day; **bis zum heutigen ~** up to the present day; **am ~[e] einer S.** *gen* on the day of sth; **auf den ~ [genau]** [exactly] to the day; **ich kann es Ihnen nicht auf den ~ genau sagen** I can't tell you to the exact day; **dieser ~e** *(fam)* in the next [*or* last] few days ③ *(Gedenk~)* **der ~ des/der ...** ...day; **der ~ des Kindes** Children's Day; **der 4. Juli ist der ~ der Unabhängigkeit Amerikas** 4th July is America's Independence Day; **der ~ der Arbeit** Labour Day; **der 1. Mai ist traditionell der ~ der Arbeit** 1st May is traditionally Labour Day; **der ~ des Herrn** *(geh)* the Lord's Day ④ *(Tageslicht)* light; **es ist noch nicht ~** it's not light yet; **im Sommer werden die ~e länger** the days grow longer in summer; **am ~** during the day; **am ~ bin ich immer im Büro** I'm always in the office during the day; **bei ~[e]** while it's light; **wir reisen besser bei ~e ab** we had better leave while it's light; **[bei] ~ und Nacht** night and day; **in den letzten Wochen habe ich ~ und Nacht geschuftet** I've been grafting away night and day for these last few weeks; **~ sein/werden** to be/become light; **sobald es ~ wird, fahren wir los** we'll leave as soon as it's light; **im Sommer wird es früher ~ als im Winter** it gets light earlier in summer than in winter ⑤ *pl (fam: Menstruation)* period; ■ **jds ~e** sb's period; **sie hat ihre ~e [bekommen]** it's that time of the month for her ⑥ *pl (Lebenszeit)* days; **die ~e der Jugend** one's salad days *old;* **auf seine/ihres alten ~e** at his/her time of life; **auf seine alten ~e hat er noch ein Studium angefangen** despite his advanced years he has begun some serious studies; **bis in unsere ~e [hinein]** up to the present day; **in unseren ~en** nowadays ▶ WENDUNGEN: **es ist noch nicht aller ~e Abend** it's not all over yet; **man soll den ~ nicht vor dem Abend loben** *(prov)* one shouldn't count one's chickens before they're hatched *prov;* **schon bessere ~e gesehen haben** to have seen better days; **na, dein Auto hat auch schon bessere ~e gesehen!** well, your car has seen better days, hasn't it?; **ewig und drei ~e** *(hum fam)* for ever and a day; **der Jüngste ~** REL the Day of Judgement; **viel reden** [*o* **erzählen**] **, wenn der ~ lang ist** *(fam)* to tell somebody anything; **etw an den ~ bringen** to bring sth to light; **etw kommt an den ~** sth comes to light; **in den ~ hinein leben** to live from day to day; **etw an den ~ legen** *Interesse* to show interest; *Aufmerksamkeit* to pay attention, they showed great interest in the latest machines; **über/unter ~e** above/below ground

Ta·ga·lisch [ta'gaːlɪʃ] *nt* Tagalog; *s. a.* **Deutsch**

Ta·ga·li·sche <-n> *nt* ■ **das ~** Tagalog; *s. a.* **Deutsche**

tag·aus [taːkˈʔaus] *adv* **~, tagein** day after day [*or* day in, day out]

Ta·ge·bau *m kein pl* open-cast mining; **im ~** by open-cast mining; **Braunkohle wird im ~ gefördert** lignite is mined by the open-cast method **Ta·ge·buch** *nt* ① *(tägliche Aufzeichnungen)* diary; **ein ~ führen** to keep a diary ② *(Terminkalender)* appointments diary **Ta·ge·geld** *nt* ① *(tägliches Krankengeld)* daily invalidity pay ② *(tägliche Spesenpauschale)* daily allowance

tag·ein [taːkˈʔain] *adv s.* **tagaus**

ta·ge·lang I. *adj* lasting for days; **nach ~em Warten** after days of waiting II. *adv* for days; **nachdem es ~ geregnet hatte, kam endlich mal wieder die Sonne heraus** after it had rained for days the sun finally came out again **Ta·ge·lohn** *m* daily wage; **im ~**

stehen/arbeiten to be paid by the day **Ta·ge·löh·ner(in)** <-s, -> ['taːgəløːnɐ] *m(f) (veraltend)* day labourer [*or* AM -orer]

ta·gen¹ ['taːgn̩] *vi impers (geh)* **es tagt!** day is breaking! *form*

ta·gen² *vi* to meet; **in Berlin tagt zurzeit ein Ärztekongress** there is a medical congress currently meeting in Berlin

Ta·ges·ab·lauf *m* daily routine **Ta·ges·an·bruch** *m* dawn, daybreak; **bei/nach/vor ~** at/after/before daybreak [*or* after] [*or* before] **Ta·ges·aus·flug** *m* day trip **Ta·ges·cre·me** *f* day cream **Ta·ges·de·cke** *f* bedspread **Ta·ges·ein·nah·men** *pl* day's takings *npl* **Ta·ges·ge·sche·hen** *nt* daily events ② **Ta·ges·ge·spräch** *nt* talking point of the day **Ta·ges·kar·te** *f* ① *(Speisekarte)* menu of the day ② *(einen Tag gültige Eintrittskarte)* day ticket **Ta·ges·kas·se** *f* ① *(tagsüber geöffnete Kasse)* box-office open during the day; **die ~ hat zwischen 10 und 13 Uhr geöffnet** the box-office is open during the day between 10 a.m. and 1 p.m. ② *(Tageseinnahmen)* day's takings *npl* **Ta·ges·kurs** *m* FIN current rate **Ta·ges·licht** *nt kein pl* daylight *no pl;* **bei ~** by [*or* in] daylight; **das müssen wir uns morgen mal bei ~ ansehen** we'll have to have a look at it tomorrow in daylight; *(vor Einbruch der Dunkelheit)* before dark; **ich muss mich beeilen, ich will noch bei ~ zu Hause sein** I must hurry, I want to be home before dark ▶ WENDUNGEN: **etw ans ~ bringen** to bring sth to light; **etw kommt ans ~** sth comes to light; **das ~ scheuen** to shun the light of day **Ta·ges·licht·pro·jek·tor** *m* overhead projector **Ta·ges·marsch** *m* day's march **Ta·ges·mut·ter** *f* childminder **Ta·ges·ord·nung** *f* agenda; **etw auf die ~ setzen** to put sth on the agenda; **auf der ~ stehen** to be on the agenda; **dieses Thema steht für morgen auf der ~** this topic is on tomorrow's agenda ▶ WENDUNGEN: **an der ~ sein** to be the order of the day; **[wieder] zur ~ übergehen** to carry on as usual **Ta·ges·ord·nungs·punkt** *m* item on the agenda **Ta·ges·rei·se** *f* ① *(eintägiger Ausflug)* day trip ② *(Strecke)* day's journey **Ta·ges·satz** *m* ① *(tägliche Kosten)* daily rate ② *(Geldstrafe)* fine calculated from the daily rate of income **Ta·ges·schau** *f kein pl* TV news + *sing vb (daily TV news show of the ARD),* bulletin; ■ **die ~** the news **Ta·ges·um·satz** *m* daily sales returns *pl* **Ta·ges·ver·brauch** *m* daily consumption **Ta·ges·zeit** *f* time [of day]; **zu jeder Tages- und Nachtzeit** *(fam)* at any hour of the night or day **Ta·ges·zei·tung** *f* daily [paper]

Tagetes <-> [taˈgeːtɛs] *f kein pl* HORT marigold

ta·ge·wei·se *adv* on a daily basis

Ta·ge·werk *nt kein pl (geh)* day's work

Tag·geld *nt* ÖSTERR, SCHWEIZ *(Tagegeld)* daily allowance

tag·hell ['taːkˈhɛl] *adj* as bright as day

täg·lich ['tɛːklɪç] I. *adj attr* daily; *s. a.* **Brot** II. *adv* daily, every day

tags [taːks] *adv* by day; **~ darauf** the following day; **~ zuvor** the day before

tags·über ['taːksʔyːbɐ] *adv* during the day

tag·täg·lich ['taːkˈtɛːklɪç] I. *adj* daily II. *adv* on a daily basis, every day **Tag·traum** *m* daydream **Tag·und·nacht·glei·che** <-, -n> *f* equinox

Ta·gung <-, -en> *f* ① *(Fach~)* conference ② *(Sitzung)* meeting

Ta·gungs·be·ginn *m* beginning of a conference **Ta·gungs·dau·er** *f* duration of a conference **Ta·gungs·ort** *m* conference venue **Ta·gungs·teil·neh·mer(in)** *m(f)* participant in a conference

Ta·hi·ti [taˈhiːti] *nt* Tahiti; *s. a.* **Sylt**

Tai·fun <-s, -e> [taiˈfuːn] *m* typhoon

Tai·ga <-> ['taiga] *f kein pl* ■ **die ~** the taiga

Tail·le <-, -n> ['taljə] *f* waist

tail·liert [ta(l)'ji:ɐt] *adj* fitted at the waist

Tai·peh <-s> [tai'pe:] *nt* Taipei

Tai·wan <-s> [tai'va:n] *nt* Taiwan

Ta·ke·la·ge <-, -n> [takə'la:ʒə] *f* NAUT rigging

ta·keln ['ta:kln] *vt* NAUT ■ etw ~ to rig sth

Takt <-[e]s, -e> [takt] *m* ❶ MUSIK bar; **den ~ [zu etw] schlagen** to beat time to sth ❷ *kein pl (Rhythmus)* rhythm; **den ~ angeben** [*o* **schlagen**] to beat time; **jdn aus dem ~ bringen** to make sb lose their rhythm, to disconcert sb; **jd kommt aus dem ~** to lose one's rhythm [*or* the beat]; **im ~** in time to sth ❸ *kein pl (Taktgefühl)* tact; **etw mit ~ behandeln** to deal tactfully with sth; **keinen ~ [im Leib] haben** *(fam)* not to have an ounce of tact in one; **gegen den ~ verstoßen** to behave tactlessly ❹ AUTO stroke; **4-~-Motor** 4-stroke [engine] ❺ *kein pl* LING foot ❻ TECH phase ▶ WENDUNGEN: **ein paar ~e** *(fam)* a few words; **ein paar ~e mit jdm reden** to have a word with sb

Takt·ge·fühl *nt* ❶ *(Feingefühl)* sense of tact; ~ **haben** to have a sense of tact ❷ MUS sense of rhythm

tak·tie·ren* [tak'i:rən] *vi* to use tactics; **klug/geschickt ~** to use clever/skilful tactics

Tak·tik <-, -en> ['taktɪk] *f* tactics *pl;* **[mit etw] eine bestimmte ~ verfolgen** to pursue certain tactics [with sth]; **wir müssen herausbekommen, welche ~ die Konkurrenz verfolgt** we must find out what tactics our competitors are pursuing

Tak·ti·ker(in) <-s, -> ['taktike] *m(f)* tactician

tak·tisch ['taktɪʃ] **I.** *adj* tactical **II.** *adv* tactically

takt·los *adj* tactless

Takt·lo·sig·keit <-, -en> *f* ❶ *kein pl (taktlose Art)* tactlessness ❷ *(taktlose Aktion)* piece of tactlessness

Takt·stock *m* baton

takt·voll *adj* tactful

Tal <-[e]s, Täler> [ta:l, *pl:* tɛ:le] *nt* valley; **zu ~** *(geh)* down into the valley; *(flussabwärts)* downstream

tal·ab·wärts [ta:l'?apvɛrts] *adv* down the valley

Ta·lar <-s, -e> [ta'la:ɐ] *m* JUR robe, gown; REL cassock; SCH gown

tal·auf·wärts [ta:l'?vɛrts] *adv* up the valley, upstream

Tal der To·des *nt* Death Valley

Ta·lent <-[e]s, -e> [ta:'lɛnt] *nt* ❶ *(Begabung)* talent; ■ jds ~ **für** [*o* zu] etw sb's talent for sth; ~ **[für** [*o* zu] **etw] haben** to have a talent [for sth] ❷ *(begabter Mensch)* talent *no pl;* **Ihr Sohn ist ein wirkliches ~** your son is a real talent; **junge ~e** young talents

ta·len·tiert [talɛn'ti:ɐt] **I.** *adj* talented **II.** *adv* in a talented way

Ta·ler <-s, -> ['ta:le] *m* HIST thaler

Tal·fahrt *f* ❶ *(Fahrt ins Tal)* descent [into the valley [*or* down a valley]], journey downstream ❷ *(starke Verluste)* steep decline

Talg <-[e]s, -e> [talk, *pl:* 'talgə] *m* ❶ *(festes Fett)* suet ❷ *(Absonderung der Talgdrüsen)* sebum

Talg·drü·se *f* sebaceous gland

Ta·lis·man <-s, -e> ['ta:lɪsman] *m* talisman, lucky charm, mascot

Talk¹ <-[e]s, -e> [talk] *m kein pl (Mineral)* talc

Talk² <-s, -s> [tɔ:k] *m (Plauderei)* talk

tal·ken ['tɔ:kn] *vi* SOZIOL, MEDIA to chat, to talk

Talk·mas·ter(in) <-s, -> ['tɔ:kma:ste] *m(f)* chat show host BRIT, talk show host AM

Talk·pu·der *m o nt s.* **Talkum**

Talk·show^RR <-, -s> *f*, **Talk-Show** <-, -s> ['tɔ:kʃo:] *f* chat show BRIT, talk show AM

Tal·kum <-s> ['talkʊm] *nt kein pl* talcum powder

Tal·linn <-s> ['talɪn] *nt* Tallin[n]

Tal·mi <-s> ['talmi] *nt kein pl (veraltend)* pinchbeck *form,* cheap rubbish [*or* AM garbage]; *(unechter Schmuck)* imitation jewellery [*or* AM jewelery]

Tal·mud <-[e]s, -e> ['talmu:t, *pl:* -u:də] *m kein pl* REL

Talmud

Tal·schaft <-, -en> *f* SCHWEIZ *(Territorium)* valley area; *(politische Einheit)* valley community

Tal·soh·le *f* ❶ *(Boden eines Tales)* bottom of a valley ❷ *(Tiefstand)* rock bottom **Tal·sper·re** *f* TECH *s.* **Staudamm**

Ta·ma·rin·de <-, -n> [tama'rɪndə] *f* tamarind

Ta·ma·ris·ke <-, -n> [tama'rɪskə] *f* tamarisk

Tam·bour <-en, -en> ['tambu:ɐ, tam'bu:ɐ] *m* SCHWEIZ *(Trommler)* drummer

Tam·bur·in <-s, -e> [tãbu'rɛ̃:] *nt* tambourine

Ta·mil [ta:mɪl] *nt* Tamil; *s. a.* **Deutsch**

Tam·pon <-s, -s> ['tampɔn, tam'pо:n, tã'põ:] *m* tampon

Tam·tam <-s, -s> *nt* ❶ *(asiatisches Becken)* tomtom ❷ *kein pl (fam: großes Aufheben)* fuss; **ein [großes] ~ [um jdn/etw] machen** *(fam)* to make a [big] fuss [about *or* over] sb/sth]

Tand <-[e]s> [tant] *m kein pl (veraltend geh)* knickknacks *pl*

tän·deln ['tɛndln] *vi (veraltend geh)* ■ **[mit etw]** ~ to dally with sth; ■ **[mit jdm]** ~ to trifle [with sb] *dated*

Tan·dem <-s, -s> ['tandɛm] *nt* tandem; ~ **fahren** to ride a tandem

Tand·ler(in) <-s, -> ['tandle] *m(f)* ÖSTERR *(fam)* ❶ *(Trödler)* junk dealer ❷ *(Charmeur)* flirt, philanderer

Tang <-[e]s, -e> ['taŋ] *m* seaweed

Tan·gens <-, -> ['taŋgɛns] *m* tangent

Tan·gen·te <-, -n> [taŋ'gɛntə] *f* ❶ MATH tangent ❷ TRANSP bypass, ring road

Tan·ger <-s> ['taŋe] *nt* Tangier[s]

tan·gie·ren* [taŋ'gi:rən] *vt* ❶ *(geh: streifen)* ■ **jdn/etw** ~ to touch upon sb/sth; **in unserer Besprechung wurde dieses Problem nur tangiert** this problem was only touched upon in our discussion ❷ *(geh: betreffen)* ■ **jdn/etw** ~ to affect sb/sth; **jdn nicht** ~ *(fam)* not to bother sb ❸ MATH ■ **etw** ~ to be tangent to

Tan·go <-s, -s> ['taŋgo] *m* tango

Tank <-s, -s> [taŋk] *m* TECH, MIL tank

Tank·de·ckel *m* fuel [*or* BRIT *a.* filler] cap [*or* BRIT *a.* petrol]

tan·ken ['taŋkn] **I.** *vi (den Tank füllen)* Auto to fill up with [*or* get some] petrol [*or* AM gas]; *Flugzeug* to refuel **II.** *vt* ❶ *(als Tankfüllung)* ■ **etw** ~ to fill up with sth; **ich tanke nur noch Super bleifrei** I only fill up with Super lead-free ❷ *(fam: in sich aufnehmen)* ■ **etw** ~ to get sth; **frische Luft/Sonne** ~ to get some fresh air/sun; **ich fahre an die See, um neue Kräfte zu** ~ I'm going to the seaside to recharge my batteries *fig* ▶ WENDUNGEN: **[ganz schön [*o* reichlich] [*o* ziemlich]] getankt haben** *(fam)* to have downed a fair amount

Tan·ker <-s, -> ['taŋke] *m* NAUT tanker

Tank·fül·lung *f* a tankful **Tank·in·halt** *m* tank capacity **Tank·las·ter** *m* tanker **Tank·last·zug** *m* tanker **Tank·säu·le** *f* petrol [*or* AM gas] pump **Tank·stel·le** *f* garage, filling [*or* AM gas] [*or* BRIT petrol] station **Tank·uhr** *f* fuel [*or* petrol] gauge **Tank·ver·schluss^RR** *m* ❶ *(Verschluss eines Tanks 2)* tank lid ❷ AUTO *(geh) s.* **Tankdeckel Tank·wa·gen** *m* tanker **Tank·wart(in)** *m(f)* petrol pump attendant BRIT, gas station attendant AM

Tan·ne <-, -n> ['tanə] *f* fir; *(Weiß~)* silver fir

Tan·nen·baum *m* ❶ *(Weihnachtsbaum)* Christmas tree ❷ *(fam: Tanne)* fir-tree **Tan·nen·hä·her** *m* ORN nutcracker **Tan·nen·ho·nig** *m* pine honey **Tan·nen·mei·se** *f* ORN coal tit **Tan·nen·na·del** *f* fir needle **Tan·nen·zap·fen** *m* fir cone

Tan·nin <-s> [ta'ni:n] *nt kein pl* tannin

Tan·sa·nia <-> [tanza'ni:a] *nt* Tanzania; *s. a.* **Deutschland**

Tan·sa·ni·er(in) <-s, -> [tan'za:nɪ̯ɐ] *m(f)* Tanzanian; *s. a.* **Deutsche(r)**

tan·sa·nisch [tan'za:nɪʃ] *adj inv* Tanzanian; *s. a.* **deutsch 1, 2**

Tan·tal <-s> ['tantal] *nt kein pl* CHEM tantalum

Tan·ta·lus·qua·len ['tantalʊs-] *pl* ▶ WENDUNGEN: ~ **lei·den** *(geh)* to suffer the torments of Tantalus *liter*

Tan·te <-, -n> ['tantə] *f* ❶ *(Verwandte)* aunt, auntie *fam* ❷ *(pej fam: Frau)* old dear *pej fam* ❸ *(Kindersprache)* lady; **sag der ~ schön guten Tag!** say hello nicely to the lady!

Tan·te-Em·ma-La·den *m (fam)* corner shop

Tan·ti·e·me <-, -n> [tãˈtɪ̯eːmə, tãˈtɪ̯eːme] *f* ❶ *(Absatzhonorar)* royalty ❷ *meist pl (Gewinnbeteiligung)* percentage of the profits

Tanz <-es, Tänze> ['tants, *pl:* 'tɛntsə] *m* ❶ MUS dance; **jdn zum ~ auffordern** to ask sb to dance ❷ *kein pl (Tanzveranstaltung)* dance ❸ *(fam: Auseinandersetzung)* song and dance; **einen ~ [wegen etw] machen** [*o* **aufführen]** *(fam)* to make a song and dance [about sth] *fam* ▶ WENDUNGEN: **der ~ ums Goldene Kalb** worship of the golden calf [*or* of Mammon]; **ein ~ auf dem Vulkan** *(geh)* playing with fire

Tanz·abend *m* evening's dancing, ball **Tanz·bein** *nt* **das ~ schwingen** *(hum fam)* to take to the floor *fam* **Tanz·ca·fé** *nt* coffee house with a dance floor

Tänz·chen <-s, -> ['tɛntsçən] *nt dim von* **Tanz** dance; **ein ~ wagen** *(hum)* to venture onto the dance floor **tän·zeln** ['tɛntsl̩n] *vi* ❶ *haben (auf und ab federn) Boxer* to dance; *Pferd* to prance ❷ *sein (sich leichtfüßig fortbewegen)* to skip

tan·zen ['tantsn̩] **I.** *vi* ❶ *haben (einen Tanz ausführen)* to dance; **wollen wir ~?** shall we dance?; ~ [*o* zum **T~] gehen** to go dancing; *s. a.* **Pfeife** ❷ *sein (sich tanzend fortbewegen)* to dance; **auf dem Seil ~** to walk the tightrope [*or* high wire] ❸ *haben (hüpfen) Gläser, Würfel* to jump in the air; **das kleine Boot tanzte auf den Wellen** the little boat bobbed up and down on the waves; **ihm tanzte alles vor den Augen** the room was spinning before his eyes **II.** *vt haben* **einen Tango/ein Solo ~** to dance the tango/a solo **III.** *vr* ■ **sich ... ~** to dance oneself into a certain state; **sich in Ekstase ~** to dance oneself into a state of ecstasy; **sich müde/heiß ~** to dance oneself into a state of exhaustion/a sweat

Tän·zer(in) <-s, -> ['tɛntsɐ] *m(f)* ❶ *(Tanzpartner)* dancer, [dancing] partner; **ein guter/schlechter ~ sein** to be a good/bad dancer; **kein ~ sein** to be no dancer ❷ *(Ballett~)* ballet dancer

tän·ze·risch I. *adj* dancing; **die Paare zeigten ihr ~es Können** the couples showed their dancing ability **II.** *adv* in terms of dancing; **die Kür war ~ ausgezeichnet** the dancing in the free section was excellent

Tanz·flä·che *f* dance floor **Tanz·grup·pe** *f* dance group **Tanz·ka·pel·le** *f* dance band **Tanzkurs** *m*, **Tanzkursus** *m* ❶ *(Lehrgang für [Gesellschafts]tanzen)* dancing lessons ❷ *(Teilnehmer eines Tanzkurses)* dance class **Tanz·leh·rer(in)** *m(f)* dance [*or* dancing] teacher **Tanz·lo·kal** *nt* café with a dance floor **Tanz·mu·sik** *f* dance music **Tanz·or·ches·ter** *nt* dance orchestra **Tanz·part·ner(in)** *m(f)* dancing partner **Tanz·schu·le** *f* dancing school, school of dancing **Tanz·stun·de** *f* ❶ *kein pl (Kurs)* dancing class ❷ *(Unterrichtsstunde)* dancing lesson; **~n nehmen** to have dancing lessons

tanz·wü·tig *adj* dance-crazy [*or* mad]

Tanz·wü·ti·ge(r) *f(m) dekl wie adj* dance addict *hum; (bei Techno a.)* raver; ■ **eine ~/ein ~r sein** to be dance-crazy [*or* mad]

Ta·pe·na·de *f* KOCHK tapenade

Ta·pet [ta'pe:t] *nt* ▶ WENDUNGEN: **etw aufs ~ bringen** *(fam)* to bring up sth *sep;* **aufs ~ kommen** *(fam)* to

---

come up

Ta·pe·te <-, -n> [ta'pe:tə] *f* wallpaper *no pl;* ▶ WENDUNGEN: **die ~ wechseln** to have a change of scenery

Ta·pe·ten·bahn *f* strip of wallpaper **Ta·pe·ten·far·be** *f* colour [*or* AM -or] of the wallpaper **Ta·pe·ten·ge·schäft** *nt* wallpaper shop [*or* AM store] **Ta·pe·ten·rol·le** *f* roll of wallpaper **Ta·pe·ten·wech·sel** *m (fam)* change of scene; ▶ WENDUNGEN: **einen ~ brauchen** to need a change of scenery

ta·pe·zie·ren [tape'tsi:rən] *vt* ■ **etw ~** to wallpaper sth

Ta·pe·zie·rer(in) <-s, -> *m(f)* decorator

tap·fer ['tapfɐ] *adj* ❶ *(mutig)* brave, courageous ❷ *(fam: munter)* heartily; **greif' nur ~ zu!** just help yourself to as much as you like!

Tap·fer·keit <-> *f kein pl* bravery, courage

Ta·pir <-s, -e> ['ta:piɐ̯] *m* ZOOL tapir

tap·pen ['tapn̩] *vi* ❶ *sein (schwerfällig gehen)* ■ **[irgendwohin]** ~ to walk hesitantly; **schlaftrunken tappte er zum Telefon** he shuffled drowsily to the phone ❷ *haben (tasten)* ■ **[nach etw]** ~ to grope [*or* fumble] [for sth]; *s. a.* **dunkel** *s. a.* **Falle**

tap·sen ['tapsn̩] *vi sein (fam) Kleinkind* to toddle; *Bär* to lumber

tap·sig ['tapsɪç] *adj (fam)* awkward, clumsy

Ta·ra <-, Taren> ['ta:ra, *pl:* 'ta:rən] *f* tare

Ta·ran·tel <-, -n> [ta'rantl̩] *f* ZOOL tarantula; ▶ WENDUNGEN: **wie von der ~ gestochen** *(fam)* as if one had been stung

Ta·rif <-[e]s, -e> [ta'ri:f] *m* ❶ *(gewerkschaftliche Gehaltsvereinbarung)* pay scale; **nach/über/unter ~** according to/above/below the negotiated rate ❷ *(festgesetzter Einheitspreis)* charge

Ta·ri·fa·bschluss^{RR} *m* wage agreement **Ta·rif·au·to·no·mie** *f* right to free collective bargaining **Ta·rif·be·zirk** *m* ÖKON, ADMIN tariff area **Ta·rif·grup·pe** *f* grade, scale, wage group **Ta·rif·kom·mis·sion** *f* ÖKON, ADMIN joint working party on wages **Ta·rif·kon·flikt** *m* pay [*or* wage] dispute **Ta·rif·land·schaft** *f* current pay situation

ta·rif·lich I. *adj* negotiated; **der ~e Stundenlohn** the negotiated hourly wage rate **II.** *adv* by negotiation; **in den meisten Branchen sind Löhne und Gehälter ~ festgelegt** in most sectors wages and salaries are determined by negotiation

Ta·rif·lohn *m* standard wage **Ta·rif·par·tei** *f*, **Ta·rif·part·ner(in)** *m(f)* party to a wage agreement **Ta·rif·run·de** *f* pay round, round of collective bargaining **Ta·rif·streit** *m* wage dispute **Ta·rif·sys·tem** *nt* collective wage system **Ta·rif·ver·ein·ba·rung** *f* collective wage agreement **Ta·rif·ver·hand·lung** *f meist pl* collective wage negotiations *pl* **Ta·rif·ver·trag** *m* collective wage agreement

Tarn·an·strich *m* camouflage **Tarn·an·zug** *m* camouflage battledress, battle dress uniform AM

tar·nen ['tarnən] *vt* ❶ MIL *(unkenntlich machen)* ■ **sich ~** to camouflage oneself; ■ **etw [gegen etw]** ~ to camouflage sth [against sth] ❷ *(Identität wechseln)* ■ **etw [durch** [*o* **als] etw]** ~ to disguise sth [by doing sth]; ■ **sich [als jd]** ~ to disguise oneself [as sb]; **der Privatdetektiv hatte sich als Mitarbeiter getarnt** the private detective had disguised himself as an employee

Tarn·far·be *f* camouflage paint **Tarn·kap·pe** *f* magic cap of invisibility **Tarn·na·me** *m* cover name

Tar·nung <-, -en> *f* ❶ *kein pl (das Tarnen)* camouflage ❷ MIL camouflage ❸ *(tarnende Identität)* cover

Ta·rock <-s, -s> [ta'rɔk] *m o nt* DIAL tarot

Täsch·chen <-s, -> ['tɛʃçən] *nt dim von* **Tasche** small bag

Ta·sche <-, -n> ['taʃə] *f* ❶ *(Hand~)* [hand]bag; *(Ein-*

kaufs~) [shopping] bag; *(Akten~)* briefcase ➋ *(in Klei-dungsstücken)* pocket; *(Hosen~)* pocket; **nimm die Hände aus der ~!** take your hands out of your pockets!; **etw in der ~ haben** to have sth in one's pocket ➌ *(Hohlraum)* pouch; *(Backen~)* cheek pouch ▸ WENDUNGEN: **tief in die ~ greifen müssen** *(fam)* to have to dig deep into one's pocket; [**etw**] **aus der eigenen ~ bezahlen** *(fam)* to pay for sth out of one's own pocket; **sich die** [**eigenen**] **~n füllen** to feather one's own nest; **etw in der ~ haben** to have sth in the bag *fig;* **jdm auf der ~ liegen** *(fam)* to live off sb; **sich** *dat* **in die eigene ~ lügen** to fool [*or* kid] one-self; **etw in die eigene ~ stecken** *(fam)* to pocket sth; **jdn in die ~ stecken** *(fam)* to be head and shoul-ders above sb; **in die eigene ~ wirtschaften** *(fam)* to line one's own pocket[s]; **jdm das Geld aus der ~ ziehen** *(fam)* to con money out of sb

Ta·schen·aus·ga·be *f* pocket edition **Ta·schen·buch** *nt* paperback **Ta·schen·buch·aus·ga·be** *f* paperback edition **Ta·schen·dieb**(**in**) *m(f)* pickpocket **Ta·schen·for·mat** *nt* pocket size; **~ haben** to be pocket size[d]; **im ~** pocket-size; **eine Videokamera im ~** a pocket-size video camera **Ta·schen·geld** *nt* pocket money **Ta·schen·ka·len·der** *m* pocket diary **Ta·schen·kamm** *m* pocket comb **Ta·schen·krebs** *m* [common] crab **Ta·schen·lam·pe** *f* torch **Ta·schen·mes·ser** *nt* penknife **Ta·schen·rech·ner** *m* pocket calculator **Ta·schen·spie·gel** *m* pocket mirror **Ta·schen·spie·ler·trick** *m (pej)* trick, sleight of hand **Ta·schen·tuch** *nt* handkerchief **Ta·schen·uhr** *f* pocket watch **Ta·schen·wör·ter·buch** *nt* pocket dictionary

Tasch·kent <-s> [taʃˈkɛnt] *nt* Tashkent

Tas·man·see [ˈtasman-] *f* Tasman Sea

Täss·chenᴿᴿ, **Täß·chen**ᴬᴸᵀ <-s, -> [ˈtɛsçən] *nt dim von* **Tasse** ➊ *(kleine Tasse)* little cup ➋ *(Menge)* drop *fig*

Tas·se <-, -n> [ˈtasə] *f* ➊ *(Trinkgefäß)* cup ➋ *(Menge einer ~)* cup; **eine ~ Tee** a cup of tea ▸ WENDUNGEN: **nicht alle ~n im Schrank haben** *(fam)* not to be right in the head *fam;* **trübe ~** *(fam)* a drip *fam;* **hoch die ~n!** *(prov fam)* bottoms up! *fam*

Tas·ta·tur <-, -en> [tastaˈtuːɐ̯] *f* INFORM, MUSIK keyboard

Tas·ta·tur·ab·de·ckung *f* keyboard cover

Tas·te <-, -n> [ˈtastə] *f (Tastatur, Schreibmaschine)* key; *(Telefon, Sprechfunkgerät)* button; [**mächtig**] **in die ~n greifen** to strike up a tune; **auf die ~n hauen** [*o* **hämmern**] *(hum fam)* to hammer away at the key-board *hum fam*

tas·ten [ˈtastn̩] **I.** *vi (fühlend suchen)* ▪ [**nach etw**] **~** to feel [*or* grope] [for sth]; **~de Fragen** tentative ques-tions; **ein erster ~der Versuch** a first tentative attempt **II.** *vr (sich vortasten)* ▪ **sich irgendwohin ~** to grope one's way to somewhere **III.** *vt* ➊ *(fühlend wahrnehmen)* ▪ **etw ~** to feel sth ➋ *(per Tastendruck eingeben)* ▪ **etw ~** to enter sth; **taste eine 9** press 9

Tas·ten·feld *nt* key pad **Tas·ten·in·stru·ment** *nt* key-board instrument **Tas·ten·te·le·fon** *nt* push-button telephone

Tast·sinn *m kein pl* sense of touch

tat [taːt] *imp von* **tun**

Tat <-, -en> [taːt] *f* ➊ *(Handlung)* act, deed *form;* **eine gute ~** a good deed; **eine verhängnisvolle ~** a fate-ful deed *form;* **zur ~ schreiten** *(geh)* to proceed to action; **etw in die ~ umsetzen** to put sth into effect ➋ *(Straf-)* crime, offence [*or* AM -se]; **jdn auf frischer ~ ertappen** to catch sb red-handed *fig* ▸ WENDUNGEN: **jdm mit Rat und ~ beistehen** to support sb in word and deed [*or* in every way possible]; **in der ~** indeed; *s. a.* **Mann**

Ta·tar <-s> [taˈtaːɐ̯] *nt kein pl* KOCHK tartare

Tatar(**in**) <-en, -en> [taˈtaːɐ̯] *m(f)* Tartar

Tat·be·stand *m* ➊ *(Sachlage)* facts [of the matter] ➋ JUR elements of an offence [*or* AM -se]; **sein Verbre-chen erfüllt den ~ der vorsätzlichen Tötung** his offence constitutes premeditated murder

Ta·ten·drang *m kein pl (geh)* thirst for action [*or* enter-prise] **ta·ten·los** *adj inv* idle; **~ zusehen** to stand and watch, to stand idly by

Tä·ter(**in**) <-s, -> [ˈtɛːtɐ] *m(f)* culprit, perpetrator; **unbekannte ~** unknown culprits

Tä·ter·schaft <-> *f kein pl* responsibility for an offence, guilt

tä·tig [ˈtɛːtɪç] *adj* ➊ *(beschäftigt)* employed; ▪ [ir-gendwo] **~ sein** to work [somewhere]; **sie ist als Abteilungsleiterin in der pharmazeutischen Industrie ~** she works as a departmental head in the pharmaceutical industry ➋ *attr (tatkräftig)* active ➌ *(aktiv)* active; **unentwegt ~ sein** to be always on the go *fam;* ▪ [in etw *dat*] **~ werden** *(geh)* to take action [in sth]

tä·ti·gen [ˈtɛːtɪɡn̩] *vt (geh)* ▪ **etw ~** to carry out sth, to effect sth; **einen Abschluss ~** to conclude a deal

Tä·tig·keit <-, -en> *f* ➊ *(Beschäftigung)* occupation; **das ist eine recht gut bezahlte ~** that's a really well paid occupation; **eine ~ ausüben** to practise a profes-sion ➋ *kein pl (Aktivität)* activity; **außer ~ gesetzt** put out of action; **in ~ sein** to be operating [*or* run-ning]; **in ~ treten** to intervene; *Alarmanlage, Über-wachungskamera* to come into operation; *Vulkan* to become active

Tä·tig·keits·be·reich *m* field of activity

Tat·kraft *f kein pl* drive *no pl*

tat·kräf·tig *adj* active, energetic

tät·lich [ˈtɛːtlɪç] *adj* violent; [**gegen jdn**] **~ werden** to become violent [towards sb]

Tät·lich·keit *f (geh)* violence

Tat·mo·tiv *nt* JUR motive **Tat·ort** *m* scene of the crime

tä·to·wie·ren* [tɛtoˈviːrən] *vt* ▪ **jdn ~** to tattoo sb; ▪ [**jdm**] **etw** [**irgendwohin**] **~** to tattoo sth [on sb] [somewhere]; ▪ **tätowiert** tattooed

Tä·to·wie·rung <-, -en> *f* ➊ *(eingeritztes Motiv)* tat-too ➋ *kein pl (das Tätowieren)* tattooing

Tat·sa·che [ˈtaːtzaxə] *f* fact; **auf dem Boden der ~n stehen** to be realistic; **unter Vorspiegelung fal-scher ~n** under false pretences [*or* AM -ses]; **etw beruht auf ~n** sth is based on facts; **den ~n entspre-chen** to be consistent with [*or* to fit] the facts; **die ~n verdrehen** to distort [*or* twist] the facts; **~ ist** [**aber**], **dass** the fact of the matter is [however] that; **das ist** [**eine**] **~** *(fam)* that's a fact; **~?** *(fam)* really? *fam;* **~!** *(fam: zur Bekräftigung)* it's a fact!, it's true! ▸ WENDUNGEN: **den ~n ins Auge sehen** to face the facts; **nackte ~n** *(die ungeschminkte Wahrheit)* the naked facts; *(nackte Körper[teile])* bare facts; **voll-endete ~n schaffen** to create a fait accompli; **jdn vor vollendete ~n stellen** to present sb with a fait accompli; **vor vollendeten ~n stehen** to be faced with a fait accompli

Tat·sa·chen·be·richt *m* factual report

tat·säch·lich [ˈtaːtzɛçlɪç, taːtˈzɛçlɪç] **I.** *adj inv, attr (wirklich)* actual *attr;* real; **der Bericht basiert auf ~en Begebenheiten** the report is based on actual events **II.** *adv* ➊ *(in Wirklichkeit)* actually, really, in fact ➋ *(in der Tat)* really; **er hat das ~ gesagt?** did he really say that?; **~?** *(wirklich?)* really?; **er will aus-wandern – ~?** he wants to emigrate – are you serious?; **~!** really!

tät·scheln [ˈtɛːtʃl̩n] *vt* ▪ **jdn/etw ~** to pat sb/sth

Tat·te·rich [ˈtatərɪç] *m* **den ~ haben/bekommen** *(fam)* to have/get the shakes *fam*

tat·te·rig [ˈtatərɪç] *adj (fam)* doddery BRIT, shaky AM; ▪ **~ sein/werden** to be/become doddery; **eine ~e Schrift** shaky handwriting

Tat·too <-s, -s> [tɛ'tuː, ta'tuː] *nt* ❶ *(Tätowierung)* tattoo ❷ *(Tätowieren)* tattooing

Tat·ver·dacht *m* suspicion; **es besteht ~** there are grounds for suspicion; **unter** [**dringendem**] **~ stehen** *(geh)* to be under [strong] suspicion **tat·ver·däc·htig** *adj* suspected, under suspicion; ■ **~ sein** to be a suspect **Tat·ver·däch·ti·ge(r)** *f(m) dekl wie adj* suspect **Tat·waf·fe** *f* murder weapon, weapon [used in the crime]

Tat·ze <-, -n> ['tatsə] *f* ❶ *(Pranke)* paw ❷ *(pej fam: große Hand)* paw *fam;* **nimm deine ~ da weg!** hands off!, get your hands off that! ❸ DIAL *(Stockschlag auf die Hand)* stroke with the cane [on the hand]

Tat·zeit *f* time of the crime [*or* incident]

Tau¹ <-[e]s> [tau] *m kein pl (Tautropfen)* dew; ▸ WENDUNGEN: **vor ~ und Tag** *(geh)* at the crack of dawn

Tau² <-[e]s, -e> [tau] *nt* rope

taub [taup] *adj* ❶ *(gehörlos)* deaf; ■ **~ sein** to be deaf; **bist du ~?** *(iron)* are you deaf? *iron;* **sich ~ stellen** to turn a deaf ear ❷ *(gefühllos)* numb ❸ *(ignorant)* ■ [**gegen** [*o* **für**] **etw**] **~ sein** to be deaf [to sth]; **... aber du bist ja ~ für alle gut gemeinten Ratschläge ...** but you never listen to any well-intended advice ❹ *(unfruchtbar)* **eine ~e Nuss** an empty nut; **~er Boden** GEOL barren ground; **~es Metall** dull metal; **~es Erz** base [*or* low-grade] metal; *s. a.* **Ohr Täub·chen** <-s, -> ['tɔypçən] *nt dim von* **Taube** ❶ *(kleine Taube)* little dove ❷ *(Schatz)* little cherub

Tau·be <-, -n> ['taubə] *f* ORN dove, pigeon; **sanft wie eine ~** gentle as a dove ▸ WENDUNGEN: **~n und Falken** POL *(fam)* doves and hawks; **die gebratenen ~n fliegen einem nicht ins Maul** *(prov fam)* you can't expect things to be handed to you on a plate

Tau·be(r) <Tauben, Taube> *f(m) dekl wie adj* deaf person

tau·ben·blau *adj* bluey-grey [*or* AM gray] **Tau·ben·ei** *nt* pigeon's [*or* dove's] egg **tau·ben·grau** *adj* dove grey [*or* AM gray] **Tau·ben·schlag** *m (Verschlag für Tauben)* pigeon loft; ▸ WENDUNGEN: [**hier geht es zu**] **wie im ~** *(fam)* [it's] like Piccadilly Circus

Täu·ber <-s, -> ['tɔybɐ] *m* cock pigeon

Taub·heit <-> *f kein pl* ❶ *(Gehörlosigkeit)* deafness *no pl* ❷ *(Gefühllosigkeit)* numbness *no pl*

Täub·ling <-s, -e> ['tɔyplɪŋ] *m* BOT, KOCHK russula

Taub·nes·sel *f* dead-nettle **taub·stumm** *adj* deaf and dumb **Taub·stum·me(r)** *f(m) dekl wie adj* deaf mute

tau·chen ['tauxn] **I.** *vi* ❶ *haben o sein (untertauchen)* to dive; ■ [**nach jdm/etw**] **~** to dive [for sb/sth]; **nach Perlen ~** to dive for pearls; *U-Boot* to dive, to submerge ❷ *sein (auftauchen)* ■ **[aus etw] ~** to appear, to emerge, to surface **II.** *vt haben* ❶ *(eintauchen)* ■ **etw** [**in etw** *akk*] **~** to dip sth [in sth]; **in** [**gleißendes**] **Licht getaucht** bathed in [glistening] light ❷ *(untertauchen)* ■ **jdn/etw ~** to duck sb/sth

Tau·chen <-s> [tauxn] *nt kein pl* diving

Tau·cher(in) <-s, -> [tauxɐ] *m(f)* ❶ *(Tauchender)* diver ❷ ORN diver

Tau·cher·an·zug *m* diving suit **Tau·cher·aus·rüs·tung** *f* diving equipment **Tau·cher·bril·le** *f* diving goggles *npl* **Tau·cher·glo·cke** *f* diving bell **Tau·cher·helm** *m* diver's [*or* diving] helmet

Tau·che·rin <-, -nen> *f fem form von* **Taucher**

Tau·cher·mas·ke *f* diving mask

Tauch·sie·der <-s, -> *m* immersion heater **Tauch·sta·ti·on** *f* NAUT **auf ~ gehen** to dive ▸ WENDUNGEN: **auf ~ gehen** *(fam)* to make oneself scarce; **ich habe Urlaub, ich gehe jetzt für drei Wochen auf ~** I'm on holiday; I'm going to disappear for three weeks

tau·en ['tauən] **I.** *vi* ❶ *haben (Tauwetter setzt ein)* ■ **es taut** it is thawing ❷ *sein (schmelzen)* to melt ❸ *sein*

(abschmelzen) ■ [**von etw**] **~** to melt [*or* thaw] [on sth] **II.** *vt* ■ **etw ~** to melt sth; **die Sonne hat den Schnee getaut** the sun has melted the snow

Tauf·be·cken *nt* font

Tau·fe <-, -n> ['taufə] *f (christliches Aufnahmeritual)* baptism, christening; **jdn aus der ~ heben** to be a godparent to sb ▸ WENDUNGEN: **etw aus der ~ heben** *(hum fam)* to launch sth

tau·fen ['taufn] *vt* ❶ *(die Taufe vollziehen)* ■ **jdn ~** to baptize sb, to christen sb; ■ **sich ~ lassen** to be baptized; **ein getaufter Jude** a converted Jew ❷ *(in der Taufe benennen)* ■ **jdn ~** to christen sb ❸ *(fam: benennen)* ■ **etw ~** to christen sth; **ein Schiff ~** to christen a ship

Tau·flie·ge *f* ZOOL fruit fly

Täuf·ling <-s, -e> *m* child [*or* person] to be baptized

Tauf·name *m* Christian name **Tauf·pa·te, -pa·tin** *m, f* godfather *masc,* godmother *fem* **Tauf·re·gis·ter** *nt* baptismal register

tau·frisch *adj inv* dewy; **~e Blumen** fresh flowers; **eine ~e Wiese** a meadow covered in dew ▸ WENDUNGEN: **nicht mehr** [**ganz**] **~ sein** *(fam)* to be [a bit] over the hill *fam,* to be no spring chicken *fam*

Tauf·schein *m* certificate of baptism

tau·gen ['taugn] *vi* ❶ *(wert sein)* ■ **etwas/viel/ nichts ~** to be useful/very useful/useless; ■ **jd taugt etwas/nichts** to be of use/no use; **der Kerl taugt nichts** the bloke's useless [*or* no good] ❷ *(geeignet sein)* ■ **als** [*o* **zu**] [*o* **für**] **etw ~** to be suitable for; **er taugt dazu wie der Esel zum Lautespielen** he's like a pig with a fiddle

Tau·ge·nichts <-[es], -e> ['taugənɪçts] *m (veraltend)* good-for-nothing

taug·lich ['tauklɪç] *adj* ❶ *(geeignet)* suitable; ■ [**für etw**] **~ sein** to be suitable [for sth] ❷ MIL *(wehrdienst~)* fit [for military service]; ■ **~ sein** to be fit [for military service]; **jdn ~ schreiben** to declare sb fit for military service

Taug·lich·keit <-> *f kein pl* ❶ *(Eignung für einen Zweck)* suitability ❷ MIL *(Wehrdienst~)* fitness [for military service]

Tau·mel <-s> ['tauml] *m kein pl (geh)* ❶ *(Schwindelgefühl)* dizziness, giddiness; **wie im ~** in a daze ❷ *(geh: Überschwang)* frenzy; **ein ~ des Glücks** a frenzy of happiness; **im ~ der Leidenschaft** in the grip of passion

tau·me·lig ['tauməlɪç] *adj* ❶ *(schwankend)* dizzy, giddy ❷ *(benommen)* ■ **~ sein/werden** to be/ become dizzy [*or* giddy]; **gib mir deinen Arm, ich bin etwas ~** give me your arm, I feel a little dizzy

tau·meln ['taumln] *vi sein* to stagger; **was hast du? du taumelst ja!** what's the matter? why are you staggering?; **die Maschine begann zu ~ und stürzte ab** the plane began to roll and then crashed

Tau·nus ['taunʊs] *m* Taunus

Tausch <-[e]s, -e> [tauʃ] *m* exchange, swap; **jdm etw zum** [*o* im] [*o* **für etw**] **anbieten** to offer sth to sb in exchange [for sth]; [**etw**] **in ~ geben** to give [sth] in exchange; **einen guten/schlechten ~ machen** to make a good/bad exchange; **ich habe einen guten ~ gemacht** I've made a good exchange; [**etw**] **in ~ nehmen** to take [sth] in exchange; **im ~ gegen** [*o* **für**] [**etw**] in exchange for [sth]

Tausch·ab·kom·men *nt* ÖKON barter agreement [*or* arrangement] **Tausch·bör·se** *f* INET on-line exchange service

tau·schen ['tauʃn] **I.** *vt* ❶ *(gegeneinander einwechseln)* ■ **etw** [**gegen etw**] **~** to exchange [*or* swap] sth [for sth]; ■ [**etw**] **mit jdm ~** to swap [sth] with sb; **würden Sie den Platz mit mir ~?** would you swap places with me? ❷ *(geh: austauschen)* ■ **etw ~** to exchange sth; **mir ist aufgefallen, dass die beiden**

Blicke tauschten I noticed that the two of them were exchanging glances; **die Rollen ~** to swap parts [*or* roles]; **Zärtlichkeiten ~** to exchange caresses II. *vi* / swap; **wollen wir ~?** shall we swap? ▸ WENDUNGEN: **mit niemandem** [*o* **jdm nicht**] **~ wollen** not to wish to change places with sb; **ich möchte nicht mit ihr ~** I wouldn't want to change places with her [*or fig* like to be in her shoes]

täu·schen ['tɔyʃn] **I.** *vt* (*irreführen*) ▪ **jdn ~** to deceive sb; **durch jds Verhalten/Behauptung getäuscht werden** to be deceived by sb's behaviour [*or* AM -or] / assertion; ▪ **sich** [**von jdm** [*o* **etw**]] **nicht ~ lassen** not to be fooled [by sb [*or* sth]]; **wenn mich nicht alles täuscht** if I'm not completely mistaken; **wenn mich mein Gedächtnis nicht täuscht** unless my memory deceives me **II.** *vr (sich irren)* ▪ **sich ~** to be mistaken [*or* wrong]; **du musst dich getäuscht haben** you must be mistaken; **ich kann mich natürlich ~** of course I could be mistaken; ▪ **sich** [**in jdm/etw**] **~** to be mistaken [*or* wrong] [about sb/sth]; **darin täuschst du dich** you're wrong about that; ▪ **sich** [**in etw** *dat*] **getäuscht sehen** to be mistaken [*or* wrong] [about sth] **III.** *vi* ➊ *(irreführen)* to be deceptive; **der Schein täuscht** appearances are deceptive ➋ SPORT to feint, to sell sb a dummy BRIT ➌ SCH *(geh: schummeln)* to cheat

täu·schend I. *adj inv (trügerisch)* deceptive; *(zum Verwechseln)* apparent; **~e Ähnlichkeit** remarkable [*or* striking] resemblance [*or* similarity] **II.** *adv (trügerisch)* deceptively; *(zum Verwechseln)* remarkably, strikingly; **sie sieht ihrer Mutter ~ ähnlich** she bears a striking resemblance to her mother

Tausch·ge·schäft *nt* exchange, swap; [**mit jdm**] **ein ~ machen** to exchange [*or* swap] sth [with sb]

Tausch·han·del *m* ➊ *kein pl* ÖKON barter; **~ treiben** to [practise [*or* AM -ce]] barter ➋ *s.* **Tauschgeschäft**

Täu·schung <-, -en> ['tɔyʃʊŋ] *f* ➊ *(Betrug)* deception; **arglistige ~** JUR fraud ➋ *(Irrtum)* error, mistake; **optische ~** optical illusion; **einer ~ erliegen** [*o* **unterliegen**] to be the victim of a delusion *form;* **sich einer ~** *dat* **hingeben** *(geh)* to delude oneself

Täu·schungs·ma·nö·ver *nt* ploy, ruse **Täu·schungs·ver·such** *m* attempt to deceive

tau·send ['tauznt] *adj* ➊ *(Zahl)* a [*or* one] thousand; **ich wette mit dir ~ zu eins, dass er verliert** I'll bet you any money [*or* a thousand to one] that he loses; **~ Jahre alt sein** to be a [*or* one] thousand years old; **einige ~ Euro** several thousand euros; **auf die paar ~ Leute kommt es nicht drauf an** those few thousand people won't make a difference; **einer von ~ Menschen** one in every thousand people; **in ~ Jahren** in a thousand years [from now] ➋ *(fam: sehr viele)* thousands of [*or* a thousand] ...; **ich muss noch ~ Dinge erledigen** I've still got a thousand and one things to do; **~ Grüße auch an deine Kinder** my very best wishes to your children too; **~ Ausreden** a thousand excuses; **~ Ängste ausstehen** to be terribly worried; *s. a.* **Dank** ▸ WENDUNGEN: **~ Tode sterben** to be worried to death

Tau·send¹ <-s, -e> ['tauznt, *pl:* -ndə] *nt* ➊ *(Einheit von 1000 Dingen)* a thousand; **ein halbes ~** five hundred; **einige** [*o* **mehrere**] **~** several thousand; [**zehn/zwanzig etc**] **von ~** [ten/twenty etc] per thousand [*or* out of every thousand] ➋ *pl, auch klein-geschrieben (viele tausend)* thousands *pl;* **einige ~e ...** several thousand ...; **~e von ...** thousands of ...; **~e von Menschen** **~er Menschen** thousands of people; **einer von** [*o* **unter**] **~** one in a thousand; **in die ~e gehen** *Kosten, Schaden* to run into the thousands; **zu ~en** by the thousands; **~ und Abertausend ...** thousands and thousands of ...

Tau·send² <-, -en> ['tauznt, *pl:* -ndn] *f* thousand

Tau·sen·der <-s, -> ['tauzndɐ] *m* ➊ *(fam: Geldschein)* thousand-dollar/franc etc. note [*or* AM *usu* bill] ➋ *(1000 als Bestandteil einer Zahl)* thousands ➌ *(fam: Berg)* mountain over 1,000 m

tau·sen·der·lei ['tauzndɐ'lai] *adj inv (fam)* a thousand [different]; **ich habe ~ zu tun heute** I've a thousand and one things to do today

tau·send·fach, 1000fach ['tauzntfax] **I.** *adj* thousand-fold; *s. a.* **achtfach** **II.** *adv* thousandfold, a thousand times over

Tau·send·fa·che, 1000fache *nt dekl wie adj* a thousand times the amount, the thousandfold *rare; s. a.* **Achtfache**

Tau·send·füß·ler <-s, -> ['tauzntfy:slɐ] *m* centipede

Tau·send·jahr·fei·er *f* millennium [celebrations *pl*] **tau·send·jäh·rig, 1000-jährig**ᴿᴿ ['tauzntjɛ:rɪç] *adj* ➊ *(Alter)* thousand-year-old *attr,* one thousand years old *pred; s. a.* **achtjährig 1** ➋ *(Zeitspanne)* thousand year *attr; s. a.* **Reich** **tau·send·mal, 1000-mal**ᴿᴿ ['tauzntma:l] *adv* ➊ a thousand times; *s. a.* **achtmal** ➋ *(fam: sehr viel, sehr oft)* a thousand times, thousands of times; **bitte ~ um Entschuldigung!** *(fam)* a thousand apologies!; *s. a.* **hundertmal 2** **Tau·send·schön·chen** <-s, -> ['tauzntʃø:nçn] *nt* daisy

tau·send·ste(r, s) ['tauzntstə] *adj* [one] thousandth; *s. a.* **achte(r, s)**

Tau·send·ste(r, s) ['tauzntstə] *nt* the [one] thousandth; *s. a.* **achte(r, s)**

Tau·sends·tel ['tauzntstl] *nt o* SCHWEIZ *m* thousandth

tau·send·und·ei·ne(r, s) *adj* a thousand and one; *s. a.* **Nacht** **tau·send·und·eins** [tauznt?ʊnt'ains] *adj* one thousand and one

Tau·to·lo·gie <-, -ien> [tautolo'gi:, *pl:* -'gi:ən] *f* tautology

Tau·trop·fen *m* dewdrop **Tau·wet·ter** *nt* ➊ *(Schnee-schmelze)* thaw; **~ haben** [*o* **sein**] to be thawing; **wir haben ~** a thaw has set in; **bei ~** during a thaw, when it thaws ➋ *(fig: politisch versöhnlichere Zeit)* thaw

Tau·zie·hen *nt kein pl* ➊ *(Seilziehen)* tug-of-war ➋ *(fig geh: Hin und Her)* tug-of-war; **nach langem ~ einigte man sich auf einen Kompromiss** after a lengthy tug-of-war a compromise was agreed

Ta·xa·me·ter <-s, -> [taksa'me:tɐ] *m* taximeter, clock *fam*

Ta·xa·tor, Ta·xa·to·rin <-s, -toren> [ta'ksato:ɐ, taksa-'to:rɪn, *pl:* ta'ksato:rən] *m, f* ÖKON valuer

Tax·card <-, -s> *f* SCHWEIZ *(Telefonkarte)* telephone card

Ta·xe <-, -n> ['taksə] *f* ➊ *(Kurtaxe)* charge ➋ *(Schätz-wert)* estimate, valuation ➌ DIAL *(Taxi)* taxi

Ta·xi <-s, -s> ['taksi] *nt* cab, taxi; **~ fahren** *(als Fahr-gast)* to go by taxi; *(als Chauffeur)* to drive a taxi; **sich** *dat* **ein ~ nehmen** to take a taxi [*or* cab]; **~! taxi!**

ta·xie·ren* [taks'i:rən] *vt* ➊ *(schätzen)* ▪ **etw** [**auf etw** *akk*] **~** to estimate [*or* value] sth [at sth] ➋ *(fam: abschätzen)* ▪ **jdn ~** to look sb up and down ➌ *(geh: einschätzen)* ▪ **etw ~** to assess

Ta·xi·fah·rer(in) *m(f)* taxi [*or* cab] driver, cabby *sl* **Ta·xi·fahrt** *f* taxi [*or* cab] journey

Ta·xis <-, Taxen> ['taksɪs, *pl:* 'taksn] *f* BIOL taxis

Ta·xi·stand *m* taxi [*or* cab] rank

Tb <-, -s> [te:'be:] *f,* **Tbc** <-, -s> [te:be:'tse:] *f s.* **Tuberkulose** TB; **~ haben** to have TB

Tb(c)-krank *adj* to have TB

Teak·holz ['ti:k-] *nt* teak

Team <-s, -s> [ti:m] *nt* team; **im ~** as a team; **er arbeitet nicht gerne im ~** he's not a team player

Team·ar·beit ['ti:m-] *f* teamwork; **in ~** by teamwork **team·fä·hig** *adj* PSYCH able to work in [*or* as part of] a team **Team·fä·hig·keit** *f kein pl* team spirit; **~ haben** to have team spirit, to work well in a team **Team·geist** *m kein pl* team spirit **Team·work** <-s-> *nt kein* *pl s.* **Teamarbeit**

Tech·ne·ti·um <-s> |tɛçˈneːtsɪ̯ʊm| *nt kein pl* CHEM technetium, Tc

Tech·nik <-, -en> |ˈtɛçnɪk| *f* ① *kein pl (Technologie)* technology; **auf dem neuesten Stand der ~** state-of-the-art technology ② *kein pl (technische Ausstattung)* technical equipment; **mit modernster ~ ausgestattet** equipped with the most modern technology ③ *kein pl (technische Konstruktion)* technology ④ *(besondere Methode)* technique; **jeder Hochspringer hat seine eigene ~** every high jumper has his own technique ⑤ *inv (fam: technische Abteilung)* technical department ⑥ ÖSTERR *(technische Hochschule)* college of technology

Tech·ni·ker(in) <-s, -> |ˈtɛçnɪke| *m(f) (Fachmann der Technik 1)* engineer; *(der Technik 2,3,4)* technician; **Fernseh~** TV engineer

Tech·nik·fol·gen·ab·schät·zung *f* technology assessment

Tech·ni·kum <-s, Technika> |ˈtɛçnɪkʊm| *pl: -ka| nt* college of technology

tech·nisch |ˈtɛçnɪʃ| **I.** *adj* ① *attr (technologisch)* technical; **die ~en Einzelheiten finden Sie in der beigefügten Bedienungsanleitung** you'll find the technical details in the enclosed operating instructions ② *(~es Wissen vermittelnd)* technical; **~e Hochschule** college [*or* university] of technology; *s. a.* **Chemie** *s. a.* **Medizin** ③ *(Ausführungsweise)* technical; **~es Können** technical ability; **unvorhergesehene ~e Probleme** unforeseen technical problems **II.** *adv (auf ~em Gebiet)* technically; **ein ~ fortgeschrittenes Land** a technologically advanced country; **er ist ~ begabt** he is technically gifted; *s. a.* **Zeichner** *s. a.* **unmöglich** *s. a.* **Unmöglichkeit**

tech·ni·sie·ren |tɛçniˈziːrən| *vt* ■ **etw ~** to mechanize

Tech·no <-[s]> |ˈtɛçno| *m o nt kein pl* MUSIK techno

Tech·no·krat(in) <-en, -en> |tɛçnoˈkraːt| *m(f) (geh)* technocrat

Tech·no·kra·tie <-> |tɛçnokraˈtiː| *f kein pl (geh)* technocracy *form*

Tech·no·kra·tin <-, -nen> *f fem form von* **Technokrat**

tech·no·kra·tisch <-er, -ste> *adj* TECH, ÖKON ① *(die Technokratie betreffend)* technocratic ② *(pej: ohne Rücksicht auf Individuelles)* technocratic

Tech·no·lo·ge, Tech·no·lo·gin <-n, -n> |tɛçnoˈloːɡə, -ˈloːɡɪn| *m, f* technologist

Tech·no·lo·gie <-, -n> |tɛçnoloˈɡiː| *f* technology

Tech·no·lo·gie·park *m* technology park **Tech·no·lo·gie·trans·fer** *m* transfer of technology **Tech·no·lo·gie·zen·trum** *nt* technology centre [*or* AM -er]

Tech·no·lo·gin <-, -nen> |tɛçnoˈloːɡɪn| *f fem form von* **Technologe**

tech·no·lo·gisch |tɛçnoˈloːɡɪʃ| *adj* technological

Tech·tel·mech·tel <-s, -> |tɛçtlˈmɛçtl| *nt (fam)* affair; **ein ~ |mit jdm| haben** to have an affair [with sb]

Ted·dy·bär |ˈtɛdi-| *m* teddy [bear]

Tee <-s, -s> |teː| *m* ① *(Getränk)* tea; **eine Tasse ~** a cup of tea; *(aus Heilkräutern)* herbal tea; **schwarzer/grüner ~** black/green tea; **jdn zum ~ einladen** to invite sb to tea; **~ kochen** to make some tea ② *(Pflanze)* tea ▶ WENDUNGEN: **abwarten und ~ trinken** *(fam)* to wait and see; **einen im ~ haben** *(fam)* to be tipsy *fam*

Tee·au·to·mat *m* tea urn **Tee·baum·öl** *nt* tea tree oil **Tee·beu·tel** *m* tea bag **Tee·blatt** *nt meist pl* tea leaf **Tee·brüh·löf·fel** *m* spoon tea infuser **Tee·eiᴿᴿ**, **Tee-Ei** *nt* tea infuser **Tee·ge·bäck** *nt* tea biscuits **Tee·glas** *nt* tea-glass **Tee·kan·ne** *f* teapot **Tee·kes·sel** *m* kettle **Tee·licht** *nt* small candle, tea warmer candle **Tee·löf·fel** *m* ① *(Löffel)* teaspoon ② *(Menge)* teaspoon[ful]

Teen <-s, -s> |tiːn| *m*, **Teen·ager** <-s, ->

|ˈtiːneːdʒe| *m* teenager

Tee·nie <-s, -s> |ˈtiːni| *m (fam)* young teenager

Tee·ny <-s, -s> *m (fam) s.* **Teenie**

Teer <-[e]s, -e> |teːɐ̯| *m* tar

tee·ren |ˈteːrən| *vt* ■ **etw ~** to tar sth; **jdn ~ und federn** HIST to tar and feather sb

Tee·ro·se *f* tea rose

Teer·pap·pe *f* bituminous roofing felt

Tee·ser·vice |-zɛrviːs| *nt* tea service **Tee·sieb** *nt* tea strainer **Tee·stu·be** *f* tea-room **Tee·tas·se** *f* teacup **Tee·wa·gen** *m* tea trolley **Tee·wurst** *f* smoked sausage spread

Tef·lon® <-s> |ˈtɛflɔːn| *nt kein pl* teflon®

Teich <-[e]s, -e> |taɪç| *m* pond; **der große ~** *(fam)* the pond *fam*

Teich·huhn *nt* ORN moorhen **Teich·molch** *m* ZOOL smooth newt **Teich·mu·schel** *f* ZOOL freshwater mussel **Teich·ro·se** *f* yellow water lily

Teig <-[e]s, -e> |taɪk| *m (Hefe-, Rühr-, Nudelteig)* dough; *(Mürbe-, Blätterteig)* pastry; *(flüssig)* batter; *(in Rezepten)* mixture; **~ kneten** to knead dough

Teig·fla·den *m* flat bread **Teig·förm·chen** *pl* cake tins and moulds [*or* AM molds]

tei·gig |taɪɡɪç| *adj* ① *(nicht ausgebacken)* doughy ② *(mit Teig bedeckt)* covered in dough [*or* pastry] ③ *(fahl)* pasty; **ein ~er Teint** a pasty complexion

Teig·kne·ter *m* dough kneading machine **Teig·räd·chen** *nt* pastry wheel **Teig·rol·ler** *m* rolling pin **Teig·wa·ren** *pl (geh)* pasta + *sing vb*

Teil¹ <-[e]s, -e> |taɪl| *m* ① *(Bruchteil)* part; **in zwei ~e zerbrechen** to break in two [*or* half]; **zu einem bestimmten ~** for the ... part; **sie waren zum größten ~ einverstanden** for the most part they were in agreement; **zum ~ ..., zum ~ ...** partly..., partly...; **zum ~** partly; **du hast zum ~ recht** you're partly right; *(gelegentlich)* on occasion ② *(Anteil)* share; **zu gleichen ~en** equally, in equal shares; **seinen ~ zu etw beitragen** to contribute one's share to sth, to make one's contribution to sth; **seinen ~ dazu beitragen, dass etw geschieht** to do one's bit to ensure that sth happens; **seinen ~ bekommen** to get what is coming to one ③ *(Bereich) einer Stadt* district; *(einer Strecke)* stretch; *(eines Gebäudes)* section, area; *(einer Zeitung, eines Buches)* section ④ JUR *(Seite) part* ▶ WENDUNGEN: **ein gut ~** *(fam)* quite a bit; **ich habe ein gut ~ dazu beigetragen** I've contributed quite a bit to it; **sich** *dat* **seinen ~ denken** *(fam)* to draw one's own conclusions; **ich** [*o* **wir**] **für meinen** [*o* **unseren**] **~** I, [*or* we] for my [*or* our] part; **tu, was du für richtig hältst, ich für meinen ~ habe mich bereits entschieden** do what you think is right, I, for my part, have already decided

Teil² <-[e]s, -e> |taɪl| *nt* ① *(Einzelteil)* component, part ② *(sl: Ding)* thing

Teil·ab·schnitt *m* section **teil·ab|schrei·ben** *vt* ÖKON, ADMIN ■ **etw ~** to write sth down; ■ **teilabgeschrieben** partly written off **Teil·ab·schrei·bung** *f* ÖKON, ADMIN write-down **Teil·an·sicht** *f* partial view **Teil·as·pekt** *m* aspect

teil·bar *adj* ① *(aufzuteilen)* ■ **|in etw** *akk*| **~ sein** which can be divided [into sth] ② MATH *(dividierbar)* ■ **|durch etw| ~ sein** to be divisible [by sth]

Teil·be·reich *m* section, sub-area **Teil·be·trag** *m* instalment, AM installment, part-payment

Teil·chen <-s, -> *nt dim von* **Teil¹** 1 ① *(Partikel)* particle ② NUKL nuclear particle ③ KOCHK DIAL pastries *pl*

Teil·chen·be·schleu·ni·ger <-s, -> *m* particle accelerator

tei·len |ˈtaɪlən| **I.** *vt* ① *(aufteilen)* ■ **etw |mit jdm| ~** to share sth [with sb] ② MATH *(dividieren)* ■ **etw |durch etw| ~** to divide sth [by sth] ③ *(an etw teilhaben)* ■ **etw |mit jdm| ~** to share sth [with sb]; **wir ~ Ihre**

Trauer we share your grief; **jds Schicksal ~** to share sb's fate; *s.a.* **Meinung** ④ *(gemeinsam benutzen)* ■ **etw** [**mit jdm**] **~** to share sth [with sb] ⑤ *(trennen)* ■ **etw ~** to divide [*or* separate] sth ▶ WENDUNGEN: **Freud und Leid miteinander ~** to share the rough and the smooth; **geteiltes Leid ist halbes Leid** *(prov)* a trouble shared is a trouble halved **II.** *vr* ① *(sich aufteilen)* ■ **sich** [**in etw** *akk*] **~** to split up [into sth] ② *(sich gabeln)* ■ **sich** [**in etw** *akk*] **~** to fork [*or* branch] [into sth]; **da vorne teilt sich die Straße** the road forks up ahead ③ *(unter sich aufteilen)* ■ **sich** *dat* **etw** [**mit jdm**] **~** to share sth [with sb]; **sie teilten sich die Kosten** they split the costs between them ④ *(gemeinsam benutzen)* ■ **sich** *dat* **etw ~** *(geh)* to share sth **III.** *vi (abgeben)* to share; **sie teilt nicht gern** she doesn't like to share

Teil·ler <-s, -> *m* MATH *s.* **Divisor**

Teil·er·folg *m* partial success **Teil·ge·biet** *nt* branch **teil|ha·ben** *vi irreg (geh: partizipieren)* ■ [**an etw** *dat*] **~** to participate [in sth]; **an jds Aktionen ~** to participate in sb's activities; **an jds Freude ~** to share in sb's joy **Teil·ha·ber(in)** <-s, -> *m(f)* partner **Teil·ha·ber·schaft** <-, -en> *f* ÖKON partnership **teil·kas·ko·ver·si·chert** *adj* covered by partially comprehensive insurance **Teil·kas·ko·ver·si·che·rung** *f* partially comprehensive insurance **Teil·lie·fe·rung** *f* ÖKON part delivery; *(Übersee)* part shipment **teil·mö·bliert** *adj inv* partly furnished

Teil·nahme <-, -en> ['taɪlnaːmə] *f* ① *(Beteiligung)* ■ **~** [**an etw**] *dat* participation [in sth] ② *(geh: Mitgefühl)* sympathy ③ *(geh: Interesse)* interest **Teil·nah·me·be·din·gung** *f* entry condition **teil·nahms·los** *adj* apathetic, indifferent; **aus ihrem ~en Gesicht schloss ich völliges Desinteresse** I could tell she couldn't care less by the indifferent look on her face **Teil·nahms·lo·sig·keit** <-> *f kein pl* apathy, indifference **teil·nahms·voll** *adv* compassionately **teil|neh·men** *vi irreg* ① *(anwesend sein)* ■ [**an etw** *dat*] **~** to attend [sth]; **an Gottesdienst ~** to attend a service ② *(sich beteiligen)* ■ [**an etw** *dat*] **~: an einem Wettbewerb ~** to participate [*or* take part] in a contest; **an einem Kurs** [*o* **Unterricht**] **~** to attend a class [*or* lessons]; **an einem Krieg ~** to fight in a war ③ *(geh: Anteil nehmen)* ■ [**an etw** *dat*] **~** to share [in sth]

Teil·neh·mer(in) <-s, -> *m(f)* ① *(Anwesender)* person present; **alle ~ fanden diese Vorlesung äußerst interessant** everyone present found this lecture extremely interesting ② *(Beteiligte)* participant; ■ **ein ~ an etw: ~ an einem Wettbewerb** contestant [*or* participant in a contest]; **~ an einem Kurs** person attending a class [*or* lessons], student; **~ an einem Krieg** combatant ③ *(Telefoninhaber)* subscriber

teils [taɪls] *adv* in part, partly; **~, ~** *(fam)* yes and no; **~ ..., ~ ...** *(fam)* partly..., partly...; **im Tagesverlauf ist es ~ heiter, ~ bewölkt** during the day it will be cloudy with sunny intervals

Teil·scha·den *m* partial damage **Teil·stück** *nt* part, stretch

Tei·lung <-, -en> *f* division

teil·wei·se ['taɪlvaɪzə] **I.** *adv* partly **II.** *adj attr* partial; **~r Erfolg** partial success

Teil·zah·lung *f (Ratenzahlung)* instalment, AM installment, part payment; **auf ~** on hire purchase **Teil·zah·lungs·kauf** *m* hire purchase **Teil·zah·lungs·preis** *m* hire purchase price **Teil·zeit** *f* part-time; **~ beschäftigt** employed part-time

Teil·zeit·ar·beit *f* part-time work **Teil·zeit·be·schäf·tig·te(r)** *f(m) dekl wie adj* part-time worker **Teil·zeit·be·schäf·ti·gung** *f* part-time employment **Teil·zeit·kraft** *f* part-timer

Tein <-s> [teˈiːn] *nt kein pl* thein BRIT

Teint <-s, -s> [tɛ̃ː] *m* complexion

Te·le·brief *m* telemessage

Te·le·fax ['teːləfaks] *nt* ① *(Gerät)* fax ② *(gefaxte Mitteilung)* fax

Te·le·fax·an·lage *f* fax installation **Te·le·fax·an·schluss**^RR *m* fax connection **te·le·fa·xen** ['teːləfaksn̩] *vt, vi (geh) s.* **faxen Te·le·fax·ge·rät** *nt* fax machine

Te·le·fon <-s, -e> ['teːlefoːn, teleˈfoːn] *nt* telephone, phone *fam;* **~ haben** to be on the [tele]phone; **am ~ verlangt werden** to be wanted on the phone

Te·le·fon·an·la·ge *f* telephone system **Te·le·fon·an·ruf** *m* telephone call **Te·le·fon·an·sa·ge** *f* telephone information service **Te·le·fon·an·schluss**^RR *m* telephone connection

Te·le·fo·nat <-[e]s, -e> [telefoˈnaːt] *nt (geh)* telephone call; **ein ~ führen** to make a telephone call

Te·le·fon·aus·kunft *f* directory enquiries *pl* **Te·le·fon·buch** *nt* telephone book [*or* directory] **Te·le·fon·ge·bühr** *f meist pl* telephone charge[s *pl*] **Te·le·fon·ge·spräch** *nt* telephone call; **ein ~ nach Tokio** a telephone call to Tokyo; **ein ~ führen** to make a telephone call **Te·le·fon·häus·chen** [-hɔʏsçən] *nt* call [*or* phone] box BRIT, pay phone AM

te·le·fo·nie·ren [telefoˈniːrən] *vi (das Telefon verwenden)* ■ [**mit jdm**] **~** to telephone [sb]; **mit wem hast du eben so lange telefoniert?** who have you just been on the phone to for so long?; ■ [**irgendwohin**] **~** to telephone [somewhere]

te·le·fo·nisch I. *adj* telephone; **~e Anfrage** telephone enquiry; **~e Beratung** advice over the telephone **II.** *adv* by telephone, over the telephone; **der Auftragseingang wurde ~ bestätigt** reception of the order was confirmed by telephone

Te·le·fo·nist(in) <-en, -en> [telefoˈnɪst] *m(f)* switchboard operator, telephonist

Te·le·fon·kar·te *f* phone card **Te·le·fon·ket·te** *f* telephone chain **Te·le·fon·kon·fe·renz** *f* telephone conference **Te·le·fon·lei·tung** *f* telephone line **Te·le·fon·mar·ke·ting** *nt* telephone marketing **Te·le·fon·netz** *nt* telephone network **Te·le·fon·num·mer** *f* telephone number; **geheime ~** ex-directory number **Te·le·fon·rech·nung** *f* [tele]phone bill **Te·le·fon·seel·sor·ge** *f* Samaritans *pl* **Te·le·fon·sex** *m* telephone sex **Te·le·fon·sys·tem** *nt* telephone system **Te·le·fon·über·wa·chung** *f* telephone surveillance **Te·le·fon·ver·bin·dung** *f* telephone connection **Te·le·fon·zel·le** *f* call [*or* phone] box BRIT, pay phone AM **te·le·gen** [teleˈgeːn] *adj* telegenic

Te·le·graf <-en, -en> [teleˈɡraːf] *m* telegraph **Te·le·gra·fen·amt** *nt* telegraph office **te·le·gra·fie·ren** [teleɡraˈfiːrən] **I.** *vi (telegrafisch kommunizieren)* ■ [**jdm**] **~** to telegraph [sb] **II.** *vt (telegrafisch übermitteln)* ■ [**jdm**] **etw ~** to telegraph [sb] sth

te·le·gra·fisch *adj* telegraphic

Te·le·gramm <-gramme> [teleˈɡram] *nt* telegram

Te·le·gramm·stil *m kein pl* abrupt style; **im ~** in an abrupt style

Te·le·graph [teleˈɡraːf] *m s.* **Telegraf**

Te·le·kar·te *f* phone card

Te·le·kol·leg ['teːləkɔleːk] *nt* Open University BRIT

Te·le·kom <-> |'te:ləkɔm| *f kein pl kurz für* **Deutsche Telekom AG**: ∎ **die** ~ German telecommunications company

Te·le·kom·mu·ni·ka·ti·on *f* telecommunication **Te·le·ko·pie** *f (veraltend)* fax **Te·le·ko·pie·rer** *m (veraltend)* fax machine **Te·le·ob·jek·tiv** *nt* telephoto lens **Te·le·pa·thie** <-> |telepa'ti:| *f kein pl* telepathy **te·le·pa·thisch** |tele'pa:tɪʃ| *adj* telepathic **Te·le·promp·ter** <-s, -> *m* autocue, teleprompter AM **Te·le·shop·ping** <-s> |'te:leʃɔpɪŋ| *nt kein pl* teleshopping

Te·le·skop <-s, -e> |tele'sko:p| *nt* telescope **Te·le·spiel** *nt (veraltend)* video game **Te·le·tex** <-> |'teletɛks| *nt kein pl* teletex no pl **Te·lex** <-, -e> |'te:lɛks| *nt* telex **te·le·xen** |'te:lɛksn̩| *vt* ∎ |jdm| etw ~ to telex |sb| sth **Tel·ler** <-s, -> |'tɛlɐ| *m* ❶ *(Geschirrteil)* plate; **fla·cher** ~ dinner plate; **tiefer** ~ soup plate ❷ *(Menge)* plateful; **ein** ~ **Spaghetti** a plateful of spaghetti **Tel·ler·be·sen** *m* flat whisk **Tel·ler·brett** *nt* shelf for plates **Tel·ler·rand** *m* ▶ WENDUNGEN: **über den ~ hinausschauen** *(fam)* not to be restricted in one's thinking; **über den ~ nicht hinausschauen** *(fam)* to not see further than [the end of] one's nose **Tel·ler·wä·scher(in)** *m(f)* dishwasher; **die klassische amerikanische Erfolgsstory: vom ~ zum Millionär** classic American success story: from rags to riches **Tel·lur** <-s> |tɛ'lu:ɐ| *nt kein pl* CHEM tellurium **Tem·pel** <-s, -> |'tɛmpl̩| *m* temple **Tem·pel·tän·ze·rin** *f* temple dancer **Tem·pe·ra·far·be** *f* tempera colour [*or* AM -or] **Tem·pe·ra·ment** <-[e]s, -e> |tɛmpəra'mɛnt| *nt* ❶ *(Wesensart)* temperament, character; **sein** ~ **ist mit ihm durchgegangen** he lost his temper; **ein feuriges/ sprudelndes** ~ a fiery/bubbly *fam* character ❷ *kein pl (Lebhaftigkeit)* vitality, vivacity; ∎ **haben** to be very lively ▶ WENDUNGEN: **seinem** ~ **die Zügel schießen lassen** to lose control over one's feelings; **die vier ~e** the four humours [*or* AM -ors] **tem·pe·ra·ment·los** *adj* lifeless, spiritless **tem·pe·ra·ment·voll** I. *adj* lively, vivacious II. *adv* in a lively manner, vivaciously **Tem·pe·ra·tur** <-, -en> |tɛmpəra'tu:ɐ| *f* ❶ *(Wärmegrad)* temperature ❷ *(Körpertemperatur)* temperature; |seine/die| ~ **messen** to take one's temperature; **erhöhte** ~ temperature higher than normal; |erhöhte| ~ **haben** to have [*or* be running] a temperature **Tem·pe·ra·tur·an·stieg** *m* rise in temperature **Tem·pe·ra·tur·reg·ler** *m* thermostat **Tem·pe·ra·tur·rück·gang** *m* drop [*or* fall] in temperature **Tem·pe·ra·tur·schwan·kung** *f* fluctuation [*or* variation] in temperature **Tem·pe·ra·tur·sturz** *m* plunge in temperature, sudden drop in temperature **tem·pe·rie·ren*** |tɛmpə'ri:rən| *vt* ∎ etw ~ ❶ *(wärmen)* to bring sth to the correct temperature; ∎ **temperiert** at the right temperature; **angenehm temperierte Räume** rooms at a pleasant temperature ❷ *(geh: mäßigen)* to curb, to moderate; **seine Gefühle** ~ to curb one's feelings **Tem·po¹** <-s, -s *o (fachspr)* Tempi> |'tɛmpo, *pl:* 'tempi| *nt* ❶ *(Geschwindigkeit)* speed; **mit** [*o* **in**] **einem bestimmten** ~ at a certain speed; **mit hohem** ~ at high speed; **das erlaubte** ~ **fahren** to stick to the speed limit; **~!** *(fam)* get a move on! *fam* ❷ *(musikalisches Zeitmaß)* tempo; **das** ~ **angeben** to set the tempo **Tem·po®²** <-s, -s> *nt (fam: Papiertaschentuch)* [paper] tissue **Tem·po-30-Zo·ne** |-'draisɪç-| *f* restricted speed zone **Tem·po·li·mit** *nt* speed limit **Tem·po·ra** |'tɛmpora| *pl von* **Tempus**

tem·po·ral |tɛmpo'ra:l| *adj* LING temporal **Tem·po·ral·satz** *m* temporal clause **tem·po·rär** |tɛmpo'rɛg| *adj (geh)* temporarily **Tem·pus** <-, Tempora> |'tɛmpʊs, *pl:* -pora| *nt* LING tense **Ten·denz** <-, -en> |tɛn'dɛnts| *f* ❶ *(Trend)* trend, tendency; **fallende/steigende** ~ **haben** to have a tendency to fall/rise ❷ *(Neigung)* ∎ **eine** [*o* jds] ~ **zu etw** a [*or* sb's] tendency to sth; **die** ~ **haben|, etw zu tun|** to have a tendency [to do sth] ❸ *meist pl (Strömung)* trend; **neue ~en in der Kunst** new trends in art ❹ *kein pl (meist pej: Parteilichkeit)* bias, slant **ten·den·zi·ell** |tɛndɛn'tsjɛl| *adj inv* **es zeichnet sich eine ~e Entwicklung zum Besseren ab** trends indicate a change for the better **ten·den·zi·ös** <-er, -este> |tɛndɛn'tsjø:s| *adj (pej)* tendentious **Ten·denz·stück** *nt* tendentious play **Ten·der** <-, -> |'tɛndɐ| *m* BAHN, NAUT tender **ten·die·ren*** |tɛn'di:rən| *vi* ❶ *(hinneigen)* ∎ |zu etw| to tend [towards sth]; ∎ **dazu ~, etw zu tun** to tend to do sth; **dazu ~, abzulehnen/zuzustimmen** to tend to say no/yes; **dazu ~, zu unterschreiben/ bestellen** to be moving towards signing/ordering ❷ *(sich entwickeln)* ∎ |irgendwohin| ~ to have a tendency [to move in a certain direction]; **die Aktien tendieren schwächer** shares are tending to become weaker **Ten·dron** <-s, -s> *nt* KOCHK sliced veal breast **Te·ne·rif·fa** |tene'rɪfa| *nt* Tenerife; *s. a.* Sylt **Ten·ne** <-, -n> |'tɛnə| *f* AGR threshing floor **Ten·nis** <-> |'tɛnɪs| *nt kein pl* tennis; ~ **spielen** to play tennis **Ten·nis·ball** *m* tennis ball **Ten·nis·hal·le** *f* indoor tennis court **Ten·nis·platz** *m* SPORT ❶ *(Spielfeld)* tennis court ❷ *(Anlage)* outdoor tennis complex **Ten·nis·schlä·ger** *m* tennis racket **Ten·nis·spie·ler(in)** *m(f)* tennis player **Ten·nis·tur·nier** *nt* tennis tournament [*or* championship] **Te·nor** <-s, Tenöre> |te'no:ɐ, *pl:* te'nø:rə| *m* ❶ MUS tenor ❷ *kein pl* LING, JUR tenor **Ten·ta·kel** <-s, -> |tɛn'ta:kl̩| *m o nt* tentacle **Te·nue** <-s, -s> |tə'ny:| *nt* SCHWEIZ *(Bekleidung)* style of dress; MIL *(Uniform)* prescribed style of dress, uniform **Tep·pich** <-s, -e> |'tɛpɪç| *m* ❶ *(Fußbodenbedeckung)* carpet; **Wand~** tapestry, wall hanging; **einen ~ klop·fen** to beat a carpet ❷ *(Öl~)* slick ▶ WENDUNGEN: **auf dem ~ bleiben** *(fam)* to keep one's feet on the ground *fam*; **etw unter den ~ kehren** *(fam)* to sweep sth under the carpet **Tep·pich·bo·den** *m* fitted carpet; **etw mit ~ auslegen** to fit sth with wall-to-wall carpeting **Tep·pich·flie·se** *f* carpet tile **Tep·pich·ge·schäft** *nt* carpet shop **Tep·pich·grö·ße** *f* size of carpet **Tep·pich·keh·rer** <-s, -> *m* carpet sweeper **Tep·pich·kehr·ma·schi·ne** *f* carpet sweeper **Tep·pich·klop·fer** <-s, -> *m* carpet-beater **Tep·pich·mu·schel** *f* carpet shell **Tep·pich·mus·ter** *nt* carpet design **Tep·pich·schaum** *m* carpet foam cleaner **Tep·pich·stan·ge** *f* frame used for carpet beating **Ter·bi·um** <-s> |'tɛrbi̯ʊm| *nt kein pl* CHEM terbium **Ter·min** <-s, -e> |tɛr'mi:n| *m* ❶ *(verabredeter Zeitpunkt)* appointment; **einen** ~ |bei jdm| [für etw] **haben** to have an appointment [with sb] [for sth]; **sich** *dat* **einen** ~ |für etw| **geben lassen** to make an appointment [for sth]; **einen** ~ **vereinbaren** to arrange an appointment; **einen** ~ **verpassen** [*o* versäumen] to miss an appointment; **etw auf einen späteren** ~ **verschieben** to postpone sth ❷ *(festgelegter Zeitpunkt)* deadline; **der** ~ **für die Veröffentlichung steht schon fest** the deadline for publishing has already been fixed; **der letzte** ~ the deadline [*or*

latest date]; SPORT fixture ❷ JUR *(Verhandlungs~)* hearing

Ter·mi·nal¹ <-s-, -s> |'tøɐ̯mɪnl] *nt* INFORM terminal

Ter·mi·nal² <-s, -s> |'tøɐ̯mɪnl] *nt o m* LUFT, TRANSP terminal

Ter·min·bör·se *f* FIN futures market **Ter·min·druck** *m kein pl* time pressure; **unter ~ stehen** to be under time pressure **Ter·min·geld** *nt* fixed-term deposit **ter·min·ge·mäß** *adj inv* on schedule *pred* **ter·min·ge·recht I.** *adj* according to schedule **II.** *adv* on time [*or* schedule] **Ter·min·ge·schäft** *nt* forward exchange transaction

Ter·mi·ni *pl von* **Terminus**

Ter·min·ka·len·der *m* [appointments] diary [*or* AM calendar]; **einen vollen ~ haben** to have a full appointments diary

ter·min·lich I. *adj inv, attr* with regard to the schedule; **~e Verpflichtungen** commitments **II.** *adv* as far as the schedule is concerned; **ja, das kann ich ~ einrichten!** yes, I can fit that into my schedule!

Ter·min·lie·fe·rung *f* on-time delivery

Ter·mi·no·lo·gie <-, -n> |tɛrminoloˈgiː, *pl:* -ˈgiːən] *f* terminology

Ter·min·plan *m* schedule **Ter·min·pla·ner** <-s, -> *m* ❶ *(Kalender)* schedule, diary BRIT, Filofax®, personal organizer ❷ TECH, INFORM *(elektronischer Kleincomputer)* electronic diary [*or* AM organizer] **Ter·min·pla·nung** *f* scheduling

Ter·mi·nus <-, Termini> |'tɛrminʊs, *pl:* -ni] *m* term; **~ technicus** technical term; **ein medizinischer ~ technicus** a specialized medical term

Ter·min·ver·kauf *m* ÖKON, BÖRSE futures sale

Ter·mi·te <-, -n> |tɛrˈmiːtə] *f* termite

Ter·mi·ten·hü·gel *m* termites' nest **Ter·mi·ten·staat** *m* termite colony

Ter·pen·tin <-s, -e> |tɛrpɛnˈtiːn] *nt o* ÖSTERR *m* CHEM ❶ *(flüssiges Harz)* turpentine, turps *fam* ❷ *(fam)* *s.* **Terpentinöl**

Ter·pen·tin·öl *nt* oil of turpentine

Ter·rain <-s, -s> |tɛˈrɛ̃ː] *nt* ❶ MIL, GEOG *(Gelände)* terrain ❷ *(a. fig: [Bau]grundstück)* site; **das ~ sondieren** *(geh)* to see how the land lies; **sich auf unbekanntem ~ bewegen** to be on unknown territory

Ter·ra·kot·ta <-, -kotten> |tɛraˈkɔta] *f kein pl* terracotta

Ter·ra·ri·um <-s, -rien> |tɛˈraːri̯ʊm, *pl:* -ri̯ən] *nt* terrarium

Ter·ras·se <-, -n> |tɛˈrasə] *f* ❶ *(Freisitz)* terrace; *(Balkon)* [large] balcony ❷ *(Geländestufe)* terrace

ter·ras·sen·för·mig *adj* terraced **Ter·ras·sen·haus** *nt* split-level house

Ter·raz·zo <-s, Terrazzi> |tɛˈratso, *pl:* -tsi] *m* terrazzo

ter·res·trisch |tɛˈrɛstrɪʃ] *adj* terrestrial

Ter·ri·ne <-, -n> |tɛˈriːnə] *f* tureen

ter·ri·to·ri·al |tɛritoˈri̯aːl] *adj* territorial

Ter·ri·to·ri·al·an·spruch *m* POL territorial claim (**an** +*akk* on) **Ter·ri·to·ri·al·heer** *nt* territorial army **Ter·ri·to·ri·al·ver·hal·ten** *nt* territorial behaviour BRIT [*or* AM -or]

Ter·ri·to·ri·um <-s, -rien> |tɛriˈtoːri̯ʊm, *pl:* -ri̯ən] *nt* territory

Ter·roir <-[s], -s> |tɛˈrwa] *nt* AGR terroir *spec (combination of soil, climate and location for wine-growing)*

Ter·ror <-s> |'tɛroːɐ̯] *m kein pl* ❶ *(terroristische Aktivitäten)* terrorism ❷ *(Furcht und Schrecken)* terror; **die Verbreitung von ~** the spreading of terror ❸ *(Schreckensregime)* reign of terror; **blutiger ~** terror and bloodletting ❹ *(fam: Stunk)* huge fuss; **~ machen** to make a huge fuss

Ter·ror·akt *m* act of terrorism **Ter·ror·an·schlag** *m* terror[ist] attack **Ter·ror·grup·pe** *f* terrorist group **Ter·ror·herr·schaft** *f kein pl* reign of terror

ter·ro·ri·sie·ren |tɛroriˈziːrən] *vt* ❶ *(fam: schikanie-*

ren) ▪ **jdn ~** to intimidate sb ❷ *(in Angst und Schrecken versetzen)* ▪ **jdn/etw ~** to terrorize sb/sth

Ter·ro·ris·mus <-> |tɛroˈrɪsmʊs] *m kein pl* terrorism

Ter·ro·ris·mus·be·kämp·fung *f* counterterrorism

Ter·ro·ris·mus·ex·per·te *m* expert on terrorism

Ter·ro·rist(in) <-en, -en> |tɛroˈrɪst] *m(f)* terrorist

ter·ro·ris·tisch *adj* terrorist *attr*; **~e Aktivitäten** terrorist activities; **eine ~e Organisation** a terrorist organization

Ter·ror·wel·le *f* wave of terror

Tertiär <-s> |tɛrˈtsi̯ɛːɐ̯] *nt kein pl* GEOL tertiary

Terz <-, -en> |tɛrts] *f* MUS third

Ter·zett <-[e]s, -e> |tɛrˈtsɛt] *nt* MUS trio

Te·sa·film® |'teːzafɪlm] *m* Sellotape® BRIT, Scotch tape® AM

Tes·sin <-s> |tɛˈsiːn] *nt* ▪ **das ~** Ticino

Test <-[e]s, -s *o* -e> |tɛst] *m* ❶ *(Versuch)* test; **einen ~ machen** to carry out a test ❷ PHARM test; **einen ~ machen** to undergo a test ❸ SCH test

Tes·ta·ment <-[e]s, -e> |tɛstaˈmɛnt] *nt* ❶ JUR will; **sein ~ machen** to make one's will ❷ REL **Altes/Neues ~** Old/New Testament ▶ WENDUNGEN: **dann kann jd sein ~ machen** *(fam)* then sb had better make a will

tes·ta·men·ta·risch I. *adj* testamentary; **eine ~e Verfügung** an instruction in the will **II.** *adv* in the will; **jdn ~ bedenken** to include sb in one's will; **etw ~ festlegen** to write sth in one's will; **jdm etw** *akk* **~ vermachen** to leave sb sth in one's will

Tes·ta·ments·er·öff·nung *f* reading of the will **Tes·ta·ments·voll·stre·cker(in)** *m(f)* executor

Test·bild *nt* TV test card BRIT, test pattern AM

tes·ten |'tɛstn] *vt* ▪ **jdn/etw [auf etw** *akk*] **~** to test sb/sth [for sth]

Test·fah·rer(in) *m(f)* test driver **Test·fra·ge** *f* test question

tes·tie·ren |tɛsˈtiːrən] *vt* ❶ *(geh)* ▪ **jdm etw** *akk* **~** to certify [*or* testify] sth for sb; ▪ **jdm ~, dass ...** to give sb written proof that ... **II.** *vi* JUR *(geh)* to make a will

Tes·ti·kel <-s, -> |tɛsˈtiːkl] *m* MED testicle

Tes·to·ste·ron <-s, -e> |tɛstostəˈroːn] *nt* testosterone

Test·per·son *f* subject **Test·pi·lot(in)** *m(f)* test pilot **Test·rei·he** *f* series of tests

Te·ta·nus <-> |'teːtanʊs] *m kein pl* tetanus *no pl*

Te·tra·e·der <-s, -> |tetraˈʔeːdə] *nt* MATH tetrahedron

teu·er |'tɔ̯ɐ] **I.** *adj* ❶ *(viel kostend)* expensive; ▪ **jdm zu ~ sein** to be too expensive [*or* dear] for sb; **ein teures Vergnügen** an expensive bit of fun ❷ *(hohe Preise verlangend)* expensive ❸ *(geh: geschätzt)* dear; ▪ **jdm [lieb und] ~ sein** to be dear to sb; **mein Teurer/meine Teure, mein T~ster/meine T~ste** *(hum)* my dearest; *(unter Männern)* my dear friend **II.** *adv (zu einem hohen Preis)* expensively; **das hast du aber zu ~ eingekauft** you paid too much for that; **sich** *dat* **etw** *akk* **~ bezahlen lassen** to demand a high price for sth ▶ WENDUNGEN: **etw** *akk* **~ bezahlen müssen** to pay a high price for sth; **~ erkauft** dearly bought; **jdn ~ zu stehen kommen** to cost sb dear, sb will pay dearly

Teu·e·rung <-, -en> |'tɔ̯ərʊŋ] *f* price rise [*or* increase], rise [*or* increase] in price

Teu·e·rungs·ra·te *f* rate of price increase **Teu·e·rungs·zu·schlag** *m* surcharge

Teu·fel <-s, -> |'tɔ̯fl] *m* ❶ *kein pl (Satan)* ▪ **der ~** the Devil, Satan ❷ *(teuflischer Mensch)* devil, evil person ▶ WENDUNGEN: **den ~ durch** [*o* **mit dem**] **Beelzebub austreiben** to jump from the frying pan into the fire; **der ~ steckt im Detail** it's the little things that cause big problems; **jdn/sich in ~s Küche bringen** *(fam)* to get sb/oneself into a hell of a mess *fam*; **in ~s Küche kommen** *(fam)* to get into a hell of a mess; **ein/der ~ in Menschengestalt** a/the devil in disguise; **den ~ an die Wand malen** to imagine the worst; **jdn/etw wie der ~ das Weihwasser fürch-ten** *(hum fam)* to avoid sb/sth like the plague *fam;* **ja bist du denn des ~s?** have you lost your senses *[or* mind*]* ?, are you mad *[or* AM crazy*]* ?; **geh zum ~!** *(fam)* go to hell! *fam;* **soll jdn [doch] der ~ holen** *(fam)* to hell with sb *fam;* **irgendwo ist der ~ los** *(fam)* all hell is breaking loose somewhere; **in der Firma war gestern der ~ los** all hell broke loose in the firm yesterday; **jdn zum ~ jagen** *[o* schicken*]* *(fam)* to send sb packing *fam;* **auf ~ komm raus** *(fam)* come hell or high water; **die Termine müssen auf ~ komm raus eingehalten werden** the dates have to be met, come hell or high water; **sich den ~ um etw kümmern** *[o* scheren*]* *(fam)* to not give a damn about sth *sl;* **jdn reitet der ~** *(fam)* sb is feeling his oats *fam;* **scher dich zum ~!** *(fam)* go to hell! *sl;* **wenn man vom ~ spricht[, kommt er]** *(prov)* speak *[or* talk*]* of the devil [and he appears]; **den ~ tun wer-den, etw zu tun** *(fam)* to be damned *sl* if one does sth; **sie wird den ~ tun, das zu machen** she'll be damned if she does that; **weiß der ~** *(fam)* who the hell knows *fam;* **den ~ werde ich [tun]!** *(fam)* like hell I will! *fam;* **jdn zum ~ wünschen** *(fam)* to wish sb in hell; **es müsste mit dem ~ zugehen, wenn ...** *(fam)* hell would have to freeze over, before ...; **~ noch mal [o aber auch] !** *(fam)* well, I'll be damned! *sl;* **wie der ~** *(fam)* like hell *[or* the devil*]* *fam;* **zum ~!** *(fam)* damn [it]! *sl,* blast [it]! *sl dated; ... zum ~ ...?** *(fam)* ... the devil *[or* hell*]* ...?; **wer zum ~ ist Herr Müller?** who the heck *[or* hell*]* is Mr. Müller? *fam*

Teu·fe·lei <-, -en> [tɔyfə'lai] *f* evil trick
Teu·fels·frat·ze *f* devil's face **Teu·fels·kreis** *m* vicious circle
teuf·lisch ['tɔyflɪʃ] **I.** *adj* devilish, diabolical **II.** *adv* ❶ *(diabolisch)* diabolically, devilishly ❷ *(fam: höl-lisch)* hellishly, like hell
Teu·to·ne, Teu·to·nin <-n, -n> [tɔy'to:nə, tɔy'to:nɪn] *m, f* Teuton
teu·to·nisch [tɔy'to:nɪʃ] *adj* Teutonic
Text <-[e]s, -e> [tɛkst] *m* ❶ *(schriftliche Darstellung)* text ❷ *(Lied)* lyrics ❸ *(Wortlaut)* text; *Rede* script ▶ WENDUNGEN: **jdn aus dem ~ bringen** *(fam)* to con-fuse sb; **aus dem ~ kommen** *(fam)* to become con-fused; **weiter im ~!** *(fam)* let's get on with it *fam*
Text·auf·ga·be *f* MATH problem **Text·bau·stein** *m* text block **Text·buch** *nt* song book, libretto **Text·dich-ter(in)** *m(f)* songwriter, librettist
tex·ten ['tɛkstn̩] **I.** *vt* ▪ **etw ~** to write sth **II.** *vi* to write songs; *(in der Werbung)* to write copy
Tex·ter(in) <-s, -> *m(f)* songwriter; *(in der Werbung)* copywriter
tex·til [tɛks'ti:l] *adj* fabric
Tex·til·bran·che *f* textile industry **Tex·til·her·stel-ler** *m* textile manufacturer
Tex·ti·li·en [tɛks'ti:li̯ən] *pl* fabrics *pl*
Tex·til·in·dus·trie *f* textile industry
Text·kri·tik *f* textual criticism **Text·pas·sa·ge** *f* extract *[or* passage*]* from the text **Text·stel·le** *f* pas-sage **Text·sys·tem** *nt s.* **Textverarbeitungssystem**
Text·ver·ar·bei·tung *f* word processing
Text·ver·ar·bei·tungs·pro·gramm *nt* word process-ing programme *[or* AM -am*]*, word processor **Text·ver-ar·bei·tungs·sys·tem** *nt* word processor, word processing system
Te·zett ['te:tsɛt] *nt* ▶ WENDUNGEN: **bis ins ~** *(fam)* inside out *fam*
TH <-, -s> [te:'ha] *f Abk von* **Technische Hochschule** training college providing degree courses in technical and scientific subjects
Thai [tai] *nt* Thai; *s. a.* **Deutsch**
Thai·land ['tailant] *nt* Thailand

Thal·li·um <-s> ['tali̯ʊm] *nt kein pl* CHEM thallium
The·a·ter <-s, -> [te'a:tɐ] *nt* ❶ *(Gebäude)* theatre *[or* AM -er*]* ❷ *(Schauspielkunst)* theatre *[or* AM -er*]*; **zum ~ gehen** to go on the stage; **~ spielen** to put on a show, to act; **nur ~ sein** *(fam)* to be only an act *fam* ❸ *(fam: Umstände)* drama, fuss *fam;* **[ein] ~ machen** to make *[or* create*]* a fuss *fam*
The·a·ter·abon·ne·ment *nt* theatre *[or* AM -er*]* sub-scription **The·a·ter·auf·füh·rung** *f* theatre perfor-mance, play **The·a·ter·kar·te** *f* theatre ticket **The·a-ter·kas·se** *f* theatre box office **The·a·ter·kri·ti-ker(in)** *m(f)* theatre critic **The·a·ter·ma·cher(in)** *m(f)* theatre maker; *(Theaterregisseur a.)* stage director; *(Theaterintendant a.)* theatre manager **The·a·ter-stück** *nt* play
the·a·tra·lisch [tea'tra:lɪʃ] *adj* theatrical
The·is·mus <-> [te'ɪsmʊs] *m kein pl* theism *no pl*
The·ke <-, -n> ['te:kə] *f* counter; *(in einem Lokal)* bar
The·ma <-s, Themen *o* -ta> ['te:ma, *pl:* -mən, -ta] *nt* ❶ *(Gesprächs~)* subject, topic; **ein ~ ist [für jdn] erledigt** a matter is closed as far as sb is con-cerned; **beim ~ bleiben** to stick to the subject *[or* point*]*; **jdn vom ~ abbringen** to get sb off the subject; **vom ~ abschweifen** to wander *[or fam* get*]* off the subject; **~ Nr. 1 sein** to be the main subject of discus-sion; **das ~ wechseln** to change the subject ❷ *(schriftliches ~)* subject ❸ *(Bereich)* subject area ❹ MUS theme ▶ WENDUNGEN: **wir wollen das ~ begra-ben** *(fam)* let's not talk about that anymore; **ein/ kein ~ sein** to be/not be an issue; **etw** *akk* **zum ~ machen** to make an issue out of sth
The·ma·tik <-> [te'ma:tɪk] *f kein pl* topic
the·ma·tisch [te'ma:tɪʃ] **I.** *adj* regarding subject matter **II.** *adv* as far as the subject is concerned
the·ma·ti·sie·ren* [temati'zi:rən] *vt* ▪ **etw ~** to make sth subject of discussion, to discuss sth
The·men ['te:mən] *pl von* **Thema**
The·o·lo·ge, The·o·lo·gin <-n, -n> [teo'lo:gə, -'lo:gɪn] *m, f* theologian
The·o·lo·gie <-, -n> [teolo'gi:, *pl:* -gi:ən] *f* theology
The·o·lo·gin <-, -nen> *f fem form von* **Theologe**
the·o·lo·gisch [teo'lo:gɪʃ] **I.** *adj* theological **II.** *adv* ❶ *(in der Theologie)* in theological matters ❷ *(für die Theologie)* theologically, from a theological point of view
The·o·rem <-s, -e> [teo're:m] *nt (geh)* theorem
The·o·re·ti·ker(in) <-s, -> [teo're:tike] *m(f)* theoreti-cian, theorist
the·o·re·tisch [teo're:tɪʃ] **I.** *adj* theoretical **II.** *adv* theo-retically; **~ betrachtet** in theory, theoretically
the·o·re·ti·sie·ren* [teoreti'zi:rən] *vi* ▪ **[über etw** *akk*] **~** to theorize [about sth]
The·o·rie <-, -n> [teo'ri:, *pl:* -ri:ən] *f* theory; **graue ~ sein** to be all very well in theory; **nur ~ sein** to only be hypothetical; **in der ~** in theory; *s. a.* **Freund**
The·ra·peut(in) <-en, -en> [tera'pɔyt] *m(f)* therapist
The·ra·peu·tik <-> [tera'pɔytɪk] *f kein pl* therapeutics + *sing vb*
The·ra·peu·tin <-, -nen> *f fem form von* **Therapeut**
the·ra·peu·tisch [tera'pɔytɪʃ] **I.** *adj* therapeutic **II.** *adv* as therapy
The·ra·pie <-, -n> [tera'pi:, *pl:* i:ən] *f* therapy
the·ra·pie·ren* [tera'pi:rən] *vt* MED ▪ **jdn ~** to treat *[or* give therapy to] sb; ▪ **etw ~** to treat sth
Ther·mal·bad [tɛr'ma:l-] *nt* ❶ *(Hallenbad)* thermal baths *pl* ❷ MED *(Heilbad)* thermal bath, hot springs *npl* ❸ *(Kurort)* spa resort **The·rmal·quel·le** *f* thermal *[or* hot*]* spring
ther·misch ['tɛrmɪʃ] *adj attr* thermal
Ther·mo·me·ter <-s, -> [tɛrmo'me:tɐ] *nt* thermom-eter
ther·mo·nuk·le·ar [tɛrmonukle'a:ɐ̯] *adj* thermonuclear

Ther·mo·pa·pier nt thermal paper
Ther·mos·fla·sche® ['tɛrmosflaʃə] f Thermos® [flask [or bottle]], vacuum flask
Ther·mo·stat <-[e]s, -e o -en, -en> [tɛrmo'sta:t] m thermostat
The·se <-, -n> ['te:zə] f (geh) thesis
Thon <-s> [to:n] m kein pl SCHWEIZ (Tunfisch) tuna [fish] no pl
Tho·ri·um <-s> ['to:riʊm] nt kein pl CHEM thorium no pl
Thrill <-s> [θrɪl] m kein pl (sl) thrill
Thril·ler <-s, -> [θrɪlɐ] m thriller
Throm·bo·se <-, -n> [trɔm'bo:zə] f thrombosis
Thron <-[e]s, -e> [tro:n] m throne; ▸ WENDUNGEN: **jds ~ wackelt** sb's throne is shaking
thro·nen ['tro:nən] vi to sit enthroned
Thron·fol·ger(in) <-s, -> m(f) heir [or successor] to the throne
Thu·li·um <-s> ['tu:liʊm] nt kein pl CHEM thulium no pl
Thun·fisch ['tu:nfɪʃ] m s. **Tunfisch**
Thur·gau <-s> ['tuɐɡau] nt Thurgau
Thü·rin·gen <-s> ['ty:rɪŋən] nt Thuringia
Thymian <-s, -e> ['ty:mia:n] m thyme
Ti·a·ra <-, Tiaren> ['tia:ra, pl: -rən] f REL triple crown
Ti·bet <-s> ['ti:bɛt] nt Tibet; s. a. **Deutschland**
Ti·be·ta·ner(in) <-s, -> [ti:bɛ'ta:nɐ] m(f) s. **Tibeter**
Ti·be·ter(in) <-s, -> [ti'be:tɐ] m(f) Tibetan; s. a. **Deutsche(r)**
ti·be·tisch [ti'be:tɪʃ] adj Tibetan; s. a. **deutsch**
Ti·be·tisch [ti'be:tɪʃ] nt dekl wie adj Tibetan; s. a. **Deutsch**
Ti·be·ti·sche <-n> [ti'be:tɪʃə] nt ■ **das ~** Tibetan, the Tibetan language; s. a. **Deutsche**
Tick <-[e]s, -s> [tɪk] m (fam) ① (Marotte) quirk fam; **einen ~ haben** to have a quirk ② (geringe Menge) tad; **kannst du das einen ~ leiser stellen?** can you turn it down a tad?
ti·cken ['tɪkn] vi (ein klickendes Geräusch machen) to tick; ▸ WENDUNGEN: **nicht richtig ~** (sl) to be off [or AM out of one's mind] one's head sl, to not be in one's right mind
Ti·cket <-s, -s> ['tɪkət] nt ticket
Tie·break^RR <-s, -s> m o nt, **Tie-Break** <-s, -s> ['tai·bre:k] m o nt tie-break
tief [ti:f] **I.** adj ① (eine große Tiefe aufweisend) deep; ■ **ein Meter/Kilometer ~** two metres [or AM -ers] / kilometres [or AM -ers] deep ② (eine große Dicke aufweisend) deep; ■ **drei Meter/Zentimeter ~** three metres [or AM -ers] /centimetres [or AM -ers] deep ③ (niedrig) low ④ MUS (tief klingend) low; **eine ~ Stimme** a deep voice ⑤ (intensiv empfunden) deep, intense ⑥ (tiefgründig, ins Wesentliche dringend) profound ⑦ (mitten in etw liegend) deep; **im ~en Wald** in the depths of the forest, deep in the forest; ■ **~ in etw** dat in the depths of sth, deep in sth, deep; **im ~sten Winter** in the depths of winter ⑧ (weit hineinreichend) deep; (Ausschnitt) low; s. a. **Herz** s. a. **Nacht** s. a. **Teller II.** adv ① (weit eindringend) deep; ~ **greifend** [o **schürfend**] far-reaching, extensive ② (vertikal weit hinunter) deep; **er stürzte 350 Meter ~** he fell 350 metres [deep] ③ (dumpf tönend) low; **zu ~ singen** to sing flat; ~ **sprechen** to talk in a deep voice ④ (zutiefst) deeply; ~ **betrübt** deeply distressed; ~ **bewegt** deeply moved; **etw ~ bedauern** to regret sth profoundly; **jdn ~ erschrecken** to frighten sb terribly ⑤ (intensiv) deeply; ~ **schlafen** to sleep soundly; ~ **erröten** to deeply redden, to go bright red fam ⑥ (niedrig) low; ~ **liegend** low-lying; ~ **stehend** (fig) low-level ▸ WENDUNGEN: **zu tief ins Glas geblickt haben** to have had too much to drink; ~ **blicken lassen** to be very revealing; ~ **fallen** to go

downhill; ~ **sinken** to sink low
Tief <-[e]s, -e> [ti:f] nt ① METEO (Tiefdruckgebiet) low, low pressure system, depression ② (depressive Phase) low [point], depression
Tief·bau m kein pl civil engineering no pl **Tief·bau·amt** nt authority in charge of planning, design, construction and maintenance of fixed structures and ground facilities **tief·blau** adj deep blue
Tief·druck¹ m kein pl TYPO gravure no pl
Tief·druck² m kein pl METEO low pressure no pl
Tief·druck·ge·biet nt low pressure area
Tie·fe <-, -n> ['ti:fə] f ① (Wasser~) depth ② (vertikal hinabreichende Ausdehnung) depth; **der Schacht führt hinab bis in 1200 Meter ~** the shaft goes 1200 metres deep ③ (horizontal hineinreichende Ausdehnung) depth ④ kein pl (Intensität) intensity ⑤ (Tiefgründigkeit) depth ⑥ (dunkle Tönung) **die ~ des Blaus** the depth of blue ⑦ (dunkler Klang) deepness
Tief·ebe·ne f lowland plain; **die Norddeutsche ~** the North German Lowlands pl; **die Oberrheinische ~** the Upper Rhine Valley
Tie·fen·psy·cho·lo·ge, -psy·cho·lo·gin m, f psychoanalyst **Tie·fen·psy·cho·lo·gie** f psychoanalysis **Tie·fen·psy·cho·lo·gin** f fem form von **Tiefenpsychologe** **Tie·fen·schär·fe** f kein pl FOTO depth of field no pl
tie·fer adj o adv superl von **tief**: ~ **gelegt** AUTO lowered
Tief·flie·ger m low-flying aircraft **Tief·flug** m low-altitude flight; **im ~** at low altitude; **etw im ~ überfliegen** to fly over sth at low altitude **Tief·gang** m NAUT draught BRIT, draft AM; ▸ WENDUNGEN: ~ **haben** to have depth, to be profound **Tief·ga·ra·ge** f underground car park BRIT, underground parking lot AM **tief·ge·frie·ren** vt irreg ④ **etw ~** to freeze sth **Tief·ge·fro·ren, tief·ge·kühlt** adj frozen **tief·grei·fend** adj far-reaching, extensive
Tief·kühl·fach nt freezer compartment **Tief·kühl·kost** f frozen foods pl **Tief·kühl·schrank** m freezer **Tief·kühl·tru·he** f freezer chest
Tief·la·der <-s, -> m low-loading vehicle **Tief·land** ['ti:flant] nt lowlands **Tief·punkt** m low point; **einen ~ haben** to feel worn out, to suffer a low; (deprimiert sein) to go through a low patch **Tief·schlag** m ① SPORT hit below the belt ② (schwerer Schicksalsschlag) body blow
Tief·see f deep sea
Tief·see·fisch m deep-sea fish **Tief·see·tau·cher(in)** m(f) deep-sea diver
tief·sin·nig adj s. **tiefgründig Tief·stand** m low; **der Dollar ist auf einen neuen ~ gesunken** the dollar has sunk to a new low **Tief·sta·pe·lei** <-> f kein pl understatement **tief·sta·peln** vi to understate the case, to be modest
Tiefst·preis m lowest [or fam rock-bottom] price **Tiefst·tem·pe·ra·tur** f lowest temperature **Tiefst·wert** m lowest value
tief·trau·rig ['ti:ftraʊrɪç] adj extremely sad
Tie·gel <-s, -> ['ti:ɡl] m ① (flacher Kochtopf) [sauce] pan ② (Cremebehälter) jar ③ (Schmelz~) pot
Tier <-[e]s, -e> [ti:ɐ] nt animal; **wie ein ~** like an animal ▸ WENDUNGEN: **ein großes** [o **hohes**] **~** (fam) big shot fam, bigwig
Tier·arzt, -ärz·tin m, f vet, veterinary surgeon form
Tier·chen <-s, -> nt dim von **Tier** little creature; ▸ WENDUNGEN: **jedem ~ sein Pläsierchen** each to his own
Tier·freund(in) m(f) animal lover **Tier·hal·ter(in)** m(f) pet owner **Tier·hal·tung** f (Haustiere) pet ownership; AGR animal husbandry; s. a. **artgerecht Tier·hand·lung** f pet shop **Tier·heim** nt animal home
tie·risch ['ti:rɪʃ] **I.** adj ① (bei Tieren anzutreffen) ani-

mal *attr* ❷ *(sl: gewaltig)* deadly *fam,* terrible; **einen ~en Durst/Hunger haben** to be thirsty/hungry as hell *sl* ❸ *(grässlich)* bestial, brutish **II.** *adv (sl)* loads *fam;* ~ **schuften/schwitzen** to work/sweat like hell *sl;* ~ **wehtun** to hurt like hell *sl*

Tier·kli·nik *f* animal hospital **Tier·kreis** *m kein pl* zodiac **Tier·kreis·zei·chen** *nt* sign of the zodiac, zodiacal sign **Tier·kun·de** *f* zoology **tier·lieb** *adj* animal-loving *attr,* pet-loving *attr;* ▪ ~ **sein** to be fond of animals **Tier·lie·be** *f* love of animals **Tier·me·di·zin** *f* veterinary medicine **Tier·park** *m* zoo **Tier·pfle·ger(in)** *m(f)* zoo-keeper **Tier·quä·ler(in)** <-s, -> *m(f)* person who is cruel to animals **Tier·quä·le·rei** ['ti:ɐ̯kvɛləraɪ] *f* animal cruelty, cruelty to animals **Tier·schutz** *m* protection of animals **Tier·schutz·ver·ein** *m* society for the prevention of cruelty to animals **Tier·ver·such** *m* animal experiment **Tier·zucht** *f kein pl* live-stock breeding *no pl,* animal husbandry *no pl*

Tif·lis ['tɪflɪs], **Tbilissi** <-> [dbi'lisi] *nt* Tbilisi

Ti·ger <-s, -> [ti:gɐ] *m* tiger

Ti·ger·au·ge *nt* tiger's-eye

ti·gern ['ti:gɐn] *vi sein (fam)* to mooch [about] BRIT *fam,* to loiter AM; ▪ **durch etw** *akk* ~ to traipse [*or* BRIT mooch] through sth

Til·de <-, -n> ['tɪldə] *f* tilde

til·gen ['tɪlgn] *vt (geh)* ▪ **etw** ~ ❶ FIN *(abtragen)* to pay sth off ❷ *(beseitigen)* to wipe out sth *sep;* ▪ **etw** *akk* **von etw** *dat* ~ to erase sth from sth

Til·gung <-, -en> *f (geh)* ❶ FIN *(das Tilgen)* repayment ❷ *(Beseitigung)* erasure, deletion

Tim·bre <-s, -s> ['tɛ̃:brə] *nt (geh)* timbre [*or* AM -er]

ti·men ['taɪmən] *vt* ▪ **etw** ~ to time sth

Time·sha·ring[RR] <-s> *nt,* **Time·sha·ring**[ALT] <-s> ['taɪmʃɛ:rɪŋ] *nt kein pl* ❶ INFORM *(gemeinsame Benutzung eines Großrechners)* time-sharing ❷ *(gemeinsamer Besitz von Ferienwohnungen)* time share

Ti·ming <-s> ['taɪmɪŋ] *nt* timing

tin·geln ['tɪŋln] *vi sein (fam)* to gig around *fam*

Tink·tur <-, -en> [tɪŋk'tu:ɐ̯] *f* tincture

Tin·te <-, -n> ['tɪntə] *f* ink; ▶ WENDUNGEN: **in der ~ sitzen** *(fam)* to be in the soup *fam,* to be in a scrape *fam*

Tin·ten·fass[RR] *nt* inkpot **Tin·ten·fisch** *m* squid **Tin·ten·fleck** *m* ink blot; *(auf Kleidung)* ink stain **Tin·ten·gum·mi** *m* ink rubber **Tin·ten·klecks** *m* ink blot **Tin·ten·stift** *m* indelible pencil

Tipp[RR], **Tip**[ALT] <-s, -s> [tɪp] *m* ❶ *(Hinweis)* tip, hint; **jdm einen ~ geben** to give sb a tip ❷ SPORT *(gewettete Zahlen)* tip

tip·pen¹ [tɪpn] **I.** *vi* ❶ *(Wettscheine ausfüllen)* to fill in one's coupon; **im Lotto/Toto** ~ to play the lottery/pools ❷ *(fam: etw vorhersagen)* to guess; ▪ **auf jdn/etw** ~ to put one's money on sb/sth; ▪ **darauf** ~, **dass jd etw** *akk* **tut/dass etw** *gen* **geschieht** to bet that sb does sth/that sth happens **II.** *vt* ▪ **etw** ~: **eine Zahl** ~ to play a number

tip·pen² [tɪpn] **I.** *vi* ❶ *(fam: Schreibmaschine schreiben)* to type ❷ *(kurz anstoßen)* ▪ **an/auf etw** *akk* ~ to tap on sth; ▪ **gegen etw** *akk* ~ to tap against sth **II.** *vt (fam)* to type; ▪ **[jdm] etw** *akk* ~ to type sth [for sb]

Tipp-Ex® <-> ['tɪpɛks] *nt kein pl* Tipp-Ex® BRIT, Liquid Paper® AM, whiteout

Tipp·feh·ler *m* typing mistake [*or* error]

Tipp·se <-, -n> ['tɪpsə] *f (pej fam)* typist

tipp·topp ['tɪp'tɔp] **I.** *adj* tip-top *fam,* perfect, immaculate **II.** *adv* immaculately

Tipp·zet·tel *m (fam)* lottery ticket

Ti·ra·de <-, -n> [ti'ra:də] *f meist pl (pej geh)* tirade

Ti·ra·na <-> [ti'ra:na] *nt* GEOG Tirana, Tirane

Ti·rol <-s> [ti'ro:l] *nt* Tyrol

Ti·ro·ler(in) <-s, -> [ti'ro:lɐ] *m(f)* Tyrolese, Tyrolean

Ti·ro·ler·hut *m* Tyrolean hat

Ti·ro·le·rin <-, -nen> *f fem form von* **Tiroler**

Tisch <-[e]s, -e> [tɪʃ] *m* ❶ *(Esstisch)* table; **jdn zu ~ bitten** to ask sb to take their place [at the table]; **etw** *akk* **auf den ~ bringen** *(fam)* to serve sth; **zu ~ gehen** *(geh)* to go to lunch/dinner; **zu ~ sein** *(geh)* to be having one's lunch/dinner; **am** [*o geh:* **bei**] [*o geh:* **zu**] ~ **sitzen** to sit at the table; **bei ~** *(geh)* at the table; **vor/nach ~** *(geh)* before/after the meal; **zu ~!** *(geh)* lunch/dinner is served ❷ *(an einem ~ sitzende Personen)* table ▶ WENDUNGEN: **am grünen ~ vom grünen ~ aus** in theory; **reinen ~ machen** to sort things out, to get things straight; **am runden ~** among equals; **jdn an einen ~ bringen** to get sb round [*or* AM around] the table; **unter den ~ fallen** *(fam)* to go by the board *fam;* **jdn unter den ~ trinken** [*or* sl: **saufen**] to drink sb under the table *fam;* **vom ~ sein** to be cleared up; **vom ~ müssen** to need clearing up; **sich** *akk* **[mit jdm] an einen ~ setzen** to get round the table [with sb]; **etw** *akk* **vom ~ wischen** to strike sth off the roll, to dismiss sth; **jdn über den ~ ziehen** *(fam)* to lead sb up the garden path *fam*

Tisch·da·me *f fem form von* **Tischherr Tisch·de·cke** *f* tablecloth **Tisch·grill** *m* table-top grill **Tisch·herr**, **-da·me** *m, f* dinner partner

Tisch·ler(in) <-s, -> ['tɪʃlɐ] *m(f)* joiner, carpenter, cabinet maker

Tisch·le·rei <-, -en> [tɪʃlə'raɪ] *f* joiner's [*or* carpenter's] workshop

Tisch·le·rin <-, -nen> *f fem form von* **Tischler**

tisch·lern ['tɪʃlɐn] **I.** *vi (fam)* to do woodwork **II.** *vt (fam)* ▪ **etw** ~ to make sth

Tisch·ler·wer·kstatt *f* joiner's [*or* carpenter's] workshop

Tisch·rech·ner *m* desk calculator **Tisch·re·de** *f* after-dinner speech; **eine ~ halten** to hold an after-dinner speech

Tisch·ten·nis *nt* table tennis, Ping-Pong® *fam*

Tisch·ten·nis·plat·te *f* table-tennis [*or fam* Ping-Pong®] table **Tisch·ten·nis·schlä·ger** *m* table-tennis [*or fam* Ping-Pong®] bat

Tisch·tuch <-tücher> *nt s.* **Tischdecke**

Ti·tan¹ <-en, -en> [ti'ta:n] *m* Titan

Ti·tan² <-s> [ti'ta:n] *nt kein pl* CHEM titanium

Ti·tel <-s, -> ['ti:tl̩] *m* ❶ *(Überschrift)* heading ❷ *(Namenszusatz)* [academic] title ❸ *(Adels~)* title ❹ MEDIA *([Name einer] Publikation)* title ❺ MUS *(Schlager)* song ❻ SPORT *(sportlicher Rang)* title ❼ JUR *(vollstreckbarer Rechtsanspruch)* section

Kultur

Die **Titel** *Dr, Mr* und *Mrs* sowie der neutrale weibliche Titel *Ms* werden in Großbritannien *ohne* Punkt und in den USA oft *mit* Punkt geschrieben. Bei Anschriften wird in Großbritannien häufig der Titel *Esq.,* die Abkürzung für *esquire,* hinter den männlichen Nachnamen als Zeichen des Respekts gesetzt, z.B. *John Grant Esq.* Die Titel *Sir* und *Madam* werden fast nur noch zur Anrede in Briefen verwendet; für *Sehr geehrte Damen und Herren* sagt man im Englischen *Dear Sir or Madam.* Als Ehrentitel gehört *Sir* zum Vornamen, z.B. wird David Attenborough als *Sir David* angesprochen. Frauen werden mit *Dame,* z.B. *Dame Iris Murdoch,* angeredet. Die Ehrentitel *Baron* und *Baroness* werden bei Herren vor den Nachnamen, z.B. Richard Attenborough als *Baron Attenborough,* und bei Frauen vor den Vornamen gestellt, z.B. Ruth Rendell als *Baroness Ruth.* Die Ehrentitel *Lord* und

Lady werden jeweils nur vor den Nachnamen gestellt.

Ti·tel·bild *nt* cover [picture] **Ti·tel·blatt** *nt* *(Buchseite mit dem Titel)* title page ❷ *(einer Zeitung)* front page; *Zeitschrift* cover **Ti·tel·held(in)** *m(f)* eponymous hero/ *fem* heroine *liter* **Ti·tel·kampf** *m* title fight

ti·teln ['ti:tl̩n] *vt* ■ **etw ~** to headline sth

Ti·tel·rol·le *f* title role **Ti·tel·sei·te** *f* front page; *(einer Zeitschrift)* cover **Ti·tel·trä·ger(in)** *m(f)* title bearer **Ti·tel·ver·tei·di·ger(in)** *m(f)* title holder

Tit·te <-, -n> ['tɪtə] *f (derb)* tit *sl,* boob *fam*

ti·tu·lie·ren' [titu'li:rən] *vt (geh)* ■ **jdn irgendwie ~** to call sb sth; ■ **jdn als** [*o* **mit etw** *dat*] **etw** *akk* **~** to address sb as sth

tja [tja] *interj* well

Toast¹ <-[e]s, -e> [to:st] *m* ❶ *kein pl (Toastbrot)* toast ❷ *(Scheibe Toastbrot)* ■ **ein ~** a slice [*or* piece] of toast

Toast² <-[e]s, -e> [to:st] *m* toast; **einen ~ auf jdn/ etw ausbringen** to propose a toast to sb/sth

Toast·brot *nt* toasting bread

toas·ten¹ [to:stn] *vt* ■ **etw ~** to toast sth

toas·ten² [to:stn] *vi (geh)* ■ [**auf jdn/etw**] **~** to toast [to sb/sth]

Toas·ter <-s, -> *m* toaster

To·bak ['to:bak] *m* ▸ WENDUNGEN: **das ist starker ~!** *(veraltend fam)* that's a bit much! *fam; s. a.* **Anno**

to·ben ['to:bn] *vi* ❶ *haben (wüten)* ■ [**vor etw** *dat*] **~** to be raging [*or* to go wild] [with sth]; **wie ein Wilder/wie eine Wilde ~** to go berserk ❷ *haben (ausgelassen spielen)* to romp [around [*or* about]] ❸ *sein (fam: sich ausgelassen fortbewegen)* ■ **irgendwohin ~** to romp somewhere

Tob·sucht *f kein pl* rage, raving madness *no pl*

tob·süch·tig *adj* raving mad, maniacal

Tob·suchts·an·fall *m (fam)* fit of rage, raving madness; **einen ~ bekommen/haben** to blow one's top *fam,* to go through/have a tantrum

Toch·ter <-, **Töchter**> ['tɔxte, *pl:* 'tœçte] *f* ❶ *(weibliches Kind)* daughter; **die ~ des Hauses** *(geh)* the young lady of the house *form* ❷ *(Tochterfirma)* subsidiary

Töch·ter·chen <-s, -> ['tœçteçən] *nt dim von* **Tochter 1** little daughter

Toch·ter·fir·ma *f s.* **Tochtergesellschaft Toch·ter·ge·schwulst** *f* MED secondary growth **Toch·ter·ge·sell·schaft** *f* subsidiary [firm [*or* company]]

Tod <-[e]s, -e> [to:t] *m (Lebensende)* death; ■ **der ~** *(liter)* Death, the Grim Reaper *liter;* ■ **~ durch etw** *akk* death by sth; **~ durch Erschießen** execution by firing squad; **~ durch Ertrinken** death by drowning; **eines friedlichen ~es sterben** to die a peaceful death; **etw mit dem ~e bezahlen** *akk (geh)* to pay for sth with one's life; **jdn ereilt der ~** *(geh)* sb is overtaken by death; **den ~ finden** *(geh)* to meet one's death, to perish; **jdm in den ~ folgen** *(geh)* to follow sb to the grave; [**für jdn/etw**] **in den ~ gehen** *(geh)* to die [for sb]; **bis dass der ~ uns scheidet** 'til death do us part; **des ~es sein** *(geh)* to be doomed; **bis in den ~** until death ▸ WENDUNGEN: **jdn/etw auf den ~ nicht ausstehen können** [*o* **leiden**] *(fam)* to be unable to stand sb/sth *fam;* **sich** *dat* **den ~ holen** *(fam)* to catch one's death [of cold] *fam; sich akk* **zu ~e langweilen** to be bored to death; **sich** *akk* **zu ~e schämen** to be utterly ashamed; **zu ~e betrübt sein** to be deeply despaired; *s. a.* **Kind** *s. a.* **Leben**

tod·ernst ['to:t'ʔɛrnst] **I.** *adj* deadly [*or* absolutely] serious **II.** *adv* in a deadly serious manner, dead earnest

To·des·angst *f* ❶ *(fam: entsetzliche Angst)* mortal

---

fear; **Todesängste ausstehen** *(fam)* to be scared to death, to be frightened out of one's wits ❷ *(Angst vor dem Sterben)* fear of death **To·des·an·zei·ge** *f* MEDIA obituary **To·des·dro·hung** *f* death threat; **gegen jdn eine ~ aussprechen** to threaten sb with death **To·des·fall** *m* death **To·des·ge·fahr** *f* mortal danger **To·des·kampf** *m* death throes **To·des·kan·di·dat(in)** *m(f)* doomed man, goner *sl* **to·des·mu·tig** **I.** *adj* [completely] fearless **II.** *adv* fearlessly **To·des·op·fer** *nt* casualty; **die Zahl der ~** the death toll **To·des·schuss**ᴿᴿ *m* ■ **der/ein ~ auf jdn** the fatal shot which killed sb; **gezielter ~** JUR shot to kill **To·des·schüt·ze, -schüt·zin** *m, f* assassin **To·des·schwadron** *f* death squad **To·des·stoß** *m* deathblow; **jdm den ~ versetzen** to deal sb the deathblow; **einer S.** *dat* **den ~ versetzen** *(fig)* to deal the deathblow to sth *fig* **To·des·stra·fe** *f* death penalty; **auf etw** *akk* **steht die ~** sth is punishable by death **To·des·stun·de** *f* hour of death **To·des·trakt** *m* ■ **der ~** death row; **im ~ sitzen** to be on death row **To·des·ur·sa·che** *f* cause of death **To·des·ur·teil** *nt* death sentence; **jds ~ bedeuten** to be sb's sure death; **das ~ fällen** to pass the death sentence **To·des·ver·ach·tung** *f* ❶ *(Furchtlosigkeit)* fearlessness, defiance of death ❷ *(fam: starke Abneigung)* disgust; **mit ~** *(fam)* with complete and utter disgust *fam* **To·des·zel·le** *f* death cell

Tod·feind(in) ['to:tfaint] *m(f)* deadly [*or* mortal] enemy **tod·ge·weiht** *adj (geh)* doomed **tod·krank** ['to:t'kraŋk] *adj* terminally ill

töd·lich ['tø:tlɪç] **I.** *adj* ❶ *(den Tod verursachend)* deadly; **~es Gift** lethal [*or* deadly] poison; **~e Dosis** lethal [*or* deadly] dose ❷ *(lebensgefährlich)* mortal, deadly ❸ *(fam: absolut)* deadly; **das ist mein ~er Ernst** I'm deadly [*or* absolutely] serious ❹ *(fam: fatal)* fatal **II.** *adv* ❶ *(mit dem Tod als Folge)* **~ verunglücken** to be killed in an accident; **~ abstürzen** to fall to one's death ❷ *(fam: entsetzlich)* **sich akk ~ langweilen** to be bored to death; **jdm ist ~ übel** sb feels horribly [*or* BRIT *fam* dead] sick

tod·mü·de ['to:t'my:də] *adj (fam)* dead tired *fam* **tod·schick** *adj (fam)* dead smart BRIT *fam,* snazzy *fam* **tod·si·cher** **I.** *adj (fam)* dead certain [*or fam* sure]; **eine ~e Methode** a sure-fire Method *fam* **II.** *adv (fam)* for sure *fam* **Tod·sün·de** *f* deadly [*or* mortal] sin **tod·un·glück·lich** ['to:t'ʔʊnɡlvklɪç] *adj (fam)* deeply [*or* dreadfully] unhappy

To·fu ['to:fu] *nt* tofu

To·ga <-, **Togen**> ['to:ɡa] *f* toga

To·go <-s> ['to:ɡo] *nt* Togo; *s. a.* **Deutschland**

To·go·er(in) <-s, -> ['to:ɡoe] *m(f)* Togolese; *s. a.* **Deutsche(r)**

to·go·isch ['to:ɡoɪʃ] *adj* Togolese; *s. a.* **deutsch**

To·go·le·se, To·go·le·sin <-n, -n> [toɡo'le:zə, toɡo'le:zɪn] *m, f s.* **Togoer**

To·hu·wa·bo·hu <-[s], -s> [to:huva'bo:hu] *nt* chaos

To·i·let·te <-, -n> [twa'lɛtə] *f* toilet, loo BRIT *fam;* **ich muss mal auf die ~** I need to go to the toilet [*or fam* loo]; **öffentliche ~** public toilet

To·i·let·ten·ar·ti·kel *pl* toiletries *pl* **To·i·let·ten·mann, -frau** *m, f* toilet attendant **To·i·let·ten·pa·pier** *nt* toilet paper

toi, toi, toi ['tɔy 'tɔy 'tɔy] *interj (fam)* ❶ *(ich drücke die Daumen)* good luck, I'll keep my fingers crossed ❷ *(hoffentlich auch weiterhin)* touch [*or* AM knock on] wood

To·kio <-s> ['tokjo] *nt* Tokyo

To·ki·o·ter [to'kjote] *adj attr* Tokyo

Tö·le <-, -n> [tø:lə] *f* DIAL *(fam)* mutt *fam*

to·le·rant [tole'rant] *adj* tolerant; ■ **~** [**gegen jdn** [*o* **gegenüber jdm**]] **sein** to be tolerant [of [*or* towards] sb]

To·le·ranz¹ <-> |tole'rants| *f kein pl (geh)* tolerance; ■ jds ~ gegen jdn |*o* gegenüber jdm| sb's tolerance of |*or* towards| sb

To·le·ranz² <-, -en> |tole'rants| *f (fachspr)* tolerance

to·le·rie·ren* |tole'riːrən| *vt (geh)* ■ etw ~ to tolerate sth; ■ ~, dass jd etw *akk* tut to tolerate, that sb does sth

toll |tɔl| **I.** *adj (fam)* great *fam,* fantastic, terrific **II.** *adv* ❶ *(wild)* wild, crazy; **irgendwo geht es ~ zu** things are pretty wild somewhere *fam;* **ihr treibt es manchmal wirklich zu ~!** you really go too far sometimes! ❷ *(fam: sehr gut)* very well

tol·len |'tɔlən| *vi* ❶ haben *(umhertoben)* to romp around |*or* about| ❷ sein *(ausgelassen laufen)* to charge about

Toll·kir·sche *f* deadly nightshade, belladonna **toll·kühn** |'tɔlkyːn| *adj* daring, daredevil *attr* **Toll·kühn·heit** *f kein pl* daring *no pl*

Toll·patsch^RR <-es, -e> |'tɔlpatʃ| *m (fam)* clumsy fool *fam*

toll·pat·schig^RR **I.** *adj* clumsy **II.** *adv* sich *akk* ~ anstellen to act clumsily **Toll·wut** *f* rabies **toll·wü·tig** *adj* ■ ~ sein ❶ ZOOL *(von Tollwut befallen)* to be rabid, to have rabies ❷ *(rasend)* to be raving mad

Tol·patsch^ALT <-es, -e> *m s.* **Tollpatsch**

tol·pat·schig^ALT *adj o adv s.* **tollpatschig**

Töl·pel <-s, -> |'tœlpl| *m (fam)* fool

töl·pel·haft **I.** *adj* silly **II.** *adv* foolishly

To·ma·te <-, -n> |to'maːtə| *f (Frucht o Strauch)* tomato; ▶ WENDUNGEN: **~n auf den Augen haben** *(fam)* to be blind; **du treulose ~!** *(fam)* you're a fine friend! *iron*

To·ma·ten·ket·schup^RR *nt,* **To·ma·ten·ket·chup** *nt* |tomato| ketchup |*or* AM *a.* catsup| **To·ma·ten·mark** *nt* tomato puree **To·ma·ten·saft** *m* tomato juice **To·ma·ten·sa·lat** *m* tomato salad **To·ma·ten·so·ße** *f* tomato sauce **To·ma·ten·sup·pe** *f* tomato soup

Tom·bo·la <-, -s *o* Tombolen> |'tɔmbola, *pl:* -bolən| *f* raffle

To·mo·graph, **To·mo·graf^RR** <-en, -en> |tomo·'graːf| *m* tomograph

To·mo·gra·phie, **To·mo·gra·fie^RR** <-, -n> |tomogra·'fiː| *f* tomography

Ton¹ <-[e]s, -e> |toːn| *m* clay

Ton² <-[e]s, Töne> |toːn, *pl:* tøːnə| *m* ❶ *(hörbare Schwingung)* sound; **halber/ganzer ~** MUS semitone/tone ❷ FILM, RADIO, TV *(Laut)* sound ❸ *(fam: Wort)* sound; **ich will keinen ~ mehr hören!** not another sound!; **große Töne spucken** *(sl)* to brag about *fam;* **keinen ~ herausbringen** |*o* hervorbringen| to not be able to utter a word; **keinen ~ sagen** |*o* **von sich** *dat* **geben**| *(geh)* to not utter a sound ❹ *(Tonfall)* tone; **einen ~ am Leibe haben** *(fam)* to be |very| rude; **einen schärferen/vorsichtigeren ~ anschlagen** to strike a harsher/softer note; **einen anderen ~ anschlagen** to change one's tune; **einen** *dat* **diesen ~ verbitten** to not be spoken to like that; **ich verbitte mir diesen ~!** I will not be spoken to like that! ❺ *(Farb~)* shade, tone; ~ **in ~** tone in tone ▶ WENDUNGEN: **der ~ macht die Musik** *(prov)* it's not what you say but the way you say it; **der gute ~** etiquette; **jdn/etw in den höchsten Tönen loben** *(fam)* to praise sb/sth to the skies; **den ~ angeben** *(fam)* to set the tone; **hast du Töne!** *(fam)* you're not serious! *fam*

ton·an·ge·bend *adj* setting the tone *pred;* ■ ~ sein to set the tone

Ton·arm *m* pick-up arm **Ton·art** *f* ❶ MUS key ❷ *(Typ von Ton¹)* type of clay

Ton·band <-bänder> *nt* tape; **digitales ~** digital audiotape, DAT; **etw** *akk* **auf ~ aufnehmen** to tape sth

Ton·band·auf·nah·me *f* tape recording; **eine ~** |von etw *dat*| **machen** to record |sth| on tape **Ton·band·ge·rät** *nt* tape recorder

tö·nen¹ |'tøːnən| *vi* ❶ *(klingen)* to sound, to ring ❷ *(großspurig reden)* to boast

tö·nen² |'tøːnən| *vt* ■ etw ~ to tint sth; |sich *dat*| die Haare ~ to colour |*or* AM -or| |one's| hair; ■ getönt tinted; *(Haar)* coloured |*or* AM -ored|

To·ner <-s, -> |'toːnɐ| *m* toner

tö·nern |'tøːnɐn| *adj attr* clay; *s. a.* **Fuß**

Ton·fall *m* tone of voice, intonation **Ton·fol·ge** *f* sequence of notes

Ton·ga <-s> |'tɔŋa| *nt* Tonga; *s. a.* **Sylt**

Ton·ga·er(in) <-s, -> |'tɔŋaɐ| *m(f)* Tongan; *s. a.* **Deutsche(r)**

ton·ga·isch |'tɔŋaɪʃ| *adj* Tongan; *s. a.* **deutsch**

Ton·ge·fäß <-es, -e> *nt* earthenware vessel

To·ni·kum <-s, Tonika> |'toːnikʊm, *pl:* -ka| *nt* tonic

Ton·kopf *m* recording head **Ton·la·ge** *f* pitch **Ton·lei·ter** *f* scale **ton·los** *adj* flat

Ton·na·ge <-, -n> |tɔ'naːʒə| *f* tonnage

Ton·ne <-, -n> |'tɔnə| *f* ❶ *(zylindrischer Behälter)* barrel, cask ❷ *(Müll~)* bin BRIT, AM *usu* can; **gelbe ~** recycling bin for plastic; **grüne ~** recycling bin for paper ❸ *(Gewichtseinheit)* ton ❹ NAUT *(Bruttoregister~)* |register| ton ❺ NAUT *(zylindrische Boje)* buoy ❻ *(fam: fetter Mensch)* fatty *fam* ▶ WENDUNGEN: **etw in die ~ treten** |**können**| *(sl)* to kiss sth goodbye *sl*

Ton·stö·rung *f* sound interference

Ton·sur <-, -en> |tɔn'zuːɐ| *f* tonsure

Ton·tau·be *f* clay pigeon **Ton·tau·ben·schie·ßen** *nt* clay pigeon shooting

Ton·tech·ni·ker(in) *m(f)* sound technician **Ton·trä·ger** *m* sound carrier

Tö·nung <-, -en> *f* ❶ *(das Tönen)* tinting ❷ *(Produkt für Haare)* hair colour |*or* AM -or| ❸ *(Farbton)* shade, shading

Top <-s, -s> |tɔp| *nt* top

Top·agent(in) <-en, -en> *m(f)* top agent

To·pas <-es, -e> |to'paːs| *m* topaz

Topf <-[e]s, Töpfe> |tɔpf, *pl:* 'tœpfə| *m* ❶ *(Koch~)* pot, sauce pan ❷ *(Nacht~)* potty *fam,* bedpan ❸ *(sl: Toilette)* loo BRIT *fam,* can AM *sl* ❹ *(~ für Kleinkinder)* potty *fam;* **auf den ~ gehen** to use the potty ▶ WENDUNGEN: **alles in einen ~ werfen** to lump everything together

Top·fah·rer(in) *m(f)* SPORT top racer

Topf·blu·me *f* potted flower

Töpf·chen <-s, -> |'tœpfçən| *nt dim von* Topf ❶ *(kleiner Kochtopf)* small pot |*or* |sauce| pan| ❷ HORT *(kleiner Blumentopf)* small pot ❸ *(Toilettentopf für Kinder)* potty *fam*

Top·fen <-s, -> |'tɔpfn| *m* SÜDD, ÖSTERR quark *(soft cheese made from skimmed milk)*

Töp·fer(in) <-s, -> |'tœpfɐ| *m(f)* potter

Töp·fe·rei <-, -en> |tœpfə'raɪ| *f* pottery

Töp·fe·rin <-, -nen> *f fem form von* **Töpfer**

töp·fern |'tœpfɐn| **I.** *vi* to do pottery **II.** *vt* ■ etw ~ to make sth from clay

Töp·fer·schei·be *f* potter's wheel

top·fit |'tɔp'fit| *adj (fam)* ■ ~ sein to be as fit as a fiddle |*or* in top form|

Topf·ku·chen *m s.* **Napfkuchen Topf·lap·pen** *m* oven cloth BRIT, pot holder AM **Topf·pflan·ze** *f* potted plant, pot plant BRIT

Top·ma·na·ger(in) *m(f)* top manager

To·po·gra·phie, **To·po·gra·fie^RR** <-, -n> |topogra'fiː, *pl:* -iən| *f* topography

to·po·gra·phisch *adj,* **to·po·gra·fisch^RR** *adj* topographic|al|

top·pen |'tɔpn| *vt (sl)* ■ jdn/etw ~ to top sb/sth

Tor <-[e]s, -e> |toːɐ| *nt* ❶ *(breite Tür)* gate; *Garage* door; **seine ~e schließen** *(fig fam)* to close its gates for the last time ❷ ARCHIT *(Torbau)* gateway ❸ SPORT goal; **es fällt ein ~** a goal is scored; **ein ~ schießen** to score *[or* shoot*]* a goal; **im ~ stehen** to be goalkeeper ❹ SKI *(Durchgang)* gate

Tor, Tö·rin <-en, -en> [toːɐ̯, 'tøːrɪn] *m, f (veraltend geh)* fool

Tor·bo·gen *m* archway **Tor·ein·fahrt** *f* entrance gate, gateway **To·res·schluss**ᴿᴿ *m* ▸ WENDUNGEN: **kurz vor ~** at the eleventh hour

Torf <-[e]s, -e> [tɔrf] *m* peat; **~ stechen** to cut peat

tor·fig *adj* peaty

Tor·flü·gel *m* gate *(one of a double gate)*

Torf·moor *nt* peat bog **Torf·moos** *nt* sphagnum [moss] **Torf·mull** *m* garden peat

Tor·heit <-, -en> *f (geh)* ❶ *kein pl (Unvernunft)* foolishness, folly ❷ *(unvernünftige Handlung)* foolish action

Tor·hü·ter(in) *m(f) s.* Torwart

tö·richt ['tøːrɪçt] **I.** *adj (geh)* foolish, unwise **II.** *adv (geh)* foolishly

tö·rich·ter·wei·se *adv (geh)* stupidly, foolishly

Tö·rin <-, -nen> *f fem form von* Tor

tor·keln ['tɔrkln] *vi sein* ❶ *(taumeln)* to reel ❷ *(irgendwohin taumeln)* to stagger; **er torkelte aus der Kneipe auf die Straße** he staggered out of the bar onto the street

Tor·na·do <-s, -s> [tɔr'naːdo] *m* tornado, AM *a.* twister

tor·pe·die·ren [tɔrpe'diːrən] *vt* ■ **etw ~** ❶ NAUT *(mit Torpedos beschießen)* to torpedo sth ❷ *(geh: zu Fall bringen)* to sabotage sth

Tor·pe·do <-s, -s> [tɔr'peːdo] *m* torpedo

Tor·pe·do·boot *nt* torpedo-boat

Tor·pfos·ten *m* goalpost **Tor·schluss·pa·nik**ᴿᴿ *f (fam)* **~ haben** to be afraid of missing the boat, BRIT to be left on the shelf *fam* **Tor·schüt·ze, -schüt·zin** *m, f* scorer

Tor·si·on <-, -en> [tɔr'zi̯oːn] *f* torsion

Tor·so <-s, -s *o* Torsis> ['tɔrzo, *pl:* -zi] *m* ❶ KUNST *(Statue ohne Gliedmaßen)* torso ❷ *(geh: unvollständiges Ganzes)* skeleton ❸ *(menschlicher Rumpf)* torso

Tört·chen <-s, -> ['tœrtçən] *nt dim von* Torte [small] tart, tartlet BRIT

Tor·te <-, -n> ['tɔrtə] *f* gateau, [fancy] cake; *(Obstkuchen)* flan

Tor·ten·be·lag *m* flan topping **Tor·ten·bo·den** *m* flan case, base **Tor·ten·di·a·gramm** *nt* pie chart **Tor·ten·guss**ᴿᴿ *m* glaze **Tor·ten·he·ber** <-s, -> *m* cake slice **Tor·ten·plat·te** *f* cake plate

Tor·tur <-, -en> [tɔr'tuːɐ̯] *f (geh)* torture

Tor·ver·hält·nis *nt* score **Tor·wart(in)** *m(f)* goalkeeper, goalie *fam*

to·sen ['toːzn̩] *vi* ❶ *haben (brausen)* to roar; *Wasserfall* to foam; *Sturm* to rage ❷ *sein (sich brausend bewegen)* to roar, to foam; *Sturm* to rage

to·send *adj* thunderous, raging; **~er Beifall ertönte** there was a thunderous applause

tot [toːt] *adj* ❶ *(gestorben)* dead; **~ geboren werden** to be stillborn; **sich ~ stellen** to play dead, to feign death; **~ umfallen** to drop dead; **~ zusammenbrechen** to collapse and die ❷ *(abgestorben)* dead ❸ *(nicht mehr genutzt)* disused ❹ *(fam: völlig erschöpft)* dead *fam,* beat *fam,* whacked BRIT *fam;* **mehr ~ als lebendig** *(fam)* more dead than alive ▸ WENDUNGEN: **für jdn ~ sein** to be dead as far as sb is concerned; **ich will ~ umfallen[, wenn das nicht wahr ist]** *(fam)* cross my heart and hope to die[, if it isn't true] *fam; s. a.* Flussarm *s. a.* Briefkasten *s. a.* Winkel *s. a.* Meer *s. a.* Punkt *s. a.* Rennen *s. a.* Kapital *s. a.* Gleis *s. a.* Sprache

to·tal [toˈtaːl] *adj* total, complete

to·ta·li·tär [totaliˈtɛːɐ̯] **I.** *adj* totalitarian **II.** *adv* in a to-

talitarian manner

To·ta·li·ta·ris·mus <-> [totalitaˈrɪsmʊs] *m kein pl* totalitarianism *no pl*

To·tal·ope·ra·ti·on *f* extirpation; *Gebärmutter* hysterectomy; *Brust* mastectomy **To·tal·scha·den** *m* write-off

tot|är·gern *vr (fam)* ■ **sich [über jdn/etw]** *akk* **~** to be/become livid [about sb/sth], to get really annoyed [about sb/sth] *fam,* to be hopping mad [about sth/ sth] *fam*

To·te(r) ['toːtə] *f(m) decl wie adj (toter Mensch)* dead person, dead man/woman, [dead] body; *(Todesopfer)* fatality

To·tem <-s, -s> ['toːtɛm] *nt* totem

To·tem·pfahl *m* totem pole

tö·ten ['tøːtn̩] *vt* ■ **jdn/etw ~** to kill sb/sth; *s. a.* Blick *s. a.* Nerv

To·ten·bett *nt s.* Sterbebett **to·ten·blass**ᴿᴿ ['toːtn̩blas] *adj s.* leichenblass **To·ten·bläs·se** *f s.* Leichenblässe **to·ten·bleich** ['toːtn̩blaiç] *adj s.* leichenblass **To·ten·grä·ber** <-s, -> *m* ZOOL burying *[or* sexton] beetle **To·ten·grä·ber(in)** <-s, -> *m(f)* gravedigger **To·ten·kopf** *m* ❶ ANAT *(Knochenschädel)* skull ❷ *(Zeichen)* skull and crossbones, death's head **To·ten·mas·ke** *f* death mask **To·ten·mes·se** *f* requiem mass **To·ten·schä·del** *m s.* Totenkopf 1 **To·ten·schein** *m* death certificate **To·ten·sonn·tag** *m* protestant church holiday on the last Sunday of the church year commemorating the dead **to·ten·still** ['toːtn̩ʃtɪl] *adj* ■ **es/alles ist ~** it/everything is deadly silent *[or* quiet] **To·ten·stil·le** ['toːtn̩ʃtɪlə] *f* dead[ly] silence **To·ten·tanz** *m* dance of death **To·ten·wache** *f* **die ~ halten** to hold the wake

tot|fah·ren *irreg vt (fam)* ■ **jdn/etw ~** to run over and kill sb/sth *fam* **Tot·ge·burt** *f* stillbirth **Tot·ge·glaub·te(r)** *f(m) decl wie adj* person believed to be dead **tot|ge·hen** *vi irreg sein bes* NORDD *(fam)* to die **Tot·ge·sag·te(r)** *f(m) decl wie adj* person declared dead **tot|krie·gen** *vt (fam)* **jd ist nicht totzukriegen** you can't get the better of sb; *(äußerst strapazierfähig)* sb can go on for ever **tot|la·chen** *vr (fam)* ■ **sich [über etw/jdn]** *akk* **~** to kill oneself laughing [about sth/ sb] *fam,* to split one's sides laughing [about sth/sb]; **zum T~ sein** to be too funny for words, to be dead funny **tot|lau·fen** *vr irreg (fam)* ■ **sich ~** to peter away *[or* out] **tot|ma·chen I.** *vt (fam)* ■ **jdn/etw ~** to kill sb/sth **II.** *vr (fam)* ■ **sich [für jdn/bei etw** *dat]* *akk* **~** to bend over backwards [for sb/sth] *fam,* to go out of one's way [for sb/sth] *fam*

To·to <-s, -s> ['toːto] *nt o m* pools *npl* BRIT, pool AM; **[im] ~ spielen** to do the pools BRIT, to be in a [football] pool AM

To·to·schein *m* pool[BRIT -s] ticket

tot|schie·ßen *vt irreg (fam)* ■ **jdn/etw ~** to shoot sb/ sth dead **Tot·schlag** *m kein pl* JUR manslaughter *no pl* **tot|schla·gen** *vt irreg (fam)* ■ **jdn/etw ~** to beat sb/ sth to death; **du kannst mich ~, [aber] ..., ..., und wenn du mich totschlägst** *(fig fam)* for the life of me ..., ... for the life of me *fam* **Tot·schlä·ger** *m* cosh BRIT, blackjack AM **Tot·schlä·ger(in)** *m(f)* JUR person convicted of manslaughter **tot|schwei·gen** *vt irreg* ❶ *(über etw nicht sprechen)* ■ **etw ~** to hush up sth; ■ **totgeschwiegen** hushed-up ❷ *(über jdn nicht sprechen)* ■ **jdn ~** to keep quiet about sb

Tö·tung <-, <*selten* -en> *f* killing; **~ auf Verlangen** JUR assisted suicide, euthanasia; **fahrlässige ~** JUR culpable manslaughter

Touch <-s, -s> [tatʃ] *m* touch

tough [tʌf] *adj (sl)* tough; **sie war permanent bemüht, ~ zu wirken** she was always trying to act hard *sl*

Tou·pet <-s, -s> [tuˈpeː] *nt* toupee, toupet

tou·pie·ren' [tu'pi:rən] *vt* ■ jdm/sich die Haare ~ to backcomb sb's/one's hair

Tour <-, -en> [tu:ɐ̯] *f* ❶ *(Geschäftsfahrt)* trip; **auf ~ gehen** *(fam)* to go away on a trip, to take to the road *fam;* **auf ~ sein** *(fam)* to be away on a trip, to be on the road *fam* ❷ TOURIST *(Ausflugsfahrt)* tour, outing, excursion; **eine ~/~en machen** to go on a tour [*or* outing] /tours [*or* outings] ❸ TECH *(Umdrehung)* revolution; **auf ~en kommen** to reach top speed; **auf vollen ~en** at top speed ❹ *(fam: Vorhaben)* ploy, wheeling and dealing *fam;* **auf die langsame ~** slowly, in a slow way; **jdm auf die dumme/linke ~ kommen** to try to cheat sb; **sie versucht es immer auf die krumme ~** she always tries to wheel and deal ▸ WENDUNGEN: **jdn auf ~en bringen** *(fam)* to get sb going *fam;* *(jdn wütend machen)* to get sb worked up *fam;* **auf ~en kommen** *(fam)* to get into top gear; *(wütend werden)* to get worked up; **in einer ~** *(fam)* non-stop *fam*

Tour de France <-> ['tu:ɐ̯ də 'frã:s] *f kein pl* SPORT ■ **die ~** the Tour de France

tou·ren [tu:rən] *vi* to [be [*or* go] on] tour

Tou·ren·rad [tu:rən-] *nt* tourer **Tou·ren·wa·gen·meis·ter·schaft** *f* SPORT touring car championship **Tou·ren·zahl** *f* number of revolutions **Tou·ren·zäh·ler** *m* revolution counter

Tou·ri <-s, -s> ['tu:ri] *m (fam o a. pej)* [mass] tourist

Tou·ris·mus <-> [tu'rɪsmʊs] *m kein pl* tourism *no pl;* **sanfter ~** eco-tourism

Tou·rist(in) <-en, -en> [tu'rɪst] *m(f)* tourist

Tou·ris·ten·klas·se *f* tourist class

Tou·ris·tik <-> [tu'rɪstɪk] *f kein pl* tourism *no pl,* tourist industry

Tou·ris·tin <-, -nen> *f fem form von* **Tourist**

Tour·nee <-, -n *o* -s> [tɔr'ne:, *pl:* -'ne:ən] *f* tour; **auf ~ gehen**, **eine ~ machen** to go on tour; **auf ~ sein** to be on tour

Tow·er <-s, -> ['taʊɐ] *m* control tower

To·xi·ko·lo·ge, **To·xi·ko·lo·gin** <-n, -n> [tɔksiko'lo:gə, -'lo:gɪn] *m, f* toxicologist

To·xi·ko·lo·gie <-> [tɔksikolo'gi:] *f kein pl* toxicology **To·xi·ko·lo·gin** <-, -nen> *f fem form von* **Toxikologe** **to·xi·ko·lo·gisch** [tɔksiko'lo:gɪʃ] *adj* toxicological **to·xisch** ['tɔksɪʃ] *adj* toxic

Trab <-[e]s> [tra:p] *m kein pl (Gangart)* trot; **im ~** at a trot ▸ WENDUNGEN: **jdn auf ~ bringen** *(fam)* to make sb get a move on *fam;* **jdn in ~ halten** *(fam)* to keep sb on the go *fam;* **auf ~ kommen** *(fam)* to get a move on *fam;* **auf ~ sein** *(fam)* to be on the go *fam;* **sich** *akk* **in ~ setzen** *(fam)* to get cracking *fam*

Tra·bant <-en, -en> [tra'bant] *m* satellite **Tra·ban·ten·stadt** *f* satellite town

tra·ben ['tra:bn̩] *vi* ❶ *haben o sein (im Trab laufen o reiten)* to trot ❷ *sein (sich im Trab irgendwohin bewegen)* to trot

Tra·ber <-s, -> *m* trotter

Trab·renn·bahn *f* trotting course **Trab·renn·nen** *nt* trotting race

Tracht <-, -en> [traxt] *f* ❶ *(Volks~)* [traditional [*or* national]] costume ❷ *(Berufskleidung)* garb, dress, uniform ▸ WENDUNGEN: **eine ~ Prügel** *(fam)* a thrashing *fam,* a good hiding *fam*

trach·ten ['traxtn̩] *vi (geh)* ■ **nach etw** *dat* ~ to strive for [*or* after] sth; ■ **danach ~, etw** *akk* **zu tun** to strive to do sth; *s. a.* **Leben**

träch·tig ['trɛçtɪç] *adj* ZOOL pregnant

Track·ball <-s, -s> ['trɛkbɔ:l] *m* trackball

Tra·di·ti·on <-, -en> [tradi'tsjo:n] *f* tradition; [**bei jdm**] ~ **haben** to be a tradition [with sb]; **aus ~** traditionally, by tradition

traditionell [traditsjon'ɛl] *adj meist attr* traditional **tra·di·ti·ons·be·wusst^RR** *adj* traditional; ■ **~ sein** to

be conscious of tradition **tra·di·ti·ons·ge·mäß** *adv* traditionally **tra·di·ti·ons·reich** *adj* rich in tradition

traf [tra:f] *imp von* **treffen**

Tra·fik <-, -en> [tra'fɪk] *f* ÖSTERR tobacconist's [shop], tobacco shop

Tra·fi·kant(in) <-en, -en> [trafi'kant] *m(f)* ÖSTERR tobacconist

Tra·fo <-[s], -s> ['tra:fo] *m kurz für* **Transformator** ELEK *(fam)* transformer

Trag·bah·re *f* stretcher

trag·bar *adj* ❶ *(portabel konstruiert)* portable ❷ *(akzeptabel)* acceptable

Tra·ge <-, -n> ['tra:gə] *f* stretcher

trä·ge ['trɛ:gə] **I.** *adj* ❶ *(schwerfällig)* lethargic; *(faul und schlapp)* sluggish; **jdn ~ machen** to make sb lethargic [*or* sluggish] ❷ PHYS, CHEM *(im Zustand der Trägheit befindlich)* inert **II.** *adv* lethargically, sluggishly

Tra·ge·korb *m* pannier, AM panier

tra·gen <trägt, trug, getragen> ['tra:gn̩] **I.** *vt* ❶ *(schleppen)* ■ **jdn/etw** ~ to carry [*or* take] sb/sth ❷ *(mit sich führen)* ■ **etw bei sich** ~ to carry [*or* have] sth on [*or* with] one; **er trug eine Pistole bei sich** he had a gun on him, he carried a gun ❸ *(anhaben)* ■ **etw** ~ to wear sth ❹ *(in bestimmter Weise frisiert sein)* ■ **etw** ~ to have sth; **einen Bart** ~ to have a beard; **das Haar lang/kurz** ~ to have long/short hair ❺ *(stützen)* ■ **etw** ~ to support sth ❻ AGR, HORT *(als Ertrag hervorbringen)* ■ **etw** ~ to produce sth, to bear sth; **der Birnbaum trägt diesmal nur wenige Früchte** the pear tree has only grown a few fruits this time ❼ *(ertragen)* ■ **etw** ~ to bear sth; **Leid** ~ to endure suffering ❽ *(für etw aufkommen)* ■ **etw** ~ to bear sth; **die Kosten** ~ to bear [*or* carry] the costs; **Verlust** ~ to defray loss; **die Folgen/das Risiko** ~ to bear [*or* be responsible for] the consequences/risk ❾ *(versehen sein mit)* ■ **etw** ~ to bear [*or* have] sth; **er trägt einen Doktortitel** he has a PhD **II.** *vi* ❶ AGR, HORT *(als Ertrag haben)* to crop ❷ *(trächtig sein)* to be pregnant, to be with young ❸ *(das Begehen aushalten)* to withstand weight ❹ MODE *(in Kleidung bestimmten Sitzes gekleidet sein)* to wear; **sie trägt lieber kurz** she likes to wear short clothes ▸ WENDUNGEN: **an etw** *dat* **schwer zu ~ haben** to have a heavy cross to bear with sth; **zum T~ kommen** to come into effect **III.** *vr* ❶ *(sich schleppen lassen)* **sich leicht/schwer** ~ to be light/heavy to carry ❷ MODE ■ **sich** ~ to wear; **die Hose trägt sich bequem** the pants are comfortable ❸ *(geh: in Erwägung ziehen)* ■ **sich mit etw** ~ to contemplate sth ❹ FIN *(sich allein unterhalten)* ■ **sich** ~ to pay for itself

tra·gend *adj* ❶ ARCHIT, BAU, TECH *(stützend)* supportive ❷ *(zugrunde liegend)* fundamental

Trä·ger <-s, -> *m* ❶ *meist pl* MODE strap; *Hose* braces *npl* BRIT, suspenders *npl* AM ❷ BAU *(Stahl~)* girder

Trä·ger(in) <-s, -> *m(f)* ❶ *(Lasten~)* porter ❷ *(Inhaber)* bearer ❸ ADMIN *(verantwortliche Körperschaft)* responsible body; **die Kommunen sind die ~ der öffentlichen Schulen** the local authorities are responsible for public schools

Trä·ger·hemd *nt* sleeveless top **Trä·ger·hose** *f* trousers *npl* with straps, pants *npl* with suspenders AM **Trä·ge·rin** <-, -nen> *f fem form von* **Träger**

Trä·ger·kleid *nt* pinafore dress **Trä·ger·ra·ke·te** *f* booster, rocket **Trä·ger·rock** *m* pinafore dress

Tra·ge·ta·sche *f* [carrier] bag

trag·fä·hig *adj* ■ **~ sein** to be able to take weight [*or* a load] **Trag·fä·hig·keit** *f kein pl* load-bearing capacity **Trag·flä·che** *f* wing **Trag·flä·chen·boot** *nt* hydrofoil

Träg·heit <-, <*selten* -en> *f* ❶ *(Schwerfälligkeit)* sluggishness, lethargy; *(Faulheit)* laziness ❷ PHYS inertia

Tra·gik <-> ['tra:gɪk] *f kein pl* tragedy; ■ **die ~ einer S.** *gen* the tragedy of sth
Tra·gi·ko·mik [tra:gi'ko:mɪk] *f (geh)* tragicomedy
tra·gi·ko·misch ['tra:giko:mɪʃ] *adj (geh)* tragicomical
Tra·gi·ko·mö·die [tra:giko:mˈøːdiə] *f* tragicomedy
tra·gisch ['tra:gɪʃ] **I.** *adj* tragic; ■ **etwas T~es** [something] tragic, a tragic affair; **es ist nicht** [so [*o* wei-ter]] ~ *(fam)* it's not the end of the world *fam* **II.** *adv* tragically; **etw ~ nehmen** *(fam)* to take sth to heart *fam;* **nimm's nicht so ~!** *(fam)* don't take it to heart! *fam*
Trag·last *f (geh)* load **Trag·luft·hal·le** *f* air [*or* AM supported] hall
Tra·gö·die <-, -n> [tra'gøːdiə] *f* ❶ LIT, THEAT tragedy ❷ *(tragisches Ereignis)* tragedy; **eine/keine ~ sein** *(fam)* to be/not to be the end of the world *fam,* to be a/no great tragedy *fam;* **eine ~ aus etw dat machen** *(fam)* to make a mountain out of a molehill *fam*
Trag·rie·men *m* strap; *Gewehr* sling **Trag·wei·te** *f* scale; *(einer Entscheidung, Handlung)* consequence; **von großer ~ sein** to have far-reaching consequences **Trag·werk** *nt* wing assembly
Trai·ler <-s, -> ['trɛ:lɐ] *m* SCHWEIZ FILM trailer
Trai·ner <-s, -> ['trɛ:nɐ] *m* SCHWEIZ track-suit
Trai·ner(in) <-s, -> ['trɛ:nɐ] *m(f)* coach
trai·nie·ren [trɛ'niːrən] **I.** *vt* SPORT ❶ *(durch Training üben)* ■ **etw ~** to practice sth ❷ *(durch Training auf Wettkämpfe vorbereiten)* ■ **jdn ~** to coach [*or* train] sb **II.** *vi* ❶ *(üben)* to practice; ■ **mit jdm ~** to practice with sb ❷ *(sich auf Wettkämpfe vorbereiten)* to train
Trai·ning <-s, -s> ['trɛ:nɪŋ] *nt* SPORT training, practice; **autogenes ~** PSYCH relaxation through self-hypnosis
Trai·nings·an·zug *m* tracksuit **Trai·nings·ho·se** *f* track-suit trousers *npl* [*or fam* bottoms *npl*], track pants *npl* AM **Trai·nings·ja·cke** *f* track-suit top **Trai·nings·la·ger** *nt* training camp
Trakt <-[e]s, -e> [trakt] *m* wing
Trak·tan·den·lis·te *f* SCHWEIZ agenda
Trak·tan·dum <-s, -den> [trak'tandʊm] *nt* SCHWEIZ agenda item
Trak·tat <-[e]s, -e> [trak'ta:t] *m o nt (geh)* tract
trak·tie·ren [trak'ti:rən] *vt (fam)* ❶ *(schlecht behandeln)* ■ **jdn/etw ~** to ill-treat sb/sth ❷ *(misshandeln)* ■ **jdn/ein Tier ~** to abuse sb/an animal; **jdn mit Stockschlägen ~** to beat sb with a stick
Trak·tor <-s, -toren> ['trakto:ɐ̯, *pl:* -'to:rən] *m* tractor
träl·lern ['trɛlɐn] **I.** *vi* to warble **II.** *vt* ■ **etw ~** to warble sth
Tram <-s, -s> [tram] *f o nt* SCHWEIZ tramway
Tram·pel <-s, -> ['trampl] *m o nt (fam)* clumsy oaf *fam*
tram·peln ['trampln] **I.** *vi* ❶ **haben** *(stampfen)* **mit den Füßen ~** to stamp one's feet ❷ *sein (sich ~d bewegen)* to stomp along; **sie trampelten die Treppe hinunter** they stomped down the stairs **II.** *vt* **haben** ❶ *(durch Trampeln entfernen)* ■ **etw** *akk* **von etw** *dat* **~** to stamp sth from sth; *s. a.* **Tod** ❷ *(durch T~ herstellen)* ■ **etw ~** to trample sth
Tram·pel·pfad *m* track, path **Tram·pel·tier** *nt* ❶ ZOOL *(zweihöckriges Kamel)* camel ❷ *(fam: unbeholfener Mensch)* clumsy oaf *fam*
tram·pen [trɛmpn] *vi sein* to hitch-hike, to hitch *fam*
Tram·per(in) <-s, -> ['trɛmpɐ] *m(f)* hitch-hiker, hitch-er *fam*
Tram·po·lin <-s, -e> ['trampoli:n] *nt* trampoline
Tram·way <-, -s> ['tramvai] *f* ÖSTERR *(Straßenbahn)* tram[way]
Tran <-[e]s, -e> [tra:n] *m* train [*or* fish] oil; ▶ WENDUNGEN: **im ~** *(fam)* dopey *fam;* **das habe ich im ~ ganz vergessen** it completely slipped my mind; **wie im ~** *(fam)* in a daze
Tran·ce <-, -n> ['trã:s(ə)] *f* trance; **in ~ fallen** to fall [*or* go] into a trance; **jdn/sich in ~ versetzen** to put sb/oneself in[to] a trance
Tran·ce·zu·stand *m* [state of] trance
Tran·che <-, -n> ['trã:ʃ(ə)] *f* BÖRSE tranche
tran·chie·ren [trã'ʃi:rən] *vt* ■ **etw ~** to carve sth
Tran·chier·mes·ser *nt* carving-knife
Trä·ne <-, -n> ['trɛːnə] *f* tear, teardrop; **in ~n aufgelöst** in tears; **den ~n nahe sein** to be close to tears; **jdm kommen die ~n** sb is starting to cry; **~n lachen** to laugh until one cries; **jdm/etw keine ~ nachwei-nen** to not shed any tears over sb/sth; **mit den ~n ringen** *(geh)* to fight [to hold back] one's tears; **jdn zu ~n rühren** to move sb to tears; **~n weinen** to shed tears; **unter ~n** in tears
trä·nen ['trɛnən] *vi* to water; **jdm ~ die Augen** sb's eyes are watering
Trä·nen·drü·se *f meist pl* lachrymal gland; ▶ WENDUNGEN: **mit etw** *(fam)* **auf die ~ drücken** to get the waterworks going [with sth] *fam;* **mit dem Film will der Regisseur auf die ~ drücken** the director wants the film to be a real tear-jerker **Trä·nen·gas** *nt* tear gas **Trä·nen·sack** *m* lachrymal sac
tra·nig ['tra:nɪç] *adj* ❶ *(nach Tran schmeckend)* tasting of train oil ❷ *(fam: träge)* sluggish, slow
trank [traŋk] *imp von* **trinken**
Trank <-[e]s, Tränke> [traŋk, *pl:* 'trɛŋkə] *m (geh)* beverage *form,* drink
Trän·ke <-, -n> ['trɛŋkə] *f* watering place
trän·ken ['trɛŋkn] *vt* ❶ *(durchnässen)* ■ **etw** [mit etw *dat*] **~** to soak sth [with sth]; **er tränkte den Schwamm mit Wasser** he soaked the sponge in water ❷ AGR *(trinken lassen)* ■ **ein Tier ~** to water an animal
Trans·ak·ti·on [transʔak'tsjo̯:n] *f* transaction
trans·at·lan·tisch [transʔat'lantɪʃ] *adj (geh)* transat-lantic
tran·schie·ren [tran'ʃi:rən] *vt* ÖSTERR *s.* **tranchieren**
Trans·fer <-s, -s> [transˈfɛɐ̯] *m* transfer
trans·fe·rie·ren [transfe'ri:rən] *vt* ■ **etw ~** to transfer sth; **Geld auf ein Konto ~** to transfer money [on BRIT]to an account; **etw** *akk* **ins Ausland ~** to transfer sth abroad
Trans·for·ma·tor <-s, -toren> [transfɔr'ma:to:ɐ̯, *pl:* -ma'to:rən] *m* transformer
Trans·fu·si·on <-, -en> [transfu'zjo̯:n] *f* transfusion
trans·gen *adj* transgenetic
Tran·sis·tor <-s, -toren> [tran'zɪsto:ɐ̯] *m* transistor
Tran·sit <-s, -e> [tran'zi:t] *m* transit
tran·si·tiv ['tranziti:f] *adj* LING transitive
Tran·sit·raum *m* transit lounge **Tran·sit·ver·kehr** *m* transit traffic
trans·kri·bie·ren [transkri'bi:rən] *vt* ■ **etw ~** ❶ *(in andere Schrift umschreiben)* to transcribe sth ❷ MUS *(für andere Instrumente umschreiben)* to arrange
trans·pa·rent [transpa'rɛnt] *adj (durchscheinend)* transparent; ▶ WENDUNGEN: **etw** *akk* [**für jdn**] **~ machen** *(geh)* to make sth lucid [*or* transparent] [for sb]
Trans·pa·rent <-[e]s, -e> [transpa'rɛnt] *nt* banner
Trans·pa·rent·pa·pier *nt* tracing paper
Trans·pa·renz <-> [transpa'rɛnts] *f kein pl (geh)* trans-parency, lucidity *no pl*
Tran·spi·ra·ti·on <-> [transpira'tsjo̯:n] *f kein pl (geh)* perspiration *no pl*
tran·spi·rie·ren [transpi'ri:rən] *vi (geh)* to perspire
Trans·plan·tat <-[e]s, -e> [transplan'ta:t] *nt* trans-plant
Trans·plan·ta·ti·on <-, -en> [transplanta'tsjo̯:n] *f* MED transplant; *Haut* graft
trans·plan·tie·ren [transplan'ti:rən] *vt* ■ [**jdm**] **etw** *akk* **~** to transplant [sb's] sth; **jdm die Haut ~** to graft sb's skin
Trans·port <-[e]s, -e> [trans'pɔrt] *m* transport

trans·por·ta·bel [transpɔr'taːbl̩] *adj (geh)* transportable

Trans·por·ter <-s, -> [trans'pɔrtɐ] *m* AUTO ❶ *(Lieferwagen)* transporter, van ❷ LUFT *(Transportflugzeug)* transport plane

Trans·por·teur <-s, -e> [transpɔr'tøːɐ̯] *m* haulage contractor

trans·port·fä·hig *adj* MED movable, transportable **Trans·port·flug·zeug** *nt* transport plane

trans·por·tie·ren' [transpɔr'tiːrən] *vt* ❶ *(befördern)* ■ etw ~ to transport [*or* carry] sth; ■ jdn ~ to move sb ❷ FOTO **den Film** ~ to wind the film

Trans·port·kos·ten *pl* transport[ation] costs *pl* **Trans·port·mit·tel** *nt* means [*or* mode] of transport[ation] **Trans·port·un·ter·neh·men** *nt* haulage contractor, forwarding agent **Trans·port·un·ter·neh·mer** *m* haulage contractor

trans·se·xu·ell [transʔɛ'ksuɛl] *adj* transsexual **Trans·se·xu·el·le(r)** *f(m) decl wie adj* transsexual **Trans·ves·tit** <-en, -en> [transvɛs'tiːt] *m* transvestite **trans·zen·den·tal** [transtsɛndɛn'taːl] *adj* transcendental

Tra·pez <-es, -e> [tra'peːts] *nt* ❶ MATH trapezium BRIT, trapezoid AM ❷ *(Artistenschaukel)* trapeze **Tra·pez·akt** *m* trapeze act

Tra·ra <-s, -s> [tra'raː] *nt (fam)* hoo-ha *fam;* **ein ~ [um jdn/etw] machen** to create a hoo-ha [about sb/sth] **Trash-TV** <-> [trɛʃti:'viː, -teː'faʊ] *nt* trash TV **Tras·se** <-, -n> ['trasə] *f* ❶ *(abgesteckter Verkehrsweg)* marked route ❷ *(Bahn~)* railway line

trat [traːt] *imp von* **treten**

Tratsch <-[e]s> [traːtʃ] *m kein pl (fam)* gossip *no pl* **trat·schen** ['traːtʃn̩] *vi (fam)* ■ [über jdn/etw] ~ to gossip [about sb/sth]

Trat·sche·rei <-, -en> [traːtʃə'raɪ] *f (fam)* gossiping *no pl*, scandalmongering *no pl*

Trau·al·tar *m* altar; [mit jdm] **vor den ~ treten** *(geh)* to stand at the altar [with sb], to walk down the aisle [with sb]

Trau·be <-, -n> ['traʊbə] *f* ❶ *meist pl (Weintraube)* grape *usu pl* ❷ BOT *(Büschel von Beeren)* bunch of grapes ❸ BOT *(büschelförmiger Blütenstand)* raceme ❹ *(Ansammlung)* cluster; **eine ~ von Menschen** a cluster of people

Trau·ben·le·se *f* grape harvest **Trau·ben·saft** *m* grape juice **Trau·ben·zu·cker** *m* glucose, dextrose

trau·en¹ ['traʊən] *vt* ■ jdn ~ to marry sb, to join sb in marriage; ■ sich *akk* ~ lassen to get married, to marry

trau·en² ['traʊən] *I. vi* ❶ *(vertrauen)* ■ jdm ~ to trust sb ❷ *(Glauben schenken)* ■ einer S. ~ *dat* to believe [*or* trust] sth; *s. a.* **Auge** *s. a.* **Ohr** *s. a.* **Weg** *II. vr* ■ sich *akk* ~, etw *akk* zu tun to dare to do sth; **er traute sich nicht, das zu tun** he didn't have the courage to do that; ■ sich *akk* zu jdm ~ to dare to go to sb

Trau·er <-> ['traʊɐ] *f kein pl* sorrow *no pl*, grief *no pl*; ▸ WENDUNGEN: ~ **tragen** to be in mourning

Trau·er·ar·beit *f* mourning, grieving **Trau·er·bin·de** *f* black armband **Trau·er·brief** *m* letter informing of sb's death **Trau·er·es·sen** *nt* SCHWEIZ funeral meal **Trau·er·fall** *m* bereavement, death **Trau·er·fa·mi·lie** *f* SCHWEIZ bereaved family **Trau·er·fei·er** *f* funeral service **Trau·er·klei·dung** *f* mourning **Trau·er·kloß** *m (fam)* wet blanket *fam* **Trau·er·marsch** *m* funeral march **Trau·er·mie·ne** *f (fam)* long face *fam;* **eine ~ aufsetzen** to make a long face; **mit einer ~** with a long face

trau·ern ['traʊɐn] *vi* ■ um jdn ~ to mourn [for] sb

Trau·er·rand *m* ❶ *(schwarze Einrahmung)* black border ❷ *pl (fam: schwarze Fingernägel)* dirty fingernails **Trau·er·spiel** *nt* fiasco; **es ist ein ~ mit jdm** *(fam)* sb

is really pathetic **Trau·er·wei·de** *f* weeping willow **Trau·er·zir·ku·lar** <-[e]s, -e> *f* SCHWEIZ obituary **Trau·er·zug** *m* funeral procession

Trau·fe <-, -n> ['traʊfə] *f* eaves *npl; s. a.* **Regen**

träu·feln ['trɔyfl̩] *I. vt haben* ■ etw ~ to drip sth; **Medizin** ~ to apply drops of medicine *II. vi haben o sein (geh)* to trickle

Traum <-[e]s, Träume> [traʊm, *pl:* 'trɔymə] *m* dream; **es war nur ein ~** it was only a dream; **ein böser ~** a bad dream; *(furchtbares Erlebnis)* nightmare; **nicht in meinen kühnsten Träumen** not in my wildest dreams; **es war immer mein ~, mal so eine Luxuslimousine zu fahren** I've always dreamed of being able to drive a limousine like that; **ein ~ von etw** *dat* a dream sth; **ein Traum von einem Mann** a dream man ▸ WENDUNGEN: **Träume sind Schäume** *(prov fam)* dreams are but shadows; **etw** *akk* **fällt jdm im ~ nicht ein** sb wouldn't dream of it; **es fällt mir doch im ~ nicht ein, das zu tun** I wouldn't dream of doing that; **aus der ~!** it's all over!, so much for that!

Trau·ma <-s, Traumen *o* -ta> ['traʊma, *pl:* -mən, -mata] *nt* trauma

trau·ma·tisch [traʊ'maːtɪʃ] *adj* traumatic

trau·ma·ti·siert *adj* traumatized

Trau·ma·ti·sie·rung <-, -en> *f* PSYCH traumatization [*or* BRIT *a.* -isation]

Traum·be·ruf *m* dream job **Traum·deu·tung** *f* interpretation of dreams, dream interpretation

Trau·men *pl von* **Trauma**

träu·men ['trɔymən] *I. vi* ❶ *(Träume haben)* to dream; ■ ~, dass jd etw tut/dass etw *gen* geschieht to dream that sb does sth/that sth happens; **schlecht** ~ to have bad dreams [*or* nightmares] ❷ *(Wünsche)* ■ von jdm/etw ~ to dream of sb/sth; **sie hat immer davon geträumt, Ärztin zu werden** she had always dreamt of becoming a doctor; **jd hätte sich** *dat* **etw** *akk* **nicht/nie ~ lassen** sb would not/never have dreamed of sth, sb would not/never have thought sth possible; **jd hätte sich** *dat* **nicht/nie ~ lassen, dass ...** sb would not/never have thought it possible, that ... ❸ *(abwesend sein)* to daydream, to be on another planet *fam*, to be in a reverie *form* ▸ WENDUNGEN: **und wovon träumst du nachts?** *(fam)* not in a million years!; **du träumst wohl!** *(fam)* you must be dreaming [*or* joking] ! *II. vt* ■ etw ~ to dream sth

Träu·mer(in) <-s, -> ['trɔymɐ] *m(f)* [day]dreamer **Träu·me·rei** <-, -en> [trɔymə'raɪ] *f meist pl* dream *usu pl;* **das sind alles ~en** that's building castles in the air **Träu·me·rin** <-, -nen> *f fem form von* **Träumer** **träu·me·risch** *adj* dreamy

traum·haft *adj (fam)* dreamlike, fantastic

Traum·haus *nt* dream house **Traum·job** *m* dream job **Traum·no·te** *f* SCH, SPORT *(euph fam)* perfect score **Traum·ur·laub** *m* dream holiday [*or* AM vacation] **traum·wand·le·risch** *adj* somnambulistic; [sich *akk*] **mit ~er Sicherheit [bewegen]** to move with the certainty of a sleepwalker

trau·rig ['traʊrɪç] *I. adj* ❶ *(betrübt)* sad, down, unhappy; ■ ~ [über jdn/etw] sein to be sad [*or* in a sad mood] [about sb/sth]; ■ ~ sein, dass/weil ... to be sad that/because ... ❷ *(betrüblich)* sorry; **das sind ja ~e Verhältnisse** that's a sorry state of affairs; **die ~e Tatsache ist, dass ...** it's a sad fact that ...; **in ~en Verhältnissen leben** to live in a sorry state ❸ *(sehr bedauerlich)* ■ [es ist] ~, dass ... it's unfortunate [*or* sad] that ... *II. adv (betrübt)* sadly, sorrowfully; **warum siehst du mich so ~ an?** why are you looking at me in such a sad way? ▸ WENDUNGEN: **mit etw** *dat* **sieht es ~ aus** sth doesn't look too good; **damit sieht es ~ aus** it doesn't look too good, it looks

Traurigkeit, Enttäuschung

Traurigkeit ausdrücken	expressing sadness
Es macht/stimmt mich traurig, dass wir uns nicht verstehen.	**It makes me sad that** we don't get on.
Es ist so schade, dass er sich so gehen lässt.	**It's such a shame that** he lets himself go like that.
Diese Ereignisse **deprimieren mich**.	I find these **incidents very depressing**.

Enttäuschung ausdrücken	expressing disappointment
Ich bin über seine Reaktion (**sehr**) **enttäuscht**.	I **am** (**very**) **disappointed at/by/with** his reaction.
Du hast mich (**schwer**) **enttäuscht**.	**You have** (**deeply**) **disappointed me**.
Das hätte ich nicht von ihr erwartet.	I **wouldn't have expected that of her**.
Ich hätte mir etwas anderes gewünscht.	I **would have wished for something different**.

Bestürzung ausdrücken	expressing dismay
Das ist (**ja**) **nicht zu fassen!**	**That's unbelievable!**
Das ist (**ja**) **ungeheuerlich!**	**That's outrageous!**
Das ist ja (**wohl**) **die Höhe!**	**That's the limit!**
Das kann doch nicht dein Ernst sein!	**You cannot be serious!**
Ich fass es nicht!	**I don't believe it!**
Das bestürzt mich.	**I find that very disturbing.**
Das kann/darf (**doch wohl**) **nicht wahr sein!**	**That can't be true!**

pretty bad

Trau·rig·keit <-> f kein pl sadness no pl

Trau·ring m wedding ring [or AM a. band] **Trau·schein** m marriage certificate

traut [traut] adj (geh) dear; **in ~em Kreise** among family and friends; **in ~er Runde** among good friends ▸ WENDUNGEN: **~es Heim, Glück allein** (prov) home sweet home prov

Trau·ung <-, -en> ['trauʊŋ] f marriage ceremony, wedding

Trau·zeu·ge, -zeu·gin m, f best man, [marriage] witness

Tra·ves·tie <-, -n> [travɛs'tiː, pl: -iːən] f travesty

Treck <-s, -s> [trɛk] m trail, trek

Tre·cker <-s, -> m (fam) tractor

Tre·cking <-s, -s> ['trɛkɪŋ] nt s. **Trekking**

Treff <-s, -s> [trɛf] m (fam) ⓵ (Treffen) meeting, get-together fam, rendezvous ⓶ (Treffpunkt) meeting point, rendezvous

tref·fen <trifft, traf, getroffen> [trɛfn] I. vt haben ⓵ (mit jdm zusammenkommen) ■ **jdn ~** to meet [up with fam] sb ⓶ (antreffen) ■ **jdn ~** to find sb; **ich habe ihn zufällig in der Stadt getroffen** I bumped into him in town ⓷ (mit einem Wurf, Schlag etc. erreichen) ■ **jdn/etw** [**mit etw** dat] **~** to hit [or strike] sb/sth [with sth]; **ins Ziel getroffen!** it's a hit! ⓸ (innerlich bewegen) ■ **jdn mit etw** dat **~** to hit a sore spot with sth; ■ **jdn ~** to affect sb; **sich** akk **getroffen fühlen** to take it personally; **fühlst du dich da etwa getroffen?** is that a sore point?; **sich** akk **durch etw** akk **getroffen fühlen** to take sth personally ⓹ (in die Wege leiten) ■ **etw ~** to take sth; **Maßnahmen/Vorkehrungen ~** to take measures/ precautions ⓺ (abmachen) **eine Entscheidung ~** to make a decision; **eine Abmachung ~** to have an agreement ⓻ (wählen) **den richtigen Ton ~** to strike the right note; **damit hast du genau meinen Geschmack getroffen** that's exactly my taste; **mit dem Geschenk hat sie das Richtige getroffen** her present was just the thing; **gut getroffen sein** to be a good photo [or fam shot] [or picture] of sb; **auf dem**

Foto bis du wirklich gut getroffen that's a good photo [or fam shot] [or picture] of you; **es** [**mit jdm/ etw**] **gut/schlecht getroffen haben** to be fortunate [or lucky] /unlucky [to have sb/sth]; **mit seinem Chef hat er es wirklich gut getroffen** he's really fortunate to have a boss like that; **du hättest es auch schlechter ~ können** you could have been worse off; **getroffen!** bingo! II. vi ⓵ sein (antreffen) ■ **auf jdn ~** to meet sb, to bump into sb fam ⓶ haben (sein Ziel erreichen) to hit ⓷ haben (verletzen) to hurt III. vr haben ■ **sich** [**mit jdm**] akk **~** to meet [sb], to meet up [with sb] fam; **das trifft sich** [**gut**] that's [very] convenient; **es trifft sich** [**gut**], **dass ...** it is [very] convenient, that ...

Tref·fen <-s, -> [trɛfn] nt (Zusammenkunft) meeting; ▸ WENDUNGEN: **etw** akk **ins ~ führen** (geh) to put sth forward

tref·fend adj appropriate, striking

Tref·fer <-s, -> m ⓵ (ins Ziel gegangener Schuss) hit; **einen ~ landen** to have a hit ⓶ SPORT (Tor) goal ⓷ SPORT (Berührung des Gegners) hit ⓸ (Gewinnlos) winner

Tref·fer·quo·te f hit rate **Treff·punkt** m meeting point, rendezvous **treff·si·cher** adj accurate; **eine ~e Bemerkung** an apt remark; **ein ~es Urteil** a sound judgement **Treff·si·cher·heit** f kein pl ⓵ (sicher treffende Schussweise) accuracy no pl ⓶ (das präzise Zutreffen) accuracy no pl, soundness no pl, aptness no pl

Treib·eis nt drift ice

trei·ben <trieb, getrieben> ['traibn] I. vt haben ⓵ (durch Antreiben drängen) ■ **jdn/etw ~** to drive [or push] sb/sth ⓶ (fortbewegen) ■ **jdn/etw** [**irgendwohin**] **~** (durch Wasser) to wash [or carry] sb/sth [somewhere]; (durch Wind) to blow [or carry] sb/sth [somewhere]; **der Wind treibt mir den Schnee ins Gesicht** the wind is blowing snow in my face ⓷ (bringen) ■ **jdn zu etw ~** to drive sb to sth; **du treibst mich noch dazu, das zu tun** you'll end up making me do that; **jdn in den Wahnsinn ~** to drive sb mad; **jdn in den Tod/Selbstmord ~** to drive sb to sb's death/to commit suicide ❹ *(einschlagen)* ▪ **etw in etw ~** *akk* to drive sth into sth; **er trieb den Nagel mit einem Schlag in das Holz** with one blow he drove the nail into the wood ❺ TECH *(antreiben)* ▪ **etw ~** to propel sth ❻ *(zum schnellen Handeln antreiben)* **jdn zur Eile ~** to rush sb, to make sb hurry [up]; **jdn zum Handeln ~** to rush sb into doing something ❼ *(fam: anstellen)* ▪ **etw ~** to be up to sth; **dass ihr mir bloß keinen Blödsinn treibt!** don't you get up to any nonsense! ❽ *(Tiere treiben)* ▪ **ein Tier/Tiere durch/in etw** *akk* **~** to drive an animal/animals through/into sth ❾ BOT *(hervorbringen)* to sprout ❿ *(betreiben)* ▪ **etw ~** to do sth; **Gewerbe ~** to carry out; **Handel ~** to trade ⓫ *(fam)* **es zu bunt/wild ~** to go too far; **es zu toll ~** to overdo it ⓬ *(sl: Sex haben)* **es [mit jdm] ~** to do it [with sb]; *s. a.* **Wahnsinn** *s. a.* **Verzweiflung** II. *vi* ❶ *sein (sich fortbewegen)* to drift; **im Wasser ~** to drift [*or* float] in the water; ▪ **sich [von etw] ~ lassen** to drift [with sth] ❷ *haben* BOT *(austreiben)* to sprout ❸ *haben* KOCHK *(aufgehen)* to rise ❹ *haben (diuretisch wirken)* to have a diuretic effect ▸ WENDUNGEN: **sich ~ lassen** to drift

Trei·ben <-s> ['traibn̩] *nt kein pl* ❶ *(pej: üble Aktivität)* ▪ **jds ~** sb's dirty tricks ❷ *(geschäftige Aktivität)* hustle and bustle

Trei·ber <-s, -> ['traibɐ] *m* INFORM driver

Trei·ber(in) <-s, -> ['traibɐ] *m(f)* JAGD beater

Treib·gas *nt* propellant [*or* AM -ent] **Treib·gut** *nt kein pl* flotsam and jetsam *pl*

Treib·haus *nt* HORT greenhouse, hothouse

Treib·haus·ef·fekt *m kein pl* ÖKOL ▪ **der ~** the greenhouse effect **Treib·haus·luft** *f kein pl* hothouse [atmosphere]; **lüftet mal, hier herrscht ja eine richtige ~!** can't you open a window, it's like an oven in here! **Treib·haus·pflan·ze** *f* HORT hothouse plant

Treib·holz *nt kein pl* driftwood *no pl* **Treib·jagd** *f* JAGD battue **Treib·la·dung** *f* propelling charge **Treib·netz** *nt* drift-net **Treib·sand** *m kein pl* quicksand **Treib·stoff** *m* fuel **Treib·stoff·ver·brauch** *m kein pl* fuel consumption

Trek·king <-s, -s> ['trɛkɪŋ] *nt* trekking

Tre·mo·lo <-s, -s *o* Tremoli> ['tre:molo, *pl:* -li] *nt* MUS tremolo

Trench·coat <-[s], -s> ['trɛntʃko:t] *m* trench coat

Trend <-s, -s> [trɛnt] *m* trend; **der ~ in der Mode geht wieder in Richtung längere Röcke** the latest fashion trend is towards long[er] skirts again, long[er] skirts are coming back into fashion; **ganz groß der [vorherrschende] ~ sein** to be very much the [current] trend [*or* fam very trendy] [*or* very much in [fashion]]; **etw, etw zu tun** to have a tendency to do sth; **mit etw** *dat* **[voll] im ~ liegen** *(fam)* to have the very latest sth; **mit diesen Hemden lag der Hersteller voll im ~** the manufacturer had the very latest [in] fashion shirts; **das Buch liegt voll im ~** the book is very of the moment

Trend·bar *f* fashionable [*or* trendy] bar [*or* pub], bar for the in-crowd

tren·dig *adj (fam)* trendy

Trend·set·ter(in) <-s, -> *m(f)* trendsetter **Trend·wen·de** *f* change [of direction]

tren·dy ['trɛndi] *adj (fam)* trendy

trenn·bar *adj* ❶ LING *(zu trennen)* separable ❷ *(voneinander zu trennen)* ▪ **[voneinander] ~ sein** to be detachable [from each other]; **Jacke und Kapuze sind ~** the hood is detachable [*or* can be detached [*or* removed]] from the jacket; **Mantel und Futter sind leicht [voneinander] ~** the lining is easily detachable [*or* can be easily detached [*or* removed]] from the coat

Trenn·blatt *nt* subject divider

tren·nen ['trɛnən] I. *vt* ❶ *(abtrennen)* ▪ **etw von**

etw ~ to cut sth off sth; *(bei einem Unfall)* to sever sth from sth; **vor dem Reinigen müssen die Lederknöpfe vom Mantel getrennt werden** the leather buttons have to removed from [*or* taken off] the coat before cleaning ❷ *(ablösen)* ▪ **etw aus etw/von etw ~** to take sth out of [*or* remove sth from sth] sth/detach sth from sth; **die Knöpfe von etw ~** to remove the buttons from [*or* take the buttons off] sth ❸ *(auseinanderbringen)* ▪ **voneinander/von jdm| ~** to separate [people from each other [*or* one another] /sb from sb]; **es kann gefährlich sein, bei einer Prügelei die Streitenden zu ~** it can be dangerous to separate people in a fight; **im Krieg werden Kinder oft von ihren Eltern getrennt** children are often separated from their parents in war; ▪ **[voneinander| ~** to separate [*or* split up] [from each other [*or* one another]] ❹ *(teilen)* ▪ **etw ~** to separate [*or* divide] sth [from sth] ❺ *(deutlich unterscheiden)* ▪ **[voneinander| ~** to differentiate [*or* distinguish] between sb/each other [*or* one another]; **die unterschiedliche Herkunft kann Menschen ~** people can be distinguished by their different backgrounds ❻ LING *(durch Silbentrennung zerlegen)* ▪ **etw ~** to divide [*or* split up *sep*] sth; *s. a.* **getrennt** II. *vr* ❶ *(getrennt weitergehen)* ▪ **sich ~** to part [from each other [*or* one another]], to part company; **hier ~ wir uns** this is where we part company [*or* go our separate ways] ❷ *(die Beziehung lösen)* ▪ **sich [voneinander| ~** to split up [with each other [*or* one another]], to separate; ▪ **sich von jdm ~** to split up with sb ❸ *(von etw lassen)* ▪ **sich von etw ~** to part with sth ❹ *(euph: kündigen)* ▪ **sich von jdm ~** to part [company] with sb ❺ SPORT *(mit einem Spielstand beenden)* to finish somehow; **Schalke 04 und der Hertha trennten sich mit 5:3** [the game between] Schalke 04 and Hertha finished 5-3, the final score [in the game] between Schalke 04 and Hertha was 5-3; *s. a.* Weg III. *vi* ❶ *(zwischen ihnen)* ~ to differentiate [*or* distinguish] [between them]; **Kommunismus und Sozialismus sind zwei verschiedene Konzepte – man sollte zwischen ihnen ~** communism and socialism are two different concepts – a distinction should be drawn [*or* made] between them

Trenn·li·nie *f* dividing line **Trenn·schär·fe** *f kein pl* TECH selectivity

Tren·nung <-, -en> *f* ❶ *(Scheidung)* separation; **seit unserer ~ habe ich nichts mehr von ihm gehört** I haven't heard anything from him since our separation [*or* we separated] [*or* split up]; **in ~ leben** to be separated; **wir leben seit einem Jahr in ~** we've been separated for a year ❷ *(Unterscheidung)* differentiation, distinction; **die ~ einiger Begriffe fällt nicht immer leicht** differentiating [*or* distinguishing] [*or* making [*or* drawing] a distinction] between some terms is not always easy ❸ *(das Auseinanderbringen)* separation, splitting up ❹ LING *(Silben~)* division, splitting up

Tren·nungs·ent·schä·di·gung *f*, **Tren·nungs·geld** *nt* separation allowance **Tren·nungs·strich** *m* LING hyphen

Trenn·wand *f* partition [wall]

Tre·nse <-, -n> ['trɛnzə] *f* snaffle[-bit]

trepp·auf [trɛp'ʔaʊf] *adv* upstairs, up the stairs; **~, treppab** up and down stairs

Trep·pe <-, -n> ['trɛpə] *f* stairs *pl*, staircase; **eine steile ~** a steep staircase [*or* flight of stairs]; **eine steinerne ~** stone steps *pl*; **der Fahrstuhl ist ausgefallen, wir werden einige ~n steigen müssen** the lift is broken, we'll have to use [*or* climb] the stairs; **bis zu Müllers sind es fünf ~n** it's five more flights [of stairs] to the Müllers; **Gehwege und ~n müssen im Winter rechtzeitig gestreut werden** pavements and steps must be gritted [or salted] in good time in [the] winter

Trep·pen·ab·satz m landing **Trep·pen·ge·län·der** nt ban[n]ister[s pl] **Trep·pen·haus** nt stairwell **Trep·pen·stu·fe** f step

Tre·sen <-s, -> [ˈtreːzn̩] m ① (Theke) bar ② (Laden·tisch) counter

Tre·sor <-s, -e> [treˈzoːɐ̯] m ① (Safe) safe ② s. **Tresor·raum**

Tre·sor·raum m strongroom, vault

Tres·se <-, -n> [ˈtrɛsə] f meist pl MODE braid no pl, strip[s pl] of braid

Tret·au·to nt pedal-car **Tret·boot** nt NAUT pedal-boat, pedalo **Tret·ei·mer** m pedal bin

tre·ten <tritt, trat, getreten> [ˈtreːtn̩] I. vt haben ① (mit dem Fuß stoßen) ■jdn/etw [mit etw] ~ to kick sb/sth [with sth]; **jdn mit dem Fuß/Schuh/Stiefel ~** to kick sb/kick sb with one's shoe/boot ② (mit dem Fuß betätigen) ■ etw ~ to step on sth, to press [or depress] sth with one's foot; **die Bremse ~** to brake [or apply [or step on] the [or one's] brakes]; **die Kupplung ~** to engage the clutch ③ (fam: antreiben) ■ jdn ~ to give sb a kick up the backside [or fam in the pants] II. vi ① haben (mit dem Fuß stoßen) ■ [mit etw] ~ to kick; **sie trat mit den Füßen und schlug mit den Fäusten nach ihm** she kicked and punched out at him; ■ nach jdm ~ to kick out [or aim a kick] at sb; ■ jdm an etw akk/gegen etw/in etw akk/vor etw akk ~ to kick sb on/in/in/on sth; **sie trat mir ans Bein/vors Schienbein** she kicked my [or me on the] leg/shin; **sie trat ihm in den Bauch** she kicked him in the stomach ② sein (einen Schritt machen) to step; **~ Sie bitte zur Seite** please step [or move] aside; **er trat aus der Tür** he walked out [of] the door; **bevor du ins Haus trittst, mach dir bitte die Schuhe sauber** before you come into [or enter] the house, wipe your shoes [first], please; **pass auf, wohin du trittst** watch where you [are] stepping [or you're treading]; s. a. **Stelle** s. a. **Hintergrund** s. a. **Vordergrund** ③ sein o haben (den Fuß setzen) ■ auf etw ~ akk to tread [or step] on sth; s. a. **Schlips** ④ sein o haben (betätigen) ■ auf etw ~ akk to step on sth, to press [or depress] sth with one's foot; **die Bremse ~** to brake [or apply [or step on] the [or one's] brakes]; **die Kupplung ~** to engage the clutch; s. a. **Pedal** ⑤ sein (hervorkommen) ■ aus etw ~ to come out of sth; **der Schweiß trat ihm aus allen Poren** he was sweating profusely; **die Feuchtigkeit tritt aus den Wänden** the dampness was coming out of the walls; **aus der Wunde trat Blut** blood poured from [or out of] the wound; **aus der undichten Stelle im Rohr trat Gas** gas was escaping from the leak in the pipe; **der Fluss trat über seine Ufer** the river broke [or burst] its banks; **Schweiß trat ihm auf die Stirn** sweat appeared on his forehead III. vr ■ sich dat etw in etw akk ~ to get sth in one's sth; **sie trat sich einen Nagel in den Fuß** she stepped onto a nail [or ran a nail into her foot]

Tret·mi·ne f MIL anti-personnel mine **Tret·müh·le** f (fam) treadmill **Tret·rol·ler** m pedal scooter

treu [trɔy] I. adj ① (loyal) loyal, faithful; ~e Dienste/Mitarbeit loyal service/assistance; ~ ergeben devoted; ■ jdm ~ sein/bleiben to be/remain loyal [or faithful] to sb; **einer S.** dat ~ **bleiben** to remain true to a thing; **sich** dat selbst ~ **bleiben** to remain true to oneself ② (verlässlich) loyal ③ (keinen Seitensprung machend) faithful; ■ [jdm] ~ sein/bleiben to be/remain faithful [to sb]; **ich weiß, dass mein Mann mir ~ ist** I know my husband is [or has been] faithful to me ④ (treuherzig) trusting ⑤ (fig) ■ jdm ~ bleiben to continue for sb; **der Erfolg blieb ihm ~** his success continued; **hoffentlich bleibt dir das**

Glück auch weiterhin treu hopefully your luck will continue to hold [out]; s. a. **Gold** II. adv ① (loyal) loyally ② (treuherzig) trustingly, trustfully

treu·doof [ˈtrɔyˌdoːf] adj (pej fam) trusting and naive, gullible

Treue <-> [ˈtrɔyə] f kein pl ① (Loyalität) loyalty, faithfulness no pl, fidelity no pl; **eines Mitarbeiters/Unter·tans/Vasalls** loyalty ② (Verlässlichkeit) loyalty ③ (monogames Verhalten) faithfulness no pl, fidelity no pl; **jdm die ~ brechen** to be unfaithful to sb; **jdm die ~ halten** to be [or remain] faithful to sb ▶ WENDUNGEN: **auf Treu und Glauben** in good faith

Treue·prä·mie f loyalty bonus

Treue·schwur m ① (Schwur, jdm treu zu sein) vow to be faithful [or of fidelity] ② HIST (Eid) oath of allegiance [or loyalty]

Treu·hand f, **Treu·hand·an·stalt** f Treuhand[anstalt], Treuhand agency (organization which was charged with managing and, if possible, privatizing the property of the former GDR)

Treu·hän·der(in) <-s, -> [ˈtrɔyhɛndɐ] m(f) JUR trustee, fiduciary form

Treu·hand·ge·sell·schaft f trust company

treu·her·zig I. adj [naively] trusting [or trustful] II. adv trustingly, trustfully

Treu·her·zig·keit <-> f kein pl [naive] trust; **sie ist von großer ~** she's very trusting

treu·los I. adj ① (nicht treu) unfaithful; **ein ~er Ehemann** an unfaithful husband ② (ungetreu) disloyal, unfaithful; **ein ~er Vasall** a disloyal vassal II. adv disloyally

Treu·lo·sig·keit <-> f kein pl disloyalty, unfaithfulness no pl

Tri·an·gel <-s, -> [ˈtriːaŋl̩] m o ÖSTERR nt MUS triangle

Tri·ath·let(in) <-en, -en> [triˈaːtleːt] m(f) SPORT triathlete

Tri·ath·lon <-n, -s> [ˈtriːatlɔn] m SPORT triathlon

Tri·bun <-s o -en, -e[n]> [triˈbuːn] m HIST tribune

Tri·bu·nal <-s, -e> [tribuˈnaːl] nt (geh) tribunal

Tri·bü·ne <-, -n> [triˈbyːnə] f SPORT stand

Tri·but <-[e]s, -e> [triˈbuːt] m HIST (Abgabe von Besiegten) tribute; **einer S.** dat ~ **zollen** (fig) to pay tribute to a thing

Tri·chi·ne <-, -n> [trɪˈçiːnə] f ZOOL trichina, trichinella

Trich·ter <-s, -> [ˈtrɪçtɐ] m ① (Einfüll~) funnel ② (Explosionskrater) crater ▶ WENDUNGEN: **jdn auf den [richtigen] ~ bringen** (fam) to get sth over [or across] to sb fam; **auf den ~ kommen** (fam) to get it fam

trich·ter·för·mig adj funnel-shaped

Trick <-s, -s o (selten) -e> [trɪk] m ① (Täuschungsmanöver) trick; **keine faulen ~s!** (fam) no funny business! fam ② (Kunstgriff) trick, dodge; **es ist ein ~ dabei** there's a trick to [doing] it; **den ~ raushaben[, wie etw gemacht wird]** (fam) to have [got] the knack [of doing sth]

Trick·be·trug m JUR confidence trick **Trick·be·trü·ger(in)** m(f) JUR confidence trickster **Trick·film** m cartoon [film] **trick·reich** adj (fam) clever, cunning

trick·sen [ˈtrɪksn̩] I. vi (fam) to do a bit of wangling fam II. vt (fam) ■ etw ~ to wangle sth fam

trieb [triːp] imp von **treiben**

Trieb[1] <-[e]s, -e> [triːp, pl: ˈtriːbə] m BOT (Spross) shoot

Trieb[2] <-[e]s, -e> [triːp, pl: ˈtriːbə] m ① BIOL, PSYCH (innerer Antrieb) drive, impulse; **das Beschützen eines Kindes scheint ein natürlicher ~ zu sein** protecting a child seems to be a natural instinct ② (Sexual~) sex[ual] drive, libido form

Trieb·ab·fuhr f sexual gratification **Trieb·fe·der** f motivating force; **bei diesem Verbrechen war Eifersucht die ~** jealousy was the motive for this crime

trieb·haft *adj* driven by physical urges [*or* desires] *pl, pred;* ■ ~ **sein** to be driven by one's physical urges [*or* desires]

Trieb·haf·tig·keit <-> *f kein pl* domination by one's physical urges [*or* desires]; **ihre ~ kennt keine Grenzen** her physical urges [*or* desires] know no bounds

Trieb·tä·ter(in) *m(f)* JUR sex[ual] offender **Trieb·ver·bre·chen** *nt* JUR sex[ual] crime **Trieb·ver·bre·cher(in)** *m(f) s.* **Triebtäter Trieb·wa·gen** *m* BAHN railcar **Trieb·werk** *nt* engine

Trief·au·ge *nt* MED watering eye

trief·äu·gig *adj* MED bleary-eyed

trie·fen <triefte *o geh* troff, getrieft *o (selten)* getroffen> ['tri:fn̩] *vi* ❶ *(rinnen)* to run; *(Auge)* to water; **ich habe Schnupfen, meine Nase trieft nur so!** I've got a cold, and it's given me such a runny nose!; ■ **aus** [*o von*] **etw** *dat* ~ to pour from sth ❷ *(tropfend nass sein)* ■ [**von etw** *dat*] ~ to be dripping wet [from sth]; **vor Nässe** ~ to be dripping wet ❸ *(geh: strotzen)* ■ **von** [*o* **vor**] **etw** *dat* ~ to be dripping with sth *fig;* **diese Schnulze trieft ja von Schmalz und Sentimentalität** this slushy song just oozes schmaltz and sentimentality

Triel <-s, -e> [tri:l] *m* ORN stone curlew

Trier <-> [tri:ɐ̯] *nt* GEOG Trier

trie·zen ['tri:tsn̩] *vt (fam)* ■ **jdn** ~ to crack the whip over sb

trifft [trɪft] *3. pers sing von* **treffen**

Tri·foi·ling ['traifɔɪlɪŋ] *nt* SPORT tri-foiling

trif·tig ['trɪftɪç] **I.** *adj* good; **ein ~es Argument** a convincing [*or* valid] argument; **eine ~e Entschuldigung** an acceptable [*or* good] [*or* valid] excuse; **ein ~er Grund** a convincing [*or* good] [*or* sound] [*or* valid] reason **II.** *adv* convincingly; [**jdm etw**] ~ **begründen** to offer [sb] a sound argument in favour [*or* AM -or] of sth, to make a valid case for sth [to sb]

Tri·go·no·me·trie <-> [trigonome'tri:] *f kein pl* MATH trigonometry *no indef art*

Tri·ko·lo·re <-, -n> [triko'lo:rə] *f* tricolour [*or* AM -or]

Tri·kot¹ <-s> [tri'ko:, 'trɪko] *m o nt kein pl* MODE *(dehnbares Gewebe)* tricot

Tri·kot² <-s, -s> [tri'ko:, 'trɪko] *nt* MODE shirt, jersey; **das Basketballteam tritt in dunklen ~s an** the basketball team played in dark shirts [*or* jerseys] [*or* a dark strip]; **das gelbe/grüne/rosa ~** SPORT the yellow/green/pink jersey

Tril·ler <-s, -> ['trɪlɐ] *m* ❶ ORN trill, warble ❷ MUS *(rasch wechselnde Tonwiederholung)* trill

tril·lern ['trɪlɐn] *vi* ❶ ORN *(zwitschern)* to trill, warble ❷ *(singen)* to trill

Tril·ler·pfei·fe *f* [shrill-sounding] whistle

Tril·li·on <-, -en> [trɪ'ljo:n] *f* trillion BRIT, quintillion AM

Tri·lo·gie <-, -n> [trilo'gi:, *pl:* -'gi:ən] *f* LIT, FILM trilogy

Tri·mes·ter <-s, -> [tri'mɛstɐ] *nt* SCH trimester, [three-month] term

Trimm-dich-Pfad *m* keep-fit trail

trim·men ['trɪmən] **I.** *vt* ❶ *(trainieren)* ■ **jdn** [**auf etw** *akk*] ~ to train [*or* prepare] sb [for sth] ❷ *(in einen bestimmten Zustand bringen)* ■ **jdn auf etw** *akk* ~ to teach sb [*or* school sb in] sth; **sie hatten ihre Kinder auf gute Manieren getrimmt** they had taught their children [*or* schooled their children in] good manners ❸ *(scheren)* ■ **etw** ~ to clip sth; **einen Hund** ~ to clip a dog **II.** *vr* ■ **sich** *akk* [**durch etw** *akk*] ~ to keep fit [with sth]; **sich durch Radfahren/Schwimmen/Waldläufe** ~ to keep fit by cycling/[going] swimming/going for runs in the forest; **er trimmt sich jeden Morgen durch Yogaübungen** he keeps fit with [*or* by doing] yoga exercises every morning

Tri·ni·dad und To·ba·go <-s> ['trɪnidat ʊnt

to'ba:go] *nt* Trinidad and Tobago; *s. a.* **Sylt**

trink·bar *adj* drinkable; **für den Preis ist das ein gut ~er Wein** that's not a bad[-tasting] wine for the price

trin·ken <trank, getrunken> ['trɪŋkn̩] **I.** *vt* ❶ *(Flüssigkeit schlucken)* ■ **etw** ~ to drink sth; **Wasser** ~ to drink [*or* have] some water; **kann ich bei Ihnen wohl ein Glas Wasser ~?** could you give [*or* spare] me a glass of water [to drink]?; **möchten Sie lieber Kaffee oder Tee ~?** would you prefer coffee or tea [to drink]?; **ich trinke gerne Orangensaft** I like drinking orange juice; ■ **etw zu** ~ sth to drink; **gern** [**mal**] **einen** ~ *(fam)* to like a[n occasional] drink; [**mit jdm**] **einen** ~ **gehen** *(fam)* to go for a drink [with sb] ❷ *(anstoßen)* ■ **auf jdn/etw** ~ to drink to sb/sth; **sie tranken alle auf sein Wohl** they all drank to his health **II.** *vi* ❶ *(Flüssigkeit schlucken)* to drink, to have a drink ❷ *(alkoholische Getränke zu sich nehmen)* to drink; **er ist eigentlich ein netter Mensch, leider trinkt er** he's a nice person really, but he likes his drink

Trin·ker(in) <-s, -> *m(f)* drunkard; *(Alkoholiker)* alcoholic

trink·fest *adj* ■ ~ **sein** to be able to hold one's drink; **seine ~e Freundin trank ihn unter den Tisch** his hard-drinking girlfriend drank him under the table

Trink·ge·fäß *nt* drinking-vessel; **ich habe keine sauberen** ~ I haven't got anything clean to drink out of

Trink·geld *nt* tip; **der Rest ist** ~ keep the difference [*or* change]; ~ **bekommen** to receive tips [*or* a tip]; ~ **geben** to give tips [*or* a tip]

Kultur

Tipping is voluntary but is often expected, as the wages in the service sector are very low. If one is happy with the service, a **Trinkgeld** of 5–10% is usual in cafés and restaurants (around 15% in Austria).

Trink·glas *nt* [drinking-]glass **Trink·hal·le** *f* ❶ *(Kur)* pump-room, tap-room AM ❷ *(Kiosk)* kiosk that sells alcohol, which can be consumed there and then **Trink·halm** *m* [drinking-]straw **Trink·kur** *f* mineral water cure; **eine** ~ **machen** to take the waters **Trink·spruch** *m* toast; **einen** ~ **auf jdn/etw ausbringen** to propose a toast to sb/sth **Trink·was·ser** *nt* drinking-water; **„kein ~!"** '[this water is] not for drinking' **Trink·was·ser·auf·be·rei·tung** *f* drinking-water purification, purification of drinking-water **Trink·was·ser·auf·be·rei·tungs·an·la·ge** *f* drinking water treatment plant **Trink·was·ser·ge·win·nung** *f* recovery of drinking-water **Trink·was·ser·ver·sor·gung** *f* drinking-water supply

Trio <-s, -s> ['tri:o] *nt* ❶ MUS trio ❷ *(dreiköpfige Gruppe)* trio, triumvirate form

Trip <-s, -s> [trɪp] *m* ❶ *(fam: Ausflug)* trip ❷ *(sl: Drogenrausch)* trip *fam;* **auf einem** ~ **sein** to be tripping *fam* ▶ WENDUNGEN: **auf einem bestimmten** ~ **sein** *(sl)* to be going through a certain phase

Tri·po·lis <-s> ['tri:pɔlɪs] *nt* Tripoli

trip·peln ['trɪpl̩n] *vi sein* to patter; **leichtfüßig trippelte die Primaballerina auf die Bühne** the prima ballerina tiptoed lightly across the stage

Trip·per <-s, -> ['trɪpɐ] *m* MED gonorrhoea [*or* AM -hea] *no art;* **ich habe mir im Puff den** ~ **geholt!** *(fam)* I got [*or* picked up] a dose of the clap in that brothel! *sl*

Tri·so·mie <-, -n> *f* MED trisomy

trist [trɪst] *adj (geh)* dismal, dreary, dull

Tri·ti·um <-s> ['tri:tsjʊm] *nt kein pl* tritium

tritt [trɪt] *3. pers sing von* **treten**

Tritt <-[e]s, -e> [trɪt] *m* ❶ *(Fußtritt)* kick; **einen** ~ **bekommen** [*o* **kriegen**] to be kicked; **er bekam**

einen ~ in den Hintern he got [or received] a kick up the backside [or in the pants]; **jdm/etw einen ~ geben** [o geh: **versetzen**] to kick sb/sth [or give sb/ sth a kick]; **beim Thaiboxen darf man dem Gegner ~e versetzen** one is allowed to kick one's opponent in Thai boxing ② *kein pl (Gang)* step, tread ③ *(Stufe)* step ▸ WENDUNGEN: |**wieder**| ~ **fassen** to get [back] into a routine

Tritt·brett *nt* TRANSP step **Tritt·brett·fah·rer(in)** *m(f) (fam)* freerider *fam; (fig: Nachahmer)* copycat *fam* **Tritt·lei·ter** *f* stepladder

Tri·umph <-[e]s, -e> [tri'omf] *m* ① *(großartiger Erfolg)* triumph; **ich gratuliere dir zu diesem ~** congratulations on your success; **~e** *pl* [*o* **einen ~ nach dem anderen**] **feiern** to have [or enjoy] great success [or success after success] [or a string of successes] ② *kein pl (triumphierende Freude)* triumph ③ *(Triumphzug)* triumphal procession; **im ~** in a triumphal procession; **irgendwo im ~ einziehen** to make a triumphal entrance somewhere

tri·um·phal [triom'faːl] **I.** *adj* ① *(im Triumph erfolgend)* triumphal, triumphant ② *(überragend)* **ein ~er Erfolg** a tremendous [or brilliant] [or great] [or huge] success; **ein ~er Sieg** a glorious victory **II.** *adv* triumphally, triumphantly

Tri·umph·bo·gen *m* ARCHIT triumphal arch

tri·um·phie·ren[*] [triom'fiːrən] *vi (geh)* ① *(frohlocken)* to rejoice [or exult]; **höhnisch ~** to gloat ② *(erfolgreich sein)* ▪ **über jdn ~** to triumph over sb; ▪ **über etw** *akk* ~ to overcome [or triumph over] sth

tri·um·phie·rend **I.** *adj* triumphant **II.** *adv* triumphantly

Tri·umph·zug *m* triumphal procession; **im ~** in a triumphal procession

Tri·um·vi·rat <-[e]s, -e> [triomvi'raːt] *nt* HIST triumvirate

tri·vi·al [tri'vi̯aːl] *adj* banal, trite

Tri·vi·a·li·tät <-, -en> [trivi̯ali'tɛːt] *f (geh)* ① *kein pl (das Trivialsein)* triviality ② *(triviale Äußerung, Idee)* triviality

Tri·vi·al·li·te·ra·tur *f kein pl* MEDIA, LING, VERLAG light [or *pej* pulp] fiction

tro·cken ['trɔkn̩] **I.** *adj* ① *(ausgetrocknet)* dry; **~er Boden** dry [or arid] ground; **~e Erde** dry [or arid] soil ② *(nicht mehr nass)* dry; ▪ **~ werden/sein** to be/ become dry; **dieser Lack wird nach dem Verstreichen rasch ~** this paint dries very quickly [or is dry very soon] after being applied; **auf dem T~en** on dry land [or terra firma]; **im T~en** in the dry ③ METEO *(wenig Niederschlag aufweisend)* dry; **ein ~es Gebiet/~er Landstrich/eine ~e Wüste** a dry [or arid] region/area/wilderness; **infolge des Treibhauseffektes soll das Klima ~er werden** the climate is expected to become drier as a result of the greenhouse effect ④ KOCHK *(herb)* dry ⑤ *(nüchtern)* dry, dull; **ein ~es Buch** a dull book; **~e Zahlen** dry [or bare] figures; *(lapidar)* dry ⑥ *(hart)* dry ⑦ *(fam: vom Alkoholismus geheilt)* ▪ **~ sein** to be on the wagon *sl* ▸ WENDUNGEN: **auf dem ~en sitzen** *(fam)* to be broke *fam* [or BRIT *sl* skint]; *s. a.* **Auge** *s. a.* **Fuß** **II.** *adv* ▪ **aufbewahren** [*o* **lagern**] to keep [or store] in a dry place; **sich** *akk* **~ rasieren** to use an electric razor [or a|n electric] shaver]

Tro·cken·bee·ren·aus·le·se *f* KOCHK *a sweet [German] white wine made from selected grapes affected by noble rot* **Tro·cken·dock** *nt* NAUT dry dock **Tro·cken·eis·ne·bel** *m* MUS, THEAT dry ice fog **Tro·cken·erb·se** *f* dried pea **Tro·cken·ge·stell** *nt* clothes-horse **Tro·cken·hau·be** *f (salon)* hair-dryer

Tro·cken·heit <-, <*selten* -en> *f* METEO ① *(Dürreperiode)* drought ② *(trockene Beschaffenheit)* dryness *no pl; eines Gebietes, eines Landstrichs, einer Wüste*

dryness *no pl*, aridness *no pl*, aridity *no pl*

Tro·cken·koch·boh·ne *f* dried cooking bean **Tro·cken·kurs** *m* beginners' course *(taking place outside the actual environment where the activity normally takes place)* **tro·cken·le·gen** *vt* ① *(windeln)* **ein Baby ~** to change a baby's nappy [or AM diaper] ② *(durch Drainage entwässern)* **etw ~** to drain sth ③ *(fam: jdm den Alkohol entziehen)* **jdn ~** to put sb on the wagon *sl* [or help sb dry out] **Tro·cken·mas·se** *f* KOCHK dry weight **Tro·cken·milch** *f* dried [or powdered] milk **Tro·cken·obst** *nt kein pl* dried fruit **Tro·cken·platz** *m* drying area **Tro·cken·ra·sur** *f* dry shave **Tro·cken·sham·poo** *nt* dry shampoo **Tro·cken·spi·ri·tus** *m* fire lighter **Tro·cken·zeit** *f* dry season

trock·nen ['trɔknən] **I.** *vi sein* to dry; **hänge die nasse Wäsche zum T~ auf die Leine** hang the wet washing [out] on the line to dry; ▪ **etw ~ lassen** to let sth dry; **die Sonne ließ die nasse Straße rasch wieder ~** the sun soon quickly dried the wet road again **II.** *vt haben* ① *(trocken machen)* ▪ **etw ~** to dry sth; ▪ **jdm/sich etw ~** to dry sb's/one's sth; **er trocknete sich/der Patientin die schweißige Stirn** he dried [or mopped] his/the patient's sweaty brow ② KOCHK *(dörren)* ▪ **etw ~** to dry [or desiccate] sth ③ *(abtupfen)* ▪ |**jdm**| **etw** |**von etw** *dat*| ~ to dab up |sb's| sth *sep* [or sth [from |sb's| sth]]; **sie trocknete ihm den Schweiß** |**von der Stirn**| she dabbed up his sweat [or |the sweat from his brow|]; **komm, ich trockne dir die Tränen** come and let me dry [or wipe away] your tears

Trod·del <-, -n> ['trɔdl̩] *f* tassel

Trö·del <-s> ['trøːdl̩] *m kein pl (fam)* junk *no indef art, no pl*

Trö·de·lei <-, -en> [trøːdə'lai̯] *f (fam)* dawdling *no pl, no indef art*, dilly-dallying *no pl, no indef art fam*

Trö·del·markt *m s.* **Flohmarkt**

trö·deln ['trøːdl̩n] *vi* ① *haben (langsam sein)* to dawdle [or *fam* dilly-dally] ② *sein (langsam schlendern)* to [take a] stroll

Tröd·ler(in) <-s, -> ['trøːdlɐ] *m(f)* ① *(Altwarenhändler)* second-hand dealer ② *(fam: trödelnder Mensch)* dawdler, dilly-dallier, slowcoach BRIT *fam*

troff [trɔf] *imp von* **triefen**

trog *imp von* **trügen**

Trog <-[e]s, Tröge> [troːk, *pl:* 'trøːgə] *m* trough

Troll <-s, -e> [trɔl] *m* troll

Troll·blu·me *f* BOT globeflower

trol·len ['trɔlən] *vr (fam)* ▪ **sich** *akk* ~ to push off *sl;* **ich werd mich jetzt nach Hause ~** I think I'll push off home now *sl*

Trom·mel <-, -n> ['trɔml̩] *f* MUS, TECH, INFORM drum; **die ~ schlagen** to beat the drum, to play the drum|s|; **im Orchester schlägt er die ~** he plays the drum|s| in the orchestra

Trom·mel·fell *nt* ANAT ear-drum; **da platzt einem ja das ~** *(fam)* the noise is [almost] ear-splitting

trom·meln ['trɔml̩n] **I.** *vi* ① MUS *(die Trommel schlagen)* to drum, play the drum|s *pl*| ② *(laut klopfen)* ▪ **an** [*o* **auf**] [*o* **gegen**] **etw** *akk* ~ to drum on sth; **gegen die Tür ~** to bang on the door; **sie trommelte mit den Fingern auf dem Schreibtisch** she drummed her fingers on the desk ③ *(rhythmisch auftreffen)* ▪ **an** [*o* **auf**] [*o* **gegen**] **etw** *akk* ~ to beat on [or against] sth **II.** *vt* MUS ▪ **etw ~** to beat out sth *sep; s. a.* **Schlaf**

Trom·mel·re·vol·ver [-re'vɔlvɐ] *m* revolver **Trom·mel·stock** *m* drumstick

Trom·mler(in) <-s, -> *m(f)* drummer

Trom·pe·te <-, -n> [trɔm'peːtə] *f* trumpet; **~ spielen** [*o* **blasen**] to play the trumpet; *s. a.* **Pauke**

trom·pe·ten[*] [trɔm'peːtn̩] **I.** *vi* ① MUS *(Trompete spie-*

len) to play the trumpet ➌ *(trompetenähnliche Laute hervorbringen)* to trumpet; **ins Taschentuch ~** *(fam)* to blow one's nose loudly; **~de Elefanten** trumpeting elephants **II.** *vt (fam)* ▪ **etw ~** to shout sth from the roof-tops

Trom·pe·ter(in) <-s, -> *m(f)* trumpeter

Tro·pen ['tro:pn] *pl* GEOG ▪ **die ~** the tropics *pl*

Tro·pen·an·zug *m* safari suit **Tro·pen·helm** *m* sun-helmet, pith helmet, topi, topee **Tro·pen·holz** *nt* wood from tropical trees *pl* **Tro·pen·in·sti·tut** *nt* MED, SCI tropical disease unit **Tro·pen·krank·heit** *f* tropical disease **Tro·pen·pflan·ze** *f* tropical plant **Tro·pen·wald** *m* tropical rain forest

Tropf¹ <-[e]s, -e> [tropf] *m* MED drip; **am ~ hängen** *(fam: eine Tropfinfusion erhalten)* to be on a drip; *(fam: subventioniert werden)* to be subsidized

Tropf² <-[e]s, Tröpfe> [tropf, *pl:* 'trœpfə] *m* ▶ WENDUNGEN: **armer ~** *(fam)* poor devil

tröpf·chen·weise [trœpfçən-] *adv* in [small] drops

tröp·feln ['trœpfl̩n] **I.** *vi* ➊ *haben (ständig tropfen)* to drip ➋ *sein (rinnen)* ▪ **aus etw ~** to drip from sth **II.** *vi impers* to spit [with rain] **III.** *vt* ▪ **etw auf etw** *akk*/**in etw** *akk* **~** to put sth onto/into sth

trop·fen ['tropfn̩] *vi* ➊ *haben (Tropfen fallen lassen)* to drip; *(Nase)* to run ➋ *sein (tropfenweise gelangen)* ▪ **aus** [*o* **von**] **etw** *dat* [**irgendwohin**] **~** to drip [somewhere] from sth

Trop·fen <-s, -> ['tropfn̩] *m* ➊ *(kleine Menge Flüssigkeit)* drop; *(an der Nase)* dewdrop *euph; (Schweiß~)* bead; **bis auf den letzten ~** [down] to the last drop; **~ für ~** drop after drop ➋ *pl* PHARM, MED *(in Tropfen verabreichte Medizin)* drops *pl;* **haben Sie das Mittel auch als ~?** do you also have this medicine in the form of drops [*or* drop-form] ? ➌ *(fam)* drop *no pl* ▶ WENDUNGEN: **steter ~ höhlt den Stein** *(prov)* constant dropping wears [*or* will wear] away a stone *prov;* **ein ~ auf den heißen Stein** *(fam)* a [mere] drop in the ocean; **ein guter** [*o* **edler**] **~** *(fam)* a good drop [of wine]

Trop·fen·fän·ger <-s, -> *m* drip-catcher

trop·fen·wei·se *adv* in drops; **dieses hochwirksame Präparat darf nur ~ verabfolgt werden** this extremely potent preparation should only be administered drop by drop

Tropf·ho·nig *m* liquid honey **Tropf·in·fu·si·on** *f* MED intravenous drip **tropf·nass**^RR *adj* dripping wet **Tropf·stein** *m* GEOL ➊ *(Stalaktit)* stalactite ➋ *(Stalagmit)* stalagmite **Tropf·stein·höh·le** *f* GEOL stalactite cavern [*or* cave]

Tro·phäe <-, -n> [tro'fε:ə] *f* SPORT, JAGD trophy

tro·pisch ['tro:pɪʃ] *adj* GEOG tropical

Tro·po·sphä·re [tropo'sfε:rə] *f* troposphere

Tross^RR <-es, -e> *m*, **Troß**^ALT <-sses, -sse> [tros] *m* ➊ *(Zug)* procession of followers ➋ MIL *(Nachschubeinheit)* baggage-train ➌ HIST *(Gefolge)* retinue

Tros·se <-, -n> ['trosə] *f* NAUT hawser

Trost <-[e]s> [tro:st] *m kein pl (Linderung)* consolation; **sie fand in der Kirche ~** she found comfort in the church; **ein schwacher** [*o* **schlechter**] **~ sein** to be of little consolation [*or* pretty cold comfort]; **das ist ein schöner ~** *(iron)* some comfort that is *iron;* **ein/jds ~ sein** to be a consolation/sb's comfort; **als ~ sein** [*or* by way of] consolation; **der Hauptgewinner erhielt 50.000 Euro, die nächsten zehn Gewinner als ~ je 100 Euro** the main prize winner received 50,000 euros and the next ten winners 100 euro each as a consolation prize ➋ *(Zuspruch)* words of comfort; **jdm ~ spenden** to console [*or* comfort] sb; **zum ~** as a comfort [*or* consolation]; **zum ~ strich er der Weinenden über die Haare** he comforted the crying girl by stroking her hair ▶ WENDUNGEN: **nicht** [**ganz** [*o* **recht**]] **bei ~ sein** *(fam)* to have taken leave

of one's senses, not to be [quite] all there

trös·ten ['trø:stn̩] **I.** *vt (jds Kummer lindern)* ▪ **jdn ~** to comfort [*or* console] sb; **sie war von nichts und niemandem zu ~** she was utterly inconsolable; ▪ **etw tröstet jdn** sth is of consolation to sb **II.** *vr* ▪ **sich** *akk* [**mit jdm/etw**] **~** to find consolation [with sb]/console oneself [with sth], to find solace [in sth] *form;* **~ Sie sich, ...** console yourself with the thought that ...

trös·tend I. *adj* comforting, consoling, consolatory **II.** *adv* **jdm ~ über die Haare streichen** to stroke sb's hair in a comforting [*or* consoling] [*or* consolatory] manner; **jdn ~ umarmen** to give sb a comforting [*or* consoling] [*or* consolatory] hug

Trös·ter(in) <-s, -> *m(f)* comforter

tröst·lich *adj* comforting; ▪ **etw ist ~ zu hören/sehen/wissen, ...** sth is comforting to hear/see/know ...; ▪ **es ist ~[, zu hören/sehen/wissen],** **dass ...** it's comforting [to hear/see/know] that ...; **dass du dem endlich einmal zugestimmt hast, ist ~** it's comforting to know that you've finally agreed to it

trost·los *adj* ➊ *(deprimierend)* miserable, wretched; **bei diesem ~en Regenwetter habe ich zu nichts Lust** I don't feel like doing anything in this miserable rainy [*or* wet] weather ➋ *(öde und hässlich)* desolate; **eine ~e Landschaft** a bleak landscape

Trost·lo·sig·keit <-> *f kein pl* ➊ *(deprimierende Art)* miserableness *no pl,* wretchedness *no pl; (Wetter)* miserableness *no pl* ➋ *(triste Beschaffenheit)* desolateness *no pl*

Trost·pflas·ter *nt* consolation; **als ~** as a [*or* by way of] consolation **Trost·preis** *m* consolation prize

Trös·tung <-, -en> *f (geh)* comfort

Trott <-s> [trot] *m kein pl* routine; **in einen bestimmten ~ verfallen** to get into a certain rut

Trot·tel <-s, -> ['trotl̩] *m (fam)* idiot, bonehead *sl,* blockhead *sl,* plonker *BRIT sl*

trot·te·lig ['trotəlɪç] **I.** *adj (fam)* stupid; **dieser ~e Kerl** this stupid [*or* idiot of a] guy [*or* BRIT bloke] [*or* BRIT plonker] *sl;* **sei nicht so ~** don't be so stupid [*or* BRIT *sl* such a plonker] **II.** *adv (fam)* **sich** *akk* **~ anstellen** [*o* **benehmen**] to act [*or* behave] stupidly [*or* like an idiot] [*or sl* a bonehead] [*or sl* a blockhead] [*or* BRIT *sl* a plonker]

Trot·tel·lum·me *f* ORN common guillemot

trot·ten ['trotn̩] *vi sein* to trudge [*or* plod] [along]

Trot·ti·nett <-s, -e> ['trotinɛt] *nt* SCHWEIZ *(Kinderroller)* [children's] scooter

Trot·toir <-s, -s *o* -e> [tro'toa:ɐ̯] *nt* SÜDD, ÖSTERR, SCHWEIZ *(Bürgersteig)* pavement

trotz [trots] *präp +gen* in spite of, despite

Trotz <-es> [trots] *m kein pl* defiance; **dass die Kleine so widerspenstig ist, ist nichts als ~** the child's rebelliousness is nothing more than contrariness; ▪ **jds ~ gegen jdn/etw** sb's defiance of sb/sth; **aus ~** [**gegen jdn/etw**] out of spite for sb/sth]; **jdm/einer S. zum ~** in defiance of sb/a thing

Trotz·al·ter *nt* difficult age; **im ~ sein** to be going through [*or* be at] a difficult age

trotz·dem ['trotsde:m] *adv* nevertheless; *(aber)* still; **der ist aber teuer – ~!** **ich finde ihn schön** it sure is expensive – still! I think it's gorgeous

trot·zen ['trotsn̩] *vi* ▪ **jdm/einer S. ~** *(die Stirn bieten)* to resist sb/brave a thing; **einer Herausforderung ~** to meet a challenge; *(sich widersetzen)* to defy sb/a thing

trot·zig ['trotsɪç] *adj* difficult, awkward

Trotz·kopf *m (fam: trotziges Kind)* awkward [*or* BRIT *fam* bolshie] little so-and-so; ▶ WENDUNGEN: **einen ~ haben** to be awkward [*or* BRIT *fam* bolshie]; **seinen ~ durchsetzen** to have [*or* get] one's way **Trotz·**

re·ak·ti·on *f* act of defiance; **das war doch nur eine ~ von ihr** she merely acted like that out of defiance
Trou·ba·dour <-s, -s *o* -e> ['tru:badu:ɐ̯, truba'du:ɐ] *m* HIST troubadour
trü·be ['try:bə] *adj* ❶ *(unklar)* murky; **~s Bier/~r Saft/~r Urin** cloudy beer/juice/urine; **~s Glas/ eine ~ Fensterscheibe/ein ~r Spiegel** dull glass/a dull window/mirror ❷ *(matt)* dim; **~s Licht** dim light ❸ METEO *(dunstig)* dull; **ein ~r Himmel** a dull *[or* overcast] *[or* grey] sky *[or* AM gray] ❹ *(deprimierend)* bleak; **~ Erfahrungen** unhappy experiences; **eine ~ Stimmung** a gloomy mood ▸ WENDUNGEN: **im T~n fischen** *(fam)* to fish in troubled waters; [mit] etw *dat* sieht [es] **~ aus** the prospects are [looking] bleak [for sth]; *s. a.* **Tasse**
Tru·bel <-s> ['tru:bl] *m kein pl* hurly-burly, hustle and bustle
trü·ben ['try:bn̩] **I.** *vt* ■ etw **~** ❶ *(unklar machen)* to make sth murky; **Bier/Saft ~** to make beer/juice cloudy ❷ *(beeinträchtigen)* to cast a cloud over sth; **Beziehungen/ein Verhältnis ~** to strain *[or* put a strain on] relations/a relationship **II.** *vr* ■ **sich** *akk* **~** ❶ *(unklar werden)* to go murky ❷ *(geh: unsicher werden)* to become clouded; **sein Gedächtnis trübte sich im Alter** his memory deteriorated *[or* became hazy] in his old age
Trüb·sal ['try:pza:l] *f kein pl (geh)* ❶ *(Betrübtheit)* grief ❷ *(Leid)* suffering, misery ▸ WENDUNGEN: **~ blasen** *(fam)* to mope
trüb·se·lig *adj* ❶ *(betrübt)* gloomy, miserable, melancholy; **ein ~es Gesicht/eine ~e Miene** a gloomy *[or* miserable] face/expression ❷ *(trostlos)* bleak, dreary
Trüb·sinn *m kein pl* gloom[iness *no pl*], melancholy
trüb·sin·nig *adj* gloomy, miserable, melancholy; **ein ~er Gesichtsausdruck/eine ~e Miene** a gloomy *[or* miserable] expression
Trü·bung <-, -en> *f* ❶ *(Veränderung zum Unklaren)* clouding; **bei zu starkem Algenwachstum kann eine ~ des Teichwassers eintreten** excessive algae growth can lead to the pond water becoming murky ❷ *(Beeinträchtigung)* straining; **sein Betrug führte zu einer ~ unseres Einvernehmens** his deception put a strain on our friendly relationship
Truck <-s, -s> [trak] *m* truck
tru·deln ['tru:dln̩] *vi sein o haben* LUFT to spin; **die Maschine begann zu Boden zu ~** the plane went into a [tail]spin; **ins T~ geraten** to go into a [flat] spin
Trüf·fel¹ <-, -n> ['trʏfl̩] *f* BOT *(Pilz)* truffle
Trüf·fel² <-s, -> ['trʏfl̩] *m* KOCHK *(gefüllte Praline)* truffle
Trüf·fel·ho·bel *f* truffle grater **Trüf·fel·öl** *nt* truffle oil
trug [tru:k] *imp von* **tragen**
Trugbild *nt (veraltend geh)* illusion, hallucination
trü·gen <trog, getrogen> ['try:gn̩] **I.** *vt (täuschen)* ■ jdn **~** *(geh)* to deceive sb; **wenn mich nicht alles trügt** unless I'm very much mistaken **II.** *vi (täuschen)* to be deceptive
trü·ge·risch ['try:gərɪʃ] *adj* deceptive
Trug·schluss^RR *m* fallacy; **ein ~ sein, etw zu tun** to be a fallacy to do sth; **einem ~ unterliegen** to labour *[or* AM *-or]* under a misapprehension
Tru·he <-, -n> ['tru:ə] *f* chest
Trüm·mer ['trʏmɐ] *pl* rubble; *eines Flugzeugs* wreckage; **in ~n liegen** to lie in ruins *pl*
Trüm·mer·frau *f* POL *(hist)* woman who helped clear debris after WWII **Trüm·mer·hau·fen** *m* heap *[or* pile] of rubble
Trumpf <-[e]s, Trümpfe> [trʊmpf, *pl:* 'trʏmpfə] *m* ❶ KARTEN *(Trumpfkarte)* trump [card]; **~ sein** to be trumps ❷ *(fig: entscheidender Vorteil)* trump card *fig;* **den ~ aus der Hand geben** to waste *[or* give up] one's trump card; **noch einen ~ in der**

Hand haben to have another ace *[or* card] up one's sleeve; **seinen ~/den entscheidenden ~/seinen letzten ~ ausspielen** to play one's/the decisive/ one's last trump card
trump·fen ['trʊmpfn̩] *vi* KARTEN ■ [mit etw *dat*] **~** to trump [with sth]
Trumpf·kar·te *f* KARTEN trump [card]
Trunk <-[e]s, Trünke> [trʊŋk, *pl:* 'trʏŋkə] *m (geh)* drink, beverage *form;* **dem ~ verfallen** [*o* ergeben] **sein** to be a victim of the demon drink *[or* have taken to drink]
trun·ken ['trʊŋkn̩] *adj (geh)* ■ **~ vor etw** *dat* **sein** to be intoxicated *[or* drunk] with sth
Trun·ken·bold <-[e]s, -e> *m (pej)* drunkard *pej*
Trun·ken·heit <-> *f kein pl* drunkenness *no pl,* intoxication; **~ am Steuer** JUR drunken driving, driving under the influence of alcohol
Trun·ksucht <-> *f kein pl (geh)* alcoholism *no indef art*
trunk·süch·tig *adj (geh)* ■ **~ sein** to be an alcoholic
Trupp <-s, -s> [trʊp] *m* group; MIL squad, detachment; **die Wanderer lösten sich in kleinere ~s auf** the walkers split up into smaller groups
Trup·pe <-, -n> ['trʊpə] *f* ❶ *kein pl* MIL *(Soldaten an der Front)* combat *[or* front-line] unit; ■ **die ~** *(fam)* the army ❷ MIL *(Soldatenverband mit bestimmter Aufgabe)* squad ❸ *(gemeinsam auftretende Gruppe)* troupe, company; **er ist Schauspieler in einer bekannten ~** he's an actor with a famous company ▸ WENDUNGEN: **von der [ganz] schnellen ~ sein** *(fam)* to be a fast worker *[or pl* fast workers]; **Sie sind aber von der ganz schnellen ~!** you're a fast worker!, you don't hang about!, do you?] *fam;* **nicht von der schnellen ~ sein** *(fam)* to be a bit slow *[or* BRIT *fam* not exactly be the brain of Britain]
Trup·pen·ab·bau *m* POL, MIL reduction of troops **Trup·pen·ab·zug** *m* MIL withdrawal of troops, troop withdrawal **Trup·pen·be·we·gung** *f meist pl* MIL troop movement[s *pl*] **Trup·pen·füh·rer** *m* MIL commander **Trup·pen·gat·tung** *f* MIL an arm of the services; **die Kavallerie ist eine ~ der Vergangenheit** the cavalry was formerly an arm of the services **Trup·pen·kon·tin·gent** *nt* POL, MIL contingent **Trup·pen·teil** *m* MIL unit **Trup·pen·übung** *f* military exercise **Trup·pen·übungs·platz** *m* MIL military training area
Trü·sche <-, -n> ['trʏʃə] *f* ZOOL burbot, eelpout
Tru·te <-, -n> *f* SCHWEIZ *(Truthenne)* turkey[hen]
Trut·hahn ['tru:tha:n] *m* turkey[cock]; **viele englische Familien essen zu Weihnachten ~** many English families eat turkey at Christmas **Trut·henne** *f* turkey[hen]
Tschad <-s> [tʃat] *nt* Chad; *s. a.* **Deutschland**
Tscha·der(in) <-s, -> ['tʃadɐ] *m(f)* Chadian; *s. a.* **Deutsche(r)**
tscha·disch ['tʃadɪʃ] *adj* Chadian; *s. a.* **deutsch**
Tscha·dor <-s, -s> [tʃa'do:ɐ̯] *m* chador
Tschad·see *m* Lake Chad
tschau [tʃau] *interj (fam)* cheerio BRIT *fam,* see you *fam,* so long *fam,* ciao *fam*
Tsche·che, Tsche·chin <-n, -n> ['tʃɛçə, 'tʃɛçɪn] *m, f* GEOG Czech; *s. a.* **Deutsche(r)**
Tsche·chei <-> [tʃɛç'?ai] *f* ■ **die ~** the Czech Republic; *s. a.* **Deutschland**
Tsche·chin <-, -nen> *f fem form von* **Tscheche**
tsche·chisch ['tʃɛçɪʃ] *adj* ❶ GEOG Czech; *s. a.* **deutsch 1** ❷ LING Czech; *s. a.* **deutsch 2**
Tsche·chisch ['tʃɛçɪʃ] *nt decl wie adj* Czech; *s. a.* **Deutsch**
Tsche·chi·sche <-n> *nt* ■ **das ~** Czech, the Czech language; *s. a.* **Deutsche**
Tschechi·sche Re·pu·blik *f* Czech Republic; *s. a.* **Deutschland**

T

tschil·pen ['tʃɪlpn] *vi* to chirp

tschüs, **tschüss**^RR [tʃʏːs] *interj (fam)* bye *fam,* cheerio BRIT *fam,* see you *fam,* so long *fam;* **jdm ~ sagen** to say bye [*or* cheerio] to sb

Tse·tse·fliege ['tseːtseː-] *f* tsetse fly

T-Shirt <-s, -s> ['tiːʃøːɐ̯t] *nt* T-shirt, tee-shirt

tsu·na·mi [tsuˈnaːmi] *m* Tsunami

T-Trä·ger ['teː-] *m* BAU T-girder

TU <-, -s> [teːˈʔuː] *f* SCH *Abk von* **technische Universität** technical university

tu(e) [tuː(ə)] *imper sing von* **tun**

Tu·ba <-, Tuben> ['tuːba, *pl:* 'tuːbn] *f* MUS tuba

Tu·be <-, -n> ['tuːbə] *f* tube; ▸ WENDUNGEN: **auf die ~ drücken** *(fam)* to step on it, to put one's foot down

Tu·ber·kel·ba·zil·lus [tuˈbɛrkl̩-] *m* MED tubercle [*or* Koch's] bacillus

tu·ber·ku·lös [tubɛrkuˈløːs] *adj* MED *(geh)* tubercular, tuberculous

Tu·ber·ku·lo·se <-, -n> [tubɛrkuˈloːzə] *f* MED tuberculosis *no indef art, no pl*

tu·ber·ku·lo·se·krank *adj* MED tubercular, tuberculous; ■ **~ sein** to be tubercular [*or* tuberculous], to have tuberculosis

Tu·ber·ku·lo·se·kran·ke(r) *f(m) decl wie adj* MED person suffering from tuberculosis

Tuch^1 <-[e]s, Tücher> [tuːx, *pl:* 'tyːçɐ] *nt* **①** *(Kopf~)* [head]scarf; *(Hals~)* scarf **②** *(dünne Decke)* cloth ▸ WENDUNGEN: **wie ein rotes ~ auf jdn wirken** to be like a red rag to a bull to sb; **so was wirkt wie ein rotes ~ auf ihn** that sort of thing is like a red rag to a bull to him [*or* [really] makes him see red]

Tuch^2 <-[e]s, -e> [tuːx] *nt (textiles Gewebe)* cloth, fabric

Tuch·füh·lung *f* ▸ WENDUNGEN: **auf ~ bleiben** *(fam)* to stay in touch [*or* contact]; **mit jdm auf ~ sein** [*o* sitzen] *(fam)* to sit close to sb; **ich mag es nicht, wenn man mit mir auf ~ sitzt** I don't like it when somebody sits [too] close to me **Tuch·han·del** *m* ÖKON *(hist)* ■ **der ~** the cloth trade

tüch·tig ['tʏçtɪç] **I.** *adj* **①** *(fähig)* capable, competent; **~, ~!** well done! **②** *(fam: groß)* sizeable, big; **eine ~e Tracht Prügel** a good hiding [*or* beating]; *s. a.* **Welt II.** *adv (fam)* **①** *(viel)* **~ anpacken/mithelfen** to muck in BRIT, to share [tasks/accommodations] AM; **~ essen** to eat heartily; **~ sparen** to save hard **②** *(stark)* **~ regnen** to rain hard; **~ schneien** to snow hard [*or* heavily]; **es stürmt ~** the [*or* a] storm is raging

Tüch·tig·keit <-> *f kein pl* competence, efficiency

Tücke <-, -n> ['tʏkə] *f* **①** *kein pl (Heimtücke)* malice; *(einer Tat)* maliciousness **②** *kein pl (Gefährlichkeit)* dangerousness; *(einer Krankheiten)* perniciousness **③** *(Unwägbarkeiten)* ■ **~n** *pl* vagaries *pl;* **seine ~n haben** to be temperamental ▸ WENDUNGEN: **das ist die ~ des Objekts** these things have a will of their own!

tu·ckern ['tuken] *vi* **①** *haben (blubbernde Geräusche machen)* to chug **②** *sein (mit blubbernden Geräuschen fahren)* to chug

tü·ckisch ['tʏkɪʃ] *adj* **①** *(hinterhältig)* malicious; **ein ~er Mensch** a malicious [*or* spiteful] person **②** *(heimtückisch)* pernicious **③** *(gefährlich)* treacherous

Tüf·te·lei <-, -en> [tʏftəˈlai] *f (fam)* complicated and awkward [*or* BRIT fiddly] job *fam*

tüf·teln ['tʏftl̩n] *vi (fam)* to fiddle about *fam;* ■ **an etw** *dat ~* to fiddle about [*or* tinker] with sth *fam*

Tu·gend <-, -en> ['tuːgnt] *f* **①** *(wertvolle Eigenschaft)* virtue **②** *kein pl (moralische Untadeligkeit)* virtue; *s. a.* **Not**

tu·gend·haft *adj* virtuous

Tu·gend·haf·tig·keit <-> *f kein pl* virtuousness *no pl*

Tu·kan <-s, -e> ['tuːkan] *m* ORN toucan

Tüll <-s, -e> [tʏl] *m* MODE tulle

Tül·le <-, -n> ['tʏlə] *f* **①** *(Ausguss)* spout **②** TECH *(Ansatzstück)* attachment; *(Dichtungsring)* grommet

Tul·pe <-, -n> ['tʊlpə] *f* **①** BOT tulip **②** *(konisches Bierglas)* tulip-glass

Tul·pen·zwie·bel *f* BOT tulip-bulb

tumb [tʊmp] *adj (pej)* naive *pej;* *(einfältig)* slow

Tumb·ler <-s, -s> ['tamblɐ] *m* SCHWEIZ *(Wäschetrockner)* tumble-drier [*or* AM dryer]

tum·meln ['tʊml̩n] *vr* ■ **sich** *akk ~* **①** *(froh umherbewegen)* to romp [about] **②** *(sich beeilen)* to hurry [up]

Tum·mel·platz *m (geh)* play area

Tüm·mler <-s, -> ['tʏmlɐ] *m* porpoise

Tu·mor <-s, Tumoren> ['tuːmoːɐ̯, tuˈmoːɐ̯, *pl:* tuˈmoːrən] *m* tumour [*or* AM -or]

Tu·mor·mar·ker <-s, -> *m* MED tumour marker **Tu·mor·zel·le** *f* tumour cell

Tüm·pel <-s, -> ['tʏmpl̩] *m* [small] pond

Tu·mult <-[e]s, -e> [tuˈmʊlt] *m* **①** *kein pl (lärmendes Durcheinander)* commotion, tumult **②** *meist pl (Aufruhr)* disturbance

---

tun [tuːn]

I.	TRANSITIVES VERB	**II.**	UNPERSÖNLICHES
III.	INTRANSITIVES VERB		REFLEXIVES VERB
IV.	MODALVERB		

I. TRANSITIVES VERB   <tat, getan>

① *(machen)* ■ **etw ~ mit unbestimmtem Objekt** to do sth; **was sollen wir bloß ~?** whatever shall we do?; **was tust du da?** what are you doing [there]?; **etw noch ~ müssen** to have still got sth to do; **was tut er nur den ganzen Tag?** what does he do all day?; **noch viel ~ müssen** to have still got a lot to do; ■ **etw** [**mit etw**] **~** to do sth [with sth]; **das Klopfen tut er mit dem Fuß** he's making that tapping noise with his foot; ■ **etw mit jdm ~** to do sth with sb; **was haben sie mit dir getan, dass du so verängstigt bist?** what have they done to you to make you so frightened?; ■ **etw aus etw ~** to do sth out of sth; **etw aus Liebe ~** to do sth out of [*or* for] love; **nichts ~, als ...** *(fam)* to do nothing but ...; **er tut nichts, als sich zu beklagen** he does nothing but complain; **~ und lassen können, was man will** to do as one pleases [*or* likes]; **was jd zu ~ und zu lassen hat** what sb can and can't [*or* should and shouldn't] do; **~, was man nicht lassen kann** *(fam)* to do sth if one must; **das eine ~, und das andere nicht lassen** to do one thing without neglecting the other; **so etwas tut man nicht!** you just don't do things like that!; **etw nicht unter etw ~** *dat ~ (fam)* not to do sth for less than sth; **das Radio muss repariert werden – der Techniker tut es nicht unter 100 Euro** the radio needs repairing – the electrician won't do it for less than 100 euros; **was ~?** what's to be done?; **~ Sie wie zu Hause** make yourself feel at home

② *(arbeiten)* ■ **etw** [**für jdn/etw**] **~** to do sth [for sb/sth]; **auch im Urlaub tue ich einige Stunden pro Tag** [**für die Firma**] I even put in [*or* do] a couple of hours[' work] [for the company] when I'm on holiday

③ *(unternehmen)* ■ **etwas/nichts/einiges ~** to do something/nothing/quite a lot [*or* bit]; **in dieser Angelegenheit wird derzeit einiges von uns getan** we're currently undertaking a number of things in this matter; ■ **etwas/nichts/einiges für jdn ~** to do something/nothing/quite a lot [*or* bit] for sb; **der Arzt kann nichts mehr für ihn ~** the doctor can't do anything [*or* can do nothing] more for him; **was tut man nicht alles für seine Nichten und Neffen!** the things we do for our nephews and nieces!; ■ **etwas/nichts/einiges für etw ~** to do something/nothing/quite a lot [*or* bit] for sth; **ich muss etwas/mehr für meine schlanke Linie ~** I must do something/more for my figure; ■ **etw gegen etw ~**

Beschwerden, Pickel, Belästigungen, Unrecht to do sth about sth; **etwas für jdn ~ können** to be able to do something for sb; **was sich ~ lässt** what can be done; **ich will versuchen, was sich da ~ lässt** I'll see what I can do [or can be done] [about it]; **etwas für sich ~ müssen** to need to do something for one's health

🔹 *(antun)* ▪ |jdm| **etwas/nichts ~** to do something/ nothing [to sb]; **keine Angst, der Hund tut Ihnen nichts** don't worry, the dog won't hurt you; **dein Hund tut doch hoffentlich nichts?** your dog won't bite, will it?

🔹 *(fam: legen o stecken)* ▪ **etw irgendwohin ~** to put sth somewhere

🔹 *(fam: funktionieren)* ▪ **es noch/nicht mehr ~** to be still working [or going] /broken [or *sl* kaputt] [or *fam* have had it]; **tut es dein altes Tonbandgerät eigentlich noch?** is your old tape recorder still working?

🔹 *(fam: ausmachen)* ▪ **etwas/nichts ~** to matter/ not to matter; **das tut nichts** it doesn't matter; **was tut's** *(fam)* what difference does it make?, what does it matter?; **macht es dir was aus, wenn ich das mache? – ja, das tut es** does [or would] it matter to you if I do this? – yes, it does [or would]

🔹 *(fam: ausreichen)* ▪ **es |für etw| ~** to do [for sth]; **für heute tut's das** that'll do for today; **tut es das?** will that do?; **mit etw |noch| nicht getan sein** sth isn't enough

▸ WENDUNGEN: **was kann ich für Sie ~?** ÖKON can I help you?, what can I do for you?; **man tut, was man kann** one does what one can; **es |mit jdm| ~** *(sl)* to do it [with sb] *sl; s. a.* **Gefallen** *s. a.* **Sache**

II. UNPERSÖNLICHES REFLEXIVES VERB   `<tat, getan>`

▪ **etwas/nichts/einiges tut sich** something/noth-ing/quite a lot [or bit] is happening; **das tut sich** *dat* **nichts** *(fam)* it doesn't make any difference

III. INTRANSITIVES VERB   `<tat, getan>`

🔹 *(sich benehmen)* to act; **albern/dumm ~** to play dumb; **informiert/kompetent ~** to pretend to be well-informed/competent; **so ~, als ob** to pretend that; **er schläft doch gar nicht, er tut nur so, als ob** he's not asleep at all, he's only pretending [to be]; **ich tue jetzt so, als ob ich ginge** I'll pretend to be [or that I'm] going now; **nur so ~** to be only pretend-ing; **er ist doch gar nicht wütend, er tut nur so** he's not angry at all, he's [just] pretending [to be]; **der Fußballspieler war gar nicht verletzt, er hat nur so getan** the footballer wasn't injured at all, he was just play-acting; **tu doch nicht so!** *(fam: stell dich nicht so an)* stop pretending!; *(reg dich doch nicht auf)* don't make such a fuss!

🔹 *(Dinge erledigen)* ▪ **zu ~ haben** to be busy; **störe mich jetzt nicht, ich habe |noch| zu ~** don't disturb me now, I'm busy; **am Samstag habe ich noch in der Stadt/im Garten/Keller zu ~** I've got [some] things to do in town/in the garden/cellar on Saturday
▸ WENDUNGEN: **es mit jdm zu ~ bekommen** [*o* krie-gen] *(fam)* to get into trouble with sb; **pass auf, sonst kriegst du es mit mir zu ~** watch it, or you'll have me to deal with [or answer to]; **es mit jdm zu ~ haben** to be dealing with sb; **es mit sich selbst zu ~ haben** to have problems of one's own [or enough on one's own plate]; **mit wem habe ich es zu ~?** who might you be [or are you] ?; **etwas/nichts mit jdm/ etw zu ~ haben** to have something/nothing to do with sb/sth; **es jdm um jdn/etw zu ~ sein** sb is concerned [or worried] about sb/sth; **es jdm sehr darum zu ~ sein** *(geh)* to be very important to sb; **mit jdm/etw nichts zu ~ haben wollen** to want to

have nothing to do with sb/sth

IV. MODALVERB   `<tat, getan>`

🔹 *mit vorgestelltem Infinitiv* **mögen tu ich wohl, nur darf ich es nicht** I'd like to [do it], but I'm not allowed [to]; **singen tut sie ja gut** she's a good singer, she sings well

🔹 *mit nachgestelltem Infinitiv* DIAL ▪ **~ ...** to do sth; **ich tu nur schnell den Braten anbraten** I'll just brown the joint [off]; **tust du die Kinder ins Bett bringen?** will you put the children to bed?; **er tut sich schrecklich ärgern** he's really getting worked up

🔹 *konjunktivisch mit vorgestelltem Infinitiv* DIAL ▪ **etw täte jdn ...** sb would ... sth; **deine Gründe täten mich schon interessieren** I would be interest-ed to hear [or know] your reasons; **er täte zu gerne wissen, warum ich das nicht gemacht habe** he would love to know why I didn't do it

Tun `<-s>` [tuːn] *nt kein pl* action; **ihr ganzes ~ und Trachten** everything she does [or did]; **jds ~ und Treiben** what sb does; **berichte mal über euer ~ und Treiben in den Ferien** *(hum)* tell me what you did during the holidays

Tün·che `<-, -n>` ['tʏnçə] *f* whitewash *no pl*

tün·chen ['tʏnçn] *vt* ▪ **etw ~** to whitewash sth

Tun·dra `<-, Tundren>` ['tʊndra] *f* GEOG tundra *no pl*

tu·nen ['tjuːnən] *vt* ▪ **etw ~** to tune sth; **einen CD-Player ~** to tune a CD player

Tu·ner `<-s, ->` ['tjuːnɐ] *m* TECH tuner

Tu·ne·si·en `<-s>` [tuˈneːziən] *nt* Tunisia; *s. a.* **Deutsch-land**

Tu·ne·si·er(in) `<-s, ->` [tuˈneːzie] *m(f)* Tunisian; *s. a.* **Deutsche(r)**

tu·ne·sisch [tuˈneːzɪʃ] *adj* 🔹 *(Tunesien betreffend)* Tunisian; *s. a.* **deutsch 1** 🔹 LING Tunisian; *s. a.* **deutsch 2**

Tun·fisch^RR ['tuːnfɪʃ] *m* tuna [fish]

Tu·nicht·gut `<-[e]s, -e>` ['tuːnɪçtguːt] *m* good-for-noth-ing, ne'er-do-well *dated*

Tu·ni·ka `<-, Tuniken>` ['tuːnika] *f* MODE, HIST tunic

Tun·ke `<-, -n>` ['tʊŋkə] *f* KOCHK sauce; *(Braten~)* gravy

tun·ken ['tʊŋkən] *vt* ▪ **etw in etw** *akk* **~** to dip [or dunk] sth into sth

tun·lich *adj* possible, feasible; *(ratsam)* advisable

tun·lichst *adv* if possible; **du solltest ~ von einem so gefährlichen Unterfangen Abstand nehmen** you would be well-advised to steer clear of such a danger-ous venture; **wir sollten das aber ~ geheim halten** we should do our best to keep it a secret

Tun·nel `<-s, - o -s>` ['tʊn] *m* tunnel; *(für Fußgänger)* subway

Tun·te `<-, -n>` ['tʊntə] *f (fam)* queen *pej sl*, fairy *pej sl*

tun·tig ['tʊntɪç] *adj (pej fam)* fairy-like *pej*

Tüp·fel `<-, -n>` ['tʏpfl] *m* BOT pit

Tüp·fel·chen `<-s, ->` *nt (kleiner Tupfen)* dot;
▸ WENDUNGEN: **das ~ auf dem i** the final [or finishing] touch; **nicht ein ~** not a single thing, nothing what-soever

tup·fen ['tʊpfn] *vt* ▪ **etw von etw** *dat* **~** to dab sth from sth; ▪ **sich** *dat* **etw ~** to dab one's sth

Tup·fen `<-s, ->` ['tʊpfn] *m* dot

tup·fen·gleich I. *adj* SÜDD, SCHWEIZ *(genau gleich)* exactly the same, selfsame *attr;* **ich habe mir ges-tern das ~e Kleid gekauft** I bought exactly the same [or the selfsame] dress yesterday **II.** *adv* SÜDD, SCHWEIZ *(genau gleich)* in exactly the same way

Tup·fer `<-s, ->` *m* MED swab

Tür `<-, -en>` [tyːɐ] *f* door; **an die ~ gehen** to go to the door; **jdm die ~ weisen** *(geh)* to show sb the door; **~ an ~** next door to one another [or each other] [or sb]; **in der ~** in the door[way] ▸ WENDUNGEN: **zwischen ~ und Angel** *(fam)* in passing; **sie fertigte den Vertreter zwischen ~ und Angel ab** she dealt with the sales rep as quickly as she could; **mit der ~ ins Haus fallen** *(fam)* to blurt it [straight] out; **jdm die ~ vor der Nase zumachen/zuschlagen** *(fam)* to slam the door in sb's face; **als sie sah, dass es der Gerichtsvollzieher war, schlug sie ihm rasch die ~ vor der Nase zu** when she saw [that] it was the bailiff, she quickly slammed the door in his face; **einer S.** *dat* **~ und Tor öffnen** to open the door to a thing; [bei jdm] [mit etw *dat*] **offene ~en einrennen** to be preaching to the converted [with sth]; **hinter verschlossenen ~en** behind closed doors, in camera *form;* **jdm** [fast] **die ~ einrennen** *(fam)* to pester sb constantly; **du kriegst die ~ nicht zu!** *(fam)* well, I never!; **vor der ~ sein** to be just [a]round the corner; **jdn vor die ~ setzen** *(fam)* to kick [*or* throw] sb out

Tür·an·gel *f* [door-]hinge
Tur·ban <-s, -e> [ˈtʊrbaːn] *m* turban
Tur·bi·ne <-, -n> [tʊrˈbiːnə] *f* turbine
Tur·bo <-s, -s> [ˈtʊrbo] *m* AUTO ❶ *(Turbolader)* turbocharger ❷ *(Auto mit Turbomotor)* car [*or* model] with a turbocharged engine, turbocharged car; **die verbesserte Version der Limousine ist jetzt als ~ herausgekommen** the improved version of this saloon is now available as a turbocharged model [*or* with a turbocharger]
Tur·bo·die·sel *m* car [*or* model] with a turbocharged diesel engine, turbo diesel **Tur·bo·la·der** <-s, -> *m* AUTO turbocharger **Tur·bo·mo·tor** *m* AUTO turbocharged engine **Tur·bo-Prop-Ma·schi·ne** *nt* LUFT turboprop [aircraft]
tur·bu·lent [tʊrbuˈlɛnt] **I.** *adj* turbulent, tempestuous; **wir haben ausgiebig gefeiert, es war ein ~es Wochenende** we celebrated long and hard, it was a riotous [*or* tumultuous] weekend; **die Wochen vor Weihnachten waren reichlich ~** the weeks leading up to Christmas were really chaotic **II.** *adv* turbulently; **~ verlaufen** to be turbulent [*or* stormy]; **auf der Aktionärsversammlung ging es sehr ~ zu** the shareholders' meeting was [a] very stormy [*or* tempestuous] [one]
Tur·bu·lenz <-, -en> [tʊrbuˈlɛnts] *f* ❶ METEO *(Luftwirbel)* turbulence *no pl* ❷ *meist pl (geh: turbulentes Ereignis)* turbulence *no pl*, turmoil *no pl*
Tür·drü·cker *m* automatic [*or* electric] door-opener
Tü·re <-, -n> [ˈtyːrə] *f* DIAL *(Tür)* door
Tür·fal·le *f* SCHWEIZ *(Türklinke)* door-handle **Tür·flü·gel** *m* one of the doors in a double door **Tür·füllung** *f* door panel
Tur·gor <-s> [ˈtʊrgoːɐ̯] *m kein pl* BIOL turgor
Tür·griff *m* door-handle
Tür·ke <-n, -n> [ˈtʏrkə] *m* Turk; *s. a.* **Deutsche(r)**
Tür·ke, Tür·kin <-n, -n> [ˈtʏrkə, ˈtʏrkɪn] *m, f* Turk; *s. a.* **Deutsche(r)**
Tür·kei <-> [tʏrˈkai̯] *f* ▪ **die ~** Turkey; *s. a.* **Deutschland**
tür·ken [ˈtʏrkn̩] *vt (sl)* ▪ **etw ~** to fabricate [*or sep* make up] sth
Tür·ken·bund·li·lie *f* BOT Turk's-cap [lily], martagon *spec* **Tür·ken·tau·be** *f* ORN collard dove
Tür·kin <-, -nen> *f fem form von* **Türke**
tür·kis [tʏrˈkiːs] *adj* turquoise
Tür·kis¹ <-es, -e> [tʏrˈkiːs] *m* GEOL turquoise
Tür·kis² <-> [tʏrˈkiːs] *nt kein pl (Farbe)* turquoise; *s. a.* **in**
tür·kisch [ˈtʏrkɪʃ] *adj* ❶ *(die Türkei betreffend)* Turkish; *s. a.* **deutsch 1** ❷ LING Turkish; *s. a.* **deutsch 2**
Tür·kisch [ˈtʏrkɪʃ] *nt decl wie adj* Turkish; *s. a.* **Deutsch**

Tür·ki·sche <-n> *nt* ▪ **das ~** Turkish, the Turkish language; *s. a.* **Deutsche**
tür·kis·far·ben *adj* turquoise
Tür·klin·ke *f* door-handle **Tür·klop·fer** *m* door-knocker
Turk·me·ne, Turk·me·nin <-n, -n> [tʊrkˈmeːnə, tʊrkˈmeːnɪn] *m, f* Turkmen; *s. a.* **Deutsche(r)**
turk·me·nisch [tʊrkˈmeːnɪʃ] *adj* Turkmen; *s. a.* **deutsch**
Turk·me·nisch [tʊrkˈmeːnɪʃ] *nt decl wie adj* Turkmen; *s. a.* **Deutsch**
Turk·me·ni·sche <-n> *nt* ▪ **das ~** Turkmen, the Turkmen language; *s. a.* **Deutsche**
Turk·me·ni·stan <-s> [tʊrkˈmeːnɪstaːn] *nt* Turkmenistan; *s. a.* **Deutschland** **Tür·knauf** *m* doorknob
Tür·knopf *m* AUTO door lock
Turm <-[e]s, Türme> [tʊrm, *pl:* ˈtʏrmə] *m* ❶ ARCHIT tower; *(spitzer Kirchturm)* spire, steeple ❷ SPORT *(Sprung~)* diving-platform ❸ SCHACH castle, rook
Tur·ma·lin <-s, -e> [tʊrmaˈliːn] *m* GEOL tourmaline
Türm·chen <-s, -> [ˈtʏrmçən] *nt* ARCHIT *dim von* **Turm** turret
tür·men¹ [ˈtʏrmən] **I.** *vt haben* ▪ **etw** [auf etw *akk*] **~** to pile up sth *sep* [on sth], to stack [up *sep*] sth [on sth]; **wegen Platzmangels müssen wir die Bücher schon ~** we're already having to stack the books on top of each other due to a lack of space **II.** *vr* ▪ **sich ~** *(auf etw dat)* ~ to pile up [on sth]
tür·men² [ˈtʏrmən] *vi sein (fam)* ▪ **[aus etw** *dat***/irgendwohin]** ~ to clear off *fam* [*or* BRIT *sl* do a bunk] [*or* BRIT *sl* scarper] [from sth/somewhere]; **aus dem Knast ~** to break out of jail [*or* prison]
Turm·fal·ke *m* kestrel **Turm·sprin·gen** *nt kein pl* high diving *no indef art, no pl* **Turm·uhr** *f* [tower] clock
Turn·an·zug *m* leotard
Turn·around·zeit [ˈtɜːnəˈraʊnt-] *f* LUFT turnaround time
tur·nen [ˈtʊrnən] **I.** *vi haben* ❶ SPORT *(Turnen betreiben)* to do gymnastics; **am Pferd/Boden/Balken ~** to do exercises on the horse/floor/beam ❷ *sein (sich flink bewegen)* to dash; **er turnte durch die engen Gänge** he dashed along the narrow corridors *fam* **II.** *vt haben* SPORT ▪ **etw ~** to do [*or* perform] sth; **für diese fehlerfrei geturnte Übung erhielt er 9,9 Punkte** he received 9.9 points for this flawlessly performed exercise
Tur·nen <-s> [ˈtʊrnən] *nt kein pl* ❶ SPORT gymnastics + *sing vb* ❷ SCH *(Unterrichtsfach)* physical education *no pl, no art,* PE *no pl, no art*
Tur·ner(in) <-s, -> [ˈtʊrnɐ] *m(f)* gymnast
tur·ne·risch **I.** *adj* gymnastic **II.** *adv* gymnastically
Turn·ge·rät *nt* gymnastic apparatus **Turn·hal·le** *f* gymnasium, gym *fam* **Turn·hemd** *nt* gym shirt [*or* vest]
Turn·hose *f* gym shorts
Tur·nier <-s, -e> [tʊrˈniːɐ̯] *nt* ❶ SPORT *(längerer Wettbewerb)* tournament; *der Springreiter* show-jumping competition ❷ HIST tournament
Tur·nier·pferd *nt* show horse **Tur·nier·rei·ter(in)** *m(f)* show-jumper **Tur·nier·tän·zer(in)** *m(f)* competitive ballroom dancer
Turn·leh·rer(in) *m(f)* SCH PE [*or* gym] teacher **Turn·schuh** *m* trainer, training shoe **Turn·schuh·fir·ma** *f* sports footwear company **Turn·schuh·ge·ne·ra·ti·on** *f* kids of the '80s **Turn·schuh·held(in)** *m(f) (pej)* sb who always goes around in trainers [*or* AM sneakers]; **bis auf ~en lässt der Türsteher sonst alle durchgehen** the doorman lets everyone through if they're not wearing trainers **Turn·übung** *f* gymnastic exercise **Turn·un·ter·richt** *m kein pl* SCH gymnastics + *sing vb*, PE *no pl, no art*
Tur·nus <-, -se> [ˈtʊrnʊs] *m* ❶ *(regelmäßige Abfolge)*

regular cycle; **für die Kontrollgänge gibt es einen festgesetzten** ~ there is a set rota for the tours of inspection; **im |regelmäßigen| ~ |von etw** *dat*| at regular intervals |of sth| ⊚ ÖSTERR MED internship, residency

tur·nus·mä·ßig *adj* regular, at regular intervals

Turn·ver·ein *m* gymnastics club **Turn·zeug** *nt* gym |*or* PE| kit

Tür·öff·ner *m* automatic |*or* electric| door-opener **Tür·pfos·ten** *m* doorpost **Tür·rah·men** *m* door-frame **Tür·schild** *nt* door-plate, name-plate **Tür·schloss**RR *nt* door-lock **Tür·schnal·le** *f* ÖSTERR *(Türklinke)* door-handle **Tür·schwel·le** *f* threshold **Tür·spalt** *m* space between door frame and door **Tür·ste·her** *m* doorman, bouncer *fam* **Tür·sturz** *m* BAU lintel

tur·teln ['tʊrtln] *vi* ▪ |**miteinander**| ~ to whisper sweet nothings |to one another |*or* each other| |, to bill and coo |with one another |*or* each other| | BRIT

Tur·tel·tau·be *f* ❶ ORN turtle-dove ❷ *pl (fam: turtelnde Verliebte)* **-n** love-birds

Tür·vor·le·ger *m* doormat

Tusch <-es, -e> [tʊʃ] *m* MUS fanfare, flourish

Tu·sche <-, -n> ['tʊʃə] *f* Indian ink

tu·scheln ['tʊʃln] *vi (heimlich reden)* ▪ |**über jdn/etw**| ~ to gossip secretly |about sb/sth|

Tus·si <-, -s> ['tʊsi] *f (pej sl)* chick *sl*, girl, bird BRIT *sl; (Freundin)* bird *sl*, chick *sl*, girl

Tü·te <-, -n> ['ty:tə] *f* bag; **tun Sie mir die Einkäufe doch bitte in eine ~** can you put the shopping in a |carrier| bag, please?; **ich esse heute eine Suppe aus der ~** I'm going to eat a packet soup today; **eine ~ Popcorn** a bag of popcorn ▸ WENDUNGEN: |**das**| **kommt nicht in die ~!** *(fam)* not on your life! *fam,* no way! *fam*

tu·ten ['tu:tn] *vi (ein Horn o eine Hupe ertönen lassen)* to hoot, to sound one's |*or* the| horn, to toot one's horn; **es hat getutet, das Taxi ist da** I heard a hoot, the taxi is here; *Schiff* to sound its fog-horn ▸ WENDUNGEN: **von T~ und Blasen keine Ahnung haben** *(fam)* not to have a clue |*or* have the faintest idea |about sth||

Tü·ten·sup·pe *f* packet soup

Tu·tor, Tu·to·rin <-s, Tutoren> ['tu:to:ɐ̯, tu'to:rɪn, *pl:* tu'to:rən] *m, f* SCH ❶ *(Leiter eines Universitätstutoriums)* seminar conducted by a post-graduate student ❷ *(Mentor)* tutor

TÜV <-s, -s> [tʏf] *m Akr von* **Technischer Überwachungsverein** Technical Inspection Agency *(also performing MOTs on vehicles)*; **ich muss noch beim ~ anrufen und einen Termin ausmachen** I must ring up for the car to be MOT'd; **ich muss in der nächsten Woche |mit dem Wagen| zum ~** I've got to take the car for its MOT'd next week; **jds/der ~ läuft ab** sb's/the MOT BRIT is about to run out; |**noch**| **eine bestimmte Zeit ~ haben** to have a certain amount of time left on the MOT; **durch den ~ kommen** to get |a |*or* the| vehicle| through its |*or* the| MOT; **mit diesem Wagen komme ich bestimmt nicht durch den ~** I definitely won't get this car through its |*or* the| MOT

Tu·va·lu <-s> [tu'va:lu] *nt* Tuvalu; *s. a.* **Sylt**

Tu·va·lu·er(in) <-s, -> *m(f)* Tuvaluan; *s. a.* **Deutsche(r)**

tu·va·lu·isch *adj* Tuvaluan; *s. a.* **deutsch**

TV-An·stalt [te:'fau-] *f* TV station |*or* company| **TV-Du·ell** *f* |head-to-head| debate on TV **TV-Ka·me·ra** *f* TV camera **TV-Mo·de·ra·tor(in)** *m(f)* TV |*or* television| presenter **TV-Po·si·ti·o·nie·rung** *f* |TV-channel| tuning **TV-Spot** [te:'fauspɔt] *m* TV short TV advertising film **TV-Zeit·schrift** *f* TV programme |*or* AM -am| guide

Tweed <-s, -s *o* -e> [tvi:t] *m* MODE tweed

Tweed·ja·cke *f* tweed jacket

Twen <-[s], -s> [tvɛn] *m (veraltend)* person in their twenties

Twin·set <-[s], -s> ['tvɪnzɛt] *nt o m* MODE twin set

Twist[1] <-es, -e> [tvɪst] *m (Stopfgarn)* twist

Twist[2] <-s, -s> [tvɪst] *m (Tanz)* twist *no pl*

Typ <-s, -en> [ty:p] *m* ❶ ÖKON *(Ausführung)* model; ▪ **der** ~ **einer S.** *gen* this model of a thing |*or* sth model|; **dieser ~ Computer** this model of computer |*or* computer model|; **dieser ~ Sportwagen** this sports car model ❷ *(Art Mensch)* type |*or* sort| |of person| *fam;* **was ist er für ein ~, dein neuer Chef?** what type |*or* sort| of person is your new boss?; **jds ~ sein** *(fam)* to be sb's type; ▪ **der ~ ... sein, der ...** to be the type of ... who ...; **dein ~ ist nicht gefragt** *(fam)* we don't want your sort here; **dein ~ wird verlangt** *(fam)* you're wanted ❸ *(sl: Kerl)* fellow *fam,* guy *sl,* bloke BRIT *fam* ❹ *(sl: Freund)* guy *sl,* man, boy-friend, bloke BRIT *fam*

Ty·pe <-, -n> ['ty:pə] *f* ❶ TYPO *(Druck~)* type ❷ *(fam: merkwürdiger Mensch)* character; **was ist denn das für eine ~?** what a weirdo!

Ty·pen ['ty:pn] *pl von* **Typus**

Ty·pen·rad *nt* daisy wheel

Ty·pen·rad·schreib·ma·schi·ne *f* daisy-wheel typewriter

Ty·phus <-> ['ty:fʊs] *m kein pl* MED typhoid |fever| *no pl*

ty·pisch ['ty:pɪʃ] I. *adj* typical; ▪ ~ **für jdn sein** to be typical of sb; |**das ist**| ~**!** *(fam)* |that's| |just| typical! II. *adv* ▪ ~ **jd** |that's| typical of sb, that's sb all over; ~ **Frau/Mann!** typical woman/man!; ▪ ~ **etw** typically sth; ~ **britisch/deutsch** typically British/German; **sein unterkühlter Humor ist** ~ **hamburgisch** his dry humour is typical of a person from |*or* the people of| Hamburg

Ty·po·gra·phie <-, -n> [typogra'fi:] *f*, **Ty·po·gra·fie**RR <-, -n> *f* typography

ty·po·gra·phisch [typo'gra:fɪʃ] *adj*, **ty·po·gra·fisch**RR *adj* typographic|al|

Ty·po·skript <-s, -e> [typo'skrɪpt] *nt* typescript

Ty·pus <-, Typen> ['ty:pʊs, *pl:* ty:pn] *m* ❶ *(Menschenschlag)* race |*or* breed| |of people| ❷ *(geh: Typ 2)* type

Ty·rann(in) <-en, -en> [ty'ran] *m(f)* tyrant

Ty·ran·nei <-, -en> [tyran'nai] *f* tyranny

Tyran·nin <-, -nen> *f fem von* **Tyrann**

tyran·nisch [ty'ranɪʃ] I. *adj* tyrannical II. *adv* **sich** *akk* ~ **aufführen/herrschen** to behave/rule tyranically |*or* like a tyrant|

tyrannisieren *vt* ▪ **jdn** ~ to tyrannize sb; ▪ **sich** *akk* |**von jdm/etw**| ~ **lassen** to |allow oneself to| be tyrannized |by sb/sth|

Tyr·rhe·ni·sches Meer [tyˈʀeːnɪʃəs -] *nt* Tyrrhenian Sea

Tz ['te:tsɛt] *nt s.* **Tezett**

U u

U, u <-, - o fam -s, -s> |u:] nt U, u; **~ wie Ulrich** U for [or AM as in] Uncle; s. a. **A 1**

u. konj Abk von **und**

u.a. ❶ Abk von **und andere(s)** and other things ❷ Abk von **unter anderem** among other things

UB [u'be:] f Abk von **Universitätsbibliothek**

U-Bahn [u:-] f TRANSP ❶ *(Untergrundbahn)* underground BRIT, tube BRIT fam, subway AM; **mit der ~ fahren** to go [or travel] on the [or by] underground [or tube] ❷ *(U-Bahn-Zug)* [underground [or BRIT fam tube]] train

U-Bahn·hof [u:-] m TRANSP underground [or BRIT fam tube] [or AM subway] station

U-Bar f U-bar

übel ['y:bl] **I.** adj ❶ *(schlimm)* bad, nasty; **eine üble Affäre** a sordid [or an ugly] affair; **in einer üblen Klemme stecken** to be in a bit of a tight spot ❷ *(unangenehm)* nasty, unpleasant ❸ *(ungut)* bad, wicked; **er ist gar kein so übler Kerl** he's not such a bad bloke BRIT fam really ❹ *(verkommen)* low; **ein übles Stadtviertel** a bad area of town ❺ *(schlecht)* ▶**jdm ist/wird ~** sb feels sick; **ist dir ~?** do you feel so **bleich aus** are you not feeling well [or feeling all right [or OK]] ? you look so pale; **es kann einem ~ werden, wenn ..., wenn ..., kann es einem ~ werden** it's enough to make you feel sick when ...; **gar nicht so ~** |sein] [to be] not too [or so] bad at all **II.** adv ❶ *(geh: unangenehm)* **was riecht hier so ~?** what's that nasty [or unpleasant] smell [in] here?; **bäh, das Zeug schmeckt aber ~!** ugh, that stuff tastes awful!; **das fette Essen scheint mir ~ zu bekommen** the fatty food seems to have disagreed with me; **nicht ~** not too [or so] bad [at all]; **ihr wohnt ja gar nicht mal so ~** you live quite comfortably ❷ *(schlecht)* **sich ~ fühlen** to feel bad; **es geht jdm ~** sb feels bad; **jdm ist es ~ zumute** sb feels bad; **~ dran sein** *(fam)* to be in a bad way ❸ *(gemein)* badly; **jdn ~ behandeln** to treat sb badly [or ill-treat sb]; **~ über jdn reden** to speak badly [or ill] of sb ❹ *(nachteilig)* **jdm etw ~ auslegen** [o vermerken] to hold sth against sb; **ich habe es dir ~ vermerkt, was du damals angerichtet hast** I've not forgotten what you did back then

Übel <-s, -> ['y:bl] nt *(Missstand)* evil; ▶WENDUNGEN: **das kleinere** [o geringere] **~** the lesser evil; **ein notwendiges ~** a necessary evil; **von ~ sein** to be a bad thing [or bad]; **von ~ sein, etw zu tun** to be a bad thing to do sth; **ein ~ kommt selten allein** *(prov)* misfortunes never come singly prov, it never rains but it pours prov; **zu allem ~** to cap [or crown] it all

Übel·keit <-, -en> f nausea, queasiness

übel·lau·nig adj ill-humoured [or AM -ored] attr, ill humoured pred, ill-tempered attr, ill tempered pred, bad-tempered attr, bad tempered pred; **der ist heute vielleicht ~!** he's in such a foul mood today!

Übel·lau·nig·keit <-> f kein pl **jds ~** sb's ill humour [or AM -or] [or temper] **Übel·tä·ter(in)** m(f) wrongdoer

üben ['y:bn] **I.** vt ❶ *(durch Übung verbessern)* ▶**etw ~** to practise [or AM -ice] sth ❷ SPORT *(trainieren)* ▶**etw ~** to practise [or AM -ice] sth ❸ MUS ▶**etw ~** to practise [or AM -ice] [playing] [or [on]] sth; **ich übe 20 Stunden in der Woche Klavier/Flöte** I practise [playing] [or [on]] the piano/flute for 20 hours every week **II.** vr ▶**sich akk in etw** dat **~** to practise sth; s. a. **Geduld III.** vi ❶ *(sich durch Übung verbessern)* ▶[**mit jdm**] **~** to practise [or AM -ice] [with sb] ❷ s. **geübt**

über ['y:bɐ] **I.** präp ❶ +dat *(oberhalb von etw)* above; **~ der Plane sammelt sich Regenwasser an** rainwater collects on top of the tarpaulin ❷ +akk *(quer hinüber)* over; **reichst du mir mal den Kaffee ~ den Tisch?** can you pass me the coffee across the table?; **die Brücke führt ~ den Fluss** the bridge goes over [or across] the river; **mit einem Satz sprang er ~ den Graben** with a single leap he jumped over [or across] [or cleared] the ditch ❸ +akk *(höher als etw)* above, over; **bis ~ die Knöchel im Dreck versinken** to sink ankle-deep in mud; **das Schloss ragte ~ das Tal empor** the castle towered above the valley ❹ +akk *(etw erfassend)* over; **ein Blick ~ etw** a view of [or over] sth; **ein Überblick ~ etw** an overview of sth; **der Scheinwerferstrahl strich ~ die Mauer und den Gefängnishof** the spotlight swept over [or across] the wall and the prison courtyard ❺ +akk *(quer darüber)* over; **er strich ihr ~ das Haar/die Wange** he stroked her hair/cheek ❻ +akk *(jdn/etw betreffend)* about; **ein Buch ~ etw schreiben** to write a book about [or on] sth; **ich darf Ihnen keine Auskunft ~ diese Sache geben** I can't give you any information about [or on] this affair ❼ +dat *(zahlenmäßig größer als)* above ❽ +akk *(zahlenmäßig entsprechend)* for; **ich gebe Ihnen einen Scheck ~ 5.000 Euro** I'm giving you a cheque for 5,000 euros ❾ +dat *(in Beschäftigung mit etw)* in; **vergiss ~ dem ganzen Ärger aber nicht, dass wir dich lieben** don't forget in the midst of all this trouble that we love you; **irgendwie muss ich ~ diesem Gedanken wohl eingeschlafen sein** I must have somehow fallen asleep [whilst] thinking about it ❿ *(durch jdn/etw)* through; **ich habe diese Stelle ~ Beziehungen bekommen** I got this position through being well connected ⓫TRANSP *(etw durchquerend)* via; **seid ihr auf eurer Tour auch ~ München gekommen?** did you go through Munich on your trip? ⓬ *(während)* over; **habt ihr ~ die Feiertage/das Wochenende schon was vor?** have you got anything planned for [or over] the holiday/weekend? ⓭RADIO, TV *(etw benutzend)* on; **~ Satellit empfange ich 63 Programme** I can receive 63 channels via [or on] satellite ▶WENDUNGEN: **~ alles** more than anything; **... ~ ...** nothing but ...; **Fehler ~ Fehler!** nothing but mistakes!, mistake after [or upon] mistake!; **Reden ~ Reden** speech after speech; **es waren Vögel ~ Vögel, die über uns hinwegrauschten!** [what seemed like] an endless stream of birds flew over us!; s. a. **ganz** s. a. **kommen** s. a. **Sieg** s. a. **stehen** s. a. **Verstand II.** adv ❶ *(älter als)* [or ❷ *(mehr als)* more than; **bei ~ 40 °C ...** at a temperature [or temperatures] of more than [or temperatures over] 40° C ... ▶WENDUNGEN: **~ und ~** all over, completely; **~ und ~ verdreckt sein** to be absolutely filthy; **ihr seid ~ und ~ mit Schlamm verschmiert!** you're completely covered [or covered all over] in mud!; **er ist ~ und ~ von einer Schicht Sand bedeckt!** he's completely covered [or covered all over] in a layer of sand!; s. a. **Gewehr III.** adj *(fam)* ❶ *(übrig)* **~ sein** to be left; *Essen* to be left [over]; **etw [für jdn] ~ haben** to have sth left [for sb]; *Essen* to have sth left [over] [for sb] ❷ *(überlegen)* ▶**jdm** [**in etw** dat/**auf etw** dat] **~ sein** to be better than [or fam have the edge on] sb [in sth]; **jdm auf einem bestimmten Gebiet ~ sein** to be better than sb in a certain field

über·all [y:bɐ'ʔal] adv ❶ *(an allen Orten)* everywhere; *(an jeder Stelle)* all over [the place]; **sie hatte ~ am**

Körper blaue Flecken she had bruises all over her body; **~ wo** wherever ❷ *(wer weiß wo)* anywhere ❸ *(in allen Dingen)* everything; **er kennt sich ~ aus** he knows a bit about everything ❹ *(bei jedermann)* everyone; **er ist ~ beliebt/verhasst** everyone likes/ hates him

über·all·her [y:bɐʔalˈheːɐ̯] *adv* from all over; ▪ **von ~** from all over **über·all·hin** [y:bɐʔalˈhɪn] *adv* all over; **sie kann ~ verschwunden sein** she could have disappeared anywhere

über·al·tert [y:bɐˈʔaltɐt] *adj* having a disproportionately high percentage [*or* number] of old people **Über·al·te·rung** <-> [y:bɐˈʔaltərʊŋ] *f kein pl* increase in the percentage [*or* number] of elderly people **Über·an·ge·bot** *nt* ÖKON surplus; ▪ **das/ein ~ an etw** *dat* the/a surplus of sth **über·ängst·lich** *adj* over-anxious; ▪ **[in etw** *dat*] **~ sein** to be over-anxious [about sth] **über·an·stren·gen** [y:bɐˈʔanʃtrɛŋən] *vt* ❶ ▪ **jdn/sich [bei etw** *dat*] **~** to over-exert [*or* overtax] sb/oneself [doing sth] ❷ ▪ **etw [durch etw** *akk*] **~** to put too great a strain on sth [by doing sth]; ▪ **etw ~** to put too great a strain on sth **Über·an·stren·gung** *f* ❶ *kein pl (das Überbeanspruchen)* overstraining *no pl* ❷ *(zu große Beanspruchung)* overexertion

über·ant·wor·ten [y:bɐˈʔantvɔrtn̩] *vt (geh)* ❶ *(übergeben)* ▪ **etw jdm/einer S. ~** to entrust sth to sb/a thing, to entrust sb/a thing with sth ❷ *(veraltend: übergeben)* ▪ **jdn jdm/einer S. ~** to hand over sb *sep* to sb/a thing

über·ar·bei·ten [y:bɐˈʔarbaitn̩] **I.** *vt* MEDIA *(bearbeiten)* ▪ **etw ~** to revise [*or* rework] sth; ▪ **überarbeitet** revised **II.** *vr* ▪ **sich** *akk* **~** to overwork oneself

Über·ar·bei·tung¹ <-, -en> [y:bɐˈʔarbaitʊŋ] *f* MEDIA ❶ *kein pl (das Bearbeiten)* revision, reworking ❷ *(bearbeitete Fassung)* revised version [*or* edition]

Über·ar·bei·tung² <-, <*selten* -en> [y:bɐˈʔarbaitʊŋ] *f (überarbeitete Körperverfassung)* overwork *no pl*

über·aus [ˈy:bɐʔaus] *adv (geh)* extremely

über·ba·cken [y:bɐˈbakn̩] *vt irreg* KOCHK ▪ **etw [mit etw** *dat*] **~** to top sth [with sth] and brown it

Über·bau <-[e]s, -ten *o* -e> [ˈy:bɐbau] *m* ❶ *meist sing* POL *(fachspr: Gesamtheit von Vorstellungen)* superstructure ❷ *meist sing* JUR *(teilweise jenseits der Grundstücksgrenze)* encroachment upon adjoining land ❸ BAU superstructure

über·bau·en [y:bɐˈbauən] *vt* BAU ▪ **etw [mit etw** *dat*] **~** to build [sth] over sth

über·be·an·spru·chen [y:bɐˈbeʔanʃpruxn̩] *vt* ❶ *(zu sehr in Anspruch nehmen)* ▪ **jdn ~** to overtax sb; ▪ **etw ~** to put too great a strain on sth; ▪ **überbeansprucht sein** to be overtaxed ❷ *(zu stark beanspruchen)* ▪ **etw ~** to over-stress [*or* overload] [*or* over-strain] sth; **das Sofa ~** to overload the sofa **Über·be·an·spru·chung** *f* ❶ *(die zu große Inanspruchnahme einer Person)* overtaxing *no pl* ❷ *(das zu starke Belasten)* over-stressing *no pl*, overloading *no pl*, over-straining *no pl*; *von Sofa* overloading *no pl* **Über·bein** *nt* MED ganglion **über·be·kom·men** *vt irreg (fam)* ▪ **jdn/etw ~** to be fed up [to the back teeth] with sb/sth *fam*, to be sick of sb/sth *fam* **Über·be·las·tung** *f* overload[ing] **über·be·le·gen** *vt* ▪ **etw ~** to overcrowd sth **Über·be·le·gung** *f kein pl* overcrowding *no pl* **über·be·lich·ten** *vt* FOTO ▪ **etw ~** to overexpose sth; ▪ **überbelichtet** overexposed **Über·be·lich·tung** *f* FOTO overexposure **Über·be·schäf·ti·gung** *f kein pl* overemployment **über·be·setzt** *adj inv* overstaffed **Über·be·set·zung** *f kein pl* overstaffing *no pl* **über·be·to·nen** *vt* ▪ **etw ~** ❶ *(zu große Bedeutung beimessen)* to overemphasize [*or* overstress] sth ❷ MODE *(zu stark betonen)* to overaccentuate sth **über·be·völ·kert** *adj inv* overpopulated **Über·be·völ·ke·rung** *f kein pl*

overpopulation *no pl* **über·be·wer·ten** *vt* ❶ *(zu gut bewerten)* ▪ **etw ~** to overvalue [*or* overrate] sth; *(Schularbeit)* to mark sth too high [*or* give sth too high a mark] ❷ *(überbetonen)* ▪ **etw ~** to overestimate [*or* overrate] sth; **du überbewertest diese Äußerung** you're attaching too much importance [*or* significance] to this comment **Über·be·wer·tung** *f* ❶ *kein pl (das Überbewerten)* attaching too much importance [*or* significance] to ❷ *(überbewertende Aussage)* overestimation, overrating, overvaluation **über·be·zah·len** *f* ▪ **jdn ~** to overpay sb [*or* pay sb too much]; ▪ **etw ~** to pay too much for sth; ▪ **überbezahlt sein** to be overpaid [*or* paid too much]

über·biet·bar *adj* ▪ **nicht [mehr]** [*o* **kaum noch**] **~** which could take some beating [*or* could not be beaten]; ▪ **[an etw** *dat*] **nicht [mehr]** [*o* **kaum noch**] **~ sein** sth could not be beaten [*or* would take some beating] [as far as [its] sth is concerned]

über·bie·ten [y:bɐˈbiːtn̩] *irreg vt* ❶ SPORT *(übertreffen)* ▪ **etw [um etw** *akk*] **~** to beat [*or* better] sth [by sth]; **einen Rekord ~** to break a record ❷ *(durch höheres Gebot übertreffen)* ▪ **jdn/etw [um etw** *akk*] **~** to outbid sb/sth [by sth] ❸ *(sich übertreffen)* ▪ **sich** *akk* **[gegenseitig] [an etw** *dat*] **~** to vie with one another [*or* each other] [for sth]

Über·bie·tung <-, -en> *f* SPORT beating; *von Leistung* improvement [on]; *von Rekord* breaking; **er will eine ~ des Weltrekords versuchen** he intends to try and break [*or* to make an attempt on] the world record

über·bin·den [ˈy:bɐbɪndn̩] *vt irreg* SCHWEIZ *(auferlegen)* ▪ **jdm etw ~** to impose sth [up]on sb

über·blei·ben *vi irreg sein (fam)* ▪ **[für jdn/etw] ~** to be left [over] [for sb/sth]

Über·bleib·sel <-s, -> [ˈy:bɐblaipsl̩] *nt meist pl* ❶ *(Relikt)* relic ❷ *(Reste)* remnant, left-over[s *pl*]

Über·blick [ˈy:bɐblɪk] *m* ❶ *(Rundblick)* view ❷ *(Abriss)* outline, summary, résumé; ▪ **ein ~ über etw** *akk* a view of sth ▸ WENDUNGEN: **jdm fehlt der ~ [über etw** *akk*] sb does not have a very good idea [about sth]; **einen ~ [über etw** *akk*] **haben** to have an overview [of sth]; [**von etw** *dat*] **einen [bestimmten] ~ haben** to have a [certain] view [of sth]; **den ~ [über etw** *akk*] **verlieren** to lose track [of sth]; **sich** *dat* **einen ~ [über etw** *akk*] **verschaffen** to gain an overview [of sth]

über·bli·cken [y:bɐˈblɪkn̩] *vt* ❶ *(überschauen)* ▪ **etw [von etw** *dat* **aus] ~** to be able to see [out over] sth [from sth] ❷ *(in der Gesamtheit einschätzen)* ▪ **etw ~** to have an overview of sth; **Verwüstungen ~** to assess the damage[s] [*or* devastation]; **können Sie schon ~, wie lange Sie dafür brauchen werden?** do you have an idea of how long you will need to do it?; **Kosten ~** to estimate costs

über·bor·dend [y:bɐˈbɔrdn̩t] *adj* excessive; ~**e Defizite/Kosten/Schulden** excessive shortfalls/costs/ debts; ~**e Produktion** excessive production levels; ~**er Verkehr** excessive levels of traffic **über·breit** *adj* of above-average width *pred;* **der Schrank ist ~, er passt nicht durch die Tür** the cupboard is too wide to fit through the door **Über·brei·te** *f* above-average width; **~ haben** to be of above-average width; **mit ~** of above-average width

über·brin·gen [y:bɐˈbrɪŋən] *vt irreg* ▪ **[jdm] etw ~** to deliver sth [to sb]; **er ließ ihr die Nachricht durch einen Boten ~** he sent her the news via [*or* through] a messenger

Über·brin·ger(in) <-s, -> *m(f)* bringer, bearer

über·brück·bar *adj* reconcilable

über·brü·cken [y:bɐˈbrʏkn̩] *vt* ❶ *(notdürftig bewältigen)* ▪ **etw ~** to get through sth; **eine Krise ~** to ride out a crisis ❷ *(ausgleichen)* ▪ **etw [durch etw** *akk*] **~** to reconcile sth [by means of sth]; ▪ **sich** *akk* **▪ lassen**

to be reconcilable

Über·brü·ckung <-, -en> f ❶ (das Überbrücken) getting through ❷ (das Ausgleichen) reconciliation; ■ **zur ~ von etw** dat to reconcile [sth]

Über·brü·ckungs·kre·dit m FIN bridging [or interim] loan

über|brü·hen vt KOCHK ■ **etw ~** to scald sth

über·bu·chen* vt ■ **etw ~** to overbook sth

über·da·chen* [y:bɐˈdaχən] vt BAU ■ **etw ~** to roof over sth sep; ■ **überdacht** covered

über·dau·ern* vt ■ **etw ~** to survive sth

über|de·cken¹ [ˈy:bɐdɛkn̩] vt (fam: auflegen) ■ **jdm etw ~** to cover [up sep] sb with sth

über·de·cken*² [y:bɐˈdɛkn̩] vt (verdecken) ■ **etw ~** to cover [over sep] sth; **einen schlechten Geruch/ Gestank ~** to mask [or sep cover up] a bad smell; **einen bestimmten Geschmack ~** to mask a certain taste

über·deh·nen* [y:bɐˈde:nən] vt ■ **etw** [bei etw dat] **~** to overstretch sth [[when] doing sth]; **Bänder/ Gelenke** [bei etw dat] **~** to put too great a strain on one's ligaments/joints [[when] doing sth]

über·den·ken* [y:bɐˈdɛŋkn̩] vt irreg ■ **etw** [noch einmal] **~** to think over sth sep [or [re]consider sth] [again]

über·deut·lich I. adj perfectly clear, only too clear pred **II.** adv only too clearly

über·dies [y:bɐˈdi:s] adv (geh) moreover, furthermore, what is more

über·di·men·si·o·nal adj colossal, oversize[d] **über·do·sie·ren*** vt to overdose; ■ **etw ~** to overdose sth **Über·do·sis** f PHARM overdose, OD sl; ■ **eine ~ einer S.** gen [o **an etw** dat] an overdose of a thing [or of sth] **über·dre·hen*** [y:bɐˈdre:ən] vt ■ **etw ~** ❶ AUTO to over-rev [or overspeed] sth ❷ TECH (zu stark hineinschrauben) to over-tighten sth; **eine Uhr ~** to overwind a clock **über·dreht** adj (fam) over-excited **Über·druck** m PHYS excess pressure no pl, over-pressure no pl **Über·druck·ven·til** nt TECH pressure-relief valve

Über·drussRR <-es> m kein pl, **Über·drußALT** <-sses> [ˈy:bɐdrʊs] m kein pl aversion; **aus ~** [an **etw** dat] out of an aversion [to sth]; **bis zum ~** until it comes out of one's ears fam; **ich habe das nun schon bis zum ~ gehört** I've heard that ad nauseam [by now]

über·drüs·sig [ˈy:bɐdrʏsɪç] adj ■ **jds/einer S. ~ sein/werden** to be/grow tired of sb/a thing

über·dün·gen* [y:bɐˈdʏŋən] vt ■ **etw ~** to over-fertilize sth **Über·dün·gung** f over-fertilization **über·durch·schnitt·lich I.** adj above-average attr, above average pred **II.** adv above average; **dieser Sommer war ~ heiß/feucht** this summer was hotter/damper than the average [one]

über·eck [y:bɐˈʔɛk] adv across the [or a] corner **Über·ei·fer** [ˈy:bɐʔaifɐ] m overeagerness no pl, overzealousness no pl; **in jds ~, etw zu tun** in sb's overeagerness [or overzealousness] to do sth

über·eif·rig adj (pej) overeager, overzealous

über·eig·nen* [y:bɐˈʔaignən] vt (geh) ■ **jdm etw ~** to transfer [or sep make over] sth to sb

über·ei·len* vt ■ **etw ~** to rush sth; **~ Sie Ihre Unterschrift nicht** don't rush into signing [or be too hasty to sign] it, take your time before you sign

über·eilt I. adj overhasty, rash, precipitate form, precipitous form; **eine ~e Abreise** an overhasty departure **II.** adv overhastily, rashly; **sage nicht ~ zu** don't rush into [or be overhasty in] agreeing, take your time before agreeing

über·ei·nan·der [y:bɐʔaiˈnandɐ] adv ❶ (eins über dem anderen/das andere) one on top of the other, on top of each other [or one another] ❷ (über sich) about

über·ei·nan·der|le·gen vt ■ **etw ~** to lay [or put] sth one on top of the other, to lay [or put] sth on top of each other [or one another] **über·ei·nan·der|lie·gen** vi irreg to lie one on top of the other, to lie on top of each other [or one another] **über·ei·nan·der|schla·gen** vt irreg ■ **etw ~** to fold [or cross] sth; **die Arme/ Beine ~** to fold one's arms/cross one's legs

über·ein|kom·men [y:bɐˈʔainkɔmən] vi irreg sein ■ **mit jdm** [darin] **~, etw zu tun** to agree with sb to do sth

Über·ein·kom·men [y:bɐˈʔainkɔmən] nt agreement; [in etw dat] **ein ~ erzielen** to reach [or come to] an agreement [on sth]; [mit jdm] **ein ~ treffen** to enter into an agreement [with sb]

Über·ein·kunft <-, -künfte> [y:bɐˈʔainkʊnft, pl: -kʏnftə] f agreement, arrangement, understanding no pl; [in etw dat] **eine ~ erzielen** to reach [or come to] an agreement [or arrangement] [or understanding] [on sth]; **eine ~** [über etw akk] **haben** to have an agreement [or arrangement] [or understanding] [on sth]

über·ein|stim·men [y:bɐˈʔainʃtɪmən] vi ❶ (der gleichen Meinung sein) ■ **in etw** dat [o hinsichtlich einer S.** gen] ~ to agree on sth [or a thing]; ■ **mit jdm darin ~, dass** to agree [or be in agreement] with sb that; ■ **mit jdm insoweit ~, dass** to agree [or be in agreement] with sb insofar as [or inasmuch as] ❷ (sich gleichen) ■ [mit etw dat] ~ to match [sth]; **die Unterschriften stimmen überein** the signatures match

über·ein·stim·mend I. adj ❶ (einhellig) unanimous ❷ (sich gleichend) concurrent, corresponding; ■ **~ sein** to be concurrent [with each other [or one another]], to correspond [with each other [or one another]], to match [each other [or one another]] **II.** adv ❶ (einhellig) unanimously ❷ (in gleicher Weise) concurrently

Über·ein·stim·mung f agreement; [in etw dat] **~ erzielen** to reach [or come to] an agreement [on sth]; **in ~ mit jdm/etw** with the agreement of sb/in accordance with sth

über·emp·find·lich I. adj ❶ (allzu empfindlich) oversensitive, touchy ❷ MED (allergisch) hypersensitive; ■ **~ gegen etw** akk sein to be hypersensitive to sth **II.** adv ❶ (überempfindlich) over-sensitively, touchily ❷ MED (allergisch) hypersensitively **Über·emp·find·lich·keit** f ❶ (zu große Empfindlichkeit) over-sensitivity, touchiness no pl ❷ MED (Neigung zu Allergien) hypersensitivity **Über·er·näh·rung** f kein pl overnutrition no pl, hypernutrition no pl, overeating no pl, hyperalimentation no pl **über|es·sen¹** vt irreg (bis zum Überdruss verzehren) ■ **sich** dat **etw ~** to gorge oneself on sth **über|es·sen²** <überaß, übergessen> [y:bɐˈʔɛsn̩] vr (von etw zu viel essen) ■ **sich** akk **an etw** dat **~** to eat too much of sth

über·fah·ren*¹ [y:bɐˈfa:rən] vt irreg ❶ (niederfahren) ■ **jdn/etw ~** to run over [or knock down] sb/sth sep ❷ (als Fahrer nicht beachten) ■ **etw ~** to go through sth; **eine rote Ampel ~** to go through a red light ❸ (fam: übertölpeln) ■ **jdn ~** to railroad sb [into doing sth]

über|fah·ren² [ˈy:bɐfa:rən] vt irreg (über einen Fluss befördern) ■ **jdn/etw ~** to ferry [or take] sb/sth across

Über·fahrt f NAUT crossing

Über·fall m (Raub~) robbery; (Bank~) raid, hold-up; ▶ WENDUNGEN: **einen ~ auf jdn vorhaben** (hum fam) to be planning to descend [up]on sb

über·fal·len* [y:bɐˈfalən] vt irreg ❶ (unversehens angreifen) ■ **jdn ~** to mug [or attack] sb; ■ **etw ~ Bank** to rob [or hold up sep] sth, to carry out a raid on;

Land to attack [*or* invade] sth; MIL to raid sth ➋ *(überkommen)* ■ **jdn ~** to come over sb, to overcome sb; **Heimweh überfiel sie** she was overcome by homesickness ➌ *(hum fam: überraschend besuchen)* ■ **jdn ~** to descend [up]on sb ➍ *(hum: bestürmen)* ■ **jdn [mit etw** *dat***] ~** to bombard sb [with sth]

über·fäl·lig *adj* ➊ TRANSP *(ausstehend)* delayed; ■ **[seit einer bestimmten Zeit] ~ sein** to be [a certain amount of time] late; **der Zug ist seit 20 Minuten ~** the train is 20 minutes late ➋ FIN *(längst zu zahlen)* overdue; ■ **[seit einem bestimmten Zeitpunkt/ Zeitraum] ~ sein** to be [a certain amount of time] overdue [*or* overdue [since a certain time]] ➌ *(längst zu tätigen)* overdue, long-overdue *attr*, long overdue *pred*; ■ **~ sein** to be [long] overdue

Über·fall·kom·man·do *nt,* **Über·falls·kom·man·do** *nt* ÖSTERR *(fam)* flying squad, sweeney [todd] BRIT *no indef art, no pl sl*

über·fi·schen˙ [yˈbeˈfɪʃn] *vt* ■ **etw ~** to overfish sth
über·flie·gen˙ [yːbeˈfliːgn̩] *vt irreg* ■ **etw ~** ➊ LUFT *(über etw hinweg fliegen)* to fly over [*or* rare overfly] sth ➋ *(flüchtig ansehen)* to take a quick look [*or* glance] at sth; *(Text a.)* to skim through sth **Über·flie·ger-Men·ta·li·tät** *f* high-flyer mentality **über|flie·ßen** [ˈyːbefliːsn̩] *vi irreg sein* ➊ *(überlaufen)* to overflow ➋ *(geh: überschwänglich sein)* ■ **vor etw** *dat* **~** to overflow with sth **über·flü·geln**˙ [yːbeˈflyːgln̩] *vt* ■ **jdn ~** to outstrip [*or* outdo] sb
Über·flussᴿᴿ *m kein pl,* **Über·fluß**ᴬᴸᵀ *m kein pl (überreichliches Vorhandensein)* [super]abundance; **im ~ vorhanden sein** to be in plentiful [*or* abundant] supply; **etw** *akk* **im ~ haben** to have plenty [*or* an abundance] of sth [*or* sth in abundance] ▸ WENDUNGEN: **zu allem** [*o* **zum**] **~** to cap [*or* crown] it all
Über·fluss·ge·sell·schaftᴿᴿ *f* SOZIOL affluent society
über·flüs·sig *adj* superfluous; **~e Anschaffungen/ Bestellungen** unnecessary purchases/orders; **eine ~e Bemerkung/ein ~er Kommentar** an unnecessary remark/comment; **ich bin hier ~, ihr schafft das auch ohne mich** [I can see that] I'm surplus to requirements here, you'll manage [it] [quite well] without me; ■ **~ sein, dass jd etw tut** to be unnecessary for sb to do sth
über·flüs·si·ger·wei·se *adv* unnecessarily; **du machst dir wirklich ~ Sorgen** you're really worrying unnecessarily [*or* needlessly], there's really no need for you to worry
über·flu·ten˙ [yːbeˈfluːtn̩] *vt* ■ **etw ~** ➊ *(überschwemmen)* to flood sth ➋ *(über etw hinwegströmen)* to come over the top of sth ➌ *(geh: in Mengen hereinbrechen)* to flood sth *fig* **Über·flu·tung** <-, -en> [yːbeˈfluːtʊŋ] *f* flooding *no pl* **über·for·dern**˙ [yːbeˈfɔrdɐn] *vt* ■ **jdn/sich [mit etw** *dat***] ~** to overtax [*or* ask too much of] sb/oneself [with sth], to push sb/oneself too hard [with sth]; ■ **jdn ~** to be too much for sb; ■ **[mit etw** *dat***/in etw** *dat***] überfordert sein** to be out of one's depth [with/in sth] **Über·for·de·rung** <-, -en> *f* ➊ *(zu hohe Anforderung)* excessive demand ➋ *kein pl (das Überfordern)* overtaxing *no pl* **über·fra·gen**˙ [yːbeˈfraːgn̩] *vt* ■ **jdn ~** sb doesn't know [the answer to sth]; ■ **[mit/in etw** *dat***] überfragt sein** not to know [[the answer to] sth/about sth]; **in diesem Punkt bin ich leider überfragt** I'm afraid I don't know about that [*or* can't help you on that point]; **da bin ich überfragt** I don't know [[the answer to] that], you've got [*or* stumped] me there **über·frem·den**˙ [yːbeˈfrɛmdn̩] *vt (pej)* ■ **etw ~** to foreignize sth [*or* swamp sth with foreign influences] **Über·frem·dung** <-, -en> *f (pej)* foreignization, overrun by foreign influences; **die irrationale Angst vor ~ wächst in ganz Europa** the irrational fear of foreignization [*or* being foreignized [*or* swamped by

foreign influences]] is growing throughout the whole of Europe **über·frie·ren** [yːbeˈfriːrən] *vi* to freeze over
über·füh·ren˙[1] [yːbeˈfyːrən] *vt (woandershin transportieren)* ■ **jdn [irgendwohin] ~** to transfer sb [somewhere]; **eine Leiche [irgendwohin] ~** to transport a corpse [somewhere]; ■ **etw [irgendwohin] ~** to transport sth [somewhere]
über·füh·ren˙[2] [yːbeˈfyːrən] *vt* JUR *(jdm eine Schuld nachweisen)* ■ **jdn [durch etw** *akk***] ~** to convict sb [*or* find sb guilty] [on account of sth]; ■ **jdn einer S.** *gen* **~** to convict sb [*or* find sb guilty] of a thing
Über·füh·rung[1] [yːbeˈfyːrʊŋ] *f* TRANSP *(überquerende Brücke)* bridge; *(über eine Straße)* bridge, overpass; *(für Fußgänger)* [foot-]bridge
Über·füh·rung[2] [yːbeˈfyːrʊŋ] *f (das Überführen)* transferring *no pl,* transferral; *(einer Leiche)* transportation *no pl*
Über·füh·rung[3] [yːbeˈfyːrʊŋ] *f* JUR *(das Überführen)* conviction
über·füllt *adj* overcrowded; **ein ~er Kurs** an oversubscribed course; **~e Schulen** overcrowded schools **Über·fül·lung** <-, -en> *meist sing f* overcrowding *no pl;* **wegen ~ geschlossen** closed due to overcrowding **Über·funk·ti·on** *f* MED hyperactivity; *von Schilddrüse* hyperactivity, hyperthyroidism
Über·ga·be *f* ➊ *(das Übergeben)* handing over *no pl* ➋ MIL *(Kapitulation)* surrender
Über·ga·be-Ein·schrei·ben *nt* ÖKON registered post [*or* AM mail] , [return receipt requested]
Über·gang[1] <-gänge> *m* ➊ *(Grenz~)* border crossing[-point], checkpoint ➋ *kein pl (das Überqueren)* crossing
Über·gang[2] <-gänge> *m* ➊ *kein pl (Übergangszeit)* interim; **für den ~** in the interim [period] ➋ *(Wechsel)* ■ **der ~ [von etw** *dat***] zu etw** *dat* the transition [from sth] to sth ➌ *(eine Zwischenlösung)* interim [*or* temporary] solution
Über·gangs·be·stim·mung *f* interim [*or* transitional] provision, temporary regulation **Über·gangs·frist** *f* ADMIN, POL transition period **Über·gangs·geld** *nt* ADMIN retirement bonus **über·gangs·los** *adv* seamless, without any transition **Über·gangs·lö·sung** *f* temporary solution **Über·gangs·re·ge·lung** *f* temporary regulation **Über·gangs·zeit** *f* ➊ *(Zeit zwischen zwei Phasen, Epochen)* transition, interim [*or* transitional] period ➋ *(Zeit zwischen Hauptjahreszeiten)* in-between [*or* AM off] season
über·ge·ben˙[1] [yːbeˈgeːbn̩] *vt irreg* ➊ *(überreichen)* ■ **[jdm] etw ~** to hand over sth *sep* [to sb], to hand sb sth [*or* sth to sb] ➋ *(ausliefern)* ■ **jdn jdm ~** to hand over sb *sep* to sb ➌ MIL *(überlassen)* ■ **[jdm] etw [***o* **etw [an jdn]] ~** to surrender sth [to sb]
über·ge·ben˙[2] [yːbeˈgeːbn̩] *vr irreg (sich erbrechen)* ■ **sich** *akk* **~** to be sick [*or* vomit] [*or* throw up]
über|ge·hen˙[1] [ˈyːbege:ən] *vi irreg sein* ➊ *(überwechseln)* ■ **zu etw** *dat* **~** to move on to sth; ■ **dazu ~, etw zu tun** to go over to doing sth ➋ *(übertragen werden)* **in anderen Besitz** [*o* **in das Eigentum eines anderen**] **~** to become sb else's property ➌ *(einen anderen Zustand erreichen)* ■ **in etw** *akk* **~** to begin to do sth; **in Fäulnis/Gärung/Verwesung ~** to begin to rot [*or* decay] /ferment/decay ➍ *(verschwimmen)* ■ **ineinander ~** to merge [*or* blend] into one another [*or* each other], to blur *fig*
über·ge·hen˙[2] [yːbeˈgeːən] *vt irreg* ➊ *(nicht berücksichtigen)* ■ **jdn [bei** [*o* **in] etw** *dat***] ~** to pass over sb [in sth] ➋ *(nicht beachten)* ■ **etw ~** to ignore sth ➌ *(auslassen)* ■ **etw ~** to skip [over] sth
über·ge·nau *adj* [over-]meticulous, over-precise, pernickety BRIT *fam;* ■ **[bei** [*o* **in] etw** *dat***] ~ sein** to be [over-]meticulous [*or* over-precise] [in sth] **über·ge·nug** *adv* more than enough; **~ von jdm/etw haben**

to have had more than enough of sb/sth **über·ge·ord·net** *adj* ➊ *(vorrangig)* paramount; **ein ~es Problem** a [most] pressing problem ➋ ADMIN *(vorgesetzt)* higher **Über·ge·päck** *nt* LUFT excess luggage [*or* baggage]

über·ge·schnappt *adj (fam)* crazy; **bist du ~?** are you crazy [*or* mad] [*or sl* off your rocker] ?

Über·ge·wand *nt* SCHWEIZ *(Arbeitsoverall)* overall **Über·ge·wicht** *nt kein pl* ➊ *(zu hohes Körpergewicht)* overweight *no pl;* **~ haben** to be overweight ➋ *(vorrangige Bedeutung)* predominance; **irgendwo/für jdn ein ~ haben** to be predominant [*or* predominate] somewhere/for sb ▸ WENDUNGEN: **~ bekommen** [*o fam:* **kriegen**] to lose one's balance [*or* overbalance] **über·ge·wich·tig** *adj* overweight **über·gie·ßen*** [y:bɐ'giːsn̩] *vt irreg* ▪**jdn/sich/etw mit etw** *dat* ~ to pour sth over sb/oneself/sth **über·glück·lich** *adj* extremely happy, overjoyed *pred;* ▪**~ sein** to be overjoyed [*or* extremely happy] [*or* over the moon] **über|grei·fen** *vi irreg* ▪**[auf etw** *akk*] ~ to spread [to sth] **Über·griff** *m* infringement of [one's/sb's] rights **über·groß** *adj* oversize[d], enormous; **~e Kleidung** outsize[d] clothing **Über·grö·ße** *f* outsize, extra large size; **~ haben** to be oversize[d]; **Anzüge in ~n** oversize[d] suits

über|ha·ben *vt irreg (fam)* ➊ *(satthaben)* ▪**jdn/etw** ~ to be fed up with [*or* sick [and tired] of] sb/sth *fam;* **jdn/etw gründlich ~** to be fed up to the back teeth with sb/sth *fam* ➋ *(übergehängt haben)* ▪**etw** ~ to have on sth *sep*

über·hand|neh·men [y:bɐ'hant-] *vi irreg* to get out of hand

Über·hang *m* ➊ *(überhängende Felswand)* overhang[ing ledge [*or* rock *no pl*]] ➋ *(die Nachfrage übersteigender Bestand)* ▪**~ [an etw** *dat*] surplus [of sth] **über|hän·gen¹** [y:bɐhɛŋən] *vi irreg haben o sein* ➊ *(hinausragen)* to hang over; **drei Meter weit ~** to hang over [by] three metres ➋ *(vorragen)* ▪**[nach vorn]** ~ to project [out] **über|hän·gen²** [y:bɐhɛŋən] *vt* ▪**jdm/sich etw** ~ to put [*or* hang] sth round sb's/one's shoulders; **sich** *dat* **ein Gewehr ~** to sling a rifle over one's shoulder; **sich** *dat* **eine Tasche ~** to hang a bag over one's shoulder **über·has·ten*** [y:bɐ'hastn̩] *vt* ▪**etw** ~ to rush sth **über·has·tet** I. *adj* overhasty, hurried II. *adv* overhastily; **etw ~ durchführen** to make a rush job of sth *fam,* to rush sth; **sich ~ entschließen** to make hasty decisions/a hasty decision; **~ sprechen** to speak too fast **über·häu·fen*** [y:bɐ'hɔyfn̩] *vt* ▪**jdn mit etw** ~ ➊ *(überreich bedenken)* to heap sth [up]on sb; **jdn mit Ehrungen ~** to shower sb with honours [*or* honours [up]on sb] ➋ *(in etw großem Maße konfrontieren)* to heap sth [up]on sb['s head]; **jdn mit Beschwerden ~** to inundate sb with complaints

über·haupt [y:bɐ'haupt] I. *adv* ➊ *(zudem)* „**das ist ~ die Höhe!"** 'this is insufferable!' ➋ *(in Verneinungen)* ▪**~ kein(e, r)** nobody/nothing/none at all; **~ kein Geld haben** to have no money at all, to not have any money at all; **~ nicht** not at all; **~ nicht kalt/heiß** not at all cold/hot, not cold/hot at all; **es hat ~ nicht wehgetan** it didn't hurt at all; ▪**~ nichts** nothing at all; **~ nichts [mehr] haben** to have nothing [*or* not have anything] at all; ▪**~ [noch] nie** never [at all [*or hum a.* ever]]; ▪**~ und ~, …?** and anyway, …?; ▪**wenn ~** if at all; **Sie bekommen nicht mehr als 4.200 Euro, wenn ~** you'll get no more than 4,200 euros, if that II. *part (eigentlich)* **was soll das ~?** what's that supposed to mean?; **wissen Sie ~, wer ich bin?** do[n't] you know [*or* realize] who I am?

über·heb·lich [y:bɐ'heːplɪç] *adj* arrogant **Über·heb·lich·keit** <-, *<selten* -en> *f* arrogance *no pl* **über·hei·zen*** [y:bɐ'haitsn̩] *vt* ▪**etw ~** to overheat sth

über·hit·zen* [y:bɐ'hɪtsn̩] *vt* ▪**etw ~** to overheat sth **über·hitzt** *adj* overheated **über·höht** *adj* exorbitant, excessive; **mit ~er Geschwindigkeit** over the speed limit; **mit ~er Geschwindigkeit fahren** to drive over [*or* exceed] the speed limit; **ein ~er Preis** an excessive [*or* a prohibitive] [*or* exorbitant] price **über·ho·len*¹** [y:bɐ'hoːln̩] I. *vt* ▪**jdn/etw** ~ ➊ *(schneller vorbeifahren)* to pass [*or* BRIT overtake] sb/sth ➋ *(übertreffen)* to outstrip [*or* surpass] sb/sth II. *vi* to pass, to overtake BRIT **über·ho·len*²** [y:bɐ'hoːln̩] *vt* ▪**etw ~** to overhaul [*or* recondition] sth **über|ho·len³** [y:bɐho:ln̩] *vi* NAUT ▪**[nach Backbord/Steuerbord]** ~ to keel [*or* heel] over [to port/starboard]

Über·hol·ma·nö·ver *nt* overtaking manoeuvre, takeover manoeuvre BRIT, passing maneuver AM **Über·hol·spur** *f* fast [*or* BRIT overtaking] lane **über·holt** *adj* outdated, antiquated *a. hum,* outmoded *a. pej* **Über·hol·ver·bot** *nt* restriction on passing [*or* BRIT overtaking]; *(Strecke)* no passing [*or* BRIT overtaking] zone **über·hö·ren*** [y:bɐ'høːrən] *vt* ▪**etw ~** *(nicht hören)* to not [*or* form fail to] hear sth; *(nicht hören wollen)* to ignore sth; **das möchte ich überhört haben!** [I'll pretend] I didn't hear that!

über·in·ter·pre·tie·ren* *vt* ▪**etw ~** to overinterpret sth **über·ir·disch** [y:bɐ'ʔɪrdɪʃ] *adj* celestial *poet;* **~e Schönheit** divine beauty **über·kan·di·delt** [y:bɐkandiːdl̩t] *adj (veraltend fam)* ➊ *(exzentrisch)* eccentric ➋ *(überspannt)* highly-strung **Über·ka·pa·zi·tät** *f* overcapacity; **seine ~ loswerden** to work off excess capacity **über·kle·ben*** [y:bɐ'kleːbn̩] *vt* ▪**etw [mit etw]** ~ to paste over sth [with sth]; **etw mit Tapete ~** to wallpaper over sth **über|ko·chen** [y:bɐkɔxn̩] *vi sein* to boil over

über·kom·men*¹ [y:bɐ'kɔmən] *irreg vt* ▪**etw über·kommt jdn** sb is overcome with sth; **es überkam mich plötzlich** it suddenly overcame me **über·kom·men²** [y:bɐ'kɔmən] *adj* traditional; **~e Traditionen** traditions **über·krus·tet** [y:bɐ'krʊstət] *adj* covered with a crust *pred;* ▪**mit etw ~** encrusted with sth **über·la·den*¹** [y:bɐ'laːdn̩] *vt irreg* ▪**etw ~** to overload sth **über·la·den²** [y:bɐ'laːdn̩] *adj* ➊ *(zu stark beladen)* overloaded, overladen ➋ *(geh: überreich ausgestattet)* over-ornate; **ein ~er Stil** a florid [*or* an over-or-nate] style

über·la·gern* [y:bɐ'laːgɐn] *vt* ▪**etw ~** to eclipse sth **über·lang** *adj* ➊ *(Überlänge besitzend)* extra long, overlong ➋ *(zu lang)* too long **Über·län·ge** *f* extra length; *Film* exceptional length; **~ haben** to be overlong; *Film* to have an exceptional length; **Hemden mit ~** extra long shirts **über·lap·pen** [y:bɐ'lapn̩] I. *vi* to overlap; **einen Zentimeter ~** to overlap by one centimetre II. *vr* ▪**sich ~** to overlap

über·las·sen* [y:bɐ'lasn̩] *vt irreg* ➊ *(zur Verfügung stellen)* ▪**jdm etw ~** to let sb have sth; **jdm das Haus ~** to leave one's house in sb's hands ➋ *(verkaufen)* ▪**jdm etw [für etw]** ~ to let sb have sth [for sth], to sell sth to sb [for sth] ➌ *(lassen)* ▪**jdm etw ~** to leave sth to sb; **ich überlasse dir die Wahl** it's your choice; ▪**es jdm ~, etw zu tun** to leave it [up] to sb to do sth; **jdm ~ sein** [*o* **bleiben**] to be up to sb; **das/solche Dinge müssen Sie schon mir ~** you must leave that/these things to me ➍ *(preisgeben)* ▪**jdn jdm/etw ~** to leave sb to sb/to abandon [*or* leave] sb to sth; **sich** *dat* **selbst ~ sein** [*o* **bleiben**] to be left to one's own resources [*or* devices]; **jdn sich** *dat* **selbst ~** to leave sb to his/her own resources [*or* devices]

Über·las·sung <-, -en> f (geh) ❶ (das Überlassen) **die ~ des Autos erfolgte kostenlos** the car was handed over free of charge ❷ kein pl (das Anheimstellen) **die ~ der Wahl an jdn** leaving the choice to sb

über·las·ten [y:bɐˈlastn̩] vt ❶ (zu stark in Anspruch nehmen) ▪ jdn ~ to overburden sb; ▪ etw ~ to put too great a strain on sth, to overstrain sth; ▪ [mit etw] **überlastet sein** to be overburdened [or overtaxed] [with sth] ❷ (zu stark belasten) ▪ etw ~ to overload sth; ▪ **überlastet sein** to be overloaded

Über·las·tung <-, -en> f ❶ (Zustand zu starker Inanspruchnahme) overstrain no pl; **bei nervlichen ~en** when there is too great a strain on the nerves ❷ (zu starke Belastung) overloading no pl

Über·lauf m overflow

über·lau·fen[1] [y:bɐˈlaufn̩] vt irreg ▪ etw **überläuft jdn** sb is seized [or overcome] with sth; **es überlief mich kalt** a cold shiver ran down my back [or up and down my spine]

über·lau·fen[2] [ˈy:bɐlaufn̩] vi irreg sein ❶ (über den Rand fließen) to overflow; Tasse a. to run over a. poet ❷ (überkochen) to boil over ❸ MIL (überwechseln) ▪ [zu jdm/etw] ~ to desert [or go over] [to sb/sth]

über·lau·fen[3] [y:bɐˈlaufn̩] adj overcrowded, overrun

Über·läu·fer(in) m(f) MIL deserter

über·le·ben [y:bɐˈle:bn̩] I. vt ❶ (lebend überstehen) ▪ etw ~ to survive sth; **du wirst es ~** (iron fam) it won't kill you, you'll survive iron ❷ (lebend überdauern) ▪ etw ~ to last sth, to live out [or through] sth ❸ (über jds Tod hinaus leben) ▪ jdn [um etw] ~ to outlive [or survive] sb [by sth] II. vi to survive III. vr ▪ sich [bald] ~ to [soon] be[come] a thing of the past

Über·le·ben·de(r) f(m) decl wie adj survivor; **der/die einzige ~** the only survivor

Über·le·bens·chan·ce f chance of survival **über·le·bens·fä·hig** adj able to survive pred

über·le·bens·groß [ˈy:bɐle:bnsgro:s] I. adj larger-than-life II. adv larger than life

Über·le·bens·grö·ße f **in ~** larger than life

Über·le·bens·kampf m fight for survival, struggle to survive **Über·le·bens·trai·ning** nt survival training **über·le·bens·wich·tig** adj vital, important for survival pred

über·lebt adj outdated, antiquated a. hum, outmoded a. pej

über·le·gen[1] [y:bɐˈle:gn̩] I. vi to think [about it]; **nach kurzem/langem Ü~** after a short time of thinking/after long deliberation; **was gibt es denn da zu ~?** what's there to think about?; ▪ [sich dat] ~, **dass ...** to think that ...; **ohne zu ~** without thinking; **überleg [doch] mal!** just [stop and] think about it! II. vt ▪ sich dat **etw ~** to consider [or think about] sth, to think sth over; **sich etw reiflich ~** to give serious thought [or consideration] to sth; **ich will es mir noch einmal ~** I'll think it over again, I'll reconsider it; **es sich [anders] ~** to change one's mind, to have second thoughts about it; **das wäre zu ~** it is worth considering; **wenn man es sich recht [o genau] überlegt** on second thoughts [or AM thought], come [or BRIT coming] to think about it; **sich etw hin und her ~** (fig) to consider sth from all angles

über·le·gen[2] [ˈy:bɐle:gn̩] vt ▪ jdm **etw ~** to put [or lay] sth over sb; **sich dat etw ~** to put on sth sep

über·le·gen[3] [y:bɐˈle:gn̩] I. adj ❶ (jdn weit übertreffend) superior; **ein ~er Sieg** a good [or convincing] victory; ▪ jdm **[auf/in etw dat] ~ sein** to be superior to sb [in sth], to be sb's superior [in sth]; **dem Feind im Verhältnis von 3:1 ~ sein** to outnumber the enemy by 3 to 1 ❷ (herablassend) superior, supercilious pej; **mit ~er Miene** with an expression of superiority, with a supercilious look [on one's face] pej II. adv ❶ (mit großem Vorsprung) convincingly

❷ (herablassend) superciliously pej

Über·le·gen·heit <-> f kein pl ❶ (überlegener Status) superiority no pl [über +akk over] ❷ (Herablassung) superiority no pl, superciliousness no pl pej

über·legt [y:bɐˈle:kt] I. adj [well-]considered; ▪ ~/~er **sein** to have been given good/better consideration II. adv with consideration, in a considered way

Über·le·gung <-, -en> f ❶ kein pl (das Überlegen) consideration no pl, no indef art, thought no pl, no indef art; **eine ~ wert sein** to be worth considering [or consideration] [or thinking about] [or some thought]; **bei/nach eingehender/nüchterner/sorgfältiger ~** on/after close examination/reflection/careful deliberation ❷ pl (Erwägungen) considerations; (Bemerkungen) observations; **~en [zu etw] anstellen** to think [about sth], to consider [sth], to draw observations [from sth]

über|lei·ten vi ▪ **zu etw ~** to lead to sth

Über·lei·tung f transition; **ohne ~** seamlessly

über·le·sen [y:bɐˈle:zn̩] vt irreg ❶ (übersehen) ▪ etw ~ to overlook [or miss] sth ❷ (überfliegen) ▪ etw ~ to glance through [or skim over] sth

über·lie·fern [y:bɐˈli:fɐn] vt ▪ jdm **etw ~** to hand down sth sep to sb; ▪ **überliefert sein/werden** to have come down/to be being handed down

über·lie·fert adj ❶ (althergebracht) traditional, handed down through the centuries pred ❷ (tradiert) bequeathed; **~e Zeugnisse früherer Zeiten** testimonial handed down [or come down to us] from earlier times

Über·lie·fe·rung f ❶ kein pl (das Überliefern) **im Laufe der ~** in the course of being passed down from generation to generation [or through the ages]; **mündliche ~** oral tradition ❷ (überliefertes Brauchtum) tradition; **an alten ~en festhalten** to hold on [or peg cling] to tradition; **nach [ur]alter ~** according to [ancient] tradition

über·lis·ten [y:bɐˈlɪstn̩] vt ❶ (durch eine List übervorteilen) ▪ jdn ~ to outwit [or outsmart] sb ❷ (gewieft umgehen) ▪ etw ~ to outsmart sth

überm [ˈy:bɐm] = **über dem** (fam) **~ Berg** over the mountain

Über·macht f kein pl superiority no pl, superior strength [or liter might] no pl; **in der ~ sein** to have the greater strength

über·mäch·tig adj ❶ (die Übermacht besitzend) superior; **ein ~er Feind** a superior [or strong] [or powerful] enemy, an enemy superior in strength [or numbers] ❷ (geh: alles beherrschend) overpowering; **ein ~es Verlangen** an overwhelming desire

über·man·nen [y:bɐˈmanən] vt (geh) ▪ jdn ~ to overcome sb

Über·maß nt kein pl ▪ **das ~ einer S.** gen the excess[ive amount] of sth; **unter dem ~ der Verantwortung** under the burden of excessive responsibility; ▪ **ein ~ an etw** dat/**von etw** an excess[ive amount] of sth; **ein ~ von Freude** excessive joy; **im ~** [or **zu**] excess

über·mä·ßig I. adj excessive; **~e Freude/Trauer** intense joy/mourning; **~er Schmerz** violent pain; **das war nicht ~** that was nothing special a. iron II. adv ❶ (in zu hohem Maße) excessively; **sich ~ anstrengen** to overdo things, to try too hard ❷ (unmäßig) excessively, to excess, too much; **~ rauchen** to smoke too much, to overindulge in smoking form

Über·mensch m PHILOS superman

über·mensch·lich adj superhuman; **~e Leistungen** superhuman [or liter herculean] achievements; **Ü~es leisten** to perform superhuman feats

über·mit·teln [y:bɐˈmɪtl̩n] vt (geh) ❶ (überbringen) ▪ jdm **etw ~** to bring [or deliver] sth to sb ❷ (zukommen lassen) ▪ [jdm] **etw ~** to convey sth [to sb] form

Über·mit·te·lung <-, -en> *f*, **Über·mitt·lung** <-, -en> *f (geh) eines Briefs, einer Nachricht* delivery; *einer Aufforderung a.* conveyance *form;* „**vergiss nicht die ~ meiner Grüße!**" 'don't forget to give [*or form* convey] my regards!'

über·mor·gen ['y:bɛmɔrgn̩] *adv* the day after tomorrow, in two days' time; ■ **~ Abend/früh** the day after tomorrow in the evening/morning, in the evening/morning in two days' time

über·mü·det [y:bɛˈmy:dət] *adj* overtired; *(erschöpft a.)* overfatigued *form*

Über·mü·dung <-> *f kein pl* overtiredness *no pl; (Erschöpfung a.)* overfatigue *no pl form*

Über·mut *m* high spirits *npl*, boisterousness *no pl;* **aus ~** out of wantonness *form,* [just] for kicks [*or* the hell of it] *fam* ► WENDUNGEN: **~ tut selten gut** *(prov)* pride goes [*or* comes] before a fall *prov; (zu Kind)* it'll [all] end in tears

über·mü·tig ['y:bɛmy:tɪç] **I.** *adj* high-spirited, boisterous; *(zu dreist)* cocky *fam* **II.** *adv* boisterously; **~ herumhopsen** to romp about

übern ['y:bɐn] = **über den** *(fam)* **~ Fluss/Graben/See** over the river/ditch/lake

über·nächs·te(r, s) ['y:bɛnɛːçstɐ, -tɐ, -təs] *adj attr* **~s Jahr/~ Woche** the year/week after next, in two years'/weeks' time; ■ **der/die/das ~** the next but one; **die ~ Tür** the next door but one, two doors down

über·nach·ten [y:bɛˈnaxtn̩] *vi* ■ **irgendwo/bei jdm ~** to spend [*or* stay] the night [*or* to stay overnight] somewhere/at sb's place; **in einer Scheune/bei einem Freund ~** to spend the night in a barn/at a friend's

über·näch·tig *adj*, **über·näch·tigt** [y:bɛˈnɛçtɪç(t)] *adj* ÖSTERR worn out [from lack of sleep] *pred; (a. mit trüben Augen)* bleary-eyed

Über·nach·tung <-, -en> *f* ❶ *kein pl (das Übernachten)* spending the/a night ❷ *(verbrachte Nacht)* overnight stay; **mit zwei ~en in Bangkok** with two nights in Bangkok; **~ mit Frühstück** bed and breakfast

Über·nach·tungs·mög·lich·keit *f* overnight accommodation *no pl*, place/bed for the night

Über·nach·tungs·zahl *f* TOURIST, ÖKON *number of overnight stays over a specific period or in a particular region*

Über·nah·me <-, -n> ['y:bɛna:mə] *f* ❶ *(Inbesitznahme)* taking possession *no pl* ❷ *(das Übernehmen)* assumption *no pl; von Verantwortung a.* acceptance *no pl* ❸ ÖKON takeover; **feindliche/freundliche ~** hostile/friendly takeover

Über·nah·me·an·ge·bot *nt* takeover bid **Über·nah·me·ver·such** *m* attempted takeover, takeover attempt **Über·nah·me·zeit·raum** *m* takeover period

über·na·ti·o·nal *adj* supranational *form*

über·na·tür·lich *adj* ❶ *(nicht erklärlich)* supernatural; **~e Erscheinungen** supernatural phenomena ❷ *(die natürliche Größe übertreffend)* larger than life

über·neh·men [y:bɛˈne:mən] *irreg* **I.** *vt* ❶ *(in Besitz nehmen)* ■ **etw ~** to take [possession *or* form] of sth; *(kaufen)* to buy sth; **enteigneten Besitz/ein Geschäft ~** to take over expropriated property/a business ❷ *(auf sich nehmen, annehmen)* ■ **etw ~** to accept sth; **lassen Sie es, das übernehme ich** let me take care of it; **einen Auftrag ~** to take on a job *sep,* to undertake a job *form;* **die Kosten ~** [to agree] to pay the costs; **die Verantwortung ~** to take on *sep* [*or form* assume] [*or form* adopt] the responsibility; **die Verpflichtungen ~** to assume [*or* enter into] obligations *form;* **es ~, etw zu tun** to take on the job of doing sth, to undertake to do sth; **den Vorsitz ~** to take [*or* assume] the chair ❸ *(fortführen)* ■ **etw** [von

jdm] **~** to take over sth *sep* [from sb]; **das Steuer ~** to take the wheel; **die Verfolgung ~** to take up pursuit *sep* ❹ *(verwenden)* ■ **etw ~** to take [*or* borrow] sth; **ein übernommenes Zitat** a citation taken [*or* borrowed] from another work [*or* source]; **eine Sendung in sein Abendprogramm ~** to include a broadcast in one's evening programmes ❺ *(weiterbeschäftigen)* ■ **jdn ~** to take over sb; **jdn ins Angestelltenverhältnis ~** to employ sb on a permanent basis; **jdn ins Beamtenverhältnis ~** to enter sb in the civil service **II.** *vr (sich übermäßig belasten)* ■ **sich** [**mit etw**] **~** to take on [*or form* undertake] too much [of sth]; **übernimm dich** [**nur**] **nicht!** *(iron fam)* [mind you] don't strain yourself! *iron* **III.** *vi* to take over; **ich bin zu müde, um weiterzufahren, kannst du mal ~?** I'm too tired to drive any more, can you take the wheel?

über·ner·vös [-vøːs] *adj* highly strung BRIT, high-strung AM **Über·nut·zung** *f kein pl* overuse (+*gen* of; **von** +*dat* of) **über·par·tei·lich** *adj inv* POL non-partisan

Über·pro·duk·ti·on *f* ■ **die ~** overproduction, surplus production; **die landwirtschaftliche ~** agricultural overproduction, surplus agricultural production

über·prüf·bar *adj* verifiable; **leicht/schwer ~ sein** to be easy/difficult to verify

über·prü·fen [y:bɛˈpry:fn̩] *vt* ❶ *(durchchecken)* ■ **jdn ~** to screen [*or* vet] sb; ■ **jdn auf etw** *akk* **~** to check sb for sth, to investigate sb's sth [*or* sth of sb]; ■ **etw ~** to verify [*or* check] sth; **jds Papiere/die Rechnung ~** to check [*or* examine] sb's papers/the invoice; ■ **etw auf etw** *akk* **~** to check sth for sth; **etw auf seine Richtigkeit ~** to check [*or* verify] [[*or* form] the correctness of] sth, to check [*or* verify] that sth is correct ❷ *(die Funktion von etw nachprüfen)* ■ **etw ~** to examine [*or* inspect] [*or* check] sth; ■ **etw auf etw** *akk* **~** to check sth of sth; **die Anschlüsse auf festen Sitz ~** to check the firm fits of the connections, to check that the connections fit firmly ❸ *(erneut beleuchten)* ■ **etw ~** to reconsider [*or* review] sth; **seine Haltung ~** to reconsider one's view; ■ **etw auf etw** *akk* **~** to examine sth of [*or* for] sth; **eine Entscheidung auf Zulässigkeit ~** to examine a decision for its admissibility, to examine the admissibility of a decision; **etw erneut ~** to re-examine sth

Über·prü·fung *f* ❶ *kein pl (das Durchchecken)* screening *no pl*, vetting *no pl; (das Kontrollieren)* verification *no pl*, check; **eine nochmalige ~** a re[-]check ❷ *(Funktionsprüfung)* examination, inspection, check; **eine ~ der Funktion** a function check *spec* ❸ *(erneutes Bedenken)* review, examination; **eine erneute ~** a re-examination

über|quel·len *vi irreg sein* ❶ *(übervoll sein)* ■ **[vor etw** *dat*] **~** to overflow [with sth] ❷ *(überkochen)* to boil over; *Teig* to rise over the edge

über·que·ren [y:bɛˈkve:rən] *vt* ■ **etw ~** ❶ *(sich über etw hinweg bewegen)* to cross [over] sth; **einen Fluss ~** to cross [over] [*or form* traverse] a river ❷ *(über etw hinwegführen)* to lead over sth

über·ra·gen¹ [y:bɛˈraːgn̩] *vt* ❶ *(größer sein)* ■ **jdn** [**um etw**] **~** to tower above [*or* over] sb [by sth]; *(um ein kleineres Maß)* to be [sth] taller than sb, to be taller than sb [by sth]; **jdn um einen Kopf ~** to be a head taller than sb; ■ **etw** [**um etw**] **~** to tower above [*or* over] [*or* rise above] sth [by sth]; *(um ein kleineres Maß)* to be [sth] higher than sth, to be higher than sth [by sth] ❷ *(über etw vorstehen)* ■ **etw** [**um etw**] **~** to jut out [*or* project] over sth [by sth] ❸ *(übertreffen)* ■ **jdn ~** to outshine [*or* outclass] sb; ■ **etw ~** to outclass sth

über|ra·gen² ['y:bɛraːgn̩] *vi* to jut out, to project

über·ra·gend *adj* outstanding; **von ~er Bedeutung** of paramount importance; **von ~er Qualität** of superior quality

über·ra·schen* [y:bɐˈraʃn] *vt* ❶ *(unerwartet erscheinen)* ■jdn ~ to surprise sb; **jdn mit einem Besuch** ~ to surprise sb with a visit, to give sb a surprise visit ❷ *(ertappen)* ■jdn bei etw ~ to surprise [*or* catch] sb doing sth; ■jdn dabei ~, wie jd etw tut to catch sb doing sth ❸ *(überraschend erfreuen)* ■jdn mit etw ~ to surprise sb with sth; **lassen wir uns ~!** *(fam)* let's wait and see [what happens] ❹ *(erstaunen)* ■jdn ~ to surprise sb; *(stärker)* to astound sb; **du überraschst mich!** you surprise me!, I'm surprised at you! ❺ *(unerwartet überfallen)* ■jdn ~ to take sb by surprise; **vom Regen überrascht werden** to get caught in the rain

über·ra·schend I. *adj* unexpected; ■ ~ **sein** to come as a surprise **II.** *adv* unexpectedly; **jdn ~ besuchen** to pay sb a surprise visit; [für jdn] **völlig ~ kommen** to come as a complete surprise [to sb]

über·ra·schen·der·wei·se *adv* surprisingly, to my/his/her/etc. surprise

über·rascht I. *adj* surprised; *(stärker)* astounded; ■ ~ **sein, dass/wie ...** to be surprised that/at how ... **II.** *adv* **jdn ~ ansehen** to look at sb in surprise; ~ **aufsehen** to look up surprised [*or* in surprise]; **etw ~ fragen** to ask sth in surprise

Über·ra·schung <-, -en> *f* ❶ *kein pl (Erstaunen)* surprise *no pl; (stärker)* astonishment *no pl;* **voller ~** completely surprised, in complete surprise; **zu jds** [größter] ~ to sb's [great] surprise, [much] to sb's surprise ❷ *(etwas Unerwartetes)* surprise; **eine ~ für jdn kaufen** to buy something as a surprise for sb; ■ [für jdn] **eine ~ sein** to come as a surprise [to sb]; **was für eine ~! ist das eine ~!** *(fam)* what a surprise!

Über·ra·schungs·ef·fekt *m* surprise effect [*or* element]; **von Plan** element of surprise

Über·re·ak·ti·on *f* overreaction *no pl;* **zu ~en neigen** to tend to overreact

über·re·den* [y:bɐˈreːdn] *vt* ■jdn ~ to persuade [*or sep* talk round] sb; ■jdn zu etw ~ to talk sb into sth; ■jdn [dazu] ~, etw zu tun to persuade sb to do sth, to talk sb into doing sth; ■ sich ~ lassen, etw zu tun to let oneself be talked [*or* persuaded] into doing sth

Über·re·dung <-, <selten -en> *f* persuasion *no pl*

Über·re·dungs·kunst *f* persuasiveness *no pl,* power[s *pl*] of persuasion

über·re·gi·o·nal *adj* national; **ein ~er Sender/eine ~e Zeitung** a national [*or* nationwide] transmitter/newspaper

über·reich *adv* ❶ *(überaus aufwendig)* richly, lavishly ❷ *(überaus reich)* **jdn ~ beschenken** to lavish [*or* shower] gifts [up]on sb

über·rei·chen* [y:bɐˈraiçn] *vt (geh)* ■jdm etw ~ to hand over sth *sep* to sb; *(feierlich)* to present sth to sb [*or* sb with sth]; **den Behörden etw ~** to submit sth to [*or form* before] the authorities

über·reich·lich I. *adj* [more than] ample **II.** *adv* ~ **spei sen/trinken** to eat/drink more than ample; **jdn ~ bewirten** to provide sb with [more than] ample fare

Über·rei·chung <-, -en> *f* presentation

über·reif *adj* overripe

über·rei·zen* [y:bɐˈraitsn] *vt* ■jdn ~ to overexcite sb; ■ **etw ~** to overstrain sth

über·reizt *adj* ❶ *(überanstrengt)* overstrained; ~**e Nerven** overstrained [*or* overwrought] nerves ❷ *(übererregt)* overexcited

über·ren·nen* [y:bɐˈrɛnən] *vt irreg* ■ **etw ~** to overrun sth

über·re·prä·sen·tiert *adj* overrepresented

Über·rest *m meist pl* remains *npl;* **jds sterbliche ~e** *(geh)* sb's [mortal] remains *form*

über·rie·seln* [y:bɐˈriːzln] *vt* ■ **etw überrieselt jdn** sth runs down sb's spine

Über·roll·bü·gel *m* AUTO rollover bar BRIT, roll bar AM

über·rol·len* [y:bɐˈrɔlən] *vt* ■jdn/etw ~ to run over sb/sth; *Panzer* to roll over sb/sth

über·rum·peln* [y:bɐˈrʊmpln] *vt* ■jdn ~ ❶ *(fam: unerwartet passieren)* to take sb by surprise, to catch sb unawares; **lass dich nicht ~!** don't get caught out! ❷ *(überraschend angreifen und überwältigen)* to take sb by surprise, to surprise sb

Über·rum·pe·lung <-, -en> *f,* **Über·rump·lung** <-, -en> *f* ❶ *(unerwartetes Ereignis)* ■ **die ~ von jdm** catching sb unawares ❷ *(unerwartete Überwältigung)* surprise attack (+*gen* on)

über·run·den* [y:bɐˈrʊndn] *vt* ■jdn ~ ❶ SPORT to lap sb ❷ *(leistungsmäßig übertreffen) Schüler* to outstrip sb; *Schüler* to run rings round sb

übers [ˈy:bɐs] = **über das** *(fam) s.* **über**

über·sät [y:bɐˈzɛːt] *adj* covered; **ein mit Sommersprossen ~es Gesicht** a freckled face; ■ **mit etw ~ sein** to be covered with sth; *Straße, Boden* to be littered [*or* covered] with sth; **mit** [*or* **von**] **Blüten ~ sein** to be carpeted [*or* strewn] with blossoms

über·sät·tigt *adj* sated *form,* satiated *form*

Über·sät·ti·gung *f* satiety *no pl form,* satiation *no pl form*

Über·schall·ge·schwin·dig·keit *f kein pl* supersonic speed; ■ **mit ~** at supersonic speed[s]; **mit ~ fliegen** to fly supersonic [*or* at supersonic speed[s]] **Über·schall·jä·ger** *m* supersonic jet fighter **Über·schall·knall** *m* sonic boom **über·schall·schnell I.** *adj* supersonic **II.** *adv* at supersonic speed[s]; ~ **fliegen** to fly supersonic [*or* at supersonic speed[s]]

über·schat·ten* [y:bɐˈʃatn] *vt (geh)* ■ **etw ~** to cast a shadow [*or* cloud] over sth

über·schät·zen* [y:bɐˈʃɛtsn] *vt* ■ **etw ~** ❶ *(zu hoch schätzen)* to overestimate sth; **die Steuern ~** to over assess taxes ❷ *(zu hoch einschätzen)* ■ **etw/sich ~** to overestimate [*or* overrate] sth/oneself; ■ **sich ~** *(von sich zu viel halten)* to think too highly of oneself

Über·schät·zung *f* overestimation *no pl;* **in ~ einer S.** *gen* overestimating [*or* overrating] sth

über·schau·bar *adj* ❶ *(abschätzbar)* **eine ~e Größe** a manageable size; ~**e Kosten/ein ~er Preis** a clear cost/price structure; **ein ~es Risiko** a contained [*or* containable] risk ❷ *(einen begrenzten Rahmen habend)* tightly structured

Über·schau·bar·keit <-> *f kein pl* **von Projekt** comprehensibility *no pl,* clarity *no pl;* **von Risiko** containability *no pl;* **die ~ der Kosten/vom Preis** the clear cost/price structure

über·schau·en* [y:bɐˈʃauən] *vt (geh) s.* **überblicken**

über|schäu·men [ˈy:bɐʃɔymən] *vi sein* ❶ *(mit Schaum überlaufen)* to froth [*or* foam] over; ~**der Badeschaum** foaming bubble bath ❷ *(fig: ganz ausgelassen sein)* ■ **vor etw** *dat* ~ to brim [*or* bubble] [over] with sth; ■ ~**d** bubbling, exuberant, effervescent

über·schla·fen* [y:bɐˈʃlaːfn] *vt irreg* ■ **etw** [bis morgen] ~ to sleep on sth

Über·schlag *m* ❶ SPORT handspring; **einen ~ machen** to do a handspring ❷ *(überschlägliche Berechnung)* [rough] estimate; [jdm] **einen ~ machen** to make [*or* frame] sb an estimate

über·schla·gen*¹ [y:bɐˈʃlaːgn] *irreg* **I.** *vt* ■ **etw ~** ❶ *(beim Lesen auslassen)* to skip [over] sth ❷ *(überschläglich berechnen)* to [roughly] estimate sth, to make a rough estimate of sth **II.** *vr* ❶ *(eine vertikale Drehung ausführen)* ■ **sich ~** *Mensch* to fall head over heels *fam; Fahrzeug* to overturn ❷ *(rasend schnell aufeinanderfolgen)* ■ **sich ~** to come thick and fast, to follow in quick succession ❸ *(besonders beflissen sein)* **sich** [vor Freundlichkeit/Hilfsbereitschaft *dat*] ~ to fall over oneself to be friendly/helpful; **nun überschlag dich mal nicht!** *(fam)* don't get carried

away! ④ *(schrill werden)* ■ **sich ~** to crack
away! ④ *(schrill werden)* ■ **sich ~** to crack
über·schla·gen² ['yːbɐˌʃlaːgn̩] *irreg* I. *vt haben* **die
Beine ~** to cross one's legs; **mit ~en Beinen sitzen**
to sit cross-legged II. *vi sein* ■ **in etw** *akk* **~** ① *(fig)* to
turn into sth ② *(brechen)* to overturn; **die Wellen
schlugen über** the waves broke ③ *(übergreifen)* to
spread; **die Funken schlugen auf die Tischdecke
über** the sparks landed on the table cloth
über·schläg·lich ['yːbɐˌʃlɛːklɪç] I. *adj* rough, approximate II. *adv* roughly, approximately; **etw ~ schätzen**
to roughly estimate sth, to give a rough estimate of sth
über\schnap·pen *vi sein (fam)* ① *(verrückt werden)*
to crack [up] *fam,* to be cracked [*or* crazy] *fam*
② *(schrill werden)* to crack, to break
über·schnei·denˇ [yːbɐˈʃnaidn̩] *vr irreg* ① *(sich zeitlich überlappen)* ■ **sich [um etw] ~** to overlap [by
sth] ② *(sich mehrfach kreuzen)* ■ **sich ~** to intersect
Über·schnei·dung <-, -en> *f* overlapping *no pl*
über·schrei·benˇ [yːbɐˈʃraibn̩] *vt irreg* ① *(betiteln)*
■ **etw mit etw ~** to head sth with sth ② *(darüber-
schreiben)* ■ **etw ~** to write over sth; INFORM to over-
write sth ③ *(übertragen)* ■ **jdm etw ~,** ■ **etw auf
jdn ~** to make [*or* sign] over sth *sep* to sb
über·schrei·enˇ [yːbɐˈʃraiən] *vt irreg* ■ **jdn ~** to shout
down sb; ■ **etw ~** to shout over sth, to drown out sth
sep by shouting
über·schrei·tenˇ [yːbɐˈʃraitn̩] *vt irreg* ① *(geh: zu Fuß
überqueren)* ■ **etw ~** to cross [over] sth ② *(über etw
hinausgehen)* ■ **etw [um etw] ~** to exceed sth [by
sth] ③ *(sich nicht im Rahmen von etw halten)* ■ **etw
[mit etw] ~** to overstep [*or form* transgress] sth [with
sth] ④ *(geh: über etw hinaussein)* ■ **etw ~** to pass sth
Über·schrift *f* title; *einer Zeitung* headline; **eine/
keine ~ haben** to be titled/untitled, to have a/no
title
Über·schuh *m* overshoe; ■ **~e** overshoes, galoshes
dated
Über·schul·dung <-, -en> *f* overindebtedness *no pl,*
excessive debts *pl*
Über·schuss^RR *m,* **Über·schuß^ALT** *m* ① *(Reingewinn)* profit ② *(überschüssige Menge)* surplus *no pl;*
■ **ein ~ an etw** *dat* a surplus [*or* glut] of sth
über·schüs·sig ['yːbɐˌʃʏsɪç] *adj* surplus *attr*
Über·schuss·ma·te·ri·al^RR *nt* surplus material
über·schüt·tenˇ [yːbɐˈʃʏtn̩] *vt* ① *(übergießen)* ■ **jdn/
sich/etw mit etw ~** to pour sth over sb/oneself/sth
② *(bedecken)* ■ **etw mit etw ~** to cover sth with sth
③ *(überhäufen)* ■ **jdn mit etw ~** to inundate sb with
sth; **jdn mit Geschenken/Komplimenten ~** to
shower sb with presents/compliments; **jdn mit Vorwürfen ~** to heap accusations on sb
Über·schwang <-[e]s> *m kein pl* exuberance *no pl;*
im ersten ~ in the first flush of excitement; **im ~ der
Freude/Gefühle** *gen* in one's joyful exuberance/
one's exuberance
über·schwäng·lich^RR ['yːbɐˌʃvɛŋlɪç] I. *adj* effusive,
gushing *pej* II. *adv* effusively, gushingly *pej;* **jdn ~
begrüßen** to greet sb effusively [*or* with great effu-
sion]
Über·schwäng·lich·keit^RR <-> *f kein pl* effusiveness
no pl
über\schwap·pen ['yːbɐˌʃvapn̩] *vi sein* ① *(über den
Rand schwappen)* to spill [over the edge] ② *(vor über-
vieler Flüssigkeit überlaufen)* to slop [*or* splash] over
über·schwem·menˇ [yːbɐˈʃvɛmən] *vt* ① *(überfluten)*
■ **etw ~** to flood sth ② *(in Mengen hineinströmen)*
■ **etw ~** to pour into sth ③ *(mit großen Mengen eindecken)* ■ **etw mit etw ~** to flood [*or* inundate] sth
with sth
Über·schwem·mung <-, -en> *f* flood[ing *no pl*]
Über·schwem·mungs·ge·biet *nt* flood area **Über·
schwem·mungs·ka·ta·stro·phe** *f* flood disaster

über·schweng·lich^ALT ['yːbɐʃvɛŋlɪç] *adj o adv s.* **über-
schwänglich**
Über·schweng·lich·keit^ALT <-> *f kein pl s.* **Über-
schwänglichkeit**
Über·see ['yːbeːze] *kein art* ■ **aus ~** from overseas [*or
hum* the other side of the pond]; **in ~** overseas, on
the other side of the pond *hum;* **nach ~** overseas, to
the other side of the pond *hum*
Über·see·damp·fer *m* ocean[-going] liner **Über·see·
ha·fen** *m* international [*or* transatlantic] port **Über·
see·han·del** *m* overseas trade
über·see·isch ['yːbeːzeːɪʃ] *adj* overseas *attr*
Über·see·markt *m* overseas market
über·seh·bar [yːbeˈzeːbaːɐ̯] *adj* ① *(abschätzbar)* **~e
Auswirkungen** containable effects; **eine ~e Dauer/
~e Kosten/Schäden** an assessable period/assessable
costs/damage; **~e Konsequenzen** clear consequences; ■ **etw ist ~/noch nicht ~** sth is in sight/sth is still
not known ② *(mit Blicken erfassen)* visible; **schwer
~es Gelände** terrain offering no clear view; **von hier
aus ist das Gelände nicht ~** you can't get a good
view of the terrain from here
über·se·hen¹ [yːbeˈzeːən] *vt irreg* ① *(versehentlich nicht erkennen)* to overlook [*or* miss] sth, to
fail to see [*or* notice] sth ② *(abschätzen)* to assess sth;
■ **etw lässt sich ~** sth can be assessed ③ *(mit Blicken
erfassen)* to have a view of sth; **von hier aus lässt
sich das Umland besser ~** there's a better view of
the surroundings from up here
über\se·hen² ['yːbeːzeːən] *vr irreg* ■ **sich** *dat* **an
etw ~** to get [*or* grow] tired [*or* to tire] of seeing sth
über·sen·denˇ [yːbeˈzɛndn̩] *vt irreg (geh)* ■ **jdm
etw ~** to send sb sth, to forward sth to sb *form,* to dispatch sth to sb
Über·sen·dung *f (geh)* sending *no pl,* forwarding *no
pl,* dispatch
über·setz·bar *adj* translatable; **nicht ~** untranslatable;
leicht/schwer ~ easy/difficult [*or* hard] to translate
pred; **etw ist [kaum/leicht] ~** sth can be translated
[only with great difficulty]/[easily] translated
über·set·zen¹ [yːbeˈzɛtsn̩] I. *vt* ■ **etw ~** to translate
sth; **etw nur schwer/annähernd ~** to translate sth
only with difficulty/to do [*or form*] render] an approximate translation of sth; **etw [aus dem Polnischen]
[ins Französische] ~** to translate sth [from Polish]
[into French], to render sth [into French] [from Po-
lish] *form* II. *vi* ■ **[aus etw] [in etw] ~** to translate
[from sth] [into sth]
über\set·zen² ['yːbeːzɛtsn̩] I. *vt haben* ■ **jdn ~** to ferry
[*or* take] across sb *sep* II. *vi sein* ■ **[auf/in etw** *dat*] **~**
to cross [over] [on/in sth]
Über·set·zer·in *m(f)* translator
Über·set·zung¹ <-, -en> *f* TECH transmission [*or* gear]
ratio
Über·set·zung² <-, -en> *f* ① *(übersetzter Text)* translation, rendition *form* ② *kein pl (das Übersetzen)*
translation *no pl*
Über·set·zungs·bü·ro *nt* translation agency [*or*
bureau] **Über·set·zungs·feh·ler** *m* translation error
Über·sicht <-, -en> *f* ① *kein pl (Überblick)* overall
view, general idea; **die ~ verlieren** to lose track of
things [*or* of what's going on] ② *(knappe Darstellung)*
outline, summary
über·sicht·lich I. *adj* ① *(rasch erfassbar)* clear;
wenig ~ confused; ■ **~ sein** to be clear[ly structured],
to have [*or form*] exhibit] a clear structure ② *(gut zu
überschauen)* open *attr;* ■ **~ sein** to offer a clear view
[on all sides]; *(wenig Deckung bietend)* to be exposed;
■ **nicht ~** sein to impede the/one's view [on all sides]
II. *adv* ① *(rasch erfassbar)* clearly ② *(gut überschaubar)* **etw ~ anlegen** to give sth an open layout; **etw ~
planen** to plan sth with a clear structure

Über·sicht·lich·keit <-> *f kein pl* ❶ *(rasche Erfassbarkeit)* clarity *no pl* ❷ *(übersichtliche Anlage)* openness *no pl*

Über·sichts·kar·te *f* general [*or* outline] map

über·sie·deln [yːbɐˈziːdl̩n] *vi sein (irgendwohin umziehen)* ■ **in etw** *akk***/nach etw ~** to move to sth, to take up residence in sth *form;* **ins Ausland ~** to emigrate

Über·sie·de·lung <-, -en> *f* move (**an**/**in** +*akk* to), removal *form* (**an**/**in** +*akk* to)

Über·sied·ler(in) *m(f)* migrant; *(Einwanderer)* immigrants; *(Auswanderer)* emigrants

über·sinn·lich *adj* paranormal, supernatural

über·span·nen[*1*] [yːbɐˈʃpanən] *vt* ❶ *(beziehen)* **etw mit Seide/Leder ~** to cover sth with silk/leather, to stretch silk/leather over sth ❷ *(über etw hinwegführen)* ■ **etw ~** to span sth

über·span·nen[*2*] [yːbɐˈʃpanən] *vt* ■ **etw ~** ❶ *(zu stark spannen)* to overstrain sth, to put too much strain on sth; *s. a.* **Bogen** ❷ *(über ein vernünftiges Maß hinausgehen)* to push sth too far

über·spannt *adj* ❶ *(übertrieben)* extravagant, wild ❷ *(exaltiert)* eccentric; ■ **~ sein** to be [an] eccentric ❸ *(überanstrengt)* overexcited, overwrought

über·spie·len[*1*] [yːbɐˈʃpiːlən] *vt (audiovisuell übertragen)* ■ **etw** [**von etw**] [**auf etw** *akk*] **~** to record sth [from sth] [on[to] sth], to transfer sth [from sth] to sth, to transfer sth from sth [to sth]; **etw auf Kassette ~** to tape sth, to put [*or* record] sth on[to] [*or* transfer sth to] tape

über·spie·len[*2*] [yːbɐˈʃpiːlən] *vt (verdecken)* ■ **etw** [**durch etw**] **~** to cover up sth *sep* [with sth]

über·spitzt I. *adj* exaggerated **II.** *adv* in an exaggerated fashion; **etw ~ darstellen** to exaggerate the depiction of sth

über·sprin·gen[*1*] [yːbɐˈʃprɪŋən] *vt irreg* ■ **etw ~** ❶ *(über etw hinwegspringen)* to jump [*or* clear] sth; **eine Mauer ~** to vault [*or* jump] [*or* clear] a wall ❷ *(auslassen)* to skip [over] sth; **eine Seite/ein Kapitel ~** to skip [over] [*or* leave out *sep*] a page/chapter ❸ SCH **eine Klasse ~** to skip [*or* miss out *sep*] a class

über·sprin·gen[*2*] [ˈyːbɐʃprɪŋən] *vi irreg sein* ❶ *(sich übertragen)* ■ [**auf jdn**] **~** to spread [to sb] ❷ *(infizieren)* ■ **auf jdn/etw ~** to spread [to sb/sth] ❸ *(plötzlich übergreifen)* ■ [**von etw**] **auf etw** *akk* **~** to spread quickly [from sth] [to sth]

über·spru·deln *vi sein* to bubble over; *(beim Kochen)* to boil over

über·spü·len[*1*] [yːbɐˈʃpyːlən] *vt* ■ **etw ~** to overflow sth; *Welle* to wash over sth; ■ **überspült werden** to be flooded

über·staat·lich *adj* supranational *form*

über·ste·hen[*1*] [yːbɐˈʃteːən] *vt (durchstehen)* ■ **etw ~** to come [*or* get] through sth; **die Belastung ~** to hold out under the stress; **eine Krankheit/Operation ~** to get over [*or* recover from] an illness/operation; **die nächsten Tage ~** to live through [*or* live out *sep*] [*or* to last] the next few days; **es überstanden haben** *(euph)* to have passed away [*or* on] *euph;* **jetzt haben wir es überstanden** *(fam)* thank heavens that's over now

über·ste·hen[*2*] [ˈyːbɐʃteːən] *vi irreg haben o sein (herausragen)* to jut [*or* stick] out, to project; **40 cm** [**weit**] **~** to jut [*or* stick] out [*or* to project] [by] 40 cm

über·stei·gen[*1*] [yːbɐˈʃtaɪɡn] *vt irreg* ■ **etw ~** ❶ *(über etw klettern)* to climb over sth; **eine Mauer ~** to scale [*or* climb over] a wall ❷ *(über etw hinausgehen)* to go beyond [*or* exceed] sth; **jds Erwartungen ~** to exceed sb's expectations ❸ *(größer als etw sein)* to be beyond [*or* exceed] sth

über·stei·gern[***] [yːbɐˈʃtaɪɡɐn] *vt* **seine Forderun-**

gen ~ to go too far with one's demands, to push one's demands too far; **die Preise ~** to force up prices

über·stei·gert *adj* ❶ *(übernormal verstärkt)* exaggerated, excessive; **ein ~es Selbstbewusstsein** an exaggerated sense of one's own importance ❷ *(zu hoch geschraubt)* excessive, exorbitant; **~e Erwartungen** highly-pitched [*or* lofty] expectations

Über·stei·ge·rung *f* ❶ *(das Übersteigern)* **die ~ der Mieten/Preise** forcing up rents/prices ❷ *(Zustand der übernormalen Verstärkung)* excess; **etw zur ~ treiben** to push sth to excess

über·stel·len[***] [yːbɐˈʃtɛlən] *vt* ■ **jdn jdm** [*o* **an jdn**] **~** to hand over *sep* [*or* form commit] sb to sb

über·steu·ern **I.** *vi* AUTO to oversteer **II.** *vt* ELEK ■ **etw ~** to overmodulate sth

über·stim·men [yːbɐˈʃtɪmən] *vt* ❶ *(mit Stimmenmehrheit besiegen)* ■ **jdn ~** to outvote sb ❷ *(mit Stimmenmehrheit ablehnen)* ■ **etw ~** to defeat [*or* vote down *sep*] sth

über·stra·pa·zie·ren[***] *vt* ■ **etw ~** ❶ *(zu sehr ausnutzen)* to abuse sth ❷ *(zu oft verwenden)* to wear out sth *sep;* ■ **überstrapaziert** worn out; **überstrapazierte Ausreden** tired excuses *pej*

über·strei·chen[***] [yːbɐˈʃtraɪçn] *vt irreg* ■ **etw** [**mit etw**] **~** to paint over sth *sep* [with sth]; **etw mit frischer Farbe ~** to give sth a fresh coat of paint

über·strei·fen *vt* ■ [**sich** *dat*] **etw ~** to slip sth on sth *sep*

über·strö·men [yːbɐˈʃtrøːmən] *vt* ■ **etw ~** to overflow sth; **Schweiß überströmte sein Gesicht** sweat poured down his face, his face was bathed in sweat

über·stül·pen *vt* ■ **jdm/sich etw ~** to slip sth over sb's/one's head

Über·stun·de *f* hour of overtime; ■ **~n** overtime *no pl;* **~n machen** to do [*or* work] overtime

Über·stun·den·lohn *m* overtime pay **Über·stun·den·ta·rif** *m* overtime rate **Über·stun·den·ver·bot** *nt* overtime ban **Über·stun·den·zu·schlag** *m* overtime allowance [*or* bonus]

über·stür·zen [yːbɐˈʃtʏrtsn̩] **I.** *vt* ■ **etw ~** to rush into sth; **eine Entscheidung ~** to rush [into] a decision; **man soll nichts ~, nur nichts ~** don't rush into anything, look before you leap **II.** *vr* ■ **sich ~** to follow in quick [*or* rapid] succession; *Nachrichten a.* to come thick and fast

über·stürzt I. *adj* overhasty, rash, precipitate *form* **II.** *adv* overhastily, rashly, precipitately *form;* **~ handeln** to go off at half cock *fam,* to go off half-cocked _AM fam_

Über·stür·zung <-> *f kein pl* rashness *no pl,* precipitation *no pl form*

über·ta·rif·lich I. *adj* above [*or* in excess of] the agreed [*or* union] rate *pred* **II.** *adv* above [*or* in excess of] the agreed [*or* union] rate

über·teu·ert [yːbɐˈtɔyɐt] *adj* overexpensive, too expensive [*fam by half*] *pred,* overpriced *a. pej;* **ein ~er Preis** an excessive [*or* exorbitant] [*or* inflated] price; ■ [**um etw**] **~ sein** to be too expensive [by sth]

über·töl·peln [yːbɐˈtœlpl̩n] *vt* ■ **jdn ~** to put [a fast] one over on sb, to dupe sb; ■ **sich** [**von jdm**] **~ lassen** to let oneself be duped [by sb]

Über·töl·pe·lung <-, -en> *f* taking-in *no pl*

über·tö·nen[***] *vt* ■ **jdn ~** to drown [out *sep*] sb['s words/screams/etc.]; **etw ~** to drown [out *sep*] sth

Über·topf *m* flower pot holder

Über·trag <-[e]s, Überträge> [ˈyːbɐtraːk, *pl:* -trɛːɡə] *m* FIN carryover, amount carried over [*or* forward]; **einen ~** [**auf/in etw** *akk*] **machen** to carry over [to sth]

über·trag·bar [yːbɐˈtraːkbaːɐ̯] *adj* ❶ *(durch Infektion weiterzugeben)* communicable *form* (**auf** +*akk* to), infectious; *(durch Berührung)* contagious, catching *pred fam;* ■ [**auf jdn**] **~ sein** to be communicable [to sb] *form,* to be infectious [*or fam* catching]; *(durch Berührung)* to be contagious [*or fam* catching]; ■ **etw ist von jdm/dem Tier auf jdn/das Tier** ~ sth can be passed from sb/animal to sb/animal ➋ *(anderweitig anwendbar)* ■ **auf etw** *akk* ~ **sein** to be applicable to sth ➌ *(von anderen zu benutzen)* ■ ~ **sein** to be transferable

über·tra·gen*1 [yːbeˈtraːgn̩] *irreg* **I.** *vt* ➊ *(senden)* ■ **etw** ~ to broadcast sth ➋ *(geh: übersetzen)* ■ **etw** ~ to translate sth; **etw wortwörtlich** ~ to translate sth word for word, to do a literal translation of sth; ■ **etw aus etw** ~ to translate [*or form* render] sth from sth; ■ **etw in etw** *akk* ~ to translate [*or form* render] sth into sth ➌ *(infizieren)* ■ **etw [auf jdn]** ~ to communicate [*or form* pass on *sep*] sth [to sb]; ■ **etw wird von jdm/dem Tier auf jdn/das Tier** ~ sth is communicated *form* [*or* passed on] from sb/animal to sb/animal ➍ *(von etw woanders eintragen)* ■ **etw auf/in etw** *akk* ~ to transfer sth to/into sth; **eine Zwischensumme als Übertrag auf etw** *akk* ~ to carry over to sth ➎ *(mit etw ausstatten)* ■ **jdm etw** ~ to vest sb with sth *form;* ■ **jdm die Verantwortung** ~ to entrust sb with the responsibility ➏ *(in den Besitz von etw setzen)* ■ **jdm etw** ~, ■ **etw auf jdn** ~ to transfer sth to sb; ■ **jdm ein Recht** ~ to assign sb a right, to transfer a right to sb ➐ *(überspielen)* ■ **etw auf etw** *akk* ~ to record sth on sth; **etw auf eine Kassette** ~ to tape sth, to record sth on tape [*or* cassette] ➑ *(anwenden)* ■ **etw auf etw** *akk* ~ to apply sth to sth ➒ TECH ■ **etw auf etw** *akk* ~ to transmit [*or* transfer] sth to sth **II.** *vr* ➊ MED ■ **sich [auf jdn]** ~ to be communicated *form* [*or* passed on] [*or* transmitted] [to sb] ➋ *(ebenfalls beeinflussen)* ■ **sich auf jdn** ~ to spread [*or* form communicate itself] to sb

über·tra·gen2 [yːbeˈtraːgn̩] **I.** *adj* figurative, *(durch Metapher)* transferred; **im ~en Sinn** in a/the figurative sense **II.** *adv* figuratively; ■ **etw** ~ **meinen** ~ to mean sth in a [*or* the] figurative/transferred sense

Über·trä·ger(in) [yːbeˈtrɛːɡɐ] *m(f)* MED carrier

Über·tra·gung <-, -en> *f* ➊ *(das Senden)* broadcasting *no pl,* transmission *no pl;* *(übertragene Sendung)* broadcast, transmission ➋ *(geh: das Übersetzen)* translation *no pl;* **die** ~ **in etw** the translation [*or form* rendition] into sth; *(Übersetzung)* translation *no pl* ➌ *(das Infizieren)* communication *no pl,* transmission *no pl* ➍ *(das Eintragen an andere Stelle)* carryover ➎ *(das Ausstatten)* vesting *no pl form* (+*gen* with); *von Verantwortung* entrusting *no pl* (+*gen* with); ➏ JUR transfer; *von Rechten a.* assignment *no pl* ➐ *(das Anwenden)* application *no pl* (**auf** +*akk* to) ➑ *kein pl* TECH transmission *no pl* (**auf** +*akk* to)

Über·tra·gungs·feh·ler *m* TECH transmission error **Über·tra·gungs·ka·pa·zi·tät** *f* TECH transmission capacity **Über·tra·gungs·ra·te** *f* INET bandwidth **Über·tra·gungs·wa·gen** *m* mobile [broadcast] unit

über·tref·fen* [yːbeˈtrɛfn̩] *vt irreg* ➊ *(besser sein)* ■ **jdn [an/auf/in etw** *dat*] ~ to do better than [*or* to surpass] [*or* to excel] [*or* to outdo] [*or* to outstrip] sb [in sth]; ■ **sich selbst [mit etw]** ~ to surpass [*or* excel] oneself [with sth] ➋ *(über etw hinausgehen)* ■ **etw [um etw]** ~ to exceed sth [by sth]; **jds Erwartungen** ~ to exceed [*or* surpass] sb's expectations ➌ *(größer sein)* ■ **etw [an etw** *dat*] ~ to surpass sth [in sth]

über·trei·ben* [yːbeˈtraibn̩] *irreg* **I.** *vi* to exaggerate **II.** *vt* ■ **etw** ~ to overdo sth; ■ **es mit etw** ~ to carry [*or* take] sth too far; **man kann es auch ~/mit etw** ~ *(fam)* you can overdo things/sth, you can go too far/too far with sth; ■ **ohne zu** ~ no exaggeration, I'm not joking [*or fam* kidding], no shit [now] *fam!*

Über·trei·bung <-, -en> *f* ➊ *kein pl (das Übertreiben)* exaggeration *no pl;* ■ **die** ~ **von etw/der S.** *gen* exaggerated sth; **die** ~ **der Sauberkeit** taking cleanli-

ness too far [*or* to extremes] ➋ *(übertreibende Äußerung)* exaggeration; **zu ~en tendieren** [*o* **neigen**] to tend to exaggeration [*or* exaggerate]

über|tre·ten1 [ˈyːbetreːtn̩] *vi irreg sein* ➊ *(konvertieren)* ■ **zu etw** ~ to go over [*or* convert] to sth ➋ SPORT to overstep ➌ *(übergehen)* ■ **[von etw] in etw** ~ to pass [from sth] into sth; *Krebszellen a.* to metastasize to sth

über·tre·ten*2 [yːbeˈtreːtn̩] *vt irreg* ■ **etw** ~ to break [*or* violate] [*or form* infringe] [*or form* contravene] sth

Über·tre·tung <-, -en> [yːbeˈtreːtʊŋ] *f* ➊ *(das Übertreten)* violation *no pl,* infringement *no pl form,* contravention *no pl form* ➋ *(strafbare Handlung)* misdemeanour [*or* AM -or]

über·trie·ben I. *adj* exaggerated; *(zu stark)* extreme, excessive; **meinst du nicht, dass deine Reaktion etwas ~ war?** don't you think your reaction was a little over the top?; **~e Forderungen** excessive demands; **~e Vorsicht** excessive caution, overcaution **II.** *adv* extremely, excessively; ~ **vorsichtig** excessively cautious, overly cautious

Über·tritt *m* **der/ein/jds** ~ **zu etw** the/a/sb's conversion to sth

über·trump·fen* [yːbeˈtrʊmpfn̩] *vt* ■ **jdn/etw [mit etw]** ~ to outdo sb [with sth]/surpass sth [with sth]

über·tün·chen [yːbeˈtʏnçn̩] *vt* ■ **etw** ~ to whitewash over sth; *(anders als weiß)* to paint over sth

über·über·mor·gen [ˈyːbeʔyːbɐmɔrgn̩] *adv (fam)* in three days[' time], the day after the day after tomorrow

über·ver·si·chern* *vt* ■ **jdn/sich** ~ to overinsure sb/oneself **über·völ·kert** [yːbeˈfœlkɐt] *adj* overpopulated

über·voll *adj* ➊ *(mehr als voll)* full to the brim [*or* to overflowing] *pred;* **ein ~er Teller** a heaped[-up] plate ➋ *(überfüllt)* crowded; ~ **sein** to be overcrowded [*or fam* crammed] **über·vor·sich·tig** *adj* over[ly] cautious

über·vor·tei·len* [yːbeˈfɔrtailən] *vt* ■ **jdn [durch etw]** ~ to cheat sb [with sth]; *(bei einem Kauf)* to overcharge [*or fam* sting] sb [with sth]

über·wa·chen* [yːbeˈvaːxn̩] *vt* ➊ *(heimlich kontrollieren)* ■ **jdn/etw** ~ to keep sb/sth under surveillance, to keep a watch on [*or* to watch] sb/sth; **jdn/etw rund um die Uhr** ~ to keep sb/sth under 24-hour surveillance; **jdn/etw genau** ~ to keep a careful eye on sb/sth; **jds Telefon** ~ to monitor sb's calls, to bug sb's telephone ➋ *(durch Kontrollen sicherstellen)* ■ **etw** ~ to supervise sth; *Kamera* to monitor sth

Über·wa·chung <-, -en> *f* ➊ *(das heimliche Kontrollieren)* surveillance *no pl; eines Telefons* monitoring *no pl,* bugging *no pl* ➋ *(das Überwachen)* supervision *no pl; (durch eine Kamera)* monitoring *no pl*

Über·wa·chungs·ka·me·ra *f* security [*or* surveillance] camera, CCTV

über·wäl·ti·gen* [yːbeˈvɛltɪgn̩] *vt* ➊ *(bezwingen)* ■ **jdn/etw** ~ to overpower sb/sth ➋ *(geh: übermannen)* ■ **etw überwältigt jdn** sth overcomes [*or* overwhelms] sb, sb is overcome [*or* overwhelmed] by sth

über·wäl·ti·gend *adj* overwhelming; **ein ~es Gefühl** an overwhelming [*or* overpowering] feeling; **~e Schönheit** stunning beauty; **ein ~er Sieg** a crushing victory, a whitewash BRIT *fam,* a shutout AM *fam;* ■ **nicht gerade** ~ *(iron)* nothing to write home about *fam*

Über·wäl·ti·gung <-, -en> *f* overpowering *no pl*

über|wech·seln [ˈyːbevɛksln̩] *vi sein* ➊ *(sich jd anderem anschließen)* ■ **auf/in etw** *akk*/**zu etw** ~ to go over to/into/to sth; ■ **zu jdm** ~ to go over to sb's side ➋ *(ausschweren)* ■ **auf etw** *akk* ~ to move [in]to sth ➌ *(umsatteln)* ■ **von etw zu etw** ~ to change from sth to something

Über·weg *m* pedestrian bridge

über·wei·sen* [yːbɐˈvaisn̩] *vt irreg* ❶ *(durch Überweisung gutschreiben lassen)* ▪|jdm| etw |auf etw akk| ~ to transfer sth |to [sb's] sth| ❷ *(durch Überweisung hinschicken)* ▪ jdn |an jdn/in etw akk| ~ to refer sb |to sb/sth|

Über·wei·sung <-, -en> *f* ❶ *(Anweisung von Geld)* |credit *form*| transfer ❷ *(das Überweisen)* ▪ **die/eine ~ an jdn/in etw** akk the/a referral to sb/sth; *(Überweisungsformular)* referral form

Über·wei·sungs·auf·trag *m* banker's order, | *form* credit| transfer order **Über·wei·sungs·for·mu·lar** *nt* |credit *form* [*or* bank] | transfer form **Über·wei·sungs·schein** *m* MED letter of referral

Über·wei·te *f* large size; **~ haben** to be oversize[d]; **Kleider in ~** outsize dresses, dresses in the larger sizes [*or* euph for the fuller figure]

über|wer·fen¹ [yːbɐˈvɛrfn̩] *vt irreg* ▪ **sich** *dat* **etw ~** to wrap sth around one's shoulders; *(schneller)* to throw on sth *sep;* ▪ **jdm etw ~** to wrap sth round sb's shoulders

über·wer·fen*² [yːbɐˈvɛrfn̩] *vr irreg* ▪ **sich ~** to fall out, to break with each other; ▪ **sich mit jdm ~** to fall out [*or* break] with sb

über·wie·gen* [yːbɐˈviːgn̩] *irreg* **I.** *vi* ❶ *(hauptsächlich vorkommen)* to be predominant, to predominate ❷ *(vorherrschen)* **es überwiegt [bei jdm]** [sb's] sth prevails [*or* gains the upper hand] **II.** *vt* ▪ **etw überwiegt etw** sth outweighs sth

über·wie·gend [yːbɐˈviːgn̩t] **I.** *adj* predominant; **die ~e Mehrheit** the vast [*or* overwhelming] majority **II.** *adv* predominantly, mainly; **Ihre Antworten waren ~ richtig** most of your answers were correct

über·win·den* [yːbɐˈvɪndn̩] *irreg* **I.** *vt* ❶ *(nicht länger an etw festhalten)* ▪ **etw ~** to overcome sth; **ein Vorurteil ~** to outgrow a prejudice ❷ *(im Kampf besiegen)* ▪ **jdn ~** to defeat sb ❸ *(ersteigen)* ▪ **etw ~** to get over [*or* surmount] sth **II.** *vr* ▪ **sich ~** to overcome one's feelings/inclinations etc.; ▪ **sich zu etw ~,** ▪ **sich dazu ~, etw zu tun** to force oneself to do sth

Über·win·dung <-> *f kein pl* ❶ *(das Überwinden)* overcoming *no pl,* surmounting *no pl;* Minenfeld negotiation *no pl* ❷ *(Selbst~)* conscious effort; **jdn ~ kosten|, etw zu tun|** to be an effort of will for sb [to do sth], to take sb a lot of will power [to do sth]

über·win·tern* [yːbɐˈvɪntɐn] *vi* ▪ **|in etw** *dat*| **~** to [spend the] winter [in sth]; *Pflanzen* to overwinter [in sth]; *(Winterschlaf halten)* to hibernate [in sth]

Über·win·te·rungs·or·gan *nt* BOT perennating organ

über·wu·chern* [yːbɐˈvuːxɐn] *vt* ▪ **etw ~** to overgrow sth; **Blumen ~** to choke flowers

Über·zahl *f kein pl* ▪ **die |große| ~ einer S.** *gen (Mehrzahl)* the greatest number of sth, most of sth; ▪ **in der ~ sein** to be in the majority; *Feind* to be superior in number

über·zah·len* [yːbɐˈtsaːlən] *vt* ▪ **etw ~** to pay too much for sth; ▪ **etw ist |mit etw| überzahlt** |at sth| sth costs too much

über·zäh·lig *adj (überschüssig)* surplus *attr,* excess *attr; (übrig)* spare, odd

über·zeich·nen* [yːbɐˈtsaiçnən] *vt (geh)* ▪ **etw/jdn ~** to overdraw sth/sb

über·zeu·gen* [yːbɐˈtsɔygn̩] **I.** *vt* ❶ ▪ **jdn ~** to convince sb; *(umstimmen a.)* to persuade sb; **den Richter ~** to satisfy the judge; ▪ **jdn von etw ~** to convince sb of sth; ▪ **jdn davon ~, dass ...** to convince sb that ...; ▪ **sich |von etw| ~ lassen** to be|come| convinced [of sth]; **sich gern |von etw| ~ lassen** to be willing to listen [to sth] **II.** *vi* ❶ *(überzeugend sein)* ▪ |als jd/in einer Rolle| ~ to be convincing [*or* carry conviction] |as sb/in a role|; **sie kann nicht ~** she is unconvincing [*or* not convincing] ❷ *(eine überzeugende Leistung zeigen)* ▪ |bei/mit/in etw *dat*| ~ to prove one-

self |in/with/in sth| **III.** *vr* ▪ **sich |selbst| ~** to convince oneself; **~ Sie sich selbst!** [go and] convince [*or* see for] yourself; ▪ **sich von etw ~** to convince oneself of sth, to satisfy oneself as to sth; ▪ **sich |selbst| ~, dass ...** to be convinced that ...

über·zeu·gend I. *adj* convincing; *(umstimmend a.)* persuasive; ▪ |als jd| ~ **sein** to be convincing [*or* carry conviction] |as sb| **II.** *adv* convincingly; **~ argumentieren** to argue convincingly, to bring forward convincing arguments

über·zeugt *adj* ❶ *(an die Richtigkeit von etw glaubend)* convinced, dedicated; **ein ~er Christ/Katholik** a convinced [*or* devout] Christian/Catholic; ▪ **von etw ~ sein** to be convinced [*or* be [*or* feel] sure] of sth; ▪ |davon| ~ **sein, dass ...** to be convinced that ... ❷ *(selbstbewusst)* |sehr| von sich ~ **sein** to be |very| sure [*or pej* full] of oneself

Über·zeu·gung <-, -en> [yːbɐˈtsɔygʊŋ] *f* convictions *npl,* principles *pl;* religiöse ~ religious beliefs [*or* convictions] *npl;* **zu der ~ gelangen** [*o* **kommen|, dass ...** to become convinced that ..., to arrive at [*or* reach] the conviction that ...; **der ~ sein** to share the conviction; **der |festen| ~ sein, dass ...** to be |firmly| convinced [*or* of the |firm| conviction] that ...; **nicht der ~ sein, dass ...** to not be convinced that ...; **jds ~ nach** [*o* **nach jds ~|** |...| sb is convinced [that ...]; *s. a.* **Brustton**

Über·zeu·gungs·ar·beit *f* convincing; **einige ~ kosten** to take some convincing; **~ leisten** to do some convincing **Über·zeu·gungs·kraft** *f kein pl* persuasiveness *no pl,* persuasive power **Über·zeu·gungstä·ter|in|** *m(f) (politisch)* political|ly motivated| criminal; *(religiös)* religious|ly motivated| criminal

über·zie·hen*¹ [yːbɐˈtsiːən] *irreg* **I.** *vt* ❶ *(bedecken)* ▪ **etw ~** to cover sth; *Belag* to coat sth ❷ *(ins Debet bringen)* ▪ **etw |um etw| ~** to overdraw sth |by sth|; **er hat sein Konto |um 1.000 Euro| überzogen** he has overdrawn his account |by 1,000 euros|, he is |1,000 euros| overdrawn ❸ *(über das zustehende Maß in Anspruch nehmen)* ▪ **etw |um etw| ~** to overrun sth |by sth| ❹ *(zu weit treiben)* ▪ **etw ~** to carry sth too far; ▪ **überzogen** exaggerated, over the top *pred fam* ❺ *(übermäßig versehen)* **ein Land mit Krieg ~** to invade a country; **ein mit Krieg überzogenes Land** a war-stricken [*or* -torn] country; **jdn mit immer neuen Forderungen ~** to demand more and more from sb; **jdn mit einem Prozess ~** to bring legal action against sb **II.** *vi* ❶ *(Kredit auf dem Girokonto in Anspruch nehmen)* ▪ |um etw| ~ to overdraw an/the/one's account [*or* to be overdrawn] |by sth| ❷ *(über die eingeteilte Zeit hinaus)* to overrun |one's allotted time|

über|zie·hen*² [yːbɐˈtsiːən] *vt irreg* ❶ *(anlegen)* ▪ |sich| etw ~ to put [*or* slip] on sth *sep;* ▪ **jdm etw ~** to put [*or* slip] sth on sb ❷ *(fam)* **jdm eins |mit etw| ~** to clobber [*or* clout] sb |one| |with sth| *fam,* to give sb a clout |with sth| *fam*

Über·zie·hungs·kre·dit *m* loan on overdraft, overdraft provision **Über·zie·hungs·zin·sen** *pl* overdraft interest *no pl*

über·züch·tet [yːbɐˈtsʏçtət] *adj* overbred; AUTO overdeveloped

Über·zug *m* ❶ *(überziehende Schicht)* coat|ing|; *(dünner)* film; *(Zuckerguss)* icing, frosting AM ❷ *(Hülle)* cover

üb·lich [ˈyːplɪç] *adj* ❶ *(normalerweise angewandt)* usual; **es ist bei uns hier |so| ~** that's the custom with us here; **wie ~** as usual ❷ *(gängig)* customary, usual

Üb·li·che|s| *nt decl wie adj* ▪ **das ~** the usual |thing|s *pl*||

üb·li·cher·wei·se *adv* usually, generally, normally

U-Boot ['uːboːt] *nt* submarine, sub *fam; (während der beiden Weltkriege a.)* U-boat

U-Boo·ting <-s> *nt kein pl* SPORT human powered submarine racing

üb·rig ['yːbrɪç] *adj* remaining, rest of *attr; (andere a.)* other *attr;* ■ **die Ü~en** the remaining ones, the rest of them, the others; ■ **das Ü~e** the rest, the remainder; ■ **alles Ü~e** all the rest, everything else; **ein Ü~es tun** *(geh)* to go a step further; [von etw] **etw ~ behalten** to have sth left over [from sth]; **etw vom Geld ~ behalten** to keep sth [over] of the money; [von etw] **~ bleiben** to be left [over], to be left [of sth]; **für jdn ~ bleiben** to be left for sb; **es wird ihm gar nichts anderes ~ bleiben** he won't have any choice [or any other alternative]; [jdm] **etw** [von etw] **~ lassen** to leave sth [[or over] of sth] [for sb]; **etw vom Geld ~ lassen** to keep sth [over] of the money; ■ **~ sein** to be left [over]

üb·ri·gens ['yːbrɪgn̩s] *adv* ❶ *(nebenbei bemerkt)* incidentally, by the way ❷ *(außerdem)* ■ [und] ~ [and] besides

üb·rig|ha·ben^RR *vt irreg* **für jdn etwas/nichts/ viel ~** to have a soft spot for [or be fond of] sb/to not care much [or have little time] for sb/to be very fond of [or have a great liking for] sb; **für etw etwas/ nichts/viel ~** to be interested [or have an interest] in sth/to be not at all interested in [or have no time at all for] sth/to be very interested in [or keen on] sth

Übung¹ <-> ['yːbʊŋ] *f kein pl (das Üben)* practice *no pl;* **in ~ bleiben** to keep in practice, to keep one's hand in; **aus der ~ sein** to be out of practice; **das ist alles nur ~** it's [all] a question of practice, it [all] comes with practice; **aus der ~ kommen** to get out of practice; *(von Geschicklichkeit)* to lose touch; **zur ~** for practice ▸ WENDUNGEN: **~ macht den Meister** *(prov)* practice makes perfect *prov*

Übung² <-, -en> ['yːbʊŋ] *f* ❶ *(propädeutische Lehrveranstaltung)* seminar **(zu** +*akk* on**)** ❷ *(~sstück)* exercise ❸ SPORT exercise **(an** +*dat* on**)** ❹ *(Gelände~)* exercise ❺ *(Probeeinsatz)* exercise, drill

Übungs·ar·beit *f* SCH practice [or mock] test **Übungs·auf·ga·be** *f* SCH exercise **Übungs·buch** *nt* SCH book of exercises

Übungs·ge·län·de *nt* MIL training ground [or area]

UdSSR <-> [uːdɛʔɛsʔɛsˈʔɛr] *f Abk von* **Union der Sozialistischen Sowjetrepubliken** HIST ■ **die** ~ the USSR [or U.S.S.R.]

UEFA-Cup <-s, -s> [uˈeːfakap] *m,* **UEFA-Po·kal** [uˈeːfa-] *m* ■ **der** ~ the UEFA Cup

Ufer <-s, -> ['uːfɐ] *nt (Flussufer)* bank; *(Seeufer)* shore, strand *liter;* **das rettende** [*o* sichere] **~ erreichen** to reach dry land [or the shore in safety]; **an das** [*o* ans] **~ schwimmen** to swim ashore/to the bank; **über die ~ treten** to break [or burst] its banks; **an das** [*o* ans] **~ am ~** on the waterfront, on [or at] the water's edge

Ufer·be·fes·ti·gung *f* ❶ *kein pl (das Befestigen)* bank reinforcement *no pl,* protection of banks/shore ❷ *(befestigende Bepflanzung)* bank reinforcement **Ufer·bö·schung** *f* embankment **Ufer·land·schaft** *f* land on each side of a/the river/lake *no indef art, no pl,* riparian landscape *liter* **ufer·los** *adj* endless; **ins U~e gehen** *(zu keinem Ende führen)* to go on forever [or on and on]; *(jeden Rahmen übersteigen)* to go up and up **Ufer·pro·me·na·de** *f* [riverside/seaside] promenade **Ufer·schnep·fe** *f* ORN godwit **Ufer·schwal·be** *f* ORN sand martin **Ufer·stra·ße** *f* lakeside/riverside road

uff [ʊf] *interj (fam)* phew *fam,* whew *fam;* **~, das hätten wir geschafft!** phew, that's that done!

Ufo, UFO <-[s], -s> ['uːfo] *nt Abk von* **Unbekanntes Flugobjekt** UFO

Ugan·da <-> [uˈganda] *nt kein pl* Uganda; *s. a.* **Deutschland**

Ugan·der(in) <-s, -> [uˈgandɐ] *m(f)* Ugandan; *s. a.* **Deutsche(r)**

ugan·disch [uˈgandɪʃ] *adj inv* Ugandan; *s. a.* **deutsch**

U-Haft ['uː-] *f* JUR *(fam) s.* **Untersuchungshaft**

Uhr <-, -en> [uːɐ] *f* ❶ *(Instrument zur Zeitanzeige)* clock, timepiece *form;* **die ~ in der Küche** the clock in the kitchen, the kitchen clock; *(Armband~)* watch; ■ **nach jds ~** by sb's watch; **auf die ~ sehen** to look at the clock/one's watch; **die ~en** [**auf Sommer-/ Winterzeit**] **umstellen** to set the clock/one's watch [to summer/winter time]; **diese ~ geht nach/vor** this watch is slow/fast; *(allgemein)* this watch loses/ gains time; **jds ~ geht nach dem Mond** *(fam)* sb's watch can't tell the time [or *fam* is way out]; **jds innere ~** sb's biological clock; ■ **rund um die ~** round the clock, 24 hours a day; ■ **gegen die ~** against time ❷ *(Zeitangabe)* o'clock; **7 ~** 7 o'clock [in the morning], 7 am [or a.m.]; MIL O seven hundred [or *written* 0700] hours; **15 ~** 3 o'clock [in the afternoon], 3 pm [or *p.m.*]; MIL fifteen hundred [or *written* 1500] hours; **9 ~ 15** quarter past nine [in the morning/evening], nine fifteen [or *written* 9.15] [am/pm], 15 minutes past 9 [in the morning/evening] *form;* **7 ~ 30** half past 7 [in the morning/evening], seven thirty [or *written* 7:30] [am/pm]; **8 ~ 23** 23 minutes past 8 [in the morning/evening], eight twenty-three [am/ pm] *form;* **10 ~ früh** [*o* morgens] **/abends/nachts** ten [o'clock] in the morning/in the evening/at night; **wie viel ~ ist es? wie viel ~ haben wir** what time is it?; **um wie viel ~?** [at] what time?; **um 10 ~** at ten [o'clock] [in the morning/evening] ▸ WENDUNGEN: **jds ~ ist abgelaufen** *(geh)* the sands of time have run out for sb *form liter*

Uhr·ket·te *f* watch chain, fob [chain] **Uhr·ma·cher(in)** *m(f)* watchmaker/clockmaker, horologist *spec* **Uhr·werk** *nt* ❶ *(Antrieb einer mechanischen Uhr)* clockwork mechanism, works *npl* [of a watch/ clock], movements *pl* ❷ *(Antrieb eines Spielzeugs)* clockwork mechanism; **von einem ~ angetriebenes** clockwork *attr,* driven by clockwork *pred* **Uhr·zei·ger** *m* hand [of a clock/watch]; **der große/kleine ~** the big [or minute] /small [or hour] hand **Uhr·zei·ger·sinn** *m* ■ **im ~** clockwise; **entgegen dem ~** anticlockwise, counterclockwise AM **Uhr·zeit** *f* time [of day]; **was haben wir für eine ~?** what time [of day] is it?

Die Einteilung des Tages in vierundzwanzig Stunden wird meist nur bei Fahrplänen benutzt. Die Zeit von Mitternacht bis 12 Uhr mittags wird mit **a.m.** bezeichnet, von 12 Uhr mittags bis Mitternacht wird **p.m.** verwendet, z.B. 10.30 Uhr entspricht *10:30 a.m.*, 14.50 Uhr *2:50 p.m.* Mit *half two* ist übrigens *half past two*, also 14.30 Uhr gemeint! Im Englischen gibt es kein *fünf vor/nach halb zwei*. Das *viertel zwei*, also *Viertel nach eins*, gibt es im Englischen ebenfalls nicht.

Uhu <-s, -s> ['uːhu] *m* eagle owl

Ukas <-ses, -se> ['uːkas] *m* decree

Uke·lei <-, -en> ['uːkəlai] *f (Fischart)* bleak

Ukra·i·ne <-> [ukraˈiːnə] *f* ■ **die** ~ [the] Ukraine; *s. a.* **Deutschland**

Ukra·i·ner(in) <-s, -> [ukraˈiːnɐ] *m(f)* Ukrainian; *s. a.* **Deutsche(r)**

ukra·i·nisch [ukraˈiːnɪʃ] *adj* ❶ *(die Ukraine betreffend)* Ukrainian; *s. a.* **deutsch 1** ❷ LING Ukrainian; *s. a.* **deutsch 2**

Ukra·i·nisch [ukra'iːnɪʃ] *nt decl wie adj* Ukrainian; *s. a.* **Deutsch**

Ukra·i·ni·sche <-n> *nt* ■ **das ~** Ukrainian, the Ukrainian language; *s. a.* **Deutsche**

UKW <-> [uːkaˈveː] *nt kein pl Abk von* **Ultrakurzwelle** ≈ VHF *no pl;* **auf ~** on VHF; **auf ~ umschalten** to switch to VHF

UKW-Emp·fang *m* VHF reception

UKW-Sen·der *m* VHF transmitter

Ulan-Ba·tor <-s> ['uːlan 'baːtoːɐ̯] *nt* Ulan Bator

Ulk <-[e]s, -e> [ʊlk] *m (fam)* joke; **aus ~** as a joke, for a lark *fam*

ul·ken ['ʊlkn̩] *vi (fam)* to joke; *(herumkaspern)* to clown around

ul·kig ['ʊlkɪç] *adj (fam)* ❶ *(lustig)* funny ❷ *(seltsam)* peculiar, strange, odd

Ul·me <-, -n> ['ʊlmə] *f* elm

Ul·men·krank·heit *f* ■ **die ~** Dutch elm disease

ul·ti·ma·tiv [ʊltima'tiːf] **I.** *adj* ■ **eine ~e Forderung/ein ~es Verlangen** an ultimatum **II.** *adv* in the form of an ultimatum; **jdn ~ auffordern, etw zu tun** to give sb an ultimatum to do sth; *Streitmacht* to deliver [*or* issue] an ultimatum to sb to do sth

Ul·ti·ma·tum <-s, -s *o* Ultimaten> [ʊltiˈmaːtʊm, *pl:* -matən] *nt* ultimatum; **jdm ein ~ stellen** to give sb an ultimatum; *Streitmacht* to deliver [*or* issue] an ultimatum to sb

Ul·ti·mo <-s, -s> ['ʊltimo] *m* ÖKON end [*or* last [day]] of the month; **bis/vor ~** till [*or* until] /before the end [*or* last [day]] of the month

Ul·tra <-s, -s> ['ʊltra] *m* extremist

Ul·tra·kurz·wel·le [ultra'kʊrtsvɛlə] *f s. a.* **UKW** ❶ *(elektromagnetische Welle)* ultrashort [*or spec* metric] wave ❷ *(Empfangsbereich)* ≈ very high frequency [*or* VHF]

ul·tra·leicht *adj* ultralight *spec* **ul·tra·links** *adj* extreme leftist *a. pej*

Ul·tra·ma·rin <-s> [ultramaˈriːn] *nt kein pl* ultramarine *no pl*

ul·tra·or·tho·dox *adj* extremely orthodox **ul·tra·rechts** *adj* extreme[ly] right-wing

Ul·tra·schall ['ʊltraʃal] *m* ultrasound *no pl*

Ul·tra·schall·auf·nah·me *f* ultrasound picture, scan **Ul·tra·schall·di·a·gnos·tik** *f* ultrasound [*or* ultrasonic] diagnosis **Ul·tra·schall·ge·rät** *nt* [ultrasound] scanner **Ul·tra·schall·un·ter·su·chung** *f* ultrasound, scan **Ul·tra·schall·wel·len** *pl* ultrasonic waves *pl*

ul·tra·vi·o·lett [ultravi̯oˈlɛt] *adj* ultraviolet

um [ʊm] **I.** *präp +akk* ❶ *(etw umgebend)* ■ **~ etw [herum]** around [*or* BRIT round] sth; **ganz um etw [herum]** all around [*or* BRIT round] sth ❷ *(gegen)* **~ Ostern/den 15./die Mitte des Monats [herum]** around Easter/the 15th/the middle of the month; **~ fünf Uhr [herum]** at [*or* around] about five o'clock; *s. a.* **Uhr** ❸ *(im Hinblick auf etwas)* about; **~ etw streiten** to argue about sth; *s. a.* **bitten** *s. a.* **gehen** ❹ *Unterschiede im Vergleich ausdrückend* **~ einiges** [*o* **manches**] **besser** quite a bit better; **~ nichts enger/weiter** no narrower/wider; **~ einen Kopf größer/kleiner** a head taller/shorter by a head; **~ 10 cm länger/kürzer** 10 cm longer/shorter ❺ *(wegen)* ■ **~ jdn/etw** for sb/sth; ■ **~ jds/einer S. willen** for the sake of sb [*or* for sb's sake] /for the sake of sth; **~ meinetwillen** for my sake; *s. a.* **Gott** *s. a.* **Himmel** ❻ *(für)* **Minute ~ Minute** minute by minute; **Zentimeter ~ Zentimeter** centimetre by [*or* after] centimetre [*or* AM -er] ❼ *(nach allen Richtungen)* **~ sich schlagen/treten** to hit/kick out in all directions ❽ *(vorüber)* ■ **~ sein** to be over; *Zeit* to be up; *Frist* to expire **II.** *konj* ■ **~ etw zu tun** [in order] to do sth; *s. a.* **so III.** *adv* ■ **die 80 Meter** about 80 metres [*or* AM -ers], 80 metres [*or* AM -ers] or thereabouts

um|ad·res·sie·ren* *vt* ■ **etw ~** to readdress sth; *(nachsenden)* to redirect sth

um|än·dern *vt* ■ **etw ~** to alter sth

um|ar·bei·ten *vt* ❶ *(umgestalten)* ■ **etw ~** to rework [*or* revise] sth; **ein Buch ~** to rewrite a book; **ein Drehbuch/Manuskript ~** to rewrite [*or* rework] a script/manuscript ❷ *s.* **umändern**

um·ar·men* [ʊmˈʔarmən] *vt* ■ **jdn ~** to embrace sb; *(fester)* to hug sb; *(zum Grüßen a.)* to give sb a hug; **„lass dich ~!"** "give me a hug!"

Um·ar·mung <-, -en> *f* embrace/hug; **die/eine ~ zweier Liebenden** two lovers embracing

Um·bau¹ *m kein pl* rebuilding *no pl,* renovation *no pl; (zu etw anderem a.)* conversion *no pl;* **sich im ~ befinden** to be being rebuilt/renovated/converted **Um·bau²** <-bauten> *m* renovated/converted building; *(Teil von Gebäude)* renovated/converted section

um|bau·en¹ ['ʊmbau̯ən] **I.** *vt* ■ **etw ~** to convert [*or* make structural alterations to] sth **II.** *vi* to renovate

um·bau·en*² [ʊmˈbau̯ən] *vt* ■ **etw [mit etw] ~** to enclose sth [with sth]; *s. a.* **Raum**

um|be·nen·nen* *vt irreg* ■ **etw [in etw** *akk*] **~** to rename sth [sth]

Um·be·nen·nung *f* ■ **die/eine ~ von etw/einer S.** *gen* renaming sth; **Tausende von ~en von Straßen** renaming thousands of streets

Um·ber·fisch ['ʊmbər-] *m* croaker, dumbfish

um|be·set·zen* *vt* ❶ FILM, THEAT ■ **etw ~** to recast sth ❷ POL ■ **etw ~** to reassign sth

Um·be·set·zung *f* ❶ FILM, THEAT recasting *no pl;* **eine ~ vornehmen** to alter the cast ❷ POL reassignment; **vom Ministerium** ministry shake-up; *vom Kabinett* reshuffle; **~en vornehmen** to reshuffle the cabinet

um|be·stel·len* **I.** *vt* ❶ *(zu einem anderen Zeitpunkt bestellen)* ■ **jdn [auf etw** *akk*] **~** to give another [*or* a new] appointment to sb [for sth] ❷ *(ändern)* ■ **etw ~** to change one's/the order/orders for sth **II.** *vi* to change the/one's order/orders

um|bet·ten *vt* ❶ *(in ein anderes Bett legen)* ■ **jdn ~** to move [*or* transfer] sb [to another bed]; ■ **jdn [in/auf etw** *akk*] **~** to move [*or* transfer] sb [to sth] ❷ *(euph: woanders beerdigen)* ■ **etw ~** to transfer sth [to another grave], to rebury sth

um|bie·gen *irreg* **I.** *vt* ■ **etw ~** ❶ *(durch Biegen krümmen)* ■ **etw ~** to bend sth ❷ *(auf den Rücken biegen)* **jdm den Arm ~** to twist sb's arm [behind sb's back]; **mit umgebogenem Arm** with one's arm twisted behind one's back **II.** *vi sein* ❶ *(kehrtmachen)* to turn back [*or* round] ❷ *(abbiegen)* **nach links/rechts ~** to take the left/right road/path/etc.; *Pfad, Straße* to turn [*or* bend] to the left/right

um|bil·den *vt* ■ **etw ~** to reshuffle [*or* shake up *sep*] sth

Um·bil·dung *f* reshuffle, shake-up

um|bin·den ['ʊmbɪndn̩] *vt irreg* ■ **jdm etw ~** to put [*or* wrap] sth around sb's neck; *(mit Knoten a.)* to tie sth around sb's neck; ■ **sich** *dat* **etw ~** to put on sth *sep; (mit Knoten a.)* to tie sth on *sep*

um|blät·tern *vi* to turn over; **ein paarmal ~** to turn over a few pages; *(ohne Interesse)* to flip through a few pages

um|bli·cken *vr* ❶ *(nach hinten blicken)* ■ **sich ~** to look back; ■ **sich nach jdm/etw ~** to turn round to look at sb/sth ❷ *(zur Seite blicken)* **sich nach links/rechts ~** to look to the left/right; *(vor Straßenüberquerung a.)* to look left/right; **sich nach allen Seiten ~** to look in all directions

Um·bra <-> ['ʊmbra] *f kein pl* umber *no pl*

um|bre·chen¹ *irreg* **I.** *vt haben* ■ **etw ~** ❶ *(umknicken)* to break down sth *sep* ❷ *(geh: umpflügen)* to turn over [*or* break up] sth *sep* **II.** *vi sein* to break

um·bre·chen·² vt irreg TYPO ■ etw ~ to make up sth sep

um|brin·gen irreg I. vt ■ jdn ~ to kill sb; (vorsätzlich a.) to murder sb; **jdn mit/durch Gift** ~ to kill/murder sb with poison [or by poisoning]; **jdn mit einem Messer/durch Messerstiche** ~ to stab sb to death ► WENDUNGEN: **es wird mich noch ~!** (fig fam) it'll be the death of me! fam; **nicht umzubringen sein** (fam) to be indestructible II. vr ❶ (Selbstmord begehen) ■ **sich ~** to kill oneself; **sich mit Gift ~** to kill oneself by taking poison [or with poison]; **sich mit einem Messer ~** to stab oneself to death ❷ (fam: sich allzu sehr ereifern) ► WENDUNGEN: **sich [fast] vor Freundlichkeit/Höflichkeit ~** to [practically] fall over oneself to be friendly/polite; **bringen Sie sich nur nicht um!** (fig fam) [mind you] don't kill yourself! iron; (als Appell an die Vernunft) you'll kill yourself [if you go [or carry] on like that]!

Um·bruch ['ʊmbrʊx, pl: 'ʊmbrʏçə] m ❶ (grundlegender Wandel) radical change, upheaval; **sich in einem ~ befinden** to be going through a radical change, to be in upheaval ❷ kein pl TYPO making up no pl; **beim ~ sein** to be being made up; (umbrochener Satz) make-up

Um·bruch·pha·se f POL, SOZIOL, ÖKON upheaval phase

um|bu·chen I. vt ❶ (auf einen anderen Termin verlegen) ■ **etw [auf etw akk] ~** to alter [or change] one's booking/reservation for sth [to sth]; **den Flug auf einen anderen Tag ~** to change one's flight reservation to another day ❷ (auf ein anderes Konto buchen) ■ **etw [von etw] [auf etw akk] ~** to transfer sth [from sth] [to sth] II. vi ■ **[auf etw akk] ~** to alter [or change] one's booking/reservation [to sth]

Um·bu·chung f ❶ (umgebuchter Termin) changed [or altered] booking/reservation, change [or alteration] to a/the booking/reservation; **eine ~ [auf etw akk] vornehmen** to change [or alter] one's booking/reservation [to sth] ❷ (Überweisung) transfer

um|de·kla·rie·ren· vt ÖKON, JUR ■ **etw ~** Ware, Ladung to avoid declaring sth

um|den·ken vi irreg ■ [in etw dat] ~ to change [or modify] one's ideas/views [of sth]

um|di·ri·gie·ren· vt ■ **etw [nach/zu etw] ~** to redirect sth [to sth]

um|dis·po·nie·ren· vi to change one's plans [or arrangements], to make new arrangements

um|dre·hen I. vt haben ❶ (auf die andere Seite drehen) ■ **jdn/etw ~** to turn over sb/sth sep; s. a. **Arm** s. a. **Hals** ❷ (herumdrehen) ■ **etw ~** to turn sth ► WENDUNGEN: **jdm jedes Wort im Mund ~** to twist sb's every word II. vr haben (in die andere Richtung wenden) ■ **sich [nach/um etw] ~** to turn round [to look at sb/sth]; s. a. **Magen** ► WENDUNGEN: **sich im Grab[e] ~** to turn in one's grave III. vi haben o sein to turn round; Mensch a. to turn back

Um·dre·hung [ʊm'dreːʊŋ] f AUTO revs pl, revolutions pl form; **3100 ~en** 3100 rpm

um·ei·nan·der [ʊmʔai'nandɐ] adv about each other [or one another]; **wir haben uns nie groß ~ gekümmert** we never really had much to do with each other

um|fah·ren¹ ['ʊmfaːrən] irreg vt (fam) ❶ (überfahren) ■ **jdn ~** to knock down [or run over] sb sep ❷ (anfahren und abknicken) ■ **etw ~** to hit sth; ■ **umgefahren werden** to be hit by a vehicle

um·fa·hren·² [ʊm'faːrən] vt irreg ■ **etw ~** ❶ (vor etw ausweichen) to circumvent sth form; Auto a. to drive around sth ❷ (Umweg fahren) to make a detour around sth

Um·fah·rung <-, -en> [ʊm'faːrʊŋ] f ÖSTERR, SCHWEIZ bypass

Um·fall m POL (pej fam) turnaround a. pej

um|fal·len vi irreg sein ❶ (umkippen) to topple [or fall]

over; Baum a. to fall [down] ❷ (zu Boden fallen) to fall over [or down], to fall [or drop] to the floor/ground; (schwerfällig) to slump to the floor/ground; **tot ~** to drop [down] dead ❸ (fam: die Aussage widerrufen) to retract one's statement

Um·fang <-[e]s, Umfänge> m ❶ (Perimeter) circumference; eines Baums a. girth ❷ (Ausdehnung) area; **einen ~ von 5 Hektar haben** to cover an area of 5 hectares ❸ (Ausmaß) **in großem ~** on a large scale; **in vollem ~** completely, entirely, fully; **in vollem ~ freigesprochen werden** to be found not guilty on all points; **eine Katastrophe in vollem ~ erkennen** to recognize the full scale of a disaster

um·fan·gen· [ʊm'faŋən] vt irreg (geh) ■ **jdn ~** to embrace sb; **jdn/sich ~ halten** to hold sb/each other in one's/their arms

um·fang·reich adj ❶ (voluminös) extensive; **ein ~es Buch** a thick book ❷ (ein erhebliches Ausmaß besitzend) extensive

um·fas·sen [ʊm'fasn̩] vt ❶ (umschließen) ■ **jdn/etw/sich ~** to clasp sb/sth/each other; (umarmen) to embrace sb/sth/[each other] ❷ (aus etw bestehen) ■ **etw ~** to comprise sth; **vier Seiten/zwei Spalten ~** to have four pages/cover two columns

um·fas·send [ʊm'fasn̩t] I. adj ❶ (weitgehend) extensive; **~e Vollmachten/Maßnahmen** sweeping [or extensive] powers/measures ❷ (alles enthaltend) full; **ein ~er Bericht/ein ~es Geständnis** a full report/confession II. adv **etw ~ berichten** to report all the details of sth, to cover sth thoroughly; **~ gestehen** to admit to everything; **jdn ~ informieren** to keep sb informed of everything

Um·feld nt sphere

um|fi·nan·zie·ren· vt ÖKON ■ **etw ~** to refinance sth

um·flie·gen· [ʊm'fliːgn̩] vt irreg ❶ (um etw herumfliegen) ■ **etw ~** to fly around [or BRIT round] sth ❷ (um etw kreisen) ■ **jdn/etw ~** to fly [in circles] around [or BRIT round] sb/sth

um|for·men vt ■ **jdn ~** to transform sb

um|for·mu·lie·ren· vt ■ **etw ~** to redraft sth; Satz to reword sth

Um·fra·ge f survey; POL [opinion] poll; **eine ~ [zu etw/über etw akk] machen** to hold [or carry out sep] [or form conduct] a survey [on sth]

Um·fra·ge·wer·te pl SOZIOL ■ **jds ~** public opinion of sb

um·frie·den· [ʊm'friːdn̩] vt (geh) ■ **etw [mit etw] ~** to enclose sth [with sth]; **etw mit einer Mauer/einem Zaun ~** to wall/fence in sth sep

Um·frie·dung <-, -en> f ❶ (Einfriedigung) enclosing fence/wall/hedge etc. ❷ kein pl (das Einzäunen) ■ **die ~ von etw/einer S.** [mit etw] enclosing sth [with sth]; **die ~ von etw mit einem Zaun/einer Mauer** fencing/walling in sth

um|fül·len vt ■ **etw [von etw] [in etw akk] ~** to transfer sth [from sth] into sth; **Wein in eine Karaffe ~** to decant wine

um|funk·ti·o·nie·ren· vt ■ **etw [zu etw] ~** to remodel sth [into sth], to change [or turn] sth into sth

Um·funk·ti·o·nie·rung <-, -en> f ■ **die ~ von etw/einer S.** gen [in etw akk] remodelling sth [into sth], changing sth [into sth], turning sth into sth

Um·gang <-gänge> m ❶ (gesellschaftlicher Verkehr) ■ **jds ~** sb's dealings pl; **~ mit jdm haben** (geh) to associate with sb, to have dealings with sb; **kein ~ für jdn sein** (fam) not be fit [or be no] company for sb ❷ (Beschäftigung) ■ **jds ~ mit etw** sb's having to do [or deal] with sth form

um·gäng·lich ['ʊmgɛŋlɪç] adj sociable, friendly; (entgegenkommend) obliging

Um·gangs·for·men pl [social] manners pl; **keine ~ haben** to have no manners **Um·gangs·spra·che** f

❶ LING colloquial language [or speech] no pl; **die grie-chische ~** colloquial Greek ❷ *(übliche Sprache)* **in dieser Schule ist Französisch die ~** the language spoken at this school is French **um·gangs·sprach-lich** adj colloquial; **ein ~er Ausdruck/ein ~es Wort** a colloquial expression/word, a colloquialism spec; ■ **~ sein** to be a colloquial expression/word [or spec a colloquialism] **Um·gangs·ton** m tone, way of speaking

um·gar·nen* [ʊmˈgarnən] vt (geh) ■ **jdn ~** to ensnare [or beguile] sb; ■ **sich [von jdm/etw] ~ lassen** to let oneself be ensnared [or beguiled] [by sb]/beguiled [by sth]

um·ge·ben* [ʊmˈgeːbn̩] irreg **I.** vt ❶ (einfassen) ■ **etw mit etw ~** to surround sth with sth; **mit einer Mauer/einem Zaun ~ sein** to be walled/fenced in, to be surrounded [or enclosed] by a fence/wall ❷ (sich rings erstrecken) ■ **etw ~** to lie to all sides of sth; **etw von drei Seiten ~** to lie to three sides of sth ❸ (in Gesellschaft von) ■ **von jdm ~ sein** to be surrounded by sb **II.** vr ■ **sich mit jdm/etw ~** to surround oneself with sb/sth

Um·ge·bung <-, -en> [ʊmˈgeːbʊŋ] f ❶ (umgebende Landschaft) environment, surroundings pl; einer Stadt a. environs npl, surrounding area; (Nachbarschaft) vicinity, neighbourhood; **in nächster ~** in the direct [or close] vicinity ❷ (jdn umgebender Kreis) people around one

Um·ge·gend f (fam) surrounding area
um·ge·hen¹ [ˈʊmgeːən] vi irreg sein ❶ (behandeln) **mit jdm vorsichtig/rücksichtslos ~** to treat [or handle] sb carefully [or with care] /inconsiderately [or with inconsideration]; **mit jdm umzugehen wissen** to know how to handle [or deal with] sb, to have a way with sb; **mit jdm nicht ~ können** not to know how to handle [or deal with] sb; **mit etw gleichgültig/vorsichtig ~** to handle sth indifferently [or with indifference] /carefully [or with care]; s. a. **Geld** ❷ (kolportiert werden) to circulate, to go about [or around] ❸ (spuken) to walk [abroad liter]; **im Schloss geht ein Gespenst um** the castle is haunted [by a ghost]

um·ge·hen*² [ʊmˈgeːən] vt irreg ■ **etw ~** ❶ (vermeiden) to avoid sth ❷ (an etw vorbei handeln) to circumvent sth form

um·ge·hend [ˈʊmgeːənt] **I.** adj immediate; **eine ~e Antwort** an immediate [or a prompt] reply; **ich bitte um ~e Antwort** please inform me at your earliest convenience form **II.** adv immediately; **jdm ~ antworten** to reply [to sb] at one's earliest convenience form

Um·ge·hung¹ <-, -en> [ʊmˈgeːʊŋ] f ❶ (das Vermeiden) avoidance no pl ❷ (das Umgehen) circumvention no pl form; **unter ~ einer S.** gen by getting round [or form circumventing] sth

Um·ge·hung² <-, -en> [ʊmˈgeːʊŋ] f, **Um·ge·hungs-stra·ße** f bypass

um·ge·kehrt I. adj reversed, reverse attr; **in ~er Reihenfolge** in reverse order; (rückwärts) backwards; **die ~e Richtung** the opposite direction; **in ~em Verlauf** in reverse; [es ist] **gerade ~!** just the opposite!, quite the contrary!; s. a. **Vorzeichen II.** adv ❶ (anders herum) the other way round ❷ (in der entgegengesetzten Reihenfolge) **einen Film ~ abspielen** to run a film backwards; **es hat sich genau ~ abgespielt** just the opposite happened

um·ge·stal·ten* vt ■ **etw ~** to reorganize sth; **die Anordnung von etw ~** to rearrange sth; **ein Gesetzeswerk/die Verfassung ~** to reform a body of laws/the constitution; **einen Park/ein Schaufenster ~** to redesign a park/shop window

Um·ge·stal·tung <-, -en> f reorganization no pl; von

Gesetzeswerk, Verfassung reformation no pl; eines Parks, Schaufensters redesign no pl; Anordnung rearrangement no pl

um·ge·wöh·nen* vr ■ **sich ~** to re-adapt, to adapt to a/ the new situation

um·gra·ben vt irreg ■ **etw ~** to dig over sth sep; **die Erde ~** to turn [over sep] the soil

um·grup·pie·ren* vt ■ **jdn/etw ~** to regroup sb/sth; **die Möbel/Skulpturen ~** to rearrange the furniture/sculptures

um·gu·cken vr (fam) ■ **sich ~** s. umsehen
Um·hang <-[e]s, Umhänge> m cape

um·hän·gen¹ [ˈʊmhɛŋən] vt (umlegen) ■ **sich** dat **etw ~** to put on sth sep; **jdm etw ~** to wrap [or drape] sth around sb; **jdm/sich Decken ~** to wrap blankets around sb/oneself, to wrap sb/oneself in blankets

um·hän·gen² [ˈʊmhɛŋən] vt (woanders hinhängen) ■ **etw ~** to rehang sth, to hang sth somewhere else
Um·hän·ge·ta·sche f shoulder bag

um·hau·en [ˈʊmhaʊən] vt irreg (fam) ❶ (fällen) ■ **etw ~** to chop [or cut] down sth sep; **Bäume ~** to fell trees, to chop [or cut] down sep ❷ (völlig verblüffen) ■ **jdn ~** to stagger sb, to bowl over sb sep fam ❸ (lähmen) ■ **jdn ~** to knock out sb sep

um·he·gen* [ʊmˈheːgn̩] vt (geh) ■ **jdn/etw ~** to look after sb/sth with loving care; **jdn ~ und umpflegen** to look after sb's every [little] wish; **etw ~ und umpflegen** to look after sth as if it were the apple of one's eye

um·her [ʊmˈheːɐ̯] adv around, about; **überall ~** everywhere; **weit ~** all around, as far as you can see

um·her·fah·ren vi irreg sein to drive around **um·her·ge·hen** vi irreg sein ■ **in etw** dat **~** to walk about [or around] sth **um·her·ir·ren** vi sein to wander about [or around] **um·her·lau·fen** vi irreg sein ■ [in etw dat] **~** to walk around [or about] [sth]; (rennen) to run around [or about] [sth] **um·her·wan·dern** vi sein ■ [in etw dat] **~** to wander [or roam] around [or about] [sth] **um·her·zie·hen** vi irreg sein to wander [or roam] about [or around]

um·hin·kön·nen vi irreg **jd kann nicht umhin, etw zu tun** sb cannot avoid doing sth
um·hö·ren vr ■ **sich [nach jdm/etw] ~** to ask around [about sb/for sth]; ■ **sich [irgendwo] ~** to ask around [somewhere]

um·hül·len* [ʊmˈhʏlən] vt ■ **jdn/etw [mit etw] ~** to wrap [up sep] sb/sth [in sth]

um·ju·beln* [ʊmˈjuːbln̩] vt ■ **jdn ~** to cheer sb
um·kämpft [ʊmˈkɛmpft] adj disputed; **ein ~es Gebiet** a disputed area, a war zone; ■ **~ sein** to be disputed [or the centre of a dispute]

Um·kehr <-> [ˈʊmkeːɐ̯] f kein pl turning back
um·kehr·bar adj reversible; ■ **nicht ~** irreversible
um·keh·ren I. vi sein to turn back; **nach Hause/zum Ausgangspunkt ~** to go back home/back to where one started [out] **II.** vt haben (geh) ■ **etw ~** to reverse sth

Um·keh·rung <-, -en> f (geh) reversal
um·kip·pen I. vi sein ❶ (seitlich umfallen) to tip [or fall] over; ■ **[mit etw** dat] **~** Stuhl, Fahrrad, Roller to fall over [with sth] ❷ (fam: bewusstlos zu Boden fallen) to pass out ❸ (sl: die Meinung ändern) to come round ❹ ÖKOL to become polluted; **durch die Mülldeponie in Ufernähe ist der See umgekippt** the balance in the lake has been upset by the rubbish tip near the riverbank ❺ (ins Gegenteil umschlagen) to change course [or tack], to do a U-turn [or an aboutface]; ■ **in etw** akk **~** to turn into sth; **seine Laune kann von einer Minute auf die andere ~** his mood can blow hot and cold from one minute to the next **II.** vt haben ■ **etw ~** to tip [or knock] over sth sep

um·klam·mern vt ❶ *(sich an jdm festhalten)* ▪ jdn ~ to cling [on] to sb, to hold on tightly to sb ❷ *(fest umfassen)* ▪ etw ~, ▪ etw akk **umklammert halten** to hold sth tight

Um·klam·me·rung <-, -en> f ❶ *kein pl (Umarmung)* embrace ❷ *(umklammernder Griff)* clutch; SPORT clinch

um·klap·pen vt ▪ etw ~ to fold down sth *sep*

Um·klei·de·ka·bi·ne f changing cubicle [*or* AM stall]

um·klei·den ['ʊmklaɪdn̩] vt *(geh)* ▪ **sich** ~ to change, to get changed

Um·klei·de·raum m changing room

um·kni·cken I. vi sein ❶ *(brechen)* Stab, Zweig to snap ❷ *(zur Seite knicken)* [mit dem Fuß] ~ to twist one's ankle II. vt haben ▪ etw ~ to snap sth; *(Papier, Pappe)* to fold over; *(Pflanze, Trinkhalm)* to bend sth [over]

um·kom·men vi irreg sein ❶ *(sterben)* to be [*or* get *fam*] killed, to die; **bei** [*o* **in**] **einem Verkehrsunfall/Flugzeugabsturz/etc** ~ to be killed in a traffic accident/plane crash ❷ *(fam: verderben)* to go off [*or* bad] *fam* ❸ *(fam: es nicht mehr aushalten)* to be unable to stand sth [any longer]; **vor Langeweile** ~ to be bored to death

Um·kreis m ▪ **im** ~ [**einer S.** *gen*] in the vicinity [*or* surroundings] [of sth], within the environs [of sth] BRIT; **im** ~ **von 100 Metern/Kilometern** within a radius of 100 metres/kilometres

um·krei·sen [ʊm'kraɪzn̩] vt ▪ etw ~ ❶ ASTRON *(um etw kreisen)* to revolve around sth, to orbit sth ❷ RAUM *(in einer Umlaufbahn sein)* to orbit sth, to circle sth

Um·krei·sung <-, -en> f ASTRON *(das Umkreisen)* orbiting; ASTRON, RAUM *(Vollendung einer Umlaufbahn)* orbit

um·krem·peln vt ❶ *(aufkrempeln)* ▪ **sich** *dat* etw akk ~ to roll up sth *sep*; *(Hosenbein)* to turn up sth *sep* ❷ *(fam: gründlich durchsuchen)* ▪ etw ~ to turn sth upside down *fam* ❸ *(fam: grundlegend umgestalten)* ▪ etw/jdn ~ to turn sth/sb inside out, to shake up sth/sb *sep*, to give sth/sb a good shake up *fam*

Um·la·ge f ❶ FIN share of the cost ❷ KOCHK garnish

um·la·gern [ʊmla:gən] vt ▪ jdn ~ to surround sb

Um·land nt kein pl surrounding area

Um·lauf ['ʊmlaʊf, pl: -ɔyfə] m ❶ ASTRON *(Umkreisung)* rotation ❷ ADMIN *(internes Rundschreiben)* circular; **etw** akk **in** ~ **bringen** [*o* **setzen**] to circulate sth, to put sth into circulation; Gerücht, Lüge, Parole to spread sth, to put about sth *sep*; ÖKON *(etw kursieren lassen)* Banknoten, Geld, Falschgeld to put into circulation; **im** ~ **sein** to be in circulation *a. fig*

Um·lauf·bahn f ASTRON, RAUM *(Kreisbahn, Orbit)* orbit; **die ~en um die Sonne** solar orbits

um·lau·fen ['ʊmlaʊfn̩] I. vi sein irreg ❶ ÖKON *(zirkulieren)* to be in circulation ❷ *(die Runde machen)* to go round, to be circulating II. vt haben *(fam: umrennen)* ▪ jdn/etw ~ to knock sb/sth over

Um·laut m LING umlaut, vowel mutation

um·lau·ten vt LING ▪ [zu etw dat] **umgelautet werden** to be modified [into sth]

um·le·gen ['ʊmle:gn̩] vt ❶ *(auf andere Seite kippen)* ▪ etw ~ to turn sth; **einen Schalter** ~ to turn a switch ❷ *(um Körperteil legen)* ▪ jdm/sich etw akk ~ to put [*or* wrap] sth around sb/oneself ❸ *(flachdrücken)* ▪ etw ~ to flatten sth ❹ *(fällen)* ▪ etw ~ to bring down sth *sep* ❺ *(sl: umbringen)* ▪ jdn [mit etw dat] ~ to do in sb [with sth] *sep*; *(mit Pistole)* to bump sb off *sep*; ▪ jdn [von jdm] ~ lassen to have sb done in [by sb] ❻ FIN *(anteilig verteilen)* ▪ etw akk auf jdn/etw ~ to split sth between sb/sth ❼ *(auf einen anderen Zeitpunkt verlegen)* ▪ etw [auf etw akk] ~ to change sth [to sth], to reschedule sth [for sth]

um·lei·ten vt BAU, TRANSP *(um etw herum leiten)* ▪ etw [**irgendwohin**] ~ to divert sth [somewhere]

Um·lei·tung <-, -en> f TRANSP ❶ *(Strecke für umgeleiteten Verkehr)* diversion, detour ❷ *kein pl (das Umleiten)* diversion, re-routing

um·ler·nen vi to rethink, to change one's attitudes

um·lie·gend ['ʊmli:gn̩t] adj surrounding

Um·luft f kein pl TECH recirculating air

Um·luft·herd m ELEK fan-assisted [*or* convection] oven

um·mau·ern [ʊm'maʊən] vt ▪ etw ~ to wall [in] sth *sep*; ▪ **ummauert** walled; *(von Gefängnisbereich)* walled in

um·mel·den vt ADMIN **jdn/sich an einen anderen Wohnort** ~ to register sb's/one's change of address

Um·mel·dung <-, -en> f ADMIN registration of [one's] change of address

um·nach·tet adj geistig ~ [sein] *(geh)* [to be] mentally deranged

Um·nach·tung <-, -en> f geistige ~ *(geh)* mental derangement

Um·or·ga·ni·sa·ti·on f reorganization

um·or·ga·ni·sie·ren vt ▪ etw ~ to reorganize sth

um·pflan·zen ['ʊmpflantsn̩] vt AGR, HORT ❶ *(woandershin pflanzen)* ▪ etw ~ to transplant sth ❷ *(umtopfen)* ▪ etw akk [in etw akk] ~ to repot sth [into sth]

um·pflü·gen ['ʊmpfly:gn̩] vt AGR ▪ etw ~ to plough [*or* AM plow] up sth *sep*

um·pro·gram·mie·ren vt ▪ etw ~ Steuerung, Computer, System to reprogramme [*or* AM -am]

um·quar·tie·ren vt ▪ jdn ~ to relocate [*or* move] sb

um·rah·men [ʊm'ra:mən] vt ❶ *(einrahmen)* ▪ etw ~ to frame sth ❷ HORT *(einfassen)* ▪ etw akk [mit etw dat] ~ to border sth [with sth]

Um·rah·mung <-, -en> f ❶ *(Bilderrahmen)* frame ❷ kein pl *(das Einrahmen)* framing

um·ran·den [ʊm'randn̩] vt ▪ etw akk [rot/mit einem Stift] ~ to mark [*or* circle] sth [in red/with a pen]

Um·ran·dung <-, -en> f ❶ *(einfassender Rand)* border; *(Markierung einzelner Wörter)* marking ❷ kein pl *(das Umranden)* marking

um·ran·ken [ʊm'raŋkn̩] vt ▪ etw ~ to twine [*or* climb] around sth

um·räu·men I. vi to rearrange II. vt ❶ *(woandershin räumen)* ▪ etw [**irgendwohin**] ~ to move sth [somewhere] ❷ *(die Möblierung umordnen)* ▪ etw ~ to rearrange sth

um·rech·nen vt ❶ MATH *(in andere Zahleneinheiten übertragen)* ▪ etw akk [in etw akk] ~ to convert sth [into sth] ❷ FIN *(in andere Währung übertragen)* ▪ etw akk in etw akk ~ to convert sth into sth; **wie viel ist das, umgerechnet in Pfund?** how much is that in pounds?

Um·rech·nung <-, -en> f conversion

Um·rech·nungs·kurs m exchange rate

um·rei·ßen [ʊm'raɪsn̩] vt irreg ▪ [jdm] etw akk ~ *(Situation, Lage)* to outline sth [to sb]; *(Ausmaß, Kosten)* to estimate sth [for sb]

um·ren·nen vt irreg ▪ jdn/etw ~ to [run into and] knock sb/sth over

um·rin·gen [ʊm'rɪŋən] vt ▪ jdn/etw ~ to surround sb/sth; *(drängend umgeben)* to crowd around sb/sth

Um·rissRR m meist pl, **Um·riß**ALT m meist pl contour[s pl], outline[s pl]; **in Umrissen** in outline

um·rüh·ren vi, vt ▪ [etw] ~ to stir [sth]

um·rüs·ten I. vi MIL ▪ **auf etw** akk ~ to rearm with sth II. vt ❶ MIL *(anders ausrüsten)* ▪ etw akk **auf etw** akk ~ to rearm sth with sth ❷ TECH *(für etw umbauen)* ▪ etw akk **auf etw** akk ~ to re-equip sth with sth

Um·rüs·tung <-, -en> f ❶ MIL *(Ausrüsten)* re-equipping ❷ TECH *(Umbauen)* conversion

ums [ʊms] = **um das** *(fam) s.* **um**

um·sat·teln *vi (fam)* |auf einen anderen Beruf| ~ to change jobs, to switch from one job to another

Um·satz *m* ÖKON turnover; ~ **machen** *(fam)* to be earning; **1.000 Euro ~ machen** to do 1,000 euros worth of business

Um·satz·be·richt *m* sales report **Um·satz·be·tei·li·gung** *f* ÖKON commission **Um·satz·kur·ve** *f* ÖKON sales curve **Um·satz·plus** *nt* increase in turnover **Um·satz·pro·gno·se** *f* ÖKON sales projection, turnover forecast **Um·satz·rück·gang** *m* ÖKON drop in turnover

um·satz·schwach *adj* ÖKON slow-selling, low-volume **Um·satz·sta·tis·tik** *f* ÖKON sales analysis [*or pl* statistics] **Um·satz·stei·ge·rung** *f* ÖKON sales increase, increase in turnover **Um·satz·steu·er** *f* FIN sales tax **Um·satz·steu·er·iden·ti·fi·ka·ti·ons·num·mer** *f* sales tax identification number

um·säu·men [ʊmˈzɔymən] *vt (geh)* ■ **etw** ~ to line sth

um·schal·ten I. *vi* ❶ RADIO, TV, INFORM *(andere Verbindung herstellen)* to switch over; **auf einen anderen Kanal/Sender** ~ change the channel/station ❷ TRANSP *(Anzeigenfarbe ändern)* to change; **auf Rot/Orange/Grün** ~ to turn [*or* go] red/amber [*or* AM yellow] /green ❸ *(fam: sich einstellen)* **ich brauche ein bisschen Zeit umzuschalten** I need a little time to shift gears; **auf etw** *akk* ~ to adapt to sth **II.** *vt* RADIO, TV *(auf anderen Sender wechseln)* ■ **etw** *akk* **auf etw** *akk* ~ to switch sth to sth; **das Fernsehgerät/Radio** [*o* SÜDD, ÖSTERR, SCHWEIZ **den Radio**] ~ to change the television channel/radio station

Um·schalt·tas·te *f* INFORM shift-key

Um·schal·tung <-, -en> *f* TV change of channel; RADIO change of station

Um·schau *f* **nach jdm/etw ~ halten** to look out for sb/sth, to keep an eye out for sb/sth

um·schau·en *vr (geh) s.* **umsehen**

um·schich·ten *vt* ❶ *(anders aufschichten)* |jdm| **etw** *akk* ~ to restack sth [for sth] ❷ *(anders verteilen)* ■ **etw** ~ to redistribute sth

Um·schich·tung <-, -en> *f* redistribution

um·schif·fen [ʊmˈʃɪfn̩] *vt* NAUT ■ **etw** ~ to sail around sth; *Kap* a. to round, to double; *s. a.* **Klippe**

Um·schlag¹ <-[e]s> *m kein pl* ÖKON transfer, transshipment

Um·schlag² <-[e]s, -schläge> *m* ❶ *(Kuvert)* envelope; **selbstklebender** ~ self-adhesive envelope ❷ *(Buchumschlag)* jacket ❸ MED *(Wickel)* compress

um·schla·gen¹ [ʊmˈʃlaːɡn̩] *irreg* **I.** *vt* **haben** *(wenden)* ■ **etw** ~ *(Kragen, Ohrenklappe)* to turn down sth *sep*; *(Ärmelaufschlag)* to turn up sth *sep* **II.** *vi* **sein** METEO *(Wechsel der Wetterlage)* to change

um·schla·gen² [ʊmˈʃlaːɡn̩] *vt irreg* ÖKON ■ **etw** ~ *(umladen)* to transfer [*or* trans-ship] sth

Um·schlag·ha·fen *m* ÖKON, NAUT entrepot port, port of trans-shipment [*or* transhipment] **Um·schlag·platz** *m* ÖKON place of transshipment

um·schlie·ßen [ʊmˈʃliːsn̩] *vt irreg* ❶ *(umgeben, umzingeln)* ■ **etw** ~ to enclose sth ❷ *(geh: umarmen)* **jdn/etw mit den Händen/Armen** ~ to take sb/sth in one's hands/arms ❸ *(eng anliegen)* ■ **jdn/etw** ~ to fit sb/sth closely [*or* tightly] ❹ *(einschließen)* ■ **etw** ~ to include [*or* comprise] sth

um·schlin·gen [ʊmˈʃlɪŋən] *vt irreg* ❶ *(geh: eng umfassen)* ■ **jdn** ~ to embrace sb; **jdn mit den Armen** ~ to hold sb tightly in one's arms, to clasp sb in one's arms *liter* ❷ BOT *(rankend umgeben)* ■ **etw** ~ to twine around sth

um·schlun·gen *adj* **eng** ~ with one's arms tightly around one another; **jdn** |**fest**| ~ **halten** *(geh)* to hold sb [tightly] in one's arms, to embrace sb [tightly]

um·schmei·cheln [ʊmˈʃmaɪçl̩n] *vt* ❶ *(jdm schöntun)*

■ **jdn** ~ to flatter sb ❷ *(geh: sanft berühren)* ■ **etw** *gen* **umschmeichelt jdn/etw** sth is caressing sb/sth

um·schmei·ßen *vt irreg (fam)* ❶ *(umwerfen)* ■ |**jdm**| **etw** ~ to knock [sb's] sth over ❷ *(zunichtemachen)* ■ **etw** ~ *Planung, Plan* to mess up sth *sep*

um·schnal·len *vt* ~ |jdm/sich| **etw** *akk* ~ to buckle on *sep* [sb's/one's] sth

um·schrei·ben¹ ['ʊmʃraɪbn] *vt irreg* ❶ MEDIA *(grundgend umarbeiten)* ■ **etw** ~ to rewrite sth ❷ JUR *(im Grundbuch übertragen)* ■ **etw** *akk* **auf jdn** ~ to transfer sth to sb [*or* sb's name]; ■ **etw** *akk* **auf jdn** ~ **lassen** to have sth transferred to sb [*or* sb's name]

um·schrei·ben² [ʊmˈʃraɪbn] *vt irreg* ■ **etw** ~ ❶ *(indirekt ausdrücken)* to talk around sth, to skate over [*or* around] sth, to gloss over sth ❷ *(beschreiben)* to outline [*or* describe] sth; *(in andere Worten fassen)* to paraphrase sth

Um·schrei·bung <-, -en> *f* ❶ *(indirektes Ausdrücken)* glossing-over, dodging ❷ *(das Beschreiben)* outline, description, paraphrase

Um·schrift *f* ❶ LING *(Transkription)* transcription, transliteration; **phonetische** ~ phonetic transcription ❷ *(kreisförmige Beschriftung)* circumscription

um·schul·den ÖKON **I.** *vt* ■ **etw** ~ to refinance [*or* reschedule] [*or* roll over] sth **II.** *vi* to refinance; **einen Kredit** ~ to convert [*or* fund] a loan

Um·schul·dung <-, -en> *f* FIN funding *no pl*

um·schu·len *vt* ❶ *(für andere Tätigkeit ausbilden)* ■ **jdn** |**zu etw** *dat*| ~ to retrain sb [as sth]; ■ **sich** *akk* ~ **lassen** to undergo retraining ❷ SCH *(auf andere Schule schicken)* ■ **jdn** ~ to transfer sb to another school

Um·schü·ler(in) *m(f)* retrainee

Um·schu·lung *f* ❶ *(Ausbildung für andere Tätigkeit)* retraining ❷ SCH *(das Umschulen)* transfer

Um·schu·lungs·kurs *m* SCH, ÖKON retraining course

um·schwär·men [ʊmˈʃvɛrmən] *vt* ❶ ■ **jdn** ~ to idolize sb; *(bedrängen)* to swarm around sb

um·schwärmt *adj* idolized

Um·schwei·fe ['ʊmʃvaɪfə] *pl* beating about [*or* AM around] the bush; **ohne** ~ without mincing one's words, straight up; **keine ~!** stop [*or* no] beating about the bush!

um·schwen·ken *vi* sein ❶ haben ❶ *(zur Seite schwenken)* *exerzierende Rekruten* to do an about-face [*or* about-turn]; **nach links/rechts** ~ to swing [out] to the left/right ❷ *(seine Meinung ändern)* ■ |**auf etw** *akk*| ~ to swing round [to sth]

Um·schwung *m* ❶ *(plötzliche Veränderung)* drastic change; **ein politischer/wirtschaftlicher** ~ a political/economic U-turn ❷ SCHWEIZ *(umgebendes Gelände)* surrounding property

um·se·geln [ʊmˈzeːɡl̩n] *vt* NAUT ■ **etw** ~ to sail around sth

um·se·hen *vr irreg* ❶ *(in Augenschein nehmen)* ■ **sich** *akk* **irgendwo/bei jdm** ~ to have [*or esp* AM take] a look around somewhere/in sb's home ❷ *(nach hinten blicken)* ■ **sich** ~ to look back [*or* BRIT round]; ■ **sich** *akk* **nach jdm/etw** ~ to turn to look at sb/sth, to look back [*or* BRIT round] at sb/sth ❸ *(zu finden suchen)* ■ **sich** *akk* **nach jdm/etw** ~ to look around for sb/sth

um·sei·tig ['ʊmzaɪtɪç] **I.** *adj* overleaf; **der Text zur ~en Abbildung** the text to the illustration overleaf **II.** *adv* overleaf; **die Lösung ist ~ erwähnt** the solution is given overleaf

um·set·zen¹ ['ʊmzɛtsn̩] *vt* ❶ *(an anderen Platz setzen)* ■ **jdn** ~ to move sb ❷ *(nutzbringend anwenden)* ■ **etw** *akk* |**in etw** *akk*| ~ to convert sth [to sth]; **etw** *akk* **in die Praxis** ~ to put sth to practice, to translate sth into practice; **etw** *akk* **in Geld** ~ to sell sth, to turn sth into cash [*or* money]; *s. a.* **Tat**

um·set·zen[2] ['ʊmzɛtsn̩] *vt* ÖKON *(verkaufen)* ■ etw ~ to turn over sth, to have a turnover of sth

Um·sicht *f kein pl* prudence, circumspection *form*

um·sich·tig I. *adj* level-headed, prudent, circumspect *form* II. *adv* prudently, circumspectly *form*

um·sie·deln I. *vt haben* ■ jdn [irgendwohin] ~ to resettle [*or* relocate] sb [somewhere] II. *vi sein* ■ irgendwohin ~ to resettle somewhere

Um·sie·de·lung <-, -en> *f* resettlement

Um·sied·ler(in) *m(f)* resettler, resettled person

um·sonst [ʊmˈzɔnst] *adv* ❶ *(gratis)* for free, free of charge; ■ ~ sein to be free [of charge]; *(Pröbchen, Werbegeschenk)* to be complimentary; etw akk ~ bekommen to receive sth free of charge [*or* for free]; etw akk ~ geben to give sth free of charge [*or* for free] ❷ *(vergebens)* in vain; ■ ~ sein to be pointless; nicht ~ not without reason, not for nothing *fam*

um·sor·gen' [ʊmˈzɔrgn̩] *vt* ■ jdn ~ to look after sb, to care for sb

um·span·nen' [ʊmˈʃpanən] *vt* ❶ *(umfassen)* to clasp; ■ etw akk mit den Armen/Händen ~ to get [*or* put] one's arms/hands around sth ❷ *(zeitlich einschließen)* ■ etw ~ *Zeitraum* to span sth

Um·spann·werk *nt* ELEK transformer station

um·spie·len' [ʊmˈʃpiːlən] *vt (geh: andeutungsweise zu sehen sein)* ■ etw ~ to have a hint [*or* suggestion] of sth; ein leises Lächeln umspielte ihre Lippen a faint smile played about her lips

um·sprin·gen ['ʊmʃprɪŋən] *vi irreg sein* ❶ *(grob behandeln)* ■ mit jdm schlecht [*o* grob] ~ to treat sb badly [*or* roughly]; so lasse ich nicht mit mir ~! I won't be treated like that! ❷ METEO *(rasch die Richtung wechseln)* to veer round ❸ TRANSP *(plötzlich umschalten)* to change (auf +akk to); auf Rot/Orange/Grün ~ to change to red/amber [*or* AM yellow] /green

um·spu·len *vt* to rewind; ein Tonband auf eine andere Spule ~ to wind a tape onto another spool

um·spü·len' [ʊmˈʃpyːlən] *vt (geh)* ■ etw ~ to wash around [*or* BRIT round] sth

Um·stand m ❶ -[e]s, -stände> fact; mildernde Umstände JUR mitigating circumstances; den Umständen entsprechend [gut] [as good] as can be expected under the circumstances; unter Umständen possibly, maybe, perhaps; unter diesen Umständen hätte ich das nie unterschrieben I would never have signed this under these circumstances; unter allen Umständen at all costs ❷ *pl (Schwierigkeiten)* bother, trouble; [jdm] Umstände machen [*o geh:* bereiten] to put [sb] out, to cause trouble [*or* bother] [*or* inconvenience] [for sb]; [jdm] Umstände machen [*o geh:* bereiten] , etw akk zu tun to be a bother [to sb] to do sth; nicht viel Umstände [mit jdm/etw] machen to not waste any time [with sb/sth], to make short work [of sb/sth]; ohne [große] Umstände without any [great deal of] fuss [*or* bother]; bitte keine Umstände! please don't put yourself out!, please don't go to any bother! ❸ *pl (Förmlichkeiten)* fuss; wozu die Umstände? why are you making such a fuss?, what's this fuss all about? ▶ WENDUNGEN: in anderen Umständen sein *(geh: schwanger sein)* to be expecting *form*

um·stän·de·hal·ber *adv* due [*or* owing] to circumstances

um·ständ·lich ['ʊmʃtɛntlɪç] I. *adj* ❶ *(weitschweifig: Erklärung, Formulierung)* long-winded, ponderous ❷ *(mit großem Aufwand verbunden)* laborious; *(Anweisung, Beschreibung)* elaborate, involved; *(Aufgabe, Reise)* complicated, awkward; *(Erklärung, Anleitung)* long-winded; ■ ~ sein to be a [lot of] bother, to be inconvenient; *(Erklärung, Anleitung)* to be long-winded; ■ ~ sein, etw akk zu tun to be a

[real [*or* a lot of]] bother [*or* inconvenience] to do sth; ■ etw *gen* ist jdm zu ~ sth's too much [of a] bother for sb ❸ *(unpraktisch veranlagt)* ■ ~ sein to be awkward [*or* fussy], to have a ponderous manner *form* II. *adv* ❶ *(weitschweifig)* long-windedly, ponderously *form* ❷ *(mühselig und aufwändig)* laboriously, with some bother

Um·ständ·lich·keit <-> *f kein pl* ❶ *(Weitschweifigkeit)* long-windedness, awkwardness, ponderousness *form* ❷ *(Aufwändigkeit)* laboriousness, awkwardness

Um·stands·be·stim·mung *f* LING s. Adverbialbestimmung **Um·stands·kleid** *nt* maternity dress **Um·stands·klei·dung** *f* maternity wear **Um·stands·krä·mer** *m (fam o fig)* pedant, fusspot *fam* **Um·stands·mo·de** *f* maternity wear **Um·stands·wort** *nt* LING s. Adverb

um·ste·hend ['ʊmʃteːənt] I. *adj attr* ❶ *(ringsum stehend)* standing round, surrounding ❷ *(geh) s.* umseitig II. *adv (geh) s.* umseitig

um·stei·gen *vi irreg sein* ❶ TRANSP to change; in Mannheim müssen Sie nach Frankfurt ~ in Mannheim you must change for Frankfurt ❷ *(überwechseln)* ■ auf etw akk ~ to switch [*or* change] [over] to sth

Um·stei·ger(in) <-s, -> *m(f)* TRANSP passenger needing to change; *(im Flughafen)* transfer passenger, passenger in transit

um·stel·len[1] ['ʊmʃtɛlən] I. *vt* ❶ *(anders hinstellen)* ■ etw ~ to move sth ❷ *(anders anordnen)* ■ etw ~ to change sth round, to reorder sth ❸ *(anders einstellen)* ■ etw akk [auf etw akk] ~ to switch sth over [to sth]; die Uhr ~ to turn [*or* put] the clock back/forward ❹ *(zu etw anderem übergehen)* ■ etw akk auf etw akk ~ to convert [*or* switch] sth to sth; die Ernährung ~ to change one's diet II. *vi (zu etw anderem übergehen)* ■ auf etw akk ~ to change over to sth III. *vr (sich veränderten Verhältnissen anpassen)* ■ sich [auf etw akk] akk ~ to adapt [*or* adjust] [to sth]

um·stel·len'[2] [ʊmˈʃtɛlən] *vt (umringeln)* ■ jdn/etw ~ to surround sb/sth; ■ umstellt sein to be surrounded

Um·stel·lung *f* ❶ *(Übergang)* ■ die ~ [von etw *dat*] [auf etw *akk*] the switch [*or* change] [from sth] [to sth]; *(Beheizung, Ernährung)* the conversion [from sth] [to sth] ❷ *(Anpassung an veränderte Verhältnisse)* adjustment

um·stim·men *vt* ■ jdn ~ to change sb's mind, to win sb over *sep*, to win sb [a]round *sep;* ■ sich akk [von jdm] ~ lassen to let oneself be persuaded [by sb]

um·sto·ßen *vt* ■ etw ~ *irreg* ❶ *(durch Anstoßen umkippen)* to knock sth over ❷ *(wieder rückgängig machen)* to change sth; *(Plan)* to upset sth

um·strit·ten [ʊmˈʃtrɪtn̩] *adj* ❶ *(noch nicht entschieden)* disputed; ■ [bei jdm/in etw *dat*] ~ sein to be disputed [amongst sb/in sth] ❷ *(in Frage gestellt)* controversial; ■ [als jd] ~ sein to be [a] controversial [sb]; sie ist als Politikerin ~ she's a controversial politician

um·struk·tu·rie·ren' *vt* ■ etw ~ to restructure sth

Um·struk·tu·rie·rung *f* restructuring

um·stül·pen ['ʊmʃtʏlpn̩] *vt* ■ etw ~ ❶ *(das Innere nach außen kehren)* to turn sth out ❷ *(auf den Kopf stellen)* to turn sth upside down

Um·sturz *m* POL putsch, coup [d'état]

um·stür·zen I. *vi sein* to fall II. *vt haben* ■ etw ~ to knock sth over, to overturn sth; *(politisches Regime etc)* to overthrow, to topple

um·stürz·le·risch *adj* POL subversive

Um·sturz·ver·such *m* POL attempted putsch [*or* coup [d'état]]

um·tau·fen *vt* ■ etw [auf etw *akk*] ~ to rename [*or* rechristen] sth [sth]

Um·tausch *m* ÖKON ❶ *(das Umtauschen eines Kaufobjektes)* exchange; **im ~ gegen etw** *akk* in exchange for sth ❷ FIN exchange

um|tau·schen *vt* ❶ ÖKON *(im Tausch gegen etw zurückgeben)* ■ **etw ~** to exchange sth; ■ **etw** *akk* **in** |*o* **gegen**| **etw** *akk* **~** to exchange sth for sth ❷ *(im Umtausch geben)* ■ **jdm etw** *akk* **~** to exchange sth for sb ❸ FIN *(in andere Währung wechseln)* ■ **etw** *akk* |**in etw** *akk*| **~** to change sth |into sth|

um|top·fen *vt* BOT ■ **etw ~** to repot sth

Um·trieb *m* ❶ *pl (pej: Aktivitäten)* activities *pl* ❷ SCHWEIZ *(Mühe, Aufwand)* bother

um·trie·big *adj* dynamic, go-getting

Um·trunk *m* drink

um|tun *vr irreg (fam)* ❶ *(sich um etw bemühen)* ■ **sich** *akk* |**nach etw** *dat*| **~** to look around |for sth| ❷ *(sich umsehen)* ■ **sich** *akk* |**irgendwo/nach jdm**| **~** to have a look around |somewhere/for sb|

U-Mu·sik |'uː-| *f kurz für* **Unterhaltungsmusik** easy-listening |music|

Um·ver·pa·ckung *f* wholesale packaging

um|ver·tei·len *vt* ÖKON ■ **etw ~** to redistribute sth

Um·ver·tei·lung *f* ÖKON redistribution

um|wäl·zen |'ʊmvɛltsn̩| *vt* ■ **etw ~** to circulate sth

um·wäl·zend <-er, -este> *adj* radical; **eine ~e Veränderung** a sweeping change; **~e Ereignisse** revolutionary events

Um·wälz·pum·pe *f* circulating pump

Um·wäl·zung <-, -en> *f* ❶ *kein pl* TECH *(das Zirkulieren)* circulation ❷ *(grundlegende Veränderung)* revolution, radical change

um|wan·deln |'ʊmvandl̩n| *vt (die Bestimmung verändern)* ■ **etw** *akk* |**in etw** *akk*| **~** to convert sth |into sth|; **wie umgewandelt sein** to be a changed person, to be like a completely different person

Um·wand·lung *f* conversion

um|wech·seln |-ks-| *vt* ■ |**jdm**| **etw** *akk* |**in etw** *akk*| **~** to change sth |into sth| |for sb|; **können Sie mir wohl 5.000 Euro in Dollar ~?** could you give me 5,000 euros in dollars please?

Um·weg *m* detour, long way round; **ein großer** |*o* **weiter**| |*o* **ziemlicher**| **~ sein** to be completely out of the way; **einen ~ machen/gehen/fahren** to make a detour, to go the long way round; **etw** *akk* **auf ~en erfahren** to find out about sth indirectly; **auf ~en sein Ziel erreichen** to achieve one's goal the roundabout way; **auf dem ~ über jdn** indirectly through |*or* via| sb

Um·welt |'ʊmvɛlt| *f kein pl* ❶ ÖKOL environment ❷ *(Menschen in jds Umgebung)* environment

Um·welt·auf·la·ge *f* environmental [protection] regulations *pl* ■ **Um·welt·be·din·gun·gen** *pl* environmental conditions *pl*

um·welt·be·las·tend *adj* damaging to the environment *pred,* environmentally harmful **Um·welt·be·las·tung** *f* environmental damage |*or* costs *pl*| **Um·welt·be·wusst·sein**ᴿᴿ *nt kein pl* environmental consciousness

Um·welt·ein·flüs·se *pl* environmental influences *pl*

Um·welt·en·gel *nt* ≈ eco-label *(symbol on packaging denoting a product that is environmentally friendly)* **Um·welt·er·hal·tung** *f kein pl* preservation of the environment, environmental conservation **Um·welt·for·schung** *f kein pl* ❶ ÖKOL, BIOL *(Ökologie)* ecology ❷ SOZIOL *(Erforschung der Umwelt)* environmental research **um·welt·freund·lich** *adj* environmentally friendly, eco-friendly *fam;* **~es Auto** clean |*or* low pollution| car **um·welt·ge·fähr·dend** *adj* endangering |*or* harmful to| the environment *pred* **Um·welt·ge·fähr·dung** *f* environmental threat **Um·welt·gift** *nt* environmental pollution **Um·welt·ka·ta·stro·phe** *f* ecological disaster **Um·welt·kri·mi·na·li·tät** *f* envi-

ronmental crime **Um·welt·mi·nis·te·ri·um** *nt* POL ■ **das ~** the Ministry for the Environment BRIT, Department of the Environment AM **Um·welt·or·ga·ni·sa·ti·on** *f* environmental organization **Um·welt·pa·pier** *nt* recycled paper **Um·welt·po·li·tik** *f* environmental policy **Um·welt·schä·den** *pl* environmental damage **um·welt·scho·nend** *adj* environmentally friendly, eco-friendly *fam* **Um·welt·schutz** *m* conservation, environmental protection **Um·welt·schüt·zer(in)** *m(f)* environmentalist, conservationist **Um·welt·schutz·ge·setz** *nt* environmental protection law **Um·welt·schutz·or·ga·ni·sa·ti·on** *f* environmental organization **Um·welt·sün·der(in)** *m(f) (fam) s.* **Umweltverschmutzer I Um·welt·ver·schmut·zer(in)** <-s, -> *m(f)* ❶ *(die Umwelt verschmutzender Mensch)* **ein ~ sein** to be environmentally irresponsible ❷ *(Quelle der Umweltverschmutzung)* pollutant **Um·welt·ver·schmut·zung** *f* pollution **um·welt·ver·träg·lich** *adj* environmentally friendly **Um·welt·ver·träg·lich·keit** *f kein pl* environmental tolerance **Um·welt·zei·chen** *nt s.* **Umweltengel Um·welt·zer·stö·rung** *f* destruction of the environment, environmental destruction

um|wen·den *vr irreg* ■ **sich** *akk* |**nach jdm/etw**| **~** to turn around |to face sb/sth|

um·wer·ben |ʊmˈvɛrbn̩| *vt irreg* ■ **jdn** |**mit etw** *dat*| **~** to woo |*or* court| sb |with sth|

um|wer·fen *vt irreg* ❶ *(zum Umfallen bringen)* ■ **etw/jdn ~** to knock sth/sb over ❷ *(fam: fassungslos machen)* ■ **jdn ~** to bowl sb over, to stun sb ❸ *(zunichtemachen)* ■ **etw ~** *(Ordnung, Plan)* to upset sth; *(Vorhaben)* to knock sth on the head ❹ *(rasch umlegen)* ■ **sich** *dat* **etw** *akk* **~** to throw on one's sth; ■ **jdm etw** *akk* **~** to throw sth on sb; **er warf seinen Mantel um** he threw on his coat

um·wer·fend *adj* incredible, fantastic

um·wi·ckeln |ʊmˈvɪkln̩| *vt* ■ **etw** *akk* **mit etw** *dat* **~** to wrap sth around sth

um|wid·men *vt (geh: anderer Nutzung zuführen)* ■ **etw** *akk* |**zu etw** *dat*/**in etw** *akk*| **~** to convert sth |into sth|

um·wölkt *adj* shrouded in clouds

um·zäu·nen *vt* ■ **etw ~** to fence around sth, to fence in sth

um·zäunt *adj* fenced round |*or* in|

Um·zäu·nung <-, -en> *f* ❶ *kein pl (das Umzäunen)* fencing round ❷ *(umgebender Zaun)* fence, fencing

um|zie·hen¹ |'ʊmtsiːən| *vi irreg sein* to move |house|; **sie ziehen am Wochenende um** they're moving house at the weekend

um|zie·hen² |'ʊmtsiːən| *vt irreg* ■ **sich ~** to get changed, to change

um·zin·geln |ʊmˈtsɪŋl̩n| *vt* ■ **jd/etw ~** to surround sb/sth; *(durch die Polizei)* to cordon off sth *sep*

Um·zin·ge·lung <-, -en> *f* ❶ *(das Umzingeln)* surrounding ❷ *(umzingelter Zustand)* encirclement; *(durch die Polizei)* cordon

Um·zug *m* ❶ *(das Umziehen)* move ❷ *(gemeinsames Umherziehen)* procession, parade

Um·zugs·kar·ton *m* removal |*or* AM moving| box **Um·zugs·kos·ten** *pl* removal |*or* AM moving| costs *pl*

UN <-> |uːˈʔɛn| *pl* POL *Abk von* **Vereinte Nationen** UN

un·ab·än·der·lich |ʊnʔapˈʔɛndɐlɪç| *adj* unchangeable; *(Tatsache)* well-established; *(Entschluss)* irrevocable, irreversible

un·ab·ding·bar |ʊnʔapˈdɪŋbaːɐ̯| *adj* indispensable; ■ |**für jdn**| **~ sein** to be indispensable |for sb|

un·ab·hän·gig |'ʊnʔaphɛŋɪç| *adj* ❶ POL *(souverän)* independent; ■ **~ werden** to become independent, to gain independence ❷ *(von niemandem abhängig)* independent; ■ |**von jdm/etw**| **~ sein** to be independ-

ent [of sb/sth]; ■[von jdm/etw] ~ werden to
become independent [of sb/sth]; sich akk ~ machen
to become self-employed ❸ *(ungeachtet)* ■ ~ von
etw *dat* regardless [*or* irrespective] of sth, disregarding sth; ~ davon, ob/wann/was/wie … regardless
[*or* irrespective] of whether/when/what/how …;
~ voneinander separately
Un·ab·hän·gig·keit *f kein pl* ❶ POL *(Souveränität)*
independence ❷ *(Eigenständigkeit)* ■jds ~ [von
jdm/etw] sb's independence [of sb/sth]
Un·ab·hän·gig·keits·er·klä·rung *f* POL declaration of
independence
un·ab·kömm·lich [ʊn²apkœmlɪç] *adj* ■ ~ sein to be
unavailable [*or* engaged] *form*
un·ab·läs·sig [ʊn²apˈlɛsɪç] I. *adj* unremitting, continual; *(Lärm)* incessant; *(Versuche, Bemühungen)*
unceasing, unremitting II. *adv* incessantly, unremitting-
ly
un·ab·seh·bar [ʊn²apˈzeːbaːɐ̯] *adj* unforeseeable;
(Schäden) incalculable, immeasurable, not yet known
pred
un·ab·sicht·lich [ʊn²apzɪçtlɪç] I. *adj* unintentional;
(Beschädigung) accidental II. *adv* unintentionally,
accidentally
un·ab·wend·bar [ʊn²apˈvɛntbaːɐ̯] *adj* inevitable
un·acht·sam [ˈʊn²axtza:m] *adj* careless; *(unsorgsam)*
thoughtless; *(unaufmerksam)* inattentive
Un·acht·sam·keit *f* carelessness
un·ähn·lich [ˈʊn²ɛːnlɪç] *adj* dissimilar; ■ jdm ~ sein to
be unlike sb; ■ jdm nicht ~ sein to be not unlike [*or*
dissimilar to] sb
un·an·fecht·bar [ʊn²anˈfɛçtbaːɐ̯] *adj* ❶ JUR *(nicht
anfechtbar)* incontestable ❷ *(unbestreitbar)* irrefutable; *(Tatsache)* indisputable
un·an·ge·bracht [ˈʊn²angəbraxt] *adj* ❶ *(nicht angebracht)* misplaced, uncalled-for; Bescheidenheit ist
hier ganz ~ there's no need to be modest here ❷ *(unpassend)* inappropriate, uncalled-for
un·an·ge·foch·ten [ˈʊn²angəfɔxtn̩] I. *adj* unchallenged, uncontested II. *adv* without challenger; er liegt
~ an der Spitze he remains unchallenged at the top
un·an·ge·mel·det [ˈʊn²angəmɛldət] I. *adj* unexpected, unannounced; *(Patient)* without an appointment II. *adv* unexpectedly, unannounced; *(Patient)*
without an appointment
un·an·ge·mes·sen [ˈʊn²angəmɛsn̩] I. *adj* ❶ *(über-
höht)* unreasonable ❷ *(nicht angemessen)* inappropriate II. *adv* unreasonably, inappropriately
un·an·ge·nehm [ˈʊn²angəneːm] I. *adj* ❶ *(nicht angenehm)* unpleasant ❷ *(unerfreulich)* unpleasant, disagreeable, unfortunate *a. iron;* wie ~! how unfortunate! *a. iron* ❸ *(peinlich)* ■jdm ist etw *gen* ~ sb
feels bad about sth; ■jdm ~ sein, etw *akk* tun zu
müssen sb feels bad [*or* awkward] about having to do
sth; jdn ~ berühren to embarrass sb ❹ *(unsympathisch)* disagreeable, unpleasant; ~ werden to get
nasty; ~ werden können to be able to get nasty; sie
kann ganz schön ~ werden she can get quite nasty
II. *adv* unpleasantly
un·an·ge·passtᴿᴿ [ˈʊn²angəpast] *adj* non-conformist
un·an·ge·tas·tet [ˈʊn²angətastət] *adj* ■ ~ bleiben to
remain unviolated, to not be violated
un·an·greif·bar [ˈʊn²angraifbaːɐ̯] *adj* irrefutable, unassailable
un·an·nehm·bar [ʊn²anˈneːmbaːɐ̯] *adj* [für jdn] ~
[sein] [to be] unacceptable [to sb]
Un·an·nehm·lich·keit [ˈʊn²anneːmlɪçkait] *f meist pl*
trouble *no pl;* ■-en bekommen [*o fam:* kriegen] /
haben to get into/be in trouble; jdm ~en machen [*o*
bereiten] to create trouble for sb
un·an·sehn·lich [ˈʊn²anzeːnlɪç] *adj* ❶ *(unscheinbar)*
unprepossessing, unsightly ❷ *(heruntergekommen)*

shabby
un·an·stän·dig [ˈʊn²anʃtɛndɪç] I. *adj* ❶ *(obszön)* dirty,
rude, indecent ❷ *(rüpelhaft)* rude, ill-mannered *form*
II. *adv* rudely
Un·an·stän·dig·keit <-, -en> *f* ❶ *kein pl (obszöne
Art)* rudeness, bad manners *pl* ❷ *(Obszönität)* dirt,
smut *pej*
un·an·tast·bar [ʊn²anˈtastbaːɐ̯] *adj* inviolable, sacro-
sanct
un·ap·pe·tit·lich [ˈʊn²apeti:tlɪç] *adj* ❶ *(nicht appetitlich)* unappetizing ❷ *(ekelhaft)* disgusting, vile
Un·art [ˈʊn²aːɐ̯t] *f* terrible [*or* bad] habit
un·ar·tig [ˈʊn²aːɐ̯tɪç] *adj* naughty, misbehaving;
■ ~ sein/werden to be/become naughty, to misbe-
have/to start misbehaving
un·ar·ti·ku·liert [ˈʊn²artikuliːɐ̯t] *adj* inarticulate
un·äs·the·tisch [ˈʊn²ɛsteːtɪʃ] *adj* unappetizing, unsa-
voury [*or* AM -ory]
un·at·trak·tiv *adj* unattractive
un·auf·dring·lich [ˈʊn²aufdrɪŋlɪç] *adj* ❶ *(dezent)*
unobtrusive; *(Duft)* delicate, unobtrusive ❷ *(nicht aufdringlich)* unobtrusive, discrete
Un·auf·dring·lich·keit *f kein pl* ❶ *(dezente Beschaffenheit)* delicateness ❷ *(zurückhaltende Art)* unob-
trusiveness, discretion
un·auf·fäl·lig [ˈʊn²auffɛlɪç] I. *adj* ❶ *(nicht auffällig)*
inconspicuous, discrete ❷ *(unscheinbar)* not very
noticeable, unobtrusive, discrete II. *adv* ❶ *(ohne Aufsehen zu erregen)* inconspicuously, discreetly ❷ *(zurückhaltend)* unobtrusively, discreetly
un·auf·find·bar [ʊn²aufˈfɪntbaːɐ̯] *adj* nowhere to be
found; *(Person)* untraceable, missing
un·auf·ge·for·dert [ˈʊn²aufgəfɔrdət] I. *adj* unsolicited;
(Kommentar, Bemerkung) uncalled-for II. *adv* without having been asked; ~ eingesandte Manuskripte
unsolicited manuscripts
un·auf·ge·klärt [ˈʊn²aufgəklɛːɐ̯t] *adj* unsolved
un·auf·halt·sam [ʊn²aufˈhaltza:m] I. *adj* unstoppable,
inexorable *form* II. *adv* without being able to be
stopped
un·auf·hör·lich [ʊn²aufhøːɐ̯lɪç] I. *adj* constant, incessant II. *adv* ❶ *(fortwährend)* constantly ❷ *(ununterbrochen)* incessantly
un·auf·merk·sam [ˈʊn²aufmɛrkza:m] *adj* ❶ *(nicht
aufmerksam)* inattentive ❷ *(nicht zuvorkommend)*
thoughtless, inconsiderate; ■ ~ von jdm sein to be
thoughtless [*or* inconsiderate] of sb
Un·auf·merk·sam·keit *f kein pl* ❶ *(unaufmerksames
Verhalten)* inattentiveness ❷ *(unzuvorkommende
Art)* thoughtlessness
un·auf·rich·tig [ˈʊn²aufrɪçtɪç] *adj* insincere;
■ ~ gegen jdn [*o* gegenüber jdm] sein to be insincere towards sb
Un·auf·rich·tig·keit *f* insincerity
un·auf·schieb·bar [ʊn²aufʃiːpbaːɐ̯] *adj* urgent;
■ ~ sein to be urgent, to not be able to be delayed [*or*
postponed]
un·aus·bleib·lich [ʊn²ausˈblaiplɪç] *adj s.* unaus-
weichlich
un·aus·denk·bar [ʊn²ausˈdɛŋkaːɐ̯] *adj* unimaginable, unthinkable
un·aus·führ·bar [ʊn²ausˈfyːɐ̯baːɐ̯] *adj* unfeasible;
■ [für jdn] ~ sein to be impracticable [for sb]
un·aus·ge·füllt [ˈʊn²ausgəfʏlt] *adj* ❶ *(nicht ausgefüllt)*
blank; ■ ~ sein/bleiben to be/be left blank ❷ *(nicht
voll beansprucht)* unfulfilled
un·aus·ge·gli·chen [ˈʊn²ausgəglɪçn̩] *adj* unbalanced;
(Mensch) moody, unevenly tempered; *(Wesensart)*
uneven
Un·aus·ge·gli·chen·heit *f* moodiness, imbalance
un·aus·ge·go·ren [ˈʊn²ausgəgoːrən] *adj* raw, half-
baked *fam*

un·aus·ge·reift *adj* not properly thought out *pred,* half-baked *pej fam*

un·aus·ge·schla·fen ['ʊnʔausgəʃlaːfn̩] **I.** *adj* tired; ■ ~ **sein** to not have had enough sleep **II.** *adv* not having slept long enough, not having had enough sleep

un·aus·ge·spro·chen *adj* unspoken; ~ **bleiben** to be left unsaid

un·aus·ge·wo·gen *adj* unbalanced

Un·aus·ge·wo·gen·heit *f* imbalance

un·aus·rott·bar [ʊnˈʔausˈrɔtbaːɐ̯] *adj* deep-rooted, ineradicable

un·aus·sprech·bar [ʊnˈʔausˈʃprɛçbaːɐ̯] *adj* unpronounceable; ■ ~ **sein** to be impossible to pronounce

un·aus·sprech·lich [ʊnˈʔausˈʃprɛçlɪç] *adj* ① *(unsagbar)* inexpressible ② *s.* **unaussprechbar**

un·aus·steh·lich [ʊnˈʔausˈʃteːlɪç] *adj* intolerable; *Mensch, Art a.* insufferable

un·aus·weich·lich [ʊnˈʔausˈvaiçlɪç] **I.** *adj* unavoidable, inevitable **II.** *adv* unavoidably, inevitably

un·bän·dig ['ʊnbɛndɪç] **I.** *adj* ① *(ungestüm)* unruly, boisterous ② *(heftig)* enormous; *(Hunger)* huge; *(Wut)* unbridled **II.** *adv* ① *(ungestüm)* boisterously ② *(überaus)* enormously

un·barm·her·zig ['ʊnbarmhɛrtsɪç] **I.** *adj* merciless; ■ ~ **sein** to be merciless, showing little [*or* no] mercy **II.** *adv* mercilessly

Un·barm·her·zig·keit *f* mercilessness

un·be·ab·sich·tigt **I.** *adj* *(versehentlich)* accidental; *(nicht beabsichtigt)* unintentional **II.** *adv* accidentally, unintentionally

un·be·ach·tet ['ʊnbəʔaxtət] **I.** *adj* overlooked *pred,* unnoticed; ~ **bleiben** to remain [*or* go] unnoticed; **etw** *akk* ~ **lassen** to overlook sth; *(absichtlich)* to ignore sth, to not take any notice of sth **II.** *adv* without any notice [*or* attention]

un·be·an·stan·det ['ʊnbəʔanʃtandət] **I.** *adj* not objected to; ~ **bleiben** to be allowed to pass; **etw** *akk* ~ **lassen** to let sth go [*or* pass] **II.** *adv* without objection

un·be·ant·wor·tet ['ʊnbəʔantvɔrtət] **I.** *adj* unanswered; ~ **bleiben** to remain unanswered; **etw** *akk* ~ **lassen** to leave sth unanswered **II.** *adv* ■ **etw** *akk* ~ **zurückgehen lassen** to send sth back unanswered

un·be·auf·sich·tigt *adj inv* unattended

un·be·baut ['ʊnbəbaut] *adj* *(Land)* undeveloped; *(Grundstück)* vacant

un·be·dacht ['ʊnbədaxt] **I.** *adj* thoughtless; *(Handlung)* hasty; ■ ~ [**von jdm**] **sein** to be thoughtless [of sb] **II.** *adv* thoughtlessly; *(handeln)* hastily

un·be·darft ['ʊnbədarft] *adj (fam)* simple-minded

un·be·denk·lich ['ʊnbədɛŋklɪç] **I.** *adj* harmless, innocuous; *(Situation, Vorhaben)* acceptable, admissible **II.** *adv* quite safely

Un·be·denk·lich·keit <-> *f kein pl* harmlessness

un·be·deu·tend ['ʊnbədɔytn̩t] **I.** *adj* ① *(nicht bedeutend)* insignificant, unimportant, inconsiderable ② *(geringfügig)* minimal; *(Änderung, Modifikation)* minor **II.** *adv* insignificantly, minimally

un·be·dingt ['ʊnbədɪŋt] **I.** *adj attr* absolute **II.** *adv (auf jeden Fall)* really; **erinnere mich ~ daran, sie anzurufen** you mustn't forget to remind me to call her; **nicht** ~ not necessarily; ~! absolutely!, definitely!

un·be·ein·druckt ['ʊnbəʔaindrʊkt] **I.** *adj* unimpressed, indifferent; *(Gesicht, Miene)* unaffected; ■ [**von etw** *dat*] ~ **sein** to be unimpressed [by sth], to be not impressed [by sth]; [**von etw** *dat*] ~ **bleiben** to remain indifferent [to sth], to not raise an eyebrow [at sth]; **etw lässt jd** ~ sth doesn't impress sb, sth leaves sb cold *fam* **II.** *adv* indifferently

un·be·ein·fluss·barᴿᴿ ['ʊnbəˈʔainflʊsbaːɐ̯] *adj* unswayable, uninfluenceable

un·be·fahr·bar ['ʊnbəfaːɐ̯baːɐ̯] *adj* impassable; ■ ~ **sein** to be impassable

un·be·fan·gen ['ʊnbəfaŋən] **I.** *adj* ① *(unvoreingenommen)* objective, impartial; *(Ansicht)* unbiased ② *(nicht gehemmt)* natural, uninhibited **II.** *adv* ① *(unvoreingenommen)* objectively, impartially; **etw** *akk* ~ **betrachten** to look at sth objectively; **etw** ~ **beurteilen** to judge sth impartially ② *(nicht gehemmt)* uninhibitedly

Un·be·fan·gen·heit *f kein pl* ① *(Unvoreingenommenheit)* objectiveness, impartiality ② *(ungehemmte Art)* uninhibitedness, naturalness

un·be·fleckt ['ʊnbəflɛkt] *adj inv* ① *(selten: fleckenlos)* spotless, untarnished ② *(geh: sittlich makellos, rein)* undefiled; **~e Empfängnis** ʀᴇʟ Immaculate Conception

un·be·frie·di·gend ['ʊnbəfriːdɪgn̩t] **I.** *adj* unsatisfactory; ■ [**für jdn**] ~ **sein** to be unsatisfactory [to sb] **II.** *adv* in an unsatisfactory way

un·be·frie·digt ['ʊnbəfriːdɪçt] *adj* ① *(nicht zufriedengestellt)* unsatisfied; *(Gefühl, Mensch)* dissatisfied; ■ [**von etw** *dat*] ~ [**sein**] [to be] unsatisfied [*or* dissatisfied] [with sth] ② *(sexuell nicht befriedigt)* unsatisfied, frustrated

un·be·fris·tet ['ʊnbəfrɪstət] **I.** *adj* lasting for an indefinite period; *(Aufenthaltserlaubnis, Visum)* permanent; ■ ~ **sein** to be [valid] for an indefinite period **II.** *adv* indefinitely, permanently; ~ **gelten** to be valid indefinitely

un·be·fugt ['ʊnbəfuːkt] **I.** *adj* unauthorized **II.** *adv* without authorization

Un·be·fug·te(r) *f(m) decl wie adj* unauthorized person

un·be·gabt ['ʊnbəgaːpt] *adj* untalented; ■ [**für etw** *akk*] ~ **sein** to be untalented [*or* useless [at sth] *fam*] [in sth]; **für Mathematik bin ich einfach** ~ I'm absolutely useless at maths; **handwerklich** ~ **sein** to be no handyman, to have two left hands *fam hum*

un·be·greif·lich ['ʊnbəgraiflɪç] *adj* incomprehensible; *(Dummheit, Leichtsinn)* inconceivable; ■ **jdm** ~ **sein** to be incomprehensible [*or* inconceivable] [*or* explicable] to sb

un·be·greif·li·cher·wei·se *adv* inexplicably

un·be·grenzt ['ʊnbəgrɛntst] **I.** *adj* unlimited; *(Vertrauen)* boundless, infinite; *s. a.* **Zeit II.** *adv* indefinitely; ~ **gültig sein** to be valid indefinitely; **etw** ~ **erlauben/einräumen** to allow/grant sth for an indefinite period

un·be·grün·det ['ʊnbəgrʏndət] *adj* ① *(grundlos)* unfounded; *(Kritik, Maßnahme)* unwarranted ② ᴊᴜʀ *(nicht begründet)* unfounded; **eine Klage als** ~ **abweisen** to dismiss a case as being unfounded

un·be·haart ['ʊnbəhaːɐ̯t] *adj* hairless; *(Kopf)* bald; ■ ~ **sein** to be hairless [*or* bald], to have no hair

Un·be·ha·gen ['ʊnbəhaːgn̩] *nt* uneasiness, apprehension, disquiet *form;* **mit** ~ with apprehension [*or* an uneasy feeling]; **mit** ~ **feststellen** [*o* **sehen**] [*o* **verfolgen**] **, dass …** to be concerned to find that …

un·be·hag·lich ['ʊnbəhaːklɪç] **I.** *adj* uneasy; **sich** *akk* ~ **fühlen** to feel uneasy [*or* uncomfortable] **II.** *adv* uneasily, uncomfortably; *s. a.* **zumute**

un·be·hel·ligt ['ʊnbəhɛlɪçt] **I.** *adj* undisturbed; *(von Mücken)* unplagued; [**von jdm/etw**] ~ **bleiben** to remain undisturbed [by sb/sth]; **jdn** ~ **lassen** to leave sb alone [*or* be] **II.** *adv* freely; ~ **passieren dürfen** to be allowed to pass [freely]; ~ **schlafen** to sleep undisturbed

un·be·herrscht ['ʊnbəhɛrʃt] **I.** *adj* uncontrolled, lacking self-control, intemperate *form;* ■ ~ **sein** to lack self-control **II.** *adv* ① *(ohne Selbstbeherrschung)* in an uncontrolled manner [*or* way], without self-control, intemperately *form* ② *(gierig)* greedily

un·be·hin·dert [ʊnbɛˈhɪndət] *adj s.* **ungehindert**

un·be·hol·fen [ˈʊnbəhɔlfn̩] **I.** *adj (schwerfällig)* clumsy; *(wenig gewandt)* awkward **II.** *adv* ❶ *(schwerfällig)* clumsily ❷ *(wenig gewandt)* awkwardly, clumsily

Un·be·hol·fen·heit <-> *f kein pl* ❶ *(schwerfällige Art)* clumsiness, awkwardness ❷ *(fehlende Gewandtheit)* clumsiness, helplessness

un·be·irr·bar [ʊnbəˈʔɪrbaːɐ̯] **I.** *adj* unwavering, enduring, unfaltering **II.** *adv* perseveringly

un·be·irrt [ʊnbəˈʔɪrt] *adv s.* **unbeirrbar**

un·be·kannt [ˈʊnbəkant] *adj* ❶ *(nicht bekannt)* unknown; **ein jdm ~er Mensch/Sachverhalt/etc** a person/fact unknown to sb; ■ **jdm ~ sein** to be unknown to sb; *(Gesicht, Name, Wort)* to be unfamiliar to sb; **der Name ist mir ~** I have never come across that name before; **sie dürfte dir nicht ganz ~ sein** you may have met her before, you may know her; **nicht ~ sein, dass...** to be aware, that ...; ~ **verzogen** moved – address unknown; **er ist ~ verzogen** he has moved to an unknown address ❷ *(nicht berühmt)* unknown; **[noch] eine ~e Größe sein** up-and-coming ❸ *(fam: fremd)* ■ **irgendwo ~ sein** to be not from somewhere; *s. a.* **Anzeige** *s. a.* **Ziel**

Un·be·kann·te <-n, -n> *f* MATH unknown

Un·be·kann·te(r) *f(m) decl wie adj (unbekannte Person)* stranger; **der große ~** the mystery man; **kein ~r mehr sein** to be known to everyone

un·be·kann·ter·wei·se *adv* **jdn ~ von jdm grüßen** to give sb sb's regards *(without knowing him/her)*

un·be·klei·det [ˈʊnbəklaidət] **I.** *adj (geh)* unclothed, bare; ■ **~ sein** to have no clothes [*or* nothing] on **II.** *adv (geh)* without any clothes on

un·be·küm·mert [ˈʊnbəkʏmət] **I.** *adj* carefree; **sei/seien Sie [ganz] ~** don't upset yourself [*or* worry] [*or esp* BRIT fret] **II.** *adv* in a carefree manner

Un·be·küm·mert·heit <-> *f kein pl* carefree mind [*or* manner], light-heartedness; **voller ~** full of light-heartedness, in high spirits

un·be·las·tet [ˈʊnbəlastət] **I.** *adj* ❶ *(frei)* ■ **von etw** *dat* ~ **[sein]** [to be] free of [*or* from] sth, [to be] unhampered [*or form* unencumbered] [of *or* by sth] ❷ FIN *(nicht mit Grundschulden belastet)* unencumbered, AM *a.* unincumbered **II.** *adv* freely; **er fühlt sich wieder frei und ~** he feels free and easy again

un·be·lebt [ˈʊnbəleːpt] *adj* quiet; *(stärker)* deserted

un·be·lehr·bar [ˈʊnbəleːɐ̯baːɐ̯] *adj* obstinate, stubborn, headstrong; **jd ist und bleibt [einfach] ~** sb [just] won't be told by anyone, sb [just] will not learn

Un·be·lehr·bar·keit <-> *f kein pl* ■ **jds ~** sb's stubbornness, sb's refusal to listen [to anyone]

un·be·leuch·tet [ˈʊnbəlɔʏçtət] **I.** *adj* unlit; *(Fahrzeug)* without lights switched [*or esp* AM turned] on; ■ **~ sein** to be unlit; *(Fahrzeug)* to have no light[s] on **II.** *adv* without any light[s]; **etw** *akk* ~ **abstellen/parken** to leave sth standing/park sth without any lights on

un·be·liebt [ˈʊnbəliːpt] *adj (nicht beliebt)* unpopular; ■ **[irgendwo/bei jdm]** ~ sein to be unpopular [somewhere/with sb]; **sich** *akk* **[bei jdm] [durch etw** *akk***/mit etw** *dat***]** ~ **machen** to make oneself unpopular [with sb] [by doing [*or* with] sth]

Un·be·liebt·heit *f kein pl* ■ **jds ~** sb's unpopularity

un·be·mannt [ˈʊnbəmant] *adj* ❶ RAUM *(nicht bemannt)* unmanned ❷ *(hum fam: ohne Partner)* ■ ~ **sein** to be single, to not have a partner [*or hum* man]

un·be·merkt [ˈʊnbəmɛrkt] **I.** *adj* unnoticed; ~ **bleiben** to remain [*or* go] unnoticed **II.** *adv* unnoticed

un·be·nom·men *adj pred (geh)* **es bleibt [*o* ist] jdm ~, etw** *akk* **zu tun** sb's free [*or* at liberty] to do sth; **etw** *gen* **bleibt [*o* ist] jdm ~** sb's free [*or* at liberty] to

do so

un·be·nutz·bar [ˈʊnbənʊtsbaːɐ̯] *adj* unusable, useless

un·be·nutzt [ˈʊnbənʊtst] **I.** *adj* unused; *(Bett)* not slept in; *(Kleidung)* unworn **II.** *adv* unused, unworn

un·be·ob·ach·tet [ˈʊnbəʔoːbaxtət] *adj* unnoticed, unobserved; *(Gebäude, Platz)* unwatched; **sich** *akk* ~ **fühlen** [*o* **glauben**] to think that nobody is looking; *s. a.* **Augenblick** *s. a.* **Moment**

un·be·quem [ˈʊnbəkveːm] *adj* ❶ *(nicht bequem)* uncomfortable, *esp* BRIT uncomfy *fam* ❷ *(lästig)* awkward, bothersome; ■ **jdm ~ sein/werden** to be/become awkward [*or* a bother] to sb

Un·be·quem·lich·keit <-, -en> *f* ❶ *kein pl (unbequeme Art)* uncomfortableness, discomfort, lack of comfort ❷ *meist pl (unangenehme Umstände)* unpleasantness, bother

un·be·re·chen·bar [ʊnbəˈrɛçnbaːɐ̯] *adj* ❶ *(nicht einschätzbar: Gegner, Mensch)* unpredictable ❷ *(nicht vorhersehbar)* unforeseeable

Un·be·re·chen·bar·keit *f kein pl* unpredictability

un·be·rech·tigt [ˈʊnbərɛçtɪçt] *adj* unfounded; *(Vorwurf)* unwarranted, unjustified

un·be·rech·tig·ter·wei·se *adv* without permission

un·be·rück·sich·tigt [ˈʊnbərʏksɪçtɪçt] *adj* unconsidered; ~ **bleiben** to be not taken into consideration, to be ignored; **jdn/etw ~ lassen** to not take sb/sth into consideration, to leave sb/sth out of consideration

Un·be·rühr·ba·re(r) [ʊnbəˈryːɐ̯baːɡə, -ɡə] *f(m) decl wie adj (a. fig)* untouchable; ■ **die ~n** REL the Untouchables

un·be·rührt [ˈʊnbəˈryːɐ̯t] *adj* ❶ *(im Naturzustand erhalten)* unspoiled ❷ *(nicht benutzt)* untouched, unused; **ihr Bett war morgens ~** in the morning her bed had not been slept in; **etw** *akk* ~ **lassen** *(nicht anrühren)* to not touch sth ❸ *(fig)* **[von etw** *dat***]** ~ **bleiben** *(das seelische Gleichgewicht bewahren)* to remain unmoved [*or* unaffected] [by sth]

un·be·scha·det [ˈʊnbəʃaːdət] *präp +gen (geh)* regardless of, disregarding

un·be·schä·digt **I.** *adj* undamaged **II.** *adv* undamaged, without damage; **etw ~ zurückgeben** to return sth undamaged

un·be·schei·den [ˈʊnbəʃaidn̩] *adj* bold, presumptuous

Un·be·schei·den·heit *f* presumptuousness, boldness

un·be·schol·ten [ˈʊnbəʃɔltn̩] *adj inv* upstanding, upright

un·be·schrankt [ˈʊnbəʃraŋkt] *adj* BAHN without barriers [*or* gates]; ■ ~ **sein** to have no barriers [*or* gates]

un·be·schränkt [ˈʊnbəʃrɛŋkt] *adj* unrestricted, unlimited; *(Macht)* limitless, absolute; *(Möglichkeiten)* unlimited, limitless

un·be·schreib·lich [ˈʊnbəˈʃraiplɪç] **I.** *adj* ❶ *(maßlos)* tremendous, enormous ❷ *(nicht zu beschreiben)* indescribable, incredible, unimaginable **II.** *adv* **sich** *akk* ~ **freuen** to be enormously [*or* tremendously] happy; **sich** *akk* ~ **ärgern** to be terribly angry; **sie war einfach ~ schön** she was indescribably [*or* incredibly] beautiful

un·be·schrie·ben [ʊnbəˈʃriːbn̩] *adj* blank; *s. a.* **Blatt**

un·be·schwert [ˈʊnbəˈʃveːɐ̯t] *adj* carefree

un·be·se·hen [ʊnbəˈzeːən] *adv* ❶ *(ungeprüft)* without checking ❷ *(ohne weiteres)* without hesitation [*or* thinking twice], unquestioningly; **und das soll ich Ihnen so einfach ~ abnehmen?** and you expect me to believe it just like that?

un·be·setzt *adj inv* empty; *(Platz)* vacant, free

un·be·sieg·bar [ʊnbəˈziːkbaːɐ̯] *adj* ❶ MIL *(a. fig: nicht zu besiegen)* invincible ❷ SPORT *(unschlagbar)* unbeatable

un·be·siegt *adj* ❶ MIL *(nicht besiegt)* undefeated ❷ SPORT *(ungeschlagen)* unbeaten, undefeated; ■ **[in etw** *dat***]** ~ **sein** to be undefeated [*or* unbeaten]

[in sth]

un·be·son·nen [ˈʊnbəzɔnən] *adj* ① *(nicht besonnen: Entschluss)* rash, hasty; *(Wesensart)* impulsive, impetuous ② *(unbedacht)* rash, hasty, unthinking

Un·be·son·nen·heit <-, -en> *f* ① *kein pl (unbesonnene Art)* impetuosity, impulsiveness ② *(unbesonnene Äußerung)* hasty remark ③ *(unbesonnene Handlung)* rashness

un·be·sorgt [ˈʊnbəzɔrkt] **I.** *adj* unconcerned; **da bin ich ganz ~** I'm very confident of that **II.** *adv* without worrying; **die Pilze kannst du ~ essen** you needn't worry about eating the mushrooms

un·be·stän·dig [ˈʊnbəʃtɛndɪç] *adj* ① METEO *(nicht beständig)* unsettled, changeable ② *(wankelmütig)* fickle, changeable

Un·be·stän·dig·keit *f* ① METEO *(unbeständige Beschaffenheit)* unsettledness ② PSYCH *(Wankelmut)* changeability, fickleness

un·be·stä·tigt [ˈʊnbəʃtɛːtɪçt] *adj* unconfirmed

un·be·stech·lich [ˈʊnbəʃtɛçlɪç] *adj* ① *(nicht bestechlich)* incorruptible ② *(nicht zu täuschen)* unerring

Un·be·stech·lich·keit *f* ① *(nicht zu bestechende Mensch)* incorruptibility ② *(nicht zu täuschende Art)* unerring

un·be·stimm·bar [ˈʊnbəʃtɪmbaːɐ̯] *adj* indeterminable

un·be·stimmt [ˈʊnbəʃtɪmt] *adj* ① *(unklar)* vague ② *(noch nicht festgelegt)* indefinite; *(Alter)* uncertain; *(Anzahl, Menge)* indeterminate; *(Grund, Zeitspanne)* unspecified, indefinite

un·be·streit·bar [ˈʊnbəʃtraitbaːɐ̯] **I.** *adj (nicht zu bestreiten)* indisputable, unquestionable; ■ **~ sein, dass …** to be unquestionable [*or* without [a shadow of a] doubt …] that …, to be no doubt that … **II.** *adv* unquestionably, unarguably

un·be·strit·ten [ˈʊnbəʃtrɪtn̩] **I.** *adj* ① *(nicht bestritten)* undisputed, undenied, unquestioned; *(Argument)* irrefutable; ■ **~ sein, dass …** to be an undisputed fact that …, to be without doubt that …; **~ ist doch wohl, dass …** one/you cannot deny that … ② JUR *(nicht streitig)* uncontested **II.** *adv* ① *(wie nicht bestritten wird)* unquestionably, indisputably ② *(unstreitig)* unarguably, irrefutably

un·be·tei·ligt [ˈʊnbətailɪçt] *adj* ① *(an etw nicht beteiligt)* uninvolved, non-participating; ■ **an etw** *dat* **~ sein** to be uninvolved in sth ② *(desinteressiert)* indifferent; *(in einem Gespräch)* uninterested; [**innerlich**] **~ sein** to be absent-minded

Un·be·tei·lig·te(r) *f(m) decl wie adj* non-participant; **bei Attentaten kommen oft auch ~ zu Schaden** innocent bystanders are often hurt during assassinations

un·be·tont [ˈʊnbətoːnt] *adj* LING unstressed

un·be·trächt·lich [ˈʊnbətrɛçtlɪç] *adj* insignificant; *(Problem)* minor; *(Preisänderung)* slight; **im letzten Jahr war die Inflationsrate relativ ~** last year's inflation rate was relatively insignificant; **nicht ~** not insignificant

un·beug·sam [ˈʊnˈbɔykzaːm] *adj* ① *(nicht zu beeinflussen)* uncompromising ② *(unerschütterlich)* unshakable, unflagging, tireless

un·be·wacht [ˈʊnbəvaxt] *adj (nicht bewacht: Person)* unguarded; *(Parkplatz)* unattended; **etw/jdn ~ lassen** to leave sth/sb unguarded; *(Gepäck)* unattended; **~ abgestellt sein/liegen/stehen** to be left/left lying/standing unguarded; *s. a.* **Augenblick**

un·be·waff·net [ˈʊnbəvafnət] *adj* unarmed

un·be·wäl·tigt [ˈʊnbəvɛltɪçt] *adj* unresolved; *(Aufgabe)* unmastered; **jds ~e Vergangenheit** sb's unresolved past

un·be·weg·lich [ˈʊnbəveːklɪç] *adj* ① *(starr)* fixed, rigid; *(Konstruktion, Teil)* immovable ② *(unveränderlich)* inflexible; *(Gesichtsausdruck)* rigid; *(bes fig)* un-

moved

Un·be·weg·lich·keit <-> *f kein pl* ① *(sich nicht bewegen lassen)* stiffness, inflexibility ② *(Starre des Gesichtsausdrucks)* rigidity ③ *(unbeweglicher Zustand)* immovability

un·be·wegt [ˈʊnbəveːkt] *adj* ① *(glatt)* fixed; *(Oberfläche eines Gewässers)* motionless, still, unruffled *liter* ② *s.* **unbeweglich 2**

un·be·wie·sen [ˈʊnbəviːzn̩] *adj* unproven

un·be·wohn·bar [ˈʊnbəˈvoːnbaːɐ̯] *adj* uninhabitable

un·be·wohnt *adj* ① *(nicht besiedelt)* uninhabited ② *(nicht bewohnt)* unoccupied

un·be·wusst^{RR} [ˈʊnbəvʊst] **I.** *adj a.* PSYCH *(nicht bewusst gesteuert)* unconscious **II.** *adv (unwissentlich)* unconsciously

Un·be·wuss·te(s)^{RR} *nt kein pl, decl wie adj* PSYCH ■ **das ~** the unconscious

un·be·zahl·bar [ʊnbəˈtsaːlbaːɐ̯] *adj* ① *(nicht aufzubringen)* totally unaffordable, prohibitively expensive, extortionate; ■ [**für jdn**] **~ sein** to be unaffordable [for sb] ② *(äußerst nützlich)* invaluable; ■ [**für jdn**] **~ sein** to be invaluable [to sb] ③ *(immens wertvoll)* priceless

un·be·zahlt *adj* ① *(noch nicht beglichen)* unsettled, outstanding ② ÖKON, ADMIN *(nicht entlohnt)* unpaid; **~er Urlaub** unpaid leave

un·be·zähm·bar [ʊnbəˈtsɛmbaːɐ̯] *adj* irrepressible; *(Lust, Zorn)* uncontrollable

un·be·zwei·fel·bar *adj* undeniable, undisputable; *(Tatsache)* irrefutable, indisputable

un·be·zwing·bar [ʊnbəˈtsvɪŋlɪç], **un·be·zwing·lich** [ʊnbəˈtsvɪŋlɪç] *adj (geh)* ① *(uneinnehmbar: Festung)* impregnable ② *(unbezähmbar)* uncontrollable ③ *s.* **unüberwindlich**

Un·bil·den [ˈʊnbɪldn̩] *pl (geh)* rigours [*or* AM -ors] *pl*

un·bil·lig [ˈʊnbɪlɪç] *adj* unreasonable

UN-Blau·helm *m* UN soldier

un·blu·tig [ˈʊnbluːtɪç] **I.** *adj* ① *(ohne Blutvergießen)* bloodless, without bloodshed ② MED *(nicht chirurgisch)* non-invasive **II.** *adv* ① *(ohne Blutvergießen)* without bloodshed ② MED *(nicht chirurgisch)* non-invasively

un·bot·mä·ßig [ˈʊnboːtmɛːsɪç] **I.** *adj (geh)* unruly, recalcitrant *form;* *(Untertan, Verhalten)* riotous, unruly, insubordinate; *(Kind)* unruly, rebellious, obstreperous; *(Mitarbeiter)* uncooperative **II.** *adv (geh)* in a recalcitrant *form* [*or* unruly] manner

Un·bot·mä·ßig·keit <-> *f kein pl (geh)* unruliness, recalcitrance *form*

un·brauch·bar [ˈʊnbrauxbaːɐ̯] *adj* useless, [of] no use; ■ [**für jdn/etw**] **~ sein/werden** to be/become useless [*or* of no use] [to sb/for sth]

un·bü·ro·kra·tisch [ˈʊnbyrokraːtɪʃ] **I.** *adj* unbureaucratic **II.** *adv* unbureaucratically, avoiding [*or* without] [the] red tape *fam*

un·christ·lich [ˈʊnkrɪstlɪç] **I.** *adj* ① REL *(nicht christlich)* unchristian ② *(fig fam: unüblich)* unearthly, ungodly; **wer ruft denn zu dieser ~en Stunde an?** who is that calling at such an ungodly hour? **II.** *adv* REL uncharitably, in an unchristian way

un·cool [ˈʊnkuːl] *adj (sl)* uncool *sl*

und [ʊnt] *konj* ① *verbindend (dazu)* and; **sie redeten ~ redeten, aber taten nichts** they talked and talked, but did nothing; **es regnete ~ regnete** it kept on [and on] raining ② *konsekutiv (mit der Folge)* and ③ *konzessiv (selbst)* ■ **~ wenn jd etw** *akk* **tut** even if sb does sth; **~ wenn es auch stürmt und schneit, wir müssen weiter** we must continue our journey, come storm or snow ④ *elliptisch (dann)* and ⑤ *fragend (aber)* and; **~ dann?** [and] what then?, then what?; **~ warum?/~ warum nicht?** and [*or* but] why/why not?; **~ was hat er dann gesagt?** and what did he say next?; **~?** *(nun)* well?; *(herausfordernd* **na ~?** *(was*

soll's) so what?; *s. a.* **noch** *s. a.* **so**

Un·dank ['ʊndaŋk] *m (geh) (undankbares Verhalten)* ingratitude; [**für etw** *akk*] **~ ernten** to receive no [*or* little] thanks [for sth], to meet only with ingratitude for sth ▸ WENDUNGEN: **~ ist der Welt Lohn** *(prov)* that's all the thanks one gets, [one should] never expect any thanks for anything

un·dank·bar ['ʊndaŋkbaːɐ̯] *adj* ❶ *(nicht dankbar)* ungrateful ❷ *(nicht lohnend)* thankless

Un·dank·bar·keit *f* ungratefulness, ingratitude *form*

un·da·tiert ['ʊndatiːɐ̯t] *adj* undated

un·de·fi·nier·bar ['ʊndefiniːɐ̯baːɐ̯] *adj* ❶ *(nicht eindeutig bestimmbar)* indescribable, indefinable, indeterminate ❷ KOCHK *(fam: hinsichtlich der Konsistenz unbestimmbar)* indefinable, difficult to make out

un·de·kli·nier·bar ['ʊndekliniːɐ̯baːɐ̯] *adj* LING indeclinable

un·de·mo·kra·tisch ['ʊndemokraːtɪʃ] *adj* POL undemocratic

un·denk·bar [ʊn'dɛŋkbaːɐ̯] *adj* unimaginable, inconceivable, unthinkable; ■ **~ sein, dass etw geschieht/dass jd etw** *akk* **tut** to be inconceivable [*or* unthinkable] , that sth happens/that sb does sth

Un·der·co·ver·agent(in) ['andɐkavaʔagɛnt] *m(f)* undercover agent

Un·der·dog <-s, -s> ['andɐdɔk] *m* underdog

Un·der·state·ment <-s, -s> [andɐ'steːtmənt] *nt* understatement

un·deut·lich ['ʊndɔytlɪç] **I.** *adj* ❶ *(nicht deutlich vernehmbar)* unclear ❷ *(nicht klar sichtbar)* blurred; *(Schrift)* illegible ❸ *(vage)* vague, hazy **II.** *adv* ❶ *(nicht deutlich vernehmbar)* unclearly; **~ spre·chen** to mumble ❷ *(nicht klar)* unclearly ❸ *(vage)* vaguely

un·dicht ['ʊndɪçt] *adj (luftdurchlässig)* not airtight; *(wasserdurchlässig)* not watertight, leaking; ■ **~ sein/werden** to be leaking/start to leak; **die Fenster sind ~** the windows let in draught; *s. a.* **Stelle**

Un·ding ['ʊndɪŋ] *nt kein pl* **ein ~ sein[, etw** *akk* **zu tun]** to be absurd [*or* preposterous] [to do sth]

un·dip·lo·ma·tisch ['ʊndiploːmaːtɪʃ] **I.** *adj* undiplomatic **II.** *adv* undiplomatically

un·dis·zi·pli·niert ['ʊndɪstsipliniːɐ̯t] **I.** *adj (geh)* undisciplined **II.** *adv* in an undisciplined manner

un·duld·sam ['ʊndʊltzaːm] **I.** *adj* intolerant (**gegen** +*akk* of) **II.** *adv* intolerantly

Un·duld·sam·keit *f* intolerance; ■ **jds ~** [**gegen jdn** [*o* **gegenüber jdm**]] sb's intolerance [of sb [*or* towards sb]]

un·durch·dring·lich ['ʊndʊrçdrɪŋlɪç] *adj* ❶ *(kein Durchdringen ermöglichend)* impenetrable, dense ❷ *(verschlossen)* inscrutable

un·durch·führ·bar ['ʊndʊrçfyːɐ̯baːɐ̯] *adj* impracticable, unfeasible; *(Vorhaben)* impracticable, unviable; *(Plan)* unworkable, unviable

un·durch·läs·sig ['ʊndʊrçlɛsɪç] *adj* impermeable

un·durch·schau·bar [ʊndʊrç'ʃaubaːɐ̯] *adj (schwer zu durchschauen)* unfathomable, inexplicable; *(Verbrechen)* baffling; *(Wesensart)* enigmatic, inscrutable; *(Miene, Lächeln)* enigmatic

un·durch·sich·tig ['ʊndʊrçzɪçtɪç] *adj* ❶ *(nicht transparent)* non-transparent; *(Glas)* opaque ❷ *(fig: zwielichtig: Geschäfte)* shadowy, devious, shady ❸ *(fig: zweifelhaft)* obscure; *(Motive)* obscure, shady

un·eben ['ʊnʔeːbn] *adj* ❶ *(nicht eben)* uneven; *(Straße)* uneven, bumpy ❷ GEOG *(Bodenerhebungen aufweisend)* rough, uneven

Un·eben·heit <-, -en> *f* ❶ *kein pl (unebene Beschaffenheit)* unevenness ❷ GEOG *(gegliederte Bodenbeschaffenheit)* roughness, unevenness ❸ *(unebene Stelle)* bump ❹ GEOG *(Bodenerhebung)* uneven patch, bump

un·echt ['ʊnʔɛçt] *adj* ❶ *(imitiert)* fake *usu pej*; **~er Schmuck/~es Leder** imitation [*or* fake] jewellery [*or* AM jewelry] /leather; **~er Pelz** fake fur; **~es Haar** artificial [*or* imitation] hair; **~e Zähne** artificial [*or* false] teeth ❷ *(unaufrichtig)* fake, false, artificial; *s. a.* **Bruch**

un·ehe·lich ['ʊnʔeːəlɪç] *adj* illegitimate

un·eh·ren·haft ['ʊnʔeːrənhaft] **I.** *adj* ❶ *(geh: unlauter)* dishonourable [*or* AM -or-] ❷ MIL *(aufgrund eines Verstoßes)* dishonourable [*or* AM -or-]; **~e Entlassung** dishonourable discharge **II.** *adv* ❶ *(unlauter)* dishonourably [*or* AM -or-] ❷ MIL *(aufgrund eines Verstoßes)* dishonourably [*or* AM -or-]; **jdn ~ entlassen** to discharge sb for dishonourable [*or* AM dishonorable] conduct

un·ehr·lich ['ʊnʔeːɐ̯lɪç] **I.** *adj* dishonest **II.** *adv* dishonestly

Un·ehr·lich·keit *f* dishonesty

un·ei·gen·nüt·zig ['ʊnʔaignͅnͅvtsɪç] *adj* selfless, unselfish

un·ein·ge·löst *adj inv* unredeemed

un·ein·ge·schränkt ['ʊnʔaingəʃrɛŋkt] **I.** *adj* absolute, total; *(Handel)* free, unrestricted; *(Lob)* unreserved **II.** *adv* absolutely, unreservedly, one hundred percent *fam*

un·ein·ge·weiht ['ʊnʔaingəvait] *adj* uninitiated; ■ **~ sein** to be in the dark, to have no idea

un·ei·nig ['ʊnʔainɪç] *adj* disagreeing; ■ [**sich** *dat*] [**in etw** *dat***/über etw** *akk*] **~ sein** to disagree [*or* be in disagreement] [on sth/about sth]; ■ [**sich** *dat*] **mit jdm** [**in etw** *dat***/über etw** *akk*] **~ sein** to disagree [*or* be in disagreement] with sb [on sth/about sth]

Un·ei·nig·keit *f* disaccord, disagreement; [**über etw** *akk*] **herrscht** [*o* **besteht**] **~** there are sharp divisions [over sth]

un·ein·nehm·bar [ʊn'ain'ne:mba:ɐ̯] *adj* impregnable

un·eins ['ʊnʔains] *adj pred s.* **uneinig**

un·emp·fäng·lich ['ʊnʔɛmpfɛŋlɪç] *adj* impervious; ■ **für etw** *akk* **~ sein** to be impervious [*or* unsusceptible] to sth

un·emp·find·lich ['ʊnʔɛmpfɪntlɪç] *adj* unsusceptible, insensitive; *(durch Erfahrung)* inured; *(Pflanze)* hardy; *(Material)* practical; ■ [**gegen etw** *akk*] **~ sein** to be insensitive [to sth]

Un·emp·find·lich·keit *f kein pl* unsusceptibility, hardiness

un·end·lich [ʊn'ʔɛntlɪç] **I.** *adj* ❶ *(nicht überschaubar)* infinite ❷ *(unbegrenzt)* endless, infinite, boundless ❸ *(überaus groß)* infinite, immense; **mit ~er Liebe/Geduld/Güte** with infinite [*or* endless] love/patience/goodness; **~e Strapazen** immense [*or* endless] strain ❹ FOTO *(Einstellung für Entfernung)* **etw** *akk* **auf ~ einstellen** to focus sth at infinity **II.** *adv* ❶ *(fam)* endlessly, infinitely; **~ viele Leute** heaven [*or* god] knows how many people; **~ froh sein, sich** *akk* **freuen** to be terribly [*or* immensely] happy

Un·end·lich·keit *f kein pl* infinity; **eine ~** *(fam: ewig lange)* ages *pl fam*

un·ent·behr·lich ['ʊnʔɛntbeːɐ̯lɪç] *adj* ❶ *(unbedingt erforderlich)* essential; ■ [**für jdn/etw**] **~ sein** to be essential [for [*or* to] sb/for sth]; **sich** *akk* [**irgendwo/bei jdm**] **~ machen** to make oneself indispensable [somewhere/to sb] ❷ *(unverzichtbar)* indispensable

un·ent·gelt·lich ['ʊnʔɛntgɛltlɪç] **I.** *adj* free of charge; **die ~e Benutzung von etw** *dat* free use of sth **II.** *adv* free of charge, for free; **~ arbeiten** to work on a voluntary basis, to work for free

un·ent·schie·den ['ʊnʔɛntʃiːdn] **I.** *adj* ❶ SPORT *(gleicher Punktstand)* drawn ❷ *(noch nicht entschieden)* undecided; ■ **noch ~ sein** to be still [*or* as yet] undecided **II.** *adv* SPORT **~ ausgehen** [*o* **enden**] to end in a draw; **~ spielen** to draw

Un·ent·schie·den <-s, -> ['ʊnʔɛntʃiːdn] *nt* SPORT draw;

das Spiel endete mit einem ~ the game ended in a draw

un·ent·schlos·sen [ˈʊnʔɛntʃlɔsn̩] **I.** *adj* indecisive, irresolute; ■ **~ sein |darüber|, was jd tun soll** to be torn over what to do **II.** *adv* indecisively

Un·ent·schlos·sen·heit *f* indecision, undecidedness

un·ent·schuld·bar [ˈʊnʔɛntˈʃʊltbaːɐ̯] *adj* inexcusable; ■ **~ sein, dass jd etw** *akk* **getan hat** to be inexcusable of sb, to do sth

un·ent·schul·digt [ˈʊnʔɛntʃʊldɪçt] **I.** *adj* unexcused **II.** *adv* unexcused, without an excuse; **~ fehlen** [*o* **dem Unterricht fernbleiben**] to play truant, AM *usu* to cut *fam* [*or* be missing from] class

un·ent·wegt [ʊnʔɛntˈveːkt] **I.** *adj* persevering; **~er Einsatz/Fleiß** untiring commitment/efforts, perseverance **II.** *adv* constantly, incessantly

Un·ent·weg·te(r) *f(m) decl wie adj* stalwart

un·er·bitt·lich [ʊnʔɛɐ̯ˈbɪtlɪç] *adj* ❶ *(nicht umzustimmen)* unrelenting, merciless, inexorable ❷ *(gnadenlos)* pitiless, merciless

Un·er·bitt·lich·keit <-> *f kein pl (nicht umzustimmende Art)* mercilessness, inexorableness

un·er·fah·ren [ˈʊnʔɛɐ̯faːrən] *adj* inexperienced, *fam* green; ■ **|auf/in etw** *dat*| **~ sein** to be inexperienced [in sth]

Un·er·fah·re·ne(r) *f(m) decl wie adj* inexperienced person

Un·er·fah·ren·heit *f* lack of experience, inexperience

un·er·find·lich [ˈʊnʔɛɐ̯fɪntlɪç] *adj (geh)* incomprehensible, unfathomable; ■ **|jdm| ~ sein, warum/wie …** to be incomprehensive [*or* inexplicable] [*or* unfathomable] [to sb], why/how …; *s. a.* **Grund**

un·er·freu·lich [ˈʊnʔɛɐ̯frɔylɪç] **I.** *adj* unpleasant; *Neuigkeiten, Nachrichten* bad; *Zwischenfall* unfortunate; ■ **|für jdn| ~ sein** to be unfortunate [for sb]; ■ **etwas U~es** bad news **II.** *adv* unpleasantly

un·er·füll·bar [ʊnʔɛɐ̯ˈfʏlbaːɐ̯] *adj* unattainable, unviable, unrealizable; *(Forderungen, Träume)* unfulfillable; *(Wünsche)* unattainable

un·er·füllt [ˈʊnʔɛɐ̯fʏlt] *adj* unattained, unrealized; *Traum* unfulfilled

un·er·gie·big [ˈʊnʔɛɐ̯giːbɪç] *adj* unproductive, unrewarding; *(Ernte)* poor; *(Produkt)* uneconomical

un·er·gründ·bar [ʊnʔɛɐ̯ˈgrʏntbaːɐ̯], **un·er·gründ·lich** [ʊnʔɛɐ̯ˈgrʏntlɪç] *adj* obscure, unfathomable, puzzling; *(Blick, Lächeln)* enigmatic

un·er·heb·lich [ˈʊnʔɛɐ̯heːplɪç] **I.** *adj* insignificant, minor; ■ **~ sein, ob …** to be irrelevant whether …; **nicht ~** not insignificant, considerable **II.** *adv* insignificantly; **nicht ~** not insignificantly, considerably

un·er·hört [ˈʊnɛɐ̯ˈhøːɐ̯t] **I.** *adj attr* ❶ *(pej: skandalös)* outrageous; **|das ist ja| ~!** that's [simply] outrageous! ❷ *(außerordentlich)* incredible, enormous, outrageous *hum* **II.** *adv* ❶ *(skandalös)* outrageously ❷ *(außerordentlich)* incredibly

un·er·kannt [ˈʊnʔɛɐ̯kant] *adv* unrecognized; **bitte keine Namen, ich will ~ bleiben** please, no names, I want to remain incognito

un·er·klär·bar [ʊnʔɛɐ̯ˈklɛːɐ̯baːɐ̯], **un·er·klär·lich** [ʊnʔɛɐ̯ˈklɛːɐ̯lɪç] *adj* inexplicable; ■ **jdm ist ~, warum/was/wie …** sb cannot understand why/what/how …

un·er·läss·lichᴿᴿ, **un·er·läß·lich**ᴬᴸᵀ [ʊnʔɛɐ̯ˈlɛslɪç] *adj* essential, imperative; ■ **|für jdn/etw| ~ sein** to be imperative [*or* essential] [for sb/for sth]

un·er·laubt [ˈʊnʔɛɐ̯laupt] **I.** *adj* ❶ *(nicht gestattet)* unauthorized ❷ JUR *(ungesetzlich)* illegal **II.** *adv* without permission

un·er·le·digt [ˈʊnʔɛɐ̯leːdɪçt] **I.** *adj* unfinished; *(Antrag)* incompleted; *(Post)* unanswered, not seen to **II.** *adv* unfinished; **~ liegen bleiben** to be left unfinished

un·er·mess·lichᴿᴿ, **un·er·meß·lich**ᴬᴸᵀ [ʊnʔɛɐ̯ˈmɛslɪç]

I. *adj (geh)* ❶ *(schier unendlich)* immeasurable ❷ *(gewaltig)* immense, vast; *(Wert, Wichtigkeit)* inestimable; *(Zerstörung)* untold **II.** *adv (geh)* immensely

un·er·müd·lich [ʊnʔɛɐ̯ˈmyːtlɪç] **I.** *adj* untiring, tireless **II.** *adv* tirelessly, ceaselessly

un·er·quick·lich [ˈʊnʔɛɐ̯kvɪklɪç] *adj (geh)* unedifying *form*, dismal, disagreeable

un·er·reich·bar [ʊnʔɛɐ̯ˈraiçbaːɐ̯] *adj* unattainable; *(telefonisch nicht zu erreichen)* unavailable

un·er·reicht [ʊnʔɛɐ̯ˈraiçt] *adj* unequalled BRIT, AM *usu* unequaled; *(Anforderungen, Ziel)* unattained

un·er·sätt·lich [ʊnʔɛɐ̯ˈzɛtlɪç] *adj* ❶ *(nicht zu stillen)* insatiable; *(Wissensdurst)* unquenchable ❷ *(gierig)* insatiable, voracious

un·er·schöpf·lich [ʊnʔɛɐ̯ˈʃœpflɪç] *adj* ❶ *(ein reiches Reservoir bietend)* inexhaustible ❷ *(schier nicht zu erschöpfen)* inexhaustible

un·er·schro·cken [ˈʊnʔɛɐ̯ʃrɔkn̩] **I.** *adj* courageous, fearless **II.** *adv* courageously, fearlessly

un·er·schüt·ter·lich [ʊnʔɛɐ̯ˈʃʏtɛlɪç] *adj* unshakable **II.** *adv* unshakably, ceaselessly

un·er·schwing·lich [ʊnʔɛɐ̯ˈʃvɪŋlɪç] *adj* exorbitant; ■ **für jdn ~ sein** to be beyond sb's means; *s. a.* **teuer**

un·er·setz·lich [ʊnʔɛɐ̯ˈzɛtslɪç] *adj* indispensable; *(Wertgegenstand)* irreplaceable; *(Schaden)* irreparable; ■ **|für jdn| ~ sein** to be indispensable [to sb]

un·er·sprieß·lich [ʊnʔɛɐ̯ˈʃpriːslɪç] *adj (geh) s.* **unerfreulich**

un·er·träg·lich [ʊnʔɛɐ̯ˈtrɛːklɪç] **I.** *adj* ❶ *(nicht auszuhalten)* unbearable, intolerable ❷ *(pej: unmöglich)* impossible, intolerable **II.** *adv* ❶ *(nicht auszuhalten)* unbearably ❷ *(pej: unmöglich)* impossibly

un·er·wähnt [ˈʊnʔɛɐ̯vɛːnt] *adj* unmentioned

un·er·war·tet [ˈʊnʔɛɐ̯vartət] **I.** *adj* unexpected **II.** *adv* unexpectedly

un·er·wünscht [ˈʊnʔɛɐ̯vʏnʃt] *adj* ❶ *(nicht willkommen)* unwelcome ❷ *(lästig)* undesirable

un·er·zo·gen [ˈʊnʔɛɐ̯tsoːgn̩] *adj* ill-mannered, badly behaved

UNESCO <-> [uˈnɛsko] *f Akr von* **United Nations Educational, Scientific and Cultural Organization** UNESCO; ■ **die ~** UNESCO

un·fä·hig [ˈʊnfɛːɪç] *adj* ❶ *(inkompetent)* incompetent ❷ *(nicht imstande)* incapable; ■ **zu etw** *dat* **~ |sein|** [to be] incapable of sth; ■ **~ sein, etw** *akk* **zu tun** to be incapable of doing sth

Un·fä·hig·keit *f kein pl* incompetence

un·fair [ˈʊnfɛːɐ̯] **I.** *adj* unfair; ■ **~ |gegen jdn** [*o* **jdm gegenüber|**] **sein** to be unfair [to [*or* towards] sb] **II.** *adv* unfairly

Un·fall [ˈʊnfal] *m* accident, mishap *hum;* **einen ~ haben** to have an accident

Un·fall·be·tei·lig·te(r) <-n, -n> *decl wie adj f (m)* person involved in an accident **Un·fall·fah·rer(in)** *m(f)* driver at fault in an accident **Un·fall·flucht** *f* failure to stop after being involved in an accident; *(mit Verletzten)* hit-and-run [driving] **Un·fall·fol·ge** *f meist pl* MED injury resulting from an/the accident **un·fall·frei** **I.** *adj* accident-free **II.** *adv* without an accident **Un·fall·kran·ken·haus** *nt* hospital dealing solely with accidents and emergencies **Un·fall·op·fer** *nt* accident victim **Un·fall·ort** *m* scene of an/the accident **Un·fall·scha·den** *m* accident damage *no pl* **Un·fall·sta·tis·tik** *f* accident statistics *pl* **Un·fall·stel·le** *f* place of the accident **Un·fall·tod** *m* accidental death **Un·fall·to·te(r)** *f(m) decl wie adj f* road casualty **un·fall·träch·tig** <-er, -ste> *adj* accident-prone, prone to accidents *pred* **Un·fall·ur·sa·che** *f* cause of a/the accident **Un·fall·ver·letz·te(r)** *f(m)* casualty **Un·fall·ver·si·che·rung** *f* accident insurance **Un·fall·zeu·ge, -zeu·gin** *m, f* witness of an/the accident

un·fass·barᴿᴿ, **un·faß·bar**ᴬᴸᵀ [ʊnˈfasbaːɐ̯], **un·fass-**

lich^{RR}**, un·faß·lich**^{ALT} [ʊnˈfaslɪç] *adj* ❶ *(unbegreiflich)* incomprehensible; *(Phänomen)* incredible; ■ **jdm** [*o* **für jdn**] **~ sein, was/wie …** to be incomprehensible to sb, what/how … ❷ *(unerhört)* outrageous

un·fehl·bar [ʊnˈfeːlbaːɐ̯] **I.** *adj* infallible, unfailing; *(Geschmack)* impeccable; *(Gespür, Instinkt)* unerring **II.** *adv* without fail

Un·fehl·bar·keit <-> *f kein pl* infallibility

un·fer·tig [ˈʊnfɛrtɪç] *adj* ❶ *(noch nicht fertig gestellt)* unfinished ❷ *(unreif)* immature

un·flä·tig [ˈʊnflɛːtɪç] **I.** *adj (geh)* uncouth, crude; *(Ausdrucksweise)* obscene; *(Verhaltensweise)* coarse **II.** *adv* crudely, in an uncouth manner, coarsely

un·för·mig [ˈʊnfœrmɪç] **I.** *adj* shapeless; *(groß)* cumbersome; *(Gesicht)* misshapen; *(Bein)* unshapely **II.** *adv* shapelessly; **sich** *akk* **~ vergrößern** to grow unshapely

Un·för·mig·keit <-> *f kein pl* unshapeliness, shapelessness, cumbersomeness

un·fran·kiert [ˈʊnfraŋkiːɐ̯t] **I.** *adj* unstamped **II.** *adv* without a stamp

un·frei [ˈʊnfrai] *adj* ❶ *(nicht frei)* not free; *(gehemmt)* inhibited; ■ **~ sein** *a.* HIST to be a slave [*or* serf] ❷ *s.* **unfrankiert**

Un·frei·e(r) *f(m) decl wie adj* HIST serf

Un·frei·heit *f kein pl* lack of freedom; *a.* HIST slavery *no indef art, no pl,* bondage *no indef art, no pl form*

un·frei·wil·lig [ˈʊnfraivɪlɪç] **I.** *adj* ❶ *(gezwungen)* compulsory ❷ *(unbeabsichtigt)* unintentional **II.** *adv* ■ **etw** *akk* **~ tun** to be forced to do sth

un·freund·lich [ˈʊnfrɔyntlɪç] **I.** *adj* ❶ *(nicht liebenswürdig)* unfriendly; ■ **zu jdm ~ sein** to be unfriendly to sb ❷ *(unangenehm)* unpleasant; *(Wetter)* unpleasant, inclement *form; (Klima)* inhospitable, disagreeable; *(Jahreszeit, Tag)* dreary; *(Raum)* cheerless **II.** *adv* **sich** *akk* **jdm gegenüber ~ benehmen** to be unfriendly [*or* cold] to sb; **jdn ~ behandeln** to treat sb in an unfriendly [*or* cold] manner, to be unfriendly [*or* cold] to sb

Un·freund·lich·keit *f* unfriendliness

Un·frie·de(n) [ˈʊnfriːdə] *m kein pl* trouble, strife *no pl, no indef art,* conflict; **in ~n** on bad terms; **~n stiften** to cause trouble [*or* strife]; **in ~n leben** to live in conflict; **in ~n auseinandergehen** to part unamicably

un·frucht·bar [ˈʊnfrʊxtbaːɐ̯] *adj* ❶ MED *(steril)* infertile, sterile ❷ AGR *(nicht ertragreich)* infertile, barren

Un·frucht·bar·keit *f kein pl* ❶ MED *(Sterilität)* infertility, sterility ❷ AGR *(fehlende Bodenfruchtbarkeit)* barrenness

Un·fug <-s> [ˈʊnfuːk] *m kein pl* nonsense; **~ machen** to get up to mischief; **mach keinen ~!** stop that nonsense!; **grober ~** JUR public nuisance

Un·gar(in) <-n, -n> [ˈʊŋɡar] *m(f)* Hungarian; *s. a.* **Deutsche(r)**

un·ga·risch [ˈʊŋɡarɪʃ] *adj* ❶ GEOG Hungarian; *s. a.* **deutsch 1** ❷ LING Hungarian; *s. a.* **deutsch 2**

Un·ga·risch [ˈʊŋɡarɪʃ] *nt decl wie adj* Hungarian; *s. a.* **Deutsch**

Un·ga·ri·sche <-n> *nt* ■ **das ~** Hungarian, the Hungarian language; *s. a.* **Deutsche**

Un·garn <-s> [ˈʊŋɡarn] *nt* Hungary; *s. a.* **Deutschland**

un·gast·lich [ˈʊnɡastlɪç] *adj* uninviting, inhospitable *form*

un·ge·ach·tet [ˈʊnɡəʔaxtət] *präp +gen (geh)* despite sth, in spite of sth; ■ **~ dessen, dass …** in spite of [*or* despite] the fact that …

un·ge·ahnt [ˈʊnɡəʔaːnt] *adj* undreamed [*or* BRIT undreamt] of

un·ge·bär·dig [ˈʊnɡəbɛːɐ̯dɪç] *adj* unruly

un·ge·be·ten [ˈʊnɡəbeːtn̩] **I.** *adj* ❶ *(nicht eingeladen)* uninvited, unwelcome ❷ *(ohne Aufforderung erfolgt)* unwelcome **II.** *adv* ❶ *(ohne eingeladen zu sein)* without being invited ❷ *(ohne aufgefordert zu sein)* without an invitation

un·ge·bil·det [ˈʊnɡəbɪldət] *adj* uneducated

un·ge·bo·ren [ˈʊnɡəboːrən] *adj* unborn

un·ge·bräuch·lich [ˈʊnɡəbrɔyçlɪç] *adj* uncommon, not in use *pred; (Methode, Verfahren)* [out]dated

un·ge·braucht **I.** *adj* unused; ■ **~ sein** to have never been used, to be unused **II.** *adv* unused

un·ge·bro·chen [ˈʊnɡəbrɔxn̩] **I.** *adj* unbroken **II.** *adv* **~ weiterkämpfen/weitermachen** to carry on fighting/carry on unassumed

un·ge·bühr·lich [ˈʊnɡəbyːɐ̯lɪç] **I.** *adj (geh)* ❶ *(ungehörig)* improper ❷ *(nicht angemessen)* unreasonable **II.** *adv (geh)* ❶ *(ungehörig)* improperly ❷ *(über Gebühr)* **sich** *akk* **~ ärgern** to overreact, to make a mountain out of a molehill

un·ge·bun·den [ˈʊnɡəbʊndn̩] *adj* unattached, [fancy-]free; **ein ~es Leben führen** to lead a fancy-free life; ■ **~ sein** *(unliiert)* to be unattached, to be footloose and fancy-free

un·ge·deckt [ˈʊnɡədɛkt] *adj* ❶ FIN uncovered ❷ *(noch nicht gedeckt)* unlaid

Un·ge·duld [ˈʊnɡədʊlt] *f* impatience; **voller ~** impatiently; **vor ~** with impatience

un·ge·dul·dig [ˈʊnɡədʊldɪç] **I.** *adj* impatient **II.** *adv* impatiently

un·ge·eig·net [ˈʊnɡəʔaiɡnət] *adj* unsuitable; ■ [**für etw** *akk*] **~ sein** to be unsuited [for sth]

un·ge·fähr [ˈʊnɡəfɛːɐ̯] **I.** *adv* ❶ *(zirka)* approximately, roughly, about *fam;* **um ~ …,** **~ um …** by about …; *(Zeit)* at about [*or* around] … ❷ *(etwa)* **~ da** [*o* **dort**] around there, *esp* BRIT thereabouts; **~ hier** around here; **~ so** something like this/that ❸ *(in etwa)* more or less; **das dürfte ~ hinkommen** that's more or less it, that's near enough right ▸ WENDUNGEN: **von ~** by chance, by the by *fam;* **nicht von ~** not without good reason [*or* cause], not for nothing **II.** *adj attr* approximate, rough

un·ge·fähr·det [ˈʊnɡəfɛːɐ̯dət] **I.** *adj* safe **II.** *adv* safely

un·ge·fähr·lich [ˈʊnɡəfɛːɐ̯lɪç] *adj* harmless; ■ **~ sein, etw** *akk* **zu tun** to be safe to do sth

un·ge·färbt [ˈʊnɡəfɛrpt] *adj* undyed, natural

un·ge·fragt [ˈʊnɡəfraːkt] *adv* without being asked

un·ge·hal·ten [ˈʊnɡəhaltn̩] **I.** *adj (geh)* indignant; ■ **~ [über etw** *akk***] sein/werden** to be/become indignant [about sth] **II.** *adv (geh)* indignantly

un·ge·heizt [ˈʊnɡəhaitst] *adj* unheated

un·ge·hemmt [ˈʊnɡəhɛmt] **I.** *adj* uninhibited **II.** *adv* uninhibitedly

un·ge·heu·er [ˈʊnɡəhɔyɐ] **I.** *adj* ❶ *(ein gewaltiges Ausmaß besitzend)* enormous ❷ *(größte Intensität besitzend)* tremendous; *(Schmerz, Leiden)* dreadful ❸ *(größte Bedeutung besitzend)* tremendous **II.** *adv* ❶ *(äußerst)* terribly ❷ *(ganz besonders)* enormously, tremendously

Un·ge·heu·er <-s, -> [ˈʊnɡəhɔyɐ] *nt* monster, ogre

ungeheuerlich [ʊnɡəˈhɔyɐlɪç] *adj* ❶ *(unerhört)* outrageous, preposterous; **das ist ja ~!** that's outrageous! ❷ *s.* **ungeheuer 1**

Un·ge·heu·er·lich·keit <-, -en> *f kein pl (empörende Art)* outrageousness ❷ *(unerhörte Bemerkung)* outrageous remark; **das ist ja eine ~!** how outrageous! ❸ *(unerhörte Handlung)* monstrosity; *(Verbrechen)* atrocity

un·ge·hin·dert [ˈʊnɡəhɪndɐt] **I.** *adj* unhindered **II.** *adv* without hindrance

un·ge·ho·belt [ˈʊnɡəhoːblt] *adj* ❶ *(schwerfällig)* uncouth, boorish; *(grob)* coarse ❷ *(nicht glatt gehobelt)* unplaned

un·ge·hö·rig [ˈʊnɡəhøːrɪç] **I.** *adj* impertinent **II.** *adv*

impertinently

Un·ge·hö·rig·keit <-, -en> *f kein pl* impertinence *no pl*

un·ge·hor·sam ['ʊngəhoːɐ̯zaːm] *adj* disobedient; ▪ [jdm gegenüber] ~ sein to be disobedient [towards sb]

Un·ge·hor·sam ['ʊngəhoːɐ̯zaːm] *m* disobedience; **ziviler** ~ civil disobedience

un·ge·hört *adv* unheard

Un·geist *m kein pl (geh)* ▪ der ~ einer S. *gen* the demon of sth

un·ge·kämmt I. *adj (nicht gekämmt)* uncombed; *(nicht frisiert)* unkempt II. *adv* unkempt

un·ge·klärt ['ʊngəklɛːɐ̯t] I. *adj ① (nicht aufgeklärt)* unsolved; ▪ [noch] ~ sein to be [yet] unsolved; *s. a.* **Ursache** ② ÖKOL *(nicht geklärt)* untreated II. *adv* ÖKOL untreated

un·ge·kün·digt ['ʊngəkʏndɪçt] *adj* ein ~es Arbeitsverhältnis/eine ~e Stellung haben to not be under notice of resignation; ▪ ~ sein to not be under notice of resignation

un·ge·küns·telt <-er, -este> ['ʊngəkʏnstlt] *adj* natural, unaffected

un·ge·kürzt ['ʊngəkʏrtst] I. *adj* MEDIA unabridged; *(FILM)* uncut II. *adv* in its unabridged version; FILM in its uncut version

un·ge·la·den ['ʊngəlaːdn̩] *adj ① (nicht geladen)* unloaded ② *(nicht eingeladen)* uninvited

un·ge·le·gen ['ʊngəleːgn̩] *adj* inconvenient; [jdm] ~ kommen to be inconvenient [for sb], to be an inconvenience [for sb]; *(zeitlich)* to be an inconvenient time [for sb]

Un·ge·le·gen·hei·ten *pl* inconvenience; jdm ~ machen [*o geh:* bereiten] to inconvenience sb

un·ge·lenk ['ʊngəlɛŋk] I. *adj* clumsy, awkward II. *adv* clumsily, awkwardly

un·ge·len·kig ['ʊngəlɛŋkɪç] *adj* inflexible, unsupple

un·ge·lernt ['ʊngəlɛrnt] *adj attr* unskilled

un·ge·liebt ['ʊngəliːpt] *adj ① (nicht geliebt)* unloved ② *(nicht gemocht)* loathed ③ *s.* **unbeliebt**

un·ge·lo·gen ['ʊngəloːgn̩] *adv (fam)* honestly, honest *fam;* das ist die Wahrheit, ~! honestly, it's the truth!

un·ge·löst ['ʊngəløːst] *adj* unsolved; *(Fragen)* unresolved

Un·ge·mach <-s> ['ʊngəmaːx] *nt kein pl (geh)* inconvenience

un·ge·mah·len *adj* unground

un·ge·mein ['ʊngəmain] I. *adv* immensely, terribly; das freut mich ganz ~ I'm immensely happy about that II. *adj* immense, tremendous

un·ge·müt·lich ['ʊngəmyːtlɪç] *adj ① (nicht gemütlich)* uninviting ② *(unerfreulich)* uncomfortable, disagreeable ▸ WENDUNGEN: ~ werden ~ werden können *(fam)* to become nasty, to be able to become nasty

Un·ge·müt·lich·keit *f* uncomfortableness, unpleasantness

un·ge·nannt ['ʊngənant] *adj* unnamed

un·ge·nau ['ʊngənau] I. *adj ① (nicht exakt)* vague, inexact; ▪ ~ [in etw *dat*] sein to be vague [in sth] ② *(nicht korrekt)* inaccurate II. *adv ① (nicht exakt)* vaguely, inexactly ② *(nicht korrekt)* incorrectly

Un·ge·nau·ig·keit <-, -en> *f ① kein pl (nicht exakte Beschaffenheit)* vagueness ② *kein pl (mangelnde Korrektheit)* inaccuracy ③ *(ungenaues Zitat)* inaccuracy

un·ge·niert ['ʊnʒeniːɐ̯t] I. *adj* uninhibited, unembarrassed, unconcerned II. *adv* uninhibitedly, freely

Un·ge·niert·heit <-> *f kein pl* lack of inhibition

un·ge·nieß·bar ['ʊngəniːsbaːɐ̯] *adj ① (nicht zum Genuss geeignet)* inedible; *(Getränke)* undrinkable ② *(schlecht schmeckend)* unpalatable ③ *(fam: unausstehlich)* unbearable, loathsome, horrid

un·ge·nü·gend ['ʊngənyːgnt] I. *adj ① (nicht ausreichend)* insufficient; *Information* inadequate ② SCH *(schlechteste Zensur)* unsatisfactory *(the lowest mark)* II. *adv* insufficiently, inadequately

un·ge·nutzt ['ʊngənʊtst], **un·ge·nützt** ['ʊngənʏtst] I. *adj* unused; *(materielle/personelle Ressourcen)* unexploited; *(Gelegenheit)* missed; ▪ bleiben to not be taken advantage of; etw *akk* ~ lassen to not take advantage of sth II. *adv* eine Chance ~ verstreichen lassen [*o* vorübergehen] to miss a chance, to let a chance go by [*or* slip]

un·ge·pflegt ['ʊngəpfleːkt] *adj ① (nicht gepflegt)* ungroomed, unkempt; *(Hände)* neglected, uncaredfor ② *(vernachlässigt)* neglected, not very well looked after

un·ge·prüft ['ʊngəpryːft] I. *adj* unchecked II. *adv* without checking

un·ge·ra·de ['ʊngəraːdə] *adj* odd; eine ~ Zahl an odd number

un·ge·recht ['ʊngərɛçt] I. *adj* unjust, unfair; ~e Behandlung unjust treatment; ein ~er Richter a partial judge; ▪ ~ [gegen jdn [*o* jdm gegenüber]] sein to be unfair [to sb]; ▪ ~ [von jdm] sein, etw zu tun to be unfair [of sb] to do sth II. *adv* unjustly, unfairly; sich ~ verhalten to behave unfairly

un·ge·rech·ter·wei·se *adv* unjustly, unfairly

un·ge·recht·fer·tigt ['ʊngərɛçtfɛrtɪçt] *adj* unjustified

Un·ge·rech·tig·keit <-, -en> *f ① kein pl (ungerechte Art)* injustice, unfairness; die ~ der Beurteilung the injustice of the judgement; so eine ~! how unjust! [*or* unfair!] ② *(ungerechte Handlung)* injustice, unfairness

un·ge·re·gelt ['ʊngəreːglt] *adj ① (unregelmäßig)* unsettled, disordered ② *(selten: nicht erledigt)* unsettled ▸ WENDUNGEN: ~er Katalysator open-loop catalyst

un·ge·reimt ['ʊngəraimt] *adj ① (verworren)* muddled; er redet völlig ~es Zeug he is talking a load of nonsense ② *(keinen Reim aufweisend)* unrhymed; ~e Verse blank verse

Un·ge·reimt·heit <-, -en> *f ① kein pl (verworrene Art)* muddle ② *(ungereimte Äußerung)* inconsistency; der Bericht weist viele ~en auf there are many inconsistencies in the report

un·gern ['ʊngɛrn] *adv* reluctantly; etw ~ tun to do sth reluctantly; [höchst] ~! with [the greatest of] reluctance!

un·ge·rührt ['ʊngəryːɐ̯t] *adj* unmoved; mit ~er Miene with a deadpan expression [*or* face] II. *adv* unmoved

un·ge·sal·zen ['ʊngəzaltsn̩] *adj* unsalted

un·ge·sät·tigt ['ʊngəzɛtɪçt] *adj ① (geh: noch hungrig)* unsatisfied ② CHEM unsaturated

un·ge·schält ['ʊngəʃɛːlt] I. *adj* Frucht, Obst unpeeled; Getreide, Reis unhusked II. *adv* unpeeled

un·ge·sche·hen ['ʊngəʃeːən] *adj* undone; etw ~ machen to undo sth

Un·ge·schick <-[e]s> ['ʊngəʃɪk] *nt kein pl (geh)* *s.* **Ungeschicklichkeit**

Un·ge·schick·lich·keit <-, -en> *f ① kein pl (ungeschickte Art)* clumsiness ② *(ungeschicktes Verhalten)* clumsiness

un·ge·schickt ['ʊngəʃɪkt] *adj ① (unbeholfen)* clumsy; eine ~e Bewegung a clumsy movement; *(unbedacht)* careless, inept; eine ~e Äußerung a careless comment; ▪ ~ [von jdm] sein to be inept [of sb] ② DIAL, SÜDD *(selten: unhandlich)* unwieldy; ein ~es Werkzeug an unwieldy tool; *(ungelegen)* awkward; etw kommt ~ sth happens at an awkward time

Un·ge·schickt·heit *f s.* **Ungeschicklichkeit**

un·ge·schlecht·lich *adj inv* BIOL asexual

un·ge·schlif·fen ['ʊngəʃlɪfn̩] *adj ① (nicht geschliffen)*

uncut; *Messer, Klinge* blunt; **~e Diamanten** uncut diamonds ❷ *(pej: grob, ohne Manieren)* uncouth; **~es Benehmen** uncouth behaviour [*or* AM -or]; **ein ~er Kerl** an uncouth man

un·ge·schminkt [ˈʊŋgəʃmɪŋkt] *adj* ❶ *(nicht geschminkt)* without make-up ❷ *(unbeschönigt)* unvarnished; **die ~e Wahrheit** the unvarnished truth; **jdm ~ die Wahrheit sagen** to tell sb the unvarnished truth

un·ge·schnit·ten *adj inv* FILM, TV *Film* unedited

un·ge·scho·ren [ˈʊŋgəʃoːrən] **I.** *adj* unshorn; **~e Schafe** unshorn sheep **II.** *adv* unscathed; **~ davonkommen** to get away with it

un·ge·schrie·ben [ˈʊŋgəʃriːbn̩] *adj pred* unwritten; **~ bleiben** to be left unwritten; **etw ~ lassen** not to write sth; *s. a.* **Gesetz**

un·ge·se·hen [ˈʊŋgəzeːən] **I.** *adj inv (selten)* unseen **II.** *adv inv* unseen, without being seen

un·ge·sel·lig [ˈʊŋgəzɛlɪç] *adj* unsociable

un·ge·setz·lich [ˈʊŋgəzɛtslɪç] *adj* unlawful, illegal

un·ge·setzt *adj* SPORT unseeded

un·ge·si·chert *adj* unsecured

un·ge·stem·pelt [ˈʊŋgəʃtɛmpl̩t] *adj* unstamped; **eine ~e Briefmarke** an unfranked stamp

un·ge·stillt [ˈʊŋgəʃtɪlt] *adj inv (geh)* unstilled

un·ge·stört [ˈʊŋgəʃtøːɐt] **I.** *adj* undisturbed; **~ sein wollen** to want to be left alone **II.** *adv* without being disturbed

un·ge·straft [ˈʊŋgəʃtraːft] *adv* with impunity; **~ davonkommen** to get away scot-free

un·ge·stüm [ˈʊŋgəʃtyːm] **I.** *adj Art, Temperament* impetuous; *Wind* gusty; *Meer* rough, turbulent; **eine ~e Begrüßung** an enthusiastic greeting **II.** *adv* enthusiastically, passionately

Un·ge·stüm <-[e]s> [ˈʊŋgəʃtyːm] *nt kein pl* impetuosity; **jugendliches ~** youthful impetuosity; **voller ~** passionately, boisterously

un·ge·sühnt [ˈʊŋgəzyːnt] *adj* unatoned, unexpiated

un·ge·sund [ˈʊŋgəzʊnt] **I.** *adj* ❶ *(der Gesundheit abträglich)* unhealthy; **ein ~es Klima** an unhealthy climate ❷ *(nicht gesund, kränklich)* unhealthy; **ein ~es Aussehen** an unhealthy appearance **II.** *adv* unhealthily; **sich ~ ernähren** to not have a healthy diet

un·ge·süßt *adj* unsweetened

un·ge·trübt [ˈʊŋgətryːpt] *adj Freude, Glück* unclouded; *Tage, Zeit* perfect

Un·ge·tüm <-[e]s, -e> [ˈʊŋgətyːm] *nt* ❶ *(veraltend: monströses Wesen)* monster ❷ *(fam: riesiger Gegenstand)* monster *fam;* **dieses ~ von Schrank passt nicht durch die Haustür** this monster of a cupboard won't go through the front door

un·ge·übt [ˈʊŋgəʔyːpt] *adj* unpractised [*or* AM -ced]; **~e Lehrlinge** inexperienced apprentices; ▪ [**in etw** *dat*] **~ sein** to be out of practice [at sth]

un·ge·wissRR [ˈʊŋgəvɪs] *adj*, **ungewiß**ALT *adj* ❶ *(nicht feststehend)* uncertain; **eine ~e Zukunft** an uncertain future; ▪ **noch ~ sein, ob/wie …** to be still uncertain, whether/how …; **Sprung ins U~e** a leap into the unknown ❷ *(unentschlossen)* uncertain, unsure; ▪ **sich noch ~ sein** to be still uncertain; **sich über etw** *akk* **im Ungewissen sein** to be uncertain [*or* unsure] about sth; **jdn** [**über etw** *akk*] **im Ungewissen lassen** to leave sb in the dark [about sth] *fam;* **etw im Ungewissen lassen** to leave sth vague [*or* indefinite] ❸ *(geh: unbestimmbar)* undefinable; **Augen von ~er Farbe** eyes of an indefinable colour [*or* AM -or]

Un·ge·wiss·heitRR <-, -en> *f* uncertainty

un·ge·wöhn·lich [ˈʊŋgəvøːnlɪç] **I.** *adj* ❶ *(vom Üblichen abweichend)* unusual; **eine ~e Bitte** an unusual request; ▪ **etwas/nichts U~es** something/

nothing unusual ❷ *(außergewöhnlich)* unusual, remarkable; **eine ~e Leistung** a remarkable achievement **II.** *adv* ❶ *(äußerst)* exceptionally; **~ schön/klein** exceptionally beautiful/small; **~ begabt** unusually gifted ❷ *(in nicht üblicher Weise)* unusually; **sich ~ benehmen** to behave unusually [*or* strangely]

un·ge·wohnt [ˈʊŋgəvoːnt] *adj* unusual; **ein ~er Anblick** an unusual sight; **~e Freundlichkeit** unusual friendliness; ▪ **jdm ~ sein** to be unfamiliar to sb

un·ge·wollt [ˈʊŋgəvɔlt] **I.** *adj* unintentional, inadvertent; **eine ~e Schwangerschaft** an unwanted pregnancy **II.** *adv* unintentionally, inadvertently; **ich musste ~ grinsen** I couldn't help grinning

un·ge·zählt [ˈʊŋgətsɛːlt] *adj inv* ❶ *(selten: unzählig)* innumerable, countless ❷ *(nicht nachgezählt)* uncounted

Un·ge·zie·fer <-s> [ˈʊŋgətsiːfɐ] *nt kein pl* pests *pl*, vermin

un·ge·zo·gen [ˈʊŋgətsoːgn̩] **I.** *adj Kind* naughty, badly-behaved; *Bemerkung* impertinent; ▪ **~** [**von jdm**] **sein** to be ill-mannered [of sb] **II.** *adv* impertinently, naughtily; **sich ~ benehmen** to behave badly

Un·ge·zo·gen·heit <-, -en> *f* ❶ *kein pl (ungezogene Art)* naughtiness, bad behaviour [*or* AM -or] ❷ *(ungezogene Äußerung)* impertinent remark; *(ungezogene Handlung)* bad manners *npl*

un·ge·zü·gelt [ˈʊŋgətsyːgl̩t] *adj* unbridled

un·ge·zwun·gen [ˈʊŋgətsvʊŋən] *adj* casual, informal; **eine ~e Atmosphäre** an informal atmosphere; **frei und ~** without restraint

Un·ge·zwun·gen·heit *f* casualness, informality

Un·glau·be [ˈʊŋglaʊbə] *m* ❶ *(Zweifel)* disbelief, scepticism ❷ *(Gottlosigkeit)* unbelief, lack of faith

un·glaub·haft [ˈʊŋglaʊphaft] **I.** *adj* unbelievable, incredulous; **~ wirken** to appear to be implausible **II.** *adv* unbelievably, incredulously

un·gläu·big [ˈʊŋglɔybɪç] *adj* ❶ *(etw nicht glauben wollend)* disbelieving, incredulous; **ein ~es Gesicht machen** to raise one's eyebrows in disbelief; **ein ~es Kopfschütteln** an incredulous shake of the head ❷ *(gottlos)* unbelieving, irreligious; **~e Menschen bekehren** to convert the unbelievers

Un·gläu·bi·ge(r) *f(m) decl wie adj* unbeliever, infidel

un·glaub·lich [ˈʊŋglaʊplɪç] **I.** *adj* ❶ *(nicht glaubhaft)* unbelievable, incredible ❷ *(unerhört)* outrageous; **ein ~es Benehmen** outrageous behaviour [*or* AM -or]; **~e Zustände** outrageous conditions **II.** *adv (fam: überaus)* incredibly, extremely

un·glaub·wür·dig [ˈʊŋglaʊpvʏrdɪç] **I.** *adj* implausible, dubious; **eine ~e Geschichte** an implausible story; **ein ~er Zeuge** an unreliable witness; **sich ~ machen** to lose credibility **II.** *adv* implausibly, dubiously; **seine Aussage klingt ~** his statement sounds dubious [*or* fishy] *fam*

Un·glaub·wür·dig·keit *f* implausibility, unreliability

un·gleich [ˈʊŋglaɪç] **I.** *adj* ❶ *(unterschiedlich) Bezahlung* unequal; *Belastung* uneven; *Paar* odd; *Gegenstände, Waffen* different, dissimilar, unlike; **mit ~en Mitteln kämpfen** to fight using different methods ❷ *(unterschiedliche Voraussetzungen aufweisend)* unequal; **ein ~er Kampf** an unequal fight **II.** *adv* ❶ *(unterschiedlich)* unequally; **~ stark sein** to be unevenly matched ❷ *vor comp (weitaus)* far **III.** *präp mit dat (geh)* unlike

Un·gleich·ge·wicht *nt* imbalance

Un·gleich·heit <-, -en> *f* dissimilarity, difference, inequality

un·gleich·mä·ßig **I.** *adj* ❶ *(unregelmäßig)* irregular; **ein ~er Puls** an irregular pulse ❷ *(nicht zu gleichen Teilen)* uneven; **eine ~e Belastung** an uneven load; **eine ~e Verteilung** an uneven distribution **II.** *adv*

❶ *(unregelmäßig)* irregularly; ~ **atmen** to breathe irregularly ❷ *(ungleich)* unevenly

Un·gleich·mä·ßig·keit <-, -en> ❶ *(Unregelmäßigkeit)* irregularity ❷ *(Ungleichheit)* unevenness

Un·glück <-glücke> ['ʊnglʏk] *nt* ❶ *kein pl (Pech)* bad luck, misfortune; **[jdm]** ~ **bringen** to bring [sb] bad luck; **in sein** ~ **rennen** *(fam)* to rush headlong into disaster; **jdn ins** ~ **stürzen** *(geh)* to be sb's undoing; **zu allem** ~ to make matters worse ❷ *(katastrophales Ereignis)* disaster, tragedy; **ein** ~ **verhindern** to prevent a disaster ❸ *kein pl (Elend)* unhappiness ▸ WENDUNGEN: ~ **im Spiel, Glück in der Liebe** *(prov)* unlucky at cards, lucky in love; **ein** ~ **kommt selten allein** *(prov)* it never rains but it pours *prov*

un·glück·lich ['ʊnglʏklɪç] **I.** *adj* ❶ *(betrübt)* unhappy; **ein ~es Gesicht machen** to make [*or* BRIT pull] an unhappy face; **sich** ~ **machen** to bring misfortune on oneself; **jdn** ~ **machen** to make sb unhappy ❷ *(ungünstig)* unfortunate; **ein ~er Zufall** an unfortunate incident; **eine ~e Liebe** unrequited love ❸ *(einen Unglücksfall verursachend, ungeschickt)* unfortunate, unlucky; **eine ~e Figur abgeben** *(fig)* to cut a sorry figure; **eine ~e Bewegung machen** to move awkwardly **II.** *adv* ❶ *(ohne glücklichen Ausgang)* unfortunately; ~ **verliebt sein** to be crossed in love ❷ *(ungeschickt)* unluckily, unfortunately

un·glück·li·cher·wei·se *adv* unfortunately

Un·glücks·bo·te, -bo·tin *m, f* bearer of bad news **Un·glücks·bot·schaft** *f* bad news + *sing vb*

un·glück·se·lig ['ʊnglʏkze:lɪç] *adj* ❶ *(vom Unglück verfolgt)* unfortunate ❷ *(unglücklich [verlaufend])* disastrous, unfortunate

Un·glücks·fall *m* ❶ *(Unfall)* accident ❷ *(unglückliche Begebenheit)* mishap **Un·glücks·ra·be** *m (fam)* unlucky person **Un·glücks·tag** *m* ❶ *(fam: unglücklich verlaufener Tag)* bad day ❷ *(Tag eines Unglücks)* day of the accident **Un·glücks·zahl** *f (fam)* unlucky number

un·gnä·dig ['ʊngnɛ:dɪç] **I.** *adj* ❶ *(gereizt, unfreundlich)* ungracious, bad-tempered ❷ *(geh: verhängnisvoll)* fated; **ein ~es Schicksal** a cruel fate **II.** *adv* bad temperedly, ungraciously; **jdn** ~ **ansehen** to look at sb with little enthusiasm

un·gül·tig ['ʊngʏltɪç] *adj (nicht mehr gültig)* invalid; **ein ~er Pass** an invalid passport; **ein ~es Tor** a disallowed goal; **ein ~er Sprung** a no-jump; *(nichtig)* void; **eine ~e Stimme** a spoiled ballot-paper; **etw für** ~ **erklären** to declare sth null and void; **eine Ehe für** ~ **erklären** to annul a marriage

Un·gül·tig·keit *f (fehlende Gültigkeit)* invalidity; *(Nichtigkeit)* invalidity, voidness

Un·gül·tig·keits·er·klä·rung *f* invalidation

Un·gunst *f* ❶ *(geh: Unwillen)* disgrace; *Wetter* inclemency; **sich jds** ~ **zuziehen** to get into sb's bad books BRIT *fam,* to get on sb's bad side AM ❷ *(Nachteil)* **zu jds ~en** to sb's disadvantage

un·güns·tig ['ʊngʏnstɪç] *adj Augenblick, Zeit, Zeitpunkt* inopportune, inconvenient; *Wetter* inclement; **in einem ~en Licht** *(fig)* to appear in an unfavourable [*or* AM -or-] light *fig;* **Sie kommen in einem ~en Augenblick** you've come at a very inopportune moment; ■ **[für jdn/etw]** ~ **sein** to be inconvenient [for sb]/unfavourable [for sth]; *s. a.* **Fall**

un·gut ['ʊngu:t] *adj* bad; *Verhältnis* strained; **ein ~es Gefühl bei etw haben** to have an uneasy [*or* bad] feeling about sth ▸ WENDUNGEN: **nichts für ~!** no offence [*or* AM -se] !

un·halt·bar ['ʊnhaltba:ɐ̯] *adj* ❶ *(haltlos)* untenable;

eine ~e **Theorie** an untenable theory ❷ *(unerträglich)* intolerable; **eine ~e Situation** an intolerable situation; ~e **Zustände** intolerable conditions ❸ SPORT *(fam)* unstoppable; **ein ~er Ball** an unstoppable ball

un·hand·lich ['ʊnhantlɪç] *adj* unwieldy

un·har·mo·nisch ['ʊnharmoːnɪʃ] *adj* ❶ *(nicht harmonisch, in Einklang)* unharmonious ❷ *(in Farbe, Form o. Ä. nicht zusammenpassend)* unharmonious

Un·heil ['ʊnhail] *nt (geh)* disaster; ~ **anrichten** *(fam)* to get up to mischief; **jdm droht** ~ sth spells disaster for sb; **großes/viel** ~ **anrichten** to wreak havoc

un·heil·bar ['ʊnhailba:ɐ̯] **I.** *adj* incurable **II.** *adv* incurably; ~ **krank sein** to be terminally ill

un·heil·voll ['ʊnhailfɔl] *adj* fateful, ominous; **eine ~ Botschaft** a fateful message; **ein ~er Blick** an ominous look

un·heim·lich ['ʊnhaimlɪç] **I.** *adj* ❶ *(Grauen erregend)* eerie, sinister; **eine ~e Begegnung** an eerie encounter; ■ **etw/jd ist jdm** ~ sth/sb gives sb the creeps ❷ *(fam: unglaublich, sehr)* incredible; **du hattest ~es Glück** you're incredibly lucky ❸ *(fam: sehr groß, sehr viel)* terrific, terrible; **~en Hunger haben** to die of hunger *fig;* **es hat ~en Spaß gemacht** it was terrific fun **II.** *adv (fam)* incredibly; ~ **dick/groß sein** to be incredibly fat/tall

UN-Hilfs·flug *m* UN relief flight

un·höf·lich ['ʊnhøːflɪç] *adj* impolite

Un·höf·lich·keit *f* ❶ *kein pl (unhöfliche Art)* impoliteness ❷ *(unhöfliche Bemerkung)* discourteous remark; *(unhöfliche Handlung)* rudeness

Un·hold <-[e]s, -e> ['ʊnhɔlt] *m* fiend, monster

un·hör·bar [ʊnˈhøːɐ̯baːɐ̯] *adj* inaudible; ■ **[für jdn]** ~ **sein** to be inaudible [to sb]

un·hy·gi·e·nisch ['ʊnhygiˌeːnɪʃ] *adj* unhygienic

uni ['yni] *adj inv* plain; **ein ~ gefärbtes Hemd** a plain shirt

Uni¹ <-, -s> ['ʊni] *f (fam) kurz für* **Universität** university, uni BRIT

Uni² <-s, -s> ['yni] *nt* MODE plain colour [*or* AM -or]

UNICEF <-> ['uːnitsɛf] *f kein pl Akr von* **United Nations International Children's Emergency Fund**: ■ **[die]** ~ UNICEF

un·idio·ma·tisch *adj* unidiomatic

uni·far·ben ['yni-] *adj* plain

Uni·form <-, -en> [ʊniˈfɔrm, ˈʊnifɔrm] *f* uniform

uni·for·miert [ʊnifɔrˈmiːɐ̯t] *adj* uniformed; ■ ~ **sein** to be in uniform; **~e Polizisten** uniformed policemen

Uni·for·mier·te(r) *f(m) decl wie adj* person in uniform

Uni·kat <-[e]s, -e> [ʊniˈkaːt] *nt* ❶ *(geh: einzigartiges Exemplar)* unique specimen ❷ *(einzigartige Ausfertigung eines Schriftstücks)* unicum

Uni·kum <-s, -s** *o* Unika> ['uːnikʊm, *pl:* -ka] *nt* ❶ *(geh: einzigartiges Exemplar)* unique thing ❷ *(fam: merkwürdiger Mensch)* real character *fam*

un·in·te·res·sant ['ʊnʔɪntərɛsant] *adj* ❶ ÖKON *(nicht interessant)* of no interest; ■ **[für jdn]** ~ **sein** to be of no interest [to sb]; **ein ~es Angebot** an offer that is of no interest ❷ *(nicht interessant)* uninteresting; **ein ~es Buch** an uninteresting [*or* boring] book

un·in·te·res·siert ['ʊnʔɪntərɛsiːɐ̯t] *adj* disinterested; **ein ~es Gesicht machen** to appear disinterested; ■ **[an etw** *dat*] ~ **sein** to not be interested [in sth]

Uni·on <-, -en> [uˈni̯oːn] *f (Bund)* union; **die Europäische** ~ the European Union; **die Westeuropäische** ~ the Western European Union ❷ *kein pl* POL *(fam: die CDU/CSU)* the CDU and CSU; **die Junge** ~ the young CDU and CSU members

uni·so·no [ʊniˈzoːno] *adv* ❶ MUS *(einstimmig)* in unison; ~ **singen** to sing in unison ❷ *(geh: übereinstimmend)* unanimously

uni·ver·sal [ʊnivɐˈzaːl] **I.** *adj (geh)* universal; **ein ~es Werkzeug** an all-purpose tool; **~es Wissen** broad knowledge **II.** *adv (geh)* universally; **das Gerät ist ~ verwendbar** the appliance can be used for all purposes

Uni·ver·sal·dün·ger *m* universal fertilizer **Uni·ver·sal·er·be, -er·bin** *m, f* sole heir *masc,* sole heiress *fem* **Uni·ver·sal·ge·nie** *nt* all-round genius **Uni·ver·sal·kle·ber** *m* all-purpose glue **Uni·ver·sal·mes·ser** *nt* general-purpose knife, slicing knife **Uni·ver·sal·rei·ni·ger** *m* general-purpose cleaner **Uni·ver·sal·werk·zeug** *nt* all-purpose tool

uni·ver·sell [univɛrˈzɛl] *adj s.* **universal**

Uni·ver·si·tät <-, -en> [univɛrziˈtɛːt] *f* university; **die ~ München** the University of Munich; **an der ~ studieren** to study at university; **die ~ besuchen** to attend university; **auf die ~ gehen** *(fam)* to go to university

Uni·ver·si·täts·an·ge·stell·te(r) *f(m)* university employee **Uni·ver·si·täts·bib·li·o·thek** *f* university library **Uni·ver·si·täts·buch·hand·lung** *f* university bookshop [*or* AM bookstore] **Uni·ver·si·täts·in·sti·tut** *nt* university institute **Uni·ver·si·täts·kar·ri·e·re** *f* university career **Uni·ver·si·täts·kli·nik** *f* university hospital [*or* clinic] **Uni·ver·si·täts·lauf·bahn** *f* university career **Uni·ver·si·täts·pro·fes·sor, -pro·fes·so·rin** *m, f* university professor **Uni·ver·si·täts·stadt** *f* university town [*or* city] **Uni·ver·si·täts·stu·di·um** *nt* course of study at university; **mit/ohne ~** with/without a university education

Uni·ver·sum <-s, <*selten* -sen> [uniˈvɛrzʊm] *nt* universe; ■ **das ~** the universe

un·ka·me·rad·schaft·lich **I.** *adj* unfriendly; **~es Verhalten** unfriendly behaviour [*or* AM -or] **II.** *adv* in an unfriendly way

Un·ke <-, -n> [ˈʊŋkə] *f* ❶ *(Kröte)* toad ❷ *(fam: Schwarzseher)* prophet of doom, Jeremiah

un·ken [ˈʊŋkn̩] *vi (fam)* to prophesy doom

un·kennt·lich [ˈʊnkɛntlɪç] *adj* unrecognizable, indecipherable; **eine ~e Eintragung** an indecipherable entry; **etw ~ machen** to make sth unrecognizable; **sich [mit etw] ~ machen** to disguise oneself [with sth]

Un·kennt·lich·keit <-> *f* unrecognizable state, indecipherability; **bis zur ~** beyond recognition

Un·kennt·nis [ˈʊnkɛntnɪs] *f kein pl* ignorance; **in ~ über etw** *akk* **sein** to be ignorant of sth; **jdn in ~ über etw** *akk* **lassen** not to keep sb informed about sth, to keep sb in the dark about sth *fam;* **aus ~** out of ignorance ▸ WENDUNGEN: **~ schützt vor Strafe nicht** *(prov)* ignorance of the law is no excuse

Un·ken·ruf *m* ❶ *(fam: pessimistische Äußerung)* prophecy of doom ❷ ZOOL croak

un·klar [ˈʊnklaːɐ] **I.** *adj* ❶ *(unverständlich)* unclear ❷ *(ungeklärt)* unclear; **eine ~e Situation** an unclear situation; ■ **~ sein, warum/was/wie/ob ...** to be unclear [as to] why/what/how/whether ...; [**sich** *dat*] **im ~en [über etw** *akk*] **sein** to be uncertain [about sth]; **jdn [über etw** *akk*] **im U~en lassen/ halten** to leave/keep sb in the dark [about sth] ❸ *(verschwommen)* indistinct; *Wetter* hazy; **~e Umrisse** blurred outlines; **~e Erinnerungen** vague memories **II.** *adv* ❶ *(verschwommen)* **nur ~ zu erkennen sein** to be difficult to make out ❷ *(unverständlich)* unclearly; **sich ~ ausdrücken** to express oneself unclearly

Un·klar·heit <-, -en> *f* ❶ *kein pl (Ungewissheit)* uncertainty ❷ *(ungeklärter Tatbestand)* unclarified point

un·klug [ˈʊnkluːk] *adj* imprudent, unwise; **ein ~er Entschluss** an unwise decision

un·kol·le·gi·al [ˈʊnkɔlegiaːl] **I.** *adj* unaccommodating towards one's colleagues **II.** *adv* in an unaccommodating way towards one's colleagues

un·kom·pli·ziert [ˈʊnkɔmplitsiːɐt] *adj* straightforward,

simple, uncomplicated; **ein ~er Vorgang** a straightforward process; **ein ~er Fall** a simple case; **ein ~es Gerät** a straightforward appliance; **ein ~er Mensch** an uncomplicated [*or* straightforward] person

un·kon·trol·lier·bar [ˈʊnkɔntrɔliːɐbaːɐ] *adj* uncontrollable

un·kon·trol·liert [ˈʊnkɔntroliːɐt] **I.** *adj (keiner Kontrolle unterliegend)* unsupervised; **das ~e Betreten des Labors** unsupervised entry to the laboratory; *(ohne kontrolliert zu werden)* unchecked; *(ungehemmt)* uncontrolled; **ein ~er Wutanfall** an uncontrolled fit of anger **II.** *adv* without being checked

un·kon·ven·ti·o·nell [ˈʊnkɔnvɛntsɪonɛl] *adj (geh)* unconventional

UN-Kon·voi *m* UN convoy

un·kon·zen·triert [ˈʊnkɔntsɛntriːɐt] *adj* unconcentrated

Un·kos·ten [ˈʊnkɔstn̩] *pl* [additional] expense, costs *npl;* [**mit etw**] **~ haben** to incur expense [with sth]; **sich** *akk* **in ~ stürzen** *(fam)* to go to a lot of expense; **die Einnahmen decken nicht einmal die ~** the takings don't even cover the costs

Un·kos·ten·bei·trag *m* contribution towards expenses [*or* costs]

Un·kraut [ˈʊnkraut] *nt* weed; ▸ WENDUNGEN: **~ vergeht nicht** *(prov)* it will take more than that to finish me/him etc. off

Un·kraut·be·kämp·fung *f* weed control **Un·kraut·be·kämp·fungs·mit·tel** *nt,* **Un·kraut·ver·til·gungs·mit·tel** *nt,* **Un·kraut·ver·nich·ter** <-s, -> *m* herbicide, weed killer *fam*

un·kri·tisch [ˈʊnkriːtɪʃ] *adj* uncritical

un·kul·ti·viert [ˈʊnkʊltiviːɐt] **I.** *adj (pej)* uncultured **II.** *adv (pej)* in an uncultured manner; **sich ~ benehmen** to behave badly

Un·kul·tur [ˈʊnkʊltuːɐ] *f (pej: Mangel an kultivierten Umgangsformen)* lack of culture, plebianism, philistinism

un·künd·bar [ˈʊnkʏntbaːɐ] *adj Stellung* not subject to notice; *Vertrag* not subject to termination, binding

un·kun·dig [ˈʊnkʊndɪç] *adj (geh)* ignorant; **der ~e Leser** the uninformed reader; ■ **einer S.** *gen* **~ sein** to have no knowledge of a thing

un·längst [ˈʊnlɛŋst] *adv (geh)* recently

un·lau·ter [ˈʊnlautɐ] *adj* dishonest; **~e Absichten** dishonourable [*or* AM -or-] intentions; **~er Wettbewerb** unfair competition

un·leid·lich [ˈʊnlaɪtlɪç] *adj* ❶ *(schlecht gelaunt)* bad-tempered ❷ *(unerträglich)* intolerable; **ein ~er Zustand** an intolerable situation

un·le·ser·lich [ˈʊnleːzɐlɪç] *adj* illegible

un·leug·bar [ˈʊnlɔykbaːɐ] *adj* undeniable, indisputable; **eine ~e Tatsache** an indisputable fact

un·lieb [ˈʊnliːp] *adj* ■ **jdm nicht ~ sein** to be rather glad of sth

un·lieb·sam [ˈʊnliːpzaːm] **I.** *adj* unpleasant **II.** *adv* **~ auffallen** to make a bad impression

un·li·ni·(i)ert *adj* unlined, unruled

un·lo·gisch *adj* illogical

un·lös·bar [ʊnˈløːsbaːɐ], **un·lös·lich** [ʊnˈløːslɪç] *adj* ❶ *(nicht zu lösen)* insoluble; **ein ~es Problem** an unsolvable problem; **ein ~er Widerspruch** an irreconcilable contradiction ❷ CHEM insoluble

Un·lust [ˈʊnlʊst] *f kein pl* reluctance, lack of enthusiasm; **~ verspüren** to feel a lack of enthusiasm; **etw mit ~ tun** to do sth with reluctance

Un·mas·se [ˈʊnmasə] *f (fam) s.* **Unmenge**

un·maß·geb·lich [ˈʊnmaːsgɛplɪç] *adj* inconsequential; **nach meiner ~en Meinung** in my humble opinion *hum*

un·mä·ßig [ˈʊnmɛːsɪç] **I.** *adj* excessive, immoderate; **~er Alkoholgenuss** excessive consumption of alcohol; ~ **in seinen Forderungen sein** to make excessive demands II. *adv* excessively, immoderately; ~ **essen/trinken** to eat/drink to excess [*or* far too much]

Un·mä·ßig·keit *f* excessiveness, immoderation; **jds ~ im Rauchen** sb's excessive smoking

Un·men·ge ['ʊnmɛŋə] *f* enormous amount [*or* number]; ▪ **eine ~/~n an etw** *dat*/**von etw** an enormous amount/enormous amounts of sth; **eine ~ an Post** an enormous amount of post [*or* AM mail]

Un·mensch ['ʊnmɛnʃ] *m (übler Mensch)* monster, brute; [**doch** [*o* **ja**] [*o* **schließlich**] | **kein ~ sein** *(fam)* not to be a monster [*or* ogre]; **sei kein ~!** don't be a brute!

un·mensch·lich ['ʊnmɛnʃlɪç] *adj* ❶ *(grausam)* inhuman[e], brutal; **ein ~er Diktator** a brutal [*or* inhuman] dictator; **~e Grausamkeit** inhuman cruelty ❷ *(inhuman)* appalling; **~e Bedingungen** appalling conditions ❸ *(fam: mörderisch, unerträglich)* tremendous, terrible; **~e Hitze** tremendous heat

Un·mensch·lich·keit *f* ❶ *kein pl (unmenschliche Art)* inhumanity ❷ *(unmenschliche Tat)* inhuman act

un·merk·lich ['ʊnmɛrklɪç] *adj* imperceptible

un·me·tho·disch *adj* unmethodical

un·miss·ver·ständ·lich^{RR} ['ʊnmɪsfɛɐ̯ʃtɛntlɪç] I. *adj* unequivocal, unambiguous; **eine ~e Antwort** a blunt answer II. *adv* unequivocally

un·mit·tel·bar ['ʊnmɪtlbaːɐ̯] I. *adj* ❶ *(direkt)* direct ❷ *(räumlich/zeitlich nicht getrennt)* immediate; **in ~er Nähe des Bahnhofs** in the immediate vicinity of the station; **ein ~er Nachbar** a next-door neighbour [*or* AM -or] II. *adv* ❶ *(sofort)* immediately ❷ *(ohne Umweg)* directly, straight ❸ *(direkt)* imminently; **etw ~ erleben** to experience sth at first hand

un·möb·liert ['ʊnmøbliːɐ̯t] *adj* unfurnished

un·mo·dern ['ʊnmodɛrn] I. *adj* old-fashioned; ▪ **~ sein/werden** to be unfashionable/go out of fashion II. *adv* in an old-fashioned way; **sich ~ klei·den** to wear old-fashioned clothes

un·mög·lich ['ʊnmøːklɪç] I. *adj* ❶ *(nicht machbar)* impossible; **~e Bedingungen** impossible conditions; **ein ~es Vorhaben** an unfeasible plan; **es jdm etw ~ machen** to make sth impossible for sb; **jdm ~ machen, etw zu tun** to make it impossible for sb to do sth; **jdn/sich** [bei jdm/irgendwo] **~ machen** to make a fool of sb/oneself [in front of sb/somewhere]; ▪ **etwas/nichts U~es** something/nothing that's impossible; **das U~e möglich machen** to make the impossible happen ❷ *(pej fam: nicht tragbar/lächerlich)* ridiculous, impossible *pej*; **sie hatte einen ~en Hut auf** she was wearing a ridiculous hat; *(seltsam)* incredible; **du hast manchmal die ~sten Ideen!** sometimes you have the most incredible ideas! II. *adv (fam)* not possibly; **das geht ~** that's out of the question

Un·mög·lich·keit *f kein pl* impossibility; *s. a.* **Ding**

Un·mo·ral *f* immorality

un·mo·ra·lisch ['ʊnmoraːlɪʃ] *adj* immoral

un·mo·ti·viert ['ʊnmotiviɐ̯t] I. *adj* unmotivated; **ein ~er Wutausbruch** an unprovoked outburst [*or* fit] of anger II. *adv* without motivation; **~ loslachen** to start laughing for no reason

un·mün·dig ['ʊnmʏndɪç] *adj* ❶ *(noch nicht volljährig)* underage; **~e Jugendliche** young people who are underage; **sie hat vier ~e Kinder** she has four underage children; **jdn für ~ erklären** to declare sb to be a minor [*or* underage] ❷ *(geistig unselbstständig)* dependent

Un·mün·dig·keit <-> *inv f* sheepishness

un·mu·si·ka·lisch ['ʊnmuzikaːlɪʃ] *adj* unmusical

Un·mut ['ʊnmuːt] *m (geh)* displeasure, annoyance; **sei·nem ~ freien Lauf lassen** to give vent to one's dis-

pleasure; **sich jds ~ zuziehen** to be in sb's bad books BRIT *fam,* to be on sb's bad side AM

un·mu·tig ['ʊnmuːtɪç] *adj (geh)* annoyed, irritated

un·nach·ahm·lich ['ʊnnaːxʔaːmlɪç] *adj* inimitable

un·nach·gie·big ['ʊnnaːxgiːbɪç] I. *adj* intransigent, inflexible II. *adv* in an intransigent way; **sich ~ zei·gen** to show oneself to be intransigent

Un·nach·gie·big·keit *f* intransigence, inflexibility

un·nach·sich·tig ['ʊnnaːxzɪçtɪç] I. *adj* strict, severe; **eine ziemlich ~e Chefin** a fairly strict boss; **ein ~er Kritiker** a severe critic II. *adv* mercilessly; **jdn ~ bestrafen** to punish sb unmercifully

Un·nach·sich·tig·keit *f* strictness, severity

un·nah·bar [ʊn'naːbaːɐ̯] *adj* unapproachable

un·na·tür·lich ['ʊnnaːtyːɐ̯lɪç] *adj* ❶ *(nicht natürlich)* unnatural; **ein ~er Tod** an unnatural death; ▪ **~ sein, etw zu tun** to be unnatural to do sth; *(abnorm)* abnormal; **eine ~e Länge** an abnormal length ❷ *(gekünstelt)* artificial; **ein ~es Lachen** a forced laugh

Un·na·tür·lich·keit *f* unnaturalness

un·nor·mal ['ʊnnɔrmaːl] *adj* ❶ *(geistig nicht normal)* abnormal ❷ *(entgegen der Norm, ungewöhnlich)* abnormal; **~es Wetter** abnormal weather

un·nö·tig ['ʊnnøːtɪç] *adj* unnecessary, needless

un·nö·ti·ger·wei·se *adv* unnecessarily, needlessly

un·nütz ['ʊnnʏts] I. *adj* useless, pointless II. *adv* needlessly

UNO <-> ['uːno] *f kein pl Akr von* **United Nations Organisation**; ▪ **die ~** the UN

UNO-Frie·dens·trup·pen *pl* UN peacekeeping forces *npl*

un·or·dent·lich ['ʊnʔɔrdntlɪç] I. *adj* ❶ *(nachlässig)* untidy, disorderly ❷ *(nicht aufgeräumt)* untidy; **ein ~es Zimmer** an untidy room II. *adv* untidily; **~ arbei·ten** to work carelessly; **sich ~ kleiden** to dress carelessly

Un·or·dent·lich·keit *f* untidiness

Un·ord·nung ['ʊnʔɔrdnʊŋ] *f kein pl* disorder, mess; **etw in ~ bringen** to get sth in a mess [*or* muddle]; **in ~ geraten** to get into a mess; **~ machen** to make a mess

un·or·tho·dox ['ʊnʔɔrtodɔks] *adj (geh)* unorthodox

Un·paar·hu·fer <-s, -> ['ʊnpaːɐ̯huːfe] *m* ZOOL odd-toed ungulate, perissodactyl

un·par·tei·isch ['ʊnpartaiɪʃ] *adj* impartial

Un·par·tei·i·sche(r) *f/m decl wie adj* ❶ *(neutrale Person)* ▪ **ein ~r/eine ~** an impartial [*or* neutral] person ❷ *(fam: Schiedsrichter)* ▪ **der/die ~** the referee

un·pas·send ['ʊnpasnt] *adj* ❶ *(unangebracht)* inappropriate; **eine ~e Bemerkung** an inappropriate remark; **~e Kleidung** unsuitable clothing ❷ *(ungelegen)* inconvenient, inopportune; **ein ~er Augenblick** an inopportune moment

un·pas·sier·bar ['ʊnpasiːɐ̯baːɐ̯] *adj* impassable

un·päss·lich^{RR}, **un·päß·lich**^{ALT} ['ʊnpɛslɪç] *adj (geh)* indisposed *form;* **sich ~ fühlen** to feel unwell; **~ sein** to be indisposed

Un·päss·lich·keit^{RR} <-, <*selten* -en> *f* indisposition *form*

un·per·sön·lich ['ʊnpɛrzøːnlɪç] *adj* ❶ *(distanziert)* *Mensch* distant, aloof; *Gespräch, Art* impersonal ❷ LING impersonal

un·pfänd·bar [ʊn'pfɛntbaːɐ̯] *adj* unseizable

un·po·li·tisch ['ʊnpoliːtɪʃ] *adj* unpolitical

un·po·pu·lär ['ʊnpopulɛːɐ̯] *adj* unpopular

un·prak·tisch ['ʊnpraktɪʃ] *adj* ❶ *(nicht handwerklich veranlagt)* unpractical ❷ *(nicht praxisgerecht)* impractical; **ein ~es Gerät** an impractical appliance; ▪ **~ sein, etw zu tun** to be impractical to do sth

un·pro·ble·ma·tisch ['ʊnproblemaːtɪʃ] I. *adj* unproblematic II. *adv* without problem

un·pro·duk·tiv ['ʊnprodʊktiːf] *adj* ❶ ÖKON *(keine*

Werte schaffend) unproductive ❷ *(nichts erbringend, unergiebig)* unproductive

un·pro·fes·si·o·nell *adj* unprofessional; *(unpassend)* unsuitable

un·pünkt·lich ['ʊnpʏŋktlɪç] **I.** *adj (generell nicht pünktlich)* unpunctual; *(verspätet)* late; **eine ~e Zahlung** a late payment **II.** *adv* late

Un·pünkt·lich·keit *f* ❶ *(unpünktliche Art)* unpunctuality; **ich hasse deine ~** I hate you always being late ❷ *(verspätetes Eintreffen)* late arrival

un·qua·li·fi·ziert ['ʊnkvalifitsiːɐ̯t] **I.** *adj* ❶ *(keine Qualifikation besitzend)* unqualified; ■ **~ [für etw] sein** to be unqualified [for sth]; **~e Arbeit** unskilled work ❷ *(pej: inkompetent)* incompetent; **eine ~e Bemerkung** an inept remark **II.** *adv* incompetently

un·ra·siert ['ʊnraz:iːɐ̯t] *adj* unshaven

Un·rat <-[e]s> ['ʊnraːt] *m kein pl (geh)* refuse; **~ wittern** *(fig)* to smell a rat

un·re·a·lis·tisch ['ʊnrealɪstɪʃ] **I.** *adj* unrealistic; ■ **etwas U~es** something unrealistic **II.** *adv* unrealistically

un·recht ['ʊnrɛçt] *adj* ❶ *(geh: nicht rechtmäßig)* wrong; ■ **~ sein , etw zu tun** to be wrong to do sth; **jdm ~ tun** to do sb wrong [*or* an injustice]; **~ daran tun** to make a mistake; *(falsch)* wrong; **zur ~en Zeit** at the wrong time ❷ *(nicht angenehm)* **jdm ~ sein** to disturb sb; **es ist mir nicht ~, dass sie heute nicht kommt** I don't really mind if she doesn't come today

Un·recht ['ʊnrɛçt] *nt kein pl* ❶ *(unrechte Handlung)* wrong, injustice; **ein großes ~** a great injustice; **ein ~ begehen** to commit a wrong; **jdm ein ~ antun** to do sb an injustice ❷ *(dem Recht entgegengesetztes Prinzip)* **jdm ~ geben** to contradict sb; **~ haben** to be wrong; **nicht ~ haben** not to be so wrong; **im ~ sein** to be [in the] wrong; **jdn/sich [durch etw] ins ~ setzen** to put sb/oneself in the wrong [as a result of sth]; **zu ~** wrongly; **~ bekommen** to be shown to be in the wrong; **zu ~ lose a case**; **jdm ~ geben** to disagree with sb; **nicht zu ~** not without good reason

un·recht·mä·ßig ['ʊnrɛçtmɛːsɪç] *adj* illegal; **der ~e Besitzer** the unlawful owner

Un·rechts·be·wusst·sein[RR] *nt kein pl* awareness of wrongdoing

un·re·gel·mä·ßig ['ʊnreːɡlmɛːsɪç] *adj* irregular; *s. a.* **Abstand**

Un·re·gel·mä·ßig·keit <-, -en> *f* irregularity

un·reif ['ʊnraif] **I.** *adj* ❶ AGR, HORT *(noch nicht reif)* unripe ❷ *(noch nicht gereift)* immature; **~e Schüler** immature pupils **II.** *adv* AGR, HORT *(in nicht reifem Zustand)* unripe

un·rein ['ʊnrain] *adj* impure; *Haut* bad; *Teint* poor; **ein ~er Ton** poor sound quality; **~e Gedanken** *(fig)* impure thoughts; **ins U~e sprechen** *(hum fam)* to talk off the top of one's head; **etw ins U~e schreiben** to write out sth in rough

un·ren·ta·bel ['ʊnrɛnta:bl̩] *adj* unprofitable

un·rett·bar [ʊn'rɛtbaːɐ̯] *adv s.* **rettungslos**

un·rich·tig ['ʊnrɪçtɪç] *adj* incorrect, inaccurate

Un·ru·he ['ʊnruːə] *f* ❶ *(Ruhelosigkeit)* restlessness *no pl;* **in [***o* **voller] ~ [wegen etw] sein** to be anxious [about sth]; **eine innere ~** inner disquiet; *(fehlende Ruhe)* restlessness; **die ~ der Großstadt** the restlessness of the city; *(Lärm)* noise ❷ *(ständige Bewegung)* agitation ❸ *(erregte Stimmung)* agitation *no pl;* **~ stiften** to cause trouble, disquiet *no pl; (hektische Betriebsamkeit)* hustle and bustle *no pl*

Un·ru·hen ['ʊnruːən] *pl* riots *pl;* **politische ~** political unrest

Un·ru·he·stif·ter(in) <-s, -> *m(f) (pej)* troublemaker *pej*

un·ru·hig ['ʊnruːɪç] **I.** *adj* ❶ *(ständig gestört)* restless; *Zeit* troubled; **eine ~e Nacht** a restless night;

(ungleichmäßig) uneven; **ein ~er Herzschlag** an irregular heartbeat ❷ *(laut)* noisy ❸ *(ruhelos)* agitated; *Leben* eventful, busy; **~e Bewegungen** agitated movements; **ein ~er Geist** a restless spirit; **ein ~er Schlaf** fitful sleep **II.** *adv* ❶ *(ruhelos)* anxiously, agitatedly ❷ *(unter ständigen Störungen)* restlessly; **~ schlafen** to sleep fitfully, to have a restless night

un·rühm·lich ['ʊnryːmlɪç] *adj* ignominious

uns [ʊns] **I.** *pron pers* ❶ *dat von* **wir** [to/for] us; ■ **bei ~** at our house [*or* place]; **er hat den Tag mit ~ verbracht** he spent the day with us; ■ **von ~** from us ❷ *akk von* **wir** us **II.** *pron reflexiv* ❶ *akk, dat von* **wir** ourselves; **wir haben ~ die Entscheidung nicht leicht gemacht** we've made the decision difficult for ourselves ❷ *(einander)* each other; **wir sollten ~ immer gegenseitig helfen** we always ought to help each other; *s. a.* **unter**

un·sach·ge·mäß ['ʊnzaxɡəmɛːs] **I.** *adj* improper; **der ~e Umgang [mit etw]** the improper use [of sth] **II.** *adv* improperly

un·sach·lich ['ʊnzaxlɪç] *adj* unobjective

Un·sach·lich·keit <-, -en> *f* ❶ *kein pl (mangelnde Objektivität)* lack of objectivity, unobjectiveness ❷ *(unsachliche Bemerkung)* irrelevance

un·sag·bar [ʊn'zaːkbaːɐ̯], **un·säg·lich** [ʊn'zɛːklɪç] *adj (geh)* ❶ *(unbeschreiblich, sehr groß/stark)* indescribable ❷ *(übel, albern)* awful

un·sanft ['ʊnzanft] **I.** *adj* rough; **ein ~er Stoß** a hard push; **ein ~es Erwachen** a rude awakening **II.** *adv* roughly; **~ geweckt werden** to be rudely awoken; **jdn ~ zurechtweisen** to reprimand sb curtly

un·sau·ber ['ʊnzaubɐ] **I.** *adj* ❶ *(schmutzig)* dirty; **~e Hände** dirty hands; **~e Geschäfte** *(fig)* shady deals; *(nicht reinlich)* dirty; **ein ~er Mensch** a dirty person ❷ *(unordentlich, nachlässig)* careless, untidy; *(unpräzise)* unclear; **eine ~e Definition** a woolly definition **II.** *adv* carelessly, untidily; **etw ~ zeichnen** to draw sth carelessly; **~ singen** to sing unclearly

un·schäd·lich ['ʊnʃɛːtlɪç] *adj* harmless; **etw ~ machen** to render sth harmless; **jdn ~ machen** *(euph fam)* to eliminate sb, to take care of sb *sl*

un·scharf ['ʊnʃarf] **I.** *adj (keine klar umrissenen Konturen aufweisend)* blurred, fuzzy; **ein ~es Foto** a blurred photo ❷ *(nicht scharf)* out of focus; **eine ~e Brille** glasses that are out of focus ❸ *(nicht präzise)* imprecise, woolly **II.** *adv* ❶ *(nicht präzise)* out of focus ❷ *(nicht exakt)* imprecisely, unclearly; **~ formuliert** not clearly formulated

Un·schär·fe *f* blurredness, fuzziness

un·schätz·bar [ʊn'ʃɛtsbaːɐ̯] *adj* inestimable; **etw ist von ~em Wert** sth is priceless

un·schein·bar ['ʊnʃainbaːɐ̯] *adj* inconspicuous, nondescript; **eine ~e Person** an inconspicuous person

un·schlag·bar [ʊn'ʃlaːkbaːɐ̯] *adj* unbeatable; ■ **[in etw** *dat***] ~ sein** *(fam)* to be unbeatable [at sth]

un·schlüs·sig ['ʊnʃlʏsɪç] *adj (unentschlossen)* indecisive; **eine ~e Miene** an indecisive expression; ■ **sich** *dat* **~ [über etw** *akk***] sein** to be undecided [about sth]; ■ **sich** *dat* **~ sein, was man tun soll** to be undecided what to do ❷ *(selten: nicht schlüssig)* undecided; **die Argumentation ist in sich ~** the argumentation is itself tentative

Un·schlüs·sig·keit *f* indecision

un·schön ['ʊnʃøːn] *adj* ❶ *(unerfreulich)* unpleasant; **eine ~e Szene** an ugly scene; ■ **~ von jdm sein[, etw zu tun]** to be unkind of sb [to do sth] ❷ *(nicht zusagend, hässlich)* Farbe unsightly; *Musik* unattractive; *Wetter* unpleasant; **~ aussehen/klingen** to look/sound unpleasant

Un·schuld ['ʊnʃʊlt] *f* ❶ *(Schuldlosigkeit)* innocence ❷ *(Reinheit)* purity; *(Naivität)* innocence; **in aller ~** in all innocence; **~ vom Lande** *(hum fam)* an inno-

cent young girl ❸ *(veraltend: Jungfräulichkeit)* virginity; **jdm die ~ rauben** to rob sb of their virginity; **die ~ verlieren** to lose one's virginity
un·schul·dig [ˈʊnʃʊldɪç] **I.** *adj* ❶ *(nicht schuldig)* innocent; **~ verurteilt sein** to be found innocent; ■ **an etw** *dat* **~ sein** not to be responsible [*or* without blame] for sth ❷ *(arglos)* innocent; **ein ~es Gesicht haben** [*o* **machen**] to have an innocent [*or* angelic] face; **~ tun** *(fam)* to act the innocent **II.** *adv* ❶ JUR despite sb's/one's innocence ❷ *(arglos)* innocently; **jdn ~ anschauen** to look at sb innocently
Un·schul·di·ge(r) *f(m) decl wie adj* innocent person
Un·schulds·be·teu·e·rung *f meist pl* protestation of innocence **Un·schulds·en·gel** *m (iron)*, **Un·schulds·lamm** *nt (iron)* little innocent *iron;* **kein ~ sein** to be no angel **Un·schulds·mie·ne** *f kein pl* innocent expression [*or* face]; **mit ~** with an air of innocence
un·schwer [ˈʊnʃveːɐ̯] *adv* easily; **~ zu sehen sein** to be easy to see
un·selb·stän·dig [ˈʊnzɛlpʃtɛndɪç] *adj s.* **unselbstständig**
Un·selb·stän·dig·keit *f s.* **Unselbstständigkeit**
un·selbst·stän·dig[RR] [ˈʊnzɛlpʃtɛndɪç] *adj (von anderen abhängig)* dependent on others; *(angestellt)* employed; **~e Arbeit** paid employment
Un·selbst·stän·dig·keit[RR] *f* lack of independence, dependence
un·se·lig [ˈʊnzeːlɪç] *adj (geh)* ❶ *(beklagenswert)* **ein ~es Schicksal** a cruel fate ❷ *(verhängnisvoll)* ill-fated; **ein ~er Plan** an ill-fated plan
un·ser [ˈʊnzɐ] **I.** *pron poss* ❶ *(das uns gehörende)* our; **auf ~em Schulweg liegt ein Bäcker** there's a bakery on our way to school ❷ *(uns betreffend)* **~er Meinung nach** in our opinion **II.** *pron pers gen von* **wir** *(geh)* of us; **in ~ aller Interesse** in all our interests
un·se·re(r, s) <*nt:* unsers> [ˈʊnzərə, -zərɐ, - zərəs] *pron*, **uns·re(r, s)** <*nt:* unsers> [ˈʊnzrɐ, -zrɐ, - zrəs] *pron poss, substantivisch (geh)* ours; ■ **der/die/ das ~** ours; ■ **das U~** what is ours; **wir tun das U~** we're doing our part
un·se·rei·ner [ˈʊnzɐʔaɪnɐ], **un·ser·eins** [ˈʊnzɐʔaɪns] *pron indef (fam)* ❶ *(jemand, wie wir)* the likes of us ❷ *(ich)* people like me
un·ser·(er·)seits [ˈʊnzɐr(ɐr)ˈzaɪts] *adv (von uns)* on our part; **~ bestehen keinerlei Bedenken** there are no misgivings whatsoever on our part
un·se·res·glei·chen [ˈʊnzərəsˈɡlaɪçn̩] *pron indef, inv* people like us
un·se·ret·we·gen [ˈʊnzərɐtˈveːɡn̩] *adv s.* **unsertwegen**
un·se·ret·wil·len [ˈʊnzərɐtˈvɪlən] *adv s.* **unsertwillen**
un·se·ri·ge(r, s) [ˈʊnzərɪɡə, -zərɪɡɐ, -zərɪɡəs] *pron poss* ❶ *(veraltend)* ■ **der/die/das ~** *s.* **unsere** ❷ *(geh: unsere Familie)* **die U~n** our family
un·se·ri·ös [ˈʊnrerˌøːs] *adj Firma, Geschäftsmann* untrustworthy, shady; *Angebot* dubious
un·sert·we·gen [ˈʊnzɐtˈveːɡn̩] *adv* ❶ *(wegen uns)* because of us, on our account ❷ *(von uns aus)* as far as we are concerned; **~ kannst du das Auto gerne leihen** as far as we are concerned you're welcome to borrow the car
un·sert·wil·len [ˈʊnzɐtˈvɪlən] *adv* **um ~** for our sake
un·si·cher [ˈʊnzɪçɐ] **I.** *adj* ❶ *(gefährlich)* unsafe, dangerous; **ein ~er Reaktor** an unsafe reactor; **eine ~e Gegend** a dangerous area; **die Kneipen ~ machen** *(fam o hum)* to live it up in the pubs [*or* AM bars]; **die Stadt ~ machen** *(fam o hum)* to paint the town red ❷ *(gefährdet)* insecure, at risk *pred;* **ein ~er Arbeitsplatz** an insecure job ❸ *(nicht selbstsicher)* unsure, uncertain; **ein ~er Blick** an uncertain [*or*

hesitant] look; **jdn ~ machen** to make sb uncertain, to put sb off ❹ *(unerfahren, ungeübt)* **sich ~ fühlen** to feel unsure of oneself; **noch ~ sein** to still be uncertain ❺ *(schwankend)* unsteady; *Hand* shaky; **ein ~er Gang** an unsteady gait; **auf ~en Beinen** on unsteady legs ❻ *(ungewiss)* uncertain; **eine ~e Zukunft** an uncertain future; **ein ~er Ausgang** an uncertain outcome ❼ *(nicht verlässlich)* unreliable; **eine ~e Methode** an unreliable method; **das ist mir zu ~** that's too dodgy for my liking *fam* **II.** *adv* ❶ *(schwankend)* unsteadily ❷ *(nicht selbstsicher)* **~ fahren** to drive with little confidence
Un·si·cher·heit *f* ❶ *kein pl (mangelnde Selbstsicherheit)* lack of assurance, insecurity ❷ *kein pl (mangelnde Verlässlichkeit)* unreliability, uncertainty ❸ *kein pl (Ungewissheit)* uncertainty ❹ *(Gefährlichkeit)* dangers *pl* ❺ *meist pl (Unwägbarkeit)* uncertainty
un·sicht·bar [ˈʊnzɪçtbaːɐ̯] *adj* invisible; **für das menschliche Auge ~ sein** to be invisible to the human eye; **sich ~ machen** *(hum fam)* to make oneself invisible
Un·sicht·bar·keit *f* invisibility
Un·sinn [ˈʊnzɪn] *m kein pl* nonsense, rubbish; **lass den ~!** stop fooling around! [*or* about], stop messing about! [*or* around]; **~ machen** to mess about, to get up to mischief; **mach kein ~!** don't do anything stupid!; **~ reden** *(fam)* to talk nonsense [*or* rubbish] [*or* AM trash]; **so [o was für] ein ~!** *(fam)* what nonsense! [*or* rubbish!]; **~!** *(fam)* nonsense!, rubbish!
un·sin·nig [ˈʊnzɪnɪç] **I.** *adj (absurd)* absurd, ridiculous; **ein ~er Plan** a ridiculous plan; ■ **~ sein, etw zu tun** to be ridiculous to do sth ❷ *(fam: sehr stark)* terrible *fam;* **~en Hunger haben** to be terribly hungry, to be dying of hunger *fam* **II.** *adv (fam: unerhört)* terribly; **~ hohe Preise** ridiculously high prices
Un·sit·te [ˈʊnzɪtə] *f (fig)* bad habit; **eine ~ [von jdm] sein, etw zu tun** to be a bad habit [of sb's] to do sth
un·sitt·lich [ˈʊnzɪtlɪç] **I.** *adj* ❶ *(unmoralisch)* indecent; **ein ~er Antrag** an indecent proposal ❷ JUR immoral, indecent **II.** *adv* indecently; **jdn ~ berühren** to indecently assault sb
un·so·li·de [ˈʊnzoliːdə] *adj* dissolute, loose; *Arbeit* shoddy; *Bildung* superficial; *Möbel* flimsy; **ein ~s Leben** a dissolute life
un·so·zi·al [ˈʊnzotsia̯l] *adj* anti-social; **eine ~e Gesetzgebung** anti-social legislation; **~es Verhalten** anti-social behaviour [*or* AM -or]; *Arbeitszeit* unsocial
un·sport·lich [ˈʊnʃpɔrtlɪç] *adj* ❶ *(nicht sportlich)* unathletic ❷ *(nicht fair)* unsporting
Un·sport·lich·keit *f* lack of sporting prowess, lack of sportsmanship
uns·re [ˈʊnzrə] *pron s.* **unser**
uns·rer·seits [ˈʊnzreˈzaɪts] *adv s.* **unsererseits**
uns·res·glei·chen [ˈʊnzrəsˈɡlaɪçn̩] *pron indef s.* **unseresgleichen**
uns·ret·we·gen *adv s.* **unsertwegen**
uns·ret·wil·len *adv s.* **unsertwillen**
uns·ri·ge(r, s) [ˈʊnzrɪɡə, -zrɪɡɐ, -zrɪɡəs] *pron s.* **unserige(r, s)**
un·statt·haft [ˈʊnʃtathaft] *adj (geh)* inadmissible *form,* not allowed; ■ **~ sein, etw zu tun** not to be allowed to do sth
un·sterb·lich [ˈʊnʃtɛrplɪç] **I.** *adj* ❶ *(ewig lebend)* immortal; **die ~e Seele** the immortal soul; **jdn ~ machen** to immortalize sb ❷ *(unvergänglich)* undying; **eine ~e Liebe** an undying love; **der ~e Goethe** the immortal Goethe **II.** *adv (fam: über alle Maßen)* incredibly; **sich ~ blamieren** to make a complete fool of oneself; **sich ~ verlieben** to fall madly in love
Un·sterb·lich·keit *f* immortality
un·stet [ˈʊnsteːt] *adj* ❶ *(unbeständig)* unstable ❷ *(rast-*

los) restless; *Leben* unsettled

un·still·bar [ʊnˈʃtɪlbaːɐ̯] *adj (geh) Wissensdurst* unquenchable; *Sehnsucht, Verlangen* insatiable

Un·stim·mig·keit <-, -en> [ˈʊnʃtɪmɪçkait] *f* ❶ *meist pl (Meinungsverschiedenheit/Differenz)* differences *pl* ❷ *(Ungenauigkeit)* discrepancy, inconsistency

un·strei·tig [ˈʊnʃtraitɪç] **I.** *adv* indisputable; **eine ~e Tatsache** an indisputable fact **II.** *adv* indisputably; **~ feststehen** to be indisputable

Un·sum·men [ˈʊnzʊmən] *pl* vast sums *pl* [of money]

Un·sym·path(in) <-en, -en> *m(f) (selten)* disagreeable person

un·sym·pa·thisch [ˈʊnzʏmpaːtɪʃ] *adj* ❶ *(nicht sympathisch)* unpleasant, disagreeable; **ein ~er Mensch** a disagreeable person; ■ **jd ist ~** sb finds sb disagreeable ❷ *(nicht gefallend)* unpleasant; **ein ~er Gedanke** an unpleasant thought; ■ **jdm ~ sein** to be disagreeable to sb

un·sys·te·ma·tisch [ˈʊnzʏstemaːtɪʃ] *adj* unsystematic

un·tade·lig [ˈʊntaːdəlɪç], **un·tad·lig** [ˈʊntaːdlɪç] **I.** *adj (geh)* impeccable; **ein ~es Verhalten** irreproachable behaviour [*or* AM -or] **II.** *adv* impeccably; **~ gekleidet sein** to be impeccably dressed

Un·tat [ˈʊntaːt] *f* atrocity

un·tä·tig [ˈʊntɛːtɪç] **I.** *adj (müßig)* idle; ■ **nicht ~ sein** to be busy; **~ bleiben** to do nothing; **nicht ~ bleiben** to not be idle **II.** *adv* idly; **~ zusehen** to stand idly by

Un·tä·tig·keit *f kein pl* idleness, inactivity

un·taug·lich [ˈʊntauklɪç] *adj* ❶ *(ungeeignet)* unsuitable ❷ MIL *(nicht tauglich)* unfit

Un·taug·lich·keit *f kein pl* unsuitability

un·teil·bar [ʊnˈtailbaːɐ̯] *adj* indivisible

un·ten [ˈʊntn̩] *adv* ❶ *(an einer tieferen Stelle)* down; **dort ~** *(fam)* down there; **hier ~** down here; **wei·ter ~** further down; **nach ~ zu** further down; **von ~** from down below; **von ~ [her]** from the bottom up[wards]; **bis ~ [an etw** *akk]* down [to sth]; **~ an** *dat* **etw/in etw** *dat* at/in the bottom of sth; **das Buch steht weiter ~ im Bücherschrank** the book is lower down in the bookcase; **~ in etw** *akk* down [below] in sth; **ich habe die Bücher ~ ins Regal gelegt** I've put the books down below on the shelf; **~ links/rechts** [at the] bottom left/right ❷ *(Unterseite)* bottom ❸ *(in einem tieferen Stockwerk)* down below, downstairs; **nach ~** downstairs; **der Aufzug fährt nach ~** the lift is going down; **nach ~ gehen** to go downstairs; **~ in etw** *dat* down in sth ❹ *(in sozial niedriger Position)* bottom; **ganz ~** *(fam)* right at the bottom; **sie hat sich von ganz ~ hochgearbeitet** she has worked her way up right from the bottom ❺ *(hinten im Text)* bottom; **~ erwähnt** [*o* genannt] [*o* stehend] mentioned below *pred;* **siehe ~** see below ❻ *(am hinteren Ende)* at the bottom; **~ an etw** *dat* at the bottom of sth ❼ *(fam: im Süden)* down ▸ WENDUNGEN: **bei jdm ~ durch sein** *(fam)* to be through with sb

un·ten·drun·ter [ˈʊntn̩drʊntɐ] *adv (fam)* underneath; **etw ~ legen** to put sth underneath; **eine lange Unterhose ~ anhaben** to have long underwear on underneath **un·ten·he·rum** [ˈʊntn̩hɛˈrʊm] *adv (fam)* down below; *(im Intimbereich a.)* one's nether regions *fam*

un·ter [ˈʊntɐ] **I.** *präp* ❶ *+dat (unterhalb von etw)* under, underneath; **~ freiem Himmel** in the open air; **etw ~ dem Mikroskop betrachten** to look at sth under the microscope ❷ *+akk (im Bereich unterhalb von etw)* under; **sich ~ die Dusche stellen** to have a shower ❸ *+dat (zahlenmäßig kleiner als)* below; **die Temperaturen hier sind immer ~ null** the temperatures here are always below zero; **etw ~ Wert verkaufen** to sell sth at less than its value; **~ dem Durchschnitt liegen** to be below aver-

age ❹ *+dat (inmitten)* among[st]; *(von)* among; **~ sich** *dat* **sein** to be by themselves; **~ uns gesagt** between you and me; **~ anderem** amongst other things; **sich ~ das Volk mischen** *(fam)* to mix with the people; **~ Menschen gehen** to get out [of the house] ❺ *+dat (unterhalb eines Kleidungsstückes)* under ❻ *+dat (begleitet von, hervorgerufen durch)* under; **~ Zwang** under duress; **~ Lebensgefahr** at risk to one's life; **~ der Bedingung, dass ...** on condition that ...; **~ Umständen** possibly ❼ *+akk (zugeordnet sein)* under; **etw ~ ein Motto stellen** to put sth under a motto; **~ jds Schirmherrschaft** under sb's patronage; **jdn ~ sich haben** to have sb under one ❽ *+dat (in einem Zustand)* under; **~ Druck/Strom stehen** to be under pressure; **~ einer Krankheit leiden** to suffer from an illness ❾ *+dat* SÜDD *(während)* during; **~ der Woche** during the week; **~ Mittag** in the morning **II.** *adv* ❶ *(jünger als)* under; **er ist noch ~ 30** he's not yet turned 30 ❷ *(weniger als)* less than

Un·ter·arm [ˈʊntɐˌʔarm] *m* forearm **Un·ter·art** *f* subspecies *+ sing vb* **Un·ter·bau** [ˈʊntɐbau] *m* ❶ *(Fundament)* foundations *pl;* **theoretischer ~** *(fig)* the theoretical substructure *fig* ❷ BAU *(Tragschicht)* substructure; *Straße* road-bed **Un·ter·be·griff** *m* subsumed concept **un·ter·be·legt** *adj* not full **un·ter·be·lich·ten** *vt* **~ etw ~** to underexpose sth; ■ **unterbelichtet** underexposed; **geistig unterbelichtet** *(fam)* to be a bit dim *fam* **Un·ter·be·lich·tung** *f kein pl* underexposure **Un·ter·be·schäf·ti·gung** *f (selten)* underemployment **un·ter·be·wer·ten** *vt* ■ **etw ~** to undervalue [*or* underrate] sth **Un·ter·be·wer·tung** *f* undervaluation, underrating **un·ter·be·wusst**ᴿᴿ *adj* subconscious; ■ **das U~e** the subconscious **Un·ter·be·wusst·sein**ᴿᴿ [ˈʊntɐbəˈvʊstzain] *nt* ■ **das/jds ~** the/sb's subconscious; **im ~** subconsciously **un·ter·be·zahlt** *adj* underpaid; ■ **[mit etw] ~ sein** to be underpaid [at sth] **Un·ter·be·zah·lung** *f* ❶ *kein pl (das Unterbezahlen)* underpaying ❷ *(das Unterbezahltsein)* underpayment **un·ter·bie·ten** [ʊntɐˈbiːtn̩] *vt irreg* ❶ *(billiger sein)* ■ **jdn/etw [um etw] ~** to undercut sb/sth [by sth] ❷ SPORT *(durch bessere Leistung deklassieren)* ■ **jdn/etw [um etw] ~** to improve on sb's/sth's sth [by sth]; **einen Rekord ~** to beat a record

un·ter·bin·den [ʊntɐˈbɪndn̩] *vt irreg (geh)* ■ **etw ~** to stop sth

un·ter·blei·ben [ʊntɐˈblaibn̩] *vi irreg sein (geh)* ❶ *(aufhören)* to stop [*or* cease] ❷ *(nicht geschehen)* not to happen

Un·ter·bo·den·schutz *m* underseal

un·ter·bre·chen [ʊntɐˈbrɛçn̩] *vt irreg* ❶ *(vorübergehend beenden)* ■ **etw ~** to interrupt sth; **seine Arbeit ~** to interrupt one's work; **eine Reise ~** to break a journey; **eine Schwangerschaft ~** to terminate a pregnancy; **jdn ~** to interrupt sb; **unterbrich mich nicht immer!** don't keep interrupting me! ❷ *(vorübergehend aufheben)* ■ **etw ~** to interrupt sth ❸ *(räumlich auflockern)* ■ **etw ~** to break up sth *sep*

Un·ter·bre·chung <-, -en> *f* ❶ *(das Unterbrechen, Störung)* interruption ❷ *(vorübergehende Aufhebung)* interruption, suspension ❸ *(unterbrechende Pause)* interruption; **mit ~en** with breaks; **ohne ~** without a break

un·ter·brei·ten [ʊntɐˈbraitn̩] *vt (geh)* ❶ *(vorlegen)* ■ **jdm etw ~** to present [*or* put] sth to sb ❷ *(informieren)* ■ **jdm ~, dass** to advise sb that

un·ter|brin·gen *vt irreg* ❶ *(Unterkunft verschaffen)* ■ **jdn ~** to put sb up, to accommodate sb *form;* ■ **untergebracht sein** to be housed, to have accommodation; **die Kinder sind gut untergebracht** *(fig)* the children are being well looked after; **er konnte ihr**

unterbrechen

jemanden unterbrechen	interrupting someone
Entschuldigen Sie bitte, dass ich Sie unterbreche, …	Sorry for interrupting, …
Wenn ich Sie einmal kurz unterbrechen dürfte: …	If I may interrupt you for a moment: …

anzeigen, dass man weitersprechen möchte	indicating that you wish to continue speaking
Moment, ich bin noch nicht fertig.	Just a moment, I haven't finished.
Lässt du mich bitte ausreden?/Könntest du mich bitte ausreden lassen?	Will you please let me finish?/Could you please let me finish?
Lassen Sie mich bitte ausreden!	Please let me finish!
Lassen Sie mich bitte diesen Punkt noch zu Ende führen.	Please let me finish my point.

ums Wort bitten	asking to speak
Darf ich dazu etwas sagen?	May I say something (to that)?
Wenn ich dazu noch etwas sagen dürfte: …	If I may add to that: …

Gesicht nicht ~ *(fig fam)* he couldn't place her face ❷ *(abstellen)* ■ **etw** ~ to put sth somewhere ❸ *(fam: eine Anstellung verschaffen)* ■ **jdn** ~ to get sb a job
Un·ter·brin·gung <-, -en> *f* ❶ *(das Unterbringen)* accommodation ❸ *(Unterkunft)* accommodation *no indef art*
Un·ter·bruch [ˈʊntɐbrʊx] *m* SCHWEIZ *(Unterbrechung)* interruption
un·ter·but·tern *vt (fam)* ■ **jdn** ~ to ride roughshod over sb; **sich** [**von jdm**] ~ **lassen** to allow oneself to be pushed around [by sb]
Un·ter·deck *nt* lower deck; **im** ~ below deck
un·ter·der·handᴬᴸᵀ *adv s.* **Hand** 5
un·ter·des·sen [ʊntɐˈdɛsn̩] *adv (geh)* in the meantime, meanwhile
Un·ter·druck <-drücke> *m* ❶ PHYS negative pressure, vacuum ❷ *kein pl (niedriger Blutdruck)* low blood pressure
un·ter·drü·cken* [ʊntɐˈdrʏkn̩] *vt* ❶ *(niederhalten)* ■ **jdn** ~ to oppress sb; ■ **etw** ~ to suppress sth, to put down sth *sep* ❷ *(zurückhalten)* ■ **etw** ~ to suppress sth, hold back; **ein Gähnen** ~ to suppress a yawn; **Kritik** ~ to hold back criticism
Un·ter·drü·cker(in) <-s, -> *m(f)* oppressor
Un·ter·drü·ckung <-, -en> *f* ❶ *kein pl (das Unterdrücken)* Bürger, Einwohner, Volk oppression; *Aufstand, Unruhen* suppression ❷ *(das Unterdrücktsein)* oppression, repression
un·ter·durch·schnitt·lich [ˈʊntɐdʊrçʃnɪtlɪç] **I.** *adj* below average; **ein ~es Gehalt** a below average salary; ■ **U~es** below average **II.** *adv* below the average; ~ **intelligente Kinder** children of below average intelligence
un·te·re(r, s) <unterste(r, s)> [ˈʊntərə, -tərə, -tərəs] *adj attr* ❶ *(unten befindlich)* lower; **das ~ Ende** the lower end; **die unterste Schicht** the lowest layer ❷ *(rangmäßig niedriger)* lower; **die ~n Gehaltsklassen** the lower income groups ❸ GEOG *(im Unterlauf befindlich)* lower; **der ~ Rhein** the lower part [*or* stretch] of the Rhine
un·ter·ei·nan·der [ʊntɐʔaiˈnandɐ] *adv* ❶ *(miteinander)* among yourselves/themselves etc; **sich** ~ **helfen** to help each other [*or* one another] ❷ *(eines unterhalb des anderen)* one below the other
un·ter·ent·wi·ckelt *adj* ❶ *(nicht genügend entwickelt)* underdeveloped; **geistig** ~ mentally retarded;

körperlich ~ physically underdeveloped ❷ *(ökonomisch zurückgeblieben)* underdeveloped; **ein ~es Land** an underdeveloped country **un·ter·er·nährt** *adj* undernourished **Un·ter·er·näh·rung** *f* malnutrition
Un·ter·fan·gen <-s, -> [ʊntɐˈfaŋən] *nt* undertaking; **ein gefährliches** ~ a dangerous undertaking
un·ter·fas·sen *vt (fam)* ❶ *(stützen)* ■ **jdn** ~ to take sb's arm ❷ *(einhaken)* ■ **jdn** ~ to link arms with sb
un·ter·fi·nan·ziert *adj inv* underfunded, underfinanced
Un·ter·fi·nan·zie·rung *f kein pl* POL, FIN underfinancing
un·ter·for·dern* *vt* ■ **jdn** ~ to not challenge sb enough
Un·ter·füh·rung [ʊntɐˈfyːrʊŋ] *f* underpass; *Fußgänger* subway
Un·ter·funk·ti·on *f* hypofunction
Un·ter·gang <-gänge> *m* ❶ *(das Versinken)* sinking; **der ~ der Titanic** the sinking of the Titanic ❷ *(Sinken unter den Horizont)* setting; **der ~ der Sonne** the setting of the sun ❸ *(Zerstörung)* destruction; **der** ~ **einer Zivilisation** the decline of civilization [*or* BRIT ‑sation]; **vom** ~ **bedroht sein** to be threatened by destruction; **etw/jd geht seinem** ~ **entgegen** sth/ sb is heading for disaster; **der** ~ **des Römischen Reiches** the fall of the Roman Empire
Un·ter·gangs·stim·mung *f* feeling of doom
un·ter·ge·ben [ʊntɐˈgeːbn̩] *adj* subordinate; ■ **jdm** ~ **sein** to be subordinate to sb
Un·ter·ge·be·ne(r) *f(m) decl wie adj* subordinate
un·ter|ge·hen *vi irreg sein* ❶ *(versinken)* to sink, to go down *fam;* ■ **untergegangen** sunken; **ihre Worte gingen in dem Lärm unter** *(fig)* her words were drowned [*or* lost] in the noise ❷ *(unter den Horizont sinken)* to set ❸ *(zugrunde gehen)* to be destroyed; ■ **untergegangen** extinct, lost; **untergegangene Kulturen** lost civilizations *s.* **Welt**
un·ter·ge·ord·net *adj* ❶ *(zweitrangig)* secondary; **von ~er Bedeutung sein** to be of secondary importance ❷ *(subaltern)* subordinate; **eine ~e Stellung** a subordinate position **Un·ter·ge·schoss**ᴿᴿ *nt* basement
Un·ter·ge·stell *nt* ❶ *(Fahrgestell)* base ❷ *(hum fam: Beine)* pins *npl fam* **Un·ter·ge·wicht** *nt* underweight; ~ **haben** to be underweight **un·ter·ge·wichtig** *adj* underweight **un·ter·glie·dern*** *vt (gliedern)* ■ **etw** [**in etw** *akk*] ~ to subdivide sth [into sth]
un·ter·gra·ben*¹ [ʊntɐˈgraːbn̩] *vt irreg* ■ **etw** ~ to undermine sth

un·ter|gra·ben² [ˈʊntɐgraːbn̩] *vt irreg* ■ etw ~ to dig sth into the soil

Un·ter·grund [ˈʊntɐgrʊnt] *m* ❶ GEOL *(Bodenschicht)* subsoil; **ein fester, sandiger** ~ a firm, sandy subsoil; *(Boden)* bottom; **der** ~ **des Meeres** the bottom of the sea [*or* ocean] ❷ *kein pl (politische Illegalität)* underground; **in den** ~ **gehen** to go underground; **im** ~ underground ❸ KUNST, MODE *(tragende Fläche)* background; *(unterste Farbschicht)* undercoat

Un·ter·grund·bahn *f* underground **Un·ter·grund·be·we·gung** *f* underground movement **Un·ter·grund·or·ga·ni·sa·ti·on** *f* POL underground organization; **sich einer** ~ **anschließen** to join an underground organization; **einer** ~ **angehören** to belong to an underground organization

un·ter|ha·ken *vt (fam: einhaken)* ■ **jdn** ~ to link arms with sb; ■ **sich bei jdm** ~ to link arms with sb; [**mit jdm**] **untergehakt gehen** to walk arm in arm [with sb]

un·ter·halb [ˈʊntɐhalp] **I.** *präp (darunter befindlich)* below; ■ ~ **einer S.** *gen* below sth **II.** *adv (tiefer gelegen)* below; *Fluss* downstream; ■ ~ **von etw** below sth

Un·ter·halt <-[e]s> [ˈʊntɐhalt] *m kein pl* ❶ *(Lebens~)* keep, maintenance; **für jds** ~ **aufkommen** to pay for sb's keep; *(Unterhaltsgeld)* maintenance; [**für jdn**] ~ **zahlen** to pay maintenance [for sb] ❷ *(Instandhaltung)* upkeep, maintenance

un·ter·hal·ten·¹ [ʊntɐˈhaltn̩] *vt irreg* ❶ *(für jds Lebensunterhalt sorgen)* ■ **jdn** ~ to support sb; **er muss vier Kinder** ~ he has to support four children ❷ *(instand halten, pflegen)* ■ **etw** ~ to maintain sth ❸ *(betreiben)* ■ **etw** ~ to run sth ❹ *(innehaben)* ■ **etw** ~ to have sth; **ein Konto** ~ *(geh)* to have an account ❺ *(aufrechterhalten)* ■ **etw** ~ to maintain sth

un·ter·hal·ten² [ʊntɐˈhaltn̩] *irreg* **I.** *vt (die Zeit vertreiben)* ■ **jdn** ~ to entertain sb **II.** *vr* ❶ *(sich vergnügen)* ■ **sich** ~ to keep oneself amused, to have a good time; **die Kinder können sich alleine** ~ the children can amuse themselves alone ❷ *(sprechen)* ■ **sich** [**mit jdm**] [**über jdn/etw**] ~ to talk [to sb] [about sb/sth]; **wir müssen uns mal** ~ we must have a talk

un·ter·hal·ten³ [ʊntɐˈhaltn̩] *vt (fam)* ■ **etw** ~ to hold sth underneath

un·ter·hal·tend [ʊntɐˈhaltənt], **un·ter·halt·sam** [ʊntɐˈhaltzaːm] *adj* entertaining; **ein ~er Abend** an entertaining evening

Un·ter·halts·an·spruch *m* ADMIN, SOZIOL, ÖKON entitlement to maintenance **un·ter·halts·be·rech·tigt** *adj* entitled to maintenance; ■ [**jdm gegenüber**] ~ **sein** to be entitled to maintenance [from sb] **Un·ter·halts·kla·ge** *f* action for maintenance **Un·ter·halts·kos·ten** *pl* ❶ JUR maintenance ❷ *(Instandhaltungskosten)* maintenance costs *npl* ❸ *(Betriebskosten)* running costs *pl* **Un·ter·halts·pflicht** *f* obligation to pay maintenance **un·ter·halts·pflich·tig** *adj* under obligation to provide maintenance; ■ [**jdm gegenüber**] ~ **sein** to be under obligation to provide maintenance [for sb] **Un·ter·halts·pflich·ti·ge(r)** *f(m)* decl wie adj person liable to provide maintenance **Un·ter·halts·zah·lung** *f* maintenance payment

Un·ter·hal·tung¹ <-> *f kein pl* ❶ *(Instandhaltung)* maintenance, upkeep ❷ *(Betrieb)* running

Un·ter·hal·tung² <-, -en> *f* ❶ *(Gespräch)* talk, conversation; **eine** ~ **mit jdm führen** [*o* **haben**] to have a conversation with sb ❷ *kein pl (Zeitvertreib)* entertainment; **gute** [*o* **angenehme**] ~! enjoy yourselves!, have a good time!

Un·ter·hal·tungs·elek·tro·nik *f (Industrie)* consumer electronics; *(Geräte)* audio and video systems *pl* **Un·ter·hal·tungs·in·dust·rie** *f* entertainment industry **Un·ter·hal·tungs·kunst** *f* art of entertainment **Un·**

ter·hal·tungs·mu·sik *f* light music **Un·ter·hal·tungs·pro·gramm** *nt* light entertainment programme [*or* AM -am] **Un·ter·hal·tungs·wert** *m* entertainment value

Un·ter·händ·ler(in) [ˈʊntɐhɛndlɐ] *m(f)* negotiator **un·ter|he·ben** *vt* ■ **etw** ~ KOCHK to fold in sth **Un·ter·hemd** [ˈʊntɐhɛmt] *nt* vest

un·ter·höh·len [ʊntɐˈhøːlən] *vt* ❶ *(durch Auswaschung aushöhlen)* ■ **etw** ~ to hollow out sth *sep* ❷ *s.* **unterminieren**

Un·ter·holz *nt kein pl* undergrowth

Un·ter·ho·se [ˈʊntɐhoːzə] *f* [under]pants; **kurze ~[n]** pants *npl*; **lange ~[n]** long johns *npl*

un·ter·ir·disch [ˈʊntɐʔɪrdɪʃ] **I.** *adj* underground, subterranean; **ein ~es Kabel** an underground cable; **ein ~er Fluss** a subterranean river **II.** *adv* underground; ~ **verlegte Stromkabel** electricity cables laid underground

un·ter·jo·chen [ˈʊntɐˈjɔxn̩] *vt* ■ **jdn** ~ to subjugate sb **Un·ter·jo·chung** <-, -en> *f* subjugation

un·ter|ju·beln *vt (sl)* ❶ *(andrehen)* ■ **jdm etw** ~ to palm sth off on sb; ■ **sich** [**von jdm**] **etw** *akk* ~ **lassen** to allow sb to palm sth off on[to] one ❷ *(anlasten)* ■ **jdm etw** ~ to pin sth on sb

un·ter·kel·lern· [ʊntɐˈkɛlɐn] *vt* ■ **etw** ~ to build sth with a cellar; ■ **unterkellert** with a cellar; **ein unterkellertes Haus** a house with a cellar; ■ **unterkellert sein** to have a cellar

Un·ter·kie·fer [ˈʊntɐkiːfɐ] *m* lower jaw; **jds** ~ **fällt** [*o* **klappt**] **herunter** *(fam)* sb's jaw drops [open]

un·ter|kom·men *vi irreg sein* ❶ *(eine Unterkunft finden)* ■ **bei jdm/irgendwo** ~ to find accommodation at sb's house/somewhere ❷ *(fam: eine Anstellung bekommen)* ■ [**irgendwo/bei jdm**] [**als etw**] ~ to find employment [*or fam* a job] [somewhere/with sb] [as sth] ❸ DIAL *(begegnen)* ■ **jdm** ~ to come across sth/sb; **so einer ist mir ja noch nie untergekommen!** I've never come across anyone like him before ❹ DIAL *(erleben)* ■ **jdm** ~ to experience; **ein so wundersame Gelegenheit kommt einem nicht alle Tage unter** you don't get such a wonderful opportunity like that every day

Un·ter·kör·per *m* lower part of the body

un·ter|krie·gen *vt (fam)* ■ **jdn** ~ to bring sb down; **die Konkurrenz will uns** ~ our competitors want to bring us down; **ein guter Mann ist nicht unterzukriegen** you can't keep a good man down; ■ **sich** [**von jdm/etw**] ~ **lassen** to allow sb/sth to get one down; **von einem kleinen Rückschlag darf man sich nicht** ~ **lassen** you shouldn't allow a trivial setback to get you down

un·ter·küh·len· [ʊntɐˈkyːlən] **I.** *vt* ■ **jdn** ~ to reduce sb's body temperature **II.** *vr (fam)* ■ **sich** ~ to get cold; **ich muss mich im Schatten unterkühlt haben** I must have got cold standing in the shade

un·ter·kühlt *adj* ❶ *(mit niedriger Körpertemperatur)* suffering from hypothermia; **stark** ~ **sein** to be suffering from advanced hypothermia; **in dem ~en Zustand konnte sie sich kaum bewegen** she was so cold she could scarcely move ❷ *(betont kühl, distanziert)* cool, reserved; **~e Beziehungen** cool relations

Un·ter·küh·lung *f* hypothermia

Un·ter·kunft <-, -künfte> [ˈʊntɐkʊnft, *pl:* -kʏnftə] *f* accommodation; **eine** ~ **suchen** to look for accommodation; ~ **mit Frühstück** bed and breakfast; ~ **und Verpflegung** board and lodging, MIL *(Kaserne)* quarters *npl*; *(privat)* billet; **die Soldaten kehrten in ihre Unterkünfte zurück** the soldiers returned to their billets [*or* quarters]

Un·ter·la·ge [ˈʊntɐlaːgə] *f* ❶ *(flacher Gegenstand zum Unterlegen)* mat, pad; **bei der Notoperation diente**

eine Decke als ~ during the emergency operation a blanket was used for the patient to lie on; **lege bitte eine ~ unter den Topf!** please put the pot on a mat!; *(Bett~)* draw sheet ❷ *meist pl (Beleg, Dokument)* document *usu pl*

Un·ter·lass^RR, **Un·ter·laß**^ALT ['ʊntɐlas] *m* **ohne ~** *(geh)* incessantly, continuously

un·ter·las·sen˙ [ʊntɐ'lasn] *vt irreg* ❶ *(nicht ausführen)* ■ **etw ~** not to carry out sth, to omit [*or* fail] to do sth; **die letzte Untersuchung wurde ~** the final examination was not carried out; ■ **es ~, etw zu tun** to fail to do sth; **warum haben Sie es ~, mich zu benachrichtigen?** why did you fail to inform me? ❷ *(mit etw aufhören)* ■ **etw ~** to refrain from doing sth; **diese dumme Bemerkung hättest du auch ~ können** you could have refrained from making this stupid remark; **etw nicht ~ können** not to be able to refrain from doing sth; **scheinbar kann er diese Dummheiten nicht ~** apparently, he can't stop doing these silly things; **unterlass/~ Sie das!** stop that!; *s. a.* Hilfeleistung

Un·ter·las·sung <-, -en> [ʊntɐ'lasʊŋ] *f* omission, failure [to do sth]; **ich bestehe auf sofortiger ~ dieser Lärmbelästigung** I insist that this noise pollution be stopped immediately

Un·ter·las·sungs·fall <-s> *m kein pl* JUR **im ~sfall** *(geh)* in case of default

Un·ter·lauf ['ʊntɐlauf, *pl:* -lɔyfə] *m* lower reaches *pl*

un·ter·lau·fen˙ [ʊntɐ'laufn] *irreg* **I.** *vt* ❶ *haben (umgehen)* ■ **etw ~** to evade [*or* circumvent] sth; **die Zensur/ein Embargo ~** to evade a censure/an embargo ❷ SPORT **einen Spieler ~** to charge a player who is in the air and knock him down **II.** *vi sein* ❶ *(versehentlich vorkommen)* ■ **jdm unterläuft etw** sth happens to sb; **da muss mir ein Fehler ~ sein** I must have made a mistake ❷ *(fam: begegnen)* ■ **jdm ~** to happen to sb; **so etwas Lustiges ist mir selten ~** something as funny as that has rarely happened to me

un·ter·le·gen^1 ['ʊntɐle:gn] *vt* ❶ *(darunter platzieren)* ■ **[jdm] etw ~** to put sth under[neath] [sb] ❷ *(abweichend interpretieren)* ■ **einer S.** *dat* **etw ~** to read another meaning into sth

un·ter·le·gen^2 [ʊntɐ'le:gn] *vt* ❶ *(mit Untermalung versehen)* ■ **etw mit etw ~** to use sth to form the background to sth; **einem Film Musik ~** to put music to a film; **die Modenschau wurde mit Musik unterlegt** music formed the background to the fashion show ❷ *(mit einer Unterlage versehen)* ■ **etw** *akk* **mit etw ~** to underlay sth with sth

un·ter·le·gen^3 [ʊntɐ'le:gn] *adj* ❶ *(schwächer als andere)* inferior; **~e Kräfte** inferior forces; ■ **jdm ~ sein** to be inferior to sb; **zahlenmäßig ~ sein** to be outnumbered ❷ SPORT *(schwächer)* defeated; ■ **jdm ~ sein** to be defeated by sb

Un·ter·le·ge·ne(r) *f(m) decl wie adj* loser

Un·ter·le·gen·heit <-, *<selten* -en> *f* inferiority

Un·ter·leib *m* [lower] abdomen

Un·ter·leibs·be·schwer·den *f pl* abdominal complaint [*or* pain]

un·ter·lie·gen˙ ['ʊnteli:gn] *vi irreg sein* ❶ *(besiegt werden)* ■ **[jdm] ~** to lose [to sb], to be defeated [*or* beaten] [by sb] ❷ *(unterworfen sein)* ■ **einer S.** *dat* **~** to be subject to sth; **einer Täuschung ~** to be the victim of a deception; **der Schweigepflicht ~** to be bound to maintain confidentiality; **Sie ~ offensichtlich einem Irrtum** you have obviously made a mistake; *s. a.* Zweifel

Un·ter·lip·pe *f* bottom [*or* lower] lip

un·term ['ʊntɐm] *(fam)* = **unter dem**

un·ter·ma·len˙ [ʊntɐ'ma:lən] *vt* ❶ *(mit Musik begleiten)* ■ **etw mit etw ~** to provide sth as a background to sth; **der Gedichtvortrag wurde leise mit**

Musik untermalt soft music was provided as a background to the poetry reading ❷ KUNST ■ **etw ~** to prime sth

Un·ter·ma·lung <-, -en> *f* background music

un·ter·mau·ern˙ [ʊntɐ'mauɐn] *vt* ■ **etw [mit etw] ~** to support sth [with sth]; BAU to underpin sth with sth; **seine Theorie ist wissenschaftlich gut untermauert** his theory is scientifically well supported

Un·ter·mie·te ['ʊntɐmi:tə] *f* ❶ *(Mieten eines Zimmers)* subtenancy; **in [***o* zur**] ~ wohnen** to rent a room from an existing tenant ❷ *(das Untervermieten)* sublease; **jdn in ~ nehmen** to take in sb as a lodger; **wir mussten jemanden in ~ nehmen** we had to take in a lodger

Un·ter·mie·ter(in) *m(f)* subtenant

un·ter·mi·nie·ren˙ [ʊntɐmi'ni:rən] *vt* ■ **etw ~** to undermine sth

un·ter|mi·schen ['ʊntɐmɪʃn] *vt (mit etw vermengen)* ■ **etw ~** to add [*or sep* mix in] sth

un·tern ['ʊntɐn] *(fam)* = **unter den** *s.* **unter**

un·ter·neh·men˙ [ʊntɐ'ne:mən] *vt irreg* ❶ *(in die Wege leiten)* ■ **etw/nichts [gegen jdn/etw] ~** to take action/no action [against sb/sth]; **Schritte gegen etw ~** to take steps against sth ❷ *(Vergnügliches durchführen)* ■ **etw [mit jdm] ~** to do sth [with sb]; **wollen wir nicht etwas zusammen ~?** why don't we do something together? ❸ *(geh: machen)* ■ **etw ~** to do sth; **einen Ausflug ~** to go on an outing; **eine Reise ~** to go on a journey; **einen Versuch ~** to make an attempt ❹ *(geh: auf sich nehmen)* ■ **es ~, etw zu tun** to take it upon oneself to do sth

Un·ter·neh·men <-s, -> [ʊntɐ'ne:mən] *nt* ❶ ÖKON firm, company ❷ *(Vorhaben)* undertaking, venture; **ein gewagtes ~** a risky venture

Un·ter·neh·mens·be·ra·ter(in) *m(f)* management consultant **Un·ter·neh·mens·be·ra·tung** *f* ÖKON ❶ *kein pl (Consulting, Betriebsberatung)* management consultancy *no pl* ❷ *(Firma)* management consultancy firm **Un·ter·neh·mens·be·steu·e·rung** *f* FIN corporation tax **Un·ter·neh·mens·form** *f* type [*or* form] of business [*or* enterprise] **Un·ter·neh·mens·füh·rung** *f* ÖKON ❶ *kein pl (Management)* management ❷ *(Führungskräfte in einem Unternehmen)* management **Un·ter·neh·mens·fu·si·on** *f* company merger **Un·ter·neh·mens·ge·winn** *m* FIN corporate profit **Un·ter·neh·mens·grün·dung** *f* setting [*or* starting] up a business **Un·ter·neh·mens·grup·pe** *f* group, consortium **Un·ter·neh·mens·lei·ter(in)** *m(f)* director **Un·ter·neh·mens·lei·tung** *f* ÖKON ❶ *kein pl (Leitung, Führung eines Unternehmens)* management ❷ *(Führungskräfte eines Unternehmens)* management **Un·ter·neh·mens·plan** *m* corporate plan **Un·ter·neh·mens·po·li·tik** *f kein pl* corporate policy **Un·ter·neh·mens·spit·ze** *f* top management, executive level

Un·ter·neh·mer(in) <-s, -> [ʊntɐ'ne:mɐ] *m(f)* employer, entrepreneur

un·ter·neh·mer·freund·lich *adj* POL employer-friendly **un·ter·neh·me·risch** [ʊntɐ'ne:mərɪʃ] **I.** *adj* entrepreneurial **II.** *adv* in a business-like manner; **~ denken** to think in a business-like manner

Un·ter·neh·mer·lohn *m* employer's remuneration **Un·ter·neh·mer·ri·si·ko** *nt* management risk

Un·ter·neh·mer·schaft <-, *<selten* -en> *f* business men *pl,* entrepreneurs *pl*

Un·ter·neh·mer·ver·band *m* employer's association

Un·ter·neh·mung <-, -en> [ʊntɐ'ne:mʊŋ] *f (geh) s.* **Unternehmen 2**

Un·ter·neh·mungs·geist *m kein pl* enterprise, entrepreneurial spirit **Un·ter·neh·mungs·lust** *f kein pl* enterprise, initiative **un·ter·neh·mungs·lus·tig** *adj* enterprising, adventurous

Un·ter·of·fi·zier ['ʊntɐʔɔfitsi:ɐ] *m* non-commissioned

officer; **Offiziere und ~e** officers and other ranks; **~ vom Dienst** duty NCO

un·ter|ord·nen I. vt ❶ *(vor etw hintanstellen)* ■ **etw einer S.** dat ~ to put sth before sth; **die meisten Mütter ordnen ihre eigenen Bedürfnisse denen ihrer Kinder unter** most mothers put the needs of their own children before their own ❷ *(jdm/einer Institution unterstellen)* ■ **jdm/einer S. untergeordnet sein** to be [made] subordinate to sb/sth II. vr ■ **sich** [jdm] **~** to take on a subordinate role [to sb]

Un·ter·re·dung <-, -en> f discussion; **eine ~ mit jdm haben** [o führen] to have a discussion with sb

un·ter·re·prä·sen·tiert adj under-represented; **in einem Ausschuss ~ sein** to be under-represented on a committee

Un·ter·richt <-[e]s, <selten -e> ['ʊntɐrɪçt] m lesson; **theoretischer/praktischer ~** theoretical/practical classes; **im Sommer beginnt der ~ um zehn vor acht** in summer lessons begin at ten to eight; **dem ~ fernbleiben** to play truancy [or AM hooky]; **[jdm] ~ [in etw** dat] **geben** to give [sb] lessons [in sth]; **bei jdm ~ haben** to have lessons with sb; **bei wem haben wir nächste Stunde ~?** who's our next lesson with?; **im ~ sein** to be in a lesson; **heute fällt der ~ in Mathe aus** there will be no maths lesson today

un·ter·rich·ten ['ʊntɐ'rɪçtn̩] I. vt ❶ *(als Lehrer unterweisen)* ■ **jdn/etw** [in etw dat] **~** to teach sb/sth [sth]; **eine Klasse in Französisch ~** to teach a class French; **ich habe ihn früher in Mathematik unterrichtet** I used to teach him mathematics ❷ *(ein Fach lehren)* ■ **etw ~** to teach sth; **Chemie ~** to teach Chemistry ❸ *(geh: informieren)* ■ **jdn** [über etw akk/**von etw**] **~** to inform [or advise] sb [about sth]; **ich bin unterrichtet** I have been informed II. vi *(als Lehrer tätig sein)* ■ [in etw dat] **~** to teach [at sth]; **in einem Fach ~** to teach a subject; **an welcher Schule ~ Sie?** which school do you teach at? III. vr *(sich informieren)* ■ **sich über etw ~** akk to obtain information about sth; ■ **sich von jdm über etw** akk **~ lassen** to be informed by sb about sth

un·ter·rich·tet adj informed; **gut ~ sein** to be well-informed

Un·ter·richts·er·fah·rung f SCH teaching experience **Un·ter·richts·fach** nt subject **Un·ter·richts·stoff** m SCH subject matter **Un·ter·richts·stun·de** f lesson, period

Un·ter·rich·tung <-, -en> [ʊntɐ'rɪçtʊŋ] f *(geh)* information

Un·ter·rock ['ʊntɐrɔk] m petticoat, slip dated

un·ter|rüh·ren vt ■ **etw ~** to stir in sth

un·ters ['ʊntɐs] *(fam)* = **unter das**

un·ter·sa·gen [ʊntɐ'za:gn̩] vt ■ **jdm etw ~** to forbid sb to do sth, to prohibit sb from doing sth; ■ **jdm ~, etw zu tun** to forbid sb to do sth; **ich untersage Ihnen, sich den Medien gegenüber zu äußern** I forbid you to make statements to the media; ■ [irgendwo] **untersagt sein** to be prohibited [somewhere]; **das Rauchen ist in diesen Räumen untersagt** smoking is prohibited in these rooms

Un·ter·satz ['ʊntɐzats] m *(untergesetzter Gegenstand)* mat, coaster; **die Tasse auf einen ~ stellen** to put the cup on a mat; **fahrbarer ~** *(hum fam)* wheels pl hum fam

Un·ter·scha·le f KOCHK *(Rind)* beef silverside; *(Schwein)* gammon piece

un·ter·schät·zen [ʊntɐ'ʃɛtsn̩] vt ■ **jdn ~** to underestimate sb; **nicht zu ~** not to be underestimated; *(beträchtlich)* not inconsiderable; **ein nicht zu ~der Konkurrent** a rival who is not to be underestimated; **sich in nicht zu ~de Schwierigkeiten begeben** to get oneself into not inconsiderable difficulties

un·ter·scheid·bar adj distinguishable

un·ter·schei·den [ʊntɐ'ʃaidn̩] irreg I. vt ❶ *(durch Unterschiede differenzieren)* ■ **etw ~** to distinguish [or make a distinction] between sth; **der Botaniker unterscheidet Fichten und Kiefern** the botanist makes a distinction between firs and pines; ■ **etw** [von etw] **~** to tell sth from sth ❷ *(auseinanderhalten)* ■ [voneinander/an etw dat] **~** to tell the difference [between things/by sth], to tell things apart; **ich kann die beiden nie ~** I can never tell the difference between the two; **Ulmen und Linden kann man leicht ~** you can easily tell elm trees from lime trees; **er kann ein Schneeglöckchen nicht von einer Schlüsselblume ~** he can't tell the difference between a snowdrop and a cowslip ❸ *(als anders erscheinen lassen)* ■ **jdn von jdm ~** to distinguish sb from sb; **was sie so sehr von ihrer Schwester unterscheidet, ist ihre musikalische Begabung** what distinguishes her so much from her sister is her musical talent II. vi *(zwischen Dingen)* ~ to differentiate [or make a distinction] [between things]; **zwischen ... und ... nicht ~ können** to not be able to distinguish [or tell the difference] between ... and ... III. vr ■ **sich voneinander/von jdm/etw ~** to differ from sb/sth; **er unterscheidet sich von seiner Kollegin in seiner Gelassenheit** he differs from his colleague in that he is much more relaxed; **ihr unterscheidet euch echt nicht voneinander!** you're as bad as each other!

Un·ter·schei·dung f distinction, differentiation; **eine ~/~en treffen** to make a distinction/distinctions

Un·ter·schen·kel m ANAT lower leg; KOCHK [chicken] drumstick

Un·ter·schicht f lower class

un·ter·schie·ben¹ [ʊntɐ'ʃi:bn̩] vt irreg *(fam)* ■ **jdm etw ~** to attribute sth falsely to sb; **diese Äußerung unterschiebt mir die Presse** this statement has been falsely attributed to me by the press; ■ **jdm ~, dass jd etw tut** to imply that sb does sth; **wollen Sie mir etwa ~, dass ich beabsichtigt habe, Sie zu hintergehen?** are you trying to imply that it was my intention to deceive you?

un·ter|schie·ben² ['ʊntɐʃi:bn̩] vt irreg ■ **jdm etw ~** to push sth under[neath] sb; **schiebst du mir noch ein Kissen unter?** will you push another cushion under me?

Un·ter·schied <-[e]s, -e> ['ʊntɐʃi:t] m difference, distinction; **ein feiner/großer ~** a slight/large difference; **ich sehe keinen ~ zum Original** I can't see a difference to the original; **einen/keinen ~** [o ~e] [zwischen Dingen] **machen** to draw a/no distinction [between things]; **einen/keinen ~ machen** to make a/no difference; **es macht keinen ~, ob du heute bezahlst oder morgen** it makes no difference whether you pay today or tomorrow; **im ~ zu jdm** unlike sb, in contrast to sb; **im ~ zu dir bin ich aber vorsichtiger** unlike you I'm more careful; [nur] **mit dem ~, dass** [only] the difference is that; **sicher tut ihr die gleiche Arbeit, mit dem ~, dass sie das Doppelte verdient** of course you do the same work, only the difference is that she earns double what you do; **ohne ~** indiscriminately; **ein ~ wie Tag und Nacht** *(fam)* as different as chalk and cheese [or AM night and day]; **vergleiche mal diese mit der ursprünglichen Version – das ist ein ~ wie Tag und Nacht** just you compare this to the original version – they are worlds apart!; **der kleine ~** *(iron fam)* la petite différence *(distinguishing men and women)*

un·ter·schied·lich ['ʊntɐʃi:tlɪç] I. adj different; **~er Auffassung sein** to have different views; **das Klima in Australien ist sehr ~** the climate in Australia varies a lot II. adv differently

un·ter·schieds·los adv indiscriminately

un·ter·schla·gen* [ʊntɐˈʃlaːgn̩] *vt irreg* ❶ *(unrechtmäßig für sich behalten)* ▪ etw ~ to misappropriate; **Geld ~** to embezzle money; **einen Brief/Beweise ~** to withhold a letter/evidence; **eine Nachricht ~** to keep quiet about sth ❷ *(vorenthalten)* ▪ **jdm etw ~** to withhold sth from sb; **warum hat man mir diese Information ~?** why was this information withheld from me?

Un·ter·schla·gung <-, -en> [ʊntɐˈʃlaːgʊŋ] *f* misappropriation, embezzlement

Un·ter·schlupf <-[e]s, -e> [ˈʊntɐʃlʊpf] *m* hideout, cover; **bei jdm ~ suchen/finden** to look for/find shelter with sb

un·ter·schlup·fen *vi* SÜDD *(fam)*, **un·ter|schlüp·fen** *vi sein (fam)* ▪ **[bei jdm] ~** to find shelter [at sb's house]; *(verstecken)* to hide [out] [in sb's house]; *(hum)* to stay [at sb's house]; **ich habe keine Ahnung, wo der Kerl untergeschlüpft ist** I've no idea where the guy's staying at

un·ter·schrei·ben* [ʊntɐˈʃraibn̩] *irreg* **I.** *vt* ▪ **[jdm] etw ~** to sign sth [for sb]; **eine Meinung/Ansicht ~ können** *(fig)* to be able to subscribe to an opinion/ point of view *fig* **II.** *vi* ▪ **[auf etw** *dat*] ~ to sign [sth]

un·ter·schrei·ten* [ʊntɐˈʃraitn̩] *vt irreg* ❶ *(unterbieten)* ▪ **etw [um etw] ~** to undercut sth [by sth] ❷ *(unter einer Grenze liegen)* ▪ **etw [um etw] ~** to fall below sth [by sth]; **ihr tatsächliches Einkommen unterschreitet deutlich ihre Schätzungen** her actual income falls well short of her estimates

Un·ter·schrift [ˈʊntɐʃrɪft] *f* ❶ *(eigene Signatur)* signature; **seine ~ leisten** to give one's signature; **seine ~ unter etw** *akk* **setzen, etw mit seiner ~ versehen** to put one's signature to sth, to sign sth ❷ *(Bildunterschrift)* caption

Un·ter·schrif·ten·lis·te *f* POL, SOZIOL petition **Un·ter· schrif·ten·samm·lung** *f* collection of signatures

un·ter·schwel·lig [ˈʊntɐʃvɛlɪç] *adj* subliminal

Un·ter·see·boot [ˈʊnteːzeˌboːt] *nt* submarine

un·ter·see·isch [ˈʊnteːzeːɪʃ] *adj* underwater

Un·ter·sei·te *f* underside, bottom

Un·ter·set·zer <-s, -> [ˈʊntezɛtsɐ] *m s.* **Untersatz** 1

un·ter·setzt [ʊntɐˈzɛtst] *adj* stocky

un·ter·spü·len* [ʊntɐˈʃpyːlən] *vt* ▪ **etw ~** to wash away the bottom of sth

Un·ter·stand *m* ❶ *(Platz zum Unterstellen)* shelter ❷ MIL dugout

un·ters·te(r, s) [ˈʊntɐstɐ, -stə, -stəs] *adj superl von* **untere(r, s)**: **das U~ zuoberst kehren** *(fam)* to turn everything upside down; **die Einbrecher hatten das U~ zuoberst gekehrt** the burglars had turned everything upside down

un·ter·ste·hen*1 [ʊntɐˈʃteːən] *irreg* **I.** *vi* ▪ **jdm/einer S. ~** to be subordinate to sb/sth, to come under sb's/ sth's control; **der Abteilungsleiterin ~ 17 Mitarbeiter** seventeen employees report to the departmental head; **jds Befehl ~** to be under sb's command; **ständiger Kontrolle ~** to be subject to constant checks **II.** *vr* ▪ **sich ~, etw zu tun** to have the audacity to do sth; **er hat sich tatsächlich unterstanden, uns zu drohen!** he actually dared to threaten us?; **untersteh dich!** don't you dare!; **was ~ Sie sich!** how dare you!

un·ter|ste·hen2 [ˈʊntɐʃteːən] *vi irreg haben* SÜDD, ÖSTERR, SCHWEIZ to take shelter [or cover]; **es hat so stark geregnet, dass wir eine ganze Weile ~ mussten** it rained so heavily that we had to take shelter for quite a while

un·ter·stel·len*1 [ʊntɐˈʃtɛlən] **I.** *vt* ❶ *(unterordnen)* ▪ **jdm jdn/etw ~** to put sb in charge of sb/sth; **wir unterstellen Ihnen vier Abteilungen** we're putting you in charge of four departments; ▪ **jdm/einer S.** *gen* **unterstellt sein** to be under sb/sth; **Sie sind ab sofort der Redaktion III unterstellt** as from now

you report to editorial department III ❷ *(unterschieben)* ▪ **jdm etw ~** to imply [or insinuate] that sb has said/done sth; **~ Sie mir Nachlässigkeit?** are you implying that I have been negligent? **II.** *vi* ▪ ~, [dass] … to suppose [or assume] [that] …; **ich unterstelle einfach einmal, dass Sie recht haben** I'm just supposing for once that you are right

un·ter|stel·len2 [ˈʊntɐʃtɛlən] **I.** *vt* ❶ *(abstellen)* ▪ etw **irgendwo/bei jdm ~** to store sth somewhere/at sb's house; **ein Auto bei jdm ~** to leave one's car at sb's house; **er stellt ein paar Möbelstücke bei uns unter** he's storing a few items of furniture at our place ❷ *(darunter stellen)* ▪ **etw ~** to store sth underneath; **einen Eimer ~** to put a bucket underneath **II.** *vr* ▪ **sich ~** to take shelter [or cover]

Un·ter·stell·mög·lich·keit *f (Überdachung)* bus shelter

Un·ter·stel·lung *f* ❶ *(falsche Behauptung)* insinuation ❷ *kein pl (Unterordnung)* subordination; ▪ **die/jds ~ unter jdn/etw** the/sb's subordination to sb/sth

un·ter·steu·ern* [ʊntɐˈʃtɔyɐn] *vi* AUTO to understeer

un·ter·strei·chen* [ʊntɐˈʃtraiçn̩] *vt irreg* ▪ **etw ~** ❶ *(markieren)* to underline sth; **sein Name war rot unterstrichen** his name was underlined in red ❷ *(betonen)* to emphasize sth; **seine Worte mit Gesten ~** to emphasize one's words with gestures; **Herbstfarben ~ Ihren Hauttyp** autumn colours enhance your skin type ❸ *(zustimmen)* **das kann ich nur ~** there's no doubt about that

Un·ter·strei·chung <-, -en> *f* ❶ *(das Unterstreichen)* underlining; **im vornehmen** *(geh)* to underline ❷ *kein pl (das Betonen)* emphasizing

Un·ter·strich <-s, -e> *m* TYPO underscore

Un·ter·strö·mung *f* undercurrent

Un·ter·stu·fe *f* lower school

un·ter·stüt·zen* [ʊntɐˈʃtʏtsn̩] *vt* ❶ *(durch Hilfe fördern)* ▪ **jdn [bei etw/in etw** *dat*] ~ to support sb [in sth]; **die Heilung ~** to assist sb's recovery ❷ *(materiell/finanziell fördern)* ▪ **jdn/etw [mit etw] ~** to support sb/sth [with sth]; **wirst du noch von deinen Eltern finanziell unterstützt?** do your parents still financially support you? ❸ *(sich dafür einsetzen)* ▪ **etw ~** to back [or support] sth; **diesen Plan kann ich voll ~** I'm fully behind [or supportive of] this plan ❹ INFORM ▪ **etw ~** to support sth

Un·ter·stüt·zung *f* ❶ *kein pl (Hilfe)* support; **ich möchte Sie um Ihre ~ bitten** I should like to ask you for your support; **zur ~ einer S.** *gen* in support of sth ❷ *(finanzielle Hilfeleistung)* income support; *(Arbeitslosen~)* benefit; **nimm die 1.000 Euro als kleine ~** take the 1,000 euros to help you out a bit; **eine ~ beantragen** to apply for assistance; **eine ~ beziehen** to be on income support/[unemployment] benefit

Un·ter·such <-s, -e> [ʊntɐˈzuːx] *m* SCHWEIZ *(Untersuchung)* examination, investigation

un·ter·su·chen* [ʊntɐˈzuːxn̩] *vt* ❶ *(den Gesundheitszustand überprüfen)* ▪ **jdn ~** to examine sb; ▪ **jdn auf etw** *akk* ~ to examine sb for sth; **hat man Sie auf Allergien untersucht?** have you been examined for allergies?; ▪ **sich [von jdm] ~ lassen** to be examined [by sb]; **manche Frauen wollen sich nur von Ärztinnen ~ lassen** some women only want to be examined by a woman doctor; ▪ **etw [auf etw** *akk*] ~ *(medizinisch überprüfen)* to examine sth [for sth]; **wir schicken das Blut ein, um es auf Krebszellen ~ zu lassen** we're sending the blood in to have it examined for cancer cells ❷ *(überprüfen)* ▪ **etw/jdn ~** to investigate [or look into] sth/sb; **einen Plan auf Schwachstellen hin ~** to check a plan for weaknesses; **ein Fahrzeug ~** to check a vehicle ❸ *(genau betrachten)* ▪ **etw/jdn ~** to scrutinize sth/sb; **die**

sozialen Verhältnisse ~ to examine the social conditions; jds Lebensgewohnheiten ~ to scrutinize sb's habits ❹ *(durchsuchen)* ▪ jdn/etw |auf etw *akk*| ~ to search sb/sth [for sth]; die Zollbeamten ~ das Gepäck auf Sprengstoff the customs officers search the luggage for explosives ❺ *(aufzuklären suchen)* ▪ etw ~ to investigate sth; die Polizei untersucht den Vorfall the police are investigating the incident **Un·ter·su·chung** <-, -en> *f* ❶ *(Überprüfung des Gesundheitszustandes)* examination; jdn einer ~ *dat* unterziehen *(geh)* to give sb a medical examination; sich einer ~ *dat* unterziehen *(geh)* to undergo a medical examination; *(medizinische Überprüfung)* examination ❷ *(Durchsuchung)* search; die ~ des Busses förderte Sprengstoff zutage the search of the coach unearthed explosives ❸ *(Überprüfung)* investigation; die ~ der Unfallursache ergab, dass die Bremsen versagt hatten the investigation into the cause of the accident revealed that the brakes had failed; die ~ des Wagens war ergebnislos an inspection of the car proved fruitless ❹ *(analysierende Arbeit)* investigation, survey; eine ~ veröffentlichen to publish an investigation [*or* survey]

Un·ter·su·chungs·aus·schuss^{RR} *m* committee of inquiry **Un·ter·su·chungs·be·am·te(r)** *f(m) decl wie adj*, **Un·ter·su·chungs·be·am·tin** *f* ADMIN, JUR investigator **Un·ter·su·chungs·be·fund** *m* examination report **Un·ter·su·chungs·er·geb·nis** *nt* ❶ JUR findings *pl* ❷ MED *(Befund)* results *pl*, findings *pl* **Un·ter·su·chungs·ge·fan·ge·ne(r)** *f(m) decl wie adj* prisoner on remand **Un·ter·su·chungs·ge·fäng·nis** *nt* remand prison **Un·ter·su·chungs·haft** *f* custody, detention pending trial; in ~ sein [*o fam:* sitzen] to be on remand; jdn in ~ nehmen to commit sb for trial **Un·ter·su·chungs·kom·mis·si·on** *f* investigating [*or* inquiry] committee **Un·ter·su·chungs·me·tho·de** *f* examination [*or* investigation] [*or* research] method **Un·ter·su·chungs·rich·ter(in)** *m(f)* examining magistrate **Un·ter·su·chungs·zim·mer** *nt* examination room

Un·ter·ta·ge·bau [ʊntɐ'taːgəbaʊ] *m kein pl* ❶ *(Abbau)* underground mining ❷ *(Grube)* coal mine **un·ter·tags** [ʊntɐ'taːks] *adv* ÖSTERR, SCHWEIZ, SÜDD *(tagsüber)* during the day

un·ter·tan ['ʊntɐtaːn] *adj* sich *dat* jdn/etw ~ machen *(geh)* to subjugate sb/dominate sth **Un·ter·tan(in)** <-en, -en> ['ʊntɐtaːn] *m(f)* subject

un·ter·tä·nig <-er, -ste> ['ʊntɐtɛːnɪç] *adj (pej)* subservient, submissive *pej;* Ihr ~ster Diener *(veraltet)* your humble [*or* most obedient] servant

Un·ter·tas·se *f* saucer; fliegende ~ *(fam)* flying saucer *fam*

un·ter|tau·chen ['ʊntɐtaʊxn̩] I. *vt haben* ▪ jdn ~ to duck [*or* AM dunk] sb's head under water, BRIT to give sb a ducking *fam* II. *vi sein* ❶ *(tauchen)* to dive [under]; *U-Boot* to submerge ❷ *(sich verstecken)* to disappear, to go underground; ▪ bei jdm ~ to hide out at sb's place; im Ausland ~ to go underground abroad ❸ *(verschwinden)* ▪ irgendwo ~ to disappear somewhere; der Taschendieb war bereits in der Menschenmenge untergetaucht the pickpocket had already disappeared into the crowd

Un·ter·teil ['ʊntɐtaɪl] *nt o m* bottom [*or* lower] part **un·ter·tei·len** [ʊntɐ'taɪlən] *vt* ❶ *(einteilen)* ▪ etw |in etw *akk*| ~ to subdivide sth [into sth]; das Formular war in drei Spalten unterteilt the form was subdivided into three columns ❷ *(aufteilen)* ▪ etw |in etw *akk*| ~ to partition [*or* divide] sth [into sth]; das große Zimmer war in zwei kleinere Räume unterteilt the large room was partitioned into two smaller rooms **Un·ter·tei·lung** <-, -en> *f* subdivision

Un·ter·tel·ler *m* SCHWEIZ, SÜDD *(Untertasse)* saucer **Un·**

ter·tem·pe·ra·tur *f* low body temperature **Un·ter·ti·tel** ['ʊntɐtiːtl̩] *m* ❶ *(eingeblendete Übersetzung)* subtitle ❷ *(zusätzlich erläuternder Titel)* subheading **Un·ter·ton** *m* undertone **un·ter·tou·rig** [-tuːrɪç] *adj* at low revs; eine ~e Fahrweise schadet Motor und Getriebe driving at low revs damages the engine and gears

un·ter·trei·ben* [ʊntɐ'traɪbn̩] *irreg* I. *vt (etw geringer darstellen)* ▪ etw ~ to understate sth; musst du immer ~? do you always have to understate everything? II. *vi* to play sth down; manche Menschen neigen dazu, zu ~ some people have a tendency to play things down **Un·ter·trei·bung** <-, -en> *f* understatement

un·ter·tun·neln* [ʊntɐ'tʊnl̩n] *vt* ▪ etw ~ to tunnel under sth; der untertunnelte Ärmelkanal the Channel Tunnel, the Channel *fam*

un·ter·ver·mie·ten* I. *vt* ▪ etw ~ to sublet sth II. *vi* to sublet; laut Mietvertrag darf ich nicht ~ according to the lease I am not allowed to sublet

un·ter·ver·si·chert *adj* underinsured **Un·ter·ver·si·che·rung** *f* underinsurance

un·ter·wan·dern* [ʊntɐ'vandɐn] *vt* ▪ etw ~ to infiltrate sth **Un·ter·wan·de·rung** *f* infiltration

Un·ter·wä·sche <-, -n> ['ʊntɐvɛʃə] *f* ❶ *kein pl* MODE underwear *no pl* ❷ AUTO *(fam: Unterbodenwäsche)* underbody cleaning

Un·ter·was·ser·ka·me·ra ['ʊntɐvasɐ-] *f* underwater camera **Un·ter·was·ser·mas·sa·ge** *f* underwater massage **Un·ter·was·ser·sport** *m* underwater sport **un·ter·wegs** [ʊntɐ've:ks] *adv* ❶ *(auf dem Weg)* on the way; wir müssen los, ~ können wir dann Rast machen we must be off, we can have a break on the way; ▪ |irgendwohin/zu jdm| ~ sein to be on the way [to somewhere/sb]; Herr Müller ist gerade nach München ~ Mr. Müller is on his way to Munich at the moment; für ~ for the journey; nehmt ein paar belegte Brote für ~ mit! take a few sandwiches for the journey; von ~ from our/your trip [*or* outing]; wir haben ein paar Blumen von ~ mitgebracht we've brought a few flowers back from our outing; er hat mich von ~ angerufen he phoned me while he was on his way ❷ *(fam: schwanger)* ein Kind ist ~ a child is on the way, she is/they/we are expecting a child

un·ter·wei·sen* [ʊntɐ'vaɪzn̩] *vt irreg (geh)* ▪ jdn |in etw *dat*| ~ to instruct sb [in sth] *form;* ich werde Sie in der Benutzung des Computers ~ I will instruct you how to use the computer

Un·ter·wei·sung *f (geh)* instruction *form* **Un·ter·welt** ['ʊntɐvɛlt] *f kein pl* underworld

un·ter·wer·fen* [ʊntɐ'vɛrfn̩] *irreg* I. *vt* ❶ *(unterjochen)* ▪ jdn/etw ~ to subjugate [*or* conquer] sb/sth; die Conquistadores haben weite Teile Südamerikas unterworfen the Conquistadores subjugated large parts of South America ❷ *(unterziehen)* ▪ jdn einer S. *dat* ~ to subject sb to sth; die Zollbeamten unterwarfen die Einreisenden endlosen Prozeduren the customs officers subjected the people entering the country to endless procedures II. *vr* ❶ *(sich fügen)* sich jds Willkür ~ to bow to sb's will; sich einem Herrscher ~ to obey a ruler ❷ *(sich unterziehen)* ▪ sich einer S. *dat* ~ to submit to sth; sich einer Prüfung ~ to do a test

Un·ter·wer·fung <-, -en> *f* subjugation **un·ter·wor·fen** *adj* ▪ jdm/einer S. *dat* ~ sein to be subject to sb/sth; die vorherrschende Mode ist vielen Strömungen ~ the prevailing fashion is subject to many trends

un·ter·wür·fig [ʊntɐ'vʏrfɪç] *adj (pej)* servile; manche meiner Kollegen sind ~ in Gegenwart des Chefs some of my colleagues grovel in the presence of the boss

Un·ter·wür·fig·keit <-> *f kein pl (pej)* servility

un·ter·zeich·nen* [ʊntɐ'tsaiçnən] *vt (geh)* ▪ etw ~ to sign sth

Un·ter·zeich·ner(in) [ʊntɐ'tsaiçnɐ] *m(f) (geh)* signatory

Un·ter·zeich·ner·staat *m* signatory state

Un·ter·zeich·nung *f (geh)* signing

Un·ter·zeug ['ʊntɐtsɔyk] *nt (fam)* underclothes *npl*

un·ter|zie·hen*[1] [ʊntɐ'tsiːən] *irreg* **I.** *vt* ▪ jdn/etw einer S. *dat* ~ to subject sb/sth to sth; **der Arzt unterzog mich einer gründlichen Untersuchung** the doctor examined me thoroughly; **das Fahrzeug muss noch einer Generalinspektion unterzogen werden** the vehicle still has to undergo a general inspection **II.** *vr* ▪ **sich einer S.** ~ *dat* to undergo sth; **sich einer Operation** ~ to have an operation; **sich einem Verhör** ~ to undergo a hearing; **sich einer Aufgabe** ~ to take on a task

un·ter|zie·hen[2] ['ʊntɐtsiːən] *vt irreg* ▪ [sich *dat*] etw ~ to put on sth *sep* underneath; **Sie sollten sich einen Pullover** ~ you ought to put a pullover on underneath

Un·ter·zieh·pul·li *m thin pullover worn underneath normal clothes for added protection; (als Skiunterwäsche)* long-sleeved thermal T-shirt

Un·ter·zu·cke·rung <-, -en> *f* low blood sugar level

Un·tie·fe ['ʊntiːfə] *f* ❶ *(seichte Stelle)* shallow *usu pl* ❷ *(geh: große Tiefe)* depth *usu pl;* **in den ~n des Ozeans** in the depths of the ocean

Un·tier ['ʊntiːɐ] *nt* monster

un·trag·bar [ʊn'traːkbaːɐ] *adj* ❶ *(unerträglich)* unbearable ❷ *(nicht tolerabel)* intolerable; ▪ [für jdn] ~ sein/werden to be/become intolerable [to sb]; **dieser Politiker ist/wird für seine Partei** ~ this politician is/is becoming a liability to his party

un·trai·niert *adj* untrained

un·trenn·bar [ʊn'trɛnbaːɐ] *adj* LING inseparable

un·treu ['ʊntrɔy] *adj* unfaithful; ▪ jdm ~ sein/werden to be unfaithful to sb; *(hum)* to forget all about sb; **wir hatten schon gedacht, du wolltest uns ~ werden** we were beginning to think that you'd forgotten all about us; **sich** *dat* ~ **werden** *(geh)* to be untrue to oneself; **einer S.** *dat* ~ **werden** to be disloyal to sth

Un·treue *f* ❶ *(untreues Verhalten)* unfaithfulness ❷ JUR *(finanzieller Missbrauch)* embezzlement

un·tröst·lich [ʊn'trøːstlɪç] *adj* inconsolable; ▪ ~ sein, dass to be inconsolable [*or* so [very] sorry] that

un·trüg·lich [ʊn'tryːklɪç] *adj* unmistakable, sure

Un·tu·gend ['ʊntuːgnt] *f* bad habit; **ihre größte** ~ **ist das Kettenrauchen** her worst vice is [her] chain-smoking; **eine** ~ [**von jdm**] **sein** to be a bad habit [of sb's]

un·ty·pisch *adj* untypical; ▪ ~ [**für jdn**] **sein** to be untypical [of sb]

un·übel *adj* [gar] nicht [so] ~ *(fam)* not bad [at all], not so bad; **er ist gar nicht so ~, wenn man ihn näher kennt** he's not so bad [*or* BRIT *fam* such a bad bloke [*or* sort]] when you get to know him better

un·über·brück·bar [ʊn'yːbɐbrʏkbaːɐ] *adj* irreconcilable

un·über·hör·bar [ʊn'yːbɐhøːɐbaːɐ] *adj* ❶ *(nicht zu überhören)* ▪ ~ sein to be clearly audible; **das Läuten des Telefons muss** ~ **gewesen sein** you could hardly [*or* surely] couldn't] have missed the phone ringing ❷ *(deutlich herauszuhören)* unmistakable

un·über·legt ['ʊnyːbɐleːkt] **I.** *adj* rash **II.** *adv* rashly

Un·über·legt·heit <-, -en> *f* ❶ *kein pl (unüberlegte Art)* rashness ❷ *kein pl (Übereiltheit)* rashness ❸ *(unüberlegte Äußerung)* rash [*or* ill-considered] comment ❹ *(unüberlegte Handlung)* rash act

un·über·seh·bar [ʊn'ʔyːbɐ'zeːbaːɐ] *adj* ❶ *(nicht zu übersehen)* obvious; **ein ~er Fehler** an obvious [*or* glaring] mistake; **ein ~er Unterschied** an obvious [*or* striking] difference ❷ *(nicht abschätzbar)* incalculable, inestimable; **~e Konsequenzen** unforeseeable consequences

un·über·setz·bar [ʊn'ʔyːbɐbe'zɛtsbaːɐ] *adj* untranslatable

un·über·sicht·lich ['ʊn'ʔyːbɐzɪçtlɪç] *adj* ❶ *(nicht übersichtlich)* confusing ❷ *(schwer zu überblicken)* unclear; **eine ~e Kurve** a blind bend [*or* curve]

un·über·treff·lich [ʊn'ʔyːbɐbe'trɛflɪç] **I.** *adj* unsurpassable, matchless; **ein ~er Rekord** an unbeatable record **II.** *adv* superbly, magnificently; **ein ~ gutes/gelungenes Design** an unsurpassably good/unsurpassable [*or* matchless] design

un·über·trof·fen [ʊn'ʔyːbɐbe'trɔfn̩] *adj* unsurpassed, unmatched; **ein ~er Rekord** an unbroken record; ▪ ~ **sein** to be unsurpassable [*or* unmatchable]; **dieser Rekord ist noch/seit Jahren** ~ this record is still unbroken/hasn't been broken for [some] years

un·über·wind·lich [ʊn'ʔyːbɐbe'vɪntlɪç] *adj* ❶ *(nicht abzulegen)* deep[-]rooted]; **eine ~e Antipathie** a deep [*or* strong] antipathy; **ein ~er Hass** an implacable [*or* a deep-rooted] hatred; **~e Vorurteile** deep[-]rooted] [*or* ingrained] prejudices ❷ *(nicht zu meistern)* insurmountable, insuperable *form* ❸ *(unbesiegbar)* invincible

un·üb·lich ['ʊn'ʔyːplɪç] **I.** *adj* uncustomary; ▪ ~ **sein** to be unusual, not to be customary **II.** *adv* unusually; ~ **lange dauern** to take an unusually long time

un·um·gäng·lich [ʊn'ʔʊm'ɡɛŋlɪç] *adj* unavoidable, inevitable; ▪ ~ **sein/werden** to be/become inevitable; *(dringend notwendig)* **ein baldiger Abschluss des Vertrages wird** ~ it's imperative that the contract is concluded soon

un·um·schränkt [ʊn'ʔʊm'ʃrɛŋkt] **I.** *adj* absolute, unlimited **II.** *adv* ▪ ~ **herrschen** to have absolute rule [*or* power]

un·um·stöß·lich [ʊn'ʔʊm'ʃtøːslɪç] **I.** *adj* irrefutable, incontrovertible; **ein ~er Entschluss** an irrevocable [*or* irreversible] decision **II.** *adv* irrefutably, incontrovertibly; **die Entscheidung des Gerichts steht** ~ **fest** the court's decision is irrevocable [*or* irreversible]

un·um·strit·ten [ʊn'ʔʊm'ʃtrɪtn̩] **I.** *adj* undisputed, indisputable; ▪ ~ **sein, dass** to be undisputed [*or* indisputable] that **II.** *adv* undisputedly, indisputably; **das ist** ~ **einer der besten Rotweine der Welt** this is without doubt one of the best red wines in the world

un·um·wun·den ['ʊn'ʔʊmvʊndn̩] *adv* frankly, openly

un·un·ter·bro·chen ['ʊn'ʔʊntɐbrɔxn̩] **I.** *adj* ❶ *(unaufhörlich andauernd)* incessant, constant ❷ *(nicht unterbrochen)* unbroken, uninterrupted **II.** *adv* constantly, incessantly

un·ver·än·der·lich [ʊnfɛɐ'ʔɛndɐlɪç] *adj* ❶ *(gleich bleibend)* unchanging, unvarying ❷ *(feststehend)* constant, invariable, unchanging

un·ver·än·dert ['ʊnfɛɐʔɛndɐt] **I.** *adj* ❶ *(keine Änderungen aufweisend)* unrevised; **bis auf einige Korrekturen ist der Text** ~ apart from a few corrections there are no revisions to the text ❷ *(gleich bleibend)* unchanged; **~er Einsatz/Fleiß** unchanging [*or* unvarying] dedication/hard work; **mein Großvater ist weiterhin bei ~er Gesundheit** my grandfather's health is still unchanged **II.** *adv* **trotz dieser Meinungsverschiedenheiten begegnete sie uns ~ freundlich** her greeting was as friendly as ever, despite our [little] difference of opinion; **ihr ~ gutes Befinden verdankt sie diesen Knoblauchpillen** she puts her continued good health down to these garlic pills; **auch morgen ist es wieder ~ heiter/kalt/kühl** it will remain [just as] clear/cold/cool [*or* be clear/cold/cool again] tomorrow; **auch für den neuen Auftraggeber arbeitete er ~ zuverlässig** his work was just as reliable for his new client

un·ver·ant·wort·lich [ʊnfɛɐ̯ˈʔantvɔrtlɪç] *I. adj* irresponsible; **in ihrem ~en Leichtsinn ließ sie ihr Auto unverschlossen stehen** in her irresponsible recklessness she left her car unlocked *II. adv* irresponsibly; **du hast ~ viel getrunken** it was irresponsible of you to drink so much

un·ver·äu·ßer·lich [ʊnfɛɐ̯ˈʔɔysəlɪç] *adj inv* ❶ *(geh: nicht zu entäußern)* inalienable ❷ *(selten: unverkäuflich)* unmarketable, unsaleable [*or* unsalable]

un·ver·bes·ser·lich [ʊnfɛɐ̯ˈbɛsəlɪç] *adj* incorrigible; **ein ~er Optimist/Pessimist** an incurable optimist/pessimist

un·ver·bind·lich [ˈʊnfɛɐ̯bɪntlɪç] *I. adj* ❶ *(nicht verpflichtend)* not binding *pred;* **ein ~es Angebot machen** to make a non-binding offer ❷ *(distanziert)* detached, impersonal; **meine ~en Geschäftspartner wollten sich wohl ein Hintertürchen offen halten** my non-committal business partners obviously wanted to leave themselves a way out *II. adv* without obligation; **jdm einen Preis ~ ausrechnen** to calculate a price for sb that is not binding

Un·ver·bind·lich·keit <-, -en> *f* ❶ *(Distanziertheit)* detachment, impersonality ❷ *(unverbindliche Äußerung)* non-committal remark

un·ver·bleit [ˈʊnfɛɐ̯blait] *adj* unleaded, lead-free

un·ver·blümt [ʊnfɛɐ̯ˈblyːmt] *I. adj* blunt *II. adv* bluntly, in plain terms

un·ver·braucht [ˈʊnfɛɐ̯brauxt] *adj* fresh, unused; **sie wurde durch eine junge, ~e Mitarbeiterin ersetzt** she was replaced by a fresh, young colleague; ■ **[noch] ~ sein** to be [still] fresh; **mit 40 war sie noch voller Energie und ~** as a 40-year-old she was still full of youthful energy

un·ver·däch·tig [ˈʊnfɛɐ̯dɛçtɪç] *I. adj* ❶ *(nicht unter Verdacht stehend)* unsuspected; **der Einzige, der hier ~ ist, ist das zweijährige Kind** the only person who is above suspicion here is the two-year-old ❷ *(nicht verdächtig)* unsuspicious; **legen Sie bitte ein ganz ~es Verhalten an den Tag** please try not to arouse any suspicion [with your behaviour]; **sein Auftreten selbst ist völlig ~** he doesn't look suspicious at all *II. adv* **~ auftreten/sich ~ benehmen** to behave in a way which won't arouse suspicion, not to behave in a way which will arouse suspicion

un·ver·dau·lich [ˈʊnfɛɐ̯daulɪç] *adj* indigestible

un·ver·daut [ˈʊnfɛɐ̯daut] *I. adj* undigested *II. adv* **etw ~ wieder ausscheiden** to pass sth in an undigested state

un·ver·dient [ˈʊnfɛɐ̯diːnt] *I. adj* ❶ *(nicht durch Verdienst erfolgend)* unearned ❷ *(unberechtigt)* undeserved, unmerited *II. adv* undeservedly

un·ver·dien·ter·ma·ßen *adv,* **un·ver·dien·ter·wei·se** *adv* undeservedly

un·ver·dor·ben [ˈʊnfɛɐ̯dɔrbn̩] *adj inv* unspoilt

un·ver·dros·sen [ˈʊnfɛɐ̯drɔsn̩] *adv* undauntedly

un·ver·dünnt [ˈʊnfɛɐ̯dʏnt] *I. adj* undiluted; **~er Alkohol** neat alcohol *II. adv* **etw ~ anwenden/auftragen/trinken** to use/apply/drink sth in an undiluted state; **ich trinke meinen Whisky ~** I like [to drink] my whisky neat

un·ver·ein·bar [ʊnfɛɐ̯ˈʔainbaːɐ̯] *adj* incompatible; **~e Gegensätze** irreconcilable differences; ■ **[mit etw] ~ sein** to be incompatible [with sth]

un·ver·fälscht [ˈʊnfɛɐ̯fɛlʃt] *adj* unadulterated

un·ver·fäng·lich [ˈʊnfɛɐ̯fɛŋlɪç] *adj* harmless; **auf die Trickfragen hat er mit ~en Antworten reagiert** he gave non-committal answers to the trick questions; ■ **~ sein, etw zu tun** to be perfectly harmless to do sth

un·ver·fro·ren [ˈʊnfɛɐ̯froːrən] *adj* insolent, impudent

Un·ver·fro·ren·heit <-, -en> *f* ❶ *(Dreistigkeit)* audacity, impudence ❷ *(Äußerung)* insolent remark; **solche ~en muss ich mir nicht anhören** I don't have to listen to such insolent remarks [*or* insolence] ❸ *(dreistes Benehmen)* insolence *no pl;* **also ehrlich, mir so was zu sagen, ist schon eine ~** well really, you've got a cheek saying something like that to me

un·ver·gäng·lich [ˈʊnfɛɐ̯gɛŋlɪç] *adj* ❶ *(bleibend)* abiding; **ein ~er Eindruck** a lasting [*or* an indelible] impression; **eine ~e Erinnerung** an abiding [*or* enduring] memory ❷ *(nicht vergänglich)* immortal

un·ver·ges·sen [ˈʊnfɛɐ̯gɛsn̩] *adj* unforgotten; **jd/etw bleibt [jdm] ~** sb/sth will always be remembered [by sb], sb will always be remembered [*or* never forget] sb/sth

un·ver·gess·lichRR, **un·ver·geß·lich**ALT [ʊnfɛɐ̯ˈgɛslɪç] *adj* unforgettable; **die schönen Stunden mit dir bleiben mir [auf ewig] ~** I'll never [ever] forget [*or* I will always remember] the wonderful hours I spent with you; ■ **[jdm] ~ bleiben** sb will always remember [*or* never forget] sth; **die Eindrücke von meiner Weltreise sind immer noch ~** the impressions of my round-the-world trip are still with me as if they happened yesterday

un·ver·gleich·bar [ʊnfɛɐ̯ˈglaiçbaːɐ̯] *adj* incomparable; ■ **~ [miteinander] sein** to be incomparable [to [*or* with] each other [*or* one another]]; **diese Fälle sind ~ [miteinander]** these cases can't be compared [*or* are incomparable] to [*or* with] each other [*or* one another]

un·ver·gleich·lich [ʊnfɛɐ̯ˈglaiçlɪç] *I. adj* incomparable, unique *II. adv* incomparably

un·ver·hält·nis·mä·ßig [ˈʊnfɛɐ̯hɛltnɪsmɛːsɪç] *adv* excessively; **wir alle litten unter dem ~ heißen/kalten Wetter** we are all suffering as a result of the unusually [*or* exceptionally] hot/cold weather; **das Essen in diesem Restaurant ist zwar erstklassig, aber ~ teuer** the food in this restaurant is first-rate, but extremely expensive

un·ver·hei·ra·tet [ˈʊnfɛɐ̯hairaːtət] *adj* unmarried, single

un·ver·hofft [ˈʊnfɛɐ̯hɔft] *I. adj* unexpected *II. adv* *(unerwartet)* unexpectedly; **sie besuchten uns ~** they paid us an unexpected visit; **manchmal kommt die glückliche Wende ganz ~** sometimes a turn for the better happens quite unexpectedly [*or* is quite unexpected [when it comes]] ▸ WENDUNGEN: **~ kommt oft** *(prov)* the nicest things happen when you don't expect them, life is full of surprises

un·ver·hoh·len [ˈʊnfɛɐ̯hoːlən] *I. adj* undisguised, unconcealed *II. adv* openly

un·ver·hüllt <-er, -este> [ˈʊnfɛɐ̯hʏlt] *adj* unveiled, undisguised

un·ver·käuf·lich [ˈʊnfɛɐ̯kɔyflɪç] *adj* not for sale *pred;* **ein ~es Muster** a free sample

un·ver·kenn·bar [ʊnfɛɐ̯ˈkɛnbaːɐ̯] *adj* unmistakable; ■ **~ sein/werden, dass** to be/become clear that

un·ver·läss·lichRR *adj* unreliable

un·ver·letzt [ˈʊnfɛɐ̯lɛtst] *adj inv* unhurt

un·ver·meid·bar [ʊnfɛɐ̯ˈmaitbaːɐ̯] *adj s.* **unvermeidlich**

un·ver·meid·lich [ʊnfɛɐ̯ˈmaitlɪç] *adj* unavoidable; **sich ins U~e fügen** to [have to] accept the inevitable, to bow to the inevitable

un·ver·min·dert [ˈʊnfɛɐ̯mɪndɐt] *I. adj* undiminished *II. adv* unabated

un·ver·mit·telt [ˈʊnfɛɐ̯mɪtlt] *I. adj* sudden, abrupt *II. adv* suddenly, abruptly; **~ bremsen** to brake suddenly [*or* sharply]

Un·ver·mö·gen [ˈʊnfɛɐ̯møːgṇ] *nt kein pl* powerlessness; ■ **jds ~, etw zu tun** sb's inability to do sth

un·ver·mö·gend ['ʊnfɛɐ̯møːgn̩t] *adj (geh)* without means *pred;* **nicht ~** [quite] well-to-do; **sie hat einen nicht ~en Mann geheiratet** she['s] married [quite] a well-to-do man

un·ver·mu·tet ['ʊnfɛɐ̯muːtət] **I.** *adj* unexpected **II.** *adv* unexpectedly; **sie haben mich gestern ~ besucht** they paid me an unexpected visit yesterday

Un·ver·nunft ['ʊnfɛɐ̯nʊnft] *f* stupidity; **so eine ~!** what [*or* such] stupidity!; **es ist/wäre eine ~, dieses günstige Angebot abzulehnen** it's/it would be sheer stupidity [*or* madness] [*or* folly] to turn down this good offer

un·ver·nünf·tig ['ʊnfɛɐ̯nʏnftɪç] *adj* stupid, foolish; **so etwas U~es, wagt sich allein in die Höhle des Löwen!** how foolish [*or* what madness [*or* folly]] , to [dare] enter the lion's den alone!; **tu nichts U~es** don't do anything foolish [*or* stupid]

un·ver·öf·fent·licht ['ʊnfɛɐ̯ʔœfn̩tlɪçt] *adj* unpublished; ■ [noch] **~ sein** to be [as yet] unpublished

un·ver·packt ['ʊnfɛɐ̯pakt] *adj* without packaging *pred;* **ein ~es Geschenk** an unwrapped present; ■ **~ sein** to be unpackaged; **auf dem Markt verkauftes Obst ist in aller Regel ~** fruit at a market is generally sold loose

un·ver·putzt ['ʊnfɛɐ̯pʊtst] *adj* BAU unplastered

un·ver·rich·tet ['ʊnfɛɐ̯rɪçtət] *adj* **~er Dinge** without having achieved anything; **ihr bringt mir das Geld mit, kommt bloß nicht ~er Dinge zurück!** [you must] bring me the money back with you, don't [[you] dare] come back empty handed!

un·ver·rück·bar [ʊnfɛɐ̯'rʏkbaːɐ̯] *adj inv* unshakable, firm, unalterable

un·ver·schämt ['ʊnfɛɐ̯ʃɛːmt] **I.** *adj* ❶ *(dreist)* impudent; **eine ~e Antwort/Bemerkung/ein ~es Grinsen** an insolent [*or* impudent] answer/remark/grin; **ein ~er Bursche/Kerl/Mensch** an impudent [*or* insolent] fellow/chap/person ❷ *(unerhört)* outrageous **II.** *adv* ❶ *(dreist)* insolently, impudently; **~ lügen** to tell barefaced [*or* blatant] lies ❷ *(fam: unerhört)* outrageously

Un·ver·schämt·heit <-, -en> *f* ❶ *kein pl (Dreistigkeit)* impudence, insolence; **wer so dreist lügen kann, muss eine gehörige Portion ~ besitzen** anybody who can tell such blatant lies must have a fair amount of front; **die ~ besitzen** [*o* haben] **, etw zu tun** to have the impudence [*or* brazenness] to do sth ❷ *(unverschämte Bemerkung)* impertinent [*or* insolent] remark, impertinence *no pl* [*or* insolence] *no pl;* [das ist eine] **~!, so eine ~!** that's outrageous! ❸ *(unverschämte Handlung)* impertinence *no pl*

un·ver·schlos·sen ['ʊnfɛɐ̯ʃlɔsn̩] *adj* ❶ *(nicht abgeschlossen)* unlocked; **ein ~es Fenster** an open window [*or* window which is off the latch] ❷ *(nicht zugeklebt)* unsealed; **Drucksachen zu ermäßigter Gebühr müssen ~ sein** printed matter sent at a reduced rate must be left unsealed

un·ver·schul·det ['ʊnfɛɐ̯ʃʊldət] **I.** *adj* through no fault of one's own **II.** *adv* through no fault of one's own

un·ver·se·hens ['ʊnfɛɐ̯zeːəns] *adv s.* **unvermutet II.**

un·ver·sehrt ['ʊnfɛɐ̯zeːɐ̯t] *adj* undamaged; *(Mensch)* unscathed

un·ver·söhn·lich ['ʊnfɛɐ̯zøːnlɪç] *adj* irreconcilable

Un·ver·söhn·lich·keit *f* irreconcilability

un·ver·sorgt ['ʊnfɛɐ̯zɔrkt] *adj* unprovided for *pred*

Un·ver·stand ['ʊnfɛɐ̯ʃtant] *m (geh)* foolishness; **so ein ~!** what foolishness!

un·ver·stan·den ['ʊnfɛɐ̯ʃtandn̩] *adj* not understood; **sich ~ fühlen** to feel misunderstood

un·ver·stän·dig [ʊnfɛɐ̯ʃtɛndɪç] *adj (geh)* ignorant; **du darfst ihm das nicht übel nehmen, er ist eben noch ein ~es Kind** don't be too hard on him, he's still too young to understand

un·ver·ständ·lich ['ʊnfɛɐ̯ʃtɛntlɪç] *adj* ❶ *(akustisch nicht zu verstehen)* unintelligible; ■ [jdm] **~ sein** to be unintelligible [to sb] ❷ *(unbegreifbar)* incomprehensible; ■ [jdm] **~ sein, warum/wie ...** to be incomprehensible [to sb] why/how ...

Un·ver·ständ·nis *nt kein pl* lack of understanding; **ich bin ja nun leider an ~ für meine Ideen gewöhnt** unfortunately, I'm used to my ideas not being understood

un·ver·steu·ert ['ʊnfɛɐ̯ʃtɔyɐt] *adj* FIN untaxed

un·ver·sucht ['ʊnfɛɐ̯zuːxt] *adj* **nichts ~ lassen** to leave no stone unturned [*or* try everything]; **nichts ~ lassen, um etw zu tun** to leave no stone unturned in trying to do sth

un·ver·träg·lich ['ʊnfɛɐ̯trɛːklɪç] *adj* ❶ *(sich mit keinem vertragend)* cantankerous, quarrelsome ❷ *(nicht gut bekömmlich)* indigestible; **ich habe solche Magenbeschwerden, vielleicht habe ich etwas U~es gegessen** I've got [a] really bad stomach-ache, perhaps I've eaten something that didn't agree with me

un·ver·wandt *adv (geh)* intently, steadfastly; **jdn/etw ~ anschauen/anstarren** to look/stare at sb/sth with a fixed [*or* steadfast] gaze [*or* fixedly] [*or* steadfastly]

un·ver·wech·sel·bar [ʊnfɛɐ̯'vɛksl̩baːɐ̯] *adj* unmistakable, distinctive

un·ver·wund·bar [ʊnfɛɐ̯'vʊntbaːɐ̯] *adj inv* invulnerable

un·ver·wüst·lich [ʊnfɛɐ̯'vyːstlɪç] *adj* tough, hardwearing; [eine] **~e Gesundheit** robust health

un·ver·zagt ['ʊnfɛɐ̯tsaːkt] **I.** *adj* undaunted; **sei ~** don't lose heart [*or* be discouraged] **II.** *adv* undauntedly

un·ver·zeih·lich [ʊnfɛɐ̯'tsailɪç] *adj* inexcusable, unpardonable, unforgivable; ■ **~ sein, dass** to be inexcusable [*or* unpardonable] [*or* unforgivable] that

un·ver·zicht·bar [ʊnfɛɐ̯'tsɪçtbaːɐ̯] *adj* essential, indispensable; ■ [für jdn] **~ sein** to be essential [*or* indispensable] [to *or* for] sb]

un·ver·zins·lich [ʊnfɛɐ̯'tsɪnslɪç] *adj inv* ÖKON interest-free

un·ver·züg·lich [ʊnfɛɐ̯'tsyːklɪç] **I.** *adj* immediate, prompt **II.** *adv* immediately, at once, without delay; **~ gegen jdn vorgehen** to take immediate action against sb; **da die Polizei ~ eingegriffen hat, konnte Schlimmeres verhindert werden** thanks to prompt intervention by the police, an escalation of the situation was avoided

un·voll·en·det ['ʊnfɔl'ʔɛndət] *adj* unfinished

un·voll·kom·men ['ʊnfɔlkɔmən] *adj* incomplete; **jeder Mensch ist ~** nobody is perfect

Un·voll·kom·men·heit *f* imperfection

un·voll·stän·dig ['ʊnfɔlʃtɛndɪç] **I.** *adj* incomplete **II.** *adv* incompletely; **Sie haben das Formular leider ~ ausgefüllt** I'm afraid [that] you haven't finished filling out [*or* completed] the form; **das gesamte Mobiliar ist in dieser Aufstellung noch ~ verzeichnet** not all the furnishings are included on this list

Un·voll·stän·dig·keit *f* incompleteness

un·vor·be·rei·tet ['ʊnfoːɐ̯bəraitət] **I.** *adj* unprepared; **eine ~e Rede** an impromptu speech; ■ [auf etw *akk*] **~ sein** not to be prepared [for sth]; **auf diesen Besuch sind wir völlig ~** we're not prepared for this visit at all [*or* totally unprepared for this visit] **II.** *adv* ❶ *(ohne sich vorbereitet zu haben)* without any preparation ❷ *(unerwartet)* unexpectedly

un·vor·ein·ge·nom·men ['ʊnfoːɐ̯ʔaingənɔmən] **I.** *adj* unbiased, impartial **II.** *adv* impartially

Un·vor·ein·ge·nom·men·heit *f* impartiality

un·vor·her·ge·se·hen ['ʊnfoːɐ̯heːɐ̯gəzeːən] **I.** *adj* unforeseen; **ein ~er Besuch** an unexpected visit **II.** *adv* unexpectedly; **jdn ~ besuchen** to pay sb an unexpected visit; **das ist völlig ~ passiert** that was quite unexpected [*or* happened quite unexpectedly] **un·vor·schrifts·mä·ßig** [ˈʊnfoːɐ̯ʃrɪftsmɛːsɪç] **I.** *adj* contrary to [the] regulations *pred* **II.** *adv* contrary to [the] regulations; **~ geparkt** illegally parked

un·vor·sich·tig [ˈʊnfoːɐ̯zɪçtɪç] **I.** *adj* ❶ *(unbedacht)* rash; **eine ~e Äußerung/Bemerkung** a rash [*or* an indiscreet] comment/remark ❷ *(nicht vorsichtig)* careless; **~es Fahren/eine ~e Fahrweise** reckless driving/a reckless way of driving **II.** *adv* ❶ *(unbedacht)* rashly; **sich ~ äußern** to make a rash [*or* an indiscreet] comment [*or* rash [*or* indiscreet] comments] ❷ *(nicht vorsichtig)* carelessly; **~ fahren** to drive recklessly

un·vor·sich·ti·ger·wei·se *adv* carelessly; **er verplapperte sich ~, nachher tat es ihm dann leid** he blabbed it out without thinking, but was sorry afterwards; **dieses Wort ist mir ~ entschlüpft** this word just [kind of] slipped out

Un·vor·sich·tig·keit <-, -en> *f* ❶ *kein pl (unbedachte Art)* rashness; **ihre Fahrweise ist von ~ gekennzeichnet** she's doesn't pay attention when she's driving ❷ *(unbedachte Bemerkung)* rash [*or* indiscreet] comment; **so eine ~!** how rash [*or* indiscreet] ! ❸ *(unbedachte Handlung)* rash act; **es war eine ~ [von dir], so etwas zu tun** it was rash of you to do something like that

un·vor·stell·bar [ʊnfoːɐ̯ˈʃtɛlbaːɐ̯] **I.** *adj* ❶ *(gedanklich nicht erfassbar)* inconceivable; ■ **~ sein, dass** to be inconceivable that ❷ *(unerhört)* unimaginable, inconceivable **II.** *adv* unimaginably, inconceivably

un·vor·teil·haft [ˈʊnfɔrtailhaft] **I.** *adj* ❶ *(nicht vorteilhaft aussehend)* unflattering, unbecoming ❷ *(nachteilig)* disadvantageous, unfavourable [*or* AM -orable]; **ein ~es Geschäft** an unprofitable business **II.** *adv* unattractively, unflatteringly; **sich ~ kleiden** not to dress in a very flattering way; [**mit** [*o* **in**] **etw** *dat*] ~ **aussehen** sth doesn't look very flattering [*or* becoming] [on sb], sth doesn't flatter [*or* become] sb

un·wäg·bar [ʊnˈvɛːkbaːɐ̯] *adj* incalculable; **~e Konsequenzen** unforeseeable consequences; **~e Kosten** incalculable [*or* inestimable] costs

Un·wäg·bar·keit <-, -en> *f* unpredictability

un·wahr [ˈʊnvaːɐ̯] *adj* untrue, false; ■ **~ sein, dass** to be untrue that, not to be true that

Un·wahr·heit *f* untruth; **die ~ sagen** to lie, to tell untruths

un·wahr·schein·lich [ˈʊnvaˑɐ̯ʃainlɪç] **I.** *adj* ❶ *(kaum denkbar)* improbable, unlikely; **ein ~er Zufall** a remarkable coincidence; ■ **~ sein, dass** to be improbable [*or* unlikely] that ❷ *(fam: unerhört)* incredible *fam;* **~es Glück/Pech** incredible [*or* incredibly good] luck/incredibly bad luck; **eine ~e Intrigantin/ ein ~er Intrigant** an unbelievable schemer; **ein ~er Mistkerl** an absolute [*or* a real] bastard *sl* **II.** *adv (fam)* incredibly *fam;* **ich habe mich ~ darüber gefreut** I was really pleased about it; **letzten Winter haben wir ~ gefroren** we were incredibly cold last winter; **du hast ja ~ abgenommen!** you've lost a hell of a lot [*or* an incredible amount] of weight! *fam*

un·weg·sam [ˈʊnveːkzaːm] *adj* [almost] impassable

un·weib·lich *adj* unfeminine

un·wei·ger·lich [ˈʊnvaigɐlɪç] **I.** *adj attr* inevitable **II.** *adv* inevitably

un·weit [ˈʊnvait] **I.** *präp* ■ **~ einer S.** *gen* not far from a thing **II.** *adv* ■ **~ von etw** not far from sth; **die Fähre lief ~ vom Ufer auf eine Sandbank** the ferry ran aground on a sandbank not far from [*or* close to] the shore

Un·we·sen [ˈʊnveːzn̩] *nt kein pl* dreadful state of affairs; **es wird Zeit, dass dem ~ der Korruption ein Ende bereitet wird** it's time that an end was

put to this dreadful [*or* disgraceful] corruption; [**irgendwo**] **sein ~ treiben** to ply one's dreadful trade [somewhere]; **dieser Anschlag zeigt, dass die Terroristen ihr** [**verbrecherisches**] **~ noch treiben** this attack proves that the terrorists are still plying their murderous trade; **in gewissen Horrorfilmen treiben die Vampire bevorzugt in Transsilvanien ihr ~** in certain horror films Transylvania is the place vampires prefer to terrorize

un·we·sent·lich [ˈʊnveːzn̩tlɪç] **I.** *adj* insignificant **II.** *adv* slightly, marginally; **es unterscheidet sich nur ~ von der ursprünglichen Fassung** there are only insignificant [*or* very slight [*or* marginal]] differences between it and the original [version]; **er hat sich in den letzten Jahren nur ~ verändert** he's hardly changed at all over the last few years

Un·wet·ter [ˈʊnvɛtɐ] *nt* violent [thunder]storm

un·wich·tig [ˈʊnvɪçtɪç] *adj* unimportant, trivial; ■ **~ sein** to be unimportant, not to be important

un·wi·der·leg·bar [ʊnvi·dɐˈleːkbaːɐ̯] *adj* irrefutable

un·wi·der·ruf·lich [ʊnvi·dɐˈruːflɪç] **I.** *adj* irrevocable, irreversible **II.** *adv* irrevocably; **sich ~ entscheiden** [*o* **entschließen**] to make an irrevocable [*or* irreversible] decision; **steht der Termin nun ~ fest?** is that a firm date now

un·wi·der·spro·chen [ʊnviːdɐˈʃprɔxn̩] *adj* unchallenged, undisputed; **eine ~e Meldung** an uncontradicted report

un·wi·der·steh·lich [ʊnviːdɐˈʃteːlɪç] *adj* irresistible

un·wie·der·bring·lich [ʊnviːdɐˈbrɪŋlɪç] *adj inv (geh)* irretrievable

Un·wil·le <-ns> [ˈʊnvɪlə] *m,* **Un·wil·len** <-s> [ˈʊnvɪlən] *m* displeasure; **voller ~n** with evident displeasure

un·wil·lig [ˈʊnvɪlɪç] **I.** *adj* ❶ *(verärgert)* angry ❷ *(widerwillig)* reluctant, unwilling; **ein ~es Kind** a contrary child **II.** *adv* reluctantly, unwillingly; **ich bat sie um ihre Hilfe, aber sie zeigte sich ~** I asked her for [her] help, but she was reluctant to give it

un·will·kom·men [ˈʊnvɪlkɔmən] *adj* unwelcome; ■ [**bei jdm/irgendwo**] **~ sein** to be unwelcome [at sb's [sth]/somewhere], not to be welcome [at sb's [sth]/somewhere]; **Ihre Anwesenheit ist ~** you're not welcome here

un·will·kür·lich [ˈʊnvɪlkyːɐ̯lɪç] **I.** *adj* instinctive, involuntary; **er konnte sich ein ~es Grinsen nicht verkneifen** he couldn't help grinning **II.** *adv* instinctively, involuntarily; **~ grinsen/lachen** not to be able to help grinning/laughing

un·wirk·lich [ˈʊnvɪrklɪç] *adj* unreal; ■ [**jdm**] **~ sein** to seem unreal [to sb]

un·wirk·sam [ˈʊnvɪrkzaːm] *adj* ineffective

un·wirsch <-er, -[e]ste> [ˈʊnvɪrʃ] *adj* curt, *esp* BRIT brusque

un·wirt·lich [ˈʊnvɪrtlɪç] *adj* inhospitable

un·wirt·schaft·lich [ˈʊnvɪrtʃaftlɪç] *adj* uneconomic[al]; **ein ~es Auto/eine ~e Fahrweise** an uneconomical car/way of driving

Un·wis·sen *nt s.* **Unwissenheit**

un·wis·send [ˈʊnvɪsn̩t] *adj (über kein Wissen verfügend)* ignorant; **der Vertreter hat so manchen ~en Kunden hereingelegt** the sales rep tricked many an unsuspecting customer; *(ahnungslos)* unsuspecting

Un·wis·sen·heit <-> [ˈʊnvɪsn̩thait] *f kein pl (mangelnde Erfahrung)* ignorance; **gewiefte Vertreter haben schon die ~ manch eines Interessenten ausgenutzt** crafty sales reps have exploited the innocence of many an interested party ► WENDUNGEN: **~ schützt vor Strafe nicht** ignorance is no excuse

un·wis·sen·schaft·lich [ˈʊnvɪsn̩ʃaftlɪç] *adj* unscientific

un·wis·sent·lich [ˈʊnvɪsn̩tlɪç] *adv* unwittingly, unknowingly

un·wohl ['ʊnvoːl] *adj* ∎ **jdm ist ~,** ∎ **jd fühlt sich ~** ❶ *(gesundheitlich nicht gut)* sb feels unwell [*or* AM *usu* sick] ❷ *(unbehaglich)* sb feels uneasy [*or* ill at ease]

Un·wohl·sein ['ʊnvoːlzain] *nt* [slight] nausea; **ein** [**leichtes**] **~ verspüren** to feel [slightly] ill [*or* queasy] [*or esp* AM sick]

un·wohn·lich *adj* unhomely, cheerless

un·wür·dig ['ʊnvʏrdɪç] *adj* ❶ *(nicht würdig)* unworthy; ∎ [**einer S.** *gen*] **~ sein** to be unworthy [of a thing]; ∎ [**jds**] **~ sein** to be unworthy [of sb], not to be worthy [of sb] ❷ *(schändlich)* disgraceful, shameful

Un·zahl ['ʊntsaːl] *f* ∎ **eine ~** [**von etw**] a huge [*or* an enormous] number [of sth], multitude; **wie soll ich aus dieser ~ von verschiedenen Schrauben die passende herausfinden?** how am I supposed to find the right one amongst all these different screws?; **die surrende, schwarze Wolke bestand aus einer ~ von Heuschrecken** the buzzing black cloud consisted of a multitude of locusts

un·zäh·lig [ʊn'tsɛːlɪç] *adj* innumerable, countless; **~e Anhänger/Fans** huge [*or* enormous] numbers of supporters/fans; **~e Bekannte/Freunde** a [very] wide circle of acquaintances/friends; **~e Mal** time and again, over and over again

Un·ze <-, -n> ['ʊntsə] *f* ounce

Un·zeit ['ʊntsait] *f* ∎ **zur ~** *(geh)* at an inopportune moment

un·zeit·ge·mäß ['ʊntsaitgəmɛːs] *adj* old-fashioned, outmoded

un·zer·brech·lich ['ʊntsɛɐ̯brɛçlɪç] *adj* unbreakable

un·zer·kaut I. *adj* unchewed II. *adv* unchewed; **~ hinunterschlucken** to swallow whole

un·zer·stör·bar [ʊntsɛɐ̯'ʃtøːɐ̯baːɐ̯] *adj inv* indestructible

un·zer·trenn·lich [ʊntsɛɐ̯'trɛnlɪç] *adj* inseparable

un·zi·vi·li·siert ['ʊntsivilizɪːɐ̯t] I. *adj* uncivilized II. *adv* **sich ~ benehmen** to behave in an uncivilized manner

Un·zucht ['ʊntsʊxt] *f kein pl (veraltend)* illicit sexual relations *pl;* **~ mit Abhängigen** JUR illicit sexual relations with dependants

un·züch·tig ['ʊntsʏçtɪç] *adj* ❶ *(veraltend: unsittlich)* immoral, indecent ❷ JUR *(pornografisch)* pornographic, obscene

un·zu·frie·den ['ʊntsufriːdn̩] *adj* dissatisfied, discontent[ed], disgruntled; ∎ [**mit jdm/etw**] **~ sein** to be dissatisfied [with sb/sth], not to be happy [with sb/sth]

Un·zu·frie·den·heit *f* dissatisfaction, discontent[ment]

un·zu·gäng·lich ['ʊntsuːgɛŋlɪç] *adj* ❶ *(schwer erreichbar)* inaccessible ❷ *(nicht aufgeschlossen)* unapproachable

Un·zu·kömm·lich·keit <-, -en> ['ʊntsuːkœmlɪçkait] *f* SCHWEIZ *(Unzulänglichkeit)* shortcoming[s *pl*], inadequacy

un·zu·läng·lich ['ʊntsuːlɛŋlɪç] I. *adj* inadequate; **~e Erfahrungen/Kenntnisse** insufficient experience/knowledge II. *adv* inadequately; **~ unterstützt sein** to have inadequate [*or* insufficient] support

Un·zu·läng·lich·keit <-, -en> *f kein pl (Mangelhaftigkeit)* inadequacy ❷ *meist pl (mangelhafter Zug)* shortcoming[s *pl*], inadequacy

un·zu·läs·sig ['ʊntsuːlɛsɪç] *adj* inadmissible; **~e Maßnahmen/Methoden** improper measures/methods

un·zu·mut·bar ['ʊntsuːmuːtbaːɐ̯] *adj* unreasonable; ∎ **~ sein, dass** [**jd etw tut**] to be unreasonable [for sb to do sth]

un·zu·rech·nungs·fä·hig ['ʊntsuːrɛçnʊŋsfɛːɪç] *adj* MED of unsound mind *pred,* not responsible for one's actions *pred;* **jdn für ~ erklären** JUR, MED to certify sb insane

Un·zu·rech·nungs·fä·hig·keit *f* JUR, MED unsoundness

of mind, insanity

un·zu·rei·chend ['ʊntsuːraiçn̩t] *adj s.* **unzulänglich**

un·zu·sam·men·hän·gend ['ʊntsuzamənhɛŋənt] *adj* incoherent

un·zu·stän·dig ['ʊntsuːʃtɛndɪç] *adj* ADMIN, JUR incompetent; ∎ [**für etw**] **~ sein** not to be competent [for sth]

un·zu·stell·bar ['ʊntsuːʃtɛlbaːɐ̯] *adj* undeliverable

un·zu·tref·fend ['ʊntsuːtrɛfn̩t] *adj* incorrect; ∎ **~ sein, dass** to be untrue that; **„U~es bitte streichen"** 'please delete if [*or* where] not applicable'

un·zu·ver·läs·sig ['ʊntsuːfɐ̯lɛsɪç] *adj* unreliable

Un·zu·ver·läs·sig·keit *f* unreliability

un·zweck·mä·ßig ['ʊntsvɛkmɛːsɪç] *adj* ❶ *(nicht zweckdienlich)* inappropriate; ∎ **~ sein, etw zu tun** to be inappropriate to do sth ❷ *(nicht geeignet)* unsuitable

Un·zweck·mä·ßig·keit *f* inappropriateness, unsuitableness

un·zwei·deu·tig ['ʊntsvaidɔytɪç] I. *adj* unambiguous, unequivocal II. *adv* unambiguously, unequivocally; **er gab ihm ~ zu verstehen, dass er verschwinden möge** he told him in no uncertain terms to make himself scarce

un·zwei·fel·haft ['ʊntsvaifl̩haft] I. *adj (geh)* unquestionable, undoubted II. *adv (geh) s.* **zweifellos**

Up·date <-s, -s> ['apdeːt] *m* INFORM update

Up·load <-s, -s> ['aplɔːt] *m* INET upload

üp·pig ['ʏpɪç] *adj* ❶ *(schwellend)* voluptuous; **~e Brüste** an ample bosom, ample [*or* large] [*or* voluptuous] breasts ❷ *(reichhaltig)* sumptuous ❸ *(geh: in großer Fülle vorhanden)* luxuriant, lush

Üp·pig·keit <-> *f kein pl (geh)* luxuriance, lushness

Ur <-[e]s, -e> [uːɐ̯] *m* ZOOL aurochs

Ur·ab·stim·mung *f* POL ballot [vote] **Ur·adel** *m* ancient nobility, ancienne noblesse **Ur·ahn, -ah·ne** ['uːɐ̯ʔaːn, 'uːɐ̯ʔaːnə] *m, f* ancestor [*or* forefather]

Ural <-s> ['uːraːl] *m* GEOG ∎ **der ~** ❶ *(Gebirge)* the Urals *pl,* the Ural Mountains *pl* ❷ *(Fluss)* the [river] Ural

ur·alt ['uːɐ̯ʔalt] *adj* ❶ *(sehr alt)* very old ❷ *(schon lange existent)* ancient, age-old ❸ *(fam: schon lange bekannt)* ancient *fam;* **ein ~es Problem** a perennial problem

Uran <-s> [u'aːn] *nt kein pl* CHEM uranium

Uran·berg·werk *nt* uranium mine **Uran·erz** *nt* uranium ore **Uran·kon·ver·si·on** *nt* uranium conversion

Ura·nus <-s> ['uːranʊs] *m kein pl* Uranus *no art*

ur·auf·füh·ren ['uːɐ̯ʔauffyːrən] *vt nur infin und pp* FILM, THEAT ∎ **etw ~** [**wollen**] [to plan] to première sth, to perform sth for the first time; **einen Film ~** [**wollen**] [to plan] to première a film, to show a film for the first time

Ur·auf·füh·rung *f* FILM, THEAT première, first night [*or* performance]; *Film* première, first showing

ur·ban [ʊr'baːn] *adj (geh)* ❶ *(städtisch)* urban ❷ *(weltmännisch)* urbane

Ur·ba·ni·tät <-> *f kein pl (geh)* urbanity

ur·bar ['uːɐ̯baːɐ̯] *adj* **etw ~ machen** to cultivate sth; *(Wald)* to reclaim sth

Ur·ba·yer(in) *m(f)* typical [*or* BRIT dyed in the wool] Bavarian **Ur·be·völ·ke·rung** *f* native population [*or* inhabitants] *pl*

ur·chig ['ʊrçɪç] *adj* SCHWEIZ *(urig)* original

Urd·boh·ne *f* urd bean, black gram

Ur·du ['ʊrdu] *nt* Urdu; *s. a.* **Deutsch**

ur·ei·gen ['uːɐ̯ʔaign̩] *adj* very own; **das sind meine ~en Angelegenheiten** these matters are of concern to me, and me alone [*or* only of concern to me]; **es ist in Ihrem ~en Interesse** it's in your own best interests

Ur·ein·woh·ner(in) *m(f)* native [*or* original] inhabitant **Ur·en·kel(in)** ['uːɐ̯ʔɛŋkl̩] *m(f)* great-grandchild, great-

grandson *masc*, great-granddaughter *fem*
ur·ge·müt·lich [ˈuːɐ̯gəˈmyːtlɪç] *adj (fam)* really cosy; ■ **es ist |irgendwo|** ~ it is really cosy |somewhere|
Ur·ge·schich·te [ˈuːɐ̯gəʃɪçtə] *f kein pl* prehistory **Ur·ge·stein** *nt* GEOL primitive |*or* primary| rocks *pl* **Ur·ge·walt** *f (geh)* elemental force
Ur·groß·el·tern [ˈuːɐ̯groːsˈʔɛltɐn] *pl* great-grandparents *pl* **Ur·groß·mut·ter** [ˈuːɐ̯groːsˌmʊtɐ] *f* great-grandmother **Ur·groß·va·ter** *m* great-grandfather
Ur·he·ber(in) <-s, -> [ˈuːɐ̯ˌheːbɐ] *m(f)* ❶ *(Autor)* author ❷ *(Initiator)* originator; **der geistige** ~ the spiritual father
Ur·he·ber·recht *nt* JUR ❶ *(Recht des Autors)* copyright; ■ ~ **an etw** *dat* copyright on sth ❷ *(Gesamtheit der urheberrechtlichen Bestimmungen)* copyright law
ur·he·ber·recht·lich I. *adj* JUR copyright *attr* II. *adv* JUR ~ **geschützt** copyright|ed|
Ur·he·ber·schaft <-, -en> *f* JUR **jds** ~ sb's authorship
Uri <-s> [ˈuːri] *nt* Uri
urig [ˈuːrɪç] *adj (fam)* ❶ *(originell)* eccentric; **ein ~er Kauz** a queer |*or* an odd| bird |*or* strange character| ❷ *(Lokalkolorit besitzend)* with a local flavour |*or* AM -or| *pred;* **dieses Lokal ist besonders** ~ this pub has a real local flavour
Urin <-s, -e> [uˈriːn] *m (Harn)* urine; ▶ WENDUNGEN: **etw im** ~ **haben** *(sl)* to feel sth in one's bones |*or* BRIT *fam* water|, to have a gut feeling *fam*
Uri·nal <-s, -e> [uriˈnaːl] *nt* urinal
uri·nie·ren* [uriˈniːrən] *vi (geh)* to urinate; ■ **das U~** urinating
Ur·in·stinkt *m* PSYCH primary |*or* basic| instinct
Urin·zu·cker <-> *m kein pl* MED urinal sugar
Ur·knall *m* ASTRON big bang
ur·ko·misch [ˈuːɐ̯ˈkoːmɪʃ] *adj (fam)* hilarious, side-splittingly funny
Ur·kraft *f* NUKL elemental force
Ur·kun·de <-, -n> [ˈuːɐ̯kʊndə] *f* document
Ur·kun·den·fäl·schung *f* JUR forgery |*or* falsification| of a document |*or pl* documents|
ur·kund·lich [ˈuːɐ̯kʊntlɪç] I. *adj* documentary II. *adv* ~ **belegen** |*o* **beweisen**| |*o* **bezeugen**| to prove |*or* support| by documents |*or* documentary evidence|
Ur·land·schaft *f* GEOG primeval landscape
Ur·laub <-[e]s, -e> [ˈuːɐ̯laup] *m* holiday BRIT, AM vacation; **wir verbringen unseren** ~ **auf Jamaika** we're going to spend our holiday|s| in Jamaica; **bezahlter/unbezahlter** ~ paid/unpaid leave; **in** ~ **fahren** to go on holiday |*or* AM vacation|; ~ **haben** to be on holiday |*or* AM vacation|; ~ **machen** to go on holiday |*or* AM vacation|; **sie machten** ~ **von dem ganzen Stress im Büro** they took a holiday to get away from all the stress at the office; **in** |*o* **auf**| ~ **sein** *(fam)* to be on holiday |*or* AM vacation|; |**irgendwo**| ~ **machen** to go on holiday |*or* AM vacation| |to somewhere|, to take a holiday |*or* AM vacation| |somewhere|, to holiday |*or* AM vacation| |somewhere|
Ur·lau·ber(in) <-s, -> *m(f)* holiday-maker BRIT, vacationer AM, vacationist AM
Ur·laubs·an·spruch *m* holiday |*or* AM vacation| entitlement **Ur·laubs·fee·ling** [-fiːlɪŋ] *nt (fam)* holiday feeling |*or* mood| **Ur·laubs·geld** *nt* holiday pay |*or* money| **Ur·laubs·ort** *m* |holiday| resort, |holiday| destination **ur·laubs·reif** *adj (fam)* ■ ~ **sein** to be ready for a holiday **Ur·laubs·rei·se** *f* holiday |trip|; **wohin soll denn eure** ~ **gehen?** where are you going on holiday, then? **Ur·laubs·schein** *m* MIL pass **Ur·laubs·tag** *m* ❶ *(Tag eines Urlaubes)* day of one's holiday; **ich verlebte in dieser reizvollen Gegend erholsame** ~**e** I spent some relaxing days in this charming region ❷ *(Tag, an dem jd beurlaubt ist)* day of annual leave **Ur·laubs·ver·tre·tung** *f* ÖKON ❶ *kein pl (stell-*

vertretende Übernahme von Arbeit) temporary replacement ❷ *(Person)* temporary replacement **Ur·laubs·wo·che** *f* week of one's holiday; **wir können uns im Jahr nur zwei ~n leisten** we can only afford to go away for two weeks each year **Ur·laubs·zeit** *f* holiday season |*or* period|
Ur·mensch *m* prehistoric |*or* primitive| man
Ur·ne <-, -n> [ˈʊrnə] *f* ❶ *(Grab~)* urn ❷ *(Wahl~)* ballot-box; **zu den ~n gehen** POL to go to the polls
Ur·nen·fried·hof *m* urn cemetery, cinerarium **Ur·nen·gang** *m* POL going to the polls, election; **der diesjährige** ~ **dürfte für einige Überraschungen sorgen** this year's election should be good for a few surprises; **in drei Monaten ist die Bevölkerung wieder zum** ~ **aufgerufen** in three months |time| the people will be asked to go to the polls again **Ur·nen·grab** *nt* urn grave **Ur·nen·hal·le** *f* columbarium
Uro·lo·ge, Uro·lo·gin <-n, -n> [uroˈloːgə, -ˈloːgɪn] *m, f* MED urologist
Uro·lo·gie <-> [uroloˈgiː] *f kein pl* MED urology
Uro·lo·gin <-, -nen> *f fem form von* **Urologe**
uro·lo·gisch *adj* MED urological
Ur·oma *f (fam)* great-grandma *fam*, great-granny *childspeak*, great-grandmother **Ur·opa** *m (fam)* great-granddad *fam*, great-grandpa *childspeak*, great-grandfather
ur·plötz·lich I. *adj attr (fam)* very sudden II. *adv* very suddenly
Ur·sa·che *f (Grund)* reason; **das war zwar der Auslöser für diesen Streit, aber nicht dessen eigentliche** ~ that may have been what triggered this dispute, but it wasn't its actual cause; **ich suche immer noch die** ~ **für das Flackern der Lampen** I'm still trying to find out why the lights are flickering; ~ **und Wirkung** cause and effect; **alle/keine** ~ |**zu etw**| **haben** to have good/no cause |*or* every/no reason| |for sth|; **alle/keine** ~ **haben, etw zu tun** to have good/no cause |*or* every/no reason| to do |*or* for doing| sth; **die** ~ |**für etw** |*o* **einer S.** *gen*| | **sein** to be the cause |of sth |*or* a thing| | |*or* reason |for sth||; **defekte Bremsen waren die** ~ **für den Unfall** the accident was caused by faulty brakes; **aus einer bestimmten** ~ for a certain reason; **das Flugzeug raste aus noch ungeklärter** ~ **gegen einen Berg** the plane crashed into a mountain for an as yet unknown reason; **ohne |jede|** ~ without any real reason; **er kann doch nicht ohne** ~ **so wütend sein** there must be a |*or* some| reason why he's so angry ▶ WENDUNGEN: **keine ~!** don't mention it, you're welcome; **kleine ~, große Wirkung** *(prov)* great oaks from little acorns grow *prov*
ur·säch·lich [ˈuːɐ̯zɛçlɪç] *adj* causal; ■ |**für etw**| ~ **sein** to be the cause |of sth| |*or* reason |for sth||; *s.a.* **Zusammenhang**
Ur·schrift *f* original |copy|
Ur·sprung <-s, Ursprünge> [ˈuːɐ̯ʃprʊŋ, *pl:* -ʃprʏŋə] *m* origin; **seinen** ~ |**in etw**| **haben** *dat* to originate |in sth| |*or* have its origins in sth|; **bestimmte ~s sein** to be of a certain origin; **das Wort „Wolf" ist indogermanischen** ~ **s** the word 'wolf' is of Indo-Germanic extraction |*or* origin| |*or* is Indo-Germanic in origin|
ur·sprüng·lich [ˈuːɐ̯ʃprʏŋlɪç] I. *adj* ❶ *attr (anfänglich)* original, initial ❷ *(im Urzustand befindlich)* unspoiled, BRIT unspoilt ❸ *(urtümlich)* ancient, |age-|old II. *adv* originally, initially
Ur·sprüng·lich·keit <-> *f kein pl* ❶ *(ursprüngliche Beschaffenheit)* unspoiled |*or* BRIT unspoilt| nature ❷ *(Urtümlichkeit)* originality
Ur·sprungs·flug·ha·fen *m* airport of |original| departure; **die Polizei konnte herausfinden, dass die Bombe vom** ~ **Athen stammte** the police were able

to ascertain that the bomb was put on board in Athens [*or* at Athens airport] **Ur·sprungs·land** *nt* country of origin **Ur·sprungs·nach·richt** *f* INFORM source message **Ur·sprungs·ort** *m* GEOG place of origin **Ur·sü·ße** *f* raw cane sugar

Ur·teil <-s, -e> ['ʊrtail] *nt* ➊ JUR judgement, verdict, decision [of the court]; **ein ~ fällen** JUR to pronounce [*or* pass] [*or* deliver] a judgement ➋ *(Meinung)* opinion; **zu einem ~ kommen** to arrive at [*or* reach] a decision; **dein ~ ist etwas vorschnell** you've made a rather hasty decision; **sich** *dat* **ein ~ [über etw** *akk*] **bilden** to form an opinion [about sth]; **ich bilde mir lieber selber ein ~ [über den Fall]** I'll form my own opinion [*or sep* make up my own mind] [about the case]; **sich** *dat* **ein ~ [über etw** *akk*] **erlauben** to be in a position to judge [sth]; **ein ~ [über jdn/etw] fällen** to pass [*or* pronounce] judgement [on sb/sth]; **nach jds ~** in sb's opinion; **nach dem ~ von jdm** in the opinion of sb

ur·tei·len ['ʊrtailən] *vi* ■**[über jdn/etw]** ~ to judge [sb/sth] [*or* pass judgement [on sb/sth]]; ■**[irgendwie]** ~ to judge [somehow]; **du neigst aber dazu, voreilig zu ~** you [do] like to make hasty judgements[, don't you?]; **nach etw zu ~** to take sth as a yardstick; **nach seinem Gesichtsausdruck zu ~, ist er unzufrieden mit dem Ergebnis** judging by his expression he is dissatisfied with the result

Ur·teils·be·grün·dung *f* JUR reasons *pl* [*or* grounds *pl*] for [a/the] judgement, opinion **Ur·teils·bil·dung** *f* JUR formation of a judgement **Ur·teils·kraft** *f kein pl* faculty [*or* power] of judgement **Ur·teils·spruch** *m* JUR judgement, verdict **Ur·teils·ver·kün·dung** *f* JUR pronouncement [*or* passing] [*or* delivering] of [a] judgement **Ur·teils·ver·mö·gen** *nt kein pl* power [*or* faculty] of judgement

Ur·tier·chen *nt* BIOL protozoon

ur·tüm·lich ['uːɐ̯tyːmlɪç] *adj* ancient, primeval, [age-]old

Uru·gu·ay·er(in) <-s, -> [uˈruːɡu̯aiɐ̯] *m(f)* Uruguayan; *s. a.* **Deutsche(r)**

uru·gu·ay·isch ['uːrugvai̯ʃ] *adj* Uruguayan; *s. a.* **deutsch**

Ur·ur·enkel(in) ['uːɐ̯ʔuːɐ̯-] *m(f)* great-great-grandchild, great-great-grandson *masc*, great-great-granddaughter *fem* **Ur·ur·groß·mut·ter** *f* great-great-grandmother **Ur·ur·groß·va·ter** *m* great-great-grandfather

ur·ver·wandt *adj* LING cognate; ■ ~ **[mit etw]** sein to be cognate [with sth]; ■**[miteinander]** ~ sein to be cognate with each other [*or* one another] | **Ur·vo·gel** *m* BIOL archaeopteryx **Ur·wald** ['uːɐ̯valt] *m* GEOG primeval forest **Ur·welt** ['uːɐ̯vɛlt] *f kein pl* GEOL ■**die** ~ the primeval world **ur·welt·lich** *adj* GEOL primeval, primordial **ur·wüch·sig** *adj* ➊ *(im Urzustand*

erhalten) unspoiled, unspoilt BRIT ➋ *(unverbildet)* earthy ➌ *(ursprünglich)* original; **das Litauische ist wohl die ~ste Sprache Europas** Lithuanian is probably Europe's oldest language **Ur·zeit** *f kein pl* GEOL ■**die** ~ primeval times *pl*; **seit ~en** *(fam)* for [donkey's *fam*] years; **vor ~en** *(fam)* [donkey's *fam*] years ago **ur·zeit·lich** *adj s.* **urweltlich Ur·zu·stand** *m kein pl* original [*or* primordial] state

USA [uːʔɛsˈʔaː] *pl Abk von* **United States of America**: ■**die** ~ the USA + *sing vb*, the US + *sing vb*

US-Ame·ri·ka·ner(in) [uːʔɛs-] *m(f)* GEOG American **US-ame·ri·ka·nisch** [uːʔɛsʔameriˈkaːnɪʃ] *adj* GEOG American, US

Us·be·ke, Us·be·kin <-n, -n> [ʊsˈbeːkə, ʊsˈbeːkɪn] *m, f* Uzbek[istani]; *s. a.* **Deutsche(r)**

us·be·kisch [ʊsˈbeːkɪʃ] *adj* Uzbek, AM *a.* Uzbekistani; *s. a.* **deutsch**

Us·be·kisch [ʊsˈbeːkɪʃ] *nt decl wie adj* Uzbek; *s. a.* **Deutsch**

Us·be·ki·sche <-n> *nt* ■**das** ~ Uzbek, the Uzbek language; *s. a.* **Deutsche**

Usur·pa·tor, Usur·pa·to·rin <-s, -toren> [uzʊrˈpaːtoːɐ̯, uzʊrˈpaːtoːrɪn] *m, f (geh)* usurper

usur·pie·ren [uzʊrˈpiːrən] *vt (geh)* ■**etw** ~ to usurp sth

Usus <-> ['uːzʊs] *m* custom *no pl*; **irgendwo [so] ~ sein** to be the custom somewhere

usw. *Abk von* **und so weiter** etc.

Uten·sil <-s, -ien> [utɛnˈziːl, *pl:* -li̯ən] *nt meist pl* utensil, piece of equipment; **packen Sie bitte Ihre ~ien zusammen, Sie ziehen um in ein anderes Büro** pack up your things, you're moving to a different office

Ute·rus <-, Uteri> ['uːterʊs, *pl:* -ri] *m* ANAT *(geh)* uterus

Ute·rus·krebs *m* MED *(geh)* cancer of the uterus, uterine cancer

Uti·li·ta·ris·mus <-> [utilitaˈrɪsmʊs] *m kein pl* utilitarianism

uti·li·ta·ris·tisch [utilitaˈrɪstɪʃ] *adj inv (geh)* utilitarian

Uto·pie <-, -n> [utoˈpiː, *pl:* -piːən] *f (geh)* Utopia

uto·pisch [uˈtoːpɪʃ] *adj* ➊ *(geh: völlig absurd)* utopian ➋ LIT Utopian

Ut·recht <-> ['uːtrɛçt] *nt* GEOG Utrecht

u.U. *Abk von* **unter Umständen**

UV [uːˈfau] *adj Abk von* **ultraviolett** UV

u.v.a.[m.] *Abk von* **und vieles andere (mehr)**

U.v.D. <-s, -s> *m* MIL *Abk von* **Unteroffizier vom Dienst**

UV-Fil·ter [uːˈfau-] *m* PHYS UV [*or* ultraviolet] filter **UV-Licht** *nt* PHYS UV light **UV-Strah·len** *pl* UV-rays *pl* **UV-Strah·lung** *f* PHYS UV [*or* ultraviolet] radiation

Ü-Wa·gen *m* RADIO, TV OB [*or* outside broadcast] vehicle

V, v <-, - o fam -s, -s> [faʊ] nt V, v; ~ **wie Viktor** V for [or AM as in] Victor; s. a. **A 1**
V Abk von **Volt** V
Va·banque·spiel [va'bãːk-] nt (geh) dangerous [or risky] game
Va·duz [fa'dʊts] nt GEOG Vaduz
Va·ga·bund(in) <-en, -en> [vaga'bʊnt, pl: -bʊndn̩] m(f) vagabond
va·ge ['vaːgə] **I.** adj vague **II.** adv vaguely
Va·gi·na <-, Vaginen> [va'giːna, 'vaːgina] f ANAT vagina
va·gi·nal [vagi'naːl] **I.** adj MED, ANAT vaginal **II.** adv MED vaginally
Va·gi·nal·zäpf·chen <-s, -> f MED vaginal suppository
va·kant [va'kant] adj (geh) vacant; **eine ~e Stelle** a vacant post, vacancy; ■ **[bei jdm]** ~ **sein/werden** to be/become vacant [at sb's]
Va·kanz <-, -en> [va'kants] f (geh) vacancy
Va·ku·o·le <-, -n> [va'kɥoːlə] f BIOL vacuole
Va·ku·um <-s, Vakuen o Vakua> ['vaːkuʊm, 'vaːkuən, 'vaːkua] nt ❶ PHYS vacuum ❷ (geh: Lücke) vacuum fig
Va·ku·um·pa·ckung f ÖKON vacuum pack[aging no pl]
va·ku·um·ver·packt adj ÖKON vacuum-packed
Va·len·tins·tag ['vaːlɛntiːns-] m Valentine's Day
Va·lu·ta <-, Valuten> [va'luːta, pl: -tən] f FIN ❶ (ausländische Währung) foreign currency ❷ (Wertstellung) value [or availability] date
Vamp <-s, -s> [vɛmp] m vamp
Vam·pir <-s, -e> [vam'piːɐ̯] m vampire
Va·na·di·um <-s> [va'naːdiʊm] nt kein pl CHEM vanadium
Van·da·le, Van·da·lin <-n, -n> [van'daːlə, van'daːlɪn] m, f ❶ (zerstörungswütiger Mensch) vandal ❷ HIST Vandal
Van·da·lis·mus <-> [vanda'lɪsmʊs] m kein pl vandalism
Va·nil·le <-, -en> [va'nɪljə, va'nɪlə] f vanilla
Va·nil·le·eis [va'nɪljə-, va'nɪlə-] nt vanilla ice-cream
Va·nil·le·kip·ferl nt KOCHK SÜDD, ÖSTERR small crescent-shaped biscuit made with almonds or nuts, dusted with vanilla sugar and traditionally eaten around Christmas **Va·nil·le·mark** nt KOCHK pulp of a vanilla pod **Va·nil·le·plätz·chen** nt vanilla[-flavoured] biscuit BRIT, vanilla[-flavoured] cookie AM **Va·nil·le·pud·ding** m vanilla pudding **Va·nil·le·sau·ce** f vanilla sauce; (mit Ei) custard **Va·nil·le·stan·ge** f vanilla pod [or AM bean] **Va·nil·le·zu·cker** m vanilla sugar
va·nil·lie·ren* vt ■ etw ~ KOCHK to add vanilla flavouring [or AM flavoring] to sth, to aromatize sth with vanilla
Va·nil·lin [vanɪ'liːn] m KOCHK vanillin
Va·nil·lin·zu·cker m vanillin sugar
Va·nu·a·tu·er(in) <-s, -> [va:nʊa'tuːɐ] m(f) Vanuatan; s. a. **Deutsche(r)**
va·nu·a·tu·isch [va:nʊa'tuːɪʃ] adj Vanuatan; s. a. **deutsch**
va·ri·a·bel [va'ri̯aːbl̩] adj variable; **~e Wochenarbeitszeiten** a flexible working week; ■ **[in etw dat]** ~ **sein** to be flexible [in sth]
Va·ri·a·ble <-n, -n> [va'ri̯aːblə] decl wie adj f variable
Va·ri·an·te <-, -n> [va'ri̯antə] f ❶ (geh: Abwandlung) variation ❷ (veränderte Ausführung) variant
Va·ri·a·ti·on <-, -en> [varia'tsi̯oːn] f ❶ (Abwandlung) variation ❷ MUS (Abwandlung eines Themas) variation
Va·ri·e·teeRR <-s, -s> nt, **Va·ri·e·té** <-s, -s> [vari̯e'teː] nt THEAT variety show

va·ri·ie·ren* [vari'iːrən] vi to vary
Va·sall <-en, -en> [va'zal] m HIST vassal
Va·se <-, -n> ['vaːzə] f vase
Va·se·li·ne <-> [vaze'liːnə] f kein pl Vaseline
Va·so·re·sek·ti·on <-, -n> f MED vasectomy
Va·ter <-s, Väter> ['faːtɐ, pl: 'fɛːtɐ] m ❶ (männliches Elternteil) father; **ganz der ~ sein** to be just like [or the spitting image of] one's father ❷ (Urheber) father; **er ist der ~ dieses Gedankens** this idea is his brainchild, this is his idea ► WENDUNGEN: ~ **Staat** (hum) the State, AM a. Uncle Sam; **der Heilige ~** REL the Holy Father; **~ unser** REL Our Father
Va·ter·haus nt (geh) parental home **Va·ter·land** ['faːtɐlant] nt fatherland, motherland BRIT **va·ter·län·disch** adj (geh) patriotic **Va·ter·lands·lie·be** f kein pl (geh) patriotism, love of one's country
vä·ter·lich ['fɛːtɐlɪç] **I.** adj ❶ (dem Vater gehörend) sb's father's ❷ (einem Vater gemäß) paternal, fatherly ❸ (zum Vater gehörend) paternal ❹ (fürsorglich) fatherly **II.** adv like a father
vä·ter·li·cher·seits adv on sb's father's side
Va·ter·lie·be f ❶ (Liebe zum Vater) love of one's father ❷ (Liebe eines Vaters) fatherly [or paternal] love **va·ter·los** adj fatherless **Va·ter·mord** m patricide **Va·ter·mör·der(in)** m(f) patricide
Va·ter·schaft <-, -en> f JUR paternity; **die ~ bestreiten/leugnen** to contest/deny paternity; **eine gerichtliche Feststellung der ~** a[n af]filiation, an affiliation order
Va·ter·schafts·kla·ge f JUR paternity suit **Va·ter·schafts·nach·weis** m proof [or establishment] of paternity **Va·ter·schafts·ur·laub** m kein pl ADMIN paternity leave
Va·ter·stadt f (geh) home town **Va·ter·stel·le** f [bei jdm] ~ **vertreten** (geh) to take the place of a father [to sb], to take the place of sb's father, to act as sb's father **Va·ter·tag** m Father's Day **Va·ter·un·ser** <-s, -> [faːtɐ'ʔʊnzɐ] nt REL ■ **das ~** the Lord's Prayer; **ein ~** one recital of the Lord's Prayer
Va·ti <-s, -s> ['faːti] m s. Papa
Va·ti·kan <-s> [vati'kaːn] m REL ■ **der ~** the Vatican
va·ti·ka·nisch adj Vatican; s. a. **deutsch**
Va·ti·kan·stadt [vati'kaːn-] f kein pl GEOG, REL ■ **die ~** the Vatican City
V-Aus·schnitt ['faʊ-] m V-neck; **mit ~** V-neck; **ein Pullover mit ~** a V-neck jumper
v.Chr. Abk von vor **Christus** BC
Ve·ge·ta·ri·er(in) <-s, -> [vege'taːri̯ɐ] m(f) vegetarian
ve·ge·ta·risch [vege'taːrɪʃ] **I.** adj vegetarian **II.** adv **sich ~ ernähren, ~ essen** [o leben] to be a vegetarian [or eat a vegetarian diet]
Ve·ge·ta·ti·on <-, -en> [vegeta'tsi̯oːn] f vegetation
ve·ge·ta·tiv [vegeta'tiːf] **I.** adj ❶ MED (nicht vom Willen gesteuert) vegetative; **~es Nervensystem** vegetative [or autonomic] nervous system ❷ BIOL (ungeschlechtlich) vegetative **II.** adv ❶ MED (durch das ~e Nervensystem) autonomically ❷ BIOL (ungeschlechtlich) vegetatively
ve·ge·tie·ren* [vege'tiːrən] vi to eke out a miserable existence, to vegetate
ve·he·ment [vehe'mɛnt] **I.** adj (geh) vehement **II.** adv (geh) vehemently
Ve·he·menz <-> [vehe'mɛnts] f kein pl (geh) vehemence
Ve·hi·kel <-s, -> [ve'hiːkl̩] nt (fam) vehicle; **ein altes/klappriges ~** an old banger [or BRIT fam boneshaker] [or AM fam wreck]

sich verabschieden

sich verabschieden	saying goodbye
Auf Wiedersehen!	Goodbye!
Auf ein baldiges Wiedersehen!	Hope to see you again soon!
Tschüss! *(fam)*/Ciao! *(fam)*	Bye!/Cheerio!
Mach's gut! *(fam)*	See you!/Take care!/All the best!/Take it easy!
(Also dann,) bis bald! *(fam)*	(OK then,) see you soon/later!
Bis morgen!/Bis nächste Woche!	See you tomorrow!/See you next week!
Man sieht sich! *(fam)*	See you!
Komm gut heim! *(fam)*	Safe journey home!
Pass auf dich auf! *(fam)*	Look after yourself!/Take care!
Kommen Sie gut nach Hause!	Safe journey home!
Einen schönen Abend noch!	Have a nice evening!

sich am Telefon verabschieden	saying goodbye on the phone
Auf Wiederhören! *(form)*	Goodbye!
Also dann, bis bald mal wieder! *(fam)*	OK then, talk to you again soon!
Tschüss! *(fam)*/Ciao! *(fam)*	Bye!/Cheerio!

Veil·chen <-s, -> ['faɪlçən] *nt* ❶ BOT violet ❷ *(fam: blaues Auge)* black eye, shiner *sl*

Vek·tor <-s, -toren> ['vɛktoːɐ̯, *pl:* -'toːrən] *m* MATH vector

Ve·lar <-s, -e> [ve'laːɐ̯] *m*, **Ve·lar·laut** *m* LING velar

Ve·lo <-s, -s> ['veːlo] *nt* SCHWEIZ *(Fahrrad)* bicycle, bike *fam*

Ve·lours¹ <-, -> [və'luːɐ̯] *nt* s. **Veloursleder**

Ve·lours² <-, -> [və'luːɐ̯] *m* MODE velour[s]

Ve·lours·le·der [və'luːɐ̯-] *nt* suede

Ve·lours·tep·pich·bo·den [və'luːɐ̯-] *m* cut-pile [*or* velvet[-pile]] carpet

Ve·ne <-, -n> ['veːnə] *f* ANAT vein

Ve·ne·dig <-s> [ve'neːdɪç] *nt kein pl* Venice

Ve·nen·ent·zün·dung ['veː-] *f* MED phlebitis *no pl*

ve·ne·risch [ve'neːrɪʃ] *adj* MED venereal

Ve·ne·zi·a·ner(in) [vene'tsi̯aːnɐ] *m(f)* GEOG Venetian

Ve·ne·zo·la·ner(in) <-s, -> [venetso'laːnɐ] *m(f)* Venezuelan; *s. a.* **Deutsche(r)**

ve·ne·zo·la·nisch [venetso'laːnɪʃ] *adj* Venezuelan; *s. a.* **deutsch**

Ve·ne·zu·e·la <-s> [vene'tsu̯eːla] *nt* Venezuela; *s. a.* **Deutschland**

ve·ne·zu·e·lisch [vene'tsu̯eːlɪʃ] *adj s.* **venezolanisch**

ve·nös [ve'nøːs] *adj* MED venous

Ven·til <-s, -e> [vɛn'tiːl] *nt* ❶ *(Absperrhahn)* stopcock ❷ *(Schlauch~)* valve ❸ AUTO valve ❹ MUS valve ❺ *(geh: Mittel des Abbaus von Emotionen)* outlet

Ven·ti·la·ti·on <-, -en> [vɛntila'tsi̯oːn] *f* ❶ *(Belüftung)* ventilation ❷ TECH *(Belüftungsanlage)* ventilation [system]

Ven·ti·la·tor <-s, -toren> [vɛnti'laːtoːɐ̯, *pl:* -'toːrən] *m* ventilator, fan

Ve·nus <-s> ['veːnʊs] *f kein pl* Venus

Ve·nus·flie·gen·fal·le *f* BOT Venus flytrap **Ve·nus·mu·schel** *f* Venus clam

ver·ab·fol·gen [fɛɐ̯'ʔapfɔlɡn] *vt s.* **verabreichen 1**

ver·ab·re·den I. *vr* ▪ **sich** [mit jdm] [irgendwo/für eine Zeit] ~ to arrange to meet [sb] [somewhere/for a certain time]; ▪ [mit jdm/irgendwo] **verabredet sein** to have arranged to meet [sb/somewhere] II. *vt* ▪ **etw** [mit jdm] ~ to arrange sth [with sb]; **einen Ort/Termin/eine Uhrzeit** ~ to arrange [*or* fix] [*or* agree upon] a place/date/time; ▪ **verabredet** agreed; **wie verabredet** as agreed [*or* arranged] III. *vi* ▪ [mit jdm] ~, **dass/was ...** to agree [with sb] that/what ...

Ver·ab·re·dung <-, -en> *f* ❶ *(Treffen)* date, meeting ❷ *(Vereinbarung)* arrangement, agreement; **eine ~ treffen** to come to an arrangement, to reach [*or* come to] an agreement ❸ *(das Verabreden)* arranging; Termin arranging, fixing, agreeing upon; [mit jdm] **eine ~** [für etw] **treffen** *(geh)* to arrange a meeting [with sb] [for a certain time]

ver·ab·rei·chen *vt (geh)* ▪ [jdm] **etw** ~ to administer sth [to sb]

ver·ab·scheu·en *vt* ▪ **jdn/etw** ~ to detest [*or* loathe] sb/sth; ▪ ~, **etw zu tun** to hate doing sth

ver·ab·schie·den I. *vr* ❶ *(Abschied nehmen)* ▪ **sich** [von jdm] ~ to say goodbye [to sb] ❷ *(sich distanzieren)* ▪ **sich [aus etw]** ~ to dissociate oneself from sth II. *vt* ❶ POL *(parlamentarisch beschließen)* ▪ **etw** ~ to pass sth; **einen Haushalt** ~ to adopt a budget ❷ *(geh: offiziell von jdm Abschied nehmen)* ▪ **jdn** ~ to take one's leave of sb ❸ *(geh: feierlich entlassen)* ▪ **jdn** ~ to give sb an official farewell [*or* send-off]

Ver·ab·schie·dung <-, -en> *f* ❶ POL *(Beschließung)* passing; Haushalt adoption ❷ *(feierliche Entlassung)* honourable [*or* AM honorable] discharge

ver·ach·ten *vt* ▪ **jdn/etw** ~ ❶ *(verächtlich finden)* to despise sb/sth ❷ *(geh: nicht achten)* to scorn sb/sth; **nicht zu ~ sein** *(fam)* [sth is] not to be sneezed [*or* scoffed] at *fam*

Ver·äch·ter(in) <-s, -> [fɛɐ̯'ʔɛçtɐ] *m(f)* ▪ WENDUNGEN: **kein ~** [von etw] **sein** *(euph)* to be quite partial to sth

ver·ächt·lich [fɛɐ̯'ʔɛçtlɪç] I. *adj* ❶ *(Verachtung zeigend)* contemptuous, scornful ❷ *(verabscheuungswürdig)* contemptible, despicable II. *adv* contemptuously, scornfully

Ver·ach·tung *f* contempt, scorn; **jdn mit ~ strafen** *(geh)* to treat sb with contempt; **voller ~** contemptuously

ver·al·bern *vt (fam)* ▪ **jdn** ~ to pull sb's leg [*or* BRIT have sb on] *fam*

ver·all·ge·mei·nern I. *vt* ▪ **etw** ~ to generalize about sth II. *vi* to generalize

Ver·all·ge·mei·ne·rung <-, -en> f ① kein pl (das Verallgemeinern) generalization ② (verallgemeinernde Darstellung) generalization

ver·al·ten [fɛɐ̯ˈʔaltn̩] vi sein to become obsolete; Ansichten, Methoden to become outdated [or outmoded]; ■ **veraltet** obsolete

Ve·ran·da <-, Veranden> [veˈranda, pl: -dən] f veranda

ver·än·der·lich adj ① METEO (unbeständig) changeable ② (variierbar) variable

ver·än·dern I. vt ① (anders machen) ■ **etw ~** to change sth; ■ **jdn ~** (im Wesen) to change sb ② (ein anderes Aussehen verleihen) ■ **jdn/etw ~** to make sb/sth look different/change sb's sth II. vr ① (anders werden) ■ **sich ~** to change; ■ **sich [zu etw] ~** (im Wesen) to change [for the sth]; **er hat sich zu seinem Nachteil/Vorteil ~** he's changed for the worse/better; **sich äußerlich ~** to change [in appearance] ② (Stellung wechseln) ■ **sich [irgendwohin] ~** to change one's job

Ver·än·de·rung f ① (Wandel) change; (leicht) alteration, modification ② (Stellungswechsel) change of job

ver·äng·sti·gen vt ■ **jdn ~** to frighten [or scare] sb; ■ **verängstigt** frightened, scared; **völlig verängstigt** terrified

ver·an·kern vt ① TECH (mit Halteseilen) ■ **etw [in etw** dat**] ~** to anchor sth [in sth] ② NAUT ■ **etw ~** to anchor sth

Ver·an·ke·rung <-, -en> f ① kein pl (das Verankern) anchoring ② (Fundament für Halteseil) anchorage

ver·an·la·gen [fɛɐ̯ˈʔanlaːɡn̩] vt FIN (steuerlich einschätzen) ■ **jdn [mit etw] ~** to assess sb [at sth]

ver·an·lagt [fɛɐ̯ˈʔanlaːkt] adj ■ **ein [irgendwie] ~er Mensch** a person with a certain bent; **ein homosexuell ~er Mensch** a person with homosexual tendencies; **ein künstlerisch/musikalisch ~er Mensch** a person with an artistic/a musical disposition; **ein praktisch ~er Mensch** a practically minded person; ■ **[irgendwie] ~ sein** to have a certain bent; **mein Mann ist praktisch ~** my husband is practically minded

Ver·an·la·gung¹ <-, -en> f (angeborene Anlage) disposition; **eine bestimmte ~ haben** to have a certain bent; **eine homosexuelle ~ haben** to have homosexual tendencies; **eine künstlerische/artistische ~ haben** to have an artistic/a musical bent; **eine praktische ~ haben** to be practically minded; **eine ~ [zu etw] haben** to have a tendency towards sth

Veranlagung² <-, -en> f s. **Steuerveranlagung**

ver·an·las·sen I. vt ① (in die Wege leiten) ■ **etw ~** to arrange sth [or see to it that sth is done] ② (dazu bringen) ■ **jdn [zu etw] ~** to induce sb to do sth; ■ **jdn [dazu] ~, dass jd etw tut** to prevail upon sb to do sth; **sich dazu veranlasst fühlen, etw zu tun** to feel obliged [or compelled] to do sth II. vi ■ ~, **dass jd etw tut** to see to it that sb does sth; ■ ~, **dass etw geschieht** to see to it that sth happens

Ver·an·las·sung <-, -en> f ① (Einleitung) **auf jds ~, auf ~ [von jdm]** at sb's instigation ② (Anlass) cause, reason; **jdm ~ [dazu] geben, etw zu tun** to give sb [good] cause [or reason] to do sth; **nicht die leiseste ~ haben, etw zu tun** to not have the slightest reason [or cause] to do sth; **keine ~ [zu etw] haben** to have no reason [or cause] [for sth]; **keine ~ [dazu] haben, etw zu tun** to have no reason [or cause] to do sth

ver·an·schau·li·chen [fɛɐ̯ˈʔanʃaʊ̯lɪçn̩] vt ■ **[jdm] etw ~** to illustrate sth [to sb]

Ver·an·schau·li·chung <-, -en> f illustration; **zur ~** as an illustration

ver·an·schla·gen vt ■ **etw [mit etw] ~** to estimate sth [at sth]; **mit wie viel würden Sie das ganze Haus ~?** how much would you say the whole house is

[or was] worth?; ■ **etw [für etw] ~** to estimate that sth will cost sth

ver·an·stal·ten [fɛɐ̯ˈʔanʃtaltn̩] vt ① (durchführen) ■ **etw ~** to organize sth; **eine Demonstration ~** to organize [or stage] a demonstration; **ein Fest/eine Feier ~** to give [or throw] [or organize] a party ② (fam: machen) ■ **etw ~** to make sth; **Lärm ~** to make a lot of noise

Ver·an·stal·ter(in) <-s, -> m(f) organizer [or BRIT a. -iser]

Ver·an·stal·tung <-, -en> f ① kein pl (das Durchführen) organizing, organization; Feier giving, throwing, organizing, organization; öffentliches Ereignis staging, organizing ② (veranstaltetes Ereignis) event

Ver·an·stal·tungs·ka·len·der m calendar of events

Ver·an·stal·tungs·ort m venue

ver·ant·wor·ten I. vt ■ **etw [vor jdm] ~** to take [or accept] responsibility for sth [or [have to] answer to sb for sth]; **etwaige negative Konsequenzen werden Sie [vor der Geschäftsleitung] zu ~ haben** you will have to answer [to the management] for any negative consequences; ■ **[es] ~, wenn** [o dass] **jd etw tut** to take [or accept] responsibility for sb doing sth II. vr ■ **sich [für etw] [vor jdm] ~** to answer [to sb] [for sth]

ver·ant·wort·lich adj ① (Verantwortung tragend) responsible; **~e Redakteurin/~er Redakteur** editor-in-chief; **[jdm [gegenüber]] dafür ~ sein, dass etw geschieht** to be answerable [to sb] for seeing to it that sth happens; ■ **für jdn/etw ~ sein** to be responsible for sb/sth ② (schuldig) responsible pred; ■ **[für etw] ~ sein** to be responsible [for sth] ③ (mit Verantwortung verbunden) responsible; **eine ~e Aufgabe** a responsible task

Ver·ant·wort·li·che(r) f(m) decl wie adj person responsible; (für Negatives a.) responsible party; ■ **der/die für etw ~** the person responsible for sth

Ver·ant·wort·lich·keit <-, -en> f responsibility

Ver·ant·wor·tung <-, -en> f ① (Verpflichtung, für etw einzustehen) responsibility; **jdn [für etw] zur ~ ziehen** to call sb to account [for sth]; **auf deine [o Ihre] ~!** on your head be it! BRIT, it'll be on your head! AM ② (Schuld) ■ **die/jds ~** [für etw] the/sb's responsibility [for sth]; **die ~ [für etw] tragen** to be responsible [for sth]; **die ~ [für etw] übernehmen** to take [or accept] responsibility [for sth] ③ (Risiko) **auf eigene ~** on one's own responsibility, at one's own risk; **die ~ [für jdn/etw] haben** [o tragen] to be responsible [for sb/sth] ▶ WENDUNGEN: **sich aus der ~ stehlen** to dodge [or evade] [or shirk] responsibility

ver·ant·wor·tungs·be·wusstᴿᴿ I. adj responsible II. adv ■ **~ handeln, sich ~ verhalten** to act responsibly [or in a responsible manner] **Ver·ant·wor·tungs·be·wusst·sein**ᴿᴿ nt sense of responsibility **ver·ant·wor·tungs·los** I. adj irresponsible; ■ **~ sein, etw zu tun** to be irresponsible to do sth II. adv **~ handeln, sich ~ verhalten** to act irresponsibly [or in an irresponsible manner] **Ver·ant·wor·tungs·lo·sig·keit** <-> f kein pl irresponsibility **ver·ant·wor·tungs·voll** adj ① (mit Verantwortung verbunden) responsible ② s. **verantwortungsbewusst**

ver·äp·peln [fɛɐ̯ˈʔɛpl̩n] vt (fam) s. **veralbern**

ver·ar·bei·ten vt ① ÖKON (als Ausgangsprodukt verwenden) ■ **etw ~** to use sth; **Fleisch ~** to process meat; ■ **etw [zu etw] ~** to make sth into sth ② (verbrauchen) ■ **etw ~** to use sth [up]; **der Mörtel muss rasch verarbeitet werden, bevor er fest wird** the plaster must be applied [or used] immediately before it hardens ③ PSYCH (innerlich bewältigen) ■ **etw ~** to assimilate sth; **eine Enttäuschung/Scheidung/jds Tod ~** to come to terms with a disappointment/divorce/sb's death

ver·ar·bei·tet adj ÖKON finished; **gut/schlampig/**

schlecht ~ well/sloppily/badly finished [*or* crafted]
Ver·ar·bei·tung <-, -en> *f* ❶ ÖKON *(das Verarbeiten)* processing ❷ *(Fertigungsqualität)* workmanship *no pl, no indef art*
ver·ar·gen |fɛɡ'ʔargn̩| *vt* ▪ |jdm| etw ~ to hold sth against sb; ▪ |es| jdm ~, dass/wenn ... to hold it against sb that/ [*or* blame sb] if ...
ver·är·gern *vt* ▪ jdn ~ to annoy sb
ver·är·gert I. *adj* angry, annoyed; ▪ |über jdn/etw| ~ sein to be annoyed [at *or* with] sb/sth]; ▪ ~ sein, dass/weil ... to be annoyed that/because ... II. *adv* in an annoyed manner
Ver·är·ge·rung <-, -en> *f* annoyance
ver·ar·men |fɛɡ'ʔarmən| *vi sein* to become poor [*or* impoverished]; ▪ verarmt impoverished
Ver·ar·mung <-, -en> *f* impoverishment *no pl*
ver·ar·schen |fɛɡ'ʔarʃn̩| *vt (derb)* ▪ jdn ~ to mess around with sb, to take the piss out of sb BRIT *vulg*
ver·arz·ten |fɛɡ'ʔaːɐ̯tstn̩| *vt (fam)* ❶ *(behandeln)* ▪ jdn ~ to treat sb ❷ *(versorgen)* ▪ |jdm| etw ~ to fix [*or fam* patch up *sep*] [sb's] sth
ver·äs·teln |fɛɡ'ʔɛstl̩n| *vr* ❶ BOT ▪ sich ~ to branch out [*or* ramify] ❷ GEOG ▪ sich |in etw *akk*| ~ Fluss to branch out [into sth]
Ver·ät·zung <-, -en> *f* ❶ *kein pl (das Verätzen)* cauterization; *(Metall)* corrosion ❷ *(Beschädigung, Verletzung)* burn
ver·aus·ga·ben |fɛɡ'ʔausgaːbn̩| *vr* ❶ *(sich überanstrengen)* ▪ sich ~ to overexert [*or* overtax] oneself ❷ *(über seine finanziellen Möglichkeiten leben)* ▪ sich |finanziell| ~ to overspend [*or* spend too much]
ver·aus·la·gen |fɛɡ'ʔauslaːgn̩| *vt (geh)* ▪ etw |für jdn| ~ to pay sth [for sb]; könnten Sie das Geld wohl bis morgen für mich ~ could you advance [*or* lend] [*or* BRIT *fam* sub] [*or* AM *fam* front] me the money until tomorrow?
ver·äu·ßern *vt (geh)* ▪ etw |an jdn| ~ to sell sth [to sb]
Ver·äu·ße·rung *f (geh)* disposal, sale
Ver·äu·ße·rungs·ge·winn *m* JUR, ÖKON capital gains
Ver·äu·ße·rungs·wert *m* JUR disposal value
Verb <-s, -en> |vɛrp| *nt* LING verb; ein ~ konjugieren to conjugate a verb; schwaches/starkes ~ weak/strong verb
ver·bal |vɛr'baːl| I. *adj* verbal II. *adv* verbally
ver·ball·hor·nen |fɛɡ'balhɔrnən| *vt* LING ▪ etw ~ to corrupt sth
Ver·bal·ra·di·ka·lis·mus *m kein pl* POL verbal radicalism
Ver·band¹ <-[e]s, Verbände> |fɛɡ'bant, *pl:* -'bɛndə| *m* ❶ *(Bund)* association ❷ MIL unit
Ver·band² <-[e]s, Verbände> |fɛɡ'bant, *pl:* -'bɛndə| *m* MED bandage, dressing *no pl*
ver·ban·delt *adj inv* SÜDD *(iron fam)* ▪ mit jdm ~ sein to have a relationship with sb
Ver·band(s)·kas·ten *m* first-aid box [*or* kit] **Ver·band(s)·ma·te·ri·al** *nt* dressing material **Ver·band(s)·päck·chen** *nt* first-aid kit **Ver·band(s)·zeug** *nt* dressing material
ver·ban·nen *vt* ❶ *(zwangsweise ins Exil schicken)* ▪ jdn |irgendwohin| ~ to exile [*or* banish] sb [to somewhere] ❷ *(geh: ausmerzen)* ▪ etw |aus etw| ~ to ban sth [from sth]
Ver·bann·te(r) *f(m) decl wie adj* exile
Ver·ban·nung <-, -en> *f* ❶ *kein pl (das Verbannen)* exile, banishment ❷ *(Leben als Verbannter)* exile, banishment
ver·bar·ri·ka·die·ren I. *vt* ▪ etw ~ to barricade sth II. *vr* ▪ sich |in etw| ~ *dat* to barricade oneself in [sth]
ver·bau·en *vt* ❶ *(versperren)* ▪ |jdm| etw ~ to spoil [*or* ruin] sth [for sb]; jdm die ganze Zukunft ~ to spoil all sb's prospects for the future [*or* future pros-

pects]; ▪ sich *dat* etw ~ to spoil [*or* ruin] one's sth ❷ *(durch ein Bauwerk nehmen)* ▪ |jdm| etw ~ to block [sb's] sth
ver·bau·en² *vt (beim Bauen verbrauchen)* ▪ etw ~ to use sth
ver·baut *adj* badly built
ver·bei·ßen *irreg* I. *vr* ❶ *(die Zähne in etw schlagen)* ▪ sich |in etw *akk*| ~ to bite [into sth] [*or* sink one's teeth into sth] ❷ *(sich intensivst mit etw beschäftigen)* ▪ sich |in etw *akk*| ~ to immerse oneself [in sth] II. *vt (fam: unterdrücken)* ▪ |sich *dat*| etw ~ to suppress sth; sich einen Aufschrei/ein Lachen ~ to stifle [*or* suppress] a scream/laugh; sich |den| Schmerz ~ to bear [*or* endure] [the] pain
Ver·be·ne <-, -n> |vɛr'beːnə| *f* HORT verbena
ver·ber·gen *vt irreg* ❶ *(geh: verstecken)* ▪ sich |vor jdm| ~ to hide [oneself] [*or* conceal oneself] [from sb]; ▪ |jdn/etw| |vor jdm| ~ to hide [*or* conceal] sb/sth [from sb]; einen Partisanen/Verbrecher |vor jdm| ~ to harbour [*or* AM -or] [*or* hide] [*or* conceal] a partisan/criminal [from sb] ❷ *(verheimlichen)* ▪ |jdm| etw ~ to hide [*or* conceal] sth [from sb] [*or* keep sth from sb]; *s. a.* **verborgen**
ver·bes·sern I. *vt* ❶ *(besser machen)* ▪ etw ~ to improve sth ❷ SPORT *(auf einen besseren Stand bringen)* ▪ etw ~ to improve [up]on [*or* better] sth; einen Rekord ~ to break a record ❸ SCH *(korrigieren)* ▪ etw ~ to correct sth ❹ *(jds Äußerung korrigieren)* ▪ jdn ~ to correct sb; ▪ sich ~ to correct oneself II. *vr* ❶ *(sich steigern)* ▪ sich |in etw *dat*| ~ to improve [in sth] [*or* do better [at sth]] ❷ *(eine bessere Stellung bekommen)* ▪ sich ~ to better oneself
Ver·bes·se·rung <-, -en> *f* ❶ *(qualitative Anhebung)* improvement; *(das Verbessern)* improvement *no pl*, bettering *no pl; Rekord* breaking *no pl* ❷ *(Korrektur)* correction
ver·bes·se·rungs·fä·hig *adj* improvable, capable of improvement *pred;* ▪ ~ sein to be capable of improvement **Ver·bes·se·rungs·vor·schlag** *m* suggestion for improvement; einen ~ machen to make a suggestion for improvement **ver·bes·se·rungs·wür·dig** *adj* worthy of improvement *pred*
ver·beu·gen *vr* ▪ sich |vor jdm/etw| ~ to bow [to sb/sth]
Ver·beu·gung *f* bow; eine ~ |vor jdm/etw| machen to bow [to sb/sth]
ver·beu·len *vt* ▪ |jdm| etw ~ to dent [sb's] sth
ver·bie·gen *irreg* I. *vt* ▪ etw ~ to bend sth; ▪ verbogen bent II. *vr* ▪ sich ~ to bend [*or* become bent]
ver·bies·tert |fɛɡ'biːstɐt| *adj (fam)* grumpy, *esp* BRIT crotchety *fam*
ver·bie·ten <verbot, verboten> I. *vt* ❶ *(offiziell untersagen)* ▪ etw ~ to ban [*or* outlaw] sth; eine Organisation/Partei/Publikation ~ to ban [*or* outlaw] an organization/a party/publication ❷ *(untersagen)* ▪ |jdm| etw ~ to forbid sb [*or* sb to do sth]; ▪ etw ist |jdm| verboten sth is forbidden [as far as sb is concerned]; ▪ jdm ~, etw zu tun to forbid sb to do sth; ▪ es ist verboten, etw zu tun it is forbidden to do sth; ist es verboten, hier zu fotografieren? am I allowed to take photo[graph]s [in] here?; *s. a.* **verboten** II. *vr (undenkbar sein)* ▪ etw verbietet sich von selbst sth is unthinkable
ver·bil·li·gen I. *vt* ÖKON ▪ etw ~ to reduce sth [in price]; die Eintrittskarten sind um 50 % verbilligt worden the tickets have been reduced [in price] [*or* ticket prices have been reduced] by 50%, there has been a 50% reduction in the ticket prices; ▪ |jdm| etw |um etw| ~ to reduce sth [by sth] [for sb] II. *vr* ÖKON ▪ sich ~ to become [*or* get] cheaper [*or* come down in price]
ver·bil·ligt I. *adj* reduced; ~er Eintritt/eine ~e Ein-

verbieten

verbieten	forbidding
Du darfst heute nicht fernsehen.	You're not allowed to watch TV today.
Das kommt (gar) nicht in Frage.	That's (completely) out of the question.
Finger weg von meinem Computer! *(fam)*	Hands off my computer!
Lass die Finger von meinem Tagebuch! *(fam)*	Keep out of/away from my diary!
Das kann ich nicht zulassen.	I can't allow that.
Ich verbiete Ihnen diesen Ton!	I forbid you to use this tone of voice with me!
Bitte unterlassen Sie das. *(form)*	Please stop/refrain from doing that.

trittskarte reduced entry/a reduced entrance ticket, entry/an entrance ticket at a reduced rate [*or* price] **II.** *adv* **etw ~ abgeben/anbieten** to sell sth/offer sth for sale at a reduced price
ver·bin·den*1 *vt irreg (einen Verband anlegen)* ■ **jdn ~** to dress sb's wound(s); ■ **[jdm/sich] etw ~** to dress [sb's/one's] sth
ver·bin·den*2 *irreg* **I.** *vt* ❶ *(zusammenfügen)* ■ **etw [miteinander] ~** to join [up *sep*] sth; ■ **etw [mit etw] ~** to join sth [to sth] ❷ TELEK ■ **jdn [mit jdm] ~** to put sb through [*or* AM *usu* connect sb] [to sb]; **falsch verbunden!** [you've got the] wrong number!; **[ich] verbinde!** I'll put [*or* I'm putting] you through, AM *usu* I'll connect you ❸ TRANSP ■ **etw [miteinander] ~** to connect [*or* link] sth [with each other [*or* one another]]; ■ **etw [mit etw] ~** to connect [*or* link] sth [with sth] ❹ *(verknüpfen)* ■ **etw [miteinander] ~** to combine sth [with each other [*or* one another]]; ■ **etw [mit etw] ~** to combine sth [with sth]; **das Nützliche mit dem Angenehmen ~** to combine business with pleasure ❺ *(assoziieren)* ■ **etw [mit etw] ~** to associate sth with sth ❻ *(mit sich bringen)* ■ **der [*o* die] [*o* das] damit verbundene[n] ...** the ... involved; ■ **[mit etw] verbunden sein** to involve [sth] ❼ *(innerlich vereinen)* ■ **jdn/etw [mit jdm] ~** to unite sb/sth [with sb]; **uns ~ lediglich Geschäftsinteressen** we are business associates and nothing more **II.** *vr* ❶ CHEM *(eine Verbindung eingehen)* ■ **sich [mit etw] ~** to combine [with sth] ❷ *(sich zu einem Bündnis zusammenschließen)* ■ **sich [mit jdm/etw] [zu etw] ~** to join forces [with sb/sth] [to form sth]; **sich [mit jdm/etw] zu einer Initiative ~** to join forces [with sb/etw] to form a pressure group
ver·bind·lich [fɛɐ̯'bɪntlɪç] **I.** *adj* ❶ *(bindend)* binding; **die Auskunft ist ~, Sie können sich darauf verlassen** this information is reliable, I can assure you of that ❷ *(entgegenkommend)* friendly **II.** *adv* ❶ *(bindend)* **~ zusagen** to make a binding commitment; **~ vereinbaren** to enter into a binding agreement ❷ *(entgegenkommend)* in a friendly manner
Ver·bind·lich·keit <-, -en> *f* **kein** *pl (bindender Charakter)* binding nature; *Auskunft* reliability ❷ *kein pl (entgegenkommende Art)* friendliness ❸ *meist pl* FIN *(geh: Schuld)* liability *usu pl*
Ver·bin·dung *f* ❶ CHEM *(aus Elementen bestehender Stoff)* compound; **[mit etw] eine ~ eingehen** to combine [with sth] ❷ *(direkte Beziehung)* contact; **[mit jdm] in ~ bleiben** to keep in touch [with sb]; **eine ~ [mit jdm/etw] eingehen** *(geh)* to join forces [with sb/sth]; **die Parteien gingen eine ~ [zu einem Wahlbündnis/einer Koalition] miteinander ein** the parties joined forces with each other [to form [*or* in] an electoral alliance/a coalition]; **~ [*o* ~en] mit [*o* zu] jdm/etw haben** to have good connections *pl* with sb/sth; **seine ~en spielen lassen** *(fam)* to [try and] pull a few strings; **~ [mit jdm] auf-**

nehmen to contact sb; **sobald wir eintreffen, werden wir ~ aufnehmen** as soon as we arrive we'll get in touch [*or* contact] you; **sobald wir etwas Neues erfahren, nehmen wir mit Ihnen ~ auf** as soon as we find out anything new we'll be [*or* get] in touch [*or* contact] you; **sich [mit jdm] in ~ setzen** to contact [*or* get in touch with] sb; **[mit jdm/miteinander] in ~ stehen** to be in contact [with sb/each other [*or* one another]]; **sie bestritt, jemals mit dem Staatssicherheitsdienst in ~ gestanden zu haben** she denied ever having had any [*or* having been in] contact with the secret police; **[mit etw] in ~ stehen** to be in contact [*or* touch] with sth; **[mit jdm] in ~ treten** to contact sb ❸ TELEK *(Gesprächs~)* connection; **die ~ nach Tokio war ausgezeichnet** the line to [*or* connection with] Tokyo was excellent; **ich bekomme keine ~** I can't get a connection [*or* line], I can't get through; **telefonische ~** telephone connection; **die telefonische ~ war sehr schlecht** the telephone line [*or* connection] was very poor; **eine/keine ~ [irgendwohin] bekommen** to get through/not to be able to get through [to somewhere]; **[jdm] [irgendwohin] machen** *(fam)* to put sb through [*or* AM *usu* connect sb] [to somewhere] ❹ LUFT, BAHN *(Verkehrs~)* connection; **was ist die günstigste ~ [mit dem Zug] zwischen Hamburg und Dresden?** what's the best [*or* easiest] [*or* quickest] way to get from Hamburg to Dresden [by train]?; **direkte ~ [nach etw]** direct connection [to sth]; **es gibt eine direkte ~ mit dem Zug nach Kopenhagen** there's a through train to Copenhagen; **eine direkte ~ mit dem Flugzeug gibt es leider nicht** I'm afraid there isn't a direct flight ❺ TRANSP *(Verbindungsweg)* connection, link; **der Panamakanal schafft eine ~ zwischen dem Pazifik und dem Atlantik** the Panama Canal provides a link [*or* connection] between the Pacific and the Atlantic [*or* connects the Pacific with the Atlantic] ❻ *(Verknüpfung)* combining; **in ~ mit etw** in conjunction with sth; **die Eintrittskarte gilt nur in ~ mit dem Personalausweis** this entrance ticket is only valid [together] with your ID card; **in ~ mit dem Einkauf hat sich dieser Besuch gelohnt** combined with the shopping trip this visit was well worth it ❼ *(Zusammenhang)* ■ **die/eine ~ zwischen Dingen** the/a connection between things; **jdn [mit jdm/etw] in ~ bringen** to connect sb with sb/sth; **in ~ mit etw** in connection with sth ❽ SCH *(Korporation)* [student] society BRIT; *(für Männer)* fraternity AM; *(für Frauen)* sorority AM; **eine schlagende ~** a duelling [*or* AM dueling] fraternity
Ver·bin·dungs·bru·der *m* SCH member of a student society [*or* AM fraternity] **Ver·bin·dungs·haus** *nt* SCH student society [*or* AM fraternity] house
Ver·bin·dungs·ka·bel *nt bes* BAU, TECH connection [*or* connecting] cable **Ver·bin·dungs·lei·tung** *f bes* BAU, TECH connecting conduit **Ver·bin·dungs·mann**,

-frau *m, f* intermediary **Ver·bin·dungs·stra·ße** *f* link road **Ver·bin·dungs·tür** *f* connecting door

ver·bis·sen I. *adj* ❶ *(hartnäckig)* dogged ❷ *(ver·krampft)* grim II. *adv* doggedly

Ver·bis·sen·heit <-> *f kein pl* doggedness, dogged determination

ver·bit·ten *vr irreg* ▪ **sich** *dat* **etw** [**von jdm**] ~ not to tolerate sth [from sb]; **ich verbitte mir diesen Ton!** I won't be spoken to like that!

ver·bit·tern [fɛɐ̯'bɪtən] *vt* ▪ **jdn** ~ to embitter sb [*or* make sb bitter]

ver·bit·tert I. *adj* embittered, bitter II. *adv* bitterly

Ver·bit·te·rung <-, <*selten* -en> *f* bitterness, embitterment *form*

ver·blas·sen *vi sein* ❶ *(blasser werden)* to [*or* grow] pale ❷ *(schwächer werden)* to fade ❸ *(geh: in den Hintergrund treten)* ▪ [**gegenüber** [*o* **neben**] **etw**] ~ to pale [into insignificance] [in comparison with/ beside sth] ❹ *(immer schlechter sichtbar werden)* to fade

ver·bläu·en ^RR *vt (fam)* ▪ **jdn** ~ to beat up sb *sep*

Ver·bleib <-[e]s> [fɛɐ̯'blaip] *m kein pl (geh)* ❶ *(das Verbleiben)* ▪ **jds** ~ **in etw** *dat* sb's remaining in sth; **die Mitglieder werden über Ihren** ~ **in unserem Verein abstimmen** the members will vote on whether to allow you to remain [*or* stay] in our club ❷ *(Aufenthaltsort)* whereabouts *npl*

ver·blei·ben *vi irreg sein* ❶ *(eine Vereinbarung treffen)* ▪ [**in etw** *dat*] **irgendwie** ~ to agree [in sth]; **wir sind ja bisher noch nicht verblieben** we still haven't agreed anything as yet; ▪ [**mit jdm**] **so** ~, **dass** to agree [with sb] that ❷ *(geh: bleiben)* ▪ **irgendwo/bei jdm** ~ to remain somewhere/with sb; **das Original ist für uns bestimmt, der Durchschlag verbleibt** [**bei**] **Ihnen** the original is ours and you keep [*or* retain] the [carbon] copy

ver·blei·chen *vi irreg sein* to fade

ver·bleit *adj* leaded

ver·blen·den¹ *vt (die Einsicht nehmen)* ▪ **jdn** ~ to blind sb; ▪ ▪ **verblendet sein** to be blinded

ver·blen·den² *vt* BAU *(verkleiden)* ▪ **etw** [**mit etw**] ~ to face sth [with sth]

Ver·blen·dung¹ *f* blindness

Ver·blen·dung² *f* BAU ❶ *kein pl (das Verblenden)* facing ❷ *(Verkleidungsmaterial)* facing

ver·bleu·en ^ALT *vt s.* **verbläuen**

Ver·bli·che·ne(r) *f(m) decl wie adj (geh)* the deceased

ver·blö·den [fɛɐ̯'bløːdn̩] I. *vi sein (fam)* to turn into a zombie *fam* II. *vt haben (fam)* ▪ **jdn** ~ to dull sb's mind

Ver·blö·dung <-> *f kein pl (fam)* dulling of people's minds

ver·blüf·fen [fɛɐ̯'blʏfn̩] *vt* ▪ **jdn** [**mit etw**] ~ to astonish [*or* amaze] sb [with sth]; ▪ **sich durch** [*o* **von**] **etw verblüffen lassen** to be amazed by sth

ver·blüfft I. *adj* astonished, amazed II. *adv* in astonishment [*or* amazement]; **warum reagierst du denn auf diese Nachricht so** ~? why are you so astonished by this news?

Ver·blüf·fung <-, -en> *f* astonishment, amazement; **zu jds** ~ to sb's astonishment [*or* amazement]

ver·blü·hen *vi sein* to wilt [*or* fade] [*or* wither]

ver·blu·ten *vi sein* to bleed to death

ver·bo·cken *vt (fam)* ▪ **etw** ~ to mess up *sep* [*or* botch] sth

ver·boh·ren *vr (fam)* ▪ **sich** [**in etw** *akk*] ~ ❶ *(von etw nicht loskommen)* to become obsessed [with sth] ❷ *(sich verbeißen)* to immerse oneself [in sth]

ver·bohrt *adj (pej)* obstinate, stubborn, pigheaded

Ver·bohrt·heit <-, -en> *f (pej)* obstinacy, stubbornness, pigheadedness

ver·bor·gen¹ *vt s.* **verleihen**

ver·bor·gen² *adj* ❶ *(geh: versteckt)* hidden, concealed; **jdm** ~ **bleiben** to remain a secret to sb; **nicht** ~ **bleiben** not to remain [a] secret; **im V~en bleiben** *(geh)* to remain [a] secret; **sich** [**irgendwo/bei jdm**] ~ **halten** to hide [somewhere/at sb's] ❷ *(geh: nicht offen)* hidden

ver·bot [fɛɐ̯'boːt] *imp von* **verbieten**

Ver·bot <-[e]s, -e> [fɛɐ̯'boːt] *nt* ban; **Sie haben gegen mein ausdrückliches** ~ **gehandelt** you did it even though I expressly forbade you to

ver·bo·ten [fɛɐ̯'boːtn̩] *adj* ❶ *(untersagt)* prohibited; **hier ist das Parken** ~! this is a 'no parking' area!; ▪ ~ **sein, etw zu tun** to be prohibited to do sth; ▪ **jdm** ~ **sein** sth is prohibited from doing sth; **Unbefugten ist das Betreten des Firmengeländes** [**strengstens**] ~ access to the company site is [strictly] prohibited to unauthorised persons; ▪ **jdm** ~ **sein, etw zu tun** sb is prohibited from doing [*or* forbidden to do] sth ❷ *(fam: unmöglich)* ridiculous; [**in etw** *dat*] ~ **aussehen** *(fam)* to look a real sight [in sth] *fam*

Ver·bots·schild *nt* ❶ TRANSP sign [prohibiting something]; **hier dürfen Sie nicht parken, sehen Sie nicht das** ~? you can't park here, can't you see the ["no parking"] sign? ❷ *(eine Handlung untersagendes Schild)* sign [*or* notice] [prohibiting something]

ver·brach *imp von* **verbrechen**

ver·brä·men [fɛɐ̯'brɛːmən] *vt* ❶ *(geh)* ▪ **etw** ~ to embellish sth ❷ MODE *(geh)* ▪ **etw** ~ to trim sth [with sth]

ver·bra·ten *vt irreg (sl: vergeuden, verschleudern)* ▪ **etw** ~ to blow sth *sl;* **seine Energie** ~ to waste [one's] energy; ▪ **etw** [**für etw**] ~ to blow sth [on sth] *sl*

Ver·brauch *m kein pl* ❶ *(das Verbrauchen)* consumption; ▪ **der** ~ **an** *dat* [*o* **von**] **etw** the consumption of sth; **sparsam im** ~ **sein** to be economical ❷ *(verbrauchte Menge)* consumption; **einen bestimmten** ~ [**an** *dat* [*o* **von**] **etw**] **haben** to have a certain consumption [of sth]

ver·brau·chen I. *vt* ❶ *(aufbrauchen)* ▪ **etw** ~ to use up sth *sep;* **Lebensmittel** ~ to eat [*or* consume] food [*or* BRIT foodstuffs]; **Vorräte** ~ to use up [one's] provisions ❷ FIN *(ausgeben)* ▪ **etw** ~ to spend sth ❸ ÖKON *(für den Betrieb von etw verwenden)* ▪ **etw** ~ to consume sth II. *vr (bis zur Erschöpfung arbeiten)* ▪ **sich** ~ to wear [*or fam* burn] oneself out

Ver·brau·cher(in) <-s, -> *m(f)* ÖKON consumer

Ver·brau·cher·ab·hol·markt *m* ÖKON cash and carry

Ver·brau·cher·auf·klä·rung *f* consumer information *no pl* **Ver·brau·cher·aus·ga·ben** *pl* ÖKON consumer spending **Ver·brau·cher·be·fra·gung** *f* ÖKON consumer survey **Ver·brau·cher·be·ra·tung** *f* ÖKON ❶ *kein pl (Beratung von Verbrauchern)* consumer advice ❷ *(Beratungsstelle für Verbraucher)* consumer advice centre [*or* AM -er] **ver·brau·cher·feind·lich** *adj* not in the interests of the consumer [*or* consumers] *pred* **ver·brau·cher·freund·lich** *adj* consumer-friendly **Ver·brau·cher·grup·pe** *f* consumer group

Ver·brau·che·rin <-n, -nen> *f fem form von* **Verbraucher**

Ver·brau·cher·markt *m* cut-price supermarket **Ver·brau·cher·preis** *m* ÖKON consumer price **Ver·brau·cher·schutz** *m* consumer protection *no pl* **Ver·brau·cher·schüt·zer** *m* consumer advocate **Ver·brau·cher·tipp** ^RR *m* consumer information **Ver·brau·cher·ver·band** *m* consumer[s'] association **Ver·brau·cher·zen·tra·le**® *f* consumer advice centre [*or* AM -er]

Ver·brauchs·gü·ter *pl* ÖKON consumer [*or* non-durable] goods *npl* **Ver·brauchs·steu·er** *f* FIN excise [duty], consumption [*or* excise] tax

ver·braucht *adj inv* exhausted, burnt-out *fam,* AM *usu*

burned-out *fam*

ver·bre·chen <verbrach, verbrochen> *vt (fam)* ❶ *(anstellen)* ▪ **etw** ~ to be up to sth; **was hast du denn da wieder verbrochen!** what have you been up to now? ❷ *(hum: stümperhaft anfertigen)* ▪ **etw** ~ to be the perpetrator of sth

Ver·bre·chen <-s, -> *nt* crime

Ver·bre·chens·auf·klä·rung *f* [crime] clear-up rate **Ver·bre·chens·be·kämp·fung** *f no pl* crime fighting *no pl, no indef art,* fight against crime *no pl,* combating crime *no art* **Ver·bre·chens·ra·te** *f* crime rate **Ver·bre·chens·vor·beu·gung** *f* crime prevention

Ver·bre·cher(in) <-s, -> *m(f)* criminal

ver·bre·che·risch I. *adj* criminal; ▪ ~ **sein** to be a criminal act; ▪ ~ **sein, etw zu tun** to be a criminal act [*or* crime] to do sth **II.** *adv* **sie hat mich ~ verraten** it was [almost] criminal the way she betrayed me

Ver·bre·cher·kar·tei *f* criminal records *pl*

Ver·bre·cher·tum <-[e]s> *nt kein pl* ▪ **das** ~ the criminal world *no pl*

ver·brei·ten I. *vt* ❶ *(ausstreuen)* ▪ **etw** ~ to spread sth; **falsche Informationen/Propaganda** ~ to spread [*or* disseminate] false information/propaganda ❷ *MEDIA (vertreiben)* ▪ **etw** ~ to sell [*or* distribute] sth ❸ *(sich ausbreiten lassen)* ▪ **etw** ~ to spread sth; **ein Virus/eine Krankheit** ~ to spread a virus/a disease [*or* an illness] ❹ *(erwecken)* ▪ **etw** ~ to spread sth; **eine gute/schlechte Stimmung** ~ to radiate a good/bad atmosphere **II.** *vr* ❶ *(umgehen)* ▪ **sich** [in etw *dat*] ~ to spread [through sth] [*or* circulate [[a]round sth]] [*or* get [a]round [sth]]; **schlechte Nachrichten** ~ **sich immer am schnellsten** bad news always gets around the quickest ❷ *(sich ausbreiten)* ▪ **sich** [in etw *dat*] ~ to spread [through sth]; ▪ **eine gute/schlechte Stimmung verbreitet sich** a good/ bad atmosphere spreads through the place ❸ *AGR, HORT (das Wachstum ausdehnen)* ▪ **sich** [in *dat* |o *durch*| etw] ~ to spread [through sth] ❹ *MED (um sich greifen)* ▪ **sich** ~ to spread ❺ *(geh: sich auslassen)* ▪ **sich** [über etw *akk*] ~ to hold forth [on sth]

ver·brei·tern I. *vt BAU* ▪ **etw** ~ to widen sth [*or* make sth wider] **II.** *vr* ▪ **sich** [auf *akk*/um etw] ~ to widen [out] [to/by sth]

Ver·brei·te·rung <-, -en> *f* ❶ *BAU (Aktion des Verbreiterns)* widening ❷ *(verbreiterter Abschnitt)* widened section

ver·brei·tet *adj* popular; ▪ [in etw *dat*] [weit] ~ **sein** to be [very] widespread [*or* popular] [in sth]

Ver·brei·tung <-, -en> *f* ❶ *kein pl (das Verbreiten)* spreading; *von Fehlinformationen, Propaganda* spreading, dissemination ❷ *MEDIA (Vertrieb)* sale *no pl,* selling *no pl,* distribution *no pl;* **eine** [bestimmte] ~ **finden** to have a certain circulation; **eine große** ~ **finden** to have a large circulation [*or* sell well] ❸ *MED (Ausbreitung)* spread ❹ *BOT (das allgemeine Auftreten)* distribution, dispersal

ver·bren·nen *irreg* I. *vt haben* ❶ *(in Flammen aufgehen lassen)* ▪ **etw** ~ to burn sth; **Abfall** |o *Müll*| ~ to burn [*or* incinerate] waste [*or AM* garbage]; **etw** ~ to set fire to oneself ❷ *HIST* ▪ **jdn** ~ to burn sb [to death]; **jdn auf dem Scheiterhaufen/bei lebendigem Leibe** ~ to burn sb at the stake/alive ❸ *(versengen)* ▪ **etw** ~ to scorch sth **II.** *vr haben* ❶ *(sich verbrühen)* ▪ **sich** ~ to scald oneself; **sich die Zunge** ~ to scald [*or* burn] one's tongue; *s. a.* **Zunge** *s. a.* **Mund** *s. a.* **Schnabel** ❷ *(sich ansengen)* ▪ **sich** *dat* **etw** [an **etw** *dat*] ~ to burn one's sth [on sth] **III.** *vi sein* to burn; *Gebäude* to burn [down]; *Fahrzeug* to burn [out]; *Mensch* to burn [to death]; **im Garten unseres Nachbarn verbrennt wieder Abfall!** our neighbour is burning [*or* incinerating] rubbish in his garden again!; ▪ **verbrannt** burnt; *s. a.* **riechen**

Ver·bren·nung <-, -en> *f* ❶ *kein pl (das Verbrennen)* burning; *Abfall, Müll* burning, incineration ❷ *AUTO, TECH (das Verbrennen)* combustion ❸ *MED (Brandwunde)* burn; ~ **ersten/zweiten/dritten Grades** first-/second-/third-degree burn

Ver·bren·nungs·mo·tor *m AUTO* [internal] combustion engine

ver·brie·fen |fɛɐ̯ˈbriːfn̩| *vt* ▪ |jdm| **etw** ~ to confirm sth in writing [*or* by document[s]] [for sb]; ▪ **verbrieft** confirmed in writing [*or* by document[s]]; **verbriefte Rechte** vested [*or* chartered] rights

ver·brin·gen *vt irreg* ❶ *(zubringen)* ▪ **etw** |irgendwo| ~ to spend sth [somewhere]; ▪ **etw** |mit/in *dat* **etw**| ~ to spend sth doing/in sth; **ich verbringe fast den ganzen Tag mit meiner Arbeit/am Computer** I spend almost all day working/at [*or* on] my computer ❷ *(geh: transportieren)* ▪ **jdn/etw** |irgendwohin| ~ to transport [*or* take] sb/sth |somewhere|

ver·bro·chen *pp von* **verbrechen**

ver·brü·dern |fɛɐ̯ˈbryːdɐn| *vr* ▪ **sich** |mit jdm| ~ to fraternize [with sb]

Ver·brü·de·rung <-, -en> *f* fraternization

ver·brü·hen *vt* ▪ **jdn** ~ to scald sb; ▪ **sich** |mit etw| ~ to scald oneself [with sth]; ▪ |jdm/sich| **etw** ~ to scald [sb's/one's] sth

Ver·brü·hung <-, -en> *f* scald

ver·bu·chen *vt* ❶ *FIN (buchen)* ▪ **etw** |auf etw *dat*| ~ to credit sth [to sth] ❷ *(verzeichnen)* ▪ **etw** |als etw| ~ to mark up sth [as sth] *sep;* ▪ **etw** |für sich| ~ to notch up sth [for oneself]; **hoffentlich können wir bald einen erfolgreichen Ausgang des Prozesses für uns** ~ hopefully, we'll soon be able to celebrate a successful outcome to the trial

ver·bud·deln *vt (fam)* ▪ **etw** ~ to bury sth

Ver·bum <-s, Verba> |ˈvɛrbʊm, *pl:* ˈvɛrba| *nt (geh) s.* **Verb**

ver·bum·meln *vt (fam)* ❶ *(vertrödeln)* ▪ **etw** ~ to waste [*or BRIT* fritter away] sth *sep* ❷ *(abhandenkommen lassen)* ▪ **etw** ~ to mislay [*or* lose] sth

Ver·bund <-bunde> |fɛɐ̯ˈbʊnt, *pl:* -ˈbʏndə| *m ÖKON* combine

ver·bun·den *adj (geh)* ▪ **jdm** |für etw| ~ **sein** to be obliged to sb [for sth]; **danke für den Tipp, ich bin Ihnen sehr** ~ thanks for the tip, I'm much obliged [to you]

ver·bün·den |fɛɐ̯ˈbʏndn̩| *vr* ❶ *POL* ▪ **sich** |miteinander/mit jdm| ~ to form an alliance [with each other [*or* one another] /sb] [*or* ally oneself with [*or* to] sb]; ▪ |miteinander/mit jdm| **verbündet sein** to be allies [*or* allied with [*or* to] each other [*or* one another] / sb], to have formed an alliance [with each other [*or* one another] /sb] ❷ *(sich zusammenschließen)* ▪ **sich** |mit jdm| |gegen jdn| ~ to form an alliance [*or* join forces] [with sb] [against sb] [*or* ally [oneself] with [*or* to] sb [against sb]]

Ver·bun·den·heit <-> *f kein pl* closeness, unity

Ver·bün·de·te(r) *f(m) decl wie adj* ally

Ver·bund·fahr·aus·weis *m TRANSP* travel pass **Ver·bund·glas** *nt kein pl* laminated glass **Ver·bund·ma·te·ri·al** *nt* composite [material] **Ver·bund·netz** *nt* ❶ *TECH, ELEK* grid system ❷ *TRANSP* public transport [*or AM* transportation] network **Ver·bund·sys·tem** *nt TRANSP* public transport [*or AM* transportation] system **Ver·bund·werk·stoff** *m TECH* composite material

ver·bür·gen I. *vr* ❶ *(für jdn einstehen)* ▪ **sich für jdn** ~ to vouch for sb ❷ *(garantieren)* ▪ **sich für etw** ~ to vouch for sth; ▪ **sich** |dafür| ~, **dass etw irgendwie ist** to vouch for sth being a certain way; **ich verbürge mich dafür, dass der Schmuck echt ist** I can vouch for the jewellery being genuine, I guarantee that the jewellery is genuine **II.** *vt (die Gewähr*

bieten) ■ **etw** ~ to guarantee sth

ver·bürgt *adj* guaranteed, established

ver·bü·ßen *vt* JUR ■ **etw** ~ to serve sth

Ver·bü·ßung <-> *f kein pl* JUR serving; **nach/vor** ~ [**von etw**] after/before serving [sth]

ver·chro·men [fɛɐ̯'kroːmən] *vt* TECH ■ **etw** ~ to chromium-plate [*or* chrome-plate] sth; ■ **verchromt** chromium-plated, chrome-plated

ver·chromt *adj inv* chrome-plated

Ver·dacht <-[e]s, -e *o* Verdächte> [fɛɐ̯'daxt, *pl:* -dɛçtə] *m kein pl* suspicion; **gibt es schon irgendeinen ~?** do you have a[ny particular] suspect [*or* suspect anyone [in particular]] yet?; **jdn** [**bei jdm**] **in** ~ **bringen** to cast suspicion on sb [in the eyes of sb]; ~ **erregen** to arouse suspicion; **einen** ~ **haben** to have a suspicion, to suspect; **jdn in** [*o* **im**] ~ **haben** to suspect sb; **jdn in** [*o* **im**] ~ **haben, etw getan zu haben** to suspect sb of having done [*or* doing] sth; **den** ~ **auf jdn lenken** to cast [*or* throw] suspicion on sb; **den** ~ **von sich auf jdn lenken** to deflect suspicion [away] from oneself onto sb [else]; [**gegen jdn**] ~ **schöpfen** to become suspicious [of sb]; **im** ~ **stehen, etw getan zu haben** to be suspected of having done [*or* doing] sth; **etw auf** ~ **tun** to do sth on the strength of a hunch

ver·däch·tig [fɛɐ̯'dɛçtɪç] **I.** *adj* ❶ JUR *(suspekt)* suspicious; ■ [**einer S.** *gen*] ~ **sein** to be suspected [of a thing] ❷ *(Argwohn erregend)* suspicious; **jdm** ~ **vorkommen** to seem suspicious to sb; **sich** ~ **machen** to arouse suspicion **II.** *adv* suspiciously

Ver·däch·ti·ge(r) *f(m) decl wie adj* suspect

ver·däch·ti·gen *vt* ■ **jdn** [**einer S.** *gen*] ~ to suspect sb [of a thing]; ■ **jdn ~, etw getan zu haben** to suspect sb of having done [*or* doing] sth

Ver·däch·ti·gung <-, -en> *f* suspicion

Ver·dachts·mo·ment *nt* JUR *(Indiz)* [piece of] circumstantial evidence

ver·dad·deln [fɛɐ̯'dadln] *vt (fam)* ■ **etw** ~ to gamble away *sep* [*or sl*] blow] sth

ver·dam·men [fɛɐ̯'damən] *vt* ■ **jdn/etw** ~ to condemn sb/sth; ■ [**zu etw**] **verdammt sein** to be doomed [to sth]

Ver·damm·nis <-> [fɛɐ̯'damnɪs] *f kein pl* **die ewige** ~ REL eternal damnation *no art*

ver·dammt *adj* ❶ *(sl o pej: Ärger ausdrückend)* damned *fam*, bloody BRIT *fam*, sodding BRIT *fam*, goddam[ned] *esp* AM; **~!** damn! *fam*, shit! *fam*, bugger! BRIT *vulg*; **du ~er Idiot!** *(fam)* you bloody [*or* goddam] idiot! *fam!* ❷ *(sehr groß)* **wir hatten ~es Glück!** we were damn [*or* BRIT *fam!* *a.* bloody] lucky! ❸ *(sehr, äußerst)* damn[ed] *fam*, bloody BRIT *fam*

ver·damp·fen *vi sein* to evaporate [*or* vaporize]

ver·dan·ken *vt* ❶ *(durch etw erhalten)* ■ [**jdm**] **etw** ~ to have sb to thank for sth; ■ [**es**] **jdm ~, dass** to have sb to thank that; ■ **es ist jdm/etw zu ~, dass/ wenn ...** it is thanks [*or* due] to sb/a thing that/if ...; **jdm etw zu ~ haben** *(iron)* to have sb to thank for sth *iron* ❷ SCHWEIZ *(geh: Dank aussprechen)* ■ [**jdm**] **etw** ~ to express one's thanks [*or* gratitude] [to sb]

Ver·dan·kung <-, -en> *f* SCHWEIZ *(geh)* [official] expression of thanks [*or* gratitude]

ver·darb [fɛɐ̯'darp] *imp von* **verderben**

ver·dat·tert [fɛɐ̯'datɐt] **I.** *adj (fam)* flabbergasted *fam*, stunned; **mach nicht so ein ~es Gesicht!** don't look so flabbergasted [*or* nonplussed] [*or* stunned] ! **II.** *adv (fam)* in a daze

ver·dau·en [fɛɐ̯'dauən] **I.** *vt* ❶ *(durch Verdauung zersetzen)* ■ **etw** ~ to digest sth ❷ *(fam: bewältigen)* ■ **etw** ~ to get over sth **II.** *vi* PHYSIOL to digest one's food

ver·dau·lich *adj* digestible; **gut/schlecht** [*o* **schwer**] ~ easy to digest [*or* easily digestible] /difficult

to digest; ■ [**irgendwie**] ~ **sein** to be digestible [in a certain way]

Ver·dau·lich·keit <-> *f kein pl* digestibility

Ver·dau·ung <-> *f kein pl* digestion; **eine gute/ schlechte** ~ **haben** to have good/poor digestion [*or spec* be eupeptic/dyspeptic]

Ver·dau·ungs·be·schwer·den *pl* indigestion **Ver·dau·ungs·or·gan** *nt* ANAT digestive organ **Ver·dau·ungs·säf·te** *pl* gastric juices *pl* **Ver·dau·ungs·spa·zier·gang** *m (fam)* after-dinner walk **Ver·dau·ungs·stö·rung** *f meist pl* MED dyspepsia, indigestion **Ver·dau·ungs·trakt** *m* digestive tract

Ver·deck <-[e]s, -e> *nt* hood, [folding [*or* convertible]] top; *Kinderwagen* hood; *Schiff, Bus* upper deck

ver·de·cken *vt* ❶ *(die Sicht auf etw nehmen)* ■ [**jdm**] **etw** [**mit etw**] ~ to cover [up *sep*] [sb's] sth [with sth]; **jdm die Sicht** [**mit etw**] ~ to block sb's view [with sth] ❷ *(maskieren)* ■ **etw** ~ to conceal sth

ver·deckt *adj* ❶ *(geheim)* undercover; **eine ~e Kamera** a hidden [*or* concealed] camera; **eine ~e Operation** an undercover [*or* a covert] operation ❷ *(verborgen)* hidden; **~e Arbeitslosigkeit** concealed unemployment

ver·den·ken *vt irreg (geh)* ■ [**jdm**] **etw** ~ to hold sth against sb; ■ [**jdm**] **etw nicht** ~ **können** not to be able to hold sth against sb; ■ **es jdm nicht** ~ **können** [*o* **werden**] **, dass/wenn jd etw tut** not to be able to blame sb for doing/if sb does sth

Ver·derb <-[e]s> [fɛɐ̯'dɛrp] *m kein pl (geh)* spoilage

ver·der·ben <verdarb, verdorben> [fɛɐ̯'dɛrbn̩] **I.** *vt haben* ❶ *(moralisch korrumpieren)* ■ **jdn/etw** ~ to corrupt sb/sth ❷ *(ruinieren)* ■ [**jdm**] **etw** ~ to ruin [sb's] sth; ■ **jdn** ~ to ruin sb ❸ *(zunichtemachen)* ■ [**jdm**] **etw** ~ to spoil [*or* ruin] [sb's] sth ❹ *(verscherzen)* ■ **es sich** *dat* [**mit jdm**] ~ to fall out [with sb]; **es sich** *dat* **mit niemandem** ~ **wollen** to try to please [*or* want to keep in with] everybody **II.** *vi sein* to spoil, to go off *esp* BRIT, to go bad *esp* AM; *s. a.* **verdorben**

Ver·der·ben <-s> [fɛɐ̯'dɛrbn̩] *nt kein pl (geh)* doom; **jds** ~ **sein** to be sb's undoing [*or* ruin]; **in sein** ~ **rennen** to be heading for the rocks; **jdn ins** ~ **stürzen** to bring ruin upon sb

ver·derb·lich [fɛɐ̯'dɛrplɪç] *adj* ❶ *(nicht lange haltbar)* perishable; ■ [**leicht** [*o* **rasch**]] ~ **sein** to be [highly] perishable ❷ *(unheilvoll)* corrupting, pernicious

ver·deut·li·chen [fɛɐ̯'dɔytlɪçn̩] *vt* ■ [**jdm**] **etw** ~ to explain sth [to sb]; **die zusätzlichen Schautafeln sollen den Sachverhalt ~** the additional illustrative charts should make the facts clearer; ■ **jdm ~, was/ wie ...** to explain to sb what/how ...; ■ **sich** *dat* [**etw**] ~ to be clear [about sth]; ■ **sich** *dat* ~, **dass/ was ...** to be clear that/as to what ...

Ver·deut·li·chung <-, -en> *f* clarification; **zur** ~ [**von etw**] to clarify [sth]

ver·deut·schen [fɛɐ̯'dɔytʃn̩] *vt* ■ [**jdm**] **etw** ~ ❶ *(fam)* to translate sth [for sb] into everyday language ❷ *(veraltend)* to translate sth [for sb] into German

Ver·di ['vɛrdi] *f* ÖKON *Akr von* **Vereinte Dienstleistungsgewerkschaft** combined trade union for the service industry

ver·dich·ten **I.** *vt* ■ **etw** ~ ❶ *(komprimieren)* to compress sth ❷ *(ausbauen)* Verkehrsnetz to develop sth **II.** *vr* ■ **sich** *akk* ~ ❶ METEO *(dichter werden)* to become [*or* get] thicker ❷ *(sich intensivieren)* Eindruck, Gefühl to intensify; Verdacht to grow, to deepen ❸ TRANSP Verkehr to increase [in volume]

ver·di·cken **I.** *vt (andicken)* ■ **etw** ~ to thicken sth **II.** *vr (dicker werden)* ■ **sich** *akk* ~ Haut to thicken; Glied, Gelenk, Stelle to swell

Ver·di·ckung <-, -en> *f* ❶ *(das Verdicken)* thickening *no pl* ❷ *(verdickte Stelle)* swelling

ver·die·nen **I.** *vt* ❶ *(als Verdienst bekommen)*

■ etw ~ to earn sth; **er verdient nur 3.000 Euro im Monat** he only earns 3,000 euros a month ❷ *(Gewinn machen)* ■ **etw |an etw** *dat|* ~ to make sth |on sth|; **ich verdiene kaum 500 Euro am Wagen** I'm scarcely making 500 euros on the car ❸ *(sich erarbeiten)* ■ |**sich** *dat|* **etw** ~ to earn the money for sth; **seinen Lebensunterhalt/sein Brot** *(fam)* ~ to earn one's living [or BRIT a crust] *fam* ❹ *(zustehen)* ■ **etw** |**für etw** *akk|* ~ to deserve sth |for sth|; **eine glänzende Leistung, dafür ~ Sie Anerkennung** a magnificent achievement, you deserve recognition for that; **es nicht anders |o besser|** ~ to not deserve anything else [or better|; **sich** *dat* **etw verdient haben** to have earned sth; **nach dieser Leistung haben wir uns ein Glas Champagner verdient** we deserve a glass of champagne after this achievement **II.** *vi* ❶ *(einen Verdienst bekommen)* to earn a wage; ■ |**irgendwie**| ~ to earn a [certain] wage; **als Verkäuferin verdienst du doch viel zu wenig** you earn far [or much] too little as a sales assistant ❷ *(Gewinn machen)* ■ |**an etw** *dat|* ~ to make a profit |on [or from| sth|; **an diesem Projekt verdiene ich kaum** I'm scarcely making a profit on this project

Ver·die·ner(in) <-s, -> *m(f)* wage-earner

Ver·dienst¹ <-[e]s, -e> |fɛɐ̯'diːnst| *m* FIN income, earnings *npl*

Ver·dienst² <-[e]s, -e> |fɛɐ̯'diːnst| *nt (anerkennenswerte Tat)* ■ **jds ~e** *pl* |**um etw** *akk|* sb's credit |for sth|; **seine ~e** *pl* **um die Heimatstadt** his services *pl* to his home town; **sich** *dat* **~e** *pl* |**um etw** *akk|* **erwerben** to make a contribution |to sth|; **jds ~** |o **das ~ einer S.** *gen|* **sein, dass** to be thanks to sb [or a thing] that; **es ist einzig sein ~, dass die Termine eingehalten werden konnten** it's solely thanks to him that the schedules could be adhered to

Ver·dienst·aus·fall *m* loss of earnings *pl*

Ver·dienst·kreuz *nt national decoration awarded for services to the community*

Ver·dienst·mög·lich·keit *f* source of income

Ver·dienst·or·den *m* Order of Merit **ver·dienst·voll** *adj* ❶ *(anerkennenswert)* commendable ❷ *s.* **verdient 2**

ver·dient |fɛɐ̯'diːnt| **I.** *adj* ❶ *(zustehend)* well-deserved; **~e Strafe/~er Tadel** rightful punishment/admonition ❷ *(Verdienste aufweisend)* of outstanding merit; **ein ~er Wissenschaftler** a scientist of outstanding merit; **sich** *akk* **um etw** *akk* ~ **machen** to render outstanding services to sth ❸ SPORT *(sl: der Leistung gemäß)* deserved **II.** *adv* SPORT *(sl: leistungsgemäß)* deservedly; **die Mannschaft hat ~ gewonnen** the team deserved to win

ver·dien·ter·ma·ßen, ver·dien·ter·wei·se *adv* deservedly

ver·din·gen* |fɛɐ̯'dɪŋən| *vr (veraltend)* ■ **sich** *akk* |**bei jdm**| ~ to enter service |with sb] *dated*

ver·dirbt |fɛɐ̯'dɪrpt| *3. pers pres von* **verderben**

ver·dol·met·schen* *vt (fam)* ■ |**jdm**| **etw** ~ to interpret sth |for sb]

ver·don·nern* *vt (fam)* ❶ *(verurteilen)* ■ **jdn** |**zu etw** *dat|* ~ to sentence sb |to sth|; **den Einbrecher hat man zu drei Jahren Knast verdonnert** the burglar was sentenced to three years' imprisonment ❷ *(anweisen)* ■ **jdn** |**zu etw** *dat|* ~ to order sb to do sth; **meine Frau hat mich zum Spülen verdonnert** my wife has ordered me to do the washing up; ■ |**jdn dazu ~, etw zu tun** to order sb to do sth

ver·don·nert *adj (veraltend fam)* thunderstruck *dated*

ver·dop·peln* **I.** *vt* ❶ *(auf das Doppelte erhöhen)* ■ **etw** |**auf etw** *akk|* ~ to double sth |to sth]; **sie verdoppelte ihren Einsatz auf hundert Euro** she doubled her stake to one hundred euros ❷ *(deutlich verstärken)* ■ **etw** ~ to redouble sth; **seine Anstren-**

gungen ~ to redouble one's efforts; **mit verdoppeltem Eifer** with redoubled enthusiasm **II.** *vr (sich auf das Doppelte erhöhen)* ■ **sich** *akk* |**auf etw** *akk|* ~ to double |to sth|; **im letzten Jahr hat sich unser Gewinn auf Euro 250.000,- verdoppelt** last year our profit doubled to two hundred and fifty thousand euros

Ver·dop·pe·lung <-, -en> *f,* **Ver·dopp·lung** <-, -en> *f (Erhöhung auf das Doppelte)* doubling ❷ *(deutliche Verstärkung)* redoubling

ver·dor·ben |fɛɐ̯'dɔrbn̩| **I.** *pp von* **verderben II.** *adj* ❶ *(ungenießbar geworden)* bad, off *pred* BRIT; **das Fleisch riecht so merkwürdig, wahrscheinlich ist es** ~ the meat smells so peculiar, it's probably off ❷ *(moralisch korrumpiert)* corrupt ❸ MED **einen ~en Magen haben** to have an upset stomach

Ver·dor·ben·heit <-> *f kein pl* |moral| corruptness [or corruption] *no pl*

ver·dor·ren* |fɛɐ̯'dɔrən| *vi sein* to wither; **ein verdorrter Baum** a withered tree

ver·drän·gen* *vt* ❶ *(vertreiben)* ■ **jdn** |**aus etw** *dat|* ~ to drive sb out |of sth] ❷ *(unterdrücken)* ■ **etw** ~ to suppress [or repress] sth; **eine Erinnerung** ~ to suppress [or repress] a memory ❸ PHYS **Wasser** ~ to displace water

Ver·drän·gung <-, -en> *f* ❶ *(Vertreibung)* driving out, ousting ❷ *(Unterdrückung)* suppression, repression ❸ PHYS displacement

Ver·drän·gungs·künst·ler(in) *m(f)* master at suppressing things *pl* **Ver·drän·gungs·wett·be·werb** *m* ÖKON cutthroat competition

ver·dre·cken* **I.** *vi sein (fam: sehr dreckig werden)* to get filthy; ■ **etw** ~ **lassen** to let sth get filthy **II.** *vt haben (sehr dreckig machen)* ■ **etw** ~ to make sth filthy [or dirty]

ver·dreckt *adj* filthy

ver·dre·hen* *vt* ■ **etw** ~ ❶ *(wenden)* to twist sth; **die Augen/den Hals/Kopf** ~ to roll one's eyes/crane one's neck/twist one's head round ❷ *(entstellen)* to distort sth; **die Tatsachen** ~ to distort the facts ▶ WENDUNGEN: **jdm den Kopf** ~ to turn sb's head

ver·drei·fa·chen* |fɛɐ̯'draifaxn̩| **I.** *vt (auf das Dreifache erhöhen)* ■ **etw** |**auf etw** *akk|* ~ to treble [or triple] sth |to sth] **II.** *vr (sich auf das Dreifache erhöhen)* ■ **sich** *akk* |**auf etw** *akk|* ~ to treble [or triple]; **ihr Einkommen hat sich verdreifacht** her income has increased threefold

Ver·drei·fa·chung <-, -en> *f* trebling, tripling

ver·dre·schen* *vt irreg (fam)* ■ **jdn** ~ to beat up sb *sep fam,* to thrash sb

ver·drie·ßen <verdross, verdrossen> |fɛɐ̯'driːsn̩| *vt (geh)* ■ **jdn** ~ to irritate [or annoy] sb; **es sich** *dat* **nicht ~ lassen** to not be put off

ver·drieß·lich |fɛɐ̯'driːslɪç| *adj (geh)* ❶ *(missmutig)* **~es Gesicht** sullen face; **~e Stimmung** morose mood ❷ *(misslich)* tiresome

ver·drossRR, **ver·droß**ALT |fɛɐ̯'drɔs| *imp von* **verdrießen**

ver·dros·sen |fɛɐ̯'drɔsn̩| **I.** *pp von* **verdrießen II.** *adj* sullen, morose

Ver·dros·sen·heit <-> *f kein pl* sullenness *no pl,* moroseness *no pl*

ver·drü·cken* **I.** *vt (fam: verzehren)* ■ **etw** ~ to polish off sth *sep fam* **II.** *vr (fam: verschwinden)* ■ **sich** *akk* |**irgendwohin**| ~ to slip away [somewhere]; **er verdrückte sich durch den Hintereingang** he slipped away through the rear entrance

Ver·drussRR <-es, -e> *m,* **Ver·druß**ALT <-sses, -sse> |fɛɐ̯'drɔs| *m meist sing (geh)* annoyance; **jdm ~ bereiten** to annoy sb; **zu jds ~, jdm zum ~** to sb's annoyance

ver·duf·ten* *vi sein (fam)* to clear off *fam*

ver·dum·men [fɛɡ'dʊmən] **I.** *vt haben (jds geistiges Niveau senken)* ▪ **jdn ~** to dull sb's mind **II.** *vi sein (verblöden)* to become stupid

Ver·dum·mung <-> *f kein pl* dulling of sb's mind *no pl*

ver·dun·gen *pp von* **verdingen**

ver·dun·keln **I.** *vt* ❶ *(abdunkeln)* ▪ **etw ~** to black out sth ❷ *(verdüstern)* ▪ **etw ~** to darken sth; **düstere Gewitterwolken begannen den Himmel zu ~** murky storm clouds began to darken the sky ❸ JUR *(verschleiern)* ▪ **etw ~** to obscure sth **II.** *vr (dunkler werden)* ▪ **sich** *akk* **~** to darken; **der Himmel verdunkelt sich** the sky is growing darker

Ver·dun·ke·lung <-, -en> *f*, **Ver·dunk·lung** <-, -en> *f* ❶ *kein pl (das Verdunkeln)* black-out ❷ JUR *(Verschleierung)* suppression of evidence *no pl*

Ver·dun·ke·lungs·ge·fahr *f*, **Ver·dunk·lungs·ge·fahr** *f* JUR danger of suppression of evidence

ver·dün·nen [fɛɡ'dʏnən] *vt* ▪ **etw [mit etw** *dat***] ~** to dilute sth [with sth]; ▪ **verdünnt** diluted

Ver·dün·ner <-s, -> *m* thinner

ver·dün·ni·sie·ren [fɛɡdʏni'ziːrən] *vr (hum fam)* ▪ **sich** *akk* **~** to make oneself scarce *fam*

Ver·dün·nung <-, -en> *f kein pl* ❶ *(das Verdünnen)* dilution *no pl* ❷ *(verdünnter Zustand)* diluted state, dilution ❸ TECH *(Verdünner)* diluent

ver·duns·ten *vi sein* to evaporate

Ver·duns·tung <-> *f kein pl* evaporation *no pl*

ver·durs·ten *vi sein* ❶ *(an Durst sterben)* to die of thirst ❷ *(fam: furchtbar durstig sein)* to be dying of thirst *fam*

ver·düs·tern **I.** *vr (geh)* ▪ **sich** *akk* **~** to darken [*or* grow dark]; **der Himmel verdüstert sich zusehends** the sky is visibly growing darker **II.** *vt (geh)* ▪ **etw ~** to darken sth; **die Regenwolken begannen den Himmel zu ~** the rainclouds began to darken the sky

ver·dut·zen *vt (fam)* ▪ **jdn [mit etw** *dat***] ~** to confuse sb [with sth], to take sb aback [with sth]

ver·dutzt [fɛɡ'dʊtst] **I.** *adj (fam)* ❶ *(verwirrt)* baffled, confused; **ein ~es Gesicht machen** to appear baffled [*or* nonplussed] ❷ *(überrascht)* taken aback **II.** *adv* in a confused [*or* baffled] manner; **sich** *akk* **~ umdrehen** to turn round in confusion [*or* bafflement]

ver·eb·ben *vi sein (geh)* to subside

ver·edeln [fɛɡ'ʔeːdln] *vt* ▪ **etw ~** ❶ *(qualitätsmäßig verbessern)* to refine sth; ▪ **veredelt** refined ❷ HORT *(durch Aufpfropfen verändern)* to graft sth; ▪ **veredelt** grafted

Ver·ed(e)·lung <-, -en> *f* ❶ TECH refinement ❷ HORT *(das Veredeln)* grafting *no pl*

ver·ehe·li·chen *vr (geh)* ▪ **sich** *akk* **[mit jdm] ~** to marry [sb]

Ver·ehe·li·chung <-, -en> *f (geh)* marriage

ver·eh·ren *vt* ❶ *(bewundernd schätzen)* ▪ **jdn ~** to admire sb ❷ REL *(anbeten)* ▪ **jdn [***o* **ein Tier] [***o* **etw] ~** to worship sb [*or* an animal] [*or* sth] ❸ *(hum: schenken)* ▪ **[jdm] etw ~** to give [sb] sth

Ver·eh·rer(in) <-s, -> *m(f)* ❶ *(Bewunderer)* admirer ❷ REL *(Anbeter)* worshipper

ver·ehrt *adj* ❶ *(Floskel in einer Ansprache: geschätzt)* **~e Anwesende!** *pl* Ladies and Gentlemen! *pl* ❷ *(Floskel im Brief: geehrt)* dear; **~e Frau Professorin!** Dear Professor,

Ver·eh·rung *f kein pl* ❶ *(bewundernde Schätzung)* admiration *no pl;* **jdm seine ~ bezeigen** to show one's admiration for sb; ▪ **jds ~ für jdn** sb's admiration for sb ❷ REL *(Anbetung)* worship *no pl*

ver·eh·rungs·wür·dig *adj (geh)* honourable [*or* AM -orable], estimable *form*

ver·ei·di·gen [fɛɡ'ʔaidɪɡn] *vt* JUR ❶ *(einen Eid leisten lassen)* ▪ **jdn ~** to swear in sb *sep* ❷ *(eidlich auf etw verpflichten)* ▪ **jdn [auf etw** *akk***] ~** to make sb swear

to sth; **der Präsident wurde auf die Verfassung vereidigt** the president was sworn to uphold the constitution

ver·ei·digt [fɛɡ'ʔaidɪçt] *adj* JUR sworn; **ein ~er Übersetzer** a sworn [*or* certified] translator; **gerichtlich ~** certified before the court

Ver·ei·di·gung <-, -en> *f* JUR swearing in

Ver·ein <-[e]s, -e> [fɛɡ'ʔain] *m* ❶ *(Organisation Gleichgesinnter)* club, association; **aus einem ~ austreten** to resign from a club; **in einen ~ eintreten** to join a club; **eingetragener ~** registered society; **gemeinnütziger ~** charitable organization ❷ *(pej fam: Haufen)* bunch, crowd *fam,* outfit *fam;* **von dem ~ kommt mir keiner ins Haus!** none of that lot is setting foot in my house! ▸ WENDUNGEN: **im ~ mit jdm** in conjunction with sb

ver·ein·bar *adj* compatible; ▪ **[mit etw** *dat***] ~ sein** to be compatible [with sth]

ver·ein·ba·ren [fɛɡ'ʔainbaːrən] *vt* ❶ *(miteinander absprechen)* ▪ **etw [mit jdm] ~** to agree sth [with sb]; **wir hatten 20 Uhr vereinbart** we had agreed eight o'clock, our arrangement was for eight o'clock; ▪ **[mit jdm] ~, dass** to agree [*or* arrange] [with sb] that ❷ *(in Einklang bringen)* ▪ **etw [mit etw** *dat***] ~** to reconcile sth [with sth]; **ich weiß nicht, wie ich diese Handlungsweise mit meinem Gewissen ~ soll** I don't know how to reconcile this behaviour with my conscience; **sich** *akk* **[mit etw** *dat***] ~ lassen** [*o* **mit etw** *dat***] zu ~ sein**] to be compatible [with sth]

ver·ein·bart *adj inv* agreed

Ver·ein·ba·rung <-, -en> *f* ❶ *kein pl (das Vereinbaren)* arranging *no pl* ❷ *(Abmachung)* agreement; **laut ~** as agreed; **nach ~** by arrangement

ver·ein·ba·rungs·ge·mäß *adv* as agreed [*or* arranged]

ver·ei·nen *vt* ❶ *(zusammenschließen)* ▪ **etw ~** to unite [*or* combine] sth ❷ *(vereinbaren)* ▪ **[miteinander] zu ~ sein** to be able to be reconciled [with each other]; *s. a.* **Hand**

ver·ein·fa·chen [fɛɡ'ʔainfaxn] *vt* ▪ **etw ~** to simplify sth

ver·ein·facht **I.** *adj* simplified; **eine ~e Skizze** a simplified sketch **II.** *adv* in a simplified way

Ver·ein·fa·chung <-, -en> *f* simplification

ver·ein·heit·li·chen [fɛɡ'ʔainhaitlɪçn] *vt* ▪ **etw ~** to standardize sth

Ver·ein·heit·li·chung <-, -en> *f* standardization

ver·ei·ni·gen **I.** *vt (zusammenschließen)* ▪ **etw [zu etw** *dat***] ~** to unite [*or* combine] [to form sth]; **Staaten ~** to unite states; **Firmen/Organisationen** *pl* **~** to merge firms/organizations *pl* **II.** *vr* ❶ *(sich zusammenschließen)* ▪ **sich** *akk* **[zu etw** *dat***] ~** to merge [to form sth] ❷ GEOG *(zusammenfließen)* ▪ **sich** *akk* **[zu etw** *dat***] ~** to meet [to form sth]; **die beiden Flüsse ~ sich zur Weser** the two rivers meet to form the Weser

ver·ei·nigt *adj* united; *s. a.* **Emirat** *s. a.* **Königreich** *s. a.* **Staat**

Ver·ei·nig·te Ara·bi·sche Emi·ra·te *pl* United Arab Emirates *pl; s. a.* **Deutschland**

Ver·ei·nig·tes Kö·nig·reich *nt* United Kingdom

Ver·ei·nig·te Staa·ten (von Ame·ri·ka) *pl* United States [of America] *pl; s. a.* **Deutschland**

Ver·ei·ni·gung <-, -en> *f* ❶ *(Organisation)* organization; **kriminelle ~** criminal organization ❷ *kein pl (Zusammenschluss)* amalgamation; **die ~ verschiedener Chemiefirmen** the amalgamation of various chemical companies; **die deutsche ~** German reunification

Ver·ei·ni·gungs·kri·mi·na·li·tät *f* organized crime

ver·ein·nah·men [fɛɡ'ʔainnaːmən] *vt* ❶ *(mit Beschlag belegen)* ▪ **jdn ~** to take up sb's time, to monopolize sb ❷ *(geh: einnehmen)* ▪ **etw ~** to collect sth;

Steuern ~ *pl* to collect taxes *pl*
ver·ein·sa·men* |fɛɐ̯ˈʔainzaːmən| *vi sein* to become lonely
Ver·ein·sa·mung <-> *f kein pl* loneliness *no pl*
Ver·eins·bei·trag *m* membership fee **Ver·eins·fuß·bal·ler(in)** *m(f)* club player **Ver·eins·mei·er** |fɛɐ̯-ains'maiə| *m (pej fam)* **ein richtiger** ~ a clubman through and through **Ver·eins·mit·glied** *nt* club member **Ver·eins·sat·zung** *f* club rules *pl*, a society's constitution **Ver·eins·vor·sit·zen·de(r)** *m(f)* club chairman [*or* chair]
ver·eint *adj inv* united
ver·ein·zelt |fɛɐ̯ˈʔaintsl̩t| **I.** *adj* ❶ METEO *(örtlich)* isolated; **~e Regenschauer** *pl* isolated [*or* scattered] showers *pl* ❷ *(sporadisch auftretend)* occasional **II.** *adv* METEO *(örtlich)* in places *pl;* **es kam ~ zu länger anhaltenden Regenfällen** there were longer outbreaks of rain in places
ver·ei·sen* **I.** *vi sein* to ice up [*or* over]; ■ **vereist** iced up [*or* over]; **eine ~e Fahrbahn** an icy road; **fahr vorsichtig, die Straße ist vereist!** drive carefully, there's ice on the road! **II.** *vt haben (lokal anästhesieren)* ■ **etw** ~ to freeze sth
ver·ei·teln* |fɛɐ̯ˈʔaitl̩n| *vt* ■ **etw** ~ to thwart [*or* prevent] sth
Ver·ei·te·lung <-> *f kein pl* thwarting *no pl*, prevention *no pl*
ver·ei·tern* *vi sein (sich eitrig entzünden)* to go septic; *(eitrig entzündet sein)* to have turned septic; **eine vereiterte Wunde** a septic wound; ■ **vereitert sein** to be septic
Ver·ei·te·rung <-, -en> *f* sepsis *no pl*
ver·elen·den* |fɛɐ̯ˈʔeːlɛndn̩| *vi sein (geh)* to become impoverished
ver·en·den* *vi sein* to perish [*or* die]
ver·en·gen |fɛɐ̯ˈʔɛŋən| **I.** *vr* ❶ MED, ANAT *(sich zusammenziehen)* ■ **sich** *akk* ~ **Pupillen** to contract; *Gefäße* to become constricted ❷ TRANSP *(enger werden)* ■ **sich** *akk* [**auf etw** *akk*] ~ to narrow [to sth]; **die Autobahn verengt sich auf zwei Fahrspuren** the motorway narrows to [*or* goes into] two lanes **II.** *vt* MED, ANAT *(enger werden lassen)* ■ **etw** ~ to constrict sth; **Nikotin verengt die Gefäße** nicotine constricts the blood vessels
Ver·en·gung <-, -en> *f* ❶ *kein pl* MED, ANAT *(das Kontrahieren) Gefäß* constriction; *Pupillen* contraction ❷ TRANSP *(verengte Stelle)* narrow section ❸ MED *(verengte Stelle)* stenosis *spec,* stricture *spec*
ver·er·ben* **I.** *vt* ❶ *(als Erbschaft hinterlassen)* ■ |**jdm**| **etw** ~ to leave [*or* form bequeath] [sb] sth ❷ *(durch Vererbung weitergeben)* ■ |**jdm**| **etw** ~, ■ **etw** |**auf jdn**| ~ to pass on sth *sep* [to sb]; *(hum fam: schenken)* to hand on sth *sep* [to sb] **II.** *vr* ■ **sich** *akk* |**auf jdn**| ~ to be passed on [to sb], to be hereditary
Ver·er·bung <-, <*selten* -en> *f* BIOL heredity *no pl, no art*
Ver·er·bungs·ge·setz *nt* law of heredity, Mendelian law **Ver·er·bungs·leh·re** *f* genetics + *sing vb, no art*
ver·ewi·gen* |fɛɐ̯ˈʔeːvɪɡn̩| **I.** *vr (fam: Spuren hinterlassen)* ■ **sich** *akk* [**auf etw** *dat*] ~ to leave one's mark for posterity [on sth] **II.** *vt* ■ **etw** ~ ❶ *(perpetuieren)* to perpetuate sth ❷ *(unvergesslich, unsterblich machen)* to immortalize sth
ver·fah·ren*¹ |fɛɐ̯ˈfaːrən| *vi irreg sein* ❶ *(vorgehen)* ■ |**irgendwie**| ~ to proceed [*or* act] [in a certain way] ❷ *(umgehen)* ■ |**mit jdm**| |**irgendwie**| ~ to deal with sb [in a certain way]
ver·fah·ren*² |fɛɐ̯ˈfaːrən| *irreg* **I.** *vt (durch Fahren verbrauchen)* ■ **etw** ~ to use up sth *sep* **II.** *vr (sich auf einer Fahrt verirren)* ■ **sich** *akk* ~ to lose one's way
ver·fah·ren³ |fɛɐ̯ˈfaːrən| *adj* muddled; **die Situation ist völlig** ~ the situation is a total muddle

Ver·fah·ren <-s, -> |fɛɐ̯ˈfaːrən| *nt* ❶ TECH *(Methode)* process; **dieses ~ soll die Produktion wesentlich verbilligen** this process should make production considerably cheaper ❷ JUR *(Gerichts~)* proceedings *npl;* **gegen jdn läuft ein ~** proceedings are being brought against sb; **ein ~ |gegen jdn| einleiten** to institute proceedings [against sb]
Ver·fah·rens·be·schleu·ni·gung *f* JUR speeding up of the proceedings **Ver·fah·rens·kos·ten** *pl* JUR, ADMIN costs *pl* [of the proceedings] **Ver·fah·rens·weg** *m* JUR procedure **Ver·fah·rens·wei·se** *f* procedure
Ver·fall |fɛɐ̯ˈfal| *m kein pl* ❶ *(das Verfallen)* dilapidation *no pl, no indef art;* **der ~ historischer Gebäude** the dilapidation of historical buildings; **in ~ geraten** to fall into decay ❷ MED decline *no pl* ❸ *(das Ungültigwerden)* expiry *no pl, no indef art* ❹ *(geh: Niedergang)* decline *no pl;* **der ~ der Moral** the decline in morals *npl;* **der ~ des Römischen Reiches** the fall of the Roman Empire
Ver·fall·da·tum *nt s.* **Verfallsdatum**
ver·fal·len* *vi irreg sein* ❶ *(zerfallen)* to decay, to fall into disrepair ❷ *(immer schwächer werden)* to deteriorate ❸ *(ungültig werden) Eintritts-, Fahrkarte, Ticket, Gutschein* to expire; *Anspruch, Recht* to lapse ❹ FIN *(rapide weniger wert werden)* to fall ❺ *(erliegen)* ■ |**jdm**| ~ to be captivated [by sb]; ■ |**einer S.** *dat*| ~ to become enslaved [by a thing] ❻ *(sich einfallen lassen)* ■ **auf etw** *akk*| ~ to think of [*or* hit on] sth; **wer ist denn auf so einen verrückten Plan ~?** whoever thought up such an insane plan?; ■ **darauf ~, etw zu tun** to give sb the idea of doing sth ❼ *(kommen auf)* ■ |**auf jdn**| ~ to think of sb; **wir suchten einen Spezialisten, da sind wir auf ihn ~** we were looking for a specialist and we thought of him ❽ JUR ■ |**jdm**| ~ to be forfeited to sb
ver·fal·len² *adj* ❶ *(völlig baufällig)* dilapidated ❷ *(abgelaufen)* expired
Ver·falls·da·tum *nt* ÖKON ❶ *(der Haltbarkeit)* use-by date; **Packungen mit Nahrungsmitteln müssen mit einem ~ gekennzeichnet sein** packets containing food must be labelled with a best-before-date ❷ *(der Gültigkeit)* expiry date ❸ *(der Zahlbarkeit)* expiry date
ver·fäl·schen* *vt* ❶ *(falsch darstellen)* ■ **etw** ~ to distort sth ❷ *(in der Qualität mindern)* ■ **etw** |**durch etw** *akk*| ~ to adulterate sth [with sth]
Ver·fäl·schung *f* ❶ *(das Verfälschen)* distortion ❷ *(Qualitätsminderung)* adulteration
ver·fan·gen* *irreg* **I.** *vr* ■ **sich** *akk* |**in etw** *dat*| ~ ❶ *(hängen bleiben)* to get caught [in sth] ❷ *(sich verstricken)* to become entangled [in sth]; **sich** *akk* **in Lügen** ~ to become entangled in a web of lies **II.** *vi (den erstrebten Effekt hervorrufen)* ■ |**bei jdm**| **nicht** |**o nicht mehr**| ~ to not cut [*or* to no longer cut] any ice [with sb]
ver·fäng·lich |fɛɐ̯ˈfɛŋlɪç| *adj* awkward, embarrassing
ver·fär·ben* **I.** *vr* ■ **sich** *akk* |**irgendwie**| ~ to turn [a certain colour [*or* AM -or]]; **im Herbst ~ sich die Blätter** the leaves change colour in autumn **II.** *vt* ■ **etw** ~ to discolour [*or* AM -or] sth; **nicht farbechte Kleidungsstücke ~ andere** items of clothing that are not colourfast discolour other items
Ver·fär·bung *f* ❶ *kein pl (Wechsel der Farbe)* change of colour [*or* AM -or] ❷ *kein pl (Annahme anderer Farbe)* discolouration [*or* AM -oration] *no pl, no indef art* ❸ *(abweichende Färbung)* discolouration [*or* AM -oration] *no pl, no indef art*
ver·fas·sen* *vt* ■ **etw** ~ to write sth; **einen Entwurf/ein Gesetz/eine Urkunde** ~ to draw up a design/a law/a document
Ver·fas·ser(in) <-s, -> |fɛɐ̯ˈfasə| *m(f)* author
Ver·fas·sung *f* ❶ *kein pl (Zustand)* condition *no pl;*

(körperlich) state [of health]; *(seelisch)* state [of mind]; **in einer bestimmten ~ sein** [*o* **sich** *akk* **in einer bestimmten ~ befinden**| to be in a certain state; **in guter ~** in good form [*or* shape] ② POL constitution

Ver·fas·sungs·än·de·rung *f* constitutional amendment **Ver·fas·sungs·be·schwer·de** *f* complaint about constitutional infringements *pl* **Ver·fas·sungs·bruch** *m* POL violation of the constitution **ver·fas·sungs·feind·lich** *adj* JUR anticonstitutional **Ver·fas·sungs·ge·richt** *nt* constitutional court **Ver·fas·sungs·kla·ge** *f* formal complaint about unconstitutional decision made by the courts **ver·fas·sungs·mä·ßig** *adj* constitutional, according to the constitution **Ver·fas·sungs·re·form** *f* constitutional reform **Ver·fas·sungs·rich·ter(in)** *m(f)* constitutional judge **Ver·fas·sungs·schutz** *m* ① *(Schutz)* protection of the constitution ② *(fam: Amt)* Office for the Protection of the Constitution **Ver·fas·sungs·treue** *f* POL loyalty to the constitution **ver·fas·sungs·wid·rig** *adj* unconstitutional

ver·fau·len* *vi sein* ① *(durch Fäulnis verderben)* to rot; **verfaulte Kartoffeln** *pl* rotten potatoes *pl* ② *(verwesen)* to decay; **verfaulte Zähne** *pl* decayed [*or* rotten] teeth *pl*

ver·fech·ten* *vt irreg* ■ **etw ~** to champion [*or* advocate] sth

Ver·fech·ter(in) *m(f)* advocate, champion

ver·feh·len* *vt* ① *(nicht treffen)* ■ **jdn/etw ~** to miss sb/sth; ■ **nicht zu ~ sein** to be impossible to miss ② *(verpassen)* ■ **jdn/etw ~** to miss sb/sth; **beeil dich, sonst ~ wir noch unseren Anschluss!** hurry up or we'll miss our connection! ③ *(nicht erreichen)* ■ **etw ~** not to achieve sth; **das Thema ~** to go completely off the subject; **seinen Beruf ~** to miss one's vocation ④ *(versäumen)* ■ [es] **~, etw zu tun** to fail to do sth

ver·fehlt *adj* ① *(misslungen)* unsuccessful; **eine ~e Politik** an unsuccessful policy ② *(unangebracht)* inappropriate; ■ **es wäre ~, etw zu tun** it would be inappropriate to do sth

Ver·feh·lung <-, -en> *f* misdemeanour [*or* AM -or]

ver·fein·den* [fɛgˈfaindn̩] *vr* ■ **sich** *akk* [**mit jdm/miteinander**| **~** to fall out [with sb/each other]; ■ **verfeindet sein** to have quarrelled [*or* AM quareled], to be enemies; **verfeindete Staaten** enemy states

ver·fei·nern* [fɛgˈfainen] *vt* ① KOCHK ■ **etw** [**mit etw** *dat*] **~** to improve sth [with sth] ② *(raffinierter gestalten)* ■ **etw ~** to refine sth

Ver·fei·ne·rung <-, -en> *f* ① KOCHK improvement ② *(raffiniertere Gestaltung)* refinement

ver·fe·men* [fɛgˈfeːmən] *vt (geh)* ■ **jdn/etw ~** to ban sb/sth

ver·fer·ti·gen* *vt (geh)* ■ **etw ~** to produce sth

ver·fes·ti·gen* *vr* ■ **sich** *akk* **~** ① *(fester werden)* to harden [*or* solidify]; *Farbe, Lack* to dry; *Klebstoff* to set ② *(erinnert werden)* to become firmly established

ver·fet·ten* *vi sein* MED to become fatty

Ver·fet·tung <-, -en> *f* MED fatty degeneration

ver·feu·ern* *vt* ① *(verschießen)* ■ **etw ~** to fire sth ② *(verbrennen)* ■ **etw ~** to burn sth

ver·fil·men* *vt* ■ **etw ~** to film sth, to make a film of sth

Ver·fil·mung <-, -en> *f* ① *kein pl (das Verfilmen)* filming *no pl, no indef art* ② *(Film)* film

ver·fil·zen* *vi sein: Kleidungsstück aus Wolle* to become felted; *Kopfhaar* to become matted; **ein verfilzter Pullover** a felted pullover; **verfilzte Haare** matted hair

ver·filzt *adj (fam)* interconnected; ~ [**miteinander**] **~ sein** to be inextricably linked

ver·fins·tern* [fɛgˈfɪnsten] **I.** *vt* to darken; **den Mond/die Sonne ~** to eclipse the moon/the sun **II.** *vr*

■ **sich** *akk* **~** to darken

ver·fla·chen* [fɛgˈflaxn̩] **I.** *vt (flach machen)* ■ **etw ~** to flatten sth, to level out sth *sep* **II.** *vi (flach werden)* to flatten [*or* level] out; *(seicht werden) Wasser* to become shallow; *(fig: oberflächlich werden)* to become superficial [*or* trivial]

ver·flech·ten* *vt irreg* ■ **etw** [**miteinander**] **~** to interweave [*or* intertwine] sth

Ver·flech·tung <-, -en> *f* interconnection; POL, FIN integration

ver·flie·gen* *irreg* **I.** *vi sein* ① *(schwinden) Zorn* to pass; *Heimweh, Kummer* to vanish ② *(sich verflüchtigen)* to evaporate **II.** *vr haben* ■ **sich** *akk* **~** *Pilot* to lose one's bearings *pl; Flugzeug* to stray off course

ver·flie·ßen* *vi irreg sein* ① *(verschwimmen)* to merge [*or* blend] ② *(geh: vergehen)* to go by, to pass; **die Tage und Wochen verflossen** the days and weeks went by

ver·flixt [fɛgˈflɪkst] **I.** *adj (fam)* ① *(verdammt)* damn[ed] *fam,* blasted *fam;* **der ~e Schlüssel will nicht ins Schloss gehen!** the blasted key won't go into the lock! ② *(ärgerlich)* unpleasant; *s. a.* **Jahr II.** *adv (fam: ziemlich)* damn[ed] *fam;* **diese Matheaufgabe ist ~ schwer** this maths exercise is damned difficult **III.** *interj (fam: verdammt)* blast [it]! *fam*

ver·flos·sen *adj* ① *(veraltet geh: vergangen)* past; **in den ~en Jahren** in past years; **in den ~en Tagen** these past days ② *(fam: frühere)* former; **eine ~e Freundin** a former [*or* an ex-] girlfriend

Ver·flos·se·ne(r) *f(m) decl wie adj (fam)* ■ **jds ~** sb's ex- [*or* former] husband/girlfriend etc.

ver·flu·chen* *vt* ■ **jdn/etw ~** to curse sb/sth

ver·flucht I. *adj (fam: verdammt)* damn[ed] *fam,* bloody BRIT *fam;* **jetzt ist dieser ~e Computer schon wieder kaputt!** this damned computer has broken down again now! **II.** *adv (fam: äußerst)* damn[ed] *fam;* **gestern war es ~ kalt** it was damned cold yesterday **III.** *interj (fam: verdammt)* damn!

ver·flüch·ti·gen* [fɛgˈflʏçtɪgn̩] *vr* ■ **sich** *akk* **~** ① *(sich in Luft auflösen)* to evaporate ② *(hum fam: sich davonmachen)* to disappear ▸ WENDUNGEN: **sich** *akk* **verflüchtigt haben** *(hum fam)* to have disappeared *hum*

ver·flüs·si·gen* [fɛgˈflʏsɪgn̩] **I.** *vt* ■ **etw ~** ① *(flüssig machen)* to liquefy [*or* liquify] sth; ■ **verflüssigt** liquefied ② *(hydrieren)* to hydrogenate sth **II.** *vr* ■ **sich** *akk* **~** *(flüssig werden)* to liquefy [*or* liquify], to become liquid

Ver·flüs·si·gung <-, -en> *f* TECH, CHEM ① *(das Verflüssigen)* liquefaction ② *(Hydrierung)* hydrogenation

ver·fol·gen* *vt* ① *(nachsetzen)* ■ **jdn ~** to follow sb ② *(nachgehen)* **eine Spur/einen Weg/eine Diskussion ~** to follow a lead/a way/ a discussion ③ *(politisch drangsalieren)* ■ **jdn ~** to persecute sb ④ *(zu erreichen suchen)* ■ **etw** [**mit etw** *dat*] **~** to pursue sth [with sth]; **eine Absicht ~** to have sth in mind; **eine Laufbahn ~** to pursue a career ⑤ JUR *(gegen etw vorgehen)* ■ **etw** [**irgendwie**] **~** to prosecute sth [in a certain way]; **jdn gerichtlich ~** to institute legal proceedings against sb; **jdn strafrechtlich ~** to prosecute sb; **jeder Ladendiebstahl wird von uns verfolgt** shoplifters will be prosecuted ⑥ *(belasten)* ■ **jdn ~** to dog sb; **vom Unglück/Pech verfolgt sein** to be dogged by ill fortune/bad luck

Ver·fol·ger(in) <-s, -> *m(f)* pursuer

Ver·folg·te(r) [fɛgˈfɔlktə, -te] *f(m) decl wie adj* victim of persecution

Ver·fol·gung <-, -en> *f* ① *(das Verfolgen)* pursuit *no pl, no indef art;* **die ~ der Flüchtigen** the pursuit of the fugitives; **die ~** [**von jdm**] **aufnehmen** to start in pursuit [of sb], to take up the chase ② *(politische Drangsalierung)* persecution *no pl, no indef art;* **die**

~ der Juden the persecution of the Jews ❸ *kein pl (Bezweckung)* pursuance *no pl, no indef art form;* **die ~ verfassungsfeindlicher Ziele** the pursuance of anti-constitutional objectives *pl* ❹ JUR *(das Vorgehen gegen etw)* prosecution

Ver·fol·gungs·jagd *f* pursuit, chase **Ver·fol·gungs·wahn** *m* PSYCH persecution mania

ver·for·men I. *vt* ▪ **etw ~** to distort sth II. *vr* ▪ **sich** *akk* **~** to become distorted, to go out of shape

Ver·for·mung *f* ❶ *(das Verformen)* distortion ❷ *(verformte Stelle)* distortion

ver·frach·ten [fɛɐˈfraxtn̩] *vt* ❶ *(fam: bringen)* ▪ **jdn [irgendwohin] ~** to bundle sb off [somewhere]; **jdn ins Bett ~** to bundle sb off to bed; ▪ **etw [irgendwohin] ~** to put sth somewhere ❷ ÖKON ▪ **etw ~** to ship [*or* transport] sth

ver·fran·zen *vr* *(fam)* ▪ **sich** *akk* **~** ❶ *(sich verirren)* to lose one's way ❷ LUFT *(sich verfliegen)* to lose one's bearings *pl,* to stray off course

ver·frem·den *vt* ▪ **etw ~** to make sth [appear] unfamiliar

Ver·frem·dung <-, -en> *f* LIT, THEAT alienation

Ver·fres·sen *adj (pej sl)* [piggishly] greedy *pej*

Ver·fres·sen·heit <-> *f kein pl (pej sl)* [piggish] greediness *no pl pej*

ver·frü·hen [fɛɐˈfryːən] *vr* ▪ **sich** *akk* **~** to arrive too early

ver·früht *adj* premature; **eine ~e Steuererhöhung a** premature rise in taxes *pl;* **etw für ~ halten** to consider sth to be premature

ver·füg·bar *adj* available

ver·fu·gen *vt* ▪ **etw ~** *Mauer, Wand* to point sth; *Fliesen* to grout sth

ver·fü·gen I. *vi* ❶ *(besitzen)* ▪ **über etw** *akk* **~** to have sth at one's disposal; **wir ~ nicht über die nötigen Mittel** we don't have the necessary resources at our disposal; ▪ **über etw** *akk* **[frei] ~ können** to be able to do as one wants with sth ❷ *(bestimmen)* ▪ **über jdn ~** to be in charge of sb; **~ Sie über mich!** I am at your disposal! II. *vt* ADMIN *(behördlich anordnen)* ▪ **etw ~** to order sth; ▪ **~, dass** to order that

Ver·fü·gung <-, -en> *f* ❶ *(behördliche Anordnung)* order; **einstweilige ~** JUR temporary injunction; **letztwillige ~** last will and testament ❷ *(Disposition)* ▪ **etw zur ~ haben** to have sth at one's disposal; ▪ **sich** *akk* **zu jds [***o* **zur] ~ halten** to be available to sb; **halten Sie sich bitte weiterhin zur ~** please continue to be available; ▪ **[für etw** *akk***] zur ~ stehen** to be available [for sth]; ▪ **jdm zur ~ stehen** to be available to sb; ▪ **zu jds [***o* **jdm zur] ~ stehen** to be at sb's disposal; ▪ **etw zur ~ stellen** to offer to give up sth; ▪ **[jdm] etw zur ~ stellen** to make sth available [to sb]

Ver·fü·gungs·ge·walt *f* JUR *(geh)* power of disposal; ▪ **die [***o* **jds] ~ [über etw** *akk***]** the [*or* sb's] power to use sth

ver·füh·ren *vt* ❶ *(verleiten)* ▪ **jdn [zu etw** *dat***] ~** to entice sb [into doing sth]; ▪ **jdn ~** *(sexuell)* to seduce sb ❷ *(hum: verlocken)* ▪ **jdn zu etw** *dat* **~** to tempt sb to sth

Ver·füh·rer(in) *m(f)* seducer *masc,* seductress *fem*

ver·füh·re·risch [fɛɐˈfyːrərɪʃ] *adj* ❶ *(verlockend)* tempting; **ein ~es Angebot** a tempting offer; **das riecht aber ~!** that smells tempting! ❷ *(aufreizend)* seductive; **~ angezogen** seductively dressed

Ver·füh·rung *f* ❶ *(Verleitung)* seduction; **~ Minderjähriger** *pl* JUR seduction of minors *pl* ❷ *(Verlockung)* temptation

ver·fuhr·wer·ken *vt* SCHWEIZ, SÜDD *(verpfuschen)* ▪ **etw ~** to bungle [*or* botch] sth

ver·fünf·fa·chen I. *vt* ▪ **etw ~** to increase sth fivefold II. *vr* ▪ **sich** *akk* **~** to increase fivefold

ver·füt·tern *vt* ▪ **etw [an Tiere] ~** to feed sth to animals

Ver·ga·be [fɛɐˈɡaːbə] *f von Arbeit, Studienplätze* allocation; *eines Auftrag, Preises, Stipendiums* award

ver·gäl·len [fɛɐˈɡɛlən] *vt* ❶ *(verderben)* ▪ **[jdm] etw ~** to spoil [sb's] sth ❷ *(fachspr: ungenießbar machen)* ▪ **etw ~** to denature sth

ver·gam·meln I. *vi sein (fam) Wurst, Essen* to go bad [*or* BRIT *fam* off]; *Brot, Käse* to go stale; ▪ **vergammelt** bad, stale *(fam: müßig zubringen)* II. *vt* **~ haben** *(fam: müßig zubringen)* ▪ **etw ~** to idle away sth *sep*

ver·gam·melt <-er, -este> *adj (fam o pej)* scruffy, tatty; *(Auto)* decrepit

ver·gan·gen *adj* past, former

Ver·gan·gen·heit <-, <selten -en> [fɛɐˈɡaŋənhaɪt] *f* ❶ *kein pl (Vergangenes)* past; **die jüngste ~** the recent past; **der ~ angehören** to belong to the past ❷ *(bisheriges Leben)* ▪ **jds ~** sb's past; **eine bewegte ~ haben** to have an eventful past ❸ LING *(Präteritum)* past [tense]

Ver·gan·gen·heits·be·wäl·ti·gung *f* coming to terms with the past

ver·gäng·lich [fɛɐˈɡɛŋlɪç] *adj* transient, transitory

Ver·gäng·lich·keit <-> *f kein pl* transience *no pl,* transitoriness *no pl*

ver·ga·sen *vt* ❶ *(durch Giftgas umbringen)* ▪ **jdn/Tiere ~** to gas sb/animals ❷ TECH *(zu Gas transformieren)* ▪ **etw ~** to gasify sth

Ver·ga·ser <-s, -> *m* AUTO carburettor, carburetor AM

Ver·ga·ser·ein·stel·lung *f* TECH adjustment to a/the carburettor [*or* AM carburetor] [*or* sl carb]

ver·gaß [fɛɐˈɡaːs] *imp von* **vergessen**

Ver·ga·sung <-, -en> *f* ❶ *(Tötung durch Giftgas)* gassing ❷ TECH *(Transformierung in Gas)* gasification ▶ WENDUNGEN: **bis zur ~** *(fam)* ad nauseam; **wir mussten bis zur ~ Gedichte lernen** we had to learn poems ad nauseam

ver·ge·ben *irreg* I. *vt (verzeihen)* ▪ **[jdm] ~** to forgive [sb] II. *vt* ❶ *(geh: verzeihen)* ▪ **[jdm] etw ~** to forgive [sb] sth; ▪ **ich habe ihm ~, dass er meinen Geburtstag vergessen hat** I've forgiven him for forgetting my birthday; **das alles ist doch ~ und vergessen** all that has been forgiven and forgotten ❷ *(in Auftrag geben)* ▪ **etw [an jdn] ~** to award [*or* allocate] sth [to sb]; **haben Sie den Auftrag bereits ~?** have you already awarded the contract? ❸ *(verleihen)* ▪ **etw [an jdn] ~** to award sth [to sb]; **der Nobelpreis wird für herausragende Leistungen ~** the Nobel Prize is awarded for outstanding achievements ❹ *(zuteilen)* ▪ **etw [an jdn] ~** to allocate sth [to sb]; **tut mir leid, die vorderen Plätze sind schon alle ~** sorry, all the front seats have already been allocated; **zu ~ sein** to be allocated ❺ *(verpassen)* ▪ **etw ~** to miss sth; **eine Chance/eine Möglichkeit ~** to pass up an opportunity *sep* ▶ WENDUNGEN: **bereits [***o* **schon] ~ sein** *(liiert)* to be already spoken for; *(geschäftlicher Termin)* to be booked up; **die ganze nächste Woche bin ich bereits ~** I'm booked up for the whole of next week; **sich** *dat* **nichts ~, wenn …** not to lose face, if …; **was vergibst du dir [schon] ~, wenn …** what have you got to lose, if …

ver·ge·bens [fɛɐˈɡeːbn̩s] I. *adj pred* in vain *pred,* to no avail *pred* II. *adv s.* **vergeblich**

ver·geb·lich [fɛɐˈɡrːplɪç] I. *adj (erfolglos bleibend)* futile; **ein ~er Versuch** a futile attempt II. *adv (umsonst)* in vain; **Sie warten ~, der Bus ist schon weg** you're waiting in vain, the bus has already gone

Ver·geb·lich·keit <-> *f kein pl* futility *no pl, no indef art*

Ver·ge·bung <-, -en> *f* forgiveness *no pl, no indef art;* **[jdn] um ~ [für etw] bitten** to ask for [sb's] forgiveness [for sth]; **ich bitte um ~!** *(geh)* I do apologize!;

sich vergewissern

sich vergewissern	making sure
Alles in Ordnung?	Everything OK?
Habe ich das so richtig gemacht?	Have I done that right?
Hat es Ihnen geschmeckt?	Did you like it?
Ist das der Bus nach Frankfurt?	Is that/this the bus for/to Frankfurt?
am Telefon: Bin ich hier richtig beim Jugendamt?	on the phone: Is that the youth office?
Ist das der Film, von dem du so geschwärmt hast?	Is that the film you were raving about? (fam)
Bist du dir sicher, dass die Hausnummer stimmt?	Are you sure you've got the right house number?

jemandem etwas versichern, beteuern	affirming something to someone
Der Zug hatte wirklich Verspätung.	The train really was late.
Wirklich! Ich habe nichts davon gewusst.	Honestly! I didn't know anything about it.
Ob du es nun glaubst oder nicht: Sie haben sich tatsächlich getrennt.	Believe it or not; they really have split up.
Ich kann Ihnen versichern, dass das Auto noch einige Jahre fahren wird.	I can assure you (that) the car will go on running for several more years.
Glaub mir, das Konzert wird ein Riesenerfolg.	Believe/Trust me, the concert is going to be a huge success.
Du kannst ganz sicher sein, er hat nichts gemerkt.	You can be sure he didn't notice a thing.
Ich garantiere Ihnen, dass die Mehrheit dagegen stimmen wird.	I guarantee (you) (that) the majority will vote against (it).
Die Einnahmen sind ordnungsgemäß versteuert, dafür lege ich meine Hand ins Feuer.	The takings have been properly declared, I'd swear to it/vouch for it.

die ~ der Sünden REL the forgiveness of sins, absolution
ver·ge·gen·wär·ti·gen* [fɛɡ'geːɡɴvɛrtɪɡn] vt (sich klarmachen) ◼ sich dat etw ~ to realize sth; ◼ sich dat ~, dass [o was] ... to realize that [or what] ...
ver·ge·hen* [fɛɡ'geːən] irreg I. vi sein ❶ (verstreichen) to go by, to pass ❷ (schwinden) to wear off; igitt! da vergeht einem ja gleich der Appetit yuk! it's enough to make you lose your appetite ❸ (sich zermürben) [vor etw dat] ~ to die [or be dying] [of sth]; vor Scham/Hunger/Sehnsucht ~ to die of shame/be dying of hunger/pine away II. vr haben ❶ (an jdm eine Sexualstraftat begehen) ◼ sich akk [an jdm] ~ to indecently assault sb ❷ (verstoßen) ◼ sich akk [gegen etw akk] ~ to violate sth; s. a. Lachen
Ver·ge·hen <-s, -> [fɛɡ'geːən] nt offence [or AM -se], misdemeanour [or AM -or] spec
ver·geis·tigt adj spiritual
ver·gel·ten* vt irreg ❶ (lohnen) ◼ jdm] etw [irgendwie] ~ to repay sb for sth [in a certain way]; wie kann ich Ihnen das nur ~? how can I ever repay you? ❷ (heimzahlen) ◼ [jdm] etw [mit etw dat] ~ to repay sth [with sth]; s. a. Gott
Ver·gel·tung <-, -en> f (Rache) revenge; ~ [für etw akk] üben to take revenge [for sth]
Ver·gel·tungs·maß·nah·me f reprisal **Ver·gel·tungs·schlag** m retaliatory strike
ver·ge·sell·schaf·ten* [fɛɡɡə'zɛlʃaftn] vt s. verstaatlichen
Ver·ge·sell·schaf·tung f s. Verstaatlichung
Ver·ges·sen <vergisst, vergaß, vergessen> [fɛɡ'gɛsn] I. vt ❶ (aus dem Gedächtnis verlieren) ◼ etw/jdn ~ to forget sth/sb; jd wird jdm etw nie [o nicht] ~ sb will never [or not] forget sb's sth, sb will never forget what sb did; das werde ich ihm nicht ~, das zahle ich ihm heim I won't forget what he did, I'll pay him

back for that; dass ich es nicht vergesse, ehe ich es vergesse before I forget; nicht zu ~ ... not forgetting; vergessen wir das! let's just forget it!; schon vergessen! never mind! ❷ (nicht an die Ausführung von etw denken) ◼ etw ~ to forget sth; ◼ ~, etw zu tun to forget to do sth ❸ (liegen lassen) ◼ etw [irgendwo] ~ to leave sth behind [somewhere] ❹ (nicht mehr bekannt sein) ◼ etw ist ~ sth has been forgotten II. vr (die Selbstbeherrschung verlieren) ◼ sich akk ~ to forget oneself
Ver·ges·sen·heit <-> f kein pl oblivion no pl, no art; in ~ geraten to be forgotten, to fall [or sink] into oblivion
ver·gess·lichᴿᴿ, ver·geß·lichᴬᴸᵀ [fɛɡ'gɛslɪç] adj forgetful; ◼ ~ sein [o werden] to be [or become] forgetful
Ver·gess·lich·keitᴿᴿ <-> f kein pl forgetfulness no pl; ◼ jds ~ sb's forgetfulness
ver·geu·den* [fɛɡ'gɔydn] vt ◼ etw ~ to waste [or squander] sth; s. a. Zeit
Ver·geu·dung <-, -en> f waste no pl, squandering no pl
ver·ge·wal·ti·gen* [fɛɡɡə'valtɪɡn] vt ❶ (zum Geschlechtsverkehr zwingen) ◼ jdn ~ to rape sb ❷ (einem fremden Willen unterwerfen) eine Kultur/Traditionen ~ to oppress a culture/traditions; die Sprache ~ to murder the language
Ver·ge·wal·ti·gung <-, -en> f ❶ (das Vergewaltigen) rape ❷ (Unterwerfung unter einen fremden Willen) oppression no pl
ver·ge·wis·sern* [fɛɡɡə'vɪsɐn] vr ◼ sich akk [einer S. gen] ~ to make sure [of a thing]; wir sollten uns der Zustimmung der Geschäftsleitung ~ we ought to make sure that we have the agreement of the management; ◼ sich akk ~, dass [o ob] etw geschehen ist to make sure that sth has happened
ver·gie·ßen* vt irreg ◼ etw ~ ❶ (versehentlich danebengießen) to spill sth ❷ (als Körperflüssigkeit verlie-

ren) **Tränen** ~ to shed tears; *s. a.* **Blut**

ver·gif·ten* I. *vt* ❶ *(durch Gift töten)* ▪ **jdn/ein Tier** ~ to poison sb/an animal; ▪ **sich** *akk* ~ to poison oneself ❷ *(giftig machen)* ▪ **etw** ~ to poison sth; ▪ [**mit etw** *dat*] **vergiftet** poisoned [with sth]; **mit Curare vergiftete Pfeile** arrows poisoned with curare II. *vr (sich eine Vergiftung zuziehen)* ▪ **sich** *akk* [**an etw** *dat* |*o* **durch etw** *akk*]] ~ to be poisoned [by sth]

Ver·gif·tung <-, -en> *f* ❶ *kein pl (das Vergiften)* poisoning *no pl, no indef art* ❷ MED poisoning *no pl, no indef art,* intoxication *no pl, no indef art spec,* toxicosis *no pl, no indef art spec* ❸ ÖKOL pollution *no pl, no indef art*

ver·gil·ben* *vi sein* to turn yellow; ▪ **vergilbt** yellowed

Ver·giss·mein·nicht^RR, Ver·giß·mein·nicht^ALT <-[e]s, -[e]> [fɛɡ'ɡɪsmainnɪçt] *nt* BOT forget·me·not

ver·gisst^RR, ver·gißt^ALT [fɛɡ'ɡɪst] *3. pers pres von* **ver·gessen**

ver·git·tern* *vt* ▪ **etw** ~ to put a grille [*or* AM grill] on [*or* over] sth; **vergitterte Fenster** barred windows

Ver·git·te·rung <-, -en> *f* ❶ *kein pl (das Vergittern)* putting bars *pl* [*or* a grille] on [*or* AM grill] ❷ *(Gitter)* grille [*or* AM grill], grating; *(Stangen)* bars *pl*

ver·gla·sen* *vt* ▪ **etw** ~ to glaze sth; ▪ **verglast** glazed

Ver·gla·sung <-, -en> *f* ❶ *kein pl (das Verglasen)* glazing *no pl, no indef art* ❷ *(verglaste Fläche)* panes *pl* of glass

Ver·gleich <-[e]s, -e> [fɛɡ'ɡlaiç] *m* ❶ *(vergleichende Gegenüberstellung)* comparison; ▪ ~ **mit etw** *dat* comparison with sth; **ein schiefer** ~ an inappropriate [*or* poor] [*or* false] comparison; **den** ~ [**mit etw** *dat*] **aushalten, dem** ~ [**mit etw** *dat*] **standhalten** to bear [*or* stand] comparison [with sth]; **jeden** ~ **aushalten** to bear [*or* stand] every comparison; **einen** ~ **machen** to make [*or* draw] a comparison; **in keinem** ~ [**zu etw** *dat*] **stehen** to be out of all proportion [to sth]; **im** ~ [**zu** |*o* **mit**| **jdm/etw**] in comparison [with sb/sth], compared with [*or* to] sb/sth ❷ JUR *(Einigung)* settlement; **einen gütlichen/außergerichtlichen** ~ **schließen** to reach an amicable/out-of-court settlement ▸ WENDUNGEN: **der** ~ **hinkt** that's a poor [*or* weak] comparison

ver·gleich·bar *adj* comparable; ▪ [**mit etw** *dat*] ~ **sein** to be comparable [to [*or* with] sth]; ▪ [**voll** [**mit·einander**]] ~ **sein** to be [fully] comparable [with each other], to be [totally] alike; ▪ **etwas V~es** something comparable; **ich kenne nichts V~es** I know nothing comparable [*or* to compare]

Ver·gleich·bar·keit <-> *f kein pl* comparability *no pl*

ver·glei·chen* *irreg* I. *vt* ❶ *(prüfend gegeneinander abwägen)* ▪ [**miteinander**] ~ to compare things [with each other]; **ich vergleiche die Preise immer genau** I always compare prices very carefully; ▪ **jdn** [**mit jdm**] ~ to compare sb with sb; ▪ **etw** [**mit etw** *dat*] ~ to compare sth [with sth]; **verglichen mit** compared with [*or* to]; **vergleiche S. 102** compare p. 102 ❷ *(durch etw bezeichnen)* ▪ **jdn/etw** [**mit etw** *dat*] ~ to compare sb/sth with sth, to liken sb/sth to sth II. *vr* ▪ **sich** *akk* [**mit jdm**] ~ ❶ *(sich gleichsetzen)* to compare oneself with sb ❷ JUR *(einen Vergleich schließen)* to reach a settlement [*or* to settle] [with sb]

ver·glei·chend *adj* comparative; **die ~e Sprachwissenschaft** comparative linguistics + *sing vb*; **eine ~e Überprüfung** a comparative evaluation; **~e Werbung** comparative advertising

Ver·gleichs·jahr *nt* base year, year of comparison **Ver·gleichs·test** *m* ÖKON test, comparison **Ver·gleichs·ver·fah·ren** *nt* JUR insolvency proceedings *npl,* scheme of arrangement, Chapter 11 receivership AM **ver·gleichs·wei·se** *adv* comparatively; **das ist** ~

wenig/viel that is a little/a lot in comparison **Vergleichs·zahl** *f meist pl* comparative figure *usu pl*

ver·glim·men* *vi irreg sein (geh)* to [die down and] go out

ver·glü·hen* *vi sein* ❶ *(verglimmen)* to die away ❷ *(weiß glühend werden und zerfallen)* to burn up; **fast alle Meteoriten** ~ **in der Erdatmosphäre** nearly all meteorites burn up in the earth's atmosphere

ver·gnü·gen* [fɛɡ'ɡny:ɡn] I. *vr* ▪ **sich** *akk* [**mit jdm/etw**] ~ to amuse oneself [with sb/sth], to enjoy oneself II. *vt (belustigen)* ▪ **etw vergnügt jdn** sth amuses sb

Ver·gnü·gen <-s, -> [fɛɡ'ɡny:ɡn] *nt (Freude)* enjoyment *no pl; (Genuss)* pleasure *no pl;* **ein teures** [*o* **kein billiges**] ~ *(fam)* to be an expensive [*or* not a cheap] way of enjoying oneself [*or* form of entertainment] [*or* bit of fun]; **ein zweifelhaftes** ~ a dubious pleasure; ~ [**an etw** *dat*] **finden** to find pleasure in sth; ~ **daran finden, etw zu tun** to find pleasure in doing sth; [**jdm**] **ein** ~ **sein, etw zu tun** to be a pleasure [for sb] to do sth; **es ist** [*o* **war**| **mir ein** ~ it is [*or* was] a pleasure; **kein** [**reines** [*o* **nicht gerade ein**] ~ **sein, etw zu tun** to not be exactly a pleasure doing sth; [**jdm**] ~ **machen** [*o geh:* **bereiten**] to give sb pleasure; [**jdm**] ~ **machen** [*o geh:* **bereiten**] , **etw zu tun** to give sb pleasure doing sth; **sich** *dat* **ein** ~ **daraus machen, etw zu tun** to find pleasure in doing sth; **mit** [**bestimmtem**] ~ with [a certain] pleasure; **mit großem** ~ with great pleasure; **mit größtem** ~ with the greatest of pleasure ▸ WENDUNGEN: **mit wem habe ich das** ~? *(geh)* with whom do I have the pleasure of speaking? *form;* **sich ins** ~ **stürzen** *(fam)* to join the fun; **hinein ins** ~! *(fam)* let's start enjoying ourselves!; **viel** ~! have a good time!; [**na dann**] **viel** ~! *(iron)* have fun [then]! *iron*

ver·gnüg·lich [fɛɡ'ɡny:klɪç] *adj (geh)* enjoyable, pleasurable; **ein ~er Abend** an enjoyable evening

ver·gnügt [fɛɡ'ɡny:kt] I. *adj* happy, cheerful; **ein ~es Gesicht** a cheerful face; ▪ ~ [**über etw** *akk*] **sein** to be happy [about sth] II. *adv* happily, cheerfully

Ver·gnü·gung <-, -en> *f* pleasure

Ver·gnü·gungs·damp·fer *m* pleasure steamer **Ver·gnü·gungs·park** *m* amusement park **Ver·gnü·gungs·steu·er** *f* entertainment tax **Ver·gnü·gungs·sucht** *f* craving for pleasure **ver·gnü·gungs·süch·tig** *adj* pleasure-seeking **Ver·gnü·gungs·vier·tel** *nt* entertainment quarter

ver·gol·den* [fɛɡ'ɡɔldn] *vt* ❶ *(mit einer Goldschicht überziehen)* **ein Schmuckstück** ~ to gold-plate a piece of jewellery [*or* AM jewelery]; **einen Bilderrahmen** ~ to gild a picture frame; **ein vergoldetes Schmuckstück** a gold-plated piece of jewellery; **ein vergoldeter Bilderrahmen** a gilded picture frame; ▪ **etw ist vergoldet** sth is gold-plated [*or* gilded] ❷ *(mit goldener Farbe überziehen)* ▪ **etw** ~ to paint sth gold ❸ *(fam: gut bezahlen)* ▪ [**jdm**] **etw** ~ to reward sb for sth; ▪ [**sich** *dat*] **etw** ~ **lassen** to put a price on sth; **na, wenn die mich schon losleren wollen, dann werde ich mir meinen Weggang wenigstens** ~ **lassen** well, if they want to get rid of me, then at least my departure is going to cost them

ver·gön·nen* *vt* ❶ *(geh: gewähren)* ▪ **jdm etw** ~ to grant sb sth; **du vergönnst einem keinen Moment Ruhe!** you don't grant a person a single moment's peace!; ▪ [**jdm**] **vergönnt sein** to be granted [to sb]; **vielleicht sind mir in drei Monaten ein paar Tage Urlaub vergönnt** perhaps in three months I will be granted a few days holiday; ▪ [**jdm**] **vergönnt sein, etw zu tun** to be granted to sb to do sth ❷ SCHWEIZ *(nicht gönnen)* ▪ [**jdm**] **etw** ~ to begrudge sb sth; **die neidischen Kollegen vergönnten ihr den Erfolg** her envious colleagues begrudged her her success

ver·göt·tern [fɛɐ̯ˈgœtɐn] *vt* ▪ **jdn** ~ to idolize sb

ver·gra·ben *irreg* **I.** *vt* ▪ **etw** ~ to bury sth **II.** *vr* ❶ *(sich ganz zurückziehen)* ▪ **sich** *akk* ~ to hide oneself away ❷ *(sich intensivst mit etw beschäftigen)* ▪ **sich** *akk* [**in etw** *akk*] ~ to bury oneself in sth; **wenn sie Kummer hat, vergräbt sie sich in ihre Arbeit** if she has a problem, she buries herself in her work

ver·grä·men *vt* ▪ **jdn** ~ to antagonize sb

ver·grämt *adj* troubled; **eine ~e Miene** a troubled expression

ver·grät·zen [fɛɐ̯ˈgrɛtsn̩] *vt (fam)* ▪ **jdn** ~ to vex sb

ver·grau·len *vt (fam)* ▪ **jdn** ~ to scare sb away [*or* off]

ver·grei·fen *vr irreg* ❶ *(stehlen)* ▪ **sich** *akk* [**an etw** *dat*] ~ to misappropriate sth *form,* to steal sth [*or* BRIT *fam* pinch] ❷ *(Gewalt antun)* ▪ **sich** *akk* [**an jdm**] ~ to assault sb *(geschlechtlich missbrauchen)* to indecently assault sb ❸ *(sich unpassend ausdrücken)* ▪ **sich** *akk* [**in etw** *dat*] ~ to adopt the wrong approach; **Sie** ~ **sich im Ton!** that's the wrong tone to adopt with me! ❹ MUS ▪ **sich** *akk* ~ to play a wrong note ❺ *(fam: sich befassen)* ▪ **sich** *akk* **an etw** *dat* ~ to touch sth; **ohne Anweisung werde ich mich nicht an dem neuen Computer** ~ I won't touch the new computer without [some] instruction

ver·grei·sen [fɛɐ̯ˈgraizn̩] *vi sein* ❶ *(senil werden)* to become senile ❷ SOZIOL *Bevölkerung* to age

Ver·grei·sung <-> *f kein pl* ❶ *(das Vergreisen)* senility *no pl* ❷ SOZIOL ag[e]ing *no pl*

ver·grif·fen *adj Buch* out of print [OP] *pred; Ware* unavailable, sold out, out of stock

ver·grö·ßern [fɛɐ̯ˈgrø:sɐn] **I.** *vt* ❶ *(in der Fläche größer machen)* ▪ **etw** [**um etw** *akk*] [**auf etw** *akk*] ~ to extend [*or* enlarge] sth [by sth] [to sth] ❷ *(die Distanz erhöhen)* ▪ **etw** ~ to increase sth ❸ *(die Zahl der Mitarbeiter erhöhen)* ▪ **etw** [**um etw** *akk*] [**auf etw** *akk*] ~ to expand sth [by sth] [to sth]; **ich plane, die Firma um 35 Mitarbeiter auf 275 zu** ~ I plan to expand the company by thirty-five employees to two hundred and seventy-five ❹ TECH *(etw größer erscheinen lassen)* ▪ **etw** ~ to magnify sth ❺ FOTO ▪ **etw** [**auf etw** *akk*] ~ to enlarge [*or sep* blow up] sth [to sth] ❻ MED *(anschwellen lassen)* ▪ **etw** ~ to enlarge sth; **die Leber wird durch ständigen Alkoholmissbrauch vergrößert** the liver becomes enlarged as a result of constant alcohol abuse **II.** *vr* ▪ **sich** *akk* ~ ❶ MED *(anschwellen)* to become enlarged ❷ *(fam: eine größere Wohnung nehmen)* to move to a bigger place ❸ *(fam: Familienzuwachs bekommen)* to increase in number **III.** *vi (größer erscheinen lassen)* ▪ [**irgendwie**] ~ to magnify [by a certain amount]; **Elektronenmikroskope** ~ **erheblich stärker** electron microscopes have a considerably greater magnification

ver·grö·ßert I. *adj* enlarged; **die Abbildung auf der nächsten Seite ist 25-fach** ~ the picture on the next page has been enlarged twenty-five times **II.** *adv* in an enlarged format

Ver·grö·ße·rung <-, -en> *f* ❶ *(das Vergrößern)* enlargement, increase, expansion, magnification ❷ *(vergrößertes Foto)* enlargement, blow-up; *(vergrößerte Vorlage)* enlargement; **eine** ~ [**von etw** *dat*] **machen** to make an enlargement [of sth]; **in bestimmter** ~ enlarged [*or* magnified] by a certain factor; **in 20.000-facher** ~ enlarged by a factor of twenty thousand ❸ MED *(Anschwellung)* enlargement

Ver·güns·ti·gung <-, -en> *f* ❶ *(finanzieller Vorteil)* perk ❷ *(Ermäßigung)* reduction, concession

ver·gü·ten [fɛɐ̯ˈgy:tn̩] *vt* ❶ *(ersetzen)* ▪ [**jdm**] **etw** ~ to reimburse sb for sth, to refund [sb] sth ❷ *(geh: bezahlen)* ▪ [**jdm**] **etw** ~ to pay [*or form* remunerate] sb for sth ❸ TECH ▪ **etw** ~ *(legieren)* to temper sth;

vergüteter Stahl tempered steel; *(beschichten)* to coat sth; **vergütete Linsen** coated lenses

Ver·gü·tung <-, -en> *f* ❶ *(das Ersetzen)* refunding *no pl,* reimbursement *no pl* ❷ *(geh: das Bezahlen)* payment *no pl,* remuneration *no pl form* ❸ *(Geldsumme)* payment, remuneration; *(Honorar)* fee

ver·hack·stü·cken [fɛɐ̯ˈhak-] *vt (fam)* ❶ *(verreißen)* ▪ **etw** ~ to tear sth to pieces ❷ NORDD *(besprechen)* ▪ **etw** [**mit jdm**] ~ to discuss sth [with sb]

ver·haf·ten *vt* ▪ **jdn** ~ to arrest sb; **Sie sind verhaftet!** you are under arrest!, you're nicked! [*or* AM busted!] *sl*

Ver·haf·te·te(r) *f(m) decl wie adj* person under arrest, arrested man/woman

Ver·haf·tung <-, -en> *f* arrest

ver·hal·len *vi sein* to die away; *s. a.* **ungehört**

ver·hal·ten[1] [fɛɐ̯ˈhaltn̩] *I. vr irreg* ❶ *(sich benehmen)* ▪ **sich** *akk* [**jdm gegenüber**] [**irgendwie**] ~ to behave [in a certain manner] [towards sb] ❷ *(beschaffen sein)* ▪ **sich** *akk* [**irgendwie**] ~ to be [a certain way]; **die Sache verhält sich anders, als du denkst** the matter is not as you think ❸ CHEM *(als Eigenschaft zeigen)* ▪ **sich** *akk* [**irgendwie**] ~ to react [in a certain way]; **die neue Verbindung verhält sich äußerst stabil** the new compound reacts extremely stably ❹ *(als Relation haben)* ▪ **sich** *akk* **zu etw** *dat* ~ to be to sth as; **8 verhält sich zu 16 wie 16 zu 32** eight is to sixteen as sixteen is to thirty-two **II.** *vt irreg* ▪ **etw** ~ ❶ *(unterdrücken, zurückhalten)* to restrain sth; **seinen Atem** ~ to hold one's breath; **Tränen** ~ to hold back tears; **Lachen/Zorn** ~ to contain one's laughter/anger; **seine Stimme** ~ to dampen one's voice ❷ *vi a. (geh)* ▪ [**den Schritt**] ~ to pause [*or* stop]

ver·hal·ten[2] [fɛɐ̯ˈhaltn̩] **I.** *adj* ❶ *(zurückhaltend)* restrained; ~**er Atem** bated breath; ~**e Fahrweise/** ~**er Markt** cautious way of driving/cautious market; ~**e Farben/Stimmen** *pl* muted colours [*or* AM -ors] */* voices *pl;* ~**er Spott** gentle mocking; ~**es Tempo** measured tempo ❷ *(unterdrückt)* ~**er Ärger/Zorn** suppressed anger **II.** *adv* in a restrained manner; ~ **fahren** to drive cautiously

Ver·hal·ten <-s> [fɛɐ̯ˈhaltn̩] *nt kein pl* ❶ *(Benehmen)* behaviour [*or* AM -or] *no pl* ❷ CHEM reaction

Ver·hal·tens·for·schung *f kein pl* behavioural [*or* AM -oral] research *no pl* **ver·hal·tens·ge·stört** *adj* disturbed; **ein** ~**es Kind** a disturbed child, a child with a behavioural disorder **Ver·hal·tens·maß·re·gel** *f meist pl* rule of conduct **Ver·hal·tens·mus·ter** *nt* behavioural pattern **Ver·hal·tens·öko·lo·gie** *f* behavioural ecology **Ver·hal·tens·stö·rung** *f meist pl* behavioural disturbance **Ver·hal·tens·the·ra·pie** *f* behavioural therapy **Ver·hal·tens·wei·se** *f* behaviour

Ver·hält·nis <-ses, -se> [fɛɐ̯ˈhɛltnɪs] *nt* ❶ *(Relation)* ratio; **in keinem** ~ **zu etw** *dat* **stehen** to bear no relation to sth, to be out of all proportion [to sth]; **im** ~ relatively, comparatively; **im** ~ [**von etw** *dat*] [**zu etw** *dat*] in a ratio [of sth] [to sth]; **im** ~ [**zu jdm**] in comparison [with sb]; **im** ~ **zu 1966** in comparison with [*or* compared to] 1966 ❷ *(persönliche Beziehung)* ▪ **jds** ~ **zu jdm** sb's relationship with sb; *(Liebes~)* affair; **ein** ~ [**miteinander**] **haben** to have a relationship [with each other]; **ein** ~ [**mit jdm**] **haben** to have an affair [with sb]; **ein bestimmtes** ~ [**zu jdm**] **haben** to have a certain relationship [with sb]; **ein gestörtes** [*o* **getrübtes**] ~ [**zu jdm/etw**] **haben** to have a disturbed relationship [with sb]/to have a peculiar idea [of sth] ❸ *pl (Zustände)* conditions *pl,* circumstances *pl;* **wir fahren erst, wenn die ~se auf den Straßen es zulassen** we'll only leave when the road conditions permit it; **räumliche** ~**se** physical conditions; **unter anderen** ~**sen** under different circumstances

❹ pl *(Lebensumstände)* circumstances *pl;* **etw geht über jds ~se** *pl* sth is beyond sb's means *pl;* **über seine ~se** *pl* **leben** to live beyond one's means *pl;* **in bescheidenen ~sen leben** to live in modest circumstances; **in geordneten ~sen leben** to live an orderly life; **für klare ~se sein** to want to know how things stand; **klare ~se schaffen, für klare ~ sorgen** to get things straightened out

ver·hält·nis·mä·ßig *adv* relatively; **sie verdient ~ viel** she earns a relatively large amount

Ver·hält·nis·mä·ßig·keit <-, -en> *f meist sing* appropriateness *no pl*

Ver·hält·nis·mä·ßig·keits·prin·zip *nt* ■das ~ the principle of proportionality

Ver·hält·nis·wahl *f* proportional representation *no art* **Ver·hält·nis·wahl·recht** *nt* [system of] proportional representation **Ver·hält·nis·wort** *nt* LING preposition

Ver·hal·tung *f* MED retention

ver·han·deln' **I.** *vi* ❶ *(im Gespräch erörtern)* ■[mit jdm] [über etw akk] ~ to negotiate [with sb] [about sth] ❷ JUR *(eine Gerichtsverhandlung abhalten)* ■[gegen jdn] [in etw dat] ~ to try sb [in sth] **II.** *vt* ■ etw ~ ❶ *(aushandeln)* to negotiate sth ❷ JUR *(gerichtlich erörtern)* to hear sth; **das Gericht wird diesen Fall wohl erst nach der Sommerpause ~** the court will probably hear this case after the summer break

Ver·hand·lung *f* ❶ *meist pl (das Verhandeln)* negotiation; **~en** *pl* [mit jdm] **aufnehmen,** [mit jdm] **in ~en** *pl* **treten** to enter into negotiations *pl* [with sb]; **in ~en** *pl* [mit jdm] **stehen** to be engaged in negotiations *pl* [or to be negotiating] [with sb] ❷ JUR *(Gerichts~)* trial, hearing

Ver·hand·lungs·aus·schuss^RR *m* negotiating committee **Ver·hand·lungs·ba·sis** *f* basis for negotiation[s]; *Preis* or near offer, o.n.o. BRIT, or best offer AM, o.b.o. AM **ver·hand·lungs·be·reit** *adj* ready [or prepared] to negotiate *pred;* **jdn ~ machen** to force sb to the negotiating table **Ver·hand·lungs·be·reit·schaft** *f* readiness [or willingness] to negotiate *no pl* **ver·hand·lungs·fä·hig** *adj* JUR able to stand trial *pred* **Ver·hand·lungs·füh·rer**(in) *m(f)* negotiator **Ver·hand·lungs·ge·schick** *nt kein pl* negotiating skills *pl* **Ver·hand·lungs·part·ner**(in) *m(f)* negotiating party, opposite number [in the negotiations *pl*] **Ver·hand·lungs·po·si·ti·on** *f* bargaining position **Ver·hand·lungs·punkt** *m* negotiating point, point for negotiation **Ver·hand·lungs·sa·che** *f* matter of [or for] negotiation **Ver·hand·lungs·stär·ke** *f* bargaining power **Ver·hand·lungs·tisch** *m* negotiating table **Ver·hand·lungs·weg** *m* ■ **auf dem ~** by negotiation

ver·han·gen *adj* overcast

ver·hän·gen' *vt* ❶ *(zuhängen)* ■ etw [mit etw dat] ~ to cover sth [with sth] ❷ SPORT *(aussprechen)* ■ etw ~ to award [or give] sth; **für das Foul verhängte der Schiedsrichter einen Elfmeter** the referee awarded a penalty for the foul ❸ JUR *(verfügen)* ■ etw [über etw akk] ~ to impose sth [on sth]; **einen Ausnahmezustand ~** to declare a state of emergency; **eine Ausgangssperre über die Stadt ~** to impose a curfew on the town

Ver·häng·nis <-, -se> [fεɐ'hεŋnɪs] *nt* disaster; [jdm] **zum ~ werden,** [jds] **~ werden** to be sb's undoing **ver·häng·nis·voll** *adj* disastrous, fatal

ver·harm·lo·sen' [fεɐ'harmlo:zn] *vt* ■ etw ~ to play down sth *sep*

ver·härmt [fεɐ'hεrmt] *adj* careworn

ver·har·ren' *vi* haben *o* sein *(geh)* ❶ *(stehen bleiben)* ■[irgendwo] ~ to pause [somewhere]; **sie verharrte eine Weile und dachte nach** she paused for a while and reflected ❷ *(hartnäckig bleiben)* ■[bei etw dat] ~ to persist [in sth]

ver·här·ten' **I.** *vt* ■jdn/etw ~ to harden sb/sth **II.** *vr*

■ sich akk ~ ❶ *(starrer werden)* to become hardened; **die Parteien verhärteten sich immer mehr** the positions of the parties became more and more entrenched ❷ MED *(härter werden)* to become hardened

Ver·här·tung *f* ❶ *kein pl (Erstarrung)* hardening *no pl* ❷ MED *(verhärtete Stelle)* induration

ver·has·peln' *vr (fam)* ❶ *(sich verfangen)* ■ sich akk [irgendwo] ~ to become entangled [somewhere] ❷ *(sich versprechen)* ■ sich akk ~ to get into a muddle

ver·hasst^RR, **ver·haßt**^ALT [fεɐ'hast] *adj* ❶ *(gehasst)* hated; ■[wegen etw dat] ~ sein [o werden] to be [or become] hated [for sth]; **sich** akk [bei jdm] **machen** to make oneself deeply unpopular [with sb] ❷ *(tief zuwider)* ■[jdm] ~ sein [o werden] to be [or come to be] hated [by sb]; **dieser Beruf wurde mir immer ~er** I hated [or detested] this profession more and more

ver·hät·scheln' *vt* ■jdn ~ to spoil [or pamper] sb

Ver·hau <-[e]s, -e> [fεɐ'hau] *m* ❶ MIL entanglement ❷ *kein pl (fam: heilloses Durcheinander)* mess *no pl*

ver·hau·en' <verhaute, verhauen> **I.** *vt (fam)* ❶ *(verprügeln)* ■jdn ~ to beat up *sep;* ■ sich akk ~ to have a fight ❷ SCH *(schlecht schreiben)* ■ etw ~ to make a mess of sth; **ich habe den Aufsatz** [gründlich] **~!** I've made a [complete] mess of the essay!, I've [completely] mucked up *sep* the essay! *fam* **II.** *vr (fam: sich verkalkulieren)* ■ sich akk [um etw akk] ~ to slip up [by sth]

ver·hed·dern' [fεɐ'hεdɐn] *vr (fam)* ❶ *(sich verfangen)* ■ sich akk [in etw dat] ~ to get tangled up [in sth] ❷ *(sich versprechen)* ■ sich akk ~ to get into a muddle ❸ *(sich verschlingen)* ■ sich akk ~ to get into a tangle; **die Wolle hat sich völlig verheddert** the wool has got into a complete tangle [or has got completely tangled]

ver·hee·ren' [fεɐ'he:rən] *vt* ■ etw ~ to devastate sth **ver·hee·rend** **I.** *adj* devastating; **ein ~es Erdbeben** a devastating earthquake **II.** *adv* devastatingly; **sich** akk **~ auswirken** to have a devastating effect, to be devastating; **~ aussehen** *(fam)* to look dreadful

Ver·hee·rung <-, -en> *f* devastation; **~en** *pl* **anrichten** to cause devastation *no pl*

ver·heh·len' *vt (geh)* ■ etw [jdm] ~ to conceal [or hide] sth [from sb]; **ich konnte mir die Schadenfreude nicht ~** I could not conceal my delight in his/her etc. misfortune; ■[jdm] **nicht ~, dass** to not hide the fact that

ver·hei·len' *vi sein* to heal [up]

ver·heim·li·chen' [fεɐ'haimlɪçn] *vt (geheim halten)* ■[jdm] **etw ~** to conceal sth [from sb], to keep sth secret [from sb]; ■jdm **~, dass** to conceal the fact from sb that; **etw** [o nichts] **zu ~ haben** to have sth [or nothing] to hide; **sich** [nicht] **~ lassen** [not] to be able to be concealed; **sich nicht ~ lassen, dass** not to be able to conceal the fact that

Ver·heim·li·chung <-, -en> *f* concealment; *Tatsache* suppression

ver·hei·ra·ten' *vr* ■ sich akk [mit jdm] ~ to marry [sb], to get married [to sb]

ver·hei·ra·tet *adj* married; **glücklich ~ sein** to be happily married; ■[mit jdm] **~ sein** to be married [to sb]; **mit etw** *dat* **~ sein** *(hum fam)* to be married [or wedded] to sth *hum fam*

ver·hei·ßen' *vt irreg (geh)* ■[jdm] **etw ~** to promise [sb] sth; *s. a.* **Gute(s)**

Ver·hei·ßung <-, -en> *f (geh)* promise

ver·hei·ßungs·voll *adj* promising; **ein ~er Anfang** a promising start; **wenig ~** unpromising **II.** *adv* full of promise; **Ihr Vorschlag hört sich** [wenig] **~ an** your suggestion sounds [rather un]promising

ver·hei·zen *vt* ❶ *(als Brennstoff verwenden)* ◼ etw ~ to burn sth ❷ *(sl: sinnlos opfern)* ◼ jdn ~ *Soldaten* to send sb to the slaughter, to use sb as cannon fodder; *Star* to run sb into the ground *[or* cause sb to burn out]

ver·hel·fen *vi irreg* ❶ *(bewirken, dass jd etw erhält)* ◼ [jdm] zu etw ~ to help sb to get sth; **jdm zur Errei·chung eines Zieles** ~ to help sb achieve an objective ❷ *(bewirken, dass eine S. etw nach sich zieht)* ◼ [jdm/einer S.] zu etw *dat* ~ to help sb *[or* a thing] achieve sth; **dieser Erfolg verhalf dem Produkt endlich zum Durchbruch** this success finally helped the product achieve a breakthrough

ver·herr·li·chen [fɛɐ̯'hɛrlɪçn̩] *vt* ◼ etw ~ to glorify sth; **die Gewalt** ~ to glorify violence

Ver·herr·li·chung <-, -en> *f* glorification *no pl,* extol·ling *no pl*

ver·het·zen *vt* ◼ jdn ~ to incite sb

ver·heult *adj (fam)* puffy *[or* swollen] from crying

ver·he·xen *vt* ◼ jdn ~ to bewitch sb, to cast a spell on sb; **wie verhext sein** *(fam)* to be jinxed

ver·hin·dern *vt* ◼ etw ~ to prevent *[or* stop] sth; ◼ ~, **dass jd etw tut** to prevent *[or* stop] sb from doing sth; ◼ ~, **dass etw geschieht** to prevent *[or* stop] sth from happening

ver·hin·dert *adj* ❶ *(aus bestimmten Gründen nicht anwesend)* ◼ [irgendwie] ~ sein to be unable to come [for certain reasons] ❷ *(fam: mit einer verborge·nen Begabung)* ◼ ein ~er *[o* eine ~e] … sein to be a would-be …

Ver·hin·de·rung <-, -en> *f* ❶ *(das Verhindern)* pre·vention *no pl, no indef art* ❷ *(zwangsläufiges Nicht·erscheinen)* inability to come *[or* attend]

ver·hoh·len [fɛɐ̯'ho:lən] *adj* ~e Neugier/Schaden·freude concealed *[or* hidden] curiosity/schaden·freude; ~es Gähnen/Grinsen suppressed yawn/grin; **kaum** ~ barely concealed *[or* suppressed]

ver·höh·nen *vt* ◼ jdn ~ to mock *[or* ridicule] sb

Ver·höh·nung <-, -en> *f* mocking *no pl, no indef art,* ridiculing *no pl, no indef art*

ver·hö·kern *vt (fam)* ◼ etw [an jdn] ~ to flog sth [off] [to sb] *fam*

Ver·hör <-[e]s, -e> [fɛɐ̯'hø:ɐ̯] *nt* questioning *no pl, no art,* interrogation; **jdn ins** ~ **nehmen** to question *[or* interrogate] sb; **jdn einem** ~ **unterziehen** to subject sb to questioning *[or* interrogation]

ver·hö·ren I. *vt (offiziell befragen)* ◼ jdn ~ to question *[or* interrogate] sb II. *vr (etw falsch hören)* ◼ sich *akk* ~ to mishear, to hear wrongly

ver·hül·len *vt* ◼ etw [mit etw *dat*] ~ to cover sth [with sth]; ◼ sich *akk* [mit etw *dat*] ~ to cover oneself [with sth]

ver·hül·lend *adj* euphemistic

ver·hüllt *adj* ❶ *(bedeckt)* covered ❷ *(versteckt)* veiled; **eine** ~e **Drohung** a veiled threat

ver·hun·dert·fa·chen [fɛɐ̯'hʊndɐtfaxn̩] I. *vt* ◼ etw ~ to increase sth a hundredfold II. *vr* ◼ sich *akk* ~ to increase a hundredfold

ver·hun·gern *vi sein* ❶ *(Hungers sterben)* to starve [to death], to die of starvation *no pl, no art;* ◼ jdn ~ **lassen** to let sb starve [to death]; **am V~ sein** to be starving; [fast] **am V~ sein** *(fig fam)* to be [just about] starving *fig fam* ❷ *(fam: stehen bleiben)* ◼ [ir·gendwo] ~ to come to a stop [somewhere]; **der Golf·ball verhungerte nur wenige Zentimeter vor dem Loch** the golf ball came to a stop just a few cen·timetres from the hole

ver·hun·gert I. *adj (fam)* starved II. *adv (fam)* half-starved

ver·hun·zen *vt (fam)* ◼ etw ~ to ruin sth

ver·huscht *adj (fam)* timid

ver·hü·ten *vt* ◼ etw ~ to prevent sth; **eine Empfäng·nis verhüten** to prevent conception; *s. a.* **Gott**

Ver·hü·ter·li <-s, -> [fɛɐ̯'hy:tɐli] *nt* SCHWEIZ *(Kondom)* condom

ver·hüt·ten [fɛɐ̯'hʏtn̩] *vt* ◼ etw ~ to smelt sth

Ver·hüt·tung <-, -en> *f* smelting *no pl, no indef art*

Ver·hü·tung <-, -en> *f* ❶ *(das Verhindern)* prevention *no pl, no indef art* ❷ *(Empfängnis~)* contraception *no pl, no art*

Ver·hü·tungs·mit·tel *nt* contraceptive

ver·hut·zelt [fɛɐ̯'hʊtsl̩t] *adj (fam)* wizened; *Haut a.* wrinkled; *Obst a.* shrivelled *[or* AM shriveled]

ve·ri·fi·zie·ren [verifi'tsi:rən] *vt (geh)* ◼ etw ~ to verify sth

ver·in·ner·li·chen [fɛɐ̯'?ɪnɐlɪçn̩] *vt* ◼ etw ~ to internal·ize sth

Ver·in·ner·li·chung <-, -en> *f* internalization

ver·ir·ren *vr* ◼ sich *akk* ~ to get lost

Ver·ir·rung *f* aberration

ver·ja·gen *vt* ◼ jdn/ein Tier ~ to chase away sb/an animal *sep*

ver·jäh·ren *vi sein* JUR ❶ *(nicht mehr eingetrieben werden können)* to come under the statute of limita·tions ❷ *(nicht mehr verfolgt werden können)* to become statute-barred; ◼ **verjährt** statute-barred

ver·jährt *adj inv* ❶ *(veraltend: sehr alt) Person* past it *pred fam* ❷ JUR *(gerichtlich nicht mehr verfolgbar) Ansprüche* in lapse

Ver·jäh·rung <-, -en> *f* JUR limitation

Ver·jäh·rungs·frist *f* JUR [statutory] period of limitation

ver·ju·beln *vt (fam: leichtsinnig ausgeben)* ◼ etw ~ to blow sth *sl*

ver·jün·gen [fɛɐ̯'jʏŋən] I. *vi (vitalisieren)* to make one feel younger II. *vt* ❶ *(vitalisieren)* ◼ jdn ~ to reju·venate sb; **ich fühle mich um Jahre verjüngt** I feel years younger ❷ ÖKON *(mit jüngeren Mitarbeitern auf·füllen)* ◼ etw ~ to create a younger sth; **wir sollten das Management der Firma** ~ we should bring some young blood into the management of the com·pany III. *vr* ◼ sich *akk* ~ ❶ *(schmaler werden)* to nar·row; *Säule* to taper ❷ *(ein jüngeres Aussehen bekom·men)* to look younger; *Haut* to rejuvenate

Ver·jün·gung <-, -en> *f* ❶ *(das Verjüngen)* rejuvena·tion ❷ *(Verengung)* narrowing *no pl,* tapering *no pl*

ver·ka·beln *vt* ◼ etw ~ to connect sth to the cable net·work

Ver·ka·be·lung <-, -en> *f* connecting *no pl* to the cable network

ver·kal·ken *vi sein* ❶ TECH *(Kalk einlagern)* to fur *[or* AM clog] up, to become furred *[or* AM clogged]; ◼ **ver·kalkt** furred up ❷ ANAT *(durch Kalkeinlagerung ver·härten) Arterien* to become hardened; *Gewebe* to cal·cify *[or* become calcified] ◼ **verkalkt** ❸ MED *(fam) jd verkalkt (Arteriosklerose bekommen)* sb suffers from harden·ing of the arteries *pl;* *(senil werden)* sb's going senile *fam;* **verkalkt sein** to be senile *[or* BRIT *fam* gaga]

Ver·kal·kung <-, -en> *f* ❶ TECH *(das Verkalken)* fur·ring *no pl* BRIT, clogging AM ❷ ANAT *Arterien* hardening *no pl;* *Gewebe* calcification *no pl* ❸ MED *(fam: Arte·riosklerose)* hardening of the arteries *pl;* *(Senilität)* senility *no pl*

ver·kannt *adj* unrecognized

ver·kan·ten *vt* ◼ etw ~ to tilt sth; SKI *improper use of the edges of the skis which causes imbalance and usually leads to a fall*

ver·kappt *adj attr* disguised; **ein** ~er **Kommunist** a communist in disguise

ver·kars·ten [fɛɐ̯'karstn̩] *vi sein* GEOL to become karsti·fied

ver·ka·tert [fɛgˈkaːtɐt] *adj (fam)* hung-over *pred*

Ver·kauf <-s, Verkäufe> [fɛgˈkauf, *pl:* fɛgˈkɔyfə] *m* ❶ *(das Verkaufen)* sale, selling *no pl;* **etw zum ~ anbieten** to offer sth [*or* put sth up] for sale; **zum ~ stehen** to be up for sale ❷ *kein pl (Verkaufsabteilung)* sales *no art,* + *sing o pl verb*

ver·kau·fen I. *vt* ❶ *(gegen Geld übereignen)* ▪ **jdm**| **etw [für etw** *akk*| ~ to sell [sb] sth [for sth]; ▪ **etw [an jdn**| ~ to sell sth [to sb]; **zu ~ sein** to be for sale; „**zu ~**" 'for sale' ❷ *(sl: glauben machen)* ▪ **jdm**| **etw [als etw** *akk*| ~ to sell sth [to sb] [as sth]; *s. a.* **dumm** II. *vr* ▪ **sich** *akk* **[irgendwie] ~** *(verkauft werden)* to sell [in a certain way]; **das Buch verkauft sich gut** the book is selling well ❷ *(sich selbst darstellen)* to sell oneself [in a certain way]

Ver·käu·fer(in) [fɛgˈkɔyfɐ] *m(f)* ❶ *(verkaufender Angestellter)* sales [*or* shop] assistant ❷ *(verkaufender Eigentümer)* seller; JUR vendor

ver·käuf·lich *adj* ❶ *(zu verkaufen)* for sale *pred* ❷ ÖKON ▪ **irgendwie ~** saleable [*or* sellable] in a certain way; **kaum/schnell ~** slow-moving/fast-selling items *pl;* **problemlos ~e Produkte** *pl* products *pl* that are easy to sell

Ver·kaufs·ab·tei·lung *f* sales department **Ver·kaufs·an·ge·bot** *nt* sales offer, offer for sale **Ver·kaufs·auf·for·de·rung** *f* sale incitement **Ver·kaufs·be·din·gun·gen** *pl* conditions [*or* terms] *pl* of sale **Ver·kaufs·er·lös** *m* ÖKON sales revenue, proceeds *pl* of a/ the sale **Ver·kaufs·flä·che** *f* retail [*or* sales *pl*] area **Ver·kaufs·ge·spräch** *nt* sales talk [*or* pitch] **Ver·kaufs·lei·ter(in)** *m(f)* sales manager **ver·kaufs·of·fen** *adj* open for business; **der erste Samstag im Monat ist immer ~** the shops are always open late on the first Saturday of every month **Ver·kaufs·preis** *m* retail price **Ver·kaufs·re·kord** *m* sales record **Ver·kaufs·ren·ner** <-s, -> *m* top-selling item, best seller **Ver·kaufs·schla·ger** *m* best-seller **Ver·kaufs·stil** *m* style of selling **Ver·kaufs·stra·te·gie** *f* sales strategy **Ver·kaufs·un·ter·la·gen** *pl* sales documents *pl* **Ver·kaufs·zah·len** *pl* sales figures *pl* **Ver·kaufs·ziel** *nt* sales target

Ver·kehr <-[e]s> [fɛgˈkeːɐ] *m kein pl* ❶ *(Straßen~)* traffic *no pl, no indef art;* **ruhender ~** *(geh)* stationary traffic; **den ~ regeln** to control the [*or* regulate the [flow of]] traffic ❷ *(Transport)* transport *no pl, no indef art* ❸ *(Umgang)* contact, dealings *pl;* **jdn aus dem ~ ziehen** *(fam)* to take sb out of circulation, to withdraw sb from the field of operations ❹ *(Handel)* **etw in den ~ bringen** to put sth into circulation; **etw aus dem ~ ziehen** to withdraw sth from circulation ❺ *(euph geh: Geschlechts~)* intercourse; **~ [mit jdm] haben** *(form)* to have intercourse [with sb]

ver·keh·ren I. *vi* ❶ *haben o sein (fahren)* Boot, Bus, Zug to run [*or* go]; **der Zug verkehrt auf dieser Nebenstrecke nur noch zweimal am Tag** the train only runs twice a day on this branch line; *Flugzeug* to fly [*or* go] ❷ *haben (geh: häufiger Gast sein)* ▪ **irgendwo/bei jdm** ~ to visit somewhere/sb regularly ❸ *haben (Umgang pflegen)* ▪ **[mit jdm] ~** to associate [with sb]; **sie verkehrt mit hochrangigen Diplomaten** she associates with high-ranking diplomats ❹ *haben (euph geh: Geschlechtsverkehr haben)* ▪ **[mit jdm] ~** to have intercourse [with sb] II. *vr* ▪ *haben (sich umkehren)* ▪ **sich** *akk* **[in etw** *akk*| ~ to turn into sth; *s. a.* **Gegenteil**

Ver·kehrs·ader *f* arterial road **Ver·kehrs·am·pel** *f* traffic lights *pl* **Ver·kehrs·amt** *nt* tourist information office **ver·kehrs·arm** *adj* quiet, low-traffic *attr* **Ver·kehrs·auf·kom·men** *nt* volume [*or* density] of traffic **Ver·kehrs·be·hin·de·rung** *f* JUR obstruction [of the traffic] **ver·kehrs·be·ru·higt** *adj* traffic-calmed **Ver·kehrs·be·ru·hi·gung** *f* traffic calming *no pl, no indef*

art **Ver·kehrs·be·schrän·kun·gen** *pl* traffic restriction **Ver·kehrs·be·schrän·kun·gen** *pl* traffic restrictions [*or* restraints] **Ver·kehrs·be·trie·be** *pl* transport services *pl* **Ver·kehrs·cha·os** *nt* road chaos, chaos on the roads **Ver·kehrs·de·likt** *nt* traffic offence [*or* AM -se] **Ver·kehrs·durch·sa·ge** *f* traffic announcement **Ver·kehrs·er·zie·hung** *f* road safety training **Ver·kehrs·flug·zeug** *nt* commercial aircraft **Ver·kehrs·funk** *m* radio traffic service **Ver·kehrs·ge·fähr·dung** *f* hazard to other traffic **ver·kehrs·güns·tig** *adj* conveniently situated for [*or* close to] public transport **Ver·kehrs·hin·der·nis** *nt* obstruction to traffic **Ver·kehrs·in·farkt** *m* traffic jam **Ver·kehrs·in·sel** *f* traffic island **Ver·kehrs·kno·ten·punkt** *m* traffic junction **Ver·kehrs·kon·trol·le** *f* spot check on the traffic **Ver·kehrs·la·ge** *f* TRANSP ❶ *(Situation im Straßenverkehr)* traffic [conditions *pl*] ❷ *(Nähe zu Verkehrsverbindungen)* location with regards to transport facilities, proximity to public transport **Ver·kehrs·lärm** *m kein pl* traffic noise **Ver·kehrs·leit·sys·tem** *nt* traffic guidance system **Ver·kehrs·mi·nis·te·ri·um** *nt* Ministry of Transport, Department of Transportation AM **Ver·kehrs·mit·tel** *nt* means + *sing/pl vb* of transport; **öffentliches/privates ~** public/private transport **Ver·kehrs·netz** *nt* transport system, traffic network **Ver·kehrs·ord·nung** *f kein pl* Road Traffic Act **Ver·kehrs·pla·ner(in)** *m(f)* traffic planner **Ver·kehrs·po·li·zist(in)** *m(f)* traffic policeman *masc,* policewoman *fem* **Ver·kehrs·re·gel** *f* traffic regulation **ver·kehrs·reich** *adj* ~e Straße busy street **Ver·kehrs·schild** *nt* road sign **Ver·kehrs·si·cher·heit** *f kein pl* road safety **Ver·kehrs·spra·che** *f* language of communication, lingua franca **Ver·kehrs·sün·der(in)** *m(f) (fam)* traffic offender **Ver·kehrs·sün·der·kar·tei** *f (fam) s.* **Verkehrszentralregister** **Ver·kehrs·teil·neh·mer(in)** *m(f) (geh)* road-user **ver·kehrs·tüch·tig** *adj* roadworthy **Ver·kehrs·un·fall** *m* road accident **Ver·kehrs·un·ter·richt** *m* road safety instruction **Ver·kehrs·ver·bin·dung** *f (durch Verkehrswege)* route; *(durch Verkehrsmittel)* connection **Ver·kehrs·ver·bund** *m* association of transport companies *pl*

Ver·kehrs·ver·ein *m* tourist promotion agency **Ver·kehrs·ver·stoß** *m* road traffic offence [*or* AM -se] **Ver·kehrs·wert** *m* FIN current market value **ver·kehrs·wid·rig** *adj* contrary to road traffic regulations *pl;* **~es Verhalten** disobeying road traffic regulations **Ver·kehrs·zäh·lung** *f* traffic census **Ver·kehrs·zei·chen** *nt s.* **Verkehrsschild** **Ver·kehrs·zen·tral·re·gis·ter** *m* central index of traffic offenders *pl*

ver·kehrt I. *adj (falsch)* wrong; **die ~e Richtung** the wrong direction; ▪ **der V~e** the wrong person; ▪ **et·was V~es** the wrong thing; **es gibt nichts V~eres, als …** there's nothing worse than …; **jd/etw ist gar nicht [so] ~** *(fam)* sb/sth is not at all that bad; **unser neuer Klassenlehrer ist gar nicht so ~** our new class teacher is not all that bad ▸ WENDUNGEN: **mit dem ~en Bein aufgestanden sein** to have got out of bed on the wrong side; **Kaffee ~** *little coffee with a lot of milk* II. *adv* ❶ *(falsch)* wrongly; **du machst ja doch wieder alles ~!** you're doing everything wrong again! ❷ *(falsch herum)* the wrong way round; **das Bild hängt ~** the picture is hanging the wrong way round; **~ herum** the wrong way round

ver·keilt *adj inv* [ineinander] ~ gridlocked

ver·ken·nen *vt irreg (falsch einschätzen)* ▪ **etw ~** to misjudge sth; ▪ **~, dass** to fail to recognize [*or* appreciate] that; ▪ **[von jdm] verkannt werden** to remain unrecognized [by sb]; **es ist nicht zu ~, dass** it cannot be denied that; **ich will nicht ~, dass** I would not deny that

Ver·ken·nung *f* misjudgement, underestimation; **in ~**

einer S. *gen* misjudging a thing; **sie verlangte 12.000 Euro in ~ des Machbaren** her demand for twelve thousand euros was out of touch with reality
ver·ket·ten I. *vt* ❶ *(durch eine Kette verbinden)* ▪ etw [mit etw *dat*] ~ to chain sth [to sth] ❷ *(durch eine Kette verschließen)* ▪ etw ~ to put a chain on sth II. *vr* ▪ **sich** *akk* ~ ❶ *(sich aneinander anschließen)* to follow close on one another ❷ *(sich zu einer Einheit verbinden) Moleküle* to combine
Ver·ket·tung <-, -en> *f* chain
ver·kit·schen [fɛɡˈkɪtʃn̩] *vt* ▪ etw ~ ❶ *(kitschig gestalten)* to turn sth into kitsch, to make sth kitschy ❷ *(sl: billig verkaufen)* to flog [off *sep*] sth *fam*
ver·kla·gen *vt* JUR ▪ jdn [wegen etw *dat*] ~ to take proceedings against sb [for sth]; ▪ jdn [auf etw *akk*] ~ to sue sb [for sth]
ver·klam·mern I. *vt* ▪ etw ~ to clamp sth, to staple together sth *sep;* TECH to brace sth, to put braces *pl* around sth; **eine Wunde** ~ to apply clips *pl* to a wound II. *vr* ▪ **sich** *akk* [ineinander] ~ to clutch each other
ver·klap·pen *vt* ▪ etw [irgendwo] ~ to dump sth [in the sea] [somewhere]
Ver·klap·pung <-, -en> *f* dumping [in the sea]
ver·klä·ren *vr* ❶ *(heiter werden)* ▪ sich *akk* ~ to become elated; ▪ **verklärt** with an elated look ❷ *(nostalgisch werden)* ▪ etw verklärt sich sth takes on a nostalgic air
ver·klärt <-er, -este> *adj* transfigured
ver·klau·su·liert I. *adj* limited with qualifying clauses *pred* II. *adv* in a convoluted [*or* roundabout] manner
ver·kle·ben I. *vt haben* ❶ *(zukleben)* ▪ etw [mit etw *dat*] ~ to cover sth [with sth] ❷ *(zusammenkleben)* ▪ etw [mit etw *dat*] ~ to stick sth together [with sth] ❸ *(festkleben)* ▪ etw ~ to stick sth [down] II. *vi sein (zusammenkleben)* to stick together; **verklebte Hände** *pl* sticky hands *pl*
ver·klei·den I. *vt* ❶ *(kostümieren)* ▪ jdn [als etw *akk*] ~ to dress up *sep* sb [as sth]; **ihr verkleideter Bruder** her brother in fancy dress ❷ *(ausschlagen)* ▪ etw [mit etw *dat*] ~ to line sth [with sth] ❸ BAU *(überdecken)* ▪ etw [mit etw *dat*] ~ to cover sth [with sth] II. *vr* ▪ sich *akk* [als etw *akk*] ~ to dress up [as sth]
Ver·klei·dung *f* ❶ *(Kostüm)* disguise, fancy dress; **in dieser** ~ in this disguise [*or* fancy dress] ❷ BAU *(das Verkleiden)* covering; *(verkleidende Überdeckung)* lining
ver·klei·nern [fɛˈklainən] I. *vt* ▪ etw ~ ❶ *(in der Fläche verringern)* to reduce sth ❷ *(die Zahl der Mitarbeiter verringern)* to reduce sth ❸ FOTO to reduce sth ❹ MED *(schrumpfen lassen)* to shrink sth; **einen Tumor** ~ to shrink a tumour BRIT [*or* AM tumor] II. *vr* ❶ *(sich verringern)* ▪ sich *akk* [um etw *akk*] ~ to be reduced in size [by sth]; **das Grundstück hat sich um 10 % verkleinert** the property has been reduced in size by 10% ❷ *(schrumpfen)* ▪ sich *akk* ~ to shrink
Ver·klei·ne·rung <-, -en> *f* ❶ *kein pl (das Verkleinern)* reduction *no pl* ❷ *(verkleinerte Vorlage)* reduction
Ver·klei·ne·rungs·form *f* LING diminutive [form]
ver·klem·men *vr* ▪ sich ~ to jam, to get stuck
ver·klemmt *adj* [sexually] inhibited, uptight [about sex *pred*] *fam*
ver·kli·ckern *vt (fam)* ▪ [jdm] etw ~ to explain sth [*or* to make sth clear] [to sb], to spell out sth *sep* [to sb] [in words of one syllable]; ▪ [jdm] ~, dass/wie ... to tell sb [that]/how ...
ver·klin·gen *vi irreg sein* to fade [*or* die] away
ver·klop·pen *vt* DIAL *(fam)* ❶ *(verprügeln)* ▪ jdn ~ to beat [*or* BRIT *fam* duff] up sb *sep*, to give sb what for *fam* ❷ *(verkaufen)* ▪ etw ~ to sell [*or fam* flog] sth

ver·kna·cken *vt (fam)* ▪ jdn ~ to put sb away [*or fam* inside]; jdn zu einer Geldstrafe/zu zehn Jahren ~ to fine sb/to give sb ten years; ▪ [für etw] verknackt werden to get done [*or* get put away] [for sth]
ver·knack·sen *vt* sich den Fuß verknacksen to sprain [*or* twist] one's ankle
ver·knal·len *(fam)* I. *vt (verschwenden)* ▪ etw ~ to squander sth II. *vr (sich verlieben)* ▪ sich [in jdn] ~ to fall head over heels in love [with sb]; ▪ [in jdn] verknallt sein to be head over heels in love [with sb], to be crazy [*or fam* nuts] about sb
Ver·knap·pung *f* shortage
ver·knaut·schen I. *vt* ▪ etw ~ to crease [*or* crumple] sth; *(unabsichtlich a.)* to get sth creased II. *vi sein* to be/get creased [*or* crumpled [up]]
ver·knei·fen *vr irreg (fam)* ▪ sich *dat* etw ~ ❶ *(nicht offen zeigen)* to repress sth; **sich** *dat* **eine Äußerung nicht ~ können** to be unable to resist [*or* bite back] a remark; **ich konnte mir ein Grinsen nicht ~** I couldn't keep a straight face [*or* help grinning] ❷ *(sich versagen)* to do without sth; **sich** *dat* **etw ~ müssen** to have to do [*or* manage] without sth
ver·knif·fen *adj* **eine ~e Miene** a pinched [*or* a strained] [*or* an uneasy] expression; **etw ~ sehen** *(fam)* to take a narrow view of sth, to be small-minded [*or pej* petty[-minded]] [*or* uncharitable] about sth; **etwas V~es haben** to look as if one has sucked on a lemon *hum*
ver·knö·chert [fɛˈknœçət] *adj* inflexible, rigid; **ein ~er Mensch** a[n old] fossil *fam;* **~e Bürokraten** old fossils of bureaucrats *fam*
ver·kno·ten I. *vt* ▪ etw ~ to knot [*or* make [*or* tie] a knot in] sth; ▪ etw miteinander ~ to tie together sth *sep,* to knot together sth *sep* II. *vr* ▪ sich ~ to become [*or* get] knotted
ver·knüp·fen *vt* ❶ *(verknoten)* ▪ etw [miteinander] ~ to knot together sth *sep,* to tie [together *sep*] sth ❷ *(verbinden)* ▪ etw [mit etw] ~ to combine sth [with sth] ❸ INFORM ▪ etw [mit etw] ~ to combine [*or* integrate] sth [with sth] ❹ *(in Zusammenhang bringen)* ▪ etw [mit etw] ~ to link sth [to *or* with] sth]
Ver·knüp·fung <-, -en> *f* ❶ *(Verbindung)* combination ❷ *(Zusammenhang)* link, connection
ver·ko·chen *vi sein* ❶ *(verdampfen)* to boil away ❷ *(zerfallen)* to fall apart; *(zu einer breiigen Masse)* to go mushy *fam*
ver·koh·len¹ *vi sein* to turn to charcoal
ver·koh·len² *vt (fam)* ❶ *(veräppeln)* ▪ jdn ~ to pull sb's leg, to have [*or* AM put] sb on *fam* ❷ *(auf die falsche Spur führen)* to lead sb up the garden path
ver·kom·men¹ *vi irreg sein* ❶ *(verwahrlosen)* to decay; *Mensch* to go to rack [*or esp* AM wrack] and ruin [*or* fam to the dogs]; *Gebäude* to decay, to become run-down, to fall into disrepair; **im Elend ~** to sink into misery, to become destitute ❷ *(herunterkommen)* to go to the dogs [*or* to rack [*or esp* AM wrack] *or fam* pot] and ruin]; ▪ zu etw ~ to degenerate into sth ❸ *(sittlich sinken)* ▪ [zu etw] ~ to degenerate [into sth] ❹ *(verderben)* to spoil, to go rotten [*or* bad] [*or* BRIT off] ❺ *(versumpfen)* to stay out late [*or* be out on the town,] drinking
ver·kom·men² *adj (verwahrlost)* degenerate ❷ *(im Verfall begriffen)* decayed, dilapidated
Ver·kom·men·heit <-> *f kein pl* ❶ *(Verwahrlosung)* degeneration *no art, no pl* ❷ *(moralische Verwahrlosung)* profligacy *no art, no pl form; (schlimmer)* depravity *no art, no pl*
ver·kon·su·mie·ren *vt (fam)* ▪ etw ~ to get through [*or sep fam* polish off] [*or esp* AM kill] sth
ver·kop·peln *vt* ▪ etw [mit etw] ~ to couple sth [to sth]
ver·kor·ken *vt* ▪ etw ~ to cork [up *sep*] sth

ver·kork·sen [fɛɐ̯'kɔrksn̩] *(fam)* **I.** *vt* ■ etw ~ to make a mess of sth, to screw *fam* [*or* BRIT *fam!* cock] up sth *sep;* ■ **jdm etw** ~ to wreck [*or sep* mess up] sth for sb; **ein verkorkster Magen** an upset stomach; **eine verkorkste Person** a screwed-up person *fam;* **jds Vergnügen** ~ to spoil [*or* ruin] sb's fun **II.** *vr* **sich** *dat* **den Magen** ~ to upset one's stomach
ver·korkst <-er, -este> *adj* screwed-up *sl*, ruined; **ein ~er Magen** an upset stomach
ver·kör·pern [fɛɐ̯'kœrpɐn] **I.** *vt* ❶ FILM, THEAT ■ **jdn/ etw** ~ to play [the part of] sb/sth ❷ *(personifizieren)* ■ etw ~ to personify sth **II.** *vr* ■ etw **verkörpert sich in jdm/etw** sb/sth is the embodiment of sth
Ver·kör·pe·rung <-, -en> *f* ❶ *kein pl* FILM, THEAT portrayal ❷ *(Inbegriff)* personification ❸ *(Abbild)* embodiment
ver·kos·ten *vt* ■ etw ~ to try [*or* taste] sth; *(prüfend)* to sample sth
ver·kös·ti·gen [fɛɐ̯'kœstɪɡn̩] *vt bes* ÖSTERR ■ **jdn** ~ to feed [*or* cater for] sb, to provide a meal/meals for sb; ■ **sich** ~ to cater for [*or fam* feed] oneself
ver·kra·chen *(fam)* **I.** *vr (fam)* ■ **sich** [**mit jdm**] ~ to fall out [*or* quarrel] [with sb] **II.** *vi sein* ❶ *(bankrottgehen)* to go bankrupt [*or fam* bust]; ■ **verkracht** bankrupt ❷ *(scheitern)* to fail
ver·kracht *adj (fam)* failed; *s. a.* **Existenz**
ver·kraf·ten [fɛɐ̯'kraftn̩] *vt* ■ etw ~ ❶ *(innerlich bewältigen)* to cope with sth ❷ *(aushalten)* to cope with [*or* stand] sth; **ich könnte ein Bier** ~ *(hum)* I could do with a beer
ver·kral·len *vr* ■ **sich in jdm/etw** ~ to dig one's nails to dig [*or* stick] its claws into sb/sth
ver·kramp·fen *vr* ■ **sich** ~ ❶ *(zusammenkrümmen)* to be/become [*or* get] cramped ❷ *(sich anspannen)* to tense [up] ❸ *(sich verspannen)* to tense [up], to get [*or* go] tense
ver·krampft **I.** *adj* ❶ *(unnatürlich wirkend)* tense, strained ❷ *(innerlich nicht gelöst)* tense, nervous **II.** *adv* ❶ *(unnatürlich)* tensely; ■ **wirken** to seem unnatural ❷ *(in angespannter Verfassung)* tensely, nervously
Ver·kramp·fung <-, -en> *f* tension *no art, no pl; Muskulatur* muscular tension, [muscular] cramp
ver·krie·chen *vr irreg* ❶ *(in ein Versteck kriechen)* ■ **sich** ~ to creep [*or* crawl] away [to hide [oneself]] ❷ *(fam: sich begeben)* ■ **sich** [**irgendwohin**] ~ to crawl [somewhere] ❸ *(aus dem Weg gehen)* **vor ihm brauchst du dich nicht zu** ~ you don't have to worry about him
ver·krü·meln *vr (fam)* ■ **sich** ~ to make oneself scarce, to do a bunk BRIT *fam*
ver·krüm·men *vt* ■ etw ~ to bend sth **II.** *vr* ■ **sich** ~ to bend; *Baum* to grow crooked; *Holz* to warp
Ver·krüm·mung <-, -en> *f* bend (+*gen* in); *Finger* crookedness *no art, no pl; Holz* warp; *Rückgrat* curvature
ver·krüp·peln **I.** *vt* ■ **jdn/etw** ~ to cripple sb/sth **II.** *vi sein* to be/grow [*or* become] stunted
ver·krüp·pelt <-er, -este> *adj* ❶ *(missgestaltet gewachsen)* stunted ❷ *(missgestaltet zugerichtet)* crippled
ver·krus·tet *adj* time-honoured [*or* AM -ored], set *attr*
ver·küh·len *vr* DIAL, *bes* ÖSTERR *(fam)* ■ **sich** ~ to catch [*or* get] a cold [*or* chill]; ■ **sich** *dat* **etw** ~ to catch [*or* get] a chill [*or* cold] in sth; **sich die Blase** ~ to get a chill on the bladder
Ver·küh·lung <-, -en> *f* DIAL, ÖSTERR chill, cold
ver·küm·mern *vi sein* ❶ MED to waste away, to atrophy; *(durch einen natürlichen Prozess)* to degenerate ❷ *(eingehen)* to [shrivel and] die ❸ *(verloren gehen)* to wither away ❹ *(die Lebenslust verlieren)* to waste

away
ver·kün·den *vt* ❶ *(geh: mitteilen)* ■ [**jdm**] **etw** ~ to announce sth [to sb]; ■ [**jdm**] ~, **dass ...** to announce [to sb] that ... ❷ JUR **einen Beschluss** ~ to announce a decision; **ein Urteil** ~ to pronounce sentence ❸ *(geh: ankündigen)* ■ etw ~ to speak [*or* promise] sth; **Gutes/Unheil** ~ to augur/to not augur well *form*
Ver·kün·der(in) <-s, -> *m(f) (geh)* messenger, bringer of [good/bad/etc.] news *liter*
ver·kün·di·gen *vt (geh)* ■ [**jdm**] **etw** ~ to proclaim sth [to sb] *form*
Ver·kün·di·gung *f (geh)* ❶ *(das Verkündigen)* announcement; *Evangelium* preaching *no art, no pl,* propagation *no art, no pl;* **Mariä** ~ the Annunciation ❷ *(Proklamation)* proclamation
Ver·kün·dung <-, -en> *f* JUR announcement; *Urteil* pronouncement
ver·kup·peln *vt* ■ **jdn** [**mit jdm/an jdn**] ~ to pair off sb *sep* [with sb]
ver·kür·zen **I.** *vt* ❶ *(kürzer machen)* ■ etw [**auf/um etw** *akk*] ~ to shorten sth [to/by sth] ❷ *(zeitlich vermindern)* ■ etw [**auf/um etw** *akk*] ~ to reduce [*or* shorten] sth [to/by sth]; **die Arbeitszeit** ~ to reduce working hours; **das Leben** ~ to shorten life; **einen Urlaub** ~ to shorten [*or sep* cut short] a holiday [*or* AM vacation] ❸ *(verringern)* ■ etw [**auf etw** *akk*] ~ to reduce sth [to sth]; **den Abstand** ~ to reduce [*or* shorten] sb's lead; *(den Vorsprung aufholen)* to close the gap ❹ *(weniger lang erscheinen lassen)* ■ [**jdm**] **etw** ~ to make sth pass more quickly [for sb] **II.** *vr* ■ **sich** ~ to become shorter, to shorten
Ver·kür·zung *f* ❶ *(das Verkürzen)* ■ **die** ~ [**einer S.** *gen* [*o* **von etw**] shortening [sth], cutting short [sth *sep*] ❷ *(zeitliche Verminderung)* reduction, cutting short *no art, no pl* ❸ *(Verringerung)* reduction
ver·la·chen *vt* ■ **jdn** ~ to laugh at [*or* ridicule] sb
ver·la·den *vt irreg* ❶ *(zur Beförderung laden)* ■ etw [**auf/in etw** *akk*] ~ to load sth [on/in sth] ❷ *(sl: hintergehen)* ■ **jdn** ~ to pull the wool over sb's eyes, to take sb for a ride *fam;* ■ **sich** [**von jdm**] ~ **lassen** to get taken for a ride *fam*
Ver·la·de·ram·pe *f* TECH loading ramp [*or* platform]; *(für Autos)* loading bay
Ver·la·dung *f* loading *no art, no pl*
Ver·lag <-[e]s, -e> [fɛɐ̯'la:k, *pl:* -'la:ɡə] *m* publisher's, publishing house *form;* **in welchem** ~ **ist der Titel erschienen?** who published the book?, which publisher brought out the book?
ver·la·gern **I.** *vt* ❶ *(auslagern)* ■ etw [**irgendwohin**] ~ to move [*or* shift] sth [somewhere] ❷ *(an eine andere Stelle bringen)* ■ etw [**auf etw** *akk*] ~ to move [*or* shift] sth [to sth]; **den Schwerpunkt** ~ to shift the emphasis **II.** *vr* METEO ■ **sich** [**irgendwohin**] ~ to move [somewhere]
Ver·la·ge·rung *f* ❶ *(das Auslagern)* **die** ~ **der Kunstgegenstände diente dem Schutz vor Bombenangriffen** the works of art were moved to protect them from bombs ❷ METEO **die** ~ **des Hochs lässt feuchtwarme Luftmassen nach Mitteleuropa strömen** the high is moving and that allows warm, humid air to flow towards central Europe
Ver·lags·an·ge·stell·te(r) *m(f)* sb who works for a publisher; ■ **~/~r sein** to work for a publisher **Ver·lags·buch·han·del** *m* publishing trade *no indef art, no pl* **Ver·lags·buch·händ·ler(in)** *m(f) (veraltend) s.* **Verleger Ver·lags·buch·hand·lung** *f publishing house purveying its own booksellers* **Ver·lags·haus** *nt* publishing house *form* **Ver·lags·ka·ta·log** *m* publisher's catalogue [*or* AM -og] **Ver·lags·lei·ter(in)** *m(f)* publishing director **Ver·lags·re·dak·teur(in)** *m(f)* [publishing] editor **Ver·lags·we·sen** *nt*

publishing
ver·lan·den vi sein GEOG *(zu Land werden)* to silt up;
(austrocknen) to dry up
Ver·lan·dung f GEOG ❶ *(Landwerdung)* silting up *no
art, no pl* ❷ *(Austrocknung)* drying up *no art, no pl*
ver·lan·gen I. vt ❶ *(fordern)* ■ etw [von jdm] ~ to
demand sth [from sb]; **einen Preis** ~ to ask [or
charge] a price; **eine Bestrafung/das Eingreifen/
eine Untersuchung** ~ to demand [or call for] punish-
ment/intervention/an investigation; **Maßnahmen** ~
to demand that steps [or measures] be taken; ■ ~,
dass jd etw tut/etw geschieht to demand that sb
does sth/sth be done ❷ *(erfordern)* ■ etw [von
jdm] ~ to require sth [from sb], to call for sth ❸ *(erwarten)* ■ etw [von jdm] ~ to expect sth [from sb];
das ist ein bisschen viel verlangt that's a bit much,
that's too much to expect; **das ist nicht zu viel verlangt** that is not too much to expect ❹ *(sich zeigen
lassen)* ■ etw ~ to ask [or want] to see [or to ask for]
sth II. vi ❶ *(erfordern)* ■ nach etw ~ to demand [or
require] sth ❷ *(geh: jdn zu sehen, sprechen wünschen)* ■ nach jdm ~ to ask for sb ❸ *(geh: um etw
bitten)* ■ nach etw ~ to ask for sth III. vt impers
(geh) ■ es verlangt jdn nach jdm/etw sb longs [or
yearns] for sb/sth; ■ es verlangt jdn danach, etw
zu tun sb longs [or yearns] to do sth
Ver·lan·gen <-s, -> nt ❶ *(dringender Wunsch)* desire;
kein ~ **nach etw haben** *(geh)* to have no desire for
sth ❷ *(Forderung)* demand; **auf** ~ on demand; **auf
jds** ~ akk [hin] at sb's request
ver·län·gern [fɛɐ̯ˈlɛŋɐn] I. vt ❶ *(länger machen)*
■ etw [um etw] ~ to lengthen [or extend] sth [by sth]
[or to make sth longer] ❷ *(länger dauern lassen)*
■ [jdm] etw ~ to extend sth [for sb]; **jdm das
Leben** ~ to prolong sb's life; **einen Vertrag** ~ to
renew [or extend] a contract II. vr ■ sich [um etw] ~
to be longer [by sth]; *Leben, Leid* to be prolonged [by
sth]; **das Abonnement verlängert sich automatisch um ein weiteres Jahr** the subscription will be
renewed automatically for another year
Ver·län·ge·rung <-, -en> f ❶ *kein pl (Vergrößerung
der Länge)* ■ die ~ [einer S. gen [o von etw]]
lengthening sth; *(durch ein Zusatzteil)* the extension
[to sth] ❷ *kein pl (zeitliche Ausdehnung)* extension
❸ SPORT extra time *no art, no pl* ❹ *(fam)* s. **Verlänge-
rungskabel**
Ver·län·ge·rungs·ka·bel nt, **Ver·län·ge·rungs·
schnur** f extension [cable [or lead]]
ver·lang·sa·men [fɛɐ̯ˈlaŋzaːmən] I. vt ■ etw ~
❶ *(langsamer werden lassen)* to reduce sth; **die
Fahrt/das Tempo** ~ to reduce [one's] speed; **die
Schritte** ~ to slow [or slacken] one's pace ❷ *(aufhalten)* to slow down *sep;* **Verhandlungen** ~ to
hold up *sep* negotiations II. vr ■ sich ~ to slow
[down], to slacken off [*sep* one's pace]
Ver·lang·sa·mung <-, -en> f ❶ *(Herabsetzung des
Tempos)* slowing down *no art, no pl* ❷ *(das Verlangsamen)* slowing down *no art, no pl*, slackening off *no
art, no pl*
Ver·lassRR <-es> m, **Ver·laß**ALT <-sses> [fɛɐ̯ˈlas] m
kein pl ■ **auf jdn/etw ist/ist kein** ~ you can/can-
not rely on sb/sth, sb/sth can/cannot be relied [or
depended] [up]on; ■ es ist ~ darauf, dass jd etw
tut/etw geschieht you can depend on sb [or form
sb's] doing sth/on sth happening, you can bet your
shirt [or bottom dollar] [or BRIT boots] [that] … *fam*
ver·las·sen*1 irreg I. vt ❶ *(im Stich lassen)* ■ jdn ~ to
abandon [or leave] [or desert] sb ❷ *(aus etw hinausgehen, fortgehen)* ■ etw ~ to leave sth ❸ *(euph: sterben)* ■ jdn ~ to pass away [or on] ❹ *(verloren gehen)*
■ jdn ~ to desert sb; **der Mut verließ ihn** he lost
courage, his courage left him ▶ WENDUNGEN: [und]

da[nn] **verließen sie ihn/sie** *(fam)* after that he/she
was at a loss [for words] II. vr ■ sich auf jdn/etw ~
to rely [or depend] [up]on sb/sth; **man kann sich auf
ihn** ~ he's reliable, you can rely on him; ■ sich
[darauf] ~, dass jd etw tut/etw geschieht to rely
[or depend] [up]on sb [or form sb's] doing sth/sth happening; **darauf können Sie sich** ~ you can rely [or
depend] [up]on it, you can be sure of it; **worauf du
dich** ~ **kannst!** *(fam)* you bet!, fam, you can bet your
shirt [or bottom dollar] [or BRIT boots] on it! *fam*
ver·las·sen2 adj deserted; *(verwahrlost)* desolate; **ein
~es Haus/eine ~e Straße** a deserted [or an empty]
house/street
ver·läss·lichRR, **ver·läß·lich**ALT [fɛɐ̯ˈlɛslɪç] adj reliable;
ein ~er Mensch a reliable [or dependable] person
Ver·läss·lich·keitRR, **Ver·läß·lich·keit**ALT <-> f *kein pl*
reliability *no art, no pl*, dependability *no art, no pl*
Ver·laub [fɛɐ̯ˈlaup] m ■ mit ~ *(geh)* forgive [or form
pardon] me for saying so, with respect
Ver·lauf [fɛɐ̯ˈlauf] m ❶ *(Ablauf)* course; **im ~ einer S.
gen** [or in the course of] sth; **im ~ der Zeit** *(in
der Zukunft)* in time; *(in der Vergangenheit)* over the
years; **im ~ der nächsten Monate** in the course of
the next few months; **einen bestimmten ~ nehmen**
to take a particular course; **der Prozess nahm einen
unerwartet guten** ~ the case went unexpectedly
well ❷ *(sich erstreckende Linie)* route; *Fluss* course
ver·lau·fen irreg I. vi sein ❶ *(ablaufen)* **die Diskussion verlief stürmisch** the discussion was stormy [or
went off stormily]; **das Gehaltsgespräch verlief
nicht ganz so wie erhofft/erwartet** the discussion
about salaries didn't go [off] [or were not] as hoped/
expected ❷ *(sich erstrecken)* ■ irgendwo/irgend-
wie ~ to run somewhere/somehow; **der Fluss verläuft ruhig** the river flows gently; *s. a.* **Sand** II. vr
❶ *(sich verirren)* ■ sich [in etw dat] ~ to get lost [or
lose one's way] [in sth] ❷ *(auseinandergehen)*
■ sich ~ to disperse; *(panisch)* to scatter ❸ *(abfließen)* to subside
ver·laust adj louse-ridden; ■ ~ sein to have [or fam be
crawling with] lice
ver·laut·ba·ren [fɛɐ̯ˈlaubaːrən] *(geh)* I. vt ■ etw ~ to
announce sth; **eine Ankündigung** ~ to make an
announcement; ■ etw ~ lassen to let sth be announced [or make known] II. vi sein ■ es verlaut-
barte, dass … rumour [or AM -or] had it that …; ■ etw
verlautbart über jdn/etw sth is said about sb/sth
Ver·laut·ba·rung <-, -en> f *(geh)* ❶ *kein pl (Bekanntgabe)* announcement, statement ❷ *(bekannt gege-
bene Mitteilung)* statement; *(amtlich a.)* bulletin
ver·lau·ten I. vt sein ■ etw ~ to announce sth; ■ etw
[über etw akk] ~ lassen to say sth [about sth]; **kein
Wort über etw** akk ~ to hush up sth *sep pej,* to not
say a word about sth; **wie [aus etw] verlautet, …** as
announced [or stated] [by sth], …, according to reports
[from sth], … II. vi impers sein o haben ■ es verlau-
tet, dass … there are reports that …
ver·le·ben vt ■ etw ~ ❶ *(verbringen)* to spend sth;
eine schöne Zeit ~ to have a nice time; **seine Kindheit in der Großstadt** ~ to spend one's childhood [or
to grow up] in the city ❷ *(zum Lebensunterhalt verbrauchen)* to spend sth; **etw schnell** ~ to fritter
[away *sep*] sth
ver·lebt adj ruined, raddled; **ein ~es Aussehen** a disreputable appearance
ver·le·gen*1 [fɛɐ̯ˈleːgn̩] I. vt ❶ *(verbummeln)* ■ etw ~
to mislay [or lose] sth ❷ *(verschieben)* ■ etw [auf etw
akk] ~ to postpone [or defer] sth [until sth]; **etw auf
einen anderen Zeitpunkt** ~ to postpone [or defer]
sth [until another time] ❸ *(auslegen)* **Gleise/einen
Teppich** ~ to lay rails/a carpet; ■ [irgendwo] etw ~
lassen to have sth laid [somewhere] ❹ *(ziehen)* **Fens-**

ter/Türen ~ to put in *sep* windows/doors; **Kabel** ~ to lay cables ❺ *(publizieren)* ■ etw ~ to publish sth ❻ *(woandershin bringen)* ■ **jdn/etw** [irgendwo-hin] ~ to move [*or* transfer] sb/sth [somewhere] II. *vr* ■ sich [auf etw *akk*] ~ to take up sth *sep;* sich aufs Bitten/Betteln/Leugnen ~ to resort to pleas/begging/lies

ver·le·gen² [fɛɐ̯'le:gn̩] I. *adj* embarrassed; [nicht/nie] um etw ~ sein to be [never] lost [*or* at a loss] for sth; egal, wie oft er zu spät kommt, er ist nie um eine Entschuldigung ~ it doesn't matter how often he arrives late, he's always got an excuse ready [*or* at the ready] [*or* he's never lost [*or* at a loss] for an excuse] II. *adv* in embarrassment

Ver·le·gen·heit <-, -en> *f* ❶ *kein pl (peinliche Situation)* embarrassment *no pl;* jdn in ~ bringen to embarrass sb, to put sb in an embarrassing situation; jdn in große ~ bringen to put sb in a very embarrassing situation ❷ *(finanzielle Knappheit)* financial embarrassment *no art, no pl;* in ~ sein to be in financial difficulties

Ver·le·gen·heits·lö·sung *f* stopgap

Ver·le·ger(in) <-s, -> *m(f)* publisher, owner of a publishing house *form*

ver·le·ge·risch *inv* VERLAG I. *adj* publishing II. *adv* from the publishing standpoint

Ver·le·gung <-, -en> *f* ❶ *(Verschiebung)* rescheduling *no art, no pl; (auf einen späteren Zeitpunkt)* postponement ❷ *(Auslegung)* laying *no art, no pl* ❸ TECH installation, laying *no art, no pl* ❹ *(das Publizieren)* publication ❺ *(Ortswechsel)* transfer, moving *no art, no pl*

ver·lei·den* *vt* ❶ *(die Freude verderben)* ■ jdm etw ~ to spoil [*or* ruin] sth for sb ❷ *sein* SÜDD *(zuwider werden)* ■ etw verleidet jdm sth has been ruined [*or* spoiled] for sb

Ver·leih <-[e]s, -e> [fɛɐ̯'lai] *m* ❶ *(Unternehmen)* rental company [*or* BRIT hire]; *(Auto~)* car rental [*or* hire] company ❷ *kein pl (das Verleihen)* renting [*or* BRIT hiring] out *no art, no pl*

ver·lei·hen* *vt irreg* ❶ *(verborgen)* ■ etw [an jdn] ~ to lend sth [to sb] [*or* sb sth]; *(gegen Geld)* to rent [*or* BRIT hire] out sth *sep;* Geld ~ to lend money ❷ *(jdm mit etw auszeichnen)* ■ [jdm] etw ~ to award sth [to sb] [*or* sb sth], to confer [*or* form bestow] sth [on sb] ❸ *(stiften)* ■ jdm etw ~ to give sb sth, to fill sb with sth; die Wut verlieh ihm neue Kräfte anger gave him new strength ❹ *(verschaffen)* seinen Worten Nachdruck ~ to emphasize one's words; etw *dat* Ausdruck ~ to lend [*or* give] expression to sth

Ver·lei·her <-s, -> *m* hire company

Ver·lei·hung <-, -en> *f* ❶ *(das Verleihen)* lending *no art, no pl; (für Geld)* renting [*or* BRIT hiring] out *no art, no pl;* die ~ von Geld lending money, moneylending *pej* ❷ *(Zuerkennung)* award, conferment *form,* bestowal *form*

ver·lei·ten* *vt* ❶ *(dazu bringen)* ■ jdn [zu etw] ~ to persuade [*or* form induce] sb [to do sth]; ■ sich [von jdm] [zu etw] ~ lassen to let oneself be persuaded [to do sth] [by sb], to let oneself be induced [to do sth] [by sb] *form* ❷ *(verführen)* ■ jdn [zu etw] ~ to entice sb to do sth

Ver·lei·tung *f* die ~ zum Meineid ist strafbar encouraging someone to perjure themselves is punishable by law, subornation is a punishable act *spec*

ver·ler·nen* *vt* ■ etw ~ to forget how to; das Tanzen ~ to forget how to dance

ver·le·sen*¹ *irreg* I. *vt (vorlesen)* ■ etw ~ to read [aloud *sep*] sth II. *vr (falsch lesen)* ■ sich ~ to make a mistake, to read sth wrongly

ver·le·sen*² *vt irreg (aussortieren)* ■ etw ~ to sort sth

ver·letz·bar *adj s.* verletzlich

ver·let·zen* [fɛɐ̯'lɛtsn̩] *vt* ❶ *(verwunden)* ■ jdm etw ~ to injure [*or* hurt] sb's sth; ■ jdn [an etw *dat*] ~ to injure [*or* hurt] sb['s sth]; ■ sich ~ to injure [*or* hurt] oneself; sich beim Schneiden ~ to cut oneself; ■ sich *dat* etw [*o* sich an etw *dat*] ~ to injure [*or* hurt] one's sth ❷ *(kränken)* ■ jdn ~ to offend sb; jdn in seinem Stolz ~ to hurt sb's pride ❸ *(missachten)* ■ etw ~ to wound [*or* injure] sth; den Anstand ~ to overstep the mark; jds Gefühle ~ to hurt sb['s feelings] ❹ *(übertreten)* ■ etw ~ to violate [*or* form infringe] sth; die Grenze ~ to violate the frontier

ver·let·zend *adj* hurtful

ver·letz·lich *adj* vulnerable, sensitive, oversensitive *pej*

Ver·letz·te(r) *f(m) decl wie adj* injured person; *(Opfer)* casualty; ■ die ~n the injured + *pl vb*

Ver·let·zung <-, -en> *f* ❶ MED injury; innere ~ internal injury ❷ *kein pl (Übertretung)* violation, infringement *form*

Ver·let·zungs·ge·fahr *f* risk of injury

ver·leug·nen* *vt* ■ jdn ~ to deny [*or* disown] sb; sich [von jdm] ~ lassen to pretend [*or* get sb to say] one is absent [*or* isn't there]; ich kann nicht ~, dass ... I cannot deny that ...

ver·leum·den* [fɛɐ̯'lɔymdn̩] *vt* ■ jdn ~ to slander sb; *(schriftlich)* to libel sb, to commit libel against sb

Ver·leum·der(in) <-s, -> *m(f)* slanderer, libeller [*or* AM libeler]

ver·leum·de·risch [fɛɐ̯'lɔymdərɪʃ] *adj* slanderous, libellous [*or* AM libelous]

Ver·leum·dung <-, -en> *f* slander *no art, no pl,* libel *no art, no pl*

Ver·leum·dungs·kam·pa·gne *f* smear campaign

ver·lie·ben* *vr* ■ sich [in jdn] ~ to fall in love [with sb]; sich hoffnungslos [in jdn] ~ to fall hopelessly [*or* be head over heels] in love [with sb]; *(für jdn schwärmen)* Schulmädchen to have a crush on sb *fam;* zum V~ aussehen/sein to look perfect/be adorable

ver·liebt *adj* ❶ *(durch Liebe bestimmt)* loving, amorous, affectionate; ~e Worte words of love, loving [*or* amorous] [*or* affectionate] words ❷ *(von Liebe ergriffen)* enamoured [*or* AM -ored], charmed; *(stärker)* infatuated; ■ [in jdn/etw] ~ sein to be in love [with sb/sth]; in eine Idee ~ sein to be infatuated by an idea, to have an idée fixe *liter*

Ver·lieb·te(r) *f(m) decl wie adj* lover; die beiden ~ the two lovers

Ver·liebt·heit <-> *f kein pl* state *no pl* of being in love, infatuation *no art, no pl*

ver·lie·ren <verlor, verloren> [fɛɐ̯'li:rən] I. *vt* ❶ *(jdm abhandenkommen)* ■ etw ~ to lose sth; nichts mehr zu ~ haben to have nothing [else] to lose ❷ *(abwerfen)* ■ etw ~ to lose [*or* shed] sth ❸ *(nicht halten können)* ■ jdn/etw ~ to lose sb/sth ❹ *(entweichen lassen)* ■ etw ~ to lose sth; Flüssigkeit/Gas ~ to leak ❺ *(nicht gewinnen)* ■ etw ~ to lose sth ❻ *(einbüßen)* ■ an etw *dat* ~ to lose sth; an Schönheit ~ to lose some of his/her/their/etc. beauty ▶ WENDUNGEN: irgendwo nichts verloren haben *(fam)* to have no business [being] somewhere; was haben Sie hier verloren? *(fam)* what are you doing here? II. *vr* ❶ *(verschwinden)* ■ sich [in etw *akk*] ~ to disappear [*or* to vanish] [in sth] ❷ *(sich verirren)* ■ sich [in etw *akk*] ~ to get lost [in sth] ❸ *(ganz in etw aufgehen)* ■ sich in etw *dat* verlieren to get carried away with sth; sich in Gedanken ~ to be lost in thought III. *vi* ■ [an etw *dat*] ~ to lose [sth]

Ver·lie·rer(in) <-s, -> *m(f)* loser

Ver·lie·rer·stra·ße *f* ▶ WENDUNGEN: auf der ~ sein to be playing a losing game; *(verkommen)* to be on the downward slope

Ver·lies <-es, -e> [fɛɐ̯'li:s, *pl:* 'li:zə] *nt* dungeon

ver·lo·ben *vr* ■ **sich** [mit jdm/miteinander] ~ to get engaged [to sb/[each other]]

ver·lobt *adj* engaged (**mit** +*dat* to), betrothed *old form* (**mit** +*dat* to); **so gut wie ~ sein** to be as good as engaged; ■ **sie sind miteinander ~** they are engaged [to each other]

Ver·lob·te(r) *f(m) decl wie adj* fiancé *masc*, fiancée *fem*; ■ **jds ~/~r** sb's fiancée/fiancé [*or* old betrothed]; ■ **die ~n** the engaged couple; **wir sind seit kurzem ~e** we got engaged recently

Ver·lo·bung <-, -en> *f* engagement, betrothal *form old*; **eine ~ auflösen/bekannt geben** to break off/announce an engagement

ver·lo·cken *vi (geh)* ■ [zu etw] ~ to make sth a tempting [*or* an attractive] prospect [for sb], to tempt [*or* entice] sb [to do sth], to make sb want to do sth; ■ **dazu ~, etw zu tun** to make sb want [*or* to tempt [*or* entice] sb] to do sth

ver·lo·ckend *adj* tempting

Ver·lo·ckung <-, -en> *f* temptation; **der ~ widerstehen** to resist [the] temptation

ver·lo·gen [fɛɐ̯ˈloːɡn̩] *adj* ➊ *(lügnerisch)* lying *attr*, untruthful, mendacious *form*; **durch und durch ~ sein** *Behauptung* to be a blatant lie; *Mensch* to be a rotten liar ➋ *(heuchlerisch)* insincere, phoney [*or* phony] *pej fam*

Ver·lo·gen·heit <-> *f kein pl* ➊ *(lügnerisches Wesen)* untruthfulness *no art, no pl*, mendacity *no art, no pl form*; *(mit falschem Spiel)* duplicity *no art, no pl form* ➋ *(Heuchelei)* insincerity *no art, no pl*, phoniness *no art, no pl pej fam*

ver·lor [fɛɐ̯ˈloːɐ̯] *imp von* **verlieren**

ver·lo·ren [fɛɐ̯ˈloːrən] I. *pp von* **verlieren** II. *adj* ■ **~ sein** to be finished [*or* done for]; **sich ~ fühlen** to feel lost; **jdn/etw ~ geben** to give up sb/sth *sep* for lost; **einen Plan ~ geben** to write off *sep* a plan; **~ gehen** *(abhandenkommen)* to get lost; *(sich verirren a.)* to go astray; **etw geht jdm ~** sb loses sth ▸ WENDUNGEN: **an jdm ist eine Malerin/Musikerin/etc. ~ gegangen** *(fam)* you would have made a good artist/musician/etc.; *s. a.* **Posten**

Ver·lo·ren·heit <-> *f kein pl (geh)* loneliness *no art, no pl*, isolation *no art, no pl*

ver·lö·schen <verlosch, verloschen> *vi sein (geh)* to go out

ver·lo·sen *vt* ■ **etw ~** to raffle sth

Ver·lo·sung *f* raffle, draw

ver·lö·ten *vt* TECH ➊ *(durch Löten schließen)* ■ **etw ~** to solder [up *sep*] sth ➋ *(durch Löten verbinden)* ■ **etw [miteinander] ~** to solder [together *sep*] sth

ver·lot·tern *vi sein* to fall into disrepair, to become run-down; *Mensch* to run to seed, to go to the dogs *fam*; ■ **etw ~ lassen** to let sth go run-down; ■ **verlottert** run-down; **ein verlottertes Gebäude** a dilapidated building; **ein verlotterter Mensch** someone who has gone to the dogs [*or* run to seed]

Ver·lust <-[e]s, -e> [fɛɐ̯ˈlʊst] *m* ➊ *(das Verlieren)* loss ➋ FIN *(finanzielle Einbuße)* loss; **der ~ von etw** the loss of sth; **~ bringend** loss-making; **große ~e** huge losses; **~e aus unternehmerischen Tätigkeiten** losses incurred from business activities; **~e/einen ~ haben** [*o* **erleiden**] to make losses/a loss; **~e machen** to make losses; **mit ~** at a [financial] loss ➌ *(schmerzliche Einbuße)* loss ➍ *pl* MIL losses *pl*; **schwere ~e erleiden** [*o* **haben**] to suffer heavy losses

Ver·lust·brin·ger *m* ÖKON unprofitable product; *(Lockartikel)* loss leader **Ver·lust·fak·tor** *m* downside [*or* loss] factor **Ver·lust·ge·schäft** *nt* losing business *no pl*; *(einzelnes)* loss-making deal

ver·lus·tie·ren [fɛɐ̯lʊsˈtiːrən] *vr (hum fam)* ■ **sich** [mit jdm] ~ to have a good time [*or* to have fun] [*or* to enjoy oneself] [with sb]; *(sexueller Natur a.)* to have a bit of hanky-panky [with sb] *dated fam*

ver·lus·tig [fɛɐ̯ˈlʊstɪç] *adj* **einer S.** *gen* ~ **gehen** *(geh)* to forfeit [*or* lose] sth; **jdn seiner Rechte für ~ erklären** to declare sb's rights forfeit

Ver·lust·zo·ne *f* ÖKON loss [situation]; **in die ~ kommen** [*o* **geraten**] to start making a loss, to get into a loss situation [*or fam* the red] **Ver·lust·zu·wei·sung** *f* FIN allocation of losses; *(in der Buchführung)* proven loss

ver·ma·chen *vt* ➊ *(vererben)* ■ **jdm** etw ~ to leave [*or form* bequeath] sth [to sb] [*or* sb sth] ➋ *(fam: überlassen)* ■ **jdm** etw ~ to give [sb] sth, to make [sb] a present of sth *a. iron*; **kannst du mir nicht deine Lederjacke ~?** can't you let me have your leather jacket?

Ver·mächt·nis <-ses, -se> [fɛɐ̯ˈmɛçtnɪs] *nt* JUR legacy, bequest

ver·mäh·len [fɛɐ̯ˈmɛːlən] *vr (geh)* ■ **sich** [mit jdm] ~ to marry [*or old* wed] [sb]; ■ **sich** [miteinander] ~ to marry; **frisch vermählt** newly married, newly wed *attr*; **die frisch Vermählten** the newly-weds

Ver·mähl·te(r) <-, -n> *f (m) decl wie adj (veraltend)* wed *dated*; **die frisch ~n** the newly-weds

Ver·mäh·lung <-, -en> *f (geh)* marriage, wedding

ver·ma·le·deit [fɛɐ̯maleˈdaɪ̯t] *adj inv (emph veraltend fam)* damnable *dated*, blasted *dated fam*

ver·mark·ten *vt* ■ **etw ~** ➊ ÖKON *(auf den Markt bringen)* to market sth; **sich leicht/schwer ~ lassen** to be easy/difficult to market ➋ *(verwerten)* to capitalize on sth

Ver·mark·tung <-, -en> *f* **die/eine ~** [einer S. *gen* [*o* **von etw**]] ➊ *(das Vermarkten)* marketing [sth] ➋ *(das Veröffentlichen)* the publication/publication [of sth]

ver·mas·seln [fɛɐ̯ˈmasln̩] *vt (sl)* ■ [jdm] etw ~ to spoil [*or* wreck] sth [for sb], to mess up [*or* muck up] sth *sep* [for sb] *fam*

ver·meh·ren I. *vr* ➊ *(sich fortpflanzen)* ■ **sich ~** to reproduce; *(stärker)* to multiply ➋ *(zunehmen)* ■ **sich** [auf/um etw *akk*] ~ to increase [*or* grow] [to/by sth] II. *vt* ➊ HORT *(die Anzahl erhöhen)* ■ **etw ~** to propagate sth ➋ *(größer werden lassen)* ■ **etw** [um etw] ~ to increase sth [by sth], to let sth grow [by sth]

Ver·meh·rung <-, -en> *f* ➊ *(Fortpflanzung)* reproduction *no art, no pl*; *(stärker)* multiplying *no art, no pl* ➋ HORT propagation ➌ *(das Anwachsen)* increase, growth

ver·meid·bar *adj* avoidable

ver·mei·den *vt irreg* ■ **etw ~** to avoid sth; **sich nicht/kaum ~ lassen** to be inevitable [*or* unavoidable] /almost inevitable [*or* unavoidable]; **es lässt sich nicht/kaum ~, dass …** it is inevitable [*or* unavoidable] /almost inevitable [*or* unavoidable] that …

Ver·mei·dung <-, -en> *f* avoidance *no art, no pl*; ■ **zur ~ einer S.** *gen* [*o* **von etw**] [in order] to avoid sth

ver·meint·lich [fɛɐ̯ˈmaɪ̯ntlɪç] I. *adj attr* supposed *attr*; **der ~e Täter** the suspect II. *adv* supposedly; **das Angebot war nur ~ günstig** the offer only appeared [*or* seemed] to be good

ver·mel·den *vt* ■ **etw ~** to announce [*or* report] sth; **etw zu ~ haben** *(geh)* to have sth to announce [*or* report]

ver·men·gen *vt* ➊ *(vermischen)* ■ **etw** [mit etw] ~ to mix sth [with sth] ➋ *(durcheinanderbringen)* ■ **etw ~** to confuse [*or sep* mix up] sth

ver·mensch·li·chen [fɛɐ̯ˈmɛnʃlɪçn̩] *vt* ■ **etw/ein Tier ~** to give sth/an animal human characteristics, to humanize sth/an animal *spec*

Ver·merk <-[e]s, -e> [fɛɐ̯'mɛrk] *m* note

ver·mer·ken *vt* ❶ *(eintragen)* ▪ [sich *dat*] etw [auf/in etw *dat*] ~ to note [down *sep*] [*or* make a note of] sth [on/in sth]; **etw im Kalender rot** ~ to make sth a red-letter day ❷ *(zur Kenntnis nehmen)* ▪ **etw** ~ to take note of sth; **etw negativ/übel** ~ to take sth amiss, to be annoyed by sth

ver·mes·sen[1] [fɛɐ̯'mɛsn̩] *irreg* **I.** *vt* ▪ **etw** ~ to measure sth; **ein Grundstück/ein Gebäude amtlich** ~ to survey a plot of land/a building **II.** *vr* ❶ *(falsch messen)* ▪ **sich** ~ to make a mistake in measuring [sth], to measure [sth] wrongly ❷ *(geh: sich anmaßen)* ▪ **sich** ~, **etw zu tun** to presume to do sth

ver·mes·sen[2] [fɛɐ̯'mɛsn̩] *adj (geh)* presumptuous, arrogant; ▪ ~ **sein, etw zu tun** to be presumptuous [*or* arrogant] to do sth

Ver·mes·sen·heit <-, -en> *f (geh)* presumption *no art, no pl,* arrogance *no art, no pl*

Ver·mes·sung *f* measurement; *(bei einem Katasteramt)* survey, surveying *no art, no pl*

Ver·mes·sungs·amt *nt* [land] surveyor's office; *(zu Steuerzwecken)* cadastral office *spec* **Ver·mes·sungs·in·ge·ni·eur(in)** *m(f)* [land] surveyor

ver·mie·sen[*] [fɛɐ̯'miːzn̩] *vt (fam)* ▪ [jdm] etw ~ to spoil sth [for sb]; ▪ [sich *dat*] etw nicht [durch jdn/etw] ~ lassen to not let sth be spoilt [by sb/sth]

ver·miet·bar *adj* to let *pred;* ein ~es Zimmer a room to let [*or* rent out]; ein schwer ~es Haus a house which is difficult to let [*or* rent out]; eine kaum ~e Wohnung a flat [*or* AM apartment] which is almost impossible to let [*or* rent out]

ver·mie·ten **I.** *vt* ▪ [jdm] etw [für etw] ~ to lease out *sep* sth [to sb] [for sth]; *(für kurze Zeit a.)* to rent [*or* BRIT hire] out *sep* sth [to sb] [for sth]; **ein Haus** ~ to let [*or* rent out] a house; **„Autos zu ~"** "cars for hire"; **„Zimmer zu ~"** "rooms to let" **II.** *vi* ▪ [an jdn] ~ to let [*or* rent [out]] [to sb]

Ver·mie·ter(in) *m(f)* ❶ *(Hausbesitzer)* landlord *masc,* landlady *fem* ❷ *(Verleiher)* lessor *spec;* der ~ nimmt zwölf Euro die Stunde für ein Ruderboot it costs twelve euros an hour to hire a rowing boat

Ver·mie·tung <-, -en> *f* letting *no art, no pl,* renting out *no art, no pl; Auto, Boot* renting [*or* BRIT hiring] [out] *no art, no pl*

ver·min·dern **I.** *vt* ❶ *(verringern)* ▪ **etw** ~ to reduce [*or* lessen] sth; **Anstrengungen** [*o* **Bemühungen**] **nicht** ~ to spare no effort ❷ FIN ▪ [jdm] etw ~ to reduce [*or* cut] [sb's] sth; **seine Ausgaben** ~ to reduce [*or form* retrench] one's costs **II.** *vr* ❶ *(geringer werden)* ▪ **sich** ~ to decrease, to diminish ❷ FIN ▪ **sich** [auf/um etw *akk*] ~ to go down [*or* decrease] [to/by sth]; *Preise, Kosten a.* to drop [to/by sth]

Ver·min·de·rung *f* reduction, decrease

ver·mi·nen[*] [fɛɐ̯'miːnən] *vt* ▪ **etw** ~ to mine [*or* lay mines in] sth

Ver·mi·nung <-, -en> *f* ▪ die/eine ~ [einer S. *gen* [*o* von etw]] mining [sth]

ver·mi·schen **I.** *vt* ▪ **etw** ~ to mix sth [with sth]; *(um eine bestimmte Qualität zu erreichen)* to blend sth [with sth]; **einen Kopfsalat mit Dressing** ~ to toss a salad **II.** *vr* ▪ **sich** [miteinander] ~ to mix

Ver·mi·schung *f* mixing *no art, no pl*

ver·mis·sen[*] *vt* ❶ *(das Fehlen von etw bemerken)* ▪ **etw** ~ to have lost sth, to notice that sth is lost; **ich vermisse meinen Pass** I've lost my passport, my passport is missing ❷ *(jds Abwesenheit bedauern)* ▪ **jdn** ~ to miss sb ❸ *(jds Abwesenheit feststellen)* **wir** ~ **unsere Tochter** our daughter is missing; ▪ **vermisst werden** to be missing ❹ *(das Fehlen von etw bedauern)* ▪ **etw** ~ to be of the opinion [*or* think] that sth is lacking; **was ich an den meisten jungen**

Menschen vermisse, ist Höflichkeit what I think most young people lack is politeness; ▪ **etw** ~ **lassen** to be lacking in] sth

Ver·miss·ten·an·zei·ge[RR] *f* **eine** ~ **aufgeben** to report sb as missing

Ver·miss·te(r)[RR] *f(m),* **Ver·miß·te(r)**[ALT] *f(m) decl wie adj* missing person

ver·mit·tel·bar *adj* employable; **ältere Arbeiter sind kaum mehr** ~ it is almost impossible to find jobs for older people

ver·mit·teln **I.** *vt* ❶ *(durch Vermittlung beschaffen)* ▪ [jdm [*o* an jdn]] etw ~ to find sth [for sb] [*or* sb sth]; **jdm eine Stellung** ~ to find sb a job; ▪ [jdm] **jdn** ~ to find sb [for sb]; **jdn an eine Firma** ~ to place sb with a firm ❷ *(weitergeben)* ▪ [jdm] etw ~ to pass on *sep* [*or form liter impart*] sth [to sb]; **seine Gefühle** ~ to communicate [*or* convey] one's feelings ❸ *(geh)* ▪ [jdm] etw ~ to give [sb] sth, to convey sth [to sb]; **jdm ein schönes Gefühl** ~ to give sb [*or* fill sb with] a good feeling ❹ *(arrangieren)* ▪ **etw** ~ to arrange sth; **einen Kontakt** ~ to arrange for a contact **II.** *vi* ▪ [in etw *dat*] ~ to mediate [*or* act as [a/the] mediator] [in sth]

ver·mit·telnd **I.** *adj* conciliatory; ~e **Bemühungen** attempts [*or* efforts] to mediate, attempts at conciliation **II.** *adv* ~ **eingreifen/sich** ~ **einschalten** to intervene as a mediator

Ver·mitt·ler(in) <-s, -> *m(f)* ❶ *(Schlichter)* mediator, arbitrator ❷ ÖKON agent

Ver·mitt·lung <-, -en> *f* ❶ ÖKON *Geschäft* negotiating *no art, no pl; Stelle* finding *no art, no pl; Wohnung* finding *no art, no pl,* locating *no art, no pl* ❷ *(Schlichtung)* mediation ❸ *(Telefonzentrale)* operator ❹ *(das Weitergeben)* imparting *no art, no pl form,* conveying *no art, no pl form,* communicating *no art, no pl*

Ver·mitt·lungs·aus·schuss[RR] *m* JUR, POL mediation committee **Ver·mitt·lungs·ge·bühr** *f* ÖKON commission

ver·mo·dern *vi sein* to rot, to decay, to moulder, to molder AM

ver·mö·gen[*] [fɛɐ̯'møːgn̩] *vt irreg (geh)* ▪ **etw** ~ to be capable of [doing] [*or* be able to do] sth; ▪ ~, **etw zu tun** to be capable of doing [*or* be able to do] sth

Ver·mö·gen <-s, -> [fɛɐ̯'møːgn̩] *nt* ❶ FIN assets *pl; (Geld)* capital *no art, no pl; (Eigentum)* property *no art, no pl* ❷ *kein pl (geh)* ▪ **jds** ~ sb's ability [*or* capability]; **jds** ~ **übersteigen/über jds** ~ **gehen** to be/go beyond sb's abilities

ver·mö·gend [fɛɐ̯'møːgn̩t] *adj (geh)* wealthy, well-off

Ver·mö·gens·ab·ga·be *f* ÖKON, ADMIN *(hist)* capital levy, wealth tax **Ver·mö·gens·an·la·ge** *f* investments *pl* **Ver·mö·gens·be·ra·ter(in)** *m(f)* financial consultant **Ver·mö·gens·be·ra·tung** *f kein pl* financial consulting **Ver·mö·gens·bi·lanz** *f* financial statement **Ver·mö·gens·bil·dung** *f* FIN ❶ *(Entstehung von Vermögen)* wealth creation *no art, no pl,* creation of wealth *no art, no pl* ❷ *(staatlich geförderte Sparmethode)* savings scheme whereby employees' contributions are supplemented by the employer **Ver·mö·gens·steu·er** *f* net worth [*or* capital] tax **Ver·mö·gens·ver·hält·nis·se** *pl* financial circumstances *pl* **Ver·mö·gens·ver·wal·ter(in)** *m(f)* trustee **Ver·mö·gens·wer·te** *pl* FIN assets **ver·mö·gens·wirk·sam** *adj* FIN asset-creating *attr;* ~e **Leistungen** wealth [*or* asset] creation benefits

ver·mum·men[*] [fɛɐ̯'mʊmən] **I.** *vt* ▪ **jdn/sich** [dick] ~ to wrap up sb/oneself *sep* [well] **II.** *vr* ▪ **sich** ~ to wear a mask, to mask one's face; ▪ **vermummt** masked

ver·mummt *adj inv* masked

Ver·mum·mung <-, -en> *f* disguise

Ver·mum·mungs·ver·bot *nt law which forbids*

demonstrators to wear masks at a demonstration

ver·mu·ten vt ① (annehmen) ■etw |hinter etw dat| ~ to suspect sth |(is) behind sth|; ■~, |dass| ... to suspect [that] ...; ~ **lassen, dass ...** to give rise to the suspicion [or supposition] that ... ② (als jds Aufenthalt annehmen) ■jdn irgendwo ~ to think that sb is [or to suppose sb to be] somewhere

ver·mut·lich I. adj attr probable, likely; **der ~e Täter** the suspect **II.** adv probably

Ver·mu·tung <-, -en> f ① assumption, supposition; **eine ~/~en haben** to have an idea/suspicions; **auf ~en** akk **angewiesen sein** to have to rely on suppositions [or assumptions] [or guesswork]

ver·nach·läs·si·gen [fɛɡˈnaːxlɛsɪɡn̩] vt ① (nicht genügend nachkommen) ■etw ~ to neglect sth; **seine Verpflichtungen ~** to be neglectful of [or negligent about [or in]] one's duties ② (sich nicht genügend kümmern) ■jdn ~ to neglect sb; **sich vernachlässigt fühlen** to feel neglected; ■ **sich ~** to be neglectful of [or careless about] oneself ③ (unberücksichtigt lassen) ■etw ~ to ignore [or disregard] sth

Ver·nach·läs·si·gung <-, -en> f ① kein pl (das Vernachlässigen) neglect no art, no pl ② (die Nichtberücksichtigung) disregard no pl

ver·na·geln vt ■etw ~ ① (mit Nägeln verschließen) to nail up sth sep ② (durch Bretter und Nägel schließen) to board up sth sep

ver·nä·hen vt ■etw ~ to sew [or stitch] together [or up] sth sep

ver·nar·ben vi sein to form a scar; (heilen) to heal; ■ **vernarbt** scarred/healed

ver·nar·ren vr (fam) ■ **sich in jdn/etw ~** to be besotted by [or crazy about] sb/sth [or fam nuts about]; ■ **in jdn/etw vernarrt sein** to be besotted by sb/sth

ver·na·schen vt ① (fam) ■etw ~ to like to eat sth; **gern Süßigkeiten ~** to have a sweet tooth ② (sl: mit jdm Geschlechtsverkehr haben) ■jdn ~ to lay sb fam, to have it off [or away] [with sb] BRIT fam!

ver·ne·beln vt ■etw ~ ① (versprühen) to spray sth ② (verschleiern) to obscure sth

ver·nehm·bar adj audible; **deutlich** [o gut] **/undeutlich** [o kaum] **~ sein** to be clearly/scarcely audible

ver·neh·men vt irreg ① JUR ■jdn |zu etw| ~ to question sb [about sth] ② (geh: hören) ■etw ~ to hear sth ③ (geh: erfahren) ■etw |von jdm| ~ to hear sth [from sb], to learn sth [from [or old of] sb]

Ver·neh·men nt **dem ~ nach** from what I hear/one hears; **nach sicherem ~** according to reliable sources

Ver·nehm·las·sung <-, -en> f SCHWEIZ announcement

ver·nehm·lich [fɛɡˈneːmlɪç] (geh) **I.** adj [clearly] audible; **laut und ~** loud and clear; **mit ~er Stimme** in a loud [and clear] voice **II.** adv audibly; **laut und ~** loud and clear

Ver·neh·mung <-, -en> f JUR questioning; **die/eine ~ durchführen** to question sb

ver·neh·mungs·fäh·ig adj in a fit state to be questioned [or examined] pred; ■ |**nicht**| **~ sein** to be |not| fit for questioning [or examination] **ver·neh·mungs·un·fä·hig** adj inv JUR unable to be examined [or questioned]

ver·nei·gen vr (geh) ■ **sich |vor jdm/etw|** ~ to bow [to [or form before] sb/sth]

Ver·nei·gung f (geh) bow, obeisance form; **eine ~ [vor jdm/etw] machen** to bow [to [or form before] sb/sth]; **eine ~ vor dem König machen** to bow to [or form before] the king; **wichtiger Besuch** a. to make one's obeisance to the king form

ver·nei·nen [fɛɡˈnaɪnən] vt ■etw ~ ① (negieren) to say no to sth; **eine Frage ~** to answer a question in the negative ② (leugnen) to deny sth

ver·nei·nend I. adj negative **II.** adv negatively; ~ **den Kopf schütteln** to shake one's head

Ver·nei·nung <-, -en> f ① (das Verneinen) **die ~ einer Frage** a negative answer to a question ② (Leugnung) denial ③ LING negative; **doppelte ~** double negative

ver·net·zen vt ① INFORM ■etw ~ to network sth, to link up sth sep ② (fig: verknüpfen) ■etw ~ link [or associate] something; ■ |mit etw| **vernetzt sein** to be linked [up] [to sth]; **eng vernetzt** closely connected [or linked]; **Kräfte ~** to combine forces

Ver·net·zung <-, -en> f ① INFORM networking no art, no pl ② (Verflechtung) network

Ver·net·zungs·ge·dan·ke m kein pl spirit of cooperation

ver·nich·ten [fɛɡˈnɪçtn̩] vt ① (zerstören) ■etw ~ to destroy sth ② (ausrotten) ■jdn/etw ~ to exterminate sb/sth

ver·nich·tend I. adj devastating; **eine ~e Niederlage** a crushing [or resounding] [or total] defeat; **jdm einen ~en Blick zuwerfen** to look at sb with hatred [in one's eyes] **II.** adv **jdn ~ schlagen** to inflict a crushing [or resounding] [or total] defeat on sb

Ver·nich·tung <-, -en> f ① (Zerstörung) destruction; Gebäude destruction, demolition ② (Ausrottung) extermination; Bevölkerung a. annihilation; **die ~ von Arbeitsplätzen** the [drastic] reduction in the number of jobs

Ver·nich·tungs·la·ger nt extermination [or death] camp

ver·ni·ckeln [fɛɡˈnɪkl̩n] vt ■etw ~ to nickel[·plate] sth, to cover sth with nickel

ver·nied·li·chen [fɛɡˈniːtlɪçn̩] vt ■etw ~ to trivialize sth, to play down sth sep

ver·nie·ten vt TECH ■etw ~ to rivet sth

Ver·nis·sa·ge <-, -n> [vɛrnɪˈsaːʒə] f opening day, vernissage spec

Ver·nunft <-> [fɛɡˈnʊnft] f kein pl reason no art, no pl, common sense no art, no pl; ~ **annehmen** to see sense; **nimm doch ~ an!** be reasonable!, use your common sense!; ~ **beweisen** to show sense; **jdn zur ~ bringen** to make sb see sense; **ohne ~ handeln** to behave rashly; **zur ~ kommen** to be reasonable, to see sense; **mit jds ~ rechnen** to think that sb will be reasonable [or show more common sense]

Ver·nunft·ehe f marriage of convenience

ver·nünf·tig [fɛɡˈnʏnftɪç] **I.** adj ① (einsichtig) reasonable, sensible ② (einleuchtend) reasonable, sensible ③ (fam) proper, decent; ~**e Preise** decent [or reasonable] prices **II.** adv (fam) properly, decently

Ver·nunft·mensch m rational human being [or person]

ver·öden **I.** vt haben MED |jdm| **die Krampfadern ~** to treat sb's varicose veins by injection; **sich die Krampfadern ~ lassen** to have one's varicose veins treated by injection **II.** vi sein ① (sich entvölkern) to be deserted ② (stumpfsinnig werden) to become tedious [or banal]

Ver·ödung <-, -en> f ① MED treatment; Krampfadern treatment by injection ② (Entvölkerung) depopulation no art, no pl

ver·öf·fent·li·chen [fɛɡˈʔœfn̩tlɪçn̩] vt ■etw ~ to publish sth

Ver·öf·fent·li·chung <-, -en> f publication

ver·ord·nen vt ① (verschreiben) ■jdm etw ~ to prescribe sth [for sb] [or sb sth]; ■ **sich dat etw |von jdm| ~ lassen** to get a prescription for sth [from sb] ② (geh) ■etw ~ to decree [or ordain] sth; ■ **es wurde verordnet, dass ...** the authorities have decreed that ...

Ver·ord·nung <-, -en> f ① (Verschreibung) prescribing no art, no pl ② (Rezept) prescription ③ (geh) order, enforcement

ver·or·ten vt (geh) ■etw/jdn ~ to place sth/sb somewhere

ver·pach·ten vt JUR |jdm| etw ~, ■etw |an jdn| ~

to lease [*or* rent [out *sep*]] sth [to sb]

Ver·päch·ter(in) *m(f)* landlord *masc*, landlady *fem*

Ver·pach·tung <-, -en> *f* ❶ *kein pl (das Verpachten)* ■ **die/eine ~** [**einer S.** *gen* [*o* **von etw**]] *dat* leasing [sth] ❷ *(Verpachtetes)* lease

ver·pa·cken *vt* ■ **etw** [**in etw** *dat*] ~ to pack [up *sep*] sth [in sth]; **etw als Geschenk** ~ to wrap [up *sep*] sth [as a present], to gift-wrap sth; **etw diplomatisch** ~ to couch sth in diplomatic terms

Ver·pa·ckung <-, -en> *f* ❶ *kein pl (das Verpacken)* packing *no art, no pl* ❷ *(Hülle)* packaging *no art, no pl*

Ver·pa·ckungs·fa·brik *f* packaging factory **Ver·pa·ckungs·ge·wicht** *nt* ÖKON tare **Ver·pa·ckungs·kos·ten** *pl* packing charges **Ver·pa·ckungs·ma·te·ri·al** *nt* packaging *no art, no pl* [material] **Ver·pa·ckungs·müll** *m* waste [*or* superfluous] packaging

ver·pas·sen *vt* ❶ *(versäumen)* ■ **jdn/etw** ~ to miss sb/sth ❷ *(nicht erreichen)* ■ **etw** ~ to miss sth ❸ *(fam: aufzwingen)* ■ **jdm etw** ~ to give sb sth, to make sb have sth ❹ *(fam: zuteilen)* ■ **jdm etw** ~ to give sb sth; **jdm eine Ohrfeige** ~ to box sb's ears [*or* sb on the ear]; *s. a.* **Denkzettel**

ver·pat·zen *vt (fam)* ■ **etw** ~ to make a mess of sth, to mess [*or* muck] up *sep* sth *fam*, to botch [*or* BRIT *a.* bodge] sth

ver·pen·nen *(fam)* **I.** *vt* ■ **etw** ~ to miss [*or* forget] sth **II.** *vi* ■ [**sich**] ~ to oversleep

ver·pes·ten [fɛˈpɛstn̩] *vt* ❶ *(fam)* ■ [**jdm**] **etw** ~ to pollute [sb's] sth; **die Luft im Büro** ~ to stink out *sep* the office *fam* ❷ *(mit giftigen Gasen verseuchen)* ■ **etw** ~ to pollute sth

Ver·pes·tung <-> *f kein pl* pollution *no art, no pl*

ver·pet·zen *vt (fam)* ■ **jdn** [**bei jdm**] ~ to tell on sb, to split on sb [to sb] BRIT *fam*

ver·pfän·den *vt* JUR ■ **etw** ~ to pawn sth; **ein Grundstück/Haus** ~ to mortgage a plot/house

Ver·pfän·dung *f* pawning *no art, no pl; Grundstück, Haus* mortgaging *no art, no pl*

ver·pfei·fen *vt irreg (fam)* ■ **jdn** [**bei jdm**] ~ to inform on sb, to split [*or* grass] on sb [to sb] BRIT *fam*

ver·pflan·zen *vt* ❶ *(umpflanzen)* ■ **etw** [**irgendwohin**] ~ to replant [*or* transplant] sth [somewhere]; *(umtopfen)* to repot sth, to pot on sth *sep* BRIT ❷ MED ■ **jdm ein Organ** ~ to give sb an organ transplant; **jdm ein Stück Haut** ~ to give sb a skin graft

Ver·pflan·zung *f* ❶ *(das Umpflanzen)* replanting *no art, no pl*, transplantation *no art, no pl; (das Umtopfen)* repotting *no art, no pl* ❷ MED transplantation

ver·pfle·gen *vt* ■ **jdn** ~ to look after [*or* cater for] sb; ■ **sich selbst** ~ to cater for oneself

Ver·pfle·gung <-, *selten* -en> *f* ❶ *kein pl (das Verpflegen)* catering *no art, no pl;* **mit voller ~** with full board ❷ *(Nahrung)* food *no art, no pl*

ver·pflich·ten [fɛˈpflɪçtn̩] **I.** *vt* ❶ *(durch eine Pflicht binden)* ■ **jdn** [**zu etw**] ~ to oblige sb [*or* make sb promise] to do sth; **jdn zum Stillschweigen/zu einer Zahlung** ~ to oblige sb to keep quiet/to pay; **jdn durch einen Eid zum Stillschweigen** ~ to swear sb to secrecy ❷ *(vertraglich binden)* ■ **jdn** [**zu etw**] ~ to commit [*or* oblige sb to do sth; ■ **verpflichtet sein, etw zu tun** to be obliged to do sth; ■ **zu etw verpflichtet sein** to be sworn to sth ❹ *(einstellen)* ■ **jdn** [**an/für etw** *akk*] ~ to engage sb [at/for sth]; **einen Fußballspieler** ~ to sign [up *sep*] a football player **II.** *vi* ■ [**zu etw**] ~ ❶ JUR *(vertraglich binden)* to bind sb by contract [to do sth], to oblige sb to do sth ❷ *(eine bestimmte Haltung erfordern)* to be an obligation [to do sth]; **jdm ver-**

pflichtet sein to be obliged [*or* indebted] to sb; **jdm zu Dank verpflichtet sein** to be obliged [*or* indebted] to sb, to be in sb's debt *form* **III.** *vr* ❶ *(sich vertraglich zu etw bereit erklären)* ■ **sich zu etw** ~ to sign a contract saying that one will do sth, to commit oneself by contract to doing sth; **ich habe mich zu strengstem Stillschweigen verpflichtet** I am committed to absolute confidentiality; ■ **sich ~, etw zu tun** to commit oneself to doing sth ❷ MIL ■ **sich für etw** ~ to sign up for sth

ver·pflich·tet *adj* ■ **jdm** ~ **sein** to be indebted to sb, to owe sb a favour [*or* AM -or]; **sich jdm** ~ **fühlen** to feel obliged to sb, to owe sb a favour; **sich** ~ **fühlen, etw zu tun** to feel obliged to do sth

Ver·pflich·tung <-, -en> *f* ❶ *meist pl (Pflichten)* duty *usu pl;* **die ~ haben, etw zu tun** to have a duty to do sth; **seinen ~en nachkommen** to do [*or* form discharge] one's duties ❷ *kein pl (das Engagieren)* engagement *no pl; Fußballspieler* signing [up *sep*] ❸ FIN **finanzielle ~en** financial commitments [*or* obligations]; ~**en eingehen** to make financial commitments; **seinen ~en nachkommen** to fulfil [*or* AM -fill] /meet one's obligations

ver·pfu·schen *vt (fam)* ■ [**jdm/sich**] **etw** ~ to make a mess of [*or sep fam* mess [*or* muck] up] [sb's/one's] sth

ver·pis·sen *vr (vulg)* ■ **sich** ~ to piss off *fam!*

ver·pla·nen *vt* ❶ *(falsch planen)* ■ **etw** ~ to plan sth badly [*or* wrongly]; *(falsch berechnen)* to miscalculate sth ❷ *(für etw vorsehen)* ■ **etw** [**für etw**] ~ to mark off *sep* sth [for sth]; **einen Etat** ~ to plan a budget; **einen bestimmten Tag für eine Konferenz/eine Veranstaltung** ~ to plan [to have] a conference/an event on a particular day ❸ *(fam)* ■ [**für etw**] **ver·plant sein** to be booked up [*or* have no time] [for sth]

ver·plap·pern *vr (fam)* ■ **sich** ~ to blab *fam*

ver·plem·pern *vt (fam)* ❶ *(verschwenden)* ■ **etw** [**für etw**] ~ to waste [*or* to throw [*or pej* fritter] away *sep* sth [on sth]] sth [on sth] ❷ DIAL *(verschütten)* ■ **etw** ~ to spill sth

ver·plom·ben [fɛˈplɔmbn̩] *vt* ■ **etw** ~ to seal [up *sep*] sth; ■ **verplombt** sealed

ver·pönt [fɛˈpøːnt] *adj (geh)* deprecated *form;* **so ein Benehmen ist verpönt** such behaviour is frowned upon; ■ [**bei jdm**] ~ **sein** to be deprecated [by sb] *form*

ver·pras·sen *vt* ■ **etw** [**für etw**] ~ to squander [*or sep pej* fritter away] sth [on sth]; **sein Vermögen** ~ to dissipate one's fortune *form*

ver·prel·len *vt* ❶ *(verärgern)* ■ **jdn** ~ to annoy [*or fam* aggravate] sb ❷ *(verscheuchen)* **Wild** ~ to scatter game

ver·prü·geln *vt* ■ **jdn** ~ to beat up sb *sep; (als Strafe)* to thrash sb, to give sb a thrashing [*or hum* hiding]; *(früher in der Schule a.)* to cane/birch sb; ■ **jdn** [**von jdm**] ~ **lassen** to have sb beaten up [by sb]

ver·puf·fen *vi sein* ❶ *(plötzlich abbrennen)* to go phut [*or* AM pop] *fam* ❷ *(fam: ohne Wirkung bleiben)* to fizzle out

Ver·puf·fung <-, -en> *f (Explosion)* explosion

ver·pul·vern *vt (fam)* ■ **etw** [**für etw**] ~ to throw [*or pej* fritter] away sth *sep* [on sth], to blow sth [on sth] *fam*

ver·pum·pen *vt (fam)* ■ **etw** ~ to lend [out *sep*] sth

ver·pup·pen *vr* BIOL ■ **sich** ~ to develop into a pupa, to pupate *spec*

Ver·putz *m* ❶ *(das Verputzen)* ■ **der** ~ [**einer S.** *gen*] the plaster[ing] of [sth] ❷ *(Putz)* plaster *no pl; (Rauputz)* roughcast *no pl; (mit kleinen Steinen)* pebbledash *no pl* BRIT

ver·put·zen *vt* ■ **etw** ~ ❶ *(mit Rauputz versehen)* to plaster sth; *(mit der ersten Außenschicht)* to render sth *spec;* ■ **etw** ~ **lassen** to have sth plastered/rendered ❷ *(fam)* to polish off sth *sep fam,* to wolf [down *sep*] sth *fam*

ver·qual·men˚ *vt* ■[jdm] **etw** ~ to make [sb's] sth smok[e]y, to fill [up *sep*] [sb's] sth with smoke; ■ **verqualmt** smoke-filled *attr,* full of [*or* filled with] smoke *pred*

ver·quast *adj* confused, incoherent

ver·quer [fɛɐ̯ˈkveːɐ̯] *adv* muddled, weird; ▸ WENDUNGEN: **jdm ~ gehen** *(fam)* to go wrong for sb

ver·qui·cken˚ [fɛɐ̯ˈkvɪkn̩] *vt* ■ **etw mit etw** ~ to combine sth with sth; ■ **zwei Sachen [miteinander]** ~ to combine two things [together]

ver·quir·len˚ *vt* KOCHK ■ **etw [mit etw]** ~ to whisk sth [with sth], to mix sth [[together] with sth] with a whisk

ver·quol·len *adj* swollen

ver·ram·meln˚ *vt (fam)* ■ **etw** ~ to barricade [up *sep*] sth

ver·ram·schen˚ *vt (fam)* ■ **etw** ~ to sell sth dirt cheap *fam,* to flog [off *sep*] sth [cheaply] BRIT *fam*

Ver·rat <-[e]s> [fɛɐ̯ˈraːt] *m kein pl* ❶ *(das Verraten)* betrayal *no art, no pl;* ~ **an jdm begehen** [*o* **üben**] to betray sb ❷ JUR treason *no art, no pl*

ver·ra·ten <verriet, verraten> I. *vt* ❶ *(ausplaudern)* ■ **etw [an jdn]** ~ to betray [*or sep* give away] sth [to sb]; **nichts ~!** keep it to yourself!, don't give anything away! ❷ *(verräterisch an jdm handeln)* ■ **jdn** ~ to betray sb ❸ *(preisgeben)* ■ **etw** ~ to betray sth; **seine Meinung nicht ~ wollen** to be reluctant to express one's opinion [*or* view] ❹ *(als jdn erweisen)* ■ **jdn** ~ to betray [*or sep* give away] sb ❺ *(deutlich erkennen lassen)* ■ **etw** ~ to show sth, to make sth clear [*or* obvious] ▸ WENDUNGEN: ~ **und verkauft sein** *(fam)* to be sunk II. *vr* ❶ *(sich preisgeben)* ■ **sich [durch etw]** ~ to give oneself away [with sth] ❷ *(sich zeigen)* ■ **sich** ~ to reveal oneself

Ver·rä·ter|in\|in\| <-s, -> [fɛɐ̯ˈrɛːtɐ] *m(f)* ❶ *(verräterischer Mensch)* traitor *pej* ❷ *(etw ausplaudernder Mensch)* traitor *pej,* snake [in the grass]; *(aus Versehen a.)* big mouth *fam*

ver·rä·te·risch I. *adj* ❶ *(auf Verrat zielend)* treacherous ❷ *(etw andeutend)* revealing, meaningful, giveaway *attr,* tell-tale *attr* II. *adv* meaningfully, in a telltale [*or* meaningful] fashion

ver·rau·chen˚ I. *vi sein* to disappear; *Zorn, Ärger* to blow over II. *vt* ■ **etw** ~ to smoke sth

ver·räu·chern˚ *vt s.* **verqualmen**

ver·rech·nen˚ I. *vr* ❶ *(falsch rechnen)* ■ **sich [um etw]** ~ to miscalculate [by sth], to make a mistake ❷ *(sich irren)* ■ **sich** ~ to be mistaken, to miscalculate ❸ *(sich in jdm täuschen)* ■ **sich in jdm** ~ to make a mistake [*or* to be mistaken] about sb II. *vt* ❶ *(rechnerisch gegenüberstellen)* ■ **etw mit etw** ~ to set off sth *sep* against sth ❷ FIN ■ **etw** ~ to credit sth, to pass sth to account

Ver·rech·nung *f* ❶ *(rechnerische Gegenüberstellung)* settlement ❷ *(Gutschrift)* credit *(on an account);* „**nur zur** ~" 'A/C payee only' BRIT

Ver·rech·nungs·scheck *m* FIN crossed cheque BRIT *spec,* voucher [*or* non-negotiable] check AM *spec*

ver·re·cken˚ *vi sein (sl)* ❶ *(krepieren)* to come to a miserable end, to die a miserable [*or* wretched] death; ■ [jdm] ~ to die [off] [on sb *fam*] ❷ *(kaputtgehen)* ■ [jdm] ~ to break down [on sb *fam*] ▸ WENDUNGEN: **nicht ums V–!** not on your life! *fam*

ver·reg·nen˚ *vi sein* to be spoiled by rain; ■ **verregnet** spoiled [*or* spoilt] by rain, rainy

ver·rei·ben˚ *vt irreg* ■ **etw [in/auf etw** *dat*] ~ to rub in sth *sep,* to rub sth into/on[to] sth *sep*

ver·rei·sen˚ *vi sein* ■[irgendwohin] ~ to go away [somewhere]; **ins Ausland** ~ to go abroad; **in die Berge/an die See** ~ to go to the mountains/the seaside; **dienstlich/geschäftlich verreist sein** to be

away on business [*or* a business trip]

ver·rei·ßen˚ *vt irreg* ■ **jdn/etw** ~ to tear sb/sth apart [*or* into pieces]

ver·ren·ken˚ *vt* ■ **jdm etw** ~ to twist sb's sth; **sich** *dat* **ein Gelenk** ~ to dislocate a joint; ■ **sich [nach jdm/ etw]** ~ to twist one's neck [looking round at sb/sth]

Ver·ren·kung <-, -en> *f* distortion; *Gelenk* dislocation; **~en machen müssen** to have to perform contortions

ver·ren·nen˚ *vr irreg* ❶ *(sich irren)* ■ **sich** ~ to get on the wrong track ❷ *(hartnäckig an etw festhalten)* ■ **sich in etw** *akk* ~ to be obsessed with sth

ver·rich·ten˚ *vt* ■ **etw** ~ to perform [*or sep* carry out] sth; **ein Gebet** ~ to say a prayer; **seine Notdurft** ~ *(veraltend)* to relieve oneself *dated*

Ver·rich·tung *f* ❶ *kein pl (Ausführung)* performance *no art, no pl,* execution *no art, no pl* ❷ *(Erledigung)* duty

ver·rie·geln˚ *vt* ■ **etw** ~ to bolt sth

ver·riet *imp von* **verraten**

ver·rin·gern˚ [fɛɐ̯ˈrɪŋɐn] I. *vt* ❶ *(verkleinern)* ■ **etw** ~ to reduce sth ❷ *(geringer werden lassen)* ■ **etw [um etw]** ~ to reduce sth [by sth]; **die Geschwindigkeit** ~ to slow down, to slacken off II. *vr* ■ **sich** ~ ❶ *(kleiner werden)* to decrease ❷ *(abnehmen)* to decrease, to diminish

Ver·rin·ge·rung <-> *f kein pl* ❶ *(Verkleinerung)* reduction ❷ *(Herabsetzung)* reduction (+*gen* /**von** +*dat* in /of), decrease (+*gen* /**von** +*dat* in)

ver·rin·nen˚ *vi irreg sein* ❶ *(geh: vergehen)* to pass *form liter* ❷ *(versickern)* ■ **in etw** *dat* ~ to seep into sth

Ver·rissRR *m,* **Ver·riß**ALT *m* damning criticism *no art, no pl*

ver·ro·hen˚ [fɛɐ̯ˈroːən] I. *vi sein* to become brutal[ized] II. *vt* ■ **jdn** ~ to brutalize sb, to make sb brutal

Ver·ro·hung <-, -en> *f* brutalization

ver·ros·ten˚ *vi sein* to go rusty, to rust; ■ **verrostet** rusted, rusty

ver·ros·tet <-er, -este> *adj* rusty

ver·rot·ten˚ [fɛɐ̯ˈrɔtn̩] *vi sein* ❶ *(faulen)* to rot ❷ *(verwahrlosen)* to decay

ver·rot·tet <-er, -este> *adj* ❶ *(faul)* rotted ❷ *(verwahrlost)* decayed

ver·rucht [fɛɐ̯ˈruːxt] *adj* ❶ *(anstößig)* despicable, wicked ❷ *(lasterhaft)* depraved; **ein ~es Lokal/ Viertel** a disreputable pub [*or* AM bar] /area

ver·rü·cken˚ *vt* ■ **etw [irgendwohin]** ~ to move [*or* push] sth [somewhere]

ver·rückt [fɛɐ̯ˈrʏkt] *adj* ❶ *(geisteskrank)* mentally ill, nuts *fam,* insane *fam dated,* mad *fam dated;* ■ ~ **sein/werden** to be/become mentally ill, to be/ go nuts [*or dated* insane] [*or* mad] *fam;* **du bist wohl/bist du ~!** you must be/are you out of your mind [*or* off your head] [*or hum* out to lunch] ! *fam;* **jdn ~ machen** to drive sb crazy [*or fam* nuts] [*or* up the wall] [*or* BRIT round the bend] ❷ *(in starkem Maße)* **wie ~** like crazy [*or fam* mad]; *(wie übergeschnappt a.)* like a madman; **wie ~ regnen** to rain cats and dogs, to pour with rain; **wie ~ stürmen** to blow a gale; **wie ~ wehtun** to hurt like hell *fam* ❸ *(fam: ausgefallen)* crazy, wild *fam* ❹ *(fam: versessen)* ~ **auf etw** *akk* /**nach etw sein** to be crazy [*or fam* mad] about sth; ~ **nach jdm sein** to be crazy [*or fam* mad] [*or fam* wild] about sb ▸ WENDUNGEN: **ich werd'** ~! *(fam)* well, I'll be damned [*or dated* blowed] *fam,* well I never [did]!

Ver·rück·te(r) *f(m) decl wie adj (fam)* lunatic, madman *masc pej,* madwoman *fem pej*

Ver·rückt·heit <-, -en> *f* ❶ *(fam: etwas Verrücktes)* craziness *no art, no pl,* madness *no art, no pl,* folly *no art, no pl* ❷ *kein pl* MED insanity *no art, no pl,* madness *no art, no pl*

Ver·rückt·wer·den *nt* **es ist zum ~** *(fam)* it's enough to drive you mad [*or* up the wall] [*or* BRIT round the bend]

Ver·ruf *m kein pl* **jdn in ~ bringen** to give sb a bad name; **etw in ~ bringen** to bring sth into disrepute; **in ~ kommen** [*o* **geraten**] to fall into disrepute, to get a bad name *fam*

ver·ru·fen *adj* disreputable, doubtful

ver·rüh·ren *vt* ■ **etw** [**mit etw**] **~** to stir [*or* mix] sth [[together] with sth]

ver·ru·ßen *vi sein* to get [*or* become] sooty; ■ **verrußt** sooty

ver·rut·schen *vi sein* to slip

Vers <-es, -e> [fɛrs, *pl*: ˈfɛrzə] *m* ❶ *(Gedichtzeilen)* verse, lines *pl* ❷ *meist pl (Gereimtes)* verse, poetry; **~e deklamieren** [*o* **vortragen**] to recite verse [*or* poetry]; **etw in ~en schreiben** [*o* **~e setzen**] to put sth into verse ▶ WENDUNGEN: **ich kann mir keinen ~ darauf machen** there's no rhyme or reason to it; **kannst du dir einen ~ darauf machen?** can you get any sense out of it?

ver·sach·li·chen *vt* ■ **etw ~** to make sth more objective, to objectify sth *spec*; ■ **versachlicht** objective

ver·sa·cken *vi sein* ❶ *(einsinken)* ■ [**in etw** *dat*] **~** to sink in[[to] sth], to get bogged down [in sth] ❷ *(fam: versumpfen)* to stay out late drinking ❸ *(fam: verwahrlosen)* to go to the dogs [*or* rack [*or esp* AM wrack] and ruin] *fam*

ver·sa·gen I. *vi* ❶ *(scheitern)* ■ [**in etw** *dat*] **~** to fail [*or* to be a failure] [in sth]; **in der Schule ~** to be a failure [*or* to fail] at school ❷ *(erfolglos bleiben)* to fail, to be unsuccessful; **eindeutig ~** to fail miserably ❸ *(nicht mehr funktionieren)* to fail [to function], to not work II. *vt (geh)* ■ **jdm etw ~** to refuse sb sth; **jdm seine Hilfe ~** to refuse sb aid [*or* to come to sb's aid] III. *vr (geh)* ❶ *(nicht gönnen)* ■ **sich** *dat* **etw ~** to deny oneself sth ❷ *(vorenthalten)* ■ **sich jdm ~** to refuse to give oneself to sb

Ver·sa·gen <-s> *nt kein pl* ❶ *(Scheitern)* failure *no art, no pl; (Erfolglosigkeit)* lack of success *no art, no pl;* **menschliches ~** human error ❷ *(Fehlfunktion)* failure; **ein ~ des Herzens/der Nieren** a heart/kidney failure

Ver·sa·gens·angst *f* fear of failure

Ver·sa·ger(in) <-s, -> *m(f)* failure

Ver·sa·ger <-s, -> *m* failure, flop *fam*

Ver·sa·gung <-, -en> *f* refusal

ver·sal·zen *vt irreg* ❶ *(zu viel salzen)* ■ **etw ~** to put too much salt in/on sth, to oversalt sth ❷ *(fam)* ■ **jdm etw ~** to spoil [*or* ruin] sth for sb, to muck up sth *sep* for sb *fam*

ver·sam·meln I. *vr* ■ **sich ~** to gather [*or* come] [together], to assemble II. *vt* ❶ *(zusammenkommen lassen)* ■ **jdn** [**irgendwo**] **~** to call [*or* gather] together *sep* sb [somewhere]; **Truppen ~** to rally [*or* muster] troops ❷ *(zu gespannter Aufmerksamkeit zwingen)* **das Pferd ~** to collect one's horse *spec*

Ver·samm·lung *f* ❶ *(Zusammenkunft)* meeting; **auf einer ~** at a meeting ❷ *(versammelte Menschen)* assembly

Ver·samm·lungs·frei·heit *f kein pl* freedom of assembly **Ver·samm·lungs·lo·kal** *f* meeting place **Ver·samm·lungs·ver·bot** *nt* prohibition of assembly

Ver·sand <-[e]s> [fɛɐ̯ˈzant] *m kein pl* ❶ *(das Versenden)* despatch, dispatch; **im ~** by post [*or* AM mail]; **im ~ beschädigt werden** to be damaged in the post ❷ *(~abteilung)* despatch, dispatch, distribution ❸ *(~firma)* mail-order company

Ver·sand·ab·tei·lung *f* despatch [*or* dispatch] [*or* distribution] department, shipping department

ver·san·den *vi sein* ❶ *(sich mit Sand füllen)* to silt up ❷ *(schwächer werden)* to peter [*or* fizzle] out

Ver·sand·han·del *m* mail-order selling *no art* [*or* trade] *no indef art, no pl* **Ver·sand·haus** *nt* mail-order company [*or* business] **Ver·sand·haus·ka·ta·log** *m* mail-order catalogue [*or* AM catalog] **Ver·sand·kos·ten** *pl* shipping charges [*or* AM shipping] **Ver·sand·pa·pie·re** *pl* transport [*or* shipping] documents **Ver·sand·ta·sche** *f* large envelope; **eine wattierte ~** a padded envelope, a Jiffy® bag BRIT **Ver·sand·vor·schrift** *f meist pl* forwarding [*or* shipping] instructions *pl*

Ver·satz·stück *nt* ❶ *(Abklatsch)* hackneyed phrase *pej*, stale [*or* AM *pej*] warmed-over] idea ❷ *(Teil der Bühne)* movable piece of scenery

ver·sau·beu·teln [fɛɐ̯ˈzaubɔytl̩n] *vt (pej fam)* ■ **etw ~** to muck [*or* AM mess] sth up *fam*

ver·sau·en *vt (sl)* ❶ *(völlig verdrecken)* ■ [**jdm**] **etw ~** to make [sb's] sth dirty [*or* filthy] [*or fam* mucky] ❷ *(verderben)* ■ **jdm etw ~** to ruin [*or* spoil] [*or* wreck] sb's sth, to mess *fam* [*or* BRIT *fam*! bugger] up *sep* sb's sth

Ver·sau·e·rung <-, -en> *f* ÖKOL acidification

ver·sau·fen *vt irreg (sl)* ■ **etw ~** to drink away sth *sep*, to drink one's way through sth

ver·säu·men *vt* ❶ *(nicht erreichen)* ■ **etw ~** to miss sth ❷ *(sich entgehen lassen)* ■ **etw ~** to miss sth; **eine Gelegenheit ~** to let an opportunity slip by, to miss an opportunity ❸ *(nicht wahrnehmen)* ■ **etw ~** to miss sth; **den richtigen Zeitpunkt ~** to let the right moment slip by ❹ *(geh: unterlassen)* ■ [**es**] **~, etw zu tun** to not [*or* neglect to] do sth; ■ [**es**] **nicht ~, etw zu tun** to not forget to do sth

Ver·säum·nis <-ses, -se> [fɛɐ̯ˈzɔymnɪs] *nt (geh)* ❶ *(unterlassene Teilnahme)* absence *no art, no pl* ❷ *(Unterlassung)* omission, oversight

Ver·säum·nis·ur·teil *nt* JUR judgement by [*or* in] default

ver·scha·chern *vt (fam) s.* **verscheuern**

ver·schaf·fen *vt* ❶ *(beschaffen)* ■ **jdm/sich etw ~** to get [hold of] [*or* obtain] sth for sb/oneself, to procure sth for sb/myself [*or* sb/myself sth] *form* ❷ *(vermitteln)* to earn sth; **was verschafft mir die Ehre?** to what do I owe the honour? *iron;* **jdm eine Möglichkeit ~** to give sb an opportunity; **jdm Respekt ~** to gain [*or* earn] sb respect; **jdm eine Stellung ~** to get sb a job; **jdm einen Vorteil** [*o* **Vorsprung**] **~** to give sb an advantage; **sich** *dat* **eine gute Ausgangsposition ~** to give oneself a good starting position; **sich** *dat* **Gewissheit ~** to make certain

ver·scha·len TECH I. *vi* ■ [**für etw**] **~** to line sth [for sth] II. *vt* ■ **etw ~** to line sth; **eine Tür/ein Fenster ~** to board [up] a door/window

Ver·scha·lung <-, -en> *f* TECH planking *no art, no pl*

ver·schämt [fɛɐ̯ˈʃɛːmt] *adj* shy, bashful

ver·schan·deln [fɛɐ̯ˈʃandl̩n] *vt* ■ **etw ~** ❶ *(ruinieren)* to ruin [*or* spoil] sth; **die Landschaft ~** to ruin [*or* spoil] the landscape; *Gebäude, Grube* to be a blot on the landscape ❷ *(verunstalten)* to disfigure [*or* mutilate] sth

Ver·schan·de·lung <-, -en> *f*, **Ver·schand·lung** <-, -en> *f* disfigurement *no art, no pl*, mutilation *no art, no pl; Landschaft* ruination *no art, no pl*

ver·schan·zen I. *vt* MIL to fortify II. *vr* ❶ MIL ■ **sich ~** to take up a fortified position; **sich in einem Graben ~** to dig [oneself] in; ■ **sich hinter etw** *dat* **~** to barricade oneself in ❷ *(hinter etw verstecken)* ■ **sich hinter etw** *dat* **~** to take refuge [*or* to hide] behind sth

ver·schär·fen I. *vr* ■ **sich ~** to get bad/worse; *Krise* to intensify, to become acute II. *vt* ■ **etw ~** ❶ *(rigoroser machen)* to make sth more rigorous, to tighten [up *sep*] sth; **eine Strafe ~** to make a punishment more severe ❷ *(zuspitzen)* to aggravate sth, to make sth worse

Ver·schär·fung <-, -en> *f* ❶ *(Zuspitzung)* intensification, worsening *no art, no pl* ❷ *(das Verschärfen)* tightening up *no art, no pl;* **die ~ einer Strafe** increasing the severity of a punishment

ver·schar·ren* *vt* ■ **etw ~** to bury sth [just below the surface]; **jdn ~** to bury sb in a shallow grave

ver·schät·zen* *vr* ❶ *(sich vertun)* ■ **sich [um etw] ~** to misjudge sth [by sth] ❷ *(sich täuschen)* ■ **sich ~** to be mistaken [*or* make a [big] mistake]; ■ **sich in jdm ~** to be [very much] mistaken about sb

ver·schau·keln* *vt (fam)* ■ **jdn ~** to fool sb, to take sb for a ride *fam;* ■ **sich [von jdm] ~ lassen** to let sb take one for a ride *fam,* to let oneself be fooled

ver·schei·den* *vi irreg sein (geh)* to die, to pass away [*or* on] *euph*

ver·schen·ken* *vt* ❶ *(schenken)* ■ **etw [an jdn] ~** to give sth *sep* [to sb] ❷ *(ungenutzt lassen)* ■ **etw ~** to waste [*or sep* throw away] sth

ver·scher·beln* *vt (fam)* ■ **etw ~** to sell [*or* BRIT flog] [off *sep*] sth *fam; Hausierer a.* to peddle sth *pej*

ver·scher·zen* *vr (sich um etw bringen)* ■ **sich** *dat* **etw ~** to lose [*or* forfeit] sth ❷ *(sich mit jdm überwerfen)* ■ **es sich** *dat* **mit jdm ~** to fall out with sb

ver·scheu·chen* *vt* ■ **jdn/Tiere ~** to chase away [*or* off] *sep* sb/animals; *(durch Angst a.)* to frighten [*or* scare] away [*or* off] *sep* sb/animals; **jdm seine Sorgen ~** to drive away *sep* sb's cares

ver·scheu·ern* *vt (sl)* ■ **[jdm] etw [***o* **etw an jdn] ~** to sell [off *sep*] sth [to sb], to flog [off *sep*] sth [to sb] BRIT *fam*

ver·schi·cken* *vt* ❶ *(schicken)* ■ **etw [an jdn] ~** to send [sb] sth, to send [out *sep*] sth [to sb] ❷ *(zur Erholung reisen lassen)* ■ **jdn irgendwohin ~** to send away sb *sep* somewhere; **jdn zur Kur ~** to send away sb *sep* to a health resort [*or dated* to take a cure]

ver·schie·ben* *irreg* I. *vt* ❶ *(verrücken)* ■ **etw [um etw] ~** to move [*or* shift] sth [by sth] ❷ *(verlegen)* ■ **etw [auf/um etw** *akk***] ~** to postpone [*or sep* put off] sth [until/for sth] ❸ *(illegal exportieren)* ■ **etw [irgendwohin] ~** to smuggle sth [somewhere] II. *vr* ❶ *(später stattfinden)* ■ **sich [auf/um etw** *akk***] ~** to be postponed [until sth/for sth] ❷ *(verrutschen)* ■ **sich ~** to slip

Ver·schie·bung *f* postponement

ver·schie·den [fɛɐ̯ʃiːdn̩] I. *adj* ❶ *(unterschiedlich, abweichend)* different; *(mehrere)* various ❷ *(vielgestaltig)* various ❸ *attr (einige)* several *attr,* a few *attr* ❹ *substantivisch (einiges)* ■ **V~es** various things *pl* ▸ WENDUNGEN: **das ist ~** *(das kommt darauf an)* it depends II. *adv* differently; **~ breit/lang/stark** of different widths/lengths/thicknesses

ver·schie·den·ar·tig *adj* different kinds [*or* sorts] of *attr,* diverse

ver·schie·de·ner·lei *adj inv* ❶ *attr (verschiedenartig)* different kinds [*or* sorts] of *attr,* diverse ❷ *attr (alle möglichen)* all sorts [*or* kinds] of *attr,* various different *attr* ❸ *substantivisch (alles Mögliche)* various things *pl*

Ver·schie·den·heit <-, -en> *f* ❶ *(Unterschiedlichkeit)* difference (+*gen /***von** +*dat* between /in); *(Unähnlichkeit)* dissimilarity (+*gen /***von** +*dat* in) ❷ *(charakterliche Andersartigkeit)* difference, dissimilarity

ver·schie·dent·lich [fɛɐ̯ʃiːdn̩tlɪç] *adv* ❶ *(mehrmals)* several times, on several [*or* various] occasions ❷ *(vereinzelt)* occasionally

ver·schie·ßen* *irreg* I. *vt* ❶ *(durch Abfeuern verbrauchen)* ■ **etw ~** to use up all of sth ❷ *(abschießen)* ■ **etw ~** to fire sth; **einen Pfeil ~** to shoot [*or liter* loose] [off *sep*] an arrow ❸ *(fam)* **einen Film ~** to use up *sep* a film ❹ FBALL **einen Elfmeter ~** to shoot wide

II. *vi sein* to fade III. *vr* ❶ *(fam)* ■ **sich in jdn ~** to fall head over heels in love with sb; ■ **in jdn verschossen sein** to be crazy [*or fam* mad] about sb ❷ *(nicht treffen)* ■ **sich ~** to shoot wide

ver·schif·fen* *vt* ■ **etw [irgendwohin] ~** to ship sth somewhere, to transport sth by ship [somewhere]

Ver·schif·fung <-, -en> *f* ■ **die ~ [einer S.** *gen* [*o* **von etw]**] shipping [sth], the transportation [of sth] [by ship]

ver·schim·meln* *vi sein* to go mouldy [*or* AM moldy]; ■ **etw ~ lassen** to let sth go mouldy; ■ **verschimmelt** mouldy

ver·schis·sen* *adj (sl)* ■ **bei jdm ~ haben** to be finished with sb; **du hast bei mir ~!** I'm finished with you, we're finished

ver·schla·fen*¹ *irreg* I. *vi, vr* **[sich] ~** to oversleep II. *vt* ■ **etw ~** ❶ *(fam)* to miss sth ❷ *(schlafend verbringen)* to sleep through sth; **sein Leben ~** to sleep away *sep* one's life

ver·schla·fen*² *adj* ❶ *(müde)* sleepy, half-asleep ❷ *(wenig Leben zeigend)* sleepy

Ver·schlag <-[e]s, -schläge> *m* shed

ver·schla·gen*¹ *vt irreg* ❶ *(nehmen)* ■ **jdm etw ~** to rob sb of sth; **jdm den Atem [***o* **die Sprache] ~** to leave sb speechless ❷ *(geraten)* ■ **jdn irgendwohin ~** to lead sb to finish up somewhere; ■ **irgendwohin ~ werden** to end up somewhere ❸ *(verblättern)* **[jdm/sich] die Seite ~** to lose sb's/one's place; *Wind* to turn [*or* blow] over the page[s *pl*] ❹ *(nicht treffen)* ■ **etw ~** to mishit sth

ver·schla·gen*² I. *adj* devious, sly *pej;* **ein ~er Blick** a furtive look; **ein ~es Grinsen** a sly grin *pej* II. *adv* slyly *pej; (verdächtig)* shiftily; **~ grinsen** to have a sly grin

Ver·schla·gen·heit <-> *f kein pl* deviousness *no art, no pl,* slyness *no art, no pl pej*

ver·schlam·men* *vi sein* to silt up, to fill up with mud

ver·schlam·pen* *vt (fam)* ■ **etw ~** to manage to lose sth

ver·schlech·tern* [fɛɐ̯ʃlɛçtɐn] I. *vt* ■ **etw ~** to make sth worse; **den Zustand eines Patienten ~** to weaken a patient's condition II. *vr* ■ **sich ~** ❶ *(schlechter werden)* to get worse, to worsen, to deteriorate ❷ *(beruflich schlechter dastehen)* to be worse off

Ver·schlech·te·rung <-, -en> *f* deterioration *no art* (+*gen /***von** +*dat* in), worsening *no art, no pl* (+*gen /***von** +*dat* of)

ver·schlei·ern* [fɛɐ̯ʃlaiɐn] *vt* ❶ *(mit einem Schleier bedecken)* ■ **jdn/etw ~** to cover sb/sth with a veil; **sich das Gesicht ~** to wear a veil, to veil one's face, to cover one's face with a veil ❷ *(verdecken)* ■ **etw ~** to cover up sth *sep; Himmel* to become hazy ❸ *(vertuschen)* ■ **etw ~** to cover [*or pej* hush] up sth *sep;* **die Tatsachen ~** to disguise the facts

Ver·schlei·e·rung <-, -en> *f* cover-up

ver·schlei·men* *vi sein* to become [*or* get] congested; *Nase* to be blocked [up]

Ver·schleiß <-es, -e> [fɛɐ̯ʃlais] *m* wear [and tear] *no art, no pl;* **einem erhöhten/geringen ~ unterliegen** to be likely/unlikely to wear out quickly

ver·schlei·ßen <verschliss, verschlissen> I. *vi sein* to wear out II. *vt* ❶ *(abnutzen)* ■ **etw ~** to wear out sth *sep* ❷ *(jds Kräfte verzehren)* ■ **sich ~** to wear oneself out, to get worn out; ■ **jdn ~** to wear out sb *sep,* to go through sb

Ver·schleiß·er·schei·nung *f* sign of wear [and tear]

ver·schleiß·fest *adj* hard-wearing, immune to wear and tear *pred* **Ver·schleiß·teil** *nt* TECH working [*or* wearing] part

ver·schlep·pen* *vt* ❶ *(deportieren)* ■ **jdn [irgendwohin] ~** to take away sb *sep* [somewhere]; *(amtlich)* to transport sb somewhere ❷ *(hinauszögern)* ■ **etw ~** to prolong [or sep drag out] sth ③ MED ■ **etw ~** to delay treatment [of sth]; **eine verschleppte Krankheit** an illness made worse [or aggravated] by neglect ④ (weiterverbreiten) ■ **etw ~** to spread sth

Ver·schlep·pung <-, -en> f ① (Deportation) ■ **die ~ von jdm** taking away sb sep, no art, no pl; (amtlich) the transportation of sb ② (Hinauszögerung) prolonging no art, no pl ③ MED **die ~ einer Krankheit** neglecting no art, no pl an illness

ver·schleu·dern* vt ■ **etw ~** to sell [off sep] sth cheaply, to flog [off sep] sth BRIT fam; (mit Verlust) to sell [off sep] sth at a loss

ver·schließ·bar adj lockable

ver·schlie·ßen* irreg I. vt ① (abschließen) ■ **etw ~** to close sth; (mit einem Schlüssel) to lock [up sep] sth ② (zumachen) ■ **etw [mit etw] ~** to close sth [with sth]; **eine Flasche [wieder] ~** to put the top [back] on a bottle; **eine Flasche mit einem Korken ~** to cork a bottle, to put a/the cork in a bottle ③ (wegschließen) ■ **etw [vor jdm] ~** to lock [or hide] away sth sep [from sb]; **die Gedanken/Gefühle in sich/in seinem Herzen ~** to keep one's thoughts/feelings to oneself ④ (versagt bleiben) ■ **jdm verschlossen bleiben** to be closed off to sb II. vr ① (sich entziehen) ■ **sich einer S.** dat **~** to ignore sth ② (sich jdm versagen) ■ **sich jdm ~** to shut oneself off from sb

ver·schlimm·bes·sern [fɛɐ̯ˈʃlɪmbɛsɐn] vt (hum fam) ■ **etw ~** to make sth worse (by trying to improve it)

Ver·schlimm·bes·se·rung <-, -en> f (hum fam) improvement for the worse hum

ver·schlim·mern* I. vt ■ **etw ~** to make sth worse II. vr ■ **sich ~** to get worse, to worsen; Zustand, Lage a. to deteriorate

Ver·schlim·me·rung <-, -en> f worsening no art, no pl (+gen/**von** +dat of); Zustand, Lage a. deterioration no pl (+gen/**von** +dat in)

ver·schlin·gen*¹ vt irreg ① (hastig essen) ■ **etw ~** to devour sth, to gobble [down [or up] sep] sth fam, to bolt [or AM choke] [down sep] sth ② (verbrauchen) ■ **etw ~** to consume [or sep use up] sth ③ (voll Begierde anstarren) **jdn mit Blicken [o den Augen] ~** to devour sb with one's eyes ④ (in einem Zug lesen) ■ **etw ~** to devour sth ⑤ (aufnehmen) **jds Worte ~** to hang on to every one of sb's words

ver·schlin·gen*² vt irreg ■ **sich [ineinander] ~** to intertwine, to get intertwined; (zu einem Knoten) to become entangled; s. a. **Arm**

ver·schliss^RR, **ver·schliß^ALT** imp von **verschleißen**

ver·schlis·sen I. pp von **verschleißen** II. adj worn-out

ver·schlos·sen [fɛɐ̯ˈʃlɔsn̩] adj ① (abgeschlossen) closed; (mit einem Schlüssel) locked ② (zugemacht) closed; **~ bleiben** to be [kept] closed ③ (sehr zurückhaltend) reserved; (schweigsam) taciturn ▶ WENDUNGEN: **jdm ~ bleiben** to be a mystery to sb; Fachwissen a. to be a closed book to sb

Ver·schlos·sen·heit <-> f kein pl (verschlossenes Wesen) reservedness no art, no pl; (Schweigsamkeit) taciturnity no art, no pl

ver·schlu·cken* I. vt ■ **etw ~** ① (hinunterschlucken) to swallow sth ② (unhörbar machen) to absorb [or deaden] sth ③ (undeutlich aussprechen) to slur sth; (nicht aussprechen) to bite back on sth ④ (verbrauchen) to consume [or sep swallow up] sth II. vr ■ **sich [an etw dat] ~** to choke [on sth]

Ver·schluss^RR m, **Ver·schluß^ALT** m ① (Schließvorrichtung) clasp; Deckel fastening; Gürtel buckle; Klappe, Tür catch; Benzintank cap; **etw unter ~ halten/nehmen** to keep/put sth under lock and key ② (Deckel) lid; Flasche top

ver·schlüs·seln* [fɛɐ̯ˈʃlʏsl̩n] vt ■ **etw ~** to [en]code sth, to put sth into code; ■ **das V~ [einer S.** gen [o **von**

etw] | [en]coding [sth]

ver·schlüs·selt I. adj coded, in code pred II. adv in code

Ver·schlüs·se·lung, **Ver·schlüss·lung^RR** <-, -en> f [en]coding no art, no pl

Ver·schlüs·se·lungs·tech·nik f INFORM encryption technology

Ver·schluss·laut^RR m LING plosive

Ver·schluss·sa·che^RR f confidential information no art, no pl, confidential matter

ver·schmach·ten* vi sein (geh) ■ **[vor etw dat] ~** to die of sth; **vor Durst/Hunger** dat **~** to die of thirst/hunger [or to starve to death]; **vor Sehnsucht** dat **~** to pine away

ver·schmä·hen* vt (geh) ■ **etw ~** to reject [or form a. spurn] sth; (stärker) to scorn sth; **das Essen ~** to turn up one's nose at the food; **verschmähte Liebe** unrequited love

ver·schmel·zen* irreg I. vi sein ■ **mit etw/miteinander ~** to melt together [with sth] II. vt ■ **etw [miteinander] ~** (löten) to solder/braze sth [together]; (verschweißen) to weld sth [together]

Ver·schmel·zung <-, -en> f ■ **die/eine ~ [von etw mit etw]** ① (das Verschmelzen) (das Schmelzen) fusing no art, no pl [sth to sth]; (das Löten) soldering no art, no pl [sth to sth]; (das Verschweißen) welding no art, no pl [sth to sth] ② ÖKON a/the merger [between sth and sth]

ver·schmer·zen* vt ■ **etw ~** to get over sth

ver·schmie·ren* I. vt ① (verstreichen) ■ **etw [auf etw dat] ~** to apply sth [to sth]; **etw auf der Haut ~** to apply sth to the skin, to rub sth in[to the skin]; **etw auf einer Scheibe Brot ~** to spread sth on[to] a piece of bread ② (verwischen) ■ **etw ~** to smear sth ③ (zuschmieren) ■ **etw ~** to fill [in sep] sth ④ (beschmieren) ■ **etw ~** to make sth dirty [or fam grubby] II. vi to smear, to get smeared

ver·schmitzt [fɛɐ̯ˈʃmɪtst] I. adj mischievous, roguish; (listig) sly pej II. adv mischievously, roguishly; (listig) slyly pej; **~ lächeln** to smile mischievously/slyly, to give a mischievous/sly smile

ver·schmut·zen* I. vt ① (schmutzig werden lassen) to make sth dirty [or fam grubby] ② ÖKOL to pollute sth II. vi sein ① (schmutzig werden) to get dirty [or fam grubby] ② ÖKOL to get polluted

Ver·schmut·zung <-, -en> f ① kein pl soiling no art, no pl form; **starke ~** heavy soiling form ② ÖKOL pollution no art, no pl ③ meist pl (anhaftender Dreck) dirt no art, no pl

ver·schnau·fen* vi, vr (fam) ■ **[sich] ~** to have [or take] a breather

Ver·schnauf·pau·se f breather, respite form; **eine ~ einlegen** to have [or take] a breather

ver·schnei·den* vt irreg ■ **etw [mit etw] ~** to blend sth [with sth]

ver·schneit adj snow-covered attr; ■ **~ sein** to be covered in [or with] snow

Ver·schnitt m blend

ver·schnupft [fɛɐ̯ˈʃnʊpft] adj (fam) ① (erkältet) with [or suffering from] a cold pred; ■ **~ sein** to have a cold ② (indigniert) ■ **~ sein** to be in a huff, to be het up [or AM sore] fam

ver·schnü·ren* vt ■ **etw ~** to tie up sth sep [with a string]; **die Schuhe ~** to lace [or tie] up one's/sb's shoes

ver·schol·len [fɛɐ̯ˈʃɔlən] adj missing; **eine ~e Handschrift** a lost manuscript; (in Vergessenheit geraten a.) a forgotten manuscript; ■ **[irgendwo] ~ sein** to have gone missing [or AM usu have disappeared] [somewhere]

ver·scho·nen* vt ■ **jdn/etw ~** to spare sb/sth; ■ **jdn mit etw ~** (fam) to spare sb sth; **verschone mich bitte mit den Einzelheiten!** please spare me the

details!; **von etw verschont bleiben** to escape sth
ver·schö·nern* [fɛɐ̯ˈʃøːnɐn] vt ▪ etw ~ to brighten up sth sep
Ver·schö·ne·rung <-, -en> f ⓵ kein pl (das Verschönern) ▪ die ~ [einer S. gen [o von etw]] brightening up [sth sep] ⓶ (verschönernder Faktor) improvement [in appearance]
Ver·scho·nung f sparing sb/sth
ver·schram·men I. vt ▪ etw ~ to scratch sth II. vi sein to get [or become] scratched
ver·schrän·ken vt die Arme/Beine/Hände ~ to fold one's arms/cross one's legs/clasp one's hands; **mit verschränkten Armen/Beinen/Händen** with one's arms folded/legs crossed/hands clasped
ver·schrau·ben* vt ▪ etw ~ to screw [or bolt] on sth sep; ▪ etw mit etw ~ to screw [or bolt] sth on[to] sth sep; ▪ etw [miteinander] ~ to screw [or bolt] sth together
ver·schreckt adj frightened, scared
ver·schrei·ben* irreg I. vt ⓵ (verordnen) ▪ jdm etw [gegen etw] ~ to prescribe sb sth [for sth], to prescribe sth for sb; ▪ sich dat etw [gegen etw] ~ lassen to get sth prescribed [or get a prescription] [for sth] ⓶ (durch Schreiben verbrauchen) ▪ etw ~ to use up sth sep ⓷ (Besitz übertragen) ▪ jdm etw ~ to make sth over to sb II. vr ⓵ (falsch schreiben) ▪ sich ~ to make a mistake [or slip of the pen] ⓶ (sich ganz widmen) ▪ sich einer S. dat ~ to devote oneself to sth
Ver·schrei·bung f prescription
ver·schrei·bungs·pflich·tig adj available only on [or by] prescription pred
ver·schrie·en [fɛɐ̯ˈʃriːən], **ver·schrien** [fɛɐ̯ˈʃriːn] adj notorious; ▪ [als/wegen etw] ~ sein to be notorious [for being/for sth]; **als Chauvi/Geizhals ~ sein** to be notorious for one's chauvinism/stinginess
ver·schro·ben [fɛɐ̯ˈʃroːbn̩] adj eccentric, cranky fam
ver·schrot·ten* vt ▪ etw ~ to scrap sth, to turn sth into scrap; ▪ etw ~ lassen to scrap sth
Ver·schrot·tung <-, -en> f ▪ die/eine ~ [einer S. gen [o von etw]] turning [sth] into scrap, scrapping [sth]; **etw zur ~ geben** to send sth to be scrapped [or to the scrap yard]
ver·schrum·peln vi sein (fam) to shrivel [up]
ver·schrum·pelt <-er, -este> adj shrivelled BRIT, shriveled AM
ver·schüch·tert adj intimidated
ver·schul·den* I. vt ▪ etw ~ to be to blame for sth II. vi sein to get [or go] into debt; **immer mehr ~** to get [or go] deeper and deeper into debt; ▪ **verschuldet sein** to be in debt III. vr ▪ sich [bei jdm] ~ to get into debt [to sb]
Ver·schul·den <-s> nt kein pl fault no indef art, no pl; **das ~** [an etw dat] **tragen** to be to blame [for sth]; **ohne jds ~** through no fault of sb's [own]; **ohne mein ~** through no fault of my own [or mine]
Ver·schul·dung <-, -en> f ⓵ (verschuldet sein) indebtedness no art, no pl ⓶ (Schulden) debts pl
ver·schüt·ten* [fɛɐ̯ˈʃʏtən] vt ⓵ (danebenschütten) ▪ etw ~ to spill sth ⓶ (unter etw begraben) ▪ jdn ~ to bury sb [alive]; ▪ verschüttet [sein] (begraben) [to be] buried [alive pred]; (eingeschlossen) [to be] trapped
ver·schwä·gert [fɛɐ̯ˈʃvɛːɡɐt] adj related by marriage pred; ▪ mit jdm ~ sein to be related [by marriage] to sb; ▪ sie sind [miteinander] ~ they are related [to each other] [by marriage]; ▪ die V~en the in-laws
ver·schwei·gen* vt irreg ▪ jdn/etw ~ to hide [or conceal] sb/sth (vor +dat from); **Informationen ~** to withhold information; **eine Vorstrafe ~** to keep quiet about [or not reveal] a previous conviction; ▪ jdm ~, **dass ...** to keep from sb the fact that ...
Ver·schwei·gen nt concealing, withholding
ver·schwen·den* vt ▪ etw ~ to waste sth; **keinen**

Blick an jdn ~ to not spare sb a glance; **Geld/Ressourcen ~** to squander money/resources; **seine Worte ~** to waste one's breath; ▪ **etw an etw** dat/für/mit etw ~ to waste sth on sth
Ver·schwen·der(in) <-s, -> m(f) waster, wasteful [or form] person; Geld a. spendthrift pej fam; **du bist wirklich ein ~!** you are [being] really wasteful!; Geld you're a real spendthrift! pej fam
ver·schwen·de·risch I. adj ⓵ (sinnlos ausgebend) wasteful; **ein ~er Mensch** a wasteful [or form prodigal] person ⓶ (sehr üppig) extravagant, sumptuous; **~e Pracht** lavish splendour [or AM -or]; **in ~er Fülle** in prodigal abundance form; **in ~em Luxus leben** to live in the lap of luxury II. adv wastefully; **~ leben** to live extravagantly [or form prodigally]
Ver·schwen·dung <-, -en> f wasting no art, no pl, wastefulness no art, no pl; **so eine ~!** what a waste!
Ver·schwen·dungs·sucht f kein pl prodigality no art, no pl form **ver·schwen·dungs·süch·tig** adj prodigal form
ver·schwie·gen [fɛɐ̯ˈʃviːɡn̩] adj ⓵ (diskret) discreet; **~ wie ein Grab** [sein] [to be] [as] silent as the grave ⓶ (geh: abgelegen) secluded
Ver·schwie·gen·heit <-> f kein pl ⓵ (Diskretion) discretion no art, no pl ⓶ (Verborgenheit) seclusion no art, no pl
ver·schwie·melt adj (fam: erschöpft) knocked-out pred; (verkatert) hung-over pred
ver·schwim·men vi irreg sein to become blurred
ver·schwin·den* vi irreg sein ⓵ (nicht mehr da sein) ▪ [irgendwo] ~ to disappear [or vanish] [somewhere]; **am Horizont/im Wald/in der Ferne ~** to disappear [or vanish] over the horizon/into the forest/into the distance; ▪ **verschwunden** [sein] [to be] missing; **etw in etw** dat **~ lassen** to slip sth into sth ⓶ (sich auflösen) to vanish; ▪ **etw ~ lassen** to make sth disappear [or vanish] ⓷ (fam: sich davonmachen) ▪ [irgendwohin] ~ to disappear [somewhere]; **nach draußen/in den Keller ~** to pop outside/down to the [wine] cellar fam; **verschwinde!** clear off!, get lost!, beat it! fam, hop it! BRIT fam ▸ WENDUNGEN: **mal ~ müssen** (euph fam) to have to pay a visit [or AM go to the bathroom], to have to spend a penny BRIT dated fam
Ver·schwin·den <-s> nt kein pl disappearance (+gen/von +dat of)
ver·schwin·dend I. adj ⓵ (winzig) tiny ⓶ (unbedeutend) insignificant II. adv extremely; **~ gering** extremely remote [or slight]; **~ klein** tiny, minute; **~ wenig** a tiny amount; **~ wenige** very, very few
ver·schwis·tert [fɛɐ̯ˈʃvɪstɐt] adj ▪ sie sind [miteinander] ~ they are brother/brothers and sister/sisters, they are brothers/sisters
ver·schwit·zen* vt ⓵ (mit Schweiß durchtränken) ▪ etw ~ to make sth sweaty; ▪ verschwitzt sweaty; ▪ **ganz verschwitzt sein** to be all sweaty [or soaked [or bathed] in sweat] ⓶ (fam: durch Unachtsamkeit vergessen) ▪ etw ~ to forget sth; **etw völlig ~** to forget all about sth
ver·schwol·len adj swollen
ver·schwom·men adj ⓵ (undeutlich) blurred, fuzzy; **~e Umrisse** vague outlines ⓶ (unklar) hazy, vague
ver·schwo·ren adj attr sworn attr; (verschwörerisch) conspiratorial; (heimlichtuend) secretive
ver·schwö·ren* vr irreg ⓵ (konspirieren) ▪ sich [mit jdm] gegen jdn ~ to conspire [or plot] [with sb] against sb; ▪ sich zu etw ~ to plot sth, to conspire to do sth; ▪ **etw hat sich gegen jdn verschworen** sth conspired against sb ⓶ (geh: sich ganz verschreiben) ▪ sich einer S. dat ~ to dedicate [or devote] oneself to sth
Ver·schwö·rer(in) <-s, -> m(f) conspirator

ver·schwö·re·risch <-er, -este> *adj* conspiratorial, clandestine

Ver·schwö·rung <-, -en> *f* conspiracy, plot; **eine ~ gegen jdn/etw organisieren** to conspire against sb/sth

ver·sechs·fa·chen* [-'zɛks-] **I.** *vt* **■ etw ~** to increase sth sixfold, to multiply sth by six **II.** *vr* **■ sich ~** to increase sixfold

ver·se·hen* [fɛg'ze:ən] *irreg* **I.** *vt* **❶** *(ausüben)* **■ etw ~** to perform sth; **seinen Dienst ~** to perform [*or form* discharge] one's duties **❷** *(ausstatten)* **■ jdn mit etw ~** to provide [*or supply*] sb with sth; **■ mit etw ~ sein** to be provided [*or supplied*] with sth **❸** *(geh: geben)* **■ etw mit etw ~** to provide sth with sth; **etw mit seiner Unterschrift ~** to append one's signature to sth *form;* **etw mit einem Vermerk ~** to add a note to sth **II.** *vr* **■ sich ~** to make a mistake; **■ sich in etw** *dat* **~** to get sth wrong ▶ WENDUNGEN: **ehe man sich's versieht** *(fam)* before you know where you are, before you could [*or can*] say Jack Robinson *dated*

Ver·se·hen <-s, -> [fɛg'ze:ən] *nt (Irrtum)* mistake; *(Unachtsamkeit)* oversight; **aus** [*o* **durch ein**] **~** inadvertently; *(aufgrund einer Verwechslung a.)* by mistake [*or accident*]

ver·se·hent·lich [fɛg'ze:əntlɪç] **I.** *adj attr* inadvertent; **ein ~er Anruf** a wrong number **II.** *adv* inadvertently; *(aufgrund einer Verwechslung a.)* by mistake [*or accident*]

ver·seh·ren* [fɛg'ze:rən] *vt (geh)* **■ jdn ~** to injure [*or* hurt] sb; **■ etw ~** to damage sth; **■ versehrt sein/werden** to be/get [*or become*] injured [*or hurt/damaged*]

ver·selbst·stän·di·gen* RR [fɛg'zɛlpstʃtɛndɪgn̩], **ver·selb·stän·di·gen*** [fɛg'zɛlpʃtɛndɪgn̩] *vr* **■ sich ~** **❶** *(sich selbstständig machen)* to become self-employed [*or independent*] **❷** *(hum fam: verschwinden)* **■ sich ~** to disappear, to go AWOL *fam*

ver·sen·den* *vt irreg o reg* **■ etw** [**an jdn**] **~** to send sth [to sb]; **bestellte Waren ~** to dispatch [*or sep* send out] [*or form* consign] ordered goods; *(verschiffen a.)* to ship ordered goods

Ver·sen·dung *f* sending *no art, no pl,* sending out *sep, no art, no pl,* dispatch *no art, no pl,* consignment *no art, no pl;* *(per Schiff a.)* shipment *no art, no pl*

ver·sen·gen* *vt* **■ etw ~** to singe sth; **etw mit einem Bügeleisen ~** to scorch sth with an iron; **■ sich** *dat* **etw** [**an etw** *dat*] **~** to singe one's sth [on sth]; **sie hatte sich die Haare an der Kerze versengt** the candle had singed [*or caught*] her hair

ver·senk·bar *adj* lowerable; **eine ~e Brotschneidemaschine/Nähmaschine** a foldaway bread slicer/sewing machine; **~e Scheinwerfer** retractable headlights; **ein ~es Verdeck** a folding top

ver·sen·ken* **I.** *vt* **❶** *(sinken lassen)* **■ etw ~** to sink sth; **das eigene Schiff ~** to scuttle one's own ship **❷** *(einklappen)* **■ etw ~** to lower sth; **die Scheinwerfer ~** to retract the headlights **❸** *(hinunterlassen)* **■ etw in etw** *akk* **~** to lower sth into sth **❹** TECH *(ausfräsen)* **eine Bohrung ~** to countersink a bore **II.** *vr (geh)* **■ sich in etw** *akk* **~** to immerse oneself [*or* become engrossed] in sth; **sich ganz in sich selbst ~** to become totally absorbed in oneself

Ver·sen·kung *f* **❶** *(das Versenken)* **■ die ~** [**einer S.** *gen* [*o* **von etw**]] sinking/lowering/retracting etc. [sth] **❷** *(das Sichversenken)* contemplation *no art, no pl* (**in** +*akk* of) **❸** THEAT trap[door] ▶ WENDUNGEN: **aus der ~ auftauchen** *(fam)* to re[-]emerge on the scene; **in der ~ verschwinden** to vanish [*or disappear*] from the scene

ver·ses·sen [fɛg'zɛsn̩] *adj* **■ auf jdn/etw ~ sein** to be crazy [*or mad*] about [*or esp* BRIT keen on] sb/sth *fam;* **auf**[**s**] **Geld ~ sein** to be obsessed with money;

■ ~ darauf sein, etw zu tun to be dying to do sth

Ver·ses·sen·heit <-> *f kein pl* keenness *no art, no pl* (**auf** +*akk* on); **seine ~ aufs Geld** one's obsession with [*or* avidity for] money

ver·set·zen* **I.** *vt* **❶** *(woandershin beordern)* **■ jdn** [**irgendwohin**] **~** to move [*or* transfer] [*or* post] sb [somewhere] **❷** SCH **einen Schüler** [**in die nächste Klasse**] **~** to move up *sep* a pupil [to the next class], to promote a student to the next class [*or* grade] AM **❸** *(bringen)* **jdn in Angst ~** to frighten sb, to make sb afraid; **jdn in Begeisterung ~** to fill sb with enthusiasm; **eine Maschine in Bewegung ~** to set a machine in motion; **jdn in Panik/Wut ~** to send sb into a panic/a rage; **jdn in Sorge ~** to worry sb, to make sb worried, to set sb worrying; **jdn in Unruhe ~** to make sb uneasy; **jdn in die Lage ~, etw zu tun** to make it possible for sb to do sth **❹** *(verrücken)* **■ etw ~** to move sth **❺** *(verpfänden)* **■ etw ~** *Uhr, Schmuck, Silber* to pawn sth **❻** *(fam: verkaufen)* **■ etw ~** to sell sth, to flog sth BRIT *fam* **❼** *(fam: warten lassen)* **■ jdn ~** to stand up sb *sep fam* **❽** *(geben)* **jdm einen Hieb/Schlag/Stich/Tritt ~** to punch/hit/stab/kick sb **❾** *(mischen)* **■ etw mit etw ~** to mix sth with sth; **etw mit Wasser ~** to dilute sth [with water] **❿** *(energisch antworten)* **■ ~, dass ...** to retort that ... **II.** *vr (sich hineindenken)* **■ sich in jdn/etw ~** to put oneself in sb's shoes [*or* place] [*or* position] /sth; **versetz dich doch mal in meine Lage** just put yourself in my place [*or* shoes] for once

Ver·set·zung <-, -en> *f* **❶** ADMIN transfer **❷** SCH moving up *no art, no pl,* AM *a.* promotion *no art, no pl;* **jds ~ ist gefährdet** sb's moving up [a class] [*or* AM promotion] is at risk

Ver·set·zungs·zeug·nis *nt* SCH end-of-year report, report card AM

ver·seu·chen* [fɛg'zɔʏçn̩] *vt* **■ etw ~** **❶** *(vergiften)* to contaminate sth; **die Umwelt ~** to pollute the environment **❷** INFORM to infect sth

Ver·seu·chung <-, -en> *f* contamination/pollution/infection *no art, no pl*

Vers·fuß *m* LIT [metrical] foot *spec*

Ver·si·che·rer <-s, -> *m* insurer, underwriter; *(Lebensversicherung a.)* assurer BRIT

ver·si·chern*¹ *vt* **■ jdn/etw** [**gegen etw**] **~** to insure sb/sth [against sth]; **■** [**gegen etw**] **versichert sein** to be insured [against sth]

ver·si·chern*² **I.** *vt* **❶** *(beteuern)* **■ jdm ~,** [**dass**] **...** to assure sb [that] ... **❷** *(geh: zusichern)* **■ jdn einer S.** *gen* **~** to assure sb of sth; **jdn seiner Freundschaft ~** to pledge sb one's friendship **II.** *vr (geh)* **■ sich einer S.** *gen* **~** to make sure [*or* certain] of sth; **sich jds Unterstützung/Zustimmung ~** to secure sb's support/agreement

Ver·si·cher·te(r) *f(m) decl wie adj* insured; *(Lebensversicherung a.)* assured BRIT, insured/assured person [*or* party]

Ver·si·cher·ten·kar·te *f* medical [*or* health] insurance card

Ver·si·che·rung¹ *f* **❶** *(Versicherungsvertrag)* insurance *no pl,* insurance policy; *Lebensversicherung a.* assurance *no pl* BRIT **❷** *(Versicherungsgesellschaft)* insurance company **❸** *kein pl (das Versichern)* insuring *no art, no pl* **❹** *(Versicherungsgebühr)* premium

Ver·si·che·rung² *f (Beteuerung)* assurance; **jdm die ~ geben,** [**dass**] **...** to assure sb [that] ...

Ver·si·che·rungs·agent(in) *m(f)* insurance agent **Ver·si·che·rungs·an·spruch** *m* insurance claim **Ver·si·che·rungs·bei·trag** *m* insurance premium [*or* contribution] **Ver·si·che·rungs·be·trug** *m* insurance fraud; *(Anspruch)* fraudulent claim **Ver·si·che·rungs·**

dau·er *f* term of an insurance policy **ver·si·che· rungs·fä·hig** *inv adj* insurable **Ver·si·che·rungs· fall** *m* event covered by insurance, insurance job **Ver· si·che·rungs·ge·sell·schaft** *f* insurance company; *(Lebensversicherung a.)* assurance company BRIT **Ver· si·che·rungs·kauf·mann, -kauf·frau** *m, f* insurance salesman *masc* [*or fem* saleswoman] **Ver·si·che· rungs·lauf·zeit** *f* term of an insurance [policy] **Ver·si· che·rungs·mak·ler(in)** *m(f)* insurance broker **Ver·si· che·rungs·neh·mer(in)** *m(f)* policy holder, insurant *spec* **Ver·si·che·rungs·pflicht** *f* compulsory [*or* statutory] insurance *no art, no pl;* **der ~ unterliegen** to be liable to [take out] compulsory insurance, to be subject to compulsory insurance **ver·si·che·rungs· pflich·tig** *adj* **eine ~e Person** a person liable to pay compulsory insurance; **eine ~e Tätigkeit** an activity subject to compulsory insurance **Ver·si·che·rungs· po·li·ce** *f* insurance policy; *(Lebensversicherung a.)* assurance policy BRIT **Ver·si·che·rungs·prä·mie** *f* insurance premium **Ver·si·che·rungs·schutz** *m kein pl* insurance cover [*or* coverage] **Ver·si·che·rungs· sum·me** *f* sum insured; *(Lebensversicherung a.)* sum assured BRIT **Ver·si·che·rungs·ver·tre·ter(in)** *m(f)* insurance agent **Ver·si·che·rungs·wert** *m* insured value **Ver·si·che·rungs·we·sen** *nt* insurance [business] *no art, no pl*

ver·si·ckern *vi sein* [**irgendwo**] **~** to seep away [somewhere]

ver·sie·ben·fa·chen I. *vt* ■ **etw ~** to increase sth sevenfold, to multiply sth by seven II. *vr* ■ **sich ~** to increase sevenfold [*or* by a factor of seven]

ver·sie·geln *vt* ■ **etw ~** ➊ *(verschließen)* to seal [up *sep*] sth ➋ *(widerstandsfähiger machen)* to seal sth

ver·sie·gen *vi sein* ➊ *(zu fließen aufhören)* to dry up; *Fluss a.* to run dry ➋ *(nicht mehr zur Verfügung ste- hen)* to dry up ➌ *(allmählich verstummen)* to peter out [*or* BRIT *a.* away]

ver·siert [vɛrˈziːɐt] *adj* experienced; ■ **auf/in etw** *dat* ■ **sein** to be experienced [in sth], to be well- versed in sth, to be an expert [on/in sth]

Ver·siert·heit <-> [vɛrˈziːɐthait] *f kein pl* prowess *no art, no pl a.* form (**in** + *dat* in), knowledge and experi- ence + *sing vb no art, no pl*

ver·sil·bern [fɛɐˈzɪlbɐn] *vt* ■ **etw ~** ➊ *(mit Silber über- ziehen)* to silver-plate sth; **Glas ~** to silver glass ➋ *(fam: verkaufen)* to sell sth, to flog sth BRIT *fam*

ver·sin·ken *vi irreg sein* ➊ *(untergehen)* ■ **in etw** *dat* ■ **~** to sink [in sth]; **versunken** sunken *attr* ➋ *(einsinken)* ■ **in etw** *dat* **~** to sink into sth

ver·sinn·bild·li·chen [fɛɐˈzɪnbɪltlɪçn̩] *vt* ■ **etw ~** to symbolize [*or* represent] sth

Ver·si·on <-, -en> [vɛrˈzi̯oːn] *f* version

ver·sippt [fɛɐˈzɪpt] *adj* related by marriage *pred;* ■ **mit jdm ~ sein** to be related to sb by marriage

ver·skla·ven [fɛɐˈsklaːvn̩] *vt* ■ **jdn ~** to enslave sb

Ver·skla·vung <-, -en> [-vʊŋ] *f* enslavement *no art, no pl*

ver·slu·men [fɛɐˈslamən] *vi sein* to become a slum; **ein verslumtes Viertel** a slum quarter

Vers·maß *nt* LIT metre [*or* AM -er] *spec*

ver·snobt [fɛɐˈsnɔpt] *adj* snobbish, snobby *fam*

ver·sof·fen [fɛɐˈzɔfn̩] *adj (sl)* boozy *fam;* **ein ~er Kerl** a boozer *fam,* a lush *sl,* a soak *dated fam*

ver·soh·len *vt (fam)* ■ **jdn ~** to whack sb *fam;* ■ **jdm etw ~** to whack sb's sth

ver·söh·nen [fɛɐˈzøːnən] I. *vr* ■ **sich mit jdm ~** to make it up with sb, to be reconciled with sb; ■ **sich** [**miteinander**] **~** to become reconciled, to make [it] up II. *vt* ➊ *(aussöhnen)* ■ **jdn mit jdm ~** to reconcile sb with sb ➋ *(besänftigen)* ■ **jdn** [**mit etw**] **~** to mol- lify [*or* placate] [*or pej* appease] sb [with sth] *form*

ver·söhn·lich [fɛɐˈzøːnlɪç] *adj* ➊ *(zur Versöhnung*

bereit) conciliatory; **jdn ~ stimmen** to appease sb *pej form* ➋ *(erfreulich)* upbeat

Ver·söh·nung <-, -en> *f* reconciliation *no art, no pl;* **zur ~** in reconciliation

ver·son·nen [fɛɐˈzɔnən] I. *adj* dreamy; ■ **~ sein** to be lost in thought II. *adv* dreamily, lost in thought

ver·sor·gen *vt* ➊ *(betreuen)* ■ **jdn ~** to take care of [*or* look after] sb; **die Schweine/meine Blumen ~** to take care of [or look after] the pigs/my flowers; ■ **etw ~** to look after sth; **die Heizung ~** to look after [*or* see to] the heating ➋ *(versehen)* ■ **jdn mit etw ~** to supply sb with sth; ■ **sich mit etw ~** to provide oneself with sth; **jdn mit Bargeld ~** to provide sb with cash; **sich selbst ~** to take care of [*or* take care of] oneself; ■ [**mit etw**] **versorgt sein** to be supplied [with sth] ➌ *(medi- zinisch behandeln)* ■ **jdn/etw ~** to treat sb/sth ➍ *(zukommen lassen)* ■ **etw mit etw ~** to supply sth with sth

Ver·sor·gung <-> *f kein pl* ➊ *(das Versorgen)* care *no art, no pl;* **die ~ des Haushalts** the housekeeping ➋ *(das Ausstatten)* supply *no pl,* supplying *no art, no pl;* **die ~ der Stadt mit Strom** the supply of electric- ity [*or* electricity supply] to the town; **medizini- sche ~** provision of medical care

Ver·sor·gungs·flug *m* relief flight **Ver·sor·gungs· ket·te** *f* supply chain **Ver·sor·gungs·kon·voi** *m* sup- ply [*or* relief] [*or* aid] convoy **Ver·sor·gungs·la·ge** *f* supply situation **Ver·sor·gungs·lei·tung** *f* supply line **Ver·sor·gungs·netz** *nt* supply grid [*or* network]

ver·span·nen I. *vr* ■ **sich ~** to tense up; ■ **verspannt** tense[d up] II. *vt* ■ **etw ~** to brace [*or spec* stay] [*or spec* guy] sth

Ver·span·nung *f* tenseness *no art, no pl;* **eine ~ der Schultern** shoulder tension

ver·spä·ten *vr* ■ **sich ~** to be late

ver·spä·tet I. *adj* ➊ *(zu spät eintreffend)* delayed ➋ *(zu spät erfolgend)* late II. *adv* late; *(nachträglich)* belatedly

Ver·spä·tung <-, -en> *f* delay; *Flugzeug* late arrival; **entschuldigen Sie bitte meine ~** I'm sorry I'm late; **~ haben** to be late; **mit ~** late; **mit** [**zwanzigminüti- ger/einer Stunde**] **~ abfahren/ankommen** to leave/arrive [twenty minutes/an hour] late

ver·spei·sen *vt (geh)* ■ **etw ~** to consume sth

ver·spe·ku·lie·ren I. *vr* ■ **sich ~** ➊ *(fam: sich verrech- nen)* to miscalculate ➋ FIN to speculate very badly; *(sich ruinieren)* to ruin oneself by speculation II. *vt* ■ **etw ~** to lose sth through speculation

ver·sper·ren *vt* ➊ *(blockieren)* ■ [**jdm**] **etw ~** to block [sb's] sth; **jdm den Weg ~** to bar sb's way ➋ DIAL *(abschließen)* ■ **etw ~** to lock sth ➌ *(nehmen)* **jdm die Sicht ~** to block [*or* obstruct] sb's view

ver·spie·len I. *vt* ■ **etw ~** ➊ *(beim Glücksspiel verlie- ren)* to gamble away sth *sep,* to lose sth [by gambling] ➋ *(sich leichtfertig um etw bringen)* to squander [*or sep* throw away] sth II. *vt* ➤ WENDUNGEN: **verspielt haben** to have had it; **bei jdm verspielt haben** to burn one's bridges [*or* BRIT *a.* boats] with sb III. *vr* ■ **sich ~** to play a bum note *fam*

ver·spielt *adj* ➊ *(gerne spielend)* playful ➋ MODE fanci- ful, fussy *pej*

ver·spon·nen [fɛɐˈʃpɔnən] *adj* foolish, airy-fairy BRIT *fam;* **~e Ideen** [*o* **Vorstellungen**] odd [*or* eccen- tric] [*or* wild] ideas

ver·spot·ten *vt* ■ **jdn/etw ~** to mock [*or* ridicule] sb/ sth

Ver·spot·tung <-, -en> *f* mocking *no art, no pl,* ridiculing *no art, no pl*

ver·spre·chen[1] *irreg* I. *vt* ➊ *(zusichern)* ■ [**jdm**] **etw ~** to promise [sb] sth [*or* sth to sb]; ■ [**jdm**] **~, etw zu tun** to promise to do sth, to promise sb [that] one will do sth; ■ [**jdm**] **~, dass etw geschieht** to promise [sb] [that] sth will happen; **ich kann nicht ~, dass es klappt** I can't promise it will work ❷ *(erwarten lassen)* ■ **etw ~** to promise sth; ■ **~, etw zu werden** to promise to be sth; **das Wetter verspricht schön zu werden** the weather looks promising *s.* **Gute(s)** 1 II. *vr* ❶ *(sich erhoffen)* ■ **sich** *dat* **etw von jdm/etw ~** to hope for sth from sb/sth ❷ *(falsch sprechen)* to make a slip of the tongue; **sich ständig versprechen** to keep getting the words mixed up

ver·spre·chen'² *irreg vr* ■ **sich ~** to slip up, to make a mistake; *(etw ungewollt preisgeben)* to make a slip of the tongue

Ver·spre·chen <-s, -> *nt* promise; **jdm das ~ geben, etw zu tun** to promise to do sth, to promise sb [that] one will do sth; **jdm das ~ abnehmen, etw zu tun** to make sb promise to do sth

Ver·spre·cher <-s, -> *m (fam)* slip of the tongue; **ein freudscher ~** a Freudian slip

Ver·spre·chung <-, -en> *f meist pl* promise; **leere ~en** empty promises

ver·spren·gen' *vt* ❶ *(auseinandertreiben)* ■ **jdn/etw ~** to scatter sb/sth; **versprengte Soldaten** soldiers who have been separated from their units ❷ *(verspritzen)* ■ **etw ~** to sprinkle sth; **Weihwasser ~** to sprinkle holy water

ver·sprit·zen' *vt* ❶ *(verteilen)* ■ **etw ~** to spray sth; **Weihwasser ~** to sprinkle holy water ❷ *(versprühen)* ■ **etw ~** to spray sth; **Tinte ~** to squirt [*or* spray] ink ❸ *(ausspritzen)* ■ **etw ~** to spray sth ❹ *(verklekkern)* ■ [**jdm**] **etw ~** to sp[l]atter [sb's] sth

ver·sprü·hen' *vt* ■ **etw ~** [**auf etw** *akk o dat*] **~** to spray sth [on|to] sth]; **Funken ~** to cut [*or sep* send up] sparks; **Gülle auf den Feldern ~** to spray [*or* spread] slurry on the fields; **Optimismus ~** to dispense optimism

ver·spü·ren' *vt (geh)* ■ **etw ~** to feel sth; **keinerlei Reue ~** to feel no remorse at all; **er verspürte plötzlich eine panische Angst, dass ...** he was suddenly terrified that ...

ver·staat·li·chen' [fɛɐ̯ˈʃtaːtlɪçn̩] *vt* ■ **etw ~** to nationalize sth; ■ **verstaatlicht** nationalized

Ver·staat·li·chung <-, -en> *f* nationalization *no art, no pl*

ver·stand [fɛɐ̯ˈʃtant] *imp von* **verstehen**

Ver·stand <-[e]s> [fɛɐ̯ˈʃtant] *m kein pl* reason *no art, no pl;* **jdm ~ zutrauen** to think sb has [common] sense; **bei klarem ~ sein** to be in full possession of one's faculties [*or* in one's right mind]; **bist du noch bei ~?** *(fam)* are you quite right in the head? *fam;* **seinen ~ anstrengen** *(fam)* to think hard; **jdn um den ~ bringen** to drive sb out of his/her mind; **über jds ~ gehen** to be beyond sb; **nicht bei ~ sein** to not be in one's right mind; **da bleibt einem der ~ stehen** the mind boggles; **den ~ verlieren** to lose [*or* go out of] one's mind; **etw mit ~ essen/genießen/trinken** to savour [*or* AM -or] sth; **etw ohne ~ essen/rauchen/trinken** to eat/smoke/drink sth without savouring [*or* AM -oring] it

ver·stan·den *pp von* **verstehen**

Ver·stan·des·mensch *m s.* **Vernunftmensch**

ver·stän·dig [fɛɐ̯ˈʃtɛndɪç] *adj (vernünftig)* sensible; *(einsichtig)* cooperative; *(sach~)* informed; *(klug)* intelligent; **sich ~ zeigen** to show cooperation, to be cooperative

ver·stän·di·gen' [fɛɐ̯ˈʃtɛndɪɡn̩] I. *vt* ■ **jdn** [**von etw**] **~** to notify [*or* inform] sb [of sth] II. *vr* ❶ *(sich verständlich machen)* ■ **sich** [**durch etw**] **~** to communicate [*or* make oneself understood] [by sth] ❷ *(sich einigen)* ■ **sich mit jdm** [**über etw** *akk*] **~** to come to an understanding with sb [about sth]; ■ **sich** [**miteinander**] [**über etw** *akk*] **~** to reach an agreement [with each other] [about sth]

Ver·stän·dig·keit <-> *f kein pl* common sense *no art, no pl*

Ver·stän·di·gung <-, <selten -en> *f* ❶ *(Benachrichtigung)* notification *no art, no pl* ❷ *(Kommunikation)* communication *no art, no pl;* **die ~ am Telefon war schlecht** the telephone line was bad ❸ *(Einigung)* agreement *no pl,* understanding *no pl;* **mit jdm zu einer ~ kommen** [*o* **eine ~ erzielen**] *(geh)* to reach an agreement with sb

Ver·stän·di·gungs·be·reit·schaft *f kein pl* readiness [*or* willingness] *no pl* to reach an agreement; **~ zeigen** to be willing [*or* prepared] to reach an agreement

Ver·stän·di·gungs·schwie·rig·kei·ten *pl* communication difficulties *pl,* difficulties *pl* in communicating

ver·ständ·lich [fɛɐ̯ˈʃtɛntlɪç] I. *adj* ❶ *(begreiflich)* understandable; ■ **etw ist jdm ~** sb understands sth; **jdm etw ~ machen** to make sb understand sth [*or* sth clear to sb]; **sich ~ machen** to make oneself understood [*or* clear] ❷ *(gut zu hören)* clear, intelligible; **sich ~ machen** to make oneself understood [*or* heard] ❸ *(leicht zu verstehen)* clear, comprehensible II. *adv* ❶ *(vernehmbar)* clearly ❷ *(verstehbar)* in a comprehensible way, comprehensibly

ver·ständ·li·cher·wei·se *adv* understandably

Ver·ständ·lich·keit <-> *f kein pl* ❶ *(Begreiflichkeit)* understandability *no art, no pl* ❷ *(Hörbarkeit)* audibility *no art, no pl* ❸ *(Klarheit)* clarity *no art, no pl,* comprehensibility *no art, no pl*

Ver·ständ·nis <-ses, <selten -se> [fɛɐ̯ˈʃtɛntnɪs] *nt* ❶ *(Einfühlungsvermögen)* understanding *no art, no pl;* **für etw ~ haben** [*o* **aufbringen**] to have sympathy for sth, to sympathize with sth; **für etw kein ~ haben** [*o* **aufbringen**] to have no sympathy for sth; **dafür habe ich absolut kein ~** that is completely beyond my comprehension ❷ *(das Verstehen)* comprehension *no art, no pl,* understanding *no art, no pl*

ver·ständ·nis·los I. *adj* uncomprehending; **ein ~er Blick** a blank look II. *adv* uncomprehendingly, blankly

Ver·ständ·nis·lo·sig·keit *f* lack of understanding

ver·ständ·nis·voll *adj* understanding; *(voller Einfühlungsvermögen)* sympathetic

ver·stär·ken' I. *vt* ❶ *(stärker machen)* ■ **etw ~** to strengthen sth; *(durch stärkeres Material a.)* to reinforce sth ❷ *(vergrößern)* ■ **etw** [**auf/um etw** *akk*] **~** to increase sth [to/by sth]; **Truppen ~** to reinforce troops ❸ *(intensivieren)* ■ **etw ~** to intensify [*or* increase] sth ❹ *(erhöhen)* ■ **etw ~** to increase sth ❺ *(Lautstärke erhöhen)* ■ **etw ~** to amplify [*or* boost] sth II. *vr* ■ **sich ~** to increase; **der anfängliche Eindruck verstärkte sich** the initial impression was reinforced

Ver·stär·ker <-s, -> *m* ❶ TECH amplifier, amp *fam* ❷ BIOL, PSYCH reinforcer

Ver·stär·kung *f* ❶ *(das Verstärken)* strengthening *no art, no pl;* **Signale** amplification ❷ *(Vergrößerung)* reinforcement *no art, no pl* ❸ *(Intensivierung)* intensification *no art, no pl,* increase ❹ *(Erhöhung)* increase ❺ BIOL, PSYCH reinforcement

ver·stau·ben' *vi sein (staubig werden)* to get dusty [*or* covered in dust]; *(unberührt liegen)* to gather dust; ■ **verstaubt** dusty, covered in dust *pred*

ver·staubt *adj (altmodisch)* outmoded *pej,* old-fashioned *a. pej*

ver·stau·chen' *vt* ■ **sich** *dat* **etw ~** to sprain one's sth

Ver·stau·chung <-, -en> *f* sprain

ver·stau·en' *vt* ■ **etw** [**auf/in etw** *dat*] **~** to pack [away *sep*] sth [on/in sth]; **das Fass können wir doch im Keller ~** we can stow [*or* put] that barrel in the cellar; **etw in der Spülmaschine ~** to load sth into the dishwasher

Ver·steck <-[e]s, -e> [fɛɐ̯ˈʃtɛk] *nt* hiding place; *Verbrecher* hideout

verstehen

Verstehen signalisieren	signalling understanding
(Ja, ich) verstehe!	(Yes,) I understand!
Genau!	Exactly!
Ja, das kann ich nachvollziehen.	Yes, I can understand that.

Nicht-Verstehen signalisieren	signalling non-comprehension
Was meinen Sie damit?	What do you mean by that?
Wie bitte? – Das habe ich eben akustisch nicht verstanden.	Excuse me?/Pardon? – I didn't quite catch that.
Könnten Sie das bitte (noch einmal) wiederholen?	Could you repeat that please?
Das verstehe ich nicht!/Kapier ich nicht! *(fam)*	I don't understand!/I don't get it! *(fam)*
Das verstehe ich nicht (ganz).	I don't (quite) understand that.
(Entschuldigen Sie bitte, aber) das hab ich eben nicht verstanden.	(I'm sorry, but) I didn't understand that.
Ich kann Ihnen nicht ganz folgen.	I don't quite follow you.

kontrollieren, ob man akustisch verstanden wird	ascertaining whether one can be understood
an ein Publikum: **Verstehen Sie mich alle?**	*to an audience:* **Can everyone hear me?**
am Telefon: **Können Sie mich hören?**	*on the phone:* **Can you hear me?**
am Telefon: **Verstehen Sie, was ich sage?**	*on the phone:* **Can you hear what I'm saying?**

ver·ste·cken vt ▪ **etw** [**vor jdm**] ~ to hide sth [from sb]; ▪ **sich** [**hinter/in/unter etw** *dat*] ~ to hide [behind/in/under sth]; ▪ **sich vor jdm** ~ to hide from sb; **sich vor** [*o* **neben**] **jdm/etw nicht zu** ~ **brauchen** to not need to fear comparison with sb/sth; *s. a.* **versteckt**

Ver·ste·cken nt ~ **spielen** to play hide-and-seek; [**vor** [*o* **mit**] **jdm**] ~ **spielen** to hide [*or* conceal] sth [from sb]

Ver·steck·spiel nt ❶ *(Kinderspiel)* [game of] hide-and-seek ❷ *(Versuch, etw zu verbergen)* pretence at concealment

ver·steckt I. *adj* ❶ *(verborgen)* hidden; *(vorsätzlich a.)* concealed ❷ *(abgelegen)* secluded ❸ *(unausgesprochen)* veiled **II.** *adv* ~ **liegen** to be secluded

ver·ste·hen <verstand verstanden> **I.** vt ❶ *(akustisch unterscheiden)* ▪ **jdn/etw** ~ to hear [*or* understand] sb/sth; **ich verstehe nicht, was da gesagt wird** I can't make out what's being said; ~ **Sie mich gut** [*o* **können Sie mich gut** ~?] **?** can you hear me properly?; **ich kann Sie nicht** [**gut**] ~ I don't understand [very well] what you're saying ❷ *(begreifen)* ▪ **etw** ~ to understand sth; **haben Sie das jetzt endlich verstanden?** have you finally got it now?; ▪ ~, **dass/warum/was/wie ...** to understand [that]/why/what/how ...; **jdm etw zu** ~ **geben** to give sb to understand sth, to make sb understand sth; **sie gab ihm ihren Unmut deutlich zu** ~ she clearly showed him her displeasure; **jdm zu** ~ **geben, dass ...** to give sb to understand that ...; [**ist das**] **verstanden?** [is that] understood?, [do you] understand? ❸ *(sich einfühlen können)* ▪ **jdn** ~ to understand sb; **jdn falsch** ~ [*o* **nicht recht**] to misunderstand sb; **versteh mich recht** don't misunderstand me, don't get me wrong; **sich nicht verstanden fühlen** to feel misunderstood ❹ *(mitempfinden können)* ▪ **etw** ~ to understand sth; ▪ ~, **dass ...** to understand [*or* see] [that] ... ❺ *(können, beherrschen)* ▪ **etw** ~ to understand sth; **ich verstehe genügend Französisch, um**

mich in Paris zu verständigen I know enough French to make myself understood in Paris; ▪ **es** ~, **etw zu tun** to know how to do sth; **du verstehst es wirklich meisterhaft, im unpassendsten Moment zu kommen** you're an absolute genius at [*or* you have an amazing knack of] turning up at the most inconvenient moment; ▪ **etwas/viel/nichts von etw** ~ to know something/a lot/nothing about sth ❻ *(auslegen)* ▪ **etw unter etw** *dat* ~ to understand sth by [*or* as] sth; **wie darf** [*o* **soll**] **ich das** ~? how am I to interpret that?, what am I supposed to make of that?; **darf ich unter dieser Bemerkung** ~, **dass ...?** am I to understand by this remark that ...?; **unter diesem schwammigen Begriff kann man vieles** ~ this woolly concept can be interpreted in a number of ways; **dieser Brief ist durchaus als Drohung zu** ~ this letter is certainly to be taken [*or* seen] as a threat; **meiner Meinung nach ist diese Textstelle anders zu** ~ I believe this passage has a different meaning [*or* interpretation] **II.** vr ❶ *(auskommen)* ▪ **sich mit jdm** ~ to get on [*or* AM along] with sb; ▪ **sie** ~ **sich** they get on [*or* AM along] with each other, they get on together; **sich prächtig** ~ to get along like a house on fire; ~ **wir uns?** do we understand each other?; **wir** ~ **uns** we understand one another ❷ *(beherrschen)* ▪ **sich auf etw** *akk* ~ to know all about [*or* be [an] expert at] sth ❸ *(sich einschätzen)* ▪ **sich als etw** *nom* ~ to see oneself as [*or* consider oneself to be] sth ❹ *(zu verstehen sein)* **sich inklusive Mehrwertsteuer** all prices are inclusive of VAT; **etw versteht sich von selbst** sth goes without saying; **versteht sich!** *(fam)* of course! **III.** vi ❶ *(hören)* to understand; **können Sie mich überhaupt hören?** – **ja, ich verstehe Sie** can you even hear me? – yes, I hear you ❷ *(begreifen)* to understand, to see; **wenn ich recht verstehe** if I understand correctly; **verstehst du?, verstanden?** [do you] understand?, understood?; **verstehst du/versteht ihr/~ Sie?** you know?, [you] see?

ver·stei·fen I. vr ❶ *(sich verhärten)* ■ **sich** ~ to harden ❷ *(auf etw beharren)* ■ **sich auf etw** *akk* ~ to insist on sth ❸ MED ■ **sich** ~ to stiffen [up], to become stiff II. vt ■ **etw** ~ to strengthen [*or* reinforce] sth

Ver·stei·fung <-, -en> f ❶ *(Verhärtung)* hardening *no art, no pl* ❷ *(das Beharren)* insisting, entrenchment ❸ MED stiffening *no art, no pl*

ver·stei·gen vr irreg *(geh)* ■ **sich zu etw** ~ to have the presumption to do sth; **sie verstieg sich zu den abstrusesten Anschuldigungen** she was propounding the most abstruse accusations

ver·stei·gern vt ■ **etw** ~ to auction [off *sep*] sth; **etw meistbietend** ~ to sell [*or* auction [off *sep*]] sth to the highest bidder; ■ **etw** ~ **lassen** to put up *sep* sth for auction

Ver·stei·ge·rung f ❶ *(das Versteigern)* auctioning *no art, no pl;* **zur** ~ **kommen** *(geh)* to be auctioned, to be put up for auction ❷ *(Auktion)* auction

ver·stei·nern [fɛɐˈʃtainɐn] I. vi sein to fossilize, to become fossilized; *Holz* to petrify, to become petrified II. vt ■ **etw** ~ to harden sth III. vr ■ **sich** ~ to harden; *Lächeln* to become fixed

ver·stei·nert adj ❶ *(zu Stein geworden)* fossilized; **~es Holz** petrified wood ❷ *(geh: starr)* stony

Ver·stei·ne·rung <-, -en> f fossil

ver·stell·bar adj adjustable; ■ **[in etw** *dat*] ~ **sein** to be adjustable [for sth]; **in der Höhe** ~ **sein** to be adjustable for height [*or* height-adjustable]

ver·stel·len I. vt ■ **etw** ~ ❶ *(anders einstellen)* to adjust sth; **etw in der Höhe** ~ to adjust sth for height ❷ *(anders regulieren)* to adjust [*or* alter the setting of] sth ❸ *(woandershin stellen)* to move sth ❹ *(unzugänglich machen)* to block sth; **jdm den Weg** ~ to block sb's path, to stand in sb's way ❺ *(verändern)* to disguise sth II. vr ■ **sich** ~ to put on an act, to dissemble *form, liter*

Ver·stel·lung f ❶ *(das Verstellen)* ■ **die** ~ [**einer S.** *gen* [*o* **von etw**]] an adjustment [to sth], adjusting [sth] ❷ *kein pl (Heuchelei)* pretence *no pl,* sham *no pl*

ver·ster·ben vi irreg sein *(geh)* ■ [**an etw** *dat*] ~ to die [from *or* of] sth], to pass away [*or* on]

ver·steu·ern vt ■ **etw** ~ to pay tax on sth; ■ **zu ~d** taxable

Ver·steu·e·rung f payment of tax

ver·stim·men vt ❶ MUS ■ **etw** ~ to put sth out of tune ❷ *(verärgern)* ■ **jdn** ~ to put sb out [*or* in a bad mood], to annoy sb

ver·stimmt I. adj ❶ MUS out of tune ❷ *(verärgert)* ■ [**über etw** *akk*] ~ **sein** to be put out [*or* disgruntled] [about sth] *s.* **Magen** II. adv ill-temperedly, *esp* BRIT tetchily

Ver·stim·mung f disgruntled [*or* bad] mood, *esp* BRIT tetchiness *no art, no pl*

ver·stockt adj obstinate, stubborn, obdurate *pej form*

Ver·stockt·heit <-> f kein pl stubbornness *no art, no pl,* obstinacy *no art, no pl,* obduracy *no art, no pl pej form*

ver·stoh·len [fɛɐˈʃtoːlən] I. adj furtive, surreptitious II. adv furtively, surreptitiously; **jdn** ~ **ansehen** to give sb a furtive [*or* surreptitious] look

ver·stop·fen I. vt ❶ *(zustopfen)* ■ **etw** [**mit etw**] ~ to block up *sep* sth [with sth]; **sich** *dat* **die Ohren** ~ to stop up *sep* one's ears ❷ *(blockieren)* ■ **etw** ~ to block up sth II. vi sein to get [*or* become] blocked [up]; ■ **verstopft** blocked [up]

ver·stopft adj ❶ *(überfüllt)* blocked, congested; **eine ~e Innenstadt** a gridlock ❷ *(verschnupft)* blocked, congested, stuffed [*or* BRIT bunged] up ❸ MED constipated

Ver·stop·fung <-, -en> f ❶ MED constipation *no art, no pl;* ~ **haben** to be constipated ❷ *(Blockierung)* blockage

ver·stor·ben [fɛɐˈʃtɔrbn̩] adj *(geh)* deceased *form,* late *attr*

Ver·stor·be·ne(r) f(m) decl wie adj deceased *form*

ver·stö·ren vt ■ **jdn** ~ to distress sb

ver·stört [fɛɐˈʃtøːɐt] I. adj distraught; **einen ~en Eindruck machen** to appear distraught [*or* distressed] II. adv in distress [*or* agitation]

Ver·stoß [fɛɐˈʃtoːs] m violation; JUR offence; ■ **Verstöße gegen etw** violations [*or* infringements] [*or* *form* contraventions] of sth; **einen** ~ **gegen etw begehen** to commit a violation of sth

ver·sto·ßen irreg I. vi ■ **gegen etw** ~ to violate [*or* infringe] [*or* *form* contravene] [*or* be in breach of] sth; **gegen das Gesetz** ~ to contravene [*or* be in contravention of] the law *form;* **gegen die Disziplin** ~ to violate [*or* commit a breach of] discipline II. vt ■ **jdn** [**aus/wegen etw**] ~ to expel sb [out of/on the grounds of sth]; **jdn aus dem Elternhaus** ~ to throw [*or* cast] sb out of the parental home

ver·strah·len vt ■ **jdn/etw** ~ to contaminate sb/sth with radiation; ■ **verstrahlt** contaminated by radiation *pred*

ver·strei·chen irreg I. vt ❶ *(streichend auftragen)* ■ **etw** ~ to apply [*or* *sep* put on] sth; *Farbe* ~ to apply a coat of paint; ■ **etw auf etw** *dat* ~ to apply sth to [*or* put sth on[to]] sth ❷ *(streichend verbrauchen)* ■ **etw** ~ to use up *sep* sth ❸ KOCHK ■ **etw** [**auf etw** *dat*] ~ to spread sth [on sth]; ■ **Butter auf etw** *dat* ~ to spread butter on [*or* to butter] sth II. vi sein to pass [by]; *Zeitspanne a.* to elapse; ■ **eine Frist/einen Termin** ~ **lassen** to let a deadline pass, to miss a deadline

ver·streu·en vt ❶ *(ausstreuen)* ■ **etw** [**auf etw** *dat*] ~ to scatter [about *sep*] sth [on sth]; **Salz/Vogelfutter** ~ to put down *sep* salt/bird feed ❷ *(versehentlich verschütten)* ■ **etw** ~ to spill sth ❸ *(achtlos hinwerfen)* ■ **etw irgendwo** ~ to scatter sth somewhere; **Spielsachen im ganzen Haus** ~ to scatter toys all round the house

ver·streut adj *(einzeln liegend)* isolated; *(verteilt)* scattered

ver·stri·cken I. vt ❶ *(beim Stricken verbrauchen)* ■ **etw** ~ to use [up *sep*] sth ❷ *(geh: verwickeln)* ■ **jdn in etw** *akk* ~ to involve sb in sth, to draw sb into sth II. vr ■ **sich in etw** *akk* ~ to become [*or* get] entangled [*or* caught up] in sth

Ver·stri·ckung <-, -en> f involvement *no pl; trotz* **der** ~ **in Widersprüche** despite getting entangled [*or* caught up] in contradictions

ver·strö·men vt *(geh)* ■ **etw** ~ to exude sth

ver·stüm·meln [fɛɐˈʃtʏml̩n] vt ❶ *(entstellen)* ■ **jdn** ~ to mutilate sb; *(verkrüppeln)* to maim sb; ■ **sich** ~ to mutilate/maim oneself ❷ *(durch Lücken entstellen)* ■ **etw** ~ to disfigure sth ❸ *(unverständlich machen)* ■ **etw** ~ to garble sth; **einen Text** ~ *(schriftlich)* to mutilate a text; *(mündlich)* to mangle a text

Ver·stüm·me·lung <-, -en> f ❶ *kein pl (das Verstümmeln)* mutilation *no art, no pl,* maiming *no art, no pl* ❷ *(verstümmelter Körperteil)* mutilation

ver·stum·men [fɛɐˈʃtʊmən] vi sein *(geh)* ❶ *(in Schweigen verfallen)* to fall silent; ■ **jdn/etw** ~ **lassen** to silence sb/sth; **vor Entsetzen** ~ to be struck dumb [*or* be speechless] with terror ❷ *(sich legen)* to die away, to subside

Ver·such <-[e]s, -e> [fɛɐˈzuːx] m ❶ *(Bemühen)* attempt; **ein vergeblicher** ~ a vain [*or* futile] attempt; **der ~, etw zu tun** the attempt to do/at doing sth; **einen** ~ **machen** to make an attempt, to give it a try; **einen** ~ **starten** to have a go; **es auf einen** ~ **ankommen lassen** to give it a try [*or* go]; **mit jdm einen** ~ **machen** to give sb a try ❷ *(Experiment)* experiment; **einen ~/~e** [**an jdm/einem**

Tier| **machen** to carry out an experiment/experiments [on sb/an animal] ❸ SPORT attempt

ver·su·chen˚ I. vt ❶ (probieren) ■ **etw** ~ to try [or attempt] sth; ■ **es mit jdm/etw** ~ to give sb/sth a try, to try sb/sth ❷ (kosten) ■ **etw** ~ to try [or taste] sth ❸ (in Versuchung führen) ■ **jdn** ~ to tempt sb; ■ **versucht sein, etw zu tun** to be tempted to do sth II. vi ■ ~, **etw zu tun** to try doing/to do sth; ■ ~, **ob …** to [try and] see whether [or if] … III. vr ■ **sich an/auf/in etw** dat ~ to try one's hand at sth

Ver·suchs·ab·tei·lung f testing department **Ver·suchs·an·la·ge** f ❶ (Prüffeld) testing plant ❷ (Erprobungsanlage) experimental [or pilot] plant **Ver·suchs·an·stalt** f research institute **Ver·suchs·bal·lon** m METEO sounding balloon; ▸ WENDUNGEN: **einen** ~ **loslassen** to fly a kite **Ver·suchs·ge·län·de** nt testing [or proving] ground **Ver·suchs·grup·pe** f test group **Ver·suchs·ka·nin·chen** nt (fam) guinea pig **Ver·suchs·per·son** f test subject **Ver·suchs·pro·jekt** nt pilot project **Ver·suchs·rei·he** f series of experiments **Ver·suchs·sta·di·um** nt experimental stage **Ver·suchs·stre·cke** f test route; (auf Firmengelände) test track **Ver·suchs·tier** nt laboratory animal **ver·suchs·wei·se** adv on a trial basis

Ver·su·chung <-, -en> f temptation no art, no pl; **der** ~ **erliegen** to succumb to temptation; **jdn in** ~ **führen** to lead sb into temptation; **in** ~ **geraten** [o **kommen**] [, **etw zu tun**] to be tempted [to do sth]

ver·sump·fen˚ vi sein ❶ (sumpfig werden) to become marshy [or boggy] ❷ (sl: die Nacht durchzechen) to booze it up fam, to have a real booze-up esp BRIT fam

ver·sün·di·gen˚ vr (geh) ❶ REL ■ **sich** [**an jdm/etw**] ~ to sin [against sb/sth] ❷ (etw misshandeln) ■ **sich an etw** dat ~ to abuse sth

ver·sun·ken [fɛɐ̯ˈzʊŋkn̩] adj (untergegangen) sunken attr; **eine ~e Kultur** a submerged [or long-vanished] culture; **eine ~e Zivilisation** a lost [or long-vanished] civilization ❷ (vertieft) **in etw akk** ~ **sein** to be absorbed [or immersed] in sth; **in ihren Anblick** ~ **sein** to be absorbed in looking at her; **in Gedanken** ~ **sein** to be lost [or immersed] in thought

ver·sü·ßen˚ vt ■ **jdm etw** [**mit etw**] ~ to sweeten sb's sth [with sth], to make sth more pleasant for sb; ■ **sich** dat **etw** [**mit etw**] ~ to sweeten one's sth [with sth]

ver·ta·gen˚ I. vt ■ **etw** [**auf etw** akk] ~ to adjourn sth [until sth]; **eine Entscheidung** [**auf etw** akk] ~ to postpone [or sep hold over] [or fam shelve] a decision [until sth]; **das Parlament** ~ to prorogue parliament spec II. vr ■ **sich** [**auf etw** akk] ~ to be adjourned [until sth]; **das Parlament wird** ~ parliament is prorogued spec

Ver·ta·gung f adjournment; Parlament prorogation spec

ver·täu·en˚ [fɛɐ̯ˈtɔyən] vt NAUT ■ **etw** ~ to moor sth

ver·tau·schen˚ vt (austauschen) ■ **etw/sie** ~ to switch sth/them, to mix up sth/them sep; ■ **etw mit etw** ~ to exchange sth for sth

ver·tei·di·gen˚ [fɛɐ̯ˈtaidɪɡn̩] I. vt ❶ MIL ■ **etw** [**gegen jdn/etw**] ~ to defend sth [against sb/sth] ❷ JUR ■ **jdn** ~ to defend sb ❸ (rechtfertigen) ■ **jdn/etw** ~ to defend sb/sth; ■ **sich** [**gegen jdn/etw**] ~ to defend oneself [against sb/sth] ❹ SPORT ■ **etw** ~ to defend sth; **das Tor** ~ to play in goal II. vi SPORT to defend, to be [or play] in defence [or AM -se]

Ver·tei·di·ger(in) <-s, -> m(f) ❶ JUR defence [or AM -se] counsel [or lawyer] ❷ SPORT defender

Ver·tei·di·gung <-, -en> f ❶ MIL defence [or AM -se] no art, no pl; **die** ~ **gegen jdn/etw** the defence against sb/sth; **sich auf die** ~ **gegen den Angriff vorbereiten** to prepare to defend against the attack ❷ JUR (Verteidiger) defence [or AM -se] no pl ❸ SPORT (Schutz) defence [or AM -se] no pl; (Gesamtheit der

Verteidiger) defence [or AM -se] no indef art, no pl; **in der** ~ **spielen** to play in defence, to guard the goal ❹ (Rechtfertigung) defence [or AM -se] no art, no pl

Ver·tei·di·gungs·al·li·anz f defence [or AM -se] [or defensive] alliance **Ver·tei·di·gungs·be·reit·schaft** f defensive readiness, readiness to defend **Ver·tei·di·gungs·bünd·nis** nt s. Verteidigungsallianz **Ver·tei·di·gungs·etat** m defence [or AM -se] budget **Ver·tei·di·gungs·fall** m ■ **ein/der** ~ [the event of a] defensive war; **im** ~ in the event of having to defend oneself [from invasion/attack] **Ver·tei·di·gungs·krieg** m defensive war **Ver·tei·di·gungs·mi·nis·ter(in)** m(f) minister of defence BRIT, defence minister BRIT, secretary of defense AM **Ver·tei·di·gungs·mi·nis·te·ri·um** nt Ministry of Defence BRIT, Defence Ministry BRIT, Department of Defense AM **Ver·tei·di·gungs·waf·fe** f defensive weapon

ver·tei·len˚ I. vt ❶ (austeilen) ■ **etw** [**an jdn**] ~ to distribute sth [to sb]; **Geschenke/Flugblätter** ~ to distribute [or sep hand out] presents/leaflets; **Auszeichnungen/Orden** ~ to give [or hand] [or fam dish] out decorations/medals sep ❷ (platzieren) ■ **etw irgendwo** ~ to place [or arrange] sth somewhere ❸ (ausstreuen) ■ **etw auf etw** dat ~ to spread [out sep] sth on sth ❹ (verstreichen) ■ **etw** [**auf etw** dat] ~ to spread sth [on sth] II. vr ❶ (sich verbreiten) ■ **sich** [**auf etw** akk] ~ to spread out [round [or over] sth]; ■ **sich irgendwo** ~ to spread out somewhere; **sich unter den Gästen** ~ to mingle with the guests ❷ (umgelegt werden) ■ **sich auf jdn** ~ to be distributed to sb

Ver·tei·ler m ❶ AUTO [ignition form] distributor ❷ (Empfänger) ■ „~:" 'copies to:', 'cc:'

Ver·tei·ler·netz nt ❶ ELEK distribution system ❷ ÖKON distribution network, network of distributors **Ver·tei·ler·schlüs·sel** m distribution [or cc] list

Ver·tei·lung f ■ **die** ~ [**einer S.** gen [o **von etw**]] distribution no pl, the distribution of sth; ~ **von Flugblättern** handing out leaflets sep

Ver·tei·lungs·kampf m ■ ~ **um etw** akk battle for a share of sth; **einen** ~ **um etw** akk **führen** to battle for a share of sth; ■ ~ **auf dem Arbeitsmarkt** battle for jobs on the labour [or AM -or] market

ver·teu·ern˚ [fɛɐ̯ˈtɔyɐn] I. vt ■ **etw** [**auf/um etw** akk] ~ to make sth more expensive, to increase [or raise] the price of sth [to/by sth] II. vr ■ **sich** [**auf/um etw** akk] ~ to become more expensive, to increase [or go up] in price [to/by sth]

Ver·teu·e·rung f increase [or rise] in price; **die** ~ **von Energie** the increase in the price of energy

ver·teu·feln˚ [fɛɐ̯ˈtɔyfl̩n] vt ■ **jdn** ~ to demonize [or condemn] sb

ver·teu·felt (fam) I. adj devilish[ly tricky] II. adv damned fam, devilishly

Ver·teu·fe·lung <-, -en> f demonization [or condemnation] no art, no pl

ver·tie·fen˚ [fɛɐ̯ˈtiːfn̩] I. vt ❶ (tiefer machen) ■ **etw** [**auf/um etw** akk] ~ to make sth deeper, to deepen sth [to/by sth] ❷ (verschlimmern) ■ **etw** ~ to deepen sth ❸ (festigen) ■ **etw** ~ to reinforce [or consolidate] sth II. vr ■ **sich in etw** akk ~ to become absorbed [or engrossed] [or immersed] in sth; **sich in die Zeitung/ein Buch** ~ to bury oneself in the paper/a book; ■ **in etw** akk **vertieft sein** to be engrossed [or absorbed] in sth; **in Gedanken vertieft sein** to be deep [or sunk] [or lost] in thought

Ver·tie·fung <-, -en> f ❶ (vertiefte Stelle) depression; (Boden a.) hollow ❷ kein pl (das Vertiefen) ■ **die/eine** ~ [**einer S.** gen [o **von etw**]] deepening [sth] ❸ (Festigung) consolidation no art, no pl, reinforcement no art, no pl

ver·ti·kal [vɛrtiˈkaːl] I. adj vertical II. adv vertically

Ver·ti·ka·le <-, -n> [vɛrti-] f vertical [line]; ■ **in der ~n** vertically

ver·til·gen* vt etw ~ ❶ *(fam: ganz aufessen)* to demolish sth, to polish off sth *sep fam* ❷ *(ausrotten)* to eradicate sth, to kill off sth *sep;* **Ungeziefer ~** to exterminate [*or* eradicate] [*or sep* kill off] vermin

Ver·til·gung f eradication *no art, no pl;* Ungeziefer a. extermination *no art, no pl*

ver·tip·pen* vr *(fam)* ■ **sich ~** to make a typing error [*or fam* typo] [*or* typing mistake]

ver·to·nen* vt ■ **etw ~** to set sth to music

Ver·to·nung <-, -en> f ❶ *kein pl (das Vertonen)* ■ **die ~** [**einer S.** *gen* [*o* **von etw**]] setting sth to music ❷ *(vertonte Fassung)* musical setting

ver·trackt [fɛɐ̯ˈtrakt] *adj (fam)* tricky, complicated

Ver·trag <-[e]s, Verträge> [fɛɐ̯ˈtraːk, *pl:* -ˈtrɛːɡə] *m* contract; *(international)* treaty; **der Berliner/Moskauer/Versailler ~** the Treaty of Berlin/Moscow/Versailles; **jdn unter ~ haben** to have sb under contract; **jdn unter ~ nehmen** to contract sb, to put [*or* place] sb under contract

ver·tra·gen* *irreg* **I.** vt ❶ *(aushalten)* ■ **etw** [**irgendwie**] ~ to bear [*or* stand] sth [somehow]; **dieses Klima vertrage ich nicht/schlecht** this climate doesn't/doesn't really agree with me ❷ *(gegen etw widerstandsfähig sein)* ■ **etw** [**irgendwie**] ~ to tolerate sth [somehow]; **diese Pflanze verträgt kein direktes Sonnenlicht** this plant does not tolerate [*or* like] direct sunlight ❸ *(verarbeiten können)* ■ **etw** [**irgendwie**] ~ to take [*or* tolerate] sth [somehow]; **diese ständige Aufregung verträgt mein Herz nicht** my heart can't stand this constant excitement ❹ *(fam: zu sich nehmen können)* **nervöse Menschen ~ starken Kaffee nicht gut** nervous people cannot cope with [*or* handle] strong coffee ❺ *(fam: benötigen)* **das Haus könnte mal einen neuen Anstrich ~** the house could do with [*or* could use] a new coat of paint ❻ SCHWEIZ *(austragen)* ■ **etw ~** to deliver sth **II.** vr ❶ *(auskommen)* ■ **sich mit jdm ~** to get on [*or* along] with sb, to get on [with each other] ❷ *(zusammenpassen)* ■ **sich mit etw ~** to go with sth; ■ **sich mit etw nicht ~** to not go [*or* to clash] with sth

ver·trag·lich [fɛɐ̯ˈtraːklɪç] **I.** *adj* contractual **II.** *adv* contractually, by contract; **~ festgelegt werden** to be laid down in a/the contract

ver·träg·lich [fɛɐ̯ˈtrɛːklɪç] *adj* ❶ *(umgänglich)* good-natured; ■ **~ sein** to be easy to get on with ❷ *(bekömmlich)* digestible; **gut/schwer ~** easily digestible/indigestible; **für die Umwelt ~ sein** to be not harmful to the environment

Ver·träg·lich·keit <-> f *kein pl* ❶ *(Umgänglichkeit)* good nature *no art, no pl* ❷ *(Bekömmlichkeit)* digestibility *no art, no pl;* **Speisen von besonderer ~** food that is especially easy to digest

Ver·trags·ab·schlussᴿᴿ *m* completion [*or* conclusion] of [a/the] contract **Ver·trags·be·din·gun·gen** *pl* ÖKON terms [*or* conditions] of a contract **Ver·trags·bruch** *m* breach of contract **ver·trags·brü·chig** *adj* in breach of contract *pred;* ■ **~ sein/werden** to be in breach of contract **Ver·trags·dau·er** f ÖKON term [*or* life] of a contract **Ver·trags·ent·wurf** *m* draft [of a] contract/treaty **ver·trags·ge·mäß I.** *adj* as per [*or* as stipulated in the] contract **II.** *adv* as per [*or* as stipulated in the] contract **Ver·trags·ge·sprä·che** f *pl* contract talks *pl* **Ver·trags·händ·ler(in)** *m(f)* authorized [*or* appointed] dealer **Ver·trags·part·ner(in)** *m(f)* party to a/the contract, contracting party *spec* **Ver·trags·stra·fe** f penalty for breach of contract, contractual penalty *spec* **Ver·trags·text** *m* text [*or* wording] *no indef art, no pl* of a/the contract **Ver·trags·ver·hand·lung** f contract negotiations [*or* talks] *pl*

Ver·trags·ver·let·zung f breach of contract **Ver·trags·werk** *nt* comprehensive contract/treaty **Ver·trags·werk·statt** f authorized garage **ver·trags·wid·rig I.** *adj* contrary to [the terms of] the contract/treaty *pred* **II.** *adv* in breach of contract

ver·trau·en* vi ❶ *(vertrauensvoll glauben)* ■ **jdm ~** to trust sb; ■ **auf jdn ~** to trust in sb ❷ *(sich fest verlassen)* ■ **auf etw** *akk* ~ to trust in sth; **auf sein Glück ~** to trust to luck; **auf Gott ~** to put one's trust in God; **auf jds Können ~** to have confidence in sb's ability; ■ **darauf ~, dass ...** to put one's trust in the fact [*or* be confident] that ...

Ver·trau·en <-s> *nt kein pl* trust *no art, no pl,* confidence *no art, no pl;* **~ erweckend** that inspires trust [*or* confidence]; **einen ~ erweckenden Eindruck auf jdn machen** to make a trustworthy impression on sb; **~ erweckend sein** to inspire confidence; **jdm das ~ aussprechen/entziehen** POL to pass a vote of confidence/no confidence in sb; **~ zu jdm fassen** to come to trust [*or* have confidence in] sb; **~** [**zu jdm**] **haben** to have confidence [in sb], to trust sb; **jds ~ haben** [*o geh:* **genießen**] to have [*or* enjoy] sb's trust, confidence; **jdm ~ schenken** *(geh)* to put one's trust in sb; **jdn ins ~ ziehen** to take sb into one's confidence; **im ~** [**gesagt**] [strictly] in confidence; **im ~ auf etw** *akk* trusting to [*or* in] sth; **im ~ darauf, dass ...** trusting that ...; **voller ~** full of trust, trustingly

Ver·trau·ens·arzt, **-ärz·tin** *m, f* independent examining doctor **Ver·trau·ens·bruch** *m* breach of confidence [*or* trust] **Ver·trau·ens·fra·ge** f **es ist eine ~, ob ...** is a question [*or* matter] of trust [*or* confidence] whether ...; **die ~ stellen** POL to ask for a vote of confidence **Ver·trau·ens·kri·se** f lack of [mutual] trust **Ver·trau·ens·mann** <-leute> *m* ❶ *(Versichertenvertreter)* representative, intermediary agent; *(gewerkschaftlich)* union representative; *(Fabrik)* shop steward ❷ *(vertrauenswürdiger Mann)* representative, proxy **Ver·trau·ens·per·son** f *(vertrauenswürdige Person)* someone *no art* you can trust; *(Busenfreund)* a close [*or* intimate] confidant *masc* [*or fem* confidante] **Ver·trau·ens·sa·che** f *(vertrauliche Angelegenheit)* confidential matter ❷ *s.* **Vertrauensfrage ver·trau·ens·se·lig** *adj* [too] trusting; *(leichtgläubig)* credulous **Ver·trau·ens·stel·lung** f position of trust; [**bei jdm**] **eine ~ haben** to be in [*or* have] a position of trust [with sb] **Ver·trau·ens·ver·hält·nis** *nt* trusting relationship, relationship based on trust, mutual trust *no art, no pl* **Ver·trau·ens·ver·lust** *m* SOZIOL loss of trust [*or* faith] **Ver·trau·ens·voll I.** *adj* trusting, trustful, based on trust *pred* **II.** *adv* trustingly; **sich ~ an jdn wenden** to turn to sb with complete confidence **Ver·trau·ens·vo·tum** *nt* POL vote of confidence **ver·trau·ens·wür·dig** *adj* trustworthy **Ver·trau·ens·wür·dig·keit** <-> f *inv* trustworthiness

ver·trau·lich I. *adj* ❶ *(mit Diskretion zu behandeln)* confidential; **streng ~** strictly confidential ❷ *(freundschaftlich)* familiar, chummy *fam,* pally *fam* **II.** *adv* confidentially, with confidentiality

Ver·trau·lich·keit <-, -en> f ❶ *kein pl (das Vertraulichsein)* confidentiality *no art, no pl* ❷ *pl (Zudringlichkeit)* familiarity *no art, no pl*

ver·träumt *adj* ❶ *(idyllisch)* sleepy ❷ *(realitätsfern)* dreamy

ver·traut *adj* ❶ *(wohlbekannt)* familiar; **sich mit etw ~ machen** to familiarize [*or* acquaint] oneself with sth; **sich mit dem Gedanken/der Vorstellung ~ machen, dass ...** to get used to the idea that ... ❷ *(eng verbunden)* close, intimate ❸ *(kennt etw gut)* ■ **mit etw ~ sein** to be familiar [*or* acquainted] with sth

Ver·trau·te(r) f(m) *decl wie adj* close [*or* intimate]

friend, confidant *masc,* confidante *fem*

Ver·traut·heit <-, -en> *f* ❶ *kein pl (gute Kenntnis)* ■ **jds ~ mit etw** sb's familiarity with sth ❷ *(Verbundenheit)* closeness *no art, no pl,* intimacy *no art, no pl*

ver·trei·ben'¹ *vt irreg* ❶ *(gewaltsam verjagen)* ■ **jdn [aus etw]** ~ to drive out sb *sep,* to drive sb out of sth ❷ *(verscheuchen)* ■ **ein Tier [aus/von etw]** ~ to drive away *sep* an animal, to drive an animal away out of/from sth ❸ *(beseitigen)* ■ **etw** ~ to drive away *sep,* to banish sth; **seine Müdigkeit** ~ to fight [*or* stave] off *sep* tiredness; *s. a.* **Zeit**

ver·trei·ben'² *vt irreg (verkaufen)* ■ **etw** ~ to sell [*or* market] sth

Ver·trei·bung <-, -en> *f* driving out [*or* away] *no art, no pl;* **die ~ aus dem Paradies** the expulsion from Paradise

ver·tret·bar *adj* ❶ *(zu vertreten)* tenable, defensible; ■ **nicht** ~ untenable, indefensible ❷ *(akzeptabel)* justifiable; ■ **nicht** ~ unjustifiable

ver·tre·ten'¹ *vt irreg* ❶ *(jdn vorübergehend ersetzen)* ■ **jdn** ~ to stand in [*or* deputize] for sb, to cover for sb; **durch jdn ~ werden** to be replaced by sb; ■ **sich [durch jdn] ~ lassen** to be represented [by sb] ❷ *JUR* ■ **jdn** ~ to represent sb, to act [*or* appear] for sb ❸ *(repräsentieren)* ■ **jdn/etw** ~ to represent sb/sth ❹ *(verfechten)* ■ **etw** ~ to support sth; **eine Ansicht/Meinung/Theorie** ~ to take a view/hold an opinion/advocate a theory ❺ *(repräsentiert sein)* ■ **irgendwo** ~ **sein** to be represented somewhere; **Picassos Werke sind hier zahlreich** ~ there is a large number of works by Picasso here ❻ *(verantwortlich sein)* ■ **etw zu** ~ **haben** to be responsible for sth

ver·tre·ten'² *vr irreg (verstauchen)* **sich** *dat* **den Fuß** [*o* **das Fußgelenk**] ~ to twist one's ankle ▸ WENDUNGEN: **sich** *dat* **die Füße** *(fam)* ~ [*o* **Beine**] to stretch one's legs

Ver·tre·ter(in) <-s, -> *m(f)* ❶ *(Stell~)* deputy, stand-in, [temporary] replacement; *Arzt, Geistlicher* locum BRIT; **einen ~ bestimmen** [*o* **stellen**] to appoint a deputy ❷ *(Handels~)* sales representative ❸ *(Repräsentant)* representative; *(Abgeordneter)* member of parliament

Ver·tre·ter·pro·vi·si·on *f* ÖKON agent's commission

Ver·tre·tung <-, -en> *f* ❶ *(das Vertreten)* deputizing *no art, no pl;* **zur ~ von Kollegen verpflichtet sein** to be officially obliged to deputize for colleagues; **die ~ für jdn haben** to stand in [*or* deputize] for sb; **die ~ von jdm übernehmen** to stand in [*or* deputize] for sb; **in [jds]** ~ in sb's place, on behalf of sb; **einen Brief in ~ unterschreiben** to sign a letter as a proxy [*or* spec* per pro], to pp a letter ❷ *(Stellvertreter)* deputy, stand-in, [temporary] replacement; *Arzt, Geistlicher* locum BRIT; **eine diplomatische ~** a diplomatic mission; **die ~ für etw haben** to have the agency [*or* be the agent] for sth ❸ *(Handels~)* agency, branch

Ver·tre·tungs·wei·se *adv* as a stand-in [*or* temporary] replacement]

Ver·trieb <-[e]s, -e> *m* ❶ *kein pl (das Vertreiben)* sale[s *pl*]; **den ~ [für etw] haben** to be in charge of sales [for sth] ❷ *(~sabteilung)* sales *pl* [department]

Ver·trie·be·ne(r) *f(m) decl wie adj* deportee, expellee *spec (from his/her homeland),* displaced person

Ver·triebs·ab·tei·lung *f* sales department **Ver·triebs·ge·sell·schaft** *f* sales [*or* marketing] company **Ver·triebs·kos·ten** *pl* marketing costs, distribution costs **Ver·triebs·lei·ter(in)** *m(f)* sales manager **Ver·triebs·netz** *nt* ÖKON network of distributors, distribution [*or* marketing] network **Ver·triebs·weg** *m* ÖKON channel of distribution, distribution channel **Ver·triebs·we·ge** *pl* TRANSP transport route

ver·trim·men' *vt (fam)* ■ **jdn** ~ to beat up sb *sep,* to give sb a going-over, to give sb the one-two AM

ver·trock·nen' *vi sein: Vegetation* to dry out, to wither; *Lebensmittel* to dry up, to go dry; **vertrocknete Blätter** dried leaves

ver·trö·deln' *vt (fam)* ■ **etw** ~ to idle [*or* dawdle] away sth *sep*

ver·trös·ten' *vt* ■ **jdn [auf etw** *akk*] ~ to put off *sep* sb [until sth]

ver·trot·telt *adj (fam)* senile

ver·tun' *irreg* **I.** *vr (fam)* ❶ *(sich irren)* ■ **sich** ~ to make a mistake, to be mistaken; **vertu dich nur nicht, ...** make no mistake, ...; **da gibt es kein V~!** there are no two ways about it! ❷ *(sich verrechnen)* ■ **sich [um etw]** ~ to make a mistake, to be out by sth **II.** *vt* ■ **etw** ~ to waste [*or* squander] sth

ver·tu·schen' *vt* ■ **etw** ~ to hush up sth *sep;* ■ **~, dass ...** to hush up the fact that ...

ver·übeln' *vt* ■ **jdm etw** ~ to hold sth against sb; ■ **[es] jdm ~, dass ...** to take it amiss [*or* hold it against sb] that ...; **das kann man ihm kaum ~** one can hardly blame him for that

ver·üben' *vt* ■ **etw** ~ to commit sth; **einen Anschlag** ~ to carry out *sep* an attack; **einen Anschlag auf jdn** ~ to make an attempt on sb's life; **ein Attentat [auf jdn]** ~ to assassinate sb; *(fehlgeschlagen)* to make an assassination attempt on sb; **Gräueltaten/ein Verbrechen** ~ to commit [*or* form perpetrate] atrocities/a crime; **ein Massaker** ~ to carry out *sep* [*or* form perpetrate] a massacre; **Selbstmord** ~ to commit suicide

ver·un·fal·len' [fɛɐ'ʔʊnfalən] *vi sein* SCHWEIZ to have an accident; **der verunfallte Skifahrer** the skier involved in the accident

ver·un·glimp·fen' [fɛɐ'ʔʊnɡlɪmpfn̩] *vt (geh)* ■ **jdn** ~ to denigrate [*or* disparage] [*or* form vilify] sb, to cast a slur on sb; ■ **etw** ~ to denigrate [*or* cast a slur on] [*or* form decry] sth

Ver·un·glimp·fung <-, -en> *f* denigration *no art, no pl,* disparagement *no art, no pl,* vilification *no art, no pl*

ver·un·glü·cken' [fɛɐ'ʔʊnɡlʏkn̩] *vi sein* ❶ *(einen Unfall haben)* to have [*or* be involved in] an accident; **mit dem Auto** ~ to have [*or* be in] a car accident [*or* crash]; **mit dem Flugzeug** ~ to be in a plane crash; **tödlich** ~ to be killed in an accident; **der verunglückte Bergsteiger** the climber involved in the accident ❷ *(fam: misslingen)* to go wrong; ■ **etw verunglückt jdm** sb's sth goes wrong; **leider ist mir der Kuchen verunglückt** I'm afraid my cake is a disaster; ■ **verunglückt** unsuccessful

Ver·un·glück·te(r) *f(m) decl wie adj* accident victim

ver·un·mög·li·chen' [fɛɐ'ʔʊnmøːklɪçn̩] *vt* SCHWEIZ ■ **[jdm] etw** ~ to make sth impossible [for sb]

ver·un·rei·ni·gen' *vt* ■ **etw** ~ ❶ *(geh: beschmutzen)* to dirty [*or* form soil] sth; *(Hund)* to foul sth BRIT, to mess up *sep* sth AM ❷ ÖKOL to pollute [*or* contaminate] sth

Ver·un·rei·ni·gung *f* ❶ *(geh: das Beschmutzen)* dirtying *no art, no pl,* soiling *no art, no pl form; Gehwege* fouling *no art, no pl* BRIT, messing up *no art, no pl* AM ❷ ÖKOL pollution *no art, no pl,* contamination *no art, no pl* ❸ *(Schmutz)* impurity

ver·un·si·chern' [fɛɐ'ʔʊnzɪçɐn] *vt* ■ **jdn** ~ to make sb [feel] unsure [*or* uncertain] [*or* insecure]; *(verstören)* to unsettle sb; ■ **jdn in etw** *dat* ~ to make sb unsure of sth

ver·un·si·chert <-er, -este> *adj* uncertain

Ver·un·si·che·rung <-, -en> *f* ❶ *(das Verunsichern)* unsettling *no art, no pl* ❷ *(verunsicherte Stimmung)* [feeling of] uncertainty

ver·un·stal·ten' [fɛɐ'ʔʊnʃtaltn̩] *vt* ■ **jdn/etw** ~ to disfigure sb/sth; **wie konnte der Friseur dich nur so ~?** how could the hairdresser spoil your looks like that?

Ver·un·stal·tung <-, -en> f disfigurement

ver·un·treu·en [fɛɐ̯ˈʔʊntrɔyən] vt JUR ■ etw ~ to embezzle [or misappropriate] sth [or spec defalcate]

Ver·un·treu·ung <-, -en> f JUR embezzlement no art, no pl, misappropriation no art, no pl, defalcation no art, no pl spec

ver·ur·kun·den vt SCHWEIZ ■ etw ~ to notarize [or legally certify] sth

ver·ur·sa·chen [fɛɐ̯ˈʔuːɐ̯zaxn̩] vt ■ etw ~ to cause sth; [jdm] Schwierigkeiten ~ to create [or give rise to] difficulties [for sb]; jdm Umstände ~ to put sb to [or cause sb] trouble

Ver·ur·sa·cher(in) <-s, -> m(f) causal agent, causative agent

Ver·ur·sa·cher·prin·zip nt kein pl ÖKOL polluter pays principle

ver·ur·tei·len vt ❶ (für schuldig befinden) ■ jdn ~ to convict sb ❷ (durch Urteil mit etw bestrafen) ■ jdn zu etw ~ to sentence sb to sth; jdn zu 7.500 Euro Geldstrafe ~ to fine sb 7,500 euros, to impose a fine of 7,500 euros on sb; jdn zu lebenslänglicher Haft ~ to sentence sb to life imprisonment; jdn zum Tode ~ to sentence [or condemn] sb to death ❸ (verdammen) ■ jdn ~ to condemn [or form censure] sb; ■ etw ~ to condemn sth ❹ (zwangsläufig bestimmt sein) ■ zu etw verurteilt sein to be condemned to sth; zum Scheitern verurteilt sein to be bound to fail [or doomed to failure]

Ver·ur·teil·te(r) f(m) decl wie adj convicted man masc [or fem woman]; (zum Tode) condemned man masc [or fem woman]

Ver·ur·tei·lung <-, -en> f conviction no art, no pl, sentencing no art, no pl; ■ eine/jds ~ zu etw a/sb's sentence of sth; die ~ zum Tode the death sentence

ver·viel·fa·chen [fɛɐ̯ˈfiːlfaxn̩] I. vt ■ etw ~ to increase sth greatly; die Inflation ~ to cause a sharp rise in inflation; ■ etw mit etw ~ MATH to multiply sth with sth II. vr ■ sich ~ to increase greatly, to multiply [several times]

Ver·viel·fa·chung <-, -en> f ❶ (starke Erhöhung) steep increase; ~ der Inflation a steep rise in inflation ❷ MATH multiplication

ver·viel·fäl·ti·gen [fɛɐ̯ˈfiːlfɛltɪgn̩] vt ■ etw ~ to duplicate [or make copies of] sth; (fotokopieren) to photocopy sth

Ver·viel·fäl·ti·gung <-, -en> f ❶ kein pl (das Vervielfältigen) duplication, duplicating no art, no pl, copying no art, no pl ❷ (geh: Kopie) copy

ver·vier·fa·chen [fɛɐ̯ˈfiːɐ̯faxn̩] I. vt ■ etw ~ to quadruple sth II. vr ■ sich ~ to quadruple

ver·voll·komm·nen [fɛɐ̯ˈfɔlkɔmnən] I. vt ■ etw ~ to perfect sth, to make sth [more] perfect II. vr ■ sich [auf/in etw dat] ~ to become [more] perfect [in sth]

Ver·voll·komm·nung <-, -en> f perfection no art, no pl

ver·voll·stän·di·gen [fɛɐ̯ˈfɔlʃtɛndɪgn̩] vt ■ etw ~ to complete sth, to make sth [more] complete

Ver·voll·stän·di·gung <-, -en> f completion no art, no pl

ver·wach·sen [-ˈvaksn̩] irreg I. vi sein ❶ (zusammenwachsen) ■ [mit etw] ~ to grow together [with sth] ❷ (zuwuchern) to become overgrown; ein ~er Garten an overgrown garden II. vr MED ■ sich ~ to right [or correct] itself

ver·wa·ckeln vt FOTO (fam) ■ etw ~ to make sth blurred

ver·wäh·len vr TELEK ■ sich ~ to dial [or get] the wrong number

ver·wah·ren [fɛɐ̯ˈvaːrən] I. vt ■ etw [für jdn] ~ to keep sth safe [for sb]; ■ etw in etw dat ~ to keep sth in sth; jdm etw zu ~ geben to give sth to sb for safe-

keeping II. vr (geh) ■ sich gegen etw ~ to protest against sth

ver·wahr·lo·sen [fɛɐ̯ˈvaːɐ̯loːzn̩] vi sein to get into a bad state; Grundstück, Gebäude to fall into disrepair, to become dilapidated; Mensch to let oneself go, to go to pot, to run to seed fam; völlig ~ to go to rack [or esp AM wrack] and ruin; ■ etw ~ lassen to let sth fall into disrepair [or become dilapidated], to neglect sth; ■ verwahrlost dilapidated; ein verwahrloster Garten a neglected [or an overgrown] garden; verwahrloste Kleidung ragged [or BRIT tatty] [or AM tattered] clothes; ein verwahrloster Mensch an unkempt person, a scruff BRIT fam

Ver·wahr·lo·sung <-> f kein pl Grundstück, Gebäude dilapidation no art, no pl; Mensch neglect no art, no pl; bis zur völligen ~ herunterkommen to sink into a state of total neglect; jdn vor der ~ bewahren to save sb from degradation

Ver·wah·rung <-> f kein pl ❶ (das Verwahren) [safe]keeping no art, no pl; jdm etw [o etw bei jdm] in ~ akk geben to give sth to sb for safekeeping; etw in ~ akk nehmen to take sth into safekeeping ❷ (zwangsweise Unterbringung) detention no art, no pl; jdn in ~ akk nehmen to take sb into custody ❸ (geh: Einspruch) protest; ~ gegen etw einlegen to lodge a protest against sth

ver·wai·sen [fɛɐ̯ˈvaizn̩] vi sein ❶ (zur Waise werden) to be orphaned, to become an orphan; ■ verwaist orphaned ❷ (verlassen werden) to become deserted; ■ verwaist deserted

ver·wal·ten [fɛɐ̯ˈvaltn̩] vt ■ etw ~ ❶ FIN to administer sth; jds Besitz ~ to manage sb's property ❷ ADMIN to administer sth; eine Kolonie/Provinz ~ to govern a colony/province ❸ INFORM to manage sth

Ver·wal·ter(in) <-s, -> [fɛɐ̯ˈvalte] m(f) administrator; Gut manager; Nachlass trustee

Ver·wal·tung <-, -en> [fɛɐ̯ˈvaltʊŋ] f ❶ kein pl (das Verwalten) administration no art, no pl, management no art, no pl ❷ (Verwaltungsabteilung) administration no pl, admin no pl fam; städtische ~ municipal authority [or administration] ❸ INFORM management no art, no pl

Ver·wal·tungs·an·ge·stell·te(r) f(m) admin[istration] employee **Ver·wal·tungs·ap·pa·rat** m administration machine[ry] no pl **Ver·wal·tungs·ar·beit** f administration, admin BRIT fam **Ver·wal·tungs·aus·schuss**RR m management committee **Ver·wal·tungs·be·am·te(r)** f(m) admin[istration] official, government [administrative] official **Ver·wal·tungs·be·zirk** m administrative district, precinct AM **Ver·wal·tungs·chef(in)** m(f) head of administration **Ver·wal·tungs·dienst** m administration, admin BRIT fam **Ver·wal·tungs·ge·bäu·de** nt admin[istration] building **Ver·wal·tungs·ge·richt** nt administrative court [or tribunal] **Ver·wal·tungs·kos·ten** pl admin[istrative] costs [or expenses] pl **Ver·wal·tungs·rat** m board of directors

ver·wan·deln I. vt ❶ (umwandeln) ■ jdn in etw/ein Tier ~ to turn [or transform] sb into sth/an animal; ■ jd ist wie verwandelt sb is a changed [or different] person [or is transformed] ❷ TECH ■ etw in etw akk ~ to convert [or turn] sth into sth ❸ (anders erscheinen lassen) ■ etw ~ to transform sth ❹ FBALL ■ etw [zu etw] ~ to convert sth [into sth]; einen Strafstoß/ Eckball ~ to convert a penalty/score from a corner II. vr ❶ (zu etw werden) ■ sich in etw akk ~ to turn [or change] into sth ❷ ■ sich in etw/ein Tier ~ to turn [or transform] oneself into sth/an animal

Ver·wand·lung f (Umformung) ■ jds ~ [in etw/ ein Tier] sb's transformation [into sth/an animal] ❷ TECH conversion

ver·wandt¹ [fɛɐ̯ˈvant] adj related (mit +dat to); ■ sie

sind |**miteinander**| ~ they are related [to each other]; ~e **Anschauungen/Methoden** similar views/ methods; ~e **Sprachen/Wörter** cognate languages/ words *spec*

ver·wandt² [fɛɐ̯'vant] *pp von* **verwenden**

ver·wand·te *imp von* **verwenden**

Ver·wand·te(r) *f(m) decl wie adj* relation, relative; **ein entfernter ~r von mir** a distant relation of mine

Ver·wandt·schaft <-, -en> *f* ➊ *(die Verwandten)* relations *pl*, relatives *pl*; ■ **jds** ~ sb's relations [*or* relatives]; **zu jds ~ gehören** to be a relative of sb's; **die nähere** ~ close relatives *pl* ➋ *(gemeinsamer Ursprung)* affinity; *Sprachen* cognation *no pl spec* (**mit** + *dat* with)

ver·wandt·schaft·lich **I.** *adj* family *attr* **II.** *adv* ■ ~ |**miteinander**| **verbunden sein** to be related [to each other]

ver·wan·zen* [fɛɐ̯'vantsn̩] *vt* ■ **etw** ~ to bug sth; ■ **verwanzt sein** to be bugged

ver·war·nen* *vt* ■ **jdn** ~ ➊ *(streng tadeln)* to warn [*or form* caution] sb ➋ *(gebührenpflichtig ~)* to fine sb

Ver·war·nung *f* warning, caution; **eine gebührenpflichtige ~** a fine; **jdm eine gebührenpflichtige ~ erteilen** [*o* **aussprechen**] to fine sb

Ver·war·nungs·geld *nt* exemplary fine

ver·wa·schen *adj* faded

ver·wäs·sern* *vt* ■ **etw** ~ ➊ *(mit Wasser mischen)* to water down sth *sep*; **Saft** ~ to dilute juice ➋ *(abschwächen)* to water down sth *sep*

ver·we·ben *vt irreg* ■ **etw** ~ ➊ *(ineinanderweben)* to interweave sth ➋ *(beim Weben verbrauchen)* to use [up *sep*] sth *(for weaving)*

ver·wech·seln* [-'vɛksln̩] *vt* ➊ *(irrtümlich vertauschen)* ■ **etw** ~ to mix up sth, to get sth mixed up ➋ *(irrtümlich für jdn halten)* ■ **jdn** |**mit jdm**| ~ to mix up *sep* sb |with sb|, to confuse sb with sb, to mistake sb for sb; ■ **etw mit etw** ~ to confuse sth with sth, to mistake sth for sth; **sich zum V~ gleichen** to be alike as two peas |in a pod|; **jdm zum V~ ähnlich sehen** to be the spitting image of sb

Ver·wechs·lung <-, -en> [-'vɛks-] *f* ➊ *(das Verwechseln)* mixing up *no art, no pl*, confusing *no art, no pl* ➋ *(irrtümliche Vertauschung)* mistake, confusion *no art, no pl*, mix-up *fam*; **das muss eine ~ sein** there must be some mistake

ver·we·gen [fɛɐ̯'ve:ɡn̩] *adj* daring, bold; *(Kleidung)* rakish; *(frech a.)* audacious, cheeky, mouthy AM

Ver·we·gen·heit <-> *f kein pl* boldness *no art, no pl*; *(Frechheit a.)* audacity *no art, no pl*, cheekiness *no art, no pl*

ver·we·hen* **I.** *vt* ■ **etw** ~ ➊ *(auseinandertreiben)* to scatter [*or sep* blow away] sth ➋ *(verwischen)* to cover [over [*or* up] *sep*] sth **II.** *vi* to die down

ver·weh·ren* *vt (geh)* ➊ *(verweigern)* ■ **jdm etw** ~ to refuse [*or* deny] sb sth; ■ **jdm ~, etw zu tun** to stop [*or* bar] sb from doing sth ➋ *(versperren)* ■ **jdm etw** ~ to block sb's sth; **Unbefugten den Zutritt ~** to deny access to unauthorized persons

Ver·we·hung <-, -en> *f* ➊ *kein pl (das Verwehen)* covering over [*or* up] *no art, no pl* ➋ *(Schnee~)* |snow|drift; *(Sand~)* |sand|drift

ver·weich·li·chen* [fɛɐ̯'vaɪ̯çlɪçn̩] **I.** *vi sein* to grow soft; ■ **verweichlicht sein** to have grown soft; **ein verweichlichter Mensch** a weakling *pej* **II.** *vt* ■ **jdn** ~ to make sb soft *pej*

Ver·weich·li·chung <-> *f kein pl* softening *no art, no pl*

ver·wei·gern* **I.** *vt* |**jdm**| **etw** ~ to refuse [sb] sth; **jede Auskunft/die Kooperation ~** to refuse to give any information/to cooperate; **die Herausgabe von Akten ~** to refuse to hand over files; **jdm eine Hilfeleistung ~** to refuse sb assistance [*or* to assist sb] [*or* to

render assistance to sb]; **seine Zustimmung zu etw ~** to refuse to agree [*or* to give one's agreement] to sth, to refuse one's consent to sth; **jdm die Ausreise ~** to prohibit sb from leaving [the/a country], to refuse sb permission to leave [the/a country]; **jdm die Einreise/die Erlaubnis/den Zutritt ~** to refuse sb entry/permission/admission [*or* access]; **einen Befehl ~** to refuse to obey an order; **jdm den Gehorsam ~** to refuse to obey sb; **den Kriegsdienst ~** to refuse to do military service, to be a conscientious objector; *s. a.* **Annahme II.** *vi* to refuse **III.** *vr* ■ **sich jdm** ~ to refuse [to have] intimacy with sb

Ver·wei·ge·rung *f* refusal; **zur ~ der Herausgabe der Akten berechtigt sein** to have the right to refuse to hand over the files; **die ~ eines Befehls/des Wehrdienstes** the refusal to obey an order/to do military service

ver·wei·len* *vi (geh)* ➊ *(sich aufhalten)* ■ **irgendwo ~** to stay [*or poet old* tarry] somewhere; **kurz ~** to stay for a short time; **vor einem Gemälde ~** to linger in front of a painting ➋ *(sich mit etw beschäftigen)* ■ **bei etw** ~ to dwell on sth

ver·weint *adj* ~**e Augen** eyes red from crying; **ein ~es Gesicht** a tear-stained face

Ver·weis <-es, -e> [fɛɐ̯'vaɪ̯s] *m* ➊ *(Tadel)* reprimand, rebuke *form;* **einen ~ bekommen** to be reprimanded [*or* form rebuked]; **jdm einen ~ erteilen** *(geh)* to reprimand [*or* form rebuke] sb ➋ *(Hinweis)* reference (**auf** + *akk* to); *(Quer~)* cross-reference (**auf** + *akk* to)

ver·wei·sen* *irreg* **I.** *vt* ➊ *(weiterleiten)* ■ **jdn an jdn/ etw ~** to refer sb to sb/sth ➋ *(hinweisen)* ■ **jdn auf etw** *akk* ~ to refer sb to sth ➌ SPORT ■ **jdn von etw ~** to banish sb from sth; **jdn vom Spielfeld ~** to send off *sep* [*or* AM eject] sb ➍ JUR ■ **etw an etw** *akk* ~ to refer sth to sth **II.** *vi* ■ **auf etw** *akk* ~ to refer [*or form* advert] to sth

Ver·wei·sung *f* referral (**an** + *akk* to)

ver·wel·ken* *vi sein* to wilt

ver·wend·bar *adj* usable; **erneut ~ sein** to be reusable

ver·wen·den <verwendete *o* verwandte, verwendet *o* verwandt> **I.** *vt* ➊ *(gebrauchen)* ■ **etw** |**für etw**| ~ to use sth [for sth]; ■ **etw ist noch zu ~** sth can still be used [*or* is still usable] ➋ *(für etw einsetzen)* ■ **etw für etw/irgendwie ~** to use [*or* employ] sth for sth/ somehow ➌ *(benutzen)* ■ **etw** ~ to make use of sth; **etw vor Gericht ~** to use sth in court **II.** *vr* ■ **sich** |**bei jdm**| **für jdn** ~ to intercede [with sb] on sb's behalf

Ver·wen·dung <-, -en> *f* ➊ *(Gebrauch)* use; |**für etw**| ~ **finden** to be used [for sth]; **für jdn/etw ~ finden** to find a use for sb/sth; ~**/keine ~ für jdn/etw haben** to have a/no use for sb/sth ➋ *(veraltend: Fürsprache)* intercession; ■ **auf jds ~ hin** at sb's intercession

ver·wen·dungs·fä·hig *adj s.* **verwendbar Ver·wendungs·mög·lich·keit** *f* [possible] use [*or* employment] **Ver·wen·dungs·zweck** *m* purpose; *(Feld auf Überweisungsformularen)* reference

ver·wer·fen* *irreg* **I.** *vt* ➊ *(als unbrauchbar ablehnen)* ■ **etw** |**als etw**| ~ to reject sth [as sth]; **den Gedanken ~** to dismiss the thought; **einen Plan ~** to reject [*or* discard] [*or sep* throw out] a plan; **einen Vorschlag ~** to reject [*or sep* turn down] a suggestion ➋ JUR ■ **etw** ~ to reject [*or* dismiss] sth **II.** *vr* ■ **sich ~** ➊ *(sich stark verziehen)* to warp ➋ GEOL to fault *spec* ➌ KARTEN to deal the wrong number of cards

ver·wer·flich *adj (geh)* reprehensible *form*

Ver·wer·flich·keit <-> *f kein pl (geh)* reprehensibleness *no art, no pl form* [*or* reprehensibility] *no art, no pl form*

Ver·wer·fung <-, -en> *f* ➊ *kein pl (Ablehnung)*

rejection, dismissal ❷ GEOL fault ❸ SOZIOL **gesell-schaftliche ~en** societal fractures

ver·wert·bar *adj* ❶ *(brauchbar)* usable; **erneut ~ sein** to be reusable; ■ **|etwas|/nichts V~es** something/nothing usable ❷ *(auszuwerten)* utilizable [*or* BRIT *a.* -isable]; **|nicht| ~ vor Gericht sein** to be |in|admissible in court

Ver·wert·bar·keit <-> *f kein pl* usability *no pl*

ver·wer·ten' *vt* ■ **etw ~** ❶ *(ausnutzen, heranziehen)* to use [*or* utilize] [*or* make use of] sth; **etw erneut ~** to reuse sth ❷ *(nutzbringend anwenden)* to exploit [*or* make use of] sth

Ver·wer·tung <-, -en> *f* ❶ *(Ausnutzung)* utilization *no art, no pl* ❷ *(Heranziehung)* use ❸ *(nutzbringende Anwendung)* exploitation *no art, no pl*

ver·we·sen' [fɛɐ̯'veːzn̩] *vi sein* to rot, to decompose; ■ **verwest** decomposed

Ver·we·sung <-> *f kein pl* decomposition *no art, no pl*, decay *no art, no pl*; **in ~ übergehen** to start to rot [*or* decompose]

ver·wet·ten' *vt* ■ **etw ~** to gamble away sth *sep*

ver·wi·ckeln' I. *vt* ■ **jdn in etw** *akk* **~** to involve sb in sth; **jdn in ein Gespräch ~** to engage sb in conversation; **jdn in einen Skandal ~** to get sb mixed up [*or* embroiled] in a scandal; ■ **in etw** *akk* **verwickelt sein/werden** to be/become [*or* get] involved [*or* mixed up] in sth; **in eine Affäre verwickelt sein** to be entangled [*or* tangled up] in an affair; **in einen Skandal verwickelt sein** to be embroiled in [a] scandal II. *vr* ❶ *(sich verheddern)* ■ **sich ~** to get tangled up ❷ *(sich verstricken lassen)* ■ **sich in etw** *akk o dat* **~** to get tangled [*or* caught up] [*or* become entangled] in sth; **sich in eine Auseinandersetzung ~** to get involved [*or* caught up] in an argument

ver·wi·ckelt *adj* complicated, intricate, involved; **eine ~e Angelegenheit** a tangled affair

Ver·wi·cke·lung <-, -en> *f*, **Ver·wick·lung** <-, -en> *f* ❶ *(Verstrickung)* ■ **jds ~ in etw** *akk* sb's involvement in sth ❷ *pl (Komplikationen)* complications *pl*

ver·wil·dern' *vi sein* ❶ *(zur Wildnis werden)* to become overgrown; ■ **verwildert** overgrown ❷ *(wieder zum Wildtier werden)* to go wild, to return to the wild; ■ **verwildert** feral ❸ *(undiszipliniert werden)* to become wild [and unruly], to run wild

Ver·wil·de·rung <-> *f kein pl* ❶ *(das Verwildern)* Garten, Park growing wild *no art, no pl*; Tier becoming wild *no art, no pl*, returning to the wild *no art, no pl* ❷ *(Disziplinlosigkeit)* becoming wild [and unruly] *no art, no pl*, running wild *no art, no pl*

ver·win·den' *vt irreg (geh)* ■ **etw ~** to get over sth; ■ **es ~, dass ...** to get over the fact that ...

ver·win·kelt [fɛɐ̯'vɪŋkl̩t] *adj* twisting, twisty *fam*, winding, windy *fam*; **ein ~es Gebäude** a building full of nooks and crannies

ver·wir·ken' *vt (geh)* ■ **etw ~** to forfeit sth

ver·wirk·li·chen' [fɛɐ̯'vɪrklɪçn̩] I. *vt* ■ **etw ~** to realize sth; **eine Idee/einen Plan ~** to put an idea/a plan into practice [*or* effect], to translate an idea/a plan into action; **ein Projekt/Vorhaben ~** to carry out *sep* a project II. *vr* ■ **sich ~** to fulfil [*or* AM *a.* -ll] oneself, to be fulfilled; **sich voll und ganz ~** to realize one's full potential; **sich in etw** *dat* **~** to find fulfilment [*or* AM *usu* -ll-] in sth

Ver·wirk·li·chung <-, -en> *f* realization

ver·wir·ren' *vt* ■ **jdn [mit etw] ~** to confuse sb [with sth], to bewilder sb

ver·wir·rend <-er, -este> *adj* confusing

ver·wirrt <-er, -este> *adj* confused

Ver·wir·rung <-, -en> *f* ❶ *(Verstörtheit)* confusion *no art, no pl*, bewilderment *no art, no pl*; **jdn in ~ bringen** to confuse [*or* bewilder] sb, to make sb confused [*or* bewildered] ❷ *(Chaos)* chaos *no art, no pl*

ver·wi·schen' I. *vt* ■ **etw ~** ❶ *(verschmieren)* to smudge sth; Farbe ~ to smear paint ❷ *(unkenntlich machen)* to cover [up *sep*] sth; **seine Spur ~** to cover one's tracks II. *vr* ■ **sich ~** to become blurred; *(Erinnerung)* to fade

ver·wit·tern' *vi sein* to weather; ■ **verwittert** weathered; **ein verwittertes Gesicht** a weather-beaten face

Ver·wit·te·rung *f* weathering *no art, no pl*

ver·wit·wet *adj* widowed; **Frau Huber, ~e Schiller** Mrs Huber, [the] widow of Mr Schiller

ver·wöh·nen' [fɛɐ̯'vøːnən] *vt* ■ **jdn ~** to spoil sb; ■ **sich ~** to spoil [*or* treat] oneself; **jdn zu sehr ~** to pamper sb, to mollycoddle sb *pej fam*; ■ **sich [von jdm] ~ lassen** to be pampered [by sb]

ver·wohnt *adj* the worse for wear *pred*; **eine ~e Wohnung** a run-down flat; **ein ~es Gebäude** a ramshackle building; **~e Möbel** worn-out [*or* battered] furniture

ver·wöhnt *adj* ❶ *(Exquisites gewöhnt)* gourmet *attr* ❷ *(anspruchsvoll)* discriminating *form*

Ver·wöh·nung <-> *f kein pl* spoiling *no art, no pl*

ver·wor·fen' I. *adj (geh)* degenerate; *(stärker)* depraved II. *adv* degenerately; **~ handeln** to act like a degenerate *form*

Ver·wor·fen·heit *f (geh)* depravity

ver·wor·ren [fɛɐ̯'vɔrən] *adj* confused, muddled; **eine ~e Angelegenheit** a complicated affair

ver·wund·bar *adj* vulnerable

ver·wun·den' [fɛɐ̯'vʊndn̩] *vt* ■ **jdn ~** to wound sb; **schwer verwundet** seriously wounded

ver·wun·der·lich *adj* odd, strange, surprising; **was ist daran ~?** what is strange [*or* odd] about that?; ■ **es ist kaum ~, dass/wenn ...** it is hardly surprising that/ when ..; ■ **nicht ~ sein** to be not surprising; ■ **es ist nicht ~, dass ...** it is not surprising [*or* no wonder] that ...

ver·wun·dern' I. *vt* ■ **jdn ~** to surprise [*or* astonish] sb; ■ **es verwundert jdn, dass ...** sb is surprised that ... II. *vr* ■ **sich über etw** *akk* **~** to be surprised [*or* astonished] at sth; **sich sehr ~** to be amazed [*or* very surprised]

ver·wun·dert I. *adj* astonished, surprised; **über etw** *akk* **verwundert sein** to be amazed [*or* astonished] [*or* very surprised] at sth II. *adv* in amazement

Ver·wun·de·rung <-> *f kein pl* amazement *no art, no pl*; **voller ~** full of amazement; **zu jds ~** to sb's amazement [*or* astonishment] [*or* great surprise]

ver·wun·det *adj inv (fig a.)* wounded, hurt

Ver·wun·de·te(r) *f(m) decl wie adj* casualty, wounded person; ■ **die ~n** the wounded + *pl vb*

Ver·wun·dung <-, -en> *f* wound

ver·wun·schen [fɛɐ̯'vʊnʃn̩] *adj* enchanted

ver·wün·schen' *vt* ❶ *(verfluchen)* ■ **jdn/etw ~** to curse sb/sth; ■ **verwünscht, dass ...** cursed be the day ... ❷ LIT *(verzaubern)* ■ **jdn/etw ~** to cast a spell on [*or* to bewitch] sb/sth

ver·wünscht *adj* cursed, confounded *dated fam*

Ver·wün·schung <-, -en> *f* curse, oath *dated;* **~en ausstoßen** to utter curses [*or dated* oaths]

ver·wur·zelt *adj* ❶ *(mit Wurzeln befestigt)* ■ **irgendwie ~** somehow rooted; **gut/fest ~** well-/firmly rooted ❷ *(fest eingebunden)* ■ **in etw** *dat* **~ sein** to be [deeply] rooted [*or a. pej* entrenched] in sth

ver·wüs·ten' *vt* ■ **etw ~** to devastate sth; **die Wohnung ~** to wreck the flat [*or* AM apartment]; **das Land ~** to ravage [*or* lay waste to] the land

Ver·wüs·tung <-, -en> *f meist pl* devastation *no art, no pl*; **die ~en des Krieges** the ravages of war; **~en anrichten** to cause devastation

ver·za·gen' *vi sein o selten: haben (geh)* to give up, to lose heart

ver·zagt I. *adj* despondent, disheartened II. *adv*

despondently

ver·zäh·len *vr* ■ **sich** ~ to miscount

ver·zah·nen *vt* ❶ TECH ■ **Teile** |**miteinander**| ~ to dovetail pieces [together]; **Maschinenteile** ~ to gear machinery ❷ *(fig: eng verbinden)* ■ **etw mit etw** *dat* ~ to link sth to sth; **diese Probleme sind miteinander verzahnt** these problems are all linked [together]

ver·zan·ken *vr (fam)* ■ **sich** *akk* |**wegen etw** *dat*| ~ to fall out [*or* quarrel] [over sth]

ver·zap·fen *vt* ❶ *(fam o pej: schreiben)* ■ **etw** ~ to concoct sth; **ein kitschiges Gedicht** ~ to concoct a kitschy poem; *(erzählen)* to come out with sth; **du verzapfst wieder mal nur Blödsinn!** you're talking a load of rubbish again! ❷ *(verbinden)* **Bretter** ~ to mortise planks of wood ❸ *(ausschenken)* **Bier** ~ to sell beer on draught [*or* AM *usu* draft]

ver·zär·teln *vt (pej)* ■ **jdn** ~ to pamper, to mollycoddle sb BRIT

ver·zau·bern *vt* ❶ *(verhexen)* ■ **jdn** ~ to put [*or* cast] a spell on sb; ■ **jdn in jdn/etw** ~ to turn sb into sb/sth ❷ *(betören)* ■ **jdn** ~ to enchant sb

ver·zehn·fa·chen |fɛɡ'tseːnfaxn̩| **I.** *vt (auf das Zehnfache erhöhen)* ■ **etw** ~ to increase sth tenfold **II.** *vr (sich auf das Zehnfache erhöhen)* ■ **sich** *akk* ~ to increase tenfold

Ver·zehr <-[e]s> |fɛɡ'tseːɐ̯| *m kein pl (geh)* consumption *form;* **nicht zum** ~ **geeignet** unfit for consumption

ver·zeh·ren I. *vt* ❶ *(geh: essen)* to consume sth *form* ❷ *(verbrauchen)* ■ **etw** ~ to use up sth **II.** *vr (geh)* ❶ *(intensiv verlangen)* ■ **sich** *akk* **nach jdm** ~ to pine for sb ❷ *(sich zermürben)* ■ **sich** *akk* **vor etw** *dat* ~ to be consumed by [*or* with] sth *form*

ver·zeich·nen *vt* ❶ *(aufführen)* ■ **etw** ~ to list sth; **etw** ~ **können** *(fig)* to be able to record sth; **einen Erfolg** ~ to score a success ❷ *(falsch zeichnen)* ■ **etw** ~ to draw sth wrongly

Ver·zeich·nis <-ses, -se> *nt* list; *(Tabelle)* table; *(Computer)* directory

ver·zei·gen *vt* SCHWEIZ *(anzeigen)* to report sb [to the police]

ver·zei·hen <verzieh, verziehen> **I.** *vt (vergeben)* ■ **etw** ~ to excuse sth; **ein Unrecht/eine Sünde** ~ to forgive an injustice/a sin; ■ **jdm etw** ~ to forgive sb sth, to excuse [*or* pardon] sb for sth **II.** *vi (vergeben)* to forgive sb; **kannst du mir noch einmal** ~**?** can you forgive me just this once?; ~ **Sie!** I beg your pardon!, AM *usu* excuse me!; ~ **Sie, dass ich störe** excuse me for interrupting; ~ **Sie, wie komme ich am schnellsten zum Rathaus?** excuse me, which is the quickest way to the town hall?

ver·zeih·lich *adj* excusable, forgivable; ■ **etw ist nicht** ~ sth is inexcusable [*or* unforgivable]

Ver·zei·hung <-> *f kein pl (geh: Vergebung)* forgiveness; |**jdn**| **um** ~ |**für etw** *akk*| **bitten** to apologize [to sb] [for sth]; **ich bitte vielmals um** ~**!** I'm terribly sorry; ~**!** sorry!; ~**, darf ich mal hier vorbei?** excuse me, may I get past?

ver·zer·ren I. *vt* ❶ *(verziehen)* ■ **etw** |**vor etw** *dat*| ~ to distort sth; **das Gesicht** |**vor Schmerzen**| ~ to contort one's face [with pain]; **Hass verzerrte seine Züge** hatred distorted his features ❷ *(fig: etw entstellen)* ■ **etw** ~ to distort sth; **dieser Artikel verzerrt die wahren Ereignisse** this article distorts the true events ❸ *(überdehnen)* ■ |**sich** *dat*| **etw** ~ to pull [*or* strain] sth; **sich eine Sehne/einen Muskel** ~ to strain a tendon/to pull a muscle ❹ PHYS *(entstellt wiedergeben)* ■ **etw** ~ to distort sth; **dieser Spiegel verzerrt die Gesichtszüge** this mirror distorts features; **der Anrufer hat seine Stimme technisch verzerrt** the caller used a technology to distort his

voice **II.** *vr (sich verziehen)* ■ **sich** *akk* |**zu etw** *dat*| ~ to become contorted [in sth]; **die Züge ihrer Schwester verzerrten sich zu einer grässlichen Fratze** her sister's features became contorted in a hideous grin

ver·zerrt <-er, -este> *adj* ❶ *(verzogen, verändert)* distorted; **ein ~es Gesicht** a contorted face; *(fig)* a distorted face ❷ *inv* MED *(durch zu starke Dehnung verletzt)* strained, pulled

Ver·zer·rung *f* distortion

ver·zet·teln I. *vt* ■ **etw** ~ to waste sth; **Energie** ~ to dissipate energy; **Geld** ~ to fritter away money; **Zeit** ~ to waste time **II.** *vr* ■ **sich** *akk* |**bei/in/mit etw** *dat*| ~ to take on too much at once [when doing sth]; **wenn du keinen Plan machst, verzettelst du dich in deiner Aufgabe** if you don't make a plan you'll get bogged down in your task *fam*

Ver·zicht <-[e]s, -e> |fɛɡ'tsɪçt| *m* renunciation (**auf** +*akk* of); *eines Amtes, auf Eigentum* relinquishment; **man muss im Leben auch mal** ~ **üben** there are times when you have to forego things in life; **der** ~ **auf Alkohol fällt mir schwer** I am finding it hard to give up alcohol; **sie versuchten, ihn zum** ~ **auf sein Recht zu bewegen** they tried to persuade him to renounce his rights

ver·zich·ten |fɛɡ'tsɪçtn̩| *vi* to go without, to relinquish; **zu jds Gunsten** ~ to do without in favour [*or* AM -or] of sb; **ich werde auf meinen Nachtisch** ~ I will go without dessert; ■ **auf etw** *akk* ~ to do without sth; **auf Alkohol/Zigaretten** ~ to abstain from drinking/smoking; **auf sein Recht** ~ to renounce one's right; **auf die Anwendung von Gewalt** ~ to renounce the use of violence; **ich verzichte auf meinen Anteil** I'll do without my share; **ich möchte im Urlaub auf nichts** ~ on holiday I don't want to miss out on anything; **ich verzichte dankend** *(iron)* I'd rather not; **auf jdn/etw** |**nicht**| ~ **können** to [not] be able to do without sb/sth; **wir können nicht auf diese Mitarbeiter verzichten** we can't do without these employees; **auf dein Mitgefühl kann ich** ~ I can do without your sympathy

Ver·zicht·klau·sel *f* JUR waiver [*or* disclaimer] clause

Ver·zicht(s)·er·klä·rung *f* JUR waiver, disclaimer

ver·zieh *imp von* verzeihen

ver·zie·hen*¹ *irreg* **I.** *vi sein (umziehen)* to move [somewhere]; **sie ist schon lange verzogen** she moved a long time ago; **er ist ins Ausland verzogen** he moved abroad; **unbekannt verzogen** *(geh)* moved – address unknown **II.** *vr haben (fam: verschwinden)* ■ **sich** *akk* ~ to disappear; *Nebel, Wolken* to disperse; **verzieh dich!** clear off!; **sie verzogen sich in eine stille Ecke** they went off to a quiet corner; **das Gewitter verzieht sich** the storm is passing

ver·zie·hen*² *irreg* **I.** *vt* ❶ *(verzerren)* ■ **etw** ~ to twist sth, to screw up sth *sep;* **sie verzog ihren Mund zu einem gezwungenen Lächeln** she twisted her mouth into a contrived smile; **das Gesicht** |**vor Schmerz**| ~ to pull a face [*or* grimace] [with pain] ❷ *(schlecht erziehen)* to bring up badly; **ein Kind** ~ to bring up a child badly; **ein verzogener Bengel** a spoilt [*or* AM -ed] brat; *s. a.* **Miene II.** *vr* ❶ *(verzerren)* ■ **sich** *akk* ~ to contort, to twist; **sein Gesicht verzog sich zu einer Grimasse** he grimaced ❷ *(verformen)* to go out of shape; **die Schublade hat sich verzogen** the drawer has warped; **der Pullover hat sich beim Waschen verzogen** the pullover has lost its shape in the wash

ver·zie·hen*³ *pp von* verzeihen

ver·zie·ren *vt* ■ **etw** |**mit etw** *dat*| ~ to decorate sth [with sth]

Ver·zie·rung <-, -en> *f* decoration; *(an Gebäuden)*

ornamentation; **die Salatblätter sind nur als ~ gedacht** the lettuce leaves are only intended to be a garnish; **zur ~** [einer S. *gen*] **dienen** to serve as a decoration [*or* ornamentation] [of sth] ▸ WENDUNGEN: **brich dir** [nur/bloß] **keine ~en ab!** *(fam)* stop making such a fuss [*or* song and dance] ! *fam*

ver·zin·sen I. *vt (für etw Zinsen zahlen)* ▪ [jdm] **etw ~** to pay [sb] interest on sth; **Sparbücher werden niedrig verzinst** savings books yield a low rate of interest; **die Bank verzinst dein Erspartes mit 3 Prozent** the bank pays three percent on your savings II. *vr (Zinsen erwirtschaften)* ▪ **sich** *akk* **mit etw** *dat* ~ to bear [*or* yield] a certain rate of interest; **ihre längerfristigen Einlagen ~ sich mit 7 %** her longer-term investments bear a 7% rate of interest

ver·zins·lich I. *adj* interest-bearing; **~es Darlehen** a loan bearing interest; ▪ [mit **etw** *dat*] ~ **sein** bearing interest [at a rate of sth]; **das Sparbuch war mit 3,25 % ~** the savings book yielded an interest rate of 3.25% II. *adv* at interest; **die monatlich ersparten Beträge legen wir ~ an** we invest the monthly amounts saved at interest

Ver·zin·sung <-, -en> *f* payment of interest; **5,85 % sind für deine Anlage keine gute ~** 5.85% is not a good return on your investment

ver·zo·cken *vt (sl)* ▪ **etw ~** to gamble away sth *sep*

ver·zo·gen [fɛɐ̯ˈtsoːgn̩] *adj* badly brought up; **die Kinder unserer Nachbarn sind völlig ~** our neighbour's children are completely spoilt

ver·zö·gern I. *vt* ❶ *(später erfolgen lassen)* ▪ **etw** [um **etw** *akk*] ~ to delay sth [by sth]; **ich habe sie gebeten, ihre Ankunft um ein paar Stunden zu ~** I have asked them to delay their arrival by a few hours; **das schlechte Wetter verzögerte den Abflug um eine Stunde** bad weather delayed the flight by an hour ❷ *(verlangsamen)* to slow down; **das Spiel ~** to slow down the game II. *vr (später erfolgen)* ▪ **sich** *akk* [um **etw** *akk*] ~ to be delayed [by sth]; **die Abfahrt des Zuges verzögerte sich um circa fünf Minuten** the departure of the train was delayed by about five minutes

Ver·zö·ge·rung <-, -en> *f* delay, hold-up *fam; (Verlangsamung)* slowing down; **die ~ eines Angriffs wäre fatal** delaying an attack would be fatal

Ver·zö·ge·rungs·tak·tik *f* delaying tactics *pl*

ver·zol·len *vt* ▪ **etw ~** to pay duty on sth; **haben Sie etwas zu ~?** have you anything to declare?

ver·zückt I. *adj (geh)* ecstatic, enraptured II. *adv (geh)* ecstatically

Ver·zü·ckung <-, -en> *f (geh)* ecstasy; [**über etw** *akk*] **in ~ geraten** to go into raptures *pl* [about/over sth]

Ver·zug <-[e]s> *m kein pl* delay; **die Sache duldet keinen ~** this is an urgent matter; **etw** *akk* **ohne ~ ausführen** to do [*or* carry out *sep*] sth immediately; **sich** *akk* [mit **etw** *dat*] **in ~ befinden** [*o* sein] to be behind [with sth]; [mit **etw** *dat*] **in ~ geraten** [*o* **kommen**] to fall/be behind [with sth]; **mit einer Bezahlung in ~ geraten/sein** to fall into/be in arrears on [*or* with] a payment; **jdn in ~ setzen** JUR to put sb in default; **ohne ~** without delay; *s. a.* **Gefahr**

Ver·zugs·zin·sen *pl* interest on arrears

ver·zwei·feln *vi sein (völlig verzagen)* to despair; [nur] **nicht ~!** don't despair!; ▪ **an jdm ~** to despair of sb; **an den Politikern bin ich schon lange verzweifelt** I have despaired of politicians for a long time; **es ist zum V~ mit dir!** you drive me to despair; **es ist zum V~ mit diesem Projekt!** this project makes you despair!

ver·zwei·felt I. *adj* ❶ *(völlig verzagt)* despairing; **ein ~es Gesicht machen** to look despairingly; **ein ~er Zustand** a desperate state; ▪ ~ **sein** to be in despair; **ich bin völlig ~** I'm at my wits' end ❷ *(hoffnungslos)*

desperate; **eine ~e Lage** [*o* **Situation**] a desperate situation ❸ *(mit aller Kraft)* desperate; **ein ~er Kampf ums Überleben** a desperate struggle for survival II. *adv (völlig verzagt)* despairingly; **sie rief ~ nach ihrer Mutter** she called out desperately for her mother

Ver·zweif·lung <-> *f kein pl (Gemütszustand)* despair; *(Ratlosigkeit)* desperation; **in ~ geraten** to despair; **jdn zur ~ bringen** [*o* **treiben**] to drive sb to despair; **etw** *akk* **aus/vor/in ~ tun** to do sth out of desperation

Ver·zweif·lungs·tat *f* act of desperation

ver·zwei·gen [fɛɐ̯ˈtsvaign] *vr* ▪ **sich** *akk* ~ to branch out; *Straße* to branch off

ver·zweigt [fɛɐ̯ˈtsvaikt] *adj* branched, having many branches; **wir sind eine weit verzweigte Familie** we belong to a large, extended family; **ihr Vertriebsnetz besteht aus einem international ~en System** their sales network comprises a system that has many international branches

Ver·zwei·gung <-, -en> *f* ❶ *(verzweigtes Astwerk)* branches *pl; (verzweigter Teil)* fork; **durch die vielen ~en wird der Plan sehr unübersichtlich** the plan is becoming very confused thanks to all the ramifications ❷ *(weite Ausbreitung)* intricate network ❸ SCHWEIZ *(Kreuzung)* crossroads *sing o pl*, intersection AM

ver·zwickt [fɛɐ̯ˈtsvɪkt] *adj (fam)* complicated, tricky *fam*

Ves·per¹ <-, -n> [ˈfɛspɐ] *f* REL vespers *npl*; **~ halten** to celebrate vespers; **zur ~ gehen** to go to vespers

Ves·per² <-s, -> [ˈfɛspɐ] *f o nt DIAL* snack; **~ machen** to have a snack; **etw** *akk* **zur ~ essen** to have a snack

ves·pern [ˈfɛspɐn] *vi DIAL* to have a snack

Ve·te·ran <-en, -en> [veteˈraːn] *m* ❶ *(altgedienter Soldat)* veteran ❷ AUTO *s.* **Oldtimer**

Ve·te·ri·när(in) <-s, -e> [veteriˈnɛːɐ̯] *m(f) (fachspr)* vet *fam*, veterinary surgeon BRIT, veterinarian AM

Ve·te·ri·när·me·di·zin [ve-] *f* veterinary medicine

Ve·to <-s, -s> [ˈveːto] *nt (Einspruch)* veto; [**gegen etw** *akk*] **sein ~ einlegen** to exercise [*or* use] one's veto [against sth]; *(Vetorecht)* veto; **von seinem ~ Gebrauch machen** to exercise one's right to veto

Ve·to·recht *nt* right of veto

Vet·ter <-s, -n> [ˈfɛtɐ] *m* cousin

Vet·tern·wirt·schaft *f kein pl (fam)* nepotism *no pl*

V-Form [ˈfau-] *f* V-shape; ▪ **in ~** in a V-shape

v-för·mig *adj*, **V-för·mig** *adj* V-shaped

V-Frau [ˈfau-] *f fem form von* **Verbindungsmann**

vgl. *interj Abk von* **vergleiche** cf.

v.H. *Abk von* **vom Hundert** per cent

VHS <-> [faʊhaːˈʔɛs] *f Abk von* **Volkshochschule**

via [ˈviːa] *präp +akk (geh)* ❶ *(über)* via; **wir fahren ~ Köln** we're travelling via Cologne ❷ *(durch)* by; **das muss ~ Anordnung geregelt werden** that must be settled by an order

Via·dukt <-[e]s, -e> [viaˈdʊkt] *m o nt* viaduct

Vi·bra·ti·on <-, -en> [vibra'tsi̯oːn] *f* vibration

Vi·bra·tor <-s, -toren> [viˈbraːtoːɐ̯, *pl:* -ˈtoːrən] *m* vibrator

vi·brie·ren [viˈbriːrən] *vi* to vibrate; *Stimme* to quiver, to tremble

Vi·deo <-s, -s> [ˈviːdeo] *nt* ❶ *(Videoclip, Videofilm)* video ❷ *kein pl (Medium)* video *no pl;* **etw** *akk* **auf ~ aufnehmen** to video sth, to record sth on video; **~ kann das Kinoerlebnis nicht ersetzen** video cannot replace going to the cinema

Vi·deo·auf·nah·me [ˈviː-] *f* video recording **Vi·deo·band** *nt* videotape **Vi·deo·clip** <-s, -s> *m* video clip **Vi·deo·disc** <-, -[dɪsk/-ˈdɪsk]] *f INFORM* videodisc **Vi·deo·film** *m* video film **Vi·deo·fil·mer(in)** *m(f)* video film maker **Vi·deo·ge·rät** *nt s.* **Videorecorder Vi·deo·ka·bel** *nt* video cable **Vi·deo·ka·me·ra** *f* video camera **Vi·de·o·kas·set·te** *f* video cassette; **etw** *akk* **auf ~ haben** to have sth on video **Vi·de·o·kon·fe·renz** *f* video conference **Vi·de·o·künst·ler(in)** *m(f)* video artist **Vi·de·o·print** <-s, -s> *m* video print **Vi·de·o·prin·ter** <-s, -> *m* video printer **Vi·de·o·re·kor·der**, **Vi·de·o·re·cor·der** <-s, -> *m* video [recorder], AM *usu* VCR **Vi·de·o·spiel** *nt* video game **Vi·de·o·te·le·fon** *nt* videophone **Vi·de·o·text** *m kein pl* teletext *no pl*

Vi·de·o·thek <-, -en> [videoˈteːk] *f* video shop [*or* AM *usu* store]; *(Sammlung)* video library

Vi·de·o·the·kar(in) <-s, -e> [videoteˈkaːɐ̯] *m(f) (selten)* video shop [*or* AM *usu* store] owner

Vi·de·o·über·wa·chung *f* monitoring by closed circuit TV

Viech <-[e]s, -er> [fiːç] *nt (pej fam)* creature

Vieh <-[e]s> [fiː] *nt kein pl* ❶ AGR livestock; *(Rinder)* cattle; **20 Stück ~** twenty head of cattle; **das ~ füt·tern** to feed the livestock; **jdn wie ein Stück ~ behandeln** *(fam)* to treat sb like dirt *fam* ❷ *(fam: Tier)* animal, beast ❸ *(pej fam: bestialischer Mensch)* swine *pej fam*

Vieh·be·stand *m* livestock **Vieh·fut·ter** *nt* cattle feed [*or* fodder]

vie·hisch [ˈfiːɪʃ] **I.** *adj* ❶ *(pej: menschenunwürdig)* terrible; **hier herrschen ~e Zustände** the conditions here are terrible ❷ *(pej: grob bäurisch)* coarse; **er hat wirklich ~e Manieren** he has really coarse manners **II.** *adv* ❶ *(höllisch)* terribly; **so eine Brandwunde kann ~ wehtun** a burn like that can hurt terribly ❷ *(pej: bestialisch)* coarsely; **jdn ~ quälen** to torture sb brutally [*or* cruelly]

Vieh·markt *m* cattle market **Vieh·wag·gon** *m* cattle truck **Vieh·zeug** *nt (fam)* ❶ *(Kleinvieh)* animals *pl*, stock ❷ *(pej: lästige Tiere)* creatures *pl*; *(lästiges Insekten)* creepy-crawlies *pl* BRIT, bugs *pl* AM **Vieh·zucht** *f* cattle [*or* livestock] breeding **Vieh·züch·ter(in)** *m(f)* cattle [*or* livestock] breeder

viel [fiːl] **I.** *adj* <mehr, meiste> ❶ *sing, adjektivisch, inv (eine Menge von etw)* a lot of, a great deal of; **für so ein Hobby braucht man ~ Geld** for a hobby like that you need a lot of money; **~ Erfolg!** good luck!, I wish you every success!; **~ Spaß!** enjoy yourself/yourselves!, have fun! ❷ *sing, mit Artikel, Possessiv·pronomen* ■ **der/die/das ~e ...** all this/that; **das ~e Essen über die Weihnachtstage ist mir nicht bekommen** all that food over Christmas hasn't done me any good; **der ~e Ärger lässt mich nicht mehr schlafen** I can't get to sleep with all this trouble; **er wusste nicht mehr, wo er sein ~es Geld noch anlegen sollte** he didn't know where to invest all his money; **ich weiß nicht, wie ich meine ~e Arbeit erledigen soll** I don't know how I'm going to finish all my work; **~es Unangenehme lässt sich nicht vermeiden** many unpleasant things cannot be avoided ❸ *substantivisch (eine Menge)* a lot, a great deal, much; **ich habe zu ~ zu tun** I have too much to do; **obwohl er ~ weiß, prahlt er nicht damit** although he knows a lot, he doesn't brag about it; **von dem Plan halte ich, offen gestanden, nicht ~** frankly, I don't think much of the plan; **das hat nicht ~ zu bedeuten** that doesn't mean much ❹ *sing, substantivisch* ■ **~es** a lot, a great deal, much; **sie weiß ~es** she knows a lot [*or* a great deal]; **ich habe meiner Frau ~es zu verdanken** I have to thank my wife for a lot; **~es, was du da sagst, trifft natürlich zu** a lot [*or* much] of what you say is correct; **in ~em hast du Recht** in many respects you're right; **mit ~em, was er vorschlägt, bin ich einverstanden** I agree with many of the things he suggests; **mein Mann ist um ~es jünger als ich** my husband is much younger than me; **schöner ist dieser Lederkoffer natür-**

lich, **aber auch um ~es teurer** this leather suitcase is nicer, of course, but a lot more expensive ❺ *pl, adjektivisch (eine Menge von Dingen)* ■ **~e** a lot of, a great number of, many; **und ~e andere** and many others; **unglaublich ~e Heuschrecken fraßen die Ernte** an unbelievable number of grasshoppers ate the harvested crops; **~e deiner Bücher kenne ich schon** I know many of your books already; **wir haben gleich ~e Dienstjahre** we've been working here for the same number of years ❻ + *pl, substanti·visch (eine große Anzahl von Menschen)* ■ **~e** a lot, many; **diese Ansicht wird immer noch von ~en vertreten** this view is still held by many people; *(eine große Anzahl von Dingen)* a lot; **es sind noch einige Fehler in dem Text, aber ~e haben wir bereits verbessert** there are still some errors in the text, but we've already corrected a lot **II.** *adv* <mehr, am meisten> ❶ *(häufig)* a lot; **~ ins Kino gehen** to go to the cinema frequently; **im Sommer halten wir uns ~ im Garten auf** we spend a lot of time in the garden in summer; **früher hat sie ihre Mutter immer ~ besucht** she always used to visit her mother a lot; **~ diskutiert** *Thema, Problem* much discussed; **~ gekauft** *Produkt* popular; **~ geliebt** *(veraltend)* much-loved; **eine ~ gestellte Frage** a question that comes up frequently; **ein ~ gereister Mann** a man who has travelled a great deal; **eine ~ befahrene Straße** a [very] busy street; **ein ~ gefragtes Model** a model that is in great demand ❷ *(wesentlich)* a lot; **woanders ist es nicht ~ anders als bei uns** there's not a lot of difference between where we live and somewhere else; **mit dem Flugzeug wäre die Reise ~ kürzer** the journey time would be far shorter by plane; **die Mütze ist für das Kind ~ zu groß** the cap is far too big for the child

viel·deu·tig *adj* ambiguous

Viel·deu·tig·keit <-> *f kein pl* ambiguity

Viel·eck [ˈfiːlʔɛk] *nt* polygon **viel·eckig** *adj* polygonal

vie·ler·lei *adj inv* ❶ *(viele verschiedene)* all kinds [*or* sorts] of, many different; **wir führen ~ Sorten Käse** we stock all kinds of cheese ❷ *substantivisch (eine Menge von Dingen)* all kinds [*or* sorts] of things; **sie hatte ~ zu erzählen, als sie zurückkam** she had all sorts of things to tell us when she returned

vie·ler·orts [ˈfiːlɐʔɔrts] *adv* in many places

viel·fach [ˈfiːlfax] **I.** *adj* ❶ *(mehrere Male so groß)* many times; **die ~e Menge [von etw** *dat*] many times that amount [of sth]; **der Jupiter hat einen ~en Erdumfang** the circumference of Jupiter is many times that of the Earth ❷ *(mehrfach)* multiple; **ein ~er Millionär** a multimillionaire; **die Regierung ist in ~er Hinsicht schuld** in many respects the government is at fault; *s. a.* **Wunsch II.** *adv (häufig)* frequently, in many cases; **seine Voraussagen treffen ~ ein** his predictions frequently come true; *(mehr·fach)* many times; **er zog einen ~ gefalteten Brief hervor** he pulled out a letter that had been folded many times

Viel·fa·che(s) *nt decl wie adj* ■ **das ~/ein ~s [von etw** *dat*] many times sth; *Mathematik* multiple; **für eine echte Antiquität müssten Sie das ~ von dem Preis bezahlen** you would have to pay many times that price for a genuine antique; **ein ~s** many times over; **nach der Renovierung war das Wohn·haus um ein ~s schöner** after the house had been renovated it looked a lot better

Viel·fah·rer(in) *m(f) person who travels a lot by car/train;* **~ achten besonders auf den Komfort ihres Wagens** people who use their cars a lot pay particular attention to comfort; **für ~ rentiert sich der Kauf einer Bahncard** for people who travel a lot by train it's worthwhile buying a rail card

Viel·falt <-> ['fi:lfalt] *f* diversity, [great] variety; ■ **eine ~ an** [*o* **von**] **etw** *dat* a variety of sth

viel·fäl·tig ['fi:lfɛltɪç] *adj* diverse, varied

Viel·fäl·tig·keit <-> *f kein pl s.* **Vielfalt**

viel·far·big *adj* multicoloured [*or* AM -ored] **Viel·flie·ger(in)** *m(f)* frequent flier [*or* flyer] **Viel·fraß** <-es, -e> ['fi:lfra:s] *m* ❶ *(fam: verfressener Mensch)* glutton; **du ~!** you greedy guts! ❷ *(Raubtierart)* wolverine **viel·köp·fig** *adj (fam)* large; **eine ~e Familie** a large family

viel·leicht [fi'laiçt] **I.** *adv* ❶ *(eventuell)* perhaps, maybe; ■ **~, dass ...** it could be that ...; **~, dass ich mich geirrt habe** perhaps I'm mistaken ❷ *(ungefähr)* about; **der Täter war ~ 30 Jahre alt** the perpetrator was about 30 years old **II.** *part* ❶ *(fam: bitte [mahnend])* please; **würdest du mich ~ einmal ausreden lassen?** would you please let me finish [what I was saying] for once? ❷ *(fam: etwa)* by any chance; **erwarten Sie ~, dass ausgerechnet ich Ihnen das Geld gebe?** you don't, by any chance, expect me of all people to give you the money?; **bin ich ~ Jesus?** who do you suppose I am, the Almighty?; **wollen Sie mich ~ provozieren?** surely you're not trying to provoke me, are you? ❸ *(fam: wirklich)* really; **du bist mir ~ ein Blödmann!** you really are a stupid idiot!; **du erzählst ~ einen Quatsch** you're talking rubbish

viel·mals ['fi:lma:ls] *adv* ❶ *(sehr)* **danke ~!** thank you very much; **entschuldigen Sie ~ die Störung** I do apologize for disturbing you; *s. a.* **Entschuldigung** ❷ *(selten: oft)* many times

viel·mehr ['fi:lme:ɐ̯] *adv (im Gegenteil)* rather; **ich bin ~ der Meinung, dass du richtig gehandelt hast** I rather think that you did the right thing; *(genauer gesagt)* just; **es war schlimm, ~ grauenhaft** it was bad, even terrible

Viel·schrei·ber(in) *m(f) (pej)* prolific writer

viel·sei·tig ['fi:lzaitɪç] **I.** *adj* ❶ *(in vielerlei Hinsicht tätig)* versatile; **er hat ein ~es Talent** he has various talents *pl; (viele Gebiete umfassend)* varied; **ein ~es Freizeitangebot** a varied range of leisure activities; *(viele Verwendungsmöglichkeiten bietend)* versatile; **eine moderne Küchenmaschine ist ein sehr ~es Gerät** a modern food processor is a very versatile appliance ❷ *(vielfach)* many; **auf ~en Wunsch** by popular request **II.** *adv* ❶ *(in vieler Hinsicht)* widely; **er war ~ gebildet** he had a very broad education; **Journalisten müssen ~ interessiert sein** journalists must be interested in a variety of things ❷ *(in verschiedener Weise)* having a variety of...; **eine Küchenmaschine ist ~ anwendbar** a food processor has a variety of applications

viel·spra·chig *adj* multilingual **viel·stim·mig** *adj attr* of many voices; **ein ~er Chor** a choir of many voices; **ein ~er Gesang** a song for many voices **Viel·völ·ker·staat** *m* multiracial state **Viel·wei·be·rei** <-> [fi:lvaibəˈrai] *f kein pl* polygamy *no pl* **Viel·zahl** *f kein pl* ■ **eine ~ von etw** a multitude [*or* large number] of sth; **in den Bergen gibt es eine ~ verschiedener Kräuter** in the mountains there is a large number of different herbs **Viel·zweck·rei·ni·ger** *m* multi-purpose cleaner

vier [fi:ɐ̯] *adj* four; *s. a.* **acht¹** ▸ WENDUNGEN: **ein Gespräch unter ~ Augen führen** to have a private conversation [*or* tête-à-tête]; **sich auf seine ~ Buchstaben setzen** to sit oneself down, to plant oneself AM *fam;* **in den eigenen ~ Wänden wohnen** to live within one's own four walls; *s. a.* **Auge** *s. a.* **Wand**

Vier <-, -en> [fi:ɐ̯] *f* ❶ *(Zahl)* four ❷ KARTEN four; *s. a.* **Acht¹ 4** ❸ *(auf Würfel)* **eine ~ würfeln** to roll a four ❹ *(Zeugnisnote)* **er hat in Deutsch eine ~** he got a D in German ❺ *(Verkehrslinie)* ■ **die ~** the [number] four ▸ WENDUNGEN: **alle ~e von sich strecken** *(fam)*

to stretch out; *Tier* to give up the ghost; **auf allen ~en** *(fam)* on all fours

vier·ar·mig *adj* with four arms **Vier·au·gen·ge·spräch** [fi:ɐ̯ˈʔaʊɡŋ̍gəʃprɛç] *nt (fam)* private discussion **vier·bän·dig** *adj* four-volume *attr* **Vier·bei·ner** <-s, -> *m* four-legged friend *hum* **vier·bei·nig** ['fi:ɐ̯bainɪç] *adj* four-legged **vier·blät·te·rig, vier·blätt·rig** *adj* four-leaf *attr,* four-leaved; **~es Kleeblatt** a four-leaved clover **vier·di·men·si·o·nal** ['fi:ɐ̯dimɛnzi̯ona:l] *adj* four-dimensional *attr,* four dimensional *pred* **Vier·eck** ['fi:ɐ̯ʔɛk] *nt* four-sided figure; MATH quadrilateral **vier·eckig** ['fi:ɐ̯ʔɛkɪç] *adj* rectangular **vier·ein·halb** ['fi:ɐ̯ain'halp] *adj* four and a half; *s. a.* **anderthalb**

Vie·rer <-s, -> ['fi:rɐ] *m* ❶ *(Ruderboot mit 4 Ruderern)* four ❷ *(fam: vier richtige Gewinnzahlen)* four winning numbers ❸ SCH *(fam: Zeugnisnote)* D ❹ SPORT foursome

Vie·rer·bob *m* four-man bob

vie·rer·lei ['fi:rɐlai] *adj inv, attr* four [different]; *s. a.* **achterlei**

Vie·rer·rei·he *f* row of four

vier·fach, 4fach I. *adj* fourfold; **in ~er Ausführung** four copies of; **die ~e Menge** four times the amount **II.** *adv* fourfold, four times over

Vier·fa·che, 4·fa·che *nt decl wie adj* four times the amount; *s. a.* **Achtfache**

Vier·far·ben·druck <-drucke> [fi:ɐ̯ˈfarbn̩drʊk] *m* ❶ *kein pl (Verfahren)* four-colour [*or* AM -or] printing *no pl* ❷ *(gedruckte Darstellung)* four-colour [*or* AM -or] print **vier·fü·ßer** <-s, -> ['fi:ɐ̯fy:sɐ] *m* quadruped **vier·fü·ßig** ['fi:ɐ̯fy:sɪç] *adj (vier Füße habend)* four-legged; ■ **etw ist ~** sth has four legs ❷ LIT *(vier Hebungen aufweisend)* tetrameter **Vier·gang·ge·trie·be** *nt* four-speed transmission [*or* BRIT gearbox] **vier·ge·schos·sig I.** *adj* four-storey [*or* AM -story] *attr,* four-storeyed [*or* AM -storied] **II.** *adv* with four storeys [*or* AM stories] **vier·hän·dig** ['fi:ɐ̯hɛndɪç] **I.** *adj* MUS four-handed **II.** *adv* MUS as a duet

vier·hun·dert ['fi:ɐ̯'hʊndɐt] *adj* four hundred; *s. a.* **hundert**

vier·hun·dert·jäh·rig *adj* four hundred-year-old *attr;* **~es Bestehen** four hundred years of existence **vier·jäh·rig, 4-jäh·rig**RR *adj* ❶ *(Alter)* four-year-old *attr,* four years old *pred; s. a.* **achtjährig 1** ❷ *(Zeitspanne)* four-year *attr; s. a.* **achtjährig 2**

Vier·jäh·ri·ge(r), 4-Jäh·ri·ge(r)RR *f(m) decl wie adj* four-year-old

vier·kan·tig *adj* square **Vier·kant·schlüs·sel** *m* square spanner **vier·köp·fig** *adj* four-person *attr; s. a.* **achtköpfig**

Vier·ling <-s, -e> ['fi:ɐ̯lɪŋ] *m* quadruplet, quad *fam*

vier·mal, 4-malRR ['fi:ɐ̯ma:l] *adv* four times; *s. a.* **achtmal**

vier·ma·lig ['fi:ɐ̯ma:lɪç] *adj* four times over; *s. a.* **achtmalig**

Vier·mas·ter <-s, -> *m* NAUT four-master **vier·mo·to·rig** *adj* four-engined **Vier·rad·an·trieb** *m* four-wheel drive **vier·räd·(e·)rig** *adj* four-wheel *attr,* four-wheeled **vier·schrö·tig** ['fi:ɐ̯ʃrø:tɪç] *adj* burly, stocky **vier·sei·tig I.** *adj (vier Seiten umfassend)* four-page *attr,* four pages *pred* ❷ MATH four-sided **Vier·sit·zer** <-s, -> ['fi:ɐ̯zɪtsɐ] *m* four-seater **vier·sit·zig** ['fi:ɐ̯zɪtsɪç] *adj* four-seater *attr,* with four seats **vier·spal·tig** *adj* four-column *attr;* ■ **~ sein** to have four columns **vier·spu·rig I.** *adj* four-lane *attr;* ■ **~ sein** to have four lanes **II.** *adv* for four lanes; **die Umgehungsstraße wird in Kürze ~ ausgebaut** the by-pass will shortly be widened to four lanes **Vier·stel·lig** *adj* four-figure *attr;* **eine ~e Zahl** a four-figure number; ■ **~ sein** to be four figures; **sicher ist ihr Honorar ~** her fee is certainly four figures **vier·stim·mig** *adj* MUS four-part *attr;* **ein ~es Lied** a song for four voices **vier·stö·ckig** *adj* four-storey [*or* AM -story] *attr,* with four storeys **vier·strah·lig** *adj* four-engined **vier·stro·phig** *adj* four-verse *attr;* ■ **~ sein** to have four verses **vier·stün·dig, 4-stün·dig**RR *adj* four-hour *attr; s. a.* **achtstündig vier·stünd·lich I.** *adj attr* four-hourly; **eine ~e Kontrolle** a four-hourly inspection **II.** *adv* every four hours

viert [ˈfiːɐ̯t] *adv* **zu ~ sein** to be a party of four; **wir waren zu ~** there were four of us

Vier·ta·ge·wo·che *f* four-day week **vier·tä·gig, 4-tä·gig**RR *adj* four-day *attr*

vier·tau·send [ˈfiːɐ̯tauzn̩t] *adj* ① *(Zahl)* four thousand; *s. a.* **tausend** 1 ② *(fam: 4.000 Euro)* four grand *no pl,* four thou *no pl sl,* four G's [*or* K's] *no pl* AM *sl*

Vier·tau·sen·der <-s, -> *m* mountain over 4,000 metres [*or* AM meters]

vier·te(r, s) [ˈfiːɐ̯tə, -tɐ, -təs] *adj* ① *(nach dem dritten kommend)* fourth; **die ~e Klasse** the fourth class [*or* AM grade] *(class for 9-10 year olds); s. a.* **achte(r, s)** 1 ② *(Datum)* 4th; *s. a.* **achte(r, s) 2**

Vier·te(r) [ˈfiːɐ̯tə] *f(m) decl wie adj* ① *(Person)* fourth; *s. a.* **Achte(r)** 1 ② *(bei Datumsangabe)* ■ **der ~** [*o geschrieben:* **der 4.**] the fourth *spoken,* the 4th *written; s. a.* **Achte(r)** 2 ③ *(Namenszusatz)* **Karl der ~** [*o geschrieben:* **Karl IV.**] Charles the Fourth *spoken,* Charles IV *written*

vier·tei·len *vt* ■ **jdn ~** HIST to quarter sb

Vier·tei·ler *m* four-part film

vier·tei·lig, 4-tei·ligRR *adj Film* four-part; *Besteck* four-piece

vier·tel [ˈfɪrtl̩] *adj* quarter; **drei ~** three-quarters; **drei ~ ...** SÜDD, ÖSTERR *(Uhrzeit)* quarter to ..., quarter before [*or* of] ... AM; **es ist drei ~ drei** it's quarter to three AM, it's a quarter before [*or* of] three AM, it's 2:45

Vier·tel[1] <-s, -> [ˈfɪrtl̩] *nt* district, quarter

Vier·tel[2] <-s, -> [ˈfɪrtl̩] *nt o* SCHWEIZ *m* ① *(der vierte Teil)* quarter; **im ersten ~ des 20. Jahrhunderts** in the first quarter of the twentieth century; **ein ~ der Bevölkerung** a quarter of the population ② MATH quarter ③ *(fam: Viertelpfund)* quarter; **ich nehme von den Krabben auch noch ein ~** I'll have a quarter of shrimps as well, please ④ *(0,25 Liter [Wein])* a quarter of a litre [*or* AM liter] [of wine]; *s. a.* **Achtel** ⑤ *(15 Minuten)* ■ **~ vor/nach** [etw *dat*] [a] quarter to/past [*or* AM a. after] [sth]; **akademisches ~** *lecture/lesson begins a quarter of an hour later than the time stated* ⑥ KOCHK lamb quarter

Vier·tel·dre·hung *f* quarter-turn **Vier·tel·fi·na·le** *nt* quarter-final **Vier·tel·jahr** [fɪrtlˈjaːɐ̯] *nt* quarter of the year; **die Krise dauerte ein ~** the crisis lasted three months **Vier·tel·jahr·hun·dert** [fɪrtljaːɐ̯ˈhʊndɐt] *nt* quarter of a century **vier·tel·jäh·rig** [fɪrtljaːɡjɛːrɪç] *adj attr* three-month; **ein ~er Aufenthalt** a three-month stay **vier·tel·jähr·lich** [fɪrtljaːɡjɛːɐ̯lɪç] **I.** *adj* quarterly **II.** *adv* quarterly, every quarter; **die Abrechnung der Provisionen erfolgt einmal ~** calculation of commission takes place once every three months; **die Inspektion wird regelmäßig ~ durchgeführt** the inspection is conducted regularly on a quarterly basis **Vier·tel·li·ter** *m o nt* quarter of a litre [*or* AM liter]

vier·teln [ˈfɪrtl̩n] *vt* ■ **etw ~** to divide sth into quarters; *Tomaten ~* to cut tomatoes into quarters

Vier·tel·no·te *f* MUS crotchet **Vier·tel·pau·se** *f* crotchet rest **Vier·tel·pfund** [ˈfɪrtlpfʊnt] *nt* quarter of a pound; **geben Sie mir bitte ein ~ Salami** please give me a quarter of [a pound of] Salami **Vier·tel·stun·de** [fɪrtlˈʃtʊndə] *f* quarter of an hour; **vor einer ~** a quarter of an hour ago **vier·tel·stün·dig** [ˈfɪrtlʃtʏndɪç] *adj attr* lasting [*or* of] a quarter of an hour; **eine ~e Verspätung ist nichts Außergewöhnliches** a delay of a quarter of an hour is nothing unusual **vier·tel·stünd·**

lich [ˈfɪrtlʃtʏndlɪç] **I.** *adj attr* quarter-hour, of a quarter of an hour; **die Wehen kamen jetzt in ~en Abständen** the contractions were now coming at 15-minute intervals **II.** *adv* every quarter of an hour, quarter-hourly; **die Linie 16 fährt ~ vom Bahnhof ab** the number 16 leaves quarter-hourly from the station; **ab 17 Uhr verkehrt diese S-Bahn nur noch ~** this train only runs every quarter of an hour after 5 p.m. **Vier·tel·ton** *m* quarter tone

vier·tens [ˈfiːɐ̯tn̩s] *adv* fourth[ly], in the fourth place

Vier·ton·ner <-s, -> *m* four-tonner, four-ton truck **Vier·tü·rer** <-s, -> *m* four-door model; **das Modell kann als Zweitürer oder als ~ geliefert werden** the car can be supplied as a two or four-door model **vier·tü·rig** *adj* four-door *attr;* ■ **~ sein** to have four doors

Vier·vier·tel·takt [-ˈfɪrtl-] *m* four-four [*or* common] time **Vier·wald·stät·ter See** [fiːɐ̯ˈvaltʃtɛtɐzeː] *m kein pl* ■ **der ~** Lake Lucerne

vier·wer·tig *adj* CHEM quadrivalent, tetravalent **vier·wö·chent·lich** *adj* every four weeks; **im ~en Wechsel arbeiten** to work four-week shifts **vier·wö·chig** *adj* four-week *attr;* **die Reparaturarbeiten werden von ~er Dauer sein** *(geh)* the repair work will last four weeks

vier·zehn [ˈfɪrtseːn] *adj* fourteen; **~ Tage** a fortnight *esp* BRIT; *s. a.* **acht**[1]

vier·zehn·tä·gig *adj* two-week *attr;* **eine ~e Reise** a two-week journey **vier·zehn·täg·lich I.** *adj* every two weeks, *esp* BRIT every fortnight; **diese Probleme besprechen wir auf unserer ~en Konferenz** we discuss these problems during our fortnightly conference **II.** *adv* every two weeks, *esp* BRIT fortnightly

vier·zehn·te(r, s) *adj* fourteenth; *s. a.* **achte(r, s)**

Vier·zei·ler <-s, -> [ˈfiːɐ̯tsaile] *m* four-line stanza; *(Gedicht)* quatrain; **bei jeder Gelegenheit trug er seine ~ vor** he recited his four-line poems whenever he had the opportunity

vier·zei·lig *adj* four-line *attr;* **ein ~es Gedicht** a four-line poem; ■ **~ sein** to be four lines long; **die Mitteilung war nur ~** the message was only four lines

vier·zig [ˈfɪrtsɪç] *adj* ① *(Zahl)* forty; *s. a.* **achtzig** 1 ② *(fam: Stundenkilometer)* forty [kilometres [*or* AM -meters] an hour]; *s. a.* **achtzig 2**

Vier·zig [ˈfɪrtsɪç] *f* forty

vier·zi·ger *adj,* **40er** [ˈfɪrtsɪɡe] *adj attr inv (das Jahrzehnt von 40 bis 50)* the forties; *(geschrieben a.)* the '40s

Vier·zi·ger[1] <-s, -> [ˈfɪrtsɪɡe] *m (Wein von 1940)* a 1940 vintage

Vier·zi·ger[2] [ˈfɪrtsɪɡe] *pl* **in den ~n sein** to be in one's forties

Vier·zi·ger(in) <-s, -> [ˈfɪrtsɪɡe] *m(f) a person in his/her forties*

Vier·zi·ger·jah·re *pl* ■ **die ~** the forties

vier·zig·jäh·rig, 40-jährigRR *adj attr* ① *(Alter)* forty-year-old *attr;* forty years old *pred* ② *(Zeitspanne)* forty-year *attr*

Vier·zig·jäh·ri·ge(r) [ˈvɪrtsɪç-], **40-Jährige(r)**RR *f(m) decl wie adj* forty-year-old

vier·zig·ste(r, s) *adj* fortieth; *s. a.* **achte(r, s)**

Vier·zig·stun·den·wo·che *f* 40-hour week **Vier·zim·mer·woh·nung** *f* four-room flat [*or* AM apartment] **Vier·zy·lin·der·mo·tor** *m* four-cylinder engine **vier·zy·lin·drig** *adj* four-cylinder *attr*

Viet·cong <-s, -[s]> [viˌɛtˈkɔŋ] *m* HIST ① *kein pl (Guerillabewegung)* ■ **der ~** the Vietcong *no pl* ② *(Mitglied des ~)* Vietcong

Viet·nam <-s> [viˌɛtˈna(ː)m] *nt* Vietnam; *s. a.* **Deutschland**

Viet·na·me·se, Viet·na·me·sin <-n, -n> [viˌɛtnaˈmeːzə, viˌɛtnaˈmeːzɪn] *m, f* Vietnamese; *s. a.* **Deutsche(r)**

viet·na·me·sisch [vi̯ɛtnaˈmeːzɪʃ] *adj* Vietnamese; *s. a.* **deutsch 1, 2**

Viet·na·me·sisch [vi̯ɛtnaˈmeːzɪʃ] *nt decl wie adj* Vietnamese; *s. a.* **Deutsch**

Viet·na·me·si·sche <-n> [vi̯ɛtnaˈmeːzɪʃə] *nt* ■ *das* ~ Vietnamese, the Vietnamese language; *s. a.* **Deutsche**

Vi·gi·lan·ten·tum <-s> [vigiˈlantəntuːm] *nt kein pl (selten)* vigilance

Vi·gnet·te <-, -n> [vɪnˈjɛtə] *f* ① KUNST *(Titelblattornament)* vignette ② TRANSP *(Gebührenmarke) sticker showing fees paid*

Vi·kar(in) <-s, -e> [viˈkaːɐ̯] *m(f)* curate

Vik·to·ria·see [vɪkˈtoːri̯azeː] *m* Lake Victoria

Vil·la <-, Villen> [ˈvɪla, *pl:* ˈvɪlən] *f* villa

Vil·len·vier·tel [ˈvɪlənfɪrtl̩] *nt exclusive residential area with many mansions*

Vin·cen·ter(in) <-s, -> [-ˈsɛn-] *m(f)* [St] Vincentian; *s. a.* **Deutsche(r)**

vin·cen·tisch *adj* [St] Vincentian; *s. a.* **deutsch**

vi·o·lett [vi̯oˈlɛt] *adj* violet, purple

Vi·o·lett <-s, -> [vi̯oˈlɛt] *nt* violet, purple

Vi·o·li·ne <-, -n> [vi̯oˈliːnə] *f* violin

Vi·o·lin·kon·zert *nt* violin concerto **Vi·o·lin·quar·tett** *nt* violin quartet **Vi·o·lin·quin·tett** *nt* violin quintet **Vi·o·lin·schlüs·sel** *m* treble clef **Vi·o·lin·so·na·te** *f* violin sonata **Vi·o·lin·trio** *nt* trio of violinists

Vi·o·lon·cel·lo <-s, -celli> [vi̯olɔnˈtʃɛlo] *nt* violoncello

VIP <-, -s> [vɪp] *m Abk von* **very important person** VIP

Vi·per <-, -n> [ˈviːpɐ] *f* viper, adder

Vi·ren [ˈviːrən] *pl von* **Virus**

Vi·ren·prüf·pro·gramm [ˈviːrən-] *nt* INFORM virus check [programme] **vi·ren·ver·seucht** *adj* contaminated [*or* infected] with a virus

Vi·ro·lo·ge, Vi·ro·lo·gin <-n, -n> [viroˈloːgə, -ˈloːgɪn] *m, f* virologist

Vi·ro·lo·gie <-> [viroloˈgiː] *f kein pl* virology

Vi·ro·lo·gin <-, -nen> *f fem form von* **Virologe**

Vir·tual Re·ali·ty <-, -ties> [ˈvɪrtʃuɛl riˈɛliti] *f* virtual reality

vir·tu·ell [vɪrˈtuɛl] *adj* virtual; ~**e Realität** virtual reality

vir·tu·os [vɪrˈtu̯oːs] I. *adj (geh)* virtuoso; **ein ~er Musiker** a virtuoso musician II. *adv (geh)* in a virtuoso manner; **ein Instrument ~ beherrschen** to be a virtuoso on an instrument

Vir·tu·o·se, Vir·tu·o·sin <-n, -n> [vɪrtu̯oːzə, vɪrtu̯oːzɪn] *m, f* virtuoso

vi·ru·lent [viruˈlɛnt] *adj* ① MED *(ansteckend)* virulent ② *(geh: gefährlich)* dangerous; **das Problem ist ~** the problem is fraught with risks

Vi·rus <-, Viren> [ˈviːrʊs, *pl:* ˈviːrən] *nt o m* virus; INFORM computer virus; **auf Viren überprüfen** scan for virus

Vi·rus·er·kran·kung [ˈviːrʊs-] *f* viral illness **Vi·rus·grip·pe** *f* virus of influenza **Vi·rus·in·fek·ti·on** *f* viral [*or* virus] infection

Vi·sa [ˈviːza] *pl von* **Visum**

Vi·sa·ge <-, -n> [viˈzaːʒə] *f (pej sl)* mug; **jdm in die ~ schlagen** to smash sb in the face *fam*

Vi·sa·gist(in) <-en, -en> [vizaˈʒɪst] *m(f)* make-up artist

vis-à-vis, vis-a-vis [vizaˈviː] I. *adv* opposite; **kennst du den Mann ~?** do you know the man opposite?; **sie saß mir im Restaurant genau ~** she sat exactly opposite me in the restaurant; **Sie sind doch die neue Nachbarin von ~** you're the new neighbour from across the road II. *präp +dat;* ■ ~ **einer S.** *dat* opposite a thing; ~ **dem Park befindet sich ein See** there's a lake opposite the park

Vis·a·vis <-, -> [vizaˈviː] *nt (geh)* ■ jds ~ the person opposite sb; **mein ~ im Restaurant war eine nette junge Dame** the person opposite me in the restaurant was a nice young lady

Vi·sen [ˈviːzən] *pl von* **Visum**

Vi·sier <-s, -e> [viˈziːɐ̯] *nt* ① *(Zielvorrichtung)* sight; **der Jäger bekam einen Hirsch ins ~** the hunter got a stag in his sights ② *(Klappe am Helm)* visor ▶ WENDUNGEN: **etw ins ~ fassen** [*o* **nehmen**] to train one's sights on sth; **ins ~/in jds ~ geraten** to attract [the] attention [of sb]; **er war ins ~ der Polizei geraten** he had attracted the attention of the police; **jdn/etw im ~ haben** to keep tabs on sb/sth; **die Polizei hat mich bereits seit Jahren im ~** the police have been keeping tabs on me for years; **jdn ins ~ nehmen** *(jdn beobachten)* to target sb, to keep an eye on sb; *(jdn kritisieren)* to pick on sb; **das ~ herunterlassen** to put up one's guard, to become evasive; **mit offenem ~ kämpfen** to be open and above board [in one's dealings]

Vi·si·on <-, -en> [viˈzi̯oːn] *f* ① *(übernatürliche Erscheinung)* apparition; *(Halluzination)* vision; ~**en haben** to see things ② *(Zukunftsvorstellungen)* vision; **die ~ eines geeinten Europas** [the] vision of a united Europe; **ein guter Manager muss ~en haben** a good manager must be far-sighted

vi·si·o·när [vizi̯oˈnɛːɐ̯] *adj inv (geh)* visionary

Vi·si·o·när(in) <-s, -e> [vizi̯oˈnɛːɐ̯] *m(f) (geh)* visionary

Vi·si·te <-, -n> [viˈziːtə] *f* ① *(Arztbesuch)* round; ~ **machen** to do one's round; **der Arzt ist noch nicht von der ~ zurück** the doctor is not back from his rounds *pl* yet; **die ~ auf der Station dauert immer etwa eine Stunde** the visit to the ward always lasts about an hour ② *(geh: Besuch)* visit; **[bei jdm] ~ machen** to pay [sb] a visit

Vi·si·ten·kar·te *f* business card

Vis·ko·se <-> [vɪsˈkoːzə] *f kein pl* viscose *no pl*

vi·su·ell [viˈzu̯ɛl] *adj (geh)* visual

Vi·sum <-s, Visa *o* Visen> [ˈviːzʊm, *pl:* ˈviːza, ˈviːzən] *nt* visa

Vi·sum·zwang [ˈviːzʊm-] *m* compulsory visa requirement

Vi·ta <-, Viten *o* Vitae> [ˈviːta, *pl:* -tən, -tɛ] *f (geh)* life

vi·tal [viˈtaːl] *adj (geh)* ① *(Lebenskraft besitzend)* lively, vigorous ② *(lebenswichtig)* vital

vi·ta·li·sie·ren [vitaliˈziːrən] *vt (geh)* ■ **etw/jdn ~** to vitalize sth/sb

Vi·ta·li·tät <-> [vitaliˈtɛt] *f kein pl* vitality, vigour [*or* AM -or]

Vi·tal·tee *m* NATURMED *energy[-giving] tea*

Vi·ta·min <-s, -e> [vitaˈmiːn] *nt* vitamin; ▶ WENDUNGEN: ~ **B** *(hum fam)* good contacts [*or* connections] *pl*

vi·ta·min·arm *adj* low [*or* deficient] in vitamins **Vi·ta·min·be·darf** *m* vitamin requirement **Vi·ta·min·ge·halt** *m* vitamin content **Vi·ta·min·man·gel** *m* vitamin deficiency **Vi·ta·min·man·gel·krank·heit** *f* illness due to a vitamin deficiency **Vi·ta·min·prä·pa·rat** *nt* vitamin supplement **vi·ta·min·reich** *adj* rich in vitamins **Vi·ta·min·ta·blet·te** *f* vitamin tablet [*or* AM *usu* pill]

Vi·tri·ne <-, -n> [viˈtriːnə] *f (Schaukasten)* display [*or* show] case; *(Glas~)* glass cabinet

Vi·vi·sek·ti·on <-, -en> [vivizɛkˈtsi̯oːn] *f (fachspr)* vivisection

Vi·ze <-s, -s> [ˈfiːtsə] *m (fam)* second-in-command, number two *fam*

Vi·ze·ad·mi·ral *m* vice admiral **Vi·ze·kanz·ler(in)** *m(f)* vice-chancellor **Vi·ze·kö·nig** *m* HIST viceroy **Vi·ze·prä·si·dent(in)** *m(f)* vice president

Vlies <-es, -e> [fliːs, *pl:* ˈfliːzə] *nt* fleece; **das Goldene ~** the Golden Fleece

V-Mann <-leute> [ˈfaʊ-] *m s.* **Verbindungsmann**

Vo·gel <-s, Vögel> [ˈfoːgl̩, *pl:* ˈføːgl̩] *m* ① *(ORN)* bird; **der ~ ist schon im Ofen** *(fam)* the bird is already in the oven *(fam: auffallender Mensch)* bloke *fam;* **ein lustiger ~** a bit of a joker; **ein seltsamer ~** a

queer [*or* AM strange] bird [*or* customer] ● *(fam: Flugzeug)* kite *fam;* **ich werde den ~ sicher zur Erde bringen** I'll bring this kite down to earth safely ▶ WENDUNGEN: [**mit etw** *dat*] **den ~ abschießen** *(fam)* to surpass everyone [with sth]; **der ~ ist ausgeflogen** *(fam)* the bird has flown [the coup] *fam;* **~ friss oder stirb!** *(prov)* sink or swim!, do or die!; **einen ~ haben** *(sl)* to have a screw loose *fam*, to be round the bend BRIT *fam;* **jdm den** [*o* **einen**] **~ zeigen** *(fam) to indicate to sb that they're crazy by tapping one's forehead*

Vo·gel·bau·er *nt o m* birdcage **Vo·gel·bee·re** *f* rowan berry

Vö·gel·chen <-s, -> ['føːɡlçən] *nt dim von* **Vogel** little bird

Vo·gel·dreck *m (fam)* bird droppings *npl* **Vo·gel·fän·ger(in)** *m(f)* bird-catcher **vo·gel·frei** *adj* HIST outlawed; **jdn für ~ erklären** to outlaw sb **Vo·gel·fut·ter** *nt* bird food **Vo·gel·grip·pe** *f* bird flu, avian flu *spec* **Vo·gel·kä·fig** *m* birdcage **Vo·gel·kir·sche** *f* BOT gean **Vo·gel·kun·de** *f* ornithology **Vo·gel·männ·chen** *nt* cock [bird], male bird **Vo·gel·mie·re** <-, -n> *f* BOT chickweed

vö·geln ['føːɡln] *vi (derb)* to screw *sl;* ▪ [**mit jdm**]/ [**jdn**] **~** to screw [sb]

Vo·gel·nest *nt* bird's nest **Vo·gel·per·spek·ti·ve** *f* bird's eye view; **das Bild stellt Danzig aus der ~ dar** the picture depicts a bird's eye view of Gdansk **Vo·gel·schei·ße** *f (derb) s.* **Vogeldreck** **Vo·gel·scheu·che** <-, -n> *f* ● AGR, HORT *(a fig)* scarecrow ● *(fig fam: dürre, hässliche Frau)* ugly old bat *fam pej* **Vo·gel·schutz** *m* protection of birds **Vo·gel·schutz·ge·biet** *nt* bird reservoir [*or* AM reserve] **Vo·gel·schwarm** *m* swarm of birds **Vo·gel·spin·ne** *f* bird spider **Vo·gel-Strauß-Po·li·tik** [foːɡlˈʃtraʊspoliˌtiːk] *f kein pl (fam)* head-in-the-sand policy **Vo·gel·war·te** *f* ornithological station **Vo·gel·weib·chen** *nt* hen [bird], female bird **Vo·gel·zug** *m* ORN bird migration

Vo·gerl·sa·lat *m* ÖSTERR *(Feldsalat)* lamb's lettuce *no pl*

Vo·ge·sen <-> [voˈɡeːzn̩] *pl* ▪ **die ~** the Vosges *pl*

Vög·lein <-s, -> ['føːɡlaɪn] *nt s.* **Vögelchen**

Voice-Re·cor·der <-s, -> ['vɔʏsrekɔrdɐ] *m* LUFT voice recorder

Vo·ka·bel <-, -n> [voˈkaːbl̩] *f* ● *(zu lernendes Wort)* vocabulary; **~n** *pl* **lernen** to learn vocabulary *sing;* **jdn die ~n** *pl* **abfragen** to test sb's vocabulary *sing* ● *(geh: großartiger Begriff)* word, buzzword *fam;* **die großen ~n der Politik** the great catchwords of politics

Vo·ka·bu·lar <-s, -e> [vokabuˈlaːɐ̯] *nt* ● *(Wörterverzeichnis)* glossary ● *(geh: Wortschatz)* vocabulary

Vo·kal <-s, -e> [voˈkaːl] *m* vowel

vo·ka·lisch [voˈkaːlɪʃ] *adj* vocalic; **~e Anlaute/Auslaute** initial/final vowels

Vo·ka·tiv <-[e]s, *pl:* -ve] ['voːkatiːf, *pl:* -və] *m* LING vocative

Volk <-[e]s, Völker> [fɔlk, *pl:* 'fœlkɐ] *nt* ● *(Nation)* nation, people; **ein ~ unbekannter Herkunft** a people of unknown origin; **der Präsident wandte sich in einer Fernsehansprache direkt ans ~** the president made a direct appeal to the nation in a television address; *(Angehörige einer Gesellschaft)* people *pl;* **gewählte Vertreter des ~es** chosen [*or* elected] representatives of the people ● *kein pl (fam: die Masse Mensch)* masses *pl;* **mit Fernsehen und Fußball wird das ~ ruhig gehalten** the masses are kept quiet with television and football; **etw** *akk* **unters ~ bringen** to make sth public; **sich** *akk* **unters ~ mischen** to mingle with the people; **viel ~ sammelte sich auf den Marktplatz** many people gathered at the market square ● *kein pl (untere Bevölkerungsschicht)* people *npl;* **ein Mann aus dem ~** a man of the people; **fah-**

rendes **~** *(veraltend)* itinerants *pl* ● *kein pl (fig: Sorte von Menschen)* bunch, rabble *pej;* **in diesem Lokal verkehrt ein übles ~** a rough bunch come regularly to this pub; **ein merkwürdiges ~** a strange bunch ● *(Insektengemeinschaft)* colony; *(Bienen~, Ameisen~)* a bee/an ant colony ▶ WENDUNGEN: **jedes ~ hat die Regierung, die es verdient** *(prov)* every nation has the government it deserves

Völk·chen <-s, -> ['fœlkçən] *nt dim von* **Volk** people *npl,* lot *fam;* **die Slowenen sind ein liebenswertes ~** the Slovenians are a nice lot; **ein ~ für sich sein** *(fam)* to be a race [*or* people] apart

Völ·ker·ball *m kein pl* SPORT *game played by two teams who try to eliminate the members of the opposing team by hitting them with a ball* **Völ·ker·bund** *m kein pl* HIST League of Nations **Völ·ker·ge·mein·schaft** *f* community of nations, international community **Völ·ker·kun·de** <-> *f kein pl* ethnology **Völ·ker·mord** *m* genocide **Völ·ker·recht** *nt kein pl* international law **vöÌ·ker·recht·lich** I. *adj* of international law; **die ~e Anerkennung eines Staates** the recognition of a state under international law II. *adv* under international law; **die Genfer Konvention ist ~ bindend** the Geneva Convention is binding under international law **Völ·ker·ver·stän·di·gung** *f kein pl* international understanding **Völ·ker·wan·de·rung** *f* ● HIST ▪ **die ~** the migration of peoples ● *(fam: Bewegung einer Menschenmasse)* mass exodus [*or* migration]; **diese Massen von Menschen, das ist ja die reinste ~!** all these hordes of people, it's like a mass invasion!

völ·kisch *adj* HIST *s.* **national**

Volks·ab·stim·mung *f* referendum, plebiscite **Volks·bank** *f* ÖKON people's bank **Volks·be·fra·gung** *f* referendum **Volks·be·geh·ren** *nt* petition for a referendum **Volks·ein·kom·men** *nt* national income **Volks·emp·fän·ger®** *m* HIST Volksempfänger® *spec (table-top radio during the Third Reich)* **Volks·emp·fin·den** *nt kein pl* public feeling; **das gesunde ~** popular opinion **Volks·ent·scheid** *m* referendum **Volks·fest** *nt* fair

A **Volksfest** is a traditional fair lasting several days with various attractions such as a big wheel, rollercoaster and beer tents. One of the most famous is the *Oktoberfest* in Munich.

Volks·ge·richts·hof *m kein pl* HIST ▪ **der ~** the People's Court **Volks·ge·sund·heit** *f (veraltend)* ▪ **die ~** public health **Volks·glau·be(n)** *m* popular belief **Volks·grup·pe** *f* ethnic group; *(Minderheit)* ethnic minority **Volks·held(in)** *m(f)* national hero **Volks·hoch·schu·le** *f* adult education centre [*or* AM -er]

Volkshochschulen are autonomous, public institutions of further education. Their range of courses covers fields such as computing, languages, philosophy and dancing. They are intended for people from all walks of life and every age group, and are becoming increasingly recognized as providers of further vocational training.

Volks·in·i·ti·a·ti·ve *f* SCHWEIZ *(Volksbegehren)* petition for a referendum **Volks·krank·heit** *f* common illness; **die ~ Nummer eins** the most common illness **Volks·kun·de** *f* folklore **Volks·kund·ler(in)** <-s, -> ['fɔlkskʊntlɐ] *m(f)* folklorist **volks·kund·lich** ['fɔlkskʊntlɪç] *adj* folkloric **Volks·lauf** *m* open cross-country race **Volks·lied** *nt* folk song **Volks·mehr** <-s> *nt*

kein pl SCHWEIZ *(Mehrheit des Volkes)* national majority **Volks·mund** *m kein pl* vernacular; **im ~** in the
vernacular **Volks·mu·sik** *f* folk music **Volks·par·tei** *f*
people's party **Volks·re·de** *f (veraltend)* public speech
[*or* address]; **~n** [**über etw** *akk*] **halten** *(a pej fam)* to
make a public speech [about sth]; **halte keine ~n!**
(fam) spare us/me the lecture! *fam* **Volks·re·pu·**
blik *f* People's Republic **Volks·schicht** *f meist pl*
social stratum [*or* class] *usu pl;* **die unteren ~en** the
lower classes **Volks·schu·le** *f* SCH ❶ *(hist: allgemein-*
bildende öffentliche Pflichtschule) basic primary *and*
secondary school ❷ ÖSTERR *(Grundschule)* primary
school **Volks·sport** *m* national sport **Volks·**
stamm *m* tribe **Volks·stück** *nt* folk play **Volks·**
sturm *m kein pl* HIST ▪ **der ~** the German territorial
army created to defend the home front in World War
II/**Volks·tanz** *m* folk dance **Volks·tracht** *f* traditional
costume

volks·tüm·lich ['fɔlksty:mlɪç] *adj* ❶ *(traditionell)* traditional; **ein ~er Brauch** a traditional custom ❷ *(veral-*
tend: populär) popular; **ein ~er Schauspieler** a
popular actor

Volks·ver·dum·mung <-> *f kein pl (fam o pej)* stupe-
faction of the people **Volks·ver·het·zung** *f* incitement of the people **Volks·ver·tre·ter(in)** *m(f)* representative [*or* delegate] of the people **Volks·ver·tre·**
tung *f* representative body of the people
Volks·wirt(in) *m(f)* economist
Volks·wirt·schaft *f* ❶ *(Nationalökonomie)* national
economy ❷ *s.* **Volkswirtschaftslehre**
Volks·wirt·schaft·ler(in) *m(f)* <-s, -> *m(f)* economist
volks·wirt·schaft·lich I. *adj* economic; **ein ~es Stu-**
dium [an] economics *nsing* [course] II. *adv* economically, from an economic point of view; **~ betrachtet**
looked at from an economic point of view
Volks·wirt·schafts·leh·re *f* economics *nsing*
Volks·zäh·lung *f* [national] census
voll [fɔl] I. *adj* ❶ *(gefüllt, bedeckt)* full; **mit ~em**
Munde spricht man nicht! don't speak with your
mouth full!; **achte darauf, dass die Gläser nicht zu**
~ werden mind that the glasses don't get too full;
~ [mit etw] sein to be full [of sth]; **das Glas ist ~**
Wasser the glass is full of water; **das Haus ist ~ von**
[*o* mit] **unnützen Dingen** the house is full of useless
things; **die Regale sind ganz ~ Staub** the shelves are
covered in [*or* full of] dust; **beide Hände ~ haben** to
have both hands full; **eine Hand ~ Reis** a handful of
rice; **jdn** [**mit etw**] **~ pumpen** to fill sb up *sep* [with
sth]; **~ gepumpt sein mit Drogen** to be pumped up
with drugs; **etw ~ schmieren** to mess up sth *sep;*
~ sein *(fam: satt)* to be full up *fam;* **etw** [**mit etw**] **~**
stellen *Zimmer* to cram sth full [with sth]; **ein ~es**
Arschloch *(derb)* a fat arsehole [*or* AM asshole];
~ gepfropft crammed full; **~ gestopft** *Koffer* stuffed
full; *s. a.* **gerammelt** *s. a.* **gerüttelt** ❷ *(ganz, vollstän-*
dig) full, whole; **das ~e Ausmaß der Katastrophe**
the full extent of the disaster; **den ~en Preis bezah-**
len to pay the full price; **etw in ~en Zügen genie-**
ßen to enjoy sth to the full; **die ~e Wahrheit** the
absolute truth; **ein ~er Erfolg** a total success; **ich**
musste ein ~es Jahr warten I had to wait a whole
year; **es ist ja kein ~er Monat mehr bis Weih-**
nachten there is less than a month till Christmas;
nun warte ich schon ~e 20 Minuten I've been
waiting a full twenty minutes; **der Intercity nach**
München fährt jede ~e Stunde the intercity to
Munich runs every hour on the hour; **in ~er Gala** in
full evening dress; **den Verteidigern lagen drei**
Divisionen in ~er Ausrüstung gegenüber the
defenders faced three fully equipped divisions; **in~em**
Lauf/Galopp at full speed/gallop; **in ~er Größe** full-
size; **Sie können entweder auf Raten kaufen oder**

die ~e Summe sofort bezahlen you can either buy
it on hire purchase or pay the whole sum immediately
❸ *(prall, rundlich)* **ein ~es Gesicht** a full face; **ein**
~er Busen an ample bosom; **~e Wangen** chubby
cheeks; **ein ~er Hintern/~e Hüften** a well-rounded
bottom/well-rounded hips; **du hast zugenommen,**
du bist deutlich ~er geworden you've put on
weight, you've distinctly filled out ❹ *(volltönend,*
kräftig) full, rich; **eine ~e Stimme** a rich voice; **der**
~e Geschmack the real flavour ❺ *(dicht)* thick; **~es**
Haar thick hair; **ein ~er Bart** a thick beard ❻ *(sl:*
betrunken) ▪ **~ sein** to be plastered *fam,* to be well
tanked up *sl;* **du warst ja gestern Abend ganz**
schön ~! you were pretty drunk yesterday evening!
▸ WENDUNGEN: **jdn nicht für ~ nehmen** not to take sb
seriously; **in die V~en gehen** to go to any lengths;
aus dem V~en leben [*o* **wirtschaften**] to live in the
lap of luxury; **aus dem V~en schöpfen** to draw on
plentiful resources; *s. a.* **Lob** II. *adv* ❶ *(vollkommen)*
completely; **bezahlen müssen** to have to pay in
full; **etw** [**mit etw**] **~ füllen** to fill up sth *sep* [with
sth]; **durch die Operation wurde das Sehvermö-**
gen wieder ~ hergestellt as a result of the operation
her sight was completely restored ❷ *(uneinge-*
schränkt) fully; **~ und ganz** totally; **die Mehrheit**
der Delegierten stand ~ hinter dieser Entschei-
dung the majority of the delegates were fully behind
this decision; **ich kann den Antrag nicht ~ unter-**
stützen I cannot fully support the application; **~ in**
der Arbeit stecken *(fam)* to be in the middle of a
job; **~ in Problemen stecken** *(fam)* to be right in
it *fam;* **etw ~ ausnutzen** to take full advantage of sth;
nicht ~ da sein *(fam)* to not be quite with it *sl; (total)*
really; **die Band finde ich ~ gut** I think the band is
brilliant; **die haben wir ~ angelabert** we really chat-
ted her up ❸ *(fam: mit aller Wucht)* right, smack *fam;*
der Wagen war ~ gegen den Pfeiler geprallt the
car ran smack into the pillar; **er ist ~ mit dem Hin-**
terkopf auf die Bordsteinkante aufgeschlagen
the back of his head slammed onto the edge of the
curb; **seine Faust traf ~ das Kinn seines Gegners**
he hit his opponent full on the chin with his fist

voll·auf ['fɔlʔauf] *adv* fully, completely; **~ zufrieden**
sein to be absolutely satisfied; **ein Teller Suppe ist**
mir ~ genug one plate of soup is quite enough for me;
mit den fünf Kindern habe ich ~ zu tun with the
five children I have quite enough to do

voll·au·to·ma·tisch I. *adj* fully automatic II. *adv* fully
automatically **voll·au·to·ma·ti·siert** *adj* fully automated **Voll·bad** *nt* bath; **ein ~ nehmen** to have [*or* AM
usu take] a bath **Voll·bart** *m* full beard; **sich** *dat*
einen ~ wachsen lassen to grow a full beard **voll·**
be·schäf·tigt *adj* full-time **Voll·be·schäf·ti·gung** *f*
kein pl full [*or* full-time] employment **Voll·be·sitz** *m*
in full possession of; **im ~ seiner Kräfte/Sinne sein**
to be in full possession of one's strength *sing*/faculties
Voll·bild *nt* MED full-blown state; **das ~ Aids** full-
blown aids

Voll·blut *nt* ❶ *(reinrassiges Pferd)* thoroughbred
❷ *kein pl* MED whole blood
Voll·blü·ter <-s, -> *m s.* **Vollblut 1**
Voll·blut·hengst *m* thoroughbred stallion
voll·blü·tig *adj* ❶ *(reinrassig)* thoroughbred ❷ *(vital)*
full-blooded
Voll·blut·jour·na·list(in) *m(f)* full-blooded journalist
Voll·blut·po·li·ti·ker(in) *m(f)* thoroughbred politician
Voll·brem·sung *f* emergency stop; **eine ~ machen** to
slam on the brakes *pl,* to make an emergency stop
voll·brin·gen *vt irreg* ▪ **etw ~** to accomplish [*or*
achieve] sth; **ein Wunder ~** to perform a miracle; **ich**
kann nichts Unmögliches ~ I cannot achieve the
impossible

voll·bu·sig *adj* buxom, busty *fam;* **~e Frauen** women with large breasts; ▨ **~ sein** to have large breasts

Voll·dampf *m* ▸WENDUNGEN: **~** [**hinter etw** *dat*] **machen** *(fam)* to work flat out [on sth]; **wir müssen ~ hinter unsere Bemühungen machen, wenn wir erfolgreich sein wollen** we must redouble our efforts, if we want to be successful; **mit ~** *(fam)* flat out; **mit ~ fahren** to drive at full speed; **~ voraus** *(fam)* full steam ahead

Völ·le·ge·fühl <-[e]s> *nt kein pl* unpleasant feeling of fullness

voll·en·den* [fɔl'ʔɛndn̩] *vt* ▨ **etw ~** to complete sth; **vollendete Gegenwart/Vergangenheit** the present perfect/past perfect; **sein Leben ~** *(euph geh)* to bring one's life to an end; **er hat sein zwanzigstes Lebensjahr vollendet** *(geh)* he has completed his twentieth year; **jdn vor ~e Tatsachen stellen** to present sb with a fait accompli

voll·en·det *adj* perfect, accomplished; **ein ~er Redner** an accomplished speaker; **~e Schönheit** perfect beauty; **ein Konzert ~ spielen** to play a concert in an accomplished way

voll·ends ['fɔlɛnts] *adv (völlig)* completely, totally; **jetzt bin ich ~ durcheinander!** I'm completely confused now!; **durch das Nachbeben wurde die Stadt ~ zerstört** the town was totally destroyed by aftershocks

Voll·en·dung <-, -en> [fɔl'ʔɛndʊŋ] *f* ⓘ *(das Vollenden)* completion; **mit ~ des 50. Lebensjahres** *(fig)* on completion [*or* at the end] of his/her fiftieth year; **nach ~ dieser Aufgabe kann ich mich zur Ruhe setzen** after I have completed this task I can retire ⓘ *kein pl (Perfektion)* perfection; **dieses Gebäude gilt als klassische Architektur in höchster ~** this building is regarded as a classical piece of architecture in its most perfect form; **der** [*or* **seiner**] **~ entgegengehen** *(geh)* to be nearing completion

vol·ler *adj* ⓘ *(voll bedeckt)* **ein Gesicht ~ Falten** a very wrinkled face; **ein Hemd ~ Flecken** a shirt covered in stains ⓘ *(erfüllt, durchdrungen)* full; **ein Leben ~ Schmerzen** a life full of pain; **~ Wut schlug er mit der Faust auf den Tisch** full of anger he thumped the table with his fist; **er steckt ~ Widersprüche** you never know where you are with him *fam*

Völ·le·rei <-, -en> [fœlə'raɪ] *f (pej)* gluttony; **zur ~ neigen** to have a tendency for gluttony

Vol·ley <-s, -s> ['vɔli] *m* volley

Vol·ley·ball ['vɔli-] *m* volleyball

voll·fett *adj* full fat

voll·füh·ren* [fɔl'fy:rən] *vt (liter)* ▨ **etw ~** to perform sth

Voll·gas *nt kein pl* full speed; **~ geben** to put one's foot down; **mit ~** at full throttle; *(fam: mit größter Intensität)* flat out *fam;* **um die Termine einhalten zu können, müssen die Arbeiten mit ~ vorangetrieben werden** we will have to work flat out to meet the deadlines **Voll·ge·fühl** *nt kein pl (geh)* **im ~ einer S.** gen fully aware of a thing; **die Sprinterin winkte den Zuschauern im ~ ihres Triumphes** fully aware of her triumph the sprinter waved to the spectators **Voll·idi·ot(in)** *m(f) (pej fam)* complete idiot, prat *pej fam*

völ·lig ['fœlɪç] **I.** *adj* complete **II.** *adv* completely; **sie ist ~ betrunken** she is completely drunk; **Sie haben ~ recht** you're absolutely right

voll·jäh·rig ['fɔljɛːrɪç] *adj* of age; ▨ **~ sein** [*or* **werden**] to be [*or* come] of age; **Jugendliche werden in Deutschland mit dem 18. Lebensjahr ~** adolescents come of age in Germany at eighteen

Voll·jäh·rig·keit <-> *f kein pl* majority

Voll·ju·rist(in) *m(f)* fully qualified lawyer **voll·kas·ko·**

ver·si·chert *adj* comprehensively insured; ▨ **~ sein** to have fully comprehensive insurance; **ist Ihr Auto ~?** is your car fully comp? *fam* **Voll·kas·ko·ver·si·che·rung** *f* fully comprehensive insurance

voll·kli·ma·ti·siert *adj* fully air-conditioned

voll·kom·men [fɔl'kɔmən] **I.** *adj* ⓘ *(perfekt)* perfect; **~e Kunstwerke** perfect works of art; **niemand ist ~** nobody's perfect; **jetzt ist mein Leben ~** now my life is complete ⓘ *(völlig)* complete; **~e Übereinstimmungen erzielen** to reach total agreement; **sie hat die Aufgaben zu unserer ~en Zufriedenheit erledigt** she has completed the tasks to our complete satisfaction; **das ist ja der ~e Wahnsinn!** why, that's complete madness! **II.** *adv* completely; **~ unmöglich sein** to be absolutely impossible; **~ verzweifelt sein** to be absolutely desperate; **er blieb ~ ruhig** he remained completely calm; **ich bin ~ einverstanden mit Ihrem Vorschlag** I'm in complete agreement with your proposal

Voll·kom·men·heit <-> *f kein pl* perfection

Voll·korn·brot *nt* wholemeal [*or* AM whole-grain] bread

Voll·macht <-, -en> ['fɔlmaxt] *f* ⓘ *(Ermächtigung)* authorization; **jdm [die] ~ für etw** *akk* **geben** [*o* **erteilen**] to authorize sb to do sth; **in ~** *(geh)* in authority ⓘ *(bevollmächtigendes Schriftstück)* power of attorney; **eine ~ haben** to have power of attorney; **eine ~ ausstellen** to grant a power of attorney

Voll·ma·tro·se *m* able-bodied seaman **Voll·milch** *f* full-cream milk BRIT, whole milk AM **Voll·milch·jo·ghurt** *m* whole-milk yoghurt **Voll·milch·scho·ko·la·de** *f* full-cream [*or* AM whole] milk chocolate **Voll·mit·glied** *nt* full member **Voll·mond** *m kein pl* full moon; **es ist ~, wir haben ~** there's a full moon; **bei ~** when the moon is full

voll·mun·dig **I.** *adj* ⓘ *(voll im Geschmack)* full-bodied ⓘ *(pej: übertrieben formuliert)* overblown *pej;* **vor den Wahlen machen Politiker immer diese ~en Versprechungen** before the election politicians always make these overblown promises **II.** *adv* ⓘ *(abgerundet)* full-bodied; **süddeutsche Biere schmecken besonders ~** southern German beer has a particularly full-bodied taste ⓘ *(pej: großspurig)* grandiosely *pej;* **was gestern noch ~ versprochen wurde, ist heute vergessen** all the grandiose promises made yesterday are forgotten today

Voll·nar·ko·se *f* general anaesthetic; **in ~** under a general anaesthetic **Voll·pen·si·on** *f kein pl* full board; **mit ~** for full board; **mit ~ kostet das Zimmer 45 Euro pro Tag mehr** the room costs an additional 45 euros per day for full board **Voll·rausch** *m* drunken stupor; **einen ~ haben** to be in a drunken stupor **voll·reif** *adj* fully ripe

Voll·rohr·zu·cker *m* unrefined cane sugar, raw cane sugar

voll·schlank *adj (euph)* plump

voll·stän·dig ['fɔlʃtɛndɪç] **I.** *adj (komplett)* complete, entire; **nicht ~** incomplete; **etw ~ haben** to have sth complete; **etw ~ machen** to complete sth; **ich kaufte die Briefmarken, um die Sammlung ~ zu machen** I bought the stamps to complete the collection **II.** *adv (in der Gesamtheit, total)* completely; **etw ~ zerstören** to totally destroy sth; **die Altstadt ist noch ~ erhalten** the old town is still preserved in its entirety

Voll·stän·dig·keit <-> *f kein pl* completeness *no pl;* **der ~ halber** for the sake of completeness, to get a complete picture; **achten Sie bei der Angabe Ihrer Adresse bitte auf deren ~** please ensure when submitting your address that it is complete

voll·streck·bar *adj* enforceable

voll·stre·cken* [fɔl'ʃtrɛkn̩] *vt* ▨ **etw ~** ⓘ *(geh: ausführen)* to carry out [*or* execute] sth; **ein Testament ~** to execute a will; **ein Urteil ~** to carry out a sentence; ■ **etw ~ lassen** to have sth enforced; **ein Urteil ~ lassen** to have a ruling enforced ❷ SPORT **einen Straf- stoß ~** to score from a penalty

Voll·stre·cker(in) <-s, -> *m(f)* ❶ *(fam: Gerichtsvollzie- her)* bailiff ❷ *(geh: vollstreckende Person)* executor *masc*, executrix *fem*

Voll·stre·ckung <-, -en> *f* ❶ *(geh: das Vollstrecken)* execution, carrying out; **die ~ eines Willens** the ex- ecution of a will ❷ *(fam: Zwangs~)* enforcement

Voll·stre·ckungs·be·fehl *m* enforcement order, writ of execution

Voll·text·su·che *f* INFORM whole text search

voll·tö·nend *adj* resonant, sonorous; **eine ~e Stimme** a sonorous voice

Voll·tref·fer *m* ❶ *(direkter Treffer)* direct hit, bull's eye *fig fam;* **einen ~ erhalten** to receive a direct hit; **einen ~ landen** to land a good punch; *(fig, iron)* to land a whammy ❷ *(fam: voller Erfolg)* complete suc- cess

voll·trun·ken *adj* completely *[or* totally] drunk; **etw** *akk* **im ~en Zustand tun** to do sth while plastered *[or* smashed] *[or* BRIT paralytic] **Voll·ver·samm·lung** *f* general meeting; *der UNO* General Assembly **Voll· wai·se** *f* orphan; **~ sein** to be an orphan

Voll·wasch·mit·tel *nt* laundry detergent that can be used for all programmes and all temperatures

Voll·wert·er·näh·rung <-> *f kein pl* wholefood diet

voll·wer·tig *adj* ❶ *(alle Wirkstoffe enthaltend)* nutri- tious; **~es Lebensmittel** nutritious food; ■ **~ sein** to be fully nutritious ❷ *(gleichwertig)* fully adequate; **ein ~er Ersatz** a fully adequate replacement; **jdn als ~ behandeln** to treat sb as an equal

Voll·wert·kost *f kein pl* wholefoods *pl* **Voll·wert·zu· cker** *m* unrefined sugar

voll·zäh·lig ⟨ˈfɔltsɛːlɪç⟩ **I.** *adj (komplett, in voller Anzahl)* complete, whole; **ein ~er Satz Briefmar- ken** a complete set of stamps; **die ~e Klasse nahm an der Wanderung teil** the whole class took part in the hike; ■ **~ sein** to be all present; **ausnahmsweise war die Mannschaft ~** for once the team was com- plete *[or* they fielded a full team] **II.** *adv (in gesamter Anzahl)* at full strength; **nun, da wir ~ versammelt sind, können wir ja anfangen** well, now everyone's here, we can begin

voll·zie·hen ⟨fɔlˈtsiːən⟩ *irreg* **I.** *vt (geh: ausführen)* ■ **etw ~** to carry out *sep sth;* **eine Trennung ~** to separate; **die Ehe ~** to consummate marriage; **die Unterschrift ~** to put one's signature to sth; **ein Urteil ~** *(geh)* to execute *[or* enforce] a judgement *[or* sentence]; **die vollziehende Gewalt** *(geh)* the ex- ecutive **II.** *vr (geh: stattfinden, ablaufen)* ■ **sich** *akk* **~** to take place; **seit einiger Zeit vollzieht sich in ihr ein Wandel** a change has been taking place in her for quite a while

Voll·zug ⟨fɔlˈtsuːk⟩ *m kein pl* ❶ *(geh: das Vollziehen)* carrying out, execution; **etw** *akk* **außer ~ setzen** to suspend the execution of sth; **die Haftstrafe gegen ihn wurde nach Berufungsgericht außer ~ gesetzt** his custodial sentence was suspended by the court of appeal ❷ JUR *(geh: Straf~)* imprisonment; **geschlosse- ner ~** *(geh)* penal system in which prisoners remain in their cells when not working; **offener ~** imprison- ment in an open prison ❸ *(fam: Vollzugsanstalt)* penal institution; **im ~ leben** to be in a penal institution

Voll·zugs·an·stalt *f* penal institution

Vo·lon·tär(in) <-s, -e> ⟨volɔnˈtɛːɐ̯⟩ *m(f)* trainee, intern- ship AM

Vo·lon·ta·ri·at <-[e]s, -e> ⟨volɔntaˈri̯aːt⟩ *nt* ❶ *(Ausbil- dungszeit)* period of training, internship AM ❷ *(Stelle)* trainee position, internship AM

vo·lon·tie·ren ⟨volɔnˈtiːrən⟩ *vi* ■ [**bei jdm/in etw**

dat] **~** to work as a trainee *[or* AM intern] [with sb/in sth]

Volt <-[e]s, -> ⟨vɔlt⟩ *nt* volt

Vo·lu·men <-s, - *o* Volumina> ⟨voˈluːmən, *pl:* -mina] *nt* ❶ *(Rauminhalt)* volume; **das ~ einer Kugel berechnen** to calculate the volume of a sphere; **eine Magnumflasche Champagner hat das doppelte ~ einer Normalflasche** a magnum of Champagne has twice the capacity of a normal bottle; **er hat eine Stimme von großem ~** *(fig)* he has a sonorous voice ❷ *(Gesamtumfang) von Auftrag* total amount; *von Export* volume; **es handelt sich um einen Großauftrag, mit einem ~ von 35 Millio- nen Euro** it's a major contract worth 35 million euros in total

vo·lu·mi·nös ⟨volumiˈnøːs⟩ *adj (geh)* voluminous

vom ⟨fɔm⟩ = **von dem** from; *s. a.* **von**

von ⟨fɔn⟩ *präp* +*dat* ❶ *räumlich (ab, herkommend)* from; **~ woher...?** where ...from?, from where...?; **~ weit her kommen** to come from a long way away; **ich fliege morgen mit der Maschine ~ München nach Hamburg** tomorrow I'm flying from Munich to Hamburg; **~ hier bis zur Wand müssten es etwa fünf Meter sein** it must be about five metres from here to the wall; **~ diesem Fenster kann man alles gut beobachten** you can see everything very well from this window; **wie komme ich vom Bahnhof am besten zum Rathaus?** how can I best get from the station to the town hall?; **diese Eier sind ~ unse- rem eigenen Hof** these eggs are from our own farm; *(aus ... herab/heraus)* off, out of; **er fiel ~ der Leiter** he fell off the ladder; **sie fiel vom Baum** she fell out of the tree ❷ *räumlich (etw entfernend)* from, off; **die Wäsche ~ der Leine nehmen** to take the washing in off the line; **sich den Schweiß ~ der Stirn wischen** to wipe sweat from one's brow; **er nahm die Whiskyflasche ~ der Anrichte** he took the bottle of whisky from the sideboard ❸ *zeitlich (stam- mend)* from; **die Zeitung ~ gestern** yesterday's paper; **Ihr Brief vom ...** your letter from ...; **ich kenne sie ~ früher** I knew her a long time ago; **ich will nichts mehr ~ damals wissen!** I don't want to know any more about that time!; **~ jetzt/morgen an** from now/tomorrow on *[or* onwards]; **die neue Regelung gilt ~ März an** the new regulation is valid from March [onwards]; **~ wann ist der Brief?** when is the letter from?; **ich bin ~ morgen bis zum 23. verreist** I'm away from tomorrow until 23rd; **für Jugendliche ~ 12 bis 16 gilt ein gesonderter Tarif** there is a special price for adolescents from twelve to sixteen ❹ *(Urheber, Ursache)* from; **~ der Sonne gebräunt werden** [*o* **sein**] to be browned by the sun; **~ jdm gelobt werden** to be praised by sb; **müde ~ der Arbeit** tired of work; **~ Hand gefertigt** *(fig)* handmade; **~ einem Auto angefahren werden** to be hit by a car; **~ wem ist dieses schöne Geschenk?** who is this lovely present from?; **~ wem hast du das Buch geschenkt bekommen?** who gave you the book?; **~ wem weißt du das?** who told you that?; **~ wem ist dieser Roman?** who is this novel by?; **~ wem ist dieses Bild?** who is this a picture of?; **das Bild ist ~ einem unbekannten Maler** the picture is by an unknown painter; **~ sol- chen Tricks bin ich nicht sehr beeindruckt** I'm not very impressed by tricks like that; **das war nicht nett ~ dir!** that was not nice of you!; **~ was ist hier eigentlich die Rede?** *(fam)* what are we talking about here!; **~ was sollen wir eigentlich leben?** *(fam)* what are we supposed to live on? ❺ *statt Geni- tiv (Zugehörigkeit)* of; **die Königin ~ England** the Queen of England; **Mutter ~ vier Kindern sein** to be the mother of four children; **die Musik ~ Beetho-**

ven Beethoven's music; **das Auto ~ meinem Vater ist blau** my father's car is blue; **er wohnt in der Nähe ~ Köln** he lives near Cologne; **ich möchte die Interessen ~ mir und meinen Geschwistern vertreten** I should like to represent the interests of myself and my brothers and sisters ❺ *(Menge, Gruppenangabe)* of; **einer ~ vielen/hundert** one of many/one in a hundred; **keiner ~ diesen Vorwürfen ist wahr** none of these accusations are true; **keiner ~ uns wusste Bescheid** none of us knew about it ❼ *(geh: Eigenschaft)* of; **ein Mann ~ Charakter** a real character; **eine Frau ~ Schönheit** a beautiful woman; **eine Angelegenheit ~ größter Wichtigkeit** an extremely important matter ❽ *(veraltend: Zusammensetzung)* of; **ein Strauß ~ Rosen** a bunch of roses; **ein Ring ~ purem Gold** a ring made of pure gold ❾ *(bei Maßangaben)* of; **ein Kind ~ sieben Jahren** a seven year old child; **eine Pause ~ zehn Minuten** a ten minute break; **einen Abstand ~ zwei Metern** a distance of two metres; **Städte ~ über 100.000 Einwohnern** cities with over 100,000 inhabitants ⑩ *(bei deutschem Adelstitel)* von ▶ WENDUNGEN: **~ wegen!** *(fam)* not a chance!, no way! *fam;* **~ wegen verschwiegen, das ist die größte Klatschbase, die ich kenne** no way will she keep that quiet, she's the biggest gossip I know!

von·ein·an·der [fɔn?ai'nandɐ] *adv* ❶ *(einer vom anderen)* from each other, from one another; **wir könnten viel ~ lernen** we could learn a lot from each other; **wir haben lange nichts ~ gehört** we haven't been in touch with each other for a long time ❷ *(Distanz betreffend)* from each other, from one another; **die beiden Ortschaften sind 20 Kilometer ~ entfernt** the two towns are twenty kilometres apart; **wir wohnen gar nicht so weit ~ weg** we don't live very far away from each other

von·nö·ten [fɔn'nøːtn̩] *adj (geh)* ■ **~ sein** to be necessary

von·stat·ten|ge·henᴿᴿ [fɔn'ʃtatn̩-] *vi irreg sein* **[irgendwie] ~** to take place [in a certain manner]; **die Vorführung ging mit ein paar kleineren Pannen vonstatten** the demonstration went off with a few minor hiccups

vor [foːɐ̯] **I.** *präp* ❶ *+dat (davor befindlich)* ■ **~ jdm/etw** in front of sb/sth; **eine Binde ~ den Augen tragen** to have a bandage over one's eyes; **ich sitze zwölf Stunden am Tag ~ dem Bildschirm!** I spend twelve hours a day sitting in front of a screen!; **sie ließ ihn ~ sich her gehen** she let him go in front of her; **~ sich hin summen** *(fam)* to hum to oneself; **~ Gott sind alle gleich** in the eyes of God everyone is equal; **der Unfall geschah 2 km ~ der Stadt** the accident happened 2 km outside the town; **~ Gericht/dem Richter stehen** *(fig)* to stand before the court/judge; **~ etw davonlaufen** *(fig)* to run away from sth; **~ Zuschauern** [*o* **Publikum**] in front of spectators; **sich ~ jdm schämen** to feel ashamed in front of sb; **etw ~ Zeugen erklären** to declare sth in front of witnesses; *(gegen)* from; **sich ~ jdm/etw schützen** to protect oneself from sb/sth; *(in Bezug auf)* regarding, with regards to; **jdn ~ jdm warnen** to warn sb about sb ❷ *+akk (frontal gegen)* ■ **~ jdm/etw** in front of; **jdn ~ ein Ultimatum stellen** to give sb an ultimatum; **sich ~ jdn stellen** *(fig)* to put oneself in front of sb; **setz dich bitte nicht direkt ~ mich** please don't sit directly in front of me; **der Sessel kommt ~ den Fernseher** the armchair goes in front of the television; **das Auto prallte frontal ~ die Mauer** the car hit the wall head on ❸ *+dat (eher)* ■ **~ etw/jdm** before sth/sb; **vor kurzem/wenigen Augenblicken/hundert Jahren** a short time/few moments/hundred years ago; **wenn du dich beeilst,**

kannst du noch ~ Dienstag in Berlin sein if you hurry, you can be in Berlin before Tuesday; **es ist zehn ~ zwölf** it is ten to twelve; **~ jdm am Ziel sein** to get somewhere before sb else [arrives]; **ich wette, dass ich ~ dir am See bin** I bet I'm at the lake before you; **ich war ~ dir dran** I was before you ❹ *+dat (bedingt durch)* ■ **~ etw** *dat* with sth; **starr ~ Schreck** rigid with horror; **~ Furcht/Kälte zittern** to shake with fear/cold; **~ Wut rot anlaufen** to turn red with rage; **~ Schmerz schreien** to cry out in pain; **ich konnte ~ Schmerzen die ganze Nacht nicht schlafen** I couldn't sleep all night because of the pain; *s. a.* **Christus** *s. a.* **Ding II.** *adv* ❶ *(nach vorne)* forward; **~ und zurück** backwards and forwards; **Freiwillige ~!** volunteers one step forward! ❷ *(fam: davor)* of sth; **da habe ich Angst ~** I'm afraid of that; **da hat er sich ~ gedrückt** he got out of that nicely *fam*

vor·ab [foːɐ̯'?ap] *adv* first, to begin with; **~ einige Informationen** let me first give you some information; **über Änderungen des Plans möchte ich bitte ~ informiert werden** I would like to be told first about any changes to the plan

Vor·abend <-s, -e> ['foːɐ̯?aːbn̩t] *m* **am ~ [einer S.** *gen*] on the evening before [sth], on the eve [of sth]

Vor·ah·nung *f* presentiment, premonition; **~en haben** to have a premonition

vo·ran [fo'ran] *adv* ❶ *(vorn befindlich)* first; **~ geht die Entenmutter, und dann kommen die Küken** the mother duck goes first followed by the ducklings; **da kommen die Schüler von der Wanderung, mit den Lehrern ~** the pupils are returning from the hike, led by their teachers ❷ *(vorwärts)* forwards; **immer langsam ~!** gently does it!; **~, wir müssen weiter!** let's get moving, we must continue!; **~, nicht aufgeben, bald sind wir daheim** come on, don't give up, we'll soon be home

vo·ran|brin·gen [fo'ranbrɪŋən] *vt irreg (fördern, weiterbringen)* ■ **etw ~** to advance sth; **die Entschlüsselung der DNS-Moleküle hat die Genforschung weit vorangebracht** the decoding of the DNA molecule advanced genetic research enormously; ■ **jdn ~** to allow sb to advance; **diese Erfindung brachte die Raumfahrtexperten um Jahrzehnte voran** this invention allowed space experts to advance decades

vo·ran|ge·hen *vi irreg sein* ❶ *(an der Spitze gehen)* ■ **[jdm] ~** to go ahead [*or* in front] [of sb]; **geht ihr mal voran, ihr kennt den Weg** you go ahead, you know the way; ■ **jdn ~ lassen** to let sb go ahead [*or* lead the way] ❷ *a impers (Fortschritte machen)* to make progress; **die Arbeiten gehen zügig voran** rapid progress is being made with the work; **die Vorbereitungen gehen gut voran** preparations are progressing [*or* coming along] nicely; ■ **[mit etw** *dat*] **geht es voran** to make progress [with sth]; **mit den Vorbereitungen für die Veranstaltung ist es bisher zügig vorangegangen** rapid progress has been made so far with the preparations for the event ❸ *(einer Sache vorausgehen)* to precede sth; **in den vorangegangenen Wochen** in the previous weeks; **dem Projekt gingen lange Planungsphasen voran** the project was preceded by long phases of planning

vo·ran|kom·men *vi irreg sein* ❶ *(vorwärtskommen)* to make headway ❷ *(Fortschritte machen)* ■ **[mit etw** *dat*] **~** to make progress [with sth]; **ich komme jetzt besser voran** I'm making better progress now; **wie kommt ihr voran mit der Arbeit?** how are you getting along with the work?

Vor·an·kün·di·gung *f* advance notice **Vor·an·mel·dung** [ˈfoːɐ̯?anmɛldʊŋ] *f* appointment, booking

vo·ran|pu·schen *vt (fam)* ■ **jdn/etw ~** *(vorantreiben)* to push [*or* drive] sb/sth on [*or* forward]

Vor·an·schlag *m* estimate **Vor·ar·beit** *f* groundwork, preliminary [*or* preparatory] work; [**gute**] ~ **leisten** to prepare the ground [well] *a fig;* **es ist noch einige ~ zu leisten** there's still some preparatory work to do **vor|ar·bei·ten I.** *vt (durch vorherige Mehrarbeit erarbeiten)* ■ **etw** ~ to work sth in advance; **ich habe länger Urlaub, weil ich ein paar Tage vorgearbeitet habe** I have got a longer holiday because I have worked a few days ahead **II.** *vi (fam)* ❶ *(im Voraus arbeiten)* to do some work in advance ❷ *(Vorarbeit leisten)* ■ **|jdm/für jdn|** ~ to do some work in advance [for sb]; **Sie haben wirklich ganz ausgezeichnet vorgearbeitet** you've really done some excellent work in advance **III.** *vr (vorankommen)* ■ **sich** *akk* **|durch etw** *akk***|** ~ to work one's way forward [through sth]; **sie mussten sich durch dichten Dschungel** ~ they had to work their way forward through thick jungle; **seine Frau hat sich bis in die höchste Position vorgearbeitet** his wife has worked her way up to the highest position; ■ **sich** *akk* **|zu jdm/etw|** ~ to work one's way through [to sb/ sth]; **sie arbeiteten sich zu den eingeschlossenen Bergleuten vor** they worked their way through to the miners who had been cut off

Vor·ar·bei·ter(in) *m(f)* foreman *masc,* forewoman *fem*
Vor·arl·berg ['fo:ɐʔarlbɛrk] Vorarlberg
vo·raus [fo'raus] *adv* in front, ahead; **Achtung, ~ sehen wir jetzt die Ruine der Burg** your attention please, we can now see in front of us the castle ruins; **die nächste Autobahntankstelle liegt etwa 30 Kilometer** ~ the next motorway petrol station is about thirty kilometres further on; **jdm |in/auf etw** *dat***|** ~ **sein** to be ahead of sb [in sth]; **seiner Zeit |weit|** ~ **sein** to be [far] ahead of one's time; **die Konkurrenz ist uns etwas** ~ the competition has a bit of a lead over us; **im V~** in advance

vo·raus|be·rech·nen' *vt* ■ **etw** ~ to calculate sth in advance; **die Projektkosten lassen sich ziemlich exakt** ~ the costs involved in the project can be calculated fairly accurately in advance **vo·raus|be·stim·men'** *vt* ■ **etw** ~ to determine sth in advance; **der Verlauf einer Erkrankung kann nicht immer genau vorausbestimmt werden** the exact course of an illness cannot always be determined in advance; **manche glauben, das Schicksal sei dem Menschen bereits vorausbestimmt** some believe that a person's fate is predetermined **vo·raus·bli·ckend** *adj (geh)* s. **vorausschauend vo·raus|fah·ren** *vi irreg sein* to drive [*or* go] on ahead; **dem Umzug fährt immer ein Polizeiwagen** ~ a police car always drives ahead of the procession; **fahr du voraus, ich folge dir** go on ahead, I'll follow you **vo·raus|ge·hen** [fo'rausge:ən] *vi irreg sein* to go on ahead; **die anderen wollten nicht warten und sind schon vorausgegangen** the others didn't want to wait and have already gone on ahead; **dem Unwetter geht meistens ein Sturm voraus** bad weather is usually preceded by a storm

vo·raus·ge·setzt *adj* ■ ~, **|dass|** ... provided [that]; *s. a.* **voraussetzen**
vo·raus|ha·ben *vt irreg* ■ **|jdm| etw/viel/nichts** ~ to have the/a great/no advantage of sth [over sb]; ■ **|jdm| an etw/nichts an etw** *dat* ~ to have an/no advantage [over sb] with regard to sth; **was er an Spezialkenntnissen mehr hat, das hat sie ihm an Lebenserfahrung voraus** she has the advantage of experience of life over his greater degree of specialist knowledge

Vo·raus·sa·ge <-, -en> *f* prediction **vo·raus|sa·gen** *vt* ■ **|jdm| etw** ~ to predict sth [to sb]; **der exakte Verlauf der Klimaveränderungen ist schwer vorauszusagen** the exact course of the climatic

changes is difficult to predict **vo·raus·schau·end I.** *adj* foresighted; **ein ~er Mensch** a person with foresight [*or* vision] **II.** *adv* foresightedly; ~ **fahren** to be alert to potential dangers while driving; **bei langfristigen Projekten muss ~ geplant werden** with long-term projects planning must be conducted with an eye to the future **vo·raus|schi·cken** *vt* ❶ *(vor jdm losschicken)* ■ **jdn/etw** ~ to send sb/sth on ahead; **wir schicken immer das schwere Gepäck** ~ we always send heavy luggage on ahead ❷ *(geh: vorher sagen)* ■ **etw** ~ to say sth in advance; **ich möchte erst eine Vorbemerkung** ~ I would like to make a statement in advance; ■ ~, **dass** to say in advance that **vo·raus·seh·bar** *adj inv* foreseeable, predictable **vo·raus|se·hen** *vt irreg* ■ **etw** ~ to foresee sth; ■ ~, **dass** to foresee that; **das war vorauszusehen!** that was to be expected!

vo·raus|set·zen *vt* ❶ *(als selbstverständlich erachten)* ■ **etw** ~ to assume sth; **deine Zustimmung ~d habe ich den Auftrag angenommen** assuming you would agree, I have accepted the order; **gewisse Fakten muss ich als bekannt** ~ I have to assume that certain facts are known; **ein Kind sollte die Liebe seiner Eltern ~ dürfen** a child should be able to take his parents' love for granted; **wenn man voraussetzt, dass** assuming that ❷ *(erfordern)* ■ **etw** ~ to require [*or* demand] sth; **diese Position setzt besondere Kenntnisse voraus** this position requires special knowledge

Vo·raus·set·zung <-, -en> *f (Vorbedingung)* prerequisite, precondition; **unter der ~, dass** on condition that; **unter bestimmten ~en** under certain conditions; **er hat für diesen Job nicht die richtigen ~en** he hasn't got the right qualifications for this job; *(Prämisse, Annahme)* assumption, premise; **von falschen ~en ausgehen** to begin with a false assumption; **der Schluss beruht auf der irrigen ~, dass noch genügend Rohstoffe vorhanden sind** this conclusion is based on the false assumption that there are enough available raw materials

Vo·raus·sicht *f kein pl* foresight; **in weiser ~** *(hum)* with great foresight; **aller ~ nach** in all probability **vo·raus·sicht·lich** [fo'rauszɪçtlɪç] **I.** *adj (erwartet, vermutet)* expected; ~**e Ankunft** expected arrival; **wir bedauern die ~e Verspätung des Zuges** we apologize for the expected delay to the train **II.** *adv (wahrscheinlich)* probably **Vo·raus·zah·lung** *f* advance payment, payment in advance; **eine ~ leisten** to make [*or* put down] an advance payment

Vor·bau <-[e]s, -bauten> ['fo:ɐbau, *pl:* -bautən] *m* ❶ *(vorspringender Gebäudeteil)* porch; **ein überdachter ~** a porch with a roof ❷ *(hum fam: Busen)* **die Kellnerin hat einen ziemlichen ~** the waitress is fairly well-endowed [*or* well-stacked]

vor|bau·en I. *vt (als Vorbau anfügen)* ■ **|einer S.** *dat***| |etw|** ~ to build sth onto the front [of a thing]; **wir wollen dem Haus eine Veranda** ~ we want to build a veranda onto the house **II.** *vi* to take precautions; **wir haben vorgebaut und Geld für den Notfall gespart** we've taken precautions and have put away some money for emergencies *pl;* **er hat mit einer Lebensversicherung fürs Alter vorgebaut** he has made provision for his old age with a life assurance policy; ■ **|einer S.** *dat***| ~** to prevent [a thing]; **ich will einem möglichen Missverständnis ~** I want to prevent a possible misunderstanding ▶ WENDUNGEN: **der kluge Mann baut vor** *(prov)* a wise man makes provisions *pl* for the future

Vor·be·dacht ['fo:ɐbədaxt] *m* **aus/mit/voll ~** deliberately, intentionally; **ohne ~** unintentionally
Vor·be·din·gung *f* precondition
Vor·be·halt <-[e]s, -e> ['fo:ɐbəhalt] *m* reservation; ~**e**

gegen etw *akk* **haben** to have reservations about sth; **ohne ~** without reservation, unreservedly; **unter ~** with reservations *pl;* **unter dem ~, dass** with the reservation that, under the proviso that

vor·be·hal·ten' *vt irreg* ■ **sich** *dat* [etw] **~** to reserve [sth] for oneself; **Änderungen ~** *(geh)* subject to alterations; **alle Rechte ~** *(geh)* all rights reserved; **ich behalte mir das Recht vor, meine Meinung zu ändern** I reserve the right to change my opinion; [jdm] **~ bleiben** ■ ~ **bleiben** [to sb]; **das sind unsere Vorstellungen, die Entscheidung bleibt natürlich Ihnen ~** those are our ideas, the decision will be left to you of course

vor·be·halt·lich **I.** *präp* +*gen (geh: unter dem Vorbehalt)* ■ ~ **einer S.** *gen* subject to sth; **~ behördlicher Genehmigung** subject to permission from the relevant government department **II.** *adj (geh: unter Vorbehalt erfolgend)* **eine ~e Genehmigung** conditional approval

vor·be·halt·los **I.** *adj* unconditional, unreserved; **die Maßnahmen der Regierung genießen unsere ~e Zustimmung** we unreservedly approve of the measures taken by the government **II.** *adv* unreservedly, without reservation

vor·bei [fo:ɐ̯'bai] *adv* ➊ *(vorüber)* ■ ~ **an etw** *dat* past sth; **es war eine schöne Wanderung ~ an Wiesen und Wäldern** it was a lovely walk past meadows and forests; **wir sind schon an München ~** we have already passed [*or* gone past] Munich; **~! missed!**; **schon wieder ~, ich treffe nie** missed again, I never score/hit the mark ➋ *(vergangen)* ■ ~ **sein** to be over; **zum Glück ist die Prüfung jetzt endlich ~** fortunately the exam is now finally over; **die Zeit der fetten Jahre ist ~** gone are the years of plenty!; **es ist drei Uhr ~** it's gone three o'clock; [mit etw/jdm] **~ sein** to be the end [of sth/sb]; **mit meiner Geduld ist es ~** I've lost patience; **mit der schönen Zeit war es ~** the good times were over; **bald wird es mit ihm ~ sein** *(fig)* he will soon be dead; **mit uns ist es ~** *(fam)* it's over between us; **aus und ~** over and finished; **~ ist** ~ what's past is past

vor·bei·brin·gen *vt irreg (fam)* ■ [jdm] **etw ~** to drop sth off [*or* BRIT round] [for sb] *fam;* **wir bringen Ihnen Ihre Pizza zu Hause vorbei** we'll deliver your pizza to your doorstep; **ich möchte Ihnen Ihr Geburtstagsgeschenk ~** I would like to drop off your birthday present **vor·bei·dür·fen** *vi irreg (fam)* ■ [irgendwo] **~** to be allowed past [somewhere]; **entschuldigen Sie, darf ich gerade mal hier vorbei?** excuse me, can I just get through here? **vor·bei·fah·ren** *irreg* **I.** *vt haben (fam: hinbringen)* ■ **jdn** [bei jdm] **~** to drop sb off [at sb's]; **kannst du mich bei Wilfried ~?** could you drop me off at Wilfried's? **II.** *vi sein* ➊ *(vorüberfahren)* ■ [an jdm/etw] **~** to drive past [sb/sth]; **der Wagen ist eben hier vorbeigefahren** the car drove past here a few moments ago; **ich habe im V~ nicht genau sehen können, was auf dem Schild stand** I couldn't exactly see in passing what was on the sign ➋ *(fam: kurz aufsuchen)* ■ [bei jdm/etw] **~** to call [*or* drop] in [at sb's/sth]; **ich möchte auf dem Rückweg noch bei meiner Tante ~** I would like to call in at my aunt's on the way home; **ich fahre erst noch beim Supermarkt vorbei** I'm just going to call in at the supermarket first **vor·bei·ge·hen** [fo:ɐ̯'baiɡeːən] *vi irreg sein* ➊ *(vorübergehen)* to go past [*or* by]; **~ an etw** *dat* **~** to go past [sth/sb]; **sie ging dicht an uns vorbei, erkannte uns aber nicht** she walked right past us, but didn't recognize us; **er ging an den Schönheiten der Natur vorbei** he walked past the things of natural beauty; *(überholen)* to overtake; **der Russe geht an dem Briten vorbei** the Russian is overtaking

the Briton; *(danebengehen)* to miss [sb/sth]; **du musst genau zielen, sonst geht der Schuss am Ziel vorbei** you must aim accurately, otherwise your shot will miss the target; ■ **im V~** in passing; **im V~ konnte ich nichts Ungewöhnliches feststellen** I didn't notice anything unusual in passing ➋ *(fam: aufsuchen)* ■ [bei jdm/etw] **~** to call [*or* drop] in [at sb's/sth]; **gehe doch bitte auf dem Rückweg bei der Apotheke vorbei** please could you drop in at the chemist's on the way back ➌ *(vergehen)* ■ **etw geht vorbei** sth passes; **irgendwann geht die Enttäuschung vorbei** the disappointment will pass sometime or other; **keine Gelegenheit ungenutzt ~ lassen** *(fig)* to not let an opportunity slip [*or* pass] **vor·bei·kom·men** *vi irreg sein* ➊ *(passieren)* to pass; **wir sind an vielen schönen Häusern vorbeigekommen** we passed many beautiful houses; **sag Bescheid, wenn wir an einer Telefonzelle ~** let me know when we pass a telephone box ➋ *(fam: besuchen)* ■ [bei jdm] **~** to call [*or* drop] in [at sb's]; **komm doch mal bei mir vorbei, wenn du in der Gegend bist** drop in at my place when you're in the area ➌ *(vorübergelangen können)* ■ [irgendwo [*o* an etw/jdm] | [nicht] **~** to [not] get past [*or* by] [somewhere [*or* sth/sb]]; **an einen Hindernis ~** to get past an obstacle; **an einer Wache ~** to get past a guard; **an dieser Tatsache kommen wir nicht vorbei** *(fig)* we can't escape this fact; **nicht daran ~, dass** *(fig)* not to be able to get around [*or* BRIT round] the fact that; **wir kommen nicht daran vorbei, dass wir verantwortlich sind** we can't get round the fact that we're responsible **vor·bei·kön·nen** *vi irreg* ■ [irgendwo/an jdm] **~** to be able to get past [*or* by] [somewhere/sb]; **entschuldigen Sie, kann ich mal vorbei?** excuse me, may I get past?; **es kann keiner an mir vorbei, ohne bemerkt zu werden** nobody can get past me without being noticed **vor·bei·las·sen** *vt irreg* ➊ *(vorbeigehen lassen)* ■ [jdn/etw [an jdm] **~** to let sb/sth past [sb]; **lassen Sie uns bitte vorbei, wir müssen zu den Verletzten!** let us through please, we must get to the injured!; **er ließ mich nicht an sich vorbei** he wouldn't let me [get] past him; **Linksabbieger müssen erst den geradeaus fahrenden Verkehr ~** vehicles turning left must give way to oncoming traffic ➋ *(verstreichen lassen)* to let sth go by; **eine Gelegenheit ungenutzt ~** to let an opportunity slip **vor·bei·lau·fen** *vi* ■ [an etw/jdm] **~** to walk past [*or* by] [sth/sth] **vor·bei·marsch** *m* march-past **vor·bei·mar·schie·ren'** *vi* ■ [an etw/jdm] **~** to march past [*or* by] [sth/sb] **vor·bei·re·den** *vi* to skirt around [*or* BRIT round] sth; **am Thema ~** to miss the point; **aneinander ~** to be talking at cross purposes *pl* **vor·bei·schau·en** *vi (fam: besuchen)* ■ [bei jdm/etw] **~** to look in [on sb/sth]; **hast du auf dem Nachhauseweg noch mal bei Mutter vorbeigeschaut?** did you look in on mother on the way home? **vor·bei·schie·ßen** *vi irreg* ➊ haben *(danebenschießen)* ■ [an jdm/etw] **~** to miss [sb/sth] ➋ *sein (eilig vorbeilaufen)* ■ [an jdm/etw] **~** to shoot past [sb/sth] **vor·bei·schleu·sen** *vt (fam)* **Gelder am Finanzamt ~** to run secret accounts; **Gelder an offiziellen Konten ~** to channel funds into secret accounts **vor·bei·schram·men** *vi sein (fam)* ■ [an etw *dat*] **~** to escape [sth] by the skin of one's teeth **vor·bei·zie·hen** *vi irreg sein* ➊ *(vorüberziehen)* Wolken, Rauch to drift past; **die Ereignisse in der Erinnerung ~ lassen** *(fig fam)* to let events go through one's mind ➋ *(überholen)* ■ [an jdm] **~** to pull past [sb]

vor·be·las·tet *adj* at a disadvantage; **erblich ~ sein** to have an inherited defect

Vor·be·mer·kung *f* preface, foreword

vor|be·rei·ten I. *vt* ❶ *(im Voraus bereiten)* ▪ **etw** [**für etw** *akk*] ~ to prepare sth [for sth] ❷ *(einstimmen, einstellen)* ▪ **jdn** [**auf etw** *akk*] ~ to prepare sb [for sth] II. *vr* ▪ **sich** *akk* [**auf etw** *akk*] ~ to prepare oneself [for sth]; **ich möchte dich auf eine unangenehme Nachricht ~!** I would like you to prepare yourself for some bad news!; **wir bereiten uns auf ihre Ankunft vor** we're preparing for her arrival; ▪ **sich für etw** *akk* ~ to prepare oneself for sth; **sich** *akk* **für eine Prüfung** ~ to prepare for an exam

vor·be·rei·tend *adj attr* preparatory

vor·be·rei·tet *adj* ❶ *(vorher erledigt, hergestellt)* prepared ❷ *(eingestellt)* ▪ [**auf etw/jdn**] ~ **sein** to be prepared [for sth/sb]

Vor·be·rei·tung <-, -en> *f* preparation; **~en** [**für etw** *akk*] **treffen** to make preparations [for sth]

Vor·be·spre·chung *f* preliminary discussion [*or* meeting] **vor|be·stel·len** *vt* ▪ **etw** ~ to order sth in advance, to reserve; **ich möchte bitte zwei Karten** ~ I'd like to book two tickets please **Vor·be·stel·lung** *f* advance booking [*or* order]

Vor·be·stim·mung <-, -en> *f* fate; ▪ **es war ~, dass** it was fate, that; **an ~ glauben** to believe in fate

vor·be·straft *adj (fam)* previously convicted; **mehrfach ~ sein** to have several previous convictions; **nicht ~ sein** to not have a criminal record [*or a* previous conviction]; ▪ [**wegen etw** *dat*] ~ **sein** to have a previous conviction [for sth]

Vor·be·straf·te(r) *f(m) decl wie adj* person with a previous conviction

vor|be·ten I. *vt (fam: hersagen)* ▪ [**jdm**] **etw** ~ to hold forth on/about sth [to sb]; **er hat uns die ganzen Gesetze vorgebetet** he held forth to us about all the laws II. *vi (als Vorbeter tätig sein)* to lead the prayer[s] **Vor·be·ter(in)** *m(f)* prayer leader

vor|beu·gen I. *vt (nach vorne beugen)* ▪ **etw** ~ to bend sth forward; **den Kopf** ~ to bend [one's head] forward; **beuge den Oberkörper nicht zu weit vor, sonst verlierst du das Gleichgewicht!** don't lean too far forward, or you'll lose your balance II. *vi (Prophylaxe betreiben)* ▪ [**etw** *dat*] ~ to prevent sth; **einer Krankheit/Gefahr** ~ to prevent an illness/danger; **in Zeiten erhöhter Erkältungsgefahr beuge ich vor** in times of increased risk of colds I take preventive measures ▸ WENDUNGEN: ~ **ist besser als heilen** *(prov)* prevention is better than cure *prov* III. *vr* ▪ **sich** *akk* ~ to lean forward

vor·beu·gend I. *adj* preventive, preventative; **eine ~e Maßnahme** a preventive measure II. *adv* as a precautionary measure; **sich** *akk* ~ **impfen lassen** to be vaccinated as a precaution

Vor·beu·gung <-, -en> *f* prevention; **regelmäßiges Zähneputzen dient der ~ gegen Karies** regular brushing of one's teeth helps prevent tooth decay; **zur ~** [**gegen etw** *akk*] as a prevention [*or esp* BRIT prophylactic] [against sth]

Vor·beu·gungs·maß·nah·me *f* preventative measure

Vor·bild *nt* <-[e]s, -er> ['foːɐbɪlt] *nt* example; **nach dem ~ von ...** following the example set by ...; **ihr Vater war ihr großes ~** her father was a great example for her; **ein leuchtendes/schlechtes ~** a shining/poor example; [**jdm**] **als ~ dienen** to serve as an example [for sb]; [**sich** *dat*] **jdn zum ~ nehmen** to model oneself on sb; **das ist ohne ~** *(fig)* that has no equal

Vor·bild·funk·ti·on *f* exemplary function

vor·bild·lich I. *adj* exemplary II. *adv* in an exemplary manner; **sie haben sich ~ benommen** they behaved in an exemplary manner

Vor·bil·dung *f kein pl* educational background; *(allgemeiner)* previous experience **Vor·bo·te** *m* harbinger, herald

vor|brin·gen *vt irreg* ▪ **etw** *akk* [**gegen etw** *akk* [*o* zu **etw** *dat*]] ~ to have sth to say [about sth]; **ein Argument** ~ to put forward [*or* present] [*or* offer] an argument; **eine Meinung** ~ to voice [*or* express] [*or* offer] one's opinion; **Bedenken** ~ to express one's misgivings; **einen Einwand** ~ to raise [*or* make] [*or* lodge] an objection; **Fakten** ~ to cite facts; **bitte beschränken Sie sich lediglich auf die Fakten** please stick to the facts; **darf ich eine Frage** ~ may I raise a question

Vor·dach *nt* ARCHIT canopy **vor|da·tie·ren** ['foːɐdatiːrən] *vt* ▪ **etw** ~ to post-date sth **Vor·den·ker(in)** *m(f)* progressive thinker

Vor·der·ach·se *f* AUTO front axle **Vor·der·an·sicht** *f* front view **Vor·der·aus·gang** *m* front exit **Vor·der·bein** *nt* ZOOL foreleg **Vor·der·deck** *nt* NAUT foredeck

vor·de·re(r, s) ['fɔrdərə, -rɐ, -rəs] *adj* front; **die Explosion zerstörte den ~n Bereich des Domes** the explosion destroyed the front [section [*or* part]] of the cathedral

Vor·der·ein·gang *m* front entrance **Vor·der·front** *f* frontage **Vor·der·grund** *m a.* KUNST, FOTO foreground; **sich** *akk* **in den ~ drängen** [*o* schieben] to push oneself to the fore; **etw** *akk* **in den ~ rücken** [*o* stellen] to give priority to sth; **im ~ stehen** to be the centre [*or* AM -er] of attention; **in den ~ treten** to come to the fore **vor·der·grün·dig** I. *adj* superficial II. *adv* at first glance **Vor·der·haus** *nt* front part of a house, part of a house which faces the street **Vor·der·la·der** <-s, -> *m (Waffenart)* muzzle-loader **Vor·der·lauf** *m* JAGD foreleg **Vor·der·mann** *m* ▪ **jds** ~ person in front of sb ▸ WENDUNGEN: **etw/jdn auf ~ bringen** *(fam)* to lick sth/sb into shape **Vor·der·pfo·te** *f* ZOOL front paw, fore-paw **Vor·der·rad** *nt* front wheel **Vor·der·rad·an·trieb** *m* AUTO front-wheel drive; **mit ~** [with] front-wheel drive; **ein Wagen mit ~** a car with front-wheel drive [*or* front-wheel drive car] **Vor·der·rei·fen** *m* front tyre [*or* AM tire] **Vor·der·schin·ken** *m* KOCHK shoulder ham *no indef art, no pl*, shoulder of ham **Vor·der·sei·te** *f* front [side] **Vor·der·sitz** *m* front seat

vor·der·ste(r, s) ['fɔrdəstə, -ste, -stəs] *adj superl von* **vordere(r, s)** foremost; **die ~n Plätze/Reihen** the seats/rows at the very front

Vor·ders·te(r) ['fɔrdəstə, -ste] *f(m) decl wie adj* person at the front; **wir waren die ~n in der Schlange** we were at the head of the queue

Vor·der·teil ['fɔrdetail] *m o nt* front [part]

Vor·di·plom *nt* SCH intermediate diploma *(first part of the final exams towards a diploma)*

vor|drän·geln *vr*, **vor|drän·gen** *vr* ▪ **sich** ~ to push to the front

vor|drin·gen *vi irreg sein* ❶ *(vorstoßen)* ▪ [**bis**] **irgendwohin** ~ to reach [*or* get as far as] somewhere; **wir müssen bis zum Fluss ~, dann sind wir gerettet** we must get as far as the river, then we'll be saved ❷ *(gelangen)* ▪ [**bis**] **zu jdm** ~ to reach [*or* get as far as] sb; **ist die Nachricht seines Rücktritts bis zu dir vorgedrungen?** have you heard that he's resigned? ❸ *(beim Lesen angelangen)* ▪ [**bis**] **irgendwohin** ~ to read [*or* get] as far as somewhere; **ich bin erst bis Seite 35 vorgedrungen** I've only reached page 35 [so far]

vor·dring·lich ['foːɐdrɪŋlɪç] I. *adj* urgent, pressing II. *adv* as a matter of urgency; **hier ist eine Liste der ~ zu besprechenden Punkte** here is a list of the points which urgently need discussing [*or* are in most urgent need of discussion]

Vor·druck <-drucke> *m* form

vor·ehe·lich *adj attr* pre-marital

vor·ei·lig ['foːɐʔailɪç] I. *adj* rash, over-hasty II. *adv* rashly, hastily; **sich** *akk* ~ **entschließen** to make a rash [*or* an over-hasty] decision; ~ **schließen, dass ...**

to jump to the conclusion that ...; **diese Entscheidung ist zu ~ erfolgt** this decision was taken too hastily; **man sollte sich hüten, ~ über andere Menschen zu urteilen** one should be careful not to be too quick to judge others

vor·ein·an·der [foːɐ̯ʔaiˈnandɐ] *adv* in front of one another [*or* each other]; **Angst ~ haben** to be afraid of each other [*or* one another]; **Geheimnisse ~ haben** to have secrets from each other [*or* one another]; **Respekt ~ haben** to have respect for each other [*or* one another]; **sich** *akk* **~ schämen/genieren** to be ashamed/embarrassed to look each other in the face [*or* in the eye]

vor·ein·ge·nom·men [ˈfoːɐ̯ʔaingənɔmən] *adj* prejudiced; ▪ **~ sein** [**gegenüber jdm**] to be prejudiced [against sb]; **die Prüfer waren mir gegenüber ~** the examiners were biased against me

Vor·ein·ge·nom·men·heit <-> *f kein pl* prejudice

Vor·ein·stel·lung *f* INFORM previously installed setting

vor|ent·hal·ten* [ˈfoːɐ̯ʔɛnthaltn̩] *vt irreg* ▪ [**jdm**] **etw** *akk* **~** to withhold [*or* keep] sth [from sb]

Vor·ent·schei·dung *f* ① *(Entscheidung vorwegnehmender Beschluss)* preliminary decision ② SPORT *(entscheidendes Zwischenergebnis)* preliminary round; **das 2:0 war so etwas wie eine ~ im heutigen Spiel** today's game was [as good as] decided when the 2-0 was scored [*or* lead was extended to 2-0]

vor·erst [ˈfoːɐ̯ʔeːɐ̯st] *adv* for the time being, for the present [*or* moment]; **ich habe ~ noch nichts erfahren können** I haven't been able to find out anything as yet

Vor·fahr(in) <-en, -en> [ˈfoːɐ̯faːɐ̯] *m(f)* forefather, ancestor

vor|fah·ren *irreg* **I.** *vi sein* ① *(vor ein Gebäude fahren)* ▪ [**in/mit etw** *dat*] **~** to drive up [in sth] ② *(ein Stück weiterfahren)* to move up [*or* forward]; **fahren Sie bitte vor, hier dürfen Sie nicht halten!** can you move on please, you're not allowed to stop here! ③ *(früher fahren)* to go [*or* drive] on ahead **II.** *vt haben* ① *(weiter nach vorn fahren)* ▪ **etw ~** to move sth up [*or* forward] ② *(vor ein Gebäude fahren)* ▪ **etw ~** to bring sth around [*or* BRIT *a.* round]; ▪ **etw** *akk* **~ lassen** to have sth brought around [*or* BRIT *a.* round], to send for sth

Vor·fahrt [ˈfoːɐ̯faːɐ̯t] *f kein pl* TRANSP right of way; **~ haben** to have [the] right of way; **jdm die ~ nehmen** to fail to give way to sb

Vor·fahrts·schild *nt* right of way sign **Vor·fahrts·stra·ße** *f* main [*or* major] road **Vor·fahrts·zei·chen** *nt s.* **Vorfahrtsschild**

Vor·fall *m* ① *(Geschehnis)* incident, occurrence; **dieser ~ darf nicht an die Öffentlichkeit dringen** this incident must not become public [knowledge] ② MED *(Prolaps)* prolapse

vor|fal·len *vi irreg sein* to happen, to occur *form;* **ist irgendwas vorgefallen, du bist so nervös?** has anything happened, you seem so nervous?

Vor·feld *nt* ① MIL *(Gelände vor Stellung)* approaches *pl;* **das ~ der Stellungen war vermint und mit Stacheldrahtverhauen versehen worden** the approaches to the placements were mined and covered with barbed wire ② LUFT apron ▸ WENDUNGEN: **im ~ von etw** *dat* in the run-up to sth **Vor·film** *m* FILM supporting film

vor|fi·nan·zie·ren* *f* FIN ▪ [**jdm**] **etw** *akk* **~** to pre-finance sth [for sb], to provide advance financing [to sb] for sth

vor|fin·den *vt irreg* ▪ **jdn/etw ~** to find sb/sth; **jdn krank/wohlauf ~** to find sb unwell/in good health; **Sie werden eine nervöse Gereiztheit ~, wenn Sie dort sind** you'll notice a nervous irritability while you're there

Vor·freu·de *f* [excited] anticipation; ▪ **die** [*o* **jds**]

~ [**auf etw** *akk*] the/sb's [excited] anticipation [of sth] **Vor·früh·ling** *m* early [taste of] spring

vor|füh·len *vi* to put [*or* send] out a few feelers; ▪ **bei jdm ~** to sound sb out *sep*

vor|füh·ren *vt* ① MODE *(präsentieren)* ▪ [**jdm**] **etw** *akk* **~** to model sth [for sb]; **darf ich Ihnen wohl unser neuestes Modell ~?** please allow me to show you our new model ② *(darbieten)* ▪ [**jdm**] **etw** *akk* **~** to perform sth [for sb] ③ JUR *(in den Gerichtssaal bringen)* ▪ **jdn ~** to bring in sb *sep;* **jdn dem Richter ~** to bring sb before the judge ④ *(fam: bloßstellen)* ▪ **jdn ~** to show sb up

Vor·führ·raum *m* FILM projection room

Vor·füh·rung *f* ① FILM *(Filmvorführung)* showing ② MODE *(Präsentation)* modelling

Vor·führ·wa·gen *m* AUTO demonstration model [*or* car]

Vor·ga·be *f* ① *meist pl (Richtwert)* guideline ② SPORT *(zur Verfügung gestellter Vorsprung)* [head] start

Vor·gang <-gänge> *m* ① *(Geschehnis)* event; **ich beobachte seit einiger Zeit merkwürdige Vorgänge um mich herum** I've been noticing for some time strange occurrences happening around me ② *(Prozess)* process ③ *(geh: angelegte Akte)* file

Vor·gän·ger(in) <-s, -> *m(f)* ▪ **jds ~** sb's predecessor

vor·gän·gig **I.** *adj* SCHWEIZ *(vorausgehend)* previous, prior **II.** *adv (vorher)* beforehand

Vor·gar·ten *m* HORT front garden

vor|gau·keln *vt (geh)* ▪ **jdm etw** *akk* **~** to lead sb to believe in sth; ▪ **jdm ~, dass ...** to lead sb to believe that ...

vor|ge·ben *irreg* **I.** *vt* ① *(vorschützen)* ▪ **etw ~** to use sth as an excuse [*or* a pretext] ② *(fam: nach vorn geben)* ▪ **etw** *akk* [**zu jdm**] **~** to pass sth forward [to sb] ③ *(festlegen)* ▪ [**jdm**] **etw** *akk* **~** to set sth in advance [for sb] **II.** *vi* **~** [, **dass ...**] to pretend [that ...]

Vor·ge·bir·ge *nt* foothills *pl*

vor·geb·lich [ˈfoːɐ̯geːplɪç] *adj (geh) s.* **angeblich**

vor·ge·fasstᴿᴿ *adj,* **vor·ge·faßtᴬᴸᵀ** *adj* preconceived

Vor·ge·fühl *nt s.* **Vorahnung**

vor|ge·hen *vi irreg sein* ① *(vorausgehen)* to go on ahead ② *(zu schnell gehen)* to be fast; **meine Uhr geht fünf Minuten vor** my watch is five minutes fast ③ *(Priorität haben)* to have [*or* take] priority, to come first ④ MIL *(vorrücken)* ▪ [**gegen jdn/etw**] **~** to advance [on *or* towards] sb/sth] ⑤ *(Schritte ergreifen)* ▪ [**gegen jdn/etw**] **~** to take action [against sb/sth]; **gerichtlich gegen jdn ~** to take legal action [*or* proceedings] against sb ⑥ *(sich abspielen)* ▪ [**irgendwo**] **~** to go on [*or* happen] [somewhere]; ▪ [**in jdm**] **~** to go on [inside sb]; ▪ [**mit jdm**] **~** to happen [to sb] ⑦ *(verfahren)* ▪ [**bei etw** *dat*] **irgendwie ~** to proceed somehow [in sth]

Vor·ge·hen <-s> *nt kein pl* ① *(Einschreiten)* action; **es wird Zeit für ein energisches ~ gegen das organisierte Verbrechen** its time for concerted action to be taken against organized crime ② *(Verfahrensweise)* course of action

Vor·ge·hens·wei·se *f* procedure

vor·ge·la·gert *adj* GEOG offshore; ▪ [**einer S.** *dat*] **~ sein** to be [situated] [*or* lie] off sth **Vor·ge·schich·te** *f* ① *(vorausgegangener Verlauf)* [past] history ② *kein pl (Prähistorie)* prehistory *no indef art, no pl,* prehistoric times *pl* **vor·ge·schicht·lich** *adj* prehistoric **Vor·ge·schmack** *m kein pl* foretaste; **jdm einen ~** [**von etw** *dat*] **geben** to give sb a foretaste [of sth]

Vor·ge·setz·te(r) *f(m) decl wie adj* superior; ▪ **jds ~(r)** sb's superior

vor·ges·tern [ˈfoːɐ̯gɛstɐn] *adv* ① *(Tag vor gestern)* the day before yesterday; **~ Abend/Früh/Mittag** the evening before last/early on the morning of the day before yesterday/ the day before yesterday at midday;

~ Morgen/Nacht the morning/night before last; **von ~** *(vorgestrig)* from the day before yesterday; **haben wir noch die Zeitung von ~?** have we still got the paper from the day before yesterday? ❷ *(antiquiert)* old-fashioned, outdated, outmoded

vor·gest·rig *adj* ❶ *(vorgestern liegend)* of [*or* from] the day before yesterday *pred;* **~er Abend/Morgen/Nacht** the evening/morning/night before last; **~er Mittag** the day before yesterday at midday ❷ *(antiquiert)* old-fashioned, outdated, outmoded

vor|grei·fen *vi irreg* ❶ *(jds Handeln vorwegnehmen)* ■ **jdm ~** to anticipate what sb is planning to do; **aber fahren Sie doch fort, ich will Ihnen nicht ~** do continue, I didn't mean to jump in ahead of you ❷ *(etw vorwegnehmen)* ■ **einer S.** *dat* **~** to anticipate sth

Vor·griff *m* **im** [*o* **in**] [*o* **unter**] **~** [**auf etw** *akk*] in anticipation [of sth]

vor|ha·ben [ˈfoːɐ̯haːbn̩] *vt irreg* ■ **etw ~** to plan sth [*or* have sth planned]; ■ **etw** *akk* [**mit jdm**] **~** to have sth planned [for sb]; **wir haben große Dinge mit Ihnen vor** we've got great plans for you; **was die Terroristen wohl mit ihren Geiseln ~?** I wonder what the terrorists intend to do with their hostages?; ■ **etw** *akk* [**mit etw** *dat*] **~** to plan [*or* intend] to do sth [with sth]; ■ **~, etw** *akk* **zu tun** to plan to do sth; **hast du etwa vor, nach dem Abendessen noch weiterzuarbeiten?** do you intend to carry on working after dinner?

Vor·ha·ben <-s, -> [ˈfoːɐ̯haːbn̩] *nt* plan; **das ist wirklich ein anspruchsvolles ~** this really is an ambitious project

Vor·hal·le *f* ARCHIT entrance hall; *(eines Hotels/Theaters)* foyer

vor|hal·ten *irreg* I. *vt* ❶ *(vorwerfen)* ■ **jdm etw** *akk* **~** to reproach sb for [*or* with] sth ❷ *(davorhalten)* ■ [**jdm**] **etw** *akk* **~** to hold sth [in front of sb]; **halt dir gefälligst die Hand vor, wenn du hustest!** kindly put your hand over your mouth when you cough! II. *vi* to last; **ich habe fünf Teller Eintopf gegessen, das hält erst mal eine Weile vor** I've eaten five bowlfuls of stew, that should keep me going for a while

Vor·hal·tung *f meist pl* reproach; **jdm** [**wegen etw** *dat*] **~en machen** to reproach sb [for [*or* with] sth]

Vor·hand <-> [ˈfoːɐ̯hant] *f kein pl* ❶ SPORT *(Schlag)* forehand ❷ ZOOL *(Vorderbeine von Pferd)* forehand

vor·han·den [ˈfoːɐ̯handn̩] *adj* ❶ *(verfügbar)* available *inv;* **aus noch ~en Reststücken nähte sie eine neue Tagesdecke** she used the pieces [of material] which were left to make a new bedspread; ■ **~ sein** to be left ❷ *(existierend)* which [still] exist *pred,* existing; **es waren noch einige Fehler ~** there were still some mistakes [[left] in it]

Vor·hang <-s, Vorhänge> [ˈfoːɐ̯haŋ, *pl:* ˈfoːɐ̯hɛŋə] *m* curtain; **der Eiserne ~** HIST the Iron Curtain

Vor·hän·ge·schloss^{RR} *nt* padlock

Vor·haus *nt* ÖSTERR *(Hausflur)* [entrance] hall **Vor·haut** *f* ANAT foreskin, prepuce *spec*

vor·her [foːɐ̯ˈheːɐ̯] *adv* beforehand; **das hätte ich doch ~ wissen müssen** I could have done with knowing that before[hand]; **wir fahren bald los, ~ sollten wir aber noch etwas essen** we're leaving soon, but we should have something to eat before we go; **die Besprechung dauert bis 15 Uhr, ~ darf ich nicht gestört werden** the meeting is due to last until 3 o'clock, I mustn't be disturbed until then

vor·her|be·stim·men[*] *vt* ■ **etw ~** to predetermine [*or* foreordain] sth; ■ **vorherbestimmt sein** to be predestined [*or* fore-ordained] **vor·her·be·stimmt** *adj* **~ sein** to be predestined [*or* preordained]; **etw ist jdm ~** sb is predestined for sth **vor·her·ge·hend** *adj* previous *attr,* preceding; **am ~en Tag** on the previous

[*or* preceding] day, the day before; **im vorhergehenden Satz** in the preceding sentence

vor·he·rig [foːˈheːrɪç] *adj attr* ❶ *(zuvor erfolgend)* prior; *(Abmachung, Vereinbarung)* previous, prior; **wenn Sie mich sprechen wollen, dann bitte ich um einen ~en Anruf** if you would like to speak to me, then I would ask you to call [me] beforehand; **die Verhandlung ist am 17. März, ein ~es Treffen ist dringend nötig** the case will be heard on the 17th March, a meeting prior to that date is vital; **ich unternehme nichts ohne ~e Genehmigung durch die Geschäftsleitung** I won't undertake anything without having first obtained the management's approval ❷ *s.* **vorhergehend**

Vor·herr·schaft *f* POL hegemony, [pre]dominance, supremacy

vor|herr·schen *vi* ❶ *(überwiegen)* to predominate [*or* be predominant], to prevail ❷ GEOG *(überwiegend vorhanden sein)* to predominate [*or* be predominant]

vor·herr·schend *adj* predominant, prevailing; *(weitverbreitet)* prevalent; **nach ~er Meinung** according to the prevailing opinion

Vor·her·sa·ge [foːɐ̯ˈheːɐ̯zaːɡə] *f* ❶ METEO *(Wettervorhersage)* forecast ❷ *(Voraussage)* prediction **vor·her|sa·gen** *vt s.* **voraussagen vor·her|se·hen** *vt irreg* ■ **etw ~** to foresee sth

vor·hin [foːɐ̯ˈhɪn] *adv* a moment ago, just [now]; **das habe ich ~ gehört** I've just heard about that

vor·hi·nein [ˈfoːɐ̯hɪnain] *adv* **im V~** in advance; [**etw** *akk*] **im V~ sagen/wissen** to say/know [sth] in advance [*or* beforehand]

Vor·hof *m* ❶ ANAT *(Vorkammer)* atrium, auricle ❷ ARCHIT *(Burghof)* forecourt **Vor·höl·le** *f* REL limbo

Vor·hut <-, -en> *f* MIL vanguard, advance-guard

vo·rig [ˈfoːrɪç] *adj attr* last, previous; **diese Konferenz war genauso langweilig wie die ~e** this conference was just as boring as the previous one

Vor·jahr *nt* last year; **im Vergleich zum ~** compared to last year; **im ~** last year

vor·jäh·rig *adj* last year's *attr;* **dieser Beschluss wurde auf unserer ~en Konferenz gefasst** this decision was made at our conference last year

vor|jam·mern *vt (fam)* ■ **jdm etw** *akk* [**von etw** *dat*] **~** to moan [*or sl* gripe] to sb [about sth]

Vor·kam·mer *f* ANAT *(Vorhof)* atrium **Vor·kämpfer(in)** *m(f)* pioneer, champion, advocate **Vor·kasse** *f* ÖKON advance payment; **wir liefern Ihnen die Waren nur gegen ~** we'll only supply the goods to you on advance payment

vor|kau·en *vt (fam: in allen Details darlegen)* ■ [**jdm**] **etw** *akk* **~** to spell out sth [to sb] *sep*

Vor·kaufs·recht *nt* JUR right of first refusal, [right of] pre-emption

Vor·kehr <-, -en> *f* SCHWEIZ *(Vorkehrung)* precaution, precautionary measure

Vor·keh·rung <-, -en> *f* precaution, precautionary measure; **~en treffen** to take precautions [*or* precautionary measures]

Vor·kennt·nis *f meist pl* previous experience *no pl, no indef art*

vor|knöp·fen *vt (fam)* ■ **sich** *dat* **jdn ~** to give sb a good talking-to *fam,* to take sb to task; **sie erzählt wieder Lügen über mich? na, die werde ich mir mal ~!** she's telling lies about me again? well, I'll give her a [good] piece of my mind!

vor|kom·men *vi irreg sein* ❶ *(passieren)* to happen; ■ **es kommt vor, dass ...** it can happen that ...; **es kommt selten vor, dass ich mal etwas vergesse** I rarely forget anything; **das kann [schon mal] ~** it happens, these things [can] happen; **das soll** [*o* **wird**] **nicht wieder ~** it won't happen again; **so was**

soll ~!, das kommt vor these things [can] happen; **so etwas ist mir noch nie vorgekommen** I've never known anything like it before ❷ *(vorhanden sein)* ■[irgendwo] ~ to be found [somewhere], to occur [somewhere]; **in seinen Artikeln kommt auffällig oft das Wort „insbesondere" vor** its noticeable how often the words "in particular" are used in his articles; **das ist ein Fehler, der in vielen Wörterbüchern vorkommt** this is a mistake which occurs in many dictionaries ❸ *(erscheinen)* to seem; ■ **sich** *dat* [irgendwie] ~ to feel [somehow]; **du kommst dir wohl ganz schön schlau vor?** you think you're very clever, don't [*or* a bit clever, do] you?; **das Lied kommt mir bekannt vor** this song sounds familiar to me; **Sie können mich gar nicht kennen, das kommt Ihnen allenfalls so vor** you can't [possibly] know me, it only seems like you do ❹ *(nach vorn kommen)* to come to the front [*or* forward] ❺ *(zum Vorschein kommen)* to come out; **hinter etw** *dat* ~ to come out from behind sth ▶ WENDUNGEN: **wie kommst du mir eigentlich** [*o* denn] **vor? wie kommen Sie mir eigentlich** [*o* denn] **vor?** *(fam)* who on earth do you think you are? *fam*

Vorkommen <-s, -> *nt* ❶ *kein pl* MED *(das Auftreten)* incidence ❷ *meist pl* BERGB *(Lagerstätte)* deposit

Vor·komm·nis <-ses, -se> ['foːɐ̯kɔmnɪs] *nt* incident, occurrence; **besondere/keine besonderen ~se** particular incidents [*or* occurrences] /nothing out of the ordinary; **es wird über Sichtungen von Ufos und über andere unerklärliche ~se berichtet** there are reports of UFO sightings and other unexplained incidents; **irgendwelche besonderen ~se? – keine besonderen ~se, Herr Oberleutnant!** anything to report? – nothing to report, sir!

Vor·kriegs·au·to *nt* pre-war car **Vor·kriegs·zeit** *f* prewar period; **dieses Medikament war in der ~ noch unbekannt** this medicine was still unknown before the war; **er hat einen Teil der ~ in Brasilien verbracht** he spent some time in Brazil before the war

vor·la·den *vt irreg* JUR ■ **jdn** ~ to summon [*or* cite] sb, issue [*or* serve] a summons on sb; *(unter Strafandrohung)* to subpoena sb

Vor·la·dung *f* JUR ❶ *(das Vorladen)* summoning, citation ❷ *(Schreiben)* summons, citation; *(unter Strafandrohung)* subpoena

Vor·la·ge *f* ❶ *kein pl (das Vorlegen)* presentation; *(von Dokumenten, Unterlagen)* presentation, production; **ohne ~ von Beweisen können wir der Sache nicht nachgehen** if you can't produce [*or* provide [*or* furnish] us with] any evidence we can't look into the matter; **wann dürfen wir mit der ~ der fehlenden Unterlagen rechnen?** when can we expect you to produce the missing documents?; **gegen** [*o* bei] **~ einer S.** *gen* on presentation [*or* production] of sth; [mit etw *dat*] **in ~ treten** ÖKON, FIN to make an advance payment [of sth]; **meine Bank tritt mit 450.000 Euro in ~** my bank made an advance payment of 450,000 euros ❷ KUNST *(Zeichenvorlage)* pattern ❸ POL *(Gesetzesvorlage)* bill ❹ SCHWEIZ *(Vorleger)* mat

Vor·land ['foːɐ̯lant] *nt kein pl* GEOG ❶ *(Ausläufer)* foothills *pl* ❷ *(Deichvorland)* foreshore

vor·las·sen *vt irreg* ❶ *(fam: den Vortritt lassen)* ■ **jdn** ~ to let sb go first [*or* in front] ❷ *(nach vorn durchlassen)* ■ **jdn** ~ to let sb past [*or* through] ❸ *(Zutritt gewähren)* ■ **jdn** [zu jdm] ~ to let [*or* allow] sb in [to see sb], to admit sb [to sb] *form*

Vor·lauf *m* ❶ SPORT *(Qualifikationslauf)* qualifying [*or* preliminary] [*or* trial] heat, qualifying [*or* preliminary] round ❷ TECH *(schnelles Vorspulen)* fast-forward[ing]; *(Heizungsvorlauf)* flow [pipe] ❸ TRANSP, ÖKON forward planning

vor·lau·fen *vi irreg sein (fam)* ■[irgendwohin] ~ to run on ahead [*or* in front] [somewhere]

Vor·läu·fer|in *m(f)* precursor, forerunner

vor·läu·fig ['foːɐ̯lɔyfɪç] **I.** *adj* temporary; *(Ergebnis)* provisional; *(Regelung)* interim, provisional, temporary **II.** *adv* for the time being [*or* present]; **jdn ~ festnehmen** to take sb into temporary custody

vor·laut ['foːɐ̯laut] *adj* cheeky, impertinent

Vor·le·ben *nt kein pl* [jds ~ sb's past [life]; **ein ~ haben** to have a past

Vor·le·ge·be·steck *nt* serving cutlery **Vor·le·ge·ga·bel** *f* serving fork

vor·lie·gen *vt* ❶ *(einreichen)* ■[jdm] **etw** *akk* ~ to present sth [to sb] [*or* [sb with] sth]; [jdm] **Beweise** ~ to produce [*or* provide] evidence [for sb], to furnish [*or* provide] sb with evidence; [jdm] **Dokumente** [*o* **Unterlagen**] ~ to present documents [to sb] [*or* [sb with] documents], to produce documents [for sb]; [jdm] **Zeugnisse** ~ to produce one's certificates [for sb], to show [sb] one's certificates [*or* one's certificates [to sb]] ❷ *(vor etw schieben)* ■ **etw** ~ to put on sth *sep;* **einen Riegel** ~ to put [*or* slide] a bolt across

Vor·le·ger <-s, -> *m* ❶ *(Fußabtreter)* [door]mat ❷ *(Bettvorleger)* [bedside] rug; *(Toilettenvorleger)* mat

vor·leh·nen *vr* ■ **sich** ~ to lean forward

Vor·leis·tung *f* POL advance [*or* prior] concession

vor·le·sen *irreg* **I.** *vt* ■ [jdm] **etw** *akk* ~ to read out *sep* sth [to sb]; **soll ich dir den Artikel aus der Zeitung ~?** shall I read you the article from the newspaper?; **vor dem Zubettgehen liest sie den Kindern immer eine Gutenachtgeschichte vor** she always reads the children a bedtime story before they go to bed; ■ [jdm] **~, was ...** to read out [to sb] what ... **II.** *vi* ■ [jdm] ~ *dat* ~ to read aloud [*or* out [loud]] [to sb] (aus +*akk* from); **liest du den Kindern bitte vor?** will you read to the children, please?

Vor·le·ser|in *m(f)* reader

Vor·le·sung *f* SCH lecture; **eine ~/~en** [über etw *akk*] **halten** to give [*or* deliver] a lecture/course [*or* series] of lectures [on sth]

vor·le·sungs·frei *adj* SCH **in der ~en Zeit** during the semester break, outside of term-time BRIT, when there are no lectures [*or* AM classes] **Vor·le·sungs·ver·zeich·nis** *nt* SCH lecture timetable, timetable of lectures

vor·letz·te|r, s ['foːɐ̯lɛtstə, -stɐ, -stəs] *adj* ❶ *(vor dem Letzten liegend)* before last *pred;* **das ~ Treffen** the meeting before last, penultimate [*or* second last] [*or* AM next to last] meeting ❷ *(in einer Aufstellung)* penultimate, last but one BRIT, next to last AM; **sie ging als ~ Läuferin durchs Ziel** she was the second last runner to finish; **bisher liegt dieser Wagen in der Wertung an ~r Stelle** up to now, this car is last but one in the ranking; **Sie kommen leider erst als V~r dran** I'm afraid you'll be the last but one [person] to be seen; **Sie springen als V~** you'll be [the] second last to jump

Vor·lie·be [foːɐ̯ˈliːbə] *f* preference, particular liking [of], predilection *form;* ■ **jds/eine ~ für jdn/etw** sb's/a preference for sb/sth; **~n** [*o* **eine ~**] [für jdn/etw] **haben** to have a particular liking [of sb/sth]; **etw** *akk* **mit ~ essen/trinken** to particularly like eating/drinking [*or* be very partial to] sth; **sie beschäftigt sich mit ~ damit, anderen Leuten Fehler nachzuweisen** she takes great delight in pointing out other people's mistakes [to them]

vor·lieb·neh·men [foːɐ̯ˈliːp-] *vi irreg* **mit jdm/etw** ~ to make do with sb/sth

vor·lie·gen *vi irreg* ❶ *(eingereicht sein)* ■ [jdm] ~ to have come in [to sb], to have been received [by sb]; **mein Antrag liegt Ihnen jetzt seit vier Monaten**

vor! my application's been with you for four months now!; **zurzeit liegen uns noch keine Beweise vor** as yet we still have no proof; **der Polizei liegen belastende Fotos vor** the police are in possession of incriminating photo[graph]s ❷ MEDIA *(erschienen sein)* to be out [*or* available] [*or* published]; **das Buch liegt nunmehr in einer neu bearbeiteten Fassung vor** a revised edition of the book has now been published ❸ *(bestehen)* to be; **hier muss ein Irrtum ~** there must be some mistake here ❹ JUR *(erstattet sein)* ■ [**gegen jdn**] **~** to be charged with sth, sb is charged with sth; **ich habe ein Recht, zu erfahren, was gegen mich vorliegt** I have a right to know what I've been charged with; **uns liegt hier eine Beschwerde gegen Sie vor** we have received a complaint about you

vor·lie·gend *adj attr* available *inv;* **die ~en Tatsachen/Unterlagen** the available facts/documents [*or* facts/documents available to sb]; *s. a.* **Fall**

vor|lü·gen *vt irreg* ■ [**jdm**] **etwas ~** to lie to sb; ■ **sich** *dat* **etwas/nichts** [**von jdm**] **~ lassen** to be taken in/not be taken in [by sb]; **lass dir nichts von ihm ~** don't believe [a word of] what he says; ■ **jdm ~, dass ...** to trick sb into believing that ...

vor|ma·chen *vt* ❶ *(täuschen)* ■ **jdm etwas ~** to fool [*or sl* kid] sb, to pull the wool over sb's eyes; ■ **sich** *dat* **etwas ~** to fool [*or sl* kid] oneself; **machen wir uns doch nichts vor** let's not kid ourselves *sl;* ■ **sich** *dat* **nichts ~ lassen** to not be fooled; **von dir lasse ich mir nichts ~!** you can't fool me!; **sie ist eine Frau, die sich nichts ~ lässt** she's nobody's fool ❷ *(demonstrieren)* ■ **jdm etw** *akk* **~** to show sb [how to do] sth; ■ **jdm ~, wie ...** to show sb how ...; **jdm** [**noch**] **etwas ~ können** to be able to show sb a thing or two; **jdm macht** [**auf/in etw** *dat*] **keiner etwas vor** no one is better than sb [at sth] [*or* can teach sb anything [about sth]]

Vor·macht·stel·lung *f kein pl* POL hegemony, supremacy, [pre]dominance; **eine ~** [**gegenüber jdm**] [**inne|haben**] to have supremacy [*or* be [pre]dominant] [over sb]

vor·ma·lig [ˈfoːɐ̯maːlɪç] *adj attr* former; **der ~e Parkplatz wurde in eine grüne Oase verwandelt** what was once a car park had been transformed into a [little] green oasis

vor·mals [ˈfoːɐ̯maːls] *adv (geh)* in former times *form,* formerly; **das sind antiquierte Vorstellungen, die man vielleicht ~ mal hatte** those are [rather] antiquated notions which one might have had in times gone by

Vor·marsch *m a.* MIL advance; **auf dem ~ sein** to be advancing [*or* on the advance]; *(fig)* to be gaining ground

Vor·merk·da·tei *f* waiting list; **in der ~ sein** to be on the waiting list

vor|mer·ken *vt* ❶ *(im Voraus eintragen)* ■ **jdn/sich** [**für etw** *akk*] **~** to put sb's/one's name down [for sth]; ■ **jdn/sich** [**für etw** *akk*] **~ lassen** to put sb's/one's name down [for sth]; **lassen Sie bitte zwei Doppelzimmer ~** please book two double rooms for me; ■ [**sich** *dat*] **etw** *akk* **~** to make a note of sth; **ich habe mir den Termin vorgemerkt** I've made a note of the appointment ❷ MEDIA *(reservieren)* ■ **etw** *akk* [**für jdn**] **~** to reserve sth [*or* put sth by] [for sb]; ■ **vor·gemerkt** reserved

Vor·mie·ter(in) *m(f)* previous tenant

Vor·mit·tag [ˈfoːɐ̯mɪtaːk] *m* morning; **die letzten ~e** the last few mornings; **am** [**frühen/späten**] **~** [early/late] in the morning; **wir könnten die Konferenz am ~ stattfinden lassen** we could schedule the conference for the morning

vor·mit·tags [ˈfoːɐ̯mɪtaːks] *adv* in the morning

Vor·mund <-[e]s, -e *o* Vormünder> [ˈfoːɐ̯mʊnt, *pl:* -mʏndə] *m a.* JUR guardian; **keinen ~ brauchen** *(fam)* to not need anyone to tell one what to do; **ich brauche keinen ~!** I don't need anyone giving me orders!

Vor·mund·schaft <-, -en> [ˈfoːɐ̯mʊntʃaft] *f* JUR guardianship

vorn [fɔrn] *adv* ❶ *(an der Vorderfront)* at the front ❷ *(im vorderen Bereich)* at the front; ■ **~ in etw** *dat* at the front of sth ❸ MEDIA *(zu Beginn)* at the front ❹ *(auf der Vorderseite)* at the front ❺ *(Richtung)* **nach ~** to the front; **nach ~ fallen** to fall forward; **von ~** *(von der Vorderseite her)* from the front; *(von Anfang an)* from the beginning; **von ~ bis hinten** *(fam)* from beginning to end; **sie hat mich die ganze Zeit von ~ bis hinten belogen** she was telling me a pack of lies from start to finish; **ich habe alles verkehrt gemacht, jetzt kann ich wieder von ~ anfangen** I've messed everything up, now I'll have to start again from scratch

Vorname *m* first [*or* Christian] name

vorne *adv s.* **vorn**

vor·nehm [ˈfoːɐ̯neːm] *adj* ❶ *(adelig)* aristocratic, noble ❷ *(elegant)* elegant, distinguished, refined; *(Aufzug, Kleidung)* elegant, stylish ❸ *(luxuriös)* fashionable, exclusive, posh *fam; (Limousine)* expensive; *(Villa)* elegant, exclusive ❹ **sich** *dat* **zu ~** [**für etw** *akk*] **sein** [sth is] beneath sb *iron;* **~ tun** *(pej fam)* to put on airs [and graces], to act [all] posh *fam*

vor|neh·men *vt irreg* ❶ *(einplanen)* ■ **sich** *dat* **etw** *akk* **~** to plan sth; **für morgen haben wir uns viel vorgenommen** we've got a lot planned for tomorrow; ■ **sich** *dat* **~, etw** *akk* **zu tun** to plan [*or* intend] to do sth; **für das Wochenende hab ich mir vorgenommen, meine Akten zu ordnen** I plan to tidy up my files at the weekend ❷ *(sich eingehend beschäftigen)* ■ **sich** *dat* **etw** *akk* **~** to get to work on sth, to have a stab at sth *fam;* **am besten, Sie nehmen sich das Manuskript noch mal gründlich vor** it would be best if you had another good look at the manuscript ❸ *(fam: sich vorknöpfen)* ■ **sich** *dat* **jdn ~** to give sb a good talking-to *fam,* to take sb to task; **nimm ihn dir mal in einer stillen Stunde vor** can't you [try and] have a quiet word with him? ❹ ■ **etw ~** to carry out sth *sep;* **Änderungen ~** to make changes; **Messungen ~** to take measurements; **eine Überprüfung ~** to carry out a test *sep;* **eine Untersuchung ~** to do [*or* make] an examination

Vor·nehm·heit <-> *f kein pl* elegance, stylishness

vor·nehm·lich *adv (geh)* primarily, principally, above all

vorn·he·rein [ˈfɔrnhɛrain] *adv* ■ **von ~** from the start [*or* beginning] [*or* outset]

vorn·über [fɔrnˈʔyːbɐ] *adv* forwards

Vor·ort [ˈfoːɐ̯ʔɔrt] *m* suburb **Vor·platz** *m* forecourt **Vor·pos·ten** *m* MIL outpost; **auf ~ stehen** to be on outpost duty

vor|pro·gram·mie·ren' *vt* ❶ *(unausweichlich machen)* ■ **etw ~** to make sth inevitable [*or* unavoidable], to determine sth; ■ [**durch etw** *akk*] **vorprogrammiert sein** to be inevitable [as a result of sth]; **durch seiner Herkunft war sein Erfolg vorprogrammiert** his background meant that his success was determined ❷ *(im Voraus einprogrammieren)* ■ **etw ~** to pre-programme [*or* AM -am] sth; **einen Zeitschalter ~** to set a timer

Vor·rang *m kein pl* ❶ *(Priorität)* priority; **einer S.** *dat* **den ~** [**vor etw** *dat*] **geben** [*o geh:* **einräumen**] to give sth priority [over sth]; **~** [**vor etw** *dat*] **haben** [*o geh:* **genießen**] to have [*or* take] priority [*or* take precedence] [over sth]; **mit ~** as a matter of priority; *s. a.* **streitig** ❷ TRANSP ÖSTERR *(Vorfahrt)* right of way

vor·ran·gig I. *adj* priority *attr;* of prime importance *pred;* **von ~er Bedeutung** of prime [*or* the utmost] importance; ▪ **~ sein** to have priority II. *adv* as a matter of priority

Vor·rang·stel·lung *f* pre-eminence *no pl, no indef art*

Vor·rat <-[e]s, Vorräte> ['fo:ɐ̯a:t, *pl:* 'fo:ɐ̯ɛtə] *m* stocks *pl,* supplies *npl; (Lebensmittel)* stocks *pl,* supplies *pl,* provisions *pl;* ▪ **ein ~ an etw** *dat* a stock [*or* supply] of sth; **unser ~ an Heizöl ist erschöpft** our stock[s] of heating oil has[/have] run out; **etw** *akk* **auf ~ haben** ÖKON to have sth in stock; **etw** *akk* **auf ~ kaufen** to stock up on [*or* with] sth, to buy sth in bulk; **Vorräte anlegen** to lay in stock[s *pl*]; **so lange der ~ reicht** while stocks last

vor·rä·tig ['fo:ɐ̯ɛtɪç] *adj* ÖKON in stock *pred;* ▪ **~ sein** to be in stock; **bedauere, aber dieser Titel ist derzeit nicht ~** I'm sorry, but that title isn't in stock [*or* available] at the moment; **etw ~ haben** to have sth in stock

Vor·rats·kam·mer *f* store cupboard; *(kleiner Vorratsraum)* larder, pantry **Vor·rats·raum** *m* store room

vor·rech·nen *vt* ❶ *(durch Rechnen erläutern)* ▪ **[jdm] etw** *akk* **~** to calculate [*or* work out *sep*] sth [for sb]; ▪ **jdm ~, dass/was/wie viel/wie ...** to calculate [*or* work out] for sb that/what/how much/how ... ❷ MATH ▪ **[jdm] etw** *akk* **~** to [show sb how to] calculate [*or* work out *sep*] sth

Vor·recht *nt* privilege; **[bestimmte] ~e genießen** to enjoy [certain] privileges

Vor·re·de *f* preface, foreword

Vor·red·ner(in) *m(f)* ▪ **jds ~** the previous speaker

Vor·rei·ter(in) *m(f) (fam)* pioneer, trailblazer; **[für jdn] den ~ machen** to lead the way [for sb]

Vor·rich·tung <-, -en> *f* device, gadget

vor·rü·cken I. *vi* ❶ MIL *(vormarschieren)* to advance; **gegen jdn/etw ~** to advance on [*or* against] sb/sth ❷ *(nach vorn rücken)* to move forward; **könnten Sie wohl mit Ihrem Stuhl ein Stück ~** could you move your chair forward a bit, please?; *s. a.* **Alter** *s. a.* **Stunde** ❸ SPORT *(aufsteigen)* ▪ **[auf etw** *akk***] ~** to move up [to sth] ❹ SCHACH *(auf anderes Spielfeld rücken)* ▪ **[mit etw** *dat***] ~** to move [sth] [forward] II. *vt haben* ▪ **etw ~** to move sth forward

Vor·ru·he·stand *m* early retirement; **er ist mit 55 in den ~ gegangen** he took early retirement at 55

Vor·ru·he·stands·re·ge·lung *f* early retirement scheme [*or* AM plan]

Vor·run·de *f* SPORT preliminary [*or* qualifying] round

vor·sa·gen I. *vt* SCH ▪ **[jdm] etw** *akk* **~** to whisper sth [to sb] II. *vi* SCH ▪ **[jdm] ~** to whisper the answer [to sb]

Vor·sai·son *f* TOURIST low season, start of the [*or* early [part of the]] season

Vor·sän·ger(in) *m(f)* ❶ REL precentor, cantor ❷ MUS leading voice

Vor·satz¹ <-[e]s, Vorsätze> ['fo:ɐ̯zats, *pl:* fo:ɐ̯zɛtsə] *m* resolution; **den ~ fassen, etw** *akk* **zu tun** to resolve to do sth; **diese Drohung konnte mich in meinem ~ nicht erschüttern** this threat wasn't enough to shake my resolve; **ist es wirklich dein unabänderlicher ~, diese Frau zu heiraten?** is it really your firm intention to marry this woman?; *s. a.* **treu**

Vor·satz² <-[e]s, Vorsätze> ['fo:ɐ̯zats, *pl:* fo:ɐ̯zɛtsə] *m* MEDIA, TYPO end-paper

Vor·satz·blatt *nt s.* **Vorsatz²**

vor·sätz·lich ['fo:ɐ̯zɛtslɪç] I. *adj* deliberate, intentional, wil[l]ful II. *adv* deliberately, intentionally, wil[l]fully

Vor·schau <-, -en> *f* FILM, TV trailer; ▪ **die ~ [auf etw** *akk***]** the trailer [for sth]

Vor·schein *m* **etw** *akk* **zum ~ bringen** *(finden)* to find sth; *(zeigen)* to produce sth; **zum ~ kommen** *(sich bei Suche zeigen)* to turn up; *(offenbar werden)* to come to light, to be revealed; **immer wieder**

kommt ihre Eifersucht zum ~ her jealousy keeps on coming out

vor·schie·ben *vt irreg* ❶ *(vorschützen)* ▪ **etw ~** to use sth as an excuse [*or* a pretext]; **das ist doch nur eine Ausrede, die er vorschiebt, um nicht kommen zu müssen** that's just an excuse [that] he's using not to come; ▪ **vorgeschoben** used as an excuse [*or* a pretext]; **ich kann diese vorgeschobenen Gründe leider nicht akzeptieren** I'm afraid I can't accept these reasons which are just a pretext ❷ *(für sich agieren lassen)* ▪ **jdn ~** to use sb as a front man/woman ❸ *(nach vorn schieben)* ▪ **etw ~** to push sth forward ❹ *(vor etw schieben)* ▪ **etw ~** to push [*or* slide] sth across

vor·schie·ßen *vt irreg* ▪ **[jdm] etw** *akk* **~** to advance [sb] sth

Vor·schiff *nt* NAUT forecastle, fo'c'sle

Vor·schlag *m* proposal, suggestion; **ein ~ zur Güte** *(fam)* a [helpful] suggestion; **[jdm] einen ~ machen** to make a suggestion [to sb] [*or* [sb] a suggestion]; **auf jds ~ [hin]** on sb's recommendation; **auf ~ von jdm** on the recommendation of sb

vor·schla·gen *vt irreg* ❶ *(als Vorschlag unterbreiten)* ▪ **[jdm] etw** *akk* **~** to propose [*or* suggest] sth [to sb]; ▪ **jdm ~, etw** *akk* **zu tun** to suggest to sb that he/she do sth, to suggest that sb do sth ❷ *(empfehlen)* ▪ **jdn [als jdn/für etw** *akk***] ~** to recommend sb [as sb/for sth]

Vor·schlag·ham·mer *m* sledgehammer

vor·schnell *adj s.* **voreilig**

vor·schrei·ben *vt irreg* ❶ *(befehlen)* ▪ **jdm etw** *akk* **~** to stipulate sth to sb; **jdm eine Verhaltensweise** [*o* **Vorgehensweise**] **~** to tell sb how to behave/proceed; **einigen Leuten muss man jeden Handgriff buchstäblich ~** you have to spell every little thing out to some people; ▪ **jdm ~, wann/was/wie ...** to tell sb when/what/how ... ❷ ADMIN *(zwingend fordern)* ▪ **jdm] etw** *akk* **~** to stipulate sth/[that sb should do sth]; ▪ **~, etw** *akk* **zu tun** to stipulate that sth should be done

Vor·schrift *f* ADMIN regulation, rule; *(Anweisung)* instructions *pl; (polizeilich)* orders *pl;* **für jeden möglichen Ausnahmefall existieren genaue ~en** there are very precise instructions on how to act in any possible emergency; ▪ **~ sein** to be the regulation[s]; **jdm ~en machen** to tell sb what to do [*or* give sb orders]; **machen Sie mir bitte keine ~, was ich zu tun und zu lassen habe!** don't try and tell me what I can and can't do!; **sich** *dat* **von jdm ~en/keine ~en machen lassen** to be/not be told what to do by sb [*or* let/not let sb order one about]; **nach ~** to rule

vor·schrifts·mä·ßig I. *adj* according to the regulations; **bei ~er Einnahme des Medikaments sind keine Nebenwirkungen zu befürchten** if you only take the prescribed amount of the medicine, you needn't fear any side-effects; **in zweiter Reihe zu parken ist nicht ~** it's against [*or* contrary to] the regulations to park in the second row II. *adv* according to the regulations; **von dem Hustensaft dürfen ~ nur drei Teelöffel pro Tag eingenommen werden** [the prescription [*or* label] says that] only three teaspoons a day of the cough mixture should be taken; **Sie parken hier leider nicht ~** I'm afraid it's against [*or* contrary to] the regulations to park here **vor·schrifts·wid·rig** I. *adj* against [*or* contrary to] the regulations *pred* II. *adv* against [*or* contrary to] the regulations

Vor·schub *m* **einer S.** *dat* **~ leisten** to encourage [*or* foster] sth

Vor·schul·al·ter *nt kein pl* ▪ **das ~** the pre-school age; **im ~ sein** to be of pre-school age

Vor·schu·le *f* SCH ❶ *(für Kinder im Vorschulalter)* pre-school ❷ *(Vorbereitung für höhere Schule)* preparatory school

Vor·schuss^RR <-es, Vorschüsse> *m*, **Vor·schuß**^ALT <-sses, Vorschüsse> ['foːɐ̯ʃʊs] *m* FIN advance; ■ **ein ~ auf etw** *akk* an advance on sth; **einen ~** [**auf etw** *akk*] **leisten** to give sb an advance [on sth]

Vor·schuss·lor·bee·ren^RR *pl* premature praise; *(im Voraus gespendetes Lob)* early praise; [**für etw** *akk*] **~ ernten** to receive premature praise [for sth]; *(im Voraus gelobt werden)* to receive early praise [for sth]

vor|schüt·zen *vt* ■ **etw ~** to use sth as an excuse; **Nichtwissen ~** to plead ignorance; ■ **~**, [**dass ...**] to pretend [that ...]; *s. a.* **Müdigkeit**

vor|schwär·men *vi* ■ **jdm** [**von jdm/etw**] **~** to rave [on] to sb [about sb/sth] *fam*; ■ **jdm ~, wie ...** to rave [on] to sb about how ... *fam*

vor|schwe·ben *vi* to have in mind; **was schwebt dir da genau vor?** what exactly is it that you have in mind?; **mir schwebt da so eine Idee vor** I have this idea in my head

vor|schwin·deln *vt (fam) s.* **vorlügen**

vor|se·hen^1 *irreg* **I.** *vr* ❶ *(sich in Acht nehmen)* ■ **sich** [**vor jdm**] *akk* **~** to watch out [for sb] [*or* be wary [of sb]] ❷ *(aufpassen)* ■ **sich** *akk* **~, dass/was ...** to take care [*or* be careful] that/what ...; **sieh dich bloß vor, dass du nichts ausplauderst!** mind you don't let anything slip out!; **sehen Sie sich bloß vor, was Sie sagen!** [just [you]] be careful what you say!; **sieh dich vor!** *(fam)* watch it! *fam* [*or fam* your step] **II.** *vt* ❶ *(eingeplant haben)* ■ **etw** *akk* [**für etw** *akk*] **~** to intend to use [*or* earmark] sth for sth; ■ **jdn** [**für etw** *akk*] **~** to designate sb [for sth]; **Sie hatte ich eigentlich für eine andere Aufgabe ~** I had you in mind for a different task ❷ *(bestimmen)* ■ **etw ~** to call for sth; *(in Gesetz, Vertrag)* to provide for sth; ■ **etw** *akk* [**für etw** *akk*] **~** to mean sth [for sth]; **für Landesverrat ist die Todesstrafe vorgesehen** the death sentence is intended as the penalty for treason **III.** *vi (bestimmen)* ■ **~, dass/wie ...** to provide for the fact that/for how ...; **der Erlass sieht ausdrücklich vor, dass auch ausnahmsweise von dieser Regelung abgewichen werden darf** under no circumstances does the decree provide for any exceptions to this ruling; **es ist vorgesehen,** [**dass ...**] it is planned [that ...]

vor|se·hen^2 *vi irreg (sichtbar sein)* ■ [**hinter etw** *dat*] **~** to peep out [from behind sth]

Vor·se·hung <-> ['foːɐ̯ʃʊs] *f kein pl* providence

vor|set·zen I. *vt* ❶ *(auftischen)* ■ [**jdm**] **etw** *akk* **~** to serve up *sep* [*or sep* dish] sth [to sb]; **immer setzt du mir nur Fertiggerichte vor** all you ever serve up are oven-ready meals ❷ *(fam: offerieren)* ■ [**jdm**] **etw ~** to serve up sth [to sb] *sep fig* **II.** *vr* ■ **sich ~** to move forward; **auf Anordnung der Lehrerin musste sich der Schüler ~** the teacher told the child to move to the front [of the class]

Vor·sicht <-> ['foːɐ̯zɛˑʊn] *f kein pl (vorsichtiges Verhalten)* care; **ich kann dir nur zu ~ raten** I must urge you to exercise caution; **etw ist mit ~ zu genießen** *(fam)* sth should be taken with a pinch [*or* grain] of salt; **mit ~ carefully; etw** *akk* **mit äußerster ~ behandeln** to handle sth very carefully [*or* with great care] [*or* with kid gloves]; **zur ~** as a precaution, to be on the safe side; **~!** watch [*or* look] out!; **~, der Hund**

beißt! be careful, the dog bites!; „**~ bei Abfahrt des Zuges!**" "please stand clear as the train leaves the station!"; „**~, Glas!**" "glass – handle with care!" ▶ WENDUNGEN: **~ ist die Mutter der Porzellankiste** *(sl)* caution is the mother of wisdom; **~ ist besser als Nachsicht** *(prov)* better [to be] safe than sorry

vor·sich·tig I. *adj* ❶ *(umsichtig)* careful; **in diesem Fall ist ~es Vorgehen angeraten** we ought to tread carefully in this case ❷ *(zurückhaltend)* cautious, guarded; **eine ~e Schätzung** a conservative estimate **II.** *adv* ❶ *(umsichtig)* carefully; **bei der Untersuchung ist sehr ~ vorzugehen** we must proceed with great care in this investigation ❷ *(zurückhaltend)* cautiously, guardedly

vor·sichts·hal·ber *adv* as a precaution, just to be on the safe side **Vor·sichts·maß·nah·me** *f* precaution, precautionary measure; **~n treffen** to take precautions [*or* precautionary measures] **Vor·sichts·maß·re·gel** *f (geh) s.* **Vorsichtsmaßnahme**

Vor·sil·be *f* LING prefix

vor|sin·gen *irreg* **I.** *vt* ■ [**jdm**] **etw** *akk* **~** ❶ *(singend vortragen)* to sing sth [to sb]; **sing uns doch bitte was vor!** sing us something[, please]! ❷ *(durch Singen demonstrieren)* to sing sth [for [*or* to] sb] first **II.** *vi* ■ [**jdm**] **~** to [have a singing] audition [in front of sb]

vor·sint·flut·lich ['foːɐ̯zɪntfluːtlɪç] *adj (fam)* antiquated, ancient *fam*, boring *fam*

Vor·sitz ['foːɐ̯zɪts] *m* chairmanship; **den ~ haben** to be chairman/-woman/-person; **den ~ bei etw** *dat* **haben** [*o* **führen**] to chair [*or* preside over] sth; **unter dem ~ von jdm** under the chairmanship of sb

vor|sit·zen *vi irreg (geh)* ■ **einer S.** *dat* **~** to chair [*or* preside over] sth

Vor·sit·zen·de(r) *f(m) decl wie adj* ❶ *(vorsitzende Person)* chairman/-woman/-person; **wer wird die Kommission als ~r leiten?** who will chair the commission? ❷ JUR *(vorsitzender Richter)* presiding judge

Vor·sor·ge *f* provisions *pl*; **~ für etw** *akk* **treffen** *(geh)* to make provisions for sth; **ich habe für das Alter eine zusätzliche ~ getroffen** I've made extra provisions for my old age

vor|sor·gen *vi* ■ [**für etw** *akk*] **~** to make provisions [for sth], to provide for sth; ■ [**dafür**] **~, dass etw** *gen* **nicht geschieht** to take precautions to ensure that sth doesn't happen

Vor·sor·ge·un·ter·su·chung *f* MED medical check-up

vor·sorg·lich I. *adj* precautionary **II.** *adv* as a precaution, to be on the safe side

Vor·spann <-[e]s, -e> ['foːɐ̯ʃpan] *m* FILM, TV opening credits *npl*

Vor·spei·se *f* KOCHK starter, hors d'oeuvre

vor|spie·geln *vt* ■ [**jdm**] **etw** *akk* **~** to feign sth [to sb]; ■ **jdm ~, dass ...** to pretend to sb that ...

Vor·spie·ge·lung *f* feigning; *Notlage* pretence; [**eine**] **~ falscher Tatsachen** [all [*or* a total]] sham; **unter ~ von etw** *dat* under the pretence of sth

Vor·spiel *nt* ❶ MUS *(das Vorspielen)* audition ❷ *(Zärtlichkeiten vor dem Liebesakt)* foreplay *no pl, no indef art*

vor|spie·len I. *vt* ❶ MUS *(auf einem Instrument vortragen)* ■ [**jdm**] **etw** *akk* **~** to play sth [for sb] [*or* [sb] sth] ❷ MUS *(durch Spielen demonstrieren)* ■ **jdm etw** *akk* **~** to play sth for [*or* to] sb first ❸ *(vorheucheln)* ■ **jdm etw** *akk* **~** to put on sth for sb **II.** *vi* MUS ■ [**jdm**] **~** to play [for [*or* to] sb]

Vor·spra·che *f (geh)* visit

vor|spre·chen *irreg* **I.** *vt* ■ **jdm etw** *akk* **~** to say sth for sb first **II.** *vi* ❶ *(geh: offiziell aufsuchen)* ■ **bei jdm/etw ~** to call on sb/at sth ❷ THEAT, TV *(einen Text vortragen)* ■ [**jdm**] **~** to recite [sth to sb]; **dann sprechen Sie mal vor!** let's hear your recital!; **ich lasse mir morgen von 20 Bewerbern ~** I'm going to be auditioning 20 applicants tomorrow

vor·sprin·gen *vi irreg sein: Fels* to project [*or* jut out]; *Nase* to be prominent

vor·sprin·gend *adj* prominent, protruding; *(Backenknochen)* prominent, high

Vor·sprung *m* ❶ *(Distanz)* lead; **er konnte seinen ~ zum Feld der Verfolger noch ausbauen** he was able to increase his lead over the chasing pack even further; **die entflohenen Häftlinge haben mittlerweile einen beträchtlichen ~** the escaped convicts will have got a considerable start by now ❷ ARCHIT *(vorspringendes Gesims)* projection

Vor·stadt *f* suburb; **in der ~ wohnen** to live in the suburbs

Vor·stadt·ki·no *nt* suburban cinema **Vor·stadt·the·a·ter** *nt* suburban theatre

Vor·stand *m* ❶ *(geschäftsführendes Gremium)* board [of management] [*or* executive] directors]; *(einer Kirche)* [church] council; *(einer Partei)* executive; *(eines Vereins)* [executive] committee ❷ *(Vorstandsmitglied)* director, board member, member of the board [of [executive] directors]; *(einer Kirche)* [church] warden; *(einer Partei)* executive; *(eines Vereins)* [member of the] executive [committee]

Vor·ständ·ler(in) <-s, -> *m(f)* SOZIOL board member

Vor·stands·eta·ge *f* boardroom **Vor·stands·mit·glied** *m* director, board member, member of the board [of [executive] directors]; *(einer Kirche)* [church] warden; *(einer Partei)* executive; *(eines Vereins)* [member of the] executive [committee] **Vor·stands·sit·zung** *f* board meeting, meeting of the board [of [executive] directors]; *(einer Kirche)* church council meeting; *(einer Partei)* meeting of the [party] executive; *(eines Vereins)* meeting of the [executive] committee **Vor·stands·spre·cher(in)** *m(f)* company spokesperson [*or masc* spokesman [*or fem* spokeswoman] **Vor·stands·vor·sit·zen·de(r)** *f(m) decl wie adj* chief executive, chairman [*or* chairwoman] of the board of [executive] directors [*or* management board]

vor|ste·hen¹ *vi irreg haben o sein (hervorragen)* to be prominent [*or* protrude]; *Backenknochen* to be prominent [*or* high]; *Zähne* to stick out, to protrude; *Augen* to bulge

vor|ste·hen² *vi irreg haben o sein (veraltend geh: Vorsteher sein)* ■ **einer S.** *dat* ~ to be the head of sth; **einer Schule** ~ to be [the] principal [*or* BRIT head[master]/head[mistress]] of a school

Vor·ste·her(in) <-s, -> [ˈfoːɐ̯ʃteːɐ] *m(f)* head; *(einer Schule)* principal, headteacher BRIT, head[master] BRIT *masc*, head[mistress] BRIT *fem*

Vor·ste·her·drü·se *f* ANAT prostate [gland]

Vor·ste·he·rin <-, -nen> *f fem form von* **Vorsteher** headmistress

vor·stell·bar *adj* conceivable, imaginable; **kaum** [*o* **schwer**] ~ almost inconceivable [*or* unimaginable], scarcely conceivable [*or* imaginable]; **leicht** ~ easy to imagine, quite conceivable; **nicht** ~ inconceivable, unimaginable

vor|stel·len I. *vt* ❶ *(gedanklich sehen)* ■ **sich** *dat* **etw** *akk* ~ to imagine sth; **das muss man sich mal ~!** just imagine [it]!; ■ **sich** *dat* ~, **dass/wie ...** to think [*or* imagine] that/how ... ❷ *(als angemessen betrachten)* ■ **sich** *dat* **etw** *akk* ~ to have sth in mind *(mit etw verbinden)* ■ **sich** *dat* **etw** *dat* ~ to mean sth to sb; ■ **sich** *dat* **nichts unter etw** *dat* to mean nothing to sb; **was stellst du dir unter diesem Wort vor?** what does this word mean to you?; **unter dem Namen Schlüter kann ich mir nichts ~** the name Schlüter doesn't mean anything [*or* means nothing] to me ❸ *(bekannt machen)* ■ **jdm jdn** ~ to introduce sb to sb ❹ ÖKON *(präsentieren)* ■ **jdm etw** *akk* ~ to present sth to sb ❺ *(darstellen)* ■ **etw** ~ to represent sth

❻ *(vorrücken)* ■ **etw** ~ to move sth forward; **den Uhrzeiger** ~ to move [*or* put] the [watch [*or* clock]] hand forward II. *vr* ❶ *(bekannt machen)* ■ **sich** [jdm] *akk* ~ to introduce oneself [to sb]; ■ **sich** *akk* **jdm als jd** ~ to introduce oneself to sb as sb ❷ *(vorstellig werden)* ■ **sich** [**irgendwo/bei jdm**] *akk* ~ to go for an interview [somewhere/with sb]; **stellen Sie sich doch bei uns vor, wenn Sie mal in der Gegend sind** do drop in and see us if you're in the area

vor·stel·lig [ˈfoːɐ̯ʃtɛlɪç] *adj* **bei jdm ~ werden** *(geh)* to go to see sb [about sth]

Vor·stel·lung *f* ❶ *(gedankliches Bild)* idea; **bestimmte Gerüche können beim Menschen immer die gleichen ~en auslösen** certain smells [can] always trigger the same thoughts in people; **in jds ~** in sb's mind; **gewiss ist sie jetzt älter, aber in meiner ~ bewahre ich ihr Bild als junge, hübsche Frau** she may be older now, but in my mind's eye I still see her as a pretty young woman; **jds ~ entsprechen** to meet sb's requirements; **dieser Pullover entspricht genau meinen ~en** this jumper is just what I'm looking for; **das Gehalt entspricht nicht ganz meinen ~en** the salary doesn't quite match [up to] my expectations; **bestimmte ~en haben** [*o* **sich** *dat* **bestimmte ~en machen**] to have certain ideas; **falsche ~en haben** to have false hopes; **unrealistische ~en haben** to have unrealistic expectations; **sich** *dat* **keine ~ machen, was/wie ...** to have no idea what/how ...; **alle ~en übertreffen** to be almost inconceivable [to the human mind] [*or* beyond the [powers of] imagination of the human mind]; **Traumstrände hatten wir erwartet, aber die Realität übertraf alle ~en** we expected [to find] beautiful beaches, but the reality exceeded all our expectations [*or* was beyond [all] our wildest dreams] ❷ THEAT *(Aufführung)* performance; FILM showing ❸ ÖKON *(Präsentation)* presentation ❹ *(Vorstellungsgespräch)* interview

Vor·stel·lungs·ge·spräch *nt* interview **Vor·stel·lungs·kraft** *f kein pl*, **Vor·stel·lungs·ver·mö·gen** *nt kein pl* [powers *npl* of] imagination

Vor·steu·er *f* prior [turnover] tax, input tax BRIT

Vor·stoß *m* ❶ MIL *(plötzlicher Vormarsch)* advance, push, thrust ❷ *(Versuch, zu erreichen)* ■ **ein/jds ~ bei jdm** an/sb's attempt to put in a good word with sb ▸ WENDUNGEN: **einen ~** [**bei jdm**] **machen** [*o* **unternehmen**] to attempt to put in a good word [with sb]; **wir haben bei der Firmenleitung einen ~ in dieser Frage unternommen** we tried to put over our case to the [company['s]] management in this matter

vor|sto·ßen *irreg* I. *vi sein* ❶ [**irgendwohin**] ~ to venture [somewhere]; *Truppen, Panzer* to advance [*or* push forward] [somewhere] II. *vt haben* ■ **jdn** ~ to push sb forward

Vor·stra·fe *f* JUR previous conviction

Vor·stra·fen·re·gis·ter *nt* JUR criminal [*or* police] record

vor|stre·cken *vt* ❶ *(vorübergehend leihen)* ■ **jdm etw** *akk* ~ to advance sb sth ❷ *(nach vorn strecken)* ■ **etw** ~ to stretch sth forward; **den Arm/die Hand** ~ to stretch out one's arm/hand

Vor·stu·fe *f* preliminary stage

Vor·tag *m* **am** ~ the day before; **am** ~ **einer S.** *gen* [on] the day before sth; **vom** ~ from yesterday; **diese Nachricht stand in der Zeitung vom** ~ this news was in yesterday's newspaper; **ich habe nur noch Brot vom** ~ I've only got bread left from yesterday [*or* yesterday's bread left]

vor|täu·schen *vt* ■ [**jdm**] **etw** *akk* ~ to feign sth [for sb]; **Hilfsbedürftigkeit/einen Unfall** ~ to fake neediness/an accident; **Interesse** ~ to feign interest; **er hatte seine Heiratsabsichten nur vorgetäuscht**

he had only been faking his intentions to marry [her]

Vor·täu·schung f pretence, faking; **unter ~ falscher Tatsachen** under false pretences

Vor·teil <-s, -e> ['foːɐ̯taɪl] m *(vorteilhafter Umstand)* advantage; **materielle ~e** material benefits; **er sucht nur seinen eigenen ~** he only [ever] looks out for himself; **er ist nur auf seinen ~ bedacht** he only ever thinks of [or has an eye to] his own interests; **den ~ haben, dass ...** to have the advantage that ...; [jdm **gegenüber**] **im ~ sein** to have an advantage [over sb]; [**für jdn**] **von ~ sein** to be advantageous [to sb]; **sich** akk **zu seinem ~ verändern** to change for the better; **zu jds ~** to sb's advantage; **ich hoffe, dass der Schiedsrichter auch einmal zu unserem ~ entscheidet** I hope the ref[eree] decides in our favour [just] for once

vor·teil·haft I. adj ❶ FIN *(günstig)* favourable [or AM ·or·]; *(Geschäft, Geschäftsabschluss)* lucrative, profitable; **ein ~er Kauf** a good buy, a bargain; ■ [**für jdn**] **~ sein** to be favourable [for sb]; **ich würde von dem Geschäft abraten, es ist für Sie wenig ~** I would advise [you] against entering into this deal, it won't be very profitable [for you]; **der Kauf eines Gebrauchtwagens kann durchaus ~ sein** a used car can often prove to be a really good buy ❷ MODE *(ansprechend)* flattering II. adv ❶ FIN *(günstig)* **etw** akk **~ erwerben** [o **kaufen**] to buy sth at an attractive [or a bargain] [or a reasonable] price ❷ MODE *(ansprechend)* **in dem schlabberigen Pullover siehst du nicht sehr ~ aus** that baggy [old] sweater doesn't do you any favours; **du solltest dich etwas ~er kleiden** you should wear clothes which are a bit more flattering

Vor·trag <-[e]s, Vorträge> ['foːɐ̯traːk, pl: 'foːɐ̯trɛːɡə] m *(längeres Referat)* lecture; **einen ~** [**über** etw akk/**zu** etw dat] **halten** to give [or deliver] a lecture [on [or about] sth] ▸ WENDUNGEN: **halt keine [langen] Vorträge!** *(fam)* don't beat about the bush!, get to the point!

vor|tra·gen vt irreg ❶ *(berichten)* ■ [jdm] **etw** akk **~** to present sth [to sb]; [jdm] **einen Beschluss** [o **eine Entscheidung**] **~** to convey a decision [to sb]; [jdm] **einen Wunsch ~** to express a desire [or wish] [to sb] ❷ *(rezitieren)* ■ **etw ~** to recite sth; **ein Lied ~** to sing a song; **ein Musikstück ~** to play [or perform] a piece of music

Vor·trags·rei·he f course [or series] of lectures npl

vor·treff·lich ['foːɐ̯trɛflɪç] I. adj *(geh)* excellent; *(Gedanke, Idee a.)* splendid; *(Gericht, Wein a.)* superb; ■ **munden** [o **schmecken**] to taste excellent [or superb] II. adv *(geh)* excellently; **alle Speisen waren ~ zubereitet worden** all the dishes had been exquisitely prepared

Vor·treff·lich·keit f excellence

vor|tre·ten vi irreg sein ❶ *(nach vorn treten)* to step [or come] forward ❷ *(vorstehen)* Fels to jut out; Backenknochen to protrude; Augen to bulge

Vor·tritt¹ m precedence, priority; ■ [jdm] **den ~ lassen** *(jdn zuerst gehen lassen)* to let sb go first [or in front [of one]]; *(jdn zuerst agieren lassen)* to let sb go first [or ahead]

Vor·tritt² m kein pl SCHWEIZ *(Vorfahrt)* right of way

vo·rü·ber [foˈryːbɐ] adv ■ **~ sein** ❶ *räumlich (vorbei)* to have gone past; **er ist auf seinem Fahrrad schon ~** he's already gone past on his bike; **wir sind an dem Geschäft sicher schon ~, da vorne ist schon die Post** we must have already passed the shop, there's the post office coming up [already] ❷ *zeitlich (vorbei)* to be over; *(Schmerz)* to be [or have] gone

vo·rü·ber|ge·hen [foˈryːbɐɡeːən] vi irreg sein ❶ *(entlanggehen)* ■ **an** jdm/etw **~** to go [or walk] past sb/sth, to pass sb/sth by sep; **im V~** in passing, en passant; **etw im V~ erledigen** to do sth just like that ❷ *(vorbeigehen)* to pass; Schmerz to go

vo·rü·ber·ge·hend I. adj temporary II. adv for a short time; **das Geschäft bleibt wegen Renovierungsarbeiten ~ geschlossen** the business will be temporarily closed [or closed for a short time] due to [or for] renovation work; **die Wetterbesserung wird nur ~ anhalten** the improvement in the weather will only be [a] temporary [one]

Vor- und Zu·na·me m Christian [or first] name and surname

Vor·ur·teil ['foːɐ̯ʔʊrtail] nt prejudice; **~e** [**gegenüber** jdm] **haben** [o geh: **hegen**] to be prejudiced [against sb]; **das ist ein ~** that's prejudiced

vor·ur·teils·frei adj unbiased; *(Gutachter)* unprejudiced **vor·ur·teils·los** I. adj unprejudiced, unbiased II. adv without prejudice [or bias]; **unser Chef verhält sich Ausländern und Frauen gegenüber nicht ganz ~** our boss is not always without prejudice in his dealings with foreigners and women

Vor·vä·ter pl *(geh)* forefathers npl, ancestors npl, for[e]bears npl form **Vor·ver·gan·gen·heit** f LING pluperfect **Vor·ver·kauf** m THEAT, SPORT advance sale no pl [of tickets npl], advance ticket sales npl **Vor·ver·kaufs·stel·le** f THEAT, SPORT advance ticket office

vor|ver·le·gen vt ❶ *(auf früheren Zeitpunkt verlegen)* ■ **etw** akk [**auf etw** akk] **~** to bring sth forward [to sth] ❷ BAU *(weiter nach vorn verlegen)* ■ **etw ~** to move sth forward

Vor·ver·stär·ker f TECH pre-amplifier

vor·vor·ges·tern ['foːɐ̯foˈɡɛstɐn] adv *(fam)* three days ago

vor·vo·rig ['foːɐ̯foˈrɪç] adj *(fam)* before last pred; **~es Jahr/~er Monat/~e Woche** the year/month/week before last

vor·vor·letz·te(r, s) adj third last, third to last AM; **in der Wertung liegt sie an ~r Stelle** she's third last [or BRIT a. last but two] in the rankings; ■ **V~(r)** third last; **im Marathonlauf war er V~r** he was third last in the marathon

vor|wa·gen vr *(hervorzukommen wagen)* ■ **sich** akk **aus etw** dat **~** to venture out [of sth] ❷ *(sich zu exponieren wagen)* ■ **sich** akk [**mit etw** dat] [**zu weit**] **~** to stick one's neck out [too far] [with sth]; **jetzt haben sie sich wieder aus ihren Rattenlöchern vorgewagt** they've begun crawling out of the woodwork again now

Vor·wahl f ❶ *(vorherige Auswahl)* pre-selection [process] ❷ POL preliminary election, primary AM ❸ TELEK s. **Vorwahlnummer**

vor|wäh·len vt TELEK ■ **etw ~** to dial sth first

Vor·wahl·num·mer f TELEK area code, dialling code BRIT

Vor·wand <-[e]s, Vorwände> ['foːɐ̯vant, pl: -vɛndə] m *(vorgeschobener Einwand)* pretext, excuse; **er nahm es als ~, um nicht dahin zu gehen** he used it as a pretext [or an excuse] not to go; **unter einem ~** on [or under] a pretext; **unter dem ~, etw** akk **tun zu müssen** under the pretext of having to do sth

vor|wär·men vt KOCHK ■ **etw ~** to preheat sth; **einen Teller ~** to warm a plate; ■ **vorgewärmt** preheated

vor|war·nen vt ■ jdn **~** to warn sb [in advance [or beforehand]]

Vor·war·nung f [advance [or prior]] warning; **ohne ~** without warning

vor·wärts ['foːɐ̯vɛrts] adv forward; **~!** onwards! [or esp AM onward!], move!; s. a. **Schritt**

vor·wärts|brin·gen vt irreg ■ jdn **~** to help sb to make progress; **der berufliche Erfolg hatte sie auch gesellschaftlich vorwärtsgebracht** success at work also helped her get on in her social life

Vor·wärts·gang <-gänge> m AUTO forward gear [or speed]; **im ~** in forward gear

vor·wärts|ge·hen *vi irreg sein* to make progress; **wie geht's mit deiner Doktorarbeit vorwärts?** how's your thesis coming along?; **jetzt geht es hoffentlich wirtschaftlich wieder vorwärts** hopefully things will start getting better on the business side **vor·wärts|kom·men** *vi irreg sein* [in etw *dat*] ~ to get on [in sth]

Vor·wä·sche <-, -n> *f* pre-wash

Vor·wasch·gang *m kein pl* TECH pre-wash

vor·weg [foːɐ̯ˈvɛk] *adv* ① *(zuvor)* beforehand ② *(an der Spitze)* in front

vor·weg|ge·henRR *vi irreg sein* **geh du vorweg, du kennst dich hier aus** you lead the way, you know this area

Vor·weg·nah·me <-, -n> [foːɐ̯ˈvɛknaːmə] *f (geh)* indication **vor·weg|neh·men** [foːɐ̯ˈvɛkneːmən] *vt irreg* ■ **etw ~** to anticipate sth; **lies das Buch selbst, ich will den Ausgang jetzt nicht ~** you'll have to read the book yourself, I don't want to give away what happens

vor|wei·sen *vt irreg* ① *(nachweisen)* ■ **etw** *akk* ~ **können** to have [*or* possess] sth; **dieser Bewerber kann einen mehrjährigen Auslandsaufenthalt ~** this candidate has [the experience of having] spent a number of years [working] abroad ② *(geh: vorzeigen)* ■ **etw ~** to show [*or* produce] sth

vor|wer·fen *vt irreg* ① *(als Vorwurf vorhalten)* ■ **jdm etw** *akk* ~ to reproach sb for sth; ■ **jdm ~, etw** *akk* **zu tun** [*o* **getan zu haben**] to reproach sb for doing [*or* having done] sth; ■ **jdm ~, dass ...** to reproach/blame sb for ...; **mir wird vorgeworfen, im Überholverbot überholt zu haben** I've been charged with overtaking in a "no overtaking" zone; **sich** *dat* [in etw *dat*] **nichts vorzuwerfen haben** to have a clear conscience [in sth] ② *(als Futter hinwerfen)* ■ **einem Tier etw** *akk* ~ to throw sth to an animal; **er warf dem Hund einen dicken Knochen vor** he threw the dog a big bone ③ HIST *(zum Fraß lassen)* ■ **jdn den Tieren ~** to throw sb to the animals

vor·wie·gend *adv* ① *(hauptsächlich)* predominantly, mainly; **am Wochenende halten wir uns ~ in unserem Wohnwagen auf** we mostly spend our weekends [staying] in our caravan ② METEO *(überwiegend)* predominantly, mainly

vor·wit·zig *adj* cheeky

Vor·wort <-worte> *nt* MEDIA foreword, preface

Vor·wurf <-[e]s, Vorwürfe> *m (anklagende Vorhaltung)* reproach; **jdm** [wegen etw *dat*] **Vorwürfe** [*o* **einen ~**] **machen** to reproach sb [for sth]; **jdm zum ~ machen, etw** *akk* **getan zu haben** to reproach [*or* blame] sb for having done sth, to hold it against sb that he/she did sth

vor·wurfs·voll I. *adj* reproachful II. *adv* reproachfully **vor|zäh·len** *vt* ■ **jdm etw** *akk* ~ to count out sth *sep* to sb; ■ **sich** *dat* **etw** *akk* [von jdm] ~ **lassen** to have sth counted out [by sb]

Vor·zei·chen *nt* ① *(Omen)* omen ② *(Anzeichen)* sign ③ MUS *(Versetzungszeichen)* accidental ④ MATH sign; **positives/negatives ~** plus/minus sign

vor|zeich·nen *vt* ① *(durch Zeichnen demonstrieren)* ■ **jdm etw** *akk* ~ to show sb how to draw sth ② *(vorherbestimmen)* ■ [jdm] **etw** *akk* ~ to predetermine [*or* preordain] sth [for sb]; ■ [durch etw *akk*] **vorgezeichnet sein** to be predestined [by sth]

vor·zeig·bar *adj inv* presentable

Vor·zei·ge·fir·ma *f* model company **Vor·zei·ge·frau** *f* shining example of a woman

vor|zei·gen *vt* ■ [jdm] **etw** *akk* ~ to show [sb] sth [*or* sth [to sb]] [*or* produce sth [for sb]]

Vor·zei·ge·ob·jekt *nt* showpiece

Vor·zeit ['foːɐ̯tsait] *f (prähistorische Zeit)* prehistoric times; ▶ WENDUNGEN: **in grauer ~** in the dim and dis-

tant past

vor·zei·tig ['foːɐ̯tsaitɪç] *adj* early; *(Geburt)* premature; *(Tod)* untimely; **wir alle haben den ~en Weggang dieser geschätzten Mitarbeiter bedauert** we were all sorry to see these well-respected colleagues retire early

vor·zeit·lich ['foːɐ̯tsaitlɪç] *adj* prehistoric

vor|zie·hen *vt irreg* ① *(bevorzugen)* ■ **jdn ~** to prefer sb; ■ **jdn jdm ~** to prefer sb to sb; **Eltern sollten kein Kind dem anderen ~** parents shouldn't favour one child in preference to another; ■ **etw** *akk* [einer S. *dat*] ~ to prefer sth [to sth] ② *(den Vorrang geben)* ■ **es ~, etw** *akk* **zu tun** to prefer to do sth; **ich ziehe es vor, spazieren zu gehen** I'd rather go for a walk ③ *(zuerst erfolgen lassen)* ■ **etw ~** to bring sth forward ④ *(nach vorn ziehen)* ■ **etw ~** to move [*or* pull] sth forward; **ich habe den Sessel zum Kamin vorgezogen, da ist es wärmer** I've pulled the armchair [up] closer to the fire, where it's warmer

Vor·zim·mer *nt* ① *(Sekretariat)* secretariat, secretary's office ② ÖSTERR *(Diele)* hall

Vor·zug[1] <-[e]s, Vorzüge> ['foːɐ̯tsuːk, *pl:* 'foːɐ̯tsyːgə] *m* ① *(gute Eigenschaft)* asset, merit; **seine Vorzüge haben** to have one's assets [*or* merits] [*or* good qualities] ② *(Vorteil)* advantage; **den ~ haben, [dass ...]** to have the advantage [that ...] ③ *(Bevorzugung)* **jdm/einer S. den ~ [vor jdm/etw] geben** *(geh)* to prefer sb/sth [to sb/sth]

Vor·zug[2] ['foːɐ̯tsuːk] *m* BAHN *(Entlastungszug)* relief train

vor·züg·lich [foːɐ̯ˈtsyːglɪç] I. *adj* excellent, first-rate; *(Gericht)* sumptuous, superb, excellent; *(Hotel)* first-class [*or* -rate], excellent; *(Wein)* excellent, exquisite, superb II. *adv* ① *(hervorragend)* excellently; ~ **spei·sen** to have a sumptuous [*or* superb] [*or* an excellent] meal; ~ **übernachten** to find a first-class [*or* an excellent] place to stay for the night ② *(hauptsächlich)* especially, particularly; **diesen Punkt sollte man ~ beachten** particular emphasis should be placed on this point

Vor·zugs·ak·tie *f* preference share **Vor·zugs·be·din·gun·gen** *pl* preferential terms *pl* **Vor·zugs·be·hand·lung** *f* preferential treatment *no pl, no indef art* **Vor·zugs·milch** *f* KOCHK [full cream] whole milk *(milk with a high fat content and of high quality)* **Vor·zugs·preis** *m* concessionary [*or* AM discount] fare **vor·zugs·wei·se** *adv* primarily, chiefly, mainly; **wenn ich auf Geschäftsreise bin, übernachte ich ~ im Hotel** when I'm on a business trip, I mostly stay in hotels

Vo·ta ['voːta], **Vo·ten** ['voːtən] *pl von* **Votum**

vo·tie·renᐟ [voˈtiːrən] *vi (geh)* ■ **für/gegen jdn/etw ~** to vote for/against sb/sth

Vo·tiv·bild [voˈtiːf-] *nt* REL votive picture **Vo·tiv·ga·be** *f* REL votive gift [*or* offering] **Vo·tiv·ta·fel** *f* REL votive tablet

Vo·tum <-s, Voten *o* Vota> ['voːtʊm, *pl:* 'voːtən, 'voːta] *nt (geh)* ① *(Entscheidung)* decision; **das ~ der Geschworenen** the jury's verdict ② POL *(Wahlentscheidung)* vote

Vo·yeur <-s, -e> [vo̯aˈjøːɐ̯] *m* voyeur

Vo·yeu·ris·mus <-> [vo̯aˈjøːʀɪsmʊs] *m kein pl* voyeurism

vo·yeu·ris·tisch *adj inv* voyeuristic

vul·gär [vʊlˈɡɛːɐ̯] I. *adj (pej geh)* vulgar II. *adv* ~ **ausse·hen** to look vulgar [*or* common]; **sich** *akk* ~ **ausdrü·cken** to use vulgar [*or* coarse] language; **sich** *akk* ~ **benehmen** to behave in a vulgar [*or* rude] manner; **sie beschimpfte ihn** ~ she swore at him

Vul·ga·ri·tät <-, -en> [vʊlɡari'tɛt] *f (pej geh)* ① *kein pl (vulgäre Art)* vulgarity ② *meist pl (vulgäre Bemerkung)* vulgar expression, vulgarity

Vul·kan <-[e]s, -e> [vʊlˈkaːn] *m* volcano; **erlosche-
ner/tätiger ~** extinct/active volcano ▶ WENDUNGEN:
wie auf einem ~ leben *(geh)* to be like living on the
edge of a volcano, to be [like] sitting on a powder-keg
[*or* time-bomb]
Vul·kan·aus·bruch [vʊ-] *m* volcanic eruption

vul·ka·nisch [vʊlˈkaːnɪʃ] *adj* volcanic
vul·ka·ni·sie·renˈ [vʊlkaniˈziːrən] *vt* TECH ■ **etw ~** to
vulcanize sth
Vul·va <-, Vulven> [ˈvʊlva, *pl:* ˈvʊlvən] *f* ANAT vulva
v.u.Z. *Abk von* **vor unserer Zeitrechnung** BC

W

W, w <-, - *o (fam)* -s, -s> [veː] *nt* W, w; **~ wie Wil-
helm** W for [*or* AM as in] William; *s. a.* **A l**
W *Abk von* **Westen** W, W.
WAA <-, -s> [veːʔaːˈʔaː] *f Abk von* **Wiederaufarbei-
tungsanlage**
Waadt <-s> [vaːt] *nt* Vaud
Waa·ge <-, -n> [ˈvaːgə] *f* ① TECH *(Gerät zum Wiegen)*
scales *npl;* **eine ~** a pair *n sing* of scales ② *kein pl*
ASTROL *(Tierkreiszeichen)* Libra; [**eine**] **~ sein** to be a
Libra[n] ▶ WENDUNGEN: **sich** *dat* **die ~ halten** to
balance out one another [*or* each other] *sep;* **Vor- und
Nachteile halten sich die ~** the advantages and dis-
advantages are roughly equal
waa·ge·recht [ˈvaːgərɛçt] **I.** *adj* level, horizontal; **eine
~e Linie** a horizontal line **II.** *adv* horizontally
Waage·rech·te <-n, -n> *f (Horizontale)* horizontal
[line]; **in der ~n, in die ~** level; **in die ~ bringen** to
make sth level
Waag·scha·le *f* TECH *(Schale einer Waage)* [scale-]pan;
▶ WENDUNGEN: **etw** *akk* **auf die ~ legen** *(geh)* to take
sth literally; **etw** *akk* [**für jdn/etw**] **in die ~ werfen**
(geh) to bring one's influence to bear [on sb's behalf/
in support of sth]
wab·be·lig [ˈvabəlɪç] *adj (fam)* wobbly; **ein ~er Fett-
bauch** a flabby paunch
wab·beln [ˈvabl̩n] *vi (fam)* to wobble
Wa·be <-, -n> [ˈvaːbə] *f* honeycomb
wa·ben·för·mig *adj* honeycombed
Wa·ben·ho·nig *m* KOCHK comb honey
wach [vax] *adj* ① *(nicht schlafend)* awake; ■ **~ sein** to
be awake; ■ **~ werden** to wake up; **~ bleiben** to stay
awake; **jdn ~ halten** to keep sb awake; **~ liegen** to lie
awake ② *(aufgeweckt)* alert, keen, sharp; **etw ~ halten** to keep sth alive; **das/jds Interesse ~** to hold
sb's interest [*or* keep sb interested]
Wach·ab·lö·sung *f* ① *(Ablösung der Wache)* changing
of the guard *no pl* ② *(Führungswechsel)* change of
leadership
Wa·che <-, -n> [ˈvaxə] *f kein pl a.* MIL *(Wachdienst)*
guard duty; **~ haben** to be on guard duty; **auf ~ sein**
to be on guard duty; **~ stehen** [*o fam:* **schieben**] to
be on guard duty; **auf ~** on [guard] duty ② MIL *(Wach-
posten)* guard, sentry ③ *(Polizeiwache)* police station; **kommen Sie mal mit auf die ~!** you'll have to
accompany me to the [police] station, please! ④ *(behü-
ten)* [**bei jdm**] **~ halten** to keep watch [over sb]
wa·chen [ˈvaxn̩] *vi* ① *(Wache halten)* [**irgendwo/
bei jdm**] **~** to keep watch [somewhere/over sb]
② *(geh: wach sein)* to be awake ③ *(auf etw genau
achten)* ■ **über etw** *akk* **~** to ensure [*or* see to it] that
sth is done; ■ **darüber ~, dass ...** to ensure [*or* see to
it] that ...
Wach·ha·bend *adj attr* ADMIN, MIL duty
Wach·ha·ben·de(r) *f(m) decl wie adj* ADMIN, MIL duty
officer
Wach·hund *m* watchdog, guard dog
wach·küs·sen *vt* ■ **jdn ~** to wake up sb *sep* with a

kiss, to give sb a wake-up kiss
Wach·lo·kal *nt* guardhouse, guardroom
Wach·ma·cher *m (fam)* stimulant
Wach·mann <-leute *o* -männer> *m* ① *(Wächter)*
[night-]watchman ② ÖSTERR *(Polizist)* policeman
Wach·mann·schaft *f* men on guard, guard
Wa·chol·der <-s, -> [vaˈxɔldɐ] *m* ① *(Busch)* juniper
[tree]; *(Beeren)* juniper berry ② *(fam) s.* **Wacholder-
schnaps**
Wa·chol·der·bee·re *f* juniper berry **Wa·chol·der·
dros·sel** *f* ORN fieldfare **Wa·chol·der·schnaps** *m*
≈ gin *(schnapps made from juniper berries)* **Wa·chol·
der·zweig** *m* branch from a juniper [tree], juniper
branch
Wach·pos·ten *m s.* **Wachtposten**
wach|ru·fen *vt irreg* ■ **etw** *akk* [**in jdm**] **~** to awaken
[*or* evoke] [*or* stir up *sep*] sth [in sb] **wach·rüt·teln** *vt*
■ **jdn ~** to wake up sb *sep* by shaking them, to give sb
a shake to wake them up
Wachs <-es, -e> [vaks] *nt* ① *(Bienenwachs)*
[bees]wax ② *(Bohnerwachs)* [floor] polish [*or* wax]
③ *(Antikwachs)* [French] polish ▶ WENDUNGEN: **~ in
jds Händen sein** *(geh)* to be [like] putty in sb's hands
Wachs·ab·druck *m* wax impression
wach·sam [ˈvaxzaːm] **I.** *adj* vigilant, watchful; **seid ~!**
be on your guard! **II.** *adv* vigilantly, watchfully
Wach·sam·keit <-> *f kein pl* vigilance *no indef art,*
no pl
Wachs·boh·ne *f* wax [*or* butter] bean
wach|schüt·teln *vt* ■ **jdn ~** to wake up sb *sep* by
shaking them, to give sb a shake to wake them up
wach·sen[1] <wuchs, gewachsen> [ˈvaksn̩] *vi sein*
① *(größer werden)* to grow; **in die Breite/Höhe ~**
to grow broader [*or* to broaden [out]] /taller ② MED
(sich vergrößern) to grow ③ *(sich ausbreiten)* to
grow; **Wurzeln** to spread ④ *(länger werden)* ■ [**jdm**]
wächst etw *gen* [sb's] sth is growing; **dir ~ die
Haare ja schon bis auf die Schultern!** your hair [is
so long it] has almost reached your shoulders!; ■ **sich**
dat **etw akk ~ lassen** to grow sth; **sich** *dat* **die
Haare ~ lassen** to grow one's hair [long] [*or* let one's
hair grow] ⑤ *(intensiver werden)* **Spannung, Unruhe**
to mount ⑥ *(sich vermehren)* ■ [**auf/um etw** *akk*] **~**
to grow [*or* increase] [to/by sth]; **in den letzten Jahren ist die Stadt um rund 1500 Einwohner
gewachsen** the population of the town has grown by
about 1,500 [people] over the last few years
▶ WENDUNGEN: **gut gewachsen** evenly-shaped
wach·sen[2] [ˈvaksn̩] *vt (mit Wachs einreiben)* ■ **etw ~**
to wax sth
wäch·sern [ˈvɛksɐn] *adj* waxen
Wachs·fi·gur *f* wax figure **Wachs·fi·gu·ren·ka·bi·
nett** *nt* waxworks *npl* [museum *nsing*] **Wachs·ker·
ze** *f* wax candle **Wachs·mal·krei·de** *f*, **Wachs·mal·
stift** *m* wax crayon **Wachs·mas·ke** *f* wax mask
Wachs·mo·dell *nt* wax mould **Wachs·pa·pier** *nt*
wax-paper **Wachs·ta·fel** *f* HIST wax tablet

Wach·stu·be *f s.* **Wachlokal**

Wachs·tum <-[e]s> ['vakstu:m] *nt kein pl* ❶ *(das Wachsen)* growth ❷ ÖKON *(Wirtschaftswachstum)* growth ❸ *(das Anwachsen)* growth, increase; *(einer Ortschaft)* growth, expansion

Wachs·tums·bran·che *f* growth sector **wachs·tums·för·dernd** *adj* ❶ BIOL *(dem Wachstum förderlich)* growth-promoting ❷ ÖKON *(wirtschaftliches Wachstum fördernd)* boosting economic growth **Wachs·tums·för·de·rung** *f* ❶ BIOL *(Förderung des Wachstums)* growth promotion ❷ ÖKON *(Förderung des wirtschaftlichen Wachstums)* boost of economic growth **Wachs·tums·hor·mon** *nt* growth hormone **Wachs·tums·in·dust·rie** *f* ÖKON growth industry **Wachs·tums·markt** *m* growth market **wachs·tums·ori·en·tiert** *adj inv* growth-orientated **Wachs·tums·ra·te** *f* ÖKON growth rate **Wachs·tums·stö·rung** *f* MED disturbance of growth

Wach·tel <-, -n> ['vaxtl] *f* ORN quail

Wach·tel·boh·ne *f* pinto bean **Wach·tel·ei** *nt* quail's egg

Wäch·ter(in) <-s, -> ['vɛçtɐ] *m(f)* ❶ *(veraltend: Hüter in einer Anstalt)* guard; *(Wachmann)* [night-]watchman ❷ *(moralischer Hüter)* guardian

Wacht·meis·ter(in) *m(f)* [police] constable BRIT, police officer AM **Wacht·pos·ten** *m* guard

Wach·traum *m* PSYCH daydream, waking dream **Wach(t)·turm** *m* watchtower

Wach- und Schließ·ge·sell·schaft *f kein pl* ÖKON ■ **die ~** the security corps BRIT

Wach·zu·stand *m* **im ~** |**sein**| [to be] awake [*or* in a waking state]

wa·cke·lig ['vakəlɪç] *adj* ❶ *(nicht fest stehend)* rickety; *(Konstruktion)* rickety, unsound; *(Säule)* shaky; *(Steckdose)* loose; *(Stuhl, Tisch)* unsteady ❷ *(nicht solide)* shaky; *(Firma)* unsound, shaky

Wa·ckel·kon·takt *m* ELEK loose connection

wa·ckeln ['vakln] *vi* ❶ *haben (wackelig sein)* to wobble; *Konstruktion, Säule* to shake ❷ *haben (hin und her bewegen)* ■ **mit etw** *dat* **~** to rock on [one's] sth; **mit dem Kopf ~** to shake one's head; **mit den Hüften ~** to wiggle one's hips; **mit den Ohren ~** to wiggle [*or* waggle] one's ears ❸ *sein (sich unsicher fortbewegen)* ■ **irgendwohin ~** to totter somewhere; *Kleinkind* to toddle somewhere

wa·cklig ['vaklɪç] *adj s.* **wackelig**

Wa·de <-, -n> ['va:də] *f* ANAT calf

Wa·den·bein *nt* ANAT fibula **Wa·den·krampf** *m* cramp in the [*or* one's] calf **Wa·den·wi·ckel** *m* MED leg compress

Wad·li <-s, -> ['vɛ:tli] *nt* KOCHK SCHWEIZ *(Eisbein)* cured knuckle of pork

Waf·fe <-, -n> ['vafə] *f* ❶ *a.* MIL *(Angriffswaffe)* weapon, arm; **zu den ~n greifen** to take up arms; **die ~n strecken** to lay down one's arms [*or* surrender] ❷ *(Schusswaffe)* gun, firearm; **eine ~ tragen** to carry a gun ▶ WENDUNGEN: **jdn mit seinen eigenen ~n schlagen** to beat sb at his own game

Waf·fel <-, -n> ['vafl] *f* KOCHK waffle

Waf·fel·ei·sen *nt* waffle iron

Waf·fen·ar·se·nal *nt* MIL arsenal, stockpile [of weapons] **Waf·fen·be·sitz** *m* possession of firearms [*or* a firearm] **Waf·fen·em·bar·go** *nt* MIL arms embargo; **ein ~ verhängen** to impose an arms embargo **Waf·fen·gat·tung** *f* MIL arm of the services **Waf·fen·ge·setz** *nt* gun laws *pl* **Waf·fen·ge·walt** *f kein pl* armed force; **mit ~** by force of arms **Waf·fen·han·del** *m* MIL arms trade **Waf·fen·händ·ler** *m* MIL arms dealer **Waf·fen·la·ger** *nt* MIL arsenal, ordnance depot **Waf·fen·lie·fe·rung** *f* arms supply **Waf·fen·narr** *m* *(pej fam)* gun freak [*or fam* nut] **Waf·fen·ru·he** *f* MIL ceasefire **Waf·fen·schein** *m* ADMIN firearms

[*or* gun] licence **Waf·fen·schmug·gel** *m* MIL gunrunning, arms smuggling **Waf·fen·schmugg·ler(in)** *m(f)* MIL gunrunner **Waf·fen-SS** [-ʔɛs] *f* HIST ■ **die ~** the Waffen SS **Waf·fen·still·stand** *m* MIL armistice **Waf·fen·still·stands·ver·hand·lun·gen** *pl* armistice negotiations *pl* **Waf·fen·sys·tem** *nt* MIL weapon system

Wä·gel·chen <-s, -> ['vɛ:glçən] *nt dim von* **Wagen** *(kleiner Karren)* |little| cart; *(Auto)* car, motor BRIT *fam*

Wa·ge·mut *m* *(geh)* daring *no indef art, no pl*, boldness *no indef art, no pl*

wa·ge·mu·tig *adj* daring, bold

wa·gen ['va:gn] **I.** *vt* ❶ *(riskieren)* ■ **etw ~** to risk sth ❷ *(sich getrauen)* ■ **es ~, etw** *akk* **zu tun** to dare [to] do sth ▶ WENDUNGEN: **wer nicht wagt, der nicht gewinnt** *(prov)* nothing ventured, nothing gained *prov; s. a.* **frisch II.** *vr* ❶ *(sich zutrauen)* ■ **sich** *akk* **an etw** *akk* **~** to venture to tackle sth ❷ *(sich trauen)* ■ **sich** *akk* **irgendwohin/irgendwoher ~** to venture [out] to/from somewhere

Wa·gen <-s, Wagen *o* SÜDD, ÖSTERR Wägen> ['va:gn, *pl:* 'vɛ:gn] *m* ❶ *(Pkw)* car; **ich nehme den ~** I'll take [*or* go in] [*or* drive] the car; *(Lkw)* truck, BRIT *a.* lorry; *(Wagenladung)* truckload, BRIT *a.* lorryload ❷ BAHN *(Waggon)* carriage, car, coach ❸ *(Fahrzeug mit Deichsel)* cart ❹ *(Kinder~)* pram BRIT, baby carriage AM ❺ *(Teil einer Schreibmaschine)* carriage ❻ ASTRON **der Große/Kleine ~** the Great Bear [*or* Plough] [*or* Big Dipper] /Little Bear [*or* Little Dipper] ▶ WENDUNGEN: **sich** *akk* **nicht vor jds ~ spannen lassen** *(fam)* to not let oneself be roped into sb's sth

wä·gen <wog *o* wägte, gewogen *o* gewägt> ['vɛ:gn] *vt (geh)* ■ **etw ~** to weigh sth

Wa·gen·burg *f* HIST corral, defensive ring of wagons **Wa·gen·he·ber** <-s, -> *m (Werkzeug)* jack **Wa·gen·la·dung** *f* truckload, BRIT *a.* lorryload **Wa·gen·len·ker** *m* HIST charioteer **Wa·gen·park** *m s.* **Fuhrpark** **Wa·gen·pfle·ge** *f* AUTO car care **Wa·gen·rad** *nt* cartwheel **Wa·gen·ren·nen** *nt* HIST chariot race **Wa·gen·schmie·re** *f* cart grease **Wa·gen·wä·sche** *f* AUTO car wash

Wag·gon <-s, -s> [va'ɡɔŋ] *m* BAHN |goods| wag[g]on

wag·hal·sig ['va:khalzɪç] *adj* fearless, daring, bold

Wag·nis <-ses, -se> ['va:knɪs] *nt* ❶ *(riskantes Vorhaben)* risky venture ❷ *(Risiko)* risk

Wa·gon <-s, -s> [va'ɡõ, va'ɡɔn] *m s.* **Waggon**

Wahl <-, -en> [va:l] *f* ❶ POL *(Abstimmung)* election; ■ |**die**| **~en** |**zu etw**| [the] elections [to sth]; **geheime/freie ~** secret ballot/free elections *pl;* **zur ~ gehen** to vote; **die ~ annehmen** to accept one's election; **zur ~ schreiten** *(geh)* to [take a] vote ❷ *kein pl (Ernennung durch Abstimmung)* election; ■ **jds ~ in etw** *akk* sb's election to sth; ■ **jds ~ zu etw** sb's election as sth ❸ *kein pl (das Auswählen)* choice; **meine ~ fiel auf den roten Sportwagen** the red sports car was my choice; **die/jds ~ fällt auf jdn/etw** sb/sth is chosen/sb chooses sb/sth; **die ~ haben** to have a choice; **seine** [*o* **eine**] **~ treffen** to make one's [*or* a] choice ❹ *(Alternative)* **keine andere ~ bleiben** [*o* **haben**] sb has [*or* there is] no alternative [*or* choice]; **die ~ haben, etw zu tun** to be able to choose to do sth; **jdm die ~ lassen** to let sb choose [*or* leave it up to sb to choose|]; **jdm keine ~ lassen** to leave sb [with] no alternative [*or* other choice] ❺ ÖKON *(Klasse)* **erste/zweite ~** top[-]grade| [*or* first[-class]] quality/second-class quality; **... erster/zweiter ~** top[-]grade| [*or* first[-class]] quality/second-class quality ...; **Eier erster/zweiter ~** grade one/two eggs; **Waren erster/zweiter ~** firsts/seconds, top[-]grade| quality/second-class quality goods ❻ ÖKON *(Auswahl)* **zur ~ stehen** there is a choice [*or* selection] of ▶ WENDUNGEN: **wer die ~ hat,**

hat die Qual *(prov)* sb is spoilt for choice
Wahl·amt *nt* ADMIN *authority responsible for organising elections in constituencies* **Wahl·aus·gang** *m* POL election results *pl,* election outcome, outcome of an/the election
wähl·bar *adj* POL eligible; ■ **zu jdm/in etw** *akk* ~ **sein** to be eligible for election as sb/to sth; ■ ~ **sein** to be eligible, to stand for election
Wahl·be·nach·rich·ti·gung *f* POL polling card **wahl·be·rech·tigt** *adj* POL eligible [*or* entitled] to vote *pred* **Wahl·be·rech·tig·te(r)** <-n, -n> *f (m) decl wie adj* person entitled to vote **Wahl·be·tei·li·gung** *f* POL turnout, poll; **eine hohe** ~ a high turnout [at the election], BRIT *a.* a heavy poll **Wahl·be·trug** *m* ballot [*or* vote] rigging **Wahl·be·zirk** *m* POL ward **Wahl·boy·kott** *m* POL election boycott
wäh·len ['vɛ:lən] **I.** *vt* ❶ *a.* POL ■ **jdn/etw** ~ to vote for sb/sth ❷ *(durch Abstimmung berufen)* ■ **jdn in etw** *akk/***zu etw** *dat* ~ to elect sb to sth/as sth ❸ TELEK ■ **etw** ~ to dial sth; **ich glaube, Sie haben die falsche Nummer gewählt** I think you've dialled the wrong number [*or* misdialled] **II.** *vi* ❶ POL to vote; ~ **gehen** to vote ❷ *(auswählen)* ■ [**unter etw** *dat*] ~ to choose [from sth] ❸ TELEK to dial
Wäh·ler(in) <-s, -> *m(f)* POL voter; *(Gesamtheit der Wähler)* electorate *sing*
Wahl·er·folg *m* success at an/the election **Wahl·er·geb·nis** *nt* POL election result
Wäh·ler·gunst *f kein pl* POL popularity with the voters; **wieder in der** ~ **steigen** to be back in [*or* regain] favour [*or* AM -or] with the voters
Wäh·le·rin <-, -nen> *f fem form von* **Wähler**
wäh·le·risch ['vɛ:lərɪʃ] *adj* particular, selective, choos[e]ly *fam a. pej; (Kunde)* discerning; *(Weinkenner)* discriminating
Wäh·ler·schaft <-, -en> *f* POL *(geh)* electorate *no indef art, no pl,* constituents *pl*
Wäh·ler·stim·me *f* POL vote
Wahl·fach *nt* SCH option[al subject] **Wahl·gang** *m a.* POL ballot **Wahl·ge·heim·nis** *nt kein pl* secrecy of the ballot **Wahl·ge·schenk** *nt* POL *(fam)* pre-election promise **Wahl·hei·mat** *f* ■ **jds** ~ sb's adopted place of residence [*or* country] **Wahl·hel·fer(in)** *m(f)* ❶ *(Helfer eines Kandidaten)* election assistant ❷ *(amtlich bestellte Aufsicht)* polling officer **Wahl·jahr** *nt* POL election year **Wahl·ka·bi·ne** *f* POL polling booth **Wahl·kampf** *m* POL election campaign **Wahl·kreis** *m* POL constituency **Wahl·lei·ter(in)** *m(f)* POL returning officer BRIT *(as Ort)* polling station [*or* AM place] **wahl·los** ['va:llo:s] **I.** *adj* indiscriminate **II.** *adv* indiscriminately **Wahl·nie·der·la·ge** *f* POL electoral defeat, defeat in [*or* at] the election[s] **Wahl·pflicht** *f* POL electoral duty, compulsory voting **Wahl·pla·kat** *nt* POL election poster **Wahl·pro·pa·gan·da** *f* election propaganda **Wahl·recht** *nt kein pl* ❶ POL *(das Recht, zu wählen)* [right to] vote; **das aktive** ~ the right to vote; **das allgemeine** ~ universal suffrage; **das passive** ~ eligibility [to stand for election] ❷ JUR *(Wahlen regelnde Gesetze)* electoral law *no indef art* **Wahl·schein** *m* POL postal vote form BRIT, absentee ballot AM **Wahl·schlap·pe** *f* POL *(fam)* electoral defeat, defeat in [*or* at] the election[s] **Wahl·sieg** *m a.* POL election [*or* electoral] victory **Wahl·sie·ger(in)** *m(f)* winner of an/the election
Wahl·spruch *m* motto, slogan
Wahl·sys·tem *nt* POL electoral system **Wahl·tag** *m* POL election [*or* BRIT polling] day
Wähl·ton *m* TELEK dialling [*or* AM dial] tone
Wahl·ur·ne *f* POL ballot box; **zu den** ~**n schreiten** *(geh)* to go to the polls **Wahl·ver·spre·chen** *nt* POL election promise **wahl·wei·se** *adv* as desired; **Sie dürfen sich entscheiden, es gibt** ~ **Wein oder**

Champagner you can choose between wine or champagne **Wahl·wie·der·ho·lung** *f* TELEK automatic redial
Wahn <-[e]s> [va:n] *m kein pl* ❶ *(geh: irrige Vorstellung)* delusion; **in einem** ~ **leben** to labour [*or* AM -or] under a delusion ❷ MED *(Manie)* mania
wäh·nen ['vɛ:nən] **I.** *vt (geh: irrigerweise annehmen)* to believe [wrongly], to labour [*or* AM -or] under the delusion that *form;* ■ **jdn irgendwo** ~ to think sb is somewhere else; **ich wähnte dich auf hoher See** I imagined you to be on the high seas; ■ **jdn etw** ~ to imagine sb to be sth; **er wähnte sie längst tot** he [wrongly] believed her to be long since dead **II.** *vr (geh)* ■ **sich akk etw** *akk* ~ to consider oneself to be sth; **sich verloren** ~ to believe oneself to be lost
Wahn·sinn *m kein pl* ❶ *(fam: Unsinn)* madness, lunacy ❷ MED *(Verrücktheit)* insanity, lunacy, madness; *(fig fam: Grenzenlosigkeit)* craziness; **heller** ~ **sein** *(fam)* to be sheer [*or* utter] madness; **jdn zum** ~ **treiben** *(fam)* to drive sb mad; **so ein** ~ *(fam)* what madness!; ~**!** *(sl)* amazing!, wild! *sl,* cool! *fam*
wahn·sin·nig I. *adj* ❶ MED *(geisteskrank)* insane, mad; ■ ~ **sein/werden** to be/become insane [*or* mad] ❷ *attr (fig fam: gewaltig)* terrible *fam,* dreadful; **eine** ~**e Arbeit/Aufgabe** a massive amount of work/task; *(Hitze)* sweltering, blistering; *(Kälte)* biting, bitter; *(Sturm)* heavy, severe, violent ❸ *(pej fam: wahnwitzig)* crazy; **wie** ~ *(fam)* like mad [*or* crazy], mad ❹ *(sl: herrlich)* incredible *fam* ❺ *(kirre)* **jdn [noch]** ~ **machen** *(fam)* to drive sb mad [*or* crazy], to drive sb around [*or* BRIT *a.* round] the bend *fam;* **ich werde [noch]** ~**!** *(fam)* it's enough to drive me mad! **II.** *adv (fam)* terribly *fam,* dreadfully; ~ **viel** a heck [*or* hell] of a lot *fam;* ~ **heiß** swelteringly [*or* blisteringly] hot; ~ **kalt** bitingly [*or* bitterly] cold
Wahn·sin·ni·ge(r) *f(m) decl wie adj* madman *masc,* madwoman *fem*
Wahn·sin·nig·wer·den *nt* **es ist zum** ~ *(fam)* it's enough to drive you mad [*or* crazy], it's enough to drive you around [*or* BRIT *a.* round] the bend *fam*
Wahn·sinns·ar·beit <-> *f kein pl (fam)* a crazy [*or* hellish] amount of work *fam*
Wahn·vor·stel·lung *f* MED delusion **Wahn·witz** *m kein pl* [sheer [*or* utter]] madness **wahn·wit·zig** *adj* crazy, mad; **mit einer** ~**en Geschwindigkeit fahren** to drive at a lunatic [*or* an insane] speed
wahr [va:ɐ] *adj* ❶ *(zutreffend)* true; **eine** ~**e Geschichte** a true story; ~ **werden** to become a reality; **wie** ~**!** *(fam)* very true! *fam* ❷ *attr (wirklich)* real; **der** ~**e Täter** the real culprit ❸ *(aufrichtig)* real, true; **ein** ~**er Freund** a real [*or* true] friend; **das** ~**e Glück** real [*or* true] happiness; **die** ~**e Liebe** true love ► WENDUNGEN: **das einzig W**~**e** *(fam)* the thing needed, just the thing *fam;* **vier Wochen Urlaub, das wäre jetzt das einzig W**~**e** to have four weeks holiday would be just what the doctor ordered; **das darf [o kann] doch nicht** ~ **sein!** *(fam: verärgert)* I don't believe this [*or* it] !; *(entsetzt)* it can't be true!; **da ist etwas W**~**es dran** *(fam)* there's some truth in it; *(als Antwort)* you're not wrong there *fam;* **das ist schon gar nicht mehr** ~ *(fam)* that was ages ago *fam;* **etw ist [auch] nicht das W**~**e** *(fam)* sth is not quite the thing [*or* the real McCoy]; **etw** ~ **machen** to carry out sth; **so** ~ **ich hier stehe** *(fam)* as sure as I'm standing here
wah·ren ['va:rən] *vt* ❶ *(schützen)* ■ **etw** ~ to protect [*or* safeguard] sth; **jds Interessen** ~ to look after sb's interests; **jds Rechte** ~ to protect sb's rights ❷ *(erhalten)* ■ **etw** ~ to maintain [*or* preserve] sth; **es fiel mir nicht leicht, meine Fassung zu** ~ it wasn't easy for me to keep my composure
wäh·ren ['vɛ:rən] *vi (geh)* **über einen gewissen Zeit-**

raum ~ to last a certain period of time

wäh·rend ['vɛ:rənt] **I.** *präp* +*gen* during **II.** *konj* ① *(zur selben Zeit)* while ② *(wohingegen)* whereas; **er trainiert gerne im Fitnessstudio,** ~ **ich lieber laufen gehe** he likes to work out in the gym, whereas I prefer to go for a run

wäh·rend·des·sen ['vɛ:rənt'dɛsn] *adv* meanwhile, in the meantime

wahr·ha·ben *vt irreg* ■ **etw nicht** ~ **wollen** not to want to admit sth; **[es] nicht** ~ **wollen, dass** not to want to admit that

wahr·haft ['va:ɐ̯haft] *adj attr (geh)* s. **wahr 3**

wahr·haf·tig ['va:ɐ̯'haftɪç] **I.** *adj (veraltend geh)* real, true **II.** *adv (geh)* really

Wahr·heit <-, -en> ['va:ɐ̯hait] *f* ① *(tatsächlicher Sachverhalt)* truth *no pl;* **die ganze** [o **volle**] **/halbe** ~ the whole truth/half the truth; **es mit der** ~ **nicht so genau nehmen** *(fam)* to stretch the truth; **um die** ~ **zu sagen** to tell the truth; **die** ~ **sagen** to tell the truth; **jdm die** ~ **sagen** to tell sb the truth; **in** ~ in truth, actually ② *kein pl (Richtigkeit)* accuracy *no pl* ▶ WENDUNGEN: **wer einmal lügt, dem glaubt man nicht, und wenn er auch die** ~ **spricht** *(prov)* a liar is never believed even when he's telling the truth

Wahr·heits·fin·dung *f kein pl* establishment of the truth **wahr·heits·ge·mäß** *adj inv* truthful **wahr·heits·ge·treu I.** *adj* truthful; **eine ~e Darstellung** an accurate depiction **II.** *adv* **etw** ~ **berichten** to report sth truthfully; **etw** ~ **darstellen** to depict sth accurately **Wahr·heits·lie·be** *f* love of truth **wahr·heits·lie·bend** *adj* truthful

wahr·lich ['va:ɐ̯lɪç] *adv (geh)* really

wahr·nehm·bar *adj* audible; **ein ~er Geruch** a perceptible smell

wahr·neh·men ['va:ɐ̯ne:mən] *vt irreg* ① *(merken)* ■ **etw** ~ to perceive [*or* detect] sth; **einen Geruch** ~ to perceive a smell; **ein Geräusch/Summen/ Vibrieren** ~ to detect a sound/humming/vibration ② *(teilnehmen)* ■ **etw** [**für jdn**] ~ to attend sth [for sb]; **einen Termin** ~ to keep an appointment ③ *(ausnutzen)* ■ **etw** ~ to take advantage of sth; **eine günstige Gelegenheit** ~ to take advantage of a favourable [*or* AM -orable] opportunity ④ *(vertreten)* ■ **etw** [**für jdn**] ~ to look after sth [for sb]; **jds Interessen** ~ to look after sb's interests ⑤ *(ausüben)* **seine Rechte** ~ to exercise one's rights; **seine Pflichten** ~ to attend to one's duties, to fulfill [*or* AM fulfil] one's obligations

Wahr·neh·mung <-, -en> *f* ① *(das Merken)* Geräusch detection *no pl;* Geruch perception *no pl* ② *(Erfüllung)* attending ③ *(Vertretung)* looking after *no pl, no art;* ~ **von jds Interessen** looking after [*or* safeguarding] [*or* protecting] sb's interests ④ *(Ausübung)* making use of; *Rechte* exercising; *Pflichten* attending, fulfilling

wahr·sa·gen ['va:ɐ̯za:gn] **I.** *vi (Zukunft vorhersagen)* to tell fortunes, to predict the future; ■ **aus etw** ~ to predict the future from sth; **aus** [**den**] **Teeblättern** ~ to read [the] tea leaves; **sich** *dat* [**von jdm**] ~ **lassen** to have one's fortune told [by sb] **II.** *vt (voraussagen)* ■ **jdm etw** ~ to tell sb's fortune, to predict the future for sb

Wahr·sa·ger(in) <-s, -> ['va:ɐ̯za:gɐ] *m(f)* fortune teller

währ·schaft ['vɛ:ɐ̯ʃaft] *adj* SCHWEIZ ① *(gediegen)* well-made; **eine ~e Arbeit** a sound piece of work ② *(tüchtig)* competent; **~es Essen** good food

wahr·schein·lich [va:ɐ̯'ʃainlɪç] **I.** *adj* probable, likely; ■ **es ist** ~**, dass** it is probable [*or* likely] that; ■ **es ist nicht** ~**, dass** it is improbable [*or* unlikely] that **II.** *adv* probably

Wahr·schein·lich·keit <-, -en> *f* probability, likelihood *no pl;* **in aller** ~**, aller** ~ **nach** in all probability [*or* likelihood]

Wahr·schein·lich·keits·rech·nung *f kein pl* MATH probability calculus, theory of probability

Wah·rung <-> ['va:rʊŋ] *f kein pl* protection *no pl,* safeguarding *no pl*

Wäh·rung <-, -en> ['vɛ:rʊŋ] *f* currency

Wäh·rungs·aus·gleich *m kein pl* currency conversion compensation **Wäh·rungs·ein·heit** *f* currency unit **Wäh·rungs·fonds** *m* monetary fund; **Internationaler** ~ International Monetary Fund **Wäh·rungs·ge·biet** *nt* monetary [*or* currency] area **Wäh·rungs·kri·se** *f* monetary [*or* currency] crisis **Wäh·rungs·kurs** *m* exchange rate, rate of exchange **Wäh·rungs·pa·ri·tät** *f* exchange rate [*or* monetary] parity **Wäh·rungs·po·li·tik** *f* monetary policy **wäh·rungs·po·li·tisch** *adj inv* in terms of monetary policy **Wäh·rungs·re·form** *f* currency [*or* monetary] reform **Wäh·rungs·re·ser·ven** *f pl* foreign exchange reserves *pl,* currency [*or* monetary] reserves *pl* **Wäh·rungs·sta·bi·li·tät** *f* currency stability **Wäh·rungs·sys·tem** *nt* monetary system **Wäh·rungs·uni·on** *f* monetary union

Wahr·zei·chen ['va:ɐ̯tsaiçn] *nt* landmark

Wai·se <-, -n> ['vaizə] *f* orphan

Wai·sen·haus *nt* orphanage **Wai·sen·kind** *nt* orphan **Wai·sen·kna·be** *m (veraltet)* orphan [boy]; ▶ WENDUNGEN: **jd ist gegen jdn ein** ~ [o **Waisenkind**] *(fam)* sb is no match for sb **Wai·sen·ren·te** *f* orphan's allowance

Wake·boar·ding <-s> ['we:kbɔ:ɐ̯dɪŋ] *nt kein pl* SPORT wakeboarding *(riding on a short, wide board and performing acrobatic manoeuvres while being towed by a motor boat)*

Wal <-[e]s, -e> [va:l] *m* whale

Wald <-[e]s, Wälder> [valt, *pl:* 'vɛldɐ] *m (mit Bäumen bestandenes Land)* wood, forest; **Bayrischer** ~ the Bavarian Forest; **Thüringer** ~ the Thuringian Forest ▶ WENDUNGEN: **den** ~ **vor lauter Bäumen nicht sehen** *(fam)* to not be able to see the wood [*or* forest] for the trees; **wie man in den** ~ **hineinruft, so schallt es heraus** *(prov)* you are treated as you treat others

Wald·amei·se *f* red ant **Wald·ar·bei·ter(in)** *m(f)* forestry worker **Wald·baum·läu·fer** *m* ORN common tree creeper **Wald·be·stand** *m* forest land **Wald·bo·den** *m* forest soil **Wald·brand** *m* forest fire **Wäl·dchen** <-s, -> ['vɛltçən] *nt dim von* **Wald** small wood

Wald·geiß·blatt *nt* BOT common honeysuckle, woodbine **Wald·ho·nig** *m* honeydew honey **Wald·horn** *nt* MUS French horn

wal·dig ['valdɪç] *adj* wooded; **eine ~e Gegend** a wooded region

Wald·kauz *m* ORN tawny owl **Wald·land** *nt* woodland **Wald·lauf** *m* cross-country run; **einen** ~ **machen** to go on a cross-country run **Wald·maus** *f* ZOOL wood mouse, long-tailed field mouse **Wald·meis·ter** *m* BOT woodruff **Wald·ohr·eu·le** *f* ORN long-eared owl **Wal·dorf·schule** ['valdɔrf-] *f* Rudolf Steiner School **Wald·pilz** *m* woodland mushroom **Wald·re·be** *f* BOT clematis **Wald·schnep·fe** *f* ORN woodcock **Wald·ster·ben** *nt* death of the forest[s] as a result of pollution

Wal·dung <-, -en> ['valdʊŋ] *f (geh)* forest **Wald·weg** *m* forest path, path through the woods **Wales** <-> [weilz] *nt* Wales *no pl* **Wal·fang** ['va:lfaŋ] *m kein pl* whaling **Wal·fisch** ['valfɪʃ] *m (fam)* s. **Wal**

Wal·hal·la <-s> [val'hala] *f,* **Wal·hall** <-s> ['valhal] *f kein pl* Valhalla *no pl*

Wa·li·ser(in) <-s, -> [va'li:zɐ] *m(f)* Welshman *masc,* Welsh woman *fem; s. a.* **Deutsche(r)**

Wa·li·sisch [va'li:zɪʃ] *nt decl wie adj* Welsh; *s. a.*

Deutsch

wa·li·sisch [vaˈliːzɪʃ] *adj* **1** GEOG Welsh; **die ~e Küste** the Welsh coast; *s. a.* **deutsch 1** **2** LING Welsh; **der ~e Dialekt** the Welsh dialect; *s. a.* **deutsch 2**

Wa·li·si·sche <-n> [vaˈliːzɪʃə] *nt* **das ~** Welsh, the Welsh language; *s. a.* **Deutsche**

wal·ken [ˈvalkn̩] *vt* **1** *(durch~)* ■ **etw ~** to tumble sth **2** *(durchkneten)* ■ **etw ~** to knead sth

Wal·kie-Tal·kie^RR <-[s], -s> [ˈvɔːkiˈtɔːki] *nt*, **Wal·kie-tal·kie**^ALT <-[s], -s> *nt* walkie-talkie

Walk·man® <-s, -men> [ˈvɔːkmɛn] *m* walkman®

Wal·kü·re <-, -n> [valˈkyːrə] *f* Valkyrie

Wall <-[e]s, Wälle> [val, *pl:* ˈvɛlə] *m* embankment; *Burg* rampart

Wal·lach <-[e]s, -e> [ˈvalax] *m* gelding

wal·len [ˈvalən] *vi Wasser* to bubble; *Suppe* to simmer

wal·lend *adj (geh)* flowing; **ein ~er Bart** a flowing beard

Wal·ler <-s, -> [ˈvalɐ] *m* ZOOL, KOCHK European catfish

Wall·fah·rer(in) *m(f)* pilgrim

Wall·fahrt [ˈvalfaːɐ̯t] *f* pilgrimage; **eine ~ [irgendwo·hin] machen** to go on a pilgrimage [somewhere]

Wall·fahrts·kir·che *f* pilgrimage church **Wall·fahrts·ort** *m* place of pilgrimage

Wal·lis <-> [ˈvalɪs] *nt* **das ~** Valais

Wal·lo·ne, Wal·lo·nin <-n, -n> [vaˈloːnə, vaˈloːnɪn] *m*, *f* Walloon; *s. a.* **Deutsche(r)**

Wal·lung <-, -en> *f* MED *(Hitze~)* [hot] flush *usu pl;* ▶ WENDUNGEN: **jdn in ~ bringen** to make sb's blood surge/sb seethe; **in ~ geraten** to fly into a rage

Walm·dach [valm-] *nt* ARCHIT hipped roof

Wal·nuss^RR [ˈvalnʊs] *f* **1** *(Frucht des Walnussbaums)* walnut **2** *s.* **Walnussbaum**

Wal·nuss·baum^RR *m* walnut [tree] **Wal·nuss·holz**^RR *nt* walnut **Wal·nuss·öl**^RR *nt* walnut oil

Wal·pur·gis·nacht [valˈpʊrgɪs-] *f* ■ **die ~** Walpurgis night

Wal·ross^RR [ˈvalrɔs] *nt* walrus; ▶ WENDUNGEN: **wie ein ~ schnaufen** *(fam)* to puff like a grampus BRIT *fam*, to huff and puff AM

wal·ten [ˈvaltn̩] *vi (geh)* **1** *(herrschen)* to reign **2** *(üben)* ■ **etw ~ lassen** to show sth; **Nachsicht ~ lassen** to show leniency

Walz·blech *nt* sheet metal

Wal·ze <-, -n> [ˈvaltsə] *f* **1** *(zylindrischer Gegenstand)* roller **2** TECH *(rotierender Zylinder)* roller **3** *(Stra·ßen~)* steamroller

wal·zen [ˈvaltsn̩] *vt* ■ **etw ~** **1** *(mit einer Walze ausrollen)* to roll sth **2** *(zu Blech ausrollen)* to roll sth

wäl·zen [ˈvɛltsn̩] **I.** *vt* **1** *(fam: durchblättern)* ■ **etw ~** to pore over sth; **Unterlagen wälzen** to pore over documents **2** *(hin und her bedenken)* ■ **etw ~** to turn over sth in one's mind **3** *(rollen)* ■ **etw irgend·wohin ~** to roll sth somewhere **4** KOCHK *(hin und her wenden)* ■ **etw in etw ~** *dat* to roll sth in sth, to coat sth with [*or* in] sth **II.** *vr (sich hin und her rollen)* ■ **sich irgendwo ~** to roll somewhere; **sie wälzte sich im Bett hin und her** she tossed and turned in bed; ■ **sich in etw ~** *dat* to roll in sth; **sich im Schlamm ~** to roll in the mud

Wal·zen·nu·del·ma·schi·ne *f* pasta machine

Wal·zer <-s, -> [ˈvaltsɐ] *m* waltz; **Wiener ~** Viennese waltz

Wäl·zer <-s, -> [ˈvɛltsɐ] *m (fam)* heavy tome *form*

Wal·zer·mu·sik *f* waltz music

Wam·me <-, -n> [ˈvamə] *f* KOCHK prime streaky bacon

Wam·pe <-, -n> [ˈvampə] *f* DIAL *(fam)* paunch

Wams <-es, Wämser> [vams, *pl:* ˈvɛmzə] *nt* DIAL *(ver·altet)* doublet *old*

wand *imp von* **winden**[1]

Wand <-, Wände> [vant, *pl:* ˈvɛndə] *f* **1** *(Mauer)* wall **2** *(Wandung)* side **3** *(Fels~)* [rock] face ▶ WENDUNGEN: **die Wände haben Ohren** *(fam)* walls have ears *fam;* **spanische ~** folding screen; **in jds vier Wänden** within sb's own four walls; **weiß wie die ~ werden** to turn as white as a sheet; **jdn an die ~ drücken** to drive sb to the wall; **die ~ [*o* Wände] hoch gehen können** *(fam)* to drive sb up the wall *fam;* [**bei jdm**] **gegen eine ~ reden** to be like talking to a brick wall [with sb]; **jdn an die ~ spielen** SPORT to thrash sb; MUS, THEAT to outshine sb; **jdn an die ~ stellen** MIL to put sb up against the wall; **dass die Wände wackeln** *(fam)* to raise the roof; **~ an ~** right next door to each other; *s. a.* **Kopf**

Wan·da·le, Wan·da·lin <-n, -n> [vanˈdaːlə, vanˈdaːlɪn] *m*, *f* **1** HIST *(germanischer Volksstamm)* Vandal **2** *(zerstörungswütiger Mensch)* vandal ▶ WENDUNGEN: **wie die ~n** like madmen

Wan·da·lis·mus [vandaˈlɪsmʊs] *m s.* **Vandalismus**

Wand·be·hang *m s.* **Wandteppich**

Wan·del <-s> [ˈvandl̩] *m kein pl (geh)* change; **einem ~ unterliegen** to be subject to change; **im ~ einer S. gen** over [*or* through] sth; **im ~ der Jahrhunderte** over the centuries; **im ~ der Zeiten** through the ages

wan·del·bar *adj (geh)* changeable

Wan·del·gang <-gänge> *m* covered walkway **Wan·del·hal·le** *f* foyer

wan·deln[1] [ˈvandl̩n] **I.** *vt (geh: ändern)* ■ **etw ~** to change sth **II.** *vr (geh)* ■ **sich ~** *(sich [ver]ändern)* to change

wan·deln[2] [ˈvandl̩n] *vi sein (geh)* to stroll

Wan·der·aus·stel·lung *f* travelling [*or* AM traveling] exhibition **Wan·der·dü·ne** *f* shifting dune

Wan·de·rer, Wan·de·rin <-s, -> [ˈvandərɐ, ˈvandərɪn] *m*, *f* hiker, rambler

Wan·der·fal·ke *m* ORN peregrine falcon

Wan·der·heu·schre·cke *f* migratory locust

Wan·de·rin <-, -nen> *f fem form von* **Wanderer**

Wan·der·kar·te *f* map of walks

wan·dern [ˈvandɐn] *vi sein* **1** *(eine Wanderung machen)* to hike, to go rambling, to go on a hike; ■ **irgendwoher/irgendwohin ~** to hike from somewhere/to somewhere; **am Wochenende ~ wir gerne um den See** at the weekend we like to go on a ramble around the lake **2** GEOG *(sich weiterbewegen)* ■ [**irgendwoher/irgendwohin**] ~ to shift [*or* move] [from somewhere/to somewhere] **3** *(geh: streifen)* to move **4** *(fam: geworfen werden)* to go; ■ **irgendwo·hin ~** to go somewhere; **„wohin mit den Küchen·abfällen?" – „die ~ auf den Kompost"** "where does the kitchen waste go?" – "it goes on the compost heap" **5** ZOOL *(den Aufenthaltsort wechseln)* to migrate **6** MED *(sich weiterbewegen)* ■ [**irgendwo·hin**] ~ to migrate [to somewhere] **Wan·der·nie·re** *f* MED floating kidney **Wan·der·po·kal** *m* challenge cup **Wan·der·rat·te** *f* brown rat

Wan·der·schaft <-> *f kein pl (Zeit als fahrender Geselle)* travels *npl;* **auf ~ sein** *(fam)* to be on one's travels ▶ WENDUNGEN: **auf ~ gehen** *(fam)* to go off on one's travels

Wan·der·schu·he *pl* hiking boots *pl* **Wan·der·tag** *m* day on which a German school class goes on an excursion

Wan·de·rung <-, -en> [ˈvandərʊŋ] *f* hike, ramble; **eine ~ machen** [*o* **unternehmen**] to go on a hike [*or* ramble]

Wan·der·weg *m* walk, trail
Wand·ge·mäl·de *nt* mural, wall painting **Wand·ka·len·der** *m* wall calendar **Wand·kar·te** *f* wall map **Wand·lam·pe** *f* wall lamp [*or* light]
Wand·lung <-, -en> [ˈvandlʊŋ] *f* ➊ *(geh: Verände·rung)* change ➋ REL transubstantiation *no pl*
wand·lungs·fä·hig *adj* adaptable; **ein ~er Schauspie·ler** a versatile actor
Wand·rer(in) <-s, -> *m(f)* s. **Wanderer**
Wand·schrank *m* built-in cupboard **Wand·ta·fel** *f* blackboard
wand·te [ˈvantə] *imp von* **wenden**
Wand·tep·pich *m* tapestry **Wand·uhr** *f* wall clock **Wand·ver·klei·dung** *f* ➊ *(Paneel)* panelling [*or* AM paneling] *no pl* ➋ *(Plattierung)* facing, wall covering **Wand·zei·tung** *f* wall news-sheet
Wan·ge <-, -n> [ˈvaŋə] *f (geh)* cheek; **~ an ~** cheek to cheek
Wan·kel·mo·tor *m* rotary piston engine
Wan·kel·mut [ˈvaŋklmuːt] *m (geh)* fickleness *no pl,* inconsistency *no pl*
wan·kel·mü·tig [ˈvaŋklmyːtɪç] *adj (geh)* inconsistent
Wan·kel·mü·tig·keit *f* s. **Wankelmut**
wan·ken [ˈvaŋkn̩] *vi* ➊ *haben (hin und her schwan·ken)* to sway ➋ *sein (sich wankend bewegen)* ■ **ir·gendwohin ~** to stagger somewhere ▶ WENDUNGEN: **etw ins W~ bringen** to shake sth; **ins W~ geraten** to begin to sway [*or* waver]; **sein Entschluss geriet ins W~** he began to waver in his decision
wann [van] *adv interrog* ➊ *(zu welchem Zeitpunkt)* when; **~ kommst du wieder?** when will you be back?; **bis ~** until when; **bis ~ ist der Pass gültig?** when is the passport valid until?; **seit ~** since when; **von ~ an** from when; **~ etwa** [*o* ungefähr] when approximately [*or* roughly]; **~** [*auch*] **immer** when·ever ➋ *(in welchen Fällen)* when
Wan·ne <-, -n> [ˈvanə] *f* ➊ *(Bade~)* [bath]tub ➋ *(läng·liches Gefäß)* tub ➌ *(Öl~)* oilpan
Wan·nen·bad *nt* bath; **ein ~ nehmen** to have [*or* take] a bath
Wanst <-[e]s, Wänste> [vanst, *pl:* ˈvɛnstə] *m (Fett~)* paunch; ▶ WENDUNGEN: **sich** *dat* **den ~ vollschlagen** *(sl)* to stuff oneself *sl*
Want <-, -en> [vant] *f meist pl* NAUT shroud
Wan·ze <-, -n> [ˈvantsə] *f* ➊ *(Blut saugender Parasit)* bug ➋ *(fam: Miniabhörgerät)* bug *fam*
WAP [vap] *nt Abk von* **Wireless Application Proto·col** WAP
WAP-Han·dy *nt* WAP phone
Wap·pen <-s, -> [ˈvapn̩] *nt* coat of arms; ▶ WENDUNGEN: **ein ~ führen** to have a coat of arms; **etw im ~ füh·ren** to bear sth on one's coat of arms
Wap·pen·kun·de *f kein pl* heraldry *no pl* **Wap·pen·schild** *m o nt* shield **Wap·pen·tier** *nt* heraldic animal
wapp·nen [ˈvapnən] *vr (geh)* ■ **sich** [gegen etw] **~** to prepare oneself [for sth]; ■ **gewappnet sein** to be pre·pared
war [vaːɐ̯] *imp von* **sein¹**
Wa·ran <-s, -e> [vaˈraːn] *m* ZOOL dragon
warb [varp] *imp von* **werben**
ward [vart] *(liter) imp von* **werden I.**
Wa·re <-, -n> [ˈvaːrə] *f* article, product, commodity; **Lebensmittel sind leicht verderbliche ~n** food is a commodity that can easily go off ▶ WENDUNGEN: **heiße ~** *(sl)* hot goods *sl*
Wa·ren·an·ge·bot *nt* range of goods on offer **Wa·ren·aus·fuhr** *f* export of goods **Wa·ren·aus·gang** *m kein pl* ÖKON ➊ *kein pl (Abteilung)* sales department ➋ *meist pl (zum Abschicken vorbereitete Waren)* out·going goods *pl* **Wa·ren·aus·tausch** *m* exchange of goods **Wa·ren·be·stand** *m* stock *no pl* **Wa·ren·be·stel·lung** *f* order for goods **Wa·ren·bör·se** *f* commod·

ity exchange **Wa·ren·ein·fuhr** *f* import of goods **Wa·ren·ein·gang** *m* ÖKON ➊ *kein pl (Abteilung)* incoming goods department ➋ *meist pl (eingehende, gelieferte Waren)* goods received **Wa·ren·han·del** *m* trade in goods **Wa·ren·haus** *nt (veraltend)* s. **Kauf·haus Wa·ren·haus·ket·te** *f* department store chain **Wa·ren·korb** *m* basket of goods **Wa·ren·la·ger** *nt* goods depot **Wa·ren·lie·fe·rung** *f* ÖKON ➊ *kein pl (das Liefern von Waren)* delivery of goods ➋ *(gelieferte Waren)* goods delivered **Wa·ren·mus·ter** *nt*, **Wa·ren·pro·be** *f* commercial sample **Wa·ren·re·gal** *nt* shelf for goods **Wa·ren·sen·dung** *f* ➊ *kein pl* ÖKON *(das Senden von Waren)* shipment ➋ ÖKON *(die gesandten Waren)* shipment, consignment of goods ➌ ADMIN, TRANSP *(Postsendung)* shipment **Wa·ren·sor·ti·ment** *nt* assortment [*or* range] of goods **Wa·ren·ter·min·ge·schäft** *nt* commodity futures trading *no pl* **Wa·ren·test** *m* goods quality test **Wa·ren·um·satz·steu·er** *f* SCHWEIZ *(Mehrwertsteuer)* value added tax **Wa·ren·ver·kehr** *m kein pl* movement of goods **Wa·ren·vor·rat** *m* inventory, stock-in-trade **Wa·ren·wirt·schaft** *f kein pl* goods trade **Wa·ren·zei·chen** *nt* trade mark
warf [varf] *imp von* **werfen**
warm <wärmer, wärmste> [varm] **I.** *adj* ➊ *(nicht kalt)* warm; **ein Glas ~e Milch** a glass of hot milk; **etw ~ halten** to keep sth warm; [jdm] **etw ~ machen** to heat sth up [for sb]; *(Wärme aufweisend)* warm; **ein ~es Bett** a warm bed; **es** [irgendwo] **~ haben** to be warm [somewhere]; **mir ist zu ~** I'm too hot; *(eine angenehme Wärme spüren)* [to feel] pleasantly warm ➋ *(nicht kalt)* warm ➌ *(wärmend)* warm; **etw ~ machen** to warm sth up; **etw macht jdn ~** sth warms sb up ➍ *(geh: aufrichtig)* warm; **ein ~es Inte·resse** a keen interest; **~e Zustimmung** enthusiastic agreement ▶ WENDUNGEN: **sich ~ laufen** to warm up; **sich ~ spielen** SPORT **ich würde mich gerne 5 Minuten ~ spielen** I would like a five minute warm-up; *s. a.* **Bruder II.** *adv (im Wärmen)* warmly; *(gewärmt)* warm; **den Motor ~ laufen lassen** to let the engine warm up ▶ WENDUNGEN: **jdn/etw** [jdm] **wärmstens empfehlen** to recommend sb/sth most warmly [to sb]
Warm·blut *nt* cross-bred horse **Warm·blü·ter** <-s, -> *m* warm-blooded animal **warm·blü·tig** *adj* warm-blooded **Warm·du·scher** <s, -> *m (pej sl)* prude *pej*
Wär·me <-> [ˈvɛrmə] *f kein pl* ➊ *(warme Temperatur)* warmth *no pl;* **~ suchend** heat-seeking ➋ *(Warmher·zigkeit)* warmth *no pl*
Wär·me·be·hand·lung *f* ➊ TECH *(Erwärmung von Metall)* heat treatment ➋ MED *(therapeutische Anwendung von Wärme)* heat treatment **Wär·me·däm·mung** *f* heat insulation
wär·men [ˈvɛrmən] **I.** *vt* ➊ *(warm machen)* ■ **jdn ~** to warm sb up; ■ **sich** [gegenseitig] **~** to keep each other warm ➋ *(aufwärmen)* ■ **jdn/etw ~** to warm sb/sth up; ■ **sich ~** to warm oneself up **II.** *vi (warm machen)* to be warm; **wollene Unterwäsche wärmt** woollen underclothes are warm
Wär·me·pfan·ne *f* chafing pan **Wär·me·pum·pe** *f* heat pump **Wär·me·strah·lung** *f* thermal radiation *no pl* **Wär·me·tau·scher** <-s, -> *m* heat exchanger **Wärm·fla·sche** *f* hot-water bottle
Warm·front *f* METEO warm front
warm·hal·ten *vt irreg (fam)* ■ **sich** *dat* **jdn ~** to keep sb warm [*or* BRIT in with sb] **Warm·hal·te·plat·te** *f* hotplate **warm·her·zig** *adj* warm-hearted **Warm·luft** *f* warm air *no pl* **Warm·mie·te** *f (fam)* rent including heating [*or* AM heat] **Warm·start** *m* INFORM soft reset, warm start
Warm-up <-s, -s> [ˈvɔːɐ̯ʒm̩ʔap] *nt* SPORT warm-up
Warm·was·ser·be·rei·ter   <-s,   ->   [varmˈvasə-

bəraite] *m* water heater **Warm·was·ser·hei·zung** *f* hot-water central heating **Warm·was·ser·ver·sor·gung** *f* hot-water supply

warm|wer·denRR *vi irreg sein (fam)* ◼ **mit jdm ~** to warm to sb

Warn·blink·an·la·ge *f* hazard warning lights *pl* **Warn·blink·leuch·te** *f* hazard warning light **Warn·drei·eck** *nt* hazard warning triangle

war·nen ['varnən] **I.** *vt* ◼ **jdn ~** to warn sb; ◼ **jdn vor jdm/etw** *dat* **~** to warn sb about sb/sth; **ich muss dich vor ihm ~** I must warn you about him; ◼ **jdn [davor] ~, etw zu tun** to warn sb about doing sth; **ich warne dich/Sie!** I'm warning you! **II.** *vi (Warnungen herausgeben)* ◼ **[vor jdm/etw] ~** to issue a warning [about sb/sth]

war·nend **I.** *adj* warning; **ein ~es Signal** a warning signal **II.** *adv* as a warning; **sie hob ~ den Zeigefinger** she held up her index finger as a warning

Warn·hin·weis *m* warning label **Warn·kreuz** *nt* BAHN warning cross **Warn·licht** *nt* AUTO hazard warning light **Warn·ruf** *m* warning cry **Warn·schild** *nt* ❶ *(warnendes Verkehrsschild)* warning sign ❷ *(Schild mit einer Warnung)* warning sign [*or* notice] **Warn·schuss**RR *m* warning shot **Warn·sig·nal** *nt* ❶ *(warnendes Lichtzeichen)* warning signal; *(warnender Ton)* warning signal **Warn·streik** *m* token strike **Warn·tracht** *f* ZOOL warning colouration BRIT [*or* AM -oration]

War·nung <-, -en> *f* warning; ◼ **~ vor etw** *dat* warning about sth; **lass dir das eine ~ sein!** let that be a warning to you!; **als ~** as a warning

Warn·zei·chen *nt* ❶ *(Warnsignal)* warning signal ❷ *(warnendes Anzeichen)* warning sign

War·schau <-s> ['varʃau] *nt* Warsaw

War·te <-, -n> ['vartə] *f* observation point; **von der hohen ~ einer S.** *gen* from the vantage-point of a thing; **von jds ~ [aus]** from sb's point of view [*or* standpoint]

War·te·frist *f s.* **Wartezeit** **War·te·hal·le** *f* BAHN waiting room **War·te·lis·te** *f* waiting list

war·ten¹ ['vartn] *vi* ❶ *(harren)* to wait; ◼ **auf jdn/etw** *akk* **~** to wait for sb/sth; ◼ **mit etw [auf jdn] ~** to wait [for sb] before doing sth; **jdn/etw kann ~** sb/sth can [*or* has to] wait; **auf sich ~ lassen** *akk* to be a long time [in] coming; **nicht [lange] auf sich** *akk* **~ lassen** to not be long in coming; **warte mal!** wait!, hold on!; **na warte!** *(fam)* just you wait! *fam*; **worauf wartest du noch?** *(fam)* what are you waiting for? *fam* ❷ *(er~)* ◼ **auf jdn ~** to await sb; *s. a.* **schwarz**

war·ten² ['vartn] *vt* ◼ **[jdm] etw ~** to service [*or* maintain] sth [for sb]

Wär·ter(in) <-s, -> ['vɛrtɐ] *m(f) (veraltend)* ❶ *(Gefängnis~)* prison officer [*or* AM guard], warder BRIT ❷ *(Tierpfleger)* keeper

War·te·raum *m* waiting room

Wär·te·rin <-, -nen> *f fem form von* **Wärter**

War·te·saal *m* waiting room **War·te·schlan·ge** *f* queue, line AM **War·te·schlei·fe** *f* LUFT holding pattern, stack; ◼ **in der ~ sein** to be stacked, to be stacking

War·te·stand *m* temporary retirement

War·te·zeit *f* ❶ *(Zeit des Wartens)* wait *no pl* ❷ *(Karenzzeit)* waiting period **War·te·zim·mer** *nt* waiting room

War·tung <-, -en> *f* service, maintenance *no pl*

war·tungs·frei *adj* maintenance-free **War·tungs·ver·trag** *m* JUR service contract [*or* agreement]

wa·rum [va'rʊm] *adv interrog* why; **~ nicht?** why not?; **~ nicht gleich so!** *(fam)* why couldn't you do that before!

War·ze <-, -n> ['vartsə] *f* ❶ MED *(Fibrom)* wart ❷ ANAT

(Brust~) nipple

War·zen·hof *m* ANAT areola **War·zen·me·lo·ne** *f* KOCHK cantaloupe melon **War·zen·schwein** *nt* ZOOL wart hog

was [vas] **I.** *pron interrog* ❶ *(welches Ding)* what ❷ *(welcher Grund)* what; **~ ist** [*o* **gibt's**] **?** what's up?, what's the matter? ❸ *(fam: wie sehr)* how; **~ war das für eine Anstrengung!** that really was an effort!, what an effort that was!; **~ für ein(e) ...** what sort [*or* kind] of; **~ für ein Glück!** what a stroke of luck!; **~ für eine sie ist, weiß ich auch nicht** I don't know either what sort of a person she is *s.* **los sein** *s. a.* **sollen** ❹ *(fam: warum?)* why? ❺ *(fam: nicht wahr?)* isn't it/doesn't it/aren't you? **II.** *pron rel* what; ◼ **das, ~** that which *form*, what; **das Einzige, ~ ich Ihnen sagen kann, ist, dass er morgen kommt** the only thing I can tell you is that he's coming tomorrow; **das Wenige, ~ ich besitze, will ich gerne mit dir teilen** the little that I possess I will gladly share with you *s.* **alle(r,s)** *s. a.* **auch** *s. a.* **immer** *s. a.* **können** **III.** *pron indef (fam)* ❶ *(etwas)* something, anything; **kann ich ~ helfen?** is there anything I can do to help?; **lassen Sie es mich wissen, wenn ich ~ für Sie tun kann!** let me know when I can do something for you; **iss nur, es ist ~ ganz Leckeres!** just eat it, it's something really tasty! ❷ *(irgend~)* anything; **ob er ~ gemerkt hat?** I wonder if he noticed anything?; **fällt Ihnen an dem Bild ~ auf?** does anything strike you about the picture?; *s. a.* **so**

Wasch·an·la·ge *f* ❶ *(Auto~)* car wash ❷ *(fig: Schwarzgeld)* laundering facility; *(für Spenden)* front

wasch·bar *adj* washable

Wasch·bär *m* racoon **Wasch·be·cken** *nt* washbasin **Wasch·brett·bauch** *m* *(hum fam)* washboard stomach

Wä·sche <-, -en> *f* ❶ *kein pl (Schmutz~)* washing *no pl*; **in der ~ sein** to be in the wash; **etw in die ~ tun** to put sth in the wash; *(das Waschen)* washing *no pl* ❷ *kein pl (Unter~)* underwear *no pl* ❸ *kein pl (Haushalts~)* linen *no pl* ❹ *(Wagen~)* car wash ❺ *(Legalisierung)* **die ~ illegaler Gelder** the laundering of stolen money ▸ WENDUNGEN: **dumm aus der ~ gucken** *(fam)* to look dumbfounded; [seine] **schmutzige ~ waschen** to wash one's dirty linen in public

Wä·sche·beu·tel *m* laundry bag

wasch·echt *adj* ❶ *(fam: typisch)* genuine, real ❷ *(beim Waschen nicht verbleichend)* colourfast, colorfast AM

Wä·sche·ge·schäft *nt* draper's [shop] BRIT **Wä·sche·klam·mer** *f* [clothes]peg **Wä·sche·korb** *m* laundry basket **Wä·sche·lei·ne** *f* [clothes]line

wa·schen <wusch, gewaschen> ['vaʃn] *vt* ❶ *(durch Abwaschen säubern)* ◼ **jdn/etw ~** to wash sb/sth; ◼ **sich** *akk* **~** to wash [oneself]; **sich kalt/warm ~** to wash [oneself] in cold/hot water; ◼ **sich** *dat* **etw ~** to wash [one's] sth ❷ *(mit Waschmittel reinigen)* ◼ **etw ~** to wash sth ❸ *(sl: legalisieren)* ◼ **etw ~** to launder sth; **Drogengeld ~** to launder drugs/money ▸ WENDUNGEN: **..., der/die/das sich gewaschen hat** *(fam)* real good ...; **eine Ohrfeige, die sich gewaschen hat** a real good box on the ears; **eine Prüfung, die sich gewaschen hat** a swine of an exam

Wä·sche·puff *m* dirty linen box

Wä·scher(in) <-s, -> ['vɛʃɐ] *m(f)* launderer

Wä·sche·rei <-, -en> [vɛʃə'rai] *f* laundry

Wä·sche·rin <-, -nen> *f fem form von* **Wäscher**

Wä·sche·schleu·der *f* spin dryer **Wä·sche·schrank** *m* linen cupboard **Wä·sche·stän·der** *m* clothes horse **Wä·sche·stär·ke** *f* starch *no pl* **Wä·sche·trock·ner** <-s, -> *m* drier

Wasch·gang <-gänge> *m* wash *(stage of a washing*

programme) **Wasch·ge·le·gen·heit** f washing facilities pl **Wasch·kes·sel** m wash boiler **Wasch·kü·che** f ❶ (Raum zum Wäschewaschen) wash house ❷ (fam: dichter Nebel) pea-souper BRIT, fog as thick as pea soup AM **Wasch·lap·pen** m ❶ (Lappen zur Körperwäsche) flannel ❷ (fam: Feigling) sissy, wet rag BRIT **Wasch·lau·ge** f suds npl **Wasch·le·der** nt chamois leather **Wasch·ma·schi·ne** f washing machine **wasch·ma·schi·nen·fest** adj machine-washable **Wasch·mit·tel** nt detergent **Wasch·pul·ver** nt washing powder **Wasch·raum** m washroom **Wasch·sa·lon** m launderette BRIT, laundromat AM **Wasch·schüs·sel** f washtub **Wasch·stra·ße** f car wash **Wasch·tag** m washday; ~ **haben** to be one's washing-day **Wasch·tisch** m washstand
Wa·schung <-, -en> f ❶ MED washing no pl ❷ REL ablution no pl
Wasch·was·ser nt kein pl washing water no pl **Wasch·weib** nt (fam) gossip **Wasch·zet·tel** m blurb **Wasch·zeug** nt washing things pl
Wa·shing·ton <-s> ['vɔʃɪŋtn] nt Washington
Was·ser <-s, - o Wässer> ['vasɐ, pl: 'vɛsɐ] nt ❶ kein pl (H2O) water no pl; ~ **abweisend** [o abstoßend] water-repellent; ~ **durchlässig** porous ❷ (Wasseroberfläche) water no pl; **Wasserflugzeuge können auf dem ~ landen** amphibious aircraft can land on water ❸ pl (geh: Fluten) waters pl ▸ WENDUNGEN: **bis dahin fließt noch viel ~ den Bach** [o Rhein] **hinunter** (fam) a lot of water will have flowed under the bridge by then; **bei ~ und Brot** behind bars; **das ~ bis zum Hals stehen haben** (fam) to be up to one's ears in debt; ~ **auf jds Mühle sein** to be grist to sb's mill; **jdm läuft das ~ im Mund[e] zusammen** sb's mouth is watering; **duftende Wässer** pl toilet water BRIT, cologne AM; **fließend** ~ running water; **nah am ~ gebaut haben** to be prone to tears; **... reinsten ~s** (fam) pure ...; **schweres** ~ heavy water; **stilles** ~ [a bit of] a dark horse; **stille** ~ **sind tief** still waters run deep prov; **ins** ~ **fallen** (fam) to fall through fam; **ins** ~ **gehen** (euph) to drown oneself; **mit allen ~n gewaschen sein** (fam) to know every trick in the book fam; **jdm das** ~ **abgraben** to take away sb's livelihood; **sich über** ~ **halten** to keep oneself above water; (sich vorm Untergehen bewahren) to keep afloat; **das** ~ **nicht halten können** to be incontinent; **jdm das** ~ **reichen können** to be a match for sb; **auch nur mit** ~ **kochen** (fam) to be no different from anybody else; ~ **lassen** MED to pass water; **etw zu** ~ **lassen** NAUT to launch sth; **sein** ~ **abschlagen** (sl) to relieve oneself; **etw unter** ~ **setzen** to flood sth; **unter** ~ **stehen** to be flooded [or under water]; ~ **treten** MED to paddle; **zu** ~ by sea
Was·ser·ader f subterranean watercourse **Was·ser·am·sel** f ORN dipper, water ouzel **Was·ser·an·schluss**^RR m ❶ inv (Anschließen an Wasserversorgung) connection to the mains water supply [or AM water main] ❷ (Anschlussvorrichtung an Wasserversorgung) mains hose BRIT, water main connection AM **was·ser·arm** adj arid **Was·ser·auf·be·rei·tung** f water treatment **Was·ser·auf·be·rei·tungs·an·la·ge** f water treatment plant **Was·ser·bad** nt ❶ inv KOCHK (Topf mit kochendem Wasser) bain-marie, double boiler ❷ FOTO (zum Wässern von Abzügen) water bath ❸ (veraltet: Bad mit Wasser) bath **Was·ser·ball** m ❶ kein pl (Wasserhandball) water polo no pl ❷ (Ball für ~ 1) water polo ball ❸ (aufblasbarer Spielball) beach ball **Was·ser·bau** m kein pl canal, harbour [or AM -or] and river engineering **Was·ser·be·häl·ter** m water container **Was·ser·bett** nt waterbed **Was·ser·bom·be** f MIL depth charge **Was·ser·büf·fel** m water buffalo **Was·ser·burg** ['vasɐbʊrk] f castle surrounded by moats

Wäs·ser·chen <-s, -> ['vɛseçən] nt (Duftwasser) scent; ▸ WENDUNGEN: **jd sieht aus, als ob er kein** ~ **trüben könnte** (fam) sb appears innocent while being guilty, sb looks as if butter wouldn't melt in his/her mouth BRIT
Was·ser·dampf m steam no pl **was·ser·dicht** adj ❶ (kein Wasser eindringen lassend) watertight; **eine ~e Uhr** a water-resistant watch ❷ (sl: nicht zu erschüttern) watertight; **ein ~es Alibi** a watertight alibi ▸ WENDUNGEN: **etw ~ machen** (sl) to make sth watertight **Was·ser·ei·mer** m bucket, pail **Was·ser·ent·här·ter** <-s, -> m water softener **Was·ser·er·hit·zer** <-s, -> m water heater **Was·ser·fahr·zeug** nt watercraft **Was·ser·fall** m waterfall; ▸ WENDUNGEN: **wie ein ~ reden** (fam) to talk non-stop, to talk nineteen to the dozen BRIT fam **Was·ser·far·be** f watercolour [or AM -or] **was·ser·fest** adj ❶ (für Wasser undurchlässig) waterproof, water-resistant ❷ s. **was·serdicht** **Was·ser·fla·sche** f water bottle **Was·ser·floh** m ZOOL water flea **Was·ser·flug·zeug** nt seaplane **Was·ser·frosch** m water [or edible] frog **was·ser·ge·kühlt** adj water-cooled **Was·ser·glas** nt glass, tumbler **Was·ser·glät·te** f surface water no pl **Was·ser·gra·ben** m ❶ (Graben) ditch ❷ SPORT (Hindernis beim Reitsport) water jump; (Hindernis beim Hürdenlauf) water jump ❸ (Burggraben) moat **Was·ser·hahn** m [water] tap [or AM faucet] **Was·ser·här·te** f hardness of the water **Was·ser·huhn** nt coot
wäs·se·rig ['vɛsərɪç] adj s. **wäßrig**
Was·ser·in·sekt nt aquatic insect **Was·ser·kas·ta·nie** f water chestnut **Was·ser·kopf** m ❶ MED hydrocephalus ❷ (überproportionales Gebilde) sth that has been blown out of proportion; **die Stadtverwaltung hatte einen enormen Wasserkopf entwickelt** the municipal authorities had developed a tremendously bloated bureaucracy **Was·ser·kraft** f kein pl water power no pl **Was·ser·kraft·werk** nt hydroelectric power station **Was·ser·kreis·lauf** m water circulation **Was·ser·küh·lung** f water cooling no pl; **... mit** ~ water-cooled **Was·ser·las·sen** <-s> nt kein pl MED passing [of] water no pl **Was·ser·lauf** m watercourse **Was·ser·läu·fer** m ZOOL pond skater **Was·ser·le·be·we·sen** nt ZOOL aquatic creature **Was·ser·lei·che** f corpse found in water **Was·ser·lei·tung** f water pipe **Was·ser·li·nie** f NAUT waterline **Was·ser·lin·se** f BOT duckweed **Was·ser·loch** nt waterhole **was·ser·lös·lich** adj soluble in water **Was·ser·man·gel** m water shortage **Was·ser·mann** ['vasɐman] m ❶ ASTROL Aquarius no pl, no def art; [ein] ~ **sein** to be an Aquarian ❷ (Nöck) water sprite **Was·ser·me·lo·ne** f watermelon **Was·ser·müh·le** f watermill
was·sern ['vasɐn] vi (von ~flugzeug) to land on water; (Raumkapsel) to splash down
wäs·sern ['vɛsɐn] vt ❶ (be~) ■ **etw** ~ to water sth ❷ KOCHK ■ **etw** ~ to soak sth
Was·ser·ni·xe f s. **Nixe Was·ser·ober·flä·che** f surface of the water **Was·ser·pfei·fe** f hookah **Was·ser·pflan·ze** f aquatic plant **Was·ser·pis·to·le** f water pistol **Was·ser·qua·li·tät** f water quality **Was·ser·ral·le** <-, -n> f ORN water rail **Was·ser·rat·te** f ❶ (Schermaus) water rat ❷ (fam: gerne badender Mensch) keen swimmer **was·ser·reich** adj abundant in water **Was·ser·re·ser·voir** nt ❶ (Reservoir für Wasser) reservoir ❷ s. **Wasservorrat Was·ser·rohr** nt water pipe **Was·ser·scha·den** m water damage no pl **Was·ser·schei·de** f watershed **was·ser·scheu** adj scared of water **Was·ser·schild·krö·te** f turtle **Was·ser·schlan·ge** f water snake **Was·ser·schlauch** m hose **Was·ser·schloss**^RR nt castle surrounded by moats
Was·ser·schutz·ge·biet nt water protection area **Was·ser·schutz·po·li·zei** f river police

Was·ser·schwein nt ZOOL capybara **Was·ser·ski** m ❶ kein pl (Sportart) waterskiing no pl ❷ (Sportgerät) waterski **Was·ser·spei·er** <-s, -> m gargoyle **Was·ser·spie·gel** m ❶ (Wasseroberfläche) surface of the water ❷ (Wasserstand) water level **Was·ser·spin·ne** f ZOOL water spider **Was·ser·sport** m water sports pl **Was·ser·spü·lung** f flush; **die ~ betätigen** to flush the toilet **Was·ser·stand** m water level; **niedriger/hoher ~** low/high water **Was·ser·stands·an·zei·ger** m water level indicator **Was·ser·stands·mel·dung** f meist pl NAUT water level report

Was·ser·stoff m hydrogen no pl **Was·ser·stoff·bom·be** f hydrogen bomb **Was·ser·stoff·per·oxid** nt hydrogen peroxide

Was·ser·strahl m jet of water **Was·ser·stra·ße** f waterway **Was·ser·tank** m water tank **Was·ser·tem·pe·ra·tur** f water temperature **Was·ser·tre·ten** <-s> nt kein pl MED paddling no pl **Was·ser·tre·ter** m ORN phalarope **Was·ser·trop·fen** m water drop **Was·ser·turm** m water tower **Was·ser·uhr** f water meter

Was·se·rung <-, -en> f landing on water
Wäs·se·rung <-, -en> f watering no pl

Was·ser·ver·brauch m water consumption **Was·ser·ver·sor·ger** m ÖKON water company **Was·ser·ver·sor·gung** f water supply **Was·ser·ver·un·rei·ni·gung** m water pollution **Was·ser·vo·gel** m aquatic bird, waterfowl **Was·ser·vor·rat** m supplies pl of water **Was·ser·waa·ge** f spirit level **Was·ser·weg** m waterway; **auf dem ~** by water **Was·ser·wer·fer** m water cannon **Was·ser·werk** nt waterworks + sing/pl vb **Was·ser·zäh·ler** m water meter **Was·ser·zei·chen** nt watermark

wäss·rig^{RR}, **wäß·rig**^{ALT} ['vɛsrɪç] adj ❶ (zu viel Wasser enthaltend) watery; **~e Suppe** watery soup ❷ CHEM, MED (mit Wasser hergestellt) aqueous; **eine ~e Lösung** an aqueous solution; s. a. **Mund**

wa·ten ['va:tn̩] vi sein to wade; ■ **durch etw ~** to wade through sth

Wa·ter·kant <-> ['va:tɛkant] f kein pl GEOG NORDD ■ **die ~** the North German coast

wat·scheln ['va:tʃln̩] vi sein to waddle

Wat·schen <-, -> ['va:tʃn̩] f ÖSTERR, SÜDD (fam: Ohrfeige) clip round the ear, thick ear BRIT

Watt¹ <-s, -> [vat] nt PHYS watt

Watt² <-[e]s, -en> [vat] nt mudflats pl

Kultur

The **Watt** is a large area of tidal mudflats (tideland in the USA) on the North Sea coast. At low tide one can walk on the sandy seabed; at high tide it lies several metres underwater and flat-bottomed coastal ships sail over it.

Wat·te <-, -n> ['vatə] f cotton wool no pl; ▶ WENDUNGEN: **jdn in ~ packen** (fam) to wrap sb in cotton wool

Wat·te·bausch m wad of cotton wool

Wat·ten·meer nt kein pl GEOG ■ **das ~** mud-flats pl

Wat·te·stäb·chen nt cotton bud

wat·tie·ren* [va'ti:rən] vt ■ **etw ~** to pad [or quilt] sth; **wattierte Schultern** padded shoulders

Wat·tie·rung <-, -en> f MODE ❶ kein pl (das Wattieren) padding no pl, quilting no pl ❷ (Polsterung) padding

Watt·wurm m ZOOL lugworm

wau wau ['vau 'vau] interj woof-woof

WC <-s, -s> [ve:'tse:] nt WC BRIT, bathroom AM

Web·cam <-, -s> ['wɛbkɛm] f webcam

we·ben <webte o (geh) wob, gewebt o (geh) gewoben> ['ve:bn̩] I. vt ❶ (auf Webstühlen herstellen) ■ **etw ~** to weave sth ❷ (hinein~) ■ **etw in etw**

akk ~ to weave sth into sth **II.** vi ❶ (als Handweber tätig sein) to weave; **von Hand ~** to weave by hand; ■ **an etw** dat ~ to weave sth ❷ (geh: geheimnisumwittert sein) **von etw** dat **umwoben sein** to be woven around sb/sth **III.** vr (geh: in geheimnisvoller Weise entstehen) ■ **sich um jdn/etw ~** to be woven around sb/sth

We·ber(in) <-s, -> ['ve:bɐ] m(f) weaver
We·be·rei <-, -en> [ve:bə'rai] f weaving mill
We·be·rin <-, -nen> f fem form von **Weber**
We·ber·knecht m ZOOL daddy-long-legs **We·ber·vo·gel** m ORN weaver

Web·site <-, -s> ['wɛb,sait] f INET web site
Web·stuhl m loom

Wech·sel¹ <-s, -> ['vɛksl̩] m ❶ kein pl (das Wechseln) change; **ein häufiger ~ der Arbeitgeber** a frequent change of employer; **in bestimmtem ~** in a certain rotation; **in stündlichem ~** in hourly rotation ❷ SPORT (Übergabe) changeover ▶ WENDUNGEN: **in buntem ~** in colourful [or AM -orful] succession

Wech·sel² <-s, -> ['vɛksl̩] m ❶ FIN (Schuldurkunde) bill [of exchange]; **auf ~** against a bill of exchange ❷ FIN (fam: Monats~) allowance

Wech·sel·au·to·mat m change machine **Wech·sel·bad** nt alternating hot and cold water baths pl; **jdn einem ~ aussetzen** (fig) to blow hot and cold with sb; **das ~ der Gefühle** emotional roller coaster **Wech·sel·be·zie·hung** f correlation, interrelation; **in ~ [miteinander/zueinander] stehen** to be correlated [or interrelated] **Wech·sel·fäl·le** pl changeabilities pl, vicissitudes pl **Wech·sel·geld** nt change no pl, no indef art

wech·sel·haft ['vɛksl̩-] **I.** adj changeable **II.** adv (mit häufigen Veränderungen) in a changeable way

Wech·sel·jah·re pl menopause no pl; **in den ~n sein** to be going through the menopause; **in die ~ kommen** to reach the menopause

Wech·sel·kurs m exchange rate, rate of exchange **Wech·sel·kurs·schwan·kung** f BÖRSE fluctuations in the exchange rate, exchange rate fluctuations

wech·seln ['vɛksl̩n] **I.** vt ❶ (austauschen) ■ **etw ~** to change sth ❷ (umtauschen) ■ **[jdm] etw ~** to change sth [for sb] ❸ (etw anderes nehmen) ■ **etw ~** to change sth; **macht es Ihnen was aus, mit mir den Platz zu ~?** would you mind if we changed [or traded] places? **II.** vi ❶ FIN (Geld umtauschen) to change sth; **können Sie mir ~?** can you change that for me? ❷ (den Arbeitgeber ~) to go to a different job ❸ METEO (sich ändern) to change; s. a. **bewölkt**

wech·sel·sei·tig adj mutual

Wech·sel·strom m alternating current **Wech·sel·stu·be** f exchange booth, bureau de change BRIT **Wech·sel·wäh·ler(in)** m(f) floating [or AM undecided] voter

wech·sel·warm adj cold-blooded, poikilotherm **wech·sel·wei·se** adv alternately **Wech·sel·wir·kung** f interaction; **in ~ [miteinander/zueinander] stehen** to interact [with each other]

Weck <-s, -e> [vɛk] m ÖSTERR, SÜDD s. **Wecken**
We·cke <-, -n> ['vɛkə] f ÖSTERR, SÜDD s. **Wecken**

we·cken ['vɛkn̩] vt ❶ (auf~) ■ **jdn ~** to wake sb [up]; **von Lärm geweckt werden** to be woken by noise; ■ **sich [von jdm/etw] ~ lassen** to have sb/sth wake one up; **das W~** MIL reveille no pl; **eine Stunde nach dem W~** an hour after reveille; s. a. **Ausgang** ❷ (hervorrufen) ■ **etw ~** to bring back sth sep; **Assoziationen ~** to create associations; **jds Interesse/Neugier/Verdacht ~** to arouse sb's interest/curiosity/suspicion

We·cken <-s, -> ['vɛkn̩] m ÖSTERR, SÜDD (Brötchen) long roll

We·cker <-s, -> ['vɛkɐ] m alarm clock; ▶ WENDUNGEN: **jdm auf den ~ gehen** [o fallen] (sl) to drive sb up

the wall *fam*

Weck·glas® *nt s.* Einmachglas **Weck·ring**® *m s.* **Einmachring**

We·del <-s, -> ['veːdl̩] *m* ❶ *(gefiedertes Blatt)* Farn frond; *(Palm~)* palm leaf ❷ *(Staub~)* feather duster

we·deln ['veːdl̩n] **I.** *vi* ❶ *(fuchteln)* ■ **mit etw ~** to wave sth; *s. a.* **Schwanz** ❷ SKI *(hin und her schwingen)* to wedel **II.** *vt (wischen)* ■ **etw von etw ~** to waft sth off sth; **die Krümel vom Tisch ~** to waft the crumbs off the table

we·der ['veːdɐ] *konj* **~ ... noch ...** neither ... nor; **~ du noch er** neither you nor him; **es klappt ~ heute noch morgen** it won't work either today or tomorrow; **~ noch** neither

weg [vɛk] *adv* ❶ *(fort)* ■ **~ sein** to have gone; **ich finde meinen Schlüssel nicht wieder, er ist ~** I can't find my key, it's vanished!; **~ mit dir/euch** *(fam)* away with you!; **von etw ~** from sth; **sie wurde vom Arbeitsplatz ~ verhaftet** she was arrested at her place of work; **bloß** [*o* **nichts wie**] **~ hier!** let's get out of here!; **~ da!** *(fam)* [get] out of the way! ❷ *(fam: hinweggekommen)* ■ **über etw** *akk* **~ sein** to have got over sth ❸ *(sl: begeistert)* ■ **von jdm/ etw ~ sein** to be gone on sth/sb; *s. a.* **Fenster**

Weg <-[e]s, -e> [veːk, *pl:* 'veːgə] *m* ❶ *(Pfad)* path ❷ TRANSP *(unbefestigte Straße)* track ❸ *(Route)* way; **der kürzeste ~ nach Berlin** the shortest route to Berlin ❹ *(Strecke)* way; **bis zu euch muss ich einen ~ von über drei Stunden zurücklegen** I've got a journey of more than three hours to get to your place ❺ *(Methode)* way ▶ WENDUNGEN: **auf dem ~e der Besserung sein** *(geh)* to be on the road to recovery; **viele ~e führen nach Rom** *(prov)* all roads lead to Rome *prov;* **den ~ des geringsten Widerstandes gehen** to take the line of least resistance; **auf dem besten ~e sein, etw zu tun** to be well on the way to doing sth; **auf friedlichem ~e** *(geh)* by peaceful means; **jdm auf halbem ~e entgegenkommen** to meet sb halfway; **vom rechten ~ abkommen** to wander from the straight and narrow *fam;* **auf schriftlichem ~e** *(geh)* in writing; **etw auf den ~ bringen** to introduce sth; **~e zu erledigen haben** to have some shopping to do; **geh mir aus dem ~!** stand aside!, get out of my way!; **seinen ~ gehen** to go one's own way; **seiner ~e gehen** *(geh)* to continue [*or* carry on] regardless; **jdm/einer Sache** *dat* **aus dem ~e gehen** to avoid sb/sth; **jdm etw mit auf den ~ geben** to give sb sth to take with him/her; **jdm eine Ermahnung/einen Ratschlag mit auf den ~ geben** to give sb a warning/piece of advice for the future; **du brauchst mir nichts mit auf den ~ zu geben, ich weiß das schon** I don't need you to tell me anything, I already know; **auf dem ~** [zu jdm/irgendwohin] **sein** to be on one's way [to sb/ somewhere]; **des ~es kommen** *(geh)* to approach; **jdm über den ~ laufen** to run into sb; **lauf mir nicht noch mal über den ~!** don't come near me again!; **etw in die ~e leiten** to arrange sth; **auf jds ~ gen ~ liegen** to be on sb's way; **sich auf den ~** [irgendwohin] **machen** to set off [for somewhere]; **es wird schon spät, ich muss mich auf den ~ machen** it's getting late, I must be on my way!; **jdn aus dem ~ räumen** to get rid of sb; **etw aus dem ~ räumen** to remove sth; **sich** *dat* **den ~ frei schießen** to shoot one's way out; **jdm/einer S. im ~e stehen** to stand in the way of sb/sth; **nur der Kostenfrage steht der Verwirklichung des Projekts im ~e** only the issue of cost is an obstacle to this project being implemented; **sich** *dat* **selbst im ~ stehen** to be one's own worst enemy; **sich jdm in den ~ stellen** to bar sb's way; **jdm etw in den ~ stellen** to place sth in sb's way; **jdm nicht über den ~ trauen**

(fam) not to trust sb an inch; **hier trennen sich unsere ~e** this is where we part company; **sich** *dat* **einen ~ verbauen** to ruin one's chances; **jdm den ~ versperren** to block [*or* bar] sb's way; **jdm den ~ vertreten** to bar sb's way; **auf illegalem ~e** by illegal means, illegally; **aus dem ~!** stand aside!, make way!; **woher des ~s?** *(veraltet)* where do you come from?; **wohin des ~[e]s?** *(veraltet)* where are you going to?; *s. a.* **Hindernis** *s. a.* **Stein**

weg|an·geln *vt (fam)* ■ **jdm jdn/etw ~** to snatch sb/ sth away from sb **weg|be·kom·men*** *vt irreg (fam)* ❶ *(entfernen können)* ■ **etw** [mit etw] **~** to remove sth [with sth]; **den Dreck bekommst du nur mit heißem Wasser weg** you'll only get the dirt off with hot water ❷ *(fortbewegen können)* ■ **etw** |irgendwo/von etw| **~** to move sth away [from somewhere/from sth]; **ich bekomme den schweren Schrank nicht von der Wand weg** I can't get this heavy cupboard away from the wall ❸ *(sich anstecken)* ■ **etw ~** to catch sth

Weg·be·rei·ter|in <-s, -> *m(f)* forerunner, precursor; **ein ~ einer S.** *gen* **sein** to pave the way for sth **Weg·bie·gung** *f* bend [in the road]

weg|bla·sen *vt irreg* ■ **etw ~** to blow away sth *sep* ▶ WENDUNGEN: **wie weggeblasen sein** to have completely disappeared; **von etw völlig weggeblasen sein** *(fam)* to be completely blown away by sth **weg|blei·ben** *vi irreg sein* to stay away; **stundenlang ~** to stop [*or* AM stay] out for hours; **bleib nicht so lange weg!** don't stay out too long **weg|brin·gen** *vt irreg* ❶ *(irgendwohin bringen)* ■ **jdn ~** to take sb away ❷ *(zur Reparatur bringen)* ■ **etw ~** to take in sth *sep* **weg|den·ken** *vt irreg* ■ **sich** *dat* **etw ~** to imagine [*or* picture] sth without sth; |aus etw| **nicht mehr wegzudenken sein** not to be able to imagine sth without sth **weg|dis·ku·tie·ren*** *vt* ■ **etw ~** to argue away sth *sep;* **sich nicht ~ lassen** not to be able to be argued away; **sich nicht ~ lassen, dass** not to be able to argue the fact away that **weg|dür·fen** *vi irreg (fam)* to be allowed to go out

we·gen ['veːgn̩] *präp* +gen ❶ *(aus Gründen)* ■ **~ einer S.** because of, on account of, due to ❷ *(bedingt durch)* ■ **~ jdm** on account of sb ❸ *(bezüglich)* ■ **~ einer S.** *gen* regarding a thing; *s. a.* **Recht** *s. a.* **von**

We·ge·rich <-s, -e> ['veːgərɪç] *m* BOT plantain

weg|fah·ren *irreg* **I.** *vi sein* ❶ *(verreisen)* to leave ❷ *(abfahren)* to leave **II.** *vt haben* ❶ *(mit einem Fahrzeug wegbringen)* ■ **jdn ~** to take sb away ❷ *(etw woandershin fahren)* ■ **etw ~** to move sth

weg|fal·len *vi irreg sein* to cease to apply; **in unserem Vertrag können wir den Absatz wohl ~ lassen** we can probably omit the clause from our contract

weg|fe·gen *vt* ■ **etw ~** to sweep away sth *sep* **weg|flie·gen** *vi irreg sein* ❶ LUFT *(abfliegen)* to leave, to take off ❷ *(fortfliegen)* to fly away ❸ *(vom Wind weggeblasen werden)* to blow away **weg|füh·ren** **I.** *vt (fortbringen)* ■ **jdn ~** to lead sb away **II.** *vt, vi (sich zu weit entfernen)* ■ [jdn] |von etw| **~** to lead sb too far away [from sth]

Weg·ga·be·lung *f* fork [in the road]

Weg·gang *m kein pl (geh)* departure

weg|ge·ben *vt irreg* ❶ *(verschenken)* ■ **etw/ein Tier ~** to give away sth/an animal *sep* ❷ *(adoptieren lassen)* ■ **jdn ~** to give away sb *sep*

Weg·ge·fähr·te, -ge·fähr·tin *m, f* ❶ *(Begleiter auf einer Wanderung)* fellow-traveller [*or* AM -traveler] ❷ POL *(Gesinnungsgenosse)* like-minded political companion

weg|ge·hen *vi irreg sein* ❶ *(fortgehen)* to go away; **geh weg, lass mich in Ruhe!** go away, leave me alone! ❷ *(fam: sich entfernen lassen)* to remove; **der**

Fleck geht einfach nicht weg the stain simply won't come out ❸ ÖKON *(fam)* to sell; **reißend ~** to sell like mad ❹ *(fam: hin~)* ■ **über etw** *akk* **~** to ignore [*or* pass over] sth ► WENDUNGEN: **geh mir weg damit!** *(fam)* don't come to me with that! *fam*

weg|gie·ßen *vt irreg* ■ **etw ~** to pour away sth *sep*
weg|gu·cken *vi (fam)* s. **wegsehen Weg·guck·men·ta·li·tät** *f kein pl* look-away mentality
weg|ha·ben *vt irreg (fam)* ❶ *(entfernt haben)* ■ **etw ~** to have got rid of sth ❷ *(entfernt wissen wollen)* ■ **jdn [aus etw] ~ wollen** to want to get rid [*or* BRIT *sl* shot] of sb [from sth] ❸ *(beschlagen sein)* ■ **[auf etw** *dat*/**in etw** *dat*] **was ~** to be good [at sth] ❹ *(fam: verpasst bekommen haben)* ■ **etw ~** to have had sth; **er hat seine Strafe weg** he has had his punishment ❺ *(aufweisen)* ■ **etw ~** to show sth ► WENDUNGEN: **einen ~** *(sl)* to have had one too many *fam*
weg|hin·ken *vi sein* to limp off **weg|hop·peln** *vi sein* to lollop off **weg|ja·gen** *vt* ❶ *(verscheuchen)* ■ **ein Tier ~** to drive away an animal *sep* ❷ *(fortjagen)* ■ **jdn ~** to drive away sb *sep*, to send sb packing
weg|kom·men *vi irreg sein (fam)* ❶ *(weggehen können)* to get away; **mach, dass du wegkommst!** clear off! ❷ *(abhandenkommen)* to disappear ❸ *(abschneiden)* to fare somehow; **in einer Prüfung gut/schlecht ~** to do well/badly in an exam
weg|krat·zen *vt* ■ **etw ~** to scratch off sth *sep*
Weg·kreuz *nt* wayside cross **Weg·kreu·zung** *f* crossroads
weg|krie·chen *vi irreg sein* to creep away [*or* off] **weg|krie·gen** *vt* s. **wegbekommen 1 weg|las·sen** *vt irreg* ❶ *(auslassen)* ■ **etw ~** to leave out sth *sep* ❷ *(weggehen lassen)* ■ **jdn ~** to let sb go ❸ *(darauf verzichten)* ■ **etw ~** not to have sth, to give sth a miss BRIT *fam;* **der Arzt riet ihr, das Salz im Essen wegzulassen** the doctor advised her not to have any salt with her meals **weg|lau·fen** *vi irreg sein* ❶ *(fortlaufen)* to run away; ■ **vor jdm/einem Tier ~** to run away from sb/an animal ❷ *(jdn verlassen)* ■ **jdm ~** to run off [and leave sb] ► WENDUNGEN: **etw läuft jdm nicht weg** *(fam)* sth will keep **weg|le·gen** *vt* ❶ *(beiseitelegen)* ■ **etw ~** to put down sth *sep* ❷ *(aufbewahren)* ■ **etw für jdn ~** to put sth aside for sb **weg|leug·nen** *vt* s. **wegdiskutieren weg|lo·ben** *vt* ■ **jdn ~** to give sb a sideways promotion **weg|lü·gen** *vt (fam)* ■ **etw ~** to cloud [*or* blur] sth **weg|ma·chen** *vt (fam)* ■ **[jdm] etw ~** to get rid of sth [for sb]
weg|müs·sen *vi irreg (fam)* ❶ *(weggehen müssen)* to have to go [*or* leave] ❷ *(weggebracht werden müssen)* to have to go; **das Paket muss vor Ende der Woche weg** the parcel must go before the end of the week ❸ *(weggeschmissen werden müssen)* to have to be thrown away
weg|neh·men *vt irreg* ❶ *(von etw entfernen)* ■ **etw [von etw] ~** to take away sth *sep*/take sth [from/off sth] ❷ *(fortnehmen)* ■ **jdm etw ~** to take away sth *sep* from sb
weg|pa·cken *vt (fam)* ■ **etw ~** to pack [*or* put] away sth *sep* **weg|pus·ten** *vt* ■ **etw ~** to blow away sth *sep;* ■ **etw von etw ~** to blow sth off sth **weg|put·zen** *vt* ■ **etw ~** to wipe away [*or* off] sth *sep*
Weg·rand *m* side of the road [*or* path]
weg|ra·sie·ren *vt* ■ [**sich**] **etw ~** to shave off [one's] sth *sep* **weg|ra·ti·o·na·li·sie·ren** *vt (fam)* ■ **jdn/etw ~** to get rid of sb/sth as part of a rationalization programme [*or* AM -am] **weg|räu·men** *vt* ■ **etw ~** to clear away sth *sep* **weg|rei·ßen** *vt irreg* ❶ *(aus der Hand reißen)* ■ **jdm etw ~** to snatch away sth *sep* from sb ❷ *(abreißen)* ■ [**jdm**] **etw ~** to tear off [sb's...] sth *sep* **weg|ren·nen** *vi irreg sein (fam)* s. **weglaufen weg|re·tu·schie·ren** *vt* FOTO ■ **etw ~** to remove sth by retouching a photograph **weg|rü·cken** I. *vi sein*

(sich durch Rücken entfernen) ■ **von jdm/etw** **~** to move away [from sb/sth] II. *vt haben (durch Rücken entfernen)* ■ **etw [von etw]** **~** to move sth away [from sth] **weg|rut·schen** *vi sein* ■ **[von jdm]** **~** to slip away [from sb] **weg|schaf·fen** *vt* ■ **etw ~** to remove sth; ■ **jdn/etw ~** to get rid of sb/sth **weg|schau·en** *vi (geh)* s. **wegsehen weg|schen·ken** *vt (fam)* ■ **etw ~** to give away sth *sep* **weg|schi·cken** *vt* ❶ *(abschicken)* ■ **etw ~** to send off sth *sep* ❷ *(fortgehen heißen)* ■ **jdn ~** to send sb away; **jdn ~, um etw abzuholen** to send sb off to collect sth **weg|schlei·chen** *vi* to creep away **weg|schlep·pen** I. *vt (fortschleppen)* ■ **jdn/etw ~** to drag away sb/sth *sep* II. *vr (sich fortschleppen)* ■ **sich ~** to drag oneself away **weg|schlie·ßen** *vt irreg* ■ **etw [vor jdm]** **~** to lock away sth *sep* [from sb] **weg|schmei·ßen** *vt irreg (fam)* s. **wegwerfen weg|schnap·pen** *vt (fam)* ■ **jdm etw ~** to take sth from sb; *s. a.* **Nase weg|schüt·ten** *vt* s. **weggießen weg|schwem·men** *vt* ■ **etw ~** to wash away sth *sep* **weg|se·hen** *vi irreg* ❶ *(nicht hinsehen)* to look away ❷ *(fam: hinwegsehen)* ■ **über etw** *akk* **~** to overlook sth
weg|set·zen I. *vt (woandershin setzen)* ■ **jdn/etw ~** to move [away *sep*] sb/sth II. *vr (sich woandershin setzen)* ■ **sich ~** to move away
weg|sol·len *vi irreg (fam)* **jdn/etw soll weg** sb/sth ought to go; **die alten Möbel sollen weg** the old furniture should [*or* is to] go **weg|sprin·gen** *vi* to jump aside **weg|spü·len** *vt* ■ **etw ~** to wash away sth *sep* **weg|ste·cken** *vt* ■ **etw ~** ❶ *(einstecken)* to put away sth *sep* ❷ *(sl: verkraften)* to get over sth **weg|stel·len** *vt* ■ **etw ~** to move sth out of the way
Weg·stre·cke *f* stretch of road
weg|tau·chen *vi sein (sl)* to disappear
weg|tor·keln *vi* to stagger off **weg|tra·gen** *vt irreg* to carry away [*or* off]; ■ **jdn/etw ~** to carry away [*or* off] sb/sth *sep* **weg|trei·ben** *irreg* I. *vt haben* ❶ *(woandershin treiben)* ■ **etw ~** to carry away [*or* off] sth ❷ *(vertreiben)* ■ **Tiere ~** to drive away animals *sep* II. *vi sein (woandershin getrieben werden)* to drift away
weg|tre·ten *vi irreg sein* MIL to fall out; ■ **jdn ~ lassen** to have sb fall out, to dismiss sb ► WENDUNGEN: **weggetreten sein** *(fam)* to be miles away *fam*
weg|trot·ten *vi* to trot off **weg|tun** *vt irreg* ❶ *(wegwerfen)* ■ **etw ~** to throw away sth *sep* ❷ *(weglegen)* ■ **etw ~** to put down sth *sep*
weg·wei·send *adj* pioneering *attr,* revolutionary; **~e Taten** pioneering deeds; **eine ~e Erfindung** a revolutionary invention
Weg·wei·ser <-s, -> *m* signpost
Weg·werf·ar·ti·kel *m* disposable item
weg|wer·fen *vt irreg* ■ **etw ~** to throw away sth *sep* **weg·wer·fend** *adj* dismissive
Weg·werf·ge·sell·schaft *f* throwaway society **Weg·werf·pa·ckung** *f* disposable packaging **Weg·werf·ver·pa·ckung** *f* disposable packaging *no pl* **Weg·werf·win·del** *f* disposable nappy [*or* AM diaper]
weg|wi·schen *vt* ■ **etw ~** to wipe away [*or* off] sth *sep* **weg|wol·len** *vi irreg* ❶ *(weggehen wollen)* ■ **[von irgendwo]** **~** to want to leave [somewhere] ❷ *(verreisen wollen)* to want to go away
Weg·zei·ger *m* signpost
weg|zie·hen *vi irreg sein* ❶ *(woandershin ziehen)* ■ **[von irgendwo]** **~** to move away [from somewhere] ❷ ORN *(woandershin fliegen)* to migrate
weh [ve:] *adj* sore
we·he ['ve:ə] *interj* [don't] you dare!; **~ dem, der ...!** woe betide anyone who...!; **~ |dir|, wenn ...!** woe betide you if...!
We·he¹ <-, -n> ['ve:ə] *f* drift
We·he² <-, -n> ['ve:ə] *f meist pl* labour [*or* AM -or] pains

pl, contractions *pl;* **in den ~n liegen** to be in labour; **die ~n setzen ein** she's going into labour, her contractions have started

we·hen ['ve:ən] **I.** *vi* ❶ *haben (blasen)* to blow; ▪ **es weht etw** sth is blowing ❷ *haben (flattern)* **Haare** to blow about; *Fahne* to flutter ❸ *sein (irgendwohin getragen werden)* ▪ **irgendwohin ~** *Duft* to waft somewhere; *Klang* to drift somewhere; **etw weht auf die Erde** sth is blown onto the floor **II.** *vt haben (blasen)* ▪ **etw von etw ~** to blow sth off sth

weh·kla·gen ['ve:kla:gn] *vi (geh)* to lament *form*

weh·lei·dig *adj* oversensitive

Weh·lei·dig·keit <-> *f kein pl* oversensitiveness *no pl*

Weh·mut <-> ['ve:mu:t] *f kein pl (geh)* wistfulness *no pl;* **mit ~ an etw zurückdenken** to think back to sth nostalgically; **voller ~** melancholy

weh·mü·tig ['ve:my:tɪç] *adj (geh)* melancholy; **~e Erinnerungen** nostalgic memories

Wehr¹ <-, -en> [ve:ɐ̯] *f (fam)* fire brigade

Wehr² [ve:ɐ̯] *f* defence *[or AM -se] no pl;* **sich [gegen jdn/etw] zur ~ setzen** to defend oneself [against sb/sth]

Wehr³ <-[e]s, -e> [ve:ɐ̯] *nt* BAU weir

Wehr·be·auf·trag·te(r) *f(m) decl wie adj* parliamentary commissioner for the armed forces **Wehr·dienst** *m kein pl* military service *no pl;* **den/seinen ~ [ab]leisten** to do one's military service; **den ~ verweigern** to refuse to do military service **Wehr·dienst·ver·wei·ge·rer** *m* conscientious objector; **~ sein** to be a conscientious objector **Wehr·dienst·ver·wei·ge·rung** *f* refusal to do military service

weh·ren ['ve:rən] **I.** *vr* ❶ *(Widerstand leisten)* ▪ **sich [gegen jdn/etw] ~** to defend oneself [against sb/sth] ❷ *(sich widersetzen)* ▪ **sich gegen etw ~** to fight against sth ❸ *(sich sträuben)* ▪ **sich dagegen ~, etw zu tun** to resist doing sth **II.** *vi (geh: Einhalt gebieten)* ▪ **einer S.** *dat* **~** to prevent a thing spreading; **dieser Entwicklung muss schon in den Anfängen gewehrt werden** this development must be nipped in the bud

Wehr·er·satz·dienst *m* alternative to national service **wehr·los I.** *adj* defenceless *[or AM -seless];* ▪ **[gegen jdn/etw] ~ sein** to be defenceless [against sb/sth] **II.** *adv* in a defenceless state; **etw ~ gegenüberstehen** to be defenceless against sth **Wehr·lo·sig·keit** <-> *f kein pl* defencelessness *[or AM -selessness] no pl* **Wehr·macht** *f* HIST ▪ **die ~** the Wehrmacht **Wehr·mann** *m* SCHWEIZ *(Soldat)* soldier **Wehr·passᴿᴿ** *m* service record [book] **Wehr·pflicht** *f kein pl* compulsory military service *no pl;* **allgemeine ~** universal compulsory military service **wehr·pflich·tig** *adj* liable for military service **Wehr·pflich·ti·ge(r)** *f(m) decl wie adj* person liable for military service **Wehr·sold** *m* military pay *no pl* **Wehr·übung** *f* reserve duty training *no pl*

weh|tunᴿᴿ I. *vt irreg* to hurt; ▪ **jdm ~** to hurt sb; ▪ **sich** *dat* **~** to hurt oneself; ▪ **jdm/einem Tier ~** to hurt sb/an animal **II.** *vi irreg* to hurt

Weh·weh·chen <-s, -> ['ve:'ve:çən] *nt (fam)* slight pain; **ein ~ haben** to suffer from a little complaint

Weib <-[e]s, -er> [vaip, *pl:* 'vaibɐ] *nt (sl)* woman; *(pej)* woman; **ein furchtbares ~** a terrible woman ▶ WENDUNGEN: **~ und Kind haben** *(hum)* to have a wife and family

Weib·chen <-s, -> ['vaipçən] *nt* ORN, ZOOL female

Wei·ber·fast·nacht *f* DIAL day during the carnival period when women are in control **Wei·ber·held** *m (pej)* ladykiller *pej*

wei·bisch ['vaibɪʃ] *adj* effeminate

Weib·lein <-s, -> *nt* old woman

weib·lich ['vaiplɪç] *adj* ❶ *(fraulich)* feminine; **~e Rundungen** feminine curves ❷ ANAT female; **die ~en**

Geschlechtsorgane the female sex organs ❸ *(eine Frau bezeichnend)* feminine; **eine ~e Stimme** a woman's voice ❹ BOT *(die Frucht erzeugend)* female ❺ LING *(das feminine Genus haben)* feminine; **eine ~e Endung** a feminine ending

Weib·lich·keit <-> *f kein pl* femininity *no pl;* ▶ WENDUNGEN: **die holde ~** *(hum)* the fair sex *hum*

Weibs·bild *nt* SÜDD, ÖSTERR *(pej fam: Frau)* woman **Weibs·stück** *nt (pej sl)* bitch *sl pej,* cow *sl pej*

weich [vaiç] **I.** *adj* ❶ *(nachgiebig)* soft; **ein ~er Teppich** a soft carpet ❷ KOCHK *(nicht hart)* soft; **ein ~es Ei** a soft-boiled egg; **~es Fleisch** tender meat ❸ *(ohne Erschütterung)* soft; **eine ~e Bremsung** gentle breaking ❹ *(voll)* full; **~e Gesichtszüge** full features ❺ FIN soft ❻ *(sanft)* soft; **~er Boykott** passive resistance; **~e Drogen** soft drugs; **~er Tourismus** unobtrusive tourism; *s. a.* **Wasser** *s. a.* **Konsonant II.** *adv* softly; **~ abbremsen** to brake gently; **etw ~ garen** to cook sth until soft; **~ gerinnen** to cure mildly; **~ gerinnende Milch** mild cured milk; **etw ~ kochen** to cook sth; **~ gekocht** *(zu weicher Konsistenz gekocht)* boiled until soft; **ein ~ gekochtes Ei** a soft-boiled egg; *(nur halb gar gekocht)* soft-boiled; **~ gekochtes Fleisch** meat cooked until tender; **~ gekochtes Gemüse** overcooked vegetables

Weich·bild ['vaiçbɪlt] *nt (geh)* outskirts *npl* of a/the town

Wei·che <-, -n> ['vaiçə] *f* BAHN points *pl;* ▶ WENDUNGEN: **die ~n [für etw] stellen** to determine the course [for sth]

wei·chen <wich, gewichen> ['vaiçn] *vi sein* ❶ *(nachgeben)* ▪ **einer S. ~** *dat* to give way to a thing ❷ *(schwinden)* to subside ❸ *(verschwinden)* to go; **er wich nicht von der Stelle** he didn't budge from the spot

Wei·chen·stel·lung *f (fig)* setting *no pl* the course; **die ~en von 2000** the courses set in 2000

weich·ge·spült *adj (iron sl)* weary, tired

Weich·heit <-, <selten -en> *f (Nachgiebigkeit)* softness *no pl* ❷ *(geh: Fülle)* fullness *no pl*

weich·her·zig *adj* soft-hearted **Weich·her·zig·keit** <-, <selten -en> *f* soft-heartedness *no pl* **Weich·holz** *nt* softwood **Weich·kä·se** *m* soft cheese

weich|klop·fen *vt* ▪ **jdn ~** to soften sb up; ▪ **sich von jdm ~ lassen** to be softened up by sb

weich|krie·gen *vt* ▪ **jdn ~** to soften sb up

weich·lich *adj* weak; **ein ~er Charakter** a weak character

Weich·ling <-s, -e> ['vaiçlɪŋ] *m (pej)* weakling *pej*

Weich·ma·cher *m* ❶ *(in Waschmittel)* softener ❷ *(für Plastik)* softening agent

Weich·sel <-> ['vaiksl] *f* GEOG ▪ **die ~** the Vistula **Weich·sel·kir·sche** *f* morello cherry

Weich·spü·ler <-s, -> *m* fabric softener **Weich·tei·le** *pl* ❶ ANAT *(Eingeweide)* soft parts *pl* ❷ *(sl: Geschlechtsteile)* private parts *pl* **Weich·tier** *nt* mollusc

weich|wer·denᴿᴿ *vi irreg sein* to weaken

Wei·de¹ <-, -n> ['vaidə] *f* BOT willow

Wei·de² <-, -n> ['vaidə] *f* AGR meadow

Wei·de·land *nt* pastureland *no pl*

wei·den ['vaidn] **I.** *vi (grasen)* to graze **II.** *vt (grasen lassen)* to put out to graze *[or pasture];* ▪ **Tiere ~** to put animals out to graze *[or pasture]* **III.** *vr* ❶ *(sich ergötzen)* ▪ **sich an etw** *dat* **~** to feast one's eyes on sth ❷ *(genießen)* ▪ **sich an etw** *dat* **~** to revel in sth

Wei·den·ast *m* willow branch **Wei·den·holz** *m* willow [wood] *no pl* **Wei·den·kätz·chen** *nt* willow catkin **Wei·den·korb** *m* wicker[work] basket **Wei·den·mei·se** *f* ORN willow tit **Wei·den·rös·chen** *nt* BOT rosebay willowherb, fireweed **Wei·den·ru·te** *f* willow rod

weid·ge·recht I. *adj* in accordance with hunting protocol II. *adv* in accordance with hunting protocol

weid·lich ['vaitlıç] *adv (geh)* pretty; **ich habe mich ~ bemüht, dir zu helfen** I've gone to great lengths to help you

weid·män·nisch *adj* hunting, huntsman's; **ein ~er Gruß** a huntsman's greeting; **~e Gepflogenheiten und Bräuche** hunting practices and customs

Weid·manns·dank [vaitmans'daŋk] *interj* an acknowledgement to the expression "good hunting"; „**Weidmannsheil!**" – „**~!**" 'good hunting!' – 'thank you!' **Weid·manns·heil** [vaitmans'hail] *interj* good hunting!

wei·gern ['vaigen] *vr* ■ **sich ~** to refuse; ■ **sich ~, etw zu tun** to refuse to do sth

Wei·ge·rung <-, -en> *f* refusal

Weih·bi·schof [vai-] *m* suffragan bishop

Wei·he[1] <-, -n> ['vaiə] *f* REL consecration *no pl;* **die niederen/höheren ~n** the minor/major orders; **die** [geistlichen] **~n empfangen** to take [holy] orders ▶ WENDUNGEN: **die höheren ~n** the top

Weihe[2] <-, -n> ['vaiə] *f* ORN harrier

wei·hen ['vaiən] *vt* ① REL *(konsekrieren)* ■ **etw ~** to consecrate sth; **jdn zum Diakon/Priester ~** to ordain sb deacon/priest; **jdn zum Bischof ~** to consecrate sb bishop ② *(widmen)* ■ **jdm geweiht sein** to be dedicated to sb

Wei·her <-s, -> ['vaiə] *m* pond

Weih·nacht <-> ['vainxt] *f kein pl s.* **Weihnachten**

Weih·nach·ten <-, -> ['vainxtn] *nt* Christmas, Xmas *fam;* **fröhliche** [*o geh:* **gesegnete**] **~!** merry Christmas!; **zu** [*o* **an**] **~** at [*or* for] Christmas ▶ WENDUNGEN: **weiße ~** a white Christmas; **grüne ~** a Christmas without snow; *s. a.* **Gefühl**

weih·nacht·lich I. *adj* ① *(an Weihnachten üblich)* Christmassy, festive; **~e Lieder** festive songs ② *(an Weihnachten denken lassend)* Christmassy, festive II. *adv* festively

Weih·nachts·abend *m* Christmas Eve **Weih·nachts·baum** *m* Christmas tree **Weih·nachts·bot·schaft** *f* ■ **die/eine ~** one's Christmas speech **Weih·nachts·bra·ten** *m* Christmas roast **Weih·nachts·de·ko·ra·ti·on** *f* Christmas decoration **Weih·nachts·ein·kauf** *m meist pl* Christmas shopping **Weih·nachts·fei·er** *f* Christmas celebrations *pl* **Weih·nachts·fest** *nt kein pl* Christmas; ■ **das ~** Christmas **Weih·nachts·gans** *f* KOCHK Christmas goose; ▶ WENDUNGEN: **jdn ausnehmen wie eine ~** *(sl)* to take sb to the cleaners *sl* **Weih·nachts·ge·bäck** *nt* Christmas biscuits [*or* AM cookies] *pl* **Weih·nachts·geld** *nt* Christmas bonus **Weih·nachts·ge·schenk** *nt* Christmas present **Weih·nachts·ge·schich·te** *f* Christmas story **Weih·nachts·in·seln** *pl;* ■ **die ~** the Christmas Islands *pl; s. a.* **Falklandinseln Weih·nachts·karp·fen** *m* carp eaten at Christmas **Weih·nachts·kar·te** *f* Christmas card **Weih·nachts·kirch·gang** *m* attendance at the Christmas [church] service **Weih·nachts·lied** *nt* [Christmas] carol **Weih·nachts·mann** *m* Father Christmas, Santa Claus **Weih·nachts·markt** *m* Christmas fair

Weih·nachts·mo·tiv *nt* Christmas theme **Weih·nachts·plätz·chen** *pl s.* **Weihnachtsgebäck Weih·nachts·pu·ter** *m* Christmas turkey **Weih·nachts·tag** *m meist pl* Christmas; **erster/zweiter ~** Christ-

mas Day/Boxing Day **Weih·nachts·tel·ler** *m* plate of Christmas goodies **Weih·nachts·zeit** *f kein pl* ■ **die ~** Christmas time, Yuletide *no pl*

Weih·rauch ['vairaux] *m* incense **Weih·rauch·fass**RR *nt* censer **Weih·was·ser** *nt* holy water **Weih·was·ser·be·cken** *nt* holy-water font, stoup

weil [vail] *konj (da)* because, as, cos *sl*

Weil·chen <-s> *nt kein pl* ■ **ein ~** a little while, a bit

Wei·le <-> ['vailə] *f kein pl* while *no pl;* ■ **eine ~** a while; **eine ganze ~** quite a while; **nach/vor einer** [ganzen] **~** after [quite] a while/[quite] a while ago

wei·len ['vailən] *vi (geh)* ■ **irgendwo ~** to stay somewhere ▶ WENDUNGEN: **nicht mehr unter uns ~** *(euph)* to be no longer with us *euph*

Wei·ler <-s, -> ['vailə] *m (geh)* hamlet *form*

Wei·ma·rer Re·pu·blik ['vaimarɐ -] *f kein pl* HIST ■ **die ~ ~** the Weimar Republic

Wein <-[e]s, -e> [vain] *m* ① *(alkoholisches Getränk)* wine; **neuer ~** new wine; **offener ~** open wine; **bei einem Glas ~** over a glass of wine ② *kein pl* AGR *(Weinrebe)* vines *pl;* **wilder ~** Virginia creeper ▶ WENDUNGEN: **neuen** [*o* jungen] **~ in alte Schläuche füllen** to put new wine in old bottles; **im ~ ist** [*o* liegt die] **Wahrheit** *(prov)* in vino veritas *prov;* **~, Weib und Gesang** wine, women and song; **jdm reinen** [*o* klaren] **~ einschenken** to tell sb the truth, to be completely open with sb

Wein·bau *m kein pl* wine-growing *no pl,* viniculture *no pl form* **Wein·bau·er·**(**in**) *m(f) s.* **Winzer Wein·bau·ge·biet** *nt* wine-growing area **Wein·bee·re** *f* ① *(Traube)* grape ② SÜDD, ÖSTERR, SCHWEIZ *(Rosine)* raisin **Wein·berg** *m* vineyard **Wein·berg·schne·cke** *f* edible snail **Wein·brand** *m* brandy **Wein·brand·boh·nen** *pl* bean-shaped chocolates containing brandy

wei·nen ['vainən] I. *vi (Tränen vergießen)* to cry; **vor Freude ~** to cry with joy; ■ **um jdn/etw ~** to cry for sb/sth ▶ WENDUNGEN: **es ist zum W~!** it's enough to make you weep; *s. a.* **Schlaf** II. *vt* ■ **etw ~** to cry sth; **sie weinte Tränen der Freude** she cried tears of joy

wei·ner·lich I. *adj* tearful; **eine ~e Stimme** a tearful voice II. *adv* tearfully

Wein·ern·te *f* grape harvest **Wein·es·sig** *m* wine vinegar **Wein·fass**RR *nt* wine cask **Wein·fil·ter** *m* lees filter **Wein·fla·schen·re·gal** *nt* wine rack **Wein·gar·ten** ['vaingartn] *m* AGR SÜDD vineyard **Wein·ge·gend** *f* wine-growing area **Wein·geist** *m kein pl* ethyl alcohol *no pl* **Wein·gum·mi** *nt o m* wine gum **Wein·gut** *nt* wine-growing estate **Wein·händ·ler**(**in**) *m(f)* wine merchant [*or* dealer] **Wein·hand·lung** *f* wine merchant's **Wein·kar·te** *f* wine list **Wein·kel·ler** *m* ① *(Keller)* wine cellar ② *(Lokal)* wine bar **Wein·kel·le·rei** *f* wine cellar **Wein·ken·ner**(**in**) *m(f)* wine connoisseur

Wein·krampf *m* crying fit

Wein·küh·ler *m* wine cooler **Wein·kun·de** *f* study of wine, oenology BRIT, enology AM **wein·kund·lich** *adj* oenological BRIT, enological AM **Wein·la·den** *m* wine shop **Wein·la·ge** *f* location of a vineyard **Wein·lau·ne** *f kein pl* wine-induced mood of elation **Wein·le·se** *f* grape harvest **Wein·lieb·ha·ber**(**in**) *m(f)* wine connoisseur **Wein·lis·te** *f* wine list **Wein·lo·kal** *nt* wine bar **Wein·öl** *nt* green cognac oil, wine yeast oil **Wein·pal·me** *f* raffia [palm] **Wein·pro·be** *f* wine-tasting; **eine ~/~n machen** to have a wine-tasting session **Wein·ran·ke** *f* vine branch **Wein·re·be** *f* grape[vine] **wein·rot** *adj* claret, wine-coloured [*or* AM -ored] **Wein·säu·re** *f* tartaric acid **Wein·schaum** *m* zabaglione **wein·se·lig** *adj* merry with wine **Wein·stein** *m* tartar *no pl* **Wein·stock** *m s.* **Weinrebe Wein·stu·be** *f* wine bar **Wein·ther·mo·me·ter** *nt* wine thermometer **Wein·trau·be** *f* grape

wei·se ['vaizə] I. *adj (geh)* ① *(kluge Einsicht besitzend)* wise; **ein ~er alter Mann** a wise old man ❷ *(von kluger Einsicht zeugend)* wise; **eine ~e Entscheidung** a wise decision II. *adv* wisely

Wei·se <-, -n> ['vaizə] *f* ❶ *(Methode)* way; **auf andere ~** in another way; **auf bestimmte ~** in a certain way; **auf geheimnisvolle ~** in a mysterious way; **in der ~, dass** in such a way that; **auf diese ~** in this way; **in gewisser ~** in certain respects; **auf jds ~** in sb's own way; **auf jede [erdenkliche] ~** in every [conceivable] way; **in keinster ~** *(fam)* in no way ❷ *(geh: Melodie)* tune, melody

Wei·se(r) ['vaizə, -zə] *f(m)* *decl wie adj* wise man; ▶ WENDUNGEN: **die [drei] ~n aus dem Morgenland** the three Wise Men from the East; **die fünf ~n** FIN *panel of five economic experts advising the government*

wei·sen <wies, gewiesen> ['vaizn] I. *vt (geh) (gehen heißen)* ■ **jdn aus/von etw ~** to expel sb from sth ▶ WENDUNGEN: **etw [weit] von sich** *dat* **~** to reject sth [emphatically] II. *vi (geh)* ■ **irgendwohin ~** to point somewhere

Weis·heit <-, -en> ['vaishait] *f* ❶ *kein pl (kluge Einsicht)* wisdom; **eine alte ~ sein** to be a wise old saying ❷ *meist pl (weiser Rat)* word *usu pl* of wisdom ▶ WENDUNGEN: **mit seiner ~ am Ende sein** to be at one's wits' end; **die ~ [wohl] mit Löffeln gegessen [o gefressen] haben** *(fam)* to think one knows it all *fam;* **der ~ letzter Schluss sein** to be the ideal solution; **die ~ gepachtet haben** *(fam)* to act as if one were the only clever person around

Weis·heits·zahn *m* wisdom tooth

weis|ma·chen *vt* ■ **jdm etw ~** to have sb believe sth; ■ **jdm ~, dass** to lead sb to believe, that; **sich von jdm etw/nichts ~ lassen** to believe sth that sb tells one/not to believe a word sb tells one

weiß [vais] I. *adj* ❶ *(nicht farbig)* white ❷ *(blass)* pale; **~ werden** to go [or turn] white; *s. a.* **Fleck** *s. a.* **Haus** *s. a.* **Meer** *s. a.* **Nil** *s. a.* **Sonntag** *s. a.* **Sport** *s. a.* **Tod** *s. a.* **Gesicht** *s. a.* **Wand** *s. a.* **Rasse** *s. a.* **Wut** II. *adv* white; **~ gekleidet** dressed in white

Weiß <-[es]> [vais] *nt* white; **[ganz] in ~** dressed [all] in white

weis·sa·gen I. *vi* ■ **jdm ~** to tell sb's fortune; ■ **sich** *dat* **[von jdm] ~ lassen** to have one's fortune told [by sb] II. *vt* ■ **[jdm] etw ~** to prophesy sth [to sb]

Weis·sa·gung <-, -en> *f* prophecy

Weiß·bier *nt* weissbier *(light, top-fermented beer)* **weiß·blau** *adj (fam)* Bavarian **Weiß·blech** *nt* tin plate **weiß·blond** *adj* platinum blond; ■ **~ sein** to have platinum-blond hair **Weiß·brot** *nt* white bread **Weiß·buch** *nt* POL White Paper **Weiß·dorn** *m* hawthorn

Wei·ße <-> ['vaisə] *f kein pl (geh)* whiteness; **Berliner ~** light, fizzy beer

Wei·ße(r) ['vaisə] *f(m) decl wie adj* white, white man/woman; ■ **die ~n** white people, the whites

wei·ßeln ['vaisln] *vt* SÜDD, **wei·ßen** ['vaisn] *vt* ■ **etw ~** to whitewash sth

Weiß·fel·chen *nt* ZOOL, KOCHK whitefish **Weiß·fisch** *m* whitefish **Weiß·fisch·chen** *pl* whitebaits *pl* **weiß·glü·hend** *adj* white-hot **Weiß·glut** *f kein pl (Weißglühen)* white heat; ▶ WENDUNGEN: **jdn zur ~ bringen** *[o treiben]* to make sb livid with rage *[or* see red] **Weiß·gold** *nt* white gold **weiß·haa·rig** *adj* white-haired **Weiß·herbst** *m* rosé **Weiß·kä·se** *m* DIAL *s.* **Quark Weiß·kohl** *m,* **Weiß·kraut** *nt* SÜDD, ÖSTERR white cabbage **Weiß·kopf·see·ad·ler** *m* ORN white-headed bald eagle

weiß·lich *adj* whitish

Weiß·ma·cher *m* whitener **Weiß·reis** *m* white rice **Weiß·rus·se, -rus·sin** <-n, -n> *m, f* BRD *s.* **Belarusse Weiß·rus·sisch** *nt decl wie adj* B[y]elorussian; *s. a.*

Deutsch

weiß·rus·sisch *adj* BRD Belarusian; *s. a.* **deutsch**

Weiß·rus·si·sche <-n> *nt* **das ~** B[y]elorussian, the B[y]elorussian language; *s. a.* **Deutsche**

Weiß·russ·landᴿᴿ *nt* Belorussia, White Russia **Weiß·storch** *m* ORN white stork **Weiß·tan·ne** *f* silver fir **Weiß·wand·rei·fen** *m* whitewall tyre *[or* AM tire] **Weiß·wein** *m* white wine **Weiß·wurst** *f* Bavarian veal sausage *(cooked in hot water and served midmorning with sweet mustard)* **Weiß·zu·cker** *m* refined *[or* white] sugar

Wei·sung <-, -en> *f* instruction, direction; **~ haben, etw zu tun** to have instructions to do sth; ■ **auf ~ [von jdm]** on [sb's] instructions

wei·sungs·ge·mäß I. *adj* according to [or as per] instructions, as directed [or instructed] II. *adv* according to [or as per] instructions, as instructed [or directed]

weit [vait] I. *adj* ❶ MODE *(locker sitzend)* wide, baggy; **etw ~er machen** to let sth out ❷ *(räumlich ausgedehnt)* long; *(zeitlich)* long; **bis dahin ist es noch ~** it will be a long time yet before we get there ❸ SPORT long ❹ *(breit)* wide, vast; *(Meer, Wüste)* open; **~er werden** to widen [or broaden out] II. *adv* ❶ *(Entfernung zurücklegend)* far, a long way; **~ gereist** well [or widely] travelled [or AM usu traveled]; **... Meter ~ springen** to jump ... meters; ■ **... ~er ...** further on ❷ *(räumlich (ganz)* wide; **etw ~ öffnen** to open sth wide *(eine erhebliche Strecke)* far; **am ~esten** furthest, farthest; **es noch ~ haben** to have a long way to go; **~ bekannt** widely known; **~ weg** *[o* entfernt] **sein** far away; **von ~em** from afar; **von ~ her** from far *[or* a long way] away ❸ *(erheblich)* far; **~ besser/ schöner/teurer** far better/more beautiful/more expensive; **~ hergeholt** far-fetched; **~ reichend** *(umfassend)* extensive, far-reaching; *(Vollmachten)* sweeping; MIL long-range; **~ verbreitet** widespread, common; **eine ~ verbreitete Meinung** a widely-held view, common; **~ verzweigt** TRANSP widely spread *pred; (gut ausgebaut)* extensive; *(vielfach verzweigt)* with many branches; **jdn ~ hinter sich lassen** to leave sb far behind; **jdn/etw ~ übertreffen** to outdo sb/sth by far; ■ **bei ~em/bei ~em nicht** by far/not nearly [or not by a long shot]; **bei ~em besser/schöner als** far better/more beautiful than, better/more beautiful than ... by far; **bei ~em nicht alles** not nearly all [or everything]; **bis ~ in etw** *akk* late [or well] into sth; **~ nach etw** well [or fam way] after sth ❹ *(zeitlich lang)* **~ zurückliegen** to be a long time ago ▶ WENDUNGEN: **~ und breit** for miles around; **so ~, so gut** *(prov)* so far so good *prov;* **es [noch] so ~ bringen, dass etw passiert/dass jd etw tut** to bring it about that sth happens/sb does sth; **jdn so ~ bringen, dass er/sie etw tut** to bring sb to the point where he/she does sth; **es weit [im Leben] bringen** to go far [in life]; **das würde zu ~ führen** that would be getting too far away from the issue; **es ~ gebracht haben** to have come a long way; **mit jdm/etw ist es ~ gediehen** sb has gone far/sth has progressed a great deal; **es gedeiht noch so ~, dass** it will come to [or reach] the point [or stage] where; **~ gefehlt!** *(geh)* quite the opposite!, you're way out! BRIT *fam [or* AM *fam* way off!]; **so ~ gehen, etw zu tun** to go so far as to do sth; **zu ~ gehen** to go too far; **das geht [entschieden] zu ~!** that's [definitely] going [or taking it] too far!; **~ hergeholt sein** to be farfetched; **mit etw ist es nicht ~ her** *(fam)* sth is nothing much to write home about *fam;* **so ~ kommt es [noch]** *(fam)* you'd like that, wouldn't you! *fam;* **es zu ~ treiben** to take it too far; *s. a.* **Abstand** *s. a.* **Feld** *s. a.* **Ferne** *s. a.* **Sicht** *s. a.* **Sinn** *s. a.* **verbreitet**

weit·ab ['vait'ʔap] *adv* far *[or* a long way] away;

■ ~ **von etw** far [*or* a long way [away]] from sth
weit·aus [ˈvaitˈʔaus] *adv* ❶ *vor comp (in hohem Maße)* far, much; ~ **besser/schlechter sein als etw** to be far [*or* much] better/worse than sth ❷ *vor superl (bei weitem)* [by] far
Weit·blick *m kein pl* ❶ *(Fähigkeit, vorauszuschauen)* far-sightedness, vision ❷ *s.* **Fernblick weit·bli·ckend** *adj* ■ ~ **sein** to have vision, to be far-sighted [*or* visionary]
Wei·te¹ <-, -n> [ˈvaitə] *f* ❶ *(weite Ausdehnung)* expanse, vastness ❷ SPORT *(Länge)* length ❸ BAU *(Durchmesser)* width ❹ MODE *(Breite)* width; **in der** ~ as far as the width goes
Wei·te² <-n> [ˈvaitə] *nt (Entfernung)* distance; ▶ WENDUNGEN: **das ~ suchen** *(geh)* to take to one's heels
wei·ten [ˈvaitn̩] I. *vt* MODE ■ [jdm] etw ~ to widen sth [for sb]; *(Schuh, Stiefel)* to stretch [sb's] sth II. *vr* ■ **sich** ~ to widen; *(Pupille)* to dilate
wei·ter [ˈvaitɐ] *adv (sonst)* further; ~ **keiner** [*o* **nie·mand**] no one else; **wenn es** ~ **nichts ist, …** well, if that's all …; ~ **bestehen** to continue to exist, to survive; [**für jdn**] ~ **bestehen** to remain in force [for sb], to hold good [for sb]; **nicht** ~ **wissen** not to know what [else] to do; ~ **nichts?** is that it?; ~ **nichts als etw** nothing more than sth; **und** ~? and apart from that?; **und so** ~ [**und so fort**] et cetera[, et cetera], and so on [and so forth]; ~**!** keep going!; *s. a.* **immer** *s. a.* **nichts**
wei·ter·ar·bei·ten [ˈvaitɐʔarbaitn̩] *vi* ■ [an etw *dat*] ~ to carry on [*or* continue] working [on sth] **wei·ter·be·för·dern·** *vt* ■ jdn ~ to take [*or* drive] sb further **Wei·ter·be·ste·hen** *nt* continued existence, continuation **wei·ter·bil·den** I. *vt* ■ jdn/sich ~ to continue [*or* further] one's education II. *vr* ■ **sich in etw** *dat* ~ to develop one's knowledge of sth **Wei·ter·bil·dung** *f* further education
wei·ter·brin·gen *vt irreg* ■ jdn ~ to help sb along
wei·ter·den·ken *vi irreg* to think ahead
wei·te·re(r, s) *adj (zusätzlich)* further, additional; **alles W~** everything else, all the rest ▶ WENDUNGEN: **bis auf ~s** until further notice, for the time being; **ohne ~s** easily, just like that
wei·ter·emp·feh·len· *vt irreg* ■ jdn [jdm] ~ to recommend sb [to sb]; ■ [jdm] etw ~ to recommend sth [to sb] **wei·ter·ent·wi·ckeln·** I. *vt* ■ etw ~ to develop sth further; ■ **weiterentwickelt** further developed II. *vr* ■ **sich** ~ to develop [further] [*or* progress] **Wei·ter·ent·wick·lung** *f* TECH further development **wei·ter·er·zäh·len·** *vt* ■ [jdm] etw ~ to pass on sth *sep* [to sb], to repeat sth [to sb] **wei·ter·fah·ren** *irreg* I. *vi sein* to continue driving; ■ [irgendwohin] ~ to drive on [to somewhere] II. *vt haben* ■ etw ~ to move sth forward **Wei·ter·fahrt** *f kein pl* continuation of the/one's journey **wei·ter·flie·gen** *vi irreg sein* ■ [irgendwohin] ~ to fly on [to somewhere], to continue one's flight [to somewhere] **Wei·ter·flug** *m kein pl* continuation of the/one's flight **wei·ter·füh·ren** *vt* ❶ *(fortsetzen)* ■ etw ~ to continue sth ❷ *(weiterbringen)* jdn [ziemlich] ~ to be a [real] help to sb; jdn schwerlich ~ not to be a great help to sb, not to help sb very much **wei·ter·füh·rend** *adj* SCH secondary **Wei·ter·ga·be** *f* transmission, passing on **wei·ter·ge·ben** *vt irreg* ■ etw [an jdn] ~ to pass on sth *sep* [to sb] **wei·ter·ge·hen** *vi irreg sein* ❶ *(seinen Weg fortsetzen)* to walk on ❷ *(seinen Fortgang nehmen)* to go on; **so kann es nicht** ~ things can't go on like this **wei·ter·ge·hend** *adj comp von* **weitgehend** more far-reaching, more extensive **wei·ter·hel·fen** *vi irreg* ■ jdm [in etw *dat*] ~ to help sb further [with sth], to provide sb with further assistance [in sth]; ■ jdm ~ *(auf die Sprünge helfen)* to help sb along

wei·ter·hin [ˈvaitɐˈhɪn] *adv* ❶ *(fortgesetzt)* still ❷ *(außerdem)* furthermore, in addition
wei·ter·hüp·fen *vi* to continue hopping **wei·ter·kämp·fen** *vi* to fight on **wei·ter·kom·men** *vi irreg sein* ❶ *(vorankommen)* to get further; *s. a.* **machen** ❷ *(Fortschritte machen)* ■ [mit etw] ~ to get further [with sth], to make progress [*or* headway] [with sth]; **mit etw nicht** ~ not to get very far with sth, not to make much progress [*or* headway] with sth **Wei·ter·kom·men** <-s> *nt kein pl* ❶ *(Durchkommen)* progression ❷ *(beruflich vorankommen)* advancement **wei·ter·kön·nen** *vi irreg* to be able to continue [*or* carry on] **wei·ter·lau·fen** *vi irreg sein* ❶ *(den Lauf fortsetzen)* to continue running [*or* walk on], to continue ❷ TECH to continue [*or* keep] running ❸ *Produktion* to continue, to go on; *Gehalt* to continue to be [*or* get] paid **wei·ter·le·ben** *vi* ❶ *(am Leben bleiben)* to continue to live, to live on ❷ *(fig)* ■ [in jdm/etw] ~ to live on [in sb/sth] **wei·ter·lei·ten** *vt* ■ etw [an jdn/etw] ~ to pass on sth *sep* [to sb/sth] **wei·ter·ma·chen** *vi* to carry on, to continue **wei·ter·rei·chen** *vt (geh)* ■ etw [an jdn] ~ to pass on sth *sep* [to sb]
Wei·ter·rei·se *f kein pl* continuation of the/one's journey, onward journey; **gute ~!** have a pleasant [onward] journey
wei·ters [ˈvaitɐs] *adv* ÖSTERR *(ferner)* further **wei·ter·sa·gen** *vt* ■ [jdm] etw ~ to repeat sth [to sb], to pass on sth *sep* [to sb]; **nicht ~!** don't tell anyone! **wei·ter·schlei·chen** *vi* to creep on **wei·ter·sprin·gen** *vi* to continue jumping
Wei·te·run·gen *pl (geh)* repercussions, unpleasant consequences
wei·ter·ver·ar·bei·ten· *vt* ■ etw [zu etw] ~ to process sth [into sth] **Wei·ter·ver·ar·bei·tung** *f* [re]processing **wei·ter·ver·fol·gen·** *vt* ■ etw ~ to follow up sth *sep*, to pursue sth further **Wei·ter·ver·kauf** *m* resale **wei·ter·ver·kau·fen·** I. *vt* ■ etw ~ to resell sth II. *vi* to resell **wei·ter·ver·mie·ten·** *vt* ■ etw [an jdn] ~ to sublet sth [to sb] **wei·ter·ver·wei·sen·** *vt irreg* ■ jdn an jdn/etw ~ *Facharzt/Amt* to refer sb to sb else **wei·ter·ver·wen·den·** *vt* ■ etw ~ to reuse sth **wei·ter·ver·wer·ten·** *vt* ■ etw ~ to recycle sth **wei·ter·wis·sen** *vi irreg (wissen, wie weiter vorzugehen ist)* to know how to proceed; **nicht [mehr]** ~ to be at one's wits' end **wei·ter·wol·len** *vi irreg* to want to go on

wei·test·ge·hend I. *adj superl von* **weitgehend** most far-reaching, most extensive II. *adv* to the greatest possible extent
weit·ge·hend <weitgehender *o* ÖSTERR weitergehend, weitestgehend *o* weitgehendste(r, s)> I. *adj (umfassend)* extensive, far-reaching; **~e Übereinstimmung/Unterstützung** extensive agreement/support II. *adv* extensively, to a large extent
weit·her [ˈvaitˈheːɐ] *adv (geh)* from far away, from afar *form*
weit·hin [ˈvaitˈhɪn] *adv* ❶ *(weitgehend)* to a large [*or* great] extent; ~ **bekannt/beliebt/unbekannt** widely known/popular/largely unknown ❷ *(geh: rings umher)* all around
weit·läu·fig [ˈvaitlɔyfɪç] I. *adj* ❶ *(ausgedehnt)* extensive ❷ *(entfernt)* distant II. *adv* extensively, distantly **Weit·läu·fig·keit** <-> *f kein pl* spaciousness, ampleness
weit·räu·mig I. *adj* spacious; **eine ~e Absperrung/Umleitung** a cordon/diversion covering a wide area II. *adv* spaciously; **den Verkehr ~ umleiten** to divert the traffic around a wide area **weit·rei·chend** *adj s.* **weit** II. 4 **weit·schwei·fig** [ˈvaitʃvaifɪç] I. *adj* long-winded, protracted *form;* ■ [jdm] **zu** ~ **sein** to be too long-winded [for sb] II. *adv* long-windedly, at great length **Weit·sicht** [ˈvaitzɪçt] *f s.* **Weitblick weit·sich-**

tig [ˈvaitsɪçtɪç] *adj* ❶ MED long-sighted BRIT, farsighted AM ❷ *s.* **weitblickend** **Weit·sich·tig·keit** <-> *f kein pl* MED long-sightedness BRIT, far-sight AM **Weit·sprin·ger(in)** *m(f)* long-jumper **Weit·sprung** *m* SPORT ❶ *kein pl (Disziplin)* long-jump ❷ *(einzelner Sprung)* long-jump **Weit·win·kel·ob·jek·tiv** *nt* wide-angle lens **Wei·zen¹** <-s, -> [ˈvaitsn̩] *m* wheat; *s. a.* **Spreu** **Wei·zen²** <-s, -> [ˈvaitsn̩] *nt s.* **Weizenbier** **Wei·zen·bier** *nt* weissbier *(light, top fermented beer)* **Wei·zen·brot** *nt* wheat bread **Wei·zen·grieß** *m* semolina **Wei·zen·kei·me** *pl* wheatgerm *sing* **Wei·zen·keim·öl** *nt* wheatgerm oil **Wei·zen·kleie** *f* wheat bran [*or* germ] **Wei·zen·mehl** *nt* wheat flour **Wei·zen·voll·korn** *m kein pl* wholewheat, wholemeal wheat BRIT **Wei·zen·voll·korn·mehl** *nt* wholewheat [*or* BRIT wholemeal] [wheat] flour

welch [vɛlç] *pron* ■ ~ **(ein)** what [a]

wel·cher, s) I. *pron interrog* ❶ *(was für (eine))* which ❷ *in Ausrufen (was für ein)* what; ~ **Schande!** what a disgrace! II. *pron rel (der, die, das: Mensch)* who; *(Sache)* which III. *pron indef* ❶ *(etwas)* some; **wenn du Geld brauchst, kann ich dir gerne ~s leihen** if you need money, I can lend you some ❷ *pl (einige)* some; ■ ~**, die ...** some [people], who

welk [vɛlk] *adj* ❶ *(verwelkt)* wilted; ■ ~ **sein/werden** to be wilted/to wilt ❷ *(schlaff)* worn-out

wel·ken [ˈvɛlkn̩] *vi sein (geh)* to wilt

Well·blech *nt* corrugated iron

Wel·le <-, -n> [ˈvɛlə] *f* ❶ *(Woge)* wave ❷ *(massenhaftes Auftreten)* wave; **grüne ~** TRANSP synchronized traffic lights; **die neue ~** MODE the latest craze; **die weiche ~** *(fam)* the soft line *fam* ❸ PHYS wave ❹ RADIO wavelength ❺ *(wellenförmige Erhebung)* wave ❻ TECH *(Drehbewegungen übertragender Schaft)* shaft ▶ WENDUNGEN: **[hohe] ~n schlagen** to create a [big] stir

wel·len [ˈvɛlən] *vr* ■ **sich ~** to be/become wavy; *(Papier)* to crinkle; *s. a.* **Haar**

Wel·len·bad *nt* wave pool **Wel·len·bre·cher** <-s, -> *m* breakwater, groyne BRIT, groin AM **wel·len·för·mig** I. *adj* wavy II. *adv* **sich ~ verziehen** to crinkle **Wel·len·gang** <-[e]s> *m kein pl* waves *pl*, swell; **starker ~** heavy seas *pl (or swell)* **Wel·len·kamm** *m* crest **Wel·len·kraft·werk** *nt* hydroelectric power station *(using wave power as a source of energy)* **Wel·len·län·ge** *f* PHYS wavelength; ▶ WENDUNGEN: **die gleiche ~ haben** [*o* **auf der gleichen ~ liegen**] *(fam)* to be on the same wavelength **Wel·len·li·nie** *f* wavy line **Wel·len·rei·ten** *nt* surfing **Wel·len·sit·tich** *m* budgerigar, budgie *fam*

wel·lig [ˈvɛlɪç] *adj* ❶ *(gewellt)* wavy ❷ *(wellenförmig)* uneven; ■ ~ **sein/werden** to be/become uneven [*or* crinkly]

Wel·ling·ton <-s> [ˈvɛlɪŋtn̩] *nt* Wellington

Well·ness <-> [ˈvɛlnɛs] *f kein pl* wellness **Well·ness·be·ra·ter^{RR}, Well·ness-Be·ra·ter** *m* wellness advisor **Well·ness·boom^{RR}, Well·ness-Boom** <-s -s> [ˈvɛlnɛsbuːm] *m* NATURMED boom on wellness programmes **Well·ness·cen·ter^{RR}, Well·ness-Cen·ter** <-s, -> *nt* wellness centre [*or* AM center] **Well·ness·drink^{RR}, Well·ness-Drink** <-s, -s> *m* wellness drink **Well·ness·pro·dukt^{RR}, Well·ness-Pro·dukt** *nt* wellness product **Well·ness·rei·se^{RR}, Well·ness-Rei·se** *f* wellness holiday **Well·ness·ur·laub^{RR}, Well·ness-Ur·laub** *m* wellness holiday

Well·pap·pe *f* corrugated cardboard

Wel·pe <-n, -n> [ˈvɛlpə] *m Hund* pup, whelp; *Wolf, Fuchs* cub, whelp

Wels <-es, -e> [vɛls] *m* catfish

welsch [vɛlʃ] *adj* SCHWEIZ Romance-speaking

Welsch·kohl *m* savoy [cabbage]

Welsch·schweiz *f* SCHWEIZ ■ **die ~** French Switzerland

Welsch·schwei·zer(in) *m(f)* French Swiss

welsch·schwei·ze·risch *adj* French Swiss

Welt <-, -en> [vɛlt] *f* ❶ *kein pl (unsere Erde)* ■ **die/unsere ~** the/our world; **auf der ~** in the world; **in aller ~** all over the world; **... in aller ~** *(fam)* ... on earth *fam* ❷ ASTRON *(erdähnlicher Planet)* world ❸ *(Bereich)* world; **die ~ des Films/Kinos/Theaters** the world of film/cinema/theatre, the film/cinema/theatre world ❹ *kein pl* ASTRON *(das Weltall)* ■ **die ~** the world [*or* cosmos] ▶ WENDUNGEN: **die Alte/Neue ~** the Old/New World; **die dritte/vierte ~** the Third/Fourth World; **in seiner eigenen ~ leben** to live in a world of one's own; **die heile ~** the ideal world; **nobel geht die ~ zugrunde** *(fam)* there's nothing like going out with a bang *fam*; **die [große] weite ~** *(geh)* the big wide world; **eine ~ bricht für jdn zusammen** sb's whole world collapses about sb; **jdn zur ~ bringen** to bring sb into the world, to give birth to sb; **davon** [*o* **deswegen**] **geht die ~ nicht unter** *(fam)* it's not the end of the world *fam*; **nicht aus der ~ sein** not to be on the other side of the world; **auf die ~** [*o* **zur**] ~ **kommen** to be born; **das kostet nicht die ~** *(fam)* it doesn't cost the earth; **in einer anderen ~ leben** to live on another planet, to live in another world; **etw aus der ~ schaffen** to eliminate sth; **etw in die ~ setzen** to spread sth; **sie trennen ~en** they are worlds apart; **mit sich und der ~** all around [*or* BRIT a. round]; **mit sich und der ~ zufrieden sein** to be happy all around [*or* BRIT a. round]; **vor aller ~** in front of everybody; **um nichts in der ~** nicht um alles in der ~ not [*or* never] for the world; **alle ~** *(fam)* the whole world, everybody, the world and his wife *hum*; *s. a.* **Kind**

Welt·all *nt kein pl* universe **welt·an·schau·lich** *adj* ideological **Welt·an·schau·ung** *f* philosophy of life; *(philosophisch und politisch)* ideology **Welt·auf·la·ge** *f einer Zeitung* circulation worldwide; *eines Buchs* number of copies sold worldwide **Welt·aus·stel·lung** *f* world exhibition **Welt·bank** *f kein pl* ■ **die ~** the World Bank **welt·be·kannt** *adj* world-famous, world-renowned **welt·be·rühmt** *adj* world-famous **welt·bes·te(r, s)** [ˈvɛltbɛstə, -tə, -tas] *adj attr* world's best **Welt·bes·te(r)** *f(m)* world's best **Welt·best·leis·tung** *f* world's best performance **Welt·be·völ·ke·rung** *f kein pl* world population **welt·be·we·gend** *adj* earth-shaking [*or* -shattering] **Welt·bild** *nt* world view **Welt·emp·fän·ger** <-s, -> *m* world receiver [*or* receiving set]

Welt·en·bumm·ler(in) *m(f) (fam)* globetrotter *fam* **Welt·er·folg** *m* world[-wide] success **Welt·er·ge·wicht** [ˈvɛltə-] *nt* SPORT ❶ *s.* **Weltergewichtler** ❷ *kein pl (Gewichtsklasse)* welterweight **Wel·ter·ge·wicht·ler(in)** <-s, -> *m(f)* welterweight [boxer]

welt·er·schüt·ternd *adj* earth-shattering, world-shaking **welt·fremd** *adj* unworldly **Welt·frie·de(n)** *m* world peace **Welt·gel·tung** *f* world-wide recognition, international standing; ■ **... von ~** internationally renowned **Welt·ge·schich·te** *f kein pl* world history; ▶ WENDUNGEN: **in der ~** *(fam)* all over the place *fam* **welt·ge·schicht·lich** *adj* von ~er **Bedeutung sein** to be of great significance in world history; **ein ~es Ereignis** an important event in world history **Welt·ge·sund·heits·or·ga·ni·sa·ti·on** *f* World Health Organization, W.H.O. **welt·ge·wandt** *adj* sophisticated, urbane **welt·größ·te(r, s)** *adj* world's greatest **Welt·han·del** *m* world trade **Welt·han·dels·or·ga·ni·sa·ti·on** *f kein pl* ■ **die ~** the World Trade Organization [*or* WTO] **Welt·herr·schaft** *f kein pl* world domination **Welt·kar·te** *f* world map **Welt·klas·se** *f*

kein pl world class; ■ **~ sein** *(fam)* to be world-class
Welt·krieg *m* world war; **der Erste/Zweite ~** World War One/Two, the First/Second World War
welt·lich ['vɛltlɪç] *adj (geh)* ❶ *(irdisch)* worldly ❷ *(profan)* mundane
Welt·li·te·ra·tur *f kein pl* world literature **Welt·macht** *f* world power **welt·män·nisch** *adj* sophisticated, wordly-wise **Welt·markt** *m* world [*or* international] market **Welt·markt·preis** *m* ÖKON world market price **Welt·meis·ter(in)** *m(f)* world champion; ■ **~ in etw** *dat* world champion in [*or* at] sth **Welt·meis·ter·schaft** *f* world championship; ■ **die ~ in etw** *dat* the world championship in sth **Welt·mu·sik** *f* world music *no indef art, no pl* **welt·of·fen** *adj* liberal[-minded], cosmopolitan **Welt·öf·fent·lich·keit** *f kein pl* ■ **die ~** the whole world **Welt·po·li·tik** *f* world politics + *sing/pl vb* **welt·po·li·tisch** I. *adj* concerning world politics II. *adv* in terms of world politics **Welt·rang·lis·te** *f* world rankings *pl*
Welt·raum *m kein pl* [outer] space
Welt·raum·fahrt *f kein pl* space journey, journey into space **Welt·raum·for·schung** *f kein pl* space research **Welt·raum·te·le·skop** *nt* space telescope **Welt·raum·waf·fe** *f* space weapon
Welt·reich *nt* empire **Welt·rei·se** *f* world trip; **eine ~ machen** to go on a journey around the world **Welt·re·kord** *m* world record; ■ **der/ein ~ in etw** *dat* the/a world record in sth **Welt·re·kord·ler(in)** *m(f)* world record holder **Welt·re·li·gi·on** *f* world religion **Welt·ruf** *m kein pl* international [*or* world-wide] reputation; **... von ~** internationally renowned **Welt·schmerz** *m kein pl (geh)* Weltschmerz *liter* **Welt·si·cher·heits·rat** *m* [United Nations] Security Council **Welt·spra·che** *f* world language **Welt·stadt** *f* international [*or* cosmopolitan] city **welt·städ·tisch** *adj* cosmopolitan **Welt·tour·nee** *f* world tour **welt·um·span·nend** *adj inv (geh)* global **Welt·un·ter·gang** *m* end of the world, apocalypse **Welt·un·ter·gangs·stim·mung** *f* apocalyptic mood **Welt·ur·auf·füh·rung** *f* world premiere **Welt·ver·bes·se·rer, -bes·se·rin** *m, f (pej)* sb who thinks they can cure the world's ills **welt·weit** I. *adj* global, world-wide II. *adv* globally **Welt·wirt·schaft** *f* world [*or* global] economy **Welt·wirt·schafts·kri·se** *f* world economic crisis **Welt·wun·der** *nt* **die sieben ~** the Seven Wonders of the World; **wie ein ~** *(fam)* as if from another planet
wem [ve:m] I. *pron interrog dat von* **wer** *(welcher Person?)* who ... to, to whom *form;* **~ gehört dieser Schlüsselbund?** who does this bunch of keys belong to?; **mit/von ~** with/from whom II. *pron rel dat von* **wer** *(derjenige, dem)* ■ **~ ..., [der] ...** the person to whom ..., the person who ... to III. *pron indef dat von* **wer** *(fam)* to/for somebody
Wem·fall *m* dative [case]
wen [ve:n] I. *pron interrog akk von* **wer** *(welche Person?)* who, whom; **an ~** to whom *form,* who ... to; **für ~** for whom *form,* who ... for II. *pron rel akk von* **wer** *(derjenige, den)* ■ **~ ..., [der] ...** the person who [*or* whom] ...; **an ~** to whom *form,* who ... to; **für ~** for whom *form,* who ... for III. *pron indef akk von* **wer** *(fam)* somebody
Wen·de <-, -n> ['vɛndə] *f* ❶ POL *(sl: politische Kehrtwendung)* [political] change [*or* U-turn] ❷ *(einschneidende Veränderung)* change, turn; **die/eine ~ zum Besseren/Schlechteren** the/a turn [*or* change] for the better/worse; **eine ~ zum Positiven** a positive change ❸ SPORT face [*or* front] vault ❹ *(Übergangszeit)* ■ **an der ~ [von] ... zu etw** at the transition to ... to sth
Wen·de·kreis *m* ❶ AUTO turning circle ❷ GEOG, ASTRON tropic; **der nördliche ~, der ~ des Krebses** the

Tropic of Cancer; **der ~ des Steinbocks** the Tropic of Capricorn
Wen·del <-, -n> ['vɛndl̩] *f* ❶ ELEK *(Glühfaden)* coil ❷ *(Gewinde)* spiral
Wen·del·rüh·rer *m* spiral mixer **Wen·del·trep·pe** *f* spiral staircase
wen·den ['vɛndn̩] I. *vr* <wendete *o geh* wandte, gewendet *o geh* gewandt> ❶ *(sich drehen)* ■ **sich irgendwohin ~** to turn to somewhere ❷ *(kontaktieren)* ■ **sich [in etw** *dat]* **an jdn ~** to turn to sb [regarding sth] ❸ *(zielen)* ■ **sich an jdn ~** to be directed at sb ❹ *(entgegentreten)* ■ **sich gegen jdn ~** to turn against sb; ■ **sich gegen etw ~** to oppose sth ❺ *(sich verkehren)* **sich zum Besseren** [*o* **Guten] /Schlechteren ~** to take a turn for the better/worse ► WENDUNGEN: **sich zum Gehen ~** to be about to go II. *vt* <wendete, gewendet> *(umdrehen)* ■ **etw ~** to turn sth over *sep;* **bitte ~!** please turn over ► WENDUNGEN: **wie man es auch wendet ... man kann es ~, wie man will** whichever way one looks/you look *fam* at it III. *vi* <wendete, gewendet> AUTO to turn
Wen·de·platz *m* turning area **Wen·de·punkt** *m* turning point
wen·dig ['vɛndɪç] *adj* ❶ TECH manoeuvrable BRIT, maneuverable AM ❷ *(geistig beweglich)* agile
Wen·dig·keit <-> *f kein pl* ❶ *(gute Manövrierfähigkeit)* manoeuvrability, maneuverability AM ❷ *(geistige Beweglichkeit)* agility
Wen·dung <-, -en> *f* ❶ *(tiefgreifende Veränderung)* turn; **eine bestimmte ~ nehmen** to take a certain turn; **eine ~ zu etw nehmen** to take a turn for sth ❷ LING *(Rede~)* expression
Wen·fall *m* accusative [case]
we·nig ['ve:nɪç] I. *pron indef* ❶ *sing (nicht viel)* ■ **~ sein** to be not [very] much; **~ genug** little enough; **nicht ~** more than a little ❷ *pl, substantivisch (ein paar)* ■ **~e** a few II. *adv* ❶ *(nicht viel)* little, not a lot of; **ein ~** a little; **nicht ~** more than a little; **zu ~** too little, not enough; **zu ~ schlafen** to not get enough sleep; **~ genug** little enough; ■ **~e ... few** *s.* **einige** ❷ *mit comp (kaum)* little ❸ *(nicht sehr)* not very; **~ interessant** of little interest; **ein ~** a little
we·ni·ger ['ve:nɪgɐ] I. *pron indef comp von* **wenig** *(nicht so viel)* less; **du solltest ~ essen/rauchen/trinken** you should eat/smoke/drink less II. *adj comp von* **wenig** less, fewer; **~ werden** to be dwindling away ► WENDUNGEN: **~ ist mehr** it's quality not quantity that counts III. *adv comp von* **wenig** *(nicht so sehr)* ■ **~ ... als ...** less ... than ► WENDUNGEN: **je mehr ... desto ~ ...** the more ... the less ...; *s. a.* **so** *s. a.* **viel** IV. *konj* MATH minus, less
We·nig·keit <-> *f kein pl (geh: Kleinigkeit)* ■ **eine ~** a little, a small amount ► WENDUNGEN: **meine ~** *(hum fam)* little old me *hum fam*
we·nigs·te(r, s) I. *pron indef* ❶ *(fast niemand)* ■ **die ~n** very few; ■ **das ~, was** the least that; **das ist noch das ~!** *(fam)* that's the least of it! II. *adv* least; *pl* fewest; **am ~n** least of all
we·nigs·tens ['ve:nɪçstn̩s] *adv* at least
wenn [vɛn] *konj* ❶ *konditional (falls)* if; **~ das so ist** if that's the way it is; ■ **~ ... doch** [*o* **bloß] ...!** if only ...! ❷ *temporal (sobald)* as soon as; *s. a.* **als** *s. a.* **auch** *s. a.* **erst** *s. a.* **immer** *s. a.* **nicht** *s. a.* **nichts** *s. a.* **nur** *s. a.* **schon** *s. a.* **selbst** *s. a.* **und**
wenn·gleich [vɛn'glaɪç] *konj (geh) s.* **obgleich**
wenn·schon [vɛn'ʃo:n] *adv* ► WENDUNGEN: **~, dennschon!** *(fam)* I/you etc. may as well go the whole hog [*or* AM the whole nine yards] *fam,* there's no point in doing things by halves [*or* AM *fam* a half-assed job]; **[na,] ~!** so what?, what of it?
wer [ve:ɐ] I. *pron interrog (welcher)* who; ■ **~ von ...**

which of ...; **~ da?** who's there? **II.** *pron rel (derjenige, der)* ■ **~ ...**, [**der**] ... the person who ..., whoever ... **III.** *pron indef (fam) (jemand)* somebody; ■ **~ von** ... which of ... ▸ WENDUNGEN: **~ sein** to be somebody *fam*

Wer·be·ab·tei·lung *f* advertising [*or* publicity] [*or* marketing] department **Wer·be·agen·tur** *f* advertising agency **Wer·be·ak·ti·on** *f* advertising promotion **Wer·be·auf·druck** *m* advertising print **Wer·be·bei·la·ge** *f* advertising supplement **Wer·be·block** *nt* advertising block **Wer·be·bran·che** *f* advertising **Wer·be·bro·schü·re** *f* brochure, pamphlet **Wer·be·ein·nah·men** *pl* advertising revenue *sing* **Wer·be·fach·leu·te** *pl* advertising people [*or* experts], admen *sl* **Wer·be·fach·mann**, **-fach·frau** *m*, *f* publicity expert, adman *fam* **Wer·be·fern·se·hen** *nt* commercials *pl*, advertisements *pl*, adverts *pl fam* **Wer·be·film** *m* promotional film **Wer·be·funk** *m* radio advertisements *pl* [*or* commercials] *pl* **Wer·be·ge·schenk** *nt* promotional gift **Wer·be·kam·pa·gne** *f* advertising campaign **Wer·be·kon·zept** *nt* ÖKON advertising concept **Wer·be·lei·ter**, **-lei·te·rin** *m*, *f* advertising manager, head of publicity [*or* promotions] **Wer·be·ma·te·ri·al** *nt* advertising material

wer·ben <wirbt, warb, geworben> ['vɛrbn] **I.** *vt* ■ **jdn** [**für etw**] **~** to recruit sb [for sth] **II.** *vi* ❶ *(Reklame machen)* ■ **für etw ~** to advertise [*or* promote] sth; **für eine Partei ~** to try to win support for a party ❷ *(zu erhalten suchen)* **um eine Frau/einen Mann ~** to woo a woman/pursue a man; **um Unterstützung ~** to try to enlist support; **um neue Wähler ~** to try to attract new voters; **um Vertrauen ~** to try to gain trust

Wer·be·pros·pekt *m* promotional brochure [*or* leaflet], advertising leaflet **Wer·be·slo·gan** *m* advertising [*or* publicity] slogan **Wer·be·spot** *m* commercial, advertisement, advert *fam* **Wer·be·stra·te·gie** *f* ÖKON advertising strategy **Wer·be·tex·ter(in)** *m(f)* advertising copywriter **Wer·be·trä·ger** *m* advertising medium **Wer·be·trei·ben·de(r)** <-n, -n> *f(m)* ÖKON *(Firma)* advertising agency, advertiser; *(Person)* advertising agent, adman **Wer·be·trom·mel** *f* ▸ WENDUNGEN: **die ~ für jdn/etw rühren** *(fam)* to beat the drum for sb/sth *fam* **wer·be·wirk·sam** *adj* promotionally effective **Wer·be·zweck** *m meist pl* advertising purpose; **für ~e** [*o* **zu ~en**] for advertising purposes

Wer·bung <-> *f kein* ÖKON ❶ *(Branche)* advertising ❷ *(Reklame)* advertisement; **~ für etw machen** to advertise sth ❸ *(Werbespot)* commercial, TV advert *fam*; *(Werbeprospekte)* advertising literature ❹ *(das Werben)* recruitment; *von Kunden* attracting, winning

Wer·bungs·kos·ten *pl* professional expenses *pl; von Firma* business expenses *pl*

Wer·de·gang <*selten* -gänge> *m* career

---

wer·den ['ve:ɐdn]

I. INTRANSITIVES VERB   **II.** AUXILIARVERB
III. AUXILIARVERB FÜR PASSIV

I. INTRANSITIVES VERB
<wurde *o liter* ward, geworden> +*sein*

❶ *[in einen anderen Zustand übergehen]* ■ **etw ~** to become [*or* get] sth; **alt/älter ~** to get old/older; **verrückt ~** to go mad; **kalt ~** to go cold; **es wird dunkel/spät/kalt** it is getting dark/late/cold; **es wird besser ~** it is going to become [*or* get] better; **es wird anders ~** things are going to change

❷ *(als Empfindung auftreten)* **jdm wird heiß/kalt/besser/übel** sb feels hot/cold/better/sick

❸ *(eine Ausbildung zu etw machen)* ■ **etw ~** to become sth; **was möchtest du einmal ~?** what do you want to be?

---

❹ *(eine Entwicklung durchmachen)* ■ **etw ~** to become sth; **Wirklichkeit/Tatsache/Mode ~** to become reality/a fact/fashionable; ■ **aus jdm wird etw** sb will turn out to be sth; ■ **aus wer wird etw** sth turns into sth; ■ **zu etw ~** to turn into sth, to become sth; **aus jdm wird etwas/nichts** sb will get somewhere/won't get anywhere in life; **zur Gewissheit/zum Albtraum ~** to become a certainty/nightmare

❺ *(auf eine bestimmte Zeit zugehen)* **es wird Abend/Tag** it is getting dark/light; **es wird Sommer** summer is coming; **es wird 15 Uhr** it's coming up to 3 o'clock

❻ *(ein bestimmtes Alter erreichen)* ■ **etw ~** to be sth; **sie ist gerade 98 geworden** she has just turned 98

❼ *(fam: sich gut entwickeln)* **es wird langsam** it's slowly getting somewhere; **aus etw wird etwas/nichts** sth will turn into sth/nothing is going to come of sth; **daraus wird nichts** that won't come to anything, nothing's going to come of that; **es wird schon** [**wieder**] **~** *(fam)* it'll turn out okay in the end; **nicht wieder ~** *(fam)* not to recover

▸ WENDUNGEN: **was soll nun ~?** what's going to happen now?, what are we going to do now?; **ich werd' nicht mehr!** *(sl)* well, I never!, I don't believe it!

II. AUXILIARVERB   <wurde, worden>

❶ *zur Bildung des Futurs* ■ **etw tun ~** to be going to do sth; ■ **es wird etw geschehen** sth is going to happen; ■ **jd wird etw getan haben** sb will have done sth

❷ *zur Bildung des Konjunktivs* ■ **jd würde etw tun** sb would do sth

❸ *mutmaßend (dürfte)* ■ **es wird ...** it probably ...; **es wird gegen 20 Uhr sein** it's probably getting on for 8 o'clock

❹ *in Bitten und Aufforderungen* ■ **würde jd etw tun?** would [*or* could] sb please do sth?

▸ WENDUNGEN: **wer wird denn gleich ... !** *(fam)* you're not going to ... now, are you?

III. AUXILIARVERB FÜR PASSIV   <wurde, worden>

zur Bildung des Passivs ■ **... ~** to be ...; **sie wurde entlassen** she was dismissed; ■ **etw wird ...** sth is ...; **das wird bei uns häufig gemacht** that is often done in our house; ■ **es wird etw getan** sth will be done; **jetzt wird gearbeitet!** let's get some work done!

Wer·den <-s> ['ve:ɐdn] *nt kein pl (geh)* development; **im ~ sein** to be in the making

wer·dend *adj* developing, emergent; **~e Mutter/~er Vater** expectant mother/father, mother-to-be/father-to-be

Wer·fall *m* LING nominative [case]

wer·fen <wirft, warf, geworfen> ['vɛrfn] **I.** *vt* ❶ *(schleudern)* ■ **etw irgendwohin ~** to throw sth somewhere; **jdm etw an den Kopf/ins Gesicht ~** to throw sth at sb's head/in sb's face; **etw nach jdm/einem Tier ~** to throw sth at sb/an animal ❷ ZOOL *(Junge gebären)* ■ **etw ~** to have [*or spec* throw] sth ❸ *(ruckartig bewegen)* ■ **etw irgendwohin ~** to throw [*or fam* fling] sth somewhere ❹ *(bilden) etw ~* to produce [*or* make] sth; **der Mond warf ein silbernes Licht auf den See** the moon threw a silver light onto the lake **II.** *vi* ❶ *(Werfer sein)* to throw ❷ *(Wurfgeschosse verwenden)* ■ **mit etw** [**auf jdn/etw**] **~** to throw sth [at sb/sth] ❸ ZOOL *(Junge gebären)* to throw *spec*, to give birth **III.** *vr* ❶ *(sich verziehen)* ■ **sich ~** to warp ❷ *(sich rasch fallen lassen)* ■ **sich irgendwohin ~** to throw oneself somewhere ② *(sich stürzen)* ■ **sich auf jdn/etw ~** to throw oneself at sb/sth

Wer·fer(in) <-s, -> *m(f)* thrower

Werft <-, -en> [vɛrft] *f* shipyard

Werft·ar·bei·ter(in) *m(f)* shipyard worker **Werft·ge·län·de** *nt* dockland[s *pl*]; **im ~** on [the] dockland[s]

Werg <-[e]s> [vɛrk] *nt kein pl* tow

Werk <-[e]s, -e> [vɛrk] *nt* ❶ *(gesamtes Schaffen)* works *pl* ❷ KUNST, LIT work ❸ *kein pl (geh: Arbeit)* work; **ans ~ gehen** [*o* **sich ans ~ machen**] *(geh)* to go [*or* set] to work; **am ~ sein** *(pej)* to be at work ❹ *(Fabrik)* factory, works + *sing/pl verb;* **ab ~** ex works ▸ WENDUNGEN: **ein gutes ~ tun** to do a good deed; **irgendwie zu ~e gehen** *(geh)* to proceed [*or* go to it] in a certain way; **das ist jds ~** *(pej)* that's his doing *fam*

Werk·bank <-bänke> *f* workbench

wer·keln ['vɛrkl̩] *vi (fam)* ■ **~** to potter [*or* AM putter] about

wer·ken ['vɛrkn̩] *vi (geh)* ■ **[irgendwo] ~** to work [somewhere]

Wer·ken <-s> ['vɛrkn̩] *nt kein pl s.* **Werkunterricht**

Werk·leh·rer(in) *m(f)* woodwork/metalwork teacher

Werk·meis·ter(in) *m(f)* foreman

Werks·arzt, -ärz·tin <-es, -ärzte> *m, f* company doctor **Werks·ge·län·de** *nt* works [*or* factory] premises *npl*

Werkspionage *f* industrial espionage

Werk·statt *f* ❶ *(Arbeitsraum eines Handwerkers)* workshop ❷ AUTO *(Autoreparaturwerkstatt)* garage

Werk·stät·te *f (geh) s.* **Werkstatt**

Werk·statt·wa·gen *m* breakdown [*or* AM tow] truck

Werk·stoff *m* material **Werk·stück** *nt* workpiece

Werk(s)·woh·nung *f* company flat

Werk·tag *m* workday, working day *esp* BRIT

werk·täg·lich ['vɛrktɛːklɪç] *adj attr* working day; **~e Pflichten** duties during a working day

werk·tags *adv* on workdays [*or esp* BRIT working days]

Werk·un·ter·richt *m* woodwork/metalwork class

Werk·zeug <-[e]s, -e> *nt* ❶ TECH tool *usu pl* ❷ INFORM *(Tool)* tool ❸ *(geh: gefügiger Helfer)* instrument

Werk·zeug·kas·ten *m* toolbox **Werk·zeug·ma·cher(in)** *m(f)* toolmaker **Werk·zeug·ma·schi·ne** *f* machine tool

Wer·mut <-[e]s> ['veːɐ̯muːt] *m kein pl* ❶ BOT wormwood ❷ *(aromatisierter Wein)* vermouth

Wer·mut·be·cher *m* vermouth tumbler

Wer·muts·trop·fen *m (geh)* a bitter pill, drop of bitterness

wert [veːɐ̯t] *adj* ❶ *(einen bestimmten Wert besitzen)* ■ **[jdm] etw ~ sein** to be worth sth [to sb] ❷ *(verdienen)* ■ **einer S. gen ~ sein** *(geh)* to deserve a thing, to be worthy of a thing ❸ *(veraltend geh: geschätzt)* valued

Wert <-[e]s, -e> [veːɐ̯t] *m* ❶ *(zu erlösender Preis)* value; **einen bestimmtem ~/einen ~ von etw haben** to have a certain value/a value of sth, to be worth [*or* valued at] sth; **im ~ steigen, an** *dat* **~ zunehmen** to increase in value; **an** *dat* **~ verlieren, im ~ sinken** *o* **an etw ~e von etw** worth [*or* to the value of] sth; **über/unter ~** above/below its value ❷ *pl (Daten)* results *pl* ❸ *(wertvolle Eigenschaft)* worth ❹ *(Wichtigkeit)* value; **[bestimmten]** **~ auf etw** *akk* **legen** to attach [a certain] value [*or* importance] to sth; **[besonderen/gesteigerten] ~ darauf legen, etw zu tun** to find it [especially/increasingly] important to do sth; **einer S. gen einen bestimmten ~ beilegen** [*o* **beimessen**] *(geh)* to attach a certain significance to sth ❺ *(Wertvorstellung)* value ▸ WENDUNGEN: **das hat keinen ~** *(fam)* it's useless *fam*, that won't help us

Wert·an·la·ge *f* investment **Wert·ar·beit** *f* first-class

workmanship; **~ sein** to be a product of craftsmanship [*or* workmanship] **wert·be·stän·dig** *adj* stable in value *pred;* ■ **~ sein** to have a stable value **Wert·be·stän·dig·keit** *f kein pl* stability of value **Wert·brief** *m* registered letter *(with valuable content)*

wer·ten *vt* ❶ SPORT *(anrechnen)* ■ **etw ~** to rate sth ❷ SCH *(benoten)* ■ **etw ~** to grade sth ❸ *(bewerten)* ■ **etw [irgendwie] ~** to rate sth [somehow]

Wer·te·wan·del *m* change in values

Wert·ge·gen·stand *m* valuable object; ■ **Wertgegenstände** valuables

Wer·tig·keit <-, -en> [veːɐ̯tɪç-] *f* CHEM, LING valency

Wert·kar·ten·han·dy [-hɛndi] *nt* TELEK *mobile phone using a payment card*

wert·kon·ser·va·tiv *adj* conservative **wert·los** *adj* worthless; ■ **für jdn ~ sein** to be worthless to sb **Wert·maß·stab** *m* standard; **nach jds Wertmaßstäben** to sb's standards; **einen bestimmten ~/bestimmte Wertmaßstäbe anlegen** to apply a certain standard/certain standards **Wert·min·de·rung** *f* decrease in value **Wert·pa·ket** *nt* registered parcel

Wert·pa·pier *nt* bond, security

Wert·pa·pier·bör·se *f* stock exchange **Wert·pa·pier·han·del** *m* stockbroking **Wert·pa·pier·händ·ler(in)** *m(f)* stockbroker **Wert·pa·pier·markt** *m* stock [*or* securities] market

Wert·sa·che *f meist pl* valuable object; ■ **~n** valuables

Wert·schät·zung *f (geh)* esteem

Wert·schöp·fung *f* net product **Wert·schrift** *f* SCHWEIZ *(Wertpapier)* bond, security **Wert·stei·ge·rung** *f* increase in value **Wert·stel·lung** *f* value

Wert·stoff *m* recyclable material

Wert·stoff·con·tai·ner *m* recycling container **Wert·stoff·hof** *m* collection station, recycling centre [*or* AM center]

Wer·tung <-, -en> *f* ❶ SPORT *(Be~)* rating, score ❷ *(das Werten)* grading ❸ *(Be~)* evaluation, assessment

Wert·ur·teil *nt* value judgement; **ein ~ [über etw** *akk*] **abgeben** to make a value judgement [on sth] **Wert·ver·lust** *m* depreciation, decline in value **wert·voll** *adj* valuable **Wert·vor·stel·lung** *f meist pl* moral concept *usu pl*

Wer·wolf ['veːɐ̯vɔlf] *m* werewolf

We·sen <-s, -> ['veːzn̩] *nt* ❶ *(Geschöpf)* being; *(tierisch)* creature; **das höchste ~** the Supreme Being; **kleines ~** little thing; **menschliches ~** human being ❷ *kein pl (kennzeichnende Grundzüge)* nature

We·sens·art *f* nature, character **we·sens·fremd** *adj inv* different in nature *inv, pred* **We·sens·zug** *m* characteristic, [character] trait

we·sent·lich ['veːzn̩tlɪç] **I.** *adj* ❶ *(erheblich)* considerable ❷ *(gewichtig)* substantial, essential; **das W~e** the essential part; **im W~en** essentially **II.** *adv (erheblich)* considerably

Wes·fall *m* genitive [case]

wes·halb [vɛsˈhalp] **I.** *adv interrog* why **II.** *adv rel* why

We·sir <-s, -e> [veˈziːɐ̯] *m* vizier

Wes·pe <-, -n> ['vɛspə] *f* wasp

Wes·pen·nest *nt* ZOOL wasp's nest; ▸ WENDUNGEN: **in ein ~ stechen** *(fam)* to stir up a hornets' nest **Wes·pen·stich** *m* wasp sting **Wes·pen·tail·le** *f* wasp waist; **eine ~ haben** to have a wasp waist

wes·sen ['vɛsn̩] **I.** *pron gen von* **wer** ❶ *interrog* whose ❷ *rel, indef* whose; ■ **~ ... auch [immer] ...** no matter whose ... **II.** *pron interrog (geh) gen von* **was** of what, what ... of; **~ ... auch [immer] ...** *rel, indef* whatever [it is] ... of, ...

wes·sent·wil·len ['vɛsn̩tvɪlən] *adv interrog* **um ~** *(geh)* for whose sake

Wes·si <-s, -s> *m,* **Wes·si** <-, -s> ['vɛsi] *f (fam)* West German

West <-[e]s, -e> [vɛst] *m* *kein art, kein pl bes* NAUT west; **der Konflikt zwischen Ost und ~** POL the conflict between East and West; *s. a.* **Nord 1** *pl selten* NAUT *(Westwind)* west wind

West·af·ri·ka *nt* West Africa **west·af·ri·ka·nisch** *adj* West African **West·bür·ger(in)** *m(f)* West German **west·deutsch** ['vɛstdɔytʃ] *adj* West German, in West Germany **West·deutsch·land** ['vɛstdɔytʃlant] *nt* West Germany

Wes·te <-, -n> ['vɛstə] *f* *(ärmellose Jacke)* waistcoat *(Strickjacke)* cardigan ▸ WENDUNGEN: **eine reine** [*o* **saubere**] [*o* **weiße**] **~ haben** *(fam)* to have a clean slate *fam*

Wes·ten <-s> ['vɛstn̩] *m kein indef art, kein pl* *(Himmelsrichtung)* west; *s. a.* **Norden 1** *(westliche Gegend)* west; **der Wilde ~** the Wild West; *s. a.* **Norden 2** POL *(die Länder der westlichen Welt)* ■ **der ~** the West

Wes·ten·ta·sche *f* MODE *(Tasche einer Weste)* waistcoat pocket; ▸ WENDUNGEN: **etw wie seine ~ kennen** *(fam)* to know sth like the back of one's hand *fam*

Wes·tern <-[s], -> ['vɛstɐn] *m* western

West·eu·ro·pa ['vɛstʔɔyˈroːpa] *nt* Western Europe **west·eu·ro·pä·isch** ['vɛstʔɔyroˈpɛːɪʃ] *adj* West European

West·fa·le, West·fä·lin <-n, -n> [vɛstˈfaːlə, -ˈfɛːlɪn] *m, f* Westphalian **West·fa·len** <-s> [vɛstˈfaːlən] *nt* Westphalia **West·fä·lin** <-, -nen> [vɛstˈfɛːlɪn] *f fem form von* **West·fale**

west·fä·lisch [vɛstˈfɛːlɪʃ] *adj* GEOG *(Westfalen betreffend)* Westphalian, in Westphalia *(in Westfalen anzutreffend)* Westphalian; *s. a.* **Friede** KOCHK **~es Tottchen** *ragout of calf's heart, lung and brain* **west·ger·ma·nisch** ['vɛstgɛrmaːnɪʃ] *adj* West Germanic **West·go·te, -go·tin** ['vɛstgoːtə, -goːtɪn] *m, f* Visigoth **West·gren·ze** *f* western border **West·hang** *m* west-facing slope **west·in·disch** ['vɛstʔɪndɪʃ] *adj* **~e Kirsche** acerola cherry; **~e Languste** Caribbean spiny lobster; **~er Nierenbaum** cashew nut; **~es Sandelholzöl** amyris oil **West·küs·te** *f* west coast

west·lich ['vɛstlɪç] **I.** *adj* *(in ~er Himmelsrichtung befindlich)* western; *s. a.* **nördlich I.** *(im Westen liegend)* western; *s. a.* **nördlich I. 2** *(von/nach Westen)* westwards, westerly; *s. a.* **nördlich I. 3** **II.** *adv* GEOG ■ **~ von etw** to the west of sth **III.** *präp* +*gen* GEOG ■ **~ einer S.** [to the] west of sth; *s. a.* **nördlich III.**

West·mäch·te *pl* ■ **die ~** the western powers **West·preu·ßen** *nt* West Prussia **West·rom** ['vɛstroːm] *nt* Western Roman Empire **West·sei·te** *f* west side **West·wall** *m* ■ **der ~** the Siegfried Line

west·wärts ['vɛstvɛrts] *adv* westwards, to the west **West·wind** *m* west wind

wes·we·gen [vɛsˈveːgn̩] *adv s.* **weshalb**

Wett·be·werb <-[e]s, -e> ['vɛtbəvɛrp] *m* *(Veranstaltung zur Ermittlung des Besten)* competition; **sportlicher ~** sports competition *kein pl* ÖKON *(Konkurrenzkampf)* competition; **miteinander im ~ stehen** to be competing [*or* in competition] with each other **Wett·be·wer·ber(in)** *m(f)* competitor **wett·be·werbs·fä·hig** *adj* competitive **Wett·be·werbs·fä·hig·keit** <-> *inv f* competitiveness **Wet·te** <-, -n> ['vɛtə] *f* bet; **jede ~ auf etw** *akk* einge-

hen *(fam)* to bet sb anything *fam;* ■ **jede ~ einge·hen, dass** to bet anything that; **die ~ gilt!** *(fam)* you're on! *fam;* **um die ~ essen/trinken** to race each other eating/drinking; **um die ~ laufen** to race each other, to run a race; **eine ~ machen** to make a bet

Wett·ei·fer <-s> ['vɛtʔaifɐ] *m kein pl* competitiveness, competitive zeal

wett·ei·fern *vi (geh)* *(sich gegenseitig zu übertreffen bemühen)* ■ **miteinander ~** to contend [*or* compete] with each other *(ringen)* ■ **[mit jdm] um etw ~** to compete [*or* contend] [with sb] for sth

wet·ten ['vɛtn̩] **I.** *vi (als Wette einsetzen)* to bet; ■ **[mit jdm] um etw ~** to bet [sb] sth; **um was wollen wir ~?** what shall we bet?; ■ **auf ein Tier ~** to bet on an animal; ■ **[mit jdm] darauf wetten, dass** [sb] that; [**wollen wir**] **~?** *(fam)* [do you] want to bet? ▸ WENDUNGEN: **so haben wir nicht gewettet!** *(fam)* that's not on! BRIT *fam,* that wasn't the deal! AM **II.** *vt* ■ **etw ~** to bet sth

Wet·ter <-s, -> ['vɛtɐ] *nt* *kein pl* METEO *(klimatische Verhältnisse)* weather; **bei jedem ~** in all kinds of weather, in all weathers METEO *(fam: Un~)* storm ▸ WENDUNGEN: **bei jdm gut ~ machen** *(fam)* to make it up to sb *fam;* **schlagende ~** firedamp *sing*

Wet·ter·aus·sich·ten *pl* weather outlook [*or* prospects *pl*] **Wet·ter·be·richt** *m* weather report **Wet·ter·bes·se·rung** *f* improvement in the weather **wet·ter·be·stän·dig** *adj s.* **wetterfest**

Wet·ter·chen <-s> *nt kein pl (fam)* lovely [*or* fine] weather

Wet·ter·dienst *m* weather [*or* meteorological] service **wet·ter·fest** *adj* weatherproof **wet·ter·füh·lig** *adj* sensitive to weather changes *pred* **Wet·ter·füh·lig·keit** <-> *kein pl* sensitivity to changes in the weather **Wet·ter·kar·te** *f* weather chart **Wet·ter·la·ge** *f* weather situation **Wet·ter·leuch·ten** ['vɛtɐlɔyçtn̩] *nt kein pl* sheet lightning

wet·tern ['vɛtɐn] *vi (geh)* ■ **[gegen jdn/etw]** ~ to curse [sb/sth], to lash out [at sb/against sth]

Wet·ter·sei·te *f* windward side, side exposed to the weather **Wet·ter·sturz** *m* sudden temperature drop **Wet·ter·um·schwung** *m* sudden change in the weather **Wet·ter·ver·än·de·rung** *f* change in the weather **Wet·ter·ver·schlech·te·rung** *f* deterioration in the weather **Wet·ter·vor·aus·sa·ge** *f*, **Wet·ter·vor·her·sa·ge** *f* weather forecast **Wet·ter·war·te** *f* weather station

Wett·fahrt *f* race **Wett·kampf** *m* competition **Wett·kämp·fer(in)** *m(f)* competitor, contestant **Wett·lauf** *m (Lauf um die Wette)* race; **einen ~ machen** to run a race ▸ WENDUNGEN: **ein ~ mit der** [*o* **gegen die**] **Zeit** a race against time **Wett·läu·fer(in)** *m(f)* runner [in a/the] race

wett·ma·chen ['vɛtmaxn̩] *vt* *(aufholen)* ■ **etw ~** to make up sth *(gutmachen)* ■ **etw ~** to make up for sth

Wett·ren·nen *nt s.* **Wettlauf** **Wett·rüs·ten** <-s> *nt kein pl* MIL, POL arms race; **das atomare ~** the nuclear arms race **Wett·schwim·men** *nt* swimming competition; **ein ~ machen** to swim a race

wet·zen ['vɛtsn̩] **I.** *vt haben* *(schleifen)* ■ **etw ~** to whet sth *(reiben)* ■ **etw** [an etw *dat*] **~** to rub sth [on sth] **II.** *vi sein (fam)* ■ **[irgendwohin]** ~ to scoot [off] [somewhere] *fam*

Wetz·stahl *f* whetting [*or* sharpening] iron

WEU <-> [ve:ʔeˈʔuː] *f kein pl Abk von* **Westeuropäische Union** WEU

WEZ <-> [ve:ʔeˈtsɛt] *f kein pl Abk von* **Westeuropäische Zeit** GMT

WG <-, -s> [ve:ˈgeː] *f Abk von* **Wohngemeinschaft**

Whirl·pool <-s, -s> ['vøːɐlpuːl] *m* whirlpool **Whirl·**

wan·ne *f* whirlpool

Whis·ky <-s, -s> [ˈvɪski] *m* whisky; **~ mit Eis/[mit] Soda** whisky on the rocks [*or* and ice] /and soda; **irischer Whiskey** [Irish] whiskey; **schottischer ~** Scotch

wich [vɪç] *imp von* **weichen**[2]

wich·sen [ˈviksn̩] I. *vi (vulg)* to jack [*or esp* AM jerk] off *vulg, sl,* to wank BRIT *vulg, sl* II. *vt* DIAL ▪ **etw ~** to polish sth

Wich·ser <-s, -> *m (vulg)* ❶ *(Onanist)* wanker BRIT *vulg sl,* jack-off AM *vulg sl* ❷ *(Mistkerl)* wanker BRIT *vulg sl,* asshole AM *vulg*

Wicht <-[e]s, -e> [vɪçt] *m* ❶ *(schmächtiger Kerl)* wimp *pej fam;* **armer ~** poor wretch ❷ *(Kobold)* goblin; *(Zwerg)* dwarf; **kleiner ~** little one

Wich·tel <-s, -> [ˈvɪçtl̩] *m* ❶ *(Kobold)* goblin ❷ *(kleine Pfadfinderin)* Brownie

wich·tig [ˈvɪçtɪç] *adj* ❶ *(bedeutsam)* important; ▪ **etwas W~es** something important; **W~eres zu tun haben** to have more important things to do; **nichts W~eres zu tun haben, als …** to have nothing better to do than …; **das W~ste** the most important thing ❷ *(iron: bedeutungsvoll)* serious; **eine ~e Miene aufsetzen** to put on an air of importance; **sich** *dat* **~ vorkommen** *(fam)* to be full of oneself *fam;* **sich ~ nehmen** to take oneself [too] seriously; **~ tun** *(fam)* to act important *fam*

Wich·tig·keit <-> *f kein pl* importance, significance; **von bestimmter ~ sein** to be of a certain importance [*or* significance]; **einer S.** *dat* **besondere/große ~ beilegen** [*o* **beimessen**] to consider a thing especially/very important, to attach particular/great importance to a thing

wich·tig|ma·chen[RR] *vr (fam)* ▪ **sich ~** to be full of one's own importance

Wich·tig·ma·cher(in) *m(f)* ÖSTERR, **Wich·tig·tu·er(in)** <-s, -> [-tu:ɐ] *m(f) (pej)* stuffed shirt *fam,* pompous git [*or* AM ass] *sl* **Wich·tig·tu·e·rei** <-> [vɪçtɪçtu:əˈrai] *f kein pl (pej)* pompousness **wich·tig·tu·e·risch** [ˈvɪçtɪçtu:ərɪʃ] *adj* pompous *pej;* ▪ **~ sein** to be pompous, to be full of oneself

Wi·cke <-, -n> [ˈvɪkə] *f* vetch

Wi·ckel <-s, -> [ˈvɪkl̩] *m* MED *(Umschlag)* compress; **jdm einen bestimmten ~ machen** MED to make sb a certain compress ▸ WENDUNGEN: **jdn am** [*o* **beim**] **~ packen** [*o* **kriegen**] *(fam)* to grab sb by the scruff of the neck *fam*

Wi·ckel·kom·mo·de *f* [baby] changing table

wi·ckeln [ˈvɪkl̩n] I. *vt* ❶ *(fest herumbinden)* ▪ **[jdm/ sich] etw um etw ~** to wrap sth round [sb's/one's] sth ❷ *(einwickeln)* ▪ **jdn/etw in etw** *akk* **~** to wrap sb/sth in sth ❸ *(aufwickeln)* ▪ **etw auf etw** *akk* **~** to wrap sth round sth; **etw auf eine Spule ~** to coil sth on a spool ❹ *(abwickeln)* ▪ **etw von etw ~** to unwrap sth from sth ❺ *(windeln)* ▪ **ein Kind ~** to change a baby's nappy [*or* AM diaper], to change a baby II. *vr (sich herumwickeln)* ▪ **sich um etw ~** to wrap itself around sth

Wi·ckel·tisch *m* [baby] changing table; *(im Restaurant etc.)* [baby] changing unit [*or* AM station]

Wid·der <-s, -> [ˈvɪdɐ] *m* ❶ ZOOL *(Schafbock)* ram ❷ *kein pl* ASTROL Aries; **[ein] ~ sein** to be [an] Aries ❸ ASTROL *(im ~ Geborener)* Aries

wi·der [ˈvi:dɐ] *präp + akk (geh)* against *s.* **Erwarten**

wi·der·bors·tig [ˈvi:dɐbɔrstɪç] *adj* contrary; *(Haare, Fragen)* unruly

wi·der·fah·ren[*] [vi:dɐˈfa:rən] *vi irreg sein (geh)* to happen, to befall

Wi·der·ha·ken *m* barb

Wi·der·hall <-s, -e> [ˈvi:dɐhal] *m (geh: Echo)* echo; ▸ WENDUNGEN: **[bei jdm] keinen ~ finden** to meet with no response [from sb]

wi·der|hal·len [ˈvi:dɐhalən] *vi* ▪ **von etw ~** to reverberate [*or* echo] with sth

Wi·der·hand·lung *f* SCHWEIZ *(Zuwiderhandlung)* violation, contravention

wi·der·leg·bar *adj* ▪ **~/nicht ~ sein** to be refutable/ irrefutable

wi·der·le·gen[*] [vi:dɐˈle:gn̩] *vt* ▪ **etw ~** to refute [*or* disprove] sth; **sich ohne weiteres** [*o* **leicht**] **~ lassen** to be easily refuted [*or* disproved]

Wi·der·le·gung <-, -en> [vi:dɐˈle:gʊŋ] *f* ❶ *kein pl (das Widerlegen)* disproving, refutation ❷ MEDIA *(widerlegender Text)* refutation

wi·der·lich [ˈvi:dɐlɪç] *adj* ❶ *(ekelhaft)* disgusting, revolting; ▪ **etw ist jdm ~** sb finds sth disgusting [*or* revolting], sb thinks sth is disgusting [*or* revolting] ❷ *(äußerst unsympathisch)* repulsive ❸ *(äußerst unangenehm)* nasty, horrible

Wi·der·ling <-[e]s, -e> *m (pej)* creep *fam pej*

wi·der·na·tür·lich [ˈvi:dɐnaty:ɐlɪç] *adj* perverted, unnatural

wi·der·recht·lich I. *adj* unlawful II. *adv* unlawfully

Wi·der·re·de [ˈvi:dɐre:də] *f* **ohne ~** without protest; **keine ~!** don't argue!

Wi·der·ruf [ˈvi:dɐru:f] *m* revocation; *(Angebot, Einladung)* cancellation, withdrawal; **bis auf ~** until revoked

wi·der·ru·fen[*] [vi:dɐˈru:fn̩] *irreg* I. *vt* ▪ **etw ~** ❶ ADMIN *(für ungültig erklären)* to revoke [*or* cancel] sth ❷ *(zurücknehmen)* to retract [*or* withdraw] sth II. *vi* to recant

wi·der·ruf·lich [ˈvi:dɐru:flɪç] I. *adj* ADMIN revocable II. *adv* until revoked

Wi·der·sa·cher(in) <-s, -> [ˈvi:dɐzaxɐ] *m(f)* adversary, antagonist

Wi·der·schein <-[e], -e> [ˈvi:dɐʃain] *m* reflection; **im ~ von etw** in the reflection of sth

wi·der·set·zen[*] [vi:dɐˈzɛtsn̩] *vr* ❶ *(Widerstand leisten)* ▪ **sich jdm ~** to resist sb ❷ *(sich gegen etw sträuben)* ▪ **sich einer S.** *dat* **~** to refuse to comply with a thing

wi·der·setz·lich [ˈvi:dɐzɛtslɪç] *adj* obstreperous *form,* uncooperative, contrary

wi·der·sin·nig *adj* absurd

wi·der·spens·tig [ˈvi:dɐʃpɛnstɪç] *adj* ❶ *(störrisch)* stubborn ❷ *(schwer zu handhaben)* unmanageable

Wi·der·spens·tig·keit <-> *f kein pl* stubbornness, unmanageableness

wi·der|spie·geln [ˈvi:dɐʃpi:gl̩n] I. *vt (geh)* ▪ **etw ~** to mirror [*or* reflect] sth II. *vr (geh)* **sich in/auf** *dat* **etw ~** to be reflected [*or* mirrored] in/on sth

wi·der·spre·chen[*] [vi:dɐˈʃprɛçn̩] *irreg* I. *vi* ❶ *(sich gegen etw äußern)* ▪ **jdm/einer S.** | **~** to contradict [sb/sth] ❷ *(nicht übereinstimmen)* ▪ **sich** *dat* **~** to contradict oneself; **einer S. ~** to contradict sth, to be inconsistent with sth II. *vr (einander ausschließen)* ▪ **sich** *dat* **~** to be contradictory

wi·der·spre·chend *adj* ▪ **sich/einander ~** contradictory

Wi·der·spruch [ˈvi:dɐʃprʊx] *m* ❶ *kein pl (das Widersprechen)* contradiction, dissent; **in** [*o* **im**] **~ zu etw** contrary to ❷ *(Unvereinbarkeit)* inconsistency; **in** [*o* **im**] **~ zu** [*o* **mit**] **etw stehen** to conflict with sth, to be inconsistent with sth ❸ JUR *(Einspruch)* protest **(gegen** +*akk* against), objection **(gegen** +*akk* to); **~ [gegen etw] einlegen** to file [*or* make] an objection [against sth], to make a protest [against sth]; **~ erheben** to raise objections, to lodge an objection [*or* opposition]

wi·der·sprüch·lich [ˈvi:dɐʃprʏçlɪç] I. *adj* ❶ *(Unvereinbarkeiten aufweisend)* inconsistent ❷ *(sich widersprechend)* ▪ **~ sein** to be contradictory II. *adv* contradictory; **sich ~ äußern** to contradict oneself

wi·der·spruchs·los I. *adj* unopposed, without contra-

widersprechen, einwenden

widersprechen	contradicting
Das stimmt (doch) gar nicht. *(fam)*	That's not right at all.
Ach was!/Unsinn!/Blödsinn!/Quatsch! *(fam)*	Nonsense!/Rubbish! *(fam)*
Das sehe ich anders.	I see it differently.
Nein, das finde ich nicht.	No, I don't think so.
Da muss ich Ihnen widersprechen.	I have to contradict you there.
Das entspricht nicht den Tatsachen.	That doesn't fit the facts.
So kann man das nicht sehen.	You can't see it like that.
Davon kann keine Rede sein.	There can be no question of that.

einwenden	objecting
Ja, aber …	Yes, but …
Du hast vergessen, dass …	You have forgotten that …
Das siehst du aber völlig falsch.	You're completely wrong about that.
Sie haben schon Recht, aber bedenken Sie doch auch …	You may well be right, but consider too …
Das ist ja alles schön und gut, aber …	That's all well and good but …
Ich habe dagegen einiges einzuwenden.	I've got several objections to that.
Das ist aber weit hergeholt.	That's rather far-fetched.

diction **II.** *adv* without protest [*or* opposition], without contradiction
Wi·der·stand¹ <-[e]s, -ständee> ['viːdəʃtant, *pl:* -ʃtɛndə] *m* ● *kein pl* PHYS *(Hemmung des Stromflusses)* resistance ● ELEK *(Schaltelement)* resistor
Wi·der·stand² <-[e]s, -stände> ['viːdəʃtant, *pl:* -ʃtɛndə] *m* ● *kein pl (Gegenwehr)* opposition; ~ **gegen die Staatsgewalt** resistance to state authority; ~ **gegen die Staatsgewalt leisten** to obstruct an officer in the performance of his duty; **hinhaltender** ~ delaying action; **passiver** ~ passive resistance; [**gegen etw**] ~ **leisten** to put up resistance [against sth] ● POL *(Widerstandsbewegung)* resistance ● *meist pl (hindernder Umstand)* resistance; *s. a.* **Weg**
Wi·der·stands·be·we·gung *f* POL resistance movement; **bewaffnete** ~ partisan movement **wi·der·stands·fä·hig** *adj* ● BAU *(Belastungen standhaltend)* resistant, robust ● MED resistant; ■~ [**gegen etw**] resistant [to sth] **Wi·der·stands·fä·hig·keit** *f kein pl* robustness, resistance; ■~ **gegen etw** sb's resistance to sth **Wi·der·stands·kämp·fer(in)** *m(f)* partisan, resistance fighter **Wi·der·stands·kraft** *f s.* **Widerstandsfähigkeit**
wi·der·stands·los **I.** *adj* without resistance **II.** *adv* without resistance
wi·der·ste·hen ['viːdɐ'ʃteːən] *vi irreg* ● *(standhalten)* ■ [**jdm/einer S.**] ~ to withstand [sb/a thing] ● *(nicht nachgeben)* ■ [**einer S.** *dat*] ~ to resist [a thing] ● *(aushalten können)* ■ **einer S.** ~ *dat* to withstand a thing
wi·der·stre·ben ['viːdəʃtreːbn̩] *vi (geh)* ■ **jdm widerstrebt es, etw zu tun** sb is reluctant to do sth
Wi·der·stre·ben <-s> ['viːdəʃtreːbn̩] *nt kein pl (geh)* reluctance; **etw mit** ~ **tun** to do sth reluctantly
wi·der·stre·bend *adv (geh) s.* **widerwillig**
Wi·der·wil·le ['viːdɐvɪlə] *m* distaste, aversion, disgust; [**gegen etw**] **einen** ~**n haben** to have a distaste [for

sth], to have an aversion [to sth], to find [sth] disgusting; **etw mit** ~**n tun** to do sth reluctantly [*or* with reluctance]
wi·der·wil·lig **I.** *adj* reluctant **II.** *adv* reluctantly, unwillingly
Wi·der·wor·te *pl* answering back; [**jdm**] ~ **geben** to answer [sb] back BRIT, to talk back [BRIT, at sb]/[AM to sb]; **ohne** ~ without protest
wid·men ['vɪtmən] **I.** *vt* ● *(dedizieren)* ■ **jdm etw** ~ to dedicate sth to sb ● *(für etw verwenden)* ■ **etw einer S.** ~ *dat* to dedicate [*or* devote] sth to a thing ● ADMIN *(offiziell übergeben)* ■ **etw einer S.** ~ *dat* to open sth officially to a thing **II.** *vr* ● *(sich um jdn kümmern)* ■ **sich jdm** ~ to attend to sb ● *(sich intensiv beschäftigen)* ■ **sich einer S.** *dat* ~ to devote oneself [*or* attend] to sth
Wid·mung <-, -en> ['vɪtmʊŋ] *f* ● *(schriftliche Dedikation)* dedication ● ADMIN *(offizielle Übergabe)* official opening
wid·rig ['viːdrɪç] *adj (geh)* adverse; *(Umstände, Verhältnisse)* unfavourable; *s. a.* **Wind**
wie [viː] **I.** *adv* ● *interrog (auf welche Weise)* how?; **können Sie mir sagen,** ~ **ich nach Köln komme?** can you tell me how to get to Cologne?; ■~ ... **auch** [**immer**] whatever, however; **wie heißt er?** what is he called?, what's his name?; ~**?** what?, [I beg your] pardon?, excuse me?; ~ **bitte?** pardon?, sorry? ● *interrog (von welchen Merkmalen bestimmt)* how?, what ... like?; ~ **geht es Ihnen?** how do you do? *form;* ~ **geht es dir?** how are you?, how's it going? *fam,* how are things? *fam,* how's life? *fam;* ~ **ist es, wenn …?** what happens if …?; ~ **ist's, …?** *(fam)* how [*or* what] about it?; ~ **wär's mit …?** *(fam)* how [*or* what] about …?; ~ **wär's jetzt mit einem Spaziergang?** how about going for a walk now?; ~ **das?:** ~ **das? ich verstehe nicht recht** what do you mean? I don't quite understand; ~ **viel** how much [*or* many]; ~ **viele …?** how many …?; *s. a.* **beide** *s. a.* **können** ● *(in welchem Maße)* how; [**um**] ~ **viel …** how much; *(in Ausrufen)* how; ~ **klein die Welt doch ist!** it's a small world!; ~ **oft …!** how often …!

[*or* many times]; ~ **sehr** [*o* ÖSTERR **wiesehr**] ...? how much ...?; ~ **sehr** ...! how ...!; **und** [*o* **aber**] ~! and how! ➍ *interrog (stimmt's?)* right?, OK? **II.** *konj* ➊ *(vergleichend)* ■ ... ~ ... as ... as; **er ist genau ~ du** he's just like you ➋ *(so ~)* ■ ~ **man etw tut** as; ~ **man sagt, war der Film langweilig** apparently it was a boring film ➌ *(genau ~)* just as ➍ *(beispielsweise)* like; **K ~ Konrad** K for kilo ➎ *(und)* and ... [alike], as well as ➏ *nach Verben der Wahrnehmung (die Art und Weise, in der)* how; **er sah, ~ sie aus dem Bus ausstieg** he saw her get off the bus ➐ ■ ..., ~ **wenn** *(fam)* as if; *s. a.* **etwa** *s. a.* **gewöhnlich** *s. a.* **immer** *s.* **noch nie**

Wie <-s> [vi:] *nt kein pl* **der Plan ist grundsätzlich klar, nur das ~ muss noch festgelegt werden** the plan is basically clear, we just have to establish how to implement it

Wie·de·hopf <-[e]s, -e> ['vi:dəhɔpf] *m* ORN hoopoe; ▸ WENDUNGEN: **stinken wie ein ~** *(fam)* to smell like a bad egg

wie·der ['vi:dɐ] *adv* ➊ *(erneut)* again, once more [*or* again]; **etw ~ aufladen** to recharge sth; ~ **aufladbar** rechargeable; **Gespräche/Verhandlungen ~ aufnehmen** to resume talks/negotiations; **Beziehungen/Kontakte ~ aufnehmen** to re-establish relations/contacts; **etw ~ einführen** to reintroduce sth; ÖKON to reimport sth; **jdn/etw [in etw] ~ eingliedern** to reintegrate sb/sth [into sth]; **jdn/etw ~ einsetzen** to reinstate sb/sth; **jdn ~ einstellen** to reappoint [*or* re-employ] [*or* re-engage] sb; *(nach ungerechtfertigter Entlassung)* to reinstate sb; ~ **erwachen** to reawake[n]; ■ [**jdm**] **etw ~ erzählen** to retell sth [to sb]; **etw ~ tun** to do sth again; **tu das nie ~!** don't ever do it [*or* you ever do that] again; ~ **mal** again; ~ **und** ~ time and again ➋ *(wie zuvor)* [once] again ➌ *(nochmal)* yet; *s. a.* **nie** *s. a.* **schon**

Wie·der·auf·ar·bei·tung <-, -en> *f* recycling; *von Atommüll* reprocessing

Wie·der·auf·ar·bei·tungs·an·la·ge *f* recycling plant; *von Atommüll* reprocessing plant

Wie·der·auf·bau <-bauten> [vi:dɐ'ʔaufbau] *m* reconstruction, rebuilding

wie·der·auf·bau·en *vt* ■ **etw ~** to reconstruct [*or* rebuild] sth

wie·der·auf·be·rei·ten *vt* ■ **etw ~** to reprocess sth

Wie·der·auf·be·rei·tung <-, -en> *f s.* **Wiederaufarbeitung**

Wie·der·auf·nah·me [vi:dɐ'ʔaufna:mə] *f von Gesprächen, Verhandlungen* resumption; *von Beziehungen, Kontakten* re-establishment

wie·der·auf·rüs·ten *vi* MIL to rearm

Wie·der·auf·rüs·tung *f* MIL rearmament

wie·der·be·kom·men *vt irreg* ■ **etw** *akk* [**von jdm**] ~ to get sth back [from sb]

wie·der·be·le·ben *vt* MED ■ **jdn ~** to revive [*or* resuscitate] sb; *Scheintote* to bring sb back from the dead; ■ **etw ~** to revive sth

Wie·der·be·le·bung *f* MED resuscitation; *s. a.* **Mund**

Wie·der·be·le·bungs·ver·such *m meist pl* MED attempt at resuscitation; ~**e** [**bei jdm**] **anstellen** to attempt [*or* try] to resuscitate sb

wie·der·be·schaf·fen *vt* ■ [**jdm/sich**] **etw** *akk* ~ *gestohlener Gegenstand, persönliches Eigentum* to recover [sb's/one's] sth; *verbrannte Wohnungseinrichtung* to replace [sb's/one's] sth

Wie·der·be·schaf·fung *f (Wiederauffindung)* recovery; *(Ersetzung)* replacement

wie·der·be·schreib·bar *adj* CD rewritable

Wie·der·ein·fuhr *f* reimport, reimportation

Wie·der·ein·füh·rung *f* reintroduction

Wie·der·ein·glie·de·rung *f* reintegration

Wie·der·ein·tritt ['vi:dɐʔaintrɪt] *m* ➊ RAUM *(Eintritt in*

die Erdatmosphäre) re-entry ➋ *(erneuter Eintritt)* re-entry, readmittance

wie·der·ent·de·cken *vt* ■ **etw ~** to rediscover sth

Wie·der·ent·de·ckung *f* rediscovery

wie·der·er·hal·ten ['vi:dɐʔɛɐhaltn̩] *vt irreg (geh) s.* **wiederbekommen**

wie·der·er·ken·nen *vt irreg* ■ **jdn/etw ~** to recognize sb/sth; **nicht wiederzuerkennen sein** to be unrecognizable [*or* BRIT *a.* -isable]

wie·der·er·lan·gen ['vi:dɐʔɛɐlaŋən] *vt (geh)* ■ **etw ~** to regain sth; **seine Freiheit ~** to regain one's freedom, to be set free again

wie·der·er·nen·nen RR *vt irreg* ■ **jdn zu jdm/etw ~** to reappoint sb [as] sb/sth

Wie·der·er·nen·nung *f* reappointment

wieder|er·öff·nen *vt* ÖKON ■ **etw ~** to reopen sth

Wieder·er·öff·nung *f* ÖKON reopening

wie·der·fin·den *irreg* **I.** *vt* ➊ *(auffinden)* ■ **jdn/etw ~** to find sb/sth again ➋ *(erneut erlangen)* ■ **etw ~** to regain sth; **seine Fassung ~** to regain one's composure **II.** *vr* ■ **sich ~** to turn up again; **der Schlüssel findet sich bestimmt wieder** the key is sure to turn up again

Wie·der·ga·be ['vi:dega:bə] *f* ➊ *(Schilderung)* account, report; **um schriftliche/ausführliche bitten** to request a written/detailed report ➋ FOTO, TYPO *(Reproduktion)* reproduction

wie·der·ge·ben *vt irreg* ➊ *(zurückgeben)* ■ **jdm etw** *akk* ~ to give sth back to sb ➋ *(schildern)* ■ **etw ~** to give an account of [*or* describe] sth ➌ *(zitieren)* ■ **etw ~** ÖKON to quote sth; **etw wortwörtlich ~** to report sth literally

Wie·der·ge·burt ['vi:degabu:ɐt] *f* rebirth, reincarnation

wie·der·ge·win·nen ['vi:degəvɪnən] *vt irreg* ■ **etw ~** ➊ ÖKOL *(zurückgewinnen)* to reclaim sth ➋ *s.* **wiedererlangen**

wie·der·gut·ma·chen *vt* ■ **etw ~** to make good [*or* compensate [*or* make up] for] sth; **irgendwie wiedergutzumachen sein** to somehow make up for sth

Wie·der·gut·ma·chung <-, -en> *f* ➊ *selten pl (das Wiedergutmachen)* compensation ➋ *(finanzieller Ausgleich)* [financial] compensation

wie·der·ha·ben ['vi:deha:bn̩] *vt irreg (fam)* ■ **jdn/etw ~** to have sb/sth back

wie·der·her·stel·len [vi:dɐ'he:ɐʃtɛlən] *vt* ➊ *(restaurieren)* ■ **etw ~** to restore sth ➋ *(erneut eintreten lassen)* ■ **etw ~** to re-establish sth; **der Polizei gelang es, die öffentliche Ordnung wiederherzustellen** the police succeeded in re-establishing public order ➌ MED *(wieder gesund machen)* ■ **jdn ~** to restore sb to health

Wie·der·her·stel·lung *f* ➊ *(Restaurierung)* restoration ➋ *(das Wiederherstellen)* re-establishment

wie·der·hol·bar *adj* ■ ~ **sein** to be repeatable

wie·der·ho·len[1] [vi:dɐ'ho:lən] **I.** *vt* ■ **etw ~** ➊ *(abermals durchführen)* to repeat sth ➋ TV *(erneut zeigen)* to repeat sth ➌ *(repetieren)* to revise sth ➍ SCH *(erneut absolvieren)* to retake, BRIT *a.* to resit; **Klassenarbeiten ~** to resit written tests; **das Staatsexamen ~** to retake the state examination ➎ *(nachsprechen)* to repeat ➏ *(erneut vorbringen)* to repeat sth; **eine Frage [noch einmal] ~** to repeat a question [once again] **II.** *vr* ■ **sich ~** ➊ *(sich wiederum ereignen)* to recur ➋ *(noch einmal sagen)* to repeat oneself

wie·der·ho·len[2] ['vi:dɐho:lən] *vt* ■ **jdn ~** to get [*or* fetch] sb back; ■ [**jdm**] **etw ~** to bring sth back for sb

wie·der·holt **I.** *adj* repeated **II.** *adv* repeatedly; *s. a.* **Mal**[2]

Wie·der·ho·lung <-, -en> [vi:de'ho:lʊŋ] *f* ➊ *(erneute Durchführung)* repetition ➋ *(erneutes Zeigen)* repeat

④ *(Repetition)* revision ④ SCH *(erneutes Absolvieren)* retake, BRIT *a.* resit ⑤ *(erneutes Vorbringen)* repetition
Wie·der·ho·lungs·fall *m* **im ~** *(geh)* if it should happen again; **im ~ ist aber mit einem Bußgeld zu rechnen** if you do it again you can expect a fine **Wie·der·ho·lungs·jahr** *nt* SCH repeated year **Wie·der·ho·lungs·kurs** *m* refresher course **Wie·der·ho·lungs·prü·fung** *f* SCH retake, BRIT *a.* resit **Wie·der·ho·lungs·spiel** *nt* replay **Wie·der·ho·lungs·tä·ter(in)** *m(f)* JUR repeat offender; *(mehr als zweimalig)* persistent offender; *s. a.* **Rückfalltäter**
Wie·der·hö·ren ['viːdəhøːrən] *nt* [**auf**] **~!** TELEK goodbye!
wie·der|käu·en ['viːdɛkɔyən] **I.** *vt* **etw ~** ① ZOOL *(erneut kauen)* to ruminate ② *(fam: ständig wiederholen)* to go over sth again and again *fam,* to harp on about sth *fam* **II.** *vi* ZOOL to ruminate
Wie·der·käu·er <-s, -> *m* ZOOL ruminant
Wie·der·kehr <-> ['viːdɛkeːɐ̯] *f kein pl (geh)* return
wie·der|keh·ren ['viːdɛkeːrən] *vi sein (geh)* ① *Mensch* to return ② *Problem s.* **wiederkommen 3**
wie·der|ken·nen *vt irreg (fam)* ■ **jdn ~** to recognize sb
wie·der|kom·men ['viːdɛkɔmən] *vi irreg sein* ① *(zurückkommen)* to come back; **nie ~** never to come back ② *(erneut kommen)* to come again; **kommen Sie bitte noch mal/morgen wieder** please come again/again tomorrow ③ *(sich noch einmal bieten)* to reoccur, to recur
Wie·der·schau·en *nt* [**auf**] **~!** goodbye!; *s. a.* **Wiedersehen**
wie·der|se·hen ['viːdɛzeːən] *vt irreg* ① ■ **jdn ~** to see sb again ② *(zusammentreffen)* ■ **sich** *akk* **~** to meet again
Wie·der·se·hen <-s, -> ['viːdɛzeːən] *nt* [another] meeting; *(nach längerer Zeit)* reunion; **ich freue mich jetzt schon auf unser ~** I am already looking forward to our meeting; [**auf**] **~ sagen** to say goodbye; [**auf**] **~** goodbye
Wie·der·täu·fer <-s, -> ['viːdɛtɔyfɐ] *m* HIST Anabaptist
wie·de·rum ['viːdərʊm] *adv* ① *(abermals)* again ② *(andererseits)* on the other hand, though ③ *(für jds Teil)* in turn
wie·der|ver·ei·ni·gen⁺ **I.** *vt* POL ■ **etw ~** to reunify **II.** *vr* POL ■ **sich ~** to be reunited
Wie·der·ver·ei·ni·gung ['viːdɛfɛɐ̯ʔainɪgʊn] *f* POL reunification
wie·der|ver·hei·ra·ten⁺ *vr* ■ **sich ~** to remarry
wie·der·ver·wend·bar *adj* ÖKOL reusable
wie·der|ver·wen·den⁺ *vt* ■ **etw ~** to reuse sth
Wie·der·ver·wen·dung *f* ÖKOL reuse
wie·der|ver·wer·ten *vt* ■ **etw ~** to recycle sth
Wie·der·ver·wer·tung *f* recycling
Wie·der·wahl ['viːdɛvaːl] *f* re-election; **für die ~ kandidieren** to stand for re-election
wie·der|wäh·len *vt* ■ **jdn ~** to re-elect sb
Wie·ge <-, -n> ['viːgə] *f* ① WENDUNGEN: **jdm ist etw in die ~ gelegt worden** sb inherits sth; **jds stand irgendwo** *(geh)* sb was born somewhere
Wie·ge·mes·ser *nt* KOCHK chopping knife
wie·gen¹ <wog, gewogen> ['viːgn̩] **I.** *vt* ■ **jdn/etw ~** to weigh sb/sth; ■ **sich** *akk* **~** to weigh oneself **II.** *vi* to weigh; **viel/wenig/eine bestimmte Anzahl von Kilo ~** to weigh a lot/not to weigh much/to weigh a certain number of kilos
wie·gen² **I.** *vt* ① *(hin und her bewegen)* ■ **jdn/etw ~** to rock sb/sth; **den Kopf ~** to shake one's head [slowly]; **die Hüften/den Oberkörper ~** to sway one's hips/one's torso ② KOCHK *(fein hacken)* ■ **etw ~** to chop sth [finely] **II.** *vr* ① *(sich hin und her bewegen)* ■ **sich** [**zu etw** *dat*] **~** to sway [to sth] ② *(fälschlich glauben)* ■ **sich in etw** *dat* **~** to gain [or get] a false impression of sth; **sich** [**nicht zu früh**] **in**

Sicherheit ~ [not] to lull oneself [too early on] into a false sense of security
wie·hern [viːɐn] *vi* ① ZOOL *Pferd* to neigh, to whinny ② *(fam: meckernd lachen)* to bray [with laughter]
Wien <-s> [viːn] *nt* Vienna
Wie·ner ['viːnə] *adj attr* ① GEOG Viennese ② KOCHK *(aus Wien stammend)* Viennese; *s. a.* **Schnitzel** *s. a.* **Würstchen**
Wie·ner(in) <-s, -> ['viːnə] *m(f)* Viennese
wie·nern ['viːnɐn] *vt (fam)* ■ **etw ~** to polish sth
wies [viːs] *imp von* **weisen**
Wie·se <-, -n> [viːzə] *f (mit Gras bewachsene Fläche)* meadow; ▸ WENDUNGEN: **auf der grünen ~** in the open countryside
wie·sehr *konj* ÖSTERR *s.* **wie sehr**
Wie·sel <-s, -> ['viːzl̩] *nt* weasel; ▸ WENDUNGEN: **flink wie ein ~ sein** *(fam)* to be as quick as a flash
Wie·sen·ker·bel *m* BOT cow parsley **Wie·sen·ris·pen·gras** *nt* BOT bluegrass **Wie·sen·wei·he** *f* ORN Montagu's harrier
wie·so [viˈzoː] *adv* ① *interrog (warum)* why, how come ② *rel (weshalb)* why
wie·viel·mal [viˈfiːlmaːl] *adv interrog* how many times [*or* often]
wie·viel·te(r, s) ['viːfiːltə -tə, -təs] *adj interrog (an welcher Stelle kommend)* ■ **der/die/das ~ …?** how many …?; **der W~ ist heute? den W~n haben wir heute?** what's the date today?
wie·weit [viˈvait] *konj s.* **inwieweit**
Wi·kin·ger(in) <-s, -> ['viːkɪŋə] *m(f)* HIST Viking
wild [vɪlt] **I.** *adj* ① BOT, ZOOL *(in freier Natur)* wild ② GEOG *(ursprünglich und natürlich)* wild, rugged ③ *(rau)* wild, unruly; **ein ~er Geselle** an unruly fellow ④ *(illegal)* illegal; *Müllkippe* unofficial; *Streik* wildcat ⑤ *(maßlos)* wild; **~e Fantasie/Spekulationen** a wild imagination/wild speculation ⑥ *(hemmungslos)* wild; *Fahrt, Leidenschaft* reckless; *Kampf* frenzied ⑦ *(fam: versessen)* ■ **~ auf jdn sein** to be crazy [*or* mad] about sb; ■ **~ auf etw** *akk* **sein** to be crazy about [*or* addicted to] sth; **er ist ganz ~ auf Himbeereis** he is absolutely mad about raspberry ice cream ⑧ *(zum Äußersten gereizt)* furious; ▸ **werden können** to feel like screaming; **ich könnte ~ werden** *(fam)* I could scream *fam;* **jdn ~ machen** *(fam)* to drive sb wild [*or* crazy] [*or* mad] *fam;* ~ **werden** to go wild; *Bulle, Rhinozeros* to become enraged; **wie ~** wildly ▸ WENDUNGEN: **halb** [*o* **nicht**] **so ~ sein** *(fam)* to not be important, to be nothing **II.** *adv* ① *(ungeordnet)* strewn around ② *(hemmungslos)* wildly, furiously ③ *(in freier Natur)* ORN, ZOOL ▸ **lebend** *pred,* living in the wild; **~ leben** to live in the wild; BOT **~ wachsend** wild; **~ wachsen** to grow wild
Wild <-[e]s> [vɪlt] *nt kein pl* ① KOCHK *(Fleisch wilder Tiere)* game; *von Rotwild* venison ② ZOOL *(wild lebende Tiere)* wild animals
Wild·bach *m* torrent
Wild·bahn *f* **in freier ~ leben** to live in the wild **Wild·bei·ze** *f* KOCHK game marinade *(of red wine, spices and onions)* **Wild·bra·ten** *m* roast game **Wild·bret** <-s> ['vɪltbrɛt] *nt kein pl* JAGD game *kein pl,* venison
Wild·dieb(in) *m(f) s.* **Wilderer Wild·dieb·stahl** *m s.* **Wilderei**
Wil·de(r) ['vɪldə -də] *f(m) decl wie adj (wilder Eingeborener)* savage; *(fig: übergeschnappte Person)* madman, maniac; **wie ein ~r/eine ~** like a madman [*or* maniac]
wil·deln ['vɪldl̩n] *vi* ÖSTERR ① *(sich wild benehmen)* to go wild ② *(nach Wild schmecken)* to have a taste typical of game
Wild·en·te *f* ORN, KOCHK wild duck
Wil·de·rei <-, -en> [vɪldəˈrai] *f* poaching
Wil·de·rer(in) <-s, -> [vɪldəˈrai] *m(f)* poacher

wil·dern ['vɪldɐn] *vi* ❶ *(Wilderer sein)* to poach ❷ *(Wild schlagen)* to kill game

Wild·es·senz *f,* **Wild·fond** *m* KOCHK game consommé

wild·fremd ['vɪlt'frɛmt] *adj (fam)* completely strange

Wild·frem·de(r) *f(m) decl wie adj* complete stranger

Wild·gans ['vɪltgans] *f* ❶ ORN wild goose ❷ *kein pl* KOCHK goose **Wild·ge·flü·gel** *nt kein pl* feathered game **Wild·ha·se** *m* wild hare

Wild·heit <-, -en> *f* ❶ *kein pl (gewalttätiges Wesen)* savagery ❷ *(Hemmungslosigkeit)* lack of restraint; *(Leidenschaft)* wild passion

Wild·ka·nin·chen *nt* wild rabbit **Wild·kat·ze** *f* wildcat **Wild·kraft·brü·he** *f* game consommé **Wild·le·der** *nt* suede **wild·le·dern** *adj* MODE suede

Wild·nis <-, -se> ['vɪltnɪs] *f* wilderness

Wild·park *m* game park; *(für Rotwild)* deer park

Wild·reis *m* wild rice

wild·ro·man·tisch ['vɪltro'mantɪʃ] *adj* wild and romantic

Wild·sau *f* wild sow **Wild·schaf** *nt* mouf[f]lon **Wild·schwein** *nt* ❶ *(wild lebendes Schwein)* wild boar [*or* pig] ❷ *kein pl* KOCHK boar **Wild·tau·be** *f* wild pigeon **Wild·trut·hahn** *m* wild turkey

Wild·was·ser·ren·nen *nt* SPORT white-water racing

Wild·wech·sel *m* JAGD ❶ *kein pl (Straßenüberquerung durch Wild)* [wild] animals' crossing ❷ *(vom Wild benutzter Pfad)* path used by game

Wild·west·film ['vɪlt'vɛst-] *m s.* **Western**

Wil·helm <-s> ['vɪlhɛlm] *m* William

Wil·le <-ns> ['vɪlə] *m kein pl (Intention)* will *kein pl,* intention; **er sollte aufhören zu rauchen, aber dazu fehlt ihm der [nötige] ~** he should stop smoking but he has not got the [necessary] willpower; **der ~ zur Macht** the will to rule; **kein/böser ~ sein** to not intend any ill-will/to intend to cause ill-will; **seinen eigenen ~n haben** to have a mind of one's own, to be self-willed; **beim besten ~n nicht** not even with the best [*or* all the] will in the world; **aus freiem ~n tun** to do sth of one's own free will [*or* voluntarily]; **der gute ~** good will; **jds letzter ~** *(geh)* sb's last will and testament; **seinen ~n durchsetzen** to get one's own way; **keinen ~n haben** to have no will of one's own; **jdm zu ~n sein** to comply with sb's wishes; *(sich jdm hingeben)* to yield; **jdm seinen ~ lassen** to let sb have his own way; **gegen jds ~n** against sb's will; [**ganz**] **wider ~n** unintentionally ▶ WENDUNGEN: **wo ein ~ ist, ist auch ein Weg** *(prov)* where there is a will there is a way *prov*

wil·len ['vɪlən] *präp* **um jds/einer S. ~** for the sake of sb/a thing

wil·len·los *adj* weak-willed, spineless

wil·lens ['vɪləns] *adj (geh)* **~ sein, etw zu tun** to be willing [*or* prepared] to do sth

Wil·lens·frei·heit *f kein pl* freedom of will **Wil·lens·kraft** *f kein pl* willpower, strength of mind; **~ erfordern** to require willpower **wil·lens·schwach** *adj* weak-willed **Wil·lens·schwä·che** *f kein pl* weakness of will **wil·lens·stark** *adj* strong-willed, determined **Wil·lens·stär·ke** *f kein pl* willpower

wil·lent·lich ['vɪləntlɪç] *adj (geh) s.* **absichtlich**

wil·lig ['vɪlɪç] *adj* willing; **ein ~er Schüler** a willing pupil; *Kind* obedient

will·kom·men [vɪl'kɔmən] *adj* ❶ *(gerne empfangen)* welcome; ▪ [**jdm**] **~ sein** to be welcome [to sb]; **jdn ~ heißen** *(geh)* to welcome [*or* greet] sb, to bid sb welcome *form;* **seid/seien Sie** [**herzlich**] **~!** welcome! ❷ *(durchaus erwünscht)* welcome

Will·kom·men <-s, -> [vɪl'kɔmən] *nt* welcome; **jdm ein bestimmtes ~ bereiten** *(geh)* to welcome sb in a certain way; **ein herzliches ~** a warm welcome

Will·kom·mens·trunk *m (geh)* welcoming drink, cup of welcome *dated*

Will·kür <-> ['vɪlky:ɐ̯] *f kein pl* capriciousness, arbitrariness; *(politisch)* despotism

Will·kür·herr·schaft *f* tyranny, despotic rule

will·kür·lich ['vɪlky:ɐ̯lɪç] **I.** *adj* arbitrary **II.** *adv* arbitrarily

Wil·na <-s> ['vɪlna] *nt* Vilnius

wim·meln ['vɪml̩n] *vi* ❶ *haben impers (in Mengen vorhanden sein)* ▪ **es wimmelt von etw** *dat* it is teeming with sth; **in diesem Gewässer wimmelte es von Forellen und Karpfen** this stretch of water was teeming with trout and carp; *Menschen* to swarm [*or* be overrun] with ❷ *sein (sich bewegen)* ▪ **auf/in/unter etw** *dat* **~** *Tiere* sth is teeming with sth/it's teeming with sth under sth; *Insekten, Menschen* sth is swarming with sth/it's swarming with sth under sth ❸ *(fam: voll sein)* ▪ **von etw** *dat* **~** to be full of sth

Wim·merl <-s, -n> ['vɪmɐl] *nt* ❶ ÖSTERR *(Pickel)* spot, pimple ❷ ÖSTERR *(am Gurt befestigtes Täschchen)* pouch ❸ ÖSTERR *(hum: Bauch)* belly

wim·mern ['vɪmɐn] *vi* to whimper

Wim·mern <-s> ['vɪmɐn] *nt kein pl* whimpering

Wim·pel <-s, -> ['vɪmpl̩] *m* pennant

Wim·per <-, -n> ['vɪmpɐ] *f (Härchen des Augenlids)* [eye]lash; ▶ WENDUNGEN: **nicht mit der ~ zucken** to not bat an eyelid; **ohne mit der ~ zu zucken** without batting an eyelid

Wim·pern·tu·sche *f* mascara

Wim·per·tier·chen *nt* ZOOL ciliate

Wind <-[e]s, -e> [vɪnt, *pl:* 'vɪndə] *m* METEO wind; ▶ WENDUNGEN: **jdm den ~ aus den Segeln nehmen** to take the wind out of sb's sails; **wer ~ sät, wird Sturm ernten** *(prov)* sow the wind and reap the whirlwind *prov;* **bei** [*o* **in**] **~ und Wetter** in all weathers; **~ von etw bekommen** [*o* **kriegen**] *(fam)* to get [*or* have] wind of sth; **viel ~ um etw machen** *(fam)* to make a fuss [*or* to-do] about sth; **etw in den ~ schlagen** to turn a deaf ear to sth; *Vorsicht* to throw [*or* cast] sth to the wind; **irgendwo weht jetzt ein anderer** [*o* **neuer**] **/frischer ~** *(fam)* sth has changed somewhere/for the better; **daher weht** [**also**] **der ~!** *(fam)* so that's the way the wind is blowing!; **in alle** [**vier**] **~e zerstreut werden** to be scattered to the four winds

Wind·bä·cke·rei *f* ÖSTERR meringue **Wind·be·stäubung** *f* BOT anemophily **Wind·beu·tel** *m* ❶ KOCHK cream puff ❷ *(pej: Schürzenjäger)* rake *pej*

Win·de¹ <-, -n> ['vɪndə] *f* TECH winch, windlass

Win·de² <-, -n> ['vɪndə] *f* BOT bindweed, convolvulus

Win·del <-, -n> ['vɪndl̩] *f* napkin BRIT, nappy BRIT *fam,* diaper AM

Win·del·ein·la·ge *f* nappy [*or* AM diaper] liner **Win·del·hös·chen** *nt* nappy [*or* AM diaper] pants, waterproof pull-ups **Win·del·kind** *nt* child that still wears nappies [*or* AM diapers]

win·del·weich **I.** *adj* feeble, lame; ▪ **~ sein** to be a wimp **II.** *adv* **jdn ~ schlagen** [*o* **prügeln**] *(fam)* to beat sb black and blue [*or* the living daylights out of sb]

win·den¹ <wand, gewunden> ['vɪndn̩] **I.** *vr* ❶ *(nach Ausflüchten suchen)* ▪ **sich ~** to attempt to wriggle out of sth ❷ *(sich krümmen)* ▪ **sich** [**in/vor etw** *dat*] **~** to writhe [in sth] ❸ *(sich in Schlangenlinien verlaufen)* ▪ **sich irgendwohin ~** to wind its way somewhere; *Bach* to meander; **die Straße windet sich in Serpentinen den Pass hinauf** the road snakes its way up the pass ❹ ZOOL *(sich schlängeln)* ▪ **sich irgendwohin ~** to wind itself somewhere ❺ BOT *(sich herumschlingen)* ▪ **sich um etw** *akk* **~** to wind [itself] around sth **II.** *vt* ❶ *(entwinden)* ▪ **jdm etw aus etw** *dat* **~** to wrest sth from sb's sth ❷ *(herumschlingen)* ▪ **etw um etw** *akk* **~** to wind [*or* bind] sth around sth ❸ *(binden)* ▪ **jdm/sich etw irgendwohin ~** to bind sb's/one's sth with sth; **sie**

wand sich ein Seidentuch ins Haar she bound [*or* tied] her hair with a silk scarf
win·den² ['vɪndn̩] *vi impers* to blow
Wind·ener·gie *f* wind energy
Win·des·ei·le *f* **in** [*o* **mit**] **~** in no time at all [*or* two minutes flat]; **sich in** [*o* **mit**] **~ verbreiten** to spread like wildfire
Wind·fang <-s, -fänge> *m* ARCHIT porch
wind·ge·schützt I. *adj* sheltered [from the wind] II. *adv* in a sheltered place **Wind·ge·schwin·dig·keit** *f* wind speed **Wind·hauch** *m* breath of wind **Wind·ho·se** *f* METEO vortex **Wind·huk** <-s> ['vɪnt·hʊk] *nt* Windhoek **Wind·hund** *m* ● ZOOL greyhound ● *(pej: Schürzenjäger)* rake *pej*, reprobate
win·dig ['vɪndɪç] *adj* ● *(viel Wind)* windy ● *(fam)* dubious, BRIT *a.* dodgy; **ein ~es Geschäft** a shady business
Wind·ja·cke *f* MODE windcheater BRIT, windbreaker AM **Wind·jam·mer** <-s, -> *m* NAUT windjammer **Wind·ka·nal** *m* wind tunnel **Wind·kraft** *f kein pl* wind power **Wind·kraft·an·la·ge** *f*, **Wind·kraft·werk** *nt* TECH wind[-driven] power station **Wind·licht** *nt* table lantern **Wind·ma·schi·ne** *f* ● THEAT wind machine ● MEDIA *(fam)* sb full of hot air; **der Erfolg spricht für ihn – er ist keine ~** his success speaks for itself – he's not full of hot air **Wind·müh·le** *f (windbetriebene Mühle)* windmill; ► WENDUNGEN: **gegen ~n [an]kämpfen** to tilt at windmills *fig* **Wind·müh·len·flü·gel** *m* windmill sail [*or* vane] **Wind·park·an·la·ge** *f* wind power station
Wind·po·cken *pl* MED chickenpox *sing*
Wind·rad *nt* wind turbine **Wind·rich·tung** *f* wind direction **Wind·ro·se** *f* wind rose **Wind·schat·ten** *m* ● *(keinen Fahrtwind aufweisender Bereich)* slipstream; **jn ds ~ fahren** to drive in sb's slipstream ● *(windgeschützter Bereich)* lee; ■ **im ~** [*von etw dat*] under the lee [of sth] **wind·schief** *adj* crooked **wind·schnit·tig** *adj* streamlined **Wind·schutz·schei·be** *f* AUTO windscreen BRIT, windshield AM **Wind·sei·te** *f* METEO windward side **Wind·stär·ke** *f* METEO wind force, strength of the wind **wind·still** *adj* METEO still, windless; ■ **~ sein** to be calm **Wind·stil·le** *f* calm **Wind·stoß** *m* gust of wind; **ein plötzlicher ~** a sudden gust of wind **Wind·surf·brett** *nt* SPORT sailboard, windsurfer **Wind·sur·fer(in)** *m(f)* SPORT sailboarder, windsurfer **Wind·sur·fing** ['vɪntzœːɐ̯fɪŋ] *nt* SPORT windsurfing
Win·dung <-, -en> *f* GEOG ● *(Mäander)* meander ● *(Serpentine)* bend, curve
Wink <-[e]s, -e> [vɪŋk] *m* ● *(Hinweis)* hint; **einen ~ [von jdm] bekommen** to receive a tip-off [from sb] ● *(Handbewegung)* signal ► WENDUNGEN: **ein ~ mit dem Kopf** a nod of the head; **ein ~ mit dem Zaunpfahl** *(fam)* a broad hint; **jdm einen ~ geben** to drop [*or* give] sb a hint
Win·kel <-s, -> ['vɪŋkl̩] *m* ● MATH angle; **rechter/spitzer/stumpfer ~** a right/an acute/obtuse angle; **im richtigen ~** at the right angle ● *(Ecke)* corner ● *(Bereich)* place, spot; **toter ~** a blind spot ● MIL *(Rangabzeichen)* stripe ● *s.* **Winkelmaß**
Win·kel·ad·vo·kat(in) *m(f) (pej)* incompetent lawyer **win·ke·lig** ['vɪŋkəlɪç] *adj s.* **winklig** **Win·kel·maß** *nt Werkzeug* square **Win·kel·mes·ser** *m* MATH protractor **Win·kel·zug** *m meist pl (pej)* dodge, trick
win·ken <gewinkt *o* DIAL gewunken> ['vɪŋkn̩] I. *vi* ● *(mit der Hand wedeln)* to wave ● *(wedeln)* ■ **mit etw ~** to wave sth; **er winkte mit der Zeitung, um ein Taxi auf sich aufmerksam zu machen** he waved a newspaper to hail a taxi ● *(Handzeichen zum Näherkommen geben)* ■ **jdm ~** to beckon sb; **dem Kellner/Ober ~** to beckon [*or* signal] the wait-

er to come over; **einem Taxi ~** to hail a taxi ● *(fam: in Aussicht stehen)* ■ **mit etw** *dat* **~ Prämie, Belohnung** to promise sth; **dem Gewinner winken 50.000 Euro** the winner will receive 50.000 euros II. *vt* **jdn zu sich** *dat* **~** to beckon sb over to one
wink·lig ['vɪŋklɪç] *adj* full of nooks and crannies; *Gasse* twisty
win·seln ['vɪnzl̩n] *vi* ● *(jaulen)* to whimper ● *(pej: erbärmlich flehen)* ■ **um etw ~** to plead for sth
Win·ter <-s, -> ['vɪntɐ] *m* winter; **ein harter ~** a hard [*or* severe] winter; **im ~** in the winter; **nuklearer ~** nuclear winter
Win·ter·abend *m* winter evening; ■ **an einem ~** on a winter['s] evening **Win·ter·an·fang** *m* beginning of winter; **am ~** at the beginning of winter **Win·ter·ein·bruch** *m* onset of winter **Win·ter·fahr·plan** *m* winter timetable **win·ter·fest** *adj* ■ **~ sein** to be suitable for winter; **ein Auto ~ machen** to get a car ready for winter, AM *a.* to winterize a car **Win·ter·gar·ten** *m* winter garden **Win·ter·halb·jahr** *nt* winter [period] **win·ter·hart** *adj* HORT hardy **Win·ter·käl·te** *f* cold winter weather **Win·ter·klei·dung** *f* MODE winter clothing [*or* clothes *pl*] **Win·ter·kohl** *m* kale **Win·ter·kres·se** *f* winter cress **Win·ter·kur·ort** *m* winter health resort **Win·ter·land·schaft** *f* winter landscape
win·ter·lich ['vɪntəlɪç] I. *adj* wintry, winter; **~e Temperaturen** winter temperatures II. *adv* **~ gekleidet/vermummt** dressed/wrapped up for winter
Win·ter·man·tel *m* winter coat **Win·ter·mo·nat** *m* winter month **Win·ter·mor·gen** *m* winter['s] morning; **an dunklen ~** on dark winter mornings **Win·ter·nach·mit·tag** *m* winter['s] afternoon **Win·ter·nacht** *f* winter['s] night **Win·ter·olym·pi·a·de** *f* SPORT Winter Olympics *pl* **Win·ter·pull·o·ver** *m* winter pullover [*or* BRIT *a.* jumper] [*or* AM *usu* sweater] **Win·ter·rei·fen** *m* AUTO winter tyre [*or* AM tire]
win·ters ['vɪntɐs] *adv* in winter; *s. a.* **sommers**
Win·ter·saat *f* AGR seeds of winter[-sown] grains **Win·ter·sai·son** *f* winter season **Win·ter·schlaf** *m* ZOOL hibernation; **~ halten** to hibernate **Win·ter·schluss·ver·kauf**ᴿᴿ *m* winter sale; **etw im ~ kaufen** to buy sth in the winter sale **Win·ter·schu·he** *pl* winter shoes **Win·ter·se·mes·ter** *nt* SCH winter semester **Win·ter·spie·le** *pl* [**Olympische**] **~** SPORT Winter Olympics **Win·ter·sport** *m* winter sport **Win·ter·tag** *m* winter['s] day **Win·ter·zeit** *f* wintertime *no pl, no indef art* **Win·ter·zi·cho·rie** *f* winter chicory **Win·ter·zwie·bel** *f* Welsh onion
Win·zer(in) <-s, -> ['vɪntsɐ] *m(f)* AGR wine-grower
win·zig ['vɪntsɪç] *adj* tiny; **~ klein** minute **Win·zig·keit** <-, -en> *f kein pl (geringe Größe)* tininess ● *(winzige Menge)* tiny amount
Winz·ling <-s, -e> ['vɪntslɪŋ] *m (fam: Person)* tiny person [*or* thing]; *(Gegenstand)* tiny thing
Wip·fel <-s, -> ['vɪpfl̩] *m* treetop
Wip·pe <-, -n> ['vɪpə] *f* ● *(Spielgerät für Kinder)* seesaw ● *(für Babys)* baby rocker, cozy AM
wip·pen ['vɪpn̩] *vi* ■ [**auf etw** *dat*] **~** to bob up and down on sth; *(auf einer Wippe)* to seesaw
wir <*gen:* unser, *dat:* uns, *akk:* uns> [viːɐ̯] *pron pers* we; **~ nicht** we are not, not us; **kommt ihr auch mit? – nein, ~ nicht** are you coming too? – no, we are not; *s. a.* uns *s. a.* unser
Wir·bel¹ <-s, -> ['vɪrbl̩] *m* ANAT vertebra
Wir·bel² <-s, -> ['vɪrbl̩] *m* ● *(fam: Trubel)* turmoil; **einen [großen] ~ [um etw] machen** to make a [big [*or* great]] commotion [*or* fuss] [about sth] ● *(kleiner Strudel)* whirlpool, eddy
Wir·bel·kör·per *m* ANAT vertebra
Wir·bel·los *adj* BIOL invertebrate
wir·beln ['vɪrbl̩n] I. *vi* ● *sein (sich drehend wehen)* to swirl ● *sein (sich drehend bewegen)* to whirl ● *ha-*

ben *(fam: sehr geschäftig sein)* to rush around getting things done **II.** *vt haben (herumwirbeln und wehen)* ▪ **etw irgendwohin ~** to whirl sth somewhere

Wir·bel·säu·le *f* spinal column

Wir·bel·sturm *m* whirlwind

Wir·bel·tier *nt* vertebrate

Wir·bel·wind *m* whirlwind; **wie ein ~** like a whirlwind

wir·ken ['vɪrkn̩] **I.** *vi* ❶ *(Wirkung haben)* to have an effect; *(beabsichtigten Effekt haben)* to work; **dieses Medikament wirkt sofort** this medicine takes effect immediately; **etw auf sich ~ lassen** to take sth in; **ich lasse die Musik auf mich ~** I let the music flow over me ❷ *(etwas ausrichten)* to be effective ❸ *(einen bestimmten Eindruck machen)* to seem, to appear; **ängstlich ~** to appear to be frightened; **gelassen ~** to give the impression of being calm; **natürlich/unnatürlich ~** to seem [*or* appear] natural/unnatural; **unecht ~** to not appear to be genuine ❹ *(tätig sein)* ▪ **irgendwo ~** to work somewhere **II.** *vt (veraltend geh: tun)* ▪ **etw ~** to do sth; **Schwester Agatha hat viel Gutes gewirkt** Sister Agatha did a great deal of good

Wir·ken <-s> ['vɪrkn̩] *nt kein pl (geh)* work *no pl;* **das ~ des Teufels sein** to be the work of the devil

wirk·lich ['vɪrklɪç] **I.** *adj* ❶ *(tatsächlich)* real ❷ *(echt)* Freund real, true **II.** *adv* really; **~ und wahrhaftig** really and truly; **nicht ~** not really; **~ nicht?** really not?; **ich kann leider nicht kommen – ~ nicht?** I am sorry I cannot come – are you sure?

Wirk·lich·keit <-, -en> *f* reality; **den Bezug zur ~ verlieren** to lose one's grip on reality; **~ werden** to come true; **in ~** in reality

wirk·lich·keits·fremd *adj* unrealistic **wirk·lich·keits·ge·treu** **I.** *adj* realistic **II.** *adv* realistically, in a realistic way; **etw ~ abbilden** to paint a realistic picture of sth

wirk·sam ['vɪrkzaːm] **I.** *adj* ❶ PHARM, MED *(effektiv)* effective ❷ *(den Zweck erfüllend)* effective ❸ ADMIN **~ werden** to take effect **II.** *adv* effectively

Wirk·sam·keit <-> *f kein pl* ❶ PHARM, MED *(Effektivität)* effectiveness ❷ *(Erfolg)* effectiveness

Wirk·stoff *m* PHARM active substance [*or* agent]

Wir·kung <-, -en> ['vɪrkʊŋ] *f* effect; **ohne ~ bleiben** [*o* **seine ~ verfehlen**] to have no effect, to not have any effect; **eine bestimmte ~ haben** [*o geh:* **entfalten**] PHARM, MED to have a certain effect; **Kaffee hat eine anregende ~** coffee has a stimulating effect [*or* is a stimulant]; **eine schnelle ~ haben** [*o geh:* **entfalten**] PHARM, MED to take effect quickly

Wir·kungs·dau·er *f* period of effectiveness

Wir·kungs·grad *m* [degree of] effectiveness **Wir·kungs·kreis** *m* sphere of activity

wir·kungs·los *adj* ineffective

wir·kungs·voll *adj (geh)* s. **wirksam**

wirr [vɪr] *adj* ❶ *(unordentlich)* tangled ❷ *(verworren)* weird ❸ *(durcheinander)* confused, muddled; **jdn [ganz] ~ machen** to make sb [very] confused

Wir·ren ['vɪrən] *pl* confusion *sing,* turmoil *sing*

Wirr·kopf *m (pej)* scatterbrain *pej,* muddle-headed person *pej*

Wirr·warr <-s> ['vɪrvar] *m kein pl* ❶ *(Durcheinander)* confusion, chaos ❷ *(Unordnung)* tangle

Wir·sing <-s> ['vɪrzɪŋ] *m kein pl,* **Wir·sing·kohl** ['vɪrzɪŋ-] *m* KOCHK, HORT savoy [cabbage]

Wirt(in) <-[e]s, -e> [vɪrt] *m(f)* ❶ *(Gast~)* landlord, publican ❷ BIOL *(Wirtsorganismus)* host

Wirt·schaft <-, -en> ['vɪrtʃaft] *f* ❶ ÖKON *(Volks~)* economy; *(Industrie und Handel)* industry [and commerce]; **er ist in der ~ tätig** he works in industry; **freie ~** free market economy ❷ *(Gast~)* public house BRIT *form,* pub BRIT *fam,* bar AM, saloon AM; **in eine ~ einkehren** to stop off at a pub ❸ *(fam: Zustände)*

state of affairs *iron;* **reine ~ machen** DIAL to put the house in order

wirt·schaf·ten ['vɪrtʃaftn̩] *vi* ❶ *(den Haushalt führen)* to keep house; **sparsam ~** to economize, to budget carefully ❷ *(sich betätigen)* to busy oneself; **mein Mann wirtschaftet gerade im Keller** my husband is pottering around in the cellar

Wirt·schaf·ter(in) <-s, -> *m(f)* ❶ *(Haushälter)* housekeeper ❷ *(sl: Aufsichtsperson im Bordell)* madam

wirt·schaft·lich ['vɪrtʃaftlɪç] **I.** *adj* ❶ ÖKON *(volks~)* economic; **ein ~er Aufschwung** an economic upturn ❷ *(finanziell)* economic; **sich in einer ~en Notlage befinden** to have [*or* be in] financial difficulties ❸ *(Sparsamkeit zeigend)* economical; Hausfrau, Verwalter careful ❹ AUTO, TECH *(im Betrieb sparsam)* economical ❺ ÖKON *(ökonomisch)* economical **II.** *adv* ❶ *(finanziell)* economically; **es geht mir ~ besser/gut/schlechter** I am in a better/good/worse financial position ❷ *(ökonomisch)* economically, carefully

Wirt·schaft·lich·keit <-> *f kein pl* economicalness, economy

Wirt·schafts·ab·kom·men *nt* economic agreement **Wirt·schafts·auf·schwung** *m* economic upturn [*or* upswing] **Wirt·schafts·be·zie·hun·gen** *f pl* business relations *pl* **Wirt·schafts·block** *m* economic bloc **Wirt·schafts·blo·cka·de** *f* economic embargo **Wirt·schafts·em·bar·go** *nt* economic embargo **Wirt·schafts·eng·lisch** *nt* business [*or* commercial] English **Wirt·schafts·ent·wick·lung** *f* economic development **Wirt·schafts·flücht·ling** *m* economic refugee **Wirt·schafts·form** *f* economic system **Wirt·schafts·ge·bäu·de** *nt meist pl* AGR working quarters *pl* **Wirt·schafts·ge·mein·schaft** *f* economic community **Wirt·schafts·gym·na·si·um** *nt* SCH grammar school where the emphasis is on business studies, economics and law **Wirt·schafts·kri·mi·na·li·tät** *f* JUR white-collar crime **Wirt·schafts·kri·mi·nel·le(r)** *f(m)* ÖKON, JUR economic criminal **Wirt·schafts·kri·se** *f* economic crisis **Wirt·schafts·la·ge** *f* economic situation **Wirt·schafts·le·ben** *nt kein pl* business life **Wirt·schafts·mi·nis·te·ri·um** *nt* Ministry of Economic Affairs [*or* of Trade and Commerce] BRIT, Department of Trade and Industry [*or* AM of Commerce] **Wirt·schafts·ord·nung** *f* economic order [*or* system] **Wirt·schafts·po·li·tik** *f* economic policy **wirt·schafts·po·li·tisch** **I.** *adj* relating to economic policy **II.** *adv* in terms of economic policy **Wirt·schafts·prü·fer(in)** *m(f)* accountant **Wirt·schafts·teil** *m* MEDIA business [*or* financial] section **Wirt·schafts- und Wäh·rungs·uni·on** *f* economic and monetary union **Wirt·schafts·uni·on** *f* economic union **Wirt·schafts·wachs·tum** *nt kein pl* economic growth **Wirt·schafts·wis·sen·schaft** *f meist pl* economics *sing* **Wirt·schafts·wis·sen·schaft·ler(in)** *m(f)* economist **Wirt·schafts·wun·der** *nt (fam)* economic miracle

Wirt·schafts·zei·tung *f* MEDIA financial [*or* business] [news]paper **Wirt·schafts·zweig** *m* branch of industry

Wirts·haus *nt* pub BRIT, bar AM, saloon AM, inn *dated* **Wirts·or·ga·nis·mus** *m* BIOL host [organism]

Wisch <-[e]s, -e> [vɪʃ] *m (pej fam)* piece of bumph *pej* [*or* paper]

wi·schen ['vɪʃn̩] **I.** *vt* ❶ *(feucht ab~)* ▪ **etw ~** to wipe

wissen

Nichtwissen ausdrücken	expressing ignorance
Das weiß ich (auch) nicht./Weiß nicht. *(fam)*	I don't know (either)./Don't know./Dunno. *(fam)*
Keine Ahnung. *(fam)*	No idea. *(fam)*
Hab keinen blassen Schimmer. *(fam)*	Haven't the foggiest/faintest (idea). *(fam)*
Ich kenne mich da leider nicht aus.	I'm afraid I don't know the area/much about it.
Da bin ich überfragt.	That I don't know./I don't know the answer to that./You've got me there.
Darüber weiß ich nicht Bescheid.	I don't know about that.
Die genaue Anzahl **entzieht sich meiner Kenntnis.** *(geh)*	I have no knowledge of the exact number.
Woher soll ich das wissen?	How should I know?

Antwort verweigern	refusing to answer
Sag ich nicht! *(fam)*	Not telling! *(fam)*
Das kann ich dir (leider) nicht sagen.	(I'm afraid) I can't tell you.
Dazu möchte ich nichts sagen.	I don't want to say anything about it.
Ich möchte mich zu dieser Angelegenheit nicht äußern. *(form)*	I don't want to express an opinion on the matter. *(fam)*

sth ❷ *(ab~)* ■ **jdm/sich etw aus/von etw** *dat* ~ to wipe sth from sth/sb's sth; **sich den Schweiß von der Stirn** ~ to wipe the sweat from one's brow ⊙ SCHWEIZ *(fegen)* ■ **etw** ~ to sweep sth ▸ WENDUNGEN: **einen gewischt bekommen** [*o* **kriegen**] *(sl)* to get an electric shock; [**von jdm**] **eine gewischt bekommen** [*o* **kriegen**] *(sl)* to get a clout [from sb] **II.** *vi* ❶ *(putzen)* ■ [**in etw** *dat*] ~ to clean sth; **haben Sie im Bad schon gewischt?** have you already done [*or* cleaned] the bathroom? ❷ SCHWEIZ *(fegen)* to sweep
Wi·scher <-s, -> *m* AUTO wiper, windscreen [*or* AM windshield] wiper
Wi·scher·blatt *nt* AUTO wiper blade
Wi·schi·wa·schi <-s> [ˈvɪʃiˈvaʃi] *nt kein pl (pej fam)* drivel
Wisch·lap·pen *m* cloth, floorcloth
Wi·sent <-s, -e> [ˈviːzɛnt] *nt* ZOOL bison
Wis·mut <-[e]s> [ˈvɪsmuːt] *nt o* ÖSTERR *m kein pl* CHEM bismuth
wis·pern [ˈvɪspɐn] **I.** *vt* ■ **etw** ~ to whisper sth **II.** *vi* to whisper; **miteinander** ~ to whisper to each other
Wis·pern <-s> [ˈvɪspɐn] *nt kein pl* whisper
Wiss·be·gierRR, **Wiß·be·gier**ALT <-> [ˈvɪsbəɡiːɐ̯] *f kein pl*, **Wiss·be·gier·de**RR, **Wiß·be·gier·de**ALT [ˈvɪsbəɡiːɐ̯də] *f kein pl* thirst for knowledge; **jds** ~ **befriedigen** to satisfy sb's thirst for knowledge
wiss·be·gie·rigRR *adj*, **wiß·be·gie·rig**ALT *adj* eager to learn
wis·sen <wusste, gewusst> [ˈvɪsn̩] **I.** *vt* ❶ *(kennen)* ■ **etw** ~ to know sth; **weißt du ein gutes Restaurant?** do you know [*of*] a good restaurant?; **wenn ich das gewusst hätte!** if only I had known [that]!; **jdn etw** ~ **lassen** to let sb know [*or* tell sb] sth; **wir lassen Sie dann unsere Entscheidung** ~ we will let you know [*or* inform you of] our decision; **woher soll jd das** ~? how should sb know that?; [**nicht**] ~, **was man will** to [not] know what one wants; **es nicht anders** ~ to not know any different [*or* better]; **dass du es** [**nur**] [**gleich**] **weißt** just so you know; **davon weiß ich nichts** [*o fam*] **da weiß ich nichts von**] I don't know anything about it; **du musst** ~, **dass ...** you must realize that ...; **ich wüsste nicht, dass/was ...** I would not know that/what ...; *(fam)* not to my knowledge, not as far as I know; **wenn ich nur**
wüsste, wann/was/wer/wie/wo/ob if only I knew when/what/who/how/where/whether ❷ *(als Kenntnisse besitzen)* ■ **etw** ~ to know sth; **von nichts** ~ to have no idea [about sth]; **weißt du noch/** ~ **Sie noch?** do you remember?; **soviel** [*o* **soweit**] **jd weiß** as far as sb knows; ■ ~, **wann/warum/wie/wo/wozu** to know when/why/how/where/what for ❷ *(können)* ■ **etw zu tun** ~ to know how to do sth; **jdn/etw zu nehmen** ~ to know how to deal with sb/sth; **jdn/etw zu schätzen** ~ to appreciate sb/sth; **sich nicht anders zu helfen** ~ to not know what to do; **sich nicht mehr zu helfen** ~ to be at one's wits' end; **sich zu helfen** ~ to be resourceful ❶ *(sicher sein, dass jd/etw ist)* ■ **jdn/sich ... ~** to know that sb/one ...; **wir** ~ **unsere Tochter in guten Händen** we know our daughter is in good hands; **man weiß nie, wann/was/wie/wozu** you never know when/what/how/what ... for; ■ **etw ... ~** to know sth ▸ WENDUNGEN: **sich vor etw** *dat* **nicht zu lassen** ~ to be delirious with emotion; **als sie die Stelle bekommen hat, wusste sie sich vor Freude kaum zu lassen** when she got the job she was over the moon *fam;* **von jdm/etw nichts** [**mehr**] ~ **wollen** *(fam)* to not want to have anything more to do with sb/sth; **oder was weiß ich** *(fam)* ... *or* sth *fam;* **weißt du was?** *(fam)* [do] you know what?; **und was weiß ich noch alles** *(fam)* ... and goodness knows what else **II.** *vi* ❶ *(informiert sein)* ■ **von** [*o* **um**] **etw** ~ *(geh)* to know sth; ~, **wovon man redet** to know what one is talking about; **man kann nie wissen!** *(fam)* you never know! ❷ ■ [**ach,**] **weißt du/wissen Sie, ...** [oh] ... you know; **ich weiß, ich weiß** I know, I know; **wer weiß warum/was/wer/wen/wem** *(fam)* goodness [*or fam* God] knows why/what/who/whom; **er hält sich für wer weiß wie klug** he doesn't half think he is clever; **wer weiß wo** *(fam)* who knows where; **wer weiß wo er bleibt** who knows where he's got to ▸ WENDUNGEN: **nicht mehr aus noch ein** ~ to be at one's wits' end; **gewusst wie/wo!** *(fam)* sheer brilliance!; *s. a.* **Henker**
Wis·sen <-s> [ˈvɪsn̩] *nt kein pl* knowledge *no pl;* **nach bestem** ~ **und Gewissen** *(geh)* to the best of one's knowledge; ~ **ist Macht** knowledge is power;

wider/gegen besseres ~ against one's better judgement; **ohne jds ~ und Willen** without sb's knowledge and consent

wis·send I. *adj (geh)* knowing; **~e Blicke [aus]tauschen** to exchange knowing looks II. *adv (geh)* knowingly

Wis·sen·de(r) *f(m) decl wie adj (geh)* initiate

Wis·sen·schaft <-, -en> ['vɪsn̩ʃaft] *f* ❶ *(wissenschaftliches Fachgebiet)* science; **eine ~ für sich sein** to be a science in itself ❷ *kein pl (fam: die Wissenschaftler)* ■ **die ~** science

Wis·sen·schaft·ler(in) <-s, -> *m(f)* scientist

wis·sen·schaft·lich ['vɪsn̩ʃaftlɪç] I. *adj (der Wissenschaft zugehörig)* scientific; *(akademisch)* academic II. *adv (wissenschaftlich)* scientifically; *(akademisch)* academically

Wis·sen·schaft·lich·keit <-> *f kein pl* scientific nature [*or* character]

Wis·sen·schafts·mi·nis·ter(in) *m(f)* POL Minister [*or* AM Secretary] of Science

Wis·sens·drang *m,* **Wis·sens·durst** *m (geh)* thirst for knowledge **Wis·sens·ge·biet** *nt* field [*or* area] of knowledge **Wis·sens·lü·cke** *f* gap in sb's knowledge **Wis·sens·stoff** *m kein pl* SCH material **wis·sens·wert** *adj* worth knowing; ■ **etwas W~es** sth worth knowing

wis·sent·lich ['vɪsn̩tlɪç] I. *adj* deliberate, intentional II. *adv* intentionally, deliberately, knowingly

Wit·frau ['vɪtfrau] *f* SCHWEIZ *(veraltet) s.* **Witwe** widow

wit·tern ['vɪtɐn] I. *vt* ❶ *(ahnen)* ■ **etw ~** to suspect [*or* sense] sth ❷ JAGD *(durch Geruch erkennen)* ■ **jdn/ein Tier ~** to smell [*or* get wind of] sb/an animal II. *vi* JAGD *(Witterung aufnehmen)* to sniff the air

Wit·te·rung <-, -en> *f* METEO weather; **bei günstiger/guter/schlechter ~** if the weather is favourable/good/bad; **schwüle ~** humid weather ❷ JAGD *(Geruchssinn)* sense of smell; **~ aufnehmen** to find the scent ❸ *kein pl (Ahnungsvermögen)* hunch; **~ von etw bekommen** to get wind of sth

Wit·te·rungs·ver·hält·nis·se *pl* weather conditions *pl*

Witt·ling <-s, -e> ['vɪtlɪŋ] *m* ZOOL, KOCHK whiting

Wit·we <-, -n> ['vɪtvə] *f fem form von* **Witwer** widow *fem;* **~ werden** to be widowed; **grüne ~** *(hum)* lonely suburban housewife; **Schwarze ~** black widow

Wit·wen·ren·te *f* widow's pension **Wit·wen·schleier** *m* widow's veil **Wit·wen·ver·bren·nung** *f* HIST suttee

Wit·wer <-s, -> ['vɪtvɐ] *m* widower *masc;* **~ werden** to be widowed

Witz <-es, -e> [vɪts] *m* ❶ *(Scherz)* joke; **lass die ~e!** cut the jokes!; **etw ~ machen** [*or* fam: **reißen**] to make [*or* crack] a joke; **mach keine ~e!** *(fam)* don't be funny!; **das ist doch wohl ein ~** you must be joking [*or* kidding] ❷ *kein pl (geh: Esprit)* wit ❸ **der ~ daran** [*o* **an der Sache**] **ist, dass ...** the great thing about it is ...; **was soll nun der ~ daran sein?** what is so special about it?

Witz·bold <-[e]s, -e> *m* joker; **du ~!** *(iron fam)* you're a good one! BRIT *iron fam,* you're [*or* very] funny! AM *iron fam*

Witz·fi·gur *f (fam)* figure of fun

wit·zig ['vɪtsɪç] *adj* funny; **das ist ja ~!** *(fam)* that's strange [*or* weird]; **alles andere als ~ sein** to be anything but funny; **sehr ~!** *(iron fam)* very funny! *iron fam*

witz·los *adj (fam)* ■ **~ sein** to be pointless [*or* futile]

WM <-, -s> *f Abk von* **Weltmeisterschaft** world championship; *(im Fußball)* World Cup

wo [vo:] I. *adv* ❶ *interrog (an welcher Stelle)* where ❷ *rel (an welcher Stelle)* where; **pass auf, ~ du hintrittst!** look where you are going! ❸ *rel, zeitlich*

when; **zu dem Zeitpunkt, wo ...** when ... ❹ *rel* DIAL *(fam: welche)* ■ **der/die/das, ~** who, which ▶ WENDUNGEN: **ach** [*o* **i**] **~!** *(fam)* nonsense! II. *konj (zumal)* when, as; **~ er doch wusste, dass ich keine Zeit hatte** when he knew that I had no time; *s. a.* **möglich**

wo·an·ders [vo'ʔandɐs] *adv* somewhere else, elsewhere

wo·an·ders·her *adv* ❶ *(von anderem Ort)* from elsewhere ❷ *(von jemand anderem)* from someone else **wo·an·ders·hin** [vo'ʔandɐs'hɪn] *adv* somewhere else

wo·bei [vo'bai] *adv* ❶ *interrog (bei was)* how; **~ ist denn das passiert?** how did that happen? ❷ *rel (im Verlauf von)* in which; **~ mir gerade einfällt ...** which reminds me ...

Wo·che <-, -n> ['vɔxə] *f* week; **sich eine ~/mehrere ~n Urlaub nehmen** to take a week/several weeks off; **etw auf nächste ~ verschieben** to postpone sth until next week; **diese/nächste ~** [*o* in dieser/in der nächsten ~] this/next week; **jede ~** every week; **pro** [*o* in der] **~** a week; **während** [*o* unter] **der ~** during the week

Wo·chen·ab·rech·nung *f* end of week accounts **Wo·chen·ar·beits·zeit** *f* working week **Wo·chen·be·richt** *m* weekly report **Wo·chen·bett** *nt (veraltet)* ■ **im ~ liegen** to be lying in **Wo·chen·ein·nah·men** *pl* weekly earnings *pl*

Wo·chen·end·aus·flug *m* weekend trip **Wo·chen·end·aus·ga·be** *f* MEDIA weekend edition **Wo·chen·end·bei·la·ge** *f* MEDIA weekend supplement **Wo·chen·end·be·zie·hung** *f* SOZIOL weekend relationship

Wo·chen·en·de ['vɔxn̩ʔɛndə] *nt* weekend; **langes** [*o* **verlängertes**] **~** long weekend; **schönes ~!** have a nice weekend!; **am ~** at the weekend

Wo·chen·end·ehe *f* marriage in which partners only see each other at the weekend **Woch·en·end·fahrt** *f* weekend trip **Wo·chen·end·flug** *m* weekend flight **Wo·chen·end·haus** ['vɔxn̩ʔɛnthaus] *nt* weekend home [*or* house] **Wo·chen·end·pau·scha·le** *f* weekend rate **Wo·chen·end·se·mi·nar** *nt* SCH weekend seminar **Wo·chen·end·ta·rif** *m* weekend tariff

Wo·chen·kar·te *f* TRANSP weekly season ticket

wo·chen·lang ['vɔxn̩laŋ] I. *adj* for weeks, week after week II. *adv* for weeks

Wo·chen·lohn *m* weekly wage **Wo·chen·markt** *m* weekly market **Wo·chen·pau·scha·le** *f* weekly rate **Wo·chen·rück·blick** *m* weekly review **Wo·chen·tag** *m* weekday; **an ~en** on weekdays; **was ist heute für ein ~?** what day of the week is it today? **wo·chen·tags** ['vɔxn̩ta:ks] *adv* on weekdays

wö·chent·lich ['vœçn̩tlɪç] I. *adj* weekly II. *adv* weekly, once a week

Wo·chen·zeit·schrift *f* MEDIA weekly [magazine] [*or* [periodical]]

Wöch·ne·rin <-, -nen> ['vœçnərɪn] *f* MED *(veraltet)* woman who has recently given birth

Wod·ka <-s, -s> ['vɔtka] *m* vodka

wo·durch [vo'dʊrç] *adv* ❶ *interrog (durch was)* how? ❷ *rel (durch welchen Vorgang)* which

wo·für [vo'fy:ɐ̯] *adv* ❶ *interrog (für was)* for what, what ... for; **~ hast du denn so viel Geld bezahlt?** what did you pay so much money for? ❷ *interrog (fam: gegen was)* what ... for?; **~ sollen die Pillen gut sein?** what are these pills supposed to be good for? ❸ *rel (für welche Tat)* for which

wog [vo:k] *imp von* **wägen** *s.* **wiegen²**

Wo·ge <-, -n> ['vo:gə] *f* ❶ *(große Welle)* wave ❷ *(fig: Welle)* surge; **eine ~ des Protests** a surge of protest; **wenn sich die ~n geglättet haben** when things have calmed down

wo·ge·gen [vo'ge:gn̩] *adv* ❶ *interrog (gegen was)*

against what; **~ hilft dieses Mittel?** what is this medicine for? ❷ *rel (gegen das)* against what/which
wo·gen ['voːɡn̩] *vi* ❶ *(auf und nieder bewegen)* to surge; **die See beginnt zu ~** the sea is getting rough ❷ *(geh: unentschieden toben)* to rage
wo·gend *adj (geh)* Fluten, Meer, See rough, choppy; *Busen* heaving
wo·her [voˈheːɐ̯] *adv* ❶ *interrog (von wo)* where ... from?; **~ sie diese Informationen wohl hat?** I wonder where she got this information [from]? ❷ *rel (aus welcher)* from ... which, where ... from; **wir müssen dahin zurück, ~ wir gekommen sind** we must go back the way we came ▶ WENDUNGEN: **ach ~!** DIAL *(fam)* nonsense!
wo·hin [voˈhɪn] *adv* ❶ *interrog (an welche Stelle)* where [to]?; **~ damit?** where shall I put it? ❷ *rel (an welchen Ort)* where ▶ WENDUNGEN: **[mal] ~ müssen** *(euph fam)* to have to go somewhere *euph fam;* **ich komme gleich wieder, ich muss mal ~** I'll be back in a moment, I've got to go somewhere
wo·hin·ge·gen [voɦɪnˈɡeːɡn̩] *konj (geh)* while, whereas
wohl¹ [voːl] *adv* ❶ *(wahrscheinlich)* probably, no doubt; **~ kaum** hardly; **ob ... ~ ...?** perhaps; **ob ich ~ noch ein Stück Torte haben darf?** could I perhaps have another piece of cake? ❷ *(durchaus)* well; **das ist ~ wahr** that is perfectly true ❸ *(doch)* after all ❹ *(zwar)* **~ ..., aber ...: es regnet ~, aber das macht mir nichts aus** it may be raining, but that does not bother me; **~ aber** but; **sie mag nicht, ~ aber ich** she may not like it, but I do ❺ *(zirka)* about; **was wiegt der Karpfen ~?** how much do you think the carp weighs? ▶ WENDUNGEN: **siehst du ~!** I told you!; **willst du ~ tun!** I wish you would ...; **willst du ~ tun, was ich sage!** you're to do what I say now!; *s. a.* **wahr**
wohl² [voːl] *adv* ❶ *(gut)* well; ▪ **jdm ist ~** sb is well; ▪ **jdm ist nicht ~** sb is not well; **~ bekomm's!** *(geh)* your good health!; **~ ausgewogen** *(geh)* well-balanced; **~ bedacht** *(geh)* well-considered; **~ begründet** *(geh)* well-founded; **~ bekannt** *(geh)* well-known; **jdm ~ bekannt sein** to be well-known to sb; **~ durchdacht** *(geh)* well [*or* carefully] thought out [*or* through]; **~ erwogen** *(geh)* well-considered; **~ geformt** *(geh)* well-formed; *Körperteil* shapely; **~ gemeint** *(geh)* well-meant [*or* -intentioned]; **~ genährt** *(geh)* well-fed; **~ geordnet** *(geh)* well-ordered; **~ überlegt** *(geh)* well thought out; **sich ~ fühlen** to feel well; **es sich ~ ergehen lassen** to enjoy oneself; **jdm ~ tun** *(veraltend)* to benefit sb; **jdm ~ wollen** *(geh)* to wish sb well ❷ *(behaglich)* ▪ **jdm ist ~ bei etw** sb is contented [*or* comfortable] with sth; ▪ **jdm ist nicht ~ bei etw** sb is unhappy [*or* uneasy] about sth; **mir ist jedenfalls nicht ~ bei der ganzen Sache** in any event, I am not very happy about the whole thing; **sich irgendwo ~ fühlen** to feel at home somewhere; **~ dem, der ...** happy the man who ...; **~ tun** *(geh)* to do good; **es tut ~, etw zu tun** it is good to do sth ▶ WENDUNGEN: **~ oder übel** whether you like it or not; **sie muss mir ~ oder übel Recht geben** whether she likes it or not she has to admit I am right; **gehab dich ~!** *(geh)* take care!; **leb ~/leben Sie ~** farewell; *s. a.* **möglich** *s. a.* **sehr**
Wohl <-[e]s> [voːl] *nt kein pl* welfare, well-being; **jds ~ und Wehe** *(geh)* the weal and woe; **jds leibliches ~** *(geh)* sb's well-being; **auf jds ~ trinken** to drink to sb's health; **auf dein/Ihr ~!** cheers!; **zu jds ~** for sb's [own] good; **zum ~!** cheers!
wohl·an [voːlˈʔan] *interj (geh)* come now
wohl·auf [voːlˈʔaʊf] *adj pred* ▪ **~ sein** to be well [*or* in good health]
Wohl·be·fin·den <-s> *nt kein pl (geh)* well-being

Wohl·be·ha·gen <-s> *nt kein pl (geh)* feeling of well-being **wohl·be·hal·ten** *adv* safe and sound; **irgendwo ~ eintreffen** to arrive safe and sound somewhere; **die Ware ist ~ bei uns eingetroffen** the product has arrived intact
Wohl·er·ge·hen <-s> *nt kein pl* welfare *no pl*
wohl·er·zo·gen <besser erzogen, besterzogen> *adj (geh)* well-bred *form* [*or* -mannered]
Wohl·fahrt ['voːlfaːɐ̯t] *f kein pl (veraltend)* welfare; **von der ~ leben** to be on welfare
Wohl·fahrts·mar·ke *f* charity stamp **Wohl·fahrts·staat** *m (pej)* welfare state **Wohl·fahrts·ver·band** *m* charity, charitable institution
Wohl·ge·fal·len [voːlɡəfalən] *nt (geh: großes Gefallen)* pleasure, satisfaction; **sein ~ an jdm/etw haben** *(geh)* to take pleasure in sb/sth; **mit ~** [*o* **voller**] **~** with pleasure; **zu jds ~** to sb's pleasure ▶ WENDUNGEN: **sich in ~ auflösen** *(hum)* Ärger, Freundschaft to peter out; *Probleme* to vanish into thin air; *(entzweigehen)* to fall apart
wohl·ge·lit·ten <wohlgelittener, wohlgelittenste> *adj (geh)* well-liked; ▪ **[irgendwo] ~ sein** to be well-liked [somewhere]
wohl·ge·merkt ['voːlɡəmɛrkt] *adv* mind [*or* BRIT *a.* mark] you; **~, das ist unser einziges Angebot** mind you, that is our only offer **wohl·ge·ra·ten** *adj inv* ❶ *(gut gelungen, geraten)* successful ❷ *(gut entwickelt und erzogen)* well turned-out *pred,* well-adjusted *attr*
Wohl·ge·ruch *m (geh)* pleasant smell [*or* fragrance] **Wohl·ge·schmack** *m (geh)* pleasant taste
wohl·ge·sinnt <wohlgesinnter, wohlgesinnteste> *adj (geh)* well-meaning; ▪ **ein jdm W~er** sb who is well-meaning to sb; ▪ **jdm ~ sein** to be well-disposed towards sb
wohl·ha·bend <wohlhabender, wohlhabendste> *adj* well-to-do, prosperous
woh·lig ['voːlɪç] **I.** *adj (behaglich)* pleasant **II.** *adv (genießerisch)* luxuriously
Wohl·klang *m (geh)* melodious sound **wohl·klin·gend** <wohlklingender, wohlklingendste> *adj (geh)* melodious **wohl·mei·nend** <wohlmeinender, wohlmeinendste> *adj* ❶ *(freundlich gesinnt)* well-meaning ❷ *s.* **wohlgemeint wohl·rie·chend** <wohlriechender, wohlriechendste> *adj (geh)* fragrant **wohl·schme·ckend** <wohlschmeckender, wohlschmeckendste> *adj (geh)* palatable *form,* tasty
Wohl·sein *nt* ▶ [**auf Ihr/dein** [*o* **zum**] **] ~!** DIAL cheers!
Wohl·stand *m kein pl* affluence, prosperity
Wohl·stands·ge·sell·schaft *f* affluent society **Wohl·stands·müll** *m kein pl (pej)* refuse of the affluent society
Wohl·tat *f* ❶ *kein pl (Erleichterung)* relief; **eine ~ sein** to be a relief ❷ *(wohltätige Unterstützung)* good deed; **jdm eine ~/-en erweisen** to do sb a favour [*or* AM -or] /a few favours [*or* AM -ors] [*or* a good turn/a few good turns]
Wohl·tä·ter(in) *m(f)* benefactor *masc,* benefactress *fem;* **ein ~ der Menschheit** a champion of mankind **wohl·tä·tig** *adj* ❶ *(karitativ)* charitable ❷ *(geh: wohltuend)* beneficial
Wohl·tä·tig·keit *f kein pl (veraltend)* charity; **auf die ~ anderer angewiesen sein** to have to rely on the charity of others
Wohl·tä·tig·keits·kon·zert *nt* charity concert **Wohl·tä·tig·keits·ver·an·stal·tung** *f* charity event
wohl·tu·end <wohltuender, wohltuendste> *adj (geh)* agreeable
wohl·ver·dient *adj (geh)* well-earned; **seine ~e Strafe erhalten** to get one's just deserts [*or* what one deserves]
Wohl·ver·hal·ten *nt (iron)* good conduct [*or* behav-

iour] [*or* AM -or]

wohl·weis·lich ['vo:lvaislɪç] *adv* very wisely; **~ schwieg er** he very wisely kept quiet

Wohl·wol·len <-s> ['vo:lvɔlən] *nt kein pl* goodwill; **auf jds ~ angewiesen sein** to rely on sb's goodwill; **bei allem ~** with the best will in the world

wohl·wol·lend <wohlwollender, wohlwollendste> **I.** *adj* benevolent; ■ **jdm gegenüber ~ sein** to be kindly disposed towards sb *form* **II.** *adv* benevolently

Wohn·bau <-bauten> *m* residential building **Wohn·be·rech·ti·gungs·schein** *m* certificate of eligibility for a council flat **Wohn·block** *m* block of flats BRIT, apartment building [*or* house] AM **Wohn·con·tai·ner** *m* Portakabin® BRIT **Wohn·ein·heit** *f (geh)* unit, accommodation [*or* AM accommodations] unit, unit of accommodation [*or* AM accommodations]

woh·nen ['vo:nən] *vi* ■ **irgendwo ~** to live somewhere; **ich wohne im Hotel** I am staying at the hotel; ■ **irgendwie ~** to live somehow; **in diesem Viertel wohnt man sehr schön** this area is a nice place to live

Wohn·flä·che *f* ARCHIT living space **Wohn·ge·bäu·de** *nt* residential building **Wohn·ge·biet** *nt* residential area; **allgemeines ~** general residential area; **reines ~** area for purely residential purposes **Wohn·ge·gend** *f* residential area; **eine/keine gute ~ sein** to be/not to be a nice area to live in **Wohn·geld** *nt* housing benefit **Wohn·ge·mein·schaft** *f* communal residence, commune, house- [*or* flat-] [*or* AM apartment-] share; **in einer ~ leben** to share a house/flat with sb **Wohn·gift** *nt poisonous substance found in the home**

wohn·haft ['vo:nhaft] *adj (geh)* ■ **der/die in ... ~e** the person resident [*or* residing] in ...; ■ **irgendwo ~ sein** to live somewhere

Wohn·haus *nt* residential building **Wohn·heim** *nt (Studenten~)* hall of residence BRIT, residence hall AM, dormitory AM; *(Arbeiter~)* hostel; *(Altersheim)* old people's home **Wohn·kom·fort** *m* comfort of one's home **Wohn·kü·che** *f* kitchen-cum-living room **Wohn·la·ge** *f* residential area

wohn·lich ['vo:lɪç] *adj* cosy BRIT, cozy AM; **es sich irgendwo ~ machen** to make oneself cosy [*or* comfortable] somewhere

Wohn·mob·il <-s, -e> *nt* AUTO camper, BRIT *a.* Dormobile® **Wohn·ne·ben·kos·ten** *pl* heating, lighting and services *(additional costs after rent)* **Wohn·ort** *m* place of residence **Wohn·qua·li·tät** *f* housing quality **Wohn·raum** *m* ① *(Zimmer)* living room ② *kein pl (Fläche)* living space **Wohn·schlaf·zim·mer** *nt* combined living room and bedroom **Wohn·sied·lung** *f* housing estate [*or* AM development] **Wohn·si·lo** *m o nt (pej)* concrete monolith *pej* **Wohn·sitz** *m* ADMIN *(geh)* domicile; **erster ~** main place of residence; **ohne festen ~** of no fixed abode **Wohn·stock** *m* SCHWEIZ *s.* **Stockwerk** storey BRIT, story AM, floor

Woh·nung <-, -en> *f* flat, apartment; **freie ~ haben** to have free lodging

Woh·nungs·amt *nt* housing department **Woh·nungs·an·ge·bot** *nt* housing market **Woh·nungs·bau** *m kein pl* house building; **sozialer ~** council houses **Woh·nungs·be·darf** *m kein pl* housing requirements *pl* **Woh·nungs·ein·rich·tung** *f* furnishings *pl* **Woh·nungs·in·ha·ber(in)** *m(f) (geh)* householder, occupant **Woh·nungs·man·gel** *m kein pl* housing shortage **Woh·nungs·markt** *m* housing market **Woh·nungs·mie·te** *f (geh)* rent **Woh·nungs·not** *f kein pl* serious housing shortage **Woh·nungs·not·stand** *m* serious housing shortage [*or* lack of housing] **Woh·nungs·su·che** *f* flat- [*or* apartment-] hunting; **auf ~ sein, sich auf ~ befinden** *(geh)* to be flat-hunting [*or* looking for a flat] **Woh·nungs·tausch** *m* exchange [of

flats [*or* apartments] /houses] **Woh·nungs·tür** *f* front door **Woh·nungs·wech·sel** *m* change of address

Wohn·vier·tel *nt* residential area [*or* district] **Wohn·wa·gen** *m* AUTO ① *(Campinganhänger)* caravan BRIT, trailer AM ② *(mobile Wohnung)* mobile home; *(Zigeunerwohnwagen)* gypsy caravan

Wohn·zim·mer *nt* living room, lounge **Wohn·zim·mer·fens·ter** *nt* living room window; **die Vorhänge am ~** the living room curtains

Wok <-, -s> [vɔk] *m* KOCHK wok

wöl·ben ['vœlbn] *vr* ① *(sich biegen)* ■ **sich ~** to bend [*or* bulge] ② *(in einem Bogen überspannen)* ■ **sich über etw** *akk* **~** to arch over sth; **das Zeltdach wölbte sich über die Tribüne** the roof of the tent formed an arch over the rostrum

Wöl·bung <-, -en> *f* ① BAU *(gewölbte Konstruktion)* dome; *(Bogen)* arch ② *(Rundung)* bulge ③ ANAT *(gewölbte Beschaffenheit)* curvature

Wolf <-[e]s, Wölfe> [vɔlf, *pl:* 'vœlfə] *m* ① ZOOL wolf ② TECH shredder; *(Fleischwolf)* **etw durch den ~ drehen** to shred sth; *(Fleischwolf)* mincer BRIT, grinder AM ③ MED *(Intertrigo)* intertrigo ▸ WENDUNGEN: **ein ~ im Schafspelz sein** to be a wolf in sheep's clothing; **jdn durch den ~ drehen** *(sl)* to put sb through his paces; **mit den Wölfen heulen** to run with the pack

Wölf·chen <-s, -> ['vœlfçən] *nt dim von* **Wolf** wolf cub

Wöl·fin <-, -nen> ['vœlfɪn] *f* she-wolf

Wölf·ling <-s, -e> ['vœlflɪŋ] *m* cub [scout]

Wolf·ram <-s> ['vɔlfram] *nt kein pl* CHEM tungsten, wolfram

Wolfs·barsch *m* KOCHK, ZOOL sea bass

Wol·go·grad <-s> ['vɔlgogra:t] *nt* Volgograd

Wölk·chen <-s, -> ['vœlkçən] *nt dim von* **Wolke** small cloud

Wol·ke <-, -n> ['vɔlkə] *f* cloud; ▸ WENDUNGEN: **aus allen ~n fallen** to be flabbergasted *fam*; **über den ~n schweben** *(geh)* to have one's head in the clouds

Wol·ken·bank <-bänke> *f* cloudbank **Wol·ken·bruch** *m* cloudburst **wol·ken·bruch·ar·tig** *adj* torrential **Wol·ken·de·cke** *f* cloud cover **Wol·ken·krat·zer** *m (fam)* skyscraper

wol·ken·los *adj* cloudless **wol·ken·ver·han·gen** *adj* overcast

wol·kig ['vɔlkɪç] *adj* cloudy

Woll·de·cke *f* [woollen] blanket

Wol·le <-, -n> ['vɔlə] *f* MODE, ZOOL wool; ▸ WENDUNGEN: **sich mit jdm [wegen etw** *dat*] **in der ~ haben** *(fam)* to be at loggerheads with sb [about [*or* over] sth]; **sich mit jdm [wegen etw** *dat*] **in die ~ kriegen** *(fam)* to start squabbling with sb [about [*or* over] sth]

wol·len¹ ['vɔlən] *adj attr* MODE woollen

wol·len² ['vɔlən]

I. MODALVERB	II. INTRANSITIVES VERB
III. TRANSITIVES VERB	

I. MODALVERB   <will, wollte, wollen>

① *[mögen]* **etw tun ~** to want to do sth; **seinen Kopf durchsetzen ~** to want one's own way; **keine Widerrede hören ~** to not want to hear any arguments; **willst du nicht mitkommen?** do you want [*or* would you like] to come [along]?; **etw haben ~** to want [to have] sth; **etw nicht haben ~** to not allow sth; **etw nicht tun ~** to not want [*or* refuse] to do sth; **der Wagen will schon wieder nicht anspringen** the car does not want [*or* refuses] to start again; **wollen wir uns nicht setzen?** why don't we sit down?

② *[zu tun beabsichtigen]* **etw tun ~** to want to do sth; **etw schon lange tun ~** to have been wanting to do sth for ages; **ihr wollt schon gehen?** are you leaving already?; ■ **etw gerade tun ~** to be [just] about to do sth; **wir wollten gerade gehen** we were just leaving [or about to go]; **ich wollte mich mal nach Ihrem Befinden erkundigen** I wanted to find out how you were

❸ *(behaupten)* ▪ **etw getan haben** ~ to claim to have done sth; **von etw nichts gewusst haben** ~ to claim to have known nothing about sth; **keiner will etwas gesehen/gehört haben** nobody will admit to having seen/heard anything; **und so jemand will Arzt sein!** and he calls himself a doctor!

❹ *(höfliche Aufforderung)* ▪ **jd wolle etw tun** sb would do sth; **wenn Sie jetzt bitte still sein** ~ if you would please be quiet now; **man wolle doch nicht vergessen, wie teuer ein Auto ist** we should not forget how expensive a car is

❺ *passivisch (müssen)* ▪ **etw will etw sein** [o **werden**] sth has to be; **einige wichtige Anrufe** ~ **auch noch erledigt werden** some important calls still have to be made; **eine komplizierte Aktion will gut vorbereitet sein** a complicated operation has to be well prepared

❻ *(werden)* ▪ **..., als wolle es etw tun** ... as if it is going to do sth; **es sieht aus, als wolle es gleich regnen** it looks like rain, it looks as if it's about to rain; **er will und will sich nicht ändern** he just will not change; *s. a.* **besser**

II. INTRANSITIVES VERB   <will, wollte, gewollt>

❶ *(den Willen haben)* to want; **du musst es nur ~, dann klappt das auch** if you want it to work, it will; **ob du willst oder nicht** whether you like it or not; **wenn du willst** if you like; **gehen wir? – wenn du willst** shall we go? – if you like [or want to]; [**ganz**] **wie du willst** just as you like, please yourself

❷ *(gehen wollen)* ▪ **irgendwohin** ~ to want to go somewhere; **er will unbedingt ins Kino** he is set on going [or determined to go] to the cinema; **ich will hier raus** I want to get out of here; ▪ **zu jdm** ~ to want to see sb; **zu wem** ~ **Sie?** who[m] do you wish to see?

❸ *optativisch (anstreben)* ▪ **jd wollte, jd würde etw tun/etw würde geschehen** sb wishes that sth would do sth/sth would happen; **ich wollte, ich dürfte noch länger schlafen** I wish I could sleep in a bit longer; **ich wollte, es wäre schon Weihnachten** I wish it were Christmas already; **ich wollte, das würde nie passieren** I would never want that to happen; ▪ **ich wollte, ich/jd wäre irgendwo** I wish I/sb were somewhere

▶ WENDUNGEN: **wer nicht will, der hat schon** *(prov)* if he doesn't/you don't like it he/you can lump it! *fam;* **dann ~ wir mal** let's get started [or fam going]; **etw will nicht mehr** *(fam)* sth refuses to go on; **meine Beine ~ einfach nicht mehr** my legs refuse to carry me any further; **sein Herz will einfach nicht mehr** he has a weak heart; **wenn man so will** as it were; **das war, wenn man so will, eine einmalige Gelegenheit** it was, as it were, a once in a lifetime opportunity

III. TRANSITIVES VERB   <will, wollte, gewollt>

❶ *(haben wollen)* ▪ **etw** ~ to want sth; **willst du lieber Tee oder Kaffee?** would you prefer tea or coffee?; ~ **Sie nicht noch ein Glas Wein?** wouldn't you like another glass of wine?; ▪ **etw von jdm** ~ to want sth from sb; **was willst du** [**noch**] **mehr!** what more do you want!

❷ *(bezwecken)* ▪ **etw mit etw** ~ to want sth with [or for] sth; **was ~ Sie mit Ihren ständigen Beschwerden?** what do you hope to achieve with your incessant complaints?; **was willst du mit dem Messer?** what are you doing with that knife?; **ohne es zu ~**

without wanting to, unintentionally

❸ *(verlangen)* ▪ **etw von jdm** ~ to want sth from sb; **was ~ Sie von mir? ich habe doch gar nichts getan!** what do you want? I have done nothing wrong!; *(ein Anliegen haben)* to want sth [with sb]; **was wollte er von mir?** what did he want with me?; **Frau Jung hat angerufen, hat aber nicht gesagt, was sie wollte** Mrs Jung rang, but she didn't say what she wanted [or why she wanted to talk to you]; ▪ ~, **dass jd etw tut** to want sb to do sth; **ich will, dass du jetzt sofort gehst!** I want you to go immediately; **ich hätte ja gewollt, dass er kommt, aber sie war dagegen** I wanted him to come, but she was against it

❹ *(besitzen wollen)* ▪ **jdn** ~ to want sb

❺ *(fam: brauchen)* ▪ **etw** ~ to want [or need] sth; **Kinder ~ nun mal viel Liebe** children need a great deal of love

▶ WENDUNGEN: **da ist nichts zu ~** *(fam)* there is nothing we/you can do [about it]; **da ist nichts mehr zu ~** *(fam)* that's that, there is nothing else we/you can do; **was du nicht willst, dass man dir tu', das füg auch keinem andern zu** *(prov)* do unto others as you would others unto you *prov*; **etwas von jdm ~** *(fam)* to want to do sth *fam;* *(jdm Böses wollen)* to want to do sth to sb; **nichts von jdm ~** *(fam)* to not be interested in sb; **sie ist in Manfred verliebt, aber er will nichts von ihr** she is in love with Manfred, but he is not interested [in her]; *(jdm nicht böse wollen)* to mean sb no harm; **der Hund will nichts von dir** the dog will not harm [or hurt] you; [**gar**] **nichts zu ~ haben** *(fam)* to have no say [in the matter]; *s. a.* **wissen**

Woll·garn *nt* woollen [or AM woolen] yarn

wol·lig ['vɔlɪç] *adj* woolly

Woll·knäu·el *nt* ball of wool **Woll·sa·chen** *pl (fam)* woollies *pl fam*, woollens *npl* BRIT, woolens *npl* AM

Wol·lust <-, lüste> ['vɔlʊst, *pl:* 'vɔlʏsta] *f (geh)* lust; **voller** ~ lustfully; **etw** *akk* **mit wahrer** [o **einer wahren**] ~ **tun** *(fig)* to take great delight in doing sth, to delight in doing sth

wol·lüs·tig ['vɔlʏstɪç] *adj (geh)* lustful, lascivious *form pej;* **ein ~er Blick** a lascivious look

Wom·bat <-s, -s> ['vɔmbat] *m* ZOOL wombat

wo·mit [vo'mɪt] *adv* ❶ *interrog (mit was)* with what, what ... with; ~ **reinigt man diese Seidenhemden?** what do you/does one use to clean these silk shirts with?; ~ **habe ich das verdient?** what did I do to deserve this?; ~ **kann ich dienen?** what can I do you for?; ~ **ich es auch versuchte, der Fleck ging nicht raus** whatever I tried it with, the stain wouldn't shift ❷ *rel (mit welcher Sache)* with which; **das ist das Messer, ~ der Mord begangen wurde** that's the knife with which the murder was committed; **sie tat etwas, ~ ich nie gerechnet hatte** she did something I would never have expected

wo·mög·lich [vo'møːklɪç] *adv* possibly; ~ **schneit es in den nächsten Tagen** it's likely to snow in the next few days; **sind Sie ~ Peter Müller?** could your name possibly be Peter Müller?

wo·nach [vo'naːx] *adv* ❶ *interrog (nach was)* what ... for, what ... of; ~ **suchst du?** what are you looking for?; ~ **riecht das hier so komisch?** what's that funny smell in here?; ~ **ich ihn auch fragte, er wusste eine Antwort** whatever [it was] I asked him, he had an answer ❷ *rel (nach welcher Sache)* which [or what] ... for, of which; **das ist der Schatz, ~ seit Jahrhunderten gesucht wird** that is the treasure that has been hunted for for centuries; **das, ~ es hier so stinkt, ist Sulfat** the stuff that smells so bad here is sulphur; **ich vermute, es ist Gold, ~ die hier schürfen** I presume it is gold they are digging for here; *(demzufolge)* according to which; **es gibt eine Zeugenaussage, ~ er unschuldig ist** according to one witness's testimony he is innocent; *s. a.* **nach**

Won·der·bra® <-[s], -s> [ˈwʌndəʔbraː] *m* Wonderbra®

Won·ne <-, -n> [ˈvɔnə] *f (geh)* joy, delight; **die ~n der Liebe** the joys of love; **es ist |für jdn| eine |wahre| ~, etw zu tun** *(fam)* it is a |real| joy |for sb| to do sth; **die Kinder kreischten vor ~** the children squealed with delight; **mit ~** *(veraltend geh)* with great delight; **ich habe mit ~ vernommen, dass es dir besser geht** *(hum)* I was delighted to hear that you are getting better

won·nig [ˈvɔnɪç] *adj* ❶ *(fam: Wonne hervorrufend)* delightful; **ein ~es Baby** a delightful baby; **ist sie nicht ~?** isn't she gorgeous? ❷ *(geh: von Wonne erfüllt)* blissful; **einen ~en Moment genießen** to enjoy a moment of bliss

wo·ran [voˈran] *adv* ❶ *interrog (an welchem/welchen Gegenstand)* what ... on, on what; **~ soll ich das befestigen?** what should I fasten this to?; *(an welchem/welchen Umstand)* what ... of, of what; **~ haben Sie ihn wiedererkannt?** how did you recognize him again?; **~ können Sie sich noch erinnern?** what can you still remember?; **~ denkst du gerade?** what are you thinking of just now?; **~ ist sie gestorben?** what did she die of?; **ich weiß nie, ~ ich bei ihr bin** I never know where I stand with her ❷ *rel (an welchem/welchen Gegenstand)* on which; **es gab nichts, ~ sie sich festhalten konnte** there was nothing for her to hold on to; **das Seil, ~ der Kübel befestigt war, riss** the rope on which the pail was fastened broke [*or* snapped]; *(an welchem/welchen Umstand)* by which; **das ist das einzige, ~ ich mich noch erinnere** that's the only thing I can remember; **es gibt einige Punkte, ~ man echte Banknoten von Blüten unterscheiden kann** there are a few points by which you can distinguish real bank notes from counterfeits; **~ ... auch |immer|** whatever ...; **~ ich im Leben auch glaubte, immer wurde ich enttäuscht** whatever I believed in life, I was to be disappointed

wo·rauf [voˈrauf] *adv* ❶ *interrog (auf welchen/welchem Umstand)* on what ..., what ... on; **~ wartest du noch?** what are you waiting for?; **~ stützen sich deine Behauptungen?** what are your claims based on?; *(auf welche/welcher Sache)* on what, what ... on; **~ darf ich mich setzen?** what can I sit on?; **~ steht das Haus?** what is the house built on? ❷ *rel (auf welcher/welche Sache)* on which; **das Bett, ~ wir liegen, gehörte meinen Großeltern** the bed we're lying on belonged to my grandparents; **der Grund, ~ das Haus steht, ist sehr hart** the ground on which the house is built is very hard; **das Papier, ~ ich male, mache ich selbst** I make the paper I'm painting on myself; **~ ... auch |immer|** whatever ... on; **alle Gebäude stürzten ein, ~ sie auch gebaut waren** all the buildings caved in, regardless of what they were built upon; *(woraufhin)* whereupon; **er schoss, ~ man sich sofort auf ihn stürzte** he fired a shot, whereupon they pounced on him *s.* **verlassen**

wo·rauf·hin *adv* ❶ *interrog (auf welche Veranlassung hin)* for what reason; **~ können wir ihn verhaften lassen?** for what reason can we have him arrested?; **~ hast du das getan?** why did you do that? ❷ *rel (wonach)* whereupon, after which; **sie beschimpfte ihn, ~ er wütend den Raum verließ** she swore at him whereupon he stormed out of the room

wo·raus [voˈraus] *adv* ❶ *interrog (aus welcher Sache/welchem Material)* what ... out of, out of what; **~ bestehen Rubine?** what are rubies made out of?; **und ~ schließen Sie das?** and from what do you deduce that?; **~ haben Sie das entnommen?** where

did you get that from? ❷ *rel (aus welcher Sache/welchem Material)* from which, what ... out of, out of which; **das Material, ~ die Socken bestehen, kratzt** the material the socks are made of is itchy; **ich liebte das Buch, ~ sie mir immer vorlas** I loved the book she always read out of; *(aus welchem Umstand)* from which; **es gab gewisse Anzeichen, ~ das geschlossen werden konnte** there were certain signs from which this could be deduced; **~ auch immer dieses Gehäuse gefertigt ist, es ist sehr stabil** whatever this shell is made of it's very robust; **~ sie das auch abgeschrieben hat, es ist gut** wherever she copied this from it's good

wor·den *pp von* **werden I.** 3

wo·rin [voˈrɪn] *adv* ❶ *interrog (in welcher Sache)* in what, what ... in; **~ besteht der Unterschied?** wherein *form* [*or* where is] the difference? ❷ *rel (in dem)* in which; **es gibt etwas, ~ sich Original und Fälschung unterscheiden** there is one point in which the original and the copy differ; **das, ~ ihr euch gleicht, ist die Geldgier** greed for money is one thing which you have in common; **~ ... auch |immer|** wherever; **~ auch immer du Talent hast, nutze es!** whatever you have talent in, use it!

Work·a·ho·lic <-s, -s> [ˈvøːɐ̯kəˈhɔɪk] *m (sl)* workaholic

Work·shop <-s, -s> [ˈvøːɐ̯kʃɔp] *m* workshop **Work·sta·tion** <-, -s> [ˈvøːɐ̯ksteɪʃn̩] *f* INFORM workstation

Worst-Case-Sze·na·rio [ˌwɜːstkeːs-] *nt* worst case scenario

Wort¹ <-[e]s, Wörter> [vɔrt, *pl:* ˈvœrtɐ] *nt* LING word; **im wahrsten Sinne des ~es** in the true sense of the word; **~ für ~** word for word

Wort² <-[e]s, -e> *nt* ❶ *meist pl (Äußerung)* word *usu pl;* **etw mit knappen/umständlichen ~en ausdrücken** to express sth briefly/in a roundabout way; **erzählen Sie mit möglichst knappen ~en, was vorgefallen ist** tell me as briefly as you can what happened; **das letzte ~ ist noch nicht gesprochen** that's not the end of it, the final decision hasn't been made yet; **immer das letzte ~ haben wollen** to always want to have the last word; **das ist ein wahres ~** *(geh)* you can say that again; **daran ist kein wahres ~, davon ist kein ~ wahr** not a word of it is true, don't believe a word of it; **1.000 Euro, in ~en: eintausend** 1,000 euros in words: one thousand; **du sprichst ein wahres ~ gelassen aus** how right you are; **hat man denn da noch ~e?** what can you say?, words fail me; **für so ein Verhalten finde ich keine ~e mehr** such behaviour leaves me speechless; **ein ~ gab das andere** one thing led to another; **ein ~ Goethes** a quotation from Goethe; **denk an meine ~e!** remember what I said!; **freundliche/harte ~e** friendly/harsh words; **ich habe nie ein böses ~ von ihr gehört** I've never heard a bad word from her; **in ~ und Bild** in words and pictures; **in ~ und Schrift** *(geh)* spoken and written; **sie beherrscht Französisch in ~ und Schrift** she has command of both written and spoken French; **auf ein ~!** *(geh)* a word!; **das sind große ~e** *(fig)* big talk *fam;* **in ~ und Tat** in word and deed; **seinen ~en Taten folgen lassen** actions speak louder than words, to follow one's words with action; **mit anderen ~en** in other words; **mit einem ~** in a word; **man kann sein eigenes ~ nicht |mehr| verstehen** one can't hear oneself speak; **jdn mit schönen ~en abspeisen** to fob sb off nicely; **|bei jdm| ein gutes ~ für jdn einlegen** to put in a good word for sb |with sb|; **etw in ~e fassen** to put sth into words; **jdm fehlen die ~e** sb is speechless; **jd findet keine ~e für etw** sb can't find the right words to express sth; **hättest du doch ein ~ gesagt** if only you had said something; **davon hat man mir kein ~ gesagt** no one has said a word to me about it; **jdm**

kein ~ glauben to not believe a word sb says; **kein ~ herausbringen** to not get a word out; **nicht viele ~e machen** *(fig)* to be a man of action [rather than words]; **ein ernstes ~ mit jdm reden** to have a serious talk with sb; **kein ~ miteinander reden** to not say a word to each other; **einer S.** *dat* **das ~ reden** to put the case for sth; **kein ~ verstehen** to not understand a word; *(hören)* to be unable to hear a word [that's being said]; **meine Erleichterung lässt sich in ~en kaum schildern** I can't possibly describe in words how relieved I am; **etw mit keinem ~ erwähnen** to not say a [single] word about sth; **darüber brauchen wir kein ~ zu verlieren** we don't need to waste any words on it; **kein ~ über jdn/etw verlieren** to not say a word about sb/sth, to not mention sb/sth; **aufs ~ parieren** to jump to it; **~e des Dankes** words of thanks; **er bat uns ohne ein ~ des Grußes herein** he motioned us to enter without a word of greeting; **genug der ~e!** *(geh)* that's enough talk!; **kein ~ mehr!** *(fam)* not another word!; **das sind nichts als ~e** they're only [or nothing but] words; **nach dem ~ des Evangeliums** *(fig)* according to the Gospel ❷ *kein pl (Ehren~)* word; **das ist ein ~!** [that's a] deal!, you've got it!; **sein ~ brechen/halten** to break/keep one's word; **jdm sein ~ akk** [auf etw] **geben** to give sb one's word [on sth]; **jdm** [etw] **aufs ~ glauben** to believe every word sb says [about sth]; **das glaube ich dir aufs ~** I can well believe it; **jdn beim ~ nehmen** to take sb at his word, to take sb's word for it; **auf mein ~!** I give you my word!; **bei jdm im ~ stehen** [*o* sein] *(geh)* to have given one's word [to sb]; **ich bin bei ihm im ~** I gave him my word ❸ *kein pl (Rede[erlaubnis])* word; **gestatten Sie mir ein ~** allow me to say a few words; **jdm das ~ abschneiden** to cut sb short; **ums ~ bitten** to ask to speak; **jdm das ~ entziehen** to cut sb short; **das ~ ergreifen** [*o* **führen**] to begin to speak; *Diskussionsteilnehmer* to take the floor; **jdm das ~ erteilen** [*o* **geben**] to allow sb to speak; *Diskussionsleiter etc.* to allow sb to take the floor; **jdm ins ~ fallen** to interrupt sb; **das ~ haben** to have one's turn to speak; **als Nächstes haben Sie das ~** it's your turn to speak next; **zu ~ kommen** to get a chance to speak; **sich zu ~ melden** to ask to speak; **das ~ an jdn richten** *(geh)* to address sb; **jdm das ~ verbieten** to forbid sb to speak ❹ *(Befehl, Entschluss)* word; **das ~ des Vaters ist ausschlaggebend** the father's word is law; **das ~ des Königs** the king's command; **ein ~ mitzureden haben** to have sth to say about sth; **jds ~ ist Gesetz** sb's word is law, what sb says goes ▶ WENDUNGEN: **dein/sein/ihr ~ in Gottes Ohr!** *(fam)* let's hope so! *fam;* **jdm das ~** [*o* **die ~e**] **im Munde herumdrehen** to twist sb's words; **geflügeltes ~** quotation; **das ~ zum Sonntag** *short religious broadcast on Saturday evening;* **aufs ~ gehorchen** to obey sb's every word

Wort·art *f* LING part of speech **Wort·bruch** *m (geh)* breaking of a promise **wort·brü·chig** *adj (geh)* treacherous, false; **gegen jdn ~ sein**, **~ werden** to break one's word [to sb]

Wört·chen <-s, -> ['vœrtçən] *nt dim von* **Wort** *(fam)* word; **zu keinem ein ~ darüber!** not a word of it to anyone!; **mit jdm noch ein ~ zu reden haben** *(fig fam)* to have a bone to pick with sb *fig fam;* **da habe ich** [**noch/wohl**] **ein ~ mitzureden** *(fig fam)* I think I have something to say about [*or* some say in] that *fam*

Wör·ter·buch *nt* dictionary

Wort·er·ken·nung *f* INFORM word recognition

Wör·ter·ver·zeich·nis *nt* LING, VERLAG, SCH ❶ *(Vokabular)* glossary ❷ *(Wortverzeichnis, -index)* index

Wort·fet·zen *pl* scraps of conversation *pl*

Wort·füh·rer(in) *m(f)* spokesperson, spokesman *masc,* spokeswoman *fem;* **sich** *akk* **zum ~ von jdm/etw machen** to designate oneself as the spokesman/ spokeswoman for sth/sb **Wort·ge·fecht** *nt* battle [*or* war] of words **wort·ge·treu I.** *adj* verbatim *inv form;* **eine ~e Übersetzung** a faithful translation **II.** *adv* verbatim *inv form,* word for word; **etw ~ wiedergeben** to repeat sth word for word **wort·ge·wandt** *adj* eloquent **Wort·gut** *nt kein pl (geh)* s. **Wortschatz wort·karg** *adj* taciturn; **eine ~e Antwort** a taciturn reply; **ein ~er Mensch** a taciturn person; **warum bist du heute so ~?** why are you so quiet today? **Wort·klau·be·rei** <-, -en> [vɔrtklaubə'rai] *f (pej)* hairsplitting *no pl,* nit-picking *no pl;* **das ist doch reine ~** you're just splitting hairs **Wort·laut** *m kein pl* wording; **einen anderen/diesen/folgenden ~ haben** to read differently/like this/as follows; **im vollen/originalen ~** word for word/in its original wording

Wört·lein <-s, -> *nt dim von* **Wort** *s.* **Wörtchen**

wört·lich ['vœrtlɪç] **I.** *adj* ❶ *(originalgetreu)* word-for-word, verbatim; **die ~e Wiedergabe eines Textes** a word-for-word account of a text ❷ *(in der Originalbedeutung)* **eine ~e Übersetzung** a literal [*or* word-for-word] translation **II.** *adv* ❶ *(genauso)* word for word; **hat er das wirklich ~ so gesagt?** did he actually say that? ❷ *(dem originalen Wortlaut gemäß)* literally; **etw ~ übersetzen** to translate sth literally; **etw ~ nehmen** to take sth literally

wort·los I. *adj* silent **II.** *adv* silently, without saying a word

Wort·mel·dung *f* request to speak; **um ~ bitten** to ask for permission to speak **wort·reich I.** *adj* ❶ *(mit vielen Worten)* long-winded *pej,* wordy *pej;* **eine ~e Entschuldigung** a profuse apology ❷ *(mit großem Wortschatz)* rich in vocabulary; **eine ~e Sprache** a language that is rich in vocabulary **II.** *adv* profusely, in a long-winded manner **Wort·schatz** *m* vocabulary **Wort·spiel** *nt* pun, play on words **Wort·stel·lung** *f* word order **Wort·wahl** *f kein pl* choice of words **Wort·wech·sel** *m (geh)* verbal exchange

wort·wört·lich ['vɔrt'vœrtlɪç] **I.** *adj* word-for-word; **eine ~e Übersetzung** a literal translation **II.** *adv* word for word; **jdn ~ zitieren** to quote sb word for word; **hier heißt es doch ~, dass ich den Preis gewonnen habe** it says here quite literally that I've won the prize

wo·rü·ber [vo'ryːbɐ] *adv* ❶ *interrog (über welches Thema)* what ... about, about what; **~ habt ihr euch so lange unterhalten?** what was it you talked about for so long?; **~ hast du so lange gebrütet?** what have you been pondering about for so long? ❷ *interrog (über welchem/welchen Gegenstand)* above which; **~ soll ich das Handtuch breiten?** what should I spread the towel out over? ❸ *rel (über welche Sache)* about which, what ... about, for which; **es geht Sie gar nichts an, ~ wir uns unterhalten haben!** it's none of your business what we were talking about!; **das Problem, ~ ich schon so lange gebrütet habe, ist gelöst** the problem I was brooding about for so long has been solved; **das ist die bestellte Ware, ~ Ihnen die Rechnung dann später zugeht** here is the ordered merchandise, for which you will receive the bill later ❹ *rel (über welchem/welchem Gegenstand)* over which; **der Koffer, ~ du gestolpert bist, gehört mir** the suitcase you stumbled over is mine

wo·rum [vo'rʊm] *adv* ❶ *interrog (um welche Sache/ Angelegenheit)* what ... about; **~ ging es eigentlich bei eurem Streit?** what was your fight all about?; **~ handelt es sich?** what is this about? ❷ *interrog (um welchen Gegenstand)* what ... around; **~ hatte**

sich der Schal gewickelt? what had the scarf wrapped itself around? ❸ *rel (um welche Sache/Angelegenheit)* what ... about; **alles, ~ du mich bittest, sei dir gewährt** *(geh)* all that you ask of me will be granted ❹ *rel (um welchen Gegenstand)* around; **das Bein, ~ der Verband gewickelt ist, ist viel dünner** the leg the bandage is around is much thinner

wo·run·ter [voˈrʊntɐ] *adv* ❶ *interrog (unter welcher Sache/Angelegenheit)* what ... from; **~ leidet Ihre Frau?** what is your wife suffering from?; **~ darf ich Sie eintragen, unter „Besucher" oder „Mitglieder"?** where should I put your name down, "visitors" or "members"? ❷ *interrog (unter welchem/welchen Gegenstand)* under what, what ... under; **~ hattest du dich versteckt?** what did you hide under? ❸ *rel (unter welcher Sache)* under which, which ... under; **Freiheit ist ein Begriff, ~ vieles verstanden werden kann** freedom is a term that can mean many different things ❹ *rel (unter welchem/welchen Gegenstand)* under which; **das ist der Baum, ~ wir uns zum ersten Mal küssten** that's the tree under which we kissed for the first time ❺ *rel (inmitten deren: örtlich)* amongst which; **Tierschützer, ~ ich mich selber zähle, verdienen Respekt** animal conservationists, of which I am one, deserve to be respected

Wo·tan <-s> [ˈvoːtan] *m* Wotan

wo·von [voˈfɔn] *adv* ❶ *interrog (von welcher Sache/Angelegenheit)* what ... about; **~ war auf der Versammlung die Rede?** what was the subject of discussion at the meeting?; **~ bist du denn so müde?** what has made you so tired? ❷ *interrog (von welchem Gegenstand)* from what, what ... from; **~ mag dieser Knopf wohl stammen?** where could this button be from? ❸ *rel (von welchem Gegenstand)* from which; **der Baum, ~ das Holz stammt, ist sehr selten** the tree from which the wood originates is very rare ❹ *rel (von welcher Sache/Angelegenheit)* about which, which ... about; **das ist eine Sache, ~ du nun mal nichts verstehst** it's something you just don't know anything about ❺ *rel (durch welchen Umstand)* as a result of which; **er hatte einen Unfall, ~ er sich nur langsam erholte** he had an accident from which he only recovered slowly

wo·vor [voˈfoːɐ̯] *adv interrog* ❶ *interrog (vor welcher Sache)* what ... of; **~ fürchtest du dich denn so?** what are you so afraid of? ❷ *interrog (vor welchem/welchen Gegenstand)* in front of what, what ... in front of; **~ sollen wir den Schrank stellen** what should we put the cupboard in front of? ❸ *rel (vor welcher Sache)* what ... of, of which; **ich habe keine Ahnung, ~ er solche Angst hat** I have no idea what he's so frightened of ❹ *rel (vor welchem/welchen Gegenstand)* in front of which; **die Wand, ~ der Schrank stand, ist feucht** the wall behind where the cupboard stood is damp

wo·zu [voˈtsuː] *adv* ❶ *interrog (zu welchem Zweck)* why, how come, what ... for; **~ musste dieses Unglück geschehen?** why did this tragedy have to happen?; **~ soll das gut sein?** what's the purpose [*or* good] of that?; **~ hast du das gemacht?** what did you do that for? ❷ *interrog (zu welcher Sache)* for what, what ... for; **~ haben Sie sich entschlossen?** what have you decided on?; **~ bist du so lange interviewt worden?** what were you interviewed so long for? ❸ *rel (zu welchem Zweck)* for which reason; **er hat eine Reise geplant, ~ er noch Geld braucht** he has planned a journey for which he still needs money ❹ *rel (zu welcher Sache/Angelegenheit)* what; **ich ahne schon, ~ du mich wieder überreden willst!** I know what you want to talk me into!; **das war ein Schritt, ~ ich mich schon längst bereitgefunden hatte** that was a step which I had long been prepared

for ❺ *rel (zusätzlich zu dem)* to which; **das Buch umfasst 128 Seiten Text, ~ noch ein Schlusswort kommt** the book has 128 pages of text and a summary in addition to that

Wrack <-[e]s, -s> [vrak] *nt* ❶ *(Schiffs~)* wreck; *(Flugzeug~)* wreckage; *(Auto~)* wreckage ❷ *(fig fam: völlig verbrauchter Mensch)* wreck; **ein körperliches/seelisches ~ sein** to be a physical/emotional wreck; **ein menschliches ~ sein** to be a human wreck

Wrack·barsch *m* KOCHK, ZOOL wreckfish, stone bass

wrin·gen <wrang, gewrungen> [ˈvrɪŋən] *vt* ❶ *(aus~)* ■ **etw ~** to wring sth ❷ *(durch Wringen herauspressen)* ■ **etw aus etw** *dat* **~** to wring sth out of sth; **Wasser aus einem Lappen ~** to wring water out of a cloth

Wu·cher <-s> [ˈvuːxɐ] *m kein pl (pej)* extortion *no pl*, profiteering *no pl*; *(Zins)* usury; **das ist** |**doch/ja**| **~!** that's daylight [*or* AM highway] robbery!, that's extortionate!; **~ treiben** to profiteer, to extort

Wu·che·rer, Wu·che·rin <-s, -> [ˈvuːxərɐ, ˈvuːxərɪn] *m, f (pej)* profiteer, usurer

wu·che·risch [ˈvuːxərɪʃ] *adj (pej)* extortionate, exorbitant; **~e Zinsen verlangen** to lend money at usurious rates

Wu·cher·mie·te *f (pej)* extortionate rent

wu·chern [ˈvuːxɐn] *vi* ❶ *sein o haben* HORT to grow rampant ❷ *sein* MED to proliferate, to spread rampantly; **eine ~de Geschwulst** a fast-growing tumour ❸ *haben (Wucher treiben)* ■ |**mit etw** *dat*| **~** to practise usury [with sth]

Wu·cher·preis *m (pej)* extortionate [*or* exorbitant] price

Wu·che·rung <-, -en> *f* ❶ *(krankhafte Gewebevermehrung)* proliferation ❷ *(Geschwulst)* growth

Wu·cher·zins *m meist pl (pej)* usurious [*or* exorbitant] interest

wuchs [vuːks] *imp von* **wachsen**[1]

Wuchs <-es> [vuːks] *m kein pl* ❶ HORT *(Wachstum)* growth ❷ *(Form, Gestalt)* stature, build ❸ *(Pflanzenbestand)* cluster; **ein ~ junger Bäume** a clump of saplings

Wucht <-> [vʊxt] *f kein pl* force; *(Schläge, Hiebe)* brunt; **mit aller ~** with all one's might; **mit voller ~** with full force; **der Stein traf ihn mit voller ~ an der Schläfe** the stone hit him full force on the temple; **hinter seinen Schlägen steckt eine ungeheure ~** there is enormous force behind his punches, he packs a very powerful punch; **eine ~ sein** *(fam)* to be smashing [*or* great]; **deine Mutter ist eine ~** your mum is a star

wuch·ten [ˈvʊxtn̩] *vt (fam)* ■ **etw irgendwohin/aus etw** *dat* **~** to heave sth somewhere/out of sth; **wir mussten die ganzen Steine vom Auto ~** we had to heave all of the stones out of the car; **wir ~ gerade die Statue von ihrem Sockel** we're just about to heave the statue off its plinth

wuch·tig [ˈvʊxtɪç] *adj* ❶ *(mit großer Wucht)* forceful, mighty, heavy; **ein ~er Schlag** a powerful punch ❷ *(massig)* massive; **dieser Schrank wirkt viel zu ~ für das kleine Zimmer** this cupboard is far too overpowering for this little room

wüh·len [ˈvyːlən] **I.** *vi* ❶ *(kramen)* ■ **in etw** *dat*| **~** to rummage [*or* root] through sth [for sth]; **wonach wühlst du denn in der alten Truhe?** what are you rummaging for in that old chest?; **einen Schlüssel aus der Tasche ~** to root [*or* dig] a key out of a bag ❷ *(graben, aufwühlen)* ■ **in etw** *dat* |**nach etw** *dat*| **~** to root through sth [for sth]; **bei uns im Garten ~ wieder Maulwürfe** we've got moles in our garden again; **in jds Haaren ~** to tousle sb's hair; **in den Kissen ~** *(fig)* to bury oneself in the cushions [*or* pillows] ❸ *(pej fam: intrigieren)* to stir things up;

gegen die Regierung ~ to stir things up against the government **II.** *vr* ➊ *(sich vorwärtsarbeiten)* ◼ **sich** *akk* **durch etw** *akk* ~ to burrow one's way through sth; **der Wurm wühlt sich durch das Erdreich** the worm burrows its way through the soil ➋ *(fam: sich durcharbeiten)* ◼ **sich** *akk* **durch etw** *akk* ~ to slog *fam* through sth; **ich muss mich durch einen Stapel Akten** ~ *(fam)* I have to wade through a pile of files; **sich durch eine Menschenmenge** ~ *(fig)* to burrow one's way through a crowd

Wühl·korb *m* ÖKON bargain bin **Wühl·maus** *f* vole **Wühl·tisch** *m (fam)* bargain counter

Wulst <-[e]s, Wülste> [vʊlst, *pl*: 'vʏlstə] *m o f* bulge; *Flasche, Glas* lip

wuls·tig ['vʊlstɪç] *adj* bulging; *(Lippen)* thick

Wulst·lip·pen *pl (fam)* thick lips *pl*

wum·mern ['vʊmɐn] *vi* to boom

wund [vʊnt] **I.** *adj* sore; **ich bin an den Hacken ganz** ~ my heels are all sore **II.** *adv* ~ **gelegen** having [*or* suffering from] bedsores *pl;* **eine** ~ **gelegene Stelle** a bedsore; **sich** *akk* ~ **liegen** to get bedsores *pl;* **sich** *dat* **etw** ~ **liegen** to get bedsores *pl* on sth; **sie hat sich den Rücken ganz** ~ **gelegen** she had bedsores *pl* all over her back; **sich** *akk* ~ **reiten** to become saddle-sore; **sich** *dat* **die Finger** ~ **schreiben** *(fig fam)* to wear one's fingers to the bone writing; **etw** ~ **kratzen/reiben/scheuern** to make sth sore by scratching/rubbing/chafing it; **sich** *akk* ~ **kratzen** to scratch oneself to soreness; **ich habe mir die Fersen** ~ **gelaufen** I got sore heels from walking *s.* **Punkt**

Wund·brand *m kein pl* MED gangrene *no pl*

Wun·de <-, -n> ['vʊndə] *f* wound; **tödliche** ~ deadly wound ▶ WENDUNGEN: **[bei jdm] alte ~n wieder aufreißen** *(geh)* to open up an old wound [for sb]; **Salz in jds** ~ **streuen** *(fig)* to turn the knife in a wound *fig,* to rub salt into sb's wounds *fig;* **seine** ~ **lecken** to lick one's wounds; **an einer alten** ~ **rühren** to touch on a sore point

Wun·der <-s, -> ['vʊndɐ] *nt (übernatürliches Ereignis)* miracle; ~ **was/wer/wie** *(fam)* who knows what/who/how; **er möchte** ~ **was erreichen** goodness knows what he wants to achieve; **das hat er sich** ~ **wie einfach vorgestellt** he imagined it would be ever so easy; ~ *pl* **tun** [*o* **wirken**] to work [*or* perform] a miracle *sing;* **an ein** ~ **grenzen** to be almost a miracle; **ein/kein** ~ **sein, dass ...** *(fam)* to be a/no wonder, that ...; **ist es ein** ~, **dass ich mich so aufrege?** *(fig fam)* is it any wonder that I'm so upset?; **es ist kein** ~, **dass ...** *(fam)* it's no [*or* little] [*or* small] wonder that ...; **wie durch ein** ~ miraculously; ~ **über** ~ *(fam)* wonders will never cease; **er kann nur durch ein** ~ **gerettet werden** only a miracle can save him; **was** ~[, **dass**] no wonder; **was** ~, **dass sie jetzt eingeschnappt ist** no wonder she's in a huff; *(Phänomen)* wonder; **das** ~ **des Lebens** the miracle of life; **die** ~ **der Natur** the wonders of nature; ◼ **ein** ~ **an etw** *dat* **sein** to be a miracle of sth; **diese Uhr ist ein** ~ **an Präzision** this watch is a miracle of precision ▶ WENDUNGEN: **sein blaues** ~ **erleben** *(fam)* to be in for a nasty surprise

wun·der·bar ['vʊndɐbaːɐ̯] **I.** *adj* ➊ *(herrlich)* wonderful, marvellous; [**das ist ja**] ~! [that's] wonderful [*or* marvellous] !; **sie ist eine ~e Frau** she's a wonderful woman ➋ *(wie ein Wunder)* miraculous; **eine ~e Fügung** a wonderful stroke of luck; **die Geschichte ihrer Rettung ist** ~ the story of how she was rescued is miraculous **II.** *adv (fam)* wonderfully; **dieses Kissen ist** ~ **weich** this cushion is wonderfully soft

wun·der·ba·rer·wei·se *adv* miraculously

Wun·der·dro·ge *f (meist iron fam)* miracle drug **Wun·der·hei·ler|in** <-s, -> *m(f)* miracle healer

wun·der·hübsch *adj* wonderfully pretty

Wun·der·ker·ze *f* sparkler **Wun·der·kind** *nt* child prodigy **Wun·der·land** *nt* wonderland

wun·der·lich ['vʊndɐlɪç] *adj* odd, strange; **ein ~er Mensch** an oddball; **manchmal passieren die ~sten Dinge** sometimes the strangest things happen

Wun·der·mit·tel *nt* miracle cure; *(Zaubertrank)* magic potion

wun·dern [vʊndɐn] **I.** *vt* ~ **jdn** ~ to surprise sb; **das wundert mich [nicht]** I'm [not] surprised at that; **das hätte uns eigentlich nicht** ~ **dürfen** that shouldn't have come as a surprise to us; **es wundert mich, dass ...** I am surprised that ..., it surprises me that ...; **es würde mich nicht** ~, **wenn ...** I wouldn't be [at all] surprised if ...; **wundert dich das [etwa]?** does that surprise you [at all]?, are you [in the least bit] surprised?; **es sollte mich** ~, **wenn ...** it would surprise me if ..., are you [in the least bit] surprised? **II.** *vr* ◼ **sich** *akk* ~ to be surprised; **du wirst dich ~!** you'll be amazed, you're in for a surprise; ◼ **sich** *akk* **über jdn/etw** ~ to be surprised at sb/sth; **ich wundere mich über gar nichts mehr** nothing surprises me any more; **dann darfst du dich nicht** ~, **wenn sie sauer auf dich ist** then don't be surprised if she's cross with you; **ich muss mich doch sehr/wirklich ~!** well, I am very/really surprised [at you/him etc]

wun·der|neh·men ['vʊndɐneːmən] *irreg, impers (geh)* **I.** *vt* ➊ *(erstaunen)* ◼ **es nimmt jdn wunder, dass ...** it surprises sb that ...; **es würde mich ~, wenn sie käme** I'd be surprised if she came ➋ SCHWEIZ *(interessieren)* ◼ **es nimmt jdn wunder, ob/wie/dass ...** sb is interested [to know] whether/how/that ...; **es nimmt mich wunder, wie sie von der Sache erfahren hat** I'd like to know how she found out [about it] **II.** *vi* ◼ **es nimmt wunder, dass/wie/warum** it is surprising that/how/why; **es nimmt wunder, dass sie so lange überlebt hat** it's amazing that she has survived so long

wun·der·sam ['vʊndɐzaːm] *adj (geh)* wondrous *liter;* **ein ~er Traum** a wondrous dream

wun·der·schön ['vʊndɐ'ʃøːn] *adj (emph)* wonderful, lovely

wun·der·voll *adj s.* **wunderbar**

Wund·fie·ber *nt* traumatic fever **Wund·sal·be** *f* ointment **Wund·starr·krampf** *m kein pl* MED tetanus *no pl*

Wunsch <-[e]s, Wünsche> [vʊnʃ, *pl*: 'vʏnʃə] *m* ➊ *(Verlangen)* wish; *(stärker)* desire; *(Bitte)* request; **jdm/sich** *dat* **einen** ~ **erfüllen** to fulfil [*or* AM *usu* -ll] a wish for sb/oneself; **jdm jeden** ~ **erfüllen** to grant sb's every wish; **jdm jeden** ~ **von den Augen ablesen** to anticipate sb's every wish; **einen bestimmten** ~ **haben/äußern** to have/make a certain request; **ihr sehnlichster** ~ **ging in Erfüllung** her most ardent desire was fulfilled; **nur ein frommer** ~ **sein** to be just a pipe dream; **haben Sie sonst noch einen ~?** would you like anything else?; **einen** ~ **frei haben** to have one wish; **danke, das war alles, ich habe keinen** ~ **mehr** thank you, that will be all, I don't need anything else; **Ihr** ~ **ist mir Befehl** *(hum)* your wish is my command; *(geh)* on request; **keinen** ~ **offenlassen** to leave nothing to be desired; **auf jds** [ausdrücklichen/besonderen] ~ [hin] *(geh)* at/on sb's [express/special] request; **nach** ~ just as I/he etc. wanted; *(wie geplant)* according to plan, as planned; **das Auto entsprach nicht seinen Wünschen** the car didn't come up to his expectations ➋ *meist pl (Glück~)* wish; **alle guten Wünsche zum Geburtstag** Happy Birthday; **mit besten Wünschen** *(geh)* best wishes ▶ WENDUNGEN: **hier ist der** ~ **der Vater des Gedankens** *(prov)* the wish is father to the thought *prov*

wünsch·bar *adj* SCHWEIZ *s.* **wünschenswert**

Wunsch·den·ken *nt kein pl* wishful thinking *no pl*

Wün·schel·ru·te ['vʏnʃlruːtə] *f* divining [*or* dowsing] rod

Wün·schel·ru·ten·gän·ger(in) <-s, -> *m(f)* diviner, dowser

wün·schen ['vʏnʃn] **I.** *vt* ❶ *(als Glückwunsch sagen)* ■ **jdm etw ~** to wish sb sth; **jdm zum Geburtstag alles Gute ~** to wish sb a happy birthday; **ich wünsche dir gute Besserung** get well soon!; **jdm eine gute Nacht ~** to wish [*or form* bid] sb good night; **ich wünsche dir alles Glück dieser Welt!** I wish you all the luck in the world!, I hope you get everything you could possibly wish for! ❷ *(als Geschenk erbitten)* ■ **sich** *dat* **etw** [**von jdm**] **~** to ask for sth [from sb]; **ich habe mir zu Weihnachten eine elektrische Eisenbahn gewünscht** I've asked for an electric railway for Christmas; **was wünschst du dir?** what would you like?; **nun darfst du dir etwas ~** now you can say what you'd like for a present; *(im Märchen)* now you may make a wish ❸ *(erhoffen)* ■ **etw ~** to wish; **ich wünsche nichts sehnlicher, als dass du glücklich wirst** my greatest wish is for you to be happy; **ich wünschte, der Regen würde aufhören** I wish the rain would stop; ■ **jdm etw ~** to wish sb sth; **ich will dir ja nichts Böses ~** I don't mean to wish you any harm; **das würde ich meinem schlimmsten Feind nicht ~** I wouldn't wish that on my worst enemy; **ich wünsche dir gutes Gelingen** I wish you every success; **er wünschte ihn den Tod** he wished she would drop dead; ■ **~, dass** to hope for; **ich wünsche, dass alles gut geht** I hope everything goes well; **ich wünsche, dass du wieder gesund nach Hause kommst** I hope that you'll come home safe and sound; **das ist/wäre zu ~** that would be desirable ❹ *(haben wollen, erhoffen)* ■ **sich** *dat* **etw ~** to want [*or* hope for] sth; **sich eine bessere Zukunft ~** to wish [*or* hope] for a better future; **sie ~ sich schon lange ein Kind** they've been wanting [*or* hoping for] a child for a long time; **man hätte sich kein besseres Wetter ~ können** one couldn't have wished for better weather; ■ **sich** *dat* **jdn als** [*o* zu] **etw ~** to want sb to be sth; **dich wünsche ich mir als Lehrerin** I would love [for] you to be my teacher; **alles, was man/jd sich** *dat* **nur ~ kann** everything one/sb could wish for; ■ **sich** *dat* [**von jdm**] **~,** [**dass ...**] to wish [sb would ...]; **ich wünsche mir von dir, dass du in Zukunft pünktlicher bist** I wish you'd be more punctual in future; **wir haben uns immer gewünscht, einmal ganz reich zu sein!** we've always dreamed of becoming really wealthy; **~ wir nur, dass diese Katastrophe niemals eintreten möge!** let's just hope that this catastrophe never happens ❺ *(verlangen)* ■ **etw ~** to want sth; **ich wünsche sofort eine Erklärung [von Ihnen]!** I demand an explanation [from you] immediately!; **ich wünsche, dass ihr mir gehorcht** I want you to do as I say; **wenn Sie noch etwas ~, klingeln Sie einfach** if you require anything else, please just ring; **ich wünsche ein Zimmer mit Bad** I would like a room with bathroom; **jemand wünscht Sie zu sprechen** somebody would like to speak with you; **was ~ Sie?** how may I help you?; **die Wiederholung wurde von der ganzen Klasse gewünscht** the whole class requested that it be repeated; **wie gewünscht** just as I/we etc. wanted [*or* wished for] ❻ *(woandershin haben wollen)* ■ **jdn irgendwohin ~** to wish sb would go somewhere; **ich wünsche dich in die Hölle!** [I wish you would] go to hell!; ■ **sich irgendwohin ~** to wish oneself somewhere; **sie wünschte sich auf eine einsame Insel** she

wished she were on a desert island **II.** *vi (geh: wollen)* to want; **Sie können so lange bleiben, wie Sie ~** you can stay as long as you want; **wenn Sie ~, kann ich ein Treffen arrangieren** if you want I can arrange a meeting; **ich wünsche, dass der Fernseher heute Abend ausbleibt** I would like the television to stay off tonight; **~ Sie, dass ich ein Taxi für sie bestelle?** would you like me to order a taxi for you?; **meine Vorschläge waren dort nicht gewünscht** my suggestions were not wanted; **sollten Sie mich zu sehen ~, klingeln Sie bitte nach mir** if you should wish to see me, please ring for me; **Sie ~?** may I help you?; *(Bestellung)* what would you like?; [**ganz**] **wie Sie ~** just as you wish [*or* please]; **nichts/viel zu ~ übrig lassen** to leave nothing/much to be desired

wün·schens·wert *adj* desirable; **etw** [**nicht**] **für ~ halten** to consider sth [un]desirable

Wunsch·form *f* LING optative [mood] **Wunsch·geg·ner(in)** *m(f)* ideal opponent **wunsch·ge·mäß I.** *adj* requested, desired; **wir können nur auf einen ~en Verlauf hoffen** we can only hope that things go as planned **II.** *adv* as requested; **das Projekt ist ~ ver·laufen** the project went as planned **Wunsch·kind** *nt* planned child **Wunsch·kon·zert** *nt* RADIO musical request programme [*or* AM -am] **Wunsch·lis·te** *f* wish list

wunsch·los *adj* **~ glücklich sein** *(hum)* to be perfectly happy, to not want for anything *hum*

Wunsch·part·ner(in) *m(f)* ideal partner **Wunsch·satz** *m* optative clause **Wunsch·traum** *m* dream **Wunsch·vor·stel·lung** *f* illusion, pipe-dream; **sich** *akk* [**keinen**] **~en hingeben** to [not] harbour [*or* AM -or] illusions **Wunsch·zet·tel** *m* wish list; **auf jds ~ stehen** to be sth sb wants; **eine neue Stereoanlage steht schon lange auf unserem ~** we've wanted a new stereo for a long time

wur·de ['vʊrdə] *imp von* **werden**

Wür·de <-, -n> ['vʏrdə] *f* ❶ *kein pl (innerer Wert)* dignity; **die menschliche ~** human dignity; **~ ausstrah·len** to appear dignified; **etw mit ~ tragen** to bear sth with dignity; **jds ~ verletzen** to affront sb's dignity; **scheinbar ist es für unseren Chef unter seiner ~, das zu tun** our boss seemingly finds it beneath him to do that; **unter aller ~ sein** to be beneath contempt; **unter jds ~ sein** to be beneath sb['s dignity]; *(Erhabenheit)* venerability; **die ~ des Gerichts** the integrity of the court; **die ~ des Alters** venerability ❷ *(Rang)* rank; *(Titel)* title; **akademische ~n** academic honours [*or* AM -ors]; **zu hohen ~n gelangen** *pl* to attain a high rank *sing*

wür·de·los I. *adj* undignified **II.** *adv* without dignity **Wür·den·träg·er(in)** *m(f) (geh)* dignitary **wür·de·voll** *adj (geh)* **ein ~er Abgang** a dignified exit; **mit ~er Miene** with a dignified expression

wür·dig ['vʏrdɪç] **I.** *adj* ❶ *(ehrbar)* dignified; **ein ~er Herr** a dignified gentleman; **ein ~es Aussehen haben** to have a dignified appearance ❷ *(wert, angemessen)* worthy; **einen ~en Vertreter finden** to find a worthy replacement; **jds/einer Sache** *gen* [**nicht**] **~ sein** to be [not] worthy of sb/sth; **sie ist deiner nicht ~** she doesn't deserve you; **ich bezweifle, dass sie deines Vertrauens ~ ist** I doubt that she's worthy of your trust; **sich** *akk* **einer S.** *gen* **~ erwei·sen** to prove oneself to be worthy of sth; **es ist seiner nicht ~, das zu tun** it is not worthy of him to do that **II.** *adv (mit Würde)* with dignity; **jdn ~ empfangen** to receive sb with dignity; *(gebührend)* worthy; **jdn ~ vertreten** to be a worthy replacement for sb

wür·di·gen ['vʏrdɪgn] *vt* ❶ *(anerkennend erwähnen)* ■ **etw/jdn ~** to acknowledge sth/sb; **ihre Leistung wurde in vielen Artikeln gewürdigt** her performance was acknowledged in many articles ❷ *(schätzen)* ■ **etw ~** to appreciate sth; **etw zu ~ wissen** to appreciate sth ❸ *(geh)* ■ **jdn einer S.** *gen* ~ to deem sb worthy of sth; **sie würdigte ihn keines Blickes** she didn't deign to look at him

Wür·di·gung <-, -en> *f* ❶ *(das Würdigen)* appreciation, acknowledgement; **in ~ seiner Leistung bekam er eine Auszeichnung** he received recognition in appreciation of his achievement ❷ *(schriftliche Anerkennung)* acknowledgement

Wurf <-[e]s, Würfe> [vʊrf, *pl:* 'vʏrfə] *m* ❶ *(das Werfen)* throw; *(gezielter ~)* shot; *(Baseball)* pitch; *(Kegeln)* bowl; *(Würfel)* throw; **zum ~ ausholen** to get ready to throw; **alles auf einen ~ setzen** *(fig)* to go for it *fam* ❷ ZOOL *(Tierjunge einer Geburt)* litter ❸ *(gelungenes Werk)* **jdm gelingt ein großer ~** [mit etw *dat*] sth is a great success [*or* big hit] for sb, sb has a great success [*or* big hit] with sth

Wür·fel <-s, -> ['vʏrfl̩] *m* ❶ *(Spiel~)* dice, die; **~ spielen** to play dice ❷ MATH *(Kubus)* cube ❸ *(kubisches Stück)* cube; **etw in ~ schneiden** to cut sth into cubes, to dice [*or* cube] sth ▶ WENDUNGEN: **die ~ sind gefallen** the dice is cast

Wür·fel·be·cher *m* shaker

wür·fe·lig ['vʏrfəlɪç] I. *adj* cubed II. *adv* in small cubes

wür·feln ['vʏrfl̩n] I. *vi* ❶ [mit jdm] ~ to play dice [with sb]; ■ **um etw** *akk* ~ to throw dice for sth; **wir haben darum gewürfelt, wer anfangen darf** we threw dice to decide who should go first II. *vt* ❶ *(Würfel werfen)* ■ **etw ~** to throw sth; **eine sechs ~** to throw a six; **hast du schon gewürfelt?** have you had your go [*or* throw] ? ❷ KOCHK *(in Würfel schneiden)* ■ **etw ~** to cut sth into cubes, to dice sth

Wür·fel·spiel *nt* game of dice **Wür·fel·spie·ler(in)** *m(f)* dice player **Wür·fel·zu·cker** *m kein pl* sugar cube[s]

Wurf·ge·schoss^RR *nt* missile, projectile

würf·lig ['vʏrflɪç] *adj s.* **würfelig**

Wurf·mes·ser *nt* knife for throwing **Wurf·pfeil** *m* dart **Wurf·sen·dung** *f* direct mail item, junk mail *fam* **Wurf·stern** *m* metal star used as a weapon when thrown

Wür·ge·griff *m* stranglehold; **im ~ des Todes** *(fig)* in the throes *npl* of death

wür·gen ['vʏrgn̩] I. *vt* ❶ *(die Kehle zudrücken)* ■ **jdn ~** to throttle [*or* strangle] sb ❷ *(hindurchzwängen)* **etw durch etw ~** to force sth through sth ▶ WENDUNGEN: **mit Hängen und W~** *(fam)* by the skin of one's teeth II. *vi* ❶ *(kaum schlucken können)* ■ **an etw** *dat* ~ to choke on sth ❷ *(hoch~)* to retch; **mir war so schlecht, dass ich ständig ~ musste** I felt so bad that I had to retch constantly

Wür·ger(in) <-s, -> ['vʏrgɐ] *m(f)* ❶ *(fig veraltet)* strangler ❷ ORN shrike

Wurm¹ <-[e]s, Würmer> [vʊrm, *pl:* 'vʏrmɐ] *m* ZOOL *(Regen~)* worm; *meist pl (Faden~)* worm *usu pl*; *(fam: Made)* maggot; **Würmer haben** to have worms; **der Hund leidet an Würmern** the dog has got worms; **in dem Holz ist der ~** the wood has got woodworm ▶ WENDUNGEN: **jdm die Würmer [einzeln] aus der Nase ziehen** *(fam)* to drag it all out of sb; **da ist [*o* sitzt] der ~ drin** *(fam)* there's something fishy [*or* not quite right] about it

Wurm² <-[e]s, Würmer> [vʊrm, *pl:* 'vʏrmɐ] *nt (kleines Wesen)* little mite

wur·men ['vʊrmən] *vt (fam)* ■ **jdn ~** to bug [*or* nag] sb *fam;* **was wurmt dich denn so?** what's bugging [*or* nagging] you?; **es wurmt mich sehr, dass ich verloren habe** it really bugs me that I lost

Wurm·farn *m* BOT male fern **Wurm·fort·satz** *m* appendix

wurm·sti·chig ['vʊrmʃtɪçɪç] *adj* ❶ HORT maggoty; **ein ~er Apfel** a maggoty apple ❷ *(von Holzwürmern*

befallen) full of woodworm

Wurst <-, Würste> [vʊrst, *pl:* 'vʏrstə] *f* ❶ KOCHK sausage; *(Brotauflage)* sliced, cold sausage BRIT, cold cuts *pl* AM; **rote ~** smoked Polish sausage ❷ *(Wurstähnliches)* sausage; **eine ~ machen** *(fam)* to do a turd, to make a biggie ▶ WENDUNGEN: **jetzt geht es um die ~** *(fam)* the moment of truth has come; **jdm ~ [*o* Wurscht] sein** *(fam)* to be all the same to sb, to not matter to sb; **das ist mir alles ~!** I don't care about any of that!

Wurst·brot *nt* open sandwich with slices of sausage **Würst·chen** <-s, -> ['vʏrstçən] *nt* ❶ *dim von* **Wurst** little sausage; **Frankfurter/Wiener ~** frankfurter/wiener-wursts BRIT, hot dog AM; **heiße ~** *pl* hot boiled [Frankfurter] sausages; *(im Brötchen)* hot dogs ❷ *(pej fam: unbedeutender Mensch)* squirt *fam;* **armes ~** *(fam)* poor soul [*or* BRIT sod] *fam*

Würst·chen·bu·de *f,* **Würst·chen·stand** *m* hot dog stand [*or* vendor]

wurs·teln ['vʊrstl̩n] *vi (fam)* ■ **(vor sich hin) ~** to muddle [along [*or* on]]

Wurst·fin·ger *pl (pej fam)* podgy [*or* chubby] fingers *pl fam* **Wurst·mes·ser** *nt* serrated knife *(for slicing cold sausage)* **Wurst·sa·lat** *m* sausage salad **Wurst·wa·ren** *pl* sausages and cold meats *pl,* cold cuts AM *pl*

Würz·burg <-s> ['vʏrtsbʊrk] *nt* Würzburg

Wür·ze <-, -n> ['vʏrtsə] *f* ❶ *(Gewürzmischung)* seasoning ❷ *(Aroma)* aroma; **an der Geschichte fehlt die ~** *(fig)* there's no spice to the story

Wur·zel <-, -n> ['vʊrtsl̩] *f* ❶ *(Pflanzen~)* root; **~n schlagen** *(a fig)* to put down roots; *(Zahn~)* root; *(Haar~)* root ❷ MATH root; **die [zweite/dritte] ~ aus etw** *dat* the [square/cube] root of sth; **die ~ aus etw** *dat* **ziehen** to find the root of sth ❸ *(geh: Ursprung)* root; **die ~ allen Übels** the root of all evil; **etw mit der ~ ausrotten** to eradicate sth ❹ LING *(gemeinsamer Wortstamm)* root ❺ *meist pl* NORDD *(Karotte)* carrot

Wur·zel·bal·len *m* root bale **Wur·zel·be·hand·lung** *f* root treatment

wur·zeln ['vʊrtsl̩n] *vi (geh)* ■ **in etw** *dat* ~ to be rooted in sth, to have its roots in sth

Wur·zel·stock *m* BOT rhizome **Wur·zel·zei·chen** *nt* MATH radical sign **Wur·zel·zie·hen** <-s> *nt kein pl* MATH root extraction

wür·zen ['vʏrtsn̩] *vt* ■ **etw [mit etw** *dat*] ~ to season sth [with sth]; **eine Rede mit Anekdoten ~** *(fig)* to spice up a speech with anecdotes

wür·zig ['vʏrtsɪç] I. *adj* tasty; **eine ~e Suppe** a tasty soup II. *adv* tastily; **~ duften/schmecken** to smell/taste good

Würz·mi·schung *f* spice mixture **Würz·tun·ke** *f* marinade

wusch [vuːʃ] *imp von* **waschen**

wu·sche·lig ['vuːʃəlɪç] *adj (fam)* woolly, fuzzy *fam;* **~es Tier** shaggy animal

Wu·schel·kopf *m (fam)* ❶ *(wuschelige Haare)* mop of curls, fuzz ❷ *(Mensch mit wuscheligen Haaren)* woolly-haired person

wu·seln ['vuːzl̩n] *vi* to bustle about

wusste^RR, **wußte**^ALT *imp von* **wissen**

Wust¹ <-[e]s> [vuːst] *m kein pl (fam)* pile; **ein ~ von Papieren** a pile of papers; **ein ~ von Problemen** *(fig)* a load of problems

Wust² [vuːst] *f kein pl* SCHWEIZ *Akr von* **Warenumsatzsteuer** *m Akr von* **Umsatzsteuer**

wüst [vyːst] I. *adj* ❶ *(öde)* waste, desolate; **~e Einöde** desolate [*or* desert] wasteland; **eine ~e Gegend** a wasteland ❷ *(fig: wild, derb)* vile, rude; **ein ~er Kerl** a rude bloke; **~es Treiben** chaos; **~e Lieder singen** to sing rude songs ❸ *(fam: unordentlich)* hopeless, terrible; **ein ~es Durcheinander** a hopeless [*or* terrible] mess; **~ aussehen** to look a real mess; **eine ~e Frisur** wild hair **II.** *adv* vilely, terribly; **jdn ~ beschimpfen** to use vile language to sb

Wüs·te <-, -n> ['vy:stə] *f* desert, wasteland *fig;* **die ~ Gobi** the Gobi Desert; **in eine ~ verwandeln** *(fig)* to turn into a wilderness ▶ WENDUNGEN: **jdn in die ~ schicken** *(fam)* to send sb packing *fam*

Wüs·ten·kli·ma *nt kein pl* desert climate **Wüs·ten·sand** *m* desert sand

Wut <-> [vu:t] *f kein pl* fury, rage; **voller ~** furiously; **seine ~ an jdm/etw auslassen** to take one's anger out on sb/sth; **eine ~ bekommen** to get into [such] a rage, to become furious; **jdn in ~ bringen** to make sb furious, to infuriate sb; **in ~ geraten** to get [*or* fly] into a rage; **eine ~ [auf jdn] haben** *(fam)* to be furious [with sb]; **ich habe vielleicht eine ~!** I am so furious!; **vor ~ kochen** to seethe with rage [*or* anger]; **eine ~ im Bauch haben** *(fam)* to seethe with anger, to be hopping mad *fam*

Wut·an·fall *m* fit of rage; *(Kind)* tantrum; **einen ~ bekommen** [*o fam:* **kriegen**] to throw a tantrum

wü·ten ['vy:tņ] *vi* to rage; *Sturm* to cause havoc; **der**

Sturm hat hier ganz schön gewütet the storm has caused havoc here; **gegen die Obrigkeit ~** to riot against authority

wü·tend I. *adj (äußerst zornig)* furious, enraged; **ein ~es Raubtier** an enraged predator; **mit ~em Geheul/Geschrei** crying/screaming furiously; **in ~er Raserei** in a wild frenzy; **jdn ~ machen** to make sb mad; **~ auf/über jdn ~ sein** to be furious with sb; **~ über etw** *akk* **sein** to be furious about sth; **meine Frau ist ~, weil ich sie versetzt habe** my wife is furious because I stood her up; *(erbittert, sehr heftig)* fierce; **ein ~er Kampf** a fierce battle **II.** *adv* furiously, in a rage

wut·ent·brannt *adv* in a fury

Wü·te·rich <-s, -e> ['vy:tərɪç] *m (pej veraltend)* brute

Wut·ge·heul *nt* roar of fury **wut·schäu·mend** *adj* foaming at the mouth *pred* **wut·schnau·bend I.** *adj* snorting with rage **II.** *adv* in a mad fury

WWU <-> [ve:ve:ʔu:] *f kein pl Abk von* **Wirtschafts- und Währungsunion** EMU

Wz *nt Abk von* **Warenzeichen** TM

X

X, x <-, -> [ɪks] *nt* **❶** *(Buchstabe)* X, x; **~ wie Xanthippe** X for Xmas BRIT, X as in X-ray AM; *s. a.* **A 1 ❷** *(unbekannter Namen)* x; **Herr/Frau ~** Mr/Mrs X; **der Tag X** the day X **❸** *mit Kleinschreibung (fam: eine unbestimmte Zahl)* x amount of; MATH *(unbekannter Wert)* x; **~ Bücher** x number of books; **ich habe sie schon ~-mal gefragt, aber sie antwortet nie** I have already asked her umpteen times, but she never answers; **eine Gleichung nach ~ auflösen** to solve an equation for x ▶ WENDUNGEN: **jdm ein ~ für ein U vormachen wollen** *(fam)* to pull one over on sb *fam;* **sich** *dat* **kein ~ für ein U vormachen lassen** *(fam)* to not be easily fooled

x-Ach·se ['ɪks-] *f* x-axis

Xan·thip·pe <-, -n> [ksan'tɪpə] *f (pej fam)* shrew *dated*

X-Bei·ne ['ɪksbainə] *pl* knock-knees *pl;* **~ haben** to be knock-kneed, to toe in

x-bei·nig *adj* knock-kneed

x-be·lie·big [ɪksbə'li:bɪç] **I.** *adj (fam)* any old *fam;* **jeder X~e** anyone, any old person *fam;* **es kann**

nicht jeder X~e hier Mitglied werden we/they don't let just anybody become a member here **II.** *adv (fam)* as often as one likes; **etw ~ verwenden** to use sth as many times as one likes

X-Chro·mo·som ['ɪkskromozo:m] *nt* X-chromosome

Xe·non <-s> ['kse:nɔn] *nt kein pl* xenon *no pl*

xe·no·phob [kseno'fo:p] *adj (geh)* xenophobic

x-fach ['ɪksfax] **I.** *adj (fam)* umpteen *fam;* **zum ~en Mal** for the umpteenth time; **die ~e Menge** MATH n times the amount **II.** *adv (fam)* umpteen times

x-fa·che(s) *nt kein pl, decl wie adj (fam)* n times more; **in einer anderen Firma könnte ich das ~ verdienen** I could earn n times as much in another company; **um das ~** [*o* **ein ~s**] **größer/schneller/weiter sein** to be n times as big/fast/far away

x-mal ['ɪksma:l] *adv (fam)* umpteen times *fam*

x-te(r, s) ['ɪkstə, 'ɪkste, 'ɪkstəs] *adj (fam)* ■ **der/die/das ~** the umpteenth; **beim ~n Mal** after the umpteenth time; **zum ~n Mal** for the umpteenth time

Xy·lo·fon[RR], **Xy·lo·phon** <-s, -e> [ksylo'fo:n] *nt* xylophone

Y y

Y, y <-, - *o fam* -s, -s> ['ʏpsilɔn] *nt* Y, y; ~ **wie Ypsilon** Y for Yellow BRIT, Y as in Yoke AM; *s. a.* **A 1**
y-Ach·se ['ʏpsilɔnʔaksə] *f* y-axis
Yacht <-, -en> [jaxt] *f s.* **Jacht**
Yak <-s, -s> [jak] *nt* ZOOL yak
Yams·boh·ne ['jams-] *f* yam bean, potato bean
Y-Chro·mo·som <-[e]s, -e> ['ʏpsilɔnkromozo:m] *nt* Y-chromosome
Yen <-[s], -[s]> [jɛn] *m* yen
Ye·ti <-s, -s> ['je:ti] *m* yeti, the Abominable Snowman
Yo·ga <-[s]> ['jo:ga] *m o nt* yoga

Yo·ghurt <-s, -s> ['jo:gʊrt] *m o nt s.* **Joghurt**
Yo·gi, Yo·gin <-s, -s> ['jo:gi, 'jo:gɪn] *m, f s.* **Jogi**
Yo-Yo <-s, -s> [jo'jo:] *nt s.* **Jo-Jo**
Yp·si·lon <-[s], -s> ['ʏpsilɔn] *nt* ① *(Buchstabe)* upsilon ② *s.* **Y**
Yt·ter·bi·um <-s> [ʏˈtɛrbiʊm] *nt kein pl* ytterbium *no pl*
Yt·tri·um <-s> ['ʏtriʊm] *nt kein pl* yttrium *no pl*
Yuc·ca <-, -s> ['jʊka] *f* yucca
Yup·pie <-s, -s> ['jʊpi] *m* yuppie

Z z

Z, z <-, -> [tsɛt] *nt* Z, z; ~ **wie Zacharias** Z for [*or* AM as in] Zebra; *s. a.* **A 1**
Zab·ber <-s, -n> ['tsabɐ] *m* KOCHK neck of beef
zack [tsak] *interj (fam)* zap *fam;* **bei ihr muss alles ~,** ~ **gehen** for her everything has to be done chop-chop; **~, ~!** chop-chop! *fam*
Zack <-s> [tsak] *m kein pl* **jdn auf** ~ **bringen** *(fam)* to make sb get a move on, to get sb to get their skates on BRIT *fam;* **etw auf** ~ **bringen** *(fam)* to knock sth into shape *fam;* **auf** ~ **sein** *(fam: gewitzt sein)* to be on the ball *fam; (bestens funktionieren)* to be in good shape
Za·cke <-, -n> ['tsakə] *f* point; *(vom Kamm, Sägeblatt)* tooth; *(vom Berg)* peak; *Gabel* prong
Za·cken <-s, -> ['tsakn̩] *m DIAL s.* **Zacke** ▶ WENDUNGEN: **sich** *dat* **keinen** ~ **aus der Krone brechen** *(fam)* to not lose face by doing sth; **einen [ganz schönen]** ~ **draufhaben** *(fam)* to go like crazy [*or* BRIT the clappers] *fam;* **jdm bricht** [*o* **fällt**] **kein** ~ **aus der Krone** *(fam)* sb won't lose face, it won't tarnish sb's glory
Za·cken·barsch *m* ZOOL, KOCHK grouper **Za·cken·kor·ken·zie·her** *m* pronged cork remover **Za·cken·scha·ber** *m* jagged-edged scraper
za·ckig ['tsakɪç] *adj* ① *(gezackt)* jagged; **ein ~er Stern** a pointed star; **ein ~er Rand** a jagged edge ② *(fam: schmissig)* upbeat *fam;* **~e Bewegungen** brisk movements; **~e Musik** upbeat music ③ *(veraltend fam: schneidig)* smart; **ein ~er junger Mann** a smart young man
zag·haft ['tsa:khaft] *adj* timid; **~e Bewegungen machen** to make timid movements
Zag·haf·tig·keit *f* timidity
zäh [tsɛ:] **I.** *adj* ① *(eine feste Konsistenz aufweisend)* tough; **ein ~es Stück Fleisch** a tough piece of meat; ~ **wie Leder** *(fam)* tough as old boots ② *(zähflüssig)* glutinous; **ein ~er Saft** a glutinous [*or* thick] juice ③ *(hartnäckig, schleppend)* tenacious; **ein ~es Gespräch** a dragging conversation; **~e Verhandlungen** tough negotiations **II.** *adv* tenaciously
Zä·heitᴬᴸᵀ <-> ['tsɛ:hait] *f kein pl s.* **Zähheit**
zäh·flüs·sig *adj* glutinous, thick; **~er Verkehr** *(fig)* slow-moving traffic
Zäh·flüs·sig·keit *f kein pl* thickness, viscosity *form; Verkehr* slow-moving
Zäh·heitᴿᴿ <-> *f kein pl* toughness, tenacity
Zä·hig·keit <-> ['tsɛ:ɪçkait] *f kein pl* tenacity *no pl,* toughness *no pl;* **die Verhandlungen wurden mit Ausdauer und großer** ~ **geführt** the negotiations

were tough and long-drawn out
Zahl <-, -en> [tsa:l] *f* ① MATH number, figure; **ganze/ gerade/ungerade** ~ whole/even/uneven number; **eine vierstellige** ~ a four figure number; **Kopf oder** ~ heads or tails; **~en addieren/subtrahieren** to add/subtract numbers; **~en [miteinander] multiplizieren** [*durcheinander*] **dividieren** to multiply numbers [by numbers]/divide numbers [by numbers] ② *pl (Zahlenangaben)* numbers; *(Verkaufszahlen)* figures; **arabische/römische** ~en Arabic/Roman numerals; **in die roten/schwarzen ~en geraten** [*o* **kommen**] to get into the red/black ③ *kein pl (Anzahl)* number; **die** ~ **der Besucher** the number of visitors; **in großer/größerer** ~ in great/greater numbers; **in voller** ~ with a full turn-out ④ LING *(Numerus)* number

Die Null heißt *zero* und in Großbritannien auch *nought;* die Eins wird handschriftlich als einfacher Strich geschrieben, die Sieben wird ohne kleinen Querstrich geschrieben. Dadurch kann es passieren, dass unsere Eins als eine Sieben gelesen wird. In den USA lässt man nach *hundred* oft das *and* weg, z.B. *one hundred twenty.* Eine Milliarde heißt jetzt auch in Großbritannien *one billion.* Im Englischen werden Tausender mit einem Komma gegliedert – im Deutschen mit einem Punkt. Dagegen werden Dezimalzahlen mit einem Punkt gegliedert, z.B. *2.4* (gesprochen *two point four*) metres. Bei Währungsangaben folgt die Zahl direkt nach dem Währungszeichen, also ohne Freizeichen, z.B. *$32.50* (gesprochen *thirty-two dollars fifty*).

zahl·bar *adj (geh)* payable; ~ **bei Erhalt/innerhalb von 14 Tagen/nach Lieferung** payable upon receipt/within 14 days/upon delivery; **in Raten** [*o* **Teilbeträgen**] ~ **sein** to be payable in instalments BRIT [*or* AM installments]
zäh·le·big *adj (fam)* hardy, tough
zah·len ['tsa:lən] **I.** *vt* ① *(be~)* ■ **jdm etw [für etw** *akk*] ~ to pay [sb] sth [for sth]; **seine Miete/Schulden** ~ to pay one's rent/debts; **das Hotelzimmer/ Taxi** ~ to pay for a hotel room/taxi ② *(Gehalt auszahlen)* ■ **jdm etw** ~ to pay [sb] sth **II.** *vi* ① *(Gehalt auszahlen)* [**gut/besser/schlecht**] ~ to pay

[well/more/badly] ❷ *(bezahlen)* ▪ **für etw** ~ to pay for sth; **bitte** ~ **Sie an der Kasse** please pay at the till [or AM register]; [bitte] ~! [can I/we have] the bill please! ❸ *(Unterhalt entrichten)* ▪ **für jdn** ~ to pay for sb

zäh·len ['tsɛːlən] I. *vt* ❶ *(addieren)* ▪ **etw** ~ to count sth; **das Geld auf den Tisch** ~ to count the money on the table ❷ *(geh: Anzahl aufweisen)* ▪ **etw** ~ to number sth *form,* to have sth; **der Verein zählt 59 Mitglieder** the club has [or numbers] 59 members ❸ *(geh: dazurechnen)* ▪ **jdn/sich zu etw** *dat* ~ to regard sb/oneself as belonging to sth II. *vi* ❶ *(Zahlen aufsagen)* **bis zehn** ~ to count to ten ❷ *(addieren)* [**richtig/langsam**] ~ to count [correctly/slowly]; **falsch** ~ to miscount ❸ *(gehören)* ▪ **zu jdm/etw** ~ to belong to sb/sth; **er zählt zu den zehn reichsten Männern der Welt** he is one of the ten richest men in the world ❹ *(sich verlassen)* ▪ **auf jdn/etw** ~ to count [or rely] on sb/sth; **auf mich können Sie** ~! you can count on me! ❺ *(wert sein)* to count; **der Sprung zählte nicht** that jump didn't count; *(Bedeutung haben)* to count

Zah·len·an·ga·be *f* figure; **genaue** ~**n machen** to give [or quote] exact figures **Zah·len·fol·ge** *f* numerical sequence **Zah·len·ge·dächt·nis** *nt* memory for numbers **Zah·len·kom·bi·na·ti·on** *f* combination of numbers

zah·len·mä·ßig I. *adj* numerical; ~**e Unterlegenheit** numerical disadvantage II. *adv (an Anzahl)* in number; **Frauen waren auf der Versammlung** ~ **sehr schwach vertreten** at the meeting women were few in number; *(in Zahlen)* in numbers [or figures]; **etw** ~ **ausdrücken** to express sth in numbers; ~ **überlegen sein** to have a numerical advantage

Zah·len·ma·te·ri·al *nt kein pl* figures *pl;* **das** ~ **analysieren** to analyse [or AM -ze] the figures **Zah·len·rei·he** *f s.* **Zahlenfolge Zah·len·schloss**^{RR} *nt* combination lock

Zah·ler(in) <-s, -> *m(f)* payer; **ein pünktlicher/säumiger** ~ a prompt/defaulting payer

Zäh·ler <-s, -> *m* ❶ MATH numerator ❷ TECH meter **Zäh·ler(in)** *m(f) (Teilnehmer einer Zählung)* official conducting traffic census

Zäh·ler·ab·le·sung *f* meter reading **Zäh·ler·stand** *m* meter reading

Zahl·kar·te *f* giro transfer form

zahl·los *adj (euph)* countless

Zahl·meis·ter(in) *m(f)* purser; *(MIL)* paymaster

zahl·reich I. *adj* ❶ *(sehr viele)* numerous ❷ *(eine große Anzahl)* large; **ein** ~**es Publikum war erschienen** a large audience had come II. *adv (in großer Anzahl)* **erscheinen/kommen** to appear/come in large numbers

Zahl·stel·le *f* cashier **Zahl·tag** *m* payday

Zah·lung <-, -en> *f* ❶ *(gezahlter Betrag)* payment ❷ *(das Bezahlen)* payment; **eine** ~/~**en** [**an jdn**] **leisten** *(geh)* to make a payment [to sb]; ~ **erfolgte in bar** *(geh)* payment was made in cash; [**jdm**] **etw** [**für etw** *akk*] **in** ~ **geben** to give [sb] sth in part-exchange [for sth]; **etw** [**von jdm**] [**für etw** *akk*] **in** ~ **nehmen** to take sth [from sb] in part-exchange [for sth]; *(als Zahlungsmittel akzeptieren)* to accept sth [from sb] as payment [for sth]; **die** ~**en einstellen** *(euph)* to go bankrupt

Zäh·lung <-, -en> *f* count; **eine** ~ **durchführen** to carry out a census; *(Verkehrs~)* traffic census; *(Volks~)* census

Zah·lungs·ab·kom·men *nt* payment agreement **Zah·lungs·an·wei·sung** *f* giro transfer order **Zah·lungs·art** *f* mode [or method] of payment **Zah·lungs·auf·for·de·rung** *f* request for payment **Zah·lungs·auf·schub** *m* extension *(of payment due date)* **Zah·**

lungs·auf·trag *m* payment order **Zah·lungs·be·din·gun·gen** *pl* terms *pl* [of payment] **Zah·lungs·emp·fän·ger(in)** *m(f)* payee **zah·lungs·fä·hig** *adj* solvent **Zah·lungs·fä·hig·keit** *f kein pl* solvency **Zah·lungs·frist** *f* period allowed for payment

zah·lungs·kräf·tig *adj (fam)* wealthy; **ein** ~**er Kunde** a wealthy client

Zah·lungs·mit·tel *nt* means of payment + *sing vb;* **gesetzliches** ~ legal tender **Zah·lungs·mo·ral** *f kein pl* ÖKON paying habits *pl* **zah·lungs·pflich·tig** *adj inv* liable to pay **Zah·lungs·ter·min** *m* COM payment day, date for payment; **letzter** ~ final date of payment **zah·lungs·un·fä·hig** *adj* insolvent, unable to pay **Zah·lungs·un·fä·hig·keit** *f* insolvency, inability to pay **Zah·lungs·ver·kehr** *m* payment transactions *pl;* **im bargeldlosen** ~ payment by money transfer **Zah·lungs·ver·pflich·tung** *f meist pl* financial commitment[s *pl*], obligation to pay; **seinen** ~**en** [**nicht**] **nachkommen** to [not] honour [or AM -or] one's financial commitments **Zah·lungs·wei·se** *f* mode [or method] of payment **Zah·lungs·ziel** *nt* payment period

Zähl·werk *nt* counter

Zahl·wort <-wörter> *nt* numeral

zahm [tsaːm] *adj* ❶ *(zutraulich)* tame ❷ *(fam: gefügig)* tame; **eine** ~**e Schulklasse** an obedient class; *(gemäßigt)* moderate; ~**e Kritik üben** to offer mild criticism; ~**en Widerstand leisten** to put up slight opposition

zähm·bar *adj* tam[e]able

zäh·men ['tsɛːmən] *vt* ❶ *(zahm machen)* ▪ **ein Tier** ~ to tame an animal; ▪ **gezähmt** tamed ❷ *(geh: zügeln)* ▪ **etw/sich** ~ to control sth/oneself

Zäh·mung <-, -en> *f* taming

Zahn <-[e]s, Zähne> [tsaːn, *pl:* tsɛːnə] *m* ❶ *(Teil des Gebisses)* tooth; **die dritten Zähne** *(hum)* false teeth; **die ersten Zähne** milk [or AM *a.* baby] teeth; **falsche** [or **künstliche**] **Zähne** false teeth *fam,* artificial dentures; **fauler** ~ rotten tooth; **vorstehende Zähne** protruding [or goofy] teeth *fam,* overbite; **die zweiten Zähne** one's second set of teeth, adult teeth; **einen Zahn/Zähne bekommen** [o *fam:* **kriegen**] to cut a tooth/be teething; **jdm die Zähne einschlagen** *(fam)* to smash sb's face in *fam;* **jd klappert mit den Zähnen** sb's teeth chatter; **mit den Zähnen knirschen** to grind one's teeth; **jdm/sich die Zähne putzen** to brush sb's/one's teeth; **die Zähne zeigen** to show [or bare] one's teeth; **sich** *dat* [**von jdm**] **einen** ~ **ziehen lassen** to have a tooth pulled [or extracted] [by sb]; **jdm einen/einen** ~ **ziehen** to pull sb's/a tooth ❷ *(Zacke)* tooth; *Blatt* point; *Zahnrad* cog ❸ *(fam: hohe Geschwindigkeit)* **einen** ~ **draufhaben** *(fam)* to drive at a breakneck speed; **einen** ~ **zulegen** *(fam)* to step on it ❹ *(sl: Mädchen, Frau)* **ein steiler** ~ *(veraltend fam)* a knockout *fam,* looker *dated* ▶ WENDUNGEN: **der** ~ **der Zeit** *(fam)* the ravages *pl* of time; **das reicht gerade für den hohlen** ~ that wouldn't keep a sparrow alive; **lange Zähne machen** *(fam)* to pick at one's food; **sich** *dat* **an jdm/etw die Zähne ausbeißen** to have a tough time of it with sb/sth; **bis an die Zähne bewaffnet sein** *(fam)* to be armed to the teeth *fam;* **jdm auf den** ~ **fühlen** *(fam)* to grill sb *fam sl;* [**jdm**] **die Zähne zeigen** *(fam)* to show one's teeth [to sb]; **jdm den** ~ **ziehen lassen** *(fam)* to put an idea right out of sb's head

Zahn·arzt, -ärz·tin *m, f* dentist

Zahn·arzt·be·such *m* dentist appointment, visit to the dentist **Zahn·arzt·hel·fer(in)** *m(f)* dental nurse [or AM *a.* assistant]

zahn·ärzt·lich I. *adj* dental *attr* II. *adv* ~ **behandelt werden/sich** ~ **behandeln lassen** to have [or undergo] dental treatment

Zahn·be·hand·lung f dental treatment **Zahn·be·lag** m kein pl plaque no pl **Zahn·bras·se** f ZOOL, KOCHK dentex **Zahn·brü·cke** f bridge **Zahn·bürs·te** f toothbrush **Zahn·creme** f toothpaste
Zäh·ne·flet·schen <-s> nt kein pl **unter ~** while snarling **zäh·ne·flet·schend I.** adj attr snarling **II.** adv snarling **Zäh·ne·klap·pern** nt kein pl chattering of teeth **zäh·ne·klap·pernd I.** adj attr teeth-chattering attr **II.** adv with one's teeth chattering **Zäh·ne·knir·schen** nt kein pl grinding of one's teeth; **unter ~** while gnashing one's teeth **zäh·ne·knir·schend** adv gnashing one's teeth
zah·nen ['tsaːnən] vi to teethe
Zahn·er·satz m dentures pl **Zahn·fleisch** nt gum[s pl]; ▶ WENDUNGEN: **auf dem ~ gehen** [o **kriechen**] (fam) to be on one's last legs fam **Zahn·fleisch·blu·ten** nt kein pl bleeding of the gums **Zahn·fül·lung** f filling **Zahn·hals** m neck of the tooth **Zahn·heil·kun·de** f (geh) s. **Zahnmedizin Zahn·klam·mer** f s. **Zahnspange Zahn·kli·nik** f dental clinic [or hospital] **Zahn·kranz** m gear rim; Fahrrad sprocket **Zahn·kro·ne** f crown **Zahn·laut** m LING dental [consonant]
zahn·los adj toothless
Zahn·lü·cke f gap between the teeth **Zahn·me·di·zin** f kein pl dentistry no pl **Zahn·pas·ta** f s. **Zahncreme Zahn·pfle·ge** f kein pl dental hygiene **Zahn·pro·the·se** f dentures pl **Zahn·putz·glas** nt toothbrush glass
Zahn·rad nt AUTO gearwheel; TECH cogwheel
Zahn·rad·bahn f rack railway, cog railway
Zahn·schein m (fam) dental voucher for free treatment **Zahn·schmelz** m [tooth] enamel **Zahn·schmer·zen** pl toothache no pl **Zahn·sei·de** f dental floss **Zahn·span·ge** f braces pl **Zahn·spü·lung** f ➊ MED (Spülung der Zähne bzw. des Munds) rinse ➋ MED, PHARM (Mundwasser) mouthwash, mouth rinse **Zahn·stein** m kein pl tartar no pl **Zahn·sto·cher** <-s, -> m toothpick **Zahn·stum·mel** m stump **Zahn·tech·ni·ker(in)** m(f) dental technician **Zahn·wal** m toothed whale **Zahn·weh** nt (fam) s. **Zahn·schmerzen Zahn·wur·zel** f root [of a tooth]
Zan·der <-s, -> ['tsandɐ] m pikeperch
Zan·ge <-, -n> ['tsaŋə] f pliers npl, a pair of pliers; Hummer, Krebs pincer; MED forceps npl; (für Zucker) tongs npl; ▶ WENDUNGEN: **jdn/etw nicht mit der ~ anfassen** to not touch sb/sth with a bargepole [or AM 10-foot pole] fam; **jdn in der ~ haben** (fam) to have sb right where one wants him/her fam; **jdn in die ~ nehmen** to give sb the third degree fam; SPORT to sandwich sb
Zank <-[e]s> [tsaŋk] m kein pl row, squabble, quarrel; **~ und Streit** trouble and strife
Zank·ap·fel m bone of contention fig
zan·ken ['tsaŋkn̩] **I.** vi ➊ (streiten) to quarrel, to row, to squabble; ■ **mit jdm ~** to quarrel [or squabble] with sb ➋ DIAL (schimpfen) to scold; ■ **mit jdm ~** to tell sb off **II.** vr (sich streiten) ■ **sich** akk **[um etw** akk] **~** to quarrel [or row] [or squabble] [over/about sth]
zän·kisch ['tsɛŋkɪʃ] adj quarrelsome; **ein ~es altes Weib** an argumentative [or nagging] old woman
Zäpf·chen <-s, -> ['tsɛpfçən] nt ➊ dim von **Zapfen** small plug ➋ ANAT uvula ➌ MED (Medikamentenform) suppository
zap·fen ['tsapfn̩] vt to draw sth, to tap sth; ■ **etw ~: hier wird Bier noch vom Fass gezapft** they have draught beer [or beer on tap] here
Zap·fen <-s, -> ['tsapfn̩] m ➊ BOT (Fruchtstand) cone ➋ (Eis~) icicle ➌ (länglicher Holzstöpsel) spigot, bung ➍ ANAT cone
Zap·fen·streich m ➊ (Ende der Ausgehzeit) **um 22 Uhr ist ~!** lights out at 10! ➋ (Signal) last post BRIT, taps AM; **den ~ blasen** to sound the last post; **der Große ~** the Ceremonial Tattoo

Zap·fen·zie·her <-s, -> m SCHWEIZ s. **Korkenzieher**
Zapf·hahn m tap **Zapf·pis·to·le** f petrol [or AM gas] nozzle **Zapf·säu·le** f petrol [or AM gas] pump
zap·pe·lig ['tsapəlɪç] adj (fam) ➊ (sich unruhig bewegend) fidgety; **ein ~es Kind** a fidgety [or restless] child ➋ (voller Unruhe) ■ **[ganz] ~ [vor etw** dat] **sein** to be [all] restless [or fidgety] [with sth]
zap·peln ['tsapln̩] vi ➊ (fam: sich unruhig bewegen) to wriggle; **an der Angel/im Netz ~** to wriggle on the fishing rod/in the net ➋ ■ **[mit etw** dat] **~** to fidget [with sth] ▶ WENDUNGEN: **jdn ~ lassen** (fam) to keep sb in suspense
Zap·pel·phi·lipp <-s, -e o -s> ['tsapl̩filɪp] m (fig fam) fidget fam
zap·pen ['tsapn̩] vi TV (sl) to channel-hop fam, AM a. to zap fam
zap·pen·dus·ter ['tsapn̩'duːstɐ] adj (fam: völlig dunkel) pitch-black [or dark]; **eine ~e Nacht** a pitch-black night; **mit etw** dat **sieht es ~ aus** (fig) things are looking grim for sth fam, it's not looking too good for sth fam
Zap·ping <-s> ['tsapɪŋ, 'zɛpɪŋ] nt kein pl TV (sl) channel-hopping no pl fam, AM a. zapping no pl fam
zapp·lig ['tsaplɪç] adj s. **zappelig**
Zar(in) <-en, -en> [tsaːɐ̯] m(f) tsar, czar
Zar·ge <-, -n> ['tsargə] f (fachspr) ➊ (Tür~) frame ➋ (Gehäuseteil) case, casing; Plattenspieler plinth
Za·rin <-, -nen> ['tsaːrɪn] f fem form von **Zar**
zart [tsaːɐ̯t] adj ➊ (mürbe) tender; **~es Fleisch/Gemüse** tender meat/vegetable; **~es Gebäck** delicate biscuits/cakes ➋ (weich und empfindlich) soft, delicate; **im ~en Alter von zehn Jahren** at the tender age of ten; **ein ~es Geschöpf** a delicate creature; **~e Haut** soft skin; **eine ~e Pflanze** a delicate plant; **~ besaitet sein** to be highly strung; **~ fühlend** (taktvoll) tactful; (empfindlich) sensitive; **~ fühlende Gemüter** sensitive souls ➌ (mild, dezent) mild; **eine ~e Berührung** a gentle touch; **ein ~es Blau** a delicate [or soft] blue; **ein ~er Duft** a delicate perfume; **eine ~e Andeutung** a gentle hint
zart·bit·ter adj plain, dark **Zart·bit·ter·scho·ko·la·de** f dark chocolate; (zum Kochen) plain chocolate **zart·blau** adj pastel blue
Zart·ge·fühl <-[e]s> nt kein pl (geh) ➊ (ausgeprägtes Einfühlungsvermögen, Taktgefühl) delicacy ➋ (selten: Empfindlichkeit) sensitivity
zart·gelb adj pastel yellow **zart·grün** adj pastel green
Zart·heit <-> f kein pl tenderness no pl; Gebäck delicateness no pl, softness no pl; s. a. **zart**
zärt·lich ['tsɛːɐ̯tlɪç] **I.** adj ➊ (liebevoll) tender, affectionate; **~e Küsse** tender kisses; **~ werden** (euph) to come on strong [to sb] fam, to start to caress sb ➋ (geh: fürsorglich) solicitous; **ein ~er Ehemann** an affectionate husband **II.** adv tenderly, affectionately
Zärt·lich·keit <-, -en> f ➊ kein pl (zärtliches Wesen) tenderness no pl, affection; **voller ~** tenderly ➋ pl (Liebkosung) caresses pl; (zärtliche Worte) tender words pl; **jdm ~en ins Ohr flüstern** to whisper sweet nothings in sb's ear ➌ kein pl (geh: Fürsorglichkeit) solicitousness; **jdn mit der größten ~ behandeln** to treat sb solicitously
ZASt <-> f kein pl s. **Zinsabschlagsteuer**
Zas·ter <-s> ['tsastɐ] m kein pl (sl) dough sl, loot sl, dosh BRIT sl, lolly BRIT fam
Zä·sur <-, -en> [tsɛ'zuːɐ̯] f (geh: Einschnitt) break [with tradition]; LIT, MUS caesura
Zau·ber <-s, -> ['tsaubɐ] m ➊ (magische Handlung) magic; (~trick) magic trick; **fauler ~** (fam) humbug fam; **einen ~ anwenden** to cast a spell; **einen ~ aufheben** [o **lösen**] to break a spell; (magische Wirkung) spell ➋ kein pl (Faszination, Reiz) magic, charm; **der ~ der Liebe** the magic of love; **etw übt**

einen ~ auf jdn aus sth holds a great fascination for sb; **der ~ des Verbotenen** the fascination of what is forbidden ❸ *kein pl (fam: Aufhebens)* palaver; **einen großen ~ veranstalten** to make a great fuss; *(Kram)* stuff; **der ganze ~** *(fam)* the whole lot *fam*

Zau·be·rei <-, -en> [tsaubəˈrai] *f* ❶ *kein pl (Magie)* magic ❷ *s.* **Zauberkunststück**

Zau·be·rer, Zau·be·rin <-s, -> [ˈtsaubərɐ, ˈtsaubərɪn] *m, f* ❶ *(Magier)* sorcerer *masc,* sorceress *fem,* wizard ❷ *(Zauberkünstler)* magician

Zau·ber·for·mel *f* ❶ *(magische Formel)* magic formula ❷ *(Patentmittel)* magic formula

zau·ber·haft *adj* charming, enchanting; **ein ~es Kleid** a gorgeous dress; **ein ~er Abend/Urlaub** a splendid [*or* magnificent] evening/holiday

Zau·be·rin <-, -nen> *f fem form von* **Zauberer**

Zau·ber·künst·ler(in) *m(f)* magician, conjurer **Zau·ber·kunst·stück** *nt* magic trick **Zau·ber·lehr·rer(in)** *m(f) sb who teaches conjuring tricks* **Zau·ber·lehr·gang** *m* conjuring course **Zau·ber·lehr·ling** *m* magician's pupil

zau·bern [ˈtsaubən] **I.** *vt* ❶ *(erscheinen lassen)* ■ **etw** *akk* **aus etw** *dat* ~ to conjure sth from sth; **einen Hasen aus einem Hut** ~ to pull a rabbit out of a hat ❷ *(a. fam: schaffen)* ■ **etw** ~ to conjure up sth **II.** *vi* *(Magie anwenden)* to perform [*or* do] magic; *(Zauberkunststücke vorführen)* to do magic tricks

Zau·ber·schu·le *f* conjuring school **Zau·ber·spruch** *m* magic spell **Zau·ber·stab** *m* magic wand **Zau·ber·trank** *m* magic potion **Zau·ber·trick** *m s.* **Zauberkunststück Zau·ber·wort** *nt* ❶ *(magisches Wort)* magic word; **wie heißt das ~?** *(fig)* what's the magic word? *fig* ❷ *s.* **Zauberformel 2**

Zau·de·rer, Zau·de·rin <-s, -> [ˈtsaudərɐ, ˈtsaudərɪn] *m, f* irresolute person, ditherer

zau·dern [ˈtsaudən] *vi* to hesitate, to be irresolute; ■ **mit etw** *dat* ~ to hesitate with sth; ■ **~, etw zu tun** to hesitate to do sth; **ohne zu** ~ without hesitation [*or* vacillation]

Zau·dern <-s> [ˈtsaudən] *nt kein pl* hesitation *no pl*

Zaum <-[e]s, Zäume> [tsaum, *pl:* ˈtsɔymə] *m* bridle; **einem Pferd den ~ anlegen** to bridle a horse, to put a bridle on a horse; **etw/jdn/sich in** [*o* im] ~ **halten** *(fig)* to keep sth/sb/oneself in check, to keep a tight rein on sth/sb/oneself

zäu·men [ˈtsɔymən] *vt* ■ **ein Tier** ~ to bridle an animal

Zaum·zeug <-[e]s, -e> *nt* bridle

Zaun <-[e]s, Zäune> [tsaun, *pl:* ˈtsɔynə] *m* fence; ▸ WENDUNGEN: **etw vom ~ brechen** to provoke sth; **einen Streit/eine Auseinandersetzung vom ~ brechen** to pick a fight/start an argument

Zaun·gast <-gäste> *m uninvited spectator* **Zaun·kö·nig** *m* wren **Zaun·pfahl** *m* [fence] post

zau·sen [ˈtsauzn] **I.** *vt* ■ **etw** ~ to tousle [*or* ruffle] sth; **jdm das Haar** ~ to tousle sb's hair **II.** *vi* ■ **in/an etw** *dat* ~ to play with sth; **an jds Ohren** ~ to play with sb's ears

z. B. *Abk von* **zum Beispiel** e.g.

ZDF <-s> [tsɛtdeˈʔɛf] *nt Abk von* **Zweites Deutsches Fernsehen** second public service television station in Germany

Ze·bra <-s, -s> [ˈtseːbra] *nt* zebra

Ze·bra·strei·fen *m* zebra [*or* AM *a.* pedestrian] crossing

Ze·bu <-s, -s> [ˈtseːbu] *nt* zebu

Ze·che¹ <-, -n> [ˈtsɛçə] *f* BERGB coal mine, *esp* BRIT colliery

Ze·che² <-, -n> [ˈtsɛçə] *f (Rechnung für Verzehr)* bill; **eine hohe ~ machen** to run up a large bill; **die ~ prellen** *(fam)* to leave without paying; **die ~ bezah·len müssen** to have to foot the bill

ze·chen [ˈtsɛçn] *vi (hum)* to booze *fam,* to booze it up *fam,* to have a booze-up BRIT *fam,* to go on the piss

BRIT *sl*

Ze·cher(in) <-s, -> [ˈtsɛçɐ] *m(f)* boozer *fam*

Zech·ge·la·ge *nt* binge, booze-up BRIT *fam* **Zech·kum·pan(in)** *m(f) (fam)* drinking-mate BRIT *fam,* drinking-buddy AM *fam* **Zech·prel·ler(in)** <-s, -> *m(f)* walk-out *(person who leaves without paying the bill)* **Zech·prel·le·rei** <-, -en> [tsɛçprɛləˈrai] *f* walking out *(leaving without paying the bill)*

Zeck <-[e]s, -en> [tsɛk] *m* ÖSTERR *(fam),* **Ze·cke** <-, -n> [ˈtsɛkə] *f* tick

Ze·cken·bissᴿᴿ *m* tick bite **Ze·cken·imp·fung** *f* vaccination for tick bites

Ze·der <-, -n> [ˈtseːdɐ] *f* ❶ BOT cedar ❷ *kein pl (Zedernholz)* cedar[wood]

Ze·dern·holz *nt* cedarwood

Zeh <-s, -en> [tseː] *m,* **Ze·he** <-, -n> [ˈtseːə] *f* ❶ ANAT toe; **großer/kleiner** ~ big/little toe; **sich** *akk* **auf die ~en stellen** to stand on tiptoes; **jdm auf die ~en treten** *(fig fam)* to tread on sb's toes *fig fam* ❷ KOCHK *(Knoblauchzehe)* clove

Ze·hen·na·gel *m* toenail **Ze·hen·spit·ze** *f* tip of the toe; **auf** [den] **~n** on tiptoe; **auf** [den] **~n gehen** to tiptoe, to walk on tiptoe; **auf die ~n stellen** to stand on tiptoe

zehn [tseːn] *adj* ten; *s. a.* **acht¹**

Zehn <-, -en> [tseːn] *f* ❶ *(Zahl)* ten ❷ KARTEN ten; *s. a.* **Acht¹** 4 ❸ *(Verkehrslinie)* ■ **die** ~ the [number] ten

zehn·bän·dig *adj* ten in volumes

Zehn·cent·stück, 10-Cent-Stück *nt* ten-cent piece [*or* coin]

Zeh·ner <-s, -> [ˈtseːnɐ] *m* ❶ *(fam: Geldstück)* ten-cents piece [*or* coin]; *(Geldschein)* ten-euros note ❷ MATH *(Zahl zwischen 10 und 90)* ten; **die Einer und die ~ addieren** to add the ones and the tens

Zeh·ner·kar·te *f* TRANSP ten-journey ticket; TOURIST ten-visit ticket

zeh·ner·lei [ˈtseːnɐˈlai] *adj inv, attr* ten [different]; *s. a.* **achterlei**

Zeh·ner·pa·ckung *f* packet of ten

Zehn·eu·ro·schein, 10-Eu·ro-Schein *m* ten-euro note [*or* AM *usu* bill]

zehn·fach, 10fach [ˈtseːnfax] **I.** *adj* tenfold **II.** *adv* tenfold, ten times over

Zehn·fa·che, 10·fa·che *nt decl wie adj* ten times as much/many; *s. a.* **Achtfache**

Zehn·fin·ger·sys·tem <-s> [tseːnˈfɪŋɐzʏsteːm] *nt kein pl* TYPO touch-typing method **zehn·jäh·rig, 10-jäh·rig**ᴿᴿ *adj* ❶ *(Alter)* ten-year-old *attr,* ten years old *pred;* z. a. **achtjährig 1** ❷ *(Zeitspanne)* ten-year *attr; s. a.* **achtjährig 2 Zehn·jäh·ri·ge(r), 10-Jäh·ri·ge(r)**ᴿᴿ *f(m) decl wie adj* ten-year-old **Zehn·kampf** [ˈtseːnkampf] *m* decathlon **Zehn·kämp·fer(in)** *m(f)* decathlete

zehn·mal, 10-malᴿᴿ [ˈtseːnmaːl] *adv* ten times; *s. a.* **achtmal Zehn·me·ter·brett** *nt* ten-metre [*or* AM -er] board

zehn·stö·ckig *adj inv* ten-storey [*or* AM -story] *attr,* with ten storeys **zehn·stün·dig, 10-stün·dig**ᴿᴿ *adj* ten-hour *attr; s. a.* **achtstündig**

zehnt [tseːnt] *adv* ■ **zu ~ sein** to be a party of ten **zehn·tä·gig, 10-tä·gig**ᴿᴿ *adj* ten-day *attr*

zehn·tau·send [ˈtseːnˈtauznt] *adj* ❶ *(Zahl)* ten thousand; *s. a.* **tausend 1** ❷ ■ **sehr viele,** ■ **Z~e von ...** tens of thousands of ...; **die oberen Z~** *(fam o fig)* the top ten thousand ❸ *(fam: 10.000 Euro)* ten grand, ten thou *sl,* ten G's [*or* K's] *sl*

zehn·te(r, s) [ˈtseːntɐ, ˈtseːntə, ˈtseːntəs] *adj* ❶ *(nach dem neunten kommend)* tenth; **die ~ Klasse** [*o fam:* **die Z~**] fourth year *(secondary school),* fourth form [*or* AM grade]; *s. a.* **achte(r, s) 1** ❷ *(Datum)* tenth, 10th; *s. a.* **achte(r, s) 2**

Zehn·te(r) *f(m) decl wie adj* ❶ *(Person)* tenth; *s. a.*

Achte(r) 1 ● *(bei Datumsangaben)* ■ **der** ~ [*o* geschrieben: **der 10.**] the tenth *spoken,* the 10th *written; s. a.* **Achte(r) 2** ● HIST ■ **der** ~ tithe
zehn·tel ['tse:ntl] *adj* tenth
Zehn·tel <-s, -> ['tse:ntl] *nt o* SCHWEIZ *m* ■ **ein** ~ a tenth; *s. a.* **Achtel**
zehn·tens ['tse:ntns] *adv* tenth[ly], in [the] tenth place
zeh·ren ['tse:rən] *vi* ● *(erschöpfen, schwächen)* ■ **an** **jdm/etw** ~ to wear sb/sth out; **an jds Nerven/ Gesundheit** ~ to ruin sb's nerves/health ● *(sich ernähren)* ■ **von etw** *dat* ~ to live on [*or* off] sth; **von seinen Erinnerungen** ~ *(fig)* to live in the past
Zei·chen <-s, -> ['tsaiçn] *nt* ● *(Symbol)* symbol; **che·mische** ~ chemical symbols; *(Notations~)* symbol; *(Schrift~)* character; *(Satz~)* punctuation mark ● *(Markierung)* sign; **ein** ~ **auf** *akk* **etw** [*o* **in**] **machen** to make a mark on sth; **sein** ~ **unter ein Schriftstück setzen** to put one's [identification] mark at the end of a text; **die Forscher fanden viele selt·same** ~ the researchers found many strange marks; **seines/ihres** ~**s** *(hum veraltend)* by trade ● *(Hinweis)* sign; *(Symptom)* symptom; **ein untrügliches/ sicheres/schlechtes** ~ a[n] unmistakable/sure/bad sign; **wenn nicht alle** ~ **trügen** if I'm/we're not completely mistaken; **die** ~ **der Zeit erkennen** [*o* **richtig zu deuten wissen**] to recognise the mood of the times; **es geschehen noch** ~ **und Wunder** *(hum, fig)* wonders will never cease *hum* ● *(Signal)* signal; **jdm ein** ~ **geben** [*o* **machen**] to give sb a signal; **sich** *akk* **durch** ~ **verständigen** to communicate using signs; **das** ~ **zu etw** *dat* **geben** to give the signal to do sth; **ein** ~ **setzen** to set an example; **die** ~ **stehen auf Sturm** *(fig)* there's trouble ahead; *(Ausdruck)* expression; **als/zum** ~ **einer S.** *gen* as an expression [*or* indication] of sth; **zum** ~, **dass** to show that ● ASTROL *(Stern~)* sign; **im** ~ **einer S.** *gen* **gebo·ren sein** to be born under the sign of sth
Zei·chen·block <-blöcke *o* -blocks> *m* sketch pad **Zei·chen·brett** *nt* drawing board **Zei·chen·drei·eck** *nt* setsquare BRIT, triangle AM
Zei·chen·er·klä·rung *f* key; *(Landkarte)* legend
Zei·chen·fe·der *f* pen for drawing **Zei·chen·leh·rer(in)** *m(f)* art teacher **Zei·chen·pa·pier** *nt* drawing paper **Zei·chen·saal** *m* art room
Zei·chen·set·zung <-> *f kein pl* punctuation **Zei·chen·spra·che** *f* sign language
Zei·chen·trick·film *m* cartoon, animated film *form* **Zei·chen·un·ter·richt** *m* art [lesson]
zeich·nen ['tsaiçnən] **I.** *vt* ● KUNST, ARCHIT ■ **jdn/ etw** ~ to draw sb/sth; **eine Landschaft** ~ to draw a landscape; **einen Akt** ~ to draw a nude; **einen Grundriss** ~ to draw an outline ● *(schriftlich anerkennen)* ■ **etw** ~ to subscribe for sth; **Aktien** ~ to subscribe for shares; **einen Scheck** ~ to validate a cheque ● *(mit Zeichen versehen)* to mark; **Wäsche** ~ to mark the laundry; **von einer Krankheit gezeichnet sein** *(fig)* to be scarred by an illness *fig* **II.** *vi* ● KUNST ■ [**mit etw** *dat*] ~ to draw [with sth]; ■ **an etw** *dat* ~ to draw sth ● *(geh: verantwortlich sein)* **für etw** *akk* [**verantwortlich**] ~ to be responsible for sth
Zeich·nen <-s> ['tsaiçnən] *nt kein pl* ● *(Anfertigung einer Zeichnung)* drawing ● *(Zeichenunterricht)* art lesson ● *(schriftliches Anerkennen)* validation
Zeich·ner(in) <-s, -> *m(f)* ● KUNST draughtsman *masc,* AM *a.* draftsman *masc,* draughtswoman *fem,* AM *a.* draftswoman *fem;* **technischer** ~/**technische Zeichnerin** engineering draughtsman/draughtswoman ● FIN subscriber
zeich·ne·risch I. *adj* graphic; ~**e Begabung/**~**es Können** talent/ability for drawing **II.** *adv* graphically; **etw** ~ **erklären** to explain sth with a drawing

Zeich·nung <-, -en> *f* ● KUNST drawing; *(Entwurf)* draft, drawing; **eine** ~ [**von jdm/etw**] **anfertigen** to make a drawing [of sb/sth] ● BOT, ZOOL *(farbige Musterung)* markings *pl* ● FIN subscription
Zei·ge·fin·ger *m* index finger, forefinger
zei·gen ['tsaign] **I.** *vt* ● *(deutlich machen)* ■ **jdm etw** ~ to show sb sth; **jdm die Richtung/den Weg** ~ to show sb the way ● *(vorführen)* ■ [**jdm**] **jdn/etw** ~ to show [sb] sb/sth; **sich** *dat* **von jdm** ~ **lassen, wie etw gemacht wird** to get sb to show one how to do sth; **sich** *dat* **sein Zimmer** ~ **lassen** to be shown one's room; **zeig mal, was du kannst!** *(fam)* let's see what you can do! *fam;* **es jdm zeigen** *(fam)* to show sb ● *(geh: erkennen lassen)* to show; **Wirkung** ~ to have an effect; **Interesse/Reue** ~ to show interest/regret; **seine Gefühle** [**nicht**] ~ to [not] show one's feelings; **guten Willen** ~ to show good will; **Mut** ~ to show courage **II.** *vi* ● *(deuten/ hinweisen)* to point; **nach rechts/oben/hinten** ~ to point right [*or* to the right] /upwards/to the back; **nach Norden** ~ to point north [*or* to the north]; ■ **auf etw** *akk* ~ to point at sth; **der Zeiger der Benzinuhr zeigt auf „leer"** the needle on the fuel gauge reads "empty"; ■ [**mit etw** *dat*] **auf jdn/etw** ~ to point [with sth] at sb/sth ● *(erkennen lassen)* ■ ~, **dass** to show that, to be a sign that **III.** *vr* ● *(sich sehen lassen)* ■ **sich** *akk* [**jdm**] ~ show oneself [to sb]; **sich** *akk* **mit jdm** ~ to let oneself be seen with sb; **sich** *akk* **in** [*o* **mit**] **etw** *dat* ~ to be seen in sth; **komm, zeig dich mal!** let me see what you look like ● *(erkennbar werden)* ■ **sich** *akk* ~ to appear; **am Himmel zeigten sich die ersten Wolken** the first clouds appeared in the sky ● *(sich erweisen)* ■ **sich** *akk* [**als jd/irgendwie**] ~ to prove oneself [to be sb/somehow]; **sich** *akk* **befriedigt/erfreut/erstaunt** ~ to be satisfied/ happy/amazed; **sich** *akk* **von seiner besten Seite** ~ to show oneself at one's best
Zei·ger <-s, -> ['tsaige] *m (Uhr~)* hand; **der große/ kleine** ~ the big/small [*or* little] hand; *(Messnadel)* needle, indicator
Zei·ge·stock *m* pointer
Zei·le <-, -n> ['tsailə] *f* ● *(geschriebene Reihe)* line; ~ **für** ~ line for line; **jdm ein paar** ~**n schreiben** *(fam)* to drop sb a line; **bis zur letzten** ~ to the last line; **zwischen den** ~**n lesen** to read between the lines ● *(Reihe)* row; **eine** ~ **von Bäumen/Häusern** a row of trees/houses
Zei·len·ab·stand *m* line spacing **Zei·len·ho·no·rar** *nt* payment per line **Zei·len·län·ge** *f* length of a line
Zei·sig <-s, -e> ['tsaizɪç] *m* ORN spinus, siskin
zeit [tsait] *präp +gen* time; ~ **meines Lebens** all my life
Zeit <-, -en> [tsait] *f* ● *(verstrichener zeitlicher Ablauf)* time; **die genaue** ~ the exact time; **westeuropäische** ~ Greenwich Mean Time; **mitteleuropäische** ~ Central European Time; **mit der** ~ in time; ~ **raubend** time-consuming; ~ **sparend** time-saving; **etw** ~ **sparend tun** to save time in doing sth; **durch die** ~ **reisen** to travel through time; **die** ~ **totschlagen** *(fam)* to kill time *fam* ● *(Zeitraum)* time; **in jds bester** ~ at sb's peak; **auf bestimmte** ~ for a certain length of time; **Vertrag auf** ~ fixed-term contract; **Beamter auf** ~ *non-permanent civil servant;* **die ganze** ~ [**über**] the whole time; **in letzter** ~ lately; **vor seiner** ~ **alt werden/sterben** to get old/die before one's time; **in nächster** ~ in the near future; **auf unabsehbare** ~ for an unforeseeable period, unforeseeably; **auf unbestimmte** ~ for an indefinite period, indefinitely; **eine ganze/einige/längere** ~ **dauern** to take quite some/some/a long time; ~ **gewinnen** to gain time; [**keine**] ~ **haben** to [not] have time; ~ **haben, etw zu tun** to have the time to

do sth; **zehn Minuten/zwei Tage ~ haben|, etw zu tun|** to have ten minutes/two days [to do sth]; **haben Sie einen Augenblick ~?** have you got a moment to spare?; **das hat noch ~** [*o* **mit etw hat es noch ~**] that/sth can wait, there's no rush [*or* hurry]; **sich |mit etw| ~ lassen** to take one's time [with sth]; **sich** *dat* **|mehr| ~ |für jdn/etw| nehmen** to devote [more] time [to sb/sth]; **~ schinden** *(fam)* to play for time; **jdm die ~ stehlen** *(fam)* to waste sb's time; **wie doch die ~ vergeht!** how time flies!; **keine ~ verlieren** to not lose any more time; **jdm/sich die ~ mit etw vertreiben** to help sb/one pass the time with sth; **jdn auf ~ beschäftigen/einstellen** to employ sb on a temporary basis; **jdm wird die ~ lang** sb is bored; **etw auf ~ mieten** to rent sth temporarily; **nach ~** by the hour ③ *(Zeitpunkt)* time; **zu gegebener ~** in due course; **feste ~en haben** to have set times; **jds ~ ist gekommen** *(euph geh)* sb's time has come *euph;* **zur gleichen ~** at the same time; **es ist** [*o* **wird**] [*o* **höchste**] **~, etw zu tun, es ist an der ~, etw zu tun** it's [high] time to do sth; **es ist höchste Zeit, dass wir die Tickets kaufen** it's high time we bought the tickets; **wenn es an der ~ ist** when the time is right; **zu nachtschlafender ~** in the middle of the night; **seit dieser/der ~** since then; **von ~ zu ~** from time to time; **zur ~** at the moment; **zu jeder ~** at any time; **zur rechten ~** at the right time; **alles zu seiner ~** all in good time ④ *(Epoche, Lebensabschnitt)* time, age; **mit der ~ gehen** to move with the times; **die ~ der Aufklärung** the age of enlightenment; **… aller ~en** … of all times; **die gute alte ~** the good old days; **seit uralten** [*o* **ewigen**] **~en** since/from time immemorial; **für alle ~en** for ever, for all time *liter;* **etw war vor jds ~** sth was before sb's time; **zu jener ~** at that time; **vor ~en** *(liter)* a long time ago; **zur ~** [*o* **zu ~en**] **einer Person** *gen* in sb's times; **die ~en ändern sich** times are changing ⑤ LING *(Tempus)* tense ⑥ SPORT time; **eine gute ~ laufen** to run a good time; **auf ~ spielen** to play for time ▸ WENDUNGEN: **~ ist Geld** time is money; **spare in der ~, dann hast du in der Not** *(prov)* waste not, want not; **kommt ~, kommt Rat** *(prov)* things have a way of sorting themselves out; **die ~ heilt alle Wunden** *(prov)* time heals all wounds *prov;* **ach du liebe ~!** *(fam)* goodness me! *fam;* **die ~ arbeitet für jdn** *(fig)* time is on sb's side; **die ~ drängt** time presses; **wer nicht kommt zur rechten ~, der muss nehmen, was übrig bleibt** *(prov)* the early bird catches the worm *prov*

Zeit·ab·schnitt *m* period [of time] **Zeit·al·ter** *nt* age; **das viktorianische ~** the Victorian age; **in unserem ~** nowadays, in our day and age; **das goldene ~** the golden age **Zeit·an·ga·be** *f* ① *(Angabe der Uhrzeit)* time; *(Angabe des Zeitpunktes)* date ② LING temporal adverb **Zeit·an·sa·ge** *f* TELEK speaking clock; RADIO time check **Zeit·ar·beit** *f kein pl* temporary work *no pl* **Zeit·ar·beits·fir·ma** *f* temporary employment agency, temping agency *fam* **Zeit·auf·wand** *m* expenditure of time; **nach ~ bezahlen** to pay by the hour; **mit großem ~ verbunden sein** to be extremely time-consuming **zeit·auf·wän·dig**RR *adj* time-consuming **Zeit·bom·be** *f* time bomb **Zeit·do·ku·ment** *nt* contemporary document **Zeit·druck** *m kein pl* time pressure; **sich** *akk* **|von jdm| unter ~ setzen lassen** to let oneself be rushed [by sb]; **jdn unter ~ setzen** to put sb under time pressure; **unter ~ stehen/arbeiten** to be/work under time pressure **Zeit·ein·tei·lung** *f* time planning, time management **Zeit·er·spar·nis** *f* saving of time **Zeit·fra·ge** *f* ① *kein pl (Frage der Zeit)* question of time ② *(Problem der Zeit)* contemporary concern **Zeit·ge·fühl** *nt kein pl* sense of time; **das ~ verlieren** to lose all sense of time **Zeit·**

geist *m kein pl* Zeitgeist, spirit of the times

zeit·ge·mäß I. *adj* modern, up-to-date; **ein ~es Design** a modern design **II.** *adv* up-to-date, modern **Zeit·ge·nos·se, -ge·nos·sin** *m, f* ① *(zur gleichen Zeit lebender Mensch)* jds ~, ein ~ von jdm sb's contemporary, a contemporary of sb ② *(fam: Mensch)* **ein verschrobener ~** an odd bod BRIT *fam,* an oddball AM *fam;* **ein übler ~** a bad guy *fam* **zeit·ge·nös·sisch** ['tsaitgənœsɪʃ] *adj* contemporary; **~e Kunst/Musik** contemporary art/music **Zeit·ge·sche·hen** *nt kein pl* events of the day **Zeit·ge·schich·te** *f kein pl* contemporary history *no pl* **Zeit·ge·schmack** *m kein pl* prevailing taste

zeit·gleich I. *adj* contemporaneous **II.** *adv* at the same time; **~ ins Ziel kommen** to finish [the race] at the same time [as sb else]

zei·tig ['tsaitɪç] **I.** *adj* early **II.** *adv* early, in good time **zei·ti·gen** ['tsaitɡn̩] *vt (geh)* ▪ etw ~ to bring sth about; **Früchte ~** to bear fruit

Zeit·kar·te *f* TRANSP monthly/weekly/weekend etc. ticket [*or* pass] **zeit·kri·tisch I.** *adj commenting on contemporary issues;* **ein ~er Film** a film on contemporary issues **II.** *adv* **etw ~ analysieren** *to analyse sth by looking at the contemporary issues;* **etw ~ beleuchten** *to shed light on the contemporary issues affecting sth* **Zeit·lang** *f* ▪ **eine ~** for a while [*or* a time] **zeit·le·bens** [tsait'le:bn̩s] *adv* one's whole life, all one's life

zeit·lich I. *adj* ① *(chronologisch)* chronological; **der ~e Ablauf** the chronological sequence of events; *(terminlich)* temporal; **die ~e Planung** time planning ② REL *(irdisch, vergänglich)* transitory; **das Z~e seg·nen** *(euph veraltet: sterben)* to depart from this life; *(fam: kaputtgehen)* to pack in *fam* **II.** *adv* ① *(terminlich)* timewise *fam,* from a temporal point of view; **~ zusammenfallen** to coincide; **etw ~ abstimmen** to synchronize sth ② *(vom Zeitraum her)* **~ begrenzt** for a limited time; **etw ~ hinausschieben** to postpone sth; **eine ~e Zahlung** a payment received on time

zeit·los *adj* timeless; **~e Kleidung** classic clothes *pl;* **~er Stil** style that doesn't date [*or* go out of date] **Zeit·lu·pe** *f kein pl* slow motion *no art;* **etw in |der| ~ zeigen** to show sth in slow motion **Zeit·lu·pen·tem·po** *nt* slow motion; **sich** *akk* **im ~ bewegen** *(hum)* to move at a snail's pace *hum* **Zeit·man·gel** *m kein pl* lack of time; **aus ~/wegen ~s** due to lack of time **Zeit·ma·schi·ne** *f* time machine **Zeit·mes·sung** *f* timekeeping **Zeit·neh·mer(in)** <-s, -> *m(f)* SPORT timekeeper **Zeit·not** *f kein pl* shortage of time; **in ~ geraten** to run out of time; **in ~ sein** to be short of time [*or* pressed for time] **Zeit·plan** *m* schedule, timetable; **den ~ einhalten** to stick to the timetable, to be [*or* stay] on schedule **Zeit·punkt** *m* time; **zu diesem ~** at that point in time; **zu dem ~** at that time; **zu einem bestimmten ~** at a certain time; **zum jetzigen ~** at this moment in time; **den richtigen ~ abwarten** to find the right time **Zeit·raf·fer** <-s> *m kein pl* time-lapse photography; **etw im ~ filmen** to film sth using time-lapse photography **Zeit·raum** *m* period of time; **in einem ~ von |drei Wochen|** over a period of [three weeks]; **über einen längeren Zeitraum** over a longer period of time **Zeit·rech·nung** *f* ① *(Kalendersystem)* calendar; **nach moslemischer ~** according to the Muslim calendar; **vor/nach unserer ~** before Christ/anno Domini ② *(Berechnung der Zeit)* calculation of time **Zeit·rei·se** *f* travel through time **Zeit·rei·sen·de(r)** *f(m) decl wie adj* time-traveller **Zeit·schrift** ['tsaitʃrɪft] *f* magazine; *(wissenschaftlich)* periodical, journal

Zeit·schrif·ten·abon·ne·ment *nt* magazine subscription **Zeit·schrif·ten·bei·la·ge** *f* pull-out section **Zeit·schrif·ten·stän·der** *m* magazine rack **Zeit·schrif·ten·zu·stel·lung** *f* mailing of magazines

Zeit·span·ne *f* period of time **Zeit·takt** *m* unit length; **in einem ~ von drei Minuten** every three minutes **zeit·ty·pisch** *adj* contemporary **Zeit·um·stel·lung** *f* changing the clocks

Zei·tung <-, -en> ['tsaitʊŋ] *f* newspaper, paper; **etw in die ~ bringen** to put sth in the paper; **bei einer ~ sein** *(fam)* [*o* **arbeiten**] to work for a newspaper

Zei·tungs·abon·ne·ment *nt* newspaper subscription **Zei·tungs·an·non·ce** *f* newspaper advertisement, ad *fam;* *(Geburt, Tod, Ehe)* announcement **Zei·tungs·an·zei·ge** *f* newspaper advertisement [*or fam* ad] **Zei·tungs·ar·ti·kel** *m* newspaper article **Zei·tungs·aus·schnitt** *m* newspaper cutting **Zei·tungs·aus·trä·ger(in)** *m(f)* paper boy/girl **Zei·tungs·bei·la·ge** *f* newspaper supplement **Zei·tungs·be·richt** *m* newspaper article [*or* report] **Zei·tungs·en·te** *f (fam)* canard, false newspaper report **Zei·tungs·ki·osk** *m* newspaper kiosk [*or* stand] **Zei·tungs·le·ser(in)** *m(f)* newspaper reader; **~ sein** to like to read newspapers **Zei·tungs·mel·dung** *f* newspaper report **Zei·tungs·pa·pier** *nt* newsprint, newspaper **Zei·tungs·re·dak·ti·on** *f* editorial office of a newspaper **Zei·tungs·stand** *m* news stand **Zei·tungs·stän·der** *m* [news]paper stand [*or* rack] **Zei·tungs·ver·käu·fer(in)** *m(f)* person selling newspapers **Zei·tungs·ver·lag** *m* newspaper publisher **Zei·tungs·ver·trä·ger(in)** *m(f)* SCHWEIZ *s.* **Zeitungsausträger**

Zeit·ver·geu·dung *f kein pl s.* **Zeitverschwendung Zeit·ver·lust** *m* loss of time; **ohne ~** without losing any time; **einen ~ aufholen** to make up time **Zeit·ver·schie·bung** *f* time difference **Zeit·ver·schwen·dung** *f kein pl* waste of time; [reine] **~ sein, etw zu tun** to be a [total] waste of time to do sth **Zeit·ver·trag** *m* temporary contract **Zeit·ver·treib** <-[e]s, -e> *m* pastime; **zum ~** to pass the time, as a way of passing the time; *(als Hobby)* as a pastime **Zeit·vor·ga·be** *f* ÖKON time standard

zeit·wei·lig ['tsaitvailɪç] **I.** *adj* ❶ *(gelegentlich)* occasional ❷ *(vorübergehend)* temporary **II.** *adv s.* **zeitweise**

zeit·wei·se *adv* ❶ *(gelegentlich)* occasionally, at times ❷ *(vorübergehend)* temporarily

Zeit·wert *m* current value **Zeit·wort** *nt* LING verb **Zeit·zei·chen** *nt* time signal **Zeit·zeu·ge, -zeu·gin** *m, f (geh)* contemporary witness **Zeit·zo·ne** *f* time zone **Zeit·zün·der** *m* time fuse

ze·le·brie·ren [tsele'bri:rən] *vt* ❶ REL *(Messe lesen)* ■ **etw ~** to celebrate sth ❷ *(hum geh: betont feierlich gestalten)* ■ **etw ~** to celebrate sth; **ein Essen ~** to have a sumptuous [*or BRIT* slap-up] meal *fam* ❸ *(selten geh: feiern)* to celebrate; **jds Geburtstag ~** to celebrate sb's birthday

Zell·bi·o·lo·gie *f* cell biology

Zel·le <-, -n> ['tsɛlə] *f* cell; *(Telefon~)* [phone] booth [*or BRIT* box]; ▷ WENDUNGEN: **die** [**kleinen**] **grauen ~n** *(hum fam)* one's grey matter

Zell·fu·si·on *f* cell fusion **Zell·ge·we·be** *nt* cell tissue **Zell·kern** *m* nucleus [of a/the cell] **Zell·kul·tur** *f* BIOL cell culture **Zell·mem·bran** *f* cell membrane

Zel·lo·phan <-s> [tsɛlo'fa:n] *nt kein pl s.* **Cellophan**

Zell·plas·ma *nt* cell plasma **Zell·stoff** ['tsɛlʃtɔf] *m s.* **Zellulose Zell·tei·lung** *f* cell division

Zel·lu·li·tis <-, Zellulitiden> [tsɛlu'li:tɪs, *pl:* -li'ti:dn̩] *f meist sing s.* **Cellulitis**

Zel·lu·loid <-[e]s> [tsɛlu'lɔyt] *nt kein pl* celluloid *no pl*

Zel·lu·lo·se <-, -n> [tsɛlu'lo:zə] *f* cellulose

Zell·wu·che·rung *f* rampant cell growth

Zelt <-[e]s, -e> [tsɛlt] *nt* tent; *(Fest~)* marquee; *(Zirkus~)* big top; **ein ~ aufschlagen** to pitch a tent; **das**

himmlische ~ *(liter)* the canopy *liter* ▶ WENDUNGEN: **seine ~e abbrechen** *(hum fam)* to up sticks BRIT, to pack one's bags AM; **seine ~e irgendwo aufschlagen** *(hum fam)* to settle down somewhere

Zelt·bla·che <-, -n> [-blaxə] *f* SCHWEIZ *(Zeltplane)* tarpaulin **Zelt·dach** *nt* ARCHIT ❶ *(pyramidenförmiges Hausdach)* pyramid roof ❷ *(als Dach gespannte Zeltplane)* tent-roof

zel·ten ['tsɛltn̩] *vi* to camp [somewhere]; **~ gehen** to go camping

Zel·ter(in) <-s, -> ['tsɛltɐ] *m(f)* camper

Zel·ter <-s, -> ['tsɛltɐ] *m (hist: Reitpferd)* palfrey *hist*

Zelt·la·ger *nt* camp **Zelt·mast** *m* tent pole **Zelt·pflock** *m* tent peg **Zelt·pla·ne** *f* tarpaulin **Zelt·platz** *m* campsite **Zelt·stan·ge** *f* tent pole

Ze·ment <-[e]s, -e> [tse'mɛnt] *m* ❶ BAU cement; *(Zementfußboden)* cement floor ❷ MED *(Zahn~)* [dental] cement

Ze·ment·fuß·bo·den *m* cement floor

ze·men·tie·ren [tsemɛn'ti:rən] *vt* ❶ BAU ■ **etw ~** to cement sth ❷ *(geh: festigen)* ■ **etw ~** to cement sth; **ein politisches System ~** to reinforce a political system

Ze·nit <-[e]s> [tse'ni:t] *m kein pl* ❶ ASTRON *(Scheitelpunkt)* zenith ❷ *(geh: Höhepunkt)* zenith; **im ~ einer S. stehen** to be at the peak of sth; **er stand im ~ seiner Karriere** he was at the peak of his career

zen·sie·ren [tsɛn'zi:rən] *vt* ❶ *(der Zensur unterwerfen)* ■ **etw ~** to censor sth ❷ SCH ■ **etw ~** to mark [*or AM usu* grade] sth, to give sth a mark [*or AM usu* grade]; **etw schlechter ~** to mark down sth *sep,* to give sth a lower grade

Zen·sor, Zen·so·rin <-s, -soren> ['tsɛnzoːɐ̯, *pl:* tsɛn'zoːrən] *m, f* censor

Zen·sur <-, -en> [tsɛn'zuːɐ̯] *f* ❶ SCH mark; **jdm eine bestimmte ~ geben** to give sb a certain mark; **schlechte/gute ~en bekommen** to get [*or* obtain] good/poor marks; **schlechte/gute ~en geben** to give low/high marks ❷ *kein pl (prüfende Kontrolle)* censorship, the censors *pl; Filme* board of censors; **einer ~ unterliegen** to be subject to censorship

zen·su·rie·ren [tsɛnzu'ri:rən] *vt* ÖSTERR, SCHWEIZ *s.* **zensieren**

Zen·sus <-, -> ['tsɛnzʊs] *m* census

Zen·ti·gramm [tsɛnti'gram] *nt* centigramme [*or AM* -am] **Zen·ti·li·ter** [tsɛnti'li:tɐ] *m o nt* centilitre [*or AM* -er] **Zen·ti·me·ter** [tsɛnti'me:tɐ] *m o nt* centimetre [*or AM* -er] **Zen·ti·me·ter·maß** *nt* [metric] tape measure

Zent·ner <-s, -> ['tsɛntnɐ] *m* [metric] hundredweight; ÖSTERR, SCHWEIZ 100kg

Zent·ner·last *f (fig)* heavy burden; **mir fiel eine ~ vom Herzen** it was a great load [*or* weight] off my mind **zent·ner·schwer I.** *adj* ❶ *(zig Kilo schwer)* [heavy] weight ❷ *(fig)* heavy *fig;* **~ auf jdm/jds Seele lasten** to weigh sb down/weigh heavy on sb's mind **II.** *adv* heavily

zent·ner·wei·se *adv* by the hundredweight

zen·tral [tsɛn'tra:l] **I.** *adj* central; **von ~er Bedeutung sein** to be central to sth **II.** *adv* centrally

Zen·tral·abi·tur *nt* national A-level examination board **Zen·tral·af·ri·ka** *nt* central Africa

Zen·tral·af·ri·ka·ner(in) <-s, -> *m(f)* Central African; *s. a.* **Deutsche(r)**

zen·tral·af·ri·ka·nisch *adj* Central African; *s. a.* **deutsch**

Zen·tral·af·ri·ka·ni·sche Re·pub·lik *f s.* **Zentralafrika Zen·tral·bank** *f* FIN central bank

Zen·tra·le <-, -n> [tsɛn'tra:lə] *f* ❶ *(Hauptgeschäftsstelle: Bank, Firma)* head office; *(Militär, Polizei, Taxiunternehmen)* headquarters + *sing/pl vb; (Busse)* depot; *(Schalt~)* central control [office] ❷ TELEK exchange; *Firma* switchboard

Zen·tral·ein·heit f INFORM CPU, central processing unit **Zen·tral·ein·kauf** m ÖKON central purchasing **Zen·tral·hei·zung** f central heating
Zen·tra·li·sa·ti·on <-, -en> [tsɛntralizaˈtsi̯oːn] f s. **Zentralisierung**
zen·tra·li·sie·ren [tsɛntraliˈziːrən] vt ■ etw ~ to centralize sth
Zen·tra·li·sie·rung <-, -en> f centralization
Zen·tra·lis·mus <-> [tsɛntraˈlɪsmʊs] m kein pl centralism
zen·tra·lis·tisch [tsɛntraˈlɪstɪʃ] I. adj centralist II. adv centralist
Zen·tral·ko·mi·tee nt central committee **Zen·tral·mas·siv** nt kein pl GEOG central massif **Zen·tral·ner·ven·sys·tem** nt central nervous system **Zen·tral·or·gan** nt ❶ POL (Parteizeitung) central organ, mouthpiece ❷ BIOL (Organ) central organ **Zen·tral·rech·ner** m mainframe **Zen·tral·re·gie·rung** f central government **Zen·tral·schweiz, In·ner·schweiz** f central Switzerland, namely the Cantons of Uri, Schwyz, Unterwalden, Luzern and Zug **Zen·tral·stel·le** f central point; ~ **für die Vergabe von Studienplätzen** ≈ University Central Admissions Service BRIT **Zen·tral·ver·rie·ge·lung** <-, -en> f AUTO central [door] locking **Zen·tral·ver·schluss**ᴿᴿ m leaf shutter **Zen·tral·ver·wal·tung** f centralized administration
Zen·tren pl von **Zentrum**
zen·trie·ren [tsɛnˈtriːrən] vt ■ etw ~ to centre [or AM -er] sth
zen·tri·fu·gal [tsɛntrifuˈɡaːl] adj centrifugal
Zen·tri·fu·gal·kraft f centrifugal force
Zen·tri·fu·ge <-, -n> [tsɛntriˈfuːɡə] f centrifuge
Zen·trum <-s, Zentren> [ˈtsɛntrʊm, pl: ˈtsɛntrən] nt ❶ (Mittelpunkt) centre [or AM -er]; **im ~ des Interesses [stehen]** [to be] the centre of attention; **es ist nicht weit ins ~** it is not far to the [town] centre ❷ (zentrale Stelle) centre [or AM -er]
Zep·pe·lin <-s, -e> [ˈtsɛpəliːn] m zeppelin
Zep·ter <-s, -> [ˈtsɛptɐ] nt sceptre [or AM -er]; **das ~ führen** [o fam: **schwingen**] to wield the sceptre
Zer <-s> [tseːɐ̯] nt kein pl s. **Cer**
zer·bei·ßen [tsɛɐ̯ˈbaisn̩] vt irreg ❶ (kaputtbeißen) ■ etw ~ to chew sth; **ein Bonbon/ein Keks ~** to crunch a sweet [or AM [piece of] candy] /biscuit [or AM a. cookie]; **die Hundeleine/-kette ~** to chew through the dog lead/chain ❷ (überall stechen) ■ jdn ~ Stechmücke to bite sb
zer·bers·ten vi irreg sein to burst; Glas, Vase to shatter
Zer·be·rus <-> [ˈtsɛrberʊs] m kein pl MYTH **der ~** Cerberus ▶ WENDUNGEN: **wie ein ~** like a watchdog
zer·beult adj battered s. **zerbeulen**
zer·bom·ben vt ■ etw ~ to flatten sth with bombs, to bomb sth to smithereens
zer·bre·chen irreg I. vt haben ❶ (in Stücke ~) ■ etw ~ to break sth into pieces; **ein Glas/einen Teller ~** to smash [or shatter] a glass/plate; **eine Kette ~** to break [or sever] a chain ❷ (zunichtemachen) to break down; jds Lebenswille ~ to destroy sb's will to live; **eine Freundschaft ~** to destroy [or break up] a friendship; s. a. **Kopf** II. vi sein ❶ (entzweibrechen) to break into pieces ❷ (in die Brüche gehen) to destroy; Partnerschaft to break up ❸ (seelisch zugrunde gehen) ■ an etw ~ dat to be destroyed by sth
zer·brech·lich adj ❶ (leicht zerbrechend) fragile; **Vorsicht, ~** fragile, handle with care ❷ (geh: zart) frail
zer·brö·ckeln I. vt haben ■ etw ~ to crumble sth II. vi sein to crumble
zer·dep·pern [tsɛɐ̯ˈdɛpɐn] vt (fam) ■ etw ~ to smash sth
zer·drü·cken vt ❶ ■ etw ~ (zu einer Masse pressen)

to crush [or squash] sth; **eine Knoblauchzehe ~** to crush a clove of garlic; **Kartoffeln ~** to mash potatoes ❷ (durch Druck zerstören) **eine Zigarette ~** to stub out a cigarette ❸ (zerknittern) **Stoff ~** to crush [or crease] [or crumple] fabric ❹ (fam) **ein paar Tränen ~** to squeeze out tears
Ze·re·mo·nie <-, -n> [tseremoˈniː, -ˈmoːni̯ə, pl: -moˈniːən, -ˈmoːni̯ən] f ceremony
ze·re·mo·ni·ell [tseremoˈni̯ɛl] I. adj (geh) ceremonial, formal II. adv (geh) ceremonially
Ze·re·mo·ni·ell <-s, -e> [tseremoˈni̯ɛl] nt (geh) ceremonial
zer·fah·ren adj scatty, distracted
Zer·fall m ❶ kein pl (das Auflösen) disintegration no pl; Fassade, Gebäude decay; Leiche, Holz decomposition ❷ NUKL decay ❸ (das Auseinanderbrechen) decline; Land, Kultur decline, decay, fall
zer·fal·len vi irreg sein ❶ (sich zersetzen) to disintegrate; Fassade, Gebäude to disintegrate, to decay, to fall into ruin; Körper, Materie to decompose; Atom to decay; Gesundheit to decline ❷ (auseinanderbrechen) Reich, Sitte to decline, to fall ❸ NUKL to decay ❹ (sich gliedern) ■ in etw ~ akk to fall into sth ❺ ■ mit jdm ~ to fall out with sb
Zer·falls·er·schei·nung f sign of decay **Zer·falls·ge·schwin·dig·keit** f rate of decay **Zer·falls·pro·dukt** nt NUKL daughter product
zer·fet·zen vt ❶ (klein reißen) ■ etw ~ to tear [or rip] sth up [into tiny pieces]; **einen Körper ~** to mangle a body, to tear a body to pieces ❷ (zerreißen) ■ jdn/etw ~ to tear [or rip] sb/sth to pieces [or shreds]
zer·fetzt adj ragged, torn
zer·fled·dern [tsɛɐ̯ˈflɛdɐn], **zer·fle·dern** [tsɛɐ̯ˈfleːdɐn] vt (fam) ■ etw ~ to get sth tatty [or dog-eared]
zer·flei·schen [tsɛɐ̯ˈflaiʃn̩] I. vt ■ jdn/ein Tier ~ to tear sb/an animal limb from limb [or to pieces] II. vr ❶ (sich quälen) ■ sich ~ to torture oneself ❷ (sich streiten) ■ sich ~ to tear each other apart fig
zer·flie·ßen vi irreg sein ❶ (sich verflüssigen) Butter, Make-up, Salbe to run; Eis to melt ❷ (etw übertreiben zur Schau stellen) **vor etw ~** dat to be overcome with sth; **vor Mitleid ~** to be overcome with compassion; **in Tränen ~** to dissolve in[to] tears
zer·franst adj frayed
zer·fres·sen vt irreg ❶ (korrodieren) to corrode sth ❷ (durch Fraß zerstören) to eat sth, to gnaw on/at sth; ■ etw ~ to eat sth away; von Motten/Würmern ~ to be moth-/worm-eaten ❸ MED (durch Wuchern zerstören) to eat sth
zer·fur·chen vt ■ etw ~ to furrow sth; **Wind und Wetter hatten das Gesicht des alten Matrosen zerfurcht** the elements had lined the old seaman's face
zer·ge·hen vi irreg sein (schmelzen) ■ auf/in etw dat ~ to melt in/on sth; **dieses Filetsteak ist so zart, dass es auf der Zunge zergeht** this steak is so tender that it simply dissolves in your mouth; **vor Mitleid ~** to be overcome with pity
zer·glie·dern vt ❶ (physisch auseinandernehmen) ■ etw ~ to dismember sth; BIOL to dissect sth ❷ (logisch auseinandernehmen) **einen Satz ~** to parse [or fig analyze [or BRIT a. -se]] a sentence
zer·ha·cken vt ■ etw [in etw akk] ~ to chop sth up [into sth]
zer·kau·en vt ■ etw ~ ❶ (durch Kauen zerkleinern) to chew sth ❷ (durch Kauen beschädigen) to chew sth up; **die Fingernägel ~** to chew on [or bite] one's fingernails
zer·klei·nern [tsɛɐ̯ˈklainɐn] vt ■ etw ~ to cut up sth; **Holz ~** to chop wood; **eine Zwiebel ~** to finely chop an onion; **Pfefferkörner ~** to crush peppercorns
zer·klüf·tet [tsɛɐ̯ˈklʏftət] adj rugged; **tief ~es Gestein**

rock with deep fissures, deeply fissured rock

zer·knaut·schenˈ *vt (fam)* ■ **etw ~** to crease [*or* crumple] sth; **er kam völlig zerknautscht an** he arrived looking somewhat the worse for wear

zer·knirscht [tsɛɐ̯ˈknɪrʃt] *adj* remorseful, overcome with remorse

zer·knit·ternˈ *vt* ■ **etw ~** to crease [*or* crumple] sth; **ein zerknittertes Gesicht** a wrinkled face

zer·knül·lenˈ *vt* ■ **etw ~** to crumple [*or fam* scrunch] up sth [into a ball] *sep*

zer·ko·chenˈ *vi sein* to cook to a pulp; ■ **zerkocht** overcooked

zer·krat·zenˈ *vt* ■ **jdn/etw ~** to scratch sb/sth

zer·krie·gen *vt* ÖSTERR to quarrel

zer·krü·melnˈ *vt* to crumble; *Erde* to loosen

zer·las·senˈ *vt irreg* KOCHK ■ **etw ~** to melt [*or* dissolve] sth

zer·lau·fenˈ *vi irreg sein s.* **zerfließen 1**

zer·le·genˈ *vt* ■ **etw** *akk* **~** ● KOCHK to cut [up] sth *sep*; **den Braten ~** to carve the roast; BIOL to dissect sth ● *(auseinandernehmen)* to take sth apart [*or* to pieces]; **eine Maschine ~** to dismantle a machine; **ein Getriebe/einen Motor ~** to strip down a transmission/motor ● *(analysieren)* **eine Theorie ~** to break down a theory; **einen Satz ~** to analyze [*or* BRIT *a.* -se] a sentence; MATH to reduce [to]

Zer·le·gung <-, -en> *f* ● KOCHK carving ● *(das Zerlegen)* dismantling, taking apart [*or* to pieces] *s.* **zerlegen**

zer·le·sen *adj* well-thumbed

zer·lumpt *adj* ragged, tattered

zer·mah·lenˈ *vt* ■ **etw ~** to crush sth

zer·mal·menˈ *vt* ■ **jdn/etw ~** to crush sb/sth; **zu Brei ~** to crush to a pulp, to pulverize

zer·mar·ternˈ *vt* to torment; ▸ WENDUNGEN: **sich** *dat* **den Kopf** [*o* **das Hirn**] **~** to rack [*or* cudgel] one's brain

zer·mür·ben [tsɛɐ̯ˈmʏrbn̩] *vt* ■ **jdn ~** to wear sb down

zer·na·genˈ *vt* ■ **etw ~** to chew sth to pieces; *Nagetier* to gnaw sth to pieces

zer·nepft [tsɛɐ̯ˈnɛpft] *adj* ÖSTERR dishevelled

zer·pflü·ckenˈ *vt* ■ **etw ~** to pluck sth; *(fig)* to pick sth to pieces

zer·plat·zenˈ *vi sein* to burst; *Glas* to shatter

zer·quet·schenˈ *vt* ● *(zermalmen)* ■ **jdn/etw ~** to squash [*or* crush] sb/sth ● *(zerdrücken)* ■ **etw ~** to mash sth ▸ WENDUNGEN: **eine Träne ~** *(fam)* to squeeze out a tear

Zer·quetsch·te *pl* ▸ WENDUNGEN: **... und ein paar ~** *(fam)* **20 Euro und ein paar ~** 20 euros sth [or other] [*or* odd]

zer·rau·fenˈ *vr* **sich** *dat* **die Haare ~** to ruffle one's hair

Zerr·bild *nt* distorted picture, caricature *fig*, travesty

zer·re·denˈ *vt* ■ **etw ~** to flog sth to death *fig fam*

zer·rei·benˈ *vt irreg* ■ **etw ~** to crush [*or* crumble] sth

zer·rei·ßenˈ *irreg* **I.** *vt haben* ● *(in Stücke reißen)* ■ **etw ~** to tear sth to pieces [*or* shreds] ● *(durchreißen)* ■ **etw ~** to tear sth; **einen Brief/Scheck ~** to tear up a letter/cheque [*or* AM check] ● *(mit den Zähnen in Stücke reißen)* ■ **jdn/ein Tier/etw ~** to tear sb/an animal/sth apart ● *(zerfetzen)* ■ **jdn ~** to rip sb to shreds ▸ WENDUNGEN: **sich** [*o* **können**] *(fam)* to tear a strip off sb **II.** *vi sein* to tear; *Seil, Faden* to break **III.** *vr haben (fam: sich überschlagen)* ■ **sich vor etw ~** *dat* to go to no end of trouble to do sth ▸ WENDUNGEN: **ich kann mich doch nicht ~!** *(fam)* I can't be in two places at once; **ich könnte mich vor Wut ~!** *(fam)* I'm hopping mad! *fam*

Zer·reiß·pro·be *f* real test

zer·ren [ˈtsɛrən] **I.** *vt* ■ **jdn/etw irgendwohin ~** to drag sb/sth somewhere; **etw an die Öffentlich-**

keit **~** to drag sth into the public eye **II.** *vi* ● *(ruckartig ziehen)* ■ **an etw ~** *dat* to tug [*or* pull] at sth; **an den Nerven ~** to be nerve-racking ● *(abzureißen versuchen)* ■ **an etw ~** *dat* to tug at sth **III.** *vr* MED ■ **sich** *dat* **etw ~** to pull [*or* strain] sth; **ich habe mir beim Sport einen Muskel gezerrt** I pulled a muscle doing sports

zer·rin·nenˈ *vi irreg sein (geh)* ● *(zunichtewerden)* to melt [*or* fade] away ● *(ausgegeben werden)* to disappear; **das Geld zerrinnt mir unter den Händen/zwischen den Fingern** money runs through my hands/slips through my fingers like water; **die Zeit zerrinnt mir unter den Händen** I keep losing track of time

zer·ris·sen *adj Mensch* [inwardly] torn; *Partei, Volk* disunited

Zer·ris·sen·heit <-> *f kein pl Mensch* [inner] conflict; *Partei, Volk* disunity

Zerr·spie·gel *m* distorting mirror

Zer·rung <-, -en> *f* MED pulled muscle

zer·rüt·tenˈ [tsɛɐ̯ˈrʏtn̩] *vt* ■ **etw ~** to destroy [*or* ruin] [*or* wreck] sth; **eine Ehe ~** to ruin [*or* destroy] a marriage; **das Geld zerrinnt mir unter den Händen/zwischen den Fingern**; **jds Geist ~** to break sb's spirit; **jds Nerven ~** to shatter sb's nerves; **sich in einem zerrütteten Zustand befinden** to be in a bad way

zer·sä·genˈ *vt* ■ **etw ~** to saw sth up

zer·schel·lenˈ *vi sein: Flugzeug, Schiff* to be dashed [*or* smashed] to pieces; *Krug, Vase* to be smashed to pieces [*or* smithereens]

zer·schie·ßenˈ *vt irreg* ■ **etw ~** to shoot sth to pieces

zer·schla·genˈ¹ *irreg* **I.** *vt* ● *(durch Schläge zerbrechen)* ■ **etw ~** to smash sth to pieces [*or* smithereens], to shatter [*or* destroy] sth ● *(zerstören)* ■ **etw ~** to break up [*or* destroy] sth; **ein Drogenkartell ~** to break up [*or* smash] a drug ring; **einen Angriff/die Opposition ~** to crush an attack/the opposition; **einen Plan ~** to shatter a plan **II.** *vr (nicht zustande kommen)* ■ **sich ~** to fall through; **meine Hoffnung hat sich ~** my hopes have been shattered

zer·schla·gen² *adj pred* shattered, worn-out

Zer·schla·gen·heit *f* exhaustion

Zer·schla·gung <-, <*selten* -en> *f* suppression; *Hoffnungen, Pläne* shattering

zer·schlis·sen *adj s.* **verschlissen**

zer·schmei·ßenˈ *vt irreg (fam)* ■ **etw ~** to shatter sth, to smash sth to pieces

zer·schmet·ternˈ *vt* ■ **etw ~** to shatter [*or* smash] sth

zer·schnei·denˈ *vt irreg* ● *(in Stücke schneiden)* ■ **etw ~** to cut up sth *sep* ● *(durchschneiden)* ■ **etw ~** to cut sth in two; **die Stille ~** to pierce the silence *fig*; **jdm das Herz ~** to break sb's heart *fig*

zer·schram·menˈ *vt* ■ **etw ~** to scratch sth badly; ■ **sich** *dat* **etw ~** to scratch oneself [badly]

zer·set·zenˈ **I.** *vt* ● *(auflösen)* ■ **etw ~** *Säure* to corrode sth; **eine Leiche ~** to decompose a body ● *(untergraben)* ■ **etw ~** to undermine [*or* subvert] sth **II.** *vr (sich auflösen)* ■ **sich ~** to decompose; **der Kadaver/die Leiche zersetzt sich** the cadaver/dead body is decomposing

zer·set·zend *adj (pej)* subversive

Zer·set·zung <-> *f kein pl* ● *(Auflösung)* decomposition; *(durch Säure)* corrosion ● *(Untergrabung)* undermining, subversion; *Gesellschaft* decline, decay

Zer·set·zungs·pro·zessᴿᴿ *m* decomposition; *(fig)* decline, decay

zer·sie·delnˈ *vt* ÖKOL ■ **etw ~** to spoil sth [by development]

Zer·sie·de·lung <-, -en> *f*, **Zer·sied·lung** <-, -en> *f* ÖKOL urban sprawl, overdevelopment

zer·spal·tenˈ *vt* ■ **etw ~** to split sth

zer·split·ternˈ **I.** *vt haben* ■ **etw ~** to shatter sth;

seine Kräfte/Zeit ~ to dissipate [*or* squander] one's energies/time; **eine Gruppe/Partei** ~ to fragment a group/party **II.** *vi sein* to shatter; *Holz, Knochen* to splinter

zer·spren·gen⁺ *vt* **die Menge** ~ to disperse [*or* scatter] the crowd

zer·sprin·gen⁺ *vi irreg sein* ❶ *(zerbrechen)* to shatter ❷ *(einen Sprung bekommen)* to crack ❸ *(zerspringen) Saite* to break

zer·stamp·fen⁺ *vt* ❶ *(zerkleinern)* ▪ **etw** ~ to crush sth; **Kartoffeln** ~ to mash potatoes ❷ *(völlig zertreten)* ▪ **jdn/etw** ~ to stamp [*or* trample] on sb/sth

zer·stäu·ben⁺ *vt* ▪ **etw** ~ to spray sth

Zer·stäu·ber <-s, -> *m* spray; *(Parfüm)* atomizer [*or* BRIT *a.* -iser]

zer·ste·chen⁺ *vt irreg* ❶ *(durch Stiche beschädigen)* ▪ **etw** ~ to stab sth [repeatedly], to lay into sth with a knife; **sich den Finger** ~ to prick one's finger [several times] ❷ *(durch Bisse verletzen)* ▪ **jdn/etw** ~ *Mücken, Moskitos* to bite sb/sth [all over]; *Bienen, Wespen* to sting sb/sth [all over]

zer·stie·ben⁺ *vi irreg sein (geh)* to scatter; *Wasser* to spray

zer·stör·bar *adj* destructible; **nicht** ~ indestructible

zer·stö·ren⁺ *vt* ▪ **etw** ~ ❶ *(kaputtmachen)* to destroy sth ❷ *(zugrunde richten)* to ruin sth; **eine Ehe/die Gesundheit** ~ to ruin [*or* wreck] a marriage/one's health ▶ WENDUNGEN: **am Boden zerstört sein** *(fig)* to be shattered [*or* devastated] *fig*

Zer·stö·rer <-s, -> *m* NAUT destroyer

Zer·stö·rer(in) <-s, -> *m(f)* destroyer

zer·stö·re·risch I. *adj* destructive; **die ~e Wirkung des Wirbelsturmes war verheerend** the destructive effect of the tornado was devastating **II.** *adv* destructively

Zer·stö·rung <-, -en> *f* ❶ *kein pl (das Zerstören)* destruction *no pl* ❷ *(Verwüstung)* wrecking, ruining; *Katastrophe, Krieg* destruction *no pl*, devastation *no pl; s. a.* **Tod**

Zer·stö·rungs·trieb *m kein pl* PSYCH destructive urge [*or* impulse] **Zer·stö·rungs·wut** *f kein pl* destructive frenzy [*or* fury]; **in blinder** ~ in a wild frenzy of destruction

zer·sto·ßen⁺ *vt irreg* ▪ **etw** ~ to crush [*or* grind] sth; **Gewürze im Mörser** ~ to grind spices using a pestle and mortar

zer·strei·ten⁺ *vr irreg* ▪ **sich** [**über etw** *akk***/wegen einer S.** *dat*] ~ to quarrel [about sth], to fall out [over sth]; ▪ **sich mit jdm** [**über etw** *akk*] ~ to quarrel with sb [over sth]; ▪ **zerstritten** estranged, to not be on speaking terms [with each other]; ▪ **mit jdm** [**über etw** *akk*] **zerstritten sein** to be on bad terms with sb

zer·streu·en⁺ I. *vt* ❶ *(auseinandertreiben)* ▪ **etw** ~ to disperse sth; **berittene Polizisten zerstreuten die Menge** mounted police dispersed the crowd ❷ *(unterhalten)* ▪ **jdn** ~ to take sb's mind off sth, to divert sb ❸ *(durch Zureden beseitigen)* **Ängste/Sorgen** ~ to dispel [*or form* allay] fears/worries ❹ *(verteilen)* **Licht** ~ to diffuse light **II.** *vr* ❶ *(auseinandergehen)* ▪ **sich** ~ to scatter; *Menge* to disperse ❷ *(auseinandertreiben)* ▪ **sich** ~ to disperse ❸ *(sich auflösen)* ▪ **sich** ~ to be dispelled [*or form* allayed] ❹ *(sich amüsieren)* ▪ **sich** ~ to amuse oneself

zer·streut *adj* ❶ *(gedankenlos)* absent-minded ❷ *(weit verteilt)* scattered; **meine Verwandten sind über ganz Europa** ~ my relatives are scattered all over Europe

Zer·streut·heit <-> *f kein pl* absent-mindedness *no pl*

Zer·streu·ung <-, -en> *f* ❶ *(unterhaltender Zeitvertreib)* diversion; **zur** ~ as a diversion ❷ *(Verteilung)* scattering, dispersal ❸ *s.* **Zerstreutheit**

zer·strit·ten *adj inv* estranged

zer·stü·ckeln⁺ *vt* ❶ *(zerschneiden)* ▪ **etw** ~ to cut up sth *sep;* **eine Leiche** ~ to dismember a body ❷ *(aufteilen)* **eine Parzelle Land** ~ to carve [*or* divide] up a piece of land *fig;* **den Tag** ~ to break up the day

Zer·stü·cke·lung <-, -en> *f* dismemberment, division; *s. a.* **zerstückeln**

zer·tei·len⁺ I. *vt (geh)* ▪ **etw** [**in etw** *akk*] ~ to cut up sth *sep* [into sth]; **etw in zwei Teile** ~ to divide sth into two pieces/parts ▶ WENDUNGEN: **ich kann mich nicht** ~ I can't be in two places at once **II.** *vr (geh)* ▪ **sich** ~ *Wolken, Wolkendecke* to part

Zer·ti·fi·kat <-[e]s, -e> [tsɛrtifi'kaːt] *nt* certificate; FIN *(Investment~)* investment trust certificate [*or* unit certificate]

zer·tram·peln⁺ *vt* ▪ **etw** ~ to trample on sth

zer·tren·nen⁺ *vt* to sever, to cut through; **die Nähte** ~ to undo the seams

zer·tre·ten⁺ *vt irreg* ▪ **etw** ~ to crush sth [underfoot]; **den Rasen** ~ to ruin the lawn ▶ WENDUNGEN: **jdn wie einen Wurm** ~ to grind sb into the ground

zer·trüm·mern⁺ [tsɛɐ̯'trymɐn] *vt* to smash; **ein Gebäude/die Ordnung** ~ to wreck [*or* destroy] a building/the order; **während der Sturmflut wurden viele Boote am Strand zertrümmert** at the height of the storm many boats were dashed against the shore

Zer·ve·lat·wurst [tsɛrvə'laːt-, zɛ-] *f* cervelat

zer·wüh·len⁺ *vt* ▪ **etw** ~ to ruffle sth up *sep,* to tousle; **das Bett/die Kopfkissen** ~ to rumple [up] the bed/pillows; **den Acker/die Erde** ~ to churn up the field/earth *s.* **Haare**

Zer·würf·nis <-ses, -se> [tsɛɐ̯'vyrfnɪs] *nt (geh)* row, disagreement; **ein ernstes** ~ a serious disagreement

zer·zau·sen⁺ *vt* to ruffle; **der Wind zerzauste ihr das Haar** the wind tousled her hair; ▪ **zerzaust** windswept, dishevelled, tousled

zer·zaust *adj inv* dishevelled, tousled

Ze·ter ['tseːtɐ] *m* ▶ WENDUNGEN: ~ **und Mordio schreien** *(fam)* to scream blue [*or* AM bloody] murder *fam,* to raise a hue and cry *fig*

ze·tern ['tseːtɐn] *vi (pej)* to nag, to scold

Zett [tsɛt] *nt kein pl (sl)* jail, the slammer *sl,* BRIT *a.* gaol *dated*

Zet·tel <-s, -> ['tsɛtl] *m* piece of paper; *(Bekanntmachung)* notice; *(Beleg)* receipt; **einen** ~ **schreiben** to make a note of sth; **bitte beachten Sie auch den beiliegenden** ~ please read the enclosed leaflet; ~ **ankleben verboten** stick no bills

Zet·tel·kar·tei *f* card index **Zet·tel·kas·ten** *m (Kasten für Zettel)* file-card box [*or* holder]; *(Zettelkartei)* card index **Zet·tel·wirt·schaft** *f (pej)* **eine** ~ **haben** to have bits of paper everywhere

zet·ten [tsɛtn] *vt* SCHWEIZ to scatter

Zeug <-[e]s> [tsɔyk] *nt kein pl* ❶ *(fam: Krempel)* stuff *no pl, no indef art fam,* things *pl;* **altes** ~ junk, trash; **... und solches** ~ ... and such things ❷ *(fam: Quatsch)* nonsense, rubbish, crap *fam!;* **dummes** ~ **reden** to talk a lot [*or* load] of nonsense [*or* fam drivel] [*or fam* twaddle]; **dummes** ~ **treiben** [*or* **machen**] to mess [*or* fool] about [*or* around] ❸ *(fam: persönliche Sachen)* stuff; *(Ausrüstung)* gear *fam;* *(Kleider)* clothes, things ❹ *(fam: undefinierbare Masse)* stuff; **was trinkst du denn da für ein** ~? what's that stuff you're drinking? *fam* ▶ WENDUNGEN: **jdm** [**was**] **am** ~[**e**] **flicken wollen** to find fault with sb; **das** ~ **zu etw haben** to have [got] what it takes [to be/do sth] *fam;* **was das** ~ **hält** for all one is worth; **lügen, was das** ~ **hält** to lie one's head off *fam;* **sich ins** ~ **legen** to put one's shoulder to the wheel, to work flat out; **sich für jdn ins** ~ **legen** to stand up for sb

Zeu·ge, Zeu·gin <-n, -n> ['tsɔygə, 'tsɔygɪn] *m, f* JUR witness; ~ **einer S. sein** *gen* to be a witness to sth;

unter [*o* **vor**] ~**n** in front of witnesses; **die ~n Jehovas** Jehovah's Witnesses

zeu·gen¹ ['tsɔygn̩] *vt (geh)* ◼ **jdn ~** to father [*or old* beget] sb

zeu·gen² ['tsɔygn̩] *vi* ① *(auf etw schließen lassen)* ◼ **von etw ~** to show sth ② JUR *(geh)* ◼ **für/gegen jdn ~** to testify [*or* give evidence] for/against sb

Zeu·gen·aus·sa·ge *f* JUR testimony; **den ~n zufolge ...** according to witnesses ...; **eine ~ machen** to give a statement **Zeu·gen·bank** *f* JUR witness box [*or* AM stand] **Zeu·gen·ein·ver·nah·me** *f* ÖSTERR examination of witnesses **Zeu·gen·la·dung** *f* summoning of witnesses **Zeu·gen·stand** *m* witness box [*or* AM stand]; **jdn in den ~ rufen** to call a witness [to the stand]; **in den ~ treten** to go into the witness box, to take the stand **Zeu·gen·ver·ei·di·gung** *f* swearing in of witnesses **Zeu·gen·ver·neh·mung** *f* examination of the witness[es]

Zeug·herr *m* SCHWEIZ *member of Canton parliament responsible for military affairs*

Zeu·gin <-, -nen> *f fem form von* **Zeuge**

Zeug·nis <-ses, -se> ['tsɔyknɪs] *nt* ① SCH report ② *(Empfehlung)* certificate; *(Arbeits~)* reference, testimonial; **gute ~se haben** to have good references; ◼ **jdm ein ~ ausstellen** to give sb a reference [*or* testimonial] ③ JUR *(Zeugenaussage)* evidence; **für/gegen jdn ~ ablegen** to give evidence [*or* testify] for/against sb; **falsches ~ ablegen** to bear false witness

Zeugs <-> [tsɔyks] *nt kein pl (pej fam)* stuff *s.* **Zeug**

Zeu·gung <-, -en> *f (geh)* fathering, begetting *old*

zeu·gungs·fä·hig *adj (geh)* fertile **Zeu·gungs·fä·hig·keit** *f kein pl (geh)* fertility **zeu·gungs·un·fä·hig** *adj (geh)* sterile; *Pflanze* barren **Zeu·gungs·un·fä·hig·keit** *f kein pl (geh)* sterility

zeu·seln ['tsɔyzl̩n] *vi* SCHWEIZ *s.* **zündeln**

z. H(**d**). *Abk von* **zu Händen** attn.

Zi·be·be [tsi'be:bə] *f* ÖSTERR, SÜDD large raisin

Zi·cho·rie <-, -n> [tsɪ'ço:rɪə] *f* chicory

Zi·cke <-, -n> ['tsɪkə] *f* ① *(weibliche Ziege)* nanny goat ② *(pej fam: launische Frau)* bitch *fam!*, BRIT *a.* cow *fam!*

Zi·cken ['tsɪkn̩] *pl (fam)* nonsense *no pl*; **ich bin deine ~ langsam leid** [I have had] enough of your nonsense!; **~ machen** to make trouble

zi·ckig ['tsɪkɪç] *adj* uptight, bad-tempered

Zick·lein <-s, -> *nt (junge Ziege)* kid

Zick·zack ['tsɪktsak] *m* zigzag; **im ~ gehen/fahren** to zigzag

zick·zack·för·mig I. *adj* zigzag II. *adv* zigzag **Zick·zack·kurs** *m* ① *(zickzackförmiger Kurs)* zigzag course; **im ~ fahren** to zigzag ② *(widersprüchliches Vorgehen)* dithering, humming [*or* AM hemming] and hawing

Zie·che ['tsi:çə] *f* ÖSTERR, SÜDD *(fam)* cover

Zie·ge <-, -n> ['tsi:gə] *f* ① *(Tier)* goat ② *(pej fam: blöde Frau)* bitch *fam!*, BRIT *a.* cow *fam!*

Zie·gel <-s, -> ['tsi:gl̩] *m* ① *(Ziegelstein)* brick ② *(Dach~)* tile

Zie·gel·bau <-bauten> *m* brick building **Zie·gel·bren·ner**(**in**) <-s, -> *m(f)* brickmaker **Zie·gel·dach** *nt* tiled roof

Zie·ge·lei <-, -en> [tsi:gə'lai] *f* brickworks + *sing/pl vb*; *Dachziegel* tile-making works + *sing/pl vb*

zie·gel·rot ['tsi:glro:t] *adj* brick-red **Zie·gel·stein** *m* brick

Zie·gen·bart *m* ① *(vom Tier)* goatbeard ② *(hum fam: Spitzbart)* goatee *fam; Tirolerhut* brush ③ BOT *(Pilz)* goat's beard mushroom **Zie·gen·bock** *m* billy goat **Zie·gen·fell** *nt* goatskin **Zie·gen·hirt** *m*, **Zie·gen·hir·te**, **-hir·tin** *m, f* goatherd **Zie·gen·kä·se** *m* goat's cheese **Zie·gen·le·der** *nt* kid [leather], kidskin **Zie·gen·mel·ker** *m* ORN European nightjar **Zie·gen·**

milch *f* goat's milk **Zie·gen·pe·ter** <-s, -> ['tsi:gn̩pe:tɐ] *m (fam: Mumps)* mumps + *sing/pl vb*

Zie·ger ['tsi:gɐ] *m* ① ÖSTERR, SÜDD *(veraltet) s.* **Quark** ② ÖSTERR, SCHWEIZ herb cheese

Zieh·brun·nen *m* well

zie·hen ['tsi:ən]

I. TRANSITIVES VERB	II. INTRANSITIVES VERB
III. UNPERSÖNLICHES INTRANSITIVES VERB	IV. UNPERSÖNLICHES TRANSITIVES VERB
V. REFLEXIVES VERB	

I. TRANSITIVES VERB   <zog, gezogen> + *haben*

① *(hinter sich her schleppen)* to pull; **die Kutsche wurde von vier Pferden gezogen** the coach was drawn by four horses

② *(bewegen)* **den Hut ~** to raise [*or* to take off] one's hat; **den Choke/Starter ~** to pull out the choke/starter; **die Handbremse ~** to put on the handbrake; ◼ **jdn/etw irgendwohin ~** to pull sb/sth somewhere; **sie zog das Kind an sich** she pulled the child to[wards] her; **die Knie in die Höhe ~** to raise one's knees; **die Stirn kraus/in Falten ziehen** to knit one's brow

③ *(Richtung ändern)* **er zog das Auto in letzter Minute nach rechts** at the last moment he pulled the car to the right; **der Pilot zog das Flugzeug nach oben** the pilot put the plane into a climb; **etw ins Komische ~** to ridicule sth

④ *(zerren)* ◼ **jdn an etw ~** *dat* to drag sb to sth; **das Kind zog mich an der Hand zum Karussell** the child dragged me by the hand to the carousel; **warum ziehst du mich denn am Ärmel?** why are you tugging at my sleeve?; **der Felix hat mich an den Haaren gezogen** Felix pulled my hair

⑤ *(abziehen)* ◼ **etw von etw ~** to pull sth [off sth]; **den Ring vom Finger ~** to pull one's ring off [one's finger] ⑥ *(hervorholen)* ◼ **etw** [**aus etw**] **~** to pull sth [out of sth]; **sie zog ein Feuerzeug aus der Tasche** she took a lighter out of her pocket/bag

⑦ *(herausziehen)* ◼ **jdn/etw ~** [**aus**] to pull sb/sth [out]; **wer hat den Ertrinkenden aus dem Wasser gezogen?** who pulled [*or* dragged] the drowning man out of the water?; **muss ich dich aus dem Bett ~?** do I have to drag you out of bed?; **die Fäden ~** to take out [*or* remove] the stitches; **den Revolver/das Schwert ~** to draw the revolver/sword; **einen Zahn ~** to take out [*or* extract] a tooth; **ein Los/eine Spielkarte ~** to draw a lottery ticket/a card; **einen Vergleich ~** to draw [*or* make] a comparison; **eine Wasserprobe ~** to take a sample of water; **die Wahrsagerin forderte mich auf, irgendeine Karte zu ~** the fortune teller told me to pick a card; **Zigaretten aus dem Automaten ~** to get [*or* buy] cigarettes from a machine; **hast du eine Straßenbahnkarte gezogen?** have you bought a tram ticket?

⑧ *(betätigen)* ◼ **etw ~** to pull sth; **er zog die Handbremse** he put the handbrake on; **kannst du nicht die Wasserspülung ~?** can't you flush the toilet?

⑨ *(verlegen, anlegen)* **ein Kabel/eine Leitung ~** to lay a cable/wire; **einen Bewässerungskanal/einen Graben ~** to dig an irrigation canal/a ditch; **eine Mauer/einen Zaun ~** to erect [*or* build] a wall/a fence

⑩ *(durchziehen)* ◼ **durch etw ~** to pull sth through sth; **ich kann den Faden nie durchs Öhr ~** I can never thread a needle

⑪ *(anbringen, aufziehen)* ◼ **etw auf etw ~** *akk* to pull sth onto sth; **neue Saiten auf die Gitarre ~** to restring a guitar; **Perlen auf eine Schnur ~** to thread pearls; **ein Bild auf Karton ~** to mount a picture onto cardboard

⑫ *(rücken)* ◼ **etw irgendwohin ~** to pull sth

somewhere; **er zog sich den Hut tief ins Gesicht** he pulled his hat down over his eyes; **den Mantel fest um sich ~** to pull one's coat tight around oneself; **zieh bitte die Vorhänge vor die Fenster** please draw the curtains; **die Rollläden nach oben ~** to pull up the blinds; **zieh doch eine Bluse unter den Pulli** put on a blouse underneath the jumper; **er zog sich die Schutzbrille über die Augen** he put on protective glasses

⑫ *(züchten)* **Blumen/Früchte/Pflanzen ~** to grow flowers/fruit/plants; **Tiere ~** to breed animals

⑬ *(erziehen)* to bring up; **sie haben die Kinder gut gezogen** they have brought the children up well

⑭ KUNST *(zeichnen)* **einen Kreis/eine Linie ~** to draw a circle/line

⑮ *(machen)* **einen Draht/eine Kerze/eine Kopie ~** to make a wire/candle/copy; **Computerprogramme schwarz ~** to pirate computer programs

⑯ *(dehnen)* **einen Laut/eine Silbe/ein Wort ~** to draw out a sound/syllable/word; **zieh doch die Worte nicht so** stop drawling

⑰ *(anziehen)* ■ **etw auf sich ~** *akk* to attract sth; **sie zog die Aufmerksamkeit/Blicke auf sich** she attracted attention; **jds Hass auf sich ~** to incur sb's hatred; **jdn ins Gespräch ~** to draw sb into the conversation

⑱ *(zur Folge haben)* ■ **etw nach sich ~** to have consequences

II. INTRANSITIVES VERB   <zog, gezogen>

❶ *+haben (zerren)* to pull; ■ **an etw ~** *dat* to pull [*or* tug] on/at sth; **ich kann es nicht leiden, wenn der Hund so zieht** I hate it when the dog pulls [on the lead] like that; **ein ~der Schmerz** an aching pain

❷ *+sein (umziehen)* ■ **irgendwohin/zu jdm ~** to move somewhere/in with sb; **nach München ~** to move to Munich; **sie zog zu ihrem Freund** she moved in with her boyfriend

❸ *+sein (einen bestimmten Weg einschlagen)* ■ **irgendwohin ~** to move [*or* go] somewhere; *Armee, Truppen, Volksmasse* to march; *Schafe, Wanderer* to wander [*or* roam], to rove; *Rauch, Wolke* to drift; *Gewitter* to move; *Vogel* to fly; **durch die Stadt ~** to wander through the town/city; **in den Krieg/die Schlacht ~** to go to war/into battle; **Zigeuner ~ kreuz und quer durch Europa** gypsies wander [*or* roam] all over Europe; **die Schwalben zogen nach Süden** the swallows migrated south [*or* flew south for the winter]; **Tausende von Schafen zogen über die Straße** thousands of sheep roamed onto the road; **Aale und Lachse ~ zum Laichen flussaufwärts** eels and salmon swim upstream to breed

❹ *+haben (angezündet bleiben)* *Kamin, Ofen, Pfeife* to draw; **das Feuer zieht gut/schlecht** the fire is drawing well/poorly

❺ *+haben (saugen)* ■ **an etw ~** *dat*, **an einer Pfeife/Zigarette/Zigarre ~** to pull [*or* puff] on a pipe/cigarette/cigar

❻ *+sein (eindringen)* to penetrate; **mach die Tür zu, sonst zieht der Fischgeruch durchs ganze Haus!** close the door, otherwise we will be able to smell the fish throughout the house; **Giftgas kann durch die kleinste Ritze ~** poisonous gas can penetrate [*or fam* get through] the smallest crack; **die Imprägnierung muss richtig ins Holz ~** this waterproofing solution has to really sink into the wood

❼ *+haben* KOCHK *Marinade* to marinade; *Tee* to brew, to steep; ■ **etw ~ lassen** *Teig* to leave sth to stand; *Tee* to let sth brew [*or* steep]

❽ *+haben (fam: beschleunigen)* to pull

❾ *+haben (fam: Eindruck machen)* ■ **[bei jdm] ~** to go down well [with sb]; **hör auf, das zieht bei mir**

nicht! stop it, I don't like that sort of thing!; **diese Masche zieht immer** this one always works [*or fam* does the trick]; **die Ausrede zieht bei mir nicht** that excuse won't work with me

⑩ KARTEN to play

⑪ SCHACH to move; **mit dem Bauer ~** to move the pawn; **wer hat die letzte Karte gezogen?** who drew the last card?

⑫ *(Waffe)* **die Pistole ~** to draw a gun

⑬ *(umfüllen)* **Wein auf Flaschen ziehen** to bottle wine ▶ WENDUNGEN: **einen ~ [*o* fahren] lassen** *(sl)* to let off *fam*, to fart *fam*

III. UNPERSÖNLICHES INTRANSITIVES VERB
<zog, gezogen> +*haben*

❶ *(einen Luftzug verursachen)* **es zieht** there is a draught [*or* AM draft]; **wenn es dir zieht, kannst du ja das Fenster schließen** if you are in a draught [*or* if you find it draughty] , go ahead and close the window; **es zieht mir an die Beine** I can feel [*or* there is] a draught round my legs

❷ *(Schmerz empfinden)* **mir zieht es manchmal so im Knie** sometimes my knee really hurts [*or* is really painful]; **ich habe so einen ~den Schmerz im ganzen Körper** I ache [*or* my body aches] all over

IV. UNPERSÖNLICHES TRANSITIVES VERB
<zog, gezogen> +*haben*

(drängen) to feel drawn to sth; **es zog ihn in die weite Welt** the big wide world lured him away; **was zieht dich hierhin/nach Hause?** what brings you here/home?; **mich zieht es stark zu ihm** I feel very attracted to him; **am Sonntag zog es mich ins Grüne** on Sunday I couldn't resist going to the country; **heute zieht mich aber auch gar nichts nach draußen** wild horses wouldn't get me [*or* couldn't drag me] outside today *fam*

V. REFLEXIVES VERB   <zog, gezogen> +*haben*

❶ *(sich hinziehen)* ■ **sich ~** *Gespräch, Verhandlungen* to drag on; **dieses Thema zieht sich durch das ganze Buch** this theme runs through the entire book

❷ *(sich erstrecken)* ■ **sich an etw** *dat* **entlang ~** to stretch along sth; **beiderseits der Autobahn zieht sich eine Standspur entlang** there is a hard shoulder along both sides of the motorway; **der Sandstrand zog sich kilometerweit am Meer entlang** the sandy beach stretched for miles along the shore; **sich in Schlingen durch etw ~** to wind [*or* twist] its way through sth

❸ *(sich hochziehen)* ■ **sich [an etw** *dat*] **irgendwohin ~** to pull oneself up [onto sth]; ■ **sich aus etw ~** to pull oneself out of sth; *s. a.* **Affäre** *s. a.* **Patsche**

❹ *(sich dehnen)* *Holz, Rahmen* to warp; *Klebstoff* to become tacky; *Metall* to bend

Zie·hen <-s> [ˈtsiːən] *nt kein pl* ache
Zieh·har·mo·ni·ka *f* MUS concertina
Zieh·sohn *m* ❶ *(Adoptivsohn)* foster son ❷ *(Günstling)* favourite BRIT, favorite AM
Zie·hung <-, -en> *f* draw
Ziel <-[e]s, -e> [tsiːl] *nt* ❶ *(angestrebtes Ergebnis)* goal, aim, objective; *Hoffnung, Spott* object; **mit dem ~** with the aim [*or* intention]; **etw zum ~ haben** to have as one's goal [*or* aim]; **am ~ sein** to be at one's destination, to have achieved one's goal *fig*; [**bei jdm**] **zum ~ kommen** [*o* **gelangen**] to reach one's goal; **sich** *dat* **etw zum ~ setzen** to set sth as one's goal; **sich** *dat* **ein ~ setzen** to set oneself a goal; **einer Sache** *dat* **ein ~ setzen** to put a limit on sth; **jdm/sich ein ~ setzen/stecken** to set sb/oneself a goal ❷ SPORT, MIL target; **ins ~ treffen** to hit the target

●SPORT *(Rennen)* finish, finishing [*or* AM finish] line; **durchs ~ gehen** to cross the finishing line; *(beim Pferderennen)* to cross the winning [*or* finishing] [*or* AM finish] post ❹TOURIST *(Reise~)* destination; *Expedition* goal ❺ÖKON *(Zahlungs~)* credit period, period [*or* time] allowed for payment ❻*(Produktions~)* production [*or* output] target ▸ WENDUNGEN: **über das ~ hinausschießen** to overshoot the mark

Ziel·bahn·hof *m* destination **ziel·be·wusst**RR **I.** *adj* purposeful, decisive **II.** *adv* purposefully; **~ auf etw zusteuern** to aim purposefully for sth **Ziel·be·wusst·sein**RR *nt* purposefulness, decisiveness

zie·len ['tsi:lən] *vi* ❶*(anvisieren)* ▪[auf jdn/etw] ~ to aim [at sb/sth] ❷*(gerichtet sein)* ▪ **auf jdn/etw ~** to be aimed at sb/sth ❸*(sich beziehen)* ▪ **auf jdn/etw ~** to be aimed [*or* directed] at sb/sth; **diese Werbung zielt auf den jungen Käufer** this advertisement is directed at young consumers

Ziel·fern·rohr *nt* telescopic sight, scope **Ziel·fo·to** *nt* SPORT photograph of the finish **Ziel·ge·ra·de** *f* SPORT finishing [*or* AM finish] straight, home stretch **ziel·ge·rich·tet** *adj inv* well mapped-out **Ziel·grup·pe** *f* target group **Ziel·grup·pen·for·schung** *f kein pl* market research **Ziel·ha·fen** *m* port of destination **Ziel·ka·me·ra** *f* SPORT photo-finish camera **Ziel·kauf** *m* credit purchase **Ziel·li·nie** *f* finishing [*or* AM finish] line **ziel·los** **I.** *adj* aimless **II.** *adv* aimlessly **Ziel·markt** *m* target market **Ziel·ort** *m* destination **Ziel·per·son** *f* target **Ziel·schei·be** *f* ❶*(runde Scheibe)* target ❷*(Opfer)* object, butt **Ziel·set·zung** <-, -en> *f* target, objective **ziel·si·cher** *adj* unerring, purposeful **Ziel·spra·che** *f* LING target language **ziel·stre·big** ['tsi:lʃtre:bɪç] **I.** *adj* determined, single-minded **II.** *adv* with determination, single-mindedly **Ziel·stre·big·keit** <-> *f kein pl* determination, single-mindedness

zie·men ['tsi:mən] *vr (geh)* ▪ **es ziemt sich nicht für jdn, etw zu tun** it is not proper [*or* seemly] for sb to do sth

ziem·lich ['tsi:mlɪç] **I.** *adj* ❶*attr (beträchtlich)* considerable, fair; **ein ~es Vermögen** a siz[e]able fortune; **eine ~e Genugtuung** reasonable satisfaction ❷*(einigermaßen zutreffend)* reasonable; **das stimmt mit ~er Sicherheit** it is fairly certain to be true **II.** *adv* ❶*(weitgehend)* quite, reasonably ❷*(beträchtlich)* quite, pretty *fam,* fairly; **ich habe ~ lange warten müssen** I had to wait quite a long time; **ich habe mich ~ darüber geärgert** I was pretty *fam* annoyed about it ❸*(beinahe)* almost, nearly; **so ~** more or less; **so ~ alles** just about everything; **so ~ dasselbe** pretty well [*or* much] the same

Zier·de <-, -n> ['tsi:ɐdə] *f (schmückender Gegenstand)* ornament, decoration; **zur ~** for decoration ▸ WENDUNGEN: **eine ~ des männlichen/weiblichen Geschlechts** a fine specimen of the male/female sex

zie·ren ['tsi:rən] **I.** *vr* ▪ **sich ~** to make a fuss; *Mädchen* to act coyly; **du brauchst dich nicht zu ~** there is no need to be polite; **ohne sich zu ~** without having to be pressed **II.** *vt (schmücken)* ▪ **etw ~** to adorn [*or fig* grace] sth; **eine Speise/ein Gericht mit Petersilie ~** to garnish a meal/dish with parsley; **einen Kuchen ~** to decorate a cake

Zier·farn *m* decorative fern **Zier·fisch** *m* ornamental fish **Zier·gras** *nt* ornamental grass **Zier·kür·bis** *m* ornamental gourd **Zier·leis·te** *f* border; AUTO trim; *Möbel* edging; *Wand* moulding

zier·lich ['tsi:ɐlɪç] *adj* dainty; **eine ~e Frau** a petite woman; **~es Porzellan** delicate porcelain

Zie·sel <-s, -> ['tsi:zl] *nt* ZOOL gopher

Zif·fer <-, -n> ['tsɪfɐ] *f* ❶*(Zahlzeichen)* digit; *(Zahl)* figure, numeral, number; **römische/arabische ~n** Roman/Arabic numerals ❷*(nummerierter Abschnitt)* clause

Zif·fer·blatt *nt* [clock]-/[watch] face; *Sonnenuhr* dial

zig [tsɪç] *adj (fam)* umpteen; **~mal** umpteen [*or* a thousand] times

Zi·ga·ret·te <-, -n> [tsiga'rɛtə] *f* cigarette

Zi·ga·ret·ten·an·zün·der *m* cigarette lighter **Zi·ga·ret·ten·au·to·mat** *m* cigarette machine **Zi·ga·ret·ten·etui** *nt* cigarette case **Zi·ga·ret·ten·län·ge** *f* ▸ WENDUNGEN: **auf eine ~** for a cigarette [*or* smoke] **Zi·ga·ret·ten·pa·pier** *nt* cigarette paper **Zi·ga·ret·ten·pau·se** *f (fam)* cigarette [*or fam!* fag] break **Zi·ga·ret·ten·rau·cher(in)** *m(f)* cigarette smoker **Zi·ga·ret·ten·schach·tel** *f* cigarette packet [*or* AM pack] **Zi·ga·ret·ten·spit·ze** *f* cigarette holder

Zi·ga·ril·lo <-s, -s> [tsiga'rɪlo] *m o nt* small cigar, cigarillo

Zi·gar·re <-, -n> [tsi'garə] *f* cigar **Zi·gar·ren·kis·te** *f* cigar-box **Zi·gar·ren·rau·cher(in)** *m(f)* cigar smoker

Zi·ger <-s, -> ['tsi:gɐ] *m* KOCHK SCHWEIZ ❶*(veraltet)* s. **Quark** ❷*(Kräuterkäse)* herb cheese

Zi·ger·krap·fen *m* SCHWEIZ *sweet pastry filled with curd cheese*

Zi·geu·ner(in) <-s, -> [tsi'gɔynɐ] *m(f)* Gypsy, Gipsy, Romany

Zi·geu·ner·schnit·zel *nt pork escalope served in spicy sauce with red and green peppers* **Zi·geu·ner·spra·che** *f kein pl* Romany [*or* Gypsy] [*or* Gipsy] language

zig·hun·dert *adj (fam)* umpteen hundred **zig·mal** ['tsɪçma:l] *adv (fam)* umpteen [*or* a thousand] times *fam* **zig·mil·li·o·nen** *adj (fam)* umpteen million **zig·tau·send** *adj (fam)* umpteen thousand

Zi·ka·de <-, -n> [tsi'ka:də] *f* cicada

Zil·le ['tsɪlə] *f* barge

Zil·ler·ta·ler Al·pen ['tsɪlɐta:lɐ] *nt* Zillertal Alps

Zilp·zalp <-s, -e> ['tsɪlptsalp] *m* ORN chiffchaff

Zim·bab·we <-s> ['tsɪm'bapvə] *nt* SCHWEIZ *s.* **Simbabwe**

zim·bab·wisch *adj* SCHWEIZ *s.* **simbabwisch**

Zim·bal <-s, -e *o* -s> ['tsɪmbal] *nt* cimbalom

Zim·bel <-, -n> ['tsɪmbl] *f* cymbal

Zim·mer <-s, -> ['tsɪmɐ] *nt* room; **~ frei haben** to have vacancies

Zim·mer·de·cke *f* ceiling

Zim·me·rei <-, -en> [tsɪmə'rai] *f (Handwerk)* carpentry; *(Zimmerwerkstatt)* carpenter's shop

Zim·mer·ein·rich·tung *f* furniture, furnishings *pl*

Zim·me·rer <-s, -> *m s.* **Zimmermann**

Zim·mer·frau *f* ÖSTERR landlady **Zim·mer·kell·ner(in)** *m(f)* TOURIST room service waiter **Zim·mer·laut·stär·ke** *f* low volume; **etw auf ~ stellen** to turn sth down **Zim·mer·lin·de** *f* HORT African hemp **Zim·mer·mäd·chen** *nt* chambermaid

Zim·mer·mann <-leute> *m* carpenter

zim·mern ['tsɪmɐn] **I.** *vt* ❶*(aus Holz herstellen)* ▪ **etw ~** to make [*or* build] [*or* construct] sth from wood ❷*(konstruieren)* **ein Alibi ~** to construct an alibi; **eine Ausrede ~** to make up an excuse **II.** *vi (an einer Holzkonstruktion tätig sein)* to do woodwork [*or* carpentry]; ▪ **an etw** *dat* **~** to make sth from wood, to work on sth *fig*

Zim·mer·nach·weis *m* accommodation [*or* AM accommodations] service **Zim·mer·pflan·ze** *f* house plant **Zim·mer·ser·vice** *m* room service **Zim·mer·su·che** *f* room hunting, hunting for a room/rooms; **auf ~ sein** to be looking for rooms/a room **Zim·mer·tem·pe·ra·tur** *f* room temperature **Zim·mer·ver·la·sen** *nt* MIL SCHWEIZ barrack room inspection **Zim·mer·ver·mitt·lung** *f* accommodation [*or* AM accomodations] service **Zim·mer·werk·statt** *f* one room carpenter's shop

zim·per·lich ['tsɪmpɐlɪç] *adj* prim; *(Ekel)* squeamish; *(empfindlich)* [hyper]sensitive; **sei nicht so ~** don't be such a sissy

Zim·per·lich·keit <-> *f kein pl* squeamishness

Zimt <-[e]s, -e> [tsɪmt] *m* ❶ KOCHK cinnamon; **weißer ~** canelle ❷ *(fam: Quatsch)* rubbish, garbage, nonsense

Zimt·ap·fel *m* custard apple, sweetsop **Zimt·kas·siablät·ter** *pl* Chinese cinnamon leaves **Zimt·kas·sie** *f* Saigon cinnamon **Zimt·rin·de** *f* cinnamon bark **Zimtstan·ge** *f* stick of cinnamon

Zink <-[e]s> [tsɪŋk] *nt kein pl* ❶ CHEM zinc ❷ MUS cornet

Zink·blech *nt* sheet zinc

Zin·ke <-, -n> ['tsɪŋkə] *f* ❶ *(spitz hervorstehendes Teil)* Kamm, Rechen tooth; Gabel prong ❷ *(Holzzapfen)* tenon

zin·ken ['tsɪŋkn̩] *vt* KARTEN ▪ **etw ~** to mark sth; **Falschspieler verwenden gezinkte Karten** card sharps use marked cards

Zink·sal·be *f* MED zinc ointment **Zink·weiß** *nt* KUNST Chinese white

Zinn <-[e]s> [tsɪn] *nt kein pl* ❶ CHEM tin *no pl* ❷ *(Gegenstände aus ~)* pewter *no pl,* pewterware

Zinn·be·cher *m* pewter tankard

Zin·ne <-, -n> ['tsɪnə] *f* ❶ ARCHIT merlon *old; (Burg)* battlement; *(Stadt)* tower ❷ *(Gebirge)* peak, pinnacle ❸ SCHWEIZ *(Dachterrasse) flat area on the roof of an old house used for hanging out washing*

Zin·nie <-, -n> ['tsɪni̯ə] *f* BOT zinnia

Zinn·krug *m* pewter jug

Zin·no·ber[1] <-s> [tsɪ'noːbɐ] *nt* ÖSTERR *kein pl (gelblich rote Farbe)* vermilion *no pl,* cinnabar *no pl*

Zin·no·ber[2] <-s> [tsɪ'noːbɐ] *m* ÖSTERR *kein pl* mineral

zin·no·ber·rot *adj (gelblichrot)* vermilion

Zinn·sol·dat *m* tin soldier **Zinn·tel·ler** *m* pewter plate

Zins[1] <-es, -en> [tsɪns] *m* FIN interest *no pl,* rate; [jdm] **etw mit ~ und ~eszins zurückzahlen** to pay sb back for sth with interest *fig;* **gesetzliche ~en** JUR legal rate [*or* statutory] interest; **Kapital auf ~en legen** *(geh)* to invest capital at interest; **~en bringen** [*o* tragen] to earn interest; **zu hohen/niedrigen ~en** at a high/low rate of interest

Zins[2] <-es, -e> [tsɪns] *m* ❶ *(hist)* tax ❷ SÜDD, ÖSTERR, SCHWEIZ *(Miete)* rent

Zins·ab·schlag·steu·er *f* tax paid on interest earned **Zins·be·las·tung** *f* interest charge **Zins·be·steu·erung** *f* taxation of interest **Zins·er·hö·hung** *f* rise [*or* increase] in interest rates **Zins·er·trag** *m* interest yield

Zins·haus *nt* ÖSTERR rented house *s.* **Zins**

zins·los *adj* interest free, free of interest

zins·pflich·tig *adj* obliged to pay tax

Zins·po·li·tik *f kein pl* interest rate policy **Zins·satz** *m* interest rate, rate of interest; *(Darlehen)* lending rate **Zins·sen·kung** *f* reduction [*or* decrease] in the interest rate

Zins·woh·nung *f* ÖSTERR rented flat [*or* AM *a.* apartment] *s.* **Zins**

Zins·zah·lung *f* interest payment

Zi·o·nis·mus <-> [tsi̯o'nɪsmʊs] *m kein pl* POL Zionism *no pl*

Zi·o·nist(in) <-en, -en> [tsi̯o'nɪst] *m(f)* POL Zionist

zi·o·nis·tisch *adj* POL Zionist

Zip·fel <-s, -> ['tsɪpfl̩] *m* corner; Hemd, Jacke tail; Saum dip; Wurst end

Zip·fel·müt·ze *f* pointed cap

Zipp·ver·schluss[RR] ['tsɪp-] *m* ÖSTERR *s.* **Reißverschluss**

Zir·bel·drü·se ['tsɪrbl̩-] *f* ANAT pineal gland **Zir·bel·kiefer** *f* BOT Swiss stone pine **Zir·bel·nuss**[RR] *f* pistachio nut

zir·ka ['tsɪrka] *adv* about, approximately; **ich hole dich**

in ~ 10 Minuten ab I'll pick you up in approximately 10 minutes

Zir·kel <-s, -> ['tsɪrkl̩] *m* ❶ *(Gerät)* pair of compasses ❷ *(Gruppe)* group; **nur der engste ~ seiner Freunde wurde eingeladen** he only invited his closest [circle of] friends

Zir·kel·kas·ten *m* compasses case **Zir·kelschluss**[RR] *m* circular argument

Zir·ko·ni·um <-s> [tsɪr'koːni̯ʊm] *kein pl nt* CHEM Zirconium *no pl*

Zir·ku·lar [tsɪrku'laːɐ̯] *nt* SCHWEIZ circular

Zir·ku·la·ti·on <-, -en> [tsɪrkula'tsi̯oːn] *f* ❶ *(das Zirkulieren)* circulation ❷ TECH *(Umlaufleitung)* circulation, circulatory flow

zir·ku·lie·ren[*] [tsɪrku'liːrən] *vi* ❶ *(kreisen)* to circulate ❷ *(kursieren)* to circulate; **über diese Frau ~ einige Gerüchte** there are some rumours going around about this woman

Zir·kum·flex <-es, -e> ['tsɪrkʊmflɛks] *m* LING circumflex

Zir·kus <-, -se> ['tsɪrkʊs] *m* ❶ *(Unterhaltung)* circus; **zum ~ gehen** to join the circus ❷ *(fam: großes Aufheben)* fuss, to-do *fam;* **einen ~ machen** to make a fuss

Zir·kus·ar·tist(in) *m(f)* circus performer, artiste **Zir·kus·clown** *m* circus clown **Zir·kus·zelt** *nt* big top

zir·pen ['tsɪrpn̩] *vi* ZOOL *(vibrierende Töne erzeugen)* to chirp, to cheep

Zir·rho·se <-, -n> [tsɪ'roːzə] *f* MED cirrhosis

Zir·rus·wol·ke ['tsɪrʊs-] *f* METEO cirrus [cloud]

zi·scheln ['tsɪʃl̩n] *vi (pej)* ▪ **[über jdn] ~** to whisper [about sb]

zi·schen ['tsɪʃn̩] **I.** *vi* ❶ haben *(ein Zischen verursachen)* to hiss; **das Fett zischte in der Pfanne** the fat sizzled in the pan ❷ haben *(ein Zischen von sich geben)* to hiss ❸ sein *(sich mit einem Zischen bewegen)* to swoosh; **nach dem Anstich des Fasses zischte das Bier heraus** after broaching the barrel the beer streamed out **II.** *vt (mit einem Z~ sagen)* ▪ **etw ~** to hiss sth [at sb] ▸ WENDUNGEN: **einen ~** *(sl)* to have a quick one *fam;* **jdm eine ~** to belt [*or* clout] sb *fam;* **eine gezischt bekommen** to get belted [*or* clouted] *fam*

Zi·schen <-s> ['tsɪʃn̩] *nt kein pl* hiss

Zisch·laut *m* LING sibilant

zi·se·lie·ren[*] [tsizə'liːrən] *vt* KUNST ▪ **etw ~** to engrave sth

Zis·ter·ne <-, -n> [tsɪs'tɛrnə] *f* cistern, tank

Zi·ta·del·le <-, -n> [tsita'dɛlə] *f* citadel

Zi·tat <-[e]s, -e> [tsi'taːt] *nt* quotation

Zi·ta·ten·le·xi·kon *nt* LING dictionary of quotations

Zi·ther <-, -n> ['tsɪtɐ] *f* MUS zither

Zi·ther·spie·ler(in) *m(f)* MUS zither player

zi·tie·ren[*] [tsi'tiːrən] *vt* ❶ *(wörtlich anführen)* ▪ **jdn/ etw ~** to quote sb/sth; **ein Beispiel ~** to quote [*or* cite] an example ❷ *(vorladen)* ▪ **jdn irgendwohin ~** to summon sb somewhere; **sie wurde zum Chef zitiert** she was summoned to her boss

Zi·tro·nat <-[e]s, -e> [tsitro'naːt] *nt* KOCHK candied lemon peel

Zi·tro·nat·zi·tro·ne *f* cedrate

Zi·tro·ne <-, -n> [tsi'troːnə] *f* lemon; ▸ WENDUNGEN: **jdn ausquetschen** [*o* auspressen] **wie eine ~** *(fam)* to squeeze sb dry

Zi·tro·nen·baum *m* lemon tree **Zi·tro·nen·eis** *nt* lemon flavoured [*or* AM flavored] ice cream **Zi·tronen·fal·ter** *m* ZOOL brimstone butterfly **zi·tro·nengelb** *adj* lemon yellow **Zi·tro·nen·ku·chen** *m* lemon cake [*or* bread] **Zi·tro·nen·li·mo·na·de** *f* lemonade **Zi·tro·nen·me·lis·se** *f* lemon balm **Zi·tro·nen·presse** *f* lemon squeezer **Zi·tro·nen·rei·be** *f* lemon rind grater **Zi·tro·nen·saft** *m* citrus fruit **Zi·tro·nen·**

thy·mi·an *m* lemon thyme

Zi·trus·frucht ['tsiːtrʊs-] *f* citrus fruit **Zi·trus·pres·se** *f* citrus squeezer

Zit·ter·aal ['tsɪtɐ-] *m* ZOOL electric eel

Zit·te·rer *m* ÖSTERR shaking, weakness

zit·te·rig ['tsɪtərɪç] *adj* shaky

zit·tern ['tsɪtɐn] *vi* ① *(vibrieren)* to shake ② *(beben)* ▪ |**vor etw** *dat*| ~ to shake [*or* tremble] |with sth|; **vor Kälte** ~ to shiver with cold; **vor Angst** ~ to quake with fear; *Stimme* to quaver; *Blätter, Gräser, Lippen* to tremble, to quiver; *Pfeil* to quiver ② *(fam)* ▪ |**vor jdm/etw**| ~ to be terrified |of sb/sth|

Zit·tern <-s> ['tsɪtɐn] *nt kein pl* ① *(Vibrieren)* shaking, trembling; **ein ~ ging durch seinen Körper** a shiver ran through his body ② *(bebende Bewegung)* trembling; *Erdbeben* tremor; *Stimme a.* quaver ► WENDUNGEN: **da hilft kein ~ und Zagen** there is no use being afraid

Zit·ter·pap·pel *f* BOT aspen **Zit·ter·par·tie** *f* nail-biter *fam* **Zit·ter·ro·chen** *m* ZOOL electric ray

zitt·rig ['tsɪtrɪç] *adj s.* **zitterig**

Zit·ze <-, -n> ['tsɪtsə] *f* ZOOL teat, dug

Zi·vi <-s, -s> ['tsiːvi] *m (fam) kurz für* **Zivildienstleistender** *young man doing community service as an alternative to military service*

zi·vil [tsi'viːl] *adj* ① *(nicht militärisch)* civilian; **~er Bevölkerungsschutz** civil defence [*or* AM -se] ② *(fam: akzeptabel)* **~e Bedingungen/Forderungen/Preise** reasonable conditions/demands/prices ③ *(höflich)* polite

Zi·vil <-s> [tsi'viːl] *nt kein pl* civilian clothes *npl*, civvies *fam npl*; **in** ~ in civilian clothes [*or* fam civvies], in mufti *dated*

Zi·vil·be·ruf *m* civilian profession [*or* trade] **Zi·vil·be·völ·ke·rung** *f* civilian population **Zi·vil·cou·ra·ge** *f* courage [of one's convictions] **Zi·vil·die·ner** *m* ÖSTERR *s.* **Zivildienstleistender** **Zi·vil·dienst** *m kein pl* ADMIN *community service as alternative to military service*

Kultur

Conscientious objectors in Germany have to do nine months of **Zivildienst** – *community service* – the time required for military service. Since 1997, community service has also been an option in Switzerland; it is usually undertaken in the field of health care and in Austria and Switzerland lasts 12 months. In Germany, a *Zivi*, short for *Zivildienstleistender*, will often act as a carer for the aged, driver for the handicapped or assistant in a youth hostel.

Zi·vil·dienst·leis·ten·der *m decl wie adj* ADMIN *young man doing community service as alternative to military service* **zi·vi·le Hilfs·she·riffs** *pl* civilian security officers **Zi·vil·fahn·der(in)** *m(f)* plain-clothes policeman **Zi·vil·ge·richt** *nt* civil court **Zi·vil·ge·sell·schaft** *f* SOZIOL, POL civil society **Zi·vil·ge·setz·buch** *nt* JUR SCHWEIZ *(Bürgerliches Gesetzbuch)* code of civil law

Zi·vi·li·sa·ti·on <-, -en> [tsiviliza'tsi̯oːn] *f* civilization **Zi·vi·li·sa·ti·ons·er·schei·nung** *f* MED *symptoms caused by a civilized society* **Zi·vi·li·sa·ti·ons·krank·heit** *f* MED *illness caused by civilization* **zi·vi·li·sa·ti·ons·mü·de** *adj* SOZIOL tired of modern-day society

zi·vi·li·sie·ren· [tsivili'ziːrən] *vt* ▪ **jdn** ~ to civilize sb **zi·vi·li·siert** [-'ziːɐt] I. *adj* civilized II. *adv* civilly; **könnt ihr euch nicht ~ benehmen?** can't you behave like civilized human beings?

Zi·vi·list(in) <-en, -en> [tsivi'lɪst] *m(f)* civilian

Zi·vil·kam·mer *f* JUR civil division **Zi·vil·klei·dung** *f s.* **Zivil** **Zi·vil·le·ben** *nt* civilian life, BRIT *a.* Civvy Street *dated fam* **Zi·vil·per·son** *f (geh) s.* **Zivilist** **Zi·vil·**

pro·zessᴿᴿ *m* JUR civil action **Zi·vil·pro·zess·ord·nung**ᴿᴿ *f* JUR code of civil procedure **Zi·vil·recht** *nt* JUR civil law **zi·vil·recht·lich** I. *adj* JUR of civil law II. *adv* JUR of civil law; **jdn** ~ **verfolgen/belangen** to bring a civil action against sb **Zi·vil·rich·ter(in)** *m(f)* JUR civil court judge **Zi·vil·sa·che** *f* JUR matter for a civil court **Zi·vil·schutz** *m* ADMIN ① *(Schutz der Zivilbevölkerung)* civil defence [*or* AM -se] ② *(Truppe für den* ~*)* civil defence [*or* AM -se] **Zi·vil·stand** *m* ADMIN SCHWEIZ marital status **Zi·vil·stands·amt** *nt* ADMIN SCHWEIZ registry office **Zi·vil·stands·re·gis·ter** *nt* ADMIN SCHWEIZ register of births, marriages and deaths

zi·zerl·weis ['tsiːtsɐlvais] *adv* ÖSTERR, SÜDD *(fam)* bit by bit

Zlo·ty <-s, -> ['zlɔti, '(t)slɔti] *m* zloty

Zmit·tag <-s> ['tsmɪtaːk] *m o nt kein pl* SCHWEIZ *(Mittagessen)* lunch

Zmor·gen <-, -> ['tsmɔrgn] *m o nt* SCHWEIZ *(Frühstück)* breakfast

Znacht <-s> [tsnaxt] *m o nt kein pl* SCHWEIZ *(Abendessen)* supper

Znü·ni <-, -> ['tsnyːni] *m* KOCHK SCHWEIZ *(zweites Frühstück)* elevenses *pl* BRIT *fam*

Zo·bel <-s, -> ['tsoːbl] *m* ① ZOOL sable ② *(Pelz aus Zobelfellen)* sable [fur]

Zoc·co·li ['tsɔkoli] *pl* SCHWEIZ wooden sandals

zo·ckeln ['tsɔkln] *vi sein (fam) s.* **zuckeln**

zo·cken ['tsɔkn] *vi* KARTEN *(sl)* ▪ ~ to gamble

Zo·cker(in) <-s, -> ['tsɔkɐ] *m(f)* KARTEN *(sl)* gambler

Zo·fe <-, -n> ['tsoːfə] *f* lady-in-waiting

Zoff <-s> [tsɔf] *m kein pl (sl)* trouble; **es gibt/dann gibt's** ~ then there'll be trouble; **mit jdm** ~ **haben** to have trouble with sb; ~ **machen** to cause trouble

zof·fen ['tsɔfn] *vr (sl)* ▪ **sich mit jdm** ~ to quarrel with sb

zog [tsoːk] *imp von* **ziehen**

Zö·ger ['tsøːgɐ] *m* ÖSTERR *(fam)* net shopping bag

zö·ger·lich ['tsøːgɐlɪç] I. *adj (zaudernd)* hesitant II. *adv* hesitantly

zö·gern ['tsøːgɐn] *vi* to hesitate; ▪ **mit etw** ~ to wait [too long] [*or* hesitate] with sth; ▪ ~**, etw zu tun** to hesitate before doing sth; **ohne zu** ~ without [a moment's] hesitation, unhesitatingly; **sie unterschrieb, ohne zu** ~ she signed without hesitation

Zö·gern <-s> ['tsøːgɐn] *nt kein pl* hesitation *no pl;* **ohne langes** ~ without hesitating for a long time [*or* [a moment's] hesitation]

zö·gernd I. *adj* hesitant, hesitating; **dieser Frage hat sich die Regierung nur sehr** ~ **angenommen** the government accepted this question but only with [strong] reservations II. *adv* hesitantly

Zög·ling <-s, -e> ['tsøːklɪŋ] *m (veraltend)* pupil

Zö·li·bat <-[e]s, -e> [tsøli'baːt] *nt o m* REL celibacy *no pl*

Zoll[1] <-[e]s, -> [tsɔl] *m* TECH inch; *(zollbreit)* one inch wide; ► WENDUNGEN: **jeder** ~ **...** every inch; **er ist jeder** ~ **ein Ehrenmann/Gentleman** he is every inch a gentleman; **keinen** ~ |**breit**| **zurück|weichen** to not yield [*or* give] an inch; *s. a.* **Zentimeter**

Zoll[2] <-[e]s, Zölle> [tsɔl, *pl:* 'tsœlə] *m* ① ÖKON customs duty; **für etw** ~ **bezahlen** to pay [customs] duty on sth; **durch den** ~ **kommen** to come through customs; **durch den** ~ **müssen** *(fam)* to have to go through customs; **einem** ~ **unterliegen** to carry duty ② *kein pl* ÖKON *(fam: Zollverwaltung)* customs *npl*

Zoll·ab·fer·ti·gung *f* ÖKON ① *(Gebäude)* customs post, checkpoint ② *(Vorgang)* customs clearance **Zoll·ab·ga·be** *f* customs duty **Zoll·amt** *nt* ÖKON customs office [*or* house] **Zoll·be·am·te(r), -be·am·tin** *m, f* ÖKON customs officer [*or* official] **Zoll·be·hör·de** *f* customs [authority] **Zoll·be·stim·mung** f meist pl ÖKON customs regulation[s pl] **Zoll·ein·he·bung** f ÖSTERR collection of customs duty

zol·len ['tsɔlən] vt (geh) ▪ jdm/etw etw ~ to give sb/ sth sth; **jdm Achtung/Anerkennung/Bewunde-rung ~** to respect/appreciate/admire sb; **jdm Bei-fall ~** to applaud sb, to give sb applause; **jdm Dank ~** to extend [or offer] one's thanks [or express one's gratitude] to sb; **jdm seinen Tribut ~** to pay tribute to sb

Zoll·er·klä·rung f ÖKON customs declaration **Zoll·fahn·dung** f ÖKON customs investigation department **zoll·frei** I.adj ÖKON duty-free II.adv ÖKON duty-free **Zoll·in·halts·er·klä·rung** f ÖKON customs declaration **Zoll·kon·trol·le** f ÖKON customs check **zoll·pflich·tig** adj ÖKON dutiable

Zoll·stock m ruler, inch rule

Zoll·wa·che f ÖSTERR customs office [or house]

Zom·bie <-[s], -s> ['tsɔmbi] m zombie

Zo·ne <-, -n> ['tso:nə] f ❶ (Bereich) zone; **entmilita-risierte ~** demilitarized zone ❷ (Beratungszone) **die** [**Ost**]~ the Eastern Zone fam dated, East Germany ❸ TRANSP fare stage, zone

Zo·nen·ord·nung f SCHWEIZ regulations governing usage of areas of land

Zoo <-s, -s> [tso:] m zoo

Zo·o·lo·ge, Zo·o·lo·gin <-n, -n> [tsoo'lo:gə, -'lo:-gɪn] m, f zoologist

Zo·o·lo·gie <-> [tsoolo'gi:] f kein pl zoology

Zo·o·lo·gin <-, -nen> f fem form von **Zoologe**

zo·o·lo·gisch [tsoo'lo:gɪʃ] I.adj zoological II.adv zoo-logically

Zoom <-s, -s> [zu:m, tso:m] nt FOTO s. **Zoomobjek-tiv**

zoo·men ['zu:mən, 'tso:mən] vt FOTO ▪ jdn/etw ~ to zoom in on sb/sth

Zoom·ob·jek·tiv nt FOTO zoom lens

Zoo·tier nt animal in a zoo

Zopf <-[e]s, Zöpfe> [tsɔpf, pl: tsœpfə] m ❶ (geflochtene Haarsträhnen) plait, AM usu braid, pigtail ❷ KOCHK plait, plaited loaf ❸ FORST top of tree trunk ▸ WENDUNGEN: **ein alter ~** an antiquated custom

Zopf·mus·ter nt MODE cable stitch **Zopf·span·ge** f hair clip

Zor·bing <-s> ['zɔrbɪŋ] nt kein pl SPORT zorbing (rolling downhill while strapped inside an enormous air-cushioned bouncing ball)

Zorn <-[e]s> [tsɔrn] m kein pl anger, rage, wrath liter; **der ~ Gottes** the wrath of God; **in ~ geraten/aus-brechen** to lose one's temper, to fly into a rage; **einen ~ auf jdn haben** to be furious with sb; **jds ~ herauf-beschwören** to incur sb's wrath; **im ~** in anger [or a rage]; **im ~ sagt man manches, was man später bereut** when you are angry you say things you later regret

Zorn·bin·kel, Zorn·binkl [-bɪŋkl] m ÖSTERR person with a violent temper, irascible person

Zor·nes·aus·bruch m fit of anger [or rage] **Zor·nes·rö·te** f (zornige Röte) flush of anger

zor·nig ['tsɔrnɪç] adj angry, furious; ▪ ~ **auf jdn sein** to be angry [or furious] with sb; **leicht ~ werden** to lose one's temper easily; **ein ~er junger Mann** (fig) an angry young man

Zo·te <-, -n> ['tso:tə] f dirty [or obscene] joke

zo·tig ['tso:tɪç] adj dirty, filthy, smutty

Zot·tel <-, -n> ['tsɔtl] f rat's tail; Mütze pompom

Zot·tel·haar nt (fam) shaggy hair

zot·te·lig ['tsɔtəlɪç] adj (fam) shaggy

zot·teln ['tsɔtln] vi sein (fam) to amble

zot·tig ['tsɔtɪç] adj s. **zottelig**

z.T. Abk von **zum Teil** partly

Ztr. m Abk von **Zentner**

---

zu [tsu:]

| I. PRÄPOSITION | II. ADVERB |
| MIT DATIV | III. KONJUNKTION |

I. PRÄPOSITION MIT DATIV

❶ (wohin) to; **ich muss gleich ~m Arzt/~m Bäcker/~m Supermarkt** I must go to the doctor's/ baker's/supermarket; **~r Stadt/Stadtmitte gehen** to go to town/the town centre; **wie weit ist es von hier ~m Bahnhof?** how far is it from here to the train station?; **wie komme ich** [von hier] **~r Post?** how do I get [from here] to the post office?; **~m Militär gehen** to join the army; **~m Theater gehen** to go on the stage [or into the theatre]; **~m Schwimmbad geht es da lang!** the swimming pool is that way!; **fahr mich bitte ~r Arbeit/Kirche/Schule** please drive me to work/church/school; **~ Fuß/Pferd** on foot/horseback; **~ Fuß gehen Sie etwa 20 Minuten** it will take you about 20 minutes on foot; **~ Schiff** by ship [or sea]

❷ (örtlich: Richtung) **~m Fenster herein/hinaus** in/out of the window; **~r Tür herein/hinaus** in/out the door; **~m Himmel weisen** to point heavenwards [or up at the heavens]; **~r Decke sehen** to look [up] at the ceiling; **~ jdm/etw hinaufsehen** to look up at sb/sth; **das Zimmer liegt ~r Straße hin** the room looks out onto the street; **~m Meer/zur Stadtmitte hin** towards the sea/town [or city centre]; **der Kerl vom Nachbartisch sieht dauernd ~ uns hin** the bloke at the next table keeps looking across at us

❸ (neben) ▪ ~ jdm/etw next to sb/sth; **etw ~ etw legen: legen Sie ~ den Tellern bitte jeweils eine Serviette!** put one serviette next to each plate; **darf ich mich ~ Ihnen setzen?** may I sit next to [or beside] you?; **setz dich ~ uns** [come and] sit with us; **etw ~ etw tragen** to wear sth with sth

❹ (zeitlich) at; **~ Ostern/Pfingsten/Weihnachten** at Easter/Whitsun/Christmas; **letztes Jahr ~ Weih-nachten** last Christmas; **~ früher/später Stunde** at an early/late hour; **~ Mittag** at [or by] midday/noon; [bis] **~m 31. Dezember/Montag/Abend** until [or by] 31st December/Monday/[this] evening; **~m Wochenende fahren wir weg** we are going away at [or AM on] the weekend; **~m 1. Januar fällig** due on January 1st; **~m Monatsende kündigen** to give in one's notice for [or to take effect from] the end of the month; s. a. **Anfang** s. a. **Schluss** s. a. **Zeit**

❺ (anlässlich einer S.) **etw ~m Geburtstag/~ Weihnachten bekommen** to get sth for one's birth-day/for Christmas; **~ Ihrem 80. Geburtstag** (geh) on the occasion of your 80th birthday; ▪ **jdm ~ etw gratulieren** to congratulate sb on sth; **jdn ~m Essen einladen** to invite sb for a meal; **Ausstellung ~m Jahrestag seines Todes** exhibition to mark the anni-versary of his death; **~ dieser Frage möchte ich Fol-gendes sagen** to this question I should like to say the following; **was sagst du ~ diesen Preisen?** what do you say to these prices?; **eine Rede ~m Thema Umwelt** a speech on the subject of the environment; **jdn ~ etw vernehmen** to question sb about sth

❻ (für etw bestimmt) **Papier ~m Schreiben** paper to write on, writing paper; **Wasser ~m Trinken** drink-ing water; **der Knopf ~m Abstellen** the off-button; **das Zeichen ~m Aufbruch** the signal to leave; **etw ~r Antwort geben** to say sth in reply; **~ nichts tau-gen/~ nichts zu gebrauchen sein** to be no use at all; **mögen Sie Milch/Zucker ~m Kaffee?** do you take your coffee with milk [or white] /with sugar; **~m Frühstück trinkt sie immer Tee** she always has tea at breakfast

❼ (um etw herbeizuführen) **~r Einführung ...** by way of an introduction ...; **~ seiner Entschuldi-**

gung/~r Erklärung in apology/explanation, by way of an apology/explanation; **sie sagte das nur ~ seiner Beruhigung** she said that just to set his mind at rest; **~ was** *(fam)* for what, why; **~ was soll das gut sein?** what do you need that for?, what is that for?

 mit Infinitiv **bei dem Regenwetter habe ich keine Lust zum Wandern** I don't fancy walking if it is raining; **wir haben nichts ~m Essen** we have nothing to eat; **gib dem Kind doch etwas ~m Spielen** give the child something to play with; **auf die Reise habe ich mir etwas ~m Lesen mitgenommen** I've brought something to read on the trip; **das ist ja ~m Lachen** that's ridiculous [or really funny]; **das ist ~m Weinen** it's enough to make you want to cry [or weep]

 (Veränderung) ~ **etw werden** to turn into [or become] sth; **manch einer wird aus Armut ~m Dieb** often it is poverty that turns sb into a thief; **wieder ~ Staub werden** to [re]turn to dust; ■ **jdn/etw ~ etw machen** to make sb/sth into sth; **jdn ~m Manne machen** to make a man of sb; **~m Kapitän befördert werden** to be promoted to captain; **~m Vorsitzenden gewählt werden** to be elected to [or chosen for] the post of chairman; **~ Asche verbrennen** to burn to ashes; **etw ~ Pulver zermahlen** to grind sth [in]to powder

 (Beziehung) **Liebe ~ jdm** love for sb; **aus Freundschaft ~ jdm** because of one's friendship with sb; **das Vertrauen ~ jdm/etw** trust in sb/sth; **meine Beziehung ~ ihr** my relationship with her

 (im Verhältnis zu) in relation [or proportion] to; **im Vergleich ~** in comparison with, compared to; **im Verhältnis 1 ~ 4** MATH in the ratio of one to four; **unsere Chancen stehen 50 ~ 50** our chances are fifty-fifty

 (einer Sache zugehörig) ~ **den Lehrbüchern gehören auch Kassetten** there are cassettes to go with the text books; **wo ist der Korken ~ der Flasche?** where is the cork for this bottle?; **mir fehlt nur der Schlüssel ~ dieser Tür** I've only got to find the key to this door

 SPORT **Bayern München gewann mit 5 ~ 1** Bayern Munich won five-one; **das Fußballspiel ging unentschieden 0 ~ 0 aus** the football match ended in a nil-nil draw

 bei Mengenangaben ~ **drei Prozent** at three percent; **diese Äpfel habe ich ~ zwei Euro das Stück gekauft** I bought these apples for [or at] two euros each; **sechs [Stück] ~ fünfzig Cent** six for fifty cents; **~m halben Preis** at half price; **wir sind ~ fünft in den Urlaub gefahren** five of us went on holiday together; **sie kommen immer ~ zweit** those two always come as a pair; **der Pulli ist nur ~r Hälfte fertig** the jumper is only half finished; **hast du das Buch nur ~ einem Viertel gelesen?** have you only read a quarter of the book?; **~m ersten Mal** for the first time; **~m Ersten ..., ~m Zweiten** firstly ..., secondly; **~m Ersten, ~m Zweiten, ~m Dritten** *(bei Auktionen)* going once, going twice, sold

 (örtlich: Lage) in; **der Dom ~ Köln** the cathedral in Cologne, Cologne cathedral; **der Reichstag ~ Worms** *(hist)* the Diet of Worms; **~ Hause** at home; **~ seiner Rechten/Linken...** on his right/left [hand side]...; **~ Lande und ~ Wasser** on land and sea; **jdm ~r Seite sitzen** *(geh)* to sit at sb's side; **sich ~ Tisch setzen** *(geh)* to sit down to dinner

 (bei Namen) **der Graf ~ Blaubeuren** the Count of Blaubeuren; **der Gasthof ~m blauen Engel** the Blue Angel Inn

 (als) **jdn ~m Präsidenten wählen** to elect as president; ■ **jdn ~ etw ernennen** to nominate sb for sth; **er machte sie ~ seiner Frau** he made her his

wife; **er nahm sie ~ Frau** he took her as his wife; ■ **jdn/etw ~m Vorbild nehmen** to take sb/sth as one's example, to model oneself on sb/sth; **~m Arzt geboren sein** to be born to be a doctor

 (in Wendungen) ~ **Deutsch** *(veraltet)* in German; **~m Beispiel** for example; **~r Belohnung** as a reward; **~r Beurteilung/Einsicht** for inspection; **~m Gedächtnis von jdm** in memory of sb, in sb's memory; **~m Glück** luckily; **~ Hilfe** help; **jdm ~ Hilfe kommen** to come to sb's aid; **~m Lobe von jdm/etw** in praise of sb/sth; **~r Probe** as a trial [or test]; **~r Ansicht** on approval; **~r Strafe** as a punishment; **~r Unterschrift** for signature [or signing]; **~r Warnung** as a warning; **~ jds Bestem/Vorteil sein** to be for one's own good/to one's advantage *s.* **bis**

 SCHWEIZ *(in Wendungen)* **~r Hauptsache** mainly; **~m voraus** in front of; **~m vorn[e]herein** from in front; **~m Rechten schauen** to look to the right

II. ADVERB

 (allzu) too; **~ sehr** too much; **er hat sich nicht ~ sehr bemüht** he didn't try too [or very] hard; **ich wäre ~ gern mitgefahren** I would have loved to have gone along

 (geschlossen) shut, closed; **dreh den Wasserhahn ~!** turn the tap off!; **Tür ~, es zieht!** shut the door, there's a draught!; **mach die Augen ~, ich hab da was für dich** close your eyes, I've got sth for you; **die Geschäfte haben sonntags ~** stores are closed on Sundays; **~ sein** to be shut [or closed]

 (örtlich) towards; **nach hinten/vorne ~** towards the back/front; **dem Ausgang ~** towards the exit

 (fam: betrunken sein) ■ **~ sein** to be pissed *fam!*, to have had a skinful *fam*

 (in Wendungen) **dann mal ~!** go ahead, off we go; **immer/nur ~!** go ahead; **schimpf nur ~, es hilft doch nichts** go on, scream, it won't do any good; **mach ~** hurry up, get a move on; **lauf schon ~, ich komme nach** you go on [or go on ahead], I'll catch up

III. KONJUNKTION

 mit Infinitiv to; ■ **etw ~ essen** sth to eat; **dieser Auftrag ist unverzüglich ~ erledigen** this task must be completed straight away; **ich habe heute einiges ~ erledigen** I have got a few things to do today; **sie hat ~ gehorchen** she has to obey [or do as she is told]; **die Rechnung ist bis Freitag ~ bezahlen** the bill has to be paid by Friday; **~m Stehen kommen** to come to a halt; **~m Erliegen kommen** to come to rest; **ich habe ~ arbeiten** I have some work to do; **ohne es ~ wissen** without knowing it; **ich komme, um mich zu verabschieden** I have come to say goodbye

 mit Partizip ~ **bezahlende Rechnungen** outstanding bills; **es gibt verschiedene noch ~ kaufende Gegenstände** some things still have to be bought; **der ~ Prüfende** the candidate to be examined; **nicht ~ unterschätzende Probleme** problems [that are] not to be underestimated

zu·al·ler·erst [tsuˈʔalɐˈʔeːɐ̯st] *adv* first of all **zu·al·ler·letzt** [tsuˈʔalɐlɛtst] *adv* last of all
Zu·bau *m* ÖSTERR extension
zu|bau·en *vt* ~ **etw** ~ to fill sth in
Zu·be·hör <-[e]s, *<selten* -e>* [ˈtsuːbəhøːɐ̯] *nt o m* equipment *no pl* (*zusätzliche Accessoires*) accessories *pl* (*Ausstattung*) attachments *pl;* **diese Küchenmaschine wird mit speziellem ~ geliefert** this food processor comes with special attachments
Zu·be·hör·teil *nt* accessory, attachment
zu|bei·ßen *vi irreg* to bite

zu·be·kom·men* vt irreg (fam) ■ **etw ~** to get sth shut [or closed]; **eine Hose, einen Reißverschluss ~** to do [or zip] up trousers/a zipper

Zu·ber <-s, -> ['tsuːbɐ] m DIAL, SCHWEIZ washtub

zu·be·rei·ten* vt ■ [jdm] **etw ~** to prepare sth [for sb]; **einen Cocktail ~** to mix a cocktail

Zu·be·rei·tung <-, -en> f ❶ (das Zubereiten) preparation ❷ (von Arzneimitteln) making up ❸ PHARM (zubereitetes Präparat) preparation

Zu·bett·ge·hen <-s> [tsu'bɛtgeːən] nt kein pl **vor dem/beim/nach dem ~** before [going to] bed/ going to bed/ after going to bed

zu·bil·li·gen vt ■ **jdm etw ~** ❶ (zugestehen) to grant [or allow] sb sth ❷ (für jdn gelten lassen) to grant sb sth; **ich will ihm gerne ~, dass er sich bemüht hat** he made an effort, I'll grant/allow him that

zu·bin·den vt irreg ■ **etw ~** to tie [or do up] sth; **sich die Schuhe ~** to lace [or do] up [or tie] shoes

zu·blei·ben vi irreg sein (fam) **kann die Tür nicht ~?** can't we keep the door shut?; **wegen Inventur wird unser Geschäft am 3. Januar ~** our shop will be closed for stocktaking on January 3rd

zu·blin·zeln vi ■ **jdm ~** to wink at sb; ■ **sich** dat/**einander ~** to wink at each other

zu·brin·gen vt irreg ❶ (verbringen) to spend ❷ (herbeibringen) to bring/take to; **jdm ~, dass ...** to inform sb that ...; **es ist mir zugebracht worden** (geh) it has been brought to my attention [or notice] ❸ DIAL s. **zukriegen**

Zu·brin·ger <-s, -> m TRANSP ❶ (Zubringerstraße) feeder road ❷ (Flughafenbus) shuttle [bus], airport bus

Zu·brin·ger·dienst m shuttle service **Zu·brin·ger·flug** m feeder plane **Zu·brin·ger·stra·ße** f (geh) s. **Zubringer 1**

Zu·brot nt kein pl extra income; [sich dat] **ein ~ ver·dienen** to earn [or make] a bit on the side

zu·but·tern vt (fam) ■ **etw ~** to contribute sth; **wegen eines Fehlers musste der Konzern Millionen ~** due to a mistake the corporation had to pay out millions [on top]

Zuc·chi·ni <-, -> [tsu'kiːni] f meist pl courgette BRIT, zucchini AM

Zucht <-, -en> [tsʊxt] f ❶ kein pl HORT cultivation no art, no pl, growing no art, no pl ❷ ZOOL breeding no art, no pl ❸ (gezüchtete Pflanze) stock, variety; (gezüchtetes Tier) breed; von Bakterien culture spec ❹ kein pl (Disziplin) discipline no art, no pl; **~ und Ordnung** discipline; **jdn in ~ halten** to keep a tight rein on sb

Zucht·bul·le m breeding bull

züch·ten ['tsʏçtn̩] vt ❶ HORT ■ **etw ~** to grow [or cultivate] sth ❷ ZOOL ■ **Tiere ~** to breed animals; **Bienen ~** to keep bees

Züch·ter(in) <-s, -> m(f) von Rassetieren breeder; von Blumen grower, cultivator; von Bienen keeper; von Bakterien culturist spec

Zucht·fo·rel·le f farmed trout **Zucht·haus** nt HIST ❶ (Strafe) prison sentence; **~ bekommen** to be given a prison sentence ❷ (Strafanstalt) prison, jail, dated BRIT a. gaol **Zucht·hengst** m stud horse, breeding stallion

züch·tig ['tsʏçtɪç] I. adj (veraltet) chaste form liter II. adv (veraltet) chastely form liter, in a chaste manner form liter

züch·ti·gen ['tsʏçtɪgn̩] vt (geh) ■ **jdn ~** to beat sb

Zucht·mu·schel f farmed mussel **Zucht·per·le** f cultured pearl **Zucht·stu·te** f breeding [or brood] mare

Züch·tung <-, -en> f ❶ kein pl HORT cultivation no art, no pl, growing no art, no pl ❷ kein pl ZOOL breeding no art, no pl ❸ (gezüchtete Pflanze) variety; (gezüchtetes Tier) breed; **eine neue ~ Schweine** a new breed of pig

zu·ckeln ['tsʊkl̩n] vi sein (fam) ■ **irgendwohin ~** to trundle off somewhere; **über die Landstraßen ~** to trundle along country roads

zu·cken ['tsʊkn̩] vi ❶ haben: Augenlid to flutter; Mundwinkel to twitch ❷ haben **mit den Achseln** [o **Schultern**] **~** to shrug one's shoulders; **ohne mit der Wimper zu ~** without batting an eyelid ❸ haben (aufleuchten) Blitz to flash; Flamme to flare up ❹ sein (sich zuckend bewegen) Blitz to flash; **hast du diesen Blitz über den Himmel ~ sehen?** did you see that bolt of lightning flash across the sky? ❺ haben (fam: weh tun) ■ **es zuckt jdm irgendwo** sb has/gets a twinge somewhere

zü·cken ['tsʏkn̩] vt ■ **etw ~** ❶ (blankziehen) to draw sth; **mit gezückten Schwertern** with swords drawn ❷ (fam: rasch hervorziehen) to pull [or whip] out sth sep

Zu·cker¹ <-s, -> ['tsʊkɐ] m sugar no art, no pl; **brauner ~** brown sugar; **bunter ~** rainbow sugar crystals pl ▶ WENDUNGEN: **~ sein** (sl) to be terrific [or BRIT fam!] shit hot! [or AM fam!] hot shit!

Zu·cker² <-s> ['tsʊkɐ] m kein pl MED diabetes no art, no pl; **~ haben** (fam) to have diabetes

Zu·cker·aus·tausch·stoff m artificial sweetener **Zu·cker·ba·na·ne** f lady finger banana

Zu·cker·brot nt (veraltet: Süßigkeit) sweetmeat dated; ▶ WENDUNGEN: **mit ~ und Peitsche** (prov) with the carrot and the stick **Zu·cker·do·se** f sugar bowl **Zu·cker·erb·se** f sugar snap pea **Zu·cker·guss**ᴿᴿ m icing no art, no pl, AM ESP frosting no art, no pl

zu·cker·hal·tig <-er, -[e]ste> adj containing sugar

Zu·cker·hut ['tsʊkɐhuːt] m ❶ GEOL sugarloaf ❷ KOCHK winter chicory

zu·cke·rig ['tsʊkərɪç] adj ❶ (viel Zucker enthaltend) sugary ❷ (mit Zucker bestreut) sugary

zu·cker·krank adj diabetic **Zu·cker·kran·ke(r)** f(m) decl wie adj diabetic **Zu·cker·krank·heit** f diabetes no art, no pl

Zu·ckerl <-s, -[n]> ['tsʊkɐl] nt SÜDD, ÖSTERR (Bonbon) sweet BRIT, candy AM

Zu·cker·le·cken nt ▶ WENDUNGEN: **kein ~ sein** (fam) to be no picnic **Zu·cker·me·lo·ne** f musk melon

zu·ckern ['tsʊkɐn] vt ■ **etw ~** to sugar sth; **seinen Tee ~** to put [or take] sugar in one's tea

Zu·cker·rohr nt sugar cane no art, no pl **Zu·cker·rü·be** f sugar beet no art, no pl **Zu·cker·schle·cken** nt s. **Zuckerlecken Zu·cker·scho·te** f mangetout **Zu·cker·si·rup** m sugar syrup **zu·cker·süß** ['tsʊkɐ'zyːs] adj ❶ (sehr süß) as sweet as sugar pred ❷ (übertrieben freundlich) sugar-sweet a. pej; ■ [zu jdm] **sein** to be as sweet as pie [to sb] **Zu·cker·waa·ge** f saccarometer **Zu·cker·wat·te** f candy floss BRIT, cotton candy AM **Zu·cker·zan·ge** f sugar tongs npl

Zu·ckung <-, -en> f meist pl von Augenlid, Lippe, Mundwinkel twitch; **nervöse ~en** a nervous twitch; eines Epileptikers convulsion; **die letzten ~en** the death throes

Zu·de·cke f DIAL cover

zu·de·cken vt ■ **jdn/etw** [mit etw] **~** to cover [up sep] sb/sth [with sth]; ■ **sich** [mit etw] **~** to cover oneself up sep [with sth]

zu·dem [tsu'deːm] adv (geh) moreover form, furthermore form, in addition

zu·den·ken vt irreg (geh) ■ **jdm etw ~** ❶ (zu schenken beabsichtigen) to intend sth for sb ❷ (zuzuweisen beabsichtigen) to intend [or earmark] sth for sb; ■ **zugedacht** intended; ■ **jdm zugedacht sein** to be intended for sb; Posten to be earmarked for sb

zu·dre·hen I. vt ❶ (verschließen) ■ **etw ~** to screw on sth sep ❷ (abstellen) ■ **etw ~** to turn off sth sep ❸ (festdrehen) ■ **etw ~** to tighten sth ❹ (zuwenden) jdm den Kopf ~ to turn [one's face] towards sb; **jdm den Rücken** ~ to turn one's back on sb; **jdm die Schulter** ~ to turn away from sb II. *vr* ▪ **sich jdm/ etw** ~ to turn to[wards] sb/sth

zu·dring·lich ['tsuːdrɪŋlɪç] *adj* pushy *pej;* ~ [**zu jdm**] **werden** to get pushy *pej; (sexuell belästigen)* to make advances [to sb], to act improperly [towards sb] **Zu·dring·lich·keit** <-, -en> *f* ❶ *kein pl (zudringliche Art)* pushiness *no art, no pl pej* ❷ *meist pl (zudringliche Handlung)* advances *pl*

zu|dröh·nen *vr (sl)* ▪ **sich** [**mit etw**] ~ to be/become intoxicated [with sth]; **sich mit Rauschgift** ~ to get high [on drugs]; ▪ **zugedröhnt sein** to be intoxicated/high

zu|drü·cken *vt* ❶ *(durch Drücken schließen)* ▪ **etw** ~ to press sth shut; **ein Fenster/eine Tür** ~ to push a window/door shut; *s. a.* **Auge** ❷ *(fest drücken)* **jdm/ einem Tier den Hals/die Kehle** ~ to throttle sb/an animal

zu·ein·an·der [tsuʔaiˈnandɐ] *adv* to each other [*or form* one another]; ~ **passen** *Menschen* to suit each other [*or form* one another], to be suited; *Farben, Kleidungsstücke, Muster* to go well together [*or together* well]

zu|er·ken·nen* *vt irreg (geh)* ▪ **jdm etw** ~ to award sth to sb; **jdm eine Auszeichnung/einen Orden** ~ to confer [*or form* bestow] an award/a medal on sb; **das Kind wurde dem Vater zuerkannt** the father was given custody of the child; **jdm eine Strafe** ~ to impose [*or* inflict] a penalty [up]on sb

zu·erst [tsuˈʔeːɐ̯st] *adv* ❶ *(als Erster)* the first; *(als Erstes)* first; **was sollen wir** ~ **kaufen?** what should we buy first? ❷ *(anfangs)* at first, initially ❸ *(zum ersten Mal)* first, for the first time ▶ WENDUNGEN: **wer ~ kommt, mahlt** ~ *(prov)* first come, first served *prov*

zu|fä·cheln *vt (geh)* ▪ **jdm/sich** [**mit etw**] **Luft** [*o* **Kühlung**] ~ to fan sb/oneself [with sth]

zu|fah·ren *vi irreg sein* ❶ *(in eine bestimmte Richtung fahren)* ▪ **auf jdn/etw** ~ to drive towards sb/sth; *(direkt)* to head towards sb/sth ❷ *(fam: schneller fahren)* to drive faster; **fahren Sie doch zu!** [drive] faster!

Zu·fahrt ['tsuːfaːɐ̯t] *f* ❶ *(Einfahrt)* entrance ❷ *kein pl (das Zufahren)* access *no art, no pl* (**auf** +*akk* to); **jdm die** ~ **versperren** to block sb's access

Zu·fahrts·stra·ße *f* access road; *(zur Autobahn)* approach road

Zu·fall *m* coincidence; *(Schicksal)* chance; **das ist** ~ that's a coincidence; **es ist** [**ein bestimmter**] ~/**kein** ~, **dass ..** it is [a certain] coincidence/no coincidence [*or* accident] that …; **es ist reiner** ~, **dass …** it's pure coincidence that …; **etw dem** ~ **überlassen** to leave sth to chance; **es dem** ~ **überlassen, ob/wann/ wie/wo …** to leave it to chance whether/when/ how/where …; **etw dem** ~ **verdanken** to owe sth to chance; **es dem** ~ **verdanken, dass …** to owe it to chance that …; **der** ~ **wollte es, dass …** chance would have it that …; **etw durch** [*o fam:* **per**] ~ **erfahren** to happen to learn of sth; **welch ein** ~! what a coincidence!

zu·fäl·lig I. *adj* chance *attr* II. *adv* ❶ *(durch einen Zufall)* by chance; **jdn** ~ **treffen** to happen to meet sb ❷ *(vielleicht)* **wissen Sie** ~, **ob/wie/wann/wo …?** do you happen to know whether/how/when/where …?

zu·fäl·li·ger·wei·se *adv s.* **zufällig** II.

Zu·fäl·lig·keit <-, -en> *f* coincidence

Zu·falls·be·kannt·schaft *f* chance acquaintance; **eine** ~ **machen** to make a chance acquaintance **Zu·falls·fund** *m* chance find **Zu·falls·tor** *nt* lucky [*or fam* fluke] goal **Zu·falls·tref·fer** *m* fluke *fam*

zu|fas·sen *vi* ❶ *(zugreifen)* to make a grab, to grab [at] sth ❷ *(die Gelegenheit ergreifen)* to seize the opportunity

zu|flie·gen *vi irreg sein* ❶ *(in eine bestimmte Richtung fliegen)* ▪ **auf etw** *akk* ~ to fly towards sth ❷ *(zu jdm hinfliegen und bleiben)* ▪ **jdm** ~ to fly to sb; **der Wellensittich ist uns zugeflogen** the budgie flew into our house ❸ *(fam: zufallen)* ▪ [**jdm**] ~ to slam shut [on sb *fam*] ❹ *s.* **zufallen 5**

zu|flie·ßen *vi irreg sein* ❶ *(in etw münden)* ▪ **einer S.** *dat* ~ to flow into sth ❷ *(dazufließen)* ▪ **einer S.** *dat* ~ to flow into sth ❸ *(zuteilwerden)* ▪ **jdm/etw** ~ to go to sb/sth; **die Spenden flossen einem Hilfsfonds zu** the donations went to a relief fund

Zu·flucht <-, -en> ['tsuːflʊxt] *f* refuge; **irgendwo** [**vor jdm/etw**] ~ **finden/suchen** to take [*or* find] /seek refuge somewhere [from sb/sth] ▶ WENDUNGEN: **jds letzte** ~ **sein** to be sb's last resort [*or* hope]; **in etw** *dat* ~ **finden** to find refuge in sth; **zu etw** ~ **nehmen** to resort to sth; **zu Lügen** ~ **nehmen** to resort to lying

Zu·fluchts·ort *m* place of refuge

Zu·flussᴿᴿ *m* ❶ *kein pl (das Zufließen)* inflow ❷ *(Nebenfluss)* tributary

zu|flüs·tern *vt* ▪ **jdm etw** ~ to whisper sth to sb

zu·fol·ge [tsuˈfɔlɡə] *präp (geh)* ▪ **einer S.** *dat* ~ according to sth

zu·frie·den [tsuˈfriːdn̩] I. *adj (befriedigt)* satisfied (**mit** +*dat* with); **danke, ich bin sehr** ~ thanks, everything's fine; *(glücklich)* contented (**mit** +*dat* with), content *pred;* **ein ~er Kunde** a satisfied customer; **ein ~es Lächeln** a satisfied smile, a smile of satisfaction II. *adv* with satisfaction; *(glücklich)* contentedly; ~ **lächeln** to smile with satisfaction, to give a satisfied smile; **jdn/etw** ~ **stellen** to satisfy sb/sth; **jds Wissensdurst** ~ **stellen** to satisfy sb's thirst for knowledge; ~ **stellend** satisfactory

zu·frie·den|ge·ben *vr irreg* ▪ **sich** [**mit etw**] ~ to be satisfied/content[ed] [with sth]

Zu·frie·den·heit <-> *f kein pl* satisfaction *no art, no pl; (Glücklichsein)* contentedness *no art, no pl;* **zu jds** ~ to sb's satisfaction; **zu allgemeiner** ~ to everyone's satisfaction

zu·frie·den|las·sen *vt irreg* ▪ **jdn/ein Tier** ~ to leave sb/an animal alone [*or* in peace]; ▪ **jdn mit etw** ~ to stop bothering sb with sth

zu|frie·ren *vi irreg sein* to freeze [over]; ▪ **zugefroren** frozen [over *pred*]

zu|fü·gen *vt* ❶ *(erleiden lassen)* **jdm Kummer/ Leid** ~ to cause sb sorrow/pain; **jdm Schaden/eine Verletzung** ~ to harm/injure sb; **jdm Unrecht** ~ to do sb an injustice, to wrong sb *form* ❷ *(geh: hinzufügen)* ▪ **einer S.** *dat* **etw** ~ to add sth [to sth]

Zu·fuhr <-, -en> ['tsuːfuːɐ̯] *f* ❶ *(Versorgung)* supply ❷ *(das Zuströmen)* supply; **von Kalt-, Warmluft** stream

zu|füh·ren I. *vt* ❶ *(verschaffen)* ▪ **jdm/etw jdn** ~ to supply sb/sth with sb; **einer Firma Mitarbeiter** ~ to supply a company with employees ❷ *(zufließen lassen)* ▪ **jdm/etw etw** ~ to supply sth to sb/sth ❸ *(fam: werden lassen)* ▪ **etw einer S.** *dat* ~ to devote sth to sth; **dieses Gebäude kann nun wieder seiner Bestimmung zugeführt werden** this building can be devoted again to its intended use II. *vi* ▪ **auf etw** *akk* ~ to lead to sth; **direkt auf etw** *akk* ~ to lead direct to sth

Zug[1] <-[e]s, Züge> |tsu:k, *pl:* 'tsy:gə| *m* ❶*(Bahn)* train ❷AUTO *(Last~)* truck [*or* BRIT *a.* lorry] and [*or* with] trailer + *sing vb* ► WENDUNGEN: **auf den fahren-den** ~ [**auf**]**springen** to jump [*or* climb] [*or* get] on the bandwagon; **der ~ ist abgefahren** *(fam)* you've missed the boat

Zug[2] <-[e]s, Züge> |tsu:k, *pl:* 'tsy:gə| *m* ❶*(inhalierte Menge)* puff (**an** +*dat* on /*at), drag *fam* (**an** +*dat* of / on); **einen ~ machen** to have a puff, to take a drag *fam* ❷*(Schluck)* gulp, swig *fam;* **in** [*o* **mit**] **einem** [*o* **auf einen**] ~ in one gulp; **sein Bier/sei-nen Schnaps in einem ~ austrinken** to down one's beer/schnapps in one [*o* go], to knock back *sep* one's beer/schnapps *fam* ❸*kein pl (Luft~)* draught BRIT, draft AM; **einem ~ ausgesetzt sein** to be sitting in a draught ❹*kein pl* PHYS *(~kraft)* tension *no art, no pl* ❺*(Spiel~)* move; **am ~ sein** to be sb's move; **einen ~ machen** to make a move ❻MIL *(Kompanieabtei-lung)* section ❼*(Streif~)* tour; **einen ~ durch etw machen** to go on a tour of sth ❽*(lange Kolonne)* pro-cession ❾*(Gesichts~)* feature; **sie hat einen bitte-ren ~ um den Mund** she has a bitter expression about her mouth ❿*(Charakter~)* characteristic, trait; **ein bestimmter ~ von** [*o* **an**] **jdm sein** to be a cer-tain characteristic of sb ⓫*pl (spiralförmige Vertiefun-gen)* grooves *pl* ⓬*(ohne Ver~)* ■ ~ **um ~** systemati-cally; *(schrittweise)* step by step, stage by stage ⓭*(Linienführung)* ■ **in einem ~** in one stroke ⓮*(Umriss)* **in großen** [*o* **groben**] **Zügen** in broad [*or* general] terms; **etw in großen Zügen darstellen/ umreißen** to outline sth, to describe/outline sth in broad [*or* general] terms ⓯■ **im ~e einer S.** *gen* in the course of sth ► WENDUNGEN: **im falschen ~ sitzen** to be on the wrong track [*or fam* barking up the wrong tree]; **in den letzten Zügen liegen** *(fam)* to be on one's last legs *fam; (fast tot sein)* to be at death's door; **etw in vollen Zügen genießen** to enjoy sth to the full; |**mit etw**| |**bei jdm**| **zum ~e/nicht zum ~e kommen** *(fam)* to get somewhere/to not get anywhere [with sb] [with sth]

Zug[3] <-s> |tsu:k| *nt* Zug

Zu·ga·be |'tsu:ga:bə| *f* ❶*(Werbegeschenk)* free gift ❷MUS *(zusätzliche Darbietung)* encore; ~, ~! encore! encore!, more! more! ❸*kein pl (das Hinzugeben)* addition

Zug·ab·teil *nt* train [*or* railway] compartment

Zu·gang <-[e]s, -gänge> |'tsu:gaŋ, *pl:* 'tsu:gɛŋə| *m* ❶*(Eingang)* entrance ❷*kein pl (Zutritt)* access *no art, no pl* (**zu** +*akk* to) ❸*kein pl (Zugriff)* access *no art, no pl* (**zu** +*akk* to); **~ zu etw haben** to have access to sth ❹*meist pl (geh: Aufnahme)* intake; *von Büchern, Waren* receipt; *von Patienten* admission

zu·gan·ge |'tsu:gaŋə| *adj* NORDD ■ **irgendwo** |**jdm/etw**| ~ **sein** to be busy [with sb/sth] somewhere

zu·gäng·lich |'tsu:gɛŋlɪç| *adj* ❶*(erreichbar)* acces-sible; ■ **nicht** ~ inaccessible; **jdm etw ~ machen** to allow sb access to sth ❷*(verfügbar)* available (+*dat* to); ■ |**jdm**| ~ **sein** to be available [to sb] ❸*(aufge-schlossen)* approachable; ■ **für etw** [*o* **etw gegen-über**] |**nicht**| ~ **sein** to be [not] receptive to sth

Zu·gäng·lich·keit <-> *f kein pl* ❶*(Erreichbarkeit)* accessibility *no art, no pl* ❷*(Verfügbarkeit)* availabil-ity *no art, no pl* ❸*(Aufgeschlossenheit)* receptive-ness *no art, no pl* (**für** +*akk* to); *(Umgänglichkeit)* approachability *no art, no pl*

Zug·be·glei·ter(in) *m(f) (Informationsheft)* train time-table [*or* AM *usu* schedule]

Zugbegleiter(in) *m(f) (Schaffner)* guard BRIT, con-ductor AM

Zug·brü·cke *f* drawbridge

zu|ge·ben *vt irreg* ❶*(eingestehen)* ■ **etw ~** to admit sth; ■ **~, dass ...** to admit [that] ... ❷*(zugestehen)*

■ **jdm ~, dass ...** to grant sb that ... ❸*(erlauben)* ■ **etw ~** to allow sth; ■ **es nicht ~, dass jd etw tut** to not allow sb to do sth

zu·ge·ge·be·ner·ma·ßen *adv* admittedly

zu·ge·gen |tsu'ge:gn| *adj (geh)* ■ **bei etw ~ sein** to be present at sth

zu|ge·hen *irreg* **I.** *vi sein* ❶*(sich schließen lassen)* to shut, to close ❷*(in eine bestimmte Richtung gehen)* ■ **auf jdn/etw ~** to approach sb/sth ❸*(sich versöh-nen)* ■ **aufeinander ~** to become reconciled ❹*(über-mittelt werden)* ■ **jdm ~** to reach sb; ■ **jdm etw ~ lassen** to send sb sth ❺*(fam: sich beeilen)* **geh zu!** get a move on! *fam; s. a.* **Ende II.** *vi impers sein* ■ **auf ihren Partys geht es immer sehr lustig zu** her par-ties are always great fun; **musste es bei deinem Geburtstag so laut ~?** did you have to make such a noise on your birthday?; *s. a.* **Teufel**

Zu·geh·frau *f* SÜDD, ÖSTERR *(Putzfrau)* charwoman, BRIT *a.* charlady

zu|ge·hö·ren[*r*] *vi (geh)* ■ **jdm/etw ~** to belong to sb/ sth

zu·ge·hö·rig |'tsu:gəhø:rɪç| *adj attr (geh)* accompany-ing *attr*

Zu·ge·hö·rig·keit <-> *f kein pl (Verbundenheit)* affilia-tion *no art, no pl* (**zu** +*akk* to); **ein Gefühl der ~** a sense of belonging; ■ **jds ~ zu etw** sb's affiliation to sth; **ohne ~ zu einer Familie** without belonging to a family; *(Mitgliedschaft)* membership (**zu** +*akk* of)

zu·ge·kifft |'tsu:gəkɪft| *adj (sl)* high [on hash or mari-juana] *sl*

zu·ge·knöpft *adj (fam)* ❶*(mit Knöpfen geschlossen)* buttoned-up ❷*(verschlossen)* reserved, close *pred,* tight-lipped

Zü·gel <-s, -> |'tsy:gl| *m* reins *npl;* **die ~ anziehen** to draw in the reins, to rein back [*or* in] ► WENDUNGEN: **die ~** |**fest**| **in der Hand** |**be**]**halten** to keep a firm grip [*or* hold] on things; **die ~ aus der Hand geben** [*o* **legen**] to relinquish hold over sth *form;* **jdn am langen ~ führen** to keep sb on a long lead *pej;* **jdm/ etw ~ anlegen** to take sb in hand/to contain [*or* con-trol] sth; **die ~** |**straffer**| **anziehen** to keep a tighter rein on things; **bei etw die ~ lockern** [*o* **schleifen lassen**] to give free rein to sth; **seinen Gefühlen die ~ schießen lassen** to give full vent [*or* free rein] to one's feelings

zü·gel·los *adj* unrestrained, unbridled *form liter*

Zü·gel·lo·sig·keit *f* unrestraint

Zü·gel·mann <-männer *o* -leute> *m* SCHWEIZ *(Umzugsspediteur)* removal man BRIT, mover AM

zü·geln |'tsy:gln| **I.** *vt* ❶*(im Zaum halten)* ■ **etw ~** to rein in [*or* back] sth *sep* ❷*(beherrschen)* ■ **etw ~** to curb sth ❸*(zurückhalten)* ■ **jdn/sich ~** to restrain sb/oneself **II.** *vi sein* SCHWEIZ *(umziehen)* ■ |**irgend-wohin**| ~ to move [somewhere]

Zu·ge·reis·te(r) *f(m) decl wie adj* SÜDD, ÖSTERR *(Zugezo-gene(r))* newcomer; *(Austauschstudent(in))* foreigner

zu|ge·sel·len[*r*] *vr (geh)* ■ **sich jdm ~** to join sb

Zu·ge·ständ·nis |'tsu:gəʃtɛntnɪs| *nt* concession; **~se machen** to make concessions

zu|ge·ste·hen *vt irreg* ■ **jdm etw ~** to grant sb sth; ■ **jdm ~,** |**dass**| ... to grant sb [that] ...

zu·ge·tan |'tsu:gəta:n| *adj (geh)* ■ **jdm/etw ~ sein** to be taken with sb/sth

Zu·ge·winn *m* gain

Zu·ge·winn·ge·mein·schaft *f* JUR community of goods *(acquired during marriage) spec*

Zu·ge·zo·ge·ne(r) *f(m) decl wie adj* newcomer

Zug·fahr·kar·te *f* train ticket **zug·fest** *adj* high-tensile *spec* **Zug·füh·rer(in)** *m(f)* ❶BAHN guard BRIT, con-ductor AM ❷MIL platoon leader **Zug·ge·schwin·dig-keit** *f* train speed

zu|gie·ßen *vt irreg* ❶*(hinzugießen)* ■ |**jdm**| **etw ~** to add sth [for sb] ❷ *(verschließen)* ■ etw [mit etw] ~ to fill [in *sep*] sth [with sth]

zu·gig ['tsu:gɪç] *adj* draughty BRIT, drafty AM; ■ **irgendwo ist es** ~ there's a draught somewhere

zü·gig ['tsy:gɪç] I. *adj* ❶ *(rasch erfolgend)* rapid, speedy ❷SCHWEIZ *(eingängig)* catchy II. *adv* rapidly, speedily

zu|gip·sen *vt* ■ etw ~ to fill in sth *sep* with plaster, to plaster up sth *sep*

Zug·kraft *f* ❶PHYS tensile force *spec* ❷ *kein pl (Anziehungskraft)* attraction *no pl*, appeal *no art, no pl* **zug·kräf·tig** *adj* attractive, appealing; *(eingängig a.)* catchy

zu·gleich [tsu'glaɪç] *adv* ❶ *(ebenso)* both ❷ *(gleichzeitig)* at the same time

Züg·le·te <-, -n> ['tsy:glətə] *f* SCHWEIZ *(Umzug)* move

Zug·luft *f kein pl* draught BRIT, draft AM

Zug·ma·schi·ne *f* AUTO traction engine, tractor **Zug·num·mer** *f* train number

zu|grei·fen *vi irreg* ❶ *(sich bedienen)* to help oneself ❷INFORM ■ **auf etw** *akk* ~ to access sth

Zug·res·tau·rant *nt* dining [*or* BRIT *a.* restaurant] car

Zu·griff *m* ❶ *(das Zugreifen)* grab ❷INFORM access *no art, no pl* **(auf** +*akk* to) ❸ *(Einschreiten)* **sich jds ~/ dem ~ einer S.** *gen* **entziehen** to escape sb's clutches/the clutches of sth; **sich dem ~ der Justiz entziehen** to evade justice

Zu·griffs·ge·schwin·dig·keit *f*, **Zu·griffs·zeit** *f* INFORM access speed

zu·grun·de, zu Grun·deᴿᴿ [tsu'grʊndə] *adv* [an etw *dat*] ~ **gehen** to be destroyed [*or* ruined] [by sth]; **an inneren Zwistigkeiten** ~ **gehen** to be destroyed by internal wrangling; **etw einer S.** *dat* ~ **legen** to base sth on sth; **der Autor legte seinem Bericht aktuelle Erkenntnisse** ~ the author based his report on current findings; **einer S.** *dat* ~ **liegen** to form the basis of sth; ~ **liegend** underlying *attr;* **jdn/etw** ~ **richten** *(ausbeuten)* to exploit sb/sth; *(zerstören)* to destroy [*or* ruin] sb/sth

Zu·grun·de·le·gung *f* ■ **unter** ~ **einer S.** *gen* taking sth as a basis

Zug·tier *nt* draught [*or* AM draft] animal

zu|gu·cken *vi (fam) s.* zusehen

Zug·un·glück *nt* railway [*or* train] accident; *(Zusammenstoß a.)* train crash

zu·guns·ten, zu Guns·tenᴿᴿ [tsu'gʊnstn] *präp* +*gen* for the benefit of; *(zum Vorteil von)* in favour [*or* AM -or] of

zu·gu·te|hal·tenᴿᴿ [tsu'gu:tə-] *vt irreg* ■ jdm etw ~ to make allowances for sb's sth; **sich** *dat* **etw auf etw** *akk* ~ *(geh)* to pride oneself on sth **zu·gu·te|kommen**ᴿᴿ *vi irreg sein* ■ jdm ~ to come in useful to sb; *Erfahrung a.* to stand sb in good stead; ■ jdm/etw ~ to be for the benefit of [*or* of benefit to] sb/sth

Zug·ver·bin·dung *f* train connection **Zug·ver·kehr** *m* train [*or* rail] services *pl*

Zug·vo·gel *m* migratory bird **Zug·zwang** *m* pressure to act; **unter** [*o* **in**] ~ *akk* **geraten** to come under pressure to act; **jdn unter** [*o* **in**] ~ *akk* **setzen** [*o* **in** ~ *akk* **bringen**] to put pressure on sb to act; **unter** ~ *dat* **stehen** to be under pressure to act

zu|ha·ben *irreg (fam)* I. *vi* to be closed [*or* shut] II. *vt* ■ **etw** ~ to have got sth shut; **die Hose/Schuhe** ~ to have one's trousers/shoes done up

zu|hal·ten *irreg* I. *vt* ❶ *(geschlossen halten)* ■ **etw** ~ to hold sth closed [*or* shut] ❷ *(mit der Hand bedecken)* ■ **jdm/sich etw** ~ to hold one's hand over sb's/one's sth; *(in Berührung kommen)* to put one's hand over sb's/one's sth; **sich** *dat* **die Nase** ~ to hold one's nose II. *vi* ■ **auf jdn/etw** ~ to head for sb/sth

Zu·häl·ter(in) <-s, -> ['tsu:hɛltɐ] *m(f)* pimp *masc,* procurer *form*

Zu·häl·te·rei <-> [tsu:hɛltə'raɪ] *f kein pl* pimping *no art, no pl,* procuring *no art, no pl form*

Zu·häl·te·rin <-, -nen> *f fem form von* **Zuhälter**

zu·han·den [tsu'handn] *adv* SCHWEIZ ❶ *(zu Händen von)* for the attention of ❷ *(zur Hand)* to hand; ■ |jdm| ~ **kommen/sein** to come/have come to hand [*or* into sb's hands]

zu|hau·en *irreg* I. *vt* ■ **etw** ~ ❶ *(behauen)* to hew sth into shape ❷ *(fam: zuschlagen)* to slam [*or* bang] sth shut II. *vi s.* **zuschlagen**

zu·hauf [tsu'haʊf] *adv (geh)* in droves *fam*

Zu·hau·se <-s> [tsu'haʊzə] *nt kein pl* home *no art, no pl*

zu|hei·len *vi sein* to heal up [*or* over]

Zu·hil·fe·nah·me <-> ['tsu:hɪlfəna:mə] *f* ■ **unter** ~ **einer S.** *gen (geh)* with the aid [*or* help] of sth

zu|hö·ren *vi* to listen; ■ jdm/etw ~ to listen to sb/sth; **nun hör mir doch mal richtig zu!** now listen carefully to me!

Zu·hö·rer(in) *m(f)* listener; ■ **die** ~ *(Publikum)* the audience + *sing/or pl vb; (Radio~ a.)* the listeners

zu|ju·beln *vi* ■ jdm ~ to cheer sb

zu|kau·fen *vt* ■ **etw** ~ to buy more of sth

zu|klap·pen I. *vt* ■ **etw** ~ to snap sth shut; **ein Buch** ~ to clap a book shut II. *vi sein* to snap shut; *Fenster* to click shut; *(lauter)* to slam shut

zu|kle·ben *vt* ■ **etw** ~ to stick down sth *sep*

zu|knal·len *(fam)* I. *vt* ■ **etw** ~ to slam [*or* bang] sth shut II. *vi sein* to slam [*or* bang] shut

zu|knei·fen *vt irreg* ■ **etw** ~ to shut sth tight[ly]; **die Augen** ~ to screw up one's eyes *sep*

zu|knöp·fen *vt* ■ |jdm| **etw** ~ to button up sth *sep* [for sb]; ■ |**sich** *dat*| **etw** ~ to button up one's sth *sep; s. a.* **zugeknöpft**

zu|kno·ten *vt* ■ **etw** ~ to tie up sth *sep,* to fasten sth with a knot

zu|kom·men *vi irreg sein* ❶ *(sich nähern)* ■ **auf jdn/ etw** ~ to come towards [*or* up to] sb/sth ❷ *(bevorstehen)* ■ **auf jdn** ~ to be in store for sb; **alles auf sich** *akk* ~ **lassen** to take things as they come ❸ *(gebühren)* ■ jdm ~ to befit sb *form;* **mir kommt heute die Ehre zu, Ihnen zu gratulieren** I have the honour today of congratulating you; ■ **es kommt jdm** [**nicht**] **zu, etw zu tun** it is [not] up to sb to do sth; **jdm etw** ~ **lassen** *(geh)* to send sb sth; *(jdm etw gewähren)* to give sb sth; *(jdm etw übermitteln)* to give sb sth ❹ *(angemessen sein)* **dieser Entdeckung kommt große Bedeutung zu** great significance must be attached to this discovery

zu|krie·gen *vt (fam) s.* **zubekommen**

Zu·kunft <-> ['tsu:kʊnft] *f kein pl* ❶ *(das Bevorstehende)* future *no pl;* ■ **die/jds** ~ the/sb's future; **in ferner/naher** ~ in the distant/near future; ~ **haben** to have a future; **in die** ~ **schauen** to look into the future; **in** ~ in future; **mit/ohne** ~ with/without a future ❷LING *(Futur)* future [tense]

zu·künf·tig ['tsu:kʏnftɪç] I. *adj* ❶ *(in der Zukunft bevorstehend)* future *attr;* **die ~e Generation** the future generation ❷ *(designiert)* prospective; **sein ~er Nachfolger** his prospective successor II. *adv* in future

Zu·kunfts·angst *f (Angst vor der Zukunft)* fear of the future; *(Angst um die Zukunft)* fear for the future **Zu·kunfts·aus·sich·ten** *pl* prospects for the future, future prospects *pl;* **jdm** ~ **eröffnen** to open new doors for sb **Zu·kunfts·bran·che** *f* new [*or* sunrise] industry **Zu·kunfts·for·scher(in)** *m(f)* futurologist **Zu·kunfts·for·schung** *f kein pl* futurology *no art, no pl* **Zu·kunfts·mu·sik** *f* ▶WENDUNGEN: [**noch**] ~ **sein** *(fam)* to be [still] a long way off **Zu·kunfts·per·spek·ti·ve** *f meist pl* future prospects *pl* **Zu·kunfts·plä·ne** *pl* plans for the future, future plans *pl;* ~ **haben** to have plans for the future **Zu·kunfts·ro·man** *m* LIT

(veraltend) science-fiction [*or* SF] [*or fam* sci-fi] novel
zu·kunfts·si·cher *adj* with a guaranteed future *pred*
Zu·kunfts·sze·na·rio *nt* future scenario **Zu·kunfts·tech·no·lo·gie** *f* new [*or* future] technology **zu·kunfts·träch·tig** *adj* with a promising future *pred;* ■ ~ **sein** to have a promising future **zu·kunft(s)·wei·send** *adj inv* forward-looking
zu·lä·cheln *vi* ■ jdm ~ to smile at sb
Zu·la·ge <-, -n> ['tsu:la:gə] *f* bonus [payment]; *(Geld~)* additional allowance
zu·lan·gen *vi (fam)* ➊ *(zugreifen)* to help oneself ➋ *(zuschlagen)* to land a punch ➌ *(hohe Preise fordern)* to ask a fortune
zu·las·sen *vt irreg* ➊ *(dulden)* ■ etw ~ to allow [*or* permit] sth; ■ ~, **dass jd etw tut** to allow [*or* permit] sb to do sth ➋ *(fam: geschlossen lassen)* ■ etw ~ to keep [*or* leave] sth shut [*or* closed]; **sein Hemd/seinen Mantel** ~ to keep one's shirt/coat done [*or* buttoned] up ➌ *(die Genehmigung erteilen)* ■ jdn [zu etw] ~ to admit sb [to sth]; **jdn zu einer Prüfung ~** to admit sb to an exam; ■ **jdn als etw** ~ to register sb as sth; ■ **zugelassen** registered; **ein zugelassener Anwalt** a legally qualified lawyer; ■ **bei etw zugelassen sein** to be licensed to practise [*or* AM -ce] [in] sth ➍ *(anmelden)* ■ etw [auf jdn] ~ to register sth [in sb's name] ➎ *(erlauben)* ■ etw ~ to allow [*or* permit] sth ➏ *(plausibel sein lassen)* ■ etw ~ to allow [*or* permit] sth; **diese Umstände lassen nur einen Schluss zu** these facts leave [*or* form permit of] only one conclusion
zu·läs·sig ['tsu:lɛsɪç] *adj* permissible *form;* JUR admissible *form;* ■ **nicht** ~ JUR inadmissible *form;* **die -e Höchstgeschwindigkeit** the maximum permitted speed; ■ ~ **sein, etw zu tun** to be permissible to do sth *form*
Zu·las·sung <-, -en> *f* ➊ *kein pl (Genehmigung)* authorization *no pl; (Lizenz)* licence [*or* AM -se]; **die ~ entziehen** to revoke sb's licence; **die ~ zu einem Auswahlverfahren** the admission to a selection process; **die/jds ~ als Anwalt/Arzt** the/sb's call to the bar/registration as a doctor ➋ *(Anmeldung)* registration ➌ *(Fahrzeugschein)* vehicle registration document ➍ FIN ~ **zur Börse** listing on the Stock Exchange
Zu·las·sungs·be·din·gun·gen *pl* conditions of admission **Zu·las·sungs·be·schrän·kung** *f* restriction on admission[s] **Zu·las·sungs·num·mer** *f* registration number **Zu·las·sungs·pa·pier** *nt meist pl* TRANSP, ADMIN vehicle registration document **zu·las·sungs·pflich·tig** *adj inv* ADMIN *(geh)* requiring licensing [*or* registration] **Zu·las·sungs·stel·le** *f* registration office **Zu·las·sungs·ver·fah·ren** *nt* qualification procedure; *bes* SCH admissions procedure; ÖKON listing procedure
Zu·lauf ['tsu:lauf] *m (Zufluss)* inlet; ▶ WENDUNGEN: ~ **haben** to be popular
zu·lau·fen *vi irreg sein* ➊ *(Bewegung zu jdm/etw)* ■ **auf jdn/etw** ~ to run [*or* come running] towards sb/sth; *(direkt)* to run [*or* come running] up to sb/sth ➋ *(hinführen)* to lead to ➌ *(schnell weiterlaufen)* to hurry [up]; **lauf zu!** come on! ➍ *(zusätzlich hinzufließen)* to run in; ■ etw ~ **lassen** to add sth ➎ *(spitz auslaufen)* to taper [to a point]; **manche Hosen laufen an den Knöcheln eng zu** some trousers taper at the ankles ➏ *(zu jdm laufen und bleiben)* ■ jdm ~ to stray into sb's home; **ein zugelaufener Hund/eine zugelaufene Katze** a stray [dog/cat]
zu·le·gen I. *vt* ■ etw ~ ➊ *(fam: zunehmen)* to put on sth *sep* ➋ *(dazutun)* to add sth ▶ WENDUNGEN: **einen Zahn zulegen** to step on it II. *vi* ➊ *(fam: zunehmen)* to put on weight ➋ BÖRSE *(sich steigern)* to improve its position ➌ *(fam: das Tempo steigern)* to get a move on *fam;* **Läufer** to increase the pace III. *vr (fam)* ■ **sich** *dat* **jdn/etw** ~ to get oneself sb/sth

zu·lei·de, zu Lei·de^{RR} [tsu'laidə] *adv* jdm etwas/nichts ~ tun *(veraltend)* to harm/to not harm sb
zu·lei·ten *vt* ➊ *(geh: übermitteln)* ■ jdm etw ~ to forward sth to sb ➋ *(zufließen lassen)* ■ [einer S. *dat*] etw ~ to supply sth [to sth]; **durch diese Röhre wird das Regenwasser dem Teich zugeleitet** rain water is fed into the pond through this pipe
Zu·lei·tung *f* ➊ *kein pl (geh: das Übermitteln)* forwarding *no art, no pl* ➋ *(zuleitendes Rohr)* supply pipe
zu·letzt [tsu'lɛtst] *adv* ➊ *(als Letzte(r))* ~ **eingetroffen** to be the last to arrive; ~ **durchs Ziel gehen** to finish last ➋ *(endlich)* finally, in the end ➌ *(zum letzten Mal)* last ➍ *(zum Schluss)* **bis** ~ until the end; **ganz** ~ right at the [*or* at the very] end ➎ *([besonders] auch)* **nicht** ~ not least [of all]
zu·lie·be [tsu'li:bə] *adv* ■ jdm/etw ~ for sb['s sake]/for the sake of sth
Zu·lie·fer·be·trieb *m*, **Zu·lie·fe·rer(in)** <-s, -> *m(f)* supplier **Zu·lie·fer·in·dus·trie** *f* supply industry
zu·lie·fern *vi* to supply
zum [tsʊm] = **zu dem** *s.* **zu**
zu·ma·chen I. *vt* ➊ *(zuklappen)* ■ etw ~ to close [*or* shut] sth ➋ *(verschließen)* ■ etw ~ to close sth; **eine Flasche/ein Glas** ~ to put the top on a bottle/jar ➌ *(zukleben)* **einen Brief** ~ to seal a letter ➍ *(schließen)* **die Augen** ~ to close one's eyes; **letzte Nacht habe ich kein Auge ~ können** I didn't get a wink of sleep last night ➎ *(zuknöpfen)* ■ [jdm/sich] etw ~ to button [up] [*or* sep do up] sb's/one's sth ➏ *(den Betrieb einstellen)* ■ etw ~ to close [down *sep*] sth; **den Laden** ~ to shut up shop II. *vi* ➊ *(den Laden schließen)* to close, to shut ➋ *(fam: sich beeilen)* to get a move on *fam,* to step on it
zu·mal [tsu'ma:l] I. *konj* particularly [*or* especially] as II. *adv* particularly, especially
zu·mau·ern *vt* ■ etw ~ to brick [*or* wall] up sth *sep*
zu·meist [tsu'maist] *adv (geh)* mostly, for the most part
zu·min·dest [tsu'mɪndəst] *adv* ➊ *(wenigstens)* at least ➋ *(jedenfalls)* at least
zu·mut·bar *adj* reasonable; ■ **für jdn** ~ **sein** to be reasonable for sb; ■ **es ist ~, dass jd etw tut/etw zu tun** sb can be reasonably expected to do sth
Zu·mut·bar·keit <-, -en> *f* reasonableness *no art, no pl*
zu·mu·te, zu Mu·te^{RR} [tsu'mu:tə] *adv* **mir ist so merkwürdig** ~ I feel so strange; **mir ist nicht zum Scherzen** ~ I'm not in a joking mood
zu·mu·ten ['tsu:mu:tn] *vt* ■ jdm/etw etw ~ to expect [*or* ask] sth of sb/sth; **jdm zu viel** ~ to expect [*or* ask] too much of sb; ■ **sich** *dat* **etw** ~ to undertake sth; **sich zu viel** ~ to overtax oneself
Zu·mu·tung *f* unreasonable demand; ■ **eine ~ sein** to be unreasonable; **das ist eine ~!** it's just too much!
zu·nächst [tsu'nɛçst] *adv* ➊ *(anfangs)* at first, initially ➋ *(vorerst)* for the moment [*or* time being]
zu·na·geln *vt* ■ etw ~ to nail up sth *sep;* **einen Sarg** ~ to nail down a coffin *sep;* ■ **zugenagelt** nailed
zu·nä·hen *vt* ■ jdm etw ~ to sew up sth *sep* [for sb]; **eine Wunde** ~ to stitch [*or spec* suture] a wound
Zu·nah·me <-, -n> ['tsu:na:mə] *f* increase
Zu·na·me ['tsu:na:mə] *m (geh)* surname, family [*or* BRIT *a.* second] [*or* AM *a.* last] name
Zünd·an·la·ge [tsʏnt-] *f* AUTO ignition [system]
zün·deln ['tsʏndln] *vi* ➊ to play [about [*or* around]] with fire; **mit Streichhölzern** ~ to mess around [*or* play [about [*or* around]]] with matches
zün·den ['tsʏndn] I. *vi* ➊ TECH to fire *spec* ➋ *(zu brennen anfangen)* to catch fire; **Streichholz** to light; *Pulver* to ignite *form* II. *vt* ➊ TECH ■ etw ~ to fire sth *spec* ➋ *(wirken)* to kindle enthusiasm ▶ WENDUNGEN: **hat es bei dir endlich gezündet?** have you cottoned

on? *fam*, BRIT *a.* has the penny dropped? *fam*

zün·dend *adj* stirring, rousing; **eine ~e Idee** a great idea

Zun·der ['tsʊndɐ] *m* tinder *no art, no pl;* **wie ~ bren·nen** to burn like tinder

Zün·der <-s, -> ['tsʏndɐ] *m* detonator; *Airbag* ignitor *spec*

Zünd·holz <-es, -hölzer> *nt bes* SÜDD, ÖSTERR match **Zünd·ka·bel** *nt* AUTO [spark] plug lead **Zünd·ker·ze** *f* AUTO spark [*or* BRIT *a.* sparking] plug **Zünd·plätt·chen** <-s, -> *nt cap* **Zünd·schloss**RR *nt* AUTO ignition [and steering *form*] lock **Zünd·schlüs·sel** *m* AUTO ignition key **Zünd·schnur** *f* fuse **Zünd·spu·le** *f* AUTO [ignition *form*] coil **Zünd·stoff** *m kein pl* inflammatory [*or* explosive] stuff *no art, no pl;* **~ bieten** to be dynamite *fam*

Zün·dung <-, -en> *f* ❶ AUTO ignition *no pl* ❷ TECH firing *no art, no pl*

Zün·dungs·schlüs·sel *m* SCHWEIZ *(Zündschlüssel)* ignition key

Zünd·ver·tei·ler *m* AUTO [ignition *form*] distributor **Zünd·zeit·punkt** *m* AUTO ignition point [*or* timing] *no pl*

zu·neh·men *irreg vi* ❶ *(schwerer werden)* to gain [*or* put on] weight; **an Gewicht** *dat* **~** to gain [*or* put on] weight ❷ *(anwachsen)* ▪ **[an etw** *dat*] **~** to increase [in sth] ❸ *(sich verstärken)* to increase; *Schmerzen* to intensify ❹ *(sich vergrößern)* to increase

zu·neh·mend I. *adj* increasing *attr,* growing *attr;* **eine ~e Verbesserung** a growing improvement **II.** *adv* increasingly

zu·nei·gen I. *vi* ▪ **einer S.** *dat* **~** to be inclined towards sth; **der Ansicht ~, dass ...** to be inclined to think that ... **II.** *vr* ❶ *(begünstigen)* ▪ **sich jdm/etw ~** to favour [*or* AM -or] sb/sth ❷ *(sich nähern)* **sich dem Ende ~** to draw to a close

Zu·nei·gung *f* affection *no pl,* liking *no pl*

Zunft <-, Zünfte> [tsʊnft, *pl:* 'tsʏnftə] *f* HIST guild

zünf·tig ['tsʏnftɪç] *adj (veraltend fam)* proper

Zun·ge <-, -n> ['tsʊŋə] *f* ❶ ANAT tongue; **auf der ~ brennen** to burn one's tongue; **die ~ herausstre·cken** to stick out one's tongue; **die ~ löst sich** to melt in one's mouth ❷ *kein pl* KOCHK *(Rinder~)* tongue *no art, no pl* ❸ *(geh: Sprache)* tongue *form liter;* **in fremden ~n sprechen** to speak in foreign tongues *form liter;* **die Menschen arabischer ~** Arabic-speaking people ▸ WENDUNGEN: **jdm hängt die ~ zum Hals heraus** *(fam)* sb's tongue is hanging out; **seine ~ im Zaum halten** *(geh)* to mind one's tongue, AM *usu* to watch one's language; **böse ~n** malicious gossip; **eine feine ~ haben** to be a gourmet; **mit gespaltener ~ sprechen** to be two-faced, to speak with a forked tongue; **eine schwere ~** slurred speech; **meine ~ wurde schwer** my speech became slurred; **sich** *dat* **fast die ~ abbeißen** to have trouble keeping quiet; **sich** *dat* **eher [***o* **lieber] die ~ abbeißen[, als etw zu sagen]** to do anything rather than say sth; **sich** *dat* **die ~ an etw** *dat* **abbrechen** to tie one's tongue in knots [trying to say sth]; **eine böse/lose ~ haben** to have a malicious/loose tongue; **seine ~ hüten [***o* **zügeln]** to mind one's tongue, AM *usu* to watch one's language; **es lag mir auf der ~, zu sagen, dass ...** I was on the point of saying that ...; **etw liegt jdm auf der ~** sth is on the tip of sb's tongue; **die ~n lösen sich** people begin to relax and talk; **[jdm] die ~ lösen** to loosen sb's tongue

zün·geln ['tsʏŋln] *vi* ❶ *(die Zunge bewegen) Schlange* to dart its tongue in and out ❷ *(hin und her bewegen)* to flicker, to dart ❸ **aus etw ~** to dart out of sth

Zun·gen·be·lag *m* coating of the tongue **Zun·gen·bre·cher** <-s, -> *m (fam)* tongue twister, jawbreak-

er *fam* **Zun·gen·kuss**RR *m* French kiss **Zun·gen·spit·ze** *f* tip of the tongue

Züng·lein ['tsʏnlain] *nt* pointer; ▸ WENDUNGEN: **das ~ an der Waage sein** to tip the scales; POL to hold the balance of power

zu·nich·te|ma·chenRR [tsu'nɪçtə-] *vt* ▪ **etw ~** to wreck [*or* ruin] sth; **jds Hoffnungen ~** to dash [*or* shatter] sb's hopes

zu|ni·cken *vi* ▪ **jdm ~** to nod to [*or* at] sb

zu·nut·ze, zu Nut·zeRR [tsu'nʊtsə] *adv* **sich** *dat* **etw ~ machen** to make use [*or* take advantage] of sth

zu|ord·nen ['tsu:ʔɔrdnən] *vt* ▪ **etw einer S.** *dat* **~** to assign sth to sth; ▪ **jdn einer S.** *dat* **~** to classify sb as belonging to sth

Zu·ord·nung *f* assignment; ▪ **die ~ [einer S.** *gen*] assigning sth [to sth]

zu|pa·cken *vi (fam)* ❶ *(zufassen)* to grip sth; *(schneller)* to make a grab ❷ *(kräftig mithelfen)* ▪ **[mit] ~** to lend a [helping] hand ❸ *(mit Gegenständen füllen)* ▪ **etw ~** to fill sth; **einen Fußboden ~** to cover a floor

zu|par·ken *vt* ▪ **etw ~** to obstruct sth; **eine Aus·fahrt ~** to park across a driveway

zu·paßALT [tsu'pas] *adv s.* **zupasskommen**

zu·pass|kom·menRR *vi irreg sein* ▪ **jdm ~** to have come at the right time

zup·fen ['tsʊpfn] *vt* ❶ *(ziehen)* ▪ **jdn an etw** *dat* **~** to pluck at sb's sth; *(stärker)* to tug at sb's sth ❷ *(heraus·ziehen)* ▪ **etw aus/von etw ~** to pull sth out of/off sth; **jdm/sich die Augenbrauen ~** to pluck sb's/one's eyebrows

Zupf·in·stru·ment *nt* plucked string instrument

zu|pros·ten *vi* ▪ **jdm ~** to drink [to] sb's health, to raise one's glass to sb

zur [tsuːɐ̯, tsʊr] = **zu der** *s.* **zu**

zu|ra·sen *vi* ▪ **auf jdn/etw ~** to come/go hurtling towards sb/sth

zu|ra·ten ['tsu:ra:tn] *vi irreg* ▪ **jdm zu etw ~** to advise sb to do sth; ▪ **jdm ~, etw zu tun** to advise sb to do sth; **auf jds Z~** *akk* **[hin]** on sb's advice

Zür·cher ['tsʏrçɐ] *adj* Zurich *attr*

Zür·cher(in) <-s, -> ['tsʏrçɐ] *m(f)* native of Zurich

zu|rech·nen *vt* ❶ *(zur Last legen)* ▪ **etw jdm ~** to attribute [*or* ascribe] sth to sb ❷ *s.* **zuordnen** ❸ *(dazu·rechnen)* ▪ **etw einer S.** *dat* **~** to add sth [to sth]

zu·rech·nungs·fä·hig *adj* JUR responsible for one's actions *pred,* compos mentis *pred spec;* **eingeschränkt ~ sein** to be responsible for one's actions to a limited extent ▸ WENDUNGEN: **bist du noch ~?** *(fam)* are you all there? *pej fam* **Zu·rech·nungs·fä·hig·keit** *f kein pl* soundness of mind *no art, no pl,* responsibility for one's actions *no art, no pl;* **verminderte ~** diminished responsibility [*or* AM capacity] *spec*

zu·recht|fin·den [tsu'rɛçtfɪndn] *vr irreg* ▪ **sich irgendwo ~** to get used to somewhere; **sich in einer Großstadt ~** to find one's way around a city **zu·recht|kom·men** *vi irreg sein* ❶ *(auskommen)* ▪ **[mit] jdm] ~** to get on [*or* along] [with sb] ❷ *(klarkommen)* ▪ **[mit etw] ~** to cope [*or* manage] [with sth] ❸ *(recht·zeitig kommen)* to come in time; **gerade noch ~** to come just in time **zu·recht|le·gen I.** *vt* ▪ **jdm etw ~** to lay out sth *sep* [for sb] **II.** *vr* ▪ **sich** *dat* **etw ~** ❶ *(sich etw griffbereit hinlegen)* to get sth ready, to get out sth *sep* ❷ *(sich im Voraus überlegen)* to work out sth *sep* **zu·recht|ma·chen** *vt (fam)* ❶ *(vorberei·ten)* ▪ **[jdm] etw ~** to get sth ready [for sb] ❷ *(zube·reiten)* ▪ **[jdm] etw ~** to prepare sth [for sb] ❸ *(schminken)* ▪ **jdn ~** to make up sb *sep;* ▪ **sich ~** to put on one's make-up *sep* ❹ *(schick machen)* ▪ **sich ~** to get sb ready; ▪ **jdn ~** to dress up sb *sep* **zu·recht|rü·cken** *vt* ▪ **[jdm/sich] etw ~** to adjust sb's/one's sth **zu·recht|wei·sen** *vt irreg (geh)* ▪ **jdn**

zurechtweisen

zurechtweisen	rebuking
Ihr Verhalten lässt einiges zu wünschen übrig.	Your behaviour leaves quite a lot to be desired.
Ich verbitte mir diesen Ton!	I will not be spoken to in that tone of voice!
Das brauch ich mir von Ihnen nicht gefallen zu lassen!	I don't have to put up with that from you!
Unterstehen Sie sich!	(Don't) you dare!
Was erlauben Sie sich!	How dare you!
Was fällt Ihnen ein!	What do you think you're doing!

[wegen etw] ~ to reprimand [or form rebuke] sb [for sth]

zu|re·den ['tsuːreːdn̩] *vi* ■ jdm [gut] ~ to encourage sb; **auf jds Z~** *akk* [hin] with sb's encouragement

zu|rei·ten *irreg* I. *vt* ■ **ein Tier** ~ to break in an animal *sep* II. *vi sein* ■ **auf jdn/etw** ~ to ride towards sb/sth; *(direkt)* to ride up to sb/sth

Zü·rich <-s> ['tsyːrɪç] *nt* Zurich *no art, no pl*

Zü·ri·cher(in) <-s, -> ['tsyːrɪçɐ] *m(f)* *s.* **Zürcher**

Zü·rich·see *m kein pl* ■ **der** ~ Lake Zurich

zu|rich·ten ['tsuːrɪçtn̩] *vt* ① *(verletzen)* ■ jdn **irgend·wie** ~ to injure sb somehow; **jdn übel** ~ to beat up sb *sep* badly ② *(beschädigen)* etw **übel/ziemlich** ~ to make a terrible mess/quite a mess of sth ③ *(vorberei·ten)* ■ etw ~ to finish [or dress] sth; **Holz/Stein** ~ to square wood/stone

zür·nen ['tsʏrnən] *vi (geh)* to be angry; ■ jdm ~ to be angry [with sb]

Zur·schau·stel·lung *f (meist pej)* flaunting

zu·rück [tsuˈrʏk] *adv* ① *(wieder da)* back; ■ [von etw] ~ **sein** to be back [from sth] ② *(mit Rückfahrt, Rück·flug)* return; **hin und** ~ **oder einfach?** single or return? ③ *(einen Rückstand haben)* behind; ■ ~ **sein** [o **liegen**] to be behind ④ *(verzögert)* late; ■ ~ **sein** to be late ▶ WENDUNGEN: ~! go back!

Zu·rück <-s> [tsuˈrʏk] *nt kein pl* **es gibt** [für jdn] **ein/kein** ~ there is a way out/no going back [for sb]

zu·rück|be·hal·ten· *vt irreg* ① *(behalten)* ■ etw [von etw] ~ to be left with sth [from sth] ② *(vorläufig ein·behalten)* ■ etw ~ to retain [or withhold] sth **zu·rück|be·kom·men·** *vt irreg* ■ etw ~ to get back sth *sep* **zu·rück|be·ru·fen·** *vt irreg* ■ jdn ~ to recall sb **zu·rück|beu·gen** I. *vt* ■ etw ~ to bend back sth II. *vr* ■ **sich** ~ to lean back **zu·rück|bil·den** *vr* MED ■ **sich** ~ to recede

zu·rück|blei·ben *vi irreg sein* ① *(nicht mitkommen)* ■ **irgendwo** ~ to stay [or remain] behind somewhere ② *(zurückgelassen werden)* ■ **irgendwo** ~ to be left [behind] somewhere ③ *(nicht mithalten können)* to fall behind ④ *(als Folge bleiben)* ■ [von etw] ~ to remain [from sth] ⑤ *(geringer ausfallen)* ■ **hinter etw** *dat* ~ to fall short of sth

zu·rück|bli·cken [tsuˈrʏkblɪkn̩] *vi s.* **zurückschauen** **zu·rück|brin·gen** *vt irreg* ① *(wieder herbringen)* ■ jdn/etw ~ to bring/take back sb/sth *sep* ② *(wie·der hinschaffen)* ■ jdn [irgendwohin] ~ to bring back sb *sep* [somewhere] **zu·rück|da·tie·ren·** ■ etw ~ to backdate sth **zu·rück|den·ken** *vi irreg* ■ [an etw *akk*] ~ to think back [to sth] **zu·rück|drän·gen** *vt* ■ jdn ~ to force [or push] back sb *sep* **zu·rück|dre·hen** *vt* ■ etw [auf etw *akk*] ~ to turn back sth *sep* [to sth] **zu·rück|dür·fen** *vi irreg (fam)* ■ [ir·gendwohin/zu jdm] ~ to be allowed [to go] back [somewhere/to sb] **zu·rück|er·hal·ten·** *vt irreg (geh)* *s.* **zurückbekommen** **zu·rück|er·in·nern·** *vr* ■ **sich** [an jdn/etw] ~ to remember [or recall] [sb/sth] **zu·**

rück|er·o·bern· *vt* ■ etw ~ ① MIL to recapture [or retake] sth; **ein Land** ~ to reconquer a country ② POL *(erneut gewinnen)* to win back sth *sep* **zu·rück|er·stat·ten·** *vt s.* **rückerstatten** **zu·rück|er·war·ten·** *vt* ■ jdn ~ to expect sb back **zu·rück|fah·ren** *irreg* I. *vi sein* ① *(zum Ausgangspunkt fahren)* to go/come [or travel] back ② *(geh: zurückweichen)* ■ [vor jdm/etw] ~ to recoil [from sb/sth] II. *vt* ① *(etw rückwärts·fahren)* ■ etw ~ to reverse sth ② *(mit dem Auto zurückbringen)* ■ jdn ~ to drive [or bring] [or take] back sb *sep* ③ *(reduzieren)* ■ etw ~ to cut back sth *sep*

zu·rück|fal·len *vi irreg sein* ① SPORT *(zurückbleiben)* to fall behind; **weiter** ~ to fall further behind ② SPORT *(absteigen)* ■ [auf etw *akk*] ~ to go down [to sth] ③ *(in früheren Zustand verfallen)* ■ **in etw** *akk* ~ to lapse [or fall] back into sth ④ *(darunter bleiben)* ■ **hinter etw** *akk* ~ to fall short of sth ⑤ *(jds Eigen·tum werden)* ■ **an jdn** ~ to revert to sb *spec* ⑥ *(an·gelastet werden)* ■ **auf jdn** ~ to reflect on sb ⑦ *(sin·ken)* ■ **sich** [in/auf etw *akk*] ~ lassen to fall back [or flop] into/on[to] sth

zu·rück|fin·den *vi irreg* ① *(Weg zum Ausgangspunkt finden)* ■ [irgendwohin] ~ to find one's way back [somewhere] ② *(zurückkehren)* ■ **zu jdm** ~ to go/come back to sb ③ ■ **zu sich selbst** ~ to find oneself again **zu·rück|flie·gen** *irreg* I. *vi sein* to fly back II. *vt* ■ jdn/etw ~ to fly back sb/sth *sep*; **als sie erkrankte, flog man sie zurück nach Europa** when she got ill, she was flown back to Europe **zu·rück|flie·ßen** *vi irreg sein* ① *(wieder zum Ausgangs·punkt fließen)* to flow back ② FIN to flow back **zu·rück|for·dern** *vt* ■ etw [von jdm] ~ to demand sth back [from sb] **zu·rück|fra·gen** *vi* to ask a question in return

zu·rück|füh·ren I. *vt* ① *(Ursache bestimmen)* ■ etw **auf etw** *akk* ~ to attribute sth to sth; *(etw aus etw ableiten)* to put sth down to sth; **etw auf seinen Ursprung** ~ to put sth down to its cause; ■ **das ist darauf zurückzuführen, dass ...** that's attribut·able/can be put down to the fact that ... ② *(zum Aus·gangsort zurückbringen)* ■ jdn **irgendwohin** ~ to lead sb back somewhere II. *vi* ■ **irgendwohin** ~ to lead back somewhere

zu·rück|ge·ben *vt irreg* ① *(wiedergeben)* ■ [jdm] etw ~ to return [or sep give back] sth [to sb] ② ÖKON *(retournieren)* ■ etw ~ to return sth ③ *(erwidern)* ■ [jdm] etw ~ to return sth [to sb]; **ein Kompli·ment** ~ to return a compliment; **„das ist nicht wahr!" gab er zurück** "that isn't true!" he retort·ed *form* [or *form liter* rejoined] ④ *(erneut verleihen)* ■ jdm etw ~ to give sb back sth, to restore sb's sth **zu·rück·ge·blie·ben** *adj* slow, retarded *dated* **zu·rück·ge·hen** *vi irreg sein* ① *(wieder zum Ausgangs·ort gehen)* to return, to go back ② *(zum Aufenthalts·ort zurückkehren)* **ins Ausland** ~ to return [or go back| abroad ⑤ *(abnehmen)* to go down ④ MED *(sich zurückbilden)* to go down; *Bluterguss* to disappear; *Geschwulst* to be in recession ⑥ *(stammen)* **die Sache geht auf seine Initiative zurück** the matter was born of his initiative ⑦ *(verfolgen)* **weit in die Geschichte** ~ to go *[or* reach] back far in history

zu·rück·ge·zo·gen I. *adj* secluded; **ein ~es Leben** a secluded life II. *adv* secluded; **~ leben** to lead a secluded life

Zu·rück·ge·zo·gen·heit <-> *f kein pl* seclusion; **in** |völliger| **~ leben** to live in [complete] seclusion

zu·rück|grei·fen *vi irreg* **auf etw** *akk* ~ to fall back [up]on sth **zu·rück|ha·ben** *vt irreg (fam)* ■ **etw** ~ to have [got] sth back; **ich will mein Geld ~!** I want my money back!

zu·rück|hal·ten *irreg* I. *vr* ① *(sich beherrschen)* ■ **sich** ~ to restrain *[or* control] oneself; **Sie müssen sich beim Essen sehr** ~ you must cut down a lot on what you eat; ■ **sich** |mit etw| ~ to be restrained [in sth]; **sich mit seiner Meinung** ~ to be careful about voicing one's opinion ② *(reserviert sein)* to be reserved, to keep to oneself II. *vt* ① *(aufhalten)* ■ **jdn** ~ to detain *form [or sep* hold up] sb ② *(nicht herausgeben)* ■ **etw** ~ to withhold sth ③ *(abhalten)* ■ **jdn** |von etw| ~ to keep sb from doing sth; **er hielt mich von einer unüberlegten Handlung zurück** he stopped me before I could do anything rash III. *vi* ■ **mit etw** ~ to hold sth back

zu·rück·hal·tend I. *adj* ① *(reserviert)* reserved ② *(vorsichtig)* cautious, guarded II. *adv* cautiously, guardedly; **sich ~ über etw** *akk* **äußern** to be cautious *[or* guarded] in one's comments about sth

Zu·rück·hal·tung *f kein pl* reserve *no art, no pl*; **mit** |bestimmter| ~ with [a certain] reserve; **die Presse beurteilte das neue Wörterbuch mit** ~ the press were reserved in their judgement of the new dictionary; **er reagierte mit ziemlicher** ~ he reacted with a fair amount of reserve

zu·rück|ho·len *vt* ① *(wieder zum Ausgangspunkt holen)* ■ **jdn** ~ to fetch back sb *sep* ② *(in seinen Besitz zurückbringen)* |**sich** *dat*| **etw** |von jdm| ~ to get back sth *sep* [from sb]; **ich komme, um die Videokassette zurückzuholen** I've come for my video cassette **zu·rück|käm·men** *vt* ■ |jdm/sich| **etw** ~ to comb back sb's/one's sth *sep* **zu·rück|keh·ren** *vi sein* ① *(zurückkommen)* ■ |irgendwohin/von irgendwoher| ~ to return *[or* come back] [somewhere/from somewhere]; **nach Hause** ~ to return *[or* come back] home ② *(wieder zuwenden)* ■ **zu jdm/etw** ~ to return *[or* go/come back] to sb/ sth **zu·rück|kom·men** *vi irreg sein* ① *(erneut zum Ausgangsort kommen)* ■ |irgendwohin/von irgendwoher| ~ to return *[or* come/go back] [somewhere/from somewhere]; **aus dem Ausland** ~ to return *[or* come/go back] from abroad; **nach Hause** ~ to return *[or* come/go back] home ② *(erneut aufgreifen)* ■ **auf etw** *akk* ~ to come back to sth; ■ **auf jdn** ~ to get back to sb **zu·rück|kön·nen** *vi irreg* ① *(fam: zurückkehren können)* **ich kann nicht mehr dahin zurück** I can't return *[or* go back] there any more; **du kannst jederzeit wieder zu uns zurück** you can come back to us any time ② *(sich anders entscheiden können)* **noch habe ich den Vertrag nicht unterschrieben, noch kann ich zurück** I haven't signed the contract yet, I can still change my mind **zu·rück|krie·gen** *vt (fam) s.* **zurückbekommen zu·rück|las·sen** *vt irreg* ① *(nicht mitnehmen)* ■ |jdm/ein Tier/etw| ~ to leave behind sb/an animal/sth *sep;* **als sie in Urlaub fuhren, ließen sie ihren Hund bei Freunden zurück** they left their dog with friends during their holiday; ■ **jdm etw** ~ to leave sth for sb *[or* sb sth]

② *(fam: zurückkehren lassen)* ■ **jdn** ~ to allow sb to return *[or* go back]; **jdn nach Hause** ~ to allow sb to return home

zu·rück|le·gen *vt* ① *(wieder hinlegen)* ■ **etw** ~ to put back sth *sep;* **leg das Buch bitte zurück auf den Tisch** please put the book back on the table ② *(reservieren)* ■ **jdm etw** ~ to put sth aside *[or* by] for sb; **das zurückgelegte Kleid** the dress that has been put aside ③ *(hinter sich bringen)* ■ **etw** ~ to cover *[or* do] sth; **35 Kilometer kann man pro Tag leicht zu Fuß** ~ you can easily do 35 kilometres a day on foot ④ *(sparen)* ■ |jdm/sich| **etw** ~ to put away sth [for sb] *sep*

zu·rück|leh·nen *vr* ■ **sich** ~ to lean back **zu·rück|lie·gen** *vi irreg* **sein Examen liegt vier Jahre zurück** it's four years since his exam; **wie lange mag die Operation ~?** how long ago was the operation?; **wie lange mag es jetzt ~, dass Großmutter gestorben ist?** how long is it now since grandma died? **zu·rück|mel·den** *vr* ① MIL *(seine Rückkehr melden)* ■ **sich** |bei jdm/irgendwo| ~ to report back [to sb/ somewhere]; **sich in der Kaserne** ~ to report back to barracks ② *(wieder dabei sein)* ■ **sich** ~ to be back **zu·rück|müs·sen** *vi irreg (fam)* ■ |irgendwohin| ~ to have to return *[or* go back] [somewhere] **zu·rück|neh·men** *vt irreg* ① *(als Retour annehmen)* ■ **etw** ~ to take back sth *sep* ② *(widerrufen)* ■ **etw** ~ to take back sth *sep* ③ *(rückgängig machen)* ■ **etw** ~ to withdraw sth; **ich nehme alles zurück** I take it all back; **seine Entscheidung** ~ JUR to reverse judgement; **sein Versprechen** ~ to break *[or* go back on] one's promise ④ *(verringern)* **die Lautstärke** ~ to turn down the volume *sep* ⑤ MIL *(nach hinten verlegen)* ■ **etw** ~ to withdraw sth

zu·rück|pfei·fen *vt irreg* ① *(fam: eine Aktion abbrechen)* ■ **jdn** ~ to bring back sb *sep* into line ② *(durch einen Pfiff)* ■ **einen Hund** ~ to whistle back a dog *sep* **zu·rück|pral·len** *vi sein* ① *(zurückspringen)* ■ **von etw** ~ to bounce off sth; *Geschoss* to ricochet off sth ② *(zurückschrecken)* ■ |vor etw *dat*| ~ to recoil [from sth] **zu·rück|rei·chen** I. *vi* ■ **irgendwohin** ~ to go back to sth; **bis ins 16. Jahrhundert** ~ to go back to the 16th century II. *vt (geh)* ■ **jdm etw** ~ to hand *[or* pass] back sth *sep* to sb **zu·rück|rei·sen** *vi sein* ■ |irgendwohin| ~ to travel back *[or* return] [somewhere]; **ins Ausland/nach Hause** ~ to return abroad/home **zu·rück|rei·ßen** *vt irreg* ■ **jdn** ~ to pull back sb *sep* **zu·rück|rol·len** I. *vi sein* to roll back II. *vt* ■ **etw** ~ to roll back sth *sep* **zu·rück|ru·fen** *irreg* I. *vt* ① *(durch Rückruf anrufen)* ■ **jdn** ~ to call back sb *sep* ② *(zurückbeordern)* ■ **jdn/etw** ~ to recall sb ② *(fig)* **jdm etw in die Erinnerung** *[o* **ins Gedächtnis**| ~ to conjure up sth *sep* for sb; **sich** *dat* **etw in die Erinnerung** *[o* **ins Gedächtnis**| ~ to recall sth, to call sth to mind II. *vi* to call back **zu·rück|schal·ten** *vi* AUTO **in den 1./2. Gang/einen niedrigeren Gang** ~ to change down into 1st/2nd gear/a lower gear **zu·rück|schau·en** *vi* ① *(sich umsehen)* to look back ② *(rückblickend betrachten)* ■ **auf etw** *akk* ~ to look back on sth **zu·rück|scheu·en** *vi sein s.* **zurückschrecken 2 zu·rück|schi·cken** *vt* ① *(wieder hinschicken)* ■ |jdm| **etw** ~ to send back sth *sep* [to sb], to send sb back sth *sep* ② *(abweisen)* ■ **jdn** ~ to send back sb *sep* **zu·rück|schie·ben** *vt irreg* ■ **etw** ~ to push back sth *sep*

zu·rück|schla·gen *irreg* I. *vt* ① MIL *(abwehren)* ■ **jdn/etw** ~ to repulse *form [or sep* beat back] sb/ sth ② SPORT ■ **etw** ~ to return *[or sep* hit back] sth ③ *(umschlagen)* ■ **etw** ~ to turn back sth *sep;* **ein Verdeck** ~ to fold back a top II. *vi* ① *(einen Schlag erwidern)* to return ② *(sich auswirken)* ■ **auf jdn/ etw** ~ to have an effect on sb/sth

zu·rück|schrau·ben vt (fam) ■ etw [auf etw akk] ~ to lower [or reduce] sth [to sth]; **seine Ansprüche ~** to lower one's sights **zu·rück|schre·cken** vi irreg sein ❶ (Bedenken vor etw haben) ■ vor etw dat ~ to shrink [or recoil] from sth; **vor nichts ~** (völlig skrupellos sein) to stop at nothing; **(keine Angst haben)** to not flinch from anything ❷ (erschreckt zurückweichen) to start back **zu·rück|se·hen** vi irreg s. **zurückschauen zu·rück|seh·nen** vr ■ sich irgendwohin ~ to long to return somewhere; **sich nach Hause/auf die Insel ~** to long to return home/to the island **zu·rück|sen·den** vt irreg (geh) s. **zurückschicken 1**

zu·rück|set·zen I. vt ❶ (zurückstellen) ■ etw [wieder] ~ akk to put back sth sep [on sth]; **einen Zähler auf null ~** to put a counter back to zero, to reset a counter ❷ AUTO (weiter nach hinten fahren) ■ etw ~ to reverse [or sep back up] [sth] ❸ (herabsetzen) ■ etw ~ to reduce [or sep mark down] sth ❹ (benachteiligen) ■ jdn ~ to neglect sb; **sich [gegenüber jdm] zurückgesetzt fühlen** to feel neglected [next to sb] II. vr ■ sich ~ ❶ (sich zurücklehnen) to sit back ❷ (den Platz wechseln) **setzen wir uns einige Reihen zurück** let's sit a few rows back III. vi ■ [mit etw] ~ to reverse [or sep back up] [sth] **zu·rück|spu·len** vt TECH etw ~ to rewind sth

zu·rück|ste·cken I. vt ■ etw [irgendwohin] ~ to put back sth sep [somewhere] II. vi to back down; **~ müssen** to have to back down **zu·rück|ste·hen** vi irreg ❶ (weiter entfernt stehen) to stand back ❷ (hintangesetzt werden) ■ [hinter jdm/etw] ~ to take second place [to sb/sth]; **(an Leistung)** to be behind [sb/sth] ❸ (sich weniger einsetzen) ■ [hinter jdm] ~ to show less commitment [than sb [does]]

zu·rück|stel·len vt ❶ (wieder hinstellen) ■ etw [wieder] ~ to put back sth sep ❷ (nach hinten stellen) ■ etw ~ to move back sth sep ❸ (kleiner stellen) ■ etw ~ Heizung, Ofen to turn sth lower, to turn down sth sep ❹ (aufschieben) ■ etw ~ to put back sth sep; **(hintanstellen)** to shelve sth; **(verschieben)** to postpone sth; **man stellte die Arbeiten um einige Wochen zurück** work was put back [by] a few weeks; **die Uhr ~** to turn [or AM a. set] back the clock sep ❺ (vorläufig befreien) ■ jdn ~ to keep sb back; **wird er eingeschult oder noch ein Jahr zurückgestellt?** is he going to start school or he is being kept down a year? ❻ (vorerst nicht geltend machen) **seine Bedenken/Wünsche ~** to put aside one's doubts/wishes ❼ ÖSTERR (zurückgeben) ■ etw ~ to return [or sep give/send back] sth

zu·rück|sto·ßen vt irreg ■ jdn/etw ~ to push away sb/sth sep **zu·rück|stu·fen** vt ■ jdn/etw ~ to downgrade sb/sth **zu·rück|tra·gen** vt irreg ■ jdn/etw ~ to carry back sb/sth sep, to take back sth sep **zu·rück|tre·ten** vi irreg sein ❶ (nach hinten treten) ■ [von etw] ~ to step back [from sth] ❷ (seinen Rücktritt erklären) to resign ❸ JUR (rückgängig machen) ■ von etw ~ to withdraw from [or back out of] sth; **von einem Anspruch/einem Recht ~** to renounce a claim/right form

zu·rück|ver·fol·gen vt ■ etw ~ to trace back sth sep; **diese Tradition lässt sich bis ins 17. Jahrhundert ~** this tradition can be traced back to the 17th century **zu·rück|ver·set·zen** I. vt ■ jdn ~ to transfer sb back; **in zwei Jahren werde ich nach Frankfurt zurückversetzt** I'll be transferred back to Frankfurt in two years II. vr ■ sich ~ to be transported back; **in die Jugendzeit zurückversetzt werden** to be transported back to one's youth **zu·rück|wei·chen** vi irreg sein ■ [vor etw dat] ~ to fall back [before sth form]; **vor einem Anblick ~** to shrink back from a sight **zu·rück|wei·sen** vt irreg ❶ (abweisen) ■ jdn ~ to turn

away sb sep; ■ etw ~ to reject sth ❷ (sich gegen etw verwahren) ■ etw ~ to repudiate sth form **Zu·rück·wei·sung** f ❶ (das Abweisen) rejection no art, no pl ❷ (das Zurückweisen) repudiation no art, no pl **zu·rück|wer·fen** vt irreg ❶ (jdm etw wieder zuwerfen) ■ [jdm] etw ~ to throw back sth sep [to sb], to throw back sth sep ❷ (Position verschlechtern) ■ jdn/etw [um etw] ~ to set back sb/sth sep [by sth]; **das wirft uns um Jahre zurück** that will/has set us back years **zu·rück|wol·len** vi (fam) ■ [irgendwohin/zu jdm] ~ to want to return [or go back] [somewhere to sb]; **nach Hause ~** to want to return [or go back] home **zu·rück|zah·len** vt ■ [jdm] etw ~ to repay [sb] [or sep pay [sb] back] sth

zu·rück|zie·hen irreg I. vt ❶ (nach hinten ziehen) ■ jdn/etw ~ to pull back sb/sth sep; **den Vorhang ~** to draw back the curtain sep ❷ (zurücknehmen) ■ etw ~ to withdraw sth II. vr ❶ (sich hinbegeben) ■ sich [irgendwohin] ~ to withdraw [or form retire] [somewhere] ❷ MIL (abziehen) ■ sich [aus etw] ~ to withdraw [from sth] III. vi sein ■ [irgendwohin] ~ to move back [somewhere]; **nach Hause ~** to move back home

zu·rück|zu·cken vi sein ■ [vor etw dat] ~ to recoil [or start back] [from sth]

Zu·ruf ['tsu:ru:f] m call; (nach Hilfe) cry; **auf ~ gehorchen** to obey a call; **bei Auktionen erfolgen die Gebote auf ~** at auctions bids are made by calling **zu|ru·fen** I. vt irreg ■ jdm etw ~ to shout [or sep call out] sth to sb II. vi ■ jdm ~, dass er/sie etw tun soll to call out to sb to do sth

zur·zeit [tsʊr'tsait] adv ÖSTERR, SCHWEIZ (derzeit) at present [or for the moment]

Zu·sa·ge ['tsu:za:gə] f assurance, promise; **[jdm] eine ~ geben** to give [sb] an assurance, to make [sb] a promise **zu|sa·gen** I. vt ■ [jdm] etw ~ to promise sth [to sb], to promise sb sth; **jdm sein Kommen ~** to promise sb that one will come II. vi ❶ (die Teilnahme versichern) ■ [jdm] ~ to accept, to give sb an acceptance ❷ (gefallen) ■ jdm ~ to appeal to sb

zu·sam·men [tsu'zamən] adv ❶ (gemeinsam) together (mit +dat with); ■ ~ sein (beieinander sein) to be together; ■ mit jdm ~ sein to be with sb ❷ (ein Paar sein) ■ ~ sein to be going out [with each other]; **Werner und Ulrike sind seit 12 Jahren ~** Werner and Ulrike have been together for 12 years ❸ (insgesamt) altogether ❹ (euph: mit jdm schlafen) ■ mit jdm ~ sein to go with sb

Zu·sam·men·ar·beit f kein pl cooperation no art, no pl; **in ~ mit jdm** in cooperation with sb **zu·sam·men|ar·bei·ten** vi ■ mit jdm ~ to work [together] with sb; (kooperieren) to cooperate with sb **zu·sam·men|ba·cken** vt ■ etw ~ KOCHK to agglomerate [or cake] sth **zu·sam·men|bau·en** vt ■ etw ~ to assemble [or sep put together] sth **zu·sam·men|bei·ßen** I. vt **die Zähne ~** to clench fig [or grit] one's teeth II. vr (fam) ■ sich ~ to get one's act fam [or sl it] together **zu·sam·men|bin·den** vt irreg ■ etw ~ to tie [or bind] together sth sep **zu·sam·men|blei·ben** vi irreg sein to stay together; ■ mit jdm ~ to stay with sb **zu·sam·men|brau·en** I. vt (fam) ■ etw ~ KOCHK to concoct sth II. vr ■ sich ~ to be brewing; **da braut sich ein Gewitter/Ungutes zusammen** there's a storm/sth nasty brewing

zu·sam·men|bre·chen vi irreg sein ❶ (kollabieren) to collapse ❷ (in sich zusammenfallen) to collapse, to give way ❸ (zum Erliegen kommen) to collapse; Verkehr to come to a standstill; Versorgung to be paralyzed [or BRIT a. -ysed]; Kommunikation to break down; Markt to collapse; Computer to crash **zu·sam·men|brin·gen** vt irreg ❶ (beschaffen)

■ etw ~ to raise sth; **das Geld für etw** ~ to raise the [necessary] money for sth ❷ *(in Kontakt bringen)* ■ **jdn** [mit jdm] ~ to introduce sb [to sb]; **ihr Beruf bringt sie mit vielen Menschen zusammen** in her job she gets to know a lot of people; **Menschen** ~ to bring people together; **der Pfarrer ist bestrebt, seine Gemeinde wieder zusammenzubringen** the vicar endeavours to promote reconciliation among his parishioners ❸ *(fam: aus dem Gedächtnis abrufen)* ■ **etw** ~ to remember [or recall] sth; **mal sehen, ob ich das Gedicht noch zusammenbringe** let's see if I can still recall the poem ❹ *(in Beziehung setzen)* ■ etw [mit etw] ~ to reconcile sth with sth, to make sense of sth ❺ *(anhäufen)* ■ etw ~ to amass; **er hat ein Vermögen zusammengebracht** he amassed a fortune

Zu·sam·men·bruch *m* ❶ *(das Zusammenbrechen)* collapse; *Land* [down]fall; *Firma* ruin, downfall; **der ~ der Wirtschaft** economic collapse ❷ MED *(Kollaps)* collapse; *(Nerven~)* [nervous] breakdown

zu·sam·men|drän·gen I. *vr* ■ **sich** ~ to crowd [together]; *(vor Kälte a.)* to huddle together [on sth]; **sich auf engstem Raum** ~ to crowd together in a very confined space **II.** *vt* ■ **etw** ~ to concentrate, to condense; **die Menschenmenge wurde von den Polizeikräften zusammengedrängt** the crowd was herded together by the police

zu·sam·men|fah·ren *vi irreg sein* to start; *(vor Schmerzen)* to flinch; *(vor Ekel a.)* to recoil

zu·sam·men|fal·len *vi irreg sein* ❶ *(einstürzen)* to collapse; *Gebäude a.* to cave in; *Hoffnungen, Pläne* to be shattered; *Lügen* to fall apart; ■ **in sich** *akk* ~ to collapse ❷ *(sich gleichzeitig ereignen)* ■ [zeitlich] ~ to coincide ❸ *(körperlich schwächer werden)* to wither away, to weaken

zu·sam·men|fal·ten *vt* ■ etw ~ to fold [up *sep*] sth

zu·sam·men|fas·sen I. *vt* ❶ *(als Resümee formulieren)* ■ etw ~ to summarize sth; **etw in wenigen Worten** ~ to put sth in a nutshell ❷ *(zu etw vereinigen)* ■ **jdn** ~ to divide sb up; **die Bewerber in Gruppen** ~ to divide the applicants into groups; **Truppen** ~ to concentrate troops; ■ **jdn/etw in etw** *dat* ~ to unite [or combine] sb/sth into sth; ■ **etw unter etw** *dat* ~ to class[ify] sth under sth; **etw unter einem Oberbegriff** ~ to subsume sth under a generic term **II.** *vi* to summarize, to sum up; **..., wenn ich kurz ~ darf** just to sum up, …

zu·sam·men·fas·send I. *adj* **eine ~e Darstellung** a summary; **ein ~er Bericht** a summary [account], a résumé **II.** *adv* **etw ~ darstellen** to summarize sth; **der Vorgang kann leider nicht ~ in 2 Sätzen dargestellt werden** I'm afraid the process can't be summarized in a couple of sentences

Zu·sam·men·fas·sung *f* ❶ *(Resümee)* summary, résumé; **eine knappe ~ eines Vortrags/einer Rede geben** to give a précis [or summary] of a lecture/speech ❷ *(resümierende Darstellung)* abstract; *Buch a.* synopsis

zu·sam·men|fe·gen *vt* ■ etw ~ to sweep together sth *sep*; *(ordentlich a.)* to sweep sth into a pile **zu·sam·men|fin·den** *irreg* **I.** *vr* *(geh)* ■ **sie finden sich** ~ to meet, to come together; *(sich versammeln)* to congregate, to gather **II.** *vi* to be reconciled; **die beiden haben wieder zusammengefunden** there has been a reconciliation between the two of them **zu·sammen|fli·cken** *vt* *(fam)* ❶ *(reparieren)* ■ etw ~ to patch sth up; **eine zerrissene Hose notdürftig** ~ to patch up torn trousers as well as one can ❷ *(fam: operieren)* ■ **jdn** ~ to patch up sb *sep fam* ❸ *(fam: zusammenschustern)* **einen Artikel/Aufsatz** ~ to knock together an article/essay **zusam·men|flie·ßen** *vi irreg sein* to flow together, to

meet, to join **Zu·sam·men·fluss**^RR *m* confluence *spec;* **am ~ der beiden Flüsse** where the two rivers meet **zu·sam·men|fü·gen I.** *vt* *(geh)* ■ **etw ~** to assemble, to join together *sep;* **die Teile eines Puzzles** ~ to piece together a jigsaw puzzle *sep;* **Bauteile** ~ to assemble parts ▶ WENDUNGEN: **was Gott zusammengefügt hat, soll der Mensch nicht trennen** [Matth. 19,6] *(prov)* what God has brought together, let no man put asunder **II.** *vr* ■ **sie fügen sich zusammen** *akk* to fit together; **die Teile fügen sich nahtlos zusammen** the parts fit together seamlessly [or perfectly] **zu·sam·men|ge·hen** *vi irreg sein* ❶ *(sich vereinen)* to unite; *Linien* to meet ❷ *(koalieren)* to make common cause ❸ *(schrumpfen)* to shrink; *(schwinden)* to dwindle ❹ *(zueinander passen)* to go together **zu·sam·men|ge·hö·ren** *vi* ❶ *(zueinander gehören)* to belong together ❷ *(ein Ganzes bilden)* to go together, to match; *Karten* to form a deck [or pack]; *Socken* to form a pair, to match **zu·sam·men·ge·hö·rig** *adj inv, pred* ❶ *(eng verbunden)* close; **wir fühlen uns** ~ we feel close ❷ *(zusammengehörend)* matching; **die ~en Karten** the cards of a deck [or pack] **Zu·sam·men·ge·hö·rig·keit** <-> *f kein pl* unity **Zu·sam·men·ge·hö·rig·keits·gefühl** *nt kein pl* sense of togetherness

zu·sam·men·ge·setzt *adj* compound *attr spec;* **ein ~es Wort** a compound [word]; **aus etw ~ sein** to be composed of sth

zu·sam·men·ge·wür·felt *adj* oddly assorted, ill-assorted, mismatched; **eine ~e Wohnungseinrichtung** ill-assorted furnishings *pl;* **ein** [bunt] **~er Haufen** a motley crowd; **eine wild ~e Schar von Flüchtlingen** a horde of refugees, thrown together by chance **zu·sam·men|ha·ben** *vt irreg (fam)* ■ **etw ~** ❶ *(zusammengestellt haben)* **Informationen/Unterlagen** ~ to have got information/documents together ❷ *(aufgebracht haben)* to have raised [or *sep* got together] sth; **wir haben ein Jahr gespart, bis wir das Geld für das neue Auto zusammenhatten** we saved [up] for a year, until we had enough money for the new car **Zu·sam·men·halt** *m kein pl* ❶ *(Solidarität)* solidarity; *Mannschaft* team spirit (+*gen* [with]in); **revolutionärer** ~ revolutionary solidarity ❷ TECH cohesion **zu·sam·men|hal·ten** *irreg* **I.** *vi* to stick [or keep] together; ▶ WENDUNGEN: **wie Pech und Schwefel** ~ to be inseparable [or *fam* as thick as thieves] **II.** *vt* ■ **etw ~** ❶ *(beisammenhalten)* to hold on to [or be careful with] [or take care of] sth; **seine Gedanken** ~ to keep one's thoughts together; **sein Geld** ~ **müssen** to have to be careful with one's money ❷ *(verbinden)* **etw/sie** *pl* ~ to keep sth/sb together; **die Schnur hält das Paket zusammen** the packet is held together by a string ❸ *(zum Vergleich nebeneinanderhalten)* **zwei Sachen** ~ to hold up two things side by side **Zu·sam·men·hang** <-[e]s, -hänge> *m* connection; *(Verbindung)* link (**zwischen** +*dat* between); **gibt es zwischen den Wohnungseinbrüchen irgendeinen ~?** are the burglaries in any way connected?; **sein Name wurde im ~ mit der Verschwörung genannt** his name was mentioned in connection with the conspiracy [or linked]; **ein ursächlicher ~** a causal relationship *form;* **keinen ~ sehen** to see no [or not see any] connection; **jdn/etw mit etw in ~ bringen** to connect sb/sth with sth, to establish a connection between sth and sth *form;* **etw aus dem ~ reißen** to take sth out of [its] [or *form* divorce sth from its] context; **im** [o **in**] **~ mit etw** in connection with sth; **im** [o **in**] **~ mit etw stehen** to be connected with sth; **in ursächlichem ~** [mit etw] **stehen** to be causally related [to sth] *form;* **nicht im ~ mit etw stehen**

to have no connection with sth
zu·sam·men|hän·gen I.*vt irreg* **Kleider/Bilder** ~ to hang [up] clothes/pictures together II.*vi irreg* ❶ *(in Zusammenhang stehen)* ■ **mit etw** ~ to be connected [*or* have to do] with sth; **es wird wohl damit ~, dass …** it must have sth to do with the fact that … ❷ *(lose verbunden sein)* to be joined [together]

zu·sam·men·hän·gend I.*adj inv* ❶ *(kohärent)* coherent ❷ *(betreffend)* ■ **mit etw** ~ connected [*or* to do] with sth *pred* II.*adv* coherently; **etw ~ berichten/ darstellen** to give a coherent account of sth

Zu·sam·men·hang·lo·sig·keit, Zu·sam·men·hangs·lo·sig·keit <-, <*selten* -en> *f meist sing* incoherence, disjointedness

zu·sam·men·hang(s)·los I.*adj* incoherent, disjointed; *(weitschweifig a.)* rambling; **wirres, ~es Geschwätz** incoherent, rambling talk *fam* II.*adv* incoherently; **etw ~ darstellen** to give an incoherent [*or* a disjointed] account of sth

zu·sam·men|hau·en *vt irreg (fam)* ❶ *(zusammenschlagen)* ■ **jdn** ~ to beat sb up *sep;* ■ **etw** ~ to smash [up *sep*] sth, to smash sth to pieces ❷ *(schnell machen)* ■ **etw** ~ to knock together sth *sep;* **einen Aufsatz eilig ~** to scribble [down *sep*] [*or sep* knock together] an essay hastily

zu·sam·men|hef·ten *vt* ■ **etw** ~ to clip together sth *sep; (mit einem Hefter)* to staple together sth *sep;* **Stoffteile ~** to tack [*or* baste] cloth together *sep* **zu·sam·men|hei·len** *vi sein* to knit [together]; *(Wunde)* to heal [up] **zu·sam·men|keh·ren** *vt s.* **zusammenfegen zu·sam·men·klapp·bar** *adj* folding *attr;* **ein ~er Stuhl/Tisch** a collapsible [*or* folding] chair/table; ■ **~ sein** to fold **zu·sam·men|klap·pen** I.*vt haben* ■ **etw** ~ to fold up sth *sep* ▸ WENDUNGEN: **die Hacken ~** to click one's heels II.*vi sein* ❶ *(sich klappend zusammenlegen)* to collapse ❷ *(fam: kollabieren)* to collapse; *(durch Ermüdung)* to flake [*or* BRIT *a.* fag] out *fam* **zu·sam·men|kle·ben** I.*vt haben* ■ **etw** ~ to stick [*or* glue] together sth II.*vi haben o sein* to stick together **zu·sam·men|knei·fen** *vt irreg* ■ **etw** ~ to press together sth *sep;* **die Augen ~** to screw up one's eyes *sep; (geblendet a.)* to squint; **die Lippen ~** to press together one's lips; *(missbilligend)* to pinch one's lips **zu·sam·men|kno·ten** *vt* ■ **etw** ~ to knot [*or* tie] together sth *sep*

zu·sam·men|kom·men *vi irreg sein* ❶ *(sich treffen)* to meet, to come together; ■ **mit jdm** ~ to meet sb; **zu einer Besprechung ~** to get together for a discussion ❷ *(sich akkumulieren)* to combine; **heute kommt wieder alles zusammen!** it's another of those days!; **wenn Arbeitslosigkeit, familiäre Probleme, allgemeine Labilität ~, gerät jemand leicht auf die schiefe Bahn** a combination of unemployment, family troubles and general instability can easily bring sb off the straight and narrow ❸ *(sich summieren)* Schulden to mount up, to accumulate; *Spenden* to be collected

zu·sam·men|kra·chen *vi sein (fam)* ❶ *(einstürzen)* Brücke to crash down; Brett to give way [*or* break] [with a loud crack]; Bett, Stuhl to collapse with a crash; Börse, Wirtschaft to crash ❷ *(zusammenstoßen)* to smash together, to collide; Auto a. to crash [into each other]

zu·sam·men|krat·zen *vt (fam)* ■ **etw** ~ to scrape together sth *sep* **zu·sam·men|krie·gen** *vt (fam) s.* **zusammenbekommen Zu·sam·men·kunft** <-, -künfte> [tsuˈzamənkʊnft, *pl:* -kʏnftə] *f* meeting; **eine ~ der Mitarbeiter** a staff meeting; **eine gesellige ~** a social gathering; **eine ~ vereinbaren** to arrange a meeting **zu·sam·men|läp·pern** *vr (fam)* ■ **sich** *akk* ~ to add [*or* mount] up

zu·sam·men|lau·fen *vi irreg sein* ❶ *(aufeinandertref-*

---

fen) to meet (**in** +*dat* at), to converge (**in** +*dat* at); *Flüsse* to flow together; *Straßen* to converge ❷ *(zusammenströmen)* to gather, to congregate ❸ *(einlaufen)* *Stoff* to shrink

zu·sam·men|le·ben I.*vi* ■ [**mit jdm**] ~ to live [together] [with sb] II.*vr* ■ **sich** ~ to get used to one another **Zu·sam·men·le·ben** *nt kein pl* living together *no art;* ■ **das** ~ **mit jdm** living [together] with sb; *(in Memoiren)* one's life with sb; **eheliches** ~ *(geh)* marital togetherness; **außereheliches** ~ *(geh)* cohabitation; **das menschliche** ~ social existence; **das ~ verschiedener Rassen** multiracial society

zu·sam·men|le·gen I.*vt* ❶ *(zusammenfalten)* ■ **etw** ~ to fold [up *sep*] sth; **sauber zusammengelegte Wäsche** neatly folded washing ❷ *(vereinigen)* ■ **etw** [**mit etw**] ~ to combine sth (**mit** +*dat* into); *(zentralisieren)* to centralize sth; **Abteilungen ~** to merge [*or* combine] departments into sth; **Klassen ~** to join [*or sep* put together] classes; **Grundstücke ~** to join plots of land; **Termine ~** to combine appointments ❸ *(in einen Raum legen)* ■ **jdn** [**mit jdm**] ~ to put sb [together] with sb II.*vi* ■ [**für etw**] ~ to club together [*or* pool one's money] [for sth]

Zu·sam·men·le·gung <-, -en> *f amalgamation; Firmen, Organisationen* merging; *Grundstücke* joining; *Termine* combining; *Patienten, Häftlinge* putting together; **die Häftlinge forderten ihre ~** the prisoners demanded to be put together

zu·sam·men|nä·hen *vt* ■ **etw** ~ to sew [*or* stitch] together sth *sep*

zu·sam·men|neh·men *irreg* I.*vt* ❶ *(konzentriert einsetzen)* ■ **etw** ~ to summon [*or* muster] [up *sep*] sth; **seinen ganzen Mut ~** to summon up all one's courage; **den Verstand ~** to get one's thoughts together [*or* in order]; *(schimpfend)* to get one's head screwed on [properly] *fam;* **nimm doch mal deinen Verstand zusammen!** get your thinking cap on! *fig* ❷ ■ **alles zusammengenommen** all in all, all things considered II.*vr* ■ **sich** *akk* ~ to control oneself, to get [*or* keep] a grip on oneself

zu·sam·men|pa·cken *vt* ■ **etw/sie** *pl* ~ ❶ *(packen)* to pack sth; *(abräumen)* to pack away sth *sep;* **pack deine Sachen zusammen!** get packed! ❷ *(zusammen in etwas packen)* to pack sth up together; **packen Sie mir die einzelnen Käsesorten ruhig zusammen!** just pack the different cheeses together, that'll be fine! **zu·sam·men|pas·sen** *vi* ❶ *(zueinander passen)* Menschen to suit [*or* be suited to] each other; ■ **nicht** ~ to be ill-suited to each other; **gut/ schlecht** ~ to be well-suited/ill-suited; **überhaupt nicht ~** Menschen to not suit each other at all ❷ *(miteinander harmonieren)* to go together, to match, to harmonize; Farben to go together; Kleidungsstücke to match **zu·sam·men|pfer·chen** *vt* ■ **Menschen/ Tiere** ~ to herd together people/animals *sep* **Zu·sam·men·prall** *m* collision (+*gen* between) **zu·sam·men|pral·len** *vi sein* ■ [**mit etw**] ~ to collide [with sth] **zu·sam·men|pres·sen** *vt* ■ **etw** ~ to press [*or* squeeze] together sth *sep;* **die Faust** ~ to clench one's fist; **zusammengepresste Fäuste/Lippen** clenched fists/pinched lips **zu·sam·men|raf·fen** *vt* ■ **etw** ~ ❶ *(eilig einsammeln)* to snatch up sth *sep* ❷ *(pej: anhäufen)* to amass [*or sep* pile up] sth ❸ *(raffen)* ■ **etw** ~ to gather up sth *sep* **zu·sam·men|rau·fen** *vr (fam)* ■ **sich** *akk* ~ to get it together *fam* **zu·sam·men|rech·nen** *vt* ■ **etw** ~ to add [*or* total] [*or fam* tot] up sth *sep;* **alles zusammengerechnet** all in all **zu·sam·men|rei·men** *vr* ■ **sich** *dat* **etw** ~ to put two and two together from [*or* make sense of] sth; **ich kann es mir einfach nicht** ~ I can't make head or tail of it; **das reimt man sich** *dat* **leicht zusammen, wenn …** it's easy to see when …; **was sie sich da**

alles zusammengereimt hat, und all das nur, weil … you wouldn't believe the things she was thinking, and all because …

zu·sam·men|rei·ßen *irreg* **I.** *vr (fam)* ▪ **sich** *akk* ~ to pull oneself together **II.** *vt (sl)* **die Hacken** ~ to click one's heels **zu·sam·men|rol·len I.** *vt* ▪ **etw** ~ to roll up sth *sep* **II.** *vr* ▪ **sich** *akk* ~ to curl up; **ein Igel rollt sich zusammen** a hedgehog rolls [*or* curls] [itself] up [into a ball]; *Schlange* to coil up **zu·sam·men|rot·ten** *vr (pej)* ▪ **sich** *akk* ~ to gather into [*or* form] a mob; ▪ **sich gegen jdn** ~ to gang up on [*or* band together against] sb **zu·sam·men|rü·cken I.** *vi sein (enger aneinanderrücken)* to move up closer, to move closer together; *(auf einer Bank a.)* to budge up BRIT *fam,* to scoot over AM *fam; (enger zusammenhalten)* to join in common cause **II.** *vt haben* ▪ **etw** ~ to move sth closer together **zu·sam·men|ru·fen** *vt irreg* ▪ **Menschen** ~ to call together people *sep;* **die Mitglieder** ~ to convene [a meeting of] the members *form* **zu·sam·men|sa·cken** *vi sein* ❶ *(zusammensinken)* ▪ **[in sich** *akk***]** ~ *Mensch* to collapse, to slump ❷ *(einsacken) Brücke, Gerüst* to collapse **zu·sam·men|scha·ren** *vr* ▪ **sich** *akk* ~ to gather, to congregate; **die Demonstranten begannen, sich auf dem Platz vor dem Rathaus zusammenzuscharen** the demonstrators began to gather in the square in front of the town hall **zu·sam·men|schei·ßen** *vt irreg (derb)* ▪ **jdn** ~ to read sb the Riot Act *fig,* BRIT *a. fam!* to give sb a bollocking

zu·sam·men|schla·gen *irreg* **I.** *vt irreg haben* ❶ *(verprügeln)* ▪ **jdn** ~ to beat up sb *sep* ❷ *(zertrümmern)* ▪ **etw** ~ to smash [up *sep*] [*or* wreck] sth **II.** *vi sein* ▪ **über jdm/etw** ~ to close over sb/sth; *(heftiger)* to engulf sb/sth

zu·sam·men|schlie·ßen *irreg* **I.** *vt* ▪ **sie** *pl* ~: **2 Fahrräder** ~ to lock 2 bicycles together **II.** *vr* ❶ *(sich vereinigen)* ▪ **sich** *akk* **[zu etw]** ~ to join together [*or* combine] [to form sth]; **Firmen schließen sich zusammen** companies amalgamate [*or* merge] ❷ *(sich verbinden)* ▪ **sich** *akk* ~ to band together, to join forces

Zu·sam·men|schlussᴿᴿ *m* union; *Firmen* amalgamation, merger

zu·sam·men|schre·cken *vi irreg sein* to start

zu·sam·men|schrei·ben *vt irreg* ❶ ▪ **etw** ~ *(als ein Wort schreiben)* to write sth as one word ❷ *(pej fam)* ▪ **etw** ~ *(gedankenlos hinschreiben)* to dash off sth; **was für einen Unsinn er zusammenschreibt!** what rubbish he writes! ❸ *(fam)* ▪ **sich** *dat* **etw** ~ *(erwerben)* to earn by writing; **sie hat sich mit ihren Romanen ein Vermögen zusammengeschrieben** she has earned a fortune with her novels

zu·sam·men|schrump·fen *vi sein* ❶ *(ganz einschrumpfen) Äpfel* to shrivel [up] ❷ *(sich stark vermindern)* ▪ **[auf etw** *akk***]** ~ to dwindle [to sth] **Zu·sam·men·sein** <-s> *nt kein pl* meeting; *(zwanglos)* get-together; *Verliebte* rendezvous; **ein geselliges** ~ a social [gathering]

zu·sam·men|set·zen I. *vt* ❶ *(aus Teilen herstellen)* ▪ **etw [zu etw]** ~ to assemble [*or sep* put together] sth [to make sth]; **die Archäologen setzten die einzelnen Stücke der Vasen wieder zusammen** the archaeologists pieced together the vases ❷ *(nebeneinandersetzen)* **Schüler/Tischgäste** ~ to put pupils/ guests beside each other **II.** *vr* ❶ *(bestehen)* ▪ **sich aus etw** ~ to be composed [*or* made up] [*or* to consist] of sth, to comprise sth; **die Regierung setzt sich aus Roten und Grünen zusammen** the government is composed of socialists and environmentalists *s.* **zusammengesetzt** ❷ *(sich zueinander setzen)* ▪ **sich** *akk* ~ to sit together; ▪ **sich mit jdm [am Tisch]** ~ to join sb [at his/her table]; *(um etw zu besprechen)* to get together

Zu·sam·men·set·zung <-, -en> *f* ❶ *(Struktur)* composition, make-up; *Ausschuss a.* constitution *form; Mannschaft* line-up; *Wählerschaft* profile *spec* ❷ *(Kombination der Bestandteile)* ingredients *pl; Rezeptur, Präparat* composition; *Teile* assembly ❸ LING *(Kompositum)* compound

zu·sam·men|sin·ken *irreg sein* **I.** *vi* to collapse; **ohnmächtig** ~ to collapse unconscious; **tot** ~ to fall dead to the earth **II.** *vt* ▪ **in sich** *akk* ~ ❶ *(alle Kraft verlieren)* to slump; *(letzte Hoffnung verlieren)* to seem to crumble; ▪ **zusammengesunken** limp ❷ *(zusammenfallen)* to collapse; **ein Gebäude sinkt zusammen** a building caves in; **ein Dach sinkt zusammen** a roof falls in; **Feuer/Glut fällt zusammen** fire/ embers go out **zu·sam·men|stau·chen** *vt (fam)* ❶ *(maßregeln)* ▪ **jdn** ~ to give sb a dressingdown *fam* ❷ *(zusammendrücken)* ▪ **etw ist zusammengestaucht** sth is crushed **zu·sam·men|ste·cken I.** *vt* ▪ **etw** ~ to pin together sth *sep* **II.** *vi (fam)* to be together; **die beiden stecken aber auch immer zusammen!** the two of them are just inseparable! ▶ WENDUNGEN: **die Köpfe** ~ to put one's heads together **zu·sam·men|ste·hen** *vi irreg* ❶ *(nebeneinanderstehen)* to be together [*or* side by side]; *Menschen a.* to stand together [*or* side by side] ❷ *(einander unterstützen)* to stand by each other [*or* form one another] **zu·sam·men|stel·len** *vt* ❶ *(auf einen Fleck stellen)* ▪ **sie** *pl* ~ to put [*or* place] together *sep;* **die Betten** ~ to place the beds side by side ❷ *(aufstellen)* ▪ **etw** ~ to compile sth; **eine Delegation** ~ to assemble a delegation; **eine Liste** ~ to compile [*or sep* draw up] a list; **etw in einer Liste** ~ to list sth, to compile [*or sep* draw up] a list of sth; **ein Menü** ~ to draw up a menu; **ein Programm** ~ to arrange [*or* compile] a programme [*or* AM -am]

Zu·sam·men·stel·lung *f* ❶ *(Aufstellung)* compilation; *(Liste)* list; *Programm* arrangement ❷ *kein pl (Herausgabe)* compilation

Zu·sam·men·stoß *m* collision (+*gen* between), crash (+*gen* between); *(Auseinandersetzung)* clash

zu·sam·men|sto·ßen *vi irreg sein* ❶ *(kollidieren)* to collide, to crash; ▪ **mit etw** ~ to collide with [*or* crash into] sth; **die beiden Autos sind frontal zusammengestoßen** the two cars collided head-on; *Personen* to bump into each other; ▪ **mit jdm** ~ to bump into sb ❷ *(aneinandergrenzen)* to adjoin ❸ *(selten: eine Auseinandersetzung haben)* ▪ **mit jdm** ~ to clash with sb

zu·sam·men|strö·men *vi sein* to flock [*or* swarm] together; ▪ **zu etw** ~ to flock to sth **zu·sam·men|stür·zen** *vi sein* to collapse; **nach der Scheidung ist für ihn die Welt zusammengestürzt** his world fell to pieces after the divorce **zu·sam·men|su·chen** *vt* ▪ **[sich** *dat***] etw** ~ to find [*or sep* get together] sth; **ich muss die Unterlagen erst noch** ~ first of all I have to gather the papers together; ▪ **zusammengesucht** *(unharmonisch)* oddly assorted, ill-assorted **zu·sam·men|tra·gen** *vt irreg* ▪ **etw** ~ ❶ *(auf einen Haufen tragen)* to collect [*or sep* gather together] sth; **Holz und Reisig** ~ to gather wood and twigs ❷ *(sammeln)* to collect [*or* gather [together *sep*]] sth; **Informationen mühselig** ~ to glean information **zu·sam·men|tref·fen** *vi irreg sein* ❶ *(sich treffen)* to meet; ▪ **mit jdm** ~ to meet sb; *(unverhofft)* to encounter ❷ *(gleichzeitig auftreten) Faktoren, Umstände* to coincide **Zu·sam·men·tref·fen** *nt* ❶ *(Treffen)* meeting ❷ *(gleichzeitiges Auftreten)* coincidence **zu·sam·men|trei·ben** *vt* **Menschen/ Tiere** ~ to drive people/animals together **zu·sam·men|tre·ten I.** *vi irreg sein* to meet, to convene *form; Gericht* to sit; *Parlament a.* to assemble; **wieder** ~ to meet again, to reassemble, to reconvene *form* **II.** *vt (fam)* ■ **jdn ~** to give sb a severe [*or fam* one hell of a] kicking **zu·sam·men|trom·meln** *vt (fam)* ■ **sie** *pl* **~** to rally [*or sep* round up]; **Anhänger/Mitglieder ~** to rally supporters/members **zu·sam·men|tun** *irreg* **I.** *vt (fam)* ■ **sie** *pl* **~** to put together; **Tomaten und Kartoffeln darf man nicht in einem Behälter zusammentun** you can't keep tomatoes and potatoes together in one container **II.** *vr (fam)* ■ **sich** *akk* [**zu etw**] **zusammentun** to get together [*or* join forces] [in sth]; ■ **sich mit jdm ~** to get together with sb; **die Betroffenen haben sich zu einer Bürgerinitiative zusammengetan** those concerned have formed a citizens' action group **zu·sam·men|wach·sen** *vi irreg sein* ➊ *(zusammenheilen)* to knit [together]; *Knochen* to knit [together]; *Wunde* to heal [up]; **sie hat zusammengewachsene Augenbrauen** her eyebrows meet in the middle ➋ *(sich verbinden)* to grow together; ■ **mit/zu etw ~** to grow into sth; **die früher eigenständigen Gemeinden sind inzwischen zu einer großen Stadt zusammengewachsen** the previously autonomous communities have meanwhile grown together into a big city **zu·sam·men|wer·fen** *vt irreg* ■ **etw ~** ➊ *(auf einen Haufen werfen)* to throw together sth *sep* ➋ *(wahllos vermengen)* to lump together ➌ *(fam: zusammenlegen)* **seine Ersparnisse ~** to pool one's savings **zu·sam·men|wir·ken** *vi (geh)* ➊ *(gemeinsam tätig sein)* to work together ➋ *(vereint wirken)* to combine, to act in combination; **mehrere Faktoren haben hier glücklich zusammengewirkt** there has been a happy coincidence of several factors here **zu·sam·men|zäh·len** *vt* ■ **sie** *pl* **~** to count [up *sep*]; **ich habe gerade alle Anmeldungen zusammengezählt, es kommen 121 Teilnehmer** I've just added up all the enrolments, there will be 121 participants; **die Kosten ~** to add [*or fam* tot] up *sep* the costs; **alles zusammengezählt** all in all

zu·sam·men|zie·hen *irreg* **I.** *vi sein* to move in together; ■ **mit jdm ~** to move in [together] with sb **II.** *vr* ■ **sich ~** ➊ *(sich verengen)* to contract; *Schlinge* to tighten; *Pupillen, Haut* to contract; *Wunde* to close [up] ➋ *(sich ballen)* to be brewing; *Gewitter a.* to be gathering; **es zieht sich ein Gewitter zusammen** there's a storm brewing [*or* gathering]; *Wolken* to gather; *Unheil* to be brewing **III.** *vt* ■ **etw ~** ➊ *(sammeln)* **Truppen/Polizei ~** to assemble [*or* concentrate] [*or* mass] troops/police forces ➋ *(addieren)* **Zahlen ~** to add together ➌ *(schließen)* **ein Loch in einem Strumpf ~** to mend a hole in a stocking; **die Augenbrauen ~** to knit one's brows **zu·sam·men|zu·cken** *vi sein* to start; *(vor Schmerz/ Unangenehmem)* to flinch, to wince; **als das Telefon läutete, zuckte er unwillkürlich zusammen** the phone's ring made him start **Zu·satz** [ˈtsuːzats] *m* ➊ *(zugefügter Teil)* appendix, annex; *(Verb~)* separable element; *(Abänderung)* amendment; *(Gesetzentwurf)* rider *spec; (Testament)* codicil; *(Vertragsklausel)* clause; *(Vorbehaltsklausel)* reservation *spec* ➋ *(Nahrungs~)* additive; *(Beimischung a.)* admixture *form*; **ohne ~ von Farbstoffen** without the addition of artificial colouring [*or* AM coloring] **Zu·satz·ab·kom·men** *nt* supplementary [*or* additional] agreement **Zu·satz·an·trag** *m* amendment to an amendment *form*; **einen ~ stellen** to move [*or* table] an amendment **Zu·satz·be·mer·kung** *f* additional remark **Zu·satz·be·stim·mung** *f* supplementary [*or* additional] provision **Zu·satz·ge·rät** *nt* attachment; INFORM add-on, peripheral [device]; **ein ~ zum Empfang von Pay-TV** an [additional] attachment for reception of pay TV **Zu·satz·klau·sel** *f* additional

clause, rider BRIT

zu·sätz·lich [ˈtsuːzɛtslɪç] **I.** *adj inv* ➊ *(weitere)* further *attr;* **~e Kosten** supplementary [*or* additional] costs ➋ *(darüber hinaus möglich)* additional, extra; *(als Option a.)* optional; **eine ~e Versicherung** a collateral insurance *spec* **II.** *adv* in addition; **das kostet hundert Euro ~** that costs an extra hundred euros; **ich will sie nicht noch ~ belasten** I don't want to put any extra pressure on her

Zu·satz·pen·si·on *f* ÖKON supplementary pension **Zu·satz·stoff** *m* additive **Zu·satz·ta·rif** *m* additional [*or* extra] rate [*or* charge]; *(Straftarif)* penalty rate [*or* tariff] **Zu·satz·ver·si·che·rung** *f* additional [*or* supplementary] insurance; *(für Krankenhaus a.)* hospitalization insurance AM **Zu·satz·zahl** *f* bonus number *(drawn in the national lottery)*

zu·schan·den, zu Schan·den [tsuˈʃandn̩] *adv (geh)* **ein Auto ~ fahren** to wreck [*or* BRIT *a.* write off *sep*] a car; **jds Hoffnungen ~ machen** to wreck [*or* ruin] sb's hopes; **ein Pferd ~ reiten** to ruin a horse; **alle seine Hoffnungen gingen ~** all his plans came to nought

zu·schan·zen *vt (fam)* ■ **jdm etw ~** to see to it that [*or* make sure [that]] sb gets sth; **jdm einen guten Posten ~** to manoeuvre [*or* AM maneuver] sb into a good post

zu·schau·en *vi s.* **zusehen**

Zu·schau·er(in) *m(f)* ➊ SPORT spectator; ■ **die ~** the spectators; FBALL *a.* the crowd + *sing/pl vb* ➋ FILM, THEAT member of the audience; TV viewer; ■ **die ~** FILM, THEAT the audience + *sing/pl vb*; TV the viewers, the [television] audience + *sing/pl vb* ➌ *(Augenzeuge)* witness

Zu·schau·er·raum *m* auditorium **Zu·schau·er·tri·bü·ne** *f* stands *pl*, BRIT *a.* stand; *(billig)* bleachers *pl* AM; *(teuer)* grandstand **Zu·schau·er·zahl** *f* THEAT, SPORT attendance figures *pl*; TV viewing figures *pl*

zu·schi·cken *vt* ■ **jdm etw ~** to send sb sth [*or* sth to sb]; *(mit der Post a.)* to post [*or* AM mail] [off *sep*] sth to sb; ■ **sich** *dat* **etw ~ lassen** to send for sth; [**von jdm**] **etw zugeschickt bekommen** to receive sth [from sb], to have sth sent to one

zu·schie·ben *vt irreg* ➊ *(hinschieben)* ■ **jdm etw ~** to push sth over to sb ➋ *(durch Schieben schließen)* ■ **etw ~:** **eine Tür/Schublade ~** to shut [*or* close] a door/drawer, to push sth closed [*or* shut] ➌ *(jdm zur Last legen)* **jdm die Schuld ~** to lay the blame at sb's door, to put the blame on sb, to blame sb; **jdm die Verantwortung ~** to saddle sb with the responsibility

zu·schie·ßen *irreg* **I.** *vt haben* ➊ FBALL **jdm den Ball ~** to pass sb the ball [*or* the ball to sb]; **jdm einen wütenden Blick ~** to dart a furious glance at sb ➋ *(zusätzlich zur Verfügung stellen)* ■ [**jdm**] **etw ~** to contribute sth [towards [*or* toward] sb's costs]; **jdm Geld ~** to give sb money **II.** *vi sein (fam)* ■ **auf jdn/ etw ~** to shoot [*or* rush] [*or* dash] up to sb/sth; **auf jdn zugeschossen kommen** to come rushing up to sb

Zu·schlag <-[e]s, Zuschläge> *m* ➊ *(Preisaufschlag)* supplementary charge ➋ *(zusätzliche Fahrkarte)* supplement[ary] ticket *form*]; *(zusätzlicher Fahrpreis)* extra fare, supplementary charge *form* ➌ *(zusätzliches Entgelt)* bonus, extra pay *no indef art, kein pl* ➍ *(auf Briefmarke)* supplement ➎ *(bei Versteigerung)* acceptance of a bid ➏ *(Auftragserteilung)* acceptance of a tender; **jdm den ~ erteilen** *(geh)* to award sb the contract, to accept sb's tender; **~ bei Auftragserteilung** conferring the contract, award of the order; **die Firma hat den ~ zum Bau des neuen Rathauses erhalten** the company has won the contract to build the new town hall

zu·schla·gen *irreg* **I.** *vt haben* ➊ *(schließen)* ■ **etw ~**

to bang sth shut, to slam sth [shut]; **ein Buch ~** to close [or shut] a book [with a bang]; **eine Kiste ~** to slam a box shut; **die Tür hinter sich** *dat* **~** to slam the door behind one ❷ *(offiziell zusprechen)* ▪ **jdm etw ~** *(bei Versteigerung)* to knock sth down to sb; **der Auftrag wurde der Firma zugeschlagen** the company was awarded the contract; **ein Gebiet einem Staat ~** to annex a territory to a state ❸ *(zuspielen)* **jdm den Ball ~** to kick the ball to sb; **lass uns ein paar Bälle ~** let's have a kickabout *fam* ❹ *(aufschlagen)* ▪ **etw ~** to add sth; **auf den Preis werden ab Juli 20 Euro zugeschlagen** the price will be raised by 20 euros from July II. *vi* ❶ *haben [einen Hieb versetzen)* to strike; **mit der Faust ~** to strike with one's fist; **mit erhöhten Steuern ~** to hit with increased taxes; **das Schicksal hat erbarmungslos zugeschlagen** fate has dealt a terrible blow ❷ *sein (krachend zufallen)* Tür to slam [or bang] shut ❸ *haben (fam: zugreifen)* to act [or *fam* get in] fast [or quickly]; *(viel essen)* to pig out *fam*; **schlag zu!** get stuck in! *fam*, dig in! *fam*; ▪ [**bei etw**] **~** *(schnell annehmen)* to grab sth with both hands ❹ *(fam: aktiv werden)* to strike; **die Armee schlug zu** the army struck

zu·schlie·ßen *irreg vt* ▪ **etw ~** to lock sth; **den Laden ~** to lock up the shop *sep*

zu·schnal·len *vt* ▪ **etw ~** to fasten [or buckle] sth; **einen Koffer ~** to strap up a case *sep*

zu·schnap·pen *vi* ❶ *haben* to snap ❷ *sein* to snap [or click] shut; *s. a.* **Falle**

zu·schnei·den *vt irreg* ❶ ▪ [**jdm/sich** *dat*] **etw ~** to cut sth to size [for sb]; **Stoff ~** to cut out material *sep*; **ein Kleid nach einem Muster ~** to cut out a dress from a pattern ❷ *(fig)* ▪ **auf jdn [genau] zugeschnitten sein** *(jds Fähigkeiten entsprechen)* to be cut out for sb; ▪ **auf etw/jdn zugeschnitten sein** *(genau zutreffen)* to be geared to sth/the needs of sb; **das Produkt ist auf den Geschmack der Massen zugeschnitten** the product is designed to suit the taste of the masses; **der Lehrplan war auf das Examen zugeschnitten** the syllabus was geared to the exam

zu·schnei·en *vi sein* ▪ **zugeschneit sein** to be snowed in [or up]; *Wagen* to be buried in snow

Zu·schnitt *m* ❶ *(Form eines Kleidungsstücks)* cut ❷ *kein pl (das Zuschneiden)* cutting; *Stoff a.* cutting out ❸ *(fig: Format)* calibre [or AM -er]

zu·schnü·ren *vt* ❶ *(durch Schnüren verschließen)* ▪ **etw ~** to lace up sth *sep* ❷ *(abschnüren)* **die Angst/Sorge schnürte ihr den Hals/die Kehle zu** she was choked with fear/worry

zu·schrau·ben *vt* ▪ **etw ~** to screw on sth *sep*

zu·schrei·ben *vt irreg* ❶ *(beimessen)* ▪ **jdm etw ~** to ascribe [or attribute] sth to sb; *(ungerecht)* to impute sth to sb *form*; **jdm übernatürliche Kräfte ~** to attribute supernatural powers to sb ❷ *(zur Last legen)* ▪ **jdm/einer S. etw ~** to blame sb/sth for sth; **jdm/ etw die Schuld an etw** *dat* **~** to blame sb/sth [or give sb/sth the blame] for sth; ▪ **jdm ist etw zuzuschreiben** sb is to blame for sth; **das/deine Entlassung hast du dir selbst zuzuschreiben** you've only got yourself to blame [for it]/for your dismissal

Zu·schrift *f (geh)* reply

zu·schul·den, zu Schul·den[RR] [tsuːˈʃʊldn̩] *adv* **sich** *dat* **etwas/nichts ~ kommen lassen** to do sth/ nothing [or to not do anything] wrong

Zu·schuss[RR] <-es, -schüsse> *m*, **Zu·schuß**[ALT] <-sses, -schüsse> [ˈtsuːʃʊs, *pl:* ˈtsuːʃʏsə] *m* grant, subsidy; *(regelmäßig von den Eltern)* allowance

Zu·schuss·be·trieb[RR] *m* subsidized [or loss-making] business **Zu·schuss·ge·schäft**[RR] *nt* loss-making deal

Zu·schuss·pro·jekt[RR] *nt* loss-making project

---

zu·schus·tern *vt* ❶ *(fam) s.* **zuschanzen** ❷ *s.* **zuschießen** I. 2

zu·schüt·ten I. *vt* ▪ **etw ~** ❶ *(durch Hineinschütten füllen)* to fill in [or up] sth *sep* ❷ *(fam: hinzufügen)* to add sth II. *vr (sl)* ▪ **sich** *akk* **~** to get pissed BRIT *fam!* [or AM drunk]

zu·se·hen *vi irreg* ❶ *(mit Blicken verfolgen)* to watch; *unbeteiligter Zuschauer a.* to look on; ▪ **~, wie jd etw tut/wie etw getan wird** to watch sb doing sth/ sth being done; *unbeteiligter Zuschauer a.* to look on as sb does sth/as sth is being done; ▪ **jdm [bei etw] ~** to watch sb [doing sth]; **jdm bei der Arbeit ~** to watch sb work[ing] [or at work]; **bei näherem Z~** [up]on closer inspection ❷ *(etw geschehen lassen)* ▪ **einer S.** *dat* **~** to sit back [or stand [idly] by] and watch sth; **tatenlos musste er ~, wie ...** he could only stand and watch, while ...; **da sehe ich nicht mehr lange zu!** I'm not going to put up with this spectacle for much longer! ❸ *(dafür sorgen)* ▪ **~, dass ...** to see [to it] [or make sure] that ...; **wir müssen ~, dass wir rechtzeitig losfahren** we must take care to [watch out that we] get away in good time; **sieh mal zu!** *(fam)* see what you can do!; **sieh mal zu, was du machen kannst!** *(fam)* see what you can do!; **sieh zu, wo du bleibst!** *(fam)* that's your lookout! *fam*, sort out your own shit! *fam!*

zu·se·hends [ˈtsuːzeːənts] *adv* noticeably

zu·sen·den *vt irreg s.* **zuschicken**

zu·set·zen I. *vt* ❶ ▪ [**einer S.** *dat*] **etw ~** to add sth [to sth] ❷ *(verlieren)* **Geld ~** to make a loss ▶ WENDUNGEN: **jd hat nichts zuzusetzen** sb has nothing in reserve II. *vi* ▪ **jdm ~** ❶ *(bedrängen)* to badger [or pester] sb; *(unter Druck setzen)* to lean on sb *fam*; **dem Feind ~** to harass [or sep press hard] the enemy; *(verletzen)* to lay into *fam* ❷ *(überbelasten)* to take a lot out of sb; **jds Tod ~** to hit sb hard, to affect sb badly

zu·si·chern *vt* ▪ **jdm etw ~** to assure sb of [or promise sb] sth; **jdm seine Hilfe ~** to promise sb one's help; **jdm freies Geleit ~** to guarantee sb safe conduct; **er hat mir zugesichert, dass der Betrag heute noch überwiesen wird** he assured me the sum would be transferred today

Zu·si·che·rung *f* promise, assurance

Zu·spät·kom·men·de(r) [tsuˈʃpɛtkɔmǝndǝ, -kɔmǝndɐ] *f(m) decl wie adj (geh)* latecomer

zu·sper·ren *vt* ▪ **etw ~** to lock sth; **das Haus/den Laden ~** to lock up the house/shop *sep*

zu·spie·len *vt* ❶ FBALL ▪ **jdm den Ball ~** to pass the ball to sb ❷ *(heimlich zukommen lassen)* ▪ **jdm etw ~** to pass on sth *sep* to sb, to slip sth to sb; **etw der Presse ~** to leak sth [to the press]

zu·spit·zen I. *vr* ▪ **sich** *akk* **~** to come to a head; **sich weiter ~** to escalate; **sich immer mehr ~** to get worse and worse, to become increasingly critical; **sich bedrohlich ~** to take on threatening dimensions II. *vt* ▪ **etw ~** to sharpen sth; **einen Pfahl ~** to sharpen a post; **das Attentat hat die Lage bedrohlich zugespitzt** the assassination attempt has brought the situation to boiling point

Zu·spit·zung <-, -en> *f* worsening, increasing gravity; **eine weitere ~ einer S.** *gen* an escalation of sth

zu·spre·chen *irreg* I. *vt* ❶ *(offiziell zugestehen)* ▪ **jdm etw ~** to award sth to sb; **jdm ein Kind ~** to award [or grant] sb custody [of a child] ❷ *(geh: zuteilwerden lassen)* **jdm Mut/Trost ~** to encourage/ comfort [or console] sb ❸ *(zuerkennen)* ▪ **jdm/einer S.** *dat* **etw ~** to attribute sth to sb/sth; **dem Baldrian wird eine beruhigende Wirkung zugesprochen** valerian is said to have a soothing effect II. *vi (geh)* ❶ *(zu sich nehmen)* ▪ **einer S.** *dat* **~** to do justice to sth; **dem Essen/Cognac kräftig ~** to eat the food/to drink the cognac heartily, to tuck into the food/to

Zuständigkeit

nach Zuständigkeit fragen	asking about responsibility
Sind Sie die behandelnde Ärztin?	Are you the doctor in attendance?
Sind Sie dafür zuständig?	Is it your responsibility?/Are you in charge/the person responsible?

Zuständigkeit ausdrücken	expressing responsibility
Ja, bei mir sind Sie richtig.	Yes, you've come to the right person.
Ich bin für die Organisation des Festes verantwortlich/zuständig.	I am responsible for organizing the party.

Nicht-Zuständigkeit ausdrücken	expressing non-responsibility
Da sind Sie bei mir an der falschen Adresse. *(fam)*	You've come to the wrong person.
Dafür bin ich (leider) nicht zuständig.	I'm not responsible for that (I'm afraid).
Dazu bin ich (leider) nicht berechtigt/befugt.	I'm not entitled/authorized to do that (I'm afraid).
Das fällt nicht in unseren Zuständigkeitsbereich. *(form)*	That isn't our responsibility.

guzzle the cognac BRIT *fam* ❷ *(zureden)* **jdm beruhigend** ~ to calm sb; **jdm ermutigend** ~ to encourage sb

Zu·spruch *m kein pl (geh)* ❶ *(Popularität, Anklang)* **sich großen** [*o* **regen**] **~s erfreuen** to be very popular, to enjoy great popularity; **[bei jdm]** ~ **finden** to go down well [with sb], to be greatly appreciated [by sb]; **wir rechnen mit starkem** ~ *(viele Besucher)* we're expecting a lot of visitors; *(starkem Anklang)* we're expecting this to be very popular ❷ *(Worte)* words *pl;* **ermutigender/tröstender** ~ words of encouragement/comfort; **geistlichen** ~ **suchen** to seek spiritual comfort [*or* support]

Zu·stand <-[e]s, -stände> ['tsu:ʃtant, *pl:* 'tsu:ʃtɛndə] *m* ❶ *(Verfassung)* state, condition; **in einem beklagenswerten/traurigen** ~ in a miserable/sad state [*or* condition]; *Mensch a.* in miserable/sad shape; **in deinem/meinem** ~ in your/my condition; **jdn in Besorgnis erregendem** ~ **antreffen** to find sb in an alarming state; **im wachen** ~ while awake; *(Gesundheits~)* [state of] health; **wie ist sein** ~ **nach der Operation?** how's he faring after the operation?; **sein** ~ **ist kritisch** his condition is critical; *(geistiger ~)* mental state; *(seelischer ~)* [emotional] state; *(Aggregatzustand)* state; **in flüssigem/gasförmigem** ~ in a fluid/gaseous state ❷ *pl (Verhältnisse)* conditions; *(skandalöse Zustände)* disgraceful [*or* appalling] conditions; **in den besetzten Gebieten herrschen katastrophale Zustände** conditions are catastrophic in the occupied zones; **das ist doch kein ~!** it's a disgrace!; **bei euch herrschen ja Zustände!** your house is a disgrace!, you're living in a pigsty *pej* ▶WENDUNGEN: **Zustände bekommen** [*o* **kriegen**] *(fam)* to have a fit *fam,* to hit the roof *fam,* BRIT *a.* to throw a wobbly *sl*

zu·stan·de, zu Stan·deᴿᴿ [tsu'ʃtandə] *adv* **etw** ~ **bringen** to manage sth; **die Arbeit** ~ **bringen** to get the work done; **eine Einigung** ~ **bringen** to reach an agreement; **es** ~ **bringen, dass jd etw tut** to [manage to] get sb to do sth; ~ **kommen** to materialize; *(stattfinden)* to take place; *(besonders Schwieriges)* to come off [*or* about]; **nicht** ~ **kommen** to fail

Zu·stan·de·kom·men <-s> *nt kein pl* materialization, realization; **das** ~ **des Treffens ist noch fraglich** the planned meeting is not yet sure to take place

zu·stän·dig ['tsu:ʃtɛndɪç] *adj* ❶ *(verantwortlich)* responsible; **der ~e Beamte** the official in charge; **der dafür ~e Beamte** the official responsible for [*or* in charge of] such matters; **dafür ist er** ~ that's his responsibility; **dafür will keiner** ~ **gewesen sein** nobody wants to own up responsibility for it ❷ *(Kompetenz besitzend)* competent *form;* **die ~e Behörde** the proper [*or form* competent] authority; ◼ **[für etw]** ~ **sein** to be the competent office [for sth] *form;* JUR to have jurisdiction [in [*or* over] sth]

Zu·stän·dig·keit <-, -en> *f* ❶ *(betriebliche Kompetenz)* competence; **in jds** ~ *akk* **fallen** to fall within sb's competence [*or* the competence of sb] *form* ❷ JUR *(Jurisdiktion)* jurisdiction *no indef art,* cognizance *no indef art form*

Zu·stän·dig·keits·be·reich *m* area of responsibility; **in jds** ~ **fallen** to fall into sb's area of responsibility

zu·stat·ten|kom·menᴿᴿ [tsu'ʃtatn̩-] *vi irreg sein* ◼ **jdm** ~ to come in useful [*or* handy] for sb, to avail sb *liter*

zu·ste·chen *vi irreg* ◼ **[mit etw]** ~ to stab sb [with sth]

zu·ste·cken *vt* ❶ *(schenken)* ◼ **jdm etw** ~ to slip sb sth ❷ *(heften)* ◼ **etw** ~ to pin up sth *sep;* **eine Naht** ~ to pin up a seam *sep*

zu·ste·hen *vi irreg* ❶ *(von Rechts wegen gehören)* ◼ **etw steht jdm zu** sb is entitled to sth; **etw steht jdm von Rechts wegen zu** sth is lawfully entitled to sth, sth is sb's lawful right; **ein Anspruch auf etw** *akk* **steht jdm zu** sb has a right to sth ❷ *(zukommen)* ◼ **etw steht jdm zu/nicht zu** sb has the/no right to do/say sth; **es steht dir nicht zu, so über ihn zu reden** it's not for you to speak of him like that

zu·stei·gen *vi irreg sein* to get on, to board; **noch jemand zugestiegen?** *(im Bus)* any more fares, please?; *(im Zug)* tickets please!; **zugestiegene Fahrgäste müssen einen Fahrschein lösen** passengers must buy a ticket as soon as they board

Zu·stell·dienst *m* ÖKON delivery service

zu·stel·len *vt* ❶ *(geh: überbringen)* ◼ **[jdm] etw** ~ to deliver sth [to sb] ❷ JUR *(offiziell aushändigen)* ◼ **[jdm] etw** ~ to serve [sb with] sth ❸ *(fam: durch Gegenstände verstellen)* ◼ **[jdm] etw** ~ to block sth

Zu·stel·ler(in) <-s, -> *m(f)* postman *masc,* postwoman *fem,* AM *usu* mailman [*or fem* -woman]

Zu·stell·ge·bühr *f* delivery charge, portage *spec*

Zu·stel·lung <-, -en> *f* ❶ *(das Überbringen)* delivery ❷ JUR *(offizielle Aushändigung)* serving, service *form*

zustimmen

zustimmen, beipflichten	agreeing
Ja, das denke ich auch.	Yes, I think so too.
Da bin ich ganz deiner Meinung.	I completely agree with you there.
Dem schließe ich mich an.	I endorse that.
Ich stimme Ihnen voll und ganz zu.	I absolutely agree with you.
Ja, das sehe ich (ganz) genauso.	Yes, that's exactly my view too.
Ich sehe es nicht anders.	That's exactly how I see it.
Ich gebe Ihnen da vollkommen Recht.	You're absolutely right there.
Da kann ich Ihnen nur Recht geben.	I can only agree with you there.
(Das) habe ich ja (auch) gesagt.	That's (just) what I said.
Finde ich auch. *(fam)*	I think so too.
Genau!/Stimmt! *(fam)*	Exactly!/(That's) right!

einwilligen	consenting
Einverstanden!/Okay!/Abgemacht!	Agreed!/Okay!/It's a deal!
Kein Problem!	No problem!
Geht in Ordnung!	That's all right!
Wird gemacht!/Mach ich!	Will do!/I'll do that!

Zu·stel·lungs·ur·kun·de f JUR writ of summons *spec*

zu|steu·ern I. *vt* ▪ etw auf etw *akk*/jdn ~ to steer sth towards sth/sb; **er steuerte den Wagen direkt auf uns zu** he drove directly at us II. *vi sein* ① *(fam: darauf zugehen)* ▪ **auf jdn/etw** ~ to head for sb/sth; *(schnurstracks a.)* to make a beeline for sb/sth ② *(darauf zutreiben)* ▪ **auf etw** *akk* ~ to be heading for sth; **das Land steuert auf eine Katastrophe zu** the country is heading for disaster

zu|stim·men *vi* ① *(einer Meinung sein)* ▪ **jdm** ~ to agree [with sb] ② ▪ [einer S. *dat*] ~ *(mit etw einverstanden sein)* to agree [to sth]; **dem kann ich ~!** I'll go along with that!; *(billigen)* to approve [[of] sth]; *(einwilligen)* to consent [to sth]

zu·stim·mend I. *adj* affirmative; **eine ~e Antwort** an affirmative answer, an answer in the affirmative; **ein ~es Nicken** a nod of assent II. *adv* in agreement

Zu·stim·mung f agreement, assent; *(Einwilligung)* consent; *(Billigung)* approval; **sein Vorschlag fand allgemeine** ~ his suggestion met with general approval; **einer S.** *dat* **seine** ~ **geben/verweigern** *(geh)* to give/refuse to give one's consent [or assent] to sth; **einem Gesetzentwurf seine** ~ **verweigern** to veto a bill; **mit/ohne jds** ~ with/without sb's consent [or the consent of sb]

zu·stim·mungs·pflich·tig *adj inv* POL *(geh)* Gesetzesantrag, Reform requiring approval (**in** +*dat* from)

zu|sto·ßen *irreg* I. *vi* ① *haben (in eine Richtung stoßen)* ▪ [mit etw] ~ to stab sb [with sth]; *Schlange* to strike; *Nashorn, Stier a.* to gore sb; [mit seinem Schwert/Speer] ~ to run sb through [with one's sword/spear] ② *sein (passieren)* ▪ **jdm** ~ to happen to sb; **hoffentlich ist ihr kein Unglück zugestoßen!** I hope she hasn't had an accident! II. *vt* ▪ etw ~ to push sth shut; **die Tür mit dem Fuß** ~ to push the door shut with one's foot

Zu·strom m kein pl ① METEO inflow ② *(massenweise Zuwanderung)* influx ③ *(Andrang)* **auf der Messe herrschte reger** ~ **von Besuchern** crowds of visitors thronged to the fair

zu·ta·ge, zu Ta·ge[RR] ['tsu:'ta:gə] *adv* **offen** ~ **liegen** to be evident [or clear]; **etw** ~ **bringen** [o **fördern**] to bring sth to light, to reveal sth; ~ **treten** to be revealed [or exposed], to come to light *fig*; **ein Fels liegt** ~ a rock outcrops *spec*

Zu·tat <-, -en> ['tsu:ta:t] f *meist pl* ① *(Bestandteil)* ingredients *pl* ② *(benötigte Dinge)* necessaries *pl* ③ *(Hinzufügung)* addition; **ohne schmückende ~en** without any decorative trimmings

zu|tei·len *vt* ① *(austeilen)* to apportion *form* [or sep portion out] sth among/between; **im Krieg wurden die Lebensmittel zugeteilt** food was rationed during the war ② *(zuweisen)* to allocate sb sth [or sth to sb]; **jdm eine Aufgabe/Rolle** ~ to assign [or allot] a task/role to sb; **jdm Mitarbeiter** ~ to assign staff to sb's department

Zu·tei·lung f ① *(das Zuteilen)* ▪ **die** ~ **einer S.** *gen*/**von etw** portioning out *sep* [or apportioning] sth; **auf** ~ *(rationiert)* on rations ② *(Zuweisung)* allocation; *einer Aufgabe, Rolle a.* allotment; *von Mitarbeitern* assignment

zu|teil|wer·den[RR] ['tsu:tail-] *vi irreg sein (geh)* ▪ **jdm etw** ~ **lassen** to grant [or allow] sb sth; **ich hoffe, Sie lassen uns die Ehre Ihres Besuches** ~ I hope you will honour us with a visit; ▪ **jdm wird etw zuteil** sb is given sth, sth is given to [or form bestowed [up]on] sb; *(durch Zustimmung)* sb is granted sth; **jdm wird die Ehre zuteil, etw zu tun** sb has [or is given] the honour [or AM -or] of doing sth; **ihm wurde ein schweres Schicksal zuteil** he has had a hard fate

zu·tiefst ['tsu'ti:fst] *adv* deeply; **etw** ~ **bedauern** to regret sth deeply; ~ **betroffen** deeply shaken; ~ **betrübt** greatly [or extremely] saddened; ~ **verärgert** furious

zu|tra·gen *irreg* I. *vt (geh)* ▪ **jdm etw** ~ ① *(übermitteln)* to report sth to sb; **es ist mir erst gerade eben zugetragen worden** I've just this moment been informed of it ② *(hintragen)* to carry sth to sb II. *vr (geh)* ▪ **sich** *akk* ~ to happen, to take place, to transpire a. hum; **weißt du, wie es sich zugetragen hat?** do you know how it happened?

Zu·träger(in) m(f) *(pej)* informer; *(Pressequelle)* informant

zu·träg·lich ['tsu:trɛ:klɪç] *adj (geh)* good (+*dat* for), beneficial (+*dat* to); ■ **jdm/einer S.** *dat* ~ **sein** to be beneficial to sb/sth; **ein der Gesundheit ~es Klima** a pleasant [*or* agreeable] climate; *(gesundheitsfördernd)* healthy, wholesome, salubrious *form,* conducive to good health *pred form;* ■ **etw ist jdm nicht ~** sth doesn't agree with sb; **das Klima in der Wüste ist Europäern nicht ~** the climate in the desert affects Europeans badly

zu|trau·en *vt* ■ **jdm/sich etw ~** to believe [*or* think] sb/one [is] capable of [doing] sth; **jdm viel Mut ~** to believe [*or* think] sb has great courage; **sich** *dat* **nichts ~** to have no confidence in oneself [*or* no self-confidence]; **sich** *dat* **zu viel ~** to take on too much, to bite off more than one can chew *fig;* **das ist ihm zuzutrauen!** *(iron fam)* I wouldn't put it past him! *fam,* I can well believe it [of him]!; **das hätte ich dir nie zugetraut!** I would never have expected that from you!; *(bewundernd)* I never thought you had it in you!; **dem traue ich alles zu!** I wouldn't put anything past him!

Zu·trau·en <-s> *nt kein pl* confidence, trust; ■ **jds ~ zu jdm** sb's confidence in sb; [**vollstes**] **~ zu jdm haben** to have [complete [*or* every]] confidence in sb; **jds ~ gewinnen** to win sb's trust, to gain sb's confidence

zu·trau·lich ['tsu:trauḷɪç] *adj* trusting; **ein ~er Hund** a friendly dog

zu|tref·fen *vi irreg* ❶ *(richtig sein)* to be correct; **das dürfte wohl nicht ganz ~!** I don't believe that's quite correct; *(sich bewahrheiten)* to prove right; *(gelten)* to apply; *(wahr sein)* to be [*or* hold] true, to be the case; ■ **es trifft zu, dass …** it is true that … ❷ *(anwendbar sein)* ■ **auf jdn** [**nicht**] ~ to [not] apply to sb; **genau auf jdn ~** *Beschreibung* to fit [*or* match] sb['s description] perfectly; ■ **auf etw** *akk* [**nicht**] ~ to [not] apply [*or* to be [in]applicable] to sth; **auf einen Fall ~** to be applicable to a case

zu·tref·fend *adj* ❶ *(richtig)* correct; **eine ~e Diagnose** a correct diagnosis; **Z~es bitte ankreuzen** tick [*or* AM mark] [*or* AM check off] where applicable ❷ *(anwendbar)* ■ **auf jdn ~** applying to sb *pred;* **eine auf jdn ~e Beschreibung** a description fitting [*or* matching] that of sb II. *adv* correctly; **wie meine Vorrednerin schon ganz ~ sagte, …** as the previous speaker quite rightly said …

zu|trin·ken *vi irreg* ■ **jdm ~** to drink [*or* raise one's glass] to sb; *(mit Trinkspruch)* to toast sb

Zu·tritt *m kein pl* ❶ *(Einlass)* admission, admittance, entry; *(Zugang)* access; ■ **~ zu etw** admission [*or* admittance] [*or* entry] [*or* access] to sth; **jdm den ~ verwehren/verweigern** to deny/refuse sb admission [*or* admittance]; [**keinen**] **~ zu etw haben** to [not] be admitted to sth; **freien ~ zu etw haben** to have free admission/access to sth; **jederzeit freien ~ haben** to have the run of the place; **~ verboten!** [*o* **kein ~!**] no admittance [*or* entry]; *(als Schild a.)* private; **sich** *dat* [**mit Gewalt**] **~** [**zu etw**] **verschaffen** to gain admission [*or* access] [to sth] [by force] ❷ CHEM contact

Zu·tun *nt* **ohne jds ~** *(ohne jds Hilfe)* without sb's help; *(ohne jds Schuld)* through no fault of sb's own; **es geschah ohne mein ~** I did not have a hand in the matter

zu·un·guns·ten [tsu:ˈʔʊŋgʊnstṇ] I. *präp* +*gen* to the disadvantage of II. *adv* ■ **einer S.** +*gen*/**von jdm** to the disadvantage of sth/sb

zu·un·terst [tsu:ˈʔʊntɛst] *adv* right at the bottom; *(im Stapel a.)* at the very bottom; **ganz ~** at the very bottom

zu·ver·läs·sig ['tsu:fɛɐ̯lɛsɪç] *adj* ❶ *(verlässlich)* reliable, dependable; **absolut ~ sein** to be 100 % reliable [*or* as good as one's word] ❷ *(glaubwürdig)* reliable;

ein ~er Zeuge a reliable [*or* credible] witness; *(durch Charakter a.)* an unimpeachable witness *form*

Zu·ver·läs·sig·keit <-> *f kein pl* ❶ *(Verlässlichkeit)* reliability, dependability ❷ *(Glaubwürdigkeit)* reliability; *eines Zeugen* a. credibility; *(durch Charakter a.)* unimpeachability *form*

Zu·ver·sicht <-> ['tsu:fɛɐ̯zɪçt] *f kein pl* confidence; **voller ~** full of confidence; **~ ausstrahlen** to radiate confidence

zu·ver·sicht·lich *adj* confident; ■ **~ sein, dass …** to be confident that …; **was den Umzug angeht, da bin ich ganz ~** as for the move, I'm very optimistic

zu·vor [tsu:ˈfoːɐ̯] *adv* before; *(zunächst)* beforehand; **nach der Behandlung ging es ihm schlechter als ~** after the treatment he felt worse than before; **im Monat/Jahr ~** the month/year before, in the previous month/year; **am Tag ~** the day before, on the previous day; **in der Woche ~** the week before, the previous week; **noch nie ~** never before

zu·vor|kom·men *vi irreg sein* ❶ *(schneller handeln)* ■ **jdm ~** to beat sb to it *fam;* **jdm** [**mit etw**] **~** to get in ahead of sb [with sth], to steal a march on sb [by doing sth] ❷ *(verhindern)* ■ **einer S.** *dat* ~ *Vorwürfen, Unheil* to forestall sth

zu·vor·kom·mend I. *adj (gefällig)* obliging, accommodating; *(höflich)* courteous, civil II. *adv (gefällig)* obligingly; *(höflich)* courteously, civilly

Zu·vor·kom·men·heit <-> *f kein pl (gefällige Art)* obligingness, helpfulness; *(höfliche Art)* courtesy, civility; **einen Kunden mit großer ~ behandeln** to be exceedingly helpful towards a customer

Zu·wachs <-es, Zuwächse> ['tsu:vaks, pl: 'tsu:vɛksə] *m* increase, growth *kein pl;* **die Familie hat ~ bekommen** *(hum fam)* they have had a [small] addition to the family; **auf ~:** **Philipp wächst so schnell, da kaufen wir den Pulli besser auf ~** since Philipp is growing so quickly we'd better buy him a jumper big enough to last

zu|wach·sen *vi irreg sein* ❶ *(überwuchert werden)* to become overgrown, to grow over ❷ *(sich schließen) Wunde* to heal [over [*or* up]]; *Fontanelle* to close up ❸ *(geh: zuteilwerden)* ■ **jdm** **wächst etw zu** sb gains in sth; **jdm wachsen immer mehr Aufgaben zu** sb is faced with ever more responsibilities, sb is given more and more jobs; **der Krebsforschung sind bedeutende neue Erkenntnisse zugewachsen** cancer research has made important advances in knowledge

Zu·wachs·ra·te *f* rate of growth, growth rate

Zu·wan·de·rer, Zu·wan·de·rin *m, f* immigrant

zu|wan·dern *vi sein* to immigrate

Zu·wan·de·rung *f* immigration

zu·we·ge, zu We·ge^RR ['tsu:ve:gə] *adv* **gut/schlecht ~ sein** to be in good/poor health; **etw ~ bringen** to achieve [*or* accomplish] sth; **es ~ bringen, dass jd etw tut** to [manage to] get sb to do sth

zu·wei·len ['tsu:vailən] *adv (geh)* occasionally, [every] now and then [*or* again], every once in a while, from time to time; *(öfter)* sometimes, at times

zu|wei·sen *vt irreg* ■ **jdm etw ~** to allocate sb sth; **jdm Aufgaben ~** to assign [*or* allot] duties to sb; **die mir zugewiesenen Aufgaben** my allotted tasks

zu|wen·den *irreg* I. *vt* ❶ *(hinwenden)* **jdm das Gesicht/den Kopf ~** to turn one's face towards [*or* toward] sb, to [turn to] face sb; **jdm den Rücken ~** to turn one's back on sb; **jdm** *dat* **seine Aufmerksamkeit ~** to turn one's attention to sth; **die dem Garten zugewandten Fenster des Hauses** those of the houses' windows which face the garden ❷ *(zukommen lassen)* ■ **jdm etw ~** to give sb sth; *(im Testament, als Gunst)* to bestow sth [up]on sb II. *vr* ■ **sich** *akk* **jdm/einer S. ~** to devote oneself to sb/

sth; **wollen wir uns dem nächsten Thema ~?** shall we go on to the next topic?; **das Glück hatte sich ihm wieder zugewandt** fortune had once again smiled on him

Zu·wen·dung *f* ⓐ *kein pl (intensive Hinwendung)* love and care ⓑ *(zugewendeter Betrag)* sum [of money]; *(Beitrag)* [financial] contribution; *(regelmäßig)* allowance

zu|wer·fen *vt irreg* ⓐ *(hinwerfen)* ■ **jdm/einem Tier etw ~** to throw sth to sb/an animal; **jdm einen Blick ~** to cast a glance at sb ⓑ *(zuschlagen)* ■ **etw ~** to slam [*or* bang] sth [shut]; **eine Tür ~** to slam [*or* bang] a door [shut] ⓒ *(geh: zuschütten)* ■ **etw ~** to fill up [*or* in] sth *sep*

zu·wi·der¹ [tsu'viːdɐ] *adv* ■ **jdm ist jd/etw ~** sb finds sb/sth unpleasant; *(stärker)* sb loathes [*or* detests] sb/sth; *(widerlich)* sb finds sb/sth revolting [*or* disgusting], sb/sth disgusts sb

zu·wi·der² [tsu'viːdɐ] *präp* ■ **einer S.** *dat* ~ contrary to sth; **dem Gesetz ~ sein** to be against the law; **allen Verboten ~** in defiance of all bans

zu·wi·der|han·deln [tsu'viːdɐhandl̩n] *vi (geh)* ■ **einer S.** *dat* ~ to act against [*or* contrary to] sth; **den Anordnungen ~** to act against [*or* contrary to] [*or* form to contravene] the rules; **der Ausgangssperre ~** to defy [*or* disregard] [*or* violate] the curfew; **einem Befehl ~** to act against [*or* defy] [*or* disregard] an order

Zu·wi·der·han·deln·de(r) *f(m) decl wie adj (geh)* offender, transgressor *form; (Unbefugte(r))* trespasser

Zu·wi·der·hand·lung *f (geh)* contravention, violation; *von Regeln a.* infringement

zu|win·ken *vi* ■ **jdm ~** to wave to sb

zu|zah·len I. *vt* ■ **etw ~** *(extra zahlen)* to pay an extra sth; *(beitragen)* to contribute sth; **100 Euro ~** to pay an extra [*or* another] 100 euros II. *vi* to pay extra

zu|zie·hen *irreg* I. *vt haben* ⓐ *(fest zusammenziehen)* ■ **etw ~** to tighten [*or sep* pull tight] sth; **einen Gürtel ~** to tighten [*or* AM *a.* cinch] a belt ⓑ *(schließen)* ■ **etw ~** to draw sth; **die Gardinen ~** to draw the curtains; **die Tür ~** to pull the door shut ⓒ *(hinzuziehen)* ■ **jdn ~** to consult [*or sep* call in] sb; **einen Gutachter ~** to consult an expert II. *vr haben* ⓐ *(erleiden)* **sich** *dat* **eine Krankheit ~** to catch [*or* form *a.* contract] an illness; **sich** *dat* **eine Verletzung ~** to sustain an injury *form* ⓑ *(auf sich ziehen)* ■ **sich** *dat* **jds etw ~** to incur sb's sth [*or* sth of sb]; **sich** *dat* **jds Zorn ~** to incur sb's wrath *form* ⓒ *(sich eng zusammenziehen)* ■ **sich** *akk* ~ to tighten, to pull tight III. *vi sein* to move into the area

Zu·zug *m* ⓐ *(Zustrom)* influx ⓑ *(einer Familie)* move, arrival ⓒ *(Verstärkung)* reinforcement; **die Armee hat starken ~ bekommen** the army has been strongly reinforced

zu·züg·lich [ˈtsuːtsyːglɪç] *präp* ■ ~ **einer S.** *gen* plus sth; *(geschrieben a.)* excl[.] sth

zu|zwin·kern *vi* ■ **jdm ~** to wink at sb; *(als Zeichen a.)* to give sb a wink; **mit einem aufmunternden Z~** with a wink of encouragement

Zvie·ri <-s, -> [ˈtsfiːri] *m o nt* SCHWEIZ afternoon snack

ZVS <-> [tsɛtfauˈɛs] *f Abk von* **Zentralstelle für die Vergabe von Studienplätzen** ≈ UCAS BRIT

zwang [tsvaŋ] *imp von* **zwingen**

Zwang <-[e]s, Zwänge> [tsvaŋ, *pl:* ˈtsvɛŋə] *m* ⓐ *(Gewalt)* force; *(Druck)* pressure; **gesellschaftliche Zwänge** social constraints; **seinen Gefühlen ~ antun** to suppress one's feelings; ~ **ausüben** to put on pressure; ~ **auf jdn ausüben** to exert pressure on sb; ~ **auf jdn ausüben, damit er/sie etw tut** to pressurize [*or* AM pressure] sb into doing sth; **etw ohne ~ tun** to do sth voluntarily [*or* without being forced [to]]; **unter ~** under duress [*or* pressure]; **ein Geständnis**

unter ~ machen to make a confession under duress ⓑ *(Notwendigkeit)* compulsion, necessity; **aus ~** under compulsion, out of necessity; ■ **der ~ einer S.** *gen* the pressure of sth; **es besteht kein ~, etw zu kaufen** there is no obligation to buy sth ⓒ *(Einfluss)* influence ► WENDUNGEN: **tu dir keinen ~ an** feel free [to do sth]; **darf man hier rauchen? – klar, tu dir keinen Zwang an!** is it OK to smoke here? – of course, feel free!

zwän·gen [ˈtsvɛŋən] *vt* ■ **etw in/zwischen etw** *akk* ~ to force sth into/between sth; **Sachen in einen Koffer ~** to cram things into a case; ■ **sich durch etw/in etw** *akk* ~ to squeeze through/into sth; **sich in die überfüllte U-Bahn ~** to squeeze [one's way] into the overcrowded tube; **sich durch die Menge ~** to force one's way through the crowd

zwang·haft *adj* compulsive; *(besessen)* obsessive

zwang·los I. *adj* ⓐ *(ungezwungen)* casual, free and easy; *(ohne Förmlichkeit)* informal; **ein ~es Beisammensein** a relaxed get-together ⓑ *(unregelmäßig)* irregular; **die Zeitschrift erscheint in ~er Folge** the journal appears at irregular intervals II. *adv (ungezwungen)* casually; *(ohne Förmlichkeit)* informally; **sich ~ über etw** *akk* **unterhalten** to have an informal talk [*or* a chat] about sth

Zwang·lo·sig·keit <-, -en> *f* informality

Zwangs·ab·ga·be *f* compulsory contribution

Zwangs·an·lei·he *f* forced [*or* compulsory] loan

Zwangs·ar·beit *f kein pl* JUR hard labour [*or* AM -or]

Zwangs·ein·wei·sung *f* compulsory hospitalization

Zwangs·ent·eig·nung *f* compulsory expropriation *form* **Zwangs·er·näh·rung** *f* force-feeding *no indef art* **Zwangs·ja·cke** *f* strai[gh]tjacket; **jdn in eine ~ stecken** to put sb in a strai[gh]tjacket, to strai[gh]tjacket sb **Zwangs·la·ge** *f* predicament, dilemma; **in eine ~ geraten** to get into a predicament [*or fam* [real] fix]; **in einer ~ sein** [*o* **stecken**] to be in a predicament [*or fam* fix]; *(zwischen zwei Wahlen a.)* to be between the devil and the deep blue sea

zwangs·läu·fig I. *adj* inevitable II. *adv* inevitably; **dazu musste es ja ~ kommen** it had [*or* was bound] to happen, it was inevitable that would happen **Zwangs·läu·fig·keit** <-, -en> *meist sing f* inevitability **Zwangs·maß·nah·me** *f* compulsory [*or* form coercive] measure **Zwangs·räu·mung** *f* eviction **Zwangs·um·tausch** *m* compulsory currency exchange *(imposed on West Germans entering the former GDR)* **zwangs·ver·stei·gern** *vt* ■ **etw ~** to put up sth for compulsory auction **Zwangs·ver·stei·ge·rung** *f* compulsory sale [*or* auction]; *von Beschlagnahmtem* distress sale *spec* **Zwangs·voll·stre·ckung** *f* execution [*or form* enforcement] [of a writ], distraint *spec* **Zwangs·vor·stel·lung** *f* PSYCH obsession, idée fixe **zwangs·wei·se** I. *adj* compulsory; **eine ~ Räumung** an eviction II. *adv* compulsorily; **ein Haus ~ räumen** to force the tenants to evacuate a house

zwan·zig [ˈtsvantsɪç] *adj* ⓐ *(Zahl)* twenty; *s. a.* **achtzig 1** ⓑ *(fam: Stundenkilometer)* twenty [kilometres [*or* AM -meters] an hour]; *s. a.* **achtzig 2**

Zwan·zig [ˈtsvantsɪç] *f* twenty

Zwan·zig·cent·stück, 20-Cent-Stück *nt* twenty-cent piece [*or* coin]

zwan·zi·ger, 20er [ˈtsvantsɪɡɐ] *adj attr, inv* ■ **die ~ Jahre** the twenties; *(geschrieben a.)* the '20s

Zwan·zi·ger¹ <-s, -> [ˈtsvantsɪɡɐ] *m* ⓐ *(fam: Geldstück)* twenty-cents piece [*or* coin]; *(Geldschein)* twenty-euros note ⓑ SCHWEIZ twenty-rappen coin ⓒ *(Wein aus dem Jahre '20)* ■ **ein ~** a 1920 vintage

Zwan·zi·ger² [ˈtsvantsɪɡɐ] *pl* ■ **die ~** the twenties; *(geschrieben a.)* the 20[']s; **in den ~n sein** to be in one's twenties; *s. a.* **Achtziger³**

Zwan·zi·ger(in) [ˈtsvantsɪgɐ] *m(f)* person in her/his twenties; **ein ~/eine ~in sein** to be in one's twenties
Zwan·zi·ger·jah·re *pl* ■ **die ~** the twenties; *(geschrieben a.)* the 20[']s
Zwan·zig·eu·ro·schein, 20-Eu·ro-Schein *m* twenty-euro note [*or* AM *usu* bill]
zwan·zig·fach *adj* twentyfold, twenty times; *s. a.* **achtfach**
zwan·zig·jäh·rig, 20-jäh·rig^RR *adj attr* ❶ *(Alter)* twenty-year-old *attr;* twenty years old *pred,* of twenty years *pred form* ❷ *(Zeitspanne)* twenty-year *attr*
Zwan·zig·jäh·ri·ge(r), 20-Jäh·ri·ge(r)^RR *f(m) decl wie adj* twenty-year-old
zwan·zig·ste(r, s) [ˈtsvantsɪçstə, -stə, -stəs] *adj attr* ❶ *(nach dem 19. kommend)* twentieth; *s. a.* **achte(r, s) 1** ❷ *(Datum)* twentieth; *s. a.* **achte(r, s) 2**
Zwan·zig·ste(r) [ˈtsvantsɪçstə, -stə] *f(m) decl wie adj* ❶ *(Person)* twentieth; *s. a.* **Achte(r) 1** ❷ *(bei Datumsangabe)* **der ~/am ~n,** *geschrieben* **der 20./am 20.** the twentieth/on the twentieth *spoken,* the 20th/on the 20th *written*
zwar [tsvaːɐ̯] *adv (einschränkend)* **sie ist ~ 47, sieht aber wie 30 aus** although she's 47, she looks like 30, it's true she's [*or* she may be] 47, but she looks like 30; **das mag ~ stimmen, aber …** that may be true, but …; **es steht mir ~ zu, aber …** although it's my right, …, it is in fact my right, but …; ■ **und ~** *(erklärend)* namely, to wit *form;* **Sie haben ein dringendes Anliegen? und ~?** you have an urgent matter? so what is it?
Zweck <-[e]s, -e> [tsvɛk] *m* ❶ *(Verwendungs~)* purpose; **einem bestimmten ~ dienen** to serve a particular purpose; **welchem ~ dient dieses Werkzeug?** what's this tool [used] for?, what's the purpose of this tool?; **etw seinem ~ entsprechend verwenden** to use sth for the purpose it was intended for; **ein guter ~** a good cause; **einem guten ~ dienen** to be for [*or* in] a good cause; **ein wohltätiger ~/wohltätige ~e** charity; **seinen ~ erfüllen** to serve its/one's purpose, to do the trick *fam* ❷ *(Absicht)* aim, object *kein pl;* **einen ~ verfolgen** to have a specific aim [*or* object]; **üble ~e verfolgen** to be planning evil, to be pursuing evil designs [*or* intentions]; **seinen ~ verfehlen** to fail to achieve its/one's object; **einem bestimmten ~ dienen** to serve a particular aim [*or* object]; **zu welchem ~?** for what purpose?, to what end? ❸ *(Sinn)* point; **der ~ soll sein, dass …** the point of it/this [*or* the idea] is that …; **das hat doch alles keinen ~!** there's no point in any of that, it's pointless; *(a. ineffektiv)* it's/that's no use; ■ **es hat keinen ~, etw zu tun** there's no point [in] [*or* it's pointless] doing sth; **was soll das für einen ~ haben?** what's the point of that?; **was ist der ~ der Übung?** *(iron)* what's the object of the exercise? *iron* ▶ WENDUNGEN: **der ~ heiligt die Mittel** *(prov)* the end justifies the means *prov*
Zweck·bau <-bauten> *m* functional building **Zweck·bünd·nis** *nt* convenient [*or* expedient] alliance; *(zwischen politischen Parteien a.)* marriage of convenience **zweck·dien·lich** *adj* *(nützlich)* useful; *(angebracht)* appropriate; **~e Hinweise nimmt jede Polizeidienststelle entgegen** *(geh)* contact any police station with relevant information **zweck·ent·frem·den**' *vt* ■ **etw [als etw] ~** to use sth as sth **Zweck·ent·frem·dung** *f* misuse **Zweck·ge·mein·schaft** *f* partnership of convenience **zweck·los** *adj* futile, useless, of no use *pred; (sinnlos a.)* pointless; ■ **es ist ~, etw zu tun** it's futile [*or* useless] [*or* no use] /pointless [*or* there's no point in] doing sth **Zweck·lo·sig·keit** <-> *f kein pl* futility, uselessness; *(Sinnlosigkeit a.)* pointlessness **zweck·mä·ßig** *adj* ❶ *(für den Zweck geeignet)* practical, suitable ❷ *(sinnvoll)* appropriate;

(ratsam) advisable, expedient; ■ **~ sein, etw zu tun** to be advisable to do sth **Zweck·mä·ßig·keit** <-, -en> *f* usefulness, suitability **Zweck·op·ti·mis·mus** *m* calculated optimism; **mit dem ihr üblichen ~ behauptet sie immer noch, dass der Termin gehalten werden kann** with her usual calculated optimism she still maintains that the deadline can be met **Zweck·pes·si·mis·mus** *m* [calculated] pessimism
zwecks [tsvɛks] *präp (geh)* ■ **~ einer S.** *gen* for [the purpose of *form*] sth
Zweck·ver·band *m* ADMIN, POL special purpose association *(of local authorities for joint mastering of certain tasks)*
zwei [tsvai] *adj* two; **für ~ arbeiten/essen** to work/eat for two; *s. a.* **acht**^1 ▶ WENDUNGEN: **~ Gesichter haben** to be two-faced; **~ Seelen, ein Gedanke** *(prov)* great minds think alike
Zwei <-, -en> [tsvai] *f* ❶ *(Zahl)* two ❷ *(Verkehrslinie)* ■ **die ~** the [number] two ❸ KARTEN ■ **die ~** the two; *s. a.* **Acht**^1 **4** ❹ *(Schulnote)* ≈ B, good
zwei·bän·dig *adj inv* two-volume *attr,* in two volumes *pred*
Zwei·bei·ner <-s, -> *m (hum fam)* human being
Zwei·bett·zim·mer *nt* twin [*or* double] room
Zwei·cent·stück, 2-Cent-Stück *nt* two-cent piece [*or* coin]
zwei·deu·tig [ˈtsvaidɔytɪç] **I.** *adj* ambiguous; *(anrüchig)* suggestive **II.** *adv* ambiguously; *(anrüchig)* suggestively; **sich ~ ausdrücken** to use ambiguous expressions; *(anrüchig)* to use double entendres
Zwei·deu·tig·keit <-, -en> *f* ❶ *(Ambiguität)* ambiguity, equivocalness ❷ *(zweideutige Äußerung)* ambiguity
zwei·di·men·si·o·nal **I.** *adj inv* two-dimensional, 2D **II.** *adv* in two dimensions [*or* 2D]
Zwei·drit·tel·mehr·heit *f* two-thirds majority; **mit ~** with a two-thirds majority
zwei·ein·halb [ˈtsvaiʔainˈhalp] *adj* ❶ *(Bruchzahl)* two-and-a-half; **~ Meter** two-and-a-half metres [*or* AM -ers] ❷ *(fam: 2.500 Euro)* two-and-a-half thou [*or* grand] [*or* AM a. G[']s] *fam; s. a.* **anderthalb**
Zwei·er <-s, -> [ˈtsvaiɐ] *m (fam: Note gut)* ≈ B
Zwei·er·be·zie·hung *f* relationship **Zwei·er·bob** *m* two-man bob **Zwei·er·kis·te** *f (sl)* relationship
zwei·er·lei [ˈtsvaiɐˈlai] *adj inv, attr* two [different]; **etwas versprechen und das dann halten ist ~** to make a promise is one thing, to keep it quite another; **mit ~ Maß messen** to apply double standards; *s. a.* **achterlei**
Zwei·er·rei·he *f* row of two abreast, double row; **in ~n antreten** to line up in twos; **in ~n marschieren** to march two abreast
Zwei·eu·ro·stück, 2-Eu·ro-Stück *nt* two-euro piece [*or* coin]
zwei·fach, 2fach [ˈtsvaifax] **I.** *adj* ❶ *(doppelt)* **die ~e Dicke** twice [*or* double] the thickness; **die ~e Menge** twice as much, twice [*or* double] the amount ❷ *(zweimal erstellt)* **eine ~e Kopie** a duplicate; **in ~er Ausfertigung** in duplicate **II.** *adv* **etw ~ ausfertigen** to issue sth in duplicate; *s. a.* **achtfach**
Zwei·fa·che, 2·fa·che *nt decl wie adj* ■ **das ~** twice as much; *s. a.* **Achtfache**
Zwei·fa·mi·li·en·haus [tsvaifaˈmiːljənhaus] *nt* two-family house **zwei·far·big** [ˈtsvaifarbɪç] **I.** *adj inv* two-colour [*or* AM -or]; **eine ~e Lackierung** two-tone paint **II.** *adv* **etw ~ drucken** to print sth in two colours [*or* AM -ors]; **etw ~ lackieren** to give sth a coat of two-tone paint
Zwei·fel <-s, -> [ˈtsvaifl̩] *m* doubt; *(Bedenken a.)* reservation; **leiser/banger Zweifel stieg in ihm auf** he began to have slight/severe misgivings; **jds ~ ausräu-**

zweifeln

Zweifel ausdrücken	expressing doubt
Ich bin mir da nicht so sicher.	I'm not so sure about that.
Es fällt mir schwer, das zu glauben.	I find that hard to believe.
Das kaufe ich ihm nicht ganz ab. *(fam)*	I don't quite buy it/his story.
So ganz kann ich da nicht dran glauben.	I cannot really believe that.
Ich weiß nicht so recht.	I don't really know.
Ob die Kampagne die gewünschten Ziele erreichen wird, **ist (mehr als) zweifelhaft**.	**It is (more than) doubtful** whether the campaign will achieve the desired aims.
Ich hab da so meine Zweifel, ob er es wirklich ernst gemeint hat.	**I have my doubts as to whether** he really was serious about it/that.
Ich glaube kaum, dass wir noch diese Woche damit fertig werden.	**I very much doubt (that)** we will finish this week.

men to dispel sb's doubts; **jds ~ beheben** [*o* **beseitigen**] to dispel sb's doubts; **es bestehen ~ an etw** *dat* there are doubts about sth; **darüber besteht kein ~** there can be no doubt about that; **es besteht kein ~ [mehr] [daran], dass ...** there is no [longer any] doubt that ...; **seine ~ haben, ob ...** to have one's doubts [about [*or* as to]] [*or* to be doubtful] whether ...; **da habe ich meine ~!** I'm not sure about that!; **~** *pl* **hegen** to entertain doubts; **bei jdm regt sich der ~** sb begins to doubt; **sich** *dat* **[noch] im ~ sein** to be [still] in two minds; **ich bin mir im ~, ob der Mann auf dem Foto der ist, den ich bei dem Überfall gesehen habe** I'm not quite sure whether the man in the photo is really the one I saw at the hold-up; **jdm kommen ~** sb begins to doubt [*or* to have his/her doubts]; **jdn in ~ lassen** to leave sb in doubt; **ich habe ihn über meine Absichten nicht im ~ gelassen** I left him in no doubt as to my intentions; **außer ~ stehen** to be beyond [all] doubt; *(stärker)* to be beyond the shadow of a doubt; **außer ~ stehen, dass ...** to be beyond [all] doubt that ...; **für mich steht es außer ~, dass ...** I have absolutely no doubt that ...; **etw in ~ ziehen** to doubt [*or* question] sth; **eine Aussage in ~ ziehen** to call a testimony in[to] question, to challenge a testimony; **kein** [*o* **ohne**] **~** without [a] doubt, no doubt about it *fam;* **es ist ohne ~ dasselbe** it's undoubtedly [*or* unquestionably] the same, it's the same, and no mistake

zwei·fel·haft *adj* ❶ *(anzuzweifelnd)* doubtful; **von ~em Wert** of doubtful [*or* questionable] merit; ∎ **es ist ~, ob ...** it is doubtful [*or* debatable] whether [*or fam* if] ... ❷ *(pej: dubios)* dubious, shady *fam*
zwei·fel·los ['tsvaifllo:s] *adv inv* without [a] doubt, undoubtedly, unquestionably; **Sie haben ~ recht** you are undoubted [*or* unquestionably] right
zwei·feln ['tsvaifln] *vi* ∎ **an jdm/etw ~** to doubt [*or* have one's doubts about] sb/sth; *(skeptisch sein a.)* to be sceptical [*or* AM skeptical] about sb/sth; ∎ **[daran] ~, ob ...** to doubt [*or* have doubts [about [*or* as to]]] whether ...; ∎ **nicht [daran] ~, dass ...** to not [*or* have no] doubt that ...; **ich habe keine Minute gezweifelt, dass ...** I did not doubt for a minute that ...
Zwei·fels·fall *m* ∎ **im ~** in case of [*or* when [*or* if] in] doubt **zwei·fels·frei** *adj adv* without doubt *pred,* unambiguous, unequivocal **zwei·fels·oh·ne** [tsvaifls'7o:nə] *adv inv (geh)* s. **zweifellos**
Zweif·ler(in) <-s, -> *m(f)* sceptic BRIT, skeptic AM, doubter
Zwei·fron·ten·krieg *m* warfare [*or* war] *no indef art* on two fronts; **einen ~ führen** to wage war on two

fronts
Zweig <-[e]s, -e> [tsvaik] *m* ❶ *(Ast)* branch; *(dünner, kleiner)* twig; *(mit Blättern/Blüten a.)* sprig ❷ *(Sparte)* branch ❸ *(Fachrichtung)* branch; **der naturwissenschaftliche ~** the branch of natural sciences ▶ WENDUNGEN: **auf keinen grünen ~ kommen** *(fam)* to get nowhere; **du wirst nie auf einen grünen ~ kommen** you'll never get anywhere [*or* ahead in life]
Zwei·gang·ge·trie·be *nt* TECH two-speed gearbox *spec*
Zweig·be·trieb *m* branch
Zwei·ge·spann *nt (fam)* duo, twosome
Zweig·ge·schäft *nt* branch
zwei·glei·sig ['tsvaiglaizɪç] **I.** *adj inv* ❶ *(liter)* double tracked, double-track *attr* ❷ *(fig)* **~e Verhandlungen führen** to transact negotiations along two [different] lines **II.** *adv* **etw ~ verhandeln** to negotiate sth along two [different] lines; **~ fahren** *(fig fam)* to have two strings to one's bow
Zweig·stel·le *f* branch office
zwei·hun·dert ['tsvai·hʊndət] *adj* two hundred; *s. a.* **hundert**
Zwei·hun·dert·eu·ro·schein, 200-Eu·ro·Schein *m* two-hundred-euro note [*or* AM *usu* bill]
zwei·hun·dert·jäh·rig *adj inv* ❶ *(Alter)* two-hundred-year-old *attr,* two hundred years old *pred* ❷ *(Zeitspanne)* two-hundred-year *attr;* **nach ~er Unabhängigkeit** after two hundred years of [*or* years'] independence; **das ~e Bestehen der Universität** the university's two hundred years of existence
zwei·jäh·rig, 2-jäh·rig^{RR} *adj inv* ❶ *(Alter)* two-year-old *attr,* two years old *pred; s. a.* **achtjährig 1** ❷ *(Zeitspanne)* two-year *attr,* two years *pred; s. a.* **achtjährig 2** ❸ BOT biennial **Zwei·jäh·ri·ge(r), 2-Jäh·ri·ge(r)**^{RR} *f(m) decl wie adj* two-year-old
Zwei·kampf *m* duel; **jdn zum ~ herausfordern** to challenge sb to a duel **zwei·köp·fig** *adj inv* two- [*or* double-] headed; *s. a.* **achtköpfig**
zwei·mal, 2-mal^{RR} ['tsvaima:l] *adv inv* twice, two times; **sich** *dat* **etw nicht ~ sagen lassen** to not need telling twice, to jump at sth; **sich** *dat* **etw ~ überlegen** to think over sth *sep* carefully; *(zweifelnd)* to think twice about sth; *s. a.* **achtmal**
zwei·ma·lig ['tsvaima:lɪç] *adj* two times over; **nach ~er Aufforderung/Bitte** after being told/asked twice; *s. a.* **achtmalig Zwei·mas·ter** <-s, -> ['tsvaimastɐ] *m* NAUT two-master; *(Rahsegler a.)* brig **zwei·mo·na·tig** *adj attr, inv* ❶ *(zwei Monate dauernd)* two-month; **von ~er Dauer sein** to last/take two months; **nach ~em Warten** after two months of [*or* months'] waiting ❷ *(zwei Monate alt)* two-month-old

zwei·mo·nat·lich adj attr, inv bimonthly, every two months pred **zwei·mo·to·rig** adj inv twin-engined; **~ sein** to have [or be fitted with] twin engines, to be a twin-engine model **Zwei·par·tei·en·sys·tem** nt two-party system **Zwei·plät·zer** <-s, -> m SCHWEIZ (Zweisitzer) two-seater **Zwei·rad** nt (allgemein) two-wheeled vehicle form; (Motorfahrrad) motorcycle, [motor]bike fam; (Fahrrad) [bi]cycle, bike fam; (für Kinder a.) two-wheeler **Zwei·rei·her** <-s, -> m double-breasted suit/coat **zwei·rei·hig** ['tsvairaiɪç] I. adj inv double-row attr, in two rows pred; **ein ~er Anzug** a double-breasted suit II. adv in two rows **Zwei·sam·keit** <-, -en> ['tsvaiza:m-] f (geh) togetherness **zwei·schnei·dig** ['tsvaiʃnaidɪç] adj inv two- [or double-] edged; ▶ WENDUNGEN: **ein ~es Schwert** a double-edged sword **zwei·sei·tig** adj inv ① (zwei Seiten umfassend) two-page attr, of two pages pred; **~ sein** to be [or cover] two pages ② (von zwei Parteien unterzeichnet) bilateral, bipartite spec **zwei·sil·big** adj inv of two syllables pred, disyllabic spec; **ein ~es Wort** a disyllable [word] spec **Zwei·sit·zer** ['tsvaizɪtse] m two-seater; **ein offener ~** a roadster **zwei·sit·zig** adj inv two-seated attr; ■ **~ sein** to have two seats **zwei·spal·tig** adj inv double-column[ed] attr, in two columns pred **zwei·spra·chig** ['tsvai-ʃpra:xɪç] I. adj inv ① (in zwei Sprachen gedruckt) in two languages pred; **ein ~es Wörterbuch** a bilingual dictionary ② (zwei Sprachen anwendend) bilingual II. adv **~ erzogen sein** to be brought up speaking two languages [or form in a bilingual environment] **Zwei·spra·chig·keit** <-> f (kein pl bilingualism form **zwei·spu·rig** adj inv two-lane attr; ■ **~ sein** to have two lanes **zwei·stel·lig** adj inv two-digit attr, with two digits pred **zwei·stim·mig** I. adj inv two-part attr, for two voices pred II. adv **etw ~ singen** to sing sth in two parts **zwei·stö·ckig** I. adj inv two-storey [or AM -story] attr II. adv **etw ~ bauen** to build sth with two storeys [or AM stories] **zwei·strah·lig** adj inv twin-jet attr, with twin jets pred; ■ **~ sein** to be a twin-jet model **Zwei·strom·land** nt kein pl ■ **das ~** Mesopotamia **zwei·stün·dig, 2-stün·dig**RR ['tsvaiʃtyndɪç] adj inv two-hour attr; s. a. **achtstündig zwei·stünd·lich** ['tsvaiʃtyntlɪç] I. adj inv two-hourly attr, every two hours pred II. adv every two hours, at two-hour intervals

zweit [tsvait] adv s. **zwei**

zwei·tä·gig, 2-tä·gigRR adj inv two-day attr **Zwei·tak·ter** <-s, -> m two-stroke engine, two-strok·e[r] fam

zweit·äl·tes·te(r, s) adj attr, inv second oldest [or eldest]; ■ **jds Z~[r]** sb's second [child]

zwei·tau·send ['tsvai'tauznt] adj ① (Zahl) two thousand; s. a. **tausend 1** ② (fam: 2.000 Euro) two grand no pl, two thou no pl sl, two grand [or AM a. G]['s] sl **Zwei·tau·sen·der** m mountain over 2,000 metres [or AM meters]

zweit·bes·te(r, s) ['tsvait'bɛstə, -'bɛstɐ, -'bɛstəs] adj second best, second-best attr; ■ **Z~[r] sein/werden** to be/come [in] second best

zwei·te(r, s) ['tsvaitɐ, 'tsvaite, 'tsvaitəs] adj ① (nach dem ersten kommend) second; **die ~ Klasse** [o fam: **die ~**] ≈ primary two form BRIT, second grade AM; s. a. **achte(r, s) 1** ② (Datum) second [or 2nd]; s. a. **achte(r, s) 2** ▶ WENDUNGEN: **der ~ Bildungsweg** night school; **die ~ Geige spielen** to play second fiddle; **das ~ Gesicht haben** to have second sight; **etw aus ~r Hand kaufen** to buy sth secondhand; **etw nur aus ~r Hand wissen** to know sth only by hearsay

Zwei·te(r) ['tsvaitɐ, 'tsvaite] f(m) decl wie adj ① (Person) second; s. a. **Achte(r) 1** ② (bei Datumsangaben) ■ **der ~/am ~n** [o geschrieben: **der 2./am 2.**] the

second/on the second spoken, the 2nd/on the 2nd written; s. a. **Achte(r) 2** ③ (bei Namen) **Ludwig der ~** Ludwig II; geschrieben Louis the Second spoken, Louis II written ▶ WENDUNGEN: **wie kein ~r** as no one else can

zwei·tens ['tsvaitns] adv secondly; (bei Aufzählung a.) second

Zweit·fahr·zeug nt alternative [or second] vehicle; (Zweitauto) second car **Zweit·ge·rät** nt second radio/television [set]/set **zweit·größ·te(r, s)** adj attr second-biggest; Mensch a. second-tallest; **die ~ Stadt** the second-biggest [or -largest] town/city; (einer Nation a.) the second city **zweit·höchs·te(r, s)** adj attr second-highest; Gebäude a. second-tallest; Beamter second most senior **zweit·klas·sig** adj inv (pej) inferior, second-rate pej; **ein ~es Restaurant** a second-rate restaurant pej, a greasy spoon pej sl **Zweit·li·gist** <-en, -en> ['tsvaitli:gɪst] m SPORT, FBALL second Bundesliga team **zweit·ran·gig** adj inv s. **zweitklassig Zweit·schlüs·sel** m duplicate key **Zweit·schrift** f (geh) copy, duplicate copy form **Zweit·stim·me** f second vote (for the party and its "Landesliste", the first being for the local candidate) **Zwei·tü·rer** m two-door car [or model] **zwei·tü·rig** adj inv two-door attr; ■ **~ sein** to have two doors, to be a two-door car [or model] **Zweit·wa·gen** m second car **Zweit·woh·nung** f second home; **eine ~ auf dem Land** a country retreat

Zwei·we·ge·box f plastic container box

zwei·wer·tig adj inv divalent spec, bivalent spec **zwei·wö·chent·lich** I. adj inv biweekly, fortnightly II. adv every two weeks, biweekly, fortnightly **zwei·wö·chig** adj inv two-week attr, of two weeks pred; **von ~er Dauer sein** to last/take two weeks **Zwei·zei·ler** m ① (Gedicht) couplet, distich spec ② (Text aus zwei Zeilen) two-line text, two-liner fam **zwei·zei·lig** adj inv ① (aus zwei Zeilen bestehend) two-line attr, of two lines pred; ■ **~ sein** to have two lines ② TYPO **mit ~em Abstand** double-spaced; **etw mit ~em Abstand setzen** to double-space sth spec **Zwei·zim·mer·woh·nung** f two-room [or -roomed] flat, two apartment flat AM **Zwei·zy·lin·der** m two-cylinder model [or motorcycle] [or fam [motor]bike] **Zwei·zy·lin·der·mo·tor** m two-cylinder engine, twin[-cylinder] engine **zwei·zy·lind·rig** adj inv two-cylinder attr; **ein ~er Motor** a two-cylinder [or twin[-cylinder]] engine; ■ **~ sein** to be powered by [or fitted with] a two-cylinder engine; Motor to have two cylinders

Zwerch·fell ['tsvɛrçfɛl] nt MED diaphragm

Zwerg(in ['tsvɛrk, pl: 'tsvɛrgə] m(f) ① (im Märchen) dwarf; **Schneewittchen und die sieben ~e** Snow White and the Seven Dwarfs ② (zwergwüchsiger Mensch) dwarf, midget; **gegen jdn ein ~ sein** to be dwarfed by [or a dwarf compared to] sb ③ (Garten~) [garden] gnome ④ (pej: minderwertiger Mensch) [little] squirt

Zwerg·da·ckel m toy dachshund

zwer·gen·haft adj dwarfish; (auffallend klein) tiny **Zwerg·huhn** nt bantam

Zwer·gin <-, -nen> ['tsvɛrgɪn] f fem form von **Zwerg Zwerg·kie·fer** f dwarf pine **Zwerg·pu·del** m toy poodle **Zwerg·staat** m miniature state **Zwerg·wels** <-s, -e> m ZOOL, KOCHK catfish, bullhead **Zwerg·wuchs** m dwarfism, stunted growth **zwerg·wüch·sig** adj attr dwarfish

Zwetsch·ge <-, -n> ['tsvɛtʃgə] f damson; (~nbaum) damson tree; ▶ WENDUNGEN: **seine sieben ~n [ein]packen** (fam) to pack one's things

Zwetsch·gen·ku·chen m plum cake **Zwetsch·gen·mus** nt plum jam **Zwetsch·gen·was·ser** nt plum brandy

Zwetsch·ke <-, -n> ['tsvɛtʃkə] *f* ÖSTERR *s.* **Zwetschge**

Zwi·ckel <-s, -> ['tsvɪkl] *m* ❶ MODE gusset; **einen ~ einsetzen** to insert a gusset ❷ ARCHIT spandrel

zwi·cken ['tsvɪkn] I. *vi Hosenbund, Kragen* to pinch II. *vt bes* ÖSTERR, SÜDD *(fam)* ▪ **jdn** [**in etw** *akk*] **~** to pinch sb['s sth]; **die Katze in den Schwanz ~** to pinch the cat's tail

Zwi·cker <-s, -> ['tsvɪkɐ] *m* ÖSTERR, SÜDD *(Kneifer)* pince-nez

Zwick·müh·le *f* ▸ WENDUNGEN: **in der ~ sein** [*o* sitzen] *(fam)* to be in a dilemma [*or* a Catch-22 [situation]]

Zwie·back <-[e]s, -e *o* -bäcke> ['tsvi:bak, *pl:* -bɛkə] *m* rusk, zwieback *spec*

Zwie·bel <-, -n> ['tsvi:bl] *f* ❶ KOCHK onion ❷ HORT *(Blumen~)* bulb

zwie·bel·för·mig *adj inv* onion-shaped **Zwie·bel·kuchen** *m* onion tart **Zwie·bel·kup·pel** *f* imperial roof

zwie·beln ['tsvi:bln] *vt (fam)* ▪ **jdn ~** to harass sb

Zwie·bel·ring *m* onion ring **Zwie·bel·scha·le** *f* onion skin **Zwie·bel·sup·pe** *f* onion soup

Zwie·ge·spräch *nt (geh)* tête-à-tête *form;* **ein vertrauliches ~** a tête-à-tête [*or* private conversation] **Zwie·licht** ['tsvi:lɪçt] *nt kein pl* twilight; *(morgens a.)* half-light; *(abends a.)* dusk; ▸ WENDUNGEN: **ins ~ geraten** to lay oneself open [*or* to expose oneself] to suspicion; **wegen seiner dubiosen Kontakte ist er jetzt selbst ins ~ geraten** on account of his dubious contacts he now himself appears in an unfavourable light **zwie·lich·tig** *adj (pej)* dubious, shady *fam;* **ein ~er Geschäftemacher** a shady wheeler-dealer **Zwie·spalt** ['tsvi:ʃpalt] *m kein pl (geh)* conflict; **ein innerer ~** an inner conflict; **im ~ sein** to be in conflict [*or* at odds] with oneself **zwie·späl·tig** ['tsvi:ʃpɛltɪç] *adj (geh)* conflicting, mixed; **ein ~er Charakter** an ambivalent [*or* ambiguous] character; **~e Gefühle** mixed feelings

Zwie·tracht <-> ['tsvi:traxt] *f kein pl (geh)* discord *form;* **~ säen** [*o* stiften] to sow [the seeds of] discord

Zwil·le <-, -n> ['tsvɪlə] *f* catapult BRIT, slingshot AM

Zwil·ling <-s, -e> ['tsvɪlɪŋ] *m* ❶ *(meist pl)* twin; **~e bekommen** to have [*or* give birth to] twins; **eineiige ~e** identical twins; **siamesische ~e** Siamese twins; **siamesische ~e trennen** to separate Siamese twins; **zweieiige ~e** fraternal twins ❷ *(zweiläufiges Gewehr)* double-barrelled [*or* AM *a.* barreled] gun/shotgun ❸ *pl* ASTROL ▪ **die ~e** Gemini; **im Zeichen der ~e geboren** born under the sign of Gemini; **[ein] ~ sein** to be [a] Gemini

Zwil·lings·bru·der *m* twin brother **Zwil·lings·geburt** *f* twin birth **Zwil·lings·paar** *nt* twins *pl;* **drei ~e** three pairs [*or* sets] of twins **Zwil·lings·rei·fen** *pl* twin [*or* double] tyres [*or* AM tires], dual fitment [*or* assembly] *spec* **Zwil·lings·schwes·ter** *f* twin sister

Zwin·ge <-, -n> ['tsvɪŋə] *f* TECH [screw *or* spec C]] clamp; *(kleiner)* thumbscrew *spec*

zwin·gen <zwang, gezwungen> ['tsvɪŋən] I. *vt* ❶ *(mit Druck veranlassen)* ▪ **jdn** [**zu etw**] **~,** ▪ **jdn ~[, etw zu tun]** to force sb [into doing [*or* to do] sth], to make sb [do sth], to compel sb [to do sth]; **ich lasse mich nicht** [dazu] **~** I won't be forced [into [doing] it]; *(allgemein)* I won't give in to force [*or* be forced into anything]; **du musst noch nicht gehen, es zwingt dich niemand!** you don't have to go yet, nobody's forcing you!; **man kann niemanden zu seinem Glück ~** you can lead a horse to water but you can't make it drink *prov* ❷ *(geh: gewaltsam drängen)* ▪ **jdn ~** to force sb; **zwei Wärter zwangen den tobenden Häftling in die Zelle** two warders forced the raging prisoner into his cell; **jdn zu Boden ~** to wrestle sb to the ground ❸ *(notwendig veranlassen)* ▪ **jdn ~** to

force [*or* compel] sb; **die Situation zwang uns zu raschem Handeln** the situation compelled us to act quickly; ▪ **gezwungen sein, etw zu tun** to be forced into [doing] [*or* to do] [*or* compelled [*or* made] to do] sth; **sich gezwungen sehen, etw zu tun** to feel [*or* find] [oneself] compelled [*or form* obliged] to do sth II. *vr* ▪ **sich zu etw ~,** ▪ **sich ~, etw zu tun** to force oneself to [*or* make oneself] do sth; **ich war so müde, ich musste mich ~, die Augen aufzuhalten** I was so tired it was a great effort to keep my eyes open; **seit 3 Tagen rauche ich jetzt nicht mehr, aber ich muss mich ~** I haven't smoked for 3 days, but it's an effort III. *vi* ▪ **zu etw ~** to force sb to do sth, to necessitate sth *form;* **zum Handeln/Umdenken ~** to force sb to act/rethink; *s. a.* **Knie**

zwin·gend I. *adj* urgent; **~e Gründe** compelling [*or* urgent] reasons; **eine Aussage von ~er Logik** a statement of compelling [*or* inescapable] logic II. *adv* **sich ~ ergeben** to follow conclusively; **~ vorgeschrieben** obligatory

Zwin·ger <-s, -> ['tsvɪŋɐ] *m* cage

zwin·kern ['tsvɪŋkɐn] *vi* [**mit den Augen**] **~** to blink [one's eyes]; [**mit einem Auge**] **~** to wink; **mit dem rechten Auge ~** to wink one's right eye; **freundlich ~** to give [sb] a friendly wink

zwir·beln ['tsvɪrbln] *vt* ▪ **etw ~** to twirl sth [between [one's] finger and thumb]

Zwirn <-s, -e> [tsvɪrn] *m* [strong] thread [*or* yarn]

Zwirns·fa·den *m* thread

zwi·schen ['tsvɪʃn] *präp* ❶ +*dat (sich dazwischen befindend:* ~ 2 Personen, Dingen) between; ▪ **~ etw und etw** between sth and sth; **das Kind saß ~ seinem Vater und seiner Mutter** the child sat between its father and mother; **der Garten liegt ~ Haus und Straße** the garden is between the house and the street; **mein Kalender muss irgendwo ~ den Büchern liegen** my diary must be somewhere between my books; *(~ mehreren: unter)* among[st]; **es kam zu einem Streit ~ den 10 Angestellten der Firma** it came to a quarrel among the firm's 10 employees ❷ +*akk (etw dazwischen platzierend:* ~ zwei) between; ▪ **~ etw und etw** between sth and sth; *(~ mehrere: unter)* among[st] ❸ +*akk (in die Mitte)* among[st], between; **der Terrorist warf die Handgranate ~ die Bischöfe** the terrorist threw the grenade among the bishops; **die Reisetasche passt gerade noch ~ die Koffer** the travelling bag just fits in between the suitcases ❹ +*dat (zeitlich dazwischenliegend)* between; **~ Weihnachten und Neujahr** between Christmas and New Year ❺ +*dat (als wechselseitige Beziehung)* between; **~ dir und mir** between you and me; **~ Wunsch und Wirklichkeit** between desire and reality ❻ +*dat (zahlenmäßig dazwischenliegend)* between; **sein Gewicht schwankt ~ 70 und 80 kg** his weight fluctuates between 70 and 80 kilos

Zwi·schen·ab·rech·nung *f* FIN intermediate account **Zwi·schen·auf·ent·halt** *m* stopover; **einen ~ einlegen** to stop over **Zwi·schen·be·mer·kung** *f* interruption; **wenn Sie mir eine ~ gestatten, ...** *(geh)* if I may interrupt you there ...; **machen Sie bitte keine ~en** please don't interrupt me **Zwi·schen·be·richt** *m* interim report **Zwi·schen·be·scheid** *m* provisional notification *no indef art* **zwi·schen·be·trieb·lich** *adj* intercompany *attr;* ▪ **~ sein** to be on an intercompany level **Zwi·schen·bi·lanz** *f* FIN interim [*or* struck] balance **Zwi·schen·blu·tung** *f* MED breakthrough [*or spec* intermenstrual] bleeding *kein pl, no indef art* **Zwi·schen·deck** *nt* 'tween decks *pl* **Zwi·schen·de·cke** *f* false [*or spec* intermediate] ceiling **Zwi·schending** *nt s.* **Mittelding zwi·schen·durch** [tsvɪʃn'dʊrç] *adv* ❶ *zeitlich* in between times; *(inzwischen)* [in the] meantime; *(nebenbei)* on the side; **du isst zu viel ~!** you eat too much between meals! ❷ *örtlich* in between [them]; **ein Tannenwald und ~ ein paar Buchen** a pine forest with a few beech trees thrown in *fam* **Zwi·schen·er·geb·nis** *nt* interim result; *Untersuchung a.* interim findings *pl* **Zwi·schen·exa·men** *nt* intermediate exam[ination *form*] **Zwi·schen·fall** *m* ❶ *(unerwartetes Ereignis)* incident ❷ *(Störfall)* incident, accident; **die Demonstration verlief ohne Zwischenfälle** the demonstration went off without incident ❸ *pl (Ausschreitungen)* serious incidents; *(schwerwiegend)* clashes **Zwi·schen·fra·ge** *f* question [thrown in] **zwi·schen·ge·schlecht·lich** *adj* between the sexes *pred,* intersexual *spec* **Zwi·schen·grö·ße** *f* in-between size **Zwi·schen·halt** *m* SCHWEIZ *s.* **Zwischenaufenthalt** **Zwi·schen·händ·ler(in)** *m(f)* middleman **zwi·schen·kirch·lich** *adj* interconfessional; *(zwischen Freikirchen)* inter·de·nominational **Zwi·schen·kriegs·zeit** *f* HIST ■ **die ~** the interwar years *pl* **Zwi·schen·la·ger** *nt* temporary store; *(für Produkte)* intermediate store **zwi·schen|la·gern** *vt* ■ **etw ~** to store sth [temporarily], to put [*or* place] sth in temporary storage **Zwi·schen·la·ge·rung** *f* temporary storage **zwi·schen·lan·den** *vi sein* LUFT to stop over (**in** +*dat* in), to make a stopover (**in** +*dat* in) **Zwi·schen·lan·dung** *f* LUFT stopover; **eine ~ machen** to make a stopover, to stop over **Zwi·schen·lö·sung** *f* temporary [*or* interim] [*or* provisional] solution **Zwi·schen·mahl·zeit** *f* snack [between meals] **zwi·schen·mensch·lich** *adj* interpersonal; **~e Beziehungen** interpersonal [*or* human] relations; **~e Wärme** [personal] warmth **Zwi·schen·pau·se** *f* [short] break **Zwi·schen·prü·fung** *f* intermediate exam[ination *form*] *(on completion of an obligatory set of studies)* **Zwi·schen·raum** *m* ❶ *(Lücke)* ■ **der/ein ~ zwischen etw** *dat* the/a gap between sth; **einen ~ von anderthalb Zeilen lassen** TYPO to leave a space of one-and-a-half lines ❷ *(zeitlicher Intervall)* interval; **ein ~ von 3 Jahren** an interval of 3 years, a 3-year interval **Zwi·schen·ruf** *m* interruption; ■ **~e** heckling; **der Redner wurde durch ~e immer wieder unterbrochen** the speaker was repeatedly interrupted by hecklers **Zwi·schen·ru·fer(in)** <-s, -> *m(f)* heckler **Zwi·schen·spiel** *nt* ❶ MUS *(Interludium)* interlude ❷ MUS *(instrumentale Überleitung zwischen Strophen)* intermezzo ❸ MUS *(Entreakt)* interlude ❹ LIT *(Episode)* interlude **Zwi·schen·spurt** *m* short spurt; **einen ~ einlegen** to put in spurt **zwi·schen·staat·lich** *adj* international; *(bundesstaatlich)* interstate **Zwi·schen·sta·di·um** *nt* intermediate stage; *(bei einer Planung a.)* intermediate phase **Zwi·schen·sta·ti·on** *f* [intermediate] stop; **in einer Stadt ~ machen** to stop off in a town **Zwi·schen·stück** *nt* TECH connection, connecting piece **Zwi·schen·sum·me** *f* subtotal; **eine ~ machen** to give a subtotal **Zwi·schen·ur·teil** *nt* JUR interlocutory decree *spec* **Zwi·schen·wand** *f* dividing wall; *(Stellwand)* partition **Zwi·schen·zeit** *f* ■ **in der ~** [in the] meantime, meanwhile, in the interim **zwi·schen·zeit·lich** *adv* [in the] meantime, meanwhile **Zwi·schen·zeug·nis** *nt* ❶ *(vorläufiges Arbeitszeugnis)* interim reference ❷ *(vorläufiges Schulzeugnis)* end of term report **Zwist** <-es, -e> [tsvɪst] *m (geh)* discord *form; (stärker)* strife *no indef art; (Streit)* dispute

Zwis·tig·keit <-, -en> ['tsvɪstɪç-] *f meist pl (geh)* dispute

zwit·schern ['tsvɪtʃɐn] **I.** *vi* to twitter, to chir[ru]p; **das Z~ der Vögel** the twittering [*or* chir[ru]ping] of birds **II.** *vt* ▶ WENDUNGEN: **einen ~** *(fam)* to have a drink, to crack a bottle *fam*

Zwit·ter <-s, -> ['tsvɪtɐ] *m* hermaphrodite

zwo [tsvoː] *adj (fam)* two

zwölf [tsvœlf] *adj* twelve; *s. a.* **acht¹** ▶ WENDUNGEN: **die Z~ Nächte** the Twelve Days of Christmas; **es ist schon fünf vor ~!** it's almost too late!

Zwölf·en·der <-s, -> *m* JAGD royal [stag] *spec* **Zwölf·fin·ger·darm** [tsvœlf'fɪŋɐdarm] *m* duodenum **Zwölf·mei·len·zo·ne** *f* twelve-mile zone

zwölf·te(r, s) ['tsvœlftə, 'tsvœlftɐ, 'tsvœlftəs] *adj attr* ❶ *(nach dem elften kommend)* twelfth; **die ~ Klasse** [*o fam:* **die ~**] sixth year *(of secondary school)*, sixth form BRIT, Upper Sixth BRIT, twelfth grade AM; *s. a.* **achte(r, s) 1** ❷ *(Datum)* twelfth, 12th; *s. a.* **achte(r, s) 2**

Zwölf·te(r) ['tsvœlftə, 'tsvœlftɐ] *f(m) decl wie adj* ❶ *(Person)* twelfth; *s. a.* **Achte(r) 1** ❷ *(bei Datumsangaben)* **der ~/am ~n** [*o* **der 12./am 12.**] geschrieben the twelfth/on the twelfth *spoken,* the 12th/on the 12th *written; s. a.* **Achte(r) 2** ❸ *(als Namenszusatz)* **Ludwig der ~** Louis the Twelfth *spoken,* Louis XII *written*

Zwölf·ton·mu·sik ['tsvœlftoːnmuziːk] *f* twelve-tone [*or spec* dodecaphonic] music

zwo·te(r, s) ['tsvoːtə, 'tsvoːtɐ, 'tsvoːtəs] *adj attr (fam) s.* **zweite(r, s)**

Zy·an·ka·li <-s> [tsỹaːnkaːli] *nt kein pl* CHEM potassium cyanide

Zy·klon <-s, -e> [tsy'kloːn] *m* cyclone

Zy·klop <-en, -en> [tsy'kloːp] *m* MYTH Cyclops

Zy·klus <-, Zyklen> ['tsyːklʊs, *pl:* 'tsyːklən] *m* ❶ *(geh: Kreislauf)* cycle; **der ~ der Jahreszeiten** the cycle of the seasons ❷ *(Folge)* cycle, series; **ein ~ von Vorträgen** a series of lectures

Zy·lin·der <-s, -> [tsi'lɪndɐ] *m* ❶ MATH cylinder ❷ TECH cylinder, roller ❸ AUTO cylinder, pot *spec fam* ❹ *(Hut)* top hat, topper *fam*

Zy·lin·der·block <-blöcke> *m* AUTO engine [*or* cylinder] block, block *fam* **zy·lin·der·för·mig** *adj s.* **zylindrisch** **Zy·lin·der·kopf** *m* AUTO cylinder head **Zy·lin·der·kopf·dich·tung** *f* AUTO [cylinder] head gasket **Zy·lin·der·schloss**^RR *nt* cylinder lock

zy·lind·risch [tsi'lɪndrɪʃ] *adj* cylindrical

Zy·ni·ker(in) <-s, -> ['tsyːnikɐ] *m(f)* cynic **zy·nisch** ['tsyːnɪʃ] **I.** *adj* cynical *a. pej* **II.** *adv* cynically *a. pej;* **~ grinsen** to give a cynical grin *a. pej*

Zy·nis·mus <-, -ismen> [tsy'nɪsmʊs, *pl:* -'nɪsmən] *m* ❶ *kein pl (zynische Art)* cynicism *a. pej* ❷ *(zynische Bemerkung)* cynical remark *a. pej;* ■ **Zynismen** cynical remarks *a. pej,* cynicism *a. pej*

Zy·pern ['tsyːpɐn] *nt* Cyprus; *s. a.* **Sylt**

Zy·prer(in) <-s, -> ['tsyːprɐ] *m(f)* Cypriot; *s. a.* **Deutsche(r)**

Zy·pres·se <-, -n> ['tsyːprɛsə] *f* cypress

Zy·pri·er(in) <-s, -> ['tsyːpriɐ] *m(f) s.* **Zyprer**

zy·prisch ['tsyːprɪʃ] *adj* Cypriot; *s. a.* **deutsch**

Zys·te <-, -n> ['tsʏstə] *f* cyst

Zy·to·plas·ma [tsyto'plasma] *nt* BIOL cytoplasm *spec*

Zy·to·sta·ti·kum <-s, -ka> [tsyto'staːtikʊm, *pl:* -'staːtika] *nt* MED cytostatic [drug [*or* agent]] *spec*

z. Z[t]. = zur Zeit

Appendix
Anhang

Brief German grammar
Deutsche Kurzgrammatik

Articles – Der Artikel

A German noun can be either **masculine** (*m*), **feminine** (*f*) or **neuter** (*nt*).
The **gender** of a noun can be recognized by its article: **der**, **die** or **das**.

	Definite article				Indefinite article			
	m	**f**	**nt**	**pl**	**m**	**f**	**nt**	**pl**
Nominative	der	die	das	die	ein	eine	ein	–
Accusative	den	die	das	die	einen	eine	ein	–
Genitive	des	der	des	der	eines	einer	eines	–
Dative	dem	der	dem	den	einem	einer	einem	–

Nouns – Das Substantiv

In German the declension of nouns is characterized as strong, weak and mixed (compare the declension of adjectives).

Nouns with a strong declension are recognizable by the endings **-s**, **-sch**, **-ß** and **-z**. The genitive singular of these nouns adds an **-es** to the word:

Hals – Halses, Busch – Busches, Fuß – Fußes, Reiz – Reizes.

1. Strong declension: masculine and neuter

	Plural with	**Plural with**	**Plural with**	**Plural with**
	~e	**¨e**	**~er**	**¨er**
Singular				
Nominative	der Tag	der Traum	das Kind	das Dach
Accusative	den Tag	den Traum	das Kind	das Dach
Genitive	des Tag(e)s	des Traum(e)s	des Kind(e)s	des Dach(e)s
Dative	dem Tag(e)	dem Traum(e)	dem Kind(e)	dem Dach(e)
Plural				
Nominative	die Tage	die Träume	die Kinder	die Dächer
Accusative	die Tage	die Träume	die Kinder	die Dächer
Genitive	der Tage	der Träume	der Kinder	der Dächer
Dative	den Tagen	den Träumen	den Kindern	den Dächern

	Plural with	**Plural without any ending**	
	~s	**~**	**Plural with ¨**
Singular			
Nominative	das Auto	der Tischler	der Vogel
Accusative	das Auto	den Tischler	den Vogel
Genitive	des Autos	des Tischlers	des Vogels
Dative	dem Auto	dem Tischler	dem Vogel
Plural			
Nominative	die Autos	die Tischler	die Vögel
Accusative	die Autos	die Tischler	die Vögel
Genitive	der Autos	der Tischler	der Vögel
Dative	den Autos	den Tischlern	den Vögeln

2. Strong declension: feminine

	Plural with ¨e	Plural without any ending	Plural with ~s
Singular			
Nominative	die Wand	die Mutter	die Bar
Accusative	die Wand	die Mutter	die Bar
Genitive	der Wand	der Mutter	der Bar
Dative	der Wand	der Mutter	der Bar
Plural			
Nominative	die Wände	die Mütter	die Bars
Accusative	die Wände	die Mütter	die Bars
Genitive	der Wände	der Mütter	der Bars
Dative	den Wänden	den Müttern	den Bars

3. Weak declension: masculine

Singular			
Nominative	der Bauer	der Bär	der Hase
Accusative	den Bauern	den Bären	den Hasen
Genitive	des Bauern	des Bären	des Hasen
Dative	dem Bauern	dem Bären	dem Hasen
Plural			
Nominative	die Bauern	die Bären	die Hasen
Accusative	die Bauern	die Bären	die Hasen
Genitive	der Bauern	der Bären	der Hasen
Dative	den Bauern	den Bären	den Hasen

4. Weak declension: feminine

Singular				
Nominative	die Uhr	die Feder	die Gabe	die Ärztin
Accusative	die Uhr	die Feder	die Gabe	die Ärztin
Genitive	der Uhr	der Feder	der Gabe	der Ärztin
Dative	der Uhr	der Feder	der Gabe	der Ärztin
Plural				
Nominative	die Uhren	die Federn	die Gaben	die Ärztinnen
Accusative	die Uhren	die Federn	die Gaben	die Ärztinnen
Genitive	der Uhren	der Federn	der Gaben	der Ärztinnen
Dative	den Uhren	den Federn	den Gaben	den Ärztinnen

5. Mixed declension: masculine and feminine

Declined in the singular as a **strong** noun and in the plural as a **weak** noun.

Singular				
Nominative	das Auge	das Ohr	der Name	das Herz
Accusative	das Auge	das Ohr	den Namen	das Herz
Genitive	des Auges	des Ohr(e)s	der Namens	des Herzens
Dative	dem Auge	dem Ohr(e)	dem Namen	dem Herzen
Plural				
Nominative	die Augen	die Ohren	die Namen	die Herzen
Accusative	die Augen	die Ohren	die Namen	die Herzen
Genitive	der Augen	der Ohren	der Namen	der Herzen
Dative	den Augen	den Ohren	den Namen	den Herzen

6. Declension of adjectives

	masculine	
Singular		
Nominative	der Reisende	ein Reisender
Accusative	den Reisenden	einen Reisenden
Genitive	des Reisenden	eines Reisenden
Dative	dem Reisenden	einem Reisenden
Plural		
Nominative	die Reisenden	Reisende
Accusative	die Reisenden	Reisende
Genitive	der Reisenden	Reisender
Dative	den Reisenden	Reisenden

	feminine	
Singular		
Nominative	die Reisende	eine Reisende
Accusative	die Reisende	eine Reisende
Genitive	der Reisenden	einer Reisenden
Dative	der Reisenden	einer Reisenden
Plural		
Nominative	die Reisenden	Reisende
Accusative	die Reisenden	Reisende
Genitive	der Reisenden	Reisender
Dative	den Reisenden	Reisenden

	neuter	
Singular		
Nominative	das Neugeborene	ein Neugeborenes
Accusative	das Neugeborene	ein Neugeborenes
Genitive	des Neugeborenen	eines Neugeborenen
Dative	dem Neugeborenen	einem Neugeborenen
Plural		
Nominative	die Neugeborenen	Neugeborene
Accusative	die Neugeborenen	Neugeborene
Genitive	der Neugeborenen	Neugeborener
Dative	den Neugeborenen	Neugeborenen

7. Declension of proper nouns

The genitive of proper nouns is determined by various rules:

Proper noun with an article	remains unchanged:	des Aristoteles, des (schönen) Berlin
Proper noun without any article	adds an -s:	Marias Auto, die Straßen Berlins
Proper noun ending in -s, -ß, -x, -z	adds an apostrophe:	Aristoteles' Schriften, die Straßen Calais'
Several proper nouns, one after the other	the last name adds an -s:	Johann Sebastian Bachs Musik
Proper noun with apposition	is declined like a noun:	Nominative: Karl **der Große**
		Accusative: Karl **den Großen**
		Genitive: Karls **des Großen**
		Dative: Karl **dem Großen**
Surnames add an -s in the plural:		die Schneider**s**
If a surname ends in s, ß, x or z, -ens is added:		die Schmitz**ens**

The proper names of streets, buildings, companies, ships, newspapers and organizations are always declined.

Adjectives – Das Adjektiv

When an adjective stands in front of a noun, the adjective has to agree with the **gender**, **case** and **number** of the noun. As with nouns, the declension of adjectives is characterized as **strong**, **weak** and **mixed**.

1. The strong form

- with adjective + noun combinations **without** any article
- when an adjective precedes a noun without indicating the gender

  mehrere liebe Kinder, manch guter Wein.

- after **cardinal numbers**, as well as **'ein paar'**, **'ein bisschen'**

Sie hörte zwei laute Schritte.	She heard two loud steps.
Wir machen eine Reise mit ein paar guten Freunden.	We are going away with a few good friends.
Mit einem bisschen guten Willen schaffst du das.	All being well, you'll manage that.

	m	f	nt
Singular			
Nominative	guter Wein	schöne Frau	liebes Kind
Accusative	guten Wein	schöne Frau	liebes Kind
Genitive	guten Wein(e)s	schöner Frau	lieben Kindes
Dative	gutem Wein(e)	schöner Frau	liebem Kind(e)
Plural			
Nominative	gute Weine	schöne Frauen	liebe Kinder
Accusative	gute Weine	schöne Frauen	liebe Kinder
Genitive	guter Weine	schöner Frauen	lieber Kinder
Dative	guten Weinen	schönen Frauen	lieben Kindern

2. The weak form

- with adjective + noun combinations with the definite article **der**, **die**, **das**
- and with pronouns which indicate the gender of the noun

  diese(r), folgende(r), jede(r), welche(s,r)

	m	f	nt
Singular			
Nominative	der gute Wein	die schöne Frau	das liebe Kind
Accusative	den guten Wein	die schöne Frau	das liebe Kind
Genitive	des guten Wein(e)s	der schönen Frau	des lieben Kindes
Dative	dem guten Wein	der schönen Frau	dem lieben Kind
Plural			
Nominative	die guten Weine	die schönen Frauen	die lieben Kinder
Accusative	die guten Weine	die schönen Frauen	die lieben Kinder
Genitive	der guten Weine	der schönen Frauen	der lieben Kinder
Dative	den guten Weinen	den schönen Frauen	den lieben Kindern

3. The mixed form

– with adjective + noun combinations with the indefinite article **ein, kein** (with masculine and neuter nouns in the singular)
– and the possessive pronouns **mein, dein, sein, unser, euer, ihr**

	m	nt
Singular		
Nominative	ein guter Wein	ein liebes Kind
Accusative	einen guten Wein	ein liebes Kind
Genitive	eines guten Wein(e)s	eines lieben Kindes
Dative	einem guten Wein(e)	einem lieben Kind

4. Adjectives ending in -abel, -ibel, -el

When declined, these adjectives lose the **-e**.

	miserabel	penibel	heikel
Singular			
Nominative	ein miserabler Stil	eine penible Frau	ein heikles Problem
Accusative	einen miserablen Stil	eine penible Frau	ein heikles Problem
Genitive	eines miserablen Stils	einer peniblen Frau	eines heiklen Problems
Dative	einem miserablen Stil	einer peniblen Frau	einem heiklen Problem
Plural			
Nominative	miserable Stile	penible Frauen	heikle Probleme
Accusative	miserable Stile	penible Frauen	heikle Probleme
Genitive	miserabler Stile	penibler Frauen	heikler Probleme
Dative	miserablen Stilen	peniblen Frauen	heiklen Problemen

5. Adjectives ending in -er, -en

– normally retain the **e** in the declined form, but not in formal literary style

finster → seine finstren Züge

– the same applies to adjectives whose origins are not German

makaber → eine makabre Geschichte
integer → ein integrer Beamter

6. Adjectives ending in -auer, -euer

– normally drop the **e** in the declined form

teuer → ein teures Geschenk
sauer → saure Gurken

7. Adjectives ending in -ß

– keep the **ß** after a long vowel

groß → mein großer Bruder
bloß → eine bloße Freundschaft

8. Comparison of adjectives

	m	f	nt
Positive	schön	schöne	schönes
Comparative	schöner	schönere	schöneres
Superlative	der schönste	die schönste	das schönste

If you want to use the comparative/superlative forms in the accusative, genitive or dative, then the same rules apply as for an adjective in its base form before a noun.

der Garten mit den schönsten Blumen (dative, plural)   the garden with the prettiest flowers

Exceptions:

1. Adjectives and adverbs add an 'e' before the superlative endings when:
- they have only one syllable
- the last syllable is stressed
- the ending is -**s**, -**ß**, -**st**, -**x**, -**z** (always)
- the ending is -**d**, -**t**, -**sch** (usually)

spitz	adjective	spitze(r,s)
	adverb	am spitzesten
beliebt	adjective	beliebteste(r,s)
	adverb	am beliebtesten

This applies equally to compound adjectives and adverbs as well as those with a prefix, regardless of stress:

unsanft	adjective	unsanfteste(r,s)
	adverb	am unsanftesten

2. Single syllable adjectives whose root vowel is 'a', 'o', 'u' add an umlaut in the comparative and superlative forms:

arm	ärmer	ärmste(r,s)
groß	größer	größte(r,s)
klug	klüger	klügste(r,s)

3. The following groups of adjectives never have an umlaut in the comparative and superlative forms:
- those with the diphthong -**au**:

faul	fauler	faulste(r,s)
kraus	krauser	krauseste(r,s)
schlau	schlauer	schlaueste(r,s)

- those with the suffixes -**bar**, -**haft**, -**ig**, -**lich**, -**sam**:

dank**bar**	dankbarer	dankbarste(r,s)
schwatz**haft**	schwatzhafter	schwatzhafteste(r,s)
schatt**ig**	schattiger	schattigste(r,s)
statt**lich**	stattlicher	stattlichste(r,s)
sorg**sam**	sorgsamer	sorgsamste(r,s)

- adjectives which occur as participles:

überrascht	überraschter	überraschteste(r,s)

- adjectives of foreign origin:

banal	banaler	banalste(r,s)
interessant	interessanter	interessanteste(r,s)
grandios	grandioser	grandioseste(r,s)

- irregular comparative/superlative forms of adjectives and adverbs:

gut	besser	beste(r,s)
viel	mehr	meiste(r,s)
gern	lieber	am liebsten
bald	eher	am ehesten

Adverbs – Das Adverb

When an adjective is used as an adverb, it remains unchanged:

er singt gut
sie schreibt schön
er läuft schnell

The rules for the comparison of adverbs are the same as those for adjectives:

er singt besser
sie schreibt schöner
er läuft schneller

Most adverbs form the superlative after the pattern **am.......sten**:

er singt am besten
sie schreibt am schönsten
er läuft am schnellsten

Verbs – Das Verb

Present tense

The present tense in German is used to express an act in the present, a general statement of fact or an event in the future:

Was machst du? Ich lese.	What are you doing? I'm reading.
Die Erde dreht sich um die Sonne.	The Earth revolves around the Sun.
Morgen fliege ich nach Rom.	I'm flying to Rome tomorrow.

1. Regular verbs (weak conjugation)

	machen	**legen**	**sagen**	**sammeln**
ich	mache	lege	sage	sammle
du	machst	legst	sagst	sammelst
er				
sie	macht	legt	sagt	sammelt
es				
wir	machen	legen	sagen	sammeln
ihr	macht	legt	sagt	sammelt
sie	machen	legen	sagen	sammeln

Verbs with a stem ending in **s**, **ss**, **ß** and **z**:

	rasen	**passen**	**grüßen**	**reizen**
ich	rase	passe	grüße	reize
du	rast	passt	grüßt	reizt
er				
sie	rast	passt	grüßt	reizt
es				
wir	rasen	passen	grüßen	reizen
ihr	rast	passt	grüßt	reizt
sie	rasen	passen	grüßen	reizen

Verbs with a stem ending in **d** or **t**, or with a **consonant + m**, or a **consonant + n** add an **-e** in the 2nd person singular:

	reden	wetten	atmen	trocknen
ich	rede	wette	atme	trockne
du	redest	wettest	atmest	trocknest
er sie es	redet	wettet	atmet	trocknet
wir	reden	wetten	atmen	trocknen
ihr	redet	wettet	atmet	trocknet
sie	reden	wetten	atmen	trocknen

Verbs with a stem ending in an **unstressed** -e or -er drop the **-e** in the 1st person singular:

angeln	ich angle
zittern	ich zittre

2. Irregular verbs (strong conjugation) usually change their stem vowels.

	tragen	blasen	laufen	essen
ich	trage	blase	laufe	esse
du	trägst	bläst	läufst	isst
er sie es	trägt	bläst	läuft	isst
wir	tragen	blasen	laufen	essen
ihr	tragt	blast	lauft	esst
sie	tragen	blasen	laufen	essen

⇒ See also the irregular verbs in the main body of the dictionary and in the list on page 1250.

Past simple (imperfect) tense

The imperfect tense expresses a past event:

Letztes Jahr reisten wir nach Spanien.	We went to Spain last year.

1. Regular verbs

	machen	sammeln	grüßen	reizen
ich	machte	sammelte	grüßte	reizte
du	machtest	sammeltest	grüßtest	reiztest
er sie es	machte	sammelte	grüßte	reizte
wir	machten	sammelten	grüßten	reizten
ihr	machtet	sammeltet	grüßtet	reiztet
sie	machten	sammelten	grüßten	reizten

Verbs with a stem ending in **d, t**, a **consonant + m** or a **consonant + n**:

	reden	wetten	atmen	trocknen
ich	redete	wettete	atmete	trocknete
du	redetest	wettetest	atmetest	trocknetest
er				
sie	redete	wettete	atmete	trocknete
es				
wir	redeten	wetteten	atmeten	trockneten
ihr	redetet	wettetet	atmetet	trocknetet
sie	redeten	wetteten	atmeten	trockneten

2. Irregular verbs usually change their stem vowels.

	tragen	blasen	laufen	essen
ich	trug	blies	lief	aß
du	trugst	bliest	liefst	aßt
er				
sie	trug	blies	lief	aß
es				
wir	trugen	bliesen	liefen	aßen
ihr	trugt	bliest	lieft	aßt
sie	trugen	bliesen	liefen	aßen

⇒ See also the irregular verbs in the main body of the dictionary and in the list on page 1250.

Perfect tense

The perfect tense is used to express an isolated event or condition in the past:

Der Zug ist abgefahren.	The train has left.
Heute Nacht hat es geregnet.	It rained last night.

The perfect tense is formed with the present tense of the auxiliary verbs haben or sein and the past participle.

1. Verbs which express movement or a change of state, form the perfect tense with sein.

	radeln	fahren	verstummen	sterben
ich	bin geradelt	bin gefahren	bin verstummt	bin gestorben
du	bist geradelt	bist gefahren	bist verstummt	bist gestorben
er				
sie	ist geradelt	ist gefahren	ist verstummt	ist gestorben
es				
wir	sind geradelt	sind gefahren	sind verstummt	sind gestorben
ihr	seid geradelt	seid gefahren	seid verstummt	seid gestorben
sie	sind geradelt	sind gefahren	sind verstummt	sind gestorben

2. Transitive, reflexive and impersonal verbs form the perfect tense with haben, as do most intransitive verbs when they express a permanent condition.

	legen	sich freuen	regnen	leben
ich	habe gelegt	habe mich gefreut		habe gelebt
du	hast gelegt	hast dich gefreut		hast gelebt
er				
sie	hat gelegt	hat sich gefreut	es hat geregnet	hat gelebt
es				
wir	haben gelegt	haben uns gefreut		haben gelebt
ihr	habt gelegt	habt euch gefreut		habt gelebt
sie	haben gelegt	haben sich gefreut		haben gelebt

Forming the past participle: with or without 'ge-':

Most past participles are formed by putting **ge-** in front of the verb stem and adding either **-t** (weak verbs) or **-en** (strong verbs). In the past participles of strong verbs, the vowel of the verb stem is usually changed:

bauen → ge**baut**
hören → ge**hört**
lesen → ge**lesen**
singen → ge**sungen**

In compound German verbs formed with a so-called 'separable' (and always stressed) adverbial prefix (indicated by a thin vertical line between prefix and verb, see below), the syllable -ge- is inserted between the prefix and the stem of the verb:

auflbauen	auf**ge**baut
zulhören	zu**ge**hört
vorllesen	vor**ge**lesen

Important: A great number of verbs form the past participle without the prefix **ge-**. Most of these verbs (with very few exceptions) belong to two basic groups:

All verbs ending in **-ieren**:

marschieren	marschierte	(ist) marschiert
probieren	probierte	(hat) probiert

NB These verbs still form the past participle without **ge-** when they contain a 'separable' (stressed) prefix:

ablmarschieren	marschierte ab	(ist) abmarschiert
auslprobieren	probierte aus	(hat) ausprobiert

All verbs beginning with one of the following, always unstressed (and therefore 'inseparable') prefixes: **be-, emp-, ent-, er-, ge-, ver-, zer-**

bebauen	bebaute	(hat) bebaut
erhören	erhörte	(hat) erhört
gestalten	gestaltete	(hat) gestaltet
verlangen	verlangte	(hat) verlangt

Those verbs with an 'inseparable' (and also unstressed) prefix (indicated by the lack of a thin vertical line – see below) also belong to this group:

umgehen	umging	(hat) umgangen
untersuchen	untersuchte	(hat) untersucht
übersetzen	übersetzte	(hat) übersetzt

NB Again, these verbs still form the past participle without **ge-** when they have a 'separable' (stressed) prefix:

umlgestalten	gestaltete um	(hat) umgestaltet
ablverlangen	verlangte ab	(hat) abverlangt
zurücklübersetzen	übersetzte zurück	(hat) zurückübersetzt

A very few verbs which do not belong to either of these two groups (e.g. *miauen*, *trompeten*, *stibitzen* – but note the stress!), also form their past participle without **ge-** and are accordingly so indicated in the dictionary.

The past perfect (pluperfect) tense

The past perfect tense is used to describe an event that had already finished when another event happened.

It is formed with the past (imperfect) tense of **haben** or **sein** and the past participle.

Als er im Kino ankam, hatte der Film schon begonnen.	When he arrived at the cinema the film had already started.

	fahren	sterben	legen	leben
ich	war gefahren	war gestorben	hatte gelegt	hatte gelebt
du	warst gefahren	warst gestorben	hattest gelegt	hattest gelebt
er				
sie	war gefahren	war gestorben	hatte gelegt	hatte gelebt
es				
wir	waren gefahren	waren gestorben	hatten gelegt	hatten gelebt
ihr	wart gefahren	wart gestorben	hattet gelegt	hattet gelebt
sie	waren gefahren	waren gestorben	hatten gelegt	hatten gelebt

The future tense

The future tense is used to express something that will happen in or refers to the future: e.g. advance notification, intentions, suppositions, promises.

It is formed with the present tense of the auxiliary verb **werden** and the infinitive of the main verb:

Morgen wird es schneien.	It will (or is going to) snow tomorrow.
Er wird noch im Urlaub sein.	He will still be on holiday.
Ich werde dich immer lieben.	I will always love you.

	legen	fahren	sein	haben	können
ich	werde legen	werde fahren	werde sein	werde haben	werde können
du	wirst legen	wirst fahren	wirst sein	wirst haben	wirst können
er					
sie	wird legen	wird fahren	wird sein	wird haben	wird können
es					
wir	werden legen	werden fahren	werden sein	werden haben	werden können
ihr	werdet legen	werdet fahren	werdet sein	werdet haben	werdet können
sie	werden legen	werden fahren	werden sein	werden haben	werden können

The present subjunctive

The present subjunctive is formed from the present stem of the verb with the endings: **-e, -est, -e, -en, -et, -en** added.

It is used to express indirect speech:

| „Kannst du mir helfen?" (Direkte Rede) | 'Can you help me?' (Direct speech) |
| Er fragt sie, ob sie ihm helfen könne. (Indirekte Rede) | He asked her if she could help him. (Indirect speech) |

Some irregular verbs add an umlaut to or change the vowel in the indicative but do not in the subjunctive:

Infinitive	**Present Indicative**	**Present Subjunctive**
fallen	du fällst	du fallest
geben	du gibst	du gebest

As well as in indirect speech, the present subjunctive is also used in a few set expressions:

Er lebe hoch!	Three cheers for him!
Gott sei Dank!	Thank God!
Man nehme Salz, Mehl und Butter …	Take salt, flour and butter …

	legen	küssen	reden
ich	lege	küsse	rede
du	legst	küssest	redest
er			
sie	lege	küsse	rede
es			
wir	legen	küssen	reden
ihr	leget	küsset	redet
sie	legen	küssen	reden

Present subjunctive of the auxiliary verbs *sein, haben* and *werden*:

	sein	haben	werden
ich	sei	habe	werde
du	seist	habest	werdest
er			
sie	sei	habe	werde
es			
wir	seien	haben	werden
ihr	seiet	habet	werdet
sie	seien	haben	werden

Present subjunctive of the modal verbs:

	können	dürfen	mögen	müssen	sollen	wollen
ich	könne	dürfe	möge	müsse	solle	wolle
du	könnest	dürfest	mögest	müssest	sollest	wollest
er						
sie	könne	dürfe	möge	müsse	solle	wolle
es						
wir	können	dürfen	mögen	müssen	sollen	wollen
ihr	könn(e)t	dürf(e)t	mög(e)t	müss(e)t	soll(e)t	woll(e)t
sie	können	dürfen	mögen	müssen	sollen	wollen

The imperfect subjunctive

The imperfect subjunctive is formed from the past stem of the verb with the endings -e, -(e)st, -e, -en, -(e)t, -en. With regular verbs the imperfect subjunctive is identical to the past indicative; irregular verbs with i or ie in the forms of the past tense retain these spellings in the imperfect subjunctive.

The imperfect subjunctive is used to express hypothetical statements, comparisons and as an expression of politeness:

Wenn ich Zeit hätte, ginge ich mit dir ins Kino.	If I had time, I would come with you to the cinema.
Die Leiter schwankte so, als fiele sie gleich um.	The ladder was swaying so much it looked like it was about to fall.
Könnten Sie uns bitte eine Auskunft geben?	Could you give us some information, please?

	gehen/ging	rufen/rief	greifen/griff
ich	ginge	riefe	griffe
du	ging(e)st	rief(e)st	griff(e)st
er			
sie	ginge	riefe	griffe
es			
wir	gingen	riefen	griffen
ihr	ging(e)t	rief(e)t	griff(e)t
sie	gingen	riefen	griffen

Verbs with the vowels **a, o** and **u** in the past indicative add an umlaut in the imperfect subjunctive:

	singen/ sang	fliegen/ flog	fahren/ fuhr	sein/ war	haben/ hatte	werden/ wurde
ich	sänge	flöge	führe	wäre	hätte	würde
du	säng(e)st	flög(e)st	führ(e)st	wär(e)st	hättest	würdest
er						
sie	sänge	flöge	führe	wäre	hätte	würde
es						
wir	sängen	flögen	führen	wären	hätten	würden
ihr	säng(e)t	flög(e)t	führ(e)t	wär(e)t	hättet	würdet
sie	sängen	flögen	führen	wären	hätten	würden

Conditional clauses

A conditional clause often starts with 'if' or 'unless'; it is used to express something that might happen if certain conditions were met and is formed with the imperfect subjunctive of **werden** and the infinitive of the main verb.

Wenn ihr uns einladen würdet, würden wir kommen.   If you were to invite us, we would come.

	legen	**fahren**
ich	würde legen	würde fahren
du	würdest legen	würdest fahren
er		
sie	würde legen	würde fahren
es		
wir	würden legen	würden fahren
ihr	würdet legen	würdet fahren
sie	würden legen	würden fahren

The imperative

The imperative expresses a demand, command, request, warning or ban and is formed with either the 2nd person singular or plural.

Regular verbs add to the stem an **-e** in the singular and a **-t** in the plural. The plural form of the imperative is identical to the 2nd person plural, present indicative.

In the polite form using **Sie**, the verb is inverted (i.e. predicate before subject):

Sie schreiben einen Brief. (eine Feststellung/Indikativ)   You are writing a letter. (a statement/indicative)

Schreiben Sie einen Brief! (eine Aufforderung/Imperativ)   Write a letter! (a command/imperative)

infinitive	**singular**	**plural**	**polite form**
schreiben	schreibe	schreibt	schreiben Sie
singen	singe	singt	singen Sie
trinken	trinke	trinkt	trinken Sie
atmen	atme	atmet	atmen Sie
reden	rede	redet	reden Sie

Exceptions: Verbs which end in **-eln**, **-ern** can drop the **-e** in the singular.

infinitive	**singular**	**plural**	**polite form**
sammeln	samm(e)le	sammelt	sammeln Sie
fördern	förd(e)re	fördert	fördern Sie
handeln	hand(e)le	handelt	handeln Sie

If the verb stem ends in **-m** or **-n** and is preceded by an **h, l, m, n** or **r**, the **-e** ending in the singular can be dropped.

infinitive	**singular**	**plural**	**polite form**
rühmen	rühm(e)	rühmt	rühmen Sie
qualmen	qualm(e)	qualmt	qualmen Sie
kämmen	kämm(e)	kämmt	kämmen Sie
rennen	renn(e)	rennt	rennen Sie
lernen	lern(e)	lernt	lernen Sie

If, however, the **-m** or **-n** is preceded by another consonant, the **-e** ending must be retained:

atme, rechne

Irregular verbs without a vowel change to **-i** or **-ie** in the present tense, form the imperative according to the same rules as regular verbs.

⇒ The imperative forms are given in the list of irregular verbs.

Vowel change to -i or -ie

infinitive	singular	plural
lesen	lies	lest
werfen	wirf	werft
essen	iss	esst
sehen	sieh	seht

The auxiliary verbs *sein*, *haben* and *werden*

infinitive	singular	plural
sein	sei	seid
haben	habe	habt
werden	werde	werdet

Active and passive

In an active sentence the subject performs the stated action; in the passive, the subject is being acted upon.

Die Parlamentarier wählen den Präsidenten. (Aktiv)	The members of Parliament elect the President. (Active)
Der Präsident wird von den Parlamentariern gewählt. (Passiv)	The President is elected by the members of Parliament. (Passive)

The passive is formed with **werden** and the past participle.

present	ich werde geliebt	ich werde gelobt
past	ich wurde geliebt	ich wurde gelobt

The auxiliary verbs *haben*, sein *and werden*

They are called auxiliary verbs because with their help, certain tenses (e.g. the perfect, pluperfect, future) and the passive are formed.

Present

	sein	haben	werden
ich	bin	habe	werde
du	bist	hast	wirst
sie	ist	hat	wird
es			
wir	sind	haben	werden
ihr	seid	habt	werdet
sie	sind	haben	werden

The present participle

The present participle is formed by adding **-d** to the infinitive of the verb:

singend, lachend, etc.

It expresses a shorter version of a subordinate clause:

Er saß in der Badewanne und sang.	Er saß *singend* in der Badewanne.
He sat in the bath and sang.	He sat in the bath *singing*.
Sie öffnete die Tür und lachte.	Sie öffnete *lachend* die Tür.
She opened the door and laughed.	She opened the door *laughing*.

The past participle

The past participle of regular verbs is formed according to the following rule:

	prefix	+ stem	+ ending
machen	ge	+ mach	+ t

legen	gelegt
sagen	gesagt
vierteln	geviertelt
rasen	gerast
hassen	gehasst
küssen	geküsst
reizen	gereizt
reden	geredet
wetten	gewettet
trocknen	getrocknet

Verbs ending in **-ieren** omit the prefix **ge-**, as do those with the prefix **be-, em-, ent-, er-, ver-** and **zer-**. They are marked in the German-English part of the dictionary with an asterisk *.

The following rule applies:

	stem	+ ending
manövrieren*	manövrier	+ t

empören*	empört
entgiften*	entgiftet
ersetzen*	ersetzt
vertrösten*	vertröstet
zerreden*	zerredet

Inseparable compound verbs also drop the **ge-**. These verbs are indicated as *insep* and are marked with an asterisk *.

übersetzen*	übersetzt
durchwaten*	durchwatet
unterlegen*	unterlegt
umarmen*	umarmt

The past participle of separable compound verbs (e.g. *durchmachen*) is formed according to the following rule:

prefix Verb	+	prefix PP ge-	+	verb stem	+	ending t
durch	+	ge	+	mach	+	t

anbeten	angebetet
überschnappen	übergeschnappt
umdeuten	umgedeutet

⇒ Every separable German verb is indicated in the dictionary by a vertical line. Irregular verb forms are given in their base form.

Pronouns – Die Pronomen

Pronouns are declined in German just as articles, nouns, adjectives and adverbs are.

1. The personal pronoun

A personal pronoun denotes the person who is speaking or about whom someone is speaking.

nominative	accusative	genitive	dative
ich	mich	meiner	mir
du	dich	deiner	dir
er	ihn	seiner	ihm
sie	sie	ihrer	ihr
es	es	seiner	ihm
wir	uns	unser	uns
ihr	euch	euer	euch
sie	sie	ihrer	ihnen

2. The reflexive pronoun

A reflexive pronoun refers to the subject of a sentence and must agree with the subject in case and number.

ich wasche **mich**
du wäschst **dich**
er/sie/es wäscht **sich**
wir waschen **uns**
ihr wascht **euch**
sie waschen **sich**

3. The possessive pronoun

A possessive pronoun indicates belonging or ownership and agrees in case, gender and number with the noun to which it refers.
It may appear before a noun, like an adjective, or stand in place of a noun.

Used as an adjective

	m	f	nt	pl
1st person singular				
Nominative	mein	meine	mein	meine
Accusative	meinen	meine	mein	meine
Genitive	meines	meiner	meines	meiner
Dative	meinem	meiner	meinem	meinen
2nd person singular	dein	deine	dein	deine
			declined like *mein*	
3rd person singular	sein	seine	sein	seine
			declined like *mein*	
3rd person singular	ihr	ihre	ihr	ihre
			declined like *mein*	
3rd person singular	sein	seine	sein	seine
			declined like *mein*	
1st person plural				
Nominative	unser	uns(e)re	unser	uns(e)re
Accusative	uns(e)ren	uns(e)re	unser	uns(e)re
		unsern		
Genitive	uns(e)res	uns(e)rer	uns(e)res	uns(e)rer
Dative	uns(e)rem	uns(e)rer	uns(e)rem	uns(e)ren
		unserm		unserm

	m	f	nt	pl
2ⁿᵈ person plural				
Nominative	euer	eure	euer	eure
Accusative	euren	eure	euer	eure
Genitive	eures	eurer	eures	eurer
Dative	eurem	eurer	eurem	euren
3ʳᵈ person plural				
Nominative	ihr	ihre	ihr	ihre
Accusative	ihren	ihre	ihr	ihre
Genitive	ihres	ihrer	ihres	ihrer
Dative	ihrem	ihrer	ihrem	ihren

Used as a noun

	m	f	nt	pl
1. pers. sing.	meiner	meine	mein(e)s	meine
2. pers. sing	deiner	deine	dein(e)s	deine
3. pers. sing. m, nt	seiner	seine	sein(e)s	seine
3. pers. sing. f	ihrer	ihre	ihr(e)s	ihre
1. pers. pl.	uns(e)rer	uns(e)re	uns(e)res	uns(e)re
2. pers. pl.	eurer	eure	eures, euers	eure
3. pers. pl.	ihrer	ihre	ihr(e)s	ihre

4. The demonstrative pronoun

A demonstrative pronoun indicates which person or thing is being referred to.

	m	f	nt	pl
Nominative	dieser	diese	dieses	diese
Accusative	diesen	diese	dieses	diese
Genitive	dieses	dieser	dieses	dieser
Dative	diesem	dieser	diesem	diesen
Nominative	jener	jene	jenes	jene
Accusative	jenen	jene	jenes	jene
Genitive	jenes	jener	jenes	jener
Dative	jenem	jener	jenem	jenen
Nominative	derjenige	diejenige	dasjenige	diejenigen
Accusative	denjenigen	diejenige	dasjenige	diejenigen
Genitive	desjenigen	derjenigen	desjenigen	derjenigen
Dative	demjenigen	derjenigen	demjenigen	denjenigen
Nominative	derselbe	dieselbe	dasselbe	dieselben
Accusative	denselben	dieselbe	dasselbe	dieselben
Genitive	desselben	derselben	desselben	derselben
Dative	demselben	derselben	demselben	denselben

The definite article **der, die, das** is also used as a demonstrative pronoun.

5. The relative pronoun

The most common relative pronouns are **der, die, das**; less common are **welcher, welche, welches**. All relative pronouns introduce a subordinate clause which supplements the main clause. Relative pronouns agree in gender and number with the word in the main clause to which they refer.

Er putzt sein neues Auto, das/welches er sich gekauft hat.	He is cleaning the new car that/which he bought.

	m	f	nt	pl
Nominative	welcher	welche	welches	welche
Accusative	welchen	welche	welches	welche
Genitive	dessen	deren	dessen	deren
Dative	welchem	welcher	welchem	welchen

Wer and **was** can also be used as relative pronouns:

Wer das behauptet, lügt.	Whoever says that is lying.
Mach doch, was du willst!	Just do what you want!

6. The interrogative pronoun

An interrogative pronoun distinguishes between a person (**wer?**) and a thing (**was?**). It only occurs in the singular.

	person	thing
Nominative	*Wer* spielt mit?	*Was* ist das?
Accusative	*Wen* liebst du?	*Was* höre ich da?
Genitive	*Wessen* Haus ist das?	
Dative	*Wem* gehört das Haus?	

Nowadays the genitive of the interrogative pronoun: **wessen** (whose?) is being replaced by the dative **wem**.

Wem gehört das Haus? (statt: Wessen Haus ist das?)	Whose house is that?

Was für ein(er)... (What sort of a ...) is used to ask about the particular nature of a person or thing:

Was für ein Mensch ist Peter eigentlich?	What sort of a person is Peter really?/What is Peter really like?
Was für einen Anzug möchten Sie?	What sort of suit would you like?

The interrogative pronouns **welcher, welche** and **welches** are used to ask about one particular person or item among several:

Welche Schuhe soll ich nehmen? (die braunen oder die schwarzen?)	Which shoes should I take? (the brown or the black ones?)
Mit welchem Bus kommst du? (mit dem um 16 oder 17 Uhr?)	Which bus will you be on? (the 4 or 5 o'clock?)
Welches Eis schmeckt dir besser? (Erdbeer- oder Schokoladeneis?)	Which ice cream do you like better?(strawberry or chocolate?)

	m	f	nt	pl
Nominative	welcher	welche	welches	welche
Accusative	welchen	welche	welches	welche
Genitive	welches	welcher	welches	welcher
Dative	welchem	welcher	welchem	welchen

Prepositions – Die Prepositionen

+ accusative:	
bis	durch
für	gegen
je	ohne
pro	um
wider	

+ dative:	
ab	aus
außer	bei
binnen	entgegen
entsprechend	gegenüber
gemäß	mit
nach	nächst
nahe	nebst
samt	seit
von	zu
zufolge	zuwider

+ accusative/dative*:	
an	auf
entlang	hinter
in	neben
über	unter
vor	zwischen

* With movement and change of direction the **accusative** is used (**wohin?** – Where to?/Whither?).

With details of location the **dative** is used (**wo?** – Where?):

| Er hängt die Uhr an die Wand. (wohin?) | He is hanging the clock on the wall. |
| Die Uhr hängt an der Wand. (wo?) | The clock is hanging on the wall. |

⇒ Every prepositional headword in the dictionary has the necessary case indicated next to it.

Some prepositions can be amalgamated with the correct form of the definite article to form a single word:

an/in	+	dem	*becomes*	am/im
bei	+	dem	*becomes*	beim
von	+	dem	*becomes*	vom
zu	+	dem/der	*becomes*	zum/zur
an/in	+	das	*becomes*	ans/ins

German irregular verbs
Deutsche unregelmässige Verben

infinitive Infinitiv	imperfect Präteritum	past participle Partizip Perfekt
backen	backte (buk)	gebacken
befehlen	befahl	befohlen
beginnen	begann	begonnen
beißen	biss	gebissen
bergen	barg	geborgen
bersten	barst	geborsten <sein>
bewegen	bewog	bewogen
biegen	bog	gebogen
bieten	bot	geboten
binden	band	gebunden
bitten	bat	gebeten
blasen	blies	geblasen
bleiben	blieb	geblieben <sein>
bleichen	bleichte (blich)	gebleicht (geblichen) <sein>
braten	briet	gebraten
brechen	brach	gebrochen <sein>
brennen	brannte	gebrannt
bringen	brachte	gebracht
denken	dachte	gedacht
dreschen	drosch	gedroschen
dringen	drang	gedrungen <sein>
dürfen	durfte	dürfen, gedurft
empfehlen	empfahl	empfohlen
essen	aß	gegessen
fahren	fuhr	gefahren <sein>
fallen	fiel	gefallen <sein>
fangen	fing	gefangen
fechten	focht	gefochten
finden	fand	gefunden
flechten	flocht	geflochten
fliegen	flog	geflogen <sein>
fliehen	floh	geflohen <sein>
fließen	floss	geflossen <sein>
fragen	fragte	gefragt
fressen	fraß	gefressen
frieren	fror	gefroren <sein>
gären	gor (gärte)	gegoren (gegärt) <sein>
gebären	gebar	geboren
geben	gab	gegeben
gedeihen	gedieh	gediehen <sein>
gehen	ging	gegangen <sein>
gelingen	gelang	gelungen <sein>
gelten	galt	gegolten
genesen	genas	genesen <sein>
genießen	genoss	genossen
geschehen	geschah	geschehen <sein>
gewinnen	gewann	gewonnen
gießen	goss	gegossen
gleichen	glich	geglichen

infinitive Infinitiv	imperfect Präteritum	past participle Partizip Perfekt
gleiten	glitt (gleitete)	geglitten (gegleitet) <sein>
glimmen	glomm, glimmte	geglommen, geglimmt
graben	grub	gegraben
greifen	griff	gegriffen
haben	hatte	gehabt
hangen	hing	gehangen
hängen	hing (hängte)	gehangen (gehängt) <sein>
hängen	hängte (hing)	gehängt (gehangen)
hauen	haute	gehauen (hieb)
hauen	hieb (haute)	gehauen
heben	hob (hub)	gehoben
heißen	hieß	geheißen
helfen	half	geholfen
kennen	kannte	gekannt
klimmen	klomm	geklommen <sein>
klingen	klang	geklungen
kneifen	kniff	gekniffen
kommen	kam	gekommen <sein>
können	konnte	können, gekonnt
laden	lud	geladen
lassen	ließ	lassen, gelassen
laufen	lief	gelaufen <sein>
leiden	litt	gelitten
leihen	lieh	geliehen
lesen	las	gelesen
liegen	lag	gelegen <sein>
löschen	losch	geloschen <sein>
lügen	log	gelogen
mahlen	mahlte	gemahlen
meiden	mied	gemieden
melken	molk, melkte	gemolken, gemelkt
messen	maß	gemessen
misslingen	misslang	misslungen <sein>
mögen	mochte	mögen, gemocht
müssen	musste	müssen, gemusst
nehmen	nahm	genommen
nennen	nannte	genannt
pfeifen	pfiff	gepfiffen
preisen	pries	gepriesen
quellen	quoll	gequollen <sein>
raten	riet	geraten
reiben	rieb	gerieben
reißen	riss	gerissen <sein>
reiten	ritt	geritten <sein>
rennen	rannte (rennte)	gerannt <sein>
riechen	roch	gerochen
ringen	rang	gerungen

infinitive Infinitiv	imperfect Präteritum	past participle Partizip Perfekt
rinnen	rann	geronnen <sein>
rufen	rief	gerufen
salzen	salzte	gesalzen (gesalzt)
saufen	soff	gesoffen
saugen	sog, saugte	gesogen, gesaugt
schaffen	schuf, schaffte	geschaffen, geschafft
schallen	schallte, scholl	geschallt
scheiden	schied	geschieden <sein>
scheinen	schien	geschienen
scheißen	schiss	geschissen
schelten	schalt	gescholten
scheren	schor (scherte)	geschoren (geschert)
schieben	schob	geschoben
schießen	schoss	geschossen <sein>
schinden	schindete	geschunden
schlafen	schlief	geschlafen
schlagen	schlug	geschlagen <sein>
schleichen	schlich	geschlichen <sein>
schleifen	schliff	geschliffen
schließen	schloss	geschlossen
schlingen	schlang	geschlungen
schmeißen	schmiss	geschmissen
schmelzen	schmolz	geschmolzen <sein>
schneiden	schnitt	geschnitten
schrecken	schreckte, schrak	geschreckt <sein>
schreiben	schrieb	geschrieben
schreien	schrie	geschrie(e)n
schreiten	schritt	geschritten <sein>
schweigen	schwieg	geschwiegen
schwellen	schwoll	geschwollen <sein>
schwimmen	schwamm	geschwommen <sein>
schwinden	schwand	geschwunden <sein>
schwingen	schwang	geschwungen
schwören	schwor (schwur)	geschworen
sehen	sah	gesehen
sein	war	gewesen <sein>
senden	sandte (sendete)	gesandt (gesendet)
sieden	sott, siedete	gesotten, gesiedet
singen	sang	gesungen
sinken	sank	gesunken <sein>
sinnen	sann	gesonnen
sitzen	saß	gesessen <sein>
sollen	sollte	sollen, gesollt

infinitive Infinitiv	imperfect Präteritum	past participle Partizip Perfekt
spalten	spaltete	gespaltet, gespalten
speien	spie	gespie(e)n
spinnen	spann	gesponnen
spleißen	spliss	gesplissen
sprechen	sprach	gesprochen
sprießen	spross	gesprossen <sein>
springen	sprang	gesprungen <sein>
stechen	stach	gestochen <sein>
stecken	steckte (stak)	gesteckt
stehen	stand	gestanden <sein>
stehlen	stahl	gestohlen
steigen	stieg	gestiegen <sein>
sterben	starb	gestorben <sein>
stieben	stob	gestoben <sein>
stinken	stank	gestunken
stoßen	stieß	gestoßen <sein>
streichen	strich	gestrichen <sein>
streiten	stritt	gestritten
tragen	trug	getragen
treffen	traf	getroffen
treiben	trieb	getrieben <sein>
treten	trat	getreten <sein>
triefen	triefte	getrieft (getroffen) <sein>
trinken	trank	getrunken
trügen	trog	getrogen
tun	tat	getan
verderben	verdarb	verdorben <sein>
verdrießen	verdross	verdrossen
vergessen	vergaß	vergessen
verlieren	verlor	verloren
wachsen	wuchs	gewachsen <sein>
wägen	wog	gewogen
waschen	wusch	gewaschen
weben	webte	gewebt (gewoben)
weichen	wich	gewichen <sein>
weisen	wies	gewiesen
wenden	wendete, wandte	gewendet, gewandt
werben	warb	geworben
werden	wurde	worden, geworden <sein>
werfen	warf	geworfen
wiegen	wog	gewogen
winden	wand	gewunden
winken	winkte	gewinkt (gewunken)
wissen	wusste	gewusst
wollen	wollte	wollen, gewollt
wringen	wrang	gewrungen
ziehen	zog	gezogen <sein>
zwingen	zwang	gezwungen

German punctuation
Die deutsche Zeichensetzung

The aim of this chapter is to give an overview over the most important aspects of German punctuation. It is written in accordance with the Neue deutsche Rechtschreibung of 1998. In addition to the discussion of punctuation, you will find a chapter on hyphenation at the end. In this section, the main punctuation marks are given with a German translation of their names, and every explanation of their use is followed by one or more examples.

● **Full stop or period – Der Punkt**

- Separates two sentences and is followed by *a space*. In this case, the first following letter is capitalized.

  Thomas biss in den Apfel. Der Apfel war grün.

- A full stop is used after abbreviations of words. It is also used to mark numbers as ordinals.

  Tel. (Telefon), Rechnungs-Nr. (Rechnungsnummer), z. B. (zum Beispiel), Dr. med. (Doktor der Medizin), 14. September (vierzehnter September)

- Some abbreviations are **not** followed by a full stop. These include certain official national and international abbreviations.

  m (Meter), g (Gramm), N (Norden), BGB (Bürgerliches Gesetzbuch)

, **Comma – Das Komma**

- A comma separates two equal clauses.

  Die Sonne war warm, ich war fast eingeschlafen.
  Dass sie ihn nicht nur belog, sondern auch noch betrog, verletzte ihn zutiefst.

- It also separates words or groups of words in lists.

  Er wollte einkaufen gehen, mit seiner Mutter telefonieren, zur Post gehen und dann fernsehen.
  Er fuhr ein blaues, schnelles Auto.

- If two adjectives form a group, they are not separated by a comma.

  Die letzten großen Fernsehshows liefen in den 1990ern.

- If two equal clauses, groups of words or words are coordinated by a conjunction such as **und, oder, bzw., sowie, wie, entweder ... oder, sowohl ... als (auch), weder ... noch,** then no comma is used.

  Er fuhr weder mit der Bahn noch mit dem Fahrrad.

- A comma is used before restrictive conjunctions such as **aber, doch, jedoch, sondern.**

  Er mag nicht nur die bürgerliche Küche, sondern auch die exotische.

- Subordinate clauses are separated by a comma.

  Als wir nach England kamen, war die Bergarbeiterkrise auf ihrem Höhepunkt.
  Der Kuchen, den ich gebacken habe, ist noch im Ofen.
  Ich weiß nicht, wie ich enden soll.

- Parenthetical expressions and appositions are set off with commas.

  Eines Tages, es war im Sommer, wollte er plötzlich in den Urlaub fahren.
  Herr Meyer, ein Hautarzt, freute sich über die Blumen.

- Exclamations and interjections are set off with commas.

  Oh, wie kalt das ist.
  Du hast abgenommen, oder?

- An opening line of a letter can end with a comma.

  Sehr geehrter Herr Schröder,

; Semicolon – Das Semikolon

- The semicolon is related to the comma, but shows a higher degree of separation. It is mainly used to separate co-ordinate clauses.

  Martin wünschte sich schon lange einen Hund; aber seine Eltern waren allergisch.

: Colon – Der Doppelpunkt

- A colon signals that a continuative clause follows.
- Especially if that message is direct speech:

  Er sagte: „Ich liebe dich."

- But also in lists or specifications:

  Er hatte schon viele Länder gesehen: Spanien, Portugal, Frankreich und die Schweiz.
  Nationalität: deutsch
  Familienstand: ledig.

- That message can also be a summary or conclusion of the first part.

  Hab und Gut, Frau und Kinder: Alles war verloren.

( ) [ ] Brackets or Parentheses – Die Klammer

- Brackets mark extra, nonessential or explanatory material included in a sentence. These can also include parenthetical expressions and appositions, but in these cases the comma is more common.

  Eines Tages (es war im Sommer) wollte er plötzlich in den Urlaub fahren.
  Merzig (Saarland)
  Herr Meyer (ein alter Schwerenöter) hatte seine Rechnung nicht bezahlt. (Apposition)

- Brackets can also be used to include whole sentences or even longer stretches of text in order to mark them as extra, independent material. In this case the full stop, question or exclamation mark appears inside the brackets.

  Er war viele Jahre lang nach Österreich in den Urlaub gefahren. (Obwohl ihm klar war, dass es auch viele andere attraktive Orte gibt.) Dort besuchte er immer dasselbe Hotel.

— Dash – Der Gedankenstrich

- A dash is often used for including impromptu asides and conveying a dramatic effect. Sometimes a comma is also possible.

  Herr Meyer – der alte Schwerenöter – trat ins Gasthaus ein.
  Herr Meyer, der alte Schwerenöter, trat ins Gasthaus ein.
  Er öffnete die Tür zum dunklen Keller und sah – ein Gespenst.

- A dash can also be used in order to mark a speaker's turn in a conversation. In that case it follows the full stop, question or exclamation mark.

  Willst du mich heiraten? – Ja.

Quotation marks or inverted commas – Die Anführungsstriche

- Quotation marks surround quotations and direct speech.
- Those punctuation marks which belong to the quotation are put before the closing quotation mark.
- The accompanying sentence will start with a comma if it follows the direct quotation. If a direct quotation finishes a sentence, then the full stop, question or quotation mark will appear inside the quotation marks. If a direct quotation is followed by an accompanying sentence, then the full stop is left out. A question or exclamation mark is always inserted inside the quotation marks if it belongs to the quotation.

  Er sagte: „Ich komme morgen.“
  „Ich komme morgen“, sagte er.
  Er sagte: „Ich komme morgen“, und verschwand durch die Tür.
  „Kommst du morgen?“, fragte er.

- Quotation marks are also used in order to mark a group of words you are commenting on or to give the meaning of an expression.

  Er las „Warten auf Godot“ von Samuel Beckett.
  Das Sprichwort „Eile mit Weile“ ist heutzutage nicht mehr sehr gebräuchlich.
  Das Wort „Berg“ in „Bergisches Land“ bezieht sich auf Herrn Berg, nicht auf Berge.

- Another, increasingly more popular, function of inverted commas is to show irony.

  „Vielen Dank!“ für deine große Hilfe!

Question mark – Das Fragezeichen

- A question mark terminates a sentence and marks it as a question. The next word begins with a capital letter.

  Willst du mich heiraten? – Ja.

Exclamation mark – Das Ausrufezeichen

- Puts special emphasis on the emotive content of a sentence and is thus found mainly outside academic or formal writing.

  Das war aber eine schöne Überraschung!

- Another function is to emphasize a command.

  Geh da weg!

- An exclamation mark can also be used at the end of the opening line of a letter.

  Sehr geehrte Damen und Herren!

- This function can also be fulfilled by a comma.

  Sehr geehrte Damen und Herren,

● ● ●   **Ellipsis – Die Auslassungspunkte**

- An ellipsis is used to convey that original material, e.g. in a quote, has been left out. If the ellipsis occurs at the end of a sentence, then the full stop (but not a question or exclamation mark) is left out.

    Man sagte, dass viele … Menschen … in der Dritten Welt … hungern müssten. (Original: Man sagte, dass viele arme Menschen, deren Schicksal unerbittlich ist, in der Dritten Welt ohne Grund hungern müssten.)
    Scher dich zum …
    Willst du mich …?

- In addition, the ellipsis is used to convey that parts of a word or sentence have been omitted.

    Du be… Idiot!

'

The Apostrophe – Der Apostroph

- An apostrophe is used to show that one or more letters have been left out of a word.

    Das war'n noch Zeiten.

- Proper names which end in an s-sound are marked with an apostrophe at the end if they are in the genitive case and are not accompanied by an article or a possessive pronoun.

    Carlos' neues Auto war in der Werkstatt.
    (But:) Das Auto des Carlos war in der Werkstatt.
    Heinz' Wohnung wurde von einem Innenarchitekten eingerichtet.
    (But:) Die Wohnung des Heinz wurde von einem Innenarchitekten eingerichtet.

- If a writer wants to represent that a sound is silent in the spoken version of a word, then an apostrophe is used.

    Das war'n noch Zeiten, als man in wen'gen Worten über Liebe sprechen konnte.

- Some geographical names are often abbreviated with an omission in the middle of the word. This is also represented with an apostrophe.

    D'dorf (= Düsseldorf)

    Dash –Der Schrägstrich

- A dash is used in order to show that two words or groups of words belong together or are alternative versions of one another. It is also possible to mark an abbreviation with the dash, especially for seasons, months or years.

    Die CDU/CSU hat beschlossen, dass sie einen neuen Kanzlerkandidat stellen will.
    Im akademischen Jahr 2005/6 werden neue Bücher angeschafft.
    Im Februar/März werde ich auf Mallorca sein.

- Ratios and percentages are also indicated with a dash.

    ¾ aller Menschen mögen Äpfel.
    Er fuhr mit 80 km/h.

▬   **Hyphenation – Silbentrennung**

- Words are divided between syllables. If two syllables are joined by a number of consonants, then only the last consonant will appear at the beginning of the new line; the others remain in the old one. Certain combinations of letters are never hyphenated (**ch, sch**. If **ph, rh, sh** or **ck** stand for a single consonant sound, then they are not separated either.)

    lang·sam, wei·ter, drei·hun·dert, Au·to·bahn
    Ach·tel, Bus·bahn·hof, Rech·ner

- Single vowels are not split off from the rest of the word if they occur at the end of a line.

  *Brau-e, *Klau-e, *Klei-e

- Compound nouns or words containing prefixes are separated so that either the first part of the compound or the prefix remains at the end of the line.

  Ver-bindung, Pro-gramm, Dys-lexie

- Words with opaque etymological sources can be split either phonologically or at the point where the etymological criterion would dictate a separation.

  He-li-kop-ter (phonological separation)
  He-li-ko-pter (etymological separation)

German sample letters
Deutsche Musterbriefe

To: the tourist information board – request for information
An das Verkehrsamt: Anforderung von Prospekten

Mr & Mrs N Little
5 Bread Street
Manchester
MA11 2BS
England
n.little@ay.co.uk

An das
Fremdenverkehrsamt
Postfach 66 38 92

82211 Herrsching
DEUTSCHLAND

Bremen, 02.05.2012

Sehr geehrte Damen und Herren,
wir möchten in diesem Sommer unseren Urlaub am Ammersee verbringen und
bitten Sie um Zusendung eines Hotelverzeichnisses und weiterer
Informationsmaterialien.

Für Ihre Bemühungen danken wir Ihnen im Voraus.

Mit freundlichen Grüßen

Nicholas Little

Wir bitten um Zusendung von …   *We would be grateful if you could forward …*
Für Ihre Bemühungen danken wir Ihnen im Voraus. *Thank you in advance for your assistance*

Hotel room reservation
Ein Hotelzimmer reservieren

James Cameron
129 Cosham Road
Leeds
LE21 4GH
Great Britain
Tel. +44 (0) 113 243 1751

Hotel Charlottenburg
z. H. Frau Werner
Uhlandstraße 22

10793 Berlin
Deutschland

Leeds, 1. Juli 2012

Sehr geehrte Frau Werner,
vielen Dank für Ihren freundlichen Brief vom 17. Juni sowie den Prospekt, der
uns einen Einblick in ihr Haus gegeben hat. Alle Clubmitglieder waren
begeistert.
Entsprechend Ihrer Preisliste bitten wir Sie um die Reservierung von:
4 Doppelzimmern mit Dusche und WC,
4 Einzelzimmern mit Dusche und WC.
Wir gehen davon aus, dass sich die Preise jeweils auf die Übernachtung mit
Frühstück beziehen.
Wir werden voraussichtlich am 2. Oktober 2012 gegen 14 Uhr eintreffen.
Beiliegend schicken wir Ihnen die genaue Teilnehmerliste.

Wir freuen uns auf unseren Aufenthalt und danken Ihnen für Ihre Mühe.

Mit freundlichen Grüßen

James Cameron

... hat uns einen Einblick in Ihr Haus gegeben   *... gave us an insight into your hotel*
Wir werden voraussichtlich am ... eintreffen   *We intend arriving on ...*

Renting a holiday apartment
Eine Ferienwohnung mieten

David Edwardson
1 Christchurch Road
Scarborough YO9 4CY
ENGLAND
Tel. 0044 (0)1723 232 323

Ferienwohnung „Am See"
Mangoldstraße 2

76904 Konstanz
Deutschland

Scarborough, 1. Mai 2012

Sehr geehrte Frau Schober,
herzlichen Dank für Ihre rasche Antwort.

Wir sind mit Ihren Konditionen einverstanden und bestätigen hiermit, Ihre
Ferienwohnung Nr. 3 für fünf Personen vom 15. Juli bis einschließlich 4. August
zu mieten.

Die Vorauszahlung in Höhe von € 400,– haben wir heute auf das von Ihnen
angegebene Konto überwiesen, die restliche Miete in Höhe von
€ 1.050,– erhalten Sie wie abgesprochen an unserem Abreisetag.

Wir freuen uns auf den Urlaub bei Ihnen.

Mit freundlichen Grüßen

David Edwardson

P.S.: Könnten Sie uns bitte rechtzeitig Bescheid geben, wo und bis wann wir am
Anreisetag unsere Schlüssel abholen können?

---

vom 15. Juli bis einschließlich 4. August

from 15th July – 4th August inclusive

die restliche Miete … erhalten Sie wie abgesprochen
an unserem Abreisetag

you will receive the remainder of the rent,
as already discussed, on our departure date

Letter of application, CV
Bewerbungsschreiben, Lebenslauf

Claudia Schmid
Breite Straße 5
70123 Stuttgart
Tel.: 0711/44 079 32
E-Mail: claudia.schmid@ax.de

Uni-Pro AG
z. H. Herrn Dr. Kunze
Seestraße 10

60202 Frankfurt am Main

Stuttgart, 10.09.2012

Ihre Stellenanzeige in der Süddeutschen Zeitung vom 05.09.2005
Bewerbung als Trainee Marketing/Vertrieb

Sehr geehrter Herr Dr. Kunze,

vielen Dank für das informative Telefonat vom 07.09.2012.

Wie besprochen sende ich Ihnen meine vollständigen Bewerbungsunterlagen.

Ich bin Diplom-Betriebswirtin und verfüge bereits über Erfahrungen in
verschiedenen Bereichen von Marketing und Vertrieb. Mit dem Wunsch, mich
Ihnen vorzustellen, verbinde ich die Hoffnung, Sie davon zu überzeugen, mich
in das Traineeprogramm Marketing und Vertrieb Ihres Unternehmens
aufzunehmen. Dieses Gebiet finde ich außerordentlich reizvoll, verlangt es
doch höchste Konzentration, Sachkenntnisse und Mut zur Entscheidung.

Der Schwerpunkt meiner Begabung und meines Interesses liegt in der Akquise
und Beratung von Neukunden. Zu meinen Stärken gehören konzeptionelles
Denken, eine ausgeprägte Kommunikationsfähigkeit, planerisches Denken und
zielorientiertes Vorgehen in meiner Arbeitsweise.

Ich suche einen Berufseinstieg und bin sehr interessiert, Ihr Unternehmen und
das für mich sehr interessante Aufgabengebiet Marketing und Vertrieb kennen
zu lernen.

Über eine Einladung zu einem persönlichen Gespräch mit Ihnen freue ich mich.

Mit freundlichen Grüßen

Claudia Schmid

Anlagen

Lebenslauf

Persönliche Daten
Claudia Schmid
geboren am 10.06.1985
in Karlsruhe
unverheiratet, keine Kinder
ortsunabhängig

Studium

10/2006–06/2012	Betriebswirtschaftlehre TU München
	Studienschwerpunkte:
	Industrie- und Dienstleistungsmarketing
	Marktkommunikation
	Medienwirtschaft
	Betriebliches Rechnungswesen
22.06.2012	Examensabschluss mit der Gesamtnote „gut"

Praktika und Berufliche Erfahrung

Studienbegleitend:	Werksstudentin bei Walter AG und Siemens
05/2008–09/2008	Praktikum bei Search Int. Ltd, Frankfurt
	– Projektmitarbeit: „Erfolgreich verkaufen im Internet"
03/2009–04/2010	Seminar bei der IHK: Controlling, Produktmarketing, Akquise und Beratung
06/2011–09/2011	Praktikum beim EFG Verlag, Stuttgart
	– Schwerpunkte: Organisation und Marktanalyse

Schulischer und beruflicher Werdegang
Schulbildung:

08/1992–06/1996	Rennbuckel-Grundschule in Karlsruhe
08/1996–07/2003	Hölderlin-Gymnasium in Stuttgart

Ausbildung:

09/2003–06/2006	Akademie für Bürokommunikation und Welthandelssprachen – ABW in Stuttgart
	Abschluss: Diplom-Europasekretärin

Zusatzqualifikationen

Sprachkenntnisse:	Englisch in Wort und Schrift (fließend)
	Französisch (gute Kenntnisse)
	Spanisch (gute Kenntnisse)
	Italienisch (Grundkenntnisse)
EDV-Kenntnisse:	Windows XP, MS-Office Anwendungen
INTERESSEN:	Sprachen, Lesen, Klavierspielen, Wassersport

Stuttgart, 10.09.2012

Claudia Schmid

Numerals
Die Zahlwörter

nought, zero	0	null
one	1	eins
two	2	zwei
three	3	drei
four	4	vier
five	5	fünf
six	6	sechs
seven	7	sieben
eight	8	acht
nine	9	neun
ten	10	zehn
eleven	11	elf
twelve	12	zwölf
thirteen	13	dreizehn
fourteen	14	vierzehn
fifteen	15	fünfzehn
sixteen	16	sechzehn
seventeen	17	siebzehn
eighteen	18	achtzehn
nineteen	19	neunzehn
twenty	20	zwanzig
twenty-one	21	einundzwanzig
twenty-two	22	zweiundzwanzig
twenty-three	23	dreiundzwanzig
thirty	30	dreißig
thirty-one	31	einunddreißig
thirty-two	32	zweiunddreißig
forty	40	vierzig
forty-one	41	einundvierzig
fifty	50	fünfzig
fifty-one	51	einundfünfzig
sixty	60	sechzig
sixty-one	61	einundsechzig
seventy	70	siebzig
seventy-one	71	einundsiebzig
eighty	80	achtzig
eighty-one	81	einundachtzig
ninety	90	neunzig
ninety-one	91	einundneunzig
a [o one] hundred	100	hundert
hundred and one	101	hundert(und)eins
hundred and two	102	hundert(und)zwei
hundred and ten	110	hundert(und)zehn
two hundred	200	zweihundert
three hundred	300	dreihundert
four hundred and fifty-one	451	vierhundert(und)einundfünfzig
a [o one] thousand	1000	tausend
two thousand	2000	zweitausend
ten thousand	10 000	zehntausend
a [o one] million	1 000 000	eine Million
two million	2 000 000	zwei Millionen
a [o one] billion	1 000 000 000	eine Milliarde
a [o one] trillion	1 000 000 000 000	eine Billion

Ordinal numbers
Die Ordnungszahlen

first	1st	1.	erste
second	2nd	2.	zweite
third	3rd	3.	dritte
fourth	4th	4.	vierte
fifth	5th	5.	fünfte
sixth	6th	6.	sechste
seventh	7th	7.	siebente
eighth	8th	8.	achte
ninth	9th	9.	neunte
tenth	10th	10.	zehnte
eleventh	11th	11.	elfte
twelfth	12th	12.	zwölfte
thirteenth	13th	13.	dreizehnte
fourteenth	14th	14.	vierzehnte
fifteenth	15th	15.	fünfzehnte
sixteenth	16th	16.	sechzehnte
seventeenth	17th	17.	siebzehnte
eighteenth	18th	18.	achtzehnte
nineteenth	19th	19.	neunzehnte
twentieth	20th	20.	zwanzigste
twenty-first	21st	21.	einundzwanzigste
twenty-second	22nd	22.	zweiundzwanzigste
twenty-third	23rd	23.	dreiundzwanzigste
thirtieth	30th	30.	dreißigste
thirty-first	31st	31.	einunddreißigste
fortieth	40th	40.	vierzigste
forty-first	41st	41.	einundvierzigste
fiftieth	50th	50.	fünfzigste
fifty-first	51st	51.	einundfünfzigste
sixtieth	60th	60.	sechzigste
sixty-first	61st	61.	einundsechzigste
seventieth	70th	70.	siebzigste
seventy-first	71st	71.	einundsiebzigste
eightieth	80th	80.	achtzigste
eighty-first	81st	81.	einundachtzigste
ninetieth	90th	90.	neunzigste
(one) hundredth	100th	100.	hundertste
hundred and first	101st	101.	hundertunderste
two hundredth	200th	200.	zweihundertste
three hundredth	300th	300.	dreihundertste
four hundred and fifty-first	451st	451.	vierhundert(und)einundfünfzigste
(one) thousandth	1000th	1000.	tausendste
thousand and (one) hundredth	1100th	1100.	tausend(und)einhundertste
two thousandth	200th	2000.	zweitausendste
(one) hundred thousandth	$100\,000^{th}$	100 000.	einhunderttausendste
millionth	$1\,000\,000^{th}$	1 000 000.	millionste
ten millionth	$10\,000\,000^{th}$	10 000 000.	zehnmillionste

Fractions
Die Bruchzahlen

one [o a] half	$^1/_2$		ein halb
one [o a] third	$^1/_3$		ein Drittel
one [o a] quarter	$^1/_4$		ein Viertel
one [o a] fifth	$^1/_5$		ein Fünftel
one [o a] tenth	$^1/_{10}$		ein Zehntel
one hundredth	$^1/_{100}$		ein Hundertstel
one thousandth	$^1/_{1000}$		ein Tausendstel
one millionth	$^1/_{1000000}$		ein Millionstel
two thirds	$^2/_3$		zwei Drittel
three quarters	$^3/_4$		drei Viertel
two fifths	$^2/_5$		zwei Fünftel
three tenths	$^3/_{10}$		drei Zehntel
one and a half	$1^1/_2$		anderthalb
two and a half	$2^1/_2$		zwei(und)einhalb
five and three eighths	$5^3/_8$		fünf drei achtel
one point one	1.1	1,1	eins Komma eins
two point three	2.3	2,3	zwei Komma drei

Multiples
Vervielfältigungszahlen

single	einfach	fourfold, quadruple	vierfach
double	zweifach	fivefold	fünffach
threefold, treble, triple	dreifach	(one) hundredfold	hundertfach

Official German measures and weights
Amtliche deutsche Maße und Gewichte

Linear Measures – Längenmaße

		Zeichen	Vielfaches der Einheit
Seemeile	*nautical mile*	sm	1852 m
Kilometer	*kilometre*	km	1000 m
Meter	*metre*	m	Grundeinheit
Dezimeter	*decimetre*	dm	0,1 m
Zentimeter	*centimetre*	cm	0,01 m
Millimeter	*millimeter*	mm	0,001 m

Square Measures – Flächenmaße

Quadratkilometer	*square kilometre*	km^2	$1\,000\,000\ m^2$
Hektar	*hectare*	ha	$10\,000\ m^2$
Ar	*are*	a	$100\ m^2$
Quadratmeter	*square metre*	m^2	$1\ m^2$
Quadratdezimeter	*square decimetre*	dm^2	$0,01\ m^2$
Quadratzentimeter	*square centimetre*	cm^2	$0,0001\ m^2$
Quadratmillimeter	*square millimetre*	mm^2	$0,000001\ m^2$

Measures of Capacity – Kubik- und Hohlmaße

Kubikmeter	*cubic metre*	m^3	$1\ m^3$
Hektoliter	*hectolitre*	hl	$0,1\ m^3$
Kubikdezimeter	*cubic decimetre*	dm^3	$0,001\ m^3$
Liter	*litre*	l	
Kubikzentimeter	*cubic centimetre*	cm^3	$0,000001\ m^3$

Weights – Gewichte

Tonne	*ton*	t	1000 kg
Doppelzentner	–	dz	100 kg
Kilogramm	*kilogramme*	kg	1000 g
Gramm	*gramme*	g	1 g
Milligramm	*milligramme*	mg	0,001 g

Federal Republic of Germany
Bundesrepublik Deutschland

Federal states (and capitals)
Länder (und Hauptstädte)

Federal states (and capitals)	Länder (und Hauptstädte)
Baden-Württemberg (Stuttgart)	Baden-Württemberg (Stuttgart)
Bavaria (Munich)	Bayern (München)
Berlin (Berlin)	Berlin (Berlin)
Brandenburg (Potsdam)	Brandenburg (Potsdam)
Bremen (Bremen)	Bremen (Bremen)
Hamburg (Hamburg)	Hamburg (Hamburg)
Hesse (Wiesbaden)	Hessen (Wiesbaden)
Mecklenburg-West Pomerania (Schwerin)	Mecklenburg-Vorpommern (Schwerin)
Lower Saxony (Hanover)	Niedersachsen (Hannover)
North Rhine-Westphalia (Düsseldorf)	Nordrhein-Westfalen (Düsseldorf)
Rhineland-Palatinate (Mainz)	Rheinland-Pfalz (Mainz)
Saarland (Saarbrücken)	Saarland (Saarbrücken)
Saxony (Dresden)	Sachsen (Dresden)
Saxony-Anhalt (Magdeburg)	Sachsen-Anhalt (Magdeburg)
Schleswig-Holstein (Kiel)	Schleswig-Holstein (Kiel)
Thuringia (Erfurt)	Thüringen (Erfurt)

Austria
Österreich

Provinces (and capitals)
Bundesländer (und Hauptstädte)

Provinces (and capitals)	Bundesländer (und Hauptstädte)
Burgenland (Eisenstadt)	Burgenland (Eisenstadt)
Carinthia (Klagenfurt)	Kärnten (Klagenfurt)
Lower Austria (St. Pölten)	Niederösterreich (St. Pölten)
Upper Austria (Linz)	Oberösterreich (Linz)
Salzburg (Salzburg)	Salzburg (Salzburg)
Styria (Graz)	Steiermark (Graz)
Tyrol (Innsbruck)	Tirol (Innsbruck)
Vorarlberg (Bregenz)	Vorarlberg (Bregenz)
Vienna (Vienna)	Wien (Wien)

Switzerland
Die Schweiz

Cantons (and capitals)
Kantone (und Hauptorte)

Cantons (and capitals)	Kantone (und Hauptorte)
Aargau (Aarau)	Aargau (Aarau)
Appenzell Outer Rhodes (Herisau)	Appenzell Außerrhoden (Herisau)
Appenzell Inner Rhodes (Appenzell)	Appenzell Innerrhoden (Appenzell)
Basel-Land (Liestal)	Basel-Land (Liestal)
Basel-Stadt (Basel, Basle)	Basel-Stadt (Basel)
Bern (Bern)	Bern (Bern)
Fribourg (Fribourg)	Freiburg (Freiburg)
Geneva (Geneva)	Genf (Genf)
Glarus (Glarus)	Glarus (Glarus)
Graubünden, Grisons (Chur)	Graubünden (Chur)
Jura (Delémont)	Jura (Delémont)
Lucerne (Lucerne)	Luzern (Luzern)
Neuchâtel (Neuchâtel)	Neuenburg (Neuenburg)
St. Gall(en) (St. Gall(en)	Sankt Gallen (Sankt Gallen)
Schaffhausen (Schaffhausen)	Schaffhausen (Schaffhausen)
Schwyz (Schwyz)	Schwyz (Schwyz)
Solothurn (Solothurn)	Solothurn (Solothurn)
Ticino (Bellinzona)	Tessin (Bellinzona)
Thurgau (Frauenfeld)	Thurgau (Frauenfeld)
Nidwalden (Stans)	Unterwalden nid dem Wald (Stans)
Obwalden (Sarnen)	Unterwalden ob dem Wald (Sarnen)
Uri (Altdorf)	Uri (Altdorf)
Vaud (Lausanne)	Waadt (Lausanne)
Valais (Sion)	Wallis (Sitten)
Zug (Zug)	Zug (Zug)
Zürich (Zürich)	Zürich (Zürich)

The phonetic alphabet
Das Buchstabieralphabet

		British	American			Deutsch
A	as in	Andrew	Abel	A	wie	Anton
B	as in	Benjamin	Baker	B	wie	Berta
C	as in	Charlie	Charlie	C	wie	Cäsar
D	as in	David	Dog	D	wie	Dora
E	as in	Edward	Easy	E	wie	Emil
F	as in	Frederic	Fox	F	wie	Friedrich
G	as in	George	George	G	wie	Gustav
H	as in	Harry	How	H	wie	Heinrich
I	as in	Isaac	Item	I	wie	Ida
J	as in	Jack	Jig	J	wie	Johannes
K	as in	King	King	K	wie	Kaufmann
L	as in	Lucy	Love	L	wie	Ludwig
M	as in	Mary	Mike	M	wie	Martha
N	as in	Nelly	Nan	N	wie	Nordpol
O	as in	Oliver	Oboe	O	wie	Otto
P	as in	Peter	Peter	P	wie	Paula
Q	as in	Queenie	Queen	Q	wie	Quelle
R	as in	Robert	Roger	R	wie	Richard
S	as in	Sugar	Sugar	S	wie	Siegfried
T	as in	Tommy	Tare	T	wie	Theodor
U	as in	Uncle	Uncle	U	wie	Ulrich
V	as in	Victor	Victor	V	wie	Viktor
W	as in	William	William	W	wie	Wilhelm
X	as in	Xmas	X	X	wie	Xanthippe
Y	as in	Yellow	Yoke	Y	wie	Ypsilon
Z	as in	Zebra	Zebra	Z	wie	Zeppelin

Notizen